NomosFormulare

Prof. Dr. Klaus Hümmerich †
Dr. Oliver Lücke | Dr. Reinhold Mauer [Hrsg.]

Arbeitsrecht

Vertragsgestaltung | Prozessführung | Personalarbeit | Betriebsvereinbarungen

8. Auflage

Dr. Oliver Lücke, Rechtsanwalt und Fachanwalt für Arbeitsrecht, München | **Dr. Reinhold Mauer**, Rechtsanwalt und Fachanwalt für Arbeitsrecht, Bonn | **Stefan Möhren**, Rechtsanwalt, München | **Thomas Regh**, Rechtsanwalt und Fachanwalt für Arbeitsrecht, Bonn | **Dr. Matthias Spirolke**, Rechtsanwalt und Fachanwalt für Arbeitsrecht, Bonn | **Ulrich Vienken**, Rechtsanwalt und Fachanwalt für Arbeitsrecht, Düsseldorf | **Udo Wisswede**, Rechtsanwalt und Fachanwalt für Arbeitsrecht, München

Die Formulierungsbeispiele in diesem Buch wurden mit Sorgfalt und nach bestem Wissen erstellt. Sie stellen jedoch lediglich Anregungen für die Lösung typischer Fallgestaltungen dar. Autoren und Verlag übernehmen keine Haftung für die Richtigkeit und Vollständigkeit der in dem Buch und auf der CD-ROM enthaltenen Ausführungen und Formulierungsmuster.

Die Deutsche Nationalbibliothek verzeichnet diese Publikation in der Deutschen Nationalbibliografie; detaillierte bibliografische Daten sind im Internet über http://dnb.d-nb.de abrufbar.

ISBN 978-3-8487-0533-7

8. Auflage 2014
© Nomos Verlagsgesellschaft, Baden-Baden 2014. Printed in Germany. Alle Rechte, auch die des Nachdrucks von Auszügen, der fotomechanischen Wiedergabe und der Übersetzung, vorbehalten.

Vorwort

Seit Erscheinen der Vorauflage hatte die arbeitsgerichtliche Rechtsprechung zahlreiche wichtige und das Arbeitsrecht weiterentwickelnde Rechtsfragen zu entscheiden, die es nun wieder in der Praxis und in der vorliegenden 8. Auflage des Formularbuchs zum Arbeitsrecht umzusetzen galt.

Allen voran ging es etwa um die für die Arbeitsvertragsgestaltung stets relevanten Aspekte Urlaub, Überstunden und Vertragsstrafe, aber auch die Flut an Entscheidungen zum AGG hat nicht abgenommen, im Gegenteil. Daher wurde auch das Thema Diskriminierung in der Darstellung weiter vertieft.

Aufgegriffen wurde auch die zunehmende Bedeutung konzernrechtlicher Fragestellungen, wie zB Arbeitnehmerüberlassung im Konzern, gespaltene Arbeitgeberstellung und damit zusammenhängende betriebsverfassungsrechtliche Aspekte. Auch das stets voranschreitende und unübersehbar fundamentale Europarecht, oftmals in Form von bahnbrechenden Entscheidungen des Europäischen Gerichtshofs, ist in zahlreichen Mustertexten umgesetzt worden, so dass für Vertragsgestaltung, arbeitsrechtlichen Schriftwechsel oder Prozessführung wieder aktuelle Muster parat stehen.

Wie schon die Vorauflagen, hat sich diese Neuauflage zum Ziel gesetzt, möglichst alle aktuellen Entwicklungen im Arbeitsrecht nachzuzeichnen. In diesem Zusammenhang lag es nahe, den Blick zu erweitern auf aktuelle Entwicklungen im Arbeitsleben, die auch gesellschaftspolitisch von zunehmender Bedeutung sind. Dies betrifft zum einen ganz maßgeblich die Thematik der „Work-Life-Balance", allgemein verstanden als die Vereinbarkeit von Arbeit und Privatleben (Familie und Freizeit). Übersetzt in das Arbeitsrecht geht es primär um die Schnittstellen zur Ressource Arbeitszeit mit den einschlägigen Unterthemen wie zB Teilzeitarbeit, Lebensarbeitszeitkonten oder auch Sabbatical und Wahrung der Freizeit vs. „Dauererreichbarkeit" via moderner Kommunikationsgeräte. Der zweite Aspekt ist der der Selbstbindung des Arbeitgebers an Gesetze und Regelungen („Compliance"). Wenn auch die inhaltliche Ausprägung von Compliance verschieden ist, je nachdem, ob das Thema aus der Sicht des Arbeitgebers, des Arbeitnehmers oder auch des Betriebsrats beleuchtet wird, so sind sie doch alle gemeinsam betroffen, beispielsweise beim Stichwort „Whistleblowing". Das Autorenteam hat in den Erläuterungstexten wie auch in den Mustern bei den entsprechenden Themen die jeweilige Begrifflichkeit einerseits bewusst eingeführt, andererseits auch neue Klauseln und Textmuster erstellt, die sich diesen Entwicklungen mit neuen Inhalten annehmen.

An gesetzgeberischen Änderungen sind u.a. diejenigen zum AÜG und die Änderungen des RVG und GKG durch das zum 1.8.2013 in Kraft getretene 2. KostRMoG eingearbeitet. Bei den Gegenstandswerten im Arbeitsrecht konnte bereits der „Streitwertkatalog für die Arbeitsgerichtsbarkeit" berücksichtig werden. Dieser wurde von einer gemeinsamen Streitwertkommission erarbeitet und im Mai 2013 der Konferenz der Präsidentinnen und Präsidenten der Landesarbeitsgerichte Deutschlands vorgestellt. Die Ausführungen zum Rechtsschutz basieren auf den aktuellen ARB 2012.

Auch diese Neuauflage des Formularbuchs, nunmehr bereits zum zweiten Mal unter unserer Herausgeberschaft, baut auf die sechs Auflagen bewährte Basis des Werkes von Professor Dr. Klaus Hümmerich auf. Struktur und Systematik des Werkes bleiben weiterhin erhalten. Dies ist auch durch die erfolgreiche Aufnahme der Vorauflage bei der Leserschaft veranlasst. Unsere dankbare wie respektvolle Hochschätzung gilt unserem Kollegen Klaus Hümmerich, dessen Werk wir weiterhin fortführen dürfen.

Unser Dank als Herausgeber gilt ferner den Autoren, die wieder engagiert an unserem Werk mitgewirkt haben. Dank gilt auch dem Verlag, der uns in jeder Hinsicht unterstützt hat, und insbesondere Frau Rechtsanwältin Gertrud Vorbuchner, die als Lektorin schon die Vorauflagen betreute und uns mit ihrer freundlichen und motivierenden Art bei dieser Großaufgabe unterstützt hat.

München/Bonn, im September 2013

Oliver Lücke
Reinhold Mauer

Autorenverzeichnis

Dr. Oliver Lücke
Rechtsanwalt und Fachanwalt für Arbeitsrecht, München

Dr. Reinhold Mauer
Rechtsanwalt und Fachanwalt für Arbeitsrecht, Bonn, Lehrbeauftragter an der Fachhochschule Dortmund

Stefan Möhren
Rechtsanwalt, München

Thomas Regh
Rechtsanwalt und Fachanwalt für Arbeitsrecht, Bonn

Dr. Matthias Spirolke
Rechtsanwalt und Fachanwalt für Arbeitsrecht, Bonn

Ulrich Vienken
Rechtsanwalt und Fachanwalt für Arbeitsrecht, Düsseldorf

Udo Wisswede
Rechtsanwalt und Fachanwalt für Arbeitsrecht, München

Inhaltsübersicht

Vorwort	5
Autorenverzeichnis	7
Abkürzungsverzeichnis	49
Allgemeines Literaturverzeichnis	57

§ 1 Verträge mit Arbeitnehmern, freien Mitarbeitern und Gesellschaftsorganen ... 61

Kapitel 1: Arbeitsverträge *(Wisswede)*	61
Kapitel 2: Handelsvertreterverträge; Verträge mit freien Mitarbeitern *(Lücke)*	528
Kapitel 3: Anstellungsverträge mit GmbH-Geschäftsführern und AG-Vorständen *(Lücke)*	648

§ 2 Zusatzvereinbarungen zu Arbeits- und Anstellungsverträgen *(Lücke)* ... 767

Kapitel 1: Nachvertragliche Wettbewerbsverbote	767
Kapitel 2: Kfz-Nutzung, Dienstwagen	803
Kapitel 3: Arbeitgeberdarlehen; Aus- und Fortbildungsfinanzierung; aktienkursorientierte Vergütung	838

§ 3 Arbeitsrechtstexte der Personalarbeit *(Möhren)* ... 877

Kapitel 1: Einstellung	877
Kapitel 2: Administration bestehender Arbeitsverhältnisse	903
Kapitel 3: Zeugnistexte	974

§ 4 Beendigung von Arbeitsverhältnissen *(Regh)* ... 991

Kapitel 1: Kündigung von Arbeitsverhältnissen	991
Kapitel 2: Abwicklungs- und Aufhebungsverträge	1045
Kapitel 3: Altersteilzeitverträge	1188

§ 5 Betriebsvereinbarungen *(Spirolke)* ... 1211

Kapitel 1: Freiwillige Betriebsvereinbarungen	1211
Kapitel 2: Erzwingbare Betriebsvereinbarungen	1280
Kapitel 3: Interessenausgleichsvereinbarungen und Sozialpläne	1458

§ 6 Schriftsätze im arbeitsgerichtlichen Urteilsverfahren *(Mauer)* ... 1655

Kapitel 1: Parteienunabhängige Schriftsätze	1655
Kapitel 2: Schriftsätze für Arbeitnehmer	1732
Kapitel 3: Schriftsätze für Arbeitgeber	1992

§ 7 Schriftsätze im arbeitsgerichtlichen Beschlussverfahren *(Mauer)* ... 2125

Kapitel 1: Parteienunabhängige Schriftsätze	2125
Kapitel 2: Vertretung von Betriebsräten im Beschlussverfahren	2145
Kapitel 3: Vertretung von Arbeitgebern	2213

§ 8 Gebühren und Rechtsschutz im Arbeitsrecht *(Vienken)* ... 2255

Kapitel 1: Vergütungsvereinbarungen	2255
Kapitel 2: Gegenstandswerte im Arbeitsrecht	2296
Kapitel 3: Korrespondenz mit Rechtsschutzversicherungen	2351
Stichwortverzeichnis	2373

Inhaltsverzeichnis

Vorwort	5
Autorenverzeichnis	7
Abkürzungsverzeichnis	49
Allgemeines Literaturverzeichnis	57
§ 1 Verträge mit Arbeitnehmern, freien Mitarbeitern und Gesellschaftsorganen	**61**
Kapitel 1: Arbeitsverträge	**61**
A. Erläuterungen zur Arbeitsvertragsgestaltung	62
I. Grundlagen des Arbeitsvertrages	62
II. Arbeitsvertragsrecht und Inhaltskontrolle	62
1. Allgemeine Geschäftsbedingungen	63
2. Die Einbeziehungsnormen § 310 Abs. 3 Nr. 1 und 2 BGB	63
III. Modifizierte Anwendungsregel bei Arbeitsverträgen, § 310 Abs. 4 Satz 2 BGB	64
1. Regelung des § 310 Abs. 4 Satz 2 BGB	64
2. Theorien zum „Besonderheiten"-Begriff	64
3. Prüfungsschema der Inhaltskontrolle	65
IV. Maßstäbe der Inhaltskontrolle	65
1. Überraschende Klauseln, § 305 c Abs. 1 BGB	65
a) Merkmal einer überraschenden Klausel	65
b) Beispielsfälle	66
2. Unklarheitenregel, § 305 c Abs. 2 BGB	67
a) Mehrdeutigkeit einer Klausel	67
b) Beispielsfälle	68
V. Inhaltskontrolle nach § 307 BGB	69
1. Unangemessene Benachteiligung, § 307 Abs. 1 Satz 1 BGB	69
a) Grundsätze	69
b) Beispielsfälle	69
2. Transparenzgebot, § 307 Abs. 1 Satz 2 BGB	70
a) Grundsätze	70
b) Beispielsfälle	71
3. Benachteiligungsverbot, § 307 Abs. 2 Nr. 1 BGB	73
a) Grundsätze	73
b) Beispielsfälle	74
4. Aushöhlungsverbot, § 307 Abs. 2 Nr. 2 BGB	75
a) Grundsätze	75
b) Beispielsfälle	76
5. Schranken der Inhaltskontrolle, § 307 Abs. 3 BGB	77
a) Grundsätze	77
b) Beispielsfälle	78
VI. Inhaltskontrolle nach § 308 BGB	78
1. Rücktrittsvorbehalt, § 308 Nr. 3 BGB	78
2. Änderungsvorbehalt, § 308 Nr. 4 BGB	79
3. Fingierte Erklärungen, § 308 Nr. 5 BGB	82
4. Fiktion des Zugangs, § 308 Nr. 6 BGB	83
5. Pauschalierung von Schadens- und Wertersatz, § 308 Nr. 7 BGB	84
VII. Inhaltskontrolle nach § 309 BGB	84
1. Ausschluss oder Einschränkungen des Zurückbehaltungsrechts, § 309 Nr. 2 Buchst. b BGB	84
2. Aufrechnungsverbot, § 309 Nr. 3 BGB	85

Inhaltsverzeichnis

	3. Schadensersatz übersteigende Pauschalen, § 309 Nr. 5 Buchst. a BGB	85
	4. Ausschluss des Gegenbeweises bei Schadenspauschalierung, § 309 Nr. 5 Buchst. b BGB	85
	5. Vertragsstrafenklauseln, § 309 Nr. 6 BGB	86
	6. Haftungsausschlüsse bei Verletzung von Leben, Körper, Gesundheit und grobem Verschulden, § 309 Nr. 7 BGB	87
	7. Sonstige Haftungsausschlüsse, § 309 Nr. 8 BGB	89
	8. Vertragspartnerwechsel, § 309 Nr. 10 BGB	89
	9. Beweislastveränderungen, § 309 Nr. 12 und Nr. 12 Buchst. a BGB	89
	10. Tatsachenbestätigungen, § 309 Nr. 12 Buchst. b BGB	90
	11. Form von Anzeigen und Erklärungen, § 309 Nr. 13 BGB	90
VIII.	Folgen der Nichteinbeziehung und Unwirksamkeit	92
	1. Wirksam bleibende Vertragsbestandteile, § 306 Abs. 1 BGB	92
	2. Unwirksamkeit einzelner Vertragsbestimmungen, § 306 Abs. 2 BGB	92
	a) Verbot der geltungserhaltenden Reduktion	92
	b) Dispositives Recht und ergänzende Vertragsauslegung als Ersatzklauseln	93
	c) Milderung der Eingriffsintensität bei Altverträgen	94
	3. Gesamtunwirksamkeit des Vertrages, § 306 Abs. 3 BGB	94
IX.	Kontrollfreie Kollektivnormen, § 310 Abs. 4 Satz 1 BGB	94
	1. Originär gültige Tarifverträge und Betriebsvereinbarungen	94
	2. Vereinbarte Kollektivnormen	95
X.	Compliance	96
XI.	Work-Life-Balance	97
XII.	Arbeitsvertragstexte im Formularbuch	97
B. Texte		98
I.	Sondertexte	98
	1. *Muster*: Niederschrift gemäß Nachweisgesetz	98
	2. *Muster*: Rahmenvereinbarung für zukünftige befristete Arbeitsverhältnisse	99
	3. *Muster*: Rahmenvereinbarung über Arbeit auf Abruf – flexible Arbeitszeit	99
	4. *Muster*: Volontariatsvertrag mit einer Agentur	101
	5. *Muster*: Vertrag mit einem Auszubildenden	104
	6. *Muster*: Praktikantenvertrag	110
	7. *Muster*: Einfacher befristeter Arbeitsvertrag	111
	8. *Muster*: Einarbeitungsvertrag nach längerer Krankheit	114
	9. *Muster*: Mietvertrag über Werkswohnung	115
	10. *Muster*: Arbeitsvertrag mit Eheleuten	123
	11. *Muster*: Job-Sharing-Vertrag	127
	12. *Muster*: Telearbeit im Heimarbeitsverhältnis	128
	13. *Muster*: Prozentuale Gehaltsanpassung aller Mitarbeiter bei Unterschreitung des geplanten Rohertrags	131
	14. *Muster*: Vertragsergänzung Aktienoptionen (über Wandelschuldverschreibungen)	131
	15. *Muster*: Vereinbarung über erfolgsabhängige Vergütung	132
	16. *Muster*: Vereinbarung über steuerfreie Zuschläge	133
	17. *Muster*: Arbeitsvertragliche Gratifikationsvereinbarung mit Freiwilligkeitsvorbehalt	135
	18. *Muster*: Werkstudentenvertrag	135
	19. *Muster*: Merkblatt AGG	138
II.	Verträge mit gewerblichen Arbeitnehmern	141
	1. *Muster*: Arbeitsvertrag eines Arbeiters ohne Tarifbezug mit Einbeziehung einer Betriebsvereinbarung	141
	2. *Muster*: Einfacher Arbeitsvertrag eines Arbeiters mit Tarifbezug	145
	3. *Muster*: Arbeitsvertrag eines Arbeiters ohne Tarifbindung mit Sechs-Tage-Woche	147
	4. *Muster*: Arbeitsvertrag eines Arbeiters mit teilweiser Übernahme tariflicher Bestimmungen	151
	5. *Muster*: Arbeitsvertrag eines Arbeiters bei potentieller Tarifbindung	154
	6. *Muster*: Befristeter Arbeitsvertrag mit Rufbereitschaft und Tarifbindung	157

7. *Muster*: Arbeitsvertrag mit Allgemeinen Arbeitsvertragsbedingungen, Zielvereinbarung sowie Sabbatical- und Compliance-Klausel 160
8. *Muster*: Arbeitsvertrag eines Lageristen in einer Brauerei (mit Haustarifvertrag) 167
9. *Muster*: Arbeitsvertrag im Bereich Groß- und Außenhandel als Anschreiben (für Arbeiter) 169
10. *Muster*: Auslandsentsendung eines Monteurs 170

III. Verträge mit Angestellten 171
1. *Muster*: Musterarbeitsvertrag eines Angestellten (ohne Tarifbindung) mit Compliance- und Whistleblower-Klausel 171
2. *Muster*: Arbeitsvertrag als Anschreiben mit Organisationsanweisungen (Guideline) 177
3. *Muster*: Arbeitsvertrag mit einer Einrichtung der katholischen Kirche unter Einbeziehung der AVR 182
4. *Muster*: Arbeitsvertrag mit einer Einrichtung der evangelischen Kirche unter Einbeziehung der Dienstvertragsordnung in Deutschland 183
5. *Muster*: Arbeitsvertrag Bund – unbefristet 184
6. *Muster*: Arbeitsvertrag Bund – befristet 186
7. *Muster*: Arbeitsvertrag VKA – unbefristet 187
8. *Muster*: Arbeitsvertrag VKA – befristet 188
9. *Muster*: Arbeitsvertrag im mittelständischen Unternehmen mit Betriebsrat (ohne Tarifbezug) 190

IV. Verträge mit geringfügig Beschäftigten 196
1. *Muster*: Merkblatt für Arbeitnehmer zur Neuregelung der geringfügigen Beschäftigungsverhältnisse (Mini-Jobs) und zur Gleitzonenregelung 196
2. *Muster*: Arbeitsvertrag für geringfügig entlohnte Beschäftigung 198
3. *Muster*: Arbeitsvertrag über kurzfristige Beschäftigung (befristet) 200
4. *Muster*: Erklärungsbogen für geringfügig Beschäftigte 202
5. *Muster*: Erklärungsbogen für Beschäftigte in der Gleitzone 204
6. *Muster*: Fragebogen für geringfügig Beschäftigte 206
7. *Muster*: Arbeitsvertrag mit geringfügig entlohntem Beschäftigten zur Beschäftigung in einem Privathaushalt 207
8. *Muster*: Erklärung des Arbeitnehmers zum Verzicht auf die Beitragsermäßigung 209
9. *Muster*: Geringfügige Beschäftigung eines Leiharbeitnehmers 209

V. Verträge mit leitenden Angestellten 211
1. *Muster*: Anstellungsvertrag mit Prokurist 211
2. *Muster*: Chefarzt-Dienstvertrag mit Nebentätigkeitsabrede 1 (ausgewogene Vertragsstruktur) 216
3. *Muster*: Chefarztvertrag 2 (vorteilhaft für Chefarzt) 228
4. *Muster*: Chefarztvertrag unter Einbeziehung der AVR (vorteilhaft für Krankenhaus) ... 233
5. *Muster*: Arbeitsvertrag mit einem Leiter der Finanzabteilung 242
6. *Muster*: Arbeitsvertrag mit Personalchef Europa (einschließlich Pensionszusage) 247
7. *Muster*: Arbeitsvertrag mit Teamleiter Organisation und Informatik 254
8. *Muster*: Arbeitsvertrag mit dem Leiter eines Warenhauses 258
9. *Muster*: Arbeitsvertrag mit dem Leiter Konstruktion (mit Regelung über Wohnortwechsel, Pensionszusage und Wettbewerbsverbot) 263
10. *Muster*: Arbeitsvertrag eines Leiters Gesamtvertrieb mit Gesamtprokura 268
11. *Muster*: Arbeitsvertrag mit Niederlassungsleiter eines Bauunternehmens 272
12. *Muster*: Arbeitsvertrag mit einem Leiter Produktionsmanagement (als Anschreiben) 274
13. *Muster*: Arbeitsvertrag mit Leiter der Forschung und Entwicklung (mit Trennungsentschädigungs- 277
14. *Muster*: Arbeitsvertrag mit einem technischen Leiter 280
15. *Muster*: Arbeitsvertrag mit einem Chefredakteur 285
16. *Muster*: Anstellungsvertrag oberer Führungskreis 288
17. *Muster*: Arbeitsvertrag eines Generalbevollmächtigten (Anschreiben) 293
18. *Muster*: Arbeitsvertrag eines Compliance Officers 295

VI. Arbeitsverträge mit besonderen Berufsgruppen 298
1. *Muster*: Arbeitsvertrag mit einem unselbständigen Reisevertreter 298

2. *Muster*: Arbeitsvertrag mit einem Außendienstmitarbeiter 301
3. *Muster*: Arbeitsvertrag mit einem Vertriebsmitarbeiter für EDV-Produkte und EDV-Dienstleistungen (mit Anlage Provisionsregelung) 308
4. *Muster*: Einfacher Arbeitsvertrag für Außendienstmitarbeiter mit Tarifbezug und pauschaler Dienstwagenregelung 315
5. *Muster*: Arbeitsvertrag mit einem Verkaufsleiter/Fachberater 317
6. *Muster*: Außertariflicher Anstellungsvertrag mit Leiter Merchandising/Verkaufsförderung 322
7. *Muster*: Arbeitsvertrag mit einem Fachberater mit Zusatzvereinbarung ohne Tarifbezug 326
8. *Muster*: Arbeitsvertrag im Einzelhandel NW 330
9. *Muster*: Teilzeit-Arbeitsvertrag im Einzelhandel 335
10. *Muster*: Arbeitsvertrag für Aushilfskräfte im Einzelhandel NW mit allgemeiner Arbeitsanweisung für Verkäufer 336
11. *Muster*: Arbeitsvertrag mit Kellnerin (mit Tarifbindung Gaststättenverband NW) 338
12. *Muster*: Teilzeitarbeitsverhältnis in der Systemgastronomie 340
13. *Muster*: Arbeitsvertrag für Bewachungspersonal (mit Tarifbezug) 344
14. *Muster*: Arbeitsvertrag mit Detektiv (mit Tarifbindung Bewachungsgewerbe NW) 351
15. *Muster*: Arbeitsvertrag mit einem Lkw-Fahrer 355
16. *Muster*: Arbeitsvertrag mit einer Sekretärin 360
17. *Muster*: Arbeitsvertrag mit einer kaufmännischen Angestellten (mit Dienstwagen) 364
18. *Muster*: Arbeitsvertrag mit einem Programmierer (mit Sabbatical-, Compliance- und Work-Life-Balance-Klausel) 367
19. *Muster*: Arbeitsvertrag eines Verbandsgeschäftsführers 372
20. *Muster*: Arbeitsvertrag mit Niederlassungsleiter eines Beratungsunternehmens 376
21. *Muster*: Arbeitsvertrag mit einer Lehrkraft an einer Privatschule in NW 379
22. *Muster*: Arbeitsvertrag mit einer Krankenschwester in einer Privatklinik mit Gewinnbeteiligung 380
23. *Muster*: Arbeitsvertrag mit einer Altenpflegerin in einer Privatklinik 382
24. *Muster*: Arbeitsvertrag mit einer Arzthelferin 386
25. *Muster*: Arbeitsvertrag mit einem Bankangestellten 388
26. *Muster*: Arbeitsvertrag mit Elektromeister mit besonderer Sicherheitsphilosophie eines Weltunternehmens 391
27. *Muster*: Arbeitsvertrag in der Chemischen Industrie (mit Tarifbindung) als Anschreiben 394
28. *Muster*: Arbeitsvertrag mit Angestelltem in der Chemischen Industrie (mit Tarifbindung) 395
29. *Muster*: Arbeitsvertrag im Bereich Groß- und Außenhandel (mit Tarifbindung) 398
30. *Muster*: Arbeitsvertrag mit einem Projektmanager mit Merkblättern zu Datenschutz und Diensterfindungen 402
31. *Muster*: Arbeitsvertrag im Bereich Touristik (mit Tarifbindung) 407
32. *Muster*: Angestelltenarbeitsvertrag (mit Tarifbindung Elektro- und Metallindustrie NW) 409
33. *Muster*: Arbeitsvertrag eines angestellten Unternehmensberaters mit Zeit- und Spesenregelung sowie Vergütungsvereinbarung 410
34. *Muster*: Arbeitsvertrag für eine Verwaltungskraft mit Leistungszulage und Erfolgsbeteiligung (ohne Tarifbindung) 416
35. *Muster*: Arbeitsvertrag mit einer Sachbearbeiterin 419
36. *Muster*: Umfangreicher Arbeitsvertrag mit Angestelltem aus dem Bereich Paketabfertigung 421
37. *Muster*: Arbeitsvertrag eines Vermögensmanagers/Anlageberaters 431
38. *Muster*: Arbeitsvertrag mit einem Account Supervisor als Anschreiben 436
39. *Muster*: Arbeitsvertrag für Financial Consultant einer internationalen Gesellschaft (mit Stock Options) 440
40. *Muster*: Arbeitsvertrag eines Call-Centers mit einem Telefonakquisiteur 446
41. *Muster*: Arbeitsvertrag für Nicht-Amateure ohne Lizenz 450

	42. *Muster*: Arbeitsvertrag eines Fußballtrainers	454
VII.	Verträge aus dem Bereich der Zeitarbeit	458
	1. *Muster*: Befristeter Arbeitsvertrag zwischen Verleiher und Leiharbeitnehmer	458
	2. *Muster*: Unbefristeter Arbeitsvertrag zwischen Verleiher und Leiharbeitnehmer	463
	3. *Muster*: Arbeitnehmerüberlassungsvertrag	468
	4. *Muster*: Aufstellung der zu überlassenden Arbeitnehmer	470
VIII.	Verträge mit Auslandsbezug	473
	1. *Muster*: Auslandsarbeitsvertrag mit einer Stiftung	473
	2. *Muster*: Auslandsentsendungsvertrag	476
	3. *Muster*: Anstellungsvertrag mit ausländischer Tochter	481
	4. *Muster*: Arbeitsvertrag mit ausländischem Arbeiter mit Tarifbindung	484
IX.	Zweisprachige Arbeitsverträge	487
	1. *Muster*: Arbeitsvertrag 1	487
	2. *Muster*: Arbeitsvertrag 2	499
	3. *Muster*: US-amerikanischer Arbeitsvertrag mit leitendem Angestellten	507
	4. *Muster*: Zweisprachiger Arbeitsvertrag nach deutschem Recht mit Bereichsleiter	519

Kapitel 2: Handelsvertreterverträge; Verträge mit freien Mitarbeitern ... 528

A.	Erläuterungen	529
I.	Gemeinsame Elemente beider Vertragstypen	529
II.	Klauselinhalte bei Handelsvertreterverträgen	532
	1. Kaufmannseigenschaft	532
	2. Vertragsgegenstand	532
	3. Vertretung und Vertragsgebiet	534
	4. Konkurrenzschutz	534
	5. Provisionsregelungen	535
	6. Kündigung des Handelsvertretervertrages	536
	7. Ausgleichsanspruch gem. § 89 b HBG	537
III.	Vertragskonzepte bei freien Mitarbeitern	539
	1. Bezeichnung als „freier Mitarbeiter" ohne konstitutive Bedeutung	539
	2. Abgrenzung zum Arbeitnehmer	539
	3. „Scheinselbständigkeit"	543
	4. Telearbeit und freies Mitarbeiterverhältnis	548
	5. Gerichtsstand und Erfüllungsort	549
IV.	Steuerliche Aspekte	549
B.	Texte	550
	1. *Muster*: Einfacher Handelsvertretervertrag ohne Gebietsschutz	550
	2. *Muster*: Handelsvertretervertrag – Vertriebsgebiet eines Mehrfirmenvertreters	552
	3. *Muster*: Handelsvertretervertrag eines Einfirmenvertreters mit Vertriebsgebiet	557
	4. *Muster*: Handelsvertretervertrag mit Fixum und Vertragsstrafe	561
	5. *Muster*: Handelsvertretervertrag eines Vermittlungsagenten für Anzeigen und Adressverzeichnisse	565
	6. *Muster*: Weltweiter zweisprachiger Vertragshändlervertrag nach deutschem Recht	567
	7. *Muster*: Beratervertrag (allgemein)	586
	8. *Muster*: Beratervertrag (personalwirtschaftliche Beratung)	589
	9. *Muster*: Honorarvertrag für Referententätigkeit	590
	10. *Muster*: Rahmenvertrag über freie Mitarbeit (kurz)	594
	11. *Muster*: Rahmenvertrag über freie Mitarbeit – IT-Consulting (ausführlich)	596
	12. *Muster*: Einzelauftragsvereinbarung (Projektvertrag) über Beratungsdienstleistungen	601
	13. *Muster*: Rahmenwerkvertrag für Softwareentwickler	602
	14. *Muster*: Vertraulichkeitsvereinbarung für freie Mitarbeiter und Subunternehmer	606
	15. *Muster*: Freier Mitarbeitervertrag eines Grafik- und Layout-Mitarbeiters in einer Werbeagentur	609
	16. *Muster*: Freier Mitarbeitervertrag eines Creativ-Consultant in der Werbebranche	614
	17. *Muster*: Rahmenvertrag über freie Mitarbeit – Unternehmensberater	616

18. *Muster*: Projektvertrag über freie Mitarbeit – Unternehmensberater 619
19. *Muster*: Freier Mitarbeitervertrag mit einem Rechtsanwalt................................... 621
20. *Muster*: Freier Mitarbeitervertrag eines programmgestaltenden Rundfunkmitarbeiters 624
21. *Muster*: Vertragsanhang – Einräumung von Nutzungsrechten 629
22. *Muster*: Subunternehmervertrag 633
23. *Muster*: Geschäftsbesorgungsvertrag zur Bestellung eines externen Datenschutzbeauftragten 636
24. *Muster*: Vertrag mit einer verselbständigten Monteursgruppe und degressiv gestaffeltem Mindestauftragsvolumen 640
25. *Muster*: Werklohnvereinbarung zwischen einem Schrotthändler und einem Schrottverkleinerer mit Mindestauftragsvolumen..................................... 644

Kapitel 3: Anstellungsverträge mit GmbH-Geschäftsführern und AG-Vorständen 648

A. Erläuterungen 650
   I. Vergleichbare Rechtspositionen bei GmbH-Geschäftsführern und AG-Vorständen 651
      1. Doppelrechtsbeziehungen/Trennungsprinzip.. 651
      2. Organmitglieder als Arbeitnehmer?.. 651
      3. Sozialversicherungspflicht von Organmitgliedern, insbesondere des GmbH-Geschäftsführers 653
      4. Ruhendes Arbeitsverhältnis beim GmbH-Geschäftsführer 655
      5. Ruhendes Arbeitsverhältnis beim AG-Vorstand 655
      6. Dauer des Anstellungsverhältnisses 656
      7. Stellung von AG-Vorstand und GmbH-Geschäftsführer 657
      8. Rechtsstellung nach Abberufung bzw Amtsniederlegung 658
      9. Wiederbestellung... 661
    10. Rechtsstellung bei gesellschaftsrechtlicher Veränderung 662
    11. Sorgfaltspflichten bei der Unternehmensführung/Compliance 663
    12. Rechts- und Pflichtenlage bei mehrköpfigem Organ 666
    13. Haftung für risikobehaftete Geschäfte 666
    14. Haftungsbeschränkung (Innenhaftung) 667
    15. Haftung gegenüber Dritten (Außenhaftung) 667
    16. Pflichten in der finanziellen Krise 667
   II. Regelungselemente des GmbH-Geschäftsführervertrages 668
      1. Bestellung des GmbH-Geschäftsführers 668
      2. Vergütungsregelungen 669
      3. Urlaub 671
      4. Vertragliches und nachvertragliches Wettbewerbsverbot 671
      5. Sozialversicherungsrechtlicher Status 673
      6. Entgeltfortzahlung im Krankheitsfalle 674
      7. Pensionszusagen 674
      8. Zuständigkeit für Vertragsänderungen, Aufhebung und Kündigung des Anstellungsvertrages 675
   III. Regelungselemente des AG-Vorstandsvertrages 675
      1. Deutscher Corporate Governance Kodex 675
      2. Bestellung und Anstellung des Vorstands 676
      3. Form und Inhalt des Anstellungsvertrages 677
      4. Gestaltungsmöglichkeiten bei Gesellschafterwechsel 678
      5. Mängel des Anstellungsvertrages 679
      6. Aufgaben des Vorstands 679
      7. Bezüge des Vorstands 680
      8. Rechtsschutz gegen Abberufung und Kündigung 682
      9. Vertragliches und nachvertragliches Wettbewerbsverbot 684
    10. Change of Control 685
    11. Sonstiges 686
   IV. Besonderheiten bei Altersversorgungsregelungen 687

B. Texte ... 690
I. GmbH-Geschäftsführerverträge ... 690
1. *Muster*: Aufhebungsvereinbarung beim Wechsel vom Arbeitsverhältnis in die Position des Geschäftsführers ... 690
2. *Muster*: Ruhensvereinbarung beim Wechsel vom Arbeitsverhältnis in die Position des Geschäftsführers ... 691
3. *Muster*: Befristeter Dienstvertrag eines Fremdgeschäftsführers ... 691
4. *Muster*: Unbefristeter Dienstvertrag eines Fremdgeschäftsführers mit Haftungsbegrenzung und D&O-Versicherung ... 697
5. *Muster*: Dienstvertrag eines GmbH-Geschäftsführers mit Compliance- und Abfindungsklausel ... 704
6. *Muster*: Dienstvertrag eines beherrschenden Gesellschafter-Geschäftsführers (Kurzfassung) ... 710
7. *Muster*: Dienstvertrag des GmbH-Geschäftsführers eines deutschen Tochterunternehmens eines ... 712
8. *Muster*: Dienstvertrag des GmbH-Geschäftsführers einer Konzerntochter (deutsch/englisch) ... 716
9. *Muster*: Ruhegeldvereinbarung eines GmbH-Geschäftsführers ... 721
10. *Muster*: Beschluss der Gesellschafterversammlung über die Geschäftsverteilung ... 723
11. *Muster*: Protokoll einer Gesellschafterversammlung über Abberufung und außerordentliche Kündigung des GmbH-Geschäftsführers ... 724

II. AG-Vorstandsverträge ... 725
1. *Muster*: Einfacher Vorstandsvertrag (nicht börsennotierte AG) mit Erläuterungstext ... 725
2. *Muster*: Vorstandsvertrag (nicht börsennotierte AG) mit Koppelungsklausel ... 732
3. *Muster*: Vorstandsvertrag mit Pensionsvertrag und Anschlussarbeitsverhältnis ... 736
4. *Muster*: Dienstvertrag eines Holding-Vorstands mit ausschließlich variabler Vergütung ... 740
5. *Muster*: Dienstvertrag (börsennotierte AG) mit nachhaltiger variabler Vergütung, „Mannesmann-", Change-of-Control- sowie Compliance-Klausel ... 743
6. *Muster*: Betriebliche Altersversorgung – Isolierte Pensionszusage eines Vorstands im Konzern ... 748
7. *Muster*: Anstellungsvertrag eines Vorstands einer Bank mit Pensions- und Darlehensvertrag ... 750
8. *Muster*: Vorstandsvertrag mit zielbezogener Bonusregelung ... 757
9. *Muster*: Geschäftsordnung für den Vorstand der Gesellschaft ... 760
10. *Muster*: Abberufungs- und Kündigungsbeschluss wegen eines Vorstandsmitglieds ... 763
11. *Muster*: Freistellungsvereinbarung mit einem Vorstandsmitglied ... 764
12. *Muster*: Aufsichtsratsbeschluss wegen Herabsetzung der Vergütung und Ruhegehaltansprüche (§ 87 Abs. 2 AktG) ... 765
13. *Muster*: Herabsetzungsschreiben gem. § 87 Abs. 2 AktG ... 765

§ 2 Zusatzvereinbarungen zu Arbeits- und Anstellungsverträgen ... 767

Kapitel 1: Nachvertragliche Wettbewerbsverbote ... 767

A. Erläuterungen ... 767
I. Gesetzliche Regelungen und personeller Geltungsbereich ... 767
II. Arten von Wettbewerbsverboten ... 770
1. Allgemeines ... 770
2. Unternehmensbezogenes Wettbewerbsverbot ... 770
3. Tätigkeitsbezogenes Wettbewerbsverbot ... 771
4. Kombination von unternehmens- und tätigkeitsbezogenem Wettbewerbsverbot ... 772
III. Rechtsform der Wettbewerbsbetätigung ... 772
IV. Einbeziehung von Konzernunternehmen ... 773
V. Örtlicher Geltungsbereich ... 774

VI.	Nichtige und unverbindliche Wettbewerbsvereinbarungen	775
	1. Grundsatz der bezahlten Karenz	775
	2. Nichtige Wettbewerbsvereinbarungen	778
	3. Unverbindliche Wettbewerbsvereinbarungen	779
	4. AGB-rechtliche Fragestellungen	781
VII.	Formelle Wirksamkeitsvoraussetzungen	782
	1. Schriftformerfordernis	782
	2. Aushändigung	782
VIII.	Mandantenschutzklauseln	783
	1. Niederlassungsverbote	783
	2. Allgemeine Mandantenschutzklauseln	783
	3. Beschränkte Mandantenschutzklauseln	784
	4. Mandantenübernahmeklauseln	784
IX.	Bedingte Wettbewerbsverbote	785
X.	Wegfall des Wettbewerbsverbots	787
XI.	Höhe der Karenzentschädigung und Verdienstanrechnung	788

B. Texte ... 790
   I. Wettbewerbsverbote ... 790
      1. *Muster*: Nachvertragliches Wettbewerbsverbot (ohne Vertragsstrafenregelung) ... 790
      2. *Muster*: Nachvertragliches unternehmensbezogenes Wettbewerbsverbot (mit Vertragsstrafenregelung) ... 792
      3. *Muster*: Vertragliches und nachvertragliches, unternehmens- und tätigkeitsbezogenes Wettbewerbsverbot ... 794
      4. *Muster*: Tätigkeits- und gebietsbezogenes Wettbewerbsverbot ... 796
      5. *Muster*: Tätigkeits- und gebietsbezogenes Wettbewerbsverbot als Arbeitsvertragsklausel ... 797
      6. *Muster*: Unternehmensbezogene Wettbewerbsverbotsklausel ... 797
      7. *Muster*: Tätigkeitsbezogene Wettbewerbsverbotsklausel ... 797
      8. *Muster*: Vorvertrag zu einem nachvertraglichen Wettbewerbsverbot (1) ... 798
      9. *Muster*: Vorvertragsklausel zu einem nachvertraglichen Wettbewerbsverbot (2) ... 798
     10. *Muster*: Mandantenschutzklausel ... 798
   II. Korrespondenz bei Wettbewerbsvereinbarungen ... 799
      1. *Muster*: Aufforderung zur Auskunft über anderweitigen Erwerb ... 799
      2. *Muster*: Lösungserklärung des Arbeitnehmers gem. § 75 Abs. 1 oder 2 HGB ... 799
      3. *Muster*: Verzicht des Arbeitgebers gem. § 75 a HGB ... 799
      4. *Muster*: Lösungserklärung des Arbeitgebers bei fristloser Kündigung nach § 75 Abs. 1 und 3 HGB ... 799
      5. *Muster*: Angebot einer erhöhten Karenzentschädigung nach § 75 Abs. 2 HGB ... 800
      6. *Muster*: Ablehnungsandrohung durch den Arbeitnehmer bei Karenzzahlungsverzug ... 800
      7. *Muster*: Zahlungsaufforderungsschreiben Karenzentschädigung ohne anrechenbare Einkünfte ... 800
      8. *Muster*: Zahlungsaufforderungsschreiben Karenzentschädigung mit anrechenbaren Einkünften ... 801

Kapitel 2: Kfz-Nutzung, Dienstwagen ... 803

A. Erläuterungen ... 803
   I. Vereinbarung des Nutzungsumfangs ... 803
      1. Betriebliche und private Nutzung ... 803
      2. Widerruf der Privatnutzung ... 805
      3. Dienstwagen und Altersteilzeit ... 806
      4. Mitnahme von Arbeitskollegen; Fahrer für Dienstwagen ... 807
   II. Mitbestimmung des Betriebsrats ... 807
   III. Steuerrechtliche Behandlung der privaten Nutzung ... 807
      1. Dienstwagen als geldwerter Vorteil ... 807

  2. Einzelnachweis (Fahrtenbuch) 808
  3. Ein-Prozent-Regelung 808
  4. Autotelefon 810
   a) Telefone in einem Fahrzeug des Arbeitgebers 810
   b) Telefone in einem Fahrzeug des Arbeitnehmers 810
 IV. Haftungsrechtliche Einzelfragen 811
 V. Vorenthaltung und Rückgabe des Fahrzeugs 812
  1. Schadensersatzansprüche 812
  2. Herausgabeanspruch am Dienstwagen 813
  3. Ermittlung des Wertersatzes 814
 VI. Kostenbeteiligung des Arbeitnehmers 815
  1. Modell-Upgrade durch Zuzahlungen während des Arbeitsverhältnisses ... 815
  2. Übernahme der Kosten des Leasingvertrages durch den Arbeitnehmer bei Ausscheiden? 815
  3. Übernahme der Differenzkosten eines auf Wunsch des Arbeitnehmers angeschafften/geleasten Dienstwagens? 816
B. Texte 816
 I. Dienstwagenvereinbarungen 816
  1. *Muster*: Dienstwagenvereinbarung mit Nutzungspauschale für Privatfahrten 816
  2. *Muster*: Betriebs-Kraftfahrzeug für Dienst- und Privatfahrten (Abrechnung nach Einzelnachweis) mit Widerrufsklausel 818
  3. *Muster*: Dienstwagenvereinbarung mit Nutzungspauschale für Privatfahrten (Arbeitsvertragsergänzung) 821
  4. *Muster*: Frei widerrufliche Kfz-Überlassungsvereinbarung (ohne Privatnutzung) 824
  5. *Muster*: Umfangreiche Dienstwagenvereinbarung mit Privatnutzungsanspruch und vereinbarter steuerlicher Nutzungspauschale 826
  6. *Muster*: Dienstwagenvereinbarung bei „Standard"-Leasingfahrzeug 829
  7. *Muster*: Dienstwagenvereinbarung bei „Sonder"-Leasingfahrzeug (Übernahme der ausschließlich durch Sonderwünsche des Mitarbeiters entstandenen Zusatz-Leasingkosten durch den Mitarbeiter bei dessen Ausscheiden) 831
  8. *Muster*: Regelung zu einer Beteiligung des Arbeitnehmers an den Leasingkosten des ... 833
  9. *Muster*: Einfache Arbeitsvertragsklausel mit Verweis auf Dienstwagen-Richtlinie 833
  10. *Muster*: Car-Allowance-Regelung (Zurverfügungstellung des privaten Kfz durch Mitarbeiter) 834
 II. Korrespondenz zu Dienstwagen und Dienstfahrten 835
  1. *Muster*: Erlaubnis der Benutzung eines arbeitnehmereigenen Kraftfahrzeugs für Dienstfahrten 835
  2. *Muster*: Haftungsverzichtserklärung eines Arbeitskollegen 836
  3. *Muster*: Unfallmeldung 836
  4. *Muster*: Aufforderung zur Rückgabe des Dienstwagens (Freistellung/Ende des Arbeitsverhältnisses) 837

Kapitel 3: Arbeitgeberdarlehen; Aus- und Fortbildungsfinanzierung; aktienkursorientierte Vergütung 838

A. Erläuterungen 839
 I. Arbeitgeberdarlehen 839
  1. Abgrenzung zu sonstigen finanziellen Leistungen 839
  2. Grenzen der vertraglichen Gestaltungsmöglichkeiten 839
   a) Rückzahlungsraten und Pfändungsfreigrenzen 839
   b) Zinsen 840
   c) Wirkung von Ausschlussfristen; Verjährung 841
   d) Arbeitgeberdarlehen und Verbraucherschutzrecht 841
  3. Rückzahlungsklauseln 842
 II. Aus- und Fortbildungsverträge 842
  1. Verschiedene Vertragsformen in der Praxis 842

2. Rückzahlungsklauseln bei Ausbildungsverträgen 843
3. Rückzahlungsklauseln bei Fortbildungsverträgen 844
   a) Abgrenzung von Arbeitgeberdarlehen 844
   b) Beschränkungen durch das BBiG 844
   c) Beschränkungen durch Art. 12 GG 845
   d) Beschränkungen durch AGB-Recht 845
   e) Prüfungsschema des BAG 846
   f) Rückzahlungsklauseln bei betriebsbezogener Fortbildung 848
   g) Bindungsdauer 849
4. Rückzahlungsklauseln in Praxisphasenverträgen dualer Studiengänge 851
5. Rückzahlungsvereinbarung aus sonstigen Gründen 851
6. Beteiligung des Arbeitnehmers an Ausbildungskosten 852
7. Rechtsfolgen unwirksamer Fortbildungsvereinbarungen 852
III. Aktienkursorientierte Vergütung 852
1. Grundlagen 852
2. Gewährung von Aktien 853
   a) Belegschaftsaktien 853
   b) Aktiengewährung auf Basis sog. Share Matching Pläne 854
3. Gewährung von Aktienoptionen 855
   a) Begriff und Bedeutung 855
   b) Rechtliche Grundlagen 856
4. Gewährung von virtuellen Aktien (SAR's) oder virtuellen Aktienoptionen
   (Phantom Stocks) 860
5. Weitere Gestaltungsansätze 861

B. Texte 861
I. Arbeitgeberdarlehen 861
1. *Muster*: Arbeitgeberdarlehensvertrag 861
2. *Muster*: Darlehensvertrag mit Sicherungsübereignung eines Pkw 862
3. *Muster*: Arbeitgeberdarlehen mit Sicherungsabtretung 863
II. Fortbildungsverträge 864
1. *Muster*: Fortbildungsvertrag (1) 864
2. *Muster*: Fortbildungsvertrag (2) 865
3. *Muster*: Fortbildungsvertrag mit gestaffelter Rückzahlungsklausel 866
4. *Muster*: Ausbildungsvertrag für Studium mit vertiefter Praxis 867
5. *Muster*: Praxisphasenvertrag zum dualen Studiengang mit teilweiser
   Rückzahlungsverpflichtung 871
III. Aktienkursorientierte Vergütung 874
1. *Muster*: Teilnahme am Aktienoptionsprogramm der Gesellschaft (1) 874
2. *Muster*: Teilnahme am Aktienoptionsprogramm der Gesellschaft (2) 875
3. *Muster*: Teilnahme am künftigen Aktienoptionsprogramm der Gesellschaft (1) 875
4. *Muster*: Teilnahme am künftigen Aktienoptionsprogramm der Gesellschaft (2) 875
5. *Muster*: Teilnahme am Aktienoptionsprogramm einer ausländischen
   Konzernmutter (1) 875
6. *Muster*: Teilnahme am Aktienoptionsprogramm einer ausländischen
   Konzernmutter (2) 876

§ 3 Arbeitsrechtstexte der Personalarbeit 877

Kapitel 1: Einstellung 877

A. Erläuterungen 877
I. Vorstellungskosten 877
II. Fragerecht des Arbeitgebers und Offenbarungspflicht des Arbeitnehmers 878
III. Mitbestimmungsrechte des Betriebsrats beim Personalfragebogen und bei
    Beurteilungsgrundsätzen 885

IV. Personalauswahl	885
V. Stellenausschreibung	886
VI. Zusammenarbeit mit dem Betriebsrat bei Einstellungen	888
VII. Aufklärungspflichten im Anbahnungsverhältnis	888
VIII. Befristung von Arbeitsverhältnissen	889
B. Texte	890
I. Bewerberauswahl	890
1. *Muster*: Bewerberbeurteilung	890
2. *Muster*: Fragebogen an Bewerber	892
3. *Muster*: Personalfragebogen	893
4. *Muster*: Fragenkatalog zum Bewerbungsgespräch	894
5. *Muster*: Zwischennachricht	895
6. *Muster*: Einladung zum Vorstellungsgespräch mit Kostenübernahme	896
7. *Muster*: Einladung zum Vorstellungsgespräch ohne Kostenübernahme	896
8. *Muster*: Zusage Bewerbung	897
9. *Muster*: Absage Bewerbung	897
10. *Muster*: Einwilligung in ärztliche Untersuchung, psychologische und graphologische Untersuchung	897
II. Stellenbeschreibung	897
1. *Muster*: Einfache Stellenbeschreibung	897
2. *Muster*: Interne Stellenausschreibung (Aushang)	898
3. *Muster*: Job Description	898
4. *Muster*: Fragebogen zur Erarbeitung einer Stellenbeschreibung	899
III. Mitbestimmung des Betriebsrats bei Einstellung	900
1. *Muster*: Antrag auf Zustimmung zur Einstellung mit Antwortformular für den Betriebsrat	900
2. *Muster*: Schwerbehindertenabfrage	901
3. *Muster*: Bekanntgabe der Einstellung eines leitenden Angestellten an den Betriebsrat	901
4. *Muster*: Guideline für Betriebsräte zur Prüfung der Voraussetzungen einer Zustimmungserteilung	901

Kapitel 2: Administration bestehender Arbeitsverhältnisse — 903

A. Erläuterungen	904
I. Leistungsbeurteilung	904
II. Änderung von Arbeitsbedingungen	905
III. Urlaub	906
IV. Abmahnung	907
1. Wesen der Abmahnung	907
2. Pflichtverletzungen im Leistungsbereich	908
3. Form der Abmahnung	910
4. Prüfungsreihenfolge: Abmahnungen	911
5. Verwirkung	912
V. Auskunft	912
VI. Abwerbung von Mitarbeitern	913
VII. Unterrichtungspflicht gem. § 613a Abs. 5 und 6 BGB	914
VIII. Antragstellung auf Eltern-/Großelternzeit, Pflegezeit und korrespondierende Teilzeitarbeit	916
IX. Antrag auf Teilzeitarbeit nach § 8 TzBfG	917
B. Texte	918
I. Mitarbeiterbeurteilung	918
1. *Muster*: Leistungsbeurteilungsbogen	918
2. *Muster*: Mitarbeiterbeurteilung	919
II. Änderung von Arbeitsbedingungen	921
1. *Muster*: Umwandlungsvereinbarung	921

2. *Muster*: Vereinbarung zur Übernahme eines Arbeitsverhältnisses innerhalb des Konzerns 921
3. *Muster*: Vereinbarung zur Absicherung des Arbeitgeberwechsels bei Betriebs(teil)übergang innerhalb des Konzerns 922
4. *Muster*: Versetzungsvereinbarung (Entsendung in ausländisches Tochterunternehmen) 923
5. *Muster*: Versetzung 926
6. *Muster*: Unterrichtung des Arbeitgebers über Betriebsübergang gem. § 613 a BGB und Zustimmung des Mitarbeiters 926
7. *Muster*: Widerspruch des Mitarbeiters bei Betriebsübergang 929
8. *Muster*: Verwirkungsschutz zum Widerspruch bei Betriebsübergang 929
9. *Muster*: Erteilung einer Prokura 930
10. *Muster*: Erteilung einer Handlungsvollmacht (Kurzfassung) 930
11. *Muster*: Erteilung einer Handlungsvollmacht (Langfassung) 930
12. *Muster*: Wiedereingliederungsvertrag 931
13. *Muster*: Bestehen der Probezeit 933
14. *Muster*: Verlängerung der Probezeit durch Aufhebungsvertrag 933
15. *Muster*: Mitteilung der Zweckerreichung 933
16. *Muster*: Ruhensvereinbarung 934
17. *Muster*: Dienstreiseantrag 935
III. Telearbeit 935
1. *Muster*: Telearbeitsvertrag (als Anschreiben) mit Merkblatt zu Arbeitssicherheit sowie Hinweisen zu Datenschutz und Informationssicherheit – alternierende Telearbeit 935
2. *Muster*: Widerruf des Telearbeitsvertrages 940
3. *Muster*: Checkliste Telearbeit 940
IV. Urlaub 944
1. *Muster*: Urlaubsantrag 944
2. *Muster*: Genehmigung bezahlten Urlaubs 944
3. *Muster*: Genehmigung unbezahlten Urlaubs (Sabbatical/Sonderurlaub) ... 944
4. *Muster*: Anwesenheitsprämie durch bezahlten Urlaub 945
5. *Muster*: Urlaubsbescheinigung gem. § 6 Abs. 2 BUrlG 945
V. Mutterschaft/Elternzeit; Pflegezeit 945
1. *Muster*: Schreiben des Arbeitgebers einige Wochen vor der Niederkunft 945
2. *Muster*: Mitteilung der Schwangerschaft an das Gewerbeaufsichtsamt 946
3. *Muster*: Antrag auf Elternzeit (vollständige Freistellung) 947
4. *Muster*: Antrag auf Elternzeit (mit Teilzeittätigkeit) 947
5. *Muster*: Schreiben des Arbeitgebers nach der Geltendmachung der Elternzeit 947
6. *Muster*: Ablehnung des Arbeitgebers einer während der Elternzeit gewünschten Teilzeittätigkeit 948
7. *Muster*: Checkliste Elternzeit 948
8. *Muster*: Antrag auf Pflegezeit 952
VI. Datenschutz und Verhaltensgrundsätze 952
1. *Muster*: Verpflichtungserklärung auf das Datengeheimnis 952
2. *Muster*: Verpflichtung zur Wahrung von Betriebsgeheimnissen 952
3. *Muster*: Merkblatt zum Datengeheimnis 953
4. *Muster*: Benutzerrichtlinien für das Internet 954
5. *Muster*: Verhaltensregeln zur Verhinderung von Korruption (Einzelhandel) 956
6. *Muster*: Der Firmen-Ethik-Kodex 958
VII. Bescheinigungen für den Arbeitgeber und Erklärungen des Arbeitnehmers 959
1. *Muster*: Einwilligung in eine werks- oder vertrauensärztliche Untersuchung 959
2. *Muster*: Abstraktes Schuldversprechen 959
3. *Muster*: Erklärung/Protokoll über Einsichtnahme 960
4. *Muster*: Anschreiben wegen Ermittlung eines leidensgerechten Arbeitsplatzes und Entbindung von der ärztlichen Schweigepflicht 960
5. *Muster*: Antrag auf Gleichstellung mit einem schwerbehinderten Menschen 961

	6. *Muster*: Vereinbarung über Haftungsfreistellung einer Sicherheitsbeauftragten	961
	7. *Muster*: Mankovereinbarung	962
	8. *Muster*: Meldung einer Diensterfindung	963
	9. *Muster*: Kündigung und Mitteilung der Unverbindlichkeit eines Wettbewerbsverbots	963
	10. *Muster*: Vergütungsvereinbarung für Arbeitnehmererfindung	964
VIII.	Abmahnung und Konfliktbewältigung	966
	1. *Muster*: Checkliste zur Konfliktanalyse	966
	2. *Muster*: Abmahnungsformular	967
	3. *Muster*: Rahmentext eines Abmahnungsschreibens	967
	4. *Muster*: Abmahnung wegen Verstoß gegen Alkoholverbot	968
	5. *Muster*: Abmahnung wegen unentschuldigten Fehlens	968
	6. *Muster*: Letztmalige Abmahnung wegen Verspätung	969
	7. *Muster*: Abmahnung wegen Übertretung des Rauchverbots	969
	8. *Muster*: Ermahnung wegen Umgangs mit offenem Feuer	969
	9. *Muster*: Abmahnung wegen Störung des Betriebsfriedens	970
	10. *Muster*: Abmahnung des Arbeitgebers durch den Arbeitnehmer wegen Gehaltsrückstand	970
IX.	Teilzeitverlangen nach § 8 TzBfG	971
	1. *Muster*: Antrag auf Reduzierung der Arbeitszeit	971
	2. *Muster*: Antrag auf Teilzeittätigkeit	971
	3. *Muster*: Zurückweisung wegen verspäteter Antragstellung	972
	4. *Muster*: Ablehnung des Antrags auf Arbeitszeitreduzierung	972
	5. *Muster*: Stattgeben des Antrags auf Arbeitszeitreduzierung	973

Kapitel 3: Zeugnistexte — 974

A.	Erläuterungen	974
	I. Rechtsgrundlagen und Begriffe	974
	II. Rechtsnatur	975
	III. Anspruchsberechtigte	975
	IV. Anspruchsverpflichteter	975
	1. Arbeitgeber	975
	2. Zeugnisausstellung bei Insolvenz	976
	V. Fälligkeit des Zeugnisanspruchs	977
	VI. Zwischenzeugnis	977
	VII. Funktion des Zeugnisses	978
	VIII. Inhalt des Zeugnisses	979
	1. Einfaches Zeugnis	979
	2. Qualifiziertes Zeugnis	980
	IX. Form des Zeugnisses	982
	X. Haftung des Arbeitgebers	983
	XI. Änderung und Neuerteilung des Zeugnisses	983
	XII. Darlegungs- und Beweislast	984
	XIII. Versteckte Botschaften	984
	XIV. Prozessuales	985
B.	Texte	986
	1. *Muster*: Beurteilung bei sehr guten Leistungen	986
	2. *Muster*: Beurteilung guter Leistungen	986
	3. *Muster*: Beurteilung einer befriedigenden Leistung	986
	4. *Muster*: Beurteilung bei ausreichenden Leistungen	987
	5. *Muster*: Beurteilung bei mangelhaften Leistungen	987
	6. *Muster*: Beurteilungsskala nach LAG Hamm	987
	7. *Muster*: Benotungsskala nach der Rechtsprechung	988
	8. *Muster*: Sozialverhalten leitender Angestellter gegenüber Internen	988
	9. *Muster*: Dankes-/Bedauerns-Formel für alle Arbeitnehmergruppen	989

§ 4 Beendigung von Arbeitsverhältnissen ... 991

Kapitel 1: Kündigung von Arbeitsverhältnissen ... 991

A. Erläuterungen ... 991
    I. Schriftformerfordernis gem. § 623 BGB ... 991
    II. Bestimmtheitserfordernis ... 993
    III. Kündigungsberechtigung ... 994
    IV. Zugang der Kündigungserklärung ... 996
        1. Allgemeines ... 996
        2. Zugang unter Anwesenden ... 996
        3. Zugang unter Abwesenden ... 996
    V. „Rücknahme" der Kündigung ... 1002
    VI. Kündigungsfristen ... 1003
        1. Allgemeines ... 1003
        2. Verhältnis von Kündigungsfrist und Kündigungstermin ... 1004
        3. Tarifvertragliche Regelungen ... 1005
        4. Nicht frist- und nicht termingerechte Kündigung ... 1006
    VII. Beteiligung Dritter bei der Kündigung ... 1006
    VIII. Änderungskündigung ... 1007
    IX. Anhörung des Betriebsrats ... 1008
        1. Allgemeine Grundsätze des Anhörungsverfahrens ... 1008
        2. Anhörungsverfahren ... 1009
        3. Inhalt der Unterrichtung ... 1012
            a) Allgemeines ... 1012
            b) Betriebsbedingte Kündigung ... 1014
            c) Personenbedingte Kündigung ... 1015
            d) Verhaltensbedingte Kündigung ... 1015
            e) Außerordentliche Kündigung ... 1016
            f) Verdachtskündigung ... 1016
            g) Änderungskündigung ... 1017
        4. Darlegungs- und Beweislast ... 1017
        5. Reaktionen des Betriebsrats ... 1018
    X. Besonderer Kündigungsschutz der betrieblichen Funktionsträger ... 1019
    XI. Kündigung schwerbehinderter Menschen ... 1020

B. Texte ... 1024
    I. Kündigungsschreiben ... 1024
        1. Ordentliche Kündigung allgemein ... 1024
            a) *Muster*: Mindestinhalt eines Kündigungsschreibens ... 1024
            b) *Muster*: Mindestinhalt eines Kündigungsschreibens (englisch) ... 1025
            c) *Muster*: Ausführliches Kündigungsschreiben ohne Begründung ... 1025
        2. Betriebsbedingte Kündigung ... 1026
            a) *Muster*: Betriebsbedingte Kündigung wegen Auftragsrückgangs ... 1026
            b) *Muster*: Betriebsbedingte Kündigung wegen Leistungsverdichtung ... 1026
            c) *Muster*: Betriebsbedingte Kündigung wegen Produktionsrückgangs ... 1027
            d) *Muster*: Betriebsbedingte Kündigung wegen Betriebsteilstilllegung ... 1028
            e) *Muster*: Betriebsbedingte Kündigung mit Abfindungsanspruch ... 1029
            f) *Muster*: Betriebsbedingte Kündigung mit Angebot eines Abwicklungsvertrages ... 1029
            g) *Muster*: Stilllegungsbeschluss der Gesellschafter einer GmbH zur Vorbereitung betriebsbedingter Kündigungen ... 1030
        3. Verhaltensbedingte Kündigung ... 1030
            a) *Muster*: Verhaltensbedingte Kündigung ... 1030
        4. Personenbedingte Kündigung ... 1031
            a) *Muster*: Personenbedingte Kündigung wegen langanhaltender Krankheit ... 1031

5. Außerordentliche Kündigung 1032
   a) *Muster*: Außerordentliche Kündigung 1032
   b) *Muster*: Außerordentliche Kündigung mit sozialer Auslauffrist 1032
6. Ordentliche Änderungskündigung 1033
   a) *Muster*: Ordentliche Änderungskündigung 1033
   b) *Muster*: Ordentliche Änderungskündigung wegen Organisationsänderung 1033
7. Außerordentliche Änderungskündigung 1034
   a) *Muster*: Außerordentliche Änderungskündigung 1034
8. Arbeitnehmerreaktionen 1035
   a) *Muster*: Aufforderung, die Gründe der Sozialauswahl mitzuteilen 1035
   b) *Muster*: Aufforderung, die Gründe einer außerordentlichen Kündigung mitzuteilen .. 1035
   c) *Muster*: Zurückweisung nach §§ 174 BGB, 180 BGB 1036
   d) *Muster*: Anfechtung einer Eigenkündigung wegen Drohung 1036
   e) *Muster*: Außerordentliche Kündigung durch den Arbeitnehmer wegen Gehaltsrückstands 1037
II. Kommunikation bei der Kündigung mit Betriebsrat, Sprecherausschuss und Integrationsamt 1037
   1. *Muster*: Einholung der Zustimmung des Integrationsamts 1037
   2. *Muster*: Antrag auf Zustimmung zur Kündigung einer schwangeren Arbeitnehmerin 1038
   3. *Muster*: Antrag auf Zustimmung zur Kündigung in der Elternzeit 1038
   4. *Muster*: Anhörung des Betriebsrats vor ordentlicher Kündigung 1039
   5. *Muster*: Anhörung des Betriebsrats vor außerordentlicher Kündigung ... 1039
   6. *Muster*: Anhörung des Betriebsrats vor einer ordentlichen Änderungskündigung 1040
   7. *Muster*: Anhörung des Sprecherausschusses 1040
III. Arbeitspapiere 1041
   1. *Muster*: Ausgleichsquittung 1041
   2. *Muster*: Angebot auf Abfindung nach § 3 BetrAVG 1041
IV. Arbeitsunterlagen des Betriebsrats 1042
   1. *Muster*: Checkliste für Betriebsräte zur Prüfung der Zustimmungsvoraussetzungen bei Versetzung und Umgruppierung 1042
V. Massenentlassungen 1043
   1. *Muster*: Sozialdaten-Liste 1043

Kapitel 2: Abwicklungs- und Aufhebungsverträge 1045

A. Erläuterungen 1046
   I. Abgrenzung des Abwicklungsvertrages vom Aufhebungsvertrag 1046
   II. Schnittstellen zum Steuerrecht 1047
      1. Überblick 1047
      2. Die tatbestandlichen Voraussetzungen gem. § 24 EStG 1047
         a) Entschädigung als Ersatz für Einnahmen oder Aufgabe einer Tätigkeit 1047
         b) Zusammenballung von Einkünften 1049
      3. Berechnungsweg der Steuerermäßigung, § 34 EStG 1051
      4. Lohnsteueranrufungsauskunft 1053
   III. Schnittstellen zum Arbeitsförderungsrecht (SGB III) 1054
      1. Verstecktes Arbeitsentgelt 1054
      2. Anspruch auf Arbeitslosengeld 1054
      3. Sperrzeit wegen Arbeitsaufgabe nach § 159 Abs. 1 Satz 2 Nr. 1 SGB III 1056
         a) Allgemeines 1056
         b) Die Sperrzeit-Rechtsprechung des BSG 1056
         c) Geschäftsanweisungen der Bundesagentur für Arbeit (GA) 1063
         d) Rechtsfolgen der Sperrzeit bei Arbeitsaufgabe 1065
      4. Ruhen des Anspruchs bei Entlassungsentschädigung 1065
      5. Anrechnung von Nebenverdienst 1068
      6. Anspruchsübergang auf die Bundesagentur für Arbeit, § 115 SGB X . 1068
   IV. Rechtsfragen bei streitiger Arbeitnehmereigenschaft 1070

V. Aufhebungs- und Abwicklungsverträge mit GmbH-Geschäftsführern und AG-Vorständen 1072
VI. Inhaltskontrolle von Klauseln in Aufhebungs- und Abwicklungsverträgen 1075
   1. Einbeziehungsnormen für Arbeitsverträge 1075
   2. Inhaltskontrolle bei Aufhebungs- und Abwicklungsverträgen 1075
   3. Unangemessene Benachteiligung bei formularmäßigem Verzicht auf Kündigungsschutzklage 1076
VII. Klauselformulierungen im Rechtskontext 1077
   1. Abfindungsklauseln 1077
      a) Funktion der Abfindung 1077
      b) Abfindungshöhe 1078
      c) Abfindungen in gerichtlichen Abwicklungsverträgen 1080
      d) Abfindung und Steuerrecht 1082
      e) Brutto- und Nettoabfindungen 1085
      f) Entstehung und Fälligkeit der Abfindung 1085
      g) Abfindung in der Zwangsvollstreckung 1088
      h) Abfindung und Familienrecht 1088
      i) Abfindung in der Insolvenz 1089
      j) Verjährung und Verfall von Abfindungen 1091
      k) Abfindungsrückzahlungsklauseln 1091
      l) Abfindungsverlustklausel 1092
   2. Abfindung nach § 1 a KSchG 1092
   3. Abwicklungsvertrag mit Rückkehrperspektive 1094
   4. Announcement-Klauseln 1096
   5. Aufhebungsklauseln 1097
   6. Aufklärungsklauseln 1099
      a) Beendigungsinitiative und Aufklärungspflicht 1099
      b) Keine Pflicht zur Ankündigung eines künftigen Sozialplans 1100
      c) Hinweispflicht nach § 2 Abs. 2 Satz 2 Nr. 3 SGB III 1100
      d) Aufklärungspflicht über Versorgungsanwartschaften 1101
      e) Keine Aufklärungspflicht wegen des Zeitpunktes einer Erwerbsunfähigkeitsrente ... 1102
      f) Aufklärungspflicht über Sonderkündigungsschutz 1103
      g) Eigenkündigung 1103
      h) Rechtsfolgen bei Verletzung der Aufklärungspflicht 1103
   7. Ausgleichsklauseln 1105
   8. Auslauffristen 1108
   9. Beendigungsbegründungsklauseln 1109
   10. Berufsausbildungsverhältnisse 1109
   11. Betriebliche Altersversorgung 1111
      a) Fünf Durchführungswege 1111
      b) Entgeltumwandlung 1114
      c) Sicherung durch Bürgschaft 1115
   12. Betriebsgeheimnisklauseln 1115
   13. Diensterfindungen 1116
   14. Dienstwagenklauseln 1117
      a) Rückgabeorte 1117
      b) Erwerb durch den Arbeitnehmer 1117
      c) Nutzungsarten 1118
      d) Leasing 1120
      e) Sonstiges zur Pkw-Rückgabe 1121
   15. Freistellungsklauseln 1121
      a) Inhaltskontrolle 1121
      b) Unwiderrufliche Freistellung 1122
      c) Widerrufliche Freistellung 1123
      d) Anrechnung von Zwischenverdienst 1124
      e) Anrechnung von Urlaub 1126

f) Sonstige Freizeitausgleichsansprüche		1128
g) Sperrzeitvorteil durch Freistellung		1128
h) Freistellung und Krankheit		1128
16. Insolvenzschutzklauseln zur Pensionssicherung		1129
17. Outplacement-Klauseln		1131
18. Probezeitverlängerungsklausel		1132
19. Provisionsregelungen		1133
20. Prozessprotokollierungsvereinbarung		1133
21. Rückgabevereinbarungen		1134
22. Salvatorische Klausel		1135
23. Schuldanerkenntnisse		1136
24. Sprinterprämie		1137
25. Stock Options		1138
26. Tantiemeregelungen		1139
27. Urlaubs- und Urlaubsabgeltungsklauseln		1139
28. Vererbbarkeitsklauseln		1140
29. Versprechen ordnungsgemäßer Abwicklung		1141
30. Vollstreckungsklausel		1142
31. Wettbewerbsverbotsklauseln		1142
32. Widerrufs- und Rücktrittsklausel		1143
33. Zeugnisklauseln		1144
B. Texte		1146
I. Aufhebungs- und Abwicklungsverträge mit GmbH-Geschäftsführern		1146
1. *Muster*: Ausführlicher Aufhebungsvertrag (deutsch)		1146
2. *Muster*: Aufhebungsvertrag (deutsch/englisch)		1149
3. *Muster*: Ausführlicher Abwicklungsvertrag (deutsch/englisch)		1152
4. *Muster*: Ausführlicher Aufhebungsvertrag (deutsch/englisch)		1156
5. *Muster*: Kurzer Abwicklungsvertrag (deutsch/englisch)		1160
II. Aufhebungsverträge mit AG-Vorständen		1162
1. *Muster*: Aufhebungsvertrag mit freigestelltem Vorstandsvorsitzenden		1162
2. *Muster*: Aufhebungsvertrag mit Vorstand einer konzernverbundenen AG		1165
III. Aufhebungsverträge mit Arbeitnehmern		1167
1. *Muster*: Ausführlicher Aufhebungsvertrag		1167
2. *Muster*: Kurzer Aufhebungsvertrag (deutsch/englisch)		1170
3. *Muster*: Kurzer Aufhebungsvertrag		1172
4. *Muster*: Aufhebungsvertrag mit einem Ingenieur		1173
5. *Muster*: Aufhebungsvertrag unter Mitwirkung des Integrationsamts		1176
IV. Abwicklungsverträge mit Arbeitnehmern		1177
1. *Muster*: Abwicklungsvertrag vor Erhebung der Kündigungsschutzklage		1177
2. *Muster*: Abwicklungsvertrag nach Erhebung der Kündigungsschutzklage		1179
3. *Muster*: Prozessvergleich mit Monte-Carlo-Klausel		1181
4. *Muster*: Abwicklungsvertrag als Anschreiben		1182
5. *Muster*: Abwicklungsvertrag (deutsch/englisch)		1182
6. *Muster*: Gerichtlicher Vergleich nach Kündigung wegen Alkoholerkrankung		1183
7. *Muster*: Abwicklungsvertrag nach Auslandsentsendung		1184
V. Sonstige Regelungen		1186
1. *Muster*: Aufhebungsvertrag mit einem freien Mitarbeiter		1186
2. *Muster*: Lohnsteueranrufungsauskunft		1187
3. *Muster*: Announcement-Klauseln		1187

Kapitel 3: Altersteilzeitverträge 1188

A. Erläuterungen		1188
I. Allgemeines		1188
II. Altersteilzeitmodelle		1189
1. Kontinuierliche Verringerung der Arbeitszeit		1189

	2. Blockmodell	1190
III.	Förderung der Altersteilzeitarbeit	1190
	1. Erstattungsleistungen der Bundesagentur für Arbeit	1190
	2. Arbeitnehmerbezogene Voraussetzungen	1190
	3. Arbeitgeberbezogene Voraussetzungen	1191
	a) Anspruchsvoraussetzungen nach § 3 ATG	1191
	b) Aufstockungsleistungen	1192
	c) Beitragszahlung zur gesetzlichen Rentenversicherung	1194
	d) Wiederbesetzung bzw Ersatzeinstellung	1194
	4. Leistungen der Bundesagentur für Arbeit	1196
	5. Soziale Sicherung des Arbeitnehmers	1197
	a) Entgeltersatzleistungen der Agentur für Arbeit (zB Arbeitslosengeld)	1197
	b) Entgeltersatzleistungen anderer Leistungsträger (zB Krankengeld)	1197
IV.	Problemzonen bei der Gestaltung von Altersteilzeitvereinbarungen	1198
	1. Arbeitsunfähigkeit während der Altersteilzeit	1198
	2. Urlaub	1199
	3. Dienstwagen	1199
	4. Vorzeitige Beendigung des Altersteilzeitverhältnisses	1199
	5. Altersteilzeit und Insolvenz	1200
	a) Grundlagen	1200
	b) Entgeltansprüche in der Insolvenz	1201
	c) Haftung des GmbH-Geschäftsführers	1201
	6. Altersteilzeit und Sperrzeit	1202
	7. Verlust von Ehrenämtern während der Altersteilzeit	1202
	8. Außerhalb von Tarifverträgen kein Anspruch auf Altersteilzeit	1202
B. Texte		1203
	1. *Muster*: Altersteilzeitvertrag (Rechtslage bis 31.12.2009)	1203
	2. *Muster*: Altersteilzeitvereinbarung	1206
	3. *Muster*: Sicherung des Arbeitszeitwertguthabens durch Treuhandregelung	1207
	4. *Muster*: Treuhandvertrag (doppelseitige Treuhand) zum Insolvenzschutz	1207

§ 5 Betriebsvereinbarungen ... 1211

Kapitel 1: Freiwillige Betriebsvereinbarungen ... 1211

A. Erläuterungen		1212
I.	Vorbemerkungen	1212
	1. Keine Behandlung von Tarifverträgen	1212
	2. Betriebskollektive Auswirkungen des AGG	1212
II.	Begriff und Rechtsnatur der Betriebsvereinbarung	1214
III.	Auslegung und Billigkeitskontrolle	1216
IV.	Zustandekommen von Betriebsvereinbarungen	1217
V.	Grenzen der Regelungsmacht der Betriebspartner	1220
VI.	Räumlicher, persönlicher und zeitlicher Geltungsbereich	1223
VII.	Beendigung und Nachwirkung der Betriebsvereinbarung	1225
	1. Zeitablauf und Zweckerreichung	1225
	2. Kündigung der Betriebsvereinbarung	1225
	3. Nachwirkung von Betriebsvereinbarungen	1226
VIII.	Betriebliche Bündnisse für Arbeit	1227
IX.	Gegenstand freiwilliger Betriebsvereinbarungen	1229
X.	Geltungsumfang freiwilliger Betriebsvereinbarungen	1230
B. Texte		1230
I.	Konflikte, interne Kommunikation und Personalwirtschaft	1230
	1. *Muster*: Betriebsjubiläen	1230
	2. *Muster*: Diskriminierungsschutz ausländischer Arbeitnehmer	1231

3. *Muster*: Diskriminierung und Mobbing 1232
4. *Muster*: Frauenförderung 1235
5. *Muster*: Innerbetriebliche Stellenausschreibung 1237
6. *Muster*: Mitarbeiterbeschwerden 1239
7. *Muster*: Mitarbeitergespräche 1240
8. *Muster*: Personalplanung 1255
II. Betriebsratsarbeit – Organisation des Betriebsrats 1255
    1. *Muster*: Arbeitsfreistellung und Vergütung von Betriebsratsmitgliedern 1255
    2. *Muster*: Betriebliche Einigungsstelle 1261
    3. *Muster*: Betriebsversammlungen 1262
    4. *Muster*: Einheitlicher Betrieb 1263
    5. *Muster*: Europäischer Betriebsrat 1264
III. Sonstige Regelungssachverhalte 1268
    1. *Muster*: Altersteilzeit (Bereich Chemie) 1268
    2. *Muster*: Betriebsrente 1273
    3. *Muster*: Suchtprobleme 1275
    4. *Muster*: Umweltschutz 1277

Kapitel 2: Erzwingbare Betriebsvereinbarungen 1280

A. Erläuterungen 1280
    I. Gegenstand erzwingbarer Betriebsvereinbarungen 1280
    II. Nachwirkungen erzwingbarer Betriebsvereinbarungen 1281
    III. Verbotene Regelungsgegenstände 1282
B. Texte 1282
    I. Arbeitszeit 1282
      1. *Muster*: Arbeiten an Wochenenden und Feiertagen 1282
      2. *Muster*: Arbeitszeitregelung zur Sollzeit 1287
      3. *Muster*: Berechnung und Erfassung der Arbeits- und Reisezeit 1291
      4. *Muster*: Flexibilisierung der Arbeitszeit 1293
      5. *Muster*: Gleitende Arbeitszeit 1294
      6. *Muster*: Gleitende Arbeitszeit und elektronische Zeiterfassung 1299
      7. *Muster*: KAPOVAZ-Abrede 1304
      8. *Muster*: Projektbezogene Rufbereitschaft 1307
      9. *Muster*: Variable Arbeitszeit I 1311
      10. *Muster*: Variable Arbeitszeit II (ohne Kernzeit) 1313
      11. *Muster*: Lebensarbeitszeitkonten (Work-Life-Balance) 1316
      12. *Muster*: Freizeitruhe-Garantie (Verbot digitaler Freizeitstörung durch den Arbeitgeber/ Work-Life-Balance) 1318
    II. Betriebliche Ordnung 1319
      1. *Muster*: Alkoholmissbrauch 1319
      2. *Muster*: Allgemeine Arbeitsordnung 1321
      3. *Muster*: Arbeitsvertragsgestaltung (Rahmenrichtlinien) 1330
      4. *Muster*: Arztbesuch während der Arbeitszeit 1339
      5. *Muster*: Betriebsordnung (Kurzfassung) 1339
      6. *Muster*: Betriebsordnung (Langfassung) 1340
      7. *Muster*: Compliance I (Korruptionsbekämpfung) 1353
      8. *Muster*: Compliance II (Datenschutz) 1356
      9. *Muster*: Verhalten der Mitarbeiterinnen und Mitarbeiter im Betrieb 1358
      10. *Muster*: Werksparkplatz 1361
    III. EDV und Telekommunikation 1362
      1. *Muster*: Arbeit an Bildschirmgeräten 1362
      2. *Muster*: E-Mail und Internet 1366
      3. *Muster*: Beteiligung des Betriebsrats vor Einführung neuer DV-Systeme 1370
      4. *Muster*: Einführung, Einsatz und Weiterentwicklung von DV-/IT-Systemen 1372
      5. *Muster*: Einsatz von SAP-HR-TIM 1384

    6. *Muster*: Elektronische Kommunikationssysteme und informationstechnische Infrastruktur 1386
    7. *Muster*: Nutzung der Neuen Medien 1389
    8. *Muster*: Betriebsvereinbarung PAISY 1393
    9. *Muster*: Personalinformationssystem 1397
    10. *Muster*: Telefonanlage 1399
    11. *Muster*: Telefonanlage ACD 1401
    12. *Muster*: Telefonieren mit betrieblichem Handy 1407
    13. *Muster*: Video- und Kameraüberwachung 1411
  IV. Entgeltregelungen 1413
    1. *Muster*: Entgeltordnung 1413
    2. *Muster*: Freiwillige Gratifikation 1416
    3. *Muster*: Prämiensystem für Mitarbeiter im Verkauf 1417
    4. *Muster*: Leistungsorientierte Vergütung nach TVöD 1418
    5. *Muster*: Übertarifliche Zulagen 1420
  V. Sonstige Regelungssachverhalte 1421
    1. *Muster*: Alternierende Telearbeit 1421
    2. *Muster*: Außerbetriebliche Arbeitsstätten 1424
    3. *Muster*: Auswahlrichtlinie gem. § 95 BetrVG 1432
    4. *Muster*: Auswahlrichtlinien 1432
    5. *Muster*: Auswahlrichtlinien bei Kündigungen 1435
    6. *Muster*: Betriebliches Vorschlagswesen 1436
    7. *Muster*: Betriebliches Vorschlagswesen im Bereich der Metallindustrie 1440
    8. *Muster*: Gruppenarbeit 1444
    9. *Muster*: Kurzarbeit 1447
    10. *Muster*: Personaleinkauf 1448
    11. *Muster*: Unfallschutz 1450
    12. *Muster*: Urlaubsrahmenplanung 1452
    13. *Muster*: Urlaubsgewährung 1455

Kapitel 3: Interessenausgleichsvereinbarungen und Sozialpläne 1458

A. Erläuterungen 1459
  I. Der Interessenausgleich 1459
    1. Schwellenwert 1459
    2. Der Begriff der Betriebsänderung 1460
    3. Der Interessenausgleich im taktischen Umfeld 1464
    4. Unterlassungsverfügung 1467
    5. Inhalt eines Interessenausgleichs 1468
    6. Interessenausgleich in der Insolvenz 1470
  II. Der Sozialplan 1471
    1. Gegenstand und Ziel des Sozialplans 1471
    2. Grundsätze 1471
    3. Kombinierter Interessenausgleich und Sozialplan 1474
    4. Inhalt eines Sozialplans 1474
      a) Wirtschaftliche Auswirkungen einer Betriebsänderung als Regelungsgegenstand des Sozialplans 1474
      b) Vererbbarkeit des Abfindungsanspruchs 1477
      c) Fälle des Anspruchsausschlusses 1478
      d) Gestaltungsverbote 1478
      e) Berechnung von Abfindungen 1479
      f) Unternehmerische Entscheidungen für die Vereinbarung von Sozialplänen 1479
      g) Hinweise zu den Mustertexten 1479
    5. Gestaltungsmöglichkeiten der Einigungsstelle 1480
    6. Individualrechtliche Fragestellungen 1481

	III. Differenzierte Beschäftigungssicherung über Transfer-Interessenausgleich und Transfer-Sozialplan	1483
B. Texte		1487
	I. Interessenausgleich	1487
	1. *Muster*: Betriebsstilllegung im Konzern	1487
	2. *Muster*: Betriebsübergang und Sitzverlegung einer Versicherungsgesellschaft	1488
	3. *Muster*: Betriebsverlagerung	1489
	4. *Muster*: Fusion	1491
	5. *Muster*: Fusion und Zusammenführung von Betriebsteilen	1493
	6. *Muster*: Neuorganisation eines Consulting-Unternehmens	1496
	7. *Muster*: Outsourcing von Handwerkern einer Wohnungsbaugesellschaft	1501
	8. *Muster*: Personalabbau	1504
	9. *Muster*: Personalabbau im Bauunternehmen, interne Beschäftigungs- und Qualifizierungseinheit	1507
	10. *Muster*: Teilbetriebsveräußerung, Verschmelzung und Betriebsstättenverlegung	1512
	11. *Muster*: Umwandlung von Vertriebsbüros in Technische Büros	1514
	12. *Muster*: Verflachte Hierarchie, Verbesserung des Leistungsmanagements, Einführung von TQM	1515
	13. *Muster*: Zusammenführung von Betriebsteilen/Bankgewerbe	1528
	II. Sozialplan	1529
	1. *Muster*: Betriebsstilllegung im Konzern	1529
	2. *Muster*: Betriebsstilllegung, Spruch der Einigungsstelle	1538
	3. *Muster*: Betriebsübergang und Sitzverlegung einer Versicherungsgesellschaft	1547
	4. *Muster*: Betriebsverlagerung	1550
	5. *Muster*: Fusion	1556
	6. *Muster*: Insolvenzsozialplan, Spruch der Einigungsstelle	1566
	7. *Muster*: Outsourcing von Handwerkern einer Wohnungsbaugesellschaft	1568
	8. *Muster*: Teilbetriebsveräußerung, Verschmelzung und Betriebsstättenverlegung	1569
	9. *Muster*: Personalabbau	1573
	10. *Muster*: Umwandlung von Vertriebsbüros in Technische Büros	1577
	11. *Muster*: Verlagerung eines Tendenzbetriebs	1585
	12. *Muster*: Zusammenführung von Betriebsteilen mit Vorruhestandsregelung	1593
	III. Kombinationsregelungen Interessenausgleich/Sozialplan	1599
	1. *Muster*: DV- und Orga-Projekte, Rationalisierung	1599
	2. *Muster*: Personalabbau	1607
	3. *Muster*: Restrukturierung	1617
	4. *Muster*: Verlagerung eines Verbandes	1629
	5. *Muster*: Vertriebskonzept- und Arbeitszeitänderung	1631
	6. *Muster*: Vertriebsumstrukturierung	1638
	IV. Transfer-Interessenausgleich	1647
	1. *Muster*: Transfer-Interessenausgleich	1647
	V. Transfer-Sozialplan	1649
	1. *Muster*: Transfer-Sozialplan	1649
	2. *Muster*: Dreiseitiger Vertrag	1652

§ 6 Schriftsätze im arbeitsgerichtlichen Urteilsverfahren 1655

Kapitel 1: Parteienunabhängige Schriftsätze 1655

A. Erläuterungen		1655
	I. Parteibezeichnung	1655
	1. Anforderungen in der Rechtsprechung	1655
	2. GbR als Arbeitgeber	1656
	II. Anträge	1656
	1. Keine Antragstellung im Termin der Güteverhandlung	1656

Inhaltsverzeichnis

	2. Zahlungsklage		1657
		a) Bezifferter Antrag	1657
		b) Zinssatz	1657
		c) Brutto oder Netto	1658
		d) Antragsvarianten	1658
		e) Künftige Leistungen	1659
	3. Auskunfts- und Stufenklage		1659
	4. Feststellungsklage		1660
	5. Abrechnungsklage		1660
	6. Zinsfälligkeit		1661
III.	Terminsverlegung und Fristverlängerung		1661
	1. Fristverlängerung		1661
	2. Terminsverlegung		1661
IV.	Instanzenübergreifende Bestimmungen		1662
	1. Sofortige Beschwerde gegen Kostenentscheidung		1662
	2. Bild- und Tonübertragung, elektronische Akten und Schriftsätze		1662
	3. Erweiterte Hinweispflicht nach § 139 ZPO		1662
	4. Urkundenanordnung		1663
	5. Vereinfachte Prozessbeendigung		1663
	6. Gehörsrüge		1664
	7. Stärkung der Eingangsinstanz		1664
V.	Berufung		1664
	1. Berufungsfähige Urteile		1664
	2. Berufungsfrist und Berufungsbegründungsfrist		1665
	3. Inhalt des Berufungsurteils		1665
	4. Berufungsgründe		1665
	5. Berufungsrücknahme und Anschlussberufung		1665
	6. Berufungseinlegung		1666
	7. Berufungsschrift		1666
VI.	Revision		1666
	1. Revisionseinlegungsfrist und Revisionsbegründungsfrist		1666
	2. Revisionsbegründungsschriftsatz		1666
	3. Rücknahme der Revision		1667
	4. Anschlussrevision		1668
VII.	Verfahren vor dem EuGH nach Art. 267 AEUV		1668
	1. Gegenstand des Vorabentscheidungsverfahrens		1668
	2. Vorlagebeschluss des nationalen Gerichts		1668
	3. Verfahrensverlauf		1669
VIII.	Zwangsvollstreckung		1670
B. Texte			1672
	I. Instanzenunabhängige Schriftsätze		1672
	1. *Muster*: Anhörungsrüge nach § 78 a Abs. 1 ArbGG		1672
	2. *Muster*: Befangenheitsgesuch		1673
	3. *Muster*: Eidesstattliche Versicherung im Verfahren der einstweiligen Verfügung		1675
	4. *Muster*: EuGH-Schriftsatz		1675
	5. *Muster*: Fax-Sendebericht, Wirkung des „OK-Vermerks"		1676
	6. *Muster*: Mittelbare Beweisführung im Arbeitsgerichtsprozess		1677
	7. *Muster*: PKH-Antrag		1677
	8. *Muster*: Tatbestandsberichtigung (Grundmuster)		1678
	9. *Muster*: Tatbestandsberichtigungsantrag gem. § 320 ZPO und § 319 ZPO		1679
	10. *Muster*: Verspätete Urteilsabsetzung		1680
	11. *Muster*: Vertagung eines Gerichtstermins wegen Erkrankung		1681
	12. *Muster*: Vertagung eines Gerichtstermins wegen Terminskollision		1681
	13. *Muster*: Vertagung eines Gerichtstermins wegen Terminskollision bei Sozietät		1682
	14. *Muster*: Vertagung und Antrag auf Frist zur Rückäußerung		1683

  15. *Muster*: Verweisungsbeschluss unanfechtbar 1684
  16. *Muster*: Verwertung einer Zeugenaussage bei mitgehörtem Telefonat 1684
 II. Schriftsätze in der ersten Instanz 1686
  1. *Muster*: Arbeitsgerichtliche Klage 1686
  2. *Muster*: Arbeitsgerichtliche Klageerwiderung 1687
  3. *Muster*: Einspruch gegen Versäumnisurteil 1687
  4. *Muster*: Einstweilige Verfügung, Antrag auf Erlass (Grundmuster) 1688
  5. *Muster*: Einstweilige Verfügung, Antrag auf Abweisung (Grundmuster) 1688
  6. *Muster*: Einstweilige Verfügung, Erforderlichkeit der Vollziehung 1689
  7. *Muster*: Fristen im Urteilsverfahren 1689
  8. *Muster*: Gebührenklage wegen arbeitsrechtlicher Interessenwahrnehmung 1690
  9. *Muster*: Antrag auf Zustellung eines Vergleichs nach § 278 Abs. 6 ZPO 1699
 III. Schriftsätze in der zweiten Instanz 1700
  1. *Muster*: Anschlussberufung des Berufungsbeklagten 1700
  2. *Muster*: Berufung des Klägers 1700
  3. *Muster*: Berufung des Beklagten 1701
  4. *Muster*: Beschwerde gegen einen Beschluss des Arbeitsgerichts 1701
  5. *Muster*: Bestellungsschreiben für Berufungsbeklagten 1702
  6. *Muster*: Berufungsbegründungsfrist, Verlängerungsantrag am letzten Tag 1702
  7. *Muster*: Berufungsbegründungsfrist, Verlängerung wegen Arbeitsüberlastung 1703
  8. *Muster*: Berufungsbegründungsfrist, Vertrauensschutz des Rechtsanwalts auf
    Verlängerung 1703
  9. *Muster*: Erstattungspflicht der Prozessgebühr des Rechtsmittelbeklagten vor
    Begründung des nur zur Fristwahrung eingelegten Rechtsmittels 1704
  10. *Muster*: Gegenvorstellung bei Verweisung an ein offensichtlich örtlich unzuständiges
    Arbeitsgericht 1705
  11. *Muster*: Nichtigkeitsklage wegen fehlerhafter Besetzung des Landesarbeitsgerichts ... 1705
  12. *Muster*: Sofortige Beschwerde gegen einen Beschluss des Arbeitsgerichts 1707
  13. *Muster*: Unterschrift des Rechtsanwalts bei Berufungsschriftsatz 1707
  14. *Muster*: Wiedereinsetzung in den vorigen Stand wegen fehlender Unterschrift des
    Berufungsschriftsatzes 1708
  15. *Muster*: Wiedereinsetzung in den vorigen Stand bei Verwendung einer falschen
    Empfänger-Faxnummer durch Kanzleimitarbeiter 1709
  16. *Muster*: Wiedereinsetzung in den vorigen Stand wegen zu Unrecht abgelehnter
    Verlängerung der Berufungsbegründungsfrist 1710
 IV. Schriftsätze in der Revision 1710
  1. *Muster*: Bestellungsschreiben gegen Nichtzulassungsbeschwerde 1710
  2. *Muster*: Bestellungsschreiben für Revisionsbeklagten 1711
  3. *Muster*: Bestellungsschriftsatz des Rechtsbeschwerdegegners 1711
  4. *Muster*: Nichtzulassungsbeschwerde, Erwiderung bei Unzulässigkeit 1712
  5. *Muster*: Nichtzulassungsbeschwerde, Erwiderung bei Unbegründetheit
    (keine Zulassung der Revision wegen Verfahrensmangels) 1713
  6. *Muster*: Nichtzulassungsbeschwerde wegen grundsätzlicher Bedeutung 1714
  7. *Muster*: Nichtzulassungsbeschwerde, Erläuterung negativer Prozesschancen für den
    Mandanten 1714
  8. *Muster*: Nichtzulassungsbeschwerde wegen Divergenz und Grundsatzbedeutung 1716
  9. *Muster*: Nichtzulassungsbeschwerde wegen Divergenz 1719
  10. *Muster*: Nichtzulassungsbeschwerde wegen Verletzung des Anspruchs auf rechtliches
    Gehör 1720
  11. *Muster*: Revision des Klägers 1721
  12. *Muster*: Revision des Beklagten 1722
  13. *Muster*: Rechtsbeschwerde 1723
 V. Kostenfestsetzung und Zwangsvollstreckung 1723
  1. *Muster*: Arrestantrag wegen Gefahr der Vollstreckungsvereitelung oder
    Vollstreckungserschwerung 1723
  2. *Muster*: Fotokopiekosten für Schriftsatzanlagen, Erstattungsfähigkeit 1725

3.	*Muster*: Gerichtsvollzieherpfändung wegen Geldforderungen, Antrag	1726
4.	*Muster*: Kostenfestsetzungsantrag unter Berücksichtigung fiktiver Reisekosten	1726
5.	*Muster*: Kostenfestsetzungsantrag, Sofortige Beschwerde unter Berücksichtigung fiktiver Reisekosten	1727
6.	*Muster*: Vollstreckbare Ausfertigung, abgekürzt	1728
7.	*Muster*: Vollstreckbare Ausfertigung, Antrag auf Erteilung eines weiteren Titels	1728
8.	*Muster*: Vollstreckbare Ausfertigung gegen den Rechtsnachfolger des Beklagten (§§ 727 ff ZPO)	1729
9.	*Muster*: Vorläufige Vollstreckbarkeit, Ausschluss wegen eines nicht zu ersetzenden Nachteils (§ 62 Abs. 1 Satz 2 ArbGG)	1729
10.	*Muster*: Vollstreckung zur Nachtzeit sowie an Sonn- und Feiertagen, Antrag auf Erteilung der Erlaubnis	1730
11.	*Muster*: Zwangsvollstreckung wegen vertretbarer Handlung (§ 887 ZPO), Antrag	1730
12.	*Muster*: Zustellung der vollstreckbaren Ausfertigung an den Gegner	1731

Kapitel 2: Schriftsätze für Arbeitnehmer ... 1732

A. Erläuterungen ... 1732
   I. Vorbemerkungen ... 1732
   II. Kündigungsschutzklage ... 1732
      1. Aufnahmebogen für Klagen gegen Kündigungen und Änderungskündigungen ... 1732
      2. Grundsätzliches zur Kündigungsschutzklage ... 1735
      3. Passiv-Rubrum ... 1735
         a) GmbH ... 1735
         b) Aktiengesellschaft und Genossenschaft ... 1736
         c) Eingetragener Verein ... 1736
         d) BGB-Gesellschaft ... 1736
         e) OHG, Einzelkaufmann, natürliche Personen ... 1737
         f) Partnerschaftsgesellschaft ... 1737
         g) GmbH & Co. KG ... 1737
         h) Behörde als Anstellungsträger ... 1737
         i) Rechtsmittelgegner ... 1738
      4. Kündigungsschutzklage bei ordentlicher Kündigung ... 1738
      5. Kündigungsschutzklage bei außerordentlicher Kündigung ... 1738
      6. Typische Fehler im Kündigungsschutzprozess ... 1739
      7. Anträge im Kündigungsschutzverfahren ... 1740
      8. Anträge bei nachträglicher Zulassung der Kündigungsschutzklage ... 1741
      9. Auflösungsantrag des Arbeitnehmers ... 1742
      10. Arbeitgeberwechsel kraft gesetzlicher Fiktion bei erlaubnispflichtiger Arbeitnehmerüberlassung nach § 10 Abs. 1 Satz 1 AÜG ... 1742
   III. Zahlungsklage ... 1743
   IV. Sonstige Klagen ... 1743
      1. Unwirksamkeit eines Aufhebungsvertrages ... 1743
      2. Eingruppierungsklage ... 1743
      3. Abmahnungsklage ... 1744
      4. Urlaubsklage ... 1744
      5. Zeugnisklage ... 1745
      6. Klage auf Arbeitszeitreduzierung ... 1745
   V. Einstweiliger Rechtsschutz ... 1746
      1. Allgemeines ... 1746
      2. Herausgabe der Arbeitspapiere ... 1747
      3. Urlaubsgewährung ... 1747
      4. Arbeitsbefreiung wegen Pflegezeit/Familienpflegezeit ... 1748
      5. Wettbewerbsverbot ... 1749
      6. Herausgabe von Firmenunterlagen und Firmengegenständen ... 1749
      7. Arbeitszeitreduzierung ... 1749

8. Konkurrentenklage	1750
9. Beschäftigungsanspruch	1750
10. Weiterbeschäftigungsanspruch	1751
11. Zahlungsansprüche	1752

B. Texte 1752
    I. Abmahnungsklagen 1752
        1. *Muster*: Klage wegen Abmahnung und Entfernung eines Schreibens aus der Personalakte 1752
        2. *Muster*: Teilweise unrichtige Abmahnung 1754
    II. AGG-Klagen 1755
        1. *Muster*: Altersdiskriminierung – Klage auf Schadensersatz und angemessene Entschädigung 1755
        2. *Muster*: Diskriminierung aufgrund sexueller Identität – Klage auf Schadensersatz 1757
        3. *Muster*: Geschlechtsdiskriminierung – Klage auf angemessene Entschädigung 1759
        4. *Muster*: Sexuelle Belästigung – Klage auf angemessene Entschädigung 1761
    III. Beschäftigungsklagen 1763
        1. *Muster*: Vertragsgemäße Beschäftigung 1763
        2. *Muster*: Unveränderte Beschäftigung nach rechtswidriger Versetzung 1766
        3. *Muster*: Einstweilige Verfügung wegen Versetzung/Umsetzung 1770
        4. *Muster*: Einstweilige Verfügung wegen schleichender Versetzung 1772
        5. *Muster*: Einstweilige Verfügung, allgemeiner Weiterbeschäftigungsanspruch 1774
        6. *Muster*: Einstweilige Verfügung gem. § 102 Abs. 5 BetrVG 1777
        7. *Muster*: Einstweilige Verfügung, Beschäftigung eines freigestellten Wahlvorstandes ... 1778
        8. *Muster*: Beschäftigung als Arbeitnehmer nach Abberufung als Geschäftsführer 1780
        9. *Muster*: Beschäftigung auf einem leidensgerechten Arbeitsplatz 1782
        10. *Muster*: Beschäftigung auf tabakrauchfreiem Arbeitsplatz 1785
        11. *Muster*: Beschäftigung als Arbeitnehmer 1787
        12. *Muster*: Weiterbeschäftigung eines Jugend- und Auszubildendenvertreters nach dem Ende des Ausbildungsverhältnisses 1791
    IV. Bestandsschutzstreitigkeiten: Außergerichtliche ergänzende Korrespondenz 1792
        1. *Muster*: Anfechtung der Willenserklärung eines Aufhebungsvertrages wegen widerrechtlicher Drohung 1792
        2. *Muster*: Annahmeerklärung der Änderungskündigung unter Vorbehalt 1793
        3. *Muster*: Aufforderungsschreiben, Gründe einer außerordentlichen Kündigung mitzuteilen 1793
        4. *Muster*: Aufforderungsschreiben, Gründe einer ordentlichen Kündigung mitzuteilen ... 1793
        5. *Muster*: Aufforderung, Gründe einer betriebsbedingten Kündigung mitzuteilen 1794
        6. *Muster*: Zurückweisung der Kündigung wegen fehlender Vollmacht 1794
        7. *Muster*: Vorlage des Widerspruchs des Betriebsrats gegen die Kündigung 1794
    V. Bestandsschutzstreitigkeiten: Ordentliche Kündigung 1795
        1. *Muster*: Kündigungsschutzklage bei ordentlicher Kündigung 1795
        2. *Muster*: Betriebsrat unvollständig informiert 1798
        3. *Muster*: Kein Kleinstbetrieb wegen zusammenzurechnender Beschäftigtenzahl, § 23 KSchG 1801
        4. *Muster*: Sittenwidrige Kündigung 1802
        5. *Muster*: Treuwidrige Kündigung 1804
        6. *Muster*: Kündigung unter Nichteinhaltung der Kündigungsfrist 1807
        7. *Muster*: Nichteinhaltung der Kündigungsfrist durch vorläufigen Insolvenzverwalter ... 1807
        8. *Muster*: Beschwerde gegen Aussetzungsbeschluss bei Kündigungsschutzklage eines behinderten Menschen 1808
        9. *Muster*: Entschädigung wegen unterbliebener Weiterbeschäftigung gem. § 61 Abs. 2 ArbGG 1809
        10. *Muster*: Auflösungsantrag 1810
        11. *Muster*: Auflösungsgründe für Arbeitnehmer, § 9 KSchG 1811

12. *Muster*: Bedeutungsverlust von Auflösungsgründen des Arbeitgebers durch Änderung der Umstände 1812
13. *Muster*: Beiderseitiger Auflösungsantrag 1815
14. *Muster*: Berechnung des Monatsverdienstes, § 10 KSchG 1815
15. *Muster*: Rücknahme einer Kündigung kein Beendigungstatbestand 1816
16. *Muster*: Zuständiges Arbeitsgericht bei Außendienstmitarbeitern – Wohnsitz des Arbeitnehmers 1816

VI. Bestandsschutzstreitigkeiten: Betriebsbedingte Kündigung 1817
1. *Muster*: Mangelhafte soziale Auswahl 1817
2. *Muster*: Verstoß gegen den Grundsatz „Änderungskündigung vor Beendigungskündigung" 1818
3. *Muster*: Keine Leistungsverdichtung 1819
4. *Muster*: Abfindungsanspruch nach § 1 a Abs. 2 KSchG 1821
5. *Muster*: Anspruch auf Weiterbeschäftigung in anderem Konzernunternehmen 1823
6. *Muster*: Kündigungsschutzklage bei Kündigung eines internationalen Entsendungsvertrages und Rückversetzung gegen den Willen des Arbeitnehmers 1824
7. *Muster*: Kündigungsschutzklage und Feststellungsklage gegen Entleiher 1829

VII. Bestandsschutzstreitigkeiten: Verhaltensbedingte Kündigung 1831
1. *Muster*: Abmahnung vor verhaltensbedingter Kündigung 1831
2. *Muster*: Darlegungslast beim Low-Performer 1832
3. *Muster*: Kündigungsverzicht durch Abmahnung des gleichen Sachverhalts 1833
4. *Muster*: Ungenauigkeiten bei Spesen und Reisekosten 1835
5. *Muster*: Verwertungsverbot von Informationen aus versteckt angebrachter Videokamera 1837

VIII. Bestandsschutzstreitigkeiten: Personenbedingte Kündigung 1837
1. *Muster*: Kündigung bei Krankheit 1837
2. *Muster*: Alkoholismus 1839
3. *Muster*: Beweiswert ärztlicher Arbeitsunfähigkeitsbescheinigungen 1840

IX. Bestandsschutzstreitigkeiten: Änderungskündigung 1841
1. *Muster*: Änderungskündigungsschutzklage 1841
2. *Muster*: Keine Änderungskündigung zur Vergütungsminderung 1844
3. *Muster*: Einwand der fehlenden Zustimmung des Betriebsrats nach § 99 BetrVG 1845
4. *Muster*: Wirkung einer fehlenden Zustimmung nach § 99 BetrVG bei Änderungskündigungen 1846

X. Bestandsschutzstreitigkeiten: Außerordentliche Kündigung 1847
1. *Muster*: Kündigungsschutzklage bei außerordentlicher Kündigung 1847
2. *Muster*: Abmahnung bei außerordentlicher Kündigung im Vertrauensbereich 1851
3. *Muster*: Ermittlungsverhalten des Kündigenden zur Wahrung der Zwei-Wochen-Frist 1852
4. *Muster*: Verfristete außerordentliche Kündigung 1853
5. *Muster*: Verfristete außerordentliche Kündigung bei Anhörung des Betriebsrats 1853
6. *Muster*: Unterbliebene Anhörung bei Verdachtskündigung 1853
7. *Muster*: Selbstbeurlaubung ausnahmsweise kein Kündigungsgrund 1854
8. *Muster*: Verweigerung des Urlaubsabbruchs kein Kündigungsgrund 1854
9. *Muster*: Surfen im Internet/private Internetnutzung 1855
10. *Muster*: Ungenauigkeiten bei Spesen- oder Reisekostenabrechnung kein Grund zur fristlosen Kündigung 1856
11. *Muster*: Besonderer Kündigungsschutz des Datenschutzbeauftragten nach § 4f Abs. 3 BDSG 1858
12. *Muster*: Recht zur fristlosen Kündigung wegen verspäteter Gehaltszahlungen 1859
13. *Muster*: Fristlose Kündigung eines GmbH-Geschäftsführers 1860
14. *Muster*: Klage des Vorstandes auf Vergütung nach außerordentlicher Kündigung im Urkundenprozess 1866

XI. Bestandsschutzstreitigkeiten: Spezielle Sachverhalte bei Beendigung von Arbeitsverhältnissen 1869
    1. *Muster*: Anfechtung einer Willenserklärung über Abschluss eines Aufhebungsvertrages 1869
    2. *Muster*: Täuschung bei Ausfüllen des Personalfragebogens kein Kündigungsgrund 1872
    3. *Muster*: Antrag auf nachträgliche Zulassung der Kündigungsschutzklage 1872
    4. *Muster*: Klage gegen einen Sperrzeitbescheid 1874
XII. Betriebliche Altersversorgung 1875
    1. *Muster*: Anpassung des Ruhegeldes 1875
    2. *Muster*: Anrechnung von Vordienstzeiten 1876
    3. *Muster*: Klage auf Auskunft über unverfallbare Anwartschaften 1878
    4. *Muster*: Feststellung einer Ruhegeldverpflichtung 1879
    5. *Muster*: Unwirksamkeit des Widerrufs einer Versorgungszusage 1880
XIII. Betriebsübernahme 1884
    1. *Muster*: Klage wegen Betriebsübernahme 1884
    2. *Muster*: Unwirksame Änderungs- und Aufhebungsverträge bei Betriebsübergang 1887
    3. *Muster*: Kündigungsschutzklage wegen betriebsbedingter Kündigung bei verdeckter .. 1888
XIV. Entfristung, Teilzeit und Altersteilzeit 1894
    1. *Muster*: Entfristungsklage 1894
    2. *Muster*: Entfristungs- und Weiterbeschäftigungsklage 1896
    3. *Muster*: Klage auf Teilzeit nach § 8 TzBfG 1898
    4. *Muster*: Einstweilige Verfügung auf Teilzeit nach § 8 TzBfG 1902
    5. *Muster*: Klage eines Teilzeitbeschäftigten auf Gleichbehandlung 1906
    6. *Muster*: Klage eines Altersteilzeitbeschäftigten im Blockmodell auf Absicherung seines Wertguthabens gegen Zahlungsunfähigkeit des Arbeitgebers 1908
XV. Geschäftswagen-Streitigkeiten 1910
    1. *Muster*: Einstweilige Verfügung wegen Unterlassens eines Herausgabeverlangens ... 1910
    2. *Muster*: Keine Herausgabe eines Dienstfahrzeugs durch einstweilige Verfügung 1914
XVI. Herausgabeklagen 1915
    1. *Muster*: Einstweilige Verfügung wegen Herausgabe der Arbeitspapiere 1915
    2. *Muster*: Herausgabe einer Versicherungspolice und Umschreibung 1917
XVII. Schadensersatzklagen 1921
    1. *Muster*: Schadensersatz wegen zur Eigenkündigung führenden Arbeitgeberverhaltens 1921
    2. *Muster*: Schadensersatz wegen Entzugs eines Geschäftswagens 1924
    3. *Muster*: Schadensersatz wegen unterlassener Beteiligung eines Arztes an Privatliquidationen 1927
    4. *Muster*: Schadensersatz und Unterlassen wegen Mobbing 1929
    5. *Muster*: Kündigung vor Arbeitsantritt und Zurückweisung von Schadensersatzansprüchen wegen nicht angetretener Stelle 1934
    6. *Muster*: Kein Anspruch des Arbeitgebers auf Vertragsstrafe 1935
XVIII. Schwerbehinderung 1936
    1. *Muster*: Behinderungsgerechte Beschäftigung 1936
    2. *Muster*: Nachträgliche Mitteilung eines Kündigungsverbots 1937
    3. *Muster*: Verwaltungsgerichtliche Klage des Arbeitnehmers gegen Zustimmung zur Kündigung gem. § 85 SGB IX 1938
XIX. Urlaub 1941
    1. *Muster*: Urlaubserteilung 1941
    2. *Muster*: Einstweilige Verfügung wegen Urlaubserteilung 1943
    3. *Muster*: Klage auf Urlaubsabgeltung bei Freistellung 1945
    4. *Muster*: Klage auf Urlaubsabgeltung bei langwährender Krankheit 1947
    5. *Muster*: Einstweilige Verfügung wegen Bildungsurlaub 1950
XX. Pflegezeit 1952
    1. *Muster*: Einstweilige Verfügung wegen Arbeitsbefreiung aus Gründen einer Akutpflege nach § 2 PflegeZG 1952

XXI. Wettbewerb 1954
    1. *Muster*: Karenzanspruch bei unverbindlichem Wettbewerbsverbot 1954
    2. *Muster*: Unwirksamkeit eines Wettbewerbsverbots 1955
    3. *Muster*: Schutzschrift gegen Unterlassungsverfügung 1958
XXII. Wiedereinstellung 1959
    1. *Muster*: Wiedereinstellung wegen veränderter Umstände während der Kündigungsfrist 1959
    2. *Muster*: Wiedereinstellung wegen Wegfalls des betriebsbedingten Grundes während der Kündigungsfrist 1960
XXIII. Zahlungs- und Auskunftsklagen 1962
    1. *Muster*: Arbeitsvergütung (Bruttoklage) 1962
    2. *Muster*: Überstunden, ausdrücklich angeordnet 1965
    3. *Muster*: Überstunden, geduldet 1965
    4. *Muster*: Zahlungsansprüche im Wege einstweiliger Verfügung 1967
    5. *Muster*: Feststellung zur Insolvenztabelle 1969
    6. *Muster*: Arbeitsvergütung bei Masseunzulänglichkeit 1970
    7. *Muster*: Klage auf Auskunft und Provision 1971
    8. *Muster*: Zahlungsklage wegen Vorstellungskosten 1973
    9. *Muster*: Zahlungsklage wegen Annahmeverzug nach unwirksamer Arbeitgeberkündigung 1974
    10. *Muster*: Annahmeverzug des Arbeitgebers nach unwirksamer Arbeitgeberkündigung 1975
    11. *Muster*: Annahmeverzug des Arbeitgebers bei unwirksamer Kündigung und Arbeitsunfähigkeit des Arbeitnehmers 1976
    12. *Muster*: Einwand der Entreicherung bei Rückzahlungsklage des Arbeitgebers 1977
    13. *Muster*: Gleichbehandlung bei Gehaltserhöhungen 1978
    14. *Muster*: Unwirksamer Widerruf einer Leistung 1980
XXIV. Zeugnisklagen 1982
    1. *Muster*: Klage auf Zeugnis (mit Zusatz Zeugniserstellungsverpflichtung wegen Insolvenz) 1982
    2. *Muster*: Klage auf Berichtigung eines Zeugnisses 1984
XXV. Zwangsvollstreckung und Kosten 1988
    1. *Muster*: Vollstreckung eines Zeugnisanspruchs 1988
    2. *Muster*: Unvertretbare Handlung – Zeugniserteilung 1988
    3. *Muster*: Unvertretbare Handlung – Ausfüllen von Arbeitspapieren 1989
    4. *Muster*: Unvertretbare Handlung – Weiterbeschäftigung bei noch bestehendem Arbeitsplatz 1989
    5. *Muster*: Unvertretbare Handlung – Weiterbeschäftigung bei neuer Kündigung 1990
    6. *Muster*: Unvertretbare Handlung – Vollstreckung wegen Entfernung eines Schreibens aus der Personalakte 1991

Kapitel 3: Schriftsätze für Arbeitgeber 1992

A. Erläuterungen 1992
  I. Vorbemerkung 1992
  II. Abwehr von Kündigungsschutzklagen 1992
    1. Substantiierter Vortrag 1992
    2. Alternativstrategien 1993
    3. Fehler bei betriebsbedingten Kündigungen 1994
        a) Unternehmerentscheidung 1994
        b) Anderweitige Beschäftigung 1995
        c) Sozialauswahl 1995
        d) Konzernsachverhalte 1995
    4. Fehler bei personen- und verhaltensbedingten Kündigungen 1996
    5. Auflösungsanträge des Arbeitgebers 1997
    6. Prozessbeschäftigung 1998

7. Drittschuldnerklage		1998
8. Einstweiliger Rechtsschutz		1999
a) Entbindung von der Weiterbeschäftigungspflicht nach § 102 Abs. 5 Satz 2 BetrVG		1999
b) Wettbewerbsverbot		1999
c) Arbeitskampf		2000

B. Texte 2001
   I. Abmahnungsklagen 2001
      1. *Muster*: Erwiderung auf Abmahnungsklage 2001
      2. *Muster*: Formal unwirksame Abmahnung, Warnfunktion 2002
      3. *Muster*: Gleichartige Pflichtverletzungen 2002
      4. *Muster*: Nachschieben von Abmahnungsgründen 2003
   II. AGG-Klagen 2003
      1. *Muster*: „AGG-Hopper" – Erwiderungsschriftsatz 2003
      2. *Muster*: Schadensersatz nach § 15 AGG – Erwiderungsschriftsatz 2004
   III. Arbeitskampf 2005
      1. *Muster*: Einzelne Streikmaßnahmen 2005
      2. *Muster*: Rechtswidriger Streik 2008
   IV. Auflösung und Abfindung 2011
      1. *Muster*: Auflösungsantrag bei leitendem Angestellten 2011
      2. *Muster*: Auflösungsantrag des Arbeitgebers 2012
      3. *Muster*: Auflösungsgründe für den Arbeitgeber 2012
      4. *Muster*: Fälligkeit der Abfindung – Vertragsende 2014
      5. *Muster*: Fälligkeit der Abfindung – sofort 2015
   V. Bestandsschutzstreitigkeiten: Außergerichtliche ergänzende Korrespondenz 2015
      1. *Muster*: Anfechtung eines Aufhebungsvertrages 2015
      2. *Muster*: Anfechtungsmöglichkeit wegen Zeitdrucks 2016
      3. *Muster*: Anzeige von Vergleichsbereitschaft 2016
      4. *Muster*: Aufforderung zur Arbeitsaufnahme zur Vermeidung von Annahmeverzugslohn bei anhängigem Kündigungsrechtsstreit 2016
      5. *Muster*: Vertrag über Prozessbeschäftigung 2017
   VI. Bestandsschutzstreitigkeiten: Ordentliche Kündigung 2018
      1. *Muster*: Anhörung des Betriebsrats ordnungsgemäß 2018
      2. *Muster*: Anhörungsverfahren – Vorzeitiger Abschluss 2020
      3. *Muster*: Bestellungsschreiben 2020
      4. *Muster*: Bestellungsschreiben mit Ankündigung der Vergleichsbereitschaft 2020
      5. *Muster*: Bestellungsschreiben mit Klageabweisungsantrag 2021
      6. *Muster*: Fehlende Arbeitnehmereigenschaft – Klageerwiderung 2021
      7. *Muster*: Kündigung mit unzureichender Frist 2023
      8. *Muster*: Nachträgliche Zulassung der Kündigungsschutzklage – Erwiderungsschriftsatz 2024
      9. *Muster*: Umdeutung einer außerordentlichen in eine ordentliche Kündigung 2025
     10. *Muster*: Wiederholte Zustellung der Kündigung – keine erneute Anhörung 2027
   VII. Bestandsschutzstreitigkeiten: Betriebsbedingte Kündigung 2027
      1. *Muster*: Arbeitsmangel nach Umorganisation 2027
      2. *Muster*: Außerbetriebliche Gründe 2028
      3. *Muster*: Betriebsstilllegung – wirksame Beendigungskündigung 2028
      4. *Muster*: Betriebsverlagerung – wirksame Beendigungskündigung 2029
      5. *Muster*: Innerbetriebliche Gründe – Darlegungslast 2030
      6. *Muster*: Leistungsverdichtung 2033
      7. *Muster*: Weiterbeschäftigung zu verschlechterten Arbeitsbedingungen 2034
      8. *Muster*: Weiterbeschäftigung im Konzern 2035
   VIII. Bestandsschutzstreitigkeiten: Verhaltensbedingte Kündigung 2036
      1. *Muster*: Begünstigung von Arbeitnehmern – Kündigung einer Personalleiterin 2036
      2. *Muster*: Betriebsablaufstörung bei Verstoß gegen Meldepflicht 2036
      3. *Muster*: Betriebsablaufstörung bei wiederholtem unentschuldigtem Fehlen 2037

4. *Muster*: Klageerwiderung bei verhaltensbedingter Kündigung 2038
5. *Muster*: Verdachtskündigung – Tatkündigung (Abgrenzung) 2040
6. *Muster*: Verspätete Krankmeldung des Arbeitnehmers 2040
7. *Muster*: Videoüberwachung bei Verdacht der Unterschlagung 2042
8. *Muster*: Wiederholtes unentschuldigtes Fehlen (Kurzfassung) 2042
9. *Muster*: Wiederholtes unentschuldigtes Fehlen (Langfassung) 2043

IX. Bestandsschutzstreitigkeiten: Personenbedingte Kündigung 2044
1. *Muster*: Beweiswert ärztlicher Arbeitsunfähigkeitsbescheinigungen (LAG München) ... 2044
2. *Muster*: Erhebliche Fehlzeiten bei negativer Gesundheitsprognose 2045
3. *Muster*: Häufige Kurzerkrankungen 2049
4. *Muster*: Klageerwiderung bei ordentlicher Kündigung aus personenbedingten Gründen 2051
5. *Muster*: Krankheit 2052

X. Bestandsschutzstreitigkeiten: Änderungskündigung 2053
1. *Muster*: Änderungskündigung und Umgruppierung 2053
2. *Muster*: Annahmeverzug nach Änderungskündigung – Anrechnung von unterlassenem Erwerb 2054
3. *Muster*: Betriebsbedingte Änderungskündigung zur Kostensenkung 2055

XI. Bestandsschutzstreitigkeiten: Außerordentliche Kündigung 2055
1. *Muster*: Abmahnung bei steuerbarem Verhalten im Vertrauensbereich entbehrlich 2055
2. *Muster*: „Androhung" einer künftigen Erkrankung durch den Arbeitnehmer 2057
3. *Muster*: Annahme von Schmiergeld 2057
4. *Muster*: Arbeitsunfähigkeitsbescheinigung ohne Beweiswert 2057
5. *Muster*: Beharrliche Arbeitsverweigerung 2058
6. *Muster*: Eigenmächtiger Urlaubsantritt 2059
7. *Muster*: Entbehrlichkeit der Abmahnung 2059
8. *Muster*: Internetnutzung mit pornographischem Inhalt 2060
9. *Muster*: Gründe der Generalprävention 2063
10. *Muster*: Nebentätigkeit während angeblicher Arbeitsunfähigkeit (1) 2063
11. *Muster*: Nebentätigkeit während angeblicher Arbeitsunfähigkeit (2) 2063
12. *Muster*: Tätlichkeiten am Arbeitsplatz 2064
13. *Muster*: Replik bei außerordentlicher Kündigung 2064
14. *Muster*: Unkündbarkeit nach § 55 BAT/§ 34 TVöD 2066
15. *Muster*: Wettbewerbstätigkeit einer Krankenschwester 2069
16. *Muster*: Beleidigung des Arbeitgebers auf Facebook 2069
17. *Muster*: Kündigung wegen Whistleblowing 2071

XII. Bestandsschutzstreitigkeiten: Spezielle Sachverhalte bei Beendigung von Arbeitsverhältnissen 2073
1. *Muster*: Anfechtung eines Aufhebungsvertrages 2073
2. *Muster*: Annahmeverweigerung einer Kündigung durch Empfangsboten 2076
3. *Muster*: Annahmeverzugslohn – Widerklage auf Auskunft 2076
4. *Muster*: Antrag auf Entbindung von der Weiterbeschäftigungspflicht nach § 102 Abs. 5 Satz 2 BetrVG 2078
5. *Muster*: Ausbildungskosten – Rückzahlungsklausel im Arbeitsvertrag 2079
6. *Muster*: Direktionsrecht – keine Einschränkung selbst nach langjähriger Tätigkeit 2081
7. *Muster*: Freistellung im einstweiligen Rechtsschutz 2082
8. *Muster*: Fristlose Kündigung eines Auszubildenden 2083
9. *Muster*: Geschäftsunfähigkeits-Einwand 2085
10. *Muster*: Kündigung durch den Insolvenzverwalter 2086
11. *Muster*: Versetzung – kein einstweiliger Rechtsschutz 2086
12. *Muster*: Wiedereinstellungsanspruch bei Wegfall des Kündigungsgrundes nach Ablauf der Kündigungsfrist 2087
13. *Muster*: Zugang einer Kündigung im Urlaub 2087
14. *Muster*: Zugang einer Schriftsatzkündigung während des Kündigungsschutzprozesses 2089

	15. *Muster*: Zurückbehaltungsanspruch des Arbeitnehmers an Betriebsgegenständen des Arbeitgebers	2091
XIII.	Betriebsübernahme	2091
	1. *Muster*: Haftungsbeschränkung des Betriebserwerbers in der Insolvenz	2091
XIV.	Geschäftswagen-Streitigkeiten	2092
	1. *Muster*: Herausgabe eines Dienstfahrzeugs – Einstweilige Verfügung	2092
XV.	Schadensersatzklagen	2094
	1. *Muster*: Detektivkosten	2094
	2. *Muster*: Schlechtleistung	2096
	3. *Muster*: Schmerzensgeld wegen Mobbing – Erwiderungsschriftsatz	2097
	4. *Muster*: Verkehrsunfall des Arbeitnehmers	2098
	5. *Muster*: Vertragsbruch bei nicht angetretener Stelle	2099
	6. *Muster*: Vertragsstrafe	2101
XVI.	Schwerbehinderung	2103
	1. *Muster*: Verstoß gegen Treu und Glauben bei bestrittener Schwerbehinderteneigenschaft	2103
	2. *Muster*: Überprüfungskompetenz des Integrationsamts bei krankheitsbedingter Kündigung	2104
	3. *Muster*: Überprüfungskompetenz des Integrationsamts bei außerordentlicher Kündigung	2104
	4. *Muster*: Verwaltungsgerichtliche Klage des Arbeitgebers wegen Zustimmungsverweigerung zur Kündigung gem. § 85 SGB IX	2105
XVII.	Wettbewerb	2107
	1. *Muster*: Anrechnung anderweitigen Arbeitseinkommens auf Karenzentschädigung	2107
	2. *Muster*: Einstweilige Verfügung auf Unterlassung von Wettbewerb im bestehenden Arbeitsverhältnis	2108
	3. *Muster*: Einstweilige Verfügung auf Unterlassung von nachvertraglichem Wettbewerb	2109
	4. *Muster*: Klage auf Unterlassung von nachvertraglichem Wettbewerb	2111
XVIII.	Wiedereinstellung	2112
	1. *Muster*: Wiedereinstellungsanspruch bei Wegfall der Kündigungsgründe nach Ablauf der Kündigungsfrist	2112
	2. *Muster*: Wiedereinstellungsverlangen bei Verdachtskündigung	2112
XIX.	Zahlungs- und Auskunftsklagen	2113
	1. *Muster*: Rückzahlung überzahlten Arbeitsentgelts	2113
XX.	Zeugnisklagen	2115
	1. *Muster*: Klageerwiderung bei Zeugnisklage	2115
XXI.	Zuständigkeit, Zwangsvollstreckung und Kosten	2116
	1. *Muster*: Klage auf verschleiertes Arbeitseinkommen nach vorangegangenen vergeblichen Vollstreckungsversuchen	2116
	2. *Muster*: Rüge der örtlichen Unzuständigkeit	2118
	3. *Muster*: Rüge der Unzulässigkeit des Rechtsweges	2119
	4. *Muster*: Zurückweisung der Zwangsvollstreckung wegen unvertretbarer Handlung (§ 888 ZPO) – Weiterbeschäftigung bei nicht mehr bestehendem Arbeitsplatz	2121
	5. *Muster*: Zurückweisung eines Zwangsgeldantrags wegen Zeugniserteilung	2122
	6. *Muster*: Entfernung von Abmahnungen aus der Personalakte durch Wegnahme	2122

§ 7 Schriftsätze im arbeitsgerichtlichen Beschlussverfahren 2125

Kapitel 1: Parteienunabhängige Schriftsätze 2125

A. Erläuterungen 2125
   I. Abgrenzung zwischen Einigungsstellen- und Beschlussverfahren 2125
   II. Einzelbeispiele für Streitigkeiten im Beschlussverfahren 2126
   III. Besonderheiten des Beschlussverfahrens 2128

Inhaltsverzeichnis

    IV. Beschlussverfahren zur Tariffähigkeit und Tarifzuständigkeit einer Vereinigung 2129

B. Texte 2131
    1. *Muster*: Anfechtung einer Betriebsratswahl 2131
    2. *Muster*: Beschwerde 2131
    3. *Muster*: Beschwerde gegen Zwischenentscheidung 2131
    4. *Muster*: Bestellung eines Einigungsstellenvorsitzenden und Antrag auf Errichtung einer Einigungsstelle 2132
    5. *Muster*: Bestellungsschriftsatz im Beschwerdeverfahren 2133
    6. *Muster*: Bestellungsschriftsatz im Verfahren der Rechtsbeschwerde 2133
    7. *Muster*: Bestimmung des Vorsitzenden einer Einigungsstelle 2133
    8. *Muster*: Betriebsratsfähige Organisationseinheit – Antrag auf Feststellung 2134
    9. *Muster*: Rechtsbeschwerde 2135
    10. *Muster*: Sozialplan – Ermessensfehler bei undifferenzierter Festsetzung von Abfindungen durch Spruch einer Einigungsstelle 2135
    11. *Muster*: Tariffähige Vereinigung – Antrag nach § 97 ArbGG 2137
    12. *Muster*: Verweisung an ein offensichtlich örtlich unzuständiges Arbeitsgericht 2143
    13. *Muster*: Zwangsvollstreckung wegen einer unvertretbaren Handlung 2144

Kapitel 2: Vertretung von Betriebsräten im Beschlussverfahren 2145

A. Erläuterungen 2145
    I. Bestimmtheit des Antrags 2145
    II. Vollstreckungsfähigkeit eines Vergleichs 2146
    III. Einstweilige Verfügung auf Unterlassen von Personalabbaumaßnahmen 2147

B. Texte 2148
    1. *Muster*: Anfechtung eines Einigungsstellenspruchs 2148
    2. *Muster*: Anwaltsgebühren – Erstattung durch Arbeitgeber 2149
    3. *Muster*: Arbeitnehmereigenschaft – Feststellungsantrag 2150
    4. *Muster*: Aufsichtsrat: Zusammensetzung – Gerichtliche Entscheidung 2151
    5. *Muster*: Bestellung eines Einigungsstellenvorsitzenden durch Betriebsrat wegen mitbestimmungspflichtiger Maßnahmen 2153
    6. *Muster*: Betriebsänderung – Unterrichtung durch einstweilige Verfügung 2153
    7. *Muster*: Betriebsratstätigkeit – Abgeltung und Freizeitausgleich 2155
    8. *Muster*: EDV-Programm – Antrag auf Untersagung der Anwendung 2157
    9. *Muster*: Eingruppierung – Unterlassen ohne Zustimmung des Betriebsrats 2159
    10. *Muster*: Einigungsstelle – Bestellung eines Vorsitzenden wegen Mitarbeiter-Beschwerden 2161
    11. *Muster*: Einigungsstellenmitglied – Antrag auf Zahlung des Beisitzerhonorars 2162
    12. *Muster*: Erforderliche Kosten – anwaltliche Vertretung des Betriebsrats 2163
    13. *Muster*: Gewerkschaft – Zutritt zu Betriebsversammlungen 2165
    14. *Muster*: Information des Betriebsrats über Konzernstruktur 2166
    15. *Muster*: Internetanschluss für Betriebsrat 2167
    16. *Muster*: Kommunikationsmittel für Betriebsrat 2168
    17. *Muster*: Leitender Angestellter – Statusfeststellung 2171
    18. *Muster*: Notwendige Kosten des Betriebsrats – Freistellung 2172
    19. *Muster*: Personelle Maßnahme – Unterlassen auf Antrag des Betriebsrats 2173
    20. *Muster*: Personelle Maßnahme – Aufhebung 2174
    21. *Muster*: Sachverständiger – Hinzuziehung durch einstweilige Verfügung 2174
    22. *Muster*: Schulungskosten – Erstattung 2176
    23. *Muster*: Schutzschrift zur Abwehr eines arbeitgeberseitigen Antrags auf Erlass einer einstweiligen Verfügung zum Abbruch einer Betriebsratswahl 2177
    24. *Muster*: Tariflohnerhöhungen – Mitbestimmung bei Anrechnung auf Zulagen 2185
    25. *Muster*: Überstunden – Unterlassen der Anordnung durch einstweilige Verfügung .. 2187
    26. *Muster*: Unterlassungsanspruch im Rahmen betriebsöffentlicher Auseinandersetzungen 2188
    27. *Muster*: Unterlassen betrieblicher Bildungsmaßnahmen ohne Information des Betriebsrats mit Ordnungsgeldandrohung 2190

28. *Muster*: Unterlassen der Beschäftigung eines eingestellten Mitarbeiters ohne Zustimmung des Betriebsrats ... 2191
29. *Muster*: Unterlassen der Durchführung einer geplanten Betriebsänderung durch einstweilige Verfügung ... 2192
30. *Muster*: Unterlassen des arbeitgeberseitigen Angebots von Aufhebungsverträgen vor Abschluss eines Interessenausgleichsversuchs durch einstweilige Verfügung ... 2194
31. *Muster*: Unterlassen von Kündigungen vor Abschluss des Interessenausgleichsversuchs durch einstweilige Verfügung ... 2197
32. *Muster*: Unterlassungsverpflichtung – Festsetzung von Ordnungsgeld wegen Zuwiderhandlung ... 2199
33. *Muster*: Unterlassungsverpflichtung – Vollstreckungsantrag ... 2200
34. *Muster*: Vergleich – Ordnungsgeldantrag ... 2201
35. *Muster*: Videoüberwachung am Arbeitsplatz – Anfechtung eines Einigungsstellenspruchs ... 2201
36. *Muster*: Vorläufige personelle Maßnahme nach §§ 99, 100 BetrVG – Gegenantrag ... 2203
37. *Muster*: Wahlanfechtung wegen Freistellung eines Betriebsratsmitglieds ... 2204
38. *Muster*: Wahlvorstand – Bestellung zur Betriebsratswahl ... 2206
39. *Muster*: Wahlvorstand – Einstweilige Verfügung wegen Namensliste ... 2206
40. *Muster*: Zustimmungsersetzungsantrag – Zurückweisung bei personeller Maßnahme wegen unzureichender Information durch den Arbeitgeber ... 2207
41. *Muster*: Zustimmungsersetzungsverfahren nach § 99 BetrVG – Gegenantrag wegen unzureichender Unterrichtung des Betriebsrats ... 2209
42. *Muster*: Zustimmungspflichtigkeit einer Maßnahme – Feststellung ... 2210
43. *Muster*: Zustimmungsverweigerung – Replik wegen zu hoher Eingruppierung ... 2210
44. *Muster*: Zwangsgeld wegen Nichtaufhebung einer personellen Maßnahme – Antrag auf Festsetzung ... 2212

Kapitel 3: Vertretung von Arbeitgebern ... 2213

A. Erläuterungen ... 2213
    I. Gewöhnliches Beschlussverfahren ... 2213
    II. Besondere Beschlussverfahren der Insolvenzordnung ... 2213
        1. Allgemeines ... 2213
        2. Gerichtliche Zustimmung zur Durchführung einer Betriebsänderung, § 122 InsO ... 2214
            a) Besondere Verfahrensvoraussetzungen des Antrags nach § 122 InsO ... 2214
            b) Begründetheit des Antrags nach § 122 InsO ... 2214
            c) Verfahrensrechtliche Besonderheiten des Beschlussverfahrens nach § 122 InsO ... 2215
        3. Beschlussverfahren zum Kündigungsschutz, §§ 126, 127 InsO ... 2215
            a) Besondere Verfahrensvoraussetzungen des Antrags nach § 126 InsO ... 2215
            b) Begründetheit des Antrags nach § 126 Abs. 1 InsO ... 2217
            c) Verfahrensrechtliche Besonderheiten des Beschlussverfahrens ... 2217
            d) Klage des Arbeitnehmers, § 127 InsO ... 2218
        4. Rechtsmittel im Beschlussverfahren ... 2219
        5. Kosten und Streitwert ... 2219

B. Texte ... 2220
    1. *Muster*: Abbruch einer Betriebsratswahl – Antrag ... 2220
    2. *Muster*: Ausschluss eines Betriebsratsmitglieds gem. § 23 Abs. 1 BetrVG ... 2223
    3. *Muster*: Betriebsänderung – Gerichtliche Zustimmung zur Durchführung, § 122 InsO ... 2224
    4. *Muster*: Betriebsratswahl – Abbruch durch einstweilige Verfügung wegen fehlerhafter Besetzung des Wahlvorstands ... 2226
    5. *Muster*: Betriebsversammlung – Antrag auf einstweilige Verfügung im Planungsstadium ... 2228
    6. *Muster*: Einigungsstellenvorsitzender – Schreiben des Arbeitgebers an Betriebsrat, der Bestellung zuzustimmen ... 2229
    7. *Muster*: Einigungsstellenvorsitzender – Bestellung und Bestellung der Beisitzer für Versuch eines Interessenausgleichs ... 2230

8. *Muster*: Einigungsstellenvorsitzender – Zurückweisung des Antrags auf Bestellung wegen mangelnden Rechtsschutzbedürfnisses 2231
9. *Muster*: Ersetzung der Zustimmung des Betriebsrats zur Kündigung – Antrag im Beschlussverfahren 2232
10. *Muster*: Ersetzung der Zustimmung eines Mitglieds des Betriebsrats – Antrag im Beschlussverfahren 2233
11. *Muster*: Globalantrag – Zurückweisung 2239
12. *Muster*: Kündigungsschutz, §§ 126, 127 InsO – Beschlussverfahren 2240
13. *Muster*: Mitbestimmungsrecht – Feststellung des Nichtbestehens 2242
14. *Muster*: PC-Schulung von Betriebsräten – keine notwendigen Kosten bei fehlendem aktuellem Anlass 2243
15. *Muster*: Personelle Maßnahme gem. § 99 Abs. 1 BetrVG – Ersetzung der Zustimmung 2243
16. *Muster*: Personelle Maßnahme gem. §§ 99 Abs. 4, 100 BetrVG – Zustimmungsersetzung bei Eilbedürftigkeit 2244
17. *Muster*: Sachverständigenkosten für AGB-Kontrolle von Arbeitsverträgen – keine Übernahme 2244
18. *Muster*: Unterlassungsanspruch des Betriebsrats bei Verstoß gegen Unterrichtungspflicht bei Bildungsmaßnahmen 2246
19. *Muster*: Unterlassungsverfügung gegen Betriebsratswahl 2248
20. *Muster*: Weiterbeschäftigungspflicht – Antrag auf Entbindung bei Auszubildenden 2249
21. *Muster*: Zustimmung zur außerordentlichen Kündigung eines Betriebsratsmitglieds nach § 103 BetrVG – Antrag 2250

§ 8 Gebühren und Rechtsschutz im Arbeitsrecht 2255

Kapitel 1: Vergütungsvereinbarungen 2255

A. Erläuterungen 2255
    I. Anwendungsfälle und Begriff der Vergütungsvereinbarung 2255
    II. Verbrauchereigenschaft des Auftraggebers? 2256
    III. Inhalt und Gestaltung der Vergütungsvereinbarung 2257
        1. Form der Vergütungsvereinbarung 2257
        2. Rechtsfolgen bei Formverstößen 2258
    IV. Vergütungsvereinbarungsmodelle 2259
        1. Allgemeines 2259
        2. Zeithonorar 2259
        3. Pauschalhonorar 2261
        4. Mischformen und abweichende Vereinbarungen 2262
        5. Niedrigere als die gesetzliche Vergütung 2265
        6. Zulässigkeit des Erfolgshonorars 2266
        7. Angemessen und unangemessen hohes Honorar 2268
    V. Vereinbarungszeitpunkt 2270
    VI. AGB-Kontrolle von Vergütungsvereinbarungen 2271
    VII. Aufklärungs- und Hinweispflichten des Rechtsanwalts 2273
B. Texte 2275
    1. *Muster*: Anwaltsvertrag mit Hinweis auf gesonderte Vergütungsvereinbarung 2275
    2. *Muster*: Allgemeine Mandatsbedingungen 2277
    3. *Muster*: Vergütungsvereinbarung über eine anwaltliche Erstberatung 2283
    4. *Muster*: Allgemeine arbeitsrechtliche Vergütungsvereinbarung – Pauschalvereinbarung 2285
    5. *Muster*: Allgemeine arbeitsrechtliche Vergütungsvereinbarung – Zeithonorar 2285
    6. *Muster*: Pauschalzusatz bei vereinbartem Zeithonorar – Sondertextbaustein 2286
    7. *Muster*: Zeithonorar mit Mindestbetragsvereinbarung und Gegenstandswerterhöhung – Sondertextbaustein 2287
    8. *Muster*: Pauschalvergütung in Form von Drittfinanzierung – Sondertextbaustein 2287

9. *Muster*: Vergütung auf Stundenbasis mit Kappungsgrenze – Sondertextbaustein 2288
10. *Muster*: Vereinbarung der doppelten gesetzlichen Vergütung – Sondertextbaustein 2288
11. *Muster*: Vereinbarung ausländischen Gebührenrechts – Sondertextbaustein 2288
12. *Muster*: Zeithonorar mit Feiertags- und Nachtzuschlag – Sondertextbaustein 2288
13. *Muster*: Erfolgshonorar bei prozessualer Interessenvertretung 2289
14. *Muster*: Erfolgshonorar bei außergerichtlicher Interessenvertretung 2289
15. *Muster*: Zeithonorar mit Pauschalhonorarangebot – Sondertextbaustein 2290
16. *Muster*: Umfang der Vergütungsvereinbarung bei außergerichtlicher Tätigkeit – Sondertextbaustein 2290
17. *Muster*: Fälligkeitsklausel 2290
18. *Muster*: Zusatz bei rechtsschutzversicherten Mandanten – Sondertextbaustein 2291
19. *Muster*: Teilanrechnung bei späterer Tätigkeit nach Erstberatung – Sondertextbaustein 2291
20. *Muster*: Anrechnungsausschluss bei späterer Tätigkeit nach Erstberatung – Sondertextbaustein 2291
21. *Muster*: Allgemeiner Anrechnungsausschluss bei außergerichtlicher Tätigkeit – Sondertextbaustein 2291
22. *Muster*: Belehrung gem. § 12 a Abs. 1 ArbGG – Sondertextbaustein 2292
23. *Muster*: Hinweis auf Ausschluss gem. Pkt. 3.2.5 ARB 2012 bei Organen von juristischen Personen – Sondertextbaustein 2292
24. *Muster*: Hinweis auf Ausschluss gem. Pkt. 3.2.21 ARB 2012 bei vorsätzlich und rechtswidrig herbeigeführtem Versicherungsfall – Sondertextbaustein 2292
25. *Muster*: Zweifelhafter Deckungsschutz durch die Rechtsschutzversicherung beim Aushandeln eines Aufhebungsvertrages – Sondertextbaustein 2293
26. *Muster*: Bestimmung der Leistungsphasen bei Betriebsänderung oder Betriebsstilllegung – Sondertextbaustein 2293
27. *Muster*: Kostenvoranschlag bei Betriebsänderung 2294
28. *Muster*: Belehrung bei Anfall von gesetzlichen Gebühren nach dem Gegenstandswert .. 2295

Kapitel 2: Gegenstandswerte im Arbeitsrecht 2296

A. Erläuterungen 2296
   I. Die gesetzliche Vergütung nach dem RVG 2296
     1. Überblick über die Änderungen durch das 2. KostRMoG 2296
     2. Geschäftsgebühr 2296
        a) Entstehen der Gebühr 2296
        b) Umfang der anwaltlichen Tätigkeit 2297
        c) Schwierigkeit der anwaltlichen Tätigkeit 2297
        d) Weitere Bemessungskriterien 2298
        e) Anrechnung 2299
        f) Anwaltsgebühren bei Entwurf eines Arbeitsvertrages 2299
     3. Einigungsgebühr 2300
     4. Terminsgebühr 2301
     5. Verfahrensgebühr 2302
     6. Gutachtengebühren 2303
     7. Tätigkeit vor dem Integrationsamt 2303
     8. Erhöhungsgebühr 2304
   II. Gerichtskosten 2304
   III. Grundsätze für die Bemessung des Gegenstandswerts 2304
     1. Urteilsstreitwert 2304
     2. Wert des Gegenstandes der anwaltlichen Tätigkeit; Streitwertkatalog für die Arbeitsgerichtsbarkeit 2305
     3. Nichtanrechnung der Abfindung beim Gegenstandswert 2305
     4. Die Angelegenheit gem. § 15 RVG 2307
     5. Verwiesene Verfahren 2309

Inhaltsverzeichnis

B. Texte 2310
   I. Rechtsprechung (alphabetisch nach Stichworten) 2310
      1. *Muster*: Abfindung 2310
      2. *Muster*: Abfindung, außergerichtlich 2310
      3. *Muster*: Abfindung als eigenständig geltend gemachter Anspruch 2311
      4. *Muster*: Abmahnung 2311
      5. *Muster*: Abmahnungen, mehrere 2312
      6. *Muster*: Akteneinsicht 2312
      7. *Muster*: Altersteilzeit 2313
      8. *Muster*: Altersteilzeitverlangen 2313
      9. *Muster*: Altersversorgung 2313
    10. *Muster*: Änderungskündigung 2314
    11. *Muster*: Anfechtung des Arbeitsvertrages 2314
    12. *Muster*: Arbeitsbescheinigung nach § 312 SGB III 2314
    13. *Muster*: Arbeitspapiere 2315
    14. *Muster*: Arbeitszeitverringerung, Antrag nach § 8 TzBfG 2315
    15. *Muster*: Auflösungsantrag nach §§ 9, 10 KSchG 2316
    16. *Muster*: Berechnung des Monatsentgelts 2316
    17. *Muster*: Berechnung des Vierteljahresbezugs 2317
    18. *Muster*: Berufsausbildungsverhältnis – Bestehen, Nichtbestehen, Kündigung 2318
    19. *Muster*: Berufsausbildungsverhältnis – Weiterbeschäftigung eines Auszubildenden 2318
    20. *Muster*: Beschäftigung, tatsächliche 2319
    21. *Muster*: Bestellung von Personen für einen Wahlvorstand, Abbruch und Anfechtung einer Betriebsratswahl 2319
    22. *Muster*: Darlehen 2320
    23. *Muster*: Dienstverhältnis, Streit über Fortbestand 2320
    24. *Muster*: Direktionsrecht 2321
    25. *Muster*: Ehrverletzung 2322
    26. *Muster*: Eingruppierung, Zustimmungsersetzung 2322
    27. *Muster*: Eingruppierung, Zustimmungsersetzung bei mehreren Arbeitnehmern 2323
    28. *Muster*: Einigungsgebühr, Interessenausgleich und Sozialplan 2323
    29. *Muster*: Einigungsgebühr, Einigung auf ungekündigtes Fortbestehen des Arbeitsverhältnisses 2324
    30. *Muster*: Einstweilige Verfügung 2324
    31. *Muster*: Entfristungsklage 2324
    32. *Muster*: Erledigungsgebühr, Entstehung nach einem erledigenden Ereignis 2325
    33. *Muster*: Freistellung 2325
    34. *Muster*: Freistellung wegen Schulungsteilnahme 2326
    35. *Muster*: Geschäftsgebühr, Vergütungsfestsetzungsverfahren 2326
    36. *Muster*: Herausgabeansprüche 2327
    37. *Muster*: Integrationsamt, Verfahren bei Zustimmung zur Kündigung 2327
    38. *Muster*: Konzernbetriebsrat, Zusammensetzung 2327
    39. *Muster*: Kündigungsfrist, Verlängerung im Kündigungsschutzverfahren 2328
    40. *Muster*: Kündigungsschutzklage, Feststellungsantrag gem. § 4 KSchG und allgemeiner Feststellungsantrag 2328
    41. *Muster*: Kündigungsschutzklage, kurzes Arbeitsverhältnis 2329
    42. *Muster*: Personelle Maßnahme, Beschlussverfahren 2329
    43. *Muster*: Rauchverbot im Betrieb, Mitbestimmungsrecht des Betriebsrats 2329
    44. *Muster*: Rechtsweg, Gebührenklage 2330
    45. *Muster*: Sozialplan, Volumen 2330
    46. *Muster*: Terminsgebühr, Mediation 2330
    47. *Muster*: Terminsgebühr, Sachstandsanfragen 2330
    48. *Muster*: Terminsgebühr, Versäumnisurteil 2331
    49. *Muster*: Terminsgebühr, keine Ermäßigung für zweites Versäumnisurteil 2332
    50. *Muster*: Terminsgebühr bei schriftlichem Vergleich ohne Mitwirkung des Gerichts (§ 278 Abs. 6 ZPO) 2332

51. *Muster*: Terminsgebühr bei Vergleich über noch nicht rechtshängige Streitgegenstände 2333
52. *Muster*: Terminsgebühr bei Besprechung über noch nicht anhängigen Rechtsstreit 2333
53. *Muster*: Terminsgebühr bei Vergleichsfeststellung nach § 278 Abs. 6 ZPO im arbeitsgerichtlichen Urteilsverfahren 2333
54. *Muster*: Terminsgebühr bei Vergleichsschluss auf schriftlichen Vorschlag des Gerichts vor einem Gütetermin 2334
55. *Muster*: Unterbevollmächtigung eines Rechtsanwalts durch eine Gewerkschaft 2334
56. *Muster*: Vollmachtserteilung 2334
57. *Muster*: Wertfestsetzungsbeschluss, Beschwerde 2335
58. *Muster*: Wettbewerbsverbot 2335
59. *Muster*: Zeugnis 2335
60. *Muster*: Zwischenzeugnis 2336
61. *Muster*: Zuschlagsgebühr, Berücksichtigung von Pausen 2337
II. Schnellübersicht: Gegenstandswerte von A–Z im arbeitsgerichtlichen Beschluss- und Urteilsverfahren (Auswahl) 2337

Kapitel 3: Korrespondenz mit Rechtsschutzversicherungen 2351

A. Erläuterungen 2351
   I. Rechtspflichtenverstöße im Arbeitsverhältnis 2351
      1. Einwand der Vorvertraglichkeit 2351
      2. Risikoausschluss wegen Vorsatzhandlung/vorsätzlich begangener Straftat 2352
      3. Umfang des Deckungsschutzes 2352
   II. Deckungszusagen bei außergerichtlicher Tätigkeit 2352
   III. Aushandeln eines Aufhebungsvertrages 2353
   IV. Informationspflicht gegenüber Rechtsschutzversicherung 2354
   V. Situation des beratenden Rechtsanwalts 2354
B. Texte 2356
   I. Deckungsschutz 2356
      1. *Muster*: Deckungsantrag bei eiliger Kündigungsschutzklage 2356
      2. *Muster*: Deckungsantrag für gerichtliche Tätigkeit nach erfolglosem außergerichtlichem Verhandeln 2356
      3. *Muster*: Deckungsantrag bei außergerichtlicher Interessenwahrnehmung durch Schriftsatzbezug 2356
      4. *Muster*: Deckungsantrag bei außergerichtlicher Interessenwahrnehmung durch Sachverhaltsschilderung 2357
      5. *Muster*: Deckungsantrag bei außergerichtlicher Interessenwahrnehmung und Beschränkung auf Gegenstandswert gem. § 42 Abs. 2 Satz 1 GKG 2357
      6. *Muster*: Deckungsantrag bei außergerichtlicher Interessenwahrnehmung wegen Schikanen 2357
      7. *Muster*: Deckungsantrag wegen Kündigung 2357
      8. *Muster*: Deckungsantrag wegen angedrohter Kündigung und Angebot eines Aufhebungsvertrages 2358
      9. *Muster*: Deckungsantrag bei Entfristungsklage 2358
      10. *Muster*: Keine Obliegenheitsverletzung beim Weiterbeschäftigungsantrag 2358
      11. *Muster*: Keine Obliegenheitsverletzung beim Weiterbeschäftigungsantrag als Eventual-Hilfsantrag 2358
      12. *Muster*: Verweigerung von Deckungsschutz wegen fehlender Erfolgsaussicht ohne Begründung 2359
      13. *Muster*: Verweigerung von Deckungsschutz wegen fehlender Erfolgsaussicht 2359
      14. *Muster*: Verweigerung von Deckungsschutz wegen Ausschlusses nach Pkt. 3.2.21 ARB 2012 2360
      15. *Muster*: Zusage, Weiterbeschäftigungsantrag erst im Kammertermin zu stellen 2360
      16. *Muster*: Deckungsantrag bei Betriebsstilllegung 2360
      17. *Muster*: Rechtspflichtenverstoß wegen fehlenden Zwischenzeugnisses 2361

18. *Muster*: Anforderungen an einen vorvertraglichen Pflichtenverstoß bei fristloser Kündigung 2361
19. *Muster*: Zahlungsklage neben Kündigungsschutzklage 2362
20. *Muster*: Keine Erläuterung des gerichtlichen Streitwertbeschlusses 2363
21. *Muster*: Kein Deckungsausschluss bei Kündigung wegen vorsätzlicher Herbeiführung des Versicherungsfalls 2363
22. *Muster*: Kein Deckungsausschluss bei Verfahren vor dem Integrationsamt 2363
23. *Muster*: Deckungsschutz bei Kündigung und Abwicklungsvertrag 2363
24. *Muster*: Deckungszusage bei Mehrvergleich 2364
25. *Muster*: Schadensersatz bei vertragswidriger Verweigerung der Deckungszusage 2364
26. *Muster*: Einwendungsausschluss bei Deckungszusage 2365

II. Gebühren bei außergerichtlicher Interessenwahrnehmung 2365
  1. *Muster*: Außergerichtliche Tätigkeit vor Erhebung der Kündigungsschutzklage 2365
  2. *Muster*: Geschäftsgebühr mehr als 1,3 (Checkliste) 2365
  3. *Muster*: Geschäftsgebühr durch Telefonat 2366
  4. *Muster*: Verdeckte Geschäftsbesorgung 2366
  5. *Muster*: Streitwertaddition bei Vergleich 2367
  6. *Muster*: Streitwerterhöhende Einbeziehung von Regelungen über Altersversorgung und Zeugnis im Vergleich 2367

III. Gebühren bei gerichtlicher Interessenwahrnehmung 2368
  1. *Muster*: Einigungsgebühr 2368
  2. *Muster*: Einigungsgebühr bei Teilvergleich 2368
  3. *Muster*: Fahrtkosten und Abwesenheit 2369
  4. *Muster*: Terminsgebühr bei Vergleichsschluss ohne Mitwirkung des Gerichts 2369
  5. *Muster*: Terminsgebühr bei Vergleichsschluss nach § 278 Abs. 6 ZPO 2369
  6. *Muster*: Terminsgebühr, zweites Versäumnisurteil 2370
  7. *Muster*: Prozessvertretung durch Rechtsreferendar 2370
  8. *Muster*: Vollstreckungskosten im arbeitsgerichtlichen Verfahren 2371
  9. *Muster*: Rechtsanwalt im Einigungsstellenverfahren und anschließende Prozessvertretung 2371

Stichwortverzeichnis 2373

Abkürzungsverzeichnis

A

aA	anderer Auffassung
aaO	am angegebenen Ort
aE	am Ende
aF	alte Fassung
ABl EG	Amtsblatt der Europäischen Gemeinschaften
Abs.	Absatz
AcP	Archiv für die civilistische Praxis
AE	Arbeitsrechtliche Entscheidungen (Zeitschrift)
AEUV	Vertrag über die Arbeitsweise der Europäischen Union
AFG	Arbeitsförderungsgesetz
AG	Aktiengesellschaft; Die Aktiengesellschaft (Zeitschrift)
AGB	Allgemeine Geschäftsbedingungen
AGBG	Gesetz zur Regelung des Rechts der Allgemeinen Geschäftsbedingungen (AGB-Gesetz)
AGG	Allgemeines Gleichbehandlungsgesetz
AGS	Anwaltsgebühren Spezial (Zeitschrift)
AiB	Arbeitsrecht im Betrieb (Zeitschrift)
AktG	Aktiengesetz
allgM	allgemeine Meinung
Alt.	Alternative
AltEinkG	Alterseinkünftegesetz
AltZertG	Gesetz über die Zertifizierung von Altersvorsorgeverträgen (Altersvorsorgeverträge-Zertifizierungsgesetz)
AngKSchG	Gesetz über die Fristen für die Kündigung von Angestellten
Anh.	Anhang
Anm.	Anmerkung
AnwBl	Anwaltsblatt
AnwK	AnwaltKommentar
AO	Abgabenordnung
AP	Arbeitsrechtliche Praxis (Nachschlagewerk des Bundesarbeitsgerichts)
APS	Ascheid/Preis/Schmidt, Kündigungsrecht, Großkommentar zum gesamten Recht der Beendigung von Arbeitsverhältnissen (zit.: APS/*Bearbeiter*)
AR-Blattei	Arbeitsrecht-Blattei
AR-Blattei SD	Arbeitsrecht-Blattei – Systematische Darstellungen
ARB	Allgemeine Bedingungen für die Rechtsschutzversicherung
ArbG	Arbeitsgericht
ArbGG	Arbeitsgerichtsgesetz
ArbNErfG	Gesetz über Arbeitnehmererfindungen
ArbPlSchG	Gesetz über den Schutz des Arbeitsplatzes bei Einberufung zum Wehrdienst (Arbeitsplatzschutzgesetz)
ArbR	Arbeitsrecht
ArbRB	Der Arbeits-Rechts-Berater (Zeitschrift)
ArbRBeschFG	Arbeitsrechtliches Beschäftigungsförderungsgesetz
ArbStättV	Verordnung über Arbeitsstätten
ArbuSozR	Arbeits- und Sozialrecht (Zeitschrift) (1981 eingestellt)
ArbZG	Arbeitszeitgesetz
ARST	Arbeitsrecht in Stichworten (Entscheidungssammlung)
Art.	Artikel
ASiG	Gesetz über Betriebsärzte, Sicherheitsingenieure und andere Fachkräfte für Arbeitssicherheit
ATG	Altersteilzeitgesetz
AuA	Arbeit und Arbeitsrecht (Zeitschrift)
Aufl.	Auflage
AÜG	Gesetz zur Regelung der gewerbsmäßigen Arbeitnehmerüberlassung (Arbeitnehmerüberlassungsgesetz)
AuR	Arbeit und Recht (Zeitschrift)

Abkürzungsverzeichnis

AVmG	Altersvermögensgesetz
AVR	Arbeitsvertragsrichtlinien
Az	Aktenzeichen
AZO	Arbeitszeitverordnung

B

BAG	Bundesarbeitsgericht
BAGE	Amtliche Sammlung der Entscheidungen des Bundesarbeitsgerichts
BAnz.	Bundesanzeiger
BAT	Bundes-Angestelltentarifvertrag
BAT-O	Bundes-Angestelltentarifvertrag (Ost)
BB	Betriebs-Berater (Zeitschrift)
BBesG	Bundesbesoldungsgesetz
BBG	Bundesbeamtengesetz
BBiG	Berufsbildungsgesetz
Bd.	Band
BDSG	Bundesdatenschutzgesetz
BEEG	Gesetz zum Elterngeld und zur Elternzeit (Bundeselterngeld- und Elternzeitgesetz)
Beil.	Beilage
BerufsO	Berufsordnung
BErzGG	Gesetz zum Erziehungsgeld und zur Elternzeit (Bundeserziehungsgeldgesetz)
BeschFG	Beschäftigungsförderungsgesetz
Beschl.	Beschluss
BetrAV	Betriebliche Altersversorgung (Zeitschrift)
BetrAVG	Gesetz zur Verbesserung der betrieblichen Altersversorgung (Betriebsrentengesetz)
BetrVG	Betriebsverfassungsgesetz
BeurkG	Beurkundungsgesetz
BFH	Bundesfinanzhof
BFH/NV	Sammlung amtlich nicht veröffentlichter Entscheidungen des Bundesfinanzhofs
BFHE	Entscheidungssammlung des Bundesfinanzhofs
BGB	Bürgerliches Gesetzbuch
BGBl.	Bundesgesetzblatt
BGH	Bundesgerichtshof
BGHReport	Schnelldienst zur Zivilrechtsprechung des Bundesgerichtshofs (Zeitschrift)
BGHZ	Entscheidungssammlung des Bundesgerichtshofs in Zivilsachen
BlStSozArbR	Blätter für Steuerrecht, Sozialversicherung und Arbeitsrecht (Zeitschrift)
BMI	Bundesministerium des Innern
BMT-G	Bundes-Manteltarifvertrag für Arbeiter gemeindlicher Verwaltungen und Betriebe
BPersVG	Bundespersonalvertretungsgesetz
BRAGO	Bundesgebührenordnung für Rechtsanwälte
BRAK-Mitt.	Mitteilungen der Bundesrechtsanwaltskammer
BRAO	Bundesrechtsanwaltsordnung
BR-Drucks.	Bundesrats-Drucksache
BRRG	Rahmengesetz zur Vereinheitlichung des Beamtenrechts (Beamtenrechtsrahmengesetz)
BSG	Bundessozialgericht
BSGE	Entscheidungssammlung des Bundessozialgerichts
BStBl.	Bundessteuerblatt
BT-Drucks.	Bundestags-Drucksache
Buchst.	Buchstabe
BUrlG	Mindesturlaubsgesetz für Arbeitnehmer (Bundesurlaubsgesetz)
BuW	Betrieb und Wirtschaft (Zeitschrift)
BVerfG	Bundesverfassungsgericht
BVerfGE	Entscheidungssammlung des Bundesverfassungsgerichts
BVerwG	Bundesverwaltungsgericht
BVerwGE	Entscheidungssammlung des Bundesverwaltungsgerichts
BZA	Bundesverband Zeitarbeit Personal-Dienstleistungen e.V.
bzw	beziehungsweise

C

c.i.c.	culpa in contrahendo

ca.	circa
CCZ	Corporate Compliance Zeitschrift
CR	Computer und Recht (Zeitschrift)

D

dh	das heißt
DB	Der Betrieb (Zeitschrift)
DCGK	Deutscher Corporate Governance Code
ders.	derselbe
DEÜV	Verordnung über die Erfassung und Übermittlung von Daten für die Träger der Sozialversicherung (Datenerfassungs- und -übermittlungsverordnung)
DGB	Deutscher Gewerkschaftsbund
dies.	dieselbe(n)
Diss.	Dissertation
DKK	Däubler/Kittner/Klebe/Wedde, BetrVG, Kommentar
DStR	Deutsches Steuerrecht (Zeitschrift)
DStRE	Deutsches Steuerrecht – Entscheidungsdienst
DStZ	Deutsche Steuer-Zeitung
DuD	Datenschutz und Datensicherung (Zeitschrift)
DZWiR	Deutsche Zeitschrift für Wirtschaftsrecht

E

EBIT	Earnings before interest and taxes
EFG	Entscheidungen der Finanzgerichte
EFZG	Gesetz über die Zahlung des Arbeitsentgelts an Feiertagen und im Krankheitsfall (Entgeltfortzahlungsgesetz)
EG	Einführungsgesetz; Europäische Gemeinschaft
EGBGB	Einführungsgesetz zum Bürgerlichen Gesetzbuch
EGRL	EG-Richtlinie
Einl.	Einleitung
EntgeltFG	Gesetz über die Zahlung des Arbeitsentgelts an Feiertagen und im Krankheitsfall (Entgeltfortzahlungsgesetz)
ErfK	Erfurter Kommentar zum Arbeitsrecht (zit.: ErfK/*Bearbeiter*)
ESt	Einkommensteuer
EStG	Einkommensteuergesetz
EStR	Einkommensteuer-Richtlinien
etc.	et cetera
EU	Europäische Union
EuGH	Europäischer Gerichtshof
EuGVÜ	Europäisches Übereinkommen über die gerichtliche Zuständigkeit und die Vollstreckung gerichtlicher Entscheidungen in Zivil- und Handelssachen
EuGVVO	Europäische Verordnung über die gerichtliche Zuständigkeit und die Anerkennung und Vollstreckung von Entscheidungen in Zivil- und Handelssachen
EUR	Euro
EVA	Economic Value Added
EVÜ	Europäisches Übereinkommen über das auf vertragliche Schuldverhältnisse anzuwendende Recht
EWiR	Entscheidungen zum Wirtschaftsrecht (Zeitschrift)
EzA	Entscheidungssammlung zum Arbeitsrecht
EzA-SD	Entscheidungen zum Arbeitsrecht – Schnelldienst
EzB-VjA	Entscheidungssammlung zum Berufsbildungsrecht 2. Auflage (Verjüngungsausgabe)
EzBAT	Entscheidungssammlung zum Bundes-Angestelltentarifvertrag

F

f, ff	folgende, fortfolgende
FA	Fachanwalt Arbeitsrecht (Zeitschrift)
FAZ	Frankfurter Allgemeine Zeitung
FG	Finanzgericht
FinMin.	Finanzministerium
FLF	Finanzierung, Leasing, Factoring (Zeitschrift)
FPfZG	Gesetz über die Familienpflegezeit (Familienpflegezeitgesetz)

FS	Festschrift

G

GA	Geschäftsanweisungen der Bundesagentur für Arbeit
GedS	Gedenkschrift
GewArchiv	Gewerbearchiv
GewO	Gewerbeordnung
GG	Grundgesetz für die Bundesrepublik Deutschland
ggf	gegebenenfalls
GKG	Gerichtskostengesetz
GK-TzA	Gemeinschaftskommentar zum Teilzeitarbeitsrecht (zit.: GK-TzA/*Bearbeiter*)
GmbH	Gesellschaft mit beschränkter Haftung
GmbHG	Gesetz betreffend die Gesellschaften mit beschränkter Haftung (GmbH-Gesetz)
GmbHR	GmbH-Rundschau (Zeitschrift)
GMBl.	Gemeinsames Ministerialblatt
GO	Gemeindeordnung
GRUR	Gewerblicher Rechtsschutz und Urheberrecht (Zeitschrift)
GRUR-RR	Gewerblicher Rechtsschutz und Urheberrecht Rechtsprechungs-Report
GS	Großer Senat; Gedächtnisschrift
GVG	Gerichtsverfassungsgesetz
GWR	Gesellschafts- und Wirtschaftsrecht (Zeitschrift)

H

hM	herrschende Meinung
H/S	Hümmerich/Spirolke/Boecken, Das arbeitsrechtliche Mandat (zit.: H/S-*Bearbeiter*)
HAG	Heimarbeitsgesetz
Halbs.	Halbsatz
HGB	Handelsgesetzbuch
HRG	Hochschulrahmengesetz
Hrsg.	Herausgeber
hrsg.	herausgegeben
Hs	Halbsatz
HWK	Henssler/Willemsen/Kalb, Arbeitsrecht Kommentar (zit.: HWK/*Bearbeiter*)

I

idF	in der Fassung
idR	in der Regel
iHv	in Höhe von
InstitutsVergV	Verordnung über die aufsichtsrechtlichen Anforderungen an Vergütungssysteme von Instituten (Instituts-Vergütungsverordnung)
iSd	im Sinne der/des
iSv	im Sinne von
iVm	in Verbindung mit
IGZ	Interessenverband Deutscher Zeitarbeitsunternehmen
InsO	Insolvenzordnung
IPRax	Praxis des Internationalen Privat- und Verfahrensrechts (Zeitschrift)
IPRspr	Deutsche Rechtsprechung auf dem Gebiet des Internationalen Privatrechts (Zeitschrift)
IRZ	Zeitschrift für Internationale Rechnungslegung

J

JArbSchG	Gesetz zum Schutz der arbeitenden Jugend (Jugendarbeitsschutzgesetz)
Jura	Juristische Ausbildung (Zeitschrift)
JurBüro	Juristisches Büro (Zeitschrift)
jurisPR	juris PraxisReport
JuS	Juristische Schulung (Zeitschrift)
JZ	Juristenzeitung

K

KassArbR	Kasseler Handbuch zum Arbeitsrecht (zit.: KassArbR/*Bearbeiter*)
KassKomm	Kasseler Kommentar Sozialversicherungsrecht (zit.: KassKomm/*Bearbeiter*)
KG	Kammergericht; Kommanditgesellschaft

KOM	Kommission der EG; Kommissionsentwurf einer Richtlinie/Verordnung
KommAktG	Kölner Kommentar zum Aktiengesetz (zit.: KommAktG/*Bearbeiter*)
KonTraG	Gesetz zur Kontrolle und Transparenz im Unternehmensbereich
KostO	Kostenordnung
KR	Gemeinschaftskommentar zum Kündigungsschutzgesetz und zu sonstigen kündigungsschutzrechtlichen Vorschriften (zit.: KR/*Bearbeiter*)
KSchG	Kündigungsschutzgesetz
KStDV	Körperschaftsteuer-Durchführungsverordnung
KStG	Körperschaftsteuergesetz
KV	Kostenverzeichnis

L

LAG	Landesarbeitsgericht
LAGE	Entscheidungen der Landesarbeitsgerichte
lit.	litera
LohnFG	Gesetz über die Fortzahlung des Arbeitsentgelts im Krankheitsfalle (Lohnfortzahlungsgesetz)
Losebl.	Loseblatt
LS	Leitsatz
LStR	Lohnsteuer-Richtlinien

M

m. Anm.	mit Anmerkung
MAH	Münchener Anwaltshandbuch Arbeitsrecht, hrsg. von Moll
mwN	mit weiteren Nachweisen
MarkenG	Markengesetz
MAVO	Mitarbeitervertretungsordnung
MDR	Monatsschrift für Deutsches Recht (Zeitschrift)
MedR	Medizinrecht (Zeitschrift)
MitbestG	Gesetz über die Mitbestimmung der Arbeitnehmer (Mitbestimmungsgesetz)
MittdtschPatAnw	Mitteilungen der deutschen Patentanwälte (Zeitschrift)
MontanMitbestG	Gesetz über die Mitbestimmung der Arbeitnehmer in den Aufsichtsräten und Vorständen der Unternehmen des Bergbaus und der Eisen und Stahl erzeugenden Industrie
MTV	Manteltarifvertrag
MTVZ	Manteltarifvertrag Zeitarbeit
MüKo	Münchener Kommentar
MuSchG	Gesetz zum Schutz der erwerbstätigen Mutter (Mutterschutzgesetz)
MwSt	Mehrwertsteuer

N

nF	neue Fassung
n.r.	nicht rechtskräftig
n.v.	nicht veröffentlicht
NachwG	Gesetz über den Nachweis der für ein Arbeitsverhältnis geltenden wesentlichen Bedingungen (Nachweisgesetz)
NJW	Neue Juristische Wochenschrift
Nr.	Nummer
nrk.	nicht rechtskräftig
NRW, NW	Nordrhein-Westfalen
NWB	Neue Wirtschafts-Briefe
NZA	Neue Zeitschrift für Arbeitsrecht
NZA-RR	NZA-Rechtsprechungs-Report Arbeitsrecht
NZG	Neue Zeitschrift für Gesellschaftsrecht
NZI	Neue Zeitschrift für das Recht der Insolvenz und Sanierung
NZS	Neue Zeitschrift für Sozialrecht

O

o.Ä.	oder Ähnliches
OLG	Oberlandesgericht
OLGE	Entscheidungssammlung der Oberlandesgerichte
OVG	Oberverwaltungsgericht

P

p.a.	pro anno
PatG	Patentgesetz
PersF	Personalführung (Zeitschrift)
PersR	Der Personalrat (Zeitschrift)
PersV	Die Personalvertretung (Zeitschrift)
PflegeZG	Gesetz über die Pflegezeit (Pflegezeitgesetz)
PflVG	Gesetz über die Pflichtversicherung für Kraftfahrzeughalter (Pflichtversicherungsgesetz)
PrAKG	Preisangaben- und Preisklauselgesetz
PrKV	Preisklauselverordnung
PSV	Pensions-Sicherungs-Verein

R

RAG	Reichsarbeitsgesetz
RBerG	Rechtsberatungsgesetz
RdA	Recht der Arbeit (Zeitschrift)
RdJB	Recht der Jugend und des Bildungswesens (Zeitschrift)
RDV	Recht der Datenverarbeitung (Zeitschrift)
RiA	Das Recht im Amt (Zeitschrift)
RIW	Recht der internationalen Wirtschaft (Zeitschrift)
Rn	Randnummer
RNotZ	Rheinische Notar-Zeitschrift
Rpfleger	Der Deutsche Rechtspfleger (Zeitschrift)
RVG	Rechtsanwaltsvergütungsgesetz
RVO	Reichsversicherungsordnung

S

S.	Seite
SachBezV	Verordnung über den Wert der Sachbezüge in der Sozialversicherung (Sachbezugsverordnung)
SAE	Sammlung Arbeitsrechtlicher Entscheidungen
SchuldRModG	Schuldrechtsmodernisierungsgesetz
SchwarzArbG	Gesetz zur Bekämpfung der Schwarzarbeit und illegalen Beschäftigung (Schwarzarbeitsbekämpfungsgesetz)
SeemG	Seemannsgesetz
SGB	Sozialgesetzbuch
Slg.	Sammlung
sog.	so genannte(r)
SPA	Schnellbrief für Personalwirtschaft und Arbeitsrecht (Zeitschrift)
SprAuG	Gesetz über Sprecherausschüsse der leitenden Angestellten (Sprecherausschussgesetz)
stRspr	ständige Rechtsprechung
SteuK	Steuerrecht kurzgefaßt (Zeitschrift)
StGB	Strafgesetzbuch
str.	streitig
StVO	Straßenverkehrs-Ordnung
StVZO	Straßenverkehrs-Zulassungs-Ordnung
SUrlV	Verordnung über den Sonderurlaub für Bundesbeamtinnen, Bundesbeamte, Richterinnen und Richter des Bundes (Sonderurlaubsverordnung)
SWK	StichwortKommentar Arbeitsrecht, hrsg. von Grobys/Panzer-Heemeier

T

TKG	Telekommunikationsgesetz
TOA	Tarifordnung für Angestellte
TransPuG	Gesetz zur weiteren Reform des Aktien- und Bilanzrechts, zu Transparenz und Publizität (Transparenz- und Publizitätsgesetz)
TV	Tarifvertrag
TVG	Tarifvertragsgesetz
TVöD	Tarifvertrag für den öffentlichen Dienst
TzBfG	Gesetz über Teilzeitarbeit und befristete Arbeitsverträge (Teilzeit- und Befristungsgesetz)

U

u.a.	und andere; unter anderem
u.Ä.	und Ähnliches
u.U.	unter Umständen
UmwG	Umwandlungsgesetz
UrhG	Gesetz über Urheberrecht und verwandte Schutzrechte (Urheberrechtsgesetz)
Urt.	Urteil
usw	und so weiter
UVV	Unfallverhütungsverordnung
UWG	Gesetz gegen den unlauteren Wettbewerb

V

v.H.	vom Hundert
VAG	Gesetz über die Beaufsichtigung der Versicherungsunternehmen (Versicherungsaufsichtsgesetz)
VermBG	Vermögensbildungsgesetz
VersR	Versicherungsrecht
VersVergV	Verordnung über die aufsichtsrechtlichen Anforderungen an Vergütungssysteme im Versicherungsbereich (Versicherungs-Vergütungsverordnung)
vgl	vergleiche
VO	Verordnung
VorstAG	Gesetz zur Angemessenheit der Vorstandsvergütung
VorstOG	Vorstandsvergütungs-Offenlegungsgesetz
VSSR	Vierteljahresschrift für Sozialrecht (Zeitschrift)
VV	Vergütungsverzeichnis
VVaG	Versicherungsverein auf Gegenseitigkeit
VVG	Gesetz über den Versicherungsvertrag (Versicherungsvertragsgesetz)
VwVfG	Verwaltungsverfahrensgesetz

W

WährungsG	Währungsgesetz
WiB	Wirtschaftsrechtliche Beratung (Zeitschrift)
WissZeitVG	Gesetz über befristete Arbeitsverträge in der Wissenschaft (Wissenschaftszeitvertragsgesetz)
wistra	Zeitschrift für Wirtschaft, Steuer, Strafrecht
WM	Wertpapier-Mitteilungen (Zeitschrift)
WpHG	Gesetz über den Wertpapierhandel
WPg	Die Wirtschaftsprüfung (Zeitschrift)
WRP	Wettbewerb in Recht und Praxis (Zeitschrift)
WRV	Weimarer Reichsverfassung
WSI-Mitteilungen	Monatszeitschrift des Wirtschafts- und Sozialwissenschaftlichen Instituts der Hans-Böckler-Stiftung

Z

zB	zum Beispiel
ZAP	Zeitschrift für die Anwaltspraxis
ZCG	Zeitschrift für Corporate Governance
ZD	Zeitschrift für Datenschutz
ZDG	Gesetz über den Zivildienst der Kriegsdienstverweigerer (Zivildienstgesetz)
ZfA	Zeitschrift für Arbeitsrecht
ZGS	Zeitschrift für das gesamte Schuldrecht
ZHR	Zeitschrift für das gesamte Handels- und Wirtschaftsrecht
ZIAS	Zeitschrift für ausländisches und internationales Arbeits- und Sozialrecht
ZIP	Zeitschrift für Wirtschaftsrecht und Insolvenzpraxis
ZPO	Zivilprozessordnung
ZRP	Zeitschrift für Rechtspolitik
ZTR	Zeitschrift für Tarif-, Arbeits- und Sozialrecht des öffentlichen Dienstes
ZUb	Zeitschrift der Unternehmensberatung
zust.	zustimmend
ZZP	Zeitschrift für Zivilprozess

Allgemeines Literaturverzeichnis

Ahrend/Förster/Rühmann, Betriebsrentengesetz, Gesetz zur Verbesserung der betrieblichen Altersversorgung mit zivilrechtlichen, arbeitsrechtlichen und steuerrechtlichen Vorschriften, Kommentar, 12. Aufl. 2009

Annuß/Thüsing (Hrsg.), Teilzeit- und Befristungsgesetz, Kommentar, 3. Aufl. 2012

AnwaltKommentar Arbeitsrecht, hrsg. von Hümmerich/Boecken/Düwell, 2 Bände, 2. Aufl. 2010 (zit.: AnwK-ArbR/*Bearbeiter*)

Anzinger/Koberski, Kommentar zum Arbeitszeitgesetz, 3. Aufl. 2009

Arbeitsgemeinschaft Arbeitsrecht (Hrsg.), Festschrift zum 25-jährigen Bestehen, 2006

Arens/Düwell/Wichert (Hrsg.), Handbuch Umstrukturierung und Arbeitsrecht, 2. Aufl. 2013

Ascheid/Preis/Schmidt (Hrsg.), Kündigungsrecht, Großkommentar zum gesamten Recht der Beendigung von Arbeitsverhältnissen, 4. Aufl. 2012 (zit.: APS/*Bearbeiter*)

Baeck/Deutsch, Arbeitszeitgesetz, Kommentar, 2. Aufl. 2004

Bamberger/Roth (Hrsg.), Kommentar zum Bürgerlichen Gesetzbuch, 3 Bände, 3. Aufl. 2012

Bauer, Arbeitsrechtliche Aufhebungsverträge. Arbeits-, gesellschafts-, steuer- und sozialversicherungsrechtliche Hinweise zur einvernehmlichen Beendigung von Dienst- und Arbeitsverhältnissen, 8. Aufl. 2007

Bauer/Diller, Wettbewerbsverbote. Rechtliche und taktische Hinweise für Arbeitgeber, Arbeitnehmer und vertretungsberechtigte Organmitglieder, 6. Aufl. 2012

Bauer/Göpfert/Krieger, Allgemeines Gleichbehandlungsgesetz, Kommentar, 3. Aufl. 2011

Bauer/Lingemann/Diller/Haußmann, Anwalts-Formularbuch Arbeitsrecht, 4. Aufl. 2011 (zit.: BLDH/*Bearbeiter*)

Baumbach/Hueck, GmbH-Gesetz, Kommentar, 20. Aufl. 2013

Beck'sches Handbuch der GmbH – Gesellschaftsrecht und Steuerrecht, 4. Aufl. 2009 (zit.: Beck'sches GmbH-Handbuch/*Bearbeiter*)

Blomeyer/Rolfs/Otto, Betriebsrentengesetz, Kommentar, 5. Aufl. 2010

Blümich, Einkommensteuergesetz, Körperschaftsteuergesetz, Gewerbesteuergesetz, Loseblatt-Kommentar

Boecken/Joussen, Teilzeit- und Befristungsgesetz, Handkommentar, 3. Aufl. 2012

Boemke/Lembke, Arbeitnehmerüberlassungsgesetz, Kommentar, 3. Aufl. 2013

Brand, SGB III, Kommentar, 6. Aufl. 2012

Brandmüller, Der GmbH-Geschäftsführer im Gesellschafts-, Steuer- und Sozialversicherungsrecht, 18. Aufl. 2006

Bruckner, Nachvertragliche Wettbewerbsverbote zwischen Rechtsanwälten, 1987

Däubler (Hrsg.), Tarifvertragsgesetz – mit Arbeitnehmer-Entsendegesetz, Großkommentar, 3. Aufl. 2012

Däubler/Bonin/Deinert, AGB-Kontrolle im Arbeitsrecht, Kommentierung zu den §§ 305 bis 310 BGB, 3. Aufl. 2010

Däubler/Hjort/Schubert/Wolmerath, Arbeitsrecht – Individualarbeitsrecht mit kollektivrechtlichen Bezügen, Handkommentar, 3. Aufl. 2013

Däubler/Kittner/Klebe/Wedde, BetrVG, Kommentar, 13. Aufl. 2012 (zit.: DKK/*Bearbeiter*)

Diller, Gesellschafter und Gesellschaftsorgane als Arbeitnehmer, 1994

Dörner, Der befristete Arbeitsvertrag – eine systematische Zusammenstellung des Befristungsrechts, 2. Aufl. 2011

Erfurter Kommentar zum Arbeitsrecht, hrsg. von Dieterich/Müller-Glöge/Preis/Schaub, 13. Aufl. 2013 (zit.: ErfK/*Bearbeiter*)

Erman, Handkommentar zum Bürgerlichen Gesetzbuch, 12. Aufl. 2008 (zit.: Erman/*Bearbeiter*)

Feichtinger/Malkmus, Entgeltfortzahlungsrecht – Arbeitsrecht, Sozialrecht, Bürgerliches Recht, Handkommentar, 2. Aufl. 2010

Fiebig/Gallner/Mestwerdt/Nägele, Kündigungsschutzrecht, Handkommentar, 4. Aufl. 2012

Fitting/Engels/Schmidt/Trebinger/Linsenmaier, Betriebsverfassungsgesetz, Kommentar, 26. Aufl. 2012

Fleischer, Handbuch des Vorstandsrechts, 2006

Förster/Cisch/Karst, Betriebsrentengesetz, Kommentar, 13. Aufl. 2012

Gemeinschaftskommentar zum Teilzeitarbeitsrecht, hrsg. von Becker/Danner/Lang/Lipke/Mikosch/Steinwedel, 1987 (zit.: GK-TzA/*Bearbeiter*)

Germelmann/Matthes/Prütting, Arbeitsgerichtsgesetz, Kommentar, 8. Aufl. 2013

Gola/Schomerus, Bundesdatenschutzgesetz, Kommentar, 11. Aufl. 2012

Gotthardt, Arbeitsrecht nach der Schuldrechtsreform, 2. Aufl. 2003

Grobys/Panzer (Hrsg.), StichwortKommentar Arbeitsrecht – Alphabetische Gesamtdarstellung – Individualarbeitsrecht, Kollektives Arbeitsrecht, Prozessrecht, 2012

Hachenburg, GmbH-Gesetz, Großkommentar, 8. Aufl. 1992/1997, 3 Bände

Hanau/Arteaga/Rieble/Veit, Entgeltumwandlung – Direktversicherung, Direktzusage, Unterstützungskasse, Pensionskasse, Pensionsfonds 2. Aufl. 2006

Hanau/Preis, Der Arbeitsvertrag, Loseblatt, Stand: Juni 1997

Henssler/Prütting, Bundesrechtsanwaltsordnung, Kommentar, 3. Aufl. 2010

Henssler/Willemsen/Kalb (Hrsg.), Arbeitsrecht Kommentar, 5. Aufl. 2012 (zit.: HWK/*Bearbeiter*)

Henze/Born, GmbH-Recht. Höchstrichterliche Rechtsprechung, 2012

Höfer/Reinhard/Reich, Betriebsrentenrecht (BetrAVG), Kommentar, Band 1: Arbeitsrecht = Gesetz zur Verbesserung der betrieblichen Altersversorgung, Loseblatt, 14. Aufl. 2013

Hoffmann/Liebs, Der GmbH-Geschäftsführer – Handbuch für die Praxis des Unternehmers und Managers, 3. Aufl. 2009

v. Hoyningen-Huene/Linck, Kündigungsschutzgesetz, Kommentar, 15. Aufl. 2013

Hromadka/Schmitt-Rolfes, Der unbefristete Arbeitsvertrag, 2006

Hueck/Nipperdey, Lehrbuch des Arbeitsrechts I, 1963

Hüffer, Aktiengesetz, Kommentar, 10. Aufl. 2012

Hümmerich, Aufhebungsvertrag und Abwicklungsvertrag, 2. Aufl. 2003

Hümmerich/Reufels (Hrsg.), Gestaltung von Arbeitsverträgen – Kommentierte Klauseln und Musterverträge, 2. Aufl. 2011

Hümmerich/Spirolke/Boecken, Das arbeitsrechtliche Mandat, 6. Aufl. 2011 (zit.: H/S-*Bearbeiter*)

Hunold, Arbeitsrecht im Außendienst, 1993

Hunold, Befristete Arbeitsverträge nach neuem Recht, 2001

Jaeger, Der Anstellungsvertrag des GmbH-Geschäftsführers, 5. Aufl. 2009

Kasseler Handbuch zum Arbeitsrecht, hrsg. von Leinemann, 2 Bände, 2. Aufl. 2000 (zit.: KassArbR/*Bearbeiter*)

Kasseler Kommentar Sozialversicherungsrecht, hrsg. von Leitherer, Loseblatt (zit.: KassKomm/*Bearbeiter*)

Kempen/Zachert, TVG, Kommentar, 4. Aufl. 2006

Kemper/Kisters-Kölkes/Berenz/Huber, BetrAVG, Kommentar zum Betriebsrentengesetz mit Insolvenzsicherung und Versorgungsausgleich, 5. Aufl. 2013

Kittner/Däubler/Zwanziger (Hrsg.), Kündigungsschutzrecht – KSchR, Kommentar für die Praxis, 8. Aufl. 2011 (zit.: Kittner/Däubler/Zwanziger/*Bearbeiter*)

Kittner/Zwanziger/Deinert (Hrsg.), Arbeitsrecht, Handbuch für die Praxis, 6. Aufl. 2011 (zit.: Kittner/Zwanziger/*Bearbeiter*, Arbeitsrecht Handbuch)

Kliemt, Formerfordernisse im Arbeitsverhältnis, 1998

Kölner Kommentar zum Aktiengesetz, hrsg. von Zöllner/Noack, 3. Aufl. 2004 ff, 8 Bände (zit.: KommAktG/*Bearbeiter*)

KR – Gemeinschaftskommentar zum Kündigungsschutzgesetz und zu sonstigen kündigungsschutzrechtlichen Vorschriften, hrsg. von Etzel/Bader/Fischermeier u.a., 10. Aufl. 2013 (zit.: KR/*Bearbeiter*)

Krauskopf (Hrsg.), Soziale Krankenversicherung, Pflegeversicherung, Loseblatt-Kommentar

Kropholler, Internationales Privatrecht, 6. Aufl. 2006

Kübler/Prütting/Bork (Hrsg.), InsO – Kommentar zur Insolvenzordnung, Loseblatt

Küttner, Personalbuch 2013 – Arbeitsrecht, Lohnsteuerrecht, Sozialversicherungsrecht, 20. Aufl. 2013 (zit.: Küttner/*Bearbeiter*)

Lansnicker (Hrsg.), Prozesse in Arbeitssachen – Vertretung, Verfahren, Vollstreckung, 3. Aufl. 2013

Löwisch/Rieble, Tarifvertragsgesetz, Kommentar, 3. Aufl. 2012

Lücke/Schaub (Hrsg.), Beck'sches Mandatshandbuch Vorstand der AG, 2. Aufl. 2010

Lutter/Hommelhoff, GmbH-Gesetz, Kommentar, 18. Aufl. 2012

Mauer, Dienstwagenüberlassung an Arbeitnehmer – Arbeits-, lohnsteuer- und sozialversicherungsrechtliche Aspekte für die Praxis mit Vertragsmustern, 2003

Mauer, Personaleinsatz im Ausland – Personalmanagement, Arbeitsrecht, Sozialversicherungsrecht, Steuerrecht, 2. Aufl. 2013

Mayer/Kroiß (Hrsg.), RVG, Handkommentar, 6. Aufl. 2013

Meinel/Heyn/Herms, Teilzeit- und Befristungsgesetz, Kommentar, 4. Aufl. 2012

Meisel, Arbeitsrecht für die betriebliche Praxis – Ein Handbuch für Führungskräfte, 11. Aufl. 2009

Michalski (Hrsg.), Kommentar zum Gesetz betreffend die Gesellschaften mit beschränkter Haftung (GmbH-Gesetz), Band I: Systematische Darstellungen 1–7, §§ 1–34; Band II: §§ 35–86, 2. Aufl. 2010

Münchener Anwaltshandbuch Arbeitsrecht, hrsg. von Moll, 3. Aufl. 2012 (zit.: Moll/*Bearbeiter*, MAH Arbeitsrecht)

Münchener Handbuch des Gesellschaftsrechts, Band 4: Aktiengesellschaft, hrsg. von Hoffmann-Becking, 3. Aufl. 2007 (zit.: MünchHandbGesellschR/*Bearbeiter*)

Münchener Handbuch zum Arbeitsrecht, hrsg. von Richardi/Wlotzke/Wißmann/Oetker, 2 Bände, 3. Aufl. 2009 (zit.: MünchHandbArbR/*Bearbeiter*)

Münchener Kommentar zum Aktiengesetz, 9 Bände, 3. Aufl. (zit.: MüKo-AktG/*Bearbeiter*)

Münchener Kommentar zum Bürgerlichen Gesetzbuch, Band 2: Schuldrecht, Allgemeiner Teil (§§ 241–432), 6. Aufl. 2012; Band 4: Schuldrecht, Besonderer Teil II (§§ 611–704), EFZG, TzBfG, KSchG, 6. Aufl. 2012 (zit.: MüKo-BGB/*Bearbeiter*)

Münchener Vertragshandbuch, Band 1: Gesellschaftsrecht, hrsg. von Heidenhain/Meister, 7. Aufl. 2011 (zit.: MünchVertragshdb-GesR/*Bearbeiter*)

Musielak, Zivilprozessordnung, Kommentar, 10. Aufl. 2013

Natter/Gross (Hrsg.), Arbeitsgerichtsgesetz, Handkommentar, 2. Aufl. 2013

Niesel/Brand, SGB III, Kommentar, 5. Aufl. 2010

Palandt, Bürgerliches Gesetzbuch, Kommentar, 72. Aufl. 2013

Preis (Hrsg.), Der Arbeitsvertrag. Handbuch der Vertragspraxis und -gestaltung, 4. Aufl. 2011

Preis, Grundfragen der Vertragsgestaltung im Arbeitsrecht, 1993

Preis/Kliemt/Ulrich, Aushilfs- und Probearbeitsverhältnis, 2. Aufl. 2003

Reiserer/Heß-Emmerich/Peters, Der GmbH-Geschäftsführer – Rechte, Pflichten, Haftung, 3. Aufl. 2008

Richardi (Hrsg.), Betriebsverfassungsgesetz, Kommentar, 13. Aufl. 2012

Roth/Altmeppen, GmbHG, Kommentar, 7. Aufl. 2012

Rowedder/Schmidt-Leithoff, GmbHG, Kommentar, 5. Aufl. 2013

Schaub, Arbeitsrechts-Handbuch, 14. Aufl. 2011 (zit.: Schaub/*Bearbeiter*)

Schaub, Arbeitsrechtliches Formular- und Verfahrenshandbuch, 10. Aufl. 2013

Schaub/Schindele, Kurzarbeit, Massenentlassung, Sozialplan, 3. Aufl. 2011

Schliemann, Arbeitszeitgesetz mit Nebengesetzen, Kommentar, 2008

Schliemann/Ascheid u.a., Das Arbeitsrecht im BGB, Kommentar, 2. Aufl. 2002

Schmidt, Einkommensteuergesetz, Kommentar, 32. Aufl. 2013 (zit.: Schmidt/*Bearbeiter*)

Schneider/Wolf (Hrsg.), AnwaltKommentar RVG, 6. Aufl. 2012

Schüren (Hrsg.), Arbeitnehmerüberlassungsgesetz, Kommentar, 4. Aufl. 2010

Semler/v. Schenck (Hrsg.), Arbeitshandbuch für Aufsichtsratsmitglieder, 3. Aufl. 2009

Simitis (Hrsg.), Bundesdatenschutzgesetz, Kommentar, 7. Aufl. 2011

Stahlhacke/Preis/Vossen, Kündigung und Kündigungsschutz im Arbeitsverhältnis, 10. Aufl. 2010

Steindorf/Regh, Beck'sches Mandatshandbuch Arbeitsrecht in der Insolvenz, 2002

v. Steinau-Steinrück/Hurek, Arbeitsvertragsgestaltung, 2007

Stoffels, AGB-Recht, 2. Aufl. 2009

Streck, Körperschaftsteuergesetz, Kommentar, 7. Aufl. 2008

Thüsing, Arbeitsrechtlicher Diskriminierungsschutz – Das Allgemeine Gleichbehandlungsgesetz und andere arbeitsrechtliche Benachteiligungsverbote, 2. Aufl. 2013

Tschöpe (Hrsg.), Anwalts-Handbuch Arbeitsrecht, 8. Aufl. 2013 (zit.: Tschöpe/*Bearbeiter*)

Ulmer/Brandner/Hensen, AGB-Recht, Kommentar, 11. Aufl. 2011

Weber/Ehrich/Burmester, Handbuch der arbeitsrechtlichen Aufhebungsverträge – Aufhebung von Arbeits- und Dienstverhältnissen mit arbeits-, sozial- und steuerrechtlichen Folgen, 5. Aufl. 2009

Weber/Hoß/Burmester, Handbuch der Managerverträge, 2000

Wiedemann (Hrsg.), Tarifvertragsgesetz, Kommentar, 7. Aufl. 2007

Willemsen/Hohenstatt/Schweibert/Seibt, Umstrukturierung und Übertragung von Unternehmen – Arbeitsrechtliches Handbuch, 4. Aufl. 2011

Wolf/Horn/Lindacher, AGB-Gesetz, Kommentar, 4. Aufl. 1999

Zöller, Zivilprozessordnung, Kommentar, 29. Aufl. 2012

§ 1 Verträge mit Arbeitnehmern, freien Mitarbeitern und Gesellschaftsorganen

Kapitel 1: Arbeitsverträge

Literatur:

Formularbücher:

Bauer/Lingemann/Diller/Haußmann, Anwalts-Formularbuch Arbeitsrecht, 5. Aufl. 2013, Kap. 2–11; *BAVC*, Arbeitsvertragsgestaltung in der chemischen Industrie, 2005; *Böckel*, Moderne Arbeitsverträge – Vertragsmuster für Arbeiter und Angestellte, 7. Aufl. 1997; *Butz*, Der Arbeitsvertrag in seiner zweckmäßigsten Form, 2. Aufl. 1966; *Fingerhut*, Formularbuch für Verträge, 12. Aufl. 2009; *Franke*, Der außertarifliche Angestellte, 1996; *Frikell/Orlop*, Arbeitsrecht in Formularen, 6. Aufl. 2002; *Grüll*, Personalpraxis in Formularen, 1957; *Grüll/Janert*, Der Anstellungsvertrag mit leitenden Angestellten und anderen Führungskräften, 14. Aufl. 1996; *Gumpert*, Arbeitsverträge zweckmäßig gestalten, 1963; *ders.*, Dauerarbeitsverträge mit Arbeitern, 9. Aufl. 1996; *Hanau/Preis*, Der Arbeitsvertrag, Loseblatt, 6. Ergänzungslieferung 1997; *Hohn*, Arbeits- und Dienstverträge für Geschäftsführer und leitende Angestellte, 5. Aufl. 1993; *Hohn/Romanovszky*, Vorteilhafte Arbeitsverträge, 5. Aufl. 1994; *Hunold*, Musterbeitsverträge und Zeugnisse für die betriebliche Praxis, 1995; *Kador/Diergarten*, Instrumente der Personalarbeit: Praktische Arbeitshilfe für Klein- und Mittelbetriebe, 7. Aufl. 2001; *Kittner/Zwanziger* (Hrsg.), Formularbuch Arbeitsrecht – Checklisten und Mustertexte, 2005; *Kopp*, Arbeitsvertrag für Führungskräfte, 4. Aufl. 2001; *Marienhagen/Andritzky*, Dauerarbeitsverträge mit Angestellten und Arbeitern, 15. Aufl. 2000; *Müller/Schön*, Zweckmäßige und rechtlich abgesicherte Arbeitsverträge, 1986; *Münchener Vertragshandbuch*, Band 4: Wirtschaftsrecht III, 7. Aufl. 2012; *Preis*, Grundfragen der Vertragsgestaltung im Arbeitsrecht, 1993; *ders.*, Der Arbeitsvertrag, 4. Aufl. 2011; *Schachner*, Rechtsformularbuch für das Unternehmen, 3. Aufl. 1995; *Schaub*, Arbeitsrechtliches Formular- und Verfahrenshandbuch, 10. Aufl. 2013; *Schrader*, Rechtsfallen in Arbeitsverträgen, 2001; *Weber/Burmester*, Anstellungsvertrag für Manager, 3. Aufl. 2001; *Weber/Hoß/Burmester*, Handbuch der Managerverträge, 2000; *Wetter*, Der richtige Arbeitsvertrag, 4. Aufl. 2008; *Zumschlinge*, Perfekte Arbeitsverträge, 1983.

Arbeitsvertragsgestaltung:

Annuß, Das Verbot der Altersdiskriminierung als unmittelbar geltendes Recht, BB 2006, 325; *ders.*, Das Allgemeine Gleichbehandlungsgesetz im Arbeitsrecht, BB 2006, 1629; *Ascheid*, Richtlinie 77/187 EWG: Harmonisierung europäischen und deutschen Richterrechts, FS für Thomas Dieterich zum 65. Geburtstag, 1999, S. 9; *Bauer/Thüsing/Schunder*, Entwurf eines Gesetzes zur Umsetzung europäischer Antidiskriminierungsrichtlinien, NZA 2005, 32; *Bayreuther*, Vorbehalte in der arbeitsrechtlichen Vertragsgestaltung – Wie viel Flexibilität soll das AGB-Recht zulassen?, ZfA 2011, 45; *Clemenz*, Arbeitsvertragliche Bezugnahme auf Tarifverträge – ein Paradigmenwechsel mit offenen Fragen, NZA 2007, 769; *Gaul*, Der Musterarbeitsvertrag – zwischen unternehmerischer Vorsorge und den Vorgaben des Nachweisgesetzes, NZA 2000, Sonderbeil. zu Heft 3, 51 ff; *Gaul/Bonani*, Änderung der Gewerbeordnung – gesetzliche Niederlegung allgemeiner arbeitsrechtlicher Grundsätze, ArbRB 2002, 234; *Herbert/Oberrath*, Rechtsprobleme des Nichtvollzugs eines abgeschlossenen Arbeitsvertrages, NZA 2004, 121; *Hromadka/Schmitt-Rolfs*, Der unbefristete Arbeitsvertrag, 2006; *Hümmerich*, Gestaltung eines Arbeitsvertrages, AnwBl 1999, 9; *ders.*, Gestaltung von Arbeitsverträgen nach der Schuldrechtsreform, NZA 2003, 753; *Hümmerich/Holthausen*, Der Arbeitnehmer als Verbraucher, NZA 2002, 173; *Hümmerich/Reufels* (Hrsg.), Gestaltung von Arbeitsverträgen, 2. Aufl. 2011; *Hunold*, Ausgewählte Rechtsprechung zur Vertragskontrolle, NZA-RR 2002, 225; *ders.*, Kontrolle arbeitsrechtlicher Absprachen nach der Schuldrechtsreform, NZA-RR 2006, 113; *Joch/Klichowski*, Die Vereinbarung auflösender Bedingungen in Darstellerverträgen – Kunstfreiheit als Sachgrund, NZA 2004, 302; *Lingemann/Gotham*, Freiwilligkeits-, Stichtags- und Rückzahlungsregelungen bei Bonusvereinbarungen – Was geht noch?, NZA 2008, 509; *Litschen*, Die Zukunft des Bereitschaftsdienstes im öffentlich-rechtlichen Gesundheitswesen, NZA 2001, 1355; *Postler*, Rechtsfragen der Neuregelung der Arbeitnehmerüberlassung, insbesondere zur Zulässigkeit der Kettenbefristung, NZA 1999, 179; *Preis*, Probleme der Bezugnahme auf Allgemeine Arbeitsbedingungen und Betriebsvereinbarungen, NZA 2010, 361; *ders.*, Unangemessene Benachteiligung des Arbeitnehmers durch Vereinbarung einer Durchschnittsarbeitszeit, RdA 2012, 101; *Reichel/Spieler*, Vertragsgestaltung bei internationalem Arbeitseinsatz, BB 2011, 2741; *Reiserer*, Flexible Vergütungsmodelle – AGB-Kontrolle, Gestaltungsvarianten, NZA 2007, 1249; *Rieble*, Rückkehrzusagen an „ausgegliederte" Mitarbeiter und ihre Folgen, NZA 2002, 706; *v. Roetteken*, Anforderungen des Gemeinschaftsrechts an Gesetzgebung und Rechtsprechung, NZA 2001, 414; *Schmalenberg*, Befristungen von einzelnen Vertragsbedingungen, in: FS zum 25-jährigen Bestehen der Arbeitsgemeinschaft ArbR, 2006, S. 155; *Schnitger/Grau*, Klauselkontrolle im Arbeitsvertrag, BB 2002, 2120; *v. Steinau-Steinrück/Hurek*, Arbeitsvertragsgestaltung, 2007; *v. Steinau-Steinrück/Schneider*, Der Entwurf eines Antidiskriminierungsgesetzes: Ein Beitrag zur Kultur der Antidiskriminierung?, NZA 2005, 28; *Thüsing*, Angemessenheit durch Konsens, RdA 2005, 257; *Waltermann*, Verbot der Altersdiskriminierung – Richtlinie und Umsetzung, NZA 2005, 1265.

A. Erläuterungen zur Arbeitsvertragsgestaltung

I. Grundlagen des Arbeitsvertrages

1 Seine Rechtsgrundlage hat der Arbeitsvertrag in § 105 GewO. Über § 6 Abs. 2 GewO finden die §§ 105 ff GewO auf alle Arbeitsverhältnisse Anwendung. Arbeitgeber und Arbeitnehmer können daher den Abschluss, den Inhalt und die Form des Arbeitsvertrages frei vereinbaren, soweit nicht zwingende gesetzliche Vorschriften, Tarifverträge oder Betriebsvereinbarungen entgegenstehen. Im Übrigen richtet sich gem. § 105 Satz 2 GewO der Nachweis wesentlicher Vertragsbestimmungen nach den Bestimmungen des NachwG.

2 Die dargestellte Ausgangslage ist für den Gestalter eines Arbeitsvertrages von erheblicher Bedeutung. Er muss sich nämlich in einem ersten Schritt fragen, welche Normen auf das Arbeitsverhältnis Anwendung finden. Das können bspw das AGG, das BUrlG, das EFZG und viele andere arbeitsrechtliche Gesetze sein. Soweit die gesetzlichen Vorschriften zwingende Bestimmungen oder Mindestregelungen festschreiben, sind diese maßgeblich.

3 Im zweiten Schritt ist zu prüfen, ob der Arbeitgeber und der Arbeitnehmer einer **Tarifbindung** unterliegen. In diesem Falle wirken die normativen Teile eines Tarifvertrages unmittelbar und zwingend zwischen den beiderseits Tarifgebundenen, § 4 Abs. 1 TVG. Die Rechte und Pflichten, wie sie ein Tarifvertrag enthält, können auch maßgeblich sein, wenn im Text des Arbeitsvertrages eine betriebsübliche Bezugnahmeklausel enthalten ist. Schritt drei für den Vertragsgestalter ist die Beachtung von Regelungen in **Betriebsvereinbarungen**, die nach § 77 Abs. 4 Satz 1 BetrVG unmittelbar und zwingend gelten. Ein viertes Prüfungsraster, das inzwischen zu einer weit reichenden Umgestaltung des Arbeitsvertragsrechts geführt hat, bilden die §§ 305 ff BGB. Da der Arbeitnehmer Verbraucher ist,[1] besteht über § 310 Abs. 3 Nr. 1 und 2 BGB eine erleichterte Anwendungsgrundlage für die **Inhaltskontrolle** gem. §§ 305 ff BGB.

4 Neben den vier Rechtsquellen zur Gestaltung von Arbeitsverträgen ist zu beachten, dass die zwischen den Parteien getroffenen Absprachen (**Parteiinteresse**) im Text ihren Niederschlag finden und schließlich übersichtliche und leserfreundliche Vertragstexte gewählt werden.[2] Was in der Immobilienwirtschaft selbstverständlich ist, findet im Arbeitsvertragsrecht erst recht zögerlich Eingang: Jede Änderung des Arbeitsvertrages sollte über durchnummerierte Nachträge die Genealogie des Arbeitsvertragsrechts eines Mitarbeiters dokumentieren.

5 Auch wird empfohlen, Mitarbeitern mit Abschluss des Arbeitsvertrages ein **Merkblatt über das Allgemeine Gleichbehandlungsgesetz** (AGG) auszuhändigen (Muster 1055). Diese Maßnahme dient der vorbeugenden Verhinderung von Diskriminierung, so dass sich der Arbeitgeber im Streitfall exkulpieren kann, wenn ihm Schadensersatzansprüche wegen nicht hinreichend gewährtem Schutz vor Diskriminierung drohen (§§ 15 Abs. 1 Satz 2, 12 Abs. 1 Satz 2 AGG).

II. Arbeitsvertragsrecht und Inhaltskontrolle

6 Da es eine unübersehbare Fülle von Tarifverträgen gibt – Gleiches gilt für Betriebsvereinbarungen –, lassen sich die spezifischen Regelungsgegenstände in Tarifverträgen und Betriebsvereinbarungen in einem Formularbuch nicht abhandeln. Der Rechtsanwender ist gehalten, auf diese Vielzahl unterschiedlicher Rechtsquellen im Einzelfall zuzugreifen und sie bei der Arbeitsvertragsgestaltung zu berücksichtigen. In gleicher Weise lassen sich individuelle Vereinbarungen zwischen den Parteien nicht in einem Formularbuch erörtern, denn sie sind so zahlreich wie die Regelungsgegenstände in Betriebsvereinbarungen und Tarifverträgen. Von allgemeinem Interesse sind daher nur die von der Rechtsprechung zur Inhaltskontrolle von Arbeitsverträgen gesetzten Maßstäbe. Diese bilden Gegenstand der nachfolgenden Erörterungen.

---

1 BAG 25.5.2005 – 5 AZR 572/04, NZA 2005, 1111; BVerfG 23.11.2006 – 1 BvR 1909/06, NZA 2007, 85; APS/*Schmidt*, AufhebVTRG Rn 88; Bamberger/Roth/*Schmidt-Raentsch*, § 13 BGB Rn 6; *Boemke*, BB 2002, 96; *Boudon*, ArbRB 2003, 150; *Gotthardt*, ZIP 2002, 278; *Hümmerich*, NZA 2003, 753; *ders.*, AnwBl 2002, 675; *Hümmerich/Holthausen*, NZA 2002, 178; ErfK/*Preis*, §§ 305–310 BGB Rn 23; *Birnbaum*, NZA 2003, 944; *Reim*, DB 2002, 2434; Schaub/*Schaub*, Arbeitsrechts-Handbuch, § 8 Rn 6; *Stoffels*, Sonderbeil. NZA 1/2004, 19; *Löwisch*, FS Wiedemann, S. 311; *Thüsing*, BB 2002, 2668; *Walter*, AiB 2002, 381; aA *Bauer/Kock*, DB 2002, 42; *Joussen*, NZA 2001, 745, 749; *Lingemann*, NZA 2002, 181.
2 Hümmerich/Reufels/*Reufels*, Gestaltung von Arbeitsverträgen, § 1 Rn 57.

Kapitel 1: Arbeitsverträge **1**

1. Allgemeine Geschäftsbedingungen

Für ab dem 1.1.2002 geschlossene Arbeitsverträge sowie für alle Arbeitsverträge seit dem 1.1.2003[3] gelten die **Grundsätze der Inhaltskontrolle**. Gemäß § 305 Abs. 1 BGB ist eine Inhaltskontrolle von Vertragsnormen vorzunehmen, wenn es sich um Allgemeine Geschäftsbedingungen (AGB) handelt. Die **Definition** der Allgemeinen Geschäftsbedingung ergibt sich aus § 305 Abs. 1 Satz 1 BGB. Danach sind Allgemeine Geschäftsbedingungen alle für eine Vielzahl von Verträgen vorformulierten Vertragsbedingungen, die eine Vertragspartei (Verwender) der anderen Vertragspartei bei Abschluss eines Vertrages stellt. Gleichgültig ist, ob die Bestimmungen einen äußerlich gesonderten Bestandteil des Vertrages bilden oder ob sie in die Vertragsurkunde selbst aufgenommen werden, welchen Umfang sie haben, in welcher Schriftart sie verfasst sind und welche Form der Vertrag hat, § 305 Abs. 1 Satz 2 BGB. Keine Allgemeine Geschäftsbedingung liegt nach § 305 Abs. 1 Satz 3 BGB vor, soweit die Vertragsbedingungen zwischen den Vertragsparteien im Einzelnen ausgehandelt sind.

7

Gelangt man zu einer Inhaltskontrolle über die Definition der Allgemeinen Geschäftsbedingung in § 305 Abs. 1 BGB, so muss der Arbeitsvertrag die Merkmale eines Formularvertrages, der Allgemeine Geschäftsbedingungen enthält, erfüllen. Arbeitsverträge sind **Vertragsbedingungen** iSd § 305 Abs. 1 Satz 1 BGB. Sie sind **vorformuliert**, weil sie für eine mehrfache Verwendung schriftlich aufgezeichnet sind.[4]

8

Das Merkmal „**Vielzahl**" erfordert nicht, dass die Vertragsbedingungen für eine unbestimmte Anzahl von Verträgen vorgesehen sind. Es genügt, dass die dreimalige Verwendung der Vertragsbedingungen beabsichtigt ist.[5] Wenn der Arbeitgeber die Einbeziehung der Bedingungen vom Arbeitnehmer verlangt oder dem Arbeitnehmer ein konkretes Angebot zur Einbeziehung der Bedingungen macht, werden die Vertragsbedingungen vom Arbeitgeber „**gestellt**".[6] Das Merkmal „stellen" ist auch erfüllt, wenn der Arbeitgeber ein Vertragsmuster verwendet, in dem der Arbeitnehmer zwischen verschiedenen vorformulierten Regelungsmöglichkeiten wählen kann.[7] Anders ist die Sachlage, wenn der Arbeitnehmer, ohne dass ein Vorschlag des Arbeitgebers zu einer Vertragsklausel existiert, einen Leerraum nach seinen eigenen Vorstellungen ausfüllen kann.[8]

9

Das Ausschließungsmerkmal „**Aushandeln**" gem. § 305 Abs. 1 Satz 3 BGB entzieht Vertragsbedingungen dem AGB-Recht, wenn die andere Vertragspartei auf den Inhalt des Vertragswortlauts durch „Aushandeln" eingewirkt hat. „Aushandeln" bedeutet eine stärkere Einflussnahme als „Verhandeln"; der Verwender muss die betreffende Klausel inhaltlich ernsthaft zur Disposition stellen und dem Verhandlungspartner Gestaltungsfreiheit zur Wahrung eigner Interessen einräumen mit der realen Möglichkeit, die inhaltliche Ausgestaltung zu beeinflussen. Dies setzt voraus, dass sich der Verwender deutlich und ernsthaft zu gewünschten Änderungen bereit erklärt.[9] Wie der Zusatz „**im Einzelnen**" unterstreicht, muss eine Vertragspassage in ihrer Gesamtheit, nicht nur hinsichtlich ausfüllungsbedürftiger Daten wie Gehalt oder Fälligkeit, Gegenstand von Verhandlungen gewesen sein, um einer Vertragspassage den Schutzzweck des § 305 Abs. 1 BGB zu verweigern. Hier schließt sich der Kreis zum Merkmal „vorformuliert": Wenn Leerstellen oder numerische Festlegungen erfolgen und der Vertragstext vom Verwender gestellt und nicht „im Einzelnen ausgehandelt" ist, ist die Regelungspassage eine Allgemeine Geschäftsbedingung.[10]

10

2. Die Einbeziehungsnormen § 310 Abs. 3 Nr. 1 und 2 BGB

Neben § 305 Abs. 1 BGB kennt das Schuldrecht zwei erleichterte Einbeziehungsnormen in § 310 Abs. 3 BGB. Bei Verträgen zwischen einem Unternehmer (Arbeitgeber) und einem Verbraucher (Arbeitnehmer) finden die §§ 305 ff BGB mit der Maßgabe Anwendung, dass die Allgemeinen Geschäfts-

11

---

3 Übergangsregelung nach Art. 229 § 5 EGBGB.
4 Palandt/*Grüneberg*, § 305 BGB Rn 8.
5 BAG 1.3.2006 – 5 AZR 363/05, AP § 398 BGB Nr. 3; BAG 24.1.2013 – 8 AZR 965/11, BeckRS 2013, 67451; BAG 23.9.2010 – 8 AZR 897/08, NJW 2011, 408.
6 Hümmerich/Reufels/*Reufels*, Gestaltung von Arbeitsverträgen, § 1 Rn 132.
7 BGH 7.2.1996 – IV ZR 16/95, NJW 1996, 1676.
8 BGH 13.11.1997 – X ZR 135/95, NJW 1998, 1066.
9 BGH 27.3.1991 – IV ZR 90/90, NJW 1991, 1678; BGH 3.11.1999 – VIII ZR 269/98, NJW 2000, 1110; BAG 25.5.2005 – 5 AZR 572/04, AP § 310 BGB Nr. 1; BAG 1.3.2006 – 5 AZR 363/05, AP § 398 BGB Nr. 3; BAG 19.5.2010 – 5 AZR 253/09, NZA 2010, 939.
10 Hümmerich/Reufels/*Reufels*, Gestaltung von Arbeitsverträgen, § 1 Rn 132.

bedingungen als vom Unternehmer gestellt gelten, es sei denn, dass sie durch den Verbraucher in den Vertrag eingeführt wurden (§ 310 Abs. 3 Nr. 1 BGB).[11] Nach § 310 Abs. 3 Nr. 2 BGB gilt, dass § 305 c Abs. 2 BGB und die §§ 306 und 307–309 BGB sowie Art. 46 b EGBGB auf vorformulierte Vertragsbedingungen anzuwenden sind, wenn diese nur zur Einmalverwendung formuliert wurden und der Verbraucher aufgrund der Vorformulierung auf ihren Inhalt keinen Einfluss nehmen konnte. Da der Arbeitnehmer Verbraucher ist, der Arbeitgeber im Regelfalle Unternehmer, sind die erleichterten Voraussetzungen für eine Inhaltskontrolle nach § 310 Abs. 3 BGB im Arbeitsverhältnis gültig, so dass bei Allgemeinen Geschäftsbedingungen in Arbeitsverträgen nicht geprüft werden muss, wer den Text „gestellt" hat (§ 310 Abs. 3 Nr. 1 BGB) und auch eine Einmalverwendung bei fehlendem Einfluss des Arbeitnehmers auf den Vertragswortlaut (§ 310 Abs. 3 Nr. 2 BGB) ausreicht, um einen Arbeitsvertrag der Inhaltskontrolle zu unterziehen.

12 Der Vertragsgestalter muss sich der Tatsache bewusst sein, dass selbst ein nur einmalig entworfener Vertrag für den Arbeitgeber zur Inhaltskontrolle der Vertragsbestimmungen führt, wenn der Arbeitnehmer keinen Einfluss auf den Vertragswortlaut nehmen konnte. Dieses Tatbestandselement ist entsprechend demjenigen des Aushandelns iSv § 305 Abs. 1 Satz 3 BGB zu bestimmen (s. Rn 10).[12]

III. Modifizierte Anwendungsregel bei Arbeitsverträgen, § 310 Abs. 4 Satz 2 BGB

1. Regelung des § 310 Abs. 4 Satz 2 BGB

13 Der heutige Wortlaut des § 310 Abs. 4 BGB ist die Folge einer Empfehlung des Arbeitsrechtsausschusses des Bundesrates, der die Bundesregierung zu prüfen bat, ob die Ausnahme für das Arbeitsrecht, die ursprünglich im Entwurf entsprechend der früheren Bereichsausnahme nach § 23 AGBG enthalten war, weiterhin sachgerecht sei.[13] Die Bundesregierung griff die Anregung des Bundesrates auf und änderte ihren Entwurf. § 310 Abs. 4 Satz 2 BGB enthielt daraufhin den Wortlaut, der die Sperre der Anwendbarkeit des AGB-Rechts im Arbeitsrecht beseitigt, andererseits aber einen Sondervorbehalt für das Arbeitsrecht formuliert. § 310 Abs. 4 Satz 2 BGB enthält eine doppelte Aussage: Zum einen wird die Anwendbarkeit des AGB-Rechts auf Arbeitsverträge („bei der Anwendung auf Arbeitsverträge …") unterstellt. Die frühere Bereichsausnahme in § 23 AGBG ist damit aufgehoben. Zum anderen wird die Aufhebung der Bereichsausnahme mit einem Berücksichtigungsvorbehalt verknüpft: Es sind „… die im Arbeitsrecht geltenden Besonderheiten angemessen zu berücksichtigen".[14]

2. Theorien zum „Besonderheiten"-Begriff

14 In seinem Urteil vom 4.3.2004 hat das BAG den denkbar weitesten Begriff der „im Arbeitsrecht geltenden Besonderheiten" gewählt.[15] Das BAG lehnt die unter Hinweis auf die amtliche Überschrift „Klauselverbote ohne Wertungsmöglichkeit" vertretene Auffassung ab, dass § 309 BGB lex specialis zu § 310 Abs. 4 Satz 2 BGB sei und deshalb alle Feststellung zu § 309 BGB bei Arbeitsvertragsklauseln keine Korrektur über die Besonderheiten-Regelung des § 310 Abs. 4 Satz 2 BGB erfahren.[16] Ebenfalls zurückgewiesen hat das BAG die sich eng am Wortlaut und der Gesetzesbegründung orientierende Ansicht, allein Besonderheiten „im" Arbeitsrecht erlaubten einen Berücksichtigungsvorbehalt, nicht hingegen solche Umstände und Rechtstraditionen, die das Arbeitsrecht von anderen Rechtsgebieten unterscheide. Nach dieser Auffassung lassen nur spezielle Gegebenheiten des Arbeitsrechts oder Sonderarbeitsverträge wie Befristungen oder Arbeitsverhältnisse mit **Tendenzunternehmen**, kirchliche Arbeitsverhältnisse oder Beschäftigungsverhältnisse im Rahmen von Einarbeitungsmaßnahmen Abweichungen von der rein AGB-rechtlichen Bewertung einer Klausel zu.[17] Diese Ansicht kann sich auf die Begründung im Rechtsausschuss des Deutschen Bundestages berufen, der als Beispiel für „die im Arbeitsrecht geltenden Besonderheiten" die **kirchlichen Arbeitsverhältnisse** ausdrücklich erwähnte.[18] Bei kirchlichen

---

11 BAG 25.5.2005 – 5 AZR 572/04, AP § 310 BGB Nr. 1; BAG 22.7.2010 – 6 AZR 847/07, NZA 2011, 634.
12 BAG 18.12.2008 – 8 AZR 196/03, AP § 309 BGB Nr. 4; vgl Palandt/*Grüneberg*, § 305 BGB Rn 20.
13 BT-Drucks. 14/6875, S. 17.
14 Hümmerich/Reufels/*Reufels*, Gestaltung von Arbeitsverträgen, § 1 Rn 155.
15 BAG 4.3.2004 – 8 AZR 196/03, NZA 2004, 727; BAG 4.3.2004 – 8 AZR 328/03, n.v.; BAG 4.3.2004 – 8 AZR 344/03, FA 2004, 152.
16 LAG Hessen 25.4.2003 – 17 Sa 1723/02, ZTR 2004, 325; LAG Düsseldorf 8.1.2003 – 12 Sa 1301/02, LAGE § 309 BGB 2002 Nr. 1; ArbG Bielefeld 2.12.2002 – 3 Ca 3733/02, AuR 2003, 124; *Däubler*, NZA 2001, 1329; *Reinecke*, DB 2002, 583.
17 Hümmerich/*Holthausen*, NZA 2002, 173; *Hümmerich*, NZA 2003, 753; *ders.*, AnwBl 2002, 671; *Birnbaum*, NZA 2003, 944.
18 BT-Drucks. 14/7052, S. 189.

Arbeitsbedingungen ist der Umstand zu berücksichtigen, dass Arbeitsvertragsregelungen auf dem „Dritten Weg" über eine paritätisch besetzte Kommission entstanden sein können.[19]

Schließlich hat sich das BAG nicht der Meinung angeschlossen, die § 310 Abs. 4 Satz 2 Hs 1 BGB zwar auf Besonderheiten des Rechtsgebiets Arbeitsrecht im Ganzen bezieht, jedoch davon ausgeht, dass nur die rechtlichen, aber nicht die tatsächlichen Besonderheiten gemeint seien, die das Arbeitsrecht von anderen Rechtsgebieten unterscheide.[20]

Stattdessen hat das BAG eine **weite Auslegung** der Formulierung „im Arbeitsrecht geltende Besonderheiten" angenommen. Es misst die Besonderheit noch nicht einmal daran, ob sie allein im Arbeitsrecht existiert. So hat das BAG im Vertragsstrafenurteil den Grundsatz aufgestellt, dass beim Gegenstand einer Vertragsstrafe nicht darauf abzustellen sei, ob eine Norm ausschließlich auf das Arbeitsverhältnis Anwendung finde, sondern daran, ob es sich im Vergleich zu den Grundsätzen des Bürgerlichen Rechts und Prozessrechts, wonach Leistungstitel grundsätzlich vollstreckbar seien, um eine abweichende Regelung handele. Es genüge, dass sich die Anwendung der Norm (hier § 888 Abs. 3 ZPO) besonders auf dem Gebiet des Arbeitsrechts zeige. Eine ausschließliche Auswirkung auf den Bereich des Arbeitsrechts sei nicht erforderlich.[21]

3. Prüfungsschema der Inhaltskontrolle

Der weite „Besonderheiten"-Begriff des 8. Senats, dem die übrigen Senate des BAG bislang nicht widersprochen, sondern vielmehr bestätigt[22] haben, hat zur Folge, dass – anders als im Zivilrecht – im Arbeitsrecht die Inhaltskontrolle in **vier Prüfschritten** vorzunehmen ist, während sich das Zivilrecht mit drei Tatbeständen begnügt. Die Prüfungsreihenfolge im Arbeitsrecht lautet wie folgt:

- Einbeziehungsnorm (§ 305 Abs. 1 BGB, § 310 Abs. 3 Nr. 1 BGB und § 310 Abs. 3 Nr. 2 BGB);
- Einbeziehungs- und Angemessenheitskontrolle (§§ 305 Abs. 2, 305c Abs. 1 und 2, 307, 308 und 309 BGB);
- Falls die Unwirksamkeit einer Vertragsklausel festgestellt wurde: mit den im Arbeitsrecht geltenden Besonderheiten zu rechtfertigen (§ 310 Abs. 4 Satz 2 BGB)?
- Rechtsfolgen (§ 306 BGB, Sonderrechtsprechung bei Altverträgen).

Der Unterschied zum Prüfungsschema im Bürgerlichen Recht besteht darin, dass dort der dritte Prüfungsabschnitt entfällt. Ist bspw eine Klausel ohne Wertungsmöglichkeit unwirksam, kann ihre Unwirksamkeit im Bürgerlichen Recht nicht durch sonstige Umstände beseitigt werden. Im Arbeitsrecht dagegen kann selbst bei einer Klausel ohne Wertungsmöglichkeit die modifizierte Anwendungsregel in § 310 Abs. 4 Satz 2 BGB zu einer letztlich wirksamen Vertragsbestimmung führen, die nach der Einbeziehungs- und Inhaltskontrolle „an sich" unwirksam wäre.

IV. Maßstäbe der Inhaltskontrolle

1. Überraschende Klauseln, § 305c Abs. 1 BGB

a) Merkmal einer überraschenden Klausel

Schon vor Inkrafttreten des Schuldrechtsmodernisierungsgesetzes galt in der Arbeitsrechtsprechung, dass überraschende Klauseln nicht Vertragsbestandteil werden.[23] Als überraschende Klauseln galten in der Vergangenheit Klauseln über rückzahlbare Ausbildungsbeihilfen,[24] Ausschlussklauseln bei Sonderzuwendungen,[25] Vertragsstrafenklauseln unter der Überschrift „Arbeitsverhinderung"[26] sowie vorformulierte Verzichtserklärungen in Ausgleichsquittungen.[27]

---

19 BAG 22.7.2010 – 6 AZR 847/07, NZA 2011, 634.
20 LAG Hessen 7.5.2003 – 2 Sa 53/03, n.v.; LAG Hamm 24.11.2003 – 10 Sa 1158/02, NZA 2003, 499; ArbG Bochum 8.7.2002 – 3 Ca 1287/02, NZA 2002, 978; *Thüsing*, NZA 2002, 591; *Preis*, Sonderbeil. NZA 16/2003, 19, 26.
21 BAG 4.3.2004 – 8 AZR 196/03, NZA 2004, 727.
22 BAG 25.5.2005 – 5 AZR 572/04, AP § 310 BGB Nr. 1; BAG 14.1.2009 – 3 AZR 900/07, NZA 2009, 666.
23 BAG 13.12.2000 – 10 AZR 168/00, NZA 2001, 723; BAG 29.11.1995 – 5 AZR 447/94, NZA 1996, 702; BAG 24.11.1993 – 5 AZR 153/93, NZA 1994, 759.
24 BAG 16.3.1994 – 5 AZR 339/92, NZA 1994, 937.
25 BAG 11.1.1995 – 9 AZR 664/93, NZA 1995, 531.
26 ArbG Berlin 1.9.1980 – 16 Ca 99/80, NJW 1981, 479.
27 BAG 20.8.1980 – 5 AZR 759/79, NJW 1981, 1285.

Wisswede

20 Eine überraschende Klausel ist gem. § 305 c Abs. 1 BGB dadurch gekennzeichnet, dass sie objektiv **ungewöhnlich** ist und subjektiv ein **Überraschungsmoment** enthält. Maßgeblich für die Bestimmung der Ungewöhnlichkeit einer Klausel sind das Gesamtbild des konkreten Vertrages und die Erwartungen, die der redliche Verkehr typischer Weise oder aufgrund des Verhaltens des Verwenders bei Vertragsschluss an den Inhalt des Vertrages knüpft.[28] Gesamtumstände, aus denen die objektive Ungewöhnlichkeit hervorgeht, bilden der Grad der Abweichung der Klausel vom dispositiven Gesetzesrecht und die für den Geschäftskreis übliche Gestaltung, der Gang und Inhalt der Vertragsverhandlungen sowie der äußere Zuschnitt des Vertrages.[29] Neben die objektive Ungewöhnlichkeit einer Klausel muss hinzutreten, dass der Arbeitnehmer mit ihr den Umständen nach vernünftigerweise nicht zu rechnen brauchte.[30] Überraschenden Charakter hat eine Vertragsbestimmung, wenn sie von den Erwartungen des Vertragspartners deutlich abweicht und mit ihr den Umständen nach vernünftigerweise nicht zu rechnen brauchte.[31] Im Einzelfall kann der Verwender gehalten sein, auf die Klausel besonders **hinzuweisen** oder die Klausel **drucktechnisch** hervorzuheben.[32]

b) Beispielsfälle

21 Eine in einer Versorgungszusage enthaltene **Altersgrenzenregelung** innerhalb des Regelungskomplexes Altersrente ist nicht überraschend.[33] Auch eine einzelvertragliche Altersgrenze, nach der das Arbeitsverhältnis mit Erreichen des gesetzlichen Rentenalters endet, ist keine überraschende Klausel, wenn der Arbeitnehmer nach dem Vertragsinhalt und der Vertragsdauer eine gesetzliche Altersrente zu dem Zeitpunkt des Erreichens der vereinbarten Altersrente erwerben kann oder bereits erworben hat.[34]

22 **Ausschlussfristen** in Arbeitsverträgen sind nicht generell ungewöhnlich und auch nicht generell überraschend.[35] Jeder Arbeitnehmer rechnet damit, dass in einem vom Arbeitgeber vorformulierten Vertragswerk eine Ausschlussklausel vorgesehen ist.[36] Nur unter gesonderten Voraussetzungen sind Ausschlussfristen in Arbeitsverträgen ungewöhnlich und überraschend.[37] Überraschend ist eine Ausschlussklausel, wenn sie unter einer falschen oder missverständlichen Überschrift ohne besonderen Hinweis im Arbeitsvertrag enthalten ist.[38] Taucht allerdings inmitten der Schlussbestimmungen nach einer salvatorischen Klausel und einer Schriftformklausel in einem umfangreichen Formulararbeitsvertrag die Ausschlussfrist auf, ist sie nach dem äußeren Erscheinungsbild des Vertrages so ungewöhnlich, dass der Vertragspartner des Verwenders nicht mit ihr zu rechnen brauchte.[39]

23 Unwirksam ist eine formularmäßige **Ausgleichsquittung**, die ohne drucktechnische Hervorhebung die Bestimmung enthält, es würden „keine Einwendungen gegen die Kündigung erhoben", wenn dem Arbeitnehmer eine solche formularmäßige Erklärung aus Anlass der Zahlung des Lohnes und der Übergabe der Arbeitspapiere abverlangt wird.[40] Der Inhalt einer Ausgleichsquittung ist ungewöhnlich und überraschend, wenn auf „noch unbekannte" Ansprüche formularmäßig verzichtet wird.[41] Ausgleichsquittungen sind jedoch grundsätzlich als zulässig anzusehen. Die Rechtsprechung stellt an formularmäßige Ausgleichsquittungen überaus strenge Anforderungen.[42] Beispielsweise sind Ausgleichsklauseln, die einseitig nur Ansprüche des Arbeitnehmers erfassen und dafür keine entsprechende Gegenleistung gewähren, unangemessen benachteiligend iSv § 307 Abs. 1 Satz 1 BGB.[43]

---

28 Ulmer/Brandner/Hensen, AGB-Recht, § 3 Rn 12.
29 BAG 27.4.2000 – 8 AZR 286/99, NJW 2000, 3299; BAG 15.2.2007 – 6 AZR 286/06, NZA 2007, 614; BAG 8.8.2007 – 7 AZR 605/06, NZA 2008, 1208.
30 BGH 21.11.1991 – IX ZR 60/91, NJW 1992, 1234; BGH 30.6.1995 – V ZR 184/94, BB 1995, 2186.
31 AnwK-ArbR/Hümmerich, § 305 c BGB Rn 8.
32 BAG 27.7.2005 – 7 AZR 443/04, NZA 2006, 37; BAG 8.8.2007 – 7 AZR 605/06, NZA 2008, 1208.
33 BAG 6.8.2003 – 7 AZR 9/03, AP § 133 BGB Nr. 51.
34 BAG 27.7.2005 – 7 AZR 443/04, NZA 2006, 37.
35 BAG 27.4.2000 – 8 AZR 301/99, n.v.; BAG 13.12.2000 – 10 AZR 168/00, NZA 2001, 723.
36 ErfK/Preis, §§ 305–310 BGB Rn 29; Henssler, RdA 2002, 137; Singer, RdA 2003, 194, 200.
37 AnwK-ArbR/Hümmerich, § 305 c BGB Rn 11.
38 BAG 23.2.2005 – 4 AZR 139/04, NZA 2005, 1193; BAG 29.11.1995 – 5 AZR 447/94, AP § 4 TVG Ausschlussfristen Nr. 136.
39 BAG 23.2.2005 – 4 AZR 139/04, NZA 2005, 1193; BAG 31.8.2005 – 5 AZR 545/04, NZA 2006, 324.
40 LAG Berlin 18.1.1993 – 12 Sa 120/92, LAGE § 4 KSchG Ausschlussfrist Nr. 3.
41 BAG 23.2.2005 – 4 AZR 139/04, NZA 2005, 1193; LAG Berlin 18.1.1993 – 12 Sa 120/92, LAGE § 4 KSchG Ausgleichsquittung Nr. 3.
42 Preis/Rolfs, Der Arbeitsvertrag, II V 50 Rn 6.
43 BAG 21.6.2011 – 9 AZR 203/10, NJW 2012, 103.

Eine **Tätigkeitsklausel**, die einerseits darauf hinweist, dass die dem Arbeitnehmer bekannt gemachte Stellenbeschreibung über den Arbeitsplatz zu beachten ist, andererseits erklärt, die Stellenbeschreibung sei nicht Bestandteil des Arbeitsvertrages, verstößt gegen § 305 c BGB und ist als überraschende Klausel unwirksam.[44] Da **Versetzungsvorbehaltsklauseln** in Arbeitsverträgen eine lange Tradition haben, sind sie üblich und es scheidet ein Überraschungsmoment bei ihrer Vereinbarung im Arbeitsvertrag aus,[45] sofern sie nicht „versteckt" sind. „Versteckte" Versetzungsvorbehalte werden nicht Vertragsbestandteil.[46]

24

Ist in einer **Vertragsstrafenklausel** von Vertragsbruch die Rede und haben die anschließenden Regelbeispiele im Arbeitsvertrag nichts mit dem Inhalt des Begriffs „Vertragsbruch" zu tun, ist die konkrete Vertragsstrafenregelung ungewöhnlich und überraschend.[47] Regelt der Arbeitgeber das Inkrafttreten des nachvertraglichen Wettbewerbsverbots zwar unter der Hauptüberschrift „Wettbewerbsverbot", jedoch ohne weitere Hervorhebung im Abschnitt „Vertragsstrafe", ist nach Meinung des LAG Hamm[48] von einer Überraschungsklausel auszugehen, die nicht Vertragsinhalt wird. Eine formularmäßig vereinbarte, im Vertragstext nicht besonders hervorgehobene Vertragsstrafenregelung ist dann keine überraschende Klausel gem. § 305 c BGB, wenn der gesamte Vertragstext ein einheitliches Schriftbild hat, keinerlei drucktechnische Hervorhebungen enthält, keine der im Einzelnen durchnummerierten Vertragsregelungen mit einer Überschrift versehen ist und die Vertragsstrafe auch nicht versteckt bei einer anderen Thematik eingeordnet ist.[49]

25

Die Regelungen in einem Arbeitsvertrag, „Auf das Arbeitsverhältnis der Parteien sind alle ergänzenden Tarifverträge in der jeweils gültigen Fassung sowie die für den Arbeitgeber jeweils anzuwendenden, sonstigen einschlägigen Tarifverträge anwendbar", ist keine überraschende Klausel iSv § 305 c BGB.[50]

26

Enthält ein Formulararbeitsvertrag neben einer drucktechnisch hervorgehobenen Befristung für die Dauer eines Jahres im nachfolgenden Vertragstext ohne besondere Hervorhebung eine weitere Befristung zum Ablauf der sechsmonatigen Probezeit, wird die **Probezeitbefristung** als überraschende Klausel nach § 305 c Abs. 1 BGB nicht Vertragsbestandteil.[51]

26a

2. Unklarheitenregel, § 305 c Abs. 2 BGB

a) Mehrdeutigkeit einer Klausel

Bei objektiv mehrdeutigen Klauseln fällt der Mangel der Eindeutigkeit der Klausel auf den Verwender zurück, der die Klausel entwickelt hat. Voraussetzung für die Anwendung der Unklarheitenregel ist immer, dass sich eine Vertragspassage nach objektiven Maßstäben nicht in dem Sinne auslegen lässt, dass sie an solchen Geschäften typischerweise beteiligte Verkehrskreise eindeutig verstehen. Kann mit den Mitteln der Auslegung kein eindeutiges Ergebnis erzielt werden, ist die Klausel ihrem Wortlaut nach mehrdeutig und die Unklarheiten gehen zu Lasten desjenigen, der sie verursacht hat.

27

Die Anwendung der Unklarheitenregel des § 305 c Abs. 2 BGB setzt voraus, dass die Auslegung einer einzelnen AGB-Bestimmung mindestens zwei Ergebnisse als vertretbar erscheinen lässt und von diesen keines den klaren Vorrang verdient. Es müssen „erhebliche Zweifel" an der „richtigen" Auslegung bestehen.[52]

Die Unklarheit einer Vertragsklausel braucht sich nicht nur aus einer einzelnen Klausel und ihrer Auslegung ergeben, sie kann auch das Ergebnis mehrerer Klauseln zu einem gleichartigen Regelungsgegenstand mit unterschiedlichem oder unklarem Inhalt sein. Sieht ein Arbeitsvertrag eine eigene Ausschlussfrist vor und verweist er gleichzeitig auf die Ausschlussfrist eines Tarifvertrages, die einen anderen In-

---

44 Beispiel Typ 4 b bei Preis/*Preis*, Der Arbeitsvertrag, II D 30 Vor Rn 68.
45 AnwK-ArbR/*Hümmerich*, § 305 c BGB Rn 20; vgl auch BAG 9.5.2006 – 9 AZR 424/05, BAGE 118, 184 (188) und BAG 19.1.2011 – 10 AZR 738/09, NZA 2011, 631.
46 BAG 19.1.2011 – 10 AZR 738/09, NZA 2011, 631.
47 LAG Hessen 8.10.1990 – 10/2 Sa 1395/89, LAGE § 339 BGB Nr. 7; ArbG Rheine 20.3.1991 – 2 Ca 82/91, BB 1991, 1125.
48 LAG Hamm 10.9.2004 – 7 Sa 918/04, LAGE § 305 c BGB 2002 Nr. 2.
49 LAG Schleswig-Holstein 2.2.2005 – 3 Sa 515/04, NZA-RR 2005, 351.
50 BAG 24.9.2008 – 6 AZR 76/07, AP § 305 c BGB Nr. 11.
51 BAG 16.4.2008 – 7 AZR 132/07, NZA 2008, 876 = NJW 2008, 2279 = BB 2008, 1736.
52 BAG 19.1.2011 – 10 AZR 738/09, NZA 2011, 631; MüKo-BGB/*Basedow*, § 305 c Rn 29.

halt als die im Arbeitsvertrag vereinbarte Ausschlussfrist hat, liegt der Fall der Mehrdeutigkeit vor und es gilt für den Arbeitnehmer die für ihn günstigere Ausschlussfrist.[53]

28 Generell gilt, dass an die Stelle der unklaren Regelung das dispositive Recht oder eine im Wege der ergänzenden Vertragsauslegung ermittelte Bestimmung tritt.[54] Die Vereinbarkeit dieser Rechtsfolgeregelung mit Art. 5 Satz 2 EG-Richtlinie 93/13/EWG über missbräuchliche Klauseln in Verbraucherverträgen, die einen isolierten Günstigkeitsvergleich anlegt und in Art. 5 Satz 3 das beschriebene Vorgehen nur für die Verbandsklage vorsieht, ist zweifelhaft, wird aber von *Reinecke*[55] mit den „Besonderheiten des Arbeitsrechts" gem. § 310 Abs. 4 Satz 2 BGB gerechtfertigt.

b) Beispielsfälle

29 Die in einer **Ausgleichsquittung** enthaltene Formulierung „Ich erkläre hiermit, dass mir aus Anlass der Beendigung des Arbeitsverhältnisses keine Ansprüche mehr zustehen", ist nach Auffassung des BAG mehrdeutig. Deshalb beinhaltet sie keinen Verzicht auf die Kündigungsschutzklage.[56] Zu Lasten des Arbeitgebers wirkt es sich aus, wenn er in den Arbeitsvertragstext aufgenommen hat, „Der Jahresurlaub richtet sich nach den Bestimmungen des (einschlägigen) Tarifvertrages". Schuldet Arbeitgeber, der den einschlägigen Tarifvertrag anwendet, neben dem dort geregelten **Urlaub** auch ein Urlaubsentgelt, so kann angesichts der Unklarheit des Regelungskomplexes „Urlaub" in dem Arbeitsvertrag der Arbeitnehmer vom Arbeitgeber ein Urlaubsentgelt verlangen.[57] Der Auslegung einer Klausel im vom Arbeitgeber vorformulierten Arbeitsvertrag als **Gleichstellungsabrede**, wonach mehrere benannte Tarifverträge, an die der Arbeitgeber gebunden ist, Anwendung finden, steht die Unklarheitenregel auch dann nicht entgegen, wenn dem Arbeitgeber die Tarifgebundenheit des Arbeitgebers unbekannt war.[58]

30 Auf Ansprüche aus der **betrieblichen Altersversorgung** kann nur „ausdrücklich und unmissverständlich" verzichtet werden.[59] Wird in einer im Arbeitsvertrag enthaltenen Versorgungszusage eine frühere Betriebszugehörigkeit „angerechnet", ergibt die unklare Formulierung im Wege der arbeitnehmerfreundlichsten Auslegung, dass die frühere Betriebszugehörigkeit nicht nur für die Höhe der Rente, sondern auch bei der Unverfallbarkeit maßgeblich ist.[60] Verweist ein Arbeitsvertrag für den Urlaub auf die Geltung tariflicher Regelungen, ist das regelmäßig als Bezugnahme auf den gesamten tariflichen Regelungskomplex „Urlaub" zu verstehen. Dazu gehört auch ein zusätzliches tarifliches Urlaubsgeld. Auf eine solche Bezugnahmeklausel ist die Unklarheitenregel nach § 305 c Abs. 2 BGB nicht zu verwenden.[61]

Enthält eine **Vergütungsabrede** sowohl einen festen Euro-Betrag als auch eine dynamische Verweisung auf das „Tarifentgelt", so lässt dies regelmäßig mehrere Deutungen zu. Die Unklarheitenregel des § 305 c Abs. 2 BGB führt deshalb zu einer Auslegung zu Lasten des Verwenders (Arbeitgeber).[62]

31 Auch bei **Vertragsstrafenabreden** kann die Unklarheitenregel des § 305 c Abs. 2 BGB zum Zuge kommen.[63] Eine Vertragsstrafenabrede ist wegen Mehrdeutigkeit (mangelnder Unbestimmtheit) unwirksam, wenn sie neben der zu leistenden Strafe die Pflichtverletzung des Arbeitnehmers nicht so klar bezeichnet, dass sich der Versprechende in seinem Verhalten darauf einstellen kann.[64]

32 Verweist der Arbeitgeber im Arbeitsvertrag beim nachvertraglichen **Wettbewerbsverbot** auf „die einschlägigen gesetzlichen Bestimmungen", umfasste die Bezugnahme nach bisherigem Recht auch die Zusage einer **Karenzentschädigung**.[65] Künftig wird man eine globale Bezugnahme nicht mehr als aus-

---

53 Däubler/Dorndorf/*Däubler*, AGB im Arbeitsrecht, § 305 c BGB Rn 33.
54 BGH 11.2.1992 – XI ZR 151/91, NJW 1992, 1097; BGH 10.5.1994 – XI ZR 65/93, NJW 1994, 1798; *Hromadka*, NJW 2002, 2526; MüKo-BGB/*Basedow*, § 305 c Rn 27; Palandt/*Grüneberg*, § 305 c BGB Rn 15.
55 AuR 2003, 414.
56 BAG 3.5.1979 – 2 AZR 679/77, DB 1979, 1465.
57 BAG 17.11.1998 – 9 AZR 584/97, NZA 1999, 938.
58 BAG 19.3.2003 – 4 AZR 331/02, NZA 2003, 1207.
59 BAG 27.2.1990 – 3 AZR 213/88, DB 1990, 1870.
60 BAG 12.2.1985 – 3 AZR 183/83, AP § 1 BetrAVG Nr. 12; BAG 16.3.1981 – 3 AZR 843/79, AP § 1 BetrAVG Nr. 6.
61 BAG 17.1.2006 – 9 AZR 41/05, NZA 2006, 923.
62 BAG 13.2.2013 – 5 AZR 2/12.
63 AnwK-ArbR/*Hümmerich*, § 305 c BGB Rn 40.
64 BAG 21.4.2005 – 8 AZR 425/04, NZA 2005, 1053.
65 BAG 31.7.2002 – 10 AZR 513/01, AP § 74 HGB Nr. 74; LAG Köln 18.4.1984 – 7 Sa 1183/83, NZA 1984, 91, aA LAG Bremen 4.5.1966 – 1 Sa 81/66, DB 1966, 1440.

reichend erachten können, weil sie mehrdeutige Auslegungen ermöglicht.[66] Da bei Vertragsschluss nicht feststeht, zu wessen Lasten sich eine Wettbewerbsabrede auswirken wird, wird man davon ausgehen müssen, dass sich das Wettbewerbsverbot zu Lasten des Arbeitnehmers auswirkt, nämlich als Belastung seiner künftigen Karriere, so dass bei Unklarheiten darüber, ob eine Karenzentschädigung zugesagt wurde oder nicht, das Wettbewerbsverbot als nicht vereinbart gilt.[67] Macht der Arbeitnehmer allerdings eine Karenzentschädigung geltend, kann der Arbeitgeber die Zahlung nicht mit dem Argument verweigern, aufgrund der Unklarheitenregel liege eine unwirksame Entschädigungszusage vor.[68]

Ebenso wie eine unklare Wettbewerbsvereinbarung wirkt sich eine unklare **Zielvereinbarung** zu Lasten des Arbeitgebers aus.[69]

Verweist ein Arbeitsvertrag für den **Urlaub** auf die Geltung tariflicher Regelungen, ist auf eine solche Bezugnahmeklausel die Unklarheitenregel nach § 305c Abs. 2 BGB nicht anzuwenden. Die Regelung ist hinreichend klar. Auf die Unklarheitenregel darf nur zurückgegriffen werden, wenn trotz Ausschöpfung der anerkannten Auslegungsmethoden nicht behebbare Zweifel verbleiben.[70]

Die Unklarheitenregel des § 305c Abs. 2 BGB kann auch bei **Freiwilligkeitsklauseln** im Arbeitsvertrag Anwendung finden. Werden einem Arbeitnehmer freiwillige Leistungen wie Weihnachtsgeld oder Urlaubsgeld laut Arbeitsvertrag „gewährt", so steht einem Anspruch auf diese Leistungen nicht entgegen, wenn das Weihnachtsgeld sowohl in der Überschrift der Regelung im Arbeitsvertrag als auch in dessen Textierung als „freiwillige soziale Leistung" bezeichnet wird. Die Bezeichnung als freiwillig kann auch zum Ausdruck bringen, dass der Arbeitgeber nicht durch Tarifvertrag, Betriebsvereinbarung oder Gesetz zu dieser Leistung verpflichtet ist.[71]

32a

V. Inhaltskontrolle nach § 307 BGB

In der Praxis des Arbeitsrechts hat sich § 307 BGB, vor allem mit den Absätzen 1 und 2, zur zentralen Vorschrift der Inhaltskontrolle entwickelt. Dieser Trend zeichnet sich auch unter Beachtung der Rechtsprechung des BAG seit Inkrafttreten der Schuldrechtsreform ab.

33

1. Unangemessene Benachteiligung, § 307 Abs. 1 Satz 1 BGB

a) Grundsätze

Bei § 307 Abs. 1 Satz 1 BGB handelt es sich um eine Generalklausel, von der die Rechtsprechung immer dann Gebrauch macht, wenn sich die Rechtsstellung der „anderen Vertragspartei" durch die Klausel verschlechtert **und** die Benachteiligung „entgegen den Geboten von Treu und Glauben unangemessen" ist.[72] Mit dem Zusatz, dass die Benachteiligung entgegen „Treu und Glauben" entstehen muss, erschließt der Gesetzgeber dem Rechtsanwender einen breiten Wertungsspielraum.[73] Bei der Interessenabwägung („Treu und Glauben") in § 307 Abs. 1 BGB (ebenso bei Abs. 2) wählt der BGH eine „überindividuelle, generalisierende Betrachtungsweise". Er abstrahiert hier von den persönlichen Umständen, etwa der konkreten sozialen Schutzbedürftigkeit eines Arbeitnehmers, besonderen Eigenschaften, seinem Alter oder seinen Familienverhältnissen. Ausgeblendet werden damit die Auswirkungen der Klausel auf das konkrete Vertragsverhältnis.[74]

34

b) Beispielsfälle

Einen grundlegenden Rechtsprechungswechsel nahm der 7. Senat im Bereich der Vereinbarung **befristeter Arbeitszeiterhöhungen** vor. Während in der Vergangenheit die Vereinbarung befristeter Arbeitsbedingungen am Recht befristeter Arbeitsverträge (TzBfG) gemessen wurde, unterliegt die nach dem 31.12.2001 vereinbarte Befristung einer Arbeitszeiterhöhung als Allgemeine Geschäftsbedingung nun-

35

---

66 AnwK-ArbR/*Hümmerich*, § 305c BGB Rn 41.
67 *Diller*, NZA 2005, 250.
68 *Diller*, NZA 2005, 250, 253; AnwK-ArbR/*Hümmerich*, § 305c BGB Rn 41.
69 LAG Frankfurt 29.1.2002 – 7 Sa 836/01, AiB 2002, 575.
70 BAG 17.1.2006 – 9 AZR 41/05, DB 2007, 403.
71 BAG 20.2.2013 – 10 AZR 177/12.
72 Däubler/Dorndorf/*Dorndorf*, AGB im Arbeitsrecht, § 307 BGB Rn 56; BGH 14.1.1987 – VIa ZR 130/85, NJW 1987, 2431.
73 AnwK-ArbR/*Hümmerich*, § 307 BGB Rn 68.
74 Däubler/Dorndorf/*Dorndorf*, AGB im Arbeitsrecht, § 307 BGB Rn 74, 81 ff mwN.

mehr der gerichtlichen Kontrolle gem. §§ 305 ff BGB.[75] Eine einseitige Ausschlussfrist erklärte der BGH bei einem Handelsvertreter zu einer unangemessenen Klausel iSv § 307 Abs. 1 Satz 1 BGB.[76] Die frühere BAG-Rechtsprechung, wonach einseitige tarifliche Ausschlussfristen mit Art. 3 Abs. 1 GG vereinbar seien,[77] ist mit der Schuldrechtsreform überholt. Das BAG[78] hat nunmehr festgestellt, dass eine formularmäßige einseitige, nur für den Arbeitnehmer geltende vertragliche Ausschlussfrist gegen § 307 Abs. 1 Satz 1 BGB verstoße. Unwirksam ist auch eine Klausel, die für den Beginn der Ausschlussfrist nicht die Fälligkeit der Ansprüche berücksichtigt, sondern allein auf die Beendigung des Arbeitsverhältnisses abstellt. Eine derartige Klausel benachteilige den Arbeitnehmer unangemessen und sei deshalb gem. § 307 Abs. 1 Satz 1 BGB unwirksam.[79]

36 Eine **Einwilligungsklausel** in die **Datenverarbeitung** in einem Arbeitsvertrag führt umso eher zu einer unangemessenen Benachteiligung nach § 307 Abs. 1 Satz 1 BGB, je mehr sich die Datenerhebung, -verarbeitung oder -nutzung vom Zweck des Arbeitsverhältnisses entfernt.[80] Eine Benachteiligung ist immer anzunehmen, wenn die Klausel als antizipierte Globaleinwilligung ausgestaltet ist und der Arbeitnehmer nicht übersehen kann, auf welche Sachverhalte sich seine formularmäßige Erklärung erstreckt.[81]

37 **Vertragsstrafenabreden** können angesichts ihrer Höhe den Arbeitnehmer entgegen Treu und Glauben unangemessen benachteiligen und nach § 307 Abs. 1 Satz 1 BGB unwirksam sein.[82] Das BAG hält es für eine unverhältnismäßig hohe und mit § 307 Abs. 1 Satz 1 BGB nicht in Einklang zu bringende Vertragsstrafe, wenn die Nichteinhaltung einer Kündigungsfrist von zwei Wochen mit einer Vertragsstrafe von einem Bruttomonatsverdienst sanktioniert werde.[83]

38 Eine formularmäßige **Versetzungsklausel**, die § 106 GewO nachgebildet ist, bedeutet weder eine unangemessene Benachteiligung nach § 307 Abs. 1 Satz 1 BGB noch verstößt sie allein deshalb gegen das Transparenzgebot gem. § 307 Abs. 1 Satz 2 BGB, weil keine konkreten Versetzungsgründe genannt sind.[84] Behält sich der Arbeitgeber jedoch vor, ohne den Ausspruch einer Änderungskündigung einseitig die vertraglich vereinbarte Tätigkeit unter Einbeziehung geringerwertiger Tätigkeiten zulasten des Arbeitnehmers ändern zu können, liegt darin regelmäßig eine unangemessene Benachteiligung iSd § 307 Abs. 2 Nr. 1 BGB.[85]

Die bei einer Vereinbarung von **Arbeit auf Abruf** einseitig vom Arbeitgeber abrufbare Arbeit des Arbeitnehmers darf nicht mehr als 25 % die vertraglich vereinbarte Mindestarbeitszeit überschreiten und nicht mehr als 20 % unterschreiten.[86]

2. Transparenzgebot, § 307 Abs. 1 Satz 2 BGB

a) Grundsätze

39 Mit der Einführung des SchRModG stellte der Gesetzgeber klar, dass „das Transparenzgebot eine ganz eigenständige Prüfungskategorie" sei.[87] Eine unangemessene Benachteiligung ist anzunehmen, wenn eine Vertragsklausel nicht klar und verständlich ist. Besonderheiten des Arbeitsrechts stehen dem Transparenzgebot nicht entgegen.[88] Erfasst werden auch preisbestimmende, leistungsbeschreibende Vertragsklauseln.[89] Das Transparenzgebot verpflichtet den Verwender, Rechte und Pflichten seines Ver-

---

75 BAG 27.7.2005 – 7 AZR 486/04, AuR 2005, 379 = FA 2005, 322.
76 BGH 12.10.1979 – I ZR 166/78, BGHZ 75, 218.
77 BAG 4.12.1997 – 2 AZR 809/96, NZA 1998, 431.
78 BAG 21.6.2011 – 9 AZR 203/10, NJW 2012, 103; LAG Schleswig-Holstein 22.9.2004 – 3 Sa 245/04, n.v.
79 BAG 1.3.2006 – 5 AZR 511/05, FA 2006, 175.
80 H/S-*Michels*, Das arbeitsrechtliche Mandat, § 7 Rn 262.
81 AnwK-ArbR/*Hümmerich*, § 307 BGB Rn 79.
82 BAG 4.3.2004 – 8 AZR 196/03, NZA 2004, 727.
83 BAG 23.9.2010 – 8 AZR 897/08, NZA 2011, 89.
84 BAG 11.4.2006 – 9 AZR 557/05, NZA 2006, 3303 = NJW 2006, 1149.
85 BAG 25.8.2010 – 10 AZR 275/09, NZA 2010, 1355.
86 BAG 7.12.2005 – 5 AZR 535/04, NZA 2006, 423; BVerfG 23.11.2006 – 1 BvR 1909/06, NJW 2007, 286.
87 BT-Drucks. 14/6040, S. 153.
88 HWK/*Gotthardt*, § 307 BGB Rn 18.
89 *Stoffels*, AGB-Recht, Rn 561.

tragspartners in den Allgemeinen Geschäftsbedingungen **möglichst klar** und **durchschaubar** darzustellen.[90]

Treu und Glauben gebieten es, dass die Klausel wirtschaftliche Nachteile und Belastungen soweit erkennen lässt, wie dies den Umständen nach gefordert werden kann.[91] Wer einen Arbeitsvertrag gestaltet, darf gleichwohl unbestimmte Rechtsbegriffe aus der Gesetzessprache übernehmen, so etwa den Begriff „wichtiger Grund" oder „Fehlschlagen der Nacherfüllung".[92] Verweisen Allgemeine Geschäftsbedingungen wegen der Regelungen von Einzelheiten auf eine Anlage, ist das Transparenzgebot nicht verletzt, wenn die Gesamtregelung verständlich bleibt.[93] Die dynamische Verweisung in einem Arbeitsvertrag auf den Tarifvertrag (Gleichstellungsabrede) verstößt nicht gegen das Transparenzgebot.[94] Die den Vertragsschluss begleitenden Umstände nach § 310 Abs. 3 Nr. 3 BGB sind nicht bei der Auslegung Allgemeiner Geschäftsbedingungen, sondern erst bei der Prüfung der unangemessenen Benachteiligung nach § 307 Abs. 1 sowie 2 BGB zu berücksichtigen.[95]

40

b) Beispielsfälle

Ausgleichsquittungen und **Ausschlussfristen** werden auch an § 307 Abs. 1 Satz 1 BGB gemessen. Das LAG Hamburg geht recht weit, wenn es die Meinung äußert, Ausgleichsquittungen in vorformulierten Vertragsbedingungen seien nach § 307 Abs. 1 Satz 1 BGB unwirksam, sofern der Arbeitnehmer für den Klageverzicht keine Gegenleistung erhalte.[96] Eine drucktechnische Hervorhebung von Ausschlussfristen ist nach Meinung des LAG Schleswig-Holstein generell nicht erforderlich,[97] nach Meinung des BAG jedoch geboten, sofern der Verwender die Ausgleichsklausel in eine Erklärung mit falscher oder missverständlicher Überschrift ohne besonderen Hinweis eingefügt hat.[98]

41

Konzernversetzungsklauseln sind in der Regel deshalb unwirksam, weil der Arbeitnehmer ihnen nicht entnehmen kann, in welchen Betrieb oder in welches Unternehmen er durch den Arbeitgeber im Wege einer einseitigen Direktionsrechtsausübung versetzt werden könnte.[99] Allgemeine Konzernversetzungsklauseln, die nicht den Kreis der betroffenen Unternehmen eingrenzen oder konkret benennen, sind schon wegen mangelnder Klarheit und Verständlichkeit nicht wirksam.[100] Das BAG hat dies in seiner Entscheidung vom 13.4.2010 – 9 AZR 36/09[101] jedoch offengelassen.

42

Pauschale Abgeltungsvereinbarungen, die nicht erkennen lassen, für welche Menge von **Überstunden** die zusätzliche Zahlung erfolgt, verstoßen gegen das Transparenzgebot.[102] Sofern es sich nicht nur um ein geringfügiges Überstundendeputat handelt, bedeutet eine pauschalierte Vergütungsregelung, dass in das Äquivalenzgefüge der Hauptleistungspflichten eingegriffen wird, so dass die Pauschalabgeltung und die geleisteten Überstunden nicht mehr in einem angemessenen Verhältnis zueinander stehen.[103] Das BAG hält es zwischenzeitlich für erforderlich, dass pauschale Stundenabgeltungen einer Inhaltskontrolle nach § 307 Abs. 1 Satz 2 BGB unterzogen werden,[104] und erklärt die vielverwendete Klausel „Überstunden sind mit dem Gehalt abgegolten" für **intransparent** und somit unwirksam.[105] Eine solche Überstundenpauschalierung ist zwar auch bei „gut verdienenden" Rechtsanwälten intransparent und unwirksam. Allerdings besteht nach Ansicht des BAG kein Anspruch des gut verdienenden Rechts-

43

---

90 BGH 9.5.2001 – IV ZR 121/00, NJW 2001, 2014; BGH 19.10.1999 – XI ZR 8/99, NJW 2000, 651.
91 BGH 10.7.1990 – XI ZR 275/89, BGHZ 112, 119; BGH 20.4.1993 – X ZR 67/92, NJW 1993, 2054.
92 BGH 2.2.1994 – VIII ZR 262/92, NJW 1994, 1004.
93 BGH 1.2.1996 – I ZR 44/94, NJW 1996, 2374.
94 BAG 19.3.2003 – 4 AZR 331/02, DB 2003, 2126; *Oetker*, JZ 2002, 330.
95 BAG 7.12.2005 – 5 AZR 535/04, NZA 2006, 423.
96 LAG Hamburg 29.4.2004 – 1 Sa 47/03, NZA-RR 2005, 151.
97 LAG Schleswig-Holstein 2.2.2005 – 3 Sa 515/04, NZA-RR 2005, 351.
98 BAG 23.2.2005 – 4 AZR 139/04, NZA 2005, 1193.
99 AnwK-ArbR/*Hümmerich*, § 307 BGB Rn 92 ff.
100 Hümmerich/Reufels/*Schiefer*, Gestaltung von Arbeitsverträgen, § 1 Rn 3322; aA wohl noch BAG 23.3.2006 – 2 AZR 162/05, DB 2006, 2351.
101 NZS 2011, 64 (LS) = BB 2010, 2432 = DB 2010, 2805.
102 BAG 1.9.2010 – 5 AZR 517/09, NZA 2011, 575; ErfK/*Preis*, §§ 305–310 BGB Rn 92; *Hümmerich/Rech*, NZA 1999, 1132; Hümmerich/Reufels/*Schiefer*, Gestaltung von Arbeitsverträgen, § 1 Rn 3106.
103 LAG Köln 20.12.2001 – 6 Sa 965/01, AuR 2002, 193; HWK/*Gotthardt*, Anh. §§ 305–310 BGB Rn 18.
104 BAG 31.8.2005 – 5 AZR 555/04, AuR 2005, 381 = FA 2005, 351.
105 BAG 1.9.2010 – 5 AZR 517/09, NZA 2011, 575.

anwalts auf eine Überstundenvergütung bei Überstundenleistung in der Erwartung einer künftigen Partnerschaft.[106]

Die Klausel, „**Reisezeiten** sind mit der Bruttomonatsvergütung abgegolten", ist intransparent, wenn sich aus dem Arbeitsvertrag nicht ergibt, welche „Reisezeit" von ihr in welchem Umfang erfasst werden sollte. Der Arbeitnehmer muss bereits bei Vertragsschluss erkennen können, was ggf „auf ihn zukommt" und welche Leistung er für die vereinbarte Vergütung maximal erbringen muss.[107]

44 Wird die Tätigkeit des Arbeitnehmers im Arbeitsvertrag nicht beschrieben, sondern enthält der Arbeitsvertrag nur eine „**Vergütungsgruppenklausel**", fehlt es an der nach § 307 Abs. 1 Nr. 2 BGB erforderlichen Transparenz. Eine solche Klausel ist nunmehr unwirksam.[108] Auch Versetzungsklauseln, die den Arbeitgeber nicht verpflichten, dem Arbeitnehmer eine gleichwertige Tätigkeit zuzuweisen und auch nicht näher eingegrenzte Gehaltskürzungen gestatten, verstoßen gegen das Transparenzgebot, daneben aber auch gegen § 307 Abs. 2 BGB, weil bei Überschreitung des ohne Ausspruch einer Änderungskündigung nicht veränderbaren Bestands des Arbeitsverhältnisses eine Benachteiligung anzunehmen ist.[109] Die Klausel ist mit wesentlichen Grundgedanken der gesetzlichen Regelung, von der abgewichen wird, nicht zu vereinbaren.

45 Aus dem Transparenzgebot ergibt sich auch, dass der Tatbestand, der eine **Vertragsstrafe** auslösen soll, klar beschrieben sein muss.[110] Unangemessen iSv § 307 Abs. 1 Satz 2 BGB ist eine Regelung, wonach eine Vertragsstrafe durch „schuldhaft vertragswidriges Verhalten des Arbeitnehmers, das den Arbeitgeber zur fristlosen Kündigung des Arbeitsverhältnisses veranlasst", verwirkt ist.[111] Das OLG Düsseldorf hält eine Klausel, die an den globalen Tatbestand des „Vertragsbruchs" anknüpft, ohne im Einzelnen zu sagen, welcher Sachverhalt als „Vertragsbruch" gewürdigt werden soll, für nicht hinreichend bestimmt und deshalb nach § 307 Abs. 1 Satz 2 BGB für unwirksam.[112] Das BAG hält eine Vertragsstrafenabrede dann wegen Verstoßes gegen das Transparenzgebot für unwirksam, wenn sie für jeden Fall der Zuwiderhandlung des Arbeitnehmers gegen das Wettbewerbsverbot eine Vertragsstrafe in Höhe von zwei durchschnittlichen Bruttomonatseinkommen vorsieht und gleichzeitig bestimmt, dass im Fall einer dauerhaften Verletzung des Wettbewerbsverbots jeder angebrochene Monat als eine erneute Verletzungshandlung gilt.[113]

46 Wird in **Vertriebsmitarbeiterklauseln** geregelt, dass „Änderungen des dem Mitarbeiter zugewiesenen Bezirks vorbehalten bleiben", ist eine solche Klausel nicht generell nach § 307 Abs. 1 Satz 2 BGB unwirksam. Dem Verwender ist es gestattet, unbestimmte Rechtsbegriffe aus der Rechtssprache zu übernehmen.[114] Erst wenn die wirtschaftlichen Auswirkungen einer **Gebietsänderung** die Grenze von 15 bis 20 % überschreiten, kann die Klausel nach § 307 Abs. 1 Satz 2 BGB sowie nach § 307 Abs. 2 Nr. 1 BGB unwirksam werden. Unklar ist noch, ob diese bisherige Grenze in der BAG-Rechtsprechung (15 bis 20 %) durch das Urteil vom 12.1.2005 auch für Vertriebsmitarbeiter generell in einen Korridor von 25 bis 30 % umgewandelt wurde.[115]

47 Das LAG Hamm stellt strenge Anforderungen an die Eindeutigkeit, Klarheit und Unmissverständlichkeit einer vertraglichen **Rückzahlungsklausel** zum **Weihnachtsgeld**. Bereits der Zusatz in einem Arbeitsvertrag, „Im Übrigen gelten die tariflichen Vorschriften", kann eine derartige Bezugnahmeklausel wegen Verstoßes gegen das Transparenzgebot unwirksam machen.[116]

Das BAG sieht eine arbeitsvertragliche Klausel, nach der der Arbeitgeber jährlich jeweils neu über die Höhe der **Gratifikation** entscheidet, weder als einen Verstoß gegen das Transparenzgebot noch als eine

---

106 BAG 17.8.2011 – 5 AZR 406/10, NZA 2011, 1335.
107 BAG 20.4.2011 – 5 AZR 200/10, NZA 2011, 917.
108 Hümmerich/Reufels/*Borgmann*, Gestaltung von Arbeitsverträgen, § 1 Rn 2930.
109 BAG 25.8.2010 – 10 AZR 275/09, NJW 2011, 329.
110 BAG 21.4.2005 – 8 AZR 425/04, NZA 2005, 1053; BAG 4.3.2004 – 8 AZR 196/03, NZA 2004, 727; *Brors*, jurisPR-ArbR 34, 2004.
111 BAG 21.4.2005 – 8 AZR 425/04, NZA 2005, 1053.
112 OLG Düsseldorf 18.10.1992 – 16 U 173/90, DB 1992, 86.
113 BAG 14.8.2007 – 8 AZR 973/06, AP § 307 BGB Nr. 28.
114 Palandt/*Grüneberg*, § 307 BGB Rn 22.
115 BAG 12.1.2005 – 5 AZR 364/04, NZA 2005, 465; *Hümmerich*, NJW 2005, 1759.
116 LAG Hamm 25.2.2000 – 10 Sa 2061/99, NZA-RR 2000, 541; LAG Hamm 12.2.1999 – 10 Sa 1621/98, NZA-RR 1999, 514.

unangemessene Benachteiligung, sofern der Arbeitnehmer aus dem Klauseltext unzweideutig erkennen kann, dass der Arbeitgeber über die Festsetzung der Höhe der Gratifikation jährlich entscheidet.[117]

Eine grundsätzlich zulässige Regelung über die **Rückzahlung von Aus- bzw Fortbildungskosten** genügt dem Transparenzgebot in § 307 Abs. 1 Satz 2 BGB nur dann, wenn die entstehenden Kosten dem Grunde und der Höhe nach im Rahmen des Möglichen und Zumutbaren angegeben sind. Ist eine Rückzahlungsklausel wegen eines Verstoßes gegen das Transparenzgebot in § 307 Abs. 1 Satz 2 BGB unwirksam, hat der Arbeitgeber regelmäßig auch keinen Anspruch auf Erstattung der Fortbildungskosten nach §§ 812 ff BGB.[118]

Bei unklaren Regelungen über den Entzug des **Dienstfahrzeugs** durch den Arbeitgeber ist die Unklarheitenregel anzuwenden.[119] Das LAG Hessen hält eine Widerrufsklausel unter Hinweis darauf, dass die private Nutzung bei Zugrundelegung des steuerlichen Wertes nur 2,62 % der monatlichen Vergütung ausmachte, nach § 307 Abs. 1 BGB für wirksam.[120] Auch **Zielvereinbarungen** sind am Transparenzgebot zu messen.[121]

Schließlich hat das BAG für **Arbeit auf Abruf** eine weit reichende Entscheidung gefällt. Die bei einer Vereinbarung von Arbeit auf Abruf einseitig vom Arbeitgeber abrufbare Arbeit des Arbeitnehmers darf nicht mehr als 25 % der vereinbarten wöchentlichen Mindestarbeitszeit betragen, andernfalls liegt ein Verstoß gegen § 307 Abs. 1 BGB vor.[122] Der 5. Senat geht bei der Angemessenheitsprüfung nach § 307 Abs. 1 BGB davon aus, dass auf der einen Seite das Interesse des Arbeitgebers an einer Flexibilisierung der Arbeitszeitdauer bei Abrufarbeit besteht und auf der anderen Seite das Interesse des Arbeitnehmers an einer festen Regelung der Dauer der Arbeitszeit und der sich daraus ergebenden Arbeitsvergütung besteht, wobei diese jeweiligen Interessen angemessen zum Ausgleich zu bringen sind. Der Senat hat im Urteil vom 7.12.2005 auf seine Grundsätze im Urteil vom 12.1.2005 zurückgegriffen und die Interessenabwägung in gleicher Weise vorgenommen wie die Prüfung der Wirksamkeit von Widerrufsvorbehalten.

3. Benachteiligungsverbot, § 307 Abs. 2 Nr. 1 BGB

a) Grundsätze

§ 307 Abs. 2 Nr. 1 BGB enthält drei Tatbestandsmerkmale. Anknüpfungspunkt ist die „gesetzliche Regelung", aus der sich „wesentliche Grundgedanken" ergeben. Jede Arbeitsvertragsklausel ist unwirksam, wenn sie mit diesen Grundgedanken „unvereinbar" ist. Als gesetzliche Regelung gelten die Regelungen des dispositiven Rechts wie §§ 611 ff BGB oder §§ 105 ff GewO. BGH[123] und BAG[124] sind sich einig, dass als gesetzliche Regelungen auch die von der Rechtsprechung entwickelten ungeschriebenen Rechtssätze anzusehen sind. Auch alle Rechtsregeln, die von der Rechtsprechung durch Auslegung, Analogie oder Rechtsfortbildung aus dem Gesetz abgeleitet werden, können als „gesetzliche Regelung" iSv § 307 Abs. 2 Nr. 1 BGB verstanden werden.[125] *Dorndorf* zeigt die Abweichung von einem wesentlichen Grundgedanken des dispositiven Rechts am Beispiel des Betriebs- und Beschäftigungsrisikos auf.[126] Es sei ein „wesentlicher Grundgedanke" des § 615 BGB, dass das Betriebs- und Beschäftigungsrisiko nicht beim Arbeitnehmer, sondern beim Arbeitgeber liege. Eine vorformulierte Vertragsbedingung, die den Arbeitnehmer im Falle eines Arbeitshindernisses wegen Stromausfalls zur Nachleistung verpflichte, verstoße gegen einen wesentlichen Grundgedanken des § 615 BGB und sei damit nach § 307 Abs. 2 Nr. 1 BGB unwirksam.

Eine unwesentliche Abweichung von den wesentlichen Grundgedanken der gesetzlichen Regelung ist nicht ausreichend.[127] Die Klausel muss mit den wesentlichen Grundgedanken der Norm nicht zu ver-

---

117 BAG 16.1.2013 – 10 AZR 26/12, NJW 2013, 1020.
118 BAG 21.8.2012 – 3 AZR 698/10, NJW 2013, 410.
119 *Reinecke*, NZA 2005, 953.
120 LAG Hessen 20.7.2004 – 13 Sa 199/03, LAG-Report 2005, 1.
121 Däubler/Dorndorf/*Dorndorf*, AGB im Arbeitsrecht, Anh. § 307 BGB Rn 617.
122 BAG 7.12.2005 – 5 AZR 535/04, NZA 2006, 423.
123 BGH 15.7.1997 – XI ZR 269/96, NJW 1997, 2752; BGH 10.12.1992 – 1 ZR 186/90, BGHZ 121, 14.
124 BAG 24.10.2002 – 6 AZR 632/00, NZA 2003, 668.
125 BGH 8.7.1993 – VII ZR 79/92, NJW 1993, 2738; BGH 28.4.1983 – VII ZR 259/82, NJW 1983, 1671; BGH 12.3.1985 – VII ZR 37/86, BGHZ 100, 157.
126 Däubler/Dorndorf/*Dorndorf*, AGB im Arbeitsrecht, § 307 BGB Rn 221.
127 BGH 19.3.1992 – IX ZR 166/91, NJW 1992, 1626.

einbaren sein. Man unterscheidet zwischen einem „AGB-disponiblen" Randbereich und dem **Gerechtigkeitskern** der gesetzlichen Regelung.[128] Das Benachteiligungsverbot des § 307 Abs. 2 Nr. 1 BGB behandelte das BAG wegen der früher in § 23 AGBG bestehende Bereichsausnahme unter dem Stichwort **„Störung der Vertragsparität"**. Das BAG war der Ansicht, es müsse korrigierend eingreifen, wenn der Inhalt eines Vertrages ungewöhnlich belastend und als Interessenausgleich offensichtlich unangemessen sei.[129] Das BAG entschied in dem Urteil vom 9.9.2003, dass eine Vertragsklausel unwirksam sei, die den Arbeitnehmer verpflichte, bei Beendigung des Arbeitsverhältnisses einen ihm zur Privatnutzung überlassenen Dienstwagen zurückzugeben und dennoch für die restliche Laufzeit zu verlangen, dass der Arbeitnehmer die anfallenden Raten des Leasingvertrages in einem Einmalbetrag zahle. Mit der Beendigung des Arbeitsverhältnisses und dem dadurch bedingten Wegfall der Privatnutzung des Dienstfahrzeugs wurden nach Ansicht des BAG durch die zwischen den Parteien vereinbarte Arbeitsvertragsklausel die Vertragsparität, das Verhältnis zwischen Leistung und Gegenleistung, gestört. Hätte der 9. Senat auf den am 9.9.2003 von ihm entschiedenen Sachverhalt bereits das AGB-Recht anwenden können, hätte es die Vereinbarung nach § 307 Abs. 2 Nr. 1 BGB wegen einer mit dem Leitbild der Dienstwagennutzung nicht in Einklang zu bringenden Äquivalenzstörung für unwirksam gehalten.

b) Beispielsfälle

52 **Widerrufsvorbehalte** bei Vergütungs- und Aufwendungsersatzzusagen in Arbeitsverträgen misst das BAG an § 307 Abs. 2 Nr. 1 BGB. In seiner Grundsatzentscheidung vom 12.1.2005[130] entschied der 5. Senat, dass ein Änderungsvorbehalt gegen die Regel *„pacta sunt servanda"* verstoße und damit der Widerruf einer übertariflichen Zulage und einer Fahrtkostenerstattung eine Abweichung von wesentlichen Grundgedanken der gesetzlichen Regelung darstelle (§ 307 Abs. 2 Nr. 1 BGB). Mit dem Kunstgriff von *„pacta sunt servanda"* gelangt man bei § 307 Abs. 2 Nr. 1 BGB immer dann zu einem Rechtsverstoß, wenn dem Arbeitgeber eingeräumt wird, von einer im Arbeitsvertrag getroffenen Regelung einseitig abzuweichen. Eine vorformulierte Klausel, nach der ein Arbeitgeber eine **andere als die vertraglich vereinbarte Tätigkeit** einem Arbeitnehmer „falls erforderlich" und nach „Abstimmung der beiderseitigen Interessen" einseitig **zuweisen** kann, ist jedenfalls dann als unangemessene Benachteiligung iSv § 307 BGB anzusehen, wenn nicht gewährleistet ist, dass die Zuweisung eine mindestens gleichwertige Tätigkeit zum Gegenstand haben muss.[131]

53 **Entwicklungsklauseln** in Chefarztverträgen sind nach hier vertretener Auffassung[132] mit den wesentlichen Grundgedanken der gesetzlichen Regelung gem. § 307 Abs. 2 Nr. 1 BGB nicht zu vereinbaren. Auch der Umstand, dass chefärztliche Entwicklungsklauseln bisher allgemein üblich und grundsätzlich wirksam waren,[133] ändert an dieser Rechtslage nichts.

54 **Kurzarbeitsklauseln**, die arbeitsvertraglich die voraussetzungslose, jederzeitige einseitige Einführung von Kurzarbeit durch den Arbeitgeber vorsehen, stehen mit wesentlichen Grundgedanken des gesetzlichen Synallagma nicht in Einklang und verstoßen daher gegen § 307 Abs. 2 Nr. 1 BGB.[134] Selbst in Tarifverträgen darf keine voraussetzungslose Anordnungsbefugnis des Arbeitgebers zur Kurzarbeit vereinbart werden.[135]

55 Eine **Mankoklausel** im Arbeitsvertrag, die einem Arbeitnehmer eine Mithaftung für Fehlbestände in einem Bereich auferlegt, zu dem der Arbeitnehmer nicht den alleinigen Zugang hat, ist schon nach bisheriger BAG-Rechtsprechung unwirksam,[136] sie ist es ferner nach § 307 Abs. 2 Nr. 1 BGB. Auch solche Mankoabreden, die dem Arbeitnehmer eine Erfolgshaftung über den Umfang einer gesonderten Mankovergütung hinaus auferlegen, sind nach Ansicht des BAG unwirksam.[137] Da die Manko-Rechtspre-

---

[128] Däubler/Dorndorf/*Dorndorf*, AGB im Arbeitsrecht, § 307 BGB Rn 223.
[129] BAG 9.9.2003 – 9 AZR 574/02, NZA 2004, 484.
[130] BAG 12.1.2005 – 5 AZR 364/04, NZA 2005, 465; vgl auch BAG 25.8.2010 – 10 AZR 275/09, NJW 2011, 329.
[131] BAG 9.5.2006 – 9 AZR 424/05, NZA 2007, 145.
[132] *Hümmerich/Bergwitz*, BB 2005, 997; *Hümmerich*, MedR 2005, 575.
[133] BAG 13.3.2003 – 6 AZR 557/01, AP § 611 BGB Arzt-Krankenhaus-Vertrag Nr. 47; BAG 9.1.1980 – 5 AZR 71/78, AP § 611 BGB Arzt-Krankenhaus-Vertrag Nr. 6; BAG 7.9.1972 – 5 AZR 12/72, AP § 767 ZPO Nr. 2; BAG 15.12.1976 – 5 AZR 600/75, AP § 611 BGB Arzt-Krankenhaus-Vertrag Nr. 3.
[134] *Hümmerich*, NZA 2003, 753.
[135] BAG 18.10.1984 – 1 AZR 503/93, NZA 1995, 1064.
[136] BAG 17.9.1998 – 8 AZR 175/97, DB 1998, 2610.
[137] BAG 2.12.1999 – 8 AZR 386/98, NZA 2000, 715.

chung als wesentlicher Grundgedanke einer gesetzlichen Haftungsregelung für Arbeitnehmer anzusehen ist, ergibt sich die Unwirksamkeit einer von der BAG-Rechtsprechung zu Mankoklauseln abweichenden Vertragsklausel aus § 307 Abs. 2 Nr. 1 BGB.

Unwirksam sind uneingeschränkte Rückzahlungsklauseln bei **Falschberechnungen** des Arbeitsentgelts. Derartige Klauseln stellen vor dem Hintergrund des dispositiven Leitbilds des § 818 Abs. 3 BGB eine unangemessene Benachteiligung dar.[138]   56

Die Rechtsprechung zur Anwendung des § 308 Nr. 4 BGB bei Widerrufsvorbehalten und zur vom Gesetz „abweichenden Regelung" iSv § 307 Abs. 2 Nr. 1 BGB ist bei **Betriebsvereinbarungen** nicht anwendbar. Widerrufsvorbehalte in Betriebsvereinbarungen unterliegen keiner AGB-Kontrolle.[139]   57

Widerrufsvorbehalte zur Vergütungs- und Arbeitspflicht sind seit dem Urteil des BAG vom 12.1.2005 nach § 308 Nr. 4 BGB zumutbar, wenn sich durch Ausübung des Widerrufs die Vergütung nicht um mehr als 25 bis 30 % verschlechtert. Wird dieser Grenzkorridor im Zuge der Ausübung eines Widerrufsvorbehalts überschritten, stellt der im Arbeitsvertrag enthaltene Widerrufsvorbehalt eine „abweichende Regelegung" iSv § 307 Abs. 2 Nr. 1 BGB.[140] Widerrufsvorbehalte zur Arbeitszeit des Arbeitnehmers sind mit § 307 Abs. 2 Nr. 1 BGB nicht zu vereinbaren, wie sich aus der Musikschullehrer-Entscheidung des BAG[141] schon vor der Schuldrechtsmodernisierung ergab. Diese Rechtsprechung des BAG ist als „gesetzliche Regelung" iSd § 307 Abs. 2 Nr. 1 BGB anzusehen. Flexible Entgeltabreden in Arbeitsverträgen können aufgrund des Urteils des BAG vom 12.1.2005 in Zukunft befristet werden.[142]   58

4. Aushöhlungsverbot, § 307 Abs. 2 Nr. 2 BGB

a) Grundsätze

Mit dem Aushöhlungsverbot in § 307 Abs. 2 Nr. 2 BGB erklärt der Gesetzgeber Klauseln für unwirksam, die die Rechtspositionen des Vertragspartners, die ihm nach dem Vertragszweck zustehen sollen, wesentlich beeinträchtigen.[143] Die Vorschrift soll den Fall erfassen, dass für das in Frage stehende normative Problem Gesetzesnormen oder Richterrecht oder geeignete Rechtsprinzipien, wie sie in § 307 Abs. 2 Nr. 1 BGB verlangt werden, nicht zur Verfügung stehen.[144] Die Grenzen zwischen der Anwendung von Nr. 1 und Nr. 2 verschwimmen, weil „wesentliche Grundgedanken der gesetzlichen Regelung" in Nr. 1 auch Richterrecht und Rechtsprinzipien sein können, so dass in Einzelfällen die gleichen Rechtsprinzipien Anknüpfungspunkte von Nr. 1 und von Nr. 2 bilden können.[145] „Wesentliche Rechte und Pflichten" iSv Nr. 2 können solche sein, die zum Schutz der zur Vertragsnatur gehörenden Interessen erforderlich sind.[146] Mit den „Rechten und Pflichten" sind primär die **Hauptleistungspflichten** gemeint.[147] Wesentlich kann auch die Aushöhlung eines Gestaltungsrechts sein sowie von Neben- oder Schutzpflichten, weil die sinnvolle Vertragserfüllung auch gerade dann eingeschränkt sein kann, wenn der Verwender Allgemeiner Geschäftsbedingungen seine Nebenpflichten einschränkt.[148]   59

Das **Lohnrisiko** trägt, außer in Fällen des Arbeitskampfes,[149] der Arbeitgeber. Sähe eine Klausel im Arbeitsvertrag vor, dass das Gehalt des Arbeitnehmers parallel zur Entwicklung des Gewinns des Unternehmens prozentual steigt oder sinkt und der Arbeitnehmer im Falle eines Verlustes kein Gehalt erhalten würde, wäre die Klausel nach § 307 Abs. 2 Nr. 2 BGB wegen Überwälzung des unternehmerischen Risikos auf den Arbeitnehmer unwirksam.[150] In § 615 BGB kommt eine elementare Gerechtigkeitsvorstellung des Arbeitsrechts zum Ausdruck.[151]   60

---

138 ErfK/*Preis*, §§ 305–310 BGB Rn 93; offengelassen durch BAG 13.10.2010 – 5 AZR 648/09, NZA 2011, 219.
139 BAG 1.2.2006 – 5 AZR 187/05, NZA 2006, 564.
140 BAG 12.1.2005 – 5 AZR 364/04, NZA 2005, 465; *Hümmerich*, NJW 2005, 1759.
141 BAG 12.12.1984 – 7 AZR 509/83, BAGE 47, 314.
142 *Willemsen/Grau*, NZA 2005, 1137; *Preis/Bender*, NZA-RR 2005, 337.
143 BGH 20.6.1985 – VII ZR 137/83, NJW 1985, 914, 916.
144 Staudinger/*Coester*, § 307 BGB Rn 268; Palandt/*Grüneberg*, § 307 BGB Rn 34.
145 LAG Brandenburg 27.7.2004 – 1 Sa 646/03, LAGE § 307 BGB 2002 Nr. 4; Däubler/Dorndorf/*Dorndorf*, AGB im Arbeitsrecht, § 307 BGB Rn 228.
146 *Wolf/Horn/Lindacher*, AGB-Recht, § 307 BGB Rn 85.
147 BGH 24.10.2001 – VIII ARZ 1/01, NJW 2002, 673, 675.
148 *Stoffels*, AGB-Recht, Rn 531.
149 BAG 15.12.1998 – 1 AZR 216/98, DB 1999, 1023.
150 LAG Hamm 16.10.1989 – 19 (13) Sa 1510/88, ZIP 1990, 880.
151 ArbG Leipzig 11.2.1999 – 6 Ca 10412/98, n.v.; Staudinger/*Richardi*, § 615 BGB Rn 10.

61 Noch ungeklärt ist, in welchem Verhältnis das Prüfkriterium „Besonderheiten des Arbeitsrechts" in § 310 Abs. 4 Satz 2 BGB zu den „wesentlichen Grundgedanken der gesetzlichen Regelung" in § 307 Abs. 2 BGB steht. Setzt man beide Regelungen zueinander in Beziehung, besteht die ständige Gefahr von Zirkelschlüssen.[152]

b) Beispielsfälle

62 Anlassfreie **Freistellungsklauseln** gefährden den Vertragszweck. Während des Bestandes eines Arbeitsverhältnisses überwiegt aus persönlichkeitsrechtlichen Gründen das Beschäftigungsinteresse des Arbeitnehmers.[153] Fehlt in einer Freistellungsklausel des Arbeitsvertrages jeglicher Anknüpfungspunkt an einen konkreten, überwiegende Arbeitgeberinteressen ergebenden Freistellungsgrund, wird dem Arbeitnehmer das Recht auf Erbringung der Hauptleistungspflicht in nicht begründeter Weise genommen. Die Erreichung des Vertragszwecks ist damit ausgeschlossen, so dass eine anlassfreie Freistellungsklausel nach § 307 Abs. 2 Nr. 2 BGB unangemessen ist.[154] Der Gestalter von Arbeitsverträgen muss sich einiges einfallen lassen, damit er eine einerseits den Bedürfnissen des Arbeitgebers Rechnung tragende Freistellungsklausel formuliert, andererseits die Rechte des Arbeitnehmers in ausreichendem Maße wahrt.

63 Das BAG wählt bei **Ausschlussklauseln** – unverständlicherweise – als Leitbild eine aus § 61 b Abs. 1 ArbGG entnommene Drei-Monats-Frist.[155] Bei zweistufigen Ausschlussklauseln, die es trotz der entgegenstehenden Regelung in § 309 Nr. 13 BGB für wirksam hält, nimmt das BAG ebenfalls für jede Stufe eine Frist von drei Monaten an.[156] Zweimonatige Ausschlussklauseln sind unwirksam.[157] Eine einzelvertragliche Ausschlussklausel, die die gerichtliche Geltendmachung von Ansprüchen in vier Wochen nach Ablehnung vorschreibt, ist „krass unangemessen" und daher unwirksam.[158] Es entspricht einhelliger Auffassung in Rechtsprechung und Schrifttum, dass einseitige einzelvertragliche Ausschlussfristen den Arbeitnehmer unangemessen benachteiligen und nach § 307 Abs. 2 BGB unwirksam sind.[159]

Das BAG hat eine **Ausschlussfrist** dahin gehend ausgelegt, dass sie nur die von den Parteien für regelungsbedürftig gehaltenen Fälle erfassen soll. Eine Anwendung auch für die Fälle, die durch gesetzliche Verbote oder Gebote geregelt sind, soll dagegen regelmäßig gerade nicht gewollt sein. Anders als bei einer tarifvertraglichen Ausschlussfrist können die Parteien eines Arbeitsvertrages demnach weder die Verjährung bei Haftung wegen Vorsatzes im Voraus durch Rechtsgeschäft erleichtern (§ 202 Abs. 1 BGB) noch die Haftung wegen Vorsatzes dem Schuldner im Voraus erlassen (§ 276 Abs. 3 BGB).[160]

64 Zu **Bonusmeilen** hat das BAG[161] unter Bestätigung des Urteils des LAG Hamm[162] entschieden, dass der Arbeitnehmer verpflichtet sei, die erworbenen Bonusmeilen für weitere Dienstflüge einzusetzen. Das bedeutet nicht, dass es dem Verwender (Arbeitgeber) verwehrt ist, wegen § 307 Abs. 2 Nr. 2 BGB eine abweichende Regelung zu Gunsten des Arbeitnehmers zu treffen. Die Inhaltskontrolle von Arbeitsvertragsklauseln findet zu Gunsten der anderen Vertragspartei (des Arbeitnehmers) statt. Wird zu Gunsten des Arbeitnehmers von der zur Verwendung von Bonusmeilen ergangenen Rechtsprechung von wesentlichen Grundgedanken iSv § 307 Abs. 2 Nr. 1 BGB abgewichen, ist nicht die Unwirksamkeit der Bestimmung der Vertragsregelung die Folge, sondern es handelt sich um Vertragsautonomie.

---

152 AnwK-ArbR/*Hümmerich*, § 307 BGB Rn 37.
153 ArbG Berlin 4.2.2005 – 9 Ga 1155/05, n.v.; ArbG Frankfurt aM 19.11.2003 – 2 Ga 251/03, SPA 11/2004, 6.
154 *Beckmann*, NZA 2004, 1131; *Hümmerich/Reufels/Mengel*, Gestaltung von Arbeitsverträgen, § 1 Rn 1729 f.
155 BAG 25.5.2005 – 5 AZR 572/04, NZA 2005, 1111; BAG 28.9.2005 – 5 AZR 52/05, DB 2006, 1959.
156 BAG 25.5.2005 – 5 AZR 572/04, NZA 2005, 1111.
157 BAG 28.9.2005 – 5 AZR 52/05, NZA 2006, 149 = NJW 2006, 795.
158 LAG Köln 27.8.2004 – 4 Sa 178/04, BB 2005, 672.
159 LAG Schleswig-Holstein 22.9.2004 – 5 Sa 245/04, jurisPR-ArbR 4/2005 Nr. 5 m. Anm. *Beckmann*; Däubler/Dorndorf/*Dorndorf*, AGB im Arbeitsrecht, § 310 BGB Rn 103; ErfK/*Preis*, §§ 194–218 BGB Rn 47; *Krause*, RdA 2004, 36, 47; *Lakies*, NZA 2004, 569, 574; *Reinecke*, BB 2005, 381.
160 Pressemitteilung Nr. 42/13 zu BAG, Urt. v. 20.6.2013 – 8 AZR 280/12.
161 BAG 11.4.2006 – 9 AZR 500/05, NJW 2006, 3803 = N/A 2006, 1089.
162 LAG Hamm 29.6.2005 – 14 Sa 496/05, EzA-SD 2005 Nr. 19, 14.

5. Schranken der Inhaltskontrolle, § 307 Abs. 3 BGB

a) Grundsätze

§ 307 Abs. 3 Satz 1 BGB enthält zwei Aussagen. Aus der Inhaltskontrolle ausgeklammert sind Bestimmungen in Allgemeinen Geschäftsbedingungen, durch die von Rechtsvorschriften abweichende oder diese ergänzende Regelungen vereinbart werden. **Deklaratorische Klauseln** sind nicht kontrollfähig.[163] Gesetzes- oder rechtsprechungswiederholende Klauseln sind generell wirksam.[164] Da eine gesetzeswiederholende Klausel zwangsläufig mit objektivem Recht übereinstimmt, würde eine zusätzliche Inhaltskontrolle dem Richter eine Angemessenheitskontrolle von Gesetzen einräumen, die ihm nicht zusteht.[165] Eine deklaratorische Klausel unterliegt schließlich auch deshalb keiner Inhaltskontrolle, weil an die Stelle der unwirksamen Klausel ohnehin die gesetzliche Regelung treten würde. 65

Die zweite Aussage des § 307 Abs. 3 Satz 1 BGB besteht darin, dass von der Inhaltskontrolle die **Festlegung von Leistung und Gegenleistung** sowie ihres Verhältnisses zueinander ausgenommen ist, da für eine Beurteilung in der Regel rechtliche Maßstäbe fehlen. Leistung und Gegenleistung, somit auch die Vergütung im Arbeitsverhältnis und der Umfang der Arbeitszeit,[166] bleiben – von der Lohnwucherkontrolle abgesehen – grundsätzlich kontrollfrei.[167] 66

Der Begriff der **Rechtsvorschrift** in § 307 Abs. 3 Satz 1 BGB ist weit auszulegen. Nicht alle materiellen Gesetze fallen hierunter, sondern auch ungeschriebene Rechtsgrundsätze und Richterrecht.[168] Rechtsvorschrift iSv § 307 Abs. 3 BGB ist auch § 105 GewO. Widerrufsvorbehalte in Arbeitsverträgen stellen nach Ansicht des BAG eine von der Rechtsvorschrift „*pacta sunt servanda*" abweichende Regelung dar.[169] Die Einbeziehung von Treu und Glauben in den Begriff „Rechtsvorschriften" ist für das Individualarbeitsrecht insoweit von Bedeutung, als eine Reihe ungeschriebener Treue- und Nebenpflichten des Arbeitsverhältnisses damit die Eigenschaften von Rechtsvorschriften iSd § 307 Abs. 3 Satz 1 BGB zukommt.[170] Arbeitsbedingungen im Arbeitsvertrag, die von in der Rechtsprechung anerkannte Nebenpflichten nicht abweichen, sind damit nicht kontrollfähig. 67

Eine noch umstrittene Frage ist es, ob Kollektivverträge Rechtsvorschriften iSd § 307 Abs. 3 Satz 1 BGB sind.[171] Die Gegenansicht sieht § 310 Abs. 4 Satz 2 BGB als *lex specialis* gegenüber § 307 Abs. 3 Satz 1 BGB; Rechtsvorschriften gem. § 307 Abs. 3 BGB könnten nicht Kollektivnormen sein, da diese generell aus der Inhaltskontrolle herausgenommen seien.[172] 68

Der Zweck der gesetzlichen Regelung, Kollektivnormen einen AGB-rechtlichen Sonderstatus über eine Bereichsausnahme zuzuweisen, würde unterlaufen, würde man die Kollektivnormen, selbst bei bloßer textlicher Wiedergabe in einem Arbeitsvertrag, als Rechtsvorschriften nach § 307 Abs. 3 Satz 1 BGB oder – mit Blick auf die Rechtssetzungsbefugnis der Tarifparteien nach Art. 9 Abs. 3 GG – als „gesetzliche" Regelungen iSv § 307 Abs. 2 Nr. 1 BGB gelten lassen. Die Bereichsausnahme in § 310 Abs. 4 Satz 1 BGB will in Anerkennung der Tarifautonomie zu einer Kontrollfreiheit kollektiver Normengefüge beitragen. Das bedeutet nicht, dass Kollektivnormen zum Maßstab der Inhaltskontrolle herangezogen werden können. Andernfalls wäre die Bereichsausnahme in § 310 Abs. 4 Satz 1 BGB überflüssig. Schon die Existenz der Bereichsausnahme belegt, dass Kollektivnormen vom Gesetzgeber keinesfalls als nichtkontrollfähige Klausel iSd § 307 Abs. 3 BGB angesehen werden. 69

---

163 BGH 13.3.1987 – VII ZR 37/86, BGHZ 100, 158, 173; BGH 24.9.1998 – III ZR 219/97, NJW 1999, 864.
164 AnwK-ArbR/*Hümmerich*, § 307 BGB Rn 8.
165 Palandt/*Grüneberg*, § 307 BGB Rn 41.
166 BAG 17.10.2012 – 5 AZR 792/11, NZA 2013, 266.
167 *Gotthardt*, Arbeitsrecht und Schuldrechtsreform, Rn 242; *Henssler*, RdA 2002, 129; *Hromadka*, NJW 2002, 2523; *Hümmerich/Holthausen*, NZA 2002, 173; *Lakies*, NZA-RR 2002, 337; *Lingemann*, NZA 2002, 185; *Ziemann*, FA 2002, 312; aA *Däubler*, NZA 2001, 1335; *Reinecke*, DB 2002, 583, 585.
168 BGH 10.12.1992 – I ZR 186/90, BGHZ 121, 13, 18; BGH 15.7.1997 – XI ZR 269/96, NJW 1997, 2752; Palandt/*Grüneberg*, § 307 BGB Rn 51.
169 BAG 12.1.2005 – 5 AZR 264/04, NJW 2005, 1820.
170 BAG 27.12.1985 – GS 1/84, NZA 1985, 702.
171 Dafür: Bamberger/Roth/*Becker*, § 310 BGB Rn 35; *Däubler*, NZA 2001, 1329, 1334; Kittner/Zwanziger/*Kittner*, Arbeitsrecht Handbuch, § 15 Rn 52; *Lakies*, NZA-RR 2002, 337, 344; Palandt/*Grüneberg*, § 307 BGB Rn 51; *Reinecke*, DB 2002, 585.
172 ErfK/*Preis*, §§ 305–310 BGB Rn 39; *Boudon*, ArbRB 2003, 150; *Gotthardt*, ZIP 2002, 277, 282; *Henssler*, RdA 2002, 136; *Hromadka*, NJW 2002, 2527; *Lieb*, FS Ulmer, S. 1231, 1244; *Richardi*, NZA 2002, 1061; *Singer*, RdA 2003, 194; *Thüsing*, BB 2002, 2671; *Tschöpe*, DB 2002, 1830; Schaub/*Schaub*, Arbeitsrechts-Handbuch, § 35 Rn 44 a.

b) Beispielsfälle

70 Bei **nachvertraglichen Wettbewerbsverboten** findet keine zusätzliche Inhaltskontrolle über § 74a Abs. 1 Satz 1 und 2 HGB hinaus durch § 307 Abs. 3 BGB statt. Die entgegenstehende Auffassung des LAG Hamm[173] ist nicht zutreffend. Bei einem nachvertraglichen Wettbewerbsverbot fehlt es schon an der von § 307 Abs. 3 BGB vorausgesetzten „Abweichung vom Gesetz".[174]

71 **Leistungsbeschreibungen** und **Preisvereinbarungen** unterliegen – als Hauptabrede – im Arbeitsrecht grundsätzlich keiner Inhaltskontrolle. Nur sog. **Preisnebenabreden** sind in der BGH-Rechtsprechung kontrollfähig.[175] Als kontrollfähige Preisnebenabreden wurden in der Vergangenheit Fälligkeitsklauseln, Wertstellungsklauseln, Tilgungsverrechnungsklauseln, Klauseln über Zusatzboni, Rabatte, Klauseln über Verzugszinsen angesehen.[176] Kontrollfähig sind auch Schätzungsklauseln, Einschränkungen des Ausgleichsanspruchs des Handelsvertreters oder Klauseln über Nutzungszinsen in einem Unternehmenskaufvertrag sowie Klauseln über die Verzinsung von Rückzahlungsansprüchen.[177]

Verzichtet ein Arbeitnehmer in einer **Ausgleichsquittung** auf ein anteiliges 13. Monatsgehalt, dann handelt es sich dabei um eine bloße Leistungsbeschreibung, die nach § 307 Abs. 3 BGB keiner AGB-Kontrolle anhand der §§ 307 Abs. 1 Satz 1, Abs. 2, 308, 309 BGB unterfällt.[178]

Die **Tätigkeitsbeschreibung** eines Arbeitnehmers und der **Ort der Tätigkeit** sind kontrollfreie Leistungsbeschreibungen: Ergibt die Auslegung, dass der Vertrag eine nähere Festlegung hinsichtlich Art und/oder Ort der Tätigkeit enthält, so unterliegt diese keiner Angemessenheitskontrolle iSv § 307 Abs. 1 Satz 1 BGB. Vielmehr handelt es sich um die Bestimmung des Inhalts der Hauptpflicht.[179]

Die Zusage einer **Altersversorgung** nach den jeweils geltenden Vorschriften des Beamtenversorgungsrechts unterfällt nicht der Inhaltskontrolle, da sie die Hauptleistung festlegt.[180]

72 Rückzahlungsklauseln für **Fortbildungsveranstaltungen** des Arbeitnehmers in Arbeitsverträgen oder Nebenabsprachen zu Arbeitsverträgen werden auch künftig einer Inhaltskontrolle unterliegen, wobei Orientierungsmaßstab die bisherige BAG-Rechtsprechung sein wird.[181] Fälligkeitsklauseln oder Verzugszinsregelungen bei Arbeitgeberdarlehen bleiben im Arbeitsverhältnis kontrollfähig.

73 Die BGH-Rechtsprechung über **Zusatzboni** dürfte nicht übertragbar sein, da jede Art von Bonus Teil der Vergütung ist und damit Bestandteil der nicht kontrollfähigen Hauptleistungspflichten des Arbeitgebers.[182]

VI. Inhaltskontrolle nach § 308 BGB

74 Die Tatbestände des § 308 BGB haben eine selbständige Bedeutung neben der Generalklausel des § 307 Abs. 1 BGB. Eine Klausel kann nach § 308 BGB unwirksam sein, selbst wenn sich ihre Unwirksamkeit aus § 307 Abs. 1 BGB nicht ergeben würde.[183] Ist eine Klausel nach § 308 BGB unwirksam, ist eine Korrektur dieser Rechtsfolge über § 307 Abs. 1 BGB ausgeschlossen.[184] Die nachfolgende Darstellung behandelt diejenigen arbeitsrechtlichen Sachverhalte, die unter die einzelnen Klauselverbote mit Wertungsmöglichkeiten nach § 308 BGB subsumiert werden können.

1. Rücktrittsvorbehalt, § 308 Nr. 3 BGB

75 Ein Vorvertrag unterliegt der AGB-Kontrolle, wenn seine Vertragsbedingungen nicht einzelvertraglich ausgehandelt, sondern vom Arbeitgeber gestellt und für eine Vielzahl von Vereinbarungen vorformuliert werden. Wirksam ist ein Rücktrittsvorbehalt nach § 308 Nr. 3 BGB nur, wenn in dem Vorbehalt der Grund für die Lösung vom Vertrag mit hinreichender Deutlichkeit angegeben ist und ein sachlich

---

173 LAG Hamm 14.4.2003 – 7 Sa 1881/02, NZA-RR 2003, 513.
174 *Diller*, NZA 2005, 250, 251.
175 BGH 30.11.1993 – XI ZR 80/93, BGHZ 124, 254; BGH 18.4.2002 – III ZR 199/01, NJW 2002, 2386.
176 AnwK-ArbR/*Hümmerich*, § 307 BGB Rn 16 mwN.
177 AnwK-ArbR/*Hümmerich*, § 307 BGB Rn 16 mwN.
178 BAG 28.7.2004 – 10 AZR 661/03, NZA 2004, 1098.
179 BAG 19.1.2011 – 10 AZR 738/09, NZA 2011, 631.
180 BAG 30.11.2010 – 3 AZR 798/08, NZA-RR 2011, 255.
181 BAG 18.8.1976 – 5 AZR 399/75, EzA Art. 12 GG Nr. 13; BAG 16.3.1994 – 5 AZR 339/92, NZA 1994, 937.
182 AnwK-ArbR/*Hümmerich*, § 307 BGB Rn 17.
183 Staudinger/*Coester*, Vorbem. zu §§ 307–309 BGB Rn 21.
184 MüKo-BGB/*Wurmnest*, § 308 Rn 3.

gerechtfertigter Grund für seine Aufnahme in die Vereinbarung besteht.[185] Ein Vorvertrag über ein Arbeitsverhältnis stellt kein Dauerschuldverhältnis dar. Die von einem Arbeitgeber vorbehaltene einseitige Lösungsmöglichkeit von einem Vorvertrag kann ein Rücktrittsvorbehalt iSd § 308 Nr. 3 BGB sein.[186]

2. Änderungsvorbehalt, § 308 Nr. 4 BGB

§ 308 Nr. 4 BGB gilt für Verträge jeder Art, anders als § 308 Nr. 3 BGB, auch für Dauerschuldverhältnisse.[187] Die Art der geschuldeten Leistung ist gleichgültig.[188] Erfasst werden durch § 308 Nr. 4 BGB Änderungsvorbehalte, die sich auf die versprochene Leistung beziehen.[189] Es ist gleichgültig, ob sich der Änderungsvorbehalt auf eine Haupt- oder Nebenpflicht bezieht.[190] Die Vorschrift erfasst nur Vorbehalte bezogen auf Leistungen, die der Verwender versprochen hat.[191] § 308 Nr. 4 BGB ist nicht auf arbeitsvertragliche Versetzungsvorbehalte anzuwenden; denn die Vorschrift erfasst nur **einseitige Bestimmungsrechte** hinsichtlich der **Leistung** des Verwenders. Versetzungsklauseln in Arbeitsverträgen betreffen demgegenüber die Arbeitsleistung als die dem Verwender geschuldete Gegenleistung.[192] Unzulässig ist ein freies Abänderungs- und Abweisungsrecht nach Belieben des Verwenders.[193] Zu weitgehend und deshalb unwirksam ist eine Klausel mit folgendem Wortlaut: „Zusätzliche, nicht besonders in Auftrag gegebene Arbeiten werden vorbehalten, wenn diese erforderlich werden, um das Gerät wieder herzustellen."[194]

76

Widerrufsvorbehalte hat das BAG in der Vergangenheit grundsätzlich für zulässig gehalten und nur dann eine Nichtigkeit wegen Umgehung des zwingenden Kündigungsschutzes angenommen, wenn sich der Widerrufsvorbehalt als einen Eingriff in den **Kernbereich des Arbeitsverhältnisses** darstellte und dadurch grundlegend das Verhältnis von Leistung und Gegenleistung störte.[195]

77

Kürzungen von 15 und 20 %,[196] bei **Entwicklungsklauseln** in **Chefarztverträgen** sogar bis zu 40 % der Gesamtvergütung[197] ließ das BAG in der Vergangenheit unbeanstandet. Änderungsvorbehalte zum **Arbeitsort** beurteilte die Arbeitsrechtsprechung nach § 106 GewO am Maßstab des billigen Ermessens.[198]

Das BAG hat nunmehr unter Hinweis auf § 308 Nr. 4 BGB und § 307 Abs. 2 Nr. 1 BGB einen **vierstufigen Prüfungsmaßstab für Widerrufsvorbehalte** entwickelt:[199] Handelt es sich um einen Formulararbeitsvertrag (erste Prüfungsstufe), führt der Widerrufsvorbehalt zu einer Wirksamkeitsprüfung nach § 308 Nr. 4 BGB (zweite Prüfungsstufe) und parallel zur Wirksamkeitskontrolle nach § 307 Abs. 2 Nr. 1 BGB (dritte Prüfungsstufe). Angesichts der auf den Prüfungsstufen zwei und drei vom BAG entwickelten Grundsätze erübrigt sich eine weitere Untersuchung am Maßstab des § 310 Abs. 4 Satz 2 BGB. Auf der Rechtsfolgenebene (vierte Prüfungsstufe) gilt grundsätzlich § 306 Abs. 2 BGB, bei Altverträgen, die vor dem 1.1.2002 geschlossen wurden, ist eine ergänzende Vertragsauslegung vorzunehmen.[200] Die strikte Übergangsregelung in Art. 229 § 5 Satz 2 EGBGB wird vom BAG übergangen. Erstreckt sich der Widerruf auf mehr als 25 bis 30 % der Gesamtvergütung, ist der Änderungsvorbehalt zu weitgehend und verstößt gegen § 308 Nr. 4 BGB.[201] Nach § 308 Nr. 4 BGB ist der Vorbehalt eines Widerrufsrechts aber grundsätzlich zulässig, wenn der Verwender angibt, was ihn zum Widerruf berechtigen soll.[202] Wird der Widerruf ohne Angaben von Gründen ausgeübt oder ohne dass im Vertrag

---

185 BAG 27.7.2005 – 7 AZR 488/04, NZA 2006, 539.
186 BAG 27.7.2005 – 7 AZR 488/04, NZA 2006, 539.
187 BGH 20.1.1983 – VII ZR 105/81, NJW 1983, 1322; OLG Köln 7.6.1990 – 1 U 56/89, NJW-RR 1990, 1232.
188 Palandt/*Grüneberg*, § 308 BGB Rn 24.
189 Däubler/Dorndorf/*Dorndorf*, AGB im Arbeitsrecht, § 308 BGB Rn 2.
190 KG 10.1.1990 – 23 U 5932/88, NJW-RR 1990, 544.
191 OLG Köln 13.7.1998 – 16 U 2/98, ZIP 1999, 21; BAG 11.4.2006 – 9 AZR 557/05, NZA 2006, 1149.
192 BAG 11.4.2006 – 9 AZR 557/05, AP § 307 BGB Nr. 17.
193 AnwK-ArbR/*Hümmerich*, § 308 BGB Rn 4.
194 OLG Celle 1.2.1984 – 13 U 160/83, AGBE I § 10 Nr. 42.
195 BAG 12.12.1984 – 7 AZR 509/83, BB 1985, 731.
196 BAG 5.11.1995 – 2 AZR 521/95, NZA 1996, 603; BAG 13.5.1987 – 5 AZR 125/86, NZA 1988, 95.
197 BAG 28.5.1997 – 5 AZR 125/96, DB 1997, 2620.
198 BAG 19.5.1992 – 1 AZR 418/91, NZA 1992, 978; LAG Köln 25.1.2002 – 11 Sa 199/01, ARST 2002, 283; LAG München 24.2.1988 – 8 Sa 936/87, BB 1988, 1753.
199 BAG 12.1.2005 – 5 AZR 364/04, NZA 2005, 465; *Hümmerich*, NJW 2005, 1820.
200 BAG 12.1.2005 – 5 AZR 364/04, NZA 2005, 465.
201 BAG 12.1.2005 – 5 AZR 364/04, NJW 2005, 1820.
202 BAG 20.4.2011 – 5 AZR 191/10, NJW 2011, 2153.

die Widerrufsgründe benannt sind, liegt zusätzlich ein Verstoß gegen § 307 Abs. 1 Satz 1 BGB vor.[203] Die Vereinbarung eines Widerrufsvorbehalts ist zulässig, soweit der im Gegenseitigkeitsverhältnis stehende widerrufliche Teil des Gesamtverdienstes unter 25 % liegt und der Tariflohn nicht unterschritten wird. Sind darüber hinaus Zahlungen des Arbeitgebers widerruflich, die nicht eine unmittelbare Gegenleistung für die Arbeitsleistung darstellen, sondern Ersatz für Aufwendungen, die an sich der Arbeitnehmer selbst tragen muss, erhöht sich der widerrufliche Teil der Arbeitsvergütung auf bis zu 30 % des Gesamtverdienstes.[204]

Bei der Gestaltung von Arbeitsverträgen ist vor dem Hintergrund dieser Rechtsprechung vorausschauende Kreativität gefordert, um die denkbaren Anlässe, die zum berechtigten Widerruf führen sollen, als Arbeitsvertragsklausel zu formulieren. Vermutlich werden die Arbeitgeber allerdings eher dazu übergehen, anstelle einer Leistungszusage unter Widerrufsvorbehalt von vorneherein das Versprechen als freiwillige Leistung, ohne Anerkennung einer Rechtspflicht, zu gewähren, vermutlich mit dem ergänzenden Hinweis, dass auch eine wiederholte Zahlung keinen Rechtsanspruch für die Zukunft begründet.

Der **Vorteil** des **Freiwilligkeitsvorbehalts** besteht darin, dass er die Ungewissheit vermeidet, ob die vereinbarten Gründe für den Widerrufsvorbehalt dem Bestimmtheitsgebot des § 307 Abs. 1 BGB entsprechen. Für die Ausübung des Freiwilligkeitsvorbehalts benötigt der Arbeitgeber keine Begründung, denn auf Leistungen, die freiwillig gewährt werden, besteht kein Anspruch.

Eine Vertragsklausel in einem Formulararbeitsvertrag, wonach dem Arbeitgeber das Recht zustehen soll, zugesagte **Jubiläumszahlungen** jederzeit unbeschränkt **widerrufen** zu können, ist gem. § 308 Nr. 4 BGB rechtsunwirksam. Hat sich ein Arbeitgeber den Widerruf von Jubiläumszuwendungen für den Fall vorbehalten, dass es die Geschäftslage erfordert, ist diese Voraussetzung nicht erfüllt, wenn das Unternehmen eine Umsatzrendite von mehr als 10 % und eine Eigenkapitalverzinsung von mehr als 20 % erzielt.[205]

78 Die Anrechnung von **Tariflohnerhöhungen** auf Zulagen wird vom BAG nicht unter die Wirksamkeitsvoraussetzung gestellt, da die Anrechnungsgründe im Arbeitsvertrag näher bestimmt sind.[206] Eine solche Anrechnungsklausel verstößt nach Meinung des BAG auch nicht gegen das Transparenzgebot des § 307 Abs. 1 Satz 2 BGB. Anrechnungsvorbehalte stellen zudem eine Besonderheit des Arbeitsrechts dar, die gem. § 310 Abs. 4 Satz 2 BGB angemessen zu berücksichtigen ist.[207]

79 Wird in einem vorformulierten Arbeitsvertrag der tarifvertraglich nicht gebundene Arbeitgeber verpflichtet, die vertragliche Vergütung entsprechend der Erhöhung der tariflichen Entgelte eines bestimmten Tarifbezirks zu erhöhen, verstößt die Arbeitsvertragsklausel nicht gegen § 308 Nr. 4 BGB, wenn die tariflichen Entgelterhöhungen davon abhängig gemacht werden, dass keine „strukturelle Änderung" des Tarifwerkes vorgenommen wird. Der in einem Formulararbeitsvertrag enthaltene Vorbehalt des Arbeitgebers, die eigene Leistung zu erhöhen, fällt nicht in den Schutzbereich des in § 308 Nr. 4 BGB geregelten Verbots.[208]

Enthält ein Arbeitsvertrag eine Regelung, nach welcher auf das Arbeitsverhältnis die für den Betrieb oder Betriebsteil, in dem der Arbeitnehmer beschäftigt ist, betrieblich/fachlich jeweils einschlägigen Tarifverträge in ihrer jeweils gültigen Fassung Anwendung finden, handelt es sich um eine **Tarifwechselklausel**. Eine solche Bezugnahmeklausel ist nicht anhand des Klauselverbots nach § 308 Nr. 4 BGB zu überprüfen, da eine dynamische Verweisung auf einen anderen Tarifvertrag keinen Änderungsvorbehalt iSd § 308 Nr. 4 BGB enthält.[209]

79a Das BAG entschied einen Fall, in dem die Parteien eine Vergütung vereinbart haben, welche sich aus einem festen, durch die Arbeitgeberin nur zugunsten des Arbeitnehmers veränderbaren Anteil (**Festbezüge/Gehalt**), **und** aus einem variablen Anteil (**Tantieme/Abschlussgratifikation**), dessen Höhe sowohl hinsichtlich der Erwerbschancen als auch hinsichtlich der tatsächlichen Auszahlung schwanken kann und von der Arbeitgeberin jeweils nach billigem Ermessen festzusetzen ist, zusammensetzt. Eine solche

---

203 BAG 12.1.2005 – 5 AZR 364/04, NJW 2005, 1820.
204 BAG 11.10.2006 – 5 AZR 721/05, NZA 2007, 87.
205 LAG Köln 16.10.2006 – 14 (13) Sa 9/06, NZA-RR 2007, 120.
206 BAG 1.3.2006 – 5 AZR 363/05, NZA 2006, 746.
207 BAG 1.3.2006 – 5 AZR 363/05, NZA 2006, 746.
208 BAG 9.11.2005 – 5 AZR 351/05, DB 2006, 1061.
209 BAG 21.11.2012 – 4 AZR 85/11, NZA 2013, 512.

Regelung enthält keinen unzulässigen Änderungsvorbehalt iSd § 308 Nr. 4 BGB. Gemäß § 308 Nr. 4 BGB ist die Vereinbarung eines Rechts des Verwenders, die versprochene Leistung zu ändern oder von ihr abzuweichen, in Allgemeinen Geschäftsbedingungen unwirksam, wenn nicht die Vereinbarung der Änderung oder Abweichung unter Berücksichtigung der Interessen des Verwenders für den anderen Vertragsteil zumutbar ist. Einseitige Leistungsbestimmungsrechte iSd §§ 315 ff BGB fallen jedoch nicht unter § 308 Nr. 4 BGB, wenn sie darauf beschränkt sind, dem Verwender die erstmalige Festlegung seiner Leistung zu ermöglichen.[210] Ein Recht zur Abweichung von einer bereits versprochenen Leistung behält sich die Arbeitgeberin mit dieser Vertragsgestaltung nicht vor. Die Zielvereinbarung ist lediglich eine Abrede der Parteien über verschiedene Parameter für die Ausübung des billigen Ermessens. Sie soll für sich genommen keinen Anspruch begründen. Von einer Änderung oder Abweichung in Bezug auf eine bereits versprochene Leistung kann damit nicht die Rede sein.[211] Vielmehr ist sichergestellt, dass die dem Arbeitnehmer zugesagten Festbezüge unverändert zur Auszahlung kommen und sich diese allenfalls zugunsten des Arbeitnehmers erhöhen können. Die variablen Bezüge sind demgegenüber nur in einem bestimmten, aber an sich verändernde Ausgangslagen angepassten Verhältnis festgeschrieben. An dieses Verhältnis ist die Arbeitgeberin auch bei ihrer Ermessensausübung gebunden.[212]

Eine Klausel in einem Arbeitsvertrag, wonach die jeweils gültige **Reisekostenrichtlinie** der Firma Bestandteil des Arbeitsvertrages ist, ist nach § 308 Nr. 4 BGB unwirksam, wenn die Reisekostenrichtlinie einseitig vom Arbeitgeber – ohne betriebskollektive Verankerung – erlassen wird.[213]

Enthält jedoch ein Arbeitsvertrag eine Regelung, wonach der Arbeitnehmer Leistungen der **betrieblichen Altersversorgung** nach einer vom Arbeitgeber geschaffenen Versorgungsordnung in der jeweils geltenden Fassung erhält, ist diese wirksam. Das mit der dynamischen Verweisung auf die Versorgungsordnung verbundene Recht des Arbeitgebers, die versprochene Leistung einseitig zu ändern, stellt eine von Rechtsvorschriften abweichende Regelung iSd § 307 Abs. 3 Satz 1 BGB dar, weil ein Vertrag grundsätzlich bindend ist.[214] Ein **Änderungsvorbehalt** muss seit Inkrafttreten der §§ 305 ff BGB den formellen Anforderungen von § 308 Nr. 4 BGB gerecht werden. Bei den Änderungsgründen muss zumindest die Richtung angegeben werden, aus der die Änderung möglich sein soll, zB wirtschaftliche Gründe.[215] Diesen Anforderungen trägt eine Verweisung auf die vom Arbeitgeber geschaffene Versorgungsordnung zwar nicht ausdrücklich Rechnung. Die Auslegung der **Jeweiligkeitsklausel** ergibt jedoch, dass sich der Arbeitgeber keine Änderungsmöglichkeit nach freiem Belieben, sondern nur in den Grenzen der Verhältnismäßigkeit und des Vertrauensschutzes vorbehalten hat.[216] Da davon auszugehen ist, dass sich der Arbeitgeber mit einer arbeitsvertraglichen Jeweiligkeitsklausel nur die Änderungen vorbehalten will, die den von der Rechtsprechung entwickelten Grundsätzen entsprechen, ist, sofern keine Anhaltspunkte für eine gegenteilige Auslegung bestehen, eine Jeweiligkeitsklausel so zu verstehen, dass sich der Arbeitgeber lediglich die in diesem Rahmen zulässigen Änderungen vorbehält.[217]

Gleichermaßen unwirksam ist eine Klausel, die besagt, dass „die Einzelheiten der dem Mitarbeiter übertragenen Arbeiten sich aus der verbindlichen Stellenbeschreibung in ihrer jeweiligen Fassung ergeben". Der Arbeitgeber wäre nach dem Wortlaut der Vereinbarung jederzeit befugt, die **Stellenbeschreibung** im Extremfall bis hin zur Zuweisung völlig anderer Aufgaben zu ändern.

Entwicklungsklauseln in Chefarztverträgen sind angesichts der Rechtsprechung des BAG zu Widerrufsvorbehalten, wenn sie den Korridor von 25 bis 30 % in ihrer wirtschaftlichen Auswirkung verlassen, unwirksam.[218] **Gehaltskürzungsklauseln** für Arbeitnehmer bei wirtschaftlichem Misserfolg des Unternehmens enthalten einen unwirksamen Änderungsvorbehalt nach § 308 Nr. 4 BGB. Ohne Verzicht auf eine Änderungskündigung konnte eine Absenkung des Arbeitsentgelts außerhalb von Tarifverträgen schon in der Vergangenheit nicht vereinbart werden.[219]

---

210 BAG 14.11.2012 – 10 AZR 783/11, NJW-Spezial 2013, 82.
211 BAG 29.8.2012 – 10 AZR 385/11, NZA 2013, 148.
212 BAG 14.11.2012 – 10 AZR 783/11, NJW-Spezial 2013, 82.
213 AnwK-ArbR/*Hümmerich*, § 308 BGB Rn 11.
214 BAG 18.9.2012 – 3 AZR 415/10, NZA 2013, 210.
215 BAG 18.9.2012 – 3 AZR 415/10, NZA 2013, 210.
216 BAG 18.9.2012 – 3 AZR 415/10, NZA 2013, 210.
217 BAG 18.9.2012 – 3 AZR 415/10, NZA 2013, 210.
218 *Hümmerich/Bergwitz*, BB 2005, 997; *Reinecke*, NJW 2005, 3383.
219 BAG 22.1.1981 – 2 AZR 945/78, n.v.

82a Sieht ein Arbeitsvertrag (bzw eine Nebenabrede zum Arbeitsvertrag) die Überlassung eines **Dienstwagens** vor, so ist ein **Widerrufsvorbehalt** unwirksam, wenn in der Regelung keine Gründe für den Widerruf festgehalten sind. Die Vereinbarung eines Widerrufsrechts ist nach § 308 Nr. 4 BGB nur dann zumutbar, wenn es für den Widerruf einen sachlichen Grund gibt und dieser sachliche Grund bereits in der Änderungsklausel beschrieben ist. Das Widerrufsrecht muss wegen der unsicheren Entwicklung der Verhältnisse als Instrument der Anpassung notwendig sein. Ohne einen sachlichen Grund für den Widerruf der Überlassung des Dienstwagens auch zur privaten Nutzung überwiegt das Interesse des Arbeitnehmers an der Unveränderlichkeit der vereinbarten Leistung gegenüber dem Interesse des Arbeitgebers an der Änderung der versprochenen Hauptleistungspflicht.[220]

83 Freiwilligkeitsvorbehalte zu **Jahressonderleistungen** bilden keinen unzulässigen Änderungsvorbehalt nach § 308 Nr. 4 BGB, denn über den Freiwilligkeitsvorbehalt wird bereits die Entstehung eines Anspruchs verhindert.[221] Auf Klauseln, die dem anderen Vertragsteil keinen Anspruch gegen den Verwender einräumen, ist § 308 BGB nicht anwendbar.[222] Anderer Ansicht ist das BAG:[223] Ein arbeitsvertraglicher Widerrufsvorbehalt, wonach freiwillige Leistungen „jederzeit unbeschränkt" widerrufen werden können, ist gem. § 308 Nr. 4 BGB idF vom 2.1.2002 unwirksam. Voraussetzungen und Umfang der vorbehaltenen Änderungen müssen konkretisiert werden. Auch wenn der Verwender des Formulararbeitsvertrages die Voraussetzungen für einen Widerruf konkretisieren muss, ergibt sich daraus bei vor dem 1.1.2002 abgeschlossenen Verträgen nicht zwingend die Unwirksamkeit des erfolgten Widerrufs, wenn die Konkretisierung unterblieben ist.

Bei einer **Verknüpfung von Freiwilligkeitsvorbehalt und Widerrufsvorbehalt** in einem Arbeitsvertrag, in dem der Arbeitgeber **Weihnachtsgeld** gewährt, wird für den Arbeitnehmer nicht hinreichend deutlich, dass trotz mehrfacher, ohne weitere Vorbehalte erfolgender Sonderzahlungen ein Rechtsbindungswille des Arbeitgebers für die Zukunft ausgeschlossen bleiben soll.[224] Nach der Rechtsprechung des BAG ist davon auszugehen, dass ein Freiwilligkeitsvorbehalt regelmäßig das Entstehen eines Rechtsanspruchs auf eine künftige Sonderzahlung wirksam verhindern kann.[225] Ein Freiwilligkeitsvorbehalt darf jedoch nicht mehrdeutig sein. Er darf insbesondere nicht in Widerspruch zu anderen Vereinbarungen der Arbeitsvertragsparteien stehen. Ein solcher Widerspruch besteht, wenn die Gewährung von Weihnachtsgeld neben dem Freiwilligkeitsvorbehalt unter einem Widerrufsvorbehalt steht. Die Kombination von Freiwilligkeits- und Widerrufsvorbehalt führt dazu, dass für einen um Verständnis bemühten Vertragspartner nicht deutlich wird, dass auch bei mehrfachen, ohne weitere Vorbehalte erfolgten Zahlungen des Weihnachtsgeldes ein Rechtsbindungswille für die Zukunft weiterhin ausgeschlossen bleiben soll.[226]

84 Die **kommissarische Übertragung** einer Arbeitsaufgabe ist die Zuweisung einer Tätigkeit unter Widerrufsvorbehalt.[227] Demnach kann die Übertragung einer kommissarischen Tätigkeit nur unter den vom BAG im Urteil vom 12.1.2005[228] entwickelten Grundsätzen widerrufen werden.

84a **Versetzungsklauseln** sind nicht am Maßstab des § 308 Nr. 4 BGB zu messen. Sie verstoßen nicht gegen § 308 Nr. 4 BGB, da diese Vorschrift nur einseitige Bestimmungsrechte hinsichtlich der Leistung des Verwenders erfasst.[229] Wenn eine Versetzungsklausel materiell der Regelung in § 106 GewO nachgebildet ist, enthält die Versetzungsklausel nach Auffassung des 9. Senats im Urteil vom 11.4.2006 auch keine unangemessene Benachteiligung des Arbeitnehmers nach § 307 Abs. 1 Satz 1 BGB.

3. Fingierte Erklärungen, § 308 Nr. 5 BGB

85 Auf Tatsachenfiktionen und Tatsachenbestätigungen ist nicht § 308 Nr. 5 BGB, sondern § 309 Nr. 12 Buchst. b BGB anzuwenden.[230] Die Nichtbeanstandung der Tagesauszüge einer Sparkasse ist eine rein

---

220 BAG 13.4.2010 – 9 AZR 113/09, NZA-RR 2010, 457.
221 BAG 10.5.1995 – 10 AZR 648/94, NZA 1995, 1096; BAG 10.8.1996 – 10 AZR 70/96, NZA 1996, 1204.
222 AnwK-ArbR/*Hümmerich*, § 308 BGB Rn 5.
223 BAG 11.10.2006 – 5 AZR 721/05, NZA 2007, 87.
224 BAG 8.12.2010 – 10 AZR 671/09, NJW 2011, 2314.
225 BAG 20.1.2010 – 10 AZR 914/08, NZA 2010, 445.
226 BAG 8.12.2010 – 10 AZR 671/09, NJW 2011, 2314.
227 BAG 14.12.1961 – 5 AZR 180/61, AP § 611 BGB Direktionsrecht Nr. 17; BAG 24.11.1982 – 5 AZR 560/80, n.v.
228 BAG 12.1.2005 – 5 AZR 364/04, NZA 2005, 465.
229 BAG 11.4.2006 – 9 AZR 557/05, NZA 2006, 1149.
230 Palandt/*Grüneberg*, § 308 BGB Rn 28.

tatsächliche Erklärung, die nicht unter § 308 Nr. 5 BGB fällt.[231] **Abnahmefiktionen** (§ 640 BGB) fallen – im Gegensatz zu **Annahmefiktionen** – unter § 308 Nr. 5 BGB.[232]

Zur Abwendung der Unwirksamkeitsfolge einer Klausel über fingierte Erklärungen ist neben einer **Fristeinräumung** erforderlich, dass sich der Verwender in der Klausel verpflichtet, den Vertragspartner bei Beginn der Frist auf die Bedeutung seines Verhaltens hinzuweisen. Der Verwender muss den Hinweis in einer Form erteilen, die unter normalen Umständen eine Kenntnisnahme durch den Vertragspartner erwarten lässt.[233] Unterlässt es der Verwender in einem Einzelfall, seiner in den AGB übernommenen Hinweispflicht nachzukommen, ist die Klausel zwar wirksam, die Fiktion tritt aber nicht ein.[234]

Enthält ein Arbeitsvertrag eine Klausel, dass das **Schweigen des Arbeitnehmers** auf einen Antrag des Arbeitgebers zur Abänderung des Arbeitsvertrages als Zustimmung führt, ist die Klausel nicht unwirksam, wenn dem Arbeitnehmer eine angemessene Frist gewährt und ihm die potentielle Fiktionswirkung bewusst gemacht wurde.[235]

Ebenso entspricht eine Klausel im Arbeitsvertrag, wonach **Abmahnungen** vom Arbeitnehmer als berechtigt anerkannt werden, wenn ihnen innerhalb von drei Wochen vom Arbeitnehmer schriftlich widersprochen wird, den Anforderungen des § 308 Nr. 5 BGB, wenn im jeweiligen Abmahnungsschreiben ein Hinweis auf die Fristgebundenheit der Erklärung mit deutlicher drucktechnischer Hervorhebung angebracht ist.[236]

Besonders wichtig ist § 308 Nr. 5 BGB im Hinblick auf die **betriebliche Übung** bzw die Entscheidung des BAG zur **negativen betrieblichen Übung**. Der Arbeitgeber kann eine entstandene betriebliche Übung durch jahrelange, vorbehaltlose Zahlung von Weihnachtsgeld nicht dadurch aufheben, dass der Arbeitgeber später bei der Leistung des Weihnachtsgeldes erklärt, die Zahlung des Weihnachtsgeldes sei eine freiwillige Leistung und begründe keinen Rechtsanspruch, und der Arbeitnehmer der neuen Handhabung über einen Zeitraum von drei Jahren hinweg nicht widerspricht.[237] Mit dieser Entscheidung gab das BAG seine Rechtsprechung zur gegenläufigen betrieblichen Übung auf.

4. Fiktion des Zugangs, § 308 Nr. 6 BGB

§ 308 Nr. 6 BGB dient dazu, den anderen Vertragspartner vor unangemessenen Beweiserleichterungen zu Gunsten des Verwenders zu schützen.[238] Die Vorschrift ist erforderlich, weil die Regelung des § 130 BGB über den Zugang von Willenserklärungen dispositiv ist.[239] § 308 Nr. 6 BGB gilt nur für **Zugangsfiktionen**.[240] Vereinbaren die Parteien im Arbeitsvertrag, dass die Zustellung eines Kündigungsschreibens an die letzte vom Arbeitnehmer dem Arbeitgeber mitgeteilte Anschrift maßgeblich für den Zugang ist, liegt das Schwergewicht der Vereinbarung nicht im Bereich einer Rechts-, sondern im Bereich einer Tatsachenfiktion.[241] Nicht der Zugang wird fingiert, sondern es wird die für den Zugang maßgebliche, letzte dem Arbeitgeber vom Arbeitnehmer mitgeteilte Adresse als Zustelladresse vereinbart. Der **Zugang** kann vertraglich nicht fingiert werden, er muss unter der dem Arbeitgeber bekannten Anschrift („in verkehrsüblicher Weise") erfolgen, also durch Einwurf des Briefs in den Briefkasten[242] oder durch Einwurf des Briefs in den Hausflur der Wohnung oder des Hauses,[243] wenn das Kündigungsschreiben nicht im Betrieb übergeben werden kann.

Unwirksam ist dagegen eine Klausel nach § 308 Nr. 6 BGB, die den Zugang drei Tage nach Absendung des Schreibens fingiert. Auf diese Weise würde generell eine Wirkung zu Lasten des Arbeitnehmers fingiert, auf die der Arbeitnehmer keinen Einfluss nehmen und die mit dem Wortlaut von § 308 Nr. 6

---

231 BGH 29.1.1979 – II ZR 148/77, BGHZ 73, 207.
232 BGH 10.11.1983 – VII ZR 373/82, NJW 1984, 726.
233 BGH 4.10.1984 – III ZR 119/83, NJW 1985, 617.
234 MüKo-BGB/*Wurmnest*, § 308 Nr. 5 Rn 14.
235 Däubler/Dorndorf/*Dorndorf*, § 308 BGB Nr. 5 Rn 3 f.
236 AnwK-ArbR/*Hümmerich*, § 308 BGB Rn 40.
237 BAG 18.3.2009 – 10 AZR 281/08, NJW 2009, 2475.
238 Däubler/Dorndorf/*Dorndorf*, § 308 BGB Nr. 6 Rn 2.
239 AnwK-ArbR/*Hümmerich*, § 308 BGB Rn 41; MüKo-BGB/*Wurmnest*, § 308 Nr. 6 Rn 1.
240 Däubler/Dorndorf/*Dorndorf*, § 308 BGB Nr. 6 Rn 6.
241 AnwK-ArbR/*Hümmerich*, § 308 BGB Rn 43.
242 BAG 8.12.1983 – 2 AZR 337/82, NZA 1984, 31.
243 LAG Düsseldorf 19.9.2000 – 16 Sa 925/00, NZA 2001, 408; LAG Düsseldorf 12.10.1990 – 4 Sa 1064/90, LAGE § 130 BGB Nr. 14.

BGB nicht in Einklang steht.[244] Klauseln, aufgrund derer Willenserklärungen des Arbeitnehmers unabhängig vom tatsächlichen Zugang als zugegangen gelten sollen, sind nach § 308 Nr. 6 BGB generell unwirksam.[245] Vereinbaren die Parteien im Arbeitsvertrag, dass sich der Arbeitnehmer nicht darauf berufen könne, einen Aushang übersehen zu haben, es sei denn, er war während der Dauer des Aushangs abwesend, liegt keine unwirksame Klausel nach § 308 Nr. 6 BGB vor, denn eine solche Regelung führt zu keiner Beweislastumkehr.[246] Die Klausel verändert den Grundsatz nicht, dass der Zugang von Willenserklärungen von demjenigen zu beweisen ist, der sich auf sie beruft.[247]

5. Pauschalierung von Schadens- und Wertersatz, § 308 Nr. 7 BGB

90 Das Klauselverbot nach § 308 Nr. 7 BGB ist im Arbeitsrecht nicht von nennenswerter Bedeutung. Klauseln, die bei vorzeitiger Kündigung des Arbeitsverhältnisses gelten sollen und Regelungen zu Umzugskostenerstattung oder Rückzahlung von Kosten der Teilnahme des Arbeitnehmers an Fortbildungsveranstaltungen betreffen, fallen in den Anwendungsbereich von § 308 Nr. 7 BGB, wenn die verlangte Erstattung von Aufwendungsersatz (§ 308 Nr. 7 Buchst. b BGB) unangemessen hoch ist. § 308 Nr. 7 BGB ist nicht nur auf Entgeltansprüche anzuwenden, die dem Verwender nach den gesetzlichen Regelungen bei vorzeitiger Beendigung des Vertrages zustehen, sondern auch bei vertraglichen Regelungen über die vorzeitige Beendigung.[248]

Das BAG hat in seiner Entscheidung vom 27.7.2010 offengelassen, ob ein arbeitsvertraglich vereinbarter **pauschalierter Aufwendungsersatz** gem. § 308 Nr. 7 Buchst. b BGB unwirksam ist, da es eine unangemessener Benachteiligung nach § 307 Abs. 1 Satz 1 BGB festgestellt hat.[249]

VII. Inhaltskontrolle nach § 309 BGB

91 Die Besonderheit der Inhaltskontrolle nach § 309 BGB besteht im Arbeitsrecht darin, dass das Ziel der Vorschrift letztlich verfehlt wird. § 309 BGB enthält eine Reihe von Klauselverboten, die **ohne Wertungsmöglichkeit** gelten sollen. Da die modifizierte Anwendungsregel nach § 310 Abs. 4 Satz 2 BGB auch bei den Klauselverboten ohne Wertungsmöglichkeit nach § 309 BGB gelten soll und das BAG die denkbar weiteste Auslegung des Begriffes „im Arbeitsrecht geltende Besonderheiten" gewählt hat,[250] kann die Unwirksamkeit einer Klausel nach § 309 BGB gleichwohl wirkungslos bleiben, wenn das Subsumtionsergebnis durch die modifizierte Anwendungsregel korrigiert wird.

1. Ausschluss oder Einschränkungen des Zurückbehaltungsrechts, § 309 Nr. 2 Buchst. b BGB

92 Der Ausschluss von Zurückbehaltungsrechten im Arbeitsvertrag bei Ansprüchen der Firma gegen den Arbeitnehmer ist nach § 309 Nr. 2 Buchst. b BGB unwirksam.[251] Arbeitsrechtliche Besonderheiten stehen einer Anwendung des § 309 Nr. 2 Buchst. b BGB nicht entgegen.[252] Der vollständige formularmäßige Ausschluss des Zurückbehaltungsrechts des Arbeitnehmers wegen rückständigen Arbeitsentgelts ist unzulässig.[253] Klauseln, die dem Arbeitnehmer eine Zurückbehaltung von Firmenunterlagen beim Ausscheiden aus dem Arbeitsverhältnis untersagen, sind nach § 309 Nr. 2 Buchst. b BGB unwirksam.[254] Die Unzulässigkeit der Einschränkung des Zurückbehaltungsrechts an Firmenunterlagen hat besonders in denjenigen Fällen künftig Bedeutung, in denen der Arbeitnehmer die Firmenunterlagen im Zuge einer Rechtsverteidigung benötigt, also bspw im Rahmen eines aus wichtigem Grund gekündigten Arbeitsverhältnisses.

---

244 AnwK-ArbR/*Hümmerich*, § 308 BGB Rn 44.
245 ErfK/*Preis*, §§ 305–310 BGB Rn 101.
246 AnwK-ArbR/*Hümmerich*, § 308 BGB Rn 45.
247 BGH 13.5.1987 – VII ZR 137/86, BGHZ 101, 49.
248 LG 30.6.1987 – 11 S 490/86, NJW-RR 1987, 1531.
249 BAG 27.7.2010 – 3 AZR 777/08, NJW 2010, 3597.
250 BAG 4.3.2004 – 8 AZR 196/03, NZA 2004, 727.
251 *Hümmerich*, NZA 2003, 753.
252 ErfK/*Preis*, §§ 305–310 BGB Rn 102.
253 *Gotthardt*, Arbeitsrecht nach der Schuldrechtsreform, Rn 274.
254 *Hümmerich*, NZA 2003, 753. AA *Annuß*, BB 2002, 463; *Gotthardt*, ZIP 2002, 283; *Lingemann*, NZA 2002, 184.

2. Aufrechnungsverbot, § 309 Nr. 3 BGB

Das formularmäßige Aufrechnungsverbot ist unwirksam, wenn es unbestrittene oder rechtskräftig festgestellte Geldforderungen einschließt.[255] Auch die Aufrechnung mit bestrittenen, aber entscheidungsreifen Gegenforderungen kann nicht ausgeschlossen werden.[256] Generell unwirksam ist eine Arbeitsvertragsklausel, die für den Arbeitnehmer die Aufrechnung gegenüber Ansprüchen der Firma generell ausschließt.[257] Wirksam ist eine Klausel, in der die Parteien vereinbaren, dass der Arbeitgeber beim Ausscheiden des Arbeitnehmers mit Geldforderungen gegen den Arbeitnehmer bis zur Höhe des pfändbaren Teils des Gehalts aufrechnen darf und der Arbeitnehmer mit unbestrittenen oder rechtskräftig festgestellten Forderungen gegen Forderungen des Arbeitgebers aufzurechnen befugt ist.[258] Gestattet eine Aufrechnungsverbotsklausel bei einem zum Inkasso befugten Arbeitnehmer die Aufrechnung, soweit er Inhaber einer gleichartigen, unbestrittenen oder durch rechtskräftiges Urteil festgestellten Forderung gegen den Arbeitgeber ist, ist die Klausel wirksam. Die Wirksamkeit folgt schon aus der Existenz des § 309 Nr. 3 BGB.[259]

93

3. Schadensersatz übersteigende Pauschalen, § 309 Nr. 5 Buchst. a BGB

Aus § 309 Nr. 5 Buchst. a BGB folgt, dass eine Pauschalierung von Schadensersatzansprüchen des Arbeitgebers gegen den Arbeitnehmer in AGB grundsätzlich zulässig ist.[260] Sieht ein Arbeitsvertrag vor, dass der Arbeitnehmer in Höhe von 25 % eines Bruttomonatsgehalts haftet, soweit wegen eines von ihm verursachten Vertragsbruchs eine Ersatzkraft für die Dauer der nicht eingehaltenen Kündigungsfrist eingestellt werden muss, verstößt die Regelung nicht gegen § 309 Nr. 5 Buchst. a BGB, da der Schaden unter Berücksichtigung der Mindestkündigungsfristen, der dem Arbeitgeber wegen Fehlens eines Arbeitnehmers im maßgeblichen Zeitraum entsteht, immer weitaus höher ist, als durch die Klausel in Ansatz gebracht wird. Eine solche Klausel enthält in Wahrheit keine Vertragsstrafe, da über sie nicht Druck zur Erfüllung einer Verbindlichkeit ausgeübt wird.[261]

94

4. Ausschluss des Gegenbeweises bei Schadenspauschalierung, § 309 Nr. 5 Buchst. b BGB

Nach § 309 Nr. 5 Buchst. b BGB sind **Prozent-Pauschalen**, die sich an den Kosten der Bearbeitung von Lohn- und Gehaltspfändungen orientieren, wie sog. Verwaltungsgebühren der Buchhaltung als Pauschale oder „Ersatz einer Wertminderung" unwirksam. Zwar macht der Arbeitgeber mit der Kostenpauschale keinen echten Schadensersatz aufgrund vertraglicher oder deliktischer Ersatzansprüche geltend, nach Ansicht des BAG[262] auch keinen Aufwendungsersatzanspruch aus dem Auftragsrecht. § 309 Nr. 5 Buchst. b BGB ist gleichwohl einschlägig, da sich nach herrschender Auffassung im Zivilrecht § 309 Nr. 5 Buchst. b BGB selbst auf die Fälle des Aufwendungsersatzes erstreckt.[263] Das BAG meint, der vom Arbeitgeber bei der Bearbeitung von Pfändungen und Abtretungen zu erbringende Aufwand sei Teil einer staatsbürgerlichen Pflicht. In Erfüllung dieser Pflicht kann nichts anderes gelten als bei Aufwendungs- und Schadensersatz. *Preis* hält Prozent-Pauschalen nach § 309 Nr. 5 Buchst. a BGB ebenfalls für unwirksam.[264]

95

In Arbeitsverträgen wird gerne formuliert, dass im Falle des Vertragsbruchs der Arbeitnehmer einen pauschalen Schadensersatzbetrag zu leisten habe. Eine solche Klausel ist wirksam, wenn sie mit dem Zusatz verbunden wird, dass dem Arbeitnehmer der Nachweis gestattet bleibt, ein Schaden sei überhaupt nicht entstanden oder wesentlich niedriger als in der Pauschale ausgewiesen.[265] Dies bestätigte das BAG, obwohl es im Ergebnis offengelassen hat, ob eine Ablösungsentschädigung in einem solchen Fall unwirksam ist. Es hat jedoch festgestellt: „Die Unwirksamkeit der vereinbarten Ablösungsentschädigung folgt jedenfalls daraus, dass der Beklagten in dem Vertrag nicht die Möglichkeit eingeräumt

96

---

255 Palandt/*Grüneberg*, § 309 BGB Rn 17.
256 OLG Düsseldorf 25.10.1996 – 22 U 56/96, NJW-RR 1997, 757; LG Hanau 6.11.1998 – 2 S 262/98, NJW-RR 1999, 1142.
257 ErfK/*Preis*, §§ 305–310 BGB Rn 79.
258 AnwK-ArbR/*Hümmerich*, § 309 BGB Rn 9.
259 Preis/*Stoffels*, Der Arbeitsvertrag, II A 110 Rn 13 ff.
260 HWK/*Gotthardt*, § 309 BGB Rn 6.
261 BGH 6.11.1967 – VII ZR 54/66, BGHZ 49, 84; Palandt/*Grüneberg*, § 276 BGB Rn 26; ErfK/*Preis*, §§ 305–310 BGB Rn 99.
262 BAG 18.7.2006 – 1 AZR 578/05, DB 2007, 227.
263 BGH 8.11.1984 – VII ZR 256/83, NJW 1985, 632; BGH 9.7.1992 – VII ZR 6/92, NJW 1992, 3163.
264 Preis/*Preis*, Der Arbeitsvertrag, II A 10 Rn 43.
265 *Hümmerich*, NZA 2003, 753.

5. Vertragsstrafenklauseln, § 309 Nr. 6 BGB

97 Nicht jede formularmäßige Vertragsstrafe ist unwirksam.[267] Nur Klauseln, durch die dem Verwender für den Fall der Nichtabnahme oder verspäteten Abnahme der Leistung, des Zahlungsverzugs oder für den Fall, dass der andere Vertragsteil sich vom Vertrag löst, die Zahlung einer Vertragsstrafe versprochen wird, liegt ein Verstoß gegen § 309 Nr. 6 BGB vor. Allerdings findet für die in § 309 Nr. 6 BGB erwähnten Sachverhalte im Arbeitsrecht noch eine Korrektur über die modifizierte Anwendungsregel des § 310 Abs. 4 Satz 2 BGB statt.

98 Eine Reihe von Fällen, in denen im Arbeitsvertrag wiederholt Vertragsstrafen vereinbart werden, fällt nicht unter den Anwendungsbereich des § 309 Nr. 6 BGB. Kein Verstoß ist anzunehmen, wenn im Arbeitsvertrag eine Vertragsstrafe vorgesehen wird, falls der Arbeitnehmer eine vereinbarte Nebentätigkeitsregelung nicht einhält, er gegen seine Anzeigepflicht verstößt oder ohne Genehmigung des Arbeitgebers eine Nebentätigkeit aufnimmt, die einem Genehmigungsvorbehalt unterliegt.[268] Auch die Vereinbarung einer Vertragsstrafe für den Fall, dass ein Arbeitnehmer nach dem Ende des Arbeitsverhältnisses Kundendateien nicht zurückgibt, fällt nicht unter den Wortlaut des § 309 Nr. 6 BGB. Gleiches gilt, wenn der Arbeitgeber durch schuldhaft vertragswidriges Verhalten des Arbeitnehmers zur fristlosen Kündigung des Arbeitsverhältnisses veranlasst wurde.[269] Von § 309 Nr. 6 BGB erfasst werden formularmäßige Vertragsstrafenregelungen, die den Nichtantritt und das grundlose Verlassen der Arbeit, Wettbewerbsverstöße oder eine Verletzung der Verschwiegenheitspflicht sanktionieren.

99 Wird eine Vertragsstrafe für Pflichtverletzungen vorgesehen, die nicht unter den Tatbestand des § 309 Nr. 6 BGB fallen, kann eine Rechtsprüfung am Maßstabe des § 307 Abs. 1 und 2 BGB oder an anderen Klauselverboten stattfinden.[270] Das Vertragsstrafenversprechen ergibt, je nach Wortlaut, einen AGB-rechtlichen Mehrfachprüfungstatbestand.

100 § 309 Nr. 6 BGB begrenzt nicht die Möglichkeit des Arbeitgebers, die Einhaltung des Wettbewerbsverbots durch eine Vertragsstrafe abzusichern.[271] Behandelt allerdings der Arbeitgeber das Inkrafttreten des nachvertraglichen Wettbewerbsverbots unter der Hauptüberschrift „Wettbewerbsverbot", jedoch ohne weitere Hervorhebung im Abschnitt „Vertragsstrafe", ist von einer Überraschungsklausel auszugehen, die nicht Vertragsinhalt geworden ist.[272]

101 Im ersten Vertragsstrafenurteil entschied das BAG, dass auf die formularmäßige Vereinbarung von Vertragsstrafen in Arbeitsverträgen die §§ 305–309 BGB anwendbar seien.[273] Zwar schließe § 309 Nr. 6 BGB die Wirksamkeit von Vertragsstrafenversprechen für diejenigen Fälle aus, in denen dem Verwender für den Fall der Nichtabnahme oder verspäteten Abnahme der Leistung, des Zahlungsverzugs oder für den Fall, dass sich der andere Vertragsteil vom Vertrag löse, die Zahlung einer Vertragsstrafe versprochen werde. Das Verbot eines Vertragsstrafenversprechens in den durch § 309 Nr. 6 BGB benannten Fällen werde aber über die Besonderheiten-Regelung in § 310 Abs. 4 Satz 2 BGB überwunden. Eine Besonderheit iSd modifizierten Anwendungsregel sei es, dass die Arbeitsleistung nach § 888 Abs. 3 ZPO nicht vollstreckbar sei. Der Arbeitgeber habe deshalb regelmäßig ein berechtigtes Interesse, die Nicht- oder Schlechterfüllung der Pflicht zur Arbeitsleistung mit einer Vertragsstrafe zu verbinden. In zwei weiteren Urteilen vom gleichen Tage bestätigte das BAG diese Auffassung.

102 In einem vierten Urteil bekräftigte der 8. Senat seine Rechtsprechung. Soweit ein Vertragsstrafenversprechen nicht unter die Tatbestände des § 309 Nr. 6 BGB falle, sei das Versprechen wirksam. Konkret hielt das BAG das Vertragsstrafenversprechen nur deshalb für unwirksam, weil die Pflichtverletzung

---

266 BAG 27.7.2010 – 3 AZR 777/08, NZA 2010, 1237.
267 AA Kittner/Zwanziger/*Lakies*, Arbeitsrecht Handbuch, § 79 Rn 20 c; *v. Koppenfels*, NZA 2002, 597.
268 *Hümmerich*, NZA 2003, 753.
269 BAG 21.4.2005 – 8 AZR 425/04, NZA 2005, 1053.
270 LAG Hamm 24.1.2003 – 10 Sa 1158/02, NZA 2003, 499; Däubler/Dorndorf/*Däubler*, AGB im Arbeitsrecht, § 309 BGB Rn 3; *Hümmerich*, NZA 2003, 753.
271 *Diller*, NZA 2005, 250, 253; *Leder/Morgenroth*, NZA 2002, 952, 953; *Thüsing/Leder*, BB 2004, 42, 47.
272 LAG Hamm 10.9.2004 – 7 Sa 918/04, n.v.
273 BAG 4.3.2004 – 8 AZR 196/03, BAGE 110, 8 = NZA 2004, 727.

des Arbeitnehmers nicht so klar bezeichnet war, dass sich der Versprechende in seinem Verhalten hierauf habe einstellen können.[274]

In einem fünften Vertragsstrafenurteil hielt der 8. Senat eine Klausel in einem Arbeitsvertrag für unwirksam, die für den Fall eines gravierenden Wettbewerbsverstoßes einen Vertragsstrafenrahmen von einem bis zu drei Monatsgehältern vorsah und es dem Arbeitgeber überließ, die Vertragsstrafe im Einzelfall innerhalb dieses Rahmens festzusetzen.[275] 103

Bei **vertragswidriger Lösung des Arbeitsverhältnisses** kann die vereinbarte Vertragsstrafe unwirksam sein, wenn sie den Verdienst der Vormonate um ein Mehrfaches übersteigt.[276] Das BAG hielt eine Vertragsstrafenklausel in einem Formulararbeitsvertrag für unwirksam, da sie den Arbeitnehmer unangemessen benachteiligt, wenn sie für den Fall, dass der Arbeitnehmer sein mit zweiwöchiger Kündigungsfrist kündbares Probearbeitsverhältnis vorzeitig vertragswidrig beendet, eine Vertragsstrafe in Höhe eines Bruttomonatsverdienstes vorsieht. In dieser Entscheidung prüfte das BAG zuerst § 309 Nr. 6 BGB und hielt im Allgemeinen Vertragsstrafenabreden in Formularverträgen für unwirksam. Allerdings folgt in formulärmäßigen Arbeitsverträgen aus der angemessenen Berücksichtigung der im Arbeitsrecht geltenden Besonderheiten nach § 310 Abs. 4 Satz 2 BGB jedoch die grundsätzliche Zulässigkeit von Vertragsstrafenabreden.[277] Die vorgenannte Klausel hielt jedoch der Inhaltskontrolle nicht stand. 104

Die gleiche Prüfung führte das BAG im Falle von Vertragsstrafen wegen **unterlassener Aufnahme des Arbeitsverhältnisses** durch. Diese sind nach der Rechtsprechung des Senats zwar in Formularverträgen nach § 309 Nr. 6 BGB im Allgemeinen unzulässig, in formulärmäßigen Arbeitsverträgen folgt aber aus der angemessenen Berücksichtigung der im Arbeitsrecht geltenden Besonderheiten gem. § 310 Abs. 4 Satz 2 BGB die grundsätzliche Zulässigkeit von Vertragsstrafenabreden. Das BAG hielt eine Vertragsstrafenregelung, die eine Vertragsstrafe von einem Bruttomonatslohn für den Fall des Nichtantritts eines Dienstverhältnisses vorsieht, nicht als unangemessene Benachteiligung gem. § 307 Abs. 1 Satz 1 BGB an, insbesondere sei die Vertragsstrafe nicht überhöht, wenn das Arbeitsverhältnis zur Probe auf sechs Monate befristet ist und während dieser Probezeit mit einer Frist von einem Monat gekündigt werden kann.[278]

Ist ein vereinbartes Wettbewerbsverbot wirksam, kann eine Vertragsstrafe zur Absicherung des Wettbewerbsverbots verbindlich vereinbart werden. Vertragsstrafen wegen eines nachvertraglichen Wettbewerbsverbots sind nach § 307 Abs. 3 BGB iVm § 75 c HGB grundsätzlich nicht kontrollfähig.

Anders als in der Vergangenheit kommt die **Herabsetzung einer unangemessen hohen Vertragsstrafe** nach § 343 BGB nicht mehr in Betracht; § 306 BGB steht dagegen.[279] Das Risiko, eine zu hohe Vertragsstrafe zu vereinbaren, wenn der Arbeitgeber die Abschreckungswirkung erzeugen will, ist groß. Dem Risiko der Unwirksamkeit entgeht der Arbeitgeber, der Vertragsstrafen in Betriebsvereinbarungen mit dem Betriebsrat vereinbart. Bei Betriebsvereinbarungen entfällt eine Inhaltskontrolle nach § 310 Abs. 4 Satz 1 BGB. 105

6. Haftungsausschlüsse bei Verletzung von Leben, Körper, Gesundheit und grobem Verschulden, § 309 Nr. 7 BGB

Das Klauselverbot erfasst Schadensersatzansprüche auf vertraglicher wie deliktischer Grundlage.[280] Auch die Haftung für arbeitsbedingte Eigenschäden des Arbeitnehmers wird von § 309 Nr. 7 Buchst. b BGB erfasst. Nicht richtig ist die Ansicht, wegen der Haftungsfreistellung des Arbeitgebers in § 104 SGB VII sei der praktische Anwendungsbereich bei der Haftung des Arbeitgebers auf Sachen des Arbeitnehmers beschränkt.[281] 106

---

274 BAG 21.4.2005 – 8 AZR 425/04, NZA 2005, 1053.
275 BAG 18.8.2005 – 8 AZR 65/05, NZA 2006, 34 = BB 2006, 720.
276 BAG 18.12.2008 – 8 AZR 81/08, AP § 309 BGB Nr. 4; BAG 28.5.2009 – 8 AZR 896/07, AP § 306 BGB Nr. 6; LAG Hessen 25.4.2003 – 17 Sa 1723/02, ARST 2004, 281; krit. *Thüsing*, BB 2004, 42.
277 BAG 23.9.2010 – 8 AZR 897/08, NJW 2011, 408.
278 BAG 19.8.2010 – 8 AZR 645/09, AP § 307 BGB Nr. 49; anders noch zuvor LAG Hamm 24.1.2003 – 10 Sa 1158/02, DB 2003, 2549, welches eine Vertragsstrafe wegen unterlassener Aufnahme des Arbeitsverhältnisses gem. § 309 Nr. 6 BGB für unwirksam hielt.
279 BAG 4.3.2004 – 8 AZR 196/03, NZA 2004, 727; LAG Hamm 24.1.2003 – 10 Sa 1158/02, DB 2003, 2549; *Brors*, DB 2004, 1178.
280 BGH 15.2.1995 – VIII ZR 93/94, BGHZ 100, 184; HWK/*Gotthardt*, § 309 BGB Rn 10.
281 ErfK/*Preis*, §§ 305–310 BGB Rn 84.

107 Vertragliche Haftungsausschlüsse des Arbeitgebers für Schäden aus der Verletzung des Lebens, des Körpers oder der Gesundheit des Arbeitnehmers sind nach § 309 Nr. 7 BGB unwirksam. Die Folge der Unwirksamkeit besteht jedoch nicht in einer Haftung des Arbeitgebers wegen Personenschäden, sondern in der Unwirksamkeit nach § 307 Abs. 2 Nr. 1 BGB, denn von Gesetzes wegen ist insoweit die Haftung des Arbeitgebers nach § 104 SGB VII ausgeschlossen. Die Haftung ist bei keiner Art der Fahrlässigkeit einschränkbar, nicht einmal bei leichtester Fahrlässigkeit.[282] Weder die Höhe des Anspruchs noch der Ausschluss bestimmter Schäden noch die Verkürzung von Verjährungsfristen sind nach § 309 Nr. 7 BGB wirksam.[283] Der Arbeitgeber kann sich nicht vor Schadensersatzansprüchen wegen **Mobbing**[284] angesichts von § 309 Nr. 7 Buchst. a BGB wirksam schützen.

108 § 309 Nr. 7 Buchst. b BGB verbietet den Ausschluss über die Begrenzung der Haftung für sonstige Schäden, die auf einer grob fahrlässigen Pflichtverletzung des Arbeitgebers beruhen. § 309 Nr. 7 Buchst. b BGB gestattet nicht den Ausschluss der Haftung für grob fahrlässige Pflichtverletzungen des Verwenders, also des Arbeitgeber. § 309 Nr. 7 Buchst. b BGB enthält eine ganz allgemeine Bewertung, die auf vorformulierte Arbeitsverträge übertragbar ist.[285] Sachschäden können an vom Arbeitnehmer in den Betrieb eingebrachten, eigenen Gegenständen entstehen, Vermögensschäden können dem Arbeitnehmer aus der Nichtabführung der Sozialversicherungsbeiträge[286] oder aus einer unrichtigen Auskunft der Personalabteilung erwachsen.

109 Eine Abweichung von der im Arbeitsrecht geltenden privilegierten Arbeitnehmerhaftung[287] durch haftungsverschärfende Klauseln ist ausgeschlossen.[288] Der Arbeitgeber haftet bei Vermögensnachteilen des Arbeitnehmers, so bspw, wenn die Lohnbuchhaltung vier Jahre lang die vermögenswirksamen Leistungen zwar in der Gehaltsmitteilung ausweist, tatsächlich das Geld aber auf ein falsches Bankkonto überweist.[289] Diese Haftung lässt sich nach § 309 Nr. 7 Buchst. b BGB auch nicht über einen Haftungsausschluss im Arbeitsvertrag beseitigen. Die modifizierte Anwendungsregel des § 310 Abs. 4 Satz 2 BGB rechtfertigt kein anderes Ergebnis. Die Obhuts- und Verwahrpflicht des Arbeitgebers, bspw bei einem auf dem Werksplatz abgestellten Pkw des Arbeitnehmers,[290] lässt sich nach § 309 Nr. 7 Buchst. b BGB nicht einschränken. Soweit sich die für eingebrachte Sache ergebenden Risiken versichern lassen, ist nach Ansicht des BAG verpflichtet, einen Versicherungsvertrag zu schließen und haftet im Umfang des versicherten Risikos.[291] Diese Rechtsprechung schließt eine Modifizierung der Haftung des Arbeitgebers für arbeitsbedingte Eigenschäden des Arbeitnehmers außerdem nach § 307 Abs. 2 Nr. 1 BGB aus.

109a Problematisch ist, ob auch **Ausschlussfristen** eine Haftungsbegrenzung iSv § 309 Nr. 7 BGB darstellen. Entgegen der Rechtsprechung des BAG,[292] dass Ausschlussfristen nicht gegen § 309 Nr. 7 BGB verstoßen, geht das LAG Hamm[293] davon aus, dass eine allgemeine Ausschlussfrist in einem Arbeitsvertrag eine Verjährungserleichterung sei und damit eine Begrenzung der Haftung iSd § 309 Nr. 7 BGB. Denn auch die zeitliche Begrenzung der Durchsetzbarkeit entsprechender Schadensersatzansprüche durch Abkürzung der gesetzlichen Verjährungsfristen ist eine Haftungsbegrenzung. Das LAG Hamm verweist dabei auf die Rechtsprechung des BGH,[294] die der des BAG entgegensteht.

---

282 *v. Westphalen/Thüsing*, Arbeitsverträge, Rn 128.
283 BGH 4.5.1995 – I ZR 90/93, NJW 1995, 2224; Palandt/*Grüneberg*, § 309 BGB Rn 45.
284 LAG Thüringen 10.4.2001 – 5 Sa 403/00, NZA 2001, 347; LAG Rheinland-Pfalz 16.8.2001 – 6 Sa 415/01, AiB 2002, 641; LAG Nürnberg 2.7.2002 – 6 (3) 154/01, AuR 2002, 396.
285 *Kreßel*, RdA 1992, 169.
286 Preis/*Stoffels*, Der Arbeitsvertrag, II H 10 Rn 1.
287 BAG 3.8.1971 – 1 AZR 327/70, AP § 611 BGB Haftung des Arbeitnehmers Nr. 66.
288 ErfK/*Preis*, §§ 305–310 BGB Rn 85.
289 BAG 21.1.1999 – 8 AZR 217/98, n.v.
290 BAG 14.8.1980 – 3 AZR 281/78, n.v.; BAG 12.12.1990 – 8 AZR 605/89, n.v. BAG 23.1.1992 – 8 AZR 282/91, n.v.
291 BAG 24.11.1987 – 5 AZR 298/73, EzA § 611 BGB Gefahrgeneigte Arbeit Nr. 16; LAG Hamm 2.11.1956 – 5 Sa 244/56, AP § 618 BGB Nr. 5.
292 BAG 25.5.2005 – 5 AZR 572/04, NZA 2005, 1111.
293 LAG Hamm 11.10.2011 – 14 Sa 543/11.
294 BGH 15.11.2006 – VIII ZR 3/06, NJW 2007, 674.

7. Sonstige Haftungsausschlüsse, § 309 Nr. 8 BGB

Für § 309 Nr. 8 BGB besteht im Arbeitsverhältnis kein nennenswerter Anwendungsbereich, sieht man von Personaleinkäufen ab, bei denen allerdings meist ein Verbrauchsgüterkauf vorliegt, der sich nach den Gewährleistungsansprüchen gem. § 475 Abs. 1 BGB beurteilt.[295] 110

8. Vertragspartnerwechsel, § 309 Nr. 10 BGB

§ 309 Nr. 10 BGB soll verhindern, dass dem Kunden ein neuer, unbekannter Vertragspartner aufgezwungen wird.[296] *Gotthardt*[297] vertritt die Ansicht, § 309 Nr. 10 BGB sei wegen der modifizierten Anwendungsregel des § 310 Abs. 4 Satz 2 BGB im Arbeitsverhältnis nicht anwendbar. § 613 a BGB zeige, dass ein gesetzlicher Vertragspartnertausch im Arbeitsverhältnis sehr wohl vorgesehen sei. Dagegen lässt sich anführen, dass in dem Fall, dass der Arbeitsvertrag nach § 309 Nr. 10 Buchst. b BGB ein Lösungsrecht des Arbeitnehmers einräumt, das Lösungsrecht dem Widerspruchsrecht des § 613 a Abs. 6 BGB entspricht. Gemäß den Besonderheiten des Arbeitsrechts ist § 309 Nr. 10 Buchst. b BGB daher in dem Sinne zu verstehen, dass das Lösungsrecht den Anforderungen des Widerspruchs des § 613 a Abs. 6 BGB zu entsprechen hat.[298] 111

Die gewerbliche oder nichtgewerbliche **Überlassung von Arbeitnehmern** fällt nicht unter § 309 Nr. 10 BGB, denn das AÜG ist eine vorrangige Spezialnorm.[299] Die Vorschrift ist nur anwendbar, wenn ein Dritter in die gesamte Rechtsposition des AGB-Verwenders tritt. Die bloße Überlassung einzelner Rechte zur Ausübung genügt nicht.[300] 112

Konzernversetzungsklauseln sind nach § 309 Nr. 10 BGB unwirksam, soweit nicht die zur Versetzung in Frage kommenden Unternehmen bereits im Arbeitsvertrag namentlich aufgeführt sind.[301] Konzernversetzungsklauseln können daneben eine Umgehung kündigungsschutzrechtlicher Vorschriften beinhalten.[302] Soweit § 309 Nr. 10 BGB bei Konzernversetzungsklauseln für nicht anwendbar erklärt wird,[303] ist darauf zu verweisen, dass § 309 Nr. 10 Buchst. b BGB nicht besagt, mit welchem Inhalt das Lösungsrecht ausgestattet sein muss. Es ist nämlich unter Berücksichtigung des KSchG und des Widerspruchsrechts des Arbeitnehmers[304] auszugestalten. Damit fehlen entgegenstehende arbeitsrechtliche Wertungen.[305] Das BAG hat den möglichen Vertragspartnerwechsel durch Konzernversetzungsklauseln bislang keiner Inhaltskontrolle unterzogen, obwohl sich eine solche Betrachtung im Urteil vom 23.3.2006 angeboten hätte.[306] 113

9. Beweislastveränderungen, § 309 Nr. 12 und Nr. 12 Buchst. a BGB

§ 309 Nr. 12 Buchst. a BGB hat keine eigenständige Bedeutung, sondern schützt die Beweislastverteilung nur zusätzlich in dem von Gesetz und Rechtsprechung anerkannten Umfang.[307] § 309 Nr. 12 BGB verbietet, den Arbeitnehmer mit bestimmten Beweismitteln auszuschließen oder aber die Anforderungen des Anscheinsbeweises zu ändern, bspw über eine Klausel, wonach unter bestimmten Voraussetzungen der erste Anschein einer für den Arbeitnehmer nachteiligen Tatsache gilt.[308] Einbezogen in das Klauselverbot sind alle beweisrechtlichen Abreden, die den Arbeitnehmer im Vergleich zur gesetzlichen oder richterrechtlichen Regelung schlechter stellen.[309] 114

Eine Klausel im Arbeitsvertrag, wonach sich der Arbeitnehmer auf ein mitwirkendes Verschulden des Arbeitgebers oder eines Vorgesetzten nicht berufen könne, verstößt gegen § 309 Nr. 12 Buchst. a BGB, da die Beweislast für Verschulden, die beim Arbeitgeber liegt, auf den Arbeitnehmer durch die Klausel 115

---

295 Däubler/Dorndorf/*Däubler*, § 309 BGB Rn 2.
296 Palandt/*Grüneberg*, § 309 BGB Rn 97.
297 Arbeitsrecht nach der Schuldrechtsreform, Rn 285; HWK/*Gotthardt*, § 309 BGB Rn 13.
298 AnwK-ArbR/*Hümmerich*, § 309 BGB Rn 44.
299 Däubler/Dorndorf/*Däubler*, § 309 BGB Rn 1; aA *Löwisch*, FS Wiedemann, S. 311, 329.
300 MüKo-BGB/*Wurmnest*, § 309 Nr. 10 Rn 6.
301 *Hümmerich*, NZA 2003, 753, 758.
302 KR/*Becker*, § 1 KSchG Rn 12.
303 HWH-*Gotthardt*, § 309 BGB Rn 13; Däubler/Dorndorf/*Däubler*, § 309 BGB Rn 2.
304 BAG 19.3.1998 – 8 AZR 139/97, NZA 1998, 750.
305 AnwK-ArbR/*Hümmerich*, § 309 BGB Rn 47.
306 BAG 23.3.2006 – 2 AZR 162/05, DB 2006, 2351.
307 Palandt/*Grüneberg*, § 309 BGB Rn 106.
308 AnwK-ArbR/*Hümmerich*, § 309 BGB Rn 50.
309 Däubler/Dorndorf/*Däubler*, § 309 BGB Rn 3.

verlagert wird.[310] Unwirksam nach § 308 Nr. 6 BGB und § 309 Nr. 12 BGB ist eine Bestimmung, die die Beweislast für den Zugang einer Willenserklärung, die beim Absender liegt, dem Arbeitnehmer zuweist, da über das AGB-Recht keine Beweiserleichterungen für Zugangserfordernisse geschaffen werden können.[311]

116 Die Vereinbarung, dass die Zustellung eines Kündigungsschreibens an die letzte vom Arbeitnehmer dem Arbeitgeber mitgeteilte Anschrift für den Zugang maßgeblich ist, verstößt nicht gegen § 309 Nr. 12 BGB. Das Schwergewicht einer solchen Klausel liegt im Bereich der Tatsachenfiktion, denn nicht der Zugang wird fingiert, sondern die für den Zugang maßgebliche, vom Arbeitnehmer selbst dem Arbeitgeber mitgeteilte Adresse. Die Klausel steht im Übrigen im Einklang mit der einschlägigen BAG-Rechtsprechung, wonach die letzte, vom Arbeitnehmer bekanntgegebene Adresse maßgeblich dafür ist, ob ein Arbeitgeberschreiben in den Machtbereich des Arbeitnehmers gelangt ist.[312]

10. Tatsachenbestätigungen, § 309 Nr. 12 Buchst. b BGB

117 Bestimmungen, wie sie im Arbeitsvertrag geschaffen werden, damit sich der Arbeitgeber bestimmte Tatsachen vereinfacht bestätigen lassen kann, sind nach § 309 Nr. 12 Buchst. b BGB unwirksam. Sie verändern die Beweislast. Durch § 309 Nr. 12 Buchst. b BGB werden Erklärungen über die Bestätigung rechtlich relevanter Umstände, Willenserklärungen und Erklärungen über rein tatsächliche Vorgänge erfasst. Unwirksam sind Klauseln, die besagen, die AGB seien im Einzelnen ausgehandelt.[313] Unzulässig ist eine Vollständigkeitsklausel, die den Arbeitnehmer davon abhält, sich auf tatsächlich getroffene Abmachungen zu berufen.[314] **Vollständigkeitsklauseln**, die besagen, dass keine Nebenabreden getroffen wurden und zu ihrer Wirksamkeit der Schriftform bedürfen, verstoßen daneben gegen § 305 b BGB.

118 **Empfangsbestätigungen** fallen als Tatsachenbestätigungen unter § 309 Nr. 12 Buchst. b BGB.[315] Etwas anderes gilt, wenn sich das Empfangsbekenntnis in einer gesonderten Urkunde befindet, wie bspw der Text eines nachvertraglichen Wettbewerbsverbots, der nach § 74 Abs. 1 HGB von den Parteien zu unterzeichnen ist. Gewöhnliche Empfangsbekenntnisse, die bei Ausgabe von Arbeitsgerät vom Arbeitnehmer zu unterzeichnen sind, verstoßen nicht gegen das Klauselverbot des § 309 Nr. 12 Buchst. b BGB. **Abstrakte Schuldanerkenntnisse** werden von § 309 Nr. 12 Buchst. b BGB nicht erfasst.[316]

Empfangsbekenntnisse im Rahmen von Allgemeinen Geschäftsbedingungen sind grundsätzlich unwirksam.[317] Die in einem Arbeitsvertrag gewählte Formulierung, der Arbeitnehmer habe das Arbeitsentgelt für einen bestimmten Zeitraum bereits erhalten, soll nach § 309 Nr. 12 Buchst. b BGB nichtig sein.[318]

Die bloße Bestätigung, dass der Arbeitnehmer eine Ausfertigung der Vereinbarung über ein nachvertragliches Wettbewerbsverbot erhalten hat, ist als in den Arbeitsvertrag integriertes Empfangsbekenntnis unwirksam, dagegen auf einem einzelnen, gesondert unterschriebenen Wettbewerbsverbotstext oder Empfangsbekenntnis wirksam.

11. Form von Anzeigen und Erklärungen, § 309 Nr. 13 BGB

119 § 309 Nr. 13 BGB will verhindern, dass dem Arbeitnehmer durch die Vereinbarung besonderer Form- oder Zugangserfordernisse die Wahrnehmung seiner Rechte erschwert wird.[319] § 309 Nr. 13 BGB dient dem Abbau von Barrieren, die dem anderen Vertragsteil über vorformulierte Verträge durch Formvorschriften errichtet werden.[320] Die Norm hat nicht nur Bedeutung für Willenserklärungen, sie erfasst auch Willensäußerungen jeglicher Art, selbst dann, wenn sie nur geschäftsähnlichen Charakter

---

310 AnwK-ArbR/*Hümmerich*, § 309 BGB Rn 51.
311 AnwK-ArbR/*Hümmerich*, § 309 BGB Rn 51.
312 BAG 7.11.2002 – 2 AZR 475/01, NZA 2003, 719; BAG 16.3.1988 – 7 AZR 587/87, NZA 1988, 875; BAG 8.12.1983 – 2 AZR 337/82, NZA 1984, 31.
313 BGH 28.1.1987 – IVa ZR 173/85, BGHZ 99, 374.
314 *Lakies*, AR-Blattei SD. 35 Rn 297.
315 ErfK/*Preis*, §§ 305–310 BGB Rn 80; *Grobys*, DStR 2002, 1008; *Lingemann*, NZA 2002, 192.
316 BGH 5.3.1991 – XI ZR 75/90, BGHZ 114, 9; Palandt/*Grüneberg*, § 309 BGB Rn 107.
317 HWK/*Gotthardt*, § 309 BGB Rn 16.
318 ArbG Düsseldorf 14.5.2003 – 10 Ca 11163/02, zitiert nach HWK/*Gotthardt*, § 309 BGB Rn 16.
319 *Stoffels*, AGB-Recht, Rn 672.
320 MüKo-BGB/*Wurmnest*, § 309 Nr. 13 Rn 1.

haben.[321] Die Vorschrift gilt bei **Mahnung, Fristsetzung** und **Nachbesserungsverlangen**, somit auch bei allen Äußerungen des Arbeitnehmers, die für die Ausübung von Rechten bedeutsam sind.[322]

§ 309 Nr. 13 BGB verbietet eine strengere Form als die Schriftform, damit bspw eine notarielle Beurkundung oder, wie es für Kündigungen häufig in Arbeitsverträgen geregelt ist, den Einschreibebrief als Zugangsvoraussetzung. Umstritten ist, ob das **Fax** als Wirksamkeitserfordernis eine strengere Form als die Schriftform darstellt.[323] Da über ein Faxschreiben beim Empfänger keine eigenhändige Namensunterschrift des Adressaten eingeht, ist mit einem Faxschreiben noch nicht einmal die Schriftform des § 126 BGB gewahrt, so dass das Faxschreiben ein Minus gegenüber der Schriftform des § 126 BGB bedeutet und somit keine strengere Form als die Schriftform darstellt.[324] Arbeitsrechtliche Besonderheiten stehen dem Anwendungsfeld von § 309 Nr. 13 BGB nach hier vertretener Auffassung nicht entgegen.

Hauptdiskussionsthema im Zusammenhang mit § 309 Nr. 13 BGB bilden die **zweistufigen Ausschlussfristen**. Wegen des in zweistufigen einzelvertraglichen Ausschlussfristen enthaltenen Grundsatzes, dass Ansprüche verfallen, wenn sie nicht innerhalb einer bestimmten Frist (in der zweiten Stufe) gerichtlich geltend gemacht werden, verstoßen sie nach hier vertretener Auffassung[325] und teilweise auch nach von der Rechtsprechung vertretener Meinung[326] gegen § 309 Nr. 13 BGB. Anderer Ansicht ist das BAG.[327] Es hat sich dafür ausgesprochen, dass einzelvertraglich – im Gegensatz zum Wortlaut des § 309 Nr. 13 BGB – zweistufige Ausschlussfristen auch in Allgemeinen Geschäftsbedingungen vereinbart werden können; in diesen Fällen betrage die Mindestfrist der ersten und zweiten Stufe jeweils drei Monate. Zweistufige Ausschlussfristen seien tradierte Besonderheiten des Arbeitsrechts, so dass das gegen den Wortlaut des § 309 Nr. 13 BGB stehende Ergebnis aus der modifizierten Anwendungsregel des § 310 Abs. 4 Satz 2 BGB entwickelt wurde. Ausschlussfristen, die in einem auf das Arbeitsverhältnis kraft Bezugnahme im Arbeitsvertrag anwendbaren Haustarifvertrag beim Arbeitgeber enthalten sind, unterliegen nach § 310 Abs. 4 Satz 1 BGB nicht der Angemessenheitskontrolle gem. §§ 307 ff BGB.[328]

Soweit die Auffassung vertreten wird, dass zweistufige Ausschlussfristen deshalb wirksam seien, weil in der zweiten Stufe mit der Klageerhebung keine gesonderte Form vorgeschrieben sei,[329] wird übersehen, dass durch die in § 496 ZPO, § 46 Abs. 2 ArbGG eingeräumte Möglichkeit, mündlich zu Protokoll der Geschäftsstelle eine Klage zu erheben, das Tatbestandsmerkmal „strengere Form als die Schriftform" nicht entfällt. Der Umstand, dass die Geltendmachung über eine Klageschrift erforderlich ist, führt bereits zu einer strengeren Form als die bloße schriftliche Anmeldung eines Anspruchs gegenüber dem Arbeitgeber. Für die Erhaltung des Anspruchs bei einer zweistufigen Ausschlussfrist ist eine Handlung vorgeschrieben, die weit über die Schriftform hinausgeht, wie sich aus den Mindestanforderungen an eine Klageschrift nach § 253 ZPO ergibt.[330]

Nach bisheriger Ansicht erfasste eine **Ausschlussfrist**, die sich auf „alle Ansprüche aus dem Arbeitsverhältnis und solche, die mit dem Arbeitsverhältnis in Verbindung stehen", erstreckt, auch die **Haftung wegen Vorsatzes**.[331] Damit verstößt eine Ausschlussklausel gegen § 202 Abs. 1 BGB, da diese Vorschrift bestimmt, dass „die Verjährung bei Haftung wegen Vorsatzes nicht im Voraus durch Rechtsgeschäft erleichtert werden kann". Ausschlussfristen in Arbeitsverträgen, die die Haftung wegen Vorsatzes ausschließen, sind unwirksam nach §§ 134, 202 Abs. 1 BGB.[332]

In einer aktuellen Entscheidung hat das BAG eine Ausschlussfrist dahin gehend ausgelegt, dass sie nur die von den Parteien für regelungsbedürftig gehaltenen Fälle erfassen soll. Eine Anwendung auch für

---

321 Däubler/Dorndorf/*Däubler*, AGB im Arbeitsrecht, § 309 BGB Rn 2.
322 *Däubler*, NZA 2001, 1327; *Gotthardt*, Arbeitsrecht nach der Schuldrechtsreform, Rn 289; *Reinecke*, DB 2002, 583.
323 Däubler/Dorndorf/*Däubler*, AGB im Arbeitsrecht, § 309 BGB Rn 3; MüKo-BGB/*Wurmnest*, § 309 Nr. 13 Rn 4.
324 AnwK-ArbR/*Hümmerich*, § 309 BGB Rn 59.
325 *Hümmerich*, NZA 2003, 753; *Hümmerich/Holthausen*, NZA 2002, 180; *Annuß*, BB 2002, 463; *Boudon*, ArbRB 2003, 150; *Däubler*, NZA 2001, 1329; *Hönn*, ZfA 2003, 325; *Lakies*, NZA 2004, 569; *Nägele/Chwalisz*, MDR 2002, 1341; *Reinecke*, DB 2002, 586; *ders.*, BB 2005, 378; *ders.*, NZA 2005, 378; *Schrader*, NZA 2003, 345; *Schrader/Schubert*, NZA-RR 2005, 225; *Seifert*, JR 2003, 86; *Singer*, RdA 2003, 194.
326 LAG Rheinland-Pfalz 17.8.2004 – 5 Sa 389/04, NZA-RR 2005, 242.
327 BAG 25.5.2005 – 5 AZR 572/04, NZA 2005, 1111.
328 BAG 26.4.2006 – 5 AZR 403/05, NZA 2006, 845.
329 HWK/*Gotthardt*, § 309 BGB Rn 19; *Thüsing/Leder*, BB 2005, 1563, 1564.
330 AnwK-ArbR/*Hümmerich*, § 309 BGB Rn 64.
331 AnwK-ArbR/*Hümmerich*, § 309 BGB Rn 69.
332 BAG 25.5.2005 – 5 AZR 572/04, NZA 2005, 1111; ArbG Strahlsund 24.4.2004 – 5 Ca 577/03, DB 2004, 1368.

Wisswede

die Fälle, die durch gesetzliche Verbote oder Gebote geregelt sind, soll dagegen regelmäßig gerade nicht gewollt sein. Anders als bei einer tarifvertraglichen Ausschlussfrist können die Parteien eines Arbeitsvertrages demnach weder die Verjährung bei Haftung wegen Vorsatzes im Voraus durch Rechtsgeschäft erleichtern (§ 202 Abs. 1 BGB) noch die Haftung wegen Vorsatzes dem Schuldner im Voraus erlassen (§ 276 Abs. 3 BGB).[333]

124 Der Umkehrschluss aus § 309 Nr. 13 BGB ergibt, dass in einem Arbeitsvertrag die Einhaltung der **Schriftform** stets verlangt werden kann.[334] Jede darüber hinausgehende Erschwerung ist unzulässig, auch bspw die arbeitsvertragliche Vereinbarung, dass Erklärungen des Arbeitnehmers eigenhändig verfasst sein müssen.[335] Der Verwender (Arbeitgeber) kann auch nicht mit Erfolg die Benutzung seiner Formulare durch arbeitsvertragliche Regelung verlangen.[336]

VIII. Folgen der Nichteinbeziehung und Unwirksamkeit

1. Wirksam bleibende Vertragsbestandteile, § 306 Abs. 1 BGB

125 § 306 Abs. 1 BGB umfasst zwei Fallgruppen. In der ersten Gruppe sind diejenigen Fälle angesprochen, in denen Allgemeine Geschäftsbedingungen nicht Vertragsbestandteil geworden sind, im Arbeitsrecht also diejenigen Konstellationen, bei denen die Einbeziehung von Vertragsbedingungen am Überraschungsverbot des § 305 c Abs. 1 BGB gescheitert ist. Zweiter Anwendungsbereich von § 306 Abs. 1 BGB ist der Fall der unwirksamen Allgemeinen Geschäftsbedingungen nach §§ 307 ff BGB, aber auch der Fall der Nichtigkeit nach §§ 125, 134 BGB.[337]

126 Lässt sich eine Arbeitsvertragsklausel nach ihrem Wortlaut aus sich heraus verständlich und sinnvoll in einen inhaltlich zulässigen und in einen unzulässigen Regelungsteil trennen, ist die Aufrechterhaltung des zulässigen Teils rechtlich unbedenklich und verstößt nicht gegen das Verbot der geltungserhaltenden Reduktion aus § 306 Abs. 2 BGB[338] und auch nicht gegen § 139 BGB. § 306 Abs. 1 BGB enthält eine „kodifizierte Abweichung von der Auslegungsregel des § 139 BGB" und bestimmt, dass bei Teilnichtigkeit grundsätzlich der Vertrag im Übrigen aufrechterhalten bleibt.[339] Die Anwendung dieses Grundsatzes entspricht der Interessenlage beider Arbeitsvertragsparteien.

Es kommt immer darauf an, ob der Wortlaut wegen eines eigenständigen grammatikalischen Sinns eine Trennung der betroffenen Vertragsteile von den restlichen Vertragsteilen gestattet.[340] Voraussetzung für eine zulässige Zerlegung ist, dass sich die unwirksame Bestimmung wegstreichen lässt[341] – man spricht hier vom „**blue-pencil-Test**". Enthält eine Klausel, sprachlich getrennt, einen Freiwilligkeitsvorbehalt und einen Widerrufsvorbehalt, kann der Widerrufsvorbehalt unwirksam sein, während der Freiwilligkeitsvorbehalt aufrechterhalten bleibt.[342]

2. Unwirksamkeit einzelner Vertragsbestimmungen, § 306 Abs. 2 BGB

a) Verbot der geltungserhaltenden Reduktion

127 § 306 Abs. 2 BGB beschreibt das gesetzliche Verbot der geltungserhaltenden Reduktion, das von der Rechtsprechung entwickelt wurde, um dem Normzweck des AGB-Rechts Rechnung zu tragen.[343] Das BAG nahm im Arbeitsrecht regelmäßig eine geltungserhaltende Reduktion vor. Anstatt die Unwirksamkeit von Klauseln festzustellen, führte es sie auf das zulässige Maß zurück.[344]

---

333 Pressemitteilung Nr. 42/13 zu BAG, Urt. v. 20.6.2013 – 8 AZR 280/12.
334 BGH 18.1.1989 – VIII ZR 142/88, NJW 1989, 625.
335 AnwK-ArbR/*Hümmerich*, § 309 BGB Rn 70.
336 OLG Schleswig-Holstein 8.11.2000 – 9 U 104/99, NJW-RR 2001, 818.
337 BGH 3.5.1995 – XII ZR 29/94, BGHZ 129, 297.
338 BGH 27.2.2000 – VIII ZR 155/99, NJW 2000, 292.
339 BAG 21.6.2011 – 9 AZR 236/10, NZA 2011, 1274; BAG 12.3.2008 – 10 AZR 152/07, NZA 2008, 699.
340 Vgl BAG 23.9.2010 – 8 AZR 897/08.
341 MüKo-BGB/*Wurmnest*, § 306 Rn 17; Däubler/Dorndorf/*Dorndorf*, AGB im Arbeitsrecht, § 306 BGB Rn 13.
342 HWK/*Gotthardt*, § 306 BGB Rn 3.
343 BGH 3.11.1999 – VIII ZR 269/98, NJW 2000, 1110; BGH 4.11.1992 – VIII ZR 235/91, BGHZ 120, 108, 122; BGH 17.5.1991 – V ZR 140/90, BGHZ 114, 338, 342.
344 BAG 6.3.1994 – 5 AZR 339/92, NZA 1994, 937; BAG 15.2.1990 – 6 AZR 381/88, AP § 611 BGB Anwesenheitsprämie Nr. 15; BAG 15.5.1985 – 5 AZR 161/84, AP § 611 BGB Ausbildungsbeihilfe Nr. 9; BAG 11.8.1984 – 5 AZR 430/82, NZA 1984, 288; BAG 3.10.1963 – 5 AZR 131/63, AP § 611 BGB Urlaub und Gratifikation Nr. 1.

Unvertretbare Rückzahlungsbeträge für Aus- und Fortbildung wurden auf die noch zulässige Höhe reduziert.[345] Ähnlich bestimmte das BAG die Rechtsfolge bei zu weit reichenden Wettbewerbsverboten[346] oder bei Rückzahlungsabreden über Sondergratifikationen.[347] Das **Verbot der geltungserhaltenden Reduktion** gilt jetzt uneingeschränkt, jedenfalls im Grundsatz, auf Basis gesetzlicher Grundlage nach § **306 Abs. 2 BGB** im Arbeitsrecht. Unwirksame Klauseln sind grundsätzlich nicht auf einen mit dem Recht der Allgemeinen Geschäftsbedingungen zu vereinbarenden Regelungsgehalt zurückzuführen. § 306 BGB sieht eine solche Rechtsfolge nicht vor. Eine Aufrechterhaltung mit eingeschränktem Inhalt wäre auch nicht mit dem Zweck der §§ 305 ff BGB vereinbar.[348]

Die weitreichendste Auswirkung dieser Rechtsfolge besteht darin, dass die äußerst verbreiteten **salvatorischen Klauseln in Arbeitsverträgen** – egal, ob als Ersetzungs- oder Reduktionsklausel ausgestaltet – nunmehr wohl **unwirksam** sind.

Bei **Vertragsstrafenregelungen** kommt eine geltungserhaltende Reduktion grundsätzlich nicht in Betracht.[349] Selbst die für unbillig hohe Vertragsabreden gesetzlich vorgesehene Reduktionsregel des § 343 BGB wendet das BAG nicht mehr an, da § 343 BGB die Herabsetzung der Vertragsstrafe auf das angemessene Maß nur wirksam vereinbarten Vertragsstrafen gestattet, nicht hingegen bei nach § 307 Abs. 1 BGB unwirksamen Vertragsstrafenklauseln. Auch arbeitsrechtliche Besonderheiten iSd § 310 Abs. 4 Satz 2 BGB führen zu keiner anderen Sichtweise. Eine Vertragsstrafenklausel ist nicht im Wege der geltungserhaltenden Reduktion aufrechtzuerhalten.[350]

b) Dispositives Recht und ergänzende Vertragsauslegung als Ersatzklauseln

Nach § 306 Abs. 2 BGB treten an die Stelle unwirksamer oder nicht Vertragsbestandteil gewordener Bestimmungen die **gesetzlichen Vorschriften**. Diese Regelung ist für den Bereich des Arbeitsrechts in gewisser Weise misslich, weil eine Vielzahl von Rechtsregeln durch das BAG aufgestellt wurde und im klassischen Wortsinne „gesetzliche Vorschriften" häufig nicht existieren. Da zu den „gesetzlichen Vorschriften" auch ungeschriebene Rechtssätze, die durch Richterrecht entwickelt wurden, gerechnet werden,[351] kann auf die Grundsätze der Rechtsprechung zur Lückenfüllung zurückgegriffen werden. Zu den Vorschriften des dispositiven Rechts werden auch die Generalklauseln und methodische Vorschriften zur Ausfüllung von Vertragslücken wie die Grundsätze der ergänzenden Vertragsauslegung gerechnet.[352]

Die Regeln der **ergänzenden Vertragsauslegung** besagen, dass das Gericht dasjenige zum Vertragsinhalt zu erklären hat, was die Parteien redlicherweise wahrscheinlich vereinbart hätten, wenn ihnen die Unwirksamkeit der Klausel bekannt gewesen wäre.[353]

Eine ergänzende Vertragsauslegung setzt voraus, dass der Regelungsplan der Parteien infolge der durch die Unwirksamkeit einer Vertragsklausel entstandenen Lücke einer Vervollständigung bedarf.[354] Dies verlangt zumindest, dass die ersatzlose Streichung der unwirksamen Klausel in Allgemeinen Geschäftsbedingungen keine angemessene, den typischen und schutzwürdigen Interessen des Klauselverwenders und seines Vertragspartners Rechnung tragende Lösung bietet.

Eine ergänzende Vertragsauslegung ist ausgeschlossen, wenn zur Ausfüllung der durch die Unwirksamkeit einer Klausel entstandenen Regelungslücke verschiedene Gestaltungsmöglichkeiten in Betracht kommen und kein Anhaltspunkt dafür besteht, welche Regelung die Parteien wahrscheinlich getroffen hätten.[355]

---

345 BAG 12.12.1979 – 5 AZR 1056/77, DB 1980, 1704.
346 BAG 2.2.1968 – 3 AZR 462/66, DB 1968, 1138.
347 BAG 20.3.1974 – 5 AZR 327/73, NJW 1974, 1671.
348 BAG 13.12.2011 – 3 AZR 791/09, NZA 2012, 738; BAG 23.9.2010 – 8 AZR 897/08, NJW 2012, 408.
349 BAG 4.3.2004 – 8 AZR 196/03, NZA 2004, 727.
350 BAG 23.9.2010 – 8 AZR 897/08, NJW 2012, 408.
351 BGH 14.5.1996 – XI ZR 257/94, NJW 1996, 2092; BGH 11.7.1996 – IX ZR 74/95, NJW 1996, 2786.
352 BGH 1.2.1984 – VIII ZR 54/83, BGHZ 90, 69; LAG Köln 1.2.2001 – 10 Sa 625/00, NZA-RR 2001, 461.
353 Palandt/*Grüneberg*, § 306 BGB Rn 13; Staudinger/*Schloßer*, § 306 BGB Rn 12.
354 BAG 21.8.2012 – 3 AZR 698/10, NZA 2013, 1428; BAG 13.12.2011 – 3 AZR 791/09, NZA 2012, 738.
355 BGH 3.11.1999 – VIII ZR 269/88, NJW 2000, 1110, 1114.

c) Milderung der Eingriffsintensität bei Altverträgen

131 Die Fachwelt hatte damit gerechnet, dass entsprechend dem Wortlaut der Übergangsregelung in Art. 229 § 5 Satz 2 EGBGB, mithin ab dem 1.1.2003, das neue AGB-Recht auch auf Altverträge Anwendung findet. Den Arbeitgebern war eine hinreichende Zeitspanne eingeräumt, um die Arbeitsverträge umzustellen.

Das BAG erkannte im Rahmen seiner Entscheidung über den Widerrufsvorbehalt in einem Altvertrag, dass bei strenger Beachtung der Nichtigkeitsfolge des § 306 BGB der Arbeitgeber aufgrund einer unwirksamen Widerrufsklausel selbst im Falle einer Existenzbedrohung des Betriebs von seinem Anpassungsinstrument nicht mehr hätte Gebrauch machen können. Das BAG entschloss sich deshalb, abweichend von § 306 BGB, eine Milderung der Eingriffsintensität bei Altverträgen über eine ergänzende Vertragsauslegung vorzunehmen.[356] Im Urteil vom 11.10.2006 führt das BAG noch einmal ausdrücklich aus, habe der Verwender bei Vertragsschluss die §§ 307 ff BGB nicht berücksichtigen können und sei die Klausel nur deswegen unwirksam, weil sie in formeller Hinsicht den neuen Anforderungen nicht genüge, bedürfe es zur Schließung der entstandenen Lücke der ergänzenden Vertragsauslegung.[357] Bei allem Verständnis für die Konfliktlage, in der sich das BAG befand, ist doch die Begründung, die der 5. Senat wählt, nicht überzeugend. Der Senat meinte, man würde in die Privatautonomie des Arbeitgebers unverhältnismäßig eingreifen, wolle man bei den Altfällen an der Unwirksamkeitsfolge festhalten. Gegen die Argumentation des BAG lässt sich anführen, dass das BAG in Wahrheit eine ergänzende Vertragsauslegung vorgenommen habe, die einer geltungserhaltenden Reduktion gleichkomme, weil es diejenige Vertragsgestaltung, die ihm noch angemessen erscheine mit dem hypothetischen Parteiwillen gleichsetze.[358] Die ergänzende Vertragsauslegung, wie sie das BAG nunmehr bei Altverträgen zur Rechtsfolge bestimmt, ermöglicht letztlich immer Wertungen auf Basis von Mutmaßungen.[359]

3. Gesamtunwirksamkeit des Vertrages, § 306 Abs. 3 BGB

132 Die Wirkung des § 306 Abs. 2 BGB wird ausnahmsweise vermieden, wenn durch die Anwendung dispositiven Rechts oder durch eine ergänzende Vertragsauslegung das Festhalten am Vertrag zu einer **unzumutbaren Härte** auf Seiten einer Vertragspartei führen würde. Da die Anwendung des AGB-Rechts im Arbeitsverhältnis grundsätzlich zu Gunsten des Arbeitnehmers wirkt, wird die unzumutbare Härte regelmäßig auf Seiten des Verwenders festzustellen sein. Als unzumutbare Härte auf Seiten des Verwenders gilt eine grundlegende Störung des Vertragsgleichgewichts durch Wegfall der Allgemeinen Geschäftsbedingung.[360] Derartige Fallkonstellationen im Bereich des Arbeitsrechts wurden bislang noch nicht von der Rechtsprechung entschieden und sind auch bei aller Phantasie schwer vorstellbar.

Beispielsweise sah das BAG bei vorliegender Unwirksamkeit einer Rückzahlungsklausel den Bestand der Fortbildungsvereinbarung als im Übrigen unberührt. Ein Festhalten an der Fortbildungsvereinbarung ohne die Rückzahlungsklausel stellt für den Arbeitgeber keine unzumutbare Härte dar (§ 306 Abs. 3 BGB). Als Verwender einer intransparenten Klausel trägt er das Risiko der Unwirksamkeit allein dieser Klausel.[361]

IX. Kontrollfreie Kollektivnormen, § 310 Abs. 4 Satz 1 BGB

1. Originär gültige Tarifverträge und Betriebsvereinbarungen

133 Eine AGB-rechtliche Inhaltskontrolle originärer Tarifverträge findet nach § 310 Abs. 4 Satz 1 BGB nicht statt. Der innere Grund für die Herausnahme aus der AGB-Kontrolle ist bei den Tarifverträgen die **Wahrung der Tarifautonomie**.[362] Betriebs- und Dienstvereinbarungen stellt der Gesetzgeber in § 310 Abs. 4 Satz 1 mit Tarifverträgen gleich. Auch wenn die Bezugnahme in der Gesetzesbegründung auf die Tarifautonomie im Hinblick auf Betriebs- und Dienstvereinbarungen verfehlt war,[363] bleibt der

---

356 BAG 12.1.2005 – 5 AZR 364/04, NZA 2005, 465; BAG 11.10.2006 – 5 AZR 721/05, NZA 2007, 87.
357 BAG 11.10.2006 – 5 AZR 721/05, DB 2007, 170.
358 *Bayreuther*, NZA 2005, 1337, 1339; *Hümmerich*, MedR 2005, 575.
359 *Hümmerich*, MedR 2005, 575, 578.
360 BGH 9.5.1996 – III ZR 209/95, NJW-RR 1996, 1009.
361 BAG 21.8.2012 – 3 AZR 698/10, NZA 2012, 1428.
362 Däubler/Dorndorf/*Däubler*, AGB im Arbeitsrecht, § 310 BGB Rn 25.
363 BT-Drucks. 14/6857, S. 54.

Gesetzestext eindeutig.³⁶⁴ Eine Inhaltskontrolle entfällt auch bei Gesamt- und Konzernbetriebsvereinbarungen³⁶⁵ sowie bei erzwingbaren wie freiwilligen Betriebsvereinbarungen.³⁶⁶

Dies hat das BAG im Fall einer ablösenden **Betriebsvereinbarung** bestätigt. Nach § 310 Abs. 4 Satz 1 BGB unterliegen jedoch Betriebsvereinbarungen keiner Inhaltskontrolle am Maßstab der §§ 305 ff BGB. Dies gilt auch, wenn die ablösende Betriebsvereinbarung zur Verschlechterung einer zuvor geltenden vertraglichen Einheitsregelung führt.³⁶⁷

Dass **Betriebsvereinbarungen** nicht der AGB-Kontrolle unterliegen, hat das BAG für den Bereich von Widerrufsvorbehalten klargestellt. Mit Urteil vom 1.2.2006³⁶⁸ hat es entschieden, dass die Senats-Rechtsprechung zur Anwendung des § 308 Nr. 4 BGB bei Widerrufsvorbehalten auf die in Betriebsvereinbarungen geregelten Widerrufsvorbehalte nicht anwendbar ist.

2. Vereinbarte Kollektivnormen

Noch umstritten ist, inwieweit der durch **Bezugnahmeklausel** arbeitsvertraglich vereinbarte normative Teil eines Tarifvertrages der kollektivrechtlichen Bereichsausnahme unterliegt. Die hM macht keinen Unterschied, ob der Tarifvertrag im Wege der Globalverweisung in Bezug genommen wurde, ob als statische oder als dynamische Klausel. Gleichgültig ist auch, ob es sich um einen räumlich- oder branchenfremden Tarifvertrag handelt.³⁶⁹ Da der Verzicht auf die Inhaltskontrolle seinen Sinn in der Vermutung einer angemessenen Regelung in Tarifverträgen und Betriebsvereinbarungen hat (sog. **Richtigkeitsgewähr**),³⁷⁰ ist die Bezugnahme auf jeden Tarifvertrag, der ein in sich geschlossenes System darstellt, ausreichend, um eine Inhaltskontrolle entbehrlich zu machen.³⁷¹ Soweit nur Teile eines Tarifvertrages in Bezug genommen werden, gilt die Richtigkeitsgewähr nicht. Bei **Teilbezugnahmen** auf Tarifverträge findet deshalb eine **Inhaltskontrolle** statt.

134

Soweit vertreten wird, die branchen- und ortsfremden Tarifverträge seien nicht per se der Bereichsausnahme unterstellt,³⁷² wird übersehen, dass die Bundesregierung in der Gesetzesbegründung ausdrücklich erklärt hat, Einzelarbeitsverträge, die Bezug auf einen Tarifvertrag nehmen, ohne dass eine beiderseitige Tarifbindung bestehe, oder die mit Kollektivverträgen übereinstimmen und lediglich deren gesamten Inhalt wiedergeben, unterlägen keiner Inhaltskontrolle, sondern seien nur am Transparenzgebot zu messen.³⁷³

Das BAG hat mit der Ankündigung einer Rechtsprechungsänderung im Urteil vom 14.12.2005³⁷⁴ von der von der Bundesregierung erwähnten Ausnahme bei **Bezugnahmeklauseln** Gebrauch gemacht, die Verweisung künftig am Transparenzgebot oder an § 305 c Abs. 2 BGB zu messen. Diese angekündigte Rechtsprechungsänderung hat das BAG mit seiner Entscheidung vom 18.4.2007³⁷⁵ vollzogen.

135

Bezugnahmeklauseln können gegen das Transparenzgebot verstoßen. Statische Verweisungen – gleich welcher Art – sind im Regelfall unproblematisch.³⁷⁶

Enthält ein Arbeitsvertrag eine kleine dynamische Bezugnahmeklausel auf einen nicht mehr geltenden Tarifvertrag, ist im Wege ergänzender Vertragsauslegung zu ermitteln, welche ersetzenden Tarifverträge Anwendung finden.³⁷⁷

Die in einem Arbeitsvertrag festgehaltene **Bezugnahme auf die „jeweilige" Fassung** eines einseitig vom Arbeitgeber vorgegebenen Regelungswerks (Arbeits- und Sozialordnung) und die in der Arbeits- und

---

364 AnwK-ArbR/*Hümmerich*, § 310 BGB Rn 21; ErfK/*Preis*, §§ 305–310 BGB Rn 9; HWK/*Gotthardt*, § 310 BGB Rn 21.
365 *Löwisch*, FS Wiedemann, S. 311, 320.
366 Däubler/Dorndorf/*Däubler*, AGB im Arbeitsrecht, § 310 BGB Rn 32.
367 BAG 21.8.2012 – 3 AZR 698/10, NZA 2012, 1428.
368 BAG 1.2.2006 – 5 AZR 187/05, NZA 2006, 564.
369 LAG Berlin 10.10.2003 – 6 Sa 1058/03, LAGE § 309 BGB 2002 Nr. 5; *Henssler*, RdA 2003, 129, 136; *Hromadka*, NJW 2002, 2523; *Hümmerich*, NZA 2003, 753; *Lindemann*, AuR 2002, 81; *Oetker*, FS Wiedemann, S. 399; *Annuß*, BB 2003, 460, *Bayreuther*, RdA 2003, 81, 91; HWK/*Gotthardt*, § 307 BGB Rn 13; *Thüsing/Lambrich*, NZA 2002, 1362; *Witt*, NZA 2004, 137.
370 BAG 24.3.2004 – 5 AZR 303/03, DB 2004, 1432; BAG 28.5.2002 – 3 AZR 422/01, NZA 2003, 1198.
371 AnwK-ArbR/*Hümmerich*, § 310 BGB Rn 25; ErfK/*Preis*, §§ 305–310 BGB Rn 14.
372 ErfK/*Preis*, §§ 305–310 BGB Rn 14; *Gaul*, ZfA 2003, 74, 89; *Richardi*, NZA 2002, 1057; *Schliemann*, Sonderbeil. NZA 16/2003, 3.
373 BT-Drucks. 14/6857, S. 53 f.
374 BAG 14.12.2005 – 4 AZR 536/04, NZA 2006, 607 = NJW 2006, 2571.
375 BAG 18.4.2007 – 4 AZR 652/05, NZA 2007, 965.
376 ErfK/*Preis*, §§ 305–310 BGB Rn 44.
377 BAG 29.6.2011 – 5 AZR 651/09; ErfK/*Preis*, § 611 BGB Rn 230.

Sozialordnung formulierte Gültigkeitsdauer bis zum Erlass einer neuen Arbeits- und Sozialordnung stellen inhaltlich ein Vertragsveränderungsrecht des Arbeitgebers dar.[378]

X. Compliance

136 Wesentliche Aspekte einer ordnungsgemäßen Unternehmensorganisation sind eine auf das Unternehmen zugeschnittene (also dessen Gegenstand, Branche und Größe angepasste) **Aufbau- und Ablauforganisation** mit entsprechend klaren Aufgaben- und Kompetenzzuweisungen, ein **Risikomanagementsystem**[379] sowie – idR – auch eine **Compliance-Organisation**.[380]

Bei **Compliance** geht es um Maßnahmen, die ein Unternehmen vorsorglich ergreift, um am Ende weitestmöglich die Legalität allen Unternehmenshandelns zu gewährleisten, insb. Straftaten aus dem Unternehmen heraus ebenso zu verhindern[381] wie sonstige Gesetzesverstöße und die Einhaltung von betriebsinternen Richtlinien sicherzustellen. Es geht also um eine Art „**Steuerungs-, Überwachungs- und Eingriffs- bzw Sanktionssystem**", mittels dessen die umfassende Rechtmäßigkeit unternehmerischen Handelns möglichst sichergestellt werden soll.[382]

137 Wesentliche „Pfeiler" eines Compliance-Systems sind betriebliche Strukturen, die einer angemessenen **Prävention** von Rechtsverstößen, einer angemessenen **Überwachung** des Unternehmenshandelns und der **Aufdeckung** etwaiger Rechtsverstöße sowie deren adäquater **Sanktionierung** dienen. Mittel sind insoweit zunächst etwa der Erlass eines entsprechenden „Mission-Statements" der Unternehmensspitze, der Erlass verbindlicher betrieblicher Regelungen, Codes of Conduct, Ethikrichtlinien etc., die Durchführung von Mitarbeiter-Schulungen vor allem in für Rechtsverstöße anfälligen Bereichen, wie zB dem Kartellrecht oder der Diskriminierung, die Einrichtung eines Melde- oder (neudeutsch) Whistleblowersystems,[383] um die Aufklärung zu fördern,[384] sowie eine angemessene Sanktionspolitik (Abmahnung, Versetzung, Kündigung, Schadensersatz etc.) für festgestellte Verstöße.[385]

138 Darüber hinaus verfügt ein Compliance-System oftmals über einen „**Compliance Officer**" (**Compliance-Beauftragter**), der die Kontrolle bzw Gewährleistung der Einhaltung der rechtlich vorgegebenen Regelungen sowie der unternehmensinternen Vorgaben übernimmt. Daher sollte der Compliance Officer weitgehend unabhängig und weisungsfrei agieren können. Ein Anstellungsvertrag für einen Compliance Officer ist in Muster 1225[386] formuliert. Das Muster 5377[387] (§ 10) enthält eine Regelung über die Ernennung und Aufgaben des Compliance-Beauftragten.

139 In der Unternehmenspraxis wird unter „Compliance" aber auch oft – ungenau – die Einhaltung von Verhaltensmaßregeln, Gesetzen und Richtlinien sowie von gesellschaftlichen Richtlinien und Wertvorstellungen, Moral und Ethik verstanden.

140 Aus Vorstehendem ergibt sich ohne Weiteres, dass das Thema „Compliance" zunehmend auch im Rahmen der **Arbeitsvertragsgestaltung** eine Rolle spielt. Primär geht es dabei darum, die Mitarbeiter bereits im Rahmen des Arbeitsvertrages auf die Bedeutung von Compliance und auf die Einhaltung insbesondere gesetzlicher Regelungen hinzuweisen. Es sind dabei die AGB-rechtlichen Vorgaben der §§ 305 ff BGB zu beachten. Compliance-Klauseln dürfen den Arbeitnehmer nicht unangemessen benachteiligen, dürfen nicht überraschend bzw mehrdeutig sein und müssen transparent sein. Die Muster

---

378 BAG 11.2.2009 – 10 AZR 222/08.
379 Zu Einzelheiten einer Aufbau- und Ablauforganisation und eines Risikofrüherkennungssystems bzw Risikomanagement muss auf die einschlägige Kommentarliteratur und Fachbeiträge verwiesen werden; vgl zur Aufbau- und Ablauforganisation etwa MüKo-GmbHG/*Fleischer*, § 43 Rn 59 und zum Risikofrüherkennungssystem etwa MüKo-GmbHG/*Fleischer*, § 43 Rn 61 ff; *Hüffer*, AktG, § 91 Rn 4 ff.
380 Zum Thema Compliance vgl die weiterführende Literatur, etwa: *Moosmayer*, Compliance – Praxisleitfaden für Unternehmen, 2. Aufl. 2012; *Umnuß*, Corporate Compliance Checklisten – Rechtliche Risiken im Unternehmen erkennen und vermeiden, 2. Aufl. 2012.
381 Hierzu zB *Göpfert/Landauer*, „Arbeitsstrafrecht" und die Bedeutung von Compliance-Systemen: Straftaten „für" das Unternehmen, NZA Beilage 2011, Nr. 1, 16–21.
382 Eine nähere Beschreibung einer Compliance-Organisation findet sich im Prüfungsmaßstab IDW PS 980 des Instituts für Wirtschaftsprüfer in Deutschland.
383 Vgl dazu etwa: *Fahrig*, Die Zulässigkeit von Whistleblowing aus arbeits- und datenschutzrechtlicher Sicht, NZA 2010, 1223; Moll/*Dendorfer*, MAH Arbeitsrecht, § 35 Rn 127 ff.
384 Ggf, insb. bei Verdacht auf strafrechtlich relevantes Verhalten, darf auch ein Team für interne Ermittlungen vorgesehen werden.
385 Vgl näher etwa Moll/*Dendorfer*, MAH Arbeitsrecht, § 35 Rn 23 mwN.
386 § 1 Rn 208 a.
387 § 5 Rn 120.

1081[388] (Anlage, § 13) und Muster 1110[389] (§ 13) bspw enthalten eine Regelung, in der der Mitarbeiter zur Einhaltung der Compliance-Richtlinien verpflichtet wird.

XI. Work-Life-Balance

Unter „Work-Life-Balance" ist eine **ausgewogene Gestaltung von Beruf und Freizeit** zu verstehen. Der Begriff ist keineswegs neu, aber dennoch rechtfertigt die in der gesellschaftlichen Realität inzwischen deutlich gestiegene Bedeutung der „Work-Life-Balance", diesen Aspekt hier aufzunehmen.

141

Zwar kann eine angemessene „Work-Life-Balance" nicht qua Arbeitsvertrag verordnet werden, aber das Arbeitsrecht (etwa **ArbZG, MuSchG, BEEG**) und auch das Arbeitsvertragsrecht hält bei näherem Hinsehen einige Rechtsinstitute bereit, die ohne weiteres als „work-life-balance-tools" bezeichnet werden können. Darunter fallen – ohne Anspruch auf Vollständigkeit – allen voran natürlich die Möglichkeiten von **Teilzeitarbeit, Elternzeit**, auch von Teilzeit während der Elternzeit, die neue **Pflegezeit und Familienpflegezeit, Telearbeit, Home-office, Job-Sharing, Gleitzeit** und alle anderen **flexiblen Arbeitszeitregelungen**.

Daneben spielen – naheliegend – gerade für jüngere Arbeitnehmer/innen auch **betriebliche Kinderbetreuungsmöglichkeiten** eine zunehmende Rolle.

Die Freizeit und damit das Privatleben werden auch durch die technisch inzwischen unschwer zu realisierende „**Dauererreichbarkeit**" der Arbeitnehmer via **Handy, Smartphone und E-Mail** gerade auch außerhalb der Arbeitszeit negativ berührt. Hier wird erst langsam erkannt, dass die Arbeit „zurückdrängende" Maßnahmen erforderlich bzw hilfreich sind.

Letztlich kann man auch Regelungen der **betrieblichen Gesundheitsvorsorge** eine Work-Life-Balance-Komponente nicht absprechen.

Das Thema „Work-Life-Balance" kann auch bei der **Arbeitsvertragsgestaltung** eingebunden werden. Hierbei sind die AGB-rechtlichen Vorgaben der §§ 305 ff BGB zu beachten. Das Muster 1205[390] (Ziff. 3) enthält eine Arbeitszeitanpassungsklausel, basierend auf einer „Gesamtbetriebsvereinbarung zur Förderung der besseren Vereinbarkeit von Beruf und Privatleben". Das Muster 1348[391] (§ 21 Abs. 2 und 3) enthält eine Work-Life-Balance-Regelung unter dem Aspekt der „Dauererreichbarkeit" und des verantwortungsvollen Umgangs mit dienstlich überlassenen Kommunikationsendgeräten (Handy, Smartphone etc.).

142

XII. Arbeitsvertragstexte im Formularbuch

Mit der vorliegenden Sammlung werden Arbeitsvertragsmuster aus unterschiedlichen Branchen, für Arbeitnehmer unterschiedlicher Hierarchien und Tätigkeitsfelder vorgestellt. Der Rechtsalltag bietet keine Gewähr, dass sämtliche in den vorgelegten Verträgen enthaltenen Klauseln stets wirksam sind. Eklatant unwirksame Klauseln, wie sie noch in den Vorauflagen des Werkes enthalten waren, wurden vermieden und durch andere Klauseln ersetzt.

143

Man darf bei der Aufgabenstellung der Vertragsgestaltung nicht vergessen, dass mancher Arbeitgeber Wert darauf legt, eine als bewährt geltende Klausel auch dann weiterhin in den Vertrag aufzunehmen, wenn ihre Rechtmäßigkeit zweifelhaft ist. Naturalparteien neigen zudem dazu, dem geschriebenen Wort Glauben zu schenken und seine rechtliche Wirksamkeit zunächst einmal nicht in Zweifel zu ziehen. Aus diesem Grunde enthalten die vorliegenden Arbeitsverträge auch Klauseln, deren Wirksamkeit zweifelhaft sein kann, weil sie etwa branchenüblich sind oder/und vom Auftraggeber eines Arbeitsverträge entwerfenden Anwalts gefordert werden. Häufig sind diese Klauseln durch Fußnoten gekennzeichnet. Jeder Vertragsgestalter muss daher in eigener Verantwortung prüfen, ob er unter Berücksichtigung der dargestellten Rechtslage eine Klausel verwenden will oder nicht. Hinzu kommt, dass nicht der beratende Vertragsgestalter allein darüber zu befinden hat, ob eine Klausel in einen Arbeitsvertrag aufgenommen werden soll, sondern dass auch der Parteiwille, vor allem auf Seiten des Verwenders, über die Aufnahme einer Klausel in den Arbeitsvertrag entscheidet.

---

388 § 1 Rn 169.
389 § 1 Rn 173.
390 § 1 Rn 203.
391 § 1 Rn 226.

B. Texte

I. Sondertexte

1. Muster: Niederschrift gemäß Nachweisgesetz

1. Vertragsparteien

Zwischen

...

und

Herrn ...

besteht ein Arbeitsverhältnis. Folgende wesentlichen Vertragsbedingungen gelten:

2. Beginn des Arbeitsverhältnisses

Das Arbeitsverhältnis ist unbefristet und besteht seit dem ....[392]

3. Arbeitsort

Der Arbeitnehmer wird in ... beschäftigt.[393]

4. Beschreibung der Tätigkeit

Herr ... wird eingestellt als ... und erledigt die nachfolgenden, mit ihm vereinbarten Tätigkeiten: ...

5. Arbeitsentgelt

Herr ... erhält für seine Tätigkeit folgende Vergütung ... EUR.

Zuschläge/Zulagen ... EUR.

Sonderzahlungen ... EUR.

Sonstige Entgelte ... EUR.

Die Bezüge werden jeweils am ... überwiesen.

6. Arbeitszeit

Die regelmäßige Arbeitszeit beträgt wöchentlich/täglich ... Std.

7. Urlaub

Herr ... erhält Erholungsurlaub von jährlich ... Werktagen/Arbeitstagen.

8. Kündigung des Arbeitsverhältnisses

Maßgeblich sind die gesetzlichen Mindestkündigungsfristen des § 622 BGB.

9. Anzuwendende Tarif-, Betriebs- oder Dienstvereinbarungen

Auf das Arbeitsverhältnis finden folgende Tarifverträge, Betriebsvereinbarungen oder Dienstvereinbarungen Anwendung: ...

Die Vereinbarungen können im Personalbüro, Zimmer ..., eingesehen werden.

---

[392] Bei befristeten Arbeitsverhältnissen ist die voraussichtliche Dauer anzugeben.
[393] Falls der Arbeitnehmer nicht nur an einem bestimmten Arbeitsort tätig sein soll, ist anzugeben, dass der Arbeitnehmer an verschiedenen Orten beschäftigt werden kann.

10. Zusatz bei einer Tätigkeit im Ausland über einen Monat hinaus

Die Dauer der im Ausland zu verrichtenden Tätigkeit beträgt ... Das Entgelt wird in folgender Währung ausgezahlt: ... Zusätzlich erhält Herr ... ein Entgelt in folgender Höhe: ... Außerdem werden folgende Sachleistungen gewährt: ... Für die Rückkehr werden folgende Bedingungen vereinbart: ...

11. Zusatz bei Tätigkeit eines geringfügig Beschäftigten

Der Arbeitnehmer wird vom Arbeitgeber darauf hingewiesen, dass er die Stellung eines versicherungspflichtigen Arbeitnehmers erwerben kann, wenn er auf die Versicherungsfreiheit durch Erklärung gegenüber dem Arbeitgeber verzichtet. Erklärt der Arbeitnehmer diesen Verzicht, hat er monatlich 7,5 % seines Arbeitsentgelts an den Rentenversicherungsträger zu zahlen. Der Arbeitnehmer erklärt, was folgt: ...

12. Sonstiges

Es gelten weiterhin folgende Vereinbarungen: ...

2. Muster: Rahmenvereinbarung für zukünftige befristete Arbeitsverhältnisse[394]

Rahmenvereinbarung[395]

Die Firma erklärt sich bereit, Herrn ... in die Liste der Interessenten für Arbeitseinsätze aufzunehmen. Im Bedarfsfalle wird der Leiter der Abteilung ... sich daher an Herrn ... mit der Frage wenden, ob dieser in der Lage und bereit ist, für einen näher bestimmten Zeitraum Arbeiten in der Firma zu erledigen. Für den Fall, dass im Einzelfall ein befristetes Arbeitsverhältnis zustande kommt, wird eine Stundenvergütung von ... EUR vereinbart.

Die Firma und Herr ... sind sich einig, dass

- die Firma nicht verpflichtet ist, Herrn ... Beschäftigungsangebote zu machen,
- Herr ... nicht verpflichtet ist, Beschäftigungsangebote der Firma anzunehmen,
- demzufolge durch den Abschluss dieser Rahmenvereinbarung und die in Einzelfällen erfolgende Beschäftigung ein Dauerteilzeitarbeitsverhältnis – auch in Form eines sog. Abrufarbeitsverhältnisses (§ 12 TzBfG) – nicht begründet werden soll.

3. Muster: Rahmenvereinbarung über Arbeit auf Abruf – flexible Arbeitszeit

§ 1 Tätigkeit

(1) Der Arbeitnehmer ist einverstanden, auf Abruf des Arbeitgebers als ... in ... zu arbeiten.

(2) Eine Verpflichtung zur jeweiligen Arbeitsaufnahme besteht nur, wenn der Arbeitnehmer spätestens vier Tage vor dem Bedarfsfall verständigt wird (§ 12 Abs. 2 TzBfG).

(3) Bei Anforderung unter dieser Frist ist die Arbeitsaufnahme freiwillig.

---

[394] Eine bloße Rahmenvereinbarung begründet nach Auffassung des BAG (31.7.2002 – 7 AZR 181/01, EzA-SD 02 Nr. 24, 7) noch kein Abrufarbeitsverhältnis. Wird ein echtes Abrufarbeitsverhältnis vereinbart und keine Festlegung der wöchentlichen Arbeitszeit vorgenommen, gilt eine wöchentliche Arbeitszeit von zehn Stunden als vereinbart, § 12 Abs. 1 Satz 3 TzBfG. Außerdem hat der Arbeitgeber den Arbeitnehmer für jeweils mindestens drei aufeinander folgende Stunden in Anspruch zu nehmen, § 12 Abs. 1 Satz 4 TzBfG.

[395] Die eigentliche Befristung des Arbeitsverhältnisses ist in eine gesonderte, schriftliche (§ 14 Abs. 4 TzBfG) Vereinbarung zu übernehmen.

§ 2 Arbeitszeitvolumen

(1) Die wöchentliche Arbeitszeit[396] beträgt mindestens ... Stunden. Wird das Arbeitsdeputat innerhalb des Abrechnungszeitraumes nicht vollständig abgerufen, so wird der unverbrauchte Teil dem nächsten Abrechnungszeitraum zugeschlagen. Ein solcher Übertrag darf höchstens 10 % des Arbeitszeitvolumens betragen.

(2) Der Arbeitnehmer ist zur Leistung von Mehrarbeit iHv 10 % des Arbeitsvolumens verpflichtet.

(3) Die tägliche Arbeitszeit beträgt an den Einsatztagen jeweils mindestens ... Stunden.

(4) Die Festlegung der zeitlichen Lage der Tätigkeit erfolgt durch den Arbeitgeber nach Bedarf von Fall zu Fall.

§ 3 Beginn des Arbeitsverhältnisses, Probezeit

(1) Das Arbeitsverhältnis beginnt am .... Vor seinem Beginn ist die ordentliche Kündigung ausgeschlossen.

(2) Die ersten sechs Monate gelten als Probezeit.

§ 4 Vergütung

(1) Die monatliche Vergütung beträgt ... EUR. Dies entspricht einer Stundenvergütung von ... EUR.

(2) Mit dem Gehalt des Monats Dezember werden sämtliche Zuschläge für Nachtarbeit, Überstunden usw für das laufende Jahr ausgezahlt.

§ 5 Urlaub, Feiertage

(1) Urlaub wird anteilig zur Vollarbeitszeit gewährt. Bei Vollarbeitszeit beträgt der Urlaub jährlich ... Arbeitstage.

(2) Für jeden Arbeitstag Urlaub wird das Arbeitsdeputat des Arbeitnehmers um ... Stunden gekürzt.

(3) Als Ausgleich für den Nichtabruf von Arbeit an Feiertagen wird das Arbeitsdeputat des Arbeitnehmers unter Fortzahlung der Vergütung um ... Stunden gekürzt.

§ 6 Arbeitsunfähigkeit

Im Falle der Erkrankung ist der Arbeitnehmer verpflichtet, vor Ablauf des 1. Kalendertages nach Beginn der Arbeitsunfähigkeit eine ärztliche Bescheinigung über die Arbeitsunfähigkeit sowie deren voraussichtliche Dauer vorzulegen.

§ 7 Entgeltfortzahlung im Krankheitsfall

(1) Im Krankheitsfall wird Entgeltfortzahlung nach den gesetzlichen Bestimmungen in ihrer jeweiligen Fassung gewährt.

(2) Soweit Krankheitszeiten über den letzten vom Arbeitgeber abgerufenen Arbeitseinsatz hinausgehen, kürzt sich das Arbeitsdeputat des Arbeitnehmers für jeden Arbeitstag, an dem er erkrankt ist, um die Stundenzahl, die sich bei gleichmäßiger Verteilung des Deputats auf alle Arbeitstage des Halbjahres ergeben würde (... Stunden montags bis freitags).

(3) Ist bei Eintritt der Krankheit bereits ein Abruf erfolgt, so vermindert sich das Arbeitsdeputat um die Zahl der im Abruf enthaltenen Stunden.

§ 8 Nebenbeschäftigungen

Dem Arbeitnehmer kann eine selbständige Tätigkeit oder die Begründung eines weiteren Arbeitsverhältnisses untersagt werden, wenn er dadurch seine vertraglichen Pflichten aus dem vorliegenden Arbeitsvertrag nicht mehr ordnungsgemäß erfüllen kann oder andere betriebliche Belange durch die Nebentätigkeit beeinträch-

---

396 Nach § 12 Abs. 1 TzBfG muss eine wöchentliche oder eine tägliche Arbeitszeitdauer vertraglich festgehalten werden.

tigt werden. Der Arbeitnehmer wird den Arbeitgeber vor Aufnahme einer Nebenbeschäftigung in Kenntnis setzen.[397]

§ 9 Beendigung des Arbeitsverhältnisses

(1) Während der Probezeit gem. § 3 Abs. 2 kann das Arbeitsverhältnis mit einer Kündigungsfrist von 14 Tagen gekündigt werden.

(2) Nach Ablauf der Probezeit beträgt die Kündigungsfrist ... Monate zum Quartalsende.

(3) Jede gesetzliche Verlängerung der Kündigungsfrist zu Gunsten des Arbeitnehmers gilt auch zu Gunsten des Arbeitgebers.

(4) Die Kündigung bedarf der Schriftform. Die Kündigungsfrist beträgt vier Wochen zum Fünfzehnten oder zum Ende eines Kalendermonats.

(5) Das Arbeitsverhältnis endet mit Ablauf des Monats, in dem der Arbeitnehmer erstmals die gesetzlichen Voraussetzungen für den Bezug einer Regelaltersrente erfüllt oder in dem seine dauernde Berufs- oder Erwerbsunfähigkeit durch Rentenbescheid festgestellt wird.

(6) Unberührt bleibt das Recht zur außerordentlichen Kündigung.

§ 10 Personalfragebogen

Die Angaben im Personalfragebogen sind wesentlicher Bestandteil dieses Arbeitsvertrages. Unrichtige Angaben können zur Anfechtung des Arbeitsvertrages führen.

§ 11 Vertragsänderungen

(1) Mündliche Nebenabreden bestehen nicht.

(2) Ergänzungen und Änderungen dieses Arbeitsvertrages einschließlich der Aufhebung dieses Schriftformerfordernisses bedürfen der Schriftform, es sei denn, sie beruhen auf einer ausdrücklichen oder individuellen Vertragsabrede. Eine betriebliche Übung ist keine solche ausdrückliche bzw. individuelle Vertragsabrede. Auch wiederholte Leistungen oder Vergünstigungen ohne ausdrückliche oder individuelle Vertragsabrede begründen keinen Anspruch für die Zukunft.

§ 12 Verfallfristen[398]

Alle Ansprüche, die sich aus dem Arbeitsverhältnis ergeben, sind von den Vertragsschließenden binnen einer Frist von 3 (drei) Monaten seit ihrer Fälligkeit schriftlich geltend zu machen und im Falle der Ablehnung durch die Gegenpartei binnen einer Frist von 3 (drei) Monaten einzuklagen.

4. Muster: Volontariatsvertrag mit einer Agentur

Zwischen

der Firma ...

— nachstehend: Agentur —

und

---

[397] Nebentätigkeitsregelungen, die die Aufnahme jeder Nebentätigkeit von der vorherigen schriftlichen Genehmigung des Arbeitgebers abhängig machen, sind als absolute Nebentätigkeitsverbote mit der Berufsfreiheit des Arbeitnehmers nach Art. 12 GG nicht in Einklang zu bringen (BVerfG 4.11.1992 – 1 BvR 79/85, NJW 1993, 317; BAG 26.6.2001 – 9 AZR 343/00, NZA 2002, 98).

[398] Nach einer neuen Entscheidung des BAG können arbeitsvertraglich vereinbarte Ausschlussfristen dahin gehend ausgelegt werden, dass sie nur die von den Parteien für regelungsbedürftig gehaltenen Fälle erfassen sollen. Eine Anwendung auch für die Fälle, die durch gesetzliche Verbote oder Gebote geregelt sind, soll dagegen regelmäßig gerade nicht gewollt sein, so das BAG. Das gelte bspw für die Haftung wegen Vorsatzes (Pressemitteilung Nr. 42/13 zu BAG, Urt. v. 20.6.2013 – 8 AZR 280/12). Ein weiteres Formulierungsbeispiel für eine vertragliche Verfallklausel mit Ausschluss der Haftung für Vorsatz enthält das Muster 1134 (§ 16).

§ 1 Verträge mit Arbeitnehmern, freien Mitarbeitern und Gesellschaftsorganen

Herrn ...

– nachstehend: Mitarbeiter –

wird folgender Vertrag geschlossen:

§ 1 Gegenstand des Vertrages und Art der Beschäftigung

Der Mitarbeiter absolviert in der Agentur ein einjähriges Volontariat.

Seine Tätigkeit umfasst alle Arbeiten, die sich im Rahmen des Unternehmensgegenstandes des Arbeitgebers ergeben, zu dem ... gehören.

Die Agentur behält es sich vor, den Mitarbeiter – falls betrieblich notwendig – auch anderweitig als ursprünglich vorgesehen einzusetzen.

Der Mitarbeiter verpflichtet sich, alle ihm übertragenen Arbeiten sorgfältig und gewissenhaft auszuführen.

Der Mitarbeiter verpflichtet sich, sowohl bei seiner betriebsinternen Tätigkeit als auch bei auswärtigen Einsätzen alle gesetzlichen Vorschriften zu beachten.

§ 2 Vertragsdauer und Probezeit

Der Vertrag ist befristet auf ein Jahr. Er beginnt am 1. ... und endet am .... Eine Übernahme in ein unbefristetes Arbeitsverhältnis bedarf eines neuen Vertrages.

§ 3 Arbeitszeit

Die regelmäßige Arbeitszeit beträgt fünf Tage in der Woche mit mindestens 40 Wochenstunden (Montag bis Freitag von 8.30 Uhr bis 17.00 Uhr). Die Regelarbeitszeit beinhaltet eine halbe Stunde Mittagspause. Bei der Pausenregelung besteht die Möglichkeit, nach Absprache mit der Agenturleitung diese auf eine Stunde auszuweiten. Die Regelarbeitszeit erstreckt sich in diesem Fall von Montag bis Freitag von 8.30 Uhr bis 17.30 Uhr.

§ 4 Vergütung

Der Mitarbeiter erhält als Gehalt eine monatlich nachträglich zu zahlende Vergütung von brutto ... EUR, das nach Einbehalt der Abzüge auf ein zu benennendes Konto gezahlt wird. Der Mitarbeiter verpflichtet sich, sowohl über das monatliche Gehalt als auch über alle übrigen Vergünstigungen, Prämien und Sonderleistungen strengstes Stillschweigen zu bewahren. Ganz besonders gilt dies gegenüber Arbeitskollegen.

Der Mitarbeiter verpflichtet sich, Gehaltsüberzahlungen ohne Rücksicht auf eine noch vorhandene Bereicherung zurückzuzahlen.[399]

§ 5 Urlaub

Nach Beendigung der Probezeit besteht Anspruch auf einen Jahres-Erholungsurlaub iHv 20 Tagen. Der Urlaub muss spätestens zum 31. März des darauf folgenden Jahres genommen werden. Ausnahmen bedürfen einer anderweitigen Vereinbarung mit der Agentur.

Mit jedem Jahr der Zugehörigkeit zur Agentur erhöht sich der Urlaubsanspruch um einen Tag, bis auf eine maximale Urlaubszeit von 30 Tagen im Jahr.

Urlaubstage bedürfen einer Genehmigung seitens der Agenturleitung. Die Agentur versucht den Wünschen des Mitarbeiters bezüglich der zeitlichen Planung des Urlaubs so weit wie möglich entgegenzukommen. Von der Agenturleitung festgelegte Betriebsferien müssen als Urlaubstage genommen werden.

---

[399] Diese Klausel ist nach hier vertretener Ansicht gem. § 307 Abs. 2 Nr. 1 BGB nicht wirksam (*Hümmerich*, NZA 2003, 764; ausf. zu Gehaltsrückzahlungsklauseln Hümmerich/Reufels/*Mengel*, Gestaltung von Arbeitsverträgen, § 1 Rn 1977 ff).

§ 6 Krankheit

Der Mitarbeiter verpflichtet sich im Fall einer Krankheit, den Arbeitgeber unverzüglich, noch am Tag der Erkrankung zu benachrichtigen und ihm spätestens nach drei Tagen ein ärztliches Attest zukommen zu lassen.

Die Entgeltfortzahlung im Krankheitsfall richtet sich nach dem Entgeltfortzahlungsgesetz in seiner jeweils geltenden Fassung.

§ 7 Nebenbeschäftigung und Wettbewerbsverbot

Während der Dauer des Vertrages darf der Mitarbeiter ohne Genehmigung der Firma weder ein Handelsgewerbe betreiben noch in dem Handelszweig der Firma Geschäfte auf eigene oder fremde Rechnung machen.

Jede Nebentätigkeit, gleichgültig, ob sie entgeltlich oder unentgeltlich ausgeübt wird, bedarf der vorherigen Zustimmung der Agentur. Die Zustimmung ist zu erteilen, wenn die Nebentätigkeit die Wahrnehmung der dienstlichen Aufgaben zeitlich nicht oder allenfalls unwesentlich behindert und sonstige berechtigte Interessen der Agentur nicht beeinträchtigt werden.

Die Agentur hat die Entscheidung über den Antrag des Mitarbeiters auf Zustimmung zur Nebentätigkeit innerhalb von vier Wochen nach Eingang des Antrages zu treffen. Wird innerhalb dieser Frist eine Entscheidung nicht gefällt, gilt die Zustimmung als erteilt.

§ 8 Geheimhaltung

Der Mitarbeiter verpflichtet sich, alle betrieblichen Beobachtungen, Erfahrungen sowie ihm anvertraute oder sonst zugänglich gewordene Geschäfts- und Betriebsangelegenheiten – der bestehenden und prospektiven Agenturkunden – streng geheim zu behandeln und dafür zu sorgen, dass die Geheimhaltung auch gegenüber anderen Betriebsangehörigen gewahrt wird, soweit nicht betriebliche Belange entgegenstehen. Dies gilt für Betriebs- und Geschäftsgeheimnisse auch nach Beendigung des Vertragsverhältnisses.

Für den Fall des Verstoßes gegen diese Vereinbarung ist der Mitarbeiter verpflichtet, Schadensersatz in Höhe des entstehenden Agenturschadens zu leisten. Die Missachtung der Geheimhaltung kann darüber hinaus – unbeschadet rechtlicher Schritte durch die Agentur – eine fristlose Kündigung nach sich ziehen.

§ 9 Eigentumsvorbehalt und Copyrights

Der Mitarbeiter darf ohne ausdrückliche Zustimmung der Agenturleitung keine betrieblichen Unterlagen aus den Büroräumen entfernen. Alle während der Betriebszugehörigkeit im Hinblick auf die berufliche Tätigkeit entworfenen Unterlagen, Computer-Dateien, Adressenverzeichnisse, Presseverteiler, Datenbestände u.Ä. sind bzw werden Eigentum der Agentur. Der Mitarbeiter ist verpflichtet, den Arbeitgeber spätestens am Tag der Beendigung des Arbeitsverhältnisses über ihre Existenz in Kenntnis zu setzen bzw über ihren Verbleib aufzuklären sowie sie an den Arbeitgeber herauszugeben.

Der Mitarbeiter überträgt der Agenturleitung das uneingeschränkte Recht an allen Werken, Ideen, Gegenständen, unabhängig davon, ob sie urheberrechtlich geschützt sind oder nicht (zB Musikstücke, Manuskripte, Themen, Slogans, Geschichten, Gestalten, Titel, Konzepte) oder im Rahmen der Neukundenakquisition benutzt worden sind oder werden und deren Urheber der Mitarbeiter ist bzw während seiner Tätigkeit beim Arbeitgeber wird.

Der Mitarbeiter verpflichtet sich, diese Werke, Ideen, Gegenstände und Nachahmungen weder während noch nach seiner Tätigkeit bei dem Arbeitgeber anderweitig zu verwerten. Die Vergütung für diese Übertragung der Nutzungsrechte ist durch das vertraglich vereinbarte Gehalt des Mitarbeiters abgegolten.

§ 10 Kündigung

Die ersten sechs Monate gelten als Probezeit. Während dieser Zeit kann das Vertragsverhältnis von jedem Vertragspartner mit einer Frist von vier Wochen jeweils zum Monatsende gekündigt werden.

Nach Beendigung der Probezeit beträgt die Kündigungsfrist sechs Wochen zum Ende eines Kalendermonats.

Wisswede

§ 11 Telekommunikation und Erteilung von Fremdaufträgen

Der Mitarbeiter verpflichtet sich im Rahmen der Sorgfaltspflicht gegenüber der Agentur, private Telefonate – innerstädtisch – und private E-Mails möglichst gering zu halten. Private Außerortsgespräche werden der Agentur von dem Mitarbeiter erstattet.[400]

Jeder Auftrag, dem eine Zahlungsverpflichtung der Agentur folgt, kann nur in Abstimmung mit der Agenturleitung oder Assistenz der Agenturleitung erteilt werden.

§ 12 Datenverarbeitung, Allgemeines

Der Mitarbeiter erklärt sich ausdrücklich mit der Verarbeitung seiner persönlichen Daten im Rahmen des Bundesdatenschutzgesetzes einverstanden.[401]

Gerichtsstand ist ... . Es gilt deutsches Recht.

... (Ort, Datum, Unterschrift Agentur)

... (Ort, Datum, Unterschrift Mitarbeiter)

Nachtrag:

Nach Ablauf einer erfolgreichen Probezeit wird das Gehalt des Mitarbeiters für den Rest der Volontariatszeit um ... EUR erhöht.

Die Agentur behält es sich vor, ohne dass ein Rechtsanspruch hieraus ableitbar ist, dem Mitarbeiter nach Ablauf seines Volontariats eine Übernahme als PR-/Werbeassistent anzubieten.

5. Muster: Vertrag mit einem Auszubildenden

Ausbildungsvertrag

Zwischen dem Ausbildenden

a) ...

b) ...

und dem Auszubildenden

Name ...

Straße ...

in ...

schulische Vorbildung ...

geb. am ... in ...

gesetzlich vertreten durch ...

Straße ...

in ...

wird dieser Vertrag zur Ausbildung im Ausbildungsberuf ... geschlossen.

---

400 Die vertragliche Erlaubnis zur privaten Nutzung von Telekommunikationseinrichtungen des Arbeitgebers kann zzt wegen der ungewissen Anwendbarkeit der Regeln des § 88 TKG nicht empfohlen werden (vgl ErfK/*Franzen*, § 32 BDSG Rn 26 mwN).

401 In der jetzigen Fassung wird deklaratorisch nur auf das verwiesen, was nach BDSG ohnehin zulässig ist. Soll darüber hinaus die Möglichkeit des Arbeitgebers zur Datenverarbeitung erweitert werden, ist eine Einwilligung des Arbeitnehmers nach § 4a BDSG erforderlich. Diese bedarf, wenn sie zusammen mit anderen Erklärungen schriftlich erteilt wird, zu ihrer Wirksamkeit einer besonderen drucktechnischen Hervorhebung (§ 4a Abs. 1 Satz 4 BDSG). Deshalb wird empfohlen, vorformulierte Einwilligungserklärungen in die Verarbeitung personenbezogener Daten durch Fettdruck im Vertragstext kenntlich zu machen.

Kapitel 1: Arbeitsverträge

§ 1 Ausbildungsdauer

(1) Vorgeschriebene Ausbildungsdauer

Die Ausbildungsdauer beträgt gem. § 3 der Ausbildungsverordnung drei Jahre.

Hierauf wird angerechnet:

a) eine vorangegangene Ausbildung (§ 7 Abs. 1 BBiG) mit ... Monaten;

b) die Berufsausbildung im Ausbildungsberuf bei ... mit ... Monaten.

Das Berufsausbildungsverhältnis beginnt am ... und endet am ... .

(2) Probezeit

Die Probezeit beträgt vier Monate.[402] Wird die Ausbildung während der Probezeit für mehr als ein Drittel der Zeit unterbrochen, so verlängert sich die Probezeit um den Zeitraum der Unterbrechung.

(3) Vorzeitige Beendigung des Ausbildungsverhältnisses

Besteht der Auszubildende vor Ablauf der unter Abs. 1 vereinbarten Ausbildungszeit die Abschlussprüfung, so endet das Berufsausbildungsverhältnis mit dem Tage der Feststellung des Prüfungsergebnisses.

(4) Gesetzliche Verlängerung des Ausbildungsverhältnisses

Besteht der Auszubildende die Abschlussprüfung nicht, so verlängert sich das Berufsausbildungsverhältnis auf sein Verlangen bis zur nächstmöglichen Wiederholungsprüfung, im Falle des Nichtbestehens der Wiederholungsprüfung bis zu einer eventuell zulässigen erneuten Wiederholungsprüfung, höchstens jedoch um insgesamt ein Jahr. Das Verlangen ist innerhalb angemessener Frist nach der Mitteilung über das Nichtbestehen der Abschlussprüfung gegenüber dem Ausbildenden zu stellen.

§ 2 Ausbildungsstätte

Die Ausbildung findet vorbehaltlich anderweitiger Regelungen in der Firma des Ausbildenden statt.

§ 3 Pflichten des Ausbildenden

Der Ausbildende verpflichtet sich,

(1) Ausbildungsziel

dafür zu sorgen, dass dem Auszubildenden die Fertigkeiten und Kenntnisse vermittelt werden, die zum Erreichen des Ausbildungszieles nach der Ausbildungsordnung erforderlich sind, und die Berufsausbildung nach den beigefügten Angaben zur sachlichen und zeitlichen Gliederung des Ausbildungsablaufes so durchzuführen, dass das Ausbildungsziel in der vorgesehenen Ausbildungszeit erreicht werden kann;

(2) Ausbilder

selbst auszubilden oder einen persönlich und fachlich geeigneten Ausbilder ausdrücklich damit zu beauftragen und diesen dem Auszubildenden jeweils schriftlich bekannt zu geben;

(3) Ausbildungsordnung

dem Auszubildenden vor Beginn der Ausbildung die Ausbildungsordnung kostenlos auszuhändigen;

(4) Ausbildungsmittel

dem Auszubildenden kostenlos die Ausbildungsmittel zur Verfügung zu stellen, die zur Berufsausbildung und zum Ablegen von Zwischen- und Abschlussprüfungen, auch soweit solche nach Beendigung des Berufsausbildungsverhältnisses in zeitlichem Zusammenhang damit stattfinden, erforderlich sind;

---

402 Die Probezeit beträgt nach § 20 Satz 2 BBiG mindestens einen Monat und höchstens vier Monate. Nach der Probezeit ist für den Ausbilder nur noch eine außerordentliche Kündigung nach § 22 Abs. 2 Nr. 1 BBiG möglich. Diese muss aber – anders als bei einem Arbeitsverhältnis – unter Angabe der Kündigungsgründe erfolgen, § 22 Abs. 3 BBiG.

(5) Berufsschule, sonstige Ausbildungsmaßnahmen

a) den Auszubildenden zum Besuch der Berufsschule anzuhalten und dafür freizustellen. Das Gleiche gilt, wenn Ausbildungsmaßnahmen außerhalb der Ausbildungsstätte vorgeschrieben sind;

b) Kopien der Berufsschulzeugnisse, die er im Einverständnis des Auszubildenden aufbewahrt, nach Beendigung des Ausbildungsverhältnisses zu vernichten;

(6) Berichtsheftführung

dem Auszubildenden vor Ausbildungsbeginn und später vorgeschriebene Berichtshefte für die Berufsausbildung kostenfrei auszuhändigen, die ordnungsgemäße Führung während der Ausbildungszeit zu gestatten und durch regelmäßige Abzeichnung zu überwachen;

(7) Ausbildungsbezogene Tätigkeiten

dem Auszubildenden nur Verrichtungen zu übertragen, die dem Ausbildungszweck dienen und seinen körperlichen Kräften angemessen sind;

(8) Sorgepflicht

dafür zu sorgen, dass der Auszubildende charakterlich gefördert sowie sittlich und körperlich nicht gefährdet wird;

(9) Ärztliche Untersuchungen

den jugendlichen Auszubildenden für ärztliche Untersuchungen nach dem Jugendarbeitsschutzgesetz (JArbSchG) freizustellen und sich von ihm gem. §§ 32, 33 JArbSchG Bescheinigungen darüber vorlegen zu lassen, dass er

a) vor der Aufnahme der Ausbildung untersucht und

b) vor Ablauf des ersten Ausbildungsjahres nachuntersucht worden ist;

(10) Eintragungsantrag

unverzüglich nach Abschluss des Berufsausbildungsvertrages die Eintragung in das Verzeichnis der Berufsausbildungsverhältnisse und unter Beifügung der Vertragsniederschriften und – bei Auszubildenden unter 18 Jahren – einer Kopie der ärztlichen Bescheinigung über die Erstuntersuchung gem. § 32 JArbSchG zu beantragen; entsprechendes gilt bei späteren Änderungen des wesentlichen Vertragsinhaltes;

(11) Anmeldung zu Prüfungen

den Auszubildenden rechtzeitig zu den angesetzten Zwischen- und Abschlussprüfungen anzumelden, ihn für die Teilnahme daran und für den Tag vor der schriftlichen Abschlussprüfung freizustellen, die Prüfungsgebühr und etwaige Reisekosten zu zahlen sowie der Anmeldung zur Zwischenprüfung bei Auszubildenden unter 18 Jahren eine Kopie der ärztlichen Bescheinigung über die erste Nachuntersuchung gem. § 33 JArbSchG beizufügen.

§ 4 Pflichten des Auszubildenden

Der Auszubildende hat sich zu bemühen, die Fertigkeiten und Kenntnisse zu erwerben, die erforderlich sind, um das Ausbildungsziel zu erreichen. Er verpflichtet sich insbesondere,

(1) Lernpflicht

die ihm im Rahmen seiner Berufsausbildung übertragenen Verrichtungen und Aufgaben sorgfältig auszuführen und die ihm aufgetragenen Nebenleistungen zu erbringen, sofern sie mit der Ausbildung vereinbar sind;

(2) Berufsschule, Prüfungen, sonstige Maßnahmen

am Berufsschulunterricht und an Prüfungen sowie an Ausbildungsmaßnahmen außerhalb der Ausbildungsstätte teilzunehmen, für die er gem. § 3 Abs. 5 freigestellt wird oder die angeordnet sind;

(3) Weisungsgebundenheit

den Weisungen zu folgen, die ihm im Rahmen der Berufsausbildung vom Ausbildenden, vom Ausbilder oder von anderen weisungsberechtigten Personen, soweit sie als weisungsberechtigt bekannt gemacht worden sind, erteilt werden;

(4) Betriebliche Ordnung

die für die Ausbildungsstätte geltende Ordnung zu beachten;

(5) Sorgfaltspflicht

Maschinen und das sonstige Inventar der Ausbildungsstätte pfleglich zu behandeln und das Büromaterial nur zu den ihm übertragenen Arbeiten zu verwenden;

(6) Verschwiegenheitspflicht

über Betriebs- und Geschäftsgeheimnisse Stillschweigen zu bewahren;

(7) Berichtsheftführung

ein vorgeschriebenes Berichtsheft ordnungsgemäß zu führen und regelmäßig vorzulegen;

(8) Benachrichtigung bei Fernbleiben

bei Fernbleiben von der Ausbildungsstätte, vom Berufsschulunterricht oder von sonstigen Ausbildungsveranstaltungen dem Ausbildenden unter Angabe von Gründen unverzüglich Nachricht zu geben und ihm bei Krankheit und Unfall innerhalb von drei Tagen eine ärztliche Bescheinigung zuzuleiten;

(9) Ärztliche Untersuchungen

wenn er zu dem jeweiligen Zeitpunkt noch nicht 18 Jahre alt ist, sich gem. §§ 32, 33 JArbSchG ärztlich

a) vor Beginn der Ausbildung untersuchen zu lassen

b) vor Ablauf des ersten Ausbildungsjahres nachuntersuchen zu lassen und die Bescheinigungen darüber dem Ausbildenden vorzulegen;

(10) Vorlage von Berufsschulzeugnissen

die Berufsschulzeugnisse den Ausbilder unverzüglich nach Erhalt einsehen zu lassen oder vorzulegen; er erklärt sich damit einverstanden, dass Berufsschule und Ausbilder sich über seine Leistungen unterrichten.

§ 5 Vergütung und sonstige Leistungen

(1) Höhe und Fälligkeit der Vergütung

Die Vergütung beträgt monatlich

_ EUR brutto im 1. Ausbildungsjahr,

_ EUR brutto im 2. Ausbildungsjahr,

_ EUR brutto im 3. Ausbildungsjahr.

Eine über die vereinbarte regelmäßige tägliche Ausbildungszeit hinausgehende Beschäftigung wird besonders vergütet.[403]

Die Vergütung ist spätestens am letzten Ausbildungstag des Monats zu zahlen.

Die auf die Urlaubszeit entfallende Vergütung wird vor Antritt des Urlaubs ausgezahlt.

Die Beiträge für die Sozialversicherung tragen die Vertragschließenden nach Maßgabe der gesetzlichen Bestimmungen.

---

[403] Die Höchstgrenzen für die Beschäftigung von Jugendlichen nach dem JArbSchG sind zu beachten.

(2) Kosten für Maßnahmen außerhalb der Ausbildungsstätte

Für Maßnahmen außerhalb der Ausbildungsstätte, die vom Ausbildenden angeordnet, vorgeschrieben oder vereinbart sind, trägt der Ausbildende die notwendigen Kosten, soweit der Auszubildende nicht einen anderweitigen Anspruch auf Übernahme der Kosten hat.

(3) Berufskleidung

Wird vom Ausbildenden eine Berufskleidung vorgeschrieben, so wird sie von ihm zur Verfügung gestellt.

(4) Fortzahlung der Vergütung

Dem Auszubildenden wird die regelmäßige monatliche Vergütung auch gezahlt

a) für die Zeit der Freistellung nach § 3 Abs. 5, 9 und 11,

b) bis zur Dauer von sechs Wochen, wenn er

aa) sich für die Berufsausbildung bereit hält, diese aber ausfällt,

bb) infolge unverschuldeter Krankheit nicht an der Berufsausbildung teilnehmen kann oder

cc) aus einem sonstigen in seiner Person liegenden Grund unverschuldet gehindert ist, seine Pflichten aus dem Berufsausbildungsverhältnis zu erfüllen.

§ 6 Tägliche Ausbildungszeit und Urlaub

(1) Tägliche Ausbildungszeit

Die regelmäßige tägliche Ausbildungszeit beträgt ... Stunden.

(2) Dauer des Erholungsurlaubs

Die Dauer des Urlaubs (je Kalenderjahr) beträgt[404]

... Werktage im Jahre ...

... Werktage im Jahre ...

... Werktage im Jahre ...

... Werktage im Jahre ...

(3) Lage des Urlaubs, Erwerbsarbeit

Der Urlaub soll zusammenhängend und in der Zeit der Berufsschulferien erteilt und genommen werden. Während der Urlaubszeit darf der Auszubildende keine dem Urlaubszweck widersprechende Erwerbsarbeit leisten.

§ 7 Kündigung

(1) Kündigung während der Probezeit

Während der Probezeit kann das Berufsausbildungsverhältnis ohne Einhaltung einer Kündigungsfrist und ohne Angabe von Gründen gekündigt werden.

(2) Kündigung nach der Probezeit

Nach der Probezeit kann das Berufsausbildungsverhältnis nur gekündigt werden

a) aus einem wichtigen Grund ohne Einhaltung einer Kündigungsfrist,[405]

b) vom Auszubildenden mit einer Kündigungsfrist von vier Wochen, wenn er die Berufsausbildung aufgeben oder sich für eine andere Berufstätigkeit ausbilden lassen will.

(3) Form der Kündigung

Die Kündigung muss schriftlich und im Falle des Abs. 2 unter Angabe des Kündigungsgrundes erfolgen.

---

404 § 2 BUrlG, § 19 Abs. 2 JArbSchG sind zu beachten.
405 Auf die besonderen Anforderungen an die fristlose Kündigung eines Ausbildungsverhältnisses nach § 22 BBiG wird hingewiesen.

(4) Frist für Kündigung aus wichtigem Grund

Eine Kündigung aus einem wichtigen Grund ist unwirksam, wenn die ihr zugrunde liegenden Tatsachen dem zur Kündigung Berechtigten länger als zwei Wochen bekannt sind. Ist ein Schlichtungsverfahren gem. § 9 eingeleitet, so wird bis zu dessen Beendigung der Lauf dieser Frist gehemmt.

(5) Schadensersatz bei vorzeitiger Vertragslösung

Wird das Berufsausbildungsverhältnis nach Ablauf der Probezeit vorzeitig gelöst, so kann der Ausbildende oder Auszubildende Ersatz des Schadens verlangen, wenn der andere den Grund für die Auflösung zu vertreten hat. Das gilt nicht bei Kündigung wegen Aufgabe oder Wechsels der Berufsausbildung (Abs. 2 b). Der Anspruch erlischt, wenn er nicht innerhalb von drei Monaten nach Beendigung des Berufsausbildungsverhältnisses geltend gemacht wird.

(6) Betriebsaufgabe, Wegfall der Ausbildungseignung

Bei Kündigung des Berufsausbildungsverhältnisses wegen Betriebsaufgabe oder wegen Wegfalls der Ausbildungseignung verpflichtet sich der Ausbildende, sich mit Hilfe der Berufsberatung der zuständigen Agentur für Arbeit rechtzeitig um eine weitere Ausbildung des Auszubildenden im bisherigen Ausbildungsberuf in einer anderen geeigneten Ausbildungsstätte zu bemühen.

§ 8 Zeugnis

Der Ausbildende stellt dem Auszubildenden bei Beendigung des Berufsausbildungsverhältnisses ein Zeugnis aus. Hat der Ausbildende die Berufsausbildung nicht selbst durchgeführt, so soll auch der Ausbilder das Zeugnis unterschreiben. Es muss Angaben enthalten über Art, Dauer und Ziel der Berufsausbildung sowie über die erworbenen Fertigkeiten und Kenntnisse des Auszubildenden, auf Verlangen des Auszubildenden auch Angaben über Führung, Leistung und besondere fachliche Fähigkeiten.

§ 9 Beilegung von Streitigkeiten

Ist bei der Industrie- und Handelskammer (Handwerkskammer) zur Beilegung von Streitigkeiten aus einem bestehenden Berufsausbildungsverhältnis ein Ausschuss gem. § 111 Abs. 2 des Arbeitsgerichtsgesetzes gebildet, so ist vor Inanspruchnahme des Arbeitsgerichts dieser Ausschuss anzurufen.

Dieser Vertrag ist in drei (bei Mündeln vier) gleich lautenden Ausfertigungen ausgestellt und von den Vertragschließenden eigenhändig unterschrieben worden.

... (Ort, Datum)

Der Ausbildende:

... (Stempel und Unterschrift)

Der Auszubildende:

... (Voller Vor- und Zuname)

Die gesetzlichen Vertreter des Auszubildenden: (Falls ein Elternteil verstorben, bitte vermerken)

Vater: ...

und

Mutter: ...

oder

Vormund: ...

(Volle Vor- und Zunamen)

↑

6. Muster: Praktikantenvertrag

Vertrag

Zwischen

...

– nachstehend: Firma –

und

Herrn/Frau ...

– nachstehend: Praktikant –

wird Folgendes vereinbart:

§ 1 Gegenstand des Praktikums

In der Zeit vom ... bis zum ... wird der Praktikant gemäß dem Ausbildungsplan zur Vermittlung von Erfahrungen und Kenntnissen aus der Praxis bei der Firma ... im Betrieb eingesetzt. Die Praktikantenzeit endet am ..., ohne dass es einer Kündigung bedarf. Die Parteien sind sich darüber einig, dass ein Arbeitsverhältnis nicht begründet werden soll.

§ 2 Dauer und Kündigung

Die ersten zwei Wochen des Praktikums gelten als Probezeit. Innerhalb dieses Zeitraumes können beide Seiten den Vertrag jederzeit unter Einhalt einer Frist von zwei Tagen kündigen. Nach Ablauf der Probezeit ist der Praktikumsvertrag nur durch den Praktikanten ordentlich kündbar mit einer Frist von vier Wochen. Für beide Seiten bleibt das Recht zur außerordentlichen Kündigung aus wichtigem Grund.

§ 3 Vergütung

Während des Praktikums erhält der Praktikant eine monatliche, nachträglich fällige Unterstützungsleistung iHv ... EUR brutto, die am Ende eines jeden Monats nach Abzug der gesetzlichen Steuern und Abgaben auf ein vom Praktikanten zu benennendes Bankkonto überwiesen wird.

§ 4 Urlaub

Pro Kalenderjahr beträgt der Urlaub des Praktikanten ... Werktage. Für die Zeit des Praktikums beläuft sich der Urlaub damit auf ... Tage. Die Unterstützung gem. § 3 dieses Vertrages wird auch während des Urlaubs gewährt.

§ 5 Anwesenheitszeiten

Der Praktikant hat während des Praktikums täglich in der Zeit von ... bis ... in der Firma anwesend zu sein.

§ 6 Pflichten des Praktikanten

Der Praktikant verpflichtet sich,

- den Ausbildungsplan einzuhalten und die Ausbildungsmöglichkeiten wahrzunehmen;
- die Betriebsordnung der Firma und Unfallverhütungsvorschriften einzuhalten;
- mit allen Gegenständen, die ihm in der Firma anvertraut werden, pfleglich umzugehen;
- über Betriebsvorgänge, auch nach Beendigung des Praktikums, gegenüber jedermann Stillschweigen zu bewahren;
- ihm übertragene Arbeiten gewissenhaft und umsichtig auszuführen;

- im Falle der Verhinderung unter Angabe des Verhinderungsgrundes der Firma Mitteilung zu machen. Im Falle einer Erkrankung muss bis zum dritten Tag eine Arbeitsunfähigkeitsbescheinigung vorgelegt werden;
- Tätigkeitsberichte gemäß Ausbildungsplan zu fertigen und fristgerecht der Firma vorzulegen.

§ 7 Pflichten der Firma

Im Rahmen der betrieblichen Möglichkeiten verpflichtet sich die Firma,

- die für die Teilnahme am theoretischen Unterricht gebotene Zeit zur Verfügung zu stellen;
- alle für die Ausbildung erforderlichen Mittel kostenlos bereit zu halten;
- die nach dem Ausbildungsplan erforderlichen praktischen Kenntnisse und Erfahrungen dem Praktikanten zu vermitteln;
- nach Beendigung des Praktikums einen Tätigkeitsnachweis (Zeugnis) zu erstellen.

§ 8 Weitere Vereinbarungen

Ergänzungen und Änderungen dieses Arbeitsvertrages einschließlich der Aufhebung dieses Schriftformerfordernisses bedürfen der Schriftform, es sei denn, sie beruhen auf einer ausdrücklichen oder individuellen Vertragsabrede. Eine betriebliche Übung ist keine solche ausdrückliche bzw. individuelle Vertragsabrede. Auch wiederholte Leistungen oder Vergünstigungen ohne ausdrückliche oder individuelle Vertragsabrede begründen keinen Anspruch für die Zukunft. Mündliche Nebenabreden bestehen nicht.

7. Muster: Einfacher befristeter Arbeitsvertrag

Zwischen

der Firma ..., vertreten durch ...

– nachstehend: Arbeitgeber –

und

Herrn ...

– nachstehend: Arbeitnehmer –

wird folgender Arbeitsvertrag geschlossen:

§ 1 Befristung

(1) Der Arbeitnehmer wird von ... bis ... als ... eingestellt. Das Arbeitsverhältnis endet nach Ablauf der Frist, ohne dass es einer Kündigung bedarf.

(2) Das Arbeitsverhältnis wird befristet:[406]

a) Nach § 14 Abs. 2 TzBfG ohne Sachgrund.

b) Nach § 14 Abs. 3 TzBfG, wenn der Arbeitnehmer bei Beginn des befristeten Arbeitsverhältnisses das 52. Lebensjahr vollendet hat und unmittelbar vor Beginn des befristeten Arbeitsverhältnisses mindestens vier Monate beschäftigungslos war, Transferkurzarbeitergeld bezogen oder an einer öffentlich geförderten Beschäftigungsmaßnahme teilgenommen hat.

c) Weil der betriebliche Bedarf an der Arbeitsleistung nur vorübergehend besteht, § 14 Abs. 1 Satz 2 Nr. 1 TzBfG.

---

[406] Die Nennung des Grundes einer Befristung ist nicht Wirksamkeitsvoraussetzung. Es wird daher aus Arbeitgebersicht davon abgeraten, einen konkreten Befristungsgrund bzw das Fehlen eines solchen in den Vertragstext mit aufzunehmen. Bestimmte Tarifwerke sehen eine Pflicht zur Nennung eines Grundes für eine Befristung vor.

d) Die Befristung im Anschluss an eine Ausbildung oder ein Studium erfolgt, um den Übergang des Arbeitnehmers in eine Anschlussbeschäftigung zu erleichtern, § 14 Abs. 1 Satz 2 Nr. 2 TzBfG.

e) Der Arbeitnehmer zur Vertretung eines anderen Arbeitnehmers beschäftigt wird, § 14 Abs. 1 Satz 2 Nr. 3 TzBfG.

f) Die Eigenart der Arbeitsleistung die Befristung rechtfertigt, § 14 Abs. 1 Satz 2 Nr. 4 TzBfG.

g) Die Befristung zur Erprobung erfolgt, § 14 Abs. 1 Satz 2 Nr. 5 TzBfG.

h) In der Person des Arbeitnehmers liegende Gründe die Befristung rechtfertigen, § 14 Abs. 1 Satz 2 TzBfG.

i) Der Arbeitnehmer aus Haushaltsmitteln vergütet wird, die haushaltsrechtlich für eine befristete Beschäftigung bestimmt sind, und er entsprechend beschäftigt wird, § 14 Abs. 1 Satz 2 Nr. 7 TzBfG.

j) Die Befristung auf einem gerichtlichen Vergleich beruht, § 14 Abs. 1 Satz 2 TzBfG.

k) Aus folgendem sonstigen Grund: ...

(3) Bei Zweckbefristungen endet das Arbeitsverhältnis gem. § 15 Abs. 2 TzBfG spätestens zwei Wochen nach Zugang der schriftlichen Unterrichtung des Arbeitnehmers durch den Arbeitgeber über den Zeitpunkt der Zweckerreichung. Der Arbeitgeber verpflichtet sich, den Arbeitnehmer so frühzeitig wie möglich über den Endtermin des Arbeitsverhältnisses zu informieren.

§ 2 Tätigkeit

(1) Der Arbeitnehmer ist zu folgenden Tätigkeiten verpflichtet: ...

(2) Der Arbeitgeber behält sich vor, dem Arbeitnehmer andere zumutbare Arbeit im Betrieb zuzuweisen, die seinen Vorkenntnissen entspricht. Macht er hiervon Gebrauch, so ist er verpflichtet, die bisherige Vergütung weiterzuzahlen.

(3) Die ersten sechs Monate gelten als Probezeit.

§ 3 Kündigung

(1) Während der Dauer der Befristung kann das Arbeitsverhältnis von beiden Seiten mit einer Frist von ... gekündigt werden.

(2) Während der Probezeit gem. § 2 Abs. 3 kann das Arbeitsverhältnis mit einer Kündigungsfrist von 14 Tagen gekündigt werden.

§ 4 Bezüge

(1) Der Arbeitnehmer erhält eine Arbeitsvergütung iHv ... EUR monatlich.

(2) Die Abtretung oder Verpfändung der Arbeitsvergütung ist unzulässig. Für die Bearbeitung einer Lohnpfändung berechnet der Arbeitgeber ... EUR.

(3) Der Arbeitnehmer erhält für jede Über- bzw Mehrarbeitsstunde die Stundenvergütung zzgl eines Zuschlags von ... %.

§ 5 Arbeitsverhinderung

Der Arbeitnehmer ist verpflichtet, dem Arbeitgeber jede Dienstverhinderung und ihre voraussichtliche Dauer unverzüglich anzuzeigen. Dauert eine Erkrankung länger als drei Kalendertage, hat der Arbeitnehmer eine ärztliche Bescheinigung über das Bestehen der Arbeitsunfähigkeit sowie deren voraussichtliche Dauer spätestens am darauf folgenden Arbeitstag vorzulegen. Dauert die Arbeitsunfähigkeit länger als in der Bescheinigung angegeben, so ist der Arbeitnehmer verpflichtet, unverzüglich eine neue ärztliche Bescheinigung einzureichen.

Kapitel 1: Arbeitsverträge

§ 6 Entgeltfortzahlung im Krankheitsfalle

Ist der Arbeitnehmer infolge auf Krankheit beruhender Arbeitsunfähigkeit an der Arbeitsleistung gehindert, ohne dass ihn ein Verschulden trifft, so erhält er Entgeltfortzahlung für die Höchstdauer von sechs Wochen nach Maßgabe des Entgeltfortzahlungsgesetzes in seiner jeweiligen Fassung.

§ 7 Urlaub

(1) Der Arbeitnehmer erhält anteilig Erholungsurlaub, soweit er mindestens einen Beschäftigungsmonat gearbeitet hat.

Bei Vollbeschäftigung beträgt der Urlaub ... Arbeitstage im Jahr.

(2) Im Übrigen gelten die gesetzlichen Bestimmungen.

§ 8 Nebenbeschäftigungen

Der Arbeitnehmer darf eine Nebenbeschäftigung, die das Arbeitsverhältnis beeinträchtigt, nur mit vorheriger schriftlicher Genehmigung des Arbeitgebers übernehmen.

§ 9 Nutzung der betrieblichen Telekommunikationsmittel und Datenverarbeitungsanlagen

Die Nutzung des betrieblichen Internetanschlusses sowie die Nutzung des E-Mail-Systems dürfen ausschließlich für dienstliche Zwecke erfolgen. Eine private Nutzung durch den Arbeitnehmer ist nicht gestattet.

Das Internet darf nur mit der gültigen persönlichen Zugangsberechtigung genutzt werden. User-ID und Passwort dürfen nicht an Dritte weitergegeben werden.

Es dürfen keine fremden Programme/Dateien auf die Festplatte kopiert, über Diskette, CD-ROM, ähnliche Datenträger oder das Internet auf dem Rechner installiert und/oder eingesetzt werden. Auf Virenkontrolle ist zu achten. Virenschutzprogramme sind zu nutzen. Auftretende Störungen, die mit einem Virenbefall in Zusammenhang stehen könnten, sind umgehend der Netzverwaltung/dem Systemadministrator zu melden.

Das Abrufen, Anbieten oder Verbreiten von rechtswidrigen Inhalten, insbesondere rassistischer oder pornographischer Art ist verboten.

Der Arbeitgeber ist berechtigt, jede Nutzung des E-Mail-Systems und des Internets für die Dauer von maximal drei Monaten zu speichern, um die Einhaltung der obigen Bestimmungen anhand der gespeicherten Daten zu überprüfen. Der Arbeitnehmer erteilt insoweit seine Einwilligung gem. § 4 a BDSG.

Für den Fall seiner betrieblichen Abwesenheit (Urlaub, Krankheit etc.) hat der Arbeitnehmer eigenverantwortlich eine automatisierte Antwort an den Absender eingehender E-Mails einzurichten, die den Absender über die Abwesenheit des Arbeitnehmers informiert und einen Hinweis auf den zuständigen Vertreter und dessen Telefonnummer enthält.

Verstöße gegen die vorstehenden Regeln können arbeitsrechtliche Konsequenzen zur Folge haben.

§ 10 Neueinstellung

Mit Rücksicht auf § 14 Abs. 2 Satz 2 TzBfG versichert der Arbeitnehmer ausdrücklich, dass er zu keiner Zeit in einem Arbeitsverhältnis zum Arbeitgeber gestanden hat. Der Mitarbeiter ist darüber informiert, dass eine unrichtige Angabe hierüber den Arbeitgeber zur Anfechtung des Arbeitsvertrages nach § 123 BGB berechtigen kann.

§ 11 Vertragsänderungen, Vertragsverlängerung

Ergänzungen und Änderungen dieses Arbeitsvertrages einschließlich der Aufhebung dieses Schriftformerfordernisses bedürfen der Schriftform, es sei denn, sie beruhen auf einer ausdrücklichen oder individuellen Vertragsabrede. Eine betriebliche Übung ist keine solche ausdrückliche bzw. individuelle Vertragsabrede. Auch

Wisswede

wiederholte Leistungen oder Vergünstigungen ohne ausdrückliche oder individuelle Vertragsabrede begründen keinen Anspruch für die Zukunft. Mündliche Nebenabreden bestehen nicht.

8. Muster: Einarbeitungsvertrag nach längerer Krankheit

Herr ...

wird am ... probeweise und befristet zur Einarbeitung eingestellt. Der Personalbogen vom ... ist Gegenstand dieses Vertrages. Die Vertragspartner wünschen, dass Herr ... sich in der Abteilung ... als ... soweit einarbeiten wird, dass ein Arbeitsverhältnis begründet werden kann. Die Vertragspartner sind sich darüber einig, dass der vorliegende Vertrag der stufenweisen Wiedereingliederung in das Arbeitsleben dienen und ein neues Arbeitsverhältnis nicht begründet werden soll.[407]

1. Beginn und Ende der Einarbeitung

Die Zeit der Einarbeitung wird auf sechs Monate beschränkt. Sie endet mit Fristablauf. Stellt sich bereits vor Fristablauf heraus, dass es nach Auffassung eines Vertragspartners zweckmäßig ist, auf die Einarbeitung zu verzichten, kann jeder Vertragspartner mit einer Frist von ... Wochen zum ... kündigen.

Die Einarbeitung kann verlängert oder durch einen Arbeitsvertrag in ein Arbeitsverhältnis übergeleitet werden. Während der Einarbeitungszeit bleibt das ruhende Arbeitsverhältnis suspendiert.

2. Einarbeitungsvergütung

Die Einarbeitungszeit gliedert sich in zwei Abschnitte. Für den ersten Abschnitt der Einarbeitung wird die Stundenvergütung auf ein Drittel des bisherigen Gehalts festgesetzt. Nach Abschluss des ersten Abschnitts der Einarbeitung wird das Arbeitsentgelt des ersten Abschnitts um ... Prozent erhöht.

Wird die Einarbeitung erfolgreich abgeschlossen, ist Herr ... gemäß bisheriger Vergütung einzustufen. Der durchschnittlichen Leistungserwartung entsprechend wird die bisherige Vergütung um ... Prozent gesenkt. Die Vertretbarkeit der Senkung wird monatlich geprüft.

3. Einarbeitungsabschnitte

Der erste Einarbeitungsabschnitt soll nach ... Wochen abgeschlossen werden. Während dieser Zeit wird in Abständen von zwei Wochen mit Herrn ... der bis dahin erzielte Einarbeitungserfolg besprochen. Auf Wunsch von Herrn ... wird die betriebliche Kontaktperson ... hinzugezogen. Bei diesem Gespräch sollen auch die weiteren Abschnitte der Einarbeitung vorgesehen werden, die eine phasenweise Steigerung der Anforderungen am Arbeitsplatz anstreben, um das Ziel einer weiteren Gewöhnung und eine Steigerung der bisherigen Leistung und Vergütung zu erreichen.

Vor Abschluss der Einarbeitungszeit findet ein Gespräch statt, zu dem die Kontaktperson ... hinzugezogen wird.

Die betriebliche Kontaktperson für Herrn ... sind die Mitarbeiterin ... und der Abteilungsmeister ...

Der Vertrauensmann der Schwerbehinderten ist Herr ...; sein Stellvertreter ist Herr ...

4. Jahresurlaub

Der Jahresurlaub nach dem Bundesurlaubsgesetz und der Zusatzurlaub für Schwerbehinderte werden unter Berücksichtigung des persönlichen Erholungsbedarfs in zwei Teile aufgeteilt und für die Monate ... vorgesehen.

---

[407] Auf die sozialversicherungsrechtlichen Regelungen der §§ 28, 81, 84 SGB IX und § 74 SGB V wird hingewiesen. Die Wiedereingliederung in das Arbeitsleben sollte in Abstimmung mit der zuständigen Krankenkasse erfolgen. So kann der Mitarbeiter während der Wiedereingliederung uU Krankengeld beziehen.

Kapitel 1: Arbeitsverträge

5. Arbeitnehmervertretung

Der Betriebsrat erhält absprachegemäß eine Durchschrift dieses Vertrages.

9. Muster: Mietvertrag über Werkswohnung

Zwischen

...

– nachstehend: Vermieter –

und

...

– nachstehend: Arbeitnehmer –

wird im Hinblick auf das zwischen den Vertragsparteien bestehende Arbeitsverhältnis der folgende Mietvertrag geschlossen:

§ 1 Mieträume

1. Der Vermieter vermietet dem Arbeitnehmer zu Wohnzwecken folgende Wohnung: ... qm; ... (genaue Bezeichnung der Wohnung). Die qm-Angabe stellt keine Zusicherung im Sinne des Gesetzes dar.

2. Die Parteien sind sich darüber einig, dass nur der Arbeitnehmer mit seiner Familie – dies sind gegenwärtig ... Personen – in die Mieträume einzieht. Eine eventuelle Änderung der Personenzahl wird der Arbeitnehmer dem Vermieter unverzüglich anzeigen.

Dem Arbeitnehmer werden die folgenden Schlüssel ausgehändigt: ...

Verlust und Beschaffung von Schlüsseln durch den Arbeitnehmer sind in jedem Fall sofort dem Vermieter anzuzeigen.

Die ausgehändigten Schlüssel sind bei Beendigung des Mietverhältnisses zurückzugeben. Der Arbeitnehmer hat darüber hinaus Schlüssel, die er zusätzlich auf seine Kosten hat anfertigen lassen, kostenlos an den Vermieter auszuliefern oder ihre Vernichtung nachzuweisen.

Der Vermieter ist aus Gründen der Sicherheit des Gesamtobjekts berechtigt, bei verschuldetem Verlust ausgehändigter oder durch den Arbeitnehmer selbst beschaffter Schlüssel auf Kosten des Arbeitnehmers die erforderliche Zahl von Schlüsseln und neue Schlösser anfertigen zu lassen; diese Regelung gilt entsprechend für eine zentrale Schließanlage des Anwesens.

Der Arbeitnehmer ist zum Ersatz der Kosten nicht verpflichtet, soweit er nachweist, dass es an einer Sicherheitsgefährdung fehlt.

§ 2 Mietzeit

Das Mietverhältnis beginnt am ... . Es läuft auf unbestimmte Zeit und kann von jedem Teil mit der gesetzlichen Kündigungsfrist gekündigt werden.

Nach Beendigung des Mietverhältnisses, gleichgültig aus welchem Grund, kommt eine Vertragsverlängerung gem. § 545 BGB nicht in Betracht.

§ 3 Miete und Nebenkosten

1. Die Miete beträgt monatlich ... EUR (in Worten: ... Euro). Mieterhöhungen erfolgen nach den gesetzlichen Bestimmungen.

2. Neben der Miete zahlt der Arbeitnehmer in der jeweils anfallenden Höhe folgende Betriebskosten iSv § 2 der Betriebskostenverordnung vom 1.1.2004:

a) die Grundsteuer

b) die Kosten der Wasserversorgung

c) die Kosten der Entwässerung (Oberflächen- und Schmutzwasser)

d) die Kosten des Betriebs der zentralen Heizungsanlage

e) die Kosten des Betriebs der zentralen Warmwasserversorgungsanlage

f) die Kosten des Betriebs des maschinellen Personenaufzugs

g) die Kosten der Straßenreinigung und Müllabfuhr

h) die Kosten der Hausreinigung und Ungezieferbekämpfung

i) die Kosten der Gartenpflege

k) die Kosten der Beleuchtung

l) die Kosten der Schornsteinfegerreinigung

m) die Kosten der Sach- und Haftpflichtversicherung

n) die Kosten für den Hauswart

o) die Kosten des Betriebs der Gemeinschaftsantennenanlage einschließlich der mit einem Breitbandkabelnetz verbundenen privaten Verteilanlagen

p) die Kosten des Betriebs der maschinellen Wascheinrichtung

q) sonstige Betriebskosten (zB Feuerlöscher)

3. Für die nach Ziffer 2 vom Arbeitnehmer zu tragenden Betriebskosten vereinbaren die Parteien eine monatliche Vorauszahlung für

- die Kosten des Betriebs der zentralen Heizungsanlage und der zentralen Warmwasserversorgungsanlage iHv zurzeit ... EUR
- die übrigen Betriebskosten von zurzeit ... EUR.

Der Gesamtbetrag der zusätzlich zur Miete nach Ziffer 1 zu zahlenden Betriebskostenvorauszahlungen beträgt damit gegenwärtig ... EUR.

4. Der Vermieter ist berechtigt, Umlagemaßstäbe für die Betriebskosten nach billigem Ermessen unter Berücksichtigung gesetzlicher Vorschriften zu bestimmen. Soweit Messeinrichtungen vorhanden sind, ist der tatsächlichen Verbrauch mit zu berücksichtigen. Der Vermieter ist berechtigt, die Umlagemaßstäbe nach billigem Ermessen zu ändern, wenn dringende Gründe einer ordnungsgemäßen Bewirtschaftung dies erfordern.

5. Über die Vorauszahlungen nach Ziffer 3 wird jährlich abgerechnet. Der Vermieter ist berechtigt, den Abrechnungszeitraum aus Zweckmäßigkeitsgründen zu ändern. Soweit sich aufgrund der Abrechnung ein Guthaben zu Gunsten einer der Parteien ergibt, ist der Differenzbetrag innerhalb eines Monats nach Zugang der Abrechnung an die jeweils andere Partei zu zahlen.

6. Der Vermieter ist berechtigt eine Anhebung der Vorauszahlung zu fordern, wenn die Jahresabrechnung eine Nachzahlungsverpflichtung für den Arbeitnehmer ergibt. Er ist verpflichtet, einer Senkung der Vorauszahlung auf Anforderung zuzustimmen, wenn die Jahresabrechnung eine erhebliche Rückzahlung zu Gunsten des Arbeitnehmers ergibt.

Entstehen Betriebskosten neu, so kann der Vermieter ab dem Zeitpunkt der Kenntnisnahme angemessene Vorauszahlungen festsetzen. Fallen Betriebskosten weg, ist der Vermieter verpflichtet, die Vorauszahlung ab dem Zeitpunkt der Kenntnisnahme zu senken.

§ 4 Sicherheitsleistung (Kaution)

1. Der Arbeitnehmer leistet zur Erfüllung sämtlicher Forderungen des Vermieters eine Sicherheitsleistung iHv ... EUR an den Vermieter.

2. Die Sicherheit ist auf einem Sparkonto getrennt vom Vermögen des Vermieters anzulegen.

3. Der Vermieter ist berechtigt, sich jederzeit wegen Forderungen gegen den Mieter aus dem Mietverhältnis aus der Sicherheitsleistung zu befriedigen. Sollte die Sicherheitsleistung ganz oder zum Teil verwertet worden sein, so ist der Arbeitnehmer verpflichtet, die Sicherheitsleistung unverzüglich wieder aufzufüllen.

§ 5 Zahlung der Miete und Betriebskosten

1. Die Miete ist einschließlich der Betriebskostenvorauszahlung monatlich im Voraus, spätestens bis zum dritten Werktag des Monats, an den Vermieter auf dessen folgendes Konto zu zahlen:

Konto Nr.: ...

bei: ...

BLZ: ...

Der Vermieter ist berechtigt, die Mietzinszahlung und die Nebenkostenvorauszahlung vom Arbeitslohn abzuziehen. Sollte der Vermieter von diesem Recht nicht Gebrauch machen, ist der Arbeitnehmer verpflichtet, dem Vermieter auf dessen Verlangen hin eine Abbuchungsermächtigung zu erteilen. Das Widerrufsrecht des Arbeitnehmers bleibt unberührt.

Zahlt der Arbeitnehmer mehrfach nicht termingerecht, kann er daraus kein Recht auf verspätete Mietzahlung herleiten. Verspätete Zahlungen berechtigen den Vermieter neben seinen sonstigen Rechten 5 EUR Mahngebühren zu erheben.

2. Der Vermieter kann alle Zahlungen des Arbeitnehmers nach seiner Wahl auf Betriebskosten, Kosten etwaiger Rechtsverfolgung einschließlich Mahnkosten und Prozesszinsen, Mietrückstände und laufende Miete anrechnen, wenn nicht der Arbeitnehmer im Einzelfall eine wirksame Zweckbestimmung trifft.

§ 6 Aufrechnung mit Gegenforderungen, Minderung der Miete

1. Der Arbeitnehmer kann gegen die Miete weder aufrechnen noch ein Zurückbehaltungsrecht ausüben. Hiervon ausgenommen sind Forderungen des Arbeitnehmers wegen Schadenersatz für Nichterfüllung oder Aufwendungsersatz infolge eines anfänglichen oder nachträglichen Mangels der Mietsache, den der Vermieter zu vertreten hat, und andere Forderungen aus dem Mietverhältnis, soweit sie unbestritten oder rechtskräftig festgestellt worden sind. Soweit der Arbeitnehmer zu einer Aufrechnung befugt ist, ist diese nur zulässig, wenn der Arbeitnehmer die Aufrechnung zumindest einen Monat zuvor schriftlich angezeigt hat.

Eine Aufrechnung gegen Betriebskostenvorauszahlungen oder eine Minderung der Betriebskostenvorauszahlungen ist nicht zulässig.

2. Die Erstattung etwaiger im Wege der Aufrechnung geltend gemachter Gegenforderungen des Arbeitnehmers aus dem Mietverhältnis erfolgt in monatlichen Teilbeträgen, welche 39 % der jeweiligen Monatsmiete nicht übersteigen dürfen.

3. Der Arbeitnehmer einer Neubauwohnung ist nicht berechtigt, bei auftretender Baufeuchtigkeit Schadenersatz zu verlangen.

§ 7 Untervermietung, Nutzung des Mietobjektes etc.

1. Zu anderen als den vertraglich vorgesehenen Zwecken dürfen die Mieträume nur mit vorheriger schriftlicher Zustimmung des Vermieters benutzt werden. Der Arbeitnehmer darf nichts in Gebrauch nehmen, was nicht durch diesen Vertrag oder einen Zusatzvertrag schriftlich vermietet worden ist.

2. Untervermietung, Gebrauchsüberlassung oder Nutzungsänderung der gesamten Mieträume oder eines Teils der Mieträume sowie Wohnungstausch sind ohne vorherige schriftliche Zustimmung des Vermieters untersagt.

3. Der Vermieter kann die Zustimmung bei Untervermietung oder Gebrauchsüberlassung aus wichtigem Grund widerrufen.

Wisswede

4. Bei unbefugter Untervermietung kann der Vermieter verlangen, dass der Arbeitnehmer sobald wie möglich, spätestens jedoch binnen Monatsfrist, das Untermietverhältnis kündigt. Geschieht das nicht, so kann der Vermieter das Hauptmietverhältnis ohne Einhaltung einer Kündigungsfrist kündigen.

5. Im Falle der Untervermietung hat der Arbeitnehmer einen angemessenen Zuschlag zu zahlen. Der Arbeitnehmer ist verpflichtet, dem Vermieter innerhalb von acht Tagen die An- bzw Abmeldebescheinigung des Untermieters beim zuständigen Einwohnermeldeamt vorzulegen.

6. Im Falle der Untervermietung, der Gebrauchsüberlassung oder der Nutzungsänderung – auch bei Genehmigung seitens des Vermieters – haftet der Arbeitnehmer für alle Handlungen und Unterlassungen des Untermieters oder desjenigen, dem er den Gebrauch der Mieträume überlassen hat. Auf Verlangen ist der Arbeitnehmer verpflichtet, dem Vermieter seine ihm gegen den Untermieter zustehenden Ansprüche abzutreten.

7. Soweit Gartenland mitvermietet ist, ist der Arbeitnehmer verpflichtet, den Garten auf eigene Kosten im üblichen Rahmen zu pflegen, insbesondere während der Wachstumszeit regelmäßig den Rasen zu mähen. Zur Gartenpflege gehören auch die Erneuerung von Pflanzen und Gehölzen sowie das sachgerechte Beschneiden von Bäumen und Sträuchern. Der Arbeitnehmer hat die für die Gartenpflege erforderlichen Gerätschaften, Düngemittel usw auf eigene Kosten zu stellen.

8. Waschen von Wäsche für nicht zum Haushalt des Arbeitnehmers gehörende Personen ist nicht gestattet. Wasser darf grundsätzlich nur zum Eigenbedarf entnommen werden.

Die Wasserentnahme zum Zwecke der Wagenwäsche ist nur mit vorheriger Zustimmung des Vermieters gestattet. Der Arbeitnehmer ist zum Kostenersatz des Mehrverbrauchs an Wasser verpflichtet.

Diesen Mehrverbrauch hat er auch zu erstatten, wenn er Schäden an den wasserführenden Leitungen nicht mitteilt oder gegen Satz 1 der Ziffer 8 verstößt.

9. Der Fahrstuhl dient nur zur Personenbeförderung. Kindern ist nur in Begleitung Erwachsener die Benutzung gestattet. Das Befördern von Kisten und größeren Gegenständen ist untersagt.

10. Motorfahrzeuge jeder Art dürfen nur mit Zustimmung des Vermieters auf dem Grundstück abgestellt werden. Im Übrigen dürfen Krafträder, Motorroller, Fahrräder mit Hilfsmotor (Mopeds) und ähnliche Fahrzeuge nur in der Garage untergestellt werden; in anderen Räumen und gemeinschaftlichen Anlagen dürfen sie mit Zustimmung des Vermieters nur dann untergestellt werden, wenn diese Räume bzw Anlagen den ordnungsbehördlichen Vorschriften entsprechen.

Fahrräder und Kinderwagen dürfen nicht im Treppenhaus und auch nicht im Kellerflur abgestellt werden.

11. Tiere dürfen nur mit vorheriger schriftlicher Einwilligung des Vermieters gehalten werden. Die Einwilligung kann, wenn Unzuträglichkeiten auftreten, jederzeit widerrufen werden.

Ziervögel und Zierfische darf der Arbeitnehmer ohne Erlaubnis des Vermieters im haushaltsüblichen Umfang halten.

§ 8 Zustand, Instandhaltung und Instandsetzung der Mieträume

1. Der Arbeitnehmer übernimmt die Mieträume in dem vorhandenen Zustand. Er hat folgende Mängel festgestellt: ...

2. Die Instandhaltung der Mieträume einschließlich der mitvermieteten Anlagen und Einrichtungen obliegt dem Arbeitnehmer im nachstehenden Umfang:

Der Arbeitnehmer trägt die Kosten, welche durch die jährliche Wartung von Elektro- und Gasgeräten (insbesondere Geräte zur Warmwasserbereitung), die Zubehör der Wohnung sind, durch einen Fachmann bzw eine Fachfirma entstehen.

Der Arbeitnehmer trägt außerdem die Kosten kleinerer Instandsetzungsarbeiten (Reparaturen) an den Installationsgegenstände für Elektrizität, Wasser und Gas, den Heiz- und Kocheinrichtungen, den Fenster- und Türverschlüssen sowie den Verschlussvorrichtungen von Fensterläden und von Rollläden.

Die Kosten der Reparaturen oder Wartungen sind vom Arbeitnehmer nur zu tragen, wenn sie im Einzelfall 80 EUR und in der Jahressumme 6 % der Bruttojahresmiete nicht überschreiten.

3. Etwaiges Ungeziefer hat der Arbeitnehmer bei Verschulden auf eigene Kosten durch einen Fachmann beseitigen zu lassen.

4. Soweit die Wohnung ganz oder teilweise vom Vermieter mit Teppichboden ausgelegt ist, hat der Arbeitnehmer diesen regelmäßig und darüber hinaus beim Auszug sach- und fachgerecht zu reinigen bzw reinigen zu lassen.

5. Schäden in den Mieträumen aber auch an wasserführenden Leitungen und sonstigen Anlagen, die zum Haus gehören, in dem sich die Wohnung befindet, hat der Arbeitnehmer, sobald er sie bemerkt, dem Vermieter unverzüglich anzuzeigen. Schuldhafte Unterlassung verpflichtet den Arbeitnehmer zum Ersatz des daraus entstehenden Schadens.

§ 9 Schönheitsreparaturen

1. Der Arbeitnehmer verpflichtet sich, die laufenden (turnusmäßig wiederkehrenden) Schönheitsreparaturen auf eigene Kosten durchzuführen.

2. Die Schönheitsreparaturen umfassen das Tapezieren, das Anstreichen der Wände und Decken, das Streichen der Fußböden einschließlich Leisten, Heizkörper und Heizrohre, das Streichen der Innentüren, Fenster und Außentüren von innen.

3. Der Arbeitnehmer ist im Allgemeinen verpflichtet, die Ausführung der Schönheitsreparaturen für Küchen, Baderäume und Duschen in einem Zeitraum von etwa drei Jahren, in Wohn- und Schlafräumen, Fluren, Dielen und Toiletten in einem solchen von etwa fünf Jahren und in anderen Nebenräumen von etwa sieben Jahren durchzuführen, soweit nicht nach dem Grad der Abnutzung eine frühere Ausführung erforderlich ist. Die maßgeblichen Fristen beginnen mit dem Anfang des Mietverhältnisses zu laufen.

4. Die Schönheitsreparaturen müssen fachgerecht ausgeführt werden. Im Falle einer erforderlichen Neutapezierung kann der Vermieter verlangen, dass die alten Tapeten entfernt werden.

5. Endet das Mietverhältnis vor Ablauf des Fristenplans, beteiligt sich der Arbeitnehmer bei seinem Auszug entsprechend seiner Wohndauer (zeitanteilig) an den erforderlichen Renovierungskosten. Der Vermieter ist berechtigt, den Umfang dieses Kostenaufwands durch den Kostenvoranschlag eines Malerfachgeschäfts ermitteln zu lassen. Dem Arbeitnehmer bleibt der Nachweis offen, dass der Kostenvoranschlag überhöht ist.

§ 10 Reinhaltungs- und Reinigungspflicht

1. Der Arbeitnehmer übernimmt nach näherer Anweisung des Vermieters abwechselnd die Reinigung der gemeinsam benutzten Räume, Treppen, Höfe und Flurfenster sowie der Zuwege des Hauses.

Der Arbeitnehmer ist verpflichtet, den zu seiner Wohnung führenden Teil des Flures und der Treppe wenigstens zweimal wöchentlich (mittwochs und samstags) feucht zu reinigen und auch an den übrigen Tagen sauber zu halten.

Bei Verhinderung hat der Arbeitnehmer auf eigene Kosten für eine Vertretung zu sorgen. Ferner hat er die für die Reinigung erforderlichen Gerätschaften und Reinigungsmittel auf eigene Kosten zu stellen. Bei nicht ordnungsgemäßer Reinigung kann der Vermieter nach Abmahnung die erforderlichen Arbeiten auf Kosten des Arbeitnehmers durch einen Dritten ausführen lassen.

2. Der Arbeitnehmer übernimmt abwechselnd die Reinigung des Bürgersteiges. Hierzu hat er sich der zuständigen Behörde (Ordnungsamt) gegenüber zu verpflichten. Er hat sich außerdem das Reinigungs- und Streumaterial auf eigene Kosten zu beschaffen.

Bei Glätte ist mit abstumpfenden Mitteln – falls notwendig wiederholt – zu streuen. Tausalz und tausalzhaltige Mittel dürfen nicht verwendet werden. Schnee ist unverzüglich nach Beendigung des Schneefalls zu räumen. Bei Glatteisbildung ist sofort zu streuen; Eisbildungen, denen nicht ausreichend durch Streuen entgegengewirkt werden kann, sind zu beseitigen.

Bei persönlicher Verhinderung (zB Urlaub, Krankheit) hat der Arbeitnehmer auf seine Kosten für eine zuverlässige Ersatzkraft zu sorgen.

§ 11 Modernisierung und bauliche Veränderungen

1. Der Vermieter darf bauliche Veränderungen, die zur Erhaltung des Hauses oder der Miete oder zur Abwendung drohender Gefahren oder zur Beseitigung von Schäden notwendig sind, auch ohne Zustimmung des Arbeitnehmers vornehmen.

2. Zur Instandsetzung jeglicher Art, baulichen oder sonstigen Änderungen und neuen Einrichtungen bedarf der Arbeitnehmer der vorherigen schriftlichen Zustimmung des Vermieters. Eigenmächtiges Handeln des Arbeitnehmers verpflichtet den Vermieter aus keinem rechtlichen Gesichtspunkt zur Übernahme der Kosten und berechtigt den Arbeitnehmer nicht zur Aufrechnung oder Zurückbehaltung.

3. Bauliche oder sonstige Änderungen und Einrichtungen, die der Arbeitnehmer ohne Zustimmung des Vermieters vorgenommen hat, sind, wenn der Vermieter dies verlangt, vom Arbeitnehmer auf eigene Kosten und unter Wiederherstellung des früheren Zustandes unverzüglich zu beseitigen. Falls dies auf Aufforderung des Vermieters hin nicht geschieht, ist der Vermieter berechtigt, die Beseitigung auf Kosten des Arbeitnehmers vornehmen zu lassen.

Bei baulichen Änderungen seitens des Arbeitnehmers, die mit Zustimmung des Vermieters erfolgen, behält sich der Vermieter das Recht vor, beim Auszug des Arbeitnehmers die Wiederherstellung des früheren Zustandes auf dessen Kosten zu verlangen.

4. Der Arbeitnehmer darf Einrichtungen und Anlagen jeglicher Art, insbesondere auch Außenantennen nur nach vorheriger schriftlicher Zustimmung des Vermieters anbringen. Soweit behördliche Genehmigungen erforderlich sind, hat sie der Mieter auf eigene Kosten einzuholen. Die angebrachten Einrichtungen und Anlagen müssen sich dem allgemeinen Rahmen des Hauses anpassen. Der Arbeitnehmer haftet für alle Schäden, die im Zusammenhang mit Einrichtungen und Anlagen dieser Art entstehen. Er verpflichtet sich, auf Verlangen des Vermieters bei Beendigung des Mietverhältnisses oder im Falle des Widerrufs der Erlaubnis den früheren Zustand wiederherzustellen.

Der Vermieter kann jederzeit verlangen, dass der Arbeitnehmer für die von ihm angebrachten Einrichtungen und Anlagen eine Haftpflichtversicherung abschließt und für die Dauer des Mietverhältnisses unterhält; entfernt er die von ihm angebrachten Einrichtungen und Anlagen vor Ablauf des Mietverhältnisses wieder, endet die Versicherungspflicht des Arbeitnehmers zu diesem Zeitpunkt.

5. Die Anbringung und Entfernung von Türschildern erfolgt einheitlich durch den Vermieter auf Kosten des Arbeitnehmers.

6. Der Arbeitnehmer kann Schadenersatz nur fordern und ein Zurückbehaltungsrecht nur ausüben, wenn die Maßnahmen des Vermieters den Gebrauch der Mieträume ganz ausschließen, erheblich beeinträchtigen oder zu besonderer Belästigung des Arbeitnehmers führen. Auf die Absprachen in § 6 wird Bezug genommen.

§ 12 Haftung des Vermieters

Schadenersatzansprüche des Arbeitnehmers wegen anfänglicher oder nachträglicher Mängel der Mietsache sind ausgeschlossen, es sei denn, dass der Vermieter Vorsatz oder grobe Fahrlässigkeit zu vertreten hat. Auch im Übrigen haftet der Vermieter nur für Vorsatz oder grobe Fahrlässigkeit, einschließlich des Verhaltens seines Vertreters oder Erfüllungsgehilfen. Hiervon unberührt bleiben die Erfüllungsansprüche des Arbeitnehmers sowie sein gesetzliches Recht zur fristlosen Kündigung.

§ 13 Außenantennen und Breitbandkabelnetz

1. Falls eine Gemeinschaftsantenne vorhanden ist oder neu angelegt wird, ist der Arbeitnehmer verpflichtet, sich an diese anzuschließen. Beabsichtigt der Vermieter, die Wohnung an das Breitbandkabelnetz anzuschließen, duldet der Arbeitnehmer die Bau- und sonstigen Anschlussmaßnahmen. Er ist ferner damit einverstanden, dass der Anschluss der Mietwohnung an eine vertraglich zur Verfügung gestellte Gemeinschaftsantenne beseitigt wird.

2. Bei der Anlage einer Gemeinschaftsantenne kann der Vermieter vom Arbeitnehmer verlangen, dass dieser die vorhandene Einzelantenne auf eigene Kosten entfernt, soweit nicht im Einzelfall Rechte des Arbeitnehmers dem entgegenstehen. Die Anlage von Einzelantennen außerhalb der gemieteten Räume ist nur nach Abschluss eines Antennenvertrages gestattet. Der Arbeitnehmer ist nicht befugt, eine Funkantenne zu errichten.

§ 14 Pfandrecht des Vermieters an eingebrachten Sachen

1. Der Arbeitnehmer erklärt, dass die beim Einzug in die Miträume eingebrachten Sachen sein Eigentum und nicht verpfändet, gepfändet oder zur Sicherheit übereignet sind, mit Ausnahme folgender Gegenstände:

2. Der Arbeitnehmer verpflichtet sich, von einer etwaigen Pfändung eingebrachter Sachen dem Vermieter sofort Kenntnis zu geben.

3. Ein Verstoß gegen diese Bestimmungen berechtigt den Vermieter zur sofortigen (fristlosen) Kündigung des Mietverhältnisses.

§ 15 Betreten der Miträume durch den Vermieter

1. Der Vermieter und/oder sein Beauftragter dürfen die Miträume einmal jährlich zur Überprüfung des ordnungsgemäßen Zustandes der Miträume nach vorheriger Anmeldung betreten. Auf eine persönliche Verhinderung des Arbeitnehmers ist Rücksicht zu nehmen.

2. Will der Vermieter und/oder sein Beauftragter das Grundstück verkaufen oder ist das Mietverhältnis gekündigt, so darf der Vermieter und/oder sein Beauftragter die Miträume zusammen mit dem Kaufinteressenten oder dem Wohnungsbewerber nach rechtzeitiger Ankündigung an Wochentagen zu angemessenen Zeiten besichtigen.

3. Bei längerer Abwesenheit hat der Arbeitnehmer sicherzustellen, dass die Rechte des Vermieters nach den vorhergehenden Absätzen ausgeübt werden können, zB durch Hinterlegung der Schlüssel bei einer Vertrauensperson. Wenn die Schlüssel dem Vermieter nicht zur Verfügung stehen, ist der Vermieter bei Gefahr im Verzug berechtigt, die Miträume auf Kosten des Arbeitnehmers öffnen zu lassen.

4. Der Arbeitnehmer ist im Falle der Kündigung des Mietverhältnisses verpflichtet, die Anbringung von Vermietungsschildern an deutlich sichtbaren Stellen der Fenster straßenwärts zu dulden.

§ 16 Beendigung des Mietverhältnisses

1. Der Vermieter kann das Mietverhältnis zum Zeitpunkt der Beendigung des Arbeitsverhältnisses kündigen. Eine stillschweigende Verlängerung gem. § 545 BGB ist ausgeschlossen.

2. Der Vermieter kann das Mietverhältnis zum Zeitpunkt des Bezugs des Arbeitnehmers von Altersruhegeld oder Rente wegen Erwerbsunfähigkeit kündigen.

3. Unabhängig vom Bestand des Arbeitsverhältnisses, kann der Vermieter das Mietverhältnis aus den in § 576 BGB genannten Gründen kündigen. § 576 a BGB ist zu beachten.

4. Der Arbeitnehmer ist berechtigt, das Mietverhältnis auch während des Bestehens des Arbeitsverhältnisses unter Einhaltung der gesetzlichen Frist zu kündigen (§ 576 BGB).

5. Die Miträume sind beim Auszug vollständig gereinigt an den Vermieter zurückzugeben.

Wisswede

6. Der Arbeitnehmer hat Schönheitsreparaturen nach den Bestimmungen des § 9 durchzuführen. Er hat dem Vermieter den Zeitpunkt und den Umfang der letztmaligen Schönheitsreparaturen nachzuweisen.

7. Einrichtungen, mit denen der Arbeitnehmer die Räume versehen hat, kann er wegnehmen, doch hat er den früheren Zustand auf seine Kosten wiederherzustellen. Der Vermieter kann aber verlangen, dass die Einrichtungen gegen Ersatz des im Zeitpunkt der Rückgabe der Miethäume angemessenen Wertes zurückgelassen werden, wenn der Arbeitnehmer kein berechtigtes Interesse daran hat, sie mitzunehmen.

Für bauliche Veränderungen und Einbauten kann der Arbeitnehmer keinen Kostenersatz beanspruchen.

8. Gibt der Arbeitnehmer die Mietsache zur Unzeit zurück, hat er die Entschädigung für den vollen Monat zu leisten. Die Geltendmachung eines weiteren Schadens ist nicht ausgeschlossen, wenn die Rückgabe infolge von Umständen unterbleibt, die der Arbeitnehmer zu vertreten hat.

9. Sind nach Beendigung des Mietverhältnisses Instandsetzungsmaßnahmen auszuführen, die der Arbeitnehmer zu vertreten hat, oder führt der Arbeitnehmer nach Beendigung des Mietverhältnisses solche Arbeiten noch durch, so haftet er für den Mietausfall, die Betriebskosten und alle weiter anfallenden Schäden, die hieraus dem Vermieter entstehen.

10. Bei einer vom Arbeitnehmer zu vertretenden vorzeitigen Beendigung des Mietverhältnisses haftet der Arbeitnehmer für den Ausfall an Miete, Betriebskosten und sonstigen Leistungen sowie für allen weiteren Schaden, welchen der Vermieter durch ein Leerstehen der Miethäume während der vertragsmäßigen Dauer des Mietverhältnisses erleidet.

11. Nach der Beendigung des Mietverhältnisses, gleich aus welchem Grund, kommt eine Verlängerung (§ 545 BGB) nicht in Betracht.

§ 17 Änderung und Ergänzung dieses Mietvertrages

Nachträgliche Änderungen und Ergänzungen dieses Mietvertrages bedürfen der schriftlichen Vertragsform.

§ 18 Rechtsnachfolger des Vermieters

Ein etwaiger Rechtsnachfolger des Vermieters tritt in die Rechte und Pflichten des Vermieters ein. Der bisherige Vermieter scheidet zu diesem Zeitpunkt aus dem Vertrag aus und ist von jeder Haftung befreit.

§ 19 Hausordnung

Die Parteien vereinbaren, dass die in Anlage beigefügte Hausordnung Bestandteil dieses Vertrages ist. Der Arbeitnehmer verpflichtet sich, dass er und seine Familien- bzw Haushaltsangehörigen und ggf Untermieter die Bestimmungen einhalten. Zur Änderung der Hausordnung ist der Vermieter jederzeit berechtigt, soweit dadurch keine zusätzliche Belastung für den Arbeitnehmer eintritt.

§ 20 Wirksamkeit der Vertragsbestimmungen

Durch etwaige Ungültigkeit einer Bestimmung dieses Vertrages wird die Gültigkeit der übrigen Bestimmungen nicht berührt.

An die Stelle einer unwirksamen Bestimmung tritt eine solche Bestimmung, die dem Sinn und Zweck der unwirksamen Norm am nächsten kommt.

10. Muster: Arbeitsvertrag mit Eheleuten
(Hausmeister und Wirtschafterin einer betrieblichen Schulungsstätte)

Arbeitsvertrag

Zwischen

...

– nachstehend: Firma –

und

Herrn ..., geb. am ...

– nachstehend: Hausmeister –

und

Frau ..., geb. am ...

– nachstehend: Wirtschafterin –

– beide gemeinsam im Vertrag „Ehepaar" genannt –

wird folgender Arbeitsvertrag geschlossen:

§ 1 Dienststellung und Dienstverhältnis

Das Ehepaar ... wird mit Wirkung vom ... als Hausmeister und Wirtschafterin eingestellt und mit der Führung und Verwaltung der firmeneigenen Schulungsstätte beauftragt.

§ 2 Probezeit und Vertragsdauer

(1) Die ersten 6 Monate des Dienstverhältnisses gelten als Probezeit.

(2) Während der ersten 6 Monate der Probezeit kann das Dienstverhältnis beiderseits unter Einhaltung einer Kündigungsfrist von 1 Monat zum Monatsende gekündigt werden. Danach beträgt die Kündigungsfrist für beide Seiten 3 Monate zum Quartalsende. Darüber hinaus gelten die gesetzlichen Vorschriften.

(3) Bis zum Ablauf der Probezeit können die Miete und die Mietnebenkosten für die Werkdienstwohnung von der Firma übernommen werden, sofern die bisherige Wohnung beibehalten wird.

(4) Bei Vorliegen eines wichtigen Grundes kann das Dienstverhältnis bei einem Ehepartner mit Wirkung auch für den anderen Ehepartner gem. § 626 BGB fristlos gekündigt werden.

(5) Im Übrigen wird das Dienstverhältnis auf unbestimmte Zeit abgeschlossen. Es endet mit Beginn des Monats, von dem an einer der Eheleute erstmals Anspruch auf gesetzliche Regelaltersrente hat.

§ 3 Vertragsgültigkeit

(1) Dieser Vertrag soll nur so lange Gültigkeit haben, wie er von beiden Ehepartnern erfüllt werden kann. Dieser Zusammenhang folgt aus der Art des besonderen Arbeitsverhältnisses, das in der Leitung einer Bildungsstätte durch beide Ehepartner gemeinsam mit zugleich unterschiedlichen Tätigkeiten besteht. Der Vertrag muss aufgelöst werden, wenn der Hausmeister oder die Wirtschafterin ausscheidet.

(2) Nach Auflösung dieses Vertrages kann auf Wunsch des Hausmeisters oder der Wirtschafterin ein neuer Vertrag geschlossen werden, es sei denn, dass wichtige Hinderungsgründe entgegenstehen.

§ 4 Vergütungsdienstalter[408]

(1) Das Vergütungsdienstalter des Hausmeisters beginnt am ... .

---

[408] Die Anknüpfung der Vergütung an die Dauer der Betriebszugehörigkeit bzw an die relevante Berufserfahrung ist grundsätzlich zulässig, kann aber mittelbar diskriminierend wirken, § 3 Abs. 2 AGG. Es ist unzulässig, die Vergütung unmittelbar vom Lebensalter abhängig zu machen, da hierin eine unmittelbare Diskriminierung aus Gründen des Alters liegt.

Wisswede

(2) Das Vergütungsdienstalter der Wirtschafterin beginnt am ....

§ 5 Weisungsrecht

Weisungsberechtigt gegenüber dem Hausmeister und der Wirtschafterin sind:

a) ...

b) ...

§ 6 Pflichten des Ehepaars

(1) Das Ehepaar hat die Schulungsstätte nach den Bestimmungen und Grundsätzen der Firma zu führen, zu verwalten und die ihnen übertragenen Dienstobliegenheiten gewissenhaft zu erfüllen. In gleicher Weise sind allgemein bekannte oder dem Ehepaar mitgeteilte Rechtsvorschriften zu beachten.

(2) Dem Ehepaar obliegen insbesondere alle Arbeiten und Aufgaben, um

a) die Gäste zu betreuen,

b) die Schulungsstätte zu bewirtschaften,

c) Grundstück, Haus und Einrichtungen zu verwalten und zu pflegen.

(3) Die Firma kann den Hausmeister mit seiner Einwilligung und die Wirtschafterin mit ihrer Einwilligung gelegentlich mit anderen vergleichbaren Aufgaben außerhalb der Schulungsstätte beschäftigen. Mehraufwendungen werden von der Firma ersetzt.

(4) Das Ehepaar ist verpflichtet, sich nach Aufforderung und auf Kosten der Firma amtsärztlich untersuchen zu lassen.

(5) Die gesamte Wirtschaftsführung, etwaige Tierhaltung und Gartenbenutzung geschieht auf Rechnung und Gefahr der Firma. Das Halten und Unterbringen von Vieh und Haustieren bedarf der vorherigen schriftlichen Zustimmung der Firma.

(6) Das Ehepaar ist verpflichtet, die Bestimmungen der Berufsgenossenschaften für sich und ihr Personal gewissenhaft und dauernd zu beachten und das Personal entsprechend anzuleiten.

(7) Verschwiegenheit ist von dem Ehepaar in allen ihrer Natur nach vertraulichen Angelegenheiten zu bewahren, soweit ihnen solche Informationen in dienstlichem Zusammenhang anvertraut oder bekannt geworden sind, und zwar auch nach Beendigung des Dienstverhältnisses.

§ 7 Mitarbeiter der Schulungsstätte

Die für den Betrieb der Schulungsstätte nötigen Mitarbeiter können von dem Ehepaar im Rahmen der Richtlinien eingestellt, beschäftigt und entlassen werden. Fristlose Kündigungen können nur mit Zustimmung der Firma ausgesprochen werden. Das Ehepaar vertritt die Firma als Arbeitgeber der Mitarbeiter diesen gegenüber und nimmt alle sich daraus ergebenden Rechte und Pflichten wahr. Die Vertretung vor den Gerichten behält sich die Firma vor. Die Mitarbeiter werden nach den Richtlinien der Firma und nach Anweisung im Einzelfall entlohnt.

§ 8 Vergütung

Dienste und Leistungen des Ehepaars werden wie folgt vergütet:

Der Hausmeister erhält eine monatliche Bruttovergütung von ... EUR.

Die Wirtschafterin erhält eine monatliche Bruttovergütung von ... EUR.

Der Hausmeister und die Wirtschafterin verpflichten sich, Gehaltsüberzahlungen ohne Rücksicht auf eine noch vorhandene Bereicherung zurückzuzahlen.[409]

---

[409] Diese Klausel ist nach hier vertretener Ansicht gem. § 307 Abs. 2 Nr. 1 BGB nicht wirksam (*Hümmerich*, NZA 2003, 764; ausf. zu Gehaltsrückzahlungsklauseln Hümmerich/Reufels/*Mengel*, Gestaltung von Arbeitsverträgen, § 1 Rn 1977 ff).

§ 9 Werkdienstwohnung

(1) Die Firma stellt dem Ehepaar eine Werkdienstwohnung zur Verfügung. Das Ehepaar ist verpflichtet, die ihm zugewiesene Werkdienstwohnung für die Dauer dieses Vertrages zu beziehen.

(2) Für die Überlassung der Werkdienstwohnung gelten die gesetzlichen Bestimmungen.

(3) Über die Berechnung der Miete sowie der mit ihr zusammenhängenden Nebenleistungen, zB Heizung, Strom und sonstige Nebenleistungen, erhält das Ehepaar eine besondere Mitteilung mit näherer Angabe der Wohnräume und ihrer Größe, desgleichen bei allen späteren Änderungen. Die Bewertung der Werkdienstwohnung wird in den Vergütungsrichtlinien geregelt.

(4) Die Untervermietung (mit oder ohne Entgelt) ist nicht gestattet.

(5) Während der letzten 6 Dienstmonate vor Beginn des Rentenfalles verzichtet die Firma auf Antrag des Ehepaars auf die Berechnung der Miete für die Werkdienstwohnung. Voraussetzung ist der Nachweis, dass dem Ehepaar während dieser 6 Monate bereits Mietkosten bzw Mietausfall für eine zukünftige eigene Wohnung entstehen.

§ 10 Verpflegung

Das Ehepaar hat die Pflicht, an der Gemeinschaftsverpflegung teilzunehmen, wenn keine andere Regelung vereinbart ist. Die Höhe der Einzahlungen für die Verpflegung beträgt monatlich ... EUR je Person und wird von dem Gehalt des Hausmeisters einbehalten.

§ 11 Freiwillige soziale Leistungen

(1) Die Firma kann[410] auf Antrag folgende soziale Leistungen gewähren, deren Höhe jeweils pro Jahr von der Firma festgelegt wird: Beihilfen und Unterstützungen bei Krankheit, Kur und Tod in Anlehnung an das Beihilferecht des jeweiligen Bundeslandes, ohne eine Rechtspflicht zu begründen.

(2) Die Firma kann nach ihrem Ermessen gewähren:

a) Geburtsbeihilfe je Kind iHv 150 EUR nach mindestens einjähriger Dienstzeit.

b) Fortzahlung der Bezüge für den Sterbemonat und den darauf folgenden Monat an den hinterbliebenen Ehegatten oder an die unterhaltsberechtigten Kinder, wenn der Hausmeister oder die Wirtschafterin nach mindestens einjähriger Beschäftigungszeit stirbt.
Nach fünfjähriger Beschäftigungszeit erhöht sich die Dauer der Fortzahlung der Hinterbliebenen-Bezüge um weitere 2 Monate.

c) Umzugskosten (Speditionskosten) bei Einstellung des Ehepaars. Wer während der ersten beiden Beschäftigungsjahre aus Gründen, die die Firma zu vertreten hat, ausscheidet, von dem kann die Rückzahlung der ihm gewährten Umzugskosten anteilig gefordert werden.

d) Übergangsgeld in Anlehnung an die Bestimmungen des BAT, §§ 62–64.

(3) Jubiläumszuwendungen werden, ohne eine Rechtspflicht zu begründen, gemäß TVöD/VKA gewährt.[411]

§ 12 Urlaub

(1) Urlaubsjahr ist das Kalenderjahr. Das Ehepaar erhält nach mindestens sechsmonatiger Tätigkeit einen Jahresurlaub von 5 Wochen.

(2) Beginnt oder endet das Arbeitsverhältnis im Laufe des Urlaubsjahres, so beträgt der Urlaubsanspruch 1/12 für jeden vollen Beschäftigungsmonat.

---

410 Ein vertraglicher Freiwilligkeitsvorbehalt, der alle zukünftigen Leistungen unabhängig von ihrer Art und ihrem Entstehungsgrund erfasst, benachteiligt den Arbeitnehmer regelmäßig unangemessen iSv § 307 Abs. 1 Satz 1, Abs. 2 Nr. 1 und 2 BGB und ist deshalb unwirksam (BAG 14.9.2011 – 10 AZR 526/10, NZA 2012, 81).
411 Ein derartig weit gefasster Freiwilligkeitsvorbehalt benachteiligt den Arbeitnehmer unangemessen iSv § 307 Abs. 1, Abs. 2 Nr. 1 und 2 BGB (vgl BAG 14.9.2011 – 10 AZR 526/10, NZA 2012, 81).

(3) Die Zeit des Urlaubs wird einvernehmlich zwischen dem Ehepaar und der Firma geregelt. Die Urlaubsvertretung muss jeweils zwischen der Firma und dem Ehepaar vereinbart werden.

(4) Der Urlaubsanspruch kann nicht abgegolten werden. Der Urlaub ist im Laufe des Kalenderjahres, spätestens bis zum 31. März des folgenden Jahres, anzutreten, andernfalls ist er verfallen, es sei denn, dass das Ehepaar wegen anhaltender Krankheit oder aus anderen von ihm nicht zu vertretenden Gründen nicht in der Lage war, Urlaub zu nehmen. Ist es nicht möglich, den Urlaub bis zum 30. Juni anzutreten, so kann der Urlaubsanspruch von der Firma verlängert werden, erlischt aber mit Ablauf des Übertragungsjahres.

(5) Während des Urlaubs darf das Ehepaar keine dem Urlaubszweck widersprechende Erwerbsarbeit leisten. Im Übrigen gelten die Bestimmungen des Bundesurlaubsgesetzes.

(6) Für Sonderurlaub ist auch in zwingenden Fällen bei der Firma frühzeitig die Genehmigung einzuholen.

§ 13 Arbeitszeit

(1) Infolge der Eigenart der Schulungsstätte, die eine 24-Stunden-Betreuung erfordert, kann für das Ehepaar keine bestimmte Stundenzahl als Arbeitszeit festgesetzt werden. Dementsprechend entscheidet das Ehepaar nach sorgfältiger Prüfung der betrieblichen Gegebenheiten selbst über seine Freizeit.

(2) Ein Ausgleich zeitweiser Mehrbeanspruchung ergibt sich in der Regel in den betriebsschwachen Zeiten.

(3) Nur mit vorheriger Unterrichtung der Firma, die in Eilfällen telefonisch erfolgen kann, darf das Ehepaar länger als 48 Stunden von der Schulungsstätte abwesend sein. Kann die Unterrichtung den Umständen nach ausnahmsweise nicht vorher erfolgen, so ist sie spätestens unverzüglich nach Rückkehr nachzuholen.

In jedem Fall hat das Ehepaar sicherzustellen, dass die ordnungsgemäße Sicherung, die Wartung und der laufende Betrieb des Hauses gewährleistet sind.

§ 14 Arbeitsbefreiung und Arbeitsunfähigkeit

(1) Arbeitsbefreiung kann das Ehepaar in den nachstehenden Fällen in Anspruch nehmen, soweit die Angelegenheit nicht außerhalb der Arbeitszeit erledigt werden kann, und zwar unter Fortzahlung der Vergütung für die Dauer der unumgänglich notwendigen Abwesenheit von der Arbeit:

a) zur Erfüllung allgemeiner staatsbürgerlicher Pflichten

b) zur Ablegung von beruflichen oder der Fortbildung dienenden Prüfungen.

(2) Arbeitsunfähigkeit ist unverzüglich der Firma (Personalabteilung) anzuzeigen. Die ärztliche Arbeitsunfähigkeitsbescheinigung ist spätestens am dritten Krankheitstage an die Firma einzureichen.

§ 15 Haftung

Das Ehepaar haftet gegenüber der Firma für die Erfüllung seiner Verpflichtungen aus dem Dienstvertrag, insbesondere die ihm gemeinsam obliegende ordnungsgemäße Führung und Verwaltung der Schulungsstätte. Verletzen Hausmeister oder Wirtschafterin vorsätzlich oder grob fahrlässig ihre Pflichten aus dem Dienstvertrag, so haften sie für den daraus entstandenen Schaden. Wird durch das Ehepaar in Ausführung der ihm übertragenen Tätigkeit ein Dritter geschädigt und wird die Firma hierfür in Anspruch genommen, so haftet das Ehepaar der Firma gegenüber bis zur Höhe des entstandenen Schadens, sofern das Ehepaar vorsätzlich oder grob fahrlässig gehandelt hat. Das Ehepaar haftet als Gesamtschuldner.

§ 16 Nebentätigkeiten

Nebentätigkeiten gegen Entgelt bedürfen der Zustimmung der Firma, die zu erteilen ist, wenn berechtigte Interessen der Firma nicht beeinträchtigt werden.

§ 17 Ausschlussfrist/Verfallklausel[412]

Alle Ansprüche aus diesem Vertrag verfallen, wenn sie nicht binnen 3 Monaten nach Fälligkeit schriftlich geltend gemacht werden. Die Haftung für vorsätzliches Verhalten bleibt von dieser Ausschluss- und Verfallklausel unberührt.

§ 18 Schlussbestimmungen

(1) Alle vor Abschluss dieses Dienstvertrages getroffenen mündlichen oder schriftlichen Vereinbarungen, die sich inhaltlich auf diesen Vertrag beziehen, sind hiermit aufgehoben.

(2) Ergänzungen und Änderungen dieses Arbeitsvertrages einschließlich der Aufhebung dieses Schriftformerfordernisses bedürfen der Schriftform, es sei denn, sie beruhen auf einer ausdrücklichen oder individuellen Vertragsabrede. Eine betriebliche Übung ist keine solche ausdrückliche bzw. individuelle Vertragsabrede. Auch wiederholte Leistungen oder Vergünstigungen ohne ausdrückliche oder individuelle Vertragsabrede begründen keinen Anspruch für die Zukunft.

11. Muster: Job-Sharing-Vertrag

Zwischen

der ... GmbH

– nachstehend: Arbeitgeber –

und

Herrn ...

– nachstehend: Arbeitnehmer –

wird folgender

Job-Sharing-Vertrag

geschlossen:

1. Der Arbeitnehmer wird ab ... als ... im Job-Sharing-System eingestellt.

2. Der Arbeitnehmer ist verpflichtet, andere ihm zumutbare Tätigkeiten zu übernehmen.

3. Der Arbeitnehmer ist verpflichtet, während der betriebsüblichen Arbeitszeit den zugewiesenen Arbeitsplatz in Abstimmung mit dem anderen am gleichen Arbeitsplatz Beschäftigten (Job-Sharing-Partner) ständig zu besetzen. Eine gleichzeitige Beschäftigung mehrerer Job-Sharing-Partner ist nicht zulässig.

4. Der Arbeitgeber ist verpflichtet, eine Vertretung zu stellen, wenn ein Job-Sharing-Partner wegen Urlaub, Krankheit oder aus sonstigen Gründen verhindert ist, die vertraglich geschuldete Arbeitsleistung zu erbringen. Im Einzelfall können die Job-Sharing-Partner die Vertretung untereinander regeln. Es bedarf einer für jeden Vertretungsfall gesonderten Vereinbarung. Zeiten, in denen ein Job-Sharing-Partner den anderen vertritt, werden auf die vertraglich vereinbarte Arbeitszeit nicht angerechnet. Diese Zeiten werden gesondert vergütet.

5. Herr ... verpflichtet sich, Mehrarbeit zu leisten. Der Ausgleich erfolgt grundsätzlich durch Gewährung von Freizeit innerhalb des auf die Mehrarbeit folgenden Kalenderjahres oder, wenn dies aus betrieblichen oder krankheitsbedingten Gründen nicht möglich ist, durch Abgeltung. Ein Anspruch auf Ausgleich von Mehrar-

---

[412] Arbeitsvertraglich vereinbarte Ausschlussfristen können dahin gehend ausgelegt werden, dass sie nur die von den Parteien für regelungsbedürftig gehaltenen Fälle erfassen sollen. Eine Anwendung auch für die Fälle, die durch gesetzliche Verbote oder Gebote geregelt sind, soll dagegen regelmäßig gerade nicht gewollt sein, so das BAG. Das gelte bspw für die Haftung wegen Vorsatzes (Pressemitteilung Nr. 42/13 zu BAG, Urt. v. 20.6.2013 – 8 AZR 280/12). Ein weiteres Formulierungsbeispiel für eine vertragliche Verfallklausel mit Ausschluss der Haftung für Vorsatz enthält das Muster 1134 (§ 16).

beit besteht nur, wenn die Mehrarbeitsstunden angeordnet oder vereinbart werden oder soweit dies nicht möglich ist, wenn sie aufgrund von dringenden betrieblichen Interessen erforderlich werden und der Arbeitnehmer Beginn und Ende der Mehrarbeit spätestens am folgenden Tage der Geschäftsleitung schriftlich anzeigt.

6. Die vertragliche vereinbarte Arbeitszeit beträgt ... Stunden je Woche.

7. Der Arbeitnehmer erhält eine Vergütung iHv ... EUR monatlich. Die Arbeitszeit, die er in Vertretung eines anderen Job-Sharing-Partners nach Ziff. 4 erbracht hat, wird zusätzlich mit ... EUR je Stunde vergütet.

8. Die Vergütung wird am Schluss eines jeden Kalendermonats bargeldlos ausgezahlt.

9. Vertretungszeiten sind bis zum 10. des Folgemonats abzurechnen und auszuzahlen.

10. Scheidet ein Job-Sharing-Partner aus dem Job-Sharing-System aus, darf den übrigen Job-Sharing-Partnern aus diesem Grunde nicht gekündigt werden. Das Recht des Arbeitgebers, eine Änderungskündigung auszusprechen, bleibt hiervon unberührt.

11. Die Job-Sharing-Partner sind verpflichtet, sich über die Aufteilung der Arbeitszeit im Rahmen der betriebsüblichen Arbeitszeit untereinander abzustimmen. Einigen die Job-Sharing-Partner sich nicht über die Aufteilung der Arbeitszeit, kann der Arbeitgeber die Aufteilung verbindlich regeln.

12. Die Arbeitszeit ist so aufzuteilen, dass jeder Job-Sharing-Partner im Laufe eines Zeitraumes von 3 Monaten (Abrechnungszeitraum) seinen vertraglich vereinbarten Zeitanteil erreicht. Arbeitszeitguthaben oder Arbeitszeitschulden bis zu 10 Stunden können in den nächsten Abrechnungszeitraum übertragen werden. Die Übertragung größerer Arbeitszeitguthaben/Arbeitszeitschulden ist nur mit vorheriger Zustimmung des Arbeitgebers zulässig.

13. Ergänzungen und Änderungen dieses Arbeitsvertrages einschließlich der Aufhebung dieses Schriftformerfordernisses bedürfen der Schriftform, es sei denn, sie beruhen auf einer ausdrücklichen oder individuellen Vertragsabrede. Eine betriebliche Übung ist keine solche ausdrückliche bzw individuelle Vertragsabrede. Auch wiederholte Leistungen oder Vergünstigungen ohne ausdrückliche oder individuelle Vertragsabrede begründen keinen Anspruch für die Zukunft.

12. Muster: Telearbeit im Heimarbeitsverhältnis

Zwischen

...

– nachstehend: Auftraggeber –

und

Herrn ...

– nachstehend: Heimarbeiter –

wird der nachfolgende

Tele-Heimarbeitsvertrag

geschlossen.

§ 1 Dauer des Heimarbeitsverhältnisses, maßgebliche Vorschriften

(1) Für das Tele-Heimarbeitsverhältnis gelten die gesetzlichen Bestimmungen, soweit der nachfolgende Vertrag keine anderweitigen Regelungen enthält. Insbesondere gelten das Heimarbeitsgesetz und die für die Herstellung von Produkten einschlägigen Festsetzungen.

(2) Das Vertragsverhältnis beginnt am ... und wird unbefristet vereinbart. Die erste Auftragserteilung erfolgt nach Vorlage der Arbeitspapiere beim Auftraggeber.

(3) Jeder Vertragspartner kann das Tele-Heimarbeitsverhältnis durch Kündigung beenden. Innerhalb der ersten vier Wochen kann die Kündigung an jedem Tag für den Ablauf des folgenden Tages, daran anschließend nur im Rahmen der gesetzlichen Fristen gekündigt werden. Der besondere gesetzliche Kündigungsschutz für langjährig betriebszugehörige Heimarbeiter wie auch die Möglichkeit, das Heimarbeitsverhältnis aus wichtigem Grunde außerordentlich zu kündigen, bleiben unberührt.

§ 2 Aufgabenbereich

(1) Der Heimarbeiter versichert, dass er über die zur Arbeitserledigung und zur Erstellung guter Arbeitsergebnisse notwendigen technischen Einrichtungen verfügt. Er hat Vorsorge getroffen, dass seine Hilfsmittel bei Beschädigung oder Ausfall kurzfristig ersetzt oder repariert werden. Der Heimarbeiter hält alle technischen Einrichtungen auf seine Kosten jederzeit einsatzbereit.

(2) Der Auftraggeber überträgt dem Heimarbeiter Tätigkeiten als Texterfasser. Der Heimarbeiter verpflichtet sich, die vereinbarten Arbeiten gemäß den ihm erteilten Aufträgen und Auflagen auszuführen. Der Auftraggeber verpflichtet sich zur regelmäßigen Ausgabe etwa folgender Mindestarbeitsmengen: ...

(3) Der Heimarbeiter versichert, die Lieferfristen pünktlich einzuhalten. Versäumt der Heimarbeiter eine vereinbarte Frist und hat der Heimarbeiter das Fristversäumnis zu vertreten, kann der Auftraggeber Schadensersatz geltend machen bis zur Höhe des für die verspätet geleisteten Arbeiten vereinbarten Arbeitsentgelts.

§ 3 Abnahme der Arbeiten

Die Heimarbeit wird auf Kosten des Auftraggebers zu den vereinbarten Terminen zum Heimarbeiter gebracht und dort jeweils zwei Tage später wieder abgeholt.

§ 4 Gewährleistung

(1) Der Heimarbeiter verpflichtet sich zur Lieferung mangelfreier Ware. Sofern die gelieferten Texte Mängel oder Fehler aufweisen, ist der Auftraggeber berechtigt, die Beseitigung des Mangels zu fordern. Kommt der Heimarbeiter der Aufforderung des Auftraggebers innerhalb einer angemessenen Frist nicht nach, kann der Auftraggeber die Vergütung verweigern. Weitergehender Schaden bei grob fahrlässigem Verhalten des Heimarbeiters ist damit nicht ausgeschlossen.

(2) Der Heimarbeiter verpflichtet sich, die vom Auftraggeber unentgeltlich gelieferten, in seinem Eigentum verbleibenden Gegenstände und Materialien pfleglich zu behandeln und Vorkehrungen zu treffen, dass kein Unbefugter Zugriff nehmen kann. Sämtliches Material ist nach Beendigung des Heimarbeitsverhältnisses dem Auftraggeber zurückzugeben.

§ 5 Arbeitsschutz und Datenschutz

(1) Der Heimarbeiter verpflichtet sich, die Bildschirmarbeitsverordnung zu beachten. Zur Sicherstellung der gesetzlichen Anforderungen der Bildschirmarbeitsverordnung verpflichtet sich der Heimarbeiter, dem Arbeitgeber während des Tages (zwischen 9.00 Uhr und 17.00 Uhr) nach Vorankündigung Zutritt zu seinem Arbeitsplatz zu gewähren, um die Anforderungen des gesetzlichen Arbeitsschutzes überprüfen zu können.

(2) Der Heimarbeiter verpflichtet sich, die gesetzlichen Bestimmungen zum Datenschutz einzuhalten.

§ 6 Vergütung

(1) Der Heimarbeiter erhält als Arbeitsentgelt die im Entgeltverzeichnis aufgeführten Stückentgelte. Die Stückentgelte sind so zu bemessen, dass der Heimarbeiter in einer Arbeitsstunde mindestens ein Entgelt von ... EUR erreicht.

(2) Stück iSd Abs. 1 sind Texte im Umfang von ca. ... Wörtern und ... Zeilen.

Wisswede

§ 7 Zuwendungen zum Arbeitsentgelt

Zusätzlich zum Arbeitsentgelt erhält der Heimarbeiter folgende Leistungen:

- Als Urlaubsentgelt stehen ihm 9,1 v.H. nach § 12 Nr. 1 des Bundesurlaubsgesetzes zu;
- ein Feiertagsgeld je Wochenfeiertag, die mit Zustimmung des Heimarbeiters als Pauschale iHv ... EUR monatlich zum Arbeitsentgelt gezahlt wird;
- als Krankenlohnausgleich einen Zuschlag von 3,4 v.H. zur wirtschaftlichen Sicherung im Krankheitsfall;[413]
- einen Heimarbeitszuschlag iHv ... v.H. Mit dem Heimarbeitszuschlag sind alle Kosten aus der Heimarbeit, insbesondere für die Bereitstellung, Beleuchtung, Heizung, Reinigung des Arbeitsraumes, für Reparatur, Abschreibung von Arbeitsgeräten und Arbeitskleidung abgegolten.
- Vermögenswirksame Leistungen werden nicht erbracht.

§ 8 Entgeltbuch

(1) Beim Auftraggeber wird für den Heimarbeiter ein Entgeltbuch geführt. In das Entgeltbuch werden mit jeder Ausgabe und Abnahme von Heimarbeit Umfang und Art der Entgelte sowie die Tage der Ausgabe und der Lieferung eingetragen.

(2) Die Abrechnung erfolgt bei jeder Lieferung. Das nach Abzug der Steuer und der Sozialversicherungsbeiträge verbleibende Entgelt wird monatlich auf das Konto ... überwiesen.

(3) Der Heimarbeiter verpflichtet sich, das Entgeltbuch bis zum Ablauf des dritten Kalenderjahres, das auf das Jahr der letzten Eintragung folgt, aufzubewahren.

§ 9 Krankheit

Ist der Heimarbeiter durch Krankheit oder ähnliche Umstände an der Ausführung ihm übertragener Arbeiten gehindert, ist dies dem Auftraggeber unverzüglich mitzuteilen und zugleich die voraussichtliche Dauer der Arbeitsverhinderung bekannt zu geben.

§ 10 Sonstige Vereinbarungen

(1) Die Rechte der Entgeltprüfer bei den Gewerbeaufsichtsämtern auf Überwachung der Allgemeinen Schutzvorschriften des Heimarbeitsgesetzes sowie der Entgelte oder sonstigen Vertragsbedingungen bleiben durch diesen Vertrag unberührt.

(2) Ergänzungen und Änderungen dieses Arbeitsvertrages einschließlich der Aufhebung dieses Schriftformerfordernisses bedürfen der Schriftform, es sei denn, sie beruhen auf einer ausdrücklichen oder individuellen Vertragsabrede. Eine betriebliche Übung ist keine solche ausdrückliche bzw. individuelle Vertragsabrede. Auch wiederholte Leistungen oder Vergünstigungen ohne ausdrückliche oder individuelle Vertragsabrede begründen keinen Anspruch für die Zukunft.

---

[413] Vgl § 10 EFZG.

13. Muster: Prozentuale Gehaltsanpassung aller Mitarbeiter bei Unterschreitung des geplanten Rohertrags[414]

↓

Ergänzungsvertrag

zum Arbeitsvertrag vom ...

zwischen ...

– nachfolgend „Gesellschaft" genannt –

und ...

– nachfolgend „Mitarbeiter" genannt –

Präambel

Die Geschäftsentwicklung der Gesellschaft verläuft derzeit Erfolg versprechend. Gleichwohl lehrt die Vergangenheit, dass Umsatz- und in der Folge Gewinneinbrüche die Gesellschaft in kurzer Zeit und nahezu ohne Vorwarnung in schwieriges Fahrwasser bringen können. Um im gemeinsamen Interesse zwischen Gesellschaft und Mitarbeitern flexibel reagieren zu können, ohne bei jeder nachteiligen wirtschaftlichen Veränderung unmittelbar Personalanpassungsmaßnahmen ergreifen zu müssen, schließen die Parteien folgende Ergänzung zum Arbeitsvertrag:

(1) Unterschreitet der Rohertrag der Gesellschaft (Nettoumsatz abzüglich Materialaufwand) ausweislich der von einem Steuerberater bestätigten betriebswirtschaftlichen Auswertung (BWA) ... TEUR monatlich, ist die Brutto-Gehaltssumme für alle Mitarbeiter um den Unterschreitungsbetrag zu reduzieren. In die Gehaltssumme wird die Geschäftsführer-Vergütung eingerechnet.

(2) Das Gehalt des Mitarbeiters wird mit dem prozentualen Anteil an der Gehaltssummenreduzierung gekürzt, der dem Anteil seines Gehalts an der Gesamtgehaltssumme entspricht.[415]

(3) Nach erfolgter Reduzierung wird bei Überschreiten des Rohgewinns iSv Abs. 1 die Gehaltssumme um den Überschreitungsbetrag erhöht, bis die Gehaltsreduzierung ausgeglichen ist. Die Gehaltserhöhung des Mitarbeiters erfolgt entsprechend Abs. 2.

(4) Das Gehalt darf ... EUR brutto monatlich nicht überschreiten.

↑

14. Muster: Vertragsergänzung Aktienoptionen (über Wandelschuldverschreibungen)

↓

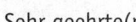

Sehr geehrte(r) Frau/Herr ...,

als Mitglied der Führungsstufe 2 unserer Gesellschaft können Sie über Wandelschuldverschreibungen Aktienoptionen unserer Gesellschaft nach Maßgabe des Mitarbeiterbeteiligungsprogramms erwerben. Die Hauptversammlung hat am ... den Beschluss gefasst, den Vorstand zu ermächtigen, mit Zustimmung des Aufsichtsrats zum ... einmalig oder mehrmals verzinsliche Wandelschuldverschreibungen bis zum Gesamtnennbetrag von ... EUR mit einer Laufzeit von längstens fünf Jahren auszugeben und die jeweiligen Teilschuldverschreibungen mit Wandlungsrechten auszustatten, die den Erwerber nach Maßgabe der Wandlungsbedingungen be-

---

[414] Ob das Muster vor dem Hintergrund der Rechtsprechung des BAG (Urt. v. 12.12.1984 – 7 AZR 509/83, NZA 1985, 321) Bestand hat, ist offen. Kritisch zur BAG-Rechtsprechung, die eine Teilhabe des Arbeitnehmers am wirtschaftlichen Misserfolg des Betriebes untersagen will, *Hümmerich*, NJW 1998, 2625 (2633). Im konkreten Fall kann ein Mitbestimmungsrecht des Betriebsrats bestehen.

[415] Gegebenenfalls kann nach § 77 Abs. 4 BetrVG bzw § 4 Abs. 4 TVG eine Zustimmung des Betriebsrats bzw der Tarifvertragsparteien zu einem Gehaltsverzicht notwendig sein. Wird die Einkommenseinbuße so auf die Arbeitnehmer verteilt, dass es zu keiner Änderung der Lohngrundsätze kommt, besteht kein Mitbestimmungsrecht des Betriebsrats nach § 87 Abs. 1 Nr. 10 BetrVG. Bei einer ungleichmäßigen Verteilung ist der Betriebsrat hingegen zu beteiligen, ansonsten ist die individualvertragliche Vereinbarung ggf unwirksam.

rechtigen, Aktien der Gesellschaft zu beziehen. Das gesetzliche Bezugsrecht der Aktionäre wurde dabei ausgeschlossen.

1. Die Wandelschuldverschreibungen sollen ausschließlich von einem Kreis von Führungskräften[416] erworben werden können. Dabei sollen die Wandelschuldverschreibungen jährlich bis zu einem Betrag von nominal ... EUR an die Mitglieder des Führungskreises 2 ausgegeben werden.

2. Die Wandelschuldverschreibungen sind von der Deutschen Bank AG übernommen worden mit der Maßgabe, dass sie nach Weisung unserer Gesellschaft ausschließlich von berechtigten Führungskräften erworben werden können, die allein zur Ausübung des Wandlungsrechts berechtigt sind. Der Kreis der Berechtigten und der Umfang des jeweiligen Rechts auf Erwerb der Wandelschuldverschreibungen einschließlich der zugehörigen Wandlungsrechte werden jeweils für die Mitglieder des Führungskreises 2 durch den Vorstand festgelegt.

3. Die Wandelschuldverschreibungen werden Ihnen mehrmals – jeweils während eines Zeitraumes von vier Wochen, der auf die ordentliche Hauptversammlung der Gesellschaft folgt – mit folgender Maßgabe zur Zeichnung angeboten: Sie erhalten das Recht, die Wandelschuldverschreibungen ganz oder in Teilbeträgen in Aktien unserer Gesellschaft umzutauschen. Je 3 EUR Nennbetrag der Wandelschuldverschreibungen berechtigen zum Umtausch in einer auf den Inhaber lautende Stammaktie unserer Gesellschaft im Nennbetrag von 3 EUR. Die jeweils eingeräumten Rechte sind nicht übertragbar.

4. Das Wandlungsrecht kann jeweils erstmalig im dritten Geschäftsjahr seit Ausgabe der Wandelschuldverschreibungen von Ihnen ausgeübt werden. Für die Ausübung des Wandlungsrechts wird das Verhältnis zwischen dem durchschnittlichen Ergebnis pro Aktie in den drei der Wandlung vorausgegangenen Geschäftsjahren und dem durchschnittlichen Ergebnis pro Aktien in den drei der Ausgabe der Wandelschuldverschreibung vorausgegangenen Monaten zugrunde gelegt.

5. Wir weisen darauf hin, dass sich unsere Gesellschaft nicht für die Zukunft bedingungslos zur erneuten Gewährung gleichartiger Leistungen verpflichtet. Insbesondere weisen wir darauf hin, dass auch durch wiederholte Gewährung gleichartiger Leistungen keine betriebliche Übung entstehen soll.

6. Wir weisen darauf hin, dass für den Fall, dass Ihr Arbeitsverhältnis, gleich aus welchem Rechtsgrund, sei es veranlasst durch Sie oder durch uns, zum ... durch Kündigung oder Vereinbarung aufgelöst ist, die stichtagsabhängigen Ansprüche auf Aktienoptionen entfallen.

Unterzeichnen Sie uns bitte zum Zeichen Ihres Einverständnisses und zum Beleg der Tatsache, dass Sie das Mitarbeiterbeteiligungsmodell zustimmend zur Kenntnis genommen haben, ein Exemplar dieser Vereinbarung und senden Sie es umgehend an die Personalabteilung zurück.

... (Ort, Datum, Unterschrift Der Vorstand)

Ich bin mit den vorstehenden Regelungen sowie mit dem Mitarbeiterbeteiligungsmodell einverstanden.

... (Ort, Datum, Unterschrift Führungskraft)

15. Muster: Vereinbarung über erfolgsabhängige Vergütung

Zwischen

der ..., vertreten durch ihren Aufsichtsrat, dieser vertreten durch ...

und

Herrn ...

wird zum Arbeitsvertrag folgende zusätzliche Vereinbarung getroffen.

---

[416] Zur Gleichbehandlung bei der Gewährung von Aktienoptionen BAG 21.10.2009 – 10 AZR 664/08, NZA-RR 2010, 289.

Herr ... erhält eine erfolgsabhängige Vergütung, die sich wie folgt bemisst:

Bemessungsgrundlage ist das ausschüttungsfähige Ergebnis des Jahresabschlusses der Gesellschaft inklusive der Jahresüberschüsse/-fehlbeträge der Tochtergesellschaften jeweils nach Rechnungslegungsvorschriften gemäß IAS/International Accounting Standard, bereinigt um zu zahlende Tantiemen an ehemalige und amtierende Vorstandsmitglieder sowie Aufwendungen und/oder Erträge aus dem Kauf von Unternehmen bzw Verkauf von Beteiligungsunternehmen bzw Tochtergesellschaften.

Liegt die Bemessungsgrundlage zwischen 0 und 10,0 Mio. EUR, so beträgt die zu zahlende Tantieme 1,2 % vom ausschüttungsfähigen Ergebnis gemäß obiger Definition.

Liegt die Bemessungsgrundlage zwischen 10,1 Mio. und 20,0 Mio. EUR, dann beträgt die Tantieme für diesen Teil 1,0 % des erreichten Wertes.

Liegt die Bemessungsgrundlage höher als 20,0 Mio. EUR, so beträgt die Tantieme für den 20,0 Mio. EUR übersteigenden Teil 0,8 % des überschießenden Wertes.

Somit beträgt die Tantieme bei einem bereinigten Ergebnis von 10,0 Mio. EUR 120.000 EUR und bei einem Ergebnis von 20,0 Mio. EUR insgesamt 220.000 EUR (120.000 EUR für die ersten 10,0 Mio. EUR Ergebnis und 100.000 EUR für die zweiten 10,0 Mio. EUR Ergebnis).

Für das erste Geschäftsjahr wird eine Mindesttantieme von 125.000 EUR garantiert.

Die Tantieme für das Geschäftsjahr ... und die folgenden ist jeweils einen Monat nach der Feststellung des Jahresabschlusses durch die Hauptversammlung fällig und zahlbar.

16. Muster: Vereinbarung über steuerfreie Zuschläge

Zwischen

Firma ...

– nachstehend: Gesellschaft –

und

Herrn/Frau ...

– nachstehend: Mitarbeiter –

wird zum Arbeitsvertrag folgende zusätzliche Vereinbarung getroffen:

§ 1 Steuerfreie Zuschläge[417]

(1) Die Gesellschaft gewährt[418] mit Wirkung vom ... für während der Nachtzeit und/oder Sonn-/Feiertagen geleistete Arbeit zusätzlich zur bisherigen arbeitsvertraglichen Vergütung Zuschläge in nachfolgend genannter Höhe. Geleistete Arbeit umfasst dabei die gesamte Arbeitszeit des Mitarbeiters, einschließlich der Zeiten außerhalb des betrieblichen Arbeitsplatzes (zB Dienstreisen einschließlich Fahrtzeiten, Heimarbeit).

(2) Die Höhe der Zuschläge bemisst sich nach Basisstundensatz und Zuschlagssatz. Der Zuschlag ergibt sich durch die Multiplikation der geleisteten Nachtarbeitszeit bzw Sonn-/Feiertagsarbeitszeit in Dezimalstunden (zB 2 1/2 Stunden = 2,5) mit dem Basisstundensatz und dem anwendbaren Zuschlagssatz.

Formel:

Zuschlag = Arbeitszeit in Dezimalstunden x Basisstundensatz x Zuschlagssatz

(3) Der Basisstundensatz ist der 174ste Teil der laufenden monatlichen Festbezüge ohne variable Anteile und ohne Sachbezüge.

---

417 Für Angehörige eines Rettungsdienstes ist regelmäßig ein Nachtzuschlag iHv 10% des Arbeitsverdienstes iSv § 6 Abs. 5 ArbZG angemessen (BAG 31.8.2005 – 5 AZR 545/04, BB 2006, 443).
418 Gegebenenfalls sind das Mitbestimmungsrecht des Betriebsrats sowie anwendbare tarifvertragliche Regelungen zu beachten.

(4) Der Zuschlagssatz entspricht dem nach den derzeitig gültigen steuerlichen Vorschriften des § 3 b EStG (R 30 LStR) steuerfreien Zuschlagssatz und beträgt, soweit der Grundlohn je Arbeitsstunde nicht über 50 EUR hinausgeht:

Nachtarbeit:[419]

- Zwischen 20.00 Uhr und 06.00 Uhr   25 %[420]
- Von 00.00 Uhr bis 04.00 Uhr, wenn die Nachtarbeit vor 00.00 Uhr aufgenommen wurde   40 %

Sonntags-/Feiertagsarbeit:

- Sonntagsarbeit   50 %
- Feiertagsarbeit: An gesetzlichen Feiertagen zwischen 00.00 Uhr und 24.00 Uhr und am 24.12. sowie 31.12. zwischen 14.00 Uhr und 24.00 Uhr   125 %

Die vorgenannten Zuschlagsätze für Nachtarbeit und Arbeit an Sonntagen, gesetzlichen Feiertagen sowie am 24.12. bzw 31.12. sind bei Nachtarbeit an Sonn- und Feiertagen bzw 24.12./31.12. zu addieren. Bei Sonntagsarbeit an Feiertagen, am 24.12. oder am 31.12. erfolgt keine Addition, maßgebend sind dann nur die Zuschlagssätze für Feiertagsarbeit bzw Arbeit am 24.12. oder 31.12.

§ 2 Berechnung und Auszahlung

(1) Der Anspruch des Mitarbeiters auf Zahlung des Zuschlags entsteht mit Ablauf des Kalendermonats und wird gemäß den nachstehenden Regelungen abgerechnet und ausbezahlt.

(2) Der Mitarbeiter hat eine Stundenmitteilung, die zumindest die Angaben des als Anlage zu dieser Vereinbarung beigefügten Musters enthält, abzugeben.

(3) Der Mitarbeiter hat die Stundenmitteilung nach Ablauf des abzurechnenden Monats bis zum 15. des Folgemonats bei der Gesellschaft einzureichen.

(4) Die Auszahlung der Zuschläge erfolgt nach Ablauf des abzurechnenden Monats neben den monatlichen Bezügen des folgenden Monats entsprechend den Regelungen des Arbeitsvertrages.

(5) Gibt der Mitarbeiter die Stundenmitteilung verspätet ab, erfolgt die Auszahlung der Zuschläge neben den Bezügen des Monats, in dem die Mitteilung vor dem 15. abgegeben wurde.

§ 3 Verfall des Zuschlags

Der Anspruch auf den Zuschlag entfällt ersatzlos, wenn er vom Mitarbeiter nicht innerhalb von drei Monaten nach seiner Entstehung gegenüber der Gesellschaft geltend gemacht wurde.

§ 4 Schlussbestimmungen

(1) Ändert der Gesetzgeber die maßgeblichen steuerlichen Regelungen zu steuerfreien Zuschlagssätzen, ist der Arbeitgeber zu einer Anpassung berechtigt, aber nicht verpflichtet.

(2) Ergänzungen und Änderungen dieses Ergänzungsvertrages einschließlich der Aufhebung dieses Schriftformerfordernisses bedürfen der Schriftform, es sei denn, sie beruhen auf einer ausdrücklichen oder individuellen Vertragsabrede. Eine betriebliche Übung ist keine solche ausdrückliche bzw individuelle Vertragsabrede. Auch wiederholte Leistungen oder Vergünstigungen ohne ausdrückliche oder individuelle Vertragsabrede begründen keinen Anspruch für die Zukunft.

Anlage

---

419 BFH 7.7.2005 – IX R 81/98, DStR 2005, 1936.
420 Die hier genannten Sätze sind die höchstzulässigen.

Kapitel 1: Arbeitsverträge

17. Muster: Arbeitsvertragliche Gratifikationsvereinbarung mit Freiwilligkeitsvorbehalt

↓

Die Firma zahlt[421] dieses Jahr eine Weihnachtsgratifikation, deren Höhe jeweils pro Jahr von der Firma festgelegt wird.[422] Sollten wir dies in Zukunft wiederholen, so entsteht auch bei einer wiederholten, vorbehaltlosen Gewährung kein Rechtsanspruch für die Zukunft.[423] Die Auszahlung erfolgt zusammen mit dem November-Gehalt.

Die Höhe der Gratifikation ergibt sich aus dem Monatsverdienst und aus der ununterbrochenen Betriebszugehörigkeit des Mitarbeiters im Laufe des Jahres. Voraussetzung für die Zahlung einer Weihnachtsgratifikation ist in jedem Falle, dass der Mitarbeiter am Tag der Auszahlung, also am 1.12., in einem ungekündigten Arbeitsverhältnis mit der Firma steht. Besteht das Arbeitsverhältnis 24 Monate, werden 60 %, bei 36 Monaten 80 %, bei 48 Monaten 100 % eines Monatsgehalts gezahlt. Das für die Berechnung maßgebliche Monatsgehalt ist das Oktober-Gehalt.

Mitarbeiter, die im laufenden Kalenderjahr infolge Erreichens der Altersgrenze oder wegen Berufs- oder Erwerbsunfähigkeit ausgeschieden sind, erhalten die volle Gratifikation, die sie bei Betriebszugehörigkeit bis zum Jahresende erhalten hätten, auf der Grundlage ihrer letzten drei Monatsvergütungen, aus denen der Mittelwert gebildet wird.

↑

18. Muster: Werkstudentenvertrag[424]

↓

Zwischen

der Firma ...

– nachstehend: Firma –

und

Herrn ...

wird Folgendes vereinbart:

§ 1 Aufgabengebiet

(1) Ab dem ... wird Herr ... als Programmierer für die Firma im Rahmen eines Werkstudentenvertrages tätig. Vor Beginn des Arbeitsverhältnisses ist die Kündigung ausgeschlossen.

(2) Das Aufgabengebiet von Herrn ... umfasst die Programmierung von DLL nach Vorgaben für ACC, aus dem Programmieren der Schnittstellen zwischen Frontend, Backend und Kunden-/Buchungsdatenbank, der Entwicklung der Module für Empfang und Versand der SMS-Nachrichten, der Entwicklung von Komponenten für spezifische Anwendungen in den Frontends sowie aus der Entwicklung von Programmmodulen/Bibliotheken, die auf Netzwerkkomponenten zugreifen.

(3) Herr ... berichtet über den Stand und den Fortgang der ihm übertragenen Programmierungs- und Entwicklungsarbeiten an seinen direkten Vorgesetzten und Ansprechpartner, Herrn ....

---

421 Gegebenenfalls ist das Mitbestimmungsrecht des Betriebsrats nach § 87 Abs. 1 Nr. 10 BetrVG zu berücksichtigen.
422 Ein vertraglicher Freiwilligkeitsvorbehalt, der alle zukünftigen Leistungen unabhängig von ihrer Art und ihrem Entstehungsgrund erfasst, benachteiligt den Arbeitnehmer regelmäßig unangemessen isV § 307 Abs. 1 Satz 1, Abs. 2 Nr. 1 und 2 BGB und ist deshalb unwirksam (BAG 14.9.2011 – 10 AZR 526/10, NZA 2012, 81). Eine arbeitsvertragliche Klausel, nach der der Arbeitgeber jährlich jeweils neu über die Höhe der Gratifikation entscheidet, verstößt weder gegen das Transparenzgebot noch liegt darin eine unangemessene Benachteiligung (BAG 16.1.2013 – 10 AZR 26/12, NJW 2013, 1020).
423 Die Ablösung einer bereits entstandenen betrieblichen Übung nur durch gegenläufiges Verhalten ist (nicht mehr) möglich, vgl BAG 18.3.2009 – 10 AZR 281/08, NZA 2009, 601.
424 Arbeitsverträge mit Werkstudenten sind sozialversicherungsfrei, wenn die Arbeit in den Semesterferien geleistet oder während des Semesters die Arbeitszeit 20 Wochenstunden nicht überschreitet, § 6 Abs. 1 Nr. 3 SGB V, § 27 Abs. 4 Satz 1 Nr. 2 SGB III einschl. Pflegeversicherung.

(4) Die Firma behält sich vor, Herrn ... innerhalb des Unternehmens auch eine andere, seiner Vorbildung und seinen Fähigkeiten angemessene, gleichwertige Tätigkeit[425] zu übertragen. Bei der Ausübung ihres arbeitgeberseitigen Direktionsrechts wird die Firma insbesondere den Anforderungen des Studiums von Herrn ... Rechnung tragen.

(5) Arbeitsort ist ... Die Firma behält sich vor, Herrn ... bei Bedarf auch an anderen Arbeitsorten innerhalb Deutschlands zu beschäftigen, soweit dies sein Studium nicht nachteilig beeinflusst.

§ 2 Immatrikulationsbescheinigung/Krankenversicherungsnachweis

(1) Herr ... wird der Firma halbjährlich die Immatrikulationsnachweise der Hochschule, sobald sie ihm zugegangen sind, unaufgefordert im Original vorlegen. Ändert sich der Studentenstatus von Herrn ... bzw ist eine Änderung seines Status absehbar, ist er verpflichtet, dies unverzüglich der Firma mitzuteilen.

(2) Herr ... versichert, dass es sich bei seinem Studium der ... um einen Erststudiengang handelt und er kein weiteres Studium aufgenommen oder abgeschlossen hat.

(3) Herr ... ist verpflichtet, der Firma seine Kranken- und Pflegeversicherung in schriftlicher Form nachzuweisen und die Firma über eventuelle Änderungen in diesem Bereich unverzüglich zu informieren.

(4) Für eventuelle Schäden, die sich aus einer Verletzung der vorstehenden Verpflichtungen bzw einer fehlerhaften Auskunft von Herrn ... ergeben, haftet dieser gegenüber der Firma.

§ 3 Geheimhaltung und Datenschutz

(1) Herr ... verpflichtet sich, über alle ihm im Rahmen seiner Tätigkeit bekannt gewordenen Geschäfts- und Betriebsgeheimnisse Stillschweigen zu bewahren. Diese Verpflichtung besteht auch in der Zeit nach Vertragsbeendigung.

(2) Die Parteien vereinbaren zusätzlich eine Verpflichtung zur Geheimhaltung gem. § 5 BDSG. § 5 BDSG lautet wie folgt:

„Den bei der Datenverarbeitung beschäftigten Personen ist untersagt, personenbezogene Daten unbefugt zu erheben, zu verarbeiten oder zu nutzen (Datengeheimnis). Diese Personen sind, soweit sie bei nicht-öffentlichen Stellen beschäftigt werden, bei der Aufnahme ihrer Tätigkeit auf das Datengeheimnis zu verpflichten. Das Datengeheimnis besteht auch nach Beendigung ihrer Tätigkeit fort."

§ 4 Arbeitszeit

(1) Herr ... und die Firma vereinbaren sowohl während der Vorlesungszeiten als auch während der Semesterferien eine wöchentliche Arbeitszeit von 19,75 Stunden im Rahmen einer 5-Tage-Woche.

(2) Die Dauer und Lage der Arbeitszeit sowie die Pausen werden von der Firma entsprechend den betrieblichen Erfordernissen unter Berücksichtigung der Anforderungen des Studiums von Herrn ... festgelegt.

(3) Sollte das Studium von Herrn ... wider Erwarten eine Absenkung der Arbeitszeit erforderlich machen, vereinbaren die Parteien, über diesen Punkt mit dem Ziel zu verhandeln, eine angemessene Arbeitszeitregelung zu treffen, die ein ordnungsgemäßes Studium ermöglicht.

§ 5 Vergütung

(1) Herr ... und die Firma vereinbaren eine feste monatliche Grundvergütung iHv ... EUR brutto. Die Grundvergütung ist jeweils nachträglich am Letzten des Monats fällig.

(2) Zusätzlich zu der nach Abs. 1 vereinbarten Grundvergütung erhält Herr ... einen erfolgsabhängigen jährlichen Bonus auf Basis einer jährlich vor Beginn des Geschäftsjahres neu erstellten Zielvorgabe. Zielbonus des

---

[425] Behält sich der Arbeitgeber vor, ohne den Ausspruch einer Änderungskündigung einseitig die vertraglich vereinbarte Tätigkeit unter Einbeziehung geringerwertiger Tätigkeiten zulasten des Arbeitnehmers ändern zu können, liegt darin regelmäßig eine unangemessene Benachteiligung (BAG 25.8.2010 – 10 AZR 275/09, NZA 2010, 1355).

ersten Geschäftsjahres ... bis ... ist ein Betrag iHv ... EUR. Die für Herrn ... maßgeblichen Ziele sowie die Berechnungsmethode des Zielerreichungsgrads legt die Firma im Rahmen des billigen Ermessens fest. Der tatsächliche Zielerreichungsgrad wird bis spätestens Ende März des folgenden Geschäftsjahres ermittelt. Bei positiver Zielerreichung ist der Erfolgsbonus entsprechend dem Zielerreichungsgrad spätestens am 15. April des Folgejahres fällig.

(3) Mit der Zahlung der vereinbarten Bezüge ist etwaige über die betriebliche Arbeitszeit hinausgehende Mehrarbeit bis zu einem Umfang von 3 Stunden pro Woche abgegolten. Sofern Mehrarbeit erforderlich ist und von Herrn ... abgeleistet wird, vereinbaren die Parteien, dass während der Vorlesungszeiten die wöchentliche Arbeitszeit in einem Umfang von höchstens 19,75 Arbeitsstunden nicht überschritten wird, so dass Herr ... seinem Studium stets in ausreichendem Maße Rechnung tragen kann.

§ 6 Reisekostenerstattung

Eine Erstattung von Reisekosten erfolgt nur auf Basis von Herrn ... eingereichter, von ihm unterzeichneter schriftlicher Belege. Reisekosten sind vor Reiseantritt stets mit dem jeweiligen Vorgesetzten schriftlich abzustimmen. Die Höhe der Erstattung ergibt sich aus der Reisekostenrichtlinie der Firma in ihrer jeweils gültigen Fassung.

§ 7 Urlaub

Der Urlaubsanspruch des Mitarbeiters richtet sich nach dem Bundesurlaubsgesetz. Der Urlaub ist unter Berücksichtigung der Geschäftsinteressen der Firma im Einvernehmen mit der Firma festzulegen. Im gegenseitigen Interesse vereinbaren die Parteien, dass Herr ... den beabsichtigten Urlaub spätestens einen Monat vor Antritt bei der Firma schriftlich anzumelden hat.

§ 8 Arbeitsunfähigkeit

(1) Im Falle der Arbeitsunfähigkeit infolge Krankheit ist Herr ... verpflichtet, spätestens am dritten Arbeitstag eine ärztliche Bescheinigung über die Arbeitsunfähigkeit und deren voraussichtliche Dauer vorzulegen. Des Weiteren ist Herr ... verpflichtet, seine krankheitsbedingte Arbeitsunfähigkeit unverzüglich telefonisch der Firma anzuzeigen.

(2) Im Falle der Arbeitsunfähigkeit infolge Krankheit zahlt die Firma Herrn ... die in § 5 geregelten Bezüge nach Maßgabe des Entgeltfortzahlungsgesetzes in seiner jeweiligen Fassung.

§ 9 Nebentätigkeit

(1) Die Übernahme einer auf Erwerb gerichteten Nebentätigkeit durch Herrn ... bedarf der vorherigen schriftlichen Zustimmung der Firma. Die Zustimmung ist zu erteilen, sofern die Interessen der Firma durch die Nebentätigkeit nicht beeinträchtigt werden.

(2) Fachveröffentlichungen und Fachvorträge bedürfen der Zustimmung der Firma.

§ 10 Beendigung des Vertragsverhältnisses

(1) Die ersten sechs Monate des Anstellungsverhältnisses gelten als Probezeit. In dieser Zeit kann das Arbeitsverhältnis von beiden Seiten mit einer Frist von zwei Wochen gekündigt werden. Danach kann das Arbeitsverhältnis von beiden Seiten mit einer Frist von drei Monaten zum Monatsende gekündigt werden. Im Übrigen verlängern sich die beiderseitigen Kündigungsfristen gem. § 622 BGB. Die Kündigung bedarf der Schriftform.

(2) Die Firma ist berechtigt, Herrn ... nach Ausspruch einer Kündigung bis zum Ablauf der Kündigungsfrist unter Fortzahlung der vertraglichen Bezüge von der Dienstleistung freizustellen, wenn das Interesse der Firma an der Freistellung das Interesse Herrn ... an der Beschäftigung überwiegt. Außerdem hat Herr ... bei Kündigungsausspruch auf Verlangen der Firma sämtliche Unterlagen, Gegenstände, insbesondere auch Daten und Datenträger der Firma, die sich in seinem Besitz befinden, herauszugeben.

§ 11 Nebenabreden/Schriftform

Vereinbarungen außerhalb dieses Vertrages wurden zwischen den Parteien nicht getroffen. Ergänzungen und Änderungen dieses Ergänzungsvertrages einschließlich der Aufhebung dieses Schriftformerfordernisses bedürfen der Schriftform, es sei denn, sie beruhen auf einer ausdrücklichen oder individuellen Vertragsabrede. Eine betriebliche Übung ist keine solche ausdrückliche bzw. individuelle Vertragsabrede. Auch wiederholte Leistungen oder Vergünstigungen ohne ausdrückliche oder individuelle Vertragsabrede begründen keinen Anspruch für die Zukunft.

19. Muster: Merkblatt AGG[426]

Merkblatt zum Allgemeinen Gleichbehandlungsgesetz (AGG)

Das AGG behandelt als einen seiner Schwerpunkte das Verhältnis von Arbeitgeber zu Arbeitnehmer und von Arbeitnehmern zueinander. Wir sind als Arbeitgeber nach § 12 AGG verpflichtet, alle Arbeitnehmer in geeigneter Art und Weise über die Inhalte des AGG zu informieren, auf die Unzulässigkeit von Benachteiligungen hinzuweisen und darauf hinzuwirken, dass solche Benachteiligungen unterbleiben. Wir möchten dieser Unterrichtungspflicht durch dieses Merkblatt nachkommen. Sollten Fragen ungeklärt bleiben, so wenden Sie sich bitte an die betriebliche Beschwerdestelle.

I. Inhalt des AGG

Ziel des AGG ist es, Benachteiligungen aus Gründen der Rasse oder wegen der ethnischen Herkunft, des Geschlechts, der Religion oder Weltanschauung, einer Behinderung, des Alters oder der sexuellen Identität zu verhindern oder zu beseitigen.

Das AGG ist auf alle Rechtsgeschäfte des täglichen Lebens und insbesondere für das Arbeitsverhältnis anwendbar. Es betrifft daher nicht nur das Verhältnis des Arbeitgebers zu Ihnen als Arbeitnehmer, sondern auch das Verhältnis der Arbeitnehmer untereinander und gegenüber Dritte (zB Kunden).

§ 1 AGG beinhaltet die maßgeblichen Kriterien, aufgrund derer jegliche Benachteiligung verboten ist. Dies sind Benachteiligungen:

- aus Gründen der Rasse;
- wegen der ethnischen Herkunft;
- wegen des Geschlechts;
- wegen der Religion oder Weltanschauung;
- wegen einer Behinderung;
- wegen des Alters;
- wegen der sexuellen Identität.

II. Verbotsinhalt

§ 7 AGG beinhaltet das grundlegende Benachteiligungsverbot. Hiernach dürfen Beschäftigte nicht wegen eines in § 1 AGG genannten Grundes benachteiligt werden. Dies gilt auch, wenn die Person, die die Benachteiligung begeht, das Vorliegen eines in § 1 AGG genannten Grundes bei der Benachteiligung nur annimmt.

Bestimmungen in Vereinbarungen, die gegen das Benachteiligungsverbot verstoßen, sind unwirksam.

Außerdem ist eine Benachteiligung nach einem in § 1 AGG genannten Grund durch Arbeitgeber oder Beschäftigten eine Verletzung der vertraglichen Pflichten und kann entsprechende arbeitsvertragliche Konsequenzen haben.

---

426 Mit freundlicher Genehmigung der Rechtsanwälte Dr. *Stephan Pauly* und Dr. *Stephan Osnabrügge*, Bonn.

III. Was ist konkret verboten?

Das Gesetz verbietet grundsätzlich jede Benachteiligung aufgrund der in § 1 AGG genannten Gründe. Eine Benachteiligung ist eine gegenüber anderen schlechtere Behandlung, die an einen der in § 1 AGG genannten Gründe anknüpft. Dabei sind sowohl mittelbare als auch unmittelbare Benachteiligungen verboten.

1. Eine unmittelbare Benachteiligung liegt nach § 3 Abs. 1 AGG vor, wenn eine Person wegen eines in § 1 AGG genannten Grundes eine weniger günstige Behandlung erfährt, als eine andere Person in einer vergleichbaren Situation erfährt, erfahren hat oder erfahren würde. Eine unmittelbare Benachteiligung wegen des Geschlechts liegt auch in jeder nicht durch entsprechende Gesetze gebotenen ungünstigeren Behandlung einer Frau wegen Schwangerschaft oder Mutterschaft vor.

Beispiele:
1. Eine Arbeitnehmerin wird im Kollegenkreis aufgrund der Tatsache, dass sie lesbisch ist und sich hierzu bekennt, verspottet.
2. Ein Mitarbeiter erzählt über Farbige rassistische Witze, unabhängig davon, ob farbige Kollegen anwesend sind oder nicht.
3. Eine Mitarbeiterin verbreitet über das Intranet oder das Internet männerfeindliche Witze.

2. Eine mittelbare Benachteiligung liegt vor, wenn dem Anschein nach neutrale Vorschriften, Kriterien oder Verfahren Personen wegen eines in § 1 AGG genannten Grundes gegenüber anderen Personen in besonderer Weise benachteiligen können, es sei denn, die betreffenden Vorschriften, Kriterien oder Verfahren sind durch ein rechtmäßiges Ziel sachlich gerechtfertigt und die Mittel sind zur Erreichung dieses Ziels angemessen und erforderlich.

Beispiel: Ein Abteilungsleiter entwickelt Kriterien zur Beurteilung von Mitarbeitern, die die Bereitschaft zur Übernahme und die Leistungsfähigkeit während der Nachtstunden in besonderer Weise würdigt. Hierdurch werden werdende Mütter, für die nach § 8 MuSchG ein Nachtarbeitsverbot besteht, mittelbar diskriminiert.

3. Verboten sind des Weiteren nach § 3 Abs. 3 und 4 AGG auch Belästigungen. Eine Belästigung ist eine Benachteiligung, wenn unerwünschte Verhaltensweisen, die mit einem in § 1 AGG genannten Grund in Zusammenhang stehen, bezwecken oder bewirken, dass die Würde der betreffenden Personen verletzt und ein von Einschüchterungen, Anfeindungen, Erniedrigungen, Entwürdigungen oder Beleidigungen gekennzeichnetes Umfeld geschaffen wird. Durch das Erfordernis der Verletzung der Würde und des gleichzeitigen Schaffens eines entsprechenden Umfeldes wird deutlich, dass das Gesetz ein kontinuierliches Handeln erfordert. Einmalige Vorgänge stellen noch keine Belästigung im Sinne des Gesetzes dar.

Beispiel: Einem behinderten Menschen werden ständig neue Arbeitsaufgaben, die ihn aufgrund der Behinderung überfordern, zugeteilt.

4. Eine sexuelle Belästigung ist eine Benachteiligung, wenn ein unerwünschtes, sexuell bestimmtes Verhalten, wozu auch unerwünschte sexuelle Handlungen und Aufforderungen zu diesen, sexuell bestimmte körperliche Berührungen, Bemerkungen sexuellen Inhalts sowie unerwünschtes Zeigen und sichtbares Anbringen von pornografischen Darstellungen gehören, bezweckt oder bewirkt, dass die Würde der betreffenden Person verletzt wird, insbesondere, wenn ein von Einschüchterungen, Anfeindungen, Erniedrigungen, Entwürdigungen oder Beleidigungen gekennzeichnetes Umfeld geschaffen wird.

Beispiel: Ein Vorgesetzter berührt ständig die ihm unterstellten Mitarbeiterinnen, nimmt diese in den Arm und streichelt ihnen über den Kopf.

5. Eine Belästigung, auch eine sexuelle Belästigung, ist grundsätzlich auch dann möglich, wenn ein Verhalten nicht vorsätzlich auf eine Benachteiligung gerichtet ist. Es genügt, dass der Betroffene das Handeln als Belästigung empfindet. Es kommt auf den sog. „objektiven Beobachter", nicht auf die individuelle Reaktion eines jeden Einzelnen an.

6. Ausnahmsweise kann eine Ungleichbehandlung wegen eines der genannten Diskriminierungsgründe durch das Vorliegen von entscheidenden berufsspezifischen Anforderungen gerechtfertigt sein.

Beispiel: Aufgrund der körperlichen Belastung kann für einen schwerbehinderten Menschen eine Stelle ungeeignet sein.

7. In § 8 AGG ist geregelt, unter welchen allgemeinen Voraussetzungen berufliche Anforderungen eine Ungleichbehandlung rechtfertigen können. Danach ist eine unterschiedliche Behandlung wegen der im Gesetz genannten Gründe nur zulässig, wenn dieser Grund wegen der Art der auszuübenden Tätigkeit oder der Bedingungen ihrer Ausübung eine wesentliche und entscheidende berufliche Anforderung darstellt, sofern der Zweck rechtmäßig und die Anforderungen angemessen sind.

8. Eine unterschiedliche Behandlung wegen der Religion ist nach weiterer Maßgabe des § 9 AGG, eine unterschiedliche Behandlung wegen des Alters nach § 10 AGG zulässig.

IV. Rechte der Beschäftigten

1. Die Beschäftigten haben zunächst ein Beschwerderecht. Sie können sich bei der zuständigen Stelle des Betriebes, des Unternehmens oder der Dienststelle beschweren, wenn sie sich im Zusammenhang mit ihrem Beschäftigungsverhältnis vom Arbeitgeber, von Vorgesetzten, anderen Beschäftigten oder Dritten wegen eines in § 1 AGG genannten Grundes benachteiligt fühlen. Beschwerdestelle in Ihrem Betrieb ist:

2. Die Arbeitnehmer haben des Weiteren ein Leistungsverweigerungsrecht, wenn der Arbeitgeber keine oder offensichtlich ungeeignete Maßnahme zur Unterbindung einer Belästigung oder sexuellen Belästigung am Arbeitsplatz ergreift.

Beispiel: Wird eine Frau von den Kollegen am Arbeitsplatz ständig berührt und fühlt sie sich hierdurch zu Recht sexuell belästigt, kann diese Frau nach § 14 AGG die Arbeit verweigern, bis der Arbeitgeber Abhilfe geschaffen hat. Allerdings ist Voraussetzung, dass die betroffene Arbeitnehmerin zunächst von ihrem Beschwerderecht Gebrauch gemacht und damit dem Arbeitgeber die Möglichkeit gegeben hat, die Belästigung abzustellen.

3. Bei einem Verstoß gegen das Benachteiligungsverbot ist der Arbeitgeber schließlich verpflichtet, den hierdurch entstandenen Schaden zu ersetzen. Eine Schadensersatzpflicht besteht allerdings ausschließlich verschuldensabhängig. Sie besteht also nicht, wenn der Arbeitgeber die Pflichtverletzung nicht zu vertreten hat. Der Schadensersatz erstreckt sich nach § 15 Abs. 2 AGG auch auf Schmerzensgeld.

Wichtig ist, dass der Anspruch auf Schadensersatz und/oder Schmerzensgeld innerhalb einer Frist von zwei Monaten schriftlich geltend gemacht werden muss, es sei denn, es existiert ein Tarifvertrag, der eine längere Frist vorsieht. Dies ist bei uns nicht der Fall. Die Frist beginnt in dem Zeitpunkt, in dem der oder die Beschäftigte von der Benachteiligung Kenntnis erlangt.

V. Pflichten des Arbeitgebers und der Arbeitnehmer

Der Arbeitgeber ist nach § 12 AGG verpflichtet, alle erforderlichen Maßnahmen zum Schutz vor Benachteiligungen wegen eines in § 1 AGG genannten Grundes zu treffen. Dieser Schutz erfasst auch vorbeugende Maßnahmen.

Der Arbeitgeber ist verpflichtet, die Freiheit von Belästigungen und Benachteiligungen sicherzustellen. Er ist deshalb auch verpflichtet, Mitarbeiter, die gegen die Bestimmungen des AGG verstoßen, arbeitsrechtlich zu sanktionieren. Dies beginnt mit der Möglichkeit einer Abmahnung und endet mit der Möglichkeit, eine fristlose außerordentliche Kündigung auszusprechen.

Der Arbeitgeber darf Beschäftigte nicht wegen der Inanspruchnahme von Rechten nach dem Gesetz benachteiligen. Die Zurückweisung oder Duldung benachteiligender Verhaltensweisen durch betroffene Beschäftigte dürfen nicht als Grundlage für eine Entscheidung herangezogen werden, die diese Beschäftigten berührt.

Die Benachteiligungsverbote betreffen aber auch alle Arbeitnehmer unmittelbar. Verstoßen Beschäftigte gegen das Benachteiligungsverbot des § 7 Abs. 1 AGG, so hat der Arbeitgeber die im Einzelfall geeigneten, erforderlichen und angemessenen Maßnahmen zur Unterbindung der Benachteiligung zu treffen. Solche können eine Abmahnung, eine Umsetzung, eine Versetzung oder eine Kündigung sein.

Insgesamt haben sowohl Arbeitgeber als auch Arbeitnehmer vertrauensvoll und im Sinne einer sozialen Verantwortung daran mitzuwirken, dass das Arbeitsumfeld diskriminierungsfrei ist.

VI. Welche Möglichkeiten, welche Pflichten habe ich im Falle einer Diskriminierung?

Wenn Sie sich als Opfer einer Diskriminierung sehen, so sollten Sie von Ihrem Beschwerderecht nach § 13 AGG Gebrauch machen. Wenden Sie sich an die Ihnen benannte zuständige Stelle, schildern Sie dieser Stelle den Sachverhalt und benennen Sie möglichst Zeugen für das Vorkommnis. Die Beschwerdestelle hat die Verpflichtung, Ihre Beschwerde vertraulich zu prüfen und Ihnen das Ergebnis mitzuteilen. Daneben wird die Beschwerdestelle veranlassen, dass das von Ihnen gerügte Verhalten abgestellt wird, wenn und soweit es sich um eine Benachteiligung handelt. Soweit möglich, wird die Beschwerde vertraulich behandelt, das heißt, Ihr persönliches Arbeitsumfeld wird nichts davon erfahren, dass Sie von Ihrem Beschwerderecht Gebrauch gemacht haben. Sollte Ihre Zeugenaussage in einem Arbeitsgerichtsprozess benötigt werden, kann Ihr Arbeitgeber allerdings aufgrund der Öffentlichkeit der Verhandlung nicht garantieren, dass Sie anonym bleiben. Für diese prozessual bedingte Besonderheit bitten wir um Ihr Verständnis. Allerdings sind auch Benachteiligungen aufgrund der Tatsache, dass Sie Ihre Rechte nach dem AGG ausgeübt haben, selbstverständlich verboten.

Nehmen Sie wahr, dass ein anderer Arbeitnehmer benachteiligt oder belästigt wird, so sind Sie aufgrund Ihrer sozialen Verantwortung und aufgrund der Nebenpflichten des Arbeitsvertrages verpflichtet, dem benachteiligten/diskriminierten Menschen beizustehen. Dies kann vor Ort geschehen, es hat aber in jedem Falle durch eine Benachrichtigung der Beschwerdestelle zu geschehen. Ihr Arbeitgeber ist nicht nur gesetzlich verpflichtet, bestehende Belästigungen und Benachteiligungen konsequent durch Maßnahmen, die geeignet, erforderlich und angemessen sind, zu unterbinden bzw zu beenden. Wir sehen das auch als unsere vertragliche Pflicht an. Bitte unterstützen Sie uns hierin.

Die Geschäftsleitung

II. Verträge mit gewerblichen Arbeitnehmern

1. Muster: Arbeitsvertrag eines Arbeiters ohne Tarifbezug mit Einbeziehung einer Betriebsvereinbarung[427]

Einstellungsvereinbarung für gewerbliche Arbeitnehmer

Zwischen

der Firma ...

– nachstehend: Firma –

und

Herrn ...

– nachstehend: Arbeitnehmer –

wird folgende Einstellungsvereinbarung getroffen:

---

[427] Auf die durch §§ 77 Abs. 3, 87 Abs. 1 BetrVG eingeschränkten Regelungsmöglichkeiten im Rahmen von Betriebsvereinbarungen wird hingewiesen.

§ 1 Probezeit und Anstellung

(1) Der Arbeitnehmer wird ab dem ... unbefristet eingestellt.

(2) Die ersten sechs Monate gelten als Probezeit. Während der Probezeit kann das Arbeitsverhältnis beiderseits ohne Angabe von Gründen mit einer Frist von zwei Wochen[428] gekündigt werden.

(3) Nach Beendigung der Probezeit gelten die Kündigungsfristen gemäß Betriebsvereinbarung.

(4) Für die fristlose Kündigung gilt § 626 BGB.

(5) Ohne Kündigung endet ein befristetes Arbeitsverhältnis zum vereinbarten Endzeitpunkt.

(6) Die Beantragung einer Rente ist dem Arbeitgeber unverzüglich anzuzeigen.

§ 2 Tätigkeit

(1) Der Arbeitnehmer wird als ... eingestellt und mit einschlägigen Arbeiten nach näherer Anweisung durch die Betriebsleitung und die einzelnen Vorgesetzten beschäftigt. Er ist verpflichtet, auch andere zumutbare und gleichwertige[429] Arbeiten zu verrichten und sich gegebenenfalls in eine andere Abteilung oder Betriebsstätte des Arbeitgebers versetzen zu lassen.

(2) Der Arbeitnehmer verpflichtet sich, alle ihm übertragenen Arbeiten sorgfältig und gewissenhaft auszuführen. Er verpflichtet sich weiterhin, Verschwiegenheit über Betriebs- und Geschäftsgeheimnisse zu wahren. Diese Verpflichtung erstreckt sich auch auf die Zeit nach Beendigung des Arbeitsverhältnisses.

§ 3 Vergütung

(1) Der Arbeitnehmer erhält als Grundlohn die nach Lohngruppe ... in der Betriebsvereinbarung festgelegte monatliche Vergütung. Darüber hinaus wird gem. ... der Betriebsvereinbarung eine individuell auf die Leistung abgestellte Prämie gezahlt.

(2) Die Zahlung des Lohnes ist bis jeweils zum 15. Kalendertag des Folgemonats fällig und erfolgt bargeldlos.

(3) Die Zahlung von Gratifikationen, Tantiemen, Prämien und sonstigen Leistungen liegt im freien Ermessen der Firma.[430]

§ 4 Arbeitszeit

(1) Die wöchentliche Arbeitszeit ist in der Betriebsvereinbarung festgelegt.

(2) Der Arbeitnehmer hat seine Arbeitsleistung entsprechend dem Arbeitsanfall zu erbringen. Der Arbeitseinsatz erfolgt in Wechselschicht. Des Weiteren behält sich die Firma alle Möglichkeiten der Differenzierung von Dauer, Lage und Verteilung der Arbeitszeit im Rahmen einer flexiblen Regelung zur besseren Ausnutzung der Betriebszeit vor. Die regelmäßige Arbeitszeit beträgt 40 Stunden pro Woche. Sie kann aus betrieblichen Gründen auf mehrere Wochen ungleichmäßig verteilt werden, jedoch nur so, dass in vier zusammenhängenden Wochen der Ausgleich erreicht wird. Die Firma wird dem Arbeitnehmer die Veränderung der Lage seiner Arbeitszeit jeweils eine Woche im Voraus mitteilen.

(3) Die Arbeitszeit beginnt und endet in Arbeitskleidung am Arbeitsplatz.

---

428 Da das Muster keinen Tarifbezug enthält, scheidet die in gewerblichen Arbeitsverhältnissen heute noch vielfach übliche Probezeitkündigungsfrist von drei Tagen aus. Eine kürzere als die zweiwöchige Kündigungsfrist des § 622 Abs. 1 BGB kann gemäß § 622 Abs. 4 Satz 1 BGB nur im Rahmen der Verweisung auf einen einschlägigen Tarifvertrag oder bei beiderseitiger Tarifbindung wirksam vereinbart werden, wenn kürzere als die gesetzlichen Fristen im Tarifvertrag vereinbart sind.
429 Behält sich der Arbeitgeber vor, ohne den Ausspruch einer Änderungskündigung einseitig die vertraglich vereinbarte Tätigkeit unter Einbeziehung geringerwertiger Tätigkeiten zulasten des Arbeitnehmers ändern zu können, liegt darin regelmäßig eine unangemessene Benachteiligung (BAG 25.8.2010 – 10 AZR 275/09, NZA 2010, 1355).
430 Ein vertraglicher Freiwilligkeitsvorbehalt, der alle zukünftigen Leistungen unabhängig von ihrer Art und ihrem Entstehungsgrund erfasst, benachteiligt den Arbeitnehmer regelmäßig unangemessen iSv § 307 Abs. 1 Satz 1, Abs. 2 Nr. 1 und 2 BGB und ist deshalb unwirksam (BAG 14.9.2011 – 10 AZR 526/10, NZA 2012, 81). Eine arbeitsvertragliche Klausel, nach der der Arbeitgeber jährlich jeweils neu über die Höhe der Gratifikation entscheidet, verstößt weder gegen das Transparenzgebot noch liegt darin eine unangemessene Benachteiligung (BAG 16.1.2013 – 10 AZR 26/12, NJW 2013, 1020).

§ 5 Abtretung und Verpfändung von Vergütungsansprüchen

Die Abtretung und Verwendung von Arbeitsentgelt und sonstigen Ansprüchen aus dem Arbeitsverhältnis ist unzulässig. Die Kosten, die der Firma durch die Bearbeitung von Pfändungen, Verpfändungen und Abtretungen von Vergütungsansprüchen des Arbeitnehmers entstehen, trägt der Arbeitnehmer. Diese Kosten werden pauschaliert mit 10 EUR pro Pfändung, Abtretung und Verpfändung sowie zusätzlich 8 EUR für jedes Schreiben sowie 2 EUR pro Überweisung.[431]

§ 6 Arbeitsverhinderung und Vergütungsfortzahlung im Krankheitsfall

(1) Der Arbeitnehmer ist verpflichtet, jede Arbeitsverhinderung und ihre voraussichtliche Dauer vor Beginn der Arbeit der Firma mitzuteilen.

(2) Im Falle der Arbeitsunfähigkeit infolge Krankheit ist der Arbeitnehmer verpflichtet, unverzüglich, spätestens jedoch vor Ablauf des dritten Kalendertages nach Beginn der Arbeitsunfähigkeit eine ärztliche Bescheinigung darüber sowie über deren voraussichtliche Dauer vorzulegen. Bei über den angegebenen Zeitraum hinausgehender Erkrankung ist eine Folgebescheinigung innerhalb weiterer drei Tage seit Ablauf der vorangegangenen Bescheinigung einzureichen. Eine Mitteilung über die Folgeerkrankung ist spätestens am letzten Tage der Arbeitsunfähigkeit der Firma mitzuteilen.

(3) Ist der Arbeitnehmer an der Arbeitsleistung infolge auf unverschuldeter Krankheit beruhender Arbeitsunfähigkeit verhindert, so leistet die Firma Vergütungsfortzahlung für die Dauer von sechs Wochen nach den Bestimmungen des Entgeltfortzahlungsgesetzes in seiner jeweils gültigen Fassung. Die Firma ist berechtigt, die Entgeltfortzahlung zurückzubehalten, bis die Arbeitsunfähigkeitsbescheinigung eingeht.

(4) Stellt der Arbeitnehmer einen Antrag auf Kur oder Heilungsverfahren, so hat er dem Arbeitgeber unverzüglich davon Kenntnis zu geben. Werden Kur oder Heilungsverfahren bewilligt, ist dem Arbeitgeber unverzüglich eine entsprechende Bescheinigung vorzulegen und der Zeitpunkt des Kurantritts mitzuteilen.

(5) Vor Wiederaufnahme der Arbeit nach längerer Arbeitsunfähigkeit soll spätestens einen Tag vorher der Firma Mitteilung gemacht werden.

§ 7 Urlaub

(1) Der Arbeitnehmer hat Anspruch auf Jahresurlaub gemäß dem Bundesurlaubsgesetz und der Betriebsvereinbarung. Kann aus betrieblichen Gründen der Urlaub nicht bis zum Ende des Kalenderjahres gewährt werden, so muss der Urlaub in den ersten drei Monaten des folgenden Kalenderjahres gewährt und genommen werden.

(2) Der Urlaub dient der Erholung. Arbeitsleistungen gegen Entgelt während des Urlaubs sind unzulässig.

(3) Der Zeitpunkt des Urlaubs ist nach Möglichkeit unter Berücksichtigung der Wünsche des Arbeitnehmers zu vereinbaren, jedoch ist die geregelte Durchführung des Betriebes sicherzustellen.

§ 8 Bezahlte Freistellung

Jeder Arbeitnehmer hat bei bestimmten Anlässen Anspruch auf Freistellung unter Fortzahlung des Entgeltes entsprechend den Regelungen in der Betriebsvereinbarung.

---

[431] Aufgrund des BAG-Urteils vom 18.7.2006 – 1 AZR 578/05, NZA 2007, 462 erscheint es als fraglich, ob Arbeitgeber Kosten für die Bearbeitung von Pfändungen geltend machen können.

§ 9 Ausschlussfristen[432]

(1) Der Arbeitnehmer ist zur sofortigen Nachprüfung der Lohnabrechnung und des ausgezahlten Lohnbetrags verpflichtet. Stimmt der überwiesene Betrag mit dem der Lohnabrechnung nicht überein, so ist dies unverzüglich dem Arbeitgeber zu melden.

(2) Gegenseitige Ansprüche aller Art aus diesem Arbeitsverhältnis können nur innerhalb einer Ausschlussfrist von drei Monaten seit Fälligkeit des Anspruchs schriftlich geltend gemacht werden.

§ 10 Nebenbeschäftigung

Die Firma erwartet vom Arbeitnehmer den Einsatz seiner gesamten Arbeitskraft, wobei Leistungen zu erbringen sind, die den Zielen der Firma gerecht werden. Jegliche Nebentätigkeit gegen Entgelt ist unbedingt an die Erlaubnis der Firma gebunden.

§ 11 Personalfragebogen

Unrichtige Angaben in dem zu diesem Arbeitsvertrag gehörenden Personalfragebogen berechtigen den Arbeitgeber zur Anfechtung oder fristlosen Kündigung des Vertrages.

§ 12 Rückgabe des Arbeitsmaterials

Der Arbeitnehmer hat beim Ausscheiden sämtliche betrieblichen Arbeitsmittel und Unterlagen zurückzugeben, die ihm während seiner Tätigkeit ausgehändigt wurden oder auf andere Weise zugänglich geworden sind. Dazu gehören auch selbst angefertigte Aufzeichnungen.

§ 13 Änderungen der persönlichen Verhältnisse

Alle Änderungen der persönlichen Verhältnisse, soweit sie für das Arbeitsverhältnis von Bedeutung sind, insbesondere Wechsel der Anschrift, im Urlaub die Urlaubsanschrift, sind der Personalabteilung ohne besondere Aufforderung unverzüglich mitzuteilen. Ist eine Änderung der Anschrift oder die Urlaubsanschrift nicht ordnungsgemäß gemeldet, so gelten die Mitteilungen der Firma in dem Zeitraum als zugegangen, in dem sie den Arbeitnehmer unter der zuletzt angegebenen Anschrift erreicht hätten.

§ 14 Betriebsvereinbarung und sonstige Bestimmungen

Soweit sich aus diesem Vertrag nichts anderes ergibt, finden die Betriebsvereinbarungen und sonstigen Bestimmungen in ihrer zuletzt gültigen Fassung Anwendung. Der Arbeitnehmer erklärt, dass er von diesen Bestimmungen Kenntnis genommen hat. Sämtliche Vertragsvereinbarungen, einschließlich gewährter Sozialleistungen, stehen unter dem Vorbehalt ablösender Betriebsvereinbarungen.

Der Arbeitnehmer erkennt die Werksordnung und Sicherheitsrichtlinien in der jeweils gültigen Fassung an, folgt ggf den Anordnungen des Werkschutzes und duldet die vorbeugende Nachschau und Kontrolle von Taschen, Behältnissen und Fahrzeugen.

§ 15 Ergänzungen und Änderungen

Ergänzungen und Änderungen dieses Ergänzungsvertrages einschließlich der Aufhebung dieses Schriftformerfordernisses bedürfen der Schriftform, es sei denn, sie beruhen auf einer ausdrücklichen oder individuellen Vertragsabrede. Eine betriebliche Übung ist keine solche ausdrückliche bzw individuelle Vertragsabrede. Auch wiederholte Leistungen oder Vergünstigungen ohne ausdrückliche oder individuelle Vertragsabrede begründen keinen Anspruch für die Zukunft.

---

432 Arbeitsvertraglich vereinbarte Ausschlussfristen können dahin gehend ausgelegt werden, dass sie nur die von den Parteien für regelungsbedürftig gehaltenen Fälle erfassen sollen. Eine Anwendung auch für die Fälle, die durch gesetzliche Verbote oder Gebote geregelt sind, soll dagegen regelmäßig gerade nicht gewollt sein, so das BAG. Das gelte bspw für die Haftung wegen Vorsatzes (Pressemitteilung Nr. 42/13 zu BAG, Urt. v. 20.6.2013 – 8 AZR 280/12). Ein Formulierungsbeispiel für eine vertragliche Verfallklausel mit Ausschluss der Haftung für Vorsatz enthält das Muster 1134 (§ 16).

2. Muster: Einfacher Arbeitsvertrag eines Arbeiters mit Tarifbezug

↓

Zwischen

Arbeitgeber: ...

und

Arbeitnehmer: ..., geb. ...

wird folgender Arbeitsvertrag geschlossen:

§ 1 Tarifvertragsbezug[433]

Für das Arbeitsverhältnis gelten die jeweils für den Betrieb normativ geltenden Tarifverträge in ihrer jeweils gültigen Fassung. Diese Klausel bezweckt die Gleichstellung zwischen Arbeitnehmern, die Mitglied der jeweils tarifvertragsschließenden Gewerkschaft sind, und Arbeitnehmern, die nicht Mitglied in diesem Sinne sind (Gleichstellungsabrede).

Aufgrund dieser Klausel gelten derzeit die zwischen der IG Metall und dem Verband der Bayerischen Metall- und Elektroindustrie e.V. geschlossenen Tarifverträge. Die jeweils geltenden Tarifverträge können im Personalbüro eingesehen werden.

§ 2 Beginn der Tätigkeit

...

§ 3 Arbeitsentgelt und Arbeitszeit

Der Arbeitnehmer erhält einen Stundensatz von ... EUR. Die wöchentliche Arbeitszeit beträgt ... Stunden. Kommt- und Gehtzeiten sind in Arbeitskleidung in die Zeiterfassungsanlage einzugeben. Die Abtretung und Verpfändung von Lohn- und sonstigen Ansprüchen auf Vergütung ist ausgeschlossen.

Täglich können vom Arbeitgeber bis zu 3 Überstunden angeordnet werden, außerdem kann der Arbeitgeber Überstunden an bis zu 2 Samstagen im Monat anordnen. Eine Überstundenvergütung erfolgt nur aufgrund vorgelegter oder bestätigter Stundenzettel. Die Stundenzettel sind zum Monatsende vorzulegen. Die Vergütung erfolgt zusammen mit der Vergütung des Folgemonats. Auf Überstunden wird ein Zuschlag von 25 % auf die übliche Vergütung gezahlt.

Der Arbeitnehmer verpflichtet sich, dem Arbeitgeber zu viel gezahlte Vergütung zurückzuzahlen.

§ 4 Urlaub

(1) Der Arbeitnehmer erhält bei einer 5-Tage-Woche kalenderjährlich einen Urlaub von 20 Arbeitstagen als gesetzlichen Mindesturlaub. Der gesetzliche Mindesturlaub muss im laufenden Kalenderjahr gewährt und genommen werden. Eine Übertragung des gesetzlichen Mindesturlaubs auf das nächste Kalenderjahr ist nur statthaft, wenn dringende betriebliche oder in der Person des Arbeitnehmers liegende Gründe dies rechtfertigen. Im Falle der Übertragung muss der gesetzliche Mindesturlaub in den ersten drei Monaten des folgenden Kalenderjahres gewährt und genommen werden, ansonsten verfällt er. Konnte der gesetzliche Mindesturlaub wegen Arbeitsunfähigkeit des Arbeitnehmers nicht genommen werden, geht der gesetzliche Mindestur-

---

433 Vgl HWK/*Henssler*, § 3 TVG Rn 32 b.

laubsanspruch 15 Kalendermonate nach dem Ende des Urlaubsjahres, mithin am 31. März des Folgejahres, unter.[434]

(2) Der Arbeitnehmer erhält darüber hinaus kalenderjährlich einen tariflichen Zusatzurlaub von weiteren 10 Arbeitstagen. Der tarifliche Zusatzurlaub ist innerhalb des Kalenderjahres zu nehmen. Eine Übertragung des übergesetzlichen Zusatzurlaubs auf das nächste Jahr ist nur statthaft, wenn dringende betriebliche oder in der Person des Arbeitnehmers liegende Gründe eine Übertragung erforderlich machen. Im Fall der Übertragung muss der Zusatzurlaub in den ersten drei Monaten des nachfolgenden Kalenderjahres gewährt und genommen werden. Ansonsten verfällt der Zusatzurlaub mit Ablauf des 31. März des nachfolgenden Kalenderjahres auch dann, wenn er wegen Arbeitsunfähigkeit des Arbeitnehmers nicht genommen werden konnte. Eine Abgeltung des übergesetzlichen Urlaubsanspruchs ist ausgeschlossen.

(3) Die Festlegung des Urlaubs erfolgt durch den Arbeitgeber auf Antrag und unter Berücksichtigung der Wünsche des Arbeitnehmers. Dringende betriebliche Gründe haben Vorrang. Ein Urlaubsantrag gilt mit schriftlicher Bestätigung durch den Arbeitgeber als bewilligt. Als bewilligt gilt zunächst der gesetzliche Mindesturlaub gem. Abs. 1 bis zu dessen vollständiger Erfüllung, erst danach der tarifliche Zusatzurlaub gem. Abs. 2.

§ 5 Weihnachtsgeld

Es wird alljährlich mit dem Dezembergehalt eine Jahresleistung in Höhe eines Monatsgehalts gezahlt. Anspruchsberechtigt ist, wer am 1.12. des Kalenderjahres dem Betrieb ununterbrochen 12 Monate angehört. Aus dem Beschäftigungsverhältnis ausscheidende Mitarbeiter haben nach Erfüllung der Wartezeit Anspruch auf so viele Zwölftel der Jahresleistung wie sie im Kalenderjahr volle Monate beschäftigt waren.

§ 6 Fehlzeiten

Fehlt der Arbeitnehmer an einzelnen Tagen oder zusammenhängend unentschuldigt, fällt eine Vertragsstrafe iHv 50 EUR für jeden unentschuldigt versäumten Arbeitstag an, höchstens jedoch in Höhe eines Brutto-Monatsgehalts. Für einzelne Stunden errechnet sich ein entsprechender anteiliger Geldbetrag. Die Vertragsstrafe ist sofort fällig und wird unter Berücksichtigung der geltenden Pfändungsfreigrenzen mit der nächsten Lohnabrechnung verrechnet.

§ 7 Arbeitgeberzuschuss

Der Arbeitgeber zahlt den Zuschuss zu vermögenswirksamen Leistungen nach Maßgabe der jeweils gültigen gesetzlichen Regelung. Der Anspruch auf diese Leistung entsteht erst nach erfolgreichem Ablauf der Probezeit.

§ 8 Wichtige Hinweise

Alle privaten Gegenstände, wie Thermoskanne und Tasche, sind so am Arbeitsplatz aufzubewahren, dass eine Wegnahme durch Unbefugte oder eine Beschädigung durch Dritte ausgeschlossen ist.

Außerdem sollte jeder persönliche Wertgegenstände wie Geldbörse, Uhr, Ring etc. immer bei sich tragen. Für den Verlust eines dieser Gegenstände kann ebenfalls keine Haftung übernommen werden.

---

434 Empfehlenswert ist, zwischen dem gesetzlichen Mindesturlaub und einem zusätzlich gewährten vertraglichen bzw tariflichen Urlaub zu unterscheiden, um zu erreichen, dass zumindest der vertragliche/tarifliche Urlaubsanspruch verfällt, wenn dieser im Übertragungszeitraum wegen Arbeitsunfähigkeit des Arbeitnehmers nicht genommen werden kann (vgl BAG 4.5.2010 – 9 AZR 183/09, NZA 2010, 1011; BAG 23.3.2010 – 9 AZR 128/09, NZA 2010, 810). Ob und inwieweit der Urlaubsanspruch bei Langzeiterkrankungen auch für einen beliebig langen Zeitraum „angesammelt" werden kann, war aufgrund der Rechtsprechung des EuGH in der Sache „Schulte" (EuGH 22.11.2011 – Rs. C-214/10, NZA 2011, 1333) unklar und kaum kalkulierbar geworden. Nach einer neueren Entscheidung des BAG vom 7.8.2012 (9 AZR 353/10, NZA 2012, 1216) entspricht es einer europarechtskonformen Auslegung von § 7 Abs. 3 Satz 3 BUrlG, dass der Urlaubsanspruch eines Langzeitkranken 15 Monate nach Ablauf des Urlaubsjahres verfällt. Nach wohl richtiger Auffassung braucht dies aber nicht in den Arbeitsvertrag mit aufgenommen zu werden, da einzelvertraglich konstitutiv wirkende Abweichungen von gesetzlichen Regelungen nicht möglich sind. Eine entsprechende Regelung, wie sie in § 4 des Musters enthalten ist, hat daher nur deklaratorischen Charakter.

Der Arbeitnehmer bestätigt, diesen Arbeitsvertrag gelesen und in einer kompletten Ausfertigung erhalten zu haben.

3. Muster: Arbeitsvertrag eines Arbeiters ohne Tarifbindung mit Sechs-Tage-Woche

Zwischen

der Firma ..., vertreten durch ...

und

Herrn ...

wird der nachfolgende Arbeitsvertrag geschlossen:

§ 1 Tätigkeit

(1) Der Arbeitnehmer wird ab ... als ... eingestellt. Der Arbeitsvertrag steht unter der Bedingung, dass der Betriebsarzt nach Durchführung der Eignungsuntersuchung gegen die Beschäftigung keine Bedenken erhebt. Der Betriebsarzt hat den Arbeitnehmer darauf zu untersuchen, ob er den Leistungsanforderungen des für ihn vorgesehenen Arbeitsplatzes in körperlicher Hinsicht entspricht. Der Arbeitnehmer stimmt der Mitteilung des Ergebnisses der Untersuchung (geeignet/nicht geeignet) an den Arbeitgeber zu.[435] Vor Dienstantritt darf der Arbeitsvertrag von keinem Vertragspartner gekündigt werden.

(2) Der Arbeitsplatz umfasst folgende Tätigkeiten: ... . Der Arbeitnehmer verpflichtet sich, im Bedarfsfall auch eine andere gleichwertige und ihm zumutbare Arbeit im Betrieb zu übernehmen. Der Arbeitgeber behält sich vor,

- das Arbeitsgebiet zu ergänzen oder dem Arbeitnehmer eine andere gleichwertige Tätigkeit im Betrieb zuzuweisen, die seinen Kenntnissen und Fähigkeiten entspricht;
- die Dauer der einzelnen Einsatzschichten sowie die Schichteinteilung innerhalb des Kalendertages, der Woche oder der Monatsarbeitszeit entsprechend dem betrieblichen Bedarf festzulegen; dabei ist das Arbeitszeitgesetz zu beachten.

Zu einer Entgeltminderung ist der Arbeitgeber nur dann befugt, wenn sie einvernehmlich erfolgt.

§ 2 Beendigung des Arbeitsverhältnisses

(1) Die ersten drei Monate gelten als Probezeit. Während der Probezeit kann das Arbeitsverhältnis beiderseits und jederzeit unter Einhaltung einer Frist von 14 Tagen gekündigt werden.

(2) Nach Ablauf der Probezeit beträgt die Kündigungsfrist beiderseits vier Wochen; die Kündigung kann in den ersten drei Monaten zum Fünfzehnten oder zum Ende eines Kalendermonats, danach zum Ende eines Kalendermonats erklärt werden.

(3) Kündigt die Firma das Arbeitsverhältnis mit dem Arbeitnehmer, ist sie bei Bestehen schützenswerter Interessen befugt, den Arbeitnehmer unter vollständiger Fortzahlung seiner Bezüge und unter Anrechnung noch bestehender Urlaubsansprüche freizustellen. Als schutzwerte Interessen gelten der begründete Verdacht des Verstoßes gegen die Verschwiegenheitspflicht, ansteckende Krankheiten oder der begründete Verdacht einer strafbaren Handlung.

(4) Ohne Kündigung endet das Arbeitsverhältnis spätestens mit dem Ablauf des Monats, in dem der Arbeitnehmer erstmals die Voraussetzungen für den Bezug der gesetzlichen Regelaltersrente erfüllt.

---

435 Die zukünftig geltenden Anforderungen des Beschäftigtendatenschutzes an die Weitergabe medizinischer Daten des Arbeitnehmers an den Arbeitgeber sind noch nicht im Einzelnen absehbar. Eine Beschränkung auf die Mitteilung der Geeignetheit ohne die Bekanntgabe der zugrunde liegenden medizinischen Erwägungen dürfte aber zulässig bleiben.

§ 3 Arbeitsentgelt

(1) Der Arbeitnehmer erhält einen Stundenlohn iHv ... EUR. Außerdem zahlt der Arbeitgeber eine Leistungsprämie iHv ... EUR monatlich. Die Überweisung des Entgelts erfolgt monatlich bargeldlos auf ein vom Arbeitgeber zu benennendes Konto am ersten Tag des Folgemonats.

Der Arbeitgeber ist zum Widerruf der Leistungsprämie berechtigt, wenn das Unternehmen im laufenden Geschäftsjahr voraussichtlich ein negatives Ergebnis erzielen wird.[436] Der Widerruf kann ganz oder teilweise erfolgen. Der Arbeitgeber hat eine Ankündigungsfrist von einem Monat zum Monatsende zu wahren.

(2) Mit dem Dezembergehalt erhält der Arbeitnehmer eine Anwesenheitsprämie iHv ... EUR. Die Prämie wird erst nach einer Betriebszugehörigkeit von mindestens einem Jahr fällig, sofern das Arbeitsverhältnis am 1.12. eines jeden Jahres ungekündigt fortbesteht.

(3) Bei krankheitsbedingten und sonstigen berechtigten Fehlzeiten ohne Entgeltfortzahlung innerhalb eines Kalenderjahres wird die Prämie für jeden Fehltag um 20 % eines Tagearbeitsentgelts gekürzt.

(4) Bei pflichtwidrigen Fehlzeiten wird die Prämie für jeden Fehltag um ein Tagesarbeitsentgelt gekürzt.

(5) Das Tagesarbeitsentgelt (= durchschnittliches Arbeitsentgelt je Arbeitstag gem. § 4 a EFZG) wird aus der Summe der letzten 12 Gehaltsabrechnungen ermittelt, abzüglich der Jahresleistung, der dem Arbeitnehmer geleisteten Entgeltfortzahlung und des Urlaubsentgeltes, geteilt durch die Zahl der Arbeitstage, an denen der Arbeitnehmer anwesend war. Betrachtungszeitraum bilden die der Zahlung vorausgegangenen 12 Monate.

(6) Fehlzeiten durch Wehr- oder Ersatzdienst oder Wehrübungen oder Tätigkeit bei einer freiwilligen Feuerwehr werden wie Anwesenheitszeiten behandelt.

(7) Das Arbeitsentgelt darf weder abgetreten noch verpfändet werden.

(8) Neben dem Grundlohn werden für Nachtarbeit, Feiertags- und Sonntagsarbeit Zuschläge gezahlt. Die Höhe der Zuschläge beträgt bei Nachtarbeit ... Prozent. Als Nachtarbeit gilt die in der Zeit zwischen 23.00 Uhr und 6.00 Uhr geleistete Arbeit. An Sonntagen und gesetzlichen Feiertagen geleistete Arbeit wird durch einen Ersatzruhetag ausgeglichen oder durch einen angemessenen Zuschlag abgegolten. Der Zuschlag beträgt ... Prozent des Grundlohnes.

(9) Treffen mehrere Zuschläge zusammen, wird nur der jeweils höchste Zuschlag gezahlt.

§ 4 Arbeitszeit

(1) Die Dauer der Arbeitszeit richtet sich nach der betrieblichen Schichteinteilung und beträgt derzeit wöchentlich ohne Pausen ... Stunden. Der Beginn der ersten Schicht der Arbeitswoche ist auf ... Uhr, der Beginn der letzten Schicht der Arbeitswoche auf ... Uhr festgelegt. In jeder Schicht beträgt die Pausenzeit ... Minuten.

Die Firma behält sich vor, aus dringenden betrieblichen Gründen eine Änderung der Arbeitszeiteinteilung vorzunehmen. Dabei kann eine Verteilung der durchschnittlichen Wochenarbeitszeit unter Einbeziehung des Samstags auf sechs Werktage vom Arbeitgeber vorgenommen werden. Der Arbeitnehmer wird sich dem geänderten Schichtrhythmus und Schichtwechsel (beispielsweise in Früh-, Spät-, Nachtschicht) anpassen.

---

436 Weitere konkrete Widerrufsgründe können benannt werden. Die Vereinbarung eines Widerrufsvorbehalts ist zulässig, soweit bei Leistungen, die im Gegenseitigkeitsverhältnis stehen, der widerrufliche Teil am Gesamtverdienst unter 25 % liegt und der Tariflohn nicht unterschritten wird (BAG 12.1.2005 – 5 AZR 364/04, NZA 2005, 465). Bei Zahlungen des Arbeitgebers, die keine unmittelbare Gegenleistung für die Arbeitsleistung sind, sondern Ersatz für Aufwendungen, die an sich der Arbeitnehmer selbst tragen muss (zB Fahrtkostenersatz), kann der widerrufliche Teil der Arbeitsvergütung bis zu 30 % des Gesamtverdienstes betragen (BAG 11.10.2006 – 5 AZR 721/05, NZA 2007, 87).

(2) Der Arbeitnehmer leistet bei Bedarf auf Weisung des Arbeitgebers an einzelnen Tagen zusätzliche Arbeit im Rahmen der gesetzlich zulässigen Dauer. Die verlängerte Arbeitszeit darf jedoch werktäglich die Dauer von zehn Stunden nicht überschreiten. Auch an Samstagen muss gearbeitet werden, wenn

- die Arbeit auf dringenden betrieblichen Gründen beruht und
- der Arbeitnehmer keine schwerwiegenden persönlichen Verhinderungsgründe hat und
- spätestens vier Tage vor dem Termin die Samstagsarbeit bekannt gegeben wurde.

(3) Zusätzlich zur regelmäßigen täglichen Arbeitszeit anfallende Arbeitsstunden, die tatsächlich geleistet worden sind, werden durch bezahlte Freizeit abgegolten.

(4) Jeder Mitarbeiter ist verpflichtet, die Arbeit zur festgesetzten Uhrzeit an seinem Arbeitsplatz aufzunehmen und die Arbeitszeit einzuhalten. Das Umkleiden, Duschen und Baden ist nicht Teil der bezahlten Arbeitszeit.

Die bezahlte Arbeitszeit ergibt sich aus der Stempeluhr. Bei Arbeitsbeginn sind die Stempeluhren nach dem Umkleiden zu bedienen, bei Arbeitsende nach Verlassen des Arbeitsplatzes.

§ 5 Urlaub

(1) Urlaubsjahr ist das Kalenderjahr. Der Arbeitnehmer erhält erstmalig nach sechsmonatiger Tätigkeit bei der Firma einen Anspruch auf Jahresurlaub. Während des Urlaubs darf der Arbeitnehmer keiner Tätigkeit nachgehen, die den Erholungszweck des Urlaubs gefährden kann.

(2) Der Arbeitnehmer erhält bei einer 5-Tage-Woche kalenderjährlich einen Urlaub von 20 Arbeitstagen, bei einer 6-Tage-Woche kalenderjährlich einen Urlaub von 24 Arbeitstagen als gesetzlichen Mindesturlaub. Der gesetzliche Mindesturlaub muss im laufenden Kalenderjahr gewährt und genommen werden. Eine Übertragung des gesetzlichen Mindesturlaubs auf das nächste Kalenderjahr ist nur statthaft, wenn dringende betriebliche oder in der Person des Arbeitnehmers liegende Gründe dies rechtfertigen. Im Falle der Übertragung muss der gesetzliche Mindesturlaub in den ersten drei Monaten des folgenden Kalenderjahres gewährt und genommen werden, ansonsten verfällt er. Konnte der gesetzliche Mindesturlaub wegen Arbeitsunfähigkeit des Arbeitnehmers nicht genommen werden, geht der gesetzliche Mindesturlaubsanspruch 15 Kalendermonate nach dem Ende des Urlaubsjahres, mithin am 31. März des Folgejahres, unter.

(3) Der Arbeitnehmer erhält darüber hinaus kalenderjährlich einen übergesetzlichen Zusatzurlaub von weiteren zehn Arbeitstagen bei einer 5-Tage-Woche und von weiteren zwölf Arbeitstagen bei einer 6-Tage-Woche. Der übergesetzliche Zusatzurlaub ist innerhalb des Kalenderjahres zu nehmen. Eine Übertragung des übergesetzlichen Zusatzurlaubs auf das nächste Jahr ist nur statthaft, wenn dringende betriebliche oder in der Person des Arbeitnehmers liegende Gründe eine Übertragung erforderlich machen. Im Fall der Übertragung muss der Zusatzurlaub in den ersten drei Monaten des nachfolgenden Kalenderjahres gewährt und genommen werden. Ansonsten verfällt der Zusatzurlaub mit Ablauf des 31. März des nachfolgenden Kalenderjahres auch dann, wenn er wegen Arbeitsunfähigkeit des Arbeitnehmers nicht genommen werden konnte. Eine Abgeltung des übergesetzlichen Urlaubsanspruchs ist ausgeschlossen.

(4) Während des Übertragungszeitraumes (1. Januar bis 31. März des nachfolgenden Kalenderjahres) gilt zunächst der übertragene gesetzliche Regelurlaub, danach der übertragene übergesetzliche Zusatzurlaub und erst danach der in dem betreffenden Kalenderjahr entstehende bzw. entstandene gesetzliche Regelurlaub und übergesetzliche Zusatzurlaub als bewilligt.

§ 6 Nebentätigkeit

Die Übernahme einer Nebentätigkeit bedarf der Zustimmung der Firma. Die Zustimmung ist zu erteilen, wenn keine berechtigten betrieblichen Interessen entgegenstehen. Die beabsichtigte Gründung eines eigenen Unternehmens ist vom Arbeitnehmer anzuzeigen.

§ 7 Krankheit

Der Arbeitnehmer zeigt jede Arbeitsunfähigkeit unverzüglich der Geschäftsleitung an und weist sie binnen zwei Tagen durch ärztliches Attest nach. Er hält den Arbeitgeber auch über den Verlauf seiner Krankheit auf dem Laufenden, insbesondere durch unverzügliche Einreichung ärztlicher Arbeitsunfähigkeitsbescheinigungen. Kann der Arbeitnehmer während einer Krankheitszeit eine andere als die von ihm üblicherweise verrichtete Arbeit ausüben, und handelt es sich hierbei in der Sozialanschauung nicht um eine nach seinen Vorkenntnissen und seiner Berufserfahrung völlig unzumutbare Tätigkeit, darf der Arbeitgeber ihm diese Tätigkeit zuweisen.

Auf Verlangen und auf Kosten des Arbeitgebers lässt sich der Arbeitnehmer bei einer mehr als zwei Wochen andauernden Arbeitsunfähigkeit unverzüglich von einem Facharzt auf Wunsch der Firma untersuchen; der Arbeitgeber stellt für eine solche Untersuchung dem Arbeitnehmer zwei Fachärzte zur Wahl. Lehnt der Arbeitnehmer die genannten Ärzte ab, stellt der Arbeitgeber den Antrag, einen anderen geeigneten Arzt vom Medizinischen Dienst der Krankenkasse, in deren Bezirk der Betrieb gelegen ist, zu benennen.

Der Arbeitnehmer entbindet den Facharzt bei Erkrankungen im Fortsetzungszusammenhang oder bei einer längeren als dreimonatige Erkrankung von der ärztlichen Schweigepflicht. Die Entbindung bezieht sich nicht auf den medizinischen Befund, sondern auf die Mitteilung zum Umfang der Arbeitsunfähigkeit und ihre voraussichtliche Dauer.[437]

§ 8 Freistellung aus besonderem Anlass

Bei verschiedenen Anlässen stellt die Firma unter Fortzahlung des Arbeitsentgelts den Arbeitnehmer in dem nachfolgend benannten Rahmen von der Arbeit frei:

- bei eigener Eheschließung bzw Begründung einer eingetragenen Lebenspartnerschaft: zwei Tage,
- bei Niederkunft der Ehefrau bzw der eingetragenen Lebenspartnerin: ein Tag,
- beim Tod des Ehegatten bzw des eingetragenen Lebensgefährten: drei Tage,
- bei Erstbezug der Wohnung oder Wohnungswechsel: ein Tag.

Der Anspruch auf Freizeit entfällt, wenn das Ereignis in einen Zeitraum fällt, in dem der Arbeitnehmer infolge bezahlten oder unbezahlten Urlaubs oder infolge Krankheit keine Arbeit leistet.

§ 9 Verbilligte Mahlzeiten

Die Bewertung von Mahlzeiten, die die Firma arbeitstäglich verbilligt im Betrieb abgibt, unterliegt den Sachbezugswerten zur Berechnung des geldwerten Vorteils bei verbilligten Kantinenmahlzeiten.

§ 10 Eingebrachte Sachen

Für Schäden an eingebrachten Sachen des Arbeitnehmers oder für den Verlust von Sachen haftet der Arbeitgeber nur dann, wenn diese auf Vorsatz oder grober Fahrlässigkeit des Arbeitgebers beruhen.

§ 11 Betriebsfrieden

Parteipolitische Tätigkeiten im Betrieb sind zu unterlassen.

§ 12 Betriebsvereinbarungen, Allgemeine Betriebsordnung

Die geltenden Betriebsvereinbarungen können in der Personalabteilung eingesehen werden.

Der Arbeitnehmer erhält mit der Unterzeichnung seines Arbeitsvertrages ein Exemplar der Allgemeinen Betriebsordnung.

---

437 Diese Klausel ist ggf an die Erfordernisse eines kommenden Beschäftigtendatenschutzgesetzes anzupassen.

§ 13 Verschwiegenheitspflicht

Der Arbeitnehmer verpflichtet sich, über alle Betriebs- und Geschäftsgeheimnisse dritten Personen gegenüber Stillschweigen zu bewahren.

Die Schweigepflicht gilt auch für die Zeit nach der Beendigung des Arbeitsverhältnisses.

§ 14 Ausschlussklausel[438, 439]

Ansprüche aus dem Arbeitsverhältnis müssen vom Arbeitnehmer drei Monate nach Ablauf des Abrechnungszeitraumes, in dem sie entstanden sind, spätestens berechnet ab Zugang der letzten Abrechnung des Arbeitsentgelts, geltend gemacht werden; andernfalls sind sie verwirkt. Anlässlich der Beendigung des Arbeitsverhältnisses beträgt die Ausschlussfrist drei Monate nach dem tatsächlichen Ausscheiden des Arbeitnehmers.

§ 15 Vertragsänderungen

Ergänzungen und Änderungen dieses Arbeitsvertrages einschließlich der Aufhebung dieses Schriftformerfordernisses bedürfen der Schriftform, es sei denn, sie beruhen auf einer ausdrücklichen oder individuellen Vertragsabrede. Eine betriebliche Übung ist keine solche ausdrückliche bzw. individuelle Vertragsabrede. Auch wiederholte Leistungen oder Vergünstigungen ohne ausdrückliche oder individuelle Vertragsabrede begründen keinen Anspruch für die Zukunft.

§ 16 Zusatz für ausländische Arbeitnehmer

Der ausländische Arbeitnehmer versichert, den deutschsprachigen Einstellungsvertrag verstanden zu haben.

Der deutschsprachige Einstellungsvertrag ist dem Arbeitnehmer von einer Person seines Vertrauens (Name, Anschrift, Ausweisnummer ...) übersetzt worden.

Bei der Übersetzung war als Zeuge auf Seiten der Firma zugegen: ...

4. Muster: Arbeitsvertrag eines Arbeiters mit teilweiser Übernahme tariflicher Bestimmungen

Arbeitsvertrag

Zwischen

der Firma ...

– nachstehend: Arbeitgeber –

und

Herrn ...

– nachstehend: Mitarbeiter –

---

[438] Einstufige Ausschlussfristen müssen einen Mindestzeitraum von drei Monaten enthalten (BAG 28.9.2005 – 5 AZR 52/05, DB 2006, 1959). Zweistufige Ausschlussfristen müssen für jede Frist drei Monate vorsehen. Als im Arbeitsrecht etablierte Besonderheiten nach § 310 Abs. 4 Satz 2 BGB steht ihrer Wirksamkeit § 309 Nr. 13 BGB nicht entgegen (BAG 25.5.2005 – 5 AZR 572/04, NZA 2005, 1111).

[439] Arbeitsvertraglich vereinbarte Ausschlussfristen können dahin gehend ausgelegt werden, dass sie nur die von den Parteien für regelungsbedürftig gehaltenen Fälle erfassen sollen. Eine Anwendung auch für die Fälle, die durch gesetzliche Verbote oder Gebote geregelt sind, soll dagegen regelmäßig gerade nicht gewollt sein, so das BAG. Das gelte bspw für die Haftung wegen Vorsatzes (Pressemitteilung Nr. 42/13 zu BAG, Urt. v. 20.6.2013 – 8 AZR 280/12). Ein Formulierungsbeispiel für eine vertragliche Verfallklausel mit Ausschluss der Haftung für Vorsatz enthält das Muster 1134 (§ 16).

§ 1 Entstehung des Arbeitsverhältnisses, Tätigkeit

(1) Herr ... wird zum ... als ... im Arbeitsbereich ... eingestellt. Die Firma darf dem Mitarbeiter auch eine anderweitige, gleichwertige[440] und zumutbare, seinen Kenntnissen und Fähigkeiten entsprechende Arbeit zuweisen. Macht der Arbeitgeber von seinem Recht der Zuweisung einer anderen Arbeit Gebrauch, so richtet sich nach Ablauf eines Monats die Vergütung nach der neu zugewiesenen Tätigkeit.[441]

(2) Die Vertragspartner gehen nach den Angaben des Mitarbeiters davon aus, dass der Mitarbeiter die persönlichen Voraussetzungen für die Ausübung seiner Tätigkeit besitzt und ohne gesundheitliche Einschränkungen in seinem Arbeitsbereich tätig werden kann.

(3) Das Arbeitsverhältnis endet mit Ablauf der Probezeit, ohne dass es einer Kündigung bedarf. Wollen die Parteien das Arbeitsverhältnis über die Probezeit hinaus als unbefristetes Arbeitsverhältnis fortsetzen, bedarf es einer Erklärung beider Vertragsteile über die gewünschte Vertragsfortsetzung. Wird die Erklärung von beiden Parteien abgegeben, wird das Arbeitsverhältnis zu den im Übrigen unveränderten vertraglichen Konditionen dieses Arbeitsvertrages als unbefristetes Arbeitsverhältnis fortgesetzt.

§ 2 Vertragspflichten

Der Mitarbeiter verpflichtet sich, die ihm übertragenen Arbeiten sorgfältig auszuführen, Maschinen und Werkzeuge in Ordnung zu halten und die Arbeitsanweisungen der vorgesetzten Mitarbeiter zu befolgen. Er erklärt sich bereit, wahlweise im Zeit- oder Leistungslohn zu arbeiten und über betriebliche Vorgänge, insbesondere in der Produktion, Verschwiegenheit zu wahren.

Der Mitarbeiter wird darauf hingewiesen, dass es strengstens verboten ist, während der Arbeitszeit alkoholische Getränke zu sich zu nehmen sowie im Betrieb Gegenstände für den eigenen Bedarf oder den Bedarf Dritter herzustellen.

§ 3 Vergütung

(1) Das Entgelt beträgt ... EUR brutto je Arbeitsstunde. Die Zuschläge für Nacht-, Mehr-, Feiertags- und Sonntagsarbeit werden von der Geschäftsleitung betriebseinheitlich unter Wahrung der Mitbestimmung nach billigem Ermessen festgelegt.

(2) Die Verpfändung und Abtretung von Vergütungsansprüchen bedarf der vorherigen Zustimmung der Firma.

§ 4 Arbeitszeit

Die Verteilung der regelmäßigen Arbeitszeit richtet sich nach der betrieblichen Regelung. Dem Manteltarifvertrag ... entsprechend kann die individuelle regelmäßige wöchentliche Arbeitszeit von derzeit ... Stunden ungleichmäßig auf mehrere Wochen verteilt werden. Sie muss innerhalb eines Ausgleichszeitraumes von ... Monaten im Durchschnitt die regelmäßige gesetzliche Tagesarbeitszeit erreichen. Der Mitarbeiter ist damit einverstanden, dass der Arbeitgeber die Bestimmungen des Manteltarifvertrages zur Arbeitszeit anwendet, ohne dass der Manteltarifvertrag oder Teile des Manteltarifvertrages in ihrer jeweiligen Fassung Vertragsbestandteil werden.

§ 5 Arbeitsunfähigkeit

Der Mitarbeiter zeigt seine Arbeitsunfähigkeit unverzüglich der Geschäftsleitung an und weist sie binnen drei Tagen durch ein ärztliches Attest nach. Bei begründeten Zweifeln des Arbeitgebers an der Arbeitsunfähigkeit oder auf Veranlassung des Werksarztes hat sich der Mitarbeiter einer vertrauensärztlichen oder fachärztlichen Untersuchung zu unterziehen. Etwaige Kosten der Untersuchung trägt der Arbeitgeber.

---

440 Behält sich der Arbeitgeber vor, ohne den Ausspruch einer Änderungskündigung einseitig die vertraglich vereinbarte Tätigkeit unter Einbeziehung geringerwertiger Tätigkeiten zulasten des Arbeitnehmers ändern zu können, liegt darin regelmäßig eine unangemessene Benachteiligung (BAG 25.8.2010 – 10 AZR 275/09, NZA 2010, 1355).
441 Die Zuweisung einer geringer vergüteten Tätigkeit wird auf diese Weise im Regelfall nicht möglich sein.

§ 6 Eingebrachte Sachen

Zur Aufbewahrung seiner persönlichen Gegenstände wird dem Mitarbeiter ein verschließbarer Spind bereitgestellt. Im Spind sind sämtliche während der Arbeit nicht benötigten privaten Gegenstände, wie Uhr, Geld, Sturzhelm, Stiefel u.Ä., zu deponieren. Der Spind ist mit dem zur Verfügung gestellten, durch eine individuelle Codenummer gesicherten Vorhängeschloss stets geschlossen zu halten.

§ 7 Vertragsstrafe[442]

(1) Für jeden Fall, dass der Mitarbeiter schuldhaft die Arbeit nicht oder zu einem späteren als dem vertraglich vereinbarten Zeitpunkt aufnimmt oder das Arbeitsverhältnis vor Ablauf der vereinbarten Dauer oder vor Ablauf der Kündigungsfrist ohne wichtigen Grund beendet, wird eine Vertragsstrafe in Höhe eines durchschnittlichen Bruttowochenlohnes vereinbart.

(2) Der Anspruch auf Erfüllung, die Geltendmachung eines Schadensersatzanspruchs und das Recht des Arbeitgebers zur fristgemäßen oder fristlosen Kündigung bleiben von dem Vertragsstrafenversprechen gem. Abs. 1 unberührt.

§ 8 Geltung tarifvertraglicher Regelung[443]

Hinsichtlich der Dauer des Urlaubs, der Höhe des Urlaubsgeldes und der Höhe der vermögenswirksamen Leistungen gelten, soweit im Arbeitsvertrag nichts Abweichendes bestimmt ist, die jeweils für den Betrieb normativ geltenden Tarifverträge. Hierbei handelt es sich zurzeit um die folgenden: ... . Die Tarifverträge können beim Lohnbuchhalter eingesehen werden.

§ 9 Ausschlussfrist/Verfallfrist[444]

Ansprüche aus dem Arbeitsverhältnis müssen vom Mitarbeiter binnen drei Monate nach ihrer Entstehung geltend gemacht werden, andernfalls sind sie erloschen.

§ 10 Freistellung

Die Firma ist berechtigt, den Mitarbeiter nach Ausspruch einer Kündigung bis zum Ablauf der Kündigungsfrist und darüber hinaus bis zum rechtskräftigen Abschluss eines Kündigungsschutzverfahrens unter Fortzahlung der Vergütung von der Arbeit freizustellen, wenn das Interesse der Firma an der Freistellung das Interesse des Arbeitnehmers an der Beschäftigung überwiegt. Mit unwiderruflicher Freistellung wird etwaig noch offener Urlaub abgegolten.

---

442   Das Verbot eines Vertragsstrafenversprechens in § 309 Nr. 6 BGB gilt im Arbeitsrecht nicht. Das BAG ist der Auffassung, dass die modifizierte Anwendungsregel in § 310 Abs. 4 Satz 2 BGB zu einem regelmäßig berechtigten Interesse des Arbeitgebers führt, die Nicht- oder Schlechterfüllung der Pflicht zur Arbeitsleistung mit einer Vertragsstrafe zu verbinden (BAG 3.4.2004 – 8 AZR 196/03, NZA 2004, 727). Unwirksam ist ein Vertragsstrafenversprechen, wenn die Abrede die Pflichtverletzung des Arbeitnehmers nicht so klar bezeichnet, dass sich der Versprechende in seinem Verhalten hierauf einstellen kann (BAG 21.4.2005 – 8 AZR 425/04, NZA 2005, 1053). Unwirksam ist die Vereinbarung eines Vertragsstrafenrahmens für den Fall eines gravierenden Wettbewerbsverstoßes von einem bis zu drei Monatsgehältern, wenn es dem Arbeitgeber überlassen bleibt, die Vertragsstrafe im Einzelfall innerhalb dieses Rahmens festzusetzen (BAG 18.8.2005 – 8 AZR 65/05, NZA 2006, 34 = BB 2006, 720). Vorsicht ist geboten, wenn die Vertragsstrafe zu hoch bemessen ist. Eine Herabsetzung der Vertragsstrafe nach § 343 BGB kommt seit der Schuldrechtsmodernisierung nicht mehr in Betracht, weil das Verbot der geltungserhaltenden Reduktion nach § 306 Abs. 2 BGB die Anpassung einer zu hohen Vertragsstrafe nach § 343 BGB ausschließt (BAG 4.3.2004 – 8 AZR 196/03, NZA 2004, 727; LAG Hamm 24.1.2003 – 10 Sa 1158/02, DB 2003, 2549; *Brors*, DB 2004, 1778).

443   Bei einer nur teilweisen Übernahme von tarifvertraglichen Regelungen ist nicht gewährleistet, dass der Ausschluss der AGB-Kontrolle nach § 310 Abs. 4 Satz 1 BGB greift.

444   Nach einer neuen Entscheidung des BAG können arbeitsvertraglich vereinbarte Ausschlussfristen dahin gehend ausgelegt werden, dass sie nur die von den Parteien für regelungsbedürftig gehaltenen Fälle erfassen sollen. Eine Anwendung auch für die Fälle, die durch gesetzliche Verbote oder Gebote geregelt sind, soll dagegen regelmäßig gerade nicht gewollt sein, so das BAG. Das gelte bspw für die Haftung wegen Vorsatzes (Pressemitteilung Nr. 42/13 zu BAG, Urt. v. 20.6.2013 – 8 AZR 280/12). Ein Formulierungsbeispiel für eine vertragliche Verfallklausel mit Ausschluss der Haftung für Vorsatz enthält das Muster 1134 (§ 16).

Wisswede

§ 11 Schlussbestimmungen

(1) Vertragliche Nebenabreden bestehen nicht. Ergänzungen und Änderungen dieses Ergänzungsvertrages einschließlich der Aufhebung dieses Schriftformerfordernisses bedürfen der Schriftform, es sei denn, sie beruhen auf einer ausdrücklichen oder individuellen Vertragsabrede. Eine betriebliche Übung ist keine solche ausdrückliche bzw. individuelle Vertragsabrede. Auch wiederholte Leistungen oder Vergünstigungen ohne ausdrückliche oder individuelle Vertragsabrede begründen keinen Anspruch für die Zukunft.

(2) Der Mitarbeiter hat ein gleich lautendes Vertragsexemplar erhalten.

5. Muster: Arbeitsvertrag eines Arbeiters bei potentieller Tarifbindung

Arbeitsvertrag

zwischen

...

– nachstehend: Firma –

und

Herrn ...

– nachstehend: Mitarbeiter –

§ 1 Inhalt und Beginn des Arbeitsverhältnisses

(1) Der Mitarbeiter tritt ab ... auf unbestimmte Zeit in die Dienste der Firma.

(2) Die ersten sechs Monate des Arbeitsverhältnisses gelten als Probezeit, während der das Arbeitsverhältnis mit Frist von 14 Tagen gekündigt werden kann.

(3) Die Firma behält sich vor, dem Mitarbeiter eine andere, gleichwertige Tätigkeit zuzuweisen, die den Vorkenntnissen und Erfahrungen des Mitarbeiters entspricht. Macht die Firma hiervon Gebrauch, ist sie verpflichtet, mindestens die bisherige Vergütung weiterzuzahlen.

§ 2 Arbeitszeit

(1) Die Arbeitszeit richtet sich nach den jeweils für den Betrieb geltenden tariflichen und betrieblichen Bestimmungen. Hierbei handelt es sich zurzeit um folgende: ... Diese Klausel bezweckt die Gleichstellung von tarifgebundenen mit nicht tarifgebundenen Arbeitnehmern (Gleichstellungsabrede), soweit für den Betrieb eine tarifvertragliche Regelung normativ zwingend gilt.

(2) Findet keine tarifliche Regelung normativ Anwendung, so gelten für das Arbeitsverhältnis die gesetzlichen Bestimmungen und die zwischen Firma und Betriebsrat geschlossenen Betriebsvereinbarungen.

(3) Den Ort der Arbeitsleistung regelt die Firma. Der Mitarbeiter nimmt am Mehrschichtbetrieb in dem jeweils angeordneten Umfang teil.

Beginn und Ende der täglichen Arbeitszeit sowie die Pausen werden von der Firmenleitung festgelegt und gelten für alle Mitarbeiter.

(4) Der Mitarbeiter leistet auf Anforderungen Mehr- und Überarbeit, soweit dies gesetzlich zulässig ist und er nicht aufgrund besonderer Umstände hieran gehindert ist.

§ 3 Urlaub

(1) Der Urlaub des Mitarbeiters beträgt jährlich ... Tage[445] und ist mit der Firmenleitung abzustimmen.

(2) Auf den gesamten Urlaubsanspruch kommt das Bundesurlaubsgesetz in seiner jeweils gültigen Fassung zur Anwendung.

§ 4 Arbeitsvergütung

(1) Der Mitarbeiter erhält eine monatliche Arbeitsvergütung.

(2) Der derzeitige Stundenlohn des Mitarbeiters setzt sich wie folgt zusammen:

Stundenlohn Brutto:	... EUR
Tariflohn Lohngruppe ...:	... EUR
Allgemeine Leistungszulage:	... EUR
Gesamtbruttolohn:	... EUR

Eine Bezahlung der Arbeiten erfolgt nur für fach-, lot- und fluchtgerechte, abnahmefähige Arbeiten. Regelwidrige Arbeit ist durch einwandfreie Nacharbeit auf Kosten des Mitarbeiters bzw der Kolonne zu beheben.[446]

(3) Einzelheiten der Lohnzahlung können einer gesonderten Betriebsvereinbarung vorbehalten bleiben.[447]

(4) Der Mitarbeiter darf seine Vergütungsansprüche weder verpfänden noch abtreten. Er hat die durch die Verpfändung oder Abtretung erwachsenden Kosten zu tragen. Die zu ersetzenden Kosten sind pauschaliert und betragen je zu berechnender Pfändung, Verpfändung oder Abtretung monatlich 5 EUR. Die Firma ist berechtigt, bei Nachweis der höheren tatsächlichen Kosten diese in Ansatz zu bringen. Wiederholte Pfändungen berechtigen die Firma zur ordentlichen Kündigung des Arbeitsverhältnisses.[448]

§ 5 Entgeltfortzahlung im Krankheitsfall

(1) Der Mitarbeiter erklärt, dass er arbeitsfähig ist, an keiner ansteckenden Krankheit leidet und keine sonstigen Umstände vorliegen, die ihm die vertraglich zu leistende Arbeit jetzt oder in naher Zukunft wesentlich erschweren oder unmöglich machen.

(2) Ist der Mitarbeiter infolge auf Krankheit beruhender Arbeitsunfähigkeit an der Arbeitsleistung verhindert, so erhält er Gehaltsfortzahlung für die Dauer von sechs Wochen nach Maßgabe des Entgeltfortzahlungsgesetzes. Spätestens am dritten Tag einer Erkrankung hat der Firma ein Arbeitsunfähigkeitsattest eines Arztes vorzuliegen. Hiervon unabhängig ist spätestens kurz vor Arbeitsbeginn die Firma telefonisch, mündlich oder schriftlich über die voraussichtliche Arbeitsunfähigkeit, den Grund und die Dauer zu benachrichtigen.

§ 6 Verschwiegenheitspflicht

Der Mitarbeiter hat über alle Betriebs- und Geschäftsgeheimnisse sowie über alle betriebsinternen vertraulichen Angelegenheiten während und nach Beendigung des Arbeitsverhältnisses Stillschweigen zu bewahren.

§ 7 Nebentätigkeit

(1) Dem Mitarbeiter ist bekannt, dass er eine Nebentätigkeit nur mit vorheriger Erlaubnis des Arbeitgebers aufnehmen darf. Die Firma wird die Erlaubnis nur verweigern, wenn die Ausübung der Nebentätigkeit die Erfüllung der arbeitsvertraglich geschuldeten Leistung gefährdet.

(2) Der Mitarbeiter ist verpflichtet, die Vorbereitung eines eigenen Unternehmens der Firma unverzüglich anzuzeigen.

---

445 Es ist – nach wie vor – möglich, einen einheitlichen Urlaubsanspruch zu vereinbaren. Eine Aufspaltung in einen gesetzlichen Urlaubsanspruch einerseits und einen zusätzlichen bzw tarifvertraglichen Urlaubsanspruch andererseits empfiehlt sich jedoch nach der neueren Rechtsprechung des BAG, da je nach vertraglicher Regelung zuerst der gesetzliche Urlaub eingebracht werden kann.
446 Diese Klausel dürfte unwirksam sein. Anders als beim Werkvertrag ist beim Dienstvertrag kein bestimmtes Ergebnis geschuldet, zumal das Ergebnis auch von Faktoren abhängt, die nicht vom Arbeitnehmer zu beeinflussen sind.
447 Die Tarifvorbehalte der §§ 77 Abs. 3, 87 Abs. 1 BetrVG sind insoweit zu beachten.
448 Die Wirksamkeit solcher Klauseln wird durch das BAG-Urteil vom 18.7.2006 – 1 AZR 578/05, NZA 2007, 462 in Frage gestellt.

Wisswede

§ 8 Beendigung des Arbeitsverhältnisses

(1) Das Arbeitsverhältnis endet mit Ablauf des Monats, in dem der Mitarbeiter erstmals Anspruch auf eine gesetzliche Regelaltersrente hat, oder durch Kündigung.

(2) Die Kündigungsfrist beträgt vier Wochen zum 15. oder zum Ende eines Kalendermonats. Für die verlängerten Kündigungsfristen ab einer zweijähriger Betriebszugehörigkeit gelten die gesetzlichen Bestimmungen für beide Seiten.

§ 9 Vertragsänderungen

Ergänzungen und Änderungen dieses Ergänzungsvertrages einschließlich der Aufhebung dieses Schriftformerfordernisses bedürfen der Schriftform, es sei denn, sie beruhen auf einer ausdrücklichen oder individuellen Vertragsabrede. Eine betriebliche Übung ist keine solche ausdrückliche bzw. individuelle Vertragsabrede. Auch wiederholte Leistungen oder Vergünstigungen ohne ausdrückliche oder individuelle Vertragsabrede begründen keinen Anspruch für die Zukunft.

§ 10 Personaldatenerfassung

(1) Die Angaben des Mitarbeiters im Personalfragebogen/Einstellungsfragebogen bilden Bestandteil des Arbeitsvertrages. Wahrheitswidrige Angaben berechtigen die Firma zur ordentlichen, in schwerwiegenden Fällen zur außerordentlichen Kündigung.

(2) Der Mitarbeiter verpflichtet sich, an der betrieblichen Datenerfassung einschließlich der Erfassung von Produktionsscheinen oder der Benutzung eines Werksausweises über Komm-/Gehzeiten nach Weisung der Firmenleitung teilzunehmen. Einzelheiten bestimmt die Anweisung der Firma. Der Mitarbeiter verpflichtet sich insbesondere, einen maschinenlesbaren Werksausweis zu benutzen.[449]

§ 11 Verfallfristen[450]

Alle beiderseitigen Ansprüche aus dem Arbeitsverhältnis und solche, die mit dem Arbeitsverhältnis in Verbindung stehen, verfallen, wenn sie nicht innerhalb von drei Monaten nach der Fälligkeit gegenüber der anderen Vertragspartei schriftlich erhoben werden.

§ 12 Besondere Vereinbarungen

Ein Entgeltfortzahlungsanspruch gegen die Firma in den Fällen der Freistellung nach § 45 SGB V wird ausgeschlossen. Weiter wird der Anspruch nach § 616 BGB für die Fälle der kurzzeitigen Arbeitsverhinderung nach § 2 PflegeZG ausgeschlossen.

---

449 Die Einwilligung in die Verarbeitung personenbezogener Daten bedarf, wenn sie zusammen mit anderen Erklärungen schriftlich erteilt wird, zu ihrer Wirksamkeit einer besonderen drucktechnischen Hervorhebung (§ 4a Abs. 1 Satz 4 BDSG). Deshalb wird empfohlen, vorformulierte Einwilligungserklärungen in die Verarbeitung personenbezogener Daten durch Fettdruck oder Unterstreichung im Vertragstext kenntlich zu machen.

450 Nach einer neuen Entscheidung des BAG können arbeitsvertraglich vereinbarte Ausschlussfristen dahin gehend ausgelegt werden, dass sie nur die von den Parteien für regelungsbedürftig gehaltenen Fälle erfassen sollen. Eine Anwendung auch für die Fälle, die durch gesetzliche Verbote oder Gebote geregelt sind, soll dagegen regelmäßig gerade nicht gewollt sein, so das BAG. Das gelte bspw für die Haftung wegen Vorsatzes (Pressemitteilung Nr. 42/13 zu BAG, Urt. v. 20.6.2013 – 8 AZR 280/12). Ein weiteres Formulierungsbeispiel für eine vertragliche Verfallklausel mit Ausschluss der Haftung für Vorsatz enthält das Muster 1134 (§ 16).

6. Muster: Befristeter Arbeitsvertrag mit Rufbereitschaft und Tarifbindung

Befristeter Arbeitsvertrag

zwischen

...

– nachstehend: Firma –

und

Herrn ...

– nachstehend: Arbeitnehmer –

wird folgender Arbeitsvertrag geschlossen:

§ 1 Tätigkeit

Der Arbeitnehmer wird als ... eingestellt und mit einschlägigen Arbeiten nach näherer Anweisung der Betriebsleitung und der einzelnen Vorgesetzten beschäftigt. Die Firma behält sich vor, dem Arbeitnehmer auch eine andere, gleichwertige Tätigkeit zuzuweisen. Macht sie hiervon Gebrauch, so richtet sich nach Ablauf eines Monats die Vergütung nach der neuzugewiesenen Tätigkeit.[451] Das Recht der Firma, dem Arbeitnehmer eine andere Tätigkeit zu übertragen, wird auch durch eine längerwährende Verwendung auf demselben Arbeitsplatz nicht beschränkt.

§ 2 Ort der geschuldeten Arbeitsleistung

Ort der geschuldeten Arbeitsleistung ist ... .

§ 3 Tarifvertragsbezug

Die Arbeitsbedingungen richten sich nach dem die Firma bindenden Bundesmanteltarifvertrag ... sowie ersatzweise nach den gesetzlichen Bestimmungen.

§ 4 Beginn/Laufzeit/Kündigungsfrist

Das Arbeitsverhältnis beginnt am ... . Es endet, ohne dass es einer Kündigung bedarf, spätestens zum ... .

Während der Beschäftigungszeit kann das Arbeitsverhältnis von beiden Vertragspartnern zusätzlich und jederzeit innerhalb des ersten Beschäftigungsmonats, der als Probezeit gilt, mit einer Frist von einem Tag zum Ende des folgenden Tages und danach mit einer Frist von 4 Wochen zum 15. oder zum Monatsschluss gekündigt werden.

Das Recht zur fristlosen Kündigung bleibt unberührt.

Eine Kündigung vor Dienstantritt ist ausgeschlossen.

§ 5 Lohn

Der tarifliche Stundenlohn in der Lohngruppe ... EUR brutto pro Stunde.

Die Firma behält sich die Zahlung einer übertariflichen Auslösung nach billigem Ermessen vor. Näheres wird ggf in einer gesonderten Vereinbarung geregelt.

§ 6 Arbeitszeit

Die regelmäßige Arbeitszeit beträgt ausschließlich der Pausen 38 Stunden in der Woche.

---

[451] Eine Reduzierung der Vergütung bzw eine geringerwertigere Tätigkeit dürfte auf diesem Weg nicht zulässig sein, vgl BAG 25.8.2010 – 10 AZR 275/09.

Die Firma ist berechtigt, die tarifliche Arbeitszeit so zu legen, dass der Arbeitnehmer bei betrieblicher Notwendigkeit unregelmäßig an einzelnen Wochentagen eingesetzt werden kann.

Die Pausen sind so zu nehmen, dass der Betriebsablauf nicht gestört wird. Beginn und Ende der Arbeitszeit richten sich nach den mit dem Betriebsrat geschlossenen Vereinbarungen, bzw werden von der Firma aufgrund der betrieblichen Bedürfnisse innerhalb der gesetzlichen Bestimmungen festgelegt.

Der Arbeitnehmer ist im Rahmen der gesetzlichen Bestimmungen und der betrieblichen Notwendigkeit verpflichtet, auf Anordnung Mehr-, Sonn-, Feiertags-, Schicht- und Nachtarbeit zu leisten.

Der Arbeitnehmer ist verpflichtet, sich im Rahmen des Betriebsplans für Rufbereitschaft an 6 Tagen monatlich auf Abruf für dringende betriebliche Einsätze in seiner Freizeit bereitzuhalten und hierbei je bis zu 4 Stunden seine vertragliche Tätigkeit auszuüben. Falls er sich in der Rufbereitschaft aus seiner Wohnung entfernt, wird er hinterlassen, wo er zu erreichen ist. Zur pauschalen Abgeltung der Zeit der Rufbereitschaft erhält der Arbeitnehmer ... EUR im Monat.

§ 7 Gratifikationen, sonstige Zuwendungen

Der Arbeitnehmer erhält eine jährliche Gratifikation in Höhe eines monatlichen Tariflohnes. Besteht das Arbeitsverhältnis zum Stichtag 1.10. noch kein Jahr, wird die Gratifikation anteilig gekürzt. Die Auszahlung der Gratifikation erfolgt einmal jährlich mit dem Lohn für den Monat Oktober.

Die Gratifikation wird nur gewährt, wenn das Arbeitsverhältnis am Auszahlungstag weder gekündigt noch beendet ist.[452]

§ 8 Urlaub

Der Jahresurlaubsanspruch beträgt zurzeit ... Tage.[453] Berechtigte Wünsche bezüglich des Urlaubszeitpunktes werden nach Möglichkeit berücksichtigt. Sie sind bis zum 31. Januar jeden Kalenderjahres bei der Firma anzumelden.

§ 9 Lohnpfändung und Abtretung

Der Arbeitnehmer darf seine Vergütungsansprüche weder verpfänden noch abtreten. Der Arbeitnehmer hat die durch die Pfändung, Verpfändung oder Abtretung erwachsenen Kosten zu tragen. Die Firma ist berechtigt, einen Pauschalbetrag von 5 EUR je Pfändung oder Abtretung zu berechnen; bei Nachweis tatsächlich höherer Kosten können diese in Abzug gebracht werden.[454]

§ 10 Arbeitsverhinderung

Bei Arbeitsverhinderung ist der Arbeitnehmer verpflichtet, die Firma unverzüglich über den Grund des Fernbleibens zu verständigen. Im Falle der Arbeitsunfähigkeit muss ohne besondere Aufforderung spätestens am 2. Tag der Erkrankung ein ärztliches Attest vorgelegt werden, aus dem die Arbeitsunfähigkeit und die voraussichtliche Dauer der Erkrankung ersichtlich wird.

Dauert die Arbeitsunfähigkeit länger als in der Bescheinigung angegeben, so ist der Arbeitnehmer verpflichtet, innerhalb von drei Kalendertagen eine neue ärztliche Bescheinigung einzureichen.

Auf Verlangen der Firma hat der Arbeitnehmer ein ärztliches Attest über seine Arbeits- und Einsatzmöglichkeit vorzulegen. Die Kosten hierfür werden von der Firma übernommen.

---

452 Gegebenenfalls wäre hier noch eine konkrete Widerrufsklausel aufzunehmen. Sinnvoller ist es, Gratifikationen im Rahmen einer freiwilligen – und daher ohne Nachwirkung kündbaren – Betriebsvereinbarung nach § 88 BetrVG zu regeln.
453 Es ist – nach wie vor – möglich, einen einheitlichen Urlaubsanspruch zu vereinbaren. Eine Aufspaltung in einen gesetzlichen Urlaubsanspruch einerseits und einen zusätzlichen bzw tarifvertraglichen Urlaubsanspruch andererseits empfiehlt sich jedoch nach der neueren Rechtsprechung des BAG, da je nach vertraglicher Regelung zuerst der gesetzliche Urlaub eingebracht werden kann.
454 Diese Klausel ist vermutlich unwirksam (vgl BAG 18.7.2006 – 1 AZR 578/05, NZA 2007, 462).

§ 11 Nebentätigkeit/Verschwiegenheitspflicht

Dem Arbeitnehmer ist eine Nebentätigkeit während des Bestandes des Arbeitsverhältnisses nur mit vorheriger schriftlicher Erlaubnis der Firma gestattet. Diese wird nur verweigert, wenn die Ausübung der Nebentätigkeit die Erfüllung der vertraglichen Pflichten des Arbeitnehmers gefährden kann. Über Geschäfts- und Betriebsgeheimnisse hat der Arbeitnehmer auch nach Beendigung des Arbeitsverhältnisses stets Stillschweigen zu bewahren.

§ 12 Arbeitsmittel und Berufskleidung

Die dem Arbeitnehmer zur Verfügung gestellten Arbeitsmittel bleiben Eigentum der Firma. Für ordnungsgemäße Handhabung der Arbeitsmittel ist der Arbeitnehmer verantwortlich.

Neue Arbeitsmittel erhält der Arbeitnehmer, nachdem er die beschädigten bzw unbrauchbaren Arbeitsmittel zurückgegeben hat. Der Verlust und Schaden von Arbeitsmitteln ist der Firma unverzüglich anzuzeigen. Die Firma behält sich vor, die durch Fahrlässigkeit des Arbeitnehmers entstandenen Kosten von diesem zurückzuverlangen.

Sollte der Arbeitnehmer ausscheiden, hat er alle Arbeitskleidung und -mittel unaufgefordert zurückzugeben. Mit der ersten Lohnabrechnung wird ein Pfand iHv 25 EUR für die Arbeitskleidung einbehalten. Nach Rückgabe der Arbeitskleidung erhält der Arbeitnehmer dieses Pfand mit der letzten Lohnabrechnung zurück.

Die Firma kann ihre Forderung gegen rückständige oder nach der Kündigung fällig werdende Vergütungsansprüche aufrechnen.[455]

§ 13 Allgemeine Vertragsbedingungen

Die zwischen Betriebsrat und Geschäftsleitung getroffenen Betriebsvereinbarungen und Arbeitsordnungen sind Bestandteil dieses Vertrages.

Der Arbeitnehmer verpflichtet sich, die am schwarzen Brett aushängenden Unfallverhütungsvorschriften strengstens zu beachten und die ihm ausgehändigte Arbeitskleidung zu tragen.

§ 14 Vertragsbruch[456]

Das Verlassen oder Nichtantreten der Arbeit ohne Einhaltung der vereinbarten Kündigungsfrist oder ohne wichtigen Grund verpflichtet zum Ersatz des durch den Arbeitsvertragsbruch entstandenen Schadens, begrenzt durch das in Anwendung der gesetzlichen Mindestkündigungsfrist ansonsten zu zahlende Arbeitsentgelt.[457]

§ 15 Sonstiges

Mündliche Absprachen bestehen nicht.[458]

---

455 Die Pfändungsfreigrenzen der §§ 850 ff ZPO sind zu beachten.
456 Das Verbot eines Vertragsstrafenversprechens in § 309 Nr. 6 BGB gilt im Arbeitsrecht nicht. Das BAG ist der Auffassung, dass die modifizierte Anwendungsregel in § 310 Abs. 4 Satz 2 BGB zu einem regelmäßig berechtigten Interesse des Arbeitgebers führt, die Nicht- oder Schlechterfüllung der Pflicht zur Arbeitsleistung mit einer Vertragsstrafe zu verbinden (BAG 3.4.2004 – 8 AZR 196/03, NZA 2004, 727). Unwirksam ist ein Vertragsstrafenversprechen, wenn die Abrede die Pflichtverletzung des Arbeitnehmers nicht so klar bezeichnet, dass sich der Versprechende in seinem Verhalten hierauf einstellen kann (BAG 21.4.2005 – 8 AZR 425/04, NZA 2005, 1053). Unwirksam ist die Vereinbarung eines Vertragsstrafenrahmens für den Fall eines gravierenden Wettbewerbsverstoßes von einem bis zu drei Monatsgehältern, wenn es dem Arbeitgeber überlassen bleibt, die Vertragsstrafe im Einzelfall innerhalb dieses Rahmens festzusetzen (BAG 18.8.2005 – 8 AZR 65/05, NZA 2006, 34 = BB 2006, 720). Vorsicht ist geboten, wenn die Vertragsstrafe zu hoch bemessen ist. Eine Herabsetzung der Vertragsstrafe nach § 343 BGB kommt seit der Schuldrechtsmodernisierung nicht mehr in Betracht, weil das Verbot der geltungserhaltenden Reduktion nach § 306 Abs. 2 BGB die Anpassung einer zu hohen Vertragsstrafe nach § 343 BGB ausschließt (BAG 4.3.2004 – 8 AZR 196/03, NZA 2004, 727; LAG Hamm 24.1.2003 – 10 Sa 1158/02, DB 2003, 2549; *Brors*, DB 2004, 1778).
457 Vgl BAG 23.9.2010 – 8 AZR 897/08, NZA 2011, 89; BAG 28.5.2009 – 8 AZR 896/07, NZA 2009, 1337.
458 Die Formulierung kann gegen § 305 b BGB und § 309 Nr. 12 Buchst. b BGB verstoßen, wurde allerdings im Urteil des BGH vom 14.10.1999 – III ZR 203/98, NJW 2000, 207 für wirksam erachtet.

§ 1 Verträge mit Arbeitnehmern, freien Mitarbeitern und Gesellschaftsorganen

Ergänzungen und Änderungen dieses Arbeitsvertrages einschließlich der Aufhebung dieses Schriftformerfordernisses bedürfen der Schriftform, es sei denn, sie beruhen auf einer ausdrücklichen oder individuellen Vertragsabrede. Eine betriebliche Übung ist keine solche ausdrückliche bzw. individuelle Vertragsabrede. Auch wiederholte Leistungen oder Vergünstigungen ohne ausdrückliche oder individuelle Vertragsabrede begründen keinen Anspruch für die Zukunft.

7. Muster: Arbeitsvertrag mit Allgemeinen Arbeitsvertragsbedingungen, Zielvereinbarung sowie Sabbatical- und Compliance-Klausel

§ 1 Beginn des Arbeitsverhältnisses, Probezeit, Geltende Regelungen

1. Das Arbeitsverhältnis beginnt am ___. Es wird zunächst befristet für die Dauer von sechs Monaten als Probearbeitsverhältnis geschlossen. Während der Probezeit und im Falle der Entstehung eines Arbeitsverhältnisses von unbefristeter Dauer gelten die Regelungen dieses Arbeitsvertrages sowie die anliegenden allgemeinen Arbeitsvertragsbedingungen des Arbeitgebers.

2. Einzelheiten zur Probezeit enthalten die allgemeinen Arbeitsvertragsbedingungen. Während der Dauer der Probezeit kann das Arbeitsverhältnis von beiden Seiten mit einer Frist von zwei Wochen gekündigt werden. Vor Dienstantritt ist eine Kündigung des Arbeitsverhältnisses ausgeschlossen.

3. Auf das Arbeitsverhältnis findet kein Tarifvertrag Anwendung.

§ 2 Arbeitszeit, Sabbatical[459]

1. Die regelmäßige Arbeitszeit beträgt 40 Stunden pro Woche (173 Stunden im Monat). Montag bis einschließlich Freitag zählen zu den üblichen Arbeitstagen.

2. Die Verteilung der Arbeitszeit richtet sich nach den gesetzlichen Bestimmungen sowie den betrieblichen Erfordernissen.

3. Die Vergütung von Mehrarbeit erfolgt durch zeitgleiche, bezahlte Freistellung von der Arbeit und/oder in Geld. Die Vergütung durch Freistellung hat innerhalb der auf die Mehrarbeit folgenden vier Monate zu erfolgen. Die zeitliche Lage der Freistellung ist zwischen dem Arbeitgeber und dem Mitarbeiter unter Berücksichtigung betrieblicher Belange abzustimmen.

4. Dem Mitarbeiter wird die Möglichkeit eingeräumt, Überstunden auf einem Guthabenkonto anzusammeln. Die Vorgaben des Arbeitszeitgesetzes sind dabei stets einzuhalten. Der Abbau des Guthabenkontos kann vom Mitarbeiter für ein Sabbatical von bis zu max. 6 Monaten genutzt werden. Ein Sabbatical von bis zu max. 6 Monaten kann alle drei Jahre beantragt und genommen werden. Der Mitarbeiter muss das Sabbatical spätestens 3 Monate vor Antritt dem Arbeitgeber schriftlich anzeigen und gleichzeitig erklären, für welchen Zeitraum es genommen werden soll. Der Arbeitgeber kann den Zeitpunkt des Antritts und den Zeitraum des Sabbaticals nur aus dringenden betrieblichen Gründen ablehnen.

§ 3 Tätigkeit

1. Der Mitarbeiter wird eingestellt als gewerblicher Mitarbeiter im Bereich ___. Die dem Mitarbeiter übertragenen Tätigkeiten und Aufgaben richten sich nach den jeweiligen, individuellen Erfordernissen der vom Arbeitgeber betreuten Objekte und den Anweisungen des jeweiligen Objektleiters. Im Falle der Abwesenheit des Objektleiters erteilt sein Stellvertreter die Arbeitsanweisungen im Einzelnen.

2. Der Arbeitgeber behält sich vor, dem Mitarbeiter eine andere, gleichwertige Arbeit im Betrieb zuzuweisen, die seiner Ausbildung, Fähigkeit und Berufserfahrung entspricht. Aus einer länger dauernden Tätigkeit an

---

[459] Das Muster 1348 (§ 20) enthält eine ausführliche Sabbatical-Regelung.

einem Arbeitsplatz ergibt sich kein Verzicht des Arbeitgebers auf sein Direktionsrecht oder seine Versetzungsbefugnis.[460]

§ 4 Vergütung

1. Der Mitarbeiter erhält ein monatliches Festgehalt iHv ... EUR. Die Festvergütung ist jeweils zum Dritten des Folgemonats bargeldlos zu zahlen. Der Mitarbeiter ist verpflichtet, ein Konto zu unterhalten und der Firma seine Kontodaten mitzuteilen.

2. Der Arbeitgeber zahlt dem Mitarbeiter eine monatliche Zielvereinbarungsvergütung, deren Höhe sich nach dem objektbezogenen Zielvereinbarungspool und der monatlichen Leistungsbeurteilung durch den Objektleiter ergibt.

3. Die Leistungsbeurteilung erfolgt nach den Kriterien Pünktlichkeit, Zuverlässigkeit, Einsatzmöglichkeit, Qualität, Zusammenarbeit und Ordnung/Sauberkeit. Beim Kriterium Pünktlichkeit kommt es auf die Einhaltung von Arbeits- und Vorgabezeiten an, beim Kriterium Zuverlässigkeit wird die Einhaltung sonstiger Arbeitsvorgaben bewertet, bei dem Merkmal Einsatzmöglichkeit wird die Vielzahl von Arbeitsbereichen berücksichtigt, in denen der Mitarbeiter einsetzbar ist. Unter dem Gesichtspunkt Qualität bewertet der Objektleiter die Ausführung von Arbeitsanweisungen und die Einhaltung von Unfallverhütungsvorschriften. Bei dem Merkmal Zusammenarbeit kommt es auf das Verhalten des Mitarbeiters gegenüber Vorgesetzten, Kollegen und ... an. Unter der Rubrik „Ordnung/Sauberkeit" wird bewertet, in welchem Zustand zugewiesene Bereiche wie Küche oder Umkleideräume vom Mitarbeiter gehalten werden.

4. Die nach einer auf das jeweilige Objekt für die dort tätigen Mitarbeiter festgelegte höchstmögliche Punktezahl wird ermittelt. Der Zielvereinbarungspool ergibt in Verbindung mit dem beim Mitarbeiter festgestellten, prozentualen Zielerreichungsgrad die monatliche Zielvereinbarungszahlung.

§ 5 Nebentätigkeit

Die Aufnahme einer auf nachhaltigen Erwerb gerichteten anderweitigen Tätigkeit, auch aushilfsweise, bedarf der schriftlichen, widerruflichen Zustimmung des Arbeitgebers. Der Mitarbeiter darf bei einer Nebentätigkeit nicht seine Arbeitskraft beeinträchtigen oder gegen ein Schutzgesetz oder gewichtige Interessen des Arbeitgebers verstoßen. Erhält der Mitarbeiter auf einen Antrag zur Genehmigung einer Nebentätigkeit innerhalb eines Monats keine Nachricht durch den Arbeitgeber, gilt die Nebentätigkeit als genehmigt.

§ 6 Urlaub

1. Der Mitarbeiter hat Anspruch auf einen gesetzlichen Mindesturlaub von 24 Werktagen pro Kalenderjahr bei einer 6-Tage-Woche. Der Zeitpunkt des Urlaubsantritts ist unter Berücksichtigung der Geschäftsinteressen des Arbeitgebers festzulegen. Der volle Urlaubsanspruch wird erstmalig nach Ablauf der Probezeit erworben.

2. Unter der Voraussetzung, dass der Mitarbeiter im Kalenderjahr nicht wegen Arbeitsunfähigkeit an der Ausübung seiner Tätigkeit gehindert war, erhält er einen Zusatzurlaub von 6 Werktagen. Der Zusatzurlaub verringert sich um je einen Tag für je 3 Tage, an denen der Arbeitnehmer wegen Arbeitsunfähigkeit an der Ausübung seiner Tätigkeit gehindert war.[461]

3. Bei der Gewährung von Urlaub wird zuerst der gesetzliche Urlaub eingebracht. Für den vertraglichen Urlaub gilt abweichend von dem gesetzlichen Mindesturlaub, dass der Urlaubsanspruch nach Ablauf des Übertragungszeitraumes (31. März des Folgejahres) auch dann verfällt, wenn er wegen Arbeitsunfähigkeit des Arbeitnehmers nicht genommen werden kann. Der gesetzliche Mindesturlaub verfällt in einem solchen Fall 15 Monate nach Ablauf des Urlaubsjahres.

---

[460] Dies hat das BAG bestätigt: BAG 19.1.2011 – 10 AZR 738/09, NZA 2011, 631.
[461] Diese Klausel verstößt nicht gegen § 308 Nr. 4 BGB, da als Voraussetzung für die Gewährung des Zusatzurlaubs zwischen den Parteien eine Bedingung, nämlich möglichst geringe Fehlzeiten, vereinbart wird (Hümmerich/Reufels/*Schiefer*, Gestaltung von Arbeitsverträgen, § 1 Rn 3191).

4. Das Bundesurlaubsgesetz in seiner jeweils gültigen Fassung findet auf den gesamten Urlaubsanspruch Anwendung.

§ 7 Verschwiegenheitspflicht

Der Mitarbeiter verpflichtet sich, über alle ihm im Rahmen seiner Tätigkeit zur Kenntnis gelangten geschäftlichen Angelegenheiten und Vorgänge, insbesondere Betriebs- und Geschäftsgeheimnisse des Arbeitgebers sowie über für vertraulich erklärte Angelegenheiten, sowohl Außenstehenden als auch unbeteiligten Mitarbeitern gegenüber, uneingeschränkte Verschwiegenheit zu wahren. Ein Bruch der Verschwiegenheitsverpflichtung gilt als erhebliche Vertrauensverletzung, aus der sich arbeitsrechtliche Konsequenzen ergeben können. Die Verpflichtung, über Betriebs- und Geschäftsgeheimnisse Stillschweigen zu bewahren, gilt auch über das Ende des Arbeitsverhältnisses hinaus.

§ 8 Datenverarbeitung und Datenschutz

1. Der Arbeitgeber erhebt, verarbeitet und nutzt die personenbezogenen Daten des Mitarbeiters in der EDV zum Zweck der Personalverwaltung, zum Zweck der Gehaltsermittlung und Gehaltsauszahlung, aufgrund gesetzlicher Vorschriften und zur Aufstellung von Dienstplänen, Arbeitskontrolle sowie ....

2. Der Mitarbeiter willigt in die vorgenannten Fälle der Erhebung, Verarbeitung oder Nutzung seiner personenbezogenen Daten ein.[462]

§ 9 Schlussbestimmungen

1. Die Allgemeinen Arbeitsvertragsbedingungen der Firma bilden Bestandteil des Arbeitsvertrages mit dem Mitarbeiter. Sie sind als Anlage zum Arbeitsvertrag beigeheftet.

2. Mündliche Nebenabreden sind mit dem Mitarbeiter nicht getroffen worden.

... (Ort, Datum, Unterschriften)

Anlage: Allgemeine Arbeitsvertragsbedingungen

§ 1 Einstellung

1. Der Arbeitgeber ist verpflichtet, einen schriftlichen Arbeitsvertrag zu schließen und dem Mitarbeiter eine Ausfertigung auszuhändigen.

2. Das Arbeitsverhältnis wird zunächst für die Dauer der Probezeit befristet vereinbart. Erklären Arbeitgeber und Mitarbeiter innerhalb der Probezeit das Arbeitsverhältnis über die Probezeit hinaus fortführen zu wollen, wird das Arbeitsverhältnis unbefristet zu den allgemeinen Arbeitsvertragsbedingungen und mit dem Inhalt des Arbeitsvertrages fortgesetzt.

3. Die ersten sechs Monate des Arbeitsverhältnisses gelten als Probezeit. Während der Probezeit kann das Arbeitsverhältnis beiderseits und jederzeit unter Einhaltung einer Frist von 14 Tagen gekündigt werden.

§ 2 Allgemeine Rechte und Pflichten

1. Der Mitarbeiter hat die ihm übertragenen Aufgaben gewissenhaft und ohne schuldhafte Verzögerung nach besten Kräften auszuführen und die Interessen des Arbeitgebers zu wahren.

2. Der Mitarbeiter hat sich so zu verhalten, dass das Ansehen des Arbeitgebers nicht beschädigt wird.

3. Der Mitarbeiter hat Veränderungen in den persönlichen und familiären Verhältnissen (Wohnungswechsel, Eheschließung, Geburten etc.) ohne gesonderte Aufforderung unverzüglich der Personalabteilung mitzuteilen. Nachteile durch verzögerte Meldungen gehen uneingeschränkt zu Lasten des Mitarbeiters.

---

[462] Die Einwilligung in die Verarbeitung personenbezogener Daten bedarf, wenn sie zusammen mit anderen Erklärungen schriftlich erteilt wird, zu ihrer Wirksamkeit einer besonderen drucktechnischen Hervorhebung (§ 4a Abs. 1 Satz 4 BDSG). Deshalb wird empfohlen, vorformulierte Einwilligungserklärungen in die Verarbeitung personenbezogener Daten durch Fettdruck oder Unterstreichung im Vertragstext kenntlich zu machen.

4. Dem Mitarbeiter ist die Annahme von Trinkgeldern nicht gestattet.

5. Der Mitarbeiter kann je nach den betrieblichen Erfordernissen an einen anderen dienstlichen Wohnsitz im Umkreis von maximal 50 km versetzt werden und mit anderen im Rahmen der Geschäftstätigkeit des Arbeitgebers liegenden Aufgaben betraut werden. Änderungen des Arbeitsorts oder der Tätigkeit, die einen Zeitraum von einem Monat unterschreiten, gelten nicht als Versetzung.

6. Der Mitarbeiter verpflichtet sich, die vereinbarte Arbeitszeit pünktlich einzuhalten. Wege zwischen Parkplatz und Arbeitsstelle, das Anziehen von Schutzkleidung und das Umkleiden sowie vergleichbare Vorbereitungstätigkeiten gehören nicht zur Arbeitszeit.

7. Arbeitsversäumnis bedarf, sofern sie nicht auf Arbeitsunfähigkeit oder behördlicher Anordnung beruht, der vorherigen Zustimmung des Arbeitgebers. Der Mitarbeiter ist verpflichtet, bei unerwartet notwendiger Abwesenheit oder Verspätung unverzüglich den Arbeitgeber zu informieren.

8. Im Krankheitsfall hat der Mitarbeiter Arbeitsverhinderung dem Arbeitgeber unverzüglich, möglichst telefonisch zwei Stunden vor Beginn des Arbeitsausfalls unter Angabe der Gründe mitzuteilen. Ist die Arbeitsverhinderung länger vor Beginn der Arbeitszeit bekannt, ist sie dem Arbeitgeber zum frühestmöglichen Zeitpunkt bekannt zu geben. Der Mitarbeiter verpflichtet sich, spätestens am 3. Kalendertag nach Eintritt der Erkrankung eine ärztliche Arbeitsunfähigkeitsbescheinigung mit Angaben über die voraussichtliche Dauer der Erkrankung unaufgefordert vorzulegen. Dauert die Arbeitsunfähigkeit länger als in der Bescheinigung angegeben, sind eine oder mehrere Folgebescheinigungen vorzulegen. Der Arbeitgeber kann jederzeit von einzelnen Arbeitnehmern auch bei eintägiger Erkrankung die Vorlage einer Arbeitsunfähigkeitsbescheinigung verlangen.

9. Stellt der Arbeitnehmer einen Antrag auf ein Kur- oder Heilverfahren, hat er dem Arbeitgeber unverzüglich davon Kenntnis zu geben. Wird das Kur- oder Heilverfahren bewilligt, ist dem Arbeitgeber unverzüglich eine entsprechende Bescheinigung vorzulegen und der Zeitpunkt des Kurantritts mitzuteilen.

10. Alle körperlichen Schäden, die der Mitarbeiter im Betrieb oder auf dem Weg von der oder zur Arbeitsstätte erleidet, hat er unverzüglich der Personalabteilung anzuzeigen. Unterlagen über einen Arbeits- oder Wegeunfall sind dem Arbeitgeber zwecks Unfallmeldung an die Berufsgenossenschaft auszuhändigen.

§ 3 Behördliche Erlaubnisscheine und Bestätigungen

1. Jeder Mitarbeiter, der zur Ausübung seiner Tätigkeit einer behördlichen Erlaubnis oder einer behördlichen Bestätigung bedarf, ist persönlich für die Ausstellung und die Aufrechterhaltung dieser Erlaubnis oder Bestätigung verantwortlich. Können behördliche oder ärztliche Termine zur Erlangung oder Erneuerung von Erlaubnissen oder Bestätigungen aus Gründen vom Mitarbeiter nicht wahrgenommen werden, die der Arbeitgeber zu vertreten hat, dürfen ihm hieraus keine Nachteile erwachsen.

2. Der Arbeitgeber trägt für die Dauer des Arbeitsverhältnisses die Kosten für die Ausstellung. Erneuerung, Verlängerung oder Ergänzung von Erlaubnisscheinen und behördlichen Bestätigungen sowie die Kosten ärztlicher Pflichtuntersuchungen oder sonstiger angeordneter Untersuchungen, die für den Einsatz bei dem Arbeitgeber benötigt werden.

3. Muss der Mitarbeiter zur Erlangung, Verlängerung oder Bestätigung behördlicher Erlaubnisse, die für die Tätigkeit beim Arbeitgeber notwendig sind, Termine wahrnehmen, ist ihm hierzu vom Arbeitgeber in ausreichendem zeitlichem Umfang Dienstbefreiung zu gewähren.

§ 4 Medizinische Untersuchungen

1. Das Arbeitsverhältnis steht unter dem Vorbehalt der gesundheitlichen Eignung des Mitarbeiters für die vertraglich vorgesehenen Aufgaben. Sollte eine spätestens bis zum Ablauf der Probezeit durchgeführte arbeitsmedizinische, amtsärztliche oder sonstige medizinische Untersuchung die Nichteignung des Mitarbei-

ters ergeben, endet das Arbeitsverhältnis zwei Wochen nach Zugang der schriftlichen Mitteilung der Firma an den Mitarbeiter über die festgestellte gesundheitliche Nichteignung.

2. Der Mitarbeiter kann sich auf Kosten des Arbeitgebers über den arbeitsmedizinischen Dienst oder anderweitig nach vorheriger Absprache gegen Hepatitis A und/oder Hepatitis B impfen lassen.

3. Medizinische Untersuchungen sind für die nachfolgend benannten Tätigkeiten im Krankenhausbereich erforderlich ....

§ 5 Fahrzeugbenutzung/Sozialversicherungsausweis

1. Ist für die vom Mitarbeiter ausgeübte Tätigkeit ein Führerschein der Klasse B erforderlich, hat der Mitarbeiter dem Arbeitgeber Gelegenheit zur Einsicht in das Original zu geben und eine Kopie des Führerscheins auszuhändigen. Ist dem Mitarbeiter die Fahrerlaubnis entzogen oder ist gegen ihn ein Fahrverbot verhängt worden, hat er dem Arbeitgeber hierüber unverzüglich Mitteilung zu machen.

2. Der Mitarbeiter, dem ein Fahrzeug dienstlich zur Verfügung gestellt wird, ist nur zur dienstlichen Nutzung berechtigt. Er ist verpflichtet, das ihm anvertraute Dienstfahrzeug sorgfältig zu behandeln und vor jeder Fahrt sicherzustellen, dass das Fahrzeug den Anforderungen der Straßenverkehrsordnung entspricht und verkehrssicher ist. Verwarnungs- und Bußgelder sowie sonstige Strafen, die im Zusammenhang mit der Benutzung des Fahrzeugs durch den Mitarbeiter entstanden sind, geben zu Lasten des Mitarbeiters, wenn dieser sie iSv § 276 BGB verschuldet hat.

3. Der Mitarbeiter verpflichtet sich, seinen Sozialversicherungsausweis stets bei sich zu tragen und auf Verlangen den zuständigen Behörden vorzulegen.

§ 6 Gehaltsabtretung, Pfändung

1. Die Abtretung und Verpfändung von Arbeitsentgelt und sonstigen Ansprüchen aus dem Arbeitsverhältnis ist unzulässig.

2. Die Kosten, die dem Arbeitgeber durch die Bearbeitung von Pfändungen, Verpfändungen und Abtretungen von Vergütungsansprüchen des Mitarbeiters entstehen, trägt der Mitarbeiter. Diese Kosten werden pauschaliert mit 10 EUR pro Pfändung, Abtretung und Verpfändung sowie zusätzlich 8 EUR für jedes Schreiben sowie 2 EUR pro Überweisung. Bei Nachweis höherer tatsächlicher Kosten ist der Arbeitgeber berechtigt, diese gegenüber dem Mitarbeiter zu berechnen.[463]

§ 7 Kurzarbeit, Fortbildung

1. Ändern sich, insbesondere aus technisch-organisatorischen und/oder Wettbewerbsgründen die Anforderungen des Arbeitsplatzes des Mitarbeiters, ist der Mitarbeiter verpflichtet, sich die notwendigen zusätzlichen Kenntnisse und Fertigkeiten anzueignen, wenn und soweit er hierzu in der Lage ist. Soweit dies rechtlich geboten ist, werden die erforderlichen Schulungsmaßnahmen in der Arbeitszeit und/oder auf Kosten des Arbeitgebers stattfinden.

2. Sofern der Betrieb nicht der Ausübung von Mitbestimmungsrechten nach dem Betriebsverfassungsgesetz unterliegt, darf der Arbeitgeber durch Direktionsrecht Kurzarbeit anordnen, wenn die nach dem SGB III geforderten, arbeitslosenversicherungsrechtlichen Voraussetzungen für die Gewährung von Kurzarbeitergeld erfüllt sind. Der Arbeitgeber soll die Einführung von Kurzarbeit mit einer Frist von zwei Wochen ankündigen.

§ 8 Freiwilligkeitsvorbehalt, Widerrufsrecht

Finanzielle Leistungen des Arbeitgebers mit Ausnahme des vereinbarten Festgehalts (§ 4 Abs. 1 des Arbeitsvertrags) sind freiwillige Leistungen des Arbeitgebers, die ohne Anerkennung einer Rechtspflicht gewährt

---

[463] Diese Klausel ist wohl unwirksam, da es dem gesetzlichen Leitbild entspricht, dass der Drittschuldner die Kosten der Pfändung trägt (BAG 18.7.2006 – 1 AZR 578/05, NZA 2007, 462).

werden und auch bei wiederholter, vorbehaltloser Zahlung keinen Rechtsanspruch für die Zukunft begründen.[464]

§ 9 Arbeitsbefreiung in besonderen Fällen

1. Auf Antrag wird dem Mitarbeiter in besonderen Fällen Arbeitsbefreiung unter Fortzahlung der Vergütung gewährt. Zu folgenden Anlässen kann der Mitarbeiter zweckgebundene Arbeitsbefreiung beanspruchen:

a)	Bei Eheschließung bzw Begründung einer eingetragenen Lebenspartnerschaft des Mitarbeiters oder seiner Kinder:	2 Arbeitstage
b)	Bei Niederkunft der Ehefrau bzw der eingetragenen Lebenspartnerin oder nach vollzogener Adoption eines minderjährigen Kindes:	2 Arbeitstage
c)	Beim Tod des Ehegatten/Lebenspartners:	4 Arbeitstage
d)	Beim Tod eines leiblichen oder adoptierten Kindes:	3 Arbeitstage
e)	Beim Tod der Mutter/des Vaters:	2 Arbeitstage
f)	Beim Tod einer Schwester/eines Bruders eines Schwiegereltern- oder Großelternteils:	1 Arbeitstag
g)	Bei Wohnungswechseln mit eigenem Hausstand (falls keine dienstliche Notwendigkeit besteht, höchstens einmal pro Jahr im ungekündigten Arbeitsverhältnis):	2 Arbeitstage
h)	Bei zehnjährigem Jubiläum des Mitarbeiters:	1 Arbeitstag

2. In folgenden Fällen ist ein Mitarbeiter in Abstimmung mit den betrieblichen Erfordernissen von der Arbeit unter Fortzahlung der Arbeitsvergütung für die Dauer der notwendigen Abwesenheit freizustellen, sofern die Erledigung der Angelegenheit nicht in der dienstplanmäßigen Freizeit möglich ist:

a) Ausübung des Wahl- und Stimmrechts in Erfüllung allgemeiner staatsbürgerlicher Pflichten in der Bundesrepublik Deutschland;

b) Wahrnehmung amtlicher Termine, sofern der Mitarbeiter keinen Anspruch auf Entschädigung wegen des Arbeitsversäumnisses hat;

c) unaufschiebbare ärztliche Untersuchungen oder ambulante Behandlungen, wobei auf Verlangen eine entsprechende Bescheinigung dem Arbeitgeber zum Nachweis vorzulegen ist;

d) Ablegung von Prüfungen, die der beruflichen Fortbildung dienen und im Interesse des Arbeitgebers liegen.

§ 10 Verlust behördlicher Erlaubnisse

1. Verliert der Mitarbeiter die Berechtigung zur Ausübung seiner vertraglichen Tätigkeit (Beispiel: Entzug der Fahrerlaubnis) aus anderen als krankheitsbedingten Gründen, die zur Entgeltfortzahlung berechtigen, so entfällt mit dem Tag des Verlusts der behördlichen Erlaubnis der Vergütungsanspruch des Mitarbeiters, es sei denn, der Arbeitgeber hat den Verlust der Erlaubnis zu vertreten.

2. Kommen die Voraussetzungen gem. Abs. 1 in Fortfall, entsteht der Vergütungsanspruch erneut. Die in Abs. 1 getroffene Regelung ist ohne Auswirkung auf die etwaigen Voraussetzungen einer ordentlichen oder außerordentlichen Kündigung.

§ 11 Beendigung des Arbeitsverhältnisses

1. Das Arbeitsverhältnis endet mit Ablauf des Monats, in dem der Mitarbeiter erstmals Anspruch auf gesetzliche Regelaltersrente hat. Es endet in jedem Falle mit Ablauf des Monats, in dem der Mitarbeiter eine Rente wegen Alters nach Maßgabe der §§ 35–42 SGB VI bezieht.

---

464 Ein solcher Freiwilligkeitsvorbehalt ist nach der Rechtsprechung des BAG unwirksam, insbesondere in Kombination mit einem Widerrufsvorbehalt (BAG 14.9.2011 – 10 AZR 526/10, NZA 2012, 81).

2. Wird durch den Bescheid eines Rentenversicherungsträgers dauernde Berufs- oder Erwerbsunfähigkeit festgestellt, endet das Arbeitsverhältnis mit Ablauf des Monats, in dem der Bescheid zugestellt wird. Beginnt die Rente wegen Berufs- oder Erwerbsunfähigkeit erst nach der Zustellung des Rentenbescheids, endet das Arbeitsverhältnis mit Ablauf des den Rentenbeginn vorangegangenen Tages. Das Arbeitsverhältnis endet nicht, wenn nach dem Bescheid des Rentenversicherungsträgers eine Rente auf Zeit (§ 102 Abs. 2 SGB V) gewährt wird. In diesem Falle ruht das Arbeitsverhältnis mit allen Rechten und Pflichten von dem Tage an, der auf den nach Satz 1 oder Satz 2 maßgeblichen Zeitpunkt folgt, bis zum Ablauf des Tages, bis zu dem die Zeitrente bewilligt ist, längstens jedoch bis zum Ablauf des Tages, an dem das Arbeitsverhältnis endet.

3. Das Arbeitsverhältnis endet ferner durch Kündigung. Die Kündigung bedarf der Schriftform. Die Kündigungsfrist richtet sich nach den gesetzlichen Vorschriften. Der Arbeitgeber ist berechtigt, den Mitarbeiter ab dem Tage des Zugangs der Kündigungserklärung im Falle einer Kündigung unter Fortzahlung der Bezüge und unter Anrechnung restlicher Urlaubsansprüche von der Arbeitsleistung freizustellen, wenn die Interessen des Arbeitgebers an der Freistellung die Interessen des Mitarbeiters an der Beschäftigung überwiegen. Nicht erfüllte Urlaubsansprüche sind mit unwiderruflicher Freistellung abgegolten, soweit nicht aufgrund von Arbeitsunfähigkeit des Mitarbeiters oder aus sonstigen gesetzlichen Gründen eine Abgeltung ausgeschlossen ist.

4. Der Mitarbeiter ist ab dem Tag der Kündigung des Arbeitsverhältnisses verpflichtet, sämtliche betrieblichen Unterlagen und Dateien, gestellte Arbeitskleidung oder sonstige Arbeitsmaterialien unverzüglich zurückzugeben, die ihm während seiner Tätigkeit ausgehändigt wurden oder auf andere Weise zugänglich geworden sind. Der Mitarbeiter verzichtet insoweit auf die Ausübung von Zurückbehaltungsrechten. Bei Verlust, Beschädigung oder über den gewöhnlichen Gebrauch hinausgehender Abnutzung haftet der Mitarbeiter.

§ 12 Ausschlussfrist[465]

Alle Ansprüche, die sich aus dem Arbeitsverhältnis ergeben, sind von den Parteien innerhalb einer Frist von drei Monaten nach ihrer Fälligkeit schriftlich geltend zu machen. Nicht rechtzeitig geltend gemachte Ansprüche verfallen.

§ 13 Compliance-Richtlinien[466]

Der Mitarbeiter ist verpflichtet, die jeweils anwendbaren gesetzlichen Bestimmungen sowie die Compliance-Richtlinien des Arbeitgebers zu beachten. Die Compliance-Richtlinien sind Anlage zu diesem Vertrag (Anlage 1).

§ 14 Sonstige Bestimmungen

1. Der Arbeitgeber kann jederzeit und ohne Angabe von Gründen an allen Betriebsstätten für die Dauer der Arbeitszeit ein Rauchverbot erlassen.

2. Ergänzungen und Änderungen dieses Arbeitsvertrages einschließlich der Aufhebung dieses Schriftformerfordernisses bedürfen der Schriftform, es sei denn, sie beruhen auf einer ausdrücklichen oder individuellen Vertragsabrede. Eine betriebliche Übung ist keine solche ausdrückliche bzw. individuelle Vertragsabrede. Auch wiederholte Leistungen oder Vergünstigungen ohne ausdrückliche oder individuelle Vertragsabrede begründen keinen Anspruch für die Zukunft.

---

465 Nach einer neuen Entscheidung des BAG können arbeitsvertraglich vereinbarte Ausschlussfristen dahin gehend ausgelegt werden, dass sie nur die von den Parteien für regelungsbedürftig gehaltenen Fälle erfassen sollen. Eine Anwendung auch für die Fälle, die durch gesetzliche Verbote oder Gebote geregelt sind, soll dagegen regelmäßig gerade nicht gewollt sein, so das BAG. Das gelte bspw für die Haftung wegen Vorsatzes (Pressemitteilung Nr. 42/13 zu BAG, Urt. v. 20.6.2013 – 8 AZR 280/12). Ein weiteres Formulierungsbeispiel für eine vertragliche Verfallklausel mit Ausschluss der Haftung für Vorsatz enthält das Muster 1134 (§ 16).
466 Eine ausführlichere Klauselfassung findet sich in Muster 1110 (§ 13).

Kapitel 1: Arbeitsverträge

3. Alle Regelungen des Arbeitsvertrages und der allgemeinen Vertragsbedingungen stehen unter dem Vorbehalt etwaiger, ablösender Betriebsvereinbarungen.

↑

8. Muster: Arbeitsvertrag eines Lageristen in einer Brauerei (mit Haustarifvertrag)

↓

Zwischen

der ...-Brauerei

– nachstehend: Unternehmen –

und

Herrn ...

– nachstehend: Mitarbeiter –

wird nachfolgender Arbeitsvertrag geschlossen:

§ 1 Tätigkeit und Aufgabenbereich

1. Der Mitarbeiter wird ab dem ... als Lagerist tätig sein.
2. Das Unterstellungsverhältnis des Mitarbeiters ergibt sich aus dem jeweils gültigen Organigramm.
3. Das Unternehmen behält sich im Rahmen des billigen Ermessens vor, dem Mitarbeiter im Bedarfsfalle entsprechend seinen Fähigkeiten und Kenntnissen einen anderen gleichwertigen Aufgabenbereich zu übertragen.
4. Der Aufgabenbereich geht aus der Stellenbeschreibung hervor.[467]
5. Das Unternehmen ist berechtigt, den Mitarbeiter im Falle einer Kündigung von seiner Verpflichtung zur Arbeitsleistung unter Fortzahlung des Gehalts und unter Anrechnung aller bis zu diesem Zeitpunkt erworbenen Urlaubs- und Freizeitansprüche freizustellen, wenn das Interesse des Unternehmens an der Freistellung das Interesse des Mitarbeiters an der Beschäftigung überwiegt.
6. Dienstsitz ist ... . Das Unternehmen behält sich vor, den Mitarbeiter im Rahmen seines Direktionsrechts auch an einem anderen Ort in der Bundesrepublik Deutschland einzusetzen.[468]

§ 2 Bezüge

1. Für seine Tätigkeit erhält der Mitarbeiter ab dem ... ein Tarifentgelt entsprechend der Tarifgruppe L VI des jeweils für das Unternehmen gültigen Entgelttarifvertrages sowie eine variable Stundenzulage iHv ... EUR. Das monatliche Gesamtbrutto beläuft sich somit auf ... EUR.
2. Der Mitarbeiter verpflichtet sich, im Rahmen des gesetzlich Zulässigen Mehrarbeit zu leisten.
3. Mit der Zahlung des vereinbarten Entgelts wird die Leistung gebotener Mehrarbeit im gesetzlichen Rahmen als abgegolten betrachtet.

§ 3 Vertragsdauer und Kündigung

1. Das Arbeitsverhältnis beginnt am ... und wird auf unbestimmte Zeit geschlossen.
2. Es gelten die tarifvertraglichen Kündigungsfristen.
3. Die Kündigung hat in jedem Fall schriftlich zu erfolgen.
4. Ohne dass es einer Kündigung bedarf, endet das Beschäftigungsverhältnis spätestens mit Ablauf des Monats, in dem der Mitarbeiter frühestmöglich eine gesetzliche Regelaltersrente in Anspruch nehmen kann. Mit

---

[467] Eine Tätigkeitsbeschreibung, die auf eine Stellenbeschreibung Bezug nimmt, kann nach § 307 Abs. 1 Satz 2 BGB unwirksam sein, wenn Änderungen der Stellenbeschreibung ohne Zustimmung des Arbeitnehmers vorgesehen sind (Hümmerich/Reufels/*Borgmann*, Gestaltung von Arbeitsverträgen, § 1 Rn 2939).
[468] Eine solche Versetzungsklausel ist wirksam (BAG 13.4.2010 – 9 AZR 36/09, BB 2010, 2432).

Wisswede

dem im Rentenbescheid angegebenen Datum endet das Anstellungsverhältnis auch zu einem früheren Zeitpunkt (Altersrente, Erwerbsminderungsrente, Rente wegen Altersteilzeit o.Ä.).

§ 4 Urlaub

1. Der Mitarbeiter hat Anspruch auf einen Jahresurlaub, dessen Dauer sich aus dem für das Unternehmen gültigen Haustarifvertrag ergibt.

2. Urlaubstermin und Urlaubsdauer werden im Einvernehmen mit dem jeweiligen Vorgesetzten festgelegt.

§ 5 Freitrunk

Der Mitarbeiter hat Anspruch auf einen kostenlosen Haustrunk gemäß der Haustrunkregelung.

§ 6 Verschwiegenheitspflicht

1. Der Mitarbeiter ist verpflichtet, über alle Betriebs- und Geschäftsgeheimnisse, die ihm im Rahmen der Tätigkeit zur Kenntnis gelangen, während und nach Beendigung des Arbeitsverhältnisses Stillschweigen zu bewahren.

2. Der Mitarbeiter hat jederzeit auf Verlangen des Unternehmens, spätestens aber unaufgefordert bei Beendigung des Arbeitsverhältnisses alles Material, insbesondere alle Dateien, Unterlagen, Kopien usw zurückzugeben, die im Zusammenhang mit seiner Tätigkeit für das Unternehmen in seinem Besitz gelangt sind. Dem Mitarbeiter steht ein Zurückbehaltungsrecht nicht zu.

§ 7 Speicherung von Daten

Die personenbezogenen Daten des Mitarbeiters werden zum Zweck der Personalverwaltung und Personalabrechnung im Rahmen der Bestimmungen der BDSG, anderer vorrangiger Gesetze sowie der Weisungen des Mitarbeiters gespeichert. Das Unternehmen übermittelt personenbezogene Daten an Dritte nur, soweit gesetzliche Bestimmungen dies erfordern, oder die Weisungen des Mitarbeiters dies zulassen.

§ 8 Nebentätigkeit

1. Der Mitarbeiter stellt seine ganze Arbeitskraft ausschließlich in den Dienst des Unternehmens.

2. Es bedarf der schriftlichen Zustimmung für die Übernahme einer Nebentätigkeit, die auf Erwerb gerichtet ist. Diese wird nur verweigert, wenn die Ausübung der Nebentätigkeit die ordnungsgemäße Durchführung dieses Vertrages gefährdet.

§ 9 Wettbewerbsvereinbarung

Der Mitarbeiter verpflichtet sich, während seiner Tätigkeit für das Unternehmen nicht

a) für ein Unternehmen tätig zu sein, das konkurrierende Erzeugnisse herstellt oder vertreibt,

b) ein festes Dienstverhältnis oder ein Vertretungsverhältnis zu einem solchen Unternehmen einzugehen,

c) ein solches Unternehmen selbst zu errichten oder zu erwerben.

d) sich an einem solchen Unternehmen, gleich in welcher Rechtsform, finanziell zu beteiligen, sofern die Beteiligung des Mitarbeiters eine Einflussnahme auf das betreffende Unternehmen ermöglicht.

§ 10 Drittschuldnerhaftung

Wird der Arbeitnehmer durch einen Dritten schuldhaft verletzt, ist dies der Personalabteilung umgehend mitzuteilen. Der Mitarbeiter tritt hiermit seine Schadensersatzansprüche gegenüber dem Schädiger in der Höhe ab, wie er vom Unternehmen Leistungen erhält.

§ 11 Ausschlussfrist[469]

Alle Ansprüche, die sich aus dem Anstellungsverhältnis ergeben, sind innerhalb von drei Monaten nach ihrer Fälligkeit schriftlich geltend zu machen. Nach Ablauf dieser Frist sind die Ansprüche verfallen.

§ 12 Schlussbestimmungen

1. Ergänzungen und Änderungen dieses Arbeitsvertrages einschließlich der Aufhebung dieses Schriftformerfordernisses bedürfen der Schriftform, es sei denn, sie beruhen auf einer ausdrücklichen oder individuellen Vertragsabrede. Eine betriebliche Übung ist keine solche ausdrückliche bzw. individuelle Vertragsabrede. Auch wiederholte Leistungen oder Vergünstigungen ohne ausdrückliche oder individuelle Vertragsabrede begründen keinen Anspruch für die Zukunft.

2. Die Abtretung sowie die Verpfändung von Entgeltbestandteilen sind nur mit vorheriger ausdrücklicher Zustimmung des Unternehmens zulässig.

3. Die Betriebsordnung gilt für alle Mitarbeiterinnen und Mitarbeiter der ... . Sie bildet neben den Betriebsvereinbarungen einen wesentlichen Bestandteil des Arbeitsvertrages.

4. Das Unternehmen erwartet von dem Mitarbeiter eine von Kollegialität und gegenseitiger Achtung getragene harmonische Zusammenarbeit mit allen Mitarbeitern. Absolute Ehrlichkeit und Diskretion sind unbedingte Voraussetzung für die Tätigkeit des Mitarbeiters.

5. Der Mitarbeiter verpflichtet sich, alle Änderungen der persönlichen Verhältnisse, soweit diese dienstliche Belange berühren, insbesondere des Personenstandes und spätere Wohnungswechsel oder länger andauernde Veränderungen seines Aufenthaltsortes, unverzüglich der Personalabteilung schriftlich mitzuteilen.

↑

9. Muster: Arbeitsvertrag im Bereich Groß- und Außenhandel als Anschreiben (für Arbeiter)

171

1087

↓

Sehr geehrter Herr ...,

ab dem ... werden Sie als ... eingestellt.

1. Als Vergütung erhalten Sie unter Eingruppierung in die tarifliche Lohngruppe ... des Groß- und Außenhandelstarifs ... folgenden Monatslohn: ... EUR

Wir behalten uns vor, Ihnen zuzüglich zum Monatslohn eine übertarifliche Zulage zu zahlen. Wir behalten uns vor, eine solche Leistung aus wirtschaftlichen Gründen zu widerrufen.[470]

2. Lohnregelungen sind gegenüber Dritten vertraulich zu behandeln.[471]

3. Ihre Bezüge sind jeweils am Letzten eines jeden Monats fällig. Der Nettobetrag wird von uns auf Ihr Girokonto überwiesen.

4. Während der Probezeit, die 3 Monate beträgt, kann der Arbeitsvertrag beiderseits mit einer Frist von einem Monat zum Monatsende gekündigt werden.

---

[469] Nach einer neuen Entscheidung des BAG können arbeitsvertraglich vereinbarte Ausschlussfristen dahin gehend ausgelegt werden, dass sie nur die von den Parteien für regelungsbedürftig gehaltenen Fälle erfassen sollen. Eine Anwendung auch für die Fälle, die durch gesetzliche Verbote oder Gebote geregelt sind, soll dagegen regelmäßig gerade nicht gewollt sein, so das BAG. Das gelte bspw für die Haftung wegen Vorsatzes (Pressemitteilung Nr. 42/13 zu BAG, Urt. v. 20.6.2013 – 8 AZR 280/12). Ein weiteres Formulierungsbeispiel für eine vertragliche Verfallklausel mit Ausschluss der Haftung für Vorsatz enthält das Muster 1134 (§ 16).

[470] Die Vereinbarung eines Widerrufsvorbehalts ist zulässig, soweit bei Leistungen, die im Gegenseitigkeitsverhältnis stehen, der widerrufliche Teil am Gesamtverdienst unter 25 % liegt und der Tariflohn nicht unterschritten wird (BAG 12.1.2005 – 5 AZR 364/04, NZA 2005, 465). Bei Zahlungen des Arbeitgebers, die keine unmittelbare Gegenleistung für die Arbeitsleistung sind, sondern Ersatz für Aufwendungen, die an sich der Arbeitnehmer selbst tragen muss (zB Fahrtkostenersatz), kann der widerrufliche Teil der Arbeitsvergütung bis zu 30 % des Gesamtverdienstes betragen (BAG 11.10.2006 – 5 AZR 721/05, NZA 2007, 87).

[471] Diese Klausel ist wohl unwirksam (vgl. LAG Mecklenburg-Vorpommern 21.10.2009 – 2 Sa 237/09).

5. Für Ihr Arbeitsverhältnis gelten in ihrer jeweiligen Fassung die tariflichen Bestimmungen für Arbeiter des Groß- und Außenhandelstarifs in Nordrhein-Westfalen sowie die sonstigen Betriebsvereinbarungen und betrieblichen Regelungen.

6. Ihre wöchentliche Arbeitszeit beträgt ... Stunden, Ihr Jahresurlaub ... Arbeitstage.[472]

7. Sie sind verpflichtet, uns jede Arbeitsverhinderung unter Angabe des Grundes und der voraussichtlichen Dauer unverzüglich anzuzeigen. Bei Arbeitsverhinderung infolge Krankheit von mehr als drei Tagen müssen Sie uns vom vierten Tag an eine ärztliche Bescheinigung über die Arbeitsunfähigkeit sowie die voraussichtliche Dauer vorlegen. Dauert die Arbeitsunfähigkeit länger als in der Bescheinigung angegeben, ist unverzüglich eine neue Bescheinigung vorzulegen.

8. Eine auf Erwerb gerichtete Nebentätigkeit dürfen Sie während der Dauer des Arbeitsverhältnisses nur nach vorheriger schriftlicher Genehmigung durch uns ausüben.

9. Mündliche Nebenabreden bestehen nicht. Ergänzungen und Änderungen dieses Arbeitsvertrages einschließlich der Aufhebung dieses Schriftformerfordernisses bedürfen der Schriftform, es sei denn, sie beruhen auf einer ausdrücklichen oder individuellen Vertragsabrede. Eine betriebliche Übung ist keine solche ausdrückliche bzw individuelle Vertragsabrede. Auch wiederholte Leistungen oder Vergünstigungen ohne ausdrückliche oder individuelle Vertragsabrede begründen keinen Anspruch für die Zukunft.

10. Die Kenntnisnahme und Verbindlichkeit der tariflichen Bestimmungen erkennen Sie durch Ihre Unterschrift an.

11. Das Arbeitsverhältnis endet spätestens einen Monat nach Ablauf des Monats, in dem Sie erstmals Anspruch auf eine gesetzliche Regelaltersrente haben.

Wir bitten Sie, Ihr Einverständnis durch Ihre Unterschrift auf der Kopie dieses Vertrages zu erklären und uns zurückzugeben.

Mit vorstehendem Vertragsinhalt erkläre ich mich einverstanden.

10. Muster: Auslandsentsendung eines Monteurs

Herrn ..., geb. am ..., wohnhaft ...

Bereich/Abteilung: ...   Personalnummer: ...

1. Sie werden zur Ausübung einer vorübergehenden[473] Tätigkeit als ... in ...[474] abgeordnet. Abreisetag: ...

2. Ihre Auslösung beträgt pro Kalendertag

- vom ... bis ...:   ... EUR für Verpflegung und ... EUR für Übernachtung,
- ab ...:   ... EUR für Verpflegung und ... EUR für Übernachtung.

Anteil in Landeswährung, zahlbar am Montageort/auf der Baustelle: ... EUR.

Die Auslösung wird zu dem jeweils am ... eines Monats gültigen offiziellen Bankkurs für den Notenverkauf im Einsatzland abgerechnet. Bei Abrechnung der Auslösung vor diesem Stichtag gilt der offizielle Bankkurs vom ... des Vormonats. Fällt am Montageort der ... des Kalendermonats auf einen Sonn- oder Feiertag, so wird als Stichtag für den Bankkurs der nächstfolgende Werktag zugrunde gelegt.

---

472 Eine Aufspaltung in einen gesetzlichen Urlaubsanspruch einerseits und einen zusätzlichen bzw tarifvertraglichen Urlaubsanspruch andererseits empfiehlt sich nach der neueren Rechtsprechung des BAG, da je nach vertraglicher Regelung zuerst der gesetzliche Urlaub eingebracht werden kann.
473 Je nach Dauer der Entsendung kann ein Einsatz im Ausland umfangreiche steuer- und sozialversicherungsrechtliche Folgen haben.
474 Bei Auslandsentsendungen ist das am Einsatzort geltende öffentliche Recht (zB Arbeitszeitregelungen, Feiertage) zu beachten, während entsprechende deutsche Regelungen außerhalb des Gebiets der Bundesrepublik Deutschland keine Geltung haben.

3. Sie erhalten

a) eine Ausrüstungsbeihilfe iHv ... EUR.

b) bei einer Abordnungsdauer von mindestens ... Monaten einen Montagezusatzurlaub von ... Arbeitstagen pro Monat Montagetätigkeit.

c) Reisekostenerstattung für Hin- und Rückreise sowie angeordnete Geschäftsreisen nach folgenden Grundsätzen: ...

d) nach jeweils ... Monat/en Montagetätigkeit eine bezahlte Familienheimfahrt.

e) Kostenerstattung für Reisegepäckbeförderung nach den geltenden Reisekostenrichtlinien.

4. Für die Dauer Ihrer Montagetätigkeit bestehen zu Ihren Gunsten folgende Versicherungen:

a) gegen Unfalltod: ... EUR
b) gegen Unfallinvalidität: ... EUR
c) für Heilkosten: ... EUR
d) für Reisegepäck: ... EUR

5. Etwaige steuerliche Verpflichtungen im Einsatzland müssen Sie selbst erfüllen. Im Übrigen gelten in Ergänzung zu Ihrem Arbeitsvertrag die Montagerichtlinien der ... in ihrer jeweiligen Fassung.

Wir bitten, den Empfang dieses Schreibens auf der Beilage zu bestätigen und uns diese zurückzugeben.

III. Verträge mit Angestellten

1. Muster: Musterarbeitsvertrag eines Angestellten (ohne Tarifbindung) mit Compliance- und Whistleblower-Klausel

Arbeitsvertrag

zwischen

– nachstehend Firma genannt –

und

Herrn ...

– nachstehend Mitarbeiter genannt –

§ 1 Beginn des Arbeitsverhältnisses

(1) Der Mitarbeiter tritt mit Wirkung vom ... in die Dienste der Firma. Vor Beginn des Arbeitsverhältnisses ist die Kündigung ausgeschlossen.

(2) Das Arbeitsverhältnis wird zunächst als Probearbeitsverhältnis vereinbart. Es beginnt am ... und endet nach sechs Monaten am ..., ohne dass es einer Kündigung bedarf, falls nicht vorher die Fortsetzung des Arbeitsverhältnisses vereinbart wird.

§ 2 Tätigkeit

(1) Der Mitarbeiter wird angestellt als ..., er ist weisungsgebunden gegenüber ... Im Einzelnen richtet sich die Tätigkeit nach der diesem Vertrag beigefügten Stellenbeschreibung, deren Änderung und Ergänzung sich die Firma nach betriebsorganisatorischen Erfordernissen vorbehält.

(2) Die Firma behält sich vor, dem Mitarbeiter im Rahmen des billigen Ermessens eine andere gleichwertige Tätigkeit, auch innerhalb der Firmengruppe, zuzuweisen, die seinen Vorkenntnissen und Fähigkeiten entspricht. Macht sie hiervon Gebrauch, so ist die bisherige Vergütung weiterzuzahlen.

(3) Obwohl das Aufgabengebiet des Mitarbeiters ein generell selbständiges und innovatives Arbeiten erfordert, gehört es zu den Obliegenheiten des Mitarbeiters, die Bestimmung der Dringlichkeit von Arbeiten nicht ohne Zustimmung seiner Vorgesetzten vorzunehmen und die Vorgesetzten über beabsichtigte Vorhaben und den Stand von Arbeiten zu unterrichten.

(4) Arbeitsort ist ... . Die Firma behält sich das Recht vor, den Mitarbeiter im Bedarfsfall auch an einem anderen Arbeitsort entsprechend der Vorbildung und den Fähigkeiten des Mitarbeiters für gleichwertige Tätigkeiten einzusetzen. Hierbei werden die persönlichen Belange des Mitarbeiters angemessen berücksichtigt.

(5) Die Einstellung erfolgt unter der Voraussetzung fachlicher und gesundheitlicher Eignung für die vorgesehene Aufgabe. Der Mitarbeiter erklärt sich mit einer für ihn unentgeltlichen fallweisen Untersuchung durch einen Vertrauensarzt, der von der Firma benannt wird, einverstanden. Der Mitarbeiter entbindet den Arzt von der ärztlichen Schweigepflicht, allerdings nur insoweit, als die medizinischen Informationen zur Beurteilung der Arbeitsfähigkeit des Mitarbeiters notwendig sind.

§ 3 Arbeitszeit

(1) Die regelmäßige Arbeitszeit beträgt ... Stunden wöchentlich.

(2) Beginn und Ende der täglichen Arbeitszeit sowie die Pausen werden von der Geschäftsleitung festgelegt und gelten für alle Mitarbeiter oder für bestimmte Mitarbeitergruppen einheitlich.

(3) Die Firma behält sich vor, auch Mehrarbeit über den Rahmen der Normalarbeitszeit hinaus anzuordnen. Bei entsprechendem betrieblichem Bedarf ist der Mitarbeiter verpflichtet, in zumutbarem Maß zusätzliche Stunden über die vereinbarte Arbeitszeit hinaus zu leisten.

(4) Zur Abgeltung etwaiger Überstunden erhält der Mitarbeiter zusätzlich eine Pauschale von ... EUR, die ausgehend vom Grundgehalt monatlich bis zu ... Überstunden abgelten soll. Diese Pauschalvereinbarung kann von beiden Parteien mit einer Kündigungsfrist von einem Monat zum Monatsende gekündigt und es kann der Übergang zur Einzelabrechnung verlangt werden.

§ 4 Vergütung

(1) Der Mitarbeiter erhält für seine vertragliche Tätigkeit ein monatliches Grundgehalt von ... EUR brutto. Die Vergütung ist jeweils zum Dritten des Folgemonats bargeldlos zu zahlen. Der Mitarbeiter ist verpflichtet, ein Konto zu unterhalten und der Firma seine Kontodaten mitzuteilen.

(2) Der Mitarbeiter erhält ein Jahresfestgehalt iHv ... EUR brutto, welches in zwölf gleichen Teilen, jeweils monatlich im Nachhinein, bargeldlos ausgezahlt wird. Er erhält ab dem auf die Einstellung folgenden Kalenderjahr zusätzlich einen variablen Bonus, der eine Zielgröße von ... EUR brutto hat. Das Jahreszielgehalt beträgt somit ... EUR.

(3) Die variable Bonuszahlung wird kalenderjährlich (Bemessungszeitraum) geleistet. Sie beträgt maximal 25 % der Jahresfestvergütung nach vorstehendem Abs. 2. Die Bonuszahlung hängt in ihrem Entstehen und ihrer Höhe davon ab, dass bestimmte Ziele erreicht werden. Die Ziele werden kalenderjährlich jeweils im Voraus einvernehmlich zwischen dem Mitarbeiter und der Geschäftsleitung in einer schriftlichen Zielvereinbarung festgelegt. Sofern kein Einvernehmen über den Inhalt der Zielvereinbarung erzielt wird, entscheidet die Geschäftsleitung nach billigem Ermessen. Die schriftliche Zielvereinbarung ist in ihrer jeweils gültigen Fassung Bestandteil des Arbeitsvertrages.

(4) Scheidet der Mitarbeiter unterjährig aus, so erhält er die Bonuszahlung anteilig. Im Falle einer unberechtigten fristlosen oder nicht fristgerechten Eigenkündigung oder einer fristlosen verhaltensbedingten Arbeitgeberkündigung entfällt die Bonuszahlung. Ruht das Arbeitsverhältnis, so wird die Bonuszahlung entsprechend dem Verhältnis der Ruhenszeit zur Arbeitszeit gekürzt.

(5) Der Bonus ist zur Zahlung spätestens mit Ablauf des auf die Freistellung des Jahresabschlusses folgenden Monats fällig. Sofern der Arbeitgeber Abschläge leistet, werden diese mit der Bonuszahlung verrechnet.

(6) Die Bonuszahlung ist ein zusätzlicher variabler Vergütungsbestandteil; sie kann über oder unter der Zielgröße liegen. Der Mitarbeiter hat keinen Rechtsanspruch auf die Festlegung bestimmter Ziele. Dies gilt auch, wenn für mehrere Bemessungszeiträume jeweils die gleichen Ziele festgelegt worden sind.[475]

(7) Zusätzlich zahlt die Firma dem Mitarbeiter ab dem siebten Beschäftigungsmonat einen Anteil zu vermögenswirksamen Leistungen von zurzeit monatlich ... EUR, jeweils nach den geltenden steuerlichen Voraussetzungen.

§ 5 Jahresleistung

(1) Mitarbeiter, die am 1.12. in einem ungekündigten Arbeitsverhältnis stehen, erhalten eine Weihnachtssonderzahlung iHv ... EUR. Die Höhe der Sonderzahlung wird jeweils pro Jahr von der Firma festgelegt. Die Auszahlung erfolgt mit dem Dezembergehalt.

(2) Sämtliche Fehlzeiten während des Kalenderjahres mindern die Jahressonderzahlung um 1/60 je Fehltag. Als Fehlzeiten gelten auch Zeiten, in denen das Arbeitsverhältnis ruht.

(3) Der Mitarbeiter ist verpflichtet, die Jahresleistung zurückzuzahlen, wenn er bis zum 31.3. des auf die Auszahlung folgenden Kalenderjahres durch Eigenkündigung oder aufgrund einer verhaltensbedingten Arbeitgeberkündigung ausscheidet. Die Rückzahlungspflicht gilt entsprechend, wenn das Arbeitsverhältnis durch Aufhebungsvertrag beendet wird und Anlass hierfür ein Verhalten des Mitarbeiters ist, welches der Firma ein Recht zur Kündigung gegeben hätte.[476]

§ 6 Urlaub

(1) Der Urlaubsanspruch des Mitarbeiters richtet sich grundsätzlich nach dem Bundesurlaubsgesetz. Mit dem Mitarbeiter werden zurzeit ... Arbeitstage als Urlaub vereinbart. Der Zeitpunkt des Urlaubsantritts ist unter Berücksichtigung der Geschäftsinteressen festzulegen.

(2) Ist im Zeitpunkt der Kündigung des Arbeitsverhältnisses der Urlaubsanspruch noch nicht erfüllt, ist der Urlaub, soweit dies unter Berücksichtigung betrieblicher Interessen möglich ist, während der Kündigungsfrist zu gewähren und zu nehmen. Soweit der Urlaub nicht gewährt werden kann oder die Kündigungsfrist nicht ausreicht, ist der Urlaub abzugelten.

(3) Hat der Mitarbeiter im Zeitpunkt seines Ausscheidens aus der Firma mehr Urlaub erhalten, als ihm zusteht, so hat er den Mehrbetrag zurückzuzahlen. Dies gilt nicht hinsichtlich des gesetzlichen Mindesturlaubs, wenn die Überzahlung darauf beruht, dass der Mitarbeiter nach erfüllter Wartezeit in der ersten Hälfte des Kalenderjahres ausscheidet.

(4) Die Urlaubsabgeltung entfällt ausnahmsweise, wenn der Mitarbeiter durch eigenes, schwerwiegendes Verschulden aus einem Grund entlassen wurde, der eine fristlose Kündigung rechtfertigt, oder das Arbeitsverhältnis vorzeitig gelöst hat und in diesen Fällen eine grobe Verletzung der Treuepflicht aus dem Arbeitsverhältnis vorliegt.

§ 7 Gehaltsverpfändung und Gehaltsabtretung

(1) Der Mitarbeiter darf seine Vergütungsansprüche weder verpfänden noch abtreten.[477]

(2) Die Kosten, die der Firma durch die Bearbeitung von Pfändungen, Verpfändungen und Abtretungen der Vergütungsansprüche des Mitarbeiters entstehen, trägt der Mitarbeiter. Diese Kosten werden pauschaliert mit 15 EUR pro Pfändung, Abtretung und Verpfändung sowie gegebenenfalls zusätzlich 10 EUR für jedes

---

[475] *Lindemann/Simon*, BB 2002, 1807 ff.
[476] Das BAG hat ausdrücklich offengelassen, ob solche Rückzahlungsvereinbarungen wirksam sind (vgl BAG 18.1.2012 – 10 AZR 667/10, NZA 2012, 620). Stichtagsregelungen sind bei Sonderzahlungen durchaus zulässig, so etwa Vereinbarungen, die vorsehen, dass zum Zeitpunkt der Auszahlung der Arbeitnehmer noch im Arbeitsverhältnis stehen muss, um eine Sonderzuwendung zu erhalten.
[477] Die Wirksamkeit dieser Klausel ist umstritten, aber wohl zu bejahen (vgl Hümmerich/Reufels/*Schiefer*, Gestaltung von Arbeitsverträgen, § 1 Rn 362).

Schreiben sowie 2 EUR pro Überweisung. Bei Nachweis höherer tatsächlicher Kosten ist die Firma berechtigt, diese in Ansatz zu bringen.[478]

§ 8 Nebenleistungen, Fahrtkosten

(1) Für Dienstreisen werden von der Geschäftsleitung Fahrtkosten im Einzelfall erstattet. Ihre Höhe bestimmt die Firma nach billigem Ermessen unter Berücksichtigung der jeweils geltenden steuerrechtlichen Regelungen.

(2) Der Mitarbeiter ist verpflichtet, auf Weisung der Geschäftsleitung Dienstreisen durchzuführen.

§ 9 Arbeitsverhinderung

(1) Der Mitarbeiter versichert, dass er arbeitsfähig ist, nicht an einer infektiösen Erkrankung leidet und keine sonstigen Umstände vorliegen, die ihm die vertraglich zu leistende Arbeit jetzt oder in naher Zukunft wesentlich erschweren oder unmöglich machen.

(2) Der Mitarbeiter ist verpflichtet, der Firma jede Dienstverhinderung unverzüglich vor Arbeitsbeginn sowie die voraussichtliche Dauer anzuzeigen. Auf Verlangen sind die Gründe der Dienstverhinderung mitzuteilen.

(3) Im Falle der Erkrankung ist der Mitarbeiter verpflichtet, vor Ablauf des dritten Kalendertages nach Beginn der Arbeitsunfähigkeit eine ärztliche Bescheinigung über Arbeitsunfähigkeit sowie deren voraussichtliche Dauer vorzulegen. Dauert die Arbeitsunfähigkeit länger als in der Bescheinigung angegeben, so ist der Mitarbeiter verpflichtet, innerhalb von drei Tagen eine neue ärztliche Bescheinigung einzureichen.

§ 10 Gehaltsfortzahlung im Krankheitsfall

Ist der Mitarbeiter infolge auf Krankheit beruhender Arbeitsunfähigkeit an der Arbeitsleistung verhindert, ohne dass ihn ein Verschulden trifft, so erhält er Gehaltsfortzahlung für die Dauer von sechs Wochen nach Maßgabe des Entgeltfortzahlungsgesetzes in seiner jeweiligen Fassung.

§ 11 Verschwiegenheitsverpflichtung

(1) Der Mitarbeiter verpflichtet sich, über alle Betriebs- und Geschäftsgeheimnisse, insbesondere Herstellungsverfahren, Vertriebswege, Kundenlisten, Kalkulationsgrundlagen, Firmensoftware und vergleichbare Informationen sowohl während der Dauer des Arbeitsverhältnisses als auch nach seiner Beendigung Stillschweigen zu bewahren. Die Geheimhaltungspflicht erstreckt sich nicht auf solche Kenntnisse, die jedermann zugänglich sind oder deren Weitergabe für die Firma ersichtlich ohne Nachteil ist. Im Zweifelsfalle sind jedoch technische, kaufmännische und persönliche Vorgänge und Verhältnisse, die dem Mitarbeiter im Zusammenhang mit seiner Tätigkeit bekannt werden, als Unternehmensgeheimnisse zu behandeln. In solchen Fällen ist der Mitarbeiter vor der Offenbarung gegenüber Dritten verpflichtet, eine Weisung der Geschäftsleitung einzuholen, ob eine bestimmte Tatsache vertraulich zu behandeln ist oder nicht.

(2) Die Schweigepflicht erstreckt sich auch auf Angelegenheiten anderer Firmen, mit denen das Unternehmen wirtschaftlich oder organisatorisch verbunden ist.

(3) Sollte die nachvertragliche Verschwiegenheitspflicht den Mitarbeiter in seinem beruflichen Fortkommen hindern, hat der Mitarbeiter gegen die Firma einen Anspruch auf Freistellung von dieser Pflicht.

(4) Die betrieblichen Sicherheitsbestimmungen sind zu beachten. Vertrauliche und geheim zu haltende Schriftstücke, Zeichnungen, Modelle und ähnliche Unterlagen sind unter Verschluss zu halten.

---

[478] Diese Klausel ist wohl unwirksam, da es dem gesetzlichen Leitbild entspricht, dass der Drittschuldner die Kosten der Pfändung trägt (BAG 18.7.2006 – 1 AZR 578/05, NZA 2007, 462).

§ 12 Diensterfindungen

(1) Für die Behandlung von Diensterfindungen gelten die Vorschriften des Gesetzes über Arbeitnehmererfindungen vom 25.7.1957 (BGBl. I, S. 756 ff einschließlich späterer Änderungen) in ihrer jeweiligen Fassung sowie die hierzu ergangenen Richtlinien für die Vergütung von Arbeitnehmererfindungen im privaten Dienst.

(2) Verbesserungsvorschläge werden von der Geschäftsleitung nach individueller Vereinbarung vergütet.

§ 13 Compliance-Richtlinien[479]

Die Unternehmensführung hat den Compliance-Gedanken zu einem zentralen Unternehmenswert erklärt und neben einer Compliance-Abteilung auch eine sog. Whistleblower-Hotline eingerichtet.

Der Mitarbeiter ist daher verpflichtet, die jeweils anwendbaren gesetzlichen Bestimmungen und, soweit bei betrieblicher Tätigkeit anwendbar, auch ausländisches Recht sowie die jeweils gültigen Compliance-Richtlinien des Arbeitgebers zu beachten.

Die aktuellen Compliance-Richtlinien sind Anlage zu diesem Vertrag (Anlage 1). Künftige Änderungen der Compliance-Richtlinien werden im firmeneigenen Intranet unter der Rubrik „Compliance" veröffentlicht.

Erhält der Mitarbeiter Kenntnis von Rechtsverstößen oder von Verstößen gegen Compliance-Richtlinien, so ist er verpflichtet, diese seinem Vorgesetzten zu melden. Sollte das wegen des Verstoßes nicht opportun sein, so hat der Mitarbeiter die Whistleblower-Hotline zu nutzen.

§ 14 Nebentätigkeit

(1) Jedwede Nebentätigkeit, sei sie ein Ehrenamt oder sei sie entgeltlich ausgeübt, macht die Einwilligung des Arbeitgebers erforderlich. Die Einwilligung ist zu erteilen, wenn nicht ein Versagungsgrund wegen einer zu befürchtenden Beeinträchtigung betrieblicher oder dienstlicher Interessen vorliegt.

(2) Der Arbeitgeber verpflichtet sich, seine Entscheidung über die beantragte Einwilligung innerhalb einer Frist von vier Wochen nach Antragseingang zu fällen. Verstreicht die Frist, ohne dass dem Arbeitnehmer die Entscheidung über den gestellten Antrag auf Nebentätigkeit zugegangen ist, gilt die Zustimmung des Arbeitgebers als erteilt.

§ 15 Beendigung des Arbeitsverhältnisses

(1) Das Arbeitsverhältnis endet mit Ablauf des Monats, in dem der Mitarbeiter erstmals Anspruch auf eine gesetzliche Regelaltersrente erwirbt, durch Erwerbsunfähigkeit oder durch Kündigung.

(2) Wird durch den Bescheid eines Rentenversicherungsträgers festgestellt, dass der Mitarbeiter auf Dauer erwerbsunfähig ist, so endet das Arbeitsverhältnis mit Ablauf des Monats, in dem der Bescheid zugestellt wird. Beginnt die Rente wegen Erwerbsunfähigkeit erst nach der Zustellung des Rentenbescheids, endet das Arbeitsverhältnis mit Ablauf des dem Rentenbeginn vorangehenden Tages. Das Arbeitsverhältnis endet nicht, wenn nach dem Bescheid des Rentenversicherungsträgers eine Rente auf Zeit (§ 102 Abs. 2 SGB VI) gewährt wird. In diesem Falle ruht das Arbeitsverhältnis mit allen Rechten und Pflichten von dem Tage an, der auf den nach Satz 1 oder 2 maßgeblichen Zeitpunkt folgt, bis zum Ablauf des Tages, bis zu dem die Zeitrente bewilligt, längstens jedoch bis zum Ablauf des Tages, an dem das Arbeitsverhältnis endet.

(3) Die Kündigung bedarf der Schriftform. Die Kündigungsfrist beträgt vier Wochen zum 15. oder zum Ende eines Kalendermonats. Die Anwendung der verlängerten Kündigungsfristen und Kündigungstermine gem. § 622 Abs. 2 BGB wird für beide Vertragsteile vereinbart.

(4) Kündigt die Firma das Arbeitsverhältnis mit dem Mitarbeiter, ist sie bei Bestehen schützenswerter Interessen befugt, dem Mitarbeiter unter vollständiger Fortzahlung seiner Bezüge und unter Anrechnung noch bestehender Urlaubsansprüche freizustellen. Als schutzwerte Interessen gelten der begründete Verdacht des

---

[479] Eine kurz gefasste Compliance-Klausel enthält Muster 1081 (Anlage, § 13).

Wisswede

Verstoßes gegen die Verschwiegenheitspflicht des Mitarbeiters, ansteckende Krankheiten und der begründete Verdacht einer strafbaren Handlung.

(5) Das Recht zur fristlosen Kündigung aus wichtigem Grund bleibt unberührt.

§ 16 Nebenabreden und Vertragsänderungen

Nebenabreden wurden nicht getroffen. Ergänzungen und Änderungen dieses Arbeitsvertrages einschließlich der Aufhebung dieses Schriftformerfordernisses bedürfen der Schriftform, es sei denn, sie beruhen auf einer ausdrücklichen oder individuellen Vertragsabrede. Eine betriebliche Übung ist keine solche ausdrückliche bzw. individuelle Vertragsabrede. Auch wiederholte Leistungen oder Vergünstigungen ohne ausdrückliche oder individuelle Vertragsabrede begründen keinen Anspruch für die Zukunft.

§ 17 Haftung

(1) Die Firma verpflichtet sich, die zur Sicherung des Privateigentums des Mitarbeiters üblichen Maßnahmen zu ergreifen. Eine Haftung übernimmt sie nur im gesetzlichen Rahmen, soweit sie ein Verschulden trifft.

(2) Der Mitarbeiter hat die zur Sicherung seines Eigentums gebotenen Maßnahmen zu ergreifen. Persönliche Gegenstände darf er in Betriebsräumen nur mit Einwilligung seines Vorgesetzten aufbewahren. Private Gegenstände sind möglichst zu Hause zu belassen.

(3) Der Mitarbeiter verpflichtet sich gegenüber der Firma zur korrekten Erfüllung seiner Aufgaben aus dem Arbeitsvertrag.

(4) Wird durch den Arbeitnehmer in Ausführung der ihm übertragenen Tätigkeit ein Dritter geschädigt und wird die Firma hierfür in Anspruch genommen, haftet der Mitarbeiter der Firma gegenüber bis zur Höhe des entstandenen Schadens, sofern er vorsätzlich oder grob fahrlässig gehandelt hat.

§ 18 Nutzung der betrieblichen Telekommunikationsmittel und Datenverarbeitungsanlagen

(1) Die Nutzung des betrieblichen Internetanschlusses sowie die Nutzung des E-Mail-Systems dürfen ausschließlich für dienstliche Zwecke erfolgen. Eine private Nutzung durch den Mitarbeiter ist nicht gestattet. Das Internet darf nur mit der gültigen persönlichen Zugangsberechtigung genutzt werden. User-ID und Passwort dürfen nicht an Dritte weitergegeben werden.

(2) Es dürfen keine fremden Programme/Dateien auf die Festplatte kopiert, über Diskette, CD-ROM, ähnliche Datenträger oder das Internet auf dem Rechner installiert und/oder eingesetzt werden. Auf Virenkontrolle ist zu achten. Virenschutzprogramme sind zu nutzen. Auftretende Störungen, die mit einem Virenbefall in Zusammenhang stehen könnten, sind umgehend der Netzverwaltung/dem Systemadministrator zu melden. Das Abrufen, Anbieten oder Verbreiten von rechtswidrigen Inhalten, insbesondere rassistischer oder pornographischer Art ist verboten.

(3) Der Arbeitgeber ist berechtigt, jede Nutzung des E-Mail-Systems und des Internets für die Dauer von maximal drei Monaten zu speichern, um die Einhaltung der obigen Bestimmungen anhand der gespeicherten Daten zu überprüfen. Der Mitarbeiter erteilt insoweit seine Einwilligung gem. § 4 a BDSG.

(4) Für den Fall seiner betrieblichen Abwesenheit (Urlaub, Krankheit etc.) hat der Mitarbeiter eigenverantwortlich eine automatisierte Antwort an den Absender eingehender E-Mails einzurichten, die den Absender über die Abwesenheit des Mitarbeiters informiert und einen Hinweis auf den zuständigen Vertreter und dessen Telefonnummer enthält.

(5) Verstöße gegen die vorstehenden Regeln können arbeitsrechtliche Konsequenzen zur Folge haben.

§ 19 Vertragsstrafe

(1) Nimmt der Mitarbeiter die Arbeit nicht oder verspätet auf, löst er das Arbeitsverhältnis ohne Einhaltung der maßgeblichen Kündigungsfrist auf, verweigert er vorübergehend die Arbeit oder wird die Firma durch

vertragswidriges Verhalten des Mitarbeiters zur außerordentlichen Kündigung veranlasst, so hat der Mitarbeiter an die Firma eine Vertragsstrafe zu zahlen.

(2) Als Vertragsstrafe wird für den Fall der verspäteten Aufnahme der Arbeit sowie der vorübergehenden Arbeitsverweigerung ein Bruttomonatsentgelt für jeden Tag der Zuwiderhandlung vereinbart, insbesondere jedoch nicht mehr als das in der gesetzlichen Mindestkündigungsfrist ansonsten erhaltene Arbeitsentgelt. Im Übrigen beträgt die Vertragsstrafe ein Bruttomonatsgehalt.

(3) Verstößt der Mitarbeiter gegen die Verschwiegenheitsverpflichtung aus § 11, so gilt für jeden Fall der Zuwiderhandlung eine Vertragsstrafe iHv ... EUR als vereinbart.

(4) Die Geltendmachung eines weitergehenden Schadens bleibt vorbehalten.

§ 20 Ausschlussfristen[480]

(1) Alle beiderseitigen Ansprüche aus dem Arbeitsverhältnis und solche, die mit dem Arbeitsverhältnis in Verbindung stehen, verfallen, wenn sie nicht innerhalb von drei Monaten nach Fälligkeit gegenüber der anderen Vertragspartei schriftlich geltend gemacht werden.

(2) Lehnt die Gegenseite den Anspruch ab oder erklärt sie sich nicht innerhalb von zwei Wochen nach der Geltendmachung des Anspruchs, so verfällt dieser, wenn er nicht innerhalb von drei Monaten nach der Ablehnung oder dem Fristablauf gerichtlich erhoben wird.[481]

§ 21 Datenschutz, Datenerfassung

(1) Der Mitarbeiter erklärt sich damit einverstanden, dass seine personenbezogenen Daten automatisiert gespeichert und verarbeitet werden. Er erklärt, dass er sich die anliegende Belehrung über das Datengeheimnis durchgelesen hat und die ebenfalls anliegende Verpflichtungserklärung nach § 5 BDSG unterzeichnen wird.

(2) Der Mitarbeiter verpflichtet sich, an der betrieblichen Datenerfassung einschließlich der Erfassung von Produktionsscheinen oder der Benutzung eines Werksausweises über Komm-/Gehzeiten nach Weisung der Geschäftsleitung teilzunehmen. Einzelheiten bestimmt die Anweisung der Firma. Der Mitarbeiter verpflichtet sich insbesondere, einen maschinenlesbaren Ausweis zu benutzen.

§ 22 Sonstige Vereinbarungen

Alle Regelungen dieses Arbeitsvertrages, auch vertraglich gewährte Sozialleistungen, stehen unter dem Vorbehalt ablösender Betriebsvereinbarungen.

2. Muster: Arbeitsvertrag als Anschreiben mit Organisationsanweisungen (Guideline)

Sehr geehrter Herr ...,

wir beziehen uns auf die mit Ihnen geführten Gespräche und schließen mit Ihnen folgenden Anstellungsvertrag:

1. Sie treten am ... als Mitarbeiter ... unserer Geschäftsstelle ... in die Hauptabteilung ... in unsere Gesellschaft ein.

---

480 Nach einer neuen Entscheidung des BAG können arbeitsvertraglich vereinbarte Ausschlussfristen dahin gehend ausgelegt werden, dass sie nur die von den Parteien für regelungsbedürftig gehaltenen Fälle erfassen sollen. Eine Anwendung auch für die Fälle, die durch gesetzliche Verbote oder Gebote geregelt sind, soll dagegen regelmäßig gerade nicht gewollt sein, so das BAG. Das gelte bspw für die Haftung wegen Vorsatzes (Pressemitteilung Nr. 42/13 zu BAG, Urt. v. 20.6.2013 – 8 AZR 280/12). Ein weiteres Formulierungsbeispiel für eine vertragliche Verfallklausel mit Ausschluss der Haftung für Vorsatz enthält das Muster 1134 (§ 16).

481 Einstufige Ausschlussfristen müssen einen Mindestzeitraum von drei Monaten enthalten (BAG 28.9.2005 – 5 AZR 52/05, DB 2006, 1959). Zweistufige Ausschlussfristen müssen für jede Frist drei Monate vorsehen. Als im Arbeitsrecht etablierte Besonderheiten nach § 310 Abs. 4 Satz 2 BGB steht ihrer Wirksamkeit § 309 Nr. 13 BGB nicht entgegen (BAG 25.5.2005 – 5 AZR 572/04, NZA 2005, 1111).

§ 1 Verträge mit Arbeitnehmern, freien Mitarbeitern und Gesellschaftsorganen

Wir behalten uns vor, Sie innerhalb unseres Gesamtunternehmens,[482] dh auch bei angeschlossenen Gesellschaften und Werken innerhalb der Bundesrepublik Deutschland, in einer anderen, Ihrer Vorbildung und Ihren Fähigkeiten entsprechenden Stellung mit gleichen Bezügen und Vertragsbedingungen zu beschäftigen. Außer bei dringenden betrieblichen Notwendigkeiten werden wir hierbei eine Ankündigungsfrist beachten, die Ihrer vertraglichen Kündigungsfrist entspricht.

2. Als Vergütung für Ihre Tätigkeit erhalten Sie ein Bruttomonatsgehalt von

Grundgehalt:	... EUR
Schichtdienst und Überstundenpauschale:	... EUR
insgesamt:	... EUR

(in Worten: ... Euro),

das monatlich nachträglich gezahlt wird.

Sie erhalten ferner ein 13. Monatsgehalt in Höhe eines Bruttomonatsgehalts, zahlbar Ende November eines jeden Jahres. Bei Eintritt im Laufe des Geschäftsjahres erfolgt die Zahlung zeitanteilig (Zwölftelung).

Voraussetzung für die Zahlung des 13. Gehalts ist, dass Sie zum Zeitpunkt der Auszahlung in einem ungekündigten Arbeitsverhältnis stehen.

Sie erhalten mit dem Dezembergehalt zusätzlich eine Prämie iHv ... EUR. Die Prämie wird erst nach einer Betriebszugehörigkeit von mindestens einem Jahr gezahlt. Bei verschuldeten Fehlzeiten innerhalb eines Kalenderjahres wird die Prämie für jeden Fehltag um 1/30 gekürzt.

Die Überweisung der Bezüge erfolgt auf ein von Ihnen zu benennendes Konto.

3. Angeordnete und genehmigte Mehrarbeit kann einschließlich der gesetzlichen Zuschlagssätze durch Freizeit ausgeglichen werden.

4. Ihre Einstellung ist davon abhängig, dass Ihr befriedigender Gesundheitszustand durch eine entsprechende ärztliche Untersuchung bestätigt wird. Den Sie untersuchenden Arzt stellen Sie insoweit uns gegenüber von seiner Schweigepflicht frei. Diese Bescheinigung über Ihren Gesundheitszustand legen Sie bitte in unserer Personalabteilung vor.

5. Die ersten sechs Monate gelten als Probezeit. Während dieser Frist kann das Arbeitsverhältnis von beiden Seiten mit einer Frist von einem Monat zum Monatsende und danach mit einer Frist von drei Monaten zum Monatsende gekündigt werden. Im Übrigen ist vereinbart, dass jegliche gesetzliche Veränderung der Kündigungsfrist zu Gunsten des Mitarbeiters in gleicher Weise auch für den Arbeitgeber gilt. Die Kündigung hat beiderseits schriftlich zu erfolgen.

Nach Ausspruch einer Kündigung, gleichgültig von welcher Seite sie erfolgt, sind wir berechtigt, Sie unter Fortzahlung Ihrer Bezüge und unter Anrechnung etwaiger Urlaubsansprüche von Ihrer Arbeitsleistung freizustellen.

Das Arbeitsverhältnis endet, ohne dass es der Einhaltung einer Kündigungsfrist bedarf, mit Ablauf des Monats, in dem Sie erstmals die Voraussetzungen für den Bezug der gesetzlichen Regelaltersrente erfüllen bzw in dem Ihnen der Rentenversicherungsträger eine Alters- oder befristete Erwerbsunfähigkeitsrente zuerkennt.

6. Sie haben Anspruch auf einen gesetzlichen Mindesturlaub von 20 Arbeitstagen pro Kalenderjahr bei einer 5-Tage-Woche. Ihnen wird zusätzlich zu dem gesetzlichen Mindesturlaub ein vertraglicher Urlaub von weiteren 10 Arbeitstagen gewährt. Der Urlaub ist möglichst zusammenhängend zu nehmen. Bei der Gewährung

---

482 Soweit möglich, sollte an dieser Stelle bereits konkret benannt werden, in welchen anderen Unternehmen ein Einsatz möglich sein soll. Das BAG hat es in seiner Entscheidung vom 13.4.2010 (9 AZR 36/09, BB 2010, 2432) offengelassen, ob eine Konzernversetzungsklausel wirksam ist. Aufgrund der Tendenz der Rechtsprechung des BAG zu Versetzungsklauseln und der kritischen Betrachtung einer Konzernversetzungsklausel in der vorgenannten Entscheidung ist wohl von der Unwirksamkeit einer solchen Konzernversetzungsklausel auszugehen.

von Urlaub wird zuerst der gesetzliche Urlaub eingebracht. Für den vertraglichen Urlaub gilt abweichend von dem gesetzlichen Mindesturlaub, dass der Urlaubsanspruch nach Ablauf des Übertragungszeitraumes (31.3. des Folgejahres) auch dann verfällt, wenn er wegen Arbeitsunfähigkeit nicht genommen werden kann. Der gesetzliche Mindesturlaub verfällt in einem solchen Fall 15 Monate nach Ablauf des Urlaubsjahres.

Beginn und Ende des Urlaubs sind schriftlich zu beantragen und bedürfen der vorherigen Zustimmung des Vorgesetzten.

Im Jahre Ihres Ausscheidens nach dem 30. April infolge Erreichens der Altersgrenze bzw Gewährung einer Rente gem. Punkt 5. wird Ihnen der volle Jahresurlaub gewährt.

7. Wir werden für Sie eine Direktversicherung abschließen. Die jährliche Einzahlung wird Ende Dezember eines jeden Jahres durch uns vorgenommen. Die darauf entfallenden Steuern und ggf Sozialversicherungsbeiträge gehen zu Ihren Lasten.

Die Höhe der o.g. Einzahlung ergibt sich aus einer Tabelle, die Bestandteil der Funktionsrichtlinie ist.

Die Einzahlung erfolgt maximal bis zur Höhe des zurzeit steuerlich zulässigen Pauschalisierungsgrenzwertes von zurzeit ... EUR.

8. Wir behalten uns das Recht vor, Ihnen jederzeit innerhalb unseres Unternehmens auch eine andere, Ihrer Vorbildung, Vergütung und Ihren Fähigkeiten entsprechende gleichwertige Tätigkeit zu übertragen.

9. Die Annahme von Zuwendungen, Vergünstigungen und sonstigen Vorteilen durch Unternehmen, mit denen wir in Geschäftsbeziehungen stehen, ist unzulässig. Dies gilt nicht, wenn diese Zuwendungen etc. geringfügig und für den Gewährenden steuerlich abzugsfähig (§ 4 Abs. 5 EStG) sind und sich im Rahmen des allgemein Üblichen halten.

10. Nebentätigkeiten, durch die Ihre vertraglich geschuldeten Leistungen oder unsere Interessen beeinträchtigt werden können sowie jede Wettbewerbstätigkeit während der Dauer dieses Anstellungsvertrages, sind Ihnen untersagt. Sie sind verpflichtet, Nebentätigkeiten, soweit sie nach dieser Vertragsbestimmung zulässig sind, uns vorab schriftlich mitzuteilen.

11. Sie verpflichten sich, Geschäfts- und Betriebsangelegenheiten, die Ihnen anvertraut oder sonst zugänglich gemacht werden, nicht unbefugt zu verwerten oder unbefugt anderen mitzuteilen oder zugänglich zu machen.

Diese Verschwiegenheitspflicht erstreckt sich ebenfalls auf Angehörige und unsere Gesellschaft, soweit die Betreffenden nicht durch ihre Tätigkeit zur Entgegennahme derartiger Mitteilungen berufen sind.

12. Bei Arbeitsunfähigkeit infolge Krankheit, Unfall und bei einer von den Sozialversicherungsträgern verordneten Heilbehandlung wird Ihr Entgelt fortgezahlt. Die Höhe und Dauer der Entgeltzahlung richtet sich nach den jeweils geltenden gesetzlichen Bestimmungen.

Das Arbeitsentgelt wird nicht fortgezahlt für den Zeitraum, für den Sie von einem Sozialleistungsträger Übergangsgeld erhalten.

13. Änderungen Ihrer persönlichen Daten sowie Änderungen in Bezug auf die Eigenschaft als Schwerbehinderter/Gleichgestellter haben Sie uns unverzüglich unter Vorlage entsprechender Unterlagen bekannt zu geben.

Sie verpflichten sich, Urlaubsanschriften vor Antritt des Urlaubs mitzuteilen; anderenfalls müssen Sie Zustellungen an eine uns bekannte Adresse gegen sich gelten lassen.

14. Die jeweils gültige Funktionsrichtlinie ist Bestandteil dieses Vertrages.

15. Soweit in diesem Vertrag nicht ausdrücklich anders festgelegt, gelten die jeweiligen gesetzlichen Regelungen. Ergänzungen und Änderungen dieses Arbeitsvertrages einschließlich der Aufhebung dieses Schriftformerfordernisses bedürfen der Schriftform, es sei denn, sie beruhen auf einer ausdrücklichen oder individuellen Vertragsabrede. Eine betriebliche Übung ist keine solche ausdrückliche bzw individuelle Vertragsab-

rede. Auch wiederholte Leistungen oder Vergünstigungen ohne ausdrückliche oder individuelle Vertragsabrede begründen keinen Anspruch für die Zukunft.

16. Sonstiges:

Nach erfolgreich beendeter Probezeit werden wir eine Überprüfung Ihrer Bezüge vornehmen.

In Ergänzung zu Punkt 8. des Arbeitsvertrages:

Wir behalten uns vor, die bestehenden Schichtpläne (bisher ohne Nachtschichten und regelmäßiger Wochenarbeit) zu verändern bzw an die Bedürfnisse unserer Kundenstruktur anzupassen. In diesem Falle verpflichten Sie sich, Nachtschichten bzw Wochenenddienste zu leisten.

Mit freundlichen Grüßen

Einverstanden: ...

Anlage: Organisations-Handbuch

Funktionsrichtlinie   Kapitel/Seite ...
Guideline   Bearbeitungsstand ...

Zielsetzungen

Diese Guideline erfüllt die Funktion einer Zusatzvereinbarung zu den Anstellungsverträgen der Mitarbeiter im Bereich ... .

Geltungsbereich

Diese Guideline gilt für alle unbefristet beschäftigten Mitarbeiter. Sie tritt hinter Vereinbarungen des Arbeitgebers mit einzelnen Arbeitnehmern zurück, soweit diese Vereinbarungen für den Arbeitnehmer günstiger sind.

Anweisungen

Arbeitszeit

- Arbeitstage
  - Arbeitstage sind die Wochentage von Montag bis Freitag mit Ausnahme der gesetzlichen Feiertage.
  - Bei regional unterschiedlicher Festsetzung von gesetzlichen Feiertagen gilt für jeden Mitarbeiter die Regelung an seiner regelmäßigen Arbeitsstätte.
- Arbeitszeit
  - Die regelmäßige Arbeitszeit beträgt 40 Stunden je Woche.
  - Die tägliche Arbeitszeit beträgt 8 Stunden plus einer halben Stunde Pause.
  - Der Arbeitsbeginn kann von jedem Mitarbeiter nach Abstimmung mit dem jeweiligen disziplinarischen Vorgesetzten individuell zwischen 7.30 Uhr und 9.00 Uhr gewählt werden. Für Teilzeitkräfte und Mitarbeiter, die im Schichtdienst arbeiten, gelten die einzelvertraglich vereinbarten Regelungen.
- Arbeitsnachweis
  - Die tägliche Kontrolle der Arbeitszeit der Mitarbeiter obliegt dem jeweiligen disziplinarischen Vorgesetzten.
  - Abwesenheiten (zB Urlaub und Krankheit der Mitarbeiter) sind der jeweiligen Abteilungssekretärin zu melden und werden von dieser monatlich erfasst und an die Personalabteilung weitergemeldet.
- Arbeitsverhinderung/Freistellung von der Arbeit
  - In den folgenden Fällen von Arbeitsverhinderung wird die ausfallende Arbeitszeit ohne Urlaubsanrechnung bezahlt.

- Die zeitliche Länge der Freistellung beträgt, soweit gesetzlich nichts Günstigeres geregelt ist,
  - bei Tod des Ehegatten bzw des eingetragenen Lebenspartners　　　　　　　3 Arbeitstage
  - bei eigener Eheschließung bzw bei Begründung einer eingetragenen Lebenspartnerschaft　　　　　　　2 Arbeitstage
  - bei Tod eines Familienangehörigen (Kinder, Eltern, Geschwister)　　　　　　　1 Arbeitstag
  - bei Umzug mit eigenem Hausstand　　　　　　　1 Arbeitstag
  - bei Niederkunft der Ehefrau bzw der eingetragenen Lebenspartnerin　　　　　　　1 Arbeitstag
  - bei Teilnahme an der Eheschließung bzw der Begründung einer eingetragenen Lebenspartnerschaft der eigenen Kinder oder eines der Elternteile　　　　　　　1 Arbeitstag
  - bei eigener Silberhochzeit bzw beim 25-jährigen Bestehen der eigenen eingetragenen Lebenspartnerschaft　　　　　　　1 Arbeitstag

Arbeitsentgelt

- Brutto
  - Im Arbeitsvertrag ist die Bruttovergütung vereinbart.
  - Von diesem Betrag werden die steuerlichen und sonstigen gesetzlichen Abzüge einbehalten.
- Netto
  - Die entsprechende Nettovergütung wird dem Mitarbeiter auf ein von ihm anzugebendes inländisches Bankkonto überwiesen.
- Direktversicherung
  - Die Firma wird für jeden nicht leitenden Mitarbeiter eine Direktversicherung abschließen. Diese Direktversicherung wird als Gruppenversicherungsvertrag bei der ...-Versicherung geführt. Die Versicherung beginnt an dem auf den Eintritt des Mitarbeiters folgenden 1. Dezember.
  - Die Einstufung in die zu gewährende Direktversicherung ist abhängig von der jeweiligen monatlichen Einkommenshöhe. Mit Wirkung vom ... sieht die Gehaltsstaffel folgendermaßen aus:
  - Bei einem monatlichen Gehalt bis ... EUR beträgt der jährliche Versicherungsbeitrag ... EUR.
  - Bei einem monatlichen Gehalt zwischen ... EUR und ... EUR beträgt der jährliche Versicherungsbeitrag ... EUR.
  - Bei einem monatlichen Gehalt von ... EUR und größer beträgt der jährliche Versicherungsbeitrag ... EUR.
  - Zahlungstermin: Dezember eines jeden Jahres.
  - Diese Gehaltsstufen werden einmal jährlich entsprechend der Inflationsrate (Index für einen 4-Personen-Arbeitnehmerhaushalt) angepasst. Die auf diese Direktversicherung zu entrichtende Pauschalsteuer und eventuelle Sozialversicherungsbeiträge werden – solange sich keine gravierende Änderung der derzeitigen Gesetzeslage ergibt – vom Arbeitgeber getragen.
  - Bei Austritt des Mitarbeiters mit mindestens zwölfmonatiger Betriebszugehörigkeit wird die Direktversicherung mit den bis zum Austritt entrichteten Beiträgen auf den Arbeitnehmer übertragen. Ist ein Mitarbeiter zum Zeitpunkt der Prämienzahlung (Dezember) in einem gekündigten Anstellungsverhältnis, so wird für dieses Jahr kein Versicherungsbeitrag mehr entrichtet.

Vermögenswirksame Leistungen

- Tarifmitarbeiter erhalten nach einer Betriebszugehörigkeit von sechs Monaten eine vermögenswirksame Leistung iHv 26 EUR brutto pro Monat, sofern ein entsprechender Sparvertrag vorgelegt wird. Teilzeitbeschäftigte erhalten entsprechend anteilige Leistungen.
- Außertarifliche Angestellte (AT, Abteilungsleiter, Netzbetriebsleiter und Hauptabteilungsleiter) sind von dieser Leistung ausgenommen.

Wisswede

Urlaub

- Der Jahresurlaub für jeden Mitarbeiter beträgt 20 Arbeitstage gesetzlicher Mindesturlaub und zusätzlich 10 weitere Arbeitstage pro Kalenderjahr. Bei der Gewährung von Urlaub wird zuerst der gesetzliche Urlaub eingebracht. Für den vertraglichen Urlaub gilt abweichend von dem gesetzlichen Mindesturlaub, dass der Urlaubsanspruch nach Ablauf des Übertragungszeitraumes (31.3. des Folgejahres) auch dann verfällt, wenn er wegen Arbeitsunfähigkeit des Mitarbeiters nicht genommen werden kann. Der gesetzliche Mindesturlaub verfällt in einem solchen Fall 15 Monate nach Ablauf des Urlaubsjahres.
- Der Urlaub ist grundsätzlich mit dem zuständigen disziplinarischen Vorgesetzten abzustimmen und von diesem zu genehmigen.

Allgemeine Ordnung

- Parkplätze
  Für Mitarbeiter steht eine begrenzte Anzahl von Parkplätzen zur Verfügung. Die Vergabe regelt die Hauptabteilung ... .

3. Muster: Arbeitsvertrag mit einer Einrichtung der katholischen Kirche unter Einbeziehung der AVR[483]

Vertrag

zwischen

... als Rechtsträger des ... in ...

und

Herrn ..., geboren am ...

... ist eine der Lebens- und Wesensäußerungen der Katholischen Kirche. Seine Einrichtung dient der Verwirklichung des gemeinsamen Werkes christlicher Nächstenliebe. Alle Mitarbeiter dieser Einrichtung leisten deshalb ihren Dienst in Anerkennung dieser Zielsetzung und bilden ohne Rücksicht auf ihre Tätigkeit und Stellung eine Dienstgemeinschaft.

Auf dieser Grundlage wird der folgende Vertrag geschlossen.

§ 1

Herr ... wird ab ... als ... eingestellt. Der Mitarbeiter gehört zur Dienstgemeinschaft der oben genannten Einrichtung. Er verspricht, die ihm übertragenen Aufgaben in Beachtung der Haus- bzw Heimordnung und der Anordnung des Dienstgebers treu und gewissenhaft zu erfüllen.

§ 2

Für das Dienstverhältnis gelten die „Richtlinien für Arbeitsverträge in den Einrichtungen des ...-Verbandes (AVR) in der zurzeit des Vertragsabschlusses in der „Korrespondenz" veröffentlichten und im Amtsblatt des Ortsbistums in Kraft gesetzten Fassung.

Die AVR sind Bestandteil des Dienstvertrages und haben dem Mitarbeiter zur Kenntnisnahme zur Verfügung gestanden.

Bei Änderungen der AVR gilt jeweils die in der „Korrespondenz" veröffentlichte und im Amtsblatt des Ortsbistums in Kraft gesetzte Fassung, ohne dass es einer weiteren Vereinbarung bedarf. Auch insoweit ist dem Mitarbeiter Gelegenheit zur Kenntnisnahme gegeben.

---

[483] Zum Zeitpunkt des Redaktionsschlusses war noch nicht absehbar, inwieweit die Entscheidungen des Europäischen Gerichtshofs für Menschenrechte (EGMR) vom 23.9.2010 in den Sachen Obst (425/03) und Schüth (1620/03) Auswirkungen auf das kirchliche Arbeitsrecht haben können.

§ 3

Der Dienstvertrag wird auf unbestimmte Zeit abgeschlossen.

Die Zeit bis zum ... gilt gem. § 7 Abs. 4 ARV als Probezeit.

§ 4

a) Der Mitarbeiter wird in die Vergütungsgruppe ..., Ziffer ..., Stufe ... eingestuft. Bis zur Erreichung des Eingangsalters finden die Bestimmungen der Abschnitte IV und VI der Anlage 1 zu den AVR Anwendung.

Die nächsthöhere Stufe der Grundvergütung seiner Vergütungsgruppe erhält der Mitarbeiter ab ... 20... .

b) Der Ortszuschlag wird nach Tarifklasse ..., Stufe ... gewährt.

c) Der Mitarbeiter erhält gem. Abschnitt IX der Anlage 1 zu den AVR in der Anstalt die folgenden Sachbezüge: ...

§ 5

Der Mitarbeiter nimmt unter Beachtung der Bestimmungen der Anlage 8 zu den AVR in der ab 1.1.1976 gültigen Fassung der Zusatzversorgung (VersO) ab ... teil.

§ 6

Die Parteien stimmen darin überein, dass ein grober äußerer Verstoß gegen kirchliche Grundsätze ein wichtiger Grund für eine außerordentliche Kündigung ist (§ 16 AVR).

§ 7

Zwischen den Vertragsschließenden sind noch folgende Sondervereinbarungen getroffen worden: ...

§ 8

Weitere Sondervereinbarungen bestehen nicht. Spätere Vereinbarungen bedürfen zu ihrer Gültigkeit der schriftlichen Festlegung unter Bezugnahme auf diesen Vertrag und der kirchenaufsichtlichen Genehmigung.

(Dienstsiegel)[484]

4. Muster: Arbeitsvertrag mit einer Einrichtung der evangelischen Kirche unter Einbeziehung der Dienstvertragsordnung in Deutschland

↓

Dienstvertrag

zwischen

...

– Dienstgeber –

und

Herrn ...

– Dienstnehmer –

Diakonie ist Wesens- und Lebensäußerung der Evangelischen Kirche. Die Evangelische Kirche nimmt ihre diakonischen Aufgaben durch das Diakonische Werk wahr. Der Dienstgeber ist dem Diakonischen Werk angeschlossen. Die Einrichtung des Dienstgebers dient der Verwirklichung des gemeinsamen Werkes christlicher Nächstenliebe. Alle Mitarbeiterinnen und Mitarbeiter dieser Einrichtung leisten deshalb ihren Dienst in Anerkennung dieser Zielsetzung und bilden ohne Rücksicht auf ihre Tätigkeit und Stellung eine Dienstgemeinschaft.

---

484 Notwendig zur Wirksamkeit des Arbeitsvertrages.

Auf dieser Grundlage wird der nachstehende Vertrag geschlossen:

§ 1

Herr ... tritt ab dem ... in den Dienst der Dienststelle. Die Zuweisung eines anderen Aufgabenbereiches in vergleichbarer Funktion ist aus dienstlichen Gründen zur Aufgabenerfüllung des Dienstgebers möglich.

Die Zeit bis zum ... gilt als Probezeit. Während der Probezeit kann das Beschäftigungsverhältnis jederzeit mit einer Frist von einem Monat zum Schluss eines Kalendermonats gekündigt werden.

Nach Ablauf der Probezeit ist beabsichtigt, Herrn ... die Aufgaben des stellvertretenden Geschäftsführers zu übertragen.

§ 2

Das Dienstverhältnis und die Vergütung richten sich nach der Dienstvertragsordnung der Evangelischen Kirche in Deutschland (BAT/DVO.EKD; AB1. EKD 1990 Nr. 72) und nach den diese ergänzenden oder ändernden Bestimmungen in der jeweils gültigen Fassung.

§ 3

Der Dienstnehmer wird in die Berufsgruppe ..., Vergütungsgruppe ... des Einzelgruppenplans ... des Vergütungsgruppenplans für die Mitarbeiter im kirchlichen und diakonischen Dienst eingruppiert zuzüglich einer freiwilligen, jederzeit widerruflichen Stellenzulage von zurzeit 130 EUR. Diese Zulage ist nicht gesamtversorgungsfähig, dh, sie unterliegt nicht der Versicherungspflicht in der Zusatzversorgungskasse und wird bei der Berechnung der Weihnachtszuwendung nicht miteinbezogen.

Vorbehaltlich des Nachweises des Besoldungsdienstalters ist bei der Einstellung am ... die Lebensaltersstufe ... maßgebend. Die Beschäftigungszeit beginnt am ... .

§ 4

Entsprechend § 13 DVO.EKD richtet sich die zusätzliche Alters- und Hinterbliebenenversorgung nach der Satzung der Kirchlichen Zusatzversorgungskasse Rheinland-Westfalen, der die Dienststelle beigetreten ist.

§ 5

Herr ... hat über dienstliche Angelegenheiten Verschwiegenheit zu wahren, und zwar auch nach Beendigung des Dienstverhältnisses.

§ 6

Ergänzungen und Änderungen dieses Arbeitsvertrages einschließlich der Aufhebung dieses Schriftformerfordernisses bedürfen der Schriftform, es sei denn, sie beruhen auf einer ausdrücklichen oder individuellen Vertragsabrede. Eine betriebliche Übung ist keine solche ausdrückliche bzw individuelle Vertragsabrede. Auch wiederholte Leistungen oder Vergünstigungen ohne ausdrückliche oder individuelle Vertragsabrede begründen keinen Anspruch für die Zukunft.

5. Muster: Arbeitsvertrag Bund – unbefristet

Zwischen

der Bundesrepublik Deutschland, vertreten durch ...

– Arbeitgeber –

und

Frau/Herrn ..., wohnhaft in ..., geboren am ...

wird – vorbehaltlich ... – folgender

Arbeitsvertrag

geschlossen:

§ 1

Frau/Herr ... wird ab ... auf unbestimmte Zeit

❑ als Vollbeschäftigte/Vollbeschäftigter eingestellt.

❑ als Teilzeitbeschäftigte/Teilzeitbeschäftigter mit ... v.H. der durchschnittlichen regelmäßigen Wochenarbeitszeit eines entsprechenden Vollbeschäftigten eingestellt. Die/Der Teilzeitbeschäftigte ist im Rahmen begründeter dienstlicher Notwendigkeiten zur Leistung von Bereitschaftsdienst, Rufbereitschaft, Überstunden und Mehrarbeit verpflichtet.

§ 2

Das Arbeitsverhältnis bestimmt sich nach dem Tarifvertrag für den öffentlichen Dienst (TVöD), den besonderen Regelungen für die Verwaltung (TVöD – Besonderer Teil Verwaltung), dem Tarifvertrag zur Überleitung der Beschäftigten des Bundes in den TVöD und zur Regelung des Übergangsrechts (TVÜ-Bund) und die diese ergänzenden, ändernden oder ersetzenden Tarifverträge in der für den Bereich des Bundes jeweils geltenden Fassung. Auf das Arbeitsverhältnis finden die Regelungen für das Tarifgebiet ❑ Ost ❑ West Anwendung.

§ 3

Die Probezeit nach § 2 Abs. 4 TVöD beträgt sechs Monate.

§ 4

Die/Der Beschäftigte ist in die Entgeltgruppe ... TVöD

❑ in Verbindung mit Satz ... Buchst. ... Anstrich des Anhangs zu § 16 (Bund) eingruppiert.

Der Arbeitgeber ist berechtigt, den Beschäftigten aus dienstlichen Gründen eine andere Tätigkeit im Rahmen der Entgeltgruppe zuzuweisen.

Anpassungen der Eingruppierung/Einreihung aufgrund des Inkrafttretens der neuen Entgeltordnung können auch entgeltübergreifend erfolgen (§ 17 Abs. 4 TVÜ-Bund).

Bis zum Inkrafttreten der neuen Entgeltordnung sind alle Eingruppierungen (Neueinstellungen, Höher- und Herabgruppierungen) vorläufig und begründen keinen Vertrauensschutz und keinen Besitzstand (vgl § 17 Abs. 3 Satz 1 TVÜ-Bund).

§ 5

(1) Es wird folgende Nebenabrede vereinbart: ...

(2) Die Nebenabrede kann mit einer Frist

❑ von zwei Wochen zum Monatsschluss

❑ von ... zum ... schriftlich gekündigt werden.

§ 6

Ergänzungen und Änderungen dieses Arbeitsvertrages einschließlich der Aufhebung dieses Schriftformerfordernisses bedürfen der Schriftform, es sei denn, sie beruhen auf einer ausdrücklichen oder individuellen Vertragsabrede. Eine betriebliche Übung ist keine solche ausdrückliche bzw individuelle Vertragsabrede. Auch wiederholte Leistungen oder Vergünstigungen ohne ausdrückliche oder individuelle Vertragsabrede begründen keinen Anspruch für die Zukunft.

↑

6. Muster: Arbeitsvertrag Bund – befristet

178

Zwischen

der Bundesrepublik Deutschland, vertreten durch ...

– Arbeitgeber –

und

Frau/Herrn ..., wohnhaft in ..., geboren am ...

wird – vorbehaltlich ... – folgender

Arbeitsvertrag

geschlossen:

§ 1

Frau/Herr ... wird ab ... auf unbestimmte Zeit

☐ als Vollbeschäftigte/Vollbeschäftigter befristet eingestellt.

☐ als Teilzeitbeschäftigte/Teilzeitbeschäftigter mit ... v.H. der durchschnittlichen regelmäßigen Wochenarbeitszeit eines entsprechenden Vollbeschäftigten befristet eingestellt. Die/Der Teilzeitbeschäftigte ist im Rahmen begründeter dienstlicher Notwendigkeiten zur Leistung von Bereitschaftsdienst, Rufbereitschaft, Überstunden und Mehrarbeit verpflichtet.

Das Arbeitsverhältnis ist befristet

☐ bis zum ...

☐ bis zum Erreichen folgenden Zwecks „..."

☐ längstens bis zum ...

☐ für die Dauer eines Beschäftigungsverbots nach dem Mutterschutzgesetz/der Elternzeit/der Arbeitsfreistellung zur Betreuung eines Kindes von Frau/Herrn ... längstens bis zum ....

§ 2

Das Arbeitsverhältnis bestimmt sich nach dem Tarifvertrag für den öffentlichen Dienst (TVöD), den besonderen Regelungen für die Verwaltung (TVöD – Besonderer Teil Verwaltung), dem Tarifvertrag zur Überleitung der Beschäftigten des Bundes in den TVöD und zur Regelung des Übergangsrechts (TVÜ-Bund) und die diese ergänzenden, ändernden oder ersetzenden Tarifverträge in der für den Bereich des Bundes jeweils geltenden Fassung. Auf das Arbeitsverhältnis finden die Regelungen für das Tarifgebiet ☐ Ost ☐ West Anwendung.

§ 3

☐ Die Probezeit nach § 2 Abs. 4 TVöD beträgt sechs Monate.

☐ Die Probezeit beträgt nach § 30 Abs. 4 Satz 1 1. Halbsatz TVöD sechs Wochen.

☐ Für die Kündigung des gem. § 30 Abs. 4 Satz 1 TVöD befristeten Arbeitsverhältnisses gilt § 34 Abs. 1 TVöD.

☐ Für die Kündigung des gem. § 30 Abs. 4 Satz 1 TVöD befristeten Arbeitsverhältnisses gilt § 34 Abs. 4 und 5 TVöD.

§ 4

Die/Der Beschäftigte ist in die Entgeltgruppe ... TVöD

☐ in Verbindung mit Satz ... Buchst. ... Anstrich des Anhangs zu § 16 (Bund) eingruppiert.

Der Arbeitgeber ist berechtigt, den Beschäftigten aus dienstlichen Gründen eine andere Tätigkeit im Rahmen der Entgeltgruppe zuzuweisen.

Anpassungen der Eingruppierung/Einreihung aufgrund des Inkrafttretens der neuen Entgeltordnung können auch entgeltübergreifend erfolgen (§ 17 Abs. 4 TVÜ-Bund).

Bis zum Inkrafttreten der neuen Entgeltordnung sind alle Eingruppierungen (Neueinstellungen, Höher- und Herabgruppierungen) vorläufig und begründen keinen Vertrauensschutz und keinen Besitzstand (vgl § 17 Abs. 3 Satz 1 TVÜ-Bund).

§ 5

(1) Es wird folgende Nebenabrede vereinbart: ...

(2) Die Nebenabrede kann mit einer Frist
- ❏ von zwei Wochen zum Monatsschluss
- ❏ von ... zum ... schriftlich gekündigt werden.

§ 6

Ergänzungen und Änderungen dieses Arbeitsvertrages einschließlich der Aufhebung dieses Schriftformerfordernisses bedürfen der Schriftform, es sei denn, sie beruhen auf einer ausdrücklichen oder individuellen Vertragsabrede. Eine betriebliche Übung ist keine solche ausdrückliche bzw individuelle Vertragsabrede. Auch wiederholte Leistungen oder Vergünstigungen ohne ausdrückliche oder individuelle Vertragsabrede begründen keinen Anspruch für die Zukunft.

7. Muster: Arbeitsvertrag VKA – unbefristet

Zwischen

der Bundesrepublik Deutschland, vertreten durch ...

– Arbeitgeber –

und

Frau/Herrn ..., wohnhaft in ..., geboren am ...

wird – vorbehaltlich ... – folgender

Arbeitsvertrag

geschlossen:

§ 1

Frau/Herr ... wird ab ... auf unbestimmte Zeit eingestellt
- ❏ als Vollbeschäftigte/r.
- ❏ als Teilzeitbeschäftigte/r
  - ❏ mit der Hälfte der durchschnittlichen regelmäßigen Wochenarbeitszeit einer/eines entsprechenden Vollbeschäftigten;
  - ❏ mit ... der durchschnittlichen regelmäßigen Wochenarbeitszeit einer/eines entsprechenden Vollbeschäftigten;
  - ❏ mit einer durchschnittlichen regelmäßigen Arbeitszeit von ... Stunden.

Die/Der Teilzeitbeschäftigte ist im Rahmen begründeter dienstlicher Notwendigkeiten zur Leistung von Bereitschaftsdienst, Rufbereitschaft, Überstunden und Mehrarbeit im gesetzlich zulässigen Umfang verpflichtet.

§ 2

Das Arbeitsverhältnis bestimmt sich nach dem Tarifvertrag für den öffentlichen Dienst (TVöD) und dem Besonderen Teil

- ❏ Verwaltung
- ❏ Krankenhäuser
- ❏ Sparkassen
- ❏ Flughafen
- ❏ Entsorgung

und den diesen ergänzenden, ändernden oder ersetzenden Tarifverträgen in der für den Bereich der kommunalen Arbeitgeberverbände (VKA) jeweils geltenden Fassung einschließlich des Tarifvertrages zur Überleitung der Beschäftigten der kommunalen Arbeitgeber in den TVöD und zur Regelung des Übergangsrechts (§ 1 Abs. 2 TVÜ-VKA). Außerdem finden die im Bereich des Arbeitgebers jeweils geltenden sonstigen einschlägigen Tarifverträge Anwendung.

§ 3

Die Probezeit beträgt sechs Monate.

§ 4

Die/Der Beschäftigte ist in die Entgeltgruppe ... eingruppiert (§ 17 TVÜ-VKA).

§ 5

(1) Es wird folgende Nebenabrede vereinbart: ...

(2) Die Nebenabrede kann unabhängig von diesem Arbeitsvertrag mit einer Frist

- ❏ von zwei Wochen zum Monatsschluss
- ❏ von ... zum ... gesondert schriftlich gekündigt werden.

§ 6

Ergänzungen und Änderungen dieses Arbeitsvertrages einschließlich der Aufhebung dieses Schriftformerfordernisses bedürfen der Schriftform, es sei denn, sie beruhen auf einer ausdrücklichen oder individuellen Vertragsabrede. Eine betriebliche Übung ist keine solche ausdrückliche bzw. individuelle Vertragsabrede. Auch wiederholte Leistungen oder Vergünstigungen ohne ausdrückliche oder individuelle Vertragsabrede begründen keinen Anspruch für die Zukunft.

8. Muster: Arbeitsvertrag VKA – befristet

Zwischen

der Bundesrepublik Deutschland, vertreten durch ...

– Arbeitgeber –

und

Frau/Herrn ..., wohnhaft in ..., geboren am ...

wird – vorbehaltlich ... – folgender

Arbeitsvertrag

geschlossen:

Kapitel 1: Arbeitsverträge

§ 1

Frau/Herr ... wird ab ... befristet bis zum ... eingestellt

☐ als Vollbeschäftigte/r.
☐ als Teilzeitbeschäftigte/r
    ☐ mit der Hälfte der durchschnittlichen regelmäßigen Wochenarbeitszeit einer/eines entsprechenden Vollbeschäftigten;
    ☐ mit ... der durchschnittlichen regelmäßigen Wochenarbeitszeit einer/eines entsprechenden Vollbeschäftigten;
    ☐ mit einer durchschnittlichen regelmäßigen Arbeitszeit von ... Stunden.

Die/Der Beschäftigte ist im Rahmen begründeter dienstlicher Notwendigkeiten zur Leistung von Bereitschaftsdienst, Rufbereitschaft, Überstunden und Mehrarbeit verpflichtet.

§ 2

Das Arbeitsverhältnis bestimmt sich nach dem Tarifvertrag für den öffentlichen Dienst (TVöD) und dem Besonderen Teil

☐ Verwaltung
☐ Krankenhäuser
☐ Sparkassen
☐ Flughafen
☐ Entsorgung

und den diesen ergänzenden, ändernden oder ersetzenden Tarifverträgen in der für den Bereich der kommunalen Arbeitgeberverbände (VKA) jeweils geltenden Fassung einschließlich des Tarifvertrages zur Überleitung der Beschäftigten der kommunalen Arbeitgeber in den TVöD und zur Regelung des Übergangsrechts (§ 1 Abs. 2 TVÜ-VKA). Außerdem finden die im Bereich des Arbeitgebers jeweils geltenden sonstigen einschlägigen Tarifverträge Anwendung.

§ 3

Die Probezeit beträgt sechs Monate.

§ 4

Die/Der Beschäftigte ist in die Entgeltgruppe ... eingruppiert (§ 17 TVÜ-VKA).

§ 5

(1) Es wird folgende Nebenabrede vereinbart: ...
(2) Die Nebenabrede kann unabhängig von diesem Arbeitsvertrag mit einer Frist

☐ von zwei Wochen zum Monatsschluss
☐ von ... zum ... gesondert schriftlich gekündigt werden.

§ 6

Ergänzungen und Änderungen dieses Arbeitsvertrages einschließlich der Aufhebung dieses Schriftformerfordernisses bedürfen der Schriftform, es sei denn, sie beruhen auf einer ausdrücklichen oder individuellen Vertragsabrede. Eine betriebliche Übung ist keine solche ausdrückliche bzw. individuelle Vertragsabrede. Auch wiederholte Leistungen oder Vergünstigungen ohne ausdrückliche oder individuelle Vertragsabrede begründen keinen Anspruch für die Zukunft.

↑

181 9. Muster: Arbeitsvertrag im mittelständischen Unternehmen mit Betriebsrat (ohne Tarifbezug)

Arbeitsvertrag

Zwischen

der Firma ...

– nachfolgend „Firma" genannt –

und

Herrn ...

– nachfolgend „Mitarbeiter" genannt –

wird folgender Arbeitsvertrag geschlossen:

§ 1 Beginn des Arbeitsverhältnisses

(1) Der Mitarbeiter tritt am ... in die Dienste der Firma.

(2) Die Kündigung des Arbeitsverhältnisses vor Arbeitsaufnahme ist ausgeschlossen.

(3) Ergibt eine bis spätestens zum Ablauf der Probezeit vorzunehmende ärztliche Untersuchung durch den Werksarzt, dass der Mitarbeiter für die in Aussicht genommene Stelle gesundheitlich nicht geeignet ist, endet das Arbeitsverhältnis mit dem auf die ärztliche Feststellung folgenden Monatsende, ohne dass es einer Kündigung bedarf. Der Mitarbeiter entbindet den untersuchenden Arzt von der Schweigepflicht hinsichtlich der Mitteilung, ob eine gesundheitliche Eignung vorliegt oder nicht.[485]

§ 2 Probezeit, Befristung

(1) Dieser Vertrag wird auf die Dauer von sechs Monaten zur Probe geschlossen und endet mit dem letzten Tag der Probezeit, wenn er nicht zuvor verlängert wurde.

(2) Soll nach Ablauf der vereinbarten Probezeit ein unbefristetes Arbeitsverhältnis nicht eingegangen werden, müssen die Parteien ihren diesbezüglichen Willen mit einer Frist von zwei Wochen vor dem Ende der Probezeit schriftlich äußern. Gibt keine Partei eine Nichtverlängerungserklärung ab, geht das Probearbeitsverhältnis in ein Arbeitsverhältnis auf unbestimmte Zeit über.

§ 3 Aufgaben des Mitarbeiters, Betriebsvereinbarungen

(1) Der Mitarbeiter wird eingestellt als .... Er wird mit allen für diese Tätigkeit üblichen sowie vergleichbaren einschlägigen Arbeiten beschäftigt entsprechend näherer Anweisung der Betriebsleitung und seiner Vorgesetzten.

(2) Die Firma ist berechtigt, dem Mitarbeiter anderweitige, seinen Fähigkeiten entsprechende Aufgaben zu übertragen. Eine Veränderung der Vergütung ist mit einer nachhaltigen Änderung der Aufgaben des Mitarbeiters nicht verbunden. Bei höherwertiger Tätigkeit wird nach Ablauf von drei Monaten die Vergütung nach § 315 BGB angepasst.

(3) Der Mitarbeiter ist jederzeit verpflichtet, auf Verlangen der Firma aus dringenden betrieblichen Gründen vorübergehend außerhalb des vereinbarten Aufgabenbereichs zumutbare Arbeiten, auch an einem anderen Ort oder für einen anderen Arbeitgeber, zu leisten. Als „vorübergehend" gilt nach dem Willen der Parteien nur ein Zeitraum unter einem Monat.

(4) Für dieses Arbeitsverhältnis gelten die mit dem Betriebsrat geschlossenen Betriebsvereinbarungen, insbesondere die Allgemeine Betriebsordnung, aus der sich wesentliche Regelungen über den täglichen Arbeitsablauf ergeben.

---

485 Eine Mitteilung der Gründe der Geeignetheit/Ungeeignetheit dürfte datenschutzrechtlich unzulässig sein.

(5) Ändern sich, insbesondere aus technisch-organisatorischen und/oder aus Wettbewerbsgründen, die Anforderungen des Arbeitsplatzes des Mitarbeiters, ist dieser verpflichtet, sich die notwendigen zusätzlichen Kenntnisse und Fertigkeiten anzueignen, wenn und soweit er dazu in der Lage ist. Soweit dies rechtlich geboten ist, werden die erforderlichen Schulungsmaßnahmen in der Arbeitszeit und auf Kosten der Firma stattfinden.

§ 4 Betriebliche Arbeitszeit

(1) Die regelmäßige Arbeitszeit entspricht der für Vollzeitarbeitnehmer im Betrieb üblichen Arbeitszeit. Sie beträgt zurzeit ... Stunden wöchentlich.

(2) Beginn und Ende der täglichen Arbeitszeit und der Pausen richten sich nach den mit dem Betriebsrat abgeschlossenen Vereinbarungen, im Einzelfall nach den Anweisungen der Firma.

(3) Der Mitarbeiter ist verpflichtet, aus dringenden betrieblichen Gründen im Rahmen der gesetzlichen Bestimmungen, insbesondere der Mitbestimmung des Betriebsrats gem. § 87 Abs. 1 BetrVG, vorübergehend Nacht-/Wechselschicht-/Sonntags-/Mehr- und Überarbeit zu leisten.

(4) Gemäß § 87 BetrVG darf die Firma durch eine Betriebsvereinbarung mit dem Betriebsrat Kurzarbeit anordnen, wenn die Voraussetzungen für die Gewährung von Kurzarbeitergeld erfüllt sind; dabei ist eine Ankündigungsfrist von zwei Wochen einzuhalten.

§ 5 Gehalt

(1) Der Mitarbeiter erhält ein monatliches Bruttogehalt von ... EUR. Die Vergütung ist jeweils am Letzten eines Monats fällig.

(2) Es werden ferner folgende Zulagen zum Gehalt gezahlt:

a) ... EUR

b) ... EUR.

Zulagen können von der Firma nach billigem Ermessen bei Wahrung einer Ankündigungsfrist von 2 Monaten widerrufen werden, wenn die folgenden Voraussetzungen gegeben sind: ...[486]

(3) Die Firma gewährt dem Mitarbeiter vermögenswirksame Leistungen nach dem 5. Vermögensbildungsgesetz in der Fassung vom 19.1.1989 (BGBl. I S. 137) iHv monatlich ... EUR.

(4) Die Zahlung der Vergütung erfolgt bargeldlos. Der Mitarbeiter gibt der Firma innerhalb von drei Tagen nach Beginn des Arbeitsverhältnisses seine Kontonummer bekannt.

§ 6 Mehrarbeitspauschale

(1) Zur Abgeltung etwaiger über die regelmäßige Arbeitszeit hinausgehender Arbeit (Mehrarbeit) im Umfang von bis zu 16 Stunden im Monat erhält der Mitarbeiter eine monatliche Mehrarbeitspauschale iHv ... EUR. Diese Abgeltungsvereinbarung kann von beiden Parteien mit einmonatiger Kündigungsfrist gekündigt werden. Beide Parteien können nach Kündigung und Fristablauf die Ablösung der Pauschalabgeltung durch Einzelabrechnung verlangen.

(2) Ansprüche auf Zuschläge für Mehrarbeit bestehen nur, wenn hierüber mit der Firma eine gesonderte Vereinbarung getroffen worden ist.

---

[486] Hier wären konkrete Widerrufsgründe zu nennen.

§ 7 Jahressonderzahlung[487]

(1) Der Mitarbeiter, dessen Arbeitsverhältnis bis zum Jahresende besteht, erhält eine Jahressonderzahlung in Höhe eines Monatsgehalts, die mit der Gehaltsabrechnung für November abzurechnen und auszuzahlen ist.

(2) Tritt der Mitarbeiter im Laufe eines Kalenderjahres in die Firma ein, wird die Jahressonderzahlung anteilig gewährt, wenn nicht das Arbeitsverhältnis in einem Kalenderjahr weniger als sechs Monate bestanden hat. Ruht das Arbeitsverhältnis mehr als sechs Monate, wird die Jahressonderzahlung nicht gewährt. Sie entfällt ebenfalls, wenn mehr als zwei Monate im Jahr kein Gehalt oder Entgeltfortzahlung infolge Krankheit geleistet wurde. Die Entgeltfortzahlungszeiten eines Kalenderjahres werden zusammengerechnet.

(3) Der Anspruch auf Jahressonderzahlung ist ausgeschlossen, wenn das Arbeitsverhältnis im Zeitpunkt der Auszahlung von einem der Vertragsteile gekündigt wurde oder infolge Befristung oder Aufhebungs- oder Abwicklungsvertrages endet. Der Ausschluss der Jahressonderzahlung greift nicht, wenn die Kündigung aus betriebsbedingten oder aus personenbedingten, vom Mitarbeiter nicht zu vertretenden Gründen erfolgt. Er ist ebenfalls nicht bei Aufhebungs- und Abwicklungsverträgen aus betriebsbedingtem Anlass anzuwenden.

§ 8 Arbeitsverhinderung

(1) Der Mitarbeiter ist verpflichtet, jede Arbeitsverhinderung und ihre voraussichtliche Dauer unverzüglich der Firma anzuzeigen und dabei gleichzeitig auf etwaige dringliche Arbeiten hinzuweisen.

(2) Im Falle der Arbeitsunfähigkeit infolge Krankheit ist der Mitarbeiter verpflichtet, spätestens am dritten Arbeitstag eine ärztliche Bescheinigung über die Arbeitsunfähigkeit und deren voraussichtliche Dauer vorzulegen. Dauert die Arbeitsunfähigkeit länger als in der Bescheinigung angegeben, ist er verpflichtet, unverzüglich eine neue ärztliche Bescheinigung einzureichen. Die Firma ist berechtigt, die Vorlage der ärztlichen Bescheinigung zu einem früheren Zeitpunkt zu verlangen.

(3) Ist der Mitarbeiter unverschuldet arbeitsunfähig erkrankt, leistet die Firma für die Dauer von sechs Wochen Entgeltfortzahlung. Im Übrigen richten sich die Rechte und Pflichten der Parteien nach den jeweiligen gesetzlichen Bestimmungen des Entgeltfortzahlungsgesetzes.

§ 9 Urlaub

(1) Der Mitarbeiter erhält bei einer 5-Tage-Woche kalenderjährlich einen Urlaub von 20 Arbeitstagen als gesetzlichen Mindesturlaub. Der gesetzliche Mindesturlaub muss im laufenden Kalenderjahr gewährt und genommen werden. Eine Übertragung des gesetzlichen Mindesturlaubs auf das nächste Kalenderjahr ist nur statthaft, wenn dringende betriebliche oder in der Person des Mitarbeiters liegende Gründe dies rechtfertigen. Im Falle der Übertragung muss der gesetzliche Mindesturlaub in den ersten drei Monaten des folgenden Kalenderjahres gewährt und genommen werden, ansonsten verfällt er. Konnte der gesetzliche Mindesturlaub wegen Arbeitsunfähigkeit des Mitarbeiters nicht genommen werden, geht der gesetzliche Mindesturlaubsanspruch 15 Kalendermonate nach dem Ende des Urlaubsjahres, mithin am 31.3. des Folgejahres, unter.

(2) Der Mitarbeiter erhält darüber hinaus kalenderjährlich einen übergesetzlichen Zusatzurlaub von weiteren 10 Arbeitstagen. Der übergesetzliche Zusatzurlaub ist innerhalb des Kalenderjahres zu nehmen. Eine Übertragung des übergesetzlichen Zusatzurlaubs auf das nächste Jahr ist nur statthaft, wenn dringende betriebliche oder in der Person des Mitarbeiters liegende Gründe eine Übertragung erforderlich machen. Im Fall der Übertragung muss der Zusatzurlaub in den ersten drei Monaten des nachfolgenden Kalenderjahres gewährt und genommen werden. Ansonsten verfällt der Zusatzurlaub mit Ablauf des 31.3. des nachfolgenden Kalenderjahres auch dann, wenn er wegen Arbeitsunfähigkeit des Mitarbeiters nicht genommen werden konnte. Eine Abgeltung des übergesetzlichen Urlaubsanspruchs ist ausgeschlossen.

---

[487] Soll die Zahlung freiwillig bleiben, so empfiehlt sich der Verzicht auf eine vertragliche Regelung. Geeigneter ist eine ohne Nachwirkung kündbare freiwillige Betriebsvereinbarung nach § 88 BetrVG.

(3) Der Urlaub wird in Abstimmung mit dem Mitarbeiter von der Firmenleitung unter Berücksichtigung seiner persönlichen und familiären Belange festgelegt. Der Urlaub ist möglichst zusammenhängend zu nehmen. Bei der Gewährung von Urlaub wird zuerst der gesetzliche Urlaub eingebracht. Im Übrigen gelten die gesetzlichen Bestimmungen.

§ 10 Vorübergehende Übertragung anderweitiger Aufgaben[488]

Das Arbeitsverhältnis bezieht sich auf eine Tätigkeit in …. Die Firma behält sich vor, den Mitarbeiter innerhalb des gesamten Unternehmens – auch an einen anderen Ort – zu versetzen, wenn es nach Abwägung der betrieblichen und den persönlichen Belangen des Mitarbeiters diesem zuzumuten ist und eine gleichwertige Tätigkeit beinhaltet. Außer in Notfällen hat die Firma eine Ankündigungsfrist zu beachten, die der vertraglichen oder gesetzlichen Kündigungsfrist des Mitarbeiters entspricht. Kosten eines von der Firma angeordneten Wohnsitzwechsels werden dem Mitarbeiter erstattet.

§ 11 Nebentätigkeit

(1) Jedwede Nebentätigkeit, sei sie ein Ehrenamt oder sei sie entgeltlich ausgeübt, macht die Einwilligung des Arbeitgebers erforderlich. Die Einwilligung ist zu erteilen, wenn nicht ein Versagungsgrund wegen einer zu befürchtenden Beeinträchtigung betrieblicher oder dienstlicher Interessen vorliegt.

(2) Der Arbeitgeber verpflichtet sich, seine Entscheidung über die beantragte Einwilligung innerhalb einer Frist von vier Wochen nach Antragseingang zu fällen. Verstreicht die Frist, ohne dass dem Arbeitnehmer die Entscheidung über den gestellten Antrag auf Nebentätigkeit zugegangen ist, gilt die Zustimmung des Arbeitgebers als erteilt.

§ 12 Verschwiegenheitspflicht

(1) Der Mitarbeiter wird über alle Betriebs- und Geschäftsgeheimnisse, insbesondere Herstellungsverfahren, Vertriebswege und dergleichen sowohl während der Dauer des Arbeitsverhältnisses als auch nach seiner Beendigung Stillschweigen bewahren. Die Geheimhaltungspflicht umfasst nicht solche Kenntnisse, die jedermann zugänglich sind oder deren Weitergabe für die Firma ersichtlich ohne Nachteil ist. Im Zweifelsfalle sind technische, kaufmännische und persönliche Informationen und Zusammenhänge, die dem Mitarbeiter im Rahmen mit seiner Tätigkeit bekannt werden, von ihm als Geschäftsgeheimnisse zu behandeln. Bei etwaigen Zweifeln ist der Mitarbeiter immer vor der Offenbarung verpflichtet, eine Weisung der Geschäftsleitung einzuholen, ob eine bestimmte Tatsache vertraulich zu behandeln ist oder nicht.

(2) Die Schweigepflicht erstreckt sich auch auf Angelegenheiten anderer Firmen, mit denen das Unternehmen wirtschaftlich, organisatorisch oder in der Produktion verbunden ist, insbesondere durch Lohnfertigungsarbeiten.

(3) Über seine Vergütung hat der Mitarbeiter dritten Personen gegenüber Stillschweigen zu bewahren. Dies gilt nicht für die Fälle, in denen er gesetzlich berechtigt oder verpflichtet ist, Angaben über sein Einkommen zu machen.[489]

(4) Die betrieblichen Sicherheitsbestimmungen sind zu beachten. Vertrauliche und geheim zu haltende Schriftstücke, Zeichnungen, Modelle usw sind stets unter Verschluss zu halten. Etwaige Verluste sind stets unverzüglich der Geschäftsleitung mitzuteilen.

---

488 Ein Umzug kann seitens des Arbeitgebers nur angeordnet werden, wenn ein sachlicher Grund hierfür besteht (vgl Hümmerich/Reufels/*Borgmann*, Gestaltung von Arbeitsverträgen, § 1 Rn 615).

489 Die Verpflichtung, Stillschweigen über die eigene Vergütung zu wahren, ist wohl unwirksam (vgl LAG Mecklenburg-Vorpommern 21.10.2009 – 2 Sa 237/09).

§ 13 Vertragsstrafe[490]

(1) Nimmt der Mitarbeiter die Arbeit nicht oder verspätet auf, beendet er das Arbeitsverhältnis ohne Einhaltung der maßgeblichen Kündigungsfrist, ohne einen Grund zur außerordentlichen Kündigung zu haben, verweigert er vorübergehend die Arbeit oder wird die Firma durch vertragswidriges Verhalten des Mitarbeiters zur außerordentlichen Kündigung veranlasst, schuldet der Mitarbeiter der Firma eine Vertragsstrafe. Die Vertragsstrafe entsteht nur, wenn der Mitarbeiter grob fahrlässig oder vorsätzlich gehandelt hat.

(2) Als Vertragsstrafe wird für den Fall der verspäteten Aufnahme der Arbeit sowie der vorübergehenden Arbeitsverweigerung ein Bruttotagesentgelt für jeden Tag der Zuwiderhandlung vereinbart, insgesamt jedoch nicht mehr als das in der gesetzlichen Mindestkündigungsfrist ansonsten erhaltene Arbeitsentgelt. Im Übrigen beträgt die Vertragsstrafe ein Bruttomonatsentgelt.

(3) Verstößt der Mitarbeiter gegen die Verschwiegenheitsverpflichtung gem. § 12, beträgt die Vertragsstrafe für jeden Fall der Zuwiderhandlung ein Monatsgehalt.

(4) Die Geltendmachung weitergehender Schadensersatzansprüche durch die Firma ist nicht ausgeschlossen.

§ 14 Kündigung, Rentenbezug

(1) Die Kündigung des Arbeitsverhältnisses bedarf der Schriftform. Die Firma ist berechtigt, den Mitarbeiter im Falle einer Kündigung unter Fortzahlung der Bezüge und unter Anrechnung restlicher Urlaubsansprüche von der Arbeitsleistung freizustellen, wenn Umstände vorliegen, die die Vertrauensgrundlage beeinträchtigt haben (zB Geheimnisverrat, Konkurrenztätigkeit, abfällige Bemerkungen). Nicht erfüllte Urlaubsansprüche sind abgegolten, soweit nicht aufgrund von Arbeitsunfähigkeit des Mitarbeiters oder aus sonstigen gesetzlichen Gründen eine Abgeltung ausgeschlossen ist.

(2) Für beide Vertragsparteien besteht eine Kündigungsfrist von vier Wochen zum 15. oder zum Ende eines Kalendermonats. Die Verlängerung der Kündigungsfristen nach Alter und Beschäftigungsjahr richtet sich nach den gesetzlichen Vorschriften in ihrer jeweiligen Fassung.

(3) Das Arbeitsverhältnis endet mit Ablauf des Monats, in dem der Mitarbeiter erstmals die Voraussetzungen für den Bezug der gesetzlichen Regelaltersrente erfüllt.

(4) Wird durch den Bescheid eines Rentenversicherungsträgers dauernde Berufs- oder Erwerbsunfähigkeit festgestellt, endet das Arbeitsverhältnis mit Ablauf des Monats, in dem der Bescheid zugestellt wird. Beginnt die Rente wegen Berufs- oder Erwerbsunfähigkeit erst nach der Zustellung des Rentenbescheides, endet das Arbeitsverhältnis mit Ablauf des dem Rentenbeginn vorangegangenen Tages. Das Arbeitsverhältnis endet nicht, wenn nach dem Bescheid des Rentenversicherungsträgers eine Rente auf Zeit (§ 102 Abs. 2 SGB VI) gewährt wird. In diesem Falle ruht das Arbeitsverhältnis mit allen Rechten und Pflichten von dem Tage an, der auf den nach Satz 1 oder 2 maßgeblichen Zeitpunkt folgt, bis zum Ablauf des Tages, bis zu dem die Zeitrente bewilligt ist, längstens jedoch bis zum Ablauf des Tages, an dem das Arbeitsverhältnis endet.

---

[490] Das Verbot eines Vertragsstrafenversprechens in § 309 Nr. 6 BGB gilt im Arbeitsrecht nicht. Das BAG ist der Auffassung, dass die modifizierte Anwendungsregel in § 310 Abs. 4 Satz 2 BGB zu einem regelmäßig berechtigten Interesse des Arbeitgebers führt, die Nicht- oder Schlechterfüllung der Pflicht zur Arbeitsleistung mit einer Vertragsstrafe zu verbinden (BAG 3.4.2004 – 8 AZR 196/03, NZA 2004, 727). Unwirksam ist ein Vertragsstrafenversprechen, wenn die Abrede die Pflichtverletzung des Arbeitnehmers nicht so klar bezeichnet, dass sich der Versprechende in seinem Verhalten hierauf einstellen kann (BAG 21.4.2005 – 8 AZR 425/04, NZA 2005, 1053). Unwirksam ist die Vereinbarung eines Vertragsstrafenrahmens für den Fall eines gravierenden Wettbewerbsverstoßes von einem bis zu drei Monatsgehältern, wenn es dem Arbeitgeber überlassen bleibt, die Vertragsstrafe im Einzelfall innerhalb dieses Rahmens festzusetzen (BAG 18.8.2005 – 8 AZR 65/05, NZA 2006, 34 = BB 2006, 720). Vorsicht ist geboten, wenn die Vertragsstrafe zu hoch bemessen ist. Eine Herabsetzung der Vertragsstrafe nach § 343 BGB kommt seit der Schuldrechtsmodernisierung nicht mehr in Betracht, weil das Verbot der geltungserhaltenden Reduktion nach § 306 Abs. 2 BGB die Anpassung einer zu hohen Vertragsstrafe nach § 343 BGB ausschließt (BAG 4.3.2004 – 8 AZR 196/03, NZA 2004, 727; LAG Hamm 24.1.2003 – 10 Sa 1158/02, DB 2003, 2549; *Brors*, DB 2004, 1778).

Kapitel 1: Arbeitsverträge

§ 15 Nutzung der betrieblichen Telekommunikationsmittel und Datenverarbeitungsanlagen

(1) Die Nutzung des betrieblichen Internetanschlusses sowie die Nutzung des E-Mail-Systems dürfen ausschließlich für dienstliche Zwecke erfolgen. Eine private Nutzung durch den Mitarbeiter ist nicht gestattet. Das Internet darf nur mit der gültigen persönlichen Zugangsberechtigung genutzt werden. User-ID und Passwort dürfen nicht an Dritte weitergegeben werden.

(2) Es dürfen keine fremden Programme/Dateien auf die Festplatte kopiert, über Diskette, CD-ROM, ähnliche Datenträger oder das Internet auf dem Rechner installiert und/oder eingesetzt werden. Auf Virenkontrolle ist zu achten. Virenschutzprogramme sind zu nutzen. Auftretende Störungen, die mit einem Virenbefall in Zusammenhang stehen könnten, sind umgehend der Netzverwaltung/dem Systemadministrator zu melden. Das Abrufen, Anbieten oder Verbreiten von rechtswidrigen Inhalten, insbesondere rassistischer oder pornographischer Art ist verboten.

(3) Der Arbeitgeber ist berechtigt, jede Nutzung des E-Mail-Systems und des Internets für die Dauer von maximal drei Monaten zu speichern, um die Einhaltung der obigen Bestimmungen anhand der gespeicherten Daten zu überprüfen. Der Mitarbeiter erteilt insoweit seine Einwilligung gem. § 4a BDSG.

(4) Für den Fall seiner betrieblichen Abwesenheit (Urlaub, Krankheit etc.) hat der Mitarbeiter eigenverantwortlich eine automatisierte Antwort an den Absender eingehender E-Mails einzurichten, die den Absender über die Abwesenheit des Mitarbeiters informiert und einen Hinweis auf den zuständigen Vertreter und dessen Telefonnummer enthält.

Verstöße gegen die vorstehenden Regeln können arbeitsrechtliche Konsequenzen zur Folge haben.

§ 16 Ausschlussfristen[491]

(1) Alle Ansprüche aus dem bestehenden Arbeitsverhältnis müssen innerhalb von drei Monaten nach Fälligkeit schriftlich geltend gemacht werden.

(2) Lehnt die Gegenseite den Anspruch ab oder erklärt sie sich nicht innerhalb eines Monats nach Geltendmachung des Anspruchs, so verfällt dieser, wenn er nicht innerhalb von zwei Monaten nach der Ablehnung gerichtlich geltend gemacht wird. Die Ausschlussfrist gilt nicht für Zahlungsansprüche des Mitarbeiters, die während eines Kündigungsprozesses fällig werden und vom Verfahrensausgang abhängig sind. Bei derartigen Ansprüchen beginnt die Verfallfrist von zwei Monaten nach rechtskräftiger Beendigung des Kündigungsschutzverfahrens.

(3) Die Haftung für vorsätzliches Verhalten bleibt von dieser Ausschlussklausel unberührt.[492]

↑

---

491 Einstufige Ausschlussfristen müssen einen Mindestzeitraum von drei Monaten enthalten (BAG 28.9.2005 – 5 AZR 52/05, DB 2006, 1959). Zweistufige Ausschlussfristen müssen für jede Frist drei Monate vorsehen. Als im Arbeitsrecht etablierte Besonderheiten nach § 310 Abs. 4 Satz 2 BGB steht ihrer Wirksamkeit § 309 Nr. 13 BGB nicht entgegen (BAG 25.5.2005 – 5 AZR 572/04, NZA 2005, 1111).

492 Nach einer neuen Entscheidung des BAG können arbeitsvertraglich vereinbarte Ausschlussfristen dahin gehend ausgelegt werden, dass sie nur die von den Parteien für regelungsbedürftig gehaltenen Fälle erfassen sollen. Eine Anwendung auch für die Fälle, die durch gesetzliche Verbote oder Gebote geregelt sind, soll dagegen regelmäßig gerade nicht gewollt sein, so das BAG. Das gelte bspw für die Haftung wegen Vorsatzes (Pressemitteilung Nr. 42/13 zu BAG, Urt. v. 20.6.2013 – 8 AZR 280/12).

IV. Verträge mit geringfügig Beschäftigten

183 **1. Muster: Merkblatt für Arbeitnehmer zur Neuregelung der geringfügigen Beschäftigungsverhältnisse (Mini-Jobs) und zur Gleitzonenregelung**

Seit dem 1.4.2003 geltende Bestimmungen für geringfügig entlohnte Beschäftigungen (Mini-Jobs)[493]

1. Geringfügigkeitsgrenze

- Die monatliche Verdienstgrenze liegt bei 450[494] EUR.
- Die Begrenzung der Arbeitszeit auf 15 Stunden pro Woche ist entfallen.
- Werden mehrere geringfügige Beschäftigungen nebeneinander ausgeübt, dürfen die Gesamteinkünfte der Mini-Jobs nicht mehr als 450 EUR im Monat betragen.
- Neben einer sozialversicherungspflichtigen Hauptbeschäftigung darf eine geringfügige Beschäftigung versicherungsfrei ausgeübt werden.

2. Sozialversicherung

- Der Arbeitgeber zahlt im gewerblichen Bereich grundsätzlich Pauschalbeiträge iHv:
  15 % des Arbeitsentgelts für die Rentenversicherung und
  13 % des Arbeitsentgelts für die Krankenversicherung, außerdem
  2 % einheitliche Pauschsteuer (neu), wenn keine Lohnsteuerkarte vorgelegt wird.

Die pauschalen Sozialabgaben iHv 30 % (bei Kleinbetrieben zuzüglich der Umlagen zur Lohnfortzahlungsversicherung) werden vom Arbeitgeber einheitlich an die Bundesknappschaft abgeführt. Für den Arbeitnehmer fallen dann keine Abzüge an.

Für Mini-Jobs in Privathaushalten beträgt die pauschale Sozialabgabe 12 % (je 5 % für die Renten- und Krankenversicherung und 2 % Steuer). Sie ist vom privaten Arbeitgeber mittels Haushaltsscheckverfahren abzuführen.

Aufstockung: Will der Arbeitnehmer einen Anspruch auf alle Leistungen der Rentenversicherung erwerben, muss er wie bisher gegenüber dem Arbeitgeber erklären, dass er auf die Rentenversicherungsfreiheit verzichtet. Der Arbeitnehmer hat dann die 15 %-Pauschale des Arbeitgebers auf den vollen Pflichtbeitrag zu ergänzen. Der Arbeitgeber führt die Arbeitnehmerbeiträge iHv 4,5 % aus dem Arbeitsentgelt ab.

3. Steuer

- Die geringfügig entlohnte Beschäftigung ist steuerpflichtig.
- Die geringfügig entlohnte Beschäftigung bis 450 EUR kann vom Arbeitgeber versteuert werden mit 2 % einheitlicher Pauschsteuer (inkl. Kirchensteuer und Solidaritätszuschlag), wenn er den 15 %igen Pauschalbeitrag zur Rentenversicherung zahlt (Abführung als Sozialabgabe an die Bundesknappschaft) bzw 20 % pauschaler Lohnsteuer (zzgl pauschale Kirchensteuer und Solidaritätszuschlag), wenn ausnahmsweise die Rentenversicherungsbeiträge nicht mit 15 % pauschal zu zahlen sind.
- Die geringfügig entlohnte Beschäftigung kann vom Arbeitnehmer mit Lohnsteuerkarte versteuert werden.

4. Kurzfristige Beschäftigungsverhältnisse

Für Beschäftigungen, die nicht länger als 50 Arbeitstage bzw zwei Monate andauern, ist die Bundesknappschaft in Cottbus zuständige Einzugsstelle. Bei der Prüfung der Zeitgrenzen ist das Kalenderjahr maßgebend.

---

[493] Abgesehen von den sozial- und steuerrechtlichen Besonderheiten handelt es sich bei geringfügigen Beschäftigungen um normale Arbeitsverhältnisse. In der Praxis herrschen häufig andere Vorstellungen vor, insbesondere hinsichtlich der Frage, ob das KSchG gilt.

[494] Seit 1.1.2013 beträgt die Geringfügigkeitsgrenze gem. § 8 Abs. 1 SGB IV 450,00 EUR. Die Gleitzone geht von 450,01 EUR bis 850,00 EUR (§ 20 SGB IV; Fassung ab 1.1.2013).

Es sind alle im laufenden Kalenderjahr ausgeübten kurzfristigen Beschäftigungen auch bei verschiedenen Arbeitgebern zu berücksichtigen. Der Arbeitgeber hat die Möglichkeit, die Steuer bei Vorliegen der Voraussetzungen pauschal mit 25 % zu erheben.

5. Handlungsbedarf für geringfügig Beschäftigte

Informieren Sie Ihren Arbeitgeber über weitere Beschäftigungsverhältnisse bei anderen Arbeitgebern bzw über Vorbeschäftigungen im laufenden Kalenderjahr.

Wenn Sie von der Möglichkeit der Aufstockung der Rentenversicherungsbeiträge Gebrauch machen wollen, teilen Sie dies bitte Ihrem Arbeitgeber mit und informieren Sie davon auch Ihre evtl weiteren Arbeitgeber. Stocken Sie in einer geringfügigen Beschäftigung bereits auf, bleibt diese Entscheidung bestehen, Sie brauchen nichts zu unternehmen.

Würden Sie uU durch Ansprüche auf Einmalbezüge über die 450-Euro-Grenze kommen, können Sie prüfen, ob zB zum Erhalt der Versicherungsfreiheit im Voraus ein schriftlicher Verzicht auf die Gewährung von Urlaubs- oder Weihnachtgeld bei Ihrem Arbeitgeber in Frage kommt.

Seit dem 1.4.2003 geltende Bestimmungen bei Arbeitsentgelt in der Gleitzone (Niedriglohn-Job)

1. Gleitzone

- Das versicherungspflichtige Entgelt inkl. Einmalbezüge liegt regelmäßig zwischen 450,01 und 850,00 EUR monatlich.
- Bei mehreren Beschäftigungsverhältnissen ist das insgesamt erzielte Arbeitsentgelt maßgebend.

2. Sozialversicherung

- Das Beschäftigungsverhältnis ist sozialversicherungspflichtig. Der Arbeitgeberbeitrag liegt bei rund 20 %. Der Arbeitnehmerbeitrag jedoch steigt schrittweise von ca. 4 % (bei 450,01 EUR) auf ca. 20 % (bei 850,00 EUR) an.
- Der Berechnung der Sozialversicherungsbeiträge wird nicht das tatsächlich erzielte Arbeitsentgelt zu Grunde gelegt, sondern ein vermindertes Arbeitsentgelt, das mit der gesetzlichen, jährlich aktualisierten Gleitzonen-Formel berechnet wird.
- Aus dem verminderten Arbeitsentgelt werden die Sozialversicherungsbeiträge wie folgt getragen:
Der Arbeitgeber trägt unverändert den Beitragsanteil, der sich aus dem tatsächlichen Arbeitsentgelt ergibt.
Dieser wird von dem Sozialversicherungsbeitrag abgezogen, der sich aus dem reduzierten Arbeitsentgelt errechnete. Die Differenz ist der vom Arbeitnehmer zu tragende Beitragsanteil.
- Die Rentenansprüche richten sich nach dem verminderten beitragspflichtigen Arbeitsentgelt.
- Das Krankengeld wird nach dem tatsächlichen Arbeitsentgelt berechnet.

3. Steuer

Das Arbeitsverhältnis ist nach den Merkmalen der Lohnsteuerkarte zu versteuern. Eine Pauschalierung der Lohnsteuer auf Grund der Gleitzone ist nicht möglich.

4. Handlungsbedarf für Beschäftigte mit Verdienst in der Gleitzone

Informieren Sie Ihren Arbeitgeber über weitere Beschäftigungsverhältnisse bei anderen Arbeitgebern bzw über Vorbeschäftigungen im laufenden Kalenderjahr. Zur Vermeidung von verminderten Rentenansprüchen können Sie in der Rentenversicherung den vollen Arbeitnehmerbeitrag zahlen. Hierzu müssen Sie gegenüber dem Arbeitgeber schriftlich erklären, dass der Beitragsberechnung in der Rentenversicherung nicht das verminderte, sondern das tatsächliche Arbeitsentgelt als beitragspflichtige Einnahme zugrunde gelegt werden soll.

2. Muster: Arbeitsvertrag für geringfügig entlohnte Beschäftigung[495]

Arbeitsvertrag

Zwischen

der Firma ... GmbH, vertreten durch ...

– im Weiteren: Arbeitgeberin –

und

Herrn ...

– im Weiteren: Arbeitnehmer –

wird folgender Anstellungsvertrag geschlossen:

§ 1 Anstellung, Probezeit

(1) Der Arbeitnehmer wird ab dem ... als Teilzeitbeschäftigter für die Tätigkeit als ... in ... angestellt. Vor dem Beginn des Arbeitsverhältnisses ist die ordentliche Kündigung ausgeschlossen.

(2) Die ersten sechs Monate gelten als Probezeit. Während dieser Zeit kann das Arbeitsverhältnis mit einer Kündigungsfrist von zwei Wochen gekündigt werden.

§ 2 Arbeitszeit

Die Arbeitszeit beträgt wöchentlich ... Stunden.

§ 3 Vergütung

(1) Der Arbeitnehmer erhält eine monatliche Vergütung iHv ... EUR.

(2) Die Arbeitsvergütung wird jeweils am Letzten eines Monats fällig. Die Zahlung erfolgt bargeldlos.

(3) Der Arbeitnehmer wird innerhalb von zwei Wochen nach Beginn des Arbeitsverhältnisses ein Konto einrichten und dies der Arbeitgeberin mitteilen.

Alternativ:

(3) Die Kontoverbindung des Arbeitnehmers lautet:

Konto:

BLZ:

Kto.-Nr.:

§ 4 Urlaubsregelung

Der Arbeitnehmer hat Anspruch auf Urlaub nach dem BUrlG.

§ 5 Kündigung

Nach Ablauf der Probezeit kann das Arbeitsverhältnis mit einer Frist von ... zum ... schriftlich gekündigt werden.

Alternativ: Nach Ablauf der Probezeit kann das Arbeitsverhältnis unter Einhaltung der gesetzlichen Kündigungsfristen gekündigt werden.

---

[495] Mit freundlicher Genehmigung der Rechtsanwälte Dr. *Stephan Pauly* und Dr. *Stephan Osnabrügge*, Bonn.

§ 6 Verfallfristen[496]

Alle Ansprüche, die sich aus dem Arbeitsverhältnis ergeben, sind von den Vertragsschließenden binnen einer Frist von drei Monaten seit ihrer Fälligkeit schriftlich geltend zu machen. Nicht rechtzeitig geltend gemachte Ansprüche verfallen.

§ 7 Rentenversicherung

(1) Der Arbeitnehmer hat die Möglichkeit, auf seine Versicherungsfreiheit nach § 5 Abs. 2 SGB VI zu verzichten. In diesem Fall muss er auf eigene Kosten die Rentenversicherungsbeiträge auf den vollen Beitragssatz aufstocken.

(2) Solchermaßen belehrt erklärt der Arbeitnehmer:
Ich verzichte nicht auf die Versicherungsfreiheit. Ich erkläre, dass ich den Beitrag zur Rentenversicherung nicht aus eigenen Mitteln aufstocken möchte.

Alternativ: Ich erkläre, dass ich auf die Versicherungsfreiheit nach § 5 Abs. 2 Satz 2 SGB VI verzichte. Ich wünsche, auf eigene Kosten die Rentenversicherungsbeiträge auf den vollen Beitragssatz aufzustocken. Ich erkläre mich damit einverstanden, dass der Arbeitgeber derzeit 4,5 % des periodisch vereinbarten Arbeitslohns vom Arbeitsentgelt einbehält und an den zuständigen Rentenversicherungsträger ... abführt.

Alternativ: Hiermit erkläre ich gem. §§ 5 Abs. 2 Satz 2, 163 Abs. 8 SGB VI, dass der Beitragsberechnung zur Rentenversicherung als beitragspflichtige Einnahme das tatsächliche Arbeitsentgelt, mindestens jedoch 175 EUR, zugrunde gelegt werden soll. Ich verzichte auf die Versicherungsfreiheit.

Mit ist bekannt, dass meine Erklärung nur mit Wirkung für die Zukunft und bei mehreren geringfügigen Beschäftigungen nur einheitlich erklärt werden kann. Mir ist auch bekannt, dass die Erklärung für die Dauer der Beschäftigung bindend ist.

Ich wünsche, auf eigene Kosten die Rentenversicherungsbeiträge auf den vollen Beitragssatz aufzustocken. Ich erkläre mich damit einverstanden, dass die Arbeitgeberin den entsprechenden Betrag des periodisch vereinbarten Arbeitslohns vom Arbeitsentgelt einbehält und an den zuständigen Rentenversicherungsträger ... abführt.

§ 8 Weitere (auch: geringfügige) Beschäftigungen

(1) Die Arbeitgeberin macht den Arbeitnehmer darauf aufmerksam, dass mehrere Beschäftigungen unter Umständen zusammengerechnet werden. Überschreitet das Gesamtgehalt die Grenze von 450 EUR, so werden die Arbeitsverhältnisse vollständig sozialversicherungspflichtig.

(2) Der Arbeitnehmer erklärt, keine weiteren geringfügig entlohnten Beschäftigungen auszuüben.

(3) Die Aufnahme einer weiteren geringfügig entlohnten Beschäftigung hat der Arbeitnehmer unverzüglich schriftlich anzuzeigen.

(4) Der Arbeitnehmer wird darauf aufmerksam gemacht, dass er zu der Mitteilung nach Abs. 1 insbesondere aufgrund § 280 SGB IV verpflichtet ist, da die Tatsache einer Nebenbeschäftigung unter Umständen sozialversicherungsrechtliche Folgen hat. Unterlässt der Arbeitnehmer die Mitteilung, so haftet er dem Arbeitgeber für den daraus entstehenden Schaden.

§ 9 Nebenabreden und Vertragsänderungen

Nebenabreden bestehen nicht. Ergänzungen und Änderungen dieses Arbeitsvertrages einschließlich der Aufhebung dieses Schriftformerfordernisses bedürfen der Schriftform, es sei denn, sie beruhen auf einer aus-

---

[496] Nach einer neuen Entscheidung des BAG können arbeitsvertraglich vereinbarte Ausschlussfristen dahin gehend ausgelegt werden, dass sie nur die von den Parteien für regelungsbedürftig gehaltenen Fälle erfassen sollen. Eine Anwendung auch für die Fälle, die durch gesetzliche Verbote oder Gebote geregelt sind, soll dagegen regelmäßig gerade nicht gewollt sein, so das BAG. Das gelte bspw für die Haftung wegen Vorsatzes (Pressemitteilung Nr. 42/13 zu BAG, Urt. v. 20.6.2013 – 8 AZR 280/12). Ein Formulierungsbeispiel für eine vertragliche Verfallklausel mit Ausschluss der Haftung für Vorsatz enthält das Muster 1134 (§ 16).

drücklichen oder individuellen Vertragsabrede. Eine betriebliche Übung ist keine solche ausdrückliche bzw individuelle Vertragsabrede. Auch wiederholte Leistungen oder Vergünstigungen ohne ausdrückliche oder individuelle Vertragsabrede begründen keinen Anspruch für die Zukunft.

§ 10 Sonstiges

(1) Der Arbeitnehmer sichert zu, dass die Angaben, insbesondere die über weitere geringfügig entlohnte Beschäftigungen, der Wahrheit entsprechen. Er wird jede Veränderung umgehend mitteilen.

(2) Der Arbeitnehmer erklärt, von diesem Vertrag eine Durchschrift erhalten zu haben.

3. Muster: Arbeitsvertrag über kurzfristige Beschäftigung (befristet)[497]

Arbeitsvertrag

Zwischen

der Firma ... GmbH, vertreten durch ...

– nachstehend: Arbeitgeberin –

und

Herrn ...

– nachstehend: Arbeitnehmer –

wird folgender Anstellungsvertrag geschlossen:

§ 1 Anstellung

(1) Der Arbeitnehmer wird befristet für die Zeit vom ... bis ... als ... eingestellt. Das Arbeitsverhältnis endet mit Ablauf der Frist, ohne dass es einer Kündigung bedarf.

(2) Die ersten ... Wochen/Monate werden als Probezeit vereinbart.

Alternativ:

(1) Der Arbeitnehmer wird für eine Dauer von ... Arbeitstagen eingestellt.

(2) Die Arbeitstage sind innerhalb einer Zeit vom ... bis ... im Betrieb ... zu leisten. Arbeitstage sind: ... An diesen Tagen beginnt für den Arbeitnehmer die Arbeit um ... Uhr.

(3) Die ersten ... Wochen/Monate werden als Probezeit vereinbart.

§ 2 Arbeitszeit

Die Arbeitszeit beträgt wöchentlich ... Stunden.

§ 3 Vergütung

(1) Der Arbeitnehmer erhält eine monatliche Vergütung iHv ... EUR.

(2) Die Arbeitsvergütung wird jeweils am Letzten eines Monats fällig. Die Zahlung erfolgt bargeldlos.

(3) Der Arbeitnehmer wird innerhalb von zwei Wochen nach Beginn des Arbeitsverhältnisses ein Konto einrichten und dies der Arbeitgeberin mitteilen.

Alternativ:

(3) Die Kontoverbindung des Arbeitnehmers lautet:

Konto: ...

BLZ: ...

Kto.-Nr.: ...

---

[497] Mit freundlicher Genehmigung der Rechtsanwälte Dr. *Stephan Pauly* und Dr. *Stephan Osnabrügge*, Bonn.

§ 4 Urlaubsregelung

Der Arbeitnehmer hat Anspruch auf Urlaub nach dem BUrlG.

§ 5 Kündigung

Nach Ablauf der Probezeit kann das Arbeitsverhältnis mit einer Frist von ... zum ... schriftlich gekündigt werden.

Alternativ: Nach Ablauf der Probezeit kann das Arbeitsverhältnis unter Einhaltung der gesetzlichen Kündigungsfristen gekündigt werden.

§ 6 Verfallfristen[498]

Alle Ansprüche, die sich aus dem Arbeitsverhältnis ergeben, sind von den Vertragsschließenden binnen einer Frist von drei Monaten seit ihrer Fälligkeit schriftlich geltend zu machen. Nicht rechtzeitig geltend gemachte Ansprüche verfallen.

§ 7 Weitere (auch: geringfügige) Beschäftigungen

(1) Die Arbeitgeberin macht den Arbeitnehmer darauf aufmerksam, dass mehrere geringfügige Beschäftigungen zusammengerechnet werden. Liegen infolge der Zusammenrechnung nicht mehr die Voraussetzungen für eine geringfügige Beschäftigung vor, so werden die Arbeitsverhältnisse vollständig sozialversicherungspflichtig.

(2) Der Arbeitnehmer erklärt, keine weiteren geringfügigen Beschäftigungen auszuüben.

(3) Die Aufnahme einer weiteren geringfügigen Beschäftigung hat der Arbeitnehmer unverzüglich schriftlich anzuzeigen.

(4) Der Arbeitnehmer wird darauf aufmerksam gemacht, dass er zu der Mitteilung nach Abs. 1 insbesondere aufgrund § 280 SGB IV verpflichtet ist, da die Tatsache einer Nebenbeschäftigung unter Umständen sozialversicherungsrechtliche Folgen hat. Unterlässt der Arbeitnehmer die Mitteilung, so haftet er dem Arbeitgeber für den daraus entstehenden Schaden.

§ 8 Nebenabreden und Vertragsänderungen

(1) Nebenabreden bestehen nicht.

(2) Ergänzungen und Änderungen dieses Arbeitsvertrages einschließlich der Aufhebung dieses Schriftformerfordernisses bedürfen der Schriftform, es sei denn, sie beruhen auf einer ausdrücklichen oder individuellen Vertragsabrede. Eine betriebliche Übung ist keine solche ausdrückliche bzw. individuelle Vertragsabrede. Auch wiederholte Leistungen oder Vergünstigungen ohne ausdrückliche oder individuelle Vertragsabrede begründen keinen Anspruch für die Zukunft.

§ 9 Vorbeschäftigungszeit

Der Arbeitnehmer erklärt, bislang noch in keinem Arbeitsverhältnis mit der Arbeitgeberin gestanden zu haben.

§ 10 Sonstiges

(1) Der Arbeitnehmer erklärt sich damit einverstanden, dass seine personenbezogenen Daten im Rahmen der Lohnabrechnung zu nicht gewerbsmäßigen Zwecken gespeichert und durch eine EDV verarbeitet werden.

---

[498] Nach einer neuen Entscheidung des BAG können arbeitsvertraglich vereinbarte Ausschlussfristen dahin gehend ausgelegt werden, dass sie nur die von den Parteien für regelungsbedürftig gehaltenen Fälle erfassen sollen. Eine Anwendung auch für die Fälle, die durch gesetzliche Verbote oder Gebote geregelt sind, soll dagegen regelmäßig gerade nicht gewollt sein, so das BAG. Das gelte bspw für die Haftung wegen Vorsatzes (Pressemitteilung Nr. 42/13 zu BAG, Urt. v. 20.6.2013 – 8 AZR 280/12). Ein Formulierungsbeispiel für eine vertragliche Verfallklausel mit Ausschluss der Haftung für Vorsatz enthält das Muster 1134 (§ 16).

§ 1 Verträge mit Arbeitnehmern, freien Mitarbeitern und Gesellschaftsorganen

(2) Der Arbeitnehmer bestätigt mit der Unterschrift unter diesen Vertrag, das Merkblatt „Allgemeines Gleichbehandlungsgesetz – diskriminierungsfreies Arbeitsumfeld" erhalten zu haben. Er verpflichtet sich vertraglich, die Bestimmungen des Allgemeinen Gleichbehandlungsgesetzes (AGG) gegenüber Mitarbeitern, Kollegen und Dritten einzuhalten.

(3) Der Arbeitnehmer erklärt, von diesem Vertrag eine im Original für die Arbeitgeberin gezeichnete Durchschrift erhalten zu haben.

4. Muster: Erklärungsbogen für geringfügig Beschäftigte

Erklärungsbogen für geringfügig Beschäftigte	Eintritt	Anmeldung	Austritt	Abmeldung	Personal-Nr.

Nachname, Vorname, ggf. Geburtsname | geboren am

Geburtsort, ggf. Kreis | Staatsangehörigkeit | Versicherungsnummer

Anschrift

Privat / freiwillig krankenversichert bei (Krankenversicherung; bei mitversicherten Familienangehörigen die Versicherung des Stammversicherten)

Angaben zum Beschäftigungsverhältnis: [vom Arbeitgeber auszufüllen!]

☐ geringfügig entlohnte Beschäftigung
Entgelt bis 450,00 EUR / Monat

☐ kurzfristige Beschäftigung befristet
vom ___ bis ___

☐ studentische Beschäftigung

☐ studentische Beschäftigung, befristet
vom ___ bis ___

Beschäftigungsverhältnis ab ___ | Art der Tätigkeit ___

vereinbarter Stundenlohn EURO ___ | voraussichtl. Netto-/Bruttolohn EURO ___ | vorauss. wöchentl. Arbeitszeit Stunden ___

Besteuerung ☐ 2 % Pauschalversteuerung ☐ Steuerkarte liegt vor

Der / die geringfügig Beschäftigte erklärt: [vom Beschäftigten / Bewerber persönlich auszufüllen!]

Ich stehe in einem versicherungspflichtigen Hauptbeschäftigungsverhältnis, übe aber **keine** weitere Nebenbeschäftigung aus	☐ Ja	☐ Nein
Ich bin hauptberuflich selbständig tätig	☐ Ja	☐ Nein
Ich bin Beamter	☐ Ja	☐ Nein
Ich erhalte Versorgungsbezüge	☐ Ja	☐ Nein
Ich bin Rentner / Rentnerin mit einer Altersrente	☐ Ja	☐ Nein
Ich bin Rentner / Rentnerin mit einer Berufs-/Erwerbsunfähigkeitsrente	☐ Ja	☐ Nein

Kapitel 1: Arbeitsverträge 1

Ich bin Hausfrau / Hausmann und sonst nicht berufsmäßig tätig	☐ Ja	☐ Nein
Ich bin Schüler (Bitte Schulbescheinigung beifügen.)	☐ Ja	☐ Nein
Ich bin Student (Bitte **unbedingt** Immatrikulationsbescheinigung beifügen.)	☐ Ja	☐ Nein
Ich bin Empfänger von Arbeitslosengeld / Arbeitslosenhilfe / Sozialhilfe	☐ Ja	☐ Nein
Ich bin privat krankenversichert / mein Ehepartner ist / meine Eltern sind privat krankenversichert und ich bin bei ihm / ihnen mitversicherter Familienangehöriger	☐ Ja	☐ Nein
Ich lege eine Steuerkarte vor, auf der Steuerklasse I, II, III, IV, V eingetragen ist	☐ Ja	☐ Nein ☐ Steuerklasse

Weitere geringfügige Beschäftigungen (Mini-Jobs) neben dieser Beschäftigung bestehen   ☐ nicht *   ☐ bestehen, wie unten angegeben *

Beschäftigung bei Firma / Institution (mit Anschrift)	von	bis	regelmäßiges monatl. Entgelt

Wenn weitere geringfügig entlohnte Beschäftigungen bestehen:
Auf die Rentenversicherungsfreiheit wurde verzichtet (siehe auch nächste Seite):   ☐ Nein *   ☐ Ja

Sie sind verpflichtet, jede Änderung oder Aufnahme einer weiteren Beschäftigung unaufgefordert und unverzüglich zu melden!

Bei kurzfristiger Beschäftigung zusätzlich zu erklären: **[vom Beschäftigten / Bewerber persönlich auszufüllen!]**

Ich bin beim Arbeitsamt als arbeitssuchend gemeldet oder stehe der Arbeitsvermittlung zur Verfügung	☐ Ja	☐ Nein
Ich nehme Erziehungsurlaub in Anspruch	☐ Ja	☐ Nein
Ich habe mir zur Zeit unbezahlten Urlaub genommen	☐ Ja	☐ Nein

Kurzfristige Beschäftigungen bzw. Zeiten des Bezuges von Leistungen nach dem Arbeitsförderungsgesetz (Arbeitslosengeld, Arbeitslosenhilfe, Unterhaltsgeld, etc.) im laufenden Kalenderjahr vor dieser Beschäftigung bestanden   ☐ nicht *   ☐ bestanden, wie unten angegeben

Beschäftigung bei Firma / Institution (mit Anschrift) bei Leistungen nach AFG bitte Art und Zeitraum angeben	von	bis	Gesamt-Arbeitstage	regelmäßiges monatl. Entgelt

Wisswede

Bei geringfügig entlohnter Beschäftigung (Mini-Job bis 450 EUR/Monat)

Erklärung der/des Beschäftigten zur möglichen Aufstockung der Rentenversicherung (Verzicht auf die Versicherungsfreiheit) – Gilt nicht für Bezieher einer Vollrente wegen Alters –

Hinweise zur Aufstockung der Rentenversicherungsbeiträge

Geringfügig Beschäftigte, für die der Arbeitgeber pauschal Beiträge zahlt, haben die Möglichkeit, in der Rentenversicherung auf die Versicherungsfreiheit zu verzichten und durch die Ergänzung des Arbeitgeberbetrags zum vollwertigen Pflichtbeitrag Ansprüche zu erwerben, und zwar auf das volle Leistungsspektrum der Rentenversicherung (Anspruch auf Rehabilitation, auf Rente wegen Berufs- und Erwerbsunfähigkeit, auf vorgezogene Altersrenten, Rentenberechnung nach Mindesteinkommen).

Der Arbeitnehmer hat dann die 15 %-Pauschale des Arbeitgebers auf den vollen Pflichtbeitrag von derzeit 18,9 % zu ergänzen. Der Arbeitgeber führt die Arbeitnehmerbeiträge iHv 15 % aus dem Arbeitsentgelt ab. Liegt der Verdienst unter 175 EUR, ist vom Arbeitnehmer die Differenz zwischen der 15 %igen Arbeitgeber-Pauschale und dem Mindestbeitrag von 33,08 EUR (18,9 % aus 175 EUR) zu zahlen.

Wichtig: Wenn Sie von der Möglichkeit der Aufstockung der Rentenversicherungsbeiträge Gebrauch machen wollen, teilen Sie dies bitte nachfolgend Ihrem Arbeitgeber mit und informieren Sie davon auch Ihre evtl weiteren Arbeitgeber. Haben Sie in einer geringfügigen Beschäftigung bereits aufgestockt, bleibt diese Entscheidung bestehen, Sie brauchen nichts unternehmen.

Ich möchte von der Möglichkeit der Aufstockung Gebrauch machen: ❏ JA ❏ NEIN

Erklärung der/des Beschäftigten zur Wahrheits- und Auskunftspflicht:

Ich bestätige, dass die gemachten Angaben der Wahrheit entsprechen.

Mir ist bekannt, dass ich verpflichtet bin, die für die steuer- und sozialversicherungspflichtige Beurteilung der Beschäftigung notwendigen Angaben zu machen bzw Unterlagen vorzulegen. Sofern sich im Nachhinein die Vorlage weiterer Unterlagen zum Nachweis der Steuer- oder Versicherungsfreiheit als notwendig erweisen, werde ich diese nachreichen.

Ich verpflichte mich, jede Veränderung der oben genannten Verhältnisse unaufgefordert und unverzüglich zu melden.

Dies betrifft insbesondere die Aufnahme einer weiteren Beschäftigung oder deren zeitliche Änderung.

Hinweis: Sollte der Arbeitgeber mit einer Abgabenforderung belastet werden, die darauf beruht, dass ein Arbeitnehmer seiner Auskunftspflicht vorsätzlich oder grob fahrlässig nicht nachgekommen ist, kann der Arbeitnehmer uU haftungsrechtlich in Anspruch genommen werden.[499]

↑

5. Muster: Erklärungsbogen für Beschäftigte in der Gleitzone

↓

Erklärungsbogen für Beschäftigte in der Gleitzone (bis 850 EUR)

Erklärungsbogen für Beschäftigte in der Gleitzone (bis 850,00 EUR)	
Nachname, Vorname, ggf. Geburtsname	
	Versicherungsnummer
Anschrift	
Ab 1. April 2003 geltende Bestimmungen bei Arbeitsentgelt innerhalb der Gleitzone	

---

499 Die tatsächliche Möglichkeit der Inanspruchnahme wird durch § 28 g SGB IV eingeschränkt.

Gleitzone

Das versicherungspflichtige Entgelt inkl. Einmalbezüge liegt regelmäßig zwischen 450,01 EUR und 850,00 EUR monatlich.

Bei mehreren Beschäftigungsverhältnissen ist das insgesamt erzielte Arbeitsentgelt maßgebend.

Sozialversicherung

Das Beschäftigungsverhältnis ist sozialversicherungspflichtig. Der Arbeitgeberbeitrag bleibt unverändert wie bisher bei rund 19 %. Der Arbeitnehmerbeitrag jedoch steigt schrittweise von ca. 4 % (bei 450,01 EUR) auf ca. 20 % (bei 850,00 EUR) an.

Der Berechnung der Sozialversicherungsbeiträge wird nicht das tatsächlich erzielte Arbeitsentgelt zugrunde gelegt, sondern ein vermindertes Arbeitsentgelt, das mit der gesetzlichen Gleitzonen-Formel berechnet wird. Für 2013 lautet die Formel: 0,7605 x 400 + (2 − 0,7605) x (tats. Arbeitsentgelt − 450).

Aus dem verminderten Arbeitsentgelt werden die Sozialversicherungsbeiträge wie folgt getragen:

Der Arbeitgeber trägt unverändert den Beitragsanteil, der sich aus dem tatsächlichen Arbeitsentgelt ergibt. Dieser wird von dem Sozialversicherungsbeitrag abgezogen, der sich aus dem reduzierten Arbeitsentgelt errechnete. Die Differenz ist der vom Arbeitnehmer zu tragende Beitragsanteil.

Die Rentenansprüche richten sich nach dem verminderten beitragspflichtigen Arbeitsentgelt.

Das Krankengeld wird nach dem tatsächlichen Arbeitsentgelt berechnet.

Steuer

Das Arbeitsverhältnis ist nach den Merkmalen der vorgelegten Lohnsteuerkarte zu versteuern.

Eine Pauschalierung der Lohnsteuer auf Grund der Gleitzone ist nicht möglich.

Zur Vermeidung von verminderten Rentenansprüchen können Sie in der Rentenversicherung den vollen Arbeitnehmerbeitrag zahlen. Hierzu müssen Sie gegenüber dem Arbeitgeber schriftlich erklären, dass der Beitragsberechnung in der Rentenversicherung nicht das verminderte, sondern das tatsächliche Arbeitsentgelt als beitragspflichtige Einnahme zu Grunde gelegt werden soll.

Erklärung der/des Beschäftigten zur möglichen Aufstockung der Rentenversicherung (Verzicht auf die Gleitzonenregelung)

Ich möchte von der Möglichkeit der Aufstockung Gebrauch machen: ❏ JA ❏ NEIN

Erklärung der/des Beschäftigten zur Wahrheits- und Auskunftspflicht:

Ich verpflichte mich, jede Veränderung meines Beschäftigungsverhältnisses unaufgefordert und unverzüglich zu melden. Dies betrifft insbesondere die Aufnahme einer weiteren Beschäftigung.

Hinweis: Sollte der Arbeitgeber mit einer Abgabenforderung belastet werden, die darauf beruht, dass ein Arbeitnehmer seiner Auskunftspflicht vorsätzlich oder grob fahrlässig nicht nachgekommen ist, kann der Arbeitnehmer uU haftungsrechtlich in Anspruch genommen werden.[500]

---

[500] Die tatsächliche Möglichkeit der Inanspruchnahme wird durch § 28 g SGB IV eingeschränkt.

1 § 1 Verträge mit Arbeitnehmern, freien Mitarbeitern und Gesellschaftsorganen

188 **6. Muster: Fragebogen für geringfügig Beschäftigte**[501]

1160

Erklärung der/des Beschäftigten

Diese Erklärung dient zur Feststellung von Versicherungspflicht bzw. Versicherungsfreiheit. Bitte füllen Sie diese in Ruhe aus und beantworten Sie alle Fragen wahrheitsgemäß.

1.

Allgemeine Angaben zur Person:	
Name, Vorname:	
Geburtsname:	
Anschrift:	
Rentenversicherungsnummer:	
Krankenversicherung (ggf. auch Familien-versicherung) bei privater Versicherung letzte gesetzliche Krankenkasse:	
Wenn keine deutsche Sozialversicherungs-Nr. vorhanden ist:	
Staatsangehörigkeit, Geburtsort, Geburtsdatum:	

☐   Die Beschäftigung ist geringfügig entlohnt (bis 450 EUR) – bitte weiter mit Ziff. 2.

☐   Die Beschäftigung ist befristet – bitte weiter mit Ziff. 3.

2.

Angaben zu einer geringfügig entlohnten Beschäftigung
Die Beschäftigung wird in einem Privathaushalt ausgeübt   ☐ ja   ☐ nein
Die Beschäftigung soll an ... Stunden pro Woche stattfinden (ggf. Schätzung)
Die Beschäftigung beginnt am ...
Das monatliche Entgelt beträgt ... EUR
☐   Ich übe neben diesem Beschäftigungsverhältnis keine weitere Beschäftigung gegen Arbeitsentgelt aus.
☐   Ich übe folgende weitere Beschäftigungen aus:

Arbeitgeber (Name/Ort)	mtl. Entgelt [EUR]	Versicherungspflicht		
		KV/PV	RV	AV

3.

Angaben zu einer von vornherein befristeten Beschäftigung
Die Beschäftigung ist befristet bis:
☐   Die Beschäftigung wird werktäglich ausgeübt und ist längstens auf zwei Monate begrenzt.
☐   Die Beschäftigung ist vertraglich auf längstens 50 Arbeitstage begrenzt
Innerhalb des laufenden Kalenderjahres habe ich folgende **befristete** Beschäftigungen ausgeübt:

Arbeitgeber, Anschrift	von	bis	Arbeitstage/Woche	Arbeitsentgelt [EUR]

---

501   Mit freundlicher Genehmigung der Rechtsanwälte Dr. *Stephan Pauly* und Dr. *Stephan Osnabrügge*, Bonn.

4.

Angaben zur Person

☐ Ich beziehe: ☐ Altersrente
☐ Rente wegen: ☐ teilweiser Erwerbsminderung
☐ vollständiger Erwerbsminderung

Ich

☐ bin Beamter.

☐ übe gleichzeitig eine selbständige/freiberufliche Tätigkeit aus mit einem wöchentlichen Umfang von durchschnittlich ... Stunden und einem monatlichen Einkommen von durchschnittlich ... EUR.

☐ bin Soldat auf Zeit.

☐ bin Schüler; Name der Schule:

☐ habe mich um einen Studienplatz beworben.

☐ bin als Student immatrikuliert und Praktikant; Art des Praktikums:
(bitte Kopie der Prüfungs- oder Studienordnung beifügen).

☐ bin nicht als Student immatrikuliert und Praktikant; Art des Praktikums:
(bitte Kopie der Prüfungs- oder Studienordnung beifügen).

☐ bin Diplomand und zur Erstellung meiner Diplomarbeit beschäftigt.

☐ bin Hausfrau/-mann.

☐ bin Student an der Universität:
(bitte Namen der Hochschule angeben).

Ich beziehe:

☐ Krankengeld ab:

☐ Arbeitslosengeld/-hilfe ab:

☐ übe keine weitere Beschäftigung aus.

☐ befinde mich in Elternzeit/Erziehungsurlaub seit ... bis ...

Ich erkläre, vorstehende Fragen über die Beschäftigung und meine Person wahrheitsgemäß beantwortet zu haben. Ich verpflichte mich, alle Veränderungen, die die Beantwortung vorstehender Fragen betreffen, meinem Arbeitgeber unverzüglich mitzuteilen.

_____   _____
Ort, Datum   Unterschrift des Arbeitnehmers

↑

7. Muster: Arbeitsvertrag mit geringfügig entlohntem Beschäftigten zur Beschäftigung in einem Privathaushalt[502]

↓

Arbeitsvertrag

Zwischen

der Firma ...

– im Weiteren: Arbeitgeber –

und

Frau ...

– im Weiteren: Arbeitnehmerin –

wird folgender Anstellungsvertrag geschlossen:

---

502 Mit freundlicher Genehmigung der Rechtsanwälte Dr. *Stephan Pauly* und Dr. *Stephan Osnabrügge*, Bonn.

§ 1 Anstellung, Probezeit

(1) Die Arbeitnehmerin wird ab dem ... als Teilzeitbeschäftigte für die Tätigkeit als ... im privaten Haushalt des Arbeitgebers angestellt. Vor dem Beginn des Arbeitsverhältnisses ist die ordentliche Kündigung ausgeschlossen.

(2) Die ersten sechs Monate gelten als Probezeit. Während dieser Zeit kann das Arbeitsverhältnis mit einer Kündigungsfrist von zwei Wochen gekündigt werden.

§ 2 Arbeitszeit

Die Arbeitszeit beträgt wöchentlich ... Stunden.

§ 3 Vergütung

(1) Die Arbeitnehmerin erhält eine monatliche Vergütung iHv ... EUR.

(2) Die Arbeitsvergütung wird jeweils am Letzten eines Monats fällig. Die Zahlung erfolgt bargeldlos.

(3) Die Arbeitnehmerin wird innerhalb von zwei Wochen nach Beginn des Arbeitsverhältnisses ein Konto einrichten und dies dem Arbeitgeber mitteilen.

Alternativ:

(3) Die Kontoverbindung der Arbeitnehmerin lautet:

Konto: ...

BLZ: ...

Kto.-Nr.: ...

§ 4 Urlaubsregelung

Die Arbeitnehmerin hat Anspruch auf Urlaub nach dem BUrlG.

§ 5 Kündigung

Nach Ablauf der Probezeit kann das Arbeitsverhältnis mit einer Frist von ... zum ... schriftlich gekündigt werden.

Alternativ: Nach Ablauf der Probezeit kann das Arbeitsverhältnis unter Einhaltung der gesetzlichen Kündigungsfristen gekündigt werden.

§ 6 Verfallfristen[503]

Alle Ansprüche, die sich aus dem Arbeitsverhältnis ergeben, sind von den Vertragsschließenden binnen einer Frist von drei Monaten seit ihrer Fälligkeit schriftlich geltend zu machen. Nicht rechtzeitig geltend gemachte Ansprüche verfallen.

§ 7 Rentenversicherung

(1) Die Arbeitnehmerin hat die Möglichkeit, auf ihre Versicherungsfreiheit nach § 5 Abs. 2 SGB VI zu verzichten. In diesem Fall muss sie auf eigene Kosten die Rentenversicherungsbeiträge auf den vollen Beitragssatz aufstocken.

(2) Solchermaßen belehrt erklärt die Arbeitnehmerin:

Ich verzichte nicht auf die Versicherungsfreiheit. Ich erkläre, dass ich den Beitrag zur Rentenversicherung nicht aus eigenen Mitteln aufstocken möchte.

---

503 Nach einer neuen Entscheidung des BAG können arbeitsvertraglich vereinbarte Ausschlussfristen dahin gehend ausgelegt werden, dass sie nur die von den Parteien für regelungsbedürftig gehaltenen Fälle erfassen sollen. Eine Anwendung auch für die Fälle, die durch gesetzliche Verbote oder Gebote geregelt sind, soll dagegen regelmäßig gerade nicht gewollt sein, so das BAG. Das gelte bspw für die Haftung wegen Vorsatzes (Pressemitteilung Nr. 42/13 zu BAG, Urt. v. 20.6.2013 – 8 AZR 280/12). Ein Formulierungsbeispiel für eine vertragliche Verfallklausel mit Ausschluss der Haftung für Vorsatz enthält das Muster 1134 (§ 16).

Alternativ: Hiermit erkläre ich gem. §§ 5 Abs. 2 Satz 2, 163 Abs. 8 SGB VI, dass der Beitragsberechnung zur Rentenversicherung als beitragspflichtige Einnahme das tatsächliche Arbeitsentgelt, mindestens jedoch 155 EUR, zugrunde gelegt werden soll. Ich verzichte auf die Versicherungsfreiheit.

§ 8 Weitere geringfügige Beschäftigungen

(1) Der Arbeitgeber macht die Arbeitnehmerin darauf aufmerksam, dass mehrere geringfügige Beschäftigungen zusammengerechnet werden. Liegen infolge der Zusammenrechnung nicht mehr die Voraussetzungen für eine geringfügige Beschäftigung vor, so werden die Arbeitsverhältnisse vollständig sozialversicherungspflichtig.

(2) Die Arbeitnehmerin erklärt, keine weiteren geringfügigen Beschäftigungen auszuüben.

(3) Die Aufnahme einer weiteren geringfügigen entlohnten Beschäftigung hat die Arbeitnehmerin unverzüglich schriftlich anzuzeigen.

§ 9 Nebenabreden und Vertragsänderungen

(1) Mündliche Nebenabreden bestehen nicht.

(2) Ergänzungen und Änderungen dieses Arbeitsvertrages einschließlich der Aufhebung dieses Schriftformerfordernisses bedürfen der Schriftform, es sei denn, sie beruhen auf einer ausdrücklichen oder individuellen Vertragsabrede. Eine betriebliche Übung ist keine solche ausdrückliche bzw. individuelle Vertragsabrede. Auch wiederholte Leistungen oder Vergünstigungen ohne ausdrückliche oder individuelle Vertragsabrede begründen keinen Anspruch für die Zukunft.

§ 10 Sonstiges

(1) Die Arbeitnehmerin sichert zu, dass die Angaben, insbesondere die über weitere geringfügig entlohnte Beschäftigungen, der Wahrheit entsprechen. Sie wird jede Veränderung umgehend mitteilen.

(2) Die Arbeitnehmerin erklärt, von diesem Vertrag eine Durchschrift erhalten zu haben.

8. Muster: Erklärung des Arbeitnehmers zum Verzicht auf die Beitragsermäßigung

Verzicht

Hiermit erkläre ich gem. § 163 Abs. 8 SGB VI, dass der Beitragsberechnung zur Rentenversicherung als beitragspflichtige Einnahme mein tatsächliches Arbeitsentgelt, mindestens jedoch 175 EUR, zugrunde gelegt werden soll.

... (Unterschrift Arbeitnehmer)

9. Muster: Geringfügige Beschäftigung eines Leiharbeitnehmers

zwischen

der Firma ...

– nachstehend: Verleiher –

und

Herrn/Frau ...

– nachstehend: Leiharbeitnehmer –

§ 1 Verträge mit Arbeitnehmern, freien Mitarbeitern und Gesellschaftsorganen

Als Zusatz zum Arbeitsvertrag vom ... wird folgende Vereinbarung geschlossen:

1. Geringfügigkeit

1.1 Die Parteien führen das Arbeitsverhältnis nach dem Arbeitsvertrag vom ... als geringfügiges Beschäftigungsverhältnis nach § 8 SGB IV.

1.2 Die Vergütung nach § ... des Arbeitsvertrages wird ... monatlich nicht übersteigen. Für den Fall, dass das Arbeitsentgelt unter Berücksichtigung der in § ... des Arbeitsvertrages vereinbarten Arbeitszeit und der jeweils gültigen Tarifverträge nach § ... Abs. ... des Arbeitsvertrages 450 EUR monatlich übersteigen würde, vereinbaren die Parteien Folgendes (Zutreffendes ist anzukreuzen):

❏ Die Arbeitszeit wird in dem Maße herabgesetzt, dass das Arbeitsentgelt 450 EUR monatlich nicht überschreitet.

❏ Das Arbeitsverhältnis wird in der Progressionszone (Gleitzone) bis maximal 850 EUR monatlich weitergeführt, eine geringfügige Beschäftigung liegt dann nicht mehr vor; der Verleiher trägt den vollen Arbeitgeberanteil zur Sozialversicherung, der Leiharbeitnehmer einen progressiv ansteigenden, abgemilderten Sozialversicherungsbeitrag; die Besteuerung erfolgt nach allgemeinen Grundsätzen.

❏ Das Arbeitsverhältnis wird als normales Arbeitsverhältnis ohne Besonderheiten bei der Sozialversicherung und der Besteuerung fortgeführt.

1.3 Der Leiharbeitnehmer steht in (Zutreffendes ist anzukreuzen)

❏ keiner weiteren Beschäftigung.

❏ einer zusätzlichen sozialversicherungspflichtigen Hauptbeschäftigung.

❏ einer weiteren geringfügigen Beschäftigung oder mehr als einer zusätzlichen sozialversicherungspflichtigen Hauptbeschäftigung (Beschäftigungen sind zusammenzurechnen).

Nimmt der Leiharbeitnehmer eine weitere Beschäftigung auf, ist dem Verleiher unverzüglich Mitteilung zu machen.

2. Krankenversicherung

Der Leiharbeitnehmer ist Mitglied einer (Zutreffendes ist anzukreuzen)

❏ gesetzlichen Krankenversicherung, auch in Form einer Familienversicherung über den Ehepartner oder die Eltern, nämlich der ... .

❏ gesetzlichen Krankenversicherung in Form einer freiwilligen Mitgliedschaft, nämlich der ... .

❏ privaten Krankenversicherung.

3. Rentenversicherung

3.1 Der Verleiher leistet für den Leiharbeitnehmer einen pauschalen Rentenbeitrag von 15 %, aus welchem dem Leiharbeitnehmer bei der Rentenberechnung Vorteile in Form eines Zuschlags an Entgeltpunkten, aus dem wiederum in begrenztem Umfang Wartezeitmonate ermittelt werden, erwachsen.

3.2 Der Leiharbeitnehmer hat die Möglichkeit, durch Aufstockung des Pauschalbetrags auf den vollen Rentenbeitrag Ansprüche auf die vollen Leistungen der Rentenversicherung (Rehabilitation, Rente wegen verminderter Erwerbsfähigkeit, vorgezogene Altersrenten, Rentenberechnung nach Mindesteinkommen) zu erwerben. Über die einzelnen Rentenleistungen gibt der Rentenversicherungsträger Auskunft. Der Aufstockungsbetrag beträgt ab einem Arbeitsentgelt von 175 EUR monatlich die Differenz zwischen dem Pauschalbeitrag und dem vollen Rentenbeitrag bis 175 EUR einem Mindestbeitrag in Höhe des vollen Rentenbeitrags aus 175 EUR (derzeit 33,08 EUR) abzüglich des Pauschalbeitrags des Verleihers.

Der Leiharbeitnehmer erklärt (Zutreffendes ist anzukreuzen):

❏ Der Leiharbeitnehmer will den Aufstockungsbeitrag zur Rentenversicherung nicht zahlen.

❏ Der Leiharbeitnehmer will den Aufstockungsbeitrag zur Rentenversicherung zahlen.

Entscheidet sich der Leiharbeitnehmer für die Zahlung des Aufstockungsbeitrages, gilt dies für die gesamte Dauer des Arbeitsverhältnisses. Eine Rückkehr zur Versicherungsfreiheit ist während der Dauer des Arbeitsverhältnisses nicht möglich.

4. Versteuerung des Arbeitsentgelts

4.1 Die Steuerfreiheit der geringfügigen Beschäftigung nach § 3 Nr. 39 EStG ist gestrichen worden. Das Arbeitsentgelt ist nach der Lohnsteuerkarte oder einer Pauschalierung zu versteuern. Bei der Versteuerung nach der Lohnsteuerkarte hängt die Steuerlast von der Lohnsteuerklasse und dem Lohnzahlungszeitraum ab. Bei den Lohnsteuerklassen I, II, III oder IV fällt für das Arbeitsentgelt bis 450 EUR, wenn es sich um den einzigen Verdienst handelt, keine Steuer an, anders bei den Lohnsteuerklassen V und VI. Werden mehrere geringfügige Beschäftigungen ausgeführt oder eine geringfügige Beschäftigung neben einer Hauptbeschäftigung kann eine zweite Lohnsteuerkarte mit Steuerklasse VI beantragt werden, auf Antrag kann ein Steuerfreibetrag eingetragen werden.

4.2 Wählt der Leiharbeitnehmer die Pauschalierung der Lohnsteuer, vereinbaren die Parteien, dass die Lohnsteuer, die Kirchensteuer und der Solidaritätszuschlag im Innenverhältnis vom Leiharbeitnehmer getragen werden. Im steuerlichen Außenverhältnis gegenüber dem Finanzamt trägt der Verleiher die pauschale Lohnsteuer, Kirchensteuer und Solidaritätszuschlag (§ 40 a Abs. 5 iVm § 40 Abs. 3 EStG).

4.3 Der Leiharbeitnehmer wählt folgende Besteuerung:

4.3.1 Werden pauschale Rentenversicherungsbeiträge iHv 15 % abgeführt (§ 168 Abs. 1 Nr. 1 b oder § 172 Abs. 3 SGB VI; Ausnahme: nach § 5 Abs. 3 SGB VI versicherungsfreie Studierende, die ein Praktikum ableisten) erfolgt die Besteuerung (Zutreffendes ist anzukreuzen)

☐ nach Maßgabe der vorgelegten Lohnsteuerkarte (insbesondere sinnvoll bei Unterschreiten des Gesamteinkommens des Steuereingangssatzes).

☐ mit einem einheitlichen Pauschsteuersatz iHv derzeit 2 % des Arbeitsentgelts unter Vereinbarung der Übernahme durch den Leiharbeitnehmer nach Ziff. 4.2.

4.3.2 Sind keine pauschalen Rentenversicherungsbeiträge abzuführen erfolgt die Besteuerung (Zutreffendes ist anzukreuzen)

☐ nach Maßgabe der vorgelegten Lohnsteuerkarte (insbesondere sinnvoll, wenn persönlicher Steuersatz unter 20 % liegt).

☐ mit einem einheitlichen Pauschsteuersatz iHv derzeit 20 % des Arbeitsentgelts unter Vereinbarung der Übernahme durch den Leiharbeitnehmer nach Ziff. 4.2.

↑

V. Verträge mit leitenden Angestellten

1. Muster: Anstellungsvertrag mit Prokurist

↓

Anstellungsvertrag

zwischen

der ...

– nachstehend: AG –

und Herrn ...

– nachstehend: Angestellter –

§ 1 Aufgabenbereich

(1) Der Angestellte ist seit dem ... als Leiter und Prokurist der Abteilung ... tätig. In seiner Funktion ist der Angestellte dem Vorstand unmittelbar unterstellt.

(2) Der Angestellte verpflichtet sich, im Bedarfsfall auch andere gleichwertige Arbeiten zu übernehmen. Insbesondere sind die Parteien darüber einig, dass der Aufgaben- und Tätigkeitsbereich durch die AG nach billigem Ermessen geändert werden kann und dass dieses Recht auch durch eine längere Tätigkeit des Angestellten in einem bestimmten Aufgabenbereich nicht eingeschränkt wird.

Der Angestellte ist verpflichtet, die ihm übertragenen Aufgaben gewissenhaft und nach bestem Können und Wissen zu erledigen.

(3) Der Angestellte hat mit Wirkung vom ... Prokura. Der Umfang der Prokura richtet sich nach den Regelungen des Handelsgesetzbuches sowie den Entscheidungen der AG. Die Prokura kann nach Maßgabe der gesetzlichen Vorschriften jederzeit widerrufen werden.

(4) Aufgrund der ihm übertragenen Aufgaben und seiner Stellung im Unternehmen handelt es sich bei dem Angestellten um einen leitenden Angestellten iSd § 5 Abs. 3, 4 BetrVG.

§ 2 Arbeitszeit

(1) Der Angestellte verpflichtet sich, der AG seine Arbeitskraft zur Verfügung zu stellen und auch im Falle der Erforderlichkeit über betriebsübliche Arbeitszeiten hinaus tätig zu werden.

(2) Die bei der AG bestehende Regelung zur gleitenden Arbeitszeit gilt für den Angestellten nicht.

§ 3 Vergütung

(1) Der Angestellte erhält ab dem ... ein festes Jahresgehalt von brutto ... EUR. Dieser Betrag wird in 12 jeweils am Monatsende zahlbare Gehälter aufgeteilt.

(2) Der Angestellte hat Anspruch auf Zahlung einer variablen Zusatzvergütung, deren Höhe von der Erreichung individuell vereinbarter Zielvorgaben durch den Angestellten abhängt. Die jeweiligen Zielvorgaben sowie die Methode zur Berechnung der variablen Zusatzvergütung werden von der AG festgelegt. Die Zusatzvergütung beträgt mindestens 10 % und höchstens 35 % des sich gem. Abs. 1 berechnenden Jahresgehalts. Im Mai und November eines jeden Jahres erhält der Angestellte eine Abschlagszahlung auf die Zusatzvergütung iHv jeweils 5 % des sich gem. Abs. 1 errechnenden Jahresgehalts. Die endgültige Abrechnung für das abgelaufene Kalenderjahr erfolgt jeweils im Mai des Folgejahres, erstmals im Mai ... für ....

(3) Der Anspruch auf die Sonderzahlung gem. Abs. 2 steht dem Angestellten auch zu, wenn er in einem gekündigten Arbeitsverhältnis zu der AG steht. Falls das Arbeitsverhältnis des Angestellten im Laufe eines Kalenderjahres sein Ende findet, hat er für jeden vollen Monat seiner Tätigkeit in diesem Kalenderjahr einen Anspruch iHv 1/12 der Zusatzvergütung gem. Abs. 2.

(4) Die vereinbarte Vergütung deckt die gesamte Arbeitsleistung des Angestellten ab. Insbesondere wird eine besondere Vergütung für etwaige aus betrieblichen Gründen erforderliche Mehr- oder Überarbeit, Feiertags-, Sonntags- oder Nachtarbeit im gesetzlichen Rahmen nicht gezahlt.[504]

---

[504] Einerseits gilt seit der Schuldrechtsmodernisierung, dass die Nichtvergütung von Überstunden einen Verstoß gegen § 307 Abs. 2 Nr. 1 BGB darstellen kann, weil dem Leitbild des Gesetzes eine bestimmte Arbeitsleistung gegen ein festgelegtes Arbeitsentgelt entspricht. Außerdem verstoßen pauschale Überstundenregelungen gegen das Transparenzgebot des § 307 Abs. 1 Satz 2 BGB (BAG 21.8.2005 – 5 AZR 545/04, BB 2006, 443). Andererseits darf der Arbeitgeber von seinen leitenden Angestellten iSv § 5 Abs. 3 BetrVG (somit auch von Prokuristen) und sonstigen Führungskräften ein besonderes Maß an Arbeitsleistung verlangen, auch wenn dadurch die im Betrieb übliche Arbeitszeit überschritten wird, sofern der Angestellte seine Gesundheit nicht gefährdet (BAG 13.3.1967 – 2 AZR 133/66, BAGE 19, 288 = BB 1967, 669; BAG 17.11.1966 – 5 AZR 225/66, NJW 1967, 413). Nach § 18 ArbZG gelten die Bestimmungen des Arbeitszeitrechts für diesen Personenkreis nicht.

§ 4 Gehaltsfortzahlung im Krankheits- oder Sterbefall

(1) Im Falle der Arbeitsunfähigkeit erhält der Angestellte für einen Zeitraum von sechs Wochen die volle Vergütung und für weitere maximal 72 Wochen eine Krankenzulage. Die Krankenzulage wird so berechnet, dass sie zusammen mit den Krankengeldsätzen der gesetzlichen Pflichtversicherung bis zum Ablauf der 26. Woche ab Beginn der Arbeitsunfähigkeit 100 % und bis zum Ablauf der 78. Woche ab Beginn der Arbeitsunfähigkeit 90 % der Nettovergütung erreicht. Maßgeblich ist die Nettovergütung, die sich aus der Fortzahlung der Monatsgehälter gem. § 3 Abs. 1 für den genannten Krankheitszeitraum errechnen würde. Sonderzahlungen gem. § 3 Abs. 2 bleiben bei der Errechnung der Nettovergütung außer Ansatz.

(2) Im Falle des Todes des Angestellten erhalten die versorgungsberechtigten Hinterbliebenen die volle Monatsvergütung gem. § 3 Abs. 1 für die Dauer von drei Monaten über den Sterbemonat hinaus.

§ 5 Urlaub

(1) Der Angestellte erhält einen Erholungsurlaub von ... Arbeitstagen (5-Tage-Woche) im Kalenderjahr. Im Übrigen gelten die Vorschriften des Bundesurlaubsgesetzes.[505]

(2) Die Lage des Erholungsurlaubs ist zu Beginn eines jeden Kalenderjahres mit dem Vorstand unter Berücksichtigung der betrieblichen Belange der AG abzustimmen.

§ 6 Nebentätigkeit

(1) Zur Übernahme einer Nebentätigkeit bedarf der Angestellte der ausdrücklichen schriftlichen vorherigen Zustimmung der AG. Nebentätigkeiten können entgeltlicher wie unentgeltlicher Art sein. Der Angestellte wird auch Ehrenämter nur nach vorheriger Zustimmung der AG übernehmen. Die AG wird die Zustimmung nur verweigern, wenn die Ausübung der Nebentätigkeit bzw des Ehrenamts die ordnungsgemäße Durchführung dieses Vertrages gefährden kann.

(2) Wenn und soweit Veröffentlichungen oder Vorträge des Angestellten Angelegenheiten der AG betreffen oder die Interessen der AG berühren, so ist dazu ebenfalls die ausdrückliche vorherige Zustimmung der AG erforderlich.

§ 7 Geheimhaltung

(1) Der Angestellte wird über alle Betriebs- und Geschäftsgeheimnisse Stillschweigen bewahren. Der Angestellte wird dafür Sorge tragen, dass Dritte nicht unbefugt Kenntnis erlangen.

(2) Die Verpflichtung zur Geheimhaltung besteht über die Beendigung des Arbeitsverhältnisses hinaus.

(3) Ein Verstoß gegen die Geheimhaltungspflicht ist ein wichtiger Grund, der die AG bei Abwägung aller Umstände zur außerordentlichen Kündigung des Arbeitsverhältnisses berechtigen kann. Einer vorherigen Abmahnung bedarf es nicht.

§ 8 Arbeits- und Geschäftsunterlagen

Die Anfertigung von Aufzeichnungen und Unterlagen aller Art erfolgt ausschließlich zu dienstlichen Zwecken und für den dienstlichen Gebrauch. Der Angestellte wird alle Dateien, Aufzeichnungen, Entwürfe, Korrespondenzen, Materialien, Muster, Notizen, Personalunterlagen, Pläne und Unterlagen jeder Art sowie davon etwa

---

[505] Empfehlenswert wäre es, zwischen dem gesetzlichen Mindesturlaub einerseits und einem zusätzlich gewährten vertraglichen Urlaub andererseits zu unterscheiden, um zu erreichen, dass zumindest der vertragliche Urlaubsanspruch verfällt, wenn dieser im Übertragungszeitraum wegen Arbeitsunfähigkeit des Arbeitnehmers nicht genommen werden kann (vgl BAG 4.5.2010 – 9 AZR 183/09, NZA 2010, 1011; BAG 23.3.2010 – 9 AZR 128/09, NZA 2010, 810). Ob und inwieweit der Urlaubsanspruch bei Langzeiterkrankungen auch für einen beliebig langen Zeitraum „angesammelt" werden kann, war aufgrund der Rechtsprechung des EuGH in der Sache „Schulte" (EuGH 22.11.2011 – Rs. C-214/10, NZA 2011, 1333) unklar und kaum kalkulierbar geworden. Nach einer neueren Entscheidung des BAG (vom 7.8.2012 – 9 AZR 353/10, NZA 2012, 1216) entspricht es einer europarechtskonformen Auslegung von § 7 Abs. 3 Satz 3 BUrlG, dass der Urlaubsanspruch eines Langzeitkranken 15 Monate nach Ablauf des Urlaubsjahres verfällt. Nach wohl richtiger Auffassung braucht dies aber nicht in den Arbeitsvertrag mit aufgenommen zu werden, da einzelvertraglich konstitutiv wirkende Abweichungen von gesetzlichen Regelungen nicht möglich sind.

gefertigte Abschriften oder Kopien oder Mehrstücke ordnungsgemäß aufbewahren und dafür Sorge tragen, dass Dritte nicht Einsicht nehmen können. Jede Anfertigung von Abschriften von Kopien oder Mehrstücken für andere als dienstliche Zwecke ist unzulässig. Die genannten Gegenstände sind bei Beendigung unverzüglich und unaufgefordert sowie vollständig an die AG herauszugeben. Ein Zurückbehaltungsrecht ist ausgeschlossen. Auf Wunsch der AG wird der Angestellte ausdrücklich versichern, die genannten Gegenstände vollständig herauszugeben und insbesondere keine Abschriften oder Kopien oder Mehrstücke behalten zu haben, sofern dies auch tatsächlich der Fall ist.

§ 9 Abtretung und Verpfändung

Abtretung und Verpfändung von Ansprüchen aus dem Arbeitsverhältnis sind ausgeschlossen.[506]

§ 10 Verhinderung

(1) Der Angestellte ist verpflichtet, jede Verhinderung an der Arbeitsleistung und deren Gründe der AG unverzüglich mitzuteilen.

(2) Für eine Verhinderung von mehr als drei Tagen hat der Angestellte die Art der Verhinderung nachzuweisen. Im Falle der Arbeitsunfähigkeit ist ein ärztliches Attest vorzulegen. Der AG bleibt vorbehalten, einen Nachweis der Verhinderung bereits ab dem ersten Fehltag zu verlangen.

§ 11 Vertragsdauer

(1) Das zwischen den Vertragspartnern bestehende Arbeitsverhältnis ist unbefristet. Es endet in jedem Fall mit demjenigen Monat, in dem der Angestellte die gesetzliche Regelaltersrente in Anspruch nimmt. Wird durch Bescheid des Rentenversicherungsträgers festgestellt, dass der Angestellte berufs- oder erwerbsunfähig ist, so endet das Arbeitsverhältnis mit Ablauf desjenigen Monats, in dem der Bescheid zugestellt wird. Der Angestellte hat die AG von der Zustellung eines Bescheides unverzüglich zu unterrichten. Beginnt die Rente wegen Berufs- oder Erwerbsunfähigkeit erst nach Zustellung des Bescheides, so endet das Arbeitsverhältnis mit Ablauf des dem Rentenbeginn vorangehenden Monats.

(2) Das Arbeitsverhältnis kann während der ersten sechs Monate seines Bestandes von beiden Parteien mit einer Frist von einem Monat zum Monatsende gekündigt werden. Danach ist die Kündigung für beide Parteien mit einer Frist von sechs Monaten zum 30.6. und zum 31.12. eines Jahres möglich. Das Recht zur fristlosen Kündigung bleibt unberührt. Eine fristlose Kündigung ist im Falle ihrer Unwirksamkeit als fristgemäße Kündigung zum nächstzulässigen Termin umzudeuten. Kündigungen bedürfen zu ihrer Wirksamkeit der Schriftform.

(3) Die AG ist berechtigt, nach Ausspruch einer ordentlichen Kündigung den Angestellten unter Fortzahlung der Bezüge bis zur Beendigung des Arbeitsverhältnisses von der Arbeitsleistung freizustellen, wenn die Interessen der AG an einer Freistellung die Interessen des Angestellten an einer Beschäftigung überwiegen. Dies ist insbesondere der Fall, wenn der Wechsel des Angestellten zu einem Konkurrenten der AG zu besorgen ist.

(4) Etwaige dem Angestellten bis zum Ende des Arbeitsverhältnisses noch zustehende Urlaubsansprüche werden mit einer unwiderruflichen Freistellung verrechnet.

§ 12 Vorteilsannahme

Es ist dem Angestellten untersagt, Geschenke oder Vergünstigungen zu eigenem oder fremden Vorteil von solchen Personen oder Unternehmen zu fordern oder sich versprechen zu lassen oder anzunehmen, die mit der AG Geschäftsbeziehungen anstreben oder unterhalten. Als Annahme von Vergünstigungen werden jedoch nicht angesehen Einladungen oder Gepflogenheiten anderer Art, die sich im normalen Geschäftsverkehr er-

---

506 Die Wirksamkeit dieser Klausel ist umstritten, aber wohl zu bejahen (vgl Hümmerich/Reufels/*Schiefer*, Gestaltung von Arbeitsverträgen, § 1 Rn 362).

geben. Der Angestellte ist verpflichtet, gewährte Geschenke und Vergünstigung an die AG herauszugeben und die AG über entsprechende Angebote unverzüglich zu informieren.

§ 13 Verfallklausel[507, 508]

Alle Ansprüche aus oder im Zusammenhang mit dem vorliegenden Arbeitsverhältnis sind von den Vertragspartnern innerhalb von drei Monaten nach Fälligkeit schriftlich geltend zu machen; anderenfalls sind sie erloschen.

§ 14 Nutzung der betrieblichen Telekommunikationsmittel und Datenverarbeitungsanlagen

(1) Die Nutzung des betrieblichen Internetanschlusses sowie die Nutzung des E-Mail-Systems dürfen ausschließlich für dienstliche Zwecke erfolgen. Eine private Nutzung durch den Angestellten ist nicht gestattet. Das Internet darf nur mit der gültigen persönlichen Zugangsberechtigung genutzt werden. User-ID und Passwort dürfen nicht an Dritte weitergegeben werden.

(2) Es dürfen keine fremden Programme/Dateien auf die Festplatte kopiert, über Diskette, CD-ROM, ähnliche Datenträger oder das Internet auf dem Rechner installiert und/oder eingesetzt werden. Auf Virenkontrolle ist zu achten. Virenschutzprogramme sind zu nutzen. Auftretende Störungen, die mit einem Virenbefall in Zusammenhang stehen könnten, sind umgehend der Netzverwaltung/dem Systemadministrator zu melden. Das Abrufen, Anbieten oder Verbreiten von rechtswidrigen Inhalten, insbesondere rassistischer oder pornographischer Art ist verboten.

(3) **Der Arbeitgeber ist berechtigt, jede Nutzung des E-Mail-Systems und des Internets für die Dauer von maximal drei Monaten zu speichern, um die Einhaltung der obigen Bestimmungen anhand der gespeicherten Daten zu überprüfen. Der Angestellte erteilt insoweit seine Einwilligung gem. § 4 a BDSG.**

(4) Für den Fall seiner betrieblichen Abwesenheit (Urlaub, Krankheit etc.) hat der Angestellte eigenverantwortlich eine automatisierte Antwort an den Absender eingehender E-Mails einzurichten, die den Absender über die Abwesenheit des Angestellten informiert und einen Hinweis auf den zuständigen Vertreter und dessen Telefonnummer enthält.

(5) Verstöße gegen die vorstehenden Regeln können arbeitsrechtliche Konsequenzen zur Folge haben.

§ 15 Sonstiges

(1) Nebenabreden außerhalb dieses Vertrages bestehen nicht.

(2) Ergänzungen und Änderungen dieses Arbeitsvertrages einschließlich der Aufhebung dieses Schriftformerfordernisses bedürfen der Schriftform, es sei denn, sie beruhen auf einer ausdrücklichen oder individuellen Vertragsabrede. Eine betriebliche Übung ist keine solche ausdrückliche bzw. individuelle Vertragsabrede. Auch wiederholte Leistungen oder Vergünstigungen ohne ausdrückliche oder individuelle Vertragsabrede begründen keinen Anspruch für die Zukunft.

↑

---

507 Einstufige Ausschlussfristen müssen einen Mindestzeitraum von drei Monaten enthalten (BAG 28.9.2005 – 5 AZR 52/05, DB 2006, 1959). Zweistufige Ausschlussfristen müssen für jede Frist drei Monate vorsehen. Als im Arbeitsrecht etablierte Besonderheiten nach § 310 Abs. 4 Satz 2 BGB steht ihrer Wirksamkeit § 309 Nr. 13 BGB nicht entgegen (BAG 25.5.2005 – 5 AZR 572/04, NZA 2005, 1111).

508 Nach einer neuen Entscheidung des BAG können arbeitsvertraglich vereinbarte Ausschlussfristen dahin gehend ausgelegt werden, dass sie nur die von den Parteien für regelungsbedürftig gehaltenen Fälle erfassen sollen. Eine Anwendung auch für die Fälle, die durch gesetzliche Verbote oder Gebote geregelt sind, soll dagegen regelmäßig gerade nicht gewollt sein, so das BAG. Das gelte bspw für die Haftung wegen Vorsatzes (Pressemitteilung Nr. 42/13 zu BAG, Urt. v. 20.6.2013 – 8 AZR 280/12). Ein Formulierungsbeispiel für eine vertragliche Verfallklausel mit Ausschluss der Haftung für Vorsatz enthält das Muster 1134 (§ 16).

193 **2. Muster: Chefarzt-Dienstvertrag mit Nebentätigkeitsabrede 1 (ausgewogene Vertragsstruktur)**[509]

Chefarzt-Dienstvertrag

zwischen

..., vertreten durch ...

– nachstehend: Krankenhausträger –

und

Herrn/Frau Dr. med. ...

– nachstehend: Chefarzt/Chefärztin –

§ 1 Dienstverhältnis

(1) Herr/Frau Dr. med. ..., geb. am ... in ...
Facharzt/Fachärztin für ..., wohnhaft in ...
wird mit Wirkung vom ... als leitende(r) Abteilungsarzt/-ärztin der ...-Abteilung des ... Krankenhauses in ... angestellt.

(2) Das Dienstverhältnis ist bürgerlich-rechtlicher Natur. Neben den Regelungen dieses Vertrages finden auf das Dienstverhältnis die vom Krankenhausträger erlassenen Satzungen, Dienstanweisungen und die Hausordnung Anwendung; es gilt die jeweils gültige Fassung.

(3) Im Interesse der Erfüllung seiner/ihrer Aufgaben verpflichtet sich der Arzt/die Ärztin, in der Nähe des Krankenhauses zu wohnen.

§ 2 Stellung des Chefarztes/der Chefärztin

(1) Der Arzt/die Ärztin ist verantwortliche(r) Leiter(in) der ... Abteilung. Der Arzt/die Ärztin führt die Dienstbezeichnung „Chefarzt/Chefärztin". Dienstvorgesetzter des Arztes/der Ärztin ist der ...

(2) Der Arzt/die Ärztin ist in seiner/ihrer ärztlichen Verantwortung bei der Diagnostik und Therapie unabhängig und weisungsfrei. Im Übrigen ist er/sie an die Weisungen des Krankenhausträgers und des Leitenden Arztes des Krankenhauses gebunden. Er/sie ist zur Zusammenarbeit mit dem Krankenhausträger, den leitenden Abteilungsärzten und Belegärzten, dem Verwaltungsleiter und dem Leiter des Pflegedienstes verpflichtet. Der Krankenhausträger wird den Arzt/die Ärztin vor wichtigen Entscheidungen, die seinen/ihren Aufgabenbereich betreffen, hören.

§ 3 Wirtschaftlichkeitsgebot

(1) Der Chefarzt/die Chefärztin ist bei der Behandlung im Rahmen des ärztlich Notwendigen zu zweckmäßigem, wirtschaftlichem und sparsamem Umgang mit den zur Verfügung stehenden Mitteln des Krankenhauses verpflichtet. Er/sie ist auch für einen entsprechenden Mitteleinsatz durch die Ärzte und anderen Mitarbeiter seiner/ihrer Abteilung verantwortlich.

(2) Die Parteien erstellen gemeinsam ein internes abteilungsbezogenes Budget. Der Chefarzt/die Chefärztin hat auf die Erreichung und Einhaltung des gemäß dieser Vorgabe definierten Leistungsrahmens und der damit verbundenen Erträge sowie die Einhaltung der zur Verfügung gestellten Ressourcen hinzuwirken. Der Chefarzt/die Chefärztin wird regelmäßig über die Entwicklungen im Budgetzeitraum informiert.

(3) Der Chefarzt/die Chefärztin hat das Recht, an den budgetrelevanten Verhandlungen des Krankenhausträgers mit den Kostenträgern teilzunehmen.

(4) Über die Einführung neuer diagnostischer und therapeutischer Untersuchungs- und Behandlungsmethoden bzw Maßnahmen, die wesentliche Mehrkosten verursachen, hat der Chefarzt/die Chefärztin Einverneh-

---

[509] Der nachfolgende Vertrag für Chefärzte ist nicht für die Verwendung in Uni-Kliniken geeignet (vgl *Reinecke*, NZA 2005, 3383).

men mit dem Krankenhausträger herbeizuführen, soweit nicht die medizinische Notwendigkeit in Einzelfällen solche Maßnahmen oder Methoden unabdingbar macht.

(5) Der Chefarzt/die Chefärztin hat die Richtlinien der Arzneimittelkommission zu beachten.

§ 4 Dienstaufgaben im Bereich der Krankenhausbehandlung

(1) Dem Chefarzt/der Chefärztin obliegt die Führung und fachliche Leitung seiner/ihrer Abteilung. Er/Sie ist insoweit für die medizinische Versorgung der Patienten, den geordneten Dienstbetrieb und die allgemeine Hygiene verantwortlich. Der Chefarzt/die Chefärztin hat folgende Dienstaufgaben:

1. Die stationäre Behandlung aller Patienten seiner/ihrer Abteilung im Rahmen der Krankenhausleistungen;
2. die stationäre Untersuchung und Mitbehandlung der Patienten sowie die Beratung der Ärzte anderer Abteilungen des Krankenhauses einschließlich der Belegabteilungen, soweit sein/ihr Fachgebiet berührt wird;
3. die Durchführung von Früherkennungsmaßnahmen, wenn sie aus Anlass eines stationären Aufenthalts durchgeführt werden.

(2) Der Chefarzt/die Chefärztin hat die personelle Besetzung des Bereitschaftsdienstes und der Rufbereitschaft in seiner/ihrer Abteilung zu organisieren und auch an solchen Diensten selbst teilzunehmen, soweit die hierfür qualifizierten nachgeordneten Ärzte zur Abdeckung des Bereitschaftsdienstes bzw der Rufbereitschaft nicht ausreichen.

(3) In der Verantwortung für seine Abteilung hat der Chefarzt/die Chefärztin auf eine nach Maßgabe der Budgetplanung des Krankenhauses anzustrebende Belegung unter Berücksichtigung des Wirtschaftlichkeitsgebots hinzuwirken. Hierzu wird er/sie geeignete Maßnahmen, zB Vorkehrungen für eine reibungslose Ablauforganisation in seiner/ihrer Abteilung, kollegiale Kontakte zu niedergelassenen Ärzten, Vorträge, Informationsveranstaltungen für Patienten und Angehörige etc. ergreifen. Berufsrechtliche Regelungen bleiben unberührt.

(4) Dem Chefarzt/der Chefärztin obliegt weiter

1. bei allen Patienten seiner/ihrer Abteilung die Visiten, soweit dies notwendig ist, persönlich durchzuführen;
2. die den Patienten gegenüber bestehenden Aufklärungspflichten zu erfüllen, dabei die von der Rechtsprechung entwickelten Grundsätze zu beachten und die Ärzte seiner/ihrer Abteilung über die Aufklärungspflichten zu belehren;
3. Patienten, die entgegen ärztlichem Rat ihre Entlassung aus der stationären Versorgung verlangen, darüber zu belehren, dass das Krankenhaus für die daraus entstehenden Folgen nicht haftet.

Die Belehrungen nach Nrn. 2 und 3 sind in den Krankenhausunterlagen zu vermerken.

(5) Der Chefarzt/die Chefärztin hat ferner den Dokumentationspflichten nachzukommen, die sich bei Früherkennungsmaßnahmen ergeben und die Inhalte der allgemeinen Krankenhausleistungen sind.

§ 5 Weitere Dienstaufgaben

(1) Der Chefarzt/die Chefärztin hat alle ärztlichen Anordnungen und Maßnahmen zu treffen, zu unterstützen oder – soweit der Krankenhausträger zuständig ist – anzuregen, die einen ordnungsgemäßen Betrieb des Krankenhauses im Allgemeinen und seiner/ihrer Abteilung im Besonderen gewährleisten. In seinem/ihrem ärztlichen Aufgabenbereich hat er/sie auch für die Beachtung der Hausordnung zu sorgen.

(2) Zu den Aufgaben des Chefarztes/der Chefärztin gehört es auch, die ärztlichen Anzeige- und Meldepflichten zu erfüllen, die für den ärztlichen Bereich erlassenen Vorschriften, Dienstanweisungen und Anordnungen einzuhalten sowie deren Durchführung im Bereich seiner/ihrer Abteilung sicherzustellen.

(3) Auf Verlangen des Krankenhausträgers oder der Krankenhausleitung hat der Chefarzt/die Chefärztin

1. an den Sitzungen des ... als Sachverständige(r) teilzunehmen;

2. in Gremien des Krankenhauses mitzuwirken;

3. die Leitung einer Aus- und Weiterbildungsstätte für nichtärztliche Berufe des Gesundheitswesens zu übernehmen;

4. die Aufgaben des Leitenden Arztes des Krankenhauses wahrzunehmen;

5. sich an den dem Krankenhausträger zwingend vorgegebenen Qualitätssicherungsmaßnahmen bei ärztlichen Leistungen zu beteiligen.

(4) Im Rahmen seines/ihres Fachgebietes hat der Chefarzt/die Chefärztin ferner

1. den Krankenhausträger in allen ärztlichen Angelegenheiten zu beraten;

2. die ärztlichen und nichtärztlichen Mitarbeiter des Krankenhauses aus-, weiter- und fortzubilden, insbesondere den ärztlichen Unterricht an einer Aus- und Weiterbildungsstätte für nichtärztliche Berufe des Gesundheitswesens zu erteilen;

3. an der Ausbildung von Studierenden der Medizin nach Maßgabe der Vorschriften der Approbationsordnung für Ärzte und der zwischen dem Krankenhausträger und dem Land .../der Universität ... getroffenen Vereinbarungen in der jeweils gültigen Fassung mitzuwirken und gegebenenfalls einen Lehrauftrag der Universität anzunehmen. Die entsprechende Honorierung ist von dem Chefarzt/der Chefärztin unmittelbar mit der Universität zu vereinbaren;

4. über den Gesundheitszustand der im Krankenhaus tätigen Personen oder von Personen, die sich um eine Anstellung beim Krankenhausträger bewerben, ärztliche Zeugnisse und gutachterliche Äußerungen zu erstatten, sofern der Betriebsarzt des Krankenhauses seine/ihre Hilfe benötigt;

5. die in Gesetzen, Verordnungen oder anderen Rechtsnormen, Unfallverhütungsvorschriften, Dienstanweisungen usw vorgeschriebenen regelmäßigen Untersuchungen der im Krankenhaus tätigen Personen vorzunehmen und hierüber die erforderlichen Aufzeichnungen zu machen, sofern der Betriebsarzt des Krankenhauses seine/ihre Hilfe benötigt;

6. an der Organisation des Rettungsdienstes nach Maßgabe der hierzu zur Verfügung stehenden Ärzte, der gesetzlichen Regelungen (zB Rettungsdienstgesetze der Länder) und der zwischen dem Träger des Rettungsdienstes und dem Krankenhausträger getroffenen Vereinbarungen mitzuwirken, insbesondere auch den am Rettungsdienst teilnehmenden Ärzten die für die notärztliche Versorgung erforderlichen besonderen Kenntnisse und Fertigkeiten zu vermitteln.

§ 6 Durchführung der Dienstaufgaben

(1) Im Rahmen der Besorgung seiner/ihrer Dienstaufgaben überträgt der Chefarzt/die Chefärztin, soweit nicht die Art oder die Schwere der Krankheit sein persönliches Tätigwerden erfordern, den ärztlichen Mitarbeitern – entsprechend ihrem beruflichen Bildungsstand, ihren Fähigkeiten und Erfahrungen – bestimmte Tätigkeitsbereiche oder Einzelaufgaben zur selbständigen Erledigung. Die Gesamtverantwortung des Chefarztes/der Chefärztin wird hierdurch nicht eingeschränkt.

(2) Gesondert berechenbare wahlärztliche Leistungen erbringt der Chefarzt/die Chefärztin nach Maßgabe der GOÄ (GOZ) in der jeweils gültigen Fassung. Im Verhinderungsfall übernimmt diese Aufgabe des Chefarztes/der Chefärztin sein/ihr ärztlicher Vertreter.

(3) Der Chefarzt/die Chefärztin hat die Rechte und Pflichten anderer leitender Abteilungsärzte und der Belegärzte zu beachten. Er/Sie hat das Recht und die Pflicht, andere leitende Abteilungsärzte des Krankenhauses, Belegärzte, Ärzte und Einrichtungen außerhalb des Krankenhauses, mit denen vertragliche Beziehungen bestehen, zur Beratung, Untersuchung oder Mitbehandlung beizuziehen, wenn dies erforderlich ist. Die Einschaltung anderer Ärzte und Einrichtungen außerhalb des Krankenhauses soll nur in Ausnahmefällen erfolgen.

(4) Unbeschadet des allgemeinen Weisungsrechts des Krankenhausträgers wird der Chefarzt/die Chefärztin ermächtigt, im Rahmen seiner/ihrer Dienstaufgaben über Aufnahme, Beurlaubung und Entlassung von Patienten innerhalb seiner/ihrer Abteilung zu entscheiden.

(5) Die mit den Dienstaufgaben zusammenhängenden ärztlichen Leistungen sind – soweit möglich – ausschließlich im Krankenhaus mit dessen Geräten und Einrichtungen zu bewirken; dies gilt nicht für Hilfeleistungen in Notfällen, die außerhalb des Krankenhauses erbracht werden müssen.

(6) Der Chefarzt/die Chefärztin ist verpflichtet, vorübergehend freie Betten seiner/ihrer Abteilung bei Bedarf den übrigen leitenden Abteilungsärzten und den Belegärzten zur vorübergehenden Belegung zu überlassen, soweit gesetzliche Vorschriften oder zwingende medizinische Bedenken nicht entgegenstehen. Wegen der Benutzung von Räumen und Einrichtungen des Krankenhauses, die auch den Zwecken anderer Abteilungen dienen, hat er/sie sich mit den anderen Krankenhausärzten kollegial zu verständigen.

(7) Der Chefarzt/die Chefärztin hat dafür zu sorgen, dass für jeden Kranken seiner/ihrer Abteilung eine Krankengeschichte geführt wird. Diese wird zur Sicherung der ärztlichen Schweigepflicht und der Datenschutzbestimmungen vom Chefarzt/von der Chefärztin in vom Krankenhausträger zur Verfügung zu stellenden Krankenhausräumen aufbewahrt. Der Chefarzt/die Chefärztin hat jederzeit Zugang zu den für die Patienten seiner/ihrer Abteilung geführten Krankengeschichten. Eigentümer der Krankengeschichten ist der Krankenhausträger.

Der Chefarzt/die Chefärztin hat auch nach seinem/ihrem Ausscheiden aus dem Krankenhaus Zugang zu den für die Kranken seiner/ihrer Abteilung geführten Krankengeschichten, wenn er/sie ein berechtigtes Interesse nachweist.

Originalkrankengeschichten und deren Anlagen (auch in elektronischer Form) dürfen aus den Räumen des Krankenhauses nicht entfernt werden. Falls die Entfernung aus zwingenden Gründen nicht zu vermeiden ist, zB im Fall der gerichtlichen Beschlagnahme, sind vor der Herausgabe Kopien anzufertigen.

Kopien von Krankengeschichten dürfen nur an Berechtigte und nur mit Zustimmung des Chefarztes/der Chefärztin oder seines/ihres Nachfolgers herausgegeben werden; der Zustimmung des Chefarztes/der Chefärztin bedarf es nicht, wenn für den Krankenhausträger aufgrund gesetzlicher Vorschriften eine Rechtspflicht zur Herausgabe besteht.

Der Chefarzt/die Chefärztin ist berechtigt, von den Krankengeschichten auf seine/ihre Kosten Kopien auch nach seinem/ihrem Ausscheiden herstellen zu lassen.

Bei Untersuchungen oder Behandlungen von Patienten in anderen Abteilungen des Krankenhauses hat der Chefarzt/die Chefärztin seine/ihre Aufzeichnungen dem Leitenden Arzt der anderen Abteilung zur Vereinigung mit der von diesem geführten Krankengeschichte zu übergeben.

Die vorstehenden Regelungen für Krankengeschichten gelten sinngemäß für Röntgenaufnahmen, Elektrokardiogramme oder ähnliche Aufzeichnungen. Abweichende gesetzliche Regelungen bleiben unberührt.

(8) Soweit der Krankenhausträger zur Erhebung seiner Entgelte, zur Erstellung der Kosten- und Leistungsrechnung, zur Diagnosenstatistik, für allgemeine statistische Zwecke oder Ähnliches Angaben über die vom Chefarzt/von der Chefärztin selbst oder von den nachgeordneten Ärzte oder sonstigen Mitarbeitern bewirkten ärztlichen Leistungen oder Krankenhaussachleistungen braucht, ist der Chefarzt/die Chefärztin verpflichtet, dem Krankenhausträger im Rahmen der ärztlichen Schweigepflicht und der Bestimmungen über den Datenschutz diejenigen Daten zu übermitteln, die ihm/ihr bekannt sind und für deren Übermittlung das ihm zur Verfügung stehende Personal ausreicht. Eine Verpflichtung des Chefarztes/der Chefärztin zur Erhebung ihm/ihr nicht bekannter Daten besteht nicht. Soweit der Krankenhausträger derartige Daten selbst erheben will, ist der Chefarzt/die Chefärztin dazu verpflichtet, der Krankenhausverwaltung im Rahmen der ärztlichen Schweigepflicht und der Bestimmungen über den Datenschutz diejenigen Unterlagen zur Verfügung zu stel-

len, die in seinem Besitz und zur Erhebung der von der Krankenhausverwaltung gebrauchten Daten geeignet sind.

Dies gilt auch für Angaben über die in Betracht kommenden Leistungsziffern der Gebührenordnung für Ärzte (GOÄ), des Einheitlichen Bewertungsmaßstabes (EBM), des Krankenhaustarifs sowie für Angaben von Verschlüsselungen gemäß der International Classification of Diseases (ICD) und der International Classification of Procedures in Medicin (ICPM), die zur Erhebung der Daten benötigt werden.

Der Chefarzt/die Chefärztin wirkt an einer richtigen und vollständigen Kodierung und Dokumentation der für die Eingruppierung in einem deutschen DRG-System erforderlichen Diagnosen und Prozeduren nach Maßgabe der jeweils gültigen Deutschen Kodierrichtlinien mit. Er/Sie hat der Krankenhausverwaltung alle erforderlichen Unterlagen zur Verfügung zu stellen.

Die ärztliche Schweigepflicht und die Vorschriften über den Datenschutz bleiben unberührt.

(9) Vorkommnisse von erheblicher oder grundsätzlicher Bedeutung, insbesondere auch Untersuchungen der Polizei oder der Staatsanwaltschaft, Haftungsfälle, auftretende Schwierigkeiten oder Missstände in seiner/ihrer Abteilung hat der Chefarzt/die Chefärztin unverzüglich dem Dienstvorgesetzten – in ärztlichen Angelegenheiten über den Leitenden Arzt des Krankenhauses, im Übrigen auch über die Krankenhausverwaltung – mitzuteilen.

(10) Bei der Durchführung der Dienstaufgaben hat der Chefarzt/die Chefärztin zu beachten, dass für sämtliche wirtschaftliche Angelegenheiten des Krankenhauses ausschließlich die Krankenhausleitung zuständig ist. Sie vertritt das Krankenhaus rechtlich gegenüber Dritten, gibt alle Bestellungen auf, tätigt alle Einkäufe und schließt alle Verträge für das Krankenhaus ab.

§ 7 Mitwirkung in Personalangelegenheiten

(1) Der Krankenhausträger stellt die für die ordnungsgemäße Aufrechterhaltung des Betriebes der Abteilung erforderlichen ärztlichen und nichtärztlichen Mitarbeiter (nachgeordnete Ärzte, Pflegepersonal, medizinisch-technisches Personal, Schreibkräfte) zur Verfügung. Bei der Vorbereitung des Stellenplans für den ärztlichen und medizinisch-technischen Dienst seiner/ihrer Abteilung erhält der Chefarzt/die Chefärztin Gelegenheit zur Stellungnahme.

(2) Einstellung, Umsetzung, Versetzung, Abordnung, Beurlaubung oder Entlassung der nachgeordneten Ärzte seiner/ihrer Abteilung erfolgt nur auf Vorschlag des Chefarztes/der Chefärztin. Vor entsprechenden Maßnahmen bei Mitarbeitern der Abteilung im medizinisch-technischen Dienst, bei Pflegepersonen in herausgehobener Stellung sowie bei Schreibkräften für den Chefarzt/die Chefärztin wird der Chefarzt/die Chefärztin gehört.

(3) Der Chefarzt/die Chefärztin hat in ärztlichen Angelegenheiten das Weisungsrecht gegenüber den Mitarbeitern seiner/ihrer Abteilung. Dies gilt auch für Mitarbeiter anderer Abteilungen, soweit sie im Aufgabenbereich des Chefarztes/der Chefärztin eingesetzt sind. Die Befugnisse des Leitenden Arztes des Krankenhauses, des Leiters des Pflegedienstes und des Verwaltungsleiters in ihren Aufgabenbereichen bleiben unberührt.

(4) Bei der Diensteinteilung und bei der Zuweisung von Aufgaben und Tätigkeiten an Ärzte und nichtärztliche Mitarbeiter hat der Chefarzt/die Chefärztin – bei Krankenpflegepersonen im Benehmen mit dem Leiter des Pflegedienstes – den beruflichen Bildungsstand der Mitarbeiter, die Arbeits-, Aus- und Weiterbildungsverträge des Krankenhausträgers mit den Mitarbeitern sowie Vermittlungs- oder Gestellungsverträge des Krankenhausträgers mit Schwesternschaften, Mutterhäusern u.Ä. zu beachten. Der Chefarzt/die Chefärztin hat auch dafür zu sorgen, dass die einzel- oder tarifvertraglich vereinbarten Arbeitszeiten der Ärzte und nichtärztlichen Mitarbeiter seiner Abteilung eingehalten werden.

(5) Personen, die vom Krankenhausträger weder angestellt noch von ihm zu einer beruflichen Bildungsmaßnahme zugelassen sind, dürfen von dem Chefarzt/der Chefärztin im Krankenhaus nicht beschäftigt oder aus-, weiter- und fortgebildet werden. Ausnahmen bedürfen der vorherigen Zustimmung des Dienstvorgesetzten.

(6) Arbeitszeugnisse für nachgeordnete Ärzte der Abteilung, für die medizinisch-technischen und physiotherapeutischen Mitarbeiter der Abteilung sowie für die Arztschreibkräfte der Abteilung werden vom Krankenhausträger unter Verwendung einer von dem Chefarzt/der Chefärztin abzugebenden fachlichen Beurteilung ausgestellt. Die fachliche Beurteilung und das Arbeitszeugnis werden in einer Urkunde zusammengefasst.

(7) Zeugnisse für nachgeordnete Ärzte im Rahmen der Gebietsarztweiterbildung oder Zeugnisse und Bescheinigungen, die sich ausschließlich mit der ärztlich-wissenschaftlichen Qualifikation befassen, stellt der Chefarzt/die Chefärztin aus. Sie sind vor ihrer Aushändigung dem Krankenhausträger zur Kenntnis vorzulegen; die Krankenhausverwaltung erhält für die Personalakte eine Mehrfertigung der Zeugnisse und Bescheinigungen.

§ 8 Vergütung für die Tätigkeit im dienstlichen Aufgabenbereich

(1) Der Chefarzt/die Chefärztin erhält für seine/ihre Tätigkeit im dienstlichen Aufgabenbereich Bezüge entsprechend der Entgeltgruppe 15ü des Tarifvertrages für den öffentlichen Dienst in seiner jeweils gültigen Fassung.

(2) Der Chefarzt/die Chefärztin erhält ferner

a) das Liquidationsrecht für die gesondert berechenbaren wahlärztlichen Leistungen bei denjenigen Patienten, die diese Leistung gewählt, mit dem Krankenhaus vereinbart und in Anspruch genommen haben, wobei der Krankenhausträger die Inanspruchnahme der ärztlichen Wahlleistung nicht von der gleichzeitigen Inanspruchnahme anderer Wahlleistungen abhängig macht;

b) das Liquidationsrecht für das Gutachterhonorar bei Aufnahmen zur Begutachtung, soweit die gesonderte Berechnung eines Gutachterhonorars neben dem Pflegesatz nach den gesetzlichen Bestimmungen zulässig ist;

c) das Liquidationsrecht bei den stationären Patienten, denen gegenüber ein anderer Arzt des Krankenhauses liquidationsberechtigt ist.

(3) Bei der Bemessung der Honorare aus dem Liquidationsrecht nach Abs. 2 hat der Chefarzt/die Chefärztin den gemeinnützigen Charakter des Krankenhauses zu berücksichtigen.

(4) Der Krankenhausträger garantiert dem Chefarzt/der Chefärztin ein Bruttoeinkommen aus den Dienstbezügen, den Liquidationserlösen im stationären Bereich und den Einnahmen aus der Nebentätigkeit iHv ... EUR jährlich. Erreichen die Einnahmen, die dem Chefarzt/der Chefärztin nach der Kostenerstattung an das Krankenhaus und nach einer Honorarbeteiligung seiner/ihrer Mitarbeiter verbleiben, nicht die Garantiesumme, so zahlt der Krankenhausträger an ihn/sie eine Zulage in Höhe des Differenzbetrags. Die Garantiesumme erhöht oder ermäßigt sich jeweils um den Prozentsatz, um den sich das Grundgehalt in der Endstufe der Vergütungsgruppe des Chefarztes/der Chefärztin ändert. Auf die voraussichtliche Ausgleichszahlung des Krankenhausträgers sind monatliche Vorschüsse an den Chefarzt/die Chefärztin zu leisten.

§ 9 Kostenerstattung im dienstlichen Aufgabenbereich

Die Kostenerstattung wird in der Weise vereinbart, dass der Chefarzt/die Chefärztin für die liquidationsberechtigten Leistungen (§ 8 Abs. 2) den bei der Ermittlung der Entgelte des Krankenhauses nach dem Krankenhausfinanzierungsgesetz und der Bundespflegesatzverordnung in der jeweils gültigen Fassung oder nach den diese Regelungen ergänzenden oder ersetzenden Bestimmungen einzusetzenden Kostenabzug an den Krankenhausträger zu erstatten ist. Entfällt ein Kostenabzug im Sinne der Vorschriften, ist der Chefarzt/die Chefärztin verpflichtet, dem Krankenhausträger alle Kosten zu erstatten, die dem Krankenhausträger für die in Satz 1 genannten Leistungen dadurch entstehen, dass diese Leistungen als Wahlleistungen erbracht werden.

Wisswede

Die Kostenerstattung beträgt derzeit:

- für die in den Abschnitten A, E, M und O des Gebührenverzeichnisses der GOÄ genannten Leistungen 40 v.H. und
- für die in den übrigen Abschnitten des Gebührenverzeichnisses der GOÄ genannten Leistungen 20 v.H.

der jeweils auf diese vor Abzug der Gebührenminderung nach § 6a Abs. 1 Satz 1 GOÄ entfallenden Gebühren (Bruttorechnungsbeträge); für nach § 6 Abs. 2 GOÄ berechnete Gebühren ist dem Kostenabzug der Vomhundertsatz zugrunde zu legen, der für die als gleichwertige herangezogenen Leistungen des Gebührenverzeichnisses der GOÄ gilt.

Bruttorechnungsbeträge sind die Summe der jeweils vom Chefarzt/von der Chefärztin oder von Dritten in Rechnung gestellten ungeminderten GOÄ-Gebühren aus allen Bereichen, in denen dem Chefarzt/der Chefärztin das Liquidationsrecht im stationären Bereich eingeräumt ist, ohne Abzug der zu entrichtenden Beträge für Kostenerstattung, Verwaltungskosten sowie ohne Abzug von Zuwendungen an nachgeordnete Ärzte und sonstige Mitarbeiter und ohne andere Kürzungen wie zB durch Aufrechnung oder durch Abzug von Einzugsvergütungen oder Leistungen an Dritte.

§ 10 Finanzielle Beteiligung der nachgeordneten Ärzte

Der Chefarzt/die Chefärztin beteiligt die nachgeordneten Ärzte seiner/ihrer Abteilung an den Liquidationseinnahmen nach den Bestimmungen des Landeskrankenhausgesetzes vom ... und den diesbezüglichen Durchführungsvorschriften.

Der Chefarzt/die Chefärztin beteiligt seine/ihre Mitarbeiter an den Liquidationseinnahmen in Erfüllung seiner/ihrer standesrechtlichen Pflichten in angemessenem Umfang. Dabei sind der Ausbildungsstand des Betreffenden, seine Leistung und sein Einsatz zu berücksichtigen.

§ 11 Alters- und Hinterbliebenenversorgung

(1) Der Krankenhausträger übernimmt die Beiträge des Chefarztes/der Chefärztin zur gesetzlichen Rentenversicherung in der gesetzlich vorgeschriebenen Höhe. Ist der Chefarzt/die Chefärztin von der gesetzlichen Rentenversicherung befreit, übernimmt der Krankenhausträger die Hälfte der Pflichtversicherungsbeiträge zum Ärztlichen Versorgungswerk.

(2) Für die zusätzliche Alters- und Hinterbliebenenversorgung findet auf den Chefarzt/die Chefärztin der Tarifvertrag über die Versorgung der Arbeitnehmer kommunaler Verwaltungen und Betriebe (VersTV-G) vom 6.3.1967 in der jeweils gültigen Fassung entsprechende Anwendung.

(3) Der Krankenhausträger gewährt dem Chefarzt/der Chefärztin einen Zuschlag zu einer privaten Zukunftssicherung. Die Leistung erfolgt in der Höhe des nachgewiesenen Beitrages, der im Rahmen einer Zusatzversorgungseinrichtung entsprechend dem Tarifvertrag über die Versorgung der Arbeitnehmer kommunaler Verwaltungen und Betriebe (VersTV-G) vom 6.3.1997 in der jeweils gültigen Fassung zu zahlen wäre.

§ 12 Urlaub

(1) Der Chefarzt/die Chefärztin erhält unter Fortzahlung der Gehaltsbezüge und unter Fortgeltung des Liquidationsrechts einen jährlichen Erholungsurlaub von 20 Arbeitstagen als gesetzlichen Mindesturlaub. Der gesetzliche Mindesturlaub muss im laufenden Kalenderjahr gewährt und genommen werden. Eine Übertragung des gesetzlichen Mindesturlaubs auf das nächste Kalenderjahr ist nur statthaft, wenn dringende betriebliche oder in der Person des Chefarztes/der Chefärztin liegende Gründe dies rechtfertigen. Im Falle der Übertragung muss der gesetzliche Mindesturlaub in den ersten drei Monaten des folgenden Kalenderjahres gewährt und genommen werden, ansonsten verfällt er. Konnte der gesetzliche Mindesturlaub wegen Arbeitsunfähigkeit des Chefarztes/der Chefärztin nicht genommen werden, geht der gesetzliche Mindesturlaubsanspruch 15 Kalendermonate nach dem Ende des Urlaubsjahres, mithin am 31.3. des Folgejahres, unter.

(2) Der Chefarzt/die Chefärztin erhält darüber hinaus kalenderjährlich einen übergesetzlichen Zusatzurlaub von weiteren 10 Arbeitstagen. Der übergesetzliche Zusatzurlaub ist innerhalb des Kalenderjahres zu nehmen. Eine Übertragung des übergesetzlichen Zusatzurlaubs auf das nächste Jahr ist nur statthaft, wenn dringende betriebliche oder in der Person des Chefarztes/der Chefärztin liegende Gründe eine Übertragung erforderlich machen. Im Fall der Übertragung muss der Zusatzurlaub in den ersten drei Monaten des nachfolgenden Kalenderjahres gewährt und genommen werden. Ansonsten verfällt der Zusatzurlaub mit Ablauf des 31.3. des nachfolgenden Kalenderjahres auch dann, wenn er wegen Arbeitsunfähigkeit des Chefarztes/der Chefärztin nicht genommen werden konnte. Eine Abgeltung des übergesetzlichen Urlaubsanspruchs ist ausgeschlossen.

(3) Der Urlaub ist bei dem Dienstvorgesetzten über den Leitenden Arzt und die Verwaltung des Krankenhauses rechtzeitig vor Urlaubsbeginn zu beantragen.

§ 13 Teilnahme an wissenschaftlichen Kongressen u.a., Dienstreisen

(1) Dienstreisen bedürfen der Genehmigung durch den Dienstvorgesetzten. Der Chefarzt/die Chefärztin erhält Reisekosten nach den bei dem Krankenhausträger geltenden Reisekostenbestimmungen.

(2) Der Chefarzt/die Chefärztin darf jährlich bis zur Dauer von zehn Arbeitstagen an wissenschaftlichen Kongressen und ärztlichen Fortbildungskursen teilnehmen; damit sind etwaige Ansprüche länderspezifischer Weiterbildungsgesetz abgegolten. Die Teilnahme gilt als Dienstreise; Reisekosten werden nicht vergütet. Eine Anrechnung auf den Erholungsurlaub findet nicht statt.

(3) Die Teilnahme an Kongressen und Fortbildungsveranstaltungen ist bei dem Dienstvorgesetzten über den Leitenden Arzt und die Verwaltung des Krankenhauses unter Vorlage der zur Beurteilung der Genehmigungsfähigkeit erforderlichen Unterlagen rechtzeitig zu beantragen.

§ 14 Krankheit, Beihilfen

(1) Bei Dienstverhinderung durch Krankheit oder Unfall stehen dem Chefarzt/der Chefärztin die Dienstbezüge und das Liquidationsrecht bis zur Dauer von 26 Wochen zu. Leistungen Dritter mit Versorgungscharakter werden angerechnet.

(2) In Krankheits-, Geburts- oder Todesfällen erhält der Chefarzt/die Chefärztin Beihilfen nach den für die sonstigen Angestellten des Krankenhausträgers geltenden Vorschriften.

(3) Der Chefarzt/die Chefärztin erhält bei stationärer Behandlungsbedürftigkeit im Krankenhaus freie Pflege, Unterkunft und Verpflegung in einem Einbettzimmer sowie die notwendigen sachlichen Nebenleistungen bis zur Dauer von 26 Wochen, soweit ihm/ihr nicht ein Erstattungsanspruch gegen Dritte zusteht.

§ 15 Vertretungsregelung

Im Falle der Beurlaubung, der Teilnahme an wissenschaftlichen Kongressen, von Dienstreisen, Krankheiten oder sonstigen Dienstverhinderungen wird der Chefarzt/die Chefärztin grundsätzlich von seinem/ihrem ständigen ärztlichen Vertreter vertreten. Ist dies nicht möglich, regelt der Chefarzt/die Chefärztin seine/ihre Vertretung im Einvernehmen mit dem Dienstvorgesetzten; kommt eine einvernehmliche Regelung nicht zustande, entscheidet der Dienstvorgesetzte nach Anhörung des Chefarztes/der Chefärztin.

§ 16 Versicherungsschutz

(1) Der Krankenhausträger schließt für alle ärztlichen Tätigkeiten im Krankenhaus, für die Gutachter- und Konsiliartätigkeiten sowie die Hilfeleistungen in Notfällen eine Haftpflichtversicherung gegen Schadensersatzansprüchen Dritter, die auch einen Regressanspruch des Krankenhausträgers gegenüber dem Chefarzt/der Chefärztin deckt, mit folgenden Mindestdeckungssummen ab:

a) bei Personenschäden:	5.000.000 EUR
b) bei Sachschäden:	500.000 EUR
c) bei Vermögensschäden:	200.000 EUR

(2) Der Chefarzt/die Chefärztin ist jederzeit berechtigt, in den Versicherungsschein und die Versicherungsbedingungen Einblick zu nehmen.

§ 17 Entwicklungsklausel

(1) Der Krankenhausträger hat das Recht, sachlich gebotene organisatorische Änderungen im Einvernehmen mit dem Chefarzt/der Chefärztin und dem Leitenden Arzt des Krankenhauses vorzunehmen.

(2) Werden durch solche organisatorische Maßnahmen die Vertragsgrundlagen für den Chefarzt/die Chefärztin wesentlich beeinträchtigt, so sind die hierdurch berührten Vertragsbestimmungen, insbesondere die finanziellen Bestimmungen, unter Wahrung der Vertragstreue neu zu regeln.

§ 18 Tätigkeit außerhalb der Dienstaufgaben

(1) Der Chefarzt/die Chefärztin ist berechtigt, neben seiner/ihrer stationären Tätigkeit die folgenden Nebentätigkeiten auszuüben:

a) ambulante Beratung und Behandlung,

b) nichtstationäre Gutachtertätigkeit,

c) konsiliarische Beratung anderer Ärzte,

d) Arzneimittelprüfungen, Anwendungsbeobachtungen und Medizinproduktestudien,

e) externe Lehrtätigkeiten, Vorträge, ...

Soweit möglich, sind die Tätigkeiten nach a) bis d) im Krankenhaus auszuüben und mit dessen Geräten und Einrichtungen zu bewirken.

(2) Der Chefarzt/die Chefärztin ist verpflichtet, der Krankenhausverwaltung Art und Umfang der von ihm/ihr tatsächlich ausgeübten Nebentätigkeit schriftlich anzuzeigen und dabei Abschriften von Ermächtigungs- oder sonstigen Zulassungsbescheiden vorzulegen; das Gleiche gilt bei späterer Veränderung von Art und Umfang der Nebentätigkeit. Verträge mit Dritten über Art und Umfang einer Nebentätigkeit sind vor der Unterzeichnung dem Krankenhausträger vorzulegen.

(3) Nimmt der Chefarzt/die Chefärztin im Rahmen seiner/ihrer Nebentätigkeit die Dienste anderer leitender Krankenhausärzte oder Belegärzte in Anspruch, so ist er/sie verpflichtet, dem in Anspruch genommenen Arzt, sofern dieser für die Dienste kein eigenes Liquidationsrecht hat und nicht anderweitig vergütet wird, einen angemessene Vergütung zu zahlen. Kommt eine Einigung über die Vergütung nicht zustande, wird sie vom Krankenhausträger gem. § 317 BGB iVm § 612 Abs. 2 BGB bestimmt. Andererseits ist der Chefarzt/die Chefärztin verpflichtet, auf Verlangen anderer Krankenhausärzte in deren Nebentätigkeitsbereich mitzuwirken. Satz 1 gilt entsprechend.

(4) Die näheren Einzelheiten über Art und Umfang der Inanspruchnahme von Personal, Räumen, Einrichtungen und Material des Krankenhauses sowie der Entrichtung einer Kostenerstattung werden in einer Nebenabrede festgelegt.

(5) Die Nebentätigkeitserlaubnis kann widerrufen oder beschränkt werden, wenn wichtige Gründe vorliegen, insbesondere wenn durch die Nebentätigkeit die Dienstaufgaben des Chefarztes/der Chefärztin oder der allgemeine Dienstbetrieb im Krankenhaus wesentlich beeinträchtigt werden.

(6) Mit Beendigung des Dienstvertrages erlischt die Nebentätigkeitserlaubnis.

§ 19 Vertragsdauer, Kündigung

(1) Dieser Vertrag tritt am ... in Kraft, er wird auf unbestimmte Zeit geschlossen. Die ersten sechs Monate der Beschäftigung sind Probezeit.

(2) Während der Probezeit kann der Vertrag mit einer Frist von einem Monat zum Ende eines Kalendermonats gekündigt werden.

(3) Nach Ablauf der Probezeit kann der Vertrag von beiden Teilen mit einer Frist von sechs Monaten zum Ende eines Kalenderhalbjahres gekündigt werden. Das Recht zur Kündigung aus wichtigem Grund bleibt unberührt.

(4) Der Vertrag endet ohne Kündigung mit Ablauf des Monats, in dem der Bescheid über eine vom Rentenversicherungsträger oder von einer anderen Versorgungseinrichtung festgestellte Berufs- oder Erwerbsunfähigkeit rechtskräftig geworden ist.

§ 20 Direktionsrecht, Meinungsverschiedenheiten

(1) Der Krankenhausträger kann im Rahmen seines Direktionsrechts Satzungen, Dienstanweisungen, Hausordnungen und dergleichen erlassen; durch solche Regelungen dürfen aber weder die vertraglichen Rechte des Chefarztes/der Chefärztin geschmälert noch seine vertraglichen Verpflichtungen erweitert werden. § 17 Abs. 1 bleibt unberührt. Zurzeit gelten die ... vom ... .

(2) Können Meinungsverschiedenheiten unter den Krankenhausärzten in Angelegenheiten, die unter den Geltungsbereich dieses Vertrages fallen, nicht vom Leitenden Arzt des Krankenhauses beigelegt werden, so entscheidet der Dienstvorgesetzte nach Anhörung der Beteiligten. Der Dienstvorgesetzte entscheidet auch über Meinungsverschiedenheiten zwischen dem Chefarzt/der Chefärztin und dem Verwaltungsleiter oder dem Leiter des Pflegedienstes nach Anhörung der Beteiligten. Bei Meinungsverschiedenheiten über die Abgrenzung zwischen den ärztlichen Fachgebieten sollen auch die Berufsverbände der beteiligten Fachärzte und die Landesärztekammer gehört werden.

§ 21 Verfallklausel

Ansprüche aus dem Arbeitsverhältnis verfallen, wenn sie nicht innerhalb einer Ausschlussfrist von sechs Monaten nach Fälligkeit von dem Chefarzt/der Chefärztin oder vom Krankenhaus schriftlich geltend gemacht werden.

§ 22 Sonstige Bestimmungen

(1) Der Chefarzt/die Chefärztin hat über alle internen Angelegenheiten des Krankenhauses – auch nach Beendigung des Arbeitsverhältnisses – Verschwiegenheit zu bewahren. Dies gilt ebenso hinsichtlich der Bedingungen dieses Vertrages.

(2) Der Chefarzt/die Chefärztin darf Belohnungen und Geschenke bezüglich seiner/ihrer dienstlichen Tätigkeit nur mit Zustimmung des Dienstvorgesetzten annehmen. Nähere Einzelheiten kann der Krankenhausträger in einer Dienstanweisung regeln. Der Chefarzt/die Chefärztin ist verpflichtet, den Dienstvorgesetzten über angebotene und gewährte Belohnungen und Geschenke unverzüglich in Kenntnis zu setzen.

(3) Der Krankenhausträger kann auf seine Kosten bei gegebener Veranlassung durch den Betriebsarzt oder das Gesundheitsamt feststellen lassen, ob der Chefarzt/die Chefärztin dienstfähig oder frei von ansteckenden Krankheiten ist. Sofern der Chefarzt/die Chefärztin besonderen Ansteckungsgefahren ausgesetzt ist, verpflichtet er/sie sich, auf Kosten des Krankenhausträgers in regelmäßigen Zeitabständen an ärztlichen Kontrolluntersuchungen teilzunehmen. Das Ergebnis der Untersuchungen ist sowohl dem Krankenhausträger als auch dem Chefarzt/der Chefärztin bekannt zu geben.

(4) Ergänzungen und Änderungen dieses Arbeitsvertrages einschließlich der Aufhebung dieses Schriftformerfordernisses bedürfen der Schriftform, es sei denn, sie beruhen auf einer ausdrücklichen oder individuellen Vertragsabrede. Eine betriebliche Übung ist keine solche ausdrückliche bzw. individuelle Vertragsabrede. Auch wiederholte Leistungen oder Vergünstigungen ohne ausdrückliche oder individuelle Vertragsabrede begründen keinen Anspruch für die Zukunft.

... (Ort, Datum, Unterschrift Krankenhausträger)

... (Ort, Datum, Unterschrift Chefarzt/Chefärztin)

Nebenabrede für Tätigkeiten außerhalb der Dienstaufgaben

Zwischen

..., vertreten durch ...

– nachstehend: Krankenhausträger –

und

Herrn/Frau Dr. med. ... in ...

– nachstehend: Chefarzt/Chefärztin –

wird in Ausführung zur Nebentätigkeitserlaubnis in § 18 des Dienstvertrages folgender Vertrag mit Wirkung ab ... geschlossen:

§ 1 Bereitstellung von Personal, Räumen, Einrichtungen und Material

(1) Der Krankenhausträger stellt dem Chefarzt/der Chefärztin für dessen/deren Nebentätigkeitsbereich Personal, Räume, Einrichtungen und Material seiner/ihrer Abteilung im Rahmen der jeweiligen Möglichkeiten des Krankenhauses zur Verfügung.

(2) Abs. 1 gilt nicht

a) für die Abrechnung und den Einzug der Honorare, sofern in den nachfolgenden Bestimmungen nichts Abweichendes geregelt ist;

b) für die Führung der Buchhaltungs- und Steuergeschäfte des Chefarztes/der Chefärztin.

(3) Der nachgeordnete ärztliche Dienst wird dem Chefarzt/der Chefärztin nur in dem Umfang zur Verfügung gestellt, wie dessen Einsatz im Rahmen der gesetzlichen und vertraglichen Bestimmungen zulässig und ohne Beeinträchtigung der Versorgung der stationär aufgenommenen Patienten möglich ist.

(4) Die Verpflichtung des Krankenhausträgers, dem Chefarzt/der Chefärztin für seine/ihre Nebentätigkeit Personal des Krankenhauses zur Verfügung zu stellen, ruht – unbeschadet der in Abs. 3 genannten Bestimmungen – im Fall der Arbeitsunfähigkeit des Chefarztes/der Chefärztin mit Beginn der 27. Woche der Arbeitsunfähigkeit. Das Gleiche gilt für die Zurverfügungstellung von Räumen, Einrichtungen und Materialien.

§ 2 Kostenerstattung

(1) Der Chefarzt/die Chefärztin hat dem Krankenhausträger die dem Krankenhaus durch seine/ihre Nebentätigkeit entstehenden Kosten zu erstatten, insbesondere

1. die Personalkosten,

2. die Kosten der Nutzung von Räumen, Einrichtungen und Geräten,

3. die sonstigen Sachkosten im betriebswirtschaftlichen Sinn, einschließlich der Kosten für Verbrauchsmaterialien.

(2) Der Chefarzt/die Chefärztin erstattet zur Abgeltung der Kosten nach Abs. 1 für jede Partei widerruflich ... % der Bruttohonorareinnahmen aus Leistungen gem. § 18 Abs. 1 a) und c) des Dienstvertrages. Für die nichtstationären Gutachtertätigkeiten erstattet der Chefarzt/die Chefärztin für jede Partei widerruflich ... % der Bruttohonorareinnahmen aus Leistungen gem. § 18 Abs. 1 b) des Dienstvertrages.

Abzüge der Kassenärztlichen Vereinigung (zB Versorgungsabgaben an die Versorgungsanstalt für Ärzte, Beiträge an die Ärztekammer oder Sozialbeiträge an die Kassenärztliche Vereinigung) sind den Beträgen, die dem Chefarzt/der Chefärztin zugeflossen sind, wieder zuzuschlagen und der Ablieferung zu unterwerfen. Dies gilt nicht für den Abzug der Verwaltungskosten der Kassenärztlichen Vereinigung nach Maßgabe des Honorarverteilungsmaßstabes.

Außer den Arzthonoraren aus Gutachten, die den ärztlichen Mitarbeitern für die Erstellung des Gutachtens in voller Höhe überlassen werden, dürfen Zuwendungen an nachgeordnete Ärzte und sonstige Leistungen an Dritte an der Bemessungsgrundlage (Bruttohonorareinnahmen) nicht abgesetzt werden.

(3) Der Chefarzt/die Chefärztin ist berechtigt, im Rahmen seiner/ihrer ambulanten Tätigkeit die Verbrauchsmaterialien aus den Beständen des Krankenhauses zu entnehmen. Er/sie ist verpflichtet, dem Krankenhausträger alle Kosten für entnommene Verbrauchsmaterialien zu erstatten, soweit diese nicht bereits mit der Kostenerstattung nach Abs. 2 abgegolten sind. Die Erstattung entfällt, wenn das Krankenhaus anderweitig Ersatz erhält (zB Sprechstundenbedarf, Weiterleitung der Auslagen nach § 10 GOÄ).

Der Chefarzt/die Chefärztin ist verpflichtet, das Personal zu informieren und entsprechend anzuweisen.

§ 3 Abrechnung der Vergütung gegenüber der KV und Abrechnung der Kostenerstattung

(1) Das Krankenhaus rechnet die dem Chefarzt/der Chefärztin gegenüber der KV zustehende Vergütung aus seiner/ihrer vertragsärztlichen sowie aus sonstiger ambulanter ärztlicher Tätigkeit der KV ab.

(2) Das Krankenhaus rechnet die Vergütung mit der KV auf Grundlage der vom Chefarzt/der Chefärztin vorzulegenden und von ihm/ihr im Hinblick auf Vollständigkeit und Richtigkeit bestätigten Unterlagen ab. Die Bestätigung umfasst auch die Einhaltung der vertragsärztlichen Vorschriften sowie der Vorschriften für die Abrechnung der Leistungen aus sonstiger ambulanter ärztlicher Tätigkeit. Gläubiger der Forderungen gegenüber der KV bleibt der Chefarzt/die Chefärztin. Das Krankenhaus übernimmt keine Gewähr für die Richtigkeit der Angaben.

(3) Das Krankenhaus zieht von den eingehenden Abrechnungsbeträgen die ihm nach § 2 zustehende Kostenerstattung, bezogen auf die Tätigkeit nach Abs. 1, ab. Die verbleibenden Beträge werden auf ein vom Chefarzt/der Chefärztin benanntes Konto überwiesen.

(4) Abschlagszahlungen durch die KV leitet das Krankenhaus unter Abzug eines angemessenen Einbehalts auf die Kostenerstattung nach § 2 der Nebenabrede an den Chefarzt/die Chefärztin weiter.

(5) Abrechnungszeitraum für die Entrichtung der Kostenerstattung ist das Kalenderjahr.

(6) Hinsichtlich der Vorlage- und Auskunftspflichten beider Parteien gilt § 259 BGB entsprechend. Die Rechenschaftspflicht besteht auch gegenüber den aufgrund gesetzlicher Vorschriften oder gegenüber den vom Krankenhausträger bestellten Prüfungseinrichtungen oder deren Beauftragten.

(7) Aus Beständen des Krankenhauses entnommene Verbrauchsmaterialien gem. § 2 Abs. 3 werden monatlich vom Krankenhaus in Rechnung gestellt und sind sofort zahlbar.

§ 4 Beendigung – Kündigung

(1) Diese Nebenabrede endet, ohne dass es einer Kündigung bedarf, mit der Beendigung des Dienstvertrages oder dem Widerruf der Nebentätigkeitserlaubnis.

(2) Diese Nebenabrede kann nur gekündigt werden, wenn ein wichtiger Grund vorliegt.

§ 5 Sonstiges

Hat das Krankenhaus gemäß seinen Versicherungsverhältnissen den Nebentätigkeitsbereich des Chefarztes/der Chefärztin mitversichert, ist der Chefarzt/die Chefärztin verpflichtet, den auf die Nebentätigkeit entfallenden Prämienanteil dem Krankenhaus zu erstatten.

§ 6 Schlussbestimmungen

Ergänzungen und Änderungen dieses Arbeitsvertrages einschließlich der Aufhebung dieses Schriftformerfordernisses bedürfen der Schriftform, es sei denn, sie beruhen auf einer ausdrücklichen oder individuellen Vertragsabrede. Eine betriebliche Übung ist keine solche ausdrückliche bzw. individuelle Vertragsabrede. Auch

wiederholte Leistungen oder Vergünstigungen ohne ausdrückliche oder individuelle Vertragsabrede begründen keinen Anspruch für die Zukunft.

... (Ort, Datum, Unterschrift Krankenhausträger)

... (Ort, Datum, Unterschrift Chefarzt/Chefärztin)

194   **3. Muster: Chefarztvertrag 2 (vorteilhaft für Chefarzt)**[510]

Zwischen

der ..., Fachklinik für ..., vertreten durch Herrn ...

– nachstehend: Klinikleitung –

und

Herrn Dr. med. ..., geb. ..., wohnhaft ...

– nachstehend: Chefarzt –

wird folgender Vertrag geschlossen:

§ 1 Vertragsgegenstand

Gegenstand dieses Vertrages ist die verantwortliche medizinische Leitung der Klinik nach den Regelungen dieses Vertrages.

Der Dienstantritt von Herrn Dr. ... erfolgt zum ....

§ 2 Aufgaben, Rechte und Pflichten des Chefarztes

(1) Der Chefarzt ist für die optimale gesundheitliche Betreuung und Versorgung der Patienten der Klinik sowie für den geordneten Dienstvertrag der medizinischen Abteilung, einschließlich physikalischer Abteilung und Diätbereich verantwortlich, ebenso für die allgemeine Hygiene und die psychologischen und psychosomatischen Bereiche.

Der Chefarzt ist verpflichtet, nach bestem ärztlichen Können und vollem beruflichen Einsatz Anordnungen und Maßnahmen zu treffen und zu unterstützen, die den Grundsätzen der Belegungsträger für diesbezügliche Gesundheitsmaßnahmen entsprechen, den größtmöglichen Erfolg in der Behandlung der Patienten sichern und einen ordnungsgemäß Betrieb der Klinik zu gewährleisten.

Er ist zu einer guten Zusammenarbeit mit der Klinikleitung verpflichtet und trägt auch zur Weiterentwicklung eines guten Betriebsklimas bei.

(2) Zur Erfüllung seiner Aufgaben stehen dem Chefarzt die vorhandenen Räume und die vorhandenen bzw von den Belegungsträgern geforderten therapeutischen und diagnostischen Einrichtungen sowie die ärztlichen und nicht-ärztlichen Mitarbeiter der o.g. Abteilungen der Klinik zur Verfügung.

(3) Für die Betreuung der Patienten ist der medizinische Stellenplan der Belegungsträger – entsprechend der jeweiligen Belegung – maßgebend. Für evtl vakante Stellen (Ärzte, psychologischer dienst, MTAs, Krankenschwestern, Laborantinnen, medizinisches Badepersonal, Chefarzt-Sekretärin, Schreibkräfte, Diätassistentin etc.) werben der Chefarzt und die Klinikleitung die nach dem Stellenplan notwendigen Mitarbeiter an.

Die Einstellung und die Entlassung bzw die Besetzung der Stellen innerhalb der Klinik erfolgt im Einvernehmen mit dem Chefarzt und der Klinikleitung, wobei der Chefarzt das Vorschlagsrecht aus medizinischer Sicht für die Oberärzte hat.

---

510   Der nachfolgende Vertrag für Chefärzte ist nicht für die Verwendung in Uni-Kliniken geeignet (vgl *Reinecke*, NZA 2005, 3383).

(4) Der Chefarzt ist zur wirtschaftlichen Verordnungsweise im Rahmen der ärztlichen Notwendigkeit angehalten. Er trägt auch für den nachgeordneten Dienst der Klinik die Verantwortung.

(5) Der Chefarzt verpflichtet sich neben der Verwaltung auch selbst mit zur Wahrung wirtschaftlicher Gesichtspunkte. Er achtet im Rahmen seiner ärztlichen Berufsethik (jed. außerhalb des Feldes eigentlicher Werbung nach § 21 Bundesärzteordnung) auf eine höchstmögliche Belegungsauslastung und schlägt entsprechende Dispositionen, zB für eine Zusatzbelegung durch Akutkrankenhäuser, Krankenkassen usw vor.

Er steht organisatorischen Maßnahmen der Klinikleitung aufgeschlossen gegenüber, die im Interesse einer optimalen Patientenbetreuung sowie auch einer wirtschaftlichen Weiterentwicklung und kaufmännisch guten Führung liegen.

(6) Die jeweils geltenden Arbeitsrichtlinien der Klinik, soweit sie die Medizin betreffen, werden vom Chefarzt mitgestaltet. Für deren Einhaltung – auch durch die ihm nachgeordneten Mitarbeiter – trägt der Chefarzt Sorge, wobei die Klinikleitung in Streitfällen entscheidet.

(7) Der Chefarzt fördert sowohl die Weiterbildung seiner medizinischen Mitarbeiter für den jeweils gültigen Anerkennungszeitraum als auch die interne und externe Fortbildung der Ärzteschaft aus Klinik und Zuweisungsraum in Abstimmung mit der Verwaltung. Sofern verwaltungstechnische oder Kostenfragen berührt werden, erfolgt selbstverständlich eine Abstimmung mit der Klinikleitung.

(8) Der Chefarzt führt die Personaluntersuchungen der Klinik durch oder kann sie delegieren.

(9) Die medizinische Beurteilung ärztlicher Mitarbeiter sowie auch des ärztlichen Pflege- und Hilfspersonals im Rahmen von Zeugniserstellungen obliegt dem Chefarzt. Die Klinikleitung ist davon in Kenntnis zu setzen.

(10) Die Klinikleitung erhält zur Information regelmäßig von der medizinischen wie auch von der wirtschaftlichen Abteilung Kopien der ein- und ausgehenden Korrespondenz, soweit wirtschaftliche Belange der Verwaltung betroffen sind.

Ausgenommen sind Arztberichte und sonstige, medizinische Daten enthaltende Schreiben, soweit sie der ärztlichen Schweigepflicht unterliegen. Für die Einhaltung des Datenschutzes und der diesbezüglichen Forderung der Belegungsträger ist auch durch den nachgeordneten Dienst Sorge zu tragen. Die Führungskräfte der Verwaltungsleitung erhalten – soweit dies zur Erfüllung ihrer Aufgaben notwendig ist (zB evtl Versicherungsfälle, Patientenbeschwerden und betriebsbezogene Auswertungen) – auf Anforderung Einblick in die ärztlichen Unterlagen.

Patientenbeschwerden bezüglich der medizinischen Behandlung sind an den Chefarzt zu richten, der die Klinik informiert, bezüglich Unterbringung, Verpflegung und Organisation an die Klinikleitung.

Die Verwaltungsangestellten sind dabei ebenso zur Vertraulichkeit und Verschwiegenheit verpflichtet wie Ärzte, Schwestern, Schreibkräfte oder andere, diese Unterlagen bearbeitende Mitarbeiter.

(11) Der Chefarzt verpflichtet sich, nicht an anderen Kliniken gleichzeitig tätig zu sein bzw sich zu beteiligen, ausgenommen ist die Mitnutzung der diagnostischen Einrichtungen anderer Kliniken zur medizinischen Versorgung eigener Patienten der Klinik.

Soweit medizinische Veröffentlichungen und Vorträge des Chefarztes nach seinem Eintritt erfolgen, werden diese unter seinem Namen und dem der Klinik herausgegeben, sofern dies standesrechtlich nicht einer „Werbung" entspricht.

(12) Der Chefarzt ist verpflichtet, nach Maßgabe der Aufgabenstellung der Klinik und seiner Abteilung unter Beachtung aller Rechtsvorschriften im Rahmen des jeweils geltenden Pflegekostentarifes:

a) alle Patienten im Rahmen der Klinikpflege ärztlich zu versorgen;

b) Schwestern, Pfleger und sonstiges Personal der Klinik, sofern es nicht pflichtversichert ist, auf Wunsch ambulant unentgeltlich zu behandeln, es sei denn, dass diesen Personen Erstattungsansprüche gegen Dritte zustehen;

c) die Aus- und Weiterbildung der nachgeordneten ärztlichen, pflegerischen und medizin-technischen Mitarbeiter zu fördern und auf Verlangen im Einvernehmen mit der Klinik in zumutbarer Weise Unterricht zu erteilen;

d) für jeden Patienten eine Krankengeschichte zu fertigen; die Krankengeschichte geht in das Eigentum der Klinik über;

e) für eine wirtschaftliche Verordnungsweise im Rahmen der ärztlichen Notwendigkeit zu sorgen, auf sparsame Verwendung der zur Verfügung stehenden Mittel zu achten und der Klinikleitung zur Sicherung der Kostenansprüche vollständige Angaben über die veranlassten Maßnahmen zu machen;

f) der Chefarzt hat die personelle Besetzung des Bereitschaftsdienstes und der Rufbereitschaft in seiner Abteilung sicherzustellen; der Chefarzt ist verpflichtet, an der Rufbereitschaft seiner Abteilung turnusgemäß im Wechsel mit den übrigen hierfür vorgesehenen Gebietsärzten teilzunehmen;

g) dem Chefarzt obliegt weiter, die Visiten bei allen Patienten der Klinik persönlich durchzuführen (mindestens 2x während des vierwöchigen Aufenthalts) sowie die den Patienten gegenüber bestehenden Aufklärungspflichten zu erfüllen, dabei die von der Klinikleitung erlassenen Dienstanweisungen sowie die von der Rechtsprechung entwickelten Grundsätze zu beachten und die Ärzte seiner Abteilung über die Aufklärungspflichten zu belehren;

h) Patienten, die entgegen ärztlichem Rat ihre Entlassung aus der stationären Versorgung verlangen, darüber zu belehren, dass die Klinik für die daraus entstehenden Folgen nicht haftet; die Belehrungen nach h) und i) sind in den Krankenunterlagen vermerkt; der Chefarzt hat ferner den Dokumentationspflichten nachzukommen, die sich bei den Früherkennungsmaßnahmen ergeben und die Inhalt der allgemeinen Klinikleistung sind; des Weiteren verpflichtet sich der Chefarzt, die im Krankenhaus aufgenommenen Patienten zu betreuen, in der Klinik konsiliarisch tätig zu werden sowie Zeugnisse und Gutachten für die Klinik zu erstellen;

i) bei Patienten, die gegen die ärztliche Anordnung bzw Hausordnung verstoßen, hat der Chefarzt im Einvernehmen mit der Klinikleitung die entsprechenden Anordnungen und Maßnahmen zu treffen.

§ 3 Dotierung sowie Regelung von Urlaub und Altersversorgung

(1) Der Chefarzt erhält für seine Tätigkeit für die Klinik ein frei vereinbartes Grundgehalt von monatlich ... EUR brutto.

(2) Die Zahlung der Beiträge zur Angestelltenversicherung richtet sich nach der gesetzlichen Regelung. Die Klinik übernimmt die Hälfte der Beiträge der vom Chefarzt bereits unterhaltenen Versicherungen bei der Ärzteversorgungs- und Zusatzversorgungskasse. Das Grundgehalt wird entsprechend den üblichen Aufbesserungen der Klinik erhöht.

Der Chefarzt erhält für jedes volle Kalenderjahr seiner Tätigkeit in der Klinik eine Weihnachtsgratifikation, zurzeit in Höhe eines vollen Monatsgehalts. Eine Rückforderung ist nur möglich, wenn der Chefarzt vor dem 31.3. des folgenden Jahres von sich aus kündigt.

(3) Der Jahresurlaub für den Chefarzt richtet sich nach den Urlaubsrichtlinien der Klinik in Anbindung an die tariflichen Regelungen, zurzeit 30 Arbeitstage,[511] zusätzlich mindestens 7, höchstens 14 bezahlte Arbeitsta-

---

511 Empfehlenswert ist es für den Arbeitgeber, zwischen dem gesetzlichen Mindesturlaub einerseits und einem zusätzlich gewährten vertraglichen bzw tariflichen Urlaub andererseits zu unterscheiden, um zu erreichen, dass zumindest der vertragliche/tarifliche Urlaubsanspruch verfällt, wenn dieser im Übertragungszeitraum wegen Arbeitsunfähigkeit des Arbeitnehmers nicht genommen werden kann (vgl BAG 4.5.2010 – 9 AZR 183/09, NZA 2010, 1011; BAG 23.3.2010 – 9 AZR 128/09, NZA 2010, 810). Siehe Muster 1173 (Chefarzt-Dienstvertrag). Ob und inwieweit der Urlaubsanspruch bei Langzeiterkrankungen auch für einen beliebig langen Zeitraum „angesammelt" werden kann, war aufgrund der Rechtsprechung des EuGH in der Sache „Schulte" (EuGH 22.11.2011 – Rs. C-214/10, NZA 2011, 1333) unklar und kaum kalkulierbar geworden. Nach einer neueren Entscheidung des BAG (vom 7.8.2012 – 9 AZR 353/10, NZA 2012, 1216) entspricht es einer europarechtskonformen Auslegung von § 7 Abs. 3 Satz 3 BUrlG, dass der Urlaubsanspruch eines Langzeitkranken 15 Monate nach Ablauf des Urlaubsjahres verfällt. Nach wohl richtiger Auffassung braucht dies aber nicht in den Arbeitsvertrag mit aufgenommen zu werden, da einzelvertraglich konstitutiv wirkende Abweichungen von gesetzlichen Regelungen nicht möglich sind.

ge wissenschaftlicher Sonderurlaub für Kongresse und Weiterbildung. Der Urlaub kann im Block oder gesplittert genommen werden, wobei Klinikinteressen berücksichtigt werden müssen.

(4) Der Urlaub des Chefarztes wird grundsätzlich so eingerichtet, dass seine Vertretung durch die Oberärzte gewährleistet ist und mit der Verwaltungsleitung abgestimmt ist. Ebenso sind Urlaubsüberschneidungen zwischen dem Chefarzt und der Klinikleitung zu vermeiden.

Auch der jeweilige Urlaub für die Oberärzte, Assistenzärzte und sonstiges medizinisches Personal wird jeweils am Jahresanfang mit der Verwaltungsleitung abgesprochen und so eingerichtet, dass eine gegenseitige Vertretung, auch in Krankheitsfällen, erfolgen kann.

(5) Bei Dienstbehinderung durch Krankheit oder Unfall (ausgeschlossen grob-fahrlässig verursacht) steht dem Chefarzt einmal jährlich das Bruttogehalt (p III 1) bis zu 6 Monaten zu, soweit diesbezügliche Verdienstausfälle von Dritten (zB Krankenversicherung, Berufsgenossenschaft) nicht erstattungsfähig sind.

§ 4 Versicherungen

Die Klinik versichert den Chefarzt neben den oben bereits genannten Versicherungsbeiträgen auch gegen Haftpflichtansprüche im Rahmen seines Aufgabengebietes in angemessener Höhe. Wegen aller übrigen Haftpflichtfälle schließt der Chefarzt eine weitere Haftpflichtversicherung oder eine Einzelversicherung auf seine Kosten ab.

§ 5 Privatärztliche Tätigkeit

(1) Zu den Aufgaben des Chefarztes gehört die medizinische Versorgung und Betreuung der Privatpatienten. Der Chefarzt erhält das Liquidationsrecht für die stationären und ambulanten Privatpatienten der Klinik unter Zugrundelegung der jeweils gültigen Fassung der GOÄ wie folgt:

a) reine Arztleistungen (ärztliche Grundleistungen und allgemeine ärztliche Leistungen)

b) medizinische Sonderleistungen (hierzu gehören u.a. auch die medizinischen Leistungen für Labor, EKG, Röntgen usw, die im Wesentlichen von anderen medizinischen Mitarbeitern erbracht werden).

Die Einnahmen, die aus Privatliquidation (ärztliches Honorar) erzielt werden, werden von der Klinik abgerechnet und an die Klinik ausgezahlt. Hiervon werden monatlich dann die Erstattungen an den Chefarzt vorgenommen. Die Rechnungen für die sich aus 1 a und b ergebenden Leistungen werden durchnummeriert; der Chefarzt erhält am Monatsende des jeweiligen Rechnungsdatums hiervon Kopien.

(2) Der Chefarzt verpflichtet sich, die Oberärzte am Liquidationserlös zu beteiligen (Poolanteil wird gesondert vereinbart).

(3) Der Chefarzt entrichtet von seinen Bruttohonorareinnahmen, die er durch die Ausübung des Liquidationsrechts und durch Inanspruchnahme der Räume und Einrichtungen der Klinik sowie die Inanspruchnahme von Ärzten und ärztlichen Schreibkräften erzielt, einen Anteil von 25 % an die Klinik.

(4) Nicht zum Liquidationsrecht des Chefarztes gehören die stationären Pauschalpatienten (Selbstzahler und Mitglieder der gesetzlichen Krankenkassen und Ersatzkassen) und die Begleitperson von Pat. der Klinik. Ebenso liquidiert die Klinik die Kosten für Medikamente einschließlich Steriden, Antibiotika, Infusionslösungen in voller Höhe direkt dem Patienten, sofern nicht im Pflegesatz enthalten.

Der Chefarzt veranlasst, dass der Klinikleitung die diesbezüglichen Arten und Mengen zur Berechnung an den Patienten mitgeteilt werden.

(5) Die Möglichkeit einer privatärztlichen Tätigkeit im Rahmen einer Praxis in der Klinik wird offen gehalten und ist von der Auslastung der Klinik abhängig. Auch hierbei steht das Interesse der ordentlichen Klinikführung im Vordergrund.

Wisswede

§ 6 Kassenärztliche Tätigkeit

Der gewählte Chefarzt ist Facharzt für Innere Medizin und Kardiologie. Im Rahmen des Sicherstellungsauftrages der Kassenärztlichen Vereinigungen für die ambulante Versorgung strebt der Chefarzt Ermächtigungen für die ambulante Versorgung mit einzelnen spezialisierten Leistungen bei der zuständigen KV an.

Die Möglichkeit einer kassenärztlichen Tätigkeit im Rahmen einer Praxis wird offen gehalten. Diese Tätigkeit ist von der Klinikauslastung abhängig. Hierbei steht das Interesse einer ordentlichen Klinikführung wiederum im Vordergrund.

§ 7 Vertragsdauer

(1) Der Vertrag wird bis zur Vollendung des Lebensjahres geschlossen, in welchem der Chefarzt erstmals die Voraussetzungen für den Bezug der Regelaltersrente erfüllt.

(2) Die Einstellung erfolgt für die Dauer eines halben Jahres auf Probe. Während dieser Probezeit kann der Vertrag mit einer Frist von 2 Monaten zum Ende eines Kalendermonats gekündigt werden.

(3) Wird das Arbeitsverhältnis verlängert, so wird es für die Dauer von 3 Jahren abgeschlossen. Während dieser Zeit kann das Arbeitsverhältnis mit einer Frist von 1 Jahr zum Schluss des Jahres gekündigt werden. Der Angabe von Gründen bedarf es nicht. Das Recht zur außerordentlichen Kündigung des Vertrages nach § 626 BGB aus wichtigen Gründen bleibt unberührt.

(4) Nach Ablauf des Drei-Jahresvertrages gilt das Arbeitsverhältnis unbeschadet des § 7 Abs. 1 dieses Vertrages als auf unbestimmte Zeit geschlossen. Das Recht der ordentlichen Kündigung des Vertrages durch die Klinik ist ausgeschlossen. Der Chefarzt ist berechtigt, das Arbeitsverhältnis mit jährlicher Frist zum Ende des Kalenderjahres zu kündigen.

(5) Eine evtl Kündigung bedarf der Schriftform.

§ 8 Allgemeines

(1) Der Chefarzt ist für die medizinische Versorgung der Patienten und den geordneten Dienstbetrieb seiner Abteilung verantwortlich. Im Rahmen seiner ärztlichen Tätigkeit bei Diagnostik und Therapie ist er unabhängig und nur an staatliche Rechtsvorschriften gebunden. Im Übrigen unterliegt er in organisatorischen Entscheidungen der Klinikleitung. Der Chefarzt verpflichtet sich, mit der Klinikleitung, den übrigen leitenden Ärzten und Belegärzten sowie des pflegerischen Dienstes zusammenzuarbeiten. Soweit dies erforderlich ist, hat er das Recht und die Pflicht, andere Ärzte innerhalb oder außerhalb des Krankenhauses zu beraten, Untersuchungen oder Mitbehandlungen hinzuzuziehen. Der Chefarzt ist verpflichtet, mit der Klinikleitung und allen in der Klinik Tätigen zusammenzuarbeiten, damit die Leistungsfähigkeit und das Ansehen der Klinik bewahrt und gefördert wird. Die Klinikleitung fungiert als Vermittler bei Meinungsverschiedenheiten zwischen dem Chefarzt und anderen Abteilungs- und Belegärzten.

(2) Der Chefarzt ist berechtigt und auf Verlangen der Klinikleitung verpflichtet, in der Klinik

a) eine freie berufliche Ambulanzpraxis auszuüben; sie umfasst die Sprechstundenpraxis für Selbstzahler, kassenärztliche Versorgung einschließlich der Sprechstunden für Ersatzkassenmitglieder, sofern die Voraussetzungen erfüllt sind;

b) Zeugnisse und Gutachten zu erstellen, die von einer anderen Seite als der Klinik angefordert werden.

(3) Durch die Nebentätigkeit darf die ärztliche Versorgung der stationären Patienten nicht beeinträchtigt werden. Dem Chefarzt ist untersagt, andere Nebentätigkeiten, insbesondere eine Kassenpraxis oder eine freie Praxis außerhalb der Klinik auszuüben.

(4) Für die Dauer seines Einstellungsvertrages ist der Chefarzt berechtigt,

a) die medizinisch-technischen und pflegerischen Einrichtungen der Klinik zu benützen,

b) die nachgeordneten Ärzte, das Pflegepersonal und medizinisch-technische Hilfskräfte in Anspruch zu nehmen.

(5) Dem Chefarzt ist untersagt, eigene oder nicht von der Klinik bereitgestellte Einrichtungen im oder außerhalb des Hauses zu benutzen, wenn diese in der Klinik zur Verfügung stehen oder zur Verfügung gestellt werden können. Eine Ausnahme besteht bei Mitgliedern oder Patienten von Kostenträgern, die über eigene medizinische Einrichtungen verfügen.

(6) Der Chefarzt ist verpflichtet, im Falle seiner Dienstverhinderung aus jeglichem Grunde zur Behandlung und Betreuung der nebenberuflich behandelten Patienten einen Vertreter im Einvernehmen der Klinik zu bestellen.

(7) Für das Recht zur außerordentlichen Kündigung gilt § 626 BGB. Als wichtiger Grund sollen insbesondere angesehen werden:

a) wesentlicher Verstoß gegen vom Chefarzt übernommene Vertragspflichten;

b) Umstände, die den Fortbestand oder die Entwicklung der Klinik betreffen bzw Einstellung, Einschränkung oder Aufhebung des Klinikbetriebes;

c) eine länger als 26 Wochen dauernde Arbeitsunfähigkeit des Arztes, wenn nach ärztlichem Urteil eine Wiederherstellung der Arbeitsunfähigkeit innerhalb der nächsten 13 Wochen nicht zu erwarten ist.

(8) Die Vertragspartner verpflichten sich zu einer vertrauensvollen Zusammenarbeit.

(9) Sollte einer der vorstehenden Vertragspunkte in seinem Inhalt ganz oder teilweise unwirksam sein, so ist dieser so auszulegen, dass er dem beabsichtigten Inhalt am nächsten kommt. Der übrige Vertragstext bleibt hiervon unberührt.

(10) Ergänzungen und Änderungen dieses Arbeitsvertrages einschließlich der Aufhebung dieses Schriftformerfordernisses bedürfen der Schriftform, es sei denn, sie beruhen auf einer ausdrücklichen oder individuellen Vertragsabrede. Eine betriebliche Übung ist keine solche ausdrückliche bzw individuelle Vertragsabrede. Auch wiederholte Leistungen oder Vergünstigungen ohne ausdrückliche oder individuelle Vertragsabrede begründen keinen Anspruch für die Zukunft.

(11) Erfüllungsort ist .... Gerichtsstand ist bei den für den Hauptgeschäftssitz der Klinik zuständigen Gerichten.

4. Muster: Chefarztvertrag unter Einbeziehung der AVR (vorteilhaft für Krankenhaus)[512]

Zwischen

der ..., vertreten durch ... als ...

und

Herrn Dr. med. ...

wird folgender Vertrag geschlossen:

§ 1 Dienstverhältnis

(1) Das Dienstverhältnis mit Herrn Dr. med. ..., geboren am ... in ..., Facharzt für Kinderchirurgie und Chirurgie, wohnhaft ..., wird mit Wirkung vom ... in der Funktion als leitender Abteilungsarzt der Abteilung für Kinderchirurgie als integrativer Bestandteil der Abteilung für Kinder- und Jugendmedizin des ... mit allen Rechten und Pflichten fortgeführt.

---

512 Der nachfolgende Vertrag für Chefärzte ist nicht für die Verwendung in Uni-Kliniken geeignet (vgl *Reinecke*, NZA 2005, 3383).

§ 1 Verträge mit Arbeitnehmern, freien Mitarbeitern und Gesellschaftsorganen

(2) Das Dienstverhältnis ist bürgerlich-rechtlicher Natur. Neben den Regelungen dieses Vertrages finden auf das Dienstverhältnis die §§ 1, 4–6, 8, 12, 12a, 13, 14, 21 und 23 (Allgemeiner Teil) der Richtlinien für Arbeitsverträge in den Einrichtungen des Deutschen Caritasverbandes (AVR), die vom Krankenhausträger erlassenen Satzungen, Dienstanweisungen und die Hausordnung Anwendung; es gilt die jeweils gültige Fassung.

(3) Im Interesse der Erfüllung seiner Aufgaben verpflichtet sich Herr ... in der Nähe des Krankenhauses zu wohnen.

§ 2 Stellung des Arztes

(1) Herr ... ist in seiner ärztlichen Verantwortung bei der Diagnostik und Therapie unabhängig und nur den staatlichen und kirchlichen Gesetzen verpflichtet. Im Übrigen ist er an die Weisungen des Krankenhausträgers, der Geschäftsführung und des Leitenden Arztes des Krankenhauses gebunden. Er ist zur Zusammenarbeit mit dem Krankenhausträger, der Geschäftsführung, den leitenden Abteilungsärzten und Belegärzten, dem Verwaltungsleiter und dem Leiter des Pflegedienstes verpflichtet. Der Krankenhausträger wird den Arzt vor wichtigen Entscheidungen, die seinen Aufgabenbereich betreffen, hören (zB Kooperationen mit niedergelassenen Ärzten).

(2) Herr ... führt die Dienstbezeichnung „leitender Abteilungsarzt der Fachabteilung ...".

Dienstvorgesetzter des Arztes ist/sind der/die Geschäftsführer der ... .

§ 3 Wirtschaftlichkeitsgebot

(1) Herr ... ist zu zweckmäßiger, wirtschaftlicher und sparsamer Behandlung im Rahmen des ärztlich Notwendigen und der Aufgabenstellung des Krankenhauses und der Abteilung verpflichtet. Er ist auch für die sparsame Verwendung der zur Verfügung stehenden Mittel durch die Ärzte und die anderen Mitarbeiter seiner Abteilung verantwortlich.

(2) Nach Anhörung des Arztes kann ein internes abteilungsbezogenes Budget erstellt werden, auf dessen Einhaltung der Arzt hinzuwirken hat. Der Arzt wird regelmäßig über die Budgetentwicklung im Pflegesatzzeitraum informiert.

(3) Über die Einführung neuer diagnostischer und therapeutischer Untersuchungs- und Behandlungsmethoden bzw Maßnahmen, die Mehrkosten verursachen, hat der Arzt Einvernehmen mit dem Krankenhausträger herbeizuführen, soweit nicht die medizinische Notwendigkeit in Einzelfällen solche Maßnahmen oder Methoden unabdingbar macht.

(4) Herr ... hat die Richtlinien des Krankenhausträgers, der Arzneimittelkommission sowie der sonstigen vom Krankenhausträger eingerichteten Kommissionen zu beachten.

§ 4 Dienstaufgaben im Bereich der Krankenhausbehandlung

(1) Herrn ... obliegt die Führung und fachliche Leitung seiner Abteilung. Der Arzt ist für die medizinische Versorgung der Kranken in seiner Abteilung verantwortlich. Der Arzt hat nach Maßgabe der vom Träger bestimmten Aufgabenstellung und Zielsetzung des Krankenhauses und seiner Abteilung alle ärztlichen Tätigkeiten, soweit sie nicht nach der jeweils gültigen Nebentätigkeitserlaubnis ausdrücklich zu den Nebentätigkeiten gehören, zu besorgen. Hierzu gehören insbesondere folgende Aufgaben:

1. Die Behandlung aller Kranken seiner Abteilung im Rahmen der Krankenhausleistungen;

2. die Untersuchung und Mitbehandlung der Kranken sowie die Beratung der Ärzte anderer Abteilungen des Krankenhauses einschließlich der Belegabteilungen, soweit sein Fachgebiet berührt wird;

3. die nichtstationäre Untersuchung und Behandlung von Patienten anderer stationärer Einrichtungen, auch fremder Träger, soweit die Untersuchung und Behandlung auf Veranlassung der anderen Einrichtung in seiner Abteilung erfolgt, ferner die Untersuchung und Befundung der von anderen stationären Einrichtungen eingesandten Materialien oder Präparaten von stationären Patienten dieser Einrichtungen;

4. Mitwirkung bei der ambulanten Behandlung in Notfällen;

5. die Erbringung von Institutsleistungen im ambulanten Bereich;

6. die Vornahme der Leichenschau und die Ausstellung der Todesbescheinigung bei Todesfällen in seiner Abteilung;

7. die Durchführung von Früherkennungsmaßnahmen, wenn sie aus Anlass eines stationären Aufenthalts durchgeführt werden.

(2) Herr ... hat organisatorisch den Bereitschaftsdienst und die Rufbereitschaft in seiner Abteilung sicherzustellen. Der Arzt ist verpflichtet, an der Rufbereitschaft seiner Abteilung anteilig erforderlichenfalls mit maximal 15 Diensten im Monat im Wechsel mit den übrigen hierfür vorgesehenen Gebietsärzten seiner Abteilung teilzunehmen.

(3) In der Verantwortung für seine Abteilung hat der Arzt auf eine nach Maßgabe der Budgetplanung des Krankenhauses anzustrebende Belegung unter Berücksichtigung des Wirtschaftlichkeitsgebots hinzuwirken. Hierzu wird er geeignete Maßnahmen, zB Vorkehrungen für eine reibungslose Ablauforganisation in seiner Abteilung, kollegiale Kontakte zu niedergelassenen Ärzten, Vorträge, Informationsveranstaltungen für Patienten und Angehörige etc. ergreifen. Berufsrechtliche Regelungen bleiben unberührt.

(4) Herrn ... obliegt weiter

1. die notwendigen Visiten bei allen Kranken seiner Abteilung persönlich durchzuführen;

2. für die Erfüllung der den Kranken gegenüber bestehenden Aufklärungspflichten Sorge zu tragen, dabei die vom Krankenhausträger erlassenen Dienstanweisungen sowie die von der Rechtsprechung entwickelten Grundsätze zu beachten und die Ärzte und das nachgeordnete Dienstpersonal seiner Abteilung über die Aufklärungspflichten zu belehren;

3. Sorge dafür zu tragen, dass Kranke, die entgegen ärztlichem Rat ihre Entlassung aus der stationären Versorgung verlangen, darüber belehrt werden, dass das Krankenhaus für die daraus entstehenden Folgen nicht haftet.

Die Belehrungen nach Nr. 2 und 3 sind in den Krankenunterlagen zu vermerken.

(5) Herr ... hat ferner den Dokumentationspflichten nachzukommen, die sich bei den Früherkennungsmaßnahmen ergeben und die Inhalte der allgemeinen Krankenhausleistungen sind.

§ 5 Sonstige Dienstaufgaben

(1) Herr ... ist für den geordneten Dienstbetrieb und für die allgemeine Hygiene in seiner Abteilung verantwortlich. Er hat nach bestem Können die ärztlichen Anordnungen und Maßnahmen zu treffen, zu unterstützen oder – soweit der Krankenhausträger zuständig ist – anzuregen, die einen ordnungsgemäßen Betrieb des Krankenhauses im Allgemeinen und seiner Abteilung im Besonderen gewährleisten. In einem ärztlichen Aufgabenbereich hat er auch für die Beachtung der Hausordnung zu sorgen.

(2) Zu den Aufgaben des Arztes gehört es auch, die ärztlichen Anzeige- und Meldepflichten zu erfüllen, die für den ärztlichen Bereich erlassenen Vorschriften, Dienstanweisungen und Anordnungen einzuhalten sowie deren Durchführung im Bereich seiner Abteilung sicherzustellen.

(3) Auf Verlangen des Krankenhausträgers oder der Krankenhausleitung hat Herr ...

1. in Gremien (zB Arzneimittel-, Hygienekommission) mitzuwirken;

2. die Leitung einer Aus- und Weiterbildungsstätte für nichtärztliche Berufe des Gesundheitswesens zu übernehmen;

3. die Aufgaben des Leitenden Arztes des Krankenhauses wahrzunehmen; über eine gegebenenfalls erforderliche anderweitige Entlastung wird bei Vorliegen der konkreten Situation verhandelt;

4. sich an den Qualitätssicherungsmaßnahmen des Krankenhausträgers zu beteiligen;

5. an Sitzungen von Gremien zur wirtschaftlichen Steuerung (zB Budgetkommission, Chefarztkonferenz) teilzunehmen.

(4) Im Rahmen seines Fachgebietes hat Herr ... ferner

1. den Krankenhausträger in allen ärztlichen Angelegenheiten zu beraten;

2. die ärztlichen und nichtärztlichen Mitarbeiter des Krankenhauses aus-, weiter- und fortzubilden, insbesondere den ärztlichen Unterricht an einer Aus- und Weiterbildungsstätte für nichtärztliche Berufe des Gesundheitswesens anteilig zu erteilen;

3. über den Gesundheitszustand der im Krankenhaus tätigen Personen oder von Personen, die sich um eine Anstellung beim Krankenhaus bewerben, ärztliche Zeugnisse und gutachterliche Äußerungen zu erstatten;

4. die in Gesetzen, Verordnungen oder anderen Rechtsformen, Unfallverhütungsvorschriften, Dienstanweisungen usw vorgeschriebenen regelmäßigen Untersuchungen der im Krankenhaus tätigen Personen vorzunehmen und hierüber die erforderlichen Aufzeichnungen zu machen;

5. an der Organisation des Rettungsdienstes nach Maßgabe bestehender Regelungen (zB Rettungsdienstgesetze der Länder) und der zwischen dem Träger des Rettungsdienstes und dem Krankenhausträger getroffenen Vereinbarungen mitzuwirken, insbesondere auch den am Rettungsdienst teilnehmenden Ärzten die für die notärztliche Versorgung erforderlichen besonderen Kenntnisse und Fertigkeiten zu vermitteln.

§ 6 Durchführung der Dienstaufgaben

(1) Im Rahmen der Besorgung seiner Dienstaufgaben überträgt der Arzt, soweit nicht die Art oder die Schwere der Krankheit sein persönliches Tätigwerden erfordern, den ärztlichen Mitarbeitern – entsprechend ihrem beruflichen Bildungsstand, ihren Fähigkeiten und Erfahrungen – bestimmte Tätigkeitsbereiche oder Einzelaufgaben zur selbständigen Erledigung. Die Gesamtverantwortung des Arztes wird hierdurch nicht eingeschränkt.

(2) Gesondert berechenbare wahlärztliche Leistungen – auch soweit sie vom Krankenhaus berechnet worden – erbringt der Arzt nach Maßgabe der GOÄ in der jeweils gültigen Fassung. Im Verhinderungsfall übernimmt diese Aufgabe des Arztes sein ständiger ärztlicher Vertreter. Die Vertragsparteien verpflichten sich, für den ordnungsgemäßen Abschluss und Umsetzung der Wahlleistungsvereinbarung Sorge zu tragen.

(3) Herr ... hat die Rechte und Pflichten anderer leitender Abteilungsärzte und der Belegärzte zu beachten. Er hat das Recht und die Pflicht, andere leitende Abteilungsärzte des Krankenhauses, Belegärzte, Ärzte und Einrichtungen außerhalb des Krankenhauses, mit denen vertragliche Beziehungen bestehen, zur Beratung, Untersuchung oder Mitbehandlung beizuziehen, wenn dies erforderlich ist. Die Einschaltung anderer Ärzte und Einrichtungen außerhalb des Krankenhauses soll nur in Ausnahmefällen erfolgen. Über die Nutzung eigener Geräte bedarf es gesonderter Vereinbarungen.

(4) Unbeschadet des allgemeinen Weisungsrechts des Krankenhausträgers wird der Arzt ermächtigt, im Rahmen seiner Dienstaufgaben über Aufnahme, Beurlaubung und Entlassung von Patienten innerhalb seiner Abteilung zu entscheiden.

(5) Die mit den Dienstaufgaben zusammenhängenden ärztlichen Leistungen sind – soweit möglich – ausschließlich im Krankenhaus mit dessen Geräten und Einrichtungen zu bewirken; dies gilt nicht für Hilfeleistungen in Notfällen, die außerhalb des Krankenhauses erbracht werden müssen.

(6) Herr ... ist verpflichtet, vorübergehend freie Betten seiner Abteilung bei Bedarf den übrigen leitenden Abteilungsärzten und den Belegärzten zur vorübergehenden Belegung zu überlassen, soweit gesetzliche Vorschriften oder zwingende medizinische Bedenken nicht entgegenstehen. Wegen der Benutzung von Räumen und Einrichtungen des Krankenhauses, die auch den Zwecken anderer Abteilungen dienen, hat er sich mit den anderen Krankenhausärzten kollegial zu verständigen.

(7) Herr ... hat dafür zu sorgen, dass für jeden Kranken seiner Abteilung eine Krankengeschichte geführt wird.

Mit der Anfertigung der Krankengeschichte geht diese in das Eigentum des Krankenhausträgers über, der sie unter Sicherung der ärztlichen Schweigepflicht und unter Beachtung der Datenschutzbestimmungen aufbewahrt. Der Arzt hat jederzeit Zugang zu den für die Kranken seiner Abteilung geführten Krankengeschichten; dies gilt auch für die Zeit nach seinem Ausscheiden, wenn der Arzt ein berechtigtes Interesse nachweist und gesetzliche Bestimmungen nicht entgegenstehen.

Originalkrankengeschichten und deren Anlagen (auch als Mikrofilme) dürfen aus den Räumen des Krankenhauses nicht entfernt werden (die Vernichtung der Krankengeschichten und ihrer Anlagen nach Ablauf der Aufbewahrungspflicht oder nach einer Mikroverfilmung gilt nicht als „Entfernen aus dem Krankenhaus"). Falls die Entfernung aus zwingenden Gründen nicht zu vermeiden ist, zB im Fall der gerichtlichen Beschlagnahme, sind vor der Herausgabe Ablichtungen anzufertigen.

Abschriften, Auszüge und Ablichtungen von Krankengeschichten dürfen nur an Berechtigte und nur mit Zustimmung des Arztes oder seines Nachfolgers herausgegeben werden, der Zustimmung des Arztes bedarf es nicht, wenn für den Krankenhausträger aufgrund gesetzlicher Vorschriften eine Rechtspflicht zur Herausgabe besteht.

Herr ... ist berechtigt, von den Krankengeschichten auf seine Kosten Abschriften, Auszüge oder Ablichtungen, auch nach seinem Ausscheiden, herstellen zu lassen.

Bei Untersuchungen oder Behandlungen von Kranken in anderen Abteilungen des Krankenhauses hat der Arzt seine Aufzeichnungen dem Leitenden Arzt der anderen Abteilung zur Vereinigung mit der von diesem geführten Krankengeschichte zu übergeben.

Die vorstehenden Regelungen für Krankengeschichten gelten sinngemäß für Röntgenaufnahmen, Elektrokardiogramme oder ähnliche Aufzeichnungen.

(8) Soweit der Krankenhausträger für allgemeine statistische Zwecke, zur Diagnosenstatistik, zur Erstellung der Kosten- und Leistungsrechnung, zur Erhebung seiner Entgelte o.Ä. Angaben über die vom Arzt selbst oder von den nachgeordneten Ärzte oder sonstigen Mitarbeitern bewirkten ärztlichen Leistungen oder Krankenhaussachleistungen braucht, ist der Arzt verpflichtet, der Krankenhausverwaltung alle Angaben zu machen. Dies gilt insbesondere auch für Angaben über die in Betracht kommenden Leistungsziffern der Gebührenordnung für Ärzte (GOÄ), des Einheitlichen Bewertungsmaßstabes (EBM), des Krankenhaustarifs (DKG-NT), sowie für Angaben von Verschlüsselungen gemäß International Classifikation of Deseases (ICD) und International Classification of Procedures in Medicin (ICPM), die zur Erhebung der Daten benötigt werden. Er hat der Krankenhausverwaltung die hierzu erforderlichen Unterlagen zur Verfügung zu stellen. Die ärztliche Schweigepflicht und die Vorschriften über den Datenschutz bleiben unberührt.

(9) Vorkommnisse von erheblicher oder grundsätzlicher Bedeutung, insbesondere auch Untersuchungen der Polizei oder der Staatsanwaltschaft, auftretende Schwierigkeiten oder Missstände in seiner Abteilung hat der Arzt unverzüglich dem Dienstvorgesetzten – in ärztlichen Angelegenheiten über den leitenden Arzt des Krankenhauses, im Übrigen auch über die Krankenhausverwaltung – mitzuteilen.

§ 7 Mitwirkung in Personalangelegenheiten

(1) Bei der Vorbereitung des Stellenplans für den ärztlichen und medizinisch-technischen Dienst seiner Abteilung erhält der Arzt Gelegenheit zur Stellungnahme.

(2) Einstellung, Umsetzung, Versetzung, Abordnung, Beurlaubung oder Entlassung der nachgeordneten Ärzte seiner Abteilung erfolgt im Benehmen mit dem Arzt. Vor entsprechenden Maßnahmen bei Mitarbeitern der Abteilung im medizinisch-technischen Dienst, bei Pflegepersonen in herausgehobener Stellung sowie bei Schreibkräften für den Arzt wird der Arzt gehört.

(3) Herr ... hat in ärztlichen Angelegenheiten das Weisungsrecht gegenüber den Mitarbeitern seiner Abteilung; die Befugnisse des Leitenden Arztes des Krankenhauses, des Leiters des Pflegedienstes und des Verwaltungsleiters in ihren Aufgabenbereichen bleiben unberührt.

(4) Bei der Diensteinteilung und bei der Zuweisung von Aufgaben und Tätigkeiten an Ärzte und nichtärztliche Mitarbeiter hat der Arzt – bei Krankenpflegepersonen im Benehmen mit dem Leiter des Pflegedienstes – den beruflichen Bildungsstand der Mitarbeiter, die Arbeits-, Aus- und Weiterbildungsverträge des Krankenhausträgers mit den Mitarbeitern sowie Vermittlungs- oder Gestellungsverträge des Krankenhausträgers mit Schwesternschaften, Mutterhäusern u.Ä. zu beachten. Der Arzt hat insbesondere mit dafür zu sorgen, dass die einzel- oder tarifvertraglich vereinbarten Arbeitszeiten der Ärzte und nichtärztlichen Mitarbeiter seiner Abteilung eingehalten werden, und dass den Ordensangehörigen die Möglichkeit gegeben wird, die Ordensregeln zu beachten und ihre sonstigen religiösen Obliegenheiten zu erfüllen.

(5) Personen, die vom Krankenhausträger weder angestellt noch von ihm zu einer beruflichen Bildungsmaßnahme zugelassen sind, dürfen vom Arzt im Krankenhaus nicht beschäftigt oder aus-, weiter- und fortgebildet werden. Ausnahmen bedürfen der vorherigen schriftlichen Zustimmung des Dienstvorgesetzten.

(6) Zeugnisse für nachgeordnete Ärzte der Abteilung, für die medizinisch-technischen und physiotherapeutischen Mitarbeiter der Abteilung sowie für die Arztschreibkräfte der Abteilung werden vom Krankenhausträger unter Verwendung einer vom Arzt abzugebenden fachlichen Beurteilung ausgestellt. Die fachliche Beurteilung und das Arbeitszeugnis werden in einer Urkunde zusammengefasst.

(7) Zeugnisse für nachgeordnete Ärzte im Rahmen der Gebietsarztweiterbildung oder Zeugnisse und Bescheinigungen, die sich ausschließlich mit der ärztlichwissenschaftlichen Qualifikation befassen, stellt der Arzt aus. Sie sind vor ihrer Aushändigung dem Krankenhausträger zur Kenntnis vorzulegen; die Krankenhausverwaltung erhält für die Personalakte eine Mehrfertigung der Zeugnisse und Bescheinigungen.

§ 8 Vergütung im dienstlichen Aufgabenbereich und Beteiligung an den Liquidationserlösen

(1) Herr ... erhält für seine Tätigkeit im dienstlichen Aufgabenbereich eine Vergütung in Höhe der jeweiligen Grundvergütung entsprechend der Vergütungsgruppe 1 Endstufe der Anlage 2 zu den AVR, den der Vergütungsgruppe 1 der Anlage 2 zu den AVR entsprechenden Ortszuschlag, die der Vergütungsgruppe 1 entsprechende Zulage gem. Anlage 10 zu den AVR sowie Weihnachts- und Urlaubsgeld entsprechend den einschlägigen Bestimmungen der AVR.

Werden die AVR durch einen anderen Tarifvertrag ersetzt, so tritt an die Stelle der vereinbarten AVR-Vergütungsgruppe die entsprechende Vergütungsgruppe des neuen Tarifvertrages unter Berücksichtigung etwaiger Überleitungsbestimmungen.

(2) Herr ... erhält ferner als variable und nicht zusatzversorgungspflichtige (§ 62 Abs. 7 Buchst. b der Satzung der KZVK) Vergütung

a) eine Beteiligung an den Einnahmen des Krankenhausträgers aus der gesonderten Berechnung wahlärztlicher Leistungen durch das Krankenhaus bei denjenigen Kranken, die diese Leistungen gewählt, mit dem Krankenhaus vereinbart und in Anspruch genommen haben,

b) eine Beteiligung an den Einnahmen des Krankenhausträgers für die Gutachten bei Aufnahme zur Begutachtung, soweit die gesonderte Berechnung einer Vergütung für Gutachten neben dem Pflegesatz nach dem Pflegekostentarif des Krankenhauses in der jeweils gültigen Fassung zulässig ist sowie für die Nebentätigkeit (Tätigkeit außerhalb der Dienstaufgaben).

Vor der Beteiligung des Arztes an den vorstehend genannten Einnahmen werden diese um den Betrag gekürzt, den der Krankenhausträger für die Buchstaben a) und b) genannten Leistungen bei der Ermittlung der Entgelte des Krankenhauses nach Maßgabe des Krankenhausfinanzierungsgesetzes und der Bundespflegesatzverordnung in der jeweiligen Fassung und der diese ergänzenden oder ersetzenden Bestimmungen auszugliedern hat (Kostenabzug). Entfällt ein Kostenabzug im Sinne der Vorschriften, werden die Einnahmen um die Kosten gekürzt, die dem Krankenhausträger für die vorstehend genannten Leistungen entstehen.

Der Kostenabzug beträgt derzeit:

- für die in den Abschnitten A, E, M und O des Gebührenverzeichnisses der GOÄ genannten Leistungen 40 v.H. und
- für die in den übrigen Abschnitten des Gebührenverzeichnisses der GOÄ genannten Leistungen 20 v.H.

der jeweils auf diese vor Abzug der Gebührenminderung nach § 6 a Abs. 1 Satz 1 GOÄ entfallenden Gebühren, für nach § 6 Abs. 2 der GOÄ berechnete Gebühren ist dem Kostenabzug der Vomhundertsatz zugrunde zu legen, der für sie als gleichwertig herangezogene Leistung des Gebührenverzeichnisses der GOÄ gilt.

Aus den verbleibenden jährlichen Einnahmen erhält der Arzt

- von den ersten 30.000 EUR　　　　　　　　　　　　　　90 v.H.
- von den darüberliegenden Beträgen bis 60.000 EUR　　85 v.H.
- und von den restlichen Einnahmen　　　　　　　　　　80 v.H.

Über die Höhe des Vorteilsausgleiches wird bei Inkrafttreten gesondert noch einmal verhandelt.

(3) Bemessungsgrundlage zur Berechnung der Entgelte für die in Absatz 2 genannten Leistungen durch den Krankenhausträger ist die Gebührenordnung für Ärzte in der jeweils gültigen Fassung.

(4) Mit der Vergütung nach Absatz 1 und 2 sind Überstunden sowie Mehr-, Samstags-, Sonntags-, Feiertags- und Nachtarbeit jeder Art sowie Bereitschaftsdienst und Rufbereitschaft abgegolten.

(5) Die Einnahmen aus der Beteiligung sind kein zusatzversorgungspflichtiges Entgelt.

(6) Abrechnungszeitraum für die Beteiligung ist das Kalenderjahr. Die Schlussabrechnung wird spätestens innerhalb von zwei Monaten nach Ablauf des Kalenderjahres vorgenommen. Bis dahin leistet das Krankenhaus monatliche Abschlagszahlungen in Höhe des voraussichtlichen Einzwölfteljahresbetrags. Diese Zahlungen sind bis zum 16. des Folgemonats fällt.

(7) Für den Zeitraum ab Vertragsbeginn bis einschließlich zum ... werden die vorgenannten Abschnitte 2–6 durch die Bestimmung ersetzt, dass die Vergütung nach den Arbeitsvertragsrichtlinien des Deutschen Caritasverbandes (AVR) entsprechend der Formulierung des § 8 Abs. 1 dieses Vertrages auf 12 Monate verteilte Differenzzahlungen auf ein Jahresbruttoeinkommen von 140.000 EUR unter Einbeziehung auch einer evtl Tariferhöhung der AVR aufzustocken ist. Diese zusätzliche Differenzzahlung wird gem. § 62 Abs. 7 Buchst. b der Satzung der KZVK (Stand ...) nicht zusatzversorgungspflichtig vereinbart. Aus diesem Differenzzuschlag bestreitet Herr ... eine angemessene Beteiligung der ihm nachgeordneten Ärzte.

(8) Die Parteien vereinbaren, zum Ablauf des vorgenannten Jahreszeitraumes wegen Beurteilung der Entwicklung im Liquidationsbereich der Abteilung und der diesbezüglichen Bedeutung für die künftige Einkommensentwicklung nach Ziffer 2–6 dieser Vorschrift nochmals Gespräche aufzunehmen mit dem erklärten Ziel, die in Absatz 7 geregelte Einkommenssituation für den Fall einer Schlechterstellung bei Beteiligung an den Liquidationserlösen nach Ziffer 2–6 zu prolongieren.

§ 9 Alters- und Hinterbliebenenversorgung

(1) Das Krankenhaus gewährt dem Arzt im Hinblick auf die gewährte Beteiligung an Liquidationserlösen keine eigene Alters- und Hinterbliebenenversorgung.

(2) Die Beiträge zur gesetzlichen Rentenversicherung bzw zur berufsständischen Versicherung werden vom Krankenhaus und dem Abteilungsarzt jeweils zur Hälfte getragen. Gehört der Arzt einer berufsständischen Versicherung an, so werden die Beiträge zu dieser nur bis zu der Höhe gezahlt, die bei einer Mitgliedschaft in der gesetzlichen Rentenversicherung zu entrichten wäre.

§ 10 Urlaub

Der Urlaub ist bei der Verwaltung des Krankenhauses rechtzeitig vor Urlaubsbeginn unter Angabe der Vertretungsregelung zu beantragen.

§ 11 Teilnahme an wissenschaftlichen Kongressen u.a.

(1) Herr ... kann jährlich bis zur Dauer von zwei Wochen an wissenschaftlichen Kongressen und ärztlichen Fortbildungskursen teilnehmen; damit sind etwaige Ansprüche länderspezifischer Weiterbildungsgesetz abgegolten.

Die Teilnahme gilt als Dienstreise; Reisekosten werden jedoch nicht vergütet. Eine Anrechnung auf den Erholungsurlaub findet nicht statt.

(2) Die Teilnahme an Kongressen und Fortbildungsveranstaltungen ist bei dem Dienstvorgesetzten über den Leitenden Arzt und die Verwaltung des Krankenhauses rechtzeitig unter Angabe der Vertretungsregelung zu beantragen.

§ 12 Dienstreisen

(1) Dienstreisen bedürfen der Genehmigung durch den Dienstvorgesetzten. Die Genehmigung ist über den leitenden Arzt und die Verwaltung des Krankenhauses rechtzeitig unter Angabe der Vertretungsregelung beim Dienstvorgesetzten zu beantragen.

(2) Bei Dienstreisen erhält der Arzt Reisekosten nach den bei dem Krankenhausträger geltenden Reisekostenbestimmungen.

§ 13 Krankheit

Das Beteiligungsrecht nach § 8 Abs. 2 wird ab der 26. Woche der Arbeitsunfähigkeit für diejenigen Leistungen, die ab diesem Zeitpunkt erbracht werden, unterbrochen. Bei Wiederaufnahme der Tätigkeit durch den Arzt lebt das Beteiligungsrecht wieder auf.

§ 14 Vertretungsregelung

(1) Im Falle der Beurlaubung, der Teilnahme an wissenschaftlichen Kongressen, Dienstreisen, Krankheiten oder sonstigen Dienstverhinderungen hat der Arzt seine Vertretung im Einvernehmen mit dem Dienstvorgesetzten zu regeln; kommt eine einvernehmliche Regelung nicht zustande, entscheidet der Dienstvorgesetzte nach Anhörung des Arztes.

(2) Der Vertretung des Arztes bei Dienstabwesenheit übernimmt in der Regel sein Stellvertreter.

§ 15 Versicherungsschutz

(1) Der Krankenhausträger schließt für alle ärztlichen Tätigkeiten im Krankenhaus, für die Gutachter- und Konsiliartätigkeiten sowie die Hilfeleistungen in Notfällen eine Haftpflichtversicherung gegen Schadensersatzansprüche Dritter ab.

(2) Herr ... ist jederzeit berechtigt, in den Versicherungsschein und die Versicherungsbedingungen Einblick zu nehmen.

§ 16 Entwicklungsklausel[513]

(1) Der Krankenhausträger kann im Benehmen mit dem Arzt strukturelle und organisatorische Änderungen im Krankenhaus vornehmen:

---

513 Diese Klausel ist angesichts der Rechtsprechung des BAG vom 12.1.2005 (5 AZR 364/04, NZA 2005, 465) zu Widerrufsvorbehaltsklauseln nach hier vertretener Ansicht nicht mehr wirksam (*Hümmerich/Bergwitz*, BB 2005, 997; *dies.*, MedR 2005, 185; ebenso *Reinecke*, NJW 2005, 3383).

1. Den Umfang der kinderchirurgischen Abteilung, Zahl und Aufteilung der Betten dieser Abteilung und des gesamten Kinderbereiches im ... ändern;
2. die Ausführung bestimmter Leistungen von der kinderchirurgischen und pädiatrischen Abteilung ganz oder teilweise abtrennen und anderen Fachabteilungen, Funktionsbereichen, Instituten, Untersuchungs- oder Behandlungseinrichtungen oder Ärzte zuweisen;
3. weitere selbständige Fachabteilungen, Funktionsbereiche oder Institute im Krankenhaus neu einrichten, unterteilen, abtrennen oder schließen;
4. spätestens zum Zeitpunkt der Nachfolgeregelung für Herrn Chefarzt ... eine neue Struktur im Sinne eines Teamarztmodells mit liquidationsberechtigten Fachbereichsärzten in Verbindung mit Verzicht auf die tradierte Oberarztebene einführen mit der Konsequenz der diesbezügliche notwendigen Anpassung des vorliegenden Vertragsverhältnisses. In diesem Zusammenhang soll der oben festgelegte wirtschaftliche Status nicht geschmälert werden, in der Funktionsbezeichnung aber voraussichtliche Modellanpassung erfolgen und hausintern die Einordnung in die Chefarztebene erhalten bleiben, was zB die Teilnahme an Chefarztsitzungen betrifft.

(2) Dem Arzt stehen bei Maßnahmen nach Abs. 1 (Ziffer 1–3) keine Entschädigungsansprüche zu, wenn seine Einnahmen für die Tätigkeit im dienstlichen Aufgabenbereich (§§ 4, 5, 6) wenigstens 80 v.H. der durchschnittlichen Vergütung gem. § 8 Abs. 1 und der Honorare aus der Beteiligungsvergütung nach § 8 Abs. 2 in den letzten 60 Monaten erreicht.

§ 17 Tätigkeit außerhalb der Dienstaufgaben

Die Versorgung der stationären Kranken muss stets Schwerpunkt der Tätigkeit des Arztes sein und darf durch die Ausübung von Nebentätigkeiten nicht beeinträchtigt werden. Jede Tätigkeit außerhalb der Dienstaufgaben bedarf der schriftlichen Zustimmung des Krankenhausträgers (Nebentätigkeitserlaubnis).

§ 18 Vertragsdauer, Kündigung

(1) Der Vertrag tritt am ... in Kraft, er wird auf unbestimmte Zeit geschlossen.
(2) Das Recht zur fristlosen Kündigung des Vertrages nach § 626 BGB aus wichtigem Grund bleibt unberührt.
(3) Der Vertrag endet ohne Kündigung mit Erreichung der in § 19 Abs. 3 AVR in der jeweils gültigen Fassung festgelegten Altersgrenze oder mit Ablauf des Monats, in dem dem Arzt der Bescheid über eine vom Rentenversicherungsträger oder von einer anderen Versorgungseinrichtung festgestellte Berufs- oder Erwerbsunfähigkeit zugestellt wird.

§ 19 Direktionsrecht, Meinungsverschiedenheiten

(1) Der Krankenhausträger kann im Rahmen seines Direktionsrechts Satzungen, Dienstanweisungen, Hausordnungen und dergleichen erlassen; durch solche Regelungen dürfen aber weder die vertraglichen Rechte des Arztes geschmälert werden, noch seine vertraglicher Verpflichtungen erweitert werden. § 16 Abs. 1 bleibt unberührt.

(2) Können Meinungsverschiedenheiten unter den Krankenhausärzten in Angelegenheiten, die unter den Geltungsbereich dieses Vertrages fallen, nicht vom Leitenden Arzt des Krankenhauses beigelegt werden, entscheidet der Dienstvorgesetzte nach Anhörung der Beteiligten. Der Dienstvorgesetzte entscheidet auch über Meinungsverschiedenheiten zwischen dem Arzt und dem Verwaltungsleiter oder dem Leiter des Pflegedienstes nach Anhörung der Beteiligten. Bei Meinungsverschiedenheiten über die Abgrenzung zwischen den ärztlichen Fachgebieten sollen auch die Berufsverbände der beteiligten Fachärzte und die Landesärztekammer gehört werden.

§ 20 Schlussbestimmungen

Ergänzungen und Änderungen dieses Arbeitsvertrages einschließlich der Aufhebung dieses Schriftformerfordernisses bedürfen der Schriftform, es sei denn, sie beruhen auf einer ausdrücklichen oder individuellen Vertragsabrede. Eine betriebliche Übung ist keine solche ausdrückliche bzw individuelle Vertragsabrede. Auch wiederholte Leistungen oder Vergünstigungen ohne ausdrückliche oder individuelle Vertragsabrede begründen keinen Anspruch für die Zukunft. Mündliche Nebenabreden bestehen nicht.

5. Muster: Arbeitsvertrag mit einem Leiter der Finanzabteilung

Arbeitsvertrag

Firma ...

– nachfolgend Gesellschaft genannt –

und

Herr ...

schließen folgenden Arbeitsvertrag:

§ 1 Beginn des Arbeitsverhältnisses

(1) Das Arbeitsverhältnis beginnt am ....

(2) Die Probezeit beträgt sechs Monate. Während dieser Zeit können die Vertragspartner das Arbeitsverhältnis mit einmonatiger Frist zum Monatsschluss kündigen.

(3) Nach erfolgreicher Probezeit soll das Arbeitsverhältnis unbefristet fortgesetzt werden. Die Bestimmungen des § 13 werden davon nicht betroffen oder eingeschränkt.

§ 2 Tätigkeit

(1) Herr ... wird eingestellt als Referent. Zu seinem Aufgabengebiet gehören insbesondere nachfolgende Tätigkeiten: Leiter des Aufgabenbereichs Finanzen – mit den Schwerpunkten:

- Finanzbuchführung
- Jahresabschluss
- Steuern
- Liquiditätssteuerung.

(2) Das Arbeitsverhältnis bezieht sich auf eine Tätigkeit in .... Die Gesellschaft behält sich vor, Herrn ... im Rahmen der Gesellschaft auch eine andere, der Vorbildung und den Fähigkeiten entsprechende gleichwertige Tätigkeit, vorübergehend auch an einem anderen Ort, zu übertragen.

Macht sie hiervon Gebrauch, so richtet sich nach Ablauf eines Monats die Vergütung nach der neu zugewiesenen Tätigkeit, wenn diese höherwertig ist.

Im Übrigen bleibt das Recht der Änderungskündigung unbeschadet dieser Regelung.

§ 3 Vergütung

(1) Herr ... erhält für seine vertragliche Tätigkeit ein jährliches Bruttogehalt von ... EUR. Das Gehalt wird nach Abzug der gesetzlichen Abgaben in zwölf gleichen Monatsraten entsprechend den Terminen der zahlenden Stelle ausgezahlt.

Über eine Anpassung der vereinbarten Vergütung kann jährlich verhandelt werden.

Über eine lineare Erhöhung entscheidet der Gesellschafterausschuss jährlich vor dem Hintergrund der Ertragslage des Unternehmens, der Preisentwicklung und der Lohn- und Gehaltsentwicklung.

(2) Neben seiner Festvergütung erhält Herr ... gemäß der jährlich zu treffenden Zielvereinbarung einen Bonus iHv maximal 15.000 EUR. Die Höhe des Bonus richtet sich nach dem Grad der Zielerreichung und bestimmt sich wie folgt:

Bonus-stufe	Zielerreichung in %	Zielsetzung	Gesamtleistung	Bonus-Ausschüttung in % vom Maximalbonus
0	bis 89 %	sehr deutlich unterschritten	mangelhaft	0
1	90 bis 95 %	deutlich unterschritten	ausreichend	10
2	96 bis 99 %	annähernd erreicht	befriedigend	20
3	100 bis 103 %	voll erreicht	gut	50
4	104 bis 109 %	deutlich überschritten	sehr gut	75
5	110 % und mehr	sehr deutlich überschritten	ausgezeichnet	100

Über die Höhe des Zielerreichungsgrades entscheidet der Arbeitgeber nach erfolgtem Zielerreichungsgespräch mit Herrn ... nach billigem Ermessen. Das Gespräch soll im unmittelbaren Anschluss an das Geschäftsjahr, spätestens aber bis Ende März des auf das Geschäftsjahr folgenden Jahres, geführt werden.

(3) Herr ... darf seine Vergütungsansprüche an Dritte nur nach vorheriger schriftlicher Zustimmung der Gesellschaft abtreten.

§ 4 Arbeitszeit

(1) Es gilt die Arbeitszeit und Überstunden-Richtlinie der Gesellschaft in der jeweils gültigen Form als vereinbart.

(2) Zum Zeitpunkt des Vertragsabschlusses gilt eine Arbeitszeit von ... Stunden je Woche gemäß den Bestimmungen der Arbeitszeit und Überstunden-Richtlinie.

§ 5 Reisekosten

Aufwendungen für genehmigte und durchgeführte Dienstreisen werden nach der jeweils gültigen Reisekosten-Richtlinie der Gesellschaft erstattet.

§ 6 Arbeitsverhinderung

(1) Herr ... ist verpflichtet, der Gesellschaft jede Arbeitsverhinderung und ihre voraussichtliche Dauer unverzüglich anzuzeigen. Auf Verlangen sind die Gründe der Arbeitsverhinderung mitzuteilen.

(2) Im Falle der Erkrankung ist Herr ... verpflichtet, vor Ablauf des 3. Kalendertages nach Beginn der Arbeitsunfähigkeit eine ärztliche Bescheinigung über die Arbeitsunfähigkeit sowie deren voraussichtliche Dauer vorzulegen. Dauert die Arbeitsunfähigkeit länger als in der Bescheinigung angegeben, so ist Herr ... verpflichtet, innerhalb von drei Tagen eine neue ärztliche Bescheinigung einzureichen.

§ 7 Gehaltsfortzahlung im Krankheitsfall

(1) Ist Herr ... infolge auf Krankheit beruhender Arbeitsunfähigkeit an der Arbeit verhindert, ohne dass ihn ein Verschulden trifft, so erhält er Gehaltsfortzahlung für die Dauer von sechs Wochen.

(2) Während einer ärztlich verordneten Kurmaßnahme wird längstens für sechs Wochen Gehaltsfortzahlung gewährt.

§ 8 Urlaub

Herr ... hat Anspruch auf einen gesetzlichen Mindesturlaub von 20 Arbeitstagen pro Kalenderjahr bei einer 5-Tage-Woche. Die Gesellschaft gewährt Herrn ... zusätzlich zu dem gesetzlichen Mindesturlaub einen vertraglichen Urlaub von weiteren ... Arbeitstagen. Der Urlaub ist möglichst zusammenhängend zu nehmen. Bei der Gewährung von Urlaub wird zuerst der gesetzliche Urlaub eingebracht. Für den vertraglichen Urlaub gilt abweichend von dem gesetzlichen Mindesturlaub, dass der Urlaubsanspruch nach Ablauf des Übertragungszeitraumes (31.3. des Folgejahres) auch dann verfällt, wenn er wegen Arbeitsunfähigkeit von Herrn ... nicht genommen werden kann. Der gesetzliche Mindesturlaub verfällt in einem solchen Fall 15 Monate nach Ablauf des Urlaubsjahres.

§ 9 Verschwiegenheitspflicht

Herr ... verpflichtet sich, über alle Betriebs- und Geschäftsgeheimnisse, die ihm im Rahmen der Tätigkeit zur Kenntnis gelangen, auch nach Ausscheiden aus dem Arbeitsverhältnis Stillschweigen zu bewahren. Die Verschwiegenheitspflicht bezieht sich auch auf die Konditionen dieses Vertrages.

§ 10 Nachvertragliche Wettbewerbsklausel

(1) Herrn ... ist nicht gestattet, für die Dauer von ...[514] Jahren nach dem Ende seines Arbeitsverhältnisses in selbständiger, unselbständiger oder anderer Weise für Dritte tätig zu werden, die mit der Gesellschaft in direktem oder indirektem Wettbewerb stehen oder mit einem solchen Wettbewerbsunternehmen verbunden sind. Ebenso ist es Herrn ... nicht gestattet, während der Laufzeit des Wettbewerbsverbots ein solches Unternehmen zu errichten, zu erwerben oder sich hieran unmittelbar oder mittelbar zu beteiligen.

(2) Das Wettbewerbsverbot wirkt auch im Hinblick auf die mit der Gesellschaft jetzt und in Zukunft verbundenen Unternehmen.

(3) Das Wettbewerbsverbot gilt auch für und gegen einen Rechtsnachfolger der Gesellschaft. Bei einer Veräußerung des Betriebes geht es auf den Erwerber über. Herr ... ist mit dem Übergang der Rechte aus dieser Vereinbarung auf einen etwaigen Rechtsnachfolger einverstanden.

(4) Für die Dauer des Wettbewerbsverbots zahlt die Gesellschaft eine Karenzentschädigung, die für jedes Jahr des Verbots der Hälfte der von Herrn ... zuletzt bezogenen vertragsmäßigen Leistungen der Gesellschaft entspricht. Eine Karenzentschädigung ist jedoch nicht zu zahlen während der Absolvierung des Wehrdienstes, Zivildienstes oder der Verbüßung einer Freiheitsstrafe.[515]

(5) Anderweitigen Erwerb muss sich Herr ... gem. § 74 c HGB auf die Entschädigung anrechnen lassen. Herr ... hat unaufgefordert mitzuteilen, ob und in welcher Höhe er neben der Karenzentschädigung Vergütungen aus anderweitiger Verwertung seiner Arbeitskraft bezieht. Auf Verlangen sind die Angaben durch Vorlage prüfbarer Unterlagen zu belegen.

---

[514] Gemäß § 74 Abs. 1 HGB maximal für zwei Jahre. Die Dauer im konkreten Einzelfall ist dabei nach Maßgabe des im Einzelfall bestehenden berechtigten geschäftlichen Interesse auszurichten. Es ist ein weit verbreiteter Irrtum, dass zwei Jahre in aller Regel unbedenklich seien.

[515] Ein Ausschluss der Karenzentschädigungspflicht für Zeiten einer Arbeitsunfähigkeit dürfte unter Berücksichtigung von BAG 23.11.2004 – 9 AZR 595/03, NJW 2004, 2732 wohl nicht möglich sein.

(6) Herr ... zahlt für jede einzelne schuldhafte Verletzungshandlung gegen das Wettbewerbsverbot an die Gesellschaft eine Vertragsstrafe iHv 10.000 EUR („Einzelverstoß"). Bei mehreren Einzelverstößen, die nicht während eines Dauerverstoßes nach Abs. 7 erfolgen, fällt die Vertragsstrafe für jeden Einzelfall erneut an.[516]

(7) Liegt der schuldhafte Verstoß gegen das Wettbewerbsverbot nicht in einem Einzelverstoß iSv Abs. 6, sondern besteht der Verstoß in der Begründung eines Arbeits-, Dienst- oder sonstigen Vertragsverhältnisses zu einem Wettbewerbsunternehmen oder in einer unmittelbaren oder mittelbaren Beteiligung an einem Wettbewerbsunternehmen („Dauerverstoß"), so wird die Vertragsstrafe für jeden angefangenen Monat eines solchen Dauerverstoßes fällig. Absatz 6 findet während eines Dauerverstoßes keine Anwendung.

(8) Die Geltendmachung eines über die Vertragsstrafen nach Abs. 6 und 7 hinausgehenden Schadens bleibt der Gesellschaft ebenso vorbehalten wie die Geltendmachung etwa von Unterlassungsansprüchen.

(9) Dieses Wettbewerbsverbot wird nicht wirksam, wenn das Arbeitsverhältnis nicht mehr als sechs[517] Monate gedauert hat oder Herr ... nach seinem Ausscheiden Altersrente aus der gesetzlichen Rentenversicherung bezieht.

(10) Im Übrigen gelten die §§ 74 ff HGB entsprechend.

§ 11 Nebenbeschäftigung

Die Übernahme einer Nebentätigkeit ist unzulässig, wenn sie die Interessen der Gesellschaft beeinträchtigen. Nebenbeschäftigungen sind unverzüglich anzuzeigen.

§ 12 Erfindungen

(1) Herr ... verpflichtet sich, alle in den Rahmen der wirtschaftlichen Betätigung der Gesellschaft fallenden oder deren Tätigkeitsbereich berührenden Ideen, Systeme, Methoden, Beobachtungen, Erkenntnisse, Erfahrungen und gegebenenfalls Erfindungen der Gesellschaft mitzuteilen und ihr zur freien und ausschließlichen Verfügung zu überlassen.

(2) Herr ... überträgt hiermit der Gesellschaft das Recht an allen Werken, Ideen, Systemen und Methoden, unabhängig davon, ob sie urheberrechtlich geschützt sind, die zu irgendeiner Zeit für die Auftraggeber der Gesellschaft benutzt worden sind oder benutzt werden können und deren Urheber er ist bzw während seiner Tätigkeit bei der Gesellschaft wird.

(3) Herr ... verpflichtet sich, diese Werke, Ideen, Systeme und Methoden weder während noch nach seiner Tätigkeit bei der Gesellschaft anderweitig zu verwerten. Er verpflichtet sich weiter, alle für eine eventuelle Registrierung dieser Rechte im Namen der Gesellschaft (zB Copyrights) erforderlichen Erklärungen abzugeben und Rechtshandlungen vorzunehmen.

---

516 Die früher übliche, einfachere Klauselgestaltung: „Handelt Herr ... dem Wettbewerbsverbot zuwider, ist die Firma für jeden Fall der Zuwiderhandlung berechtigt, eine Vertragsstrafe iHv ... zu beanspruchen, ohne dass es eines Schadensnachweises bedarf. Bei dauernder Verletzung des Verbots entsteht die Vertragsstrafe für jeden angefangenen Monat der Verletzung neu." ist nach BAG 14.8.2007 – 8 AZR 973/06, NZA 2008, 170 ff unwirksam, weil eine solche Regelung insbesondere gegen das Transparenzgebot des § 307 Abs. 2 BGB verstößt, weil sie nicht klar und verständlich ist. Es bedarf wegen der Transparenzanforderungen des BAG daher einer deutlicheren Ausdifferenzierung und Abgrenzung von „Einzel- und Dauerverstoß". – *Diller* (NZA 2008, 57) schlägt als Reaktion auf das BAG-Urteil folgende Alternativfassung vor:
„1. Für jede Handlung, durch die der Mitarbeiter das Verbot schuldhaft verletzt, hat er eine Vertragsstrafe von ... zu zahlen.
2. Besteht die Verletzungshandlung in der kapitalmäßigen Beteiligung an einem Wettbewerbsunternehmen oder der Eingehung eines Dauerschuldverhältnisses (zB Arbeits-, Dienst-, Handelsvertreter- oder Beraterverhältnis), wird die Vertragsstrafe für jeden angefangenen Monat, in dem die kapitalmäßige Beteiligung oder das Dauerschuldverhältnis besteht, neu verwirkt (Dauerverletzung). Mehrere Verletzungshandlungen lösen jeweils gesonderte Vertragsstrafen aus, gegebenenfalls auch mehrfach innerhalb eines Monats. Erfolgen dagegen einzelne Verletzungshandlungen im Rahmen einer Dauerverletzung, sind sie von der für die Dauerverletzung verwirkten Vertragsstrafe mit umfasst.
3. Die Geltendmachung von Schäden, die über die verwirkte Vertragsstrafe hinausgehen, bleibt vorbehalten, desgleichen die Geltendmachung aller sonstigen gesetzlichen Ansprüche und Rechtsfolgen aus einer Verletzung (zB Unterlassungsansprüche, Wegfall des Anspruchs auf Karenzentschädigung für die Dauer des Verstoßes etc.)."

517 Diese Bedingung des Wettbewerbsverbots ist zulässig (BAG 28.6.2006 – 10 AZR 407/05, NJW 2006, 3659). Demnach kann auch eine andere zeitliche Grenze festgelegt werden, etwa eine Betriebszugehörigkeit von einem Jahr oder 18 Monaten.

(4) Eine besondere Vergütung für die Überlassung der Rechte erfolgt in den Fällen, in denen sie gesetzlich vorgeschrieben ist.

(5) Ergänzend gilt das Gesetz über Arbeitnehmererfindungen in seiner jeweils gültigen Fassung.

§ 13 Beendigung des Arbeitsverhältnisses

(1) Das Arbeitsverhältnis endet mit Ablauf des Monats, in dem Herrn ... ein Bescheid der gesetzlichen Rentenversicherung zum Bezug einer Rente wegen Alters, wegen Berufs- oder Erwerbsunfähigkeit als Vollrente oder ein Bescheid der gesetzlichen Unfallversicherung zum Bezug einer Unfallrente als Vollrente zugestellt wird.

Herr ... ist verpflichtet, der Gesellschaft unverzüglich den Zugang des Rentenbescheides mitzuteilen.

(2) Das Arbeitsverhältnis kann mit einer Frist von drei Monaten zum Ende eines Quartals gekündigt werden. Nach Ablauf von drei Jahren seit Beginn des Arbeitsverhältnisses beträgt die Kündigungsfrist sechs Monate zum Ende eines Quartals.

(3) Kündigungen bedürfen der Schriftform.

(4) Unberührt bleibt das Recht zur außerordentlichen Kündigung.

§ 14 Ärztliche Untersuchung

Die Vertragsparteien sind sich darüber einig, dass dieser Vertrag erst dann rechtswirksam wird, wenn die gesundheitliche Eignung von Herrn ... durch einen Arzt, auf den sich beide Parteien einigen, festgestellt worden ist.

§ 15 Abtretung von Schadensersatzforderungen

Herr ... tritt seine Schadensersatzforderung insoweit ab, als er durch einen Dritten verletzt wird und die Gesellschaft Vergütungsfortzahlung im Krankheitsfall leistet.

§ 16 Verfallfristen[518, 519]

Alle Ansprüche, die sich aus dem Arbeitsverhältnis ergeben, sind von den Vertragsschließenden binnen einer Frist von sechs Monaten seit ihrer Fälligkeit schriftlich geltend zu machen und im Falle der Ablehnung durch die Gegenpartei binnen einer Frist von drei Monaten einzuklagen.

§ 17 Nebenabreden und Vertragsänderungen

(1) Mündliche Nebenabreden bestehen nicht.

(2) Ergänzungen und Änderungen dieses Arbeitsvertrages einschließlich der Aufhebung dieses Schriftformerfordernisses bedürfen der Schriftform, es sei denn, sie beruhen auf einer ausdrücklichen oder individuellen Vertragsabrede. Eine betriebliche Übung ist keine solche ausdrückliche bzw. individuelle Vertragsabrede. Auch wiederholte Leistungen oder Vergünstigungen ohne ausdrückliche oder individuelle Vertragsabrede begründen keinen Anspruch für die Zukunft.

---

518 Einstufige Ausschlussfristen müssen einen Mindestzeitraum von drei Monaten enthalten (BAG 28.9.2005 – 5 AZR 52/05, DB 2006, 1959). Zweistufige Ausschlussfristen müssen für jede Frist drei Monate vorsehen. Als im Arbeitsrecht etablierte Besonderheiten nach § 310 Abs. 4 Satz 2 BGB steht ihrer Wirksamkeit § 309 Nr. 13 BGB nicht entgegen (BAG 25.5.2005 – 5 AZR 572/04, NZA 2005, 1111).

519 Nach einer neuen Entscheidung des BAG können arbeitsvertraglich vereinbarte Ausschlussfristen dahin gehend ausgelegt werden, dass sie nur die von den Parteien für regelungsbedürftig gehaltenen Fälle erfassen sollen. Eine Anwendung auch für die Fälle, die durch gesetzliche Verbote oder Gebote geregelt sind, soll dagegen regelmäßig gerade nicht gewollt sein, so das BAG. Das gelte bspw. für die Haftung wegen Vorsatzes (Pressemitteilung Nr. 42/13 zu BAG, Urt. v. 20.6.2013 – 8 AZR 280/12). Ein Formulierungsbeispiel für eine vertragliche Verfallklausel mit Ausschluss der Haftung für Vorsatz enthält das Muster 1134 (§ 16).

§ 18 Vertragsaushändigung
Beide Parteien bestätigen, eine Ausfertigung dieses Vertrages erhalten zu haben.

6. Muster: Arbeitsvertrag mit Personalchef Europa (einschließlich Pensionszusage)

Anstellungsvertrag

zwischen

der Firma ...

– im Folgenden Gesellschaft genannt –

und

Herrn ...

– im Folgenden Angestellter genannt –

§ 1

1. Der Angestellte wird in der Gesellschaft als Director Human Resources Europe beschäftigt. Als Eintritt in das Unternehmen gilt der ....
Die Aufgaben und Befugnisse des Angestellten werden in einer Stellenbeschreibung festgelegt. Die organisatorische Zuordnung ergibt sich aus dem derzeitigen Organisationsplan der Gesellschaft.

2. Die Gesellschaft behält sich vor, dem Angestellten aus betrieblichen oder persönlichen Gründen eine andere gleichwertige und seiner Vorbildung und Erfahrung entsprechende Aufgabe zu übertragen.

3. Der Angestellte verpflichtet sich, seine gesamte berufliche Tätigkeit ausschließlich dem Dienst der Gesellschaft zu widmen und dabei alle seine Erfahrungen und Kenntnisse unaufgefordert zur Verfügung zu stellen.

4. Der Angestellte sagt zu, alle ihm übertragenen Aufgaben nach besten Kräften gewissenhaft auszuführen und die Anordnungen der Geschäftsführung sowie derjenigen Personen zu befolgen, die gemäß Stellenbeschreibung und Organisationsplan als Vorgesetzte bezeichnet sind.

5. Der Angestellte bedarf der vorherigen Zustimmung der Gesellschaft zu Vorträgen und Veröffentlichungen, die sich auf Arbeitsgebiete der Gesellschaft oder andere Interessen der Gesellschaft beziehen.

6. Die Übernahme jeder auf Erwerb gerichteten Nebentätigkeit bedarf der vorherigen schriftlichen Zustimmung der Gesellschaft. Das Gleiche gilt für die Beteiligung an anderen Unternehmen, für die Mitwirkung in Aufsichtsratsorganen, sowie für die Übernahme von öffentlichen Ehrenämtern, soweit dadurch der Umfang bei der Gesellschaft berührt wird. Die Beteiligung an Konkurrenzunternehmen oder die Mitwirkung an deren Aufsichtsorganen ist ausgeschlossen.

§ 2

Der Angestellte ist verpflichtet, alle Geschäfts- und Betriebsgeheimnisse der Gesellschaft und ihrer Konzernunternehmen geheimzuhalten und weder unmittelbar noch mittelbar für sich oder Dritte von ihnen Gebrauch zu machen. Dasselbe gilt für Geschäfts- und Betriebsgeheimnisse, die der Gesellschaft oder ihren Konzernunternehmen anvertraut worden sind. Diese Verpflichtung bleibt auch nach dem Ausscheiden des Angestellten aus den Diensten der Gesellschaft in Kraft.

§ 3

Der Angestellte ist verpflichtet, alle Dateien, E-Mails, Briefe, Kopien und sonstigen Unterlagen und Dokumente der Gesellschaft bei seinem Ausscheiden unaufgefordert, sonst auf Anforderung, unverzüglich zurückzugeben. Die Geltendmachung eines Zurückbehaltungsrechts ist insoweit ausgeschlossen.

§ 4

1. Für seine Dienste erhält der Angestellte ein Jahresgehalt von brutto ... EUR, zahlbar 12 x ... EUR. Die nächste Gehaltsüberprüfung erfolgt ....

In dem o.g. Fixeinkommen sind die üblichen tariflichen Zahlungen wie Urlaubsgeld, Weihnachtsgeld und vermögenswirksame Leistungen enthalten.

2. Im Krankheitsfall zahlt die Gesellschaft dem Angestellten bei ununterbrochener Erkrankung von über 6 Wochen ab der 7. Krankheitswoche einen Krankengeldausgleich in Höhe des Unterschiedsbetrags zwischen dem Krankengeld, das der Angestellte von seiner gesetzlichen Krankenkasse erhält oder erhalten würde, oder den Leistungen eines privaten Krankenversicherungsträgers, soweit vergleichbare Leistungen der AOK nicht überschritten werden, und seinen Nettobezügen bis zu einer Gesamtkrankheitsdauer von 6 Monaten.

Für den Fall einer Erkrankung, die über den Zeitraum von 6 Monaten hinausgeht, schließt die Gesellschaft eine Krankentagegeldversicherung für den Angestellten ab.

3. Nach Beendigung des Geschäftsjahres und zu einem von der Geschäftsleitung festgelegten Zeitpunkt erhält der Angestellte einen zusätzlichen Jahresbonus. Im Moment bewegt sich der Bonus zwischen 0 – 10 – 25 – 55 % eines Jahresgehalts, wobei 25 % der Targetwert ist, ausgerichtet an den Finanz- und Individualzielen.

Von der Gesellschaft angewandte Bonussysteme sind widerruflich und gelten nur für das jeweilige Geschäftsjahr.[520]

4. Mit den vorstehend genannten Bezügen und Leistungen sind alle Ansprüche auf Entgelt, einschließlich eventueller Mehrarbeitvergütung abgegolten.[521]

§ 5

1. Beginn und Ende der Arbeitszeit des Angestellten richten sich nach dem Umfang der übernommenen Aufgaben. Die zeitliche Lage der Arbeitszeit legt der Angestellte in Einvernahme mit seinem Vorgesetzten selbst fest.

2. Der Angestellte erhält einen bezahlten Erholungsurlaub von 30 Arbeitstagen je Kalenderjahr. Die zeitliche Lage des Urlaubs wird im Einvernehmen mit dem Vorgesetzten festgelegt. In Anlehnung an tarifliche Vereinbarungen kann sich auch der Urlaub verändern.

§ 6

Der Angestellte wird in die von der Gesellschaft abgeschlossene Gruppenunfallversicherung einbezogen. Der Versicherungsschutz im Rahmen dieser Versicherung umfasst berufliche und außerberufliche Unfälle. Die Versteuerung des geldwerten Vorteiles für diese Versicherung übernimmt der Angestellte. Auf die versicherten Leistungen besteht im Versicherungsfall ein Rechtsanspruch ohne Rücksicht auf Ansprüche aus Sozialversicherungen. Die Gruppenunfallversicherung wird auf folgende Versicherungssummen abgeschlossen:

- das 5-Fache eines Jahresgehalts für Invalidität;
- das 2-Fache eines Jahresgehalts im Todesfall.

Der Versicherungsschutz erlischt, wenn der Angestellte aus dem Anstellungsverhältnis der Gesellschaft ausscheidet.

---

[520] Gemäß §§ 308 Nr. 4, 307 Abs. 2 Nr. 1 BGB ist die Regelung nicht wirksam (BAG 12.1.2005 – 5 AZR 364/04, NZA 2005, 465). Vorteilhafter aus Arbeitgebersicht ist die Vereinbarung einer freiwilligen Bonus-Regelung.

[521] Wenngleich verbreitet, so ist diese Regelung gem. § 307 Abs. 1 Satz 2, Abs. 2 Nr. 1 BGB unwirksam (BAG 21.9.2011 – 5 AZR 629/10, NZA 2012, 145). Wirksam wäre bspw folgende Regelung: „Mit der Vergütung gemäß § ... sind bis zu 5 Überstunden bzw Mehrarbeit pro Woche abgegolten."

§ 7

Dieser Vertrag tritt zum ... in Kraft. Er löst einen gegebenenfalls bisher mit der Gesellschaft bestehenden gültigen Arbeitsvertrag vollständig ab.

Der Vertrag kann mit einer Frist von 6 Monaten zum Ende eines Kalendervierteljahres gekündigt werden.

Die Vereinbarung einer Kündigungsfrist schließt die Möglichkeit einer außerordentlichen Kündigung bei Vorliegen schwerwiegender Gründe nicht aus.

Die Gesellschaft ist berechtigt, den Angestellten nach der Kündigung des Anstellungsvertrages bis zum Vertragsende ganz oder teilweise von der Pflicht zur Arbeitsleistung bei Fortzahlung der Bezüge und Anrechnung des zustehenden Jahresurlaubs freizustellen, wenn das Interesse der Gesellschaft an der Freistellung das Interesse des Angestellten an der Beschäftigung überwiegt. Dies ist insbesondere dann der Fall, wenn der Wechsel des Angestellten zu einem Wettbewerber zu besorgen ist oder wenn eine Kündigung aus verhaltensbedingten Gründen erfolgt ist.

Jede gesetzliche Verlängerung der vorstehenden Kündigungsfristen zu Gunsten der einen Partei wirkt gleichermaßen zu Gunsten der anderen Partei.

Dieser Vertrag und damit das Anstellungsverhältnis endet – soweit ausdrücklich nichts anderes vereinbart wird – am Letzten des Monats, in dem der Angestellte erstmals die Voraussetzungen für den Bezug der gesetzlichen Regelaltersrente erfüllt, ohne dass es hierzu einer Kündigung bedarf.

§ 8

Dieser Vertrag unterliegt deutschem Recht.

Ergänzungen und Änderungen dieses Arbeitsvertrages einschließlich der Aufhebung dieses Schriftformerfordernisses bedürfen der Schriftform, es sei denn, sie beruhen auf einer ausdrücklichen oder individuellen Vertragsabrede. Eine betriebliche Übung ist keine solche ausdrückliche bzw individuelle Vertragsabrede. Auch wiederholte Leistungen oder Vergünstigungen ohne ausdrückliche oder individuelle Vertragsabrede begründen keinen Anspruch für die Zukunft. Mündliche Nebenabreden bestehen nicht.

Anlage

Zwischen

...

und

...

wird folgender

Pensionsplan

vereinbart:

1. Zweck des Pensionsplans

1.1 Mit diesem Pensionsplan bezweckt die Firma, zusätzliche finanzielle Sicherheit für den Mitarbeiter im Alter und für seine Familienangehörigen bei seinem Ableben zu schaffen.

1.2 Die nach diesem Pensionsplan vorgesehenen Leistungen werden zusätzlich zu den Leistungen der gesetzlichen Sozialversicherung gezahlt.

1.3 Die Kosten des Pensionsplans werden von der Firma getragen. Der Mitarbeiter braucht keine eigenen Beiträge zu leisten.

2. Leistungsarten

2.1 Die Firma gewährt folgende Leistungen:

(a) Normale Altersrente

(b) Vorzeitige Altersrente

(c) Invalidenrente

(d) Witwenrente

(e) Waisenrente

2.2 Auf diese Leistungen haben der Mitarbeiter bzw seine versorgungsberechtigten Hinterbliebenen nach Maßgabe der Bestimmungen dieses Pensionsplans einen Rechtsanspruch.

2.3 Die Gewährung von Leistungen nach diesem Pensionsplan setzt voraus, dass der Mitarbeiter

(a) bei Beendigung des Arbeitsverhältnisses mit der Firma mindestens das 25. Lebensjahr vollendet hat und

(b) vor Vollendung des 55. Lebensjahres in die Dienste der Firma eingetreten ist.[522]

3. Normale Altersrente

3.1 Lebenslängliche Altersrente erhält der Mitarbeiter, wenn sein Arbeitsverhältnis mit der Firma bei oder nach Erreichen der Altersgrenze geendet hat.

3.2 Die Höhe der Altersrente richtet sich nach der rentenfähigen Dienstzeit und dem letzten rentenfähigen Einkommen.

3.3 Die monatliche Altersrente beträgt

- 0,5 % des letzten rentenfähigen Einkommens bis zur maßgebenden Beitragsbemessungsgrenze der Sozialversicherung, multipliziert mit der rentenfähigen Dienstzeit, höchstens 30 Jahre, zuzüglich
- 1,5 % des Teils des letzten rentenfähigen Einkommens, der die maßgebende Beitragsbemessungsgrenze übersteigt, multipliziert mit der rentenfähigen Dienstzeit, höchstens 30 Jahre.

4. Vorzeitige Altersrente

4.1 Vorzeitige Altersrente erhält der Mitarbeiter auf Antrag, wenn sein Arbeitsverhältnis mit der Firma nach Vollendung des 55. Lebensjahres und nach zehn anrechenbaren Dienstjahren geendet hat.

4.2 Vorzeitige Altersrente erhält der Mitarbeiter auf Antrag auch dann, wenn er das Altersruhegeld aus der gesetzlichen Sozialversicherung vor Vollendung des gesetzlichen Regelalters in Anspruch nimmt.

4.3 Hat der Mitarbeiter die Voraussetzung von Abschnitt 4.1 oder 4.2 erfüllt, kann er jeden beliebigen Monat vor Erreichen der Altersgrenze für den Beginn der Rentenzahlung wählen. Die vorzeitige Altersrente errechnet sich nach den Bestimmungen von Abschnitt 3.3 auf der Basis der im Zeitpunkt der Beendigung des Arbeitsverhältnisses erreichten rentenfähigen Dienstzeit und des zum gleichen Zeitpunkt errechneten letzten rentenfähigen Einkommens. Sie wird für jeden vollen Monat, um den der gewählte Rentenbeginn vor Vollendung des 62. Lebensjahres liegt, um 0,4 % gekürzt.

5. Invalidenrente

5.1 Invalidenrente erhält der Mitarbeiter, wenn sein Arbeitsverhältnis mit der Firma wegen Berufsunfähigkeit oder Erwerbsunfähigkeit im Sinne der gesetzlichen Sozialversicherung endet.

5.2 Als Nachweis der Berufs- oder Erwerbsunfähigkeit ist die Vorlage des Rentenbescheides der Sozialversicherung erforderlich. Die Berufs- oder Erwerbsunfähigkeit kann auch durch das Gutachten eines von der Firma bestimmten Arztes nachgewiesen werden; die damit verbundenen Kosten trägt die Firma.

---

[522] Die Wirksamkeit dieser Klausel ist vor dem Hintergrund des Verbots der Altersdiskriminierung durch das AGG sehr fraglich. Allerdings ist anerkannt, dass das Bestehen einer anderweitigen sozialen Absicherung Differenzierungsgrund sein kann. Es empfiehlt sich eine Prüfung im Einzelfall.

5.3 Die Invalidenrente wird für die Dauer der Berufs- oder Erwerbsunfähigkeit gezahlt. Besteht die Berufs- oder Erwerbsunfähigkeit bis zur Altersgrenze des Invalidenrentners fort, wird die Invalidenrente lebenslänglich weitergezahlt.

5.4 Der Mitarbeiter hat der Firma jede Änderung in der Berufs- oder Erwerbsunfähigkeit anzuzeigen. Die Firma kann jederzeit auf eigene Kosten eine Untersuchung durch einen von der Firma bestimmten Arzt verlangen.

5.5 Die Invalidenrente errechnet sich nach den Bestimmungen von Abschnitt 3.3 auf der Basis der rentenfähigen Dienstzeit, die der Mitarbeiter erreicht hätte, wenn das Arbeitsverhältnis mit der Firma bis zur Altersgrenze weiter bestanden hätte (höchstens 30 Jahre), und auf der Basis des letzten rentenfähigen Einkommens, errechnet zum Zeitpunkt der Beendigung des Arbeitsverhältnisses.

6. Witwenrente

6.1 Die Witwe des verstorbenen Mitarbeiters oder Rentenempfängers erhält Witwenrente.

6.2 Kein Anspruch auf Witwenrente besteht, wenn die Ehe oder eingetragene Lebenspartnerschaft erst nach Beendigung des Arbeitsverhältnisses[523] oder nach Vollendung des 60. Lebensjahres[524] des Mitarbeiters geschlossen wurde.

6.3 Die Höhe der Witwenrente beträgt

(a) wenn der Verstorbene von der Firma eine Altersrente nach Abschnitt 3.1 oder eine vorzeitige Altersrente nach Abschnitt 4.1 bzw 4.2 oder eine Invalidenrente nach Abschnitt 5 bezog:

60 % der an den Verstorbenen zuletzt gezahlten Rente.

(b) wenn der Verstorbene Anspruch auf vorzeitige Altersrente hatte und vor dem Beginn der Rentenzahlungen starb:

60 % der vorzeitigen Altersrente, die zu zahlen gewesen wäre, wenn sie zum Zeitpunkt des Todes begonnen hätte.

(c) wenn der Mitarbeiter während der Dauer des Arbeitsverhältnisses mit der Firma verstorben ist:

60 % der Anwartschaft auf Altersrente gem. Abschnitt 3.3 auf der Basis der rentenfähigen Dienstzeit, die der Mitarbeiter erreicht hätte, wenn das Arbeitsverhältnis mit der Firma bis zur Altersgrenze weiter bestanden hätte (höchstens 30 Jahre) und auf der Basis des letzten rentenfähigen Einkommens zum Zeitpunkt des Ablebens.

6.4 Die Witwenrente endet bei Wiederverheiratung der Witwe. Gleiches gilt bei Begründung einer eingetragenen Lebenspartnerschaft durch die Witwe.

7. Waisenrente

7.1 Halbwaisenrente erhalten die Kinder des verstorbenen Mitarbeiters oder Rentenempfängers.

7.2 Vollwaisenrente erhalten die Kinder des verstorbenen Mitarbeiters oder Rentenempfängers, wenn beide Elternteile verstorben sind.

7.3 Die Halbwaisenrente beträgt pro Kind 10 %, die Vollwaisenrente pro Kind 20 % der entsprechenden Berechnungsgrundlage für die Witwenrente nach Abschnitt 6.3.

7.4 Waisenrente wird gezahlt, bis das Kind das 18. Lebensjahr vollendet hat. Über das 18. Lebensjahr hinaus wird Waisenrente gezahlt, solange sich das Kind wegen körperlicher, geistiger oder seelischer Behinde-

---

523 Der Ausschluss der Hinterbliebenenversorgung bei erst nach Beendigung des Arbeitsverhältnisses begründeten Ehen ist wohl zulässig (vgl für die öffentlich-rechtliche Versorgung: OVG Rheinland-Pfalz 26.5.2010 – 6 A 10320/10).
524 Die Wirksamkeit einer solchen Klausel ist ebenso wie die Wirksamkeit von Klauseln, die Leistungen ausschließen, wenn der oder die Hinterbliebene deutlich jünger als der Betriebsrentner ist, stark umstritten.

rung nicht selbst unterhalten kann; das Gleiche gilt, solange sich das Kind in ganztägiger Schul- oder Berufsausbildung befindet und das 23. Lebensjahr noch nicht vollendet hat.

7.5 Die Zahlung der Waisenrenten endet auch bei Heirat oder bei Begründung einer eingetragenen Lebenspartnerschaft des Kindes, es sei denn, dass ihm gegen den Ehegatten bzw eingetragenen Lebenspartner kein Unterhaltsanspruch zusteht oder der Ehegatte keinen ausreichenden Unterhalt leisten kann.

7.6 Witwen- und Waisenrenten oder mehrere Waisenrenten zusammen dürfen nicht mehr als 100 % der Rente betragen, die ihre Berechnungsgrundlage darstellt; gegebenenfalls werden die Renten um den übersteigenden Betrag anteilig gekürzt.

8. Unverfallbarkeit

8.1 Endet das Arbeitsverhältnis des Mitarbeiters mit der Firma, ohne dass ein Versorgungsfall der Altersrente, vorzeitigen Altersrente oder des Todes und ohne dass Berufs- oder Erwerbsunfähigkeit gegeben ist, dann behält er eine unverfallbare Anwartschaft auf Versorgungsleistungen aus diesem Pensionsplan nach Maßgabe der Bestimmungen dieses Abschnitts 8.

8.2 Voraussetzung für die Unverfallbarkeit der Anwartschaft ist, dass im Zeitpunkt der Beendigung des Arbeitsverhältnisses

(a) der Mitarbeiter mindestens das 25. Lebensjahr[525] vollendet hat und

(b) der Pensionsplan für ihn mindestens 5 Jahre bestanden hat.

Als Beginn der oben genannten Fristen gilt der ....

Liegen die oben genannten Voraussetzungen bei Beendigung des Arbeitsverhältnisses nicht vor, entfallen alle Ansprüche aus diesem Pensionsplan.

8.3 Die Rentenzahlungen aufgrund der unverfallbaren Anwartschaft nach Abschnitt 8.2 beginnen, wenn der frühere Mitarbeiter die Altersgrenze erreicht, wenn er von der Möglichkeit der vorzeitigen Altersrente Gebrauch macht, wenn er berufs- oder erwerbsunfähig wird oder wenn er stirbt.

8.4 Die in einem der vorgenannten Versorgungsfälle zahlbare unverfallbare Leistung entspricht einem Teil der Leistung, die zu zahlen gewesen wäre, wenn das Arbeitsverhältnis bis zum Versorgungsfall fortbestanden hätte. Der Zähler des Bruchs für den Teilanspruch ist die tatsächliche anrechenbare Dienstzeit des früheren Mitarbeiters und der Nenner ist die anrechenbare Dienstzeit, die er erreicht hätte, wenn sein Arbeitsverhältnis mit der Firma bis zur Altersgrenze fortbestanden hätte.

Die unverfallbare Leistung errechnet sich auf der Basis des letzten ruhegeldfähigen Einkommens im Zeitpunkt der Beendigung des Arbeitsverhältnisses.

8.5 Bei Beendigung des Arbeitsverhältnisses erhält der ausscheidende Mitarbeiter von der Firma eine schriftliche Mitteilung darüber, ob er die Voraussetzungen der Unverfallbarkeit erfüllt und wie hoch seine unverfallbare Altersrente ist.

9. Zahlung der Renten

9.1 Die Renten werden monatlich zu den bei der Firma üblichen Terminen der Gehaltszahlung gezahlt.

9.2 Die erste Rentenzahlung erfolgt in dem Monat, der dem Monat folgt, in welchem die Voraussetzungen für die Rentenzahlungen erfüllt sind. Die Rentenzahlungen ruhen jedoch, solange Gehalt weitergezahlt wird. Die letzte Rentenzahlung erfolgt in dem Monat, in welchem die Rentenverpflichtung endet.

9.3 Soweit nicht gesetzliche Bestimmungen entgegenstehen, können auf Wunsch der Firma oder des Versorgungsberechtigten die Rentenzahlungen ganz oder teilweise in eine einmalige Kapitalzahlung umgewandelt werden, jedoch nur, wenn beide Parteien zustimmen.

---

525 Auch diese Klausel ist wohl unwirksam, da eine Diskriminierung jüngerer Arbeitnehmer vorliegen kann.

9.4 Die Kapitalabfindung entspricht dem versicherungsmathematischen Barwert der Rente zum Umwandlungsstichtag, dabei ist von den Rechnungsgrundlagen auszugehen, die im Zeitpunkt der Umwandlung für die Berechnung der Pensionsrückstellungen der Firma nach steuerlichen Vorschriften maßgebend sind. Als Rechnungszinsfuß ist jedoch die von der Deutschen Bundesbank publizierte „Umlaufrendite von inländischen tarifbesteuerten festverzinslichen Wertpapieren" zum Umwandlungsstichtag zugrunde zu legen.

10. Abtretung, Verpfändung

Ansprüche aus diesem Pensionsplan können vom Berechtigten weder abgetreten noch verpfändet werden. Dennoch erfolgte Abtretungen und Verpfändungen sind der Firma gegenüber unwirksam.

11. Rückdeckungsversicherung

11.1 Die Firma ist berechtigt, zur Rückdeckung der mit den Pensionsverpflichtungen verbundenen Risiken einen Vertrag mit einem Versicherungsunternehmen abzuschließen. Sämtliche Rechte aus einem solchen Vertrag stehen der Firma zu.

11.2 Der Mitarbeiter ist verpflichtet, der Versicherungsgesellschaft sämtliche Unterlagen zu überlassen und sich gegebenenfalls ärztlich untersuchen zu lassen.

12. Überprüfung der Renten

Nach Rentenbeginn wird die Firma die gezahlten Renten alle drei Jahre überprüfen und dann nach billigem Ermessen entscheiden, ob eine Anpassung an gestiegene Lebenshaltungskosten vorgenommen wird. Es gilt § 16 BetrAVG.

13. Begriffsbestimmungen

Für die Zwecke dieses Pensionsplans gelten die folgenden Definitionen:

13.1 Altersgrenze: Der Tag, an dem der Mitarbeiter das 65. Lebensjahr vollendet.

13.2 Anrechenbare Dienstzeit: Alle ununterbrochenen Dienstjahre (und Teile davon), die der Mitarbeiter bei der Firma verbracht hat, beginnend mit dem letzten Einstellungstermin und endend mit dem frühesten der folgenden Zeitpunkte:

a) Beendigung des Arbeitsverhältnisses mit der Firma oder
b) Beginn der Rentenzahlungen nach diesem Pensionsplan oder
c) Erreichen der Altersgrenze.

13.3 Rentenfähige Dienstzeit: Anrechenbare Dienstzeit ab ... höchstens 30 Jahre.

13.4 Kind: Das eheliche, nichteheliche und adoptierte Kind des Mitarbeiters oder Rentenempfängers, vorausgesetzt, dass bei dem adoptierten Kind die Adoption vor Beendigung des Arbeitsverhältnisses stattgefunden hat.

13.5 Maßgebende Beitragsbemessungsgrenze: Der monatliche Durchschnitt der Beitragsbemessungsgrenze der gesetzlichen Rentenversicherung während des im Abschnitt 13.8 Absatz 1 genannten Zeitraumes.

13.6 Rentenempfänger: Der frühere Mitarbeiter, der eine Rente in Übereinstimmung mit den Bestimmungen dieses Pensionsplans erhält.

13.7 Rentenfähiges Einkommen: Das Jahresgrundgehalt ohne Sondervergütungen. Sondervergütungen sind insbesondere Bonuszahlungen, Urlaubsgeld, Weihnachtsgeld und sonstige regelmäßige oder unregelmäßige Vergütungsbestandteile, die nicht zum Grundgehalt gehören.

13.8 Letztes rentenfähiges Einkommen: Der monatliche Durchschnitt des rentenfähigen Einkommens (Abschnitt 13.7) der letzten 60 Monate der anrechenbaren Dienstzeit.

Wurde das rentenfähige Einkommen in dem in Absatz 1 bezeichneten Zeitraum des Arbeitsverhältnisses infolge Krankheit oder aus anderen Gründen von verminderter Arbeitsfähigkeit nicht oder nicht in voller Höhe gezahlt, so ist von dem bei voller Arbeitsfähigkeit zu zahlenden rentenfähigen Einkommen auszugehen.

13.9 Witwe: Als Witwe im Sinne dieser Regelung gelten alle überlebenden Ehepartner sowie der überlebende Partner einer eingetragenen Lebenspartnerschaft. Die Leistungen werden unabhängig vom Geschlecht des überlebenden Partners gewährt.

14. Inkrafttreten

Dieser Pensionsplan tritt mit Wirkung vom ... in Kraft.

198 **7. Muster: Arbeitsvertrag mit Teamleiter Organisation und Informatik**

Zwischen

...

– im Folgenden „Firma" genannt –

und

Herrn ...

wird folgender Arbeitsvertrag geschlossen:

§ 1 Beginn des Arbeitsverhältnisses

1. Das Beschäftigungsverhältnis gilt als ab dem ... geschlossen. Für alle Rechte und Pflichten, die sich aus der Dauer der Betriebszugehörigkeit ableiten, gilt dieses Datum als Bezugsdatum.

2. Der Arbeitsvertrag tritt gegebenenfalls rückwirkend zum ... in Kraft, wenn der Betrieb des bisherigen Arbeitgebers mit der Firma verschmolzen wird.

§ 2 Aufgabengebiet

1. Herr ... übernimmt in der Firma als Teamleiter die Aufgabe eines Beraters für Organisation und Informatik. Herr ... arbeitet als Softwareentwickler, als Systemspezialist, als Technologieberater oder als betriebswirtschaftlich orientierter Fachberater. Ein Einsatz kann in Kundenobjekten sowie in der internen Produktentwicklung erfolgen.

2. Herr ... ist dem zuständigen Geschäftsbereichsleiter direkt unterstellt.

3. Im Rahmen dieser Tätigkeit wird Herr ... mit der Leitung von Projekten, Organisations-, Planungsaufgaben, Analyse- und Programmierarbeiten betraut. Die Verteilung der Arbeitszeit auf die einzelnen Tätigkeitsbereiche orientiert sich an der jeweiligen Auftragssituation und der persönlichen Entwicklung von Herrn ... .

4. Der Einsatz von Herrn ... für diese Tätigkeiten erfolgt auf der Basis von Verträgen, die situationsabhängig zwischen dem Kunden und der Firma als Werkvertrag, Beratungsvertrag oder als Arbeitnehmerüberlassung geschlossen werden. Eine Erlaubnis zur Arbeitnehmerüberlassung nach dem AÜG wurde der Firma mit Datum vom ... von der Regionaldirektion ... erteilt.

5. Sofern Herrn ... die Entwicklung von Datenverarbeitungsprogrammen übertragen wird, hat Herr ... für das vorgegebene Problem eine zweckmäßige und wirtschaftliche EDV-Lösung in der Form der geeigneten Software über die Problem-Analyse, die Systemplanung, die Organisation und die Programmierung zu erarbeiten. Je nach Vorgabe durch die Geschäftsführung oder die mit der Projektleitung beauftragten Mitarbeiter ist auch die Einweisung der Mitarbeiter von Kunden durchzuführen sowie die Dokumentation zu liefern.

6. Herr ... verpflichtet sich, alle ihm übertragenen Aufgaben sorgfältig und gewissenhaft auszuführen, insbesondere branchenübliche bzw – wenn diese höhere Anforderungen stellen – unternehmenseigene Qualitätsanforderungen für Softwareprodukte zu beachten.

7. Die Firma behält sich vor, Herrn ... auch andere, gleichwertige Arbeiten zu übertragen, die seinen Vorkenntnissen und/oder Fähigkeiten entsprechen und die mit den vorstehend beschriebenen Tätigkeiten vereinbar und zumutbar ist.

§ 3 Arbeitsort

1. Regelmäßige Arbeitsstätte ist das Büro der Firma in ....

2. Soweit es für die Abwicklung von eigenen Projekten oder Kundenaufträgen erforderlich ist, verpflichtet sich Herr ..., seine Arbeit an den zwischen dem Kunden und der Firma vereinbarten Orten durchzuführen.

3. Herr ... kann Arbeiten, die weder die Beteiligung anderer Personen (Mitarbeiter des Kunden, andere Mitarbeiter der Firma) noch der Benutzung besonderer Arbeitsmittel bedürfen, in seiner Wohnung verrichten. Im Einzelfall kann diese Genehmigung ohne Begründung[526] durch die Firma widerrufen werden.

§ 4 Arbeitszeit

1. Die regelmäßige Arbeitszeit beträgt 8 Stunden an 5 Werktagen pro Woche. Herr ... verpflichtet sich, Bereitschaftsdienst zu übernehmen sowie in besonderen Fällen (abhängig von der jeweiligen Auftragssituation oder den besonderen Anforderungen des Kunden) Überstunden zu leisten, und zwar auch nachts und an Sonn- und Feiertagen, soweit das im Rahmen der Vorschriften des Arbeitszeitgesetzes zulässig ist.

2. Die tägliche Arbeitszeit richtet sich nach den jeweiligen Anforderungen des Kunden. Sie kann, soweit es für die Arbeitsentwicklung in der Gesellschaft erforderlich ist, von der Firma festgelegt werden.

3. Als Arbeitszeit gilt die Anwesenheit beim Kunden bzw in den Geschäftsräumen der Firma sowie die nach § 3 (3.) aufgewendete Zeit für in der eigenen Wohnung geleistete Arbeiten abzüglich der üblichen Pausen. Als Nachweis der Arbeitszeiten gilt der detaillierte Arbeitsbericht. Ergänzend gelten die gültigen Reisekostenrichtlinien der Firma.

§ 5 Gehalt

1. Herr ... erhält ein Bruttojahresgehalt von ... EUR. Das Gehalt ist zahlbar in zwölf gleichen Teilen am Ende eines jeden Monats.

2. Der Anspruch auf Zahlung des Gehalts besteht auch für Zeiten betriebsbedingter Nichtbeschäftigung.

3. Das Gehalt wird jeweils am Jahresbeginn in einem allgemeinen Beurteilungsgespräch überprüft.

§ 6 Überstunden/Bereitschaftsdienst

1. Bis zu 8 Überstunden können auf einem Gleitzeitkonto vorgetragen und in den Folgemonaten zum Ausgleich von Fehlzeiten eingesetzt werden.

2. Sofern über das Gleitzeitlimit hinaus Überstunden geleistet werden, gilt folgende Regelung:

- Bis zu 15 Stunden pro Monat sind mit dem Gehalt abgegolten.
- Darüber hinausgehende Überstunden werden – sofern sie genehmigt waren – mit 1/173 des monatlichen Bruttogehalts vergütet. Zuschläge für Nacht-, Sonn- und Feiertagarbeit werden nicht gezahlt.

3. Soweit es die Geschäftslage ermöglicht, kann mit Zustimmung der Firma die Abgeltung von Überstunden auch in Freizeit erfolgen.

4. Die Vergütung für den Bereitschaftsdienst wird im Einzelfall abhängig von den konkreten Anforderungen des Kunden geregelt.

---

[526] Eine Regelung, die den Widerruf einer Erlaubnis ohne Angabe von Gründen zulässt, dürfte unwirksam sein (BAG 12.1.2005 – 5 AZR 364/04, NZA 2005, 465).

§ 7 Nebenleistungen

1. Herr ... erhält bei Dienstreisen – Einsatz bei Kunden, die ihre Geschäftstätigkeiten nicht am Sitz der Firma ausüben – Fahrtkostenersatz sowie Übernachtungsgelder gemäß der Reisekostenrichtlinie der Firma in der jeweils gültigen Fassung.

2. Anstelle des steuerlich zulässigen Pauschalbetrags für Übernachtungskosten können die – an den jeweils örtlichen Verhältnissen gemessen – in angemessenen Grenzen tatsächlich entstandenen Übernachtungskosten auf Nachweisbasis abgerechnet werden.

§ 8 Arbeitsverhinderung

1. Ist Herr ... durch Krankheit oder sonstige unvorhergesehene Ereignisse verhindert zu arbeiten, hat Herr ... das unverzüglich der Firma mitzuteilen und die Gründe anzugeben. Dauert die Verhinderung oder Krankheit länger als zwei Tage, ist eine ärztliche Bescheinigung vorzulegen.

2. Herr ... ist verpflichtet, die Firma unverzüglich darüber zu informieren, dass ihm ein Kur- oder Heilverfahren bewilligt worden ist; ebenso ist unverzüglich der Zeitpunkt des Antritts der Kur oder des Heilverfahrens mitzuteilen. Herr ... hat eine Bescheinigung der Bewilligungsstelle über die voraussichtliche Dauer der Kur oder des Heilverfahrens oder bei einer Verlängerung unverzüglich eine Bescheinigung über die voraussichtliche Dauer der Verlängerung vorzulegen.

§ 9 Gehaltsfortzahlung

1. Wird Herr ... durch Arbeitsunfähigkeit infolge Krankheit an seiner Arbeitsleistung verhindert, ohne dass ihn ein Verschulden trifft, zahlt die Firma Herrn ... das unter § 5 vereinbarte Gehalt für 6 Wochen. Das gilt auch, wenn Herr ... durch eine ärztlich verordnete Kur oder durch ein von den Sozialversicherungsträgern bewilligtes Heilverfahren an der Arbeitsleistung gehindert ist.

2. Kann Herr ... aufgrund gesetzlicher Vorschriften von einem Dritten Schadensersatz wegen Verdienstausfalls beanspruchen, der ihm durch die Arbeitsunfähigkeit entstanden ist, so geht dieser Anspruch insoweit auf die Firma über, als diese Herrn ... sein Gehalt fortzahlt und darauf anfallende von ihm zu tragende Beträge zur Bundesanstalt für Arbeit, Arbeitgeberanteile an Beiträgen zur Sozialversicherung und zur Pflegeversicherung sowie zu Einrichtungen der zusätzlichen Alters- und Hinterbliebenenversorgung abgeführt hat. Herr ... verpflichtet sich, der Firma alle zur Durchsetzung der abgetretenen Ansprüche erforderlichen Auskünfte zu erteilen, Unterlagen vorzulegen oder sonstige notwendige Unterstützungen zu gewähren.

§ 10 Urlaub

1. Herr ... erhält einen gesetzlichen Mindesturlaub von 20 Arbeitstagen pro Kalenderjahr bei einer 5-Tage-Woche. Der Arbeitgeber gewährt Herrn ... zusätzlich zu dem gesetzlichen Mindesturlaub einen vertraglichen Urlaub von weiteren 11 Arbeitstagen. Der Urlaub ist möglichst zusammenhängend zu nehmen. Bei der Gewährung von Urlaub wird zuerst der gesetzliche Urlaub eingebracht. Für den vertraglichen Urlaub gilt abweichend von dem gesetzlichen Mindesturlaub, dass der Urlaubsanspruch nach Ablauf des Übertragungszeitraumes (31.3. des Folgejahres) auch dann verfällt, wenn er wegen Arbeitsunfähigkeit von Herrn ... nicht genommen werden kann. Der gesetzliche Mindesturlaub verfällt in einem solchen Fall 15 Monate nach Ablauf des Urlaubsjahres.

2. Der Erholungsurlaub soll im Einvernehmen mit der Firma gewährt werden. Die betrieblichen Erfordernisse haben insoweit Vorrang.

3. Scheidet Herr ... während des Kalenderjahres aus, erhält er für jeden vollen Monat des Bestehens des Arbeitsverhältnisses 1/12 des Jahresurlaubs, kaufmännisch gerundet auf volle Tage. Die Regelung gilt entsprechend für das Eintrittsjahr.

4. Während des Urlaubs erfolgt die Fortzahlung des Grundgehalts.

5. Herr ... ist verpflichtet, auf Anforderung der Firma dieser seinen Aufenthaltshort (genaue Anschrift, Telefonnummer) während seiner durch Urlaub bedingten Abwesenheit bekanntzugeben. Sollte während des Urlaubs seine Anwesenheit beim Arbeitgeber oder einem Kunden aus dringenden betrieblichen Gründen zwingend erforderlich sein, hat er nach Wahl der Firma seinen Erholungsurlaub zu unterbrechen oder abzubrechen. Die dadurch entstehenden Kosten – auch für einen etwaigen Urlaubsabbruch des Ehepartners bzw des Lebensgefährten oder der Lebensgefährtin und etwaiger Kinder – trägt die Gesellschaft.

6. Im Übrigen gelten die Bestimmungen des Bundesurlaubsgesetzes.

§ 11 Nebenbeschäftigung

1. Herr ... hat der Firma seine volle Arbeitskraft zur Verfügung zu stellen. Er bedarf zu jeder Nebenbeschäftigung der vorherigen schriftlichen Zustimmung der Firma. Diese darf nur verweigert werden, wenn die Ausübung der Nebenbeschäftigung die ordnungsgemäße Erfüllung der vertraglich geschuldeten Arbeitsleistung in Frage stellen kann.

2. Ausdrücklich ausgeschlossen ist die Aufnahme von Nebenbeschäftigungen bei derzeitigen oder potentiellen Kunden der Firma.

3. Herr ... darf sich wissenschaftlich und/oder fachpublizistisch betätigen. Durch eine derartige Aufgabe dürfen weder seine Verpflichtungen aus diesem Vertrag noch die Belange der Gesellschaft, ihrer Gesellschafter und/oder Kunden der Gesellschaft negativ berührt werden. Veröffentlichungen (auch Referate), die Arbeits-, Forschungs- oder Entwicklungsgebiete der Gesellschaft, der Gesellschafter und/oder seiner jeweiligen Kunden betreffen oder berühren könnten, bedürfen vor der Bekanntgabe an Dritte (auch Verlage, Veranstalter usw) der Genehmigung der Gesellschaft, unabhängig davon, ob sie im Rahmen der Verpflichtungen aus diesem Arbeitsvertrag oder unabhängig entstanden oder erarbeitet worden sind. Bei wissenschaftlichen und/oder fachpublizistischen Veröffentlichungen wird Herr ... darauf achten, dass seine Mitarbeit bei der Firma erwähnt wird, insoweit diese Arbeiten im weitesten Sinne das Tätigkeitsfeld der Firma betreffen. Im Einzelfall kann die Geschäftsführung der Gesellschaft ohne Angabe einer Begründung verlangen, dass diese Erwähnung unterbleibt.

4. Die Honorare aus einer wissenschaftlichen und/oder fachpublizistischen Tätigkeit nach Abs. 3 stehen Herrn ... zu. Die Urheber- und Nutzungsrechte an derartigen Veröffentlichungen regelt die bei der Firma übliche Erklärung über die Beachtung von Datenschutzrechten, Betriebs- und Geschäftsgeheimnissen sowie Urheber- und Nutzungsrechten.

§ 12 Verschwiegenheitspflicht

1. Herr ... verpflichtet sich, über alle Betriebs- und Geschäftsgeheimnisse der Gesellschaft, ihrer Gesellschafter sowie ihrer Kunden Stillschweigen zu bewahren, und zwar auch nach Beendigung des Arbeitsverhältnisses.

2. Die Einzelheiten regelt die bei der Firma übliche Erklärung über die Beachtung von Datenschutzrechten, Betriebs- und Geschäftsgeheimnissen sowie Urheber- und Nutzungsrechte.

§ 13 Beendigung des Arbeitsverhältnisses/Pflichten bei Vertragslösung

1. Der Vertrag kann von beiden Parteien mit einer Frist von drei Monaten zum Quartalsende gekündigt werden. Bei einer Beschäftigungsdauer von mehr als drei Jahren beträgt die Kündigungsfrist sechs Monate zum Quartalsende.

2. Bezogen auf § 13 Abs. 1 gilt als Beginn der Beschäftigungsdauer der ....

3. Bei Beendigung des Vertrages oder bei Dispensierung von seinen Aufgaben hat Herr ... alle in seiner Verwahrung befindlichen Geschäftsunterlagen, Bücher, Notizen, Entwürfe, hiervon gefertigte Druckschriften oder Kopien – seien sie handschriftlich oder ausgedruckt – insbesondere Programme und Programmdokumentationen – in welcher Form und auf welchem Datenträger auch immer – unaufgefordert und unverzüglich

an die Firma zurückzugeben. Es ist ihm untersagt, von den Unterlagen Kopien – in welcher Form auch immer – anzufertigen.

4. Herrn ... steht ein Zurückbehaltungsrecht an den in Abs. 3 erwähnten Unterlagen – aus welchem Rechtsgrund auch immer – nicht zu.[527]

§ 14 Probezeit

Die Probezeit beträgt sechs Monate.

§ 15 Schlussbestimmungen

1. Ergänzend zu diesem Vertrag gilt die bei der Firma übliche Erklärung über die Beachtung von Datenschutzrechten/Betriebs- und Geschäftsgeheimnissen sowie Urheber- und Nutzungsrechten, die zur Anlage dieses Vertrages genommen werden.

2. Ergänzungen und Änderungen dieses Arbeitsvertrages einschließlich der Aufhebung dieses Schriftformerfordernisses bedürfen der Schriftform, es sei denn, sie beruhen auf einer ausdrücklichen oder individuellen Vertragsabrede. Eine betriebliche Übung ist keine solche ausdrückliche bzw. individuelle Vertragsabrede. Auch wiederholte Leistungen oder Vergünstigungen ohne ausdrückliche oder individuelle Vertragsabrede begründen keinen Anspruch für die Zukunft.

3. Mündliche Nebenabreden bestehen nicht.

4. Alle Ansprüche, die sich aus diesem Arbeitsverhältnis ergeben, sind von Herrn ... oder der Gesellschaft binnen einer Frist von drei Monaten nach ihrer Fälligkeit schriftlich geltend zu machen und im Falle der Ablehnung durch die andere Partei ggf binnen einer weiteren Frist von drei Monaten einzuklagen, anderenfalls sie als erloschen gelten.

5. Erfüllungsort für alle aus diesem Vertrag sich ergebenden Rechte und Pflichten ist der Arbeitsort.

8. Muster: Arbeitsvertrag mit dem Leiter eines Warenhauses

Anstellungsvertrag

Zwischen

...

– nachstehend: Firma –

und

Herrn ...

– nachstehend: Mitarbeiter –

wird nachfolgender Vertrag zur Regelung der für das Arbeitsverhältnis maßgeblichen Arbeitsbedingungen geschlossen:

§ 1 Vertragsbeginn, Aufgabenstellung, Arbeitsort und Arbeitszeit

Der Mitarbeiter wird ab ... als SB-Warenhausleiter weiterbeschäftigt. Der Mitarbeiter ist Angestellter im Sinne der gesetzlichen Regelungen.[528]

Die Dauer und die Lage der Arbeitszeit richten sich nach den gesetzlichen Regelungen und den besonderen Erfordernissen der Aufgabenstellung.

---

527 Von dieser Klausel wird wegen § 309 Nr. 2 Buchst. b BGB abgeraten.
528 Relevante rechtliche Unterschiede zwischen „Arbeitern" und „Angestellten" bestehen nicht mehr.

§ 2 Vertragsdauer

(1) Befristung

Das Arbeitsverhältnis ist unbefristet.

(2) Probezeit

Die Probezeit entfällt.[529]

(3) Kündigung

Kündigungsfrist beträgt 6 Monate zum Halbjahresende. Verlängerungen der Kündigungsfrist aufgrund gesetzlicher Regelungen werden für beide Vertragsparteien wirksam. Die Möglichkeit der Kündigung aus wichtigem Grund (§ 626 BGB) bleibt hiervon unberührt.

§ 3 Vergütung

(1) Monatliche Gehaltszahlungen

Der Mitarbeiter erhält ein außertarifliches monatliches Gesamtbruttoentgelt: ... EUR (in Worten: ... Euro). Die Auszahlung erfolgt bargeldlos am Monatsende.

Im Gesamtbruttoentgelt sind mit Ausnahme der nachstehend ausdrücklich geregelten Vergütungsbestandteile alle Vergütungsansprüche, unabhängig davon, aus welchem Rechtsgrund diese hergeleitet werden können, enthalten.

(2) Gehaltsfortzahlung bei krankheitsbedingter Arbeitsunfähigkeit

Der Mitarbeiter erhält in vertraglicher Ergänzung der gesetzlichen Regelung zur Entgeltfortzahlung im Falle krankheitsbedingter Arbeitsunfähigkeit ab dem 43. Tag der Krankheit den Unterschiedsbetrag zwischen dem aus dem monatlichen Gesamtbruttoentgelt folgenden regelmäßigen monatlichen Nettogehalt und dem durch die Betriebskrankenkasse gezahlten Nettokrankengeld für die Dauer von 6 Monaten. Wird er innerhalb von 12 Monaten infolge derselben Krankheit wiederholt arbeitsunfähig, entsteht der Anspruch auf Zahlung des Unterschiedsbetrags nur, wenn der Mitarbeiter vor der erneuten Arbeitsunfähigkeit mindestens 6 Monate nicht infolge derselben Krankheit arbeitsunfähig war.

Der Anspruch auf Zahlung des Unterschiedsbetrags entfällt in dem Zeitpunkt, in dem für den Mitarbeiter nach Maßgabe der gesetzlichen Regelungen der Anspruch auf Rente wegen Alters oder verminderter Erwerbsfähigkeit entsteht.

(3) Jährliche Einmalzahlungen

Der Anspruch und die Höhe evtl jährlicher Einmalzahlungen (Sonderzahlungen/-zuwendungen und/oder Urlaubsgeld) bestimmen sich in entsprechender Anwendung des sachlich einschlägigen Tarifvertrages und/oder nach den geltenden betrieblichen Regelungen. Grundlage für die Berechnung betrieblicher Einmalzahlungen ist das Gesamtbruttoentgelt gem. § 3 (1).

(4) Sonstige Zahlungen

Soweit über die vorstehenden Zahlungen hinaus sonstige Zahlungen gewährt werden, handelt es sich um freiwillige Zahlungen, die keinen Anspruch auf vergleichbare Zahlungen für die Zukunft begründen.[530] Dies gilt auch, wenn sonstige Zahlungen im Einzelfall wiederholt ohne nochmaligen ausdrücklichen Vorbehalt der Freiwilligkeit gewährt wurden.

---

[529] Im Einzelfall kann eine solche Klausel bedeuten, dass der Mitarbeiter sich ohne Einhaltung einer Wartezeit auf den Kündigungsschutz nach dem KSchG berufen kann. Eine Differenzierung zwischen der Probezeit des § 622 BGB und der Wartezeit des KSchG wird in der Praxis weithin nicht vorgenommen.

[530] Ein vertraglicher Freiwilligkeitsvorbehalt, der alle zukünftigen Leistungen unabhängig von ihrer Art und ihrem Entstehungsgrund erfasst, benachteiligt den Arbeitnehmer regelmäßig unangemessen iSv § 307 Abs. 1 Satz 1, Abs. 2 Nr. 1 und 2 BGB und ist deshalb unwirksam (vgl BAG 14.9.2011 – 10 AZR 526/10, NZA 2012, 81).

(5) Besondere Vereinbarungen

Als Eintrittsdatum gilt der ....

§ 4 Beendigung/Änderung von Aufgabenstellung und Arbeitsort

(1) Kündigung

Die Kündigung muss schriftlich erfolgen. Eine Kündigung vor Arbeitsaufnahme ist ausgeschlossen.

Im Falle der Kündigung des Arbeitsverhältnisses ist die Firma berechtigt, den Mitarbeiter unter Fortzahlung der Vergütung unter Anrechnung von Urlaubs- und Freizeitansprüchen freizustellen.

Für den Fall der rechtswidrigen und schuldhaften Nichtaufnahme der Arbeit oder der vertragswidrigen Beendigung des Arbeitsverhältnisses verpflichtet sich der Mitarbeiter als pauschalierten Schadensersatz und Vertragsstrafe einen Betrag iHv 50 % des durchschnittlichen monatlichen Bruttogehalts für diejenige Zeit zu zahlen, in der die Arbeitsleistung nicht vertragsgerecht erbracht wird, mindestens jedoch ein Bruttomonatsgehalt. Die Geltendmachung des darüber hinausgehenden tatsächlichen Schadens bleibt hiervon unberührt.

(2) Erreichen der Altersgrenze

Das Arbeitsverhältnis endet unter Beachtung der geltenden gesetzlichen, tarifvertraglichen oder betrieblichen Regelungen mit Ablauf des Monats, in dem der Mitarbeiter eine gesetzliche Regelaltersrente oder eine Vollrente wegen Erwerbs- oder Berufsunfähigkeit erhält, spätestens jedoch mit Vollendung des 67. Lebensjahres.

(3) Änderung von Aufgabenstellung und Arbeitsort

Der Mitarbeiter verpflichtet sich, auf Weisung der Firma die in § 1 ausgewiesene oder eine seiner Bildung und/oder Berufserfahrung angemessene anderweitige Tätigkeit auch in einem verbundenen Unternehmen an einem anderen Arbeitsort wahrzunehmen, ohne dass es einer Änderung des Arbeitsvertrages bzw einer Änderungskündigung bedarf.

Soweit die Änderung des Arbeitsortes einen Wechsel des Wohnortes erforderlich macht, verpflichtet sich die Firma zum Ersatz der notwendigen Aufwendungen nach Maßgabe der geltenden betrieblichen Regelungen.

(4) Dienstreisen

Der Mitarbeiter ist bereit, die im Rahmen seiner Tätigkeit erforderlichen Dienstgänge und -reisen nach Maßgabe der in der Firma geltenden Richtlinien für Geschäftsreisen durchzuführen.

§ 5 Urlaub, Arbeitsverhinderung

(1) Dauer und Lage des Urlaubs

Der Mitarbeiter hat Anspruch auf einen gesetzlichen Mindesturlaub von 24 Arbeitstagen pro Kalenderjahr bei einer 6-Tage-Woche. Die Firma gewährt dem Mitarbeiter zusätzlich zu dem gesetzlichen Mindesturlaub einen vertraglichen Urlaub von weiteren 12 Arbeitstagen bei einer 6-Tage-Woche. Der Urlaub ist möglichst zusammenhängend zu nehmen. Bei der Gewährung von Urlaub wird zuerst der gesetzliche Urlaub eingebracht. Für den vertraglichen Urlaub gilt abweichend von dem gesetzlichen Mindesturlaub, dass der Urlaubsanspruch nach Ablauf des Übertragungszeitraumes (31.3. des Folgejahres) auch dann verfällt, wenn er wegen Arbeitsunfähigkeit des Arbeitnehmers nicht genommen werden kann. Der gesetzliche Mindesturlaub verfällt in einem solchen Fall 15 Monate nach Ablauf des Urlaubsjahres.

Im Rahmen der Verteilung des Urlaubs ist den betrieblichen Erfordernissen Rechnung zu tragen.

Der Mitarbeiter ist verpflichtet, auf Weisung der Firma den Urlaub zu unterbrechen oder zu verschieben. Den daraus entstehenden Schaden trägt die Firma.

(2) Arbeitsverhinderung

Der Mitarbeiter ist verpflichtet, jede Arbeitsverhinderung, sei es aufgrund Arbeitsunfähigkeit oder aus sonstigem Anlass, unter Angabe der Gründe und der voraussichtlichen Dauer der Firma unverzüglich anzuzeigen.

Im Falle der Arbeitsverhinderung aufgrund Arbeitsunfähigkeit ist er darüber hinaus verpflichtet, nach Maßgabe des Entgeltfortzahlungsgesetzes eine ärztliche Bescheinigung über die Arbeitsunfähigkeit sowie deren voraussichtliche Dauer vorzulegen. Entsprechendes gilt bei Kur oder Heilverfahren.

(3) Ansprüche aufgrund Arbeitsverhinderung

Ansprüche des Mitarbeiters gegenüber Dritten auf Schadens- oder Aufwendungsersatz, insbesondere wegen Arbeitsverhinderung aus Anlass von Unfall, Krankheit usw, werden hiermit an die Firma bis zur Höhe der Beträge abgetreten, die die Firma aufgrund gesetzlicher, tariflicher oder vertraglicher Bestimmungen gewährt. Der Mitarbeiter verpflichtet sich, der Firma die zur Geltendmachung der abgetretenen Ansprüche erforderlichen Angaben und Nachweise zur Verfügung zu stellen.

§ 6 Allgemeine Nebenpflichten

(1) Verschwiegenheit

Der Mitarbeiter verpflichtet sich, über alle aufgrund der Firmenzugehörigkeit zugänglichen Informationen Stillschweigen zu wahren. Dies gilt insbesondere im Hinblick auf die Vertraulichkeit der aufgrund der Tätigkeit und Stellung im Unternehmen bekannten gruppen-, konzern-, unternehmens- und betriebsbezogenen geschäftlichen und personellen Angelegenheiten, einschließlich der hiermit in Zusammenhang stehenden Zahlen und Daten.

(2) Nebentätigkeit/-erwerb

Der Mitarbeiter verpflichtet sich, jedwede Nebentätigkeit, auch die Ausübung von Ehrenämtern, der Firma anzuzeigen. Die Firma ist berechtigt, die Zustimmung zur Ausübung einer Nebentätigkeit zu verweigern bzw zu widerrufen, wenn Anhaltspunkte vorliegen, dass durch die Nebentätigkeit die Erfüllung der arbeitsvertraglichen Aufgabenstellung beeinträchtigt und/oder eine sonstige gesetzliche oder arbeitsvertragliche Verpflichtung verletzt wird.

Der Nachweis, dass die Ausübung einer Nebentätigkeit keine Beeinträchtigung bzw Verletzung des Arbeitsvertrages zur Folge hat, ist durch den Mitarbeiter zu führen. Zur Sicherung der berechtigten Interessen kann die Firma die Zustimmung von der Erfüllung von Auflagen abhängig machen.

Die Anzeigepflicht erstreckt sich auch auf Tätigkeiten von Personen, die in häuslicher Gemeinschaft mit dem Mitarbeiter leben, soweit diese Tätigkeiten in Unternehmen ausgeübt werden, mit denen der Mitarbeiter aufgrund seiner Aufgabenstellung der Firma in Geschäftsbeziehung steht.

(3) Vorschusszahlungen

Zahlungen, die der Mitarbeiter vor Fälligkeit der Vergütung, dh außerhalb des regelmäßigen Auszahlungszeitpunktes erhält, sind Vorschusszahlungen auf künftige Vergütungsansprüche. Der Anspruch auf Rückzahlung eines Vorschusses wird im Wege der Aufrechnung gegen Vergütungsansprüche im Zeitpunkt der Fälligkeit (Auszahlung) geltend gemacht.

(4) Zahlung an Dritte

Die Abtretung und Verpfändung von Arbeitsentgelt und sonstigen Ansprüchen aus dem Arbeitsverhältnis ist unzulässig. Der Mitarbeiter hat den der Firma durch die Bearbeitung verpfändeter oder abgetretener Ansprüche entstehenden Aufwand zu erstatten. Der Aufwand wird pauschal mit 10 EUR pro Pfändung, Abtretung und Verpfändung sowie zusätzlich 5 EUR für jedes Schreiben und 20 EUR pro Überweisung in Ansatz gebracht. Bei Nachweis höherer tatsächlicher Kosten ist die Firma berechtigt, diese gegenüber dem Mitarbeiter zu berechnen. Dem Mitarbeiter ist der Nachweis gestattet, dass ein Schaden oder ein Aufwand überhaupt nicht entstanden ist oder wesentlich niedriger ist als die von der Firma in Ansatz gebrachten Pauschbeträge.

§ 7 Besondere Nebenpflichten aufgrund Aufgabenstellung

(1) Wahrung des Datengeheimnisses gem. Bundesdatenschutzgesetz (BDSG)

Dem Mitarbeiter ist untersagt, personenbezogene Daten unbefugt zu verarbeiten oder zu nutzen. Er verpflichtet sich, eine Verpflichtungserklärung gem. § 5 BDSG nach Weisung der Firma zur Kenntnis zu nehmen und die darin enthaltenen Verpflichtungen zu erfüllen. Die Firma verpflichtet sich, personenbezogene Daten des Mitarbeiters ausschließlich im Rahmen der Zweckbestimmung des Arbeitsverhältnisses, insbesondere zum Zwecke der ordnungsgemäßen Vergütungsabrechnung, zu verarbeiten oder zu nutzen.

(2) Mitteilung der Änderung persönlicher Daten

Der Mitarbeiter ist verpflichtet, der Firma Änderungen der Anschrift unverzüglich und unaufgefordert mitzuteilen, wenn er wegen Änderung der Wohnung (Haupt- oder Nebenwohnung), Urlaub, Krankenhaus- oder Kuraufenthalt dauerhaft oder vorübergehend unter der der Firma bisher angegebenen Anschrift nicht erreichbar ist.

(3) Verpflichtung zur Einhaltung von Arbeitsschutzvorschriften

Der Mitarbeiter ist verpflichtet, die aufgrund seiner Aufgabenstellung maßgeblichen Arbeitsschutzvorschriften und betrieblichen Richtlinien nach Weisung der Firma zur Kenntnis zu nehmen und die darin enthaltenen Verpflichtungen zu erfüllen.

§ 8 Nutzung der betrieblichen Telekommunikationsmittel und Datenverarbeitungsanlagen

(1) Umfang der erlaubten Nutzung

Die private Nutzung des E-Mail-Systems und des Internets ist nicht gestattet.

Das Internet darf nur mit der gültigen persönlichen Zugangsberechtigung genutzt werden. User-ID und Passwort dürfen nicht an Dritte weitergegeben werden.

(2) Verbot des Einschleusens von Daten

Es dürfen keine fremden Programme/Dateien auf die Festplatte kopiert, über Diskette, CD-ROM, ähnliche Datenträger oder das Internet auf dem Rechner installiert und/oder eingesetzt werden. Auf Virenkontrolle ist zu achten. Virenschutzprogramme sind zu nutzen. Auftretende Störungen, die mit einem Virenbefall in Zusammenhang stehen könnten, sind umgehend der Netzverwaltung/dem Systemadministrator zu melden.

Das Abrufen, Anbieten oder Verbreiten von rechtswidrigen Inhalten, insbesondere rassistischer oder pornographischer Art ist verboten.

(3) Überwachungsermächtigung

Der Arbeitgeber ist berechtigt, jede Nutzung des E-Mail-Systems und des Internets für die Dauer von maximal drei Monaten zu speichern, um die Einhaltung der obigen Bestimmungen anhand der gespeicherten Daten zu überprüfen. Der Arbeitnehmer erteilt insoweit seine Einwilligung gem. § 4a BDSG.

(4) Verhalten bei Abwesenheit und Urlaub

Für den Fall seiner betrieblichen Abwesenheit (Urlaub, Krankheit etc.) hat der Arbeitnehmer eigenverantwortlich eine automatisierte Antwort an den Absender eingehender E-Mails einzurichten, die den Absender über die Abwesenheit des Arbeitnehmers informiert und einen Hinweis auf den zuständigen Vertreter und dessen Telefonnummer enthält.

(5) Warnhinweis

Verstöße gegen die vorstehenden Regeln, insbesondere eine private Nutzung der Telekommunikationsanlage, können arbeitsrechtliche Konsequenzen zur Folge haben.

§ 9 Compliance-Richtlinien[531]

Der Mitarbeiter ist verpflichtet, die jeweils anwendbaren gesetzlichen Bestimmungen sowie die Compliance-Richtlinien des Arbeitgebers zu beachten. Die Compliance-Richtlinien sind Anlage zu diesem Vertrag (Anlage 1).

§ 10 Ausschlussfrist[532, 533]

Sämtliche gegenseitigen Ansprüche aus dem Arbeitsvertrag und solche, die mit dem Arbeitsverhältnis in Zusammenhang stehen, verfallen, wenn sie nicht innerhalb von drei Monaten nach Fälligkeit gegenüber der anderen Vertragspartei schriftlich geltend gemacht worden sind.

§ 11 Schlussvorschriften

Ergänzungen und Änderungen dieses Arbeitsvertrages einschließlich der Aufhebung dieses Schriftformerfordernisses bedürfen der Schriftform, es sei denn, sie beruhen auf einer ausdrücklichen oder individuellen Vertragsabrede. Eine betriebliche Übung ist keine solche ausdrückliche bzw. individuelle Vertragsabrede. Auch wiederholte Leistungen oder Vergünstigungen ohne ausdrückliche oder individuelle Vertragsabrede begründen keinen Anspruch für die Zukunft.

9. Muster: Arbeitsvertrag mit dem Leiter Konstruktion (mit Regelung über Wohnortwechsel, Pensionszusage und Wettbewerbsverbot)

Anstellungsvertrag

Zwischen

...

– nachstehend „Firma" genannt –

und

Herrn ...

ist Folgendes vereinbart:

§ 1 Aufgabengebiet

(1) Die Firma überträgt Herrn ... ab ... die Leitung der Abteilung Konstruktion. Vor Beginn des Arbeitsverhältnisses ist die Kündigung ausgeschlossen.

(2) Einzelheiten des Aufgabengebiets ergeben sich aus der beigefügten Stellenbeschreibung, die Bestandteil des Vertrages ist und bei veränderten Organisationsbedürfnissen von der Geschäftsleitung nach billigem Ermessen angepasst werden kann.

(3) Herr ... berichtet an ...

(4) Die Firma behält sich vor, Herrn ... innerhalb des Unternehmens auch eine gleichwertige, zumutbare, seiner Vorbildung und seinen Fähigkeiten entsprechende Tätigkeit zu übertragen. Soweit es sich nicht um eine

---

531 Eine ausführlichere Klauselfassung findet sich in Muster 1110 (§ 13).
532 Einstufige Ausschlussfristen müssen einen Mindestzeitraum von drei Monaten enthalten (BAG 28.9.2005 – 5 AZR 52/05, DB 2006, 1959). Zweistufige Ausschlussfristen müssen für jede Frist drei Monate vorsehen. Als im Arbeitsrecht etablierte Besonderheiten nach § 310 Abs. 4 Satz 2 BGB steht ihrer Wirksamkeit § 309 Nr. 13 BGB nicht entgegen (BAG 25.5.2005 – 5 AZR 572/04, NZA 2005, 1111).
533 Nach einer neuen Entscheidung des BAG können arbeitsvertraglich vereinbarte Ausschlussfristen dahin gehend ausgelegt werden, dass sie nur die von den Parteien für regelungsbedürftig gehaltenen Fälle erfassen sollen. Eine Anwendung auch für die Fälle, die durch gesetzliche Verbote oder Gebote geregelt sind, soll dagegen regelmäßig gerade nicht gewollt sein, so das BAG. Das gelte bspw für die Haftung wegen Vorsatzes (Pressemitteilung Nr. 42/13 zu BAG, Urt. v. 20.6.2013 – 8 AZR 280/12). Ein Formulierungsbeispiel für eine vertragliche Verfallklausel mit Ausschluss der Haftung für Vorsatz enthält das Muster 1134 (§ 16).

höherwertige Tätigkeit handelt, bleibt eine Änderung des vereinbarten Aufgabenbereichs ohne Einfluss auf die Vergütung. Bei höherwertiger Tätigkeit hat nach drei Monaten eine Anpassung des Gehalts gem. § 315 BGB zu erfolgen.

(5) Herr ... verpflichtet sich, auch an einem anderen Ort und für einen anderen Arbeitgeber vorübergehend Arbeit zu verrichten. Als „vorübergehend" gilt nach dem Willen der Parteien ein Zeitraum unter einem Monat.

(6) Die Herrn ... übertragene Stellung ist mit Handlungsvollmacht iSd § 54 HGB ausgestattet.

(7) Lage und Dauer der täglichen Arbeitszeit richten sich nach den betrieblichen Erfordernissen, insbesondere nach den Anforderungen von Produktion und Arbeitsvorbereitung.

§ 2 Geheimhaltung

Herr ... verpflichtet sich, über alle ihm im Rahmen seiner Tätigkeit bekannt gewordenen Geschäfts- und Betriebsgeheimnisse Stillschweigen zu bewahren. Das gilt auch für die Zeit nach Vertragsbeendigung.

§ 3 Qualitätsmanagement

(1) Die Firma erwartet, dass Herr ... im Rahmen des betriebsinternen Quality Management geeignete Seminare zur beruflichen Weiterbildung besucht und sich persönlich um Kenntnisse bemüht, die stets dem aktuellen technischen Standard entsprechen.

(2) Von Herrn ... wird erwartet, dass er an den von der Firma angebotenen Veranstaltungen zur beruflichen Weiterbildung teilnimmt und auch selbst als Vortragender derartige Seminare unter Fortzahlung der vertraglichen Bezüge firmenintern durchführt.

§ 4 Diensterfindungen

Bei Diensterfindungen gelten die Vorschriften des Gesetzes über Arbeitnehmererfindungen vom 25.7.1957 sowie die hierzu ergangenen „Richtlinien für die Vergütung von Arbeitnehmererfindungen im privaten Dienst" vom 20.7.1959 in ihrer jeweils gültigen Fassung.

§ 5 Vergütung

(1) Herr ... erhält ein monatliches Bruttogehalt von ... EUR, zahlbar jeweils am Ende des Monats.

Die Firma wird das Gehalt des Herrn ... jeweils zu Beginn eines Kalenderjahres auf seine Angemessenheit hin überprüfen und unter Berücksichtigung der Gesichtspunkte Ertragslage der Firma, gestiegene Lebenshaltungskosten und Zufriedenheit mit den Leistungen von Herrn ... gegebenenfalls neu festsetzen.

(2) Herr ... nimmt an der Ausschüttung einer Tantieme teil, die spätestens innerhalb eines Zeitraumes von ... Monaten nach Vorlage des Jahresergebnisses fällig wird. Die Höhe der Tantieme beträgt ... Prozent des ausgewiesenen Gewinns.

(3) Die Firma gewährt Herrn ... ein 13. Monatsgehalt, das am 1. Dezember gezahlt wird.

(4) Mit der Zahlung der vereinbarten Bezüge ist etwaige gesetzlich zulässige, über die betriebliche Arbeitszeit hinausgehende Mehrarbeit im Umfang von bis zu 30 Stunden pro Monat abgegolten.[534]

§ 6 Dienstwagen

(1) Herr ... erhält für die Dauer des Anstellungsvertrages einen Dienstwagen, der von Herrn ... persönlich auch zu Privatfahrten benutzt werden kann. Die Kraftstoffkosten für längere Privatfahrten, insbesondere für Urlaubsfahrten, sind von Herrn ... gesondert zu erfassen und selbst zu tragen. Die auf die private Nutzung entfallenden Steuern und Sozialversicherungsabgaben sind von Herrn ... zu tragen.

---

534 Mit dem vereinbarten Bruttolohn können Überstunden bis zu 25–30 % der vereinbarten Arbeitszeit monatlich abgegolten werden. Eine darüber hinausgehende Abgeltung wäre unzulässig, vgl hierzu BAG 21.9.2011 – 5 AZR 629/10, NZA 2012, 145.

(2) Im Falle einer Freistellung (Beurlaubung) bei Kündigung des Arbeitsverhältnisses oder aus sonstigem Grund ist Herr ... verpflichtet, den Wagen zurückzugeben, wenn die Firma erklärt, dass sie das Fahrzeug für den eigenen Geschäftsbetrieb benötigt. Eine Entschädigung findet in diesem Falle nicht statt.

§ 7 Reisekostenvergütung

Für die Erstattung der Kosten anlässlich von Dienstreisen gelten die Richtlinien der Firma über die Vergütung von Reisekosten, die in ihrer jeweils aktuellen Fassung Bestandteil dieses Vertrages sind.

§ 8 Urlaub

Herr ... hat nach einer Beschäftigungsdauer von sechs Monaten Anspruch auf einen gesetzlichen Mindesturlaub von 20 Arbeitstagen pro Kalenderjahr bei einer 5-Tage-Woche. Der Arbeitgeber gewährt Herrn ... zusätzlich zu dem gesetzlichen Mindesturlaub einen vertraglichen Urlaub von weiteren 7 Arbeitstagen. Der Urlaub ist möglichst zusammenhängend zu nehmen. Bei der Gewährung von Urlaub wird zuerst der gesetzliche Urlaub eingebracht. Für den vertraglichen Urlaub gilt abweichend von dem gesetzlichen Mindesturlaub, dass der Urlaubsanspruch nach Ablauf des Übertragungszeitraumes (31.3. des Folgejahres) auch dann verfällt, wenn er wegen Arbeitsunfähigkeit von Herrn ... nicht genommen werden kann. Der gesetzliche Mindesturlaub verfällt in einem solchen Fall 15 Monate nach Ablauf des Urlaubsjahres.

Der Urlaub ist im Einvernehmen mit der Geschäftsleitung zu nehmen. Insbesondere ist zu beachten, dass der zusammenhängende Jahreserholungsurlaub während der jährlichen Werksferien genommen werden muss. Das Bundesurlaubsgesetz in seiner jeweils gültigen Fassung ist anzuwenden.

§ 9 Arbeitsunfähigkeit

(1) Im Falle der Arbeitsunfähigkeit infolge Krankheit ist Herr ... verpflichtet, spätestens am dritten Arbeitstag eine ärztliche Bescheinigung über die Arbeitsunfähigkeit und deren voraussichtliche Dauer vorzulegen.

(2) Im Falle von Arbeitsunfähigkeit infolge Krankheit zahlt die Firma Herrn ... die in § 2 festgelegten Bezüge nach Maßgabe folgender Regelung weiter: Während der ersten sieben Jahre der Tätigkeit auf die Dauer von drei Monaten, nach siebenjähriger Tätigkeit auf die Dauer von fünf Monaten. Leistungen Dritter, die dem Lebensunterhalt von Herrn ... zu dienen bestimmt sind, werden auf die Leistungen der Firma angerechnet.

§ 10 Nebentätigkeit

Die Übernahme einer auf Erwerb gerichteten Nebentätigkeit durch Herrn ... bedarf der vorherigen Zustimmung der Geschäftsleitung. Die Zustimmung ist zu erteilen, sofern nicht Interessen der Firma durch die Ausübung der Nebentätigkeit beeinträchtigt werden können.

§ 11 Nachvertragliches Wettbewerbsverbot

(1) Herrn ... ist nicht gestattet, für die Dauer von ... Jahren[535] nach dem Ende seines Arbeitsverhältnisses in selbständiger, unselbständiger oder anderer Weise für Dritte tätig zu werden, die mit der Firma in direktem oder indirektem Wettbewerb stehen oder mit einem solchen Wettbewerbsunternehmen verbunden sind. Ebenso ist es Herrn ... nicht gestattet, während der Laufzeit des Wettbewerbsverbots ein solches Unternehmen zu errichten, zu erwerben oder sich hieran unmittelbar oder mittelbar zu beteiligen.

(2) Das Wettbewerbsverbot wirkt auch im Hinblick auf die mit der Firma jetzt und in Zukunft verbundenen Unternehmen.

(3) Das Wettbewerbsverbot gilt auch für und gegen einen Rechtsnachfolger der Firma. Bei einer Veräußerung des Betriebes geht es auf den Erwerber über. Herr ... ist mit dem Übergang der Rechte aus dieser Vereinbarung auf einen etwaigen Rechtsnachfolger einverstanden.

---

[535] Gemäß § 74 Abs. 1 HGB maximal für zwei Jahre. Die Dauer im konkreten Einzelfall ist dabei nach Maßgabe des im Einzelfall bestehenden berechtigten geschäftlichen Interesse auszurichten. Es ist ein weit verbreiteter Irrtum, dass zwei Jahre in aller Regel unbedenklich seien.

(4) Für die Dauer des Wettbewerbsverbots zahlt die Firma eine Karenzentschädigung, die für jedes Jahr des Verbots der Hälfte der von Herrn ... zuletzt bezogenen vertragsmäßigen Leistungen der Firma entspricht. Eine Karenzentschädigung ist jedoch nicht zu zahlen während der Absolvierung des Wehrdienstes, Zivildienstes oder der Verbüßung einer Freiheitsstrafe.[536]

(5) Anderweitigen Erwerb muss sich Herr ... gem. § 74 c HGB auf die Entschädigung anrechnen lassen. Herr ... hat unaufgefordert mitzuteilen, ob und in welcher Höhe er neben der Karenzentschädigung Vergütungen aus anderweitiger Verwertung seiner Arbeitskraft bezieht. Auf Verlangen sind die Angaben durch Vorlage prüfbarer Unterlagen zu belegen.

(6) Herr ... zahlt für jede einzelne schuldhafte Verletzungshandlung gegen das Wettbewerbsverbot an die Gesellschaft eine Vertragsstrafe iHv 10.000 EUR („Einzelverstoß"). Bei mehreren Einzelverstößen, die nicht während eines Dauerverstoßes nach Abs. 7 erfolgen, fällt die Vertragsstrafe für jeden Einzelfall erneut an.[537]

(7) Liegt der schuldhafte Verstoß gegen das Wettbewerbsverbot nicht in einem Einzelverstoß iSv Abs. 6, sondern besteht der Verstoß in der Begründung eines Arbeits-, Dienst- oder sonstigen Vertragsverhältnisses zu einem Wettbewerbsunternehmen oder in einer unmittelbaren oder mittelbaren Beteiligung an einem Wettbewerbsunternehmen („Dauerverstoß"), so wird die Vertragsstrafe für jeden angefangenen Monat eines solchen Dauerverstoßes fällig. Absatz 6 findet während eines Dauerverstoßes keine Anwendung.

(8) Die Geltendmachung eines über die Vertragsstrafen nach Abs. 6 und 7 hinausgehenden Schadens bleibt der Firma ebenso vorbehalten wie die Geltendmachung etwa von Unterlassungsansprüchen.

(9) Dieses Wettbewerbsverbot wird nicht wirksam, wenn das Arbeitsverhältnis nicht mehr als sechs Monate[538] gedauert hat oder der Mitarbeiter nach seinem Ausscheiden Altersrente aus der gesetzlichen Rentenversicherung bezieht.

(10) Im Übrigen gelten die §§ 74 ff HGB entsprechend.

§ 12 Beendigung des Vertragsverhältnisses

(1) Die ersten sechs Monate des Anstellungsverhältnisses gelten als Probezeit. In dieser Zeit kann das Arbeitsverhältnis von beiden Seiten mit einer Frist von einem Monat zum Monatsende gekündigt werden. Danach kann das Arbeitsverhältnis von beiden Seiten mit einer Frist von sechs Monaten zum Vierteljahresende gekündigt werden.

(2) Jede Kündigung bedarf der Schriftform.

---

536 Ein Ausschluss der Karenzentschädigungspflicht für Zeiten einer Arbeitsunfähigkeit dürfte unter Berücksichtigung von BAG 23.11.2004 – 9 AZR 595/03, NJW 2004, 2732 wohl nicht möglich sein.
537 Die früher übliche, einfachere Klauselgestaltung: „Handelt Herr ... dem Wettbewerbsverbot zuwider, ist die Firma für jeden Fall der Zuwiderhandlung berechtigt, eine Vertragsstrafe iHv ... zu beanspruchen, ohne dass es eines Schadensnachweises bedarf. Bei dauernder Verletzung des Verbots entsteht die Vertragsstrafe für jeden angefangenen Monat der Verletzung neu." ist nach BAG 14.8.2007 – 8 AZR 973/06, NZA 2008, 170 ff unwirksam, weil eine solche Regelung insbesondere gegen das Transparenzgebot des § 307 Abs. 2 BGB verstößt, weil sie nicht klar und verständlich ist. Es bedarf wegen der Transparenzanforderungen des BAG daher einer deutlicheren Ausdifferenzierung und Abgrenzung von „Einzel- und Dauerverstoß". – Diller (NZA 2008, 57) schlägt als Reaktion auf das BAG-Urteil folgende Alternativfassung vor:
„1. Für jede Handlung, durch die der Mitarbeiter das Verbot schuldhaft verletzt, hat er eine Vertragsstrafe von ... zu zahlen.
2. Besteht die Verletzungshandlung in der kapitalmäßigen Beteiligung an einem Wettbewerbsunternehmen oder der Eingehung eines Dauerschuldverhältnisses (zB Arbeits-, Dienst-, Handelsvertreter- oder Beraterverhältnis), wird die Vertragsstrafe für jeden angefangenen Monat, in dem die kapitalmäßige Beteiligung oder das Dauerschuldverhältnis besteht, neu verwirkt (Dauerverletzung). Mehrere Verletzungshandlungen lösen jeweils gesonderte Vertragsstrafen aus, gegebenenfalls auch mehrfach innerhalb eines Monats. Erfolgen dagegen einzelne Verletzungshandlungen im Rahmen einer Dauerverletzung, sind sie von der für die Dauerverletzung verwirkten Vertragsstrafe mit umfasst.
3. Die Geltendmachung von Schäden, die über die verwirkte Vertragsstrafe hinausgehen, bleibt vorbehalten, desgleichen die Geltendmachung aller sonstigen gesetzlichen Ansprüche und Rechtsfolgen aus einer Verletzung (zB Unterlassungsansprüche, Wegfall des Anspruchs auf Karenzentschädigung für die Dauer des Verstoßes etc.)."
538 Diese Bedingung des Wettbewerbsverbots ist zulässig (BAG 28.6.2006 – 10 AZR 407/05, NJW 2006, 3659). Demnach kann auch eine andere zeitliche Grenze festgelegt werden, etwa eine Betriebszugehörigkeit von einem Jahr oder 18 Monaten.

§ 13 Vertragsstrafe

(1) Wird das Anstellungsverhältnis vor oder nach Dienstantritt vertragswidrig vorzeitig beendet oder verstößt Herr ... gegen die vertragliche Verschwiegenheitspflicht, ist für jeden einzelnen Fall pflichtwidrigen Handelns eine Vertragsstrafe zu zahlen. Als Vertragsstrafe wird für den Fall der verspäteten Aufnahme der Arbeit, der vorübergehenden Arbeitsverweigerung und der Auflösung des Arbeitsverhältnisses ohne Einhaltung der maßgeblichen Kündigungsfrist ein sich aus der Bruttomonatsvergütung nach § 5 des Vertrages zu errechnendes Bruttotagegeld für jeden Tag der Zuwiderhandlung vereinbart, insgesamt jedoch nicht mehr als das in der gesetzlichen Mindestkündigungsfrist ansonsten zu zahlende Arbeitsentgelt. Im Übrigen beträgt die Vertragsstrafe ein Bruttomonatsgehalt.

(2) Weitergehende Schadensersatzansprüche oder vertragliche Ansprüche bleiben hiervon unberührt.

§ 14 Wohnortwechsel

(1) Herr ... verpflichtet sich, spätestens ein Jahr nach Vertragsbeginn seinen Hauptwohnsitz nach ... zu verlegen. Die Firma wird Herrn ... bei der Suche nach einer geeigneten Wohnung oder einem Haus behilflich sein. Bis zum Umzug innerhalb des vertraglich festgelegten Zeitraumes übernimmt die Firma die Kosten für eine angemessene Zweitwohnung und erstattet Herrn ... die Kosten für zwei Familienheimfahrten monatlich.

(2) Für die Dauer der Trennung von seiner Familie, längstens jedoch für die Dauer von ..., erhält Herr ... eine monatliche Trennungsentschädigung von ... EUR, die jeweils zusammen mit dem Gehalt am Ende des Monats ausgezahlt wird.

(3) Die Kosten des Umzugs von ... nach ... werden von der Firma in der durch Vorlage der Speditionsrechnung nachgewiesenen Höhe übernommen.

(4) Herr ... hat die Umzugskostenerstattung zeitanteilig zurückzuzahlen, wenn er innerhalb von ... Jahren[539] auf eigenen Wunsch oder aus von ihm zu vertretenden Gründen die Firma verlässt.

§ 15 Leistungen im Todesfall und bei Invalidität

(1) Die Firma hat Herrn ... in einer Unfallversicherung mit folgenden Deckungssummen versichert:

- für den Todesfall ... EUR
- für den Fall der Invalidität ... EUR
- Tagegeld von dem 43. Tag einer durch Unfall verursachten Arbeitsunfähigkeit an ... EUR
- Heilkosten ... EUR

Mit dem Tage des Ausscheidens des Herrn ... aus den Diensten der Firma wird die Versicherung beendet.

(2) Im Falle des Ablebens des Herrn ... erhalten seine Hinterbliebenen (Witwe bzw eingetragener Lebenspartner, unterhaltsberechtigte Kinder) die vollen Bezüge noch für die Dauer von drei Monaten, beginnend mit dem Ablauf des Sterbemonats, weiter. Für diese Zeit entfallen Leistungen an die Hinterbliebenen aus einer für den Todesfall des Herrn ... bestehenden betrieblichen Altersversorgung.

§ 16 Altersversorgung

Beim Ausscheiden des Herrn ... nach Vollendung seines 65. Lebensjahres oder bei vorzeitiger Arbeitsunfähigkeit des Herrn ... nach mindestens zehnjähriger Tätigkeit im Dienste der Firma wird Herrn ... eine Altersversorgung auf folgender Grundlage gewährt:

Die Firma zahlt Herrn ... eine monatliche Pension, die sich aus einem Grundbetrag von 15 v.H. der letzten Monatsbezüge sowie einem Steigerungsbetrag von je 1 v.H. der letzten Monatsbezüge für jedes nach dem

---

[539] Nach der Rechtsprechung des BAG ist die Höhe der rückzuzahlenden Umzugskosten auf ein Monatsgehalt bzw die tatsächlichen Kosten begrenzt, die Bindungsdauer darf höchstens drei Jahre betragen (vgl Hümmerich/Reufels/*Schiefer*, Gestaltung von Arbeitsverträgen, § 1 Rn 3144 ff).

§ 1 Verträge mit Arbeitnehmern, freien Mitarbeitern und Gesellschaftsorganen

10. Dienstjahr in der Firma zurückgelegte Dienstjahr zusammensetzt, und zwar bis zum Höchstbetrag von 75 v.H. der zuletzt gezahlten Bezüge.

Im Falle des Ablebens des Herrn ... während des Dienstverhältnisses erhält seine Witwe bzw der eingetragene Lebenspartner 50 v.H. der Pension nach Abs. 2, beginnend mit dem Ablauf der Gehaltsbezüge nach § 5, zuzüglich weiterer 15 v.H. für jedes noch in der Berufsausbildung stehende Kind unter 25 Jahren, höchstens jedoch insgesamt 75 v.H. der zuletzt gezahlten Bezüge.

Im Falle des Ablebens des Herrn ... während des Ruhestandes erhalten seine Versorgungsberechtigten die entsprechenden Versorgungsbezüge. Der Anspruch auf Witwen- bzw Lebenspartnerpension entfällt mit dem Ende des Monats, in dem sich die Witwe bzw der Lebenspartner wieder verheiratet.

Im Übrigen gelten die Bestimmungen des „Gesetzes zur Verbesserung der betrieblichen Altersversorgung" vom 19.12.1974 in seiner jeweils aktuellen Fassung.

§ 17 Nebenabreden

Vereinbarungen außerhalb dieses Vertrages wurden zwischen den Parteien nicht getroffen. Ergänzungen und Änderungen dieses Arbeitsvertrages einschließlich der Aufhebung dieses Schriftformerfordernisses bedürfen der Schriftform, es sei denn, sie beruhen auf einer ausdrücklichen oder individuellen Vertragsabrede. Eine betriebliche Übung ist keine solche ausdrückliche bzw individuelle Vertragsabrede. Auch wiederholte Leistungen oder Vergünstigungen ohne ausdrückliche oder individuelle Vertragsabrede begründen keinen Anspruch für die Zukunft.

201 10. Muster: Arbeitsvertrag eines Leiters Gesamtvertrieb mit Gesamtprokura

Zwischen

...

– im Folgenden „KG" genannt –

und

Herrn ...

wird folgender

Anstellungsvertrag

abgeschlossen:

§ 1 Dienststellung und Aufgabenbereich

(1) Die KG überträgt Ihnen mit Wirkung vom ..., nach Möglichkeit früher, die Gesamtleitung des Vertriebs Deutschland.

(2) Ihre genauen Aufgabenstellungen und Zielsetzungen werden gemeinsam verbindlich erarbeitet.

(3) Sie sind dem Komplementär und der Geschäftsleitung unterstellt.

(4) Die Position ist mit Gesamtprokura ausgestattet.

(5) Sie erklären sich bereit, auf Verlangen der Geschäftsleitung auch andere zumutbare Aufgaben zu übernehmen. Eine Änderung der Aufgabenstellung kann nur durch die Geschäftsleitung erfolgen.

(6) Sie sind Mitglied des engeren Führungskreises (FK).

§ 2 Bezüge

(1) Sie erhalten ab dem Monat Ihres Eintritts als Vergütung für Ihre Tätigkeit ein Gehalt von jährlich ... EUR brutto, das in zwölf gleichen Monatsbeträgen von ... EUR zur Auszahlung kommt.

(2) Urlaubs- und Weihnachtsgeld sind mit obiger Summe abgegolten.

(3) Darüber hinaus steht ein leistungsabhängiger Bonus von ... EUR jährlich zur Verfügung, dessen Auszahlung im Ermessen Ihres Vorgesetzten liegt und der sich an Ihrer Leistung und der Erreichung der mit Ihnen vereinbarten qualitativen und quantitativen Ziele orientiert. Bis zum ... wird der Bonus garantiert. Die Zahlung für ... erfolgt pro rata temporis.

Die vereinbarten Ziele sollen sich aufteilen im Verhältnis:

- 1/3 qualitative Ziele
- 2/3 quantitative Ziele.

Die quantitativen Ziele wiederum teilen sich auf in:

- 50 % am geplanten Umsatz
- 50 % an der geplanten Bruttomarge.

Die jeweiligen Basiszahlen (100 %-Plan) sowie die Werte für Über- oder Unterschreitung der Planzahlen werden während der Planungsperiode für das Geschäftsjahr ... im Herbst ... gemeinsam festgelegt. Die Bandbreite für Unter- bzw Überschreitung der Planzahlen wird zwischen 80 % und 120 % definiert. Zwischen 95 % und 105 % wird eine Progressionszone festgeschrieben.

(4) Die Vereinbarungen nach Abs. 3 sollen so gestaltet werden, dass bei Erreichung der Planzahlen für Umsatz und Bruttomarge folgende Gesamtbezüge p.a. erreicht werden:

- 20...:   ... EUR
- 20...:   ... EUR

Eventuelle Anpassungen des Fixgehalts werden dabei verrechnet.

(5) Ferner haben Sie Anspruch auf Leistungen im Rahmen des Gewinnbeteiligungsmodells der KG gemäß dem jeweils gültigen Reglement.

(6) Sie erhalten außerdem vermögenswirksame Leistungen in gleicher Weise wie Tarifangestellte auf Grund der entsprechenden Tarifverträge.

(7) Alle zwei Jahre überprüfen wir Ihr Gehalt. Maßstab ist für uns, wie sich im Vergleichszeitraum die Gehälter der tariflich vergüteten Angestellten entwickelt haben. Wir wollen sicherstellen, dass sich die prozentualen Steigerungsraten der Gehälter der außertariflich vergüteten Angestellten in gleicher Weise entwickeln.

§ 3 Reisekosten/Spesenregelung

(1) Für die Erstattung von Reisekosten und Spesen anlässlich von Dienstreisen gilt die für die KG verbindliche Reisekostenordnung in ihrer jeweiligen Fassung.

(2) Sie haben Anspruch auf einen Dienstwagen der Marke ..., der auch zur privaten Nutzung zur Verfügung steht. Der entsprechende geldwerte Vorteil wird Ihren Bezügen hinzugerechnet und versteuert. Näheres ergibt sich aus der Car Policy der KG in ihrer jeweils gültigen Fassung.

§ 4 Gehaltszahlung bei Krankheit und Tod

(1) Im Falle der Erkrankung zahlt die KG Ihnen die in § 2 Abs. 1 aufgeführten Beträge für die Dauer von 3 Monaten. Leistungen Dritter mit Versorgungscharakter werden auf die Verpflichtung der KG angerechnet.

(2) Im Falle Ihres Ablebens erhalten die Hinterbliebenen noch die vollen Bezüge gem. Abs. 1 für 3 Monate, beginnend mit dem Ablauf des Sterbemonats.

§ 5 Urlaub

Ihr Urlaub beträgt derzeit 30 Arbeitstage gesetzlicher Mindesturlaub bei einer 5-Tage-Woche und zusätzlich weitere 10 Tage tariflicher Zusatzurlaub jährlich und richtet sich nach den Bestimmungen des MTV Metall in seiner jeweils gültigen Fassung. Er ist jeweils mit dem Vorgesetzten abzustimmen.

Wisswede

§ 6 Versicherungen

(1) Ihnen wird der Arbeitgeberanteil zur gesetzlichen Rentenversicherung auch für den Fall gewährt, dass Sie eine befreiende Lebensversicherung gewählt haben. Entsprechendes gilt für den Arbeitgeberanteil zur gesetzlichen Krankenversicherung. Maximal wird jedoch in beiden Fällen nur die Hälfte des nachgewiesenen Beitrages gezahlt.

(2) Die KG versichert Sie neben der bei der zuständigen Berufsgenossenschaft geführten gesetzlichen Unfallversicherung in einer Gruppen-Unfallversicherung, die auch außerdienstliche Unfälle versichert, und zwar iHv

- 150.000 EUR bei Tod,
- 300.000 EUR bei Invalidität,
- 1.500 EUR bei anfallenden Bergungskosten,
- 25 EUR Krankenhaustagegeld mit Genesungsgeld.

Die Leistungen aus dieser Versicherung sollen Ihnen, Ihrem Ehepartner bzw Lebenspartner oder Ihren Kindern zukommen.

(3) Im Falle des Abschlusses einer Verdienstausfallversicherung im Rahmen der von der KG ausgehandelten Gruppenversicherung mit der Deutschen Krankenversicherungs-AG beteiligt sich das Unternehmen mit 20 % an der monatlichen Prämie. Die Versicherung umfasst Krankentagegeld ab dem Zeitpunkt, zu dem der Gehaltsanspruch gegenüber dem Unternehmen endet.

§ 7 Nebenabreden

(1) Sie haben den Wunsch geäußert, zunächst in ... wohnen zu bleiben. Dies wird unter der Voraussetzung akzeptiert, dass Sie mindestens 50 % der monatlichen Arbeitszeit am Dienstsitz in ... verbringen. Die Reisedisposition ist so zu organisieren, dass wenigstens 2 volle Tage pro Woche in ... anfallen.

(2) Die KG übernimmt für die Dauer von 6 Monaten die Kosten für die Anmietung eines Appartements im Bereich der Stadt ... . Die KG bezahlt auch eventuell anfallende Kosten für Makler und Inserate.

(3) Sollten Sie das Appartement nach 6 Monaten weiter mieten, besteht die Möglichkeit, dass die KG die Miete bei entsprechender Reduzierung des Gehalts im Zuge einer Gehaltsumwandlung weiterzahlt.

(4) Für den Fall eines späteren Umzuges übernimmt die KG die vollen Umzugskosten (Spedition). Darüber hinaus zahlt die KG in Anwendung der Bestimmungen des Bundesumzugskostengesetzes 5.112,92 EUR für Umzugsnebenkosten.

§ 8 Nebentätigkeit

(1) Jedwede Nebentätigkeit, sei sie ein Ehrenamt oder sei sie entgeltlich ausgeübt, macht die Einwilligung des Arbeitgebers erforderlich. Die Einwilligung ist zu erteilen, wenn nicht ein Versagungsgrund wegen einer zu befürchtenden Beeinträchtigung betrieblicher Interessen vorliegt.

(2) Der Arbeitgeber verpflichtet sich, seine Entscheidung über die beantragte Einwilligung innerhalb einer Frist von vier Wochen nach Antragseingang zu fällen. Verstreicht die Frist, ohne dass dem Arbeitnehmer die Entscheidung über den gestellten Antrag auf Nebentätigkeit zugegangen ist, gilt die Zustimmung des Arbeitgebers als erteilt.

(3) Private Veröffentlichungen und Vorträge aller Art und die Übernahme von Ehrenämtern sind Ihrem Vorgesetzten zu melden, soweit dadurch die Interessen der KG berührt werden. Hierfür ist das schriftliche Einverständnis erforderlich.

§ 9 Schweigepflicht

(1) Alle während der Tätigkeit bekannt gewordenen Betriebs- und Geschäftsgeheimnisse unterliegen der Geheimhaltungspflicht; das gilt auch für die Zeit nach Beendigung des Anstellungsverhältnisses.

(2) Die Schweigepflicht erstreckt sich auch auf die Bedingungen dieses Vertrages.[540]

§ 10 Vertragsdauer und Kündigung

(1) Der Vertrag beginnt spätestens am ... und wird auf unbestimmte Zeit geschlossen.
Im Falle einer Kündigung ist die KG berechtigt, Sie unter Anrechnung etwaiger Urlaubsansprüche bis zum Ablauf der Vertragsdauer von der Verpflichtung zur Dienstleistung freizustellen, wenn die Interessen der KG an der Freistellung Ihre Interessen an der Beschäftigung überwiegen. Dies ist insbesondere der Fall, wenn zu besorgen ist, dass Sie im Anschluss an die Tätigkeit für die KG für einen Konkurrenten tätig werden können. Während der Freistellung werden die vereinbarten Bezüge weiter gezahlt.

(2) Das Recht zur außerordentlichen Kündigung wird durch Abs. 1 nicht berührt.

(3) Der Vertrag endet, ohne dass eine Kündigung ausgesprochen werden muss, spätestens mit Ablauf des Monats, in dem Sie erstmals die Voraussetzungen für den Bezug einer gesetzlichen Regelaltersrente erfüllen.

(4) Mit Beendigung des Arbeitsverhältnisses sind alle Arbeitsunterlagen an die KG zurückzugeben.

§ 11 Nutzung der betrieblichen Telekommunikationsmittel und Datenverarbeitungsanlagen

(1) Die private Nutzung des E-Mail-Systems und des Internets ist untersagt.[541] User-ID und Passwort dürfen nicht an Dritte weitergegeben werden.

(2) Es dürfen keine fremden Programme/Dateien auf die Festplatte kopiert, über Diskette, CD-ROM, ähnliche Datenträger oder das Internet auf dem Rechner installiert und/oder eingesetzt werden. Auf Virenkontrolle ist zu achten. Virenschutzprogramme sind zu nutzen. Auftretende Störungen, die mit einem Virenbefall in Zusammenhang stehen könnten, sind umgehend der Netzverwaltung/dem Systemadministrator zu melden. Das Abrufen, Anbieten oder Verbreiten von rechtswidrigen Inhalten, insbesondere rassistischer oder pornographischer Art ist verboten.

(3) Die KG ist berechtigt, jede Nutzung des E-Mail-Systems und des Internets für die Dauer von maximal drei Monaten zu speichern, um die Einhaltung der obigen Bestimmungen anhand der gespeicherten Daten zu überprüfen. Sie erteilten insoweit Ihre Einwilligung gem. § 4 a BDSG.

(4) Für den Fall Ihrer betrieblichen Abwesenheit (Urlaub, Krankheit etc.) haben Sie eigenverantwortlich eine automatisierte Antwort an den Absender eingehender E-Mails einzurichten, die den Absender über Ihre Abwesenheit informiert und einen Hinweis auf den zuständigen Vertreter und dessen Telefonnummer enthält.

(5) Verstöße gegen die vorstehenden Regeln, insbesondere eine private Nutzung der Telekommunikationsanlage, können arbeitsrechtliche Konsequenzen zur Folge haben.

§ 12 Schlussbestimmungen

(1) Zwischen den Parteien besteht Einigkeit, dass mündliche Nebenabreden zu diesem Vertrag nicht bestehen.

(2) Ergänzungen und Änderungen dieses Arbeitsvertrages einschließlich der Aufhebung dieses Schriftformerfordernisses bedürfen der Schriftform, es sei denn, sie beruhen auf einer ausdrücklichen oder individuellen Vertragsabrede. Eine betriebliche Übung ist keine solche ausdrückliche bzw. individuelle Vertragsabrede. Auch wiederholte Leistungen oder Vergünstigungen ohne ausdrückliche oder individuelle Vertragsabrede begründen keinen Anspruch für die Zukunft.

---

540 Die Verpflichtung, Stillschweigen über die eigene Vergütung zu wahren, ist wohl unwirksam (vgl LAG Mecklenburg-Vorpommern 21.10.2009 – 2 Sa 237/09).
541 Eine Gestattung der privaten Nutzung führt zu erheblichen datenschutzrechtlichen Problemen für den Arbeitgeber.

(3) Mit Abschluss dieses Vertrages sind alle in der Vergangenheit eventuell getroffenen vertraglichen Vereinbarungen gegenstandslos geworden.

(4) Die für die Erstellung der Gehaltsabrechnung benötigten Daten werden gespeichert. Dies gilt ebenso für Daten, die zur Abführung der Beiträge und Steuern an die Sozialversicherungsträger, Finanzämter, Berufsgenossenschaften und ähnliche Institutionen erforderlich sind.

11. Muster: Arbeitsvertrag mit Niederlassungsleiter eines Bauunternehmens

Anstellungsvertrag

Zwischen

der ... Aktiengesellschaft mit Sitz in ...

– nachstehend: AG –

und

Herrn ...

wird heute folgender Anstellungsvertrag geschlossen:

§ 1

Als Eintrittsdatum für Herrn ... wird der ... festgelegt.

Einstellungsort ist ....

Herr ... ist leitender Angestellter.

Herr ... verpflichtet sich:

a) während der Dauer des Vertrages der AG nach bestem Können zu dienen, seine ganze Tätigkeit ausschließlich in deren Dienst zu stellen, ihren geschäftlichen Erfolg und ihr Ansehen in jeder möglichen Weise zu vertreten und alles zu unterlassen, was dem Gedeihen der AG Abbruch tun könnte,

b) ohne schriftliche Einwilligung der AG weder ein Handelsgewerbe zu betreiben, noch in dem Handelszweig der AG für eigene oder fremde Rechnung Geschäfte zu machen oder sich an einer anderen Handelsgesellschaft in irgendeiner Form zu beteiligen oder für ein solches Unternehmen tätig zu sein,

c) die Betriebsordnung, die QM-Verfahrensanweisungen, Arbeitsanweisungen etc. zu beachten. Es gilt der jeweils gültige Geschäftsverteilungsplan.

§ 2

Herr ... verpflichtet sich, über alle Betriebs- und Geschäftsgeheimnisse, die ihm im Rahmen seiner Tätigkeit zur Kenntnis gelangen, jederzeit Stillschweigen zu bewahren. Dies gilt auch für die Zeit nach Beendigung des Anstellungsverhältnisses.

§ 3

Als Vergütung für seine Tätigkeit erhält Herr ... ab ... ein monatliches Bruttogehalt iHv ... EUR, zahlbar unter Abzug der gesetzlichen Einbehalte jeweils am Ende des Monats. Die Vergütung wird unter Berücksichtigung des geschäftlichen Erfolgs der AG sowie der Leistungen Herrn ... jährlich überprüft.

§ 4

Herr ... erhält im Krankheitsfall für die ersten sechs Wochen sein Bruttogehalt, ab Beginn der 7. Kalenderwoche bis zur Dauer von fünf Monaten einen Zuschuss zum Krankengeld bis zur Höhe seines Nettogehalts.

Im Falle seines Ablebens während des bestehenden Dienstverhältnisses werden die bisherigen Bezüge für einen Zeitraum von drei Monaten weitergezahlt.

§ 5
Dienstreisen werden nach Maßgabe der Richtlinien für Reisekostenabrechnungen der AG erstattet.

§ 6
Dieser Anstellungsvertrag wird auf unbestimmte Zeit geschlossen. Es gilt gegenseitig eine Kündigungsfrist von sechs Monaten jeweils zum Halbjahresende. Die Kündigung muss schriftlich erfolgen. Das Arbeitsverhältnis endet ohne Kündigung am Letzten des Monats, in dem der Arbeitnehmer erstmals Anspruch auf eine gesetzliche Regelaltersrente erwirbt.

§ 7
Herr ... hat Anspruch auf eine jährliche Ermessenstantieme iHv 2 % des Betriebsergebnisses nach der Baubetriebsabrechnung der AG, zahlbar im Juli des folgenden Geschäftsjahres.

§ 8
Herr ... hat Anspruch auf einen gesetzlichen Mindesturlaub von 20 Arbeitstagen pro Kalenderjahr bei einer 5-Tage-Woche. Die AG gewährt Herrn ... zusätzlich zu dem gesetzlichen Mindesturlaub einen vertraglichen Urlaub von weiteren 7 Arbeitstagen. Der Urlaub ist möglichst zusammenhängend zu nehmen. Bei der Gewährung von Urlaub wird zuerst der gesetzliche Urlaub eingebracht. Für den vertraglichen Urlaub gilt abweichend von dem gesetzlichen Mindesturlaub, dass der Urlaubsanspruch nach Ablauf des Übertragungszeitraumes (31.3. des Folgejahres) auch dann verfällt, wenn er wegen Arbeitsunfähigkeit von Herrn ... nicht genommen werden kann. Der gesetzliche Mindesturlaub verfällt in einem solchen Fall 15 Monate nach Ablauf des Urlaubsjahres. Der Urlaub ist so zu nehmen, dass die Geschäfte der AG dadurch nicht beeinträchtigt werden; die Lage des Urlaubs ist vorher mit dem zuständigen Vorgesetzten abzustimmen.

§ 9
Herr ... hat im November eines jeden Jahres Anspruch auf ein 13. Monatsgehalt.

§ 10
Die AG übernimmt die zu Gunsten von Herrn ... bestehende Direktversicherung.

§ 11
Die AG stellt Herrn ... einen Dienstwagen zur Verfügung, der von diesem in angemessenem Rahmen auch für Privatfahrten genutzt werden kann. Gemäß Lohnsteuerrichtlinien wird die Stellung eins Dienstwagens als geldwerter Vorteil betrachtet und versteuert. Die in diesem Zusammenhang entsprechend den Richtlinien anfallenden Steuern sind von Herrn ... zu tragen und werden bei der Gehaltsabrechnung in Abzug gebracht.
Herr ... verzichtet hiermit ausdrücklich auf alle Ansprüche gegen die AG, die ihm im Zusammenhang mit der privaten Nutzung des Wagens entstehen, und wird die AG von allen Ansprüchen seiner Familie oder dritter Personen freistellen, soweit solche Ansprüche von dem Versicherungsschutz der AG nicht abgedeckt sind.
Herrn ... steht es frei, seinen Privatwagen zu nutzen.

§ 12
Herr ... ist von der AG in einer bei der Versicherung abgeschlossenen Kollektiv-Unfallversicherung angemeldet, und zwar mit folgenden Sätzen:
... EUR bei Tod,
... EUR bei Invalidität und
... EUR Tagegeld.

Diese Kollektiv-Unfallversicherung läuft neben der gesetzlichen Unfallversicherung bei der Bau-Berufsgenossenschaft.

§ 13

Ehrenämter dürfen nur nach Zustimmung durch den Vorstand übernommen werden. Diese wird erteilt, wenn die Übernahme des Ehrenamts die Interessen der AG nicht berührt.

§ 14

Herr ... hat im Falle seines Ausscheidens aus den Diensten der AG alle Dateien, Drucksachen, Urkunden, Aufzeichnungen, Entwürfe und Akten über Angelegenheiten der AG, die sich in seinem Besitz befinden, der AG zu übergeben. Diese Verpflichtung bezieht sich auch auf Schriftstücke, die an ihn persönlich in seiner Eigenschaft als Angestellter der AG gerichtet worden sind. Ein Zurückbehaltungsrecht auf diese Unterlagen darf Herr ... nicht ausüben.

§ 15

Durch die Unterzeichnung dieses Anstellungsvertrages werden sämtliche bisherigen mündlichen oder schriftlichen Vereinbarungen aufgehoben.

§ 16

Ergänzungen und Änderungen dieses Arbeitsvertrages einschließlich der Aufhebung dieses Schriftformerfordernisses bedürfen der Schriftform, es sei denn, sie beruhen auf einer ausdrücklichen oder individuellen Vertragsabrede. Eine betriebliche Übung ist keine solche ausdrückliche bzw. individuelle Vertragsabrede. Auch wiederholte Leistungen oder Vergünstigungen ohne ausdrückliche oder individuelle Vertragsabrede begründen keinen Anspruch für die Zukunft.

203 **12. Muster: Arbeitsvertrag mit einem Leiter Produktionsmanagement (als Anschreiben)**

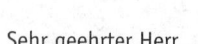

AT-Dienstvertrag

Sehr geehrter Herr ...,

zwischen der Firma ...

– im Folgenden „Gesellschaft" genannt –

und Ihnen wird folgende Vereinbarung geschlossen:

1. Vertragsbeginn und Tätigkeit

Sie sind seit dem ... als Leiter im Produktionsmanagement, Geschäftsbereich ..., in unserem Unternehmen beschäftigt. Ab dem ... werden Sie als AT-Angestellter geführt. Die Gesellschaft behält sich das Recht vor, bei gleich bleibender und gleichwertiger Grundtätigkeit das Aufgabengebiet nach den Bedürfnissen der Gesellschaft zu erweitern oder einzuschränken und Sie dort einzusetzen, wo Ihre Dienstleistung nach dem Ermessen der Gesellschaft jeweils benötigt wird.

2. Gehaltsvereinbarung

Als Vergütung für Ihre Tätigkeit erhalten Sie ein Monatsgehalt von ... EUR brutto.

Das Gehalt wird einmal im Jahr, regelmäßig mit der Planung für das Folgejahr, auf seine Aktualität überprüft. Alle übrigen Beihilfen bemessen sich nach der allgemeinen betrieblichen Regelung. Die Weihnachtsgratifikation beträgt zurzeit ... % eines Monatsgehalts. Das Urlaubsgeld beträgt zurzeit ... EUR je Urlaubstag.

Sie erhalten eine Ergebnisprämie nach folgenden Grundsätzen: Die Ergebnisprämie wird einmal jährlich gezahlt. Bindende Ausgangsbasis ist die Erfolgsrendite in Prozent. Für jedes 1/10 %, das über einer Basisrendite von 3 % liegt, erhalten Sie 2,5 % vom letzten Dezember-Monatsgehalt. Im ersten Beschäftigungsjahr wird Ihr derzeitiges Gehalt von __ EUR zugrunde gelegt. Im Falle des unterjährigen Ein- bzw Austritts wird die Ergebnisprämie zeitanteilig iHv je 1/12 pro vollendetem Kalendermonat gezahlt.

3. Arbeitszeit

Die Arbeitszeit beträgt __ Stunden pro Woche. Sollten betriebliche Erfordernisse kurzfristige Mehrarbeit im gesetzlich zulässigen Umfang erforderlich machen, so sind Sie hierzu verpflichtet. Mehrarbeit gilt mit dem Grundgehalt als abgegolten.[542]

Im Rahmen der im Unternehmen abgeschlossenen „Gesamtbetriebsvereinbarung zur Förderung der besseren Vereinbarkeit von Beruf und Privatleben" wird Ihnen das Recht gewährt, ihre arbeitsvertragliche durchschnittliche Wochenarbeitszeit alle zwei Jahre nach den eigenen Bedürfnissen zwischen 20 und 40 Wochenstunden[543] frei anzupassen. Die beantragte Änderung des Arbeitszeitvolumens kann von der Gesellschaft nur aus dringenden betrieblichen Gründen abgelehnt werden.

4. Urlaub

Sie haben Anspruch auf einen jährlichen Erholungsurlaub. Dieser beträgt 30 Arbeitstage. Der Zeitpunkt des Urlaubs richtet sich nach den betrieblichen Möglichkeiten unter Berücksichtigung Ihrer Wünsche. Der Jahresurlaub ist bis spätestens 15. April des Jahres anzumelden und bis spätestens 31.3. des folgenden Jahres anzutreten, es sei denn, dass das Dienstverhältnis fristlos aus gesetzlich zulässigem Grund seitens der Gesellschaft gelöst wird.

5. Arbeitsverhinderung

Für selbstverschuldete Dienstversäumnisse haben Sie keinen Anspruch auf Gehalt, es sei denn, dass diese von der Gesellschaft ausdrücklich genehmigt worden sind. Bei unverschuldeten Dienstversäumnissen infolge Krankheit, Betriebsunfall usw haben Sie Anspruch auf Gehalt, jedoch nicht über die Dauer von sechs Wochen hinaus. Im Falle einer Krankheit über sechs Wochen hinaus zahlen wir Ihnen die Differenz zwischen dem erhöhten Krankengeld und Ihrem Nettogehalt bis zu einer Gesamtdauer der Krankheit von sechs Monaten. Sie sind gehalten, ohne besondere Aufforderung unverzüglich die Gesellschaft zu verständigen und spätestens am dritten Tag der Erkrankung ein ärztliches Attest vorzulegen, aus dem die Arbeitsunfähigkeit und die voraussichtliche Dauer der Erkrankung ersichtlich sind.

6. Vergütung bei Dienstreisen

Die Gesellschaft vergütet Aufwendungen für Dienstreisen, die auf Veranlassung der Gesellschaft erfolgen, entsprechend der jeweils gültigen Reisekostenordnung, diese richtet sich in der Regel nach den steuerlich zulässigen Sätzen.

7. Nebentätigkeit und Verschwiegenheit

Nebenbeschäftigung für Wettbewerber ist Ihnen untersagt. Sonstige nebenberufliche Tätigkeiten außerhalb der Dienstzeit darf Ihre der Firma zu widmende Arbeitskraft nicht beeinträchtigen. Die Übernahme einer Nebenbeschäftigung ist vor Aufnahme der Gesellschaft schriftlich anzuzeigen. Veröffentlichungen und Vorträ-

---

542 Pauschale Überstundenabgeltungsklauseln sind nach der Rechtsprechung des BAG unwirksam (BAG 1.9.2010 – 5 AZR 517/09, NZA 2011, 575; BAG 21.9.2011 – 5 AZR 629/10, NZA 2012, 145). In jedem Fall muss eine Höchstgrenze genannt werden, bis zu der Überstunden zu leisten sind (hier: ArbZG). Wirksam wäre bspw folgende Regelung: „Mit der Vergütung gemäß § ... sind bis zu 5 Überstunden bzw Mehrarbeit pro Woche abgegolten. Darüber hinausgehende Überstunden und Mehrarbeit werden durch Freizeit abgegolten, soweit sie vom Arbeitnehmer nachweisbar angefallen sind und betriebsnotwendig waren."
543 Ggf könnte auch die Verteilung der Arbeitszeit auf die Wochentage einbezogen werden.

ge, die Ihr Arbeitsgebiet oder den Geschäftszweck der Gesellschaft betreffen, bedürfen ihrer ausdrücklichen Genehmigung.

Die Gesellschaft macht Sie ausdrücklich auf die Bestimmungen des Gesetzes gegen den unlauteren Wettbewerb aufmerksam, wonach Sie sich strafbar machen, wenn Sie die Ihnen aufgrund des Dienstverhältnisses anvertrauten oder sonst zugänglich gewordenen Geschäfts- und Betriebsgeheimnisse während der Geltungsdauer des Dienstverhältnisses unbefugt an andere zu Zwecken des Wettbewerbs oder in der Absicht, dem Inhaber des Geschäftsbetriebes Schaden zuzufügen, mitteilen. Sie erkennen hiermit auch Ihre zivilrechtliche Haftung wegen Vorsatz oder Fahrlässigkeit für diese Geheimhaltungsverpflichtung gegenüber der Firma an und verpflichten sich weiter, die Ihnen anvertrauten oder sonst zugänglich gewordenen Geschäfts- und Betriebsgeheimnisse auch nach dem Ausscheiden aus den Diensten der Firma streng geheim zu halten.

Urheberrechtsfähige Gedanken gehören ohne besondere Vergütung der Gesellschaft, wenn sie im Rahmen der betrieblichen Tätigkeit entwickelt wurden und auf maßgeblicher Betriebserfahrung beruhen.

8. Kündigung

Das Arbeitsverhältnis kann von beiden Seiten nur mit einer Frist von drei Monaten zum Quartalsende gekündigt werden. Unbeschadet hiervon bleibt das Recht zur fristlosen Kündigung aus gesetzlich zulässigem Grund.

9. Gehaltsabtretungen

Die Abtretung oder Verpfändung von Forderungen, die Ihnen aufgrund dieses Vertrages gegen die Firma zustehen, bedarf der vorherigen schriftlichen Zustimmung.

10. Nutzung der betrieblichen Telekommunikationsmittel und Datenverarbeitungsanlagen

Die private Nutzung des E-Mail-Systems und des Internets ist nicht gestattet. Das Internet darf nur mit der gültigen persönlichen Zugangsberechtigung genutzt werden. User-ID und Passwort dürfen nicht an Dritte weitergegeben werden.

Es dürfen keine fremden Programme/Dateien auf die Festplatte kopiert, über Diskette, CD-ROM, ähnliche Datenträger oder das Internet auf dem Rechner installiert und/oder eingesetzt werden. Auf Virenkontrolle ist zu achten. Virenschutzprogramme sind zu nutzen. Auftretende Störungen, die mit einem Virenbefall in Zusammenhang stehen könnten, sind umgehend der Netzverwaltung/dem Systemadministrator zu melden. Das Abrufen, Anbieten oder Verbreiten von rechtswidrigen Inhalten, insbesondere rassistischer oder pornographischer Art ist verboten.

Die Gesellschaft ist berechtigt, jede Nutzung des E-Mail-Systems und des Internets für die Dauer von maximal drei Monaten zu speichern, um die Einhaltung der obigen Bestimmungen anhand der gespeicherten Daten zu überprüfen. Sie erteilen insoweit Ihre Einwilligung gem. § 4 a BDSG.

Für den Fall Ihrer betrieblichen Abwesenheit (Urlaub, Krankheit etc.) haben Sie eigenverantwortlich eine automatisierte Antwort an den Absender eingehender E-Mails einzurichten, die den Absender über Ihre Abwesenheit informiert und einen Hinweis auf den zuständigen Vertreter und dessen Telefonnummer enthält.

Verstöße gegen die vorstehenden Regeln, insbesondere eine weitergehende private Nutzung der Telekommunikationsanlage, können arbeitsrechtliche Konsequenzen zur Folge haben.

11. Vertragsänderungen

Ergänzungen und Änderungen dieses Arbeitsvertrages einschließlich der Aufhebung dieses Schriftformerfordernisses bedürfen der Schriftform, es sei denn, sie beruhen auf einer ausdrücklichen oder individuellen Vertragsabrede. Eine betriebliche Übung ist keine solche ausdrückliche bzw. individuelle Vertragsabrede. Auch

wiederholte Leistungen oder Vergünstigungen ohne ausdrückliche oder individuelle Vertragsabrede begründen keinen Anspruch für die Zukunft.

13. Muster: Arbeitsvertrag mit Leiter der Forschung und Entwicklung (mit Trennungsentschädigungs- und Umzugskostenregelung)

Anstellungsvertrag

zwischen ...

– im Folgenden „Firma" genannt –

und

Herrn ...

§ 1 Vertragsbeginn und Aufgabenstellung

Herr ... nimmt die Tätigkeit bei der Firma zum frühestmöglichen Zeitpunkt, spätestens aber zum ... auf.

Die Firma überträgt Herrn ... die Funktion als Leiter Forschung und Entwicklung.

Herr ... erhält Handlungsvollmacht. Der Umfang der Vollmacht ergibt sich aus dem Bevollmächtigungsschreiben, das Herrn ... bei Dienstbeginn ausgehändigt wird.

Nach Aufgabenstellung und Befugnis ist Herr ... leitender Angestellter iSv § 5 Abs. 3 des Betriebsverfassungsgesetzes.

Die Firma kann Herrn ... auch andere Aufgaben und Tätigkeiten innerhalb des Unternehmens übertragen, die seiner Vorbildung und seinen Fähigkeiten entsprechen. Bei einer Versetzung an einen anderen Ort werden jedoch die persönlichen Belange nach Möglichkeit berücksichtigt.

§ 2 Bezüge

Für seine Tätigkeit erhält Herr ... ein Jahresgehalt von

... EUR brutto

(in Worten: ... Euro).

Die Zahlung erfolgt in zwölf gleichen Teilbeträgen jeweils am Monatsende.

Darüber hinaus erhält Herr ... eine variable Vergütung, die von der Erreichung persönlicher und betrieblicher Einflusskriterien abhängig ist.

Die Auszahlung der variablen Vergütung erfolgt jeweils nach Verabschiedung des Jahresabschlusses durch die Hauptversammlung.

Im Jahr des Beginns beträgt die variable Vergütung

... EUR brutto

(in Worten: ... Euro),

welche entsprechend dem Eintrittsdatum zeitanteilig gezahlt wird.

Im Jahr der Beendigung dieses Vertrages wird eine anteilige variable Vergütung gezahlt.

Mit dem Jahresgehalt und der variablen Vergütung sind alle dienstvertraglichen Leistungen abgegolten, auch Mehrarbeit in angemessenem, gesetzlich zulässigem Umfang.

Einmal jährlich überprüft die Firma das Jahresgehalt. Merkmale für eine Anhebung sind die persönliche Leistung von Herrn ..., die allgemeine wirtschaftliche Lage, die wirtschaftliche Lage des Unternehmens und die Umsatzentwicklung in der Branche.

§ 3 Gehaltsfortzahlung bei Arbeitsunfähigkeit und im Todesfall

Im Krankheitsfall und bei Heilverfahren erhält Herr ... für sechs Monate seine bisherigen Monatsbezüge weiter. Nach sechs Wochen der Erkrankung wird ein Zuschuss zum Krankengeld bis zur Höhe des bisherigen Nettoentgeltes gezahlt.

Unabhängig davon, ob Leistungen einer Krankenkasse erfolgen, wird für die Errechnung des Zuschusses der Höchstbetrag des gesetzlichen Krankengeldes zugrunde gelegt.

Im Todesfall zahlt die Firma an die unterhaltsberechtigten Angehörigen des Herrn ... das Gehalt für den Todesmonat und die folgenden vier Monate weiter.

§ 4 Reisekosten

Für die Erstattung der Kosten anlässlich von Dienstreisen gelten die Richtlinien der Firma in ihrer jeweils gültigen Fassung.

§ 5 Umzug/Trennungsentschädigung/Maklergebühren

Herr ... wird seinen Wohnsitz innerhalb eines zumutbaren Zeitraumes, spätestens nach 15 Monaten, in die Nähe seines Dienstsitzes verlegen.

Für die Zeit der doppelten Haushaltsführung, längstens jedoch für 15 Monate, erhält Herr ... für jeden Tag der Anwesenheit am Dienstsitz eine Trennungsentschädigung von 8 EUR. Außerdem wird die Miete für eine Unterkunft am Dienstsitz erstattet, höchstens jedoch 350 EUR, monatlich. Während dieser Zeit übernimmt die Firma die Kosten für zwei Familienheimfahrten pro Monat.

Die Firma übernimmt die durch den Umzug entstehenden Speditionskosten sowie die insoweit entstehenden Reisekosten für Herrn ... und seine Familie. Sofern bei der Anmietung einer Wohnung Maklergebühren entstehen, werden diese bis zur Höhe von zwei Monatsmieten von der Firma übernommen.

Die von der Firma übernommenen Umzugskosten, Maklergebühren und umzugsbedingten Reisekosten sind bei Beendigung des Anstellungsvertrages

- vor Ablauf eines Jahres voll,
- vor Ablauf von zwei Jahren zu zwei Dritteln,
- vor Ablauf von drei Jahren zu einem Drittel

zurückzuzahlen, wenn der Anstellungsvertrag durch Herrn ... gekündigt wird oder die Firma aus wichtigen verhaltensbedingten Gründen kündigt.

§ 6 Unfallversicherung

Die Firma wird für Herrn ... mit Dienstbeginn eine Unfallversicherung mit folgenden Leistungen abschließen:

- 150.000 EUR für den Todesfall,
- 230.000 EUR für den Invaliditätsfall.

Diese Unfallversicherung gilt sowohl für den beruflichen als auch für den privaten Bereich.

§ 7 Urlaub

Herr ... hat Anspruch auf einen gesetzlichen Mindesturlaub von 20 Arbeitstagen pro Kalenderjahr bei einer 5-Tage-Woche. Die Firma gewährt Herrn ... zusätzlich zu dem gesetzlichen Mindesturlaub einen vertraglichen Urlaub von weiteren 7 Arbeitstagen. Der Urlaub ist möglichst zusammenhängend zu nehmen. Bei der Gewährung von Urlaub wird zuerst der gesetzliche Urlaub eingebracht. Für den vertraglichen Urlaub gilt abweichend von dem gesetzlichen Mindesturlaub, dass der Urlaubsanspruch nach Ablauf des Übertragungszeitraumes (31.3. des Folgejahres) auch dann verfällt, wenn er wegen Arbeitsunfähigkeit von Herrn ... nicht genommen werden kann. Der gesetzliche Mindesturlaub verfällt in einem solchen Fall 15 Monate nach Ablauf des Urlaubsjahres.

Der Urlaub wird unter Berücksichtigung der Wünsche von Herrn ... und der betrieblichen Belange im Einvernehmen mit dem Vorgesetzten festgelegt.

Scheidet Herr ... aus Alters- oder Invaliditätsgründen aus, so erhält er seinen vollen Jahresurlaub, sofern er dem Unternehmen zehn Jahre ununterbrochen angehört hat. Es können jedoch nicht mehr Urlaubstage beansprucht werden, als Anwesenheitstage im Jahr des Ausscheidens vorhanden sind.

§ 8 Altersversorgung

Herr ... erhält eine Zusage auf Alters-, Dienstunfähigkeits- und Hinterbliebenenversorgung gemäß der jeweils gültigen Versorgungsordnung der Firma. Ergänzend gilt das Betriebsrentengesetz (BetrAVG) in seiner jeweils gültigen Fassung.

Für die Dauer bis zum Eintritt der Unverfallbarkeit der Versorgungszusage schließt die Firma für Herrn ... eine Risiko-Lebensversicherung über 50.000 EUR ab.

§ 9 Nebentätigkeit/Veröffentlichungen

Herr ... stellt seine ganze Arbeitskraft in den Dienst der Firma.

Die Übernahme jeder auf Erwerb gerichteten Nebentätigkeit bedarf der vorherigen schriftlichen Zustimmung der Firma. Das Gleiche gilt für die Beteiligung an einer anderen Firma sowie für die Mitwirkung in Aufsichtsorganen einer anderen Gesellschaft. Die Zustimmung wird erteilt, sofern nicht berechtigte betriebliche Interessen entgegenstehen.

Für Veröffentlichungen und Vorträge, die das Arbeitsgebiet der Firma oder einer ihrer Beteiligungsgesellschaften betreffen, ist vorher die Zustimmung des Vorstandes einzuholen.

§ 10 Geheimhaltung

Während der Dauer und, soweit rechtlich zulässig, auch nach Beendigung dieses Vertrages verpflichtet sich Herr ..., über alle ihm zur Kenntnis gelangenden vertraulichen geschäftlichen Angelegenheiten der Firma und ihrer Beteiligungsgesellschaften, insbesondere Betriebs- und Geschäftsgeheimnisse sowie Forschungsergebnisse, sowohl Außenstehenden als auch Betriebsangehörigen gegenüber Stillschweigen zu bewahren, soweit nicht eine Weitergabe an Dritte zur ordnungsgemäßen Erfüllung seiner Aufgaben gehört.

Herr ... wird bei seinem Ausscheiden alle in seinem Besitz befindlichen Unterlagen, die im Zusammenhang mit seiner Tätigkeit stehen, an die Firma zurückgeben.

§ 11 Erfindungen

Für die Behandlung von Diensterfindungen, freien Erfindungen und Verbesserungsvorschlägen gilt das Gesetz über Arbeitnehmererfindungen. Insbesondere hat Herr ... die Firma unverzüglich über Erfindungen und technische Verbesserungen jedweder Art zu unterrichten.

§ 12 Beendigung des Anstellungsverhältnisses

Während des ersten Jahres der Tätigkeit kann der Anstellungsvertrag mit einer Frist von drei Monaten zum Monatsende gekündigt werden.

Danach ist der Anstellungsvertrag mit einer Frist von zwölf Monaten zum Quartalsende kündbar.

Die Kündigung bedarf der Schriftform.

Die Firma ist berechtigt, Herrn ... nach Kündigung dieses Vertrages unter Fortzahlung der Bezüge und unter Anrechnung auf bestehende Urlaubsansprüche zu beurlauben, wenn das Interesse der Firma an der Freistellung das Interesse des Herrn ... an der Beschäftigung überwiegt. Dies ist insbesondere der Fall, wenn der Wechsel des Herrn ... zu einem Wettbewerber zu besorgen ist.

Der Anstellungsvertrag endet, ohne dass es einer besonderen Kündigung bedarf, mit Ablauf des Monats, in dem Herr ... die gesetzlichen Voraussetzungen für den Bezug einer Regelaltersrente erfüllt.

§ 13 Schlussbestimmungen

Soweit eine besondere Vereinbarung in diesem Vertrag nicht getroffen worden ist, gelten ergänzend die einschlägigen gesetzlichen Bestimmungen sowie die jeweils gültigen betrieblichen Regelungen.

Ergänzungen und Änderungen dieses Arbeitsvertrages einschließlich der Aufhebung dieses Schriftformerfordernisses bedürfen der Schriftform, es sei denn, sie beruhen auf einer ausdrücklichen oder individuellen Vertragsabrede. Eine betriebliche Übung ist keine solche ausdrückliche bzw. individuelle Vertragsabrede. Auch wiederholte Leistungen oder Vergünstigungen ohne ausdrückliche oder individuelle Vertragsabrede begründen keinen Anspruch für die Zukunft. Mündliche Nebenabreden bestehen nicht.

14. Muster: Arbeitsvertrag mit einem technischen Leiter

Zwischen

...

– im Folgenden „Arbeitgeber" genannt –

und

...

– im Folgenden „Leitender Angestellter" genannt –

wird folgender Dienstvertrag geschlossen:

§ 1 Beginn des Anstellungsverhältnisses und Tätigkeit

a) Der Dienstvertrag wird auf unbestimmte Zeit abgeschlossen.

b) Der leitende Angestellte wird ab ... für die Tätigkeit als Technischer Leiter eingestellt.

c) Für die Dauer des sich aus diesem Vertrag ergebenden Dienstverhältnisses ist der leitende Angestellte ausschließlich dem Vorstand unterstellt und hat direktes Vortragsrecht.

d) Sein Aufgabengebiet ergibt sich wie folgt aus dem internen und externen Kommunikationsnetzwerk des Arbeitgebers:

- Projektleitung, Planung, Budgetierung, Aufbau, Realisierung, Management und Erweiterung.
- Technisches Training sowie Unterstützungsmaßnahmen für alle Partner des Auftraggebers.
- Auswahl und Evaluierung neuer Produkte für ....
- Verantwortlicher Ansprechpartner der Zulieferanten im Bereich ....
- Unterstützung der Kunden bei Übernahme unserer Produkte (jedoch nur im Ausnahmefall vor Ort).

e) Der Arbeitgeber garantiert die Erprobungsmöglichkeiten für alle Projekte und in diesem Zusammenhang erforderlichen Produkte und stellt dem leitenden Angestellten je nach Bedarf und Absprache alle finanziellen, sachlichen und personellen Mittel zur Verfügung, soweit sie zur Erfüllung seiner Aufgabe erforderlich sind.

f) Der leitende Angestellte ist Fachvorgesetzter; seine Weisungsrechte sind beschränkt auf die Herbeiführung des Erfolgs. Er übernimmt die Führung der ausgewählten zugeordneten Fachkräfte und ist berichtspflichtig, wenn durch mangelnde persönliche Eignung im Mitarbeiterstab eine Gefahr für die Durchführung oder die Termineinhaltung gegeben sein könnte.

g) Bei Bedarf gliedert der Arbeitgeber andere Mitarbeiter in ein Projekt ein, die dem leitenden Angestellten unterstellt sind. Bezüglich der fachlichen personellen Auswahl wird dem leitenden Angestellten hier das Mitbestimmungsrecht eingeräumt.

h) Weitere Aufgaben, die sich durch neue Geschäftsaktivitäten oder durch Veränderungen aus dem Kreis des leitenden Angestellten ergeben oder die aufgrund erweiterter beruflicher Kenntnisse dem leitenden Angestellten übertragen werden können, sind nach vorheriger Information und Stellungnahme ihm in Schriftform darzustellen und von ihm gegenzuzeichnen. Sie gelten als Inhalt dieses Vertrages.

§ 2 Beendigung des Dienstvertrages

a) Vor Beginn des Dienstverhältnisses ist eine ordentliche Kündigung ausgeschlossen. Das Recht auf außerordentliche Kündigung bleibt unberührt.

b) Für beide Seiten gilt eine Kündigungsfrist von einem Jahr.

c) Der Arbeitgeber ist nur unter Fortzahlung des Gehalts berechtigt, den leitenden Angestellten nach Ausspruch einer Kündigung bis zum Ablauf der Kündigungsfrist und darüber hinaus bis zum rechtskräftigen Abschluss eines Kündigungsschutzverfahrens von der Arbeit freizustellen. Auf die Freistellung wird der noch nicht gewährte Urlaub angerechnet. Die Freistellung kann erfolgen, wenn das Interesse des Arbeitgebers an der Freistellung das Interesse des leitenden Angestellten an der Beschäftigung überwiegt. Dies ist insbesondere der Fall, wenn der leitende Angestellte vor einem Wechsel zu einem Wettbewerber steht oder wenn eine Kündigung aus verhaltensbedingten Gründen erfolgt ist.

d) Ohne Kündigung endet das Angestelltenverhältnis mit dem Ablauf des Monats, in dem der leitende Angestellte erstmals die Voraussetzungen für den Bezug der Regelaltersrente erfüllt.

§ 3 Gehalt

a) Der leitende Angestellte erhält für seine vertragliche Tätigkeit ein monatliches Bruttogehalt von ... EUR.

b) Das monatliche Gehalt hat dem leitenden Angestellten am jeweils letzten Arbeitstag des laufenden Monats zur Verfügung zu stehen. Die Zahlung des Gehalts erfolgt bargeldlos auf ein von dem leitenden Angestellten angegebenes Bank-, Sparkassen- oder Postgirokonto.

c) Das Gehalt wird nach folgendem Zahlungsplan 13 Mal im Kalenderjahr ausgezahlt:

- 1 x je Kalendermonat zuzüglich
- 0,5 x mit der Gehaltszahlung für den Monat Juni
- 0,5 x mit der Gehaltszahlung für den Monat November.

d) Wird das Arbeitsverhältnis vor dem 31.12. eines Jahres beendet, so erfolgt eine anteilige Zahlung des 13. Gehalts.

e) Weiterhin erhält der leitende Angestellte folgende Zulagen:

- Einen Firmenwagen gehobener Mittelklasse nach Maßgabe der jeweils geltenden Car Policy, auch zur privaten Nutzung.
- Die Besteuerung der Privatfahrten erfolgt zu Lasten des leitenden Angestellten. Die Fahrten zwischen Wohnung und Arbeitsstätte werden im steuerlich zulässigen Rahmen pauschaliert. Die pauschale Lohnsteuer übernimmt der Arbeitgeber.
- Die Betriebs- und Unterhaltungskosten des Firmenwagens werden vom Arbeitgeber getragen.

f) Auch wenn der leitende Angestellte privat krankenversichert ist, zahlt der Arbeitgeber anteilig 50 % der Beiträge zur Krankenversicherung, Pflege- und Arbeitslosenversicherung. Die aktuelle Beitragsrechnung zur Kranken- und Pflegeversicherung wird dem Arbeitgeber regelmäßig und bei Beginn des Arbeitsverhältnisses vorgelegt.

g) Ist der leitende Angestellte nicht von der Rentenversicherungspflicht befreit, werden vom Arbeitgeber anteilig 50 % des jeweiligen Beitragssatzes an die zugehörige Rentenversicherungsanstalt des leitenden Angestellten entrichtet.

h) Das Gehalt wird jährlich entsprechend den persönlichen Leistungen und der wirtschaftlichen Lage des Arbeitnehmers überprüft und ggf angepasst.

§ 4 Sondervergütung (Erfolgsprämie)

Nach positivem Geschäftsverlauf steht dem leitenden Angestellten jährlich eine zusätzliche Sondervergütung (Erfolgsprämie) zu, über deren Höhe (entsprechend dem Geschäftserfolg) und Auszahlung die Geschäftsführung in Absprache (Verhandlung) mit dem leitenden Angestellten bis zum 31. März des jeweiligen Folgejahres entscheidet.

§ 5 Spesenregelung/Dienstreisen

a) Bei Dienstreisen werden vom Arbeitgeber folgende Spesen nach Maßgabe der jeweils geltenden steuerlichen Regelungen ersetzt:

- Hotelkosten
- Flugkosten
- Mietwagen der gehobenen Mittelklasse
- Tankquittungen, die im unmittelbaren Zusammenhang mit den Dienstreisen stehen.
- Telefonkosten
- Sonstige Bewirtungskosten, sofern sie dem Geschäftszweck dienen

b) Weiterhin erhält der leitende Angestellte ohne Verwendungsnachweis den zum Zeitpunkt der Dienstreise gesetzlich zugelassenen maximalen Tagesspesensatz.

c) Dem leitenden Angestellten wird ein Spesenvorschuss in voller Höhe der voraussichtlich anfallenden Kosten gewährt, die er nach Beendigung der Dienstreise basierend auf einer ordentlichen Spesenabrechnung mit dem Arbeitgeber abrechnet.

§ 6 Arbeitszeit

a) Die regelmäßige Mindestarbeitszeit beträgt 40 Stunden wöchentlich. Die Arbeitszeit bestimmt der leitende Angestellte nach pflichtgemäßem Ermessen und unter Berücksichtigung der betrieblichen Verhältnisse. Überstunden in betriebsüblichem Umfang sind bei der Festlegung der vereinbarten Bezüge berücksichtigt.

b) Zeiten bei Dienstreisen gelten auch dann außerhalb der betrieblichen Arbeitszeit als vergütungspflichtige Arbeitszeit, wenn die An- oder Abreise nicht innerhalb der betrieblichen Arbeitszeit möglich ist oder als unzumutbar erscheint.

§ 7 Urlaub

a) Der leitende Angestellte hat Anspruch auf einen gesetzlichen Mindesturlaub von 20 Arbeitstagen pro Kalenderjahr bei einer 5-Tage-Woche. Der Arbeitgeber gewährt dem leitenden Angestellten zusätzlich zu dem gesetzlichen Mindesturlaub einen vertraglichen Urlaub von weiteren 7 Arbeitstagen. Der Urlaub ist möglichst zusammenhängend zu nehmen. Bei der Gewährung von Urlaub wird zuerst der gesetzliche Urlaub eingebracht. Für den vertraglichen Urlaub gilt abweichend von dem gesetzlichen Mindesturlaub, dass der Urlaubsanspruch nach Ablauf des Übertragungszeitraumes (31.3. des Folgejahres) auch dann verfällt, wenn er wegen Arbeitsunfähigkeit des leitenden Angestellten nicht genommen werden kann. Der gesetzliche Mindesturlaub verfällt in einem solchen Fall 15 Monate nach Ablauf des Urlaubsjahres.

b) Im Kalenderjahr des Beginns und des Endes des Dienstverhältnisses wird für jeden Monat, in dem das Dienstverhältnis mindestens 15 Kalendertage bestand, 1/12 des Jahresurlaubs gewährt. Eine Übertragbarkeit in ein neues Urlaubsjahr ist im Interesse des leitenden Angestellten und einer geordneten Urlaubsplanung nur im Übertragungszeitraum (1. Januar bis 31. März eines Folgejahres) zulässig.

c) Wird der geplante Urlaub nicht angetreten, weil die Vertretung eines erkrankten Kollegen oder ein betrieblicher Notfall dies erfordert, dann ist ausnahmsweise die Übertragung in das gesamte folgende Jahr möglich.

d) Die Urlaubszeit wird von beiden Parteien unter Berücksichtigung der betrieblichen Verhältnisse festgelegt.

§ 8 Arbeitsbefreiung in besonderen Fällen

Dem leitenden Angestellten wird in folgenden Fällen ohne Anrechnung auf den Jahresurlaub und unter Fortzahlung des Gehalts Arbeitsbefreiung gewährt:
- 3 Tage bei eigener Eheschließung;
- 1 Tag bei Eheschließung oder beim Tode naher Angehöriger;
- 2 Tage bei Umzug in eine andere Familienwohnung.

§ 9 Arbeitsverhinderung/Krankheit/Kur

a) Über eine Arbeitsverhinderung durch Arbeitsunfähigkeit oder bedingt durch die Erledigung unabwendbarer persönlicher Angelegenheiten ist der Firma so rechtzeitig wie möglich Bericht zu geben, damit eine Vertretung sichergestellt werden kann.

b) Bei Arbeitsunfähigkeit, die den Zeitraum von drei Tagen übersteigt, ist ein Arzt aufzusuchen und eine ärztliche Bescheinigung einzureichen. Dauert die Arbeitsunfähigkeit länger als in der Bescheinigung angegeben, ist eine neue Bescheinigung vorzulegen.

c) Im Falle von Arbeitsunfähigkeit wird das Gehalt für die Dauer von sechs Wochen fortgezahlt.

d) Eine Kur ist langfristig zu planen, der Termin mit der Firma abzustimmen und Rücksicht auf Urlaubstermine anderer Mitarbeiter zu nehmen. Bei unaufschiebbarer Projektarbeit darf die Kur nur angetreten werden, wenn eine ernsthafte Erkrankung vorausgegangen ist oder der Eintritt einer solchen verhindert werden soll.

§ 10 Weiterbildung

Der leitende Angestellte hat das Recht, auf Firmenkosten und nach vorheriger Absprache an Fortbildungsveranstaltungen teilzunehmen, wenn diese Bildungsmaßnahme im Interesse der Beherrschung des übertragenen Aufgabengebietes liegt.

§ 11 Zusätzliche Leistungsmerkmale

Zwecks Überwachung technischer Anlagen während der Sonn- und Feiertage wird dem leitenden Angestellten von seiner Privatwohnung ausgehend auf Kosten des Arbeitgebers freier Zugang zum Netzwerk ermöglicht sowie eine Telefon- und eine Faxleitung mit entsprechenden Geräten eingerichtet. Die hierfür zusätzlichen Anschlüsse und das erforderliche Equipment werden ausschließlich vom Arbeitgeber bezahlt.

§ 12 Nebentätigkeiten

Selbständige oder unselbständige Nebentätigkeiten, die das Angestelltenverhältnis beeinträchtigen können, dürfen nur mit vorheriger schriftlicher Zustimmung des Arbeitgebers ausgeführt werden. Dies gilt besonders, wenn die Tätigkeit in einem Konkurrenzunternehmen ausgeübt werden soll oder wenn sie die nach diesem Vertrag geschuldete Arbeitsleistung beeinträchtigt.

§ 13 Change of Control

Findet eine Übernahme oder Mehrheitsbeteiligung der Firma durch eine juristische Person oder Privatperson statt, bleiben alle Rechte und Pflichten aus diesem Vertrag unberührt. Ist aber in diesem Fall die Kündigung oder Auflösung dieses Vertrages durch den Arbeitgeber oder dessen Rechtsnachfolger unumgänglich, verpflichtet sich die Firma gegenüber dem leitenden Angestellten zu einer Abfindungszahlung in Höhe eines zu diesem Zeitpunkt gültigen Jahres-Bruttogehalts inklusive aller sonstigen in diesem Vertrag oder zusätzlichen schriftlichen Vereinbarungen festgelegten Bezüge.

§ 14 Darlehen und Vorschüsse

Darlehen und Vorschüsse werden im Falle der Beendigung des Dienstverhältnisses wegen des Betrags, der zur Rückzahlung noch offen steht, mit Rücksicht auf die bei Abschluss getroffenen Vereinbarungen fällig.

§ 15 Forderungsübergang bei Dritthaftung

a) Kann der leitende Angestellte aufgrund gesetzlicher Vorschriften von einem Dritten Schadensersatz wegen des Verdienstausfalls beanspruchen, der ihm durch die Arbeitsunfähigkeit entstanden ist, so geht dieser Anspruch insoweit auf den Arbeitgeber über, als dieser Arbeitsentgelt fortgezahlt hat.

b) Der leitende Angestellte hat dem Arbeitgeber unverzüglich die zur Geltendmachung des Schadensersatzanspruchs erforderlichen Angaben zu machen.

§ 16 Nutzung der betrieblichen Telekommunikationsmittel und Datenverarbeitungsanlagen

a) Die Nutzung des betrieblichen Internetanschlusses sowie die Nutzung des E-Mail-Systems dürfen ausschließlich für dienstliche Zwecke erfolgen. Eine private Nutzung durch den leitenden Angestellten ist nicht gestattet. Das Internet darf nur mit der gültigen persönlichen Zugangsberechtigung genutzt werden. User-ID und Passwort dürfen nicht an Dritte weitergegeben werden.

b) Es dürfen keine fremden Programme/Dateien auf die Festplatte kopiert, über Diskette, CD-ROM, ähnliche Datenträger oder das Internet auf dem Rechner installiert und/oder eingesetzt werden. Auf Virenkontrolle ist zu achten. Virenschutzprogramme sind zu nutzen. Auftretende Störungen, die mit einem Virenbefall in Zusammenhang stehen könnten, sind umgehend der Netzverwaltung/dem Systemadministrator zu melden. Das Abrufen, Anbieten oder Verbreiten von rechtswidrigen Inhalten, insbesondere rassistischer oder pornographischer Art ist verboten.

c) Der Arbeitgeber ist berechtigt, jede Nutzung des E-Mail-Systems und des Internets für die Dauer von maximal drei Monaten zu speichern, um die Einhaltung der obigen Bestimmungen anhand der gespeicherten Daten zu überprüfen. Der leitende Angestellte erteilt insoweit seine Einwilligung gem. § 4 a BDSG.

d) Für den Fall seiner betrieblichen Abwesenheit (Urlaub, Krankheit etc.) hat der leitende Angestellte eigenverantwortlich eine automatisierte Antwort an den Absender eingehender E-Mails einzurichten, die den Absender über die Abwesenheit des leitenden Angestellten informiert und einen Hinweis auf den zuständigen Vertreter und dessen Telefonnummer enthält.

e) Verstöße gegen die vorstehenden Regeln können arbeitsrechtliche Konsequenzen zur Folge haben.

§ 17 Verfallklausel[544]

Alle Ansprüche, die sich aus diesem Vertrag ergeben, sind von den Vertragschließenden innerhalb von sechs Monaten nach ihrer Entstehung gegenüber der anderen Vertragspartei geltend zu machen. Nicht rechtzeitig geltend gemachte Ansprüche verfallen.

---

[544] Nach einer neuen Entscheidung des BAG können arbeitsvertraglich vereinbarte Ausschlussfristen dahin gehend ausgelegt werden, dass sie nur die von den Parteien für regelungsbedürftig gehaltenen Fälle erfassen sollen. Eine Anwendung auch für die Fälle, die durch gesetzliche Verbote oder Gebote geregelt sind, soll dagegen regelmäßig gerade nicht gewollt sein, so das BAG. Das gelte bspw für die Haftung wegen Vorsatzes (Pressemitteilung Nr. 42/13 zu BAG, Urt. v. 20.6.2013 – 8 AZR 280/12). Ein Formulierungsbeispiel für eine vertragliche Verfallklausel mit Ausschluss der Haftung für Vorsatz enthält das Muster 1134 (§ 16).

§ 18 Schlussbestimmungen

a) Der leitende Angestellte verpflichtet sich, über alle vertraulichen geschäftlichen Angelegenheiten und insbesondere über alle Betriebs- und Geschäftsgeheimnisse, die ihm im Rahmen seiner Tätigkeit zur Kenntnis gelangen, jederzeit – auch nach Beendigung des Anstellungsverhältnisses – Stillschweigen zu bewahren.

b) Ergänzungen und Änderungen dieses Arbeitsvertrages einschließlich der Aufhebung dieses Schriftformerfordernisses bedürfen der Schriftform, es sei denn, sie beruhen auf einer ausdrücklichen oder individuellen Vertragsabrede. Eine betriebliche Übung ist keine solche ausdrückliche bzw individuelle Vertragsabrede. Auch wiederholte Leistungen oder Vergünstigungen ohne ausdrückliche oder individuelle Vertragsabrede begründen keinen Anspruch für die Zukunft. Mündliche Nebenabreden bestehen nicht.

c) Der leitende Angestellte ist verpflichtet, dem Arbeitgeber sämtliche Änderungen seiner Anschrift umgehend mitzuteilen.

d) Das Arbeitsverhältnis steht unter dem Vorbehalt, dass der Angestellte für die vertraglich vorgesehenen Arbeitsaufgaben geeignet ist. Sollte eine spätestens bis zum Ablauf der Probezeit vorgenommene arbeitsmedizinische Untersuchung die Nichteignung des Angestellten ergeben, so endet das Arbeitsverhältnis zwei Wochen nach Zugang der schriftlichen Mitteilung an den Angestellten über seine festgestellte gesundheitliche Nichteignung.

15. Muster: Arbeitsvertrag mit einem Chefredakteur

Anstellungsvertrag

zwischen

...

und

Herrn ...

§ 1 Beginn des Arbeitsverhältnisses

Das Arbeitsverhältnis beginnt am ... .

§ 2 Aufgabengebiet

Herr ... übernimmt mit Wirkung vom ... als Chefredakteur die Leitung der Redaktion ... und ist gleichzeitig verantwortlich für alle weiteren Publikationen dieser Redaktion. In dieser Funktion ist er leitender Angestellter iSd § 5 Abs. 3 Nr. 3 BetrVG.

Die Aufgabe von Herrn ... ist es, die Zeitschrift ... in Zusammenarbeit mit der Leitung des Bereichs Fachzeitschriften bzw der Objektleitung ... weiter zu entwickeln.

Herr ... bestimmt als Chefredakteur entsprechend der im Einvernehmen mit der Verlags-/Objektleitung festgelegten Gesamtkonzeption die redaktionellen und gestalterischen Grundsätze und die redaktionelle Tagesarbeit. Er wirkt aktiv an der Beratung und Festsetzung des Redaktionsbudgets sowie im Rahmen des bestehenden Stellenplans bei Entscheidungen über Einstellungen und Kündigungen von Redakteuren und Korrespondenten mit. Herr ... ist verantwortlich für die Einhaltung des verabschiedeten Redaktionsbudgets und die Einhaltung der vorgegebenen Produktionskosten, soweit sie durch die redaktionelle Gestaltung bestimmt werden.

§ 3 Änderungen

Bei einer Änderung seines Aufgabengebietes kann Herr ... auch für andere – gleichwertige – seinen Fähigkeiten entsprechende Tätigkeiten eingesetzt werden, ohne dass eine Kürzung der Bezüge erfolgen darf.

§ 4 Bezüge

Das frei vereinbarte Jahresgehalt beträgt ab ... brutto ... EUR und ist fest vereinbart bis ....
Es wird nach Berücksichtigung der gesetzlichen und sonstigen Abzüge zum 15. Januar eines Jahres auf ein von Herrn ... anzugebendes Konto überwiesen.

§ 5 Auslagenersatz

Reisekosten für Dienstreisen und andere ausschließlich im Interesse des Verlages gemachte Aufwendungen werden gegen Vorlage der Belege nach den Richtlinien des Verlages im Rahmen der steuerlich zulässigen Sätze erstattet.

§ 6 Urlaub

Der Urlaub richtet sich nach den Bestimmungen der Urlaubsregelung des Verlages in ihrer jeweils gültigen Fassung. Der Urlaubstermin ist mit der Verlags-/Objektleitung abzustimmen.

§ 7 Versicherungen

Herr ... ist in die verlagsübliche Gruppenunfallversicherung aufgenommen und wird nach den Bestimmungen des Tarifvertrages über die Altersversorgung für Redakteure an Zeitschriften beim Versorgungswerk der Presse GmbH versichert.

§ 8 Erkrankung

Im Falle der Arbeitsverhinderung ist Herr ... verpflichtet, die Verlags-/Objektleitung unverzüglich (auch telefonisch) zu unterrichten. Bei Krankheit ist zusätzlich innerhalb von drei Tagen eine ärztliche Arbeitsunfähigkeitsbescheinigung einzureichen. Im Übrigen gilt das Entgeltfortzahlungsgesetz in seiner jeweils gültigen Fassung.

§ 9 Redaktionsgeheimnis, Wahrheitspflicht

Herr ... ist verpflichtet, das Redaktionsgeheimnis und Geschäftsgeheimnis des Verlages auch nach seinem Ausscheiden aus dem Verlag zu wahren.

Herr ... ist verpflichtet, alles in seiner Kraft Stehende zu tun, seine Beiträge bzw die von ihm zu verantwortenden Beiträge so abzufassen bzw abfassen zu lassen, dass sie Tatsachen und Vorgänge wahrheitsgemäß wiedergeben.

Er wird darauf achten, dass Rechte Dritter nicht verletzt werden und dass der Inhalt der Beiträge nicht gegen das Gesetz verstößt. Wird eine Rechtsverletzung gegen den Verlag geltend gemacht oder angekündigt, so wird Herr ... den Verlag unverzüglich und umfassend informieren. Der Verlag gibt Herrn ... im Rahmen seiner Fürsorgepflicht Rechtsschutz in allen Rechtsstreitigkeiten, die aus seiner Tätigkeit für den Verlag entstehen. Diese Verpflichtungen beider Parteien gelten auch noch nach Auslaufen seines Vertrages.

§ 10 Übertragung von Nutzungsrechten

(1) Herr ... räumt dem Verlag das ausschließliche, zeitlich, räumlich und inhaltlich unbeschränkte Recht ein, sämtliche Urheberrechte und verwandte Schutzrechte im Sinne des Urheberrechtsgesetzes (UrhG), die er durch seine Tätigkeit im Rahmen des Arbeitsverhältnisses erworben hat, vom Zeitpunkt der Rechtsentstehung an umfassend zu nutzen und zwar insbesondere in Printmedien, anderen Druckwerken aller Art, Film, Video, Fernsehen, Rundfunk, in und aus eigenen und fremden Datenbanken, Telekommunikations- und Datennetzen (zB Online-Dienste) sowie auf und von Datenträgern (zB magnetische, optische, magneto-optische und elektronische Trägermedien wie CD-ROM, CD-i und andere CD-Derivate, Disketten, Festplatten, Arbeitsspeicher, Mikrofilm), ungeachtet der Übertragungs-, Träger- und Speichertechniken. Die Einräumung erstreckt sich auf alle Rechte, die der Verlag für seine betrieblichen und unternehmerischen Zwecke benötigt, insbesondere auf:

a) das Vervielfältigungsrecht gem. § 16 UrhG, einschließlich des Rechts zur Digitalisierung, das Verbreitungsrecht und das Vermietungsrecht gem. § 17 UrhG, das Verleihrecht, jeweils einschließlich des Rechts zur Nutzung in eigenen und fremden Datenbanken, das Vorführrecht gem. § 19 Abs. 4 UrhG, das Senderecht gem. § 20 UrhG, das Recht zur Wiedergabe von Funksendungen gem. § 22 UrhG,

b) das Recht zur Bearbeitung und Umgestaltung gem. § 23 UrhG, das Recht zur Verfilmung gem. §§ 88, 94, 95 UrhG,

c) diese Rechte an Lichtbildern gem. § 72 UrhG.

Die Einräumung von vorstehenden Rechten umfasst auch die Nutzung in analoger und digitaler Form. Gleichfalls umfasst sind Rechte, die zukünftig im Hinblick auf die vorstehend umschriebenen Nutzungsarten gesetzlich geschaffen werden.

Die Einräumung gilt auch für die Nutzung zu Zwecken der Werbung und Öffentlichkeitsarbeit. Das Recht an Manuskripten, Daten/Datenträgern und Bildern einschließlich der Negative steht dem Verlag zu.

Der Verlag darf Werke von Herrn ... – soweit diesem zumutbar – ganz oder in Teilen in körperlicher und unkörperlicher Form in allen Publikationen des Verlages, einschließlich eventueller Lizenzausgaben, Sonderausgaben sowie Sonderdrucken und aller Auslandsausgaben im In- und Ausland auf die oben genannte Form nutzen.

(2) Der Verlag ist berechtigt, sämtliche vorstehend geregelten Rechte ganz oder teilweise auch außerhalb der eigenen Publikationen im In- und Ausland auswerten zu lassen, insbesondere auf Dritte im In- und Ausland zu übertragen und/oder Dritten diese Rechte einzuräumen.

(3) Mit den Bezügen nach Ziff. 4 ist die Nutzung der Werke nach Maßgabe der Absätze 1 und 2 in sämtlichen Publikationen der Zeitschrift ... einschließlich der Nutzung in Lizenzausgaben und in der Werbung und Öffentlichkeitsarbeit für die Publikationen abgegolten, und zwar unabhängig davon, ob die Nutzung durch den Verlag selbst oder durch verbundene Unternehmen iSd § 15 AktG erfolgt.

Nutzt der Verlag die Werke darüber hinaus, so wird Herr ... zusammen mit den weiteren Urhebern an den Nettoerlösen mit insgesamt 40 % beteiligt.

Bei den Veröffentlichungen in anderen Zeitschriften oder Publikationen des Verlages gilt als Erlös der Beitrag, der von Dritten für diese Auswertung üblicherweise gezahlt worden wäre. Hat der veröffentlichte Beitrag mehrere Urheber, so wird die Urheberbeteiligung nach den Anteilen der Urheber geteilt.

Die Entscheidung liegt bei der Chefredaktion. Dies gilt auch bei Pauschalauswertungen. Die daraus dem Verlag zufließenden Urheberrechtsnettoerlöse werden unabhängig davon verteilt, ob und welche Beiträge tatsächlich ausgewertet wurden.

(4) Herr ... verzichtet gegenüber dem Verlag auf alle gegenwärtigen und zukünftigen Ansprüche auf Vergütung für das Vermieten und Verleihen von Druck- und sonstigen Erzeugnissen, in denen sein Werk enthalten ist. Der Verlag wird aus diesem Verzicht keinen Nutzen ziehen.

(5) Die Ausübung des Rechts von Herrn ..., das Nutzungswerk an seinen Werken zurückzurufen, wenn der Verlag keinen Gebrauch von den Werken gemacht hat (§ 41 UrhG), wird – soweit es sich um das Recht handelt, Rechte an Dritte zu übertragen – für die Dauer von zwölf Monaten, im Übrigen für die Dauer von zwei Jahren ausgeschlossen. Dem Verlag verbleibt im Falle des Rückrufs stets ein einfaches Nutzungsrecht.

(6) Herr ... versichert, dass er über die Rechte, die er dem Verlag einräumt, nicht bereits anderweitig – zu eigenem oder fremdem Nutzen – verfügt hat und auch nicht verfügen wird.

(7) Der Verlag ist zur Auswertung der übertragenen Rechte nicht verpflichtet.

(8) Sämtliche Erlöse, die von Herrn ... nach Freigabe durch den Verlag oder nach wirksamer Ausübung des Rückrufrechts aus der Vergabe von Nutzungsrechten an seinen Werken zufließen, werden zwischen Herrn ...

und dem Verlag im Verhältnis 40 : 60 geteilt, wenn das Werk in Erfüllung der Verpflichtungen von Herrn ... aus seinem Arbeitsverhältnis geschaffen wurde.

Herr ... wird den Verlag unverzüglich über die Vergabe der Rechte und die Person des Erwerbers informieren. Er tritt bereits jetzt 60 % seiner Vergütungsansprüche gegenüber dem Erwerber an den Verlag ab.

§ 11 Bücher

Selbstverfasste Manuskripte, die sich für eine Veröffentlichung als Buch eignen, oder für eine solche Buchveröffentlichung verfasste Manuskripte sind zuerst dem Verlag anzubieten, der sie zu den üblichen Konditionen selbst auswerten oder an einen Buchverlag seiner Wahl weitergeben kann. Wird von dieser Option nicht binnen einer angemessenen, auf die Autoreninteressen von Herrn ... abgestellten Frist Gebrauch gemacht und kommt es nicht zu einem Verlagsvertrag, so ist Herr ... in der Verlagsvergabe solcher Veröffentlichungen oder Manuskripte frei.

Buchmanuskripte, die auf Kosten und/oder mit dem Apparat des Verlages entstanden sind, sind dem Verlag zu einem Autorenhonorar von 4 % auf den Ladenverkaufspreis anzubieten. Der Verlag ist in der Annahme frei.

§ 12 Nebentätigkeit und Verhaltensweise

Während der Dauer des Arbeitsverhältnisses setzt der verantwortliche Chefredakteur seine volle Arbeitskraft für das Unternehmen ein. Eine Nebentätigkeit bedarf der Genehmigung des Verlages. Der verantwortliche Chefredakteur hat sich jederzeit so zu verhalten, dass die berechtigten Interessen des Verlages nicht beeinträchtigt werden.

§ 13 Datenschutz

Herrn ... ist es untersagt, geschützte personenbezogene Daten unbefugt zu einem anderen als zu dem zur jeweiligen rechtmäßigen Aufgabenerfüllung gehörenden Zweck zu verarbeiten, bekannt zu geben, zugänglich zu machen oder sonst zu nutzen. Diese Verpflichtung besteht auch nach der Beendigung der Tätigkeit beim Verlag.

§ 14 Kündigung

Die Kündigungsfrist beträgt sechs Monate jeweils zum Halbjahresende. Die Kündigung bedarf der Schriftform. Im Falle einer Kündigung ist der Verlag berechtigt, Herrn ... unter Fortzahlung der Bezüge von der Arbeit freizustellen. Das Anstellungsverhältnis endet, ohne dass es einer Kündigung bedarf, mit Ablauf des Quartals, in dem Herr ... erstmal die Voraussetzungen für den Bezug der gesetzlichen Regelaltersrente erfüllt hat.

16. Muster: Anstellungsvertrag oberer Führungskreis

Anstellungsvertrag

zwischen

der ...

– nachfolgend „Gesellschaft" genannt –

und

Herrn ...

Kapitel 1: Arbeitsverträge

1. Beginn und Art der Tätigkeit

Dieser Vertrag gilt rückwirkend ab ...

Sie nehmen weiterhin die Tätigkeit als ... wahr.

Die Gesellschaft ist berechtigt, Ihnen in der Gesellschaft oder im Konzern[545] auch andere – gleichwertige – Ihren Fähigkeiten und Kenntnissen entsprechenden Aufgaben zu übertragen oder Sie an einen anderen zumutbaren Arbeitsplatz oder Tätigkeitsort zu versetzen.

2. Arbeitszeit

Ihre Arbeitszeit richtet sich nach den Erfordernissen Ihrer Aufgabe.

3. Vergütung

Als Vergütung für Ihre Tätigkeit erhalten Sie ein Ziel-Jahreseinkommen für ein volles Geschäftsjahr von ... EUR brutto (in Worten: ... Euro).

Dieses setzt sich zusammen aus:

a) einer monatlichen Vergütung (monatliche Vergütung x 12 = Jahresgehalt), die zum Monatsende überwiesen wird, von ... EUR brutto (in Worten: ... Euro)

sowie

b) einer variablen Vergütung für das abgelaufene Geschäftsjahr, die im Folgejahr (spätestens im Juli) zur Auszahlung kommt.

Diese beträgt insgesamt für das erste volle Geschäftsjahr ... EUR brutto (in Worten: ... Euro) bei Erreichen der geplanten Ziele.

Die variable Vergütung setzt sich zusammen aus Tantieme und Erfolgsbeteiligung:

a) Die Tantieme beträgt bei Erreichen der geplanten und mit der Gesellschaft vereinbarten Jahresziele insgesamt ... EUR brutto für ein volles Geschäftsjahr. Werden die vereinbarten Ziele über- oder unterschritten, erhöht oder vermindert sich die Tantieme um max. 50 %.

b) Die Erfolgsbeteiligung richtet sich nach dem Konzernbetriebsergebnis sowie dem Profitcenter und beträgt brutto bei Erreichen der geplanten Jahresziele insgesamt ... EUR für ein volles Geschäftsjahr. Wird das geplante Ziel über- oder unterschritten, erhöht oder vermindert sich die Erfolgsbeteiligung um max. 100 %.

Die zugrunde liegenden Ziele werden jährlich neu festgelegt.

Das Ziel-Jahreseinkommen wird jährlich neu festgelegt, auch hinsichtlich der Aufteilung in Gehalt, Tantieme und Erfolgsbeteiligung. Eine Kürzung der monatlichen Vergütung (Monatsgehalt) ist ausgeschlossen.

Soweit das Anstellungsverhältnis im Laufe des Geschäftsjahres beginnt oder endet, wird die variable Vergütung anteilig für jeden vollendeten Kalendermonat gezahlt. Das gilt nicht bei außerordentlicher Kündigung durch die Gesellschaft; in diesem Fall besteht kein Anspruch auf die Zahlung einer anteiligen variablen Vergütung.

4. Vergütungen aus Aufsichtsratsmandaten und ähnlichen Ämtern

Sie erklären sich bereit, Aufsichtsratsmandate und ähnliche Ämter des Konzerns im In- und Ausland oder in Gesellschaften, an denen eine der Konzerngesellschaften beteiligt ist, im Interesse des Konzerns zu übernehmen.

Sie verpflichten sich, die Übernahme solcher Mandate und Ämter und die daraus resultierende Vergütung in jedem Einzelfall der für Sie zuständigen Personalabteilung mitzuteilen.

---

[545] Ob eine solche Konzernversetzungsklausel wirksam ist, ist zweifelhaft. Das BAG hat dies in seiner Entscheidung vom 13.4.2010 (9 AZR 36/09, BB 2010, 2432) jedoch offengelassen.

Vergütungen, die Sie aus diesen Aufsichtsratsmandaten oder ähnlichen Ämtern (ausgenommen als Arbeitnehmervertreter) beziehen, werden auf Ihre jeweils nächste variable Vergütung (brutto gegen brutto) angerechnet. Sollte die variable Vergütung für eine Anrechnung nicht ausreichen, wird im Einzelfall eine Anrechnung auf Ihre anderen Bruttobezüge vereinbart.

5. Vergütung im Krankheits- und Sterbefall

Bei Arbeitsunfähigkeit durch Krankheit oder Unfall wird Ihr Monatsgehalt gem. Ziff. 3 a) über die gesetzliche Gehaltsfortzahlung hinaus unter Anrechnung des Krankengeldes der gesetzlichen Krankenversicherung bis zur Dauer von 12 Monaten ab Beginn der Arbeitsunfähigkeit fortgezahlt. Falls Sie nicht Mitglied einer gesetzlichen Krankenversicherung sind, werden die Leistungen der jeweils örtlichen BKK/AOK zugrunde gelegt.

Für die Dauer der ersten 6 Monate einer Arbeitsunfähigkeit bleibt auch der Anspruch auf die variable Vergütung (Tantieme/Erfolgsbeteiligung) gem. Ziff. 3 b) erhalten. Dabei wird für die Bemessung der Tantieme ein hundertprozentiger Zielerreichungsgrad der vereinbarten Ziele für die Dauer der vorliegenden Arbeitsunfähigkeit herangezogen. Die Erfolgsbeteiligung wird auf Basis der effektiven Zielerreichung ermittelt. Bei längerer Abwesenheit als 6 Monate vermindert sich der variable Vergütungsanspruch pro rata temporis. Dabei wird die Vergütung längstens bis zum Ende des Vertragsverhältnisses gewährt.

Im Falle Ihres Todes erhält Ihre Ehefrau bzw Ihr(e) eingetragne(r) Lebenspartner(in) das Monatsgehalt für die auf den Sterbemonat folgenden 6 Monate weitergezahlt. Ist Ihre Ehefrau zu diesem Zeitpunkt bereits verstorben, so steht der Anspruch Ihren unterhaltsberechtigten Kindern zu gleichen Teilen zu.

Im Einzelfall prüft die Gesellschaft weitergehende Sicherung auf freiwilliger Basis.

6. Altersversorgung

Sie erhalten eine Altersversorgung nach Maßgabe der Ihnen gegebenen Ruhegehaltszusage und den jeweils gültigen Ruhegehaltsbestimmungen für obere Führungskräfte im Konzern (zurzeit Stand ...).

7. Unfallversicherung

Die Gesellschaft versichert Sie im Rahmen einer Gruppenunfallversicherung nach Maßgabe ihrer jeweiligen Bestimmungen gegen Unfallfolgen im dienstlichen und privaten Bereich.

8. Vorsorgeuntersuchung

Ihnen steht nach Maßgabe der jeweils geltenden Regelungen eine ärztliche Vorsorgeuntersuchung zu.

9. Urlaub

Sie haben Anspruch auf einen gesetzlichen Mindesturlaub von 20 Arbeitstagen pro Kalenderjahr bei einer 5-Tage-Woche. Die Gesellschaft gewährt Ihnen zusätzlich zu dem gesetzlichen Mindesturlaub einen vertraglichen Urlaub von weiteren 10 Arbeitstagen bei einer 5-Tage-Woche. Der Urlaub ist möglichst zusammenhängend zu nehmen. Bei der Gewährung von Urlaub wird zuerst der gesetzliche Urlaub eingebracht. Für den vertraglichen Urlaub gilt abweichend von dem gesetzlichen Mindesturlaub, dass der Urlaubsanspruch nach Ablauf des Übertragungszeitraumes (31.3. des Folgejahres) auch dann verfällt, wenn er wegen Arbeitsunfähigkeit nicht genommen werden kann. Der gesetzliche Mindesturlaub verfällt in einem solchen Fall 15 Monate nach Ablauf des Urlaubsjahres.

Sie bestimmen die zeitliche Lage Ihres Urlaubs unter Berücksichtigung der betrieblichen Belange.

10. Dienstwagen

Die Gesellschaft stellt Ihnen nach Maßgabe der jeweiligen Bestimmungen einen Pkw auch für die private Nutzung zur Verfügung.

11. Spesenerstattung

Die Erstattung von Aufwendungen, die Ihnen in Ausübung Ihrer Tätigkeit entstehen, einschließlich Reise- und Bewirtungskosten, richtet sich nach der jeweils geltenden Reiseordnung der Gesellschaft.

12. Nebenberufliche Erwerbstätigkeit

Beabsichtigen Sie, eine nebenberufliche Erwerbstätigkeit auszuüben, so haben Sie dies rechtzeitig der für Sie zuständigen Personalabteilung mitzuteilen. Die Gesellschaft kann die nebenberufliche Erwerbstätigkeit untersagen, wenn ihr berechtigte Interessen entgegenstehen.

13. Erfindungen und Verbesserungen

Sie sind damit einverstanden, dass alle Rechte aus Erfindungen, Verbesserungen, Konstruktionen, DV-Programmen usw, die Sie während der Dauer dieses Vertrages auf einem den Geschäftszweig der Gesellschaft oder den Konzern berührenden Gebiet machen, der Gesellschaft unabhängig von ihrer Schutzfähigkeit zustehen. Sie wirken dabei mit, die erforderlichen Schutzrechte im In- und Ausland für die Gesellschaft zu erwerben.

Erfindungen, die Sie vor Beginn des Vertrages gemacht haben, haben Sie der Gesellschaft spätestens 4 Wochen nach Arbeitsbeginn schriftlich bekannt zu geben, soweit diese Erfindungen der Gesellschaft nicht bereits aus einem früheren Arbeitsverhältnis bekannt sind.

Im Übrigen gelten die betrieblichen und gesetzlichen Bestimmungen, insbesondere die des Gesetzes über Arbeitnehmererfindungen.

14. Veröffentlichungen

Ihre Veröffentlichungen, die den Tätigkeitsbereich der Gesellschaft betreffen (zB über Konstruktionen, Erzeugnisse, Herstellungsweisen, Geschäftsverhältnisse, DV-Programme), bedürfen der Zustimmung der Gesellschaft.

15. Interessen der Gesellschaft

Geschäftliche Verbindungen mit Lieferanten, Kunden und sonstigen Geschäftspartnern dürfen nicht zum persönlichen Vorteil genutzt werden. Die von der Gesellschaft erlassenen Compliance-Richtlinien sind in der jeweils gültigen Fassung Bestandteil dieses Arbeitsvertrages.

Informationen aus dem geschäftlichen Bereich dürfen nicht privat genutzt, Aufzeichnungen und Vervielfältigungen nicht zum privaten Gebrauch angefertigt werden.

Im Tätigkeitsbereich der Gesellschaft dürfen Privatgeschäfte nicht vorgenommen werden.

16. Verschwiegenheit

Sie sind wie die Gesellschaft verpflichtet, das Datengeheimnis gemäß dem Bundesdatenschutzgesetz zu wahren.

Sie haben über alle Betriebs- und Geschäftsgeheimnisse sowohl während der Dauer des Anstellungsverhältnisses als auch nach dessen Beendigung Stillschweigen zu wahren.

Geschäftliche Aufzeichnungen jeder Art, insbesondere Berechnungen, Skizzen, Zeichnungen, Schriftstücke und Drucksachen, Ton- und Datenträger – auch wenn sie von Ihnen selbst angefertigt sind – sind Eigentum der Gesellschaft. Sie haben sie auf Verlangen, bei Beendigung des Anstellungsverhältnisses auch ohne Aufforderung, auszuhändigen. Ein Zurückbehaltungsrecht ist ausgeschlossen.

17. Datenweitergabe

Sie sind damit einverstanden, dass Ihre Personaldaten und -akten zu Zwecken der Gesellschaft sowie zu Ihrer persönlichen Einsatz- und Entwicklungsplanung an andere Gesellschaften des Konzerns weitergegeben werden können.

18. Beendigung des Anstellungsverhältnisses

Dieser Vertrag ist auf unbestimmte Zeit geschlossen.

Die beiderseitige Kündigungsfrist beträgt 6 Monate zum Halbjahresende. Sie verlängert sich ab Vollendung Ihres 50. Lebensjahres auf 7 Monate zum Jahresende.

Die Kündigung bedarf der Schriftform.

Die Gesellschaft ist berechtigt, Sie nach der Kündigung des Anstellungsvertrages bis zum Vertragsende ganz oder teilweise von der Pflicht zur Arbeitsleistung bei Fortzahlung der Bezüge unter Anrechnung des zustehenden Jahresurlaubs freizustellen, wenn das Interesse der Gesellschaft an der Freistellung Ihr Interesse an einer Beschäftigung überwiegt. Dies ist insbesondere dann der Fall, wenn Ihr Wechsel zu einem Wettbewerber zu besorgen ist oder wenn eine Kündigung aus verhaltensbedingten Gründen ausgesprochen wurde.

Das Anstellungsverhältnis endet spätestens mit Ablauf des Monats, in dem Sie erstmals die Voraussetzungen für den Bezug der gesetzlichen Regelaltersrente erfüllen.

Es endet ohne Kündigung mit Ende des Monats, in dem Ihre Berufs- oder Erwerbsunfähigkeit durch Zustellung des Rentenbescheides an Sie festgestellt wird.

19. Ausschlussklausel[546, 547]

Bei Beendigung des Anstellungsverhältnisses sind alle Ansprüche aus dem Anstellungsverhältnis innerhalb von 6 Monaten nach ihrer Fälligkeit schriftlich geltend zu machen. Dies gilt nicht im Todesfall.

20. Vertragsänderungen

Ergänzungen und Änderungen dieses Arbeitsvertrages einschließlich der Aufhebung dieses Schriftformerfordernisses bedürfen der Schriftform, es sei denn, sie beruhen auf einer ausdrücklichen oder individuellen Vertragsabrede. Eine betriebliche Übung ist keine solche ausdrückliche bzw. individuelle Vertragsabrede. Auch wiederholte Leistungen oder Vergünstigungen ohne ausdrückliche oder individuelle Vertragsabrede begründen keinen Anspruch für die Zukunft.

21. Eintrittsstichtag

Als Eintrittsstichtag gilt der ... .

22. Frühere Anstellungsverträge im Konzern

Dieser Vertrag tritt an die Stelle des Anstellungsvertrages vom ... mit ... .

---

[546] Einstufige Ausschlussfristen müssen einen Mindestzeitraum von drei Monaten enthalten (BAG 28.9.2005 – 5 AZR 52/05, DB 2006, 1959). Zweistufige Ausschlussfristen müssen für jede Frist drei Monate vorsehen. Als im Arbeitsrecht etablierte Besonderheiten nach § 310 Abs. 4 Satz 2 BGB steht ihrer Wirksamkeit § 309 Nr. 13 BGB nicht entgegen (BAG 25.5.2005 – 5 AZR 572/04, NZA 2005, 1111).

[547] Nach einer neuen Entscheidung des BAG können arbeitsvertraglich vereinbarte Ausschlussfristen dahin gehend ausgelegt werden, dass sie nur die von den Parteien für regelungsbedürftig gehaltenen Fälle erfassen sollen. Eine Anwendung auch für die Fälle, die durch gesetzliche Verbote oder Gebote geregelt sind, soll dagegen regelmäßig gerade nicht gewollt sein, so das BAG. Das gelte bspw für die Haftung wegen Vorsatzes (Pressemitteilung Nr. 42/13 zu BAG, Urt. v. 20.6.2013 – 8 AZR 280/12). Ein Formulierungsbeispiel für eine vertragliche Verfallklausel mit Ausschluss der Haftung für Vorsatz enthält das Muster 1134 (§ 16).

17. Muster: Arbeitsvertrag eines Generalbevollmächtigten (Anschreiben)

↓

Sehr geehrter Herr ...,

1. Tätigkeit und Aufgabengebiet

Mit Wirkung vom ... wird Ihnen die Leitung der Vorstandsstäbe als Generalbevollmächtigter übertragen. Sie nehmen diese Aufgabe in unmittelbarer Unterstellung unter den Vorstandsvorsitzenden wahr.

Ihre allgemeine vertragliche Verpflichtung, Aufgaben wahrzunehmen, die wir Ihnen im Unternehmensinteresse übertragen möchten, wird von der Zuweisung des vorgenannten Aufgabengebietes nicht berührt. Falls dieses erforderlich ist, werden Sie auch außerhalb des oben genannten Unternehmensbereiches für das Unternehmen tätig und gleichwertige Aufgaben und Mandate im Unternehmen sowie in sonstigen Institutionen übernehmen. Vorbehaltlich der Zustimmung des Aufsichtsrates der Gesellschaft wird Ihnen als Generalbevollmächtigtem Gesamtprokura erteilt, die von den Einschränkungen des § 49 Abs. 2 HGB befreit ist.

2. Nebentätigkeit

2.1. Sie werden Ihre volle Arbeitskraft für die Gesellschaft einsetzen.

2.2. Die Übernahme oder Ausübung einer anderweitigen Tätigkeit oder Nebentätigkeit, von Aufsichtsratsmandaten oder Ehrenämtern im Bereich der gewerblichen Wirtschaft erfordert die vorherige Zustimmung des Vorstandes.

2.3. Veröffentlichungen oder Vorträge jeder Art werden Sie mit dem Vorstand des Unternehmens abstimmen.

2.4. An einem Unternehmen, das mit der Gesellschaft in Konkurrenz oder in wesentlichem Umfang im Geschäftsverkehr steht, dürfen Sie ohne vorherige schriftliche Zustimmung des Vorstandes weder unmittelbar noch mittelbar finanziell oder anderweitig beteiligt sein. Hiervon ausgenommen ist der Besitz von Aktien, der keine Einflussnahme auf die Organe der betreffenden Gesellschaft ermöglicht.

3. Vergütung

3.1 a) Sie erhalten für die Ihnen obliegende Tätigkeit mit Wirkung vom ... folgende Bezüge:

Ein festes Gehalt von jährlich ... EUR.

3.1 b) Eine Jahrestantieme, deren Höhe innerhalb eines Tantiemerahmens von ... EUR festgesetzt wird.

3.2. Die Jahrestantieme ist erfolgsabhängig nach Maßgabe folgender Faktoren:

- Erreichung des vereinbarten Jahresergebnisses der Gesellschaft.
- Persönliche Leistungen.

Bei Festsetzung der Tantieme nach Ablauf des Geschäftsjahres wird der Tantiemerahmen voll gezahlt, wenn die vereinbarten Ziele voll erfüllt wurden; eine Übererfüllung wird angemessen berücksichtigt.

Die vorstehende Tantiemeregelung wird erstmalig für das Jahr ... angewendet.

Der Anspruch auf die Jahrestantieme wird 4 Wochen nach Feststellung des Jahresabschlusses des Unternehmens zur Zahlung fällig.

4. Reisekosten und Aufwendungen

Reisekosten und sonstige Aufwendungen, die im Interesse der Gesellschaft erforderlich und angemessen sind, erstattet die Gesellschaft, ggf im Rahmen der vom Weisungsorgan erlassenen Richtlinien, bei entsprechendem Nachweis.

5. Firmenwagen

Die Gesellschaft stellt Ihnen zur dienstlichen und privaten Nutzung einen Pkw nach Maßgabe unserer Nutzungsvereinbarung zur Verfügung. Die durch die private Nutzung entstehenden Aufwendungen sind als geldwerter Vorteil von Ihnen zu versteuern.

6. Urlaub

Sie haben Anspruch auf einen gesetzlichen Mindesturlaub von 20 Arbeitstagen pro Kalenderjahr bei einer 5-Tage-Woche. Die Gesellschaft gewährt Ihnen zusätzlich zu dem gesetzlichen Mindesturlaub einen vertraglichen Urlaub von weiteren 10 Arbeitstagen bei einer 5-Tage-Woche. Der Urlaub ist möglichst zusammenhängend zu nehmen. Bei der Gewährung von Urlaub wird zuerst der gesetzliche Urlaub eingebracht. Für den vertraglichen Urlaub gilt abweichend von dem gesetzlichen Mindesturlaub, dass der Urlaubsanspruch nach Ablauf des Übertragungszeitraumes (31.3. des Folgejahres) auch dann verfällt, wenn er wegen Arbeitsunfähigkeit nicht genommen werden kann. Der gesetzliche Mindesturlaub verfällt in einem solchen Fall 15 Monate nach Ablauf des Urlaubsjahres.

Der Urlaub ist unter Beachtung der Erfordernisse des Verantwortungsbereiches in Abstimmung mit dem Vorstandsvorsitzenden zu nehmen ist. Der Jahresurlaub ist im jeweiligen Geschäftsjahr zu nehmen. Er kann nur mit schriftlicher Einwilligung in das nächstfolgende Geschäftsjahr übertragen werden; in diesem Fall hat die Urlaubnahme im ersten Quartal dieses Geschäftsjahres zu erfolgen.

7. Fortzahlung der Vergütung bei Krankheit und Tod

Bei Arbeitsverhinderung infolge Krankheit oder Unfall zahlen wir Ihnen das Gehalt gem. 3.1.a) bis zur Gesamtdauer von 12 Monaten weiter, aber nicht über das Ende des Anstellungsvertrages hinaus. Auf diese Vergütung haben Sie sich Leistungen, die sie infolge der Arbeitsverhinderung von gesetzlichen Kranken- und/oder Unfallversicherungen oder aus Versicherungsverträgen, die die Gesellschaft für Sie abgeschlossen hat, erhalten, anrechnen zu lassen. Schadensersatzansprüche gegen Dritte wegen nicht erbrachter Dienstleistung treten Sie an die Gesellschaft ab.

Bei länger als 12 Monate dauernder Arbeitsverhinderung infolge Krankheit oder Unfall besteht hinsichtlich der Bezüge gem. 3.1.a) keine Vergütungspflicht. In diesem Falle gilt das Entgeltfortzahlungsgesetz in seiner jeweils gültigen Fassung.

Im Todesfall wird das Gehalt gem. 3.1.a) für die Dauer von 3 Monaten, beginnend mit dem Monat nach dem Sterbefall, an den Ehegatten, den überlebenden eingetragenen Lebenspartner und/oder die unterhaltsberechtigten Kinder weitergezahlt.

8. Diensterfindungen

Bei Erfindungen, die Sie während der Dauer dieses Anstellungsvertrages machen, gelten die Vorschriften des Gesetzes über Arbeitnehmererfindungen entsprechend. Die Verwertung von technischen und organisatorischen Verbesserungsvorschlägen steht ohne besondere Vergütung ausschließlich der Gesellschaft zu.

9. Geheimhaltungspflicht, Rückgabe von Unterlagen

9.1. Sie sind verpflichtet, sowohl für die Zeit Ihrer Tätigkeit als auch nach Ihrem eventuellen Ausscheiden gegenüber jedem Dritten Stillschweigen über alle Betriebs- und Geschäftsgeheimnisse und alle sonstigen, nicht für Dritte bestimmte Angelegenheiten der Gesellschaft zu bewahren.

9.2. Die gleiche Verpflichtung gilt auch bezüglich der Ihnen während Ihrer Tätigkeit anvertrauten und bekannt gewordenen Betriebs- und Geschäftsgeheimnisse der Gesellschaft sowie deren Tochtergesellschaften.

9.3. Alle Firmenunterlagen, Gegenstände der Gesellschaft, Schriftstücke, Abschriften usw, welche die Tätigkeit der Gesellschaft betreffen, sind sorgfältig aufzubewahren, vor jeder unbefugten Einsichtnahme zu schützen und auf Verlangen jederzeit, bei Beendigung des Vertrages ohne Aufforderung, der Gesellschaft herauszugeben. Das Gleiche gilt für eigene Aufzeichnungen, welche die betriebliche Tätigkeit betreffen. Ein Zurückbehaltungsrecht an solchen Unterlagen, Schriftstücken, Abschriften und Ablichtungen ist ausgeschlossen.

10. Unfallversicherung

Die Gesellschaft versichert Sie während der Dauer des Vertrages gegen Unfall, und zwar mit den für die nachstehend aufgeführten Risiken vorgesehenen Deckungssummen:

- 255.000 EUR im Todesfall,
- 510.000 EUR bei Vollinvalidität,
- 160 EUR Tagegeld.

Die hierfür aufgewendeten Prämien sind steuerpflichtiger Sachbezug.

11. Schriftform

Ergänzungen und Änderungen dieses Arbeitsvertrages einschließlich der Aufhebung dieses Schriftformerfordernisses bedürfen der Schriftform, es sei denn, sie beruhen auf einer ausdrücklichen oder individuellen Vertragsabrede. Eine betriebliche Übung ist keine solche ausdrückliche bzw. individuelle Vertragsabrede. Auch wiederholte Leistungen oder Vergünstigungen ohne ausdrückliche oder individuelle Vertragsabrede begründen keinen Anspruch für die Zukunft.

12. Vertragsdauer

Dieser Vertrag hat eine Laufzeit vom ... bis zum ... Ist zwölf Monate vor seinem Ablauf eine Kündigung nicht erfolgt, läuft dieser Vertrag auf unbefristete Zeit weiter und kann dann mit einer Frist von 12 Monaten zum ... eines jeden Jahres gekündigt werden.

Im Falle der Kündigung kann die Gesellschaft Sie für die Dauer der Kündigungsfrist von Aufgaben freistellen.

Das Recht zur Kündigung aus wichtigem Grund bleibt unberührt.

Mit freundlichen Grüßen

18. Muster: Arbeitsvertrag eines Compliance Officers

Zwischen

...

– im Folgenden „Arbeitgeber" genannt –

und

...

– im Folgenden „Compliance Officer" genannt –

wird folgender Dienstvertrag geschlossen:

§ 1 Beginn des Anstellungsverhältnisses und Tätigkeit

a) Herr/Frau ... wird ab ... für die Tätigkeit als Compliance Officer eingestellt.

b) Er/Sie leitet die neu geschaffene Abteilung „Compliance".

c) Aufgabe des Compliance Officers ist es, im Unternehmen des Arbeitgebers eine angemessene Compliance-Organisation aufzubauen und dann entsprechend den künftigen Entwicklungen von Unternehmen und rechtlichen Rahmenbedingungen fortzuentwickeln. Ziel der Compliance-Abteilung ist es, durch die erforderlichen Maßnahmen die Übereinstimmung des Handelns des Unternehmens, seiner Organe und Mitarbeiter mit den geltenden Gesetzen und Regeln sicherzustellen. Im Übrigen bleibt die Ausgestaltung der Aufgaben und Befugnisse im Einzelnen dem Arbeitgeber im Rahmen seines Direktionsrechts überlassen.[548]

d) Der Compliance Officer unterliegt bei der Ausführung seiner Tätigkeit keinen Weisungen. Er ist verpflichtet, dem Vorstand unaufgefordert, regelmäßig sowie auf Anfrage Bericht über seine Tätigkeit zu erstatten.

e) Der Compliance Officer ist verpflichtet, sämtliche im Rahmen seiner Tätigkeit getroffenen Maßnahmen vollständig und aussagekräftig zu dokumentieren.

§ 2 Beendigung des Dienstvertrages

a) Der Arbeitsvertrag wird auf unbestimmte Zeit geschlossen.

b) Um das Erfordernis der Unabhängigkeit des Compliance Officers angemessen zu berücksichtigen, ist das Arbeitsverhältnis seitens des Arbeitgebers nur mit einer Frist von einem Jahr ordentlich kündbar.[549]

c) Die ordentliche Kündigung des Arbeitsverhältnisses durch den Compliance Officer ist mit der gesetzlichen Kündigungsfrist möglich.

d) Das Recht auf außerordentliche Kündigung aus wichtigem Grund (§ 626 BGB) bleibt unberührt.

e) Ohne Kündigung endet das Arbeitsverhältnis mit dem Ablauf des Monats, in dem der Compliance Officer erstmals die Voraussetzungen für den Bezug der Regelaltersrente erfüllt.

§ 3 Gehalt

a) Der Compliance Officer erhält für seine vertragliche Tätigkeit ein monatliches Bruttogehalt von ... EUR.

b) Die Zahlung des Gehalts erfolgt jeweils am Ende des Monats bargeldlos auf ein von dem Compliance Officer angegebenes Bankkonto.

c) Das Gehalt wird jährlich entsprechend den persönlichen Leistungen des Compliance Officers und der wirtschaftlichen Lage des Unternehmens überprüft und ggf angepasst.

§ 4 Spesenregelung/Dienstreisen

a) Bei Dienstreisen werden vom Arbeitgeber folgende Spesen nach Maßgabe der jeweils geltenden steuerlichen Regelungen ersetzt:

- Hotelkosten,
- Flugkosten,
- Mietwagen der gehobenen Mittelklasse,
- Tankquittungen, die im unmittelbaren Zusammenhang mit den Dienstreisen stehen,
- Telefonkosten,
- sonstige Bewirtungskosten, sofern sie dem Geschäftszweck dienen.

b) Weiterhin erhält der Compliance Officer ohne Verwendungsnachweis den zum Zeitpunkt der Dienstreise gesetzlich zugelassenen maximalen Tagesspesensatz.

---

548 Vgl *Krieger*, Die arbeitsrechtliche Stellung des Compliance Officers – Gestaltung einer Compliance-Organisation unter Berücksichtigung der Vorgaben im BGH-Urteil vom 17.7.2009, NZA 201, 367: Die Aufgaben und Befugnisse des Compliance Officers können im Anstellungsvertrag festgelegt werden. Aus arbeitsrechtlicher Sicht ist dies allerdings häufig deshalb nicht empfehlenswert, weil die entsprechenden Festlegungen nach Vertragsschluss nicht mehr einseitig durch das Unternehmen geändert werden können. Damit nimmt sich das Unternehmen die Flexibilität, Aufgaben und Befugnisse des Compliance Officers jeweils der aktuellen Situation und den betrieblichen Notwendigkeiten anpassen zu können. Es kann deshalb vorteilhaft sein, im Anstellungsvertrag lediglich im Sinne einer „Generalklausel" festzulegen, dass der Compliance Officer die Aufgabe hat, die Compliance-Organisation zu leiten und für eine Corporate Compliance zu sorgen. Einzelheiten, welche Aufgaben diese Zielsetzung im Einzelnen einschließt und welche Befugnisse dem Compliance Officer zur Erfüllung seiner Aufgaben übertragen werden, können dann im Rahmen des Direktionsrechts einseitig vorgegeben und jederzeit geändert werden.

549 Denkbar wäre alternativ die beidseitige Geltung der gesetzlichen Kündigungsfristen verbunden mit einem Ausschluss der ordentlichen Kündigung für verhaltensbedingte Gründe, die in unmittelbarem Zusammenhang mit der Tätigkeit als Compliance Officer stehen.

c) Dem Compliance Officer wird ein Spesenvorschuss in voller Höhe der voraussichtlich anfallenden Kosten gewährt, die er nach Beendigung der Dienstreise basierend auf einer ordentlichen Spesenabrechnung mit dem Arbeitgeber abrechnet.

§ 5 Arbeitszeit

a) Die regelmäßige Mindestarbeitszeit beträgt 40 Stunden wöchentlich. Die Arbeitszeit bestimmt der Compliance Officer nach pflichtgemäßem Ermessen und unter Berücksichtigung der betrieblichen Verhältnisse.

b) Der Compliance Officer ist verpflichtet, Mehr- und Überarbeit zu leisten, soweit dies gesetzlich zulässig ist. Etwaige Überstunden sind in Freizeit auszugleichen.

§ 6 Urlaub

a) Der Compliance Officer hat Anspruch auf einen gesetzlichen Mindesturlaub von 20 Arbeitstagen pro Kalenderjahr bei einer 5-Tage-Woche. Der Arbeitgeber gewährt dem Compliance Officer zusätzlich zu dem gesetzlichen Mindesturlaub einen vertraglichen Urlaub von weiteren 10 Arbeitstagen. Der Urlaub ist möglichst zusammenhängend zu nehmen. Bei der Gewährung von Urlaub wird zuerst der gesetzliche Urlaub eingebracht. Für den vertraglichen Urlaub gilt abweichend von dem gesetzlichen Mindesturlaub, dass der Urlaubsanspruch nach Ablauf des Übertragungszeitraumes (31.3. des Folgejahres) auch dann verfällt, wenn er wegen Arbeitsunfähigkeit des Compliance Officers nicht genommen werden kann. Der gesetzliche Mindesturlaub verfällt in einem solchen Fall 15 Monate nach Ablauf des Urlaubsjahres.

b) Die Urlaubszeit wird von beiden Parteien unter Berücksichtigung der betrieblichen Verhältnisse festgelegt.

§ 7 Arbeitsverhinderung/Krankheit

a) Arbeitsverhinderung ist dem Arbeitgeber unverzüglich, möglichst telefonisch am Vormittag des ersten Tages des Arbeitsausfalls, unter Angabe der Gründe mitzuteilen; ist die Arbeitsverhinderung vorher bekannt, so ist sie dem Arbeitgeber rechtzeitig mitzuteilen.

b) Im Falle einer Erkrankung hat der Compliance Officer darüber hinaus unverzüglich, spätestens innerhalb von drei Tagen, eine ärztliche Bescheinigung nachzureichen, aus der die Arbeitsunfähigkeit sowie deren Beginn und voraussichtliche Dauer ersichtlich sind. Dauert die Arbeitsunfähigkeit länger als in dieser Bescheinigung angegeben, so ist der Compliance Officer verpflichtet, den Arbeitgeber hiervon unverzüglich zu unterrichten und ebenfalls unverzüglich eine neue ärztliche Bescheinigung vorzulegen, auch wenn der Zeitraum der Entgeltfortzahlung bereits überschritten ist.

§ 8 Fortbildung

Der Compliance Officer hat das Recht, in angemessenem Umfang auf Kosten des Arbeitgebers und nach vorheriger Absprache an Fortbildungsveranstaltungen teilzunehmen, wenn diese Bildungsmaßnahme im Interesse der Beherrschung des übertragenen Aufgabengebietes liegt. Für die Teilnahme an solchen Fortbildungsveranstaltungen wird der Compliance Officer freigestellt.

§ 9 Nebentätigkeiten

Selbständige oder unselbständige Nebentätigkeiten, die das Arbeitsverhältnis beeinträchtigen können, dürfen nur mit vorheriger schriftlicher Zustimmung des Arbeitgebers ausgeführt werden. Dies gilt besonders, wenn die Tätigkeit in einem Konkurrenzunternehmen ausgeübt werden soll oder wenn sie die nach diesem Vertrag geschuldete Arbeitsleistung beeinträchtigt.

§ 10 Versicherung

Der Arbeitgeber schließt für die Tätigkeiten als Compliance Officer zugunsten des Compliance Officers eine Vermögensschaden-Haftpflichtversicherung (D&O-Versicherung) ab mit einer Versicherungssumme iHv ... EUR

Wisswede

je Schadensfall und -jahr und sichert zu, die Versicherungsbeiträge pünktlich zu begleichen und die Höhe der Versicherungssumme in regelmäßigen Abständen auf ihre Angemessenheit hin zu überprüfen. Die jeweils geltenden Versicherungsbedingungen können vom Compliance Officer jederzeit bei eingesehen und auf Wunsch kopiert werden.

§ 11 Verfallklausel[550]

Alle Ansprüche, die sich aus diesem Vertrag ergeben, sind von den Vertragschließenden innerhalb von sechs Monaten nach ihrer Fälligkeit gegenüber der anderen Vertragspartei geltend zu machen. Nicht rechtzeitig geltend gemachte Ansprüche verfallen.

§ 12 Verschwiegenheit

Der Compliance Officer verpflichtet sich, über alle vertraulichen geschäftlichen Angelegenheiten und insbesondere über alle Betriebs- und Geschäftsgeheimnisse, die ihm im Rahmen seiner Tätigkeit zur Kenntnis gelangen, jederzeit – auch nach Beendigung des Anstellungsverhältnisses – Stillschweigen zu bewahren.

§ 13 Schlussbestimmungen

a) Ergänzungen und Änderungen dieses Arbeitsvertrages einschließlich der Aufhebung dieses Schriftformerfordernisses bedürfen der Schriftform, es sei denn, sie beruhen auf einer ausdrücklichen oder individuellen Vertragsabrede. Eine betriebliche Übung ist keine solche ausdrückliche bzw. individuelle Vertragsabrede. Auch wiederholte Leistungen oder Vergünstigungen ohne ausdrückliche oder individuelle Vertragsabrede begründen keinen Anspruch für die Zukunft. Mündliche Nebenabreden bestehen nicht.

b) Sollten einzelne Bestimmungen dieses Vertrages ganz oder teilweise unwirksam sein oder werden, bleiben die übrigen Bestimmungen gültig. Anstelle der unwirksamen Bestimmung gilt diejenige wirksame Bestimmung als vereinbart, welche dem Sinn und Zweck der unwirksamen Bestimmung am ehesten entspricht. Im Fall einer Lücke gilt diejenige Bestimmung als vereinbart, die dem entspricht, was nach Sinn und Zweck dieses Vertrages vereinbart worden wäre, hätte man die Angelegenheit von vornherein bedacht.

VI. Arbeitsverträge mit besonderen Berufsgruppen

1. Muster: Arbeitsvertrag mit einem unselbständigen Reisevertreter

Anstellungsvertrag

zwischen

der Firma ...

– nachstehend „Unternehmen" genannt –

und

Herrn ...

– nachstehend „Angestellter" genannt –

Zwischen dem Unternehmen und dem Angestellten werden folgende Vereinbarungen getroffen:

---

550 Nach einer neuen Entscheidung des BAG können arbeitsvertraglich vereinbarte Ausschlussfristen dahin gehend ausgelegt werden, dass sie nur die von den Parteien für regelungsbedürftig gehaltenen Fälle erfassen sollen. Eine Anwendung auch für die Fälle, die durch gesetzliche Verbote oder Gebote geregelt sind, soll dagegen regelmäßig gerade nicht gewollt sein, so das BAG. Das gelte bspw für die Haftung wegen Vorsatzes (Pressemitteilung Nr. 42/13 BAG, Urt. v. 20.6.2013 – 8 AZR 280/12). Ein Formulierungsbeispiel für eine vertragliche Verfallklausel mit Ausschluss der Haftung für Vorsatz enthält das Muster 1134 (§ 16).

§ 1

Der Angestellte wird ab ..., jedoch nicht vor Aufnahme der Arbeit, vom Unternehmen als unselbständiger Reisevertreter für das Gebiet ... eingestellt.

Gebietsumfang: siehe Anlage ... .

Es gilt eine beiderseitige Kündigungsfrist von drei Monaten zum Vierteljahresschluss als vereinbart. Die Kündigungsfrist erhöht sich entsprechend den gesetzlichen Bestimmungen.

Die Zeit vom Eintritt bis zum ... gilt als Probezeit mit beiderseitiger Möglichkeit zur Kündigung von vierzehn Tagen, letztmals am ... ohne Angabe eines Grundes.

Das Arbeitsverhältnis endet mit Ablauf des Monats, in dem der Angestellte erstmals die Voraussetzungen für den Bezug der gesetzlichen Regelaltersrente erfüllt.

Der Angestellte ist im Rahmen seiner Tätigkeit an die Weisungen der Verkaufsleitung des Unternehmens gebunden und hat seine Dienste in Person zu leisten.

§ 2

Dem Angestellten ist es nicht gestattet, gleichzeitig für eine andere Firma tätig zu sein. Unentgeltliche Nebentätigkeiten sind unverzüglich anzuzeigen.

§ 3

Der Angestellte verpflichtet sich ausdrücklich, sämtliche Betriebs- und Geschäftsgeheimnisse, die ihm im Rahmen seiner Tätigkeit zur Kenntnis gelangen, gegenüber jedermann geheim zu halten. Er ist im Falle des Ausscheidens verpflichtet, sämtliche Geschäftsunterlagen und Arbeitsmittel zurückzulassen bzw zurückzugeben; der Angestellte verzichtet insoweit auf die Geltendmachung eines Zurückbehaltungsrechts. Darüber hinaus verpflichtet er sich, auch in der Zeit nach seinem Ausscheiden über alle speziellen Kenntnisse um die Geschäfte der Firma Stillschweigen zu bewahren. Unter die Schweigepflicht fallen auch die Bedingungen dieses Schreibens.

§ 4

Als monatliche Vergütung für die Tätigkeit ab ... gelten folgende Regelungen:

1. Der Angestellte erhält ein Grundgehalt iHv brutto ... EUR
+ vermögenswirksame Leistungen ... EUR
+ Kilometer-Pauschale (siehe Anlage ...) ... EUR
+ eine Provision auf dem Gebiet ... iHv ... %

Das Grundgehalt ist ein Festgehalt und erhöht sich nicht automatisch durch tarifliche Gehaltserhöhungen.

Das Unternehmen kann bei überregionalen Aufträgen auf Antrag eine Provisionsteilung mit einem anderen Verkaufsgebiet durchführen.

2. Als jährliche Sonderzahlung erhält der Angestellte 70 % des vereinbarten Brutto-Grundgehalts laut Ziffer 1, zahlbar spätestens am 30. November eines jeden Jahres.

3. Der Angestellte erhält einen Betrag in Höhe der jeweiligen höchsten Arbeitgeberanteile zur gesetzlichen Rentenversicherung und zur Krankenversicherung der zuständigen AOK, wenn keine Versicherungspflicht besteht.

4. Im Krankheitsfalle zahlt das Unternehmen das vereinbarte Grundgehalt für die Dauer von sechs Wochen, im Übrigen nach den Bestimmungen des Entgeltfortzahlungsgesetzes in seiner jeweiligen Fassung zzgl der in diesem Zeitraum anfallenden Provisionen. Jede Erkrankung hat der Angestellte der Geschäftsleitung spätestens binnen zwei Tagen mit Angabe der voraussichtlichen Dauer mitzuteilen. Bei Arbeitsunfähigkeit von über drei Kalendertagen Dauer ist vom Angestellten eine Arbeitsunfähigkeitsbescheinigung vorzulegen.

Wisswede

§ 5

Der Angestellte erhält einen jährlichen Erholungsurlaub gemäß dem tariflichen Höchstanspruch.[551] Für den Urlaub erhält der Angestellte ein zusätzliches Urlaubsgeld iHv 50 % des vereinbarten Brutto-Grundgehalts pro Urlaubstag. Der Zeitpunkt des Urlaubs ist im Einvernehmen mit der Verkaufsleitung und unter Berücksichtigung der geschäftlichen Belange des Unternehmens festzulegen.

§ 6

Für Dienstreisen erhält der Angestellte die Ausgaben nach der im Unternehmen geltenden Reisekostenordnung ersetzt. Übersteigen die aufgewendeten Auslagen die in der Reisekostenordnung festgesetzten Pauschalbeträge, so sind sie zu belegen.

§ 7

Der Angestellte hat der Firma über seine Tätigkeit einen ausführlichen Bericht wöchentlich elektronisch einzusenden. Entgegengenommene Aufträge hat er unverzüglich an die Firma weiterzuleiten.

§ 8

Die Zuteilung eines anderen Verkaufsgebietes oder die Änderung des Gebietes bleibt dem Unternehmen vorbehalten. Die Durchführung einer solchen Maßnahme bedarf jedoch einer vorhergehenden Ankündigung, muss billigem Ermessen entsprechen und dem Angestellten eine Frist zur Einstellung auf die veränderten Verhältnisse von mindestens drei Monaten ermöglichen.

§ 9

Das Inkasso ist ausschließlich dem Unternehmen vorbehalten. Das Unternehmen ist jedoch berechtigt, in besonderen Fällen die Hilfe des Angestellten in Anspruch zu nehmen, ohne eine besondere Vergütung zu leisten.

§ 10

Die Provisionsabrechnung wird nach dem tatsächlichen Nettoverkaufspreis ausschließlich Nebenkosten berechnet. Der Anspruch auf Provision entfällt, falls feststeht, dass der Dritte nicht zahlt. Bereits empfangene Beträge sind zurückzuerstatten.

§ 11

Das Unternehmen schließt für die Dauer des Angestelltenverhältnisses eine Unfallversicherung ab.

Die Versicherungssumme lautet zurzeit:

- 153.000 EUR für den Invaliditätsfall,
- 50.000 EUR für den Todesfall.

§ 12

Ergänzungen und Änderungen dieses Arbeitsvertrages einschließlich der Aufhebung dieses Schriftformerfordernisses bedürfen der Schriftform, es sei denn, sie beruhen auf einer ausdrücklichen oder individuellen Vertragsabrede. Eine betriebliche Übung ist keine solche ausdrückliche bzw. individuelle Vertragsabrede. Auch

---

551 Empfehlenswert ist, zwischen dem gesetzlichen Mindesturlaub einerseits und einem zusätzlich gewährten vertraglichen bzw. tariflichen Urlaub andererseits zu unterscheiden, um zu erreichen, dass zumindest der vertragliche/tarifliche Urlaubsanspruch verfällt, wenn dieser im Übertragungszeitraum wegen Arbeitsunfähigkeit des Arbeitnehmers nicht genommen werden kann (vgl BAG 4.5.2010 – 9 AZR 183/09, NZA 2010, 1011; BAG 23.3.2010 – 9 AZR 128/09, NZA 2010, 810). Ob und inwieweit der Urlaubsanspruch bei Langzeiterkrankungen auch für einen beliebig langen Zeitraum „angesammelt" werden kann, war aufgrund der Rechtsprechung des EuGH in der Sache „Schulte" (EuGH 22.11.2011 – Rs. C-214/10, NZA 2011, 1333) unklar und kaum kalkulierbar geworden. Nach einer neueren Entscheidung des BAG (vom 7.8.2012 – 9 AZR 353/10, NZA 2012, 1216) entspricht es einer europarechtskonformen Auslegung von § 7 Abs. 3 Satz 3 BUrlG, dass der Urlaubsanspruch eines Langzeitkranken 15 Monate nach Ablauf des Urlaubsjahres verfällt.

wiederholte Leistungen oder Vergünstigungen ohne ausdrückliche oder individuelle Vertragsabrede begründen keinen Anspruch für die Zukunft.

2. Muster: Arbeitsvertrag mit einem Außendienstmitarbeiter

Zwischen

der Firma ....

– nachfolgend „Firma" genannt –

und

Herrn ....

– nachfolgend „Mitarbeiter" genannt –

wird folgender

Arbeitsvertrag

geschlossen:

§ 1 Beginn des Arbeitsverhältnisses

(1) Das Arbeitsverhältnis beginnt am .... Die vorherige ordentliche Kündigung ist ausgeschlossen.

(2) Das Arbeitsverhältnis steht unter dem Vorbehalt der gesundheitlichen Eignung des Mitarbeiters für die vertraglich vorgesehene Arbeitsaufgabe. Sollte eine spätestens bis zum Ablauf der Probezeit durchgeführte amtsärztliche Untersuchung die Nichteignung des Mitarbeiters ergeben, so endet das Arbeitsverhältnis automatisch mit dieser Feststellung, ohne dass es einer Kündigung bedarf.

(3) Dieser Vertrag wird zunächst befristet auf die Dauer von drei Monaten auf Probe abgeschlossen und endet mit Ablauf der Probezeit, wenn er nicht vorher einvernehmlich verlängert wird. Innerhalb der Probezeit kann das Arbeitsverhältnis mit einer Frist von einem Monat zum Monatsende gekündigt werden, unbeschadet des Rechts zur fristlosen Kündigung.

§ 2 Tätigkeit

(1) Die Firma überträgt dem Mitarbeiter die gesamte anwendungstechnische Kundenbetreuung:

a) für das Verkaufsprogramm der Firma, insbesondere für folgende Produkte: ....

b) für folgende Gebiete: .... (Postleitgebiete, Regierungsbezirke, Landkreise, Städte). Der dem Mitarbeiter zugewiesene regionale Tätigkeitsbereich sowie die von ihm zu vertretenden Produkte können durch die Firma, wenn sich das Provisionsvolumen des Mitarbeiters zwei Geschäftsjahre hintereinander jeweils um mindestens .... EUR jährlich erhöht hat und keine berechtigten Interessen des Mitarbeiters einem Neuzuschnitt eines regionalen Tätigkeitsbereichs entgegenstehen, neu eingeteilt werden.

(2) Der Mitarbeiter verpflichtet sich, seinen derzeitigen Wohnsitz innerhalb des Postleitzahlbereichs .... beizubehalten.

(3) Nach Aufkündigung des Vertrages kann der Mitarbeiter für die Dauer der Kündigungsfrist mit einer anderen kaufmännischen Tätigkeit im Innendienst beschäftigt werden. Er erhält dann für diese Zeit anteilig mindestens die Durchschnittsbezüge der letzten 12 Monate im Außendienst (ohne Aufwendungsersatz). Muss der Mitarbeiter während dieser Zeit vorübergehend einen Zweitsitz am Sitz der Firma begründen, so zahlt die Firma für diese Zeit die steuerlich zulässige Trennungsentschädigung.

Wird der Mitarbeiter auf Dauer ganz in den Innendienst übernommen, so werden seine Bezüge und die tarifliche Eingruppierung neu vereinbart.

(4) Der Verkaufsbezirk kann aus betrieblichen Gründen geändert werden, ohne dass dadurch der Gesamtvertrag gekündigt wird. Der Mitarbeiter erklärt sich bereit, je nach den Erfordernissen vorübergehend oder ggf auch dauernd im kaufmännischen Innendienst eingesetzt zu werden. Ist mit einer solchen Änderung ein Wohnsitzwechsel verbunden, ist das Einverständnis des Mitarbeiters nötig.

(5) Alle Kundenaufträge bedürfen zu ihrer Wirksamkeit der Bestätigung durch die Firma.

§ 3 Beobachtungs- und Mitteilungspflichten, Lagerhaltung

(1) Der Mitarbeiter ist verpflichtet, seinen Verkaufsbezirk intensiv zu bearbeiten, die Abnehmer und Interessenten regelmäßig zu besuchen und neue Kunden zu werben, sich ihrer Bonität zu vergewissern und ihre Kreditwürdigkeit laufend zu überwachen, Hinweise über etwaige Zahlungsschwierigkeiten eines Kunden und sonstige für die Kreditwürdigkeit und die Geschäftsbeziehungen wesentliche, ihm bekannt gewordene Umstände der Firma unverzüglich mitzuteilen.

(2) Der Mitarbeiter hat der Firma wöchentlich über seine Tätigkeit und die Marktlage ausführlich schriftlich zu berichten und sich dabei des für diesen Zweck vorgesehenen Wochenberichtsformulars zu bedienen.

(3) Der Mitarbeiter erklärt sich ferner bereit, an einem geeigneten Ort laufend folgende Gegenstände auf Lager zu halten:

- Waren: ...
- Muster: ...
- Werbematerial: ...

§ 4 Unterlagen, Informationspflicht der Firma

(1) Die Firma wird ihrerseits dem Mitarbeiter die zur Ausübung seiner Tätigkeit erforderlichen Informationen und Unterlagen stets rechtzeitig zur Verfügung stellen. Sämtliche dem Mitarbeiter übergebene Unterlagen und Dateien, wie zB Muster, Kataloge, Preislisten, Zeichnungen und Karten, verbleiben im Eigentum der Firma; sie sind während der Dauer des Anstellungsvertrages auf Anforderung der Firma und nach Beendigung des Anstellungsvertrages unaufgefordert an die Firma zurückzugeben. Der Mitarbeiter verzichtet darauf, irgendwelche Zurückbehaltungsrechte oder Aufrechnungsrechte geltend zu machen.

(2) Die Firma verpflichtet sich, den Mitarbeiter zu informieren, wenn sie Kaufverträge über bestimmte Gegenstände in absehbarer Zeit nicht oder nur in vermindertem Umfang abzuschließen gedenkt. Im Übrigen wird sie die Ablehnung oder Annahme eines Vertrages dem Mitarbeiter unverzüglich mitteilen.

§ 5 Vergütung

(1) Der Mitarbeiter erhält für seine vertragliche Tätigkeit ein monatliches Festgehalt, das in den ersten sechs Monaten des Arbeitsverhältnisses ... EUR brutto beträgt. Dieses Gehalt ist jeweils am letzten Arbeitstag eines Monats fällig. Die Zahlung erfolgt bargeldlos. Der Mitarbeiter wird daher innerhalb von 14 Tagen nach Beginn des Arbeitsverhältnisses ein Konto einrichten und dessen Nummer sowie das kontoführende Institut der Firma mitteilen.

(2) Ab Beginn des 7. Monats des Arbeitsverhältnisses soll der Mitarbeiter seine Beratungstätigkeit im Außendienst aufnehmen. Ab diesem Zeitpunkt reduziert sich das Festgehalt auf ... EUR brutto im Monat.

(3) Hinzu tritt dann für jeden von der Firma bestätigten Auftrag aus dem Betreuungsgebiet des Mitarbeiters eine Bruttoprovision die am Ende des der Auslieferung folgenden Monats fällig wird.

a) Die Provisionssätze werden wie folgt festgelegt:

- ... % aus allen Aufträgen mit einem Auftragsvolumen von weniger als ... EUR.
- ... % aus allen Aufträgen mit einem Auftragsvolumen von mehr als ... EUR.

b) Sonderprovisionen zur Forcierung einzelner Artikel werden zusätzlich gezahlt.

c) Als Mindesteinkommen aus der Provision wird ein Betrag von monatlich ... EUR garantiert.

d) Die Provision errechnet sich aus dem in Rechnung gestellten Waren-Nettowert (Warenwert ohne Mehrwertsteuer). Skontoabzüge mindern den Provisionsanspruch nicht. Nicht provisionspflichtig sind Nebenkosten, namentlich für Fracht, Verpackung, Zoll, Steuern, sofern diese Nebenkosten dem Kunden gesondert in Rechnung gestellt werden.

e) Die Provisionssätze können, wenn es die wirtschaftlichen Verhältnisse angezeigt erscheinen lassen, durch die Firma geändert werden. Geplante Änderungen müssen dem Mitarbeiter drei Monate im Voraus schriftlich mitgeteilt werden. Die bisherigen durchschnittlichen Provisionseinkünfte des Mitarbeiters der letzten 12 Monate dürfen dabei nicht unterschritten werden.

f) Ein Provisionsanspruch besteht nicht,

- wenn die Ausführung des bestätigten Auftrages unmöglich geworden ist, ohne dass die Firma die Unmöglichkeit zu vertreten hat, oder wenn der Firma die Ausführung unzumutbar ist,
- wenn feststeht, dass der Kunde nicht zahlt,
- wenn der Kunde zahlungsunfähig wird.

Die Provision ist unabhängig vom Zahlungseingang zahlbar. Bei Nichteingang von Zahlungen aus den oben genannten Gründen wird das Provisionskonto des Mitarbeiters entsprechend rückbelastet.

g) Die Firma hat die Provision, auf die der Mitarbeiter Anspruch hat, monatlich jeweils bis zum letzten Arbeitstag des der Auslieferung folgenden Monats abzurechnen.

(4) Für die Lagerhaltung gem. § 3 Abs. 3 dieses Vertrages und die darin liegende Überlassung von Raum erhält der Mitarbeiter eine monatliche Pauschale iHv ... EUR brutto.

Die Zahlung dieser Pauschale entfällt, wenn der Mitarbeiter zur Lagerhaltung nicht mehr verpflichtet ist.

(5) Der Mitarbeiter erhält ferner eine Urlaubsvergütung von ... EUR brutto für ein volles Dienstjahr, zahlbar jeweils am 30.6. Bei unterjähriger Beschäftigung entsteht der Anspruch anteilig.

(6) Durch die vorgenannte Vergütung ist die gesamte vertragsgemäße Tätigkeit des Mitarbeiters einschließlich etwaiger Mehrarbeit im gesetzlichen Rahmen, Reisezeit usw abgegolten.

§ 6 Jahresabschlussvergütung

(1) Soweit die Firma allgemein eine Jahresabschlussvergütung gewährt, erhält der Mitarbeiter diese ebenfalls.

(2) Der Mitarbeiter erkennt an, dass die Jahresabschlussvergütung freiwillig gezahlt wird und hierauf auch nach wiederholter, vorbehaltloser Zahlung kein Rechtsanspruch entsteht.[552]

(3) Die Zahlung der Jahresabschlussvergütung entfällt, wenn das Arbeitsverhältnis in dem jeweils durch Aushang bekannt gegebenen Zahlungszeitpunkt durch den Mitarbeiter oder aus verhaltensbedingten Gründen durch die Firma gekündigt ist.

§ 7 Nebenkosten

(1) Die Kosten der notwendigen Hotelübernachtungen werden gegen Nachweis der Auslagen bis zu einer Höhe von ... EUR erstattet. Der Mitarbeiter trägt Sorge dafür, dass die erforderliche steuerliche Dokumentation erstellt wird. Rechnungen sind auf die Firma auszustellen. Es gelten die jeweils gültigen steuerrechtlichen Vorschriften.

---

552 Ein vertraglicher Freiwilligkeitsvorbehalt, der alle zukünftigen Leistungen unabhängig von ihrer Art und ihrem Entstehungsgrund erfasst, benachteiligt den Arbeitnehmer regelmäßig unangemessen iSv § 307 Abs. 1 Satz 1, Abs. 2 Nr. 1 und 2 BGB und ist deshalb unwirksam (BAG 14.9.2011 – 10 AZR 526/10, NZA 2012, 81).

(2) Soweit eine Abrechnung gegen Beleg erfolgt, ist darauf zu achten, dass der Beleg auf die Firma ausgestellt ist und einen ordnungsgemäßen Mehrwertsteuer-Ausweis enthält (bis 100 EUR Mehrwertsteuer-Prozentsatz, über 100 EUR Mehrwertsteuer-Betrag).
Schäden, die aus der Nichtbeachtung dieser Anweisung der Firma entstehen, können dem Mitarbeiter belastet werden.
(3) Der Mitarbeiter hat alle Aufwendungen und Auslagen wöchentlich auf dem Wochenberichtsformular (§ 3 Abs. 2) abzurechnen. Die Abrechnung durch die Firma erfolgt spätestens zum Schluss des darauf folgenden Monats.

§ 8 Firmenfahrzeug

(1) Der Mitarbeiter verpflichtet sich, im Rahmen der Erfüllung seiner Aufgaben gem. § 2 und § 3 dieses Vertrages notwendig werdende Fahrten im Pkw durchzuführen.
(2) Die Firma behält sich vor, in Einzelfällen, wenn dies aus geschäftlichen Gründen notwendig erscheint, eine Bahn- oder Flugreise anzusetzen. Der Mitarbeiter ist berechtigt, von sich aus mit der Bahn zu fahren, wenn die Witterung es erfordert und die Tourenplanung es erlaubt.
In diesen Fällen ist von dem bei der Firma bestehenden Großkundenabonnement Gebrauch zu machen.
(3) Die Firma überlässt ab ... das Fahrzeug ... mit dem polizeilichen Kennzeichen ... dem Mitarbeiter zur dienstlichen und privaten Nutzung (auch durch Familienangehörige).
(4) Für die Fahrzeugstellung einschließlich der Privatnutzung gelten die folgenden Bedingungen:
a) Die lohnsteuerrechtliche Behandlung der Privatnutzung richtet sich nach den jeweiligen maßgeblichen Vorschriften.
b) Die Firma übernimmt die Kosten des dienstlich veranlassten Fahrzeugbetriebes sowie der Wartung, Reparatur und Instandhaltung. Die Betriebskosten der privaten Nutzung trägt der Mitarbeiter.
Vor Auslandsfahrten ist eine ADAC-Auslandsschutzbrief-Versicherung abzuschließen.
Zum Monatsende ist der Firma der jeweilige Kilometerstand unaufgefordert auf der monatlichen Tankrechnung mitzuteilen.
c) Die Firma ist unverzüglich zu informieren, wenn der Mitarbeiter aus tatsächlichen oder rechtlichen Gründen nicht mehr in der Lage ist, das Firmenfahrzeug zu nutzen.
d) Der Kraftfahrzeugschein ist neben der Fahrerlaubnis ständig mitzuführen und sorgfältig zu verwahren. Das Gleiche gilt für die von der Firma zur Verfügung gestellte grüne Versicherungskarte.
e) Der Wagen ist möglichst in einer Garage einzustellen. Der Mietpreis ist vom Mitarbeiter zu tragen.
f) Es ist selbstverständlich, dass das Fahrzeug jederzeit einer ordnungsgemäßen Pflege und Wartung unterzogen und in betriebssicherem Zustand gehalten wird. Die notwendigen Maßnahmen ergeben sich aus dem beigefügten Kundendienstscheckheft des Kfz-Herstellers.
Sämtliche Kundendienstarbeiten und Reparaturen müssen in autorisierten Werkstätten der gefahrenen Automarke durchgeführt werden. Zuwiderhandlungen gehen zu Lasten des Mitarbeiters. Notwendig erscheinende Reparaturen sind der Geschäftsleitung unverzüglich anzuzeigen. Reparaturen bedürfen der vorherigen Zustimmung der Geschäftsleitung. Unfälle sind dieser sofort zu melden.
g) Der Mitarbeiter haftet für Schäden am Kraftfahrzeug, die durch unsachgemäße Behandlung entstehen und als sog. Betriebsschäden von der Kaskoversicherung grundsätzlich ausgenommen sind, zB einen Motorschaden wegen ungenügenden Ölstandes.
Ferner hat der Mitarbeiter die Firma von allen Haftpflichtansprüchen Dritter freizustellen, die wegen seines Verhaltens durch die Kraftfahrzeug-Haftpflichtversicherung nicht gedeckt sind. Dies kommt u.a. in Betracht, wenn ein Unfall auf abgefahrene Reifen zurückzuführen ist; ferner, wenn eine Obliegenheit verletzt wird, die

bei Eintritt des Versicherungsfalles vom Lenker des Fahrzeugs zu erfüllen gewesen wäre. Zu den Obliegenheitsverletzungen gehören zB unerlaubtes Entfernen vom Unfallort, ungenügende Aufklärung des Versicherers über den Unfallhergang, keine oder unwahre Angaben über Alkoholgenuss, wenn hiernach gefragt ist.

h) Zur Ausstattung gehören 2 Sätze Schlüssel, 1 Warndreieck, 1 vorschriftsmäßiger Verbandskasten, 1 Warnweste. Das Fahrzeug ist mit Stahl-Gürtelreifen ausgerüstet (für Sommer und Winterbetrieb). Die Reifen inkl. Ersatzreifen müssen nach einer gewissen Zeit umgesetzt werden, damit alle Reifen gleichmäßig abgefahren werden. Bei Ersatzbeschaffung von Reifen müssen Gürtelreifen angeschafft werden. Die Rechnung geht auch in diesem Fall an die Firma. Der Mitarbeiter teilt der Firma den km-Stand und die Ersatzbeschaffung mit.

i) Falls sich im Kraftfahrzeug eine Kontrolleinrichtung befindet, hat der Mitarbeiter diese zu benutzen und die Kontrollbelege auf Anforderung vorzulegen. Darüber hinaus ist er verpflichtet, ein Fahrtenbuch zu führen.

j) Der Mitarbeiter verpflichtet sich, auf allen Dienstfahrten stets den Sicherheitsgurt anzulegen und darauf hinzuwirken, dass auch mitgenommene Dritte dies tun.

Der Mitarbeiter verpflichtet sich weiter, bei allen Arbeiten am Fahrzeug im Gefahrenbereich des fließenden Verkehrs stets die mitgeführte Warnweste zu tragen (§ 50 Abs. 5 UVV 12).

k) Die Gebrauchsüberlassung ist an das bestehende Arbeitsverhältnis gebunden und endet automatisch mit dem Ende des Arbeitsverhältnisses. Die Firma behält sich vor, nach Kündigung des Arbeitsverhältnisses, insbesondere im Falle einer Freistellung des Mitarbeiters von seinen Außendienstaufgaben, das Fahrzeug vorzeitig herauszuverlangen. In diesem Fall erhält der Mitarbeiter als Ersatz für den entgehenden geldwerten Vorteil monatlich einen Betrag iHv ... EUR. Auch bei einer Versetzung in den Innendienst ist der Dienstwagen zurückzugeben. In diesem Fall erhält der Mitarbeiter für die Dauer von ... Monaten als Ersatz für den entgehenden geldwerten Vorteil monatlich einen Betrag iHv ... EUR.

(5) Im Übrigen ist die Firma berechtigt, das Fahrzeug alle zwei Jahre gegen ein fabrikneues Fahrzeug der gleichen Klasse auszutauschen.

§ 9 Arbeitsverhinderung

(1) Der Mitarbeiter verpflichtet sich, jede Arbeitsverhinderung unter Angabe des Grundes und der voraussichtlichen Dauer der Geschäftsleitung unverzüglich mitzuteilen.

(2) Der Mitarbeiter verpflichtet sich weiter, im Falle der Erkrankung vor Ablauf des 3. Kalendertages der Firma (Personalabteilung) eine ärztliche Bescheinigung über die Arbeitsunfähigkeit und ihre voraussichtliche Dauer vorzulegen. Dauert die Arbeitsunfähigkeit über den letzten bescheinigten Tag hinaus fort, so ist der Mitarbeiter unabhängig von der Gesamtdauer der Arbeitsunfähigkeit verpflichtet, jeweils innerhalb von drei Tagen eine neue ärztliche Bescheinigung einzureichen. In diesem Falle ist die fortdauernde Arbeitsunfähigkeit erneut anzuzeigen (Abs. 1).

(3) Der Mitarbeiter ist verpflichtet, der Firma unverzüglich eine Bescheinigung über die Bewilligung einer Kur oder eines Heilverfahrens vorzulegen und den Zeitpunkt des Kurantritts mitzuteilen. Die Bescheinigung über die Bewilligung muss Angaben über die voraussichtliche Dauer der Kur enthalten. Dauert die Kur länger als in der Bescheinigung angegeben, so ist der Mitarbeiter verpflichtet, der Firma unverzüglich eine weitere entsprechende Bescheinigung vorzulegen.

§ 10 Gehaltsfortzahlung im Krankheitsfalle

(1) Bei Arbeitsverhinderung infolge ärztlich bescheinigter Arbeitsunfähigkeit erhält der Mitarbeiter entsprechend den gesetzlichen Bestimmungen für die Dauer von sechs Wochen das Gehalt fortgezahlt. Gehalt in diesem Sinne ist die sich aus § 5 Abs. 1–3 dieses Vertrages ergebende Vergütung.

(2) Im Anschluss daran zahlt die Firma für die Dauer von ... Wochen einen Zuschuss in Höhe des Unterschiedes zwischen dem Nettoeinkommen und dem Krankengeld der (gesetzlichen) Krankenversicherung.

Wisswede

§ 11 Urlaub

(1) Der Mitarbeiter hat Anspruch auf einen gesetzlichen Mindesturlaub von 20 Arbeitstagen pro Kalenderjahr bei einer 5-Tage-Woche. Die Firma gewährt dem Mitarbeiter zusätzlich zu dem gesetzlichen Mindesturlaub einen vertraglichen Urlaub von weiteren 7 Arbeitstagen. Der Urlaub ist möglichst zusammenhängend zu nehmen. Bei der Gewährung von Urlaub wird zuerst der gesetzliche Urlaub eingebracht. Für den vertraglichen Urlaub gilt abweichend von dem gesetzlichen Mindesturlaub, dass der Urlaubsanspruch nach Ablauf des Übertragungszeitraumes (31.3. des Folgejahres) auch dann verfällt, wenn er wegen Arbeitsunfähigkeit des Mitarbeiters nicht genommen werden kann. Der gesetzliche Mindesturlaub verfällt in einem solchen Fall 15 Monate nach Ablauf des Urlaubsjahres.

(2) Erholungsurlaub kann erstmals nach sechsmonatiger ununterbrochener Firmenzugehörigkeit beansprucht werden und ist mindestens 14 Tage vorher bei der Geschäftsleitung schriftlich zu beantragen.

(3) Im Übrigen gelten die gesetzlichen Bestimmungen.

§ 12 Nebentätigkeit

(1) Jedwede Nebentätigkeit, sei sie ein Ehrenamt oder sei sie entgeltlich ausgeübt, macht die Einwilligung der Firma erforderlich. Die Einwilligung ist zu erteilen, wenn nicht ein Versagungsgrund wegen einer zu befürchtenden Beeinträchtigung betrieblicher oder dienstlicher Interessen vorliegt.

(2) Die Firma verpflichtet sich, ihre Entscheidung über die beantragte Einwilligung innerhalb einer Frist von vier Wochen nach Antragseingang zu fällen. Verstreicht die Frist, ohne dass dem Mitarbeiter die Entscheidung über den gestellten Antrag auf Nebentätigkeit zugegangen ist, gilt die Zustimmung der Firma als erteilt.

(3) Eine Nebentätigkeit bei einem Konkurrenzunternehmen ist ausgeschlossen (§ 60 HGB).

§ 13 Geheimhaltungspflicht

(1) In seiner Eigenschaft als ... verpflichtet sich der Mitarbeiter zu absoluter Verschwiegenheit gegenüber jedermann in Bezug auf alle Betriebs- und Geschäftsgeheimnisse.

(2) Die Geheimhaltungspflicht erstreckt sich auf alle Angelegenheiten und Vorgänge, die im Rahmen der Tätigkeit in der Abteilung ... bekannt geworden sind und bekannt werden, aber auch auf sonstige sachliche und persönliche Umstände in der Abteilung ... und im Betrieb, die nicht zu den formellen Geschäfts- und Betriebsgeheimnissen zählen. Die Geheimhaltungspflicht besteht nicht nur gegenüber Dritten, sondern auch gegenüber den Mitarbeitern der Firma, sofern nicht die Wahrnehmung der betrieblichen Aufgaben und die reibungslose Zusammenarbeit eine Mitteilung erforderlich machen.

(3) Auf Verlangen des Vorgesetzten sind alle Unterlagen (zB Aufzeichnungen, Dateien, Notizen, Gesprächsunterlagen), Arbeitsgerätschaften (zB Taschenrechner) und Waren jederzeit auszuhändigen. Am letzten Arbeitstag im Betrieb sind alle vorgenannten Gegenstände, die unmittelbar oder mittelbar mit der Arbeitsverrichtung oder dem Betrieb zusammenhängen, der Geschäftsleitung zu übergeben.

(4) Für jeden Einzelfall des Verstoßes gegen die Pflichten aus dieser Geheimhaltungsvereinbarung ist der Mitarbeiter zur Zahlung einer Vertragsstrafe in Höhe eines durchschnittlichen Monatseinkommens der letzten 12 abgerechneten Monate an die Firma verpflichtet. Diese Vertragsstrafe wird mit der Geltendmachung fällig. Dadurch wird die Geltendmachung weitergehender Schadensersatzansprüche nicht ausgeschlossen.

§ 14 Vertragsstrafe

(1) Für den Fall, dass der Mitarbeiter schuldhaft die vertragsgemäße Tätigkeit nicht oder verspätet aufnimmt oder das Vertragsverhältnis unberechtigt vorzeitig beendet, wird eine Vertragsstrafe vereinbart. Als Vertragsstrafe wird für den Fall der verspäteten Aufnahme der Arbeit, der vorübergehenden Arbeitsverweigerung und der Auflösung des Arbeitsverhältnisses ohne Einhaltung der maßgeblichen Kündigungsfrist ein sich aus der

Bruttomonatsvergütung nach den §§ 5 und 6 dieses Vertrages zu errechnendes Bruttotagegeld für jeden Tag der Zuwiderhandlung vereinbart, insgesamt jedoch nicht mehr als das in der gesetzlichen Mindestkündigungsfrist ansonsten zu zahlende Arbeitsentgelt. Im Übrigen beträgt die Vertragsstrafe ein Gesamtmonatseinkommen.

(2) Das Gesamtmonatseinkommen bemisst sich gem. §§ 5 und 6 dieses Vertrages, und zwar nach dem Durchschnitt der letzten 12 Monate, im Falle einer kürzeren Beschäftigungsdauer nach dem Durchschnitt während dieser Zeit, im Falle der Nichtaufnahme oder verspäteten Aufnahme der Tätigkeit nach den durchschnittlichen Bezügen eines vergleichbaren Außendienstmitarbeiters.

§ 15 Beendigung des Arbeitsverhältnisses

(1) Wird nach Ablauf des befristeten Probearbeitsverhältnisses das Arbeitsverhältnis einverständlich fortgesetzt, so gilt rückwirkend vom Zeitpunkt der Einstellung an das Arbeitsverhältnis als Dauerarbeitsverhältnis.

(2) Die Kündigung bedarf der Schriftform. Die Kündigungsfrist beträgt drei Monate zum Quartalsende. Kraft Gesetzes eintretende Verlängerungen der Kündigungsfrist nach längerer Beschäftigungsdauer gelten für beide Seiten.

(3) Firma und Mitarbeiter stimmen darin überein, dass das Arbeitsverhältnis mit Ablauf des Monats, in dem der Mitarbeiter erstmals Anspruch auf eine gesetzliche Regelaltersrente hat, enden soll, ohne dass es einer Kündigung bedarf.

(4) Wird das Arbeitsverhältnis zwischen den Parteien aufgehoben oder gekündigt, ist der Arbeitnehmer verpflichtet, noch nicht verrechnete Provisionsvorschüsse zurückzugewähren. Werden am Ende des Arbeitsverhältnisses Ansprüche fällig, so können diese verrechnet werden. Die Beweislast für das Bestehen solcher Ansprüche obliegt der Firma.

(5) Im Falle der Kündigung ist die Firma berechtigt, den Mitarbeiter während der Kündigungsfrist unter Anrechnung auf bestehende Urlaubsansprüche von der Arbeit freizustellen, wenn sie dem Mitarbeiter die Bezüge weiterzahlt.[553] Die monatlichen Bezüge während einer Freistellung bestehen aus der Gesamtvergütung (Fixum und durchschnittliche Provision der letzten ... abgerechneten Monate). Durch die Freistellung werden eventuell bestehende Urlaubsansprüche in entsprechendem Umfang abgegolten. Für die Zeit der Freistellung entfällt der Anspruch des Mitarbeiters auf pauschalen Aufwandsersatz.

(6) Das Recht zur fristlosen Kündigung bleibt unberührt. Eine fristlose Kündigung gilt gleichzeitig vorsorglich als fristgemäße Kündigung zum nächstzulässigen Zeitpunkt. Im Falle fristloser Kündigung sind dem anderen Vertragspartner die wesentlichen Kündigungsgründe im Kündigungsschreiben schriftlich mitzuteilen.

§ 16 Verfallklausel[554]

Alle Ansprüche aus dem Arbeitsverhältnis sind beiderseits binnen einer Frist von drei Monaten seit Fälligkeit schriftlich gegenüber der anderen Vertragspartei geltend zu machen. Nicht rechtzeitig geltend gemachte Ansprüche verfallen.

§ 17 Schlussbestimmungen

(1) Mündliche Nebenabreden bestehen nicht.

(2) Ergänzungen und Änderungen dieses Arbeitsvertrages einschließlich der Aufhebung dieses Schriftformerfordernisses bedürfen der Schriftform, es sei denn, sie beruhen auf einer ausdrücklichen oder individuellen

---

553 Die Wirksamkeit anlassfreier Freistellungsklauseln ist umstritten (vgl Hümmerich/Reufels/*Mengel*, Gestaltung von Arbeitsverträgen, § 1 Rn 1750 ff).
554 Nach einer neuen Entscheidung des BAG können arbeitsvertraglich vereinbarte Ausschlussfristen dahin gehend ausgelegt werden, dass sie nur die von den Parteien für regelungsbedürftig gehaltenen Fälle erfassen sollen. Eine Anwendung auch für die Fälle, die durch gesetzliche Verbote oder Gebote geregelt sind, soll dagegen regelmäßig gerade nicht gewollt sein, so das BAG. Das gelte bspw für die Haftung wegen Vorsatzes (Pressemitteilung Nr. 42/13 zu BAG, Urt. v. 20.6.2013 – 8 AZR 280/12). Ein Formulierungsbeispiel für eine vertragliche Verfallklausel mit Ausschluss der Haftung für Vorsatz enthält das Muster 1134 (§ 16).

Vertragsabrede. Eine betriebliche Übung ist keine solche ausdrückliche bzw. individuelle Vertragsabrede. Auch wiederholte Leistungen oder Vergünstigungen ohne ausdrückliche oder individuelle Vertragsabrede begründen keinen Anspruch für die Zukunft.

(3) Soweit vorstehend nichts anderes vereinbart worden ist, gelten für das Arbeitsverhältnis die gesetzlichen Bestimmungen sowie die betriebliche Übung. Tarifliche Regelungen gelten nicht.

(4) Die allgemeinen Arbeitsbedingungen und Vergütungsregelungen unterliegen den gesetzlichen Bestimmungen sowie Betriebsvereinbarungen.

(5) Der Mitarbeiter versichert ausdrücklich, dass irgendwelche Umstände, die bei ihm demnächst einen Arbeitsausfall verursachen könnten, nicht vorliegen.

(6) Die Firma hält sich an dieses Vertragsangebot bis längstens _ gebunden. Das Angebot erlischt, wenn bis dahin nicht die vom Mitarbeiter gegengezeichnete Zweitschrift des Vertrages eingegangen ist.

3. Muster: Arbeitsvertrag mit einem Vertriebsmitarbeiter für EDV-Produkte und EDV-Dienstleistungen (mit Anlage Provisionsregelung)

Arbeitsvertrag

zwischen

der Firma _

– nachfolgend „Firma" genannt –

und

Herrn _

– nachfolgend „Mitarbeiter" genannt –

§ 1 Beginn des Arbeitsverhältnisses

(1) Der Mitarbeiter tritt mit Wirkung vom _ in die Dienste der Firma. Vor Beginn des Arbeitsverhältnisses ist die Kündigung ausgeschlossen.

(2) Die ersten sechs Monate gelten als Probezeit. Während dieser Zeit können die Vertragspartner das Arbeitsverhältnis mit gesetzlicher Frist kündigen.

§ 2 Tätigkeit

(1) Der Mitarbeiter wird als Vertriebsmitarbeiter angestellt. Er übt seine Tätigkeit insbesondere in der Geschäftsstelle _ aus. Zu seinen Aufgaben gehören insbesondere der Vertrieb der Dienstleistungen und Produkte der Firma in den Geschäftsfeldern:

- Multimedia
- Softwareentwicklung
- EDV-Schulungen
- Anwender-Support
- Netzwerkadministration
- Installationen
- Personaltraining
- Management-Coaching
- Projektmanagement
- SAP/R3.

Der Tätigkeitsbereich des Mitarbeiters erstreckt sich auf die in Anlage ... aufgeführten Kundenbeziehungen der Firma.

Darüber hinaus kann der Mitarbeiter bundesweit bei Kunden der Gesellschaft und innerbetrieblich zu allen gleichwertigen Aufgaben berufen werden, die seinen Vorkenntnissen und Fähigkeiten entsprechen.

Insbesondere kann der Mitarbeiter im Bedarfsfall zu innerbetrieblichen organisatorischen Aufgaben herangezogen werden. Macht die Firma hiervon Gebrauch, so ist die bisherige Vergütung weiterzuzahlen.

(2) Es besteht Einvernehmen darüber, dass die Firma den weiteren Ausbau des Vertriebsnetzes plant. Daher unterliegt die Definition der Aufgaben des Mitarbeiters im Falle der Einstellung weiterer Vertriebsmitarbeiter, unbeschadet der getroffenen Vergütungsvereinbarung, der Änderung durch die Geschäftsleitung nach billigem Ermessen.

(3) Der Mitarbeiter ist weisungsgebunden gegenüber dem Gesamtvertriebsleiter und den Geschäftsführern. Ohne besondere schriftliche Ermächtigung ist der Mitarbeiter weder zur rechtsgeschäftlichen Vertretung noch zum Inkasso ermächtigt.

(4) Obwohl das Aufgabenfeld des Mitarbeiters ein generell selbständiges und innovatives Arbeiten erfordert, gehört es zu den Obliegenheiten des Mitarbeiters, die Bestimmung der Dringlichkeiten von Arbeiten nicht ohne Zustimmung seiner Vorgesetzten vorzunehmen und die Vorgesetzten über beabsichtigte Vorhaben und den Stand von Arbeiten zu unterrichten.

Wöchentlich sind Projektberichte zu erstellen, darüber hinaus ist ein monatlicher umfassender Statusbericht vorzulegen.

(5) Der Mitarbeiter hat insbesondere die Bestimmungen des Gesetzes gegen den unlauteren Wettbewerb (UWG) zu beachten und alles zu unterlassen, was gegen die Regeln des lauteren Wettbewerbs verstößt. Insbesondere ist er verpflichtet, sowohl Interessenten als auch Kunden über alle Punkte eines abzuschließenden Vertrages umfassend und sachlich zu unterrichten.

Der Mitarbeiter darf Dritten keine Geschenke oder Vergünstigungen anbieten oder gewähren, die über den Rahmen des im Geschäftsverkehr Üblichen hinausgehen.

(6) Der Mitarbeiter ist an die Preise und Kalkulationsgrundlagen gebunden, die die Firma allgemein oder von Fall zu Fall festsetzt. Die Gewährung von Preisnachlässen und Sonderkonditionen bedarf der ausdrücklichen schriftlichen Zustimmung der Firma. Die Annahme oder Ablehnung eines Auftrages steht der Firma frei.

§ 3 Arbeitszeit

(1) Die regelmäßige Wochenarbeitszeit beträgt 40 Stunden.

(2) Beginn und Ende der täglichen Arbeitszeit sowie die Pausen werden von der Firmenleitung festgelegt.

§ 4 Vergütung

(1) Der Mitarbeiter erhält für seine vertragliche Tätigkeit ein festes Jahresbruttogehalt von ... EUR. Die Vergütung ist in zwölf Teilbeträgen jeweils am Letzten eines Monates fällig.

(2) Für die Erreichung der ihm nach Maßgabe der Zusatzvereinbarung gesetzten Vertriebsziele erhält er darüber hinaus ein variables Gehalt in Form von Provisionen bis maximal zur Höhe von 18.000 EUR p.a.

(3) Die Firma zahlt auf die zu erwartende Provision einen monatlichen Vorschuss iHv ... EUR.

Der Anspruch auf die Jahresprovisionen entsteht mit Erreichung der jeweiligen Teilumsatzziele nach Eingang der Zahlungen der Kunden bei der Firma. Der Anspruch wird fällig mit Abrechnung. Die Abrechnung und Auszahlung erfolgt in dem Monat, der auf die Entstehung des Provisionsanspruchs folgt, spätestens mit Bilanzfeststellung.

(4) Der Anspruch auf Provision entfällt insoweit, als sich Forderungen der Firma gegenüber Kunden aus Gründen, die die Firma nicht zu vertreten hat, als uneinbringlich erweisen. Bereits gezahlte Provisionsvor-

schüsse werden zurückgerechnet. Es obliegt der Firma, glaubhaft zu machen, dass der Käufer nicht leisten wird. Der Nachweis gilt als geführt, wenn eine Auskunftei oder eine Gläubigerschutzorganisation bescheinigt, dass nach ihrem Ermessen eine Zwangsvollstreckung nicht zum Ziele führen wird.

(5) Die Firma schreibt jährlich für Vertriebsmitarbeiter eine Incentivreise aus. Der Mitarbeiter kann sich an dieser Ausschreibung beteiligen. Etwaige auf die Incentivreise entfallende Lohn- oder Kirchensteuer trägt die Firma.

(6) Die durch die als Anlage Nr. _ angefügte Zusatzvereinbarung ist Bestandteil dieses Vertrages.

(7) Die Zahlung erfolgt bargeldlos. Der Mitarbeiter ist verpflichtet, ein Konto zu unterhalten und der Firma seine jeweiligen Kontodaten mitzuteilen.

§ 5 Urlaub

(1) Der Urlaubsanspruch des Mitarbeiters richtet sich nach dem Bundesurlaubsgesetz. Der Mitarbeiter hat Anspruch auf einen gesetzlichen Mindesturlaub von 20 Arbeitstagen pro Kalenderjahr bei einer 5-Tage-Woche. Die Firma gewährt dem Mitarbeiter zusätzlich zu dem gesetzlichen Mindesturlaub einen vertraglichen Urlaub von weiteren 10 Arbeitstagen. Der Urlaub ist möglichst zusammenhängend zu nehmen. Bei der Gewährung von Urlaub wird zuerst der gesetzliche Urlaub eingebracht. Für den vertraglichen Urlaub gilt abweichend von dem gesetzlichen Mindesturlaub, dass der Urlaubsanspruch nach Ablauf des Übertragungszeitraumes (31.3. des Folgejahres) auch dann verfällt, wenn er wegen Arbeitsunfähigkeit des Mitarbeiters nicht genommen werden kann. Der gesetzliche Mindesturlaub verfällt in einem solchen Fall 15 Monate nach Ablauf des Urlaubsjahres.

Der Zeitpunkt des Urlaubsantritts ist unter Berücksichtigung der Geschäftsinteressen der Firma festzulegen.

(2) Der Urlaubsanspruch besteht erst nach einer dreimonatigen Beschäftigung bei der Firma. Der volle Urlaubsanspruch wird erstmalig nach sechs Monaten nach Beginn des Anstellungsverhältnisses erworben.

§ 6 Dienstreisen, Fahrtkosten

(1) Der Mitarbeiter ist verpflichtet, auf Weisung der Firmenleitung Dienstreisen durchzuführen.

(2) Fahrtkosten, die im Rahmen von Dienstreisen anfallen, werden nach Maßgabe der Firmenrichtlinien im Einzelfall nach Vorlage von Einzelnachweisen erstattet.

§ 7 Arbeitsverhinderung

(1) Der Mitarbeiter ist verpflichtet, dem Arbeitgeber jede Dienstverhinderung und seine voraussichtliche Dauer anzuzeigen. Auf Verlangen sind die Gründe der Dienstverhinderung mitzuteilen.

(2) Im Falle der Erkrankung ist der Mitarbeiter verpflichtet, vor Ablauf des zweiten Kalendertages nach Beginn der Arbeitsunfähigkeit eine ärztliche Bescheinigung über Arbeitsunfähigkeit sowie deren voraussichtliche Dauer vorzulegen. Dauert die Arbeitsunfähigkeit länger als in der Bescheinigung angegeben, ist der Mitarbeiter verpflichtet, innerhalb von drei Tagen eine neue ärztliche Bescheinigung einzureichen.

§ 8 Gehaltsfortzahlung im Krankheitsfalle

Ist der Mitarbeiter infolge auf Krankheit beruhender Arbeitsunfähigkeit an der Arbeitsleistung verhindert, ohne dass ihn ein Verschulden trifft, so erhält er Gehaltsfortzahlung für die Dauer von sechs Wochen nach Maßgabe des Entgeltfortzahlungsgesetzes in seiner jeweils gültigen Fassung.

§ 9 Verschwiegenheitspflicht

Der Mitarbeiter verpflichtet sich, über alle ihm bekannt gewordenen Betriebs- und Geschäftsgeheimnisse auch nach dem Ausscheiden aus dem Arbeitsverhältnis Stillschweigen zu bewahren.

§ 10 Nebenbeschäftigung

Solange der Mitarbeiter bei der Firma beschäftigt ist, darf er nur mit vorheriger schriftlicher Zustimmung der Firma eine Nebentätigkeit übernehmen. Für Veröffentlichungen und Vorträge, die den Tätigkeitsbereich der Firma berühren, bedarf es ebenfalls einer vorherigen Zustimmung der Firma. Die Zustimmung ist zu erteilen, wenn keine berechtigten Interessen der Firma entgegenstehen.

§ 11 Beendigung des Arbeitsverhältnisses

(1) Das Arbeitsverhältnis endet entweder mit Ablauf des Monats, in dem der Mitarbeiter das gesetzliche Rentenalter erreicht hat, oder durch Kündigung.

(2) Die Kündigung bedarf der Schriftform. Die Kündigungsfrist beträgt drei Monate zum Quartalsende. Sie erhöht sich im Übrigen für beide Seiten nach den Bestimmungen des § 622 BGB.

§ 12 Nachvertragliche Wettbewerbsvereinbarung

(1) Dem Mitarbeiter ist nicht gestattet, für die Dauer von ... Jahren[555] nach dem Ende seines Arbeitsverhältnisses in selbständiger, unselbständiger oder anderer Weise für Dritte tätig zu werden, die mit der Firma in direktem oder indirektem Wettbewerb stehen oder mit einem solchen Wettbewerbsunternehmen verbunden sind. Ebenso ist es dem Mitarbeiter nicht gestattet, während der Laufzeit des Wettbewerbsverbots ein solches Unternehmen zu errichten, zu erwerben oder sich hieran unmittelbar oder mittelbar zu beteiligen.

(2) Das Wettbewerbsverbot wirkt auch im Hinblick auf die mit der Firma jetzt und in Zukunft verbundenen Unternehmen.

(3) Das Wettbewerbsverbot gilt auch für und gegen einen Rechtsnachfolger der Firma. Bei einer Veräußerung des Betriebes geht es auf den Erwerber über. Der Mitarbeiter ist mit dem Übergang der Rechte aus dieser Vereinbarung auf einen etwaigen Rechtsnachfolger einverstanden.

(4) Für die Dauer des Wettbewerbsverbots zahlt die Firma eine Karenzentschädigung, die für jedes Jahr des Verbots der Hälfte der von dem Mitarbeiter zuletzt bezogenen vertragsmäßigen Leistungen der Firma entspricht. Eine Karenzentschädigung ist jedoch nicht zu zahlen während der Absolvierung des Wehrdienstes, Zivildienstes oder der Verbüßung einer Freiheitsstrafe.[556]

(5) Anderweitigen Erwerb muss sich der Mitarbeiter gem. § 74c HGB auf die Entschädigung anrechnen lassen. Der Mitarbeiter hat unaufgefordert mitzuteilen, ob und in welcher Höhe er neben der Karenzentschädigung Vergütungen aus anderweitiger Verwertung seiner Arbeitskraft bezieht. Auf Verlangen sind die Angaben durch Vorlage prüfbarer Unterlagen zu belegen.

(6) Der Mitarbeiter zahlt für jede einzelne schuldhafte Verletzungshandlung gegen das Wettbewerbsverbot an die Firma eine Vertragsstrafe iHv 10.000 EUR („Einzelverstoß"). Bei mehreren Einzelverstößen, die nicht während eines Dauerverstoßes nach Abs. 7 erfolgen, fällt die Vertragsstrafe für jeden Einzelfall erneut an.[557]

---

[555] Gemäß § 74 Abs. 1 HGB maximal für zwei Jahre. Die Dauer im konkreten Einzelfall ist dabei nach Maßgabe des im Einzelfall bestehenden berechtigten geschäftlichen Interesse auszurichten. Es ist ein weit verbreiteter Irrtum, dass zwei Jahre in aller Regel unbedenklich seien.

[556] Ein Ausschluss der Karenzentschädigungspflicht für Zeiten einer Arbeitsunfähigkeit dürfte unter Berücksichtigung von BAG 23.11.2004 – 9 AZR 595/03, NJW 2004, 2732 wohl nicht möglich sein.

[557] Die früher übliche, einfachere Klauselgestaltung: „Handelt Herr ... dem Wettbewerbsverbot zuwider, ist die Firma für jeden Fall der Zuwiderhandlung berechtigt, eine Vertragsstrafe iHv ... zu beanspruchen, ohne dass es eines Schadensnachweises bedarf. Bei dauernder Verletzung des Verbots entsteht die Vertragsstrafe für jeden angefangenen Monat der Verletzung neu." ist nach BAG 14.8.2007 – 8 AZR 973/06, NZA 2008, 170 ff unwirksam, weil eine solche Regelung insbesondere gegen das Transparenzgebot des § 307 Abs. 2 BGB verstößt, weil sie nicht klar und verständlich ist. Es bedarf wegen der Transparenzanforderungen des BAG daher einer deutlicheren Ausdifferenzierung und Abgrenzung von „Einzel- und Dauerverstoß". – *Diller* (NZA 2008, 57) schlägt als Reaktion auf das BAG-Urteil folgende Alternativfassung vor:
„1. Für jede Handlung, durch die der Mitarbeiter das Verbot schuldhaft verletzt, hat er eine Vertragsstrafe von ... zu zahlen.
2. Besteht die Verletzungshandlung in einer kapitalmäßigen Beteiligung an einem Wettbewerbsunternehmen oder der Eingehung eines Dauerschuldverhältnisses (zB Arbeits-, Dienst-, Handelsvertreter- oder Beraterverhältnis), wird die Vertragsstrafe für jeden angefangenen Monat, in dem die kapitalmäßige Beteiligung oder das Dauerschuldverhältnis besteht, neu verwirkt (Dauerverletzung). Mehrere Verletzungshandlungen lösen jeweils gesonderte Vertragsstrafen aus, gegebenenfalls auch mehrfach innerhalb

(7) Liegt der schuldhafte Verstoß gegen das Wettbewerbsverbot nicht in einem Einzelverstoß iSv Abs. 6, sondern besteht der Verstoß in der Begründung eines Arbeits-, Dienst- oder sonstigen Vertragsverhältnisses zu einem Wettbewerbsunternehmen oder in einer unmittelbaren oder mittelbaren Beteiligung an einem Wettbewerbsunternehmen („Dauerverstoß"), so wird die Vertragsstrafe für jeden angefangenen Monat eines solchen Dauerverstoßes fällig. Absatz 6 findet während eines Dauerverstoßes keine Anwendung.

(8) Die Geltendmachung eines über die Vertragsstrafen nach Abs. 6 und 7 hinausgehenden Schadens bleibt der Firma ebenso vorbehalten wie die Geltendmachung etwa von Unterlassungsansprüchen.

(9) Dieses Wettbewerbsverbot wird nicht wirksam, wenn das Arbeitsverhältnis nicht mehr als sechs Monate[558] gedauert hat oder der Mitarbeiter nach seinem Ausscheiden Altersrente aus der gesetzlichen Rentenversicherung bezieht

(10) Im Übrigen gelten die §§ 74 ff HGB entsprechend.

§ 13 Nutzung von Programmen und Konzepten

(1) Der Mitarbeiter überträgt der Firma an den von ihm mit Betriebsmitteln und während der Arbeitszeit erstellten Computerprogrammen, Konzepten und den gefertigten Dokumentationen und Beschreibungen das ausschließliche Recht zur zeitlich unbegrenzten Nutzung einschließlich der Marktverwertung. Gleiches gilt für das Ergebnis von Umarbeitungen oder Erweiterungen von vorhandenen Programmen, Dokumentationen und Beschreitungen.

Umfasst hiervon und zu übergeben sind die dazugehörigen Vorstudien, der Quellcode und sonstige Begleitmaterialien zu den jeweiligen Programmen.

Die Firma wird seitens des Mitarbeiters ermächtigt, an den von ihm erstellten Werken und deren Titeln Änderungen vorzunehmen. Der Mitarbeiter verzichtet insofern auf seine Rechte, die Firma nimmt diesen Verzicht an.

(2) Die Nutzungseinräumung und die damit verbundene Leistung erfolgt vergütungsfrei.

(3) Der Mitarbeiter verzichtet gegenüber der Firma und deren Vertragspartnern entsprechend der Gepflogenheiten in der Firma auf die Nennung seines Namens als Autor. Dies gilt auch für die Zeit nach seinem Ausscheiden aus der Firma. Die Firma nimmt diesen Verzicht an.

§ 14 Kopie eines entwickelten Programms

(1) Mit Zustimmung der Firma kann der Mitarbeiter eine Autorenkopie des von ihm erstellten Programms erhalten, deren Inhalt er jedoch ohne besondere Vereinbarung mit der Firma Dritten nicht zugänglich machen darf.

(2) Nach Ausscheiden aus dem Arbeitsverhältnis hat der Mitarbeiter kein Zugangsrecht zu von ihm entwickelten Programmen und ist außerdem verpflichtet, ihm übergebene sowie selbst angefertigte Programmkopien der Firma zurückzugeben.

§ 15 Schutzrechte Dritter

(1) Der Mitarbeiter verpflichtet sich, die Firma im Rahmen der Nutzung an dem vertragsgegenständlichen Programm von der Haftung aus der behaupteten Verletzung von Schutzrechten Dritter freizustellen.

(2) Die Firma verpflichtet sich, im Rahmen ihrer vertraglichen Nutzungsberechtigungen an dem Programm bestehende Schutzrechte auf eigenen Kopien gegen rechtliche Angriffe Dritter zu verteidigen.

---

eines Monats. Erfolgen dagegen einzelne Verletzungshandlungen im Rahmen einer Dauerverletzung, sind sie von der für die Dauerverletzung verwirkten Vertragsstrafe mit umfasst.
3. Die Geltendmachung von Schäden, die über die verwirkte Vertragsstrafe hinausgehen, bleibt vorbehalten, desgleichen die Geltendmachung aller sonstigen gesetzlichen Ansprüche und Rechtsfolgen aus einer Verletzung (zB Unterlassungsansprüche, Wegfall des Anspruchs auf Karenzentschädigung für die Dauer des Verstoßes etc.)."

558 Diese Bedingung des Wettbewerbsverbots ist zulässig (BAG 28.6.2006 – 10 AZR 407/05, NJW 2006, 3659). Demnach kann auch eine andere zeitliche Grenze festgelegt werden, etwa eine Betriebszugehörigkeit von einem Jahr oder 18 Monaten.

§ 16 Besondere Rechte und Pflichten bei Beendigung des Arbeitsverhältnisses

(1) Der Mitarbeiter arbeitet im Rahmen der vertraglichen Arbeitsverpflichtungen einen Mitarbeiter oder eine Mitarbeiterin als Nachfolger/-in ein. Besondere, hieraus der Firma entstehende Kosten, werden nach Vereinbarung und Vorlage von Einzelnachweisen von der Firma erstattet.

(2) Mit der Beendigung des Arbeitsverhältnisses sind noch nicht verrechnete Vorschüsse, gleichgültig auf welche Vergütungsbestandteile sie gewährt wurden, zurückzuzahlen. Die Verrechnung mit Ansprüchen, die bei Beendigung des Arbeitsverhältnisses fällig werden, ist zulässig; die Firma ist beweispflichtig dafür, dass solche Ansprüche bestehen.

(3) Soweit der Mitarbeiter im Besitz des Quellcodes zu einem zur Nutzung überlassenen Programms ist, hat er diesen rechtzeitig vor Beendigung des Arbeitsverhältnisses der Firma zu übergeben. Gleiches gilt für übrige Materialen und Informationen.

§ 17 Besondere Vereinbarungen

(1) Der Mitarbeiter erklärt, dass er zur Ausübung der vertraglich geschuldeten Tätigkeit gesundheitlich in der Lage ist.

(2) Der Mitarbeiter erklärt sich damit einverstanden, dass seine personenbezogenen Daten automatisiert gespeichert und verarbeitet werden. In seiner Eigenschaft als Mitarbeiter erklärt er, dass er sich die anliegende Belehrung über das Datengeheimnis durchgelesen hat und die ebenfalls anliegende Verpflichtungserklärung nach § 5 BDSG unterzeichnen wird.

§ 18 Ausschlussfristen[559, 560]

Alle beiderseitigen Ansprüche aus dem Arbeitsverhältnis und solche, die mit dem Arbeitsverhältnis in Verbindung stehen, verfallen, wenn sie nicht innerhalb von drei Monaten nach der Fälligkeit gegenüber der anderen Vertragspartei schriftlich erhoben werden.

§ 19 Nebenabreden und Vertragsänderungen

(1) Ergänzungen und Änderungen dieses Arbeitsvertrages einschließlich der Aufhebung dieses Schriftformerfordernisses bedürfen der Schriftform, es sei denn, sie beruhen auf einer ausdrücklichen oder individuellen Vertragsabrede. Eine betriebliche Übung ist keine solche ausdrückliche bzw. individuelle Vertragsabrede. Auch wiederholte Leistungen oder Vergünstigungen ohne ausdrückliche oder individuelle Vertragsabrede begründen keinen Anspruch für die Zukunft.

(2) Mündliche Nebenabreden bestehen nicht.

Anlagen:

- Kundenliste
- Verpflichtungserklärung nach § 5 BDSG
- Zusatzvereinbarung

---

[559] Einstufige Ausschlussfristen müssen einen Mindestzeitraum von drei Monaten enthalten (BAG 28.9.2005 – 5 AZR 52/05, DB 2006, 1959). Zweistufige Ausschlussfristen müssen für jede Frist drei Monate vorsehen. Als im Arbeitsrecht etablierte Besonderheiten nach § 310 Abs. 4 Satz 2 BGB steht ihrer Wirksamkeit § 309 Nr. 13 BGB nicht entgegen (BAG 25.5.2005 – 5 AZR 572/04, NZA 2005, 1111).

[560] Nach einer neuen Entscheidung des BAG können arbeitsvertraglich vereinbarte Ausschlussfristen dahin gehend ausgelegt werden, dass sie nur die von den Parteien für regelungsbedürftig gehaltenen Fälle erfassen sollen. Eine Anwendung auch für die Fälle, die durch gesetzliche Verbote oder Gebote geregelt sind, soll dagegen regelmäßig gerade nicht gewollt sein, so das BAG. Das gelte bspw für die Haftung wegen Vorsatzes (Pressemitteilung Nr. 42/13 zu BAG, Urt. v. 20.6.2013 – 8 AZR 280/12). Ein Formulierungsbeispiel für eine vertragliche Verfallklausel mit Ausschluss der Haftung für Vorsatz enthält das Muster 1134 (§ 16).

Anlage zum Arbeitsvertrag

§ 1 Zielvereinbarung/Berechnung des Provisionsanspruchs

(1) Der Mitarbeiter erhält für die Erzielung folgender Jahresumsätze in den einzelnen Produktsegmenten folgende Jahresprovisionen:

a) Schulung: Bei einer Kapazität von 360 Manntagen wird ab einem provisionsfreien Sockel von 100 Manntagen die Akquisition eines Umsatzes von mindestens 57.000 EUR (Auslastung von 80 Manntagen) mit 9 % verprovisioniert.

b) Softwareentwicklung: Bei einer Kapazität von 400 Manntagen wird ab einem provisionsfreien Sockel von 100 Manntagen die Akquisition eines Umsatzes von 72.000 EUR (Auslastung 100 Manntagen) mit 7 % verprovisioniert.

c) Support: Bei einer Kapazität von 360 Manntagen wird ab einem provisionsfreien Sockel von 100 Manntagen die Akquisition eines Umsatzes von 49.000 EUR (Auslastung von 80 Manntagen) mit 5 % verprovisioniert.

d) Beratung: Bei einer Kapazität von 180 Manntagen wird ab einem provisionsfreien Sockel von 65 Manntagen die Akquisition eines Umsatzes von 18.000 EUR (Auslastung von 25 Manntagen) mit 14 % verprovisioniert.

e) Netzwerkadministration: Bei einer Kapazität von 360 Manntagen wird ab einem provisionsfreien Sockel von 100 Manntagen die Akquisition eines Umsatzes von 49.000 EUR (Auslastung von 160 Manntagen) mit 7 % verprovisioniert.

(2) Für die Erreichung des provisionsfähigen Umsatzes sind nur Geschäfte maßgeblich, die maßgeblich auf die Tätigkeit des Mitarbeiters zurückzuführen sind.

(3) Die Akquisition von Projekten, die eine Auslastung von 20 Manntagen nicht erreichen, bedarf der vorherigen Zustimmung der Geschäftsleitung.

Wird diese Zustimmung nicht erteilt, so bleiben Projekte, die die Größenordnung von 20 Manntagen nicht erreichen, für die Berechnung der Erreichung der Zielvorgaben und des Provisionsanspruchs außer Betracht.

(4) Die Mehrwertsteuer wird bei der Ermittlung des Barwertes und der Errechnung der Provision nicht einbezogen.

(5) Steht ein Geschäft nicht in Einklang mit der gültigen, durch Betriebsanweisung festgelegten Rabattregelung, steht der Firma das Recht zu, den für die Provisionsberechnung maßgeblichen Umsatz in angemessenem Verhältnis in Abzug zu bringen. Zur Umsatzkürzung ist die Firma nicht befugt, wenn die Abweichung von der Rabattregelung von der Geschäftsleitung schriftlich genehmigt wurde.

§ 2 Vorschuss/Abrechnung des Provisionsanspruchs

(1) Der Provisionsanspruch entsteht gesondert für die Erreichung jedes Teilzieles mit der Erzielung des vereinbarten Mindestumsatzes nach Eingang der Kundenzahlungen bei der Firma. Zu diesem Zwecke erstellt die Firma zum Ende jedes Kalendermonates eine Übersicht über den Stand der jeweiligen Umsatzziele und Zahlungseingänge.

(2) Die Jahresprovisionen werden mit der Abrechnung fällig. Die Abrechnung und Auszahlung erfolgt in dem Monat, der auf die Entstehung des Provisionsanspruchs folgt, spätestens mit Bilanzfeststellung.

(3) Die Firma zahlt auf die zu erwartenden Provisionen einen monatlichen Vorschuss iHv ... EUR. Sind die erzielten Provisionen geringer als der gezahlte Provisionsvorschuss, so werden die später fällig werdenden Provisionen erst dann ausgezahlt, wenn der Debetsaldo des Arbeitnehmers ausgeglichen ist.

(4) Der Anspruch auf Provision entfällt insoweit, als sich Forderungen der Firma gegenüber Kunden aus Gründen, die die Firma nicht zu vertreten hat, als uneinbringlich erweisen. Bereits gezahlte Provisionsvor-

schüsse werden zurückgerechnet. Es obliegt der Firma, glaubhaft zu machen, dass der Käufer nicht leisten wird. Der Nachweis gilt als geführt, wenn eine Auskunftei oder eine Gläubigerschutzorganisation bescheinigt, dass nach ihrem Ermessen eine Zwangsvollstreckung nicht zum Ziele führen wird.

(5) Reduzieren sich die durch den Mitarbeiter erzielten Umsätze durch Stornierung von Kundenaufträgen nach Provisionsabrechnung, so werden etwaige Überzahlungen durch Zurückbehaltung des Provisionsvorschusses ausgeglichen.

§ 3 Änderung der Zielvereinbarung

(1) Diese Zusatzvereinbarung ist befristet bis zum ... (Ende des Geschäftsjahres). Die Parteien verhandeln zu Beginn jedes Geschäftsjahres über die vom Mitarbeiter zu erreichenden qualitativen und quantitativen Umsatzziele.

(2) Die Geschäftsführung ist berechtigt, auch im laufenden Geschäftsjahr Anpassungen an diese Provisionsregelung nach billigem Ermessen vorzunehmen.

4. Muster: Einfacher Arbeitsvertrag für Außendienstmitarbeiter mit Tarifbezug und pauschaler Dienstwagenregelung

Arbeitsvertrag

Zwischen

der Firma ...

und

Herrn ...

wird folgender Arbeitsvertrag geschlossen und von beiden Vertragsteilnehmern durch Unterzeichnung als rechtsverbindlich anerkannt.

1. Herr ... wird ab ... als Außendienstmitarbeiter der Firma ... im Außenbüro ... eingestellt.
2. Er untersteht Herrn ... im Außenbüro ...
3. Die Tätigkeit des Herrn ... umfasst:
a) die Abwicklung von allen Geschäften im Namen der Firma über das Außenbüro in ...
b) die Lagerverwaltung obliegt ihm gemeinsam mit Herrn ...
4. Es wird ein Gehalt von ... EUR brutto gezahlt.

Herr ... erhält für die Probezeit von sechs Monaten einen festen Provisionsbetrag iHv ... EUR monatlich. Nach der Probezeit wird über die Provisionszahlung eine Vereinbarung getroffen.

5. Herr ... erhält für den Besuch der Kunden einen firmeneigenen Pkw. Sämtliche Wagenkosten wie Steuern, Versicherung, Inspektionen und nötige Reparaturen gehen zu Lasten der Firma. Herr ... darf das Fahrzeug auch für private Zwecke benutzen. Benzinkosten gehen in diesem Fall zu eigenen Lasten. Ebenso Reparaturkosten für das Fahrzeug, sofern ein Schaden auf einer Privatfahrt durch eigenes Verschulden entsteht und keine Versicherung für den Sachschaden aufkommt.
6. Die Möglichkeit der privaten Nutzung wird nach Maßgabe der jeweils geltenden steuerlichen Regelungen behandelt.
7. Für Herrn ... wird eine Zusatz-Altersversorgung, die durch die ...-Versicherung rückversichert ist, abgeschlossen. Bei Erreichen des 65. Lebensjahres wird hieraus eine zusätzliche Altersrente von ... EUR gezahlt. Im Todesfall kann die Versicherungssumme von ... EUR über die Firma der Familie des Versicherten ausbezahlt, oder in eine Rente umgewandelt werden. Beim Tod durch Unfall erhöht sich der Betrag auf ... EUR. Die

Firma behält sich vor, diese Zusatz-Versicherung zu kündigen oder anderweitig zu verwenden, sofern Herr ... die Firma vor Ablauf von 10 Jahren verlässt.

8. Herr ... erhält pro Reisetag einen Unkostenbeitrag von ... EUR. Übernachtungskosten einschließlich Frühstück gehen zu Lasten der Firma, falls solche erforderlich werden sollten.

9. Für Herrn ... wird eine Reisegepäckversicherung iHv ... EUR abgeschlossen.

10. Herr ... ist verpflichtet, an den von der Firma festgesetzten Ausbildungskursen und Übungsarbeiten zur fachlichen und kaufmännischen Weiterbildung, sowohl am Hauptsitz der Firma als auch an anderen Orten, teilzunehmen. Provisionsansprüche bestehen in dieser Zeit fort.

11. Eine entgeltliche Nebenbeschäftigung bedarf in jedem Fall der vorherigen schriftlichen Zustimmung der Firma. Unentgeltliche Nebentätigkeiten bzw Beteiligungen auch durch Familienangehörige an Firmen, die in ihrem Liefer- und Dienstleistungsprogramm mit der ausgeübten Tätigkeit in direktem und indirektem Zusammenhang stehen, bedürfen ebenfalls der schriftlichen Zustimmung. Ein Verstoß hiergegen kann nach Abwägung aller Umstände von der Firma als Grund zur fristlosen Kündigung des Beschäftigungsverhältnisses herangezogen werden.

12. Auf das Arbeitsverhältnis werden die Tarifverträge der Eisen-, Metall- und Elektroindustrie in ... in ihrer jeweiligen Fassung angewendet, soweit in diesem Vertrag nichts Abweichendes geregelt ist.

13. Es gelten die gesetzlichen Kündigungsfristen für Angestellte.

14. Die Firma ist berechtigt, nach einer Kündigung bei Fortzahlung des Gehalts auf die Arbeitsleistung des Angestellten zu verzichten, wenn die Interessen der Firma an der Freistellung die Interessen des Herrn ... an einer Beschäftigung überwiegen. Dies ist insbesondere der Fall, wenn ein Wechsel des Herrn ... zu einem Konkurrenten zu befürchten ist.

15. Diese vertraglichen Vereinbarungen und insbesondere das Effektivgehalt sind vertraulich zu behandeln.[561]

16. Ansprüche aus dem Arbeitsverhältnis gelten als erloschen, wenn sie nicht innerhalb von drei Monaten, nachdem die wesentlichen Tatsachen bekannt geworden sind, schriftlich geltend gemacht werden.

17. Alle vertraglichen Vereinbarungen einschließlich gewährter Sozialleistungen stehen unter dem Vorbehalt ablösender Betriebsvereinbarungen.

18. Ergänzungen und Änderungen dieses Arbeitsvertrages einschließlich der Aufhebung dieses Schriftformerfordernisses bedürfen der Schriftform, es sei denn, sie beruhen auf einer ausdrücklichen oder individuellen Vertragsabrede. Eine betriebliche Übung ist keine solche ausdrückliche bzw individuelle Vertragsabrede. Auch wiederholte Leistungen oder Vergünstigungen ohne ausdrückliche oder individuelle Vertragsabrede begründen keinen Anspruch für die Zukunft.

19. Herr ... wird im Werk eine Ausbildung absolvieren, um mit den hergestellten Geräten technisch vertraut zu werden und sich kaufmännisch auf die zu erwartende Tätigkeit vorzubereiten. Hotel- bzw Übernachtungskosten sowie Frühstück gehen zu Lasten der Firma. Außerdem erhält Herr ... einen täglichen Spesenzuschuss von ... EUR für die Ausbildungszeit im Werk.

Mit dem Inhalt dieser Vertragsvereinbarungen erklären sich die Unterzeichnenden einverstanden.

---

561 Diese Klausel ist wohl unwirksam (vgl LAG Mecklenburg-Vorpommern 21.10.2009 – 2 Sa 237/09).

5. Muster: Arbeitsvertrag mit einem Verkaufsleiter/Fachberater

Vertragliche Vereinbarung

Zwischen

...

– nachstehend „Firma" genannt –

und

Herrn ...

– nachstehend „Mitarbeiter" genannt –

wird nachfolgender Arbeitsvertrag geschlossen:

§ 1

Der Mitarbeiter wird mit Wirkung vom ... als Verkaufsleiter/West mit Fachberaterfunktion von der Firma eingestellt.

§ 2

Der Mitarbeiter hat seine gesamte Arbeitskraft und seine gesamten Kenntnisse und Erfahrungen ausschließlich der Firma zur Verfügung zu stellen. Er verpflichtet sich, ohne Einwilligung der Firma keine auf Erwerb gerichtete Tätigkeit aufzunehmen, insbesondere auch keine Geschäfte irgendwelcher Art auf eigene oder fremde Rechnung zu betreiben, auch nicht unter dem Namen eines Dritten.

§ 3

Der Mitarbeiter hat als Verkaufsleiter/Fachberater vorwiegend folgende Aufgaben:

a) Betreuung, Führung und Unterstützung der unterstellten Außendienstmitarbeiter mit dem Ziel der Umsatzausweitung unter ökonomischen Gesichtspunkten; dazu erhält der Mitarbeiter sukzessive Verkaufsgebiete zugeteilt. Entsprechende Gebietskarten und Unterlagen werden sukzessive erarbeitet und zur Verfügung gestellt. Zu den Aufgaben des Mitarbeiters gehören ebenso ..., jeweils nach Abstimmung mit der Geschäftsleitung bzw dem Chef-Fachberater nach dessen Einsatzplänen;

b) Anwerbung neuer Außendienstmitarbeiter;

c) Neukundenwerbung, Fachberatung und Verkauf insbesondere bei Großabnehmern (Fleischwarenfabriken, Handelsketten etc.) allein oder in Gemeinschaft mit den zuständigen Vertretern;

d) Durchführung von Seminaren und Schulungen;

e) die Nachbearbeitung von Vorführungen in Abstimmung mit dem zuständigen Reisenden;

f) Sondereinsätze und Sonderaufgaben nach Weisung der Geschäftsleitung oder der Verkaufsabteilung;

g) die Teilnahme an Ausstellungen und Verkaufsbörsen;

h) die Ladenpropaganda bei Händlern, Ketten und Genossenschaften;

i) die Durchführung von praktischen Versuchen für neu entwickelte oder geänderte Produkte.

Der Mitarbeiter kann auch vorübergehend außerhalb der zugewiesenen Gebiete eingesetzt werden.

Der Mitarbeiter kann im Krankheits- oder Urlaubsfalle eines Außendienst-Mitarbeiters vorübergehend als dessen Vertreter eingesetzt werden.

Ebenfalls ist die Firma berechtigt, bei personellen Veränderungen dem Mitarbeiter ein Verkaufsgebiet zu übertragen.

Die Firma ist berechtigt, Aufträge ohne Angabe von Gründen abzulehnen.[562]

---

562 Die Wirksamkeit dieser Regelung ist wegen mangelnder Bestimmtheit (§ 307 Abs. 1 Satz 2 BGB) zweifelhaft.

Die Firma ist jederzeit berechtigt, den Mitarbeiter auch im Außendienst einzusetzen.[563]

Über die gesamte Tätigkeit hat der Verkaufsleiter/Fachberater entsprechend den bestehenden Richtlinien Bericht zu erstatten.

Die weiteren Verpflichtungen des Mitarbeiters ergeben sich aus den allgemeinen Richtlinien der Firma für den Außendienst, mit denen der Mitarbeiter vertraut gemacht worden ist bzw ständig vertraut gemacht wird.

Über Aufbau und Durchführung seiner Tätigkeit erhält der Mitarbeiter ständig Weisungen der Firma, zu deren Erfüllung er arbeitsvertraglich verpflichtet ist. Bei seiner Verkaufstätigkeit hat sich der Mitarbeiter nach den jeweils gültigen Preislisten zu richten. Unsere jeweils gültigen Verkaufs- und Lieferbedingungen sind Bestandteil dieses Vertrages.

§ 4

Der Arbeitsvertrag wird auf unbestimmte Zeit geschlossen. Das Arbeitsverhältnis endet mit Ablauf des Monats, in dem der Arbeitnehmer erstmals die gesetzliche Regelaltersrente bezieht. Einer besonderen Kündigung bedarf es hierzu nicht.

Die ersten sechs Monate gelten als Probezeit. Während der Probezeit ist das Arbeitsverhältnis beiderseitig mit einem Monat zum Monatsende kündbar. Nach Ablauf der Probezeit kann das Arbeitsverhältnis mit sechswöchentlicher Frist zum Quartalsende gekündigt werden. Nach Ablauf von zwei Jahren gilt eine halbjährliche Kündigungsfrist. Das Recht zur fristlosen Kündigung bleibt unberührt.

Bei Kündigung des Vertragsverhältnisses durch einen der beiden Vertragspartner ist die Firma berechtigt, den Mitarbeiter von der praktischen Tätigkeit zu entbinden, wenn das Interesse der Firma an der Freistellung das Interesse des Vertragspartners an der Beschäftigung überwiegt. Dies ist insbesondere der Fall, wenn der Wechsel des Mitarbeiters zu einem Konkurrenten zu besorgen ist.

§ 5 a

Als Vergütung seiner Tätigkeit hat der Mitarbeiter Anspruch auf folgende Bezüge:

1. a) Garantie-Bruttogehalt ... EUR

b) Garantiefixum ... EUR

+ Provision

2. Tagesspesen pro Tag (nach Steuerrichtlinien max.) ... EUR

Bei mehrtägigen Inlandsreisen max. ... EUR

Bei Inlandsreisen werden die Spesen gesondert vereinbart.

3. Vermögenswirksame Leistungen ... EUR

+ Sparzulage nach sechs Monaten Betriebszugehörigkeit

4. Urlaub/Urlaubstagegeld

Es gelten die betrieblich gültigen Urlaubsregelungen. Diese sind zurzeit 27 Werktage.

Urlaubstagegeld (nach zwölf Monaten Betriebszugehörigkeit je Urlaubstag) ... EUR

5. Übernachtungskosten nach Beleg max. ... EUR

Die Übernachtungskosten sollen im Regelfall ... EUR bis ... EUR nicht überschreiten. Höchsterstattungsbetrag ist ... EUR.

6. Telefon- und sonstige Kosten nach Beleg/Eigenbeleg

---

563 Zu weitgehende Versetzungsrechte im Arbeitsvertrag stehen nicht im Einklang mit § 308 Nr. 4 BGB (vgl Hümmerich/Reufels/*Borgmann*, Gestaltung von Arbeitsverträgen, § 1 Rn 620).

7. Direktversicherung (Lebensversicherung) nach 18 Monaten Betriebszugehörigkeit voraussichtlich iHv ... EUR, Versicherungssumme ... EUR Ablaufsumme.

8. Die Firma bezieht den Mitarbeiter in eine von ihr abgeschlossene Gruppen-Unfallversicherung ein.

Die Versicherungssumme beträgt:

- für den Invaliditätsfall ... EUR
- für den Todesfall ... EUR
- Krankenhaustage- und Genesungsgeld ... EUR

Die genauen Versicherungsbedingungen werden bei Vertragsabschluss ausgehändigt.

9. Die Vergütung wird monatlich spätestens bis zum 15. des Nachfolgemonats abgerechnet. Die Spesenbelege und sonstige Kosten müssen bis spätestens am 5. des Folgemonats zur Abrechnung vorliegen. Nur die bis zu diesem Zeitpunkt vorliegenden Belege können für den abgelaufenen Monat berücksichtigt werden. Ansprüche auf Vergütungen und Aufwandsersatz erlöschen nach drei Monaten, falls nicht erfolglos geltend gemacht.

10. Die Zahlung von Reisespesen und Kostenzuschüssen erfolgt aufgrund des Tagesberichtes bzw aufgrund der Spesenabrechnung unter Berücksichtigung der lohnsteuerrechtlichen Höchstsätze nach Abwesenheitszeiten je Arbeitstag.

11. Zwischen der Firma und dem Mitarbeiter besteht Einigkeit darüber, dass mit den monatlichen Vergütungsbeträgen anfallende Mehrarbeit bis zu 8 Stunden/Woche abgegolten ist. Für darüber hinausgehende Überstunden erfolgt ein Zeitausgleich. Ein Einsatz kann auch außerhalb der gewöhnlichen Arbeitszeit, zB an Samstagen, Sonn- und Feiertagen, erfolgen, wenn dies erforderlich und zulässig ist.

§ 5 b

Das Bruttogehalt wird für 12 Monate garantiert. Erreicht der Mitarbeiter das Garantieeinkommen in Form von Garantiefixum (... EUR) plus Provision bereits während dieser Zeit, kann der Mitarbeiter nach freiem Ermessen auf Provisionsbasis und Garantiefixum umstellen lassen.

Der Mitarbeiter erhält aus den Umsätzen der ihm unterstellten Mitarbeiter 2 % Superprovision auf alle provisionspflichtigen Umsätze.

Von den Umsätzen, die der Mitarbeiter bei nur von ihm betreuten Kunden erzielt, erhält der Mitarbeiter 4 % der Umsatzprovision von den provisionspflichtigen Umsätzen.

Provisionspflichtige Umsätze sind Umsätze, die in der Preisliste mit P1 bis P6 bezeichnet sind.

Die Provisionen werden berechnet aus dem Nettowarenwert ohne Mehrwertsteuer.

Bei Preisen außerhalb der Preisliste behält sich die Firma vor, den Provisionssatz im Einzelfall zu entscheiden.

Des Weiteren behält sich die Firma vor, die Provisionssätze zu ändern, um diese ggf neuen Gegebenheiten anzupassen.

§ 6

Der Mitarbeiter verpflichtet sich, über alle ihm im Rahmen seiner Tätigkeit zur Kenntnis gelangenden Betriebs- und Geschäftsgeheimnisse sowohl innerhalb als auch außerhalb des Geschäftsbetriebes der Firma und deren angeschlossenen Unternehmen strengstes Stillschweigen auch nach dem Ausscheiden aus dem Arbeitsverhältnis zu bewahren. Die Verschwiegenheitspflicht gegenüber Dritten erstreckt sich auch auf die getroffene Vergütungsvereinbarung.[564] Das Anfertigen von Abschriften, Kopien, Auszügen oder ähnlichen Unterlagen ist untersagt.

§ 7

Der Mitarbeiter erklärt sich bereit, für Bedarfsfälle von Eilaufträgen ein Auslieferungslager zu führen, für dessen ordnungsgemäße Abwicklung und Lagerung der Waren er die volle Gewähr trägt. Für nicht nachgewiesene Fehlbeträge haftet der Mitarbeiter.[565] Die Richtigkeit des Warenbestandes wird durch die ordnungsgemäße Belegerfassung für Zu- und Abgänge auf den Lagerbestandslisten wöchentlich durch den Mitarbeiter bestätigt und gewährleistet. Die Lagerlieferscheine werden nach Erfassung täglich mit den Werkaufträgen der Firma geschickt.

Lagerbarverkäufe werden dem Kunden auf dem Barverkaufslieferschein quittiert. Die (quittierte) Faktura stellt die Firma dem Kunden direkt zu.

Der Mitarbeiter ist bis auf Widerruf zum Inkasso berechtigt. Inkassi aus offenen Rechnungen oder Barverkäufe sind grundsätzlich täglich auf den Inkassoformularen an die Firma zu melden und einzuzahlen. Dem Mitarbeiter steht an den kassierten Beträgen ein Zurückbehaltungsrecht nicht zu. Eine Aufrechnung gegen den Abführungsanspruch mit irgendwelchen Ansprüchen des Mitarbeiters ist ausgeschlossen.

§ 8

Die Firma verpflichtet sich, den Mitarbeiter in die Verkaufsmaterie ihrer Erzeugnisse einzuführen und ihn in seiner Verkaufstätigkeit weitestgehend zu unterstützen. Hierzu erhält der Mitarbeiter die zur Ausübung seiner Tätigkeit erforderlichen Informationen und Arbeitsunterlagen. Alle Arbeitsunterlagen verbleiben im Eigentum der Firma und sind ihr auf Anforderung – bei Beendigung des Anstellungsvertrages unaufgefordert – zurückzugeben. Das Verlangen zur Herausgabe der Unterlagen bedarf keiner Begründung. Zurückbehaltungsrechte an den dem Mitarbeiter leihweise überlassenen Geschäftsunterlagen und Waren stehen dem Mitarbeiter nicht zu.[566]

Die Firma verpflichtet sich, den Mitarbeiter darüber zu unterrichten, wenn sie Geschäfte in bestimmten Artikeln voraussichtlich nicht oder nur in erheblich geringem Umfange abschließen kann. Schadensersatzansprüche stehen dem Mitarbeiter nicht zu.

§ 9

Bei Arbeitsunfähigkeit durch Erkrankung bis zu sechs Wochen gilt folgende Regelung:

a) Das Garantiefixgehalt wird bis zu sechs Wochen weitergezahlt.

b) Das monatliche Durchschnittsprovisions-Einkommen wird aus den vorausgegangenen zwölf Monaten vor dem Monat des Arbeitsunfähigkeits-Beginns errechnet. Wird das Durchschnittsprovisions-Einkommen während des Monats, in welchem die Arbeitsunfähigkeit besteht, nicht erreicht, erfolgt ein Ausgleich bis zur Höhe des errechneten Durchschnittsprovisions-Einkommens. Überschreitet das erbrachte Provisions-Einkommen das Durchschnittsprovisions-Einkommen, wird selbstverständlich das echt erbrachte Provisionseinkommen bis zu sechs Wochen vergütet.

c) Bei kurzzeitiger Erkrankung (bis drei Tage) entfällt ein Anspruch auf Provisionsausgleichszahlung, da dieser Ausfall nachgearbeitet werden kann.

Der Mitarbeiter verpflichtet sich, der Firma die Dienstverhinderung unverzüglich mitzuteilen und bei Arbeitsunfähigkeit sofort eine ärztliche Bescheinigung zu beschaffen und innerhalb von spätestens drei Tagen vor-

---

564 Die Verpflichtung, Stillschweigen über die eigene Vergütung zu wahren, ist wohl unwirksam (vgl LAG Mecklenburg-Vorpommern 21.10.2009 – 2 Sa 237/09).
565 Die Klausel kann mit der Haftungs-Rechtsprechung des BAG (GS 27.9.1994 – GS 1/89 (A), BAGE 78, 56) kollidieren und daher gem. § 307 Abs. 2 Nr. 1 BGB unwirksam sein.
566 Diese Regelung verstößt gegen § 309 Nr. 2 Buchst. b BGB (vgl Hümmerich/Reufels/*Reufels*, Gestaltung von Arbeitsverträgen, § 1 Rn 3609).

zulegen. Auch für alle anderen entschädigungspflichtigen Arbeitsverhinderungen gem. § 616 BGB ist der Mitarbeiter beweispflichtig.

Der Mitarbeiter hat Anspruch auf den betrieblich vereinbarten Jahresurlaub. Er beträgt zurzeit mindestens 27 Tage.[567] Davon können von der Firma bis zu acht Tage bestimmt werden. Dies sind im Regelfall Tage, an denen eine sinnvolle Außendiensttätigkeit nicht gewährleistet ist (zB zwischen Weihnachten und Neujahr und vor oder nach sonstigen Feiertagen).

Der Zeitpunkt des Urlaubs richtet sich im Allgemeinen nach den Belangen der Firma, wobei jedoch die Wünsche des Mitarbeiters weitestgehend Berücksichtigung finden. Der Urlaub ist rechtzeitig zu beantragen.

Der Urlaubsausgleich gemäß Bundesurlaubsgesetz ist in der Provision eingearbeitet. Die ausgewiesenen Provisionssätze sind entsprechend erhöht. Der Urlaubsausgleich ist somit eine teilweise Vorschussleistung.

Der Jahresurlaub ist grundsätzlich in dem jeweiligen Kalenderjahr zu nehmen.

Ist der Urlaub ausnahmsweise aus betrieblichen oder persönlichen Gründen auf das erste Quartal des Folgejahres übertragen worden, verfällt dieser Urlaubsanspruch mit dem Ablauf des 31.3. des Übertragungszeitraumes, wenn der Urlaub bis dahin nicht genommen wurde.

§ 10

Zur Wahrnehmung seiner Aufgaben überlässt die Firma dem Mitarbeiter ein firmeneigenes Kraftfahrzeug zur Benutzung. Die Überlassung ist widerruflich. Das Kraftfahrzeug soll grundsätzlich für die betrieblichen Zwecke im Sinne dieses Arbeitsvertrages benutzt werden. Privatfahrten sind bis 300 km monatlich zulässig. Die Benutzung für Urlaubsreisen erfordert eine vorherige Genehmigung durch die Firma. Die Privatnutzung unterliegt den lohnsteuerrechtlichen Vorschriften über „geldwerten Vorteil". Sowohl geschäftliche als auch private Kilometer sind durch Fahrtenbuch zu belegen (Tages- bzw Spesenbericht). Nur die durch betrieblich veranlasste Reisetätigkeit entstehenden Treibstoffkosten und Reparaturkosten werden von der Firma getragen.

Der Mitarbeiter verpflichtet sich, für eine rechtzeitige und ordnungsgemäße Pflege des Kraftfahrzeugs zu sorgen und notwendige Wartungs- und Reparaturarbeiten möglichst in arbeitsfreien Zeiten nach Rücksprache vornehmen zu lassen. Unfälle, Beschädigungen usw sind unverzüglich an die Firma zu melden. Reparatur- und Wartungskosten über ... EUR sind vorher von der Firma genehmigen zu lassen.

Bei Vorsatz und Fahrlässigkeit haftet der Außendienstmitarbeiter ebenso wie bei auf Privatfahrten entstandenen Schäden allein, soweit der Schaden nicht durch Versicherung abgedeckt (Selbstbehalt zurzeit ... EUR) wird. Eine Überlassung des Kfz an Dritte ist unzulässig.

Bei Benutzung des eigenen Pkw zur Ausübung der Verkaufstätigkeit gewährt die Firma ein km-Geld von zurzeit ... EUR bzw einen Autokostenzuschuss pro Arbeitstag von zurzeit ... EUR.

Die Abrechnung von Kfz-Kosten erfordert in jedem Falle die rechtzeitige Vorlage und die ordnungsgemäße Führung des Fahrtenbuches bzw des Tagesberichts.

Ein gesonderter Autovertrag wird gleichzeitig abgeschlossen.

---

[567] Empfehlenswert ist, zwischen dem gesetzlichen Mindesturlaub einerseits und einem zusätzlich gewährten vertraglichen bzw tariflichen Urlaub andererseits zu unterscheiden, um zu erreichen, dass zumindest der vertragliche/tarifliche Urlaubsanspruch verfällt, wenn dieser im Übertragungszeitraum wegen Arbeitsunfähigkeit des Arbeitnehmers nicht genommen werden kann (vgl BAG 4.5.2010 – 9 AZR 183/09, NZA 2010, 1011; BAG 23.3.2010 – 9 AZR 128/09, NZA 2010, 810). Ob und inwieweit der Urlaubsanspruch bei Langzeiterkrankungen auch für einen beliebig langen Zeitraum „angesammelt" werden kann, war aufgrund der Rechtsprechung des EuGH in der Sache „Schulte" (EuGH 22.11.2011 – Rs. C-214/10, NZA 2011, 1333) unklar und kaum kalkulierbar geworden. Nach einer neueren Entscheidung des BAG (vom 7.8.2012 – 9 AZR 353/10, NZA 2012, 1216) entspricht es einer europarechtskonformen Auslegung von § 7 Abs. 3 Satz 3 BUrlG, dass der Urlaubsanspruch eines Langzeitkranken 15 Monate nach Ablauf des Urlaubsjahres verfällt.

§ 11

Der Mitarbeiter erklärt, gesundheitlich zur Erfüllung der vertraglich geschuldeten Leistungen imstande zu sein.

§ 12

Beide Seiten sind sich darüber einig, dass zur ordnungsgemäßen Ausübung der Außendiensttätigkeit der uneingeschränkte Besitz des entsprechenden Führerscheins erforderlich ist.

Der Mitarbeiter hat einen Einzug oder auch die vorübergehende Einbehaltung des Führerscheins unverzüglich schriftlich zu melden.

Die Beschlagnahme des Führerscheins oder der Entzug der Fahrerlaubnis berechtigen die Firma zur ordentlichen Kündigung.

§ 13

In einem gesonderten Vertrag ist ein Wettbewerbsverbot vereinbart, das nach der vereinbarten Probezeit in Kraft tritt.

Ergänzungen und Änderungen dieses Arbeitsvertrages einschließlich der Aufhebung dieses Schriftformerfordernisses bedürfen der Schriftform, es sei denn, sie beruhen auf einer ausdrücklichen oder individuellen Vertragsabrede. Eine betriebliche Übung ist keine solche ausdrückliche bzw. individuelle Vertragsabrede. Auch wiederholte Leistungen oder Vergünstigungen ohne ausdrückliche oder individuelle Vertragsabrede begründen keinen Anspruch für die Zukunft.

6. Muster: Außertariflicher Anstellungsvertrag mit Leiter Merchandising/Verkaufsförderung

Außertariflicher Anstellungsvertrag

Zwischen

der Firma ...

– im Folgenden „Firma" genannt –

und

Herrn ...

ist Folgendes vereinbart:

§ 1 Tätigkeit und Aufgabengebiet

(1) Herr ... wird ab ... Leiter Koordination Merchandising/Verkaufsförderung im Verkauf Außendienst für die Firma tätig. Das konkrete Aufgabengebiet ergibt sich aus der Stellenbeschreibung, die nach Aushändigung Bestandteil dieses außertariflichen Anstellungsvertrages ist.

(2) Die vorherige Beschäftigungszeit vom ... bis zum ... bei der Firma wird in vollem Umfang auf die Betriebszugehörigkeit angerechnet.

(3) Der Dienstsitz ist ....

(4) Die Firma ist berechtigt, Herrn ... auch eine andere zumutbare und vergleichbare Tätigkeit innerhalb des Betriebes oder an einem anderen Ort der Firma zuzuweisen, die den Kenntnissen und Fähigkeiten von Herrn ... entspricht.

§ 2 Bezüge, Arbeitsverhinderung

(1) Als Vergütung für seine Tätigkeit erhält Herr ... einen Betrag von ... EUR (in Worten: ... Euro) als monatliches Bruttogehalt für eine durchschnittliche monatliche Arbeitszeit von 173 Stunden, zahlbar jeweils am En-

de des Monats bargeldlos. Mit dieser Vergütung ist evtl anfallende Mehr-, Sonn- und Feiertags- sowie Nachtarbeit abgegolten.[568]

(2) Im Falle von Tariferhöhungen oder -ermäßigungen erhöht oder ermäßigt sich die Bruttovergütung in der Regel um den Prozentsatz, um den sich das höchste Tarifgehalt für Angestellte des Gehaltstarifvertrages für die Beschäftigten des Einzelhandels im Lande ... verändert.

(3) Das zusätzliche jährliche Urlaubsgeld beträgt ... EUR brutto. Die Zahlung erfolgt jeweils zum 30. Juni.

(4) Herr ... erhält darüber hinaus eine per 30. November eines jeden Jahres fällige Weihnachtsgratifikation von ... EUR brutto.

(5) Im Ein- bzw Austrittsjahr werden die Bezüge nach § 2 Abs. 3 und 4 jeweils pro rata temporis gezahlt.

(6) Herr ... erhält einen Vermögensbildungszuschuss von 27 EUR brutto monatlich.

(7) Die Abtretung oder Verpfändung der Vergütungsansprüche ist ausgeschlossen.[569]

(8) Es erfolgt die Einbindung in das jeweils gültige Prämiensystem. Die Prämien sind widerrufliche Leistungen und werden nur nach Maßgabe der entsprechenden Richtlinie bzw Systembeschreibung gewährt.[570]

(9) Falls Herr ... durch das Unternehmen die volle Telefongrundgebühr erstattet wird, ist die Erstattung an die derzeitige Funktion gebunden und entfällt bei Ausscheiden aus dem Unternehmen, bei Versetzung in eine andere, nicht anspruchsberechtigte Position innerhalb des Unternehmens oder wenn die Erstattung für alle Außendienstmitarbeiter aufgehoben wird.

Eventuell auf die Erstattung entfallende Abgaben (zB Lohn-/Kirchensteuer, Sozialabgaben) gehen zu Lasten von Herrn ...

(10) Soweit Herr ... die Umwandlung von Teilen der Bruttobezüge für Versorgungslohn zur Verwendung für eine Direktversicherung (Kapitalversicherung) wünscht, ist die Firma bereit, im Rahmen der fiskalischen Bestimmungen die darauf entfallende Pauschalsteuer zu übernehmen. Die Übernahme der Pauschalsteuer durch die Firma kann jederzeit aus wirtschaftlichen Gründen widerrufen werden kann. Dies gilt insbesondere bei Veränderungen der gesetzlichen/steuerlichen Lage gegenüber dem heutigen Stand, die zu einer Erhöhung der Belastungen für die Firma führt.

(11) Die Firma übernimmt 50 % der von Herrn ... für eine Krankentagegeldversicherung aufgewendeten Prämie. Eventuell darauf entfallende Lohn-/Kirchensteuer geht zu Lasten von Herrn ...

(12) Im Falle des Todes erhalten die Hinterbliebenen von Herrn ... das letzte monatliche Bruttogehalt nach § 2 Abs. 1 für den Sterbemonat und drei weitere Monate fortgezahlt.

(13) Herr ... ist verpflichtet, der Firma jedwede Arbeitsverhinderung und deren voraussichtliche Dauer unverzüglich mitzuteilen. Arbeitsunfähigkeit infolge Krankheit ist spätestens am dritten Arbeitstag durch eine ärztliche Bescheinigung nachzuweisen. Im Krankheitsfalle wird Gehalt nach Maßgabe des Entgeltfortzahlungsgesetzes in seiner jeweils gültigen Fassung geleistet.

Soweit die Arbeitsverhinderung auf einem Ereignis beruht, aus dem Herr ... Schadensersatzansprüche gegen Dritte geltend machen kann, werden diese Ansprüche in Höhe der Vergütungsfortzahlung an die Firma abgetreten. Herr ... ist verpflichtet, eine entsprechende Abtretungserklärung zu unterzeichnen.

§ 3 Urlaub

Herr ... hat Anspruch auf einen gesetzlichen Mindesturlaub von 20 Arbeitstagen pro Kalenderjahr bei einer 5-Tage-Woche. Die Firma gewährt Herrn ... zusätzlich zu dem gesetzlichen Mindesturlaub einen vertraglichen Urlaub von weiteren 7 Arbeitstagen. Der Urlaub ist möglichst zusammenhängend zu nehmen. Bei der Gewäh-

---

568 Wenngleich verbreitet, so ist diese Regelung gem. § 307 Abs. 1 Satz 2, Abs. 2 Nr. 1 BGB unwirksam (BAG 21.9.2011 – 5 AZR 629/10, NZA 2012, 145). Wirksam wäre bspw folgende Regelung: „Mit der Vergütung gemäß § ... sind bis zu 5 Überstunden bzw Mehrarbeit pro Woche abgegolten."
569 Die Klausel ist nach hier vertretener Ansicht nach § 307 Abs. 2 Nr. 1 BGB unwirksam.
570 Im Prämiensystem sind konkrete Widerrufsgründe zu nennen.

rung von Urlaub wird zuerst der gesetzliche Urlaub eingebracht. Für den vertraglichen Urlaub gilt abweichend von dem gesetzlichen Mindesturlaub, dass der Urlaubsanspruch nach Ablauf des Übertragungszeitraumes (31.3. des Folgejahres) auch dann verfällt, wenn er wegen Arbeitsunfähigkeit von Herrn ... nicht genommen werden kann. Der gesetzliche Mindesturlaub verfällt in einem solchen Fall 15 Monate nach Ablauf des Urlaubsjahres.

Der Jahresurlaub soll im Regelfall auf Abschnitte von nicht mehr als drei Wochen im Zusammenhang verteilt werden. Der Urlaubstermin ist mit dem direkten Vorgesetzten abzustimmen.

§ 4 Reisekostenvergütung/Dienstfahrzeug

(1) Für die Erstattung von Kosten anlässlich von Dienstreisen gilt die jeweils gültige allgemeine Reisekosten-Richtlinie.

(2) Zur Ausübung der Funktion sind Dienstreisen in erheblichem Umfang erforderlich. Dazu stellt die Firma Herrn ... einen Dienstwagen der Mittelklasse zur Verfügung. Die Einzelheiten der Benutzung richten sich nach der Dienstanweisung für Pkw-Fahrer.

Die Nutzung des Dienstfahrzeugs endet automatisch mit der Beendigung des Arbeitsverhältnisses bzw bei einer Versetzung auf eine nicht dienstwagenberechtigte Funktion. Die Firma behält sich vor, nach der ausgesprochenen Kündigung des Arbeitsvertrages – insbesondere bei Freistellung von Herrn ... – den Dienstwagen vorzeitig entschädigungslos herauszuverlangen. Ein Zurückbehaltungsrecht von Herrn ... ist ausdrücklich ausgeschlossen.

Wenn Herr ... in eine Funktion wechselt, für die ein anderes als das überlassene Dienstfahrzeug vorgesehen ist, so gilt der Fahrzeugwechsel erst mit Ablauf der Vertragsdauer des gefahrenen Fahrzeugs.

§ 5 Unfallversicherung

Sofern für die Mitarbeitergruppe, der Herr ... angehört, eine Gruppenunfallversicherung vorgesehen ist, teilt die Personalverwaltung Herrn ... die aktuellen Deckungssummen mit.

Diese Unfallversicherung erstreckt sich nicht nur auf die tägliche Arbeitszeit, sondern stellt eine Versicherung dar, die Herrn ... gegen alle Eventualitäten, also auch bei etwaigen Unfällen in seinem privaten Bereich absichert. Bei Beendigung des Vertragsverhältnisses (oder Aufgabe der Reisetätigkeit) erlischt die Versicherung.

§ 6 Geheimhaltung

(1) Herr ... verpflichtet sich, über alle Bestandteile dieses Vertrages Stillschweigen zu bewahren.

(2) Die Geheimhaltungsverpflichtung erstreckt sich auch auf alle Herrn ... während der Vertragsdauer bekannt gewordenen betrieblichen Vorgänge, insbesondere auf technische, kaufmännische und persönliche Einzelheiten im Unternehmen und dauert auch über die Beendigung des Arbeitsverhältnisses hinaus fort. Vertrauliche Informationen und Unterlagen dürfen nur an Unternehmensangehörige offenbart werden, die zur Kenntnisnahme befugt sind.

(3) Alle Schriftstücke und Arbeitsunterlagen, auch Abschriften und Durchschläge, einschließlich der Aufzeichnungen, die seine dienstliche Tätigkeit betreffen, hat Herr ... als anvertrautes Firmeneigentum sorgfältig aufzubewahren, vor jeder Einsichtnahme Unbefugter zu schützen und auf Verlangen jederzeit – spätestens bei Beendigung des Arbeitsverhältnisses – an die Firma zurückzugeben. Darüber hinaus ist von Herrn ... gegenüber der Firma zu versichern, dass sich weitere firmeneigene Unterlagen nicht mehr im persönlichen Besitz befinden. Ein Zurückbehaltungsrecht steht Herrn ... nicht zu.

§ 7 Verpflichtung des Mitarbeiters auf das Datengeheimnis

(1) Verpflichtung auf das Datengeheimnis gem. § 5 BDSG

Herrn ... ist bekannt, dass es nach § 5 BDSG untersagt ist, geschützte personenbezogene Daten unbefugt zu einem anderen als dem zur rechtmäßigen Aufgabenerfüllung gehörenden Zweck zu verarbeiten, bekannt zu geben, zugänglich zu machen oder sonst zu nutzen. Diese Verpflichtung auf das Datengeheimnis besteht auch nach Beendigung der Tätigkeit fort.

(2) Verpflichtung zum Datenschutz

Sofern Herr ... zur Erfüllung seiner Aufgaben Zugriff auf betriebliche und geschäftliche Daten erhält, ist er verpflichtet, diese Zugriffsberechtigung vor der unbefugten Verwendung durch Dritte zu schützen.

Herrn ... ist bekannt, dass hierbei von ihm vergebene Kennwörter, die nach den intern festgelegten Regeln vergeben und geändert werden, absolut vertraulich zu behandeln sind und weder intern noch extern an Dritte weitergegeben werden dürfen.

§ 8 Nebentätigkeit

(1) Herr ... ist verpflichtet, seine ganze Arbeitskraft in den Dienst der Firma zu stellen. Jede anderweitige entgeltliche oder unentgeltliche Tätigkeit (Nebentätigkeit) darf nur mit vorheriger schriftlicher Zustimmung der Firma ausgeübt werden. Vorträge, Veröffentlichungen sowie die Übernahme öffentlicher Ehrenämter sind anzeigepflichtig.

(2) Geschenke oder sonstige Leistungen Dritter, insbesondere von Geschäftspartnern der Firma, die im Zusammenhang mit der dienstlichen Tätigkeit stehen oder stehen können, dürfen nicht angenommen werden. Im Übrigen hat Herr ... die Firma über jedes Angebot unverzüglich zu unterrichten. Dies gilt nicht für übliche Gelegenheitsgeschenke von geringem Wert.

§ 9 Vertragsdauer, Kündigung

(1) Der Vertrag ist unbefristet. Es gilt beidseitig eine Kündigungsfrist von sechs Monaten zum Quartalsende. Jede gesetzliche Verlängerung der Kündigungsfrist zu Gunsten des Herrn ... gilt auch zu Gunsten der Firma.

(2) Die Kündigung aus wichtigem Grund bleibt für beide Teile jederzeit vorbehalten. Sie bedarf der Schriftform und ist an die jeweils letztbekannte Anschrift des Empfängers zu richten.

(3) Die Firma ist im Falle einer außerordentlichen Kündigung jederzeit berechtigt, Herrn ... bei Weitergewährung seiner Bezüge und unter Anrechnung auf restliche Urlaubsansprüche zu beurlauben.

(4) Erfüllt Herr ... die Voraussetzungen für den Bezug der gesetzlichen Regelaltersrente, so endet das Arbeitsverhältnis unbeschadet der Regelung nach § 9 Abs. 1, ohne dass es einer besonderen hierauf gerichteten Erklärung eines der Vertragspartner bedarf, mit dem Ende des Monats, in dem die Voraussetzungen erfüllt werden.

(5) Bei vertragswidriger Beendigung des Arbeitsverhältnisses oder fristloser Kündigung durch die Firma ist Herr ... verpflichtet, der Firma eine Vertragsstrafe in Höhe eines Monatsgehalts zu zahlen. Die Geltendmachung eines weiteren Schadens bleibt hiervon unberührt.

§ 10 Schlussbestimmungen

(1) Mündliche Nebenabreden bestehen nicht.

(2) Ergänzungen und Änderungen dieses Arbeitsvertrages einschließlich der Aufhebung dieses Schriftformerfordernisses bedürfen der Schriftform, es sei denn, sie beruhen auf einer ausdrücklichen oder individuellen Vertragsabrede. Eine betriebliche Übung ist keine solche ausdrückliche bzw individuelle Vertragsabrede. Auch wiederholte Leistungen oder Vergünstigungen ohne ausdrückliche oder individuelle Vertragsabrede begründen keinen Anspruch für die Zukunft.

7. Muster: Arbeitsvertrag mit einem Fachberater mit Zusatzvereinbarung ohne Tarifbezug

Arbeitsvertrag

Zwischen

der Firma ...

– nachfolgend „Firma" genannt –

und

Herrn ...

– nachfolgend „Mitarbeiter" genannt –

wird mit Wirkung vom ... Folgendes vereinbart:

§ 1

Der Mitarbeiter ist als Fachberater im Vertrieb eingesetzt und untersteht dem Vertriebsbeauftragten der Firma.

Der Mitarbeiter ist berechtigt und verpflichtet zur selbständigen Verhandlung von Verträgen bis zur Abschlussreife im Alt- und Neugeschäft von ... Zu seinen Aufgaben gehört es, Geschäftsmöglichkeiten zu ermitteln und anzubahnen, verantwortlich und umfassend Interessenten und Kunden zu beraten sowie im Rahmen der übertragenen Abschlussberechtigung selbständig Verträge in Einzelheiten mit dem Kunden zu verhandeln und mit der Kundenunterschrift dem Vertriebsbeauftragten zur Annahme vorzulegen. Die Berechtigung zur Unterschriftsleistung und zum Vertragsschluss im Namen von ... ist damit nicht verbunden.

Zu den Aufgaben des Mitarbeiters gehört es ferner, in dem ihm zugewiesenen Postleitzahlbezirk ein Händlernetz aufzubauen und zu pflegen, ferner freie Handelsvertreter zu gewinnen und neben dem Verkauf auch den Endverbraucher zu betreuen.

Die Bildung von Unterbezirken, die Auswahl der Händler und die Schulung fallen in den Aufgabenbereich des Vertriebsbeauftragten.

Dem Mitarbeiter ist der Postleitzahlbezirk ... zugewiesen. In diesem Bezirk hat er sich von Montag bis Donnerstag aufzuhalten und seinen Aufgaben nachzugehen. Änderungen des dem Mitarbeiter zugewiesenen Bezirks bleiben vorbehalten.

Der Außendienstmitarbeiter hat über laufende Ermittlungen, Beratungen und Geschäftsanbahnungen aus seinem Bezirk regelmäßig und auf Anforderung Bericht zu erstatten.

Die Annahme der Aufträge erfolgt durch den Vertriebsbeauftragten bzw die Geschäftsleitung.

Der Geschäftsleitung bleibt es vorbehalten, dem Mitarbeiter auch eine andere, jedoch gleichwertige, seinen Fähigkeiten gerecht werdende Aufgabe zu übertragen und, falls aus Sicht des Vertriebsbeauftragten wünschenswert, den jetzigen Arbeitsbereich zu erweitern oder aufzuteilen. Sollte sich dabei eine Änderung des Dienstsitzes ergeben, soll die Änderung nach billigem Ermessen getroffen werden.

§ 2

Entsprechend der Zusatzvereinbarung und den Betriebsanweisungen in ihrer jeweils gültigen Fassung, die Bestandteil dieses Arbeitsvertrages sind, erhält der Mitarbeiter als Vergütung für seine Tätigkeit

a) ein außertarifliches Grundgehalt von ... EUR brutto.

b) Provision nach Maßgabe der Zusatzvereinbarung und der Betriebsanweisung in ihrer jeweils geltenden Fassung.

Die umsatzabhängige Provision beträgt 1 % vom Nettoumsatz = Zahlungseingang. Auf die Provision werden monatliche Abschläge iHv 0,5 % von dem bis zum 15. des Monats erreichten Netto-Umsatzes gezahlt, halbjährlich wird die Provision abgerechnet.

§ 3

Für den Jahresurlaub gilt die betriebliche Urlaubsregelung. Der Mitarbeiter hat Anspruch auf einen gesetzlichen Mindesturlaub von 20 Arbeitstagen pro Kalenderjahr bei einer 5-Tage-Woche. Die Firma gewährt dem Mitarbeiter zusätzlich zu dem gesetzlichen Mindesturlaub einen vertraglichen Urlaub von weiteren 7 Arbeitstagen. Der Urlaub ist möglichst zusammenhängend zu nehmen. Bei der Gewährung von Urlaub wird zuerst der gesetzliche Urlaub eingebracht. Für den vertraglichen Urlaub gilt abweichend von dem gesetzlichen Mindesturlaub, dass der Urlaubsanspruch nach Ablauf des Übertragungszeitraumes (31.3. des Folgejahres) auch dann verfällt, wenn er wegen Arbeitsunfähigkeit des Mitarbeiters nicht genommen werden kann. Der gesetzliche Mindesturlaub verfällt in einem solchen Fall 15 Monate nach Ablauf des Urlaubsjahres.

Die zeitliche Lage des Urlaubs ist mit dem zuständigen Vorgesetzten abzustimmen.

§ 4

Grundsätzlich wird dem Mitarbeiter ein Kraftfahrzeug zur Nutzung überlassen. Spesen und Übernachtungskosten sind in den Betriebsanweisungen und der Zusatzvereinbarung geregelt.

Soweit einem Mitarbeiter ausnahmsweise kein Fahrzeug zur Verfügung gestellt werden kann, trifft die Firma mit ihm eine gesonderte Vereinbarung über Fahrtkosten und Reisekostenerstattung.

§ 5

Der Arbeitsvertrag wird auf unbestimmte Zeit geschlossen. Die Kündigungsfrist beträgt vier Wochen zum 15. oder zum Ende eines Kalendermonats. Für eine Kündigung durch die Firma beträgt die Kündigungsfrist, wenn das Arbeitsverhältnis zwei Jahre bestanden hat, einen Monat zum Ende eines Kalendermonats, fünf Jahre bestanden hat, zwei Monate zum Ende eines Kalendermonats, acht Jahre bestanden hat, drei Monate zum Ende eines Kalendermonats, zehn Jahre bestanden hat, vier Monate zum Ende eines Kalendermonats, zwölf Jahre bestanden hat, fünf Monate zum Ende eines Kalendermonats, fünfzehn Jahre bestanden hat, sechs Monate zum Ende eines Kalendermonats, zwanzig Jahre bestanden hat, sieben Monate zum Ende eines Kalendermonats.

Es wird zwischen den Parteien vereinbart, dass ab einem Bestand des Arbeitsverhältnisses von acht Jahren die vorgenannten verlängerten Kündigungsfristen ebenfalls für den Mitarbeiter gelten.

Durch die Kündigungserklärung wird die Befugnis der Firma begründet, den Mitarbeiter unter Fortzahlung seiner Bezüge von der Arbeitsleistung freizustellen, wenn das Interesse der Firma an der Freistellung das Interesse des Mitarbeiters an der Beschäftigung überwiegt. Dies ist insbesondere der Fall, wenn zu besorgen ist, dass der Mitarbeiter im Anschluss an das Arbeitsverhältnis zur Firma in Wettbewerb tritt oder wenn die Kündigung aus verhaltensbedingten Gründen erfolgte.

§ 6

Tarifliche Bestimmungen finden keine Anwendung.

Ergänzungen und Änderungen dieses Arbeitsvertrages einschließlich der Aufhebung dieses Schriftformerfordernisses bedürfen der Schriftform, es sei denn, sie beruhen auf einer ausdrücklichen oder individuellen Vertragsabrede. Eine betriebliche Übung ist keine solche ausdrückliche bzw individuelle Vertragsabrede. Auch wiederholte Leistungen oder Vergünstigungen ohne ausdrückliche oder individuelle Vertragsabrede begründen keinen Anspruch für die Zukunft.

Im Falle eines Rechtsstreits zwischen der Firma und dem Mitarbeiter über die Höhe von Provisionsansprüchen besteht kein Anspruch auf Einsichtnahme in die geschäftlichen Unterlagen von der Firma. In Zweifelsfällen ist das Gutachten eines unparteiischen Sachverständigen maßgebend. Können sich die Parteien nicht über die Person des Sachverständigen einigen, so wird dieser von der Industrie- und Handelskammer ... benannt. Die Firma verpflichtet sich, diesem Sachverständigen alle erforderlichen Auskünfte zu erteilen und ihm die erforderlichen Unterlagen vorzulegen.

§ 7
Alle beiderseitigen Ansprüche aus dem Arbeitsverhältnis und solche, die mit dem Arbeitsverhältnis in Verbindung stehen, verfallen, wenn sie nicht innerhalb von drei Monaten nach der Fälligkeit gegenüber der anderen Vertragspartei schriftlich erhoben werden.

Lehnt die Gegenpartei den Anspruch ab oder erklärt sie sich nicht innerhalb von zwei Wochen nach der Geltendmachung des Anspruchs, so verfällt dieser, wenn er nicht innerhalb von zwei Monaten nach der Ablehnung unter dem Fristablauf gerichtlich geltend gemacht wird.

§ 8
Der Mitarbeiter erklärt sich damit einverstanden, dass seine personenbezogenen Daten automatisiert gespeichert und verarbeitet werden.

Zusatzvereinbarung

zum Vertrag zwischen

der Firma ...

– nachstehend „Firma" genannt –

und

Herrn ...

– nachstehend „Mitarbeiter" genannt –

§ 1 Voraussetzungen für die Provisionsgewährung

(1) Die Firma behält sich ausdrücklich die Annahme oder Ablehnung der vom Fachberater vorgeschlagenen Geschäfte in jedem Einzelfall vor, wobei die Geschäfte allein auf die Tätigkeit des Fachberaters zurückzuführen sein müssen.

(2) Die Firma ist berechtigt, bestimmte Projekte aus dem Arbeitsgebiet des Fachberaters herauszunehmen oder durch Dritte bearbeiten zu lassen. Wird der Fachberater in diesem Fall zur Mitarbeit herangezogen, so erhält er bei Zustandekommen des Auftrags eine nach dem Ermessen des Vertriebsbeauftragten festzusetzende Anerkennungsprovision.

(3) Die Mehrwertsteuer wird bei der Ermittlung des Barwertes und der Errechnung der Provision nicht einbezogen.

(4) Ein durch den Fachberater durchgeführtes Umänderungsgeschäft führt bei der Provisionsermittlung dazu, dass sich aus dem Umänderungszugang ein positiver Provisionsbetrag und aus dem Umänderungsabgang ein negativer Provisionsbetrag ergibt. Für die Provisionsermittlung bedeutet das, dass jeweils bezogen auf den Barwert und den Endkaufpreis die Differenz der Provision zwischen Umänderungszugang und Umänderungsabgang getrennt ermittelt und saldiert wird. Ergibt sich dabei ein negativer Provisionssaldo, so wird dieser nicht in Abzug gebracht.

Diese Regelung gilt auch für einen Änderungsauftrag, der verschiedene Kostenträger/Verrechnungsarten betrifft. In diesem Fall werden sowohl der Umänderungszugang als auch der Umänderungsabgang mit dem Provisionsprozentsatz des Umänderungszugangs verprovisioniert.

(5) Geht ein Vertrag auf einen neuen Vertragspartner aufgrund einer Gesamtrechtsnachfolge (zB Erbschaft, Vermögensübernahme oder Firmenübernahme) über oder übernimmt ein neuer Vertragspartner alle Rechte

und Pflichten aus einem bestehenden Vertrag ohne Mitwirkung des Fachberaters, entsteht kein Provisionsanspruch.

(6) Enthält ein vom Mitarbeiter vorgeschlagenes Geschäft weitere hier nicht genannte Einschränkungen der Rechte der Firma oder weicht es insbesondere von den jeweils gültigen Vertragsbedingungen ab oder steht das Geschäft nicht im Einklang mit der gültigen durch Betriebsanweisung festgelegten Rabattregelung, dann steht der Firma das Recht zu, die Provision in angemessenem Verhältnis zu kürzen. Zur Provisionskürzung ist die Firma nicht befugt, wenn die Abweichung von der Rabattregelung vom Vertriebsbeauftragten schriftlich genehmigt wurde.

(7) Betreffen Abschlüsse nicht nur den dem Mitarbeiter zugewiesenen Bezirk, sondern zwei oder mehrere Bezirke (grenzüberschreitendes Geschäft), regelt der Vertriebsbeauftragte die unter mehreren Fachberatern zu verteilende Provision nach billigem Ermessen.

§ 2 Fortzahlung der Vergütung

Für die Dauer einer Arbeitsunfähigkeit von bis zu sechs Wochen sowie für Urlaubs- und Feiertage wird der durchschnittliche Arbeitsverdienst des Fachberaters weitergezahlt. Für die Ermittlung der Höhe des maßgeblichen Arbeitsverdienstes ist § 4 Abs. 1 EFZG in seiner jeweils geltenden Fassung maßgeblich.

§ 3 Verhalten im Außendienst

(1) Der Fachberater hat insbesondere die Bestimmungen des Gesetzes gegen den unlauteren Wettbewerb (UWG) zu beachten und alles zu unterlassen, was gegen die Regeln des lauteren Wettbewerbs verstößt.

(2) Eine Schädigung des Ansehens der Mitbewerber ist untersagt. Abfällige Äußerungen über Konkurrenten oder deren Produkte und Leistungen sind unzulässig. Fragt ein Interessent nach wirtschaftlichen oder technischen Vorzügen der Firma – Produkten im Vergleich zu Produkten eines bestimmten Mitbewerbers –, dann sind nur sachliche Argumente, die den Gegebenheiten entsprechen, anzuführen.

(3) Der Fachberater ist verpflichtet, sowohl Interessenten als auch Kunden über alle Punkte eines abzuschließenden Vertrages umfassend zu unterrichten. Er ist nicht berechtigt, für die Firma verpflichtende, mündliche oder schriftliche Erklärungen gegenüber Interessenten oder Kunden abzugeben, die nicht durch eine entsprechende Ermächtigung von der Firma ausdrücklich abgedeckt sind. Der Mitarbeiter ist an die Vorschriften und Preise gebunden, die die Firma allgemein oder von Fall zu Fall festsetzt.

§ 4 Inkasso

Ohne besonderen schriftlichen Auftrag ist der Fachberater nicht zum Inkasso ermächtigt.

§ 5 Nebentätigkeit und Vorträge

Die Aufnahme von Nebengeschäften oder Nebenbeschäftigungen ist der Firma vorher mitzuteilen. Beeinträchtigen die Nebengeschäfte oder Nebenbeschäftigungen das Vertragsverhältnis, bedarf es der vorherigen schriftlichen Zustimmung der Firma. Für Veröffentlichungen und Vorträge, die den Tätigkeitsbereich der Firma berühren, ist ebenfalls die vorherige Zustimmung erforderlich.

§ 6 Anpassungen

Der Vertriebsbeauftragte beobachtet sorgfältig den Markt. Hält er es für erforderlich, Anpassungen der Bezirke, der Provisionsregelung oder der Anweisungen an die Fachberater an geänderte Verhältnisse vorzunehmen, so werden diese Bestandteil des Arbeitsvertrages. Die Nichterreichung von Umsatzzielen gestattet den Vertriebsbeauftragten, angemessene Provisionsabzüge vorzunehmen. Auch ist die Firma berechtigt, den Abrechnungszeitraum der Provision (derzeit halbjährlich) zu verlängern oder zu verkürzen.

§ 7 Verschwiegenheit

Über Geschäftsvorgänge, Geschäftspolitik, Kundenkreis, Technik und System-/Branchenlösungen der Firma ist gegenüber Außenstehenden Verschwiegenheit zu wahren. Im Falle des Ausscheidens aus dem Unternehmen sind sämtliche Unterlagen, auch die vom Mitarbeiter selbst angefertigten Papiere, wie beispielsweise Kunden- oder Interessentenlisten, vor Ausscheiden an den Vertriebsbeauftragten herauszugeben.

§ 8 Mitwirkung bei der Aus- und Weiterbildung

Es gehört zu den Aufgaben, bei der Aus- und Weiterbildung von Mitarbeitern der Firma mitzuwirken, soweit dies erforderlich ist, aber auch selbst an Schulungsveranstaltungen der Firma bei Bedarf teilzunehmen.

Freitag soll der Tag sein, an dem die Kommunikation zwischen dem Mitarbeiter und seinen Vorgesetzten in den Geschäftsräumen der Firma stattfindet. An solchen Tagen soll der Mitarbeiter auch etwaigen Fortbildungsbedarf anmelden.

8. Muster: Arbeitsvertrag im Einzelhandel NW

Arbeitsvertrag – Einzelhandel

zwischen

– nachstehend „Arbeitgeber" genannt –

und

– nachstehend „Arbeitnehmer" genannt –

§ 1 Anstellung

(1) Der Arbeitnehmer wird ab ... als ... eingestellt.

(2) Der Arbeitnehmer wird mit ... Stunden wöchentlich eingestellt. Die Arbeitszeiteinteilung erfolgt durch den Arbeitgeber.

(3) Die Tarifverträge für die Beschäftigten im Einzelhandel des Landes Nordrhein-Westfalen in ihrer jeweils geltenden Fassung und deren Nachfolgeverträge sind Bestandteil dieses Vertrages. Besteht eine Betriebs- oder Sozialordnung, so sind diese Bestandteil des Vertrages in ihrer jeweils geltenden Fassung.

(4) Der Arbeitnehmer verpflichtet sich, alle ihm übertragenen Arbeiten gewissenhaft und sorgfältig auszuführen und auf Anordnung der Betriebsleitung auch andere Arbeiten zu übernehmen sowie sich in andere Abteilungen des Betriebes oder andere Niederlassungen des Arbeitgebers versetzen zu lassen.

(5) Der Arbeitnehmer verpflichtet sich, dem Arbeitgeber unaufgefordert Mitteilung zu machen und die jeweilige Adresse anzugeben, wenn er wegen Urlaub, Krankheit, Umzug oder Ähnlichem vorübergehend oder für dauernd an der bisher dem Arbeitgeber bekannten Anschrift nicht erreichbar ist.

(6) Der Arbeitnehmer hat sein äußeres Erscheinungsbild dem Charakter des Betriebes anzupassen, insbesondere die berufs- und betriebsübliche Kleidung zu tragen.

§ 2 Probezeit

Das Arbeitsverhältnis wird zunächst für die Zeit vom ... bis ... (höchstens drei Monate) zur Probe eingegangen und endet mit Ablauf dieser Probezeit, ohne dass es einer Kündigung bedarf. Während der Probezeit kann das Arbeitsverhältnis beiderseits mit einmonatiger Frist zum Monatsende gekündigt werden. Wird das Arbeitsverhältnis über die Probezeit hinaus fortgesetzt, so geht es in ein festes Arbeitsverhältnis über.

Kapitel 1: Arbeitsverträge

§ 3 Berufsjahre

Der Arbeitnehmer versichert, dass er im ... Berufsjahr steht; Ausbildungsjahre sind dabei nicht mitgezählt.

§ 4 Gehaltszahlung

(1) Gemäß der in § 1 Abs. 1 genannten Tätigkeit wird der Arbeitnehmer in die Gehaltsgruppe ... des derzeit geltenden Gehaltstarifvertrages für den Einzelhandel eingestuft.

(2) Das vereinbarte Gehalt beträgt ... EUR. Außerdem wird vereinbart, ...

(3) Vor Fälligkeit der Vergütung geleistete Zahlungen sind Vorschüsse, auch wenn für die Rückzahlung Raten vereinbart werden. Bei Beendigung des Arbeitsverhältnisses ist ein zu viel gezahlter Vorschuss sofort zurückzuzahlen. Der Gegenwert aus unbezahlten Warenbezügen des Arbeitnehmers gilt als Vorschuss. Irrtümlich erfolgte Überzahlungen sind zurückzuerstatten bzw können verrechnet werden. Der Arbeitnehmer verzichtet auf die Einrede, nicht mehr bereichert zu sein.

(4) Die über das Tarifgehalt hinausgehenden Gehaltsteile sowie eine gewährte Provision können jederzeit unter Einhaltung einer Frist von einem Monat gekürzt oder widerrufen werden. Sie können bei einer Erhöhung der Gehaltstarife, beim Aufrücken in eine höhere Gehaltsgruppe oder Gehaltsstufe und bei Höhergruppierungen angerechnet werden.

§ 5 Mehrarbeit (Überstunden), Nachtarbeit, Sonn- und Feiertagsarbeit, Wechselschichtarbeit

(1) Ansprüche aus der Leistung von Mehrarbeit bestehen nur, wenn die Mehrarbeit von der Geschäftsleitung angeordnet oder genehmigt worden ist.

(2) Über Beginn und Ende der Mehrarbeit hat der Arbeitnehmer täglich Aufzeichnungen zu machen und diese spätestens am folgenden Tage vom Arbeitgeber oder dessen Beauftragten gegenzeichnen zu lassen.

(3) Ein Anspruch auf Abgeltung von geleisteter Mehrarbeit (einschließlich Mehrarbeitszuschlägen) besteht nur insoweit, als er nicht durch übertarifliche Zahlungen gedeckt ist.

(4) Die Bestimmungen der Absätze 1–3 gelten entsprechend für die tariflichen Zuschläge bei Nacht-, Sonn- und Feiertags- und Wechselschichtarbeit.

§ 6 Sonderleistungen

Gratifikationen, Jahrestantiemen oder sonstige Sonderleistungen sind, auch wenn sie wiederholt gezahlt werden, jederzeit widerrufliche Leistungen des Arbeitgebers, soweit sie tarifvertragliche Ansprüche übersteigen. Der Widerruf kann mit einer Ankündigungsfrist von einem Monat zum Monatsende aus den folgenden Gründen erfolgen: ...[571]

Die Zahlung erfolgt unter der Bedingung, dass das Arbeitsverhältnis nicht aus einem im Verhalten des Arbeitnehmers liegenden Grund gekündigt ist.

Mit der Entgegennahme verpflichtet sich der Arbeitnehmer, die Gratifikation als Vorschuss zurückzuzahlen für den Fall, dass er bei einer Gratifikation von über 100 EUR, jedoch weniger als einem Monatsgehalt, infolge einer eigenen Kündigung vor dem 31. März des Folgejahres aus den Diensten der Firma ausscheidet oder dass ihm aus wichtigem Grund fristlos gekündigt oder das Arbeitsverhältnis aus von ihm zu vertretenden Gründen oder auf seinen Wunsch in beiderseitigem Einvernehmen vorzeitig beendet wird.

Erhält der Arbeitnehmer eine Weihnachtsgratifikation in Höhe eines Monatsgehalts oder mehr, so ist der Arbeitnehmer unter den gleichen Voraussetzungen zur Rückzahlung als Vorschuss auch dann noch verpflichtet,

---

[571] Hier wären konkrete Gründe für einen Widerruf aufzuführen (zB die wirtschaftliche Lage des Arbeitgebers oder das Verhalten des Arbeitnehmers).

wenn er zum 31. März oder vor dem ersten zulässigen Kündigungstermin nach dem 31. März des Folgejahres ausscheidet.[572]

§ 7 Urlaub und Urlaubsgeld

(1) Jeglicher Urlaubsanspruch entsteht erstmalig nach mehr als dreimonatiger ununterbrochener Betriebszugehörigkeit. Die Dauer des Urlaubs richtet sich nach den tariflichen Bestimmungen.

(2) Der Urlaub beträgt demnach zurzeit ... Werktage im Kalenderjahr.

(3) Der Arbeitnehmer erhält ein Urlaubsgeld entsprechend den tarifvertraglichen Bestimmungen.

Das Urlaubsgeld beträgt demnach zurzeit ... EUR.

§ 8 Arbeitsversäumnis

(1) Arbeitsverhinderung ist dem Arbeitgeber unverzüglich, möglichst telefonisch am Vormittag des ersten Tages des Arbeitsausfalls, unter Angabe der Gründe mitzuteilen; ist die Arbeitsverhinderung vorher bekannt, so ist sie rechtzeitig dem Arbeitgeber mitzuteilen.

(2) Im Falle einer Erkrankung hat der Arbeitnehmer darüber hinaus unverzüglich, spätestens innerhalb von drei Tagen, eine ärztliche Bescheinigung nachzureichen, aus der die Arbeitsunfähigkeit sowie deren Beginn und voraussichtliche Dauer ersichtlich sind. Dauert die Arbeitsunfähigkeit länger als in dieser Bescheinigung angegeben, so ist der Arbeitnehmer verpflichtet, den Arbeitgeber hiervon unverzüglich zu unterrichten und ebenfalls unverzüglich eine neue ärztliche Bescheinigung vorzulegen, auch wenn der Zeitraum der Entgeltfortzahlung bereits überschritten ist. Der Arbeitnehmer ist verpflichtet, sich auf Verlangen und Kosten des Arbeitgebers von einem vom Arbeitgeber zu benennenden Arzt untersuchen zu lassen.

(3) Stellt der Arbeitnehmer einen Antrag auf ein Kur- oder Heilverfahren, so hat er dem Arbeitgeber unverzüglich davon Kenntnis zu geben. Wird das Kur- oder Heilverfahren bewilligt, ist dem Arbeitgeber unverzüglich eine entsprechende Bescheinigung vorzulegen und der Zeitpunkt des Kurantritts mitzuteilen.

§ 9 Verschwiegenheits- und Treuepflicht

(1) Der Arbeitnehmer hat über alle geschäftlichen und betrieblichen Angelegenheiten – auch nach Beendigung des Anstellungsverhältnisses – Verschwiegenheit zu wahren.

(2) Es ist unzulässig, von Personen, die mit dem Arbeitgeber in geschäftlichen Beziehungen stehen, Geschenke, Darlehen oder sonstige Zuwendungen entgegenzunehmen oder bei diesen für eigenen oder fremden Bedarf ohne ausdrückliche Genehmigung des Arbeitgebers einzukaufen.

§ 10 Vertragsstrafe, Schadensersatz[573]

Tritt der Arbeitnehmer das Arbeitsverhältnis nicht an, löst er das Arbeitsverhältnis unter Vertragsbruch oder wird der Arbeitgeber durch schuldhaft vertragswidriges Verhalten des Arbeitnehmers zur fristlosen Kündi-

---

572 Das BAG hat ausdrücklich offengelassen, ob solche Rückzahlungsvereinbarungen wirksam sind (vgl BAG 18.1.2012 – 10 AZR 667/10, NZA 2012, 620). Stichtagsregelungen sind bei Sonderzahlungen durchaus zulässig, so etwa Vereinbarungen, die vorsehen, dass zum Zeitpunkt der Auszahlung der Arbeitnehmer noch im Arbeitsverhältnis stehen muss, um eine Sonderzuwendung zu erhalten.

573 Das Verbot eines Vertragsstrafenversprechens in § 309 Nr. 6 BGB gilt im Arbeitsrecht nicht. Das BAG ist der Auffassung, dass die modifizierte Anwendungsregel in § 310 Abs. 4 Satz 2 BGB zu einem regelmäßig berechtigten Interesse des Arbeitgebers führt, die Nicht- oder Schlechterfüllung der Pflicht zur Arbeitsleistung mit einer Vertragsstrafe zu verbinden (BAG 3.4.2004 – 8 AZR 196/03, NZA 2004, 727). Unwirksam ist ein Vertragsstrafenversprechen, wenn die Abrede die Pflichtverletzung des Arbeitnehmers nicht so klar bezeichnet, dass sich der Versprechende in seinem Verhalten hierauf einstellen kann (BAG 21.4.2005 – 8 AZR 425/04, NZA 2005, 1053). Unwirksam ist die Vereinbarung eines Vertragsstrafenrahmens für den Fall eines gravierenden Wettbewerbsverstoßes von einem bis zu drei Monatsgehältern, wenn es dem Arbeitgeber überlassen bleibt, die Vertragsstrafe im Einzelfall innerhalb dieses Rahmens festzusetzen (BAG 18.8.2005 – 8 AZR 65/05, NZA 2006, 34 = BB 2006, 720). Vorsicht ist geboten, wenn die Vertragsstrafe zu hoch bemessen ist. Eine Herabsetzung der Vertragsstrafe nach § 343 BGB kommt seit der Schuldrechtsmodernisierung nicht mehr in Betracht, weil das Verbot der geltungserhaltenden Reduktion nach § 306 Abs. 2 BGB die Anpassung einer zu hohen Vertragsstrafe nach § 343 BGB ausschließt (BAG 4.3.2004 – 8 AZR 196/03, NZA 2004, 727; LAG Hamm 24.1.2003 – 10 Sa 1158/02, DB 2003, 2549; *Brors*, DB 2004, 1778).

gung des Arbeitsverhältnisses veranlasst, so hat der Arbeitnehmer an den Arbeitgeber eine Vertragsstrafe zu zahlen. Als Vertragsstrafe wird für den Fall der verspäteten Aufnahme der Arbeit, der vorübergehenden Arbeitsverweigerung und der Auflösung des Arbeitsverhältnisses ohne Einhaltung der maßgeblichen Kündigungsfrist ein sich aus der Bruttomonatsvergütung nach § 4 des Vertrages zu errechnendes Bruttotagegeld für jeden Tag der Zuwiderhandlung vereinbart, insgesamt jedoch nicht mehr als das in der gesetzlichen Mindestkündigungsfrist ansonsten zu zahlende Arbeitsentgelt. Im Übrigen beträgt die Vertragsstrafe ein Bruttomonatsgehalt. Der Arbeitgeber kann einen weitergehenden Schaden geltend machen.

§ 11 Abstellen von Fahrzeugen

Das Abstellen von Fahrzeugen des Arbeitnehmers auf dem Gelände des Arbeitgebers ist nur mit besonderer Erlaubnis des Arbeitgebers gestattet und geschieht ausschließlich auf Gefahr des Arbeitnehmers.

§ 12 Kündigung

(1) Unbefristete Arbeitsverhältnisse enden, sofern nicht etwas anderes vereinbart ist, mit dem Ende des Kalendermonats, in dem der Arbeitnehmer das 65. Lebensjahr vollendet hat oder in welchem dem Arbeitnehmer der Rentenbescheid über die Gewährung einer Rente wegen zeitlich nicht befristeter Erwerbsfähigkeit oder vorgezogenem Altersruhegeld zugegangen ist.

(2) Für die Kündigung von Angestellten und gewerblichen Arbeitnehmern beträgt die Mindestkündigungsfrist einen Monat zum Ende eines Kalendermonats. Beide Parteien können eine schriftliche Bestätigung des Empfangs der Kündigung verlangen.

(3) Nach einer ununterbrochenen Beschäftigung im Unternehmen von mehr als fünf Jahren verlängern sich die Kündigungsfristen für den Arbeitgeber wie folgt:

über 5 Jahre	3 Monate
über 8 Jahre	4 Monate
über 10 Jahre	5 Monate
über 12 Jahre	6 Monate,

jeweils zum Ende eines Kalendermonats.

§ 13 Rückgabe des Arbeitsmaterials

Der Arbeitnehmer hat beim Ausscheiden sämtliche betriebliche Arbeitsmittel, Unterlagen oder sonstige Gegenstände zurückzugeben, die ihm während seiner Tätigkeit ausgehändigt wurden oder auf andere Weise in seinen Besitz gelangt sind. Dazu gehören auch selbstangefertigte Aufzeichnungen.

§ 14 Personalfragebogen

Ein zu diesem Arbeitsvertrag gehörender Personalfragebogen ist wesentliche Grundlage des Vertrages. Unrichtige Angaben berechtigen den Arbeitgeber zur Anfechtung oder Kündigung des Vertrages.

§ 15 Ergänzungen

Ergänzungen und Änderungen dieses Arbeitsvertrages einschließlich der Aufhebung dieses Schriftformerfordernisses bedürfen der Schriftform, es sei denn, sie beruhen auf einer ausdrücklichen oder individuellen Vertragsabrede. Eine betriebliche Übung ist keine solche ausdrückliche bzw. individuelle Vertragsabrede. Auch wiederholte Leistungen oder Vergünstigungen ohne ausdrückliche oder individuelle Vertragsabrede begründen keinen Anspruch für die Zukunft.

§ 16 Datenschutz

Der Arbeitnehmer willigt ein, dass seine persönlichen, dem Arbeitgeber bekannten oder bekannt gewordenen Daten in eine bei dem Arbeitgeber oder dessen Beauftragten geführte Kartei aufgenommen und verarbeitet werden dürfen.

§ 17 Minderjährige

Ist der Arbeitnehmer minderjährig, erteilen ihm hiermit die mitunterzeichneten Vertreter unwiderruflich die Ermächtigung zur Entgegennahme und Abgabe aller das Arbeitsverhältnis betreffenden Erklärungen sowie zur Entgegennahme der ihm zustehenden Bezüge. Sofern der Minderjährige allein unterzeichnet, erklärt er, dass seine Eltern ihm diese Ermächtigung vorher erteilt haben.

§ 18 Sonstige Vereinbarungen

(1) Die Allgemeine Arbeitsordnung bildet Bestandteil des Arbeitsvertrages.

(2) ...

Für den Betrieb gilt folgende Arbeitsordnung:

1. Wer im Verkauf tätig ist, hat unbedingt auf saubere Kleidung und ein stets gepflegtes Äußeres zu achten. Das Verhalten gegenüber den Kunden hat stets von Zuvorkommenheit, Korrektheit und Freundlichkeit geprägt zu sein.

2. Während der Arbeitszeit besteht in allen Geschäftsräumen ein Rauchverbot. Der Genuss von Alkohol ist nicht gestattet. Es dürfen keine privaten Gespräche mit oder vor Kunden geführt werden, auch ist es nicht gestattet, Gespräche mit Kunden über Mitarbeiter zu führen. Vor Kunden dürfen keine Diskussionen oder Auseinandersetzungen ausgetragen werden.

3. Der Arbeitsplatz und alle Räumlichkeiten des Geschäfts sind stets sauber zu halten. Soweit Unordnung entstanden ist, ist diese umgehend zu beseitigen.

4. Die Arbeitszeit endet erst dann, wenn die Kasse abgerechnet ist. Geschäftsräume sind ordnungsgemäß zu verschließen, soweit vorhanden, Rollgitter- oder Rollladensicherung vorzunehmen.

5. Privatkäufe sind wie folgt abzuwickeln: ...

6. Der Mitarbeiter haftet für von ihm verursachte Schäden im Rahmen der vom Bundesarbeitsgericht begründeten Rechtsprechung zur Haftung des Arbeitnehmers.

7. Bei Übernahme oder Übergabe der Kasse ist der Kassenbestand zu prüfen. Etwaige Fehlbeträge sind von dem Mitarbeiter zu ersetzen.

Ware, die Kunden zurückbringen, wird generell nicht zurückgenommen, auch erfolgt grundsätzlich keine Geldrückgabe. Nur der Geschäftsinhaber ist befugt, von dieser Regel abweichende Entscheidungen zu treffen. Reklamationen sind entgegenzunehmen, wobei die Entscheidung über die Berechtigung jeweils vom Geschäftsinhaber oder dessen Vertreter getroffen wird.

Im Geld-, Scheck- und Warenverkehr ist Folgendes zu beachten: Entgegengenommen werden grundsätzlich nur Euro-Schecks, bei denen die Kartennummer des Schecks auf der Rückseite vermerkt sein muss. Die Nummer muss mit der Nummer auf der Scheckkarte identisch sein. Der Mitarbeiter muss eine entsprechende Überprüfung vorgenommen haben. Andere Schecks als Euro-Schecks werden nicht entgegengenommen.

Soweit Kunden nur teilweise in der Lage sind, den Kaufpreis zu zahlen, darf die Ware erst herausgegeben werden, wenn der Kaufpreis vollständig entrichtet wurde.

8. Private Telefongespräche werden vom Mitarbeiter selbst bezahlt. Private Telefonate sind während der Geschäftszeiten nur auf ganz dringende Ausnahmefälle beschränkt.

9. Es ist stets auf die Einhaltung der notwendigen Vorschriften im Umgang mit technischem Gerät zu achten. Jeder Mitarbeiter ist darauf hingewiesen worden, dass ein nicht ordnungsgemäßer Umgang mit technischem Gerät zur Folge haben kann, dass etwa bestehende Versicherungen Deckungsschutz verweigern könnten.

Von der vorstehenden Allgemeinen Arbeitsordnung habe ich Kenntnis erhalten:

... (Unterschrift Mitarbeiter)

9. Muster: Teilzeit-Arbeitsvertrag im Einzelhandel

↓

Zwischen

der Firma ..., vertreten durch den Leiter der Verkaufsstelle ...

– im Folgenden „Arbeitgeber" genannt –

und

Herrn ...

– im Folgenden „Arbeitnehmer" genannt –

auf dessen Angaben auf dem nebenseitigen Personalbogen Bezug genommen wird und die zum Gegenstand des vorliegenden Vertrages gemacht werden, wird auf Grundlage der jeweils gültigen Bestimmungen der Tarifverträge des Einzelhandels – soweit nicht im Folgenden Abweichendes vereinbart – folgender Arbeitsvertrag geschlossen:

1. Unter Berücksichtigung des nicht abzuschätzenden Arbeitsanfalls pro Kalendermonat sind sich die Parteien darüber einig, dass der Arbeitnehmer zunächst in der Filiale ... jährlich eine Arbeitsleistung von 1.000 Stunden zu erbringen hat. Die Lage der Arbeitszeit wird vorläufig in einem Jahresplan festgelegt, wobei die wöchentliche Arbeitszeit 40 Stunden nicht überschreiten darf. Die konkrete Lage der Arbeitszeit wird nach den betrieblichen Erfordernissen durch den Arbeitgeber mit einer Ankündigungsfrist von 14 Tagen quartalsweise unter Berücksichtigung der Wünsche des Mitarbeiters festgelegt. Abweichungen hiervon aus dringenden betrieblichen Erfordernissen unter Wahrung der gesetzlichen Ankündigungsfrist nach § 12 Abs. 2 TzBfG sind möglich. Ruft der Arbeitgeber die Arbeit in planmäßig beschäftigungsfreien Zeiten ab, kann der Mitarbeiter sie verweigern, wenn wichtige persönliche Belange entgegenstehen.

Bei entsprechendem betrieblichem Bedarf ist der Arbeitnehmer verpflichtet, in zumutbarem Maß zusätzliche Stunden über die vereinbarte Arbeitszeit hinaus zu leisten. Die nach dem ArbZG zulässige Höchstdauer der Arbeitszeit darf in keinem Fall überschritten werden.

2. Die Gehaltsgruppe lautet ....

Die Tätigkeitsbezeichnung lautet ....

Der Arbeitnehmer verpflichtet sich, alle ihm übertragenen Aufgaben sorgfältig auszuführen und auch andere der Ausbildung entsprechende zumutbare Aufgaben zu übernehmen, ggf auf Anforderung des Arbeitgebers ohne Einhaltung einer Frist im Rahmen dieses Vertrages aufgrund besonderer betrieblicher Notwendigkeit in allen übrigen Filialen des Arbeitgebers zu arbeiten.

3. Zur Lage der wöchentlichen und täglichen Arbeitszeit erstellt der Arbeitgeber mindestens 4 Tage vor der jeweiligen Kalenderwoche einen Wochendienstplan. Sofern der Arbeitnehmer nach diesem Wochendienstplan eingesetzt ist, erfolgt seine tägliche Beschäftigung nicht unter ... Stunden. Der jeweilige Wochendienstplan ist bindend.

4. Die monatliche Vergütung (brutto) setzt sich wie folgt zusammen:

- tarifliches Grundgehalt ... EUR
- übertariflicher Gehaltsbestandteil ... EUR
- insgesamt ... EUR
- variable Verkaufsprämie gemäß dem gültigen Prämienplan ... EUR

Bei einer Höhergruppierung von der Gehaltsgruppe 1 in die Gehaltsgruppe 2 entfällt die Verkaufsprämie bei den Abteilungsaufsichten. Der Arbeitnehmer erhält dann neben dem Tarifgrundgehalt einen monatlichen übertariflichen Gehaltsbestandteil.

Der übertarifliche Gehaltsbestandteil wird für die Anwerbung und Erhaltung beruflich qualifizierter Arbeitnehmer gewahrt. Er kann auch jederzeit ganz oder teilweise bei tariflichen Gehaltserhöhungen, anderen tariflichen Umgruppierungen sowie bei tariflichen Höhergruppierungen angerechnet werden.

5. Die Zahlung der Vergütung erfolgt bargeldlos. Der Arbeitnehmer wird umgehend nach Beginn des Arbeitsverhältnisses ein Konto errichten, den Namen des Kontoinhabers, der Bank, sowie die Bankleitzahl und die Kontonummer mitteilen.

6. Der Arbeitnehmer verpflichtet sich, den Arbeitgeber über jedes weitere Arbeitsverhältnis zu unterrichten. Er hat die Aufnahme eines zusätzlichen Arbeitsverhältnisses zu unterlassen, wenn dadurch seine Verpflichtung, die Arbeitsleistung entsprechend dem Arbeitsanfall zu erbringen, beeinträchtigt wird.

7. Der Arbeitnehmer tritt die Schadensersatzansprüche für den Fall und insoweit an den Arbeitgeber ab, als eine Verletzung durch einen Dritten vorliegt und trotz Arbeitsunfähigkeit die Bezüge ganz oder teilweise vom Arbeitgeber weitergezahlt werden. Der Arbeitnehmer ist verpflichtet, die für die Verfolgung der Schadensersatzansprüche notwendigen Auskünfte zu erteilen.

8. Die ersten 3 Monate gelten als Probezeit. Die Kündigungsfrist während der Probezeit und danach beträgt für Arbeitgeber und Arbeitnehmer 1 Monat zum Monatsende.

218 **10. Muster: Arbeitsvertrag für Aushilfskräfte im Einzelhandel NW mit allgemeiner Arbeitsanweisung für Verkäufer**

Arbeitsvertrag

zwischen

der Firma ...

– nachstehend: Firma –

und

Herrn ...

– nachstehend: Mitarbeiter –

Die Parteien schließen den nachfolgenden Arbeitsvertrag:

§ 1 Beginn des Arbeitsverhältnisses

Der Mitarbeiter wird vom ... bis zum ... als Aushilfskraft zur Abdeckung eines vorübergehenden Arbeitsanfalls beschäftigt. Vor Beginn des Arbeitsverhältnisses ist die Kündigung ausgeschlossen.

§ 2 Tätigkeit

Der Mitarbeiter wird als Verkäufer angestellt. Er ist weisungsgebunden gegenüber dem Abteilungsleiter und dessen Vorgesetzten.

§ 3 Arbeitszeit

Die Arbeitszeit des Mitarbeiters ist bedarfsabhängig, sie richtet sich nach dem jeweiligen Arbeitsanfall. Nach drei Monaten beträgt die Mindestarbeitszeit ... Stunden wöchentlich. Lage und Dauer der Arbeitszeit bestimmt die Firma durch Abruf. Dem Mitarbeiter ist der Arbeitsbedarf in angemessener Frist anzukündigen, grundsätzlich mindestens vier Tage vor der Bedarfssituation. Bei kürzerer Bedarfsanmeldung kann der Mitarbeiter die Arbeit ablehnen.

§ 4 Vergütung

(1) Der Mitarbeiter erhält für seine vertragliche Tätigkeit einen Stundenlohn iHv brutto ... EUR. Die Vergütung ist jeweils am Letzten des Monats fällig. Die Zahlung erfolgt bargeldlos. Der Mitarbeiter ist verpflichtet, ein Konto zu unterhalten und der Firma seine Kontonummer mitzuteilen.

(2) Der Mitarbeiter erhält für alle Verkäufe, die er veranlasst, neben dem Stundenlohn ab einem Verkaufsvolumen von ... EUR monatlich eine Provision iHv 1 % des bereinigten Umsatzes (Umsatz abzgl. Retouren und Mehrwertsteuer).

§ 5 Urlaub

Ein Urlaubsanspruch während des Aushilfsarbeitsverhältnisses (maximal drei Monate) besteht nicht. Nach Ablauf von drei Monaten kann Urlaub nach Maßgabe von § 14 des Tarifvertrages für den Einzelhandel NW anteilig gewährt werden.

§ 6 Arbeitsverhinderung

Der Mitarbeiter ist verpflichtet, dem Arbeitgeber jede Dienstverhinderung und ihre voraussichtliche Dauer anzuzeigen. Auf Verlangen sind die Gründe der Dienstverhinderung mitzuteilen.

Die Entgeltfortzahlung im Krankheitsfalle richtet sich nach dem Entgeltfortzahlungsgesetz in seiner jeweiligen Fassung.

§ 7 Dauer des Arbeitsverhältnisses

(1) Das Arbeitsverhältnis endet in den ersten drei Monaten mit Abdeckung des Arbeitsanfalls, spätestens zum vereinbarten Zeitpunkt, ohne dass es einer Kündigung bedarf.

(2) Wird der Mitarbeiter über die in § 1 bestimmte Frist hinaus beschäftigt, geht das Aushilfsarbeitsverhältnis in ein Teilzeitarbeitsverhältnis auf unbestimmte Zeit über.

(3) Das Arbeitsverhältnis kann durch ordentliche, fristgerechte Kündigung oder durch fristlose, außerordentliche Kündigung beendet werden. Die Kündigung bedarf der Schriftform.

(4) Die Kündigungsfrist beträgt in den ersten drei Monaten gem. § 13 Abs. 1 MTV Einzelhandel NW fünf Kalendertage, sie berechnet sich bei einem unbefristeten Teilzeitarbeitsverhältnis nach § 10 MTV Einzelhandel NW.

§ 8 Nebenabreden und Vertragsänderungen

(1) Ergänzungen und Änderungen dieses Arbeitsvertrages einschließlich der Aufhebung dieses Schriftformerfordernisses bedürfen der Schriftform, es sei denn, sie beruhen auf einer ausdrücklichen oder individuellen Vertragsabrede. Eine betriebliche Übung ist keine solche ausdrückliche bzw individuelle Vertragsabrede. Auch wiederholte Leistungen oder Vergünstigungen ohne ausdrückliche oder individuelle Vertragsabrede begründen keinen Anspruch für die Zukunft.

(2) Die vereinbarte Arbeitszeit erfolgt auf Wunsch des Mitarbeiters und unter Berücksichtigung der betrieblichen Belange.

(3) Die Allgemeine Arbeitsanweisung für Verkäufer der Firma, die als Anlage zu diesem Vertrag genommen wird, ist Bestandteil der zwischen den Parteien vereinbarten Rechte und Pflichten.

... (Ort, Datum, Unterschrift Firma)

... (Ort, Datum, Unterschrift Mitarbeiter)

§ 1 Verträge mit Arbeitnehmern, freien Mitarbeitern und Gesellschaftsorganen

Anlage: Allgemeine Arbeitsanweisung

Für meinen Betrieb gelten folgende, stets zu beachtende Grundsätze:

1. Wer im Verkauf tätig ist, hat unbedingt auf saubere Kleidung und ein stets gepflegtes Äußeres zu achten. Das Verhalten gegenüber den Kunden hat stets von Zuvorkommenheit, Korrektheit und Freundlichkeit geprägt zu sein.

2. Während der Arbeitszeit besteht in allen Geschäftsräumen ein Rauchverbot. Der Genuss von Alkohol ist nicht gestattet. Es dürfen keine privaten Gespräche mit oder vor Kunden geführt werden, auch ist es nicht gestattet, Gespräche mit Kunden über Mitarbeiter zu führen. Vor Kunden dürfen keine Diskussionen oder Auseinandersetzungen ausgetragen werden.

3. Der Arbeitsplatz und alle Räumlichkeiten des Geschäfts sind stets sauber zu halten. Soweit Unordnung entstanden ist, ist diese umgehend zu beseitigen.

4. Die Arbeitszeit endet erst dann, wenn die Kasse abgerechnet ist. Geschäftsräume sind ordnungsgemäß zu verschließen, soweit vorhanden, Rollgitter- oder Rollladensicherung vorzunehmen.

5. Privatkäufe sind wie folgt abzuwickeln:

6. Der Mitarbeiter haftet für von ihm verursachte Schäden im Rahmen der vom Bundesarbeitsgericht begründeten Rechtsprechung zur Haftung des Arbeitnehmers gem. § 619 a BGB.

7. Ware, die Kunden zurückbringen, wird generell nicht zurückgenommen, auch erfolgt grundsätzlich keine Geldrückgabe. Nur der Geschäftsinhaber ist befugt, von dieser Regel abweichende Entscheidungen zu treffen. Reklamationen sind entgegenzunehmen, wobei die Entscheidung über die Berechtigung jeweils vom Geschäftsinhaber oder dessen Vertreter getroffen wird.

Im Geld-, Scheck- und Warenverkehr ist Folgendes zu beachten: Entgegengenommen werden grundsätzlich nur Euro-Schecks, bei denen die Kartennummer des Schecks auf der Rückseite vermerkt sein muss. Die Nummer muss mit der Nummer auf der Scheckkarte identisch sein. Der Mitarbeiter muss eine entsprechende Überprüfung vorgenommen haben. Andere Schecks als Euro-Schecks werden nicht entgegengenommen.

Soweit Kunden nur teilweise in der Lage sind, den Kaufpreis zu zahlen, darf die Ware erst herausgegeben werden, wenn der Kaufpreis vollständig entrichtet wurde.

8. Private Telefongespräche werden vom Mitarbeiter selbst bezahlt. Private Telefonate sind während der Geschäftszeiten nur auf ganz dringende Ausnahmefälle beschränkt.

9. Es ist stets auf die Einhaltung der notwendigen Vorschriften im Umgang mit technischem Gerät zu achten. Jeder Mitarbeiter ist darauf hingewiesen worden, dass ein nicht ordnungsgemäßer Umgang mit technischem Gerät zur Folge haben kann, dass etwa bestehende Versicherungen Deckungsschutz verweigern könnten.

Von der vorstehenden Allgemeinen Arbeitsweisung habe ich Kenntnis erhalten:

... (Unterschrift Mitarbeiter)

11. Muster: Arbeitsvertrag mit Kellnerin (mit Tarifbindung Gaststättenverband NW)

Arbeitsvertrag

Zwischen

...

– nachstehend „Arbeitgeber" genannt –

und

Frau ...

– nachstehend „Arbeitnehmerin" genannt –

wird gemäß dem jeweils geltenden bzw zuletzt abgeschlossenen Manteltarifvertrag für das Hotel- und Gaststättengewerbe (MTV), abgeschlossen vom Hotel- und Gaststättenverband NW mit der Gewerkschaft Nahrung, Genuss, Gaststätten, sofern nachstehend nichts anderes vereinbart ist, folgender Arbeitsvertrag geschlossen:

1. Tätigkeit und Aufgabengebiet

Frau ... wird eingestellt als Kellnerin. Der Arbeitgeber ist hierbei berechtigt, der Arbeitnehmerin auch eine andere gleichwertige, ihren Fähigkeiten entsprechende Tätigkeit zu übertragen, gegebenenfalls im Rahmen betrieblicher Notwendigkeiten und einer zeitlich zumutbaren Begrenzung auch in einem anderen Betrieb der Firmengruppe.[574]

2. Beginn der Probezeit

Das Arbeitsverhältnis beginnt am ...

Es wird als befristetes Probearbeitsverhältnis bis ... abgeschlossen und endet automatisch durch Ablauf, wobei dieses um maximal drei Monate verlängert werden kann, sofern hierfür sachliche Gründe vorliegen und die Vertragsparteien mindestens zwei Wochen vor Ablauf sich über die Verlängerung des befristeten Probearbeitsverhältnisses einig sind.

Auch während einer Befristung kann das Arbeitsverhältnis mit tariflicher Frist ordentlich gekündigt werden. Wird das Arbeitsverhältnis danach fortgesetzt, so gilt es als auf unbestimmte Zeit abgeschlossen.

Die Übernahme der Arbeitnehmerin in ein endgültiges Arbeitsverhältnis auf unbestimmte Zeit ist vom Arbeitgeber spätestens zwei Wochen vor Ablauf des Probearbeitsverhältnisses der Arbeitnehmerin ausdrücklich schriftlich mitzuteilen. Für das Anschlussarbeitsverhältnis gelten im Übrigen die Regelungen dieses Vertrages als vereinbart.

3. Arbeitszeit

Die Arbeitszeit beträgt wöchentlich ... Stunden.

Der Arbeitgeber ist befugt, Überstunden innerhalb der Grenzen des MTV anzuordnen.

4. Vergütung

a) Das Gehalt bzw der Lohn beträgt monatlich ... EUR brutto.

b) An jedem Lohnzahlungstermin ist die Arbeitnehmerin verpflichtet, eine schriftliche Erklärung über die Höhe der von ihr vereinnahmten Trinkgelder abzugeben und die Richtigkeit dieser Angaben durch Unterschrift zu bestätigen.

c) Eine Veränderung der Tarifansprüche kann auf den jeweiligen übertariflichen Gesamtbezug angerechnet werden.[575]

Etwaige Gratifikationen oder besondere Zuwendungen des Arbeitgebers stellen rein freiwillige Leistungen dar, auf welche die Arbeitnehmerin, auch im Wiederholungsfall, keinen Rechtsanspruch hat.

5. Mehrarbeit

Mehrarbeit wird nur dann vergütet oder mit Freizeit abgegolten, wenn sie vom Arbeitgeber oder dessen Beauftragten ausdrücklich angeordnet oder genehmigt worden ist. Sie ist innerhalb von drei Tagen dem Arbeitgeber zur Aufzeichnung zu melden.

---

574 Soweit möglich, sollte an dieser Stelle bereits konkret benannt werden, in welchen anderen Unternehmen ein Einsatz möglich sein soll. Das BAG hat es in seiner Entscheidung vom 13.4.2010 (9 AZR 36/09, BB 2010, 2432) offengelassen, ob eine Konzernversetzungsklausel wirksam ist. Aufgrund der Tendenz der Rechtsprechung des BAG zu Versetzungsklauseln und der kritischen Betrachtung einer Konzernversetzungsklausel in der vorgenannten Entscheidung ist wohl von der Unwirksamkeit einer solchen Konzernversetzungsklausel auszugehen.
575 Diese Klausel entspricht dem Wortlaut im Urteil des BAG vom 19.5.2004 (5 AZR 354/03, NZA 2005, 599).

6. Urlaub

Die Arbeitnehmerin hat Anspruch auf Urlaub gemäß den tariflichen Bestimmungen.

Die Urlaubszeit hat sich möglichst nach den betrieblichen Belangen zu richten. Übertragungen ins Folgejahr sind zu vermeiden; solche über den 31. März eines Folgejahres hinaus bedürfen der ausdrücklichen Zustimmung des Arbeitgebers, ansonsten verfallen diese übertragenen Urlaubsansprüche automatisch.

7. Kündigung/Vertragsende

Die Kündigung muss schriftlich erfolgen. Eine verspätet erfolgte Kündigung gilt als Kündigung für den nächstzulässigen Termin.

Wenn ein wichtiger Grund vorliegt, können sowohl das befristete Probearbeitsverhältnis, das befristete Arbeitsverhältnis als auch das unbefristete Arbeitsverhältnis fristlos gekündigt werden. Ist die fristlose Kündigung unwirksam, so gilt sie als fristgerechte Kündigung zum nächstzulässigen Termin. Im Übrigen gelten die tarifvertraglichen Kündigungsfristen.

8. Erklärungen der Arbeitnehmerin

Die Arbeitnehmerin versichert ausdrücklich und wahrheitsgemäß,

- zurzeit voll arbeitsfähig zu sein und
- für sämtliche anfallenden Arbeiten im Rahmen dieses Arbeitsvertrages körperlich und geistig geeignet zu sein;
- nicht an akuten oder ansteckenden Krankheiten zu leiden;
- mit Datum des Arbeitsvertrages keinen Antrag auf Schwerbehinderten- und/oder Gleichgestellteneigenschaft gestellt zu haben;
- nicht vorbestraft zu sein (andernfalls ist eine schriftliche Erklärung nötig).

Es wird ausdrücklich darauf hingewiesen, dass keine, nur teilweise oder unwahre Angaben zur fristlosen oder ersatzweise ordentlichen Kündigung führen können.

9. Arbeitspapiere

Die Arbeitnehmerin hat bei Arbeitsantritt alle Arbeitspapiere, gegebenenfalls einschließlich Gesundheitszeugnis, gültiger Arbeitserlaubnis, beim Arbeitgeber abzugeben.

10. Dienstwohnung

Vom Arbeitgeber zur Verfügung gestellter Wohnraum ist spätestens am letzten Tag des Arbeitsverhältnisses zu räumen und an den Arbeitgeber in ordnungsgemäßem Zustand zu übergeben.

11. Zusätzliche Vereinbarungen

Es wird Anwesenheitskost gewährt und nach den amtlichen Sachbezugswerten versteuert.

12. Muster: Teilzeitarbeitsverhältnis in der Systemgastronomie

Zwischen

– im Folgenden „Arbeitgeber" genannt –

und

Herrn ...

– im Folgenden „Arbeitnehmer" genannt –

wird unter Bezugnahme auf den Personalbogen, der Inhalt des Arbeitsvertrages ist, Folgendes vereinbart:

§ 1 Beginn des Arbeitsverhältnisses

(1) Der Arbeitnehmer nimmt seine Tätigkeit am ... um ... Uhr im Restaurant ... des Arbeitgebers auf. Damit beginnt sein Arbeitsverhältnis. Vor seinem Beginn ist die ordentliche Kündigung ausgeschlossen.

(2) Es liegt ein unbefristetes Arbeitsverhältnis vor.

(3) Die Probezeit beträgt 6 Monate.

§ 2 Flexible Arbeitszeit

(1.1) Definitionen

Als Vollzeit im Sinne dieses Vertrages gelten wöchentlich 5 Arbeitstage bei 40 Stunden in der Woche. Arbeitstage sind alle Wochen einschließlich des Wochenendes sowie Feiertage.

(1.2) Arbeitszeit

Die Arbeitszeit beträgt durchschnittlich mindestens 20 Stunden pro Arbeitswoche.

Eine Erhöhung der durchschnittlich vereinbarten Arbeitszeit bis zum Umfang der Vollzeit kann nach Bedarf und ausdrücklicher Anforderung durch den Arbeitgeber erfolgen.

(2) Die Verteilung der Arbeitszeit auf einzelne Wochentage sowie Beginn und Ende der vertraglichen Arbeitszeit richten sich nach den betrieblichen Bestimmungen. Der Dienstplan ist bindend. Im beiderseitigen Einvernehmen, das nicht der Schriftform bedarf, kann die vertraglich vereinbarte Arbeitszeit kurzfristig unter- oder überschritten werden. Das Einvernehmen ist spätestens am Tag der Unter- bzw Überschreitung herzustellen. Widerspruchslose Entgegennahme des Dienstplans gilt als Zustimmung.[576] Nach Abstimmung mit dem Arbeitnehmer kann der Arbeitgeber eine Unterschreitung der Arbeitszeit auf den Arbeitszeitausgleich anrechnen.

Jeder Arbeitnehmer ist verpflichtet, sich rechtzeitig selbst über seinen Dienstplan zu informieren.

(3) Der Arbeitnehmer ist verpflichtet, auch regelmäßig in Wechselschicht zu arbeiten sowie seine Arbeitsleistung auch an Samstagen, Sonn- und Feiertagen sowie nachts, entsprechend der betrieblichen Einteilung, zu erbringen sowie auf Anforderung im gesetzlichen Rahmen zulässige Über- oder Mehrarbeit zu leisten. Bei Vorliegen eines wichtigen Grundes können im Einzelfall Ausnahmen zugelassen werden. Bei Erstellung des Dienstplans wird der Arbeitgeber die im Folgenden mit dem Arbeitnehmer vereinbarten Arbeitszeiträume berücksichtigen.

	Mo	Di	Mi	Do	Fr	Sa	So
von ...							
bis ...							

(4) Die Arbeitszeit beginnt nach dem Umziehen (Dienstkleidung) mit Aufnahme der Tätigkeit am Arbeitsplatz und endet vor dem Umziehen (Privatkleidung). Zur Arbeitszeit gehören nicht Pausen, vorausgesetzt diese betragen im Einzelnen mindestens 15 Minuten.

§ 3 Vergütung

(1) Die Vergütung des Arbeitnehmers erfolgt nach den geleisteten und angeordneten Arbeitsstunden. Das Arbeitsentgelt wird monatlich spätestens bis zum zehnten Tag des auf den Abrechnungsmonat folgenden Monats abgerechnet und ausgezahlt. Die Zahlung erfolgt unbar.

---

[576] Die stillschweigende Entgegennahme des Dienstplans dürfte keine wirksame Willenserklärung des Arbeitnehmers darstellen, § 308 Nr. 5 BGB (vgl BAG 5.8.2009 – 10 AZR 483/08, NZA 2009, 1105).

Wisswede

(2) Der Arbeitnehmer übt eine Tätigkeit als ... aus.

Das Brutto-Entgelt berechnet sich wie folgt:

Stundenlohn ... EUR
Brutto-Entgelt ... EUR

Der Arbeitgeber behält sich vor, auf freiwilliger Basis eine Zulage zu gewähren. Soweit dies erfolgt, begründet auch die vorbehaltlose mehrfache Gewährung in gleicher Höhe keinen Rechtsanspruch auf weitere Zahlungen in der Zukunft.

(3) Die monatlichen Entgeltabrechnungen werden im Restaurant ausgehändigt oder können im Falle einer Arbeitsbeendigung dort zur Übersendung angefordert werden.

(4) Mehrarbeit bedarf der schriftlichen Genehmigung des Betriebsleiters bzw Bevollmächtigten. Nicht ausdrücklich angeordnete Nebenarbeit oder Überstunden werden nicht bezahlt.

(5) Im Falle einer vorgeschriebenen Tariflohn-Eingruppierung erfolgt bei Arbeitnehmern nach § 8 SGB IV zur Vereinfachung die Netto-Stundenlohnfestsetzung unter Abzug der jeweils gültigen Pauschalsteuersätze. Es bleibt dem Arbeitnehmer vorbehalten, zur individuellen Lohnsteuerberechnung seine Lohnsteuerkarte vorzulegen (Brutto-Stundenlohnfestsetzung).

Mit Vertragsunterzeichnung bestätigt der Arbeitnehmer, dass er keine weiteren Einkünfte aus anderen Nebenbeschäftigungen bezieht. Sofern eine solche aufgenommen wird, ist der Arbeitgeber unverzüglich schriftlich zu verständigen.

§ 4 Feiertagszuschlag

Bezogen auf die Anordnung betreffend Freizeit für Arbeitnehmer in Gastwirtschaften (Gesetz vom 21.3.1952, BGBl. I S. 146) wird vereinbart, dass im Falle der Nichtgewährung des Feiertagszuschlags in Form von Freizeit dieser ersatzweise als steuerfreier Netto-Zuschlag von 100 vom Hundert gem. § 3 b EStG ausbezahlt wird, und zwar im nächstmöglichen Abrechnungszeitraum. Die Nichtgewährung des Feiertagszuschlags in Form von Freizeit muss dabei aus betrieblichen oder in der Person des Arbeitnehmers liegenden Gründen veranlasst sein.

§ 5 Jahressonderzuwendung und Urlaubsgeld

Sobald die Jahressonderzuwendung und das Urlaubsgeld gewährt werden, besteht für den Arbeitgeber ein Zurückbehaltungsanspruch gegenüber der Bruttovergütung des Arbeitnehmers, falls dieser innerhalb der darauf folgenden zwei Kalendermonaten sein Arbeitsverhältnis kündigt. Die jeweilige Zahlung kann mit den folgenden beiden Monatsvergütungen verrechnet werden.

Übertarifliche Teile der Jahressonderzuwendung und des Urlaubsgeldes können einseitig vom Arbeitgeber mit tatsächlich geleisteter Mehrarbeit und deren Zuschlägen verrechnet werden.

§ 6 Abreden

Für Jahressonderzuwendungen und Urlaubsgeld gelten für das Arbeitsverhältnis der jeweilige Manteltarifvertrag und Entgelttarifvertrag für den Bereich der Systemgastronomie, der zwischen dem Bundesverband der Systemgastronomie e.V. und der Gewerkschaft NGG abgeschlossen ist.

Mit Inkrafttreten dieses Arbeitsvertrages treten alle anderweitigen Vertragsregelungen, gleich welcher Art, außer Kraft, insbesondere der bisherige Arbeitsvertrag. Die Betriebszugehörigkeit bleibt bei ununterbrochener Beschäftigung erhalten.

Es bestehen keine mündlichen Nebenabreden.

Ergänzungen und Änderungen dieses Arbeitsvertrages einschließlich der Aufhebung dieses Schriftformerfordernisses bedürfen der Schriftform, es sei denn, sie beruhen auf einer ausdrücklichen oder individuellen Vertragsabrede oder es ist in diesem Vertrag Abweichendes bestimmt. Eine betriebliche Übung ist keine solche ausdrückliche bzw individuelle Vertragsabrede. Auch wiederholte Leistungen oder Vergünstigungen ohne ausdrückliche oder individuelle Vertragsabrede begründen keinen Anspruch für die Zukunft.

§ 7 Sonstiges

(1) Weisungsrecht

Der Arbeitnehmer ist verpflichtet, die für seine Tätigkeit notwendigen Einweisungen und Schulungen, die während der Arbeitszeit angeordnet werden, zu besuchen und in allen Betriebsstätten des Arbeitgebers (einschließlich angeschlossener systemgastronomischer Unternehmen), soweit die örtliche Zumutbarkeit gegeben ist, zu arbeiten.

(2) Informationspflicht

Im Übrigen gelten für das Arbeitsverhältnis die betriebsüblichen Anweisungen und Richtlinien, die Betriebsordnung sowie die am Aushang (Schwarzes Brett) angebrachten allgemeinen Informationen und Anordnungen. Der Arbeitnehmer ist verpflichtet, regelmäßig die Aushänge und Mitteilungen des Arbeitgebers am Schwarzen Brett zur Kenntnis zu nehmen.

(3) Abtretung/Verpfändung

Entgeltabtretungen sind unzulässig.[577] Verpfändungen sollen vermieden werden. Für die Bearbeitung einer Entgeltpfändung werden 15 EUR und für jede Überweisung 3 EUR vom Entgelt einbehalten.

(4) Vertraulichkeit

Der Arbeitnehmer verpflichtet sich, Unbefugten gegenüber absolutes Stillschweigen über alle ihm während der Vertragsdauer bekannt werdenden Betriebs- und Geschäftsgeheimnisse zu wahren. Das gilt auch nach Beendigung des Arbeitsverhältnisses. Vertrauliche Unterlagen dürfen niemand anderem als den Personen, für die sie bestimmt sind, zugänglich gemacht werden.

(5) Anderweitige Erwerbstätigkeiten

Der Arbeitnehmer verpflichtet sich im Übrigen, den Arbeitgeber über Beginn und Ende anderweitiger Erwerbstätigkeiten unverzüglich schriftlich zu unterrichten, ohne dass es einer besonderen Aufforderung bedarf.

(6) Schadensersatzansprüche

Der Arbeitnehmer tritt bereits jetzt seine Schadensersatzansprüche für den Fall und insoweit an den Arbeitgeber ab, als er durch einen Dritten verletzt wird und infolge Arbeitsunfähigkeit seine Bezüge ganz oder teilweise vom Arbeitgeber weiter erhält.

(7) Datenverarbeitung

Mit Vertragsunterzeichnung gibt der Arbeitnehmer die Einwilligung, dass seine Daten maschinell verarbeitet und gespeichert werden dürfen. Soweit betrieblich erforderlich, kann die Datenverarbeitung durch eine beauftragte externe Stelle (zB Steuerberater-Büro) und auch konzernbezogen erfolgen. Diese Stelle wird gesondert auf das Datenschutzgeheimnis verpflichtet. Der Arbeitgeber sorgt für die Einhaltung der Datenschutzbestimmungen.

(8) Vertragsbeendigung

Das Arbeitsverhältnis endet spätestens am Ende des Monats, in welchem der Arbeitnehmer erstmals Anspruch auf eine gesetzliche Regelaltersrente hat.

(9) Gerichtsstand

Für Streitigkeiten aus diesem Arbeitsverhältnis und über sein Bestehen ist, soweit nichts anderes bestimmt ist, das Arbeitsgericht des Ortes zuständig, an dem die streitige Verpflichtung zu erfüllen ist.

---

[577] Die Klausel ist nach hier vertretener Ansicht nach § 307 Abs. 2 Nr. 1 BGB unwirksam (vgl Hümmerich/Reufels/*Schiefer*, Gestaltung von Arbeitsverträgen, § 1 Rn 362).

(10) Arbeitspapiere

Der Arbeitnehmer ist verpflichtet, dem Arbeitgeber vor Aufnahme seiner Tätigkeit alle erforderlichen Arbeitspapiere (einschließlich Gesundheitszeugnis) vorzulegen. Er erhält diese spätestens bei Vertragsbeendigung, dh 10 Tage nach der letzten Abrechnung, zurück.

Soweit Kosten für die Erstellung der Arbeitspapiere entstehen, hat der Arbeitnehmer diese selbst zu tragen.

(11) Inkrafttreten

Dieser Vertrag tritt mit seiner Unterzeichnung durch die Vertragsparteien in Kraft.

Der Arbeitnehmer bestätigt hiermit ausdrücklich, dass er den o.g. Vertragstext zur Kenntnis genommen hat. Mögliche Fragen sind ihm beantwortet worden. Mit seiner Unterschrift bestätigt er des Weiteren, eine Vertragsausfertigung erhalten zu haben.

13. Muster: Arbeitsvertrag für Bewachungspersonal (mit Tarifbezug)

Zwischen ...

– nachstehend „Firma" genannt –

und

Herrn ...

– nachstehend „Arbeitnehmer" genannt –

wird folgender Arbeitsvertrag geschlossen:

1. Mitteilungspflicht

Der Arbeitnehmer hat bei seinem Eintritt seine Anschrift und spätere Änderungen unverzüglich schriftlich der Firma mitzuteilen; die zuletzt gemeldete Anschrift ist für alle erforderlichen Mitteilungen der Firma maßgebend. Alle Schriftstücke an diese Anschrift gelten als ordnungsgemäß zugegangen.[578]

2. Arbeitszeit

Es gilt folgende Arbeitszeit ausschließlich Pausen als vereinbart:

täglich	wöchentlich	monatlich
...	...	...

Die Lage der Arbeitszeit wird nach den Kundenerfordernissen von der Firma festgelegt. Mehrarbeit darf nur mit Zustimmung des Vorgesetzten geleistet werden. Der Arbeitnehmer verpflichtet sich, die Dienstantrittszeiten genauestens einzuhalten. Ist dem Arbeitnehmer dies – aus welchen Gründen auch immer – nicht möglich, so hat er die Firma unverzüglich telefonisch zu benachrichtigen.

3. Arbeitsentgelt

Das Arbeitsentgelt beträgt je Stunde/Tag/Woche/Monat

nach Tarifgruppe	Grundlohn
...	...
Leistungszuschlag	Lohnzuschlag
...	...
AT-Zuschlag	Sonstiges
...	...

---

578 Die Wirksamkeit dieser Klausel ist nach § 308 Nr. 6 BGB fraglich.

Das Entgelt richtet sich nach den am Beschäftigungsort mit den Gewerkschaften abgeschlossenen, geltenden Lohn- und Manteltarifverträgen für das Bewachungsgewerbe. Soweit über- oder außertarifliche Entgelte gewährt werden, können Lohntariferhöhungen auf diese angerechnet werden. Einen teilweisen oder vollständigen Widerruf der über- und außertariflichen Entgelte behält sich die Firma für den Fall vor, dass sich das Betriebsergebnis binnen eines Kalenderjahres um mehr als 10 % verringert.

Der Arbeitnehmer erkennt an, dass Weihnachts- oder sonstige Gratifikationen freiwillig gezahlt werden und hierauf auch nach wiederholter, vorbehaltloser und gleichförmiger Zahlung kein Rechtsanspruch besteht.[579]

Das Entgelt wird auf ein vom Arbeitnehmer einzurichtendes Konto ca. Mitte des auf die Leistung folgenden Monats überwiesen.

4. Zweitbeschäftigung und sonstige Bezüge

Der Arbeitnehmer erklärt ausdrücklich, dass er die Firma bei seiner Einstellung über seine zusätzlichen Bezüge aus Renten- und Pensionsansprüchen, Übergangsbezügen und weitere Beschäftigungen unterrichtet hat, insbesondere auch über auferlegte Dienstbeschränkungen bei der Aufnahme einer lohnabhängigen Tätigkeit. Der Arbeitnehmer verpflichtet sich, während der Tätigkeit die Firma sofort zu informieren, wenn er eine Zweitbeschäftigung aufnehmen will. Die Aufnahme von Nebentätigkeiten bedarf der vorherigen Zustimmung der Firma. Zwischen den Vertragspartnern besteht Einigkeit darüber, dass bei Erkrankungen und Unfällen, die in einer Nebentätigkeit entstanden sind, die Firma nicht für die Entgeltfortzahlung im Krankheitsfall in Anspruch genommen werden kann.

5. Einsatzort und Einsatzzeit

Der Arbeitnehmer hat keinen Anspruch auf einen bestimmten Dienstposten. Die Firma kann den Arbeitnehmer jederzeit zeitweise oder auf Dauer auf einer anderen Dienststelle innerhalb oder außerhalb des dem Arbeitnehmer jetzt zugewiesenen Beschäftigungsortes versetzen. Tritt infolge der Versetzung eine Tätigkeitsveränderung ein, ist ab dem Tag der Versetzung der nach dem Lohntarif gültige Stundenlohn für den betreffenden neuen Posten oder Einsatzort maßgebend. Der Arbeitnehmer ist verpflichtet, seine Tätigkeit in Wechselschicht, auch nachts, an Sonntagen, kirchlichen und gesetzlichen Feiertagen auszuführen.

6. Anerkennung von Tarifverträgen

Die zwischen dem Bundesverband Deutscher Wach- und Sicherheitsunternehmen e.V. und der Vereinten Dienstleistungsgewerkschaft (ver.di) abgeschlossenen Tarifverträge finden in ihrer jeweils gültigen Fassung Anwendung auf das Arbeitsverhältnis, soweit nicht individuell Abweichendes vereinbart ist.

7. Übernahme/Kündigungsfristen

Das Arbeitsverhältnis wird auf unbestimmte Zeit geschlossen. Es wird eine Probezeit von sechs Wochen vereinbart. Innerhalb dieses Zeitraumes kann das Arbeitsverhältnis ohne Angabe von Gründen mit einer Frist von zwei Wochen gelöst werden. In begründeten Fällen kann die Probezeit verlängert werden. Die Probezeit verlängert sich automatisch bis zu dem Zeitpunkt, zu dem die Einstellungsgenehmigung durch die Aufsichtsbehörde des Bewachungsgewerbes bzw die Beschäftigungserlaubnis vorliegt. Nach der Probezeit sind die jeweils geltenden tariflichen Kündigungsfristen zu wahren. Jede Kündigung hat schriftlich zu erfolgen. Unberührt bleibt das Recht zur fristlosen Kündigung. Eine fristlose Kündigung gilt für den Fall ihrer Unwirksamkeit zugleich als fristgerechte Kündigung zum nächstzulässigen Termin. Im Falle einer Kündigung ist die Fir-

---

[579] Ein vertraglicher Freiwilligkeitsvorbehalt, der alle zukünftigen Leistungen unabhängig von ihrer Art und ihrem Entstehungsgrund erfasst, benachteiligt den Arbeitnehmer regelmäßig unangemessen iSv § 307 Abs. 1 Satz 1, Abs. 2 Nr. 1 und 2 BGB und ist deshalb unwirksam (BAG 14.9.2011 – 10 AZR 526/10, NZA 2012, 81). Eine arbeitsvertragliche Klausel, nach der der Arbeitgeber jährlich jeweils neu über die Höhe der Gratifikation entscheidet, verstößt weder gegen das Transparenzgebot noch liegt darin eine unangemessene Benachteiligung (BAG 16.1.2013 – 10 AZR 26/12, NJW 2013, 1020).

Wisswede

ma berechtigt, den Arbeitnehmer sofort von jeder Tätigkeit freizustellen. Eine Kündigung des Arbeitsvertrages vor Arbeitsbeginn wird ausgeschlossen.

Das Arbeitsverhältnis kann darüber hinaus unter Berücksichtigung der Interessen aller Beteiligten jederzeit aus wichtigem Grunde fristlos gelöst werden, wenn u.a.

a) die zuständigen Überwachungsbehörden für das Wach- und Sicherheitsgewerbe die Weiterbeschäftigung des Arbeitnehmers untersagen,

b) bei Einsatz in Bundeswehrobjekten die militärischen Stellen die Entfernung des Arbeitnehmers verlangen, auch ohne Angabe von Gründen oder bei Nichtbestehen der Prüfung „Diensthundeführer" und/oder Prüfung nach UZwGBw,

c) das Verhalten des Arbeitnehmers eine Weiterbeschäftigung nicht mehr tragbar erscheinen lässt, wie beispielsweise: unzulässiger Alkoholgenuss (vgl Ziff. 22 dieses Vertrages); grobe Vernachlässigung von Dienstpflichten, wobei eine vorherige Abmahnung erforderlich ist; unrichtige Angaben im Bewerbungsbogen; Straftaten, ohne dass es einer Verurteilung bedarf.

In den Fällen a) und b) ist die fristlose Kündigung mit einer sozialen Auslauffrist im Umfang der ordentlichen Kündigungsfrist zu versehen.[580]

Sofern dieser Vertrag nicht vorher gekündigt oder in beiderseitigem Einvernehmen gelöst wird, endet das Vertragsverhältnis mit dem Zeitpunkt, für den dem Arbeitnehmer die Berufs-, Erwerbs- oder Regelaltersrente des gesetzlichen Versicherungsträgers erstmals gewährt wird. Der Arbeitnehmer verpflichtet sich, die Firma unverzüglich zu unterrichten, sobald er einen diesbezüglichen Antrag gestellt hat.

8. Ausbildung

Der Arbeitnehmer hat am allgemeinen Unterricht zur Aus- und Fortbildung im Bewachungsgewerbe teilzunehmen. Unterrichtsgeld wird gezahlt. Bei einer speziellen Ausbildung einschl. der von der Firma finanzierten Ausbildung durch Fremdkräfte gelten besondere Bestimmungen, die durch Zusatzvereinbarungen festgelegt werden. Der Arbeitnehmer kann die Teilnahme am Unterricht nicht verweigern. Der Arbeitnehmer erklärt sich einverstanden, dass Einweisungsstunden, die zur eigenständigen Dienstverrichtung notwendig sind, nicht zur Auszahlung kommen, wenn die Dienstverrichtung im Einweisungsobjekt aus persönlichen Gründen weniger als drei Monate dauert.

9. Vertragsstrafe/Betriebsbuße[581]

Falls die Stelle nicht angetreten wird, besteht die Verpflichtung, unter Verzicht auf Schadensnachweis eine Entschädigungssumme in Höhe eines halben Monatsentgelts an die Firma zu zahlen; die Firma ist außerdem berechtigt, einen weitergehenden Schaden geltend zu machen.

Der Arbeitnehmer verpflichtet sich, bei vertragswidriger Arbeitsniederlegung oder widerrechtlicher Auflösung des Arbeitsverhältnisses an die Firma je Tag eine Entschädigung in Höhe eines Schichtlohnes bis zum Tage des Ablaufes der fristgerechten Kündigung zu zahlen. Die Firma ist unwiderruflich berechtigt, diese Forderung im Rahmen der gesetzlichen Bestimmungen gegen den Lohn aufzurechnen. Der für den Bereich der Fir-

---

580 BAG 25.8.1999 – 7 AZR 75/98, NZA 2000, 656.
581 Das Verbot eines Vertragsstrafenversprechens in § 309 Nr. 6 BGB gilt im Arbeitsrecht nicht. Das BAG ist der Auffassung, dass die modifizierte Anwendungsregel in § 310 Abs. 4 Satz 2 BGB zu einem regelmäßig berechtigten Interesse des Arbeitgebers führt, die Nicht- oder Schlechterfüllung der Pflicht zur Arbeitsleistung mit einer Vertragsstrafe zu verbinden (BAG 3.4.2004 – 8 AZR 196/03, NZA 2004, 727). Unwirksam ist ein Vertragsstrafenversprechen, wenn die Abrede die Pflichtverletzung des Arbeitnehmers nicht so klar bezeichnet, dass sich der Versprechende in seinem Verhalten hierauf einstellen kann (BAG 21.4.2005 – 8 AZR 425/04, NZA 2005, 1053). Unwirksam ist die Vereinbarung eines Vertragsstrafenrahmens für den Fall eines gravierenden Wettbewerbsverstoßes von einem bis zu drei Monatsgehältern, wenn es dem Arbeitgeber überlassen bleibt, die Vertragsstrafe im Einzelfall innerhalb dieses Rahmens festzusetzen (BAG 18.8.2005 – 8 AZR 65/05, NZA 2006, 34 = BB 2006, 720). Vorsicht ist geboten, wenn die Vertragsstrafe zu hoch bemessen ist. Eine Herabsetzung der Vertragsstrafe nach § 343 BGB kommt seit der Schuldrechtsmodernisierung nicht mehr in Betracht, weil das Verbot der geltungserhaltenden Reduktion nach § 306 Abs. 2 BGB die Anpassung einer zu hohen Vertragsstrafe nach § 343 BGB ausschließt (BAG 4.3.2004 – 8 AZR 196/03, NZA 2004, 727; LAG Hamm 24.1.2003 – 10 Sa 1158/02, DB 2003, 2549; *Brors*, DB 2004, 1778).

ma gültige Katalog für Betriebsbußen wurde ausgehändigt und wird vom Arbeitnehmer ausdrücklich anerkannt.

10. Urlaub

Der Urlaubsanspruch bei Vollzeitbeschäftigten beträgt zurzeit ... Tage, der Urlaub bei Teilzeitbeschäftigten bemisst sich nach der jeweiligen verringerten Arbeitszeit.[582] Der Anspruch auf Jahresurlaub kann erst nach sechsmonatiger Betriebszugehörigkeit geltend gemacht werden. Freie Schichten und Urlaubswünsche sind rechtzeitig anzumelden; dabei ist auf betriebliche Erfordernisse Rücksicht zu nehmen. Urlaubsjahr ist das Kalenderjahr. Urlaub muss im laufenden Kalenderjahr beantragt und genommen werden – Ausnahme Satz 2 –.

11. Krankheit

In Krankheitsfällen wird das Gehalt nach Maßgabe des Entgeltfortzahlungsgesetzes in seiner jeweils gültigen Fassung nur bis zur Dauer von sechs Wochen gezahlt. Im Krankheitsfall hat der Arbeitnehmer möglichst am ersten Krankheitstag bis 12.00 Uhr die Firma zu benachrichtigen und die Arbeitsunfähigkeit durch ärztliche Bescheinigung unverzüglich, spätestens nach drei Tagen zugehend, nachzuweisen. Sollte die Erkrankung länger dauern, so ist spätestens nach zwei Wochen eine Zwischennachricht an die Firma zu geben; auf Verlangen der Firma hat der Arbeitnehmer sich einer ärztlichen Untersuchung zu unterziehen. Wenn der Arbeitnehmer wiederholt, schuldhaft verspätet und trotz Mahnung die Mitteilung der Erkrankung, auch Kurzerkrankung, und/oder die Vorlage eines ärztlichen Zeugnisses unterlässt, ist die Firma berechtigt, das Vertragsverhältnis ohne Einhaltung einer Kündigungsfrist zu kündigen.

12. Obliegenheiten/Wettbewerbsverbot

Der Arbeitnehmer hat seine Arbeitskraft unter Ausschluss jeder nicht von der Firma gestatteten Nebentätigkeit allein der Firma zu widmen, die Arbeitszeit pünktlich einzuhalten und an der qualitativen und wirtschaftlichen Verbesserung aller Dienstleistungen, der Arbeits- und Vertriebsverfahren mitzuarbeiten. Die ausgehändigte, vom Bundesverband erstellte „Dienstanweisung für den Wachmann des Bewachungsgewerbes" ist Bestandteil dieses Vertrages.

Der Arbeitnehmer hat über die ihm bekannt gewordenen oder anvertrauten Betriebs- und Geschäftsgeheimnisse sowohl während der Dauer des Dienstverhältnisses als auch nach dessen Beendigung Dritten gegenüber Stillschweigen zu bewahren und darf sie auch persönlich nicht auf unlautere Art verwenden. Dies gilt insbesondere für Kunden- und Lieferantenlisten, Umsatzziffern, Bilanzen und Angaben über die finanzielle Lage der Firma.

Während der Laufzeit dieses Vertrages darf der Arbeitnehmer auch keine Geschäfte auf eigene oder fremde Rechnung im Geschäftskreis der Firma tätigen. Ein gesondertes nachvertragliches Wettbewerbsverbot mit evtl Entschädigungsregelungen kann vereinbart werden.

Die Annahme irgendwelcher Geschenke, Vergünstigungen in offener oder versteckter Form von Lieferanten oder Kunden ist dem Arbeitnehmer verboten; er ist verpflichtet, die Firma unverzüglich jeden solchen ihm gegenüber gemachten Versuch mitzuteilen.

13. Bewerbungsbogen

Die im Fragebogen „Bewerbungen" gemachten Angaben werden im Fall der Einstellung wesentlicher Bestandteil dieses Vertrages; unrichtige Angaben können zur Anfechtung oder fristlosen Kündigung dieses Vertrages führen.

---

582 Empfehlenswert ist es, zwischen dem gesetzlichen Mindesturlaub einerseits und einem zusätzlich gewährten vertraglichen bzw tariflichen Urlaub andererseits zu unterscheiden, um zu erreichen, dass zumindest der vertragliche/tarifliche Urlaubsanspruch verfällt, wenn dieser im Übertragungszeitraum wegen Arbeitsunfähigkeit des Arbeitnehmers nicht genommen werden kann (vgl BAG 4.5.2010 – 9 AZR 183/09, NZA 2010, 1011; BAG 23.3.2010 – 9 AZR 128/09, NZA 2010, 810).

14. Gesundheitszeugnis/SCHUFA-Auskunft/Polizeiliches Führungszeugnis/Auszug aus Verkehrszentralregister

Der Arbeitnehmer verpflichtet sich, bei Arbeitsaufnahme ein Gesundheitszeugnis (nicht älter als 15 Tage), eine SCHUFA-Auskunft und ein polizeiliches Führungszeugnis – Kraftfahrer zusätzlich einen Auszug aus dem Verkehrszentralregister – auf eigene Kosten vorzulegen. Auf Anforderung und auf Kosten der Firma sind diese Unterlagen jährlich erneut beizubringen. Negative Aussagen in den genannten Bescheinigungen können zur Anfechtung bzw fristlosen Kündigung dieses Vertrages führen.

15. Vorschüsse/Darlehen

Zurückzuzahlende Vorschüsse und Darlehen werden bei Beendigung des Arbeitsverhältnisses mit dem Restbetrag ohne Rücksicht auf die bei Hingabe getroffenen Vereinbarungen fällig. Dies gilt nicht, wenn die Firma das Arbeitsverhältnis aus betriebsbedingten Gründen gekündigt hat oder der Arbeitnehmer aus einem zur außerordentlichen Kündigung berechtigenden Grund gekündigt hat.

16. Wirtschaftliche Verhältnisse/Abtretungen/Pfändungen

Der Arbeitnehmer erkennt an, dass die besonderen betrieblichen Belange der Firma es erfordern, dass die wirtschaftlichen Verhältnisse des Arbeitnehmers geordnet sind, was der Arbeitnehmer hiermit versichert. Er versichert weiterhin, dass gegen ihn keine unerledigten rechtskräftigen Vollstreckungstitel vorliegen und dass er keine Abtretungen oder Pfändungen seiner Lohnansprüche vorgenommen hat. Während der Dauer des Vertragsverhältnisses darf der Arbeitnehmer Lohnabtretungen nicht ohne schriftliche Zustimmung der Firma vornehmen. Im Falle einer von der Firma als Drittschuldner zu beachtenden Pfändung des Arbeitslohnes werden je Lohnabrechnung 25 EUR berechnet und von der Firma mit dem abzurechnenden Lohn verrechnet.

Es ist dem Arbeitnehmer auch insbesondere untersagt, von anderen Arbeitnehmern der Firma oder von Kunden Geldbeträge, gleich in welcher Höhe, oder andere Wertgegenstände, sei es auch nur für kurze Zeit, auszuleihen (ausgenommen hiervon sind Bank- oder Sparkassenkredite, sofern sie im Rahmen der wirtschaftlichen Verhältnisse des Arbeitnehmers liegen).

17. Sicherheitsvorschriften/Dienstanweisungen

Die bei der Firma geltenden Sicherheitsvorschriften und sonstige den Betriebsablauf und dergleichen betreffenden Anordnungen sind in Dienstanweisungen festgelegt. Der Arbeitnehmer wird ein Exemplar sämtlicher jeweils gültigen Dienstanweisungen beim Eintritt erhalten und den Empfang sowie das Verständnis derselben schriftlich bestätigen. Der Arbeitnehmer ist verpflichtet, die Bestimmungen der Dienstanweisungen, die Dienstanweisung für das Wachgewerbe sowie die Dienstanweisung für seine Wachstelle genauestens zu befolgen. Nichtbefolgung der Dienstvorschriften und Weisungen macht den Arbeitnehmer ersatzpflichtig für alle durch nachweisbares Verschulden entstandenen Schäden. Der Arbeitnehmer hat die genannten Dienstanweisungen/Arbeitsanweisungen, sowie alle ihm von der Firma überlassenen Gegenstände, als ein ihm anvertrautes Eigentum der Firma vor jeglicher Einsichtnahme und vor jeglichem Gebrauch Unbefugter zu schützen (Einsichtnahme durch Dritte, Weitergabe von Kopien, Auskunft über Anzahl, Lage, Beschaffenheit usw der Wachobjekte sind untersagt) und auf Verlangen jederzeit, spätestens jedoch unaufgefordert bei Beendigung des Vertragsverhältnisses, an die Firma herauszugeben. Verstöße gegen das Verschwiegenheitsgebot können fristlose oder fristgerechte Kündigungen nach sich ziehen. Die Schweigepflicht gilt auch gegenüber Familienangehörigen.

Der Arbeitnehmer ist nicht befugt, ohne Wissen und Zustimmung der Firma irgendwelche Abmachungen mit Kunden oder Dritten zu treffen.

Der von der Firma ausgehändigte Dienstausweis sowie ein evtl ausgehändigter Waffenschein bzw eine Waffentrageerlaubnis ist aufgrund gesetzlicher Vorschriften ständig im Dienst mitzuführen und auf Verlangen der Polizei bzw den Beauftragten von Aufsichtsbehörden vorzuzeigen.

18. Fahrzeugbenutzung im Dienst

Mit dem für die dienstliche Nutzung eines eigenen Fahrrads im Mantel- bzw Lohntarifvertrag im Einzelnen festgelegten Entgelt sind seitens der Firma sämtliche notwendig werdende Reparaturen und Instandsetzungskosten abgegolten. Kraftfahrzeuge, Motorräder und Mopeds dürfen dienstlich nur mit ausdrücklicher Zustimmung der Firma benutzt werden.

Mit einem etwaig gezahlten Entgelt für die Benutzung eines eigenen Fahrzeugs sind sämtliche Reparatur- und Instandsetzungskosten abgegolten.

Die Firma ist frei von allen Schadensersatzansprüchen, die durch Unfallschäden am eigenen Fahrzeug des Arbeitnehmers bzw an Fremdfahrzeugen entstehen. Ist dem Arbeitnehmer ein Dienstfahrzeug zur Verfügung gestellt worden, so haftet er nach der einschlägigen Rechtsprechung anteilig bei mittelbarer Fahrlässigkeit und vollständig bei Vorsatz.

19. Rechtsbefugnisse

Der Arbeitnehmer ist ausdrücklich dahin gehend belehrt worden, dass er nicht die Befugnisse eines Polizeibeamten, eines Hilfspolizeibeamten oder sonstiger Bediensteter von Behörden besitzt; Missachtung dieser Vorschrift ist strafbare Amtsanmaßung! Tragen von Schusswaffen jeder Art ist nur auf Wunsch und mit Erlaubnis des Auftraggebers und der Firma gestattet. Die gesetzlichen Bestimmungen über das Tragen und den Besitz von Waffen sind in jedem Fall maßgebend und für den Arbeitnehmer rechtsverbindlich.

20. Erscheinungsbild/Bekleidung

Das äußere Erscheinungsbild hat dem Wachauftrag zu entsprechen; Haartracht in maximaler Länge bis zum Hemdkragen. Die dem Arbeitnehmer zur Verfügung gestellten nachstehend bezeichneten Bekleidungsgegenstände sind pfleglich zu behandeln und vor Beschädigung zu schützen; sie sind nur während der Dienstzeit und dann uneingeschränkt zu tragen. Sie sind beim Ausscheiden aus dem Vertragsverhältnis in sauberem, gebrauchsfähigen Zustand zurückzugeben. Verloren gegangene Gegenstände sind vom Arbeitnehmer zu ersetzen; die Kosten können vom Lohn abgezogen werden. Bei Ausscheiden hat der Arbeitnehmer die Möglichkeit, die Bekleidungsgegenstände zu einem mit der Firma abzustimmenden Preis zu erwerben.

- Parka, Lederjacke, Stoffjacke, Hosen, Pullover, Krawatte;
- Hemden lang, Hemden kurz, Taschenlampe;
- Sonstiges.

21. Rückgabe von Gesellschaftseigentum

Der Arbeitnehmer hat seinen Dienstausweis, Waffenschein und andere Gegenstände der Firma bei Beendigung des Vertragsverhältnisses unaufgefordert zurückzugeben. Geschieht dies nicht, macht die Firma ein Zurückbehaltungsrecht gegenüber Lohnforderungen geltend (§ 273 BGB).

22. Alkoholgenuss

Der Arbeitnehmer wird ausdrücklich auf die Folgen von Alkohol hingewiesen:

a) Alkoholische Getränke dürfen nicht zum Einsatzort mitgebracht werden.

b) Der Genuss von alkoholischen Getränken ist wegen der davon ausgehenden schweren Gefahren für Leben und Gesundheit während der Arbeitszeit und Pausen ausnahmslos untersagt.

c) Zur Gewährung eines ordnungsgemäßen Arbeitsablaufs und zum Schutz von Mitarbeitern und Objekten werden Arbeitnehmer, die unter Alkoholeinfluss stehen, vom Arbeitsplatz entfernt.

d) Unter Einfluss von Alkohol stehenden Arbeitnehmern kann wegen Verletzung ihrer arbeitsvertraglichen Pflichten außerdem eine Abmahnung erteilt und/oder Betriebsbuße auferlegt werden. Bei Wiederholung kann das Vertragsverhältnis gekündigt werden, in besonders schweren Fällen ist auch eine fristlose Kündigung möglich.

e) Für die Zeit des alkoholbedingten Arbeitsausfalls zahlt die Firma keinen Lohn.

f) Erleidet der Arbeitnehmer innerhalb oder außerhalb der Arbeitsstelle einen Unfall, der auf Alkoholgenuss zurückzuführen ist, so hat er bei Arbeitsunfähigkeit keinen Anspruch auf Lohnzahlung. Außerdem ist in solchen Fällen auch der Schutz der gesetzlichen Unfallversicherung in Frage gestellt.

23. Nebenabreden und Schriftformklausel

Mündliche Abreden wurden nicht getroffen. Ergänzungen und Änderungen dieses Arbeitsvertrages einschließlich der Aufhebung dieses Schriftformerfordernisses bedürfen der Schriftform, es sei denn, sie beruhen auf einer ausdrücklichen oder individuellen Vertragsabrede. Eine betriebliche Übung ist keine solche ausdrückliche bzw. individuelle Vertragsabrede. Auch wiederholte Leistungen oder Vergünstigungen ohne ausdrückliche oder individuelle Vertragsabrede begründen keinen Anspruch für die Zukunft.

24. Ausschlussfrist[583]

Alle Ansprüche aus dem Arbeitsverhältnis können nur für einen Zeitraum von drei Monaten nach Fälligkeit schriftlich geltend gemacht werden. Nicht rechtzeitig geltend gemachte Ansprüche verfallen.

25. Sonstiges

Der Arbeitnehmer ist damit einverstanden, dass seine persönlichen, der Firma bekannt gewordenen Daten, soweit sie für das Vertragsverhältnis von Bedeutung sind, durch die Firma gesammelt, gespeichert und verarbeitet werden dürfen, auch soweit dies auftragsgemäß durch Dritte geschieht. Die Aufbewahrungsfristen werden nach dem Bundesdatenschutzgesetz berücksichtigt.

Mit seiner Unterschrift erkennt der Arbeitnehmer an:

a) Die Dienstanweisung für das Deutsche Bewachungsgewerbe für die Dauer der Beschäftigung erhalten zu haben.

b) Über die geltenden tariflichen Bestimmungen informiert worden zu sein.

c) Den Inhalt dieses Vertrages vollständig verstanden zu haben und als für beide Vertragspartner verbindlich anzusehen.

d) Dass Einweisungen, die zur eigenständigen Dienstverrichtung notwendig sind, nicht zur Auszahlung kommen, wenn die Dienstverrichtung im Einweisungsobjekt aus persönlichen Gründen weniger als drei Monate dauert.

e) Sollten einzelne Regelungen dieses Vertrages im Widerspruch stehen zu Regelungen, so haben die einzelvertraglichen Regelungen Vorrang.

Dieser Vertrag ist in zwei Ausfertigungen beiderseitig unterschrieben und eine davon dem Arbeitnehmer ausgehändigt worden.

---

[583] Nach einer neuen Entscheidung des BAG können arbeitsvertraglich vereinbarte Ausschlussfristen dahin gehend ausgelegt werden, dass sie nur die von den Parteien für regelungsbedürftig gehaltenen Fälle erfassen sollen. Eine Anwendung auch für die Fälle, die durch gesetzliche Verbote oder Gebote geregelt sind, soll dagegen regelmäßig gerade nicht gewollt sein, so das BAG. Das gelte bspw für die Haftung wegen Vorsatzes (Pressemitteilung Nr. 42/13 zu BAG, Urt. v. 20.6.2013 – 8 AZR 280/12). Ein Formulierungsbeispiel für eine vertragliche Verfallklausel mit Ausschluss der Haftung für Vorsatz enthält das Muster 1134 (§ 16).

14. Muster: Arbeitsvertrag mit Detektiv (mit Tarifbindung Bewachungsgewerbe NW)

Zwischen

der Firma ... als Arbeitgeber

– nachfolgend „Firma" genannt –

und

Herrn ... als Arbeitnehmer

– nachfolgend „Mitarbeiter" genannt –

wird folgender Arbeitsvertrag geschlossen:

§ 1 Beginn und Art der Tätigkeit

(1) Der Mitarbeiter wird ab ... als Detektiv eingestellt.

(2) Im Rahmen der betrieblichen Notwendigkeit erklärt der Mitarbeiter seine Bereitschaft, auch auf anderen Dienststellen zu den dort geltenden tariflichen Konditionen zu arbeiten. Die Firma wird dem Mitarbeiter andere Dienststellen nur im Rahmen des billigen Ermessens unter Berücksichtigung der Interessen, Kenntnisse und Fähigkeiten des Mitarbeiters zuweisen.

(3) Mit der Beendigung des Auftrages an die Firma endet gem. MTV 9.1. auch das Arbeitsverhältnis.

§ 2 Stundenlohn/Arbeitszeit

(1) Die Firma zahlt an den Mitarbeiter einen Stundenlohn von brutto ... EUR zuzüglich ... EUR Leistungszulage = ... EUR. Die Leistungszulage wird einer Rücklage zugeführt, die jeweils im Mai und im November ausgezahlt wird.

(2) Der Mitarbeiter nutzt ein ihm privat zur Verfügung stehendes Fahrzeug zu geschäftlichen Zwecken, soweit die Firma die geschäftliche Nutzung ausdrücklich wünscht oder Geschäftsfahrten genehmigt. Fehlt es an einer ausdrücklichen vorherigen Zustimmung und erkennt die Firma eine Fahrt nicht nachträglich als Geschäftsfahrt an, gilt sie als Privatfahrt des Mitarbeiters. Generell anerkannt als Geschäftsfahrten sind Fahrten des Mitarbeiters von ... nach ... und in entgegengesetzter Richtung. Der Mitarbeiter ist allein für die Wartung des Fahrzeugs verantwortlich, er schließt eine Haftpflicht- und eine Vollkaskoversicherung ab. Dem Mitarbeiter werden die Kosten der Geschäftsfahrten in Höhe des steuerrechtlich zulässigen Pauschbetrags pro gefahrenen Kilometer erstattet. Zur Feststellung der gefahrenen Kilometer führt der Mitarbeiter ein Fahrtenbuch, aus dem Tag und Stunde, Start- und Zielort sowie der Kilometerstand bei Beginn und Ende der Dienstfahrt hervorgehen. Nicht als Geschäftsfahrt gelten die Fahrten des Mitarbeiters zwischen Wohnort und der Arbeitsstätte. Die Firma übernimmt die Kosten der Haft- und Vollkaskoversicherung zu 90 %.

(3) Die regelmäßige wöchentliche Arbeitszeit richtet sich nach dem Tarifvertrag Bewachungsgewerbe in NRW.

(4) a) Der Mitarbeiter ist im Rahmen der gesetzlichen und tariflichen Bestimmungen zur Leistung von Mehrarbeit, Nachtarbeit, Sonn- und Feiertagsarbeit verpflichtet.

b) Zuschläge für Sonn- und Feiertage richten sich nach dem jeweils gültigen Tarifvertrag.

(5) Beträgt die wöchentliche Arbeitszeit des Mitarbeiters aus von ihm zu vertretenden Gründen weniger als in § 2 Abs. 3 angegeben, verringert sich der Lohn anteilig.

(6) Der Lohn wird nach Abzug der gesetzlichen Beiträge monatlich nachträglich auf ein vom Mitarbeiter angegebenes Konto gezahlt.

§ 3 Kündigung und Vertragsdauer

(1) Die ersten ... Wochen des Arbeitsverhältnisses gelten als Probezeit. Die Kündigung des Arbeitsverhältnisses vor Aufnahme der Tätigkeit ist ausgeschlossen. In diesem Fall und bei Nichtantritt ist der Arbeitgeber zur Einziehung einer Konventionalstrafe iHv ... EUR berechtigt.[584] Während der Probezeit ist das Arbeitsverhältnis von beiden Seiten mit einer Frist von einem Tag zum Schichtende kündbar. Nach der Probezeit kann das Arbeitsverhältnis von beiden Seiten unter Einhaltung einer Frist von zwei Wochen zu jedem Termin gekündigt werden.

(2) Eine außerordentliche (fristlose) Kündigung gem. § 626 BGB bleibt hiervon unbenommen und kann erfolgen:

a) wenn die zuständigen Behörden ihre Zustimmung zum Einsatz versagen, auch zu einem späteren Zeitpunkt;

b) wenn Gründe vorliegen, die eine fristlose Kündigung rechtfertigen können (zB Trunkenheit im Dienst, Einnahme von Rauschgiften, unentschuldigtes Fernbleiben vom Dienst, fahrlässige oder nachlässige Dienstausübung, Verstöße gegen die Wach- und Dienstvorschriften, Nichteinhaltung der Schweigepflicht, der Sicherheitsbestimmungen und Verstöße gegen dieses Beschäftigungsabkommen, insbesondere im Hinblick auf das Wettbewerbsrecht, sowie bei Fällen von Sabotage, Spionage etc.);

c) wenn der Mitarbeiter wiederholt oder trotz Mahnung die Mitteilung der Erkrankung oder die Vorlage eines ärztlichen Zeugnisses unterlässt.

In den Fällen a) und b) wird die fristlose Kündigung mit einer sozialen Auslauffrist im Umfang der ordentlichen Kündigungsfrist versehen.

(3) Die Kündigung des Arbeitsverhältnisses hat jeweils schriftlich zu erfolgen.

(4) Hat der Mitarbeiter die Arbeit rechtswidrig und schuldhaft verlassen oder rechtswidrig und schuldhaft nicht aufgenommen oder verstößt er schwerwiegend gegen Wachanweisungen, kann die Firma als Entschädigung für jeden Tag des Vertragsbruches und jeden folgenden Tag der vertrags- oder gesetzmäßigen Arbeitszeit, höchstens jedoch eine Woche, einen Betrag iHv 50 EUR fordern. Die Forderung ist nicht an den Nachweis des Schadens gebunden. Die Geltendmachung weiterer Ansprüche, insbesondere wegen Schadensersatzes, ist nicht ausgeschlossen.

(5) Ansprüche erlöschen, wenn sie nicht innerhalb von drei Monaten nach Fälligkeit schriftlich geltend gemacht werden.

§ 4 Urlaub

(1) Die Dauer des Urlaubs richtet sich nach den tarifvertraglichen Bestimmungen. Berechtigte Wünsche bezüglich des Urlaubszeitpunktes werden nach Möglichkeit berücksichtigt und sind bis zum 31.1. jeden Kalenderjahres bei der Firma anzumelden.

(2) Der Mitarbeiter erhält für jeden vollen Monat des Bestehens des Arbeitsverhältnisses 1/12 des Jahresurlaubs. Der Urlaub ist bis spätestens zum Ende des Arbeitsverhältnisses zu gewähren.

---

584 Das Verbot eines Vertragsstrafenversprechens in § 309 Nr. 6 BGB gilt im Arbeitsrecht nicht. Das BAG ist der Auffassung, dass die modifizierte Anwendungsregel in § 310 Abs. 4 Satz 2 BGB zu einem regelmäßig berechtigten Interesse des Arbeitgebers führt, die Nicht- oder Schlechterfüllung der Pflicht zur Arbeitsleistung mit einer Vertragsstrafe zu verbinden (BAG 3.4.2004 – 8 AZR 196/03, NZA 2004, 727). Unwirksam ist ein Vertragsstrafenversprechen, wenn die Abrede die Pflichtverletzung des Arbeitnehmers nicht so klar bezeichnet, dass sich der Versprechende in seinem Verhalten hierauf einstellen kann (BAG 21.4.2005 – 8 AZR 425/04, NZA 2005, 1053). Unwirksam ist die Vereinbarung eines Vertragsstrafenrahmens für den Fall eines gravierenden Wettbewerbsverstoßes von einem bis zu drei Monatsgehältern, wenn es dem Arbeitgeber überlassen bleibt, die Vertragsstrafe im Einzelfall innerhalb dieses Rahmens festzusetzen (BAG 18.8.2005 – 8 AZR 65/05, NZA 2006, 34 = BB 2006, 720). Vorsicht ist geboten, wenn die Vertragsstrafe zu hoch bemessen ist. Eine Herabsetzung der Vertragsstrafe nach § 343 BGB kommt seit der Schuldrechtsmodernisierung nicht mehr in Betracht, weil das Verbot der geltungserhaltenden Reduktion nach § 306 Abs. 2 BGB die Anpassung einer zu hohen Vertragsstrafe nach § 343 BGB ausschließt (BAG 4.3.2004 – 8 AZR 196/03, NZA 2004, 727; LAG Hamm 24.1.2003 – 10 Sa 1158/02, DB 2003, 2549; *Brors*, DB 2004, 1778).

(3) Kann der Urlaub ganz oder teilweise bis zur Beendigung des Arbeitsverhältnisses nicht mehr gewährt werden, so wird aus dem anteiligen Urlaubsanspruch ein auf Geldzahlung gerichteter Abgeltungsanspruch nach Maßgabe des Bundesurlaubsgesetzes.

(4) Der Mitarbeiter ist verpflichtet, bei Arbeitsantritt eine Urlaubsbescheinigung des letzten Arbeitgebers vorzulegen. Die Firma kann die Gewährung solange verweigern, bis diese Bescheinigung vorliegt. Vom letzten Arbeitgeber gewährter Urlaub wird gem. § 6 Abs. 1 Bundesurlaubsgesetz angerechnet.

§ 5 Rechte und Pflichten

(1) Der Mitarbeiter hat die Interessen der Firma wahrzunehmen und seine Aufgaben gewissenhaft zu erfüllen. Er ist zur absoluten Geheimhaltung aller Betriebs- und Geschäftsgeheimnisse, insbesondere über Art und Weise der Wachdurchführung, sowie über die Höhe seines Arbeitsgeldes[585] verpflichtet. Dies gilt auch nach Beendigung des Arbeitsverhältnisses.

Bei einem Verstoß gegen die Schweigepflicht ist die Firma berechtigt, das Arbeitsverhältnis zu lösen.

(2) Die Firma kann den Mitarbeiter unter Wahrung der gesetzlichen Bestimmungen und entsprechend den betrieblichen Erfordernissen jederzeit von seinem Einsatzort abberufen und ihn anderweitig einsetzen.

(3) Der Mitarbeiter erhält mit Abschluss dieses Vertrages einen Stundennachweisblock. Er ist verpflichtet, die geleisteten Stunden täglich einzutragen. Außerdem werden die geleisteten Stunden im Wachbuch aufgeführt und von einem Vertreter des Unternehmens abgezeichnet. Geschieht dies nicht, wird die Firma die nicht anerkannten Stunden nicht vergüten.

(4) Bei Arbeitsverhinderung, gleich aus welchem Grund, ist der Mitarbeiter verpflichtet, die Firma sofort, möglichst fernmündlich, zu unterrichten.

Bei schuldhafter Verletzung der Mitteilungspflicht ist der Mitarbeiter zum Ersatz des daraus entstehenden Schadens verpflichtet. Das Recht der Firma, das Arbeitsverhältnis bei Vorliegen besonderer Umstände aus wichtigem Grund fristlos zu kündigen, bleibt unbenommen. Für den Fall der schuldhaften Verletzung der Mitteilungspflicht ist die Firma berechtigt, eine Vertragsstrafe bis zu 300 EUR einzubehalten.

Der Mitarbeiter wird die Firma unverzüglich bei Führerscheinentzug sowie bei gegen ihn gerichteten Zwangsvollstreckungsmaßnahmen benachrichtigen.

§ 6 Gehaltsfortzahlung im Krankheitsfall

(1) Der Mitarbeiter hat im Krankheitsfall Anspruch auf Entgeltfortzahlung gemäß Entgeltfortzahlungsgesetz in seiner jeweils gültigen Fassung. Bei krankheitsbedingter Arbeitsverhinderung hat der Mitarbeiter unverzüglich die Firma zu informieren. Dabei ist die voraussichtliche Dauer der Krankheit mitzuteilen. Im Übrigen gilt § 5 Abs. 4 dieses Vertrages.

(2) Bei Erkrankungen ist vom Mitarbeiter ohne Aufforderung für jeden Krankheitstag innerhalb von drei Tagen eine ärztliche Bescheinigung über die Arbeitsunfähigkeit vorzulegen.

(3) Der Mitarbeiter tritt seine Schadensersatzforderungen insoweit ab, als er durch einen Dritten verletzt wird und die Firma Vergütungsfortzahlung im Krankheitsfalle leistet.

§ 7 Abtretungsverbot/Lohnpfändung

Die Abtretung und Verpfändung von Lohnforderungen durch den Mitarbeiter sind ausgeschlossen.[586] Bei Lohnpfändungen kann die Firma zur Deckung ihrer Bearbeitungskosten je Pfändung 15 EUR einbehalten.

---

[585] Die Verpflichtung, Stillschweigen über die eigene Vergütung zu wahren, ist wohl unwirksam (vgl LAG Mecklenburg-Vorpommern 21.10.20009 – 2 Sa 237/09).
[586] Die Klausel ist nach hier vertretener Ansicht nach § 307 Abs. 2 Nr. 1 BGB unwirksam (vgl Hümmerich/Reufels/*Schiefer*, Gestaltung von Arbeitsverträgen, § 1 Rn 362).

§ 8 Dienstanweisung und Tätigkeit

Dem Mitarbeiter ist die allgemeine Dienstanweisung für das Bewachungsgewerbe ausgehändigt bzw zur Kenntnis gegeben worden. Er wurde ferner über Art und Umfang seiner Tätigkeit eingehend belehrt und ausdrücklich darauf hingewiesen, dass er weder polizeiliche noch amtliche Gewalt, Rechte oder Eigenschaften besitzt und sich niemals als amtliche oder polizeiliche Person bezeichnen oder betätigen darf. Der Mitarbeiter erkennt überdies hiermit an, dass er außerdem an die speziellen Wach- oder Dienstanweisungen gebunden ist, welche in bzw für die einzelnen Einsatzstellen Geltung haben.

§ 9 Dienstbekleidung und Ausrüstung

Die zur Verfügung gestellte Dienstbekleidung und Ausrüstung ist pfleglich zu behandeln und darf nur während der Dienstzeit benutzt werden. Wird dem Mitarbeiter zur Dienstausübung eine Waffe ausgehändigt, so darf diese nur während der Dienstzeit getragen werden. Nach Dienstende verbleibt die Waffe auf der Dienststelle und darf keinesfalls mitgenommen werden. Empfang und Weitergabe der Waffe sind jeweils im Wachbuch zu quittieren.

§ 10 Nebentätigkeit

Der Mitarbeiter darf eine Nebentätigkeit während des Bestehens des Arbeitsverhältnisses nur mit vorheriger schriftlicher Zustimmung der Firma übernehmen. Die Firma ist berechtigt, die Nebentätigkeit zu untersagen, wenn berechtigte Interessen der Firma gegen die Ausübung der Nebentätigkeit sprechen.

§ 11 Allgemeines

(1) **Der Mitarbeiter ist damit einverstanden, dass seine personenbezogenen Daten im Rahmen dieses Vertrages EDV-mäßig erfasst werden. Eine Weitergabe durch die Firma an unbefugte Dritte ist unzulässig.**[587]

(2) Der Mitarbeiter ist gehalten, der Firma bei einem Wechsel seines ständigen Wohnsitzes unverzüglich die neue Anschrift mitzuteilen. Mitteilungen der Firma an den Mitarbeiter gelten einen Werktag nach Absendung dem Mitarbeiter als zugegangen, wenn diese Mitteilungen an die letzte der Firma bekannte Anschrift des Mitarbeiters versandt worden sind.[588]

(3) Im Falle des § 45 SGB V (Arbeitsfreistellungsanspruch zur Pflege eines erkrankten Kindes) wird ein Vergütungsanspruch des Mitarbeiters gegenüber der Firma ausgeschlossen.

(4) Für das Arbeitsverhältnis gelten ergänzend die Vorschriften des Tarifvertrages des Bewachungsgewerbes und der Arbeitszeitordnung in ihrer jeweils gültigen Fassung.

(5) Mündliche Nebenabreden bestehen nicht.

(6) Ergänzungen und Änderungen dieses Arbeitsvertrages einschließlich der Aufhebung dieses Schriftformerfordernisses bedürfen der Schriftform, es sei denn, sie beruhen auf einer ausdrücklichen oder individuellen Vertragsabrede. Eine betriebliche Übung ist keine solche ausdrückliche bzw individuelle Vertragsabrede. Auch wiederholte Leistungen oder Vergünstigungen ohne ausdrückliche oder individuelle Vertragsabrede begründen keinen Anspruch für die Zukunft.

Der Mitarbeiter bestätigt hiermit, eine von der Firma unterzeichnete gleich lautende Ausfertigung dieses vom Mitarbeiter unterzeichneten Arbeitsvertrages erhalten zu haben. Weiterhin bestätigt er, dass er als wesentlichen Bestandteil des Vertrages eine Kurzfassung des Bundesdatenschutzgesetzes erhalten hat und den

---

[587] Die Einwilligung in die Verarbeitung personenbezogener Daten bedarf, wenn sie zusammen mit anderen Erklärungen schriftlich erteilt wird, zu ihrer Wirksamkeit einer besonderen drucktechnischen Hervorhebung (§ 4a Abs. 1 Satz 4 BDSG). Deshalb wird empfohlen, vorformulierte Einwilligungserklärungen in die Verarbeitung personenbezogener Daten durch Fettdruck oder Unterstreichung im Vertragstext kenntlich zu machen.

[588] Die Fiktion des Zugangs ist nach § 308 Nr. 6 BGB wohl unwirksam (zu Zugangsfiktionen mit gemischt rechtsgeschäftlich-tatsächlichem Charakter vgl auch Hümmerich/Reufels/*Schiefer*, Gestaltung von Arbeitsverträgen, § 1 Rn 1699 ff).

zugehörigen Personalfragebogen wahrheitsgemäß ausgefüllt hat. Der Mitarbeiter erklärt, dass er diesen Vertrag genau gelesen hat und hiermit in allen Teilen einverstanden ist.

15. Muster: Arbeitsvertrag mit einem Lkw-Fahrer

Arbeitsvertrag

Zwischen

der Firma ...

– nachstehend „Firma" genannt –

und

Herrn ...

– nachstehend „Mitarbeiter" genannt –

wird folgender Vertrag geschlossen:

§ 1 Tätigkeitsbereich

Der Mitarbeiter wird eingestellt als Kraftfahrer. Bei Vorliegen von betrieblichen Erfordernissen kann der Mitarbeiter auch zu anderen zumutbaren, seinen Kenntnissen und Fähigkeiten entsprechenden Arbeiten herangezogen werden.

§ 2 Vertragsgrundlage

Falls hier sowie in schriftlichen Nachträgen und Anlagen zu diesem Arbeitsvertrag nichts anderes vereinbart wurde, liegen diesem Arbeitsverhältnis die jeweils gültigen Lohntarifverträge für die gewerblichen Arbeitnehmer im privaten Güterverkehrsgewerbe Nordrhein-Westfalen zugrunde.

§ 3 Arbeitszeit

Die regelmäßige wöchentliche Arbeitszeit beträgt – ausschließlich der Pausen – 40 Stunden. Diese Arbeitszeit kann in den Grenzen des Arbeitszeitgesetzes verlängert werden.

Für dieses Arbeitsverhältnis gilt zurzeit eine regelmäßige wöchentliche Arbeitszeit von durchschnittlich 42,5 Wochenstunden. Diese errechnet sich nach dem jeweils gültigen Schichtplan.

Der Mitarbeiter darf acht Stunden vor Beginn seiner Arbeit keinen Alkohol zu sich nehmen. Bei Dienstantritt muss der Mitarbeiter nüchtern sein.

§ 4 Einkommensregelung

Für seine Tätigkeit im Rahmen der vorgenannten Arbeitszeitregelung erhält der Mitarbeiter ab dem ... folgende Bezüge:

a) Monatslohn iHv ... EUR für den 1. bis 6. Monat, ... EUR für den 7. bis 12. Monat, ab dem 13. Monat ... EUR, Arbeitszeit pro Woche 42,5 Stunden.

b) Berufskraftfahrer-Spesen für jeden Tag der Abwesenheit über sechs Stunden 4,00 EUR
vom Firmensitz iHv ...

c) Arbeitgeberanteil zur Vermögensbildung monatlich iHv 13,50 EUR

d) Urlaubsgeld für jeden Urlaubstag iHv 9,00 EUR

e) Jahressonderzahlung im Rahmen der tariflichen Vorschriften. Die Zahlung erfolgt gebunden an die Voraussetzungen, dass der Mitarbeiter am 31. Dezember bei der Firma im ungekündigten Beschäftigungsverhältnis steht. Sollte dies nicht der Fall sein, so ist der Mitarbeiter zur umgehenden Rückzahlung dieses Betrags verpflichtet.[589] Die Firma ist in diesem Fall berechtigt, den ihr zustehenden Betrag bei der letzten Lohnzahlung in Abzug zu bringen.

f) Der Mitarbeiter wird an einer zusätzlichen betrieblichen Altersversorgung in Form einer Kapitalversicherung beteiligt, die auf ihn persönlich abgeschlossen wird. Hierbei besteht folgende Regelung:

(aa) Ab dem dritten Beschäftigungsjahr (Stichtag 31.12.) erfolgt eine jährliche Prämienzahlung iHv 159 EUR.

(bb) Ab dem sechsten Beschäftigungsjahr (Stichtag 31.12.) erfolgt eine jährliche Prämienzahlung iHv 319 EUR.

(cc) Ab dem fünfzehnten Beschäftigungsjahr (Stichtag 31.12.) erfolgt eine jährliche Prämienzahlung iHv 638 EUR.

Es gelten die gesetzlichen Regelungen zur Unverfallbarkeit von Versorgungsanwartschaften. Scheidet der Mitarbeiter aus, bevor die Versorgungsanwartschaft unverfallbar geworden ist, räumt ihm die Firma die Möglichkeit ein, die Versicherung mit eigenen Beiträgen weiterzuführen.

§ 5 Vergütung für Mehrarbeit

Die in der vorstehend vereinbarten wöchentlichen Arbeitszeit enthaltenen Überstunden (= Woche mit mehr als 40 Stunden) sind im vereinbarten Monatslohn mit einem Überstundenzuschlag iHv 25 % auf den tariflichen Monatslohn berücksichtigt. Darüber hinaus werden Überstunden nur nach ausdrücklicher Anordnung des jeweiligen Vorgesetzten vergütet. Hierzu ist es notwendig, dass von diesem ein entsprechend unterzeichneter Beleg für die Lohnbuchhaltung ausgestellt wird. Die so angeordneten Überstunden werden mit dem jeweils gültigen tariflichen Stundenlohn, zuzüglich 25 % Überstundenzuschlag abgerechnet. Minderarbeitsstunden werden entsprechend in Abzug gebracht.

§ 6 Pausen

An Pausen stehen dem Mitarbeiter werktäglich 1,5 Stunden, samstags 0,5 Stunden zur Verfügung. Hiervon soll die Frühstückspause 0,25 Stunden, die Mittagspause 1,0 Stunden und die Kaffeepause 0,25 Stunden betragen. Der Mitarbeiter hat seine Pausen so einzuteilen, dass der betriebliche Ablauf nicht gestört wird. Die Pausen sind – auch unter Berücksichtigung der EG-Fahrtzeitverordnung – unbedingt einzuhalten. Eine Vergütung für nicht in Anspruch genommene Pausen ist nicht möglich.

§ 7 Urlaub

Der Mitarbeiter hat Anspruch auf Urlaub nach den jeweils gültigen Bestimmungen.[590] Für das Urlaubsjahr ... sind anteilig ... Urlaubstage zu gewähren. Die Urlaubswünsche des Mitarbeiters sind der Firma bis spätestens 28. Februar des beginnenden Urlaubsjahres anzumelden. Alle bis zu diesem Termin nicht angemeldeten Urlaubswünsche werden von der Firma nach billigem Ermessen ohne Möglichkeit der Mitsprache des Mitarbeiters eingeteilt. Die rechtzeitig angemeldeten Urlaubswünsche des Mitarbeiters sind nach Möglichkeit – dh, wenn der betriebliche Ablauf nicht wesentlich gestört wird – zu genehmigen. Hierbei ist für die Firma die Reihenfolge der eingehenden Anmeldungen vorrangiges Entscheidungskriterium. Zurzeit ist es der Firma nicht möglich, mehr als zwei Urlaubswünsche arbeitstäglich zu berücksichtigen. Die Genehmigung der Urlaubswünsche durch die Firma erfolgt bis jeweils spätestens zum 15. März, und zwar ausschließlich in schriftlicher Form. Nur in dieser Form gilt der Urlaub als verbindlich genehmigt. Bei Nichteinhaltung der ver-

---

589 Das BAG hat ausdrücklich offengelassen, ob solche Rückzahlungsvereinbarungen wirksam sind (vgl BAG 18.1.2012 – 10 AZR 667/10, NZA 2012, 620). Stichtagsregelungen sind bei Sonderzahlungen durchaus zulässig, so etwa Vereinbarungen, die vorsehen, dass zum Zeitpunkt der Auszahlung der Arbeitnehmer noch im Arbeitsverhältnis stehen muss, um eine Sonderzuwendung zu erhalten.

590 Empfehlenswert ist es, zwischen dem gesetzlichen Mindesturlaub einerseits und einem zusätzlich gewährten vertraglichen bzw tariflichen Urlaub andererseits zu unterscheiden, um zu erreichen, dass zumindest der vertragliche/tarifliche Urlaubsanspruch verfällt, wenn dieser im Übertragungszeitraum wegen Arbeitsunfähigkeit des Arbeitnehmers nicht genommen werden kann (vgl BAG 4.5.2010 – 9 AZR 183/09, NZA 2010, 1011; BAG 23.3.2010 – 9 AZR 128/09, NZA 2010, 810).

einbarten Kündigungsfrist durch den Mitarbeiter entfällt der zu diesem Zeitpunkt bestehende Urlaubsanspruch ohne jeden Ersatz. Das Urlaubsjahr endet grundsätzlich am 31. März des Folgejahres. Alle bis zu diesem Zeitpunkt nicht genommenen Urlaubstage aus dem Vorjahr entfallen zu diesem Termin ohne jeden Ersatz, es sein denn, die Resttage sind aus Gründen entstanden, die die Firma zu vertreten hat.

§ 8 Probezeit/Kündigungsfrist

Nach der Einstellung gelten die ersten sechs Monate als Probezeit. Während dieser Frist kann das Arbeitsverhältnis mit zweiwöchiger Kündigungsfrist – auch im Krankheitsfalle – gelöst werden. Wird das Arbeitsverhältnis über die Probezeit hinaus fortgesetzt, ergeben sich die Kündigungsfristen aus den gesetzlichen Bestimmungen.

Durch die Kündigungserklärung wird die Befugnis der Firma begründet, den Mitarbeiter unter Fortzahlung seiner Bezüge von der Arbeitsleistung freizustellen.

§ 9 Fristlose Auflösung des Arbeitsverhältnisses[591]

Ein wichtiger Grund für die außerordentliche Auflösung des Arbeitsverhältnisses ist insbesondere dann gegeben, wenn der Mitarbeiter:

a) Privatfahrten mit Firmenfahrzeugen ohne Genehmigung der Firma durchführt;

b) unter Alkoholeinfluss ein Kraftfahrzeug führt, auch wenn dies zu keiner behördlichen Feststellung führt;

c) während der Arbeitszeit alkoholische Getränke konsumiert;

d) Sach- und Personenschäden vorsätzlich oder grob fahrlässig verursacht;

e) sich einer strafbaren Handlung durch Eigentums- oder Vermögensverletzung schuldig macht;

f) auf eigene Rechnung Firmenleistungen ausführt (Schwarzarbeit);

g) Kundenwünsche, soweit diese sich nicht als unsinnig oder undurchführbar herausstellen, nicht befolgt oder Kunden unsachlich und unhöflich behandelt;

h) Unfälle, Schäden etc. nicht unverzüglich meldet;

i) Veränderungen irgendeiner Art am EG-Kontrollgerät oder an den Schaublättern vornimmt;

j) trotz Ermahnung die Anordnungen der Firma nicht befolgt;

k) trotz Ermahnung der Arbeit unentschuldigt fernbleibt;

l) durch behördliche oder gerichtliche Anordnung einstweilen oder endgültig die Fahrerlaubnis verliert oder gegen ihn ein Fahrverbot verhängt wird;

m) sonst wie seine Pflichten gegenüber der Firma, insbesondere die Pflichten aus diesem Arbeitsvertrag, grob verletzt.

Im Übrigen gelten die gesetzlichen Bestimmungen.

§ 10 Entgeltfortzahlung im Krankheitsfall

Die Entgeltfortzahlung im Krankheitsfall richtet sich – falls nichts anderes vereinbart wurde – nach dem Entgeltfortzahlungsgesetz in seiner jeweils gültigen Fassung. Ist der Mitarbeiter infolge Erkrankung an der Arbeitsleistung verhindert, so ist die Firma unverzüglich, spätestens jedoch bis vor dem vorgesehenen Dienstbeginn, zu verständigen. Die Arbeitsunfähigkeitsbescheinigung des Arztes ist der Firma spätestens am dritten Kalendertag vorzulegen. Ohne Vorlage dieser Bescheinigung zahlt die Firma auch bei kurzzeitiger Erkrankung generell keine Lohnfortzahlung. Bei einer eventuellen Verlängerung einer bescheinigten Arbeitsunfähigkeit durch den behandelnden Arzt muss der Mitarbeiter spätestens am letzten Tag der vorher bescheinigten Arbeitsunfähigkeit die Firma über den Fortbestand der Arbeitsunfähigkeit unterrichten. Bei Arztbesuchen

---

[591] Außerordentliche Kündigungsgründe lassen sich im Arbeitsverhältnis nicht wirksam vereinbaren (vgl Hümmerich/Reufels/*Schiefer*, Gestaltung von Arbeitsverträgen, § 1 Rn 2505).

des Mitarbeiters wird der Lohn für die Dauer des Arztbesuches, höchstens jedoch für einen halben Arbeitstag, fortgezahlt. Diese Lohnfortzahlung bei Arztbesuchen erfolgt allerdings nur dann, wenn der behandelnde Arzt Sprechstunden außerhalb der Arbeitszeit nicht anbietet.

§ 11 Auszahlung der Bezüge

Die Bezüge werden einmal monatlich, spätestens bis zum Zwölften des auf den jeweiligen Lohnabrechnungszeitraum fallenden Monats, auf ein Konto des Mitarbeiters überwiesen.

§ 12 Mitarbeiter-Haftung im Schadensfall

Der Mitarbeiter haftet für von ihm schuldhaft verursachte Schäden am Eigentum Dritter sowie der Firma. Soweit der Mitarbeiter nicht grob fahrlässig oder vorsätzlich gehandelt hat, wird die maximale Höhe der Haftung je Schadensfall auf maximal 150 EUR begrenzt. Die Firma ist insoweit zum Lohneinbehalt berechtigt.

§ 13 Weisungen

Der Mitarbeiter ist verpflichtet, alle Anordnungen, die ihm von verantwortlichen Personen der Firma erteilt werden, einzuhalten und durchzuführen. Über alle Betriebs- und Geschäftsgeheimnisse hat er, auch nach seinem Ausscheiden aus der Firma, strengstes Stillschweigen zu bewahren. Eine Verletzung dieser Geheimhaltungspflicht gibt der Firma das Recht, das Arbeitsverhältnis aus wichtigem Grund zu kündigen. Außerdem ist er der Firma gegenüber zum Schadensersatz verpflichtet.

Bei Nichtbeachtung folgender verbindlicher Anweisungen ist der Mitarbeiter der Firma gegenüber in jedem durch diese Nichtbeachtung verursachten Schaden voll schadensersatzpflichtig:

a) Es dürfen generell keine Sendungen ohne Empfangsquittung des Empfängers ausgeliefert werden. Sollte keine Möglichkeit bestehen, unmittelbar bei der Auslieferung eine Unterschrift des Empfängers zu erhalten, so ist die Sendung in jedem Fall wieder zurückzubringen. Dem Mitarbeiter ist es strengstens untersagt, selbst in eigenem Namen den Empfang von Gütern zu unterschreiben. Es wird darauf hingewiesen, dass Unterschriftsfälschungen strafrechtlich verfolgt werden.

b) Sendungen sind grundsätzlich nur gegen Barzahlung der auf der Sendung lastenden Frachten, Nachnahmen und Gebühren auszuliefern. Von Rechnungskunden sind bei der Sendungsauslieferung keine Beträge zu kassieren. Rechnungskunden gehen eindeutig aus den mitgeführten Rollkarten hervor. Der Mitarbeiter hat niemals selbst zu entscheiden, ob Beträge in Rechnung gestellt werden. In Zweifelsfällen ist immer im Büro eine Entscheidung einzuholen. Der Name des Verantwortlichen ist in diesem Fall auf der Rollkarte einzutragen. Den Rechnungskunden dürfen die Frachtbriefe bei der Sendungsauslieferung nicht zur Verfügung gestellt werden. Der Empfang muss auf der Rollkarte quittiert werden. Die Rollkarte wird mit dem Frachtbrief im Büro abgegeben. Rechnungserstellung ohne zurückgebrachte Frachtbriefe ist bei Abrechnung nicht möglich. Beträge werden dann als bar bezahlt abgerechnet.

c) Beschädigte Sendungen dürfen nicht mit auf Tour genommen werden, solange der Schaden nicht bundesbahnseitig aufgenommen wurde. In Zweifelsfällen sind unsere verantwortlichen Disponenten zu befragen. Der Mitarbeiter darf grundsätzlich eine eventuelle Beschädigung des Gutes nicht auf dem Frachtbrief bescheinigen. Die Schadensabwicklung ist ausschließlich Angelegenheit der Deutschen Bundesbahn. Wir melden in solchen Fällen die Schäden dort an, wo im Anschluss daran unmittelbar die Abwicklung erfolgt. In Zweifelsfällen ist über Funk oder telefonisch in unserem Büro nachzufragen.

§ 14 Fahrerlaubnis

Der Mitarbeiter erklärt, im Besitz der erforderlichen Fahrerlaubnis zu sein, und er verpflichtet sich, der Firma unverzüglich mitzuteilen, wenn

a) ihm die bestehende Fahrerlaubnis ganz, teilweise oder auch nur vorläufig entzogen wurde,

b) gegen ihn ein zeitlich begrenztes Fahrverbot erlassen wurde,

c) sein Führerschein eingezogen wurde.

Dem Mitarbeiter ist bewusst, dass er ohne gültige Fahrerlaubnis die vertraglich geschuldete Arbeitsleistung nicht erbringen kann. Der Mitarbeiter muss daher im Falle des Verlusts der Fahrerlaubnis damit rechnen, dass die Firma das Arbeitsverhältnis kündigt.

§ 15 Straßenverkehrs-Ordnung und Straßenverkehrs-Zulassungs-Ordnung

Der Mitarbeiter hat die Bestimmungen der Straßenverkehrs-Ordnung und der Straßenverkehrs-Zulassungs-Ordnung ausnahmslos zu beachten.

- Insbesondere hat er vor Fahrtbeginn die Verkehrssicherheit des firmeneigenen Kraftfahrzeugs zu überprüfen.
- Er hat die Geschwindigkeitsbeschränkungen einzuhalten.
- Die Überladung der Kraftfahrzeuge ist untersagt. Der Fahrer ist für Ladung, Be- und Entladung selbst verantwortlich. In Zweifelsfällen muss die Ladung in mehreren Touren gefahren werden.
- Bei unterwegs auftretenden technischen Mängeln, die die Verkehrssicherheit erheblich beeinträchtigen (zB Mängel an Bremsen, Bereifung, Lenkung, Beleuchtung etc.) ist die Fahrt sofort abzubrechen und die Firma zu verständigen.

§ 16 EWG-Verordnung: EG-Kontrollgerät

Der Mitarbeiter ist ausnahmslos verpflichtet, die gesetzlichen Regelungen zu Lenkzeiten, zur Kontrolle der Lenkzeiten einzuhalten und die entsprechenden EG-Kontrollgeräte zu verwenden. Der Mitarbeiter erhält hierzu eine gesonderte Belehrung sowie eine Auflistung der derzeit geltenden wesentlichen Regelungen. Dem Mitarbeiter ist bewusst, dass ein Verstoß gegen diese Verpflichtung die Kündigung des Arbeitsverhältnisses aus wichtigem Grund zur Folge haben kann.

§ 17 Haftungsfreistellung bei fehlerhafter Tachoscheibe

Der Mitarbeiter haftet für alle Folgen, die sich aus einer von ihm verschuldeten fehlerhaften Handhabung des EG-Kontrollgeräts ergeben. Insbesondere stellt er die Firma von der Haftung frei.

§ 18 Arbeitskleidung

Die Firma stellt dem Mitarbeiter im Rahmen einer Sondervereinbarung kostenlose Arbeitskleidung mit dem Namenszug und Logo der Firma zur Verfügung. Der Mitarbeiter ist verpflichtet, diese Arbeitskleidung während der gesamten Arbeitszeit in angemessenem, sauberem Zustand zu tragen. Sollte der Mitarbeiter dieser Verpflichtung nicht nachkommen, kann dies als grobe Pflichtverletzung ausgelegt werden.

§ 19 Arbeitssicherheit

Der Mitarbeiter ist verpflichtet, während der gesamten Arbeitszeit Sicherheitsschuhe mit Stahlkappe zu tragen. Sollte er dieser Verpflichtung nicht nachkommen und führt diese Pflichtverletzung zur Arbeitsunfähigkeit infolge Verletzung, verliert der Mitarbeiter seinen Anspruch auf Lohnfortzahlung durch die Firma im Rahmen des Lohnfortzahlungsgesetzes.

§ 20 Nebentätigkeit

Die Firma erwartet vom Mitarbeiter den Einsatz seiner gesamten Arbeitskraft, wobei Leistungen zu erbringen sind, die den Zielen der Firma gerecht werden. Jegliche Nebentätigkeit gegen Entgelt ist unbedingt an die Erlaubnis der Firma gebunden.

§ 21 Vertragsstrafen

Die Firma kann bei vorzeitigem Bruch des Vertragsverhältnisses seitens des Mitarbeiters eine Vertragsstrafe – ohne Nachweis – iHv 250 EUR verlangen. Diese Vertragsstrafe kann bei der letzten Lohnabrechnung in Abzug gebracht werden. Ebenfalls kann bei Nichtantritt des Dienstes nach Vertragsabschluss eine Vertragsstrafe bis zu einem halben Monatslohn erhoben werden.

§ 22 Schlussbestimmungen

Mündliche Nebenabreden bestehen nicht. Ergänzungen und Änderungen dieses Arbeitsvertrages einschließlich der Aufhebung dieses Schriftformerfordernisses bedürfen der Schriftform, es sei denn, sie beruhen auf einer ausdrücklichen oder individuellen Vertragsabrede. Eine betriebliche Übung ist keine solche ausdrückliche bzw individuelle Vertragsabrede. Auch wiederholte Leistungen oder Vergünstigungen ohne ausdrückliche oder individuelle Vertragsabrede begründen keinen Anspruch für die Zukunft.

16. Muster: Arbeitsvertrag mit einer Sekretärin

Vertrag über die Mitarbeit

in der Firma ...

zwischen

Frau ...

und

der Firma ...

§ 1 Tätigkeit

(1) Sie sind als Sekretärin in der Abteilung ... in ... tätig.

(2) Die Firma behält sich vor, Ihnen im Rahmen des Unternehmens – auch an einem anderen Ort – eine andere oder zusätzliche, jedoch gleichwertige und Ihrer Eignung und Ihren Fähigkeiten entsprechende zumutbare Tätigkeit zu übertragen.

§ 2 Beginn und Ende des Vertrages

(1) Das Vertragsverhältnis beginnt am ... und ist unbefristet.

(2) Die ersten sechs Monate gelten als Probezeit, innerhalb derer der Vertrag von beiden Seiten mit einer Frist von vier Wochen zum Monatsende gekündigt werden kann. Einer Begründung bedarf es hierzu nicht.

(3) Nach der Probezeit ist der Arbeitsvertrag mit einer Frist von sechs Wochen zum Ende des Kalendervierteljahres kündbar.

(4) Eine ordentliche Kündigung vor Vertragsbeginn ist ausgeschlossen.

(5) Die Kündigung bedarf der Schriftform.

(6) Der Arbeitsvertrag endet spätestens mit Ablauf des Monats, in dem Sie erstmals Anspruch auf eine Regelaltersrente haben, ohne dass es einer Kündigung bedarf.

§ 3 Arbeitszeit

(1) Die regelmäßige Wochenarbeitszeit richtet sich nach der am jeweiligen Dienstort gültigen betrieblichen Regelung.

(2) Beginn und Ende der täglichen Arbeitszeit und der Pausen richten sich nach den jeweils geltenden betrieblichen Regelungen.

(3) Sie verpflichten sich, auf Verlangen der Firma im gesetzlich zulässigen Rahmen Überstunden zu leisten.

§ 4 Vergütung

(1) Sie erhalten für Ihre Tätigkeit eine monatliche Bruttovergütung von ... EUR, zahlbar zum 15. eines jeden Monats. Besteht nicht für alle Tage eines Kalendermonats Anspruch auf Vergütung, wird für jeden Fehltag 1/30 der Monatsvergütung abgezogen.

(2) Die Firma zahlt je Kalenderjahr eine Sonderzuwendung in Höhe der Vergütung nach Abs. 1 jeweils im Monat November. Die Sonderzuwendung vermindert sich um 1/12 für jeden Monat, für den keine Vergütung gezahlt worden ist. Voraussetzung für die Zahlung ist ein zum Stichtag 1. Dezember ungekündigtes Arbeitsverhältnis.

(3) Die Firma zahlt kalenderjährlich ein Urlaubsgeld iHv 255 EUR mit dem Juli-Gehalt.

(4) Die Firma zahlt Ihnen vermögenswirksame Leistungen iHv 6,65 EUR monatlich.

(5) Die Firma zahlt folgende Zuschläge zum Gehalt:

1. Nachtarbeit 15 %
2. Überstunden 25 %
3. Sonntagsarbeit 30 %
4. Arbeiten am 24.12. und 31.12. nach 13.00 Uhr 50 %
5. Arbeiten an Werktagen, an denen aufgrund gesetzlicher Bestimmungen der Arbeitsausfall zu vergüten ist 135 %,

berechnet aus dem in Abs. 1 genannten Bruttogehalt, dividiert durch 167,4. Für geleistete Überstunden wird eine Stundenvergütung gemäß vorstehender Berechnungsart gezahlt. Treffen mehrere Zuschläge zusammen, wird nur der höhere gewährt.

(6) Die Firma leistet alle Zahlungen aus diesem Vertrag bargeldlos auf ein von Ihnen zu benennendes Konto.

(7) Liegt das vereinbarte Bruttogehalt über dem in einem später in Kraft tretenden Tarifvertrag festgelegten Tarifgehalt, wird die Differenz zu einer außertariflichen Zusage, die auf zukünftige Tariferhöhungen angerechnet wird.

§ 5 Abtretung und Verpfändung der Gehaltsansprüche

Sie werden die Abtretung Ihrer Gehaltsansprüche der Firma anzeigen.

§ 6 Arbeitsverhinderung

(1) Sie verpflichten sich, der Firma jede Arbeitsverhinderung und ihre voraussichtliche Dauer unverzüglich anzuzeigen. Auf Verlangen sind die Gründe der Dienstverhinderung mitzuteilen.

(2) Im Falle einer Erkrankung sind Sie verpflichtet, spätestens vor Ablauf des vierten Kalendertages nach Beginn der Arbeitsunfähigkeit eine ärztliche Bescheinigung über die Arbeitsunfähigkeit sowie deren voraussichtliche Dauer vorzulegen und ggf innerhalb gleicher Frist eine Anschlussbescheinigung beizubringen. Die Firma kann den Nachweis der Erkrankung bereits für den ersten Kalendertag fordern.

(3) Unentschuldigtes Fernbleiben führt zum Entgeltabzug.

§ 7 Gehaltsfortzahlung im Krankheitsfall

Werden Sie durch Krankheit oder Unfall an der Arbeitsleistung gehindert, ohne dass Sie ein Verschulden trifft, so erhalten Sie Gehaltsfortzahlung für die Dauer von sechs Wochen nach dem Entgeltfortzahlungsgesetz in seiner jeweiligen Fassung.

§ 8 Abtretung von Schadensersatzansprüchen

(1) Sie treten Ihre Schadensersatzansprüche wegen der Verletzung durch einen Dritten insoweit ab, als die Firma Vergütungsfortzahlung im Krankheitsfall leistet.

(2) Sie verpflichten sich, der Firma die zur Durchsetzung der Ansprüche erforderlichen Auskünfte zu erteilen.

§ 9 Erholungsurlaub

Sie haben Anspruch auf einen gesetzlichen Mindesturlaub von 20 Arbeitstagen pro Kalenderjahr bei einer 5-Tage-Woche. Die Firma gewährt Ihnen zusätzlich zu dem gesetzlichen Mindesturlaub einen vertraglichen Urlaub von weiteren 10 Arbeitstagen. Der Urlaub ist möglichst zusammenhängend zu nehmen. Bei der Gewährung von Urlaub wird zuerst der gesetzliche Urlaub eingebracht. Für den vertraglichen Urlaub gilt abweichend von dem gesetzlichen Mindesturlaub, dass der Urlaubsanspruch nach Ablauf des Übertragungszeitraumes (31.3. des Folgejahres) auch dann verfällt, wenn er wegen Arbeitsunfähigkeit nicht genommen werden kann. Der gesetzliche Mindesturlaub verfällt in einem solchen Fall 15 Monate nach Ablauf des Urlaubsjahres.

Ihren Urlaub werden Sie unter Berücksichtigung der betrieblichen Belange und in Absprache mit Ihrem Vorgesetzten nehmen. Ihren persönlichen Wünschen werden wir nach Möglichkeit Rechnung tragen.

§ 10 Sonderurlaub, Freistellung von der Arbeit

Ihnen ist ohne Anrechnung auf Ihren Urlaub und ohne Entgeltminderung Freistellung von der Arbeit zu gewähren

- bei Ihrer Eheschließung — 2 Tage
- bei Niederkunft einer eingetragenen Lebenspartnerin — 2 Tage
- bei Tod des Ehegatten bzw einer eingetragenen Lebenspartnerin/der mit Ihnen in häuslicher Gemeinschaft lebenden Kinder — 3 Tage
- bei Tod des Ehegatten bzw einer eingetragenen Lebenspartnerin/der Kinder, falls diese nicht mit Ihnen in häuslicher Gemeinschaft leben — 1 Tag
- bei Eheschließung Ihrer Kinder — 1 Tag
- bei Ihrer silbernen Hochzeit bzw anlässlich des 25. Jahrestages der Eingehung einer eingetragenen Lebenspartnerschaft — 1 Tag
- bei Umzug mit eigenem Hausstand, sofern Sie nicht im gekündigten Arbeitsverhältnis stehen — 1 Tag.

§ 11 Nebenbeschäftigung

(1) Soweit Sie einer erwerbsmäßigen Nebentätigkeit nachgehen, verpflichten Sie sich, diese der Firma unverzüglich anzuzeigen.

(2) Die Firma kann die Nebentätigkeit untersagen, wenn hierdurch die geschuldete Arbeitsleistung beeinträchtigt wird oder Gründe des Wettbewerbs dagegen sprechen.

§ 12 Verschwiegenheitspflicht, Veröffentlichungen

(1) Sie verpflichten sich, über alle vertraulichen Angelegenheiten und Vorgänge, die Ihnen im Rahmen Ihrer Tätigkeit zur Kenntnis gelangen, auch nach Ihrem Ausscheiden aus dem Arbeitsverhältnis Stillschweigen zu bewahren.

(2) Die Verschwiegenheitspflicht erstreckt sich auch auf die in § 4 getroffene Vergütungsvereinbarung.[592]

(3) Veröffentlichungen/Interviews über das Geschäft der Firma oder die Tätigkeit ihrer Mitarbeiter bedürfen der vorherigen ausdrücklichen Zustimmung der Geschäftsleitung der Firma, das gilt auch nach Ihrem Ausscheiden aus diesem Arbeitsverhältnis.

---

592 Die Verpflichtung, über die eigene Vergütung Stillschweigen zu wahren, ist wohl unwirksam (vgl LAG Mecklenburg-Vorpommern 21.10.2009 – 2 Sa 237/09).

Kapitel 1: Arbeitsverträge

§ 13 Diensterfindungen

Die Firma behandelt Diensterfindungen nach dem Gesetz über Arbeitnehmererfindungen vom 30.7.1957 in der jeweils gültigen Fassung sowie der hierzu ergangenen Richtlinien für die Vergütung von Arbeitnehmererfindungen im privaten Dienst.

§ 14 Todesfall

(1) Für den Fall des Todes während der Vertragszeit wird das volle Gehalt gem. § 4 Abs. 1 im Sterbemonat und in den beiden folgenden Monaten an die unterhaltsberechtigten Hinterbliebenen gezahlt. Die Zahlung an einen Berechtigten befreit die Firma von der Leistungsverpflichtung.

(2) Versorgungsleistungen sind bei der Gehaltszahlung nach Abs. 1 abzuziehen.

§ 15 Personaldaten

Ihre persönlichen Daten werden für Zwecke der Personaladministration entsprechend den Vorschriften des Bundesdatenschutzgesetzes erfasst, gespeichert und verarbeitet. Sie stimmen dieser Nutzung Ihrer persönlichen Daten zu.

§ 16 Zuwendungen und Geschenke

Von Dritten angebotene Zuwendungen und Geschenke, die in unmittelbarem oder mittelbarem Zusammenhang mit der dienstlichen Tätigkeit stehen, dürfen nicht angenommen werden. Gebräuchliche Gelegenheitsgeschenke von geringem Wert (zB Kugelschreiber, Taschenkalender) sind davon ausgenommen. Der Versucht, Ihnen darüber hinausgehende Zuwendungen und Geschenke zu machen, ist der Firma unverzüglich anzuzeigen.

§ 17 Verfallfristen[593]

Alle beiderseitigen Ansprüche aus dem Arbeitsverhältnis und solche, die mit dem Arbeitsverhältnis in Verbindung stehen verfallen, wenn sie nicht innerhalb von sechs Monaten nach der Fälligkeit gegenüber der anderen Vertragspartei schriftlich erhoben werden.

§ 18 Rauchverbot

(1) Wir vereinbaren mit Ihnen, dass an Ihrem Arbeitsplatz ein absolutes Rauchverbot besteht.

(2) Das Rauchen ist Ihnen nur in hierzu eigens gekennzeichneten Räumen oder auf dem Freigelände gestattet.

(3) Entfernen Sie sich von Ihrem Arbeitsplatz, um eine Zigarette zu rauchen, erhöht sich ihre tägliche Arbeitszeit um die durch Rauchen ausfallende Arbeitszeit.

§ 19 Nutzung der betrieblichen Telekommunikationsmittel und Datenverarbeitungsanlagen

(1) Die dienstliche Nutzung des E-Mail-Systems und des Internets ist untersagt.[594] Das Internet darf nur mit der gültigen persönlichen Zugangsberechtigung genutzt werden. User-ID und Passwort dürfen nicht an Dritte weitergegeben werden.

(2) Es dürfen keine fremden Programme/Dateien auf die Festplatte kopiert, über Diskette, CD-ROM, ähnliche Datenträger oder das Internet auf dem Rechner installiert und/oder eingesetzt werden. Auf Virenkontrolle ist zu achten. Virenschutzprogramme sind zu nutzen. Auftretende Störungen, die mit einem Virenbefall in Zusammenhang stehen könnten, sind umgehend der Netzverwaltung/dem Systemadministrator zu melden. Das

---

[593] Nach einer neuen Entscheidung des BAG können arbeitsvertraglich vereinbarte Ausschlussfristen dahin gehend ausgelegt werden, dass sie nur die von den Parteien für regelungsbedürftig gehaltenen Fälle erfassen sollen. Eine Anwendung auch für die Fälle, die durch gesetzliche Verbote oder Gebote geregelt sind, soll dagegen regelmäßig gerade nicht gewollt sein, so das BAG. Das gelte bspw für die Haftung wegen Vorsatzes (Pressemitteilung Nr. 42/13 zu BAG, Urt. v. 20.6.2013 – 8 AZR 280/12). Ein Formulierungsbeispiel für eine vertragliche Verfallklausel mit Ausschluss der Haftung für Vorsatz enthält das Muster 1134 (§ 16).

[594] Die Gestattung der privaten Nutzung führt zu erheblichen datenschutzrechtlichen Problemen für den Arbeitgeber.

Abrufen, Anbieten oder Verbreiten von rechtswidrigen Inhalten, insbesondere rassistischer oder pornographischer Art ist verboten.

(3) Wir sind berechtigt, jede Nutzung des E-Mail-Systems und des Internets für die Dauer von maximal drei Monaten zu speichern, um die Einhaltung der obigen Bestimmungen anhand der gespeicherten Daten zu überprüfen. Sie erteilen insoweit Ihre Einwilligung gem. § 4 a BDSG.

(4) Für den Fall Ihrer betrieblichen Abwesenheit (Urlaub, Krankheit etc.) haben Sie eigenverantwortlich eine automatisierte Antwort an den Absender eingehender E-Mails einzurichten, die den Absender über Ihre Abwesenheit informiert und einen Hinweis auf den zuständigen Vertreter und dessen Telefonnummer enthält.

§ 20 Vertragsänderungen, Vertragswirksamkeit

(1) Mündliche Nebenabreden bestehen nicht.

(2) Ergänzungen und Änderungen dieses Arbeitsvertrages einschließlich der Aufhebung dieses Schriftformerfordernisses bedürfen der Schriftform, es sei denn, sie beruhen auf einer ausdrücklichen oder individuellen Vertragsabrede. Eine betriebliche Übung ist keine solche ausdrückliche bzw. individuelle Vertragsabrede. Auch wiederholte Leistungen oder Vergünstigungen ohne ausdrückliche oder individuelle Vertragsabrede begründen keinen Anspruch für die Zukunft.

17. Muster: Arbeitsvertrag mit einer kaufmännischen Angestellten (mit Dienstwagen)

Arbeitsvertrag

Zwischen

...

– nachfolgend „Firma" genannt –

und

Frau ...

– nachfolgend „Angestellte" genannt –

wird folgender Anstellungsvertrag geschlossen:

§ 1 Beginn und Art der Tätigkeit

Die Angestellte wird am ... als ... eingestellt.

Die ersten sechs Monate gelten als Probezeit. Während der Probezeit können die Vertragspartner das Arbeitsverhältnis mit einer Frist von einem Monat kündigen. Die ordentliche Kündigung des Arbeitsverhältnisses vor Aufnahme der Tätigkeit ist beiderseits ausgeschlossen

§ 2 Entgelt

Die Firma zahlt an die Angestellte monatlich ... EUR brutto. Das Gehalt wird nach der Probezeit neu vereinbart.

§ 3 Firmenwagen

Die Firma stellt der Angestellten einen Dienstwagen, der auch privat genutzt werden darf. Die Angestellte trägt die steuerlichen Lasten, die aus der privaten Nutzung des Dienstwagens resultieren. Näheres ergibt sich aus der Car Policy der Firma in ihrer jeweils gültigen Fassung.

§ 4 Urlaub

Die Angestellte hat Anspruch auf einen gesetzlichen Mindesturlaub von 20 Arbeitstagen pro Kalenderjahr bei einer 5-Tage-Woche. Die Firma gewährt der Angestellten zusätzlich zu dem gesetzlichen Mindesturlaub einen vertraglichen Urlaub von weiteren 7 Arbeitstagen. Der Urlaub ist möglichst zusammenhängend zu nehmen. Bei der Gewährung von Urlaub wird zuerst der gesetzliche Urlaub eingebracht. Für den vertraglichen Urlaub gilt abweichend von dem gesetzlichen Mindesturlaub, dass der Urlaubsanspruch nach Ablauf des Übertragungszeitraumes (31.3. des Folgejahres) auch dann verfällt, wenn er wegen Arbeitsunfähigkeit der Angestellten nicht genommen werden kann. Der gesetzliche Mindesturlaub verfällt in einem solchen Fall 15 Monate nach Ablauf des Urlaubsjahres.

Urlaubsjahr ist gleich Kalenderjahr. Wenn die Angestellte nicht das gesamte Kalenderjahr im Unternehmen beschäftigt war, wird der Urlaub anteilig gewährt (je Beschäftigungsmonat 1/12). Berechtigte Wünsche der Angestellten bezüglich des Urlaubszeitpunktes werden im Rahmen betrieblicher Möglichkeiten und berechtigter Belange anderer Mitarbeiter berücksichtigt. Sie sind bis zum 1.2. jeden Kalenderjahres bei der Firma anzumelden.

§ 5 Arbeitsverhinderung

Bei Arbeitsverhinderung gleich aus welchem Grunde ist die Firma unverzüglich über den Grund des Fernbleibens zu verständigen. Im Krankheitsfalle ist die Angestellte verpflichtet, unverzüglich nach Beginn der Erkrankung ein ärztliches Attest vorzulegen, aus dem sich die Arbeitsverhinderung sowie deren voraussichtliche Dauer ergeben. Im Krankheitsfall wird das Gehalt nach Maßgabe des Entgeltfortzahlungsgesetzes in seiner jeweils gültigen Fassung gezahlt.

§ 6 Nebentätigkeiten/Verschwiegenheit

Die Angestellte wird ihre volle Arbeitskraft in den Dienst der Firma stellen. Die Übernahme von Nebenbeschäftigungen, die in Konkurrenz zur übernommenen Arbeitsleistung stehen, ist nicht gestattet. Andere Nebentätigkeiten bedürfen der vorherigen, schriftlichen Zustimmung der Firma. Die Zustimmung wird nur verweigert, soweit berechtigte Interessen der Firma entgegenstehen.

Geschäfts- und Betriebsgeheimnisse, die der Angestellten anvertraut oder durch ihre Tätigkeit bekannt geworden sind, dürfen auch nach dem Ausscheiden weder verwertet noch Dritten mitgeteilt werden.

§ 7 Vertragsstrafe

Im Falle der Nichtaufnahme der Arbeit oder der vertragswidrigen Beendigung der Tätigkeit verpflichtet sich der Arbeitnehmer zur Zahlung einer Vertragsstrafe in Höhe eines Monatsgehalts, jedoch nicht mehr als das in der gesetzlichen Mindestkündigungsfrist ansonsten zu zahlende Arbeitsentgelt. Weitergehende Schadensersatzansprüche der Firma werden durch diese Vertragsstrafe nicht berührt.

§ 8 Kündigungsfrist

Das Vertragsverhältnis kann von beiden Seiten unbeschadet des Rechts zur fristlosen Kündigung nach den geltenden gesetzlichen Kündigungsfristen gekündigt werden.

Das Arbeitsverhältnis endet, ohne dass es einer Kündigung bedarf, mit Ablauf des Monats, in dem die Angestellte erstmals Anspruch auf eine gesetzliche Regelaltersrente erwirbt.

§ 9 Gratifikation

Soweit der Arbeitgeber eine Gratifikation (Weihnachts- oder Urlaubsgratifikation) gewährt, erfolgt diese freiwillig und ohne jeden zukünftigen Rechtsanspruch. Auch aus wiederholter, vorbehaltloser und gleichförmiger Zahlung kann ein Rechtsanspruch nicht abgeleitet werden.

§ 10 Nutzung der betrieblichen Telekommunikationsmittel und Datenverarbeitungsanlagen

Die private Nutzung des E-Mail-Systems und des Internets ist nicht gestattet.[595]

Das Internet darf nur mit der gültigen persönlichen Zugangsberechtigung genutzt werden. User-ID und Passwort dürfen nicht an Dritte weitergegeben werden.

Es dürfen keine fremden Programme/Dateien auf die Festplatte kopiert, über Diskette, CD-ROM, ähnliche Datenträger oder das Internet auf dem Rechner installiert und/oder eingesetzt werden. Auf Virenkontrolle ist zu achten. Virenschutzprogramme sind zu nutzen. Auftretende Störungen, die mit einem Virenbefall in Zusammenhang stehen könnten, sind umgehend der Netzverwaltung/dem Systemadministrator zu melden.

Das Abrufen, Anbieten oder Verbreiten von rechtswidrigen Inhalten, insbesondere rassistischer oder pornografischer Art ist verboten.

Die Firma ist berechtigt, jede Nutzung des E-Mail-Systems und des Internets für die Dauer von maximal drei Monaten zu speichern, um die Einhaltung der obigen Bestimmungen anhand der gespeicherten Daten zu überprüfen. Die Angestellte erteilt insoweit ihre Einwilligung gem. § 4 a BDSG.

Für den Fall ihrer betrieblichen Abwesenheit (Urlaub, Krankheit etc.) hat die Angestellte eigenverantwortlich eine automatisierte Antwort an den Absender eingehender E-Mails einzurichten, die den Absender über ihre Abwesenheit informiert und einen Hinweis auf den zuständigen Vertreter und dessen Telefonnummer enthält.

§ 11 Ergänzende Vereinbarung

Mündliche Nebenabreden bestehen nicht. Ergänzungen und Änderungen dieses Arbeitsvertrages einschließlich der Aufhebung dieses Schriftformerfordernisses bedürfen der Schriftform, es sei denn, sie beruhen auf einer ausdrücklichen oder individuellen Vertragsabrede. Eine betriebliche Übung ist keine solche ausdrückliche bzw. individuelle Vertragsabrede. Auch wiederholte Leistungen oder Vergünstigungen ohne ausdrückliche oder individuelle Vertragsabrede begründen keinen Anspruch für die Zukunft.

§ 12 Sonstige Vereinbarungen

Das Arbeitsverhältnis bestimmt sich nach den im Betrieb oder Betriebsteil geltenden Tarifverträgen in ihrer jeweiligen Fassung. Das sind nach Kenntnis des Arbeitgebers die Tarifverträge .... Die genannten Tarifverträge sollen in ihrer jeweiligen Fassung auch dann angewendet werden, wenn im Betrieb oder Betriebsteil keine Tarifverträge gelten. Kommen nach dieser Regelung unterschiedliche Tarifverträge in Betracht, so ist die Auswahl des anzuwendenden Tarifvertrages nach den Regeln zur Tarifkonkurrenz zu bestimmen. Im Fall der Beendigung einer Tarifbindung des Arbeitgebers sind für ihn nicht gültige Tarifvertragsänderungen oder Ablösungen von Tarifverträgen nicht zu berücksichtigen. Unabhängig davon sind Änderungen und Ablösungen der Tarifverträge nur dann zu berücksichtigen, wenn der Arbeitgeber ihnen nicht innerhalb von vier Wochen nach ihrem Inkrafttreten widerspricht. Der Widerspruch bewirkt die weitere Anwendung der bis dahin gültigen Regelungen. Sämtliche Bezugnahmeklauseln greifen nicht ein, soweit auf das Arbeitsverhältnis Tarifvertragsvorschriften aufgrund Tarifgebundenheit und/oder kraft gesetzlicher Anordnung anzuwenden sind.[596]

§ 13 Dienstsitz

Dienstsitz ist ....

---

[595] Eine erlaubte Privatnutzung führt zu erheblichen datenschutzrechtlichen Schwierigkeiten für den Arbeitgeber.
[596] *Giesen*, NZA 2006, 625, 630. Ob diese ausführliche „große dynamische" Bezugnahmeklausel transparent iSd § 307 Abs. 1 Satz 2 BGB ist, erscheint fraglich. Gegebenenfalls sollte eine einfachere Bezugnahmeklausel verwendet werden. Ist abzusehen, dass ein Tarifwechsel bevorsteht, sollten die jeweiligen Tarifverträge konkret benannt werden.

18. Muster: Arbeitsvertrag mit einem Programmierer (mit Sabbatical-, Compliance- und Work-Life-Balance-Klausel)

↓

Arbeitsvertrag

zwischen

...

– nachfolgend „Firma" genannt –

und

Herrn ...

– nachfolgend „Mitarbeiter" genannt –

§ 1 Beginn des Arbeitsverhältnisses

(1) Der Mitarbeiter tritt mit Wirkung vom ... in die Dienste der Firma. Vor Beginn des Arbeitsverhältnisses ist die Kündigung ausgeschlossen.

(2) Die ersten sechs Monate gelten als Probezeit. Während dieser Zeit können die Vertragspartner das Arbeitsverhältnis mit zweiwöchiger Frist zum Monatsschluss kündigen.

§ 2 Tätigkeit

(1) Der Mitarbeiter wird angestellt als ... . Er ist weisungsgebunden gegenüber ... .

(2) Die Firma behält sich im Rahmen des billigen Ermessens vor, dem Mitarbeiter eine andere zumutbare Tätigkeit zuzuweisen, die seinen Vorkenntnissen entspricht. Macht sie hiervon Gebrauch, so ist die bisherige Vergütung weiter zu zahlen.

§ 3 Arbeitszeit

(1) Die regelmäßige Arbeitszeit beträgt ... Stunden wöchentlich.

(2) Beginn und Ende der täglichen Arbeitszeit sowie die Pausen werden von der Firmenleitung festgelegt und gelten für alle Mitarbeiter.

(3) Der Mitarbeiter ist verpflichtet, Mehr- und Überarbeit zu leisten, soweit dies gesetzlich zulässig ist.

§ 4 Vergütung

(1) Der Mitarbeiter erhält für seine vertragliche Tätigkeit ein monatliches Bruttogehalt von ... EUR. Die Vergütung ist jeweils am Letzten des Monats fällig. Die Zahlung erfolgt bargeldlos. Der Mitarbeiter ist verpflichtet, ein Konto zu unterhalten und der Firma seine Kontonummer mitzuteilen.

(2) Mit dem Dezembergehalt wird zusätzlich eine Anwesenheitsprämie iHv ... EUR gezahlt. Die Prämie wird erst nach einer Betriebszugehörigkeit von mindestens einem Jahr gezahlt und nur, wenn das Arbeitsverhältnis am Auszahlungstag noch ungekündigt fortbesteht.

Bei krankheitsbedingten sowie allen rechtmäßigen Fehlzeiten ohne Entgeltfortzahlung innerhalb des Kalenderjahres wird die Prämie für jeden Fehltag um 1/120tel eines Bruttomonatsgehalts gekürzt.

Bei allen rechtswidrigen Fehlzeiten wird die Prämie für jeden Fehltag um ein Tagesarbeitsentgelt gekürzt.

Bei Fehlzeiten, die durch Wehr- oder Ersatzdienst oder Wehrübungen bedingt sind, beschränkt sich die Kürzung auf den der Fehlzeit entsprechenden Teil der Jahresleistung.

(3) Die wiederholte Gewährung freiwilliger sozialer Leistungen führt zu keinem Rechtsanspruch auf Seiten des Mitarbeiters.[597]

---

[597] Diese Klausel ist für sich genommen nicht geeignet, das Entstehen einer betrieblichen Übung zu verhindern.

§ 5 Urlaub

Der Urlaubsanspruch des Mitarbeiters richtet sich nach dem Bundesurlaubsgesetz. Der Mitarbeiter hat Anspruch auf einen gesetzlichen Mindesturlaub von 20 Arbeitstagen pro Kalenderjahr bei einer 5-Tage-Woche. Die Firma gewährt dem Mitarbeiter zusätzlich zu dem gesetzlichen Mindesturlaub einen vertraglichen Urlaub von weiteren 10 Arbeitstagen. Der Urlaub ist möglichst zusammenhängend zu nehmen. Bei der Gewährung von Urlaub wird zuerst der gesetzliche Urlaub eingebracht. Für den vertraglichen Urlaub gilt abweichend von dem gesetzlichen Mindesturlaub, dass der Urlaubsanspruch nach Ablauf des Übertragungszeitraumes (31.3. des Folgejahres) auch dann verfällt, wenn er wegen Arbeitsunfähigkeit des Mitarbeiters nicht genommen werden kann. Der gesetzliche Mindesturlaub verfällt in einem solchen Fall 15 Monate nach Ablauf des Urlaubsjahres.

Der Zeitpunkt des Urlaubsantritts ist unter Berücksichtigung der Geschäftsinteressen der Firma festzulegen.

§ 6 Gehaltsverpfändung und Gehaltsabtretung

(1) Der Mitarbeiter darf seine Vergütungsansprüche weder verpfänden noch abtreten.[598]

(2) Der Mitarbeiter hat die durch die Abtretung oder Verpfändung von Ansprüchen erwachsenden Kosten zu tragen. Die zu ersetzenden Kosten sind pauschaliert und betragen je zu berechnender Pfändung, Verpfändung oder Abtretung 15 EUR. Die Firma ist berechtigt, bei Nachweis der höheren tatsächlichen Kosten diese in Ansatz zu bringen.

§ 7 Nebenleistungen, Fahrtkosten

(1) Für Dienstreisen werden von der Firmenleitung Fahrtkosten im Einzelfall erstattet. Ihre Höhe bestimmt die Firma unter Berücksichtigung der jeweils geltenden steuerlichen Regelungen.

(2) Der Mitarbeiter ist verpflichtet, auf Weisung der Firmenleitung Dienstreisen durchzuführen.

§ 8 Arbeitsverhinderung

(1) Der Mitarbeiter ist verpflichtet, dem Arbeitgeber jede Dienstverhinderung und ihre voraussichtliche Dauer anzuzeigen. Auf Verlangen sind die Gründe der Dienstverhinderung mitzuteilen.

(2) Im Falle der Erkrankung ist der Mitarbeiter verpflichtet, vor Ablauf des dritten Kalendertages nach Beginn der Arbeitsunfähigkeit eine ärztliche Bescheinigung über Arbeitsunfähigkeit sowie deren voraussichtliche Dauer vorzulegen. Dauert die Arbeitsunfähigkeit länger als in der Bescheinigung angegeben, so ist der Mitarbeiter verpflichtet, innerhalb von drei Tagen eine neue ärztliche Bescheinigung einzureichen.

§ 9 Gehaltsfortzahlung im Krankheitsfalle

Ist der Mitarbeiter infolge auf Krankheit beruhender Arbeitsunfähigkeit an der Arbeitsleistung verhindert, ohne dass ihn ein Verschulden trifft, so erhält er Gehaltsfortzahlung nach Maßgabe des Entgeltfortzahlungsgesetzes in seiner jeweils gültigen Fassung.

§ 10 Verschwiegenheitspflicht

(1) Der Mitarbeiter verpflichtet sich, über alle Betriebs- und Geschäftsgeheimnisse, insbesondere Herstellungsverfahren, Vertriebswege und _ sowohl während der Dauer des Arbeitsverhältnisses als auch nach seiner Beendigung Stillschweigen zu bewahren. Die Geheimhaltungspflicht erstreckt sich nicht auf solche Kenntnisse, die jedermann zugänglich sind oder deren Weitergabe für die Firma ersichtlich ohne Nachteil ist. Im Zweifelsfalle sind jedoch technische, kaufmännische und persönliche Vorgänge und Verhältnisse, die dem Mitarbeiter in Zusammenhang mit seiner Tätigkeit bekannt werden, als Unternehmensgeheimnisse zu behan-

---

[598] Die Klausel ist nach hier vertretener Ansicht nach § 307 Abs. 2 Nr. 1 BGB unwirksam (vgl Hümmerich/Reufels/*Schiefer*, Gestaltung von Arbeitsverträgen, § 1 Rn 362).

deln. In solchen Fällen ist der Mitarbeiter vor der Offenbarung verpflichtet, eine Weisung der Geschäftsleitung einzuholen, ob eine bestimmte Tatsache vertraulich zu behandeln ist.

(2) Die Schweigepflicht erstreckt sich auf Angelegenheiten anderer Firmen, mit denen das Unternehmen wirtschaftlich oder organisatorisch verbunden ist.

(3) Sollte die nachvertragliche Schweigepflicht den Mitarbeiter in seinem beruflichen Fortkommen hindern, hat der Mitarbeiter gegen die Firma einen Anspruch auf Freistellung von dieser Pflicht.

(4) Über seine Vergütung hat der Mitarbeiter Dritten gegenüber Stillschweigen zu bewahren. Dies gilt nicht für Fälle, in denen er gesetzlich berechtigt oder verpflichtet ist, Angaben über sein Einkommen zu machen.

(5) Die betrieblichen Sicherheitsbestimmungen sind zu beachten. Vertrauliche und geheim zu haltende Schriftstücke, Zeichnungen, Modelle usw sind unter Verschluss zu halten.

§ 11 Diensterfindungen

(1) Für die Behandlung von Diensterfindungen gelten die Vorschriften des Urheberrechtsgesetzes und des Gesetzes über Arbeitnehmererfindungen vom 25.7.1957 (BGBl. I S. 756 einschließlich späterer Änderungen) sowie die hierzu ergangenen Richtlinien für die Vergütung von Arbeitnehmererfindungen im privaten Dienst, soweit in den §§ 15 ff keine hiervon abweichenden Vereinbarungen getroffen wurden.

(2) Verbesserungsvorschläge werden von der Firmenleitung nach individueller Vereinbarung vergütet.

§ 12 Nebenbeschäftigung

Solange der Mitarbeiter bei der Firma beschäftigt ist, darf er nur mit vorheriger schriftlicher Zustimmung der Firma eine Nebentätigkeit übernehmen. Für Veröffentlichungen und Vorträge, die den Tätigkeitsbereich der Firma berühren, bedarf es ebenfalls einer vorherigen Zustimmung der Firma. Die Zustimmung ist zu erteilen, wenn keine berechtigten Interessen der Firma entgegenstehen.

§ 13 Beendigung des Arbeitsverhältnisses

(1) Das Arbeitsverhältnis endet entweder mit Ablauf des Monats, in dem der Mitarbeiter das jeweilige gesetzliche Rentenalter erreicht hat, oder durch Kündigung.

(2) Die Kündigung bedarf der Schriftform. Die Kündigungsfrist richtet sich nach den gesetzlichen Vorschriften. Es wird zwischen den Parteien vereinbart, dass ab dem Bestand des Arbeitsverhältnisses innerhalb von acht Jahren die vorgenannten verlängerten Kündigungsfristen ebenfalls für den Mitarbeiter gelten.

(3) Durch die Kündigungserklärung wird die Befugnis der Firma begründet, den Mitarbeiter unter Fortzahlung seiner Bezüge von der Arbeitsleistung freizustellen, wenn das Interesse der Firma an der Freistellung das Interesse des Mitarbeiters an der Beschäftigung überwiegt. Dies ist insbesondere der Fall, wenn zu besorgen ist, dass der Mitarbeiter zu einem Konkurrenten wechselt.

§ 14 Nebenabreden und Vertragsänderungen

Mündliche Nebenabreden bestehen nicht. Ergänzungen und Änderungen dieses Arbeitsvertrages einschließlich der Aufhebung dieses Schriftformerfordernisses bedürfen der Schriftform, es sei denn, sie beruhen auf einer ausdrücklichen oder individuellen Vertragsabrede. Eine betriebliche Übung ist keine solche ausdrückliche bzw individuelle Vertragsabrede. Auch wiederholte Leistungen oder Vergünstigungen ohne ausdrückliche oder individuelle Vertragsabrede begründen keinen Anspruch für die Zukunft.

§ 15 Nutzung von Programmen

(1) Der Mitarbeiter überträgt der Firma an den von ihm erstellten Computerprogrammen das ausschließliche Recht zur zeitlich und räumlich unbegrenzten Nutzung und erlaubt damit der Firma gem. § 69 b UrhG die Wahrnehmung aller vermögensrechtlichen Befugnisse an dem Programm. Mitumfasst von dieser Nutzungsein-

räumung und zu übergeben sind die dazugehörigen Vorstudien, der Quellcode, eine erstellte Dokumentation und sonstige Begleitmaterialien zu den jeweiligen Programmen.

(2) Diese Nutzungseinräumung erfolgt vergütungsfrei.

§ 16 Kopie eines entwickelten Programms

(1) Mit Zustimmung der Firma kann der Mitarbeiter eine Autorenkopie des von ihm erstellten Programms erhalten, deren Inhalt er jedoch ohne besondere Vereinbarung mit der Firma Dritten nicht zugänglich machen darf.

(2) Nach Ausscheiden aus dem Arbeitsverhältnis hat der Mitarbeiter kein Zugangsrecht zu von ihm entwickelten Programmen und ist außerdem verpflichtet, ihm übergebene Programmkopien der Firma zurückzugeben.

§ 17 Schutzrechte Dritter

(1) Der Mitarbeiter verpflichtet sich, die Firma im Rahmen der Nutzung an dem vertragsgegenständlichen Programm von der Haftung aus der behaupteten Verletzung von Schutzrechten Dritter freizustellen.

(2) Die Firma verpflichtet sich im Rahmen ihrer vertraglichen Nutzungsberechtigung, an dem Programm bestehende Schutzrechte auf eigene Kosten gegen rechtliche Angriffe Dritter zu verteidigen.

§ 18 Besondere nachvertragliche Rechte und Pflichten

(1) Der Mitarbeiter arbeitet im Rahmen der vertraglichen Arbeitsverpflichtungen einen Mitarbeiter oder eine Mitarbeiterin als Nachfolger bzw Nachfolgerin ein. Besondere, hieraus der Firma entstehende Kosten werden nach Vereinbarung und Einzelnachweis von der Firma erstattet.

(2) Soweit der Mitarbeiter in Besitz des Quellcodes zu einem zur Nutzung überlassenen Programm ist, hat er diesen rechtzeitig vor Beendigung des Arbeitsverhältnisses der Firma zu übergeben.

(3) Die Firma verpflichtet sich für den Zeitraum nach Beendigung des Arbeitsverhältnisses, den Namen des Mitarbeiters in allen im Rahmen der vertraglichen Nutzung verwendeten Programmkopien und dem dazugehörigen Begleitmaterial anzuführen bzw nicht zu entfernen. Dies gilt auch für den Fall der berechtigten Nutzungseinräumung durch die Firma an Dritte.

§ 19 Compliance-Richtlinien[599]

Der Mitarbeiter ist verpflichtet, die jeweils anwendbaren gesetzlichen Bestimmungen sowie die Compliance-Richtlinien der Firma zu beachten. Die Compliance-Richtlinien sind Anlage zu diesem Vertrag (Anlage 1).

§ 20 Sabbatical[600]

(1) Der Mitarbeiter hat die Möglichkeit, einen Zeitraum von bis zu einem Jahr als unbezahlten Urlaub zu nehmen (Sabbatical). Der Anspruch auf ein Sabbatical besteht erstmals nach einem Bestand des Arbeitsverhältnisses von mehr als 5 Jahren.

(2) Der Mitarbeiter muss das Sabbatical spätestens 3 Monate vor Antritt der Firma schriftlich anzeigen und gleichzeitig erklären, für welchen Zeitraum es genommen werden soll. Die Firma kann den Zeitpunkt des Antritts und den Zeitraum des Sabbaticals nur aus dringenden betrieblichen Gründen ablehnen.

(3) Das Arbeitsverhältnis ruht während des Sabbaticals. Der Arbeitnehmer ist von der Verpflichtung zur Arbeitsleistung unter Wegfall der Bezüge freigestellt. Arbeitsvertragliche Nebenpflichten gelten fort, insbesondere Verschwiegenheitspflicht und Wettbewerbsverbot. Während des Sabbaticals entrichtet die Firma keine Sozialversicherungsbeiträge. Der Arbeitnehmer ist für die Dauer des Sabbaticals verpflichtet, selbst für seine Sozialversicherung, insbesondere für seinen Krankenversicherungsschutz, zu sorgen.

---

599 Eine ausführlichere Klauselfassung findet sich in Muster 1110 (§ 13).
600 Das Muster 1081 (§ 2 Ziff. 4) enthält eine kürzer gefasste Sabbatical-Regelung.

(4) Während des Sabbaticals entsteht kein vertraglicher Urlaubsanspruch. Der gesetzliche Urlaubsanspruch gilt als im Rahmen des Sabbaticals genommen.

(5) Nach Ende des Sabbaticals kehrt der Mitarbeiter an den bisherigen Arbeitsplatz zurück. Ist dieser Arbeitsplatz besetzt, hat der Mitarbeiter Anspruch auf einen anderen gleichwertigen Arbeitsplatz.

§ 21 Dienstliches Kommunikationsendgeräte

(1) Soweit die Firma dem Mitarbeiter ein mobiles Kommunikationsendgerät (zB Handy, Smartphone, iPhone, Tablet-PC, Notebook) zur Verfügung stellt, trägt sie die damit verbundenen Vertrags-, Geräte- und Gesprächskosten. Die Auswahl des Gerätes und des Vertrages obliegen der Firma. Der Mitarbeiter darf die mobilen Kommunikationsgeräte privat nutzen.

(2) Aus Gründen der betrieblichen Gesundheitsvorsorge und zur Sicherung einer angemessenen „Work-Life-Balance" ist der Mitarbeiter nicht verpflichtet, außerhalb seiner Arbeitszeit[601] auf dem mobilen Kommunikationsendgerät telefonisch oder per SMS, E-Mail oder twitter erreichbar zu sein. Sofern der Mitarbeiter außerhalb der Arbeitszeit dienstliche Telefonate führt oder dienstliche E-Mails beantwortet, handelt er freiwillig. Auch freiwillig ist das nur in Ausnahmesituationen gestattet.

(3) Der Mitarbeiter wird angehalten, mit den ihm überlassenen mobilen Kommunikationsgeräten verantwortlich umzugehen und die Ruhezeiten des Arbeitszeitgesetzes einzuhalten.

§ 22 Ausschlussfristen[602]

Alle beiderseitigen Ansprüche aus dem Arbeitsverhältnis und solche, die mit dem Arbeitsverhältnis in Verbindung stehen, verfallen, wenn sie nicht innerhalb von drei Monaten nach Fälligkeit gegenüber der anderen Vertragspartei schriftlich erhoben werden.

§ 23 Sonstige Vereinbarungen

(1) Ein Entgeltfortzahlungsanspruch in den Fällen der Freistellung nach § 45 SGB V (Beaufsichtigung und Betreuung oder Pflege eines erkrankten Kindes unter 12 Jahren) wird ausgeschlossen.

(2) Der Mitarbeiter erklärt, dass er zur Ausübung der vertraglich geschuldeten Leistung in der Lage ist.

(3) Der Mitarbeiter erklärt sich damit einverstanden, dass seine personenbezogenen Daten automatisiert gespeichert und verarbeitet werden. In seiner Eigenschaft als Mitarbeiter erklärt er, dass er sich die anliegende Belehrung über das Datengeheimnis durchgelesen hat und die ebenfalls anliegende Verpflichtungserklärung nach § 5 BDSG unterzeichnen wird.

---

601 Alternativ: außerhalb des Gleitzeitrahmens.
602 Nach einer neuen Entscheidung des BAG können arbeitsvertraglich vereinbarte Ausschlussfristen dahin gehend ausgelegt werden, dass sie nur die von den Parteien für regelungsbedürftig gehaltenen Fälle erfassen sollen. Eine Anwendung auch für die Fälle, die durch gesetzliche Verbote oder Gebote geregelt sind, soll dagegen regelmäßig gerade nicht gewollt sein, so das BAG. Das gelte bspw für die Haftung wegen Vorsatzes (Pressemitteilung Nr. 42/13 zu BAG, Urt. v. 20.6.2013 – 8 AZR 280/12). Ein Formulierungsbeispiel für eine vertragliche Verfallklausel mit Ausschluss der Haftung für Vorsatz enthält das Muster 1134 (§ 16).

227 19. Muster: Arbeitsvertrag eines Verbandsgeschäftsführers

Arbeitsvertrag

Zwischen

dem Verband ..., vertreten durch den Bundesvorstand

– nachfolgend: Arbeitgeber –

und

Herrn ...

– nachfolgend: Mitarbeiter –

wird nachstehender Arbeitsvertrag geschlossen.

§ 1 Beginn des Arbeitsverhältnisses

(1) Das Arbeitsverhältnis beginnt am .... Vor seinem Beginn ist die ordentliche Kündigung ausgeschlossen.

(2) Die ersten 6 Monate des Arbeitsverhältnisses gelten als Probezeit. Während der Probezeit kann das Arbeitsverhältnis mit einer Frist von 1 Monat gekündigt werden, unbeschadet des Rechts zur fristlosen Kündigung aus wichtigem Grund.

§ 2 Tätigkeit

(1) Der Mitarbeiter wird als Verbandsgeschäftsführer und damit als Koordinator der Aktivitäten der übrigen Organe des Arbeitgebers sowie als Bürovorsteher der Bundesgeschäftsstelle eingestellt. Dem Mitarbeiter ist bekannt, dass beabsichtigt ist, die Satzungsbestimmungen, die den Geschäftsführer des Arbeitgebers betreffen, demnächst zu ändern.

(2) Zu den Aufgaben und Pflichten des Mitarbeiters gehören insbesondere die organisatorische, betriebliche und personelle Leitung der Geschäftsstelle, die Gewährleistung einer reibungslosen Kommunikation zwischen den Organen des Arbeitgebers, insbesondere zwischen dem Bundesvorstand, der Versammlung der Landesleiter, der Delegiertenversammlung, der Mitgliederversammlung und des Ältestenrates und ihren Angehörigen, die Pflege des Kontakts zu den Landesgeschäftsstellen sowie die organisatorische Vorbereitung und Durchführung von Tagungen, Veranstaltungen, Konferenzen und Versammlungen des Verbandes in genauer Absprache mit dem Bundesvorstand. Der Mitarbeiter ist nicht befugt, Personal einzustellen oder zu entlassen.

(3) Der Bundesvorstand ist berechtigt, dem Mitarbeiter anderweitige, jedoch gleichwertige, seinen Fähigkeiten entsprechende Aufgaben zu übertragen. Der Mitarbeiter verpflichtet sich, diese gemäß den Weisungen des Bundesvorstandes auszuführen. Auch wenn der Mitarbeiter längere Zeit an einem bestimmten Arbeitsplatz eingesetzt ist, tritt damit kein Verbrauch des Direktionsrechts ein.

(4) Der Bundesvorstand ist berechtigt, dem Mitarbeiter zum besonderen Vertreter iSd § 30 BGB zu ernennen.

§ 3 Vergütung

(1) Der Mitarbeiter erhält für seine vertragliche Tätigkeit eine monatliche Brutto-Vergütung von ... EUR.

(2) Zusätzlich erhält der Mitarbeiter ein 13. Monatsgehalt in Höhe einer monatlichen Brutto-Vergütung. Bei einer Beschäftigung nicht während des gesamten Jahres wird das 13. Monatsgehalt pro rata temporis gezahlt. Das 13. Monatsgehalt wird jeweils zur Hälfte mit der monatlichen Brutto-Vergütung für die Monate Juni und Dezember ausgezahlt.

Die Vergütung ist jeweils am Letzten eines Monats fällig. Die Zahlung erfolgt bargeldlos auf ein vom Mitarbeiter anzugebendes Konto.

§ 4 Gehaltspfändung oder -abtretung

(1) Der Mitarbeiter darf seine Vergütungsansprüche an Dritte nur nach vorheriger schriftlicher Zustimmung des Arbeitgebers verpfänden oder abtreten.

(2) Der Mitarbeiter hat die durch die Abtretung und Verpfändung von Forderungen erwachsenden Kosten zu tragen. Die Kosten werden pauschaliert und betragen je zu berechnender Pfändung, Verpfändung oder Abtretung 15 EUR. Der Arbeitgeber ist berechtigt, bei Nachweis höherer tatsächlicher Kosten diese in Ansatz zu bringen.

§ 5 Arbeitszeit

(1) Die regelmäßige Arbeitszeit beträgt 40 Stunden wöchentlich. Eine andere wöchentliche Arbeitszeit sowie die Verteilung der Arbeitszeit auf die einzelnen Wochentage, einschließlich Sonn- und Feiertage, bleiben einer Weisung durch den Bundesvorstand vorbehalten.

(2) Der Mitarbeiter und der Arbeitgeber legen in einer Aktennotiz, die als Anlage zu diesem Vertrag genommen wird, die Präsenzzeit des Mitarbeiters in der Bundesgeschäftsstelle fest. Der Mitarbeiter erkennt an, dass der Bundesvorstand berechtigt ist, die Präsenzzeiten unter Berücksichtigung der betrieblichen Erfordernisse nach billigem Ermessen festzulegen.

(3) Dem Mitarbeiter ist bekannt, dass insbesondere seine Anwesenheit bei Vorstandssitzungen, Versammlungen der Landesleiter und anderen Konferenzen sowie bei der Wahrnehmung von Terminen im Auftrag des Verbandes Nacht-, Mehr-, Sonn- und Feiertagsarbeit erfordern kann. Der Mitarbeiter ist hierzu im Rahmen der gesetzlichen Vorschriften verpflichtet, soweit dies vom Arbeitgeber für erforderlich gehalten wird.

(4) Der Ausgleich von Mehr- und/oder Überarbeit soll in erster Linie nach Absprache mit dem Vorstand durch Gewährung entsprechender Freizeit erfolgen. Kommt der Ausgleich in Form der Gewährung freier Stunden nicht in Betracht, wird erhöhter Arbeitsaufwand zusätzlich vergütet. Hierbei wird ein Zuschlag von 2 % gewährt.

(5) Eine Bezahlung von Überstunden erfordert die vorherige gemeinsame Feststellung des Mitarbeiters und des Arbeitgebers, dass ein Ausgleich in Form der Gewährung von Freizeit nicht möglich ist. Der Mitarbeiter hat über geleistete Mehr- und Überarbeit selbst Buch zu führen und dem Vorstand spätestens bis zum Ablauf einer Woche nach Ablauf des vorangegangenen Monats eine Aufstellung über geleistete Mehrarbeit für den jeweils vorangegangenen Monat vorzulegen. Auf Anforderung hat er die Notwendigkeit der geleisteten Mehr- und Überarbeit zu begründen.

§ 6 Sabbatical

(1) Dem Mitarbeiter wird die Möglichkeit eingeräumt, Überstunden auf einem Guthabenkonto anzusammeln. Die Grenzen des Arbeitszeitgesetzes sind dabei einzuhalten. Der Abbau des Guthabenkontos (Sabbatical) erfolgt zusammenhängend für einen Zeitraum von bis zu 6 Monaten.

(2) Ein Sabbatical bis zu maximal 6 Monaten kann alle drei Jahre beantragt und genommen werden. Der Mitarbeiter muss das Sabbatical spätestens 3 Monate vor Antritt dem Arbeitgeber schriftlich anzeigen und gleichzeitig erklären, für welchen Zeitraum er genommen werden soll. Der Arbeitgeber kann den Zeitpunkt des Antritts und den Zeitraum des Sabbaticals nur aus dringenden betrieblichen Gründen ablehnen.

§ 7 Arbeitsverhinderung

(1) Der Mitarbeiter ist verpflichtet, dem Vorstand jede Dienstverhinderung und ihre voraussichtliche Dauer unverzüglich, ggf durch Dritte, unter Angabe der Gründe anzuzeigen.

(2) Im Falle der Erkrankung ist der Mitarbeiter verpflichtet, vor Ablauf des dritten Kalendertages nach Beginn der Arbeitsunfähigkeit eine ärztliche Bescheinigung über die Arbeitsunfähigkeit sowie deren voraussichtliche Dauer vorzulegen. Dauert die Arbeitsunfähigkeit länger als in der Bescheinigung angegeben, so ist

der Mitarbeiter verpflichtet, dies unverzüglich dem Vorstand mitzuteilen und innerhalb von 3 Tagen nach Beginn der noch nicht belegten Zeit der Arbeitsunfähigkeit eine neue ärztliche Bescheinigung einzureichen.

§ 8 Urlaub

(1) Der Mitarbeiter erhält bei einer 5-Tage-Woche kalenderjährlich einen Urlaub von 20 Arbeitstagen als gesetzlichen Mindesturlaub. Der gesetzliche Mindesturlaub muss im laufenden Kalenderjahr gewährt und genommen werden. Eine Übertragung des gesetzlichen Mindesturlaubs auf das nächste Kalenderjahr ist nur statthaft, wenn dringende betriebliche oder in der Person des Mitarbeiters liegende Gründe dies rechtfertigen. Im Falle der Übertragung muss der gesetzliche Mindesturlaub in den ersten drei Monaten des folgenden Kalenderjahres gewährt und genommen werden, ansonsten verfällt er. Konnte der gesetzliche Mindesturlaub wegen Arbeitsunfähigkeit des Mitarbeiters nicht genommen werden, geht der gesetzliche Mindesturlaubsanspruch 15 Kalendermonate nach dem Ende des Urlaubsjahres, mithin am 31.3. des Folgejahres, unter.

(2) Der Mitarbeiter erhält darüber hinaus kalenderjährlich einen übergesetzlichen Zusatzurlaub von weiteren 10 Arbeitstagen. Der übergesetzliche Zusatzurlaub ist innerhalb des Kalenderjahres zu nehmen. Eine Übertragung des übergesetzlichen Zusatzurlaubs auf das nächste Jahr ist nur statthaft, wenn dringende betriebliche oder in der Person des Mitarbeiters liegende Gründe eine Übertragung erforderlich machen. Im Fall der Übertragung muss der Zusatzurlaub in den ersten drei Monaten des nachfolgenden Kalenderjahres gewährt und genommen werden. Ansonsten verfällt der Zusatzurlaub mit Ablauf des 31.3. des nachfolgenden Kalenderjahres auch dann, wenn er wegen Arbeitsunfähigkeit des Mitarbeiters nicht genommen werden konnte. Eine Abgeltung des übergesetzlichen Urlaubsanspruchs ist ausgeschlossen.

(3) Während des Übertragungszeitraumes (1.1. bis 31.3. des nachfolgenden Kalenderjahres) gilt zunächst der übertragene gesetzliche Regelurlaub, danach der übertragene übergesetzliche Zusatzurlaub und erst danach der in dem betreffenden Kalenderjahr entstehende bzw entstandene gesetzliche Regelurlaub und übergesetzliche Zusatzurlaub als bewilligt.

(4) Die Lage des Urlaubs wird auf Antrag des Mitarbeiters vom Vorstand festgelegt.

(5) Der Mitarbeiter ist verpflichtet, dem Vorstand seine Urlaubsanschrift rechtzeitig vor seinem Urlaubsantritt mitzuteilen und bei dringenden Erfordernissen den Urlaub auf Verlangen des Vorstandes zu unter- bzw abzubrechen. In diesem besonderen Fall übernimmt der Arbeitgeber die Reisekosten und die Zahlung einer angemessenen Entschädigung.

(6) Der Urlaub soll der Erholung des Mitarbeiters dienen. Er darf während der Urlaubszeit keine dem Urlaubszweck widersprechende Erwerbstätigkeit übernehmen.

§ 9 Verschwiegenheitspflicht

(1) Der Mitarbeiter verpflichtet sich, über alle betrieblichen Angelegenheiten und Vorgänge, die ihm im Rahmen seiner Tätigkeit zur Kenntnis gelangen, auch nach seinem Ausscheiden Stillschweigen zu bewahren.

(2) Die Verschwiegenheitspflicht erstreckt sich auch auf den Inhalt dieses Vertrages.

(3) Alle Schriftstücke, auch Abschriften und Durchschläge einschließlich eigener Aufzeichnungen, die die dienstliche Tätigkeit betreffen, hat der Mitarbeiter als ihm anvertrautes Eigentum des Arbeitgebers sorgfältig aufzubewahren, vor jeder Einsichtnahme Unbefugter zu schützen und auf Verlangen jederzeit – spätestens aber bei Beendigung des Anstellungsverhältnisses – herauszugeben. Dabei hat er zu versichern, dass er weitere Unterlagen nicht mehr besitzt. Ein Zurückbehaltungsrecht steht dem Mitarbeiter nicht zu.

(4) Ungeachtet der Möglichkeit, weitergehende Schadensersatzansprüche geltend zu machen, verpflichtet sich der Mitarbeiter gegenüber dem Arbeitgeber, bei Verletzung seiner Verschwiegenheitspflichten aus diesem Paragraphen eine Vertragsstrafe in Höhe eines monatlichen Brutto-Gehalts zu zahlen.

§ 10 Nebenbeschäftigung

(1) Der Mitarbeiter ist verpflichtet, seine ganze Arbeitskraft zum Nutzen des Verbandes einzusetzen.

(2) Jede Nebentätigkeit, die die Erfüllung der Verpflichtungen des Mitarbeiters nach diesem Vertrag berühren könnte oder entgeltlich ausgeübt wird, bedarf der vorherigen schriftlichen Zustimmung des Bundesvorstandes.

§ 11 Freistellung

Der Arbeitgeber ist berechtigt, den Mitarbeiter nach Ausspruch einer Kündigung unter Fortzahlung der Bezüge widerruflich oder unwiderruflich von der Arbeit freizustellen, wenn das Interesse des Arbeitgebers an der Freistellung das Interesse des Mitarbeiters an der Beschäftigung überwiegt. Bei einer widerruflichen Freistellung hat der Mitarbeiter dem Bundesvorstand seinen Aufenthaltsort während der üblichen Arbeitszeit mitzuteilen und sich für Rückfragen zur Verfügung zu halten.

§ 12 Annahme von Geschenken

Der Mitarbeiter darf Belohnungen oder Geschenke in Bezug auf seine dienstliche Tätigkeit nur mit Zustimmung des Arbeitgebers annehmen. Hiermit wird die Zustimmung für die Annahme von geringfügigen Zuwendungen mit einem Wert von weniger als 75 EUR pro Sachverhalt erteilt. Der Mitarbeiter ist verpflichtet, den Versuch, ihm Belohnungen oder Geschenke, die über diesen Rahmen hinausgehen, zuzuwenden, unverzüglich dem Bundesvorstand mitzuteilen.

§ 13 Beendigung des Arbeitsverhältnisses

(1) Unbeschadet der Regelung während der Probezeit kann das Arbeitsverhältnis mit einer Frist von 1 Monat zum Ende eines Kalendervierteljahres gekündigt werden. Eine Verlängerung der Kündigungsfrist aufgrund Gesetzes oder sonstiger Vorschriften zu Gunsten einer Partei gilt in gleicher Weise auch für die andere Partei.

(2) Eine Kündigung bedarf in jedem Fall der Schriftform.

(3) Das Arbeitsverhältnis endet in jedem Fall, sofern es nicht zuvor gekündigt oder einvernehmlich beendet wird, spätestens mit Ablauf des Monats, in dem der Mitarbeiter erstmals Anspruch auf eine gesetzliche Regelaltersrente hat.

§ 14 Verfallfristen[603]

(1) Alle Ansprüche, die sich aus dem Anstellungsverhältnis ergeben, sind von den Vertragsschließenden binnen einer Frist von drei Monaten nach ihrer Fälligkeit schriftlich geltend zu machen.

(2) Nicht rechtzeitig geltend gemachte Ansprüche verfallen.

§ 15 Sonstige Regelungen

(1) Der Mitarbeiter ist gehalten, auf eine harmonische Zusammenarbeit zwischen dem Bundesvorstand und den Landesleitern des Verbandes hinzuwirken.

(2) Der Mitarbeiter erklärt sich bereit, in seiner Wohnung neben einem Fernsprechanschluss ein Faxgerät zu installieren, um für die Geschäftsstelle, den Vorstand und die Landesleiter auch außerhalb der Präsenzzeit erreichbar zu sein. Die Kosten für das Faxgerät und die Faxleitung einschließlich der monatlichen Gebühren übernimmt der Arbeitgeber. Eine öffentliche Bekanntgabe der Faxnummer über den zuvor genannten Personenkreis hinaus ist nicht erwünscht.

---

603 Nach einer neuen Entscheidung des BAG können arbeitsvertraglich vereinbarte Ausschlussfristen dahin gehend ausgelegt werden, dass sie nur die von den Parteien für regelungsbedürftig gehaltenen Fälle erfassen sollen. Eine Anwendung auch für die Fälle, die durch gesetzliche Verbote oder Gebote geregelt sind, soll dagegen regelmäßig gerade nicht gewollt sein, so das BAG. Das gelte bspw für die Haftung wegen Vorsatzes (Pressemitteilung Nr. 42/13 zu BAG, Urt. v. 20.6.2013 – 8 AZR 280/12). Ein Formulierungsbeispiel für eine vertragliche Verfallklausel mit Ausschluss der Haftung für Vorsatz enthält das Muster 1134 (§ 16).

(3) Der derzeitige Sitz der Geschäftsstelle des Arbeitgebers ist ... . Der Mitarbeiter ist darüber unterrichtet, dass es den satzungsgemäß zuständigen Organen des Arbeitgebers jederzeit freisteht, durch satzungsändernden Beschluss einen anderen Sitz der Geschäftsstelle zu bestimmen. Für diesen Fall erklärt sich der Mitarbeiter bereit, seine Tätigkeit auch an diesem anderen Ort auszuüben. Bei der Wahrnehmung auswärtiger Termine und der Teilnahme an Tagungen, Kongressen etc. außerhalb der Räumlichkeiten der Geschäftsstelle ist der Mitarbeiter ebenfalls verpflichtet, seine Tätigkeit an diesen Orten zu erbringen. Der Arbeitgeber übernimmt die dem Mitarbeiter insoweit entstehenden Reisekosten. Bei einer Verlegung der Geschäftsstelle an einen anderen Ort wird über eine etwaige Erstattung von Umzugskosten ggf eine gesonderte Vereinbarung abgeschlossen.

§ 16 Schlussbestimmungen

(1) Der Mitarbeiter versichert, dass alle im Rahmen seiner Bewerbung von ihm gemachten Angaben der Wahrheit entsprechen.

Falsche Angaben berechtigen den Arbeitgeber zur Kündigung des Arbeitsverhältnisses.

(2) Dieser Vertrag darf unter Einhaltung der gebührenden Vertraulichkeit in Personalfragen von allen Landesverbandsvorsitzenden des Verbandes eingesehen werden.

(3) Ergänzungen und Änderungen dieses Arbeitsvertrages einschließlich der Aufhebung dieses Schriftformerfordernisses bedürfen der Schriftform, es sei denn, sie beruhen auf einer ausdrücklichen oder individuellen Vertragsabrede. Eine betriebliche Übung ist keine solche ausdrückliche bzw individuelle Vertragsabrede. Auch wiederholte Leistungen oder Vergünstigungen ohne ausdrückliche oder individuelle Vertragsabrede begründen keinen Anspruch für die Zukunft. Nebenabreden sind nicht getroffen.

(4) Eine Kopie dieses Arbeitsvertrages erhalten die Vorstandsmitglieder des Verbandes – Bundesverband – sowie der mitunterzeichnende Landesleiter für die Versammlung der Landesverbandsvorsitzenden. Zu den Unterzeichnern dieses Arbeitsvertrages gehören der Mitarbeiter sowie für den Arbeitgeber die Mitglieder des Vorstandes und ein von der Landesleiterversammlung zu bestimmender Landesleiter, um die Zustimmung der Landesleiterversammlung zur Einstellung des Mitarbeiters zu dokumentieren. Es besteht Einvernehmen darüber, dass für eine Kündigung dieses Anstellungsvertrages durch den Arbeitgeber nur die nach der Satzung erforderlichen Voraussetzungen erfüllt sein müssen.

228 **20. Muster: Arbeitsvertrag mit Niederlassungsleiter eines Beratungsunternehmens**

Arbeitsvertrag

zwischen

...

– nachstehend: Gesellschaft –

und

Herrn ...

§ 1 Aufgaben und Pflichten

(1) Herr ... wird zum ... als Niederlassungsleiter der ... eingestellt. Dienstort ist ... .

Herr ... erhält Gesamtprokura, die nach Übernahme in das Festanstellungsverhältnis in Einzelprokura umgewandelt wird.

(2) In den ersten sechs Monaten (Probezeit) wird Herr ... in der Zentrale in ... sowie in der Gesellschaft in ... eingearbeitet. Die damit in Zusammenhang stehenden Kosten in ... gehen zu Lasten der Gesellschaft.

(3) Spätestens nach Übernahme in das Festanstellungsverhältnis erhält Herr ... die disziplinarische Verantwortung für alle Mitarbeiter der Niederlassung.

Herr ... führt die Geschäfte nach Maßgabe der Gesetze, des Gesellschaftsvertrages, der Geschäftsordnung und dieses Anstellungsvertrages. Er stellt seine ganze Arbeitskraft und alle seine fachlichen Kenntnisse und Erfahrungen in den Dienst der Gesellschaft.

(4) Jede Nebentätigkeit, gleichgültig, ob sie entgeltlich oder unentgeltlich ausgeübt wird, bedarf der vorherigen Zustimmung der Gesellschaft. Die Zustimmung ist zu erteilen, wenn die Nebentätigkeit die Wahrnehmung der dienstlichen Aufgaben zeitlich nicht oder allenfalls unwesentlich behindert oder sonstige berechtigte Interessen der Gesellschaft nicht beeinträchtigt werden.

Die Gesellschaft hat die Entscheidung über den Antrag auf Zustimmung zu der Nebentätigkeit innerhalb von vier Wochen nach Eingang des Antrags zu treffen. Wird innerhalb dieser Frist eine Entscheidung nicht gefällt, gilt die Zustimmung als erteilt.

§ 2 Vergütung

(1) Als Vergütung für seine Tätigkeit erhält Herr ...

a) ein Jahresgehalt iHv ... EUR (in Worten: ... Euro) brutto;

b) eine Tantieme, die sich am Geschäftsergebnis der Gesellschaft und anderer Erfolgskriterien orientiert. Bemessungsgrundlage und Höhe werden jeweils bis zum 1.3. eines Geschäftsjahres in ergänzenden Vereinbarungen fixiert. Kommt eine Vereinbarung nicht zustande, ist die Gesellschaft berechtigt, im Rahmen des billigen Ermessens eine Zielvorgabe aufzustellen. Für ... wird eine Tantieme iHv ... vereinbart und garantiert.

(2) Das Jahresgehalt wird nach Abzug der gesetzlichen Abgaben in 12 gleichen Monatsraten jeweils am Ende eines Kalendermonats ausgezahlt. Mit Zahlung der Tätigkeitsvergütung sind sämtliche sonstigen Leistungen abgegolten. Die Tantieme/Prämie wird nach Vorliegen des Jahresergebnisses mit dem Gehalt des Folgemonats ausgezahlt.

§ 3 Nebenleistungen

(1) Nach Beendigung der Probezeit stellt die Gesellschaft Herrn ... einen seiner Stellung angemessenen Pkw für dienstliche und private Nutzung – inklusive aller Betriebskosten – zur Verfügung. Die Ausstattung des Pkw ist mit der Geschäftsleitung abzustimmen. Herr ... hat den Wert der privaten Nutzung als Sachbezug zu versteuern.

(2) Herr ... erhält gegen Nachweis Ersatz für die im Gesellschaftsinteresse erforderlichen, angemessenen Aufwendungen. Erforderliche Reisekosten werden gegen Einzelnachweis erstattet. Bei Reisekosten können wahlweise auch die steuerlichen Pauschbeträge abgerechnet werden.

§ 4 Bezüge bei Krankheit, Unfall, Tod

(1) Bei einer vorübergehenden Arbeitsunfähigkeit, die durch Krankheit oder aus einem anderen von Herrn ... nicht zu vertretenden Grund eintritt, werden die Bezüge gem. § 2 Abs. 1 Buchst. a) während der Zeit der Arbeitsunfähigkeit für sechs Monate weitergezahlt.

(2) Die Gesellschaft schließt zu Gunsten des Herrn ... eine Unfallversicherung mit folgenden Deckungssummen ab:

- für den Invaliditätsfall ... EUR
- für den Todesfall ... EUR.

(3) Stirbt Herr ... während der Dauer dieses Vertrages, so wird die feste Tätigkeitsvergütung gem. § 2 Abs. 1 Buchst. a) für die Dauer von sechs Monaten weitergezahlt.

§ 5 Urlaub

(1) Herr ... hat Anspruch auf einen gesetzlichen Mindesturlaub von ... Arbeitstagen pro Kalenderjahr bei einer 5-Tage-Woche. Die Gesellschaft gewährt Herrn ... zusätzlich zu dem gesetzlichen Mindesturlaub einen vertraglichen Urlaub von weiteren ... Arbeitstagen. Der Urlaub ist möglichst zusammenhängend zu nehmen. Bei der Gewährung von Urlaub wird zuerst der gesetzliche Urlaub eingebracht. Für den vertraglichen Urlaub gilt abweichend von dem gesetzlichen Mindesturlaub, dass der Urlaubsanspruch nach Ablauf des Übertragungszeitraumes (31.3. des Folgejahres) auch dann verfällt, wenn er wegen Arbeitsunfähigkeit von Herrn ... nicht genommen werden kann. Der gesetzliche Mindesturlaub verfällt in einem solchen Fall 15 Monate nach Ablauf des Urlaubsjahres.

(2) Die Inanspruchnahme des Urlaubs erfolgt unter angemessener Berücksichtigung der Belange der Gesellschaft und in rechtzeitiger Abstimmung mit der Gesellschaft.

(3) Das Bundesurlaubsgesetz ist in seiner jeweils gültigen Fassung auf den gesamten Urlaubsanspruch anwendbar.

§ 6 Wettbewerbsverbot

(1) Während der Dauer des Vertrages wird sich Herr ... an Unternehmen, die mit der Gesellschaft in Wettbewerb stehen oder mit denen die Gesellschaft Geschäftsverbindungen unterhält, weder unmittelbar noch mittelbar beteiligen.

(2) Herr ... darf für die Dauer des Vertrages Geschäfte im Geschäftszweig der Gesellschaft oder auf artverwandten Gebieten weder für fremde noch für eigene Rechnung tätigen. Es ist ihm untersagt, sich an einem anderen Unternehmen, das sich unmittelbar oder mittelbar auf diesen oder ähnlichen Gebieten betätigt, zu beteiligen oder für ein solches tätig zu werden.

§ 7 Geheimhaltung

Herr ... ist verpflichtet, gegenüber Dritten über Betriebs- und Geschäftsgeheimnisse der Gesellschaft strengstes Stillschweigen zu bewahren. Diese Verpflichtung besteht auch nach seinem Ausscheiden aus den Diensten der Gesellschaft.

§ 8 Aufzeichnungen

Bei seinem Ausscheiden aus den Diensten der Gesellschaft ist Herr ... verpflichtet, sämtliche Dateien, Schriftstücke, Korrespondenz, Aufzeichnungen, Entwürfe und dergleichen, die die Angelegenheiten der Gesellschaft betreffen und die sich noch in seinem Besitz befinden, unverzüglich an die Gesellschaft zu übergeben. Er ist nicht berechtigt, an derartigen Unterlagen ein Zurückbehaltungsrecht auszuüben.

§ 9 Vertragsdauer und Kündigung

(1) Der Vertrag beginnt am ... und wird auf unbestimmte Zeit geschlossen.

(2) Es wird eine Probezeit von sechs Monaten vereinbart. Während dieser Zeit kann das Anstellungsverhältnis beiderseits unter Einhaltung einer einmonatigen Frist zum Ende eines Kalendermonats gekündigt werden.

(3) Nach der Probezeit kann das Anstellungsverhältnis von beiden Parteien mit einer Frist von sechs Monaten jeweils zum Schluss eines Kalendervierteljahres gekündigt werden.

(4) Das Recht zur Kündigung aus wichtigem Grund wird hierdurch nicht berührt.

§ 10 Schlussbestimmungen

(1) Ergänzungen und Änderungen dieses Arbeitsvertrages einschließlich der Aufhebung dieses Schriftformerfordernisses bedürfen der Schriftform, es sei denn, sie beruhen auf einer ausdrücklichen oder individuellen Vertragsabrede. Eine betriebliche Übung ist keine solche ausdrückliche bzw individuelle Vertragsabrede.

Auch wiederholte Leistungen oder Vergünstigungen ohne ausdrückliche oder individuelle Vertragsabrede begründen keinen Anspruch für die Zukunft.

(2) Mündliche Nebenabreden bestehen nicht.

21. Muster: Arbeitsvertrag mit einer Lehrkraft an einer Privatschule in NW

Vertrag

Zwischen

...

– nachstehend: Lehranstalt –

und

...

– nachstehend: Lehrkraft –

wird folgender Vertrag geschlossen:

1. Die Lehrkraft unterrichtet ab ... an der Lehranstalt in dem Fach ... mit insgesamt ... Unterrichtsstunden zu 45 Minuten im Schuljahr ... .
Der Einsatz richtet sich nach dem Arbeitsanfall. Dieser ergibt sich aus einem von der Lehranstalt aufzustellenden Unterrichtsstundenplan, der der Lehrkraft jeweils mindestens 4 Tage im Voraus zur Kenntnis gegeben wird.
Als Arbeitszeit werden pro Einsatztag ... Stunden zu 45 Minuten vereinbart. Sollten sich aus dem jeweiligen Unterrichtsstundenplan an einem Einsatztag höhere Stundenzahlen ergeben, so gelten diese jeweils als vereinbart.

2. Die Lehrkraft verpflichtet sich zur Teilnahme an Prüfungen und Konferenzen, die ihr Unterrichtsfach betreffen. Dies gilt auch für den Fall, dass die Unterrichtstätigkeit bereits beendet ist.

3. Die für jede Unterrichtsstunde zu zahlende Vergütung entspricht dem Vergütungssatz für eine Mehrarbeitsunterrichtsstunde für Lehrer im Angestelltenverhältnis an berufsbildenden Schulen (Nr. 3.6 des Runderlasses des Kultusministers Nordrhein-Westfalen vom 22.8.1980, GMBl. NW 1980, S. 319, in der jeweils geltenden Fassung). Dieselbe Vergütung wird bei der Teilnahme an Prüfungen und Konferenzen für volle 45 Minuten Teilnahme gezahlt; es ist jedoch mindestens die Vergütung für 45 Minuten zu zahlen.

4. Die Vergütungsabrechnung erfolgt jeweils nachträglich zum 15. eines Monats, und zwar für die bis zum 15. des Vormonats geleisteten Stunden.

5. Das Vertragsverhältnis kann von jedem Vertragspartner unter Einhaltung einer Kündigungsfrist von einem Monat zum Monatsende gekündigt werden.
Es endet ohne besondere Kündigung mit Ablauf des Schuljahres, in dem die Lehrkraft erstmals Anspruch auf eine gesetzliche Regelaltersrente hat. Ferner endet es ohne besondere Kündigung mit Ablauf des Monats, in dem die Lehrkraft einen Bescheid des Rentenversicherungsträgers über die Bewilligung einer Berufs- oder Erwerbsunfähigkeitsrente erhält.

6. In entsprechender Anwendung des § 39 TVöD verfallen Ansprüche auf Leistungen aus diesem Vertrag, wenn sie nicht innerhalb einer Ausschlussfrist von 6 Monaten nach Entstehung des Anspruchs schriftlich geltend gemacht werden.

7. Ergänzungen und Änderungen dieses Arbeitsvertrages einschließlich der Aufhebung dieses Schriftformerfordernisses bedürfen der Schriftform, es sei denn, sie beruhen auf einer ausdrücklichen oder individuellen Vertragsabrede. Eine betriebliche Übung ist keine solche ausdrückliche bzw. individuelle Vertragsabrede.

§ 1 Verträge mit Arbeitnehmern, freien Mitarbeitern und Gesellschaftsorganen

Auch wiederholte Leistungen oder Vergünstigungen ohne ausdrückliche oder individuelle Vertragsabrede begründen keinen Anspruch für die Zukunft.

8. Dieser Vertrag wird zweifach ausgefertigt; jede Vertragspartei erhält eine Ausfertigung.

22. Muster: Arbeitsvertrag mit einer Krankenschwester in einer Privatklinik mit Gewinnbeteiligung

Arbeitsvertrag

Zwischen

der ...

– nachfolgend „Gesellschaft" genannt –

und

Frau ...

– nachfolgend „Beschäftigte" genannt –

wird folgender Anstellungsvertrag geschlossen:

§ 1 Vertragsbeginn, Probezeit, Kündigung vor Vertragsbeginn

(1) Das Dienstverhältnis beginnt am ... .

(2) Das Dienstverhältnis besteht auf unbestimmte Zeit; die ersten 6 Monate gelten als Probezeit. Innerhalb der Probezeit kann jeder Vertragspartner das Dienstverhältnis mit einer Kündigungsfrist von 2 Wochen kündigen. Das Recht auf fristlose Kündigung wird davon nicht berührt.

(3) Eine ordentliche Kündigung vor Beginn der Beschäftigung ist für beide Vertragspartner ausgeschlossen.

§ 2 Tätigkeit

Die Beschäftigte wird als examinierte Krankenschwester eingestellt.

§ 3 Arbeitszeit, Überstunden

(1) Die regelmäßige Arbeitszeit beträgt ausschließlich der Pausen durchschnittlich 37,5 Stunden wöchentlich.

Der Beschäftigten ist bekannt, dass im Krankenhausbereich eine Versorgung der Patienten rund um die Uhr erforderlich und üblich ist, so dass außer Früh- und Spätschicht auch Nachtschichten sowie Sonn- und Feiertagsarbeit zu leisten ist.

(2) Beginn, Ende und Dauer sowie Lage der Pausen richten sich nach den einschlägigen Betriebsvereinbarungen in ihrer jeweils aktuellen Fassung.

§ 4 Vergütung

(1) Die Beschäftigte erhält monatlich eine Vergütung iHv brutto ... EUR
+ Allgemeine Zulage ... EUR
Gesamt: ... EUR

Diese Vergütung erhöht sich zum ... und zum ... um je 3 % der Anfangsvergütung.

(2) Für Nachtarbeit wird ein Zuschlag von ... % gezahlt. Das Entgelt für Sonn- und Feiertagsarbeit im gesetzlich zulässigen Umfang wird durch eine Pauschale gedeckt.

(3) Besteht das Dienstverhältnis mindestens vom 1.1. bis zum 31.12. eines Jahres, so erhält die Beschäftigte ein Urlaubsgeld, das mit dem Junigehalt ausgezahlt wird. Das Urlaubsgeld beträgt 335 EUR, ab einer Gehaltshöhe von ... EUR einschließlich allgemeiner Zulage: ... EUR.

§ 5 Gewinnbeteiligung

(1) Über die in § 4 geregelte Vergütung hinaus zahlt die Gesellschaft der Beschäftigten eine Gewinnbeteiligung. Die Höhe der Gewinnbeteiligung ist abhängig vom Belegungsgrad der Klinik im Jahresdurchschnitt und errechnet sich wie folgt:

- Belegung 120 bis 124 Zimmer: 3,0 Monatsgehälter zusätzlich
- Belegung 115 bis 119 Zimmer: 2,5 Monatsgehälter zusätzlich
- Belegung 110 bis 114 Zimmer: 2,0 Monatsgehälter zusätzlich
- Belegung 105 bis 109 Zimmer: 1,5 Monatsgehälter zusätzlich
- Belegung 100 bis 104 Zimmer: 1,0 Monatsgehälter zusätzlich
- Belegung unter 100 Zimmer: 0,5 Monatsgehälter zusätzlich

Die Belegung wird jeweils am Ende eines Kalenderjahres verbindlich durch die Gesellschaft festgestellt. Die Gewinnbeteiligung wird jeweils im Januar ausgezahlt. Für das Geschäftsjahr ... wird unabhängig vom Belegungsgrad ein zusätzliches Monatsgehalt als Gewinnbeteiligung zum Ende des Jahres ... gezahlt.

(2) Beginnt die Beschäftigung während eines Kalenderjahres, so wird die Gewinnbeteiligung zeitanteilig für jeden vollen Monat der Beschäftigung gezahlt. Ein Anspruch auf Gewinnbeteiligung besteht nicht, wenn die Beschäftigte sich am 31. Dezember noch in der Probezeit befindet bzw das Dienstverhältnis gekündigt ist.

(3) Bei Elternzeit oder Krankheit wird die Gewinnbeteiligung zeitanteilig für den Zeitraum gezahlt, in dem die Beschäftigte Bezüge von der Gesellschaft erhalten hat.

(4) Die Gewinnbeteiligung ist von der Beschäftigten zurückzuzahlen, sofern das Dienstverhältnis vor dem 1. April des Folgejahres aus Gründen endet, welche die Beschäftigte zu vertreten hat.

§ 6 Reisekosten

Reisekosten für von der Gesellschaft angeordnete Reisen werden gegen Nachweis im Rahmen der von den Finanzbehörden festgelegten Höchstsätze erstattet, alternativ in Höhe der Bahnkosten 2. Klasse. Das Gleiche gilt für Tagesspesen. Für Übernachtungen werden im Rahmen der Angemessenheit die tatsächlich aufgewendeten Kosten gegen Nachweis vergütet. Benutzt die Beschäftigte ihren Privatwagen für dienstlich angeordnete Fahrten, so werden die jeweils gültigen steuerlichen Höchstsätze vergütet.

§ 7 Sorgfaltspflicht, Verschwiegenheitsverpflichtung

(1) Die Beschäftigte hat die ihr übertragenen Arbeiten oder Tätigkeiten gewissenhaft und ordnungsgemäß auszuführen.

(2) Die Beschäftigte hat über Angelegenheiten, deren Geheimhaltung durch gesetzliche Vorschriften vorgesehen oder auf Weisung der Gesellschaft angeordnet ist, auch nach Beendigung des Dienstverhältnisses Stillschweigen zu bewahren.

§ 8 Arbeitsverhinderung

(1) Die Beschäftigte verpflichtet sich, jede Arbeitsverhinderung unverzüglich der Gesellschaft unter Benennung der voraussichtlichen Dauer mitzuteilen.

(2) Im Krankheitsfall hat die Beschäftigte unverzüglich – spätestens jedoch vor Ablauf des dritten Werktags – der Gesellschaft eine ärztlich erstellte Arbeitsunfähigkeitsbescheinigung mit Angabe der voraussichtlichen Dauer vorzulegen. Entsprechendes gilt, wenn die bescheinigte voraussichtliche Arbeitsunfähigkeit die Krankheitsdauer übersteigt.

§ 9 Urlaub[604]

(1) Die Beschäftigte erhält in jedem Kalenderjahr Erholungsurlaub unter Fortzahlung ihrer Bezüge. Der Erholungsurlaub beträgt:

- bei bis zu 5 Jahren Betriebszugehörigkeit   28 Tage
- bei bis zu 10 Jahren Betriebszugehörigkeit   31 Tage
- und danach   32 Tage

(2) Dauert das Arbeitsverhältnis weniger als 12 Monate, verkürzt sich die Urlaubsdauer zeitanteilig.

(3) Eine Abgeltung der Urlaubsansprüche wird nur in Ausnahmefällen gewährt, und zwar dann, wenn der Urlaub aus dienstlichen Gründen nicht genommen werden konnte.

§ 10 Änderung und Beendigung des Arbeitsverhältnisses

(1) Die von der Gesellschaft betriebene Fachklinik nimmt ihre Tätigkeit am ... erstmalig auf. Die Gesellschaft verfügt derzeit über keine Erfahrung, wie sich die von ihr erarbeitete Organisationsstruktur in der Praxis bewährt; auch die Auswirkungen des völlig neuen Vergütungssystems sind nicht vorauszusehen, dessen wesentliche Komponente eine Gewinnbeteiligung der Mitarbeiter darstellt. Wegen der sich hieraus ergebenden Unwägbarkeiten werden die derzeitigen organisatorischen Strukturen und das Vergütungssystem bis zum ... befristet.

Die Gesellschaft geht davon aus, dass nach dreijähriger Tätigkeit ausreichend Erfahrungen vorliegen werden, um einen eventuell notwendigen Reorganisationsprozess und die sich daraus ergebenden Arbeitsplatzveränderungen im Rahmen des Zumutbaren vornehmen zu können; dies schließt möglicherweise eine grundsätzliche Veränderung der gesamten Vergütungsstruktur nach billigem Ermessen ein.

(2) Nach Beendigung der Probezeit ist das unbefristet abgeschlossene Dienstverhältnis bis zum Ablauf von 2 Jahren Betriebszugehörigkeit mit einer Kündigungsfrist von 6 Wochen zum Quartalsende kündbar. Übersteigt die Dauer der Betriebszugehörigkeit zwei Jahre, so gelten die gesetzlichen Kündigungsfristen, und zwar für beide Vertragspartner.

(3) Das Recht zur außerordentlichen Kündigung bleibt unberührt.

23. Muster: Arbeitsvertrag mit einer Altenpflegerin in einer Privatklinik

Arbeitsvertrag

Zwischen

der ...

– nachfolgend „Arbeitgeber" genannt –

und

...

– nachfolgend „Arbeitnehmerin" genannt –

---

604 Empfehlenswert ist, zwischen dem gesetzlichen Mindesturlaub einerseits und einem zusätzlich gewährten vertraglichen bzw tariflichen Urlaub andererseits zu unterscheiden, um zu erreichen, dass zumindest der vertragliche/tarifliche Urlaubsanspruch verfällt, wenn dieser im Übertragungszeitraum wegen Arbeitsunfähigkeit des Arbeitnehmers nicht genommen werden kann (vgl BAG 4.5.2010 – 9 AZR 183/09, NZA 2010, 1011; BAG 23.3.2010 – 9 AZR 128/09, NZA 2010, 810). Ob und inwieweit der Urlaubsanspruch bei Langzeiterkrankungen auch für einen beliebig langen Zeitraum „angesammelt" werden kann, war aufgrund der Rechtsprechung des EuGH in der Sache „Schulte" (EuGH 22.11.2011 – Rs. C-214/10, NZA 2011, 1333) unklar und kaum kalkulierbar geworden. Nach einer neueren Entscheidung des BAG (vom 7.8.2012 – 9 AZR 353/10, NZA 2012, 1216) entspricht es einer europarechtskonformen Auslegung von § 7 Abs. 3 Satz 3 BUrlG, dass der Urlaubsanspruch eines Langzeitkranken 15 Monate nach Ablauf des Urlaubsjahres verfällt. Nach wohl richtiger Auffassung braucht dies aber nicht in den Arbeitsvertrag mit aufgenommen zu werden, da einzelvertraglich konstitutiv wirkende Abweichungen von gesetzlichen Regelungen nicht möglich sind.

wird folgender Arbeitsvertrag geschlossen:

§ 1 Einstellung

Frau: ...   Vorname: ...
Geburtsname: ...   Geburtsland: ...

Staatsangehörigkeit: ...

wohnhaft: ...

wird ab ... als ...

für die Betriebsstätte ... tätig sein.

Die Probezeit beginnt am ... und endet am ...

§ 2 Arbeitszeit

Die regelmäßige Arbeitszeit beträgt wöchentlich 20 Stunden, ausschließlich der Pausen. Die Verteilung der Arbeitszeit auf einzelne Wochentage richtet sich nach den betrieblichen Bedürfnissen. Im Krankheitsfalle ist ohne Aufforderung, spätestens am dritten Tage der Erkrankung, ein ärztliches Attest vorzulegen. Bei Arbeitsverhinderung ist die Betriebsstätte unverzüglich vor Dienstbeginn zu verständigen. Der Arbeitgeber ist berechtigt, die Arbeitnehmerin bei gleichem Lohn oder Gehalt ggf mit anderen zumutbaren Arbeiten oder anderen Betriebsabteilungen zu beschäftigen.

Die Arbeitnehmerin verpflichtet sich, bei Bedarf Mehrarbeit im Umfang von bis zu fünf Stunden pro Woche zu leisten, außerdem im Früh-, Spät- und Nachtdienst eingesetzt zu werden.

Für die Beschaffung und Reinigung der Arbeitskleidung ist die Arbeitnehmerin selbst verantwortlich.

§ 3 Vergütung

(1) Die Arbeitnehmerin erhält eine Vergütung pro Monat iHv ... EUR brutto, die sich wie folgt zusammensetzt:

Bruttogrundvergütung ... EUR
Zulage ... EUR
persönliche Zulage ... EUR
Bruttogehalt gesamt ... EUR

Nach erfolgreich beendeter Probezeit erfolgt eine Erhöhung der persönlichen Zulage.

Das Gehalt setzt sich demnach ab dem ... wie folgt zusammen:

Bruttogrundvergütung ... EUR
Zulage ... EUR
persönliche Zulage ... EUR
Bruttogehalt gesamt ... EUR

(2) Die Lohnzahlung erfolgt bargeldlos auf ein von der Arbeitnehmerin einzurichtendes Konto.

§ 4 Gratifikation

(1) Soweit es die wirtschaftliche Lage und Entwicklung der Klinik zulässt und das Arbeitsverhältnis mehr als sechs Monate ununterbrochen bestanden hat, erhält die Arbeitnehmerin eine Weihnachtsgratifikation. Die Auszahlung erfolgt mit der Novembervergütung. Der Arbeitgeber hat in Ausübung seines billigen Ermessens vorrangig die Wirtschaftsdaten der Klinik zugrunde zu legen.

(2) Die Gratifikation ist:

1. sowohl Anerkennung für die tatsächlich erbrachte Arbeitsleistung im Zeitraum 1.1. bis 31.12. des Auszahlungsjahres

2. als auch Zugehörigkeitsprämie dafür, dass das Arbeitsverhältnis über den 31.3. des der Auszahlung folgenden Jahres hinaus besteht. Wird nach den vorstehenden Regelungen eine Gratifikation gezahlt, richtet sich deren Höhe nach der tatsächlich erbrachten Arbeitsleistung im Zeitraum vom 1.1. bis 31.12. des Jahres. Der Anspruch auf die Gratifikation ist ausgeschlossen, wenn das Arbeitsverhältnis sich bis zum 31. Dezember in einem gekündigten Zustand befindet oder infolge eines Aufhebungsvertrages enden soll. Die Arbeitnehmerin ist verpflichtet, die Gratifikation zurückzuzahlen, wenn sie bis zum 31. März des auf die Auszahlung folgenden Kalenderjahres beim Arbeitgeber ausscheidet.

(3) Der Arbeitgeber ist berechtigt, mit seiner Rückzahlungsforderung gegen die rückständigen oder nach der Kündigung fällig werdenden Vergütungsansprüche unter Beachtung der Pfändungsschutzbestimmungen aufzurechnen.

§ 5 Gesundheitliche Eignung

Die Arbeitnehmerin versichert, dass zurzeit keine gesundheitlichen Gründe einer Aufnahme der Tätigkeit entgegenstehen.

§ 6 Kündigung

Unabhängig von einer etwaig vereinbarten Befristung kann das Vertragsverhältnis unter Einhaltung der gesetzlichen Fristen gekündigt werden. Verlängern sich die Kündigungsfristen für die arbeitgeberseitige Kündigung, so verlängern sie sich im gleichen Maße auch für die Kündigung der Arbeitnehmerin. Für die außerordentliche Kündigung gelten die gesetzlichen Bestimmungen. Die Kündigung bedarf der Schriftform.

§ 7 Urlaub

(1) Die Arbeitnehmerin hat Anspruch auf einen gesetzlichen Mindesturlaub von 20 Arbeitstagen pro Kalenderjahr bei einer 5-Tage-Woche. Der Arbeitgeber gewährt der Arbeitnehmerin zusätzlich zu dem gesetzlichen Mindesturlaub einen vertraglichen Urlaub von weiteren 7 Arbeitstagen. Der Urlaub ist möglichst zusammenhängend zu nehmen. Bei der Gewährung von Urlaub wird zuerst der gesetzliche Urlaub eingebracht. Für den vertraglichen Urlaub gilt abweichend von dem gesetzlichen Mindesturlaub, dass der Urlaubsanspruch nach Ablauf des Übertragungszeitraumes (31.3. des Folgejahres) auch dann verfällt, wenn er wegen Arbeitsunfähigkeit der Arbeitnehmerin nicht genommen werden kann. Der gesetzliche Mindesturlaub verfällt in einem solchen Fall 15 Monate nach Ablauf des Urlaubsjahres.

(2) Die Arbeitnehmerin erhält ein Urlaubsgeld, wenn sie

a) am 1. Juli im ungekündigten Arbeitsverhältnis steht und

b) seit dem 1. Januar des laufenden Jahres ununterbrochen als Arbeitnehmerin beim Arbeitgeber beschäftigt war oder in einem Ausbildungsverhältnis gestanden hat und

c) mindestens für einen Teil des Monats Juli Anspruch auf Vergütung, Mutterschaftsgeld oder Krankenbezüge hat.

Das Urlaubsgeld beträgt 250 EUR.

Das Urlaubsgeld beträgt für die am 1. Juli nicht vollbeschäftigte Arbeitnehmerin den Teil des Urlaubsgeldes, der dem Maß der mit ihr vereinbarten, am 1. Juli geltenden durchschnittlichen Arbeitszeit entspricht.

Das Urlaubsgeld wird mit den Bezügen für den Monat Juli ausgezahlt. Ist das Urlaubsgeld gezahlt worden, obwohl es der Arbeitnehmerin nicht zustand, ist es in voller Höhe zurückzuzahlen.

§ 8 Vertragsbruch

Tritt die Arbeitnehmerin das Arbeitsverhältnis nicht zum vereinbarten Termin an oder löst sie es fristlos ohne wichtigen Grund auf, so hat die Arbeitnehmerin dem Arbeitgeber die hierdurch entstandenen Kosten zu erstatten. Ohne Nachweis eines Schadens hat sie in den genannten Fällen einen Monatslohn als Konventionalstrafe zu entrichten, jedoch nicht mehr als das in der gesetzlichen Mindestkündigungsfrist ansonsten zu zahlende Arbeitsentgelt.

Die Geltendmachung darüber hinausgehender Schäden durch den Arbeitgeber wird hierdurch nicht ausgeschlossen.

§ 9 Alkoholverbot/Rauchverbot

Unabhängig von den Regelungen für die Patienten der Klinik gilt für die Arbeitnehmerin im Bereich des gesamten Klinikgeländes grundsätzlich ein absolutes Alkohol- und Rauchverbot.

§ 10 Freiwillige Leistungen

Soweit der Arbeitgeber Prämien und soziale Vergünstigungen gewährt, auf die nach diesem Vertrag nicht ausdrücklich ein Rechtsanspruch besteht, kann die Arbeitnehmerin hieraus keinen Rechtsanspruch auf diese Leistungen herleiten, auch wenn sie wiederholt und ohne ausdrücklichen Hinweis auf die Freiwilligkeit erfolgen.[605]

§ 11 Sonstiges

(1) Mündliche Abmachungen wurden nicht getroffen.

(2) Ergänzungen und Änderungen dieses Arbeitsvertrages einschließlich der Aufhebung dieses Schriftformerfordernisses bedürfen der Schriftform, es sei denn, sie beruhen auf einer ausdrücklichen oder individuellen Vertragsabrede. Eine betriebliche Übung ist keine solche ausdrückliche bzw. individuelle Vertragsabrede. Auch wiederholte Leistungen oder Vergünstigungen ohne ausdrückliche oder individuelle Vertragsabrede begründen keinen Anspruch für die Zukunft.

(3) Die Arbeitnehmerin verpflichtet sich, über alle Betriebs- und Geschäftsgeheimnisse sowie über alle persönlichen Informationen der Patienten, die ihr im Rahmen ihrer Tätigkeit zur Kenntnis gelangen, Stillschweigen zu bewahren. Dies gilt auch nach Beendigung der Tätigkeit.

(4) Über den Inhalt dieses Vertrages ist Stillschweigen zu bewahren.[606]

(5) Jedwede Nebentätigkeit unentgeltlicher und entgeltlicher Art ist dem Arbeitgeber schriftlich anzuzeigen.

(6) Der Anspruch auf Gehaltsfortzahlung bei Verhinderung wegen Pflege eines erkrankten Kindes oder nahen Angehörigen wird ausgeschlossen.

§ 12 Ausschlussfristen[607]

Sämtliche beiderseitigen Ansprüche aus diesem Anstellungsvertrag sind nach Fälligkeit innerhalb einer dreimonatigen Ausschlussfrist schriftlich geltend zu machen. Geschieht das nicht, verfallen etwaige Ansprüche nach diesem Zeitraum.

---

605 Ein vertraglicher Freiwilligkeitsvorbehalt, der alle zukünftigen Leistungen unabhängig von ihrer Art und ihrem Entstehungsgrund erfasst, benachteiligt den Arbeitnehmer regelmäßig unangemessen iSv § 307 Abs. 1 Satz 1, Abs. 2 Nr. 1 und 2 BGB und ist deshalb unwirksam (BAG 14.9.2011 – 10 AZR 526/10, NZA 2012, 81). Eine arbeitsvertragliche Klausel, nach der der Arbeitgeber jährlich jeweils neu über die Höhe der Gratifikation entscheidet, verstößt weder gegen das Transparenzgebot noch liegt darin eine unangemessene Benachteiligung (BAG 16.1.2013 – 10 AZR 26/12, NJW 2013, 1020).
606 Diese Klausel ist wohl unwirksam (vgl LAG Mecklenburg-Vorpommern 21.10.2009 – 2 Sa 237/09).
607 Nach einer neuen Entscheidung des BAG können arbeitsvertraglich vereinbarte Ausschlussfristen dahin gehend ausgelegt werden, dass sie nur die von den Parteien für regelungsbedürftig gehaltenen Fälle erfassen sollen. Eine Anwendung auch für die Fälle, die durch gesetzliche Verbote oder Gebote geregelt sind, soll dagegen regelmäßig gerade nicht gewollt sein, so das BAG. Das gelte bspw für die Haftung wegen Vorsatzes (Pressemitteilung Nr. 42/13 zu BAG, Urt. v. 20.6.2013 – 8 AZR 280/12). Ein Formulierungsbeispiel für eine vertragliche Verfallklausel mit Ausschluss der Haftung für Vorsatz enthält das Muster 1134 (§ 16).

24. Muster: Arbeitsvertrag mit einer Arzthelferin

Arbeitsvertrag

zwischen

...

– nachstehend: Praxis –

und

...

– nachstehend: Mitarbeiterin –

§ 1 Beginn des Arbeitsverhältnisses

(1) Die Mitarbeiterin tritt mit Wirkung vom ... in die Dienste der Praxis. Vor Beginn des Arbeitsverhältnisses ist die Kündigung ausgeschlossen.

(2) Die ersten sechs Monate gelten als Probezeit. Während dieser Zeit können die Vertragspartner das Arbeitsverhältnis mit zweiwöchiger Frist kündigen.

§ 2 Tätigkeit

Die Mitarbeiterin wird angestellt als Arzthelferin.

§ 3 Arbeitszeit

(1) Die regelmäßige Arbeitszeit beträgt ... Stunden wöchentlich. Diese Arbeitszeit erhöht sich um Notfalldienste sowie gem. Abs. 3.

(2) Beginn und Ende der täglichen Arbeitszeit sowie die Pausen werden von der Praxis festgelegt und gelten für alle Mitarbeiter. Sie werden mit Rücksicht auf die Sprechstunde festgelegt.

(3) Die Mitarbeiterin ist verpflichtet, Mehr- und Überarbeit zu leisten, soweit dies gesetzlich zulässig ist.

§ 4 Vergütung

(1) Die Mitarbeiterin erhält für ihre vertragliche Tätigkeit ein monatliches Bruttogehalt von ... EUR. Die Vergütung ist jeweils am Letzten des Monats fällig. Die Zahlung erfolgt bargeldlos. Die Mitarbeiterin ist verpflichtet, ein Konto zu unterhalten und der Praxis ihre jeweiligen Kontodaten mitzuteilen.

(2) Zusätzlich zahlt die Praxis der Mitarbeiterin ab dem 7. Beschäftigungsmonat einen Anteil zu vermögenswirksamen Leistungen von zurzeit monatlich ... EUR, jeweils nach den geltenden steuerlichen Voraussetzungen.

(3) Die Praxis zahlt Weihnachtsgeld. Die wiederholte Gewährung freiwilliger sozialer Leistungen führt zu keinem Rechtsanspruch auf Seiten der Mitarbeiterin.[608]

§ 5 Urlaub

Der Urlaubsanspruch der Mitarbeiterin richtet sich nach dem Bundesurlaubsgesetz. Die Mitarbeiterin hat Anspruch auf einen gesetzlichen Mindesturlaub von 20 Arbeitstagen pro Kalenderjahr bei einer 5-Tage-Woche. Die Praxis gewährt der Mitarbeiterin zusätzlich zu dem gesetzlichen Mindesturlaub einen vertraglichen Urlaub von weiteren 5 Arbeitstagen. Der Urlaub ist möglichst zusammenhängend zu nehmen. Bei der Gewährung von Urlaub wird zuerst der gesetzliche Urlaub eingebracht. Für den vertraglichen Urlaub gilt abweichend von dem gesetzlichen Mindesturlaub, dass der Urlaubsanspruch nach Ablauf des Übertragungszeitraumes (31.3. des Folgejahres) auch dann verfällt, wenn er wegen Arbeitsunfähigkeit der Mitarbeiterin nicht genommen werden kann. Der gesetzliche Mindesturlaub verfällt in einem solchen Fall 15 Monate nach Ablauf

---

608 Bei dieser Formulierung dürfte ein Anspruch der Arbeitnehmerin auf Zahlung von Weihnachtsgeld bestehen.

des Urlaubsjahres. Der Zeitpunkt des Urlaubsantritts ist unter Berücksichtigung der Interessen der Praxis festzulegen.

§ 6 Arbeitsverhinderung

(1) Die Mitarbeiterin ist verpflichtet, der Praxis jede Dienstverhinderung und ihre voraussichtliche Dauer anzuzeigen. Auf Verlangen sind die Gründe der Dienstverhinderung mitzuteilen.

(2) Die Mitarbeiterin ist verpflichtet, der Praxis jede Dienstverhinderung spätestens zwei Stunden vor Arbeitsbeginn sowie die voraussichtliche Dauer anzuzeigen. Auf Verlangen sind die Gründe der Dienstverhinderung mitzuteilen.

(3) Im Falle der Erkrankung ist die Mitarbeiterin verpflichtet, vor Ablauf des dritten Kalendertages nach Beginn der Arbeitsunfähigkeit eine ärztliche Bescheinigung über die Arbeitsunfähigkeit sowie deren voraussichtliche Dauer vorzulegen. Dauert die Arbeitsunfähigkeit länger als in der Bescheinigung angegeben, so ist die Mitarbeiterin verpflichtet, innerhalb von drei Tagen eine neue ärztliche Bescheinigung einzureichen.

§ 7 Gehaltsfortzahlung im Krankheitsfall

Ist die Mitarbeiterin infolge auf Krankheit beruhender Arbeitsunfähigkeit an der Arbeitsleistung verhindert, ohne dass sie ein Verschulden trifft, so erhält sie Gehaltsfortzahlung nach Maßgabe des Entgeltfortzahlungsgesetzes in seiner jeweils gültigen Fassung.

§ 8 Verschwiegenheitspflicht

(1) Die Mitarbeiterin verpflichtet sich, über alle ihr in der Praxis bekannt gewordenen Betriebs- und Geschäftsgeheimnisse auch nach dem Ausscheiden aus dem Arbeitsverhältnis Stillschweigen zu bewahren. Hierzu gehören auch die persönlichen Daten der Patienten.

(2) Die Mitarbeiterin ist auf das Dienstgeheimnis verpflichtet. Die Verpflichtungserklärung bildet einen Bestandteil des Arbeitsverhältnisses. Die Praxis hat der Mitarbeiterin vor Unterzeichnung der Verpflichtungserklärung ein Merkblatt zum Datengeheimnis ausgehändigt.

§ 9 Nebenbeschäftigung

Die Mitarbeiterin darf eine Nebenbeschäftigung, solange sie bei der Praxis beschäftigt ist, nur mit vorheriger schriftlicher Zustimmung der Praxis übernehmen. Die Praxis wird diese nur verweigern, wenn die Ausübung der Nebentätigkeit die Arbeitsleistung der Mitarbeiterin aufgrund dieses Vertrages zu gefährden droht.

§ 10 Beendigung des Arbeitsverhältnisses

(1) Das Arbeitsverhältnis endet entweder mit Ablauf des Monats, in dem die Mitarbeiterin erstmals Anspruch auf eine gesetzliche Regelaltersente erreicht hat, oder durch Kündigung. Im Übrigen gelten die gesetzlichen Bestimmungen.

(2) Die Kündigungsfrist beträgt vier Wochen zum 15. oder zum Ende eines Kalendermonats.

(3) Durch die Kündigungserklärung wird die Befugnis der Praxis begründet, die Mitarbeiterin unter Fortzahlung ihrer Bezüge von der Arbeitsleistung freizustellen, wenn das Interesse der Praxis an der Freistellung das Interesse der Mitarbeiterin an der Beschäftigung überwiegt.

(4) Das Recht zur fristlosen Kündigung aus wichtigem Grund bleibt hiervon unberührt. Entgeltliche, von der Praxis nicht schriftlich genehmigte Nebentätigkeiten sollen den Stellenwert eines wichtigen Grundes haben.

§ 11 Nebenabreden und Vertragsänderungen

Mündliche Nebenabreden bestehen nicht. Ergänzungen und Änderungen dieses Arbeitsvertrages einschließlich der Aufhebung dieses Schriftformerfordernisses bedürfen der Schriftform, es sei denn, sie beruhen auf einer ausdrücklichen oder individuellen Vertragsabrede. Eine betriebliche Übung ist keine solche ausdrückliche bzw individuelle Vertragsabrede. Auch wiederholte Leistungen oder Vergünstigungen ohne ausdrückliche oder individuelle Vertragsabrede begründen keinen Anspruch für die Zukunft.

§ 12 Ausschlussfristen[609]

Alle beiderseitigen Ansprüche aus dem Arbeitsverhältnis und solche, die mit dem Arbeitsverhältnis in Verbindung stehen, verfallen, wenn sie nicht innerhalb von drei Monaten nach der Fälligkeit gegenüber der anderen Vertragspartei schriftlich erhoben werden.

§ 13 Besondere Vereinbarungen

(1) Ein Entgeltfortzahlungsanspruch in den Fällen der Freistellung nach § 45 SGB V besteht nicht. Gleiches gilt für den Anspruch nach § 616 BGB für den Fall der kurzzeitigen Arbeitsverhinderung nach § 2 PflegeZG.

(2) Die Mitarbeiterin versichert, dass sie arbeitsfähig ist, nicht an einer infektiösen Erkrankung leidet und keine sonstigen Umstände vorliegen, die ihr die vertraglich zu leistende Arbeit jetzt oder in naher Zukunft wesentlich erschweren oder unmöglich machen.

(3) **Die Mitarbeiterin erklärt sich damit einverstanden, dass ihre personenbezogenen Daten automatisiert gespeichert und verarbeitet werden.**[610] Sie erklärt, dass sie sich die anliegende Belehrung über das Datengeheimnis durchgelesen hat und die ebenfalls anliegende Verpflichtungserklärung nach § 5 BDSG unterzeichnen wird.

(4) Die Mitarbeiterin hat stets auf Sauberkeit und Hygiene zu achten.

25. Muster: Arbeitsvertrag mit einem Bankangestellten (Tarifbindung privates und öffentliches Bankgewerbe)

Vertrag

Zwischen

...

– nachfolgend „Bank" genannt –

und

Herrn ...

– nachfolgend „Mitarbeiter" genannt –

wird Folgendes vereinbart:

§ 1 Vertragsbeginn, Tätigkeit

Der Mitarbeiter wird mit Wirkung vom ... als Bankangestellter beschäftigt.

Er ist verpflichtet, seine volle Arbeitskraft in den Dienst der Bank zu stellen. Zur Ausübung einer entgeltlichen Nebenbeschäftigung bedarf es der vorherigen schriftlichen Zustimmung der Bank, die nur verweigert wird, wenn die Ausübung der Nebentätigkeit die Erfüllung der vertraglichen Verpflichtungen des Mitarbeiters bedroht.

---

609 Nach einer neuen Entscheidung des BAG können arbeitsvertraglich vereinbarte Ausschlussfristen dahin gehend ausgelegt werden, dass sie nur die von den Parteien für regelungsbedürftig gehaltenen Fälle erfassen sollen. Eine Anwendung auch für die Fälle, die durch gesetzliche Verbote oder Gebote geregelt sind, soll dagegen regelmäßig gerade nicht gewollt sein, so das BAG. Das gelte bspw für die Haftung wegen Vorsatzes (Pressemitteilung Nr. 42/13 zu BAG, Urt. v. 20.6.2013 – 8 AZR 280/12). Ein Formulierungsbeispiel für eine vertragliche Verfallklausel mit Ausschluss der Haftung für Vorsatz enthält das Muster 1134 (§ 16).

610 Die Einwilligung in die Verarbeitung personenbezogener Daten bedarf, wenn sie zusammen mit anderen Erklärungen schriftlich erteilt wird, zu ihrer Wirksamkeit einer besonderen drucktechnischen Hervorhebung (§ 4a Abs. 1 Satz 4 BDSG). Deshalb wird empfohlen, vorformulierte Einwilligungserklärungen in die Verarbeitung personenbezogener Daten durch Fettdruck im Vertragstext kenntlich zu machen.

Der jeweilige Tätigkeitsbereich des Mitarbeiters wird von der Bank bestimmt. Dabei wird die Bank die persönlichen Belange des Mitarbeiters sowie seine Fähigkeiten und Kenntnisse berücksichtigen.

Die Bank ist berechtigt, dem Mitarbeiter jeden zumutbaren, gleichwertigen Arbeitsplatz in ihren Filialen oder auch an einen anderen Ort zuzuweisen.

§ 2 Bezüge

Der Mitarbeiter erhält folgende Bezüge, durch die zugleich eventuelle Mehrarbeitsvergütungen abgegolten sind:

a) Gehalt

Ein Bruttomonatsgehalt von derzeit ... EUR

(in Worten: ... Euro)

Es wird jeweils Mitte eines Monats bargeldlos gezahlt.

b) Gratifikation

Eine jährliche Abschlussgratifikation, die aus einem garantierten Betrag in Höhe eines Monatsgehalts (Basis Dezember) und einer zusätzlichen Vergütung besteht, die unter Berücksichtigung der Ertragslage der Bank individuell nach Leistungsgesichtspunkten jährlich neu festgesetzt wird. Die Abrechnung erfolgt nach der ordentlichen Hauptversammlung der Bank und setzt voraus, dass der Mitarbeiter zum Zeitpunkt der Zahlung in ungekündigtem Dienstverhältnis steht.

Eine Sonderzahlung, die Ende November ausgezahlt wird, sofern der Mitarbeiter im Zeitpunkt der Zahlung in ungekündigtem Vertragsverhältnis steht. Sie beträgt zurzeit ein Monatsgehalt.

Bei einer Tätigkeitsdauer auf der Grundlage dieses Vertrages von weniger als 12 Monaten in einem Kalenderjahr werden die Gratifikationen zeitanteilig vergütet.

c) Vermögensbildende Leistung

Eine vermögensbildende Leistung, die in ihrer Höhe den vermögenswirksamen Leistungen des für das private Bankgewerbe geltenden Tarifvertrages entspricht.

§ 3 Sozialversicherung, Zusatzversicherung

Die Sozialversicherungsbeiträge sind nach den gesetzlichen Bestimmungen zu tragen.

Die Bank versichert den Mitarbeiter während dessen Betriebszugehörigkeit aufgrund einer Verpflichtung aus der Mitgliedschaft der Bank bei dem Beamtenversicherungsverein des Deutschen Bank- und Bankiergewerbes V.a. G. (BVV) gemäß dessen Satzung und Versicherungsbedingungen in der jeweils gültigen Fassung.

§ 4 Sonstige Vertragsbestandteile

Die Betriebsordnung und die Versorgungsordnung der Bank in ihren jeweils geltenden Fassungen sind Bestandteile dieses Vertrages. Ferner finden die Bestimmungen der Tarifverträge für das private Bankgewerbe und die öffentlichen Banken über Urlaub und Fortzahlung des Gehalts im Krankheitsfall in ihrer jeweils gültigen Fassung entsprechende Anwendung.

§ 5 Probezeit, Kündigungsfristen

Die ersten ... Monate des Arbeitsverhältnisses gelten als Probezeit, während der dieser Vertrag beiderseits mit einer Frist von einem Monat zum Ende eines Kalendermonats gelöst werden kann. Nach Ablauf der Probezeit gilt dann eine Kündigungsfrist von sechs Monaten zum Quartalsende.

Das Beschäftigungsverhältnis endet, ohne dass es einer Kündigung bedarf, mit Ablauf der Probezeit, wenn die Bank nicht bis spätestens vier Wochen vor Ablauf der Probezeit eine Weiterbeschäftigung mit dem Mitarbeiter ausdrücklich vereinbart.

Das Arbeitsverhältnis endet ohne Kündigung mit Ablauf des Monats, in dem der Mitarbeiter erstmals Anspruch auf eine gesetzliche Regelaltersrente hat. Unabhängig hiervon hat die Bank das Recht, den Mitarbeiter nach Maßgabe der Versorgungsordnung in den Ruhestand zu versetzen.

§ 6 Bankgeheimnis, Verschwiegenheitspflicht, Datenschutz

Wegen des besonderen Vertrauensverhältnisses zwischen Kunden und Bank ist der Mitarbeiter verpflichtet, absolute Verschwiegenheit über alle ihm zur Kenntnis gelangenden Tatsachen und Vorgänge zu wahren, auch nach seinem Ausscheiden.

Bei Beendigung des Vertragsverhältnisses hat der Mitarbeiter alle Dateien und Geschäftspapiere sowie etwa gefertigte Abschriften, Kopien, Notizen und sonstige Unterlagen, welche die Bank betreffen, zurückzugeben.

Dem Mitarbeiter ist untersagt, durch das Bundesdatenschutzgesetz geschützte personenbezogene Daten unbefugt zu einem anderen als dem zur jeweiligen rechtmäßigen Aufgabenerfüllung gehörenden Zweck in Dateien zu erfassen, aufzunehmen oder aufzubewahren, zu verändern oder zu löschen, diese Daten dritten Personen bekannt zu geben oder zugänglich zu machen oder sie sonst zu nutzen. Diese Verpflichtung zur Wahrung des Datengeheimnisses besteht auch nach dem Ausscheiden des Mitarbeiters. Über den Inhalt des Bundesdatenschutzgesetzes ist der Mitarbeiter durch ein Merkblatt unterrichtet.

§ 7 Nutzungsrechte an Arbeitsergebnissen

Arbeitsergebnisse, die der Mitarbeiter in Erfüllung oder anlässlich der Erfüllung seiner dienstlichen Verpflichtungen erzielt, stehen ausschließlich der Bank zu, soweit nicht das Arbeitnehmererfindungsgesetz etwas anderes bestimmt oder dem Mitarbeiter eine Veröffentlichung unter eigenem Namen gestattet wird. Insbesondere erhält die Bank die uneingeschränkten ausschließlichen Nutzungsrechte an Arbeitsergebnissen jeder Art für alle bekannten, auch nicht bankbetrieblichen Zwecke mit der Befugnis zur Rechtsübertragung oder sonstigen Rechtseinräumung an Dritte, ohne dass es einer weiteren Zustimmung oder Information des Mitarbeiters bedarf. Mit dem vereinbarten Gehalt werden alle Ansprüche des Mitarbeiters auf Vergütung von Arbeitsergebnissen, die der Bank zustehen, abgegolten. Soweit dies keine unbillige Härte für den Mitarbeiter bedeutet, hat der Mitarbeiter auch kein Recht darauf, im Zusammenhang mit den Arbeitsergebnissen als derjenige benannt zu werden, der diese Arbeitsergebnisse geschaffen hat.

§ 8 Vorbehalt

Dieser Vertrag wird unter der Voraussetzung geschlossen, dass das Ergebnis der noch vorzunehmenden vertrauensärztlichen Untersuchung, die über den Mitarbeiter einzuholenden Auskünfte sowie das behördliche Führungszeugnis die Bank zufrieden stellen.[611]

§ 9 Nebenabreden, Vertragsänderungen, Gehaltskonto

Maßgebend für das Arbeitsverhältnis ist allein dieser Vertrag. Nebenabreden sind nicht getroffen.

Ergänzungen und Änderungen dieses Arbeitsvertrages einschließlich der Aufhebung dieses Schriftformerfordernisses bedürfen der Schriftform, es sei denn, sie beruhen auf einer ausdrücklichen oder individuellen Vertragsabrede. Eine betriebliche Übung ist keine solche ausdrückliche bzw. individuelle Vertragsabrede. Auch wiederholte Leistungen oder Vergünstigungen ohne ausdrückliche oder individuelle Vertragsabrede begründen keinen Anspruch für die Zukunft.

Die Erstellung der Gehaltsabrechnung erfolgt bei der Muttergesellschaft der Bank. Daher ist es erforderlich, das Gehaltskonto bei einer Geschäftsstelle der Bank zu führen.

Für Schäden am Privateigentum der Mitarbeiter haftet der Betrieb im Rahmen der gesetzlichen Bestimmungen.

---

611 Gegen diese Klausel können unter dem Gesichtspunkt des § 307 Abs. 1 Nr. 2 BGB Bedenken bestehen. Im Zweifelsfall sollte separat konkret aufgelistet werden, welche Auskünfte eingeholt werden und bei welchen Ergebnissen ein Lösungsrecht der Bank bestehen soll.

§ 10 Sonstige Vereinbarungen

...

26. Muster: Arbeitsvertrag mit Elektromeister mit besonderer Sicherheitsphilosophie eines Weltunternehmens   234

Arbeitsvertrag

Zwischen

...

– nachstehend: Firma –

und

Herrn ...

– nachstehend: Mitarbeiter –

wird nachfolgender Arbeitsvertrag geschlossen:

§ 1 Beginn des Arbeitsverhältnisses

(1) Der Mitarbeiter ist seit dem ... bei der Firma beschäftigt. Mit der Unterzeichnung dieses Vertrages wird das seit dem ... bestehende Arbeitsverhältnis fortgesetzt.

(2) Eine Probezeit wird nicht vereinbart. Die bisherige Beschäftigungszeit wird voll angerechnet.

§ 2 Spezifische Sicherheitspflichten für die Mitarbeiter und Firma[612]

(1) Für unsere Mitarbeiter gilt weltweit eine Sicherheitsphilosophie, die Bestandteil der arbeitsvertraglichen Pflichten des Mitarbeiters ist. Die Verletzung von Sicherheitsbestimmungen wird zwischen den Parteien wechselseitig als Grund zur ordentlichen und in schwerwiegenden Fällen zur außerordentlichen Kündigung vereinbart. Die abschließende Interessenabwägung bleibt stets vorbehalten.

(2) Zu den grundlegenden Sicherheitspflichten des Mitarbeiters gehört es, Unordnung im Werk zu vermeiden, und dass alkoholische Getränke oder illegale Drogen auf dem Werksgelände weder verkauft noch besessen noch gebraucht werden. Ebenfalls ist grober Unfug verboten. Körperliche Auseinandersetzungen oder die Bedrohung der Sicherheit eines Kollegen auf dem Werksgelände sind verboten. Verboten ist ebenfalls der Besitz gefährlicher Waffen auf dem Werksgelände. Die Sicherheitsausrüstung muss immer getragen werden.

(3) Das Rauchverbot in den gekennzeichneten Bereichen ist zu beachten. Die Zerstörung oder der Missbrauch von fremdem Eigentum ist verboten; Gleiches gilt für das unerlaubte Entfernen von Verbotsschildern, Schlössern, Abdeckungen u.Ä. Gabelstapler sind vorsichtig zu fahren. Nicht erlaubt ist das vorsätzliche Umgehen von Sicherheitseinrichtungen.

(4) Die Firma verpflichtet sich, die zur Sicherheit erforderlichen Schutzausrüstungen wie Schutzbrille mit Seitenteilen, Sicherheitsschuhe und nach Erfordernis sonstige Körperschutzmittel zur Verfügung zu stellen. Der Mitarbeiter verpflichtet sich, die entsprechenden Körperschutzmittel zu tragen.

(5) Der Mitarbeiter verpflichtet sich, auf Dienstfahrten die Straßenverkehrsbestimmungen des jeweiligen Landes sorgsam einzuhalten.

§ 3 Tätigkeit

(1) Der Mitarbeiter wird als Elektromeister beschäftigt.

---

[612] Soweit das Ordnungsverhalten der Mitarbeiter durch eine solche „Sicherheitsphilosophie" geregelt werden soll, ist das Mitbestimmungsrecht des Betriebsrats nach § 87 Abs. 1 Nr. 1 BetrVG zu beachten.

(2) Die Firma behält sich vor, dem Mitarbeiter im Bedarfsfall auch andere ihm zumutbare, gleichwertige Tätigkeiten innerhalb der Firma zuzuweisen, die den Vorkenntnissen und Erfahrungen des Mitarbeiters entsprechen. Macht die Firma hiervon Gebrauch, so ist mindestens die bisherige Vergütung weiterzuzahlen.

§ 4 Arbeitszeit

(1) Die Arbeitszeit richtet sich nach den gesetzlichen Bestimmungen. Sie beträgt ... Stunden pro Woche ohne Berücksichtigung der Pausen.

(2) Der Beginn und das Ende der täglichen Arbeitszeit, der Arbeitsort sowie die Pausen werden von der Firmenleitung festgesetzt.

(3) Der Mitarbeiter ist verpflichtet, Mehr- und Überarbeit zu leisten, soweit dies aufgrund gesetzlicher Bestimmungen zulässig ist.

§ 5 Gehalt

(1) Das monatliche Bruttogehalt beträgt ... EUR.

(2) Die Vergütung wird jeweils am Letzten eines Monats fällig. Die Zahlung erfolgt bargeldlos durch Überweisung auf ein der Firma bekannt zu gebendes Konto.

(3) Die Zahlung von etwaigen Sondervergütungen (Gratifikation, Prämien etc.) erfolgt in jedem Einzelfall freiwillig und begründet keinen Rechtsanspruch für die Zukunft, auch wenn die Zahlung mehrfach und vorbehaltlos erfolgt.[613]

(4) Der Mitarbeiter erhält Urlaubsgeld. Das Urlaubsgeld wird aus dem Durchschnitt der letzten drei abgerechneten Monate und nach der Formel Tage x Durchschnittsverdienst x 2,40 : 100 berechnet. Es ist vor Antritt des Urlaubs auszuzahlen, sofern der Urlaub mindestens zwei Wochen beträgt.

(5) Mehrarbeit und Überstunden werden mit einem Zuschlag von 25 % entlohnt.

§ 6 Urlaub

Der Urlaubsanspruch des Mitarbeiters richtet sich nach dem Bundesurlaubsgesetz. Der Mitarbeiter erhält zurzeit 30 Arbeitstage Urlaub im Jahr. Urlaubsjahr ist das Kalenderjahr. Berechtigte Wünsche bezüglich des Urlaubszeitpunktes werden im Rahmen der betrieblichen Möglichkeiten und berechtigten Belange anderer Mitarbeiter berücksichtigt. Sie sind bis zum 31. Januar eines jeden Kalenderjahres bei der Firma anzumelden. Eine Übertragung des Urlaubs auf das nächste Kalenderjahr ist nur bis zum 31.3. des Folgejahres und auch nur dann statthaft, wenn dringende Gründe dies rechtfertigen. Ein Resturlaub aus dem Vorjahr verfällt nach dem 31.3. des Folgejahres ohne Abgeltung. Amtlich anerkannte Schwerbehinderte erhalten den gesetzlichen Zusatzurlaub. Während des Urlaubs ist jede auf Erwerb gerichtete Tätigkeit untersagt.

§ 7 Arbeitsverhinderung

(1) Der Mitarbeiter erklärt, dass er zum Zeitpunkt des Vertragsschlusses nicht den Bestimmungen des Schwerbehindertengesetzes unterliegt.

(2) Der Mitarbeiter verpflichtet sich ferner, für den Fall des Eintritts einer Arbeitsverhinderung den Vorgesetzten oder das Personalbüro unverzüglich, dh spätestens zum Arbeitsbeginn, darüber zu informieren und die voraussichtliche Dauer anzuzeigen. Die formlose Mitteilung kann sowohl telefonisch als auch durch Benachrichtigung Dritter erfolgen.

---

613 Ein vertraglicher Freiwilligkeitsvorbehalt, der alle zukünftigen Leistungen unabhängig von ihrer Art und ihrem Entstehungsgrund erfasst, benachteiligt den Arbeitnehmer regelmäßig unangemessen iSv § 307 Abs. 1 Satz 1, Abs. 2 Nr. 1 und 2 BGB und ist deshalb unwirksam (BAG 14.9.2011 – 10 AZR 526/10, NZA 2012, 81). Eine arbeitsvertragliche Klausel, nach der der Arbeitgeber jährlich jeweils neu über die Höhe der Gratifikation entscheidet, verstößt weder gegen das Transparenzgebot noch liegt darin eine unangemessene Benachteiligung (BAG 16.1.2013 – 10 AZR 26/12, NJW 2013, 1020).

(3) Im Falle der Arbeitsunfähigkeit infolge Erkrankung ist der Mitarbeiter verpflichtet, vor Ablauf des zweiten Kalendertages nach Beginn der Arbeitsunfähigkeit eine ärztliche Bescheinigung über die Arbeitsunfähigkeit und deren voraussichtliche Dauer vorzulegen. Hiervon unabhängig ist spätestens kurz vor Arbeitsbeginn die Firma telefonisch, mündlich oder schriftlich über die voraussichtliche Arbeitsunfähigkeit und deren Dauer zu benachrichtigen.

(4) Ist der Mitarbeiter infolge auf Krankheit beruhender Arbeitsunfähigkeit an der Arbeitsleistung gehindert, ohne dass ihn ein Verschulden trifft, erhält er Gehalts- bzw Lohnfortzahlung für die Dauer von sechs Wochen nach Maßgabe des Entgeltfortzahlungsgesetzes in seiner jeweils gültigen Fassung.

§ 8 Verschwiegenheitspflicht

(1) Der Mitarbeiter verpflichtet sich, über alle ihm in der Firma bekannt gewordenen Betriebs- und Geschäftsgeheimnisse auch nach Ausscheiden aus der Firma Stillschweigen zu bewahren.

(2) Beim Ausscheiden aus dem Dienst der Firma hat der Mitarbeiter alle betrieblichen Dateien und Unterlagen sowie etwa angefertigte Abschriften oder Kopien an die Firma herauszugeben.

(3) Der Mitarbeiter haftet der Firma für jeden Schaden, der ihr durch eine Zuwiderhandlung gegen die vorgenannten Verpflichtungen entsteht.

§ 9 Nebentätigkeit

Solange der Mitarbeiter bei der Firma beschäftigt ist, ist ihm eine Nebentätigkeit nur nach vorheriger schriftlicher Zustimmung der Firma gestattet. Die Firma wird die Zustimmung nur verweigern, wenn die Ausübung der Nebentätigkeit die Erfüllung der vertraglichen Verpflichtungen durch den Mitarbeiter infrage stellen kann.

§ 10 Diensterfindungen

Für die Behandlung von Diensterfindungen, freien Erfindungen und Verbesserungsvorschlägen gelten die Vorschriften des Gesetzes über Arbeitnehmererfindungen vom 25.7.1957 (BGBl. I S. 756 einschließlich späterer Änderungen) sowie die hierzu ergänzenden „Richtlinien für die Vergütung von Arbeitserfindungen im privaten Dienst" vom 20.7.1959.

§ 11 Beendigung des Arbeitsverhältnisses

(1) Das Arbeitsverhältnis endet entweder mit Ablauf des Monats, in dem der Mitarbeiter erstmals Anspruch auf eine gesetzliche Regelaltersrente hat.

(2) Das Arbeitsverhältnis ist mit gesetzlicher Frist kündbar. Verlängern sich die Kündigungsfristen nach § 622 Abs. 2 BGB infolge Betriebszugehörigkeit für die Firma, verlängern sie sich im gleichen Umfang auch für den Mitarbeiter.

(3) Mit der Kündigungserklärung ist die Firma befugt, den Mitarbeiter unter Fortzahlung seiner Bezüge von der Arbeitsleistung freizustellen, wenn das Interesse der Firma an der Freistellung das Interesse des Mitarbeiters an der Beschäftigung überwiegt.

(4) Das Recht zur fristlosen Kündigung aus wichtigem Grund bleibt hiervon unberührt.

§ 12 Verfallfristen[614]

Alle beiderseitigen Ansprüche aus dem Arbeitsverhältnis und solche, die mit dem Arbeitsverhältnis in Verbindung stehen, verfallen, wenn sie nicht innerhalb von drei Monaten nach Fälligkeit gegenüber der anderen Vertragspartei erhoben werden.

---

614 Nach einer neuen Entscheidung des BAG können arbeitsvertraglich vereinbarte Ausschlussfristen dahin gehend ausgelegt werden, dass sie nur die von den Parteien für regelungsbedürftig gehaltenen Fälle erfassen sollen. Eine Anwendung auch für die Fälle, die durch gesetzliche Verbote oder Gebote geregelt sind, soll dagegen regelmäßig gerade nicht gewollt sein, so das BAG. Das gelte

§ 13 Nebenabreden und Vertragsänderungen

Nebenabreden bestehen nicht. Ergänzungen und Änderungen dieses Arbeitsvertrages einschließlich der Aufhebung dieses Schriftformerfordernisses bedürfen der Schriftform, es sei denn, sie beruhen auf einer ausdrücklichen oder individuellen Vertragsabrede. Eine betriebliche Übung ist keine solche ausdrückliche bzw. individuelle Vertragsabrede. Auch wiederholte Leistungen oder Vergünstigungen ohne ausdrückliche oder individuelle Vertragsabrede begründen keinen Anspruch für die Zukunft.

§ 14 Sonstige Vereinbarungen

Der bisherige Arbeitsvertrag vom ... wird hiermit einvernehmlich aufgehoben. An seine Stelle treten die vorstehenden Vereinbarungen.

27. Muster: Arbeitsvertrag in der Chemischen Industrie (mit Tarifbindung) als Anschreiben

↓

Bezug nehmend auf die mit Ihnen geführten Gespräche bestätigen wir folgende Vereinbarung:

1. Sie sind ab ... als kaufmännische Angestellte im Bereich ... tätig.

2. Für das Arbeitsverhältnis gelten die mit der IG BCE abgeschlossenen Tarifverträge sowie unsere Betriebsvereinbarungen in den jeweils gültigen Fassungen.

3. Ihr monatliches Bruttoentgelt beträgt

Tarifentgelt	... EUR
+ widerrufliche und anrechenbare übertarifliche Zulage	... EUR
Gesamt-Brutto	... EUR

Die Zahlung der Zulage erfolgt unter dem Vorbehalt des Widerrufs. Die Zulage kann jederzeit mit einer Ankündigungsfrist von einem Monat zum Monatsende von der Firma unter den nachfolgend benannten Gründen widerrufen werden: gegenüber dem Vorjahr um mehr als 10 % gesunkener, körperschaftsteuerlicher Gewinn, schriftliche Beschwerden über den Mitarbeiter, Auftragsrückgang von mehr als 3 % sowie eine gegenüber dem Mitarbeiter erklärte Abmahnung.[615]

Über die Wiedergewährung der Zulage nach erfolgtem Widerruf entscheiden wir nach billigem Ermessen unter Berücksichtigung des Widerrufsgrundes.

Ihre Bezüge werden nachträglich monatlich bargeldlos auf das uns bekannte Bankkonto überwiesen.

4. Es gelten die gesetzlichen bzw tariflichen Kündigungsfristen. Das Arbeitsverhältnis endet ohne Kündigung mit Ablauf des Monats, in dem Ihnen wegen Erreichens der Altersgrenze oder wegen einer Erwerbs- oder Berufsunfähigkeit eine Rente bewilligt wird.

5. Für die Berechnung der Betriebszugehörigkeit gilt als Eintrittsdatum der ....

Mit freundlichem Gruß

---

bspw für die Haftung wegen Vorsatzes (Pressemitteilung Nr. 42/13 zu BAG, Urt. v. 20.6.2013 – 8 AZR 280/12). Ein Formulierungsbeispiel für eine vertragliche Verfallklausel mit Ausschluss der Haftung für Vorsatz enthält das Muster 1134 (§ 16).

615 Die Klausel enthält detaillierte Widerrufsgründe und erfüllt damit die Anforderungen des Urteils des BAG vom 12.1.2005 (BAG 12.1.2005 – 5 AZR 364/04, NJW 2005, 1820).

28. Muster: Arbeitsvertrag mit Angestelltem in der Chemischen Industrie (mit Tarifbindung)[616]

↓

Arbeitsvertrag

Zwischen

— im Folgenden „Firma" genannt —

und

Herrn ...

— im Folgenden „Angestellter" genannt —

wird heute nachstehender Anstellungsvertrag abgeschlossen:

§ 1

Das Arbeitsverhältnis bestimmt sich nach den im Betrieb oder Betriebsteil geltenden Tarifverträgen in ihrer jeweiligen Fassung.[617] Das sind nach Kenntnis des Arbeitgebers die Tarifverträge der Chemischen Industrie.[618]

Herr ... wird mit Wirkung vom ... als ... in der Firma tätig.

Es steht der Firma frei, im Rahmen der gesetzlichen Bestimmungen die Art und den Ort der Tätigkeit des Angestellten zu ändern.

Übt ein Angestellter vorübergehend eine Tätigkeit aus, die einer höheren Gehaltsgruppe zugeordnet ist, so erwirbt er hierfür einen Anspruch auf das Tarifgehalt der höheren Gehaltsgruppe, sofern diese Tätigkeit länger als sechs Wochen dauert.

Wird der Angestellte zum Zwecke seiner beruflichen Weiterbildung für eine begrenzte Zeit mit Arbeiten einer höheren Gruppe beschäftigt, so entsteht kein Anspruch auf Bezahlung nach der höheren Gruppe.

Bei vorübergehender Tätigkeit unter sechs Wochen, insbesondere bei Vertretung von Angestellten während des Urlaubs und im Krankheitsfalle, entsteht kein Anspruch auf ein höheres Gehalt.

§ 2

Der Angestellte wird seine ganze Arbeitskraft für die Aufgaben der Firma einsetzen. Die Ausübung einer Nebentätigkeit gegen Entgelt ist nur mit ausdrücklicher, schriftlicher Genehmigung der Geschäftsleitung gestattet.

Den von seinen Vorgesetzten erlassenen oder noch zu erlassenden allgemeinen Dienst- und Sicherheitsvorschriften mit allen ihren Anordnungen hat der Angestellte unbedingt Folge zu leisten.

Alle vertraulichen geschäftlichen und betrieblichen Angelegenheiten, die dem Angestellten während des Dienstverhältnisses anvertraut oder sonstwie bekannt werden, hat er geheim zu halten und anderen nicht mitzuteilen, soweit diese nicht durch ihre dienstliche Tätigkeit zur Empfangnahme derartiger Mitteilungen berufen sind. Als solche geschäftlichen und betrieblichen Angelegenheiten sind namentlich zu betrachten: Geschäftsergebnisse, Fabrikations- und Ausführungsmethoden, Versuche und Projekte, Abnehmer, Bezugsquellen für Rohstoffe und Produkte, Preisberechnungen, die eigenen und sonstigen Anstellungs- und Lohnbedingungen sowie sonstige Geschäftsvorgänge jeder Art.

---

616 Zu Vertragsmustern in der Chemischen Industrie vgl auch *Bundesarbeitgeberverband Chemie* Arbeitsvertragsgestaltung in der chemischen Industrie, 3. Aufl. 2011.
617 BAG 16.10.2002 – 4 AZR 461/01, NZA 2003, 390.
618 *Giesen*, NZA 20006, 625, 629.

Diese Verpflichtung erstreckt sich auch auf die Zeit nach Auflösung des Dienstverhältnisses. Für alle Fälle der Weitergabe von geschäftlichen und betrieblichen Angelegenheiten behält sich die Firma die Geltendmachung eines Schadensersatzanspruchs vor.

§ 3

Die Dauer der Arbeitszeit richtet sich grundsätzlich nach den gesetzlichen, tariflichen oder betrieblichen Bestimmungen.

§ 4

Kurzarbeit kann von der Firma unter Beachtung der tariflichen Bestimmungen eingeführt werden.

§ 5

Während der ersten sechs Monate (Probezeit) kann das Beschäftigungsverhältnis von jedem Vertragsteil mit Monatsfrist zum Monatsende gekündigt werden.

Nach Ablauf der Probezeit kann der Vertrag von jedem Vertragsteil zum Schluss eines Kalendervierteljahres unter Einhaltung einer Kündigungsfrist von ..... gekündigt werden. Im Übrigen ist vereinbart, dass jede gesetzliche Verlängerung der Kündigungsfrist zu Gunsten des Angestellten auch in gleicher Weise zu Gunsten der Firma gilt.

Das Arbeitsverhältnis endet spätestens mit Ablauf des Monats, in dem der Arbeitnehmer erstmals die Voraussetzungen für den Bezug der gesetzlichen Regelaltersrente erfüllt. Wird der Arbeitnehmer ausnahmsweise weiterbeschäftigt, so ist ein neuer schriftlicher Anstellungsvertrag zu schließen.

§ 6[619]

Zwischen den Parteien herrscht Einigkeit, dass die nachfolgend aufgeführten Verfehlungen als wichtige Gründe zur außerordentlichen Kündigung anzusehen sind:

1. unberechtigte Anzeige gegen den Arbeitgeber bei der Staatsanwaltschaft, dem Finanzamt, dem Gewerbeaufsichtsamt oder bei sonstigen Behörden;

2. Abwerben von Kollegen, wenn der Mitarbeiter in eine andere Firma wechselt oder sich selbständig macht;

3. Diebstahl oder Unterschlagung von Firmeneigentum;

4. unwahre Angaben im Personalfragebogen;

5. Ausübung einer unzulässigen Konkurrenztätigkeit; und

6. sexuelle Belästigungen am Arbeitsplatz.

§ 7

Dem Gehalt liegt eine Einstufung in die Gruppe ..... des Tarifvertrages für die Chemische Industrie zugrunde.

Es beträgt zurzeit ..... EUR.
Darüber hinaus erhält der Angestellte eine Zulage von ..... EUR.
Die Gesamtbezüge betragen demnach ..... EUR.

Die Zulage ist eine übertarifliche, jederzeit widerrufliche Leistung, die mit einer Ansagefrist von vier Wochen zum Monatsende widerrufen werden kann, ohne dass es der Kündigung des Gesamtanstellungsvertrages be-

---

[619] Wichtige Gründe zur außerordentlichen Kündigung können nicht wirksam vereinbart werden (BAG 24.6.2004 – 2 AZR 656/02, NZA-RR 2005, 440; BAG 22.11.1973 – 2 AZR 580/72, AP § 626 BGB Nr. 67).

darf. Die Zulage ist mit nachfolgenden Tarifveränderungen verrechenbar. Der Widerruf kann erfolgen, wenn die Firma im laufenden Geschäftsjahr voraussichtlich ein negatives Ergebnis erzielen wird.[620]

Mehrarbeit wird grundsätzlich nur dann bezahlt, wenn sie von der Betriebsleitung oder in deren Auftrag von dem zuständigen Vorgesetzten ausdrücklich angeordnet ist.

Änderungen der Bezüge werden schriftlich mitgeteilt.

Die Gehaltzahlung erfolgt am Monatsletzten.

Ist der Monatsletzte kein Arbeitstag, erfolgt die Überweisung entsprechend früher.

§ 8

Der Angestellte erhält anlässlich des Weihnachtsfestes, sofern er seit dem 1. Januar des Auszahlungsjahres der Firma angehört, eine Zuwendung in Höhe eines Monatsgrundgehalts.

Bei einer kürzeren Betriebszugehörigkeit errechnet sich die Sonderzuwendung anteilmäßig nach den Beschäftigungsmonaten bei der Firma. Basis ist das Gehalt für den Monat November ohne Mehrarbeitsvergütung.

Wird das Arbeitsverhältnis bis zum 31. März des Folgejahres gekündigt, ist der Betrag, der über den tariflichen Zusagen liegt, zurückzuzahlen.

§ 9

Zuwendungen, Vergünstigungen oder Gratifikationen, die die Firma über die tariflichen Bezüge hinaus an den Angestellten einmalig oder wiederholt gewährt oder gewähren sollte, sind in jedem Falle freiwillige Zuwendungen. Ein Rechtsanspruch des Angestellten darauf besteht und entsteht nicht.[621]

§ 10

Für die Erstattung der Kosten anlässlich etwaiger Dienstreisen gelten die allgemeinen Richtlinien für die Reisekostenvergütung der Firma, die insoweit Bestandteil des Vertrages sind.

§ 11

Der Urlaub richtet sich grundsätzlich nach den tariflichen Bestimmungen. Er beträgt zurzeit ... Arbeitstage gesetzlicher Mindesturlaub und ... Arbeitstage tariflicher Zusatzurlaub. Bei der Gewährung von Urlaub wird zuerst der gesetzliche Urlaub eingebracht.

§ 12

Der Angestellte muss eine etwaige Arbeitsunfähigkeit unverzüglich – spätestens innerhalb von drei Tagen – der Personalabteilung oder seinem Vorgesetzten unter Angabe der Gründe melden. Krankmeldung an die Krankenkasse genügt nicht.

Wird die Erkrankung voraussichtlich länger als zwei Tage dauern, so ist spätestens am dritten Tage eine ärztliche Bescheinigung über die Arbeitsunfähigkeit an die Firma einzusenden.

---

620 Die Vereinbarung eines Widerrufsvorbehalts ist zulässig, soweit bei Leistungen, die im Gegenseitigkeitsverhältnis stehen, der widerrufliche Teil am Gesamtverdienst unter 25 % liegt und der Tariflohn nicht unterschritten wird (BAG 12.1.2005 – 5 AZR 364/04, NZA 2005, 465). Bei Zahlungen des Arbeitgebers, die keine unmittelbare Gegenleistung für die Arbeitsleistung sind, sondern Ersatz für Aufwendungen, die an sich der Arbeitnehmer selbst tragen muss (zB Fahrtkostenersatz), kann der widerrufliche Teil der Arbeitsvergütung bis zu 30 % des Gesamtverdienstes betragen (BAG 11.10.2006 – 5 AZR 721/05, NZA 2007, 87).

621 Ein vertraglicher Freiwilligkeitsvorbehalt, der alle zukünftigen Leistungen unabhängig von ihrer Art und ihrem Entstehungsgrund erfasst, benachteiligt den Arbeitnehmer regelmäßig unangemessen iSv § 307 Abs. 1 Satz 1, Abs. 2 Nr. 1 und 2 BGB und ist deshalb unwirksam (BAG 14.9.2011 – 10 AZR 526/10, NZA 2012, 81). Eine arbeitsvertragliche Klausel, nach der der Arbeitgeber jährlich jeweils neu über die Höhe der Gratifikation entscheidet, verstößt weder gegen das Transparenzgebot noch liegt darin eine unangemessene Benachteiligung (BAG 16.1.2013 – 10 AZR 26/12, NJW 2013, 1020).

§ 13

Ansprüche der Parteien aus diesem Vertrag, ausgenommen Ansprüche der Firma gegen den Angestellten auf Rückzahlung etwaiger dem Angestellten gewährter Darlehen, Kredite, Warenkredite usw, verfallen binnen drei Monaten nach ihrer Fälligkeit.

§ 14

Der Angestellte willigt gem. § 4 a BDSG ein, dass seine personenbezogenen Daten an die Betriebskrankenkasse zu Werbezwecken übermittelt werden.

§ 15

Jede Änderung des Personenstandes oder der Anschrift des Angestellten ist unverzüglich und unaufgefordert der Personalabteilung anzuzeigen.

Vor Antritt des Urlaubs ist die Urlaubsanschrift bekannt zu geben. Geschieht dies nicht, so gilt eine Zustellung an die der Firma zuletzt bekannte Anschrift als erfolgt.

Ergänzungen und Änderungen dieses Arbeitsvertrages einschließlich der Aufhebung dieses Schriftformerfordernisses bedürfen der Schriftform, es sei denn, sie beruhen auf einer ausdrücklichen oder individuellen Vertragsabrede. Eine betriebliche Übung ist keine solche ausdrückliche bzw individuelle Vertragsabrede. Auch wiederholte Leistungen oder Vergünstigungen ohne ausdrückliche oder individuelle Vertragsabrede begründen keinen Anspruch für die Zukunft. Mündliche Nebenabreden bestehen nicht.

Von diesem Vertrag erhält jeder der Vertragschließenden eine Ausfertigung.

29. Muster: Arbeitsvertrag im Bereich Groß- und Außenhandel (mit Tarifbindung)

Arbeitsvertrag

zwischen

...

– im Folgenden „Firma" genannt –

und

Herrn ...

– im Folgenden „Arbeitnehmer" genannt –

§ 1 Einstellung und Aufgabenbereich

Der Arbeitnehmer wird zum ... in ... als ... eingestellt.

Der dem Arbeitnehmer zugewiesene Aufgabenbereich kann durch die Firma je nach den geschäftlichen Erfordernissen geändert werden.

Der Arbeitnehmer ist verpflichtet, andere zumutbare, vorübergehend auch auswärts anfallende Arbeiten zu verrichten. Notwendige Mehrausgaben (zB Fahrtkosten) werden erstattet.

Der Arbeitnehmer hat die übertragenen Arbeiten gewissenhaft auszuführen und ist im Rahmen seines Arbeitsverhältnisses zur Verschwiegenheit verpflichtet. Auch über die Höhe und Zusammensetzung seines Lohnes hat er Stillschweigen zu bewahren. Geschäfts- und Betriebsgeheimnisse, die anvertraut oder durch die Tätigkeit bekannt geworden sind, dürfen auch nach Ausscheiden weder verwertet noch Dritten mitgeteilt werden.

Der Arbeitnehmer versichert, dass die bei seiner Einstellung gemachten Angaben, auch solche im Personalbogen, der Wahrheit entsprechen. Er verpflichtet sich, Veränderungen in Bezug auf diese Angaben der Firma unverzüglich bekannt zu geben (auch den Entzug des Führerscheins).

§ 2 Arbeitszeit

Die regelmäßige Arbeitszeit beträgt ... Stunden wöchentlich. Der Arbeitnehmer ... wird an folgenden Wochentagen ... bis ... von ... bis ... Uhr beschäftigt.

Der Arbeitnehmer erklärt sich insbesondere bei der Einführung von flexibler Arbeitszeit mit einer anderen, variablen Verteilung der Arbeitszeit einverstanden.

§ 3 Probezeit

Der Arbeitsvertrag wird auf die Dauer von ... Monaten auf Probe abgeschlossen. Er endet spätestens mit Ablauf der Probezeit, ohne dass es einer Kündigung bedarf.

Während der Probezeit kann das Arbeitsverhältnis von beiden Vertragspartnern zusätzlich und jederzeit innerhalb der ersten 14 Kalendertage mit einer Frist von einem Tag zum Ende des folgenden Tages und danach mit einer Frist von mindestens zwei Wochen gekündigt werden. Das Recht zur fristlosen Kündigung bleibt unberührt.

Eine Kündigung vor Dienstantritt ist ausgeschlossen.

§ 4 Kündigung

Die Bestimmungen dieses Vertrages gelten auch für das im beiderseitigen Einverständnis über die befristete Probezeit hinaus fortgesetzte bzw sofort auf bestimmte oder unbestimmte Zeit eingegangene Arbeitsverhältnis. Der Vertrag kann dann – im zweiten Fall erstmals nach Arbeitsaufnahme – von beiden Seiten unbeschadet des Rechts zur fristlosen Kündigung jederzeit mit einer Kündigungsfrist von mindestens zwei Wochen gekündigt werden.

Eine fristlose Kündigung gilt gleichzeitig vorsorglich als ordentliche Kündigung für den nächstzulässigen Termin.

Verlängerte Kündigungsfristen aufgrund gesetzlicher oder tarifvertraglicher Bestimmungen gelten für beide Vertragspartner.

Eine verspätet ausgesprochene bzw zugegangene Kündigung gilt als Kündigung zum nächstzulässigen Termin.

Das Arbeitsverhältnis endet ohne Kündigung mit Ablauf des Monats, in dem der Arbeitnehmer erstmals die Voraussetzungen für den Bezug der gesetzlichen Regelaltersrente erfüllt hat, oder ab der Feststellung einer dauerhaften Erwerbs- bzw Berufsunfähigkeit.

§ 5 Einstufung und Vergütung

Die Firma zahlt dem Arbeitnehmer:

(1) Tariflohn nach Lohngruppe ... des Lohnrahmens und Lohnabkommens für gewerbliche
Arbeitnehmer im Groß- und Außenhandel ... EUR
(2) Eine übertarifliche Zulage zugleich als Pauschale für gelegentlich (geschätzter Umfang
10/... Stunden) geleistete Überstunden einschließlich Zulagen iHv ... EUR
(3) ... ... EUR
Gesamtstunden-/-monatslohn (Brutto) ... EUR

Die nach Abs. 2 gewährte Zulage ist keine Leistungszulage und kann auf künftige Tariferhöhungen sowie auf Lohnerhöhungen infolge von Steigerungen durch Übernahme in eine andere Tarifgruppe angerechnet werden. Sie wird unter dem Vorbehalt des Widerrufs aus wirtschaftlichen Gründen[622] gewährt. Der Widerruf ist mit einer Ankündigungsfrist von einem Monat zum Monatsende auszusprechen, im Übrigen wird der Arbeitsvertrag hiervon nicht berührt.

Reisezeiten und Übernachtungen bei Dienstreisen werden, wenn sie außerhalb der regelmäßigen Arbeitszeit anfallen, nicht besonders vergütet. Auslagen und Spesen werden nach betriebsüblicher Regelung oder vorheriger Genehmigung erstattet.

Bei Vereinbarung eines 13. Monatsgehalts oder einer Gewinnbeteiligung u.Ä. hat der Arbeitnehmer im Ein- und Austrittsjahr einen anteiligen Anspruch, sofern das Arbeitsverhältnis am betriebsüblichen Auszahlungstermin nicht bereits beendet war.

Die Abrechnung und Auszahlung bzw Abschlagszahlung des Entgelts erfolgen an dem betriebsüblichen Zahltag für die vorausgegangene Lohnperiode.

§ 6 Freiwillige Zuwendungen

Freiwillige Zuwendungen (Weihnachts- und andere Gratifikationen sowie ein übertarifliches Urlaubsgeld u.Ä.) sind Leistungen, auf die ein Rechtsanspruch weder dem Grunde noch der Höhe nach besteht. Die Firma behält sich ausdrücklich vor, diese Leistungen nach eigenem Ermessen festzulegen. Bei Eintritt während des Jahres werden sie nur anteilig gewährt. Von derartigen freiwilligen Zuwendungen ist der Arbeitnehmer u.a. ausgeschlossen, wenn

a) er durch sein Verhalten zu ernstlichen Beanstandungen im Verlaufe des Jahres Anlass gegeben hat,

b) er sich im gekündigten Arbeitsverhältnis (ausgenommen betriebsbedingte Kündigung) befindet oder

c) ein Probearbeitsverhältnis besteht.

Die freiwilligen Zuwendungen sind nicht nur eine Belohnung für treue Dienste in der Vergangenheit, sondern auch ein Ansporn für zukünftig zu leistende Dienste. Scheidet der Arbeitnehmer nach Gewährung einer Weihnachtsgratifikation aus, so ist die Gratifikation in voller Höhe zurückzuzahlen. Die Rückzahlungspflicht entfällt jedoch,

a) wenn die Zuwendung bis zu 100 EUR beträgt,

b) bei einem höheren Betrag, der jedoch die Höhe eines Monatsbezuges nicht erreicht, wenn die Firma nicht vor dem 31.3. des nachfolgenden Jahres verlassen wird,

c) bei einem Monatsbezug oder mehr, wenn die Firma erst nach dem 31.3. des nachfolgenden Jahres zum nächstmöglichen Kündigungstermin verlassen wird.

Eine Rückzahlungspflicht besteht (aus den gleichen Gründen) bei anderen freiwilligen Zuwendungen mit entsprechenden Fristen, dh bei einem Ausscheiden zum jeweils folgenden Quartal nach Auszahlung.[623]

§ 7 Konkurrenzverbot

Konkurrenztätigkeit ist nicht gestattet.

§ 8 Arbeitsverhinderung

Ist der Arbeitnehmer durch Krankheit oder sonstige unvorhergesehene Ereignisse an der Arbeitsleistung verhindert, so ist er verpflichtet, dies der Geschäftsleitung der Firma unter Angabe der Gründe unverzüglich mitzuteilen. Ist die Arbeitsverhinderung durch Krankheit verursacht und dauert sie länger als 3 Tage, so hat der Arbeitnehmer der Geschäftsleitung für jeden Werktag vor Ablauf des 4. Werktages nach Beginn der Arbeitsunfähigkeit ein ärztliches Attest bzw eine Bescheinigung der Krankenkasse oder eines Krankenhauses

---

622 Diese sind noch näher zu bezeichnen.
623 Das BAG hat ausdrücklich offengelassen, ob Rückzahlungsvereinbarungen wirksam sind (vgl BAG 18.1.2012 – 10 AZR 667/10, NZA 2012, 620). Stichtagsregelungen sind bei Sonderzahlungen durchaus zulässig, so etwa Vereinbarungen, die vorsehen, dass zum Zeitpunkt der Auszahlung der Arbeitnehmer noch im Arbeitsverhältnis stehen muss, um eine Sonderzuwendung zu erhalten.

vorzulegen, woraus sich Arbeitsunfähigkeit und deren voraussichtliche Dauer ergeben. Der Arbeitnehmer ist ferner verpflichtet, sich auf Verlangen der Firma und auf deren Kosten durch einen Facharzt seiner Wahl nachuntersuchen zu lassen. Auf Wunsch des Arbeitgebers ist auch bei einer Erkrankung bis zu 3 Werktagen eine ärztliche Bescheinigung ab dem 1. Tag beizubringen.

Soweit die Arbeitsunfähigkeit von Dritten verschuldet ist, gehen die Schadensersatzansprüche des Arbeitnehmers gegen den Schädiger wegen Verdienstausfalls in Höhe des vom Arbeitgeber weiterzuzahlenden Entgelts einschließlich der Arbeitgeberanteile zur Sozialversicherung und des anteiligen Urlaubs sowie Urlaubsgeldes auf die Firma über.

§ 9 Unterlagen

Muster, Kataloge, Preislisten, Rechnungskopien sowie sonstige dem Arbeitnehmer übergebene Geschäftsunterlagen sowie Dienst- und Schutzbekleidung und Arbeitsgeräte verbleiben im Eigentum der Firma. Von dem Arbeitnehmer in der Firma erstellte, betrieblichen Zwecken dienende Schriftstücke und Arbeitsanweisungen sind ebenfalls Eigentum der Firma. Unterlagen und Arbeitsgeräte, soweit sie nicht außerhalb des Betriebes benötigt werden, dürfen nur mit ausdrücklicher Zustimmung der Geschäftsleitung aus dem Betrieb mitgenommen werden. Unterlagen und Arbeitsgeräte sowie Dienst- und Schutzbekleidung sind auf Anforderung und bei Beendigung des Arbeitsverhältnisses unaufgefordert zurückzugeben. Ein Zurückbehaltungsrecht besteht nicht.

§ 10 Vertragsstrafe[624]

Im Falle der schuldhaften Nichtaufnahme oder der vertragswidrigen Beendigung der Tätigkeit ist der Arbeitnehmer verpflichtet,

1. bis zur ordnungsgemäßen Beendigung des Vertragsverhältnisses jegliche Arbeitsleistung für einen Wettbewerber zu unterlassen und

2. der Firma eine Vertragsstrafe in Höhe des vereinbarten bzw zuletzt gezahlten Bruttolohnes von zwei Wochenlöhnen bzw eines halben Monatslohnes zu zahlen, vorbehaltlich weitergehender Schadensersatzansprüche.

§ 11 Anwendung tarifvertraglicher und gesetzlicher Bestimmungen

In Ergänzung der vorstehenden Vertragsvereinbarungen gelten insbesondere hinsichtlich des Urlaubs, des Urlaubsgeldes, der vermögenswirksamen Leistungen, der Leistung von Überstunden, der Fälligkeit und des Erlöschens von Ansprüchen aus dem Arbeitsverhältnis die Bestimmungen des jeweils gültigen Manteltarifvertrages, Lohnrahmenabkommens, Lohn- und Urlaubsgeldabkommens sowie des Tarifvertrages über vermögenswirksame Leistungen im Groß- und Außenhandel des Arbeitgeberverbandes des Groß- und Außenhandels am Sitz der vertragsschließenden Firma.

Ist einer der Tarifverträge zurzeit des Abschlusses des Arbeitsvertrags abgelaufen, so finden bis zum Inkrafttreten eines neuen Tarifvertrages die Bestimmungen des beendeten Tarifvertrages Anwendung. Im Übrigen gelten die gesetzlichen Bestimmungen, etwaige Betriebsvereinbarungen und Arbeitsordnungen.

---

624 Das Verbot eines Vertragsstrafenversprechens in § 309 Nr. 6 BGB gilt im Arbeitsrecht nicht. Das BAG ist der Auffassung, dass die modifizierte Anwendungsregel in § 310 Abs. 4 Satz 2 BGB zu einem regelmäßig berechtigten Interesse des Arbeitgebers führt, die Nicht- oder Schlechterfüllung der Pflicht zur Arbeitsleistung mit einer Vertragsstrafe zu verbinden (BAG 3.4.2004 – 8 AZR 196/03, NZA 2004, 727). Unwirksam ist ein Vertragsstrafenversprechen, wenn die Abrede die Pflichtverletzung des Arbeitnehmers nicht so klar bezeichnet, dass sich der Versprechende in seinem Verhalten hierauf einstellen kann (BAG 21.4.2005 – 8 AZR 425/04, NZA 2005, 1053). Unwirksam ist die Vereinbarung eines Vertragsstrafenrahmens für den Fall eines gravierenden Wettbewerbsverstoßes von einem bis zu drei Monatsgehältern, wenn es dem Arbeitgeber überlassen bleibt, die Vertragsstrafe im Einzelfall innerhalb dieses Rahmens festzusetzen (BAG 18.8.2005 – 8 AZR 65/05, NZA 2006, 34 = BB 2006, 720). Vorsicht ist geboten, wenn die Vertragsstrafe zu hoch bemessen ist. Eine Herabsetzung der Vertragsstrafe nach § 343 BGB kommt seit der Schuldrechtsmodernisierung nicht mehr in Betracht, weil das Verbot der geltungserhaltenden Reduktion nach § 306 Abs. 2 BGB die Anpassung einer zu hohen Vertragsstrafe nach § 343 BGB ausschließt (BAG 4.3.2004 – 8 AZR 196/03, NZA 2004, 727; LAG Hamm 24.1.2003 – 10 Sa 1158/02, DB 2003, 2549; *Brors*, DB 2004, 1778).

§ 12 Sonstige Bestimmungen

Ergänzungen und Änderungen dieses Arbeitsvertrages einschließlich der Aufhebung dieses Schriftformerfordernisses bedürfen der Schriftform, es sei denn, sie beruhen auf einer ausdrücklichen oder individuellen Vertragsabrede. Eine betriebliche Übung ist keine solche ausdrückliche bzw. individuelle Vertragsabrede. Auch wiederholte Leistungen oder Vergünstigungen ohne ausdrückliche oder individuelle Vertragsabrede begründen keinen Anspruch für die Zukunft.

Der Arbeitnehmer erhält eine Ausfertigung dieses Vertrages.

Weiter wird vereinbart: ...

30. Muster: Arbeitsvertrag mit einem Projektmanager mit Merkblättern zu Datenschutz und Diensterfindungen

Anstellungsvertrag

Zwischen

...

– nachstehend „Firma" genannt –

und

Herrn ...

– nachstehend „Mitarbeiter" genannt –

wird folgender Anstellungsvertrag geschlossen:

§ 1 Position

(1) Der Mitarbeiter wird ab ... als Projektmanager tätig.

(2) Bei Bedarf sind auch andere gleichwertige Tätigkeiten zu übernehmen, die der Fortbildung und den Fachkenntnissen des Mitarbeiters entsprechen.

(3) Der Mitarbeiter ist damit einverstanden, eine vergleichbare Tätigkeit zu denselben Vertragsbedingungen auch im Dienste einer anderen zur ...-Gruppe gehörenden Gesellschaft auszuüben. Für die Dauer der Tätigkeit bei ... tritt er in ein unmittelbares Dienstverhältnis zur Firma ....[625]

§ 2 Arbeitszeit

Die regelmäßige wöchentliche Arbeitszeit beträgt zurzeit ... Stunden gemäß dem derzeit gültigen Tarifvertrag.

§ 3 Vergütung

(1) Der Mitarbeiter erhält ein Jahresbruttogehalt iHv ... EUR. Damit sind das dem Mitarbeiter aufgrund Tarifvertrages zustehende Weihnachtsgeld (13. Monatsgehalt) und Urlaubsgeld (50 % eines Monatsgehalts) abgegolten. Im Ein- und Austrittsjahr werden das nach Tarifvertrag geschuldete Weihnachts- und Urlaubsgeld zeitanteilig bezahlt; insoweit ist das Jahres-Bruttogehalt im Ein- und Austrittsjahr geringer als eingangs geregelt.

---

[625] Das BAG hat es in seiner Entscheidung vom 13.4.2010 (9 AZR 36/09, BB 2010, 2432) offengelassen, ob eine Konzernversetzungsklausel wirksam ist. Aufgrund der Tendenz der Rechtsprechung des BAG zu Versetzungsklauseln und der kritischen Betrachtung einer Konzernversetzungsklausel in der vorgenannten Entscheidung ist wohl von der Unwirksamkeit einer solchen Konzernversetzungsklausel auszugehen.

(2) Mit dem Gehalt sind alle Überstunden und sonstigen außerordentlichen Leistungen, insbesondere auch alle etwaigen aufgrund Gesetz, Tarifvertrag oder Betriebsvereinbarung dem Mitarbeiter zustehenden Ansprüche auf Überstunden- und/oder Mehrarbeitsvergütung abgegolten.[626]

§ 4 Urlaub

Der Mitarbeiter hat einen Jahresurlaub von ... Arbeitstagen.[627] Im Eintrittsjahr beträgt der Urlaubsanspruch ... Arbeitstage pro vollendeten Beschäftigungsmonat.

§ 5 Betriebliche Altersversorgung

Der Mitarbeiter nimmt an der betrieblichen Altersversorgung der Firma in der jeweils gültigen Fassung teil.

§ 6 Reisekostenerstattung

Dem Mitarbeiter werden eventuelle Auslagen gemäß der jeweils gültigen Reisekostenordnung der Firma erstattet.

§ 7 Gesundheitliche Eignung

Der Mitarbeiter wird sich zur Feststellung seiner gesundheitlichen Eignung für seine Tätigkeit auf Wunsch der Firma und auf deren Kosten ärztlich untersuchen lassen.

§ 8 Schadensersatzansprüche bei Arbeitsunfähigkeit

Der Mitarbeiter tritt bereits jetzt seine Schadensersatzansprüche für den Fall und insoweit ab, als er durch schadensersatzpflichtiges Handeln eines Dritten arbeitsunfähig wird und während der Arbeitsunfähigkeit seine Bezüge ganz oder teilweise von der Firma weitererhält.

§ 9 Beendigung

(1) Die ersten sechs Monate gelten als Probezeit. Während der Probezeit kann das Arbeitsverhältnis beiderseits mit einer Frist von einem Monat zum Monatsende gekündigt werden. Nach Ablauf der Probezeit gilt beiderseits eine Kündigungsfrist von sechs Wochen zum Quartalsende.

(2) Bei einer über fünf Jahre hinausgehende Betriebszugehörigkeit sind die von der Firma einzuhaltenden gesetzlichen Kündigungsfristen auch für den Mitarbeiter gültig, wenn dieser selbst kündigt.

(3) Eine Kündigung vor Arbeitsantritt ist ausgeschlossen.

(4) Der Mitarbeiter willigt ein, dass seine Pflicht zur Arbeitsleistung vom Unternehmen zum Ruhen gebracht wird, wenn gewichtige Gründe hierfür vorliegen. Als Freistellungsgründe kommen namentlich der Verdacht eines Verstoßes gegen die Verschwiegenheitspflicht, einer Konkurrenztätigkeit oder andere Vertragsverstöße in Betracht, durch die die Vertrauensgrundlage zwischen den Parteien erschüttert wird.

(5) Eine fristlose Kündigung gilt gleichzeitig vorsorglich als fristgemäße Kündigung zum nächstzulässigen Zeitpunkt.

(6) Das Arbeitsverhältnis endet automatisch, ohne dass es einer Kündigung bedarf, spätestens mit Ablauf des Monats, in dem der Mitarbeiter das rentenversicherungsfähige Alter erreicht hat oder Berufs- oder Erwerbsunfähigkeitsrente dem Grund nach erhält.

(7) Jede Kündigung bedarf für ihre Wirksamkeit der Schriftform.

---

[626] Wenngleich verbreitet, so ist diese Regelung gemäß § 307 Abs. 1 Satz 2, Abs. 2 Nr. 1 BGB unwirksam (BAG 21.9.2011 – 5 AZR 629/10, NZA 2012, 145). Wirksam wäre bspw folgende Regelung: „Mit der Vergütung gemäß § ... sind bis zu 5 Überstunden bzw Mehrarbeit pro Woche abgegolten."

[627] Es ist – nach wie vor – möglich, einen einheitlichen Urlaubsanspruch zu vereinbaren. Eine Aufspaltung in einen gesetzlichen Urlaubsanspruch einerseits und einen zusätzlichen bzw tarifvertraglichen Urlaubsanspruch andererseits empfiehlt sich jedoch nach der neueren Rechtsprechung des BAG, da je nach vertraglicher Regelung zuerst der gesetzliche Urlaub eingebracht werden kann.

§ 10 Besondere Vereinbarungen

Folgende Anlagen, die wesentlicher Bestandteil des Anstellungsvertrages sind, werden beigefügt:

- Anlage 1 (Nebentätigkeit und Geheimhaltung)
- Anlage 2 (Datenschutz und Merkblatt)
- Anlage 3 (Erfindungen und Urheberrechte)

Der Mitarbeiter bestätigt mit seiner Unterschrift unter diesen Anstellungsvertrag, dass er diese Anlagen erhalten hat und auf deren Einhaltung achten wird.

§ 11 Sonstige Vereinbarungen

Der Mitarbeiter wird im Rahmen der von der Firma abgeschlossenen Gruppenunfallversicherung versichert. Nach erfolgreicher Probezeit erhöht sich das Jahresbruttogehalt auf ... EUR.

§ 12 Tarifvertrag

Auf das Anstellungsverhältnis finden, soweit in diesem Vertrag keine abweichenden Regelungen getroffen werden, die jeweils gültigen Tarifverträge für Mitarbeiter im Groß- und Außenhandel ... sowie die jeweils geltenden betrieblichen Regelungen Anwendung.

§ 13 Schlussbestimmungen

(1) Die Parteien sind sich einig, dass keine über den Wortlaut dieses Vertrages hinausgehenden mündlichen Vereinbarungen getroffen wurden.

(2) Ergänzungen und Änderungen dieses Arbeitsvertrages einschließlich der Aufhebung dieses Schriftformerfordernisses bedürfen der Schriftform, es sei denn, sie beruhen auf einer ausdrücklichen oder individuellen Vertragsabrede. Eine betriebliche Übung ist keine solche ausdrückliche bzw. individuelle Vertragsabrede. Auch wiederholte Leistungen oder Vergünstigungen ohne ausdrückliche oder individuelle Vertragsabrede begründen keinen Anspruch für die Zukunft.

Anlage 1 zum Anstellungsvertrag: Nebentätigkeit und Geheimhaltung

1. Nebentätigkeit

a) Der Mitarbeiter wird seine volle Arbeitskraft in den Dienst der Firma stellen. Die Ausübung einer anderweitigen, auf Erwerb ausgerichteten oder nach Art und Umfang üblicherweise entgeltlichen Tätigkeit sowie die mittelbare oder unmittelbare Beteiligung an einem Unternehmen gleichen oder ähnlichen Geschäftszweckes oder die Mitwirkung in den Aufsichtsorganen eines solchen Unternehmens oder die Beteiligung als persönlich haftender Gesellschafter an einer Handelsgesellschaft ohne Rücksicht auf deren Geschäftszweck ist dem Mitarbeiter nur mit der ausdrücklichen Zustimmung der Firma gestattet. Die Bestimmung findet auch auf Tätigkeiten in Verbänden und Berufsvereinigungen Anwendung und gilt ferner für Nebentätigkeiten und Nebengeschäfte.

b) Wissenschaftliche und literarische Tätigkeiten sind zulässig, sofern sie weder die Arbeitskraft des Mitarbeiters beeinträchtigen noch vertrauliche Dinge der Allgemeinheit zugänglich machen.

c) Für Veröffentlichungen und Vorträge, die die Interessen der Firma oder einer Mutter-/Schwestergesellschaft berühren, ist die vorherige Zustimmung der Firma einzuholen.

d) Bei der Übernahme obligatorischer Ämter und Ehrenämter ist die Firma zu unterrichten.

2. Geheimhaltung

a) Der Mitarbeiter ist verpflichtet, während der Dauer seines Arbeitsverhältnisses und nach dessen Beendigung über alle ihm anvertrauten, zugänglich gemachten oder sonst bekannt gewordenen Geschäftsgeheimnisse der Firma oder eines mit der Firma verbundenen Unternehmens strenges Stillschweigen gegenüber Dritten zu bewahren und solche Betriebs- und Geschäftsgeheimnisse auch nicht selbst auszuwerten. Der Ausdruck „Betriebs- und Geschäftsgeheimnisse" umfasst alle geschäftlichen, betrieblichen, organisatorischen und technischen Kenntnisse, Vorgänge und Informationen, die nur einem beschränkten Personenkreis zugänglich sind und nach dem Willen der Firma nicht der Allgemeinheit bekannt werden sollen.

b) Geschäftliche Unterlagen aller Art, einschließlich der sich auf dienstliche Angelegenheiten und Tätigkeiten beziehende persönlichen Aufzeichnungen, dürfen nur zu geschäftlichen Zwecken verwendet werden.

c) Geschäftliche und betriebliche Unterlagen, die der Mitarbeiter im Rahmen seines Arbeitsverhältnisses in Besitz hat, sind sorgfältig aufzubewahren und jederzeit auf Verlangen, spätestens jedoch bei der Beendigung des Arbeitsverhältnisses der Firma auszuhändigen. Das Gleiche gilt für alle anderen im Eigentum oder unmittelbaren Besitz der Firma befindlichen Gegenständen. Die Geltendmachung jeglichen Zurückbehaltungsrechts ist ausgeschlossen.

d) Der Mitarbeiter erklärt ausdrücklich, dass er über das hinaus, was er der Firma schriftlich bekannt gegeben hat, keinen weiteren vertraglichen Verpflichtungen mit früheren Arbeitgebern oder Dritten unterliegt, aufgrund derer er gehindert wäre, während seines Anstellungsverhältnisses mit der Firma Geschäftsgeheimnisse oder vertrauliche Informationen zu benutzen oder bekannt zu machen und dass er keinem Verbot unterliegt, mit einem ehemaligen Arbeitgeber oder einem Dritten direkt oder indirekt in Wettbewerb zu treten. Der Mitarbeiter versichert darüber hinaus, dass die Erfüllung seiner Aufgaben aus diesem Vertrag keine Pflicht zur Geheimhaltung von Geschäftsgeheimnissen oder anderen vertraulichen Informationen, die ihm aus der Zeit vor Beginn dieses Anstellungsverhältnisses obliegt, verletzt oder verletzen wird, und dass er der Firma keine derartigen vertraulichen Informationen bekannt geben oder die Firma veranlassen wird, solche vertraulichen Informationen, die von einem früheren Arbeitgeber oder Dritten stammen, zu benutzen.

Die Anlage 1 zum Anstellungsvertrag ist Bestandteil des Anstellungsvertrages.

Anlage 2 zum Anstellungsvertrag: Datenschutz/Datengeheimnis

Gemäß § 5 Bundesdatenschutzgesetz – BDSG – ist es mir untersagt, personenbezogene Daten unbefugt zu verarbeiten oder zu nutzen. Dieses Datengeheimnis besteht auch nach Beendigung meiner Tätigkeit bei der Firma fort; gem. § 43 BDSG ist der widerrechtliche Umgang mit personenbezogenen Daten unter Strafe gestellt.

Ich habe das Merkblatt Datenschutz/Datensicherheit erhalten und werde die darin enthaltenen Hinweise und Weisungen befolgen.

Wenn die Aufforderung zu einer Datenschutz-Schulung erfolgt, werde ich daran teilnehmen.

In Datenschutzfragen kann ich mich jederzeit an den Datenschutz-Koordinator oder den Datenschutzbeauftragten wenden.

Die Anlage 2 zum Anstellungsvertrag ist Bestandteil des Anstellungsvertrages.

Summary of the Federal Data Protection Act 1977/1991

"Privacy and freedom" (Westin) was 1967 the first literary activity in this century in the United States, to see the modern problems of new informationbehaviour, technics and data processing with regard to confidentiality/privacy/data protection: In 1974 the "Privacy Act" was born (already 90 years ago the "Keyright of Privacy" was constituted).

In the following years politicians in some states belong with this ideas, also in Europe. The Federal Republic of Germany belongs to the leading states of Europe having a Federal Data Protection Act = Bundesdatenschutzgesetz – BDSG – since 1977.

The purpose of this act is to protect the individual against his right to privacy being impaired through the handling of his personal data by administrative organs and by economy.

Therefore all persons employed in data processing shall not obtain, process or use data without authorisation by law or if the concerned person ("Betroffener") has consented.

All personal data processing shall take the technical and organisational necessary to ensure the implementation of the provisions of this act.

The data protection commissioner ("Datenschutzbeauftragter") in every company shall be responsible for ensuring, that the BDSG and other provisions concerning data protection are strictly observed.

Since 1.6.1991 the BDSG is in operation in a total new version, which has made stronger the functions of the authorities of state and also has made drastic liability of data processor. Now the burden of proof shall rest with the controller of the data file: He has to proof by qualified measures and extensive documentation, that all data processing "was and is and will be forever regular and lawful".

Anlage 3 zum Anstellungsvertrag: Erfindungen und Urheberrechte

1. Erfindungen

Erfindungen und technische Verbesserungsvorschläge des Mitarbeiters unterliegen den Bestimmungen des Arbeitnehmererfindungsgesetzes.

2. Urheberrechte

Der Mitarbeiter überträgt der Firma das ausschließliche, zeitlich, räumlich und inhaltlich unbeschränkte Nutzungs- und Verwertungsrecht für alle etwaigen urheberrechtsfähigen Arbeitsergebnisse, insbesondere Computer-Software, die der Mitarbeiter während der Dauer seines Anstellungsverhältnisses, im Rahmen oder außerhalb seiner anstellungsvertraglichen Aufgaben sowie während und außerhalb seiner Arbeitszeit erstellt. Die Übertragung und Abtretung des Nutzungs- und Verwertungsrechts umfasst die Erlaubnis zur Bearbeitung und Lizenzvergabe an Dritte und ist vollumfänglich mit dem Gehalt abgegolten. Der Mitarbeiter verzichtet ausdrücklich auf alle sonstigen ihm etwa als Urheber/Schöpfer zustehenden Rechte an dem Arbeitsergebnis, insbesondere auf das Namenrecht als Urheber/Schöpfer und auf Zugänglichmachung des Werkes. Der Mitarbeiter hat eine angemessene Dokumentation seiner urheberrechtsfähigen Arbeitsergebnisse sicherzustellen und auf dem Laufenden zu halten und diese der Firma jederzeit zugänglich zu machen und ihr das Eigentum daran zu übertragen.

Unabhängig von den Mitwirkungspflichten gemäß Arbeitnehmererfindungsgesetz hat der Mitarbeiter auf Verlangen der Firma bei der Erlangung und Durchsetzung von Urheberrechten und anderen gewerblichen Schutzrechten für seine Arbeitsergebnisse in anderen Ländern zu unterstützen. Der Mitarbeiter wird zu diesem Zweck alle Anträge, Abtretungserklärungen und sonstigen rechtsgeschäftlichen Erklärungen ausfüllen und abgeben, alle Dokumente unterzeichnen und sonstige Rechtshandlungen wahrnehmen, die erforderlich sind oder von der Firma gewünscht werden, um alle seine Rechte als Urheber/Schöpfer vollständig auf die Firma zu übertragen und der Firma, ihren Nachfolgern und Abtretungsempfängern zu ermöglichen, sich den vollen und ausschließlichen Nutzen und die Vorteile dieser Arbeitsergebnisse zu sichern und zu verwerten.

Für die Erfüllung dieser Mitwirkungspflichten erhält der Mitarbeiter während der Dauer des Anstellungsverhältnisses keine weitere Vergütung außer der Erstattung von Kosten, die ihm durch das Verlangen der Firma entstanden sind. Soweit der Mitarbeiter die Mitwirkungspflichten nach Beendigung des Anstellungsverhältnisses erfüllt, wird er hierfür einen angemessenen Tagessatz sowie die Erstattung aller Kosten, die ihm durch das Verlangen der Firma entstanden sind, erhalten.

Die Anlage 3 zum Anstellungsvertrag ist Bestandteil des Anstellungsvertrages.

31. Muster: Arbeitsvertrag im Bereich Touristik (mit Tarifbindung)

⇓

Arbeitsvertrag

Zwischen

...

– nachstehend: Firma –

und

Herrn ...

– nachstehend: Mitarbeiter –

wird folgender Arbeitsvertrag geschlossen:

§ 1 Tätigkeitsbereich und Tätigkeitsvoraussetzungen

(1) Der Mitarbeiter wird von der Firma als ... beschäftigt. Sein Einsatz erfolgt in dem Betrieb ... und umfasst Arbeiten laut besonderer Anweisung.

(2) Der Mitarbeiter ist verpflichtet, auch andere, gleichwertige und seiner Vorbildung und seinen Fähigkeiten entsprechende Tätigkeiten in der Firma auszuüben.

(3) Der Mitarbeiter ist zur Verschwiegenheit bzgl aller Betriebs- und Geschäftsgeheimnisse auch für die Zeit nach dem Ausscheiden aus der Firma verpflichtet.

§ 2 Nebentätigkeit

Jede Tätigkeit in anderen Verkehrs- und Touristikbetrieben ist ohne vorherige schriftliche Zustimmung der Firma untersagt.

§ 3 Tätigkeitsbeginn

Das Arbeitsverhältnis beginnt am ....

§ 4 Tätigkeitsdauer

Die Einstellung erfolgt als unbefristetes Arbeitsverhältnis mit einer Probezeit von 3 Monaten. Innerhalb der Probezeit beträgt die Kündigungsfrist 14 Tage.

§ 5 Tätigkeitsende

(1) Nach Beendigung der Probezeit ergibt sich die Kündigungsfrist für die Firma und den Mitarbeiter aus den gesetzlichen Bestimmungen. Die Kündigung muss schriftlich erfolgen.

(2) Gesetzliche längere Kündigungsfristen gelten beiderseits.

§ 6 Tätigkeitsvergütung

(1) Der Monatslohn beträgt brutto ... EUR.
Der Wochenlohn beträgt brutto ... EUR.
Der Stundenlohn beträgt brutto ... EUR.
Im Monats-, Wochen- oder Stundenlohn sind enthalten:

Tariflohn: ... EUR	Sonstige Zulagen: ... EUR	Insgesamt: ... EUR
Tarifliche Einmann-Dienstzulage: ... EUR	Sonstige Zulagen: ... EUR	Insgesamt: ... EUR
Übertarifliche Zulage: ... EUR	Sonstige Zulagen: ... EUR	Insgesamt: ... EUR

(2) Durch den Tariflohn werden eine regelmäßige Arbeitszeit von ... Stunden sowie gelegentliche Überstunden im Umfang von bis zu 3 Stunden pro Woche abgegolten.

§ 7 Weihnachtsgratifikation

Die Firma behält sich vor, eine Weihnachtsgratifikation zu gewähren. Die Weihnachtsgratifikation ist eine freiwillige Leistung der Firma.[628] Ihre Zahlung steht in deren freiem Ermessen. Ein Rechtsanspruch ist auch bei wiederholter Zahlung weder dem Grunde noch der Höhe nach gegeben. Der Mitarbeiter ist verpflichtet, die Weihnachtsgratifikation zurückzuzahlen, wenn er aufgrund eigener Kündigung oder aufgrund einer von ihm zu vertretenden Kündigung der Firma bis zum 31.3. des auf die Auszahlung erfolgenden Kalenderjahres ausscheidet.

§ 8 Fortbildungskosten

Die Firma kann die Teilnahme des Mitarbeiters an Fortbildungslehrgängen und -kursen usw verlangen, wenn dies sowohl im Interesse der Firma als auch im Interesse des Mitarbeiters liegt. Die Firma übernimmt für diese Fortbildung neben dem vollen Lohnausgleich auch noch die Teilnahmekosten der Fortbildung (zB Lehrgangsgebühren) sowie nachgewiesene Nebenkosten für die Reise und Unterkunft, so dass dem Mitarbeiter durch die Teilnahme keine besonderen Kosten entstehen.

§ 9 Besondere Vereinbarungen

(1) Private Telefonate sind nur auf 1 Ortsgespräch pro Person und Tag beschränkt. Alle weiteren Gespräche sind laut Monatsaufstellung der Telekom voll erstattungspflichtig.

(2) Überstunden, die nicht bereits durch den Lohn abgegolten sind, werden durch Freizeit abgegolten.

(3) Urlaub wird nach Maßgabe des Manteltarifvertrages gewährt.

(4) Arbeitszeit: Montag bis Freitag zzgl 2 Samstage monatlich. Eine andere Einteilung erfolgt gemäß Absprache.

(5) Spesen/Übernachtungsabrechnung gemäß den steuerlichen Richtlinien, mindestens jedoch 13 EUR täglich bei mehrtägiger Abwesenheit.

§ 10 Kollektivregelung[629]

Das Arbeitsverhältnis unterliegt im Übrigen – soweit vorstehend nichts Abweichendes vereinbart – den Tarifverträgen für die ... Branche in ihrer jeweils gültigen Fassung. Die Tarifverträge können im Lohnbüro eingesehen werden.

§ 11 Änderungen

Ergänzungen und Änderungen dieses Arbeitsvertrages einschließlich der Aufhebung dieses Schriftformerfordernisses bedürfen der Schriftform, es sei denn, sie beruhen auf einer ausdrücklichen oder individuellen Vertragsabrede. Eine betriebliche Übung ist keine solche ausdrückliche bzw individuelle Vertragsabrede. Auch wiederholte Leistungen oder Vergünstigungen ohne ausdrückliche oder individuelle Vertragsabrede begründen keinen Anspruch für die Zukunft.

---

628 Die Gewährung konkret bezeichneter Leistungen (zB Weihnachts- und Urlaubsgeld, 13. Gehalt) unter Freiwilligkeitsvorbehalt könnte wirksam sein. Das BAG äußerte sich hierzu jedoch kritisch (vgl BAG 21.1.2009 – 10 AZR 219/08, BAGE 129, 164 = NZA 2009, 310).
629 Die Bezugnahmeklausel ist an die betrieblichen Verhältnisse und an die intendierten Ziele anzupassen. Hier ist eine kleine dynamische Tarifklausel vorgeschlagen.

32. Muster: Angestelltenarbeitsvertrag (mit Tarifbindung Elektro- und Metallindustrie NW)   240

↓

Anstellungsvertrag

Zwischen

...

– nachfolgend „Firma" genannt –

und

Herrn ...

– nachfolgend „Beschäftigter" genannt –

§ 1 Tätigkeit

Herr ... tritt am ... als ... in die Dienste der Firma. Sein Aufgabengebiet umfasst im Wesentlichen ... in der Abteilung ... .

Herr ... ist Herrn ... unterstellt.

Die Firma behält sich vor, dem Beschäftigten auch eine andere seiner Vorbildung und seinen Fähigkeiten entsprechende – gleichwertige – Tätigkeit zu übertragen und ihn an einen anderen Ort zu versetzen.

Die Firma hat das Recht, im Rahmen des gesetzlich bzw tarifvertraglich oder kraft Betriebsvereinbarung zulässigen Höchstrahmens Überstunden anzuordnen. Der Beschäftigte verpflichtet sich, die angeordnete Mehrarbeit zu leisten. Mangelnde Zumutbarkeit muss der Beschäftigte unverzüglich geltend machen.

Es gelten die Tarifbestimmungen der Elektro- und Metallindustrie NW.

Der Beschäftigte wird seine ganze Arbeitskraft dem Unternehmen widmen. In diesem Sinne bedarf die Übernahme jedweder auf den Erwerb gerichteter Nebentätigkeit der vorherigen Zustimmung der Geschäftsleitung. Desgleichen ist für eventuelle Vorträge und Veröffentlichungen, soweit sie das Arbeitsgebiet betreffen bzw das Interessengebiet der Firma berühren, das Einverständnis der Geschäftsleitung einzuholen.

§ 2 Bezüge

Als Vergütung für seine Tätigkeit erhält der Beschäftigte ein monatliches Bruttogehalt von ... EUR, zahlbar jeweils am Ende eines Monats (Tarifgruppe ...).

§ 3 Urlaub

Herr ... hat Anspruch auf einen gesetzlichen Mindesturlaub von 20 Arbeitstagen pro Kalenderjahr bei einer 5-Tage-Woche. Die Firma gewährt Herrn ... zusätzlich zu dem gesetzlichen Mindesturlaub einen vertraglichen Urlaub von weiteren 7 Arbeitstagen. Der Urlaub ist möglichst zusammenhängend zu nehmen. Bei der Gewährung von Urlaub wird zuerst der gesetzliche Urlaub eingebracht. Für den vertraglichen Urlaub gilt abweichend von dem gesetzlichen Mindesturlaub, dass der Urlaubsanspruch nach Ablauf des Übertragungszeitraumes (31.3. des Folgejahres) auch dann verfällt, wenn er wegen Arbeitsunfähigkeit von Herrn ... nicht genommen werden kann. Der gesetzliche Mindesturlaub verfällt in einem solchen Fall 15 Monate nach Ablauf des Urlaubsjahres.

Der Zeitpunkt des Urlaubsantritts wird im Einvernehmen mit den vorgesetzten Stellen festgelegt.

Die Geschäftsleitung ist berechtigt, den Beschäftigten jederzeit unter Fortzahlung der ihm nach § 2 zustehenden Bezüge von seiner Tätigkeit zu beurlauben, sofern arbeitgeberseitig eine verhaltensbedingte Kündigung ausgesprochen wurde.

§ 4 Altersversorgung

Nach fünfjähriger ununterbrochener Tätigkeit im Dienste der Firma erwirbt der Beschäftigte einen Anspruch auf Altersversorgung und Invaliditätsversorgung, soweit die übrigen in der Versorgungsordnung festgelegten

Voraussetzungen des Betriebs erfüllt sind. Die Bestimmungen über das Versorgungswerk sind aus der ausgehändigten Versorgungsordnung in der Fassung vom ... zu entnehmen.

Soweit besondere Vereinbarungen bezüglich der Alters- und Invaliditätsversorgung gelten sollen, müssen sie schriftlich getroffen werden.

§ 5 Verschwiegenheitspflicht

Der Beschäftigte verpflichtet sich, während und auch nach Beendigung des Arbeitsverhältnisses über alle Geschäfts- und Fabrikationsgeheimnisse, die ihm im Rahmen seiner Tätigkeit bei der Firma bekannt werden, Stillschweigen zu bewahren.

§ 6 Diensterfindungen

Für die Behandlung von Diensterfindungen gelten die Vorschriften des Gesetzes über die Arbeitnehmererfindungen vom 25.7.1957 einschl. späterer Änderungen.

§ 7 Dienstreisen

Bei Dienstreisen vergütet die Firma die entstandenen Aufwendungen sowie ein Tagegeld in der betrieblich allgemein üblichen Höhe.

Wenn der Wohnort außerhalb der Gemeindegrenzen des Betriebsortes in einer Entfernung von mindestens 10 km (Luftlinie) liegt, sich aber noch im Einzugsgebiet befindet, werden für Fahrten zwischen Wohnung und Arbeitsstätte die anfallenden Fahrtkosten (Bundesbahntarif) bis iHv 100 EUR monatlich erstattet.

§ 8 Vertragsdauer

Die Anstellung erfolgt zunächst auf Probe. Die Probezeit beträgt sechs Monate. Während der Probezeit kann jeder Vertragspartner das Dienstverhältnis mit einer Kündigungsfrist von einem Monat auflösen. Nach Ablauf der Probezeit gilt das Dienstverhältnis als für unbestimmte Zeit eingegangen. Es gelten die gesetzlichen/tariflichen Kündigungsfristen.

Das Arbeitsverhältnis endet spätestens mit dem Ende des Monats, in dem der Beschäftigte erstmals die Voraussetzungen für den Bezug der gesetzlichen Regelaltersrente erfüllt hat.

§ 9 Sonstige Vereinbarungen

Ergänzungen und Änderungen dieses Arbeitsvertrages einschließlich der Aufhebung dieses Schriftformerfordernisses bedürfen der Schriftform, es sei denn, sie beruhen auf einer ausdrücklichen oder individuellen Vertragsabrede. Eine betriebliche Übung ist keine solche ausdrückliche bzw. individuelle Vertragsabrede. Auch wiederholte Leistungen oder Vergünstigungen ohne ausdrückliche oder individuelle Vertragsabrede begründen keinen Anspruch für die Zukunft.

241 **33. Muster: Arbeitsvertrag eines angestellten Unternehmensberaters mit Zeit- und Spesenregelung sowie Vergütungsvereinbarung**

Anstellungsvertrag

Zwischen

– nachfolgend „Firma" genannt –

und

Herrn ...

– nachfolgend „Mitarbeiter" genannt –

wird folgender Vertrag geschlossen:

1. Tätigkeit und Aufgabenbereich

1.1 Der Mitarbeiter tritt ab dem ... als Unternehmensberater in die Dienste des Fachteams der Firma. Die Hauptaufgabe des Mitarbeiters besteht in der Beratung von Klienten sowie in der Akquisition und in der Leitung von Beratungsprojekten. Einzelheiten hinsichtlich der Art der Tätigkeit und des Einsatzortes des Mitarbeiters werden durch die Firma nach billigem Ermessen bestimmt.

1.2 Der Mitarbeiter verpflichtet sich, alle ihm übertragenen Aufgaben sorgfältig und gewissenhaft auszuführen und innerhalb des unter Punkt 1.1 genannte Geschäftsbereiches oder innerhalb interner Aufgaben, nach Bedarf auch andere im Rahmen seiner Vorbildung zumutbare und gleichwertige Tätigkeiten zu übernehmen.

1.3 Der Mitarbeiter ist verpflichtet, der Firma sein ganzes Wissen und Können und seine volle Arbeitskraft zur Verfügung zu stellen. Die ihm übertragenen Aufgaben wird er in eigener Verantwortung bei voller Wahrung der Interessen der Firma nach innen und nach außen wahrnehmen. Der Mitarbeiter hat bestrebt zu sein, die Belange der Firma, auch durch hohen persönlichen Einsatz, zu fördern.

2. Vergütung

2.1 Der Mitarbeiter erhält eine fixe und eine erfolgsabhängige variable Vergütung. Einzelheiten sind in der als Anlage 1 beigefügten Vergütungsvereinbarung geregelt.

2.2 Zukünftige Änderungen der Vergütung (fix und variabel) werden in Ergänzung bzw als Ersatz der Anlage 1 zu diesem Vertrag verfasst und von beiden Vertragsparteien unterzeichnet.

2.3 Über die Vergütungsregelung ist strengstes Stillschweigen zu wahren.[630]

2.4 Die Vergütung wird nachträglich am Ende eines jeden Monats bargeldlos gezahlt.

2.5 Vorschüsse und Abschlagszahlungen sind zum Geschäftsjahresende oder zum Zeitpunkt des Ausscheidens des Mitarbeiters unter Berücksichtigung der Ziffern 2.2 und 2.6 der Vergütungsvereinbarung (Anlage 1) abzurechnen und werden ausdrücklich unter dem Vorbehalt der Rückforderung gewährt.

3. Nebenleistungen

Für die Erstattung von Reisekosten und sonstigen Auslagen gelten die Richtlinien für Zeit- und Spesenregelungen der Firma in ihrer jeweils gültigen Fassung.

Die derzeit gültigen Richtlinien sind als Anlage 2 beigefügt.

4. Arbeitszeit

4.1 Die regelmäßige Arbeitszeit beträgt wöchentlich 40 Stunden. Der Mitarbeiter ist innerhalb seines Fachteams im Rahmen der Erfordernisse zur Leistung von Mehrarbeit im gesetzlich zulässigen Rahmen bereit. Ergänzend gelten die Zeit- und Spesenregelungen der Firma in ihrer jeweils gültigen Fassung.

4.2 Die Firma ist berechtigt, den Mitarbeiter bei Vorliegen einer Kündigung von seiner dienstlichen Tätigkeit freizustellen, wenn das Interesse der Firma an der Freistellung das Interesse des Mitarbeiters an der Beschäftigung überwiegt. Dies ist insbesondere der Fall, wenn ein Wechsel des Mitarbeiters zu einem Konkurrenten der Firma zu besorgen ist. Die Freistellung kann widerruflich oder unwiderruflich erfolgen. Falls eine Freistellung erfolgt, wird mit jedem Tag der unwiderruflichen Freistellung, der auf einen Arbeitstag fällt, ein Urlaubstag abgegolten.

---

630 Die Verpflichtung, Stillschweigen über die eigene Vergütung zu wahren, ist wohl unwirksam (vgl LAG Mecklenburg-Vorpommern 21.10.2009 – 2 Sa 237/09).

5. Urlaub

Der Mitarbeiter hat Anspruch auf einen gesetzlichen Mindesturlaub von 20 Arbeitstagen pro Kalenderjahr bei einer 5-Tage-Woche. Die Firma gewährt dem Mitarbeiter zusätzlich zu dem gesetzlichen Mindesturlaub einen vertraglichen Urlaub von weiteren 7 Arbeitstagen. Der Urlaub ist möglichst zusammenhängend zu nehmen. Bei der Gewährung von Urlaub wird zuerst der gesetzliche Urlaub eingebracht.

Der Urlaub ist grundsätzlich zusammenhängend und nach vorheriger Abstimmung zu gewähren. Eine Übertragung auf die ersten drei Monate des nächsten Kalenderjahres ist nur statthaft, wenn projektbedingte oder in der Person des Mitarbeiters liegende Gründe dies rechtfertigen und dies von der Firma ausdrücklich angeordnet worden ist.

Für den vertraglichen Urlaub gilt abweichend von dem gesetzlichen Mindesturlaub, dass der Urlaubsanspruch nach Ablauf des Übertragungszeitraumes (31.3. des Folgejahres) auch dann verfällt, wenn er wegen Arbeitsunfähigkeit von dem Mitarbeiter nicht genommen werden kann. Der gesetzliche Mindesturlaub verfällt in einem solchen Fall 15 Monate nach Ablauf des Urlaubsjahres.

Es gilt das Bundesurlaubsgesetz in seiner jeweils gültigen Fassung.

6. Krankheit

6.1 Arbeitsverhinderung ist der Firma unverzüglich am ersten Tage des Arbeitsausfalls unter Angabe der Gründe mitzuteilen. Ist die Arbeitsverhinderung voraussehbar, so ist sie rechtzeitig mitzuteilen. Innerhalb von drei Werktagen ist der Firma eine ärztliche Bescheinigung einzureichen, aus der die Arbeitsunfähigkeit sowie deren Beginn und voraussichtliche Dauer ersichtlich sind. Die Firma ist unverzüglich über etwaige Veränderungen der voraussichtlichen Arbeitsverhinderung zu unterrichten.

6.2 In Krankheitsfällen und während eines ärztlich verordneten Heilverfahrens wird das unter Punkt 2. vereinbarte feste Monatsgehalt bis zu einer Dauer von sechs Wochen (entsprechend 45 Kalendertage) fortgezahlt. Leistungen Dritter, die zum Lebensunterhalt bestimmt sind, werden auf die Verpflichtung der Firma angerechnet.

7. Vertragsdauer und Kündigung

7.1 Dieser Anstellungsvertrag wird auf unbestimmte Zeit abgeschlossen. Eine Probezeit wird für die Dauer von sechs Monaten vereinbart.

7.2 Es gelten folgende Kündigungsfristen:

- Während der Probezeit: ein Monat zum Monatsende.
- Nach Ablauf der Probezeit: drei Monate zum Quartalsende.

Das Arbeitsverhältnis endet ohne Kündigung am letzten Tag des Monats, in dem der Mitarbeiter erstmals Anspruch auf gesetzliche Regelaltersrente hat.

Für die Zeit vom Abschluss dieses Vertrages bis zum Arbeitsantritt ist für beide Parteien das Recht zur ordentlichen Kündigung ausgeschlossen.

7.3 Im Falle einer Kündigung ist der Mitarbeiter weiterhin verpflichtet, für einen Zeitraum von einem Jahr sämtliche Kontakte zu den bislang von ihm betreuten Klienten zu unterlassen. Hierunter fallen sowohl mündliche, fernmündliche als auch schriftliche und persönliche Kontakte, die in irgendeiner Weise mit der geschäftlichen Beziehung des Klienten mit der Firma zu tun haben.[631]

7.4 Das Recht zur außerordentlichen Kündigung bleibt unberührt.

---

[631] Im Einzelfall ist bei solchen Mandantenschutzklauseln zu überprüfen, ob sie so umfassend sind, dass tatsächlich ein Wettbewerbsverbot iSd §§ 74 ff HGB vorliegt.

8. Rechte am Arbeitsergebnis

Die Ergebnisse der Arbeit des Mitarbeiters, die gegebenenfalls auch unter das Urheberrecht fallen, werden zur ausschließlichen und alleinigen Verwertung, auch mit dem Recht zur Veränderung und Übertragung auf Dritte, auf die Firma übertragen. Dabei ist es ohne Bedeutung, ob diese Arbeiten während der Arbeitszeit im Büro oder an anderen Orten ausgeführt werden und ob und in welcher Form eine gesonderte Abgeltung für diese Arbeiten erfolgt.

9. Geheimhaltung

9.1 Die Tätigkeit der Firma erfordert eine streng vertrauliche Behandlung sämtlicher Geschäftsvorfälle. Der Mitarbeiter verpflichtet sich daher, über alle Betriebs- und Geschäftsgeheimnisse auch nach Beendigung des Arbeitsverhältnisses absolute Verschwiegenheit gegenüber jedermann zu wahren. Er darf weder unmittelbar noch mittelbar für sich oder Dritte von vertraulichen Informationen Gebrauch machen, die er durch seine Tätigkeit bei der Firma erlangt hat. Dies gilt insbesondere für Informationen und Daten, die dem Mitarbeiter durch die Arbeit in einem Kundenprojekt zugänglich gemacht werden.

Sämtliche betrieblichen und kundenbezogenen Unterlagen sind ständig so unter Verschluss zu halten, dass Dritten kein Zugang möglich ist.

9.2 Bei Beendigung des Arbeitsverhältnisses sind sämtliche betrieblichen Dateien, Unterlagen, persönliche Aufzeichnungen, die mit der Tätigkeit bei der Firma in Zusammenhang stehen, und sonstige Gegenstände ohne Aufforderung an die Firma zurückzugeben. Ein Zurückbehaltungsrecht steht dem Mitarbeiter insoweit nicht zu.

9.3 Ein Verstoß gegen die unter Punkt 9.1 oder Punkt 9.2 aufgeführten Regelungen kann die Firma im Einzelfall je nach Bedeutung des Verstoßes und unter Berücksichtigung aller maßgeblichen Interessen zur fristlosen oder fristgemäßen Kündigung des Vertrages berechtigen.

10. Wettbewerbs- und Sperrklausel

10.1 Während der Dauer des Beschäftigungsverhältnisses ist eine entgeltliche oder unentgeltliche Nebenbeschäftigung des Mitarbeiters nur mit schriftlicher Genehmigung der Firma zulässig. Eine Tätigkeit für andere Unternehmensberatungsgesellschaften ist grundsätzlich nicht zulässig.

10.2 Zur Beteiligung an Firmen, die gleiche oder ähnliche Geschäfte wie die Firma betreiben, ausgenommen der Erwerb von Aktien börsennotierter Unternehmen, bedarf der Mitarbeiter der vorherigen Zustimmung der Firma.

11. Compliance-Richtlinien[632]

Der Mitarbeiter ist verpflichtet, die jeweils anwendbaren gesetzlichen Bestimmungen sowie die Compliance-Richtlinien der Firma zu beachten. Die Compliance-Richtlinien sind Anlage zu diesem Vertrag (Anlage 3).

12. Verfallklausel[633]

Die Parteien vereinbaren, dass alle beiderseitigen Ansprüche aus dem Arbeitsverhältnis binnen drei Monaten nach Fälligkeit verfallen. Der Verfall tritt nicht ein, wenn solche Ansprüche innerhalb dieses Zeitraumes schriftlich gegenüber der anderen Vertragspartei geltend gemacht werden.

---

[632] Eine ausführlichere Klauselfassung findet sich in Muster 1110 (§ 13).

[633] Nach einer neuen Entscheidung des BAG können arbeitsvertraglich vereinbarte Ausschlussfristen dahin gehend ausgelegt werden, dass sie nur die von den Parteien für regelungsbedürftig gehaltenen Fälle erfassen sollen. Eine Anwendung auch für die Fälle, die durch gesetzliche Verbote und Gebote geregelt sind, soll dagegen regelmäßig gerade nicht gewollt sein, so das BAG. Das gelte bspw für die Haftung wegen Vorsatzes (Pressemitteilung Nr. 42/13 zu BAG, Urt. v. 20.6.2013 – 8 AZR 280/12). Ein Formulierungsbeispiel für eine vertragliche Verfallklausel mit Ausschluss der Haftung für Vorsatz enthält das Muster 1134 (§ 16).

13. Schlussbestimmungen

13.1 Es besteht Einigkeit, dass mündliche Vereinbarungen außerhalb dieses Vertrages zwischen den Parteien nicht getroffen sind.

Ergänzungen und Änderungen dieses Arbeitsvertrages einschließlich der Aufhebung dieses Schriftformerfordernisses bedürfen der Schriftform, es sei denn, sie beruhen auf einer ausdrücklichen oder individuellen Vertragsabrede. Eine betriebliche Übung ist keine solche ausdrückliche bzw. individuelle Vertragsabrede. Auch wiederholte Leistungen oder Vergünstigungen ohne ausdrückliche oder individuelle Vertragsabrede begründen keinen Anspruch für die Zukunft.

13.2 Die Angaben im Personalfragebogen sind wesentlicher Bestandteil dieses Anstellungsvertrages. Bewusst unvollständige oder unrichtige Auskünfte berechtigen die Firma zur Anfechtung des Anstellungsvertrages.

Der Mitarbeiter verpflichtet sich, alle Änderungen über die Angaben zur Person, soweit sie für das Anstellungsverhältnis von Bedeutung sind, unverzüglich mitzuteilen.

13.3 Wesentliche Bestandteile dieses Vertrages sind:

- Die Zusatzvereinbarung über Vergütung (Anlage 1),
- die Richtlinien zurzeit und Spesenregelung (Anlage 2).

13.4 Beide Vertragsparteien bestätigen, dass sie je ein von der Gegenpartei unterschriebenes Exemplar dieses Vertrages erhalten haben.

... (Ort, Datum, Unterschriften)

Vereinbarung über Vergütung – Anlage 1 zum Anstellungsvertrag vom ... zwischen der Firma ... und Herrn ...

1. Fixe Vergütung

1.1 Der Mitarbeiter erhält eine monatliche fixe Bruttovergütung iHv ... EUR (in Worten: ... Euro).

1.2 Nach einer Betriebszugehörigkeit von sechs Monaten hat der Mitarbeiter Anspruch auf Zahlung einer 13. Bruttofixvergütung, die zu 50 % mit dem Juli-Gehalt und zu weiteren 50 % mit dem November-Gehalt zur Zahlung fällig wird. Soweit der Mitarbeiter noch kein volles Jahr beschäftigt ist oder aber vorzeitig aus dem Arbeitsverhältnis ausscheidet, wird die zusätzliche Vergütung zeitanteilig gewährt (1/12 pro Monat).

1.3 Durch die monatliche Fixvergütung sind alle Entgeltansprüche für Mehrarbeit und Überstunden im gesetzlichen Rahmen abgegolten.[634]

2. Erfolgsabhängige variable Vergütung

2.1 Die erfolgsabhängige variable Vergütung wird bei Vorliegen der nachstehenden Voraussetzungen zusätzlich gewährt und umfasst zwei Bestandteile: Die Individuelle Variable Vergütung (IVV) zur Honorierung des Erfolgs bei individuell vereinbarten Zielen und die Team-Variable Vergütung (TVV) für die Honorierung der Zielerreichungen der vereinbarten Ziele des jeweiligen Fachteams, dem der Mitarbeiter zugeordnet ist. IVV und TVV zusammengenommen ermöglichen eine spürbare Überschreitung des gemeinsam festgelegten Zieleinkommens des Mitarbeiters im Falle der Gesamtzielerreichung und kann in diesem Fall ca. 25 % der dann eintretenden Gesamtvergütung des Mitarbeiters ausmachen.[635]

2.2 Sowohl IVV als auch TVV werden zu Beginn eines Geschäftsjahres im Rahmen des Planungsprozesses erarbeitet und vereinbart. Der Betrachtungszeitraum für die Erfolgsmessung zur abschließenden Ermittlung der

---

[634] Wenngleich verbreitet, so ist diese Regelung gemäß § 307 Abs. 1 Satz 2, Abs. 2 Nr. 1 BGB unwirksam (BAG 21.9.2011 – 5 AZR 629/10, NZA 2012, 145). Wirksam wäre bspw folgende Regelung: „Mit der Vergütung gemäß § ... sind bis zu 5 Überstunden bzw Mehrarbeit pro Woche abgegolten."

[635] Zur 30 %-Grenze bei Höchsteinkommen: BAG 14.11.2012 – 10 AZR 783/11, DB 2013, 346.

Kapitel 1: Arbeitsverträge

IVV und der TVV ist das jeweilige Geschäftsjahr. Die Bewertung anhand der Zielkriterien erfolgt am Ende des Geschäftsjahres, wenn die entsprechenden Zahlenwerte verprobt vorliegen.

2.3 Die IVV stellt ca. 10 % der bei Gesamtzielerreichung (individuelle Ziele) erreichbaren Gesamtvergütung des Mitarbeiters dar. Für die Erreichung bestimmter individueller Ziele wird die IVV als Euro-Betrag (ggf in Form einer Staffel) zwischen dem Mitarbeiter und dem jeweiligen Fachteam vereinbart. Die Leistungsbewertung erfolgt dann anhand der vereinbarten Zielkriterien. Der entsprechende Euro-Betrag wird alsdann als IVV ausgezahlt.

2.4 Die TVV stellt ca. 215 % der bei Gesamtzielerreichung des Fachteams erreichbaren Gesamtvergütung des Mitarbeiters dar. Für die Erreichung bestimmter Ergebnis- und Qualitätsziele des jeweiligen Fachteams wird die TVV als Euro-Betrag (bzw die Handhabung bei Zielunter- und Zielüberschreitung) zwischen der Firma und dem jeweiligen Fachteam vereinbart. Die Leistungsbewertung erfolgt dann anhand der vereinbarten Zielkriterien. Der sich ergebende Euro-Betrag wird alsdann in der vereinbarten Weise im Fachteam verteilt und alsdann ausgezahlt.

2.5 Auf die erfolgsabhängige variable Vergütung werden monatliche Abschlagszahlungen geleistet, die grundsätzlich 10 % des Fixums betragen. Dieser Abschlag wird als Vorschuss gewährt und zum Zeitpunkt der Endermittlung der IVV und der TVV abgerechnet (1/3 des Abschlags für IVV, 2/3 für TVV). Ergibt das monatliche Berichtswesen ein vorläufiges Ergebnis der erfolgsabhängigen variablen Vergütung, das oberhalb oder unterhalb des geleisteten Vorschusses liegt, so kann der Vorschuss durch die Firma entsprechend angepasst werden bzw gänzlich entfallen.

2.6 Im Falle des Ausscheidens des Mitarbeiters vor dem Ende des Geschäftsjahres bleibt der ausbezahlte Vorschuss des Mitarbeiters erhalten. Die Zielerreichung bzgl der IVV wird umgehend ermittelt; wenn dieser Betrag die Höhe des bis dato gezahlten Vorschusses (= 1/3 des Abschlags für IVV) übersteigt, wird der Differenzbetrag mit der letzten Monatsabrechnung ausgezahlt. Eine Teilnahme an der TVV über das Maß des ausbezahlten Vorschusses (= 2/3 des Abschlags) hinaus unterbleibt.

2.7 Die variable Vergütung ist fällig mit der auf die Feststellung gem. Ziffer 2.3 und 2.4 folgenden Gehaltsabrechnung.

3. Firmenfahrzeug

3.1 Der Mitarbeiter hat nach Ablauf der Probezeit (im Falle der Neubeschaffung: Termin der Bestellung) Anspruch auf einen Firmenwagen im letztendlichen Gesamt-Nettoanschaffungswert von 20.500 EUR (inkl. Anschaffungsnebenkosten). Als Firmenwagen wird in Absprache mit der Geschäftsführung ein ... mit guter Sicherheitsausstattung ausgewählt bzw aus dem Fahrzeugpool zugeordnet. Anspruch auf ein bestimmtes Firmenfahrzeug besteht nicht.

3.2 Die Firma trägt sämtliche Unterhalts- und Finanzierungskosten für das Fahrzeug. Der Mitarbeiter hat das Recht, den Firmenwagen auch für private Fahrten zu nutzen. Während einer Urlaubsreise ins Ausland entstehende laufende Fahrtkosten trägt der Mitarbeiter selbst. Verursacht der Mitarbeiter während einer privaten Fahrt einen selbstverschuldeten Unfall, so trägt er die nicht von der Versicherung gedeckten Kosten bis zu einer Höhe von 500 EUR.

3.3 Der Mitarbeiter muss sich für die private Nutzung des Firmenwagens einen geldwerten Vorteil nach den jeweils gültigen steuerlichen Pauschalvorschriften anrechnen lassen.

... (Ort, Datum, Unterschriften)

Zeit- und Spesenregelung – Anlage 2 zum Anstellungsvertrag vom ... zwischen der Firma ... und Herrn ...

1. Grundsätzlich erstattet die Firma die dem Mitarbeiter entstehende Mehraufwendungen für Dienstreisen und Dienstgänge.

Eine Dienstreise liegt vor, wenn der Mitarbeiter aus dienstlichen Gründen in einer Entfernung von mindestens 20 km von seiner Wohnung und von seiner regelmäßigen Arbeitsstätte vorübergehend tätig wird.

Die regelmäßige Arbeitsstätte des Mitarbeiters ist das Büro der Firma in ....

Ein Dienstgang liegt vor, wenn der Mitarbeiter aus dienstlichen Gründen außerhalb der regelmäßigen Arbeitsstätte und seiner Wohnung in einer Entfernung von weniger als 20 km tätig wird.

Dabei ist es sowohl im Falle der Dienstreise als auch im Falle des Dienstgangs unerheblich, ob sie von der regelmäßigen Arbeitsstätte oder von der Wohnung des Mitarbeiters aus angetreten werden.

2. Die Spesen werden (anhand der von dem Mitarbeiter geführten Zeit- und Spesenerfassung) auf dem von der Firma für diesen Zweck bereitgestellten Formular geführt. Das ausgefüllte Formular wird jeweils zur Monatsmitte und zum Monatsende beim zuständigen Mitarbeiter des Innendienstes abgegeben. Am Monatsende sind dem Formular sämtliche Quittungen und Belege beizufügen.

Die Zeit und Spesenerfassung dient neben der Ermittlung der Spesen und Auslagen des Mitarbeiters auch als Grundlage zur Fakturierung der Leistungen an die Klienten. Das Formular ist daher genau zu führen und pünktlich an den internen Service abzugeben. Ein Verstoß gegen die Genauigkeit und Wahrheitstreue der Zeit- und Spesenregelung berechtigt grundsätzlich ohne vorangegangene Abmahnung zur fristlosen Kündigung des Mitarbeiters durch die Firma.

3. Die Firma erstattet dem Mitarbeiter Fahrt- und Tagesspesen in Höhe der jeweiligen steuerfreien Höchstsätze. Auslagen für Übernachtungen werden nach Beleg abgerechnet. Der Mitarbeiter ist gehalten, die Kosten für Hotelunterkünfte auf einem akzeptablen Niveau zu halten. Als Richtwert gelten 80 EUR pro Übernachtung eines Mitarbeiters. Der Richtwert darf nur in begründeten Ausnahmefällen, zB wenn keine Übernachtung zu diesen Kosten an einem Ort möglich ist, überschritten werden.

Die Firma zahlt die Spesen jeweils für einen Monat in einer Summe zu Beginn des folgenden Monats bargeldlos an den Mitarbeiter. Vorschüsse können in Ausnahmefällen nach Absprache mit der Geschäftsleitung gewährt werden.

↑

242 **34. Muster: Arbeitsvertrag für eine Verwaltungskraft mit Leistungszulage und Erfolgsbeteiligung (ohne Tarifbindung)**

Arbeitsvertrag

zwischen

...

– nachfolgend „Arbeitgeber" genannt –

und

Frau ...

– nachfolgend „Arbeitnehmerin" genannt –

Frau ... wird ab dem ... im Sekretariat und in der Buchhaltung des Arbeitgebers eingesetzt.

Arbeitsplatzbeschreibung:

- Schreibarbeiten
- Erstellen von Vortragsfolien usw

Kapitel 1: Arbeitsverträge

- Telefonzentrale
- Posteingang und -ausgang
- Verwalten der Ablage
- Terminverfolgung
- Kassenführung
- Durchführen von Bestellungen
- Vorbereiten der Buchungsunterlagen für den Steuerberater
- Gehalts-, Provisions- und Reisekostenabrechnungen
- Fakturierung und Rechnungsverfolgung
- Führen von Projektkonten
- Kundenbewirtung

Der Arbeitgeber ist berechtigt, der Arbeitnehmerin im Rahmen des billigen Ermessens auch andere zumutbare und gleichwertige Aufgaben zu übertragen.

Der Arbeitgeber ist nicht tarifgebunden. Er ist jedoch bestrebt, seinen Mitarbeitern marktgerechte Arbeitsbedingungen zu bieten. Wenn und soweit ausdrücklich oder stillschweigend tarifliche Regelungen angewendet werden, erfolgt dies rein freiwillig. Auch durch mehrjährige vorbehaltlose Tarifanwendung wird keine Verpflichtung zur Anwendung tarifvertraglicher Regelungen in der Zukunft begründet.

1. Gehalt

Das Gehalt setzt sich zusammen aus:

- Grundgehalt
- Leistungszulage
- Erfolgsbeteiligung
- Vermögenswirksamen Leistungen

1.1 Grundgehalt

Das Grundgehalt beträgt ... EUR pro Monat und wird jeweils am Monatsende ausgezahlt.

1.2 Leistungszulage

Zusätzlich zum Grundgehalt wird eine widerrufliche Leistungszulage gezahlt. Die Zahlung erfolgt mit dem Grundgehalt.

Die Höhe der Zulage errechnet sich aus dem Grundgehalt und aus Leistungspunkten, die die Arbeitnehmerin in einer Beurteilung erhält. Die Arbeitnehmerin hat Anspruch auf eine jährliche Beurteilung jeweils im Einstellungsmonat; weitere Beurteilungen sind möglich.

Die Berechnung geschieht nach der Formel:

Leistungszulage = Grundgehalt x Punkte / 600

Die Basispunktzahl am Einstellungstermin beträgt 30 Punkte, die Leistungszulage damit ... EUR.

Der Arbeitgeber ist zum Widerruf der Leistungszulage mit einer Ankündigungsfrist von einem Monat zum Monatsende berechtigt, wenn die wirtschaftliche Lage des Unternehmens eine weitere Zahlung nicht zulässt.[636]

1.3 Erfolgsbeteiligung

Übersteigt der Jahresgewinn des Arbeitgebers einen Mindestbetrag, wird mit dem Märzgehalt des Folgejahres eine Erfolgsbeteiligung gezahlt.

---

636 Die Umstände, unter denen ein Widerruf möglich sein soll, sind hier möglichst konkret zu benennen.

Der Mindestbetrag wird vom Arbeitgeber jährlich in angemessener Höhe neu festgesetzt.

Basis der Erfolgsbeteiligung (EB) ist eine Gewinnausschüttung (GA) von 5 % des Gewinns pro Arbeitnehmer, der dieser Regelung unterliegt, maximal jedoch von 15 % an alle Mitarbeiter, die dieser Regelung unterliegen. Die Erfolgsbeteiligung beträgt maximal das 2,0-Fache des durchschnittlichen Monatsgehalts (Grundgehalt + Leistungszulage) im abgelaufenen Geschäftsjahr.

Die Aufteilung der GA erfolgt in Abhängigkeit von verschiedenen Bewertungsfaktoren:

30 % der GA wird im Verhältnis der vertraglichen Jahresarbeitszeit der Arbeitnehmerin (Az) zur Summe der Jahresarbeitszeiten aller Arbeitnehmer (GAZ) verteilt. Bei Arbeitnehmern, die nicht das ganze Jahr beschäftigt waren, wird die anteilmäßige Jahresarbeitszeit angenommen.

Für die restlichen 70 % erhält die Arbeitnehmerin Anteile im Verhältnis der im Geschäftsjahr erhaltenen Leistungszulagen (LZ) zur Summe aller beim Arbeitgeber gezahlten Leistungszulagen (GLZ). Die gesamte Erfolgsbeteiligung der Arbeitnehmerin beträgt dann:

EB = GA x (0,3 x AZ/GAZ + 0,7 x LZ/GLZ)

Die Erfolgsbeteiligung wird erstmalig im März ... für das Geschäftsjahr ... gezahlt. Als Gewinn wird der Überschuss aus der betriebswirtschaftlichen Auswertung des Monats Dezember abzüglich der Abschreibungen betrachtet.

1.4 Vermögenswirksame Leistungen

Der Arbeitgeber trägt die vermögenswirksamen Leistungen in gesetzlicher Höhe.

1.5 Sonstige Leistungen

Weitere Leistungen werden nicht vereinbart, können aber später in Zusatzvereinbarungen aufgenommen werden. Es ist möglich, vertragliche Vereinbarungen mit den Zusatzvereinbarungen zu verrechnen.

2. Arbeitszeit/Gleitzeit

Die regelmäßige Arbeitszeit beträgt bei einer 40-Stunden-Woche 173,93 Stunden im Monat.

Während der betrieblichen Kernarbeitszeit (Montag–Freitag) von 9.00 Uhr bis 12.00 Uhr und (Montag–Donnerstag) von 14.00 Uhr bis 16.00 Uhr hat die Arbeitnehmerin anwesend zu sein. Der Gleitzeitrahmen liegt zwischen 7.00 Uhr und 20.00 Uhr.

Das Gleitzeitkonto darf zu keinem Zeitpunkt mehr als + 25 Stunden oder weniger als - 25 Stunden ausweisen. Ein Saldo von bis zu 25 Stunden kann auf den Folgemonat übertragen werden. Soweit das Gleitzeitsaldo am Ende eines Monats mehr als 25 Stunden bzw weniger als 25 Stunden beträgt, muss dieses im folgenden Monat auf die erlaubte Höhe zurückgeführt werden.

3. Urlaub

Die Arbeitnehmerin hat Anspruch auf einen gesetzlichen Mindesturlaub von 20 Arbeitstagen pro Kalenderjahr bei einer 5-Tage-Woche. Der Arbeitgeber gewährt der Arbeitnehmerin zusätzlich zu dem gesetzlichen Mindesturlaub einen vertraglichen Urlaub von weiteren 10 Arbeitstagen. Der Urlaub ist möglichst zusammenhängend zu nehmen. Bei der Gewährung von Urlaub wird zuerst der gesetzliche Urlaub eingebracht. Für den vertraglichen Urlaub gilt abweichend von dem gesetzlichen Mindesturlaub, dass der Urlaubsanspruch nach Ablauf des Übertragungszeitraumes (31.3. des Folgejahres) auch dann verfällt, wenn er wegen Arbeitsunfähigkeit der Arbeitnehmerin nicht genommen werden kann. Der gesetzliche Mindesturlaub verfällt in einem solchen Fall 15 Monate nach Ablauf des Urlaubsjahres.

Einzelheiten über die Gewährung von Urlaub sind den jährlichen Vereinbarungen zu entnehmen.

Zusätzlich wird bei Todesfällen bezahlter Sonderurlaub gewährt (Ehepartner und eingetragener Lebenspartner: 3 Tage; Kinder, Eltern und Schwiegereltern: je 1 Tag).

4. Vertragsdauer

Der Vertrag wird unbefristet abgeschlossen. Beiden Vertragsparteien steht die Möglichkeit der Kündigung innerhalb der gesetzlichen Kündigungsfrist von vier Wochen zum Monatsende zu. Nach Ablauf von zwei Jahren verlängern sich die Kündigungsfristen nach Maßgabe der gesetzlichen Regelungen. Verlängerungen der Kündigungsfrist für den Arbeitgeber aufgrund gesetzlicher Regelungen gelten gleichermaßen für Kündigungen durch die Arbeitnehmerin.

Im Falle einer Kündigung wird das Grundgehalt bis Vertragsende weitergezahlt.

Der Anspruch an der Erfolgsbeteiligung gem. Punkt 1.3 entsteht anteilmäßig der im laufenden Geschäftsjahr erbrachten Arbeitszeit. Die Auszahlung erfolgt gem. Punkt 1.3 im März des folgenden Jahres.

Der Anspruch auf die Entstehung sonstiger Beteiligungen endet bei Kündigung durch den Arbeitnehmer mit Aussprache der Kündigung, bei Kündigung durch den Arbeitgeber mit Beendigung des Arbeitsverhältnisses.

Eine Kündigung des Arbeitsvertrages vor Beginn der Tätigkeit wird ausgeschlossen.

5. Geheimhaltung

Die Arbeitnehmerin verpflichtet sich, ihr anvertraute Betriebs- und Geschäftsgeheimnisse Dritten nicht zugänglich zu machen. Soweit der Arbeitgeber Dritten gegenüber Verpflichtungen zum Schutz von Produkten und Leistungen übernommen hat, gelten diese entsprechend.

6. Probezeit

Es wird eine Probezeit von 3 Monaten nach Beginn des Arbeitsverhältnisses vereinbart. Während dieser Zeit ist eine Kündigung innerhalb von 2 Wochen zum Monatsende für beide Seiten möglich.

35. Muster: Arbeitsvertrag mit einer Sachbearbeiterin (mit Tarifbindung private Versicherungswirtschaft)

Anstellungsvertrag

Zwischen

...

– nachfolgend „Arbeitgeber" genannt –

und

Frau ...

– nachfolgend „Mitarbeiterin" genannt –

wird Folgendes vereinbart:

§ 1 Beginn des Arbeitsverhältnisses

(1) Das Arbeitsverhältnis beginnt am ... und wird auf die Dauer von 6 Monaten zur Probe abgeschlossen.

(2) Während der Probezeit kann das Arbeitsverhältnis von beiden Seiten mit einer Frist von 1 Monat zum Monatsende gekündigt werden.

§ 2 Endgültiges Arbeitsverhältnis

(1) Nach Ablauf der Probezeit kann das Arbeitsverhältnis von beiden Seiten nur mit einer Frist von 6 Wochen zum Quartalsende gekündigt werden.

Tritt aufgrund gesetzlicher oder tariflicher Vorschriften oder besonderer Vereinbarung eine Verlängerung der Kündigungsfrist ein, so gilt die verlängerte Kündigungsfrist für beide Vertragsparteien.

(2) Die Mitarbeiterin hat die ihr überlassenen Arbeitsmittel sorgsam zu behandeln. Bei ihrem Ausscheiden hat die Mitarbeiterin alles geschäftliche Material, das sie während ihrer Tätigkeit bei dem Arbeitgeber gesammelt hat, zurückzugeben. Jedes Zurückbehaltungsrecht ist ausgeschlossen.[637]

§ 3 Arbeitsbereich

(1) Die Mitarbeiterin wird als Sachbearbeiterin in der Sachabteilung ... angestellt und mit folgenden Arbeiten beschäftigt:
Das Tätigkeitsgebiet wird durch den zuständigen Ressortleiter festgelegt.

(2) Der Arbeitgeber behält sich vor, das Aufgabengebiet innerhalb des vereinbarten Tätigkeitsbereichs durch gleichwertige Tätigkeiten zu ersetzen sowie die Mitarbeiterin in Notfällen auch kurzfristig für Arbeiten außerhalb ihres Tätigkeitsbereichs heranzuziehen. Die Mitarbeiterin verpflichtet sich, falls dies geschäftlich notwendig wird, entsprechende Aufgaben zu übernehmen sowie Mitarbeiter und Mitarbeiterinnen in gleicher Stellung zu vertreten.

§ 4 Arbeitsentgelt

Die Mitarbeiterin erhält folgende Vergütung:
(1) Gehaltsgruppe ..., zurzeit ... EUR, ... Berufsjahr, des Tarifvertrages für das private Versicherungsgewerbe.
(2) Außertarifliche Einstufung: ... EUR
(3) Folgende Zulagen: ... EUR
(4) Erhöhung vorgesehen ab: ...
(5) Bei ganzjähriger Tätigkeit werden 14 Bruttomonatsgehälter vergütet.

§ 5 Überstunden

Überstunden werden nur vergütet, wenn sie von der Geschäftsleitung oder vom zuständigen Vorgesetzten ausdrücklich angeordnet worden sind.

§ 6 Jahresurlaub

Der Jahresurlaub richtet sich nach § 13 Nr. 6 MTV.

§ 7 Dienstverhinderung bei unverschuldeter Krankheit

(1) Ist die Mitarbeiterin durch Krankheit oder andere Umstände an der Arbeit verhindert, so hat sie dies dem Arbeitgeber sofort, gegebenenfalls telefonisch, anzuzeigen. Dauert die Krankheit länger als drei Tage, so ist sie durch die Vorlage eines ärztlichen Attests nachzuweisen.

(2) Wird die Mitarbeiterin durch Handlungen Dritter arbeitsunfähig, so tritt sie bereits jetzt die ihr gegen Dritte zustehenden Schadensersatzansprüche wegen Verdienstausfalls insoweit an den Arbeitgeber ab, als ihr während der Zeit der Arbeitsunfähigkeit Arbeitsentgelt gezahlt wird. Dazu gehört auch die Abgeltung von Urlaub. Die Abtretung hat die Mitarbeiterin auf Verlangen des Arbeitgebers dem Schädiger im einzelnen Fall in der entsprechenden Höhe mitzuteilen.

§ 8 Nebentätigkeit

(1) Die Mitarbeiterin verpflichtet sich, ihre Arbeitskraft und ihre Fähigkeiten uneingeschränkt für den Arbeitgeber einzusetzen. Jede auf Erwerb gerichtete Nebentätigkeit ist nur mit vorheriger Genehmigung des Arbeitgebers gestattet.

---

637 Die Wirksamkeit einer solchen Klausel ist wegen eines möglichen Verstoßes gegen § 309 Nr. 2 b BGB umstritten. In der Literatur wird verschiedentlich die Ansicht vertreten, es handele sich um eine im Arbeitsrecht geltende Besonderheit, die die Unwirksamkeitssperre des § 309 Nr. 2 b BGB über § 310 Abs. 4 Satz 2 BGB überwinde (*Annuß*, BB 2002, 463; *Gotthardt*, ZIP 2002, 283; *Lingemann*, NZA 2002, 184).

(2) Versicherungsverträge, die die Mitarbeiterin für die Versicherung oder ihre Abkommensgesellschaften außerhalb ihrer Dienstobliegenheiten vermittelt, fallen nicht unter das Arbeitsverhältnis. Sie unterliegen einem besonders zu vereinbarenden Vertretungsvertrag.

§ 9 Verschwiegenheit

Der Mitarbeiterin ist es strengstens untersagt, ihr bekannte Betriebs- oder Geschäftsgeheimnisse an Dritte weiterzuleiten oder für sich zu verwerten. Diese Verpflichtung besteht über den Ablauf des Arbeitsverhältnisses hinaus.

§ 10 Zeugnis und Auskunftserteilung

(1) Der Mitarbeiterin ist bei der Beendigung des Arbeitsverhältnisses und auf Verlangen bereits nach Ausspruch der Kündigung ein Zeugnis zu erteilen, das sich auf Wunsch der Mitarbeiterin auch auf Führung und Leistung zu erstrecken hat.

(2) Der Arbeitgeber ist berechtigt und auf Wunsch der Mitarbeiterin – und zwar auch nach deren Ausscheiden – verpflichtet, Dritten gegenüber, bei denen sich die Mitarbeiterin bewirbt, Auskünfte über sie zu erteilen. Diese Auskünfte müssen der Wahrheit entsprechen.

§ 11 Schlussbestimmungen

(1) Für das Arbeitsverhältnis der Mitarbeiterin gelten:

a) dieser Vertrag,

b) innerbetriebliche Regelungen,

c) die allgemeinen gesetzlichen Bestimmungen und

d) die Tarifverträge für die private Versicherungswirtschaft in ihrer jeweils aktuellen Fassung.

(2) Ergänzungen und Änderungen dieses Arbeitsvertrages einschließlich der Aufhebung dieses Schriftformerfordernisses bedürfen der Schriftform, es sei denn, sie beruhen auf einer ausdrücklichen oder individuellen Vertragsabrede. Eine betriebliche Übung ist keine solche ausdrückliche bzw. individuelle Vertragsabrede. Auch wiederholte Leistungen oder Vergünstigungen ohne ausdrückliche oder individuelle Vertragsabrede begründen keinen Anspruch für die Zukunft.

36. Muster: Umfangreicher Arbeitsvertrag mit Angestelltem aus dem Bereich Paketabfertigung

Arbeitsvertrag

Herr ...

wird zum ...

angestellt als ...

Ort der ausgeübten Tätigkeit: ...

Ab dem ...

Eingruppierung in Gruppe ...

Der nachfolgende Anhang ist Bestandteil des vereinbarten Arbeitsvertrages.

... (Ort, Datum, Unterschriften)

Anlage: Anhang zum Arbeitsvertrag

Anhang zum Arbeitsvertrag

I. Arbeitsvertrag

1. Der Arbeitsvertrag ist schriftlich abzuschließen. Dem Arbeitnehmer ist eine Ausfertigung auszuhändigen.

2. Der Arbeitsvertrag tritt erst nach positiv erfolgter Sicherheitsüberprüfung durch die zuständigen Behörden in Kraft.

3. Ergänzungen und Änderungen dieses Arbeitsvertrages einschließlich der Aufhebung dieses Schriftformerfordernisses bedürfen der Schriftform, es sei denn, sie beruhen auf einer ausdrücklichen oder individuellen Vertragsabrede. Eine betriebliche Übung ist keine solche ausdrückliche bzw. individuelle Vertragsabrede. Auch wiederholte Leistungen oder Vergünstigungen ohne ausdrückliche oder individuelle Vertragsabrede begründen keinen Anspruch für die Zukunft.

II. Einstellung und Probezeit

Die ersten sechs Monate der Beschäftigung gelten als Probezeit, sofern keine anderen schriftlichen Vereinbarungen getroffen worden sind. Während der Probezeit gilt beiderseits eine Kündigungsfrist von zwei Wochen.

III. Allgemeine Rechte und Pflichten

1. Der Arbeitnehmer hat die ihm übertragenen Arbeiten gewissenhaft und ordnungsgemäß auszuführen. Für einen vorübergehenden Zeitraum hat er auch andere zumutbare und gleichwertige Aufgaben zu übernehmen als diejenigen, für die er eingestellt ist.

2. Der Arbeitnehmer darf eine Nebenbeschäftigung gegen Entgelt, die das Arbeitsverhältnis beeinträchtigt, nur mit vorheriger schriftlicher Genehmigung durch die Personalabteilung übernehmen. Insbesondere darf der Arbeitnehmer nicht für einen Spediteur tätig werden. Alle anderen Nebenbeschäftigungen müssen dem Arbeitgeber mitgeteilt werden.

3. Der Arbeitnehmer hat seine Arbeitszeit pünktlich einzuhalten. Ein vorzeitiges Verlassen des Arbeitsplatzes ist nur mit Erlaubnis des Vorgesetzten zulässig.

IV. Arbeitsverhinderung

1. Der Arbeitnehmer ist verpflichtet, dem Arbeitgeber jede Dienstverhinderung und ihre voraussichtliche Dauer unverzüglich anzuzeigen.

2. Dauert eine Erkrankung länger als drei Kalendertage, hat der Arbeitnehmer eine ärztliche Bescheinigung über das Bestehen der Arbeitsunfähigkeit sowie deren voraussichtliche Dauer spätestens am darauf folgenden Arbeitstag vorzulegen. Dauert die Arbeitsunfähigkeit länger als in der Bescheinigung angegeben, so ist der Arbeitnehmer verpflichtet, unverzüglich eine neue ärztliche Bescheinigung einzureichen. Über den Fortbestand der Arbeitsunfähigkeit ist der Arbeitgeber unverzüglich zu benachrichtigen.

3. In begründeten Einzelfällen kann mit Genehmigung des Betriebsrats von dieser Regelung abgewichen werden.

V. Entgeltfortzahlung im Krankheitsfalle

1. Ist der Arbeitnehmer infolge auf Krankheit beruhender Arbeitsunfähigkeit an der Arbeitsleistung verhindert, ohne dass ihn ein Verschulden trifft, so erhält er Entgeltfortzahlung nach Maßgabe des Entgeltfortzahlungsgesetzes in seiner jeweils gültigen Fassung.

2. Der Anspruch besteht nur einmal, wenn eine wiederholte Erkrankung auf dasselbe Grundleiden zurückzuführen ist und der Arbeitnehmer in der Zwischenzeit nur kurzfristig (weniger als sechs Monate) gearbeitet hat, § 3 Entgeltfortzahlungsgesetz.

VI. Rechte und Pflichten

1. Der Arbeitnehmer hat sich stets so zu verhalten, dass das Ansehen des Arbeitgebers nicht geschädigt wird.
2. Der Arbeitnehmer verpflichtet sich, über alle Betriebs- und Geschäftsgeheimnisse, die ihm im Rahmen der Tätigkeit zur Kenntnis gelangen, auch nach dem Ausscheiden aus dem Arbeitsverhältnis Stillschweigen zu bewahren.

Der Arbeitnehmer hat alle betrieblichen Arbeitsmittel sowie Schriftstücke nebst Abschriften, Kopien und Durchschläge, die seine dienstliche Tätigkeit betreffen, als ihm anvertrautes Eigentum des Arbeitgebers sorgfältig aufzubewahren und vor jeder Einsichtnahme Unbefugter zu schützen und auf Verlangen jederzeit, spätestens aber unaufgefordert bei Beendigung des Dienstverhältnisses, dem Arbeitgeber oder dessen Beauftragten zu übergeben. Die Geltendmachung von Zurückbehaltungsrechten ist insoweit ausgeschlossen.

3. Vor Veröffentlichungen zu Themen, die Interessen des Arbeitgebers berühren, ist der Arbeitnehmer verpflichtet, die Erlaubnis der Geschäftsleitung einzuholen.
4. Der Arbeitgeber hat das Recht zu bestimmen, ob der Arbeitnehmer seine Tätigkeit in der von der Gesellschaft vorgeschriebenen kostenlosen Dienstkleidung oder Uniform auszuüben hat. Der Arbeitnehmer ist in diesem Fall verpflichtet, seine Dienstkleidung bzw Uniform zu tragen und zu pflegen.
5. Der Arbeitnehmer ist verpflichtet, alle vom Arbeitgeber gestellten Werkzeuge, Apparate, Maschinen und sonstigen Einrichtungen sachgemäß und pfleglich zu behandeln, unabhängig davon, aus welchem Grund sie ihm überlassen wurden und bei Beendigung des Arbeitsverhältnisses unverzüglich zurückzugeben. Verlust oder Beschädigung sind dem Vorgesetzten sofort zu melden. Wer rechtswidrig Eigentum des Arbeitgebers beschädigt, vernichtet oder sonst abhanden kommen lässt oder die unverzügliche Meldung dieser Tatbestände unterlässt, kann zum Schadensersatz herangezogen werden.
6. Gegen die Treuepflicht des Arbeitnehmers verstößt es, Geschenke oder andere Vorteile von Personen oder Firmen, die zu der Gesellschaft eine Geschäftsverbindung anstreben oder unterhalten, zu fordern, sich versprechen zu lassen oder anzunehmen. Hiervon ausgenommen sind übliche Gelegenheits- oder Werbegeschenke.
7. Der Arbeitnehmer ist verpflichtet, die von der Berufsgenossenschaft und dem Arbeitgeber herausgegebenen Vorschriften über Sicherheit und Hygiene genau zu beachten. Alle Unfälle, auch Wegeunfälle, müssen von dem verletzten Arbeitnehmer unverzüglich dem zuständigen Supervisor oder Stellvertreter gemeldet werden.
8. Der Arbeitnehmer ist verpflichtet, den ihm vom Arbeitgeber ausgehändigten Ausweis auf Aufforderung den dazu bestimmten Personen vorzulegen. Der Ausweis bleibt Eigentum des Arbeitgebers. Der Arbeitnehmer hat den Verlust des Ausweises umgehend anzuzeigen. Bei Beendigung des Arbeitsverhältnisses ist der Ausweis zurückzugeben.
9. Wird ein Arbeitnehmer deutscher Staatsangehörigkeit zum Wehrdienst einberufen, so ist er gehalten, den Einberufungsbescheid unverzüglich dem Arbeitgeber vorzulegen. Während der Dauer des Wehrdienstes ruht das Arbeitsverhältnis, dh der Arbeitnehmer ist zu keinerlei Dienstleistung, der Arbeitgeber nicht zur Lohn- und Gehaltszahlung verpflichtet. Nach der Entlassung aus dem Wehrdienst steht dem Arbeitnehmer ein Recht auf seinen früheren Arbeitsplatz zu, die beiderseitigen Rechte aus dem Arbeitsverhältnis leben wieder auf.
10. In begründeten Einzelfällen ist der Arbeitgeber unter Hinzuziehung des Betriebsrats berechtigt, eine Durchsuchung des mitgeführten Eigentums des in Verdacht stehenden Arbeitnehmers zu veranlassen.

Der Arbeitgeber verpflichtet sich, den von ihm hierzu bestimmten Personen Anweisung zu geben, das Anstands- und Ehrgefühl des Arbeitnehmers dabei nicht zu verletzen. Für die in den Betrieb eingebrachten Sachen des Arbeitnehmers übernimmt der Arbeitgeber nur die bedingte Obhutspflicht.

§ 1 Verträge mit Arbeitnehmern, freien Mitarbeitern und Gesellschaftsorganen

Die vom Arbeitgeber hierfür zur Verfügung gestellten Kleiderschränke und Garderobenzimmer sind abzuschließen. Das gilt auch für die Schreibtische bei Verlassen des Arbeitsplatzes.

Es besteht keine Obhutspflicht des Arbeitgebers für Gegenstände, die über den persönlichen Mindestbedarf hinausgehen (zB Schmuck, Wertgegenstände, größere Geldbeträge, Fotoapparate, Radioapparate, Sportsachen und -gegenstände). Derartige Gegenstände können notfalls vorübergehend während der Dienststunden gegen Quittung zur Aufbewahrung in einen vorhandenen Stahl- oder Panzerschrank gegeben werden.

VII. Dienstzeit

Die Dienstzeit beginnt mit dem Tage der Einstellung.

1. Art und Ort der Tätigkeit

Normalerweise wird die Tätigkeit des Arbeitnehmers an seinem Dienstsitz ausgeübt. Der Arbeitnehmer ist aber gehalten, wenn es der Arbeitgeber für notwendig ansieht, seine Tätigkeit gegebenenfalls auch an anderen Orten innerhalb der Bundesrepublik Deutschland und der EU auszuüben. Die Entscheidung hierüber trifft der Arbeitgeber nach billigem Ermessen unter Berücksichtigung der Interessen des Arbeitnehmers. Das Mitbestimmungsrecht des Betriebsrats wird gewahrt.

2. Arbeitspapiere/Veränderungsmeldungen

Bei der Einstellung, spätestens bei Dienstaufnahme, sind die Arbeitspapiere (Lohnsteuerkarte, letztes Dienstzeugnis, Urlaubsbescheinigung, Bescheid über Mitgliedschaft bei einer Krankenkasse) vorzulegen.

Bei nicht rechtzeitiger Vorlage der Lohnsteuerkarte ist der Arbeitgeber verpflichtet, für die Berechnung der Lohnsteuerkarte die für diesen Fall von der Finanzbehörde vorgesehenen Bestimmungen zu befolgen. Das Gleiche gilt auch für die Vorlage der Lohnsteuerkarte zu Beginn eines jeden weiteren Beschäftigungsjahres.

Der Angestellte ist auch in seinem eigenen Interesse verpflichtet, Veränderungen der persönlichen Verhältnisse (Anschriftenänderung, Familienstandsänderungen usw) unverzüglich dem Vorgesetzten seiner Dienststelle mitzuteilen. Wer diese Mitteilung schuldhaft unterlässt, trägt daraus entstehende Nachteile selbst.

VIII. Arbeitszeit

1. Wöchentliche Arbeitszeit

a) Die regelmäßige wöchentliche Grundarbeitszeit beträgt 40 Stunden ausschließlich der Pausen. Es wird an fünf Tagen in der Woche gearbeitet.

b) Eine Verlängerung der 40stündigen Grundarbeitszeit ist zulässig, wenn die Arbeitszeit einer anderen Woche innerhalb von vier Wochen entsprechend verkürzt wird. Im Schichtdienst ist der Ausgleich in zumutbaren Zeiträumen vorzunehmen.

2. Tägliche Grundarbeitszeit

Die infolge der Verteilung der wöchentlichen Grundarbeitszeit auf jeden einzelnen Tag der Woche entfallende Arbeitszeit stellt die tägliche Grundarbeitszeit dar. Sie darf 10 Stunden nicht überschreiten.

3. Verteilung der täglichen Grundarbeitszeit

a) Die Lage der täglichen Grundarbeitszeit (Beginn und Ende) wird im Allgemeinen gleichmäßig und einheitlich für einzelne Betriebsteile oder bestimmte Tätigkeiten durch Dienstpläne festgelegt (Normaldienst).

b) Die Lage der täglichen Arbeitszeit wird durch Schichtpläne geregelt, wenn die betrieblichen Verhältnisse erfordern, dass die während einer sich über einen bestimmten Zeitraum erstreckende Schichtperiode zu leistende Arbeit in Schichten verrichtet wird, deren Beginn sich in jedem neuen Schichtabschnitt derselben Schichtperiode ändert (Schichtdienst). Soweit die betrieblichen Verhältnisse es erfordern, ist im Einzelfall eine Verlegung der schichtplanmäßigen Arbeitszeit zulässig. Erforderlich werdende Dienst- bzw Schichtplanänderungen (wegen Krankheit, Urlaub, Vertretung, Planstellenunterbesetzung etc.) sind in Zusammenarbeit mit dem Betriebsrat durchzuführen.

c) Vorhersehbare Änderungen der Dienstpläne, die aus dringenden betrieblichen Gründen erforderlich werden, sind den betreffenden Arbeitnehmern unverzüglich im Voraus bekannt zu geben. Bei Verlegung der Arbeitszeit auf einen freien Tag infolge einer Dienstplanänderung aus dringenden betrieblichen Gründen, die weniger als fünf Tage im Voraus bekannt gegeben wird, gilt die geleistete Arbeit als Überarbeit.

4. Überarbeit und Mehrarbeit

Der Arbeitnehmer ist verpflichtet – falls der Arbeitgeber es aus betrieblichen Gründen für erforderlich hält –, im gesetzlich zulässigen Umfang über die für ihn gemäß Dienst- bzw Schichtplan geltende Arbeitszeit hinaus zu arbeiten und Überstunden zu leisten.

a) Überstunden sind die am jeweiligen Arbeitstag über die planmäßige Arbeitszeit an diesem Tag erbrachten Stunden.

b) Überstunden sind nur dann besonders zu vergüten, wenn sie vom Supervisor oder dessen stellvertretenden Schichtleiter angeordnet werden.

c) Arbeitsstunden, die zu dem Zweck geleistet werden, normale Arbeitszeit vorwegzunehmen oder nachzuholen (sog. Arbeitszeitverlängerung), stellen keine Überstunden dar.

d) Grundsätzlich sollen geleistete Überstunden durch Freizeitgewährung abgegolten werden. In diesem Fall werden nur die Zuschläge ausbezahlt. Der Arbeitnehmer verpflichtet sich, den Freizeitausgleich mit dem Supervisor abzustimmen. Als Ausgleich für Überstunden gewährte bezahlte Freizeit darf nur im Anschluss an den Jahresurlaub genommen werden, wenn die betrieblichen Erfordernisse es zulassen. Ist eine Abgeltung durch Freizeitgewährung innerhalb von sechs Wochen nicht möglich, erfolgt die Abgeltung dieser Überstunden nach dem Gehaltsvertrag.

IX. Pausen und Ruhezeiten

1. Überschreitet die tägliche Arbeitszeit die Dauer von 4,5 Stunden, so ist eine Pause von mindestens 20 Minuten, überschreitet sie die Dauer von sechs Stunden, so ist eine Pause von mindestens 0,5 Stunden einzulegen.

2. Wird im Anschluss an die regelmäßige Arbeitszeit mehr als eine Überstunde geleistet, so wird eine bezahlte Pause von 15 Minuten gewährt.

3. Die Mindestruhezeit von 11 Stunden zwischen Dienstende und erneutem Dienstbeginn darf durch zu leistende Überstunden nicht verkürzt werden.

X. Arbeit an Sonn- und Feiertagen sowie an besonderen Vorfesttagen

1. Die am Arbeitsort gesetzlich festgelegten Feiertage sind dienstfrei. Diese Tage werden nicht auf den Erholungsurlaub angerechnet. Falls der Arbeitnehmer an einem oben genannten Feiertag arbeiten bzw Mehrarbeit leisten muss, hat er Anspruch auf zusätzliche Vergütung (siehe XV.).

2. Die Arbeitnehmer sollen, soweit nicht dringende betriebliche Gründe eine abweichende Regelung erfordern, nicht an mehr als zwei Sonntagen oder Feiertagen eines Monats zur Arbeit eingeteilt werden.

3. Am Heiligabend und zu Silvester werden je vier Stunden Arbeitsbefreiung unter Fortzahlung des Entgelts gewährt, sofern die betrieblichen Verhältnisse dies zulassen. Den Arbeitnehmern, denen aus betrieblichen Gründen an diesem Vorfesttag der Frühschluss nicht gewährt werden kann, wird an einem anderen Tage entsprechende Freizeit gewährt. Wird an diesen Vorfesttagen Urlaub genommen, so ist dieser mit einem halben Tag auf den Erholungsurlaub anzurechnen.

Arbeitnehmer, die an diesen Vorfesttagen frei haben, erhalten keine extra Freizeitgewährung.

4. Arbeitnehmer, die an gesetzlichen oder behördlich festgesetzten Feiertagen sowie am Oster- und Pfingstsonntag zu arbeiten haben, erhalten an einem anderen Tage einen der an diesem Feiertag abgeleisteten Grundarbeitszeit entsprechenden Freizeitausgleich.

§ 1 Verträge mit Arbeitnehmern, freien Mitarbeitern und Gesellschaftsorganen

Arbeitnehmer, die an gesetzlichen oder behördlich festgesetzten Feiertagen sowie am Oster- und Pfingstsonntag weniger als vier Stunden dienstplanmäßig Arbeitszeit zu leisten haben, erhalten für vier Stunden Freizeitausgleich.

Ist die Abgeltung dieser geleisteten Grundarbeitsstunden durch Freizeitgewährung innerhalb von acht Wochen in Sonderfällen nicht möglich, erfolgt die Abgeltung dieser Stunden mit 100 % der Stundensätze.

XI. Sonderurlaub und zeitweilige Arbeitsbefreiung aus besonderem Anlass

Aus dringenden persönlichen Gründen wird Sonderurlaub in folgenden Fällen gewährt:

- Eheschließung bzw Begründung einer eingetragenen Lebenspartnerschaft — 2 Tage
- Niederkunft der Ehefrau bzw der eingetragenen Lebenspartnerin — 3 Tage
- Erkrankung eines Familienmitgliedes — 1 Tag
- Eheschließung der Kinder, Eltern — 1 Tag
- 10jähriges Dienstjubiläum des Arbeitnehmers — 1 Tag
- 25jähriges Dienstjubiläum des Arbeitnehmers — 2 Tage
- 25- und 40jähriger Hochzeitstag bzw Tag der Begründung der eingetragenen Lebenspartnerschaft — 1 Tag
- Tod eines engen Familienmitgliedes (nur 1. Grades oder bei eheähnlichen Verhältnissen) — bis 3 Tage
- Umzug — 2 Tage
- Umzug aus elterlichem Haushalt — 1 Tag
- Musterung — 1 Tag

Alle nicht aufgeführten Anlässe, die gegebenenfalls die Gewährung eines Sonderurlaubs rechtfertigen, sind der Direktion zur Genehmigung vorzulegen. Sonderurlaub ist zweckgebunden, er darf nicht auf einen späteren Zeitpunkt verschoben werden.

XII. Vergütung

1. Der Arbeitnehmer hat für die von ihm geleistete Arbeit Anspruch auf die vertraglich vereinbarte Vergütung.

2. Als Vergütung werden ein Grundgehalt und, sofern die gesetzlichen oder sonstigen Voraussetzungen vorliegen, folgende Zulagen und Zuschläge gezahlt:

Zulagen:

- Vermögenswirksame Leistungen

Zuschläge:

- Mehrarbeitszuschläge (Überstunden)
- Zuschläge für Sonntags-, Feiertags- und Nachtarbeit

Bei der Bezahlung der Über- und Mehrarbeit sowie der Zuschläge wird ein aus dem Grundgehalt errechneter Stundenlohn zugrunde gelegt.

XIII. Grundgehalt

1. Das Grundgehalt wird nach der Art der Tätigkeit und nach dem Wert der Leistung bemessen, wobei jeder Arbeitnehmer nach seiner überwiegenden Tätigkeit (Tätigkeitsmerkmale laut Gehaltsvertrag) in die entsprechende Gehaltsgruppe eingereiht wird.

2. Das Grundgehalt wird mit Vollendung jeden Dienstjahres um den aus dem Gehaltsvertrag ersichtlichen Steigerungsbetrag steigen. Das Dienstjahr gilt als vollendet mit dem Beginn des Monats, in der Tag der Dienstaufnahme fällt.

Kapitel 1: Arbeitsverträge

XIV. Schichtzulage

Die im Schichtdienst beschäftigten Arbeitnehmer erhalten eine Schichtzulage, wenn sie nach einem Schichtplan arbeiten, der mindestens 20 % volle Schichten aufweist, die nicht vor 20.00 Uhr enden oder zwischen 20.00 Uhr und 6.00 Uhr beginnen. Die Zulage beträgt generell 4 % auf das monatliche Grundgehalt. Mit der pauschalen Schichtzulage sind die Zuschläge für die nach Dienstplan zu leistenden Nacht- bzw Sonntagsstunden abgegolten.

XV. Zuschläge

1. Für die an Sonntagen geleistete Arbeitszeit werden Sonntagszuschläge gezahlt (50 %).
2. Für die an gesetzlichen Feiertagen geleistete Arbeitszeit werden Feiertagszuschläge gezahlt (100 %).

Für die Berechnung der Sonn- und Feiertagszuschläge gilt der Zeitraum von 0.00 Uhr des betreffenden Tages bis 24.00 Uhr des folgenden Tages.

3. Fallen Arbeitsstunden in die Nachtzeit (20.00 Uhr bis 6.00 Uhr), so werden Nachtzuschläge gezahlt:

20.00 Uhr bis 24.00 Uhr = 25 %
00.00 Uhr bis 04.00 Uhr = 40 %
04.00 Uhr bis 06.00 Uhr = 25 %

4. Für auf Anordnung geleistete Überarbeit werden Überstundenzuschläge gezahlt. Schließt sich die Überarbeit nicht an die tägliche Grundarbeitszeit an, sondern wird der Arbeitnehmer nach einer Zwischenzeit von mehr als einer Stunde zum Arbeitsplatz zur Leistung von Überarbeit zurückgerufen, so sind für mindestens vier Stunden Überstundenzuschläge zu bezahlen.
5. Gehaltszuschläge werden aus abrechnungstechnischen Gründen erst mit dem Folgemonat ausgezahlt.
6. Als Grundlage für die Berechnung der Gehaltszuschläge gilt die Stundenliste, die jeder Arbeitnehmer selbst auszufüllen hat und vom Supervisor oder dessen Stellvertreter gegenzuzeichnen ist. Die Stundenliste muss bis zum 5. des Folgemonats in der Personalbuchhaltung vorliegen, da sonst eine Auszahlung der Zuschläge nicht möglich ist.

XVI. Auszahlung der Vergütung

1. Die Vergütung der Arbeitnehmer wird jeden Monat nachträglich bargeldlos auf Risiko des Arbeitgebers gezahlt.

Der Arbeitnehmer ist daher gehalten, unverzüglich nach Dienstaufnahme sich gegebenenfalls ein Bank- oder ähnliches Konto eröffnen zu lassen und dieses der Gehaltsbuchhaltung bekannt zu geben.
2. Zur Kontrolle des an ihn überwiesenen Betrags wird dem Arbeitnehmer eine Abrechnung ausgehändigt. Einsprüche sachlicher und rechnerischer Art gegen dieselbe sind unverzüglich geltend zu machen.

Diese Abrechnung, die auch kumulativ geführt wird, gilt gleichzeitig als Beleg für die Finanzbehörde.
3. Gehaltspfändungen[638]

Der Arbeitnehmer hat die durch eine Pfändung, Verpfändung oder Abtretung erwachsenden Kosten zu tragen. Die Kosten sind pauschaliert und betragen für jede Pfändung, Verpfändung oder Abtretung monatlich 3 EUR. Der Arbeitgeber ist berechtigt, höhere tatsächliche Kosten, soweit diese nachgewiesen sind, in Ansatz zu bringen.

XVII. Weihnachtsgratifikation

1. Der Arbeitgeber zahlt eine Jahressonderleistung in Höhe eines Monatsgrundgehalts. Die Berechnung richtet sich nach dem im Monat Dezember des betreffenden Jahres zustehenden Gehalt.

---

[638] Die nachfolgende Klausel ist wohl unwirksam, da es dem gesetzlichen Leitbild entspricht, dass der Drittschuldner die Kosten der Pfändung trägt (BAG 18.7.2006 – 1 AZR 578/05, NZA 2007, 462).

Falls der Arbeitnehmer im Monat Dezember Krankengeld bezieht, wird zur Berechnung der Jahressonderleistung das Grundgehalt des letzten voll bezahlten Monats angewandt.

2. Arbeitnehmer, deren monatliche Grundarbeitszeit sich im Laufe eines Kalenderjahres verändert, erhalten anteilige Jahressonderleistung. Zur Errechnung wird die vertragliche Grundarbeitszeit zur Vollarbeitszeit ins Verhältnis gesetzt und die Grundvergütung für den Monat Dezember des betreffenden Jahres mit dem sich hieraus ergebenden Faktor multipliziert.

3. Arbeitnehmer, die im Laufe eines Kalenderjahres in den Dienst des Arbeitgebers eintreten, erhalten so viele Zwölftel, wie sie volle Kalendermonate vor Jahresende beschäftigt sind.

4. Bei einer Kündigung während der Probezeit, ganz gleich aus welchen Gründen, entfällt die Zahlung der anteiligen Jahressonderleistung; desgleichen, wenn dem Arbeitnehmer aus einem wichtigen Grund gekündigt wird. Gezahlte Jahressonderleistung ist in diesen Fällen zurückzuzahlen.

5. Bei gesetzlichem oder vertraglichem Ruhen des Arbeitsverhältnisses wird die anteilige Jahressonderleistung nicht für diejenigen Kalendermonate gewährt, in denen das Arbeitsverhältnis geruht hat.

6. Der Anspruch nach Abs. 1, 2 und 3 entfällt, wenn für keinen Kalendertag des entsprechenden Zeitraumes Anspruch auf Gehalt oder Krankenbezüge besteht.

7. Der Arbeitnehmer erkennt an, dass die Jahressonderleistung jederzeit durch den Arbeitgeber mit einer Ankündigungsfrist von einem Monat zum Monatsende widerrufen werden kann. Der Widerruf ist zulässig, wenn absehbar ist, dass der Arbeitgeber im Geschäftsjahr, in dem die Vergütung zu zahlen wäre, einen Verlust erwirtschaftet.[639]

XVIII. Bezüge nach Arbeitsunfall und Berufskrankheit

1. Ist der Arbeitnehmer infolge eines Unfalls, den er nach Einstellung beim Arbeitgeber in Ausübung oder infolge seiner Arbeit ohne Vorsatz oder grobe Fahrlässigkeit erlitten hat, in seiner bisherigen Gehaltsgruppe nicht mehr voll leistungsfähig und wird deshalb in einer niedrigeren Gehaltsgruppe weiterbeschäftigt, so erhält er eine Ausgleichszulage in Höhe des Unterschiedsbetrags zwischen der ihm in der neuen Gehaltsgruppe jeweils zustehenden Grundvergütung und der Grundvergütung, die er in der vorigen Gehaltsgruppe zuletzt bezogen hat.

2. Das Gleiche gilt bei einer Berufskrankheit nach mindestens mehrjähriger ununterbrochener Beschäftigung beim Arbeitgeber.

3. Die Ausgleichszulage wird um den Betrag, welchen der Arbeitnehmer als Rente aus der Berufsgenossenschaft erhält, gekürzt.

XIX. Zusätzliche Altersversorgung

Nach Beendigung der sechsmonatigen Probezeit wird für den Arbeitnehmer eine Direktversicherung abgeschlossen, die sich zurzeit nach den mit der ...-Versicherung ausgearbeiteten Bestimmungen richtet.

Für den Arbeitnehmer entstehen dadurch keine zusätzlichen Kosten.

XX. Erholungsurlaub

1. Jeder Arbeitnehmer hat in jedem Urlaubsjahr Anspruch auf Erholungsurlaub unter Fortzahlung der Vergütung.

2. Das Urlaubsjahr dauert vom 1. Januar bis einschließlich 31. Dezember. Die in einem Jahr – wie vorstehend ausgeführt – erworbenen Urlaubsansprüche können vom 1. Januar ab geltend gemacht werden.

Der Arbeitnehmer erhält bei einer 5-Tage-Woche kalenderjährlich einen Urlaub von 20 Arbeitstagen als gesetzlichen Mindesturlaub. Der gesetzliche Mindesturlaub muss im laufenden Kalenderjahr gewährt und ge-

---

639 Die Umstände, unter denen ein Widerruf zulässig sein soll, sind im Vertrag konkret anzugeben.

nommen werden. Eine Übertragung des gesetzlichen Mindesturlaubs auf das nächste Kalenderjahr ist nur statthaft, wenn dringende betriebliche oder in der Person des Arbeitnehmers liegende Gründe dies rechtfertigen. Im Falle der Übertragung muss der gesetzliche Mindesturlaub in den ersten drei Monaten des folgenden Kalenderjahres gewährt und genommen werden, ansonsten verfällt er. Konnte der gesetzliche Mindesturlaub wegen Arbeitsunfähigkeit des Arbeitnehmers nicht genommen werden, geht der gesetzliche Mindesturlaubsanspruch 15 Kalendermonate nach dem Ende des Urlaubsjahres, mithin am 31.3. des Folgejahres, unter.

Der Arbeitnehmer erhält darüber hinaus kalenderjährlich einen übergesetzlichen Zusatzurlaub von weiteren 10 Arbeitstagen. Der übergesetzliche Zusatzurlaub ist innerhalb des Kalenderjahres zu nehmen. Eine Übertragung des übergesetzlichen Zusatzurlaubs auf das nächste Jahr ist nur statthaft, wenn dringende betriebliche oder in der Person des Arbeitnehmers liegende Gründe eine Übertragung erforderlich machen. Im Fall der Übertragung muss der Zusatzurlaub in den ersten drei Monaten des nachfolgenden Kalenderjahres gewährt und genommen werden. Ansonsten verfällt der Zusatzurlaub mit Ablauf des 31. März des nachfolgenden Kalenderjahres auch dann, wenn er wegen Arbeitsunfähigkeit des Arbeitnehmers nicht genommen werden konnte. Eine Abgeltung des übergesetzlichen Urlaubsanspruchs ist ausgeschlossen.

Schwerbehinderte Menschen iSd SGB IX haben Anspruch auf Zusatzurlaub im gesetzlichen Umfang.

3. Anspruch auf ein Zwölftel des Jahresurlaubs für jeden vollen Monat des Arbeitsverhältnisses besteht im Eintritts- und im Austrittsjahr. Im Eintrittsjahr entsteht der Urlaubsanspruch jedoch insoweit nicht, als für das Urlaubsjahr von anderen Arbeitgebern bereits voller oder anteiliger Urlaub oder Urlaubsabgeltung gewährt wurde. Der Arbeitnehmer ist verpflichtet, bei Dienstaufnahme diesbezügliche Bescheinigungen der Vorarbeitgeber vorzulegen.

4. Teile von Urlaubstagen sind aufzurunden und als halbe Tage zu zählen. Bruchteile von Urlaubstagen, die mindestens einen halben ergeben, sind auf volle Kalendertage aufzurunden.

5. Bei Beendigung des Arbeitsverhältnisses hat der Arbeitnehmer vor Verlassen des Dienstes noch zu beanspruchende Urlaubstage zu nehmen. Nur wenn der Urlaub infolge Erkrankung des Arbeitnehmers oder aus dringenden dienstlichen Gründen (worüber vom Vorgesetzten ein schriftlicher Antrag an die Direktion einzureichen ist) nicht mehr genommen bzw gegeben werden kann, ist der Anspruch abzugelten. Dem Arbeitnehmer ist eine Bescheinigung über den im laufenden Kalenderjahr zustehenden und gewährten oder abgegoltenen Urlaub auszuhändigen.

6. Der Zeitpunkt des Urlaubsantritts soll auf Wunsch des Arbeitnehmers gewährt werden, sofern dem nicht betriebliche Belange widersprechen.

7. Der Jahresurlaub kann geteilt werden, jedoch sollen dabei grundsätzlich einmal mindestens zwei Wochen zusammenhängend gewährt und genommen werden.

8. Für die Übertragung von Urlaubstagen auf das folgende Jahr gelten die Vorschriften des Bundesurlaubsgesetzes in seiner jeweils gültigen Fassung.

9. Erkrankt ein Arbeitnehmer während des Urlaubs, so werden die durch ärztliches Zeugnis nachgewiesenen Krankheitstage nicht auf den Urlaub angerechnet. Die Urlaubsdauer wird durch die nachgewiesene Erkrankung nicht verlängert.

Kur- und Heilverfahren, die dem Arbeitnehmer von der Bundesversicherungsanstalt für Angestellte oder einer anderen Versorgungsbehörde gewährt werden, sowie ein von einer Krankenkasse verordneter Kuraufenthalt, für den die Krankenkasse die gesamten Kosten übernimmt und nicht nur Zuschüsse leistet, dürfen nicht auf den Urlaub angerechnet werden.

10. Dem Arbeitnehmer, der zum Grundwehrdienst einrückt, wird auf Verlangen der ihm zustehende Urlaub unter Kürzung je eines Zwölftels für jeden vollen Kalendermonat, in dem der Arbeitnehmer Wehrdienst im Urlaubsjahr leistet, vor Beginn des Wehrdienstes gewährt. Zu wenig gewährter Urlaub wird nach dem Wehrdienst nachgewährt. Hat der Arbeitnehmer im Jahr seiner Einberufung zum Wehrdienst bereits mehr Urlaub

genommen als ihm zustand, wird der Urlaub im Jahr nach dem Wehrdienst entsprechend gekürzt. Im Falle einer Wehrübung steht dem Arbeitnehmer ein ungekürzter Urlaubsanspruch zu.

Endet das Arbeitsverhältnis während oder nach Beendigung der Wehrdienstzeit, so ist ein noch bestehender Urlaubsanspruch abzugelten.

XXI. Urlaubsgeld

Es wird ein Urlaubsgeld iHv 250 EUR mit dem Junigehalt gezahlt.

Im Jahr des Betriebseintritts und des Betriebsaustritts erhält der Arbeitnehmer für jeden vollen Monat der Beschäftigung des laufenden Jahres 1/12 von 250 EUR als Urlaubsgeld.

XXII. Beendigung des Arbeitsverhältnisses

1. Erreichen der Altersgrenze

Ohne dass es einer Kündigung bedarf, endet das Arbeitsverhältnis mit Ablauf des Monats, in dem der Arbeitnehmer erstmals Anspruch auf eine gesetzliche Regelaltersrente hat.

2. Beendigung des Arbeitsverhältnisses durch Arbeitsunfähigkeit

a) Das Arbeitsverhältnis endet, ohne dass es einer Kündigung bedarf, wenn der Arbeitnehmer berufs- oder erwerbsunfähig wird und beim Ausscheiden Rente aus der Sozialversicherung oder durch eine Versorgungseinrichtung erhält, zu der der Arbeitgeber Beiträge beigesteuert hat.

b) Das Arbeitsverhältnis endet in diesem Fall mit dem Ablauf des Monats, in dem der Bescheid des Versicherungsträgers zugestellt wird.

3. Beendigung infolge Kündigung

Die Kündigung hat schriftlich zu erfolgen.

Die Kündigungsfrist beträgt nach der Probezeit sechs Wochen zum Schluss eines Kalendervierteljahres.

Bei der Kündigung seitens des Arbeitgebers gelten für Arbeitnehmer, die fünf Jahre und länger im Arbeitsverhältnis zum Arbeitgeber stehen, folgende Kündigungsfristen:

Nach einer Beschäftigungsdauer

- von 5 Jahren   3 Monate,
- von 8 Jahren   4 Monate,
- von 10 Jahren   5 Monate,
- von 12–17 Jahren   6 Monate,

jeweils zum Quartalsende.

Für Arbeitnehmer, die unter einem gesonderten gesetzlichen Schutz stehen (zB Schwerbehinderte, Mutterschutz), gelten die für diese erlassenen Sonderbestimmungen, sofern diese günstiger sind.

Nach der Kündigung ist der Arbeitgeber mit Zustimmung des Betriebsrats berechtigt, unter Fortzahlung der Bezüge auf die weiteren Dienste des Arbeitnehmers ganz oder teilweise zu verzichten, wenn das Interesse des Arbeitgebers an einer Freistellung das Interesse des Arbeitnehmers an der Beschäftigung überwiegt.

Ab dem 17. Beschäftigungsjahr ist eine ordentliche Beendigungskündigung ausgeschlossen. Für eine Änderungskündigung gelten die folgenden Voraussetzungen:

a) Der Besitzstand muss gewahrt werden.

b) Der Arbeitnehmer wird innerhalb der neuen Gehaltsgruppe, die in Übereinstimmung mit der neuen Tätigkeit sein muss, in die höchstmögliche Stufe gebracht.

c) Die Differenz zwischen Besitzstand (altes Gehalt) und neuem Gehalt (Gruppe, Stufe) wird als Überbrückungszulage gezahlt.

d) Stufenerhöhungen in der neuen Gehaltsgruppe werden gegen die Überbrückungszulage aufgerechnet.

e) Bei vertraglich vereinbarten allgemeinen Gehaltserhöhungen bleibt die Überbrückungszulage unverändert. Vertraglich vereinbarte Erhöhungen finden jedoch Anwendung auf das neue Tabellengehalt.

f) Beschäftigungszeit iSd Abs. 2 und 3 ist die Zeit der ununterbrochenen Beschäftigung im Dienste des Arbeitgebers.

g) Die Zeit des Wehrdienstes (Grundwehrdienst oder Wehrübung) wird voll auf die Betriebszugehörigkeit angerechnet. Bei Neubegründung eines Arbeitsverhältnisses zum Arbeitgeber in unmittelbarem Anschluss an den abgeleisteten Wehrdienst wird die Wehrdienstzeit erst nach sechs Monaten Betriebszugehörigkeit angerechnet. In diesem Falle hat der Arbeitnehmer alle Voraussetzungen einer Anrechnung zu beweisen.

4. Außerordentliche Kündigung

Arbeitgeber und Arbeitnehmer sind berechtigt, das Arbeitsverhältnis aus einem wichtigen Grund fristlos zu kündigen.

5. Zeugnis und Arbeitsbescheinigung

a) Bei Beendigung des Arbeitsverhältnisses ist dem Arbeitnehmer ein Zeugnis über Art und Dauer der Beschäftigung auszustellen. Das Zeugnis hat sich auf Kenntnisse, Leistung, Verhalten und Führung zu erstrecken.

b) Dem Arbeitnehmer kann auf Verlangen innerhalb von vier Wochen ein Zwischenzeugnis ausgestellt werden. Eine Ablehnung ist nur mit Zustimmung des Betriebsrats möglich.

6. Aufenthaltsgenehmigung und Arbeitserlaubnis

a) Die Kosten für die Aufenthaltsgenehmigung örtlich eingestellter Arbeitnehmer ausländischer Staatsangehörigkeit sind vom Arbeitnehmer zu tragen.

b) Wird die Arbeitserlaubnis nicht erteilt, muss der Arbeitgeber den Arbeitnehmer ohne Einhaltung einer Kündigungsfrist entlassen.

37. Muster: Arbeitsvertrag eines Vermögensmanagers/Anlageberaters   245

Arbeitsvertrag

Zwischen

der Vermögensberatungsgesellschaft ...

– nachstehend „Gesellschaft" genannt –

und

Frau/Herrn ...

– nachstehend „Vermögensberater" genannt –

wird folgender Anstellungsvertrag geschlossen:

§ 1 Aufgabengebiet

(1) Der Vermögensberater wird als Financial Consultant für die Repräsentanz der Gesellschaft in ... eingestellt. Die Hauptaufgabe des Vermögensberaters besteht in der Beratung/Betreuung von Kunden. Einzelheiten der Art der Tätigkeit des Vermögensberaters bestimmt die Gesellschaft. Die Gesellschaft behält sich vor, dem Vermögensberater anderweitige zumutbare und gleichwertige Tätigkeiten zu übertragen, die seinen Vorkenntnissen entsprechen. Macht sie von dieser Befugnis Gebrauch, ist sie verpflichtet, die bisherige Vergütung weiter zu zahlen.

§ 1 Verträge mit Arbeitnehmern, freien Mitarbeitern und Gesellschaftsorganen

(2) Der Vermögensberater ist verpflichtet, der Gesellschaft sein gesamtes Wissen und Können und seine volle Arbeitskraft zur Verfügung zu stellen. Die ihm übertragenen Aufgaben wird er in eigener Verantwortung bei voller Wahrung der Interessen der Gesellschaft nach innen und außen wahrnehmen.

§ 2 Beginn und Beendigung des Anstellungsverhältnisses, Probezeit

(1) Das Arbeitsverhältnis beginnt am ….

(2) Die ersten sechs Monate des Arbeitsverhältnisses gelten als Probezeit. Während der Probezeit kann das Arbeitsverhältnis beiderseits ohne Angabe von Gründen mit einer Frist von einem Monat zum Monatsende gekündigt werden. Die Kündigung kann bis zum Ablauf der Probezeit erfolgen. Nach der Probezeit gilt eine Kündigungsfrist von drei Monaten zum Monatsende. Eine etwaige Verlängerung der Kündigungsfrist richtet sich nach den gesetzlichen Bestimmungen. Verlängert sich die Kündigungsfrist kraft Gesetzes für eine Vertragspartei, gilt die verlängerte Frist auch für die andere Vertragspartei.

(3) Das Recht zur außerordentlichen Kündigung bleibt unberührt.

(4) Die Kündigung bedarf der Schriftform.

(5) Das Arbeitsverhältnis endet spätestens mit Ablauf des Monats, in dem der Mitarbeiter erstmals Anspruch auf eine gesetzliche Regelaltersrente hat.

(6) Eine Kündigung vor Tätigkeitsbeginn ist ausgeschlossen.

§ 3 Vergütung

(1) Die Vergütung des Vermögensberaters setzt sich aus einem fixen Grundgehalt und einer erfolgsbezogenen, variablen, jährlich wechselnden Vergütung zusammen.

(2) Das jährliche, fixe Grundgehalt beträgt

… EUR brutto

und wird in zwölf gleichen monatlichen Raten jeweils zum Monatsende nach Abzug der gesetzlichen Steuer- und Sozialversicherungsbeiträge auf ein von dem Vermögensberater anzugebendes Konto überwiesen. Mit dem Grundgehalt sind sämtliche, etwaige Zusatzleistungen wie Weihnachts- und Urlaubsgeld einbezogen und abgegolten.

(3) Einzelheiten der erfolgsbezogenen, variablen Vergütungsbestandteile werden durch Beschluss des Vorstands jährlich neu im Rahmen des erfolgsorientierten Vergütungssystems geregelt.

(4) Über die Vergütungsregelung ist strengstes Stillschweigen zu wahren.[640]

(5) Der Vermögensberater hat die Pfändung, Verpfändung oder Abtretung von Vergütungsansprüchen der Gesellschaft unverzüglich mitzuteilen.

(6) Vorschüsse und Darlehen werden spätestens mit Beendigung des Arbeitsverhältnisses in Höhe des noch offenen Restbetrags ohne Rücksicht auf die bei der Hingabe getroffenen Vereinbarungen fällig.

§ 4 Nebenleistungen

Die Gesellschaft schließt zu Gunsten des Vermögensberaters für die Dauer des Arbeitsvertrages eine Unfallversicherung im Rahmen der Gruppenversicherung mit folgenden Deckungssummen ab:

- 195.000 EUR für den Todesfall
- 390.000 EUR für den Invaliditätsfall

---

[640] Die Verpflichtung, Stillschweigen über die eigene Vergütung zu wahren, ist wohl unwirksam (vgl LAG Mecklenburg-Vorpommern 21.10.2009 – 2 Sa 237/09); eine höchstrichterliche Entscheidung liegt noch nicht vor.

§ 5 Arbeitszeit

(1) Beginn und Ende der täglichen Arbeitszeit werden in der Gesellschaft flexibel gehandhabt und richten sich nach den Belangen der Gesellschaft unter Wahrung der berechtigten Interessen des Vermögensberaters. Sie können durch die Gesellschaft allgemein oder im Einzelfall festgelegt werden.

(2) Sofern aufgrund betrieblicher Erfordernisse Über- und/oder Mehrarbeit im gesetzlich zulässigen Umfang notwendig ist, ist diese mit der Vergütung gem. § 3 abgegolten.[641]

(3) Der Vermögensberater ist verpflichtet, auf Verlangen der Gesellschaft ohne zusätzliche Vergütung an solchen deutschen gesetzlichen Feiertagen zum Dienst zu erscheinen, für die von der zuständigen Aufsichtsbehörde eine Ausnahmegenehmigung zur Aufrechterhaltung des Geschäftsbetriebes erteilt wird. Die an deutschen gesetzlichen Feiertagen nach Maßgabe des Satzes 1 geleistete Tätigkeit wird in Freizeit dadurch ausgeglichen, dass der Vermögensmanager für jeden geleisteten Feiertag einen Arbeitstag Freizeit erhält.

§ 6 Arbeitsverhinderung

(1) Der Vermögensberater ist verpflichtet, der Gesellschaft jede Arbeitsverhinderung und ihre voraussichtliche Dauer unverzüglich, möglichst am ersten Tag des Arbeitsausfalls, unter Angabe der Gründe anzuzeigen. Ist die Arbeitsverhinderung vorher bekannt, so ist sie möglichst frühzeitig der Gesellschaft mitzuteilen.

(2) Bei Erkrankung hat der Vermögensberater unverzüglich, spätestens vor Ablauf des dritten Kalendertages nach Beginn der Arbeitsverhinderung, eine ärztliche Bescheinigung nachzureichen, aus der die Arbeitsunfähigkeit sowie deren Beginn und voraussichtliche Dauer ersichtlich sind. Dauert die Arbeitsunfähigkeit länger als in der Bescheinigung angegeben, so ist der Vermögensberater verpflichtet, unverzüglich spätestens innerhalb von drei Kalendertagen, eine neue ärztliche Bescheinigung vorzulegen, auch wenn der Zeitraum der Gehaltsfortzahlung gem. § 6 Abs. 3 überschritten wird.

(3) Ist der Vermögensberater durch krankheitsbedingte Arbeitsunfähigkeit an der Arbeitsleistung verhindert, so erhält er Gehaltsfortzahlung unter den Voraussetzungen des § 3 des Entgeltfortzahlungsgesetzes in seiner jeweils gültigen Fassung.

§ 7 Urlaub, Freistellung

(1) Der Vermögensberater hat Anspruch auf einen gesetzlichen Mindesturlaub von 20 Arbeitstagen pro Kalenderjahr bei einer 5-Tage-Woche. Die Gesellschaft gewährt dem Vermögensberater zusätzlich zu dem gesetzlichen Mindesturlaub einen vertraglichen Urlaub von weiteren 7 Arbeitstagen. Bei der Gewährung von Urlaub wird zuerst der gesetzliche Urlaub eingebracht. Für den vertraglichen Urlaub gilt abweichend von dem gesetzlichen Mindesturlaub, dass der Urlaubsanspruch nach Ablauf des Übertragungszeitraumes (31.3. des Folgejahres) auch dann verfällt, wenn er wegen Arbeitsunfähigkeit des Vermögensberaters nicht genommen werden kann. Der gesetzliche Mindesturlaub verfällt in einem solchen Fall 15 Monate nach Ablauf des Urlaubsjahres.

(2) Die zeitliche Lage des Urlaubs ist einvernehmlich mit der Gesellschaft unter Berücksichtigung der betrieblichen Belange rechtzeitig festzulegen. Falls eine rechtzeitige Abstimmung nicht erfolgt ist, kann die Gesellschaft die Urlaubswünsche des Vermögensberaters ablehnen.

(3) Dem Vermögensberater ist bekannt, dass der erstmalige Anspruch auf den vollen Jahresanspruch nach sechsmonatiger Tätigkeit bei der Gesellschaft entsteht.

(4) Die Gesellschaft ist berechtigt, den Vermögensberater ab Ausspruch einer Kündigung von seiner dienstlichen Tätigkeit freizustellen, wenn die Interessen der Gesellschaft an einer Freistellung die Interessen des Vermögensberaters an einer Beschäftigung überwiegen. Dies ist insbesondere der Fall, wenn zu besorgen ist,

---

[641] Wenngleich verbreitet, so ist diese Regelung gemäß § 307 Abs. 1 Satz 2, Abs. 2 Nr. 1 BGB unwirksam (BAG 21.9.2011 – 5 AZR 629/10, NZA 2012, 145). Wirksam wäre bspw folgende Regelung: „Mit der Vergütung gemäß § ... sind bis zu 5 Überstunden bzw Mehrarbeit pro Woche abgegolten."

dass der Vermögensberater im Anschluss an das Arbeitsverhältnis zur Gesellschaft in Wettbewerb treten will. Die Freistellung kann widerruflich oder unwiderruflich erfolgen. Eine unwiderrufliche Freistellung wird auf etwaige noch offene Ansprüche auf Urlaub und Arbeitsfreistellung aus anderen Gründen angerechnet.

§ 8 Betriebsgeheimnis, Schweigepflicht

(1) Die Tätigkeit der Gesellschaft erfordert eine streng vertrauliche Behandlung sämtlicher Geschäftsvorfälle. Der Vermögensberater ist daher verpflichtet, sämtliche Geschäfts- und Betriebsgeheimnisse streng geheim zu halten. Er darf weder unmittelbar noch mittelbar für sich oder Dritte von Informationen Gebrauch machen, die er durch seine Tätigkeit bei der Gesellschaft erlangt hat. Das Gleiche gilt für Geschäfts- und Betriebsgeheimnisse oder sonstige Informationen, die der Gesellschaft anvertraut worden sind.

(2) Die Verpflichtung des Vermögensberaters gem. Abs. 1 gilt auch nach einem etwaigen Ausscheiden aus den Diensten der Gesellschaft hinsichtlich der dem Vermögensberater bekannt gewordenen Betriebs- und Geschäftsgeheimnisse sowie der persönlichen Daten der Kunden.

(3) Ein Verstoß gegen die Pflichten gem. Abs. 1 kann im Einzelfall, je nach Bedeutung des Verstoßes, zur fristlosen oder fristgemäßen Kündigung des Arbeitsvertrages berechtigen.

(4) Falls der Vermögensberater oder die Gesellschaft das Arbeitsverhältnis gekündigt haben, ist der Vermögensberater verpflichtet, sämtliche Briefe, sämtliche Kopien von Briefen oder sonstigen schriftlichen Unterlagen, Dokumenten, Vermerken, E-Mails u.Ä. über Geschäftsvorfälle herauszugeben, wobei dem Vermögensberater ein Zurückbehaltungsrecht nicht zusteht. Im Falle einer Kündigung ist der Vermögensberater weiterhin verpflichtet, bis zur Beendigung des Arbeitsverhältnisses sämtliche Kontakte zu den bislang von ihm betreuten Kunden zu unterlassen. Dem Vermögensberater ist bekannt, dass ein Verstoß hiergegen zu Schadensersatzansprüchen der Gesellschaft führen kann.

(5) Vorbehaltlich weitergehender Schadensersatzansprüche hat der Vermögensberater eine Vertragsstrafe in Höhe eines Zwölftel des jährlichen Grundgehalts zu zahlen, falls er bei Vorliegen einer Kündigung entgegen der Verpflichtung gem. Abs. 4 Kontakte, gleich welcher Art, zu den bislang von ihm betreuten Kunden unterhält. Als Kontakte in diesem Sinne gelten sowohl mündliche, fernmündliche als auch schriftliche oder persönliche Kontakte, die in irgendeiner Weise mit der geschäftlichen Beziehung des Kunden zur Gesellschaft zu tun haben.

§ 9 Haftung des Vermögensberaters

(1) Der Vermögensberater ist verpflichtet, seine Tätigkeit mit der höchsten Sorgfalt gemäß den Richtlinien der Gesellschaft und den Weisungen seiner Vorgesetzten auszuführen. Falls durch eine fehlerhafte Tätigkeit des Vermögensberaters ein Schaden entsteht, für den die Gesellschaft gegenüber Dritten einzutreten hat und der auf fahrlässiges oder vorsätzliches Verhalten des Vermögensberaters zurückzuführen ist, behält sich die Gesellschaft das Recht vor, von dem Vermögensberater Regress zu fordern. Einzelheiten ergeben sich aus einer Error-Policy.

(2) Der Vermögensberater haftet im Schadensfall bis zu einem Betrag von 5.000 EUR pro Schaden.

(3) Einen etwaigen Schadensbetrag kann die Gesellschaft mit den Vergütungsansprüchen des Vermögensberaters unter Beachtung der gesetzlichen Pfändungsbestimmungen verrechnen, nicht jedoch mit dem Grundgehalt.

§ 10 Ausschlussfrist[642]

Alle Ansprüche, die sich aus dem Arbeitsvertrag ergeben, sind von den Vertragsparteien binnen einer Frist von drei Monaten seit ihrer Fälligkeit schriftlich geltend zu machen. Nicht rechtzeitig geltend gemachte Ansprüche verfallen.

§ 11 Allgemeine Pflichten, Schlussbestimmungen

(1) Die Angaben im Personalfragebogen sind wesentlicher Bestandteil des Arbeitsvertrages. Bewusst unvollständige und/oder unrichtige Auskünfte berechtigen die Gesellschaft zur Anfechtung des Arbeitsvertrages.

(2) Der Vermögensberater ist verpflichtet, alle Änderungen über die Angaben zur Person, soweit sie für das Anstellungsverhältnis von Bedeutung sind, unverzüglich mitzuteilen.

(3) Der Vermögensberater verpflichtet sich, alle ihm übertragenen Arbeiten sorgfältig und gewissenhaft auszuführen. Alle Anordnungen der Gesellschaft sowie derjenigen Person, die ihm als Vorgesetzte benannt werden, hat er genauestens zu befolgen. Er ist insbesondere verpflichtet, in allen Fällen von besonderer Bedeutung sowie in allen Zweifelsfragen vor Ausführung irgendwelcher Handlungen Rücksprache mit dem zuständigen Vorgesetzten zu nehmen.

(4) Nebenbeschäftigungen darf der Vermögensberater nur mit Zustimmung der Gesellschaft ausüben, soweit hierdurch Interessen der Gesellschaft berührt werden. Insbesondere für solche Nebentätigkeiten, aus den sich Interessenkonflikte mit der Gesellschaft ergeben können, wie bei der Nutzung von Kundenkontakten für nicht auf die Gesellschaft bezogene Aktivitäten, Verwaltung von Kundengeldern außerhalb der kontoführenden Stellen etc. und für Nebenbeschäftigungen, die die Arbeitskraft des Vermögensberaters beeinträchtigen, ist die vorherige, ausdrückliche schriftliche Genehmigung der Gesellschaft einzuholen.

(5) Der Vermögensberater bedarf der vorherigen Zustimmung der Gesellschaft

- zu Vorträgen und Veröffentlichungen, soweit dadurch die Interessen der Gesellschaft berührt werden,
- zur Übernahme von Aufsichtsratssitzen oder ähnlichen Ämtern,
- zur Beteiligung an Firmen, die gleiche oder ähnliche Geschäfte wie die Gesellschaft betreiben, ausgenommen der Erwerb von Aktien börsennotierter Unternehmen.

(6) Mit Abschluss dieses Arbeitsvertrages verlieren alle etwaigen früheren zwischen der Gesellschaft und dem Vermögensberater zustande gekommenen Verträge und/oder Vereinbarungen ihre Wirksamkeit. Mündliche Nebenabreden bestehen nicht. Ergänzungen und Änderungen dieses Arbeitsvertrages einschließlich der Aufhebung dieses Schriftformerfordernisses bedürfen der Schriftform, es sei denn, sie beruhen auf einer ausdrücklichen oder individuellen Vertragsabrede. Eine betriebliche Übung ist keine solche ausdrückliche bzw individuelle Vertragsabrede. Auch wiederholte Leistungen oder Vergünstigungen ohne ausdrückliche oder individuelle Vertragsabrede begründen keinen Anspruch für die Zukunft.

(7) Ergänzend zu den Bestimmungen dieses Vertrages finden die jeweils gültigen und von der Gesellschaft in Ausübung ihres Leistungsbestimmungsrechts (Direktionsrecht) getroffenen Regelungen über Art, Ort und Zeit der Arbeitsleistung des Vermögensberaters Anwendung. Im Übrigen gelten ergänzend die gesetzlichen Bestimmungen.

(8) Mit seiner Unterschrift bestätigt der Vermögensberater zugleich, eine von der Gesellschaft unterzeichnete Ausfertigung des Arbeitsvertrages erhalten zu haben.

---

[642] Nach einer neuen Entscheidung des BAG können arbeitsvertraglich vereinbarte Ausschlussfristen dahin gehend ausgelegt werden, dass sie nur die von den Parteien für regelungsbedürftig gehaltenen Fälle erfassen sollen. Eine Anwendung auch für die Fälle, die durch gesetzliche Verbote oder Gebote geregelt sind, soll dagegen regelmäßig gerade nicht gewollt sein, so das BAG. Das gelte bspw für die Haftung wegen Vorsatzes (Pressemitteilung Nr. 42/13 zu BAG, Urt. v. 20.6.2013 – 8 AZR 280/12). Ein Formulierungsbeispiel für eine vertragliche Verfallklausel mit Ausschluss der Haftung für Vorsatz enthält das Muster 1134 (§ 16).

38. Muster: Arbeitsvertrag mit einem Account Supervisor als Anschreiben

Sehr geehrter Herr ...,

wir vereinbaren mit Ihnen nachfolgenden Anstellungsvertrag. Hiermit wollen wir Ihre Rechte und Pflichten aufgabengerecht und auch im Interesse Ihrer Sicherung so regeln, dass Sie für Ihre verantwortliche Mitarbeit in unserem Unternehmen eine feste Grundlage haben.

1. Dienststellung, Aufgaben und Verantwortungsbereich

Sie sind als „Account Supervisor" tätig.

Ihnen wurde Handlungsvollmacht für unsere Gesellschaft erteilt.

Die Vollmacht gilt für alle in Ihrem Aufgabenbereich anfallenden Rechtsgeschäfte und Rechtshandlungen. Sie sind insoweit berechtigt, die Firma zusammen mit dem Geschäftsführer oder einem Prokuristen zu vertreten. Sie zeichnen die Firma mit dem Zusatz „i.V."

Ihr Aufgabengebiet umfasst die eigenverantwortliche Durchführung oder Überwachung aller Arbeiten, die in dem Ihnen übertragenen Verantwortungsbereich im Rahmen des jeweils geltenden Organisationsplanes und der hierfür getroffenen Funktionsfestlegungen zu erledigen sind.

Sie sind dem Geschäftsführer unterstellt.

Von Ihnen als leitendem Angestellten erwarten wir, dass Sie die Ziele des Unternehmens unter Wahrung der Interessen des ...-Konzerns eigeninitiativ und verantwortungsbewusst verfolgen und die übernommenen Aufgaben aufgrund Ihrer besonderen Kenntnisse und Erfahrungen nach besten Kräften erfüllen. Sie werden Ihre Arbeitskraft ausschließlich unserem Unternehmen zur Verfügung stellen.

2. Information, Weiterbildung, Tätigkeitswechsel

Wir werden Sie in allen wichtigen Fragen, die das Unternehmen, Ihre Aufgaben und Sie persönlich betreffen, jeweils in geeigneter Weise unterrichten. Von Ihnen erwarten wir, dass Sie Ihre Informationsmöglichkeiten, vor allem zur Durchführung Ihrer Aufgaben, voll nutzen und auch Ihre Vorgesetzten und Mitarbeiter unterrichtet halten.

An Ihrer Weiterbildung sind wir ebenso wie Sie interessiert. Im Rahmen unserer Möglichkeiten und in den Grenzen, die die Rücksichtnahme auf einen ungestörten Arbeitsablauf setzt, werden wir Ihnen Gelegenheit geben, sich für Ihre Tätigkeit in unserem Unternehmen weiterzubilden. Entsenden wir Sie zu Weiterbildungsveranstaltungen, so tragen wir die Kosten. Wir stellen Sie hierfür von der Arbeit frei, Ihre Bezüge werden weitergezahlt.

Mit dem Ziel, unseren Mitarbeitern Entwicklungsmöglichkeiten zu bieten und Führungsstellen bevorzugt aus den eigenen Reihen zu besetzen, wollen wir unsere Führungskräfte vielseitig einsetzen können. Auch aus anderem Anlass, beispielsweise aus betrieblichen oder persönlichen Gründen, kann die Übertragung einer neuen Aufgabe auf Sie notwendig werden. Es bleibt daher vorbehalten, Ihnen in unserem Unternehmen oder in einem anderen Unternehmen des ...-Konzerns eine andere und gleichwertige Aufgabe zu übertragen. Wir werden hierbei Ihre berechtigten Belange wahren, von Ihnen erwarten wir gegenüber den Belangen des ...-Konzerns Entsprechendes.

3. Vertrauliche Angelegenheiten, Veröffentlichungen, Verbot von Insidergeschäften

Geschäftsvorgänge und Informationen vertraulicher Natur, aber auch vertrauliche betriebliche Daten und Arbeitsverfahren, werden Sie ihrem Charakter entsprechend behandeln und demzufolge Dritte – auch Unternehmensangehörige, die darüber nicht unterrichtet sein müssen – ohne unsere vorherige Zustimmung hierüber nicht informieren. Die Verpflichtung besteht hinsichtlich der Ihnen bekannt gewordenen Betriebs- und Geschäftsgeheimnisse auch nach Ihrem Ausscheiden fort.

Alle Veröffentlichungen – gleich in welcher Form – insbesondere auch Stellungnahmen gegenüber Medien über Fragen, die unsere Unternehmensinteressen berühren, bedürfen unserer vorherigen Zustimmung.

Auf das gesetzliche Verbot von Insidergeschäften nach den Bestimmungen des Gesetzes über den Wertpapierhandel weisen wir hin. Einzelheiten hierzu entnehmen Sie bitte der als Anlage beigefügten Richtlinie zur Vermeidung von Insiderverstößen.

4. Nebentätigkeiten und Mandate

Die Übernahme einer entgeltlichen Nebentätigkeit – auch als Berater, Gutachter, Lehrkraft o.Ä. –, durch die unsere Unternehmensinteressen berührt werden, bedarf unserer vorherigen Zustimmung.

Dies gilt unter der gleichen Voraussetzung auch für die Übernahme von Ämtern und Mandaten in Körperschaften sowie in anderen Unternehmen. Wenn Sie ein Amt oder Mandat im unmittelbaren Unternehmensinteresse ausüben, werden Sie es zur Verfügung stellen, wenn Sie bei uns ausscheiden.

Über Ehrenämter, die Sie aufgrund einer gesetzlichen Verpflichtung auszuüben haben, werden Sie uns ohne Aufforderung schriftlich unterrichten, sofern die Amtsausübung unsere Unternehmensinteressen berührt.

5. Urheber- und sonstige gewerbliche Schutzrechte

An den von Ihnen in Wahrnehmung Ihrer Aufgaben oder nach unseren Anweisungen geschaffenen urheberrechtlich schutzfähigen Arbeitsergebnissen, insbesondere Computer-Programmen, räumen Sie uns die ausschließlichen, zeitlich unbefristeten, übertragbaren Nutzungsrechte an allen vom Gesetz vorgesehenen Nutzungsarten ein.

Die Rechte an sonstigen Arbeitsergebnissen, die von Ihnen in Wahrnehmung Ihrer Aufgaben oder nach unseren Anweisungen geschaffen werden und zu einem gewerblichen Schutzrecht im Übrigen führen können (Warenzeichen, Geschmacksmuster usw), stehen ausschließlich uns zu.

6. Datengeheimnis

Aufgrund des im BDSG geregelten Datengeheimnisses ist Ihnen die unbefugte Verarbeitung oder Nutzung personenbezogener Daten, die Ihnen im Zusammenhang mit Ihrer Tätigkeit zugänglich werden, untersagt. Die Verpflichtung zur Wahrung des Datengeheimnisses bleibt auch bei Übernahme einer anderen Aufgabe sowie nach Beendigung Ihrer Tätigkeit bestehen.

Zu dem Datengeheimnis verweisen wir auf die anliegende Broschüre zum Datenschutz.

7. Bezüge

Für Ihre gesamte Tätigkeit zahlen wir Ihnen ab ... ein monatliches Gehalt von ... EUR brutto jeweils zum Monatsende auf ein von Ihnen errichtetes Konto.

Sie erhalten außerdem eine Sonderzahlung für außertarifliche Angestellte nach Maßgabe der jeweils geltenden Bestimmungen.

Ferner erhalten Sie am Jahresende eine Gratifikation. Sie wird unter Berücksichtigung des Geschäftserfolges nach Ihrer persönlichen Leistung festgesetzt.

Bei dieser Regelung setzen wir voraus, dass Ihre wöchentliche Arbeitszeit 40 Stunden nicht unterschreitet und die bei Ihrer Aufgabenerfüllung ggf darüber hinaus im gesetzlichen Rahmen anfallende Arbeitszeit mit der Zahlung Ihrer vorgenannten Bezüge grundsätzlich abgegolten ist.[643]

In unserem Unternehmen werden die Gehälter der leitenden und außertariflichen Angestellten einmal im Jahr überprüft. Hierbei achten wir darauf, dass die Summe der Gehälter aller leitenden und außertariflichen

---

[643] Wenngleich verbreitet, so ist diese Regelung gemäß § 307 Abs. 1 Satz 2, Abs. 2 Nr. 1 BGB unwirksam (BAG 21.9.2011 – 5 AZR 629/10, NZA 2012, 145). Wirksam wäre bspw folgende Regelung: „Mit der Vergütung gemäß § ... sind bis zu 5 Überstunden bzw Mehrarbeit pro Woche abgegolten."

Angestellten sich längerfristig (längstens drei Jahre) zumindest im gleichen Verhältnis entwickelt wie die unserer anderen Mitarbeiter. Für eine Neufestsetzung Ihres Gehalts werden Ihre Aufgabe, Ihre Dienststellung und insbesondere Ihre persönliche Leistung berücksichtigt.

Alle Mitteilungen über Ihre Bezüge werden Sie vertraulich behandeln.[644]

8. Urlaub

Sie haben Anspruch auf einen gesetzlichen Mindesturlaub von 20 Arbeitstagen pro Kalenderjahr bei einer 5-Tage-Woche. Wir gewähren Ihnen zusätzlich zu dem gesetzlichen Mindesturlaub einen vertraglichen Urlaub von weiteren 10 Arbeitstagen. Bei der Gewährung von Urlaub wird zuerst der gesetzliche Urlaub eingebracht. Für den vertraglichen Urlaub gilt abweichend von dem gesetzlichen Mindesturlaub, dass der Urlaubsanspruch nach Ablauf des Übertragungszeitraumes (31.3. des Folgejahres) auch dann verfällt, wenn er wegen Arbeitsunfähigkeit nicht genommen werden kann. Der gesetzliche Mindesturlaub verfällt in einem solchen Fall 15 Monate nach Ablauf des Urlaubsjahres.

Im Ein- und Austrittsjahr haben Sie für jeden vollen Beschäftigungsmonat Anspruch auf ein Zwölftel des Jahresurlaubs.

Ihren Urlaub werden Sie unter Berücksichtigung der betrieblichen Belange und im Einverständnis mit Ihrem Vorgesetzten nehmen. Ihren persönlichen Wünschen werden wir dabei im Rahmen des Möglichen entsprechen. Um größere Rückstände zu vermeiden, ist der Urlaub nach Möglichkeit im jeweiligen Urlaubsjahr, spätestens bis Ende März des Folgejahres, zu nehmen. Im Übrigen gelten die Bestimmungen des Bundesurlaubsgesetzes.

9. Gehaltsfortzahlung im Krankheits- und Sterbefall

Bei längerer Krankheit werden wir Ihnen von der siebenten Woche an die Differenz zwischen einem in der gesetzlichen Krankenversicherung üblichen Krankentagegeld – ohne Berücksichtigung etwa darauf entfallender Abzüge – und Ihrem Nettogehalt für die Dauer von mindestens sechs Monaten weiterzahlen. Hierbei setzen wir voraus, dass Sie jederzeit gegen Krankheit in einem Umfang versichert sind, wie er der gesetzlichen Krankenversicherung entspricht. Bei der Gehaltsfortzahlung können wir Leistungen Dritter – beispielsweise aufgrund von Haftpflichtansprüchen – anrechnen, soweit sie Ihrem Unterhalt zu dienen bestimmt sind. Über derartige Ansprüche werden Sie uns unaufgefordert unterrichten. Zahlungen, auf die Sie einen Anspruch aufgrund zusätzlicher Eigenleistungen haben, die über die oben genannte Beteiligung an der Krankenversicherung hinausgehen, sind von der Anrechnung ausgenommen.

Im Falle Ihres Todes erhält Ihr Ehegatte bzw eingetragener Lebenspartner oder – sollte ein Ehegatte bzw eingetragener Lebenspartner nicht vorhanden sein – die unterhaltsbedürftigen Kinder noch für die drei auf den Sterbemonat folgenden Monate Ihr Gehalt.

10. Versicherungsschutz

Ihren Schutz bei Unfällen haben wir über die Leistungen hinaus erweitert, die Sie aus der gesetzlichen Unfallversicherung erhalten.

Sie sind in einer Kollektivunfallversicherung zu den jeweils geltenden Bedingungen versichert. Auf die Versicherungsleistung haben im Invaliditätsfall Sie, im Todesfall Ihr Ehegatte und/oder Ihre Kinder einen Rechtsanspruch. Sie sind außerdem bei Unfallschadenverband angemeldet.

Die Kosten für beide Maßnahmen trägt die Gesellschaft.

---

644 Die Verpflichtung, Stillschweigen über die eigene Vergütung zu wahren, ist wohl unwirksam (vgl LAG Mecklenburg-Vorpommern 21.10.2009 – 2 Sa 237/09); eine höchstrichterliche Entscheidung liegt noch nicht vor.

11. Unterrichtungs- und Erörterungsrechte

In allen Angelegenheiten, die für Sie im Hinblick auf Ihr Anstellungsverhältnis und hiermit verbundene Fragen von Bedeutung sind, stehen Ihnen Ihre Vorgesetzten und der Leiter der für Sie zuständigen Personalabteilung zur Verfügung. Insbesondere haben Sie die Möglichkeit, mit diesen Ihre berufliche Situation und Ihre Beurteilung zu besprechen.

Auf Wunsch wird Ihnen Einsicht in Ihre Personalakte gewährt.

12. Schutz bei organisatorischen Änderungen

Sollte die Ihnen übertragene Aufgabe aufgrund organisatorischer Änderungen künftig entfallen, werden wir prüfen, ob Ihnen entsprechend Ziffer 2 dieses Vertrages im Rahmen der gegebenen Möglichkeiten und Ihrer Fähigkeiten, Kenntnisse und Leistungen eine neue Aufgabe übertragen werden kann. Dabei werden wir darauf achten, dass Ihnen Einbußen an Ihren Bezügen nicht entstehen.

13. Beendigung des Anstellungsverhältnisses

Ihr Anstellungsverhältnis kann von beiden Seiten mit einer Frist von sechs Monaten zum Ende eines Monats gekündigt werden. Nach einer Kündigung können wir Sie bis zum Ablauf der Kündigungsfrist unter Fortzahlung Ihrer Bezüge freistellen und die Freistellung auf restliche Urlaubsansprüche anrechnen.

Das Anstellungsverhältnis endet spätestens mit Ablauf des Kalendermonats, in dem Sie erstmals Anspruch auf eine gesetzliche Regelaltersrente haben bzw mit dem Ende des Kalendermonats, in dem Sie Erwerbs- oder Berufsunfähigkeitsrente oder vorgezogenes Altersruhegeld aus der gesetzlichen Rentenversicherung (variable Altersgrenze) beziehen.

Bei Beendigung des Anstellungsverhältnisses werden Sie uns unaufgefordert alle uns gehörenden Gegenstände, insbesondere Arbeitsunterlagen, Zeichnungen, Werksausweise u.Ä., zurückgeben. Die Geltendmachung eines Zurückbehaltungsrechts ist insoweit ausgeschlossen.

14. Betriebszugehörigkeit, Personaldaten

Soweit die Dauer Ihrer Betriebszugehörigkeit für den Erwerb von Anwartschaften und Rechten von Bedeutung ist, wird Ihnen ihre Tätigkeit im ...-Konzern ab ... angerechnet.

Zur Durchführung des Anstellungsvertrages werden Ihre persönlichen Daten gespeichert und verarbeitet.

Über Änderungen Ihrer persönlichen Daten (Anschrift, Familienstand u.Ä.) bitten wir Sie, ohne Aufforderung die Abteilung Leadership Resources – Contract Management zu unterrichten.

Es besteht Übereinstimmung, dass keine mündlichen Vereinbarungen getroffen sind, die diesen schriftlichen Vertrag ändern oder ergänzen. Die Ergänzung, Aufhebung und Änderungen dieses Arbeitsvertrages einschließlich der Aufhebung dieses Schriftformerfordernisses bedürfen der Schriftform, es sei denn, sie beruhen auf einer ausdrücklichen oder individuellen Vertragsabrede. Eine betriebliche Übung ist keine solche ausdrückliche bzw individuelle Vertragsabrede. Auch wiederholte Leistungen oder Vergünstigungen ohne ausdrückliche oder individuelle Vertragsabrede begründen keinen Anspruch für die Zukunft.

Ihre bisherigen Anstellungsbedingungen treten hiermit außer Kraft.

Zum Zeichen Ihres Einverständnisses mit vorstehenden Vereinbarungen bitten wir Sie, die Zweitschrift dieses Vertrages zu unterzeichnen und an die Abteilung Leadership Resources – Contract Management zurückzureichen.

Mit freundlichen Grüßen

247 39. Muster: Arbeitsvertrag für Financial Consultant einer internationalen Gesellschaft (mit Stock Options)

Arbeitsvertrag

zwischen

..., vertreten durch den Vorstand

– nachfolgend „Company" genannt –

und

...

– nachfolgend „Mitarbeiter" genannt –

wird folgender Arbeitsvertrag geschlossen:

§ 1 Beginn des Arbeitsverhältnisses

(1) Das Arbeitsverhältnis beginnt am ... oder früher. Es wird zunächst für die Dauer von sechs Monaten zur Probe vereinbart. Während dieser Zeit kann es beiderseits mit einer Frist von einem Monat zum Monatsende gekündigt werden. Eine Kündigung vor Tätigkeitsbeginn ist ausgeschlossen.

(2) Das Arbeitsverhältnis endet mit Ablauf der Probezeit, ohne dass es einer Kündigung bedarf, sofern es nicht vor deren Ablauf schriftlich durch die Company als auf unbestimmte Zeit geschlossen bestätigt wird. Nach Ablauf der Probezeit beträgt die Kündigungsfrist drei Monate zum Monatsende. Ab Ausspruch einer Kündigungserklärung ist die Company berechtigt, den Mitarbeiter jederzeit ganz oder teilweise von der Arbeitsleistung freizustellen.

(3) Das Arbeitsverhältnis endet spätestens mit Ablauf des Monats, in dem der Mitarbeiter erstmals die Voraussetzungen für den Bezug der gesetzlichen Regelaltersrente erfüllt.

§ 2 Aufgaben- und Verantwortungsbereich

(1) Der Mitarbeiter wird als Financial Consultant eingestellt.

Die Company behält sich vor, dem Mitarbeiter auch eine andere oder zusätzliche, jedoch gleichwertige und der Vorbildung und den Fähigkeiten entsprechende Tätigkeit, vorübergehend auch an einem anderen Ort, zu übertragen. Macht die Company von dieser Befugnis Gebrauch, so ist die bisherige Vergütung weiter zu zahlen.

(2) Obwohl das Aufgabengebiet des Mitarbeiters ein generell selbständiges und innovatives Arbeiten erfordert, gehört es zu den Obliegenheiten des Mitarbeiters, die Bestimmung der Dringlichkeit von Arbeiten nicht ohne Zustimmung seiner Vorgesetzten vorzunehmen und die Vorgesetzten über beabsichtigte Vorhaben und den Stand von Arbeiten vollständig zu unterrichten.

§ 3 Bezüge

(1) Die Bezüge setzen sich aus einem Fixum, einer variablen Vergütung und Stock Options zusammen.

(2) Das Fixum beträgt ... EUR jährlich und wird auf eine diesen Betrag übersteigende, kalenderjährliche variable Vergütung angerechnet. In den Bezügen ist eine regelmäßige Mehrarbeit berücksichtigt.

(3) Der Mitarbeiter erhält eine variable Vergütung nach Maßgabe des erfolgsorientierten Vergütungssystems der Company (Company-Vision). Als Erlös gilt der Nettoerlös aus jedem vermittelten und/oder bearbeiteten Geschäft ohne Mehrwertsteuer, abzüglich der zur Durchführung dieses Geschäfts an Dritte gezahlten Leistungen. Haben mehrere Mitarbeiter am Zustandekommen oder der Durchführung eines Geschäfts mitgewirkt, nimmt die Company eine Aufteilung der Erlösprovision zwischen den Mitarbeitern nach billigem Ermessen vor. Maßgeblich für die Verteilung der Erlösprovision ist der Umfang der Mitwirkung jedes Mitarbeiters am

Zustandekommen und an der Abwicklung des Geschäfts. Einzelheiten ergeben sich aus der Company-Vision, die als die Erfolgsentwicklung gestaltende und anpassungsfähige Leitlinie Bestandteil des Arbeitsvertrages ist und als Anlage 1 zum Arbeitsvertrag genommen wird.

(4) Der Mitarbeiter erhält die Möglichkeit, Stock Options nach Maßgabe des Stock-Options-Plans der Muttergesellschaft in ... (USA) von der Muttergesellschaft zu erwerben. Der Erwerb erfolgt über das als Anlage 2 zwischen der Muttergesellschaft und dem Mitarbeiter vereinbarte „Stock-Options-Agreement", wobei Schuldner bezüglich der Stock Options nicht die Company, sondern die Muttergesellschaft ist.

§ 4 Gehaltsumwandlung

Mit Zustimmung des Mitarbeiters können Teile der Vergütung steuerbegünstigt in eine Gruppen-Lebensversicherung umgewandelt werden. Einzelheiten können auf Wunsch des Mitarbeiters mit der Company vereinbart werden.

§ 5 Arbeitszeit

(1) Die regelmäßige Arbeitszeit beträgt 40 Stunden wöchentlich.
(2) Beginn und Ende der täglichen Arbeitszeit und der Pausen werden von dem Vorstand festgelegt.
(3) Die Verpflichtung zur Leistung von Mehrarbeit bleibt unberührt. Angesichts der hohen Anforderungen der Kundschaft und des erwarteten Engagements eines Financial Consultant sehen die Parteien Mehrarbeit im Bedarfsfalle als selbstverständlich an.

§ 6 Gehaltsfortzahlung im Krankheitsfall

(1) Im Falle unverschuldeter krankheitsbedingter Arbeitsunfähigkeit erhält der Mitarbeiter Entgeltfortzahlung nach Maßgabe des Entgeltfortzahlungsgesetzes.
(2) Ab dem Zeitpunkt des Bezugs einer Rente wegen Erwerbsminderung im Sinne der gesetzlichen Rentenversicherung entfällt die Gehaltsfortzahlung.
(3) Der Mitarbeiter hat sich zwei Wochen nach Beginn von Arbeitsunfähigkeit infolge Krankheit im Einzelfalle nach Aufforderung durch einen Vertrauensarzt der Company untersuchen zu lassen.

§ 7 Urlaub

Der Mitarbeiter hat Anspruch auf einen gesetzlichen Mindesturlaub von 20 Arbeitstagen pro Kalenderjahr bei einer 5-Tage-Woche. Die Company gewährt dem Mitarbeiter zusätzlich zu dem gesetzlichen Mindesturlaub einen vertraglichen Urlaub von weiteren 7 Arbeitstagen. Bei der Gewährung von Urlaub wird zuerst der gesetzliche Urlaub eingebracht. Für den vertraglichen Urlaub gilt abweichend von dem gesetzlichen Mindesturlaub, dass der Urlaubsanspruch nach Ablauf des Übertragungszeitraumes (31.3. des Folgejahres) auch dann verfällt, wenn er wegen Arbeitsunfähigkeit des Mitarbeiters nicht genommen werden kann. Der gesetzliche Mindesturlaub verfällt in einem solchen Fall 15 Monate nach Ablauf des Urlaubsjahres.

Die Festlegung der Urlaubszeit erfolgt unter Berücksichtigung der Interessen der Company in Abstimmung mit dem zuständigen Vorgesetzten. Eine Abgeltung des Urlaubsanspruchs in bar ist grundsätzlich ausgeschlossen.

§ 8 Nebentätigkeiten

Der Mitarbeiter ist verpflichtet, seine volle Arbeitskraft der Company zu widmen. Eine Nebentätigkeit, auch soweit sie nicht auf Erwerb gerichtet ist, die die betriebliche Tätigkeit oder die beruflichen Leistungen beeinträchtigt, die die Aufgabengebiete der Company berührt, betriebliche Einrichtungen beansprucht oder besondere betriebliche Erfahrungen verwertet, ist nur mit vorheriger schriftlicher Einwilligung des zuständigen Vorstands erlaubt. Diese Grundsätze gelten auch für Veröffentlichungen in der Fachpresse und in der Allgemeinpresse, für Referate und Vorträge.

§ 9 Verschwiegenheit

Der Mitarbeiter verpflichtet sich, über alle ihm im Rahmen seiner Tätigkeit bei der Company zur Kenntnis gelangenden Betriebs- und Geschäftsgeheimnisse Stillschweigen zu bewahren. Diese Verpflichtung gilt auch nach dem Ausscheiden fort.

§ 10 Herausgabe von Schriftstücken

Der Mitarbeiter verpflichtet sich, jederzeit auf Verlangen der Company, spätestens bei seinem Ausscheiden, sämtliche Schriftstücke (Bücher, Akten, Verfügungen, Berichte, Formulare, Rundschreiben, Pläne, Protokolle, Rechnungen etc.), die der Mitarbeiter im Zusammenhang mit seiner Tätigkeit bei der Company erhalten oder selbst angefertigt hat oder hat anfertigen lassen, an die Company unaufgefordert herauszugeben. Das Gleiche gilt für Auszüge, Abschriften und Kopien der vorgenannten Unterlagen.

§ 11 Bundesdatenschutzgesetz/Bankgeheimnis

Der Mitarbeiter ist verpflichtet, die gesetzlichen Bestimmungen zum Schutze des Datengeheimnisses gem. § 5 BDSG einzuhalten. Der Mitarbeiter erkennt durch seine Unterschrift auf der als Anlage 3 beigefügten Verpflichtungserklärung die dortigen Regelungen zum Datenschutz und zum Bankgeheimnis an.

§ 12 Nutzungsrechte an Arbeitsergebnissen

(1) Jedes Arbeitsergebnis, das der Mitarbeiter in Erfüllung oder im Zusammenhang mit der Erfüllung seiner Dienstverpflichtung erzielt, steht ausschließlich der Company zu und wird durch das vereinbarte Gehalt abgegolten, soweit dem nicht die Vorschriften des Arbeitnehmererfindungsgesetzes entgegenstehen. Der Mitarbeiter überträgt der Company das ausschließliche, zeitlich, örtlich und räumlich uneingeschränkte Nutzungsrecht an Arbeitsergebnissen jeder Art. Die vorstehende Vereinbarung behält auch nach Beendigung des Arbeitsverhältnisses Gültigkeit.

(2) Für sämtliche im Rahmen des Arbeitsverhältnisses erstellten urheberrechtsfähigen Computerprogramme räumt der Mitarbeiter der Company das ausschließliche Recht zur räumlich und zeitlich unbegrenzten Nutzung ein. Gleichzeitig verzichtet er darauf, als Urheber genannt zu werden. Das Nutzungsrecht erstreckt sich auch auf sämtliche zum Programm gehörenden Vorstudien, Quell-Codes, Dokumentationen und sonstige Materialien und bezieht sich auf alle Verwertungsformen. Die Company ist berechtigt, das Nutzungsrecht auf Dritte zu übertragen und einfache Nutzungsrechte zu vergeben. Die Einräumung des Nutzungsrechts ist mit dem in diesem Vertrag vereinbarten Arbeitsentgelt abgegolten. Dies gilt unabhängig davon, ob die von Company in Auftrag gegebenen Programme innerhalb oder außerhalb der betrieblichen Arbeitszeit entwickelt wurden.

(3) Änderungen, Erweiterungen oder Anpassungen der Programme können von der Company oder von einem von der Company bestimmten Dritten vorgenommen werden. In solchen Fällen gelten die Rechte der Company uneingeschränkt auch für die geänderten Programmversionen. Ein Anspruch des Mitarbeiters auf Herausgabe oder Zugang zum Zwecke der Herstellung von Kopien oder sonstigen Vervielfältigungen der Programme besteht nicht. Für den Fall, dass die vom Mitarbeiter im Auftrag der Company entwickelten Programme die Schutzrechte Dritter verletzen, stellt die Company den Mitarbeiter von den Ansprüchen Dritter frei, es sei denn, diese Schutzrechte waren dem Mitarbeiter bekannt oder aufgrund grober Fahrlässigkeit unbekannt. Diese Vereinbarung gilt nach dem Ausscheiden des Mitarbeiters weiter.

§ 13 Nebenabreden, Vertragsänderungen

Ergänzungen und Änderungen dieses Arbeitsvertrages einschließlich der Aufhebung dieses Schriftformerfordernisses bedürfen der Schriftform, es sei denn, sie beruhen auf einer ausdrücklichen oder individuellen Vertragsabrede. Eine betriebliche Übung ist keine solche ausdrückliche bzw. individuelle Vertragsabrede. Auch

wiederholte Leistungen oder Vergünstigungen ohne ausdrückliche oder individuelle Vertragsabrede begründen keinen Anspruch für die Zukunft.

§ 14 Ärztliche Untersuchung

Als Voraussetzung einer Einstellung gilt, dass der Mitarbeiter voll arbeitsfähig ist. Der Mitarbeiter erklärt sich zu einer ärztlichen Untersuchung durch einen von der Company ausgewählten Arzt bereit und entbindet diesen hinsichtlich der Beurteilung der Arbeitsfähigkeit von seiner Schweigepflicht gegenüber der Personalabteilung der Company.

§ 15 Führungszeugnis

Voraussetzung des Vertragsschlusses ist die Vorlage eines Führungszeugnisses, das nicht älter als drei Monate sein darf. Der Mitarbeiter erklärt, dass gegen ihn kein staatsanwaltliches Ermittlungsverfahren läuft oder eine strafrechtliche Verurteilung erfolgt ist, die das Führungszeugnis noch nicht enthält.

Anlage 1: Die Company-Vision

Die Company wird als virtuelles Beratungshaus eine unübertroffene Betreuungsqualität im Hinblick auf innovative Produkt- und Dienstleistungsangebote bieten und durch die konsequente Einbringung von kompetenten Partnern ihre Unabhängigkeit und Objektivität belegen.

Perfekte Kundenorientierung, Qualität der Dienstleistung, ein qualifiziertes Team sowie die Integration verschiedener Vertriebswege werden die Company zu einem führenden Anbieter von Finanzdienstleistungen für vermögende Privatkunden machen.

Das erfolgsorientierte Vergütungssystem der Company

(Stand: ...)

Es setzt sich zusammen aus:

1. Grundgehalt (Fixum)

- Erlöse bis ... EUR p.a. ... EUR
- Erlöse über ... EUR p.a. ... EUR

(Ausnahmen bilden lediglich Mitarbeiter mit Sonderaufgaben)

2. Variable Vergütung (Payout)

- Erlöse bis ... EUR p.a. 30 %
- Erlöse bis ... EUR p.a. 33 %

(Die variable Vergütung wird voll auf das Grundgehalt angerechnet)

Die variable Vergütung (= der Payout) wird aus den der Company zufließenden Nettoerlösen errechnet (dh nach Abzug der im Rahmen der Leistungsabwicklung gemäß den jeweils gültigen Verrechnungspreisvereinbarungen anfallenden Kosten, die die Company an ihre Kooperationspartner erstatten muss, sowie nach Abzug aller fremden, durchlaufenden Kosten); hierbei behält sich die Company das Recht vor, zur verwaltungstechnischen Vereinfachung bei der Ermittlung der Nettoerlöse für die Payoutabrechnung vereinfachte, interne Verrechnungssätze zu verwenden. Eine solche Vereinfachung darf jedoch zu keiner einseitigen Benachteiligung des Mitarbeiters führen und wird daher immer Company-neutral ausgerichtet.

Die Payoutansprüche entstehen dann, wenn die zugrunde liegenden Umsätze auf den jeweiligen Kundenkonten bei den depotführenden Kooperationsbanken verbucht sind und somit eine entsprechende Company-Forderung gegen den jeweiligen Kooperationspartner vorhanden ist.

Bei Umsätzen außerhalb der depotführenden Kooperationsbanken (zB Vermittlergeschäfte) entsteht der Payoutanspruch mit Zahlungseingang der Nettoerlöse bei der Company.

3. Schlussbemerkung

Die Company ist befugt, die erfolgsbezogenen Vergütungsbestandteile jederzeit – mit Wirkung für das folgende Kalenderjahr – zu ändern, wobei etwaige Änderungen nach billigem Ermessen zu erfolgen haben und nicht den Mitarbeiter nur einseitig belasten sollen.

Die Company behält sich diese Änderung auch einseitig ohne erforderliche Zustimmung vor, wobei vorgenommene Änderungen dem Mitarbeiter schriftlich mitgeteilt werden müssen.

Oberstes Ziel ist eine kontinuierliche Vergütungsregelung, die dem Mitarbeiter eine möglichst sichere Vergütungsgrundlage bietet. Etwaige Änderungen berühren die restlichen vertraglichen Vereinbarungen nicht.

Anlage 2: Stock Option Vereinbarung

Die ... Company (die Muttergesellschaft) bewilligt dem unten genannten Optionsberechtigten eine Option, die unten genannte Zahl von Anteilen an der Summe der Stammaktien der Muttergesellschaft zu den dort genannten Preis zu erwerben. Sie bewilligt dies gemäß den Bedingungen und Beschränkungen, die in dieser Vereinbarung und in den Bestimmungen des Stock-Option-Plans der Muttergesellschaft von ... in der Fassung vom ... („Plan"), der durch Verweisung in diese Vereinbarung integriert ist, enthalten sind.

Name des Optionsberechtigten: ...

Anzahl an Anteilen, für die eine Option bewilligt ist: ...

Options-Preis pro Anteil: ...

Datum der Bewilligung der Option: ...

Zeitraum, in dem die Ausübung der Option beschränkt ist: ...

1. Die Option kann unter den folgenden Voraussetzungen im Zeitraum von der Gewährung bis zum Außerkrafttreten der Option jederzeit ganz oder in Teilen ausgeübt werden:

a) Die Ausübung der Option ist unzulässig in den ersten zwölf (12) Monaten seit dem Tag, an dem die Option bewilligt wurde, außer im Falle eines „Change of control" (wie definiert in § 8 des Plans), des Todes, der Geschäftsunfähigkeit (wie definiert in dem „Long Term Disability Income Plan" der Muttergesellschaft) oder des Ausscheidens in den Ruhestand. „Ruhestand" bedeutet in diesem Zusammenhang die Beendigung des Arbeitsverhältnisses eines Mitarbeiters zu einem Zeitpunkt, an dem der Mitarbeiter Anspruch hätte auf eine sofort zahlbare Leistung gemäß

(i) dem ergänzenden Ruhestandsplan der Muttergesellschaft (jetzt der „Key Executive Retirement Plan") für die Mitarbeiter, die in den Geltungsbereich dieses Plans fallen, und

(ii) gemäß der Bedingungen des Mitarbeiter-Ruhestandsplans („ERP") für alle anderen Mitarbeiter, die in den Geltungsbereich dieses Plans fallen.

b) Das Verhältnis der Anzahl der Anteile bezüglich derer die Option zu jedem beliebigen Datum ausgeübt werden kann, zu der gesamten Zahl von Anteilen, auf die sich die Option bezieht, darf das Verhältnis der Anzahl der Monate seit dem Datum, an dem die Option bewilligt wurde zu einem Zeitraum von sechsunddreißig (36) Monaten (oder einem kleineren Zeitraum, wenn er von dem Komitee (wie in dem Plan definiert) nach seinem Ermessen bestimmt wurde) nicht übersteigen.

Jedenfalls soll die Option als Ganzes ausgeübt werden können im Falle eines „Change of control", des Todes oder der Geschäftsunfähigkeit, während der Mitarbeiter bei der Muttergesellschaft und/oder jeder Zweiggesellschaft beschäftigt ist, oder des Ausscheidens in den Ruhestand.

c) In dem Fall, dass das Arbeitsverhältnis des Optionsberechtigten bei der Muttergesellschaft und/oder einer Zweiggesellschaft außer durch Tod, Geschäftsunfähigkeit oder Ausscheiden in den Ruhestand von einem „Change of control" beendet wird, entsteht das Recht, die Option auszuüben, in dem Umfang gem. § 1 (2) zu dem Datum der Beendigung des Arbeitsverhältnisses.

Das Recht des Optionsberechtigten, die Option auszuüben, endet an dem früheren der beiden folgenden Zeitpunkte:

(i) nach Ablauf von sechs (6) Monaten nach der Beendigung des Arbeitsverhältnisses oder

(ii) am Datum des Außerkrafttretens der Option.

d) Das Recht, die Option auszuüben, geht auf den Testamentsvollstrecker oder den Erwerber der Option gem. § 7 des Plans über, wenn der Optionsberechtigte stirbt, während er Mitarbeiter der Muttergesellschaft oder einer Zweiggesellschaft ist, oder wenn er innerhalb von sechs (6) Monaten ab dem Zeitpunkt der Beendigung des Arbeitsverhältnisses aber vor dem Außerkrafttreten der Option stirbt.

Das Recht, die Option auszuüben, endet nach dem Ablauf von zwölf (12) Monaten ab

(i) dem Zeitpunkt des Todes oder der Geschäftsunfähigkeit des Optionsberechtigten oder

(ii) dem Zeitpunkt der Beendigung der Geschäftsunfähigkeit oder

(iii) einem anderen Zeitpunkt, wenn ein solcher in der Option bestimmt ist.

Maßgeblich ist dabei der früheste der drei genannten Zeitpunkte.

e) Wenn der Optionsberechtigte in den Ruhestand geht, soll er das Recht haben, die Option auszuüben. Dieses Recht endet an dem früheren der beiden folgenden Zeitpunkte:

(i) nach Ablauf von zwölf (12) Monaten nach dem Ausscheiden in dem Ruhestand oder

(ii) an einem anderen Zeitpunkt, wenn ein solcher in der Option bestimmt ist.

f) In dem Fall, dass sich vor dem Ausscheiden des Optionsberechtigten in den Ruhestand oder dem Tod bzw der Geschäftsunfähigkeit während der Anstellung bei der Muttergesellschaft oder einer Zweiggesellschaft ein „Change in control" ereignen sollte, hat der Optionsberechtigte das Recht, die Option als Ganzes auszuüben zu dem Zeitpunkt, an dem der „Change in control" als geschehen betrachtet wird. Das Ereignis eines „Change in control" an sich soll keine Auswirkung auf die Dauer des Ausübungszeitraumes der Option haben.

2. Zu Lebzeiten des Optionsberechtigten ist die Option nicht übertragbar und kann nur durch den Optionsberechtigten oder seinen Rechtsvertreter ausgeübt werden. Diese Option ist nicht anders übertragbar als durch Testament oder gesetzliche Erbfolge oder eine familienrechtliche Regelung.

3. Diese Option ist nicht beabsichtigt als und soll nicht behandelt werden wie eine Incentive Stock Option, wie sie definiert ist in § 422a des als Anlage beigefügten Internal Revenue Code von 1986.

4. Jede Mitteilung betreffend die Option, einschließlich ihrer Ausübung, soll in Schriftform stattfinden. Alle Mitteilungen an die Muttergesellschaft sollen adressiert werden an Manager, Executive Compensation .... Alle Mitteilungen an den Optionsberechtigten sollen adressiert sein an die Hauptadresse des Optionsberechtigten, die sich in den Akten der Muttergesellschaft befindet. Entweder die Muttergesellschaft oder der Optionsberechtigte können durch schriftliche Mitteilung an den anderen eine andere Adresse bestimmen. Schriftliche Mitteilungen an die genannten Adressen binden die Muttergesellschaft, den Optionsberechtigten und dessen Rechtsnachfolger.

5. Der Optionsberechtigte stimmt hiermit zu, dass

a) jede Regelung, Vorschrift und Bestimmung bezüglich des Plans, einschließlich der Interpretation des Plans durch das Komitee des Board of Directors der Muttergesellschaft, das von Zeit zu Zeit berufen wird, um den Plan zu verwalten (das „comitee"), die bewilligte Option und die Ausübung der Option für alle Zwecke und bezüglich aller Personen, einschließlich der Muttergesellschaft und des Optionsberechtigten endgültig und unwiderlegbar sein soll,

b) die Bewilligung der Option nicht das Recht der Muttergesellschaft oder einer Zweiggesellschaft der Muttergesellschaft, das Arbeitsverhältnis des Optionsberechtigten zu beenden, beeinflussen soll.

6. Für den Fall, dass die Ausgabe oder die Übertragung der Aktien, auf die sich die Option bezieht, nach der Ansicht der Muttergesellschaft in Konflikt tritt oder unvereinbar ist mit irgendeinem anwendbaren Gesetz

oder einer Vorschrift einer zuständigen Behörde, behält sich die Muttergesellschaft das Recht vor, die Ausgabe oder Übertragung besagter Aktien zu verweigern.

7. Diese Vereinbarung wurde abgeschlossen in ... und soll verfasst sein unter ... und in Übereinstimmung mit dem Recht des ....

Die ... Muttergesellschaft

Durch: Das Compensation Committe

... Unterschrift

Ich habe die obige Vereinbarung gelesen und ich nehme die oben erwähnte Option, Anteile an der Summe der Stammaktien der Muttergesellschaft gemäß den Bedingungen dieser Vereinbarung und des Plans, den ich zur Kenntnis genommen habe, zu erwerben, an und ich erkenne an, dadurch und durch die Handlungen des Komitees gebunden zu sein.

... (Ort, Datum, Optionsberechtigter)

Anlage 3: Bundesdatenschutzgesetz (BDSG)

In § 5 dieses Gesetzes wird bestimmt, dass allen in der Datenverarbeitung beschäftigten Personen untersagt ist, geschützte personenbezogene Daten zu einem anderen als dem zur jeweiligen rechtmäßigen Aufgabenerfüllung gehörenden Zweck zu verarbeiten, bekannt zu geben, zugänglich zu machen oder sonst zu nutzen. Da zur Datenverarbeitung hierbei das Erfassen, Aufnehmen, Aufbewahren, Übermitteln, Verändern, Löschen, Nutzen, Erheben und Sperren von personenbezogenen Daten zählt, und Sie hiermit beruflich zu tun haben, machen wir Sie auf die Bestimmungen über die Einhaltung des Datengeheimnisses aufmerksam.

Sie sind zum verschwiegenen Umgang mit personenbezogenen Daten verpflichtet. Auf diese Verschwiegenheit weisen wir Sie hiermit gem. § 5 BDSG noch einmal gesondert hin. Ihre Verpflichtung auf das Datengeheimnis besteht auch nach Beendigung des Arbeitsverhältnisses fort.

Das Merkblatt zum Datengeheimnis haben wir Ihnen zur Verfügung gestellt. Mit Ihrer Unterschrift unter das vorliegende Schreiben erklären Sie, dass Sie das Merkblatt über das Datengeheimnis zur Kenntnis genommen haben.

Mit freundlichen Grüßen

Den Empfang der vorliegenden Mitteilung bestätige ich hiermit.

... (Ort, Datum, Unterschrift)

 40. Muster: Arbeitsvertrag eines Call-Centers mit einem Telefonakquisiteur

Arbeitsvertrag

Zwischen

der Call-Center GmbH ...

– nachfolgend „CC" genannt –

und

Herrn ...

– nachfolgend „Mitarbeiter" genannt –

wird folgender Anstellungsvertrag geschlossen:

§ 1 Beginn des Arbeitsverhältnisses/Probezeit

Der Mitarbeiter beginnt seine Tätigkeit als Telefonakquisiteur des CC am ....

§ 2 Tätigkeit

(1) Der Mitarbeiter verpflichtet sich, auf Weisung des CC auch zumutbare andere oder zusätzliche, jedoch nur gleichwertige Tätigkeiten auszuüben, die seinen Vorkenntnissen entsprechen. Dem Mitarbeiter ist bekannt, dass seine Tätigkeit projektbezogen im Einzelfalle auch an anderen Arbeitsorten zu leisten ist.

(2) Der Mitarbeiter wird ausschließlich für das CC tätig. Jede entgeltliche oder unentgeltliche Nebentätigkeit, die die Arbeitsleistung des Mitarbeiters oder Wettbewerbsinteressen der CC berühren könnte, erfordert eine vorherige schriftliche Zustimmung der Geschäftsführung.

§ 3 Arbeitszeit

Die Arbeitszeit beträgt wöchentlich 40 Stunden.

§ 4 Vergütung

(1) Der Mitarbeiter erhält ein monatliches Bruttogehalt iHv ... EUR, fällig jeweils am Ende eines Monats.

(2) Bei der Festlegung des Monatsgehalts wird davon ausgegangen, dass der Mitarbeiter monatlich sechs stornofreie Beratungstermine (A-Termine) vereinbart.

(3) Vergütungen für die Mehrleistungen sind in der Prämienvereinbarung geregelt. Die Prämienvereinbarung ist Bestandteil dieses Vertrages.

(4) Die Bewertung von Terminen und Zusatzvereinbarungen ist in der Anlage 2 geregelt. Die Anlage 2 ist Bestandteil dieses Vertrages.

(5) Die Zahlung von Gratifikationen und sonstigen arbeitsvertraglich nicht geschuldeten Leistungen erfolgt freiwillig und begründet keinen Rechtsanspruch, auch wenn die Zahlung wiederholt ohne ausdrücklichen Vorbehalt der Freiwilligkeit erfolgt.

(6) Die Zahlung erfolgt bargeldlos. Es werden zwölf Monatsgehälter gezahlt.

§ 5 Arbeitsverhinderung und Lohnfortzahlung

(1) Der Mitarbeiter versichert, gesundheitlich zur Erfüllung der arbeitsvertraglich geschuldeten Leistungen in der Lage zu sein.

(2) Der Mitarbeiter ist verpflichtet, dem CC jede Dienstverhinderung und ihre voraussichtliche Dauer unverzüglich anzuzeigen. Spätestens am dritten Werktag hat er Nachweise über die Dienstverhinderung und ihre voraussichtliche Dauer vorzulegen. Dauert die Krankheit länger als in der Arbeitsunfähigkeitsbescheinigung angegeben, ist der Mitarbeiter verpflichtet, innerhalb von drei Tagen eine neue Bescheinigung vorzulegen.

(3) Die Lohnfortzahlung im Krankheitsfall regelt sich nach den gesetzlichen Bestimmungen. Bemessungsgrundlage ist der Durchschnittsverdienst der letzten drei Monate vor Eintritt der Krankheit.

§ 6 Urlaub

(1) Der Mitarbeiter hat Anspruch auf einen gesetzlichen Mindesturlaub von 20 Arbeitstagen pro Kalenderjahr bei einer 5-Tage-Woche. Das CC gewährt dem Mitarbeiter zusätzlich zu dem gesetzlichen Mindesturlaub einen vertraglichen Urlaub von weiteren 7 Arbeitstagen. Bei der Gewährung von Urlaub wird zuerst der gesetzliche Urlaub eingebracht. Für den vertraglichen Urlaub gilt abweichend von dem gesetzlichen Mindesturlaub, dass der Urlaubsanspruch nach Ablauf des Übertragungszeitraumes (31.3. des Folgejahres) auch dann verfällt, wenn er wegen Arbeitsunfähigkeit des Mitarbeiters nicht genommen werden kann. Der gesetzliche Mindesturlaub verfällt in einem solchen Fall 15 Monate nach Ablauf des Urlaubsjahres.

Als Urlaubsjahr gilt das Kalenderjahr. Der Urlaub wird in Abstimmung mit der Geschäftsleitung festgelegt. Bemessungsgrundlage ist auch hier der Durchschnittsverdienst der letzten drei Monate vor Urlaubsbeginn.

(2) Der volle Urlaubsanspruch wird erstmals nach sechsmonatigem Bestehen des Arbeitsverhältnisses erworben. Urlaub, der nicht bis spätestens zum 31.3. des folgenden Kalenderjahres genommen wird, verfällt.

§ 7 Beendigung des Arbeitsverhältnisses

(1) Das Arbeitsverhältnis endet, sofern es nicht zuvor gekündigt oder einvernehmlich beendet wurde, mit Ablauf des Monats, in dem der Mitarbeiter erstmals Anspruch auf eine gesetzliche Regelaltersrente hat.

(2) Während der Probezeit kann das Arbeitsverhältnis beiderseits mit einer Frist von zwei Wochen zum Monatsende gekündigt werden.

(3) Nach Ablauf der Probezeit ist eine ordentliche Kündigung nur unter Einhaltung einer Frist von sechs Wochen zum Quartalsende möglich, unbeschadet des Rechts zur außerordentlichen Kündigung.

(4) Die Kündigung muss schriftlich erfolgen und wird erst mit Empfang beim Kündigungsempfänger wirksam.[645]

§ 8 Verschwiegenheitspflicht

(1) Der Mitarbeiter ist während der Dauer des Vertragsverhältnisses und auch nach Beendigung des Vertragsverhältnisses zur Verschwiegenheit über Betriebs- und Geschäftsgeheimnisse verpflichtet.

(2) Der Mitarbeiter ist während der Dauer dieses Dienstverhältnisses auch verpflichtet, über den Inhalt dieses Vertrages Stillschweigen zu bewahren.[646]

§ 9 Verfallklausel

Alle Ansprüche aus dem Arbeitsverhältnis sind innerhalb von drei Monaten seit ihrer Fälligkeit schriftlich geltend zu machen. Nicht rechtzeitig geltend gemachte Ansprüche verfallen.

§ 10 Schlussbestimmungen

(1) Der Mitarbeiter ist nach § 5 Bundesdatenschutzgesetz zur Wahrung des Datengeheimnisses verpflichtet. Die Verpflichtung besteht auch nach Beendigung seiner Tätigkeit für das CC. Das CC wird die Daten des Mitarbeiters nur im Rahmen seines Personalwesens speichern und verarbeiten.

(2) Mündliche Nebenabreden bestehen nicht. Ergänzungen und Änderungen dieses Arbeitsvertrages einschließlich der Aufhebung dieses Schriftformerfordernisses bedürfen der Schriftform, es sei denn, sie beruhen auf einer ausdrücklichen oder individuellen Vertragsabrede. Eine betriebliche Übung ist keine solche ausdrückliche bzw individuelle Vertragsabrede. Auch wiederholte Leistungen oder Vergünstigungen ohne ausdrückliche oder individuelle Vertragsabrede begründen keinen Anspruch für die Zukunft.

... (Ort, Datum, Unterschriften)

Anlage 1:

Prämienvereinbarung

zum Anstellungsvertrag vom ...

zwischen

der Call-Center GmbH ...

– nachfolgend „CC" genannt –

und

Herrn ...

– nachfolgend „Mitarbeiter" genannt –

---

645 Wegen § 623 BGB hat diese Klausel nur deklaratorische Bedeutung.
646 Diese Klausel ist wohl unwirksam, soweit der Mitarbeiter verpflichtet ist, über seine Vergütung Stillschweigen zu bewahren (vgl LAG Mecklenburg-Vorpommern 21.10.2009 – 2 Sa 237/09).

Kapitel 1: Arbeitsverträge

Zusatzvergütung und Werttermine

1. Ab dem 6. vereinbarten, stornofreien A-Termin pro Kalendermonat erhält der Mitarbeiter eine Prämie von 125 EUR je weiterem A-Termin.
2. In die Wertung werden auch sog. Grundlagentermine (G-Termine), STB-Termine und Service Termine aufgenommen.
3. G-Termine und STB-Termine werden mit je 50 EUR, Service Termine werden mit 25 EUR bewertet.

Anlage 2

zum Anstellungsvertrag vom ...

zwischen

der Call-Center GmbH ...

– nachfolgend „CC" genannt –

und

Herrn ...

– nachfolgend „Mitarbeiter" genannt –

1. Terminarten und deren Qualifikationskriterien

A-Termin: ist ein Termin, der mit dem Ziel vereinbart wird, mit einem potentiellen Kunden (PK) ein Beratungsgespräch über ... zu führen.

Qualifikationskriterien für eine OK-Bewertung:
1. Der PK ist anwesend.
2. Der PK ist bereit, ein mind. 25 Min. dauerndes Gespräch zum Thema zu führen.

G-Termin: ist ein Termin, der mit dem Ziel vereinbart wird, mit einem potentiellen Kunden (PK) ein Beratungsgespräch über ... zu führen.

Qualifikation für eine OK-Bewertung:
1. Der PK ist anwesend.
2. Der PK ist geschäftsfähig und erzielt ein geregeltes Einkommen.
3. Der PK ist bereit, ein mind. 30 Min. dauerndes Gespräch zum Thema zu führen.

STB-Termin: ist ein Termin, der mit dem Ziel vereinbart wird, mit einem interessierten Steuerberater ein Informationsgespräch über ... zu führen.

Qualifikation für eine OK-Bewertung:
1. Der Steuerberater ist anwesend.
2. Der Steuerberater ist bereit, ein mind. 30 Min. dauerndes Gespräch zum Thema zu führen.

Service-Termine: sind Wiederholungstermine mit
- geschützten und übernommenen Kunden
- geschützten und übernommenen Steuerberatern
- geschützten Interessenten
- eingeladener Kunden zu Kundenveranstaltungen
- eingeladener Interessenten zu Interessentenveranstaltungen
- eingeladener Steuerberater zu Steuerberaterveranstaltungen

§ 1 Verträge mit Arbeitnehmern, freien Mitarbeitern und Gesellschaftsorganen

Qualifikation für eine OK-Bewertung:

1. Der Termin hat stattgefunden bzw der Kunde/Interessent/Steuerberater hat an der entsprechenden Veranstaltung teilgenommen.

Ein Termin wird als Storno gewertet, wenn eines der oben genannten Kriterien nicht erfüllt ist.

2. Terminvorlauf

Termine werden mit einem Vorlauf von mindestens zwei Werktagen vereinbart. Termine mit einer Vorlaufzeit von weniger als zwei Tagen sind mit dem für die Terminkoordinierung verantwortliche Mitarbeiter abzustimmen. Erst nach Bestätigung durch diesen Mitarbeiter kann der Termin angenommen werden.

3. Terminrevision

Zur Verbesserung der Erfolgschancen wird vereinbart, dass jeder Termin („Bruttotermin") frühestens 48 Stunden und spätestens fünf Stunden vor dem vereinbarten Zeitpunkt revisioniert wird. Das heißt, der Mitarbeiter ruft den PK in dieser Zeitspanne an und überprüft die Gültigkeit der terminlichen Vereinbarung und der inhaltlichen Qualifikation. Erst nach erfolgreich verlaufener Revision wird der Termin als vereinbart angenommen.

Ist der Mitarbeiter zum Zeitpunkt der Revision verhindert, wird diese Revision in Verantwortlichkeit des zuständigen Teamleiters organisiert.

4. Terminort

Zur Erhöhung der Erfolgschancen und der Bedeutung und Seriosität des Gesprächs Rechnung tragend, werden Termine entweder am Arbeitsort des PK oder bei dessen Privatanschrift vereinbart. Weiterhin können an den Standorten der Büros der Niederlassungen diese als Treffpunkt vereinbart werden. Wichtig ist, dass das Gespräch in einer weitgehend individuellen Atmosphäre und von außen ungestört stattfinden kann. Gaststätten sind eher ungeeignet für die zu vereinbarenden Gespräche. Keinesfalls sind Schnellrestaurants, Bahnhofsrestaurants o.Ä. als Treffpunkte zu vereinbaren.

5. Doppelläufer

Stellt der Mitarbeiter im Akquisitionsgespräch fest, dass der vorgesehene Gesprächspartner nicht mehr erreichbar ist, so ist das CC an einer Terminsvereinbarung mit dem Nachfolger oder einer anderen qualifizierten Person interessiert. Zur Vermeidung von Doppelterminierungen versichert sich der Mitarbeiter während des Gesprächs mit dem Nachfolger darüber, dass mit diesem oder der anderen qualifizierten Person noch keine Geschäftskontakte zu dem projektspezifischen Auftraggeber bestehen.

41. Muster: Arbeitsvertrag für Nicht-Amateure ohne Lizenz[647]

Zwischen

..., vertreten durch ...

— nachstehend: Verein —

und

...

bei Minderjährigkeit: gesetzlich vertreten durch ...

— nachstehend: Spieler —

---

[647] Abdruck mit freundlicher Genehmigung von RA Dr. *Stephan Osnabrügge*, Pauly Rechtsanwälte, Bonn. Die Einholung spezialisierten Rechtsrats vor Begründung eines Arbeitsvertrages im Bereich des Profisports, in dem neben den staatlichen Gesetzen eine Vielzahl von verbandsinternen Regelungen zu beachten sind, wird dringend empfohlen.

wird vereinbart, was folgt:

§ 1 Anstellung, Verpflichtungen des Spielers

(1) Der Spieler wird Wirkung zum ... als Fußballspieler mit dem Status eines Nicht-Amateurs ohne Lizenz gem. §§ 8 Nr. 2, 22 ff der Spielordnung des Deutschen Fußballbundes (DFB-Spielordnung) eingestellt. Er verpflichtet sich, für den Verein den Fußballsport auszuüben.

(2) Der Spieler verpflichtet sich zur Teilnahme an den von dem Verein angesetzten Trainingseinheiten. Er verpflichtet sich weiterhin zur Teilnahme an allen vom Verein für die Mannschaft festgesetzten Terminen, seien es Trainingslager, Pressetermine oder andere, dem Training, Wettkampf oder der Öffentlichkeitsarbeit dienende Termine.

(3) Der Spieler ermächtigt den Verein zur Verwertung seiner Persönlichkeitsrechte insoweit, als diese im Zusammenhang mit seiner Tätigkeit als Fußballspieler stehen. Insbesondere gestattet der Spieler dem Verein, sein Abbild, seine Unterschrift und seinen Namen zum Zwecke der Öffentlichkeitsarbeit oder zu anderen, mit diesem Vertrag im Zusammenhang stehenden Zwecken zu verwenden. Der Spieler verpflichtet sich insbesondere auch zur Zurverfügungstellung seiner Autogrammunterschrift im Original zum Zwecke der Verwendung im Rahmen dieses Vertrages. Alle Erlöse, die der Verein aus der Verwertung des Persönlichkeitsrechts des Spielers erzielt, stehen dem Verein zu. Die Parteien stimmen darin überein, dass eventuelle Ansprüche des Spielers mit der Vergütung nach § 2 dieses Vertrages abgegolten sind.

(4) Der Spieler verpflichtet sich insbesondere auch dazu, für Auftritt mit Werbepartnern des Vereins zur Verfügung zu stellen. Er verpflichtet sich, während jeder Tätigkeit für den Verein auf dessen Wunsch die durch den Verein zur Verfügung gestellte Kleidung zu tragen.

(5) Der Spieler verpflichtet sich, stets, insbesondere aber dann, wenn mit Öffentlichkeit zu rechnen ist, bei seinem Auftreten die Wahrung des Ansehens des Vereins zu beachten.

§ 2 Leistungen des Vereins

(1) Der Verein ermöglicht dem Spieler die Teilnahme am Training des Vereins zumindest insoweit, dass der sich aus dem Trainingszustand des Spielers ergebende Marktwert nicht leidet.

(2) Der Spieler erhält ein monatliches Bruttoentgelt iHv ... EUR. Das Entgelt ist jeweils zum letzten Tag eines Monats fällig. Es wird bargeldlos auf ein vom Spieler noch zu benennendes Konto gezahlt.

(3) Zusätzlich zu der Vergütung werden die folgenden weiteren Leistungen des Vereins gezahlt, die jedoch unter dem Vorbehalt des einseitigen Widerrufs durch den Verein stehen. Der Widerruf ist möglich, wenn für die Ausübung des Widerrufsrechts wirtschaftliche Gründe oder Gründe in der Leistung oder im Verhalten des Spielers vorliegen.

- (Insbesondere: Prämien etc.)
- ...

(4) Bei durch den Verein veranlassten Reisen werden Fahrtkosten und Spesen in folgender Höhe gezahlt: ...

§ 3 Arbeitszeit

(1) Die regelmäßige wöchentliche Arbeitszeit beträgt 40 Stunden.

(2) Überstunden sind in vollem Umfang mit der Vergütung nach § 2 dieses Vertrages abgegolten.[648]

(3) Die Arbeitszeiten werden durch den Verein oder einen beauftragten, in der Regel durch den Trainer, festgelegt. Der Spieler verpflichtet sich, an allen Wochentagen zur Verfügung zu stehen. Insoweit die Arbeit an

---

[648] Wenngleich verbreitet, so ist diese Regelung gemäß § 307 Abs. 1 Satz 2, Abs. 2 Nr. 1 BGB unwirksam (BAG 21.9.2011 – 5 AZR 629/10, NZA 2012, 145). Wirksam wäre bspw folgende Regelung: „Mit der Vergütung gemäß § ... sind bis zu 5 Überstunden bzw Mehrarbeit pro Woche abgegolten."

einem Sonn- oder Feiertag angesetzt wird (zB bei Meisterschaftsspielen), steht dem Spieler ein entsprechender Ausgleich in der darauf folgenden Woche zu.

§ 4 Unterwerfung, Vereinsstrafgewalt[649]

(1) Auf das Arbeitsverhältnis finden die Satzungen und Ordnungen des Deutschen Fußballbundes (DFB) und seiner zuständigen Mitgliedsverbände als die in ihrer jeweils gültigen Fassung allgemein anerkannten Grundsätze des deutschen Fußballsports Anwendung. Der Spieler anerkennt diese Bestimmungen als für sich verbindlich. Er unterwirft sich den Entscheidungen der zuständigen Stelle des DFB oder seiner Mitgliedsverbände sowie ggf des Ligaverbandes.

(2) Der Spieler erkennt – sofern einschlägig – die Rechtsgrundlagen der jeweiligen Liga, in der die erste Mannschaft des Vereins spielt, als für sich verbindlich an. Er verpflichtet sich, sofern in diesen Rechtsgrundlagen vorgesehen, Erklärungen und Einwilligungen gegenüber den zuständigen Stellen abzugeben.

(3) Der Spieler verpflichtet sich gem. § 8 Ziff. 2 der DFB-Spielordnung, die steuerlichen und sozialversicherungsrechtlichen Abgaben auf seine Einkünfte abführen zu lassen. Er verpflichtet sich, die Erfüllung dieser Verpflichtung zusammen mit dem Antrag auf Spielerlaubnis, spätestens jedoch binnen 3 Monaten nach Vertragsbeginn durch den Verein nachweisen oder zumindest glaubhaft machen zu lassen; andernfalls verpflichtet er sich nachzuweisen, dass diese Abführungspflicht nicht besteht.

(4) Der Spieler verpflichtet sich gemeinsam mit dem Verein gem. § 22 der DFB-Spielordnung, den Vertragsabschluss sowie jegliche Änderungen dieses Vertrages dem für die Erteilung der Spielberechtigung zuständigen Verband unverzüglich nach Abschluss, Änderung bzw Verlängerung durch Zusendung einer Ausfertigung des Vertrages anzuzeigen.

(5) Der Spieler nimmt zur Kenntnis, dass eine vorzeitige Vertragsbeendigung durch einvernehmliche Auflösung oder fristlose Kündigung ebenfalls dem für die Erteilung für Spielberechtigung zuständigen Verband unverzüglich anzuzeigen ist. Er nimmt zur Kenntnis, dass eine rechtswirksame vorzeitige Vertragsbeendigung, gleich aus welchem Grund, das sofortige Erlöschen der Spielerlaubnis zur Folge hat. Bei der Erteilung einer neuen Spielerlaubnis ist § 23 Ziff. 8 der DFB-Spielordnung zu beachten.

(6) Der Spieler nimmt zur Kenntnis, dass die Spielerlaubnis im Übrigen erst bei Ende des Vertrages ohne Rücksicht auf den Zeitpunkt der Abmeldung erlischt. Eine Abmeldung während eines laufenden Vertrages kann hinsichtlich eines zukünftigen Vereinswechsels als Amateur nur dann anerkannt werden, wenn der Spieler nach der Abmeldung nicht mehr gespielt hat.

(7) Der Spieler erklärt sich damit einverstanden, dass seine sich aus diesem Vertrag ergebenden Daten durch die zuständigen Stellen, an die Anzeige zu erstatten ist, gespeichert und verarbeitet werden. Er erklärt sich damit einverstanden, dass diese Daten im Rahmen der Spielerverwaltung weitergenutzt und Dritten gegenüber offen gelegt werden. Dies gilt nicht für Angaben über Vergütungen und sonstige geldwerte Leistungen.

(8) Der Spieler unterwirft sich der Satzung des Vereins. Er unterwirft sich weiterhin der Strafgewalt des Vereins. Der zum Zeitpunkt dieses Vertragsschlusses gültige interne Strafenkatalog des Vereins ist diesem Vertrag beigeheftet und wird dessen Bestandteil. Für schuldhafte Verstöße gegen diesen Vertrag und insbesondere die im Strafenkatalog konkretisierten Pflichten unterwirft sich der Spieler einer Vertragsstrafe in der im Strafenkatalog ausgewiesenen Höhe.

§ 5 Urlaub

(1) Dem Spieler steht ein Jahresurlaub gemäß dem Bundesurlaubsgesetz zu.

---

649 Die Wirksamkeit von Vertragsstrafenregelungen im Bereich des Profisports wird insbesondere in Fällen, in denen an privates Verhalten Sanktionen geknüpft werden, immer wieder in Frage gestellt.

(2) Der Urlaub wird in Absprache mit dem Spieler durch den Verein gewährt. Ein Urlaub innerhalb der Spielzeiten ist in der Regel ausgeschlossen. Ebenfalls wird in der Regel kein Urlaub in der unmittelbaren Vorbereitungszeit auf eine neue Spielzeit gewährt.

§ 6 Leistungsstörungen, Krankheit

(1) Ruht die Spielerlaubnis des Spieler aus Gründen, die dieser zu vertreten hat oder ist der Spieler aus Gründen, die dieser schuldhaft zu vertreten hat, nicht für den Verein einsetzbar, so hat der Verein die Möglichkeit, die Vergütung des Spieler zeitanteilig zu kürzen.

(2) Der Spieler ist verpflichtet, jede Arbeitsverhinderung und ihre voraussichtliche Dauer unverzüglich anzuzeigen und auf Verlagen die Gründe der Arbeitsverhinderung mitzuteilen. Im Falle der Arbeitsunfähigkeit durch Krankheit ist am ersten Tag der Arbeitsunfähigkeit eine ärztliche Bescheinigung über die Arbeitsunfähigkeit sowie deren voraussichtliche Dauer vorzulegen. Dauert die Arbeitsunfähigkeit länger als bescheinigt, ist spätestens am letzten Tag der bescheinigten Arbeitsunfähigkeit eine neue Bescheinigung vorzulegen.

(3) Im Falle der Arbeitsunfähigkeit durch Krankheit wird Entgeltfortzahlung nach den gesetzlichen Vorschriften gewährt. Die Entgeltfortzahlung ist in den gesetzlich vorgesehenen Fällen ausgeschlossen.

§ 7 Nebentätigkeit

(1) Der Spieler darf Nebentätigkeiten mit ausdrücklicher, vorheriger, schriftlicher Einwilligung des Vereins übernehmen. Die Einwilligung wird erteilt, wenn berechtigte Belange des Vereins nicht beeinträchtigt werden.

(2) Die Teilnahme an Interviews oder eine schriftstellerische Tätigkeit bedarf der vorherigen Zustimmung des Vereins. Dies gilt nicht für Interviews, die unmittelbar nach Spielende geführt werden; diese können durch den Verein jedoch im Einzelfall vorab untersagt werden.

(3) Eine im Rahmen dieses Paragraphen einmal gewährte Genehmigung ist jederzeit widerruflich.

§ 8 Dauer des Vertrages, Kündigung

(1) Dieser Vertrag wird befristet gem. § 22 Ziff. 1 der DFB-Spielordnung abgeschlossen. Er beginnt am ..... und endet zum .....

(2) Innerhalb des Befristungszeitraumes ist der Vertrag nicht kündbar; das Recht zur außerordentlichen Kündigung aus wichtigem Grund bleibt jedoch unbenommen. Den Parteien bleibt darüber hinaus unbenommen, einen Aufhebungsvertrag zu schließen.

(3) Bei Vertragsende erlischt gem. § 22 der DFB-Spielordnung das Spielrecht.

(4) Der Spieler wird darauf hingewiesen, dass eine rechtswirksame vorzeitige Vertragsbeendigung, gleich aus welchem Grund, das sofortige Erlöschen der Spielerlaubnis zur Folge hat. Bei Erteilung einer neuen Spielerlaubnis ist § 23 Ziff. 8 der DFB-Spielordnung zu beachten.

§ 9 Ausschlussklausel[650]

Ansprüche, die aus diesem Vertrag hergeleitet werden, sind innerhalb von 3 Monaten nach ihrer Fälligkeit gegenüber dem jeweiligen Vertragspartner schriftlich geltend zu machen. Werden die Ansprüche nicht schriftlich anerkannt, so sind sie innerhalb einer weiteren Frist von 3 Monaten ab Geltendmachung gerichtlich geltend zu machen. Ansprüche, die nicht innerhalb dieser Fristen angezeigt oder geltend gemacht werden, verfallen.

---

[650] Nach einer neuen Entscheidung des BAG können arbeitsvertraglich vereinbarte Ausschlussfristen dahin gehend ausgelegt werden, dass sie nur die von den Parteien für regelungsbedürftig gehaltenen Fälle erfassen sollen. Eine Anwendung auch für die Fälle, die durch gesetzliche Verbote oder Gebote geregelt sind, soll dagegen regelmäßig gerade nicht gewollt sein, so das BAG. Das gelte bspw für die Haftung wegen Vorsatzes (Pressemitteilung Nr. 42/13 zu BAG, Urt. v. 20.6.2013 – 8 AZR 280/12). Ein Formulierungsbeispiel für eine vertragliche Verfallklausel mit Ausschluss der Haftung für Vorsatz enthält das Muster 1134 (§ 16).

§ 10 Geheimhaltung, Herausgabe

Der Spieler verpflichtet sich im Hinblick auf die hohe Vertraulichkeit der Arbeit bei dem Verein, alle internen Vorgänge Dritten gegenüber streng vertraulich zu behandeln. Dies gilt auch nach Beendigung des Vertragsverhältnisses. Alle Gegenstände, die dem Spieler im Zusammenhang mit diesem Vertrag übergeben worden sind, sind dem Verein auf Anfrage jederzeit sowie am Ende des Beschäftigungsverhältnisses unaufgefordert zurückzugeben.

§ 11 Sonstiges

(1) Dieser Vertrag unterliegt deutschem Recht.

(2) Sollte eine Bestimmung dieses Vertrages ganz oder teilweise rechtsunwirksam sein oder werden, so wird die Gültigkeit der übrigen Bestimmungen dadurch nicht berührt. In einem solchen Fall ist der Vertrag vielmehr seinem Sinne gemäß zur Durchführung zu bringen. Beruht die Ungültigkeit auf einer Leistungs- oder Zeitbestimmung, so tritt an ihrer Stelle das gesetzlich zulässige Maß.

(3) Mündliche Nebenabreden bestehen nicht.

Ergänzungen und Änderungen dieses Arbeitsvertrages einschließlich der Aufhebung dieses Schriftformerfordernisses bedürfen der Schriftform, es sei denn, sie beruhen auf einer ausdrücklichen oder individuellen Vertragsabrede. Eine betriebliche Übung ist keine solche ausdrückliche bzw. individuelle Vertragsabrede. Auch wiederholte Leistungen oder Vergünstigungen ohne ausdrückliche oder individuelle Vertragsabrede begründen keinen Anspruch für die Zukunft.

(4) Dieser Vertrag ist in zwei Ausfertigungen beiderseitig unterschrieben. Eine davon ist dem Spieler ausgehändigt worden.

↑

42. Muster: Arbeitsvertrag eines Fußballtrainers[651, 652]

↓

Zwischen

..., vertreten durch ...

– im Weiteren: Verein –

und

...

– im Weiteren: Trainer –

wird vereinbart, was folgt:

---

651 Abdruck mit freundlicher Genehmigung von RA Dr. *Stephan Osnabrügge*, Pauly Rechtsanwälte, Bonn.
652 § 26 der DFB-Ausbildungsordnung verpflichtet dazu, einen schriftlichen Anstellungsvertrag mit Trainern zu schließen. § 26 der DFB-Ausbildungsordnung lautet:
„1. Der Trainer und der Verein, die Tochtergesellschaft oder der Mitgliedsverband, für den der Trainer tätig sein will, sollen einen schriftlichen Anstellungsvertrag abschließen. Die Vertragsbestimmungen sind nach den beiderseitigen Vorstellungen über die geplante Zusammenarbeit zu gestalten. Der als Anhang III dieser Ordnung beigefügte Formularvertrag soll verwendet werden.
2. Anstellungsverträge dürfen nicht gegen die zwingenden Vorschriften der Satzungen und Ordnungen des DFB und seiner nach dieser Ordnung zuständigen Mitgliedsverbände verstoßen; sie sind insoweit im Verhältnis der Vertragsparteien zueinander und in ihrem Verhältnis zum DFB und zu den zuständigen Mitgliedsverbänden unwirksam.
3. Trainer dürfen einen Anstellungsvertrag für einen bestimmten Zeitraum grundsätzlich nur mit einem Verein, einer Tochtergesellschaft oder einem Mitgliedsverband eingehen.
4. Dem zuständigen Landes- oder Regionalverband sowie dem DFB ist in alle Verträge einschließlich aller nachträglichen Änderungen auf Verlangen Einblick zu gewähren.
5. Vertragskündigungen sind von den Vereinen und Tochtergesellschaften der Bundesliga und 2. Bundesliga dem DFB und von den Vereinen der Regionalligen den zuständigen Regionalverbänden, im Übrigen dem zuständigen Landesverband mitzuteilen."
Die DFB-Ausbildungsordnung ist über die Internetseiten des DFB verfügbar.

§ 1 Anstellung, Verpflichtungen des Trainers

(1) Der Trainer wird Wirkung zum ... als Fußball-Lehrer-Trainer mit A- bzw B-Lizenz eingestellt. Er ist verantwortlich für die das Fußballspiel betreffende Aus- und Weiterbildung der folgenden Mannschaften des Vereins sowie für deren Betreuung und Überwachung beim Spiel: ...

(2) Der Trainer versichert, die entsprechenden Lizenzen des Deutschen Fußballbundes (DFB) zu besitzen. Er verpflichtet sich, seine volle Arbeitskraft in den Dienst des Vereins zu stellen. Ihm obliegen die Leitung des Trainings sowie die Aufstellung der Mannschaft.

(3) Im Rahmen der Aufgaben nach Abs. 2 dieses Paragraphen besteht kein Weisungsrecht des Vorstandes gegenüber dem Trainer. Im Übrigen unterliegt der Trainer den Weisungen des Vorstandes.

(4) Der Trainer ermächtigt den Verein zur Verwertung seiner Persönlichkeitsrechte insoweit, als diese im Zusammenhang mit seiner Tätigkeit als Fußballtrainer stehen. Insbesondere gestattet der Trainer dem Verein, sein Abbild, seine Unterschrift und seinen Namen zum Zwecke der Öffentlichkeitsarbeit oder zu anderen, mit diesem Vertrag im Zusammenhang stehenden Zwecken zu verwenden. Der Trainer verpflichtet sich insbesondere auch zur Zurverfügungstellung seiner Autogrammunterschrift im Original zum Zwecke der Verwendung im Rahmen dieses Vertrages. Alle Erlöse, die der Verein aus der Verwertung des Persönlichkeitsrechts des Trainers erzielt, stehen dem Verein zu. Die Parteien stimmen darin überein, dass eventuelle Ansprüche des Trainers mit der Vergütung nach § 2 dieses Vertrages abgegolten sind.

(5) Der Trainer verpflichtet sich insbesondere auch dazu, für Auftritt mit Werbepartnern des Vereins zur Verfügung zu stellen. Er verpflichtet sich, während jeder Tätigkeit für den Verein auf dessen Wunsch die durch den Verein zur Verfügung gestellte Kleidung zu tragen.

(6) Der Trainer verpflichtet sich, stets, insbesondere aber dann, wenn mit Öffentlichkeit zu rechnen ist, bei seinem Auftreten die Wahrung des Ansehens des Vereins zu beachten.

§ 2 Leistungen des Vereins

(1) Der Trainer erhält ein monatliches Bruttoentgelt iHv ... EUR. Das Entgelt ist jeweils zum letzten Tag eines Monats fällig. Es wird bargeldlos auf ein vom Trainer noch zu benennendes Konto eingezahlt.

(2) Zusätzlich zu der Vergütung werden die folgenden weiteren Leistungen des Vereins gezahlt, die jedoch unter dem Vorbehalt des jederzeitigen einseitigen Widerrufs durch den Verein gezahlt werden.

- (Insbesondere: Prämien etc.)
- ...

(3) Bei Reisen mit der Mannschaft werden dem Trainer die gleichen Tagesspesen wie den Spielern gezahlt; bei sonstigen Dienstreisen werden Fahrtkosten und Abwesenheitspauschalen gemäß den jeweiligen steuerlichen Höchstsätzen gezahlt.

(4) Im Todesfall zahlt der Verein der Witwe oder minderjährigen bzw noch in der Berufsausbildung befindlichen Kindern einen Betrag iHv ... Brutto-Monatsgehältern. Der Betrag wird unabhängig von der Anzahl der Hinterbliebenen nur einmalig zur Gesamthand gezahlt.

§ 3 Arbeitszeit

(1) Die regelmäßige wöchentliche Arbeitszeit beträgt 40 Stunden.

(2) Überstunden sind in vollem Umfang mit der Vergütung nach § 2 dieses Vertrages abgegolten.[653]

---

[653] Wenngleich verbreitet, so ist diese Regelung gemäß § 307 Abs. 1 Satz 2, Abs. 2 Nr. 1 BGB unwirksam (BAG 21.9.2011 – 5 AZR 629/10, NZA 2012, 145). Wirksam wäre bspw folgende Regelung: „Mit der Vergütung gemäß § ... sind bis zu 5 Überstunden bzw Mehrarbeit pro Woche abgegolten."

(3) Der Trainer verpflichtet sich, an allen Wochentagen zur Verfügung zu stehen. Insoweit seine Arbeit an einem Sonn- oder Feiertag beansprucht wird, steht dem Trainer ein entsprechender Ausgleich in der darauf folgenden Woche zu.

§ 4 Unterwerfung, Vereinsstrafgewalt

(1) Auf das Arbeitsverhältnis finden die Satzungen und Ordnungen des DFB und seiner zuständigen Mitgliedsverbände als die in ihrer jeweils gültigen Fassung allgemein anerkannten Grundsätze des deutschen Fußballsports Anwendung. Der Trainer anerkennt diese Bestimmungen als für sich verbindlich. Dem Trainer ist bekannt, dass hier die gegenwärtige oder zukünftige Vertragsbestimmung unwirksam ist, die gegen die genannten Vorschriften verstößt. Der Trainer unterwirft sich den Entscheidungen der zuständigen Stelle des DFB oder seiner Mitgliedsverbände sowie ggf des Ligaverbandes.

(2) Der Trainer erkennt – sofern einschlägig – die Rechtsgrundlagen der Regionalliga als für sich verbindlich an. Er verpflichtet sich, sofern in diesen Rechtsgrundlagen vorgesehen, Erklärungen und Einwilligungen gegenüber den zuständigen Stellen abzugeben.

(3) Der Trainer bestätigt und verpflichtet sich, für die Dauer dieses Vertrages gemäß den Vorschriften der Trainerordnung des DFB ordentliches Mitglied eines dem DFB angeschlossenen Vereins zu sein.

(4) Der Trainer erklärt sich damit einverstanden, dass seine sich aus diesem Vertrag ergebenden Daten sowie der Inhalt dieses Vertrages durch den Verein auch im Wege der elektronischen Datenspeicherung gespeichert und verarbeitet werden. Er erklärt sich damit einverstanden, dass der Verein dem DFB oder weiteren gem. § 26 der Trainerordnung DFB Berechtigten Auskünfte oder in diesen Vertrag Einblick gewährt. Der Trainer erklärt sich damit einverstanden, dass eine Vertragskündigung gem. § 26 der Trainerordnung DFB der berechtigten Stelle mitgeteilt wird.

(5) Der Trainer unterwirft sich der Satzung des Vereins. Er unterwirft sich weiterhin der Strafgewalt des Vereins. Für schuldhafte Verstöße gegen diesen Vertrag unterwirft sich der Spieler einer Vertragsstrafe, die ihm für jeden Fall der Zuwiderhandlung maximal 3 Monatsgehälter betragen darf. Insoweit ein interner Strafenkatalog des Vereins existiert, unterwirft sich der Trainer diesem in der jeweils geltenden Fassung. Der zum Zeitpunkt dieses Vertragsschlusses gültige Strafenkatalog ist diesem Vertrag beigeheftet und wird dessen Bestandteil.

§ 5 Urlaub

(1) Dem Trainer steht ein Jahresurlaub gemäß dem Bundesurlaubsgesetz zu.

(2) Der Urlaub wird in Absprache mit dem Trainer durch den Verein gewährt. Ein Urlaub innerhalb der Spielzeiten ist in der Regel ausgeschlossen. Ebenfalls wird in der Regel kein Urlaub in der unmittelbaren Vorbereitungszeit auf eine neue Spielzeit gewährt.

§ 6 Leistungsstörungen, Krankheit

(1) Ruht die Spielerlaubnis des Trainers aus Gründen, die dieser zu vertreten hat oder ist der Trainer aus Gründen, die dieser schuldhaft zu vertreten hat, nicht für den Verein einsetzbar, so hat der Verein die Möglichkeit, die Vergütung des Trainers zeitanteilig zu kürzen.

(2) Der Trainer ist verpflichtet, jede Arbeitsverhinderung und ihre voraussichtliche Dauer unverzüglich anzuzeigen und auf Verlagen die Gründe der Arbeitsverhinderung mitzuteilen. Im Falle der Arbeitsunfähigkeit durch Krankheit ist am ersten Tag der Arbeitsunfähigkeit eine ärztliche Bescheinigung über die Arbeitsunfähigkeit sowie deren voraussichtliche Dauer vorzulegen. Dauert die Arbeitsunfähigkeit länger als bescheinigt, ist spätestens am letzten Tag der bescheinigten Arbeitsunfähigkeit eine neue Bescheinigung vorzulegen.

(3) Im Falle der Arbeitsunfähigkeit durch Krankheit wird Entgeltfortzahlung nach den gesetzlichen Vorschriften gewährt. Die Entgeltfortzahlung ist in den gesetzlich vorgesehenen Fällen ausgeschlossen.

§ 7 Nebentätigkeit

(1) Der Trainer darf Nebentätigkeiten mit ausdrücklicher, vorheriger, schriftlicher Einwilligung des Vereins übernehmen. Die Einwilligung wird erteilt, wenn berechtigte Belange des Vereins nicht beeinträchtigt werden.

(2) Die Teilnahme an Interviews oder eine schriftstellerische Tätigkeit bedarf der vorherigen Zustimmung des Vereins. Dies gilt nicht für Interviews, die unmittelbar nach Spielende geführt werden; diese können durch den Verein jedoch im Einzelfall vorab untersagt werden.

(3) Eine im Rahmen dieses Paragraphen einmal gewährte Genehmigung ist jederzeit widerruflich.

§ 8 Dauer des Vertrages, Kündigung

(1) Der Trainer wird befristet bis zum ... eingestellt. Der Vertrag endet mit Ablauf der Befristung, ohne dass es einer Kündigung des Vertrages bedürfte. Im gegenseitigen Einvernehmen kann der Vertrag auch vorzeitig verlängert werden. Die Bestimmung des Teilzeit- und Befristungsgesetzes sind, soweit anwendbar, zu beachten.

(2) Innerhalb des Befristungszeitraumes ist der Vertrag nicht kündbar; das Recht zur außerordentlichen Kündigung aus wichtigem Grund bleibt jedoch unbenommen. Den Parteien bleibt darüber hinaus unbenommen, einen Aufhebungsvertrag zu schließen.

(3) Der Trainer wird darauf hingewiesen, dass Vertragskündigungen gem. § 26 der DFB-Trainerordnung den zuständigen Stellen durch den Verein anzuzeigen sind.

§ 9 Ausschlussklausel[654]

Ansprüche, die aus diesem Vertrag hergeleitet werden, sind innerhalb von 3 Monaten nach ihrer Fälligkeit gegenüber dem jeweiligen Vertragspartner schriftlich geltend zu machen. Werden die Ansprüche nicht schriftlich anerkannt, so sind sie innerhalb einer weiteren Frist von 3 Monaten ab Geltendmachung gerichtlich geltend zu machen. Ansprüche, die nicht innerhalb dieser Fristen angezeigt oder geltend gemacht werden, verfallen.

§ 10 Geheimhaltung, Herausgabe

Der Trainer verpflichtet sich im Hinblick auf die hohe Vertraulichkeit der Arbeit bei dem Verein, alle internen Vorgänge Dritten gegenüber streng vertraulich zu behandeln. Alle Gegenstände, die dem Trainer im Zusammenhang mit diesem Vertrag übergeben worden sind, sind dem Verein auf Anfrage jederzeit sowie am Ende des Beschäftigungsverhältnisses unaufgefordert zurückzugeben.

§ 11 Schiedsklausel

(1) Für Streitigkeiten aus diesem Vertrag sind die Arbeitsgerichte zuständig. Verfahren vor den Arbeitsgerichten dürfen jedoch erst betrieben werden, wenn der Versuch zur gütlichen Beilegung des Streits gemäß der DFB-Trainerordnung erfolglos geblieben ist.

(2) Zur Fristwahrung bleibt es den Parteien unbenommen, innerhalb von 3 Wochen Kündigungsschutzklage bei dem zuständigen Arbeitsgericht zu erheben. Das Verfahren vor dem Arbeitsgericht darf aber erst nach erfolgtem Schlichtungsversuch gemäß der DFB-Trainerordnung durchgeführt werden.

§ 12 Sonstiges

(1) Dieser Vertrag unterliegt deutschem Recht.

---

[654] Nach einer neuen Entscheidung des BAG können arbeitsvertraglich vereinbarte Ausschlussfristen dahin gehend ausgelegt werden, dass sie nur die von den Parteien für regelungsbedürftig gehaltenen Fälle erfassen sollen. Eine Anwendung auch für die Fälle, die durch gesetzliche Verbote oder Gebote geregelt sind, soll dagegen regelmäßig gerade nicht gewollt sein, so das BAG. Das gelte bspw für die Haftung wegen Vorsatzes (Pressemitteilung Nr. 42/13 zu BAG, Urt. v. 20.6.2013 – 8 AZR 280/12). Ein Formulierungsbeispiel für eine vertragliche Verfallklausel mit Ausschluss der Haftung für Vorsatz enthält das Muster 1134 (§ 16).

(2) Sollte eine Bestimmung dieses Vertrages ganz oder teilweise rechtsunwirksam sein oder werden, so wird die Gültigkeit der übrigen Bestimmungen dadurch nicht berührt. In einem solchen Fall ist der Vertrag vielmehr seinem Sinne gemäß zur Durchführung zu bringen. Beruht die Ungültigkeit auf einer Leistungs- oder Zeitbestimmung, so tritt an ihrer Stelle das gesetzlich zulässige Maß.

(3) Mündliche Nebenabreden bestehen nicht.

Ergänzungen und Änderungen dieses Arbeitsvertrages einschließlich der Aufhebung dieses Schriftformerfordernisses bedürfen der Schriftform, es sei denn, sie beruhen auf einer ausdrücklichen oder individuellen Vertragsabrede. Eine betriebliche Übung ist keine solche ausdrückliche bzw. individuelle Vertragsabrede. Auch wiederholte Leistungen oder Vergünstigungen ohne ausdrückliche oder individuelle Vertragsabrede begründen keinen Anspruch für die Zukunft.

(4) Dieser Vertrag ist in zwei Ausfertigungen beiderseitig unterschrieben. Eine davon ist dem Trainer ausgehändigt worden.

VII. Verträge aus dem Bereich der Zeitarbeit

251 **1. Muster: Befristeter Arbeitsvertrag zwischen Verleiher und Leiharbeitnehmer**

Arbeitsvertrag

zwischen

der ...

– nachstehend: Verleiher –

und

Herrn/Frau ...

– nachstehend: Leiharbeitnehmer –

Auf der Grundlage des Arbeitnehmerüberlassungsgesetzes (AÜG) und den Tarifverträgen zur Zeitarbeit zwischen dem Bundesverband Zeitarbeit Personal-Dienstleistungen e.V. (BZA) und den DGB-Gewerkschaften in ihrer jeweiligen Fassung wird

– befristet –

folgender Arbeitsvertrag geschlossen:

§ 1 Rechtliche Voraussetzungen

(1) Der Verleiher ist im Besitz einer Erlaubnis zur gewerbsmäßigen Arbeitnehmerüberlassung nach § 1 AÜG, ausgestellt durch die Regionaldirektion ... am .... Der Verleiher wird den Arbeitnehmer für den Fall des Wegfalls, der Nichtverlängerung, der Rücknahme oder des Widerrufs der Erlaubnis unverzüglich unterrichten. Die Unterrichtung wird den Zeitraum der Abwicklung des Arbeitsvertrages umfassen.

(2) Der Verleiher überlässt Arbeitnehmer gegen Entgelt an Entleiher. Gegenstand dieses Arbeitsvertrages ist daher auch die Überlassung des Leiharbeitnehmers an Kunden des Verleihers zur Arbeitsleistung. Der Leiharbeitnehmer erklärt sich mit dieser Überlassung einverstanden.

(3) Der Leiharbeitnehmer erhält in der Anlage 1 ein Merkblatt der Regionaldirektion und eine Ausfertigung dieses Vertrages. Ist der Leiharbeitnehmer nicht deutscher Staatsbürger erhält er auf Anforderung das Merkblatt und diesen Vertrag in seiner Muttersprache.

(4) Ist der Leiharbeitnehmer Ausländer, ohne dass ihm nach den Rechtsvorschriften der Europäischen Gemeinschaften oder nach dem Abkommen über den Europäischen Wirtschaftsraum Freizügigkeit zu gewähren ist oder er eine unbefristete Aufenthaltserlaubnis oder eine Aufenthaltsberechtigung besitzt, hat er eine Ar-

beitserlaubnis oder eine Arbeitsberechtigung nach §§ 284 ff SGB III vorzulegen. Die Begründung des Arbeitsverhältnisses steht unter der aufschiebenden Bedingung der Vorlage der Arbeitserlaubnis oder der Arbeitsberechtigung nach Satz 1. Vor diesem Zeitpunkt erfolgt auch kein tatsächlicher Einsatz des Leiharbeitnehmers.

(5) Auf das Arbeitsverhältnis finden die Tarifverträge der Zeitarbeit, abgeschlossen zwischen dem Bundesverband Zeitarbeit Personal-Dienstleistungen e.V. (BZA) und den DGB-Gewerkschaften in ihrer jeweiligen Fassung, Anwendung. Es handelt sich um Tarifverträge iSv §§ 3 Abs. 1 Nr. 3, 9 Nr. 2 AÜG. Die nachfolgenden Regelungen erfolgen auf der Grundlage der bei Vertragsabschluss geltenden Tarifverträge. Die Tarifverträge finden auch dann in der jeweiligen Fassung Anwendung, wenn einzelne Arbeitsbedingungen ungünstiger sind, als die nachfolgend dargestellten.

(6) Der Personalbogen ist Gegenstand des Arbeitsvertrages; wahrheitswidrige Angaben im Personalbogen berechtigen den Verleiher zur Anfechtung des Arbeitsvertrages. Handelt es sich um ein geringfügiges Beschäftigungsverhältnis nach § 8 SGB IV, wird die Vereinbarung „Geringfügige Beschäftigung" ebenfalls Bestandteil des Arbeitsvertrages.

(7) Die Parteien sind sich darüber einig, dass spätere Betriebsvereinbarungen den Regelungen in diesem Vertrag oder anderen einzelvertraglichen Absprachen einschließlich gewährter Sozialleistungen auch dann vorgehen, wenn die vertragliche Regelung günstiger ist.

§ 2 Beginn, Dauer und Beendigung des Arbeitsverhältnisses

(1) Das Arbeitsverhältnis beginnt am ...

(2) Das Arbeitsverhältnis ist gem. § 14 Abs. 2 TzBfG, § 9 MTVZ kalendermäßig befristet und endet am ... (höchstens 2 Jahre, höchstens 4 Verlängerungen, die insgesamt die Zeitdauer von 2 Jahren nicht überschreiten dürfen mit unmittelbarem Anschluss), ohne dass es einer Kündigung bedarf. Der Mitarbeiter erklärt, dass er vor dem Beginn des Arbeitsverhältnisses nach Abs. 1 zu keinem Zeitpunkt beim Verleiher beschäftigt war. Eine Falschauskunft in diesem Punkt berechtigt den Verleiher zur Anfechtung des Arbeitsvertrages wegen arglistiger Täuschung.

(3) Die ersten 6 Monate des Arbeitsverhältnisses gelten als Probezeit. In den ersten 3 Monaten der Probezeit kann das Arbeitsverhältnis von beiden Seiten mit einer Frist von einer Woche, in den folgenden 3 Monaten mit einer Frist von 2 Wochen gekündigt werden. In den ersten 2 Wochen kann das Arbeitsverhältnis zum Ablauf des folgenden Tages gekündigt werden. Nach Ablauf der Probezeit kann das Arbeitsverhältnis mit den gesetzlichen Kündigungsfristen des § 622 BGB gekündigt werden. Längere Kündigungsfristen nach § 622 Abs. 2 BGB gelten auch für den Leiharbeitnehmer.

(4) Wird das Arbeitsverhältnis über die Befristungsdauer nach Abs. 2 fortgesetzt, ohne dass eine befristete Verlängerung vereinbart wird oder wird das Arbeitsverhältnis über die Dauer von 2 Jahren hinaus fortgesetzt, entsteht ein unbefristetes Arbeitsverhältnis.

(5) Das befristete Arbeitsverhältnis und ein etwaiges unbefristetes Arbeitsverhältnis endet spätestens mit Ablauf des Monats, in dem der Leiharbeitnehmer das gesetzliche Rentenalter erreicht hat, Berufs- oder Erwerbsunfähigkeit im Sinne der gesetzlichen Rentenversicherung eintritt oder durch Kündigung. Für die Kündigung gelten die Fristen des Abs. 3.

§ 3 Art und Ort der Tätigkeit des Leiharbeitnehmers

(1) Der Leiharbeitnehmer wird als ... eingestellt.

(2) Der Verleiher behält sich vor, dem Leiharbeitnehmer auch eine andere oder zusätzliche gleichwertige Tätigkeit zu übertragen. Der Leiharbeitnehmer kann vorübergehend auch mit weniger qualifizierten Arbeiten beauftragt werden. Während dieser Zeit behält er seinen tariflichen Lohnanspruch beruhend auf der Tätigkeit nach Abs. 1.

Wisswede

(3) Der Leiharbeitnehmer ist verpflichtet, bei Kunden des Verleihers (Entleihern) tätig zu werden. Der Verleiher ist berechtigt, den Leiharbeitnehmer in den Postleitzahlbezirken ... (*alternativ:* im Bereich der Bundesrepublik Deutschland) einzusetzen. Die Erstattung von Auslagen und die Anrechnung von Wegezeiten richten sich nach § 8 Abs. 3–6 MTVZ mit der Maßgabe, dass für Übernachtungskosten die steuerlich zulässigen Sätze vereinbart werden.

(4) Der Verleiher ist berechtigt, den Leiharbeitnehmer jederzeit von seinem Einsatzort abzuberufen und anderweitig einzusetzen. Für die Einsatzdauer bei einem Entleiher unterliegt der Leiharbeitnehmer dem Direktionsrecht des Entleihers im Rahmen dieses Vertrages.

(5) Der Leiharbeitnehmer ist nicht verpflichtet, bei einem Entleiher tätig zu werden, der durch einen Arbeitskampf unmittelbar betroffen ist.

(6) In Zeiträumen, in denen der Leiharbeitnehmer nicht bei einem Entleiher eingesetzt werden kann, hat der Leiharbeitnehmer seine Arbeitskraft dem Verleiher zur Verfügung zu stellen. Kann auch der Verleiher den Leiharbeitnehmer nicht beschäftigen, ist der Leiharbeitnehmer verpflichtet, sich einmal täglich in den Geschäftsräumen des Verleihers persönlich zu melden, um sich nach dem Folgeeinsatz zu erkundigen.

§ 4 Arbeitszeit

(1) Die regelmäßige monatliche Arbeitszeit beträgt ... Stunden, dies entspricht einer durchschnittlichen wöchentlichen Arbeitszeit von ... Stunden.

(Vollzeit entspricht 151,67 Stunden, dies entspricht einer durchschnittlichen wöchentlichen Arbeitszeit von 35 Stunden, wahlweise Teilzeit oder max. 40 Stunden wöchentlich, wenn die betriebliche Arbeitszeit beim Entleiher höher ist.)

Die durchschnittliche wöchentliche Arbeitszeit muss innerhalb eines Ausgleichszeitraumes von 12 Kalendermonaten erreicht werden.

(2) Beginn und Ende der täglichen Arbeitszeit einschließlich der Pausen und die Verteilung der Arbeitszeit auf die einzelnen Wochentage richten sich nach den im jeweiligen Kundenbetrieb gültigen Regelungen bzw Anforderungen des Entleiherbetriebs.

(3) Es wird eine variable Arbeitszeit unter Führung eines Arbeitszeitkontos nach den Regelungen des § 4 MTVZ vereinbart.

§ 5 Vergütung

(1) Der Leiharbeitnehmer erhält eine monatliche Vergütung auf der Basis der in § 4 Abs. 1 vereinbarten regelmäßigen monatlichen Arbeitszeit, die bis zum 15. Banktag des Folgemonats unbar ausgezahlt wird.

(2) Der Leiharbeitnehmer ist entsprechend seiner Tätigkeit nach § 3 Abs. 1 in die Entgeltgruppe ... des EntgeltrahmenTV Zeitarbeit eingruppiert. Sein Stundenlohn nach dem EntgeltTV Zeitarbeit beträgt derzeit ... EUR brutto.

Zuschläge werden nach § 7 MTVZ gewährt; sie betragen derzeit:

- für volle Arbeitsstunden, durch die die Arbeitszeit nach § 4 monatlich um mehr als 15 % überschritten wird, 25 % des jeweiligen tariflichen Entgelts;
- für Nachtarbeit und Sonn- und Feiertagsarbeit nach den Bedingungen des Entleiherbetriebes, maximal
  - für Nachtarbeit 25 %
  - für Sonntagsarbeit 50 %
  - für Feiertagsarbeit 100 %

  des jeweiligen tariflichen Entgelts.

Nachtarbeit ist Arbeit zwischen 23.00 Uhr und 6.00 Uhr.

Sonn- und Feiertagsarbeit ist die an Sonntagen und gesetzlichen Feiertagen geleistete Arbeit zwischen 0.00 Uhr und 24.00 Uhr. Feiertage sind die gesetzlichen Feiertage an dem Ort des Einsatzes des Leiharbeitnehmers.
Treffen mehrere Zuschläge zusammen, wird nur der jeweils höchste gezahlt.
(3) Für Zeiträume, in denen der Leiharbeitnehmer nicht bei einem Entleiher eingesetzt und auch sonst vom Verleiher nicht beschäftigt werden kann, wird das Entgelt nach § 5 Abs. 2 Satz 1 und 2 ohne Zuschläge fortbezahlt. Auf die Regelungen zum Arbeitszeitkonto wird verwiesen. § 615 Satz 2 BGB ist anwendbar.
(4) Ab dem 2. Jahr der Betriebszugehörigkeit werden Jahressonderzahlungen nach § 15 MTVZ erbracht. Es wird insbesondere darauf hingewiesen, dass das Bestehen eines ungekündigten Beschäftigungsverhältnisses zum Auszahlungszeitpunkt Voraussetzung ist, für Zeiten des Ruhens des Arbeitsverhältnisses (bspw während der Elternzeit) keine Leistungen erfolgen und der Mitarbeiter die Sonderzahlung zurückzuzahlen hat, wenn das Beschäftigungsverhältnis bis zum 31.3. des Folgejahres endet, es sei denn, das Beschäftigungsverhältnis endet aufgrund arbeitgeberseitiger betriebsbedingter Kündigung (§ 15 Abs. 3 MTVZ).
(5) Nach 6 Monaten ununterbrochener Betriebszugehörigkeit hat der Leiharbeitnehmer auf sein Verlangen hin Anspruch auf vermögenswirksame Leistungen nach Maßgabe des fünften Vermögensbildungsgesetzes iHv 13,30 EUR monatlich (Vollzeitbeschäftigte). Teilzeitbeschäftigte ab 20 Wochenstunden haben den Anspruch auf eine anteilige vermögenswirksame Leistung im Verhältnis ihrer vertraglichen Arbeitszeit.
(6) Bei einer etwaigen freiwilligen Zulage und einer etwaigen übertariflichen Jahressonderzahlung handelt es sich um eine freiwillige Leistung des Verleihers, auf die auch bei wiederholter Zahlung kein Rechtsanspruch besteht. Die freiwillige Leistung kann insbesondere jederzeit mit einer Tariflohnerhöhung verrechnet werden, auch rückwirkend, wenn die Tariflohnerhöhung ihrerseits rückwirkend in Kraft tritt, auch wenn der Verleiher bei vorangegangenen Tariflohnerhöhungen von diesem Recht keinen Gebrauch gemacht hat.

§ 6 Urlaub

(1) Der Leiharbeitnehmer hat Anspruch auf einen gesetzlichen Mindesturlaub von 20 Arbeitstagen pro Kalenderjahr bei einer 5-Tage-Woche. Der Verleiher gewährt dem Leiharbeitnehmer zusätzlich zu dem gesetzlichen Mindesturlaub einen vertraglichen Urlaub von weiteren 8 Arbeitstagen. Bei der Gewährung von Urlaub wird zuerst der gesetzliche Urlaub eingebracht. Für den vertraglichen Urlaub gilt abweichend von dem gesetzlichen Mindesturlaub, dass der Urlaubsanspruch nach Ablauf des Übertragungszeitraumes (31.3. des Folgejahres) auch dann verfällt, wenn er wegen Arbeitsunfähigkeit des Leiharbeitnehmers nicht genommen werden kann. Der gesetzliche Mindesturlaub verfällt in einem solchen Fall 15 Monate nach Ablauf des Urlaubsjahres. Im Ein- und Austrittsjahr wird der Urlaub anteilig für volle Monate gewährt.
(2) Der Zeitpunkt des Urlaubs wird vom Verleiher unter Berücksichtigung der Wünsche des Leiharbeitnehmer, der betrieblichen Interessen, insbesondere bereits feststehender Einsätze bei Entleihern und der Urlaubswünsche anderer Mitarbeiter festgelegt.
(3) Das Urlaubsentgelt bestimmt sich nach § 5 Abs. 2 Satz 1 und 2. Zusätzlich werden die Zuschläge für Sonn- und Feiertagsarbeit sowie für Nachtarbeit gezahlt, soweit der Leiharbeitnehmer ohne den Urlaub Anspruch auf diese gehabt hätte.

§ 7 Arbeitsversäumnis und Entgeltfortzahlung

(1) Der Leiharbeitnehmer erklärt, dass er arbeitsfähig ist, an keiner ansteckenden Krankheit leidet und keine sonstigen Umstände vorliegen, die ihm die vertraglich zu leistende Arbeit jetzt oder in naher Zukunft wesentlich erschweren oder unmöglich machen.
(2) Ist der Leiharbeitnehmer arbeitsunfähig erkrankt, hat er den Verleiher vor Arbeitsbeginn telefonisch, mündlich oder schriftlich über die voraussichtliche Arbeitsunfähigkeit und deren voraussichtliche Dauer zu benachrichtigen. Spätestens am dritten Tag einer Erkrankung hat der Leiharbeitnehmer dem Verleiher ein Ar-

beitsunfähigkeitsattest eines Arztes vorzulegen. Dauert die Arbeitsunfähigkeit länger, als in der Bescheinigung angegeben, hat der Leiharbeitnehmer spätestens am folgenden Tag eine neue Arbeitsunfähigkeitsbescheinigung vorzulegen und den Verleiher vorab wiederum bis Arbeitsbeginn über die Fortdauer zu unterrichten. Der Arbeitgeber ist berechtigt, die Vorlage der ärztlichen Bescheinigung ab dem ersten Tag der Arbeitsunfähigkeit zu verlangen. Die Wiederaufnahme der Tätigkeit ist dem Verleiher spätestens einen Arbeitstag vorher anzuzeigen.

(3) Die Entgeltfortzahlung richtet sich nach dem Entgeltfortzahlungsgesetz. Der Höhe nach ist als Entgeltfortzahlung die Vergütung nach § 5 Abs. 2 Satz 1 und 2 zu leisten.

(4) Im Übrigen gewährt der Verleiher bezahlte Freistellung abschließend in den Fällen des § 12 Abs. 3 MTVZ.

(5) Bei vorhersehbaren Ereignissen darf der Leiharbeitnehmer nur mit vorheriger Zustimmung des Verleihers der Arbeit fernbleiben.

§ 8 Verschwiegenheitspflicht

Der Leiharbeitnehmer verpflichtet sich, über alle Betriebs- und Geschäftsgeheimnisse sowie über alle betriebsinternen vertraulichen Angelegenheiten sowohl des Verleihers, als auch aus dem Betrieb des jeweiligen Entleihers während und nach Beendigung des Arbeitsverhältnisses Stillschweigen zu bewahren.

§ 9 Nebentätigkeit

Der Leiharbeitnehmer darf eine Nebentätigkeit nur nach vorheriger Zustimmung des Verleihers aufnehmen und ausüben. Werden die Interessen des Verleihers nach billigem Ermessen nicht beeinträchtigt, wird der Verleiher die Zustimmung erteilen.

§ 10 Personaldatenerfassung

(1) Die Personaldaten des Leiharbeitnehmers werden elektronisch verarbeitet. Der Leiharbeitnehmer stimmt der Weitergabe der persönlichen Daten an einen Entleiher zu. Änderungen in der Anschrift oder sonstige Änderungen wird der Leiharbeitnehmer dem Verleiher unverzüglich mitteilen.

(2) Der Leiharbeitnehmer ist verpflichtet, an der betrieblichen Datenerfassung, einschließlich der Erfassung der Kommt-/Geht-Zeiten nach Weisung des Verleihers gegebenenfalls auch an Einrichtungen des Entleihers teilzunehmen.

§ 11 Ausschlussfristen[655]

(1) Ansprüche aus dem Arbeitsverhältnis sind innerhalb von 3 Monaten nach Fälligkeit schriftlich geltend zu machen.

(2) Lehnt die Gegenpartei den Anspruch schriftlich ab, muss der Anspruch innerhalb von 3 Monaten nach der Ablehnung gerichtlich geltend gemacht werden.

(3) Ansprüche, die nicht innerhalb dieser Fristen geltend gemacht werden, sind ausgeschlossen.

§ 12 Schlussbestimmungen

(1) Ergänzungen und Änderungen dieses Arbeitsvertrages einschließlich der Aufhebung dieses Schriftformerfordernisses bedürfen der Schriftform, es sei denn, sie beruhen auf einer ausdrücklichen oder individuellen Vertragsabrede. Eine betriebliche Übung ist keine solche ausdrückliche bzw. individuelle Vertragsabrede. Auch wiederholte Leistungen oder Vergünstigungen ohne ausdrückliche oder individuelle Vertragsabrede begründen keinen Anspruch für die Zukunft.

---

655 Nach einer neuen Entscheidung des BAG können arbeitsvertraglich vereinbarte Ausschlussfristen dahin gehend ausgelegt werden, dass sie nur die von den Parteien für regelungsbedürftig gehaltenen Fälle erfassen sollen. Eine Anwendung auch für die Fälle, die durch gesetzliche Verbote oder Gebote geregelt sind, soll dagegen regelmäßig gerade nicht gewollt sein, so das BAG. Das gelte bspw für die Haftung wegen Vorsatzes (Pressemitteilung Nr. 42/13 zu BAG, Urt. v. 20.6.2013 – 8 AZR 280/12). Ein Formulierungsbeispiel für eine vertragliche Verfallklausel mit Ausschluss der Haftung für Vorsatz enthält das Muster 1134 (§ 16).

(2) Sollten einzelnen Bestimmungen dieses Vertrages ganz oder teilweise unwirksam sein oder werden, oder sollte sich in diesem Vertrag ein Lücke befinden, so soll hierdurch die Gültigkeit der übrigen Bestimmungen nicht beeinträchtigt werden. Anstelle der unwirksamen Bestimmung gilt diejenige wirksame Bestimmung als vereinbart, welche dem Sinn und Zweck der unwirksamen Bestimmung am ehesten entspricht. Im Fall einer Lücke gilt diejenige Bestimmung als vereinbart, die dem entspricht, was nach Sinn und Zweck dieses Vertrages vereinbart worden wäre, hätte man die Angelegenheit von vornherein bedacht. Dies gilt auch dann, wenn die Unwirksamkeit einer Bestimmung auf einem Maß der Leistung oder Zeit beruht. Es gilt dann das rechtlich zulässige Maß.

2. Muster: Unbefristeter Arbeitsvertrag zwischen Verleiher und Leiharbeitnehmer

Arbeitsvertrag

zwischen

der ...

– nachstehend: Verleiher –

und

Herrn/Frau ...

– nachstehend: Leiharbeitnehmer –

Auf der Grundlage des Arbeitnehmerüberlassungsgesetzes (AÜG) und den Tarifverträgen zur Zeitarbeit zwischen dem Bundesverband Zeitarbeit Personal-Dienstleistungen e.V. (BZA) und den DGB-Gewerkschaften in ihrer jeweiligen Fassung wird

– unbefristet –

folgender Arbeitsvertrag geschlossen:

§ 1 Rechtliche Voraussetzungen

(1) Der Verleiher ist im Besitz einer Erlaubnis zur gewerbsmäßigen Arbeitnehmerüberlassung nach § 1 AÜG, ausgestellt durch die Regionaldirektion ..., am ... . Der Verleiher wird den Arbeitnehmer für den Fall des Wegfalls, der Nichtverlängerung, der Rücknahme oder des Widerrufs der Erlaubnis unverzüglich unterrichten. Die Unterrichtung wird den Zeitraum der Abwicklung des Arbeitsvertrages umfassen.

(2) Der Verleiher überlässt Arbeitnehmer gegen Entgelt an Entleiher. Gegenstand dieses Arbeitsvertrages ist daher auch die Überlassung des Leiharbeitnehmers an Kunden des Verleihers zur Arbeitsleistung. Der Leiharbeitnehmer erklärt sich mit dieser Überlassung einverstanden.

(3) Der Leiharbeitnehmer erhält in der Anlage 1 ein Merkblatt der Regionaldirektion und eine Ausfertigung dieses Vertrages. Ist der Leiharbeitnehmer nicht deutscher Staatsbürger erhält er auf Anforderung das Merkblatt und diesen Vertrag in seiner Muttersprache.

(4) Ist der Leiharbeitnehmer Ausländer, ohne dass ihm nach den Rechtsvorschriften der Europäischen Gemeinschaften oder nach dem Abkommen über den Europäischen Wirtschaftsraum Freizügigkeit zu gewähren ist oder er eine unbefristete Aufenthaltserlaubnis oder eine Aufenthaltsberechtigung besitzt, hat er eine Arbeitserlaubnis oder eine Arbeitsberechtigung nach §§ 284 ff SGB III vorzulegen. Die Begründung des Arbeitsverhältnisses steht unter der aufschiebenden Bedingung der Vorlage der Arbeitserlaubnis oder der Arbeitsberechtigung nach Satz 1. Vor diesem Zeitpunkt erfolgt auch kein tatsächlicher Einsatz des Leiharbeitnehmers.

(5) Auf das Arbeitsverhältnis finden die Tarifverträge der Zeitarbeit, abgeschlossen zwischen dem Bundesverband Zeitarbeit Personal-Dienstleistungen e.V. (BZA) und den DGB-Gewerkschaften in ihrer jeweiligen Fassung, Anwendung. Es handelt sich um Tarifverträge iSv §§ 3 Abs. 1 Nr. 3, 9 Nr. 2 AÜG. Die nachfolgenden

Regelungen erfolgen auf der Grundlage der bei Vertragsabschluss geltenden Tarifverträge. Die Tarifverträge finden auch dann in der jeweiligen Fassung Anwendung, wenn einzelne Arbeitsbedingungen ungünstiger sind, als die nachfolgend dargestellten.

(6) Der Personalbogen ist Gegenstand des Arbeitsvertrages; wahrheitswidrige Angaben im Personalbogen berechtigen den Verleiher zur Anfechtung des Arbeitsvertrages. Handelt es sich um ein geringfügiges Beschäftigungsverhältnis nach § 8 SGB IV, wird die Vereinbarung „Geringfügige Beschäftigung" ebenfalls Bestandteil des Arbeitsvertrages.

(7) Die Parteien sind sich darüber einig, dass spätere Betriebsvereinbarungen den Regelungen in diesem Vertrag oder anderen einzelvertraglichen Absprachen einschließlich gewährter Sozialleistungen auch dann vorgehen, wenn die vertragliche Regelung günstiger ist.

§ 2 Beginn, Dauer und Beendigung des Arbeitsverhältnisses

(1) Das Arbeitsverhältnis beginnt am ....

(2) Die ersten 6 Monate des Arbeitsverhältnisses gelten als Probezeit. In den ersten 3 Monaten der Probezeit kann das Arbeitsverhältnis von beiden Seiten mit einer Frist von einer Woche, in den folgenden 3 Monaten mit einer Frist von 2 Wochen gekündigt werden. In den ersten 2 Wochen kann das Arbeitsverhältnis zum Ablauf des folgenden Tages gekündigt werden. Nach Ablauf der Probezeit kann das Arbeitsverhältnis mit den gesetzlichen Kündigungsfristen des § 622 BGB gekündigt werden. Längere Kündigungsfristen nach § 622 Abs. 2 BGB gelten auch für den Leiharbeitnehmer.

(3) Das befristete Arbeitsverhältnis und ein etwaiges unbefristetes Arbeitsverhältnis endet spätestens mit Ablauf des Monats, in dem der Leiharbeitnehmer das gesetzliche Rentenalter erreicht hat, Berufs- oder Erwerbsunfähigkeit im Sinne der gesetzlichen Rentenversicherung eintritt oder durch Kündigung. Für die Kündigung gelten die Fristen des Abs. 3.

§ 3 Art und Ort der Tätigkeit des Leiharbeitnehmers

(1) Der Leiharbeitnehmer wird als ... eingestellt.

(2) Der Verleiher behält sich vor, dem Leiharbeitnehmer auch eine andere oder zusätzliche gleichwertige Tätigkeit zu übertragen. Der Leiharbeitnehmer kann vorübergehend auch mit weniger qualifizierten Arbeiten beauftragt werden. Während dieser Zeit behält er seinen tariflichen Lohnanspruch beruhend auf der Tätigkeit nach Abs. 1.

(3) Der Leiharbeitnehmer ist verpflichtet, bei Kunden des Verleihers (Entleihern) tätig zu werden. Der Verleiher ist berechtigt, den Leiharbeitnehmer in den Postleitzahlbezirken ... (*alternativ:* im Bereich der Bundesrepublik Deutschland) einzusetzen. Die Erstattung von Auslagen und die Anrechnung von Wegezeiten richten sich nach § 8 Abs. 3–6 MTVZ mit der Maßgabe, dass für Übernachtungskosten die steuerlich zulässigen Sätze vereinbart werden.

(4) Der Verleiher ist berechtigt, den Leiharbeitnehmer jederzeit von seinem Einsatzort abzuberufen und anderweitig einzusetzen. Für die Einsatzdauer bei einem Entleiher unterliegt der Leiharbeitnehmer dem Direktionsrecht des Entleihers im Rahmen dieses Vertrages.

(5) Der Leiharbeitnehmer ist nicht verpflichtet, bei einem Entleiher tätig zu werden, der durch einen Arbeitskampf unmittelbar betroffen ist.

(6) In Zeiträumen, in denen der Leiharbeitnehmer nicht bei einem Entleiher eingesetzt werden kann, hat der Leiharbeitnehmer seine Arbeitskraft dem Verleiher zur Verfügung zu stellen. Kann auch der Verleiher den Leiharbeitnehmer nicht beschäftigen, ist der Leiharbeitnehmer verpflichtet, sich einmal täglich in den Geschäftsräumen des Verleihers persönlich zu melden, um sich nach dem Folgeeinsatz zu erkundigen.

Kapitel 1: Arbeitsverträge

§ 4 Arbeitszeit

(1) Die regelmäßige monatliche Arbeitszeit beträgt ... Stunden, dies entspricht einer durchschnittlichen wöchentlichen Arbeitszeit von ... Stunden.

(Vollzeit entspricht 151,67 Stunden, dies entspricht einer durchschnittlichen wöchentlichen Arbeitszeit von 35 Stunden, wahlweise Teilzeit oder max. 40 Stunden wöchentlich, wenn die betriebliche Arbeitszeit beim Entleiher höher ist.)

Die durchschnittliche wöchentliche Arbeitszeit muss innerhalb eines Ausgleichszeitraumes von 12 Kalendermonaten erreicht werden.

(2) Beginn und Ende der täglichen Arbeitszeit einschließlich der Pausen und die Verteilung der Arbeitszeit auf die einzelnen Wochentage richten sich nach den im jeweiligen Kundenbetrieb gültigen Regelungen bzw Anforderungen des Entleiherbetriebs.

(3) Es wird eine variable Arbeitszeit unter Führung eines Arbeitszeitkontos nach den Regelungen des § 4 MTVZ vereinbart.

§ 5 Vergütung

(1) Der Leiharbeitnehmer erhält eine monatliche Vergütung auf der Basis der in § 4 Abs. 1 vereinbarten regelmäßigen monatlichen Arbeitszeit, die bis zum 15. Banktag des Folgemonats unbar ausgezahlt wird.

(2) Der Leiharbeitnehmer ist entsprechend seiner Tätigkeit nach § 3 Abs. 1 in die Entgeltgruppe ... des EntgeltrahmenTV Zeitarbeit eingruppiert. Sein Stundenlohn nach dem EntgeltTV Zeitarbeit beträgt derzeit ... EUR brutto.

Zuschläge werden nach § 7 MTVZ gewährt; sie betragen derzeit:

- für volle Arbeitsstunden, durch die die Arbeitszeit nach § 4 monatlich um mehr als 15 % überschritten wird, 25 % des jeweiligen tariflichen Entgelts;
- für Nachtarbeit und Sonn- und Feiertagsarbeit nach den Bedingungen des Entleiherbetriebes, maximal
  - für Nachtarbeit 25 %
  - für Sonntagsarbeit 50 %
  - für Feiertagsarbeit 100 %

  des jeweiligen tariflichen Entgelts.

Nachtarbeit ist Arbeit zwischen 23.00 Uhr und 6.00 Uhr.

Sonn- und Feiertagsarbeit ist die an Sonntagen und gesetzlichen Feiertagen geleistete Arbeit zwischen 0.00 Uhr und 24.00 Uhr. Feiertage sind die gesetzlichen Feiertage an dem Ort des Einsatzes des Leiharbeitnehmers.

Treffen mehrere Zuschläge zusammen, wird nur der jeweils höchste gezahlt.

(3) Für Zeiträume, in denen der Leiharbeitnehmer nicht bei einem Entleiher eingesetzt und auch sonst vom Verleiher nicht beschäftigt werden kann, wird das Entgelt nach § 5 Abs. 2 Satz 1 und 2 ohne Zuschläge fortbezahlt. Auf die Regelungen zum Arbeitszeitkonto wird verwiesen. § 615 Satz 2 BGB ist anwendbar.

(4) Ab dem 2. Jahr der Betriebszugehörigkeit werden Jahressonderzahlungen nach § 15 MTVZ erbracht. Es wird insbesondere darauf hingewiesen, dass das Bestehen eines ungekündigten Beschäftigungsverhältnisses zum Auszahlungszeitpunkt Voraussetzung ist, für Zeiten des Ruhens des Arbeitsverhältnisses (zB während der Elternzeit) keine Leistungen erfolgen und der Mitarbeiter die Sonderzahlung zurückzuzahlen hat, wenn das Beschäftigungsverhältnis bis zum 31.3. des Folgejahres endet, es sei denn, das Beschäftigungsverhältnis endet aufgrund arbeitgeberseitiger betriebsbedingter Kündigung (§ 15 Abs. 3 MTVZ).

(5) Nach 6 Monaten ununterbrochener Betriebszugehörigkeit hat der Leiharbeitnehmer auf sein Verlangen hin Anspruch auf vermögenswirksame Leistungen nach Maßgabe des fünften Vermögensbildungsgesetzes

iHv 13,30 EUR monatlich (Vollzeitbeschäftigte). Teilzeitbeschäftigte ab 20 Wochenstunden haben den Anspruch auf eine anteilige vermögenswirksame Leistung im Verhältnis ihrer vertraglichen Arbeitszeit.

(6) Bei einer etwaigen freiwilligen Zulage und einer etwaigen übertariflichen Jahressonderzahlung handelt es sich um eine freiwillige Leistung des Verleihers, auf die auch bei wiederholter Zahlung kein Rechtsanspruch besteht. Die freiwillige Leistung kann insbesondere jederzeit mit einer Tariflohnerhöhung verrechnet werden, auch rückwirkend, wenn die Tariflohnerhöhung ihrerseits rückwirkend in Kraft tritt, auch wenn der Verleiher bei vorangegangenen Tariflohnerhöhungen von diesem Recht keinen Gebrauch gemacht hat.

§ 6 Urlaub

(1) Der Leiharbeitnehmer hat Anspruch auf einen gesetzlichen Mindesturlaub von 20 Arbeitstagen pro Kalenderjahr bei einer 5-Tage-Woche. Der Verleiher gewährt dem Leiharbeitnehmer zusätzlich zu dem gesetzlichen Mindesturlaub einen vertraglichen Urlaub von weiteren 8 Arbeitstagen. Bei der Gewährung von Urlaub wird zuerst der gesetzliche Urlaub eingebracht. Für den vertraglichen Urlaub gilt abweichend von dem gesetzlichen Mindesturlaub, dass der Urlaubsanspruch nach Ablauf des Übertragungszeitraumes (31.3. des Folgejahres) auch dann verfällt, wenn er wegen Arbeitsunfähigkeit des Leiharbeitnehmers nicht genommen werden kann. Der gesetzliche Mindesturlaub verfällt in einem solchen Fall 15 Monate nach Ablauf des Urlaubsjahres. Im Ein- und Austrittsjahr wird der Urlaub anteilig für volle Monate gewährt.

(2) Der Zeitpunkt des Urlaubs wird vom Verleiher unter Berücksichtigung der Wünsche des Leiharbeitnehmer, der betrieblichen Interessen, insbesondere bereits feststehender Einsätze bei Entleihern und der Urlaubswünsche anderer Mitarbeiter festgelegt.

(3) Das Urlaubsentgelt bestimmt sich nach § 5 Abs. 2 Satz 1 und 2. Zusätzlich werden die Zuschläge für Sonn- und Feiertagsarbeit sowie für Nachtarbeit gezahlt, soweit der Leiharbeitnehmer ohne den Urlaub Anspruch auf diese gehabt hätte.

§ 7 Arbeitsversäumnis und Entgeltfortzahlung

(1) Der Leiharbeitnehmer erklärt, dass er arbeitsfähig ist, an keiner ansteckenden Krankheit leidet und keine sonstigen Umstände vorliegen, die ihm die vertraglich zu leistende Arbeit jetzt oder in naher Zukunft wesentlich erschweren oder unmöglich machen.

(2) Ist der Leiharbeitnehmer arbeitsunfähig erkrankt, hat er den Verleiher vor Arbeitsbeginn telefonisch, mündlich oder schriftlich über die voraussichtliche Arbeitsunfähigkeit und deren voraussichtliche Dauer zu benachrichtigen. Spätestens am 3. Tag einer Erkrankung hat der Leiharbeitnehmer dem Verleiher ein Arbeitsunfähigkeitsattest eines Arztes vorzulegen. Dauert die Arbeitsunfähigkeit länger, als in der Bescheinigung angegeben, hat der Leiharbeitnehmer spätestens am folgenden Tag eine neue Arbeitsunfähigkeitsbescheinigung vorzulegen und den Verleiher vorab wiederum bis Arbeitsbeginn über die Fortdauer zu unterrichten. Der Arbeitgeber ist berechtigt, die Vorlage der ärztlichen Bescheinigung ab dem ersten Tag der Arbeitsunfähigkeit zu verlangen. Die Wiederaufnahme der Tätigkeit ist dem Verleiher spätestens einen Arbeitstag vorher anzuzeigen.

(3) Die Entgeltfortzahlung richtet sich nach dem Entgeltfortzahlungsgesetz. Der Höhe nach ist als Entgeltfortzahlung die Vergütung nach § 5 Abs. 2 Satz 1 und 2 zu leisten.

(4) Im Übrigen gewährt der Verleiher bezahlte Freistellung abschließend in den Fällen des § 12 Abs. 3 MTVZ.

(5) Bei vorhersehbaren Ereignissen darf der Leiharbeitnehmer nur mit vorheriger Zustimmung des Verleihers der Arbeit fernbleiben.

§ 8 Verschwiegenheitspflicht

Der Leiharbeitnehmer verpflichtet sich, über alle Betriebs- und Geschäftsgeheimnisse sowie über alle betriebsinternen vertraulichen Angelegenheiten sowohl des Verleihers, als auch aus dem Betrieb des jeweiligen Entleihers während und nach Beendigung des Arbeitsverhältnisses Stillschweigen zu bewahren.

§ 9 Nebentätigkeit

Der Leiharbeitnehmer darf eine Nebentätigkeit nur nach vorheriger Zustimmung des Verleihers aufnehmen und ausüben. Werden die Interessen des Verleihers nach billigem Ermessen nicht beeinträchtigt, wird der Verleiher die Zustimmung erteilen.

§ 10 Personaldatenerfassung

(1) Die Personaldaten des Leiharbeitnehmers werden elektronisch verarbeitet. Der Leiharbeitnehmer stimmt der Weitergabe der persönlichen Daten an einen Entleiher zu. Änderungen in der Anschrift oder sonstige Änderungen wird der Leiharbeitnehmer dem Verleiher unverzüglich mitteilen.

(2) Der Leiharbeitnehmer ist verpflichtet, an der betrieblichen Datenerfassung, einschließlich der Erfassung der Kommt-/Geht-Zeiten nach Weisung des Verleihers gegebenenfalls auch an Einrichtungen des Entleihers teilzunehmen.

§ 11 Ausschlussfristen[656]

(1) Ansprüche aus dem Arbeitsverhältnis sind innerhalb von 3 Monaten nach Fälligkeit schriftlich geltend zu machen.

(2) Lehnt die Gegenpartei den Anspruch schriftlich ab, muss der Anspruch innerhalb von 3 Monaten nach der Ablehnung gerichtlich geltend gemacht werden.

(3) Ansprüche, die nicht innerhalb dieser Fristen geltend gemacht werden, sind ausgeschlossen.

§ 12 Schlussbestimmungen

(1) Ergänzungen und Änderungen dieses Arbeitsvertrages einschließlich der Aufhebung dieses Schriftformerfordernisses bedürfen der Schriftform, es sei denn, sie beruhen auf einer ausdrücklichen oder individuellen Vertragsabrede. Eine betriebliche Übung ist keine solche ausdrückliche bzw individuelle Vertragsabrede. Auch wiederholte Leistungen oder Vergünstigungen ohne ausdrückliche oder individuelle Vertragsabrede begründen keinen Anspruch für die Zukunft. Mündliche Nebenabreden bestehen nicht.

(2) Sollten einzelnen Bestimmungen dieses Vertrages ganz oder teilweise unwirksam sein oder werden, oder sollte sich in diesem Vertrag ein Lücke befinden, so soll hierdurch die Gültigkeit der übrigen Bestimmungen nicht beeinträchtigt werden. Anstelle der unwirksamen Bestimmung gilt diejenige wirksame Bestimmung als vereinbart, welche dem Sinn und Zweck der unwirksamen Bestimmung am ehesten entspricht. Im Fall einer Lücke gilt diejenige Bestimmung als vereinbart, die dem entspricht, was nach Sinn und Zweck dieses Vertrages vereinbart worden wäre, hätte man die Angelegenheit von vornherein bedacht. Dies gilt auch dann, wenn die Unwirksamkeit einer Bestimmung auf einem Maß der Leistung oder Zeit beruht. Es gilt dann das rechtlich zulässige Maß.

---

[656] Nach einer neuen Entscheidung des BAG können arbeitsvertraglich vereinbarte Ausschlussfristen dahin gehend ausgelegt werden, dass sie nur die von den Parteien für regelungsbedürftig gehaltenen Fälle erfassen sollen. Eine Anwendung auch für die Fälle, die durch gesetzliche Verbote oder Gebote geregelt sind, soll dagegen regelmäßig gerade nicht gewollt sein, so das BAG. Das gelte bspw für die Haftung wegen Vorsatzes (Pressemitteilung Nr. 42/13 zu BAG, Urt. v. 20.6.2013 – 8 AZR 280/12). Ein Formulierungsbeispiel für eine vertragliche Verfallklausel mit Ausschluss der Haftung für Vorsatz enthält das Muster 1134 (§ 16).

3. Muster: Arbeitnehmerüberlassungsvertrag

Arbeitnehmerüberlassungsvertrag

zwischen

der ...

– nachstehend: Verleiher –

und

der ...

– nachstehend: Entleiher –

Auf der Grundlage des Arbeitnehmerüberlassungsgesetzes (AÜG) wird folgender Vertrag geschlossen:

§ 1 Rechtliche Voraussetzungen

(1) Der Verleiher ist im Besitz einer Erlaubnis zur gewerbsmäßigen Arbeitnehmerüberlassung nach § 1 AÜG, ausgestellt durch die Regionaldirektion ..., am .... Der Verleiher wird den Arbeitnehmer für den Fall des Wegfalls, der Nichtverlängerung, der Rücknahme oder des Widerrufs der Erlaubnis unverzüglich unterrichten. Die Unterrichtung wird den Zeitraum der Abwicklung des Arbeitsvertrages umfassen. Eine Kopie der Erlaubnis ist diesem Vertrag beigefügt.

(2) Der Verleiher ist Mitglied des Bundesverbandes Zeitarbeit Personal-Dienstleistungen e.V. Er hat weiterhin in seinen Arbeitsverträgen mit den Arbeitnehmern die Anwendung der Tarifverträge der Zeitarbeit, abgeschlossen zwischen dem Bundesverband Zeitarbeit Personal-Dienstleistungen e.V. (BZA) und den DGB-Gewerkschaften in ihrer jeweiligen Fassung, vereinbart. Es handelt sich um Tarifverträge iSv §§ 3 Abs. 1 Nr. 3, 9 Nr. 2 AÜG.

(3) Gleichwohl erstattet der Entleiher die nach § 12 Abs. 1 Satz 3 AÜG erforderlichen Angaben, welche wesentlichen Arbeitsbedingungen einschließlich des Arbeitsentgelts im Betrieb des Entleihers für einen vergleichbaren Arbeitnehmer des Entleihers einschließlich des Arbeitsentgelts gelten.

§ 2 Gegenstand des Vertrages

(1) Der Verleiher verpflichtet sich, dem Entleiher die in der Anlage genannten Arbeitnehmer zur Arbeitsleistung zu überlassen.

(2) In der Anlage sind neben den Angaben nach § 1 Abs. 3 die Angaben des Entleihers enthalten, welche besonderen Merkmale die für die Leiharbeitnehmer vorgesehene Tätigkeit hat und welche berufliche Qualifikation dafür erforderlich ist.

§ 3 Beginn und Dauer der Überlassung

(1) Die Überlassung der Arbeitnehmer beginnt am ... und endet am ....

(2) Wird der Überlassungsvertrag nicht zwei Wochen vor Ablauf des Vertrages schriftlich gekündigt, verlängert er sich um weitere drei Monate.

§ 4 Arbeitsumfang

(1) Die Arbeitnehmer sollen mit einer wöchentlichen Arbeitszeit von ... Stunden eingesetzt werden. Die Ableistung von Überstunden richtet sich nach den betrieblichen Gegebenheiten des Entleihers.

(2) Der Entleiher führt wöchentliche Zeitnachweise (Stundenzettel), die von den Leiharbeitnehmern, bei Überlassung einer Gruppe von Arbeitnehmern durch deren Vorarbeiter, abgezeichnet werden.

§ 5 Vergütung

(1) Die Vergütung erfolgt nach den effektiv abgeleisteten Arbeitsstunden der Leiharbeitnehmer.

(2) Es wird ein Stundensatz von ... EUR zuzüglich der gesetzlichen Mehrwertsteuer vereinbart. Für Mehrarbeitsstunden wird ein Zuschlag von ... % gezahlt. Mehrarbeitsstunden sind alle Stunden, die über die wöchentlichen Stunden nach § 4 Abs. 1 Satz 1 hinausgehen.

(3) Die Vergütung wird monatlich bis zum 8. Werktag aufgrund der Zeitnachweise nach § 4 Abs. 2 abgerechnet und ist bis zum 25. des auf die Arbeitsleistung folgenden Monats zur Zahlung fällig. Die Zeitnachweise stellt der Entleiher dem Verleiher bis zum Ende des ersten Werktages des auf die Arbeitsleistung folgenden Monats zur Verfügung.

§ 6 Weisungsbefugnis und Fürsorgepflichten des Entleihers

(1) Der Entleiher ist berechtigt, den Leiharbeitnehmern alle Weisungen zu erteilen, die nach Art und Umfang in den Tätigkeitsbereich fallen.

(2) Der Verleiher tritt dem Entleiher insoweit seine Ansprüche auf Arbeitsleistung gegen die Leiharbeitnehmer mit deren Einverständnis ab.

(3) Der Verleiher gewährleistet, dass die Leiharbeitnehmer in den Betrieb des Entleihers integriert werden können, insbesondere die vertragliche Verpflichtung zur Tätigkeit nach Art, Ort und Zeit unter Einschluss notwendiger Überstunden besteht.

(4) Der Entleiher verpflichtet sich, die sich aus dem Einsatz der Arbeitnehmer in seinem Betrieb ergebenden gesetzlichen Fürsorgepflichten zu erfüllen. Insbesondere hat der Entleiher den Leiharbeitnehmer vor Beginn der Beschäftigung und bei Veränderungen in seinem Arbeitsbereich über Gefahren für Sicherheit und Gesundheit, denen er bei der Arbeit ausgesetzt sein kann, sowie über die Maßnahmen und Einrichtungen zur Abwendung dieser Gefahren zu unterrichten. Der Entleiher hat den Leiharbeitnehmer zusätzlich über die Notwendigkeit besonderer Qualifikationen und beruflicher Fertigkeiten oder einer besonderen ärztlichen Überwachung sowie über erhöhte Gefahren des Arbeitsplatzes zu unterrichten.

§ 7 Abberufung und Austausch von Arbeitnehmern

(1) Der Entleiher kann vom Verleiher die Abberufung eines Arbeitnehmers für den nächsten Tag verlangen und sofortigen geeigneten Ersatz verlangen, wenn der Entleiher dessen Weiterbeschäftigung aus leistungs-, personen- oder verhaltensbedingten Gründen ablehnt. Die Gründe müssen nachvollziehbar, sachbezogen und willkürfrei dargelegt und im Streitfall durch Dokumente oder Aussagen anderer Mitarbeiter belegbar sein. Die Gründe müssen nicht die Anforderungen des § 1 Abs. 2 KSchG erfüllen.

(2) Der Entleiher kann einen Leiharbeitnehmer während der Arbeitsschicht mit sofortiger Wirkung von der Arbeitsstelle verweisen und für den nächsten Tag geeigneten Ersatz verlangen, wenn ein Grund vorliegt, der einen Arbeitgeber zur außerordentlichen Kündigung aus wichtigem Grund nach § 626 BGB berechtigen würde und der Entleiher dem Verleiher den Grund unter Zurverfügungstellung der Nachweise schriftlich mitteilt.

(3) Im Falle des entschuldigten oder unentschuldigten Fehlens eines Leiharbeitnehmers kann der Entleiher vom Verleiher unverzüglich die Gestellung eines geeigneten Ersatzes fordern.

(4) Kommt der Verleiher dem Verlangen nach Abberufung, Austausch und Ersatz von Arbeitnehmern nicht nach, kann der Entleiher den Überlassungsvertrag über den betreffenden Arbeitnehmer fristlos kündigen. Etwaige Schadensersatzansprüche des Entleihers bleiben unberührt.

(5) Der Verleiher ist berechtigt, bei Abwesenheit eines überlassenen Arbeitnehmers aufgrund Krankheit, Urlaub, unentschuldigtem Fehlen, Mutterschaft, Elternzeit, Wehr- oder Ersatzdienst oder aus ähnlichen Gründen und bei Ausscheiden eines überlassenen Arbeitnehmers aus dem Arbeitsverhältnis einen anderen Leiharbeitnehmer mit vergleichbarer Qualifikation zu stellen.

(6) Bei Streik, Aussperrung, vorübergehender Betriebsstilllegung und während der Dauer von Betriebsversammlungen kann der Entleiher verlangen, dass die Arbeiten ruhen. Für den Fall, dass der Betrieb des Entleihers von einem legalen Streik unmittelbar betroffen ist, unterbleibt der Einsatz der Leiharbeitnehmer.

Wisswede

§ 8 Pflichten des Verleihers

(1) Der Verleiher haftet dem Entleiher nur, wenn er bei der Auswahl der überlassenen Leiharbeitnehmer nicht die im Verkehr erforderliche Sorgfalt beachtet hat. Der Verleiher verpflichtet sich zur Vorlage von erforderlichen Qualifikationsnachweisen bezüglich der Leiharbeitnehmer (zB Gesellenbrief, Facharbeiterbrief, Führerschein, deutsche Sprachkenntnisse).

(2) Ist der Leiharbeitnehmer Ausländer, ohne dass ihm nach den Rechtsvorschriften der Europäischen Gemeinschaften oder nach dem Abkommen über den Europäischen Wirtschaftsraum Freizügigkeit zu gewähren ist oder er eine unbefristete Aufenthaltserlaubnis oder eine Aufenthaltsberechtigung besitzt, legt der Verleiher dem Entleiher eine Arbeitserlaubnis oder eine Arbeitsberechtigung nach §§ 284 ff SGB III vor.

(3) Der Verleiher verpflichtet sich, auf Verlangen des Entleihers mit Rücksicht auf die nach § 28e Abs. 2 SGB IV bzw § 42d EStG bestehende Haftung des Entleihers für die Sozialversicherungsbeiträge und die Lohnsteuer der überlassenen Arbeitnehmer Bürgschaftserklärungen oder Garantieerklärungen (Avalkredite) beizubringen.

(4) Der Entleiher kann vom Verleiher jederzeit die Vorlage von Bescheinigungen über die Abführung der Sozialversicherungsbeiträge und der Lohnsteuer für die überlassenen Arbeitnehmer an die zuständigen Einzugsstellen bzw das Finanzamt verlangen.

(5) Wird der Entleiher gem. § 28e SGB IV und/oder § 42d EStG von der zuständigen Einzugsstelle bzw dem Finanzamt in Anspruch genommen, ist er berechtigt, die dem Verleiher geschuldete Vergütung in Höhe der von der jeweiligen Einzugsstelle bzw dem Finanzamt geltend gemachten Forderungen einzubehalten, bis der Verleiher nachweist, dass er die Beiträge bzw die Lohnsteuer ordnungsgemäß abgeführt hat.

§ 9 Schlussbestimmungen, Gerichtsstand

(1) Änderungen und Ergänzungen des Vertrages bedürfen der Schriftform.

(2) Sollten einzelne Bestimmungen dieses Vertrages ganz oder teilweise unwirksam sein oder werden, oder sollte sich in diesem Vertrag eine Lücke befinden, so soll hierdurch die Gültigkeit der übrigen Bestimmungen nicht beeinträchtigt werden. Anstelle der unwirksamen Bestimmung gilt diejenige wirksame Bestimmung als vereinbart, welche dem Sinn und Zweck der unwirksamen Bestimmung am ehesten entspricht. Im Fall einer Lücke gilt diejenige Bestimmung als vereinbart, die dem entspricht, was nach Sinn und Zweck dieses Vertrages vereinbart worden wäre, hätte man die Angelegenheit von vornherein bedacht. Dies gilt auch dann, wenn die Unwirksamkeit einer Bestimmung auf einem Maß der Leistung beruht. Es gilt dann das rechtlich zulässige Maß.

(3) Gerichtsstand für beide Vertragsparteien ist ....

4. Muster: Aufstellung der zu überlassenden Arbeitnehmer

Aufstellung der zu überlassenden Arbeitnehmer mit den Angaben nach § 12 Abs. 1 Satz 3 AÜG

1. Name: ...   Vorname: ...
Straße: ...   PLZ/Ort: ...
Geburtsdatum: ...   Geburtsort: ...
Nationalität: ...   Arbeitserlaubnis von ... bis ...
Art der Tätigkeit: ...
Besondere Merkmale der Tätigkeit: ...
Erforderliche Qualifikation (zB Geselle, Meister): ...
Erforderliche berufliche Fähigkeiten/Erfahrungen: ...

Kapitel 1: Arbeitsverträge   1

Vergleichbare Arbeitnehmer im Betrieb des Entleihers: ❏ ja ❏ nein
Falls vergleichbare Arbeitnehmer vorhanden sind:
Anwendbarkeit eines Tarifvertrages: ❏ ja, des ... ❏ nein
Stundenlohn: ... EUR brutto;   Zuschläge: Mehrarbeit ...; Nacht ...; Sonn-/Feiertage ...
Sonderzahlungen: Weihnachtsgeld ...   Urlaubsgeld ...
Sonstige Vergütungsbestandteile: ...
Arbeitszeiten: von ... bis ...   Pausen: von ... bis ...
Jahresurlaub: ...   Sonstige arbeitsfreie Tage: ...
Betriebliche Altersversorgung: ❏ ja, monatliche Aufwendung ... EUR   ❏ nein

2. Name: ...   Vorname: ...
Straße: ...   PLZ/Ort: ...
Geburtsdatum: ...   Geburtsort: ...
Nationalität: ...   Arbeitserlaubnis von ... bis ...
Art der Tätigkeit: ...
Besondere Merkmale der Tätigkeit: ...
Erforderliche Qualifikation (zB Geselle, Meister): ...
Erforderliche berufliche Fähigkeiten/Erfahrungen: ...
Vergleichbare Arbeitnehmer im Betrieb des Entleihers: ❏ ja ❏ nein
Falls vergleichbare Arbeitnehmer vorhanden sind:
Anwendbarkeit eines Tarifvertrages: ❏ ja, des ... ❏ nein
Stundenlohn: ... EUR brutto;   Zuschläge: Mehrarbeit ...; Nacht ...; Sonn-/Feiertage ...
Sonderzahlungen: Weihnachtsgeld ...   Urlaubsgeld ...
Sonstige Vergütungsbestandteile: ...
Arbeitszeiten: von ... bis ...   Pausen: von ... bis ...
Jahresurlaub: ...   Sonstige arbeitsfreie Tage: ...
Betriebliche Altersversorgung: ❏ ja, monatliche Aufwendung ... EUR   ❏ nein

3. Name: ...   Vorname: ...
Straße: ...   PLZ/Ort: ...
Geburtsdatum: ...   Geburtsort: ...
Nationalität: ...   Arbeitserlaubnis von ... bis ...
Art der Tätigkeit: ...
Besondere Merkmale der Tätigkeit: ...
Erforderliche Qualifikation (zB Geselle, Meister): ...
Erforderliche berufliche Fähigkeiten/Erfahrungen: ...
Vergleichbare Arbeitnehmer im Betrieb des Entleihers: ❏ ja ❏ nein
Falls vergleichbare Arbeitnehmer vorhanden sind:
Anwendbarkeit eines Tarifvertrages: ❏ ja, des ... ❏ nein

§ 1 Verträge mit Arbeitnehmern, freien Mitarbeitern und Gesellschaftsorganen

Stundenlohn: ... EUR brutto;   Zuschläge: Mehrarbeit ...; Nacht ...; Sonn-/Feiertage ...
Sonderzahlungen: Weihnachtsgeld ...   Urlaubsgeld ...
Sonstige Vergütungsbestandteile: ...
Arbeitszeiten: von ... bis ...   Pausen: von ... bis ...
Jahresurlaub: ...   Sonstige arbeitsfreie Tage: ...
Betriebliche Altersversorgung: ❑ ja, monatliche Aufwendung ... EUR   ❑ nein

4. Name: ...   Vorname: ...
Straße: ...   PLZ/Ort: ...
Geburtsdatum: ...   Geburtsort: ...
Nationalität: ...   Arbeitserlaubnis von ... bis ...
Art der Tätigkeit: ...
Besondere Merkmale der Tätigkeit: ...
Erforderliche Qualifikation (zB Geselle, Meister): ...
Erforderliche berufliche Fähigkeiten/Erfahrungen: ...
Vergleichbare Arbeitnehmer im Betrieb des Entleihers: ❑ ja   ❑ nein
Falls vergleichbare Arbeitnehmer vorhanden sind:
Anwendbarkeit eines Tarifvertrages: ❑ ja, des ...   ❑ nein
Stundenlohn: ... EUR brutto;   Zuschläge: Mehrarbeit ...; Nacht ...; Sonn-/Feiertage ...
Sonderzahlungen: Weihnachtsgeld ...   Urlaubsgeld ...
Sonstige Vergütungsbestandteile: ...
Arbeitszeiten: von ... bis ...   Pausen: von ... bis ...
Jahresurlaub: ...   Sonstige arbeitsfreie Tage: ...
Betriebliche Altersversorgung: ❑ ja, monatliche Aufwendung ... EUR   ❑ nein

5. Name: ...   Vorname: ...
Straße: ...   PLZ/Ort: ...
Geburtsdatum: ...   Geburtsort: ...
Nationalität: ...   Arbeitserlaubnis von ... bis ...
Art der Tätigkeit: ...
Besondere Merkmale der Tätigkeit: ...
Erforderliche Qualifikation (zB Geselle, Meister): ...
Erforderliche berufliche Fähigkeiten/Erfahrungen: ...
Vergleichbare Arbeitnehmer im Betrieb des Entleihers: ❑ ja   ❑ nein
Falls vergleichbare Arbeitnehmer vorhanden sind:
Anwendbarkeit eines Tarifvertrages: ❑ ja, des ...   ❑ nein
Stundenlohn: ... EUR brutto;   Zuschläge: Mehrarbeit ...; Nacht ...; Sonn-/Feiertage ...
Sonderzahlungen: Weihnachtsgeld ...   Urlaubsgeld ...
Sonstige Vergütungsbestandteile: ...

Arbeitszeiten: von ... bis ...   Pausen: von ... bis ...
Jahresurlaub: ...   Sonstige arbeitsfreie Tage: ...
Betriebliche Altersversorgung: ❏ ja, monatliche Aufwendung ... EUR   ❏ nein

6. Name: ...   Vorname: ...
Straße: ...   PLZ/Ort: ...
Geburtsdatum: ...   Geburtsort: ...
Nationalität: ...   Arbeitserlaubnis von ... bis ...
Art der Tätigkeit: ...
Besondere Merkmale der Tätigkeit: ...
Erforderliche Qualifikation (zB Geselle, Meister): ...
Erforderliche berufliche Fähigkeiten/Erfahrungen: ...
Vergleichbare Arbeitnehmer im Betrieb des Entleihers: ❏ ja   ❏ nein
Falls vergleichbare Arbeitnehmer vorhanden sind:
Anwendbarkeit eines Tarifvertrages: ❏ ja, des ...   ❏ nein
Stundenlohn: ... EUR brutto;   Zuschläge: Mehrarbeit ...; Nacht ...; Sonn-/Feiertage ...
Sonderzahlungen: Weihnachtsgeld ...   Urlaubsgeld ...
Sonstige Vergütungsbestandteile: ...
Arbeitszeiten: von ... bis ...   Pausen: von ... bis ...
Jahresurlaub: ...   Sonstige arbeitsfreie Tage: ...
Betriebliche Altersversorgung: ❏ ja, monatliche Aufwendung ... EUR   ❏ nein

↑

VIII. Verträge mit Auslandsbezug

1. Muster: Auslandsarbeitsvertrag mit einer Stiftung

↓

Zwischen

der ...

– nachstehend „Stiftung" genannt –

und

Herrn ...

– nachstehend „Mitarbeiter" genannt –

wird folgender Auslandsdienstvertrag geschlossen:

§ 1 Position und Vertragsbeginn

(1) Der Mitarbeiter wird für ein nach § 7 befristetes Arbeitsverhältnis im Ausland als Projektleiter eingestellt.

(2) Als Vertragsbeginn gilt das Datum der Aufnahme des Vorbereitungslehrgangs.

(3) Vor der Ausreise wird der Mitarbeiter einen Lehrgang absolvieren, der der Vorbereitung auf die Aufgaben im Projekt dient. Einzelheiten zum Vorbereitungslehrgang sind in Anlage 1 dieses Vertrages festgelegt.

§ 2 Tätigkeitsbereich

(1) Der Mitarbeiter übernimmt im Auftrag der Stiftung die mit ihm in der Anlage vereinbarten Tätigkeiten. Die Tätigkeitsbeschreibung ist die Basis für die spätere Leistungsbewertung des Mitarbeiters und für eventuelle Projektevaluierungen.

(2) Hindernisse bei der Aufnahme sowie bei der Durchführung der Tätigkeit sind der Stiftung unverzüglich zu melden.

(3) Der Mitarbeiter erklärt sich ausdrücklich damit einverstanden, unter Berücksichtigung seiner Qualifikation im Rahmen des Zumutbaren auch andere und gleichwertige bzw weitergehende Aufgaben im Einsatzland oder einem anderen Land zu übernehmen.

§ 3 Einsatzland/Dienstort

(1) Als Dienstort ist ... vorgesehen.

(2) Die Stiftung behält sich vor, einen anderen Ort im Einsatzland zu bestimmen, sofern ihr dies erforderlich scheint.

(3) Die Stiftung bestimmt den Zeitpunkt der Aufnahme und der Beendigung der Tätigkeit im Einsatzland.

§ 4 Versetzung

(1) Vor der Versetzung in ein anderes Land ist der Mitarbeiter anzuhören. Für die Anhörung genügt die Schriftform.

(2) Ein Inlandseinsatz des Mitarbeiters im Rahmen dieses Vertrages wird ausdrücklich ausgeschlossen.

§ 5 Rechte und Pflichten

(1) Die Rechte und Pflichten des Mitarbeiters ergeben sich aus der Satzung der Stiftung, dem Tarifvertrag für Auslandsmitarbeiter, der Tätigkeitsbeschreibung, den Finanzrichtlinien und den Dienstanweisungen der Stiftung in den jeweils gültigen Fassungen.

(2) Zur Durchführung und Abwicklung des Projektes wird jährlich ein Projektbudget erstellt. Im Rahmen der Kostenstellenverantwortung für das Projekt ist der Mitarbeiter für die Verwaltung der Projektmittel und der ihm anvertrauten Güter im Einsatzland gegenüber der Stiftung verantwortlich. Insbesondere ist er dafür verantwortlich, dass bei der Verfügung über diese Güter und Mittel alle geltenden Bestimmungen beachtet werden. Durch seine Unterschrift unter die entsprechenden Abrechnungsunterlagen versichert er der Stiftung verbindlich, dass diese Vorschriften befolgt worden sind.

(3) Der Mitarbeiter ist verpflichtet, seine Aufgaben im Rahmen des Partnerschaftsverhältnisses wahrzunehmen und hat insbesondere auf die Erfüllung der Partnerleistungen zu achten.

§ 6 Vergütung

Die Vergütung des Mitarbeiters berechnet sich nach der Vergütungsgruppe ... des Vergütungstarifvertrages für Auslandsmitarbeiter.

§ 7 Vertragsdauer

(1) Das Arbeitsverhältnis ist befristet. Der sachliche Grund für die Befristung ergibt sich aus dem Tarifvertrag, der zeitlichen Dauer des Auslandsprojektes im Rahmen des Partnerschaftsverhältnisses und dem Projektverlauf sowie dem zeitlich begrenzten Beraterbedarf im Projekt.

(2) Dieser Vertrag beginnt am ... und endet am ....

§ 8 Probezeit

Die ersten sechs Monate gelten als Probezeit. In der Probezeit kann das Arbeitsverhältnis mit einer Frist von 14 Tagen gekündigt werden.

§ 9 Kündigung

(1) Nach Ablauf der Probezeit kann der Vertrag mit einer Frist von sechs Wochen zum Quartalsende ordentlich gekündigt werden, wenn ein besonderer Grund vorliegt.

(2) Ein besonderer Kündigungsgrund kann gegeben sein, wenn

1. in der Person oder im Verhalten des Mitarbeiters oder seiner Familienangehörigen liegende Gründe einen Aufenthalt im Einsatzland nicht mehr erlauben,

2. das Verhalten des Mitarbeiters oder seiner Familienangehörigen im Einsatzland den Interessen der Bundesrepublik Deutschland oder der Stiftung abträglich ist; dies ist insbesondere der Fall bei:

a) einem Verhalten des Mitarbeiters, das den Anweisungen der Stiftung widerspricht und eine unzulässige Einmischung in die Politik des Einsatzlandes darstellt,

b) vorsätzlichem oder grob fahrlässigem Verstoß gegen das Strafrecht des Einsatzlandes, der mit Geldstrafen von umgerechnet mehr als 500 EUR oder mit Freiheitsentzug bedroht ist und bei Abwägung der Umstände und aller gegenseitigen Interessen eine Fortsetzung des Arbeitsverhältnisses unzumutbar macht,

c) erheblichem oder trotz Abmahnung wiederholtem Verstoß gegen vertragliche Pflichten und dienstliche Anweisungen.

(3) Eine fristlose Kündigung iSd § 626 BGB bleibt von den Absätzen 1 und 2 unberührt.

§ 10 Vorbehalt der gesundheitlichen Eignung

Der Vertrag wird vorbehaltlich der Bestätigung der Tropentauglichkeit des Mitarbeiters abgeschlossen.

§ 11 Anwendbares Recht und Gerichtsstand

(1) Im Verhältnis der Stiftung zum Mitarbeiter gilt das Recht der Bundesrepublik Deutschland.

(2) Für Streitigkeiten aus diesem Vertrag sind die Gerichte am Sitz der Stiftung zuständig.

§ 12 Bestandteile des Vertrages

Soweit in diesem Vertrag keine abweichenden Regelungen getroffen sind, bestimmt sich der Inhalt des Vertrages nach folgenden Bestimmungen in ihrer jeweils geltenden Fassung:

- Tarifvertrag für Auslandsmitarbeiter
- Vergütungstarifvertrag für Auslandsmitarbeiter
- Tarifvertrag über die betriebliche Alters- und Hinterbliebenenversorgung für Auslandsmitarbeiter.

§ 13 Form

Ergänzungen und Änderungen dieses Arbeitsvertrages einschließlich der Aufhebung dieses Schriftformerfordernisses bedürfen der Schriftform, es sei denn, sie beruhen auf einer ausdrücklichen oder individuellen Vertragsabrede. Eine betriebliche Übung ist keine solche ausdrückliche bzw. individuelle Vertragsabrede. Auch wiederholte Leistungen oder Vergünstigungen ohne ausdrückliche oder individuelle Vertragsabrede begründen keinen Anspruch für die Zukunft.

2. Muster: Auslandsentsendungsvertrag

Auslandsentsendungsvertrag

Zwischen

..., vertreten durch ...

– nachstehend „Gesellschaft" genannt –

und

Herrn ...

– nachstehend „Mitarbeiter" genannt –

wird in Ergänzung des Anstellungsvertrages vom ... folgender Vertrag geschlossen:

§ 1 Vertragsdauer

(1) Der Mitarbeiter wird ab ... vorübergehend zeitlich begrenzt nach ... entsandt. Dieser Entsendungsvertrag tritt mit dem Zeitpunkt der Entsendung des Mitarbeiters in Kraft.

(2) Der Entsendungsvertrag ist zunächst bis zum ... befristet. Spätestens sechs Monate vor Ablauf des Vertrages wird über seine Verlängerung entschieden. Soweit im Falle der Verlängerung nicht ausdrücklich anderes vereinbart wird, gelten die in diesem Vertrag festgelegten Bestimmungen weiter. Die Befristung des Vertrages ist bedingt durch die Aufgabenstellung.

(3) Die Gesellschaft behält sich vor, den Mitarbeiter vorzeitig aus ... abzuberufen und die Entsendung damit zu beenden. Die Gesellschaft behält sich ferner vor, dem Mitarbeiter unter angemessener Berücksichtigung seiner persönlichen Verhältnisse eine andere gleichwertige Tätigkeit zu übertragen, auch wenn dies mit einem Ortswechsel im Entsendungsland oder in ein anderes Land verbunden ist.

§ 2 Aufgabenbereich

(1) Der Mitarbeiter wird nach ... entsandt. Mit Wirkung vom ... wird ihm die Position des ... übertragen.

(2) Der Mitarbeiter wird seine ganze Arbeitskraft und alle seine fachlichen Kenntnisse und Erfahrungen ausschließlich in die Tätigkeit für die Gesellschaft einbringen.

(3) Die gegebenenfalls notwendige Aufenthalts- und Arbeitsgenehmigung besorgt der Mitarbeiter. Soweit dies nach den jeweiligen landesrechtlichen Bestimmungen erforderlich ist, hat die Gesellschaft hierbei mitzuwirken und insbesondere auf die Gesellschaft, zu der der Mitarbeiter entsandt wird, bzgl etwaig erforderlicher Antragstellungen etc. einzuwirken. Die hierbei entstehenden Kosten trägt die Gesellschaft.

§ 3 Nebentätigkeiten und Wettbewerbsverbot

(1) Jede Nebentätigkeit, gleichgültig, ob sie entgeltlich oder unentgeltlich ausgeübt wird, bedarf der vorherigen Zustimmung der Gesellschaft. Die Zustimmung ist zu erteilen, wenn die Nebentätigkeit die Wahrnehmung der dienstlichen Aufgaben zeitlich nicht oder allenfalls unwesentlich behindert und sonstige berechtigte Interessen der Gesellschaft nicht beeinträchtigt werden. Die Gesellschaft hat die Entscheidung über den Antrag des Mitarbeiters auf Zustimmung zur Nebentätigkeit innerhalb von sechs Wochen nach Eingang des Antrages zu treffen. Wird innerhalb dieser Frist eine Entscheidung nicht gefällt, gilt die Zustimmung als erteilt.

(2) Der Mitarbeiter wird sich während der Dauer dieses Vertrages weder in ... noch in der Bundesrepublik Deutschland an einem Unternehmen beteiligen, das mit der Gesellschaft in Konkurrenz steht oder in wesentlichem Umfang Geschäftsbeziehungen mit der Gesellschaft unterhält.

Kapitel 1: Arbeitsverträge

§ 4 Bezüge/Vergütung

(1) Für die Dauer der Entsendung erhält der Mitarbeiter das ihm aufgrund seines Anstellungsvertrages vom ... zustehende Grundgehalt iHv ... EUR brutto jährlich (in Worten: ... Euro).

(2) Aufgrund des geänderten Aufgabengebietes erhält der Mitarbeiter eine Zulage zum Grundgehalt iHv ... EUR brutto jährlich, welche für die Dauer der Entsendung befristet ist.

(3) Die Vergütung gemäß der Absätze 1 und 2 ist in zwölf gleichen Teilbeträgen zum Ende eines jeden Monats an einem von dem Mitarbeiter zu bestimmenden Ort auf ein Konto des Mitarbeiters zu überweisen.

(4) Dem Mitarbeiter wird unter Berücksichtigung quantitativer und qualitativer Zielsetzungen eine variable Tantieme gezahlt, deren Höhe maximal ... EUR pro Geschäftsjahr beträgt.

(5) Die Tantieme wird von der Gesellschaft auf der Grundlage des erreichten Zielerreichungsgrades gemäß der mit dem Mitarbeiter getroffenen Zielvereinbarung festgelegt.

(6) Die Tantieme ist zu dem Zeitpunkt fällig, den der Aufsichtsrat der Gesellschaft für den gesamten Konzern festgelegt hat. Scheidet der Mitarbeiter während eines Geschäftsjahres – ausgenommen aufgrund von ihm verschuldeter Kündigung, Abberufung oder anderweitiger Auflösung des Anstellungsvertrages – aus, gebührt ihm die Tantieme anteilig. Für das Eintrittsjahr steht dem Mitarbeiter die Tantieme ebenfalls pro rata temporis zu. Der Tantiemeanspruch vermindert sich pro rata temporis, wenn die Arbeitsunfähigkeit ununterbrochen länger als sechs Monate dauert.

(7) Mit diesen Bezügen sind auch Leistungen des Mitarbeiters abgegolten, die über die für Angestellte oder die Gesellschaft geltende Normalarbeitszeit im Rahmen des jeweils gesetzlich Zulässigen hinaus erbracht werden. Der Mitarbeiter ist bei Bedarf verpflichtet, derartige Mehrleistungen zu erbringen.

§ 5 Steuern[657]

Aufgrund des mit ... bestehenden Doppelbesteuerungsabkommens beantragt die Gesellschaft für den Mitarbeiter bei der zuständigen Finanzbehörde die Befreiung von der Lohnsteuer in Deutschland. Der Mitarbeiter ist für die einkommensteuerliche Behandlung seiner Bezüge selbst verantwortlich. Er behält einen Wohnsitz in Deutschland bei.

§ 6 Sozialversicherung[658]

(1) Während der Entsendung des Mitarbeiters gelten die gesetzlichen Bestimmungen der deutschen Sozialversicherung fort.

(2) Die Gesellschaft wird für den Mitarbeiter auf der Berechnungsgrundlage der jeweiligen Höchstbeträge den Arbeitgeberanteil zu Renten-, Kranken- und Arbeitslosenversicherung abführen.

(3) Der Arbeitnehmeranteil wird von der dem Mitarbeiter auszuzahlenden Vergütung in Abzug gebracht.

(4) Die Gesellschaft wird für den Mitarbeiter die Beiträge zur Berufsgenossenschaft abführen und für Versicherungsschutz in ... sorgen.

§ 7 Erkrankung und Unfall am Arbeitsort

(1) Der Mitarbeiter versichert, dass ihm keine besonderen Umstände bekannt sind, die seinen allgemeinen Gesundheitszustand in besonderer Weise in Frage stellen könnten. Chronische Erkrankungen hat der Mitarbeiter der Gesellschaft zu melden.

(2) Der Mitarbeiter ist verpflichtet, die Gesellschaft, zu der er entsandt ist, von einer Arbeitsverhinderung unverzüglich zu benachrichtigen und, wenn die Erkrankung länger als drei Tage dauert, darüber ein ärztli-

---

657 Die Klausel ist ggf nach den landesspezifischen Besonderheiten abweichend zu gestalten.
658 Die Klausel ist ggf nach den landesspezifischen Besonderheiten abweichend zu gestalten.

Wisswede

ches Attest vorzulegen. Droht die Arbeitsverhinderung länger als sechs Wochen anzudauern, hat der Mitarbeiter die Gesellschaft spätestens bis zum Ablauf der sechs Wochen davon zu unterrichten.

(3) Falls der Mitarbeiter an der Leistung seiner Dienste infolge Krankheit bzw Arbeitsunfähigkeit verhindert ist, behält er für die Dauer von sechs Monaten den Anspruch auf Fortzahlung seiner vollen Bezüge, wobei als erster Monat der auf den Beginn der Verhinderung folgende Monat gilt. Bei der Gehaltsfortzahlung werden Leistungen Dritter – beispielsweise aufgrund von Haftpflichtansprüchen oder aus Versicherungsverträgen – angerechnet, soweit sie dem Unterhalt des Mitarbeiters zu dienen bestimmt sind und auf Leistungen oder Teilleistungen der Gesellschaft beruhen. Zahlungen, die der Mitarbeiter aufgrund eigener Versicherung oder Höherversicherung erhält, bleiben anrechnungsfrei.

(4) Erfolgt aufgrund einer Anordnung des behandelnden Arztes eine Rückkehr nach Deutschland, so wird für den Zeitraum des Aufenthalts in Deutschland nur noch das feste Grundgehalt gezahlt.

(5) Im Falle des Todes des Mitarbeiters werden für die unterhaltsberechtigten Angehörigen nach dem Sterbemonat die vollen Bezüge gem. § 4 Abs. 1 und 2 für weitere drei Monate fortgezahlt.

§ 8 Firmenwagen

(1) Die Gesellschaft stellt dem Mitarbeiter für die Dauer der Geltung dieses Vertrages in ... einen Pkw als angemessenen Dienstwagen gemäß der Firmenwagenregelung der Gesellschaft zur Verfügung, der dem Mitarbeiter auch zur uneingeschränkten privaten Nutzung zur Verfügung steht. Die gesamten Fahrzeugkosten gehen zu Lasten der Gesellschaft.

(2) Die auf den für Privatnutzung anzusetzenden Sachbezugswerte entfallenden Steuern sind von dem Mitarbeiter zu tragen.

§ 9 Reisekosten

(1) Dem Mitarbeiter werden die Reisekosten erstattet, die im Rahmen der Ausübung seiner Aufgaben für die Gesellschaft im Rahmen dieses Vertrages entstehen.

(2) Insbesondere übernimmt die Gesellschaft die tatsächlichen Reisekosten bis zur Höhe der Flugpassage „Business Class" für die Hinreise bei der Entsendung und für die Rückreise bei der Beendigung der Entsendung.

(3) Für die Erstattung von Reisekosten im Zusammenhang von Geschäftsreisen findet die Richtlinie der Gesellschaft Anwendung.

§ 10 Unfallversicherung

(1) Die Gesellschaft wird den Mitarbeiter für die Dauer dieses Vertrages gegen Unfall versichern, und zwar mit:

- 64.000 EUR für den Todesfall,
- 128.000 EUR für den Invaliditätsfall und
- 255 EUR Krankenhaustagegeld ab dem ersten Krankheitstag.

Bei einer Teilinvalidität wird ein Teilbetrag entsprechend dem Grad der Minderung der Erwerbstätigkeit bezahlt.

(2) Die Versicherung umfasst Arbeits- sowie private Unfälle und steht dem Mitarbeiter, seinem Ehepartner sowie im Fall des Todes seinen gesetzlichen Erben zu. Sie endet mit dem Zeitpunkt der Beendigung dieses Vertrages.

(3) Soweit der Ehepartner des Mitarbeiters den Mitarbeiter bei berufsbedingten Reisen begleitet, ist er in vollem Umfange in die Unfallversicherung, die die Gesellschaft für den Mitarbeiter abzuschließen hat, einzubeziehen.

§ 11 Umzug

(1) Wird anlässlich dieses Vertrages ein Wohnungswechsel binnen drei Jahren seit Beginn der Tätigkeit durchgeführt, bezahlt die Gesellschaft die tatsächlichen Umzugskosten gemäß der Richtlinie der Gesellschaft einschließlich ortsüblicher Maklergebühren. Dies gilt auch bei Errichtung eines zweiten Wohnsitzes in ... Die Gesellschaft zahlt ebenfalls die Kosten des Rückumzugs nach Deutschland, falls dieser betrieblich veranlasst ist. Die Eigenkündigung des Mitarbeiters stellt keine betriebliche Veranlassung dar.

(2) Der Mitarbeiter ist verantwortlich für die ordnungsgemäße Abwicklung des Umzugs und für die Einhaltung der Zollgesetze und Vorschriften des Bestimmungslandes.

§ 12 Mitnahme von Familienangehörigen

(1) Familienangehörige im Sinne dieses Entsendungsvertrages sind die Ehefrau und die minderjährigen Kinder, soweit sie dauernd im Haushalt des entsandten Mitarbeiters leben.

(2) Die Gesellschaft übernimmt folgende Kosten für den Umzug der Familienangehörigen:
a) Flugreise („Business Class"), wahlweise Kosten einer einfachen Bahnfahrt 1. Klasse;
b) Kosten für Übergepäck bis max. 30 kg für alle Familienangehörigen.

§ 13 Verhalten des Arbeitnehmers im Ausland

Der Mitarbeiter versichert, die Gesetze und Bestimmungen des Entsendungslandes zu beachten und die dort herrschenden Sitten und Gebräuche zu respektieren.

§ 14 Heimreise in Notfällen

(1) Sollte der Mitarbeiter während der Entsendung ernsthaft erkranken, dh aufgrund eines Unfalls oder einer Erkrankung voraussichtlich länger als drei Wochen arbeitsunfähig krank sein oder lebensbedrohlich erkranken, so übernimmt die Gesellschaft die Kosten eines Rücktransports, ggf Krankentransports nach Deutschland. Gleiches gilt für sonstige Notfälle. Ein Notfall, in dem die sofortige Rückkehr des Mitarbeiters ins Inland notwendig wird, ist neben schwerer eigener Erkrankung die schwere Erkrankung oder ein Todesfall in der unmittelbaren Familie (Eltern, Geschwister, Ehefrau, Kinder).

(2) Im Falle eines sonstigen Notfalls (politische Unruhen, Erdbeben, Seuchengefahr, Gefahr der Internierung) ist die Reise zum nächstgelegenen sicheren Ort (Land) anzutreten. Die Gesellschaft hat die hierbei entstehenden Kosten zu tragen.

§ 15 Arbeitsbedingungen

Während der Entsendung des Mitarbeiters nach ... gelten für den Mitarbeiter die dortigen Arbeitszeit- und Feiertagsregelungen.

§ 16 Jahresurlaub

(1) Der dem Mitarbeiter gemäß seinem Anstellungsvertrag vom ... zustehende Anspruch auf einen Jahresurlaub von 20 Arbeitstagen pro Kalenderjahr bei einer 5-Tage-Woche gilt auch während der Entsendung. Die Gesellschaft gewährt dem Mitarbeiter zusätzlich zu dem gesetzlichen Mindesturlaub einen vertraglichen Urlaub von weiteren 10 Arbeitstagen. Bei der Gewährung von Urlaub wird zuerst der gesetzliche Urlaub eingebracht. Für den vertraglichen Urlaub gilt abweichend von dem gesetzlichen Mindesturlaub, dass der Urlaubsanspruch nach Ablauf des Übertragungszeitraumes (31.3. des Folgejahres) auch dann verfällt, wenn er wegen Arbeitsunfähigkeit des Mitarbeiters nicht genommen werden kann. Der gesetzliche Mindesturlaub verfällt in einem solchen Fall 15 Monate nach Ablauf des Urlaubsjahres.

(2) Der Urlaub ist möglichst zusammenhängend zu nehmen. Urlaubstermin, -dauer und -heimreise sind im Einvernehmen mit der Gesellschaft festzulegen.

§ 17 Fortzahlung der Vergütung bei Freiheitsberaubung

Wird der Mitarbeiter aus Gründen, die er im Verhältnis zur Gesellschaft nicht zu vertreten hat, im Ausland seiner Freiheit beraubt, so wird seine Vergütung in voller Höhe fortgezahlt. Die Gesellschaft kann jedoch die Abtretung der Dritten gegenüber bestehenden Schadensersatzansprüche verlangen.

§ 18 Geheimhaltungsvereinbarung

Der Mitarbeiter ist verpflichtet, über Betriebs- und Geschäftsgeheimnisse, die ihm im Rahmen seiner Tätigkeit für die Gesellschaft in ... zur Kenntnis gelangen, strengstes Stillschweigen zu bewahren. Diese Verpflichtung besteht auch nach seinem Ausscheiden aus den Diensten der Gesellschaft.

§ 19 Gesellschaftsunterlagen

Bei seinem Ausscheiden aus den Diensten der Gesellschaft ist der Mitarbeiter verpflichtet, sämtliche geschäftlich bedeutsamen Schriftstücke, Korrespondenz, Aufzeichnungen und dergleichen, die Angelegenheiten der Gesellschaft betreffen und die sich noch in seinem Besitz befinden, unverzüglich an die Gesellschaft zu übergeben.

§ 20 Beendigung des Vertrages

(1) Die Gesellschaft wird den Mitarbeiter nach ordnungsgemäßer Beendigung seiner Tätigkeit im Ausland eine seinen bisherigen Funktionen in Deutschland vergleichbare Position anbieten, die hinsichtlich Verantwortungsbereich, Einkommen und Anforderung den im In- und Ausland gesammelten Erfahrungen und Leistungen des Mitarbeiters möglichst entspricht. Der Mitarbeiter erklärt sich bereit, vorübergehend auch eine andere Position zu übernehmen.

(2) Dieser Entsendungsvertrag ist in gleicher Weise kündbar wie der Anstellungsvertrag des Mitarbeiters vom ...

(3) Durch die fristlose Kündigung dieses Vertrages wird zugleich die fristlose Kündigung des Anstellungsvertrages vom ... bewirkt.

(4) Die Kündigung dieses Entsendungsvertrages bedarf der Schriftform.

§ 21 Ausschlussklausel[659]

Es besteht Einigkeit darüber, dass alle Ansprüche aus diesem Vertragsverhältnis spätestens innerhalb von drei Monaten nach Fälligkeit schriftlich geltend zu machen sind. Werden Ansprüche vom anderen Teil abgelehnt oder erklärt sich dieser innerhalb von zwei Wochen nicht, so verfällt der Anspruch, wenn nicht innerhalb einer weiteren Frist von drei Monaten nach Ablehnung oder Fristablauf die gerichtliche Geltendmachung erfolgt.

§ 22 Schlussbestimmungen

(1) Mündliche Nebenabreden bestehen nicht. Ergänzungen und Änderungen dieses Arbeitsvertrages einschließlich der Aufhebung dieses Schriftformerfordernisses bedürfen der Schriftform, es sei denn, sie beruhen auf einer ausdrücklichen oder individuellen Vertragsabrede. Eine betriebliche Übung ist keine solche ausdrückliche bzw. individuelle Vertragsabrede. Auch wiederholte Leistungen oder Vergünstigungen ohne ausdrückliche oder individuelle Vertragsabrede begründen keinen Anspruch für die Zukunft.

(2) Soweit im vorliegenden Auslandsentsendungsvertrag nichts Abweichendes vereinbart ist, gelten die Bestimmungen des Anstellungsvertrages vom ... unverändert fort.

---

[659] Nach einer neuen Entscheidung des BAG können arbeitsvertraglich vereinbarte Ausschlussfristen dahin gehend ausgelegt werden, dass sie nur die von den Parteien für regelungsbedürftig gehaltenen Fälle erfassen sollen. Eine Anwendung auch für die Fälle, die durch gesetzliche Verbote oder Gebote geregelt sind, soll dagegen regelmäßig gerade nicht gewollt sein, so das BAG. Das gelte bspw für die Haftung wegen Vorsatzes (Pressemitteilung Nr. 42/13 zu BAG, Urt. v. 20.6.2013 – 8 AZR 280/12). Ein Formulierungsbeispiel für eine vertragliche Verfallklausel mit Ausschluss der Haftung für Vorsatz enthält das Muster 1134 (§ 16).

(3) Dieser Vertrag sowie der Anstellungsvertrag vom ... unterliegen deutschem Recht.

(4) Es besteht Einvernehmen zwischen der Gesellschaft und dem Mitarbeiter, dass Ansprüche aus ausländischem Recht nicht geltend gemacht werden können.

(5) Die Parteien vereinbaren die Zuständigkeit des Arbeitsgerichts in ... für den Fall, dass der Mitarbeiter keinen Wohnsitz in der Bundesrepublik Deutschland hat. Dasselbe gilt für den Fall, dass der Mitarbeiter in Zukunft seinen Wohnsitz oder ständigen Aufenthaltsort in ein anderes Land verlegt oder der Aufenthaltsort oder der Wohnsitz bei Klageerhebung nicht bekannt ist.

(6) Der Mitarbeiter bestätigt mit seiner Unterschrift, ein Exemplar dieses Vertrages erhalten zu haben.

3. Muster: Anstellungsvertrag mit ausländischer Tochter

Zwischen

..., vertreten durch den Geschäftsführer

– nachstehend „Gesellschaft" genannt –

und

Herrn ...

– nachstehend „Mitarbeiter" genannt –

wird folgender Vertrag geschlossen:

§ 1 Aufgabengebiet

(1) Der Mitarbeiter wird ab ... als ... der Gesellschaft eingestellt. Die Gesellschaft ist eine ausländische Tochter der ... . Der Mitarbeiter wird am Sitz der Gesellschaft in ... tätig sein.

(2) Der Mitarbeiter ist für sämtliche anfallenden Aufgaben gegenüber der Geschäftsführung alleine verantwortlich. Im Außenverhältnis wirkt er mit einem Geschäftsführer zusammen. Bei der Erfüllung seiner Aufgaben hat der Mitarbeiter die Bestimmungen des Gastlandes, Weisungen des Vorstands und die Beschlüsse des Beirats der Muttergesellschaft zu beachten.

(3) Der Mitarbeiter wird seine ganze Arbeitskraft und alle seine fachlichen Erkenntnisse und Erfahrungen ausschließlich in seine Tätigkeit für die Gesellschaft einbringen.

(4) Die Gesellschaft behält sich vor, dem Mitarbeiter unter angemessener Berücksichtigung seiner persönlichen Verhältnisse eine andere gleichwertige Tätigkeit zu übertragen, auch wenn dies mit einem Ortswechsel verbunden ist.

§ 2 Vertragsdauer, Kündigung

(1) Dieser Vertrag tritt mit Wirkung vom ... in Kraft. Er wird unbefristet geschlossen.

(2) Der Anstellungsvertrag ist für beide Vertragsparteien mit einer Frist von drei Monaten zum Monatsende ordentlich kündbar. Die Kündigung hat schriftlich zu erfolgen.

(3) Das Recht zur außerordentlichen Kündigung bleibt unberührt.

(4) Die Gesellschaft ist berechtigt, den Mitarbeiter mit Ausspruch der Kündigung gem. Abs. 2 oder/und Abs. 3 unter Anrechnung auf seine Urlaubsansprüche von der Arbeitsleistung freizustellen.

§ 3 Bezüge

(1) Der Mitarbeiter erhält für seine vertragliche Tätigkeit ein festes Jahres-Brutto-Gehalt iHv ... EUR. Die Vergütung erfolgt in dreizehn Teilbeträgen. Zwölf Teilbeträge werden am Ende eines jeden Kalendermonats und das dreizehnte Monatsgehalt im Monat ... eines jeden Jahres ausgezahlt. Die Zahlung erfolgt bargeldlos. Der

Mitarbeiter ist verpflichtet, ein Konto zu unterhalten und der Gesellschaft seine jeweiligen Kontodaten mitzuteilen.

(2) Dem Mitarbeiter wird unter Berücksichtigung quantitativer und qualitativer Zielsetzungen jährlich eine variable Tantieme gezahlt, deren Höhe maximal ... EUR pro Geschäftsjahr beträgt.

(3) Die Tantieme wird von der Gesellschaft auf der Grundlage des erreichten Zielerreichungsgrades gemäß der mit dem Mitarbeiter getroffenen Zielvereinbarung festgelegt.

(4) Die Tantieme ist zu dem Zeitpunkt fällig, den der Aufsichtsrat des Konzerns für den gesamten Konzern festgelegt hat. Scheidet der Mitarbeiter während eines Geschäftsjahres – ausgenommen aufgrund von verschuldeter Kündigung, Abberufung oder anderweitiger Auflösung des Anstellungsvertrages – aus, gebührt ihm die Tantieme anteilig. Für das Eintrittsjahr steht dem Mitarbeiter die Tantieme ebenfalls pro rata temporis zu. Der Tantiemeanspruch vermindert sich pro rata temporis, wenn die Arbeitsunfähigkeit ununterbrochen länger als sechs Monate dauert.

(5) Mit diesen Bezügen sind auch Leistungen des Mitarbeiters abgegolten, die über die für Angestellte oder die Gesellschaft geltende Normalarbeitszeit bis zum gesetzlichen Zulässigen hinaus erbracht werden. Der Mitarbeiter ist bei Bedarf verpflichtet, derartige Mehrleistungen zu erbringen.[660]

(6) Sofern tarifvertragliche oder andere kollektivvertragliche Regelungen ein Mindestgehalt vorsehen, werden Erhöhungen des Mindestgehalts auf die vereinbarte Vergütung angerechnet.

(7) Das Gehalt sowie die Tantieme können frühestens nach einer Vertragslaufzeit von einem Jahr neu verhandelt werden.

(8) Findet der Mitarbeiter im Einsatzland keine seinem bisherigen Standard entsprechende Wohnung, die nach Größe und Ausstattung deutschen Wohnverhältnissen entspricht, übernimmt die Gesellschaft als Mietzuschuss den Betrag, der über eine Miete von ... EUR hinausgeht.

(9) Soweit der Mitarbeiter schulpflichtige Kinder hat, übernimmt die Gesellschaft pro Kind und Monat ein Schulgeld iHv ... EUR. Sollten Kinder des Mitarbeiters ein Internat in Deutschland besuchen, erhöht sich der Zuschuss pro Kind und Monat auf ... EUR.

§ 4 Firmenwagen

(1) Die Gesellschaft stellt dem Mitarbeiter für die Dauer der Geltung dieses Vertrages in ... einen Mittelklasse-Pkw als Firmenwagen zur Verfügung, den er gemäß der jeweils geltenden Firmenwagenregelung für geschäftliche und private Belange benutzen kann. Die gesamten Fahrzeugkosten gehen zu Lasten der Gesellschaft.

(2) Die auf den für Privatnutzung anzusetzenden Sachbezugswert entfallenden Steuern sind vom Mitarbeiter zu tragen.

(3) Nach Beendigung des Arbeitsverhältnisses mit der Gesellschaft ist der Mitarbeiter verpflichtet, den Firmenwagen unverzüglich an die Gesellschaft zurückzugeben.

§ 5 Reisekosten

Für die Erstattung von Reisekosten für notwendige Geschäftsreisen findet die Richtlinie der Gesellschaft Anwendung. Sofern es bei der Gesellschaft keine solche Richtlinie gibt, erfolgt die Erstattung nach den ... Vorschriften über die Erstattung von Reisekosten.

§ 6 Arbeitsbedingungen

Die regelmäßige wöchentliche Arbeitszeit beträgt 40 Stunden, verteilt auf fünf Werktage. Der Mitarbeiter hat Anspruch auf bezahlte Freistellung für die in ... geltenden gesetzlichen Feiertage.

---

660 Bei einem Einsatz im Ausland sind die lokalen Regelungen über die zulässige Dauer der Arbeitszeit zu beachten; das ArbZG findet keine Anwendung.

§ 7 Jahresurlaub

Der Mitarbeiter hat Anspruch auf einen Jahresurlaub von 20 Arbeitstagen pro Kalenderjahr bei einer 5-Tage-Woche. Die Gesellschaft gewährt dem Mitarbeiter zusätzlich zu dem gesetzlichen Mindesturlaub einen vertraglichen Urlaub von weiteren 10 Arbeitstagen. Bei der Gewährung von Urlaub wird zuerst der gesetzliche Urlaub eingebracht. Für den vertraglichen Urlaub gilt abweichend von dem gesetzlichen Mindesturlaub, dass der Urlaubsanspruch nach Ablauf des Übertragungszeitraumes (31.3. des Folgejahres) auch dann verfällt, wenn er wegen Arbeitsunfähigkeit des Mitarbeiters nicht genommen werden kann. Der gesetzliche Mindesturlaub verfällt in einem solchen Fall 15 Monate nach Ablauf des Urlaubsjahres.

Der Urlaub ist im Einvernehmen mit der Gesellschaft zu nehmen.

§ 8 Nebentätigkeiten und Wettbewerbsverbot

(1) Jedwede Nebentätigkeit, sei sie ein Ehrenamt oder sei sie entgeltlich ausgeübt, macht die Einwilligung der Gesellschaft erforderlich. Die Einwilligung ist zu erteilen, wenn nicht ein Versagungsgrund wegen einer zu befürchtenden Beeinträchtigung betrieblicher oder dienstlicher Interessen vorliegt.

(2) Die Gesellschaft verpflichtet sich, ihre Entscheidung über die beantragte Einwilligung innerhalb einer Frist von vier Wochen nach Antragseingang zu fällen. Verstreicht die Frist, ohne dass dem Mitarbeiter die Entscheidung über den gestellten Antrag auf Nebentätigkeit zugegangen ist, gilt die Zustimmung des Arbeitgebers als erteilt.

§ 9 Sozialversicherung

Es gelten die in ... gültigen gesetzlichen Bestimmungen.

§ 10 Unfallversicherung

Die Gesellschaft schließt zu Gunsten des Mitarbeiters eine zusätzliche Unfallversicherung für den Fall von Invalidität oder Tod des Mitarbeiters ab.

§ 11 Arbeitsverhinderung

(1) Der Mitarbeiter versichert, dass ihm keine besonderen Umstände darüber bekannt sind, die seinen allgemeinen Gesundheitszustand in besonderer Weise in Frage stellen könnten. Chronische Erkrankungen hat der Mitarbeiter der Gesellschaft zu melden.

(2) Der Mitarbeiter ist verpflichtet, die Gesellschaft von einer Arbeitsverhinderung unverzüglich zu benachrichtigen und, wenn die Erkrankung länger als drei Tage dauert, darüber ein ärztliches Attest vorzulegen.

(3) Es gelten die in ... geltenden gesetzlichen Regelungen zur Entgeltfortzahlung im Krankheitsfall.

§ 12 Geheimhaltungsvereinbarung

Der Mitarbeiter ist verpflichtet, über alle Betriebs- und Geschäftsgeheimnisse, die ihm im Rahmen seiner Tätigkeit für die Gesellschaft zur Kenntnis gelangen, strengstes Stillschweigen zu bewahren. Diese Verpflichtung besteht auch nach seinem Ausscheiden aus den Diensten der Gesellschaft.

§ 13 Gesellschaftsunterlagen

Bei seinem Ausscheiden aus den Diensten der Gesellschaft ist der Mitarbeiter verpflichtet, sämtliche geschäftlich bedeutsamen Schriftstücke, Korrespondenz, Aufzeichnungen und dergleichen, die Angelegenheiten der Gesellschaft betreffen und die sich noch in seinem Besitz befinden, unverzüglich an die Gesellschaft zu übergeben. Dem Mitarbeiter steht ein Zurückbehaltungsrecht an den genannten Unterlagen nicht zu.

§ 14 Rechtswahl

Soweit in diesem Vertrag nicht Abweichendes vereinbart ist, unterliegt das Vertragsverhältnis ... Recht.

§ 15 Ausschlussklausel[661]

Es besteht Einigkeit darüber, dass alle Ansprüche aus diesem Vertragsverhältnis spätestens innerhalb von drei Monaten nach Fälligkeit schriftlich geltend zu machen sind. Werden Ansprüche vom anderen Teil abgelehnt oder erklärt sich dieser innerhalb von zwei Wochen nicht, so verfällt der Anspruch, wenn nicht innerhalb einer weiteren Frist von drei Monaten nach Ablehnung oder Fristablauf die gerichtliche Geltendmachung erfolgt.

§ 16 Schlussbestimmungen

(1) Mündliche Nebenabreden bestehen nicht. Ergänzungen und Änderungen dieses Arbeitsvertrages einschließlich der Aufhebung dieses Schriftformerfordernisses bedürfen der Schriftform, es sei denn, sie beruhen auf einer ausdrücklichen oder individuellen Vertragsabrede. Eine betriebliche Übung ist keine solche ausdrückliche bzw individuelle Vertragsabrede. Auch wiederholte Leistungen oder Vergünstigungen ohne ausdrückliche oder individuelle Vertragsabrede begründen keinen Anspruch für die Zukunft.

(2) Der Mitarbeiter bestätigt mit seiner Unterschrift, ein Exemplar dieses Vertrages erhalten zu haben.

4. Muster: Arbeitsvertrag mit ausländischem Arbeiter mit Tarifbindung

Arbeitsvertrag

zwischen

der Firma ...

– im Folgenden „Arbeitgeber" genannt –

und

Herrn ...

– im Folgenden „Arbeitnehmer" genannt –

§ 1 Arbeitserlaubnis, Aufenthaltserlaubnis, Gesundheitsprüfung

(1) Der Arbeitnehmer hat jeweils rechtzeitig eine Aufenthaltsbewilligung und Arbeitserlaubnis zu beantragen und sie dem Arbeitgeber stets unaufgefordert vorzulegen. Der Arbeitnehmer hat den Arbeitgeber über den Stand der jeweiligen Bewilligungsverfahren zeitnah zu unterrichten.

(2) Sofern Arbeits- und Aufenthaltserlaubnis vorliegen und der Werksarzt die gesundheitliche Eignung für den in Aussicht genommenen Arbeitsplatz feststellt, wird der Arbeitnehmer ab ... als ... eingestellt. Das Arbeitsverhältnis endet spätestens mit Ablauf der jeweiligen Aufenthalts- oder Arbeitserlaubnis, ohne dass es einer Kündigung bedarf.

Die Möglichkeit einer ordentlichen oder außerordentlichen Kündigung im Verlaufe des Arbeitsverhältnisses durch jeden Vertragspartner bleibt unabhängig von der vorstehenden Regelung erhalten.

§ 2 Vergütung

(1) Der Stundenlohn beträgt zurzeit ... EUR brutto. Bei Beschäftigung im Akkord soll der Arbeitnehmer unter den betriebsüblichen Bedingungen bei üblichem Arbeitstempo mindestens ... EUR brutto in der Stunde verdienen.

---

661 Nach einer neuen Entscheidung des BAG können arbeitsvertraglich vereinbarte Ausschlussfristen dahin gehend ausgelegt werden, dass sie nur die von den Parteien für regelungsbedürftig gehaltenen Fälle erfassen sollen. Eine Anwendung auch für die Fälle, die durch gesetzliche Verbote oder Gebote geregelt sind, soll dagegen regelmäßig gerade nicht gewollt sein, so das BAG. Das gelte bspw für die Haftung wegen Vorsatzes (Pressemitteilung Nr. 42/13 zu BAG, Urt. v. 20.6.2013 – 8 AZR 280/12). Ein Formulierungsbeispiel für eine vertragliche Verfallklausel mit Ausschluss der Haftung für Vorsatz enthält das Muster 1134 (§ 16).

(2) Bei Mehrarbeit, Nachtarbeit sowie Sonntags- und Feiertagsarbeit bestehen tarifliche Zuschläge mit folgendem Inhalt:

a) bei Mehrarbeit (Überstunden): ... % des Stundenlohnes
b) bei Nachtarbeit: ... % des Stundenlohnes
c) bei Sonntagsarbeit: ... % des Stundenlohnes
d) bei Feiertagsarbeit: ... % des Stundenlohnes

Die Entgeltzahlung erfolgt jeweils zum ....
Es wird nur der jeweils höchste Zuschlag gezahlt, wenn mehrere Gründe für die Zahlung von Zuschlägen gleichzeitig vorliegen.

§ 3 Arbeitszeit

(1) Die Dauer der Arbeitszeit richtet sich nach dem in Bezug genommenen Tarifvertrag und beträgt derzeit werktäglich ohne Pausen ... Stunden. Der Arbeitsbeginn ist auf ... Uhr, das Arbeitsende auf ... Uhr festgelegt. Die Mittagspause ist von ... Uhr bis ... Uhr.

(2) In Notfällen und aus dringenden betrieblichen Gründen kann der Arbeitgeber eine Änderung der Arbeitszeit vorübergehend anordnen. Außerdem bleibt ihm vorbehalten, im tarifvertraglich zulässigen Rahmen Mehrarbeit zu verlangen, insbesondere bei Auftragsüberhang.

§ 4 Arbeitsverhinderung

(1) Der Arbeitnehmer hat seine Arbeitsunfähigkeit spätestens zwei Stunden vor dem Verhinderungszeitpunkt dem Vorgesetzten mitzuteilen und noch am gleichen Tag durch ärztliches Attest nachzuweisen.

(2) Bei häufiger Arbeitsverhinderung, insbesondere dann, wenn der Arbeitnehmer innerhalb eines Kalenderjahres mehr als sechs Wochen gefehlt hat, lässt er sich auf Verlangen und auf Kosten des Arbeitgebers unverzüglich von einem Arzt, der nicht der private Haus- oder Vertrauensarzt des Arbeitnehmers oder Arbeitgebers sein soll, untersuchen.

(3) Der Arbeitgeber kann nach eigener Wahl verlangen, dass der Arbeitnehmer den Werksarzt oder einen Facharzt aufsucht. Der Arbeitnehmer entbindet den Arzt in jedem Einzelfall von der ärztlichen Schweigepflicht gegenüber dem Arbeitgeber und ermächtigt den Arzt, unter Wahrung der Persönlichkeitssphäre des Arbeitnehmers dem Arbeitgeber die erforderlichen Auskünfte zu erteilen.

§ 5 Reisekosten

Der Arbeitgeber erstattet dem Arbeitnehmer die Kosten seiner Anreise iHv ... EUR. Nach mindestens ...monatiger Dauer der Beschäftigung im Betrieb des Arbeitgebers übernimmt er auch die Kosten der Rückreise des Arbeitnehmers vom Beschäftigungsort bis ....

§ 6 Unterkunft im Mitarbeiterheim

(1) Der Arbeitgeber stellt dem Arbeitnehmer eine angemessene Unterkunft und Verpflegung – bestehend aus Frühstück, Mittag- und Abendessen – zur Verfügung. Für die Unterkunft werden täglich ... EUR, für die Verpflegung täglich ... EUR berechnet und vom Arbeitsentgelt einbehalten.

(2) Der Arbeitnehmer verpflichtet sich, die in der Unterkunft geltende Hausordnung zu beachten und zu befolgen.

§ 7 Urlaub

(1) Der Arbeitnehmer erhält einen bezahlten Erholungsurlaub nach den für den Betrieb geltenden Bestimmungen. Ein Urlaubsanspruch besteht erst nach ununterbrochener sechsmonatiger Beschäftigungsdauer im Betrieb des Arbeitgebers.

(2) Der Arbeitgeber verpflichtet sich, dem Arbeitnehmer möglichst zusammenhängend den gesamten Jahresurlaub zu gewähren, damit der Arbeitnehmer seinen Jahresurlaub in der Heimat verbringen kann. Sollte der Arbeitnehmer nach Beendigung des Urlaubs in der Heimat dem Arbeitgeber Mitteilung machen, er sei in der Heimat erkrankt und sollte beim Arbeitgeber der Verdacht entstehen, die Mitteilung der Erkrankung habe dem Ziel eines verlängerten Aufenthalts in der Heimat gedient, ist die Verpflichtung zur möglichst zusammenhängenden Urlaubsgewährung isoliert mit der für das Arbeitsverhältnis maßgeblichen Kündigungsfrist kündbar.

§ 8 Vertragsstrafe

(1) Bei Vertragsbruch hat der Arbeitnehmer an den Arbeitgeber eine Vertragsstrafe iHv ... EUR zu zahlen. Etwaige weitere Schadensersatzansprüche des Arbeitgebers sind nicht ausgeschlossen. Neben der Vertragsstrafe kann der Arbeitgeber fordern, dass ihm die für den Arbeitnehmer gezahlten Anreisekosten erstattet werden.

(2) Als Vertragsbruch gilt insbesondere das unentschuldigte Fernbleiben von der Arbeit.

(3) Zur Sicherung seiner Forderungen behält der Arbeitgeber von jedem Wochenlohn des Arbeitnehmers einen Betrag von ... EUR ein, bis sich eine Kaution von ... EUR angesammelt hat. Die Kaution wird mit 3 % verzinst. Der Arbeitnehmer erhält die Kaution nach ordnungsgemäßer Beendigung des Arbeitsverhältnisses mit Zinsen zurück.

§ 9 Tarifverträge, Betriebsvereinbarungen

(1) Auf das Arbeitsverhältnis finden der Manteltarifvertrag ... vom ... in seiner jeweils gültigen Fassung und die Tarifverträge ... Anwendung.

(2) Der Arbeitnehmer hat die bestehenden Betriebsvereinbarungen, insbesondere die Allgemeine Betriebsordnung, zu beachten. Sollte er einzelne Regelungen aufgrund von Sprachschwierigkeiten nicht verstehen, verpflichtet er sich, den Arbeitgeber ... hierauf aufmerksam zu machen.

§ 10 Nebentätigkeit

Jede entgeltliche Nebentätigkeit bedarf der Zustimmung des Arbeitgebers. Der Arbeitnehmer hat einen Anspruch auf Zustimmung, wenn die Nebentätigkeit ohne nachteilige Auswirkung auf das Arbeitsverhältnis ist und berechtigte Interessen des Arbeitgebers nicht entgegenstehen.

§ 11 Schlussbestimmungen

Der Arbeitsvertrag ist in deutscher und ... Sprache ausgefertigt. Der Arbeitnehmer erklärt, den Inhalt des Vertrages in seiner Landessprache verstanden zu haben. Für das Arbeitsverhältnis gilt das deutsche Recht. Sollte der Arbeitnehmer nach Abschluss dieses Vertrages seinen Wohnsitz oder gewöhnlichen Aufenthaltsort ins Ausland verlegen, sind für Klagen des Arbeitgebers die deutschen Gerichte zuständig, in deren Bezirk der Betrieb des Arbeitgebers seinen Sitz hat.

IX. Zweisprachige Arbeitsverträge

1. Muster: Arbeitsvertrag 1

1. Beginn des Arbeitsverhältnisses

a) Das Arbeitsverhältnis beginnt am .... Es wird auf unbestimmte Zeit vereinbart.

b) Eine Kündigung vor Arbeitsantritt ist ausgeschlossen. Sollte der Mitarbeiter vor Dienstantritt kündigen oder zum vereinbarten Beginn des Arbeitsverhältnisses nicht zur Arbeit erscheinen, verpflichtet er sich, der Firma sämtlichen ihr aus dem Fernbleiben entstehenden Schaden zu ersetzen.

c) Der Mitarbeiter erklärt sich bereit, sich auf Verlangen des Arbeitgebers ärztlich untersuchen zu lassen, wenn dafür ein berechtigter Anlass vorliegt und kein Gesundheitsnachteil zu befürchten ist. Die durch die Untersuchung anfallenden Kosten trägt der Arbeitgeber. Der Mitarbeiter entbindet den untersuchenden Arzt insoweit von der Schweigepflicht, als das Untersuchungsergebnis Einfluss auf die Erfüllung der arbeitsvertraglich vorausgesetzten Einsatzfähigkeit des Mitarbeiters hat.[662]

2. Gegenstand der Tätigkeit

a) Der Mitarbeiter wird beschäftigt als ... in ....

b) Der Arbeitgeber behält sich das jederzeitige Recht vor, den Mitarbeiter auf eine gleichwertige Stelle zu versetzen, die seinen Kenntnissen und Fähigkeiten entspricht und zu keiner Änderung des Gehalts führt. Die Tätigkeit darf von dem bisherigen Dienstort so weit entfernt liegen, dass der Mitarbeiter maximal eine Stunde und 15 Minuten pro Strecke Fahrtzeit zu dem anderweitigen Dienstort benötigt. Von dem Versetzungsrecht darf der Arbeitgeber nur Gebrauch machen:
- bei Auftragsrückgang von mehr als 20 % am Dienstort,
- bei dringendem Personalbedarf an einem anderen Dienstort,

1. Commencement of the employment relationship

a) The employment relationship commences on .... It is being agreed for an indefinite period of time.

b) A termination prior to taking up employment duties is not permitted. If the Employee gives notice to quit prior to assuming his employment duties or fails to appear for work at the agreed commencement of the employment relationship, then the Employee undertakes to compensate the Employer the entire loss ensuing from the failure to appear.

c) The Employee agrees to subject himself to a medical examination upon request by the Employer, provided that there is a justified reason to do so and it poses no threat to his health. The Employer bears the costs incurred for the examination. The Employee releases the examining medical doctor from his/her confidentiality duty only in respect of those examination results that have an impact on the Employee's ability to perform as contemplated by the employment contract.

2. Subject matter of the employment duties

a) The Employee is being employed as ... in ....

b) The Employer retains the right to transfer the Employee at any time to another equivalent job that accords with his knowledge and skills and which does not result in a revision of his salary. The distance to the new place of employment must not be more than one hour and 15 minutes travelling time – per stretch – from the previous place of employment. The Employer may only exercise his right to transfer the Employee:
- if there is a drop in orders at the place of employment of more than 20 %,
- if there is an urgent need for staff at another place of employment,

---

[662] Zum Zeitpunkt des Redaktionsschlusses (1.9.2013) war noch nicht absehbar, ob das zu erwartende neue Beschäftigtendatenschutzgesetz umgesetzt wird. Gegebenenfalls sind Klauseln über ärztliche Untersuchungen vor Einstellung an die dann geltende Rechtslage anzupassen.

§ 1 Verträge mit Arbeitnehmern, freien Mitarbeitern und Gesellschaftsorganen

- bei ganzem oder teilweisem Fortfall der Stelle am Dienstort,
- bei Umstellung der Herstellungsabteilung auf andere Produkte,
- bei einem akuten Bedarf aufgrund des Aufbaus eines anderen Betriebsstandorts oder
- aus disziplinarischen Gründen nach einer erfolgten Abmahnung.

Führt die Übernahme einer anderweitigen Stelle nach Versetzung zu einer anderweitigen Tätigkeitsbewertung und damit einhergehend zu einer anderweitigen Vergütung, behält der Mitarbeiter gleichwohl seinen Anspruch auf die bisherige Vergütung.

c) Ändern sich, insbesondere aus technischen, organisatorischen und/oder Wettbewerbsgründen, die Anforderungen des Arbeitsplatzes des Mitarbeiters, ist der Mitarbeiter verpflichtet, sich die notwendigen zusätzlichen Kenntnisse und Fertigkeiten anzueignen, wenn und soweit er hier in der Lage ist. Soweit rechtlich geboten, werden die Schulungsmaßnahmen in der Arbeitszeit und auf Kosten des Arbeitgebers durchgeführt.

d) Obwohl das Aufgabengebiet des Mitarbeiters ein generell selbständiges und innovatives Arbeiten erfordert, gehört es zu den Obliegenheiten des Mitarbeiters, die Bestimmung der Dringlichkeit von Arbeiten nicht ohne Zustimmung seiner Vorgesetzen vorzunehmen und die Vorgesetzten über beabsichtigte Vorhaben und den Stand von Arbeiten zu unterrichten.

3. Arbeitszeit

a) Die regelmäßige Wochenarbeitszeit beträgt 40 Stunden. Beginn und Ende der täglichen Arbeitszeit sowie die Pausen werden vom Arbeitgeber festgelegt.

b) Der Mitarbeiter verpflichtet sich, im Rahmen des Betriebsplans für Rufbereitschaft an sechs Tagen monatlich auf Abruf für dringende betriebliche Einsätze in seiner Freizeit bereitzuhalten und hierbei jeweils bis zu vier Stunden seine vertragliche Tätigkeit auszuüben. Falls er sich in der Rufbereitschaft aus seiner Wohnung entfernt, wird er hinterlassen, wo er zu erreichen ist. Zur pauschalen Abgeltung der Zeit der Rufbereitschaft erhält der Mitarbeiter _ EUR.

- if the job/position is cancelled, in whole or in part, at the place of employment,
- if there is a change to other products in the production department,
- if there is a critical need in relation to setting up a new place of operations, or
- for disciplinary reasons after having been given a formal warning notice.

If the new position following the transfer leads to a different job valuation, and therefore to different remuneration, the Employee remains entitled to his previous remuneration.

c) Should the Employee's job requirements change particularly for technical, organisational and/or competition reasons, then the Employee is obliged to acquire the necessary additional knowledge and skills if and in so far as he is capable of doing so. If prescribed by law, the necessary training will take place during working hours at the Employer's expense.

d) Even though the scope of the Employee's duties is generally of an independent and innovative nature, the Employee is obliged to refrain from determining the priority (urgency) of specific tasks without his superior's consent and is also obliged to inform the latter of any anticipated projects and the status of development of any specific projects.

3. Working hours

a) Regular working hours are 40 hours per week. The times at which the daily work will commence and finish, including breaks, will be determined by the Employer.

b) The Employee agrees to be on stand-by pursuant to the business/works plan on six days per month, i.e. to be on call for urgent business deployment during his leisure hours, hereby carrying out his contractual duties for up to four hours on each occasion. If the Employee leaves his place of residence during the stand-by period, he will leave a message behind as to where he can be reached. The Employee receives a lump-sum reimbursement of EUR _ for the stand-by hours.

c) Sofern der Betrieb nicht der Ausübung von Mitbestimmungsrechten nach dem BetrVG unterliegt, darf der Arbeitgeber durch Direktionsrecht Kurzarbeit anordnen, wenn die nach dem SGB III geforderten arbeitslosenversicherungsrechtlichen Voraussetzungen für die Gewährung von Kurzarbeitergeld erfüllt sind. Der Arbeitgeber soll die Einführung von Kurzarbeit mit einer Frist von zwei Wochen ankündigen.

c) Provided that the exercising of codetermination rights pursuant to the BetrVG (German Industrial Constitution Act) is not mandatory in the business operations, the Employer is entitled pursuant to his right to give instructions (which employees must carry out) to requisition short-time work as long as the unemployment insurance law requirements as per the SGB III (German Social Law Code, Book III) governing the paying of short-time allowances are fulfilled. The Employer should announce the commencement of short-time work by giving two weeks notice thereof.

d) Der Arbeitgeber ist befugt, bei Bedarf und im gesetzlich zulässigen Umfang Überstunden anzuordnen. Die Überstunden sind auf Weisung des Arbeitgebers entweder durch bezahlte Freistellung oder durch eine am Maßstab des Bruttoarbeitsentgelts ausgerichtete, anteilige Überstundenvergütung auszugleichen.

d) The Employer is entitled to requisition overtime work (above that agreed by contract) if required and in an amount that is legally permitted. Overtime hours are to be compensated, at the Employer's option, either by time off or by a proportionate overtime payment based on gross wages.

4. Geschäftsreisen

a) Auch Geschäftsreisen zählen zu den Hauptleistungspflichten des Mitarbeiters. Dauer und Zielort von Geschäftsreisen ergeben sich aus den jeweiligen Anforderungen, die vom Arbeitgeber vorgegeben und im Einzelfall präzisiert werden.

4. Business trips

a) Business trips also constitute part of the Employee's principle obligations. The duration and destination of the business trips are determined by the requirements in the individual case; these requirements will be stipulated by the Employer and specified in the individual case.

b) Der Mitarbeiter benutzt für angeordnete Geschäftsreisen seinen privaten Pkw. Er erhält die ihm bei Geschäftsfahrten entstehenden Aufwendungen wie folgt ersetzt: ... Wird sein Fahrzeug beschädigt, haftet der Arbeitgeber entsprechend den allgemeinen Haftungsgrundsätzen im Rahmen von Arbeitsverhältnissen. Rückstufungserhöhungen in der Haftpflichtversicherung werden ebenfalls nach den Haftungsgrundsätzen im Arbeitsrecht berücksichtigt. Beschädigungen am Fahrzeug zwischen zwei Geschäftsfahrten, gleichgültig, wo das Fahrzeug geparkt ist, werden nicht in die Haftung des Arbeitgebers einbezogen.

b) The Employee will use his private vehicle for mandatory business trips. For expenses incurred on business trips, he will receive reimbursement as follows: ... If his vehicle is damaged, the Employer is liable pursuant to the general principles of liability governing employment relationships. Increased premiums (as a result of the damage) to third party liability insurance policies will also be accounted for pursuant to general principles of liability governing employment relationships. The Employer is not liable for damage caused to the vehicle between two business trips, regardless of where the vehicle is parked.

c) Der Mitarbeiter verpflichtet sich, sämtliche auf Geschäftsreisen von Fluggesellschaften gutgeschriebenen Bonusmeilen ausschließlich für weitere geschäftliche Flüge und nicht zu privaten Zwecken zu nutzen, auch wenn die Gewährung der Bonusmeilen

c) The Employee undertakes to use all business-trip related bonus miles, which have been credited by airlines, exclusively for other business trips and not for private purposes, even if the bonus miles are credited in the Employee's and not in the Employer's name.

auf den Namen des Mitarbeiters und nicht auf den Namen der Firma erfolgt.

5. Vergütung

a) Der Mitarbeiter erhält für seine vertragliche Tätigkeit jährlich zwölf Mal ein monatliches Grundgehalt von ... EUR brutto. Die Vergütung ist jeweils zum Dritten des Folgemonats bargeldlos zu zahlen.

b) Der Mitarbeiter erhält eine Zulage iHv monatlich ... EUR. Der Arbeitgeber behält sich vor, die Zulage aus wirtschaftlichen Gründen, aus Gründen der Leistung oder des Verhaltens des Mitarbeiters mit einer Frist von einem Monat zum Monatsende zu widerrufen. Als Widerrufsgrund vereinbaren die Parteien insbesondere eine etwaige wirtschaftliche Notlage des Arbeitgebers, ein negatives wirtschaftliches Ergebnis der Betriebsabteilung, in der der Mitarbeiter tätig ist, ein Unterschreiten des jährlich angestrebten EBIT (EBITA), einen Rückgang der Umsatzentwicklung von mehr als 4 %, eine unterdurchschnittliche Arbeitsleistung des Mitarbeiters über einen Zeitraum von mehr als drei Monaten, wiederholte Beschwerden über den Mitarbeiter sowie eine schwerwiegende Pflichtverletzung des Mitarbeiters, die Gegenstand einer Abmahnung bildete.

c) Der Mitarbeiter erhält eine jährliche Gratifikation iHv ... EUR, die zusammen mit dem Gehalt für den Monat November fällig ist. Der Anspruch auf Gratifikation setzt voraus, dass das Arbeitsverhältnis am 1.11. des jeweiligen Kalenderjahres ungekündigt besteht und auch kein Aufhebungsvertrag geschlossen wurde. Andernfalls wird die Gratifikation nicht, auch nicht zeitanteilig, gezahlt. Sollte das Arbeitsverhältnis am 31.3. des Folgejahres nicht mehr in ungekündigtem Zustand fortbestehen, ist die Gratifikation vollständig zurückzuzahlen, es sei denn, der Arbeitgeber hat das Arbeitsverhältnis ordentlich aus personenbedingten oder betriebsbedingten Gründen gekündigt.[663]

5. Remuneration

a) In exchange for performance of his contractual employment duties, the Employee receives a monthly gross base salary of EUR ... twelve times per year. The salary must be paid non-cash by the 3rd of each succeeding month.

b) The Employee will receive a bonus in the amount of EUR ... per month. The employer is entitled to revoke the bonus by giving one month's notice thereof prior to the end of a month if there are economic reasons for doing so or for reasons based on the Employee's performance or conduct. The parties agree that any of the following constitute grounds for revocation: a critical financial situation of the Employer, negative financial results in the Employee's department, a failure to reach the strived for annual EBIT (EBITA), a decline in turnover of more than 4 %, a below-average performance rating of the Employee over a period of more than three months, repeated complaints about the Employee, and a serious breach of duty by the Employee that forms the subject matter of a formal warning notice.

c) The Employee will receive an annual gratuity of EUR ... that is due together with the salary for the month of November. The claim to the gratuity presupposes that the employment relationship still has a non-terminated status as of 01 November of the calendar year in question and that a termination contract has not been entered into. Absent the foregoing, the gratuity will not be paid, not even on a pro rata temporis basis. If the employment relationship no longer has a non-terminated status as of 03 March of the succeeding year, the gratuity must be paid back in full unless the Employer has routinely terminated (subject to a period of notice and other statutory or contractually agreed conditions) the employment relationship on personal grounds or for business operational reasons.

---

[663] Das BAG hat ausdrücklich offengelassen, ob solche Rückzahlungsvereinbarungen wirksam sind (vgl BAG 18.1.2012 – 10 AZR 667/10, NZA 2012, 620). Stichtagsregelungen sind bei Sonderzahlungen durchaus zulässig, so etwa Vereinbarungen, die vorsehen, dass zum Zeitpunkt der Auszahlung der Arbeitnehmer noch im Arbeitsverhältnis stehen muss, um eine Sonderzuwendung zu erhalten.

d) Der Mitarbeiter erhält eine erfolgsabhängige Tantieme, die sich wie folgt errechnet:

aa) Bezugsbasis ist das ausschüttungsfähige Ergebnis des Jahresabschlusses der Gesellschaft inkl. der Jahresüberschüsse/-fehlbeträge der Tochtergesellschaften, jeweils nach Rechnungslegungsvorschriften gemäß IAS International Accounting Standard, bereinigt um zu zahlende Tantiemen an ehemalige und amtierende Vorstandsmitglieder sowie Aufwendungen und/oder Erträge aus dem Kauf von Unternehmen bzw Verkauf von Beteiligungsunternehmen bzw Tochtergesellschaften.

bb) Liegt das bereinigte Ergebnis (Bemessungsgrundlage für die Tantieme) zwischen 0 und 10 Mio. EUR, so beträgt die zu zahlenden Tantieme 1,2 % vom ausschüttungsfähigen Ergebnis gemäß der vorangestellten Definition. Ist die Bezugsbasis zwischen 10 Mio. und 20 Mio. EUR, dann beträgt die Tantieme für diesen Teil 1,0 % des erreichten Wertes. Ist die Bemessungsgrundlage höher als 20 Mio. EUR, so beträgt die Tantieme für den 20 Mio. EUR übersteigenden Teil 0,8 % des überschießenden Wertes.

cc) Bei einem bereinigten Ergebnis von 10 Mio. EUR beträgt die Tantieme daher 120.000 EUR und bei einem Ergebnis von 20 Mio. EUR insgesamt 220.000 EUR: für die ersten 10 Mio. EUR Ergebnis 120.000 EUR Tantieme und für die zweiten 10 Mio. EUR Ergebnis 100.000 EUR Tantieme.

dd) Für das erste Geschäftsjahr wird eine Mindesttantieme von 125.000 EUR garantiert. Die Tantieme für das Geschäftsjahr und die folgenden Geschäftsjahre ist mit Feststellung des Jahresabschlusses fällig und zahlbar.

6. Abtretung, Aufrechnung, Pfändung, Verpfändung

a) Bei Pfändungen und Abtretungen ist der Arbeitgeber berechtigt, für jede zu berechnende Pfändung, Abtretung oder Verpfändung 10 EUR pauschal als Ersatz der entstehenden Kosten vom Gehalt in Abzug zu bringen. Dem Mitarbeiter wird der Nachweis gestattet, ein Schaden oder ein Aufwand sei überhaupt nicht entstanden oder wesentlich niedriger als der vorgesehene Pauschbetrag.

d) The Employee receives a performance related bonus that is calculated as follows:

aa) The basis for the calculation is the profit available for distribution as it appears in the company's annual accounts, including profits or losses for the year from subsidiary companies, prepared in accordance with International Accounting Standards (IAS) and adjusted for bonuses to be paid to former and current board members and expenses/earnings arising from the purchase of companies or the sale of associated or subsidiary companies.

bb) If the adjusted result (i.e. the calculation basis for the bonus) is between EUR 0 and 10 million, the bonus to be paid is 1.2 % of the distributable profit as defined above. If the calculation basis is between EUR 10 and 20 million, the bonus for the part between EUR 10 and 20 million is 1.0 % of the amount attained. If the calculation basis is above EUR 20 million, the bonus for the part over EUR 20 million is 0.8 %.

cc) For example, if the adjusted result is EUR 10 million, the bonus paid is EUR 120.000. If the result is EUR 20 million, the total bonus to be paid is EUR 220.000: EUR 120.000 for the first EUR 10 million and EUR 100.000 for the second EUR 10 million.

dd) In the first financial year, a minimum bonus of EUR 125.000 is guaranteed. The bonus for this and the following financial years is due and payable upon adoption of the annual accounts.

6. Assignment, set-off, attachment/seizure, pledging

a) Where attachments/seizures and assignments are made, the Employer is entitled to deduct a EUR 10.00 lump-sum fee from the Employee's salary for each attachment/seizure, assignment, or pledge as compensation for the costs incurred. The Employee is entitled to prove, however, that there was no loss or expense whatsoever or that it was considerably lower than the stipulated lump-sum fee.

b) Der Mitarbeiter hat die Verpfändung seiner Vergütungsansprüche dem Arbeitgeber unverzüglich schriftlich anzuzeigen.

c) Die Aufrechnung darf nur bis zur Höhe des pfändbaren Teils des Gehalts erfolgen. Scheidet der Mitarbeiter aufgrund Kündigung, Aufhebungs- oder Abwicklungsvertrag aus dem Arbeitsverhältnis aus und hat der Arbeitgeber noch Geldforderungen gegen den Mitarbeiter, ist er befugt, Gehaltsansprüche des Mitarbeiters mit von seiner Seite aus noch bestehenden Ansprüchen gegen den Mitarbeiter zur Aufrechnung zu stellen. Der Mitarbeiter hat stets das Recht, mit unbestrittenen oder rechtskräftig festgestellten Forderungen gegen Ansprüche des Arbeitgebers die Aufrechnung zu erklären.

7. Entgeltumwandlung

a) Die Bruttobezüge des Mitarbeiters werden für die Dauer des Arbeitsverhältnisses in Höhe eines jährlichen Betrags von ... EUR, jedoch mindestens 1/160 der Bezugsgröße nach § 18 Abs. 1 SGB IV und höchstens 4 % der jeweiligen Beitragsbemessungsgrenze in der allgemeinen Rentenversicherung, erstmals zum ..., gemindert und in eine wertgleiche Anwartschaft auf Leistungen der betrieblichen Altersversorgung umgewandelt. Die betriebliche Altersversorgung wird über die ...-Versicherungs AG (Direktversicherung iSd § 1 b Abs. 2 BetrAVG) durchgeführt.

b) Während eines laufenden Kalenderjahres werden gleichbleibende monatliche Beträge aus dem regelmäßigen Entgelt zur Umwandlung verwendet.

c) Der umzuwandelnde Betrag soll aus dem Bruttoentgelt umgewandelt werden.

d) Eine Umwandlung ist nur für den Zeitraum möglich, solange dem Mitarbeiter Ansprüche auf Entgelt oder Entgeltersatzleistungen gegenüber dem Arbeitgeber zustehen. In entgeltfreien Zeiten wird dem Mitarbeiter das Recht eingeräumt, die Versicherung mit eigenen Beiträgen fortzuführen.

e) Für Gehaltserhöhungen sowie für die Bemessung gehaltsabhängiger betrieblicher Leistungen bleiben

b) The Employee must immediately notify the Employer in writing of the pledging of his salary claims.

c) A set-off may only be effected up to the amount of the salary that may legally be attached. Where the Employee withdraws from the employment relationship through a notice to quit, a termination contract, or a contract to dissolve the employment relationship, and the Employer still has debt claims against the Employee, the Employer is entitled to set off his outstanding claims against the Employee with the salary claims of the Employee. The Employee is also always entitled to set off undisputed claims or claims res judicata with the Employer's claims.

7. Conversion of remuneration

a) For the duration of the employment relationship, the Employee's gross earnings will be reduced by an amount of EUR ... per annum, which must be no less than 1/160th of the reference figure pursuant to § 18 (1) SGB IV and no more than 4 % of the income limit (for assessing contributions) determined from time to time in the statutory social security pension provisions, for the first time on ..., and this amount will be converted into an equal-value expectancy (future interest) to benefits out of the company pension scheme. The company pension scheme will be transacted with the ... Versicherungs AG (direct insurance (i.e. paid directly by Employer on behalf of employee) within the meaning of § 1 b (2) BetrAVG (German Company Pension Act)).

b) During the course of the calendar year, equal monthly sums will be taken from the regularly paid remuneration and used for the conversion.

c) The sum to be converted is to be converted out of the gross remuneration.

d) A conversion is only possible for the period of time in which the Employee has claims to remuneration or to payments in lieu of remuneration against the Employer. During remuneration-free periods, the Employee is granted the right to continue making his own contributions to the insurance.

e) For salary increases and for calculating salary-based company benefits, earnings before the deduc-

die Bezüge ohne die Minderung nach Buchst. a) maßgebend.

f) Der Arbeitgeber schließt bei der ...-Versicherungs AG eine Lebensversicherung auf das Leben des Mitarbeiters ab, die die Förderungsvoraussetzungen der §§ 10a, 82 Abs. 2 EStG erfüllt. Die Höhe der Versicherungsprämien entspricht den umgewandelten Beträgen gemäß Buchst. a). Es gelten die Allgemeinen und Besonderen Versicherungsbedingungen der ...-Versicherungs AG.

g) Es werden grundsätzlich Leistungen der Alters-, Invaliditäts- und Hinterbliebenenversorgung gewährt. Der Mitarbeiter beantragt den Ausschluss folgender Leistungen: ...

h) Die Versorgungsanwartschaft wird mit Beginn der Entgeltumwandlung unverfallbar. Überschussanteile werden ausschließlich zur Verbesserung der Leistung verwendet. Das Recht zur Verpfändung, Abtretung und Beleihung durch den Arbeitgeber wird ausgeschlossen. Dem Mitarbeiter wird von Beginn der Entgeltumwandlung an auf sämtliche Versicherungsleistungen ein unwiderrufliches Bezugsrecht eingeräumt. Bei vorzeitiger Beendigung des Arbeitsverhältnisses wird dem Mitarbeiter das Recht zur Fortsetzung der Versicherung mit eigenen Beiträgen eingeräumt. Die Versicherung wird auf den Mitarbeiter übertragen und kann von ihm als Einzelversicherung nach dem hierfür im Zeitpunkt des Ausscheidens vorhandenen Tarif gegen laufende Beitragszahlung bei der ...-Lebensversicherungs AG fortgeführt werden. Nach dem Ausscheiden sind eine Abtretung, Beleihung und ein Rückkauf der übertragenen Versicherung durch den Mitarbeiter gem. § 2 Abs. 2 Sätze 5 und 6 BetrAVG insoweit unzulässig, als die Versicherung auf vom Arbeitgeber als Versicherungsnehmer gezahlten Beiträgen beruht.

i) Nimmt der Arbeitnehmer die vorgezogene Altersrente aus der gesetzlichen Rentenversicherung als Vollrente in Anspruch und verlangt er vorzeitig eine betriebliche Altersrente gem. § 6 BetrAVG, so vermindert sich die Versicherungsleistung nach versicherungsmathematischen Grundsätzen.

tions pursuant to letter a) is the decisive reference figure.

f) The Employer will conclude a life insurance policy covering the life of the Employee with the ... Versicherungs AG that complies with the incentive prerequisites of § 10a and § 82 (2) of the EStG (German Income Tax Act). The amount of the insurance contributions is equivalent to the amounts converted per letter a). The General and Special Insurance Terms and Conditions of the ... Versicherungs AG apply.

g) In general, only benefits out of retirement and disablement pension funds, and pension provisions for surviving dependents will be granted. The Employee applies for the exclusion of the following benefits: ...

h) The pension expectancy vests (i.e. is nonforfeitable) upon commencement of the conversion of remuneration. Profit shares will be used exclusively for improving the benefit. The right to pledge, assign, or use as collateral security by the Employer is excluded. From commencement of the remuneration conversion onwards, the Employee is granted an irrevocable right to all the insurance benefits. In the event of a premature termination of the employment relationship, the Employee is granted the right to continue the insurance policy by making his own contributions. The insurance policy will be transferred to the Employee and may be continued by him as an individual insurance policy by payment of the ongoing contributions to the ... Lebensversicherungs AG pursuant to the tariff applicable to it at the time of the withdrawal. After the withdrawal, the Employee is not permitted – pursuant to § 2 (2), sentences 5 and 6 BetrAVG – to assign, use as collateral security, or surrender that part of the transferred insurance policy that is based on contributions made to it by the Employer in the capacity of a policy holder.

i) If the Employee claims early retirement benefits out of the statutory social security pension fund as a full pension and prematurely demands company retirement benefits pursuant to § 6 BetrAVG, then insurance benefits will be reduced in accordance with actuarial principles.

j) Diese Vereinbarung gilt für das laufende Kalenderjahr. Sie verlängert sich automatisch um weitere zwölf Monate, wenn nicht bis zum ... eines jeden Kalenderjahres der Verlängerung schriftlich durch den Mitarbeiter widersprochen wird.

8. Krankheit

a) Ist der Mitarbeiter infolge unverschuldeter Krankheit arbeitsunfähig, erhält er Entgeltfortzahlung bis zur Dauer von sechs Wochen. Der Mitarbeiter ist verpflichtet, dem Arbeitgeber die Arbeitsunfähigkeit und deren voraussichtliche Dauer unverzüglich anzuzeigen.

b) Dauert die Arbeitsunfähigkeit länger als drei Kalendertage, hat der Mitarbeiter eine ärztliche Bescheinigung über das Bestehen der Arbeitsunfähigkeit sowie deren voraussichtliche Dauer spätestens an dem darauf folgenden Arbeitstag vorzulegen. Der Arbeitgeber ist berechtigt, die Vorlage der ärztlichen Bescheinigung früher zu verlangen.

9. Verschwiegenheitspflicht

a) Der Mitarbeiter ist verpflichtet, Geschäfts- und Betriebsgeheimnisse sowie betriebliche Angelegenheiten vertraulicher Natur, die als solche vom Arbeitgeber schriftlich gekennzeichnet oder mündlich bezeichnet oder offensichtlich als solche zu erkennen sind, geheim zu halten und ohne ausdrückliche Genehmigung des Arbeitgebers keinen anderen Personen zugänglich zu machen.

b) Geschäfts- und Betriebsgeheimnisse in diesem Sinne sind insbesondere Herstellungs- und Versuchsverfahren, Vertriebswege, Bezugsquellen, Kalkulationen und Geschäftsabschlüsse. Im Zweifel ist der Mitarbeiter verpflichtet, eine Weisung der Geschäftsleitung einzuholen, ob eine bestimmte Tatsache als vertraulich zu behandeln ist.

c) Diese Verpflichtung gilt auch nach Beendigung des Arbeitsverhältnisses. Sollte die nachvertragliche Verschwiegenheitspflicht den Mitarbeiter in seinem beruflichen Fortkommen unangemessen behindern, hat der Mitarbeiter gegen das Unternehmen einen Anspruch auf Freistellung von dieser Pflicht.

j) This agreement applies for the ongoing calendar year. It will be extended automatically for a further twelve months if the extension is not revoked by the Employee in writing no later than the ... of a calendar month.

8. Illness

a) If the Employee is incapacitated for work resulting from an illness for which he bears no fault, he will receive continued remuneration for a period of up to six weeks. The Employee is obliged to report the incapacity for work and its expected duration to the Employer immediately.

b) If the incapacity for work lasts longer than three calendar days, the Employee must submit a medical doctor's attestation of the incapacity for work and its expected duration no later than the following working day. The Employer is entitled to request the submission of the medical doctor's attestation at an earlier point in time.

9. Duty of confidentiality

a) The Employee is obliged to keep confidential all business and trade secrets and business matters of a confidential nature that have been designated as such by the Employer in writing, orally, or that are obviously recognizable as such, and to prevent other persons from accessing such without the Employer's express permission.

b) In this context, business and trade secrets include in particular production and experimental/testing processes, distribution channels, supply sources, calculations, and conclusions of transactions. If uncertain, the Employee is obliged to obtain instructions from management as to whether a specific matter is confidential.

c) This duty continues in force even after termination of the employment relationship. Should the post-contractual duty of confidentiality unreasonably hinder the Employee in his professional development, the Employee may demand that the Employer release him from this duty.

10. Urlaub

a) Der Mitarbeiter erhält nach einer Beschäftigungsdauer von sechs Monaten einen gesetzlichen Mindesturlaub von derzeit 20 Arbeitstagen im Kalenderjahr, ausgehend von einer Fünf-Tage-Woche. Der Arbeitgeber gewährt zusätzlich einen vertraglichen Urlaub von weiteren 10 Arbeitstagen. Der Urlaub ist in Abstimmung mit dem Vorgesetzten zu nehmen. Im Übrigen gelten die gesetzlichen Bestimmungen.

b) Der gesamte Urlaub ist grundsätzlich im laufenden Kalenderjahr zu nehmen. Eine Übertragung des Urlaubs auf das nächste Kalenderjahr erfolgt nur, wenn dringende betriebliche oder in der Person des Mitarbeiters liegende Gründe dies rechtfertigen. Der übertragene Urlaub muss in den ersten drei Monaten des Folgejahres genommen werden.

c) Genommener Urlaub wird zuerst auf den gesetzlichen Urlaubsanspruch angerechnet. Vorstehender Buchstabe b) Satz 3 gilt nicht für übertragenen gesetzlichen Urlaub, den der Mitarbeiter infolge Krankheit in den ersten drei Monaten des Folgejahres nicht nehmen konnte.

d) Bei Beendigung des Arbeitsverhältnisses erfolgt eine etwaige Urlaubsabgeltung nur bis zur Höhe des noch bestehenden gesetzlichen Urlaubsanspruchs.

11. EDV-Nutzung

a) Dem Mitarbeiter ist die private Nutzung des E-Mail-Systems und des Internets nicht gestattet. Das Internet darf nur mit der gültigen persönlichen Zugangsberechtigung genutzt werden. User-ID und Passwort dürfen nicht an Dritte weitergegeben werden.

b) Es dürfen keine fremden Programme/Dateien auf die Festplatte kopiert, über Diskette, CD-ROM, USB-Stick oder ähnliche Datenträger oder das Internet auf dem Rechner installiert und/oder eingesetzt werden. Auf Virenkontrolle ist zu achten. Virenschutzprogramme sind zu nutzen. Auftretende Störungen, die mit einem Virenbefall in Zusammenhang stehen könnten, sind umgehend der Netzwerk-Administration zu melden.

10. Vacation

a) Subsequent to an employment period of six months, the Employee is entitled to the statutory minimum annual vacation of 20 working days assuming a five-day-week. The Employer grants an additional contractual holiday of a further 10 working days. The taking of the vacation must be coordinated with the superior staff member. In all other respects, the statutory provisions apply.

b) The entire vacation entitlement shall, in principle, be used during a current calendar year. A carry-over of vacation entitlement to the following calendar year is only permissible if this is justified by urgent reasons related to the business unit of the Company, or by urgent personal reasons of the Employee. Any vacation entitlement carried over must be used in the first three months of the following year.

c) Any spent vacation time will first be set off against the statutory vacation entitlement. Let. b) sentence 3 above is not applicable to any statutory vacation entitlement carried over to the following year which could not be used by the Employee during the first three months due to illness.

d) Upon termination of the employment only any remaining unused statutory vacation entitlement will be compensated.

11. Computer usage

a) The Employee may not use the e-mail system and may not access the Internet for private purposes. The Internet may only be accessed via the effective personal access validation. User identification and passwords may not be transmitted to a third party.

b) External computer programmes/data files may not be copied on the hard disk nor installed and/or used on the computer via data disks, CD-ROM, USB sticks or similar data carriers, or via the Internet. Virus control must be practiced. Virus-protection software must be used. Disturbances that could be connected with a virus infection must be reported immediately to the network administrator.

c) Das Abrufen, Anbieten oder Verbreiten von rechtswidrigen Inhalten, insbesondere rassistischer oder pornografischer Art, ist verboten. Für den Fall seiner betrieblichen Abwesenheit (Urlaub, Krankheit) hat der Mitarbeiter eigenverantwortlich eine automatisierte Antwort an den Absender eingehender E-Mails einzurichten, die den Absender über die Abwesenheit des Mitarbeiters informiert und einen Hinweis auf den zuständigen Vertreter und dessen Telefonnummer enthält.

d) Verstöße gegen die vorstehenden Regeln können arbeitsrechtliche Konsequenzen zur Folge haben.

e) Die Firma ist berechtigt, jede Nutzung des E-Mail-Systems und des Internets für die Dauer von maximal drei Monaten zu speichern, um die Einhaltung der vereinbarten Regeln anhand der gespeicherten Daten zu überprüfen. Der Mitarbeiter erteilt insoweit seine Einwilligung gem. § 4a BDSG in die hiermit verbundene Verarbeitung seiner personenbezogenen Daten.

f) Der Mitarbeiter erklärt sich damit einverstanden, dass seine personenbezogenen Daten automatisiert gespeichert und verarbeitet werden. Er erklärt, dass er die anliegende Erklärung über das Datengeheimnis durchgelesen hat und die ebenfalls beigefügte Verpflichtungserklärung nach § 5 BDSG unterzeichnen wird.

12. Nebentätigkeit, Geschenke

a) Jedwede Nebentätigkeit, sei sie ein Ehrenamt oder sei sie entgeltlich ausgeübt, macht die Einwilligung des Arbeitgebers erforderlich. Die Einwilligung ist zu erteilen, wenn nicht ein Versagungsgrund wegen einer zu befürchtenden Beeinträchtigung betrieblicher oder dienstlicher Interessen vorliegt. Der Arbeitgeber verpflichtet sich, seine Entscheidung über die beantragte Einwilligung innerhalb einer Frist von vier Wochen nach Antragseingang zu fällen. Verstreicht die Frist, ohne dass dem Arbeitnehmer die Entscheidung über den gestellten Antrag auf Nebentätigkeit zugegangen ist, gilt die Zustimmung des Arbeitgebers als erteilt.

b) Dem Mitarbeiter ist es verboten, Geschenke oder sonstige Vergünstigungen von Vertretern, Lieferanten, Auftraggebern oder sonstigen Geschäftspartnern

c) The retrieval, presentation, or dissemination of illegal content, particularly of a racial or pornographic nature, is prohibited. In cases of absence from work (holiday, illness), the Employee is personally responsible for setting up an automatic response to the sender of incoming e-mails that informs the sender of the Employee's absence and names the responsible representative with his/her telephone number.

d) Contraventions of the foregoing rules could have employment law consequences.

e) The Company is entitled to store each use of the e-mail system and the Internet for a period not to exceed three months for the purposes of assessing, on the basis of the stored data, whether the agreed rules are being complied with. The Employee hereby grants his consent pursuant to § 4a BDSG (German Data Protection Act) to the processing of his person-related data connected with data storage.

f) The Employee hereby consents to the automatic storing and processing of his person-related data. He declares that he has read through the attached explanation on data secrecy and that he will sign the attached obligation declaration as recommended by § 5 BDSG.

12. Secondary occupation, gifts

a) The prior consent of the Employer must be obtained for every second occupation, regardless if the work is done for remuneration or free of charge. The consent must be granted if the second occupation does not conflict or at most only insubstantially conflicts with the times at which the Employee is to discharge his employment duties and if the legitimate interests of the Employer are not prejudiced in any other way. The Employer must make a decision regarding consent to the second occupation no later than four weeks after receipt of the request to do so. If the Employer fails to make a decision within this time period then its consent is deemed to have been given.

b) The Employee is prohibited from accepting gifts or other concessions from representatives, suppliers, customers, or other business partners. Excepted from

anzunehmen. Ausgenommen von diesem Verbot sind alltägliche Gegenstände von geringem Wert, wie beispielsweise Schreibgeräte, Notizblöcke oder Kalender, deren Wert 10 EUR nicht überschreitet.

13. Haftung

a) Für Schäden an Privateigentum des Mitarbeiters haftet der Arbeitgeber im Rahmen der gesetzlichen Bestimmungen nur dann, wenn ihn ein Verschulden trifft.

b) Der Mitarbeiter ist gehalten, zur Sicherung seines Eigentums mit größtmöglicher Sorgfalt beizutragen und insbesondere die dafür vorgesehenen Sicherungseinrichtungen zu benutzen. Für den Verlust oder die Beschädigung von Privatgegenständen leistet der Arbeitgeber Schadensersatz bis zu einem Betrag von 200 EUR, sofern der Mitarbeiter die erforderlichen und zumutbaren Sicherungsvorkehrungen getroffen hat. Eine Haftung des Arbeitgebers besteht nur, soweit für den Schadensfall Versicherungsschutz besteht.

c) Der Mitarbeiter verpflichtet sich zur korrekten Ausführung seiner ihm übertragenen Arbeiten. Bei Nichteinhaltung oder bei fahrlässigem Verhalten ist der Arbeitgeber berechtigt, den ihm durch das Arbeitsverhalten begründeten Schaden dem Mitarbeiter, je nach Schuldumfang, ganz oder teilweise in Rechnung zu stellen und in der darauf folgenden Gehaltsabrechnung in Abzug zu bringen. Die Pfändungsfreigrenze ist zu beachten. Beispiele für Nichteinhaltung von Pflichten bei der Arbeitserledigung und Fahrlässigkeit sind: ...

14. Beendigung des Arbeitsverhältnisses, Altersgrenze, Freistellung

a) Die Parteien vereinbaren, dass das Arbeitsverhältnis, ohne dass es einer Kündigung bedarf, an dem Tag endet, an dem der Mitarbeiter die jeweils maßgebliche sozialversicherungsrechtliche Altersgrenze für den Bezug einer Regelaltersrente erreicht hat.

b) Das Arbeitsverhältnis kann mit der Frist des § 622 BGB ordentlich gekündigt werden. Unbeschadet hiervon bleibt das Recht zur fristlosen Kündigung aus gesetzlichem Grund. Eine fristlose Kündigung gilt im

this prohibition are small-valued objects of daily use such as writing utensils, note blocks, or calendars whose individual values do not exceed EUR 10.00.

13. Liability

a) For damage to the Employee's private property, the Employer is liable within the scope prescribed by law but only if it is at fault.

b) The Employee must exercise the highest degree of care in protecting his property and in particular must make use of the security facilities provided for this purpose. For loss or damage to private property, the Employer will pay compensation up to an amount of EUR 200.00 provided that the Employee has taken the necessary and reasonably expectable security precautions. The Employer is only liable if there is insurance coverage covering the damaging event.

c) The Employee undertakes to execute the work assigned to him in a proper manner. In cases of noncompliance or negligent conduct, the Employer is entitled to invoice the Employee the amount of the loss suffered to the Employer through the Employee's workrelated conduct, either in whole or in part depending on the degree of fault, and to deduct this amount from the next remuneration settlement. The limits imposed by law to protect earnings must, however, be observed. Examples of negligence and of noncompliance with employment duties include the following: ...

14. Termination of the employment relationship, retirement age, exemption from work

a) The parties agree that the employment relationship ends, without having to provide notice of termination, on the day on which the Employee attains the retirement age in effect at the respective time pursuant to social security law.

b) The employment relationship may be routinely terminated in accordance with the notice period set out in § 622 BGB (German Civil Code). Notwithstanding this, the right to terminate without notice on legal grounds is retained. A termination without notice that proves to be invalid is hereby deemed as a

Falle ihrer Unwirksamkeit zugleich als fristgemäße Kündigung zum nächstzulässigen Termin.

c) Die ersten sechs Monate des Arbeitsverhältnisses gelten als Probezeit. In dieser Zeit kann das Arbeitsverhältnis mit einer Frist von zwei Wochen gekündigt werden.

d) Kündigt der Arbeitgeber das Arbeitsverhältnis mit dem Mitarbeiter, ist er bei Bestehen schützenswerter Interessen befugt, den Mitarbeiter unter vollständiger Fortzahlung seiner Bezüge und unter Anrechnung noch bestehender Urlaubsansprüche freizustellen. Als schutzwerte Interessen des Arbeitgebers gelten der begründete Verdacht des Verstoßes durch den Mitarbeiter gegen die Verschwiegenheitspflicht, ansteckende Krankheiten und der begründete Verdacht einer strafbaren Handlung.

15. Schriftform

a) Die Parteien sind sich einig, dass keine über den Wortlaut dieses Vertrages hinausgehenden mündlichen Vereinbarungen getroffen wurden.

b) Ergänzungen und Änderungen dieses Arbeitsvertrages einschließlich der Aufhebung dieses Schriftformerfordernisses bedürfen der Schriftform, es sei denn, sie beruhen auf einer ausdrücklichen oder individuellen Vertragsabrede. Eine betriebliche Übung ist keine solche ausdrückliche bzw. individuelle Vertragsabrede. Auch wiederholte Leistungen oder Vergünstigungen ohne ausdrückliche oder individuelle Vertragsabrede begründen keinen Anspruch für die Zukunft.

16. Ausschlussfristen[664]

Ansprüche aus dem Arbeitsverhältnis verfallen, wenn sie nicht innerhalb einer Ausschlussfrist von sechs Monaten von dem Mitarbeiter oder von dem Arbeitgeber schriftlich geltend gemacht wurden. Die Versäumung der Ausschlussfrist führt zum Verlust des Anspruchs. Die Ausschlussfrist beginnt, wenn der Anspruch entstanden ist und der Anspruchsteller von den anspruchsbegründenden Umständen Kenntnis

termination with notice as of the next permissible date.

c) The first six months of the employment relationship are deemed a probationary period. The employment relationship may be terminated during this period by giving two weeks' notice

d) If the Employer terminates the employment relationship with the Employee, it is authorized, if there are interests warranting protection, to exempt the Employee from his employment duties with continued payment of his full wages and taking into account any existing holiday claims. Interests of the Employer warranting protection include the justified suspicion of a breach of the duty of confidentiality by the Employee, contagious diseases, and a justified suspicion of criminal conduct.

15. Written form

a) The parties agree that no oral agreements going beyond the wording of this contract have been made.

b) Alterations and supplementations to this contract must be in written form in order to be effective, unless the parties verbally agreed on an explicit and/or individual amendment of this contract. Granting payments or other benefits in a way that constitutes "betriebliche Übung" under German Employment Law shall not constitute such individual and/or explicit amendment. Granting payments or other benefits repeatedly without such explicit and/or individual amendment shall not be ground for claims in the future.

16. Preclusive periods

Any claims ensuing from the employment relationship lapse if they have not been asserted in writing by the Employee or the Employer within the preclusive period of six months. Failure to act within the preclusive period results in the loss of the claim. The preclusive period begins to run when the claim comes into existence and the claimant has obtained or, absent gross negligence, could have obtained

---

[664] Nach einer neuen Entscheidung des BAG können arbeitsvertraglich vereinbarte Ausschlussfristen dahin gehend ausgelegt werden, dass sie nur die von den Parteien für regelungsbedürftig gehaltenen Fälle erfassen sollen. Eine Anwendung auch für die Fälle, die durch gesetzliche Verbote oder Gebote geregelt sind, soll dagegen regelmäßig gerade nicht gewollt sein, so das BAG. Das gelte bspw für die Haftung wegen Vorsatzes (Pressemitteilung Nr. 42/13 zu BAG, Urt. v. 20.6.2013 – 8 AZR 280/12). Ein Formulierungsbeispiel für eine vertragliche Verfallklausel mit Ausschluss der Haftung für Vorsatz enthält das Muster 1134 (§ 16).

erlangte oder ohne grobe Fahrlässigkeit hätte erlangen können. Die Ausschlussfrist gilt nicht bei Haftung wegen Vorsatzes.

17. Rückgabe von Unterlagen, Zugangsadresse für Schriftverkehr

a) Der Mitarbeiter hat alle ihm zu Arbeitszwecken überlassenen Geschäftssachen, Notizen, Werkzeuge, Materialien, Aufzeichnungen und technischen Geräte, die im Eigentum des Arbeitgebers stehen, jederzeit nach erfolgter Aufforderung und stets nach Beendigung des Arbeitsverhältnisses zurückzugeben.

b) Zugangsadresse aller vom Arbeitgeber verfassten Schreiben bildet der Arbeitsplatz des Mitarbeiters und, wenn der Mitarbeiter infolge Krankheit, Urlaub oder aus anderen Abwesenheitsgründen nicht in der Firma anzutreffen ist, die letzte vom Mitarbeiter schriftlich der Personalabteilung mitgeteilte postalische Anschrift.

2. Muster: Arbeitsvertrag 2

Arbeitsvertrag
Zwischen
...

— die Gesellschaft —

und

Frau ...

— Arbeitnehmerin —

wird folgender Vertrag geschlossen:

1. Stellung, Arbeitsplatzbeschreibung

(1) Die Arbeitnehmerin wird mit Wirkung vom ... als ... angestellt. Zunächst ist sie Frau ... unterstellt.

(2) Die Gesellschaft behält sich das Recht vor, der Arbeitnehmerin eine andere zumutbare und gleichwertige Tätigkeit zuzuweisen, die ihren Fähigkeiten und Kenntnissen entspricht. Ungeachtet abweichender Zuweisungen seitens der Gesellschaft sowie Dienstreisen ist der Tätigkeitsort der Arbeitnehmerin .... Die Gesellschaft behält sich das Recht vor, nach eigenem Ermessen die Arbeitnehmerin anzuweisen, an einem anderen Ort in ... zu arbeiten.

knowledge of the circumstances giving rise to the claim. The preclusive period does not apply in cases of liability based on acts of intention.

17. Return of documents, address for receiving written correspondence

a) Upon request to do so and in any case following termination of the employment relationship, the Employee must return all company objects, notes, tools, materials, sketches/drawings, and technical equipment owned by the Employer and entrusted to the Employee for work-related purposes.

b) The address for receiving all correspondence from the Employer is the work place of the Employee, and in cases where the Employee cannot be reached there on account of illness, holiday, or other reasons for being absent, the last postal address given in writing by the Employee to the personnel department.

Employment agreement
between
...

— the Company —

and

Ms. ...

— Employee —

it has been agreed as follows:

1. Position

(1) The Employee shall be employed with effect from ... as ..., reporting initially to Ms. ....

(2) The Company reserves the right to assign the Employee to another equivalent activity in accordance with the Employee's abilities and knowledge. Subject to other assignment by the Company and business travels, the Employee's place of work will be in .... The Company reserves the right to transfer the Employee at its own discretion to move to work at any location in ....

§ 1 Verträge mit Arbeitnehmern, freien Mitarbeitern und Gesellschaftsorganen

(3) Das Arbeitsverhältnis endet automatisch mit dem Tag, an dem die Arbeitnehmerin die Voraussetzungen für den Bezug der Regelaltersrente erfüllt.

2. Arbeitszeit

Die Arbeitnehmerin übt eine Vollzeittätigkeit gemäß den in der Gesellschaft üblichen Arbeitszeiten aus. Ferner ist die Arbeitnehmerin verpflichtet, Mehrarbeit und Überstunden zu leisten, sofern dies gesetzlich zulässig ist.

3. Vergütung

(1) Die Arbeitnehmerin erhält ein monatliches Bruttogehalt von ... EUR, welches den gesetzlichen Steuern und Sozialabgaben unterliegt. Das Bruttogehalt der Arbeitnehmerin beträgt ... EUR pro Jahr, welches in zwölf (12) Raten jeweils am Monatsende ausgezahlt wird.

(2) Das Gehalt der Arbeitnehmerin unterliegt für jedes weitere Jahr der Fortdauer des Arbeitsverhältnisses der Nachprüfung und Neuregelung seitens der Gesellschaft; diese Nachprüfung richtet sich nach den Leistungen der Arbeitnehmerin und nach der jeweils aktuellen und zu erwartenden Geschäftsentwicklung der Gesellschaft.

(3) Die Arbeitnehmerin soll über ihre Vergütung gegenüber Dritten Stillschweigen bewahren, einschließlich der übrigen Arbeitnehmer der Gesellschaft.

(4) Mit dem Gehalt der Arbeitnehmerin gem. 3. (1) sind Überstunden und Mehrarbeit im Umfang von bis zu 5 Stunden/Woche abgegolten.

(5) Der Arbeitnehmerin ist untersagt, ohne vorherige schriftliche Genehmigung seitens der Gesellschaft (welche nicht grundlos verweigert werden darf) ihr Gehalt ganz oder teilweise abzutreten oder zu verpfänden.

4. Zusätzliche Leistungen

Die Gesellschaft hat das Recht, der Arbeitnehmerin am Ende eines Geschäftsjahres nach eigenem Ermessen eine Zusatzvergütung auszuzahlen, abhängig von den vergangenen und erwarteten jeweiligen Leistungen der Arbeitnehmerin und der Gesellschaft. Das

(3) This agreement will automatically terminate upon the day on which the Employee is eligible for standard Pensions under German Law.

2. Working Hours

The Employee shall exert full-time efforts to the employment hereunder in accordance with the Company guidelines on working hours and shall, as necessary, perform overtime and extra work in accordance with applicable law.

3. Remuneration

(1) The Employee shall receive a monthly gross salary of ... EUR, subject to required tax and social security withholdings. The Employee's gross salary is ... EUR per annum payable in arrears in 12 equal monthly instalments at the end of each month.

(2) The Employee's salary shall be subject to review and revision by the Company for each new year of employment hereunder; such review shall be consistent with the Employee's individual performance and the then current business of the Company and the business developments reasonably expected by the Company.

(3) The Employee shall not disclose the terms of the Employee's remuneration to third parties including other Employees of the Company.

(4) The Employee's remuneration under this section 3 includes compensation for any overtime ("Überstunden") and extra work ("Mehrarbeit") as far as the Employee is obliged to work additional 5 hours per week.

(5) The Employee shall not, without the Company's prior written consent (which shall not be unreasonably withheld), assign or pledge, or create or permit the creation of any lien against, the whole or any part of the Employee's claims for remuneration under this Agreement.

4. Bonus

The Company may, at its discretion, grant the Employee a bonus at the end of each fiscal year of the Company depending on the Employee's and the Company's past and expected performance. The Employee

Arbeitsverhältnis muss zum Zeitpunkt der Zahlung der Zusatzvergütung noch bestehen.

5. Umzugskosten

(1) Die Gesellschaft erstattet der Arbeitnehmerin jegliche nachgewiesenen Transport-/Verschiffungskosten, die durch den Umzug von ... nach ... entstanden sind, bis zu einer Höchstsumme von ... EUR.

(2) Die Gesellschaft erstattet der Arbeitnehmerin jegliche nachgewiesenen Maklerprovisionen, die durch die Suche nach einer passenden Bleibe in ... entstanden sind bis zu einer Höchstsumme von ... EUR.

(3) Falls die Arbeitnehmerin innerhalb der nächsten zwei Jahre ab dem heutigen Datum das Arbeitsverhältnis ohne wichtigen Grund oder die Gesellschaft der Arbeitnehmerin aus wichtigem Grund wegen eines Verschuldens der Arbeitnehmerin kündigt, zahlt die Arbeitnehmerin alle Zahlungen unter 5., die sie in diesem Zusammenhang von der Gesellschaft erhalten hat, zurück. Die Ansprüche der Gesellschaft reduzieren sich jedoch mit jedem zweiten Monat, den das Arbeitsverhältnis andauert, um jeweils 1/12. Soweit es gesetzlich zulässig ist, hat die Gesellschaft das Recht, jegliche hieraus resultierenden Ansprüche auf Rückzahlung mit ausstehenden Vergütungsansprüchen der Arbeitnehmerin zu verrechnen.

6. Fort-/Weiterbildung

(1) Die Arbeitnehmerin ist berechtigt, alle zwei Jahre während der Dauer des Arbeitsverhältnisses, an von der Gesellschaft genehmigten Kursen/Seminaren bis zu zehn (10) Arbeitstagen unter Fortzahlung des Gehalts teilzunehmen, sofern die Arbeitnehmerin und die Gesellschaft sich einvernehmlich auf eine angemessene Dauer der Teilnahme an solchen Kursen/Seminaren geeinigt haben. In jedem Zwei-Jahres-Zeitraum, in dem die Arbeitnehmerin gemäß anwendbaren Rechts an von der Regierung anerkannten Weiterbildungskursen/-seminaren teilnimmt, die nicht von der Gesellschaft anerkannt sind, verfällt das Recht der Arbeitnehmerin auf Teilnahme an von der Gesellschaft anerkannten Kursen/Seminaren im Sinne von 6. (1).

(2) Ungeachtet dessen kann die Gesellschaft von der Arbeitnehmerin nach eigenem Ermessen verlangen, an von der Gesellschaft anerkannten Kursen/Semina-

must be employed on the date any such bonus is granted in order to receive the bonus.

5. Relocation Expenses

(1) The Company shall reimburse the Employee for properly documented transportation/shipping expenses incurred for moving from ... to ..., up to a maximum amount of ... EUR.

(2) The Company shall reimburse the Employee for any properly documented broker's commission incurred for identifying and finding suitable apartment housing in ..., up to a maximum amount of ... EUR.

(3) If, within two years of the date hereof, the Employee terminates employment without serious cause, or the Company terminates the employment for serious cause attributable to the Employee, the Employee shall repay to the Company any payments received from the Company pursuant to this section 5, provided that each two month period of employment reduces the Company's claim for repayment by 1/12. Within the limits of applicable law, the Company may set off its claim for repayment hereunder against any outstanding Employee claims for remuneration.

6. Continuing Education

(1) During any two-year period of employment, the Employee may participate in Company approved courses or seminars for up to ten (10) working days during which the Employee's salary shall continue to be paid, provided that the Employee and the Company shall mutually agree upon an appropriate time for participation in such courses or seminars. However, in any given two-year period in which the Employee pursuant to applicable law pursues continuing education through government approved courses or seminars other than Company approved courses or seminars, the Employee's right to participation in Company approved courses or seminars pursuant to this section 6. (1) shall be extinguished.

(2) Notwithstanding the above, the Company may require the Employee to participate in Company approved courses or seminars as appropriate. The Com-

ren teilzunehmen. Die Gesellschaft erstattet der Arbeitnehmerin jegliche nachgewiesenen Teilnahme-, Reise- und Unterkunftskosten, die im Zusammenhang mit den von der Gesellschaft gebilligten Kursen/Seminaren, an denen die Arbeitnehmerin gem. 6. (1) teilgenommen hat, entstanden sind.

(3) Falls die Arbeitnehmerin an von der Gesellschaft gebilligten, beglaubigten und arbeitsbezogenen Kursen/Seminaren teilnimmt, die außerhalb der Arbeitszeit liegen, so erstattet die Gesellschaft der Arbeitnehmerin 75 % der Teilnahmegebühren für solch einen Kurs/Seminar, vorausgesetzt, dass diese Zahlungen der Gesellschaft nicht einen Gegenwert von ... EUR pro Jahr übersteigen. Die Arbeitnehmerin hat keinen Anspruch auf ein zusätzliches Gehalt oder eine Vergütung für die Teilnahme an solchen Kursen/ Seminaren.

(4) Die Gesellschaft ist zu den Zahlungen unter 6. nicht verpflichtet (eingeschlossen der Gehaltsfortzahlung unter 6. (1)), sofern das Gehalt und/oder die Kosten von einer staatlichen Einrichtung oder von sonstigen Dritten getragen werden.[665]

7. Krankheit

(1) Im Krankheitsfalle, der die Arbeitnehmerin hindert, ihren vertraglichen Verpflichtungen nachzukommen, der – nach allgemeiner Rechtsprechung – aber nicht auf ein Verschulden der Arbeitnehmerin zurückzuführen ist, erhält die Arbeitnehmerin ihr unter 3. (1) bezeichnetes Gehalt für eine Dauer von sechs (6) Wochen bzw für einen längeren oder kürzeren Zeitraum, basierend auf der jeweils gültigen Rechtsprechung.

Die Arbeitnehmerin tritt sämtliche Ansprüche gegen Dritte aufgrund von Schäden wegen Krankheit oder Verletzung der Arbeitnehmerin bis zu der Summe der Entgeltfortzahlung im Krankheitsfall an die Gesellschaft ab.[666]

(2) Die Arbeitnehmerin hat die Gesellschaft sobald als möglich über ihre Krankheit und über die vermut-

pany shall reimburse the Employee for any properly documented attendance fee, travel and accommodation expenses incurred by the Employee in relation to Company approved courses or seminars in which the Employee participates pursuant to this section 6. (1).

(3) If the Employee participates in any Company approved, accredited and work related course or seminar outside working hours, the Company shall reimburse the Employee for seventy-five percent (75 %) of properly documented attendance fee expenses for such course or seminar, provided that the Company's payments pursuant to this paragraph shall not exceed the equivalent of ... EUR per year. For the avoidance of doubt, the Employee shall not be entitled to any additional salary or remuneration for participation in courses or seminars pursuant to this paragraph.

(4) The Company shall not be obliged to make any payments under this section 6 (including salary payments in the case of section 6. (1)), if and to the extent the Employee's salary and/or expenses are being borne by any government authority or any other third party.

7. Sickness/Illness

(1) In case of sickness preventing the Employee from performing duties hereunder, without such sickness being due to the Employee's fault pursuant to applicable jurisprudence, the Employee's salary under section 3. (1), hereof shall continue to be paid for a period of six weeks or any shorter or longer period as required by the law applicable.

The Employee hereby assigns to the Company any claims of the Employee against third parties for damages due to any sickness of or injury to the Employee up to the amount of the sick leave payments made by the Company.

(2) The Employee shall inform the Company of any sickness and its expected duration as soon as possi-

---

665 Bei einer Dauer der Fortbildung von bis zu einem Monat kann eine maximale Bindung von nur sechs Monaten vorgesehen werden (vgl BAG 15.9.2009 – 3 AZR 173/08, NZA 2010, 342), so dass bei einer Fortbildung von bis zu 10 Tagen Dauer keine relevante Bindung des Arbeitnehmers erzielt werden kann.
666 Die Vorschriften der Nr. 7 Abs. 1 geben nur die derzeit gültige Rechtslage wieder.

liche Dauer zu informieren. Spätestens am vierten Tag des krankheitsbedingten Fehlens hat die Arbeitnehmerin ein ärztliches Attest einzureichen, welches den ersten Tag der Krankheit und das vermutliche Datum der Rückkehr ausweist. Falls die Arbeitnehmerin über das angegebene Datum hinaus krankheitsbedingt fehlt, so hat sie innerhalb von drei (3) Tagen ein neues ärztliches Attest einzureichen.

8. Reisekosten

Gemäß den Richtlinien der Gesellschaft und den jeweils gültigen Steuervorschriften erstattet die Gesellschaft der Arbeitnehmerin ihre Reisekosten, sofern sie ordnungsgemäß nachgewiesen sind und die Reise vorher von der Gesellschaft genehmigt worden ist. Die Vergütung unter 3. dieses Vertrages beinhaltet die Entschädigung für diese Reisezeiten.

9. Ferien

(1) Die Arbeitnehmerin hat Anspruch auf einen gesetzlichen Mindesturlaub von derzeit zwanzig (20) Arbeitstagen im Kalenderjahr, ausgehend von einer Fünf-Tage-Woche. Die Gesellschaft gewährt zusätzlich einen vertraglichen Urlaub von weiteren fünf (5) Arbeitstagen. Arbeitstage sind alle Kalendertage außer Sonntage, Samstage oder gesetzliche Feiertage in ...

Die Arbeitnehmerin soll sich mindestens fünfzehn (15) Werktage vor Antritt eines jeden Urlaubs, der länger als vier (4) Arbeitstage andauert, mit dem Leiter der Personalabteilung abstimmen. Die Arbeitnehmerin hat zum ersten Mal einen Urlaubsanspruch nach sechsmonatigem Bestehen dieses Arbeitsverhältnisses in Übereinstimmung mit dem geltenden Recht hinsichtlich des Mindesturlaubs; die Arbeitnehmerin ist berechtigt, einen angemessenen Teil ihres Urlaubs während der ersten sechs (6) Monate zu nehmen, wenn die Gesellschaft diesem vorher schriftlich zustimmt. Die Arbeitnehmerin hat Anspruch auf einen anteiligen Urlaub auf pro-rata-Basis, soweit dies gesetzlich zulässig ist.

(2) Resturlaub soll nicht ins Folgejahr übertragen werden, es sei denn, dass die Parteien dies von Fall zu Fall wegen wichtiger Arbeiten oder aus persönlichen Gründen so entschieden haben. In diesem Fall kann der Resturlaub in den ersten drei (3) Monaten des Folgejahres genommen werden.

ble. The Employee shall provide the Company no later than the fourth day of absence from work with a medical certificate confirming such sickness from the first day of sickness and indicating the expected date of return to work. If the Employee is absent beyond the indicated expected date of return, the Employee shall provide to the Company a new medical certificate within three days.

8. Travel Expenses

In accordance with the current Company guidelines and German tax regulations, the Company shall reimburse the Employee for travel expenses that are properly documented, provided that the trip has been approved by the Company. The remuneration according to section 3 hereof includes compensation for any travel time spent on behalf of the Company.

9. Vacation

(1) The Employee shall be entitled to the statutory minimum annual vacation of 20 working days assuming a five-day-week. The Company grants an additional contractual holiday of a further 5 working days. The Company Working days are all calendar days which are neither Saturdays, Sundays or legal holidays in ...

The Employee shall agree with the Employee's supervisor at least 15 working days in advance on the time of any vacation period exceeding 4 working days. The Employee shall be entitled to vacation for the first time after six months of employment hereunder in accordance with applicable law regarding minimum vacation entitlements; the Employee may take an appropriate part of vacation during the initial six month period if the Company agrees in writing in advance. The Employee shall be entitled to partial vacation on a pro rata basis as provided and allowed by applicable law.

(2) Vacation time shall not be transferable to the following year, unless the parties have agreed on a case-by-case basis in view of significant business or personal reasons that any outstanding vacation may be taken during the first three months of the following year.

(3) Genommener Urlaub wird zuerst auf den gesetzlichen Urlaubsanspruch angerechnet. Für den vertraglichen Urlaub gilt abweichend von dem gesetzlichen Mindesturlaub, dass der Urlaubsanspruch nach Ablauf des Übertragungszeitraumes (31.3. des Folgejahres) auch dann verfällt, wenn er wegen Arbeitsunfähigkeit der Arbeitnehmerin nicht genommen werden kann. Der gesetzliche Mindesturlaub verfällt in einem solchen Fall 15 Monate nach Ablauf des Urlaubsjahres.

(4) Bei Beendigung des Arbeitsverhältnisses erfolgt eine etwaige Urlaubsabgeltung nur bis zur Höhe des noch bestehenden gesetzlichen Urlaubsanspruchs.

10. Exklusivität der Dienstleistung, Publikationen und Geschenke

(1) Die Arbeitnehmerin soll ihre gesamte Arbeitskraft ausschließlich der Gesellschaft und deren Förderung widmen. Für jegliches Engagement in zusätzlichen entgeltlichen Aktivitäten oder jegliche direkte oder indirekte Teilnahme an anderen Firmen jeglicher Art benötigt die Arbeitnehmerin die vorherige schriftliche Genehmigung der Gesellschaft, die nicht verweigert werden darf. Für den Erwerb gewöhnlicher Aktien oder anderer Investmentbeteiligungen ist die Genehmigung seitens der Gesellschaft nicht erforderlich. Die Mitgliedschaft im Vorstand oder Aufsichtsrat anderer Firmen muss vorher schriftlich von der Gesellschaft genehmigt worden sein.

(2) Jegliche Publikationen und Vorträge der Arbeitnehmerin bezüglich Themen, die die Arbeit oder die Interessen der Gesellschaft betreffen, müssen vorher von der Gesellschaft schriftlich genehmigt werden.

(3) Die Arbeitnehmerin ist damit einverstanden, dass sie ohne vorherige schriftliche Zustimmung der Gesellschaft weder Kredite aufnimmt noch vergibt, noch Geschenke oder andere Vorteile oder Versprechungen dieser Art den Kunden der Gesellschaft oder anderen Personen, mit denen die Arbeitnehmerin beruflich in Kontakt steht, für die Gesellschaft gewährt.

11. Vertraulichkeit/Dokumentenrückgabe

(1) Während der Dauer des Arbeitsverhältnisses und für jede Zeit danach ist es der Arbeitnehmerin untersagt, vertrauliche Informationen bekannt zu geben oder zu benutzen, es sei denn im Namen der Gesell-

(3) Any used holiday entitlement will first be set off against the statutory holiday entitlement. The additional contractual holiday forfeits – notwithstanding the statutory minimum holiday – after the transfer period (31.3. of the following year) also if it can not be taken due to illness of the employee. The statutory minimum holiday expires in such a case, 15 months after the end of the leave year.

(4) Upon termination of the employment only any remaining unused statutory holiday entitlement will be compensated.

10. Exclusivity of Services, Publications, Gifts

(1) The Employee shall devote all work efforts exclusively to the Company and the furtherance of its interests. Any engagement in additional activities for remuneration or any direct or indirect participation in other enterprises of any kind requires the prior written consent of the Company, which shall not be unreasonably withheld. The Company's consent shall not be required for ordinary acquisitions of shares or other participation for investment purposes. Membership in the board of directors or supervisory board of other enterprises shall be subject to the Company's prior written consent.

(2) Any publications and lectures by the Employee on topics relating to the Company's business or interests shall be subject to the Company's prior written consent.

(3) The Employee agrees, without the Company's prior written consent, not to accept or demand loans, gifts, other benefits, of promises thereof, from the Company's clients or other persons with whom the Employee has official or business contacts in the context of the Employee's activities for the Company.

11. Confidential Return of Documents

(1) During the term of this Employment Agreement and at any time thereafter, the Employee shall not disclose or use other than on behalf of the Company any confidential information, including trade or

schaft. Eingeschlossen sind Berufsgeheimnisse bezüglich der Tätigkeiten, vertraglichen Beziehungen, Handel, Transaktionen oder Geschäfte der Gesellschaft und deren Tochtergesellschaften. Diese vertraulichen Informationen betreffen insbesondere, aber nicht ausschließlich, den Schutz geistigen Eigentums der Gesellschaft und deren Tochtergesellschaften, den Kundenkreis, Preislisten, Preisfestsetzungsmethoden, Gehaltsdaten, die taktische Vorgehensweise in verschiedenen Arbeitsgebieten, strategische Arbeitsentscheidungen und jegliche andere Vorkommnisse in der Gesellschaft, die als vertraulich oder als im Eigentum der Gesellschaft befindlich angesehen werden könnten.

(2) Mit Beendigung dieses Arbeitsverhältnisses hat die Arbeitnehmerin der Gesellschaft sämtliches Eigentum der Gesellschaft, das sich in ihrem Besitz befindet, zurückzugeben sowie Akten und andere Dokumente, die die Geschäfte der Gesellschaft und deren Tochtergesellschaften betreffen – eingeschlossen aller Muster, Kunden- und Preislisten, Gedrucktes, Broschüren, Mitteilungen, Entwürfe – sowie Kopien davon, sowohl in schriftlicher, elektronischer oder jeglicher anderer Form und ungeachtet dessen, ob diese von ihr oder für sie (die Arbeitnehmerin) von der Gesellschaft oder deren Tochtergesellschaften gefertigt wurden. Hiermit verzichtet die Arbeitnehmerin auf jegliches Zurückbehaltungsrecht.

12. Schutz geistigen Eigentums/Erfindungen
Jeglicher Schutz geistigen Eigentums oder Rechte, die aus Erfindungen der Arbeitnehmerin unter diesem Vertrag resultieren (Eigentumsrechte und diesbezügliche Nutzungsrechte), sind gemäß anwendbarem Rechts auf die Gesellschaft zu übertragen. Die Vergütung unter 3. schließt alle Entschädigungen für eine solche Rechtsübertragung ein. Falls zwingendes Recht eine zusätzliche Entschädigung für eine solche Rechtsübertragung fordert, hat die Gesellschaft das Recht, die Rechtsübertragung zu fordern oder davon Abstand zu nehmen.

13. Probezeit, Vertragsdauer, Beendigung, Vertragsstrafe
(1) Die ersten drei (3) Monate dieses Arbeitsverhältnisses werden als Probezeit angesehen. Während

business secrets, concerning the business, contractual relations, dealings, transactions or affairs of the Company or its affiliates. Such confidential information specifically includes, but is not limited to the Company's or its affiliates intellectual property, clientele, price lists, pricing methods, salary data, procedural/tactical approaches to areas of the business, strategic business decisions, and any other items which may be considered as confidential or proprietary to the Company.

(2) Upon termination of employment hereunder, the Employee shall return to the Company all property of the Company in the Employee's possession as well as all files and other documents concerning the business of the Company and its affiliates in the Employee's possession – including without limitation all designs, customer and price lists, printed material, brochures, sketches, notes, drafts – as well as copies thereof, whether in written, electronic or any other form, and regardless of whether they were prepared by him or furnished to him by the Company or its affiliates. The Employee hereby waives any right of retention in this respect.

12. Intellectual Property Rights, Inventions
Any intellectual property rights and rights to employee inventions arising from the Employee's activities hereunder, or, if ownership rights cannot be transferred under applicable law, any exploitation rights relating thereto, shall be transferred to the Company in accordance with applicable law. The remuneration pursuant to section 3 hereof includes any and all compensation for such transfer of rights. If additional compensation for such transfer of rights is required by applicable law of a mandatory nature which cannot be derogated from by contract, the Company shall have the option to request or not to request the transfer of the rights concerned.

13. Trial Period, Term, Termination, Penalty
(1) The first three months of employment are considered a trial period during which the employment

dieser Zeit haben beide Vertragsparteien das Recht, das Arbeitsverhältnis mit einer Frist von vierzehn (14) Tagen zu kündigen.

(2) Unter Berücksichtigung von 13. (1) soll das Arbeitsverhältnis unbefristet sein. Nach der Probezeit und während der ersten zwei Jahre des Arbeitsverhältnisses kann das Arbeitsverhältnis von beiden Parteien mit einer Kündigungsfrist von vier (4) Wochen zum Monatsende beendet werden. Eventuell anwendbare gesetzliche Fristen für eine Kündigung durch den Arbeitgeber gelten für eine Beendigung für beide Vertragsparteien.

(3) Die Kündigung muss in Schriftform erfolgen und soll mit Zugang bei der anderen Partei Gültigkeit erlangen.

(4) Die Gesellschaft hat nach ausgesprochener Kündigung das Recht, die Arbeitnehmerin vom weiteren Dienst unter der Voraussetzung zu suspendieren bzw freizustellen, dass das Gehalt während der Zeit der Suspendierung bzw Freistellung fortgezahlt wird. Der Urlaubsanspruch der Arbeitnehmerin kann mit der Suspendierungs- bzw Freistellungsdauer verrechnet werden.

(5) Falls die Arbeitnehmerin die Beendigungsvorschriften unter 13. verletzt, hat sie eine Vertragsstrafe in Höhe eines monatlichen Bruttogehalts zu zahlen, jedoch nicht mehr als das in der gesetzlichen Mindestkündigungsfrist ansonsten zu zahlende Arbeitsentgelt. Weitere Ansprüche der Gesellschaft gegen die Arbeitnehmerin wegen zusätzlicher Schäden bleiben unberührt.

14. Verfallklausel[667]
Ansprüche aus dem Arbeitsverhältnis verfallen, sofern sie nicht von der Arbeitnehmerin oder von der Gesellschaft innerhalb einer Ausschlussfrist von drei Monaten nach Fälligkeit schriftlich geltend gemacht werden.

15. Verschiedenes
(1) Dieser Vertrag umfasst sämtliche Vereinbarungen zwischen den Parteien und hebt alle vorherigen

may be terminated by either party upon providing two weeks notice to the other party.

(2) Subject to section 13. (1) hereof, the employment shall last for an indefinite term. After the trial period and during the first two years of service, the employment may be terminated by either party by observing a notice period of four weeks to the end of a calendar month. Any applicable longer statutory minimum notice period for termination by the employer shall apply to the termination by both parties hereto.

(3) Any notice of termination must be in writing and shall be considered to have been given effectively upon its receipt by the other party.

(4) The Company shall be entitled to suspend or release the Employee from rendering further services, provided that the Employee's remuneration shall continue to be paid during such period of suspension or release, once the employment relationship has been terminated. The Employee's entitlements to vacation shall be set off against any period of suspension or release.

(5) If the Employee violates the provisions on termination contained in this section 13, the Employee shall be obliged to pay a contractual penalty equal to one month's gross salary but not more than the statutory minimum notice period otherwise payable remuneration. This provision shall not affect the Company's right to claim any additional damages.

14. Acceleration clause
Any claims ensuing from the employment relationship lapse if they have not been asserted in writing by the Employee or the Employer within the preclusive period of three month after such claim has become due.

15. Miscellaneous
(1) This Agreement contains the complete agreement between the Parties with respect to the sub-

---

[667] Nach einer neuen Entscheidung des BAG können arbeitsvertraglich vereinbarte Ausschlussfristen dahin gehend ausgelegt werden, dass sie nur die von den Parteien für regelungsbedürftig gehaltenen Fälle erfassen sollen. Eine Anwendung auch für die Fälle, die durch gesetzliche Verbote oder Gebote geregelt sind, soll dagegen regelmäßig gerade nicht gewollt sein, so das BAG. Das gelte bspw für die Haftung wegen Vorsatzes (Pressemitteilung Nr. 42/13 zu BAG, Urt. v. 20.6.2013 – 8 AZR 280/12). Ein Formulierungsbeispiel für eine vertragliche Verfallklausel mit Ausschluss der Haftung für Vorsatz enthält das Muster 1134 (§ 16).

schriftlichen sowie mündlichen Übereinkünfte und Vereinbarungen der Parteien auf.

ject matter hereof and supersedes any prior understandings, agreements or representations by or between the Parties, written or oral, which may have related to the subject matter hereof in any way.

(2) Dieser Vertrag sowie die Auslegung desselben unterliegen deutschem Recht.

(2) This Agreement shall be governed by and interpreted in accordance with the laws of Germany.

(3) Die Arbeitnehmerin bestätigt hiermit den Erhalt einer Kopie dieses Vertrages, die von beiden Parteien unterzeichnet wurde.

(3) The Employee herewith confirms the receipt of a copy of this Agreement executed by both parties.

3. Muster: US-amerikanischer Arbeitsvertrag mit leitendem Angestellten

Arbeitsvertrag

Dieser Arbeitsvertrag wird am ... 201... zwischen

..., einer ... Kapitalgesellschaft mit Hauptsitz in ...
— nachstehend „Gesellschaft" —
und

... mit der Anschrift ...
— nachstehend „leitender Angestellte" —
geschlossen.

Employment Agreement

This employment agreement made as of the ... day of ..., 201...,
by and between

..., a ... Corporation, having its principal office at ... (the "Company")
and

... whose address is ... (the "Executive").

Vertragsgrundlage

A. Der leitende Angestellte ist gegenwärtig bei der Gesellschaft beschäftigt und hat der Gesellschaft fortlaufend Dienstleistungen erbracht.

B. Die Gesellschaft möchte die Beschäftigung des leitenden Angestellten gemäß den Bedingungen dieses Vertrages fortsetzen.

C. Der leitende Angestellte möchte der Gesellschaft weiterhin seine Dienstleistungen gemäß den allgemeinen Bedingungen dieses Vertrages erbringen.

Aufgrund dessen vereinbaren die Parteien dieses Vertrages nunmehr für zehn ($ 10,00) Dollar und andere geldwerte Gegenleistungen, deren Erhalt und Angemessenheit hiermit bestätigt wird, Folgendes:

Recitals

A. The Executive is currently employed by the Company and has provided services to the Company on a continuing basis.

B. The Company wishes to continue the employment of the Executive pursuant to the terms hereof.

C. The Executive desires to continue rendering his/her services to the Company pursuant to the terms and conditions hereof.

NOW, THEREFORE, for Ten ($ 10.00) Dollars and other good and valuable considerations, the receipt and sufficiency of which is hereby acknowledged, the parties hereto agree as follows:

§ 1 Beschäftigung

Die Gesellschaft erklärt sich bereit, den leitenden Angestellten während der in § 2 dieses Vertrages angegebenen Laufzeit zu beschäftigen, und der leitende Angestellte erklärt sich bereit, diese Beschäftigung zu den nachfolgend niedergelegten allgemeinen Bedingungen anzunehmen.

§ 1 Employment

The Company agrees to employ the Executive for the term specified in Paragraph 2 hereof, and the Executive agrees to accept such employment upon the terms and conditions set forth hereinafter.

Wisswede

§ 2 Laufzeit

Dieser Vertrag beginnt am ... 201... und endet am ... 201... (wobei dieser Zeitraum nachfolgend manchmal mit „Laufzeit" bezeichnet ist), sofern er nicht früher als hierin vorgesehen gekündigt wird.[668]

§ 3 Aufgaben und Verantwortlichkeiten

Während der Laufzeit dient der leitende Angestellte als Führungskraft der Gesellschaft. Der leitende Angestellte braucht keine anderen Verantwortungen oder Aufgaben als diejenigen zu übernehmen oder zu erfüllen, die üblicherweise einem leitenden Angestellten der Gesellschaft zugeschrieben werden, und er untersteht lediglich dem Präsident der Gesellschaft und ist allein ihm gegenüber verantwortlich. Die Aufgaben und Verantwortlichkeiten, die dem leitenden Angestellten zugeschrieben werden, sind mit denjenigen Aufgaben vereinbar, die der leitende Angestellte früher ausgeführt hat, und seine Verantwortlichkeiten der Gesellschaft gegenüber entsprechen seinen Verantwortlichkeiten gegenüber der Gesellschaft vor dem Datum dieses Vertrages.

Vorbehaltlich der übrigen Bestimmungen von Paragraph 3 widmet der leitende Angestellte seinen Aufgaben und Verantwortlichkeiten die unter den Umständen erforderliche Geschäftszeit und Aufmerksamkeit.

Der leitende Angestellte darf sich während der Laufzeit dieses Vertrages mit anderen wesentlichen Geschäftstätigkeiten befassen (sofern diese Tätigkeiten nicht in direktem Wettbewerb mit der Tätigkeit der Gesellschaft stehen), und zwar ungeachtet dessen, ob diese Geschäftstätigkeit gewerbsmäßig, mit Gewinnerzielungsabsicht oder zum finanziellen Nutzen verfolgt wird. Diese Bestimmung darf nicht so ausgelegt werden, dass sie den leitenden Angestellten daran hindert, Aktien oder Wertpapiere von Unternehmen im Privatbesitz, Personengesellschaften oder sonstigen Unternehmen oder von Unternehmen zu halten oder zu erwerben, die an einer öffentlichen Wertpapierbörse notiert sind oder regulär auf dem Freiverkehrsmarkt gehandelt werden, oder ande-

§ 2 Term

This Agreement shall commence as of the ... day of ..., 201... and shall expire on the ... day of ..., 201... (such period of time hereinafter sometimes referred to as the "Term"), unless terminated sooner as provided herein.

§ 3 Duties and Responsibilities

During the Term, the Executive shall serve as an executive officer of the Company. The Executive shall not be required to undertake or fulfill any responsibilities or duties other than those commonly ascribed to an executive of the Company and shall report and be responsible only to the President of the Company. The duties and responsibilities ascribed to the Executive shall be consistent with those duties previously performed by the Executive and his/her responsibilities to the Company shall be similar to his/her responsibilities to the Company prior to the date hereof.

Subject to the provisions of Paragraph 3 the Executive shall devote such business time and attention to his/her duties and responsibilities as shall be required under the circumstances.

The Executive may, during the term of this Agreement, be engaged in other substantial business activities (provided such activities do not directly compete with the business of the Company) whether or not such business activity is pursued for gain, profit or pecuniary advantage. This provision shall not be construed as preventing the Executive from holding or purchasing stock or securities of privately held companies, partnerships or other entities or which are listed on a national security exchange or regularly traded in the over-the-counter market, or making other investments or participating in business ventures not in competition with the business of the Company.

---

668 Auch wenn der Arbeitsvertrag insgesamt einer ausländischen Rechtsordnung unterstellt wird, können bei einer Vertragsdurchführung in Deutschland bestimmte, zwingende Regelungen zum Arbeitnehmerschutz anzuwenden sein. Dies kann zB für § 14 Abs. 2 Satz 2 TzBfG gelten, der den Abschluss einer Befristung bei einer Vorbeschäftigung des Mitarbeiters verbietet.

re Anlagen zu tätigen oder sich an geschäftlichen Unternehmen zu beteiligen, die nicht mit der Tätigkeit der Gesellschaft konkurrieren.

Alle Parteien dieses Vertrages beabsichtigen, dass die Hauptaufgaben des leitenden Angestellten außerhalb des Hauptsitzes der Gesellschaft ausgeführt werden und dass der leitende Angestellte nur unregelmäßig und eingeschränkt am Hauptsitz der Gesellschaft Leistungen ausführen muss.

§ 4 Vergütung

Die Gesellschaft erklärt sich bereit, dem leitenden Angestellten direkt während der Laufzeit dieses Vertrages eine Gehaltsvergütung in Gesamthöhe von $ ... zu bezahlen. Der Annehmlichkeit für die Gesellschaft halber wird dem leitenden Angestellten das Gesamtgehalt auf Jahresgrundlage in einer Höhe von mindestens $ ... pro Jahr in mindestens zwölf (12) gleichen monatlichen Raten vorbehaltlich sämtlicher Einbehaltungen, Sozialversicherungsbeiträge und mit der Beschäftigung zusammenhängender Steuern gezahlt. Falls die Gesellschaft diesen Vertrag aus irgendeinem Grund kündigen sollte, ist in dem Fall der dann offene Saldo des Gesamtgehalts sofort an den leitenden Angestellten zahlbar. Sowohl der leitende Angestellte als auch die Gesellschaft bestätigen und vereinbaren, dass davon ausgegangen wird, dass der leitende Angestellte den Restbetrag des Gesamtgehalts bei einer solchen Kündigung ohne irgendeinen Anspruch der Gesellschaft auf Aufrechnung oder Abzug verdient hat.

§ 5 Auslagen, Geldwerte Vorteile

Zusätzlich zu der in Paragraph 4 bezeichneten Vergütung erklärt sich die Gesellschaft bereit, dem leitenden Angestellten während der Laufzeit alle angemessenen, üblichen und notwendigen belegten geschäftlichen Auslagen oder Bewirtungskosten zu bezahlen oder zu erstatten, die bei der Ausführung seiner Dienstleistungen im Rahmen dieses Vertrages gemäß der unter Umständen jeweils von der Gesellschaft geänderten Form der Kostengrundsätzen der Gesellschaft angefallen sind.

Während der Laufzeit ist der leitende Angestellte ferner zur Teilnahme an allen Versicherungen zur medizinischen Erstattung berechtigt, die es unter Umständen jetzt gibt oder die künftig von der Ge-

It is the intent of all parties hereto that the Executive's principal functions will be performed outside of the principal office of the Company and that any requirements for the Executive to perform services at the principal office of the Company will be on an irregular and limited basis.

§ 4 Compensation

The Company agrees to pay the Executive directly salary compensation during the Term of this Agreement in the aggregate amount of $ .... For the convenience of the Company the aggregate salary shall be paid to the Executive on an annual basis in an amount not less than $ ... per year, in at least twelve (12) equal monthly instalments, subject to all withholding, social security and employment related taxes. In the event the Company should terminate this Agreement for any reason, then, in such an event, the then outstanding balance of the aggregate salary shall be immediately due and payable to the Executive. Both the Executive and the Company hereby acknowledge and agree that the Executive shall be deemed to have earned the balance of the aggregate salary upon any such termination without any right to setoff or deduction on behalf of the Company.

§ 5 Expenses, Fringe Benefits

In addition to the Compensation as described in Paragraph 4, the Company agrees to pay or to reimburse the Executive during the Term for all reasonable, ordinary and necessary vouchered business or entertainment expenses incurred in the performance of her services hereunder in accordance with Company expense policy which may be amended by the Company from time to time.

During the Term, the Executive shall also be entitled to participate in all medical reimbursement benefits as they are now, or hereafter may be, established by the Company for the benefit of its employees, sub-

Wisswede

sellschaft zu Gunsten ihrer Mitarbeiter festgesetzt werden, jedoch vorbehaltlich der Bestimmungen dieser (jeweils geltenden) Versorgungspläne und -programme. Es gilt als vereinbart, dass der Mitarbeiter alle Kosten bezahlt, die mit einer solchen Versicherung verbunden sind.

Die Gesellschaft kann – muss jedoch nicht – auf das Leben des leitenden Angestellten, falls es versicherungsfähig ist, eine Lebensversicherung auf der Grundlage einer „Collateral Assignment Equity Split dollar-Versicherung" (dh die Police gehört dem Mitarbeiter oder einem von ihm geschaffenen Trust, und der Gesellschaft werden schließlich die von ihr gezahlten Prämien zurückgezahlt, während der die Prämien übersteigende Kapitalwert der Police dem Mitarbeiter oder Familienangehörigen gehört. Als Sicherheit für die Rückzahlung der vorausgezahlten Prämien überträgt der Mitarbeiter der Gesellschaft eine Beteiligung am Kapitalwert und an der Leistung im Todesfall) oder auf einer anderen Grundlage und in einer Höhe abschließen, die die Gesellschaft jeweils von Zeit zu Zeit festlegt. Das Vermögen des leitenden Angestellten wird als Begünstigter dieser Police benannt, sofern deren Gegenwert die Höhe der von der Gesellschaft gezahlten Prämien übersteigt.

Während der ersten drei (3) Jahre der Laufzeit dieses Vertrages stellt die Gesellschaft dem leitenden Angestellten ein Kraftfahrzeug zur Verfügung und zahlt die angemessenen Betriebskosten, Wartungs-, Reparatur- und Versicherungskosten, die dem leitenden Angestellten durch das Kraftfahrzeug entstehen. Bei dem Fahrzeug handelt es sich um eine viertürige Mercedes Benz Limousine der E-Klasse oder einen anderen entsprechenden Mercedes Benz.

§ 6 Entlassung durch die Gesellschaft

Die Gesellschaft ist (unter der Bedingung ihrer strikten Einhaltung der Bedingungen und Bestimmungen dieses Vertrages) berechtigt, diesen Vertrag jederzeit gemäß den nachfolgend niedergelegten Verfahrensweisen zu kündigen und den leitenden Angestellten aus hinreichendem Grund zu entlassen. Der Begriff „hinreichender Grund" wird als einer der folgenden Gründe definiert und beschränkt sich auf einen dieser folgenden Gründe:

ject, however, to the provisions of such benefit plan and program (in effect from time to time). It is understood and agreed that the employee shall pay all costs associated with such insurance.

The Company may, but shall not be obligated to procure a life insurance policy on the life of the Executive, if insurable, on a collateral assignment equity splitdollar basis or such other basis and in such amounts as the Company may determine from time to time. The Executive's estate shall be designated the beneficiary of such policy to the extent that the proceeds thereof exceed the amount of premiums paid by the Company.

During the first three (3) years of the Term of this Agreement, the Company shall provide the Executive with a motor vehicle and pay the reasonable operating expenses, maintenance, repairs and insurance expenses the Executive incurs from the motor vehicle. The motor vehicle shall be an E Class Four (4) Door Mercedes Benz Sedan or other equivalent Mercedes Benz.

§ 6 Discharge by the Company

The Company (subject to its strict compliance with the terms and provisions hereof) shall be entitled, at any time, in accordance with the procedures set forth below, to terminate this Agreement and to discharge the Executive for Just Cause. The term "Just Cause" shall be defined as and limited to one of the following grounds:

(i) Begehung eines Betrugs gegen die Gesellschaft seitens des leitenden Angestellten, der zur Schädigung der Gesellschaft führt.

(ii) Vorsätzliches und mutwilliges Fehlverhalten seitens des leitenden Angestellten, das der Gesellschaft erheblich schadet.

(iii) Der leitende Angestellte wird eines Verbrechens, verbunden mit Verworfenheit oder Betrug, überführt, sofern dieses Verbrechen mit den Aufgaben des leitenden Angestellten im Rahmen dieses Vertrages zusammenhängt. Der leitende Angestellte erkennt jedoch an, dass nach bundesstaatlichem Recht von New Jersey Personen, die aus irgendeinem Grund eines Verbrechens überführt worden sind, nicht mit einer Kraftfahrzeugbehörde zu tun haben können.

Es wird davon ausgegangen und vereinbart, dass das Unternehmen dem leitenden Angestellten eine „gültige schriftliche Abmahnung" (gemäß nachfolgender Definition) für jeden Fall eines in den Klauseln (i), (ii) oder (iii) oben beschriebenen Umstands liefern muss und dass der leitende Angestellte das Recht hat, innerhalb von dreißig (30) Tagen nach Erhalt einer solchen gültigen schriftlichen Abmahnung die Verletzung zu beheben bzw das mutwillige Fehlverhalten einzustellen (wobei vereinbart wird, dass sich der leitende Angestellte nach besten Kräften bemüht, diese Behebung oder die Einstellung dieses mutwilligen Fehlverhaltens sobald wie möglich nach Erhalt dieser schriftlichen Abmahnung, jedoch keinesfalls später als dreißig (30) Tage danach auszuführen.

Zusätzlich gilt als vereinbart, dass die Abhilfefrist um einen angemessenen Zeitraum verlängert wird, den der leitende Angestellte zur Bewirkung der Abhilfe benötigt, falls die Abhilfe für einen derartigen Umstand dergestalt geartet ist, dass die Abhilfe nicht nach dieser dreißig-(30-)tägigen Abmahnungsfrist erfolgen kann, und sofern sich der leitende Angestellte um Bewirkung dieser Abhilfe bemüht.

Falls der leitende Angestellte diese Abhilfe ausführt, ist die Gesellschaft nicht zur Entlassung des leitenden Angestellten aus „hinreichendem Grund" berechtigt.

(i) The Executive's perpetration of a fraud against the Company resulting in damage to the Company.

(ii) The Executive's willful and wanton misconduct that materially injures the Company.

(iii) The Executive's conviction of a felony involving moral turpitude or fraud, provided that such felony relates to the Executive's duties hereunder. The Executive does acknowledge, however, that under New Jersey State Law any person who has been convicted of a felony for any reason cannot be involved with a motor vehicle agency.

It is understood and agreed that the Corporation must provide the Executive with a "valid written notice" (as defined hereinafter) for each instance of an event described in clauses (i), (ii) and/or (iii) above and the Executive shall have the right to remedy the breach or cease the wanton misconduct, as the case may be within thirty (30) days after receipt of such valid written notice (it being agreed that the Executive shall utilize reasonable efforts to effect such remedy or cease such wanton misconduct as soon as possible after receipt of such written notice, but in no event later than thirty (30) days thereafter).

It is additionally understood and agreed that if the nature of the remedy of such an event is such that the remedy cannot take place after such thirty (30) days notice, that provided the Executive is attempting to effectuate such a remedy, the remedy period shall be extended for such reasonable time as the Executive may need to effectuate the remedy.

If the Executive effectuates such a remedy, the Company shall not have the right to discharge the Executive for "Just Cause".

§ 1 Verträge mit Arbeitnehmern, freien Mitarbeitern und Gesellschaftsorganen

Eine dem leitenden Angestellten gemäß den obigen Klauseln (i), (ii) oder (iii) gelieferte schriftliche Abmahnung gilt als gültige schriftliche Abmahnung, unter Ausnahme folgender Abmahnungen, die nicht als gültige schriftliche Abmahnungen gelten:

(a) eine Abmahnung, bezüglich der ein Schiedsgremium (gemäß Bestimmung in Paragraph 10 unten) entscheidet, dass sie eine ungültige Abmahnung ist;

(b) eine schriftliche Abmahnung, die der Entlassung des leitenden Angestellten seitens der Gesellschaft vorausgegangen ist, wenn der leitende Angestellte die Grundlage der Gesellschaft für den Ablauf seines Beschäftigungsverhältnisses anficht und das Schiedsgremium (gem. Paragraph 10 unten) entscheidet, dass die Kündigung des leitenden Angestellten unvorschriftsmäßig war, da ein hinreichender Grund nicht festgestellt werden kann (falls das Schiedsgremium jedoch einen hinreichenden Grund feststellt, jedoch ebenso feststellt, dass der leitende Angestellte die Verletzung oder das Fehlverhalten, die bzw das die Grundlage für die Beschuldigung seitens der Gesellschaft bildet, gemäß den Bestimmungen dieses Vertrages abgestellt hat) und

(c) eine schriftliche Abmahnung, die die Gesellschaft vor einer Entscheidung durch das Schiedsgremium zurückzieht.

Falls der leitende Angestellte die Grundlage für die Kündigung seines Beschäftigungsverhältnisses anficht, wird der Streit durch Schlichtung gemäß den Bestimmungen von Absatz 10 dieses Vertrages entschieden. Während der Dauer einer solchen Streitigkeit muss die Gesellschaft dem leitenden Angestellten seine direkte Gehaltsvergütung und alle in diesem Vertrag vorgesehenen Leistungen bis zum Erlass der Entscheidung des Schiedsgremiums weiterzahlen.

(i) Falls die Entscheidung des Schiedsgremiums lautet, dass die Kündigung des leitenden Angestellten gemäß den allgemeinen Bestimmungen dieses Vertrages unvorschriftsmäßig war, wird der leitende Angestellte in diesem Fall in seine frühere Position wiedereingesetzt, und der leitende Angestellte hat Anspruch darauf, jegliche Vergütungen und Leistungen, die er nicht gemäß dem vorstehenden Satz erhalten hat, rückwirkend zusammen mit Zinsen darauf zum höchstzulässigen Zinssatz nach dem Recht des

Any written notice given to the Executive pursuant to clauses (i), (ii) or (iii) above shall be deemed to be a valid written notice except the following notices which shall not be deemed a valid written notice

(a) a notice which an Arbitration Panel (as provided in paragraph 10 below) determines to be an invalid notice;

(b) written notice which preceded the Company's discharge of the Executive in the event the Executive disputes the Company's basis for determination of her employment, and the Arbitration Panel (in accordance with paragraph 10 below) determines that the Executive's termination was improper because finding of Just Cause is not justified (however, if the Arbitration Panel finds Just Cause, but also finds that the breach or misconduct which is the basis of the Company's charge has been remedied by the Executive pursuant to the terms hereof) and

(c) a written notice which is withdrawn by the Company prior to a decision by the Arbitration Panel.

If the Executive disputes the basis for the termination of her employment, the controversy shall be decided by Arbitration as provided in paragraph 10 of this Agreement. During the time of such dispute the Company shall be required to continue to pay the Executive her direct salary compensation and all benefits as provided in this Agreement until the decision of the Arbitration Panel is rendered.

(i) If the decision of the Arbitration Panel is that the Executive's termination was improper under the terms and conditions of this Agreement, then and in that event, the Executive shall be reinstated to his/her former position, and the Executive shall be entitled to receive any and all compensation and benefits which were not received as provided in the preceding sentence retroactively along with interest thereon at the maximum rate allowable under the laws of the State of ., retroactively, as if the Execu-

Bundesstaats ... so zu erhalten, als ob das Beschäftigungsverhältnis des leitenden Angestellten niemals gekündigt worden wäre. Ferner werden dem leitenden Angestellten (innerhalb von zehn (10) Tagen nach dem Eintrag der Entscheidung des Schiedsgremiums) alle Anwaltsgebühren, Sachverständigen-Zeugen-Gebühren, Rechnungsgebühren und alle sonstigen Kosten oder Auslagen erstattet, die dem leitenden Angestellten in einer solchen Angelegenheit entstanden sind.

(ii) Die Parteien vereinbaren, dass der leitende Angestellte, falls er eine Kündigung wie hierin vorgesehen anficht, bis zum Erlass einer Entscheidung durch das Schiedsgremium unter dem Vorbehalt der obigen Bestimmungen weiterhin alle geldwerten Vorteile, die ihm zur Verfügung stehen, zusammen mit der fortgesetzten Nutzung eines Kraftfahrzeugs weiterhin erhält und nicht als gekündigter Mitarbeiter gilt.

§ 7 Erwerbsunfähigkeit, Tod

Bei Tod oder Erwerbsunfähigkeit des Mitarbeiters gilt Folgendes:

Beim Tod des Mitarbeiters zahlt die Gesellschaft die in Paragraph 4 dieses Vertrages bezeichnete Vergütung weiter an den Nachlass des leitenden Angestellten. Der leitende Angestellte kann der Gesellschaft jedoch jederzeit vor seinem Tod ein notariell beurkundetes Anweisungsschreiben liefern, das die Gesellschaft anweist, den Restbetrag der beim Tod fälligen Gesamtvergütung an die in diesem Anweisungsschreiben bezeichneten juristischen oder natürlichen Personen oder Trusts zu zahlen.

Im Falle der nachfolgend definierten Erwerbsunfähigkeit des leitenden Angestellten zahlt die Gesellschaft weiterhin bis zum Ablaufdatum dieses Vertrages alle hierin beschriebenen Vergütungen und sonstigen Leistungen an den leitenden Angestellten oder den gesetzlich bestimmten Vormund oder Verwalter des leitenden Angestellten.

Im Sinne dieses Vertrages bedeutet der Begriff „Erwerbsunfähigkeit", dass der leitende Angestellte seine gewohnten und üblichen Aufgaben für die Gesellschaft innerhalb eines fortlaufenden Zeitraumes von einhundertachtzig (180) Tagen während Zeiträumen von insgesamt einhundertzwanzig (120) Tagen (in

tive's employment had never been terminated. In addition, the Executive shall be reimbursed (within ten (10) working days after the entry of the Arbitration Panel's decision), for all attorney's fees, expert witness fees, accounting fees, and any other costs or expenses incurred by the Executive in such a matter.

(ii) The parties agree that if the Executive disputes a termination as provided herein, until a decision is rendered by the Arbitration Panel, subject to the above provisions, she/he shall continue to receive all fringe benefits available to her along with the continued utilization of a motor vehicle, and shall not be deemed a terminated employee.

§ 7 Disability, Death

Upon the death or disability of the employee, the following shall apply:

Upon the employee's death the Company shall continue to pay the compensation described in paragraph 4 hereof to the Estate of the Executive. The Executive, however, may at any time prior to her death deliver to the Company a notarized Letter of Instructions directing the Company to pay the balance of the aggregate compensation due upon death to such entities, individuals or trusts as described in such Letter of Instructions.

In the event of the hereinafter defined Disability of the Executive, the Company shall continue to pay through the expiration date of this Agreement all compensation and other benefits described herein to the Executive or the Executive's legally appointed guardian or administrator.

For purposes of this Agreement the term "disability" shall mean the Executive's inability to perform her customary and usual duties on behalf of the Company for periods aggregating one hundred twenty (120) days (whether or not continuous) in any continuous one hundred and eighty (180) day period. It

Wisswede

Folge oder mit Unterbrechungen) nicht ausführen kann. Es gilt jedoch als vereinbart, dass die Gesellschaft ungeachtet der Erwerbsunfähigkeit des Mitarbeiters verpflichtet ist, dem Mitarbeiter die Vergütung, Leistungen und sonstigen Einkünfte zu zahlen, die hierin oben beschrieben sind.

is understood and agreed however that regardless of the employee's disability, the Company is obligated to pay the employee the compensation, benefits and other emoluments as described above herein.

§ 8 Wettbewerbsverbote und Schutz vertraulicher Informationen

Der leitende Angestellte erklärt sich bereit, während seiner Beschäftigung bei der Gesellschaft und für eine Dauer von zwei (2) Jahren nach dem Zeitpunkt der Beendigung seines Beschäftigungsverhältnisses (bei dem es sich im Falle der Entlassung aus hinreichendem Grund ungeachtet der Schlichtungsbestimmungen um das Datum handelt, an dem die Gesellschaft den leitenden Angestellten entlassen hat) Folgendes weder direkt noch indirekt zu tun:

(i) auf irgendeine Weise zu versuchen, einen Kunden der Gesellschaft (außer im Namen der Gesellschaft) um Geschäfte der Art anzugehen, die gegenwärtig von der Gesellschaft ausgeführt werden; oder

(ii) Personen zu beschäftigen oder zu beschäftigen versuchen oder einem anderen dabei zu helfen, Personen zu beschäftigen (außer durch Schreiben unverlangter Empfehlungsschreiben), die zu jenem Zeitpunkt oder irgendwann während des vorangegangenen Jahrs bei der Gesellschaft beschäftigt waren.

„Kunde" in der in diesem Paragraph 8 gebrauchten Form bezeichnet (1) jeden, der zu jenem Zeitpunkt Kunde der Gesellschaft oder einer ihrer tätigen Tochtergesellschaften ist, (2) jeden, der irgendwann während eines Zeitraumes von einem Jahr unmittelbar vor dem Datum der Kündigung des Beschäftigungsverhältnisses ein solcher Kunde gewesen ist.

Der leitende Angestellte erklärt sich ferner bereit, niemals (weder während der Laufzeit noch nach Kündigung dieses Vertrages) irgendjemandem vertrauliche Informationen oder Geschäftsgeheimnisse der Gesellschaft zu offenbaren oder diese vertraulichen Informationen oder Geschäftsgeheimnisse zu seinem eigenen Vorteil oder zu Gunsten Dritter zu nutzen. Der Begriff „vertrauliche Informationen oder Geschäftsgeheimnisse der Gesellschaft" schließt keine Informationen mit ein, die der Öffentlichkeit allgemein verfügbar werden.

§ 8 Non-Competition and Protection of Confidential Information

The Executive agrees that while she/he is in the Company's employ and for a two (2) year period after the termination of her/his employment (which in the case of discharge for Just Cause shall be the date the Company discharged the Executive, without regard to the arbitration provisions), she/he shall not, directly or indirectly:

(i) attempt in any manner to solicit from any customer of the Company (other than on behalf of the Company) business of the type currently performed by the Company; or

(ii) employ or attempt to employ or assist anyone else to employ (other than writing or unsolicited letter of recommendation) any person who is then, or who at any time during the preceding year was in the employ of the Company.

As used in this Paragraph 8, "customer" shall mean (1) anyone who is then a customer of the Company; or any of its operating subsidiaries (2) anyone who was such a customer at any time during the one year period immediately preceding the date of termination of employment.

The Executive also agrees that she/he will not at any time (whether during the Term or after termination of this Agreement), disclose to anyone any confidential information or trade secret of the Company or utilize such confidential information or trade secret for his own benefit, or for the benefit of third parties. The term Confidential information or trade secret of the Company does not include any information which becomes generally available to the public.

Falls der leitende Angestellte eine Verletzung einer der Bestimmungen von (i) und (ii) oben begeht oder zu begehen droht, hat die Gesellschaft das Recht, die Bestimmungen dieses Vertrages von einem Gericht mit billigkeitsrechtlicher Zuständigkeit speziell geltend zu machen, ohne dass sie eine Sicherheit stellen muss, und ohne dass sie nachweisen muss, dass im Common Law Verfahren kein Rechtsbehelf verfügbar ist, wobei bestätigt und zugestimmt wird, dass eine solche Verletzung oder drohende Verletzung der Gesellschaft irreparablen Schaden zufügen wird und dass ein finanzieller Schadenersatz der Gesellschaft keine angemessene Abhilfe liefern wird. Zusätzlich kann die Gesellschaft alle sonstigen Maßnahmen und Rechtsmittel ergreifen, die ihr nach Common Law oder Equity Law zur Verfügung stehen, und hat Anspruch auf Schadenersatz für den Schaden, der ihr nachweislich aufgrund dieser Verletzung entstanden ist.

If the Executive commits a breach or threatens to commit a breach, of any of the provisions of (i) or (ii) above, the Company shall have the right to have the provisions of this Agreement specifically enforced by any court having equity Diction without being required to post bond or other security and without having to prove the inadequacy of the available remedies at law, it being acknowledged and agreed that any such breach or threatened breach will cause irreparable injury to the Company and that money damages will not provide an adequate remedy to the Company. In addition, the Company may take all such other actions and remedies available to it under law or in equity and shall be entitled to such damages as it can show it has sustained by reason of such breach.

Für die Dauer des nachvertraglichen Wettbewerbsverbots verpflichtet sich die Gesellschaft, eine Entschädigung in Höhe der Hälfte der vom leitenden Angestellten zuletzt bezogenen vertragsmäßigen Leistungen zu zahlen. Im Übrigen gelten die gesetzlichen Vorschriften, insbesondere §§ 74 ff HGB.

During the period of time following the termination of the employment in which the non-competition obligation is applicable, the Company shall pay to the Executive a compensation in the amount of half of the last Executive's contractual remuneration. In addition, the statutory legal provisions including secs. 74 et seq. HGB (German Commercial Code) shall apply.

Falls eine der vertraglichen Verpflichtungen in (i) oder (ii) oben oder ein Teil davon später als ungültig oder undurchsetzbar ausgelegt wird, beeinträchtigt dies den Rest der vertraglichen Verpflichtung oder die übrigen vertraglichen Verpflichtungen nicht, denen ungeachtet der ungültigen Teile volle Wirkung verliehen wird.

If any of the covenants in (i) or (ii) above, or any part thereof, is hereafter construed to be invalid or unenforceable, the same shall not affect the remainder of the covenant or covenants, which shall be given full effect without regard to the invalid portions.

Falls eine der in (i) oder (ii) enthaltenen vertraglichen Verpflichtungen oder ein Teil davon aufgrund der Dauer dieser Bestimmung oder des dadurch abgedeckten Gebiets für undurchsetzbar gehalten wird, vereinbaren die Parteien, dass das Gericht die Befugnis hat, die Dauer bzw die Gebiete dieser Bestimmung zu reduzieren. Diese Bestimmung ist daraufhin in ihrer reduzierten Form durchsetzbar.

If any of the covenants contained in (i) or (ii), or any part thereof, is held to be unenforceable because of the duration of such provision or the area covered thereby, the parties agree that the court shall have the power to reduce the duration and/or areas of such provision. Such provision is then, in its reduced form, enforceable.

Ungeachtet gegenteiliger Bestimmungen in Paragraph 8 steht der leitende Angestellte unter keiner der in Paragraph 8 niedergelegten Beschränkungen,

Notwithstanding the contrary contained in Paragraph 8, the Executive shall not be under any of the restrictions set forth in Paragraph 8 if he is dis-

Wisswede

falls er auf andere Weise als aus hinreichendem Grund gemäß Paragraph 6 entlassen und nicht später mit voller Vergütung und vollen Leistungen gemäß den Bestimmungen in Paragraph 6 wiedereingesetzt wird.

§ 9 Durchsetzbarkeit

Falls eine Partei es irgendwann unterlässt, von der anderen Partei die Erfüllung einer Bestimmung im Rahmen dieses Vertrages zu verlangen, beeinträchtigt das keinesfalls das Recht jener Partei, diese Bestimmung zu einem späteren Zeitpunkt geltend zu machen, und es beeinträchtigt auch nicht das Recht einer anderen Partei, diese oder eine der anderen Bestimmungen dieses Vertrages geltend zu machen, und der Verzicht einer Partei auf die Anwendung von Rechtsmitteln bei der Verletzung einer Bestimmung dieses Vertrages gilt nicht als Verzicht auf Rechtsmittel bei weiteren Verletzungen dieser Bestimmung oder als Verzicht auf die Bestimmung selbst.

§ 10 Schlichtung

Alle Meinungsverschiedenheiten, Forderungen oder Streitfälle, die sich aus der Beendigung des Beschäftigungsverhältnisses des leitenden Angestellten im Rahmen dieses Vertrages ergeben oder damit zusammenhängen, werden einem Schiedsgerichtsverfahren in ..., ..., vor drei (3) Schiedsrichtern gemäß der zu jenem Zeitpunkt bestehenden Schiedsordnung der American Arbitration Association unterworfen, jedoch mit der Maßgabe, dass der leitende Angestellte und die Gesellschaft innerhalb von vierzehn (14) Tagen nach Eingang eines Antrags bei der nicht beantragenden Partei (Einschreiben mit Rückschein) jeweils einen (1) Schiedsrichter ernennen und diese ernannten Schiedsrichter sich umgehend über die Ernennung des dritten Schiedsrichters einigen, und unter der Bedingung, dass der dritte Schiedsrichter in Ermangelung einer solchen Einigung von der American Arbitration Association benannt wird. Die obsiegende Partei eines solchen Schiedsgerichtsverfahrens hat Anspruch auf Zuerkennung aller Anwaltsgebühren, Steuerberaterkosten (*accountant fees*), Sachverständigen-Zeugen-Gebühren und anderen Kosten und Aufwendungen, die der obsiegenden Partei innerhalb dieses Schiedsgerichtsverfahrens entstanden sind. Außerdem bezahlt die nicht obsiegende Partei alle Honorare und Auslagen aller Schiedsrichter. Eine

charged otherwise than for "Just Cause" as provided in Paragraph 6 and not subsequently reinstated with full compensation and benefits as provided in Paragraph 6.

§ 9 Enforceability

The failure of either party at any time to require performance by the other party of any provision hereunder shall in no way affect the right of that party thereafter to enforce the same, nor shall it affect any other party's right to enforce the same, or to enforce any of the other provisions in this Agreement; nor shall the waiver by either party of the breach of any provision hereof be taken or held to be a waiver of any subsequent breach of such provision or as a waiver of the provision itself.

§ 10 Arbitration

Any controversy, claim or dispute arising out of or in connection with the termination of the Executive's employment under this Agreement shall be submitted to arbitration in ..., ... before three (3) arbitrators in accordance with the Rules then obtaining of the American Arbitration Association; provided, however, that within fourteen (14) days after a demand for arbitration has been received (certified mail return receipt requested) by the non-demanding party, the Executive and the Company, shall each designate one (1) arbitrator and such designated arbitrators shall immediately agree on the designation of the third arbitrator; and provided however, that failing such agreement, the third arbitration shall be named by the American Arbitration Association. The prevailing party of any such Arbitration shall be entitled to an award of all attorney fees, accountant fees, expert witness fees and other costs and expenses incurred by the prevailing party in such Arbitration. In addition, the non-prevailing party shall pay all fees and expenses of all of the arbiters. Any decision or reward rendered by such arbitration shall be final and binding upon the parties hereto and judgment may be entered thereon in any court having competent jurisdiction. The New Jersey Rules of Discovery shall apply in any such Arbitration.

Entscheidung oder ein Schiedsspruch (*reward; award*), die bzw der durch dieses Schiedsgerichtsverfahren erlassen wird, ist für die Parteien dieses Vertrages endgültig, und ein Urteil darüber kann bei jedem zuständigen Gericht eingetragen werden. In einem solchen Schiedsgerichtsverfahren finden die New Jersey Rules of Discovery Anwendung.

§ 11 Übertragung

Dieser Vertrag und die Rechte und Pflichten des leitenden Angestellten aus diesem Vertrag dürfen von dem leitenden Angestellten nicht übertragen werden. Im Falle des Verkaufs, der Übertragung oder sonstigen Veräußerung oder Abtretung aller oder im Wesentlichen aller Geschäftszweige, Aktien bzw Vermögenswerte der Gesellschaft oder der Übertragung der Verpflichtungen der Gesellschaft aus diesem Vertrag gilt es als vereinbart, dass der dann verbleibende Gesamtteil der Vergütung des leitenden Angestellten, der in Paragraph 3 dieses Vertrages beschrieben ist, sofort in einem Pauschalbetrag an den leitenden Angestellten zahlbar ist.

§ 12 Änderung

Ergänzungen und Änderungen dieser Vereinbarung einschließlich der Aufhebung dieses Schriftformerfordernisses bedürfen der Schriftform, es sei denn, sie beruhen auf einer ausdrücklichen oder individuellen Vertragsabrede. Eine betriebliche Übung ist keine solche ausdrückliche bzw individuelle Vertragsabrede. Auch wiederholte Leistungen oder Vergünstigungen ohne ausdrückliche oder individuelle Vertragsabrede begründen keinen Anspruch für die Zukunft.

§ 13 Salvatorische Klausel

Falls eine Bestimmung dieses Vertrages von einem zuständigen Gericht für ungültig und undurchsetzbar befunden wird, sind die übrigen Bestimmungen dieses Vertrages dennoch mit derselben Wirkung für die Parteien dergestalt bindend, als ob der ungültige oder undurchsetzbare Teil abgetrennt und gestrichen worden wäre. Die Bestimmungen von Paragraph 8 dieses Vertrages überdauern die Beendigung dieses Vertrages.

§ 11 Assignment

This Agreement, and the Executive's rights and obligations hereunder, may not be assigned by the Executive. In the event of the sale, transfer or other disposition or assignment of all or substantially all of the Company's business, stock and/or assets or the assignment of the Company's obligations hereunder, it is understood and agreed that the then remaining aggregate portion of the Executive's compensation as described in Paragraph 3 hereof shall be then immediately due and payable to the Executive in a lump sum.

§ 12 Modification

Alterations and supplementations to this agreement must be in written form in order to be effective, unless the parties verbally agreed on an explicit and/or individual amendment of this contract. Granting payments or other benefits in a way that constitutes "betriebliche Übung" under German Employment Law shall not constitute such individual and/or explicit amendment. Granting payments or other benefits repeatedly without such explicit and/or individual amendment shall not be ground for claims in the future.

§ 13 Severability clause

In the event any provision of this Agreement is found to be void and unenforceable by a court of competent jurisdiction, the remaining provisions of this Agreement shall nevertheless be binding upon the parties with the same effect as though the void or unenforceable part had been severed and deleted. The provisions of Paragraph 8 hereof shall survive the termination of this Agreement.

§ 14 Benachrichtigungen

Sämtliche Benachrichtigungen, Forderungen, Ansprüche, Zustimmungen, Genehmigungen oder sonstigen Mitteilungen im Rahmen dieses Vertrages erfolgen in schriftlicher Form und gelten erst nach deren Übergabe bzw Eingang als geliefert, falls sie per Boten gegen Quittung oder per frankiertem Einschreiben mit Rückschein an folgende Anschriften der Parteien (oder andere, von einer Partei den anderen mitgeteilte Anschriften) geliefert bzw übersandt wurden:

Falls an den leitenden Angestellten: ...
Mit erforderlicher Kopie an: ...
Tel: ... / Fax: ...
Falls an die Gesellschaft: ...
Mit erforderlicher Kopie an: ...
Tel: ... / Fax: ...

§ 15 Geltendes Recht

Dieser Vertrag wird nach dem Recht des Bundesstaats ... geregelt und ausgelegt.

§ 16 Ausfertigungen

Dieser Vertrag kann gleichzeitig in zwei (2) Ausfertigungen unterfertigt werden, die beide jeweils ein Original sind, die jedoch alle zusammen ein- und dasselbe Original darstellen.

§ 17 Vollständige Vereinbarung

Dieser Vertrag stellt die vollständige Vereinbarung zwischen der Gesellschaft und dem leitenden Angestellten über den Gegenstand dieses Vertrages dar, und alle früheren schriftlichen oder mündlichen Vereinbarungen, die die Beschäftigung des leitenden Angestellten betreffen, werden hierdurch aufgehoben und ersetzt.

§ 18 Überschriften

Die in diesem Vertrag enthaltenen Überschriften dienen lediglich zur Bezugnahme und wirken sich nicht auf die Bedeutung oder Auslegung dieses Vertrages aus.

§ 19 Gerichtsstand

Alle Klagen, Prozesse oder Verfahren (darunter unter anderem insbesondere Schiedsgerichtsverfahren) in Bezug auf diesen Vertrag müssen im Verwaltungsbezirk ..., ..., geführt werden, und die Parteien dieses

§ 14 Notices

All notices, demands, claims, consents, approvals, or other communications under this Agreement shall be in writing and shall be deemed to have been given only upon the delivery or receipt thereof, as the case may be, if delivered personally with receipt or sent by certified mail return receipt requested, postage prepaid to the parties at the following addresses (or at such other addresses) as a party may specify by notice to the others:

If to the Executive: ...
With Required Copy to: ...
Tel: ... / Telefax: ...
If to the Company: ...
With required copy to: ...
Tel: ... / Telefax: ...

§ 15 Applicable Law

This Agreement shall be governed by and construed in accordance with the laws of the State of ...

§ 16 Counterparts

This Agreement may be executed simultaneously in two (2) counterparts, each of which shall be an original, but all of which together shall constitute one and the same original.

§ 17 Entire Agreement

This Agreement represents the entire agreement between the Company and the Executive with respect to the subject matter hereof, and all prior agreements relating to the employment of the Executive, written or oral are nullified and superseded hereby.

§ 18 Headings

The headings contained in this Agreement are for reference purposes only, and shall not affect the meaning or interpretation of this Agreement.

§ 19 Venue

All suits, actions or proceedings (specifically including but not limited to arbitration proceedings) with respect to this Agreement must be maintained in ...

Vertrages erkennen die ausschließliche Zuständigkeit jener Gerichte in diesem Verwaltungsbezirk an.

§ 20 Vertragsgrundlage

Die Vertragsgrundlage, die in der Einleitung dieses Vertrages niedergelegt ist, ist wahrheitsgemäß und richtig und ist durch diesen Verweis in diesem Vertrag enthalten.

§ 21 Anwaltsgebühren

Im Falle von Prozessen oder Schiedsgerichtsverfahren im Rahmen dieses Vertrages wird bestätigt und vereinbart, dass die in einem solchen Prozess oder Schiedsgerichtsverfahren obsiegende Partei Anspruch auf Zuerkennung aller Anwaltsgebühren, Schlichtungskosten, Rechnungsgebühren, Sachverständigen-Zeugen-Gebühren und entsprechendes auf allen Ebenen von Schiedsgerichten, erstinstanzlichen Gerichten und Berufungsgerichten hat.

Zu Urkunde dessen haben die Parteien an dem eingangs angegebenen Datum unterzeichnet und ihr Siegel angebracht.

Gesellschaft: ...
Durch: ...
Funktion: ...
Mitarbeiter: ...

County, ... and the parties hereto accept the exclusive jurisdiction of those courts in that county.

§ 20 Recitals

The Recitals set forth in the preamble of this Agreement are true and correct and incorporated herein by this reference.

§ 21 Attorney's Fees

In the event of any litigation or arbitration hereunder, it is acknowledged and agreed that the prevailing party in such litigation or arbitration shall be entitled to an award of all attorney's fees, arbitration costs, accounting fees, expert witness fees and the like at all arbitration, trial and appellate court levels.

In witness whereof, the parties here set their hands and seals as of the day and year first above written.

Company: ...
By: ...
As Its: ...
Employee: ...

4. Muster: Zweisprachiger Arbeitsvertrag nach deutschem Recht mit Bereichsleiter

Arbeitsvertrag

Dieser Arbeitsvertrag („Vertrag") wird geschlossen zwischen

... GmbH, einer nach deutschem Recht gegründeten und bestehenden Gesellschaft

– nachfolgend „Gesellschaft" –

und

..., einer in Deutschland wohnhaften natürlichen Person

– nachfolgend „Mitarbeiter" –

Mit Wirkung zum ... wird der Mitarbeiter hiermit zu den nachfolgenden Bedingungen und Bestimmungen als Bezirksleiter der Gesellschaft beschäftigt:

Employment agreement

This Employment Agreement ("Agreement") is entered into by and between

... GmbH, a company organized and existing under the laws of Germany

– hereinafter referred to as the "Company" –

And

..., an individual residing in Germany

– hereinafter referred to as the "Employee" –

Effective as of ... Employee is hereby employed as District Manager, of the Company, subject to the following terms and conditions:

§ 1 Stellung und Aufgabenbereich

1.1 Der Mitarbeiter bemüht sich nach besten Kräften, die Geschäfte und Interessen der Gesellschaft zu fördern und zu unterstützen. Der Mitarbeiter führt seine Aufgaben gemäß den Bestimmungen dieses Vertrages, den allgemeinen und besonderen Anweisungen und Instruktionen der Geschäftsführung der Gesellschaft und gemäß geltendem Recht aus. Der Mitarbeiter stellt der Gesellschaft auf kompetente, wirksame und professionelle Weise Dienstleistungen bereit.

1.2 Der Mitarbeiter untersteht dem ... regionalen Vertriebsleiter Süd, oder einer anderen solchen Person, die die Gesellschaft jeweils bestimmt, und ist diesem bzw. dieser Person gegenüber rechenschaftspflichtig.

1.3 Grundsätzlicher Arbeitsort des Mitarbeiters ist ... in Deutschland, jedoch ist es erforderlich, dass der Mitarbeiter entsprechend den Geschäftsbedürfnissen ganz Deutschland bereist. Die Gesellschaft behält sich das Recht vor, von dem Mitarbeiter zu verlangen, an einem der in Deutschland gelegenen Standorte der Gesellschaft zu arbeiten, den die Gesellschaft unter Umständen während der Laufzeit dieses Vertrages einnimmt.

1.4 Die Gesellschaft kann dem Mitarbeiter nach ihrem alleinigen Ermessen andere, gleichwertige Tätigkeiten zuordnen, die seinen fachlichen oder beruflichen Qualifikationen und Arbeitserfahrungen entsprechen und mit ihnen im Einklang stehen.

§ 2 Sonstige Tätigkeiten

2.1 Der Mitarbeiter widmet seine gesamte Arbeitszeit und seine besten Kräfte der wirtschaftlichen Tätigkeit der Gesellschaft. Grundlegende Arbeitszeit sind 40 Stunden pro Woche, montags bis freitags von 8 bis 17 Uhr, einschließlich einer Stunde Mittagspause. Bei Bedarf behält sich die Gesellschaft jedoch das Recht vor, die Arbeitszeit des Mitarbeiters zu ändern.

2.2 Der Mitarbeiter leistet alle Überstunden, die die Gesellschaft jeweils berechtigter Weise verlangt. Die Parteien vereinbaren, dass die Vergütung für Überstunden, die der Mitarbeiter diesbezüglich geleistet

§ 1 Position and Scope of Duties

1.1 The Employee shall use his best efforts in promoting and furthering the business and the interests of the Company. The Employee shall perform his duties in accordance with the provisions of this Agreement, the general and specific directions and instructions given by the Company's management, and in accordance with applicable law. The Employee will provide services to the Company in a competent, efficient and professional manner.

1.2 The Employee shall report and account to ..., Regional Sales Manager – South, or any other such person the Company may designate from time to time.

1.3 The Employee's principle place of work shall be ... in Germany, but the Employee will be required to travel throughout Germany as business needs require. The Company reserves the right to require the Employee to work at any of the premises located in Germany that the Company might occupy during the term of this Agreement.

1.4 The Company may, at its sole discretion, assign the Employee to other equivalent activities, which correspond to and are commensurate with his or her professional or vocational qualifications and work experience.

§ 2 Other Activities

2.1 The Employee shall devote his or her full working time and ability to the Company's business. The basic working hours are 40 hours per week, Monday through Friday from 8 a.m. to 5 p.m., including one hour for lunch. However, if necessary, the Company reserves the right to change the Employee's working hours.

2.2 The Employee shall perform such overtime services as may reasonably be requested by the Company from time to time. The parties agree that the remuneration for any overtime services performed by the Employee in this respect will be included in the

hat, in das Gehalt des Mitarbeiters gem. § 3.1 dieses Vertrages einbezogen wird.

2.3 Alle vergüteten oder nicht vergüteten Tätigkeiten, die mit der Gesellschaft konkurrieren, sowie alle Tätigkeiten, die den Konkurrenzunternehmen der Gesellschaft direkt oder indirekt zugute kommen, sind während der Dauer des Arbeitsverhältnisses streng verboten. Der Mitarbeiter darf sich ausschließlich mit schriftlicher Zustimmung der Gesellschaft auf eine zusätzliche (Neben-)Beschäftigung einlassen, die nicht im Widerspruch zu den Interessen der Gesellschaft steht.

§ 3 Gehalt und sonstige Zahlungen

3.1 Der Mitarbeiter erhält ein Jahresbruttogehalt iHv EUR ..., das in zwölf gleichen monatlichen Raten nach sämtlichen Abzügen für Steuern und Sozialversicherungsbeiträge am Ende des Kalendermonats zahlbar ist.

3.2 Ferner hat der Mitarbeiter Anspruch auf eine jährliche Bruttoprovisionszahlung iHv EUR ..., die auf 100 %iger Erfüllung der angestrebten Umsatzerlösziele beruht.

3.3 Jährliche MBO iHv EUR ..., gezahlt vierteljährlich.

3.4 Ihre auf Jahresbasis umgerechneten vorgegebenen Ertragsziele werden auf EUR ... geschätzt.

3.5 Die Muttergesellschaft der Gesellschaft, ... Corporation, gewährt dem Mitarbeiter eine Option auf 3.000 Stammaktien der ... Corporation, sofern das Board of Directors der ... Corporation dies genehmigt. Optionspreis ist der Börsenschlusskurs der Aktien am ersten Beschäftigungstag des Mitarbeiters bei ... Falls der erste Beschäftigungstag des Mitarbeiters auf ein Datum fällt, an dem die Börsen geschlossen haben, ist der Optionspreis des Mitarbeiters der Börsenschlusskurs des ersten Börsentags nach dem ersten Beschäftigungstag des Mitarbeiters. Die Anwartschaftsbegründung beginnt ab Einstellungsdatum des Mitarbeiters und dauert vier Jahre, mit einem Jahr aufgeschobener Übertragung (*cliff vesting*) für die ersten 25 Prozent.

§ 4 Auslagen

4.1 Reisespesen und sonstige, unter angemessenen Umständen vom Mitarbeiter im Interesse der Gesellschaft getätigte Auslagen werden gegen Vorlage ord-

Employee's salary according to § 3.1 of this Agreement.

2.3 Any activity, whether remunerated or not, in competition with the Company, as well as any activity directly or indirectly benefiting the Company's competitors, is strictly prohibited during the term of employment. The Employee may engage in an additional (secondary) occupation not conflicting with the Company's interests only upon written consent of the Company.

§ 3 Salary and Other Payments

3.1 The Employee shall receive an annual gross salary of EUR ... payable in twelve equal monthly instalments after all statutory deductions for taxes and social security contributions at the end of the calendar month.

3.2 In addition, the employee is entitled to an annual gross commission payment of EUR ... based on a 100 % fulfillment of the target revenue goals.

3.3 Annual MBO of EUR ... paid quarterly.

3.4 Your annualized on-target earning is estimated to be EUR ...

3.5 The Company's parent, ... Corporation, will grant the employee an option on 3,000 shares of common stock of ... Corporation, subject to approval of the board of directors of ... Corporation. The option price will be the closing market price of the stock on the employee's first day of employment with ... In the event the employee's first day of employment occurs on a date the markets are closed, the employee's option price will be the closing market price of the stock on the first trading day following the employee's first day of employment. Vesting begins as of the employee's hiring date and continues over four years, with one year cliff vesting for the first 25 percent.

§ 4 Expenses

4.1 Travel and other business expenses reasonably incurred by the Employee in the interest of the Company shall be reimbursed against submission of

nungsgemäßer Quittungen gemäß den Kostengrundsätzen und Anweisungen der Gesellschaft und gemäß den geltenden deutschen Gesetzen und Vorschriften erstattet.

§ 5 Fahrzeugpauschale

5.1 Der Mitarbeiter hat Anspruch auf eine jährliche Fahrzeugpauschale iHv EUR ... brutto.

5.2 Der Mitarbeiter ist für die Wartung des Fahrzeugs verantwortlich und unterhält alle erforderlichen Versicherungen. Die Gesellschaft behält sich das Recht vor, das Fahrzeug zusätzlich zu versichern. Der Mitarbeiter stellt der Gesellschaft diesbezüglich alle notwendigen Auskünfte und Unterlagen zur Verfügung.

§ 6 Urlaub

6.1 Der Mitarbeiter hat Anspruch auf einen gesetzlichen Mindesturlaub von derzeit 20 Arbeitstagen im Kalenderjahr, ausgehend von einer Fünf-Tage-Woche. Die Gesellschaft gewährt zusätzlich einen vertraglichen Urlaub von weiteren 10 Arbeitstagen.

Die Planung des Urlaubs des Mitarbeiters wird unter Berücksichtigung der geschäftlichen Bedürfnisse der Gesellschaft mit der Geschäftsführung der Gesellschaft vereinbart.

6.2 Der Urlaubsanspruch für das Kalenderjahr wird vor dem 31. Dezember desselben Jahres genommen. Sollte dies nicht geschehen, so hat dies den Verfall der nicht in Anspruch genommenen Urlaubszeit zur Folge, sofern nicht wichtige geschäftliche oder private Gründe die Inanspruchnahme des Urlaubs im laufenden Jahr verhindert haben; in diesem Fall dürfen die verbleibenden Urlaubstage auf das folgende Kalenderjahr vorgetragen werden, jedoch mit der Maßgabe, dass alle aus dem vergangenen Jahr vorgetragenen Urlaubstage am 31. März des Folgejahres verfallen.

6.3 Genommener Urlaub wird zuerst auf den gesetzlichen Urlaubsanspruch angerechnet.

Für den vertraglichen Urlaub gilt abweichend von dem gesetzlichen Mindesturlaub, dass der Urlaubsanspruch nach Ablauf des Übertragungszeitraumes (31.3. des Folgejahres) auch dann verfällt, wenn er wegen Arbeitsunfähigkeit des Mitarbeiters nicht genommen werden kann. Der gesetzliche Mindesturlaub

proper receipts in accordance with the Company's expense policies and instructions and in accordance with the applicable German laws and regulations.

§ 5 Car Allowance

5.1 The Employee shall be entitled to an annual car allowance in the gross amount EUR ...

5.2 The Employee shall be responsible for the maintenance of the car and will carry all necessary insurance. Company reserves the right to carry additional insurance for the car. The Employee shall provide Company with all necessary information and documentation in this regard.

§ 6 Vacation

6.1 The Employee shall be entitled to the statutory minimum annual vacation of 20 working days assuming a five-day-week. The Company grants an additional contractual holiday of a further 5 working days.

The scheduling of the Employee's vacation shall be agreed upon with the Company's management, taking into consideration the business needs of the Company.

6.2 Vacation entitlement for the calendar year shall be taken before December 31 of the same year. Failure to do so will result in the forfeiture of such vacation time not taken, unless important business or personal reasons did not permit the vacation to be taken in the current year, in which case the remaining vacation days may be carried forward to the following calendar year, provided, however, that any vacation days carried forward from the past calendar year shall be forfeited on March 31 of the following year.

6.3 Any used holiday entitlement will first be set off against the statutory holiday entitlement.

The additional contractual holiday forfeits – notwithstanding the statutory minimum holiday – after the transfer period (31.3. of the following year) also if it can not be taken due to illness of the employee. The statutory minimum holiday expires in

verfällt in einem solchen Fall 15 Monate nach Ablauf des Urlaubsjahres.

§ 7 Krankheit und andere Abwesenheiten

7.1 Falls der Mitarbeiter auf Grund eines unvorhergesehenen Umstands an der Arbeit gehindert ist, unterrichtet er die Gesellschaft am ersten Morgen dieses Umstands davon und gibt den Grund und die erwartete Dauer seiner Abwesenheit an.

7.2 Falls der Mitarbeiter länger als drei Tage in Folge krank ist, reicht der Mitarbeiter ungeachtet der erwarteten Dauer seiner Abwesenheit eine ärztliche Bescheinigung bei der Gesellschaft ein, die seine Arbeitsunfähigkeit bestätigt. Jedes Mal, wenn eine ärztliche Bescheinigung abläuft oder wenn der Mitarbeiter nicht erwartet, an seinen Arbeitsplatz zurückzukehren, muss der Mitarbeiter die Gesellschaft am ersten Morgen nach Ablauf der ärztlichen Bescheinigung benachrichtigen.

7.3 Die Nichteinhaltung der vorstehenden Bestimmungen berechtigt die Gesellschaft zur fristlosen Kündigung des Beschäftigungsverhältnisses.

7.4 Falls der Mitarbeiter krankheitsbedingt an der Arbeit gehindert wird, zahlt ihm die Gesellschaft sein Gehalt für eine Dauer von sechs Wochen gemäß den Bestimmungen des Act on Payment of Wages during Sickness („Entgeltfortzahlungsgesetz") weiter, sofern die Krankheit nicht von ihm selbst verschuldet wird.

§ 8 Geheimhaltung

8.1 Der Mitarbeiter erklärt sich bereit, alle geschäftlichen Angelegenheiten der Gesellschaft und der mit der Gesellschaft verbundenen Unternehmen sowie alle Geschäftsgeheimnisse, die dem Mitarbeiter im Zusammenhang mit seinem Beschäftigungsverhältnis oder in dessen Folge bekannt werden, während der Laufzeit dieses Vertrages und danach stets streng vertraulich zu wahren. Der Mitarbeiter darf während der Laufzeit dieses Vertrages und danach zu keinerlei Zwecken, darunter auch nicht zu privaten Zwecken, Gebrauch von diesen vertraulichen Informationen oder Geschäftsgeheimnissen machen.

8.2 Beim Ausscheiden aus der Gesellschaft, oder auf Verlangen zu einem Zeitpunkt davor, gibt der Mitarbeiter der Gesellschaft alle Schreiben, Zeichnungen,

such a case 15 months after the end of the leave year.

§ 7 Sickness and other Absences

7.1 If the Employee is prevented from working because of any unforeseen event, he shall inform the Company on the first morning thereof and indicate the reason for and expected duration of this absence.

7.2 If the Employee is sick for more than three consecutive days, the Employee will submit to the Company a doctor's certificate confirming his inability to work, regardless of the expected duration of his absence. On each occasion a medical certificate expires or the Employee does not anticipate returning to work, the Employee must notify the Company on the first morning following the expiration of the medical certification.

7.3 Failure to observe the foregoing provisions shall entitle the Company to terminate the employment without notice.

7.4 If the Employee is prevented from working due to illness, the Company shall continue to pay his/her salary for a period of six weeks in accordance with the provisions of the Act on Payment of Wages during Sickness ("Entgeltfortzahlungsgesetz"), unless the illness was caused by his fault.

§ 8 Confidentiality

8.1 The Employee agrees to maintain strict confidentiality at all times during the term of this Agreement and thereafter, concerning all business affairs of the Company and companies affiliated with it as well as trade secrets which become known to the Employee in connection with or as a consequence of his employment. The Employee shall not make any use of such confidential information or trade secrets for any purposes whatsoever, including private purposes, during the term of this Agreement and thereafter.

8.2 When Ieaving the Company or upon request at any time prior thereto, the Employee shall return to the Company all letters, drawings, plans, lists of

Pläne, Kundenlisten und jegliche Schriftstücke oder Dokumente einschließlich deren Kopien zurück, die Eigentum der Gesellschaft sind oder die mit dem Arbeitsverhältnis des Mitarbeiters bei der Gesellschaft zusammen hängen. Das gilt auch für persönliche Notizen, die der Mitarbeiter gemacht hat. Der Mitarbeiter ist nicht berechtigt, bezüglich dieser Schriftstücke, Dokumente oder Notizen ein Zurückbehaltungsrecht auszuüben.

8.3 Der Mitarbeiter ist insbesondere damit einverstanden, dass er keine Rechtsansprüche auf die Kunden hat, die er für die Gesellschaft erschlossen hat, und dass die Gesellschaft dem Mitarbeiter bei Beendigung dieses Vertrages keinerlei Entschädigung auf Grund dieser tatsächlichen oder potentiellen Kunden zahlen muss.

§ 9 Erfindungen

9.1 Der Mitarbeiter unterrichtet die Gesellschaft umgehend schriftlich von Erfindungen oder Ideen, die technische oder betriebliche Verbesserungen betreffen (nachfolgend mit „Erfindungen" bezeichnet), – sei es, dass diese patentfähig sind oder nicht, und sei es, dass der Mitarbeiter sie allein oder gemeinsam mit anderen entwickelt hat – die während der Laufzeit dieses Vertrages entwickelt oder das erste Mal in die Praxis umgesetzt wurden, soweit diese Erfindungen (1) aus einer der Tätigkeiten des Mitarbeiters für die Gesellschaft entstanden sind, oder (2) auf Erfahrungen und/oder Tätigkeiten der Gesellschaft beruhen, oder (3) in irgendeinem Tätigkeitsbereich der Gesellschaft genutzt werden können. Der Mitarbeiter gewährt der Gesellschaft gegen eine angemessene Vergütung, die gemäß dem Act on Employee Inventions (Gesetz über Mitarbeitererfindungen) von 1957 in seiner geänderten Fassung festgelegt werden, ausschließliche Lizenzen für alle geistigen Eigentumsrechte an diesen Erfindungen.

9.2 Auf Verlangen der Gesellschaft und gemäß den Vorschriften im Rahmen des Arbeitnehmererfindungsgesetzes in seiner jeweiligen Fassung unterzeichnet und liefert der Mitarbeiter jegliche Dokumente, Zeugenaussagen oder sonstige Unterstützung, die erforderlich sind, damit die Gesellschaft die ausschließlichen Rechte an den Erfindungen in Deutschland und anderen Ländern übertragen, lizen-

customers, and any and all papers or documents including copies thereof which are owned by the Company or are related to the Employee's employment with the Company. This shall also apply to personal notes taken by the Employee. The Employee shall not be entitled to exercise a right of retention in respect to such papers, documents or notes.

8.3 The Employee specifically agrees that he has no rights to the customers developed by him for the Company, and that no compensation whatsoever shall be payable by the Company to the Employee upon termination of this Agreement on account of such actual or prospective customers.

§ 9 Inventions

9.1 The Employee shall promptly inform the Company in writing of any inventions or ideas regarding technical or organizational improvements (hereinafter referred to as "Inventions") whether or not patentable, whether developed solely by the Employee or jointly with others, that were developed or first reduced to practice during the term of this Agreement, to the extent that such Inventions (1) originate from any of the Employee's activities for the Company, or (2) are based on experiences and/or activities of the Company, or (3) may be used in any field of operation of the Company. The Employee shall grant the Company exclusive licenses to all intellectual property rights in such inventions, in exchange for a reasonable compensation as determined under the Act on Employee Inventions of 1957, as amended.

9.2 At the request of the Company and according to the rules under the Act on Employee Inventions of 1957, as amended, the Employee shall sign and provide any and all documents, testimonies or any other assistance that is reasonably necessary for the Company to assign, license, file, register or otherwise secure the exclusive rights to the Inventions in Germany and any other countries.

zieren, eintragen lassen oder auf andere Weise sichern kann.

9.3 Falls der Mitarbeiter eine Erfindung erzeugt oder Zeichnungen, Modelle, Methoden, Programme, Formeln oder Verfahren schafft, die nicht im Zusammenhang mit den Tätigkeiten, der Forschung oder den Projekten der Gesellschaft stehen, gehören die sich daraus ergebenden geistigen Eigentumsrechte dem Mitarbeiter.

9.4 Die Gesellschaft hat das Recht, Software, die der Mitarbeiter in Ausführung seiner Aufgaben oder gemäß den Anweisungen der Gesellschaft erzeugt, zu nutzen und kommerziell zu verwerten. Der Mitarbeiter gewährt der Gesellschaft in dem gesetzlich zulässigen Umfang ausschließliche Lizenzen für das Recht zur Nutzung und kommerziellen Verwertung anderer urheberrechtsfähiger Materialien, die der Mitarbeiter bei der Ausführung seiner Aufgaben gemäß dem Vertrag erzeugt.

9.5 Sofern der Mitarbeiter während der Laufzeit dieses Vertrages irgendwelche Software außerhalb des Bereichs seiner Tätigkeiten im Rahmen dieses Vertrages entwickelt, legt der Mitarbeiter der Geschäftsführung der Gesellschaft eine ausführliche Beschreibung dieser Software vor. Diese Beschreibung stellt das Angebot des Mitarbeiters dar, der Gesellschaft eine ausschließliche Lizenz für die Software zu erteilen. Der Gesellschaft steht daraufhin eine Frist von fünfzehn (15) Tagen ab Erhalt dieser Beschreibung zur Verfügung, um dem Mitarbeiter mitzuteilen:

(i) dass sie kein Interesse an der Lizenz für die Software hat; in diesem Fall hat der Mitarbeiter gegenüber der Gesellschaft keinerlei Verpflichtungen in Bezug auf die Software; oder

(ii) dass sie der Ansicht ist, dass der Mitarbeiter die Software während der Ausführung seiner Aufgaben oder nach den Anweisungen der Gesellschaft erzeugt hat und dass die Gesellschaft daher Anspruch auf Nutzung und kommerzielle Verwertung der Software hat; oder

(iii) dass sie das Angebot zum Abschluss eines Lizenzvertrages über diese Software annehmen möchte.

9.6 Im Hinblick auf ungestörte Nutzung des Computerprogramms ist die Gesellschaft berechtigt, das

9.3 If the Employee produces an invention or creates any drawings, models, methods, programs, formulas or processes unrelated to the activities, the research or the projects of the Company, the resulting intellectual property rights shall belong to the Employee.

9.4 The Company shall have the right to use and commercially exploit any software created by the Employee in the execution of his duties or according to the instructions of the Company. The Employee shall, to the extent permitted by law, grant the Company exclusive licenses to the right of use and commercial exploitation of any other copyrightable materials created by the Employee in the execution of his/her duties under this Agreement.

9.5 To the extent that the Employee, during the term of this Agreement, develops any software outside the scope of his activities hereunder, the Employee shall submit a detailed description of such software to the management of the Company. Such description shall constitute the Employee's offer to grant the Company an exclusive license of the software. The Company shall then have a period of fifteen (15) days from receipt of such description to notify the Employee:

(i) that it is not interested in the license of the software, in which case the Employee shall be free from all obligations towards the Company regarding such software; or

(ii) that it considers the software to be created during the execution of the Employee's duties or following the instructions of the Company and that the Company is therefore entitled to the use and commercial exploitation of the software; or

(iii) that it wishes to accept the offer to enter into a license agreement regarding such software.

9.6 In view of undisturbed use of the computer program, the Company shall be entitled to exercise the

Recht des Urhebers auf Erstveröffentlichung, das Recht auf Verhinderung von Verzerrung, das Recht auf Zugang zu persönlichen Arbeitskopien und das Recht auf Abruf von Arbeiten auszuüben. Der Mitarbeiter darf sich nicht auf seinen Anspruch auf Anerkennung der Urheberschaft oder das Recht berufen, seiner Arbeit den Namen des Urhebers hinzuzufügen. Falls im Hinblick auf ungestörte Ausübung dieser Rechte Meinungsverschiedenheiten zwischen der Gesellschaft und dem Mitarbeiter entstehen, macht der Mitarbeiter nur gemäß den von der Gesellschaft erteilten Anweisungen Gebrauch von seinen Urheberrechten.

9.7 Alle Rechte an Erfindungen und Computerprogrammen, die der Gesellschaft kraft dieses Vertrages übertragen werden, bleiben ungeachtet der Änderung oder Beendigung dieses Vertrages unberührt.

§ 10 Renten und sonstige Leistungen

10.1 Die Gesellschaft stellt dem Mitarbeiter ausschließlich die gesetzlich geschuldeten Rentenleistungen zur Verfügung.

§ 11 Laufzeit

11.1 Das Beschäftigungsverhältnis beginnt an dem auf Seite 1 dieses Vertrages angegebenen Datum und bleibt so lange in Kraft, bis es gemäß den nachfolgenden Bestimmungen beendet wird.

11.2 Die ersten sechs Monate dieses Vertrages sind eine Probezeit, in der das Beschäftigungsverhältnis von beiden Parteien unter Einhaltung einer Kündigungsfrist von vier Wochen gekündigt werden kann.

11.3 Nach Ablauf der Probezeit kann dieser Vertrag von beiden Parteien unter Einhaltung einer Kündigungsfrist von vier Wochen zum 15. oder zum Letzten eines Kalendermonats gekündigt werden. Eine Verlängerung der Kündigungsfristen, die nach Paragraph 622 Absatz 2 des deutschen Bürgerlichen Gesetzbuches vorgesehen ist, findet auch auf eine Kündigung seitens des Mitarbeiters Anwendung.

11.4 Ferner kann jede Partei diesen Vertrag aus wichtigem Grund fristlos kündigen. Die Gesellschaft kann insbesondere dann aus wichtigem Grund kündigen, wenn der Mitarbeiter die Bestimmungen dieses Vertrages oder von der Gesellschaft erteilte Anweisungen grob verletzt, oder falls der Mitarbeiter die ihm übertragene Arbeit nicht angemessen ausführt

author's right of first publication, the right to prevent distortions, the right to have access to individual work copies and the right to recall works. The Employee shall not invoke his right of recognition of the authorship or the right to have the author's name affixed to his work. If, in view of undisturbed exercise of these rights, disagreements between the Company and Employee shall arise, Employee shall make use of his rights of authorship only according to instructions given by the Company.

9.7 All rights in inventions and computer programs transferred to the Company under this Agreement shall remain unaffected regardless of the amendment or termination of this Agreement.

§ 10 Pensions and Other Benefits

10.1 The Company does not provide any pension benefits to the Employee other than those that may be legally required.

§ 11 Duration

11.1 The employment shall commence as of the date specified on page 1 of this Agreement and shall continue to be in force until terminated in accordance with the provisions below.

11.2 The first six months of this Agreement shall be a trial period during which the employment may be terminated by either party upon four weeks' notice.

11.3 After completion of the trial period, this Agreement may be terminated by either party upon four weeks notice, effective as of the 15th day or the last day of a calendar month. Any required extension of the notice periods provided for in Section 622, subsection 2, of the German Civil Code will also apply to a termination by the Employee.

11.4 In addition, either party may terminate this Agreement for cause with immediate effect. The Company may terminate for cause, in particular, if the Employee grossly violates the provisions of this Agreement or instructions or directives given by the Company, or if the Employee fails to properly per-

und dies trotz einer mündlichen oder schriftlichen Abmahnung der Gesellschaft fortsetzt.

11.5 Die Kündigung muss schriftlich ergehen.

11.6 Die Gesellschaft behält sich das Recht vor, den Mitarbeiter während der Kündigungsfrist ganz oder teilweise freizustellen, jedoch stets mit der Maßgabe, dass die Gesellschaft das Gehalt und die vertraglich vereinbarten Leistungen des Mitarbeiters weiter zahlt. Die Gesellschaft behält sich das Recht vor, Urlaubstage mit gewährter unwiderruflicher Beurlaubung während der Kündigungsfrist zu verrechnen.

11.7 Bei Kündigung des Beschäftigungsverhältnisses muss der Mitarbeiter der Gesellschaft unverzüglich gemäß deren Anweisungen alles Material, alle Schreiben, Aufzeichnungen, Spezifikationen, Software, Modelle, Berichte und andere Unterlagen und deren Kopien sowie alle übrigen Sachen zurückgeben, die der Gesellschaft oder ihren verbundenen Gesellschaften gehören und sich in seinem Besitz befinden oder unter seiner Verfügungsgewalt stehen. Der Mitarbeiter bestätigt auf diesbezügliches Verlangen der Gesellschaft schriftlich, dass er seinen Verpflichtungen gemäß diesem Paragraphen 11.7 nachgekommen ist.

§ 12 Sonstiges

12.1 Beide Parteien bestätigen, dass es zwischen den Parteien keine mündlichen Nebenabreden gibt.

12.2 Die unterschiedlichen Bestimmungen dieses Vertrages sind abtrennbar, und falls ein zuständiges Gericht entscheidet, dass eine Bestimmung ungültig oder undurchsetzbar ist, werden die übrigen Bestimmungen dieses Vertrages durch diese Ungültigkeit oder Undurchsetzbarkeit nicht beeinträchtigt.

12.3 Dieser Vertrag wird jetzt und zukünftig nach deutschem Recht geregelt und ausgelegt.

12.4 Der Mitarbeiter übersendet das Annahmeschreiben in dem beiliegenden Umschlag an die Gesellschaft:

X CORPORATION

↑

form the work assigned and continues to do so despite an oral or written warning by the Company.

11.5 Notice of termination must be given in writing.

11.6 The Company reserves the right to require the Employee not to attend to work and/or to undertake all or any duties of employment hereunder during the notice period, always provided that the Company shall continue to pay the Employee's salary and contractual benefits. The Company reserves the right to set off any accrued vacation days with any granted leave during the notice period.

11.7 Upon termination of employment, the Employee must immediately return to the Company, in accordance with its instructions, all equipment, correspondence, records, specifications, software, models, notes, reports and other documents and any copies thereof and any other property belonging to the Company or its associated Companies which are in his possession or under his control. The Employee shall, if so required by the Company, confirm in writing that he has complied with his/her obligations under this section 11.7.

§ 12 Miscellaneous

12.1 Each party acknowledges that there are no oral side agreements between the parties.

12.2 The various provisions of this Agreement are severable and if any provision is held to be invalid or unenforceable by any court of competent jurisdiction, then such invalidity or unenforceability will not affect the validity or enforceability of the remaining provisions in this Agreement.

12.3 This Agreement is and shall be governed by and construed in accordance with the laws of Germany.

12.4 The Employee shall mail the acceptance letter in the enclosed envelope to the Company:

X CORPORATION

Kapitel 2: Handelsvertreterverträge; Verträge mit freien Mitarbeitern

Literatur:

Freie Mitarbeiter/Berater:

Adomeit, Der Schein-Schein-Selbständige, NJW 1999, 2086; *Bauer/Diller/Lorenzen*, Das neue Gesetz zur „Scheinselbständigkeit", NZA 1999, 169; *Bauer/Diller/Schuster*, Das Korrekturgesetz zur „Scheinselbständigkeit", NZA 1999, 1297; *Beckmann*, Bekämpfung der Scheinselbständigkeit – Zur Anwendung des § 7 Abs. 4 SGB IV n.F. auf Franchisevereinbarungen, NJW 1999, 1614; *Berndt*, Arbeitnehmer oder freier Mitarbeiter, BB 1998, 894; *Bodem*, Abwicklung gescheiterter Freier Mitarbeiterverhältnisse aus arbeits-, sozial-, steuer- und strafrechtlicher Sicht, ArbR Aktuell 2012, 213; *Boss*, Medienberufe aus arbeits- und sozialversicherungsrechtlicher Sicht – Freie Mitarbeiter, Freelancer und Honorarkräfte und die ewige Gretchenfrage: selbständig, „scheinselbständig" oder abhängig beschäftigt?, NZS 2010, 483; *Brand*, Das Gesetz zur Bekämpfung der Scheinselbständigkeit, DB 1999, 1162; *Buchner*, Gelöstes und Ungelöstes zu Scheinselbständigen und arbeitnehmerähnlichen Selbständigen, DB 1999, 146; *ders.*, Versicherungs-, Beitrags- und Melderecht für scheinselbständige Arbeitnehmer, DB 1999, 533; *Däubler*, Arbeitnehmerbegriff und Arbeitsrecht, NZA 1997, 1249; *ders.*, Das Gesetz zu Korrekturen in der Sozialversicherung und zur Sicherung der Arbeitnehmerrechte, NJW 1999, 601; *ders.*, Schluss mit dem Missbrauch der Scheinselbständigkeit, BB 1999, 366; *Fischer/Harth*, Die Behandlung des sogenannten „Scheinselbständigen" in arbeitsrechtlicher und steuerrechtlicher Hinsicht, AuR 1999, 126; *Freckmann*, Freie Mitarbeit wieder im Trend, DB 2013, 459; *Gaul/Wisskirchen*, Das letzte Gesetz zur „Förderung der Scheinselbständigkeit"?, DB 1999, 2466; *Greiner*, Die Ich-AG als Arbeitnehmer, DB 2003, 1058; *ders.*, Scheinwerk- und Scheindienstverträge mit Arbeitnehmerüberlassungserlaubnis, NZA 2013, 176; *Griebeling*, Der Arbeitnehmerbegriff und das Problem der „Scheinselbständigkeit", RdA 1998, 208; *Hanau*, Rundschreiben der Spitzenverbände zur Scheinselbständigkeit, ZIP 1999, 252; *ders.*, Qual der Wahl: Arbeitnehmer oder Selbständiger?, AuA 1998, 185; *Henssler*, Ist der freie Mitarbeiter abgeschafft? Was nun?, AnwBl 2000, 213; *Hille*, Freie Mitarbeit und andere Formen freier Zusammenarbeit, 2000; *Hohmeister*, Anwendbarkeit arbeits- und sozialversicherungsrechtlicher Vorschriften auf Mitarbeiterverhältnisse seit dem 1.1.1999 durch das sog. Korrekturgesetz, NZS 1999, 179; *Hromadka*, Arbeitnehmerähnliche Personen, NZA 1997, 1249; *Hümmerich*, Arbeitsverhältnis als Wettbewerbsgemeinschaft, NJW 1998, 2625; *Hunold*, Subunternehmer und freie Mitarbeiter; *ders.*, Die Rechtsprechung zu Statusfragen, NZA 1999, 505; *Jasper*, BGH-Anforderungen an das Zustandekommen eines Beratervertrages, WiB 1997, 806; *Joch/Wenninger*, Frischer Wind bei der sozialversicherungsrechtlichen Beurteilung von Mitarbeitern im Medienbereich, ZUM 2012, 538; *Kilger*, Freie Mitarbeiter 1999 und Scheinselbständigkeit, AnwBl 1999, 39; *Kittner*, Die Nachforderung von Sozialversicherungsbeiträgen vor dem Hintergrund (irrtümlicher) Nichtzahlung, NZS 2011, 929; *Kollmer*, Das neue „Gesetz zu Korrekturen in der Sozialversicherung und zur Sicherung der Arbeitnehmerrechte", NJW 1999, 608; *Kramer*, Die Scheinselbständigkeit und ihre individualarbeitsrechtlichen Folgen, 1998; *Krebs*, Die vermutete Scheinselbständigkeit nach § 7 Abs. 4 Satz 1 SGB IV, DB 1999, 1602; *Krumm*, Illegale Beschäftigung und Beitragsvorenthaltung im Licht der höchstrichterlichen Rechtsprechung, NZWiSt 2013, 97; *Kunz/Kunz*, Freie Mitarbeiter als Freiberufler im Fokus der Sozialversicherungsträger?, DB 1999, 846; *Leuchten/Zimmer*, Das neue Gesetz zur „Scheinselbständigkeit" – Probleme in der Praxis, DB 1999, 381; *Löwisch*, Der arbeitsrechtliche Teil des sogenannten Korrekturgesetzes, BB 1999, 102; *Nietzer*, Scheinselbständigkeit – der Rechtsanwalt in der Situation der Vertragsgestaltung, NZA 1999, 19; *Reinecke*, Der Kampf um die Arbeitnehmereigenschaft – prozessuale, materielle und taktische Probleme, NZA 1999, 729; *Reiserer*, Scheinselbständigkeit – Strategien zur Vermeidung, BB 1999, 1006; *dies.*, Endlich Schluss mit der „Scheinselbständigkeit"! Das neue Gesetz zur Förderung der Selbständigkeit, BB 2000, 94; *dies.*, Die freie Mitarbeit ist wieder hoffähig, BB 2003, 1557; *dies.*, Honorarärzte in Kliniken: Sozialversicherungspflichtige Beschäftigung oder Selbständigkeit, MedR 2012, 502; *dies.*, „Lohndumping durch Werkverträge" – Missbrauch von Werkverträgen und Leiharbeit, DB 2013, 2026; *Richardi*, „Scheinselbständigkeit" und arbeitsrechtlicher Arbeitnehmerbegriff, DB 1999, 958; *Rohlfing*, Zum arbeitsrechtlichen Status von (Honorar-)Lehrkräften, NZA 1999, 1027; *Schiefer*, Gesetz zu Korrekturen in der Sozialversicherung und zur Sicherung der Arbeitnehmerrechte, DB 1999, 48; *Schiefer/Worzalla/Will*, Arbeits-, sozial- und lohnsteuerrechtliche Änderungen, 2002; *Schmidt*, Das Gesetz zur Förderung der Selbständigkeit und seine Folgen für die Praxis, NZS 2000, 57; *Schmidt/Schwerdtner*, Scheinselbständigkeit, Arbeitsrecht – Sozialrecht, 2. Aufl. 2000; *Seel*, Selbständig oder doch Arbeitnehmer? – Eine Analyse der sozial- und steuerrechtlichen Behandlung von Beschäftigten, NZS 2011, 532; *Schüren*, Werkvertrag und Arbeitnehmerüberlassungserlaubnis – Abgrenzungsfragen und aktuelle Rechtspolitik, NZA 2013, 697; *Söhnlein/Mocellin*, Die Neuregelung der Sozialversicherungspflicht von Scheinselbständigen nach dem Rentenkorrekturgesetz – materiellrechtliche und verfahrensrechtliche Aspekte, NZS 1999, 217; *Weimar/Goebel*, Neue Grundsatzfragen um Scheinselbständigkeit und arbeitnehmerähnliche Selbständige, ZIP 1999, 217; *Wrede*, Bestand und Bestandsschutz von Arbeitsverhältnissen in Rundfunk, Fernsehen und Presse, NZA 1999, 1019; *Worzalla*, Arbeitsverhältnis, Selbständigkeit, Scheinselbständigkeit, 2002.

Handelsvertreter:

Abrahamczik, Der Handelsvertretervertrag, 3. Aufl. 2007; *Eberstein*, Der Handelsvertreter-Vertrag, 9. Aufl. 2008; *Hopt*, Handelsvertreterrecht, 4. Aufl. 2009; *ders.*, Die Selbständigkeit von Handelsvertretern und andere Vertriebs-

Kapitel 2: Handelsvertreterverträge; Verträge mit freien Mitarbeitern

personen – handels- und arbeitsrechtliche Dogmatik und Vertragsgestaltung, DB 1998, 863; *Küstner/Thume*, Handbuch des gesamten Außendienstrechts, Band 1: Das Recht des Handelsvertreters, 4. Aufl. 2007; *Küstner/ Thume*, Handbuch des gesamten Außendienstrechts, Band 2: Der Ausgleichsanspruch des Handelsvertreters, 8. Aufl. 2007; *von Manteuffel/Küstner*, Probleme des Handelsvertreterrechts, ZIP 1988, 63; *Martinek/Semler/ Habermeier*, Handbuch des Vertriebsrechts, 3. Aufl. 2010; *Oberthür/Lohr*, Der Handelsvertreter im Arbeits-und Sozialversicherungsrecht, NZA 2001, 126; *Preis*, Die Inhaltskontrolle der Verträge selbständiger und unselbständiger Handelsvertreter, ZHR 160 (1996), 442; *Scherer*, Der Ausschluss von Ausgleichsansprüchen des Handelsvertreters, DB 1996, 1709; *Schipper*, Wirksamkeit der Verpflichtung des Handelsvertreters zur Rückzahlung von pauschalen Vorschüssen, NJOZ 2010, 2096; *Sonnenschein*, Zwingende Vorschriften im Handelsvertreterrecht, FS Boujong, 1996, S. 481 ff; *Stumpf*, Internationales Handelsvertreterrecht, Teil 1, 4. Aufl. 1986; Teil 2, 4. Aufl. 1986; *Thume*, Der neue § 89 b Abs. 1 HGB und seine Folgen, BB 2009, 2490; *Tscherwinka*, Das Recht des Handelsvertreters, JuS 1991, 110; *Westphal*, Handelsvertretervertrag, 2. Aufl. 2000; *ders.*, Neues Handelsvertreterrecht, 1991; *ders.*, Neues Handelsvertreterrecht in der Europäischen Union, EWS 1996, 43; *von Westphalen*, Handelsvertreterrecht und AGB-Gesetz, DB 1984, 2335; *ders.*, Handbuch des Handelsvertreterrechts in den EU-Staaten und der Schweiz, 1995; *ders.*, Scheinselbständigkeiten nach § 2 Nr. 9 SGB VI und der Ausgleichsanspruch des Handelsvertreters, ZIP 1999, 1083; *ders.*, Der Ausgleichsanspruch des Handelsvertreters gem. § 89 b HGB, DStR 1995, 1554.

In Heimarbeit Beschäftigte:
Brecht, Heimarbeitsgesetz, 1977; *Fenski*, Außerbetriebliche Arbeitsverhältnisse, 2. Aufl. 2000; *Götzenberger*, Sozialversicherungspflicht erwerbstätiger Personen in Haus- und Heimarbeit, SozVers 1995, 179; *Hromadka*, Arbeitnehmerähnliche Personen, NZA 1997, 1249; *Mehrle*, Heimarbeitsrecht, AR-Blattei, Heimarbeit I, AR-Blattei SD 910; *Otten*, Heimarbeitsrecht, 2008; *ders.*, Die Bestimmung der Arbeitszeit im Bereich der Heimarbeit, NZA 1987, 478; *ders.*, Zur Entgeltdifferenzierung und zum Transportkostenzuschlag im Heimbeitsbereich, NZA 1991, 712; *ders.*, Heimarbeit – ein Dauerschuldverhältnis eigener Art, NZA 1995, 289; *Peter*, Kernfragen der Telearbeit, DB 1998, 573; *Wank*, Telearbeit, NZA 1999, 225; *Wedde*, Telearbeit, 2002; *ders.*, Aktuelle Rechtsfragen der Telearbeit, NJW 1999, 527.

A. Erläuterungen

I. Gemeinsame Elemente beider Vertragstypen

Mit dem Thema „Handelsvertreter" und „freie Mitarbeit" ist die ewig aktuelle **Abgrenzung** zwischen **verschiedenen Formen der Erwerbstätigkeit** von Einzelpersonen angesprochen, insbesondere von Selbständigkeit und Arbeitnehmereigenschaft. Beide Personengruppen können grundsätzlich die gleichen Tätigkeiten verrichten und unterscheiden sich dabei dann durch den **Grad der persönlichen Abhängigkeit** bei der Leistungserbringung, der vor allem an der Weisungsgebundenheit gemessen wird. Nach der Rechtsprechung des BAG ist „**Arbeitnehmer**, wer auf Grund eines privatrechtlichen Vertrags im Dienste eines anderen zur Leistung weisungsgebundener, fremdbestimmter Arbeit in persönlicher Abhängigkeit verpflichtet ist".[1]

263

Eine **fehlerhafte Zuordnung** kann **erhebliche Konsequenzen** im arbeits-, steuer- und vor allem sozialversicherungsrechtlichen Bereich bis hin zu einer Strafbarkeit des Arbeitgebers nach sich ziehen.[2] Derartige Konsequenzen gilt es auch, mit den Mitteln der Vertragsgestaltung möglichst zu vermeiden, sodass die grundlegende Aussage des BAG zur Vertrags-(gestaltungs-)freiheit hier nochmals in Erinnerung gerufen werden soll:

„*Die Vertragsfreiheit besteht darin, beliebige gegenseitige Rechte und Pflichten begründen zu können [ergänzende Anm. des Verfassers: soweit sie nicht gegen zwingendes Recht verstoßen]. Sie bedeutet aber nicht, in dieser Weise autonom begründete Rechtsbeziehungen beliebig einem bestimmten gesetzlich vorgegebenen Vertragstypus zuordnen zu können. Die Frage, wie die von den Vertragsparteien getroffenen Abreden rechtlich zu qualifizieren sind, entzieht sich deren Belieben. Die Zuordnung hat nach objektiv-rechtlichen Kriterien zu erfolgen.*"[3]

Die Gestaltung von Handelsvertreterverträgen und Verträgen mit freien Mitarbeitern folgt einem vergleichbaren rechtssystematischen Ansatz: Nach Auffassung des BAG enthält § 84 Abs. 1 Satz 2 HGB

---
1 StRspr des BAG, vgl aus jüngerer Zeit etwa BAG 29.8.2012 – 10 AZR 499/11, NZA 2012, 1433.
2 Vgl zu den Folgen einer fehlerhaften Einordnung etwa ErfK/*Preis*, § 611 BGB Rn 100 mwN und ausf. zu möglichen Nachforderungen der Sozialversicherungsträger *Kittner*, NZS 2011, 929; zu den möglichen strafrechtlichen Folgen vgl etwa APS/*Preis*, 1. Teil C I 4. mwN.
3 BAG 15.12.1999 – 5 AZR 3/99, NZA 2000, 534.

das typische **Abgrenzungsmerkmal**, anhand dessen sich zwischen Arbeitnehmern einerseits und Selbständigen andererseits, wozu auch freie Mitarbeiter und Handelsvertreter zählen, unterscheiden lässt.[4] Nach § 84 Abs. 1 Satz 2 HGB ist **selbständig**, „wer im Wesentlichen frei seine Tätigkeit gestalten und seine Arbeitszeit bestimmen kann". Im Umkehrschluss ist danach nicht selbständig und damit Arbeitnehmer, wer das nicht kann.

Diese Kriterien können über den unmittelbaren Anwendungsbereich des § 84 HGB hinaus „auch auf andere Mitarbeiter in vergleichbarer Lage angewendet werden".[5] Nicht zu vergessen ist dabei, dass es seit jeher neben Selbständigen und Arbeitnehmern noch eine dritte Gruppe „Erwerbstätiger" gibt, nämlich die „**Arbeitnehmerähnlichen**" (s. dazu Rn 267). Letztlich steigt die Praxisrelevanz von **ehrenamtlich Tätigen** genannt, die unentgeltlich im Rahmen eines Auftrags tätig werden.[6]

Zu kritisieren ist im Zusammenhang mit der Begriffsbildung und -abgrenzung die neuere Tendenz in der Gesetzgebung – wohl vornehmlich getrieben vom Willen zu geschlechterneutraler Gesetzesformulierung[7] –, den Arbeitnehmerbegriff durch den unschärferen, ja diffusen und je nach Gesetz anders legaldefinierten Begriff des „**Beschäftigten**" zu ersetzen, worauf *Richardi* zu Recht hingewiesen hat.[8]

264 **Kein Arbeitnehmer** ist nach diesem traditionellen Abgrenzungsansatz, wer im Wesentlichen frei seine Tätigkeit gestalten und seine Arbeitszeit bestimmen kann. Unterliegt der Beschäftigte hinsichtlich Zeit, Dauer und Ort der Ausführung der versprochenen Dienste einem umfassenden **Weisungsrecht**, lag schon vor 15 Jahren nach ganz vorherrschendem Arbeitnehmerbegriff ein **Arbeitsverhältnis** vor.[9] Kann der Mitarbeiter im Wesentlichen seine Arbeit frei gestalten, ist er freier Mitarbeiter, Handelsvertreter oder Subunternehmer.

Vor allem, aber nicht nur aus diesen Unterscheidungsmerkmalen leitet sich ab, worauf bei der Gestaltung von Verträgen mit freien Mitarbeitern und Handelsvertretern zu achten ist: Dem Handelsvertreter wie dem freien Mitarbeiter muss vertraglich das Recht vorbehalten sein, über Zeit, Dauer und Ort der Ausführung seiner Tätigkeit möglichst frei zu entscheiden *und* – das wird in der Praxis leider oft nicht ausreichend berücksichtigt – die **tatsächliche Handhabung** muss den weiten **Selbstorganisationsbefugnissen** eines freien Mitarbeiters dann auch entsprechen.[10]

„Widersprechen sich Vereinbarung und tatsächliche Durchführung, ist letztere maßgebend. Das bedeutet aber nicht, dass die Vertragstypenwahl der Parteien gänzlich bedeutungslos wäre. Kann die vertraglich vereinbarte Tätigkeit typologisch sowohl in einem Arbeitsverhältnis als auch selbstständig erbracht werden, ist die Entscheidung der Vertragsparteien für einen bestimmten Vertragstypus im Rahmen der bei jeder Statusbeurteilung erforderlichen Gesamtabwägung aller Umstände des Einzelfalls zu berücksichtigen."[11]

Der **freie Mitarbeiter** ist nicht, jedenfalls nicht vergleichbar einem Arbeitnehmer, in eine Betriebsorganisation eingebunden. Wie das Vertragsverhältnis zwischen Arbeitgeber und Arbeitnehmer bezeichnet wird, ist nicht entscheidend. Selbst der Abschluss eines Franchisevertrages kann, je nach praktischer Durchführung, ein Arbeitsverhältnis begründen.[12] Dieser „klassische" Abgrenzungsansatz der hM mag im Laufe der vergangenen Jahre aufgrund der auch im normalen Arbeitsverhältnis eingetretenen partiellen Flexibilisierung von Arbeitszeiten (zB Gleitzeit, Vertrauensarbeitszeit), von Arbeitsinhalten (zB Bedeutungsverlust der Detailsteuerung von Arbeitnehmern via Direktionsrechtsausübung) und auch des Arbeitsortes (zB partielle Arbeit vom Home-office aus) mit dem damit einhergehenden Gewinn an

---

4 StRspr des BAG, vgl etwa BAG 30.11.1994 – 5 AZR 704/93, NZA 1995, 622; BAG 19.1.2000 – 5 AZR 644/99, BeckRS 2000, 30091183; BAG 25.5.2005 – 5 AZR 347/04, DB 2005, 2529; in jüngerer Zeit wieder: BAG 15.2.2012 – 10 AZR 301/10, NZA 2012, 731.
5 BAG 13.3.2008 – 2 AZR 1037/06, NZA 2008, 878; vgl auch BGH 27.10.2009 – VIII ZB 45/08, GWR 2009, 464; s. dazu auch *Hromadka*, NJW 2003, 1847.
6 BAG 29.8.2012 – 10 AZR 499/11, NZA 2012, 1433: „Dienste können auch im Rahmen eines Auftrags verrichtet werden. Das Auftragsverhältnis unterscheidet sich vom Arbeitsverhältnis durch die Unentgeltlichkeit der zu erbringenden Dienste und durch die jederzeit für beide Seiten bestehende Möglichkeit grundloser Beendigung (§ 671 BGB)."
7 Vermeidung des Wortungetüms „Arbeitnehmer und Arbeitnehmerinnen" durch „Beschäftigte".
8 *Richardi*, Arbeitnehmer als Beschäftigte, NZA 2010, 1101.
9 *Hromadka*, NZA 1997, 1249 ff; *ders.*, DB 1998, 195 f.
10 BAG 19.11.1997 – 5 AZR 653/96, AP § 611 BGB Abhängigkeit Nr. 90 = NZA 1998, 364; s. auch BGH 27.10.2009 – VIII ZB 45/08, GWR 2009, 464; Erfk/*Preis*, § 611 BGB Rn 47 ff.
11 BAG 9.6.2010 – 5 AZR 332/09, NJW 2010, 2455.
12 BAG 16.7.1997 – 5 AZR 445/74, NZA 1997, 1126; BGH 4.11.1998 – VIII ZB 12/98, NZA 1999, 53; vgl auch ErfK/*Preis*, § 611 BGB Rn 30 ff mwN.

Kapitel 2: Handelsvertreterverträge; Verträge mit freien Mitarbeitern

Autonomie der Arbeitnehmer im Arbeitsalltag zwar vielleicht etwas an Unterscheidungskraft verloren haben,[13] ist und bleibt aber dennoch richtig. Denn maßgeblich ist nicht nur eine scheinbare Annäherung in der Praxis, sondern die nach wie vor unterschiedlich ausgeprägte **Rechtsmacht zu Einzelanweisungen**. Dennoch darf sich die Vertragsgestaltung bei der Ausformung von Verträgen für die (regelmäßige und/oder intensive) Zusammenarbeit mit Selbständigen nicht auf diese Hauptabgrenzungskriterien beschränken, sondern es muss ein Gesamtbild geschaffen werden, das dem Typus des Selbständigen unter verschiedensten Sachverhaltsaspekten möglichst gerecht wird bzw nahekommt.[14]

Der **Handelsvertreter** hat allerdings eine sich aus § 86 Abs. 1 Hs 2 HGB ergebende **Interessenwahrnehmungsverantwortung**, die die Verpflichtung beinhaltet, den Weisungen des Unternehmers grundsätzlich Folge zu leisten;[15] das darf aber nicht die Selbständigkeit im Kern antasten.[16] So ist der Handelsvertreter dem Unternehmer permanent berichtspflichtig. Wenn der Status als freier Handelsvertreter erhalten bleiben soll, wird von der Vereinbarung eines Weisungsrechts zu Tätigkeit und Arbeitszeit des Handelsvertreters abgeraten.[17] Denn bei der Abgrenzung des selbständigen vom unselbständigen Handelsvertreter „hat sich das Gesetz auf die in § 84 Abs. 1 Satz 2 HGB genannten beiden Kriterien, nämlich die im Wesentlichen freie Gestaltung der Tätigkeit und Bestimmung der Arbeitszeit, beschränkt. Zwar sind alle Umstände des Falles in Betracht zu ziehen und schließlich in ihrer Gesamtheit zu würdigen. Die heranzuziehenden Anknüpfungspunkte müssen sich jedoch diesen gesetzlichen Unterscheidungsmerkmalen zuordnen lassen".[18] Wie auch sonst kommt es auf die Bezeichnung des Vertragsverhältnisses nicht an.[19] Die Vertragsfreiheit gewährt nicht das Recht, die eigenen Rechtsbeziehungen beliebig einem gewünschten gesetzlich vorgegebenen Vertragstypus zuweisen zu können.[20]

265

Der Unternehmer wird als berechtigt angesehen, dem Handelsvertreter vorzugeben, wie er den Schwerpunkt seiner Tätigkeit bei bestimmten Erzeugnissen oder Kundenkreisen zu setzen hat.[21] Auch darf der Unternehmer, ohne die Selbständigkeit des Handelsvertreters zu gefährden, Weisungen zum Zustandekommen von Geschäften und deren Abwicklung erteilen. Der Handelsvertreter kann angewiesen werden, bestimmte Geschäftsbedingungen, Zahlungsbedingungen, Preisvorgaben oder allgemeine Vertragskonditionen zu beachten.[22] Zum Arbeitnehmer wird der Handelsvertreter, wenn die Selbständigkeit in ihrem Kern – vor allem durch die Menge der im Vertrag vorbehaltenen Weisungsbefugnisse des Unternehmers – eingeschränkt ist, wenn also die Einschränkungen über das bei Handelsvertretern übliche Maß hinausgehen.[23] § 15 GWB findet bei einem Handelsvertreterverhältnis keine Anwendung.[24]

266

Das BAG kennt – neben den **arbeitnehmerähnlichen Personen**,[25] die in den Tarifverträgen der Presse und des Rundfunks mit verschiedenen Sonderrechten ausgestattet sind, wie im Tarifvertrag für arbeitnehmerähnliche freie Journalisten und Journalistinnen an Tageszeitungen – grundsätzlich keine Zwischenstadien zwischen Arbeitnehmern einerseits und Selbständigen andererseits.[26] Die gegenwärtige Rechtslage wird vom „Entweder-Oder-Prinzip" beherrscht.

267

---

13 Vgl dazu ErfK/*Preis*, § 611 BGB Rn 55 mwN zu der auf die Habilitationsschrift von *Wank* „Arbeitnehmer" zurückgehende Bedeutung des „Unternehmerrisikos".
14 Zu weiteren Abgrenzungskriterien s. ErfK/*Preis*, § 611 BGB Rn 96 mwN zur Rspr.
15 BGH 13.1.1966 – VII ZR 9/64, NJW 1966, 882; aus jüngerer Zeit: BGH 17.12.2008 – VIII ZR 159/07, NZG 2009, 313.
16 Baumbach/Hopt/*Hopt*, HGB, § 86 Rn 16 unter Hinweis auf BGH 13.1.1966 – VII ZR 9/64, NJW 1966, 882; in jüngerer Zeit ähnl. OLG Köln 25.5.2012 – 19 U 176/11, BeckRS 2012, 20594.
17 BGH 13.1.1966 – VII ZR 9/64, DB 1966, 375.
18 LAG Hamm 31.3.2009 – 14 Sa 728/08, BeckRS 2009, 74040; ebenso OLG Brandenburg 24.7.2007 – 12 W 25/07, BeckRS 2008, 09609.
19 BAG 15.12.1999 – 5 AZR 3/99, NZA 2000, 534.
20 BAG 15.12.1999 – 5 AZR 3/99, NZA 2000, 534.
21 Baumbach/Hopt/*Hopt*, HGB, § 84 Rn 38.
22 BGH 14.3.1960 – II ZR 79/58, BB 1960, 574.
23 BAG 15.12.1999 – 5 AZR 566/98, AP § 84 HGB Nr. 9 = NZA 2000, 447; OLG Düsseldorf 30.1.1998 – 16 U 182/96, NJW 1998, 2978; LAG Nürnberg 26.1.1999 – 7 Sa 658/98, ZIP 1999, 769; *Hopt*, DB 1998, 863.
24 BGH 15.4.1986 – KVR 3/85, NJW 1986, 2954.
25 Siehe dazu *Hromadka*, NZA 1997, 1249 ff und aus jüngerer Zeit *Müntefering/Willemsen*, NZA 2008, 193.
26 Kritisch *Hümmerich*, NJW 1998, 2625.

II. Klauselinhalte bei Handelsvertreterverträgen

1. Kaufmannseigenschaft

268 **Kaufmann** ist seit dem Handelsrechtsreformgesetz 1998 ohne Rücksicht auf die Branche grundsätzlich **jeder Gewerbetreibende außer den Kleingewerbetreibenden**; aber auch diese können sich nunmehr eintragen lassen und damit **freiwillig** Kaufmann werden, wenn sie nicht bereits Formkaufmann sind.[27] Ein Kaufmann ist der Handelsvertreter also dann, wenn er entweder ein Handelsgewerbe betreibt (§ 1 HGB) oder in das Handelsregister eingetragen ist (§ 2 HGB). Der Handelsvertreter kann damit weitgehend selbst entscheiden, ob er über die Kaufmannseigenschaft verfügen will oder nicht. Er hat es damit selbst in der Hand, ob er wirksame Gerichtsstandsvereinbarungen treffen kann oder nicht. Der beratende Rechtsanwalt sollte nicht versäumen, seinen Mandanten danach zu befragen, ob sich dieser in den Kaufmannsstatus begeben hat oder nicht. Erfordert der Gewerbebetrieb des Handelsvertreters nach Art und Umfang einen in kaufmännischer Weise eingerichteten Geschäftsbetrieb, so liegt ein Handelsgewerbe und damit nach § 1 Abs. 2 HGB eine Kaufmannseigenschaft vor.

269 **Selbständigkeit** wird durch Weisungsgebundenheit eingeschränkt. Alle vertraglichen Gestaltungen, über die dem Handelsvertreter durch den Auftraggeber die Reiseroute, die Häufigkeit der Kundenbesuche oder die Arbeitszeit vorgeschrieben werden kann, entfalten indizielle Wirkung für die Annahme unselbständiger Arbeitsleistung. Zunehmend Bedeutung erlangt weiterhin der Umstand, ob dem Handelsvertreter das Recht vorbehalten ist, ein eigenes Unternehmen mit Angestellten aufzubauen.[28] Die Vertragsgestaltung darf nicht durch überzogene Pflichten des Handelsvertreters dessen selbständige Stellung aushöhlen.[29] Neben der Weisungsgebundenheit ist bei der Vertragsgestaltung darauf zu achten, dass das **Unternehmerrisiko** beim freien Mitarbeiter und nicht etwa bei seinem Auftraggeber liegt.

270 Der Handelsvertretervertrag ist ein **Dauerschuldverhältnis**. Der Handelsvertreter muss vom Unternehmer nach § 84 Abs. 1 HGB mit der Vermittlungstätigkeit „ständig betraut" sein. Der Handelsvertretervertrag kann auch als befristetes Rechtsverhältnis ausgestaltet sein, bspw für die Dauer einer Messe. Maßgeblich ist nur, dass sich der Handelsvertreter während der Vertragszeit ständig um die Vermittlung von Geschäften zu bemühen hat.[30]

2. Vertragsgegenstand

271 Für eine **Handelsvertretertätigkeit** nicht ausreichend ist die bloße Benennung potentieller Kunden oder die bloße Betreuung von Geschäftsverbindungen.[31] Der Vertragsgegenstand darf deshalb nicht auf die vorerwähnten Ziele ausgerichtet sein; vielmehr sollten die Warengeschäfte, Dienstleistungen oder immateriellen Wirtschaftsgüter, die der Handelsvertreter vermitteln soll, möglichst konkret im Handelsvertretervertrag benannt werden. Die Tätigkeit von Propagandisten, die sich an Ärzte wenden, um diese zum Verschreiben bestimmter Arzneimittel zu bewegen, stellt keine Vermittlung von Geschäften iSv § 84 Abs. 1 HGB dar.[32]

272 Bei der Bestimmung des Vertragsgegenstandes im Handelsvertretervertrag[33] ist darauf zu achten, dass der **Wiederholungscharakter** der Vermittlung von Geschäften deutlich zum Ausdruck kommt. Anderenfalls besteht die Gefahr, dass von einer Maklertätigkeit ausgegangen wird. Der Unterschied zwischen dem Handelsvertreter und dem Makler besteht darin, dass der Makler bei einzelnen Objekten für einen Auftraggeber tätig wird, während der Handelsvertreter für den Unternehmer immer wieder neu zu produzierende Objekte zu vermitteln hat.[34]

273 Der Handelsvertretervertrag ist **grundsätzlich formfrei**. Das Gesetz macht zwei Ausnahmen. Eine **Delkredere-Vereinbarung**, mit der sich der Handelsvertreter verpflichtet, für die Erfüllung der Verbindlichkeit des Kunden einzustehen, bedarf nach § 86b Abs. 1 Satz 3 HGB der Schriftform. Ferner muss

---

27 Baumbach/Hopt/*Hopt*, HGB, § 1 Rn 3; Oetker/*Busche*, HGB, § 84 Rn 22.
28 BAG 16.7.1997 – 5 AZR 312/96, DB 1997, 2437; ArbG Oldenburg 7.6.1996 – 3 Ca 819/95, NZA-RR 1997, 162; ArbG Nürnberg 31.7.1996 – 2 Ca 4546/95, DB 1996, 2032.
29 BGH 13.1.1966 – VII ZR 9/64, NJW 1966, 882.
30 BGH 1.4.1992 – IV ZR 154/91, NJW 1992, 2818.
31 OLG Düsseldorf 7.12.1990 – 16 U 67/90, DB 1991, 1664.
32 Baumbach/Hopt/*Hopt*, HGB, § 84 Rn 23.
33 Muster 1703, §§ 2, 3.
34 BGH 1.4.1992 – IV ZR 154/91, NJW 1992, 2818.

eine nachvertragliche Wettbewerbsabrede nach § 90 a Abs. 1 Satz 1 HGB, soll sie wirksam sein, schriftlich geschlossen werden. Ähnlich dem Nachweisgesetz hat jeder Vertragspartner nach § 85 HGB das Recht, zur Klarstellung des Vertragsinhalts dessen Niederlegung in einer Urkunde zu verlangen. Erfüllt der Unternehmer den Anspruch aus § 85 HGB auf Aufnahme des Vertragsinhalts in eine von ihm unterzeichnete Urkunde trotz mehrfacher Aufforderung nicht, gibt er dem Handelsvertreter begründeten Anlass zur Kündigung.[35]

Das Handelsvertreterrecht kennt eine Reihe **zwingender Vorschriften**, von denen nicht abgewichen werden kann. Vertragsvereinbarungen, durch die gegen eine zwingende Vorschrift des HGB verstoßen wird, sind zwar nichtig, führen aber idR nicht zur Nichtigkeit des gesamten Vertrages. Vielmehr arbeitet der BGH hier, wie auch das BAG in vergleichbaren Fällen bei Arbeitsverträgen, mit dem Mittel der **geltungserhaltenden Reduktion:** An die Stelle der nichtigen Vereinbarung tritt die gesetzliche Regelung.[36]

Westphal hat übersichtlich die zwingenden Regelungen des HGB für einen Handelsvertretervertrag tabellarisch dargestellt:[37]

§ 85 Satz 1 HGB	Urkundsanspruch	keine Abweichung möglich
§ 86 Abs. 1 HGB	Interessenwahrnehmungspflicht des Handelsvertreters	keine Abweichung möglich
§ 86 Abs. 2 HGB	Benachrichtigungspflicht des Handelsvertreters	keine Abweichung möglich
§ 86 a Abs. 1 HGB	Überlassungspflicht des Unternehmers	keine Abweichung möglich
§ 86 a Abs. 2 HGB	Unterrichtungspflicht des Unternehmers	keine Abweichung möglich
§ 86 b Abs. 1 HGB	Delkredereprovision	keine Abweichung möglich
§ 87 a Abs. 1 HGB	Vorschussanspruch	keine Abweichung möglich
§ 87 a Abs. 2 HGB	Nichtleistung des Kunden	keine Abweichung zum Nachteil des Handelsvertreters möglich
§ 87 a Abs. 3 HGB	Nichtausführung des Geschäfts	keine Abweichung zum Nachteil des Handelsvertreters möglich
§ 87 a Abs. 4 HGB	Fälligkeit Provisionsanspruch	keine Abweichung möglich
§ 87 c Abs. 1–4 HGB	Kontrollrechte des Handelsvertreters	keine Abweichung möglich
§ 88 a Abs. 1 HGB	Zurückbehaltungsrecht des Handelsvertreters	keine Abweichung möglich
§ 89 Abs. 1 HGB	Mindestkündigungsfristen	keine Abweichung zum Nachteil des Handelsvertreters möglich
§ 89 a Abs. 1 HGB	Außerordentliche Kündigung	keine Abweichung möglich
§ 89 b Abs. 1–3 HGB	Ausgleichsanspruch	keine Abweichung zum Nachteil des Handelsvertreters möglich
§ 90 a Abs. 4 HGB	Nachvertragliche Wettbewerbsabrede	keine Abweichung zum Nachteil des Handelsvertreters möglich
§ 92 a HGB	Mindestentgelt	keine Abweichung zum Nachteil des Handelsvertreters möglich

Schon immer unterfielen Handelsvertreterverträge, anders als Arbeitsverträge vormals nach § 23 Abs. 1 AGBG, der Inhaltskontrolle. Der BGH[38] wandte das Recht der Allgemeinen Geschäftsbedingungen nur dann nicht an, wenn die Vertragsbedingungen zwischen den Parteien im Einzelnen ausge-

---

35 BGH 21.2.2006 – VIII ZR 61/04, WM 2006, 1115.
36 BGH 16.11.1972 – VII ZR 53/72, NJW 1973, 144.
37 *Westphal*, Handelsvertretervertrag, Rn 27.
38 BGH 27.3.1991 – IV ZR 90/90, NJW 1991, 1678.

handelt wurden (§ 305 Abs. 1 Satz 3 BGB). Durch die §§ 13, 14 BGB ist insofern eine Änderung der Rechtslage eingetreten, als die Inhaltskontrolle bei Handelsvertreterverträgen nicht über § 310 Abs. 3 Nr. 1 und Nr. 2 BGB, sondern nur unter den Voraussetzungen des § 305 **Abs. 1 BGB** erfolgt. Der Handelsvertreter ist zwar eine natürliche Person, schließt aber mit seinem Vertragspartner ein Rechtsgeschäft zu dem Zweck seiner gewerblichen oder selbständigen beruflichen Tätigkeit ab. Deshalb ist er – wie auch der freie Mitarbeiter – kein Verbraucher.

3. Vertretung und Vertragsgebiet

277 Beim Vertragsgegenstand muss sich der Unternehmer entscheiden, ob er dem Handelsvertreter ein **Alleinvertretungsrecht**, bspw für einen bestimmten Bezirk, zubilligen will oder ob er sich daneben das Recht auf eigene Vertriebsaktivitäten erhalten will. Vereinbaren die Parteien eine Alleinvertreterstellung, ist es dem Unternehmer untersagt, im Gebiet des Alleinvertreters selbst oder durch andere Mitarbeiter irgendwelchen Vertriebsaktivitäten nachzugehen.[39]

278 Auch die Vereinbarung eines bloßen **Bezirksrechts**, also des Rechts des Handelsvertreters, in einem bestimmten Bezirk tätig zu werden, bedeutet eine weit reichende Bindung des Unternehmers. Die einseitige Änderung der Bezirksgrenzen ist nur dann möglich, wenn sich der Unternehmer dieses Recht im Handelsvertretervertrag ausdrücklich vorbehält.[40] Das Muster 1703 geht von einem solchen Vorbehalt aus. Allerdings kann eine solche Befugnis des Unternehmers gegen § 308 Nr. 4 BGB verstoßen, insbesondere angesichts weitreichender wirtschaftlicher Auswirkungen, wie das BAG für den Bereich des Arbeitsrechts festgestellt hat.[41]

279 Der Handelsvertreter kann vertraglich verpflichtet werden, eine **Bonitätsprüfung des Kunden** vorzunehmen. Auch ohne eine solche Vereinbarung ist er verpflichtet, auf eigene Kosten Kreditauskünfte über Kunden einzuholen.[42] Erfährt der Handelsvertreter aus zuverlässiger Quelle von der Kreditunwürdigkeit eines Kunden, ist er verpflichtet, dem Unternehmer hierüber Mitteilung zu machen.[43]

280 Es wird empfohlen,[44] die ungeklärte Frage, ob der Handelsvertreter verpflichtet ist, Musterkollektionen und sonstige **anvertraute Gegenstände** des Unternehmers gegen Diebstahl zu versichern, vertraglich zu regeln. Dieser Anregung folgt das Muster 1703 (§ 6 Abs. 5). Wenn der Handelsvertreter die ihm überlassenen Gegenstände nicht mehr benötigt, muss er sie herausgeben. Es kann vertraglich nicht wirksam geregelt werden, dass der Handelsvertreter auch die Kundenanschriften nach Vertragsende herauszugeben hat. Ein formularmäßig im Handelsvertretervertrag festgelegtes Verbot jedweder Nutzung von Kundenanschriften ist unwirksam.[45]

281 Die **Mitteilungspflicht** des Handelsvertreters, wie sie in Muster 1703 (§ 3 Abs. 7) vorgesehen ist, ergibt sich aus § 86 Abs. 2 HGB. Die Mitteilungspflicht des Handelsvertreters korrespondiert mit der Berichtspflicht über die Marktsituation im Gebiet, über Wettbewerberangebote, die Absatzlage oder die Wünsche der Kunden. Unwirksam sind Klauseln in Handelsvertreterverträgen, die feste, kurz hintereinander liegende Berichtstermine vorschreiben. Grundsätzlich überlässt es das Gesetz dem Handelsvertreter, selbst zu entscheiden, ob er einen Bericht für notwendig erachtet oder nicht. Zu kurzen Berichtsintervallen kann der Handelsvertreter nur bei Vorliegen besonderer Umstände verpflichtet werden, wenn bspw die Umsätze in dem Gebiet des betreffenden Handelsvertreters im Vergleich mit denen anderer Handelsvertreter gerade erheblich zurückgegangen sind und der Unternehmer ein besonderes Interesse nachweisen kann, die Ursachen des Umsatzrückgangs kennen zu lernen.[46]

4. Konkurrenzschutz

282 Soweit in einem Handelsvertretervertrag ein **Konkurrenzverbot** vereinbart wird, ist zunächst zwischen dem Einfirmen- und dem Mehrfirmenvertreter zu unterscheiden. Dem Einfirmenvertreter ist es untersagt, für andere Firmen tätig zu werden. Deshalb rückt seine Rechtstellung, je nach praktischer Ausge-

---

[39] BGH 12.1.1994 – VIII ZR 165/92, NJW 1994, 1060.
[40] OLG Stuttgart 22.6.1965 – 2 U Nr. 33/65, BB 1965, 926.
[41] BAG 12.1.2005 – 5 AZR 364/04, NZA 2005, 465 = NJW 2005, 1820.
[42] AG Coburg 30.6.1955, HVR Nr. 95, zitiert nach *Westphal*, Handelsvertretervertrag, Rn 66.
[43] BGH 19.6.1969 – VII ZR 39/67, BB 1969, 1196.
[44] Baumbach/Hopt/*Hopt*, HGB, § 86 Rn 17.
[45] BGH 28.1.1993 – I ZR 294/90, DB 1993, 1282.
[46] BGH 17.9.1987 – VII ZR 166/86, DB 1988, 41.

staltung, rasch in die Position eines Arbeitnehmers.[47] Soweit der Handelsvertreter mehrere Firmen vertritt, hat er ein Konkurrenzverbot während des laufenden Handelsvertreterverhältnisses zu beachten.[48] Eine Konkurrenzsituation ist ausgeschlossen, wenn sich die Produkte der verschiedenen Unternehmen, für die der Handelsvertreter tätig ist, zwar überschneiden, der Handelsvertreter mit der neuen Vertretung aber einen Kundenkreis anspricht, den der bisher vertretene Unternehmer nicht bedient.[49] Besteht ein wirksames Konkurrenzverbot, sind selbst Beteiligungen des Handelsvertreters an Konkurrenzunternehmen untersagt.[50] Streitfragen zu den Grenzen des Konkurrenzverbots entgeht man durch eine möglichst präzise Formulierung; hierfür hält § 4 Abs. 1 des Musters 1703 eine Leerzeile bereit.

Der Handelsvertreter ist, anders als der Arbeitnehmer, befugt, zur Erfüllung seiner vertraglichen Leistungen Angestellte oder andere Handelsvertreter zu beschäftigen. Die Geschäftsvermittlungstätigkeit muss also **nicht persönlich** erbracht werden. 283

Für den Unternehmer ergibt sich aus § 86a Abs. 1 HGB eine **Überlassungspflicht**, so dass Muster, Zeichnungen, Preislisten, Werbedrucksachen, Geschäftsbedingungen sowie sonstige erforderliche Unterlagen zur Verfügung zu stellen sind. Die Aufzählung in § 86a Abs. 1 HGB ist nur beispielhaft und keinesfalls abschließend.[51] 284

5. Provisionsregelungen

Kernregelung jedes Handelsvertretervertrages ist die **Provision**. Ist das Vertriebsgebiet neu und fehlt es damit noch an einem entsprechenden Kundenstamm, können auch erfolgsunabhängige Garantieprovisionen oder ein Fixum vereinbart werden. Unwirksam ist eine Klausel, wonach der Handelsvertreter zur Rückzahlung nichtverdienter Garantieprovisionen verpflichtet ist, wenn er das Vertragsverhältnis kündigt.[52] Fragen der Provision sind im Wesentlichen in den §§ 87 ff HGB geregelt. Grundsätzlich steht dem Handelsvertreter nur ein **Provisionsanspruch** für solche Geschäfte zu, die während des bestehenden Handelsvertreterverhältnisses abgeschlossen werden. Nachvertragliche Provisionsansprüche entstehen nur unter den Voraussetzungen des § 87 Abs. 3 Satz 1 Nr. 1 HGB, wenn der Handelsvertreter das Geschäft entweder vermittelt, eingeleitet oder so vorbereitet hat, dass der Abschluss überwiegend auf seine Tätigkeit zurückzuführen ist. 285

Bei Nichtausführung eines Geschäfts **entfällt** der Provisionsanspruch gem. § 87a Abs. 2 HGB, wenn feststeht, dass der Kunde nicht leistet, oder nach § 87a Abs. 3 HGB, wenn das Geschäft nicht ausgeführt wird und dies vom Unternehmer nicht zu vertreten ist. Die Nichtleistung des Kunden muss nach objektiven Maßstäben beurteilt werden.[53] Der Unternehmer wird grundsätzlich für verpflichtet angesehen, den Kunden gerichtlich auf Zahlung in Anspruch zu nehmen. Nur dann, wenn die Klage aufgrund der finanziellen Situation eines Kunden mit hoher Wahrscheinlichkeit erfolglos sein wird, darf er hiervon absehen.[54] Vertraglich kann daher zur Feststellung von Nichtleistung kein anderweitiger Maßstab vereinbart werden. Stornierungen führen nicht zum Fortfall des Provisionsanspruchs des Handelsvertreters.[55] 286

Bedeutsam schien zeitweilig ein Urteil des BAG vom 14.3.2000, das sich mit der Rückzahlungspflicht bereits ausgezahlter Verkaufsprovisionen befasst.[56] Nach dem Urteil des BAG galt, dass immer dann, wenn ein Makler infolge wirksamer Anfechtung des vermittelten Kaufvertrages durch den Käufer die Maklerprovision zurückzugewähren hat, er von seinem als Vermittler tätigen Angestellten die bereits ausgezahlte Verkaufsprovision nach den Grundsätzen der ungerechtfertigten Bereicherung herausverlangen könne. Das Urteil hatte zur Folge, dass für den Rückgewähranspruch nicht § 87a Abs. 2 HGB, sondern § 812 BGB mit der früher 30-jährigen Verjährungsfrist galt. Seit Inkrafttreten der Schuld- 287

---

47 *Hümmerich*, NJW 1998, 2625.
48 BGH 25.9.1990 – KVR 2/89, NJW 1991, 490.
49 OLG München 16.11.1990 – 23 U 3703/90, n.v.
50 BGH 14.11.1974 – VII ZR 34/73, HVR Nr. 485, zitiert nach *Westphal*, Handelsvertretervertrag, Rn 89.
51 OLG Düsseldorf 2.2.1990 – 16 U 125/89, BB 1990, 1086.
52 LG Frankfurt 5.3.1975 – 3/3 O 314/74, HVR Nr. 489.
53 OLG Celle 29.2.1972 – 11 U 144/71, BB 1972, 594.
54 BGH 27.9.1956 – II ZR 146/55, HVR Nr. 119.
55 OLG Düsseldorf 24.5.1991 – 16 U 169/90, HVR Nr. 707.
56 BAG 14.3.2000 – 9 AZR 855/98, BAGE 94, 46 = NZA 2000, 827.

rechtsreform verjähren die Ansprüche aus ungerechtfertigter Bereicherung grundsätzlich gem. § 195 BGB innerhalb von drei Jahren.[57]

288 Geregelt werden müssen **Provisionskollisionen**,[58] weil sich der Unternehmer nur so vor mehrfacher Provisionszahlung schützen kann, wenn mehrere Handelsvertreter am Zustandekommen eines Geschäftsabschlusses mitgewirkt haben. Provisionskollisionsregelungen machen nur dann Sinn, wenn sie sich in **allen** Handelsvertreterverträgen, die betroffen sind, wiederfinden.

289 Die **Provisionshöhe**, insbesondere der Abzug von Nebenkosten und Nachlässen, führt in der Praxis häufig zu Streit. Es wird angeregt, hinreichend konkrete Regelungen zu wählen und auch keinen Zweifel daran lassen, dass sich die Provision vom Nettoverkaufspreis (ohne Mehrwertsteuer) berechnet.[59] Übernimmt der Handelsvertreter das Delkredere, also die Einstandspflicht für die Zahlung des Kaufpreises durch den Kunden, steht dem Handelsvertreter hierfür zwingend eine gesonderte Provision zu.[60]

290 Schließen zwei Verkäufergruppen zum Ausgleich ihrer unterschiedlich hohen individuellen Provisionseinkünfte auf Veranlassung des Arbeitgebers eine so genannte **Topfvereinbarung** und wird diese später gekündigt, so kann sich für diejenigen Verkäufer, die ohne Topfvereinbarung erheblich geringere Provisionseinkünfte haben, ein Anspruch auf Anhebung ihrer Vergütung aus einer ergänzenden Vertragsauslegung ergeben.[61]

291 Nach § 87c HGB hat der Handelsvertreter Anspruch auf Erteilung einer **Provisionsabrechnung** sowie eines Buchauszugs, auf Auskunft und auf Bucheinsicht. Die Durchsetzung derartiger Ansprüche macht in der Praxis aus Sicht des Handelsvertreters häufig Schwierigkeiten, insbesondere wenn eine gerichtliche Geltendmachung notwendig geworden ist. Zwischen den Zeiträumen, über die Auskunft begehrt wird, und dem Zeitpunkt einer richterlichen Entscheidung verstreichen viele Monate, oft Jahre. Manche Einzelpositionen einschließlich des Umfangs geleisteter Vorschüsse geraten verschiedentlich in Streit. Echte oder vermeintliche Erklärungen für Verzögerungen werden in EDV-Problemen gesucht. Unter solchen Umständen entspricht es der Interessenlage des Handelsvertreters, möglichst kurze, periodische Abrechnungszeiträume zu vereinbaren. Manche Muster[62] sehen deshalb eine monatliche Abrechnungsverpflichtung des Unternehmers vor, wenngleich auch vierteljährliche Zeiträume vereinbart werden können (vgl § 87c Abs. 1 Satz 1 Hs 2 HGB).

6. Kündigung des Handelsvertretervertrages

292 Der Handelsvertretervertrag kann vom Unternehmer nach § 89a Abs. 1 HGB außerordentlich aus wichtigem Grund gekündigt werden. **Nachgeschobene Gründe** rechtfertigen die **außerordentliche Kündigung**, ohne dass diese erneut ausgesprochen werden müsste.[63]

293 Die **Verletzung des Konkurrenzverbots** durch den Handelsvertreter rechtfertigt eine außerordentliche Kündigung.[64] Gleiches gilt für fingierte Bestellungen des Handelsvertreters[65] oder erhebliche, mit Bedacht geäußerte Beleidigungen.[66] Ein **Umsatzrückgang** rechtfertigt die außerordentliche Kündigung nur, soweit er auf einer Pflichtverletzung des Handelsvertreters beruht.[67] Vernachlässigt der Handelsvertreter seine Tätigkeit anhaltend und schwerwiegend, kann der Unternehmer idR außerordentlich kündigen. Misstrauen in die Zuverlässigkeit des Handelsvertreters rechtfertigt unter solchen Umständen die fristlose Kündigung.[68] Versuchen die Parteien, im Handelsvertretervertrag die wichtigen Gründe zu vereinbaren, steht dem – anders als im Arbeitsvertragsrecht – im Grundsatz nichts im Wege. Der BGH verlangt allerdings, ähnlich dem BAG mit seiner Forderung nach abschließender Interessenabwägung, dass die Ausübung des Kündigungsrechts mit den Geboten von Treu und Glauben vereinbar

---

57 Palandt/*Ellenberger*, § 195 BGB Rn 5.
58 Muster 1703 (§ 10).
59 Muster 1703 (§ 12 Abs. 3).
60 Muster 1703 (§ 17).
61 BAG 3.6.1998 – 5 AZR 552/97, NZA 1999, 306.
62 Muster 1703 (§ 12 Abs. 7) und Muster 1706 (§ 6 Abs. 5).
63 BGH 12.6.1963 – VII ZR 272/61, DB 1963, 1149.
64 BGH 27.2.1976 – I ZR 16/75, n.v.
65 BGH 21.11.1980 – I ZR 118/78, VersR 1981, 190.
66 BGH 9.7.1959 – II ZR 48/58, VersR 1959, 887.
67 OLG Karlsruhe 1.12.1970 – 10 U 40/70, BB 1971, 572.
68 OLG Nürnberg 15.3.1960 – 2 U 224/58, BB 1960, 956.

ist.[69] Generell ist auch bei der fristlosen Kündigung des Handelsvertretervertrages zu prüfen, ob eine vorherige erfolglose Abmahnung erforderlich ist.[70]

Für **nachvertragliche Wettbewerbsverbote** beim Handelsvertreter gilt das Gleiche wie bei den nachvertraglichen Wettbewerbsverboten mit Arbeitnehmern, GmbH-Geschäftsführern oder Vorständen. Das gesamte nachvertragliche Wettbewerbsrecht entstammt dem Handelsvertreterrecht, § 90 a HGB, und wird bei Verträgen mit Arbeitnehmern, freien Mitarbeitern und sonstigen Anstellungsverhältnissen analog angewendet.

7. Ausgleichsanspruch gem. § 89 b HBG

Eine Besonderheit des Handelsvertreterrechts bildet der **Ausgleichsanspruch nach § 89 b HGB** unter den dort genannten Voraussetzungen, der durch die Vorgaben der Handelsvertreterrichtlinie vom 18.12.1986[71] innerhalb der Mitgliedstaaten der Europäischen Union europaweit umgesetzt wurde und vom deutschen Gesetzgeber mit Wirkung zum 5.8.2009 eine Neufassung erfuhr, die seitdem für alle Handelsvertreterverträge gilt, auch wenn diese bereits vor diesem Datum abgeschlossen und beendet worden sind.[72] Bei internationalen Handelsvertreterverträgen legen die Parteien mit der Rechtswahl auch fest, nach welchem Recht eines Mitgliedstaates der Entschädigungsanspruch berechnet werden soll. Einzelheiten zu Inhalt, Voraussetzungen und Methoden der Berechnung des Ausgleichsanspruchs werden übersichtlich dargestellt bei *Westphal*.[73] Die im Muster 1703 (§ 18 Abs. 4) vorgesehene Freistellungsregelung muss mit einer Entschädigungsvereinbarung korrespondieren.[74]

Zum Streit kommt es zwischen den Parteien, wenn es um die Schätzung des **Stammkundenumsatzanteils** geht. So hat der BGH in drei neueren Entscheidungen Grundsätze zur Berechnung des Stammkundenumsatzanteils bei einem Tankstellenpächter und bei einem Kfz-Vertragshändler aufgestellt.[75] Aus den Provisionen für werbende Tätigkeit, die der Handelsvertreter infolge der Vertragsbeendigung verliert, sind die Betriebskosten, die dem Handelsvertreter durch seine werbende Tätigkeit entstehen, nicht herauszurechnen. Der ausgleichspflichtige Provisionsanteil bemisst sich nicht nach dem Reingewinn des Handelsvertreters. Der Ausgleichsanspruch ist bei einem Kfz-Vertragshändler nicht etwa deshalb ausgeschlossen, weil der Händler nach Beendigung des Vertragsverhältnisses seine Kundenkartei einem Dritten überlässt, nachdem er zuvor in Erfüllung einer entsprechenden Vertragspflicht dem Hersteller die Daten der von ihm neu geworbenen Kunden bekanntgegeben hat.[76]

Beim Versicherungsvertreter stellt sich immer wieder die Frage, wie eine **Provisionsvereinbarung auszulegen** ist. Vor allem bei Verwendung des Begriffs „Verwaltungsprovision" ist aus Sicht des Handelsvertreters Vorsicht geboten. Bestimmt eine Provisionsvereinbarung eines Versicherungsvertretervertrages, die generell zwischen Abschlussprovisionen, Verlängerungsprovisionen und „Verwaltungsprovisionen ab dem 2. Versicherungsjahr" unterscheidet, dass der Vertreter für bestimmte Versicherungsarten keine Abschluss- oder Verlängerungsprovisionen, sondern die „Verwaltungsprovisionen ab dem 2. Versicherungsjahr" bereits vom ersten Versicherungsjahr an erhält, folgt daraus zwingend, dass in diesen „Verwaltungsprovisionen" auch ein Entgelt für die Vermittlung der betreffenden Verträgen enthalten ist.[77] Eine vollständige Abbedingung des Anspruchs des Versicherungsvertreters auf Vermittlungsprovision und deren vollständige Ersetzung durch eine echte Verwaltungsprovision ist mit § 89 b Abs. 4 Satz 1 HGB nicht vereinbar.[78] Wenn ein Zeitungsverlag einem Anzeigenvermittler Anzeigenraum entgeltlich zur Verfügung stellt, kann der Anzeigenvermittler mit Beendigung der Geschäftsbeziehung keinen Ausgleichsanspruch nach § 89 b HGB fordern.[79]

---

69 BGH 7.7.1988 – I ZR 78/87, DB 1988, 2403; BGH 10.11.2010 – VIII ZR 327/09, NJW 2011, 608.
70 BGH 16.12.1998 – VIII ZR 381/97, NJW-RR 1999, 539; BGH 17.12.2008 – VIII ZR 159/07, NZG 2009, 310.
71 ABl Nr. L 382, 17 ff.
72 Zu den Folgen der Neufassung s. *Thume*, BB 2009, 2490 ff.
73 *Westphal*, Handelsvertretervertrag, Rn 300 ff.
74 BGH 29.3.1995 – VIII ZR 102/94, NJW 1995, 1552.
75 BGH 10.7.2002 – VII ZR 158/01, WM 2003, 499; BGH 12.2.2003 – VIII ZR 130/01, NJW-RR 2003, 821; BGH 28.6.2006 – VIII ZR 350/04, DB 2006, 1677.
76 BGH 28.6.2006 – VIII ZR 350/04, BB 2006, 1648.
77 BGH 14.6.2006 – VIII ZR 261/04, DB 2006, 1953.
78 BGH 14.6.2006 – VIII ZR 261/04, DB 2006, 1953; BGH 10.7.2002 – VIII ZR 58/00, WM 2003, 491.
79 BGH 12.3.2003 – VIII ZR 221/02, BB 2003, 1089.

298 Große Sorgfalt ist in den Fällen bei der Vertragsgestaltung anzulegen, in denen mit der Geltendmachung des Ausgleichsanspruchs nach § 89 b HGB Leistungen aus der **unternehmerfinanzierten Altersversorgung** entfallen sollen. Derartige Regelungen sind generell unwirksam.[80] Das betriebsrentenrechtliche Abfindungsverbot, das grundsätzlich auch Handelsvertreter schützt, ist nicht auf solche Vereinbarungen anzuwenden, die während des laufenden Arbeitsverhältnisses und ohne Rücksicht auf dessen Beendigung abgeschlossen worden sind. Gegen das betriebsrentenrechtliche Abfindungsverbot wird also nicht verstoßen, wenn eine betriebliche Altersversorgung unter die auflösende Bedingung der Ausgleichsanspruchstellung nach § 89 b HGB gestellt wird. Wer einen Handelsvertretervertrag entwirft, erhält damit eine aus Unternehmersicht bedeutende Gestaltungsvariante.

Allerdings hat der BGH die folgende Regelung in einem Versicherungsvertretervertrag für unwirksam erklärt: „Die Vertragsparteien sind sich darüber einig, dass in Höhe des Kapitalwerts einer auf der Grundlage dieses Versicherungsvertreterverhältnisses von den Gesellschaften finanzierte Versorgung aus Billigkeitsgründen kein Ausgleichsanspruch nach § 89 b HGB entsteht. Diese Regelung beruht auf der Rechtsprechung des Bundesgerichtshofs. Angerechnet werden sowohl eine Alters-, BU- sowie Hinterbliebenenversorgung des Vertreters und seiner Hinterbliebenen in der Form einer zu beanspruchenden Rente als auch eine unverfallbare Rentenanwartschaft (...). Da dem Vertreter eine Teilnahme an Versorgungseinrichtungen der Gesellschaften gerade in Erwartung einer Anrechnung der Versorgungsleistungen auf einen Ausgleichsanspruch ermöglicht wird, sind sich die Parteien darüber einig, dass eine Anrechnung aus Billigkeitsgründen auch dann erfolgen soll, wenn zwischen Beendigung des Vertragsverhältnisses und tatsächlichem Einsetzen der Versorgungszahlungen ggf ein langer Zeitraum liegt."[81]

Vertragliche Regelungen, die eine Umgestaltung der Altersversorgungsregelung im Falle der Inanspruchnahme des Ausgleichsanspruchs nach § 89 b HGB vorsehen, können wirksam sein.[82] Die in formularmäßigen Versorgungsrichtlinien enthaltene Klausel: „In Höhe des nach den Richttafeln Dr. Heubeck, Dr. Fischer, Rechnungszins 5,5 % berechneten Barwertes der von der Firma zu gewährenden Versorgungsleistungen entsteht nach dem Grundsatz der Billigkeit kein Ausgleichsanspruch gem. § 89 b HGB (...)" hält nach Auffassung des BGH einer Inhaltskontrolle nach § 9 Abs. 1 AGBG (jetzt: § 307 Abs. 1 Satz 1 BGB) nicht stand.[83]

299 Bei der Vertragsgestaltung sollte eine Entscheidung des LAG Hessen[84] beachtet werden: Bei dem in einem Arbeitsverhältnis stehenden Außendienstmitarbeiter, der zu Hause einen PC, Muster und Werbematerialien lagern muss, besteht ein Anspruch auf Erstattung der Kosten eines Arbeitszimmers gem. §§ 670, 675 BGB (Aufwendungsersatz). Beim Handelsvertreter besteht dieser Anspruch nicht. Eine Vereinbarung über die **Rückzahlung von Ausbildungskosten** in einem Handelsvertretervertrag ist nach § 307 Abs. 1 Satz 1 BGB kontrollfähig. Es handelt sich nicht um eine der AGB-Kontrolle entzogene Preisabrede für eine Ausbildung. Ein Verstoß gegen das Verbot unangemessener Benachteiligung liegt vor, wenn dem Verwender einer formularmäßigen Vertragsbedingung eine einseitige, Treu und Glauben widersprechende Verfolgung seiner Interessen vorzuwerfen ist. Firmenvertreter können allerdings nur nach § 5 Abs. 3 Satz 2 ArbGG prozessual mit Arbeitnehmern, nicht hinsichtlich der inhaltlichen Grundsätze, die auf ihr Rechtsverhältnis Anwendung, gleich gesetzt werden. Eine richterliche Inhaltskontrolle nach den vom Bundesarbeitsgericht für einzelvertragliche Rückzahlungsklauseln entwickelten Grundsätzen findet nicht statt, wenn die Erstattungsabrede über Ausbildungskosten nicht in einem Arbeitsvertrag, sondern in einer Vereinbarung mit einem selbständigen Handelsvertreter getroffen wurde.[85]

300 Die Palette der hier vorgestellten Handelsvertreterverträge reicht vom einfachen Vertrag ohne Gebietsschutz[86] bis zum weltweiten zweisprachigen Vertragshändlervertrag.[87] Handelsvertreter fragen manchmal den Anwalt, ob sie sich einem im Vertrag vereinbarten Konkurrenzverbot dadurch entziehen kön-

---

80 BGH 21.5.2003 – VIII ZR 57/02, NZA 2003, 920; v. *Westphalen*, BB 2001, 1592.
81 BGH 20.11.2002 – VIII ZR 146/01, BGHZ 153, 6 = DB 2003, 142.
82 BGH 21.5.2003 – VIII ZR 57/02, NJW 2003, 3350.
83 BGH 20.11.2002 – VIII ZR 211/01, MDR 2003, 277 = DB 2003, 144.
84 LAG Hessen 16.6.1998 – 6 Sa 2268/97, AiB 1999, 417.
85 BAG 24.10.2002 – 6 AZR 632/00, NZA 2003, 668.
86 Muster 1700.
87 Muster 1718.

nen, dass sie ihre Ehefrau eine Vertretung gründen lassen. In diesen Fällen muss der Anwalt unmissverständlich darauf hinweisen, dass eine Umgehung des Wettbewerbsverbots durch Vorschieben der Ehefrau einem Verstoß gegen das Wettbewerbsverbot gleichkommt.[88]

III. Vertragskonzepte bei freien Mitarbeitern

1. Bezeichnung als „freier Mitarbeiter" ohne konstitutive Bedeutung

Wie das Gesetz in den §§ 611 ff BGB unterscheidet das BAG in seiner Rechtsprechung grundlegend zwischen Arbeitnehmern, die in einem Arbeitsverhältnis, und Selbständigen, die in einem Dienstverhältnis stehen. Da nahezu alle beruflichen Tätigkeiten von Menschen entweder in abhängiger Beschäftigung oder aber in Selbständigkeit ausgeführt werden können, kommt der Abgrenzung in der Praxis erhebliche Bedeutung zu, vor allem im Sozialversicherungs- und Steuerrecht, aber auch im Arbeitsrecht: **Arbeitnehmer** ist seit der Definition des Reichsversicherungsamtes aus dem Jahre 1891, wer in persönlicher Abhängigkeit fremdbestimmte Arbeit leistet.[89] **Freie Mitarbeiter** verrichten ihre Arbeit dagegen **selbständig**. Dabei kommt es nicht darauf an, wie die Parteien das Vertragsverhältnis bezeichnen. Der Status des Beschäftigten richtet sich nicht nach dem bloßen Willen der Vertragspartner, sondern danach, wie die Vertragsbeziehung nach ihrem Geschäftsinhalt objektiv einzuordnen ist.[90] Durch Parteivereinbarung kann die rechtliche Bewertung einer Rechtsbeziehung als Arbeitsverhältnis nicht abbedungen und der Geltungsbereich des Arbeitnehmerschutzrechts nicht eingeschränkt werden. Arbeitnehmer können daher nicht durch „bloße Umbenennung" oder „Umetikettierung" zum selbständigen freien Mitarbeiter oder Berater etc. „umgewidmet"[91] werden.

301

Aber: Der **Wille der Vertragsparteien** ist keineswegs irrelevant, er beeinflusst nämlich sowohl die Vertragsgestaltung als auch die spätere Vertragsdurchführung erheblich. Die Parteien haben es im Rahmen der Vertragsfreiheit nämlich im Wesentlichen „in der Hand", die wechselseitigen Vertragspflichten dergestalt zu definieren, dass sich in der Gesamtschau/-bewertung eine freie Mitarbeit und kein Arbeitsverhältnis ergibt. Der wirkliche Geschäftsinhalt und damit der wirkliche Rechtscharakter des Vertrages ist nämlich den ausdrücklich getroffenen Vereinbarungen und der praktischen Durchführung eines Vertrages mit einem Mitarbeiter zu entnehmen.[92] Dem Willen der Vertragspartner kann bei der Vertragsausgestaltung Geltung verschafft und damit auch maßgeblich Einfluss auf die Rechtsstruktur der Vertragsvereinbarung genommen werden. Wird der Vertrag in der Praxis dann aber abweichend von den ausdrücklichen Vereinbarungen vollzogen, ist die tatsächliche Durchführung maßgebend.[93] Wird also eine freie Mitarbeiter angestrebt, so ist der Vertragsinhalt entsprechend auszurichten und zudem dieser Vertrag dann in praxi auch entsprechend „zu leben". Nur bei den Tätigkeiten, die typischerweise sowohl in der Form der Selbständigkeit als auch in Form eines Arbeitsverhältnisses erbracht werden können und bei denen sich die für und gegen eine Selbständigkeit sprechenden Indizien die Waage halten, kann der Wille der Vertragsparteien im Rahmen der Gesamtabwägung entscheidende Bedeutung erlangen.[94]

302

Keine Arbeitsverhältnisse sind solche Rechtsbeziehungen, die rechtlich und tatsächlich als freie Mitarbeiterverhältnisse, als Beraterverträge oder Werkverträge ausgestaltet sind und auch so „gelebt" werden.

303

2. Abgrenzung zum Arbeitnehmer

Arbeitnehmer ist, wer aufgrund eines privatrechtlichen Vertrages im Dienste eines anderen zur Leistung weisungsgebundener fremdbestimmter Arbeit in persönlicher Abhängigkeit verpflichtet ist.[95] Das Arbeitsverhältnis ist ein auf den Austausch von Arbeitsleistungen und Vergütung gerichtetes Dauer-

304

---

88 BGH 23.1.1964 – VII ZR 126/62, BB 1964, 409 f.
89 BAG 20.1.2010 – 5 AZR 99/09, DB 2010, 788 f; BAG 20.7.1994 – 5 AZR 627/93, NZA 1995, 161; BSG 1.12.1977 – 12/3/12 RK 39/74, BB 1978, 966; Hümmerich, NJW 1998, 2625; Moll/Reiserer, MAH Arbeitsrecht, § 4 Rn 2.
90 BAG 15.12.1999 – 5 AZR 3/99, NZA 2000, 534.
91 BAG 14.3.2007 – 5 AZR 499/06, NZA-RR 2007, 289 ff; BAG 9.6.2010 – 5 AZR 332/09, NJW 2010, 2455.
92 BAG 14.3.2007 – 5 AZR 499/06, NZA-RR 2007, 289 ff.
93 BAG 20.7.1994 – 5 AZR 627/93, NZA 1995, 161; BAG 9.5.1996 – 2 AZR 438/95, NZA 1996, 1145; BAG 20.1.2010 – 5 AZR 99/09, DB 2010, 788 f.
94 BAG 9.6.2010 – 5 AZR 332/09, NJW 2010, 2455.
95 BAG 9.6.2010 – 5 AZR 332/09, NJW 2010, 2455.

schuldverhältnis. Die vertraglich geschuldete Leistung ist im Rahmen einer von Dritten bestimmten Arbeitsorganisation zu erbringen.[96] Nach der Rechtsprechung des BAG unterscheiden sich das Arbeitsverhältnis und das Rechtsverhältnis eines freien Mitarbeiters durch den **Grad der persönlichen Abhängigkeit**, in der sich der zur Dienstleistung Verpflichtete jeweils befindet.[97] Eine wirtschaftliche Abhängigkeit ist weder erforderlich noch ausreichend. Arbeitnehmer ist danach derjenige Mitarbeiter, der seine Dienstleistung im Rahmen einer vom Arbeitgeber bestimmten Arbeitsorganisation erbringt. Hier wird einheitlich das Abgrenzungsmerkmal aus § 84 Abs. 1 Satz 2 HGB zur Begründung herangezogen. Die Eingliederung in eine fremde Arbeitsorganisation zeigt sich insbesondere darin, dass der Beschäftigte einem **Weisungsrecht** des Arbeitgebers unterliegt.[98] Dieses Weisungsrecht kann Inhalt, Durchführung, Zeit, Dauer und Ort der Tätigkeit betreffen. Die inhaltlich-fachliche Weisungsgebundenheit ist für Dienste höherer Art allerdings nicht immer typisch. Die Art der Tätigkeit kann es mit sich bringen, dass dem Dienstverpflichteten – auch in einem Arbeitsverhältnis – ein hohes Maß an Gestaltungsfreiheit, Eigeninitiative und fachlicher Selbständigkeit verbleibt.[99] Für die Abgrenzung sind demnach immer in erster Linie die Umstände entscheidend, unter denen die Dienstleistung tatsächlich erbracht wird. „Ob der Grad der Abhängigkeit besteht, wird dabei üblicherweise anhand von Indizien beurteilt, zB der Eingliederung in die fremde Arbeitsorganisation, Eigenart und Organisation der Tätigkeit, Weisungsgebundenheit hinsichtlich Ort, Zeit, Dauer und Art der Tätigkeit, persönliche Leistung oder Art und Modalitäten der Entgeltzahlung. Dabei ist im Rahmen der wertenden Gesamtbetrachtung zu ermitteln, welchem Typus das Vertragsverhältnis zuzuordnen ist. Dabei sind nicht alle Indizien gleichrangig. Entscheidend ist die mit der Eingliederung verbundene Ausübung des Direktionsrechts durch den Arbeitgeber."[100]

305 Bei der Vertragsgestaltung ist zu beachten, dass nicht schon allein der Umstand für ein Arbeitsverhältnis spricht, dass es sich bei dem konkreten freien Mitarbeiterverhältnis um ein auf Dauer angelegtes Vertragsverhältnis handelt. Arbeitsverhältnisse und freie Mitarbeiterverhältnisse sind stets **mit und ohne Dauerverpflichtung** denkbar. Typischerweise werden Dauerrechtsbeziehungen mit Unternehmensberatern, Ärzten oder Rechtsanwälten unterhalten, ohne dass aus der Dauer der Rechtsbeziehung auf ein Arbeitsverhältnis geschlossen würde.[101] Entsprechendes gilt für die Frage des wöchentlichen Umfangs der Inanspruchnahme der Dienste/Arbeitsleistung, denn zu Recht weist *Müller-Glöge* darauf hin, dass es auch „Eintages-" und „Teilzeit"-Arbeitsverhältnisse gibt.[102]

306 Abstrakte, für alle Arbeitsverhältnisse abschließend geltende **Kriterien**, aus denen sich die **persönliche Abhängigkeit** definiert, lassen sich nach allgemeiner Meinung in Rechtsprechung und Literatur nicht aufstellen.[103] Die Rechtsprechung bedient sich daher bei der Abgrenzung einer typologischen Herangehensweise[104] und einer Vielzahl von **Indizien**, die dann in jedem Einzelfall mittels einer **Gesamtabwägung** der für oder gegen eine Abhängigkeit bzw Selbständigkeit sprechenden Indizien dergestalt abgearbeitet werden, dass sie jeweils in ihrer Bedeutung gewichtet und sodann die für und gegen den Arbeitnehmerstatus sprechenden Indizien in einer Gesamtschau gegeneinander abgewogen werden – oder wie es das BSG formuliert: „Die Zuordnung einer Tätigkeit nach deren Gesamtbild zum rechtlichen Typus der Beschäftigung bzw selbstständigen Tätigkeit setzt voraus, dass alle nach Lage des Einzelfalls als Indizien in Betracht kommenden Umstände festgestellt, in ihrer Tragweite zutreffend erkannt und gewichtet, in die Gesamtschau mit diesem Gewicht eingestellt und nachvollziehbar, dh den Gesetzen der Logik entsprechend und widerspruchsfrei gegeneinander abgewogen werden."[105]

---

96 BAG 25.5.2005 – 5 AZR 347/04, AP § 611 BGB Abhängigkeit Nr. 117.
97 BAG 25.5.2005 – 5 AZR 374/04, AP § 611 BGB Abhängigkeit Nr. 117; BAG 15. 2.2012 – 10 AZR 301/10, NZA 2012, 731.
98 BAG 25.5.2005 – 5 AZR 347/04, BAGE 115, 1 = DB 2005, 2529; vgl aber auch LAG München 7.8.2007 – 6 Sa 162/07, BeckRS 2009, 67595.
99 BAG 13.1.1983 – 5 AZR 149/82, NJW 1984, 1985; BAG 13.11.1991 – 7 AZR 31/91, NZA 1992, 1125; BAG 20.7.1994 – 5 AZR 627/93, NZA 1995, 161.
100 LAG Düsseldorf 18.3.2013 – 9 Sa 1746/12, BeckRS 2013, 69036.
101 BAG 27.3.1991 – 5 AZR 194/90, NZA 1991, 933; BAG 30.10.1991 – 7 ABR 19/91, NZA 1992, 407; BAG 30.11.1994 – 5 AZR 704/93, NZA 1995, 622.
102 MüKo-BGB/*Müller-Glöge*, § 611 Rn 190; zu „Tages-Arbeitsverhältnissen" auch BAG 16.5.2012 – 5 AZR 268/11, NZA 2012, 974.
103 StRspr des BAG, zuletzt BAG 20.1.2010 – 5 AZR 99/09, DB 2010, 788 f.
104 MüKo-BGB/*Müller-Glöge*, § 611 Rn 171 mwN zur typologischen Methode.
105 BSG 25.4.2012 – B 12 KR 24/10 R, juris.

Kapitel 2: Handelsvertreterverträge; Verträge mit freien Mitarbeitern

Indizien, die regelmäßig bei der Abgrenzung von Abhängigkeit zur Selbständigkeit relevant sind und vor den Arbeitsgerichten in die Gesamtabwägung und -beurteilung einbezogen werden, sind:
- Zeitliches Weisungsrecht (Arbeitszeit)?
- Örtliches Weisungsrecht (Arbeitsort)?
- Fachliches Weisungsrecht (Art und Weise der Arbeitsausführung), ggf eingeschränkt bei hochqualifizierter Tätigkeit?
- Eingliederung in einen fremden Betrieb (Arbeitsorganisation), zB einseitige Aufnahme in Dienstpläne?
- Pflicht zur höchstpersönlichen Leistungserbringung (§ 613 Satz 1 BGB) bzw Recht, bei der Leistungserbringung Dritte einzusetzen?[106]
- Recht, angebotene Aufträge abzulehnen/kein Anspruch auf Auftragserteilung?
- Unternehmerisches Auftreten am Markt (zB eigene Homepage im Internet, Visitenkarten)?
- Gesamte Arbeitskraft geschuldet?
- Gleiche Tätigkeit wie angestellte Mitarbeiter?
- Konkurrenzverbot?
- Feste monatliche Vergütung?
- Pflicht, Urlaubsanträge einzureichen?
- (Ab-)Meldepflichten bei Krankheiten oder sonstigen Fehlzeiten?
- Nutzung fremder oder eigener Arbeitsmittel?
- Eigene Betriebsstätte?
- Gewerbeanmeldung?

Zudem gibt es für die im Wirtschaftsleben denkbaren Tätigkeiten nicht ein „Entweder – Oder", sondern eine Vielzahl von Tätigkeiten, die sowohl im Rahmen eines Arbeitsverhältnisses als auch im Rahmen eines freien Mitarbeiterverhältnisses erbracht werden können.[107] Dies hat das BAG namentlich für den Fall der **Mitarbeiter in Rundfunkanstalten** entschieden,[108] aber auch für Orchestermusiker,[109] Lehrer[110] oder Taxifahrer.[111] 307

Umgekehrt gibt es Tätigkeiten, die regelmäßig nur im Rahmen eines Arbeitsverhältnisses ausgeübt werden können. Bei bestimmten Berufen unterstellt das BAG regelmäßig, dass die Art der Tätigkeit keine Ausgestaltung als freies Mitarbeiterverhältnis erlaube, so etwa für **Lehrkräfte**, die an allgemeinbildenden Schulen in schulischen Lehrgängen unterrichten,[112] für Hilfspfleger im Krankenhaus[113] und für die Tätigkeit von Mitarbeitern fremdsprachlicher Dienste von Rundfunkanstalten mit routinemäßig anfallender Tätigkeit als Sprecher, Aufnahmeleiter oder Übersetzer.[114] 308

Im Bereich von **Presse, Film, Fernsehen und Rundfunk** spielt traditionellerweise der Einsatz von nicht fest angestellten Mitarbeitern eine erhebliche Rolle. **Programmgestaltende Mitarbeiter einer Rundfunkanstalt** können sowohl als freie Mitarbeiter als auch als Arbeitnehmer tätig werden.[115] Das BAG erkennt im Bereich von Presse, Film, Fernsehen und Rundfunk bei der Abgrenzung an, „dass die Gerichte Grundrechte interpretationsleitend berücksichtigen müssen, damit deren wertsetzender Gehalt auch 309

---

106 Nach LAG Köln 5.4.2012 – 6 Sa 1018/11, juris ist die „Möglichkeit der Leistungserbringung durch Dritte (...) ein wesentliches Merkmal des selbständigen Tätigwerdens, das mit dem Status eines Arbeitnehmers grundsätzlich nicht zu vereinbaren ist. Der regelmäßige Einsatz von Drittkräften spricht daher für das Vorliegen eines Dienstvertrages, der ohne weiteres ordentlich gekündigt werden kann"; ähnl. LAG Hamm 13.3.2012 – 2 Ta 680/11, juris.
107 BAG 30.10.1991 – 7 ABR 19/91, NZA 1992, 407; BAG 9.5.1996 – 2 AZR 438/95, NZA 1996, 1145, 1148.
108 BAG 26.8.2009 – 5 AZN 503/09, AP § 72 a ArbGG Nr. 65.
109 BAG 22.8.2001 – 5 AZR 502/99, NZA 2003, 662 ff.
110 BAG 20.1.2010 – 5 AZR 106/09, NZA 2010, 964.
111 BAG 29.5.1991 – 7 ABR 67/90, NZA 1992, 136 f.
112 BAG 20.1.2010 – 5 AZR 106/09, NJOZ 2010, 1705; BAG 15.2.2012 – 10 AZR 301/10, NZA 2012, 731; anders dagegen: Volkshochschuldozenten.
113 BAG 13.2.1985 – 7 AZR 345/82; zu der aktuell wegen des Pflegepersonalmangels besonders umstrittenen sozialversicherungsrechtlichen Einordnung examinierter Krankenpfleger/-innen vgl etwa LSG Baden-Württemberg 17.4.2013 – L 5 R 3755/11, NZS 2013, 501; LSG Hamburg 10.12.2012 – L 2 R 13/09, BeckRS 2013, 65692; LSG Nordrhein-Westfalen 23.8.2012 – L 16 KR 372/10, BeckRS 2012, 74418.
114 BAG 3.10.1975 – 5 AZR 162/74, AP § 611 BGB Abhängigkeit Nr. 15; BAG 16.2.1994 –5 AZR 402/93, NZA 1995, 21; BAG 9.3.1977 – 5 AZR 110/76, DB 1977, 2459 f.
115 BAG 20.7.1994 – 5 AZR 627/93, NZA 1995, 161, 162.

§ 1 Verträge mit Arbeitnehmern, freien Mitarbeitern und Gesellschaftsorganen

auf der Rechtsanwendungsebene gewahrt bleibt".[116] Aus der Rundfunkfreiheit folgt nach Auffassung des BVerfG,[117] dass den Anstalten die für die Erfüllung ihres Programmauftrags notwendige Freiheit und Flexibilität genommen würde, wenn sie verpflichtet wären, die für andere Bereiche geltenden arbeitsrechtlichen Maßstäbe uneingeschränkt zu übernehmen. Allerdings ist insoweit nicht jeder arbeitsrechtliche Schutz ausgeschlossen.[118] Eine Art „Sonderrecht" der Rundfunkanstalten ergibt sich vom Kern der Presse- und Rundfunkfreiheit des Art. 5 GG ausgehend allerdings in Sachen Personal nur, wenn es um die **inhaltliche Ausgestaltung des Programms** geht, also sog. **programmgestaltende Mitarbeiter** betroffen sind, nicht dagegen bei Mitarbeitern, deren Tätigkeit sich in der technischen Realisierung des Programms und ohne inhaltlichen Einfluss auf das Programm erschöpft, wie zB **Toningenieure** oder bloße Sprecher (anders allerdings: **Moderatoren**), oder bei rein administrativen Tätigkeiten, wie zB Mitarbeiter aus der Verwaltung.[119]

Ein Grenzfall ist nach einer jüngsten Entscheidung des LAG München der sog. **Cutter**, den das LAG trotz gewisser künstlerischer Leistung nicht dem Bereich der Programmgestaltung zugeordnet hat.[120] Das BVerfG formuliert dazu folgenden Leitsatz: „Der Schutz der Rundfunkfreiheit umfasst neben der Auswahl der an der inhaltlichen Gestaltung der Sendungen mitwirkenden Mitarbeiter die Entscheidung darüber, ob solche Mitarbeiter fest angestellt werden oder ob ihre Beschäftigung aus Gründen der Programmplanung auf eine gewisse Dauer oder ein gewisses Projekt zu beschränken ist und wann, wie oft oder wie lange ein Mitarbeiter benötigt wird. Dies schließt die Befugnis ein, bei der Begründung von Mitarbeiterverhältnissen den insoweit jeweils geeigneten Vertragstyp zu wählen."[121]

Bei **programmgestaltenden Mitarbeitern** liegt ein Arbeitsverhältnis vor, wenn der Sender innerhalb eines bestimmten zeitlichen Rahmens über die Arbeitsleistung verfügen kann.[122] Das ist bspw dann der Fall, wenn ständige Dienstbereitschaft erwartet wird.[123] Gegen ein freies Mitarbeiterverhältnis spricht, wenn die Dienstpläne einseitig aufgestellt werden.[124] Für ein freies Mitarbeiterverhältnis spricht dagegen, wenn der Sender ausdrücklich erklärt und es auch so handhabt, dass die Dienstpläne unverbindlich sind oder erst in Kraft treten, wenn ihnen der eingesetzte Mitarbeiter nicht widersprochen hat.[125] Demgemäß ist das Muster 1756 formuliert. Gleiches gilt, wenn die Aufnahme in den Dienstplan für die Produktion eines Radioprogramms nicht ohne vorherige Zustimmung des Mitarbeiters erfolgt.[126]

Zur **sozialversicherungsrechtlichen Einordnung** haben die Spitzenverbände der Sozialversicherungsträger eine **Entscheidungshilfe** herausgegeben.[127]

310 Diese Grundsätze sind auch bei der Gestaltung sonstiger Verträge von freien Mitarbeitern zu beachten. Letztlich kommt es immer darauf an, wie viel **Freiheit** dem Mitarbeiter **in der Selbstorganisation** seiner Tätigkeit verbleibt. Je mehr der Arbeitgeber über Weisungen in diese Selbstorganisation des Mitarbeiters eingreifen kann, umso eher ist ein Arbeitsverhältnis anzunehmen.[128] Während der früher für Statusfragen zuständige 5. Senat des BAG in der Vergangenheit die Freiheit der Selbstorganisation stärker unter dem Aspekt der Arbeitszeitsouveränität gewichtet hat, wirft der inzwischen zuständige 10. Senat in neuerer Zeit – wohl auch wegen der inzwischen auch im Arbeitsverhältnis durch Gleitzeit etc. ausgedehnten Arbeitszeitsouveränität – vermehrt sein Augenmerk auf die **Art und Organisation der Arbeit**. Auch bei freien Mitarbeitern hat der Unternehmer ein im Einzelfall mehr oder weniger ausgeprägtes Interesse, Vorgaben zu formulieren und durchzusetzen, damit die Leistung den benötigten Anforderungen entspricht. In Verträge mit freien Mitarbeitern können deshalb Vertragsbestimmungen aufgenommen werden, die das geschuldete Arbeitsergebnis und/oder geforderte Qualitätsanforderungen umschreiben, nicht hingegen solche Anforderungen, die in das Recht der Selbstorganisation des Mitarbei-

---

116 MüKo-BGB/*Müller-Glöge*, § 611 Rn 183 mwN.
117 BVerfG 13.1.1982 – 1 BvR 848/77, BVerfGE 59, 231.
118 BVerfG 18.2.2000 – 1 BvR 491/93, 1 BvR 562/93, 1 BvR 624/98, NZA 2000, 653.
119 BVerfG 13.1.1982 – 1 BvR 848/77, BVerfGE 59, 231 = NJW 1982, 1447.
120 LAG München 9.4.2013 – 6 Sa 605/12, juris (Revision beim BAG unter Az 10 AZR 603/13).
121 BVerfG 18.2.2000 – 1 BvR 491/93, 1 BvR 562/93, 1 BvR 624/98, NZA 2000, 653.
122 BAG 9.6.1993 – 5 AZR 123/92, NZA 1994, 169.
123 BAG 7.5.1980 – 5 AZR 293/78, AP § 611 BGB Abhängigkeit Nr. 35.
124 BAG 16.2.1994 – 5 AZR 402/93, NZA 1995, 21.
125 BAG 16.2.1994 – 5 AZR 402/93, NZA 1995, 21.
126 ArbG Hannover 11.1.1995 – 2 BV 1/94, AfP 1996, 190.
127 Anlage 1 des „Gemeinsamen Rundschreiben der Spitzenverbände der Sozialversicherungsträger zur Statusfeststellung von Erwerbstätigen" vom 13.4.2010, abrufbar unter www.drv.de; vgl dazu auch *Joch/Wenninger*, ZUM 2012, 538.
128 So zu Recht schon *Hümmerich*, NJW 1998, 2625.

ters eingreifen, wie er gedenkt, die Leistung zu erbringen. In Anlehnung an § 642 BGB (Besteller) können „arbeitsbezogene" (oder: werks- bzw leistungsbezogene), nicht aber „arbeitsbegleitende" Vorgaben gemacht werden. Die Grenzen sind fließend, weshalb *Hümmerich* einen neuen, situationsgebundenen Arbeitnehmerbegriff gefordert hat.[129]

Je mehr **Eigenverantwortung** der Mitarbeiter bei der **Arbeitsorganisation** und **Arbeitsdurchführung** einschließlich der Arbeitssituation trägt, desto wahrscheinlicher ist die Anerkennung seines Status als freier Mitarbeiter. Ein Zeitungszusteller, der weitere Zusteller, die in seinem Auftrag arbeiten, beschäftigt, ist ein freier Mitarbeiter.[130] Kundenberaterinnen, die selbständig bei Weight-Watchers Trainingsprogramme durchführen und in der Einteilung der Kurse, Übernahme von Aufgaben in selbstbestimmtem Umfang entscheiden können, sind freie Mitarbeiter und keine Arbeitnehmer.[131] Ein Verkaufsfahrer als Franchisenehmer dagegen, den ein Bündel von Arbeitsvorgaben einengt, ist Arbeitnehmer,[132] auch ein Schiffsarzt auf einem Kreuzfahrtschiff.[133] Gleiches gilt für einen Transporteur mit eigenem Fahrzeug im Güterverkehr, wenn das eigene eingesetzte Transportfahrzeug die Farben und das Logo der beauftragenden Firma trägt, alle Transporteure zu einem bestimmten Zeitpunkt zur Übernahme der Transportaufträge und der Transportgüter zu erscheinen haben und die Routen der Transporteure von dem beauftragenden Unternehmen selbst festgelegt werden.[134] In der Eismann-Entscheidung[135] hat das BAG ebenfalls auf Arbeitnehmereigenschaft von Franchisenehmern im Verkaufsfahrerstatus erkannt. Die Kundenschulungsbeauftragten bei Rank Xerox sind keine freien Mitarbeiter, sondern Arbeitnehmer.[136] Ob die als freie Mitarbeiter behandelten Versicherungsvertreter der Hamburg-Mannheimer Arbeitnehmer sind, wie das LAG Nürnberg in der Vorinstanz angenommen hatte, hatte das BAG zunächst offengelassen.[137] Die beiden Verfahren wurden zwecks weitergehender Aufklärung in tatsächlicher Hinsicht an das LAG Nürnberg zurückverwiesen, das dann entschieden hat, die Versicherungsvertreter der Hamburg-Mannheimer Versicherung seien keine Arbeitnehmer.[138] Außerdem hat das BAG in den nicht zurückverwiesenen Fällen ebenfalls abschließend entschieden, dass den Einfirmenvertretern der Hamburg-Mannheimer kein Arbeitnehmerstatus zukomme.[139]

Auch die **Vergütung** des freien Mitarbeiters sollte in ihrer Ausgestaltung möglichst abweichend von einer für das Arbeitsverhältnis typischen monatlichen Festvergütung geregelt werden, also etwa durch Stunden- oder Tagessätze, oder durch Pauschalvergütungen geprägt werden.

3. „Scheinselbständigkeit"

Mit dem Begriff der **Scheinselbständigkeit** wird vor allem im Sozialversicherungsrecht der Lebenssachverhalt umschrieben, in dem eine Zusammenarbeit „nach außen formal" als selbständige Tätigkeit, etwa auf Basis eines Werk- oder meist Dienstvertrages, ausgestaltet wird, also als Selbständigkeit erscheint, sich rein tatsächlich aus der Art und Weise der Zusammenarbeit aber ergibt, dass mit dem „Scheinselbständigen" wie mit einem Arbeitnehmer zusammengearbeitet wird. Oft geschieht dies aus der Motivation heraus, Sozialversicherungsbeiträge zu sparen und steuerliche Vorteile zu nutzen. Diese Hoffnung ist aber auch oft trügerisch, wenn es nicht gelingt, einen klar auf Selbständigkeit ausgerichteten Vertrag über freie Mitarbeit zu erstellen und dann die tatsächliche Zusammenarbeit auch entsprechend (vertragsgemäß) auszugestalten bzw zu realisieren. Aufgrund der – vor allem für den Auftraggeber – schwerwiegenden Rechtsfolgen einer „Scheinselbständigkeit" im Arbeits-, Sozialversicherungs- und Steuerrecht, ggf sogar im Strafrecht (s. Rn 314), bedarf es bei der Realisierung von freier Mitarbeit besonderer Sorgfalt:

---

129 *Hümmerich*, NJW 1998, 2625.
130 BAG 16.7.1997 – 5 AZR 312/96, NZA 1998, 368.
131 BAG 9.5.1996 – 2 AZR 438/95, NZA 1996, 1145.
132 BAG 16.7.1997 – 5 AZB 29/96, NJW 1997, 2973.
133 LAG Hamm 2.7.2012 – 2 Ta 71/12, juris.
134 BAG 19.11.1997 – 5 AZR 653/96, DB 1998, 624.
135 BAG 16.7.1997 – 5 AZB 29/90, SPA 17/1997, 4.
136 BAG 6.5.1998 – 5 AZR 247/97, NZA 1999, 205.
137 BAG 16.6.1998 – 5 AZR 255/98, NZA 1998, 1079.
138 LAG Nürnberg 26.1.1999 – 7 Sa 658/98, BB 1999, 793.
139 BAG 15.12.1999 – 5 AZR 169/99, BAGE 93, 132; BAG 15.12.1999 – 5 AZR 3/99, DB 2000, 879; BAG 15.12.1999 – 5 AZR 770/98, NZA 2000, 481; BAG 15.12.1999 – 5 AZR 566/98, NZA 2000, 447; BAG 15.12.1999 – 5 AZR 457/98, NZA 2000, 775.

§ 1 Verträge mit Arbeitnehmern, freien Mitarbeitern und Gesellschaftsorganen

314 Wird ein Vertragsverhältnis nur der Form bzw dem Schein nach als freies Mitarbeiterverhältnis geführt, obwohl in Wahrheit ein Arbeits- bzw sozialversicherungsrechtlich ein Beschäftigungsverhältnis (§ 7 SGB IV) vorliegt, sind die rechtlichen Folgen und wirtschaftlichen Konsequenzen insbesondere für den Auftraggeber auch bei nicht vorsätzlicher, sondern „nur" irrtümlicher Fehleinschätzung beträchtlich. Beschäftigt der Auftraggeber mehrere „Scheinselbständige", so multiplizieren sich die Risiken sogar noch entsprechend.

- Im **Arbeitsrecht** besteht die Gefahr, dass der Mitarbeiter sich auf die Schutzbestimmungen des Arbeitsrechts beruft. Speziell im Fall der Kündigung sind Kündigungsschutzklagen vor den Arbeitsgerichten zu erwarten, wenn der freie Mitarbeiter in Wahrheit als Arbeitnehmer eingesetzt wird.[140] Aber auch alle sonstigen Arbeitnehmerschutzrechte, wie zB die Rechte aus dem ArbZG, dem EFZG, dem BUrlG und etwa dem MuSchG, greifen dann – unvorhergesehen – ein.

- Im **Sozialversicherungsrecht** geht es um die Gefahr der Nachforderung von Gesamtsozialversicherungsbeiträgen, die der „Scheinauftraggeber" hätte abführen müssen.

- Im **Steuerrecht** geht es beim „Scheinselbständigen" sowohl um den dann auftraggeberseits nicht erfolgten Lohnsteuerabzug (§ 42 d EStG) und die sich daraus ergebende Haftung des Arbeitgebers für die nicht abgeführte Lohnsteuer als auch um die Berechtigung bzw fehlende Berechtigung zum Vorsteuerabzug bei der gesetzlichen Mehrwertsteuer. Für den „Scheinauftraggeber" geht es um die Berichtigung seiner eigenen Umsatzsteuererklärungen, alles ggf. für mehrere Jahre. Hier kommen schnell sechsstellige Beträge zusammen.[141]

- Im **Strafrecht** drohen den Organmitgliedern des Auftraggebers im Rahmen des § 266 a StGB („Vorenthalten von Sozialversicherungsbeiträgen") die „üblichen" Sanktionen wie Strafbefehl oder Verurteilung mit Geld- und in größeren Fällen ggf. auch Haftstrafen, bestenfalls eine Einstellung des Ermittlungsverfahrens mangels hinreichenden Tatverdachts (§ 170 Abs. 2 StPO) oder eine Einstellung gegen Geldauflage (§ 153 a StPO).

315 Bereitet im Bereich des Arbeitsrechts die Abgrenzung zwischen Arbeitsverhältnis und Selbständigkeit schon seit langem gewisse Schwierigkeiten, so gilt dies mindestens ebenso für den Bereich des **Sozialversicherungsrechts**, in dem es um die entsprechende **Abgrenzung** von **Beschäftigung** (vgl § 7 Abs. 1 SGB IV) und **Selbständigkeit** geht. Vor dem Hintergrund dieser Abgrenzungsschwierigkeiten hatte die rot-grüne Regierung Ende 1998 in der Form des „Gesetzes zu Korrekturen in der Sozialversicherung und zur Sicherung der Arbeitnehmerrechte"[142] (sog. **Korrekturgesetz**) den Versuch unternommen, die „Flucht aus dem sozialversicherungspflichtigen Normalarbeitsverhältnis" in die Selbständigkeit zu erschweren und der Praxis die Abgrenzung zu erleichtern. Das Korrekturgesetz war am 1.1.1999 in Kraft getreten. Mit ihm wurden die Bestimmungen des **§ 7 Abs. 4 SGB IV** und **§ 2 Nr. 9 SGB VI** geschaffen, durch die der sozialversicherungsrechtliche Beschäftigungsbegriff ergänzt und mittels eines Vier-Kriterien-Kataloges[143] eine **widerlegbare Vermutungsregel** aufgestellt wurde: Bei Personen, die erwerbstätig waren und **zwei von vier** der in der Vorschrift genannten Kriterien erfüllten, wurde vermutet, dass sie in einem Arbeitsverhältnis stehen und damit nach § 7 Abs. 1 SGB IV Beschäftigte im sozialversicherungsrechtlichen Sinne sind. Sollte danach dennoch Selbständigkeit gegeben sein, so wurde gleichsam als Rückfalloption[144] mit § 2 Nr. 9 SGB VI die Rechtsfigur des **arbeitnehmerähnlichen Selbständigen** geschaffen und der Kreis der rentenversicherungsrechtlichen Selbständigen erheblich erweitert.[145] Ist ein Scheinselbständiger „Beschäftigter" nach § 7 Abs. 4 SGB IV, wird er in allen Zweigen der Sozialversicherung versicherungspflichtig und Arbeitgeber und Scheinselbständiger haben die Sozialversicherungsbeiträge mit Ausnahme der Beiträge zur Unfallversicherung je zur Hälfte zu tragen. Konnte die Vermutung, dass jemand Beschäftigter iSv § 7 Abs. 4 SGB IV ist, widerlegt werden, musste in einem zweiten Schritt geprüft werden, ob der selbständige freie Mitarbeiter zumindest arbeitnehmer-

---

140 *Reiserer*, BB 2003, 1557.
141 Näher zu den Rechtsfolgen fehlerhafter Einordnung des Vertragsverhältnisses ErfK/*Preis*, § 611 BGB Rn 100 ff; speziell zur Nachforderung von Sozialversicherungsbeiträgen näher *Kittner*, NZS 2011, 929.
142 Gesetz vom 19.12.1998, BGBl. I, 3843.
143 Vgl zu den Kriterien die Tabelle in Rn 316.
144 H/S-*Regh*, Das arbeitsrechtliche Mandat, § 3 Rn 149.
145 Person, die im Zusammenhang mit ihrer selbständigen Tätigkeit regelmäßig keinen versicherungspflichtigen Arbeitnehmer beschäftigt, dessen Arbeitsentgelt aus diesem Beschäftigungsverhältnis regelmäßig 400 EUR monatlich übersteigt *und* auf Dauer (Abgrenzung zur befristeten Projektarbeit) und im Wesentlichen (5/6-tel-Regelung) nur für einen Auftraggeber tätig ist; vgl dazu auch LSG Niedersachsen 26.1.2006 – L 1 RA 105/04, juris.

ähnlicher Selbständiger nach § 2 Nr. 9 SGB VI ist und dann ausschließlich zur Rentenversicherung versicherungspflichtig ist, wenn er die Merkmale Nr. 1 und 2 in § 7 Abs. 4 SGB IV erfüllt. In diesem Fall musste der freie Mitarbeiter die Rentenversicherungsbeiträge zu 100 % selbst aufbringen.

Nach heftiger Kritik aus Praxis und auch juristischer Literatur beschloss der Bundestag ziemlich genau ein Jahr nach Inkrafttreten des Korrekturgesetzes am 12.11.1999 das **„Gesetz zur Förderung der Selbständigkeit"**, mit dem Korrekturen am Korrekturgesetz angebracht wurden.[146] Der Neuregelung lag die Arbeit der sog. Dieterich-Kommission zugrunde.[147] Die Neufassung des § 7 Abs. 4 SGB IV enthielt in ihrem Obersatz neue Voraussetzungen für die Anwendung der Vermutungsregel und bestand im Übrigen nicht mehr aus nur vier, sondern aus **fünf**, zum Teil abgeänderten formulierten Merkmalen:

316

§ 7 Abs. 4 SGB IV nF (gültig vom 1.1.2000–31.12.2002)	§ 7 Abs. 4 SGB IV aF (gültig vom 1.1.1999–31.12.1999)
Bei einer erwerbsmäßig tätigen Person, die ihre *Mitwirkungspflichten nach § 206 SGB V oder § 196 Abs. 1 SGB VI nicht erfüllt*, wird vermutet, dass sie beschäftigt ist, wenn mindestens 3 der folgenden 5 Merkmale vorliegen:	Bei Personen, die erwerbstätig sind und … wird vermutet, dass sie gegen Arbeitsentgelt beschäftigt sind, wenn mindestens zwei der genannten Merkmale vorliegen:
1. Die Person beschäftigt … regelmäßig keinen versicherungspflichtigen Arbeitnehmer, dessen Arbeitsentgelt aus diesem Beschäftigungsverhältnis regelmäßig im Monat 325 EUR übersteigt.	1. Sie beschäftigen im Zusammenhang mit ihrer Tätigkeit mit Ausnahme von Familienangehörigen keine versicherungspflichtigen Arbeitnehmer.
2. Sie ist auf Dauer und im Wesentlichen nur für einen Auftraggeber tätig.	2. Sie sind regelmäßig und im Wesentlichen nur für einen Auftraggeber tätig.
3. Ihr Auftraggeber oder ein vergleichbarer Auftraggeber lässt entsprechende Tätigkeiten regelmäßig durch von ihm beschäftigte Arbeitnehmer verrichten.	3. Sie erbringen für Beschäftigte typische Arbeitsleistungen, unterliegen insbesondere Weisungen des Auftraggebers.
4. Ihre Tätigkeit lässt typische Merkmale unternehmerischen Handelns nicht erkennen.	4. Sie treten nicht aufgrund unternehmerischer Tätigkeit am Markt auf.
5. Ihre Tätigkeit entspricht dem äußeren Erscheinungsbild nach der Tätigkeit, die sie für denselben Auftraggeber zuvor aufgrund eines Beschäftigungsverhältnisses ausgeübt hatte.	

Die Auswirkungen der gesetzlichen Neuregelung waren zahlreich und wurden in einer Reihe von Beiträgen erörtert.[148] Knapp drei Jahre später wurde die Vermutungsregel des § 7 Abs. 4 SGB IV dann mit dem „Zweiten Gesetz für moderne Dienstleistungen am Arbeitsmarkt" vom 23.12.2002[149] ganz aufgegeben. Nunmehr enthält **§ 7 Abs. 4 SGB IV** weder ein **Abgrenzungskriterien** noch eine **Vermutungsregel** und bestimmt, dass bei Personen, die für eine selbständige Tätigkeit einen Zuschuss nach § 421 l SGB III oder eine entsprechende Leistung nach § 16 SGB II beantragen, widerlegbar vermutet wird, sie seien in dieser Tätigkeit als Selbständige tätig. Die Neufassung des § 7 Abs. 4 SGB IV betrifft nun einen völlig anderen Sachverhalt.[150] Bei der Regelung des § 2 Nr. 9 SGB VI (Rentenversicherungspflicht sog. kleiner Selbständiger) ist es aber geblieben. Im Ergebnis ist der Gesetzgeber nach einer „Rolle rückwärts" wieder zur Situation „ex ante" zurückgekehrt, also zur klassischen Abgrenzung von selbständi-

317

---

146 Ohne Anspruch auf Vollständigkeit sei auf folgende Beiträge verwiesen: *Baeck*, DB 1999, 1065; *Bauer/Diller/Lorenzen*, NZA 1999, 169; *Bengelsdorf*, DB 1999, 1162; *Brand*, DB 1999, 1162; *Buchner*, DB 1999, 146 ff, 533 ff und 1502 ff; *Däubler*, NJW 1999, 601; *Fischer/Harth*, AuR 1999, 126; *Goretzki/Hohmeister*, BB 1999, 635; *Hanau*, ZIP 1999, 252; *Hohmeister*, NZA 1999, 337; *ders.*, NZS 1999, 179; *Kerschbaumer/Tiefenbacher*, AuR 1999, 121; *Kilger*, AnwBl 1999, 39; *Kollmer*, NJW 1999, 608; *Krebs*, DB 1999, 1602; *Kunz/Kunz*, DB 1999, 583 ff und 846 ff; *Leuchten/Zimmer*, DB 1999, 381; *Löwisch*, BB 1999, 102; *Reiserer*, BB 1999, 366; *ders.*, BB 1999, 1006; *Richardi*, DB 1999, 958; *Schiefer*, DB 1999, 48; *Söhnlein/Mocellin*, NZS 1999, 280; *Weimar/Goebel*, ZIP 1999, 217.
147 Dieterich-Kommission, NZA 1999, 1260; Zwischenbericht, NZA 1999, 1145.
148 *Bauer/Diller/Schuster*, NZA 1999, 1297; *Buchner*, DB 1999, 2514; *Gaul/Wisskirchen*, DB 1999, 2466; *Reiserer*, BB 2000, 94; *Schmidt*, NZS 2000, 57 ff.
149 BGBl. I 2002, 4621.
150 *Rolfs*, NZA 2003, 65.

ger und unselbständiger Tätigkeit von nach dem von der höchstrichterlichen Rechtsprechung des BSG entwickelten Indizienkatalog. Je nach Regierungskonstellation ab dem Herbst 2013 wäre zu befürchten, dass der Gesetzgeber angesichts der Diskussion um die Vielzahl „prekärer" Beschäftigungsverhältnisse erneut einen (voraussichtlich untauglichen) Versuch unternimmt, die im Einzelfall schlicht schwierige Abgrenzung zu simplifizieren.[151]

Der hier wiedergegebene Wortlaut der beiden alten Fassungen des § 7 Abs. 4 SGB IV (s. Rn 316) ist jetzt nur noch von rechtshistorischer Bedeutung. Von der Herausnahme dieses Wortlauts wurde gleichwohl abgesehen, weil die früheren Vermutungskriterien des § 7 Abs. 4 SGB IV aF auch weiterhin einen wesentlichen Teil der von der Rechtsprechung und Literatur anerkannten, weiterhin gültigen Abgrenzungskriterien beinhalten.

318 Das BSG nimmt bei der rechtlichen Einordnung eine eigenständige Interpretation des „**Beschäftigtenbegriffs**" für sich in Anspruch, so dass nicht zwangsläufig eine volle Deckungsgleichheit von **arbeitsrechtlichem Arbeitsverhältnis iSd BAG-Rechtsprechung** und **sozialversicherungsrechtlichem Beschäftigtenbegriff iSd BSG-Rechtsprechung** besteht. Der Beschäftigtenbegriff ist allerdings „weiter", denn „eine Beschäftigung (ist) stets dann anzunehmen (...), wenn nach arbeitsrechtlichen Grundsätzen ein Arbeitsverhältnis besteht",[152] auch wenn *Rittweger*[153] zu Recht ausführt, dass in etwa 95 % der Fälle eine Parallelität vorliegt.

Das BSG hat in jüngerer Zeit mit einem Leitsatz klargestellt: „Maßgeblich für die wertende Zuordnung einer Tätigkeit zum Typus der Beschäftigung ist das Vertragsverhältnis der Beteiligten, so wie es im Rahmen des rechtlich Zulässigen tatsächlich vollzogen wird."[154] Im Rahmen der rechtlichen Prüfung, ob ein Vertragsverhältnis unter den Typusbegriff des Beschäftigten fällt, legt das BSG grundsätzlich die gleichen **Kriterien/Indizien** zugrunde wie das BAG (s. Rn 306). Im Gegensatz zum BAG, für das das Unternehmerrisiko keine Relevanz für die Abgrenzung hat, stellt das BSG[155] ergänzend auch auf das sog. **Unternehmerrisiko** ab.

319 *Bettina Schmidt*[156] hat für die arbeitsrechtliche und sozialversicherungsrechtliche Praxis eine Reihe interessanter Schlussfolgerungen zur **Vertragsgestaltung** vor dem Hintergrund der in 1999 erfolgten Neuregelung (s. Rn 315) entwickelt. Diese Vorschläge haben zum Teil in die nachfolgenden Mustertexte Eingang gefunden. So enthalten die Mustertexte auch Vereinbarungen zwischen dem freien Mitarbeiter und seinem Auftraggeber, in denen sich der freie Mitarbeiter verpflichtet, dem Auftraggeber sämtliche Angaben zu machen, die für eine Auskunftserteilung, ggf. auch für ein sog. Statusverfahren gegenüber dem Träger der Rentenversicherung (Deutsche Rentenversicherung Bund – DRV), erforderlich sind.[157] Der Fall wahrheitswidriger Angaben und die sich hieraus ergebenden Schadensersatzansprüche werden ebenfalls in den Musterverträgen geregelt.[158] Auch verpflichtet sich nach den Musterverträgen der freie Mitarbeiter, Unterlagen im Bedarfsfalle vorzulegen.[159]

320 Aufgenommen wurde ferner der Vorschlag von *B. Schmidt*,[160] wonach sich der Auftraggeber bei der Auftragsvergabe an einen freien Mitarbeiter vergewissern sollte, ob eine ausreichende Absicherung durch Kranken- und Rentenversicherung besteht. Damit wird den besonderen Möglichkeiten des Statusverfahrens gem. § 7 b SGB IV Rechnung getragen.

321 Wie bereits aus dem Gemeinsamen Rundschreiben der Spitzenverbände der Sozialversicherung vom 20.12.1999[161] hervorging und auch in der Neufassung des Rundschreibens zur Statusfeststellung von Erwerbstätigen vom 1.6.2010[162] bestätigt wird, ist ein abhängiges Beschäftigungsverhältnis zum Auftraggeber ausgeschlossen, wenn der Auftragnehmer eine **Gesellschaft (GmbH, KG, OHG** oder gerade

---

151 Skeptisch gegenüber einer Neuregelung auch *Reiserer*, DB 2013, 2026.
152 So BT-Drucks. 7/4122, S. 31 (s. Rn 4.1).
153 Beck-OK SGB IV/*Rittweger*, § 7 Rn 4.
154 BSG 29.8.2012 – B 12 KR 25/10 R, NZS 2013, 181 = DB 2013, 708.
155 BSG 29.8.2012 – B 12 KR 25/10 R, NZS 2013, 181 = DB 2013, 708.
156 NZS 2000, 57 ff.
157 Muster 1735 (§ 10 Abs. 4).
158 Muster 1721 (§ 7 Abs. 5); Muster 1735 (§ 10 Abs. 5).
159 Muster 1721 (§ 7 Abs. 2); Muster 1735 (§ 10 Abs. 2).
160 NZS 2000, 59.
161 SPA 8/2000, 4.
162 Das Rundschreiben ist auf der Internetseite der Deutschen Rentenversicherung Bund (DRV) online einsehbar und als Download abrufbar unter www.drv.de in der Rubrik „Rundschreiben".

bei Freiberuflern die **PartG**) ist. Bei **BGB-Gesellschaften** ist eine Einzelfallprüfung vorzunehmen. Bei Gründung einer OHG, KG oder GbR besteht im Verhältnis Auftraggeber – Auftragnehmer kein Arbeitsverhältnis und damit auch kein sozialversicherungspflichtiges Beschäftigungsverhältnis.[163] Nur eine natürliche Person kann Arbeitnehmer bzw abhängig Beschäftigter sein. Voraussetzung ist, dass der Vertrag nur mit der jeweiligen Gesellschaft abgeschlossen wird. Zwischen den Gesellschaften einerseits und den mitarbeitenden Gesellschaftern andererseits besteht kein sozialversicherungspflichtiges Beschäftigungsverhältnis, wenn die Mitarbeit aufgrund und im Rahmen des Gesellschaftsvertrages erfolgt. Auf diese Mitarbeit findet ausschließlich Gesellschaftsrecht Anwendung. Erfolgt dagegen die Mitarbeit aufgrund eines separaten Vertragsverhältnisses, kann nach allgemeinen Grundsätzen ein abhängiges Beschäftigungsverhältnis zwischen Gesellschaft und Gesellschafter begründet werden, nicht jedoch für den Allein- oder Mehrheitsgesellschafter.

Wird ein Vertragsverhältnis nur der Form bzw dem Schein nach als freies Mitarbeiterverhältnis geführt, obwohl in Wahrheit ein Arbeitsverhältnis vorliegt, sind die wirtschaftlichen und rechtlichen Konsequenzen des Auftraggebers insbesondere im Bereich der Sozialversicherung beträchtlich.[164] Aus der Perspektive des Auftraggebers besteht daher stets ein generelles Interesse, sich des Umstands möglichst sicher zu sein, ob der als freier Mitarbeiter Beschäftigte auch tatsächlich nicht sozialversicherungspflichtig ist. Der Gesetzgeber bietet dem Auftraggeber zur Risikominimierung das **Anfrageverfahren zur Statusklärung nach §§ 7 a ff SGB IV** an.[165] Idealerweise leiten Auftraggeber und Auftragnehmer das Anfrageverfahren gemeinsam ein, um so Rechtssicherheit über den sozialversicherungsrechtlichen Status des Vertragsverhältnisses zu erlangen.[166] Der Antrag kann aber auch von nur einer Vertragspartei gestellt werden. Obwohl für den Zeitpunkt der Antragstellung keine zwingenden Vorschriften bestehen, empfiehlt sich die Antragstellung spätestens innerhalb eines Monats nach Aufnahme der Tätigkeit, denn unter weiteren Voraussetzungen wird in diesem Falle das Entstehen einer möglichen Beitragspflicht zeitlich hinausgeschoben, indem die Versicherungs- und Beitragspflicht erst mit der Bekanntgabe der Statusentscheidung eintritt (vgl § 7 a Abs. 6 SGB IV).

322

Beachtet werden sollte, dass der Betriebsrat nach § 80 Abs. 2 BetrVG Anspruch auf Unterrichtung auch hinsichtlich der Beschäftigung freier Mitarbeiter hat, auch wenn idR keine Einstellung iSv § 99 BetrVG vorliegt.[167] Er kann sogar eine Gesamtübersicht verlangen, ohne bei einer größeren Zahl Beschäftigter in seinem Auskunftsbegehren differenzieren zu müssen.[168]

323

„Legen die Parteien ihrer **Vergütungsvereinbarung** eine unrichtige rechtliche Beurteilung darüber zugrunde, ob die Dienste abhängig oder selbständig erbracht werden, bedarf es einer ergänzenden Auslegung. Die Vergütung kann unabhängig von der rechtlichen Einordnung des bestehenden Vertrages gewollt oder gerade an diese geknüpft sein. Maßgebend ist der erklärte Parteiwille, wie er nach den Umständen des konkreten Falles aus der Sicht des Erklärungsempfängers zum Ausdruck kommt."[169] Es sollte grundsätzlich vorgesehen werden, dass das Honorar nach **Nettobetrag** und jeweils gültiger **Mehrwertsteuer** vereinbart wird. Anderenfalls besteht die Gefahr, dass eine als Nettovereinbarung gedachte Vertragspassage von der Rechtsprechung als Bruttovereinbarung behandelt wird.[170] Aus der bloßen Zahlung der Vergütung für freie Mitarbeit ist nicht zu schließen, dass diese Vergütung auch für den Fall vereinbart ist, dass der Mitarbeiter eine rechtskräftige gerichtliche Feststellung erreicht, derzufolge er nicht freier Mitarbeiter, sondern Arbeitnehmer ist.[171] Nach der früheren Rechtsprechung des BAG stand dem freien Mitarbeiter nach erfolgreichem Statusprozess vor dem Arbeitsgericht vielmehr nur die im Arbeitsverhältnis übliche Vergütung iSd § 612 Abs. 2 BGB zu.[172] Inzwischen geht das BAG aber von der Weitergeltung der Brutto-Vergütungsabrede aus dem Freien-Mitarbeiter-Vertrag auch für

324

---

163 *Bauer/Baeck/Schuster*, NZA 2000, 863.
164 Zu den Folgen fehlerhafter Vertragstypenzuordnung s. § 1 Rn 314.
165 Ein aktueller Überblick zu dem Verfahren findet sich bei *Maiß*, ArbRAktuell 2011, 9.
166 *Reiserer*, BB 2003, 1557, 1558.
167 ErfK/*Kania*, § 99 BetrVG Rn 8 unter Hinweis auf BAG 30.8.1994 – 1 ABR 3/94, NZA 1995, 649 ff; vgl auch BAG 13.12.2005 – 1 ABR 51/04, NZA 2006, 1369; *Hunold*, NZA-RR 2012, 113 zur Bedeutung der Personalhoheit bei der Einstellung iSd § 99 BetrVG beim drittbezogenen Personaleinsatz.
168 BAG 15.12.1998 – 1 ABR 9/98, BAGE 90, 288 = NZA 1999, 722.
169 Orientierungssatz BAG 12.1.2005 – 5 AZR 144/04, AP § 612 BGB Nr. 69; s. auch BAG 8.11.2006 – 5 AZR 706/05, NZA 2007, 321.
170 BGH 24.2.1988 – VIII ZR 64/87, BGHZ 103, 284.
171 BAG 21.1.1998 – 5 AZR 50/97, NZA 1998, 594; s. auch BAG 8.11.2006 –5 AZR 706/05, NZA 2007, 321.
172 BAG 21.1.1998 – 5 AZR 50/97, NZA 1998, 594.

das Arbeitsverhältnis aus[173] und lehnt auch eine Anpassung der Vergütungsabrede nach § 313 BGB (Wegfall der Geschäftsgrundlage) ab: „Legen die Parteien ihrer Vergütungsvereinbarung eine unrichtige rechtliche Beurteilung darüber zu Grunde, ob die Dienste abhängig oder selbständig erbracht werden, bedarf es einer (ergänzenden) Auslegung. Die Vergütung kann unabhängig von der rechtlichen Einordnung des bestehenden Vertrags gewollt oder gerade an diese geknüpft sein. Maßgebend ist der erklärte Parteiwille, wie er nach den Umständen des konkreten Falles aus der Sicht des Erklärungsempfängers zum Ausdruck kommt (§§ 133, 157 BGB)."[174] Im Übrigen sollte eine monatliche Vergütung möglichst vermieden, – wo möglich – ein festes Pauschalhonorar oder ein Tages- oder Stundensatz vereinbart werden, zahlbar nach entsprechender Rechnungsstellung. Handelsvertreter wie freie Mitarbeiter können die von ihnen beruflich veranlasst gezahlte Mehrwertsteuer bei der von ihnen zu zahlenden Umsatzsteuer in Abzug bringen.

325 Grundsätzlich ist ein freier Mitarbeiter in der **Wahl mehrerer gleichzeitiger Auftraggeber** frei. Nach der Rechtsprechung des BAG kann diese Freiheit durch ein **Wettbewerbsverbot** beschränkt werden.[175] Soweit das Wettbewerbsverbot jedoch unternehmensbezogen ausgestaltet wird, erfasst es auch nur die in ihm entweder konkret benannten Unternehmen oder die von ihm abstrakt benannten Unternehmensarten. Daher hindert ein Verbot, für ein solches Konkurrenzunternehmen tätig zu sein, das mit dem Auftraggeber im Wettbewerb steht, den freien Mitarbeiter nicht daran, seine bislang ausgeübte Tätigkeit für einen bisherigen Kunden des Auftraggebers auszuüben, der nicht im Wettbewerb zu Letztgenanntem steht.[176] Generell sollte mit Beschränkungen des freien Mitarbeiters in Sachen Wettbewerb zurückhaltend umgegangen werden, da diese – jedenfalls zusammen mit anderen Umständen – den Selbständigkeitsstatus in Frage stellen kann. Ein Wettbewerbsverbot ist ein wesenstypisches Merkmal des Arbeitsverhältnisses, wogegen Selbständige grundsätzlich zunächst keinem Wettbewerbsverbot unterliegen.

4. Telearbeit und freies Mitarbeiterverhältnis

326 Schwierigkeiten können sich auch bei der **Einordnung von Telearbeit**[177] ergeben, die sich in den letzten Jahren infolge der zunehmenden Digitalisierung der Wirtschaft entwickelt hat. Dabei wird die Arbeits-, Dienst- oder Werkleistung nicht im Unternehmen des Auftraggebers erbracht, sondern dezentral etwa von zuhause aus oder von einem anderen Ort mit Hilfe von IT-Technik, Tablets und Internet. Telearbeit kann grundsätzlich in jeder Form erbracht werden, insbesondere in Form eines Arbeitsverhältnisses oder auf Basis von Dienst-, Werk- oder Werklieferungsverträgen, aber auch in Form von Heimarbeit nach dem HAG.[178] Wie *Wank* zutreffend ausführt, tut sich die Literatur mit der rechtlichen Einordnung der Telearbeit deshalb schwer, weil es ein Heimarbeitsgesetz (HAG) gibt und es den Anschein hat, als müsste man die Telearbeit darunter subsumieren.[179]

Die Bestimmung des Arbeitnehmer- oder Selbständigenstatus von Mitarbeitern, die ihre Arbeitsleistung mit einer gewissen Regelmäßigkeit (ganz oder auch nur teilweise) außerhalb des Betriebs mit Hilfe von Informations- und Kommunikationstechniken via Internet erbringen, erfolgt nach den allgemeinen Kriterien unter Berücksichtigung der besonderen Umstände der Erbringung der geschuldeten Arbeits-/Dienstleistung. Kennzeichnend für Telearbeit ist nach allgemeiner Auffassung, dass Tätigkeiten mit Hilfe von Einrichtungen der dezentralen Informationsverarbeitungs- und Kommunikationstechnik zwar außerhalb der Betriebsstätte erbracht werden, aber gleichwohl eine **telekommunikative Anbindung** dorthin besteht.

Ob der Telearbeit ein Arbeitsverhältnis oder aber ein selbständiges Dienstverhältnis oder ein Werkvertrag zugrunde liegt oder ein Fall von Heimarbeit nach dem HAG, muss jeweils anhand der konkreten Umstände des Einzelfalls auf der Grundlage der vertraglichen Vereinbarungen und der praktischen Handhabung entschieden werden.[180] Wesentlich ist dabei, ob der Telearbeiter zur Erbringung seiner

---

[173] BAG 21.11.2001 – 5 AZR 87/00, NZA 2002, 624.
[174] BAG 12.1.2005 – 5 AZR 144/04, NZA 2005, 1432.
[175] BAG 21.1.1997 – 9 AZR 778/95, NJW 1998, 99; für arbeitnehmerähnliche freie Mitarbeiter: LAG Köln 2.6.1999 – 2 Sa 138/99, NZA-RR 2000, 65.
[176] BAG 21.1.1997 – 9 AZR 778/95, NJW 1998, 99.
[177] *Boecken*, BB 2000, 147; MünchHandbArbR/*Richardi*, § 17 Rn 29 f.
[178] HM, so zutreffend etwa Küttner/*Röller*, Personalbuch, 403 (Telearbeit) Rn 1.
[179] *Wank*, RdA 2010, 193 (207).
[180] BAG 26.7.1995 – 5 AZR 22/94, BB 1996, 60.

Leistungen eine feste/ständige Online-Verbindung zu den Datenservern des Auftraggebers benötigt oder nicht und zu welchen Zeiten er sich dort einwählen kann (jederzeit oder nur zu bestimmten Zeiten, etwa zu den betriebsüblichen Arbeitszeiten von 8.00–18.00 Uhr). Von einer Weisungsabhängigkeit und damit einem Arbeitsverhältnis kann allerdings auch dann nicht ohne weiteres ausgegangen werden, wenn zwischen dem Telearbeiter und seinem Auftraggeber eine ständige Online-Verbindung besteht. Kann der Telearbeiter sich stets („rund um die Uhr") „online" aufwählen, aber auch „offline" arbeiten", so ist das ein vergleichsweise starkes Indiz dafür, dass es an der persönlichen Abhängigkeit des Telearbeiters fehlt, weil damit auch die Überwachungs- und Kontrollmöglichkeiten des Auftraggebers begrenzt sind.[181] Aber auch ohne eine solche dauerhafte Telekommunikationsverbindung kann bei einer bloßen Offline-Verbindung die Arbeitnehmereigenschaft gegeben sein. Kriterien für ein Arbeitsverhältnis sind zB eine vorgeschriebene Arbeits- und Bereitschaftszeit, enge, durch zum Einsatz kommende Software gesteuerte Vorgaben zum Workflow sowie Kontrollroutinen, die Pflicht zur Anmeldung von Urlaub, die Zuweisung eines Arbeitsvolumens, das die Tätigkeit für einen anderen Arbeitgeber unmöglich macht, und das Verbot, bei der Arbeitsverrichtung eigene Erfüllungsgehilfen einzusetzen.[182] Zu beachten ist trotz ggf fehlender persönlicher Abhängigkeit, dass sich dann qua gesetzlicher Fiktion des § 12 Abs. 2 Hs 2 HAG dennoch eine **Sozialversicherungspflicht** ergeben kann, wenn es sich um einen Heimarbeiter iSd HAG handelt. Eine Rentenversicherungspflicht kann sich auch für einen Hausgewerbetreibenden ergeben.

5. Gerichtsstand und Erfüllungsort

Gerichtsstandsvereinbarungen in Verträgen mit freien Mitarbeitern sind nach Maßgabe der Regeln der §§ 12 ff ZPO wirksam. Eine Gerichtsstandsvereinbarung findet sich bspw in § 11 von Muster 1762. Gerichtsstandsvereinbarungen können nur wirksam geschlossen werden, wenn beide Parteien Kaufleute sind. Ist der freie Mitarbeiter dagegen ein „Nichtkaufmann" iSv § 1 Abs. 2 HGB – was insbesondere bei als „One-Man-Show" agierenden freien Mitarbeitern häufig der Fall sein dürfte –, ist die Gerichtsstandsklausel unwirksam. 327

IV. Steuerliche Aspekte

Freie Mitarbeiter erzielen steuerlich entweder Einkünfte aus Gewerbebetrieb (§ 15 EStG) oder aus selbständiger Arbeit (§ 18 EStG). Arbeitnehmer erzielen Einkünfte aus nichtselbständiger Tätigkeit (§ 19 EStG). „Gewerbebetrieb ist eine selbstständige nachhaltige Betätigung, die mit der Absicht, Gewinn zu erzielen, unternommen wird und sich als Beteiligung am allgemeinen wirtschaftlichen Verkehr darstellt, wenn sie weder als Ausübung von Land- und Forstwirtschaft noch als Ausübung eines freien Berufs noch als eine andere selbstständige Arbeit anzusehen ist (§ 15 Abs. 1 Satz 2 EStG). Nach § 19 Abs. 1 Satz 1 Nr. 1 EStG gehören zu den Einkünften aus nichtselbstständiger Arbeit u.a. Bezüge und Vorteile, die für eine Beschäftigung im öffentlichen oder privaten Dienst gewährt werden."[183] 328

Diese sog. **Gewinneinkünfte** unterscheiden sich von den Arbeitseinkünften auch dadurch, dass nicht nur laufende Einnahmen, sondern zB auch einmalige Veräußerungsgewinne der Besteuerung unterliegen. Macht der freie Mitarbeiter etwa Aufwendungen für ein in seinem eigenen Haus belegenes **Arbeitszimmer** geltend, rechnet dieses zum steuerlichen Betriebsvermögen und bei Veräußerung der Immobilie bzw bei Aufgabe der Tätigkeit muss ein erzielter Wertzuwachs versteuert werden.

Einkünfte aus selbständiger Arbeit werden nur erzielt, wenn einer der in § 18 EStG genannten Katalogberufe vorliegt (zB Rechtsanwalt, Steuerberater) oder eine vergleichbare Tätigkeit ausgeübt wird. Insbesondere bei den EDV-Berufen hat der Bundesfinanzhof in letzter Zeit eine Verschiebung zu Gunsten der selbständigen Arbeit vorgenommen.[184] Tätigkeitsbereiche wie Vermittlung, Vertrieb etc. sind hingegen stets den Einkünften aus Gewerbebetrieb zuzurechnen. 329

Ob ein Steuerpflichtiger mit einer bestimmten Betätigung Arbeitnehmer ist, ist nach dem Gesamtbild der Verhältnisse zu beurteilen. Dabei handelt es sich um einen offenen Typusbegriff, der nur durch ei- 330

---

[181] In diesem Sinne auch KassKomm/*Seewald*, § 7 SGB IV Rn 109.
[182] MünchHandbArbR/*Heenen*, § 316 Rn 7 mwN.
[183] FG München 4.12.2012 – 10 K 3854/09, juris (Nichtzulassungsbeschwerde eingelegt unter BFH X B 22/13).
[184] Vgl etwa: BFH 22.9.2009 – VIII R 31/07, BB 2010, 619 m. Anm. *Lühn* zum Systemadministrator; BFH 22.9.2009 – VIII R63/67, NJW 2010, 1166 zum Unternehmensberater auf dem Gebiet des EDV-Consulting/Software Engineering; BFH 22.9.2009 – VIII R79/06, NJW 2010, 1167 (LS) zum IT-Projektleiter (zumindest bei hoch komplexen IT-Projekten).

ne größere und unbestimmte Zahl von Merkmalen beschrieben werden kann.[185] Dabei nimmt die finanzgerichtliche Rechtsprechung nach wie vor eine eigenständige Definition des Arbeitnehmerbegriffs für sich in Anspruch.[186] Werden Einkünfte aus selbständiger Arbeit erzielt, hat der freie Mitarbeiter unabhängig von irgendwelchen Größenkriterien das Recht, seinen Gewinn durch **Einnahmen-Überschussrechnung nach § 4 Abs. 3 EStG** zu ermitteln. Auch bei der **Umsatzsteuer** kann stets die Ist-Versteuerung in Anspruch genommen werden (§ 20 UStG). Dies kann zu einem deutlichen Steuerstundungseffekt führen. Gewerblich tätige freie Mitarbeiter sind hingegen zur **Bilanzierung** verpflichtet, sofern ihr jährlicher Gewinn mehr als 50.000 EUR beträgt bzw die Umsätze im Kalenderjahr 500.000 EUR übersteigen (§ 141 AO). Zudem fällt bei gewerblicher Tätigkeit **Gewerbesteuer** an. Wegen der pauschalen Anrechnung der Gewerbesteuer auf die Einkommensteuer nach § 35 EStG ergibt sich dadurch aber regelmäßig nur bei gemeindlichen Hebesätzen von mehr als 380 % eine Zusatzbelastung.

331 Umsatzsteuerlich ist § 2 Abs. 2 Nr. 1 UStG (iVm § 1 LStR) sedes materiae der Abgrenzung. Der freie Mitarbeiter kann die sog. **Kleinunternehmerregelung** (§ 19 UStG) wählen, wenn seine Einnahmen im Vorjahr 17.500 EUR nicht überstiegen haben und im laufenden Kalenderjahr 50.000 EUR voraussichtlich nicht übersteigen werden. In diesem Fall unterliegen seine Umsätze nicht der Umsatzsteuer, gleichzeitig ist kein Vorsteuerabzug möglich. Der Unternehmer kann jederzeit zur Regelbesteuerung optieren, was ihn aber für fünf Jahre bindet (§ 19 Abs. 2 Satz 2 UStG).

Weist der freie Mitarbeiter Umsatzsteuer in seinen Rechnungen aus, muss der Auftraggeber darauf achten, dass in den Rechnungen sämtliche **Pflichtangaben nach** § 14 Abs. 4 UStG (vor allem fortlaufende Rechnungsnummer, Leistungszeitraum etc.) enthalten sind, da anderenfalls ein **Vorsteuerabzug** nicht möglich ist.

332 Teilweise überlässt der Auftraggeber dem freien Mitarbeiter einen **Pkw**, den dieser auch privat nutzen kann. In diesem Fall ist zu beachten, dass dadurch zusätzliche Betriebseinnahmen beim freien Mitarbeiter anfallen.[187]

B. Texte

333 ### 1. Muster: Einfacher Handelsvertretervertrag ohne Gebietsschutz

↓

Handelsvertretervertrag

zwischen

Herrn ...

– nachstehend: Unternehmer –

und

Herrn ...

– nachstehend: Handelsvertreter genannt –

§ 1 Umfang der Vertretung

(1) Der Unternehmer bestellt den Handelsvertreter für die nachfolgenden Postleitzahlengebiete: ...[188]

(2) Der Unternehmer darf selbst Geschäfte in diesem Gebiet tätigen.

(3) Die Handelsvertretung erstreckt sich auf alle Produkte des Unternehmens.

---

185 FG München 4.12.2012 – 10 K 3854/09, juris (Nichtzulassungsbeschwerde eingelegt unter BFH X B 22/13).
186 Vgl etwa BFH 9.7.2012 – VI B 38/12, juris.
187 FG Rheinland-Pfalz 14.9.2005 – 1 K 2668/04, DStRE 2006, 323.
188 Bei Verstoß des Unternehmers gegen das Alleinvertretungsrecht erwächst dem Handelsvertreter ein Schadensersatzanspruch, BGH 30.5.1975 – I ZR 143/74, BB 1975, 1409.

§ 2 Pflichten des Handelsvertreters

(1) Der Handelsvertreter hat seine Dienste persönlich zu leisten.

(2) Der Handelsvertreter hat für den Unternehmer Geschäfte zu vermitteln. Er hat keine Vollmacht zum Abschluss des Vertrages, es sei denn, diese ist gesondert erteilt.

(3) Der Handelsvertreter hat die Geschäftsbeziehungen mit den potentiellen Kunden des Unternehmers zu pflegen. Er ist verpflichtet, die Interessen des Unternehmers wahrzunehmen.

(4) Der Handelsvertreter hat die in seinem Gebiet vorhandenen potentiellen Kunden des Unternehmers regelmäßig zu besuchen.

(5) Der Handelsvertreter hat dem Unternehmer laufend Nachricht zu geben über alle in den Geschäftsbeziehungen interessierenden Umstände, insbesondere über seine Abschlüsse und Vermittlungen, Beobachtungen über die Bonität der Kunden und eventuelle Veränderungen im Kundenkreis.

(6) Der Handelsvertreter darf die Interessen solcher Firmen, die mit dem Unternehmer in Wettbewerb stehen, nicht wahrnehmen.

(7) Der Handelsvertreter hat über alle Geschäftsgeheimnisse des Unternehmers während der Dauer des Vertrages und nach Beendigung des Vertrages Stillschweigen zu bewahren.

§ 3 Pflichten des Unternehmers

(1) Der Unternehmer hat den Handelsvertreter bei dessen Tätigkeit nach Kräften zu unterstützen. Er hat ihn insbesondere mit Werbeunterlagen im jeweils benötigten Umfange kostenlos zu versehen.

(2) Der Unternehmer hat den Handelsvertreter mit allen sich auf die möglichen Geschäfte beziehenden Informationen zu versehen. Er hat ihm jeweils unverzüglich mitzuteilen, ob er ein vermitteltes Geschäft annehmen oder ablehnen will.

(3) Der Unternehmer hat den Vertreter zu unterrichten, wenn er Geschäfte voraussichtlich nur in erheblich geringerem Umfange abschließen kann oder will, als nach den Umständen zu erwarten ist.

§ 4 Provision

(1) Der Handelsvertreter erhält als Entgelt für seine Tätigkeit für alle Geschäfte, die er in seinem Gebiet abschließt oder vermittelt, eine Provision.

(2) Der Handelsvertreter hat keinen Anspruch auf Provision, wenn und soweit feststeht, dass der Kunde des Unternehmers keine Zahlung leistet. Bereits gezahlte Provision ist zurückzuzahlen.

(3) Die Provision für den Abschluss oder die Vermittlung beträgt ... % vom Nettoumsatz abzüglich aller vom Unternehmer gewährten oder vom Kunden in Anspruch genommenen Nachlässe.

(4) Übernimmt der Handelsvertreter für ein bestimmtes Geschäft das Delkredere, so erhält er eine besondere zusätzliche Delkredere-Provision, deren Höhe mit dem Unternehmer im Einzelfall zu vereinbaren ist. Die Delkredere-Provision wird ebenso berechnet wie die Provision.

(5) Der Handelsvertreter verpflichtet sich, Vergütungsüberzahlungen ohne Rücksicht auf eine noch vorhandene Bereicherung zurückzuzahlen.

(6) Die Provision wird vierteljährlich abgerechnet und bezahlt. Der Handelsvertreter erhält auf seinen Provisionsanspruch eine monatliche Vorschusszahlung in Höhe von ... EUR.

(7) Der Handelsvertreter hat keinen Anspruch auf Erstattung von Auslagen wie Fahrtkosten, Porto, Fernsprech- oder Telexgebühren.

§ 5 Dauer des Vertrages

(1) Der Vertrag wird auf unbestimmte Zeit geschlossen. Er kann im ersten Jahr der Vertragsdauer mit einer Frist von einem Monat, im zweiten Jahr mit einer Frist von zwei Monaten und im dritten bis fünften Jahr mit

einer Frist von drei Monaten, jeweils zum Schluss eines Kalendermonats gekündigt werden. Danach beträgt die Kündigungsfrist sechs Monate zum Schluss eines Kalendermonats.

(2) Das Vertragsverhältnis kann von jedem Teil aus wichtigem Grund ohne Einhaltung einer Kündigungsfrist gekündigt werden.

§ 6 Teilunwirksamkeit

Sollte eine Bestimmung dieses Vertrages unwirksam sein oder werden, so wird die Gültigkeit des Vertrages im Übrigen nicht berührt. Die Vertragsschließenden verpflichten sich, die unwirksame Regelung durch eine solche zu ersetzen, die dem Vertragszweck wirtschaftlich entspricht.

§ 7 Vertragsänderungen

Änderungen und Ergänzungen dieses Vertrages bedürfen der Schriftform.

2. Muster: Handelsvertretervertrag – Vertriebsgebiet eines Mehrfirmenvertreters

Zwischen

der Firma ...

– nachstehend: Unternehmen –

und

der Firma ...

– nachstehend: Handelsvertreter –

wird folgender Vertrag geschlossen:

§ 1 Stellung des Handelsvertreters

(1) Der Handelsvertreter wird zum ... als selbständiger Handelsvertreter iSd §§ 84 ff, 87 Abs. 1 HGB mit der Alleinvertretung des Unternehmens im Vertragsgebiet ... betraut. Das Vertragsgebiet erstreckt sich auf die Postleitzahlbezirke ... und umfasst das Gebiet der Landkreise .... Eine Änderung des Vertragsgebietes bedarf der Anhörung des Handelsvertreters.

(2) Das Unternehmen ist berechtigt, im Bezirk des Handelsvertreters selbst oder durch andere Beauftragte tätig zu werden.[189]

(3) Der Handelsvertreter übernimmt den im Vertragsgebiet vorhandenen Kundenstamm. Folgende Kunden können ohne Mitwirkung des Handelsvertreters vom Unternehmen direkt bearbeitet werden: ...

§ 2 Aufgabenbereich

(1) Die Tätigkeit des Handelsvertreters bezieht sich auf sämtliche von dem Unternehmen vertriebenen Erzeugnisse sowie alle sonstigen vom Unternehmen angebotenen Leistungen.

(2) Neue Erzeugnisse können nur einvernehmlich von den Parteien in das Vertragsverhältnis einbezogen werden.

(3) Das Unternehmen übergibt dem Handelsvertreter eine Liste aller Kunden, mit denen er vor Beginn des Vertragsverhältnisses in Geschäftsbeziehung gestanden hat. Bei dieser Liste handelt es sich um eine Aufstellung des Vorgängers. In die Liste sind von dem Handelsvertreter die mit jedem Kunden in den letzten zwölf Monaten vor Vertragsbeginn erzielten Umsätze einzutragen.

---

[189] Diese Klausel verhindert, dass dem Handelsvertreter die Provisionen solcher Geschäfte zustehen, die in dem ihm zugewiesenen Vertriebsgebiet ohne seine Mitwirkung zustande gekommen sind (§ 87 Abs. 2 HGB). Die Regelung in § 1 Abs. 2 steht in einem gewissen Widerspruch zu § 1 Abs. 1, ihre Wirksamkeit lässt sich daher nach § 307 Abs. 1 Satz 2 BGB in Zweifel ziehen.

§ 3 Pflichten des Handelsvertreters

(1) Dem Handelsvertreter obliegt die Betreuung der Kunden, die den Kundenstamm gem. § 2 Abs. 3 bilden. Er vermittelt Geschäfte im Namen und auf Rechnung des Unternehmens. Er hat sich laufend zu bemühen, Geschäftsbeziehungen mit neuen Kunden herzustellen und den Umsatz mit den vorhandenen Kunden zu steigern.

(2) Er hat dem Unternehmen, soweit erforderlich, über die Marktlage in seinem Gebiet, insbesondere über die Wünsche der Kunden und die Konkurrenzangebote, zu berichten. Der Handelsvertreter hat über die Verhältnisse der einzelnen Kunden und Interessenten einschließlich besonderer Entwicklungen in deren Verhältnissen laufend zu unterrichten.

(3) Im Rahmen seiner Möglichkeiten hat der Handelsvertreter die Bonität der Kunden zu prüfen und bei Bedenken dem Unternehmen unverzüglich Mitteilung zu machen.[190]

(4) Der Handelsvertreter ist an Weisungen des Unternehmens gebunden, soweit diese das Produkt, seine Platzierung am Markt sowie einheitliche Vertriebs- und Marketingaktivitäten betreffen. Bei Weisungen des Unternehmens an den Handelsvertreter ist die Stellung des Handelsvertreters als selbständiger Gewerbetreibender zu berücksichtigen.

(5) Sämtliche Unterlagen wie Liefer- und Leistungsprogramm, Preislisten und Geschäftsbedingungen, Werbe- und Demonstrationsmaterial, die der Handelsvertreter zur Ausübung seiner Tätigkeit erhält, hat er nach Vertragsbeendigung herauszugeben, soweit sie nicht bereits verbraucht sind. Die Rückgabepflicht des Handelsvertreters erstreckt sich auch auf die im Auftrag des Unternehmens geführte bzw fortgeführte Kundenkartei.

(6) Geschäfts- und Betriebsgeheimnisse hat der Handelsvertreter auch für die Zeit nach Vertragsbeendigung wie ein ordentlicher Kaufmann zu wahren.

(7) Der Handelsvertreter wird dem Unternehmen alle erforderlichen Nachrichten geben, insbesondere ihn von jeder Geschäftsvermittlung und von jedem Geschäftsabschluss unverzüglich unterrichten.

§ 4 Konkurrenzverbot

(1) Das Unternehmen hat keine Einwände, dass der Handelsvertreter zu Beginn des Vertrages bereits die folgenden Firmen vertritt: ...

(2) Weitere Vertretungen wird der Handelsvertreter nur mit Zustimmung des Unternehmens übernehmen. Zwischen den Parteien besteht Einigkeit, dass das Unternehmen während des Vertragsverhältnisses keine Zustimmung zur Vertretung eines Unternehmens geben wird, das Wettbewerbsprodukte vertreibt. Der Handelsvertreter sichert außerdem zu, dass er sich an keinem Wettbewerbsunternehmen beteiligen oder ein solches Unternehmen in sonstiger Weise unterstützen wird.

§ 5 Haftung

(1) Alle Ansprüche, die gegen den Handelsvertreter erhoben werden wegen Verletzung von Patent-, Musterschutz, Warenzeichen und Urheberrechten oder sonstigen Vorschriften, soweit sie zum Schutz des Endabnehmers eingreifen, richten sich ausschließlich gegen das Unternehmen.

(2) Das Unternehmen übernimmt für den Handelsvertreter die erforderlichen Prozesskostenvorschüsse. Es unterrichtet außerdem den Handelsvertreter und/oder seinen anwaltlichen Bevollmächtigten, soweit entsprechende Informationen für die Prozessführung notwendig sind.

§ 6 Pflichten des Unternehmens

(1) Das Unternehmen hat den Handelsvertreter bei dessen Tätigkeit zu unterstützen, insbesondere ihm die erforderlichen Nachrichten zu geben. Insbesondere wird es den Handelsvertreter unverzüglich über die An-

---

[190] Die Prüfung der Bonität und die Mitteilung von Zweifeln, selbst wenn sie der Handelsvertreter nicht teilt, gehört zu seiner allgemeinen Interessenwahrnehmungspflicht, BGH 19.6.1969 – VII ZR 39/67, BB 1969, 1196.

nahme oder Ablehnung eines von diesem vermittelten oder ohne Vertretungsmacht abgeschlossenen Geschäfts sowie über die Nichtausführung eines Geschäfts benachrichtigen. Über Verhandlungen sowie geplante und abgeschlossene Geschäfte mit Kunden oder Interessenten aus dem Vertragsgebiet des Handelsvertreters, die ohne seine Mitwirkung stattfinden, wird das Unternehmen ihn in angemessener Weise unterrichten.

(2) Das Unternehmen wird dem Handelsvertreter ferner unverzüglich mitteilen, wenn er Geschäfte in Zukunft voraussichtlich nur in erheblich geringerem Umfang abschließen kann oder will, als der Handelsvertreter unter gewöhnlichen Umständen erwarten konnte.

(3) Das Unternehmen hat die dem Handelsvertreter überlassenen Unterlagen auf ihre Kosten an dessen Sitz zu überlassen. Die Unterlagen bleiben Eigentum des Unternehmens.

(4) Das Unternehmen schuldet sämtliche Informationen über vollzogene Änderungen der Preise und des Liefer- und Leistungsprogramms sowie geplante Kooperationen und Zusammenschlüsse mit anderen Unternehmen. Auch eine beabsichtigte Veräußerung des Unternehmens ist dem Handelsvertreter rechtzeitig zur Kenntnis zu bringen.

(5) Der Handelsvertreter ist verpflichtet, die Musterkollektion zu versichern.

§ 7 Dienstleistung in Person

(1) Der Handelsvertreter hat seine Dienste in Person zu leisten. Er darf Hilfspersonen heranziehen und Untervertreter oder Reisende einsetzen. Vertragliche Beziehungen zwischen diesen und dem Unternehmen werden nicht begründet.

(2) Beabsichtigt der Handelsvertreter, die Rechtsform seiner Firma zu ändern, Gesellschafter aufzunehmen oder Änderungen in der Geschäftsführung seiner Firma vorzunehmen, hat er vorher die Zustimmung des Unternehmens einzuholen.

§ 8 Inkasso

(1) Der Handelsvertreter ist berechtigt und auf Verlangen des Unternehmens verpflichtet, Gelder von Kunden einzuziehen. Teilzahlungsziele und Raten darf er nur gewähren, wenn er dies vorher mit dem Unternehmen abgesprochen hat.

(2) Für seine Inkassotätigkeit erhält der Handelsvertreter eine Provision von ... % der entgegengenommen Beträge. Er ist nicht berechtigt, entgegengenommene Gelder zurückzuhalten oder mit ihnen aufzurechnen.

§ 9 Provisionsanspruch

(1) Dem Handelsvertreter steht ein Provisionsanspruch nach Maßgabe der nachfolgenden Regelungen in Höhe von ... % vom Nettorechnungsbetrag für alle von ihm an Kunden seines Bezirks vermittelten Geschäfte zu. Der Anspruch auf Provision entsteht, sobald und soweit das Geschäft von dem Unternehmen ausgeführt worden ist oder hätte ausgeführt werden müssen.

(2) Führt das Unternehmen das Geschäft nicht aus, entfällt der Provisionsanspruch, wenn und soweit die Nichtausführung auf Umständen beruht, die das Unternehmen nicht zu vertreten hat.

(3) Außerdem entfällt der Provisionsanspruch, wenn und soweit feststeht, dass der Kunde seinen Zahlungsverpflichtungen nicht nachkommt. Das Unternehmen ist nicht verpflichtet, ausstehende Kundenforderungen gerichtlich geltend zu machen, wenn angesichts einer schlechten Vermögenslage des Kunden die gerichtliche Durchsetzung von Ansprüchen nur geringe Aussicht auf wirtschaftlichen Erfolg hat.

§ 10 Provisionskollisionen

(1) Sind mehrere Handelsvertreter provisionsberechtigt, ist die Provision unter ihnen aufzuteilen. Das Unternehmen ist nur zur einmaligen Zahlung der Provision in ihrer gesamten Höhe, wie sie bei einem solchen Geschäft üblicherweise anfällt, verpflichtet.

(2) Die Aufteilung der Provision zwischen mehreren Handelsvertretern wird vom Unternehmen nach billigem Ermessen vorgenommen. Maßgeblich für die Provisionsverteilung ist der Umfang der Mitwirkung jedes Handelsvertreters am Zustandekommen und an der Abwicklung des Geschäfts.

(3) Bei Geschäftsabschlüssen mit Einkaufszentralen wird die Provision ebenfalls geteilt. Der Provisionsanspruch jedes Handelsvertreters berechnet sich nach den Warenmengen, die an Filialen in seinem Gebiet geliefert werden. Der Handelsvertreter, der sein Gebiet am Sitz der Zentrale hat, erhält ... % der Provisionsansprüche der einzelnen Handelsvertreter. Sind die Lieferungen an die Zentralen nicht bekannt, befindet das Unternehmen über den Aufteilungsschlüssel nach billigem Ermessen.

§ 11 Nachvertraglicher Provisionsanspruch

(1) Für ein Geschäft, das erst nach Beendigung des Vertragsverhältnisses zustande kommt, steht dem Handelsvertreter ein Provisionsanspruch zu, wenn der Geschäftsabschluss überwiegend auf seine Tätigkeit zurückzuführen ist und das Geschäft innerhalb einer Frist von ... Monaten nach Beendigung des Vertragsverhältnisses geschlossen wurde.

(2) Der nachvertragliche Provisionsanspruch besteht nicht, wenn ein Nachfolger des Handelsvertreters für das Geschäft einen Provisionsanspruch erworben hat, es sei denn, dass eine Teilung der Provision der Billigkeit entsprechen würde. Der Provisionsanspruch entfällt, wenn der Geschäftsabschluss auch maßgeblich auf die Tätigkeit des Nachfolgers zurückzuführen ist oder der Nachfolger an der Abwicklung des Geschäfts nicht unerheblich mitgewirkt hat.

§ 12 Abrechnung und Fälligkeit der Provision

(1) Der Provisionsanspruch des Handelsvertreters entsteht unbedingt, sobald und soweit das Entgelt für das provisionspflichtige Geschäft entrichtet ist. Der Handelsvertreter kann einen Provisionsvorschuss in Höhe von ... % der gesamten Provision für ein Geschäft mit einem geschützten Kunden verlangen, sobald das Geschäft ausgeführt ist.

(2) Der Handelsvertreter hat auch dann einen Anspruch auf Provision, wenn das Unternehmen das Geschäft mit dem geschützten Kunden ganz oder teilweise nicht oder nicht so ausgeführt hat, wie es abgeschlossen worden ist. Der Provisionsanspruch entfällt, wenn und soweit die Ausführungen des Geschäfts unmöglich geworden sind, ohne dass das Unternehmen die Unmöglichkeit zu vertreten hat oder die Ausführung ihr nicht zuzumuten ist. Nachträgliche Änderungen des Entgelts aus Gründen, die das Unternehmen nicht zu vertreten hat, muss der Handelsvertreter gegen sich gelten lassen. Entsprechendes gilt, wenn ein Kunde seine Verpflichtung zur Entgeltleistung ganz oder teilweise nicht erfüllt.

(3) Die Provision berechnet sich nach dem dem Kunden in Rechnung gestellten Betrag ausschließlich Umsatzsteuer. Soweit der Handelsvertreter umsatzsteuerpflichtig ist, erhält er auf die Provision oder sonstige Vergütungen die Umsatzsteuer.

(4) Nicht bei der Berechnung der Provisionshöhe in Abzug zu bringen sind Nebenkosten, namentlich Kosten für Fracht, Zoll, Verpackung, es sei denn, diese Kosten wurden dem Kunden gesondert in Rechnung gestellt.

(5) Entfällt der Provisionsanspruch nachträglich, hat der Handelsvertreter bereits empfangene Provisionen an das Unternehmen zurückzuzahlen.

(6) Nachlässe wegen Barzahlung sind vom Rechnungsbetrag nicht abzuziehen. Andere Rabatte mindern den Provisionsanspruch nur, wenn sie mit dem Kunden von vornherein vereinbart wurden.

(7) Das Unternehmen hat bis spätestens zum ... eines jeden Monats dem Handelsvertreter eine Abrechnung über die im Vormonat unbedingt entstandenen Ansprüche auf Provision und Provisionsvorschuss zu erteilen. Mit der Abrechnung werden die Ansprüche fällig.

(8) Folgende Aufwendungen werden dem Handelsvertreter zusätzlich erstattet: ...

Lücke

(9) Der Handelsvertreter verpflichtet sich, Vergütungsüberzahlungen ohne Rücksicht auf eine noch vorhandene Bereicherung zurückzuzahlen.

§ 13 Wettbewerbsabrede

(1) Der Handelsvertreter wird nach Beendigung dieses Vertrages für die Dauer von zwei Jahren jede unmittelbare oder mittelbare Tätigkeit für ein Konkurrenzunternehmen in dem ihm gem. § 1 zugewiesenen Bezirk oder Kundenkreis sowie hinsichtlich der Vertragsgegenstände, um deren Vermittlung er sich gem. § 1 zu bemühen hat, unterlassen. Von dieser Wettbewerbsabrede nicht erfasst sind die in § 4 Abs. 1 aufgeführten Firmen.

(2) Für die Geltungsdauer des Wettbewerbsverbots nach Abs. 1 zahlt das Unternehmen dem Handelsvertreter eine Wettbewerbsentschädigung, die monatlich nachträglich zahlbar ist. Die Entschädigung beträgt 50 % der nach dem Durchschnitt der letzten drei Jahre bei kürzerer Vertragsdauer während dieser zu Gunsten des Handelsvertreters entstandenen Monatsvergütung. Während der Dauer des Wettbewerbsverbots vom Handelsvertreter anderweitig erzielter Erwerb ist gem. § 74 c HGB auf die Entschädigung anzurechnen.

§ 14 Schiedsgericht

(1) Alle Streitigkeiten, die sich aus diesem Vertragsverhältnis einschließlich seiner Beendigung ergeben, werden unter Ausschluss des ordentlichen Rechtswegs durch ein Schiedsgericht für beide Teile bindend entschieden.

(2) Das Schiedsgericht besteht aus einem Vorsitzenden und zwei Schiedsrichtern. Die klagende Partei hat mit der Zustellung der Schiedsklage an die beklagte Partei einen Schiedsrichter zu benennen. Die beklagte Partei wird innerhalb von weiteren 14 Tagen ebenfalls einen Schiedsrichter benennen. Unterlässt die Schiedsbeklagte die Benennung, ist die klagende Partei berechtigt, den zweiten Schiedsrichter durch den Deutschen Industrie- und Handelskammertag (DIHT) in Berlin benennen zu lassen.

(3) Die beiden Schiedsrichter benennen einen Vorsitzenden. Kommt eine Einigung zwischen ihnen nicht zustande, kann jede Partei den Vorsitzenden durch den Deutschen Industrie- und Handelskammertag (DIHT) bestimmen lassen.

(4) Das Schiedsgericht bestimmt über den Ort, die Verfahrensordnung, den Streitwert und die Kosten des Schiedsverfahrens nach freiem Ermessen.

§ 15 Verjährung

Alle Ansprüche aus dem Vertragsverhältnis mit Ausnahme solcher aus Haftung wegen Vorsatzes verjähren innerhalb von zwölf Monaten nach Fälligkeit des Anspruchs, nicht jedoch vor Ablauf von zwölf Monaten nach Kenntniserlangung des Berechtigten von seinem Anspruch.

§ 16 Krankheitsfolgen, Urlaub

(1) Stellt der Handelsvertreter seine Tätigkeit wegen Erkrankung für mehr als fünf Werktage ein, hat er die Pflicht, seine Arbeitsunfähigkeit dem Unternehmen unverzüglich mitzuteilen.

(2) Besonders im Falle längerer Erkrankung des Handelsvertreters ist das Unternehmen berechtigt, selbst oder durch andere Beauftragte im Vertragsgebiet des Handelsvertreters tätig zu werden.

(3) Während der Erkrankung erhält der Handelsvertreter keine Entgeltfortzahlung.

(4) Der Handelsvertreter legt seinen Urlaub, wenn irgend möglich, in erfahrungsgemäß geschäftsarme Zeiten und hat die geplanten Urlaubstermine dem Unternehmen spätestens bis Ende Februar eines jeden Jahres mitzuteilen. Der Handelsvertreter trägt möglichst Sorge dafür, dass die Kunden während seines Urlaubs betreut werden können.

§ 17 Delkredere

(1) Der Handelsvertreter verpflichtet sich, für die Erfüllung der Verbindlichkeiten von Kunden aus solchen Geschäften einzustehen, die er vermittelt hat, soweit das Geschäft mit folgenden Kunden abgeschlossen wird: ...

(2) Dem Handelsvertreter steht für die Übernahme des Delkredere eine Provision von ... % der zugrunde liegenden Forderung zu. Der Anspruch auf die Delkredereprovision entsteht mit Abschluss des Geschäfts.

§ 18 Beginn und Dauer des Vertragsverhältnisses

(1) Das Vertragsverhältnis beginnt am ... und wird auf unbestimmte Zeit geschlossen.

(2) Bei Vorliegen eines wichtigen Grundes ist jede Partei befugt, das Vertragsverhältnis außerordentlich ohne Einhaltung einer Kündigungsfrist zu kündigen.

(3) Außerdem kann das Vertragsverhältnis ordentlich gekündigt werden durch eingeschriebenen Brief mit einer Frist von ... Monaten zum Ende eines Kalendermonats.

(4) Das Unternehmen ist berechtigt, den Handelsvertreter während des Laufs der Kündigungsfrist von seiner Tätigkeit freizustellen. In diesem Fall hat der Handelsvertreter Anspruch auf die durchschnittliche Provision bis zur Beendigung des Vertragsverhältnisses. Die Durchschnittsprovision berechnet sich aus der Tätigkeit des Handelsvertreters in den letzten zwölf Monaten vor der Freistellung.

§ 19 Schlussbestimmungen

(1) Beide Vertragsparteien erklären hiermit ausdrücklich, Kaufleute im Sinne des HGB zu sein. Das Rechtsverhältnis der Vertragsparteien unterliegt deutschem Recht.

(2) Nebenabreden zu diesem Vertrag sind nicht getroffen. Änderungen oder Ergänzungen bedürfen zu ihrer Wirksamkeit der Schriftform. Auf dieses Formerfordernis kann nur durch eine Vereinbarung, die ihrerseits der Schriftform bedarf, verzichtet werden.

(3) Die Ungültigkeit einer oder mehrerer Bestimmungen dieses Vertrages beeinträchtigt die Wirksamkeit des Vertrages im Übrigen nicht. Im Falle der Unwirksamkeit einer oder mehrerer Bestimmungen werden die Parteien eine der unwirksamen Regelung wirtschaftlich möglichst nahe kommende, rechtswirksame Ersatzregelung treffen.

(4) Beide Parteien verzichten für Gegenwart und Zukunft verbindlich auf etwaige ihnen zustehende Zurückbehaltungsrechte aus diesem Vertragsverhältnis.

3. Muster: Handelsvertretervertrag eines Einfirmenvertreters mit Vertriebsgebiet

Vertrag

zwischen

...

– nachstehend: Unternehmen –

und

Herrn ...

– nachstehend: Handelsvertreter –

§ 1 Gegenstand der Tätigkeit

(1) Die Vertretung für das Unternehmen erstreckt sich auf sämtliche in der Anlage 1 aufgeführten Erzeugnisse (Vertragserzeugnisse).

(2) Der Umfang und Gegenstand der Vertragserzeugnisse kann nach beiderseitiger Übereinkunft durch Aufnahme in Anlage 1 und deren Abzeichnung durch die Parteien jederzeit geändert werden.

(3) Der Handelsvertreter ist ferner berechtigt, neben den Vertragserzeugnissen im Rahmen der Projektbearbeitung auf Wunsch von Kunden sonstige Leistungen oder Gegenstände in eigenem Namen zu vermitteln und hierfür Entgelte anzunehmen, soweit er in eigenem Namen tätig wird und diese Tätigkeit im Zusammenhang mit den für das Unternehmen zu vermittelnden Projekten steht.

(4) Der Handelsvertreter ist berechtigt, im Namen des Unternehmens auf den zur Verfügung gestellten Formularen und Geschäftspapieren die einzelnen Geschäfte bezüglich der Vertragserzeugnisse mit den Kunden abzuschließen. Diese Vertretungsbefugnis gilt nur im Rahmen der Aufgabenerfüllung. Zur weitergehenden rechtsgeschäftlichen Vertretung ist der Handelsvertreter nicht berechtigt. Eigengeschäfte mit den Erzeugnissen vom Unternehmen darf der Handelsvertreter nicht ohne vorherige schriftliche Zustimmung des Unternehmens tätigen.

(5) Die Preise für Leistungen des Unternehmens werden allein vom Unternehmen bestimmt. Der Handelsvertreter hat sich im Rahmen seiner Vertretung insofern nach den vom Unternehmen zu erstellenden Vorkalkulationen und Angebotsausarbeitungen zu richten.

(6) Der Handelsvertreter kann sich Hilfspersonen bedienen. Diese sind jedoch zum Abschluss im Namen des Unternehmens nur nach vorheriger Zustimmung durch das Unternehmen berechtigt.

§ 2 Wettbewerb, Alleinvertretung

(1) Zur Übernahme von ständigen anderweitigen Vertretungen, auch soweit sie nicht in Konkurrenz zum Unternehmen stehen, ist der Handelsvertreter nicht berechtigt. Insoweit ist die Übernahme weiterer Vertretungen nur zulässig, wenn das Unternehmen hierzu die vorherige Zustimmung erteilt hat.

(2) Eine Ausnahme gilt hinsichtlich der vom Handelsvertreter bislang vertretenen folgenden Firmen mit den nachfolgend beschriebenen Produkten: ...

(3) Im Übrigen darf der Handelsvertreter nicht ohne vorherige Zustimmung für einen Wettbewerber des Unternehmers tätig werden oder sich an einem Konkurrenzunternehmen direkt oder indirekt beteiligen oder es sonst unterstützen. Die Vertragsprodukte sind ausschließlich beim Unternehmen zu beziehen und dürfen auch nicht selbst hergestellt werden. Anderweitige Abläufe und Aufgabenverteilungen für eine Projektbearbeitung bedürfen der vorherigen Zustimmung des Unternehmens.

§ 3 Vertriebsgebiet, Gebietsschutz

(1) Das Unternehmen überträgt auf den Handelsvertreter ab dem Zeitpunkt des Abschlusses dieses Vertrages zum Vertrieb der Vertragsprodukte das in Anlage 2 beschriebene Gebiet (Vertriebsgebiet).[191]

(2) Der Handelsvertreter erhält grundsätzlich Gebietsschutz im Vertragsgebiet. Dies bedeutet, dass andere Arbeitnehmer oder weitere Handelsvertreter des Unternehmens grundsätzlich nicht berechtigt sind, in dem dem Handelsvertreter zugewiesenen Gebiet Aufträge abzuschließen. Das Unternehmen ist jedoch in Sonderfällen (zB Einzelhandelsketten) berechtigt, bestimmte Aufträge im Vertriebsgebiet des Handelsvertreters einem anderen Mitarbeiter allein zuzuweisen oder eine gemeinsame Bearbeitung des Handelsvertreters mit einem anderen Mitarbeiter des Unternehmens zu verlangen. In diesen Fällen wird das Unternehmen nach billigem Ermessen verbindlich entscheiden, wie Provisionen zu verteilen sind bzw wem sie zugewiesen werden.[192]

---

[191] Empfehlenswert ist es, in die Anlage 1 namentlich auch die Altkunden aufzuführen, da die Geschäfte mit diesen Kunden beim Ausgleichsanspruch nach § 89 b Abs. 1 Nr. 1 HGB nicht berücksichtigt werden. Durch die namentliche Erfassung wird die Berechnung des Ausgleichsanspruchs erleichtert.

[192] Es ist denkbar, dass die Klausel mangels Bestimmtheit (§ 307 Abs. 1 Satz 2 BGB) und wegen Abweichung von der gesetzlichen Regelung (§ 87 Abs. 2 HGB) nach § 307 Abs. 2 Nr. 1 BGB unwirksam ist, wenn der Vertrag ein Formularvertrag nach § 305 Abs. 1 BGB ist.

(3) Nur im Rahmen der Entscheidung des Unternehmens ist der Handelsvertreter berechtigt, außerhalb seiner Gebietsgrenzen Aufträge anzunehmen. Denkbare Konfliktfälle sind dem Unternehmen frühestmöglich anzuzeigen, damit eine interessengerechte Lösung gefunden werden kann.

(4) Der Handelsvertreter hat seine Dienste persönlich zu leisten. Ist es dem Handelsvertreter nicht möglich, sein Vertriebsgebiet aufgrund längerer Abwesenheiten (Krankheiten, Urlaube, sonstige Abwesenheiten von mehr als drei Wochen) zu bearbeiten, so ist das Unternehmen berechtigt, entweder einen anderen Mitarbeiter oder einen anderen Handelsvertreter im Vertriebsgebiet einzusetzen. Dauert die Verhinderung des Handelsvertreters länger als drei Monate an, so sind beide Vertragsparteien berechtigt, das Vertragsverhältnis mit einer Frist von vier Wochen zu kündigen.

§ 4 Pflichten und Verantwortlichkeiten des Handelsvertreters

(1) Der Handelsvertreter ist verpflichtet, seinen Wirkungskreis intensiv zu bearbeiten, die potentiellen Abnehmer und Interessenten zu besuchen, neue Kunden zu werben und diese zu betreuen.

(2) Der Handelsvertreter erstellt die für den Auftragseingang erforderlichen Entwurfspläne.

(3) Er ist für die telefonische Aufklärung von Interessenten-Anfragen zuständig.

(4) Er nimmt vereinbarte Termine mit den Interessenten, Kunden, Handwerkern wahr und koordiniert diese.

(5) Nach Besprechungen mit den Kunden erstellt er eindeutige schriftliche Vorgaben für die Angebotserstellung durch das Unternehmen. Er erstellt ferner eindeutige schriftliche Vorgaben für die Erstellung von Werksplänen.

(6) Der Handelsvertreter ist zuständig für die Abnahme von Montagen, der Reklamationsbearbeitung und die Veranlassung weiterer interner Bearbeitungen in Zusammenhang mit diesen Anlässen.

(7) Der Handelsvertreter hat Referenzen zu initiieren.

(8) Der Handelsvertreter ist verpflichtet, an Verkaufstagungen, Messen und Informationsveranstaltungen nach Aufforderung durch das Unternehmen teilzunehmen.

(9) Das Unternehmen wird nach eigener Maßgabe ein Vertriebsinformationssystem einrichten und ausbauen. Der Handelsvertreter wird in diesem Zusammenhang die Weisung des Unternehmens bezüglich Form und zeitlicher Reihenfolge der Berichtsleistungen einhalten. Das Unternehmen wird zu diesem Zweck ein EDV-Programm zur Verfügung stellen, welches es ermöglicht, die nötigen Informationen per Datenfernübertragung an die Zentrale des Unternehmens regelmäßig und zeitnah zu übermitteln. Der Handelsvertreter wird seinerseits die entsprechenden Telekommunikationseinrichtungen zur Verfügung stellen (Modem bzw ISDN-Anschluss) und entsprechend ausgestattete Hardware (Computer) bereithalten. Die Nutzungsverpflichtung umfasst insbesondere auch etwaige zur Verfügung gestellte gruppenfähige Terminkalender und Kontakt- und Projektverwaltungsmodule.

(10) Der Handelsvertreter verpflichtet sich, einen Mindestumsatz in Höhe von ... EUR auf Basis des § 6 innerhalb der Zeit von Beginn dieses Vertrages bis zum Ende des Kalenderjahres zu erzielen. Im Folgejahr soll dieser Mindestumsatz ... EUR betragen. Der Handelsvertreter wird sodann zusammen mit dem Unternehmen ehrgeizige Umsatzziele für das jeweilige Kalenderjahr festlegen.

§ 5 Pflichten des Unternehmens

(1) Das Unternehmen stellt dem Handelsvertreter alle für die Ausübung seiner Tätigkeit erforderlichen Unterlagen zur Verfügung (Geschäftspapiere, Honorarabrechnungsunterlagen etc.).

(2) Das Unternehmen wird den Handelsvertreter insbesondere durch Überlassung von Werbematerial in Form von Prospekten sowie durch Anzeigen, Telefonmarketing und Direktwerbung in angemessenem Umfang unterstützen.

(3) Das Unternehmen wird dem Handelsvertreter ferner die zur Ausübung seiner Tätigkeit erforderlichen Muster, Zeichnungen, Preislisten, Werbedrucksachen, Geschäftsbedingungen usw zur Verfügung stellen.

(4) Sämtliche dem Handelsvertreter überlassenen Unterlagen verbleiben im Eigentum des Unternehmens. Soweit diese nicht bestimmungsgemäß verbraucht worden sind, hat der Handelsvertreter sie nach Vertragsende wieder herauszugeben.

(5) Das Unternehmen wird den Handelsvertreter ferner über die Produktionsverhältnisse unterrichtet halten und ihn insbesondere über Preis- und Produktionsänderungen informieren.

§ 6 Vergütungsregelungen

(1) Der Handelsvertreter erhält eine Provision nur für seine während der Vertragsdauer mit Kunden in seinem Bezirk abgeschlossenen Geschäfte, soweit das Unternehmen nichts anderes im Einzelfall bestimmt hat. Der Provisionssatz beträgt .. % des Nettoumsatzes abzüglich etwaiger Erlösschmälerungen (Skonto, Rabatte, sonstige Nachlässe etc.).

(2) Sieht sich das Unternehmen namentlich aus Wettbewerbsgründen veranlasst, in Einzelfällen einen ungewöhnlich niedrigen Preis zu akzeptieren, so kann die dem Handelsvertreter für diese Geschäfte zustehende Provision vom Unternehmen angemessen gekürzt werden, höchstens jedoch auf die Hälfte.

(3) Bei Zahlungsunfähigkeit der Kunden kann die Provision zurückbelastet werden. Eine Zahlungsunfähigkeit ist dann gegeben, wenn die von dem Kunden eingegangene Finanzierung notleidend ist, Mahnbescheid erlassen wurde, Klage erhoben worden ist oder aus anderen Gründen die Rechnung an den Kunden storniert wurde.

(4) Der Anspruch auf Zahlung der Provision entsteht, sobald und soweit der Kunde das Entgelt für das provisionspflichtige Geschäft entrichtet hat. Bei Scheck- oder Wechselzahlung gilt das Entgelt in dem Zeitpunkt als entrichtet, in dem das Unternehmen über den Zahlbetrag endgültig frei verfügen kann.

(5) Das Unternehmen hat für jeden Kalendermonat, spätestens bis zum letzten Tag des Folgemonats, Abrechnungen über die in diesem Zeitpunkt fällig gewordenen Ansprüche auf Zahlung der Provision zu erteilen. Über Provisionsvorschüsse ist monatlich abzurechnen. Der Handelsvertreter hat die Abrechnung unverzüglich zu überprüfen und etwaige Einwände spätestens innerhalb eines Monats nach Erhalt der Abrechnung schriftlich gegenüber dem Unternehmen geltend zu machen.

(6) Die Provision ist mit der Abrechnung fällig.

(7) Der Handelsvertreter verpflichtet sich, Vergütungsüberzahlungen ohne Rücksicht auf eine noch vorhandene Bereicherung zurückzuzahlen.

§ 7 Dauer des Vertrages, Beendigung

(1) Dieser Vertrag wird auf unbestimmte Zeit abgeschlossen. Er beginnt mit der Unterzeichnung dieser Vereinbarung, frühestens jedoch mit der Wirksamkeit der Beendigung des bisherigen Arbeitsverhältnisses. Der Vertrag endet durch Kündigung. Für die Kündigung gelten die gesetzlichen Fristen des § 89 HGB. Der Vertrag endet ferner durch Tod des Handelsvertreters oder mit dem Erreichen des 65. Lebensjahres.

(2) Das Recht zur fristlosen Kündigung bzw Kündigung aus wichtigem Grund nach § 89a HGB bleibt unberührt. Als wichtiger Grund gilt die Eröffnung des Insolvenzverfahrens bei einer der Vertragsparteien. Zeitweilige Lieferschwierigkeiten des Unternehmens berechtigen nicht zur außerordentlichen Kündigung. Ferner gilt als wichtiger Grund auch eine nachhaltige Minderung der im Bezirk des Handelsvertreters erzielbaren Umsätze.

(3) Die Kündigung bedarf der Schriftform. Wird sie durch Einschreiben übermittelt, so gilt sie auch dann als zugegangen, wenn ein Zustellversuch fruchtlos verlaufen ist und dem Empfänger eine Zustellungsnachricht hinterlassen worden ist.

§ 8 Verjährung, Abtretung von Ansprüchen

(1) Alle Ansprüche aus diesem Vertrag verjähren nach 12 Monaten. Die Frist beginnt mit dem Ende des Monats, in dem der Anspruch fällig geworden ist und der Berechtigte von den anspruchsbegründenden Umständen Kenntnis erlangt hat.

(2) Der Handelsvertreter kann Rechte und Forderungen aus diesem Vertragsverhältnis nur mit schriftlicher Zustimmung durch das Unternehmen abtreten.

§ 9 Schriftform, Recht, Gerichtsstand, Nebenabreden, unwirksame Regelungen

(1) Das gesamte Rechtsverhältnis der Vertragspartner, auch soweit es die unter diesem Vertrag erfolgenden Einzelgeschäfte betrifft, unterliegt deutschem Recht.

(2) Gerichtsstand für alle Streitigkeiten im Zusammenhang mit diesem Vertrag ist der Sitz des Unternehmens. Jeder Vertragspartner ist auch berechtigt, den anderen an dem für diesen allgemein geltenden Gerichtsstand zu verklagen.

(3) Nebenabreden zu diesem Vertrag sind nicht getroffen. Änderungen oder Ergänzungen bedürfen zu ihrer Rechtswirksamkeit der Schriftform. Das Gleiche gilt für den Verzicht auf das Schriftformerfordernis.

(4) Im Falle der Unwirksamkeit einer oder mehrerer Bestimmungen dieses Vertrages oder im Falle von Lücken werden die Vertragsparteien eine der unwirksamen Regelung bzw der Gesamtregelung wirtschaftlich möglichst nahe kommende rechtswirksame Ersatz- bzw Ergänzungsregelung treffen.

4. Muster: Handelsvertretervertrag mit Fixum und Vertragsstrafe

Vertrag

zwischen

der Firma ...

– nachstehend: Firma –

und

Herrn ...

– nachstehend: Vertreter genannt –

I. Vorbemerkung

Die Firma ist Herstellerin von ... und besitzt auf diesem Gebiet Produktions- und Vertriebs-Know-how.

Bei dem Vertreter handelt es sich um einen Vertriebsfachmann, der seine Erfahrungen während seiner Tätigkeit für ... sammeln konnte.

II. Ziele

Ziel der nachfolgenden Vereinbarung ist es, die Produktpalette der Firma im Bereich ... im Vertragsgebiet über den Vertreter zu vertreiben und durch ihn neue Geschäftsfelder zu erschließen. Kundenakquisition und Werbung, sowie der Vertragsschluss mit Kunden liegen im Verantwortungsbereich des Vertreters. Der Vertreter trägt seine Auslagen selber und bezieht für Abschlüsse neben einem Fixum umsatzabhängige Provisionen. Die Firma wird den Vertreter im Bereich der Werbung unterstützen.

Zu diesem Zweck vereinbaren die Parteien die nachfolgenden Regelungen:

III. Regelungen

§ 1 Gegenstand der Vertretung

(1) Die Firma überträgt an den Vertreter ab dem Zeitpunkt des Abschlusses dieses Vertrages den Alleinvertrieb an die in der Anlage beschriebenen Kunden.

(2) Der Vertreter vermittelt der Firma Aufträge bestehender und zukünftiger Kunden. Zur rechtsgeschäftlichen Vertretung der Firma ist er nicht berechtigt.

(3) Das Recht der Firma, im Vertragsgebiet selbst oder durch Dritte tätig zu werden, ist ausgeschlossen, es sei denn, es liegt ein wichtiger Grund vor.

Als wichtiger Grund gilt hierbei insbesondere:
- das Unterschreiten der Mindestumsatzvereinbarung;
- eine mehr als sechs Monate andauernde Verhinderung der persönlichen Tätigkeit des Vertreters.

(4) Liegen Tatsachen vor, die den Entschluss rechtfertigen, dass durch eine Veränderung, auch Verkleinerung des Vertragsgebiets eine erhebliche Verbesserung der Absatzchancen der Firma erreicht werden kann, so kann die Firma alternativ nach Anhörung des Vertreters und unter Berücksichtigung von ihm etwa eingebrachter Vorschläge den zugewiesenen Kundenkreis neu festlegen. Als Tatsachen im Sinne dieser Regelung gilt insbesondere die Unterschreitung der Mindestumsätze.

§ 2 Aufgaben und Befugnisse

(1) Der Vertreter hat die Aufgabe, die Vertragsprodukte aktiv an bestehende und zukünftige Kunden nach besten Kräften zu vermitteln. Er ist nicht zum Inkasso berechtigt und darf die Firma nicht rechtsgeschäftlich vertreten. Eigengeschäfte mit den Erzeugnissen der Firma darf der Vertreter nicht ohne vorherige schriftliche Zustimmung durch die Firma tätigen.

(2) Der Vertreter wird der Firma monatlich über seine Tätigkeit und die allgemeine Marktentwicklung berichten, insbesondere über die Konkurrenzsituation sowie bei Bedarf über die besonderen Verhältnisse der einzelnen Abnehmer und Interessenten, namentlich über deren Anforderungen und Kreditwürdigkeit. Er wird dabei die Weisungen der Firma bezüglich Form und zeitlicher Folge dieser Berichte einhalten.

§ 3 Persönliche Leistung

(1) Der Vertreter hat seine Dienste persönlich zu leisten. Er darf keine Hilfspersonen heranziehen.

(2) Ist der Vertreter durch Unfall oder Erkrankung oder vergleichbare Ereignisse voraussichtlich länger als eine Woche an der Ausübung seiner Tätigkeit gehindert, so hat er die Firma davon unverzüglich zu unterrichten. Entschließt sich die Firma aus diesem Grund selbst oder durch einen anderen Beauftragten im Vertragsgebiet tätig zu werden, so gehen die dadurch entstehenden Kosten ab der 5. Woche der Verhinderung zu Lasten des Vertreters, maximal jedoch in Höhe seines jeweiligen Fixums.

(3) Sollte die Verhinderung des Vertreters sechs Monate überschreiten, so können beide Seiten diesen Vertrag kündigen oder die Firma von den Möglichkeiten des § 1 Abs. 3 und 4 Gebrauch machen.

§ 4 Wettbewerb, andere Vertretungen

(1) Der Vertreter darf nicht ohne schriftliche Einwilligung der Firma für einen Wettbewerber der Firma tätig werden oder sich an einem Konkurrenzunternehmen direkt oder indirekt beteiligen oder es sonst unterstützen. Die Vertragsprodukte sind ausschließlich bei der Firma zu beziehen und dürfen auch nicht selbst hergestellt werden. Für jeden Fall einer etwaigen Zuwiderhandlung wird eine Vertragsstrafe in Höhe von

25.500 EUR (in Worten: fünfundzwanzigtausendfünfhundert Euro)

vereinbart.

(2) Der Vertreter vertritt gegenwärtig die in der Anlage bezeichneten Firmen. Die Übernahme weiterer Vertretungen ist nur zulässig, wenn die Firma hierzu ihre Einwilligung erklärt hat.

(3) Der Vertreter wird außerhalb des Vertragsgebietes für die Vertragserzeugnisse keine Kunden werben oder Niederlassungen oder Auslieferungslager in Bezug auf die Vertragsprodukte unterhalten. Ausnahmen bedürfen der schriftlichen Einwilligung der Firma.

§ 5 Unterstützung und Information

(1) Die Firma unterstützt den Vertreter auch, indem sie ihn über die Verhältnisse unterrichtet hält, ihm namentlich bevorstehende Preis- oder Produktionsänderungen mitteilt.

(2) Die Firma wird die von dem Vertreter durchzuführende Tätigkeit durch Überlassung von Werbematerial in Form von Prospekten sowie von Anzeigen, Telefonmarketing und Direktwerbung unterstützen. Die Bestimmung des Umfangs dieser Unterstützung obliegt der Firma nach billigem Ermessen.

(3) Werbematerial und sonstige Gegenstände, die die Firma an den Vertreter zur Unterstützung seiner Tätigkeit aushändigt, bleiben im Eigentum der Firma. Sie sind nach Beendigung des Vertragsverhältnisses unverzüglich zurückzugeben, soweit sie nicht bestimmungsgemäß verbraucht wurden.

§ 6 Mindestumsatz

(1) Der Vertreter verpflichtet sich zu Abschlüssen in Bezug auf die Vertragsprodukte im Rahmen des folgenden Umsatzvolumens:

a) bis zum Ablauf des ersten Kalenderjahres nach Vertragsschluss in Höhe von ... EUR (reine Netto-Auftragssummen, ohne Transport, Verpackung, Versicherung, Kosten des Geldverkehrs)

b) im folgenden Kalenderjahr: ... EUR

Für die Folgezeit werden die Vertragspartner die Mindestumsätze einvernehmlich festlegen, wobei sie jährliche Steigerungsraten von ... % erwarten.

(2) Werden die Ziele nicht erreicht, so ist die Firma wahlweise berechtigt,

- den Vertrag mit sofortiger Wirkung zu kündigen,
- das Vertragsgebiet oder den Kundenkreis neu zu bestimmen,
- die Kalkulation neu zu bemessen und/oder
- selbst oder durch Dritte die Vertragsprodukte im Vertragsgebiet zu vertreiben.

(3) Wird der Vertrag mit den vorgenannten Einschränkungen fortgesetzt, so verständigen sich die Parteien über neue angemessene Mindestabnahmen.

(4) Kommt eine Einigung nicht bis Anfang Februar eines jeden Kalenderjahres zustande, so sind beide Parteien berechtigt, das Vertragsverhältnis mit einer Frist von 3 Monaten zu kündigen.

§ 7 Provisionspflichtige Geschäfte

(1) Der Vertreter erhält Provision nur für während der Vertragsdauer mit Kunden in seinem Bezirk abgeschlossene Geschäfte. Ein Anspruch auf Überhangprovision besteht nicht. Der Provisionssatz beträgt bei Umsätzen bis zu ... EUR netto des Einzelgeschäfts ... %, bei Umsätzen bis zu ... EUR netto des Einzelgeschäfts ... % aus dem Nettorechnungsbetrag. Nachlässe bei Barzahlung sind abzuziehen.

(2) Sieht sich die Firma namentlich aus Wettbewerbsgründen veranlasst, in Einzelfällen einen ungewöhnlich niedrigen Preis zu akzeptieren, so kann sie die dem Vertreter für diese Geschäfte zustehende Provision angemessen kürzen, höchstens jedoch auf die Hälfte.

§ 8 Provision, Entstehung, Vorschuss, Abrechnung Fälligkeit

(1) Der Anspruch auf Zahlung der Provision entsteht, sobald und soweit der Kunde das Entgelt für das provisionspflichtige Geschäft entrichtet hat. Bei Scheck- oder Wechselzahlungen gilt das Entgelt in dem Zeit-

punkt als entrichtet, in welchem die Firma über den Zahlbetrag endgültig frei verfügen kann. Der Vertreter hat Anspruch auf Zahlung eines Provisionsvorschusses, wenn die Firma das Geschäft ausgeführt hat. Der Provisionsvorschuss beträgt 50 % der Provision, die dem Vertreter aus diesem Geschäft voraussichtlich insgesamt zusteht.

(2) Die Firma hat für jedes Kalenderquartal, spätestens bis zum letzten Tag des Folgemonats, Abrechnung über die in diesem Zeitraum fällig gewordenen Ansprüche auf Zahlung einer Provision zu erteilen. Über Provisionsvorschüsse ist monatlich abzurechnen. Der Vertreter hat die Abrechnung unverzüglich zu überprüfen und etwaige Einwände spätestens innerhalb eines Monats nach Erhalt der Abrechnung schriftlich gegenüber der Firma geltend zu machen.

(3) Die Provision ist mit der Abrechnung fällig.

(4) Ungeachtet der vorstehenden Regelungen erhält der Vertreter ein nicht zu verrechnendes Fixum in Höhe von __ EUR monatlich, zahlbar am Ende eines jeden Kalendermonats.

(5) Der Vertreter verpflichtet sich, Vergütungsüberzahlungen ohne Rücksicht auf eine noch vorhandene Bereicherung zurückzuzahlen.

§ 9 Dauer des Vertrages, Beendigung

(1) Dieser Vertrag wird zunächst auf ein Jahr abgeschlossen. Er verlängert sich um jeweils ein Jahr, wenn nicht einer der Vertragspartner dem anderen spätestens drei Monate vor Ablauf des Vertrages erklärt hat, dass er den Vertrag nicht fortzusetzen beabsichtige. Der Vertrag endet ferner durch Tod des Vertreters. Die Regelungen zu § 3 Ziffer 3 und § 6 Ziffer 2 und 4 bleiben unberührt.

(2) Das Recht zur Kündigung dieses Vertrages aus wichtigem Grund bleibt unberührt. Zeitweilige Lieferschwierigkeiten der Firma stellen keinen wichtigen Grund für eine außerordentliche Kündigung dar.

(3) Die Erklärung, mit der einer der Vertragspartner dem anderen mitteilt, dass er den Vertrag nicht fortzusetzen beabsichtige, und die Kündigung bedürfen der Schriftform. Werden sie durch Einschreiben übermittelt, so gelten sie auch dann als zugegangen, wenn ein Zustellungsversuch fruchtlos verlaufen ist und dem Empfänger eine Zustellungsnachricht hinterlassen worden ist.

§ 10 Verjährung, Abtretung von Ansprüchen

(1) Alle Ansprüche aus diesem Vertrag verjähren nach 12 Monaten. Die Frist beginnt mit dem Ende des Monats, in dem der Anspruch fällig geworden ist und der Berechtigte von den anspruchsbegründenden Umständen Kenntnis erlangt hat.

(2) Der Vertreter kann Rechte aus diesem Vertragsverhältnis nur mit schriftlicher Zustimmung der Firma abtreten.

§ 11 Recht, Gerichtsstand, Nebenabreden, Unwirksame Regelungen

(1) Das gesamte Rechtsverhältnis der Vertragspartner, auch soweit es die unter diesem Vertrag erfolgenden Einzelgeschäfte betrifft, unterliegt deutschem Recht.

(2) Gerichtsstand für alle Streitigkeiten im Zusammenhang mit diesem Vertrag ist der Sitz der Firma. Jeder Vertragspartner ist auch berechtigt, den anderen an dem für diesen allgemein geltenden Gerichtsstand zu verklagen.

(3) Nebenabreden zu diesem Vertrag sind nicht getroffen. Änderungen oder Ergänzungen bedürfen zu ihrer Rechtswirksamkeit der Schriftform. Das Gleiche gilt für den Verzicht auf das Schriftformerfordernis.

(4) Im Falle der Unwirksamkeit einer oder mehrerer Bestimmungen dieses Vertrages oder im Fall von Lücken werden die Vertragsparteien eine der unwirksamen Regelung bzw der Gesamtregelung wirtschaftlich möglichst nahe kommende rechtswirksame Ersatz- bzw Ergänzungsregelung treffen.

↑

5. Muster: Handelsvertretervertrag eines Vermittlungsagenten für Anzeigen und Adressverzeichnisse

Vertrag

Zwischen

der Firma ...

— nachstehend: Verlag —

und

Herrn ...

— nachstehend: Handelsvertreter —

wird folgender Vertrag geschlossen:

§ 1

Der Verlag überträgt dem Handelsvertreter als freiem Vermittlungsagenten iSd § 84 HGB die Vermittlung von kostenpflichtigen Eintragungen, ein- und mehrspaltigen Anzeigen sowie den Buchverkauf in dem ihm vom Verlag zugewiesenen Tätigkeitsbereich für die im Verlag erscheinenden ....

Der Handelsvertreter erklärt, dass er den erforderlichen Gewerbeschein besitzt und seinen steuerlichen Verpflichtungen selbst nachkommt und sich auch gem. § 19 Abs. 4 UStG der Umsatzbesteuerung nach den allgemeinen Vorschriften dieses Gesetzes unterwirft.

Ist der Handelsvertreter an der Ausübung seiner Tätigkeit infolge Krankheit oder aus anderen Umständen daran gehindert, die vom Verlag gesetzten Termine einzuhalten, so hat der Verlag das Recht, dafür zu sorgen, dass die Werbung in dem zuständigen Arbeitsbereich durch einen anderen Handelsvertreter weitergeführt wird. Das Gleiche gilt, wenn der Handelsvertreter mit der Bearbeitung seines Tätigkeitsbereiches nicht rechtzeitig fertig wird. Die Zuordnung der Tätigkeitsbereiche des Handelsvertreters ist in das Ermessen des Verlages gestellt.

§ 2

Die genaue Abgrenzung des für die Bearbeitung durch den Handelsvertreter bestimmten Arbeitsbereiches ergibt sich aus der Verkaufskartei, den Straßenlisten oder besonderen Unterlagen, die dem Handelsvertreter für die Werbung ausgehändigt werden.

Die Bearbeitung erfolgt anhand des ausgehändigten Adressenmaterials. Dieses Material bleibt Eigentum des Verlages und ist auf Anforderung des Verlages, spätestens bei Lösung des Vertragsverhältnisses, an den Verlag zurückzugeben. Firmen, die vom Handelsvertreter nicht zu besuchen sind, werden ihm bei Aushändigung des Adressenmaterials bekannt gegeben.

Der Handelsvertreter ist zu einer kontinuierlichen Arbeitsweise verpflichtet. Er hat in geschlossenen zugewiesenen Ortsnetzen und Orten bis zur Mitte der Bearbeitungszeit 60 % der abzuschließenden Auftragsanzahl zu übermitteln. In Einzel-Verkaufstouren wird dem Handelsvertreter neues Adressenmaterial erst dann zugewiesen, wenn 80 % der abzuschließenden Auftragsanzahl getätigt worden ist.

Der Verlag hat jederzeit das Recht der Nachbearbeitung des an den Handelsvertreter ausgegebenen Materials. Der Verlag kann die Aushändigung von Adressenmaterial solange aufschieben, bis der Vertreter die Sollvorgabe gem. § 2 erreicht hat, es sei denn, dass zwingende Gründe das Erreichen der Sollvorgabe unmöglich machen, und wenn der Auftragsrückstand 20 % der abzuschließenden Auftragsanzahl übersteigt.

§ 3

Der Handelsvertreter ist verpflichtet, in seinem Arbeitsbereich die Interessen des Verlages mit der Sorgfalt eines ordentlichen Kaufmanns zu wahren und zu fördern, insbesondere die in Frage kommenden Interessenten dieses Bereiches ohne Ausnahme persönlich zu besuchen, Änderungen der redaktionellen Angaben festzustellen und dem Verlag zu vermitteln. Er ist verpflichtet, die Verkaufs-Richtlinien und Geschäftsbedingungen des Verlages genau zu befolgen und die Bonität des Kunden im Hinblick auf den Auftrag zu berücksichtigen. Ordnungsgemäß vermittelt sind vom Verlag angenommene Aufträge erst dann, wenn der Auftrag vom Auftraggeber durch Unterschrift eines Zeichnungsberechtigten akzeptiert wurde und die zur Ausführung erforderlichen Texte, Druckstöcke usw vom Auftraggeber beschafft sind. Die Beschaffung obliegt dem Handelsvertreter. Für telefonisch abgeschlossene Aufträge haftet der Handelsvertreter.

Der Verlag hat das Recht, den Handelsvertreter mit den Kosten zu belasten, die durch nicht ordnungsgemäße oder unleserliche Ausfüllung des Auftrags anfallen. Verletzt der Handelsvertreter schuldhaft seine Vertragspflicht, so kann ihn der Verlag mit dem ihm entstandenen Schaden belasten.

Von allen besonderen Vorfällen, evtl unkorrekter Werbung seitens fremder Verlage, verpflichtet sich der Handelsvertreter, dem Verlag sofort, möglichst schriftlich unter Beifügung von Vorlagen, Mitteilung zu machen.

§ 4

Nur für die vom Handelsvertreter vermittelten und vom Verlag angenommenen Aufträge aus dem ihm übertragenen Arbeitsbereich erhält er folgende Provisionen: ...

Die Provisionssätze errechnen sich aus den Anzeigenrechnungs-Nettobeträgen. Für die Bestandsübernahme vermindert sich die Provisions-Gutschrift im ersten Vertragsjahr um 1 %. Die mit der Werbung verbundenen Kosten hat der Handelsvertreter zu tragen.

Der Handelsvertreter ist gehalten, sich den Kunden als Beauftragter des Verlages vorzustellen.

§ 5

Der Handelsvertreter hat Anspruch auf Provision erst mit dem Eingang der Zahlung des Bestellers und nur nach dem Verhältnis des eingetragenen Betrags. Der Handelsvertreter kann jedoch von den von ihm ordnungsgemäß vermittelten und vom Vertrag angenommen Aufträgen bis zu 90 % (90 vom Hundert) des Provisionsbetrags als Vorschuss verlangen. Dieser ist an den Verlag zurückzuzahlen, sobald der Provisionsanspruch entfällt, spätestens nach erfolgloser Durchführung des Mahnverfahrens. Der Verlag ist nicht verpflichtet, seine Rechnungsforderungen gegen die Auftraggeber gerichtlich geltend zu machen. Werden im gerichtlichen Beitreibungsverfahren Forderungen und Verfahrenskosten beglichen, so erhält der Handelsvertreter nachträglich Provisionsgutschrift.

Der Handelsvertreter verpflichtet sich, Vergütungsüberzahlungen ohne Rücksicht auf eine noch vorhandene Bereicherung zurückzuzahlen.

§ 6

Der Handelsvertreter verpflichtet sich, während der Dauer dieses Vertrages nicht für Konkurrenzverlage tätig zu sein. Er bedarf zur Ausübung einer anderen gewerblichen Tätigkeit – insbesondere zur Übernahme der Vertretung eines anderen Unternehmens – vorher der schriftlichen Einwilligung des Verlages.

Der Handelsvertreter ist nicht berechtigt, Untervertreter einzustellen. Er ist nicht berechtigt, neben den vom Verlag zur Verfügung gestellten Unterlagen Drucksachen mit dem Namen des Verlages herstellen zu lassen und/oder zu verwenden.

§ 7

Das Vertragsverhältnis beginnt mit dem Datum des Vertragsabschlusses für unbestimmte Zeit. Die Kündigungsfrist beträgt für beide Vertragspartner mindestens drei Monate zum Schluss eines Kalendervierteljahres. Aus wichtigem Grunde kann jeder Teil das Vertragsverhältnis jederzeit mit sofortiger Wirkung kündigen.

Kapitel 2: Handelsvertreterverträge; Verträge mit freien Mitarbeitern

§ 8

Erfüllungsort und Gerichtsstand ist für beide Teile ...

§ 9

Jeder Vertragspartner erhält ein unterzeichnetes Exemplar dieses Vertrages. Mit der Unterzeichnung dieses Vertrages werden alle früheren mündlichen und schriftlichen Abmachungen aufgehoben.

Alle Vertragsänderungen oder mündliche Nebenabreden sind unwirksam, sofern sie nicht durch den Verlag schriftlich bestätigt werden.

6. Muster: Weltweiter zweisprachiger Vertragshändlervertrag nach deutschem Recht

Handelsvertretervertrag	Distribution Agreement
Der vorliegende Vertrag wird geschlossen am ... 201... von und zwischen	This Agreement is made and entered into as of the ... day of ..., 201... by and between
..., einer ... Gesellschaft mit Hauptgeschäftssitz in ...	..., a ... corporation, with its principal place of business at ...
– nachstehend als „Auftraggeber" bezeichnet – und	– hereinafter referred to as "Principal" – and
der ... GmbH, ..., Deutschland, einer gemäß den Gesetzen der Bundesrepublik Deutschland gegründeten und entsprechend geführten Gesellschaft	... GmbH, ..., Germany, a corporation organized and existing under the laws of the Federal Republic of Germany
– nachstehend als „Händler" bezeichnet –.	– hereinafter referred to as "Dealer"–.
Präambel	**Witnesseth**
Im Hinblick darauf, dass der Auftraggeber die in diesem Vertrag näher beschriebenen Produkte herstellt und vermarktet, und	Whereas, Principal is engaged in the production and marketing of products as more particularly described herein; and
im Hinblick darauf, dass der Händler gemäß der Beschreibung im vorliegenden Vertrag in ausgewählten Ländern das Alleinvertriebsrecht für bestimmte Produkte des Auftraggebers haben möchte, und	whereas, Dealer is desirous of being granted the exclusive distribution rights of certain of Principal's products in select countries as specified in this agreement; and
im Hinblick darauf, dass der Auftraggeber bereit ist, dem Händler dieses Alleinvertriebsrecht gemäß den in diesem Vertrag dargelegten Bestimmungen und Bedingungen zu gewähren,	whereas, Principal is willing to grant such exclusive distribution rights to Dealer upon the terms and conditions herein set forth;
treffen Auftraggeber und Händler angesichts der in diesem Vertrag enthaltenen gegenseitigen Verpflichtungen und Bedingungen und für eine angemessene Gegenleistung, deren Erhalt hiermit bestätigt wird, folgende Vereinbarungen:	Now, therefore, in consideration of the mutual covenants and conditions herein contained, and for other good and valuable consideration, the receipt of which is hereby acknowledged, Principal and Dealer mutually agree as follows:

Lücke

1. Ernennung, Produkte und Vertragsgebiet

(a) Der Auftraggeber ernennt den Händler hiermit zum Alleinvertragshändler für die in Anlage „A" aufgeführten Produkte des Auftraggebers (die „Produkte") und für das in Anlage „B" definierte Vertragsgebiet (das „Vertragsgebiet"), und der Händler nimmt diese Ernennung hiermit an. Die beiden Anlagen sind diesem Vertrag beigefügt und Bestandteil desselben.

(b) Die Ernennung des Händlers zum Alleinvertragshändler für die Produkte im Vertragsgebiet wurde dadurch ermöglicht, dass Herr ... Anteilseigner und leitender Angestellter des Händlers ist; der Auftraggeber hat diesen Vertrag im Vertrauen auf dessen Präsenz und persönliche Reputation sowie dessen Qualifikationen und Fähigkeiten geschlossen. Neben dem Vertragsabschluss auf der Grundlage der Beteiligung dieser namentlich erwähnten Person mit den angeführten Eigenschaften hat der Auftraggeber die Anlagen, Ausrüstungen und Finanzlage sowie das Know-how des Händlers in Bezug auf Werbung, Verkauf und Vertrieb der Produkte sorgfältig geprüft. Die Gewährung des Vertriebsrechts für die Produkte an den Händler ist daher einmalig und kann nur gemäß den in Paragraph 9 festgelegten Bedingungen übertragen werden.

2. Image der Produkte

Der Händler erkennt an, dass der Auftraggeber die Produkte vor Abschluss dieses Vertrages im Vertragsgebiet selbst oder über Vertreter beworben, vermarktet und verkauft und somit das gute Image der Produkte und deren Akzeptanz bei den Verbrauchern im Vertragsgebiet aufgebaut hat.

3. Verpflichtungen des Händlers

(a) Der Händler erklärt sich bereit, die Produkte im gesamten Vertragsgebiet nach besten Kräften eifrig und aggressiv zu bewerben, zu vermarkten und zu verkaufen.

(b) Der Händler erklärt sich damit einverstanden, die Produkte im Vertragsgebiet gemäß dem zwischen Händler und Auftraggeber vereinbarten Werbeprogramm mit all seinen Kräften zu bewerben und vorzuführen.

1. Appointment, Products and Territory

(a) Principal hereby appoints and Dealer hereby accepts appointment as a sales distributor of the Principal's products listed in Exibit "A" (the "Products") and in the territory as defined in Exibit "B" (the "Territory") both Exibits attached hereto and made a part hereof on an exclusive basis.

(b) This appointment of Dealer for the exclusive distribution of the Products in the Territory has been made possible because Mr. ... is the stockholder and officer of Dealer and in reliance upon whose presence and personal reputation, qualifications and abilities Principal has entered into this Agreement. In addition to having entered into this Agreement based upon the involvement of such named person in those capacities, Principal carefully considered Dealer's facilities, equipment, financial condition and its know-how in the promotion, sale and distribution of the Products. Therefore, the grant of the distribution of the Products to Dealer is unique and may be transferred only under the conditions established in Section 9 hereof.

2. Prior Goodwill

Dealer acknowledges that Principal has heretofore, directly or through agents and representatives, promoted, marketed, and sold the Products in the Territory, having thus developed the Products' goodwill, good name, reputation and consumer acceptance in the Territory.

3. Dealer's Covenants, Duties and Obligations

(a) Dealer agrees to diligently and aggressively exert its best efforts to promote, merchandise and sell the Products throughout the Territory.

(b) Dealer agrees to advertise, promote and demonstrate the Products in the Territory to the best of Dealer's ability, in accordance with the advertising and promotional program agreed to between Dealer and Principal.

(c) Der Händler liefert dem Auftraggeber vierteljährlich Verkaufsberichte und -informationen. Der Händler behandelt sämtliche Informationen, Berichte und Unterlagen betreffend den vorliegenden Vertrag vertraulich und trifft entsprechende Vorkehrungen, um dies sicherzustellen.

(d) Der Händler beachtet alle Gesetze und Vorschriften in Bezug auf die Führung seines Unternehmens, wie im vorliegenden Vertrag vorgesehen.

(e) Der Händler ist nicht berechtigt, sich aktiv Aufträge von potenziellen Kunden mit Hauptgeschäftssitz außerhalb des Vertragsgebiets zu beschaffen. Verkaufsaktivitäten außerhalb des Vertragsgebiets sind dem Händler untersagt. Die Vertragsparteien sind sich einig, dass jede der nachstehenden Verhaltensweisen eine Verletzung dieses Paragraphen darstellt: (i) die Verwendung anderer Warenzeichen für das Produkt im Internet, es sei denn, dies wurde im Einzelfall schriftlich vereinbart, oder (ii) die Verwendung einer anderen Produktverpackung im Internet als die für das Vertragsgebiet verwendete. Der Händler hat das Recht, die Produkte des Auftraggebers mit eindeutigem Hinweis auf die Beschränkung seines Vertriebsrechts auf das Vertragsgebiet auf seiner eigenen Website zu präsentieren.

(f) Der Händler legt dem Auftraggeber alle drei (3) Monate eine Umsatzprognose für die nächsten zwölf (12) Monate vor, beginnend am 1. April, 1. Juli, 1. Oktober oder 1. Januar nach Inkrafttreten dieses Vertrages (oder, sollte der Vertrag innerhalb von dreißig (30) Tagen vor einem dieser Termine in Kraft treten, beginnend am zweiten Termin nach Inkrafttreten dieses Vertrages). Eine solche Umsatzprognose muss Auskunft geben über potenzielle Kunden (Namen), Stückzahlen, Konfigurationen, voraussichtliche Bestell- und Versanddaten sowie den voraussichtlichen Ersatzteilbedarf. Erweist sich die jüngste Prognose zu irgendeinem Zeitpunkt als nicht mehr zutreffend, ist der Händler verpflichtet, dem Auftraggeber unverzüglich aktuelle Daten zu liefern. Die Umsatzprognose dient lediglich Planungszwecken; der Händler ist nicht verpflichtet, die Produkte zu kaufen, die laut Umsatzprognose voraussichtlich abgesetzt werden.

(c) Dealer shall provide Principal sales reports and information on a quaterly basis. Dealer shall treat as confidential and safeguard all information, reports and records pertaining to this Agreement.

(d) Dealer shall comply with all statutes and regulations pertaining to or governing the conduct of its business as contemplated herein.

(e) Dealer shall not actively solicit orders from any prospective purchaser with its principal place of business located outside the Territory. Dealer shall not engage in active sales outside the Territory. The parties agree that at least each of the following behaviors shall constitute a breach of this Section: (i) the use on the Internet of any other trademarks for the Product other than individually agreed upon in writing; or (ii) the use on the Internet of any other package of the Product than the package of the Product for the Territory. Dealer may present Principal's Products with clear notice of Daler's limitation to distribute the Products within the Territory on Dealer's own website.

(f) Dealer shall submit a rolling twelve (12)-month sales forecast to Principal every three (3) months commencing on the April 1st, July 1st, October 1st or January 1st first following the effective date of this Agreement (or, if the effective date of this Agreement is within thirty (30) days before any of such dates, commencing on the second such date after the effective date of this Agreement). Such sales forecast shall include prospective customer names, quantities, configurations, expected order dates, expected shipping dates and expected spare parts requirements. If the most recent forecast becomes materially inaccurate at any time, Dealer shall promptly provide Principal with updated information. The sales forecast shall be for planning purposes only and Dealer is not required to purchase the Products projected to be sold on the sales forecast.

(g) Der Händler erkennt an und erklärt sich damit einverstanden, dass der endgültige Versand der Bestellungen an den Händler vom Recht und der Fähigkeit des Auftraggebers abhängt, diese Verkäufe zu tätigen und die erforderlichen Lizenzen und Genehmigungen einzuholen, und zwar gemäß allen derzeit geltenden oder nach Abschluss dieses Vertrages möglicherweise in Kraft tretenden Verordnungen, Gesetzen, Regeln und Vorschriften der Regierung der Vereinigten Staaten und Dienststellen derselben. Demgemäß erklärt sich der Händler damit einverstanden, (i) den Auftraggeber bei der Beschaffung dieser Lizenzen und Genehmigungen zu unterstützen, indem er dem Auftraggeber alle gewünschten Dokumente und Informationen liefert, (ii) die Verordnungen, Gesetze, Regeln und Vorschriften der Regierung der Vereinigten Staaten und Dienststellen derselben zu beachten, (iii) die erforderlichen Bücher zu führen, um diesen Verordnungen, Gesetzen, Regeln und Vorschriften zu entsprechen, (iv) keine Produkte zu reexportieren, außer gemäß diesen Verordnungen, Gesetzen, Regeln und Vorschriften sowie der Politik des Auftraggebers und/oder der Muttergesellschaft des Auftraggebers, die alle Verkäufe an den Irak, Iran, Libyen, Nordkorea und den Sudan untersagt, (v.) alle staatlichen Genehmigungen und Lizenzen einzuholen, die für die Einfuhr der Produkte in das Vertragsgebiet erforderlich sind, (vi) die Exportgesetze der Vereinigten Staaten bei Verkauf, Übereignung oder anderweitiger Veräußerung der Produkte nicht zu verletzen und (vii) den Auftraggeber in Bezug auf Geldstrafen, Entschädigungen, Verluste und Kosten (einschließlich, ohne Beschränkung, angemessener Anwaltsgebühren) schadlos zu halten, die dem Auftraggeber infolge einer Verletzung dieses Absatzes oder des folgenden Absatzes (h) durch den Händler entstehen. Zur Unterstützung, aber ohne Einschränkung des Vorstehenden erklärt der Händler, dass er die Bestimmungen zur Bekämpfung von Bestechung im US-Gesetz gegen Korruption im Ausland gelesen und verstanden hat und befolgen wird.

(h) Der Händler erkennt hiermit ausdrücklich an, dass technische Daten und die daraus direkt resultierenden Produkte den Exportkontrollen der Vereinigten Staaten unterliegen, und willigt ein, dass we-

(g) Dealer acknowledges and understands that the ultimate shipment of orders to Dealer shall be subject to the right and ability of Principal to make such sales and obtain required licenses and permits, under all applicable decrees, statutes, rules and regulations of the government of the United States and agencies thereof presently in effect or which may be in effect hereafter. Accordingly, Dealer hereby agrees: (i) to assist Principal in obtaining any such required licenses or permits by supplying such documentation or information as may be requested by Principal; (ii) to comply with such decrees, statutes, rules and regulations of the government of the United States and agencies thereof; (iii) to maintain the necessary records to comply with such decrees, statutes, rules and regulations; (iv) not to re-export any Products except in compliance with such decrees, statutes, rules and regulations and Principal and/or Principal's parent corporation's policy prohibiting all sales into Iraq, Iran, Libya, North Korea, and Sudan; (v.) to obtain all governmental approvals and licenses necessary to import the Products into the Territory; (vi) not to sell, transfer, or otherwise dispose of the Products in violation of the export laws of the United States; and (vii) to indemnify and hold harmless Principal from any and all fines, damages, losses, costs and expenses (including without limitation reasonable attorneys' fees) incurred by Principal as a result of any breach of this subsection or subsection (h) below by Dealer. In furtherance of, but without limiting, the foregoing, Dealer represents that it has read, understood and will comply with the anti-bribery provisions of the U.S. Foreign Corrupt Practices Act.

(h) Dealer hereby expressly acknowledges that technical data and the direct product thereof are subject to export controls of the United States and agrees that neither technical data nor the direct product

der technische Daten noch die daraus direkt resultierenden Produkte direkt oder indirekt an einen Bestimmungsort verbracht werden, der gegen die gesetzlichen Vorschriften der Vereinigten Staaten, die Bestimmungen einer geltenden Exportlizenz oder die Politik des Auftraggebers und/oder der Muttergesellschaft des Auftraggebers verstößt, die alle Verkäufe an den Irak, Iran, Libyen, Nordkorea und den Sudan untersagt. Darüber hinaus sichert der Händler hiermit zu, dass er sich nicht an Geschäften beteiligt, bei denen es möglicherweise um aus den Vereinigten Staaten ausgeführte oder auszuführende Waren oder technische Daten oder die daraus direkt resultierenden Produkte geht, wenn eine Person, der die Vereinigten Staaten die Exportrechte verweigert haben, möglicherweise irgendwelche Vorteile von diesem Geschäft hat oder daran direkt oder indirekt interessiert ist.

(i) Während der Laufzeit dieses Vertrages ist es dem Händler untersagt, im Vertragsgebiet direkt oder indirekt Erzeugnisse zu verkaufen, zu bewerben oder zu vermarkten, die mit den Produkten konkurrieren.

(j) Der Händler ist verpflichtet, die Produkte bei seinen Kunden zu installieren und seine Kunden in der Bedienung der Produkte zu schulen. Der Händler stellt kompetentes, erfahrenes Servicepersonal ein, sollte dies erforderlich sein, um den Anwendern der Produkte im Vertragsgebiet einen prompten und angemessenen Service zu bieten.

4. Preise/Verkaufs- und Lieferbedingungen

(a) Der Händler kauft die Produkte vom Auftraggeber zu den vom Auftraggeber für die Produkte festgelegten inländischen US-Bestpreisen.

(b) Der Händler bestellt die Produkte beim Auftraggeber anhand einer schriftlichen Bestellung, auf der die bestellten Produkte, der (die) gewünschte(n) Liefertermin(e) sowie Ein- und Ausfuhrinformationen aufzuführen sind, die der Auftraggeber für die Abwicklung des Auftrags benötigt. Vom Händler aufgegebene Bestellungen für die Produkte sind nur und erst dann verbindlich, wenn sie vom Auftraggeber schriftlich angenommen werden.

(c) Der Händler hat das Recht, die Preise für die von ihm verkauften Produkte selbst zu gestalten. Der

thereof will be transferred, directly or indirectly, to any destination contrary to the requirements of the laws of the United States, the terms of any applicable export license, or Principal and/or Principal's parent corporation's policy prohibiting all sales into Iraq, Iran, Libya, North Korea, and Sudan. Further, Dealer hereby provides its assurance that it will not participate in any transaction which may involve any commodity or technical data, or the direct product thereof, exported or to be exported from the United States, if a person denied export privileges from the United States may obtain any benefit from or have any interest in, directly or indirectly, such transaction.

(i) During the term of this Agreement Dealer shall not sell, promote, advertise or market, directly or indirectly, in the Territory products that are competitive with the Products.

(j) Dealer shall install the Products on the premises of its customers and shall train its customers to operate the Products. Dealer shall employ competent and experienced service personnel if and so as necessary to render prompt and adequate service to the users of the Products in the Territory.

4. Prices/Terms of Sale and Delivery

(a) Dealer shall purchase the Products from Principal at the U.S.-domestic best prices for the Products established by Principal.

(b) Dealer shall order Products from Principal by submitting a written purchase order identifying the Products ordered, requested delivery date(s.) and any export/import information required to enable Principal to fill the order. No order for the Products submitted to Principal by Dealer shall become binding unless and until it is accepted in writing by Principal.

(c) Dealer shall be free to establish its own pricing for Products sold by Dealer. Dealer shall notify Principal of its pricing, as in effect from time to time.

Lücke

Händler informiert den Auftraggeber von Zeit zu Zeit über seine aktuelle Preisgestaltung.

(d) Der Auftraggeber kann die Konditionen für den dem Händler für den Kauf der Produkte möglicherweise eingeräumten Kredit von Zeit zu Zeit revidieren und eine adäquate Sicherheit verlangen.

(e) Zwischen den Vertragsparteien besteht Einigkeit darüber, dass die Bestimmungen und Bedingungen dieses Vertrages durch die Bedingungen einer vom Händler beim Auftraggeber aufgegebenen Bestellung nicht geändert werden und dass einander widersprechende Bestimmungen als durch die Bestimmungen dieses Vertrages ersetzt gelten.

(f) Sofern der Händler keine anderen Wünsche äußert, erfolgt die versand- und lagergerechte Verpackung aller vom Händler bestellten Produkte entsprechend der Standard-Geschäftspraxis des Auftraggebers. Der Händler ist verpflichtet, den Auftraggeber über eventuell erforderliche Spezialverpackungen (die zu Lasten des Händlers gehen) zu informieren. Die Gefahr des Verlustes oder der Beschädigung eines Produkts geht nach Übergabe dieses Produkts an das vom Händler bestimmte Transportunternehmen auf den Händler über. Etwaige Forderungen wegen nicht vertragsgemäßen Versands sind innerhalb von zehn (10) Tagen nach Übergang der Gefahr des Verlustes und der Beschädigung gemäß vorstehender Beschreibung schriftlich an den Auftraggeber zu richten. Alle Forderungen, deren Anmeldung innerhalb dieser Frist versäumt wird, gelten als erlassen.

(g) Alle fälligen Beträge in Bezug auf ein Produkt, das der Auftraggeber gemäß dem vorhergehenden Absatz geliefert hat, sind innerhalb von dreißig (30) Tagen nach Eingang der dieses Produkt betreffenden Rechnung beim Händler vollständig zu zahlen. All diese Beträge sind in der in der entsprechenden Preisliste angegebenen oder separat angebotenen Währung über eine elektronische Zahlungsanweisung auf das Bankkonto zu zahlen, das der Auftraggeber von Zeit zu Zeit schriftlich festlegen kann. Wird ein im Rahmen dieses Vertrages zu zahlender Betrag an einem anderen als einem Werktag fällig, dh, an einem Samstag, Sonntag oder einem Feiertag in Deutschland, ist dieser Betrag am nächsten darauf folgenden Werktag zu zahlen. Im Rahmen dieses Ver-

(d) Principal from time to time may revise the credit terms which may be extended to Dealer for the purchase of the Products, and require adequate security or collateral.

(e) It is understood and agreed by the parties hereto that the terms and conditions of this Agreement shall not be modified or amended by the terms of any purchase order submitted by Dealer to Principal, and any such conflicting provisions shall be deemed to be superseded by the terms hereof.

(f) Unless Dealer requests otherwise, all Products ordered by Dealer shall be packed for shipment and storage in accordance with Principal's standard commercial practices. It is Dealer's obligation to notify Principal of any special packaging requirements (which shall be at Dealer's expense). Risk of loss and damage to a Product shall pass to Dealer upon the delivery of such Product to the common carrier designated by Dealer. All claims for non-conforming shipments must be made in writing to Principal within ten (10) days of the passing of risk of loss and damage, as described above. Any claims not made within such period shall be deemed waived and released.

(g) All amounts due and payable with respect to a Product delivered by Principal in accordance with the preceding subsection shall be paid in full within thirty (30) days after Dealer's receipt of the invoice covering such Product. All such amounts shall be paid in the currency quoted in the corresponding price list or individually offered by wire transfer to such bank or account as Principal may from time to time designate in writing. Whenever any amount hereunder is due on a day that is not a business day, i.e. a Saturday, Sunday or a public holiday in Germany, such amount shall be paid on the next succeeding business day. Amounts hereunder shall be considered to be paid as of the day on which funds are received by Principal's bank.

trages fällige Beträge gelten an dem Tag, an dem die Gelder bei der Bank des Auftraggebers eingehen, als bezahlt.

Der Auftraggeber behält sich das Recht vor, jederzeit die Zahlung aller gemäß diesem Vertrag gelieferten Produkte durch ein unwiderrufliches Akkreditiv zu verlangen. Wünscht der Auftraggeber eine Zahlung per Akkreditiv, wählt der Händler die Akkreditivbank aus, welche für den Auftraggeber akzeptabel sein muss. Akkreditive unterliegen den Einheitlichen Richtlinien und Gebräuchen für Dokumentenakkreditive (UCP 500).

(h) Der Händler kann nur dann ein Pfandrecht gegen den Auftraggeber geltend machen, wenn sich das Pfandrecht auf den Gegenstand dieses Vertrages bezieht.

(i) Der Auftraggeber behält die Eigentumsrechte an den Produkten, bis alle dem Auftraggeber vom Händler im Zusammenhang mit der laufenden Geschäftsbeziehung geschuldeten Beträge vollständig bezahlt sind. Der Händler geht mit den Produkten sorgfältig um. Sind Wartungs- und Inspektionsarbeiten erforderlich, lässt der Händler diese Arbeiten regelmäßig durchführen. Der Händler informiert den Auftraggeber unverzüglich im Falle eines unbefugten Zugriffs Dritter auf die Produkte, zB im Falle einer Beschlagnahmung, sowie bei eventuellen Beschädigungen oder einer Zerstörung der Waren.

Der Händler hat das Recht, die Produkte im normalen Geschäftsgang weiterzuverkaufen. Der Händler tritt hiermit alle künftigen Ansprüche auf Forderungen, die aus dem Verkauf der Produkte resultieren, an den Auftraggeber ab, und zwar in einer Höhe, die dem dem Händler vom Auftraggeber in Rechnung gestellten Betrag entspricht. Der Auftraggeber nimmt diese Abtretung hiermit an. Der Händler hat das Recht, die Forderungen beizutreiben. Der Auftraggeber behält sich jedoch das Recht vor, das Recht des Händlers zur Beitreibung der Forderungen im eigenen Namen zu widerrufen, sollte der Händler seinen Zahlungsverpflichtungen nicht nachkommen.

Etwaige Änderungen an den Produkten, ob in Kombination mit anderen Erzeugnissen oder allein, werden im Namen des Auftraggebers vorgenommen.

Principal reserves the right at any time to require payment for all Products delivered hereunder to be made by irrevocable letter of credit. If Principal elects to have payment made by letter of credit, Dealer shall select the issuing bank, which must be acceptable to Principal. Any such letter of credit shall be governed by Uniform Customs and Practice for Documentary Credits (UCP) 500.

(h) Dealer may only assert a lien against Principal if the lien relates to the subject matter of this Agreement.

(i) Principal reserves the ownership rights in the Products until all sums owed by Dealer to Principal in connection with the current business relationship have been paid in full. Dealer shall handle the Products carefully. In case maintenance and inspection services are required, Dealer shall have these services performed regularly. Dealer shall inform Principal immediately about the unauthorized access of third parties to the Products, e.g. in case of seizure, about possible damages or the destruction of the goods.

Dealer is entitled to resell the Products in the ordinary course of business. Dealer herewith assigns to Principal any and all future claims to accounts payable resulting from the sale of the Products in an amount equal to the amount invoiced by Principal to Dealer. Principal herewith accepts this assignment. Dealer is entitled to collect on the accounts payable. Principal reserves the right, however, to revoke Dealers right to collect the accounts payable on its own behalf if Dealer does not fulfil its payment obligations.

Any modifications to the Products, whether in combination with other products or independently, shall be performed in the name of Principal.

Werden die Produkte in Erzeugnisse integriert, die nicht dem Auftraggeber gehören, oder mit derartigen Erzeugnissen kombiniert, erwirbt der Auftraggeber ein Miteigentum an dem Objekt im Verhältnis des Wertes der Produkte zu den anderen hinzugekommenen Erzeugnissen. Dasselbe gilt, wenn die Produkte mit anderen Erzeugnissen so vermischt werden, dass sie nicht mehr zu unterscheiden sind.

(j) Auf alle dem Auftraggeber gemäß diesem Vertrag geschuldete, vom Händler aber innerhalb von dreißig (30) Tagen nach Erhalt der entsprechenden Rechnung nicht vollständig gezahlte Beträge werden Zinsen in Höhe von fünf Prozent (5 %) über dem Basiszinssatz in der in der entsprechenden Preisliste angegebenen oder separat angebotenen Währung erhoben.

5. Produktspezifikationen und Lieferung/Produktänderungen

Der Händler erklärt sich damit einverstanden, dass der Auftraggeber sich das Recht vorbehält, jederzeit und so oft wie erforderlich nach vorheriger Ankündigung mit einer Frist von mindestens dreißig (30) Tagen, ohne dadurch gegenüber dem Händler eine Verpflichtung einzugehen, (i) die Spezifikationen oder das Design eines Produkts zu ändern oder neue bzw. zusätzliche Produkte in sein Sortiment aufzunehmen, (ii) seine Herstellungsmethoden sowie seine Beschaffungs-, Verkaufs- und Vertriebspolitik zu ändern und (iii) die Fertigung eines Produkts oder den Verkauf von Produkten, die vom Auftraggeber nicht mehr hergestellt oder vermarktet werden, an den Händler einzustellen. Der Auftraggeber erklärt sich bereit, sich in wirtschaftlich zumutbarem Umfang zu bemühen, den Händler mit einer Frist von neunzig (90) Tagen über derartige Maßnahmen zu unterrichten.

6. Verhältnis der Vertragsparteien

(a) Der Händler ist als selbständiger Unternehmer zu betrachten. Das Verhältnis zwischen Auftraggeber und Händler ist nicht wie ein Verhältnis zwischen Arbeitgeber und Arbeitnehmer auszulegen; ebenso wenig stellt es eine Partnerschaft, ein Joint Venture oder ein Vertretungsverhältnis dar.

(b) Der Händler erklärt sich bereit, sämtliche Kosten zu tragen, die ihm bei der Erfüllung seiner Verpflich-

If the Products are integrated into or combined with items not belonging to Principal, Principal shall acquire joint ownership of the object in proportion to the value of the Products to the other combined items. The same applies if the Products are so commingled with other products as to be indistinguishable.

(j) All amounts due and owing to Principal hereunder but not paid by Dealer in full within thirty (30) days after Dealer's receipt of the invoice thereof shall bear interest in the currency quoted in the corresponding price list or individually offered at the rate of: five per cent (5 %) over the base interest rate (Basiszinssatz).

5. Product Specifications and Supply/Product Changes

Dealer understands and agrees that Principal reserves the right, at any time and from time to time with advance notice with a minimum of thirty (30) days without thereby incurring any liability or obligation to Dealer, to (i) change the specifications for or alter the design of any Product, or add new or additional products to its line of products; (ii) change its manufacturing, sourcing, sales and distribution policies; and (iii) discontinue the manufacture of any Product or the sale to Dealer of any Products no longer manufactured or marketed by Principal. Principal agrees to make commercially reasonable efforts to provide Dealer ninety (90) days' advance notice of such action.

6. Relationship of the Parties

(a) Dealer shall be considered to be an independent contractor. The relationship between Principal and Dealer shall not be construed to be that of employer and employee, nor to constitute a partnership, joint venture or agency of any kind.

(b) Dealer agrees to pay all of its expenses incurred in the performance by Dealer of its obligations un-

tungen im Rahmen dieses Vertrages oder anderweitig entstehen, einschließlich, ohne Beschränkung, aller Reise-, Unterbringungs- und Bewirtungskosten. Diese Ausgaben werden dem Händler vom Auftraggeber nicht erstattet.

(c) Der Händler ist nicht berechtigt, im Namen des Auftraggebers Verträge abzuschließen oder Verpflichtungen einzugehen oder den Auftraggeber in irgendeiner Hinsicht zu binden.

(d) Der Händler ist nicht berechtigt, den Auftraggeber zu verpflichten oder vorzugeben, ihn zu verpflichten, indem er in Bezug auf die Produkte Dritten gegenüber Beteuerungen abgibt oder Zusicherungen macht.

7. Warenzeichen, Dienstleistungszeichen und Markennamen

(a) Dieser Vertrag ist nicht dahin gehend auszulegen, dass dem Händler irgendwelche Rechte an den Warenzeichen für die Produkte oder an vom Auftraggeber verwendeten oder ihm gehörenden Markennamen, Patenten, Werbeslogans oder urheberrechtlich geschützten Materialien gewährt werden, sondern lediglich dahin gehend, dass dem Händler gestattet wird, diese Warenzeichen sowie Markennamen, Patente und Werbe- oder urheberrechtlich geschützten Materialien gemäß diesem Vertrag ausschließlich im Vertragsgebiet auf nicht exklusiver Basis zu verwenden, und zwar für die Dauer dieses Vertrages und ausschließlich für Ausstellungs- und Werbezwecke im Zusammenhang mit dem Verkauf und Vertrieb der Produkte entsprechend diesem Vertrag.

(b) Vorbehaltlich des Vorstehenden erkennt der Händler die Gültigkeit der im Zusammenhang mit dem Verkauf der Produkte verwendeten Patente, Warenzeichen und Markennamen des Auftraggebers an und erklärt sich damit einverstanden, zu keinem Zeitpunkt Maßnahmen zu ergreifen oder zuzulassen, die diese Gültigkeit oder Inhaberschaft gefährden oder beeinträchtigen oder die Rechte des Auftraggebers an diesen Warenzeichen in irgendeiner Weise schmälern würden. Jegliche Verwendung der Patente und Warenzeichen des Auftraggebers durch den Händler gemäß den Bestimmungen dieses Vertrages kommt ausschließlich dem Auftraggeber zugute.

der this Agreement or otherwise, including without limitation all travel, lodging and entertainment expenses. Principal shall not reimburse Dealer for any of those expenses.

(c) Dealer shall have no right to enter into any contracts or commitments in the name of, or on behalf of, Principal, or to bind Principal in any respect whatsoever.

(d) Dealer shall not obligate or purport to obligate Principal by issuing or making any affirmations, representations, warranties or guaranties with respect to the Products to any third party.

7. Trademarks, Service Marks and Trade Names

(a) This Agreement shall not be construed to give Dealer any right, title or interest in the trademarks for the Products, or in any trade names, patents, advertising slogans or copyrighted material used or owned by Principal, but only to permit Dealer to use such trademarks and any such trade names, patents and advertising matter or copyrighted material in conformity with this Agreement, on a non-exclusive basis in the Territory only for the duration of this Agreement, and solely for display or advertising purposes in connection with selling and distributing the Products in accordance with this Agreement

(b) Subject to the foregoing, Dealer acknowledges the validity of Principal's patents, trademarks and trade names used in connection with the sale of the Products, and agrees to take no action or at any time do or permit any act to be done that would prejudice or interfere with such validity or ownership or in any way impair the rights of Principal in such trademarks. All use of the Principal patents and trademarks by Dealer in accordance with the terms of this Agreement shall inure to the exclusive benefit of Principal.

(c) Um den Qualitätskontrollstandard des Auftraggebers zu erfüllen, hat der Händler (i) die Warenzeichen des Auftraggebers entsprechend den geltenden Gesetzen und Vorschriften zu verwenden, (ii) dem Auftraggeber das Recht einzuräumen, seine im Zusammenhang mit den Bemühungen zum Verkauf der Produkte verwendeten Einrichtungen nach angemessener vorheriger Ankündigung während der üblichen Geschäftszeiten zu besichtigen, um zu überprüfen, ob die Verwendung der Warenzeichen des Auftraggebers seitens des Händlers in Einklang mit diesem Paragraphen erfolgt, und (iii) die Warenzeichen des Auftraggebers in keiner Weise zu modifizieren und sie weder auf noch in Zusammenhang mit anderen Waren oder Dienstleistungen außer den Produkten zu verwenden. Der Händler erklärt sich ferner damit einverstanden, die Warenzeichen des Auftraggebers für die Produkte oder andere Warenzeichen bzw Markennamen, die den Warenzeichen und Markennamen für die Produkte in irreführender Weise ähneln, nicht in Verbindung mit irgendwelchen Waren außer den Produkten zu verwenden.

(d) Der Händler ist berechtigt, die Warenzeichen des Auftraggebers im Rahmen des Vertriebs der Produkte zu verwenden. Der Händler hat das Recht, die Begriffe „..." und/oder „..." in Verbindung mit anderen Begriffen in seinem Firmennamen zu verwenden.

(e) Die Vertragsparteien informieren sich gegenseitig unverzüglich über etwaige Verletzungen der Warenzeichen oder Patente des Auftraggebers im Vertragsgebiet und in Bezug auf die unter diesen Vertrag fallenden Produkte des Auftraggebers. Macht ein Dritter eine Forderung wegen angeblicher Verletzung dieser Warenzeichen und Patente gegen den Händler geltend, verteidigt der Händler die Patente und Warenzeichen gegen den Dritten.

Die Kosten eines etwaigen Nichtigkeitsverfahrens oder die vorstehend erwähnte Verteidigung gegen eine Forderung wegen angeblicher Verletzung dieser Warenzeichen trägt der Auftraggeber.

8. Verpflichtungen des Auftraggebers

(a) Der Auftraggeber garantiert dem Händler, dass alle dem Händler im Rahmen dieses Vertrages zu liefernden Produkte in jedem Fall den Gesetzen und Vorschriften des Herstellungslandes entsprechen.

(c) In order to comply with Principal's quality control standards, Dealer shall: (i) use Principal's trademarks in compliance with all relevant laws and regulations; (ii) accord Principal the right to inspect during normal business hours, with reasonable prior advance notice, Dealer's facilities used in connection with efforts to sell the Products in order to confirm that Dealer's use of Principal's trademarks is in compliance with this Section; and (iii) not modify any of Principal's trademarks in any way and not use any of the trademarks on or in connection with any goods or services other than the Products. Dealer further agrees not to use Principal's trademarks for the Products or any other trademark or trade names confusingly similar to the trademarks and trade names for the Products in connection with any goods other than the Products.

(d) The Dealer may use the Principal's Trademarks in due course of distribution of the Principal's Products. The Dealer is eligible to use the terms „..." and/or „..." in any combination with other terms in its corporate name.

(e) The parties hereto shall inform each other promptly of any infringement of the trademark or patent rights of the Principal in the territory and for the Principal's products which are subject to this agreement. If a third party makes a claim purporting a violation of these trademarks and patents against the Dealer the Dealer shall defend the patents and trademarks against the third party.

The costs for an invalidity procedure or the aforementioned defense against a claim purporting a violation of these trademarks shall be born by the Principal.

8. Principal's Covenants

(a) Principal represents and warrants to Dealer that all of the Products to be furnished to Dealer hereunder will in all instances comply with the statutes and regulations of the country of manufacture.

(b) Der Auftraggeber liefert dem Händler auf Wunsch Broschüren, Kataloge und sonstige Werbematerialien für die Produkte in angemessener Stückzahl.

(c) Der Auftraggeber verkauft die Produkte an den Händler zwecks Verkauf und Vertrieb im Vertragsgebiet und bemüht sich in wirtschaftlich zumutbarem Umfang, die vom Händler bestellten Produkte gemäß den Bestimmungen und Bedingungen dieses Vertrages zu liefern.

9. Übertragung des Vertrages/Abtretung

(a) Der Händler erkennt an, dass der Auftraggeber diesen Vertrag nach sorgfältiger Prüfung von Lagereinrichtungen und Finanzlage sowie Know-how des Händlers in Bezug auf Werbung, Verkauf und Vertrieb der Produkte und im Vertrauen auf all dies abschließt. Die Gewährung der Vertriebsrechte für die Produkte an den Händler ist daher einmalig, und die dem Händler gemäß diesem Vertrag eingeräumten Rechte dürfen ohne vorherige schriftliche Zustimmung des Auftraggebers weder freiwillig noch kraft Gesetzes an eine andere Person oder Firma übertragen, abgetreten oder anderweitig abgegeben werden.

(b) Der Auftraggeber kann diesen Vertrag ohne Zustimmung des Händlers abtreten, und zwar (i) an eine Schwestergesellschaft des Auftraggebers oder einen Unternehmensbereich dieser Schwestergesellschaft, (ii) an ein Unternehmen, mit dem der Auftraggeber fusioniert, oder (iii) an ein Unternehmen, das alle oder alle wesentlichen Vermögenswerte des Auftraggebers erwirbt. Dieser Vertrag soll den Rechtsnachfolgern des Auftraggebers zugute kommen.

10. Vertrauliche Informationen

(a) Der Händler erklärt sich damit einverstanden, dass der Auftraggeber das Eigentumsrecht an allen Informationen besitzt, die der Auftraggeber dem Händler zur Verfügung gestellt hat – ob in Verbindung mit diesem Vertrag oder anderweitig, ob in schriftlicher oder mündlicher Form, ob patentier- bzw urheberschutzfähig oder nicht – und bei denen es sich um Geschäftsgeheimnisse, vertrauliche oder geschützte Informationen handelt (nachstehend als „geschützte Informationen" bezeichnet). Zu den ver-

(b) Principal shall supply reasonable quantities of available brochures, catalogues and other promotional materials relating to the Products upon Dealer's request.

(c) Principal shall sell the Products to Dealer for sale and distribution in the Territory and use its commercially reasonable efforts to supply the Products ordered by Dealer in accordance with the terms and conditions hereof.

9. Transfer of the Agreement/Assignment

(a) Dealer acknowledges that Principal is entering into this Agreement after careful consideration of and in reliance upon Dealer's warehouse facilities and financial condition, and its know-how in the promotion, sale and distribution of the Products. Therefore, the grant of the distribution rights of the Products to Dealer is unique, and the rights granted to Dealer hereunder shall not be transferred, assigned or otherwise disposed of or delegated to any other person, firm or corporation, either voluntarily or by operation of law, without the prior written consent of Principal.

(b) This Agreement may be assigned by Principal, without the consent of Dealer, to (i) any affiliate of Principal or any division of such affiliate, (ii) any entity with which or into which Principal may consolidate or merge or (iii) any entity acquiring all or substantially all of the assets of Principal. This Agreement shall inure to the benefit of the successors and assigns of Principal.

10. Confidential Information

(a) Dealer agrees that Principal has a proprietary interest in any information provided to Dealer by Principal, whether in connection with this Agreement or otherwise, whether in written or oral form and whether or not patentable or copyrightable, which is a trade secret, confidential or proprietary information (hereinafter referred to as "Proprietary Information"). Confidential information shall include those materials marked as "Confidential" or containing such information that its confidential nature is

traulichen Informationen zählen die Materialien, die als „Vertraulich" gekennzeichnet sind oder Informationen enthalten, deren vertraulicher Charakter offensichtlich ist (nachstehend als „vertrauliche Informationen" bezeichnet). Der Händler gibt die geschützten Informationen im Rahmen der vertraglichen Beschränkungen nur jenen Vertretern und Mitarbeitern preis, die diese Informationen zur ordnungsgemäßen Erledigung ihrer Aufgaben benötigen. Sowohl während der Laufzeit dieses Vertrages als auch danach sind die den Vertretern und Mitarbeitern vom Händler preisgegebenen Informationen von diesen Vertretern und Mitarbeitern streng vertraulich zu behandeln. Der Händler sowie seine Vertreter und Mitarbeiter dürfen die geschützten Informationen während der Laufzeit dieses Vertrages und danach für keinen anderen Zweck als ausschließlich im Zusammenhang mit dem vertragsgemäßen Verkauf und Vertrieb der Produkte im Vertragsgebiet verwenden. Der Händler ist verpflichtet, etwaige in schriftlicher Form vorliegende geschützte Informationen nach Beendigung oder Ablauf dieses Vertrages so schnell wie möglich auf seine Kosten an den Auftraggeber zurückzusenden. Alle geschützten Informationen bleiben während der Laufzeit dieses Vertrages und danach ausschließliches Eigentum des Auftraggebers. Der Händler ist verpflichtet, in etwaigen Verträgen mit Beratern oder Subunternehmern ähnliche Bestimmungen bezüglich der vertraulichen und geschützten Informationen des Auftraggebers vorzusehen.

(b) Ungeachtet etwaiger anders lautender Bestimmungen in diesem Vertrag haftet der Händler nicht für die Preisgabe geschützter Informationen, wenn diese preisgegebenen Informationen (i) zum Zeitpunkt der Preisgabe ohne Verletzung dieses Vertrages der Öffentlichkeit frei zugänglich waren, (ii) dem Händler zum Zeitpunkt der Preisgabe durch den Auftraggeber bereits bekannt oder in den Unterlagen des Händlers enthalten waren und ein schriftlicher Nachweis dafür erbracht werden kann oder (iii) dem Händler durch eine andere Quelle als den Auftraggeber bekannt werden, die nach bestem Wissen des Händlers nicht verpflichtet ist, diese Informationen vertraulich zu behandeln.

readily apparent (hereinafter referred to as "Confidential Information"). Dealer shall disclose the Proprietary Information only to those of its agents and employees to whom it is necessary in order properly to carry out their duties as limited by the terms and conditions hereof. Both during and after the term of this Agreement, all disclosures by Dealer to its agents and employees shall be held in strict confidence by such agents and employees. During and after the term of this Agreement, Dealer, its agents and employees shall not use the Proprietary Information for any purpose other than in connection with Dealer's sale and distribution of the Products in the Territory pursuant to this Agreement. Dealer shall, at its expense, return to Principal any Proprietary Information in written form as soon as practicable after the termination or expiration of this Agreement. All such Proprietary Information shall remain the exclusive property of Principal during the term of this Agreement and thereafter. Dealer shall include similar provisions regarding Principal's Confidential and Proprietary Information in any agreements with consultants or subcontractors.

(b) Notwithstanding anything contained in this Agreement to the contrary, Dealer shall not be liable for a disclosure of the Proprietary Information, if the information so disclosed: (i) was in the public domain at the time of disclosure without breach of this Agreement; (ii) was known to or contained in records of Dealer at the time of disclosure by Principal to Dealer and can be so demonstrated by written evidence; or (iii) becomes known to Dealer from a source other than Principal that, to the best knowledge of Dealer, does not have an obligation to maintain the confidentiality of such information.

(c) Der Händler erkennt an, dass jegliche Verletzung der Bestimmungen dieses Paragraphen 10 dem Auftraggeber schweren und irreparablen Schaden zufügt, für den der Auftraggeber mit Geld allein nicht angemessen entschädigt werden kann. Der Händler haftet für jegliche Verletzung der Bestimmungen dieses Paragraphen 10 durch einen seiner Mitarbeiter, Vertreter oder Berater, wenn der Händler es an der Sorgfalt eines ordentlichen Kaufmanns hat mangeln lassen, als er den Mitarbeiter eingestellt bzw. den Vertreter oder Berater unter Vertrag genommen hat.

11. Beendigung des Vertrages

Die Rechte für den vertragsgemäßen Vertrieb der Produkte werden vom 1. __ 201__ bis 31. __ 201__ gewährt. Dieser Vertrag verlängert sich ohne besonderes Ersuchen einer Vertragspartei automatisch für jeweils ein (1) Jahr, es sei denn, eine der beiden Vertragsparteien widerspricht der Verlängerung in einer schriftlichen Mitteilung an die andere Vertragspartei, und zwar mindestens sechzig (60) Tage vor Ablauf der ursprünglichen Vertragslaufzeit oder der Verlängerung. Darüber hinaus können die beiden Vertragsparteien diesen Vertrag während der Laufzeit zu jedem beliebigen Zeitpunkt durch eine schriftliche Übereinkunft beenden.

Jede der beiden Vertragsparteien kann diesen Vertrag zu einem beliebigen Zeitpunkt aus begründetem Anlass beenden. Dieser Anlass ist in vorliegendem Vertrag definiert als das Versäumnis der anderen Vertragspartei, eine wesentliche Bedingung oder Verpflichtung dieses Vertrages zu erfüllen, oder eine Handlung oder Unterlassung, die die Interessen der beendigenden Vertragspartei erheblich beeinträchtigt.

Die Vertragsparteien verständigen sich ausdrücklich darauf, dass ein begründeter Anlass zur Beendigung des Vertrages oder Ablehnung einer Verlängerung durch den Auftraggeber gemäß vorstehender Beschreibung besteht, wenn eins der folgenden Ereignisse oder eine der folgenden Handlungen geschieht, wodurch die Allgemeingültigkeit des Vorstehenden jedoch nicht eingeschränkt wird:

(a) Der Händler gibt seine vertragsgemäßen Rechte und Privilegien ab oder versucht sie abzugeben, oh-

(c) Dealer acknowledges that any breach of the provisions of this Section 10 shall result in serious and irreparable injury to Principal for which Principal cannot be adequately compensated by monetary damages alone. Dealer shall be responsible for any breach of the provisions of this Section 10 by any employee, agent, or consultant of Dealer whenever Dealer has neglected the diligence of a prudent businessman by employing the employee or contracting the agent or consultant.

11. Termination of Agreement

The distribution of the Products being granted under this Agreement shall be in full force and effect from __ 1, 201__ hereof until __ 31, 201__. This Agreement will automatically be renewed on a yearly basis without the party's specific request, unless either party objects to the renewal by written notice to the other party no later than sixty (60) days prior to the expiration of the original term or any renewal term of this Agreement. In addition, the parties may by mutual written agreement terminate this Agreement at any time during the term hereof.

Any party may terminate this Agreement at any time, for just cause, herein defined as the failure of the other party to perform any essential condition or obligation of this Agreement or any act or omission that adversely and substantially affects the interests of the terminating party.

The parties expressly agree that Principal shall have just cause for termination or non-renewal as aforesaid upon the happening of any of the following occurrences or acts, but without limitation of the generality of the foregoing:

(a) Dealer shall dispose, or attempt to dispose, of the rights and privileges granted hereunder without

ne vorher die schriftliche Zustimmung des Auftraggebers gemäß Beschreibung in Paragraph 9 dieses Vertrages einzuholen.

(b) Die Einstellung des normalen Geschäftsbetriebs des Händlers.

(c) Die Einberufung einer Versammlung der Gläubiger des Händlers, eine Abtretung seitens des Händlers zu Gunsten der Gläubiger, die Zahlungsunfähigkeit des Händlers, die Beantragung einer Pfändung oder eines Urteils gegen den Händler oder die Einreichung eines Insolvenzantrags durch den Händler oder einen Gläubiger oder eines Antrags auf Bestellung eines Insolvenzverwalters für das Vermögen des Händlers, dessen Einreichung dreißig (30) Tage nach Eintritt des Ereignisses immer noch erfolglos ist.

(d) Eine der beiden Vertragsparteien wird durch die von einem Staat oder staatlichen Stellen erlassenen Gesetze, Verordnungen, Gerichtsbeschlüsse, Verträge oder Embargos daran gehindert, ihre wesentlichen Verpflichtungen im Rahmen dieses Vertrages zu erfüllen.

12. Nach der Beendigung

(a) Nach Beendigung dieses Vertrages erlöschen unverzüglich alle dem Händler im Rahmen dieses Vertrages gewährten Rechte und Privilegien; der Händler stellt daraufhin für alle Zeiten die Verwendung der Warenzeichen, Markennamen und Werbe- oder urheberrechtlich geschützten Materialien für die Produkte ein.

(b) Nach Beendigung oder Ablauf des Vertrages, je nach Sachlage, hat der Auftraggeber die Möglichkeit, den Produktebestand des Händlers zurückzukaufen. Der Auftraggeber muss sich innerhalb von dreißig (30) Tagen nach Vertragsbeendigung oder -ablauf schriftlich entscheiden, (i) ob er dem Händler gestattet, seinen Restbestand an Produkten abzustoßen – vorausgesetzt jedoch, der Händler beachtet alle geltenden Vertragsbestimmungen, die derartige Weiterverkaufsaktivitäten unmittelbar vor Beendigung oder Ablauf dieses Vertrages beschränken – oder (ii) ob er den Produktebestand des Händlers zurückkauft, vorbehaltlich einer Inspektion, Prüfung und Abnahme durch den Auftraggeber (die Produkte müssen verkaufsfähig, originalverpackt und in punc-

first obtaining the written consent of Principal, as set forth in Section 9 hereof;

(b) The cessation of the usual business of Dealer;

(c) In the event of a calling of a meeting of the creditors of Dealer, an assignment by Dealer for the benefit of creditors, the insolvency of any kind of Dealer, or in the event of the filing of any attachment, distraint, levy, execution or judgment against Dealer, or any filing of a voluntary or involuntary insolvency petition, or any application for the appointment of a receiver for the property of Dealer, the filing of which remains unsatisfied and undischarged at the end of thirty (30) days after the occurrence of such event;

(d) Either party is prevented from substantially performing its obligations hereunder by any laws, governmental regulations, orders, judicial decrees, treaties, embargoes, enacted or promulgated by any country or sovereignty or by any agency thereof;

12. Post Termination

(a) Upon the termination of this Agreement, all rights and privileges granted to Dealer hereunder shall immediately cease and terminate, and Dealer shall thereupon discontinue forever the use of the trademarks, trade names and any advertising matter or copyrighted material relating to the Products.

(b) Upon either termination or expiration of this Agreement, as the case may be, Principal shall have the option to repurchase Dealer's inventory of Products. Within thirty (30) days after such termination or expiration, Principal shall elect in writing either to: (i) permit Dealer to sell off its remaining inventory of Products; provided, however, that Dealer shall comply with all terms and conditions of this Agreement restricting such reselling activities in effect immediately prior to termination or expiration; or (ii) repurchase Dealer's inventory of Products which are saleable and in the original packages and unaltered from their original form and design, subject to Principal's inspection, test and acceptance. Any such repurchase of Dealer's inventory of Prod-

to Form und Design unverändert sein). Ein derartiger Rückkauf des Produktebestands erfolgt zu dem in der dann aktuellen Preisliste des Auftraggebers angegebenen Preis. Der zurückgekaufte Bestand wird gemäß den Anweisungen des Auftraggebers vom Händler versandt. Der Auftraggeber bezahlt diese zurückgekauften Produkte innerhalb von dreißig (30) Tagen nach Eingang dieser Produkte in einem seiner Werke, vorbehaltlich der Inspektion, Prüfung und Abnahme durch den Auftraggeber. Die Versandkosten trägt der Auftraggeber.

13. Garantien

(a) Der Auftraggeber gibt keine Garantien für seine Produkte, es sei denn, eine solche Garantie wurde im Einzelfall schriftlich vereinbart.

(b) Sollten sich die Produkte als mangelhaft erweisen, kann der Auftraggeber nach alleinigem Ermessen entscheiden, ob er den Mangel durch Reparatur oder Austausch behebt.

(c) Die Garantiezeit ist auf die gesetzliche Garantiezeit beschränkt, beginnend mit der Lieferung der Produkte an den Händler.

14. Haftungsbeschränkung

(a) Der Auftraggeber haftet für Schäden im Falle vorsätzlichen Fehlverhaltens, grober Fahrlässigkeit oder im Falle der Verletzung von Garantien oder wichtigen Verpflichtungen durch seine gesetzlichen Vertreter, Mitarbeiter oder Bevollmächtigten. In allen anderen Fällen ist die Haftung des Auftraggebers ausgeschlossen.

(b) Haftet der Auftraggeber materiellrechtlich, ist der Schadenersatzanspruch auf die für diesen Vertrag typischen voraussehbaren Schäden beschränkt. Diese Haftungsbeschränkung gilt nicht, wenn das die Haftung verursachende Ereignis auf vorsätzliches oder grob fahrlässiges Verhalten zurückzuführen ist. Der Ersatz für mittelbare Schäden, entgangene Gewinne, Ansprüche Dritter usw ist ausgeschlossen.

(c) Die Gesamthaftung des Auftraggebers ist auf 100.000 EUR beschränkt.

(d) Die vorstehende Haftungsbeschränkung gilt nicht, wenn der Schaden Tod oder Körperverletzung verursacht hat. Dasselbe gilt für Ansprüche nach dem deutschen Produkthaftungsgesetz.

ucts shall be at a price as stated in Principal's then-current price list. Repurchased inventory shall be shipped by Dealer, according to Principal's instructions. Principal shall pay Dealer for such repurchased Products within thirty (30) days after Principal receives those Products in one of its facilities, subject to Principal's inspection, test and acceptance. Costs of shipment are born by Principal.

13. Warranties

(a) Principal does not grant any guarantees for its Products, unless such guarantee has been individually agreed in writing.

(b) Should Products be defective, Principal may decide in its sole discretion about whether to remedy the defect by either repair or replacement.

(c) The warranty period is limited to the statutory warranty period, beginning with the delivery of the Products to Dealer.

14. Limitation of Liability

(a) Principal shall be liable for damages in cases of willful misconduct, gross negligence, breach of guarantees or material obligations by Principal's legal representatives, employees or agents. In all other cases, the liability of Principal shall be excluded.

(b) If Principal is liable on the merits, the claim for damages shall be limited to the foreseeable damages typical for the Agreement. This limitation of liability does not apply if the event giving rise to the liability was caused by willful or grossly negligent conduct. Compensation of consequential damages, indirect damages, lost profits, claims of third parties etc. shall be excluded.

(c) The total liability of Principal shall be limited to EUR 100.000.

(d) Above limitation of liability does not apply if the damage caused death, bodily harm or personal injury. The same applies to claims under the German Product Liability Act.

(e) Die persönliche Haftung der gesetzlichen Vertreter, Mitarbeiter oder Bevollmächtigten des Auftraggebers ist im selben Umfang beschränkt wie die Haftung des Auftraggebers.

15. Gerichtsstand

Im Falle der Geltendmachung von Ansprüchen durch eine der beiden Vertragsparteien sind ausschließlich die Gerichte in .., Deutschland, zuständig.

16. Verschiedenes

(a) Werbung

Der Händler erklärt sich damit einverstanden, dass jegliche von ihm zur Veröffentlichung freigegebene Werbung, in der der Auftraggeber im Zusammenhang mit den Produkten erkennbar ist, gemäß den Bestimmungen dieses Vertrages (einschließlich, ohne Beschränkung, der Vertraulichkeitsbestimmungen) sowie in Einklang mit den Informationen oder Daten erfolgen muss, die der Auftraggeber im Zusammenhang mit diesem Vertrag zur Verfügung gestellt hat. Der Auftraggeber hat das Recht, derartige Werbung vor der Verbreitung zu prüfen.

(b) Änderungen

An diesem Vertrag dürfen keine Änderungen vorgenommen werden, außer durch eine von jeweils einem ordnungsgemäß bevollmächtigten Vertreter des Händlers und Auftraggebers vorschriftsmäßig unterzeichnete Urkunde.

(c) Verzicht

Keine Handlung oder Kenntnisse einer Vertragspartei sind als Verzicht auf eine der in diesem Vertrag enthaltenen Bestimmungen oder Bedingungen anzusehen; ein derartiger Verzicht kann nur durch eine Urkunde erfolgen, die von einem ordnungsgemäß bevollmächtigten leitenden Angestellten oder Vertreter dieser Vertragspartei unterzeichnet wird. Ferner gilt der Verzicht einer Vertragspartei auf ein in diesem Vertrag eingeräumtes Recht oder das Versäumnis, zu irgendeinem Zeitpunkt Bestimmungen dieses Vertrages oder irgendwelche Rechte in Bezug auf diesen Vertrag gerichtlich durchzusetzen, nicht als Verzicht auf andere vertragsgemäße Rechte oder Hinnahme der Verletzung oder Nichterfüllung des Vertrages durch die andere Vertragspartei. Das Versäumnis des Auftraggebers, in einem oder mehreren Fällen auf die Erfüllung einer Bestimmung, Bedingung oder

(e) The personal liability of the legal representatives, employees or agents of Principal is limited to the extent to which the liability of Principal is limited.

15. Jurisdiction

The courts of .., Germany, shall have exclusive jurisdiction over claims by either party.

16. Miscellaneous

(a) Publicity

Dealer agrees that any publicity or advertising which shall be released by it in which Principal is identified in connection with the Products shall be in accordance with the terms of this Agreement (including, without limitation, the confidentiality provisions hereof) and with any information or data which Principal has furnished in connection with this Agreement. Principal shall have the right to review and approve all such publicity and advertising prior to dissemination thereof by Principal.

(b) Modification

No modification or change may be made in this Agreement except by written instrument duly signed by a duly authorized representative of each of Dealer and Principal.

(c) Waiver

None of the conditions or provisions of this Agreement shall be held to have been waived by any act or knowledge on the part of either party, except by an instrument in writing signed by a duly authorized officer or representative of such party. Further, the waiver by either party of any right hereunder or the failure to enforce at any time any of the provisions of this Agreement, or any rights with respect thereto, shall not be deemed to be a waiver of any other rights hereunder or any breach or failure of performance of the other party. The failure of Principal, in any one or more instances, to insist upon performance of any of the terms, covenants or conditions of this Agreement, or to exercise any right to terminate this Agreement, shall not be construed as a waiver or relinquishment of the same or of any future right to performance of such term, covenant or

Verpflichtung zu bestehen oder das Recht zur Beendigung dieses Vertrages auszuüben, ist nicht als Aufgabe dieser Rechte oder eines etwaigen künftigen Anspruchs auf die Erfüllung dieser Bestimmung, Bedingung oder Verpflichtung oder als Verzicht auf die Ausübung aktueller oder künftiger Rechte zur Beendigung dieses Vertrages oder auf die Verpflichtungen des Händlers in Bezug auf die künftige Vertragserfüllung oder als Verwirkung dieser Rechte auszulegen. Alle anderen Bestimmungen, Bedingungen und Verpflichtungen dieses Vertrages bleiben voll wirksam.

(d) Keine stillschweigenden Rechte

Neben den in diesem Vertrag ausdrücklich eingeräumten Rechten werden bzw gelten keine anderen Rechte oder Lizenzen in Bezug auf die Produkte oder die Warenzeichen des Auftraggebers gemäß oder in Zusammenhang mit diesem Vertrag als gewährt.

(e) Verantwortung für Steuern

Steuern, ob im Vertragsgebiet oder in einem anderen Land bzw in einer anderen Rechtsoheit, die jetzt oder nach Vertragsabschluss in Bezug auf die gemäß diesem Vertrag vorgesehenen Transaktionen erhoben werden (mit Ausnahme der Einkommen- oder sonstigen Steuern, die dem Auftraggeber auferlegt und nach dem Brutto- oder Nettoeinkommen des Auftraggebers bemessen werden), fallen in den Verantwortungsbereich des Händlers. Entrichtet der Auftraggeber diese Steuern bzw muss er sie entrichten, werden die entsprechenden Beträge den vom Händler gemäß diesem Vertrag zu zahlenden Beträgen hinzugefügt bzw fließen in diese Beträge ein.

(f) Befolgung der Gesetze

Der Händler sichert zu, dass er bei all seinen Aktivitäten gemäß diesem Vertrag die geltenden Gesetze, Regeln und Vorschriften beachtet. Der Händler ist insbesondere, aber ohne Beschränkung, für die Einholung aller Lizenzen und Genehmigungen verantwortlich, die für den Verkauf der Produkte im Vertragsgebiet und für die Erfüllung seiner vertraglichen Pflichten erforderlich oder dienlich sind.

(g) Trennbarkeit der Bestimmungen

Wird eine Bestimmung dieses Vertrages als ungültig angesehen, berührt diese Ungültigkeit keine der anderen Bestimmungen, denen auch ohne die ungültige Bestimmung Wirkung verliehen werden kann. Zu

condition, or as a waiver or an estoppel to exercise any present or future right to terminate this Agreement, or of Dealer's obligation with respect to future performance of the same. All other terms, covenants and conditions hereof shall continue in full force and effect.

(d) No Rights by Implication

No rights or licenses with respect to the Products or Principal's trademarks are granted or deemed granted hereunder or in connection herewith, other than those rights expressly granted in this Agreement.

(e) Responsibility for Taxes

Taxes, whether in the Territory or any other jurisdiction or country, now or hereafter imposed with respect to the transactions contemplated hereunder (with the exception of income taxes or other taxes imposed upon Principal and measured by the gross or net income of Principal) shall be the responsibility of Dealer, and if paid or required to be paid by Principal, the amount thereof shall be added to and become a part of the amounts payable by Dealer hereunder.

(f) Compliance with Laws

Dealer covenants that all of its activities under or pursuant to this Agreement shall comply with all applicable laws, rules and regulations. In particular, but without limitation, Dealer shall be responsible for obtaining all licenses, permits and approvals which are necessary or advisable for sales of the Products in the Territory and for the performance of its duties hereunder.

(g) Severability of Provisions

If any provision of this Agreement shall be held invalid, such invalidity shall not affect any other provision which can be given effect without the invalid provision, and to this end, the provisions of this

diesem Zweck sollen die Bestimmungen dieses Vertrages trennbar sein bzw gelten die Vertragsbestimmungen als trennbar.

(h) Geltendes Recht

Der vorliegende Vertrag sowie die Bestimmungen und Bedingungen aller Transaktionen im Rahmen dieses Vertrages unterliegen den Gesetzen der Bundesrepublik Deutschland und werden gemäß diesen ausgelegt. Die Anwendung des einheitlichen internationalen Kaufrechts (UNCITRAL-Abkommen) ist ausgeschlossen.

(i) Mitteilungen

Ist einer der Vertragsparteien im Rahmen dieses Vertrages eine Mitteilung zu machen, so ist diese Mitteilung nur gültig, wenn sie schriftlich erfolgt und der betreffenden Vertragspartei an die nachstehend angegebene Adresse per Einschreiben mit Rückschein (frankiert) oder mit Federal Express oder einem anderen vergleichbaren Kurier, der einen Zustellungsnachweis bietet, zugestellt wird.

Mitteilungen an den Auftraggeber sind an folgende Adresse zu senden:

...

z.Hd. ...

Mitteilungen an den Händler sind an folgende Adresse zu senden:

... GmbH,

...,

Deutschland

z.Hd. Geschäftsführer ...

oder an die andere oder künftige Adresse, die eine Vertragspartei der anderen möglicherweise mitteilt, wobei eine solche Mitteilung stets gemäß den Bestimmungen dieses Paragraphen 16(i) erfolgen muss.

(j) Höhere Gewalt

Die Erfüllung dieses Vertrages durch eine Vertragspartei verlängert sich um eine Zeitspanne, die der angemessenen Zeit entspricht, die aufgrund von Verzögerungen außerhalb des Einflussbereichs dieser Vertragspartei (Ereignisse „höherer Gewalt") verloren gegangen ist. Zu diesen Ereignissen höherer Gewalt zählen unvorhersehbare Handlungen von Regierungs-

agreement are intended to be and shall be deemed severable.

(h) Governing Law

This Agreement and all terms and conditions of all transactions hereunder shall be governed by and construed in accordance with the laws of the Federal Republic of Germany. The application of the uniform law on international sales (UNCITRAL Treaty) is excluded.

(i) Notices

Whenever notice is required to be given under the terms of this Agreement to either party, such notices are only valid if in writing and addressed to the parties at the respective addresses below and sent by registered or certified mail, postage prepaid and return receipt requested, or by Federal Express or other comparable courier providing proof of delivery.

If to Principal, addressed as follows:

...

Attn. ...

If to Dealer, addressed as follows:

... GmbH,

...,

Germany

Attn. Geschäftsführer ...

or to such other or future address as either party may specify to the other, all by notice in accordance to the provisions of this Section 16(i).

(j) Force Majeure

Performance by either party hereunder will be extended for a period of time equal to reasonable time lost due to delays beyond the reasonable control of such party (events of "force majeure") including acts of God, unforeseeable acts of any governmental official or agency, civil or military, including fuel or material allocations, gas shortage, gas rationing, unbeamten oder -behörden ziviler oder militärischer Art, einschließlich Kraftstoff- und Materialzuteilungen, Benzinknappheit, Benzinrationierung, unvermeidbare Unfälle, widerrechtliche Handlungen Dritter, Erdbeben, Überschwemmungen, Feuer, Explosion, Epidemien, Vandalismus oder Sabotage, Aufruhr, Rebellionen, Bürgerunruhen, Kriege oder Kriegsbedingungen, Schiffbruch, Streiks, Handelssperren, Aussperrungen und sonstige Störungen des Produktions- und Verkehrswesens, Materialmangel und sonstige Gründe ähnlich den vorstehenden, die außerhalb des Einflussbereichs dieser Vertragspartei liegen und sie daran hindern, ihre vertraglichen Verpflichtungen für einen Zeitraum, der der aus dem Ereignis höherer Gewalt resultierenden Verzögerung entspricht, ganz oder teilweise zu erfüllen. Alle Verpflichtungen der Vertragspartei, deren Erfüllung sich infolge von höherer Gewalt verzögert, sind wieder voll wirksam, sobald das Ereignis vorüber oder die Ursache nicht mehr gegeben ist.

avoidable accident, unlawful acts of third parties, earthquakes, floods, fires, explosion, epidemics, vandalism or sabotage, riots, insurrections, civil unrest, wars or war conditions, shipwrecks, strikes, freight embargoes, lockouts and other industrial or transportational disturbance, lack of materials, or other causes similar to the foregoing which are beyond the reasonable control of such party and which prevent it from performing its obligations under this Agreement in whole or in part for a period of time equal to the period of delay resulting from the force majeure event. All obligations of the party whose performance is delayed as a result of force majeure shall return to being in full force and effect upon the termination of such occurrence or cause.

(k) Vollständiger Vertrag

Der vorliegende Vertrag enthält sämtliche Vereinbarungen und Absprachen zwischen Auftraggeber und Händler in Bezug auf den Vertragsgegenstand und darf nicht geändert werden, außer durch eine von Auftraggeber und Händler unterzeichnete Urkunde.

(k) Entire Agreement

This Agreement embodies all agreements and understandings of Principal and Dealer with respect to the subject matter hereof, and may not be amended or modified except by an instrument in writing executed by Principal and Dealer.

(l) Beendigung vorheriger Verträge

Dieser Vertrag setzt alle vorherigen Verträge zwischen Auftraggeber und Händler bezüglich des Vertriebs der Produkte des Auftraggebers außer Kraft. Diese vorherigen Verträge werden, sofern vorhanden, hiermit beendet.

(l) Previous Agreements Terminated

This Agreement supercedes any previous agreements between Principal and Dealer concerning the distribution of Principal's Products, which previous agreements, if any, are hereby terminated.

(m) Änderungen an den Produkten

Der Händler ist nicht berechtigt, die Produkte kundenspezifisch anzupassen oder zu ändern oder sie kundenspezifisch anpassen oder ändern zu lassen, es sei denn, er holt vorher die schriftliche Zustimmung des Auftraggebers ein, die nach alleinigem Ermessen des Auftraggebers verweigert werden kann. Jede eigenmächtige Änderung oder kundenspezifische Anpassung eines Produkts durch den Händler oder einen Dritten entbindet den Auftraggeber von jedweder Verpflichtung oder Garantie, die er in Bezug auf dieses Produkt ansonsten gehabt bzw. gewährt hätte.

(m) Modification of Products

Dealer may not customize, modify or have customized or modified any Product unless it obtains the prior written consent of Principal, which consent may be withheld in the sole discretion of Principal. Any unauthorized customizing or modification of any Product by Dealer or any third party shall relieve Principal from any obligation or warranty it would otherwise have had with respect to such Product.

Lücke

Zum Zeugnis dessen haben die erschienenen Vertragsparteien diese Urkunde durch ihre ordnungsgemäß bevollmächtigten Vertreter am 1. ... 201... unterzeichnen lassen.	In witness whereof, the appearing parties hereto have caused this instrument to be executed by their duly authorized representatives as of this 1st day of ..., 201... .
... (Unterschriften der Vertreter beider Vertragsparteien)	... (Signatures of representatives of both parties)
Anlage A – Produkte	Exhibit A – Products
Anlage B – Vertragsgebiet	Exhibit B – Territory

7. Muster: Beratervertrag (allgemein)

Beratervertrag

Zwischen

...

– im Folgenden: Gesellschaft –

und

Herrn ...

– im Folgenden: Berater –

wird Folgendes vereinbart:

Vorbemerkung

Der Berater ist als selbständiger Berater für ... am Markt tätig. Er unterhält eine eigene Betriebsstätte in ..., im Internet ist er unter www....de vertreten.

§ 1 Tätigkeit

(1) Der Berater verpflichtet sich, die Gesellschaft auf folgenden Gebieten zu beraten: ... . Zur Beratung gehören die Fertigung von Vermerken, Konzepten, Gutachten sowie die Ausarbeitung von Strategiepapieren. Ferner rechnen folgende Leistungen zur Beratung: ...

(2) Der Berater verpflichtet sich, der Gesellschaft über seine Tätigkeit monatlich Bericht zu erstatten. Der Bericht soll auch Ausführungen über angefallene und noch anfallende Honorare enthalten sowie über ... Auskunft geben.

(3) Der Berater unterliegt nach gesellschaftsseitiger Definition des Beratungsauftrags keinen weiteren Weisungen der Gesellschaft zur Art und Weise der Erbringung der Beratungsleistungen. Der Berater ist ferner in der Bestimmung seines Arbeitsortes und seiner Arbeitszeit frei, die mit der Gesellschaft vereinbarten Termine sind tagesgenau einzuhalten. Fristüberschreitungen führen je nach den Umständen des Einzelfalles zu Honorarminderung und/oder zu Ersatzansprüchen nach Wahl der Gesellschaft. Lässt sich eine Aufgabe – gleich aus welchem Grund – nicht innerhalb der vorgegebenen Frist erledigen, hat der Berater diesen Umstand frühzeitig der Gesellschaft mitzuteilen.

(4) Die Gesellschaft hat dem Berater vor Beginn der Zusammenarbeit und, soweit erforderlich, auch danach alle zur Ausübung seiner Tätigkeit erforderlichen Informationen und Unterlagen zur Verfügung zu stellen. Es bleibt der Gesellschaft vorbehalten, die Verpflichtung zur Informationsübermittlung durch Einsicht in Unterlagen zu erfüllen.

(5) Der Berater ist befugt, zur Erfüllung seines Beratungsauftrags eigene Arbeitnehmer oder auch selbständige Dritte einzusetzen, wenn diese für die vereinbarten Beratungsleistungen fachlich qualifiziert sind.

(6) Der Berater ist weiterhin befugt, für andere Auftraggeber national und international tätig zu sein und werbend am Markt aufzutreten.

(7) Ansprechpartner des Beraters während des Projektes ist ... von der Geschäftsführung der Gesellschaft.

§ 2 Loyalitätspflichten

(1) Der Berater verpflichtet sich, während der Dauer des Vertragsverhältnisses keine selbständige oder unselbständige, direkte oder indirekte Tätigkeit für ein Unternehmen zu entfalten, das mit der Gesellschaft oder einem mit ihr verbundenen Unternehmen in Wettbewerb steht.[193]

(2) Der Berater verpflichtet sich, der Gesellschaft jeden möglichen Interessenkonflikt, der sich aus dem Umstand ergibt, dass er als Berater mehrerer Unternehmen am Markt präsent ist, anzuzeigen. Gleiches gilt für Tätigkeiten, die auch nur den Anschein eines Interessenkonflikts erwecken könnten.

§ 3 Geheimhaltungsverpflichtung

(1) Der Berater wird alle ihm während seiner Tätigkeit für die Gesellschaft bekannt gewordenen Geschäfts- oder Betriebsgeheimnisse nur im Rahmen der Beratertätigkeit für die Gesellschaft verwenden. Als Geschäfts- oder Betriebsgeheimnisse gelten dabei alle gesellschaftlichen oder betrieblichen Tatsachen, die die Gesellschaft zu Geschäfts- oder Betriebsgeheimnissen erklärt hat oder von denen sich ohne weiteres ergibt, dass diese geheimhaltungsbedürftig sind. Zur Offenbarung und/oder Weitergabe derartiger Informationen bedarf der Berater der vorherigen Zustimmung der Gesellschaft. Der Berater verpflichtet sich, über diese Informationen auch nach Beendigung des Vertragsverhältnisses so lange Stillschweigen zu bewahren, solange sie nicht von der Geschäftsleitung allgemein bekannt gemacht oder von der Gesellschaft schriftlich zur Weitergabe freigegeben worden sind.

(2) Der Berater verpflichtet sich, alle ihm im Rahmen seiner Tätigkeit zur Verfügung gestellten Geschäfts- und Betriebsunterlagen ordnungsgemäß aufzubewahren und sicherzustellen, dass Dritte keine Einsicht nehmen können. Er hat persönlich dafür Sorge zu tragen, dass sämtliche Schriftstücke sowie jedes Material, das Angelegenheiten der Gesellschaft betrifft und sich im Besitz des Beraters befindet, unter Verschluss gehalten werden.

(3) Auf Aufforderung der Gesellschaft hat der Berater sämtliche Schriftstücke und Materialien, zu deren ordnungsgemäßer Aufbewahrung er verpflichtet ist, unverzüglich und bei Beendigung der Zusammenarbeit unaufgefordert an die Gesellschaft herauszugeben. Dies gilt auch für sämtliche etwa hergestellte Kopien, auch digitaler Art, der Schriftstücke und Materialien. Der Berater ist nicht berechtigt, an Unterlagen der vorbezeichneten Art ein Zurückbehaltungsrecht auszuüben.

§ 4 Beraterhonorar

(1) Der Berater erhält für seine Tätigkeit ein vierteljährliches Honorar von ... EUR. Das Honorar ist nicht fällig, wenn der Berater seinen Verpflichtungen aus § 1 Abs. 2 dieses Vertrages nicht nachgekommen ist. Das Honorar versteht sich ohne Mehrwertsteuer. Steuern hat der Berater selbst abzuführen.

(2) Besondere Leistungen, die über die übliche Beratungstätigkeit hinausgehen, werden, sofern eine gesonderte schriftliche Vereinbarung zuvor getroffen wurde, zusätzlich honoriert. Als besondere Leistungen gelten nach dem Willen der Parteien:

a) Studien oder Analysen,

b) ...

---

[193] Je nach „Sensibilität" des Beratungsprojekts für die Gesellschaft sollte zur Absicherung der Selbständigkeit des Beraters stets überlegt werden, ob auf das Wettbewerbsverbot nicht verzichtet werden kann.

§ 5 Aufwendungsersatz

(1) Der Berater hat in angemessenem Umfang Anspruch auf Ersatz der erforderlichen und nach Abs. 2 abgerechneten und nachgewiesenen Aufwendungen, die ihm im Rahmen dieses Vertrages in Ausübung seiner Tätigkeit entstehen. Reisekosten werden dem Berater nur insoweit ersetzt, als er vor Reiseantritt bzw vor Veranlassung des Aufwands die Zustimmung der Gesellschaft eingeholt hat.

(2) Der Berater ist zu vierteljährlicher Rechnungslegung unter genauer Angabe sämtlicher ausgeführter Tätigkeiten verpflichtet. Außerdem sind die Original-Nachweise für Aufwendungen beizufügen.

§ 6 Vertragsdauer

(1) Der Berater nimmt seine Tätigkeit am ... auf.

(2) Das Vertragsverhältnis endet mit Ablauf des .... Das Recht zur außerordentlichen Kündigung aus wichtigem Grund bleibt unberührt. Kündigungserklärungen bedürfen der Schriftform.

§ 7 Besondere Vereinbarungen mit dem Berater zum rechtlichen Status

(1) Die Parteien streben in beiderseitigem Einvernehmen eine Zusammenarbeit auf selbständiger Basis an; ein Arbeits- wie auch ein sozialversicherungspflichtiges Beschäftigungsverhältnis soll nicht begründet werden. Dementsprechend werden von der Vergütung weder Lohnsteuer noch Sozialversicherungsbeiträge einbehalten und abgeführt. Der Berater ist für die sich aus dieser Zusammenarbeit ergebenden steuerlichen und sozialversicherungsrechtlichen Pflichten selbst verantwortlich, insbesondere auch für eine angemessene Altersvorsorge wie auch angemessene Versicherungen zum Schutz gegen Krankheiten und den Pflegefall.

(2) Der Berater teilt der Gesellschaft spätestens bis zum Tag der Aufnahme seiner Tätigkeit mit, ob und in welchem Umfang eine private Rentenversicherung zur Absicherung bei Alter und Invalidität sowie eine Krankenversicherung bestehen. Die Gesellschaft kann die Vorlage geeigneter Nachweise verlangen sowie sich schriftlich versichern lassen, dass eine ausreichende soziale Absicherung besteht. Die freiwillige Versicherung in einer gesetzlichen Krankenversicherung gilt auch als ausreichende Krankenversicherung.

(3) Der Berater willigt ein, dass die Gesellschaft einen Antrag nach § 7 a SGB IV bei der Deutschen Rentenversicherung Bund (DRV) stellt, um feststellen zu lassen, dass von dem Berater keine versicherungspflichtige Tätigkeit ausgeübt wird.

(4) Der Berater verpflichtet sich, an einem Statusfeststellungsverfahren bei der Deutschen Rentenversicherung Bund (DRV) nach den §§ 7 a ff SGB IV konstruktiv mitzuwirken und die Gesellschaft mit den dafür erforderlichen Informationen über seine sonstigen Tätigkeiten (einschl. Belege) zu versorgen. Entsprechendes gilt auch bei etwaigen Betriebsprüfungen der Sozialversicherungsträger. Möglicherweise statusrelevante Änderungen in den Verhältnissen des Beraters sind der Gesellschaft unverzüglich und unaufgefordert schriftlich anzuzeigen. Das Gleiche gilt für Statusfeststellungsbescheide der DRV bezüglich der Tätigkeit für andere Unternehmen.

(5) Verstößt der Berater gegen seine Verpflichtungen gem. Abs. 1, kann die Gesellschaft die Arbeitnehmeranteile zur Sozialversicherung rückerstattet und künftig erstattet verlangen, falls ein sozialversicherungspflichtiges Beschäftigungsverhältnis feststellt wird.

§ 8 Nebenabreden und Vertragsänderungen

(1) Mündliche Nebenabreden wurden nicht getroffen. Änderungen oder Ergänzungen sowie die Aufhebung dieses Vertrages bedürfen zu ihrer Wirksamkeit der Schriftform. Gleiches gilt für die Aufhebung des Schriftformerfordernisses.[194]

(2) Der Berater verpflichtet sich, Vergütungsüberzahlungen ohne Rücksicht auf eine noch vorhandene Bereicherung zurückzuzahlen.

§ 9 Gerichtsstand

(1) Für alle Streitigkeiten im Zusammenhang mit dieser Vereinbarung ist das Gericht zuständig, an dessen Ort die streitige Verpflichtung zu erfüllen ist.

(2) Sofern der Berater keinen Wohnsitz im Inland begründet oder aber diesen aufgegeben hat, gilt als Gerichtsstand der Sitz der Gesellschaft.

8. Muster: Beratervertrag (personalwirtschaftliche Beratung)

Beratervertrag

Zwischen

der Firma ...

und

Herrn ...

wird Folgendes vereinbart:

§ 1 Gegenstand des Beratervertrages

Herr ... wird die Firma in personalwirtschaftlichen Fragen beraten, insbesondere in Fragen des Führens durch Zielvereinbarung, der Einführung von Stellenbeschreibungen, der Einführung von Gruppenarbeit, des Outsourcing und des Management buy out. Der Berater legt dem Unternehmen in die Praxis umsetzbare Konzepte vor, die mit den betroffenen Fachabteilungen vor ihrer Erörterung mit der Geschäftsleitung diskutiert worden sein müssen. Die Firma stellt dem Berater alle erforderlichen Informationen zur Verfügung.

§ 2 Art und Weise, Zeit und Ort der Tätigkeit

Der Berater kann über Art und Weise der Erbringung seiner Beratungsleistungen unter Berücksichtigung der auftraggeberseitigen Aufgabenstellung frei bestimmen. Über seinen Arbeitsort und seine Arbeitszeit kann er ebenfalls frei verfügen. Ist seine Anwesenheit in der Firma zur Datenerhebung oder zu Besprechungen mit Mitarbeitern erforderlich, wird ihm ein Arbeitsraum oder ein Besprechungszimmer nach Wahl zur Verfügung gestellt.

§ 3 Honorar

Der Berater erhält ein Stundenhonorar von ... EUR zuzüglich Mehrwertsteuer, das binnen 14 Tagen nach Rechnungsstellung zur Zahlung fällig ist.

Reisekosten werden nach Aufwand und nur nach vorheriger schriftlicher Zustimmung der Firma erstattet.

---

[194] Die hier verwandte sog. doppelte Schriftformklausel dürfte im Anschluss an die BAG-Rechtsprechung (im Arbeitsverhältnis: BAG 20.5.2008 – 9 AZR 382/07, NZA 2008, 1233) auch in AGB-darstellenden Dienstverträgen unwirksam sein (so OLG München 13.3.2008 – 23 U 4481/07, juris; ebenso OLG Rostock 19.5.2009 – 3 U 16/09, NJW 2009, 3376; s. aber BGH 2.6.1976 – VIII ZR 97/74, BGHZ 66, 378 und BGH 17.9.2009 – I ZR 43/07, BeckRS 2010, 04094 zur Wirksamkeit einer doppelten Schriftformklausel in dem anders gelagerten Fall eines Individualvertrages zwischen Kaufleuten; ebenso OLG Düsseldorf 12.4.2011 – I-24 U 195/10, BeckRS 2011, 25216). Ergänzt man die Klausel um den Satz „§ 305 b BGB bleibt unberührt", sollte die Klausel dagegen wirksam sein; allerdings wären dann natürlich auch vom Vertrag abweichende mündliche Abreden wirksam.

Der Berater verpflichtet sich, Vergütungsüberzahlungen ohne Rücksicht auf eine noch vorhandene Bereicherung zurückzuzahlen.

§ 4 Pflicht zur Verschwiegenheit

Der Berater verpflichtet sich, über Geschäfts- und Betriebsgeheimnisse auch nach Beendigung der Beratung gegenüber jedermann Stillschweigen zu wahren.

§ 5 Kündigung

Der Beratervertrag kann monatlich zum Monatsende von beiden Seiten gekündigt werden. Die Kündigung bedarf der Schriftform.

§ 6 Besondere Vereinbarungen mit dem Berater

(1) Die Parteien streben in beiderseitigem Einvernehmen eine Zusammenarbeit auf selbständiger Basis an; ein Arbeits- wie auch ein sozialversicherungspflichtiges Beschäftigungsverhältnis soll nicht begründet werden. Dementsprechend werden von der Vergütung weder Lohnsteuer noch Sozialversicherungsbeiträge einbehalten und abgeführt. Der Berater ist für die sich aus dieser Zusammenarbeit ergebenden steuerlichen und sozialversicherungsrechtlichen Pflichten selbst verantwortlich, insbesondere auch für eine angemessene Versicherung für die Altersvorsorge wie auch zum Schutz gegen Krankheiten und den Pflegefall.

(2) Der Berater teilt der Firma spätestens bis zum Tag der Aufnahme seiner Tätigkeit mit, ob und in welchem Umfang eine private Rentenversicherung zur Absicherung bei Alter und Invalidität sowie eine Krankenversicherung bestehen. Die Firma kann die Vorlage geeigneter Nachweise verlangen sowie sich schriftlich versichern lassen, dass eine ausreichende soziale Absicherung besteht. Die freiwillige Versicherung in einer gesetzlichen Krankenversicherung gilt auch als ausreichende Krankenversicherung.

(3) Der Berater willigt ein, dass die Firma einen Antrag nach § 7a SGB IV beim Rentenversicherungsträger stellt, um feststellen zu lassen, dass von dem Berater keine versicherungspflichtige Tätigkeit ausgeübt wird. Der Berater wird bei einem solchen Statusfeststellungsverfahren aktiv mitwirken.

(4) Der Berater verpflichtet sich, an einem Statusfeststellungsverfahren bei der Deutschen Rentenversicherung Bund nach den §§ 7a ff SGB IV konstruktiv mitzuwirken und die Firma mit den dafür erforderlichen Informationen über seine sonstigen Tätigkeiten (einschl. Belege) zu versorgen. Entsprechendes gilt auch bei etwaigen Betriebsprüfungen der Sozialversicherungsträger. Möglicherweise statusrelevante Änderungen in den Verhältnissen des Beraters sind der Firma unverzüglich und unaufgefordert schriftlich anzuzeigen. Das Gleiche gilt für Statusfeststellungsbescheide bezüglich der Tätigkeit für andere Unternehmen.

(5) Verstößt der Berater gegen seine Verpflichtungen gem. Abs. 1, kann die Firma die Arbeitnehmeranteile zur Sozialversicherung rückerstattet und künftig erstattet verlangen, falls ein Träger der Kranken- oder Rentenversicherung ein sozialversicherungspflichtiges Beschäftigungsverhältnis feststellt.

9. Muster: Honorarvertrag für Referententätigkeit

Honorarvertrag

Zwischen

...

– nachfolgend: Auftraggeber –

und

Herrn/Frau ...

– nachfolgend: Auftragnehmer –

wird folgender Honorarvertrag geschlossen:

§ 1 Vertragsdauer

Die Leistungen sind am ... /in der Zeit vom ... bis ... zu erbringen. Der Vertrag endet mit Ablauf der vorgenannten Veranstaltung, ohne dass es einer Kündigung bedarf. Das Recht beider Vertragsparteien, den Vertrag außerordentlich aus wichtigem Grund zu kündigen, bleibt unberührt.

§ 2 Vertragsgegenstand

Der Auftrag beinhaltet folgende Einzelleistungen (Inhalt und Ziele): ...
Der Auftragnehmer hat weder einen Anspruch auf weitere Beauftragung durch den Auftraggeber noch ist er/sie zur Annahme weiterer ihm/ihr angebotener Aufträge verpflichtet.

§ 3 Erfüllungsort

Die Veranstaltung findet statt (Ort und Ansprechpartner): ...

§ 4 Honorar und sonstige Kosten

Der Auftragnehmer erhält für seine Leistungen ein Honorar pro Stunde in Höhe von
... EUR.
Der Honorarvertrag versteht sich inklusive gesetzlicher Mehrwertsteuer. Der Umfang der Honorarvereinbarung gilt für eine aufzuwendende Stundenzahl von ... Stunden pro ...

Sonstige Kostenregelungen (bitte ankreuzen):

- ☐ Fahrtkosten werden nach dem Bayerischen Reisekostengesetz nach Einreichung der Reisekostenabrechnung bis zu einer Höhe von ... EUR erstattet.
- ☐ Unterkunftskosten werden nach dem Bayerischen Reisekostengesetz nach Einreichung der Reisekostenabrechnung bis zu einer Höhe von ... EUR erstattet.
- ☐ Die Arbeitsgeräte/Arbeitsmittel sowie Fahrt- und Unterkunftskosten sind mit dem Honorar abgegolten.

Das Honorar ist fällig, sobald der Auftraggeber die Leistung/Teilleistung abgenommen hat und eine Honorarrechnung (mit Mindestbestandteilen nach § 14 UStG) inkl. Stundennachweis beim Auftraggeber eingegangen ist.

Der Auftragnehmer gilt im Verhältnis zum Auftraggeber als selbständig; ein auch nur befristetes Arbeits- oder Beschäftigungsverhältnis soll damit ausdrücklich nicht begründet werden. Aufgrund der Selbständigkeit im Sinne auch des Einkommensteuergesetzes (EStG) und des Sozialgesetzbuches IV (SGB IV) sind die diesbezüglichen Steuern und Sozialabgaben nicht vom Auftraggeber einzubehalten und zu entrichten. Der Auftragnehmer ist daher für eine ordnungsgemäße Versteuerung des Honorars selbst verantwortlich.

Ferner besteht auch keine Rentenversicherungspflicht als Selbständiger nach § 2 Nr. 9 SGB VI. Der Auftragnehmer bestätigt insoweit ausdrücklich, dass

- er im Zusammenhang mit seiner selbständigen Referententätigkeit einen sozialversicherungspflichtigen Arbeitnehmer beschäftigt;
- seine Tätigkeit weder auf Dauer noch im Wesentlichen (überwiegend) für den Auftraggeber erfolgt.

§ 5 Auftragsabwicklung

Der Auftragnehmer führt die Leistung in eigener Verantwortung und mit eigenen Arbeitsgeräten/Arbeitsmitteln aus. Arbeitszeit und Arbeitsort werden, soweit nicht durch die Eigenart des Auftrags vorgegeben, vom Auftragnehmer selbständig bestimmt. Der Auftraggeber ist berechtigt, die Leistung gem. § 2 durch Einzelvorgaben zu konkretisieren.

Der Auftragnehmer organisiert den Arbeitsablauf selbständig. Weisungen zu Art und Weise der Auftragsabwicklung werden dem Auftragnehmer nicht erteilt. Der Auftragnehmer ist frei, auch für andere Auftraggeber tätig zu werden, und ist aktuell auch für andere Auftraggeber tätig.

§ 6 Kündigungsfrist bzw Storno und Ausfall der Veranstaltung

Der Vertrag kann vom Auftraggeber bis zu 28 Tagen vor dem Seminartermin kostenfrei storniert werden. Dem Auftragnehmer steht in diesem Fall kein Ausfallhonorar zu.

Erfolgt eine Absage durch den Auftraggeber nach dieser Frist von 28 Tagen und kann kein Alternativtermin gefunden werden, so hat der Auftraggeber einen Anteil in Höhe von 50 % des vereinbarten Honorars an den Auftragnehmer zu zahlen. Stornokosten für Fahrt- und Unterkunftskosten entfallen.

Kann der Auftragnehmer die Leistung zum vereinbarten Termin nicht erbringen, sei es durch höhere Gewalt, Krankheit, Unfall oder aufgrund einer sonstigen Verhinderung (selbst- oder nichtverschuldet ••• unverschuldet), so ist der Auftragnehmer verpflichtet, einen Ersatzdozenten für die geplante Veranstaltung zu organisieren. In diesem Fall hat eine vorherige Absprache mit dem Auftraggeber bzw einem Vertreter zu erfolgen: Absprache im Vertretungsfall mit: Herrn/Frau ...

§ 7 Gewährleistung/Haftung

Der Auftragnehmer haftet für Mängel der Leistung und für Fristüberschreitungen nach den gesetzlichen Vorschriften. Insbesondere übernimmt der Auftragnehmer die volle Gewähr für eine einwandfreie, fach- und sachgerechte Ausführung der Vertragsleistungen unter Berücksichtigung der überlassenen Unterlagen und der mit dem Auftraggeber getroffenen Vereinbarungen. Die Arbeiten müssen zB dem jeweils aktuellen Stand der allgemeingültigen Regeln der Technik entsprechen.

Der Auftragnehmer steht dafür ein, dass er/sie seine/ihre Verpflichtungen nach diesem Vertrag mit der verkehrsüblichen Sorgfalt erbringt; er/sie ist jedoch nicht für das Erreichen eines bestimmten wirtschaftlichen Erfolgs verantwortlich.

Der Auftragnehmer haftet unbeschränkt bei Vorsatz oder grober Fahrlässigkeit für die Verletzung von Leben, Leib oder Gesundheit nach den Vorschriften des Produkthaftungsgesetzes (ProdHaftG) sowie im Umfang einer vom Auftragnehmer ggf ausdrücklich übernommenen Garantie.

Bei leicht fahrlässiger Verletzung einer Pflicht, die wesentlich für die Erreichung des Vertragszwecks ist (Kardinalpflicht), ist die Haftung des Auftragnehmers der Höhe nach begrenzt auf den Schaden, der nach der Art des fraglichen Geschäfts vorhersehbar und typisch ist.

Eine weitergehende Haftung des Auftragnehmers besteht nicht.

Der Auftragnehmer hat eine angemessene Berufshaftpflichtversicherung seiner/ihrer Risiken abzuschließen. Er/sie ist hierbei dem Auftraggeber verpflichtet, dieses auf Verlangen nachzuweisen.

§ 8 Qualitätsmanagement (optional bei mehrtägigen oder Blockveranstaltungen)

In der Evaluation wird erhoben, ob die Zielgruppe ... mit der Vermittlung der Inhalte und dem Trainer zufrieden waren. Das Ergebnis dieser Evaluation wird dem Referenten mitgeteilt. Sollten sich in den ersten beiden Seminarblöcken schwerwiegende Gründe für Unzufriedenheit beim Auftraggeber (und/oder seinen Teilnehmern) ergeben (zB Zuverlässigkeit des Trainers, Vertragstreue, Akzeptanz des Seminarleiters in der Zielgruppe, erhebliche Mängel in Leitung und Moderation, Verletzung der Schweigepflicht), ist der Auftraggeber zur außerordentlichen Kündigung gem. § 626 BGB berechtigt.

§ 9 Verpflichtungs- und Haftungsausschluss

Der Auftragnehmer überträgt dem Auftraggeber räumlich unbeschränkt für die Dauer der gesetzlichen Schutzfrist sämtliche Nutzungsrechte an Werken, die im Rahmen der Arbeiten nach § 2 geschaffen werden, als ausschließliche Nutzungsrechte. Ansonsten sichert der Auftragnehmer zu, dass sämtliche Arbeitsergebnisse, die im Rahmen der Aufträge erstellt werden, frei von Rechten Dritter sind und die ungehinderte ausschließliche Nutzungsrechtsausübung einschließlich der Weiterübertragung durch den Auftraggeber nicht tangiert wird.

Mit der unter § 4 genannten Vergütung sind sämtliche Ansprüche des Auftragnehmers abgegolten. Dies gilt auch abschließend für die Nutzungsrechtsübertragung.

Der Auftraggeber verpflichtet sich, über sämtliche internen Verhältnisse des Auftraggebers sowie deren Mitarbeiter/-innen strengstens Stillschweigen zu bewahren.

§ 10 Aufbewahrung der Unterlagen

Der Auftraggeber wahrt bezüglich der Fortbildungsunterlagen das Urheberrecht des Auftragnehmers. Der Auftragnehmer stellt seine Seminarunterlagen oder eine Zusammenfassung in digitaler Form für das betriebliche Intranet zur Verfügung.

Der Auftragnehmer hat die ihm überlassenen Unterlagen sorgfältig aufzubewahren und diese nach Vertragsende ohne Aufforderung an den Auftraggeber zurückzugeben. Darüber hinaus verpflichtet sich der Auftragnehmer zur Geheimhaltung gegenüber Dritten über alle dienstlichen/geschäftlich bedeutsamen Vorgänge, von denen er/sie im Zuge der Zusammenarbeit Kenntnis erhält, auch über die Vertragslaufzeit hinaus.

§ 11 Rechtsauswahl

Dieser Vertrag untersteht dem Recht der Bundesrepublik Deutschland unter Ausschluss des Übereinkommens der Vereinten Nationen über Verträge über den internationalen Warenverkauf vom 11.4.1980 (UN-Kaufrecht).

§ 12 Schriftformerfordernis, Nebenabreden

Änderungen, Ergänzungen wie auch die Aufhebung dieses Vertrages bedürfen zu ihrer Wirksamkeit der Schriftform. Auch die Aufhebung des Schriftformerfordernisses bedarf der Schriftform. § 305 b BGB bleibt unberührt. Alle vereinbarten Nebenabreden bedürfen der Schriftform und werden dem Honorarvertrag als Anlage beigefügt. Mündliche Nebenabreden bestehen nicht.

§ 13 Sonstiges

Der Auftragnehmer versichert mit der Unterzeichnung des Vertrages, dass er/sie kein aktives oder passives Mitglied von Scientology ist und die Lehren von L. Ron Hubbard verbreitet sowie kein Mitglied einer Sekte oder sektenähnlichen Vereinigung ist.

§ 14 Salvatorische Klausel

Sollte eine Bestimmung in diesen Geschäftsbedingungen oder eine Bestimmung im Rahmen sonstiger Vereinbarungen unwirksam sein oder werden, so wird hiervon die Wirksamkeit aller sonstigen Bestimmungen nicht berührt. Die unwirksame Bestimmung ist durch diejenige zulässige Bestimmung zu ersetzen, die dem Zweck der unwirksamen Bestimmung am weitgehendsten nahekommt.

Erfüllungsort und Gerichtsstand ist ....

10. Muster: Rahmenvertrag über freie Mitarbeit (kurz)

Rahmenvertrag über freie Mitarbeit

zwischen

der Firma ...

– nachfolgend: Auftraggeber –

und

Herrn/Frau ...

– nachfolgend: Auftragnehmer –

§ 1 Vertragsgegenstand

Herr/Frau ... wird für den Auftraggeber auf dem Gebiet ... als freier Mitarbeiter/freie Mitarbeiterin tätig. Durch ein jeweiliges Auftragsschreiben werden die anfallenden Aufgaben spezifiziert und vereinbart.

§ 2 Vertragsbeginn und Vertragsbeendigung

Das Vertragsverhältnis beginnt am ... und ist erstmals zum ... kündbar. Wird es nicht ... Wochen vor Ablauf des ... gekündigt, verlängert es sich jeweils um weitere ... Monate. Eine Kündigung aus wichtigem Grund ist jederzeit möglich.

§ 3 Keine Höchstpersönlichkeit

Der Auftragnehmer ist nicht verpflichtet, die Aufträge in Person auszuführen. Er kann sich auf eigene Kosten auch der Hilfe persönlich wie auch fachlich geeigneter Erfüllungsgehilfen bedienen.

§ 4 Ablehnungsrecht des Auftragnehmers/Mindestauftragsvolumen

Der Auftragnehmer hat das Recht, einzelne Aufträge des Auftraggebers ohne Angabe von Gründen abzulehnen. Umgekehrt hat der Auftragnehmer keinen Anspruch auf ein bestimmtes Mindestauftragsvolumen.

§ 5 Verhältnis des Auftragnehmers zu Dritten

Der Auftragnehmer hat das Recht, auch für dritte Auftraggeber tätig zu sein. Einer vorherigen Zustimmung des Auftraggebers bedarf es hierfür nicht, es sei denn, dass der Auftragnehmer zugleich auch für einen Wettbewerber des Auftraggebers tätig werden will.

§ 6 Tätigkeitsort/-zeit

Der Auftragnehmer ist grundsätzlich frei in der Wahl des Leistungserbringungsortes, es sei denn, es ergäbe sich ein solcher sachnotwendig. Entsprechendes gilt auch für die Zeit der Leistungserbringung.

§ 7 Vergütung

Der Auftragnehmer erhält für seine nach § 1 des Vertrages erbrachte Tätigkeit ein Stundenhonorar von ... EUR zzgl der gesetzlichen Mehrwertsteuer, das binnen 14 Tagen nach Rechnungsstellung zur Zahlung fällig ist.

Der Auftragnehmer verpflichtet sich, Vergütungsüberzahlungen ohne Rücksicht auf eine noch vorhandene Bereicherung zurückzuzahlen.

Sofern durch die Tätigkeit des Auftragnehmers an seinen Arbeitsergebnissen Urheberrechte begründet werden, stehen die ausschließlichen Nutzungsrechte und jedwede Vergütung aus der Verwertung der Urheberrechte dem Auftraggeber zu. Mit der in diesem Vertrag vereinbarten Vergütung ist die Übertragung aller Nutzungsrechte an den Arbeitgeber abgegolten.

§ 8 Kosten und Aufwendungen des Auftragnehmers

Soweit Kosten für den Bürobetrieb, für technische Vorrichtungen und Sonstiges, insbesondere Arbeitsmittel, im Rahmen der Auftragstätigkeit anfallen, sind diese vom Auftragnehmer zu tragen.

§ 9 Verschwiegenheitsklausel

Der Auftragnehmer verpflichtet sich, über ihm bekannt gewordene Geschäfts- und Betriebsgeheimnisse des Auftraggebers auch über die Vertragslaufzeit hinaus Stillschweigen zu bewahren. Für jeden Fall des Verstoßes gegen diese Verschwiegenheitspflicht wird eine Vertragsstrafe von ... EUR sofort zur Zahlung fällig; die Geltendmachung eines darüber hinausgehenden Schadens bleibt vorbehalten.

Sämtliche Unterlagen, die dem Auftragnehmer im Zusammenhang mit seiner Tätigkeit übergeben werden und im Rahmen seiner Tätigkeit für den Auftraggeber entstehen, einschließlich Kopien gleich welcher Art davon, sind nach Beendigung des Vertrages unverzüglich zurückzugeben. Dem Auftragnehmer steht hieran kein Zurückbehaltungsrecht zu.

§ 10 Haftung

Der Auftragnehmer haftet dem Auftraggeber nach den gesetzlichen Bestimmungen in vollem Umfang für Schäden, die er im Rahmen der Auftragstätigkeit zu Lasten des Auftraggebers verursacht.

§ 11 Besondere Vereinbarungen mit dem freien Auftragnehmer

(1) Die Parteien streben in beiderseitigem Einvernehmen eine Zusammenarbeit auf selbständiger Basis an; ein Arbeits- wie auch ein sozialversicherungspflichtiges Beschäftigungsverhältnis soll nicht begründet werden. Dementsprechend werden von der Vergütung weder Lohnsteuer noch Sozialversicherungsbeiträge einbehalten und abgeführt. Der Auftragnehmer ist für die sich aus dieser Zusammenarbeit ergebenden steuerlichen und sozialversicherungsrechtlichen Pflichten selbst verantwortlich, insbesondere auch für eine angemessene Versicherung für die Altersvorsorge wie auch zum Schutz gegen Krankheiten und den Pflegefall.

(2) Der Auftragnehmer teilt dem Auftraggeber spätestens bis zum Tag der Aufnahme seiner Tätigkeit mit, ob und in welchem Umfang eine private Rentenversicherung zur Absicherung bei Alter und Invalidität sowie eine Krankenversicherung bestehen. Der Auftraggeber kann die Vorlage geeigneter Nachweise verlangen sowie sich schriftlich versichern lassen, dass eine ausreichende soziale Absicherung besteht. Die freiwillige Versicherung in einer gesetzlichen Krankenversicherung gilt auch als ausreichende Krankenversicherung.

§ 12 Weitere Bestimmungen

Nebenabreden zu diesem Vertrag bestehen nicht. Änderungen und/oder Ergänzungen sowie die Aufhebung bedürfen der Schriftform. Dies gilt auch für einen Verzicht auf das Schriftformerfordernis.[195]

Sollten einzelne Bestimmungen dieses Vertrages unwirksam sein oder werden oder sollte der Vertrag Lücken aufweisen, wird dadurch die Wirksamkeit der übrigen Bestimmungen nicht berührt. An die Stelle der unwirksamen Bestimmung tritt eine rechtlich zulässige, die Sinn und Zweck der unwirksamen Bestimmung so nahe wie möglich kommt.

---

[195] Die hier verwandte sog. doppelte Schriftformklausel dürfte im Anschluss an die BAG-Rechtsprechung (im Arbeitsverhältnis: BAG 20.5.2008 – 9 AZR 382/07, NZA 2008, 1233) auch in AGB-darstellenden Dienstverträgen unwirksam sein (so OLG München 13.3.2008 – 23 U 4481/07, juris; ebenso OLG Rostock 19.5.2009 – 3 U 16/09, NJW 2009, 3376; s. aber BGH 2.6.1976 – VIII 2 R 97/74, BGHZ 66, 378 und BGH 17.9.2009 – I ZR 43/07, BeckRS 2010, 04094 zur Wirksamkeit einer doppelten Schriftformklausel in dem anders gelagerten Fall eines Individualvertrages zwischen Kaufleuten; ebenso OLG Düsseldorf 12.4.2011 – I-24 U 195/10, BeckRS 2011, 25216).

11. Muster: Rahmenvertrag über freie Mitarbeit – IT-Consulting (ausführlich)

Rahmenvertrag über Beratungsdienstleistungen

zwischen

der Firma ...

– nachfolgend: Auftraggeber –

und

Herrn ...

– nachfolgend: Auftragnehmer –

§ 1 Vertragsgegenstand

(1) Der Auftragnehmer erklärt sich grundsätzlich bereit, für den Auftraggeber projektbezogen als Subunternehmer Dienstleistungen, insbesondere bei der Erstellung und Anpassung von IT-Anwendungssystemen, zu erbringen. Kommt es zu einer konkreten Zusammenarbeit, so wird jeweils ein gesonderter Projektvertrag (Anlage 1) abgeschlossen, der neben der Spezifikation der Dienstleistungen auch die konkreten Projektkonditionen (Gegenstand, Dauer und Zielvorgabe des Projektes sowie die Vergütung etc.) enthält.

(2) Der Auftragnehmer hat weder einen Anspruch auf Beauftragung durch den Auftraggeber, noch ist er zur Annahme der von ihm angebotenen Projektaufträgen verpflichtet. Der Auftragnehmer kann für Dritte tätig werden.

(3) Die Ausführung der Dienstleistungen erfolgt unter Anwendung des neusten Standes von Wissenschaft und Technik.

(4) Der Auftragnehmer unterliegt während seiner Projekttätigkeit für den Auftraggeber über die Vorgaben des Projektvertrages hinaus keinerlei Weisungen des Auftraggebers oder seines Kunden hinsichtlich Ort, Zeit sowie Art und Weise der Dienstleistungserbringung. Er erbringt die Leistung eigenverantwortlich und grundsätzlich in seinen eigenen Büroräumen mit seinen eigenen Arbeitsmitteln.

(5) Die Erbringung der Leistung kann – auftrags- bzw projektimmanent – zB den Einsatz an einem anderen Ort oder die Nutzung dort vorhandener Arbeitsmittel (zB Hard- und Software des Auftraggebers oder Kunden) verlangen.

(6) Wird im Einzelfall eine Tätigkeit beim Auftraggeber oder bei dessen Kunden erforderlich, so hat der Auftragnehmer alle etwaigen Sicherheits- und Betriebsanordnungen in der jeweiligen Fassung einzuhalten, über die er informiert wird. Im Übrigen ist er nicht an Weisungen gebunden.

(7) Der Auftragnehmer ist nicht berechtigt, den Auftraggeber rechtsgeschäftlich zu vertreten oder sonst rechtserhebliche Erklärungen für diesen abzugeben oder entgegenzunehmen.

(8) Der Auftragnehmer kann sich bei der Leistungserbringung eines oder mehrerer Erfüllungsgehilfen bedienen. Dies gilt insbesondere im Fall der eigenen Verhinderung oder der Verhinderung von vom Auftragnehmer eingesetzter Angestellter oder Subunternehmer. Der Erfüllungshilfe muss über die für die Leistungserbringung erforderliche fachliche Qualifikation verfügen und sowohl dem Auftraggeber als auch dessen Kunden gegenüber ausdrücklich benannt werden. Der Auftragnehmer hat das alleinige Weisungsrecht gegenüber seinen Erfüllungsgehilfen.

(9) Weist der Auftraggeber die fehlende Eignung eines Erfüllungsgehilfen nach, hat der Auftragnehmer diesen innerhalb kurzer, angemessener Frist durch einen anderen Erfüllungsgehilfen zu ersetzen oder die Leistung persönlich zu erbringen.

(10) Sämtliche Vertragsbedingungen beziehen sich sowohl auf den Auftragnehmer, dessen Angestellte als auch auf sämtliche in das Projekt einbezogene Erfüllungsgehilfen, die im Projektvertrag namentlich genannt

werden müssen. Die Erfüllungspflicht aller sich aus dem Vertrag ergebenden Regelungen und Vereinbarungen obliegt ausschließlich dem Auftragnehmer und dieser hat für deren Einhaltung Sorge zu tragen.

§ 2 Honorar

(1) Der Honorarsatz wird im jeweiligen Projektvertrag auf Basis eines Stunden-, eines Tagessatzes oder eines Pauschalhonorars vereinbart.

(2) Wird das Honorar auf Basis eines Tagessatzes berechnet, so besteht ein Tag aus mindestens 8 Stunden. Es werden nur tatsächlich erbrachte Leistungen vergütet. Ein Anspruch auf Vergütung für etwa wegen Krankheit oder Urlaub nicht erbrachte Leistungen erfolgt nicht. Über 8 Stunden an einem Tag hinaus geleistete Arbeitszeiten werden nicht vergütet.

(3) Der Auftragnehmer hat seine Leistungen und den Zeitaufwand in Leistungsnachweisen zu erfassen und dem Kunden des Auftraggebers zur Prüfung und Unterschrift vorzulegen.

(4) Der Auftragnehmer berechnet seine Leistung am Ende eines Monats. Die geprüften und unterzeichneten Leistungsnachweise sind der jeweiligen Rechnung beizufügen. Die geschuldete Mehrwertsteuer wird auf der Rechnung gesondert ausgewiesen.

(5) Spesen und Auslagen werden – soweit nicht im Projektvertrag anders geregelt – nicht vergütet. Mit dem Honorar sind alle Aufwendungen abgegolten.

(6) Die näheren Bestimmungen zu den Zahlungsmodalitäten ergeben sich aus dem jeweiligen Projektvertrag. Bei Banküberweisungen übernimmt der Auftragnehmer die bei seiner Bank anfallenden Gebühren.

(7) Die Rechnung muss den jeweils gültigen gesetzlichen Vorgaben (§ 14 UStG) entsprechen, derzeit also insbesondere enthalten: den vollständigen Namen samt Anschrift des Auftragnehmers als Leistenden sowie des Auftraggebers als Leistungsempfänger, Umfang und Art der Leistung, den Leistungszeitraum, das Ausstellungsdatum, eine fortlaufende Rechnungsnummer, die Steuernummer oder die USt-ID-Nummer des Auftragnehmers sowie dessen vollständige Bankverbindung.

§ 3 Gewährleistung und Haftung

(1) Der Auftragnehmer haftet für die von ihm und/oder seinen Erfüllungsgehilfen, seien es Angestellte oder Subunternehmer, erbrachten Leistungen sowie anlässlich der Erbringung der Dienstleistungen ggf beim Auftraggeber oder dessen Kunden entstehende Schäden vollumfänglich nach Maßgabe der gesetzlichen Vorschriften.

(2) Die Dauer der Gewährleistung beträgt mindestens 12 Monate. Sieht das Gesetz eine längere Frist vor, gilt diese.

(3) Der Auftragnehmer ist verpflichtet, eine ausreichend dimensionierte Haftpflichtversicherung vorzuhalten und diese auf Verlangen des Auftraggebers nachzuweisen.

§ 4 Schutzrechte

(1) Der Auftragnehmer steht dafür ein, dass die von ihm erbrachten Leistungen frei von Schutzrechten Dritter sind, die deren Nutzung ausschließen bzw einschränken. Werden Verletzungen von Schutzrechten geltend gemacht, kann der Auftragnehmer dem Auftraggeber die Nutzung der betroffenen Leistungen untersagen. Wird die vertragsgemäße Nutzung durch geltend gemachte Schutzrechtsverletzungen beeinträchtigt oder untersagt, ist der Auftragnehmer verpflichtet, nach seiner Wahl entweder die Leistungen in der Weise zu ändern oder zu ersetzen, dass sie nicht mehr unter die Schutzrechte fallen, gleichwohl aber den vertraglichen Bestimmungen entsprechen, oder das Recht zu erwirken, dass sie uneingeschränkt und ohne zusätzliche Kosten für den Auftraggeber vertragsgemäß genutzt werden können.

(2) Der Auftragnehmer übernimmt die alleinige und in der Höhe unbegrenzte Haftung gegenüber denjenigen, die eine Verletzung von Schutzrechten geltend machen. Er ist berechtigt und verpflichtet, alle Rechts-

streitigkeiten, die sich aus diesen Ansprüchen ergeben, auf eigene Kosten durchzuführen. Der Auftraggeber ist verpflichtet, den Auftragnehmer unverzüglich zu benachrichtigen, wenn gegen ihn Ansprüche wegen Verletzung von Schutzrechten geltend gemacht werden.

§ 5 Geheimhaltung oder Verschwiegenheitspflicht

(1) Der Auftragnehmer hat über alle ihm im Zusammenhang mit der Vertragsdurchführung bekannt gewordenen Informationen, Kenntnisse und Erfahrungen wie insbesondere Betriebsgeheimnisse, Unterlagen, von anderen erworbenes Know-how sowie über alle betrieblichen und geschäftlichen Angelegenheiten und sonstigen Informationen (zB Aufgabenstellung, Geschäftsvorgänge, Erfahrungen und Erkenntnisse) des Auftraggebers, seiner Kunden oder Endkunden gegenüber unbefugten Dritten striktes Stillschweigen zu wahren und diese weder selbst zu verwerten noch durch Dritte verwerten zu lassen und Dritten diese auch nicht zugänglich zu machen. Dieses gilt auch gegenüber Erfüllungsgehilfen des Auftraggebers, soweit sie mit den Informationen bzw der Angelegenheit nicht befasst sind. Die Verpflichtung endet für solche Informationen, Kenntnisse und Erfahrungen, von denen der Auftragnehmer nachweisen kann, dass sie

- ihm bereits vor dem Empfangsdatum bekannt waren; oder
- der Öffentlichkeit vor dem Empfangsdatum bekannt oder allgemein zugänglich waren; oder
- der Öffentlichkeit nach dem Empfangsdatum bekannt oder allgemein zugänglich wurden, ohne dass er hierfür verantwortlich ist; oder
- ihm zu einem beliebigen Zeitpunkt von einem dazu berechtigten Dritten zugänglich gemacht worden sind; oder
- von beiden Vertragspartnern gemeinsam oder von dem anderen Vertragspartner schriftlich freigegeben wurden, jedoch spätestens in fünf Jahren nach der Mitteilung, soweit sich aus der Natur der Information (zB Daten nach BDSG) nicht eine längere Geheimhaltungspflicht ergibt.

(2) Insbesondere ist gegenüber Dritten striktes Stillschweigen hinsichtlich der vertraglichen Vereinbarungen, explizit hinsichtlich der jeweils vereinbarten Stunden- bzw Tagessätze zwischen dem Auftraggeber und Auftragnehmer, zu halten.

(3) Die Geheimhaltungspflicht bezieht sich auch auf die Zeit nach Beendigung der Zusammenarbeit mit dem Auftraggeber.

(4) Setzt der Auftragnehmer Erfüllungsgehilfen ein, so hat er sicherzustellen, dass diesen eine den Abs. 1–3 entsprechende vertragliche Verschwiegenheitspflicht auferlegt wird.

§ 6 Mitwirkung des Auftraggebers

(1) Der Auftraggeber ist zur Mitwirkung verpflichtet, soweit es zur ordnungsgemäßen Erledigung des Auftrags erforderlich ist.

(2) Die Definition der einzelnen Projektschritte kann sich erst während der Durchführung ergeben oder ändern. Jeder Vertragspartner wirkt dann während der Vertragsdurchführung an der sachgerechten Definition solcher Schritte mit. Hierbei beachten sie die Vertragsziele, die bis dahin erreichten Ergebnisse und den Grundsatz von Treu und Glauben.

(3) Der Auftraggeber wird dem Auftragnehmer einen Ansprechpartner für das Projekt benennen. Dieser ist zur Entscheidung streitiger Fragen befugt. Der Auftraggeber unterrichtet den Auftragnehmer über alle ihm bekannten oder bekannt werdenden Vorgänge und Umstände, die für die Ausführung des Auftrags von Bedeutung sind.

§ 7 Steuern, Abgaben

Der Auftragnehmer zahlt alle Steuern und etwaige gesetzlichen Abgaben selbst und eigenverantwortlich.

§ 8 Arbeitsergebnis und Nutzungsrechte

(1) Sämtliche bei Herstellung der Dienstleistung entstehende Rechte, insbesondere Nutzungsrechte aus Urheberrechten wie Bearbeitungsrechte, Umarbeitungsrechte, Vervielfältigungsrechte, Verbreitungsrechte, Recht auf Einräumung entsprechender Lizenzen, gleich ob einfach oder ausschließlich, beschränkt oder unbeschränkt, oder das Recht auf Änderung der erbrachten Dienstleistung stehen im Verhältnis der Vertragsparteien ausschließlich dem Auftraggeber ohne sachliche, zeitliche und räumliche Beschränkung zu.

(2) Eventuell beim Auftragnehmer entstehende Rechte sind an den Auftraggeber zu übertragen und mit dem im Projektvertrag vereinbarten Honorar abgegolten. Dies gilt für Rechte an noch nicht vollendeten Werken oder Teilergebnissen der Tätigkeit entsprechend. Der Auftraggeber ist jedoch nicht verpflichtet, den Auftragnehmer als Hersteller des erstellten Programms zu bezeichnen, soweit ein selbständig abtrennbares Softwareprogramm hergestellt wurde.[196]

§ 9 Herausgabe von Gegenständen

(1) Der Auftragnehmer hat alle Gegenstände, insbesondere Unterlagen, Tabellen, Ausarbeitungen, Hard- und Software und Kopien, die er im Rahmen seiner vertraglichen Tätigkeit erlangt hat, als anvertrautes Fremdeigentum sorgfältig aufzubewahren, vor jeder Einsichtnahme oder Nutzung Unbefugter zu schützen, auf Verlangen jederzeit und bei Beendigung des Rahmen- oder Projekteinzelvertrages auch unaufgefordert an den Auftraggeber zurückzugeben. Satz 1 gilt entsprechend für vom Auftragnehmer erstellte Gegenstände. Überlassene Daten, Softwareprogramme oder Unterlagen dürfen nicht kopiert oder vervielfältigt werden. Bei Bedarf hat der Auftragnehmer Kopien anzufordern.

(2) Der Auftragnehmer hat weder an den Gegenständen noch an den Arbeitsergebnissen, Daten oder Softwareprogrammen ein Zurückbehaltungsrecht.

§ 10 Kündigung

(1) Der Rahmenvertrag beginnt mit Unterzeichnung und läuft auf unbestimmte Zeit. Der Rahmenvertrag kann bis zum 15. des Monats zum Monatsende gekündigt werden. Der jeweilige Projektstart und das Projektende werden im Projektvertrag spezifiziert und können durch die Unterzeichnung eines neuen Projektvertrages verlängert werden.

(2) Eine Kündigung des Rahmenvertrages stellt keine Kündigung eines ggf gerade laufenden Projektvertrages dar. Nach einer Kündigung des Rahmenvertrages sind die in einem Projektvertrag vereinbarten und noch nicht vollständig erbrachten Leistungen noch ordnungsgemäß durchzuführen. Der Auftraggeber kann hierauf verzichten. Wird der Projektvertrag trotz Kündigung des Rahmenvertrages durchgeführt, gelten die Bedingungen des Rahmenvertrages insoweit für das betreffende Projekt weiter.

(3) Der Projektvertrag kann mit sofortiger Wirkung aus wichtigem Grund (§ 626 BGB) außerordentlich etwa aus verhaltensbedingten oder fachlichen Gründen gekündigt werden.

(4) Bei einer Kündigung des Projektvertrages steht dem Auftragnehmer die Vergütung der bis zur Kündigung erbrachten Leistungen zu. Es bestehen keine weiteren Ansprüche.

(5) Ein Projektvertrag kann beiderseitig ordentlich mit einer Frist von vier Wochen gekündigt werden, sofern dies vom Kunden des Auftraggebers gewünscht ist und die Fertigstellung und der Erfolg des Projektes hierdurch nicht gefährdet werden.

§ 11 Datenschutz

(1) Der Auftraggeber stellt sicher, dass die bei ihm vorhandenen Datenverarbeitungsanlagen und Datenbestände dem jeweiligen Bundesdatenschutzgesetz, Landesdatenschutzgesetz sowie den jeweils geltenden Da-

---

[196] Ausführlichere Regelungen zum Thema „Rechte am Arbeitsergebnis" finden sich zB in Muster 1735 (§ 5), Muster 1740 (§ 5) und Muster 1759.

tenschutzsondervorschriften genügen. Dies gilt insbesondere hinsichtlich der Erhebung, Verarbeitung, Veränderung, Übermittlung und Löschung von Daten und Datenbeständen.

(2) Der Auftragnehmer stellt sicher, dass er im Rahmen der Erfüllung des Vertrages keine Handlungen vornimmt, die gegen bestehende Datenschutzbestimmungen verstoßen. Im Einzelfall stimmt sich der Auftragnehmer mit dem vom Auftraggeber zu benennenden Verantwortlichen für die Datensicherheit (Datenschutzbeauftragter) ab.

(3) Der Auftragnehmer verpflichtet seine Erfüllungsgehilfen, die vom Auftragnehmer in einem Projekt für den Auftraggeber eingesetzt werden, zur Wahrung des Datengeheimnisses nach Maßgabe des § 5 BDSG und weist sie auf die Strafbarkeit von Verstößen hin.

(4) Dem Auftragnehmer ist es insbesondere untersagt, geschützte personenbezogene Daten unbefugt zu einem anderen als zu dem zur jeweiligen rechtmäßigen Aufgabenerfüllung gehörenden Zweck zu verarbeiten, bekannt zu geben, zugänglich zu machen oder sonst zu nutzen. Die Verpflichtung auf das Datengeheimnis besteht auch nach Beendigung der Zusammenarbeit fort.

§ 12 Treuepflicht

(1) Der Auftragnehmer ist Vertragspartner des Auftraggebers ... und führt Vertragsverhandlungen jeglicher Art, Vertragsverlängerungen inbegriffen, ausschließlich mit ....
Während der gesamten Laufzeit des Vertrages ist es dem Auftragnehmer untersagt, mit dem Kunden des Auftraggebers über zukünftige Verlängerungen des bestehenden Vertrages, derzeitige oder zukünftige Zahlungsmodalitäten und Konditionen und über sämtliche sonstigen Inhalte des zwischen dem Auftraggeber und dem Auftragnehmer geschlossenen Vertrages zu verhandeln.
Alle den Vertrag betreffenden Verhandlungen oder Veränderungen finden ausschließlich zwischen dem Auftragnehmer und der in § 1 Abs. 4 des Projektvertrages[197] vom Auftraggeber genannten Kontaktperson statt.

(2) Der Auftragnehmer darf während der Laufzeit eines Vertrages oder eines Projektvertrages und ein Jahr nach Beendigung desselben nicht für einen Kunden oder Endkunden des Auftraggebers tätig werden oder in eigene Vertragsbeziehungen treten, bei denen der Auftragnehmer während eines Projektvertrages vom Auftraggeber als Subunternehmer eingesetzt worden ist. Die Frist beginnt mit dem Ende des jeweiligen Projektvertrages. Der Auftragnehmer verpflichtet sich gegenüber dem Auftraggeber, dieselbe Verpflichtung auch an seine Angestellten bzw Erfüllungsgehilfen weiterzugeben.

(3) Sollte der Auftragnehmer gegen die in Abs. 1 und 2 genannten Kundenschutzklauseln verstoßen, sind dem Auftraggeber gerichtliche Schritte vorbehalten, insbesondere auf Unterlassung und/oder Schadensersatz, um den durch entgangene Geschäfte entstandenen betriebswirtschaftlichen Schaden vom Auftragnehmer einzufordern.

(4) Sollte es sich beim Projektvertragskunden nicht um den Endkunden des Auftraggebers, sondern zB um ein Softwarehaus handeln, so repräsentiert der Auftragnehmer beim Endkunden diesen Vertragspartner des Auftraggebers, handelt aber stets im Sinne des Auftraggebers. Eigenmächtige Projektvermittlungen an Dritte sowie Empfehlung oder Informierung Dritter ohne Kenntnisnahme des Auftraggebers sind zu unterlassen.

(5) Soweit der Auftragnehmer Zugang zum Firmennetzwerk des Auftraggebers erhält, verpflichtet er sich, keine nicht von der IT-Abteilung freigegebene Software einzuspielen und keine Software aus dem Internet herunterzuladen. Der Auftragnehmer wird keinerlei Software oder Dateien des Auftraggebers kopieren, es sei denn, es wäre ... ist für seinen Auftrag erforderlich und von der IT-Abteilung des Auftraggebers ausdrücklich schriftlich gestattet worden. Unternehmensdaten dürfen vom Auftragnehmer weder mit außer Haus genommen noch an Adressaten außer Haus per E-Mail versendet werden.

---

[197] Siehe hierzu das Muster 1733.

Kapitel 2: Handelsvertreterverträge; Verträge mit freien Mitarbeitern

§ 13 Allgemeine Bestimmungen

(1) Der Vertrag unterliegt alleine Deutschem Recht.

(2) Nebenabreden bestehen nicht.

(3) Änderungen und Ergänzungen und ... sowie die Aufhebung des Vertrages bedürfen zu ihrer Wirksamkeit der Schriftform.

(4) Gerichtsstand für alle Streitigkeiten aus diesem Vertrag ist, soweit gesetzlich zulässig, ...

(5) Sollten Regelungen dieses Vertrages ganz oder teilweise unwirksam sein oder werden, so berührt dies die Wirksamkeit der üblichen Regelungen nicht. Die Parteien verpflichten sich vielmehr, die unwirksame Regelung durch eine solche zu ersetzen, die dem wirtschaftlich Gewollten am nächsten kommt.

(6) Ggf Abweichendes vom Rahmenvertrag regelt der Projektvertrag. Im Fall von Widersprüchen zwischen dem Rahmen- und einem Projektvertrag geht der Projektvertrag vor.

12. Muster: Einzelauftragsvereinbarung (Projektvertrag) über Beratungsdienstleistungen

344

Projektvertrag über Beratungsdienstleistungen

zwischen

der Firma ...

– nachfolgend: Auftraggeber –

und

Herrn ...

– nachfolgend: Auftragnehmer –

§ 1 Projektbeschreibung

(1) Der Auftraggeber beauftragt den Auftragnehmer, repräsentiert durch Herrn ..., auf der Basis des zwischen den Vertragsparteien abgeschlossenen Rahmenvertrages folgendes Projekt zu betreuen: ...

(2) Soweit erforderlich, wird das Projekt auch beim Kunden des Auftraggebers, ... in ..., durchgeführt. Die technischen Hilfsmittel stellt der Auftragnehmer und werden beim Kunden nur nach Absprache zur Verfügung gestellt.

(3) Das Projekt beginnt am ... und endet am ..., wobei die Fertigstellungsfrist je nach Aufgabenstellung einvernehmlich und schriftlich von den Vertragsparteien verlängert oder verkürzt werden kann.

(4) Vertragsbezogene Tätigkeitsabstimmungen hat der Auftragnehmer nicht mit dem Kunden des Auftraggebers, dessen Projektleiter oder Mitarbeitern, sondern nur mit dem Auftraggeber vorzunehmen; Ansprechpartner des Auftragnehmers für das durchzuführende Projekt beim Auftraggeber ist ....

§ 2 Vergütung

(1) Der Auftragnehmer erhält nach entsprechender Rechnungsstellung ein Honorar von ... EUR pro Stunde zuzüglich ... % der gesetzlichen Mehrwertsteuer. Die Rechnungen sind an den Auftraggeber zu richten und müssen einen von dem Kunden verbindlich unterzeichneten Leistungsnachweis beinhalten. Zahlungen werden ... Kalendertage nach Rechnungseingang angewiesen. Bitte beachten Sie dazu auch die in § 2 des Rahmenvertrages[198] festgelegten Bestimmungen.

(2) Spesen: ...

---

[198] Siehe hierzu das Muster 1731.

345 **13. Muster: Rahmenwerkvertrag für Softwareentwickler**

↓

Rahmenwerkvertrag

Zwischen

Herrn ...

– nachstehend: Auftraggeber –

und

Herrn ...

– nachstehend: Auftragnehmer –

wird folgender Werkvertrag geschlossen:

§ 1 Gegenstand des Vertrages

(1) Der Auftragnehmer verpflichtet sich, für den Auftraggeber in dem jeweils im Einzelfalle schriftlich zu vereinbarenden Umfang Werkleistungen im Bereich der Software-Entwicklung zu erbringen. Ein Mindestauftragsvolumen wird hiermit vom Auftraggeber ebenso wenig zugesagt, wie eine Mindestannahmeverpflichtung des Auftragnehmers begründet wird.

(2) Die Anwendung von Allgemeinen Geschäftsbedingungen des Auftragnehmers wird ausdrücklich ausgeschlossen.

(3) Nachträgliche Änderungen an dem ursprünglich im Einzelfall vereinbarten Werk bzw. seiner Beschaffenheit bedürfen einer gesonderten schriftlichen Nachtragsvereinbarung. Darin sind auch die zusätzlich anfallende Vergütung und die Auswirkungen der Änderungen auf den ursprünglichen Zeitplan zu regeln.

§ 2 Vertragsbeginn und Vertragsbeendigung

(1) Das Vertragsverhältnis beginnt am ... . Es kann jederzeit mit einer Frist von zwei Monaten zum Monatsende gekündigt werden. Im Fall der Kündigung sind aktuelle Einzelaufträge auch über das Ende der Kündigungsfrist hinaus noch ordnungsgemäß fertigzustellen. Für die Zeit bis zur Beendigung der Einzelaufträge gelten die Regelungen dieses Vertrages dann noch fort.

(2) Der Auftraggeber behält sich vor, wenn er mit den Werkleistungen des Auftragnehmers nicht zufrieden ist, in den ersten drei Monaten des Vertragsverhältnisses unter Einhaltung einer Frist von einer Woche von dem Vertrag zurückzutreten.

§ 3 Pflichten des Auftragnehmers

(1) Die von dem Auftragnehmer erbrachten Werkleistungen haben dem jeweils anerkannten Stand von Technik und Wissenschaft zu entsprechen. Dabei sind von dem Auftragnehmer die spezifischen Bestimmungen, Methoden und Anwendungspraktiken des Auftraggebers zu beachten.

(2) Der Auftragnehmer hat die Werkleistungen nach Maßgabe der konkreten Aufforderungen, gegebenenfalls Leistungsbeschreibungen des Auftraggebers zu erbringen. Nur solcher Zeitaufwand, der der Üblichkeit für die konkrete Aufgabenstellung entspricht, kann vom Auftragnehmer berechnet werden. Abweichungen vom üblichen zeitlichen Umfang können in begründeten Ausnahmefällen geltend gemacht werden, wenn eine aussagefähige schriftliche Begründung und eine Genehmigung des Auftraggebers vorliegen.

(3) Der Auftragnehmer ist an keine festen täglichen Zeiten der Erledigung seiner Arbeit gebunden, er hat keine Rechtspflicht zum regelmäßigen Erscheinen beim Auftraggeber. Auch der Ort der Erledigung der Tätigkeit unterliegt der Entscheidung des Auftragnehmers, es sei denn, der Ort der Leistungserbringung ergäbe sich sachnotwendig aus der einzelnen Aufgabenstellung. Nur sofern Betriebsmittel des Auftraggebers, insbe-

sondere Arbeitsgeräte, in Anspruch genommen werden müssen, stehen diese nur während der im Betrieb bestehenden regelmäßigen Arbeitszeiten zur Verfügung.

(4) Letztlich unterliegt der Auftragnehmer auch keinen Weisungen hinsichtlich der Art und Weise der Arbeitsausführung. Auch wird der Auftragnehmer in die Arbeitsorganisation des Auftraggebers nicht eingegliedert, insbesondere erhält er keinen Büroraum zugewiesen und ist weder weisungsberechtigt gegenüber Mitarbeitern des Auftraggebers noch ist er diesen gegenüber weisungsgebunden.

§ 4 Pflichten des Auftraggebers

(1) Der Auftraggeber verpflichtet sich, den Auftragnehmer zu Beginn des jeweiligen Einzelauftrags in die nach § 3 Abs. 1 maßgeblichen Besonderheiten beim Auftraggeber einzuweisen und ihm alle für die Erbringung der Werkleistung erforderlichen Informationen zu geben.

(2) Ferner ist der Auftraggeber verpflichtet, die Leistungen des Auftragnehmers gem. § 7 zu vergüten.

§ 5 Rechtserwerb des Auftraggebers

(1) Die Parteien sind sich darüber einig, dass der Auftraggeber mit dem Ausgleich der Rechnungen des Auftragnehmers sämtliche Rechte an den erbrachten Werkleistungen erwirbt. Der Auftraggeber ist nach § 69 b UrhG befugt, alle vermögensrechtlichen Befugnisse an den Programmen auszuüben.

(2) Insbesondere wird Folgendes vereinbart: Der Auftragnehmer überträgt dem Auftraggeber an den von ihm erstellten Computerprogrammen und den gefertigten Dokumentationen und Beschreibungen das ausschließliche Recht zur zeitlich und räumlich unbegrenzten Nutzung einschließlich der Marktverwertung. Gleiches gilt für das Ergebnis von Umarbeitungen oder Erweiterungen von vorhandenen Programmen, Dokumentationen und Beschreibungen. Der Auftraggeber nimmt diese Rechtsübertragung gem. Abs. 1 und 2 an.

(3) Mit umfasst von dieser Nutzungseinräumung und zu übergeben sind die dazu gehörenden Vorstufen, der Quellcode und sonstige Begleitmaterialien zu den jeweiligen Programmen.

(4) Der Auftraggeber wird seitens des Auftragnehmers ermächtigt, an den von ihm erstellten Werken und deren Titeln Änderungen vorzunehmen. Der Auftragnehmer verzichtet insoweit auf seine Rechte. Der Auftraggeber nimmt diesen Verzicht an.

(5) Die Nutzungseinräumung und die damit verbundene Leistung ist Bestandteil des zwischen den Parteien unter § 1 vereinbarten Werklohns. Der Auftragnehmer erhält für die vorstehende Rechtsübertragung daher keine gesonderte Vergütung.

(6) Der Auftragnehmer verzichtet gegenüber dem Auftraggeber und dessen Vertragspartnern entsprechend der Gepflogenheit bei dem Auftraggeber auf die Nennung seines Namens als Autor. Dies gilt auch für die Zeit nach Beendigung des Vertrages über einen Rahmenwerkvertrag. ... des Rahmenwerkvertrages. Der Auftraggeber nimmt diesen Verzicht an.[199]

§ 6 Schutzrechte Dritter

(1) Der Auftragnehmer verpflichtet sich, den Auftraggeber im Rahmen der Nutzung an dem vertragsgegenständlichen Programm von der Haftung aus behaupteter und erwiesener Verletzung von Schutzrechten Dritter freizustellen.

(2) Der Auftraggeber verpflichtet sich, im Rahmen seiner vertraglichen Nutzungsberechtigung an dem Programm bestehende Schutzrechte auf eigene Kosten gegen rechtliche Angriffe Dritter zu verteidigen.

§ 7 Vergütung

(1) Der Auftraggeber verpflichtet sich, dem Auftragnehmer die vereinbarten Aufträge – nach förmlicher Abnahme, soweit eine solche im Einzelfall vereinbart wird – mit dem ggf. vereinbarten Pauschalhonorar, an-

---

199 Zu ausführlicheren Klauseln zur Rechteübertragung s. Muster 1740 (§ 5) sowie den gesonderten Vertragsanhang Muster 1759.

dernfalls mit einem Stundensatz von ... EUR je Arbeitsstunde, maximal jedoch ... EUR je Kalendermonat, zu vergüten. Im Falle nachträglicher Ergänzungs- oder Änderungswünsche gilt der gleiche Stundensatz bzw ist das Pauschalhonorar entsprechend angemessen anzupassen.

(2) Der Auftragnehmer stellt die von ihm nach Maßgabe der vorstehenden Einzelaufträge und dieses Vertrages erbrachten Werkleistungen dem Auftraggeber in Rechnung. Der Rechnung sind – je nach Art des abzurechnenden Einzelauftrags – entweder entsprechende Teilabnahmeprotokolle für sog. milestones, Abnahmeprotokolle oder aber sonst vereinbarte nachvollziehbare Leistungsnachweise beizufügen.

(3) Der Auftraggeber ist ferner verpflichtet, binnen 14 Tagen nach Rechnungslegung durch den Auftragnehmer die Werkleistungen zu vergüten. Steuern, Sozialversicherungsbeiträge etc. werden, da kein Arbeitsverhältnis vereinbart ist, vom Auftraggeber nicht abgeführt. Die Erfüllung von Abgaben und Versicherungsbeiträgen ist Sache des Auftragnehmers. Ist im Einzelfall eine förmliche Abnahme und/oder sind förmliche Teilabnahmen vereinbart, so muss der entsprechenden Rechnung das vom Auftraggeber unterzeichnete Abnahmeprotokoll beigefügt sein, um die Fälligkeit der Vergütung bewirken zu können.

(4) Sollten Tätigkeiten im Rahmen des Vertragsverhältnisses auf Bitten des Auftraggebers an einem anderen Ort als dem eigenen Büro des Auftragnehmers oder dem Sitz der Firma erledigt werden, ist der Auftragnehmer gemäß einer im Einzelfalle zu treffenden schriftlichen Abrede befugt, angemessene Reisekosten und Spesen gegen Nachweis gesondert in Rechnung zu stellen.

(5) Der Auftragnehmer verpflichtet sich, Vergütungsüberzahlungen ohne Rücksicht auf eine noch vorhandene Bereicherung zurückzuzahlen.

§ 8 Abwerbeverbot

Der Auftragnehmer verpflichtet sich, für die Dauer dieses Vertrages und bis zum Ablauf von einem Jahr nach Vertragsende mit dem Personal oder freien Mitarbeitern des Auftraggebers in keinerlei direkte oder indirekte Geschäftsbeziehung zu treten. Als indirekte Geschäftsbeziehung gilt auch die Vermittlung des Personals oder der freien Mitarbeitern des Auftraggebers an andere Unternehmen.

Im Falle jeder Zuwiderhandlung ist eine Vertragsstrafe in Höhe von ... EUR verwirkt und sofort fällig.

Die Geltendmachung eines weitergehenden Schadensersatzes ist nicht ausgeschlossen.

§ 9 Datenschutz und Datensicherung

(1) Der Auftragnehmer verpflichtet sich, sämtliche ihm im Zusammenhang mit der Tätigkeit für den Auftraggeber bekannt gewordenen Informationen einschließlich personenbezogener Daten angemessen gegen den Zugriff unberechtigter Dritter zu schützen und über diese Daten auch über die Beendigung der Zusammenarbeit hinaus Stillschweigen zu bewahren.

(2) Der Auftragnehmer ist darüber hinaus verpflichtet, das Datengeheimnis zu wahren. Zu diesem Zweck wurde er belehrt. Er wird darüber hinaus auf das Datengeheimnis gem. § 5 BDSG verpflichtet. Der Auftragnehmer erklärt, dass er die anliegende Belehrung über das Datengeheimnis gelesen hat.

§ 10 Besondere Vereinbarungen mit dem Auftragnehmer

(1) Die Parteien streben in beiderseitigem Einvernehmen eine Zusammenarbeit auf selbständiger Basis an; ein Arbeits- wie auch ein sozialversicherungspflichtiges Beschäftigungsverhältnis soll nicht begründet werden. Dementsprechend werden von der Vergütung weder Lohnsteuer noch Sozialversicherungsbeiträge einbehalten und abgeführt. Der Auftragnehmer ist für die sich aus dieser Zusammenarbeit ergebenden steuerlichen und sozialversicherungsrechtlichen Pflichten selbst verantwortlich, insbesondere auch für eine angemessene Versicherung für die Altersvorsorge wie auch zum Schutz gegen Krankheiten und den Pflegefall.

(2) Der Auftragnehmer teilt dem Auftraggeber spätestens bis zum Tag der Aufnahme seiner Tätigkeit mit, ob und in welchem Umfang eine private Rentenversicherung zur Absicherung bei Alter und Invalidität sowie ei-

ne Krankenversicherung bestehen. Der Auftraggeber kann die Vorlage geeigneter Nachweise verlangen sowie sich schriftlich versichern lassen, dass eine ausreichende soziale Absicherung besteht. Die freiwillige Versicherung in einer gesetzlichen Krankenversicherung gilt auch als ausreichende Krankenversicherung.

(3) Der Auftragnehmer willigt ein, dass der Auftraggeber einen Antrag nach § 7a SGB IV beim Rentenversicherungsträger stellt, um feststellen zu lassen, dass von dem Auftragnehmer keine versicherungspflichtige Tätigkeit ausgeübt wird. Der Auftragnehmer wird bei einem solchen Statusfeststellungsverfahren aktiv mitwirken.

(4) Der Auftragnehmer verpflichtet sich, an einem Statusfeststellungsverfahren bei der Deutschen Rentenversicherung Bund nach den §§ 7a ff SGB IV konstruktiv mitzuwirken und den Auftraggeber mit den dafür erforderlichen Informationen über seine sonstigen Tätigkeiten (einschl. Belege) zu versorgen. Änderungen in den Verhältnissen des Auftragnehmers sind dem Auftraggeber unverzüglich und unaufgefordert schriftlich anzuzeigen. Das Gleiche gilt für Statusfeststellungsbescheide bezüglich der Tätigkeit für andere Unternehmen.

(5) Verstößt der Auftragnehmer gegen seine Verpflichtungen gem. Abs. 1, kann der Auftraggeber die Arbeitnehmeranteile zur Sozialversicherung rückerstattet und künftig erstattet verlangen, falls ein Träger der Kranken- oder Rentenversicherung ein sozialversicherungspflichtiges Beschäftigungsverhältnis feststellt.

§ 11 Sonstige Vereinbarungen

(1) Änderungen und die Aufhebung des Vertrages und Nebenabreden bedürfen zu ihrer Wirksamkeit der Schriftform.

(2) Alle beiderseitigen Ansprüche der Parteien aus diesem Vertragsverhältnis und solche, die mit diesem Werkvertrag in Verbindung stehen, verfallen, wenn sie nicht innerhalb von drei Monaten nach Fälligkeit gegenüber der anderen Vertragspartei schriftlich erhoben werden.

Lehnt die Gegenpartei den Anspruch ab oder erklärt sie sich nicht innerhalb von zwei Wochen nach der Geltendmachung des Anspruchs, so verfällt dieser, wenn er nicht innerhalb von drei Monaten nach der Ablehnung oder dem Fristablauf gerichtlich geltend gemacht wird.

(3) Der Auftragnehmer erklärt sich damit einverstanden, dass seine personenbezogenen Daten automatisiert gespeichert und verarbeitet werden.

§ 12 Salvatorische Klausel

Sollten Bestimmungen dieses Vertrages ganz oder teilweise nicht rechtswirksam oder nicht durchführbar sein oder werden, so soll hierdurch die Gültigkeit der übrigen Bestimmungen des Vertrages nicht berührt werden. Das Gleiche gilt, soweit sich herausstellen sollte, dass der Vertrag eine Regelungslücke enthält. Anstelle der unwirksamen oder undurchführbaren Bestimmungen oder zur Ausfüllung der Lücke soll eine angemessene Regelung gelten, die, soweit rechtlich möglich, dem am nächsten kommt, was von den Parteien des vorliegenden Vertrages gewollt wurde oder was sie nach dem Sinn und Zweck des Vertrages gewollt haben würden, sofern sie bei Abschluss dieses Vertrages oder bei der späteren Aufnahme einer Bestimmung den Punkt bedacht hätten.

14. Muster: Vertraulichkeitsvereinbarung für freie Mitarbeiter und Subunternehmer (deutsch/englisch)

Meine Damen und Herren:

Es ist vorhersehbar, dass bei einer zukünftigen Beteiligung Ihrerseits an Projekten im Auftrag unserer Gesellschaft, auf die man sich möglicherweise einigen wird, es nötig sein wird, bestimmte Geschäfts- und vertrauliche Informationen, die im Eigentum unserer Gesellschaft und den Tochterunternehmen sind, einer begrenzten Anzahl ihrer leitenden Angestellten und Angestellten im Ingenieurbereich offen zu legen. Darüber hinaus ist es möglich, dass Sie Informationen geschäftsbezogener oder vertraulicher Art unserer Gesellschaft erwerben oder für unsere Gesellschaft entwickeln werden. All diese Informationen, seien sie von Ihnen für unsere Gesellschaft entwickelt, seien sie Ihnen von Seiten unserer Gesellschaft von Zeit zu Zeit offen gelegt oder von Ihnen von unserer Gesellschaft erworben worden (diese Informationen werden im Folgenden zusammenfassend als „vorgenannte Informationen" bezeichnet), während Sie für unsere Gesellschaft an einem Projekt arbeiten, sind strengstens vertraulich.

Um die Interessen unserer Gesellschaft in diesem Punkt zu wahren und im Zusammenhang mit der Entscheidung darüber, Sie mit der Wahrnehmung von Aufgaben für unsere Gesellschaft bei zu vereinbarenden Projekten zu beschäftigen, vereinbaren unsere Gesellschaft und Sie, dass dieser Brief als Geheimhaltungsvereinbarung dienen soll und dass unsere Gesellschaft und Sie durch dessen Regelungen gebunden sein sollen. Darüber hinaus erklären Sie sich damit einverstanden, Ihre Angestellten und Subunternehmer, soweit sie vorgenannte Informationen erhalten, erwerben oder entwickeln, zu verpflichten, an Vereinbarungen ähnlich denen, die in dieser Vereinbarung enthalten sind, zu binden. Die Regelungen am Ende dieses Briefes, die sich auf Angestellte und Subunternehmer beziehen, sind allein zu Ihrer Entlastung bezüglich der Durchführung der letztgenannten Bedingung aufgenommen worden. Demnach wird vereinbart, dass die nachfolgenden Bestimmungen auf Projekte anwendbar sind, die durch Sie für

Ladys and Gentlemen:

It is anticipated that in retaining you to do work for our Company on certain projects which may be agreed upon, it will be necessary to reveal to a limited number of your supervisory and engineering employees, certain proprietary and confidential information owned by our Company (hereinafter jointly referred to with its subsidiary companies). It is also possible that you may acquire from our Company or develop for our Company information of a proprietary and confidential nature. All of such information, whether developed by you for our Company, disclosed to you by our Company from time to time, or acquired by you from our Company during the work done for our Company on a project is highly confidential.

To protect our Company's interest in this matter and as part of the consideration of retaining you to do work for our Company on agreed projects, our Company and you agree that this letter shall serve as a secrecy agreement and that our Company and you shall be bound by the provisions hereof. Further, you agree to require your employees and subcontractors who shall receive, acquire or develop Said Information to be bound by terms similar to those contained in this agreement. The employee and subcontractor clauses at the end of this letter are included merely for your convenience in administering this latter requirement. Accordingly, it is agreed that the following provisions will be applicable to projects undertaken by you for our Company unless otherwise agreed.

unsere Gesellschaft wahrgenommen werden, es sei denn, eine anders lautende Vereinbarung liegt vor.

1. Sie werden alles Ihnen Mögliche veranlassen, um sicherzustellen, dass vorgenannte Informationen vertraulich gehalten werden und Sie werden vorgenannte Informationen nicht anders als zum Nutzen unserer Gesellschaft gebrauchen oder vorgenannte Informationen irgendeiner Person oder Personen, die nicht bei Ihnen angestellt sind, ohne die ausdrückliche schriftliche Erlaubnis unserer Gesellschaft offen legen; diese Verpflichtung soll nicht im Hinblick auf irgendwelche vorgenannte Informationen bestehen, die 1) sich in Ihrem Besitz befanden, bevor unsere Gesellschaft Ihnen dieselben weitergab oder eröffnete; oder 2) durch Sie von anderen, die ihrerseits weder direkt noch indirekt eine Vertraulichkeitsverpflichtung gegenüber unserer Gesellschaft im Hinblick auf vorgenannte Informationen haben, erworben wurden; oder 3) die zurzeit oder später ohne Ihr Verschulden der Öffentlichkeit allgemein zugänglich werden.

2. Sie sind damit einverstanden, dass Sie nach Fertigstellung eines Projektes alle Zeichnungen, Erläuterungen, allgemeine Bedingungen und andere Dokumente, die in Ihrem Besitz verbleiben und als Resultat des beendeten Projektes entwickelt worden sind, an unsere Gesellschaft zurückzugeben haben und darüber hinaus, dass Sie jederzeit alle vorgenannten Informationen als privat und vertraulich ansehen werden, mit Ausnahme der Informationen, die unter die Ausnahmen 1), 2) oder 3) des vorstehenden Abschnitts 1. fallen.

3. Alle vorgenannten Informationen sollen Eigentum unserer Gesellschaft sein und bleiben und in keinem Fall anderen Personen als denjenigen, die direkt bei Ihnen oder unserer Gesellschaft angestellt sind und verantwortlich für die Arbeit sind, die von dieser Vereinbarung erfasst wird, weder mittels Fotografien noch in einer anderen Weise offen gelegt werden.

4. Alle Zeichnungen, Teile, Entdeckungen und Erfindungen, die in Erfüllung von Arbeit gemacht werden, die unter diese Vereinbarung fällt, sollen das Eigentum unserer Gesellschaft sein. Darüber hinaus wird vereinbart, dass jegliche Arbeit von Autorenschaft, die Ihrer Arbeit für Projekte unserer Gesellschaft

1. You shall exert your best efforts to see that Said Information is held confidential and you shall not use Said Information, except for the benefit of our Company, or reveal Said Information to any person or persons not employed by you without the specific written permission of our Company; provided that you shall have no such obligation with respect to any of Said Information which (i) was in your possession prior to our Company furnishing or disclosing the same to you; or (ii) is acquired by you from others who have no confidential commitment, directly or indirectly to our Company with respect to Said Information; or (iii) is now, or hereafter becomes through no fault of yours, generally available to the public.

2. You agree that you will return to our Company, upon completion of a project, all drawings, specifications, general conditions and other documents remaining in your possession pertaining to and developed as a result of the completed project, and further, that you will regard at all times, as private and confidential, all of Said Information except that information falling within exception (i), (ii) or (iii) of paragraph 1 above.

3. All of Said Information shall be and remain the property of our Company and shall not be disclosed in any way, whether by means of photographs or otherwise, to persons other than those employed directly by you or our Company and who are responsible for the work being done under this agreement.

4. All drawings, parts ideas, discoveries and inventions made in the performance of work done under this agreement shall be the property of our company. It is agreed, moreover, that any work of authorship which flows from your work on projects of our

entspringt, ein Auftragswerk ist und dass das Urheberrecht dafür zuerkannt werden soll, wenn unsere Gesellschaft nicht als Autor angesehen wird.

5. Diese Vereinbarung soll Sie in keiner Weise in Bezug darauf beschränken, dass Sie Arbeit für andere Gesellschaften wahrnehmen, außer insoweit als Sie verpflichtet sind, besagte vorgenannte Informationen vertraulich zu bewahren, wie es vorstehend ausgeführt wurde.

Wenn diese Vereinbarung für Sie zufrieden stellend ist, lassen Sie bitte eine rechtmäßig autorisierte Person beide Kopien dieses Briefes unterzeichnen und senden Sie eine Kopie an unsere Gesellschaft zurück.

Mit freundlichen Grüßen

...-Gesellschaft

durch: ...

Datum: ...

Angenommen:

durch: ...

Datum: ...

Angestellten-Klausel

Der unterzeichnende Angestellte bestätigt hiermit, dass er/sie die vorstehende Vereinbarung gelesen hat und erklärt sich damit einverstanden, alle deren Regelungen sowohl in seinem/ihrem derzeitigen und jedem nachfolgenden Angestelltenverhältnis zu befolgen.

... (Datum, Unterschrift)

Subunternehmer-Klausel

Im Hinblick auf den Erhalt von Subunternehmer-Arbeit in Projekten der Gesellschaft erklärt sich der Unterzeichner hiermit einverstanden, die Regelungen der vorstehenden Vereinbarung zu beachten und von ihnen gebunden zu sein.

... (Datum, Name des Subunternehmers)

... durch

Company if our Company is not considered the author.

5. This agreement shall in no way restrict you from performing work for other companies, except insofar as you are obligated to maintain Said Information in confidence, as set forth above.

If this agreement is satisfactory, please have a duly authorised person sign both copies of this letter and return one copy to our Company.

Very truly yours,

THE ... COMPANY

By: ...

Date: ...

Accepted:

By: ...

Date: ...

Employee Clause

The undersigned employee hereby certifies that he/she has read the above agreement and agrees to abide by all provisions thereof, in both his/her current and any subsequent employment.

... (Date, Signature)

Subcontractor Clause

The undersigned employee hereby certifies that he/she has read the above agreement and agrees to abide by all provisions thereof, in both his/her current and any subsequent employment.

... (Date, Subcontractor Name)

... By

15. Muster: Freier Mitarbeitervertrag eines Grafik- und Layout-Mitarbeiters in einer Werbeagentur

Vertrag

Zwischen

...

– nachfolgend „Werbeagentur" genannt –

und

Herrn ...

– nachfolgend „Auftragnehmer" genannt –

§ 1 Vorbemerkung

Der Auftragnehmer betreibt ein eigenes Gewerbe, in dessen Rahmen er Grafiken erstellt und Layoutarbeiten durchführt. Die Parteien arbeiten auf dem Gebiet der Werbung zusammen. Diese Zusammenarbeit soll nach den Rahmenbedingungen dieses Vertrages erfolgen. Die Parteien möchten ihre Rechtsbeziehungen derart gestalten, dass jede Partei grundsätzlich rechtlich selbständig bleibt und die einzelnen Aufträge auf der Basis eines Austauschverhältnisses ausgeführt werden, für das der Auftragnehmer jeweils den Erfolg schuldet.

§ 2 Aufgabengebiet

(1) Einzelaufträge

Der Auftragnehmer übernimmt nach jeweils gesonderten Aufträgen die Erstellung von Grafiken und Layoutarbeiten, die zu Werbezwecken in der vereinbarten, hilfsweise in der marktüblichen Form zu erstellen und abzugeben sind. Das Ablieferungsdatum sowie Einzelheiten zur Aufgabenstellung, Form der Ablieferung (Druckfilme, Dateien etc.) werden jeweils im Einzelauftrag festgelegt.

(2) Ausführung

Der Auftragnehmer ist in der Ausführung seiner Aufträge frei. Insbesondere Arbeitsort und Arbeitszeit unterliegen seiner eigenen Bestimmung. Er wird allerdings die vereinbarten Ablieferungszeitpunkte einhalten und verpflichtet sich, bei Bedarf nach terminlicher Abstimmung in deren Räumlichkeiten notwendige Besprechungen durchzuführen.

Der Auftragnehmer ist nicht verpflichtet, in eigener Person zu leisten. Die Vergabe von Unteraufträgen oder die Hinzuziehung eigener Mitarbeiter ist zulässig, solange der Auftragnehmer die fachliche Oberaufsicht ausübt.

§ 3 Vergütung

Die Leistungen des Auftragnehmers werden nach Stundenaufwand abgerechnet. Der Vergütungssatz pro abrechnungsfähige Stunde beträgt ... EUR zuzüglich der gesetzlichen Mehrwertsteuer.

Abrechnungsfähig sind reine Arbeitsstunden, nicht jedoch Anfahrt- oder Abfahrt- oder Besprechungszeiten, es sei denn, es wäre im Einzelauftrag Abweichendes vereinbart.

Der Auftragnehmer führt jeweils einen aktuellen schriftlichen Zeitnachweis. Nach Abschluss und Abnahme der Arbeiten erfolgt die Rechnungsstellung unter Beifügung des Zeitnachweises. Während laufender Projekte kann die Werbeagentur die Mitteilung bislang angefallener Stunden verlangen. Der Auftragnehmer kann bei größeren Einzelaufträgen (> ... Manntage) monatliche Abschlagszahlungen verlangen.

Vereinbaren die Parteien eine Höchstanzahl von Stunden für ein bestimmtes Projekt, so darf diese Grenze um höchstens 10 % überschritten werden. Gleiches gilt für den Fall, dass der Auftragnehmer auf Anforderung den benötigten Zeitaufwand mitteilt.

Mit der oben genannten Vergütung sind sämtliche Ansprüche des Auftragnehmers abgegolten. Dies gilt auch abschließend für die Nutzungsrechtsübertragungen sowie für Auslagen oder Fahrtkosten.

Der Auftragnehmer verpflichtet sich, Vergütungsüberzahlungen ohne Rücksicht auf eine noch vorhandene Bereicherung zurückzuzahlen.

§ 4 Auftragsverpflichtung

Die Werbeagentur verpflichtet sich zu einem Mindestauftragsvolumen. Sie wird monatlich Aufträge mit insgesamt mindestens ... abrechenbaren Stunden vergeben. Erfüllt die Werbeagentur diese Verpflichtung nicht, so hat sie die Differenz zu dem sich ergebenden Mindestbetrag nach Abzug ersparter Aufwendungen des Auftragnehmers, die hiermit mit 50 % festgelegt werden, in bar auszugleichen. Dies gilt nicht für die Zeiträume, in denen der Auftragnehmer urlaubs-, krankheits- oder schwangerschaftsbedingt nicht in der Lage ist, seine Leistungen zu erbringen. In diesem Fall gilt folgende Regelung: ...

Ansprüchen der Werbeagentur gegen den Auftragnehmer kann die Mindestabnahmeverpflichtung nicht entgegengehalten werden. Ergibt sich also beispielsweise ein Minderungsanspruch der Werbeagentur, so kann dieser dazu führen, dass der angedachte Mindestumsatzbetrag nach der Berücksichtigung nicht erreicht wird.

§ 5 Nutzungsrechtsübertragung

(1) Übertragung als ausschließliche Nutzungsrechte

Der Auftragnehmer überträgt der Werbeagentur räumlich unbeschränkt für die Dauer der gesetzlichen Schutzfrist sämtliche Nutzungsrechte an Werken, die im Rahmen der Einzelaufträge geschaffen werden, als ausschließliche Nutzungsrechte. Für den Fall, dass der Auftragnehmer andere Personen oder Firmen zur Aufgabenerfüllung hinzuzieht, wird er sicherstellen, dass entsprechende Rechtserklärungen abgegeben werden. Mit der Nutzungsrechtsübertragung soll die Werbeagentur in den Stand versetzt werden, die Werke auch für eigene Zwecke, insbesondere zu Werbezwecken, unbeschränkt zu nutzen, bzw diese Rechte ihren Kunden als ausschließliche Rechte einzuräumen.

(2) Rechte Dritter

Der Auftragnehmer sichert zu, dass sämtliche Arbeitsergebnisse, die im Rahmen der Aufträge erstellt werden, frei von Rechten Dritter sind und die ungehinderte ausschließliche Nutzungsrechtsausübung einschließlich der Weiterübertragung durch die Werbeagentur nicht tangiert wird.

(3) Einzelheiten

(a)

Die Rechtsübertragung umfasst insbesondere das ausschließliche Recht zur Vervielfältigung und Verbreitung (Verlagsrecht) von entsprechenden Werken für alle Ausgaben und Auflagen ohne Stückzahlbegrenzung und für alle Sprachen sowie auch für andere Formen (Buch statt Zeitschrift), als ursprünglich gedacht. Sollte in irgendeinem Land der Welt die gesetzliche Schutzfrist in Zukunft verlängert werden, so gilt dieser Vertrag in jenem Land auch für den Verlängerungszeitraum.

(b)

Ferner erhält die Werbeagentur für die Dauer des Hauptrechts gem. Abs. 1 außerdem folgende ausschließliche Nebenrechte:

a) Das Recht des – auch teilweisen – Vorabdrucks und Nachdrucks in Zeitungen und Zeitschriften;

b) das Recht, Übersetzungen in andere Sprachen oder Mundarten zu erlauben;

c) das Recht zur Veranstaltung von Taschenbuch-, Volks-, Sonder-, Reprint-, Schul- oder Buchgemeinschaftsausgaben oder zur Aufnahme des Werkes in Sammlungen aller Art;

d) das Recht zur Veranstaltung von Mikrokopieausgaben;

e) das Recht zur sonstigen Vervielfältigung, insbesondere durch fotomechanische oder ähnliche Verfahren (zB Fotokopie);

f) das Recht zur Aufnahme auf Vorrichtungen zur wiederholbaren Wiedergabe mittels Bild- oder Tonträger sowie das Recht zu deren Vervielfältigung, Verbreitung und Wiedergabe; jeweils in digitalen und analogen Formen in Bild und/oder Ton und/oder Daten.

g) das Recht zum Vortrag des Werkes durch Dritte;

h) die am Werk oder seiner Bild- oder Tonträgerfixierung oder durch Lautsprecherübertragung oder Sendung entstehenden Wiedergabe- und Überspielungsrechte;

i) das Recht zur Einspeicherung des Werkes in eine Datenbank und deren Verwertung (CD-ROM, Online-Datenbanken im Internet);

j) das Recht zur Vergabe von Lizenzen zur Ausübung der Nebenrechte a)–i).

(c)
Darüber hinaus werden der Werbeagentur für die Dauer des Hauptrechts gem. Abs. 1 ff weitere ausschließliche Nebenrechte eingeräumt:

a) das Recht zur Bearbeitung oder sonstigen Umgestaltung der Werke;

b) das Recht zur Bearbeitung und Verwertung der Werke im Rundfunk, zB als Hörspiel oder in ähnlicher Form (auch zB als Feature);

c) das Recht zur Verfilmung zum Zwecke der Vervielfältigung und Verbreitung (zB als CD-ROM oder DVD);

d) das Recht zur Verfilmung zum Zwecke der Vorführung und Funksendung;

e) das Vortrags-, Aufführungs-, Vorführungs- und Senderecht;

f) die an den Werken oder ihrer Bild- oder Tonbandfixierung oder durch Lautsprecherübertragung der Sendung entstehenden Wiedergabe- und Überspielungsrechte;

g) das Recht, Vorträge des Werkes mittels Bild- und/oder Tonträger öffentlich wahrnehmbar zu machen;

h) das Recht zum gewerblichen oder nichtgewerblichen Ausleihen oder Vermieten von Vervielfältigungsstücken gleich welcher Art;

i) alle sonstigen jetzt oder in Zukunft durch die Verwertungsgesellschaft wahrgenommenen Rechte.

(d)
Die Werbeagentur kann sämtliche der ihr in diesem Vertrag eingeräumten Rechte auf Dritte übertragen (auch als ausschließliche Rechtsübertragung) oder zusammen mit Dritten (beispielsweise mit einem Verlag oder weiteren Werbeagentur in Kooperation) ausüben.

(e)
Sämtliche Rechtseinräumungen erfolgen ohne Beschränkungen, soweit sie nicht die Persönlichkeitsrechte der Urheber beeinträchtigen.

(f)
Das Recht zur Ausübung über die Vergabe von Nebenrechten nach Abs. 3 endet mit dem Erlöschen des Hauptrechts gem. Abs. 1. Der Bestand bereits abgeschlossener Lizenzverträge bleibt – auch im Fall der fristlosen Kündigung des gesamten Vertrages – unberührt.[200]

§ 6 Geheimhaltungsverpflichtung

(1) Gegenstand
Der Auftragnehmer verpflichtet sich, sämtliche Geschäfts- und Betriebsgeheimnisse sowie sonstige geschäftlichen oder betrieblichen Tatsachen der Werbeagentur vertraulich zu behandeln. Hierzu gehören insbeson-

---

200 Ein kürzerer Klauselvorschlag zur Rechteeinräumung findet sich in Muster 1745 (Ziff. 5 und 6).

re die Kundenbeziehungen sowie die Lieferantenbeziehungen und vertragliche Abreden mit beiden Gruppen. Die Geheimhaltungsverpflichtung erstreckt sich auch über die Laufzeit dieses Vertrages hinaus.

(2) Vertragsstrafe

Der Auftragnehmer verpflichtet sich gegenüber der Werbeagentur, für jeden Fall der Verletzung der Geheimhaltungsverpflichtung eine Vertragsstrafe in Höhe von

10.000 EUR (in Worten: zehntausend Euro)

unter Ausschluss des Fortsetzungszusammenhangs zu zahlen.

§ 7 Kundenschutz

(1) Gegenstand

Der Auftragnehmer verpflichtet sich, für die Dauer dieses Vertrages und weitere zwölf Monate danach keine Leistungen an Kunden der Werbeagentur im Bereich des Gegenstandes der Zusammenarbeit dieses Vertrages unmittelbar oder mittelbar zu erbringen, Kunden sonst abzuwerben oder Dritte hierbei zu unterstützen.

(2) Vertragsstrafeversprechen

Der Auftragnehmer verpflichtet sich, für jeden Fall der Zuwiderhandlung unter Ausschluss des Fortsetzungszusammenhangs eine Vertragsstrafe in Höhe von

15.000 EUR (in Worten: fünfzehntausend Euro)

an die Werbeagentur zu zahlen.

Der Werbeagentur bleibt die Geltendmachung eines darüber hinausgehenden Schadenersatzanspruchs ebenso vorbehalten wie dem Auftragnehmer der Nachweis, es sei lediglich ein geringerer Schaden eingetreten.

§ 8 Haftung/Freistellung

Die Haftung des Auftragnehmers richtet sich nach den gesetzlichen Bestimmungen. Soweit die Werbeagentur aufgrund von Leistungen, die der Auftragnehmer erbracht hat, in Haftung genommen wird, verpflichtet sich der Auftragnehmer gegenüber der Werbeagentur, diese von solchen Haftungen freizustellen.

§ 9 Allgemeine Regelungen

Der Auftragnehmer wird Rechte aus diesem Vertrag nicht ohne Zustimmung der Werbeagentur übertragen.

§ 10 Vertragslaufzeit/Kündigung

(1) Vertragsbeginn

Dieser Vertrag beginnt mit dem Datum seiner Unterzeichnung.

(2) Vertragslaufzeit

Der Vertrag ist für unbestimmte Dauer geschlossen. Er ist mit einer Frist von vier Wochen zum Monatsende kündbar. Das Recht zur ordentlichen Kündigung dieses Vertrages ist jedoch bis zum ... ausgeschlossen.

(3) Sonderkündigungsrecht

Das Recht, aus wichtigem Grund zu kündigen, bleibt unberührt. Der Werbeagentur steht ein Sonderkündigungsrecht zu,

- wenn der Auftragnehmer die geschuldeten Leistungen weder in eigener Person erbringt noch die fachliche Oberaufsicht über die Erbringung der geschuldeten Leistungen in eigener Person ausübt, unabhängig davon, aus welchem Grund dies der Fall ist. Eine zeitweilige urlaubs- oder krankheitsbedingte Unterbrechung der Leistung ist hiervon unberührt, sofern sie einen Zeitraum von fünf Wochen nicht überschreitet. Im Fall der Überschreitung dieses Zeitraumes kann sich die Werbeagentur auch dann auf das Sonderkündigungsrecht berufen, wenn nicht unverzüglich nach Fristüberschreitung gekündigt wurde.

- ferner falls der Auftragnehmer den Sitz seines Unternehmens bzw den Ort seiner Tätigkeit weiter als 100 km vom jetzigen Sitz verlegt. Auch hier kann sich die Werbeagentur auch dann noch auf dieses Kündigungsrecht berufen, wenn sich erst nach einem Testzeitraum ergibt, dass die Werbeagentur nach der Sitzverlegung nicht länger am Vertrag festhalten will.

(4) Laufende Projekte bei Kündigung

Der Auftragnehmer ist verpflichtet, jedoch nicht berechtigt, laufende Projekte im Fall der Kündigung bis zu ihrem Abschluss zu betreuen. Die Werbeagentur kann diese Verpflichtung auf einzelne Teilleistungen beschränken.

§ 11 Allgemeine Regelungen

(1) Die Parteien streben in beiderseitigem Einvernehmen eine Zusammenarbeit auf selbständiger Basis an, ein Arbeits- wie auch ein sozialversicherungspflichtiges Beschäftigungsverhältnis soll nicht begründet werden. Dementsprechend werden von der Vergütung weder Lohnsteuer noch Sozialversicherungsbeiträge einbehalten und abgeführt. Der Auftragnehmer ist für die sich aus dieser Zusammenarbeit ergebenden steuerlichen und sozialversicherungsrechtlichen Pflichten selbst verantwortlich, insbesondere auch für die angemessene Versicherung für die Altersvorsorge wie auch zum Schutz gegen Krankheiten und den Pflegefall.

(2) Der Auftragnehmer teilt der Werbeagentur spätestens bis zum Tag der Aufnahme seiner Tätigkeit mit, ob und in welchem Umfang eine private Rentenversicherung zur Absicherung bei Alter und Invalidität sowie eine Krankenversicherung bestehen. Die Werbeagentur kann die Vorlage geeigneter Nachweise verlangen sowie sich schriftlich versichern lassen, dass eine ausreichende soziale Absicherung besteht. Die freiwillige Versicherung in einer gesetzlichen Krankenversicherung gilt auch als ausreichende Krankenversicherung.

(3) Der Auftragnehmer willigt ein, dass die Werbeagentur einen Antrag nach § 7a SGB IV beim Rentenversicherungsträger stellt, um feststellen zu lassen, dass von dem Auftragnehmer keine versicherungspflichtige Tätigkeit ausgeübt wird. Der Auftragnehmer wird bei einem solchen Statusfeststellungsverfahren aktiv mitwirken.

(4) Der Auftragnehmer verpflichtet sich, an einem Statusfeststellungsverfahren bei der Deutschen Rentenversicherung Bund nach den §§ 7a ff SGB IV konstruktiv mitzuwirken und die Werbeagentur mit den dafür erforderlichen Informationen über seine sonstigen Tätigkeiten (einschl. Belege) zu versorgen. Änderungen in den Verhältnissen des Auftragnehmers sind der Werbeagentur unverzüglich und unaufgefordert schriftlich anzuzeigen. Das Gleiche gilt für Statusfeststellungsbescheide bezüglich der Tätigkeit für andere Unternehmen.

(5) Verstößt der Auftragnehmer gegen seine Verpflichtungen gem. Abs. 1, kann die Werbeagentur die Arbeitnehmeranteile zur Sozialversicherung rückerstattet und künftig erstattet verlangen, falls ein Träger der Kranken- oder Rentenversicherung ein sozialversicherungspflichtiges Beschäftigungsverhältnis feststellt.

§ 12 Schlussbestimmungen

(1) Nebenabreden, Schriftform

Nebenabreden zu diesem Vertrag sind nicht getroffen. Änderungen oder Ergänzungen sowie die Aufhebung bedürfen zu ihrer Rechtswirksamkeit der Schriftform. Das Gleiche gilt für den Verzicht auf das Schriftformerfordernis.[201]

---

201 Die hier verwandte sog. doppelte Schriftformklausel dürfte im Anschluss an die BAG-Rechtsprechung (im Arbeitsverhältnis: BAG 20.5.2008 – 9 AZR 382/07, NZA 2008, 1233) auch in AGB-darstellenden Dienstverträgen unwirksam sein (so OLG München 13.3.2008 – 23 U 4481/07, juris; s. aber BGH 2.6.1976 – VIII 2 R 97/74, BGHZ 66, 378 zur Wirksamkeit einer doppelten Schriftformklausel in dem anders gelagerten Fall eines Individualvertrags zwischen Kaufleuten).

(2) Salvatorische Klausel

Sollten Bestimmungen dieses Vertrages ganz oder teilweise nicht rechtswirksam oder nicht durchführbar sein oder werden, so soll hierdurch die Gültigkeit der übrigen Bestimmungen des Vertrages nicht berührt werden. Das Gleiche gilt, soweit sich herausstellen sollte, dass der Vertrag eine Regelungslücke enthält. Anstelle der unwirksamen oder undurchführbaren Bestimmungen oder zur Ausfüllung der Lücke soll eine angemessene Regelung gelten, die, soweit rechtlich möglich, dem am nächsten kommt, was von den Parteien des vorliegenden Vertrages gewollt wurde oder was sie nach dem Sinn und Zweck des Vertrages gewollt haben würden, sofern sie bei Abschluss dieses Vertrages oder bei der späteren Aufnahme einer Bestimmung den Punkt bedacht hätten.

16. Muster: Freier Mitarbeitervertrag eines Creativ-Consultant in der Werbebranche

Zwischen

der Firma ...

– im Folgenden „Agentur" genannt –

und

dem Auftragnehmer ...

– im Folgenden „Auftragnehmer" genannt –

wird folgender Werkvertrag geschlossen:

1. Der Auftragnehmer übernimmt als selbständiger Auftragnehmer konzeptionelle und grafische Arbeiten in dem in Ziffer 3 beschriebenen Tätigkeitsspektrum. Der Auftragnehmer muss die Leistungen nicht in Person erbringen, er darf sich dazu hinreichend qualifizierter, eigener Mitarbeiter oder Dritter als Erfüllungsgehilfen bedienen.

2. Der Auftragnehmer ist in der Erfüllung seiner Aufträge als Creativ-Consultant für die Agentur freiberuflich tätig und bei der Gestaltung von Arbeitsort und Arbeitszeit nicht an Weisungen der Agentur gebunden. Auch ist er nicht weisungsberechtigt gegenüber Mitarbeitern der Agentur.

3. Zu den Aufgaben eines Creativ-Consultant unserer Agentur zählen:

- Konzeptionelle/kreative Entwicklungen;
- Teilnahme an Fotoreisen, auch ins Ausland, einschl. Diaauswahl;
- Teilnahme an Vormusterungen und Musterungen;
- Computergraphische Arbeiten;
- Fotoregie;
- Briefing externer Mitarbeiter oder Agenturen.

Der Auftragnehmer ist nicht zu selbständigen Vertragsabschlüssen berechtigt, die die Agentur im Außenverhältnis binden oder verpflichten könnten; er verfügt über keine Vertretungsmacht.

4. Sollten sich bei der Erfüllung von Einzelaufträgen Verzögerungen ergeben, so verpflichtet sich der Auftragnehmer, den jeweiligen Projektleiter der Agentur unverzüglich zu unterrichten. Die vorstehende Verpflichtung trifft den Auftragnehmer, sobald sich Verzögerungen in der Auftragserfüllung abzeichnen.

5. Die urheberrechtlich geschützten Arbeitsergebnisse stehen der Agentur in jedem Stadium der Materialerstellung zu. Die Agentur kann die Herausgabe von Arbeiten, Skizzen, Unterlagen und Dateien in jeder Phase des Herstellungsvorganges verlangen, ohne dass dem Auftragnehmer ein Zurückbehaltungsrecht zusteht. Mit der Erledigung des jeweiligen Auftrags (Abnahme und Bezahlung) geht das ausschließliche Nutzungsrecht an

allen Arbeitsergebnissen, Katalogkonzeptionen etc. ohne zeitliche und räumliche Begrenzung auf die Agentur über.

6. Die Nutzungsrechte sind mit dem vereinbarten Werklohn abgegolten. Der Werklohn schließt sämtliche sonstigen Leistungen, Sachaufwendungen und sonstige Kosten einschließlich eventuell anfallender Ansprüche Dritter ein. Die Firma stellt keine zur Erstellung der Werke und Leistungen erforderlichen Materialien zur Verfügung.

Sofern solche Arbeitsmittel vom Auftragnehmer benötigt werden, können sie ggf mietweise überlassen werden.

7. Es wird ein Mindestauftragsvolumen für die nächsten zwölf Monate in Höhe von ... EUR vereinbart. Für die einzelnen Leistungen ergeben sich folgende Honorarsätze: ...

Die Mehrwertsteuer wird zusätzlich berechnet und ausgewiesen. Die Agentur zahlt jeweils nach erfolgter Abnahme der Leistung binnen 21 Tagen nach Rechnungseingang.

Notwendige Reisekosten werden gemäß gesonderter Vereinbarung durch die Agentur erstattet. Erstattungsfähig sind nur solche Reisen, die die Agentur dem Grunde und der Höhe nach vorab genehmigt hat.

8. Der Auftragnehmer verpflichtet sich, über die Informationen und Arbeitsergebnisse, die sich aus seiner Tätigkeit für die Agentur ergeben, Stillschweigen zu bewahren. Er haftet für jeden aufgrund einer Verletzung dieser Pflicht durch ihn oder einen seiner Erfüllungsgehilfen entstandenen Schaden nach den gesetzlichen Bestimmungen.

9. Der Auftragnehmer arbeitet im Rahmen der vereinbarten Aufgaben exklusiv für die Agentur. Die Exklusivität bezieht sich nur auf Aufträge für Firmen, die auf dem Marktsegment ... tätig sind.

10.

(1) Die Parteien streben in beiderseitigem Einvernehmen eine Zusammenarbeit auf selbständiger Basis an, ein Arbeits- wie auch ein sozialversicherungspflichtiges Beschäftigungsverhältnis soll nicht begründet werden. Dementsprechend werden von der Vergütung weder Lohnsteuer noch Sozialversicherungsbeiträge einbehalten und abgeführt. Der Auftragnehmer ist für die sich aus dieser Zusammenarbeit ergebenden steuerlichen und sozialversicherungsrechtlichen Pflichten selbst verantwortlich, insbesondere auch für eine angemessene Versicherung für die Altersvorsorge wie auch zum Schutz gegen Krankheiten und den Pflegefall.

(2) Der Auftragnehmer teilt der Agentur spätestens bis zum Tag der Aufnahme seiner Tätigkeit mit, ob und in welchem Umfang eine private Rentenversicherung zur Absicherung bei Alter und Invalidität sowie eine Krankenversicherung bestehen. Die Agentur kann die Vorlage geeigneter Nachweise verlangen sowie sich schriftlich versichern lassen, dass eine ausreichende soziale Absicherung besteht. Die freiwillige Versicherung in einer gesetzlichen Krankenversicherung gilt auch als ausreichende Krankenversicherung.

(3) Der Auftragnehmer willigt ein, dass die Agentur einen Antrag nach § 7a SGB IV beim Rentenversicherungsträger stellt, um feststellen zu lassen, dass von dem Auftragnehmer keine versicherungspflichtige Tätigkeit ausgeübt wird. Der Auftragnehmer wird bei einem solchen Statusfeststellungsverfahren aktiv mitwirken.

(4) Der Auftragnehmer verpflichtet sich, an einem Statusfeststellungsverfahren bei der Deutschen Rentenversicherung Bund nach den §§ 7a ff SGB IV konstruktiv mitzuwirken und die Agentur mit den dafür erforderlichen Informationen über seine sonstigen Tätigkeiten (einschl. Belege) zu versorgen. Änderungen in den Verhältnissen des Auftragnehmers sind der Agentur unverzüglich und unaufgefordert schriftlich anzuzeigen. Das Gleiche gilt für Statusfeststellungsbescheide bezüglich der Tätigkeit für andere Unternehmen.

(5) Verstößt der Auftragnehmer gegen seine Verpflichtungen gem. Abs. 1, kann die Agentur die Arbeitnehmeranteile zur Sozialversicherung rückerstattet und künftig erstattet verlangen, falls ein Träger der Kranken- oder Rentenversicherung ein sozialversicherungspflichtiges Beschäftigungsverhältnis feststellt.

11. Die Vereinbarung tritt am ... in Kraft und gilt für die Dauer von zwölf Monaten. Sie verlängert sich um jeweils ein weiteres Jahr, wenn dieser Vertrag nicht mindestens drei Monate vor Ablauf der zwölfmonatigen Laufzeit zum Laufzeitende gekündigt wird. Der Vertrag kann mit einer Frist von drei Monaten zum Monatsende gekündigt werden.

17. Muster: Rahmenvertrag über freie Mitarbeit – Unternehmensberater

Rahmenvertrag für die Gestaltung einer Zusammenarbeit

Zwischen

...

– nachfolgend „Auftraggeber" genannt –

und

Herrn ...

– nachfolgend „Auftragnehmer" genannt –

§ 1 Vertragsgegenstand

Auftraggeber und Auftragnehmer vereinbaren eine einzelfallbezogene Zusammenarbeit in Beratungsprojekten. Der Auftragnehmer wird dabei bei Bedarf und Verfügbarkeit als Berater oder Projektleiter in Beratungsprojekten des Endkunden des Auftraggebers eingesetzt.

In diesem Rahmenvertrag werden die grundsätzlichen Modalitäten der Zusammenarbeit zwischen dem Auftraggeber und dem Auftragnehmer geregelt. Er ist Grundlage für alle projektbezogenen Einzelaufträge und gilt für die gesamte Dauer der Zusammenarbeit. In den in jedem Einzelfall der Zusammenarbeit abzuschließenden Projektverträgen[202] wird mit Geltung nur für das jeweilige Projekt der konkrete Projekteinsatz mit Klient, Dauer, Vergütung und Auslastung und ggf weiteren Spezifika vertraglich festgelegt. In den jeweiligen Projektverträgen geregelte Inhalte haben im Zweifel Vorrang gegenüber den Bestimmungen dieses Rahmenvertrages.

Aus der Art der im jeweiligen Projektauftrag vereinbarten Aufgabenstellung ergibt sich, ob der Auftragnehmer – wie in der Regel – verpflichtet ist, eine qualifizierte Dienstleistung (§ 627 BGB iVm § 611 BGB) oder ausnahmsweise eine Leistung nach Werkvertragsrecht (§§ 631 ff BGB) zu erbringen.

§ 2 Auftragsvolumen/Wettbewerb

Dieser Rahmenvertrag verpflichtet den Auftraggeber weder zur Erteilung konkreter Aufträge noch zu einem Mindestauftragsvolumen; auch der Auftragnehmer ist nicht zur Annahme konkreter Aufträge oder zur Ausführung eines Mindestauftragsvolumens verpflichtet. Nur vereinbarte Einzelprojekte berechtigten den Auftragnehmer, Leistungen zu erbringen oder Aufwendungen vorzunehmen.

Sollte ein zwischen dem Auftraggeber und dem Auftragnehmer geschlossener Vertrag nicht weiter durchgeführt werden können, weil der Kunde des Auftraggebers den Auftrag ändert oder aufkündigt, so endet der auf dieses Projekt bezogene Einzelauftrag zu dem Zeitpunkt, zu dem das Vertragsverhältnis mit dem Kunden endet.

Die Zusammenarbeit ist nicht exklusiv; es ist dem Auftragnehmer daher gestattet, auch während der Dauer dieses Rahmenvertrages für Wettbewerber des Auftraggebers tätig zu werden.

---

202 Siehe hierzu Muster 1750.

§ 3 Leistungserbringung

Der Auftragnehmer kann die ihm übertragenen Aufgaben selbst erfüllen oder durch hinreichend qualifizierte Erfüllungshilfen erledigen lassen. Dem Auftraggeber ist lediglich vorab der Name des vom Auftragnehmer vorgesehenen Erfüllungsgehilfen mitzuteilen.

Der Auftragnehmer hat die ihm übertragenen Arbeiten eigenverantwortlich zu erledigen. Der Auftraggeber und auch dessen Kunden haben über die Festlegung der Bedingungen dieses Vertrages und des jeweiligen Projekteinzelvertrages hinaus keine Weisungsbefugnis. Der Auftragnehmer ist insbesondere in der Wahl seiner Arbeitszeiten, des Ortes und der Art und Weise der Leistungserbringung frei.

Sollte es das Projekt mit sich bringen, dass der Auftragnehmer in Räumen des Auftraggebers oder dessen Kunden tätig werden muss, so wird der Auftraggeber dem Auftragnehmer nach Absprache entsprechenden Raumbedarf zur Verfügung stellen und nötigenfalls einen Ansprechpartner des Auftraggebers/Kunden benennen. In den Räumen des Auftraggebers/Kunden sind die jeweils geltenden Sicherheits- und Unfallverhütungsvorschriften einzuhalten.

Für Schadensereignisse, die der Auftragnehmer oder seine Erfüllungsgehilfen herbeigeführt haben, haftet im Außenverhältnis nur der Auftraggeber. Dies gilt nicht für vorsätzliche Handlungsweisen. Im Innenverhältnis kann der Auftraggeber den Auftragnehmer nach den gesetzlichen Bestimmungen zum Schadensausgleich heranziehen.

§ 4 Vergütung

Bei Abschluss eines Projektvertrages wird in der Regel ein Festpreis auf der Basis geschätzter Stunden und eines Stundensatzes vereinbart. Wenn ein Festpreis nicht vereinbart wird, erfolgt die Vergütung nach Aufwand mit einem Stundensatz oder Tagessatz (Vergütung nach Zeitaufwand). Soweit im Projektvertrag nichts anderes vereinbart ist, wird die Reisezeit nicht vergütet.

Die Zahlungsweise bei Festpreisaufträgen wird im Projektvertrag festgelegt. Bei Aufträgen nach Zeitaufwand erfolgt die Zahlung monatlich nach Rechnungsstellung, nachdem der Kunde des Auftraggebers die Leistung des Auftragnehmers anerkannt und gemäß den zwischen Kunde und Auftraggeber vereinbarten Bestimmungen gezahlt hat.

§ 5 Öffentlich-rechtliche Abgaben/Lohnersatzleistungen

Der Auftragnehmer ist verpflichtet, die auf seine beim Auftraggeber erzielten Einnahmen anfallenden öffentlich-rechtlichen Abgaben aus seiner Tätigkeit selbst abzuführen. In Hinblick auf die Tätigkeit bestehen auch keinerlei Lohnersatzansprüche des Auftragnehmers gegen den Auftraggeber, insbesondere keine Ansprüche im Krankheitsfall oder bei Urlaub. Dem Auftragnehmer wird empfohlen, entsprechende Versicherungen abzuschließen.

Der Auftragnehmer hält eine eigene betriebliche Unfall- und Haftpflichtversicherung vor.

Lediglich zu Klarstellungszwecken sind sich die Parteien einig, dass weder durch den Abschluss dieses Rahmenvertrages noch durch später in Einzelfällen ggf zustande kommende Projektverträge ein Arbeitsverhältnis begründet werden soll. Der Auftragnehmer lehnt es ab, für den Auftraggeber auf der Basis eines Arbeitsvertrages tätig zu werden.

§ 6 Kundenschutz

Der Auftragnehmer verpflichtet sich, während der Laufzeit des Rahmenvertrages sowie innerhalb von 24 Monaten nach Ablauf des Rahmenvertrages kein Vertragsverhältnis (auf eigene Rechnung oder durch Dritte) mit einem Unternehmen einzugehen, bei dem er im Auftrag des Auftraggebers tätig war.

Für die Zuwiderhandlung zahlt der Auftragnehmer ohne Nachweis eines Schadenseintritts durch den Auftraggeber eine Vertragsstrafe in Höhe von 25.000 EUR.

§ 1 Verträge mit Arbeitnehmern, freien Mitarbeitern und Gesellschaftsorganen

Die Geltendmachung eines weitergehenden Schadensersatzes bleibt dem Auftraggeber ebenso vorbehalten wie dem Auftragnehmer der Nachweis, dass kein oder ein geringer Schaden entstanden ist.

Auf Verlangen hat der Auftragnehmer dem Auftraggeber auch mitzuteilen, ob er schon zuvor für einen Kunden des Auftraggebers tätig war oder von einem Dritten bei einem Kunden des Auftraggebers eingesetzt war.

Der Auftragnehmer verpflichtet sich, keine Provisionen oder Geschenke von Dritten während der mit dem Auftraggeber bestehenden Zusammenarbeit oder auch danach in Verbindung mit diesem Vertragsverhältnis anzunehmen.

§ 7 Abwerbeverbot

Der Auftragnehmer verpflichtet sich, für die Dauer dieses Vertrages und bis zum Ablauf von einem Jahr nach Vertragsende mit dem Personal oder den freien Mitarbeitern des Auftraggebers in keinerlei direkte oder indirekte Geschäftsbeziehung zu treten. Als indirekte Geschäftsbeziehung gilt auch die Vermittlung des Personals oder der freien Mitarbeiter des Auftraggebers an andere Unternehmen.

Im Fall jeder Zuwiderhandlung ist eine Vertragsstrafe in Höhe von 10.000 EUR verwirkt und sofort fällig.

Die Geltendmachung eines weitergehenden Schadensersatzes ist nicht ausgeschlossen.

§ 8 Geheimhaltungspflicht

Der Auftragnehmer verpflichtet sich, über alle ihm im Rahmen seiner Tätigkeit zur Kenntnis gelangenden Geschäftsvorgänge, insbesondere Geschäftsgeheimnisse und Betriebsgeheimnisse des Auftraggebers wie auch der Kunden des Auftraggebers, Stillschweigen zu bewahren. Dem Auftragnehmer ist es auch nicht gestattet, die Erkenntnisse aus solchen Geschäftsvorgängen für eigene Zwecke oder zugunsten Dritter zu nutzen.

Diese Geheimhaltungspflicht erstreckt sich auch auf die Zeit nach Beendigung der Zusammenarbeit mit dem Auftraggeber.

Der Auftragnehmer verpflichtet sich ferner, alle Unterlagen, Tabellen und Ausarbeitungen vollständig und unaufgefordert an den Auftraggeber bzw dessen Kunden bei Auftragsende zurückzugeben. Überlassene Unterlagen dürfen nicht kopiert oder vervielfältigt werden. Dies gilt auch für digitale Vervielfältigungen. Erforderlichenfalls hat der Auftragnehmer beim Auftraggeber Kopien anzufordern.

§ 9 Umgang mit Daten und Datenträgern

Bei der Verwendung von Datenträgern jeglicher Form ist der Auftragnehmer verpflichtet, eine dem jeweils aktuellen Stand der Technik entsprechende Prüfung auf Viren vorzunehmen und die Datenträger und Daten angemessen vor einem Zugriff Dritter zu schützen. Der Auftragnehmer hat im Übrigen etwaige IT-Richtlinien des Auftraggebers oder dessen Kunden zu beachten.

§ 10 Datenschutz

Der Auftragnehmer verpflichtet sich zur Wahrung des Datengeheimnisses nach Maßgabe des § 5 BDSG und wird auf die Strafbarkeit von Verstößen hingewiesen.

Dem Auftragnehmer ist es untersagt, geschützte personenbezogene Daten unbefugt zu einem anderen als zu dem zur jeweiligen rechtmäßigen Aufgabenerfüllung gehörenden Zweck zu verarbeiten, bekannt zu geben, zugänglich zu machen oder sonst zu nutzen. Die Verpflichtung auf das Datengeheimnis besteht auch nach Beendigung der Zusammenarbeit fort.

§ 11 Gewährleistung/Haftung

Ist die Beratungsleistung mangelhaft, so ist der Auftragnehmer auf eigene Kosten zur Nachbesserung verpflichtet. Schlägt diese fehl, ist der Auftraggeber zum Rücktritt vom Vertrag berechtigt.

Der Auftragnehmer haftet dem Auftraggeber nach Maßgabe der gesetzlichen Bestimmungen. Der Auftragnehmer ist verpflichtet, für seine Tätigkeit eine Berufshaftpflichtversicherung mit einer Mindestdeckungssumme in Höhe von ... EUR abzuschließen, die auch die Tätigkeit innerhalb dieses Rahmenvertrages abdeckt. Der Abschluss ist auf Verlangen des Auftraggebers nachzuweisen.

§ 12 Vertragslaufzeit/Kündigung

Dieser Rahmenvertrag kann mit einer Frist von drei Monaten zum Monatsende schriftlich gekündigt werden. Laufzeitende der Rahmenverträge nach laufenden Projektverträgen des Auftragnehmers für den Auftraggeber sind ungeachtet der Kündigung des Rahmenvertrages noch ordnungsgemäß abzuwickeln, wofür die Fortgeltung der Verträge bis zum Abschluss des letzten Projektvertrages fingiert wird.

§ 13 Projektverträge

Die vorstehenden Regelungen des Rahmenvertrages können in einzelnen Projektverträgen ergänzt, modifiziert, ersetzt und/oder gestrichen werden.

§ 14 Schlussbestimmungen

Änderungen, Ergänzungen sowie die Aufhebung dieses Vertrages bedürfen der Schriftform. Sollten Teile dieses Rahmenvertrages mit dem bestehenden Gesetz nicht übereinstimmen oder mit künftigen Gesetzen in Nichtübereinstimmung geraten, so sind sie durch rechtlich einwandfreie Bestimmungen, die dem Vertragszweck entsprechen, zu ersetzen. Der Vertrag als Ganzes wird dadurch nicht berührt.

Gerichtsstand ist, soweit gesetzlich zulässig, der Sitz des Auftraggebers.

18. Muster: Projektvertrag über freie Mitarbeit – Unternehmensberater

Zwischen

...

– nachfolgend „Auftraggeber" genannt –

und

Herrn ...

– nachfolgend „Auftragnehmer" genannt –

wird unter Bezugnahme auf den Rahmenvertrag[203] vom ... folgender Projektvertrag geschlossen:

§ 1 Aufgabenbeschreibung

Die Aufgaben des Auftragnehmers umfassen den Projekteinsatz für unseren Kunden ... am Standort ... . Der Auftragnehmer wird die Weiterentwicklung im Bereich ... des Kunden betreuen. Der Auftragnehmer erbringt für den Auftraggeber im Rahmen des Projektes ... beim Kunden ... am Standort ... folgende Leistungen:

Der Auftragnehmer unterstützt den Auftraggeber bei Aufgaben im Bereich Controlling. Die derzeit bereits feststehenden konkreten Aufgabenstellungen sind in der Anlage 1 spezifiziert. Soweit sich zusätzliche Aufgabenstellungen ergeben, wird die Anlage 1 entsprechend ergänzt werden. Die dem Auftragnehmer durch den Auftraggeber erteilten Aufträge dürfen ausschließlich im Namen und auf Rechnung des Auftraggebers durchgeführt werden, selbst wenn die Auftragserteilung durch den Kunden des Auftraggebers erfolgen sollte.

§ 2 Vertragsvorgaben

Im Rahmen des vertraglichen Zeitplans des Auftraggebers und eventuellen Zeitvorgaben, insbesondere aus dem Hauptvertrag mit dem Kunden des Auftraggebers, bestimmt der Auftragnehmer die Arbeitszeit, den Ort, die Arbeitsleistung und den Arbeitseinsatz.

---

203 Siehe hierzu Muster 1747.

§ 3 Aufgabenbeginn

Der Auftragnehmer steht für das Projekt ab dem ... in einem Umfang von ca. ... Wochenstunden zur Verfügung.

§ 4 Vergütung

Die Vergütung erfolgt auf der Basis der geleisteten und vom Kunden mittels Tätigkeitsnachweisen anerkannten Stunden/Tage.

Die durch die Tätigkeitsnachweise nachgewiesenen Stunden bzw Tage werden mit einem Stundensatz von ... EUR (netto) vergütet.

Spesen werden wie folgt vergütet: Hotel nach Aufwand (Rechnungsbeleg); für die Anreise und Abreise werden je ... km mit ... Cent vergütet. Reisezeiten werden nicht vergütet.

Mit der Bezahlung der nachgewiesenen Arbeitsstunden sind alle Leistungen des Auftragnehmers abgegolten.

§ 5 Rechnungsstellung

Grundlage für die Honorarabrechnungen sind monatlich zu erstellende Tätigkeitsnachweise und ggf eine Spesenaufstellung des Auftragnehmers. Die Vergütung des Honorars erfolgt, wenn der Kunde des Auftraggebers die Leistungen des Auftragnehmers in Form eines unterschriebenen Tätigkeitsnachweises anerkannt hat. Dieser vom Kunden unterzeichnete Tätigkeitsnachweis muss mit der Rechnung des Auftragnehmers zum Monatsende dem ... vorgelegt werden. Die Spesen werden in einer Spesenabrechnung erfasst und mit Rechnungskopie (Hotelrechnung) ebenfalls zum Monatsende dem ... übergeben.

Die Bezahlung an den Auftragnehmer erfolgt unverzüglich nach Zahlungseingang durch den Kunden, spätestens aber acht Wochen nach Rechnungsstellung.

§ 6 Besondere Bestimmungen

Für die Durchführung dieses Auftrags gelten ergänzend die Bestimmungen des Rahmenvertrages nebst evtl Zusatzvereinbarungen sowie die gesetzlichen Bestimmungen.

§ 7 Kündigung

Der Projektvertrag kann aus wichtigem Grund, insbesondere aus wichtigen wirtschaftlichen Gründen, beispielsweise wenn ein Kunde den Gesamtauftrag dem Auftraggeber gegenüber storniert, außerordentlich mit sofortiger Wirkung, im Übrigen mit einer Frist von zehn Tagen schriftlich gekündigt werden.

Kündigt der Auftraggeber außerordentlich fristlos, so werden dem Auftragnehmer die bereits entstandenen Kosten und Auslagen und bislang geleistete Arbeiten vertragsgemäß entsprechend dem erzielten Leistungsstand vergütet. Wird vom Auftraggeber mit der vorgenannten Frist von zehn Tagen gekündigt, so ist der Auftragnehmer verpflichtet, nach Erhalt der Kündigung kostenverursachende Aktivitäten unverzüglich einzustellen. Für die bis zum Erhalt der Kündigung vertragsgemäß erbrachten Leistungen erhält der Auftragnehmer Zahlungen entsprechend dem erzielten Leistungsstand. Für die Zeit bis zum Ablauf der Kündigungsfrist erhält der Auftragnehmer eine Entschädigung pro Tag, die der bislang durchschnittlich erbrachten täglichen Leistung entspricht.

Der Rahmenvertrag tritt durch die Kündigung des Projektvertrages nicht außer Kraft.

↑

19. Muster: Freier Mitarbeitervertrag mit einem Rechtsanwalt

Vertrag über freie Mitarbeit

Zwischen

— nachfolgend „GmbH" genannt —

und

Herrn Rechtsanwalt ...

wird nachstehender Vertrag über die Tätigkeit als freier Mitarbeiter geschlossen:

§ 1 Vertragsgegenstand

(1) Herr ... wird ab dem ... im Auftrag der GmbH für das ... Büro als Rechtsanwalt wirtschaftsrechtlich beratend und auch forensisch tätig werden. Er wird dabei überwiegend im Zivilrecht, vornehmlich auf den Teilgebieten des ...- und ...rechts, aktiv sein und von ihm selbst für die GmbH akquirierte Mandate sowie Auftragsmandate der GmbH weitgehend selbständig bearbeiten.

Herr ... wird seine anwaltliche Tätigkeit ausschließlich unter dem Namen und für Rechnung der GmbH ausüben. Von dieser Pflicht ausgenommen ist Herrn ... anwaltliche Tätigkeit für Mandate, deren Übernahme die GmbH ihm gegenüber ausdrücklich abgelehnt hatte.

Herr ... wird auf den Briefkopf und auf sonst berufsbezogen relevante Medien der GmbH aufgenommen.

(2) Herr ... wird selbständig für die GmbH tätig. Im Rahmen der Erbringung der vereinbarten Dienstleistungen unterliegt Herr ... keinerlei Weisungen der GmbH, weder hinsichtlich Ort und Zeit der Leistungserbringung noch im Hinblick auf die inhaltliche Tätigkeit. Lediglich mit Mandanten abgestimmte Termine und Gerichtstermine etc. hat er gewissenhaft einzuhalten. Einem Weisungsrecht der GmbH unterliegt er insoweit nicht. Gegenüber Mitarbeitern/-innen der GmbH ist er nicht weisungsberechtigt.

(3) Herr ... ist verpflichtet, die Dienstleistung selbst unter Berücksichtigung der ihm als Rechtsanwalt obliegenden berufsrechtlichen Verpflichtungen gewissenhaft und unter Anwendung der erforderlichen Sorgfalt eines Fachanwalts für ... zu erbringen.

(4) Herr ... hat – ohne dass eine bestimmte Residenzpflicht bestünde – die Möglichkeit – soweit verfügbar –, die Räumlichkeiten des ... Büros der GmbH und deren Ausstattung an Arbeitsmitteln zu nutzen. Ein Anspruch auf Überlassung bestimmter Räumlichkeiten/Arbeitsmittel besteht nicht.

(5) Im Falle der Erkrankung oder Dienstverhinderung hat Herr ... die fristgerechte und ordnungsgemäße Abwicklung der von ihm bearbeiteten Aufträge für Mandanten der GmbH in geeigneter Weise sicherzustellen.

§ 2 Vergütung

I. Selbst akquirierte und bearbeitete Mandate

Soweit Herr ... neue Mandate für die GmbH selbst akquiriert und vollständig selbst bearbeitet, erhält er von dem Umsatz aus diesen Mandaten ... % der in dem Mandat für die GmbH anfallenden und auch eingehenden Nettohonorarsumme (Bruttohonorarsumme abzüglich Gebühren/Honorar für Korrespondenzanwälte, Auslagen und Mehrwertsteuer). Dies gilt für eine Jahresgesamtnettohonorarsumme bis zu ... EUR.

Sofern die Jahresgesamtnettohonorarsumme von ... EUR überschritten wird, erhält Herr ... gemäß der nachfolgenden Staffel folgende Prozentsätze der insgesamt anfallenden und auch eingehenden Nettohonorarsumme:

- ... EUR bis ... EUR Jahresgesamtnettohonorarsumme: ... %
- ... EUR bis ... EUR Jahresgesamtnettohonorarsumme: ... %
- ... EUR bis ... EUR Jahresgesamtnettohonorarsumme: ... %

Lücke

II. Selbst akquirierte und nicht selbst bearbeitete Mandate (sog. Finders Fee)

Soweit Herr _ neue Mandate für die GmbH akquiriert, die er nicht selbst bearbeitet, sondern die ausschließlich Partner oder Berufsträger der GmbH bearbeiten, erhält er _ % der Nettohonorarsumme („Finders Fee").

III. Tätigkeit für die GmbH, Einsatz von Berufsträgern

Soweit Herr _ von der GmbH mit der vollständigen oder teilweisen Bearbeitung nicht von Herrn _ akquirierter Mandate der GmbH beauftragt wird und er diese Aufträge übernimmt, erhält er aufgrund eines von ihm zu erstellenden Tätigkeitsnachweises je Stunde der Tätigkeit ein Honorar in Höhe von _ EUR netto.

Soweit Herr _ im Fall § 2 Unterpunkt I. Berufsträger der GmbH mit Arbeiten beauftragt, wird deren Leistung Herrn _ durch die GmbH auf Basis eines jeweils zu erstellenden Tätigkeitsnachweises je Stunde der Tätigkeit mit einem Honorar in Höhe von _ EUR (netto) in Rechnung gestellt. Beauftragt Herr _ Partner der GmbH, beträgt der Stundensatz _ EUR (netto).

IV. Begriffsbestimmungen

Die Frage, ob einzelne Mandate von Herrn _ oder der GmbH akquiriert wurden, richtet sich nach den tatsächlichen Gegebenheiten. Sollten im Einzelfall nachweislich beide Parteien einen erheblichen Akquisitionsbeitrag erbracht haben, so haben sich die Parteien unter Berücksichtigung von Treu und Glauben auf eine entsprechende Quotierung des Akquisitionsbeitrages zu verständigen. Gelingt eine Verständigung nicht kurzfristig, so setzt die GmbH die Quotierung nach billigem Ermessen fest.

V. Steuer und etwaige Sozialversicherungsbeiträge

Die Versteuerung der Bezüge und die Abführung etwaiger Sozialversicherungsbeiträge, zB zur Rechtsanwaltsversorgung, obliegen Herrn _.

VI. Mandatsannahme

Die GmbH ist nicht verpflichtet, von Herrn _ akquirierte Mandate zu übernehmen. Eine Ablehnung wird jedoch nur in begründeten Einzelfällen erfolgen, insbesondere wenn die Mandate nach Art und Zuschnitt nicht in die GmbH passen, wie zB Strafverteidigung und entlegenere Rechtsgebiete, in denen die GmbH nach eigener Einschätzung nicht über die erforderliche Kompetenz verfügt, sowie Gefälligkeitsmandate für Verwandtschaft und Freunde oder Mandate, die nach Einschätzung der GmbH kein positives wirtschaftliches Ergebnis erwarten lassen.

Gleiches gilt für Mandate, die aufgrund ihres Gegenstandes und/oder der beteiligten Parteien nach Einschätzung der GmbH über das Potential verfügen, dem Ruf der GmbH zu schaden. In diesen Fällen wird Herr _ das Mandat auch nicht unter seinem eigenen Namen annehmen und bearbeiten.

Herr _ ist nicht verpflichtet, ihm von der GmbH angetragene Mandate/Aufträge zu übernehmen.

§ 3 Abrechnung

(1) Herr _ erhält monatlich, erstmals zum _, eine Abschlagszahlung auf den ihm zustehenden Nettohonorarumsatz in Höhe von _ EUR zzgl gesetzlicher Mehrwertsteuer.

(2) Herr _ stellt die ihm zustehende Vergütung der GmbH quartalsweise im Nachhinein in Rechnung, erstmalig zum 31.12._. Die Rechnungsstellung erfolgt binnen 15 Tagen nach dem jeweiligen Quartalsende, und die sich aus der Abrechnung ergebenden Beträge sind unter Verrechnung der Abschlagszahlungen gem. Absatz 1 15 Tage nach Eingang der Rechnung zur Zahlung durch die GmbH fällig. Etwaig sich bei der Jahresabrechnung (jeweils zum 31.12., erstmals zum 31.12._) ergebende Negativbeträge sind von Herrn _ an die GmbH binnen gleicher Frist nach Aufforderung durch die GmbH zurückzuerstatten. Die GmbH ist berechtigt, solche Rückerstattungsansprüche im Rahmen künftiger Abrechnungen zu verrechnen.

Sind Honorare an Mandanten zurückzuzahlen, so werden auch an Herrn ... gemäß vorstehendem Absatz ausgezahlte Honoraranteile von diesem an die GmbH zurückerstattet. Die GmbH ist berechtigt, solche Rückerstattungsansprüche im Rahmen künftiger Abrechnungen zu verrechnen.

(3) Herrn ... werden gegen Nachweis die im Rahmen seiner mandatsbezogenen Tätigkeit für die GmbH entstehenden Auslagen in angemessenem Umfang erstattet, wenn und soweit diese den Mandanten der GmbH in Rechnung gestellt werden können.

§ 4 Krankheit, Arbeitsverhinderung und Urlaub

(1) Herrn ... steht kein Honoraranspruch zu, wenn er infolge Krankheit oder sonstiger Arbeitsverhinderung an der Leistung der Dienste verhindert ist.

(2) Herr ... hat keinen Anspruch auf bezahlten Urlaub. Macht Herr ... Urlaub oder ist sonst länger nicht erreichbar, so wird er die GmbH davon und von der Länge der Nichterreichbarkeit rechtzeitig unterrichten und selbständig in geeigneter Weise sicherstellen, dass dadurch in den von ihm bearbeiteten Mandaten keine Nachteile eintreten.

§ 5 Vertragsdauer

(1) Das freie Mitarbeiterverhältnis beginnt am ... und ist auf unbestimmte Zeit eingegangen.

(2) Jede Vertragspartei kann das Dienstverhältnis mit einer Kündigungsfrist von drei Monaten kündigen. Das Recht zur außerordentlichen Kündigung bleibt unberührt.

§ 6 Annahme von Mandanten für die GmbH

Herr ... ist bei der Berufsausübung an die Grundsätze des Berufsrechts der Rechtsanwälte, Wirtschaftsprüfer, Steuerberater gebunden. Bei Annahme sowie bei der laufenden Bearbeitung von Mandaten, die mit besonderer wirtschaftlicher, haftungstechnischer, politischer oder sonstiger Bedeutung für die GmbH verbunden sein können („Problemmandate"), müssen Annahme und laufende Bearbeitung inhaltlich mit einem Partner der GmbH vorab abgestimmt werden. Einer solchen vorherigen Zustimmung bedarf auch die Annahme eines Aufsichtsrats- oder Beiratsmandates oder ähnlicher Ämter durch Herrn ...

§ 7 Versicherung und Haftungsfreistellung

(1) Die GmbH hat für alle Berufsträger eine Berufshaftpflichtversicherung abgeschlossen, in die auch Herr ... einbezogen wird. Die Deckungssumme entspricht jedenfalls den gesetzlichen Mindestanforderungen und wird jährlich auf ihre Angemessenheit hin überprüft. Die aktuell jeweils bis auf weiteres gültige Deckungssumme wird Herrn ... zu Vertragsbeginn und auch bei späteren Änderungen jeweils schriftlich mitgeteilt. Die Versicherungsbeiträge für Herrn ... trägt die GmbH.

(2) Herr ... verpflichtet sich, im Rahmen jeder Mandatsannahme die für die GmbH jeweils gültige Haftungsbegrenzung mit dem Mandanten zu vereinbaren.

Soweit bei Übernahme eines Mandats absehbar ist oder sich im Laufe des Mandats nachträglich herausstellt, dass potentielle Haftungsrisiken die jeweils gültige Deckungssumme übersteigen, wird Herr ... die Haftung der GmbH durch entsprechende Vereinbarung mit der Mandantschaft maximal auf die geltende Höchstdeckung begrenzen oder für das konkrete Mandat eine Exzedentenhaftung des Versicherers auf Kosten des Mandanten abschließen. Mandate derartigen Umfangs sind zudem einem Gesellschafter oder Berufsträger des ... Büros der GmbH anzuzeigen.

(3) Im Übrigen stellen sich die Vertragsparteien von der persönlichen Haftungsverpflichtung für Verbindlichkeiten aus der Bearbeitung von Mandaten wechselseitig frei. Sollten einzelne Gesellschafter oder Berufsträger der GmbH aufgrund eines von Herrn ... bearbeiteten Mandats persönlich in Haftung genommen werden, so stellt Herr ... diese Gesellschafter oder Berufsträger von der jeweiligen Haftung frei.

§ 8 Nutzungsrechte

(1) Sämtliche urheberrechtlich oder sonst geschützten Arbeitsergebnisse, die Herr ... bei oder im Zusammenhang mit der (Mit-)Arbeit an Mandaten der GmbH schafft, stehen in jedem Stadium der Erstellung und auch über eine Beendigung der Zusammenarbeit hinaus unbefristet der GmbH zu. Diese kann die Herausgabe von Arbeiten, Skizzen, Daten, Dateien einschließlich von Sicherungskopien und Unterlagen jeder Art in jeder Phase des Herstellungsvorgangs verlangen, ohne dass Herrn ... daran ein Zurückbehaltungsrecht zusteht.

Mit der Erledigung des jeweiligen Auftrags, aber auch bei vorzeitigem Abbruch der Arbeiten oder des jeweiligen Mandats geht das ausschließliche Nutzungsrecht an den Arbeitsergebnissen ohne zeitliche und räumliche Begrenzung auf die GmbH über, mit Ausnahme der unübertragbaren Urheberpersönlichkeitsrechte.

(2) Herr ... sichert zu, dass sämtliche Arbeitsergebnisse, die er im Rahmen der Tätigkeit für die GmbH erstellt, frei von Rechten Dritter sind und eine ungehinderte ausschließliche Nutzungsrechtsausübung seitens der GmbH und ihrer Mandanten nicht beeinträchtigt wird.

(3) Die GmbH ist berechtigt, sämtliche ihm in diesem Vertrag eingeräumten Rechte auf einen Dritten zu übertragen.

(4) Die Nutzungsrechte sind mit dem vereinbarten Honorar abgegolten.

§ 9 Verschwiegenheit

Alle Unterlagen und Materialien, Schriftsätze, Verträge und Muster derselben, Dateien, Datenträger etc., die Herrn ... im Zusammenhang mit seiner Tätigkeit übergeben wurden oder die er im Zusammenhang mit seiner Tätigkeit geschaffen hat, bleiben bzw werden Eigentum der GmbH bzw des Mandanten der GmbH und sind vertraulich zu behandeln und angemessen gegen den Zugriff Dritter zu schützen.

Nach Beendigung des Vertrages und zuvor auf Anforderung durch die GmbH sind die vorgenannten Unterlagen etc. unverzüglich an die GmbH zurückzugeben. Ein Zurückbehaltungsrecht steht Herrn ... an diesen Sachen nicht zu.

§ 10 Schlussbestimmungen

(1) Für das Vertragsverhältnis gelten ergänzend die Bestimmungen für Dienstverträge.

(2) Änderungen und Ergänzungen dieses Vertrages bedürfen der Schriftform. Es besteht Einigkeit, dass weitere Abreden nicht getroffen sind.

(3) Erfüllungsort ist ....

352 **20. Muster: Freier Mitarbeitervertrag eines programmgestaltenden Rundfunkmitarbeiters**

Moderatorenvertrag

zwischen

Herrn ...

und

der Rundfunkanstalt ...

§ 1 Gegenstand des Vertrages

(1) Die Rundfunkanstalt beschäftigt Herrn ... nach Bedarf als Moderator für Hörfunk und Fernsehen, soweit Herr ... zeitlich zur Verfügung steht.

(2) Mit dem Abschluss des jeweiligen Einzelvertrages räumt Herr ... der Anstalt die ausschließlichen, zeitlich, räumlich und inhaltlich unbeschränkten Nutzungsrechte an den in Erfüllung seiner vertraglichen Pflichten

aus den geschaffenen Werken erworbenen Urheberrechten und verwandten Schutzrechten im Sinne des Urheberrechtsgesetzes zu Zwecken des Rundfunks ein. Diese Nutzungsrechte umfassen das Recht, die Werke ganz oder teilweise im In- und Ausland unbeschränkt zu nutzen und die unter Benutzung seiner Leistung aufgenommene Sendung oder hergestellte Produktion ganz oder teilweise im In- und Ausland unbeschränkt zu verwerten.

(3) Herr ... trägt sich in ausgelegte Dienstpläne ein oder gibt der Redaktion mit einem Vorlauf von sechs Wochen bekannt, an welchen Tagen oder zu welchen Zeiten er keine Sendung machen möchte. Herr ... kann auch durch eine Eintragung in Dienstpläne seitens der Rundfunkanstalt nicht verpflichtet werden, eine Sendung zu übernehmen. Erst dann, wenn er eine Eintragung der Rundfunkanstalt in Dienstpläne mit seiner Unterschrift als erwünscht bestätigt hat, wird der Einzelauftrag für beide Parteien verbindlich.

§ 2 Umfang der eingeräumten Rechte

(1) Die Anstalt erhält zu den Zwecken gem. § 1 Abs. 2 durch Herrn ... folgende Nutzungsrechte:

- Das Senderecht. Als Senderecht definieren die Parteien das Recht, die Sendung durch Ton- und Fernsehrundfunk einschließlich Kabelhörfunk und -fernsehen sowie der Übertragung durch Satelliten, Drahtfunk, Videotext oder auf digitalem Wege einschließlich des Internets der Öffentlichkeit zugänglich zu machen.
- Das Aufführungs-, Vortrags- und Vorführungsrecht einschließlich des Rechts, das Werk durch Ton und/oder Bildträger oder durch Funksendungen oder durch das Internet, insbesondere im Zusammenhang mit Messen, Ausstellungen, Festivals, Wettbewerben und sonstigen Werbemaßnahmen für den Rundfunk öffentlich wahrnehmbar zu machen.
- Das Recht, Abdrucke des Sendemanuskriptes im Rahmen von Transkriptionsdiensten nach Ausstrahlung des Werkes an Interessenten zum persönlichen Gebrauch unentgeltlich abzugeben.
- Das Vervielfältigungsrecht einschließlich des Rechts der Übertragung auf Bild und/oder Tonträger sowie des Rechts, diese Vervielfältigungsstücke zu verbreiten, einschließlich des Rechts zur Vermietung, zum Verkauf oder zum Verleih, auch über das Internet.
- Das Recht zur Herstellung, Vervielfältigung und Verbreitung von Werbe- und Informationsmaterial einschließlich der bildlichen Darstellung von Herrn ... sowie von schriftlichem Begleitmaterial oder Begleittexten, soweit dies nach der Art der Sendung typisch ist oder einzelvertraglich vereinbart wird.

(2) Mit dem Abschluss des jeweiligen Einzelvertrages überträgt Herr ... der Anstalt die in § 1 Abs. 2 und § 2 Abs. 1 genannten zeitlich, räumlich und inhaltlich unbeschränkten Rechte zur Verwertung der Produktion auch zu Zwecken der Bildungs- oder Kulturarbeit sowie zu Zwecken der Tonträgerverwertung ein. Herr ... räumt der Anstalt außerdem das Recht ein, von der Rundfunkproduktion Tonträger aller Art herzustellen und diese zur gewerblichen oder nichtgewerblichen öffentlichen wie nichtöffentlichen Wiedergabe durch Wiedergabegeräte aller Art zu verkaufen. Die Herstellung umfasst dabei auch die Aufnahme von Funksendungen auf Tonträger einschließlich der Vervielfältigung und Verbreitung (Mitschnitt).

§ 3 Eigene Nutzungsrechte des Moderators

Von §§ 1 und 2 nicht erfasst und Herrn ... vorbehalten bleiben dessen von urheberrechtlichen Verwertungsgesellschaften wahrgenommenen Zweitwiedergaberechte und Vergütungsansprüche gem. §§ 21, 22, 27, 54 sowie §§ 76 Abs. 2 und 77 UrhG mit Ausnahme aller der Anstalt eingeräumten Rechte zum Mitschnitt von Funksendungen.

§ 4 Freiheit von Rechten Dritter

(1) Mit Abschluss dieses Vertrages versichert Herr ..., dass die der Anstalt eingeräumten Rechte weder ganz noch teilweise einem Dritten übertragen, eingeräumt oder mit den Rechten eines Dritten belastet sind und kein Dritter mit ihrer Wahrnehmung beauftragt ist.

(2) Herr ... verpflichtet sich, die Anstalt oder Drittberechtigte von allen Ansprüchen freizustellen, die von Dritten aufgrund einer Verletzung von Pflichten nach Abs. 1 geltend gemacht werden.

(3) Herr ... ermächtigt die Anstalt bei Rechtsverletzungen durch Dritte, auch von ihm nicht gem. § 2 Abs. 1 und 2 der Anstalt eingeräumte Rechte an seiner Vertragsleistung im In- und Ausland geltend zu machen.

§ 5 Namensnennung

Die Namensnennung von Herrn ... (Urheber oder Mitwirkender) erfolgt im Zusammenhang mit der Sendung, soweit die Nennung rundfunküblich ist. Bei der Weiterübertragung von Rechten sowie der Weitergabe von Produktionen der Anstalt an Dritte wird eine entsprechende Urhebernennung sichergestellt.

§ 6 Rechteübertragung an Dritte

(1) Die Anstalt ist berechtigt, die ihr von Herrn ... eingeräumten Rechte ganz oder teilweise auf Dritte zu übertragen oder Dritten Nutzungsrechte einzuräumen. Sie ist ferner berechtigt, diese Rechte in Auftrags- oder Gemeinschaftsproduktionen einzubringen und die Rechte zur Auswertung auch dieser Produktionen auf Dritte zu übertragen.

(2) Im Falle einer kommerziellen Verwertung durch Dritte aufgrund einer Weiterübertragung von Rechten iSv Abs. 1 wird die Anstalt vorbehaltlich anderweitiger Vereinbarungen den Dritten verpflichten, die Rechte von Herrn ... angemessen abzugelten und hierüber mit ihm eine der Anstalt nachzuweisende Vereinbarung zu treffen, sofern die kommerzielle Verwertung durch Dritte nicht schon mit der ursprünglichen Vergütung abgegolten ist.

§ 7 Umfang der Weisungs- und Änderungsrechte

(1) Die Anstalt kann hinsichtlich der inhaltlichen, künstlerischen und technischen Gestaltung der Darbietung, des Tonträgers oder der Sendung Anweisungen geben.

(2) Bei Auftragswerken hat Herr ... die Wünsche der Anstalt zum Sendeformat und zum Inhalt des Werkes zu berücksichtigen. Die Entscheidung über die Abnahme als sendefertige Fassung trifft die Anstalt nach billigem Ermessen. Nimmt die Anstalt das Werk nicht ab, ist Herr ... berechtigt, das Werk innerhalb einer von der Anstalt festzusetzenden angemessenen Frist zu ändern. Weigert sich Herr ..., eine Änderung vorzunehmen, ist er zu einer Änderung nicht imstande oder wird auch die geänderte Fassung nicht abgenommen, so hat die Anstalt das Recht, unter Verwendung der bisher erarbeiteten Vorlage ein Werk herzustellen oder durch Dritte herstellen zu lassen.

(3) Die Anstalt ist berechtigt, ein Exposé oder ein ähnliches zur weiteren Bearbeitung bestimmtes Werk von Herrn ... ganz oder teilweise selbst für die Verfilmung oder Sendung auszuarbeiten oder durch Dritte ausarbeiten zu lassen.

(4) Herr ... erteilt der Anstalt seine Einwilligung zur Bearbeitung, Umgestaltung, Änderung, Synchronisation, Übersetzung, Untertitelung, Vertonung seiner erbrachten Vertragsleistung und zu deren ausschließlicher Nutzung auch in Ausschnitten sowie dazu, das Werk mit Titeln zu versehen. Gegen Entstellungen oder andere Beeinträchtigungen bleibt Herr ... nach Maßgabe des Urheberrechts geschützt. Insbesondere kann ein nur für das Fernsehen bestimmtes Werk für den Hörfunk oder ein nur für den Hörfunk bestimmtes Werk für das Fernsehen bearbeitet oder umgestaltet werden, sofern eine Entstellung oder andere Beeinträchtigung damit nicht verbunden ist.

§ 8 Quellunterlagen

(1) Herr ... ist verpflichtet, der Anstalt ein vollständiges Exemplar der Quellunterlagen abzuliefern, soweit das Werk nicht in bloßer Moderation von Zwischentexten besteht. Das Eigentum an den von Herrn ... hergestellten Quellunterlagen geht mit der Herstellung auf die Anstalt mit der Maßgabe über, dass das Eigentum

an Originalen grafischer Werke sowie anderer Werke der bildenden Kunst nach vertraglicher Auswertung des Werkes durch die Anstalt auf den Hersteller zurückzuübertragen ist.

(2) Sofern Herr ... die Produktion nach Umfang und eigenpersönlicher Gestaltung entscheidend geprägt hat, kann er mit Zustimmung der Anstalt und der anderen Berechtigten nach der Erstsendung der Produktion Ton- und/oder Bildträgerkopien auf eigene Kosten zum eigenen persönlichen Gebrauch verlangen. Die Anstalt kann ihre Zustimmung hierzu nur aus wichtigem Grund, insbesondere bei unzumutbarem Aufwand versagen.

(3) Das Herrn ... von der Anstalt zur Verfügung gestellte Material hat er nach Beendigung der Benutzung aufgrund dieses Vertrages zurückzugeben.

(4) Bei der Benutzung von Aufführungsmaterial, das die Anstalt nicht zur Verfügung stellt, ist Herr ... verpflichtet, die für die Abrechnung mit Autoren, Komponisten und Verlegern notwendigen Angaben spätestens bei Vertragsschluss der Anstalt einzureichen. In diesem Fall übernimmt die Anstalt die Abgeltung der auf der Verwendung des Aufführungsmaterials beruhenden Ansprüche. Unterbleibt die rechtzeitige Mitteilung, so ist Herr ... verpflichtet, diese Ansprüche selbst zu befriedigen und die Anstalt von etwaigen nachträglich erhobenen Forderungen Dritter freizustellen.

(5) Die Hinzuziehung von Hilfskräften durch Herrn ... bedarf der vorherigen schriftlichen Vereinbarung mit der Anstalt.

§ 9 Nutzungsbemühungen

(1) Eine Verpflichtung, das Werk für die vereinbarten Zwecke zu nutzen, besteht für die Anstalt aufgrund dieses Vertrages nicht. Die Anstalt wird sich nach Maßgabe ihrer betrieblichen Gegebenheiten bemühen, die ihr eingeräumten Rechte zu nutzen. Dabei wird sie insbesondere von Herrn ... nachgewiesene Möglichkeiten prüfen.

(2) Findet innerhalb der Fristen des § 41 Abs. 2 UrhG (zwei Jahre) eine Sendung oder die Herstellung von Bild- und/oder Tonträgern des Werkes nicht statt, so ist Herr ... berechtigt, die der Anstalt eingeräumten Rechte gegen Erstattung des bisher empfangenen Honorars zurückzurufen. Die Frist beginnt mit Beendigung der Beschäftigung von Herrn .... Im Übrigen ist die Anstalt bereit, mit Herrn ... über eine vorzeitige Freigabe nicht genutzter Rechte zu verhandeln.

§ 10 Sonstige Pflichten des Moderators

(1) Herr ... ist verpflichtet, Stillschweigen über den Inhalt einer Produktion oder Sendung zu bewahren, für die er beschäftigt wird, sofern deren Inhalt der Öffentlichkeit auf schriftlichen Hinweis der Anstalt vor der Sendung nicht bekannt werden soll oder wenn sich dies aus den Umständen ergibt.

(2) Herr ... ist verpflichtet, sich im Zusammenhang mit seiner produktionsbedingten Anwesenheit unentgeltlich im üblichen Umfang für Öffentlichkeitsarbeit der Anstalt (Interviews, Pressekonferenzen und Fotoaufnahmen) zur Verfügung zu stehen.

(3) Ankündigungen und bildliche Darstellungen, die auf die Tätigkeit von Herrn ... im Rahmen eines Einzelvertrages mit der Anstalt Bezug nehmen, darf nur die Anstalt verbreiten oder verbreiten lassen.

§ 11 Vergütung

(1) Die Einräumung der Rechte nach § 2 ist durch das in der Einzelvereinbarung vereinbarte Honorar abgegolten, soweit die Einzelvereinbarung nicht besonders gekennzeichnet ist.

(2) Ist die Vertragsleistung des Einzelvertrages gesondert gekennzeichnet, so erhält Herr ... zusätzliche Vergütungen.

(3) Für Wiederholungen in einem seiner eigenen Hörfunk-/Fernsehprogramme zahlt die Anstalt an Herrn ... eine Wiederholungsvergütung in Höhe von ... % der Erstvergütung.

(4) Wird eine Sendung der Anstalt von einem anderen Sendeunternehmen des In- oder Auslandes übernommen bzw ein Tonträger der Anstalt für Hörfunkzwecke verwendet, muss die Anstalt das betreffende Sendeunternehmen verpflichten, an Herrn ... eine Übernahmevergütung in Höhe von ... % zu zahlen.

(5) Bei Verwendung nur eines Teiles der Produktion ermäßigt sich die Wiederholungs-/Übernahmevergütung anteilmäßig.

(6) Die Vergütung iSv § 11 Abs. 1 teilt sich in ein Ausarbeitungs- und ein Sendehonorar. Das Ausarbeitungshonorar ist nach Abnahme des Werkes, das Sendehonorar nach der Sendung fällig. Sieht die Anstalt von der Sendung des Werkes oder der Herstellung eines Bild- und/oder Tonträgers ab, so entfällt der Anspruch auf das Sendehonorar. Das Ausarbeitungshonorar verbleibt Herrn ... . Kommt es gem. § 7 Abs. 2 nicht zu einer Abnahme des Werkes, so zahlt die Anstalt anstelle des Gesamthonorars eine angemessene Vergütung nach ihrem Ermessen. Dabei sind der Umfang der aufgrund des Vertrages bereits geleisteten Arbeiten einschließlich der notwendigen Aufwendungen von Herrn ... und der Verwendbarkeit der bislang vorliegenden Fassung für die vertraglichen Zwecke zu berücksichtigen.

(7) Sendungen oder sonstige öffentliche Wiedergaben auf oder anlässlich von Messen, Ausstellungen, Festivals oder Wettbewerben, die Verwendung zu Prüf-, Lehr- oder Forschungszwecken, in Programmvorschauen und Inhaltsangaben für Presse und Rundfunk und für sonstiges Werbematerial sind durch die in der Einzelvereinbarung vereinbarte Erstvergütung abgegolten.

(8) Alle Zahlungsverpflichtungen aus der Einzelvereinbarung enden mit Ablauf der gesetzlichen Schutzfristen.

(9) Herr ... verpflichtet sich, Vergütungsüberzahlungen ohne Rücksicht auf eine noch vorhandene Bereicherung zurückzuzahlen.

§ 12 Sonstige Bestimmungen

(1) Alle vereinbarten Vergütungen und zu erstattenden Kosten sind Nettobeträge. Mehrwertsteuer sowie alle sonstigen Abgaben werden zusätzlich berücksichtigt.

(2) Zwischen Herrn ... und der Anstalt besteht Einverständnis, dass Herr ... im Rahmen seiner Vertragserfüllung als freier Mitarbeiter und nicht als Arbeitnehmer tätig wird.

(3) Die Parteien streben in beiderseitigem Einvernehmen eine Zusammenarbeit auf selbständiger Basis an; ein Arbeits- wie auch ein sozialversicherungspflichtiges Beschäftigungsverhältnis soll nicht begründet werden. Dementsprechend werden von der Vergütung weder Lohnsteuer noch Sozialversicherungsbeiträge einbehalten und abgeführt. Herr ... ist für die sich aus dieser Zusammenarbeit ergebenden steuerlichen und sozialversicherungsrechtlichen Pflichten selbst verantwortlich, insbesondere auch für eine angemessene Versicherung für die Altersvorsorge wie auch zum Schutz gegen Krankheiten und den Pflegefall.

(4) Herr ... teilt der Anstalt spätestens bis zum Tag der Aufnahme seiner Tätigkeit mit, ob und in welchem Umfang eine private Rentenversicherung zur Absicherung bei Alter und Invalidität sowie eine Krankenversicherung bestehen. Die Anstalt kann die Vorlage geeigneter Nachweise verlangen sowie sich schriftlich versichern lassen, dass eine ausreichende soziale Absicherung besteht. Die freiwillige Versicherung in einer gesetzlichen Krankenversicherung gilt auch als ausreichende Krankenversicherung.

(5) Herr ... willigt ein, dass die Anstalt einen Antrag nach § 7 a SGB IV beim Rentenversicherungsträger stellt, um feststellen zu lassen, dass von ihm keine versicherungspflichtige Tätigkeit ausgeübt wird. Herr ... wird bei einem solchen Statusfeststellungsverfahren aktiv mitwirken.

(6) Herr ... verpflichtet sich, an einem Statusfeststellungsverfahren bei der Deutschen Rentenversicherung Bund nach den §§ 7 a ff SGB IV konstruktiv mitzuwirken und die Anstalt mit den dafür erforderlichen Informationen über seine sonstigen Tätigkeiten (einschl. Belege) zu versorgen. Änderungen in den Verhältnissen von Herrn ... sind der Anstalt unverzüglich und unaufgefordert schriftlich anzuzeigen. Das Gleiche gilt für Statusfeststellungsbescheide bezüglich der Tätigkeit für andere Unternehmen.

(7) Verstößt Herr ... gegen seine Verpflichtungen gem. Abs. 3, kann die Anstalt die Arbeitnehmeranteile zur Sozialversicherung rückerstattet und künftig erstattet verlangen, falls ein Träger der Kranken- oder Rentenversicherung ein sozialversicherungspflichtiges Beschäftigungsverhältnis feststellt.

(8) Mündliche Nebenabreden sind nicht getroffen worden. Änderungen und Ergänzungen sowie die Aufhebung bedürfen stets zu ihrer Wirksamkeit der Schriftform.

(9) Die etwaige Unwirksamkeit einzelner Bestimmungen dieser Rahmenvereinbarung berührt deren Wirksamkeit nicht. Entsprechendes gilt für etwaige unwirksame Bestimmungen von Einzelvereinbarungen.

(10) Sofern nichts anderes vereinbart ist, ist Erfüllungsort der Sitz der Anstalt bzw der Ort der Betriebsstelle, für die Herr ... die vereinbarte Leistung erbringt.

(11) Für die Auslegung dieses Vertrages gilt das Recht der Bundesrepublik Deutschland.

21. Muster: Vertragsanhang – Einräumung von Nutzungsrechten

Rechteübertragung

Der freie Mitarbeiter überträgt alle im Rahmen des Vertrages entstandenen und zukünftig entstehenden Urheber-, Leistungsschutz-, Persönlichkeits- oder sonstige Rechte an seinen vertraglichen Leistungen (nachfolgend „Werk" für vorbestehende Werke bzw „Produktion" genannt) auf den Auftraggeber. Diese Rechte räumt der freie Mitarbeiter dem Auftraggeber ausschließlich, zeitlich, örtlich und inhaltlich unbegrenzt sowie frei übertragbar und für eine unbeschränkte Anzahl von Auswertungen ein.

Zu den übertragenen Rechten gehören insbesondere folgende Rechte:

§ 1 Verfilmung/Bearbeitung

1. Das Werkbearbeitungs- und Übersetzungsrecht

D.h. das Recht, das Werk sowie Charaktere, Handlungselemente, Dialoge, Szenen etc. des Werkes bzw der Produktion unter Wahrung der Urheberpersönlichkeitsrechte abzuändern, neue oder geänderte Teile hinzuzufügen, Teile herauszunehmen oder die Handlungsabfolgen umzustellen, (Co-)Autoren mit einer Bearbeitung zu beauftragen und das Werk in sämtliche Sprachen übersetzen zu lassen und diese Übersetzungen Dritten zugänglich zu machen. Dies schließt die Umgestaltung des Werkes im Rahmen interaktiver Nutzung ein.

2. Das Filmherstellungsrecht

D.h. das Recht, die Produktion unter Verwendung des Werkes, von Teilen oder Bearbeitungen hiervon in deutscher oder fremdsprachiger Fassung für sämtliche unter § 2 genannten Nutzungsrechte herzustellen, einschließlich des Rechts zur Wiederverfilmung.

3. Das Titelverwendungsrecht

D.h. den Titel des Werkes auch zur Bezeichnung der Produktion und sämtlicher aus und im Zusammenhang mit der Produktion entwickelnden Produkte und neu entstehenden Werke zu verwenden.

4. Das Wiederverfilmungs- und Weiterentwicklungsrecht

D.h. die Befugnis, die Produktion ggf mit Änderungen oder in umgestalteter Form beliebig häufig wiederzuverfilmen bzw Handlungselemente oder in dem Werk enthaltene Personen und deren Charakteristika sowie sonstige Ideen und Gestaltungselemente neben der Werkbearbeitung eingeschränkt auch für Folgeproduktionen (Prequels, Sequels, Serialization) zu verwenden, und zwar auch dann, wenn die Drehbücher und Konzepte für solche weiteren Produktionen ohne Mitwirkung des Urhebers erstellt werden sollten.

Lücke

§ 2 Auswertung

Die dem Auftraggeber vom freien Mitarbeiter eingeräumten exklusiven, zeitlich und örtlich unbegrenzten, frei übertragbaren Auswertungsrechte in allen Sprachfassungen umfassen insbesondere nachstehende Rechte:

1. Das Senderecht

D.h. das Recht, die Produktion durch Ton- und Fernsehrundfunk, Drahtfunk, Hertz'sche Wellen, Laser, Mikrowellen oder ähnliche technische Einrichtungen ganz oder in Teilen der Öffentlichkeit mittels analoger oder digitaler Speicher- und Übertragungstechnik beliebig häufig zugänglich zu machen. Dies gilt für alle möglichen Sendeverfahren (zB terrestrische Sender, Kabelfernsehen, Kabelweitersendung, Internet, über leitungsgebundene und nicht leitungsgebundene Daten- und/oder Telefonnetze (zB per ISDN, DSL, Kabelmodem, WAP, GPRS, HSCSD HSMD, UMTS), Satellitenfernsehen unter Einschluss von Direktsatelliten, Abruffernsehen, unabhängig von der Rechtsform (öffentlich-rechtliches oder privates Fernsehen), der Art des Empfangsgeräts (Fernseher, Computer, Tablet-PC und/oder sonstiges Gerät), der Finanzierungsweise des Fernsehsenders (kommerzielles oder nichtkommerzielles Fernsehen) oder der Gestaltung des Rechtsverhältnisses zwischen Sender und Empfänger (Free-TV, Pay-TV, pay per view, video on demand, near video on demand etc.) und für beliebig viele Ausstrahlungen. Eingeschlossen ist das Recht der Wiedergabe von Sendungen.

2. Das Recht zur Verfügungstellung auf Abruf (Video on Demand/Download)

D.h. das Recht, die Produktion ganz oder in Teilen in elektronischen Datenbanken bereitzuhalten und mittels digitaler oder anderweitiger Übertragungstechnik einer Vielzahl von Nutzern derart zur Verfügung zu stellen, dass diese die Produktion auf jeweils individuellen Abruf mittels eines Computers, Tablet-PC's, Fernseh- und/oder sonstigen Geräts auch zur interaktiven Nutzung empfangen („Television on demand", „Video on demand", „Online", „Downloads" etc.) und gegebenenfalls öffentlich vorführen können.

3. Das Theaterrecht (Kono- und Vorführungsrechte)

D.h. das Recht, die Produktion durch technische Einrichtungen öffentlich wahrnehmbar zu machen, unabhängig von der technischen Ausgestaltung des Vorführsystems und der Bild-/Tonträger sowie der Art und Weise der Zulieferung der vorzuführenden Signale. Das Theaterrecht bezieht sich insbesondere auf alle Film- und Schmalfilmrechte (70, 35, 16, 8 mm) sowie elektromagnetische sowie digitale (Video-)Systeme und umfasst die gewerbliche und nichtgewerbliche Filmvorführung.

4. Das Messerecht

D.h. das Recht, die Produktion auf Messen, Verkaufsausstellungen, Festivals und ähnlichen Veranstaltungen durch technische Einrichtungen unabhängig von der technischen Ausgestaltung des Vorführsystems und der Bild-/Tonträger öffentlich wahrnehmbar zu machen.

5. Das Bild- und Tonträgerrecht

D.h. das Recht zur Vervielfältigung und Verbreitung (Verkauf, Vermietung, Leihe etc.) des Werkes und der Produktion, ganz oder in Teilen, auf Bild-/Tonträgern aller Art zum Zwecke der nichtöffentlichen Wiedergabe. Dieses Recht umfasst sämtliche audiovisuellen Systeme wie Schmalfilme, Schmalfilm- und Videokassetten, Videobänder, Videoplatten, Disketten, Chips, CD-ROM, CDi, 3DO, MMCD, SDD, DVD sowie multimediale Bild-/Tonträger, unabhängig von der technischen Ausgestaltung des Systems und unabhängig von der Art der Nutzung, einschließlich interaktiver Nutzung.

Hiervon umfasst ist die Herstellung, Vervielfältigung und Verbreitung von Bild-/Tonträgern, auf denen die Produktion derart gespeichert ist, dass eine Wiedergabe nur durch Übermittlung zusätzlicher Dateninformationen („Schlüssel") ermöglicht wird.

Eingeschlossen ist das Recht, die Produktion für einen begrenzten Empfängerkreis (zB Krankenhäuser, Hotels, Flugzeuge, Schiffe, Busse, Züge Schulen) zugänglich oder wahrnehmbar zu machen.

6. Das Vervielfältigungs- und Verbreitungsrecht

D.h. das Recht, die Produktion im Rahmen der hier eingeräumten Rechte beliebig – dh auch auf anderen als den ursprünglich verwendeten Bild-/Tonträgern – zu vervielfältigen und zu verbreiten.

Eingeschlossen ist das Recht zur Vervielfältigung und Verbreitung in Form von Einzelbildern.

7. Das Bearbeitungs- und Synchronisationsrecht

D.h. das Recht, die Produktion bzw ihre Bild- bzw Tonbestandteile, und/oder sonstigen Elemente unter Wahrung der Urheberpersönlichkeitsrechte auch im Rahmen sämtlicher in dieser Anlage übertragenen Nutzungsrechte zu kürzen, zu teilen, Werbung/Sponsoring oder andere Werke auch unterbrechend einzufügen, insbesondere auch die Produktion im selben Medium zeitgleich mit Werbung wahrnehmbar zu machen (auch im Wege des sog. Split-Screen-Verfahrens, bei dem die Produktion und Werbung, auch unter Verwendung von Namen und Bildnis der Mitwirkenden, gleichzeitig zu sehen sind), die Produktion ganz oder in Teilen neu oder nachzusynchronisieren oder untertitelte und Voice-Over-Fassungen herzustellen.

Dies schließt interaktive Nutzungen ein, dh die Befugnis, den Nutzern individuelle Bearbeitungsmöglichkeiten der Produktion bzw diesen einzelne Bild- bzw Tonbestandteile und/oder sonstige Elemente bereitzustellen, insbesondere im Wege der Kürzung, Verfremdung, Umgestaltung, Komprimierung, Verbindung mit anderen Werken und durch sonstige Veränderungen.

8. Das Recht zur Werbung und Klammerteilauswertung

D.h. die Befugnis, Ausschnitte aus der Produktion innerhalb anderer Produktionen auszuwerten oder für Werbezwecke (inkl. Promotion für den Auftraggeber oder dessen Lizenznehmer) zu nutzen sowie das Recht, in branchenüblicher Weise (zB im Fernsehen, im Kino, Online, auf Videogrammen oder in Druckschriften) für die Produktion und deren umfassende Auswertung zu werben. Hierin eingeschlossen ist das Recht zur Herstellung, Vervielfältigung und Verbreitung von Inhaltsdarstellungen und sonstigen kurzen Druckwerken aus der Produktion sowie von sonstigen Werbeschriften im üblichen Umfang. Dieses Recht umfasst auch die Befugnis, Abbildungen, Namen und Biographien des an der Produktion mitwirkenden sonstigen Elements der Produktion zu nutzen.

9. Das Archivierungsrecht

D.h. das Recht, die Produktion oder das Werk in jeder technischen Form zu archivieren und abrufbar zu speichern.

10. Das Datenbank(-übertragungs-)recht

D.h. das Recht, die Produktion durch Ton- und Fernsehrundfunk, Drahtfunk, Hertz'sche Wellen, Laser, Mikrowellen oder ähnliche technische Einrichtungen ganz oder in Teilen der Öffentlichkeit mittels analoger oder digitaler Speicher- und Übertragungstechnik beliebig häufig zugänglich zu machen. Dies gilt für alle möglichen Sendeverfahren (zB terrestrische Sender, Kabelfernsehen, Kabelweitersendung, Internet, über leitungsgebundene und nicht leitungsgebundene Daten- und/oder Telefonnetze (zB per ISDN, DSL, Kabelmodem, WAP, GPRS, HSCSD, HSMD, UMTS), Satellitenfernsehen unter Einschluss von Direktsatelliten Abruffernsehen, unabhängig von der Rechtsform (öffentlich-rechtliches oder privates Fernsehen), der Art des Empfangsgerätes (Fernseher, Computer, Tablet-PC und/oder sonstiges Gerät), der Finanzierungsweise des Fernsehsenders (kommerzielles oder nichtkommerzielles Fernsehen) oder der Gestaltung des Rechtsverhältnisses zwischen Sender und Empfänger (Free-TV, Pay-TV, pay per view, video on demand, near video on demond etc.) und für beliebig viele Ausstrahlungen. Eingeschlossen ist das Recht der Wiedergabe von Sendungen.

11. Das Merchandising-Recht

D.h. das Recht zur kommerziellen oder nicht kommerziellen Auswertung des Werkes und der Produktion durch Herstellung und Vertrieb von Waren aller Art, auch durch Verbreitung und/oder öffentlichen Zugänglichmachung, insbesondere von interaktiven und multimedialen Produkten, dh Spiele und/oder andere Hard- und Software-Anwendungen, in denen visuelle und/oder akustische Elemente kombiniert eingesetzt werden bzw eingesetzt werden können und/oder die dem Nutzer ermöglichen, (off- oder online) mit dem multimedialen Produkt zu interagieren, oder das Angebot von Dienstleistungen jeweils unter Verwendung von Vorkommnissen, Namen, Titeln, Figuren, Abbildungen, Logos, Ausschnitten und/oder sonstigen in einer Beziehung zu dem Werk und/oder zu der Produktion stehenden Elementen und Zusammenhängen. Eingeschlossen ist das Recht, derartige Elemente in bearbeiteter Form für Waren und Dienstleistungen jeder Art zu nutzen und damit zu werben. Weiter ausgeschlossen sind die Themenparkrechte (zB Freizeit- und Vergnügungsparks, Restaurants, Einkaufszentren).

12. Das Drucknebenrecht

D.h. das Recht, das Werk (bzw Zusammenfassungen oder Teile des Werkes) als Druckwerk zu veröffentlichen, sowie das Recht zur Herstellung, Vervielfältigung und Verbreitung von bebilderten und nicht bebilderten Büchern, Heften, Comic-Streifen usw, die aus dem Werk der Produktion durch Wiedergabe oder Nacherzählung des Inhalts – auch in abgewandelter Form – oder auch durch fotografische, gezeichnete oder gemalte Abbildungen oder Ähnliches abgeleitet sind.

13. Das Tonträgerrecht

D.h. das Recht zur Herstellung, Vervielfältigung und Verbreitung von Schallplatten, Bandkassetten oder sonstigen analogen sowie digitalen Tonträgerin wie CD, CD-ROM, DCC, MiniDisc, DAT, CDi, Chips oder DVD, die unter Verwendung des Soundtracks der Produktion oder unter Nacherzählung, Neugestaltung oder sonstiger Bearbeitung des Inhalts des Werkes oder der Produktion gestaltet werden, sowie das Recht, derartige Tonträger durch Funk zu senden oder öffentlich vorzuführen.

14. Das Bühnen- und Radiohörspielrecht

D.h. das Recht, die Produktion oder das Werk für eine ggf geänderte Bühnen- oder Radiohörspielfassung zu nutzen.

15. Die gesetzlichen Ansprüche auf angemessene Vergütung für

- die Aufnahme der Produktion auf Bild-/Tonträger sowie die Überspielung von einem Bild-/Tonträger auf einen anderen zum persönliche Gebrauch (§§ 54, 54 a, 54 d UrhG);
- die Vervielfältigung durch Aufnahme von Schulsendungen auf Bild-/und Tonträger (§ 47 Abs. 2 UrhG);
- die Vervielfältigung und Verbreitung von Bild-/und Tonträgern, die in eine Sammlung für den Kirchen-, Schul- oder Unterrichtsgebrauch aufgenommen werden (§ 46 Abs. 4 UrhG);
- das Vermieten und/oder Verleihen von Bild-/Tonträgern gem. § 27 UrhG;
- sowie die anteiligen urheberrechtlichen Vergütungsansprüche, dh das Recht zur zeitgleichen, vollständigen und unveränderten Kabelweitersendung der Produktion und zur Geltendmachung von aus der Kabelweitersendung – gleich auf welchem Territorium – resultierenden anteiligen Vergütungsansprüchen sowie zur Geltendmachung der anderweitigen anteiligen Vergütungsansprüche innerhalb des Exklusivgebiets (insbesondere aus §§ 20 b, 27, 54 UrhG).

16. Work made for hire

Über die in Ziffer 1 und 2 dieser Anlage genannten Rechte und Befugnisse hinaus ist die vorliegende Rechtsübertragung – wo immer dies rechtlich zulässig ist – als Vereinbarung über ein „Auftragswerk" („Work made for hire") im Sinne des US-amerikanischen Rechts anzusehen.

17. Unbekannte Nutzungsarten

Die Parteien gehen davon aus, dass die Nutzungen der in der Rechteanlage genannten Rechteübertragungen – insbesondere unter den Überschriften „das Recht zur Verfügungstellung auf Abruf", „das Bild- und Tonträgerrecht" und „das Datenbankrecht" – derzeit in ihrer wirtschaftlichen Bedeutung eingeschätzt werden können. Sollte – wider Erwarten – die Rechtsprechung etwas Gegenteiliges feststellen, bestätigt der freie Mitarbeiter für diesen Fall, dass die Einräumung der Nutzungsrechte für die zuvor ausdrücklich benannten Nutzungen erörtert und ausdrücklich vereinbart wurde. Mit dieser Vergütung des freien Mitarbeiters ist auch die Einräumung der vorgenannten Nutzungsrechte abgegolten.

Soweit die Rechte an unbekannten Nutzungsarten nicht übertragen werden können, verpflichtet sich der freie Mitarbeiter, diese zumindest im Umfang nach dieser Vereinbarung vor einer Lizenzierung an Dritte zunächst dem Auftraggeber anzubieten.

Können sich die Parteien innerhalb von zehn Wochen nach Abgabe des Angebots über den Erwerb derartiger Rechte durch den Auftraggeber nicht einigen, so darf der freie Mitarbeiter diese Rechte nach Ablauf dieser Frist lizenzieren, jedoch nur zu für den Auftraggeber günstigeren Konditionen, verglichen mit denen des letzten Angebotes an den Auftraggeber. Darüber hinaus sind diese Rechte dem Auftraggeber vor der Übertragung an einen Dritten nochmals zu den Bedingungen der Vereinbarung mit dem Dritten anzubieten. Der Auftraggeber kann in diesem Fall die Option innerhalb von 14 Tagen ausüben.

18. Rechtseinräumung in Bezug auf ausländische Rechtsforderungen

Mit Wirkung für alle Rechtsordnungen, die eine Abtretung des Urheberrechts („Copyright Assignment") zulassen, tritt der freie Mitarbeiter in Bezug auf die oben genannten Rechteübertragungen, insbesondere Verfilmung der Produktion und deren Auswertung, das Urheberrecht an dem Werk ab. Der Auftraggeber ist berechtigt, diese Abtretung in den hierfür maßgeblichen Registern (zB United States Copyright Office) eintragen zu lassen. Soweit dies nach den jeweiligen Rechtsordnungen zulässig ist, erklärt der freie Mitarbeiter darüber hinaus einen Verzicht auf die Geltendmachung der Urheberpersönlichkeitsrechte („waiver of moral rights").

Darüber hinaus soll die Rechtseinräumung mit Wirkung für alle Rechtsordnungen, die eine Rechtseinräumung auch für unbekannte Nutzungsarten zulassen, auch für derart erst zukünftig bekannt werdende Nutzungsarten gelten.

Soweit diese Rechtsordnungen vorsehen, dass der Auftraggeber hierfür dem freien Mitarbeiter (resp. dem Autor) entsprechende Beteiligungen einzuräumen hat, verpflichtet sich der Auftraggeber, diese Zahlungen an den freien Mitarbeiter/Autor im Zeitpunkt der Nutzung des Werkes oder der Produktion in diesen, heute noch unbekannten Nutzungsarten zu leisten.

Die Parteien sind sich darüber einig, dass für die in dieser Ziffer getroffenen Regelungen das Recht des jeweiligen Schutzlandes gilt.

22. Muster: Subunternehmervertrag

Subunternehmervertrag

Firma ...

– nachstehend: Auftraggeber –

und

Herr ...

– nachstehend: Auftragnehmer –

schließen nachfolgenden Subunternehmervertrag:

Präambel

Der Auftraggeber erbringt auf dem Gebiet ... Dienstleistungen. Gegenstand dieses Vertrages ist die Regelung der Beauftragung des Auftragnehmers als Subunternehmer des Auftraggebers bei Ausführung derartiger Dienstleistungen. Der Auftragnehmer verpflichtet sich zur selbständigen Erledigung der ihm durch den Auftraggeber übertragenen Einzelaufträge nach Maßgabe der nachfolgenden Konditionen.

§ 1 Vertragsgegenstand

Der Auftragnehmer erbringt die Dienstleistung gegenüber dem Kunden des Auftraggebers selbständig im Auftrag des Auftraggebers. Die selbständige Erledigung des Auftrags erfordert zunächst die Anmeldung eines Gewerbes. Die Gewerbeanmeldung ist dem Auftraggeber schriftlich nachzuweisen. Die Ausführung der Einzelaufträge erfolgt durch den Auftragnehmer selbst oder durch vom Auftragnehmer eingesetzte selbständige oder unselbständige Dritte. In jedem Fall hat der Auftragnehmer zu gewährleisten, dass die Auftragsausführung nach den gesetzlichen sowie sonstigen sicherheitstechnischen Vorschriften sowie den Vorgaben des Auftraggebers aus dem jeweiligen Einzelauftrag erfolgt.

§ 2 Vertragsschluss

Der Auftraggeber unterbreitet dem Auftragnehmer jeweils ein Angebot über die einzelnen Aufträge. Die Erklärung der Annahme oder Ablehnung des einzelnen Auftrags ist durch den Auftragnehmer gegenüber der Firma jeweils innerhalb einer Frist von maximal ... Tagen zu erklären.

§ 3 Auftragsdurchführung mittels Dritter

Lässt der Auftragnehmer die einzelnen Aufträge durch Dritte ausführen, so gilt nachfolgende Regelung:

Der Auftragnehmer hat dem Auftraggeber seinerseits die hinreichende Qualifikation des von ihm beauftragten selbständigen oder unselbständigen Dritten nachzuweisen. Soweit der Dritte seinerseits selbständig ist, hat er dem Auftragnehmer und dieser dem Auftraggeber die Selbständigkeit des Dritten nachzuweisen. Im Hinblick auf die Selbständigkeit gilt für zum Einsatz kommende Dritte die gleiche Verpflichtung zur Anmeldung und zum Nachweis eines selbständigen Gewerbes wie für den Auftragnehmer selbst.

Handelt es sich bei dem Auftragnehmer oder bei von diesem im Rahmen dieses Vertrages zum Einsatz gebrachte Dritte um Ausländer, so hat der Auftragnehmer auch Vorhandensein und Gültigkeit des jeweiligen Aufenthalts- und Arbeitserlaubnisrechts schriftlich nachzuweisen, soweit nicht im Fall von EU-Ausländern entbehrlich.

Der Auftragnehmer haftet dem Auftraggeber für die hinreichende Qualifikation, ggf die Selbständigkeit und den rechtmäßigen Aufenthalt sowie das Bestehen einer Arbeitserlaubnis des Dritten sowie sämtliche Ansprüche, die von anderen natürlichen oder juristischen Personen des privaten oder öffentlichen Rechts gegenüber dem Auftraggeber diesbezüglich geltend gemacht werden. Dies gilt unabhängig vom Rechtsgrund solcher Forderungen und von einem schuldhaften Verhalten des Auftragnehmers.

Ist der Dritte unselbständig, so verpflichtet sich der Auftragnehmer, den Dritten ordnungsgemäß zu vergüten sowie die öffentlich-rechtlichen Abgaben (Lohnsteuer sowie Gesamtsozialversicherungsbeiträge) ordnungsgemäß abzuführen. Der Auftragnehmer ist verpflichtet, die jeweilige Abführung der vorgenannten Abgaben dem Auftraggeber nachzuweisen.

§ 4 Arbeitsmittel

Die zur Ausführung des Auftrags notwendigen Werkzeuge und Gerätschaften werden nicht vom Auftraggeber gestellt, sondern sind vom Auftragnehmer auf eigene Kosten zu stellen. Der Auftragnehmer ist jedoch berechtigt, diese – soweit vorrätig – beim Auftraggeber anzumieten. Die Überlassung der einzelnen Mietgegenstände sowie der Mietzins werden ggf in einer gesonderten Vereinbarung geregelt.

Ein zur Ausführung des Auftrags notwendiges Fahrzeug wird vom Auftraggeber ebenfalls nicht gestellt. Es kann jedoch ebenfalls durch den Auftragnehmer vom Auftraggeber gemietet werden. Gleich, ob ein eigenes oder ein vom Auftraggeber überlassenes Fahrzeug benutzt wird, trägt dieses grundsätzlich keine Bezeichnung des Auftraggebers. Eine Werbung des Auftraggebers auf den benutzten Fahrzeugen kann zwischen den Parteien dieses Vertrages vereinbart werden. Für den Fall, dass eine Werbung auf dem Fahrzeug vereinbart wird, zahlt der Auftraggeber hierfür je Quadratmeter und Monat der Nutzung der Werbefläche auf dem Fahrzeug ein Entgelt von ... EUR zzgl Mehrwertsteuer.

§ 5 Versicherungen

Der Auftragnehmer verpflichtet sich zum Abschluss und zur Aufrechterhaltung durch regelmäßige Beitragszahlung einer Betriebshaftpflichtversicherung, die gegenüber dem Auftraggeber nachzuweisen ist. Diese muss sich mindestens auf ... EUR der Höhe nach belaufen. Dieser Versicherungsschutz muss neben selbständigen Dritten auch zum Einsatz kommende selbständige Dritte abdecken oder aber der Auftragnehmer muss nachweisen, dass von ihm unterbeauftragte selbständige Dritte über einen entsprechenden eigenen Versicherungsschutz verfügen.

§ 6 Vergütung

Die erbrachten Leistungen und Lieferungen werden gem. der Anlage 1 zu diesem Vertrag vergütet. Die Vergütung für den Auftragnehmer ist zzgl der gesetzlichen Mehrwertsteuer vom Auftragnehmer in Rechnung zu stellen und vom Auftraggeber zu zahlen. Die Vergütung wird fällig nach Erbringung der Leistung und Fakturierung an den Kunden. Vom Kunden berechtigterweise geltend gemachte Schadensersatzansprüche oder berechtigte sonstige Leistungsminderungen gehen zu Lasten des Auftragnehmers, es sei denn, dass diese Minderungen oder Ersatzforderungen des Kunden aufgrund Verschuldens des Auftraggebers entstanden sind. Die Beweislast trägt der Auftragnehmer. Die jeweilige Abrechnung erfolgt zum Monatsende durch Vorlage der Unterlagen über die Erbringung der Leistung und Lieferung durch den Auftragnehmer gegenüber dem Kunden.

§ 7 Vertragsstrafe

Verstößt der Auftragnehmer gegen die Verpflichtungen aus den §§ 1, 3 und 6 über die Nachweispflicht des eigenen Gewerbes, des Gewerbes eines eventuell den Auftrag ausführenden Dritten, über den Nachweis der Abführung eventueller Lohnsteuer und Gesamtsozialversicherungsbeiträge dieses Dritten sowie über den Nachweis der Haftpflichtversicherung, so zahlt der Auftragnehmer für jeden Fall des Verstoßes eine Vertragsstrafe in Höhe von 5.000 EUR an den Auftraggeber. Gleiches gilt für einen schuldhaften Verstoß des Auftragnehmers im Hinblick auf die Qualifikation zur Durchführung des Auftrags durch den Auftragnehmer selbst oder durch von ihm beauftragte oder angestellte Dritte.

Eine fortdauernde Unterlassung der oben genannten Anzeigepflichten gilt nach jeder Abmahnung durch den Auftraggeber als Einzelverstoß, maximal jedoch als ein Verstoß pro Kalendermonat.

Dem Auftraggeber bleibt es vorbehalten, einen darüber hinausgehenden Schaden geltend zu machen.

§ 8 Verschwiegenheit

Betriebs- und Geschäftsgeheimnisse des Auftraggebers, die dem Auftragnehmer bekannt geworden sind, sind auch über die Beendigung des Vertragsverhältnisses hinaus als Geheimnis zu behandeln und dürfen Dritten nicht zugänglich gemacht werden. Soweit der Auftragnehmer zur Verpflichtung aus diesem Vertrag Dritte zum Einsatz bringt, hat er durch entsprechende Vereinbarungen mit diesen Dritten sicherzustellen, dass auch diese entsprechend mit Betriebs- und Geschäftsgeheimnissen des Auftraggebers umgehen.

§ 9 Vertragsdauer, Kündigung

Dieser Vertrag läuft auf unbestimmte Zeit. Er kann beiderseits mit einer Frist von sechs Wochen zum Quartalsende gekündigt werden. Im Fall der Vertragsbeendigung sind sämtliche der im Laufe der Geschäftsbeziehung erhaltenen Gegenstände, Unterlagen und sonstigen zur Ausführung des Auftrags erforderlichen Objekte unaufgefordert und unversehrt an den Auftraggeber zurückzugeben. Ein Zurückbehaltungsrecht besteht nicht.

§ 10 Besondere Vereinbarungen mit dem Auftragnehmer

(1) Die Parteien streben in beiderseitigem Einvernehmen eine Zusammenarbeit auf selbständiger Basis an; ein Arbeits- wie auch ein sozialversicherungspflichtiges Beschäftigungsverhältnis soll nicht begründet wer-

den. Dementsprechend werden von der Vergütung weder Lohnsteuer noch Sozialversicherungsbeiträge einbehalten und abgeführt. Der Auftragnehmer ist für die sich aus dieser Zusammenarbeit ergebenden steuerlichen und sozialversicherungsrechtlichen Pflichten selbst verantwortlich, insbesondere auch für eine angemessene Versicherung für die Altersvorsorge wie auch zum Schutz gegen Krankheiten und den Pflegefall.

(2) Der Auftragnehmer teilt dem Auftraggeber spätestens bis zum Tag der Aufnahme seiner Tätigkeit mit, ob und in welchem Umfang eine private Rentenversicherung zur Absicherung bei Alter und Invalidität sowie eine Krankenversicherung bestehen. Der Auftraggeber kann die Vorlage geeigneter Nachweise verlangen sowie sich schriftlich versichern lassen, dass eine ausreichende soziale Absicherung besteht. Die freiwillige Versicherung in einer gesetzlichen Krankenversicherung gilt auch als ausreichende Krankenversicherung.

(3) Der Auftragnehmer willigt ein, dass der Auftraggeber einen Antrag nach § 7 a SGB IV beim Rentenversicherungsträger stellt, um feststellen zu lassen, dass von dem Auftragnehmer keine versicherungspflichtige Tätigkeit ausgeübt wird. Der Auftragnehmer wird bei einem solchen Statusfeststellungsverfahren aktiv mitwirken.

(4) Der Auftragnehmer verpflichtet sich, an einem Statusfeststellungsverfahren bei der Deutschen Rentenversicherung Bund nach den §§ 7 a ff SGB IV konstruktiv mitzuwirken und den Auftraggeber mit den dafür erforderlichen Informationen über seine sonstigen Tätigkeiten (einschl. Belege) zu versorgen. Änderungen in den Verhältnissen des Auftragnehmers sind dem Auftraggeber unverzüglich und unaufgefordert schriftlich anzuzeigen. Das Gleiche gilt für Statusfeststellungsbescheide bezüglich der Tätigkeit für andere Unternehmen.

(5) Verstößt der Auftragnehmer gegen seine Verpflichtungen gem. Abs. 1, kann der Auftraggeber die Arbeitnehmeranteile zur Sozialversicherung rückerstattet und künftig erstattet verlangen, falls ein Träger der Kranken- oder Rentenversicherung ein sozialversicherungspflichtiges Beschäftigungsverhältnis feststellt.

§ 11 Gerichtsstand

Gerichtsstand für alle Auseinandersetzungen, die im Zusammenhang mit diesem Vertrag stehen, ist ...

§ 12 Schlussbestimmungen

Sollte eine Bestimmung dieses Vertrages unwirksam oder undurchführbar sein, so werden die übrigen Bestimmungen des Vertrages davon nicht betroffen. Die Vertragspartner verpflichten sich, die unwirksame Bestimmung durch eine Bestimmung zu ersetzen, durch welche der beabsichtigte Vertragszweck so weit wie möglich in rechtlich zulässiger Weise erreicht werden kann. Entsprechendes gilt für Regelungslücken, die dieser Vertrag enthält.

23. Muster: Geschäftsbesorgungsvertrag zur Bestellung eines externen Datenschutzbeauftragten

Dienstvertrag

(Geschäftsbesorgungsvertrag)

zwischen

der Firma ...

– nachstehend: Auftraggeber –

und

..., vertreten durch ...

– nachstehend: Auftragnehmer –

Präambel

Der Auftraggeber hat sich entschlossen, seine Verpflichtungen nach dem Bundesdatenschutzgesetz und seine Überwachung gemäß den gesetzlichen Verpflichtungen auf einen betriebsfremden Dritten zu übertragen. Herr ... ist als Auftragnehmer Mitglied im Berufsverband der Datenschutzbeauftragten Deutschlands (BvD) e.V. und als externer Datenschutzbeauftragter iSd Bundesdatenschutzgesetzes (BDSG) (durch Udis e.V.) ausgebildet. Das Zertifikat liegt dem Auftraggeber in Kopie vor.

Dies vorausgeschickt, treffen die Parteien folgende Vereinbarungen:

§ 1 Gegenstand des Vertrages

Gegenstand des Vertrages ist die umfassende Beratung des Auftraggebers bei der Einhaltung des Datenschutzes und der Datensicherheit gemäß Bundesdatenschutzgesetz und aller betrieblich relevanten Gesetze zum Datenschutz in ihrer jeweils gültigen Fassung.

§ 2 Datenschutzbeauftragter

Auf der Grundlage dieses Vertrages erfolgt für die Laufzeit des Vertrages mit gesonderter Erklärung durch den Auftraggeber die Bestellung des Auftragnehmers zum betrieblichen Datenschutzbeauftragten gem. § 4f BDSG (Anlage).

Der Datenschutzbeauftragte wirkt pflichtgemäß auf die Einhaltung des Datenschutzes hin. Grundlage und Maßstab der Aufgabenerfüllung des Auftragnehmers sind die für den Auftraggeber einschlägigen Rechtsvorschriften zum Datenschutz.

§ 3 Umfang der Tätigkeit

(1) Als notwendiger Zeitaufwand wird ein einmaliger Erstaufwand von ... Stunden, im ersten Jahr der Tätigkeit monatlich ... Stunden, ab dem zweiten Jahr monatlich ... Stunden festgestellt und vereinbart. Ein erkennbarer Mehraufwand ist durch den Auftragnehmer rechtzeitig beim Auftraggeber anzumelden.

(2) Der Umfang der Beratung ergibt sich aus den dort im Einzelnen benannten Anforderungen (zB des Bundesdatenschutzgesetzes und anderer Datenschutzgesetze).

Die Aufgaben des Datenschutzbeauftragten ergeben sich aus § 4g BDSG. Dazu gehören insbesondere:

a) Durchführung einer Bestandsaufnahme zur Feststellung des derzeitigen Ordnungsmäßigkeitsstandes (Datenschutzniveau) in Bezug auf die Erfüllung der Anforderungen der Datenschutzgesetze.

b) Ermittlung und Feststellung des Handlungs- bzw Änderungsbedarfs in Bezug auf notwendige Datenschutzmaßnahmen sowie Festlegung der Datenschutzziele des Unternehmens nach Absprache mit dem Auftraggeber.

c) Entwicklung von Richtlinien und Arbeitsanweisungen sowie Formularen zur Realisierung der Anforderungen des Datenschutzes.

d) Erstellung und Pflege der nach dem BDSG vorgeschriebenen Verfahrensübersichten und regelmäßige Überprüfung der darin enthaltenen Angaben.

e) Beratung bei der Auswahl und der Einführung von spezifischen IT-Anwendungen und Prüfung ihrer Datenschutzkonformität. Überwachung der ordnungsgemäßen Anwendung der Datenverarbeitungsprogramme, mit deren Hilfe personenbezogene Daten verarbeitet werden.

f) Durchführung der Vorabkontrolle von IT-Anwendungen gem. § 4d Abs. 5 und 6 BDSG insbesondere bei der Verarbeitung von besonderen Arten personenbezogener Daten.

g) Vorschläge zur datenschutzgerechten Gestaltung von Verträgen mit externen Geschäftspartnern des Auftraggebers.

h) Information über datenschutzbedeutsame Gesetze, Richtlinien und Rechtsprechung.

i) Schulung und Information der Mitarbeiter im datenschutzgerechten Umgang mit personenbezogenen Daten.

j) Überprüfung der datenschutzgerechten Gestaltung des Internetauftritts des Auftraggebers hinsichtlich der Anforderungen von TDG und TDDSG und sonstiger zur Anwendung gelangender Datenschutzgesetze.

k) Vorschläge zur datenschutzgerechten Gestaltung von arbeitsvertraglichen Regelungen zur (ggf privaten) Nutzung von E-Mail und Internet durch die Mitarbeiter des Auftraggebers.

l) Ansprechpartner in allen Datenschutzangelegenheiten und Beantwortung von Anfragen von außen, zB Aufsichtsbehörden oder Betroffenen, nach Absprache mit dem Auftraggeber.

(3) Im Rahmen seiner Aufgabenerfüllung sowie der Anwendung seiner Fachkunde ist der Auftragnehmer weisungsfrei. Gegenüber der Geschäftsführung hat er ein direktes Vortragsrecht. Der Auftraggeber ist verpflichtet, den Auftragnehmer über alle datenschutzrelevanten Ereignisse – auch aus der Vergangenheit – zu informieren.

In einem regelmäßig zu erstellenden Tätigkeitsbericht berichtet der Auftragnehmer über den datenschutzrechtlichen Status des Betriebes/Unternehmens, über eventuelle Probleme und schlägt Lösungen zu deren Minimierung oder Beseitigung vor.

Zur Unterstützung des Auftragnehmers benennt der Auftraggeber einen internen Ansprechpartner für Fragen des Datenschutzes und der IT-Sicherheit. Der Auftragnehmer ist über diesen internen Ansprechpartner berechtigt, notwendige Auskünfte einzuholen und die für die Durchführung der Beratung erforderlichen Zuarbeiten, ggf in Abstimmung mit dem Auftraggeber, zu veranlassen bzw in Anspruch zu nehmen.

Für vertrauliche Gespräche stellt der Auftraggeber im Bedarfsfalle Räumlichkeiten zur Verfügung.

§ 4 Verschwiegenheit

Der Auftragnehmer und der Auftraggeber verpflichten sich zur Wahrung der Verschwiegenheit über alle Geschäftsgeheimnisse auch über die Beendigung des Vertragsverhältnisses hinaus. Der Auftragnehmer unterliegt der Verschwiegenheitspflicht über die Identität eines Betroffenen sowie über Umstände, die Rückschlüsse auf den Betroffenen zulassen, soweit er nicht davon durch den Betroffenen befreit wird (§ 4 f Abs. 4 BDSG). Die Verpflichtung zur Verschwiegenheit bezieht sich auch auf alle sonstigen Informationen, die dem Auftragnehmer im Rahmen seiner Tätigkeit für den Auftraggeber bekannt werden und die nicht öffentlich zugänglich sind oder waren; sie besteht auch gegenüber Erfüllungsgehilfen des Auftragnehmers.

§ 5 Vergütung

Als Honorar werden ... EUR pro Beratungsstunde zuzüglich Mehrwertsteuer vereinbart. Das Honorar wird jeweils zum Ende eines Monats fällig. Erforderliche Reisekosten werden mit Nachweis ersetzt. Die Anreisen zum Firmensitz sind kostenfrei.

§ 6 Vertragslaufzeit

(1) Dieser Vertrag beginnt zum ... und hat eine Laufzeit von zwölf Monaten. Er verlängert sich stillschweigend um jeweils zwölf weitere Monate, wenn er nicht von einer der vertragsschließenden Parteien mit einer Frist von sechs Monaten vor Vertragsablauf schriftlich gekündigt wird. Mit Ablauf des Vertrages endet die Bestellung zum Datenschutzbeauftragten.

(2) Dieser Vertrag kann in entsprechender Anwendung von § 626 BGB gekündigt und die Bestellung zum Beauftragten für den Datenschutz widerrufen werden (vgl § 4 f Abs. 3 BDSG). Der Widerruf der Bestellung gilt zugleich als Kündigung dieses Vertrages.

(3) Der Auftragnehmer ist Mitglied im Berufsverband der Datenschutzbeauftragten Deutschlands (BvD) e.V. und als externer Datenschutzbeauftragter iSd Bundesdatenschutzgesetzes (BDSG) (durch Udis e.V.) ausgebildet. Das Zertifikat liegt dem Auftraggeber in Kopie vor. Die vorgenannte Qualifikation ist eine unabdingbare Voraussetzung für die Geschäftsbesorgung. Fällt diese weg, so hat der Auftraggeber ein Sonderkündigungs-

recht, wenn der Auftragnehmer nicht binnen drei Monaten nach zuverlässiger Kenntnisnahme vom Wegfall der Qualifikation die Neuerlangung nachweist.

§ 7 Vertragliche Stellung

(1) Die Parteien streben in beiderseitigem Einvernehmen eine Zusammenarbeit auf selbständiger Basis an; ein Arbeits- wie auch ein sozialversicherungspflichtiges Beschäftigungsverhältnis soll nicht begründet werden. Dementsprechend werden von der Vergütung weder Lohnsteuer noch Sozialversicherungsbeiträge einbehalten und abgeführt. Der Auftragnehmer ist für die sich aus dieser Zusammenarbeit ergebenden steuerlichen und sozialversicherungsrechtlichen Pflichten selbst verantwortlich, insbesondere auch für eine angemessene Altersvorsorge wie auch angemessene Versicherungen zum Schutz gegen Krankheiten und den Pflegefall.

(2) Der Auftragnehmer teilt dem Auftraggeber spätestens bis zum Tag der Aufnahme seiner Tätigkeit mit, ob und in welchem Umfang eine private Rentenversicherung zur Absicherung bei Alter und Invalidität sowie eine Krankenversicherung bestehen. Der Auftraggeber kann die Vorlage geeigneter Nachweise verlangen sowie sich schriftlich versichern lassen, dass eine ausreichende soziale Absicherung besteht. Die freiwillige Versicherung in einer gesetzlichen Krankenversicherung gilt auch als ausreichende Krankenversicherung.

(3) Der Auftragnehmer willigt ein, dass der Auftraggeber einen Antrag nach § 7 a SGB IV beim Rentenversicherungsträger stellt, um feststellen zu lassen, dass von dem Auftragnehmer keine versicherungspflichtige Tätigkeit ausgeübt wird.

(4) Der Auftragnehmer verpflichtet sich, an einem Statusfeststellungsverfahren bei der Deutschen Rentenversicherung Bund (DRV) nach den §§ 7 a ff SGB IV konstruktiv mitzuwirken und den Auftraggeber mit den dafür erforderlichen Informationen über seine sonstigen Tätigkeiten (einschl. Belege) zu versorgen. Entsprechendes gilt auch bei etwaigen Betriebsprüfungen der Sozialversicherungsträger. Möglicherweise statusrelevante Änderungen in den Verhältnissen des Auftragnehmers sind dem Auftraggeber unverzüglich und unaufgefordert schriftlich anzuzeigen. Das Gleiche gilt für Statusfeststellungsbescheide der DRV bezüglich der Tätigkeit für andere Unternehmen.

§ 8 Schlussbestimmungen

Nebenabreden zu diesem Vertrag bestehen nicht. Änderungen oder Ergänzungen dieses Vertrages bedürfen der Schriftform. Sollte eine Bestimmung dieses Vertrages unwirksam werden, so wird der Vertrag im übrigen Inhalt nicht berührt. Die unwirksame Bestimmung soll einvernehmlich durch eine solche Bestimmung ersetzt werden, welche der ursprünglichen Absicht der Parteien wirtschaftlich so weit wie möglich gleichkommt.

Anlage A) zum Geschäftsbesorgungsvertrag

Bestellung zum Datenschutzbeauftragten

Firma ...

bestellt mit dem heutigen Tage

Herrn ...

gem. § 4 f des Bundesdatenschutzgesetzes (BDSG) zu ihrem Beauftragten für den Datenschutz.

Rechte und Pflichten des Beauftragten für den Datenschutz ergeben sich aus §§ 4 f und 4 g BDSG sowie aus den weiteren Rechtsvorschriften über den Umgang mit personenbezogenen Daten, die auf das Unternehmen Anwendung finden.

Herr ... wird in seiner Funktion als Datenschutzbeauftragter der Geschäftsleitung unmittelbar unterstellt.

... (Unterschrift – Für den Auftraggeber)

... (Unterschrift – Der zum Datenschutzbeauftragten Bestellte)

↑

356 **24. Muster: Vertrag mit einer verselbständigten Monteursgruppe und degressiv gestaffeltem Mindestauftragsvolumen**

↓

Vertrag

zwischen
der Firma ...

– im Folgenden „Firma" genannt –

und
...-GmbH

– im Folgenden „GmbH" genannt –

Präambel

Die Parteien arbeiten auf dem Gebiet der Montage des Möbelprogramms der Firma zusammen. Die Monteure waren bislang bei der Firma als Arbeitnehmer beschäftigt. Im Rahmen einer betrieblichen Reorganisation hat sich die Firma von den Arbeitnehmern getrennt. Daraufhin haben die Monteure eine GmbH gegründet. Vor diesem Hintergrund betreibt die GmbH nun ihr eigenes, selbständiges Montagegewerbe.

Dieser Vertrag regelt die Rahmenbedingungen der künftigen Zusammenarbeit der Parteien. Weitere Einzelheiten der zu erteilenden Aufträge werden in den jeweiligen Einzelaufträgen festgelegt.

Die Parteien gestalten ihre Rechtsbeziehungen vor dem Hintergrund der rechtlichen Selbständigkeit jeder Partei.

1. Aufgabengebiet

1.1 Auftragsgegenstand und Fertigstellung

Die GmbH übernimmt für die Firma nach jeweils gesondert erteilten Aufträgen die Montage aller Möbel, Küchen etc. des Möbelprogramms der Firma bei deren Endkunden vor Ort. Die Anlieferung ist nicht Bestandteil dieses Vertrages und wird durch die Firma sichergestellt. Die Transportgefahr trägt die Firma. Die GmbH übernimmt mit der Montage die Entladearbeiten vor Ort. Die Firma stellt die GmbH bei den Entladearbeiten von der Haftung frei, soweit die von der GmbH eingesetzten Personen nicht grob fahrlässig oder vorsätzlich handeln.

Die Firma wird für jeden Auftrag einen unverbindlichen Fertigstellungszeitraum von 14 Tagen festlegen. Die Parteien vereinbaren bei Beauftragung ein verbindliches Fertigstellungsdatum. Sollte die GmbH bei Eintreffen vor Ort feststellen, dass die zu montierenden Einrichtungsgegenstände nicht ausgeliefert worden sind, oder sonst Umstände feststellen, die der Einhaltung des Fertigstellungstermins entgegenstehen und von den Parteien bei dessen Festlegung nicht bedacht worden sind, wird die GmbH unverzüglich mit der Firma Kontakt aufnehmen, um die weitere Vorgehensweise zu vereinbaren. Für eine ggf überflüssige Anfahrt der Monteure der GmbH erhält diese eine entsprechende Entschädigung nach Ziffer 2.3 und 2.4.

1.2 Auftragsausführung

Die GmbH ist in der Ausführung ihrer Aufträge frei. Insbesondere wird sie jedoch angenommene Aufträge entsprechend der vereinbarten Fertigstellungszeitpunkte und der durch die tatsächlichen Verhältnisse vor Ort vorgegebenen zeitlichen Möglichkeiten, auf der Baustelle zu arbeiten, wahrnehmen.

2. Vergütung

2.1 Art der Abrechnung

Es besteht grundsätzlich die Möglichkeit, die Aufträge auf Stundenbasis abzurechnen oder eine Fixpreis-Montage zu vereinbaren. Im Rahmen der Fixpreis-Montage sind alle Aufwendungen (Zeit, Material, Reisen,

Spesen) im Preis enthalten. Voraussetzung für die Vereinbarung der Fixpreis-Montage ist jedoch, dass der GmbH die Möglichkeit gegeben wird, die Kalkulationslisten mindestens eine Woche vor Beginn des Auftrags einzusehen, um den Fixpreis berechnen zu können und gegebenenfalls über diesen mit der Firma verhandeln zu können. Sollte bezüglich des Fixpreises keine Übereinstimmung erzielt werden können, so sind sich die Parteien darüber einig, dass dann auf Stundenbasis abgerechnet werden soll.

Im Rahmen der Abrechnung auf Stundenbasis erfolgt die Abrechnung nach Maßgabe von Ziffer 2.2–2.4.

2.2 Verfahren bei Abrechnung auf Stundenbasis

Der voraussichtliche Aufwand wird von der Firma bei Auftragsvergabe geschätzt und nach Vorlage der Kalkulation mit der GmbH im jeweiligen Auftrag vereinbart. Der voraussichtliche Aufwand darf regelmäßig um höchstens 10 % überschritten werden. Im Falle einer Überschreitung der vereinbarten Höchststundenzahl ist eine nachvollziehbare Begründung anzugeben.

Wird eine Einigung nicht binnen 24 Stunden nach Eingang der vorgenannten Begründung erzielt, kann die Firma von dem Auftrag zurücktreten. Die bis dahin von der GmbH geleisteten Stunden werden abgerechnet. Die Firma ist in diesem Fall berechtigt, die Fertigstellung dieses Auftrags anderen Unternehmen zu übertragen. Kosten entstehen der GmbH durch eine solche Maßnahme seitens der Firma nicht, die Abnahmeverpflichtung gem. Ziffer 3.1 wird jedoch um die von der Firma in den Verhandlungen veranschlagten Stunden gekürzt.

Die von der GmbH eingesetzten Monteure führen Zeitnachweise, die von dem jeweiligen Kunden abgezeichnet werden.

Die Firma ist berechtigt, bei umfangreicheren Montagen Mitteilung über die bislang angefallenen Stunden zu verlangen.

Die Abnahme erfolgt regelmäßig bei Abschluss der Arbeiten, spätestens jedoch zwei Arbeitstage nach Fertigstellung, im Beisein des jeweiligen Monteurs der GmbH. Sofern der Monteur für die Abnahme nochmals anreisen muss, trägt die Firma die Spesen.

Nach Abnahme der Arbeiten erfolgt die Rechnungsstellung unter Beifügung der Zeitnachweise. Der Werklohn wird 14 Tage nach Rechnungseingang zur Zahlung fällig.

2.3 Stundensatz

Als Stundensatz werden 40 EUR zusätzlich der jeweils gültigen gesetzlichen Mehrwertsteuer vereinbart. Mit diesem Satz werden reine Arbeitsstunden abgerechnet. Reise- und Wartezeiten werden pauschal mit 0,30 EUR pro Entfernungskilometer zwischen dem Sitz der GmbH und dem Montageort bzw zwischen den Orten zweier aufeinander folgender Montagen, berechnet nach dem Internet-Routenplaner ..., abgegolten.

2.4 Spesen

Übernachtungskosten werden pauschal mit 68 EUR je erforderlicher Übernachtung abgegolten.

Fahrzeugkosten werden mit 0,51 EUR pro Entfernungskilometer, zwischen dem Sitz der GmbH und dem Montageort bzw zwischen den Orten zweier aufeinander folgender Montagen, berechnet nach dem Computerprogramm Map-Guide, und Fahrzeug abgegolten.

3. Auftragsvolumen

3.1 Monatliche/jährliche Auftragsverpflichtung

Die Firma verpflichtet sich zu einem Mindestauftragsvolumen von monatlich 1.720 Stunden im ersten und zweiten Jahr der Vertragsbeziehung und 1.440 Stunden im dritten Jahr der Vertragsbeziehung (bezogen auf 12 Monteure). Auf die Abnahmeverpflichtung werden Fixpreis-Montagen zu 80 % des Auftragswertes zu einem Stundensatz von 38 EUR angerechnet. Auf die Abnahmeverpflichtung werden ebenfalls Zeiten nach Ziffer 2.2 Satz 6 sowie das Stundenvolumen solcher Aufträge angerechnet, die die GmbH beispielsweise wegen

Terminkollisionen oder weil sie ihrerseits wegen Krankheit und Urlaub keine ausreichende Anzahl von Monteuren zur Verfügung hat, abgelehnt hat. Reise- und Wartezeiten nach Ziffer 2.3 werden mit 1/70 Stunde pro Entfernungskilometer entsprechend Ziffer 2.3 angerechnet.

3.2 Berechnung und Ausgleich von Unterschreitungen

Das Auftragsvolumen wird jährlich auf Basis des gesamten in diesem Zeitraum angefallenen Auftragsvolumens nach Ziffer 3.1 berechnet. Monate mit überschießendem Volumen werden mit anderen Monaten, in denen das Volumen unterschritten wird, verrechnet.

Wird das Volumen nicht erreicht, so ist die Firma verpflichtet, die Differenz wie folgt auszugleichen:

- im ersten Jahr mit 80 %   30,68 EUR je Differenzstunde,
- im zweiten Jahr mit 60 %   23,01 EUR je Differenzstunde,
- im dritten Jahr mit 50 %   19,17 EUR je Differenzstunde.

Eine Zwischenberechnung erfolgt zum 31.3., 30.6., 30.9. und 31.12. Wird das durchschnittliche monatliche Auftragsvolumen zu diesen Stichtagen jeweils nicht erreicht, wird die Unterschreitung gemäß den vereinbarten Richtsätzen abgegolten (Abschlagszahlung). Die Abschlagszahlung erfolgt zum 10. des dem jeweiligen Quartalsende folgenden Monats. Ergeben sich zu einem Stichtag Überzahlungen, so ist die Firma berechtigt, diese mit der nächsten Forderung der GmbH zu verrechnen.

3.3 Verrechnung von Forderungen

Mit Ausnahme von Ziffer 3.2 letzter Satz ist eine Verrechnung von Forderungen mit Aufträgen beider Parteien nur im gegenseitigen Einvernehmen gestattet.

4. Gewährleistung, Qualitätssicherung, Montagefahrzeuge

4.1 Nachbesserung

Im Interesse der Kundenzufriedenheit vereinbaren die Parteien, dass die Gewährleistung durch Nachbesserung erfolgt. Nach Meldung des Mangels durch die Firma muss die Nachbesserung innerhalb von einer Woche durch die GmbH begonnen werden. Voraussetzung für den Lauf der Wochenfrist ist, dass die Firma in dieser Zeit auch die zur Nachbesserung nötigen Materialien zur Verfügung stellt. Nach Ablauf dieser Frist ist die Firma berechtigt, einen Dritten zu Lasten der GmbH mit der Nachbesserung zu beauftragen. Gleiches gilt, wenn durch die Nachbesserung der Mangel nicht beseitigt wird.

4.2 Qualitätssicherung

Zur Sicherstellung des Qualitätsstandards der Firma verpflichtet sich die GmbH, entsprechend professionelles Werkzeug zu benutzen. Eine Verpflichtung, bestimmtes Werkzeug zu benutzen oder zu erwerben, besteht nicht.

4.3 Montagefahrzeuge

Die Montagefahrzeuge werden von der GmbH gestellt.

5. Geheimhaltungsverpflichtung

Die GmbH und alle bei ihr tätigen Monteure verpflichten sich, sämtliche Geschäfts- und Betriebsgeheimnisse der Firma vertraulich zu behandeln.

Hierzu gehören insbesondere Kundenbeziehungen sowie Lieferantenbeziehungen und vertragliche Abreden mit beiden Gruppen. Die Geheimhaltungsverpflichtung erstreckt sich auch über die Laufzeit dieses Vertrages hinaus.

Sofern eine Wettbewerbsbeschränkung getroffen wird, ist hierzu eine gesonderte Vereinbarung erforderlich, in der unter anderem die Höhe der durch die Firma zu zahlenden Entschädigung geregelt ist.

Sofern der Vertrag durch die Firma gekündigt wird, besteht seitens der GmbH keine Verpflichtung, bisherige Kundenbeziehungen abzubrechen. Dies gilt nicht, wenn der Vertrag zB wegen grober Vertragsverletzung aus wichtigem Grund seitens der Firma gekündigt wird.

6. Haftung/Freistellung

Soweit die Firma aufgrund von Leistungen, die die GmbH erbracht hat, in Haftung genommen wird, verpflichtet sich die GmbH gegenüber der Firma, die Firma von solchen Haftungen freizustellen.

7. Abtretung/Übertragung von Rechten

Die Parteien werden Rechte und Forderungen aus diesem Vertrag nicht ohne Zustimmung der anderen Partei übertragen.

8. Vertragslaufzeit/Kündigung

8.1 Vertragsbeginn

Dieser Vertrag beginnt zum ....

8.2 Vertragslaufzeit

Der Vertrag ist für unbestimmte Dauer geschlossen, mindestens aber für die Dauer von drei Jahren. Danach ist der Vertrag mit einer Frist von 3 Monaten zum Monatsende kündbar. Das Recht zur ordentlichen Kündigung dieses Vertrages von Seiten der Firma ist während der Bindungsfrist ausgeschlossen.

8.3 Sonderkündigungsrecht

Das Recht, aus wichtigem Grund zu kündigen, bleibt unberührt.

8.4 Laufende Aufträge bei Kündigung

Im Fall der Kündigung werden die laufenden Aufträge noch vertragsgemäß abgewickelt. Dies gilt nicht im Fall der Kündigung aus wichtigem Grund.

9. Allgemeine Regelungen

9.1 Nebenabreden, Schriftform

Nebenabreden zu diesem Vertrag sind nicht getroffen. Änderungen oder Ergänzungen sowie die Aufhebung bedürfen zu ihrer Rechtswirksamkeit der Schriftform. Das Gleiche gilt für den Verzicht auf das Schriftformerfordernis.[204]

9.2 Salvatorische Klausel

Im Fall der Unwirksamkeit einer oder mehrerer Bestimmungen dieses Vertrages oder im Fall von Lücken werden die Vertragsparteien eine der unwirksamen Regelungen bzw der Gesamtregelung wirtschaftlich möglichst nahe kommende rechtswirksame Ersatz- bzw Ergänzungsregelung treffen.

---

[204] Die hier verwandte sog. doppelte Schriftformklausel dürfte im Anschluss an die BAG-Rechtsprechung (im Arbeitsverhältnis: BAG 20.5.2008 – 9 AZR 382/07, NZA 2008, 1233) auch in AGB-darstellenden Dienstverträgen unwirksam sein (so OLG München 13.3.2008 – 23 U 4481/07, juris; s. aber BGH 2.6.1976 – VIII 2 R 97/74, BGHZ 66, 378 zur Wirksamkeit einer doppelten Schriftformklausel in dem anders gelagerten Fall eines Individualvertrages zwischen Kaufleuten).

357 **25. Muster: Werklohnvereinbarung zwischen einem Schrotthändler und einem Schrottverkleinerer mit Mindestauftragsvolumen**

↓

Werklohnvertrag

zwischen

..., vertreten durch den Geschäftsführer ...

– im Folgenden „Auftraggeber" genannt –

und

..., vertreten durch den Geschäftsführer ...

– im Folgenden „Auftragnehmer" genannt –

Präambel

Der Auftraggeber ist Eigentümer des Grundstücks ... in ... . Auf diesem Grundstück sind zwei Fallwerke der Marke ... errichtet.

Der Auftragnehmer wird mit seinen Arbeitnehmern für den Auftraggeber auf dem Grundstück des Auftraggebers Schrott etc. mit den Fallwerken verkleinern, wobei der Auftraggeber den zu zerkleinernden Schrott zur Verfügung stellt. Mit diesem Vertrag regeln die Vertragsparteien die Einzelheiten dieses Vertragsverhältnisses.

§ 1 Vertragsgegenstand

(1) Der Auftragnehmer wird mit seinen Arbeitnehmern selbständig und eigenverantwortlich für den Auftraggeber dessen Material zerkleinern. Das Material, welches Vertragsgegenstand ist, ist in Anlage 1 aufgelistet. Zur Erfüllung der Aufträge nach diesem Vertrag wird der Auftragnehmer folgende Arbeiten durchführen:

- Abladen des Materials von eingehenden Transportmitteln;
- Befüllen der Fallwerke mit dem zu zerkleinernden Material;
- Zerkleinern des Materials (insbesondere Bären und Maschinenguss) im Fallwerk;
- Leer räumen der Fallwerke von zerkleinertem Material;
- Zwischenlagerung des zerkleinerten Materials auf ausgewiesenen Flächen (Anlage 4);
- Beseitigung der Schlacken, Störstoffe sowie Rückstände aus den Fallwerken;
- Sortieren des zerkleinerten Materials nach den Kriterien gemäß Anlage 2;
- Beladen von Transportmitteln mit dem ausgehenden zerkleinerten Material;
- Reinigung und Wartung der Fallwerke nach beendeter Arbeit.

Die durchzuführenden Reinigungs- und Wartungsarbeiten nach Beendigung des Auftrags werden im Einzelnen in Anlage 3 aufgelistet.

(2) Zur Durchführung dieser Arbeiten stellt der Auftraggeber dem Auftragnehmer die beiden Fallwerke der Marke ... auf dem Grundstück ... in ... zur Verfügung. Die Nutzung ist für den Auftragnehmer kostenfrei. Der Auftragnehmer ist berechtigt, auch die in Anlage 4 rot gekennzeichneten Räume zur Erfüllung seiner vertraglichen Verpflichtungen aus diesem Vertrag kostenfrei zu nutzen. Er ist insbesondere berechtigt, seinen Arbeitnehmern die Nutzung dieser Räume als Umkleideräume etc. zur Verfügung zu stellen. Eine Nutzung des Grundstücks, der Räumlichkeiten und der Fallwerke ist, soweit diese vertraglich vorgesehen ist, ausschließlich zur Bearbeitung der Aufträge des Auftraggebers zulässig.

Alle sonstigen Materialien, Werkzeuge oder Gerätschaften, die zur Abarbeitung der Aufträge gegebenenfalls erforderlich sind, wird der Auftragnehmer selbst auf eigene Kosten stellen.

Der Auftragnehmer ist nicht befugt, die nicht in Anlage 4 gekennzeichneten Grundstücksflächen zu betreten oder anderweitig zu nutzen. Der Auftragnehmer hat durch geeignete Maßnahmen sicherzustellen, dass seine Arbeitnehmer dieses Betretungs- und Nutzungsverbot beachten.

(3) Der Auftragnehmer hat die oben beschriebenen Arbeiten jederzeit auf Anforderung durch den Auftraggeber durchzuführen. Der Auftraggeber ist verpflichtet, dem Auftragnehmer die Aufträge mit einer Vorankündigungszeit von zwölf Stunden mitzuteilen. Erfolgt die Ankündigung eines Auftrags mit dieser Frist, ist der Auftragnehmer nicht befugt, die Erledigung des Auftrags abzulehnen. Der Auftragnehmer ist verpflichtet, immer eine ausreichende Anzahl von geschulten Arbeitnehmern zur ordnungsgemäßen Bearbeitung der Aufträge bereit zu halten.

(4) Der Auftraggeber verpflichtet sich, dem Auftragnehmer monatlich mindestens ... Tonnen zu verkleinerndem Material zur Verfügung zu stellen. Bleibt das Auftragsvolumen hinter diesem Wert zurück, so erfolgt dennoch eine Vergütung auf Basis des Mindestauftragsvolumens.

(5) Der Auftragnehmer wird die gesetzlich vorgeschriebenen Betriebsbeauftragten bestellen (Arbeitsschutzbeauftragter, Emissionsschutzbeauftragter etc.) und dem Auftraggeber benennen. Er wird eine Betriebsordnung errichten und dem Auftraggeber in Kopie zur Verfügung stellen. Der Auftragnehmer hat die für das Gelände ... geltenden Sicherheitsbestimmungen und die für die Fallwerke geltenden Betriebsanleitungen, welche als Anlage 5 beigefügt sind, einzuhalten. Der Auftragnehmer wird eine oder mehrere Personen bestimmen, die die Einhaltung dieser Bestimmungen überwachen werden.

(6) Der Auftragnehmer wird zur Durchführung der Arbeiten auf dem Gelände zur Ausführung der ihm übertragenen Aufträge nur zuverlässige Arbeitnehmer einsetzen, die – soweit bei der Beschäftigung von ausländischen Arbeitnehmern erforderlich – im Besitz eines gültigen Arbeits- und Aufenthaltstitels sind. Der Auftragnehmer wird nur solche Arbeitnehmer einsetzen, die im Umgang mit den zu bearbeitenden Stoffen geschult sind und Gewähr für eine umweltgerechte, gesetzmäßige Behandlung dieser Stoffe bieten. Der Auftraggeber ist berechtigt, für auf dem Gelände eingesetzte Arbeitnehmer des Auftragnehmers die Vorlage von polizeilichen Führungszeugnissen und der Schulungsnachweise zu verlangen. Hierdurch etwa anfallende Kosten trägt der Auftragnehmer. Ergeben sich aufgrund der polizeilichen Führungszeugnisse oder aus anderen Gründen Bedenken gegen die Zuverlässigkeit von Arbeitnehmern des Auftragnehmers, so ist der Auftraggeber befugt, vom Auftragnehmer den Austausch einzelner Arbeitnehmer gegen Arbeitnehmer zu verlangen, die den gebotenen Anforderungen an die Zuverlässigkeit entsprechen.

Dem Auftragnehmer obliegt in diesem Zusammenhang die volle Verantwortung für die qualitätsgerechte Erfüllung der übertragenen Aufträge und die Einhaltung umweltrechtlicher und arbeitsschutzrechtlicher Bestimmungen. Er bestimmt die Art und Weise der Auftragserfüllung selbst. Der Auftraggeber ist nicht berechtigt, den Arbeitnehmern des Auftragnehmers Anweisungen zu erteilen oder sie, auch nur vorübergehend, für eigene Zwecke einzusetzen.

(7) Der Auftragnehmer ist verpflichtet, dem Auftraggeber die ordnungsgemäße Mitgliedschaft in der zuständigen Berufsgenossenschaft und der Berufsgenossenschafts-Haftpflichtversicherung nachzuweisen.

§ 2 Vertragslaufzeit

(1) Der Vertrag beginnt am ... .

(2) Der Vertrag endet am ... . Er verlängert sich um jeweils ein Jahr, wenn er nicht mit einer Frist von 6 Monaten vor Ablauf der Vertragslaufzeit von einer der Parteien gekündigt wird. Die Kündigung hat schriftlich zu erfolgen. Es gilt das Datum des Zugangs der Kündigungserklärung.

(3) Der Auftraggeber ist berechtigt, das Vertragsverhältnis fristlos aus wichtigem Grund zu kündigen in den folgenden Fällen:

- wenn Antrag auf Einleitung des Insolvenzverfahrens über das Vermögen des Auftragnehmers gestellt ist;

- wenn Zwangsvollstreckungsmaßnahmen gegen den Auftragnehmer fruchtlos verlaufen sind;
- wenn der Auftragnehmer trotz einer schriftlicher Abmahnung gegen vertragliche Bestimmungen verstößt.

Im Übrigen sind beide Parteien nach den gesetzlichen Vorschriften zur fristlosen Kündigung des Vertrages befugt.

(4) Der Auftragnehmer kann diesen Vertrag mit einer einmonatigen Frist zum Monatsende kündigen, wenn der Auftraggeber ihm über einen Zeitraum von vier Wochen in Folge keine Aufträge mehr erteilt hat oder wenn über einen Zeitraum von zwölf Wochen Aufträge nur an drei Tagen erteilt worden sind.

§ 3 Vergütung

(1) Die für die Abrechnung erforderlichen Messungen der Menge des zerkleinerten Materials wird der Auftraggeber mit der auf dem Grundstück befindlichen Waage durchführen. Die Messung ist für die Bemessung der Vergütung verbindlich. Die Waage wird regelmäßig geeicht.

(2) Der Auftragnehmer erhält je Tonne zerkleinerten Materials die sich aus der Anlage 6 ergebende Vergütung. Der Auftragnehmer wird die Vergütung durch ordnungsgemäße Rechnung in Rechnung stellen. Die Vergütung ist fällig und zahlbar innerhalb von zehn Tagen nach Zugang der Rechnung.

(3) Sollte die Menge des dem Auftragnehmer zur Zerkleinerung übergebenen Materials mit der Menge des zerkleinerten Materials nicht korrespondieren, so ist der Auftraggeber zum Abzug des Wertes des fehlenden Materials von der Rechnung nach der Vergütungstabelle (Anlage 6) berechtigt. Der Auftragnehmer hat dafür Sorge zu tragen, dass seine Mitarbeiter kein Material des Auftraggebers beiseite schaffen.

§ 4 Haftung; Versicherungsverpflichtung

(1) Der Auftragnehmer hat die ihm vom Auftraggeber zur Verfügung gestellten Fallwerke sowie die Räumlichkeiten sorgfältig zu behandeln.

(2) Sollten in der Zeit der Nutzung Schäden an den Räumlichkeiten oder den Fallwerken entstehen, so ist der Auftragnehmer zum Ersatz des Schadens verpflichtet. Ihm steht die Befugnis zu, zu beweisen, dass der Schaden nicht durch ihn, einen oder mehrere seiner Mitarbeiter oder durch sonstige Personen verursacht worden ist, deren Anwesenheit in den Räumen oder auf dem Grundstück der Auftragnehmer veranlasst hat. Führt er diesen Beweis nicht, haftet er für den entstandenen Schaden.

(3) Der Auftragnehmer haftet für Verschmutzungen des Grundstücks ..., soweit diese im Zusammenhang mit der von ihm durchzuführenden Arbeiten stehen. Er hat, falls Verschmutzungen auftreten, die mit seiner Tätigkeit in Zusammenhang stehen können, darzulegen und zu beweisen, dass diese nicht ursächlich auf seine Tätigkeit oder die Verhaltensweise seiner Arbeitnehmer oder solcher Personen, deren Anwesenheit auf dem Grundstück der Auftragnehmer veranlasst hat, zurückzuführen sind. Führt er diesen Beweis nicht, haftet der Auftragnehmer für die Schäden.

(4) In gleicher Weise (Abs. 2 und 3) haftet der Auftragnehmer auch für Schäden am Grundstück oder an Gebäuden, soweit diese nicht für die Durchführung der vertraglichen Arbeiten genutzt werden.

(5) Der Auftragnehmer, seine Mitarbeiter und sonstige Personen, die sich auf seine Veranlassung auf dem Grundstück ... befinden, dürfen sich nur auf den in Anlage 4 grün bzw rot gekennzeichneten Teilen des Grundstücks aufhalten. Der Zugang zum Grundstück wird hier ausgewiesen.

(6) Der Auftragnehmer wird während der Abarbeitung der Aufträge die Verkehrssicherungspflicht auf dem Gelände, soweit dieses ihm zur Bearbeitung der Aufträge überlassen wird, erfüllen (Anlage 4, rot gekennzeichnete Flächen und Räume). Sollte eine Gefahr auftreten, die sich auf das nicht in Anlage 4 gekennzeichnete Gelände bezieht oder der der Auftragnehmer nicht entgegentreten kann, so hat er unverzüglich den Auftraggeber zu benachrichtigen.

Sollte der Auftragnehmer oder einer seiner Arbeitnehmer oder eine Person, deren Anwesenheit auf dem Gelände der Auftragnehmer veranlasst hat, sich auf den Teilen des Grundstückes aufhalten, deren Betreten zur

Erfüllung des Vertrages nicht vorgesehen ist, so trägt der Auftragnehmer die Verkehrssicherungspflicht in gleichem Maße auch für diese Grundstücksteile.

(7) Der Auftragnehmer wird alle erforderlichen Versicherungen für den Betrieb seiner gewerblichen Tätigkeit, insbesondere eine Betriebshaftpflichtversicherung und eine Umwelthaftpflichtversicherung mit einer Deckungssumme von zumindest 5 Mio. EUR abschließen. Auf Verlangen des Auftraggebers hat der Auftragnehmer die Versicherungspolicen und Bestätigungen der Versicherungsunternehmen vorzulegen, die den Fortbestand der Versicherungen belegen.

(8) Sollte die Abarbeitung von Aufträgen nur durch eine kurze Arbeitsunterbrechung (Feierabend) unterbrochen werden, trägt der Auftragnehmer die Verkehrssicherungspflicht auch während der Zeit der Arbeitsunterbrechung. Er trägt während dieser Zeit auch die sonstige Haftung nach diesem Vertrag.

(9) Der Auftragnehmer stellt den Auftraggeber von allen gegen diesen geltend gemachten Ansprüchen Dritter frei, soweit diese in einem Zusammenhang mit der Bearbeitung der Aufträge nach diesem Vertrag stehen.

§ 5 Schiedsgerichtsvereinbarung

Für sämtliche Rechtsstreitigkeiten, die sich aus diesem Vertrag oder im Zusammenhang mit diesem Vertrag oder über seine Gültigkeit ergeben, soll nach gesonderter Vereinbarung (Anlage 7) nach der Schiedsgerichtsordnung der Deutsche Institution für Schiedsgerichtsbarkeit e.V. (DIS) unter Ausschluss des ordentlichen Rechtswegs endgültig entschieden werden. Die entsprechende Schiedsgerichtsvereinbarung ist diesem Vertrag als Anlage 7 beigefügt.

§ 6 Abgabe von Erklärungen

Der Auftragnehmer wird dem Auftraggeber eine Person benennen, der gegenüber der Auftraggeber Beanstandungen hinsichtlich der Auftragserfüllung oder sonstige Erklärungen (mit Ausnahme von Kündigungserklärungen) abgeben kann. Unabhängig davon ist der Auftraggeber berechtigt, alle im Rahmen des Vertrages zu tätigenden Erklärungen und Mitteilungen unmittelbar an den Auftragnehmer (Geschäftsführung) zu richten.

§ 7 Salvatorische Klausel

(1) Sollte eine der Bestimmungen dieses Vertrages ganz oder teilweise unwirksam sein oder werden, so wird die Wirksamkeit des Vertrages im Übrigen nicht berührt.

(2) Anstelle der unwirksamen Bestimmung werden die Parteien eine dem wirtschaftlichen Zweck der unwirksamen Bestimmung entsprechende wirksame Bestimmung vereinbaren. Sollte eine Einigung nicht zustande kommen, ist der Auftraggeber berechtigt, eine wirksame, dem wirtschaftlichen Zweck der unwirksamen Bestimmung entsprechende Bestimmung vorzugeben.

(3) Sollte dieser Vertrag eine Regelungslücke enthalten, so ist diese Regelungslücke durch eine dem wirtschaftlichen Zweck des Vertrages entsprechende Regelung zu füllen. Sollten sich die Parteien nicht auf eine entsprechende Regelung einigen können, ist der Auftraggeber berechtigt, eine die Regelungslücke füllende, dem wirtschaftlichen Zweck des Vertrages entsprechende Regelung vorzugeben.

§ 8 Schlussbestimmungen

Mündliche Nebenabreden zu diesem Vertrag sind nicht getroffen. Änderungen und Ergänzungen sowie die Aufhebung dieses Vertrages bedürfen der Schriftform, soweit nicht nach gesetzlichen Vorschriften eine andere Form vorgeschrieben ist. Diese Schriftformklausel kann nur schriftlich geändert werden.[205]

---

[205] Die hier verwandte sog. doppelte Schriftformklausel dürfte im Anschluss an die BAG-Rechtsprechung (im Arbeitsverhältnis: BAG 20.5.2008 – 9 AZR 382/07, NZA 2008, 1233) auch in AGB-darstellenden Dienstverträgen unwirksam sein (so OLG München 13.3.2008 – 23 U 4481/07, juris; s. aber BGH 2.6.1976 – VIII 2 R 97/74, BGHZ 66, 378 zur Wirksamkeit einer doppelten Schriftformklausel in dem anders gelagerten Fall eines Individualvertrages zwischen Kaufleuten).

Kapitel 3: Anstellungsverträge mit GmbH-Geschäftsführern und AG-Vorständen

Literatur:

Dienstvertrag des GmbH-Geschäftsführers:

Arens, Der GmbH-Geschäftsführer im Arbeits-, Sozialversicherungs- und Steuerrecht – aktuelle Entwicklungen, DStR 2010, 115; *Baeck/Götze/Arnold*, Festsetzung und Herabsetzung der Geschäftsführervergütung – Welche Änderungen bringt das VorstAG?, NZG 2009, 1121; *Bauer/Arnold*, Kein Kündigungsschutz für Arbeitnehmer-Geschäftsführer – oder doch?, DB 2008, 350; *Bauer/Diller/Krets*, BGH contra BAG: Schadensersatz nach § 628 Abs. 2 BGB wegen Abberufung und/oder Nichtbestellung eines GmbH-Geschäftsführers?, DB 2003, 2687; *Bauer/ von Medem*, Rechtliche und taktische Hinweise zu Wettbewerbsverboten mit Vorständen und Geschäftsführern, GWR 2011, 435; *Böhm*, Pensionsansprüche bei der Trennung von Managern, NZA 2009, 767; *Dauner-Lieb/ Dötsch*, Ein Kaufmann als Verbraucher? – Zur Verbrauchereigenschaft des Personengesellschafters, DB 2003, 1666; *Diller*, Anmerkung zum Urteil des BAG vom 25.10.2007 – 6 AZR 1045/06 (Ordentliche Kündigung des Geschäftsführers – Verhältnis von Arbeitsverhältnis und Geschäftsführerdienstvertrag), NJW 2008, 1019; *Erdmann*, Ausländische Staatsangehörige in Geschäftsführungen und Vorständen deutscher GmbHs und AGs, NZG 2002, 503; *Falder*, Geschäftsführer bei Auslandsgesellschaften, NZA 2000, 868; *Fischer*, Die Bestellung von Arbeitnehmern zu Organmitgliedern juristischer Personen und das Schicksal ihres Arbeitsvertrages, NJW 2003, 2417; *Frenzel*, Erstarkung der Gesamt- zur Alleinvertretungsbefugnis bei Ausscheiden der übrigen Geschäftsführer?, GmbHR 2011, 515; *Gehlhaar*, Die Rechtsprechung zu (vorhandenen) Arbeitsverhältnissen von Organen juristischer Personen, NZA-RR 2009, 569; *Gerz*, Umsatzsteuerrechtliche Behandlung der Leistungen eines Geschäftsführers, SteuK 2012, 10; *Goll-Müller/Langenhan-Komus*, Der Geschäftsführer mit Arbeitsvertrag und dennoch ohne Kündigungsschutz, NZA 2008, 687; *Greven*, Die Bedeutung des VorstAG für die GmbH, BB 2009, 2154; *Grobys/Glanz*, Kopplungsklauseln in Geschäftsführerverträgen, NJW-Spezial 2007, 129; *Groeger*, Begrenzung der Managervergütungen bei Banken durch staatliche Regulierung?, DrA 2011, 287; *Hahn*, Europarechtswidrigkeit des neuen § 8 a KStG, GmbHR 2004, 277; *Hänlein*, Der mitverpflichtete Gesellschafter-Geschäftsführer als Verbraucher?, DB 2001, 1185; *Herlinghaus*, BFH-Rechtsprechung zur verdeckten Gewinnausschüttung im Jahr 2002, GmbHR 2003, 373; *Hohenstatt/Kuhnke*, Vergütungsstruktur und variable Vergütungsmodelle für Vorstandsmitglieder nach dem VorstAG, ZIP 2009, 1981; *Holthausen/Steinkraus*, Die janusköpfige Rechtsstellung des GmbH-Geschäftsführers im Arbeitsrecht, NZA-RR 2002, 281; *Hümmerich*, Arbeitsverhältnis als Wettbewerbsgemeinschaft – Zur Abgrenzung zwischen Arbeitnehmern und Selbständigen, NJW 1998, 2625; *ders.*, Erweiterte Arbeitnehmerrechte durch Verbraucherschutz, AnwBl 2002, 671; *ders.*, Der Verbraucher-Geschäftsführer – ein unbekanntes Wesen, NZA 2006, 709; *Hümmerich/Schmidt-Westphal*, Der Geschäftsführer und das ruhende Arbeitsverhältnis – integrierte Aufhebungsvereinbarungen im Dienstvertrag, DB 2006, 222; *Kamanabrou*, Das Anstellungsverhältnis des GmbH-Geschäftsführers im Licht neuerer Rechtsprechung, DB 2002, 146; *Kauffmann-Lauven*, Vorstands- und Geschäftsführerverträge bei Restrukturierungsmaßnahmen, in: ArbG ArbR, FS zum 25-jährigen Bestehen, 2006, S. 471 ff; *Khanian*, Die Inhaltskontrolle von Geschäftsführerverträgen, GmbHR 2011, 116; *Kort*, Sind GmbH-Geschäftsführer und Vorstandsmitglieder diskriminierungsrechtlich Arbeitnehmer?, NZG 2013, 601; *Leuering/Dornhegge*, Geschäftsverteilung zwischen GmbH-Geschäftsführern, NZG 2010, 13; *Lücke*, Der Status des GmbH-Geschäftsführers: (K)ein Arbeitnehmer!?, NJW 2009, 3207; *Lunk/Rodenbusch*, Der Weiterbeschäftigungsanspruch des GmbH-Geschäftsführers, NZA 2011, 497; *Meier*, Der fehlerhafte Anstellungsvertrag mit Organmitgliedern und die Rückabwicklung der Vergütung, NZA 2011, 267; *Melot de Beauregard/Schwimmbeck/Gleich*, Variable Vergütung im Trennungsprozess mit Geschäftsführern und Vorständen (Teil 2), DB 2012, 2853; *Mertes*, Die Tantieme-Gestaltung, GmbH-StPr 2009, 108; *Miras*, Verbotene Diskriminierung bei der Auswahl von Vorstandsmitgliedern, GWR 2012, 311; *Moosmayer*, Modethema oder Pflichtprogramm guter Unternehmensführung?, NJW 2012, 3013; *Nägele*, Der Anstellungsvertrag des Geschäftsführers, BB 2001, 305; *ders.*, Die Haftung des Geschäftsführers gegenüber der Gesellschaft, den Gesellschaftern und Dritten, in: ArbG ArbR, FS zum 25-jährigen Bestehen, 2006, S. 525 ff; *Neu/Wassermeyer*, Die GmbH in Europa, GmbH-StB 2004, 168; *Neyer*, Besteuerungsprobleme bei international tätigen Geschäftsführern und Vorstandsmitgliedern, in: Grotherr (Hrsg.), Handbuch der internationalen Steuerplanung, 2. Aufl. 2003, S. 1229; *Niebler/Schmiedl*, Die Rechtsprechung des BAG zum Schicksal des Arbeitsverhältnisses bei Geschäftsführerbestellung nach In-Kraft-Treten des § 623 BGB, NZA-RR 2001, 281; *Otte*, Arbeitnehmerrechte für GmbH-Geschäftsführer?, GWR 2011, 25; *Pradl/Uckermann*, „Baustelle" Gesellschafter-Geschäftsführer-Versorgung – Pensionsleistungen bei Bezug von Gehaltszahlungen sowie ersetzende und ergänzende Versorgungszusagen, BB 2009, 1331; *dies.*, „Baustelle" Gesellschafter-Geschäftsführer-Versorgung – Aktuelle Problemfelder in der Praxis: Herabsetzungen der Versorgungsleistungen nach den Grundsätzen der „Past Service-Methode", BB 2009, 2568; *Preis/Sagan*, Der GmbH-Geschäftsführer in der arbeits- und diskriminierungsrechtlichen Rechtsprechung des EuGH, BGH und BAG, ZGR 2013, 26; *Reufels*, Ausgewählte Fragen zur Gestaltung von Geschäftsführer-Dienstverträgen, ArbRB 2002, 59; *Ries*, Der ausländische Geschäftsführer, NZG 2010, 298; *Rischar*, Geschäftsführerentgelte und verdeckte Gewinnausschüttungen, GmbHR 2003, 15; *Röhrborn*, Die örtliche Versetzung des GmbH-Geschäftsführers und AG-Vorstands, BB 2013, 693; *Schaefer/Baumann*, Compliance-Organisation und

Kapitel 3: Anstellungsverträge mit GmbH-Geschäftsführern und AG-Vorständen

Sanktionen bei Verstößen, NJW 2011, 3601; *Schiefer/Worzalla*, Der Anstellungsvertrag des GmbH-Geschäftsführers, ZfA 2013, 41; *Schmitt-Rolfes*, Anwendbarkeit von AGB-Recht auf Verträge mit Organmitgliedern, in: FS Hromadka, 2008, S. 393 ff; *Schrader/Schubert*, Der Geschäftsführer als Arbeitnehmer, DB 2005, 1457; *Stagat*, Risiken und Nebenwirkungen von Geschäftsführer-Anstellungsverträgen, NZA-RR 2011, 617; *Strohn*, Faktische Organe – Rechte, Pflichten, Haftung, DB 2011, 158; *Tenzer*, Aktuelle Geschäftsführervergütung in der kleinen GmbH, GmbHR 2000, 596; *Thüsing/Stiebert*, Altersgrenzen bei Organmitgliedern, NZG 2011, 641; *Uckermann*, Versorgungszusagen an Gesellschafter-Geschäftsführer bzw. Vorstände von Kapitalgesellschaften, NZA 2012, 434; *Urban*, Aktuelle Probleme der Besteuerung von Dienst- und Firmenwagen, NJW 2011, 2465; *Walter/Wiederholt*, Compliance-Anforderungen an die Unternehmensorganisationspflichten, BB 2011, 968; *Wank*, Der Fremdgeschäftsführer der GmbH als Arbeitnehmer, in: FS Wiedemann, 2002, S. 587 ff; *Werner*, Zur Hinauskündigung von Gesellschaftergeschäftsführern, WM 2006, 213; *Wilsing/Meyer*, Diskriminierungsschutz für Geschäftsführer, NJW 2012, 3211; *Wübbelsmann*, Die Vergütung des Geschäftsführers – Ausstrahlung des VorstAG auf die GmbH?, GmbHR 2009, 988; *Zimmermann*, Prüfung der Angemessenheit der Vergütung von (Gesellschafter-)Geschäftsführern in kleineren GmbHs, GmbHR 2002, 353; *Zirnbauer*, Das reanimierte Arbeitsverhältnis des Organvertreters, in: ArbG ArbR, FS zum 25-jährigen Bestehen, 2006, S. 553 ff.

Anstellungsverhältnis des AG-Vorstands:

Annuß/Theusinger, Das VorstAG – Praktische Hinweise zum Umgang mit dem neuen Recht, BB 2009, 2434; *Bauer/Arnold*, Mannesmann und die Folgen für Vorstandsverträge, DB 2006, 546; *dies.*, Vorstandsverträge im Kreuzfeuer der Kritik, DB 2006, 260; *Bauer/Baeck/von Medem*, Altersversorgung und Übergangsgeld in Vorstandsanstellungsverträgen, NZG 2010, 721; *Bauer/Göpfert/Siegrist*, Abberufung von Organmitgliedern: Wegfall der variablen Vergütung?, DB 2006, 1774; *Bauer/von Medem*, Rechtliche und taktische Hinweise zu Wettbewerbsverboten mit Vorständen und Geschäftsführern, GWR 2011, 435; *Benz*, Keine Versicherungspflicht in der gesetzlichen Unfallversicherung von Vorstandsmitgliedern einer Aktiengesellschaft bei Tätigkeiten für das Unternehmen, SGb 2000, 500; *Bogen*, Bestellung und Anstellung des Verwalters im Wohnungseigentumsrecht, ZWE 2002, 289; *Bosse*, Das Gesetz zur Angemessenheit der Vorstandsvergütung (VorstAG) – Überblick und Handlungsbedarf, BB 2009, 1014; *Brauer*, Die aktienrechtliche Beurteilung von „appreciation awards" zu Gunsten des Vorstands, NZG 2004, 502; *Buczko*, Rentenversicherungspflicht von AG-Vorständen, DAngVers 2004, 161; *Deilmann*, Fehlen einer Directors & Officers (D&O) Versicherung als Rücktrittsgrund für die Organmitglieder einer Aktiengesellschaft, NZG 2005, 54; *Dreher*, Das Ermessen des Aufsichtsrats, ZHR 158, 614; *ders.*, Change of Control-Klauseln bei Aktiengesellschaften, AG 2002, 214; *Dreher/Görner*, Der angemessene Selbstbehalt in der D&O-Versicherung, ZIP 2003, 2321; *Eßer/Baluch*, Bedeutung des Allgemeinen Gleichbehandlungsgesetzes für Organmitglieder, NZG 2007, 321; *Fleischer*, Bestellungsdauer und Widerruf der Bestellung von Vorstandsmitgliedern im in- und ausländischen Aktienrecht, AG 2006, 429; *ders.*, Zur Abberufung von Vorstandsmitgliedern auf Druck Dritter, DStR 2006, 1507; *ders.*, Anhörungsrechte bei der Abberufung von Geschäftsleitern im US-amerikanischen, englischen, französischen und schweizerischen Aktienrecht: Ein Vorbild für Deutschland?, RIW 2006, 481; *ders.*, Zur Verantwortlichkeit einzelner Vorstandsmitglieder bei Kollegialentscheidungen im Aktienrecht, BB 2004, 2645; *Fonk*, Zur Vertragsgestaltung bei Vorstandsdoppelmandaten, NZG 2010, 368; *Forst*, Unterliegen die Organwalter einer Societas Europaea mit Sitz in Deutschland der Sozialversicherungspflicht?, NZS 2012, 801; *Franz*, Der gesetzliche Selbstbehalt in der der D&O-Versicherung nach dem VorstAG, DB 2009, 2764; *Gaul/Otto*, Haftung von Aufsichtsratsmitgliedern AuA 2000, 312; *Goette*, Zur fristlosen Kündigung des Anstellungsvertrages eines Vorstandsmitglieds, DStR 1998, 1400, *Götz*, Die vorzeitige Wiederwahl von Vorständen, AG 2002, 305; *Graumann/Grundei/Linderhaus*, Ausübung des Geschäftsleiterermessens bei riskanten Entscheidungen – Die Business Judgment Rule als Beitrag zu guter Corporate Governance, ZCG 2009, 20; *Grobys*, Das Anstellungsverhältnis von Vorständen und Geschäftsführern, NJW-Spezial 2005, 513; *Groeger*, Begrenzung der Managervergütungen bei Banken durch staatliche Regulierung?, DrA 2011, 287; *Grumann/Gillmann*, Abberufung und Kündigung von Vorstandsmitgliedern einer Aktiengesellschaft, DB 2003, 770; *Häde*, Zur Abberufung von Vorstandsmitgliedern der Deutschen Bundesbank, WM 2005, 205; *Heidbüchel*, Das Aufsichtsratsmitglied als Vorstandsvertreter, WM 2004, 1317; *Heidel* (Hrsg.), Aktienrecht, Kommentar, 2. Aufl. 2007; *Heimbach/Boll*, Führungsaufgabe und persönliche Haftung der Vorstandsmitglieder und des Vorstandsvorsitzenden im ressortaufgeteilten Vorstand einer AG, VersR 2001, 801; *Heller*, Die Rechtsverhältnisse der GmbH nach streitiger Abberufung des Geschäftsführers, GmbHR 2002, 1227; *Henssler*, Die Ernennung des Vorsitzenden der Geschäftsführung in der mitbestimmenden GmbH, GmbHR 2004, 321; *Henze*, Entscheidungen und Kompetenzen der Organe in der AG: Vorgaben der höchstrichterlichen Rechtsprechung, BB 2001, 53; *Henze/Rosch*, Der fehlerhafte Vorstandsvertrag, ArbRAktuell 2010, 310; *Hoffmann-Becking*, Gestaltungsmöglichkeiten bei Anreizsystemen, NZG 1999, 797; *ders.*, Vorstandsvergütung nach Mannesmann, NZG 2006, 127; *Hohenstatt/Willemsen*, Abfindungsobergrenzen in Vorstandsverträgen, NJW 2008, 3462; *Hölters/Weber*, Vorzeitige Wiederbestellungen von Vorstandsmitgliedern, AG 2005, 629; *dies.*, in: Beck'sches Formularbuch zum Bürgerlichen, Handels- und Wirtschaftsrecht, X. 13; *Horstmeier*, Können angestellte Leitungsorgane von Gesellschaften ohne vorherige Abmahnung außerordentlich gekündigt werden?, GmbHR 2006, 400; *Hüffer*, Aktiengesetz, 9. Aufl. 2010; *Ignor/Rixen*, Untreue durch Zahlung von Geldauflagen?, wistra 2000, 448; *Jäger*, Die Entwicklung der Judikatur zur AG in den Jahren 2000–2003, NZG 2003, 1033; *ders.*, Rechtsprechungsbericht – Die Entwicklung der Judikatur zur AG in den Jahren 1999–2000, NZG 2001, 97; *Janzen*, Vorzeitige Beendigung von Vorstandsamt und -vertrag, NZG 2003, 468; *Jooß*, Die Drittanstellung des Vorstandsmitglieds einer AG, NZG 2011, 1130; *Junker*,

Sechsundsiebzig verweht – Die deutsche Mitbestimmung endet in Europa, NJW 2004, 728; *Kauffmann-Lauven*, Das ruhende Arbeitsverhältnis im Aktienrecht, NZA 2000, 799; *dies.*, Vorstands- und Geschäftsführerverträge bei Restrukturierungsmaßnahmen, in: ArbG ArbR, FS zum 25-jährigen Bestehen, 2006, S. 471 ff; *Köhler*, Fehlerhafte Vorstandsverträge, NZG 2008, 161; *Kölner Kommentar zum Aktiengesetz*, hrsg. v. Zöllner, 3. Aufl. 2004 ff; *Kort*, Das Mannesmann-Urteil im Lichte von § 87 AktG, NJW 2005, 333; *ders.*, Verhaltensstandardisierung durch Corporate Compliance, NZG 2008, 81; *ders.*, Sind GmbH-Geschäftsführer und Vorstandsmitglieder diskriminierungsrechtlich Arbeitnehmer?, NZG 2013, 601; *Krieger*, Abwahl des satzungsmäßigen Versammlungsleiters?, AG 2006, 355; *Küttner*, Change of Control-Klauseln in Vorstandsverträgen, in: ArbG ArbR, FS zum 25-jährigen Bestehen, 2006, S. 493 ff; *Lange*, Überlegungen zur Umwandlung einer deutschen in eine Europäische Aktiengesellschaft, EuZW 2003, 301; *Langenbucher*, Einführung in das Recht der Aktiengesellschaft, Jura 2004, 577; *Leuchten*, Zur vorzeitigen Wiederbestellung von Vorständen, NZG 2005, 909; *Liebers/Hoefs*, Anerkennungs- und Abfindungszahlungen an ausscheidende Vorstandsmitglieder, ZIP 2004, 97; *Link*, Zur Frage der Rechtsmissbräuchlichkeit der Amtsniederlegung oder Abberufung des geschäftsführenden Gesellschafters durch den alleinigen Gesellschafter-Geschäftsführer einer Ein-Mann-GmbH ohne gleichzeitige Bestellung eines neuen Geschäftsführers, BB 2006, 1180; *Lücke/Schaub* (Hrsg.), Vorstand der AG, 2. Aufl. 2010; *Lutter*, Aktienrechtliche Aspekte der angemessenen Vorstandsvergütung, ZIP 2006, 733; *Martens*, Die Vorstandsvergütung auf dem Prüfstand, ZHR 169, 124; *Meier*, Der Vertrauensentzug nach § 84 Abs. 3 S. 2 AktG und die hierauf gestützte Beendigung des Vorstandsvertrages, in: ArbG ArbR, FS zum 25-jährigen Bestehen, 2006, S. 505 ff; *ders.*, Der fehlerhafte Anstellungsvertrag von Organmitgliedern und die Rückabwicklung der Vergütung, NZA 2011, 267; *Meier-Greve*, Vorstandshaftung wegen mangelhafter Corporate Compliance, BB 2009, 2555; *Melot de Beauregard/Schwimmbeck/Gleich*, Variable Vergütung im Trennungsprozess mit Geschäftsführern und Vorständen (Teil 2), DB 2012, 2853; *Möllers*, Insiderinformationen und Befreiung von der Adhoc-Publizität nach § 15 Abs. 3 WpHG, WM 2005, 1393; *Moosmayer*, Modethema oder Pflichtprogramm guter Unternehmensführung? – Zehn Thesen zu Compliance, NJW 2012, 3013; *Nietsch*, Einstweiliger Rechtsschutz bei Beschlussfassung in der GmbH-Gesellschafterversammlung, GmbHR 2006, 393; *Peltzer*, Das Mannesmann-Revisionsurteil aus der Sicht des Aktien- und allgemeinen Zivilrechts, ZIP 2006, 205; *Plagemann*, Keine Versicherungspflicht von Vorstandsmitgliedern einer AG in der Unfallversicherung, EWiR 2000, 351; *Pusch*, Vollmachtsnachweis bei Abberufung und Kündigung von Vorstandsmitgliedern, RdA 2005, 170; *Rasmussen-Bonne/Raif*, „Verbleib gesichert": Arbeitsrechtliche Absicherung von Organmitgliedern, ArbRAktuell 2010, 544; *Rehborn*, Die vorzeitige Wiederwahl von Vorstandsmitgliedern einer Krankenkasse, GesR 2003, 33; *ders.*, Zur Vergütung von Vorstandsmitgliedern einer Krankenkasse, SGb 2001, 736; *Reichard*, Abberufung und Kündigung von Vorstandsmitgliedern: Aktuelle Rechtsprechung und Handlungsempfehlungen, GWR 2012, 506; *Reufels/Schmülling*, Gestaltung von Aufhebungsverträgen mit Vorstandsmitgliedern, ArbRB 2004, 191; *Rohde/Geschwandtner*, Zur Beschränkbarkeit der Geschäftsführerbefugnis des Vorstands einer Aktiengesellschaft, NZG 2005, 996; *Röhrborn*, Die örtliche Versetzung des GmbH-Geschäftsführers und AG-Vorstands, BB 2013, 693; *Schaefer/Baumann*, Compliance-Organisation und Sanktionen bei Verstößen, NJW 2011, 3601; *Scheffler*, Zum Rollenverständnis der Aufsichtsräte, DB 2000, 433; *Schmidt*, Rechtsformwahl und Rechtsformwechsel für 2001/2002, GmbH-StB 2001, 22; *Schmitt-Rolfes/Fischer*, Befristete Übertragung von Führungsaufgaben im Leitungskreis?, Der Syndikus 27, 10; *Schrader/Schubert*, Der Geschäftsführer als Arbeitnehmer, DB 2005, 1457; *Stein*, Die Grenzen vollmachtsloser Vertretung der Gesellschaft gegenüber Vorstandsmitgliedern und Geschäftsführern, AG 1999, 28; *Steinbeck/Menke*, Kündigungsklauseln in Vorstandsanstellungsverträgen, DStR 2003, 940; *Thannheiser*, Aufsichtsrat – Risiken und Chancen, AiB 2004, 174; *Thümmel*, Aufsichtsratshaftung vor neuen Herausforderungen – Überwachungsfehler, unternehmerische Fehlentscheidungen, Organisationsmängel und andere Risikofelder, AG 2004, 83; *Thüsing/Forst*, Nachhaltigkeit als Zielvorgabe für die Vorstandsvergütung, GWR 2010, 515; *Thüsing/Stiebert*, Altersgrenzen bei Organmitgliedern, NZG 2011, 641; *Trappehl/Scheuer*, Abmahnung jetzt auch bei Vorständen und Geschäftsführern Kündigungsvoraussetzung?, DB 2005, 1276; *Uckermann*, Versorgungszusagen an Gesellschafter-Geschäftsführer bzw. Vorstände von Kapitalgesellschaften, NZA 2012, 434; *Udke*, Zur Versicherungspflicht von Vorstandsmitgliedern einer AG in der Unfallversicherung, AuA 2000, 552; *Urban*, Aktuelle Probleme der Besteuerung von Dienst- und Firmenwagen, NJW 2011, 2465; *Walter/Stümper*, Organschaftsvertrag ohne Beherrschungsabrede kann Mitbestimmung verhindern, GmbHR 2003, 449; *Walter/Wiederholt*, Compliance-Anforderungen an die Unternehmensorganisationspflichten, BB 2011, 968.

A. Erläuterungen

358 Wenn *Stagat* in einem Beitrag 2011 ausgeführt hat: „Die Anstellung von GmbH-Geschäftsführern gleicht einem Gang durch ein rechtliches Mienenfeld",[1] so ist das wohl dramaturgisch etwas überzeichnet. Der Titel seines Beitrags „Risiken und Nebenwirkungen von Geschäftsführer-Anstellungsverträgen" ist aber mit Bedacht gewählt und beschreibt zutreffend, dass es auch bei der Gestaltung solcher – sich idR außerhalb des Arbeitsrechts mit der Vielzahl von Arbeitnehmerschutznormen und der

---

[1] *Stagat*, NZA-RR 2011, 617 (623).

dazu in kaum mehr überschaubarem Umfang ergangenen Rechtsprechung bewegender – Anstellungsverträge zahlreiche Aspekte zu berücksichtigen gilt.

Nachstehend werden zunächst einige ausgewählte Gemeinsamkeiten von GmbH-Geschäftsführer und AG-Vorstand dargestellt (s. Rn 360 ff), bevor danach die Besonderheiten für GmbH-Geschäftsführerverträge (s. Rn 426 ff) und sodann für AG-Vorstandsverträge (s. Rn 456 ff) skizziert werden.

I. Vergleichbare Rechtspositionen bei GmbH-Geschäftsführern und AG-Vorständen

1. Doppelrechtsbeziehungen/Trennungsprinzip

GmbH-Geschäftsführer wie Vorstände von Aktiengesellschaften stehen zur Gesellschaft in einer **Doppelrechtsbeziehung**. Die satzungsmäßigen Rechte und Pflichten erwerben sie mit ihrer **Organstellung**, die beim GmbH-Geschäftsführer idR durch einen Beschluss der Gesellschafterversammlung (§ 46 Nr. 5 GmbHG) und beim Vorstand durch einen Beschluss des Aufsichtsrats nach § 112 AktG begründet wird. Daneben stehen beide Organe in aller Regel in einem **Anstellungsverhältnis** zu ihren Gesellschaften. In beiden Fällen handelt es sich um einen Dienstvertrag mit Geschäftsbesorgungscharakter, gerichtet auf den grundsätzlich den §§ 323 ff BGB unterliegenden Austausch von Leistung und Gegenleistung.[2]

Die beiden Rechtsbeziehungen sind nach ständiger Rechtsprechung des BGH grundsätzlich getrennt zu betrachten, sie können daher ein rechtlich unterschiedliches Schicksal erleiden (sog. **Trennungsprinzip**).[3] Es ist daher möglich, dass eine Person zwar zum GmbH-Geschäftsführer/AG-Vorstand bestellt wurde, aber (noch) keinen Anstellungsvertrag hat. Umgekehrt lässt zB eine Abberufung als GmbH-Geschäftsführer/AG-Vorstand den zugrunde liegenden Anstellungsvertrag grundsätzlich unberührt. In der Vertragspraxis versuchen die Gesellschaften, diese Trennung durch sog. **Koppelungsklauseln**[4] zu überwinden und das Schicksal des Anstellungsvertrages an den Bestand des Geschäftsführer-/Vorstandsamts zu knüpfen.[5] Auch wenn die Zulässigkeit/Wirksamkeit solcher Koppelungsklauseln bei AG-Vorständen kaum bestritten wird, ist sie bei GmbH-Geschäftsführern umso mehr. Zumindest der Berater des GmbH-Geschäftsführers sollte also versuchen, eine solche Klausel zu vermeiden.

2. Organmitglieder als Arbeitnehmer?

Nach Auffassung des **BGH** kann, wer GmbH-Geschäftsführer oder Vorstandsmitglied ist, nicht gleichzeitig Arbeitnehmer sein.[6] Kraft ausdrücklicher gesetzlicher Regelung fallen Organmitglieder juristisch nicht unter den Schutzbereich des Kündigungsschutzgesetzes, § 14 Nr. 1 KSchG. Auch vom Betriebsverfassungsgesetz werden diese Personen nicht erfasst, § 5 Abs. 2 Nr. 1 BetrVG. Auch ohne ausdrückliche Ausklammerung der GmbH-Geschäftsführer und AG-Vorstände finden die Arbeitnehmerschutzgesetze des Arbeitsrechts mangels Arbeitnehmerstatus auf diese nach lange ganz hM und auch heute noch vorherrschender Ansicht grundsätzlich keine Anwendung.[7] Verliert der GmbH-Geschäftsführer oder das Vorstandsmitglied seine Organstellung, „mutiert" das Dienstverhältnis im Übrigen auch nicht automatisch zu einem Arbeitsverhältnis.[8]

Das **BAG** ist dagegen der Auffassung, das Anstellungsverhältnis eines GmbH-Geschäftsführers zur GmbH sei nicht notwendigerweise ein freies Dienstverhältnis. Die Arbeitnehmereigenschaft sei mit der Organstellung nicht von vornherein unvereinbar.[9] Nach Auffassung des BAG hat die Abgrenzung nach den allgemein gültigen Abgrenzungskriterien zwischen Abhängigkeit und Selbständigkeit zu erfolgen und dabei kommt es stets auf den Einzelfall an. Im Regelfall geht das BAG allerdings auch davon

---

2 BGH 10.5.2010 – II ZR 70/09, NZA 2010, 889; BGH 11.7.1953 – II ZR 126/52, BGHZ 10, 187.
3 StRspr, vgl BGH 26.6.1995 – II ZR 109/94, BB 1995, 1844; zuletzt bestätigt durch BGH 10.5.2010 – II ZR 70/09, NZA 2010, 899.
4 Siehe zB das Muster 1856 (§ 12 Abs. 4) bzw Muster 1903 (§ 8 Abs. 3), das seine solche Koppelungsklausel enthält.
5 Zur Diskussion um die sog. Koppelungsklauseln insb. bei Geschäftsführerverträgen vgl etwa *Grobys/Glanz*, NJW-Spezial 2007, 129; Hümmerich/Reufels/*Reufels*, Gestaltung von Arbeitsverträgen, § 2 Rn 560 ff mwN; zur Auslegung solcher Klauseln s. OLG Saarbrücken 8.5.2013 – 1 U 154/12-43, BeckRS 2013, 09798.
6 BGH 11.7.1953 – II ZR 126/52, BGHZ 10, 187; BGH 29.1.1981 – II ZR 92/80, BB 1981, 752; BGH 14.2.2000 – II ZR 218/98, BB 2000, 844.
7 BGH 10.5.2010 – II ZR 70/09, NZA 2010, 889; näher zu dem grundsätzlichen Meinungsstreit über die Rechtsnatur des Anstellungsvertrages des GmbH-Geschäftsführers *Lücke*, NJW 2009, 3207; *ders.*, NJOZ 2009, 3469 mwN.
8 BGH 10.1.2000 – II ZR 251/98, NZA 2000, 376 = NJW 2000, 1864.
9 BAG 26.5.1999 – 5 AZR 664/98, NZA 1999, 987 = NJW 1999, 3731.

aus, dass der GmbH-Geschäftsführer **kein Arbeitnehmer** ist.[10] Auch in der Literatur wird herrschend die Auffassung vertreten, Organmitglieder stünden in keinem Arbeitsverhältnis zur Gesellschaft.[11] Die Mindermeinung, die eine Arbeitnehmereigenschaft nicht grundsätzlich ausschließt, sondern je nach den Umständen des Einzelfalles als möglich ansieht,[12] hat jedoch durch eine neuere Entscheidung des **EuGH** (sog. **Danosa-Entscheidung**) Auftrieb erhalten, nach der ein weibliches Geschäftsführungsmitglied als Arbeitnehmerin im Sinne der Richtlinie 92/85/EWG über den Mutterschutz anzusehen ist.[13] Zu Recht konstatiert *Stagat* schon 2011: „**Anstellungsverträge von GmbH-Geschäftsführern sind keine arbeitsrechtsfreien Zonen mehr.**"[14] Nachdem allerdings zugleich auch richtig ist, dass der (Fremd-)Geschäftsführer jedenfalls auch noch nicht generell als Arbeitnehmer samt gesamtem Arbeitnehmerschutz anerkannt wird, besteht gerade aus Sicht des den Geschäftsführer beratenden Anwalts **erhebliches Gestaltungspotential und -bedarf**.

364 Ungeachtet der Frage nach der Rechtsnatur des Anstellungsverhältnisses (Dienst- oder Arbeitsvertrag) kann der Geschäftsführer Ansprüche aus seinem der Geschäftsführertätigkeit zugrunde liegenden Anstellungsverhältnis wegen der Fiktion des § 5 Abs. 1 Satz 3 ArbGG idR nur auf dem **Rechtsweg der ordentlichen Gerichtsbarkeit**, beginnend mit dem örtlich zuständigen Landgericht, geltend machen. Das BAG führt dazu in einem aktuellen Orientierungssatz aus: „Für einen Rechtsstreit zwischen dem Vertretungsorgan und einer juristischen Person sind nach der gesetzlichen Fiktion des § 5 Abs. 1 Satz 3 ArbGG die Gerichte für Arbeitssachen grundsätzlich nicht berufen. Die Fiktion gilt ebenso für das der Organstellung zugrunde liegende Rechtsverhältnis, solange keine Abberufung erfolgt ist."[15] Dies gilt selbst dann, wenn der Geschäftsführer geltend macht, er sei wegen einer eingeschränkten Kompetenz in Wirklichkeit Arbeitnehmer gewesen. Hinzu kommt, dass auch das Kündigungsschutzgesetz auf das Organmitglied „Geschäftsführer" nicht anwendbar ist, wie sich aus § 14 KSchG ergibt. Es besteht mithin de lege lata nur ein gesetzlicher Schutz gegen außerordentliche Kündigungen nach § 626 BGB.

365 In dieser Fallkonstellation (Rechtsstreit mit dem gekündigten „Noch-"Vertretungsorgan) sind die Arbeitsgerichte nur in dem eher selteneren Fall zuständig, dass der Geschäftsführer behauptet, es bestünde *neben* seinem GmbH-Geschäftsführervertrag noch ein weiteres Vertragsverhältnis, nämlich ein Arbeitsverhältnis, zB ein ruhendes Arbeitsverhältnis.[16] Das gilt ferner in den Fällen, in denen die Dienstvertragsparteien nach Abberufung explizit eine Fortsetzung der Zusammenarbeit in einem Arbeitsverhältnis vereinbaren[17] oder bereits im Vorfeld vereinbart haben[18] oder in denen die Zuständigkeit der Arbeitsgerichte vertraglich vereinbart worden ist (vgl § 2 Abs. 4 ArbGG). Für die Vertragsgestaltung ist aber auf Seiten des Organmitglieds zu beachten, dass dies von den Parteien im Anstellungsvertrag abweichend sowohl dahin gehend geregelt werden kann, dass sowohl § 1 KSchG (und ggf weitere Vorschriften des KSchG) Anwendung finden soll[19] als auch die Arbeitsgerichte für etwaige Rechtsstreitigkeiten zwischen den Parteien zuständig sein sollen.

366 Umgekehrt sind die Arbeitsgerichte zuständig, wenn es um eine Kündigung des zugrunde liegenden Vertragsverhältnisses nach Abberufung geht: „Macht ein abberufenes Organmitglied im Rahmen einer Kündigungsschutzklage den Fortbestand eines Arbeitsverhältnisses geltend, so liegt ein so genannter sic-non-Fall vor. Die bloße Rechtsansicht der Klagepartei genügt dann, um den Rechtsweg zu den Arbeitsgerichten zu eröffnen. Nach der Beendigung der Organstellung und damit nach dem Wegfall der Fiktion des § 5 Abs. 1 Satz 3 ArbGG sind die Gerichte für Arbeitssachen berufen, über die Frage, ob

---

10 BAG 28.11.1990 – 4 AZR 198/90, NZA 1991, 392 = DB 1991, 659.
11 *Henssler*, Das Anstellungsverhältnis der Organmitglieder, RdA 1992, 289; *Nägele*, Der Anstellungsvertrag des Geschäftsführers, BB 2001, 305; Michalski/*Lenz*, GmbHG, § 35 Rn 116; aA *Lücke*, NJW 2009, 3207 und *ders.*, NJOZ 2009, 3469, der mit dem BAG von der grundsätzlichen Möglichkeit eines Arbeitnehmerstatus des GmbH-Geschäftsführers ausgeht.
12 Vgl zur Diskussion um den Arbeitnehmerstatus von (Fremd-)Geschäftsführern schon den 2009 erstellten Überblick bei *Lücke*, NJW 2009, 3207 und NJOZ 2009, 3469 sowie als jüngerer Zeit *Schulze/Hintzen*, ArbRAktuell 2012, 263; Moll/*Reiserer*, MAH Arbeitsrecht, § 56 Rn 58 ff jeweils mwN zum Meinungsstreit.
13 EuGH 11.11.2010 – C-232/09, BeckRS 2010, 91306 m. Anm. *Bauer*, GWR 2010, 58.
14 *Stagat*, NZA-RR 2011, 617.
15 BAG 4.2.2013 – 10 AZB 78/12, DB 2013, 521.
16 BAG 6.5.1999 – 5 AZB 22/98, NZA 1999, 839 = NJW 1999, 3069.
17 Das Dienstverhältnis wandelt sich nach der Rechtsprechung nämlich mit der Abberufung nicht eo ipso in ein Arbeitsverhältnis um, vgl BGH 10.1.2000 – II ZR 251/98, NZA 2000, 376 = NJW 2000, 1864.
18 Das ist nach der Rechtsprechung des BAG unter bestimmten Prämissen, insbesondere bei ungleichen Konditionen, zulässig (BAG 26.8.2009 – 5 AZR 522/08, NZG 2009, 1435), so zB auch in Muster 1906 vorgesehen.
19 BGH 10.5.2010 – II ZR 70/09, NJW 2010, 2343 m. Anm. *Dzida*.

das zwischen den Parteien bestehende Rechtsverhältnis tatsächlich als Arbeitsverhältnis zu qualifizieren ist und durch eine ausgesprochene ordentliche Kündigung beendet wurde, zu entscheiden."[20]

Wird ein Beamter von seinem öffentlichen Dienstherrn unter Fortzahlung des Gehalts „zur Dienstleistung" bei einer privaten Einrichtung beurlaubt, kann je nach den Umständen des Einzelfalles – neben dem Beamtenverhältnis – ein Arbeitsverhältnis mit der privaten Einrichtung zustande kommen.[21]

3. Sozialversicherungspflicht von Organmitgliedern, insbesondere des GmbH-Geschäftsführers

Das BSG beurteilt die Frage, ob jemand in einem Beschäftigungsverhältnis zur Gesellschaft steht, nach § 7 Abs. 1 SGB IV. § 7 Abs. 1 SGB IV knüpft an den Beschäftigtenbegriff an, mithin an das Merkmal der persönlichen Abhängigkeit. **Beschäftigter iSd § 7 Abs. 1 SGB IV** ist damit derjenige, der in den Betrieb eingegliedert ist und sich unterzuordnen hat unter das Weisungsrecht des Arbeitgebers in Bezug auf Zeit, Dauer und Ort der Arbeitsleistung. Das Merkmal der persönlichen Abhängigkeit gilt auch für Dienste höherer Art, selbst wenn dort das Weisungsrecht nach der BSG-Rechtsprechung tätigkeitsimmanent eingeschränkt sein kann im Sinne einer funktionsgerecht dienenden Teilhabe am Arbeitsprozess.[22]

Für **Vorstandsmitglieder** kann letztlich dahingestellt bleiben, ob – wie das BSG annimmt[23] – sie Beschäftigte iSd § 7 SBG IV sind oder nicht, denn der Gesetzgeber hat für diese – im Unterschied zu GmbH-Geschäftsführern – für jeden Zweig der gesetzlichen Sozialversicherung einen ausdrücklichen Ausnahmetatbestand geschaffen (so in § 1 Satz 3 SGB VI; § 27 Abs. 1 Nr. 5 SGB III; § 7 SGB IV, ggf iVm § 257 SGB V und § 61 Abs. 2 SGB XI).

Die Frage, ob ein **GmbH-Geschäftsführer** in einem abhängigen Beschäftigungsverhältnis steht und damit sozialversicherungspflichtig ist, beurteilt das BSG nach besonderen Regeln: Zunächst steht nach Auffassung des BSG einer Abhängigkeit gegenüber der Gesellschaft und den Gesellschaftern nicht entgegen, dass der Geschäftsführer Organ der GmbH ist.[24] Ist der Geschäftsführer nicht zugleich Gesellschafter, übt er also eine Fremdgeschäftsführertätigkeit aus, so steht dieser nach ständiger Rechtsprechung des BSG in aller Regel in einem sozialversicherungspflichtigen Beschäftigungsverhältnis.[25] Ist der Geschäftsführer hingegen auch Gesellschafter der GmbH, hängt die Entscheidung, ob ein abhängiges, die Sozialversicherungspflicht auslösendes Beschäftigungsverhältnis vorliegt, vom **Umfang der Beteiligung an der GmbH** ab.[26] Beim Gesellschaftergeschäftsführer gilt deshalb der Grundsatz: Er unterfällt der Sozialversicherungspflicht nur dann nicht, wenn er bestimmenden Einfluss auf die Entscheidungen der Gesellschaft ausübt. Maßgeblich ist die Bindung des Geschäftsführers an das willensbildende Organ, idR die Gesamtheit der Gesellschafter.[27]

Dabei kommt es vor allem darauf an, ob und ggf in welchem Umfang er an der GmbH beteiligt ist: Das BSG prüft in jedem Einzelfall, aufgrund welcher Konstellation persönliche bzw wirtschaftliche Abhängigkeit besteht. Von Sozialversicherungsfreiheit qua bestimmenden Einfluss auf die GmbH geht das BSG aus, wenn der GmbH-Geschäftsführer **Alleingesellschafter, Mehrheitsgesellschafter, 50%-Gesellschafter** oder **Minderheits-Gesellschafter mit Sperrminorität** ist. **Minderheitsgesellschafter ohne Sperrminorität** sind dagegen abhängig Beschäftigte. Das soll nach der strengen BSG-Rechtsprechung[28] entgegen einer vorzugswürdigen Entscheidung des LSG Bayern[29] auch in dem Fall von drei oder vier GmbH-Gesellschaftern gelten, die jeweils ein Drittel oder ein Viertel der GmbH-Anteile halten und dergestalt gleichberechtigt ein Unternehmen führen. Insbesondere bei Start-up-Unternehmen, die zu

---

20 BAG 26.10.2012 – 10 AZB 60/12, NZA 2013, 54.
21 BAG 27.6.2001 – 5 AZR 424/99, BAGE 98, 157 = NZA 2002, 83.
22 BSG 30.6.1999 – B 2 U 35/98 R, NZS 2000, 147; BSG 18.12.2001 – B 12 KR 10/01 R, NZA-RR 2003, 325; in jüngerer Zeit etwa BSG 29.8.2012 – B 12 KR 25/10 R, NZA-RR 2013, 252; BSG 2.4.2013 – B 12 KR 70/12, BeckRS 2013, 69324.
23 BSG 29.8.2012 – B 12 KR 25/10 R, DB 2013, 708.
24 BSG 18.4.1991 – 7 RAr 32/90, NZA 1991, 869; BSG 18.12.2001 – B 12 KR 10/01 R, NZA-RR 2003, 325.
25 StRspr des BSG, vgl etwa BSG 24.6.1982 – 12 RK 45/80, USK 82160; BSG 18.12.2001 – B 12 KR 10/01 R, NZA-RR 2003, 325; zustimmend etwa *Reiserer/Fallenstein*, DStR 2010, 2085.
26 BSG 14.12.1999 – B 2 U 48/98 R, BB 2000, 674; BSG 25.1.2006 – B 12 KR 30/04 R, GmbHR 2006, 645 = ZIP 2006, 678.
27 BSG 25.1.2006 – B 12 KR 30/04 R, GmbHR 2006, 645 = ZIP 2006, 678. Unklarheiten zum Gesellschafter-Geschäftsführer einer Einmann-GmbH aufgrund des Urteils des BSG vom 24.11.2005 (B 12 RA 1/04 R, NJW 2006, 1162) beseitigte der Gesetzgeber im Haushaltsbegleitgesetz 2006 (BGBl. I, S. 1402, 1405) und erweiterte § 2 Satz 1 Nr. 9 Buchst. b SGB VI um einen Halbsatz. Auftraggeber der Gesellschafter ist nicht nur der Geschäftsführer, sondern sind alle Kunden, Lieferanten etc.
28 BSG 4.7.2007 – B 11 a AL 5/06 R, GmbHR 2007, 1324 = ZIP 2007, 2185.
29 LSG Bayern 16.3.2000 – L 9 AL 297/97, Breithaupt 2001, 383.

dritt oder zu viert egalitär gegründet und geführt werden, vermag das aber kaum zu überzeugen. Maßgeblich ist nach dem BSG also, ob der Geschäftsführer rechtlich oder zumindest tatsächlich wie ein beherrschender oder zumindest mit einer Sperrminorität ausgestatteter Gesellschafter-Geschäftsführer die Möglichkeit hatte, ihm nicht genehme Weisungen der Gesellschafter jederzeit abzuwenden.[30] In dieser Entscheidung hat das BSG auch das **Verhältnis von Vertrag und tatsächlicher Durchführung** der Zusammenarbeit zurechtgerückt und ausgeführt:

„Ob eine Beschäftigung vorliegt, ergibt sich aus dem Vertragsverhältnis der Beteiligten, so wie es im Rahmen des rechtlich Zulässigen tatsächlich vollzogen worden ist. Ausgangspunkt ist daher zunächst das Vertragsverhältnis der Beteiligten, so wie es sich aus den von ihnen getroffenen Vereinbarungen ergibt oder sich aus ihrer gelebten Beziehung erschließen lässt. Eine im Widerspruch zu ursprünglich getroffenen Vereinbarungen stehende tatsächliche Beziehung und die hieraus gezogene Schlussfolgerung auf die tatsächlich gewollte Natur der Rechtsbeziehung geht der nur formellen Vereinbarung vor, soweit eine – formlose – Abbedingung rechtlich möglich ist. Umgekehrt gilt, dass die Nichtausübung eines Rechts unbeachtlich ist, solange diese Rechtsposition nicht wirksam abbedungen ist. Zu den tatsächlichen Verhältnissen in diesem Sinne gehört daher unabhängig von ihrer Ausübung auch die einem Beteiligten zustehende Rechtsmacht. In diesem Sinne gilt, dass die tatsächlichen Verhältnisse den Ausschlag geben, wenn sie von Vereinbarungen abweichen. Maßgeblich ist die Rechtsbeziehung so wie sie praktiziert wird und die praktizierte Beziehung so wie sie rechtlich zulässig ist. Hieran hat der Senat seither festgehalten."[31]

372 Nur ganz ausnahmsweise kann es sein, dass ein **Fremdgeschäftsführer** oder ein Minderheitsgeschäftsführer ohne Sperrminorität dennoch nicht abhängig beschäftigt ist, wenn dieser auch ohne die Gesellschafterrechte der Gesellschaft „seinen Stempel aufdrücken" und dort etwa wegen **familiärer Bande**[32] oder wegen seines für die Gesellschaft **unverzichtbaren Know-hows** „schalten und walten" kann und deshalb die Gesellschaft faktisch beherrscht.[33]

373 Der Ausgestaltung des Geschäftsführervertrages kommt bei der Frage der persönlichen Abhängigkeit große (wenn auch nicht alleinentscheidende) Bedeutung zu.[34] Für eine **persönlich abhängige Beschäftigung** sprechen nach Auffassung des BSG im Vertrag etwa:

- Zusage eines festen Jahresgehalts;
- Zusage einer Weihnachtsgratifikation und eines Urlaubsgelds;
- Zahlung eines Zuschusses zur Altersversorgung und privaten Krankenversicherung;
- Ausschluss einer Nebentätigkeit;
- nachvertragliches Wettbewerbsverbot;
- Vergütungsfortzahlung im Krankheitsfall;
- keine Einzelvertretungsberechtigung;
- Selbstkontrahierungsverbot;
- Bestimmung, dass der Urlaubszeitpunkt den Bedürfnissen der Geschäftsführung Rechnung tragen muss.

Da derartige Regelungen typische Bestandteile von Arbeitsverträgen abhängig Beschäftigter sind, wertet sie das BSG als **Indiz** für eine sozialversicherungspflichtige Beschäftigung.[35]

374 Für eine **selbständige Tätigkeit** sprechen bei einer Vertragsgestaltung neben der Verneinung der zuvor für Abhängigkeit angeführten Umstände (s. Rn 373) vor allem folgende Kriterien:

- freie Bestimmung des Arbeitsortes;
- freie Bestimmung der Arbeitszeiten;
- Beteiligung des Geschäftsführers am Verlust und Gewinn;
- Zahlung gewinnabhängiger Tantiemen;

---

30 BSG 29.8.2012 – B 12 KR 25/10 R, NZA-RR 2013, 252.
31 BSG 29.8.2012 – B 12 KR 25/10 R, NZA-RR 2013, 252.
32 Vgl dazu in jüngerer Zeit BSG 29.8.2012 – B 12 KR 25/10 R, NZA-RR 2013, 252 mwN zur BSG-Rspr.
33 BSG 18.12.2001 – B 12 KR 10/01, NJW 2002, 2267 = NZA-RR 2003, 325; aus jüngerer Zeit LSG Baden-Württemberg 26.6.2012 – L 11 KR 2769/11, BeckRS 2012, 71687.
34 *Nägele*, BB 2001, 305 (311); Hümmerich/Reufels/*Reufels*, Gestaltung von Arbeitsverträgen, § 2 Rn 45 f.
35 BSG 30.6.1999 – B 2 U 35/98 R, NZS 2000, 147.

Kapitel 3: Anstellungsverträge mit GmbH-Geschäftsführern und AG-Vorständen

- Unternehmerrisiko;
- Darlehensgewährung an die GmbH;
- eigenständige Festlegung des Urlaubs.[36]

Ist die Beschäftigung eines GmbH-Geschäftsführers sozialversicherungspflichtig, besteht die Sozialversicherungspflicht umfassend, mit der Folge, dass der Geschäftsführer grundsätzlich in der **Renten-, Kranken-, Pflege- und Arbeitslosenversicherung** versichert ist. Ebenso sind Beiträge zur gesetzlichen **Unfallversicherung** geschuldet. Versicherungspflicht in der gesetzlichen Kranken- und Pflegeversicherung wird idR aufgrund der Verdiensthöhe nicht gegeben sein.

4. Ruhendes Arbeitsverhältnis beim GmbH-Geschäftsführer

Früher galt die Vermutungsregel, dass im Zweifel von der Fortdauer eines Arbeitsverhältnisses nach Bestellung zum GmbH-Geschäftsführer auszugehen war, im Zweifel bestand es als „ruhendes" Arbeitsverhältnis fort.[37] Mit Urteil vom 8.6.2000 leitete der 2. Senat den bis heute fortwirkenden Rechtsprechungswechsel ein: Werde ein in leitender Position beschäftigter Arbeitnehmer zum Geschäftsführer einer neu gegründeten GmbH bestellt, die wesentliche Teilaufgaben des Betriebs seines bisherigen Arbeitgebers übernehme (Ausgliederung einer Bauträger-GmbH aus einem Architekturbüro), so werde im Zweifel mit Abschluss des Geschäftsführerdienstvertrages das **bisherige Arbeitsverhältnis aufgehoben**. Im Jahre 2002 entschied das BAG, dass bei einem Arbeitnehmer in leitender Position, der zum GmbH-Geschäftsführer bestellt werde, bei nicht klaren und eindeutigen vertraglichen Vereinbarungen, jedenfalls bis zum Inkrafttreten des § 623 BGB, von der Vermutung auszugehen sei, dass mit Abschluss eines Geschäftsführerdienstvertrages das ursprüngliche Arbeitsverhältnis des Arbeitnehmers konkludent aufgehoben werde und grundsätzlich sein Ende finde.[38] Spätestens seit dem Urteil vom 3.2.2009 kann nach Geltung des § 623 BGB als gefestigte, inzwischen ständige Rechtsprechung des BAG angesehen werden, dass bei Abschluss eines schriftlichen Geschäftsführervertrages das ursprüngliche Arbeitsverhältnis im Zweifel aufgehoben wird.[39] Die BAG-Rechtsprechung erfordert je nach gewünschtem Ergebnis eine gesonderte Vereinbarung über die Aufhebung oder über das Ruhendstellen des Arbeitsverhältnisses. Diesem Zweck dienen die Muster 1850 und 1853.

Weit verbreitet ist es, die Aufhebung des Arbeitsverhältnisses beim Wechsel eines leitenden Angestellten in die Position des Geschäftsführers in den Dienstvertrag zu integrieren (Muster 1859, § 17 Abs. 3). Von derartigen integrierten Aufhebungsvereinbarungen in Geschäftsführerverträgen wird dennoch abgeraten, weil immer dann, wenn auf Seiten der Gesellschaft der Vertrag nicht von einem Geschäftsführer geschlossen wird, sondern wie idR von einem Vertreter der Gesellschafterversammlung, die Gefahr besteht, dass es an einer ausreichenden Vertretung der Gesellschaft fehlt, so dass die integrierte Aufhebungsvereinbarung schwebend unwirksam ist.[40] Vorzugswürdig ist daher aus Sicht der Gesellschaft ein gesonderter **schriftlicher Aufhebungsvertrag** über das bisherige Arbeitsverhältnis. Das BAG hat noch nicht Stellung genommen, könnte bzw dürfte aber uU – um dieses Ergebnis zu vermeiden – eine Art „Annexkompetenz" der Gesellschafterversammlung annehmen.

5. Ruhendes Arbeitsverhältnis beim AG-Vorstand

Bei dem der Tätigkeit von Vorstandsmitgliedern einer Aktiengesellschaft zugrunde liegenden Vertragsverhältnis war angesichts der Unabhängigkeit des Vorstands aufgrund der ihm in § 76 Abs. 1 AktG garantierten eigenverantwortlichen Leitungsmacht unbestritten, dass **kein Arbeitnehmerstatus** besteht. Weder die Hauptversammlung noch der Aufsichtsrat können dem Vorstand Weisungen erteilen. Auch können arbeitsrechtliche Schutzvorschriften grundsätzlich nicht analog angewendet werden.[41] Ergänzend ist zu beachten, dass der EuGH seiner Rechtsprechung schon länger einen weiteren, europarecht-

---

36 *Nägele*, BB 2001, 305 (311).
37 BAG 7.10.1993 – 2 AZR 260/93, NZA 1994, 212 = DB 1994, 428.
38 BAG 25.4.2002 – 2 AZR 352/01, NZA 2003, 272.
39 BAG 19.7.2007 – 6 AZR 774/06, NZA 2007, 1095; BAG 3.2.2009 – 5 AZB 100/08, NZA 2009, 669; zuletzt BAG 15.3.2011 – 10 AZB 32/10, NZA 2011, 874.
40 So zutreffend schon Hümmerich/Reufels/*Reufels*, Gestaltung von Arbeitsverträgen, § 2 Rn 17–19.
41 BGH 11.7.1953 – II ZR 126/52, BGH 7.12.1961 – II ZR 17/60, BGHZ 36, 142; BGH 9.11.1967, zustimmend Hümmerich/Reufels/*Reufels*, Gestaltung von Arbeitsverträgen, § 3 Rn 30 ff; BGH 9.11.1967 – II ZR 64/67, BGHZ 49, 30; BGH 24.11.1980 – II ZR 182/79, BGHZ 79, 38; vgl zum Mutterschutz aber EuGH 11.11.2010 – Rs. C-232/09 („Danosa"), NZG 2011, 101 ff m. Anm. *Baeck/Winzer*.

lichen Arbeitnehmerbegriff zugrunde legt, so dass selbst Vorstandsmitglieder Arbeitnehmer iSv Arbeitnehmerschutzgesetzen sein können, die ihrerseits auf einer EU-Richtlinie beruhen. Dies ist allerdings erst 2010 mit einem arbeitsrechtlichen „Paukenschlag", der sog. **Danosa-Entscheidung** des EuGH, in das Bewusstsein weiterer Rechtsanwenderkreise vorgedrungen.[42]

Allerdings sind beim Mitglied des Vorstands wie beim GmbH-Geschäftsführer Fallkonstellationen (Tätigkeit im Konzern oder eine andere Ausnahmekonstellationen) denkbar, dass beim **Wechsel vom Arbeitsverhältnis in das Vorstandsamt** das Arbeitsverhältnis aufgrund ausdrücklicher oder konkludenter Vereinbarung aufrechterhalten wird.[43]

379 Die Kombination aus ruhendem Arbeitsverhältnis und Vorstandsamt wirft u.a. die Frage auf, bei wem die Kündigungsbefugnis wegen des Arbeitsverhältnisses besteht und durch wen die Gesellschaft bei einer Kündigungsschutzklage vertreten wird. Hinsichtlich Letztgenanntem hat das BAG entschieden, dass ein ausgeschiedenes Vorstandsmitglied einer Aktiengesellschaft, das sich gegen die Kündigung seines für die Dauer der Vorstandstätigkeit ruhenden Arbeitsverhältnisses wendet, seine Kündigungsschutzklage gem. § 112 AktG gegen die Aktiengesellschaft, vertreten durch den Aufsichtsrat, zu richten hat, wenn die Kündigungsgründe in unmittelbarem Zusammenhang mit seiner Tätigkeit als Mitglied des Vertretungsorgans stehen.[44] Besteht im Einzelfall kein unmittelbarer Zusammenhang, insbesondere kein zeitlicher Zusammenhang, mit der Organstellung bzw deren Beendigung, so würde die Aktiengesellschaft durch den Vorstand vertreten. In Bezug auf die Kündigungsberechtigung ist zwischen den Vertragsverhältnissen zu differenzieren: Das Dienstverhältnis ist im Regelfall vom Aufsichtsrat (§ 112 AktG), ein etwa parallel bestehendes, sog. ruhendes Arbeitsverhältnis ist durch den Vorstand zu kündigen (§§ 77, 78 AktG).

6. Dauer des Anstellungsverhältnisses

380 Anstellungsverträge mit GmbH-Geschäftsführern können unbefristet und befristet geschlossen werden. Der Anstellungsvertrag mit einem Vorstand kann dagegen nur befristet, und zwar maximal bis zur Dauer von fünf Jahren, abgeschlossen werden (§ 84 Abs. 1 Satz 1 iVm § 5 AktG). Ein ausdrücklich unbefristeter oder auf Lebenszeit abgeschlossener Vorstandsvertrag gilt als auf fünf Jahre abgeschlossen.[45] Die befristeten Anstellungsverträge von AG-Vorständen sehen regelmäßig keine ordentliche Kündigungsmöglichkeit vor. Welche Fristen bei der ordentlichen Kündigung eines unbefristet geschlossenen Dienstvertrages eines GmbH-Geschäftsführers gelten, ist strittig. Zum Teil wird vertreten, die Fristen des § 622 Abs. 2 BGB ließen sich auf Dienstverhältnisse von GmbH-Geschäftsführern nicht analog anwenden und es greife daher § 621 Nr. 3 BGB ein.[46] Überwiegend wird eine analoge Anwendung von § 622 Abs. 2 BGB zugelassen.[47]

381 Beim **AG-Vorstand** ist die Bestellung auf höchstens fünf Jahre beschränkt, § 84 Abs. 1 Satz 1 AktG. Eine wiederholte Bestellung oder Verlängerung der Amtszeit, jeweils höchstens für fünf Jahre, ist zulässig. Sie bedarf in jedem Fall eines erneuten Aufsichtsratsbeschlusses, der frühestens ein Jahr vor Ablauf der bisherigen Amtszeit gefasst werden kann, § 84 Abs. 1 Sätze 2 und 3 AktG. Umstritten war bis vor kurzem noch die Frage, ob Bestellung und Vertragsverhältnis zwecks „vorzeitiger" (vor dem Jahr nach § 84 Abs. 1 ff AktG) Verlängerung von Bestellung und Vertrag einvernehmlich aufgehoben werden können oder eine unter solchen Umständen erfolgte vorzeitige Wiederbestellung unwirksam ist. Der BGH hat die Zulässigkeit dieses „taktischen" Vorgehens inzwischen bejaht.[48]

---

42 EuGH 11.11.2010 – Rs. C-232/09 („Danosa"), NZG 2011, 101 ff m. Anm. *Baeck/Winzer*; vgl dazu etwa *Kruse/Stenslik*, NZG 2013, 596 mwN; *Schultze/Hintzen*, ArbRAktuell 2012, 263.
43 Bei Konzernkonstellationen *Kauffmann-Lauven*, NZA 2000, 799; allgemein etwa BAG 19.7.2007 – 6 AZR 774/06, NJW 2007, 3228; BAG 10.5.2010 – II ZR 70/09, NZA 2010, 889 = NJW 2010, 2343.
44 BAG 4.7.2001 – 2 AZR 142/00, NZA 2002, 401 = NJW 2002, 1444; vgl dazu auch Lücke/Schaub/*Lücke*, Vorstand der AG, § 2 Rn 321 ff.
45 BAG 19.7.2007 – 6 AZR 774/06, NZA 2007, 1095.
46 *Hümmerich*, NJW 1995, 1177; ebenso Moll/*Grobys*, MAH Arbeitsrecht, § 77 Rn 44; so auch FG Sachsen 16.7.2008 – 1 K 1769/05, BeckRS 2008, 26025570.
47 OLG Düsseldorf 10.10.2003 – 17 U 35/03, NZG 2004, 478; LAG Köln 18.11.1998 – 2 Sa 1063/98, NZA-RR 1999, 300; BGH 11.5.1981 – II ZR 126/80, NJW 1981, 1270; ebenso Scholz/*Schneider/Setke*, § 35 GmbHG Rn 353.
48 BGH 17.7.2012 – II ZR 55/11, NZG 2012, 1027 (entgegen der Vorinstanz OLG Zweibrücken BB 2011, 1039 m. Anm. *Lücke*).

Kapitel 3: Anstellungsverträge mit GmbH-Geschäftsführern und AG-Vorständen

Der Deutsche Corporate Governance Kodex regt unter Ziff. 5.1.2 an, bei Erstbestellungen von AG-Vorständen eine kürzere als die fünfjährige Amtszeit zu wählen. Weit verbreitet sind hier drei Jahre, teilweise sogar nur zwei Jahre.

Beim **GmbH-Geschäftsführer** besteht für den Vertragsgestalter die Auswahl zwischen einer befristeten und einer unbefristeten Vertragslaufzeit. Aus Sicht des Geschäftsführers ist die Vereinbarung einer großzügigen Befristung von drei oder fünf Jahren der Vereinbarung eines unbefristeten Dienstverhältnisses im Zweifel vorzuziehen. Wird das unbefristete Dienstverhältnis von der Gesellschaft gekündigt, endet es meist in einem (sehr) überschaubaren Zeitraum, je nach Länge der vereinbarten Kündigungsfrist. Ist das Dienstverhältnis dagegen befristet, kann der Geschäftsführer bei Trennungsabsicht seitens der Gesellschaft häufig mit Aussicht auf Erfolg eine (zumindest teilweise) Kapitalisierung der Restvertragslaufzeit verlangen, wenn das Dienstverhältnis noch für einen längeren Zeitraum vereinbart wurde und kein wichtiger Grund für eine wirksame außerordentliche fristlose Kündigung gegeben ist.

Häufig wird übersehen, dass in manchem Dienstvertrag eine sog. **Koppelungsklausel** enthalten ist, wie sie auch im Muster 1856 (§ 12 Abs. 4 Sätze 2, 3) und Muster 1903 (§ 8 Abs. 3) enthalten sind, die den Fortbestand des Dienstverhältnisses an das Bestehen der Organstellung binden und das Dienstverhältnis – je nach konkreter Ausgestaltung der Koppelungsklausel – entweder mit Abberufung enden soll (auflösende Bedingung) oder die Abberufung als Kündigung des Dienstvertrages zum nächstzulässigen Termin gelten soll. Koppelungsklauseln überwinden also das **Trennungsprinzip** zwischen Organstellung und Dienstvertrag, denn die grundsätzlich jederzeitige Möglichkeit der Abberufung des Geschäftsführers nach § 38 Abs. 1 GmbHG würde mittels einer solchen „Koppelungsklausel" zu einem freien sofortigen Recht zur Kündigung des Geschäftsführervertrages führen und das Erfordernis eines wichtigen Grundes für die außerordentliche Kündigung nach § 626 BGB überflüssig machen.[49] Die **Rechtswirksamkeit** solcher Koppelungsklauseln ist **umstritten**: Bei einem **unbefristeten Vertragsverhältnis** bestehen grundsätzlich keine Bedenken gegen Koppelungsklauseln, wenn die Abberufung als Geschäftsführer zugleich die Fiktion der Kündigung enthalten soll oder „auflösende Bedingung" unter Berücksichtigung der ordentlichen Kündigungsfrist für das Dienstverhältnis sein soll. Nach bisheriger BGH-Rechtsprechung sollen sie aber auch im Fall **befristeter Verträge** wirksam sein, wenn sie zur Beendigung des Dienstverhältnisses unter Wahrung der Mindestkündigungsfrist analog § 622 Abs. 1 BGB führen.[50] Nach hier vertretener, teilweise abweichender Auffassung ist eine Koppelungsklausel gegenüber einem GmbH-Geschäftsführer mit befristetem Vertrag bei freier Abberufbarkeit (gem. § 38 GmbHG ist grundsätzlich kein wichtiger Grund erforderlich) unwirksam, weil sie den Geschäftsführer unangemessen benachteiligt iSv § 307 BGB. Teilweise wird auch vertreten, dass solche Koppelungsklauseln überraschend (§ 305 c BGB) sind und gegen das Verbot der geltungserhaltenden Reduktion (§ 306 Abs. 2 BGB) verstoßen.[51]

Erfüllt ein Vertrag mit einem AG-Vorstand die Merkmale Allgemeiner Geschäftsbedingungen nach § 305 Abs. 1 BGB und enthält er eine Koppelungsklausel, so dürfte etwas anderes gelten (Wirksamkeit), weil der Vorstand – im Gegensatz zum GmbH-Geschäftsführer – nur aus wichtigem Grund abberufen werden kann und daher die „Schwelle" zur Abberufung deutlich höher liegt. Entsprechendes dürfte bei GmbH-Geschäftsführern gelten, wenn nach der Satzung oder nach Vereinbarung ein wichtiger Grund erforderlich ist. Von Koppelungsklauseln wird daher jedenfalls bei Vertretung eines Organmitglieds abgeraten.

7. Stellung von AG-Vorstand und GmbH-Geschäftsführer

Nach der Konzeption des Gesetzes sind die Stellung des GmbH-Geschäftsführers und die des AG-Vorstands unterschiedlich stark ausgeprägt. Anders als das Mitglied der Geschäftsführung einer GmbH kann das Mitglied des Vorstands einer Aktiengesellschaft nur aus wichtigem Grund **abberufen** werden (§ 84 Abs. 3 Sätze 1 und 2 AktG). Damit ist die Position eines Vorstandsmitglieds einer Aktiengesellschaft deutlich stärker ausgestaltet als die eines GmbH-Geschäftsführers, der, ohne dass es eines Grundes bedarf, jederzeit abberufen werden kann (§ 38 Abs. 1 GmbHG). Dessen freie Abrufbarkeit kann

---

[49] So BGH 1.12.1997 – II ZR 232/96, NJW 1998, 1480.
[50] BGH 9.7.1990 – II ZR 194/89, BGHZ 112, 103; BGH 29.5.1989 – II ZR 220/88, NJW 1989, 2683.
[51] Hümmerich/Reufels/*Reufels*, Gestaltung von Arbeitsverträgen, § 2 Rn 579; *Eckardt*, AG 1989, 431; teilweise wohl aA *Bauer/Arnold*, ZIP 2006, 2337 („Transparenzgebot muss beachtet werden"); vgl zur Kritik zusammenfassend *Grobys/Glanz*, NJW-Spezial 2007, 129.

§ 1 Verträge mit Arbeitnehmern, freien Mitarbeitern und Gesellschaftsorganen

jedoch in der Satzung beschränkt und die Abberufung an einen wichtigen Grund geknüpft werden (§ 38 Abs. 2 Satz 1 GmbH).

386 Der fristlosen **Kündigung** des Dienstverhältnisses eines GmbH-Geschäftsführers oder Vorstandsmitglieds musste nach der früheren BGH-Rechtsprechung aus der Zeit vor der Schuldrechtsmodernisierung (2002) eine **Abmahnung** nicht vorausgehen.[52] Daran hat der BGH trotz zahlreicher anderer Meinungen aus der Literatur auch nach Einführung des § 314 Abs. 2 BGB unter Hinweis auf § 626 Abs. 2 BGB als lex specialis festgehalten.[53] Diese Begründung des BGH erscheint nur auf den ersten Blick plausibel, sie ist es aber nicht. Denn § 626 BGB, der als lex specialis herangezogen wird, enthält gar keine Aussage des Gesetzgebers zum Thema „Abmahnung", so dass demnach die allgemeinere Regelung des § 314 Abs. 2 BGB eingreift und eine Abmahnung daher nur in Ausnahmefällen entbehrlich ist. Die langjährige BGH-Rechtsprechung zur grundsätzlichen Entbehrlichkeit einer Abmahnung bei Organmitgliedern kann mE seit der Normierung des § 314 Abs. 2 BGB dogmatisch nicht mit dem „lex-specialis-Ansatz" aufrechterhalten werden. Sachgerecht ist die alte BGH-Rechtsprechung ohnehin nicht. Aus Sicht des Kautelarjuristen ist vor dem Hintergrund dieser BGH-Rechtsprechung auch an die vertragliche Vereinbarung eines Abmahnerfordernisses jedenfalls bei verhaltensbedingter Kündigung zu denken (vgl etwa Muster 1900).

387 Während der GmbH-Geschäftsführer auch in der Ausführung seiner Tätigkeit den **Weisungen** der Gesellschafter unterliegt, ist der AG-Vorstand in der Leitung der Gesellschaft keinen Weisungen des Aufsichtsrats und auch nicht der Hauptversammlung unterworfen, er leitet die Gesellschaft unter eigener Verantwortung, § 76 AktG. Es bestehen lediglich verschiedene **Berichtspflichten** (vgl § 90 AktG).

388 Rechtstheorie und Praxis der Stellung eines Vorstands und eines GmbH-Geschäftsführers im Rahmen **konzernabhängiger Gesellschaften** klaffen auseinander. Der Vorstand abhängiger Aktiengesellschaften ist zwar nach § 76 Abs. 1 AktG nicht weisungsabhängig. Besteht aber ein Beherrschungsvertrag oder eine gesellschaftsrechtliche Eingliederung nach §§ 323, 308 AktG, bleibt die weisungsunabhängige Rechtsstellung des Vorstands nach § 76 Abs. 1 AktG lediglich formaljuristisch bestehen, denn sie wird von mit Beherrschungsvertrag oder Eingliederung verbundener Weisungsgebundenheit überlagert. Zum Teil wird behauptet, in konzernabhängigen Unternehmen komme die Stellung des Vorstands der eines Arbeitnehmers gleich.[54] Das erscheint übertrieben, aber eine gewisse Angleichung an den grundsätzlich weisungsgebundenen Geschäftsführer kann kaum in Abrede gestellt werden:

389 Wird ein Arbeitnehmer der Konzernmutter in den Vorstand einer Konzerntochter oder als Geschäftsführer einer zum Konzern gehörigen GmbH abgeordnet, sein **Arbeitsverhältnis mit der Konzernmutter** jedoch beibehalten, bleibt seine vertragliche Rechtsbeziehung ein Arbeitsverhältnis, unabhängig davon, ob der Mitarbeiter formal AG-Vorstand oder GmbH-Geschäftsführer ist.[55] Das grundsätzlich umfassende arbeitgeberseitige Weisungsrecht wird allerdings dann auch von § 76 Abs. 1 AktG überlagert bzw begrenzt. Beim Geschäftsführer der GmbH ist im Übrigen ein derartiges Auseinanderfallen von Anstellungsverhältnis bei der einen Gesellschaft und Organstellung bei einem anderen Unternehmen gesellschaftsrechtlich zulässig.[56] Beim AG-Vorstand ist die Zulässigkeit einer solchen sog. **Drittanstellung** umstritten.[57] Soll ein Vorstand der Muttergesellschaft zum Geschäftsführer einer Tochter-GmbH bestellt werden, so fragt sich, von wem der Bestellungsbeschluss in der Gesellschafterversammlung der GmbH gefasst wird.[58]

8. Rechtsstellung nach Abberufung bzw Amtsniederlegung

390 Gegen die **Abberufung** an sich steht dem abberufenen Geschäftsführer grundsätzlich der Klageweg offen. Ein Fremdgeschäftsführer kann sich allerdings gegen die Abberufung, die im Regelfall keines wichtigen Grundes und damit auch keiner Begründung bedarf, nur mit der Behauptung wenden, dass der

---

52 BGH 2.7.2007 – II ZR 71/06, NJW-RR 2007, 1520 = MDR 2007, 1266; BGH 14.2.2000 – II ZR 218/98, NZA 2000, 543.
53 BGH 2.7.2007 – II ZR 71/06, NJW-RR 2007, 1520 = MDR 2007, 1266; aA aus jüngerer Zeit: OLG München 15.5.2013 – 7 U 3261/12, BeckRS 2013, 09308.
54 *Hueck*, ZfA 1985, 25; *Henssler*, RdA 1992, 301.
55 Vgl dazu näher Hümmerich/Reufels/*Reufels*, Gestaltung von Arbeitsverträgen, § 2 Rn 25 ff und § 3 Rn 35 mwN. Zu beachten ist aber auch, dass die Leitungsmacht des § 76 Abs. 1 AktG des AG-Vorstands vor Eingriffen der Konzernmutter, seiner Arbeitgeberin, in die Leitung der AG schützt. Das arbeitgeberseitige Weisungsrecht wird somit vom zwingenden § 76 Abs. 1 AktG verdrängt.
56 BGH 5.6.1975 – II ZR 131/73, WM 1975, 793.
57 Zum Meinungsstreit s. Lücke/Schaub/*Lücke*, Vorstand der AG, § 2 Rn 101 ff mwN.
58 Vgl dazu in jüngerer Zeit OLG München 8.5.2012 – 31 Wx 69/12, NJW-RR 2012, 998.

der Abberufung zugrunde liegende Gesellschafterbeschluss an einem schweren Mangel leide und daher nichtig sei. Ein Gesellschafter-Geschäftsführer kann binnen Monatsfrist auch „nur" anfechtbare (und nicht nichtige) Gesellschafterbeschlüsse angreifen. Bedarf es im Einzelfall kraft GmbH-Satzung eines wichtigen Grundes für die Abberufung, so kann selbstverständlich auch das Fehlen eines solchen wichtigen Grundes klagweise geltend gemacht werden.

Unabhängig davon und, soweit ersichtlich, unstreitig besteht – von Ausnahmefällen in der Satzung eingeräumter Sonderrechte abgesehen – **kein Anspruch auf Beschäftigung als Geschäftsführer**. Dies würde der in § 38 GmbHG jederzeitigen und freien Abberufbarkeit durch die Gesellschafter entgegenstehen. 391

Nach Abberufung besteht auch **kein Weiterbeschäftigungsanspruch als Organ**.[59] Der aus seiner Organstellung Abberufene kann aber gehalten sein, sich mit dem Angebot einer angemessenen anderen **Beschäftigung unmittelbar unter der Organebene** zufrieden zu geben, wenn er für ihn nachteilige Konsequenzen vermeiden will, zB eine sofortige Kündigung auch des Anstellungsvertrages.[60] Dem ist mE aber zu widersprechen, da der Vorstand/Geschäftsführer vertraglich in aller Regel nur die Tätigkeit als Organ schuldet und eine Art inhaltliche „Versetzungsklausel" zur Änderung der Tätigkeit in eine solche unterhalb der Organebene in den Verträgen bislang meist nicht enthalten ist.[61] Eine außerordentliche Kündigung kommt daher mE bei Weigerung der Übernahme einer angemessenen Tätigkeit innerhalb der Organisation nicht in Betracht. 392

Lehnt der Vorstand das Angebot einer **angemessenen**, insb. auch **zumutbaren Tätigkeit** innerhalb der Organisation aber ab, so bleibt dies nicht folgenlos, denn er gefährdet gem. § 615 Satz 2 BGB je nach den Umständen seinen Annahmeverzugsanspruch auf Vergütungszahlung.[62] Denn zumindest für das Arbeitsverhältnis hat das BAG entschieden, dass sich der Arbeitnehmer dasjenige nach § 615 Satz 2 BGB anrechnen lassen muss, was er zu erwerben böswillig unterlässt. Eine Anrechnung kommt danach auch dann in Betracht, wenn eine zumutbare Beschäftigungsmöglichkeit bei dem Arbeitgeber besteht, der sich mit der Annahme der Dienste des Arbeitnehmers im Verzug befindet. Das gilt nach BAG auch für den Fall, dass die angebotene Beschäftigung die Grenzen des arbeitgeberseitigen Direktionsrechts überschreitet.[63] ME sind diese Überlegungen zur Zumutbarkeit auch auf Organmitglieder übertragbar, so dass am Ende eine Entscheidung nach den Umständen des Einzelfalles zu treffen ist. 393

Auch der GmbH-Geschäftsführer/AG-Vorstand kann sein **Amt niederlegen**, ohne zugleich das Anstellungsverhältnis fristlos kündigen zu müssen.[64] Aus beiden vorerwähnten Entscheidungen wurde teilweise der Schluss gezogen, dass nach Abberufung des Vorstands bzw GmbH-Geschäftsführers für die Restdauer des Anstellungsvertrages ein **Anspruch der Organe auf Weiterbeschäftigung** in einer vergleichbaren Führungsposition bestehe.[65] Auch das hat der BGH aber abgelehnt.[66] Will eine Gesellschaft eine Pflicht zum Tätigwerden auf der ersten Führungsebene unter der Organebene begründen[67] oder sich einer Weiterbeschäftigungspflicht entziehen, so sollte eine entsprechende Vertragspassage in den Anstellungsvertrag des Geschäftsführers aufgenommen werden.[68] 394

Möglich ist dem Geschäftsführer auch jederzeit eine **Amtsniederlegung**, solange diese nicht **rechtsmissbräuchlich** ist. Nach ganz hM gilt insoweit: „Die von dem Geschäftsführer einer GmbH erklärte Amtsniederlegung ist nach der Rechtsprechung selbst dann wirksam, wenn objektiv kein wichtiger Grund vorliegt und wenn sich der Geschäftsführer auch nicht auf das Bestehen eines solchen beruft (...). Dies gilt jedoch nicht im Falle eines Rechtsmissbrauchs. Ein solcher liegt regelmäßig vor, wenn es sich bei dem niederlegenden Geschäftsführer um den Einzigen handelt, dieser zugleich Allein- oder Mehrheitsgesellschafter ist oder der Alleingesellschafter und Geschäftsführer einer Unternehmergesellschaft ist, die sämtliche Geschäftsanteile der GmbH hält, und davon absieht, einen neuen Geschäftsführer für die Gesellschaft zu bestellen."[69] 395

---

59 So schon BGH 28.10.2002 – II ZR 146/02, NJW 2003, 351; bestätigt von BGH 11.10.2010 – II ZR 266/08, NZG 2011, 19 f.
60 BGH 14.7.1966 – II ZR 212/64, WM 1966, 968.
61 So auch BeckOK-GmbHG/*Wisskirchen/Kuhn*, § 6 Rn 139.
62 BGH 9.10.2000 – II ZR 75/99, NZA 2001, 36.
63 BAG 7.2.2007 – 5 AZR 422/06, NZA 2007, 561.
64 BGH 9.2.1978 – II ZR 189/76, WM 1978, 319 (für den GmbH-Geschäftsführer).
65 Vgl Lücke/Schaub/*Lücke*, Vorstand der AG, § 2 Rn 301 ff mwN.
66 BGH 11.10.2010 – II ZR 266/08, NZG 2011, 112 ff.
67 Vgl etwa Muster 1856 (§ 2 Abs. 1).
68 Muster 1859 (§ 15 Abs. 8).
69 OLG Hamm 17.1.2013 – 27 W 4/13, BeckRS 2013, 12055.

396 Immer dann, wenn eine GmbH die Bestellung ihres Geschäftsführers wirksam widerrufen und an seine Stelle einen anderen Geschäftsführer bestellt hat, lässt die Gesellschaft idR erkennen, dass sie unter keinen Umständen zur weiteren Beschäftigung des abberufenen Geschäftsführers (als Geschäftsführer) bereit ist.[70] Der GmbH-Geschäftsführer kann unter den gegebenen Umständen die Weiterzahlung seines Gehalts fordern, ohne seine Dienste der Gesellschaft zumindest wörtlich angeboten zu haben, was allerdings vorsorglich jedem Rechtsanwalt dennoch zu empfehlen ist, weil die Rechtsprechung des BAG zur Entbehrlichkeit des mündlichen Angebots bei Arbeitnehmern nicht ohne weiteres übertagbar erscheint. Inwieweit sich der GmbH-Geschäftsführer trotz der Entscheidung des BGH vom 9.10.2000 mit einem Angebot auf eine vergleichbare Führungsposition begnügen muss, um nicht den Annahmeverzugslohnanspruch zu verlieren, lässt sich aus der Entscheidung vom 9.10.2000 nicht entnehmen (Zumutbarkeitsfrage des Einzelfalls; s. Rn 392 f).

397 Gegen einen **rechtswidrigen Abberufungsbeschluss** des Aufsichtsrats ist für das Vorstandsmitglied meist kein einstweiliger Rechtsschutz, der die Sofortwirkung nach § 84 Abs. 3 Satz 4 AktG überwinden könnte, gegeben. Die einstweilige Verfügung zur vorläufigen Aufhebung der Abberufung eines Vorstandsmitglieds ist unzulässig,[71] es sei denn, es fehlt überhaupt an jeglichem Aufsichtsratsbeschluss oder dieser ist wegen eines Verstoßes gegen formelle Voraussetzungen, wie zB eine nicht ordnungsgemäße Einberufung der Aufsichtsratssitzung o.Ä., nichtig.[72] Im Ergebnis läuft damit auch die Stellung eines AG-Vorstandsmitglieds, sofern Aufsichtsrat und im Fall des Vertrauensentzugs der Allein- oder Mehrheitsaktionär eine sofortige Beendigung der Tätigkeit des Vorstands wünschen, auf eine nur unzulänglich ausgeprägte Rechtsposition hinaus. Der Vorstand kann die Unwirksamkeit der Abberufung wegen angeblich fehlenden wichtigen Grundes daher idR nur in einem langwierigem Hauptsacheverfahren klären lassen. Der GmbH-Geschäftsführer genießt mangels anderweitiger gesetzlicher Regelung im GmbHG ohnehin praktisch keinerlei Schutz gegen seine Abberufung.

398 Wird die **Bestellung eines Mitglieds des Vorstands widerrufen** oder wird dem Vorstandsmitglied aus wichtigem Grund gekündigt, ist die **Klage gegen die Aktiengesellschaft**, vertreten durch den Aufsichtsrat, zu richten. Dies ergibt sich aus § 112 AktG.[73] Die **Zustellung** an den Aufsichtsratsvorsitzenden oder sonstige Aufsichtsratsmitglieder hat dabei nicht an die Geschäftsadresse der Gesellschaft, sondern an deren Privatanschrift zu erfolgen, weil sich Aufsichtsratsmitglieder nicht dauernd in den Geschäftsräumen aufzuhalten pflegen.[74] Hat der Vorsitzende des Aufsichtsrats seine private Wohnanschrift im Ausland, ist eine Auslandszustellung erforderlich, auch wenn das Anstellungsverhältnis als Vorstand einer deutschen Aktiengesellschaft sich im Wesentlichen in Deutschland realisiert hat. Dabei richtet sich die Frage, ob eine Willenserklärung einem Empfänger mit Wohnsitz im Ausland zugeht, nach dem Ortsrecht des Abgabeortes.[75]

399 Wird die **Bestellung eines GmbH-Geschäftsführers widerrufen** oder wird diesem aus wichtigem Grund gekündigt, ist die **ordnungsgemäße Vertretung der GmbH** in einem Rechtsstreit gegen die Abberufung/Kündigung dagegen keinesfalls einfach zu ermitteln: In Betracht kommen die Gesellschafter, die Gesellschafter, vertreten durch einen von diesen bestellten Prozessvertreter, oder – soweit noch vorhanden – ein oder mehrere Geschäftsführer, notfalls die Bestellung eines Prozesspflegers iSv § 57 ZPO oder im Bereich einer mitbestimmten GmbH der verpflichtende Aufsichtsrat oder – falls vorhanden und entsprechend autorisiert – auch ein fakultativer Aufsichtsrat oder Beirat.[76] Hier ist aus Geschäftsführersicht vor jeder **Klage gegen die Gesellschaft** eine genaue Überprüfung der aktuellen Rechtslage, insbesondere der BGH-Rechtsprechung, vonnöten, da bislang eine vergleichsweise aktuelle höchstrichterliche Klarstellung fehlt. Mit der wohl vorherrschenden Ansicht ist aber davon auszugehen, dass die Gesellschaft bei einer Klage des abberufenen und gekündigten Geschäftsführers zunächst – und solange die Gesellschafter gem. § 46 Nr. 5 GmbHG keinen besonderen Prozessvertreter bestellen – durch eine

---

70 BGH 9.10.2000 – II ZR 75/99, NZA 2001, 36 = NJW 2001, 287.
71 *Hüffer*, AktG, § 84 Rn 34.
72 OLG Stuttgart 15.4.1985 – 2 U 57/85, AG 1985, 193.
73 BGH 11.5.1981 – II ZR 126/80, NJW 1981, 2748; BGH 13.2.1984 – II ZR 2/83, WM 1984, 532; *Hüffer*, AktG, § 84 Rn 33; MünchHandbGesellschR/*Wiesner*, Bd. 4, § 20 Rn 53.
74 BGH 22.5.1989 – II ZR 206/88, NJW 1989, 2689; *Hüffer*, AktG, § 246 Rn 34; aA OLG Celle 28.9.1988 – 9 U 78/87, AG 1989, 209 (210).
75 BGH 21.6.2011 – II ZB 15/10, NJW-RR 2011, 1184.
76 In diesem Sinne auch Moll/*Grobys*, MAH Arbeitsrecht, § 77 Rn 69; vgl dazu ausführlich *Bergwitz*, GmbHR 2008, 225 mwN zum Meinungsstreit.

nach den individuellen Gegebenheiten ausreichende Anzahl von verbliebenen Geschäftsführern vertreten wird.[77] Die **Zustellung** der Klage an einen Geschäftsführer reicht gem. § 170 Abs. 3 ZPO aus. Sind solche hinreichend vertretungsberechtigten Geschäftsführer nicht mehr oder nicht mehr in ausreichender Anzahl vorhanden, so haben die Gesellschafter einen Prozessvertreter zu bestellen.[78] Unterbleibt dies, kann gem. § 29 BGB analog ein Notgeschäftsführer bestellt werden.[79]

Problematisch sind in der Vorphase der Trennung die vorläufigen Maßnahmen, insbesondere die **Freistellung** von **GmbH-Geschäftsführer** und **Vorstandsmitglied**. Eine **vorläufige Amtsenthebung** von GmbH-Geschäftsführern mit der Folge der **Suspendierung** von Geschäftsführungs- und Vertretungsbefugnissen hält die herrschende Meinung[80] für unzulässig. Für zulässig wird dagegen eine Vereinbarung mit dem Geschäftsführer gehalten, dass der Geschäftsführer bei einer ordentlichen Kündigung des Anstellungsvertrages von seiner Tätigkeit als Geschäftsführer freigestellt wird. Auch unabhängig von einer solchen Vereinbarung können die Gesellschafter nach der herrschenden Meinung dem Geschäftsführer die Weisung erteilen, er habe sich bis auf weiteres jeder Tätigkeit für die Gesellschaft zu enthalten. Die Möglichkeit einer solchen Freistellung folge aus dem allgemeinen Weisungsrecht der Gesellschafter. Die vertragliche Vereinbarung bzw die Weisung entbinden den Geschäftsführer aber nur von seiner Geschäftsführungsbefugnis. Ihm obliegen als Organ weiterhin alle gesetzlichen Pflichten, und er hat weiterhin die organschaftliche Vertretungsbefugnis. Dies wiederum spricht mE gegen die Zulässigkeit einer solchen einseitigen Weisung. Die mit der formalen Organstellung verbundenen Haftungsrisiken verbieten eine einseitige Freistellung oder „Enthaltsamkeitsweisung". Dieses Risiko, ohne Eingriffsmöglichkeit dennoch zu haften, kann allenfalls im Vereinbarungswege vom Organmitglied übernommen werden.

400

Für das **Vorstandsmitglied** gilt aus den vorgenannten Gründen, aber auch wegen der eigenständigen Leitungsmacht, dass eine einseitige Freistellung wohl nicht bzw nur sehr eingeschränkt möglich ist.[81] Der Aufsichtsrat sollte deshalb entweder den Weg einer Vereinbarung über die Freistellung des Vorstandsmitglieds[82] oder den Weg eines fernmündlich vom Aufsichtsratsvorsitzenden eingeholten Beschlusses des Aufsichtsrats wählen, wobei das Protokoll dann vom Aufsichtsratsvorsitzenden unterzeichnet wird. Die letztgenannte Möglichkeit dürfte zwar rechtswidrig sein, entspricht aber einer verbreiteten Praxis, die im Falle einer anschließenden Kündigung aus wichtigem Grund und Abberufung im Ergebnis unschädlich bleibt, wie auch in dem Fall, in dem die Freistellung rückgängig gemacht wird. Rechtsschutz ist in der Kürze der verbleibenden Zeit nicht zu erlangen. Über anschließende Rechtsstreitigkeiten vor den Kammern für Handelssachen wegen der Abberufung und der Kündigung, aber auch im Falle der anderen Alternative, der einvernehmlichen Beendigung des Anstellungsverhältnisses durch Aufhebungsvertrag, tritt eine überholende Kausalität ein.

401

9. Wiederbestellung

Enden Organschaft und Vertragslaufzeit aufgrund von Zeitablauf (Befristung), können Mandat und Vertrag durch erneute Bestellung und Abschluss eines neuen oder durch Verlängerung des alten Anstellungsvertrages verlängert werden. Für derartige Fälle kann es sich allerdings – aus Sicht des Organmitglieds – empfehlen, eine Anti-Verböserungsklausel in den Anstellungsvertrag aufzunehmen, wie im Muster 1918 (§ 14 Abs. 2 Satz 3) vorgesehen. Denn es ist natürlich nicht ausgeschlossen, dass der Aufsichtsrat eine **Verlängerung der Vertragslaufzeit** im Zusammenhang mit einer Wiederberufung anbietet, dabei aber eine Verschlechterung von Rechtspositionen (geringeres Gehalt etc.) zugrunde legt. Einer solchen Fallkonstellation sollte man im Interesse des Vorstandsmitglieds vorbeugen. Durch eine solche Verknüpfung gerät bei Bleibeverhandlungen das Vorstandsmitglied in Zugzwang, wenn der Aufsichtsrat eine Verschlechterung der Vertragskonditionen für die nächste Amtsperiode in Erwägung zieht. Das Muster 1900, das keine Anti-Verböserungsklausel vorsieht, ist also insoweit günstig für die Aktiengesellschaft. Teilweise ist im Vertrag auch schon eine Verlängerungsklausel für den Fall, dass das Vorstandsmitglied vom Aufsichtsrat erneut zum Mitglied des Vorstands bestellt wird, vorgese-

402

---

77 So ausdrücklich BGH 24.2.1992 – II ZR 79/91, NJW-RR 1992, 993.
78 So ausdrücklich BGH 24.2.1992 – II ZR 79/91, NJW-RR 1992, 993; zustimmend: Michalski/*Lenz*, GmbHG, § 35 Rn 38; ähnlich: MüKo-GmbHG/*Stephan/Tieves*, § 35 Rn 118; Bestellung eines Prozessvertreters: BeckOK-GmbHG/*Ziemonis/Jaeger*, § 35 Rn 36.
79 Saenger/Inhester/*Lücke/Simon*, GmbHG, § 35 Rn 14.
80 Lutter/Hommelhoff/*Kleindiek*, GmbHG, § 38 Rn 39 mwN.
81 *Hüffer*, AktG, § 84 Rn 35; Lücke/Schaub/*Lücke*, Vorstand der AG, § 2 Rn 28 mwN.
82 Muster 1930 (§ 1 Rn 540).

hen.[83] Eine solche Verlängerungsklausel ist zulässig. Damit verlängern sich ggf auch die Konditionen, sie verbessern sich aber auch nicht.

403 Oftmals enthalten Anstellungsverträge mit Vorständen eine **Verhandlungsklausel**, die sich an der Sperre des § 84 Abs. 1 Satz 3 AktG orientiert.[84] Problematisch kann die Rechtslage werden, wenn zu früh vor Ablauf des Fünfjahreszeitraums eine Wiederbestellung erfolgt und das Mitglied des Vorstands für einen neuen Fünfjahreszeitraum bestellt wird (sog. **vorzeitige Wiederbestellung**). Von der ganz überwiegenden Ansicht in Literatur und Rechtsprechung wird die Beendigung einer laufenden Amtszeit unter gleichzeitiger Neubestellung für einen Fünfjahreszeitraum früher als ein Jahr vor Ablauf der ursprünglichen Dauer der Amtszeit nach § 84 Abs. 1 AktG allerdings für zulässig gehalten.[85] Diese hM war 2010 „ins Wanken geraten", weil mit dem OLG Zweibrücken erstmals ein Oberlandesgericht diese Vorgehensweise (Niederlegung und Neubestellung) als Umgehung der Jahresfrist des § 84 Abs. 1 AktG angesehen und wegen Verstoßes gegen § 134 BGB als nichtig bewertet hatte.[86] Inzwischen hat der BGH der Praxis der – gemessen an der Ein-Jahres-Frist des § 84 Abs. 1 AktG – vorzeitigen Neubestellung „seinen Segen gegeben".[87]

10. Rechtsstellung bei gesellschaftsrechtlicher Veränderung

404 Schwierig ist es, Vorstandsmitglieder und GmbH-Geschäftsführer vor den **Änderungen ihrer Rechtsstellung** auf der Organ- und Vertragsebene abzusichern, die sich aus Vorgängen auf gesellschaftsrechtlicher Ebene, wie zB **Fusion, Verschmelzung, Spaltung und Firmenkauf**, ergeben. Werden Gesellschaften verschmolzen, verbleibt regelmäßig nur das Organ der aufnehmenden Gesellschaft (Geschäftsführer oder Vorstand), dasjenige der aufgenommenen Gesellschaft erlischt dagegen. Haben die Organmitglieder jedoch einen langfristigen Dienstvertrag und kann man sich über eine vorzeitige Beendigung nicht einigen, besteht der Dienstvertrag ungeachtet des Verlustes der Organstellung in einem solchen Fall fort. Damit stellt sich aber die Frage, zur Ausführung welcher Tätigkeit das ehemalige Organmitglied verpflichtet werden kann und welchen rechtlichen Status es nach der Fusion genießt.

405 Grundsätzlich erzeugt ein Vertrag Rechte und Pflichten nur zwischen den Vertragsparteien. Über § 613a BGB geht als Ausnahme von diesem Grundsatz ein Arbeitsverhältnis mit einer Betriebsveräußerung auf einen Betriebsnachfolger über. Organmitglieder sind jedoch im Allgemeinen keine Arbeitnehmer, für sie gilt daher § 613a BGB nicht. Für den GmbH-Geschäftsführer hat dies das BAG schon ausdrücklich entschieden.[88] Generell wandelt sich das freie Dienstverhältnis eines GmbH-Geschäftsführers oder eines Vorstandsmitglieds (hier: Vorstandsmitglied einer Sparkasse) auch nicht ohne weiteres mit dem Verlust der Organstellung infolge einer **Fusion** in ein Arbeitsverhältnis um.[89]

406 Bei einer **Verschmelzung** findet ein Vertragsübergang statt, weil es sich bei der Verschmelzung um eine gesellschaftsrechtliche Gesamtrechtsnachfolge handelt.[90] Das Erlöschen des untergehenden Rechtsträgers hat zwar das Erlöschen der Organstellung zur Folge. Das Erlöschen der Organstellung hat aber weder Auswirkungen auf den Inhalt des Anstellungsvertrages noch auf seinen regelmäßigen Rechtscharakter als „Nicht-"Arbeitsverhältnis noch auf seinen Bestand. Bei der Verschmelzung wird der Geschäftsführer der aufgenommenen GmbH nicht automatisch zum Arbeitnehmer der aufnehmenden GmbH, wenn er seine frühere Tätigkeit mehr oder weniger unverändert fortsetzt, nur eben ohne Geschäftsführerstellung als sonst leitender Mitarbeiter. Es kann jedoch dem rechtsgeschäftlichen Willen der Parteien entsprechen, dass die Fortsetzung der Tätigkeit auf der Grundlage eines Arbeitsverhältnis-

---

83 Muster 1909 (§ 6 Abs. 2).
84 Muster 1900 (§ 11 Abs. 2).
85 OLG Hamm 7.1.1991 – 8 U 155/90, EWiR 1991, 523; Marsch-Barner/Schäfer/*Mutter*, Handbuch börsennotierte AG, § 19 Rn 76; *Schürnbrand*, NZG 2008, 609; *Krieger*, Personalentscheidungen des Aufsichtsrats, 1981, S. 125 f; MünchHandbGesellschR/*Wiesner*, Bd. 4, § 20 Rn 32; *Willmer*, Die Neubestellung von Vorstandsmitgliedern vor Ablauf der Amtsperiode, AG 1977, 130 ff; aA GroßKomm-AktG/*Kort*, § 84 Rn 28; KölnKomm-AktG/*Mertens*, § 84 Rn 18; Lücke/Schaub/*Lücke*, Vorstand der AG, § 2 Rn 22.
86 OLG Zweibrücken 3.2.2010 – 4 U 76/10, BB 2011, 1039 m. zust. Anm. *Lücke*, krit. dagegen etwa *Selter*, NZG 2011, 897 jeweils mwN.
87 BGH 17.7.2012 – II ZR 55/10, NZG 2012, 1027.
88 BAG 13.2.2003 – 8 AZR 654/01, NZA 2003, 552 = NJW 2003, 2473.
89 BGH 10.1.2000 – II ZR 251/98, NZA 2000, 376 = NJW 2000, 1864; bestätigt durch BAG 5.6.2008 – 2 AZR 754/06, NZA 2008, 1002 = NJW 2008, 3514.
90 BAG 21.2.1994 – 2 AZB 28/93, NZA 1994, 905 = NJW 1995, 675.

ses erfolgen soll, auch wenn die finanziellen Vertragsbedingungen im Wesentlichen unverändert bleiben.[91]

Wenn nach einer Verschmelzung die im Anstellungsvertrag vereinbarten Tätigkeiten ohne die organrechtliche Vertretungsbefugnis nicht mehr ausgeübt werden können, entfällt die Leistungspflicht des früheren Organmitglieds. Die künftige Vergütung richtet sich nach § 615 BGB. Bietet die Rechtsnachfolgegesellschaft dem ehemaligen Organmitglied eine zumutbare leitende Tätigkeit an, muss das ehemalige Organmitglied zur Vermeidung des Vergütungsanspruchs aus Annahmeverzug dieses Angebot wohl annehmen. Allerdings wandelt sich ein Dienstnehmer nicht allein durch das Unterbleiben der Bestellung zum Geschäftsführer (der durch die Verschmelzung neu entstandenen Gesellschaft) zum Arbeitnehmer.[92] Wenn jedoch der ehemalige Geschäftsführer nach dem **Ende seiner Organstellung** tatsächlich für eine geraume Zeit mit Wissen und Wollen der Gesellschafter unterhalb der Organebene für die GmbH weiter tätig wird, haben sich die Parteien regelmäßig **schlüssig** auf eine **Änderung des bisherigen Vertrages** geeinigt und für die Zukunft eine weitere Tätigkeit im Rahmen eines Arbeitsverhältnisses vorgesehen.[93] Für den Fall einer solchen **Tätigkeitsveränderung** ist eine eindeutige Vereinbarung über das Fortbestehen oder den Wechsel der Rechtsnatur des Vertragsverhältnisses sinnvoll. Im Muster 1856 (§ 12 Abs. 6) ist für diesen Fall vorgesehen, dass sich die Vertragsrechtsbeziehung nicht ändert, sondern der selbständige Dienstvertrag aufrechterhalten bleibt.

407

Werden nach einer **Verschmelzung** Betriebsteile auf eine andere Gesellschaft übertragen, ohne dass das Umwandlungsgesetz zur Anwendung kommt, und übernimmt das ehemalige Organmitglied bei der dritten Gesellschaft eine Tätigkeit, lässt sich die Fiktion, es liege weiterhin kein Arbeitsverhältnis vor, nicht mehr aufrechterhalten. Die Parteien sind in einem solchen Fall nicht durch unmittelbare Rechtsnachfolge, sondern durch freie Willensbildung zusammengekommen. In einem solchen Fall greift das Schutzsystem des Arbeitsrechts. Der Rechtscharakter der Vertragsbeziehung ist nicht frei bestimmbar, sondern richtet sich nach den bekannten **Kriterien zum Arbeitnehmerstatus**. Das BAG hat in diesem Zusammenhang entschieden, dass die Organtätigkeit für den Rechtscharakter eines Dienstvertrages nur dann bestimmend sei, wenn sie für den Vertragspartner ausgeübt werde.[94] Eine Organfunktion bei einer dritten Gesellschaft im Rahmen einer Vertragstätigkeit (sog. **Drittanstellung**) hindert die Annahme der Eigenschaft als Arbeitnehmer oder als arbeitnehmerähnliche Person nicht.[95] Scheidet dagegen das Organmitglied aus der bisherigen Gesellschaft aus und wird in einer dritten Gesellschaft, die zum Konzern gehört, tätig, ohne dort Organ zu werden, wobei er dort typische Arbeitnehmeraufgaben wahrnimmt, so steht er in einem Arbeitsverhältnis. War sein Dienstvertrag befristet, ist das Arbeitsverhältnis, soweit keine abweichende Regelung besteht, die den Anforderungen der Befristungsrechtsprechung genügt, unbefristet.

408

11. Sorgfaltspflichten bei der Unternehmensführung/Compliance

Geschäftsführer und Vorstandsmitglieder unterliegen im Rahmen ihrer Geschäftsführungsaktivitäten hohen Anforderungen an die dabei an den Tag zu legende Sorgfalt. Die in den Dienstverträgen übliche Formulierung lautet, dass die Geschäfte unter Beachtung der Gesetze, der Satzung und der Geschäftsordnung (und beim GmbH-Geschäftsführer: etwaiger Beschlüsse der Gesellschafterversammlung) mit der **Sorgfalt eines ordentlichen Kaufmanns** zu führen sind.[96] Sie entspricht der gesetzlichen Regelung (§ 43 Abs. 1 GmbHG bzw § 93 Abs. 1 AktG). Der BGH hebt mit seiner regelmäßigen Formulierung zum Sorgfaltsmaßstab, wonach der Geschäftsführer bei seiner Tätigkeit den Sorgfaltsanforderungen zu genügen hat, die ein ordentlicher Geschäftsmann in verantwortlich leitender Stellung bei der selbstän-

409

---

91 LAG Köln 15.8.2001 – 7 Sa 1403/00, BB 2002, 788.
92 BAG 25.6.1997 – 5 AZB 41/96, DB 1997, 2029 (zur unterbliebenen Bestellung – allerdings ohne umwandlungsrechtlichen Hintergrund).
93 So Küttner/*Kania*, Personalbuch, 203 (Geschäftsführer) Rn 33; das ist vor dem Hintergrund der Entscheidung des BAG vom 5.6.2008 (2 AZR 754/06, NZA 2008, 1002) aber zweifelhaft bzw stets einer genauen Einzelfallprüfung zu unterziehen, ob tatsächlich rechtserhebliche konkludente Willenserklärungen vorliegen.
94 BAG 29.12.1997 – 5 AZB 38/97, NZA 1998, 668.
95 BAG 8.9.1997 – 5 AZB 3/97, NZA 1997, 1302 = NJW 1998, 701.
96 Muster 1856 (§ 1 Abs. 1) und Muster 1859 (§ 1 Abs. 2).

digen Verwaltung fremden Vermögens einzuhalten hat,[97] den Aspekt des Umgangs mit Geld und Vermögen Dritter noch besonders hervor. Für den Vorstand der AG gilt dies ebenso.

410 Unserer Wirtschaftsverfassung gemäß haben die Organmitglieder das Unternehmen zunächst unter **Beachtung betriebswirtschaftlicher Grundsätze** bestmöglich zu führen, also insb. durch die Erzielung hinreichender Gewinne für einen nachhaltigen Bestand des Unternehmens zu sorgen. Dabei ist – ebenso selbstverständlich – zu beachten, dass sämtliches Unternehmenshandeln rechtskonform sein muss, also insb. mit den bestehenden Gesetzen in Einklang stehen muss (sog. **Legalitätsprinzip**).[98] Dies wiederum hat betriebswirtschaftliche Implikationen, da Verstöße gegen das Legalitätsprinzip, also Verstöße gegen Rechtsnormen, oftmals unmittelbar zu wirtschaftlichen Nachteilen wie Bußgelder oder Entschädigungs- und/oder Schadensersatzpflichten oder über Imageschäden mittelbar zu wirtschaftlichen Nachteilen führen.

411 Einige wesentliche Organpflichten sind im GmbHG bzw AktG explizit normiert, wie zB die Verpflichtung zur Erhaltung des Stammkapitals nach § 30 GmbHG bzw des Grundkapitals nach § 92 AktG oder gem. § 41 GmbHG/§ 91 AktG für eine **ordnungsgemäße Buchführung** zu sorgen. Daneben besteht auch eine kaum überschaubare **Vielzahl ungeschriebener Pflichten**, die sich aus dem Grundsatz der Sorgfalt eines ordentlichen Kaufmanns bei der Geschäftsführung ableiten. Als zentrale Verpflichtung guter Unternehmensführung kann insoweit gelten, dass Geschäftsführer bzw Vorstand zunächst für eine **ordnungsgemäße Unternehmensorganisation** zu sorgen haben.[99] Wesentliche Aspekte einer solchen Unternehmensorganisation sind eine auf das Unternehmen zugeschnittene (also dessen Gegenstand, Branche und Größe angepasste) **Aufbau- und Ablauforganisation** mit entsprechend klaren Aufgaben- und Kompetenzzuweisungen, eine Art **Risikomanagementsystem**[100] sowie – idR – auch eine **Compliance-Organisation** (s. Rn 412 ff).[101]

412 Der Begriff „**Compliance**" ist nicht nur eine „Modeerscheinung", er ist auch nicht einfach mit „Legalität" gleichzusetzen, sondern hat – gerade für Organmitglieder – einen sehr ernstzunehmenden rechtlichen „Kern":[102] Selbstredend muss sich der Geschäftsführer bzw das Vorstandsmitglied selbst gesetzeskonform verhalten, aber dessen Pflichten gehen funktionsbedingt weiter und betreffen nicht nur eigenes, sondern auch das Handeln (und Unterlassen) aller Unternehmensangehörigen. „Inhaber, gesetzliche Vertreter und Organe eines Unternehmens müssen die erforderlichen und zumutbaren Aufsichtsmaßnahmen ergreifen, damit die geltenden Gesetze eingehalten werden."[103]

413 „Compliance" ist insoweit eher als ein organisatorischer Ansatz zu verstehen, welche organisatorischen Mittel das Unternehmen präventiv einsetzt, welche Maßnahmen es vorsorglich ergreift, um am Ende weitestmöglich die Legalität allen Unternehmenshandelns zu gewährleisten, insb. Straftaten aus dem Unternehmen heraus ebenso zu verhindern[104] wie sonstige Gesetzesverstöße und die Einhaltung von betriebsinternen Richtlinien sicherzustellen. Es geht also um eine Art „**Steuerungs-, Überwachungs- und Eingriffs- bzw Sanktionssystem**", mittels dessen die umfassende Rechtmäßigkeit unternehmerischen Handelns möglichst sichergestellt werden soll. Der Prüfungsmaßstab IDW PS 980 des Instituts für Wirtschaftsprüfer in Deutschland beschreibt als Compliance Management System „die auf der Grundlage der von den gesetzlichen Vertretern festgelegten Ziele (…) eingeführten Grundsätze und Maßnahmen eines Unternehmens (…), die auf die Sicherstellung eines regelkonformen Verhaltens der gesetzlichen Vertreter und der Mitarbeiter des Unternehmens sowie ggf von Dritten abzielen, dh auf

---

97 OLG Koblenz 24.9.2007 – 12 U 1437/04, NZG 2008, 280; OLG Oldenburg 22.6.2006 – 1 U 34/03, BB 2007, 66 m. Anm. *Himmelsbach/Krüger*; OLG Zweibrücken 22.12.1998 – 8 U 98/98, NZG 1999, 506.
98 Vgl dazu Saenger/Inhester/*Lücke/Simon*, GmbHG, § 43 Rn 28 und § 35 Rn 66 mwN.
99 Soweit ersichtlich unbestritten, vgl etwa *Grützner/Leisch*, DB 20132, 787 mwN insb. zu §§ 130, 30 OWiG.
100 Zu Einzelheiten einer Aufbau- und Ablauforganisation und eines Risikofrüherkennungssystems bzw Risikomanagement muss auf die einschlägige Kommentarliteratur und Fachbeiträge verwiesen werden; vgl zur Aufbau- und Ablauforganisation etwa MüKo-GmbHG/*Fleischer*, § 43 Rn 59 und zum Risikofrüherkennungssystem etwa MüKo-GmbHG/*Fleischer*, § 43 Rn 61 ff; *Hüffer*, AktG, § 91 Rn 4 ff.
101 Zum Thema Compliance vgl auch weiterführende Literatur, etwa: *Moosmayer*, Compliance – Praxisleitfaden für Unternehmen, 2. Aufl. 2012; *Umnuß*, Corporate Compliance Checklisten – Rechtliche Risiken im Unternehmen erkennen und vermeiden, 2. Aufl. 2012.
102 *Moosmayer* stellt in NJW 2012, 3013 die Frage: „Modethema oder Pflichtprogramm guter Unternehmensführung?"
103 *Schaefer/Baumann*, NJW 2011, 3601.
104 Hierzu zB *Göpfert/Landauer*, „Arbeitsstrafrecht" und die Bedeutung von Compliance-Systemen: Straftaten „für" das Unternehmen, NZA-Beilage 2011, Nr. 1, 16–21.

die Einhaltung bestimmter Regeln und damit auf die Verhinderung von wesentlichen Verstößen".[105] Die Einrichtung, Vorhaltung und regelmäßige Überprüfung und Fortentwicklung eines solchen Systems gehört zu den grundlegenden Organisationspflichten und kann – geht es doch um die Vermeidung von Risiken durch Rechtsbruch – als Teil des unternehmensweiten Risikomanagement aufgefasst werden.

Eine gesetzliche **Pflicht zur Schaffung einer Compliance-Organisation** besteht in Deutschland nicht. In der Regel wird man eine solche Pflicht aber jedenfalls bei nicht allzu kleinen Unternehmen aus den im GmbHG enthaltenen Pflichten und insb. der allgemeinen Sorgfaltspflicht des Geschäftsführers bzw Vorstands abzuleiten haben.[106]

414

Die konkrete inhaltliche **Ausgestaltung einer Compliance-Organisation** ist ebenfalls gesetzlich nicht geregelt. Auch der Deutsche Corporate Governance Kodex (DCGK) mit seinen Empfehlungen und Anregungen für börsennotierte Aktiengesellschaften gibt allenfalls partielle Anhaltspunkte. Als eine Art „Mindeststandard" – jedenfalls für prüfungspflichtige Gesellschaften – dürften seit 2011 wohl die Inhalte/Vorgaben des Prüfungsstandards PS 980 des Instituts für Wirtschaftsprüfer in Deutschland (IDW) angesehen werden können.[107] Wesentliche „Pfeiler" eines Compliance-Systems sind betriebliche Strukturen, die einer angemessenen **Prävention** von Rechtsverstößen, einer angemessenen **Überwachung** des Unternehmenshandelns und der **Aufdeckung** etwaiger Rechtsverstöße sowie deren adäquater **Sanktionierung** dienen. Mittel sind insoweit zunächst etwa der Erlass eines entsprechenden „Mission-Statements" der Unternehmensspitze, der Erlass verbindlicher betrieblicher Regelungen, Codes of Conduct, Ethikrichtlinien etc., die Durchführung von Mitarbeiter-Schulungen vor allem in für Rechtsverstöße anfälligen Bereichen, wie zB dem Kartellrecht oder der Diskriminierung, die Einrichtung eines Melde- oder (neudeutsch) Whistleblowersystems,[108] um die Aufklärung zu fördern,[109] sowie eine angemessene Sanktionspolitik (Abmahnung, Versetzung, Kündigung, Schadensersatz etc.) für festgestellte Verstöße.[110]

415

Ob es zudem der Ernennung eines **Compliance Officers** bedarf, ist eine Frage der Größe des Unternehmens und damit eine Frage des Einzelfalls.[111] Das vergleichsweise neue Berufsbild des Compliance Officers bildet sich erst langsam heraus.[112] Das Muster 1225[113] enthält einen Arbeitsvertrag eines Compliance Officers mit einzelnen Sonderbedingungen, die der besonderen Position/Funktion Rechnung tragen.

416

Der **Betriebsrat** kann, darf und muss das Thema Compliance dort anpacken, wo das Ordnungsverhalten der Arbeitnehmer im Betrieb betroffen ist. Die Entscheidung des BAG „Honeywell"[114] über eine – zu weit gehende – **Ethikrichtlinie** hat dabei erste wichtige Grundsätze herausgearbeitet.

417

An der Existenz einer angemessenen Compliance-Organisation haben sowohl die Gesellschaft selbst, aber auch der Geschäftsführer/Vorstand ein elementares Eigeninteresse: Die Gesellschaft bewahrt es vor materiellen und/oder immateriellen Schäden und aus Sicht des Geschäftsführers/Vorstands stellt es zugleich einen wesentlichen Teil des eigenen Risikomanagements dar, drohen doch aus unterbliebenen Rechtsverstößen – im Gegenteil zu realisierten Rechtsverstößen – auch keine persönlichen Schadensersatzrisiken bzw -pflichten (§ 43 GmbHG). Die Gesellschaften nehmen dies in der **Vertragsgestaltung** zunehmend zum Anlass, ihre Geschäftsführer/Vorstandsmitglieder in deren Dienstverträgen ausdrücklich auf diese Pflichten hinzuweisen und sie damit auf diese Pflichten auch vertraglich zu „vergattern".[115] Das geht idR einher mit der detaillierteren vertraglichen Festlegung von Offenbarungspflichten im Zusammenhang mit Interessenskonflikten.[116]

418

---

105 IDW PS 980 Fn 2 Tz 6.
106 Str, zum Meinungsstand vgl etwa Saenger/Inhester/*Lücke/Simon*, GmbHG, § 43 Rn 28 mwN.
107 Vgl dazu *Wolf*, DStR 2011, 997.
108 Vgl dazu etwa: *Fahrig*, Die Zulässigkeit von Whistleblowing aus arbeits- und datenschutzrechtlicher Sicht, NZA 2010, 1223; Moll/*Dendorfer*, MAH Arbeitsrecht, § 35 Rn 127 ff.
109 Ggf, insb. bei Verdacht auf strafrechtlich relevantes Verhalten, darf auch ein Team für interne Ermittlungen vorgesehen werden.
110 Vgl näher etwa Moll/*Dendorfer*, MAH Arbeitsrecht, § 35 Rn 23 mwN.
111 Zu den Haftungsrisiken eines Compliance Officers vgl etwa *Grützner/Behr*, DB 2013, 561.
112 Vgl dazu den Beitrag von *Renz/Schulz*, BB 2012, 2511.
113 § 1 Rn 208 a.
114 BAG 22.7.2008 – 1 ABR 40/07, NZA 2008, 166 („Honeywell").
115 Ein Beispiel für eine solche Klausel findet sich in Muster 1862 (§ 3 Abs. 3).
116 Ein Beispiel für eine solche Klausel findet sich in Muster 1918 (§ 15).

12. Rechts- und Pflichtenlage bei mehrköpfigem Organ

419 Hat eine GmbH **mehrere Geschäftsführer** bzw eine AG **mehrere Vorstandsmitglieder**, gilt zwar der **Grundsatz der Gesamtverantwortung** aller Geschäftsführer/Vorstandsmitglieder, dies ist aber nicht mit einer Haftung eines jeden Geschäftsführers/Vorstandsmitglieds für Pflichtverletzungen anderer Geschäftsführer/Vorstandsmitglieder gleichzusetzen. Besteht nämlich zwischen den Geschäftsführern/Vorstandsmitgliedern nachweislich (am besten natürlich schriftlich) eine klare **Ressortverteilung**, so haftet jeder Geschäftsführer/jedes Vorstandsmitglied grundsätzlich nur für eigene Pflichtverletzungen, nicht für solche der Kollegen. Dabei gehört dann aber auch eine **angemessene Überwachung** der Geschäftsführungstätigkeit der Kollegen zu den eigenen Pflichten. Zu diesem Zwecke steht grundsätzlich jedem der Geschäftsführer/Vorstandsmitglied das Recht auf **Information** über alle Angelegenheiten der Gesellschaft zu, und zwar auch über diejenigen, die allein das Ressort eines Mitgeschäftsführers bzw Vorstandskollegen betreffen.[117] Soll zB die Buchführung im Wege der Geschäftsverteilung an einen Mitgeschäftsführer/Vorstandskollegen delegiert werden, müssen die übrigen Geschäftsführer/Vorstandsmitglieder den zuständigen Geschäftsführer/Vorstand unter Berücksichtigung der dafür erforderlichen Kenntnisse und Fähigkeiten sachgerecht auswählen, hinreichend mit sächlichen, personellen und finanziellen Ressourcen ausstatten und ihn kontinuierlich und angemessen überwachen. Dazu haben sie sich, auch im Hinblick auf § 64 GmbHG bzw § 92 Abs. 2 AktG, regelmäßig und ausreichend tiefgehend über die Buchführung zu informieren.[118] Wird einem Organmitglied diese **Information systematisch vorenthalten**, darf dieser sowohl sein Amt **niederlegen** als auch seinen Anstellungsvertrag **außerordentlich kündigen**, da ihm unter diesen Umständen ein gedeihliches gesetzestreues Arbeiten unmöglich ist.[119]

420 Die vorgenannten Anforderungen an eine **ordnungsgemäße Delegation** von Aufgaben innerhalb einer mehrköpfigen Geschäftsführung bzw eines mehrköpfigen Vorstands wie auch an nachgeordnete Mitarbeiter sind auch bei der Übertragung anderer Aufhaben und Verantwortlichkeiten zu beachten.[120]

13. Haftung für risikobehaftete Geschäfte

421 Organmitglieder müssen **risikoreiche Geschäfte** nicht grundsätzlich meiden, versprechen risikoreichere Geschäfte doch idR auch höhere Gewinnchancen für die Gesellschaft. Dementsprechend stellt selbstverständlich nicht jedes gewagte Geschäft sogleich eine Pflichtverletzung dar. Es besteht insoweit „nur" die Pflicht zur Vermeidung übermäßig riskanter Geschäfte. An dieser Stelle sei an die nach wie vor grundlegenden Ausführungen des BGH in seiner **ARAG/Garmenbeck-Entscheidung** aus dem Jahre 1997 verwiesen: „(...) dem Vorstand (muss) bei der Leitung der Geschäfte des Gesellschaftsunternehmens ein **weiter Handlungsspielraum** zugebilligt werden (...), ohne den eine unternehmerische Tätigkeit schlechthin nicht denkbar ist. Dazu gehört neben dem **bewussten Eingehen geschäftlicher Risiken** grundsätzlich auch die **Gefahr von Fehlbeurteilungen und Fehleinschätzungen**, der jeder Unternehmensleiter, mag er noch so verantwortungsbewusst handeln, ausgesetzt ist. (...) (Eine Schadensersatzpflicht) (...) kann erst in Betracht kommen, wenn die **Grenzen**, in denen sich ein von Verantwortungsbewusstsein getragenes, ausschließlich am Unternehmenswohl orientiertes, auf sorgfältiger Ermittlung der Entscheidungsgrundlagen beruhendes unternehmerisches Handeln bewegen muss, **deutlich überschritten** sind, die **Bereitschaft**, unternehmerische Risiken einzugehen, in **unverantwortbarer Weise überspannt** worden ist oder das Verhalten des Vorstands aus anderen Gründen als pflichtwidrig gelten muss."[121] Dabei muss es natürlich – wie das OLG Zweibrücken ausgeführt hat – stets naheliegender sein, dass sich das Geschäft für die GmbH als vorteilhaft erweist, als dass es zu einer Schädigung führt.[122] Andernfalls könnte das Geschäft schon nicht mehr als im Interesse der Gesellschaft liegend bezeichnet werden. Es führt daher nicht zu einer generell erhöhten Haftung des Geschäftsführers, wenn dieser Risikogeschäfte tätigt,[123] aber schon bei Geschäften mit erheblichem wirtschaftlichen Gewicht gelten erhöhte Sorgfaltsanforderungen, so bspw eine Überprüfungspflicht des Geschäftsführers

---

117 OLG Koblenz 22.11.2007 – 6 U 1170/07, NZG 2008, 397.
118 OLG Thüringen 12.8.2009 – 7 U 244/07, NZG 2010, 226.
119 BGH 26.6.1995 – II ZR 109/94, NJW 1995, 2850.
120 Näher zu Anforderungen und Rechtsfolgen ordnungsgemäßer Delegation von Aufgaben und Verantwortlichkeiten vgl aktuell *Urban*, GWR 2013, 106 ff; BeckOK-GmbHG/*Haas/Ziemons*, § 43 Rn 229 ff mwN.
121 BGH 21.4.1997 – II ZR 175/95, NJW 1997, 1926 („ARAG/Garmenbeck").
122 OLG Zweibrücken 22.12.1998 – 8 U 98/98, NZG 1999, 506 (LS Nr. 4).
123 BGH 4.7.1977 – II ZR 150/75, NJW 1977, 2311.

im Hinblick auf eine vom Leiter der Finanzabteilung vorgelegte Kalkulation.[124] Bei der Gewährung von Warenkrediten nennenswerter Höhe ist der Geschäftsführer zB verpflichtet, sich zuvor über die finanziellen Verhältnisse des Geschäftspartners zu vergewissern und sich ausreichend Sicherheiten geben zu lassen.[125]

14. Haftungsbeschränkung (Innenhaftung)

Die durchaus als streng zu bezeichnende **Haftung** des Geschäftsführers **gegenüber der GmbH** bei Nichteinhaltung dieser Sorgfaltsanforderungen (sog. Innenhaftung) lässt sich – anders als beim Vorstand der AG (vgl dazu § 93 Abs. 4 AktG) – aber durch Vertragsgestaltung – allerdings nach überwiegender, wenn auch nicht unbestrittener Meinung[126] – begrenzen. Möglich wäre zB eine **vertragliche Haftungsbegrenzung** dahin gehend, vertraglich bestimmte Geschäftspraktiken, die ein Risiko auslösen, als von den Gesellschaftern grundsätzlich gebilligtes Verhalten zu vereinbaren. Die Haftung des Geschäftsführers entfällt auch immer dann, soweit er eine haftungsrelevante Geschäftsführungsmaßnahme (Tun oder Unterlassen) aufgrund einer Weisung der Gesellschafterversammlung oder eines weisungsberechtigten Organs der Gesellschaft vorgenommen hat.[127] Im Übrigen kommen auch Regelungen über einen vom Gesetz abweichenden Verschuldensmaßstab,[128] eine Haftungsobergrenze oder eine Verkürzung der Verjährungsfristen oder einer Kumulation solcher Regelungen in Betracht.[129]

422

15. Haftung gegenüber Dritten (Außenhaftung)

Eine **Haftung** des GmbH-Geschäftsführers bzw Vorstandsmitglieds besteht nicht nur im Verhältnis zur Gesellschaft, sondern kann wegen der grundsätzlichen Haftungskonzentration auf die Gesellschaft nur ausnahmsweise auch **im Verhältnis zu Dritten**, insbesondere zu Vertragspartnern der Gesellschaft, bestehen (sog. **Außenhaftung**).[130] Zwar fungiert die GmbH/AG im Rechtsverkehr als eigenständiges Rechtssubjekt auch als eigenständiger Schuldner gegenüber Dritten, insbesondere Vertragspartnern, aber dennoch kann es auch zu einer Haftung des Geschäftsführers/Vorstandsmitglieds kommen. Dies gilt zB ausnahmsweise dann, wenn der Geschäftsführer/Vorstand dem Vertragspartner der Gesellschaft in zurechenbarer Weise den Eindruck vermittelt hat, er werde persönlich die ordnungsgemäße Abwicklung des Geschäfts gewährleisten,[131] oder wenn ein starkes wirtschaftliches Eigeninteresse des Organmitglieds bestand.[132] Durch **Vertragsgestaltung** lassen sich solche Haftungssachverhalte in der Außenbeziehung zur Gesellschaft nicht auf die Gesellschaft übertragen, allenfalls eine Freistellung durch Dritte, zB einen Gesellschaft, wäre vorstellbar, ist aber im Zweifel nur schwer durchsetzbar. Insoweit – also mit Wirkung gegen Dritte – kommt eine dienstvertragliche Haftungsbeschränkung nicht in Betracht.

423

Die **steuerrechtliche Haftung** nach §§ 34 Abs. 1, 93, 140, 149 AO lässt sich durch Vertragsgestaltung ebenfalls nicht eingrenzen. Der Geschäftsführer/Vorstand haftet gem. § 69 AO persönlich für die Abführung aller Steuern der Gesellschaft, insbesondere der Lohnsteuer, allerdings nicht schon bei einfacher, sondern erst bei grober Fahrlässigkeit.[133]

424

16. Pflichten in der finanziellen Krise

Zu den Pflichten eines jeden Organmitglieds gehört es auch, sich **in der finanziellen Krise** des Unternehmens ständig ein Bild von der finanziellen Lage der Gesellschaft zu machen[134] und sich über die Einhaltung von erteilten Anweisungen zur pünktlichen Zahlung fälliger Arbeitnehmerbeiträge zur So-

425

---

124 BGH 28.10.1971 – II ZR 49/70, WM 1971, 1548.
125 BGH 16.2.1981 – II ZR 49/80, WM 1981, 440.
126 Vgl zum Meinungsstand Saenger/Inhester/*Lücke/Simon*, GmbHG, § 43 Rn 79 ff mwN.
127 Baumbach/Hueck/*Zöllner/Noack*, GmbHG, § 43 Rn 33 f.
128 Vgl Muster 1862 (§ 11 Abs. 2).
129 Vgl Muster 1859 (§ 12).
130 BGH 2.3.1988 – VIII ZR 380/86, ZIP 1988, 505; vgl dazu im Übrigen den Überblick bei BeckOK-GmbHG/*Haas/Ziemons*, § 43 Rn 412 ff mwN.
131 BGH 3.10.1989 – IX ZR 157/88, NJW 1990, 389; BGH 19.2.1990 – II ZR 41/89, DB 1990, 1811; BGH 13.6.2002 – VII ZR 30/01, NJW-RR 2002, 1309; BAG 23.2.2010 – 9 AZR 71/09, BB 2010, 2698.
132 BGH 1.7.1991 – II ZR 180/90, NJW-RR 1991, 1312; BGH 16.3.1992 – II ZR 152/91, DB 1992, 982; BAG 23.2.2010 – 9 AZR 71/09, BB 2010, 2698.
133 Vgl dazu etwa BFH 28.6.2005 – I R 2/04, GmbHR 2006, 48.
134 Ganz hM, vgl etwa MüKo-GmbHG/*Fleischer*, § 43 Rn 63 unter Hinweis auf BGH 20.2.1995 – II ZR 9/94, GmbHR 1995, 299.

zialversicherung durch geeignete Maßnahmen zu vergewissern.[135] Nach der in dieser Richtung doch als sehr streng zu bezeichnenden Rechtsprechung darf ein nicht für die Finanzen zuständiger Geschäftsführer/zuständiges Vorstandsmitglied nicht einmal ohne Weiteres der Aussage des für Finanzen zuständigen Kollegen vertrauen, dass die Zahlung erfolgt sei.[136] Ein **Irrtum** des Geschäftsführers/Vorstandsmitglieds über den Umfang seiner Pflicht zur Überwachung einer an die Buchhaltung erteilten Anweisung zur Zahlung fälliger Arbeitnehmerbeiträge ist ein Verbotsirrtum, der idR den Vorsatz hinsichtlich des Vorenthaltens dieser Beiträge nicht entfallen lässt.[137] Eine Durchgriffshaftung des Gesellschafterverhältnisses im Insolvenzfall, bspw für Insolvenzgeld, das von der Agentur für Arbeit gezahlt wurde, lehnt das BAG auch im Falle der Unterkapitalisierung ab, wenn nicht besondere Umstände hinzukommen.[138] Zu Haftungsfragen muss hier im Übrigen auf die Kommentarliteratur, zB in Saenger/Inhester/*Lücke/Simon*, GmbHG, § 43 Rn 1 ff oder Michalski/*Lenz*, GmbHG, § 43 Rn 1 ff bzw für den Vorstand der AG auf *Hüffer*, AktG, § 93 Rn 1 ff oder Spindler/Stilz/*Fleischer*, AktG, § 93 Rn 1 ff verwiesen werden.

II. Regelungselemente des GmbH-Geschäftsführervertrages

1. Bestellung des GmbH-Geschäftsführers

426 Zuständig für die Bestellung des **GmbH-Geschäftsführers** und den Abschluss des Anstellungsvertrages ist die Gesellschafterversammlung (§ 46 Nr. 5 GmbHG).[139] Handelt es sich um eine größere Gesellschaft mit in der Regel mehr als 2.000 Arbeitnehmern, findet das Mitbestimmungsgesetz Anwendung. Im Geltungsbereich des Mitbestimmungsgesetzes ist nicht die Gesellschafterversammlung, sondern der Aufsichtsrat nach § 31 Abs. 1 MitbestG für die Bestellung des Geschäftsführers zuständig. Auch ansonsten kann diese Zuständigkeit qua Satzung auf einen bestehenden Aufsichtsrat oder einen Beirat übertragen worden sein.

427 Bei einer **GmbH & Co. KG**, bei der die persönlich haftende Komplementärin der KG eine GmbH ist, kann der Anstellungsvertrag sowohl mit der Komplementär-GmbH als auch mit der GmbH & Co. KG geschlossen werden.[140] Beim Geschäftsführer einer GmbH & Co. KG ist immer darauf zu achten, dass er eine **janusköpfige Funktion** besitzt: Im Verhältnis zur Komplementär-GmbH hat er eine Organstellung, die Anwendung des Kündigungsschutzrechts und die Zuständigkeit der Arbeitsgerichte ist in dieser Rechtsstellung/-beziehung ausgeschlossen (§ 5 Abs. 1 Satz 3 ArbGG, § 14 Abs. 1 Nr. 1 KSchG). Im Verhältnis zur KG hat der Geschäftsführer der Komplementär-GmbH keine Organstellung; damit kann er den Status eines Arbeitnehmers haben, wenn der Anstellungsvertrag mit der KG geschlossen wird.

428 Die Eintragung des GmbH-Geschäftsführers in das **Handelsregister** hat nur deklaratorische Wirkung. Sie ist keine Voraussetzung für die Rechtswirksamkeit der Bestellung – oder auch der Abberufung – des Geschäftsführers (§ 15 Abs. 1 HGB).

429 Die Bestellung zum Geschäftsführer wird bereits mit der **Annahmeerklärung des Geschäftsführers wirksam**. Diese Erklärung gibt der GmbH-Geschäftsführer erfahrungsgemäß nur ungern ab, bevor nicht der Wortlaut seines Vertrages ausgehandelt und schriftlich fixiert ist. Der in der Gesellschafterversammlung durch Beschluss bestimmte Abschlussvertreter[141] kann seine Unterschrift dagegen auch nicht bereits unter den Vertragstext setzen, bevor nicht ein Bestellungs- und Anstellungsbeschluss in der **Gesellschafterversammlung** gefasst wurde. Um diese wechselseitige Abhängigkeit in eine vernünftige **Abfolge** zu bringen, kann der Text des Anstellungsvertrages vor einem Bestellungsbeschluss ausgehandelt und schriftlich fixiert werden und von diesem Verhandlungsergebnis zwei Urkunden erstellt werden, auf denen der künftige Geschäftsführer und der Vorsitzende der Gesellschafterversammlung ihre Paraphe auf jeder Seite anbringen. Die Gesellschaft und der künftige Geschäftsführer erhalten jeweils ein paraphiertes, aber noch nicht unterschriebenes Vertragsexemplar. Sodann kann der Verhand-

---

135 So etwa BGH 2.6.2008 – II ZR 27/07, NZG 2008, 628 und zuletzt BGH 18.12.2012 – II ZR 220/10, NJW 2012, 1304.
136 OLG Frankfurt 23.1.2004 – 24 U 135/03, NZG 2004, 388.
137 BGH 9.1.2001 – VI ZR 407/99, NZA 2001, 392.
138 BAG 10.2.1999 – 5 AZR 677/97, NZA 1999, 653; BAG 3.9.1998 – 8 AZR 189/97, BAGE 89, 349 = NZA 1999, 39.
139 BGH 24.1.1975 – II ZR 85/73, WM 1975, 249.
140 BGH 25.6.1979 – II ZR 219/78, NJW 1980, 595; BAG 15.4.1982 – 2 AZR 1101/79, NJW 1983, 2405; BAG 20.7.2003 – 5 AZB 79/02, NZA 2003, 1108.
141 Seine Notwendigkeit ergibt sich aus BGH 1.2.1968 – II ZR 212/68, WM 1968, 570.

lungsführer der Gesellschafterversammlung den Vertragsentwurf vorlegen bzw über den wesentlichen Inhalt des Anstellungsvertrages in der gleichen Gesellschafterversammlung einen Beschluss fassen lassen, in der auch der Bestellungsbeschluss gefasst wird. Die Annahme der Bestellung als Organ und die rechtsgültige Unterzeichnung des Anstellungsvertrages mit vollständigem Namenszug durch den bestellten Geschäftsführer und den Abschlussvertreter der Gesellschafterversammlung können dann zeitgleich nach der Beschlussfassung in der Gesellschafterversammlung erfolgen.

2. Vergütungsregelungen

Je nach Umfang der Beteiligung des Geschäftsführers an der Gesellschaft (Fremd-, Minderheits-, 50 %-, Mehrheits- oder Alleingesellschaftergeschäftsführer) ist im Zweifel von einer Geschäftsführertätigkeit nur gegen Entgelt auszugehen; allenfalls Allein- oder Mehrheitsgesellschaftergeschäftsführer werden in praxi zum Teil nicht gegen vertragliches Entgelt tätig, sondern erbringen ihre Geschäftsführertätigkeit auf rein gesellschaftsrechtlicher Ebene als Gesellschafterbeitrag. Wenn demnach – wie idR – Vergütungsregelungen in Geschäftsführerverträgen zu schaffen sind, sind diese unter mehreren Blickwinkeln zu gestalten: Struktur und Höhe der Gesamtausstattung eines Geschäftsführers unterscheiden sich je nach Branche und Größe der Gesellschaft teilweise erheblich. Aus Anreizgründen wird üblicherweise die Aufteilung der Geschäftsführervergütung in ein **Festgehalt** und in eine variable erfolgsabhängige Vergütungskomponente, meist als **Tantieme** bezeichnet, vorgenommen. Ein **Dienstwagen** als dritte Komponente kommt regelmäßig hinzu. Eine **Pensionszusage** bildet oft den vierten Pfeiler der Vergütung. Zu der tatsächlichen Höhe der an GmbH-Geschäftsführer gezahlten Vergütungen gibt es jährlich zahlreiche Studien von speziellen Vergütungsberatungen, die hier nicht namentlich genannt werden sollen, die käuflich erworben werden können, um sich einen branchenbezogenen Überblick über die aktuelle Vergütungssituation zu verschaffen. Das kann vor allem bei Vertragsverhandlungen und generell auch wegen des zumindest für Gesellschafter-Geschäftsführer relevanten steuerlichen „Angemessenheitspostulats" zweckmäßig sein.

Anders als beim Vorstand einer Aktiengesellschaft gibt es für den GmbH-Geschäftsführer keine ausdrückliche gesetzliche Beschränkung zur **Höhe der Vergütung**. Eine § 87 Abs. 1 AktG vergleichbare Regelung, die eine Begrenzung der Vergütung auf ein angemessenes Verhältnis zu den Aufgaben und Leistungen des Vorstandsmitglieds und der Lage der Gesellschaft sowie weitere Vorgaben vorsieht, existiert im GmbHG nicht. § 87 AktG findet beim Geschäftsführer der GmbH keine Anwendung, auch nicht analog.[142] Es gilt daher die Vertragsfreiheit und damit grundsätzlich Angebot und Nachfrage bis zur Grenze der Sittenwidrigkeit.

Die **Angemessenheit der Bezüge** eines GmbH-Geschäftsführers ist aber natürlich schon aus personalwirtschaftlichen und betriebswirtschaftlichen Gründen ein durchaus wesentliches Thema im Rahmen der Vertragsgestaltung: Bei Gesellschafter-Geschäftsführern muss deren Vergütung schon aus steuerlichen Gründen zwecks Vermeidung einer **verdeckten Gewinnausschüttung** angemessen sein. Denn die Bezüge des Geschäftsführers sind bei der Gesellschaft grundsätzlich als Betriebsausgaben abzugsfähig. Wird einem Gesellschafter-Geschäftsführer ein unangemessen hohes Gehalt gezahlt, so sieht der BFH hierin steuerrechtlich eine verdeckte Gewinnausschüttung (§ 8 KStG), da Gehaltsbestandteile dem körperschaftsteuerpflichtigen Gewinn der Gesellschaft entzogen werden.[143] Eine solche steuerrechtliche Unangemessenheit des Gehalts wird angenommen, wenn ein krasses Missverhältnis zwischen der Dienstleistung und dem hierfür vereinbarten Gehalt besteht. Die Angemessenheit des Gehalts wird zum einen am Marktwert der Dienstleistung, zum anderen an der Leistungsfähigkeit der Gesellschaft gemessen. Hierzu liegt umfangreiche BFH-Rechtsprechung vor.[144]

Auch bei der typischen **kombinierten Vergütung** aus **Festgehalt** und **erfolgsabhängiger Tantieme** muss bei einem Gesellschafter-Geschäftsführer stets die steuerliche Angemessenheit der vorgesehenen Gesamtvergütung geprüft werden, um das Vorliegen einer verdeckten Gewinnausschüttung[145] zu vermeiden. Maßgeblich ist dabei vorrangig die Angemessenheit der Gesamtausstattung im Zusagezeitpunkt.

---

142 Lutter/Hommelhoff/*Kleindiek*, GmbHG, Anhang zu § 6 Rn 31; Baumbach/Hueck/*Zöllner/Noack*, GmbHG, § 35 Rn 183.
143 BFH 27.3.1963 – I 9/61, BB 1963, 965; BFH 5.10.1994 – I R 50/94, BFHE 176, 523, 549.
144 Vgl dazu Baumbach/Hueck/*Zöllner/Noack*, GmbHG, § 35 Rn 184 ff mwN; *Dötsch/Jost/Pung/Witt*, Die Körperschaftsteuer, KStG § 8 b Abs. 3 Teil D Tz 360 ff.
145 Näher zur verdeckten Gewinnausschüttung *Birle*, in: Beck'sches Steuer- und Bilanzrechtslexikon, „Verdeckte Gewinnausschüttungen".

§ 1 Verträge mit Arbeitnehmern, freien Mitarbeitern und Gesellschaftsorganen

Für den erfolgsabhängigen Teil der Vergütung (Tantieme) ist insoweit eine klare Vereinbarung erforderlich, die den Umfang der Gewinnbeteiligung im Voraus eindeutig festlegt, so dass für die Gesellschafterversammlung kein Spielraum für eine Ermessensausübung verbleibt.[146] Nach der BFH-Rechtsprechung sowie der Verwaltungsmeinung sind bei der Tantiemegewährung an Gesellschafter-Geschäftsführer folgende Grundsätze zu beachten: Die Summe der Tantiemen gegenüber dem bzw den Gesellschafter-Geschäftsführer(n) darf insgesamt den Satz von 50 % des Jahresüberschusses vor Ertragsteuern nicht übersteigen.[147] Die Jahresgesamtbezüge der Gesellschafter-Geschäftsführer durften nach bisheriger Rechtsprechung nur bis zu höchstens 25 % aus erfolgsabhängigen Bestandteilen bestehen und daher zumindest zu 75 % aus festen Bezügen.[148] Die 25 %-Grenze muss inzwischen aber nicht mehr als absolute „Obergrenze" angesehen werden, weil der BFH diese Rechtsprechung gelockert hat, eine mehr als 25 %-iger Anteil der Tantieme an den Jahresgesamtbezügen gilt nur noch als „Indiz" für eine Unangemessenheit der Gesamtvergütung.[149] Auch die Finanzverwaltung will diese nur noch anwenden, wenn zusätzlich Zweifel an der Angemessenheit der Gesamtausstattung bestehen.[150]

434 **Die Berechnung der Tantieme** sollte im Geschäftsführervertrag genauestens geregelt werden.[151] **Umsatztantiemen** sollte man vermeiden, weil anderenfalls der Geschäftsführer in die Gefahr gerät, zur Erzielung von Umsatz Geschäfte zu tätigen, die nicht dem Wohl der Gesellschaft dienen, oder sein Augenmerk nicht mehr ausreichend auf den mit dem Umsatz verbundenen Aufwand lenkt, so dass der Gewinn uU auf der Strecke bleibt. Die Muster sehen deshalb überwiegend **Gewinntantiemen** vor. Zulässig ist aber nach wie vor auch eine reine **Ermessenstantieme**, bei der die Gesellschafterversammlung die Höhe der Tantieme erst nach Ablauf des Geschäftsjahres gem. billigem Ermessen iSd § 315 BGB festlegt (vgl dazu Muster 1859).

435 Eine weit verbreitete und auch zweckmäßige Bemessungsgrundlage für die Tantieme ist der Jahresüberschuss vor Abzug der Tantieme selbst und der ertragsabhängigen Steuern. Dieser Betrag wird auch von der Finanzverwaltung für die Prüfung der Angemessenheit der Tantieme zugrunde gelegt.[152] Zulässig soll es sein, die Bemessungsgrundlage um Sonderabschreibungen, einmalige Veräußerungsgewinne und -verluste etc. zu korrigieren.[153] Zudem müssen Verlustvorträge tantiememindernd berücksichtigt werden. Dies gilt zumindest dann, wenn der tantiemeberechtigte Gesellschafter-Geschäftsführer für den Verlust verantwortlich oder mitverantwortlich ist.[154]

436 Die meisten **Gehaltsanpassungsklauseln** gewähren dem Geschäftsführer keinen Anspruch auf eine jährliche Erhöhung seiner Bezüge, wenngleich dies natürlich zB durch die Anknüpfung an die Gehaltssteigerungen der obersten Vergütungsgruppe im fachlich einschlägigen Gehaltstarifvertrag möglich wäre. Fehlt ein „Automatismus" und ist etwa nur eine jährliche „Überprüfung" der Bezüge vereinbart, gerät die Gesellschaft allenfalls in Argumentationsnot, wenn der Geschäftsführer aufgrund einer derart allgemeingehaltenen Klausel eine Erhöhung seines Fixums anmahnt. Nach § 2 PrAKG unterlagen grundsätzlich verbotene Indexierungen einem Genehmigungsvorbehalt durch das Bundesamt für Wirtschaft. Seit 2007 ist das Genehmigungsverfahren entfallen und es sind zulässige Ausnahmen vom Indexierungsverbot im Gesetz selbst geregelt (§ 1 Abs. 2 PrKlG). Bei Dienstverträgen lässt sich nicht abschätzen, ob sie als langfristige Vereinbarungen anzusehen sind, da nicht von vornherein feststeht, dass der Zeitraum von zehn Jahren überschritten wird. Legt man aktuelle Zahlen über die durchschnittliche „Verweildauer" von Organmitgliedern im Amt zugrunde, darf eher bezweifelt werden, dass zehn Jahre erreicht, geschweige denn überschritten werden. Es bietet sich deshalb an, entweder eine Leistungsvorbehaltsklausel zu wählen, die der Gesellschaft einen Ermessensspielraum einräumt, oder eine Spannungsklausel zu wählen, über die sich das Gehalt des Geschäftsführers in dem prozentualen Maße und

---

146 BFH 30.1.1985 – I R 37/82, BFHE 143, 263 = DB 1985, 1216 = BB 1985, 982.
147 BMF 1.2.2002 – IV A 2-S 2742-4/02, BStBl. I 2002, 219; ebenso OFD Düsseldorf 17.6.2004 – S 2742 A – St 13/S 2742 – 88 – St 131 – K, DStR 2004, 1386 nach BFH-Rspr aus 2003.
148 BFH 5.10.1994 – I R 50/94, BStBl. II 1995, 549.
149 BFH 25.6.2004 – I R 46/01, BStBl. II 2004, 132.
150 OFD Düsseldorf 17.6.2004 – S 2742 A – St 13/S 2742 – 88 – St 131 – K, DStR 2004, 1386.
151 Muster 1856 (§ 9 Abs. 3).
152 BMF 1.2.2002 – IV A 2-S 2742-4/02, BStBl. I 2002, 219 Tz 1.
153 *Dötsch/Jost/Pung/Witt*, Die Körperschaftsteuer, KStG § 8 b Abs. 3 Teil D Tz 454.
154 BFH 17.12.2003 – I R 22/03, BStBl. II 2004, 524.

zu den jeweiligen Zeitpunkten erhöht, zu denen sich das Gehalt einer Vergütungsgruppe eines bestimmten Entgelttarifvertrages ändert.[155]

Eine **Gehaltserhöhung** kann der Geschäftsführer, fehlt eine Anpassungsklausel, nur verlangen, wenn sich die wirtschaftlichen Verhältnisse seit Vertragsschluss in einem solchen Maße geändert haben, dass seine Vergütung auf ein offensichtlich unangemessenes Verhältnis zu seinen Aufgaben und Leistungen sowie zur Lage der Gesellschaft abgesunken ist.[156] Diese Voraussetzung ist allerdings bei einem bloßen Zurückbleiben des Geschäftsführer-Gehalts gegenüber der Entwicklung der Tarifgehälter oder vergleichbarer Bezugsgrößen nicht erfüllt. Ohne eine vertraglich vereinbarte Anpassungsklausel lassen sich daher aus Rechtsgründen Erhöhungen für den Geschäftsführer nur schwerlich durchsetzen. Für jede Gehaltserhöhung bedarf es auch beim Gesellschafter-Geschäftsführer einer klaren vertraglichen Regelung vor Durchführung der Erhöhungsmaßnahme. Wird einem Gesellschafter-Geschäftsführer das Gehalt erhöht, ohne dass eine entsprechende schriftliche Regelung eindeutig bereits im Voraus getroffen war, sind die erhöhten Gehaltsbestandteile nicht als Betriebsausgaben absetzbar. Der BFH nimmt beim beherrschenden Gesellschafter-Geschäftsführer an, dass zwar nicht zwingend im ursprünglich geschlossenen Anstellungsvertrag, aber in jedem Falle im Rahmen einer Vertragsergänzung zeitlich vor Durchführung der Gehaltserhöhung eine klare Vereinbarung über Inhalt und Umfang der Gehaltserhöhung getroffen worden sein muss.[157]

437

Eine **Gehaltsreduzierung** muss der Geschäftsführer – gleichgültig, ob er Fremdgeschäftsführer oder Gesellschafter-Geschäftsführer ist – bei wesentlicher Verschlechterung der wirtschaftlichen Lage der Gesellschaft hinnehmen; einem entsprechenden Beschluss der Gesellschafterversammlung hat der Geschäftsführer zuzustimmen.[158] Der BGH wendet § 87 Abs. 2 AktG analog an, was mit einigen Stimmen in der Literatur abzulehnen ist.[159] War das bis Mitte 2009 praktisch im Wesentlichen bedeutungslos, so dürfte diese Analogie seit der deutlichen Herabsetzung der Voraussetzungen einer Vergütungskürzung durch das VorstAG künftig mehr Praxisrelevanz erhalten. Im Muster 1921 (§ 3 Abs. 4) wurde zwar eine entsprechende Geltung des § 87 Abs. 2 AktG vorgesehen, zu Gunsten des Geschäftsführers aber festgelegt, dass eine Vergütungskürzung nur bei Vorliegen der höheren Voraussetzungen des § 87 Abs. 2 AktG aF zulässig sein soll.[160]

438

3. Urlaub

Eine Vertragsklausel über **Urlaub**[161] sollte formuliert werden, da der GmbH-Geschäftsführer nicht unter den persönlichen Geltungsbereich des BUrlG fällt.[162] Der BGH erkennt zwar dem Geschäftsführer aufgrund der Fürsorgepflicht der Gesellschaft einen Urlaubsanspruch dem Grunde nach zu.[163] Die Anzahl der Urlaubstage ist aber damit noch nicht geklärt, so dass jeglicher Rechtsunsicherheit mit der Bestimmung des Urlaubsumfangs im Geschäftsführervertrag vorgebeugt wird. Auch weiteren Fragen wie die des möglichen Verfalls oder der möglichen finanziellen Abgeltung nicht genommenen Urlaubs sollten wie zB im Muster 1859 (§ 8 Abs. 2) geregelt werden.

439

4. Vertragliches und nachvertragliches Wettbewerbsverbot

Der Geschäftsführer unterliegt auch ohne besondere vertragliche Regelung aufgrund der aus seiner Amtsstellung als Organ der Gesellschaft herzuleitenden Treuepflichten während der Amtszeit einem Wettbewerbsverbot, soweit durch sein Verhalten schutzwürdige Interessen der Gesellschaft konkret beeinträchtigt werden. Überdies wird angenommen, dass der (frühere) Geschäftsführer jedenfalls nach Treu und Glauben (nachwirkende Treuepflicht) an das Wettbewerbsverbot gebunden bleibt, solange die Gesellschaft aufgrund des nach Abberufung fortbestehenden Anstellungsverhältnisses das Gehalt

440

---

155 Hümmerich/Reufels/*Mengel*, Gestaltung von Arbeitsverträgen, § 1 Rn 1850 ff (Prüfungsklauseln), § 1 Rn 1854 ff (Spannungsklauseln).
156 Baumbach/Hueck/*Zöllner/Noack*, GmbHG, § 35 Rn 187.
157 BFH 11.12.1991 – I R 49/90, GmbHR 1992, 386.
158 BGH 15.6.1992 – II ZR 88/91, BB 1992, 1583.
159 Überzeugend *Feddersen/von Cube*, NJW 2010, 576; vgl dazu auch *Baeck/Götze/Arnold*, NZG 2009, 1121; Saenger/Inhester/*Lücke/Simon*, § 35 Rn 82 mwN.
160 Es ist allerdings fraglich, ob § 87 Abs. 2 AktG wirksam abbedungen werden kann.
161 Muster 1856 (§ 11).
162 *Haase*, GmbHR 2005, 338.
163 BGH 20.2.1975 – III ZR 14/73, WM 1975, 763.

des Geschäftsführers fortbezahlt.[164] Die Rechtsprechung befürwortet im Prinzip die die Amtsstellung überdauernde Fortwirkung einer die Unterlassung von Wettbewerb gebietenden Treuepflicht und nimmt einen Verstoß dagegen an, wenn der Geschäftsführer eine sog. „Geschäftschance" der Gesellschaft „mitnimmt", dh für persönliche Zwecke ausnutzt oder in gleicher Weise mit sonstigem wettbewerbsrelevanten Insiderwissen verfährt.[165]

441 Verletzt der Geschäftsführer das während der Dauer des Anstellungsvertrages bestehende Wettbewerbsverbot, kann Unterlassung verlangt werden und es eröffnet sich regelmäßig ein wichtiger Grund für eine Kündigung iSv § 626 Abs. 1 BGB.[166] Außerdem kann die Gesellschaft neben Schadensersatz verlangen, dass ihr der aus den wettbewerbswidrigen Geschäften erzielte Erlös herausgegeben wird (§ 88 Abs. 1 Satz 2 AktG, § 113 HGB analog). Unterlässt die Gesellschaft die Geltendmachung von Schadensersatzansprüchen aus unerlaubter Wettbewerbstätigkeit im Verhältnis zu einem beherrschenden Gesellschafter-Geschäftsführer, liegt nach der Rechtsprechung des BFH hierin sogar eine verdeckte Gewinnausschüttung.[167] Die Gesellschaft kann den Geschäftsführer vom Wettbewerbsverbot auch ganz oder teilweise befreien.

442 Ein gesetzliches **nachvertragliches Wettbewerbsverbot** für GmbH-Geschäftsführer gibt es nicht. Es muss also ausdrücklich vereinbart werden, wenn es gewünscht wird. **Umfang** und **Wirksamkeit** nachvertraglicher Wettbewerbsverbote richten sich nach den heute einheitlichen Kriterien der Rechtsprechung des BGH und des BAG. Von Bedeutung sind dabei insbesondere zeitliche Dauer, räumliche Ausdehnung und inhaltlicher Gegenstand des nachvertraglichen Wettbewerbsverbots. Dabei muss allerdings dem Eindruck vorgebeugt werden, der BGH habe eine klare und unumstrittene Rechtsprechung zum nachvertraglichen Wettbewerb bei Organmitgliedern entwickelt. Der BGH hat die **analoge Anwendung der §§ 74 ff HGB auf Organmitglieder abgelehnt** und zwar nicht nur beim Gesellschafter-Geschäftsführer, sondern auch beim Fremdgeschäftsführer.[168] In 2008 hat der BGH ausgeführt: „Nach ständiger Rechtsprechung des Senats gelten die an dem arbeitsrechtlichen Schutz von Handlungsgehilfen orientierten Vorschriften der §§ 74 ff HGB grundsätzlich nicht für die Geschäftsführer einer GmbH (vgl BGHZ 91, 1; Urteil vom 4. März 2002 – II ZR 77/00, ZIP 2002, 709 f zu b sowie zuletzt Urteil vom 28. April 2008 – II ZR 11/07, BB 2008, 1349)."[169] Der BGH lehnt auch ausdrücklich die Auffassung ab, Fremdgeschäftsführer seien wegen ihrer Weisungsabhängigkeit gegenüber den Gesellschaftern Angestellten, auf die die Regelungen der §§ 74 ff HGB zu nachvertraglichen Wettbewerbsverboten anzuwenden seien, gleichzustellen.[170] Vielmehr seien die Schranken nachvertraglicher Wettbewerbsverbote bei Fremd- und Gesellschafter-Geschäftsführern aus § 138 BGB iVm Art. 2 und 12 GG abzuleiten.[171] An dieser Rechtsprechungslinie hat sich nach wie vor nichts geändert.

443 Bei Organvertretern wendet die Rechtsprechung zur Prüfung der Wirksamkeit eines nachvertraglichen Wettbewerbsverbots deshalb ein **zweistufiges Schema** an: Im ersten Schritt wird kontrolliert, ob ein **berechtigtes Unternehmensinteresse** an dem konkret vereinbarten nachvertraglichen Wettbewerbsverbot besteht. Lässt sich ein entsprechendes Unternehmensinteresse feststellen, wird als nächstes geprüft, ob die **Reichweite des Wettbewerbsverbots** in zeitlicher, räumlicher und/oder inhaltlicher Hinsicht als **unbillig** anzusehen ist.

444 Die Rechtsprechung ist allerdings – wie bereits angesprochen – keineswegs einheitlich. So hatte der BGH schon im Urteil vom 17.2.1992 entschieden, die §§ 74 ff HGB seien auf nachvertragliche Wettbewerbsvereinbarungen mit GmbH-Geschäftsführern insoweit entsprechend anwendbar, als die gesetzlichen Bestimmungen gerade zum Ziel hätten, die besonderen Interessen des Unternehmens zu wahren.[172] In der Literatur wird die Rechtsprechung des BGH deshalb als „diffus" bezeichnet.[173] Die Rechtsprechung des BGH kann daher auch so verstanden werden, als seien § 138 BGB, Art. 2 und 12 GG die Generalklauseln, die bei nachvertraglichen Wettbewerbsverboten von Organmitgliedern – zu-

---

164 Hachenburg/*Stein*, GmbHG, § 38 Rn 33.
165 So OLG Oldenburg 17.2.2000 – 1 U 155/99, NZG 2000, 1038.
166 BGH 19.6.1995 – II ZR 228/94, DStR 2005, 1359.
167 BFH 28.2.1990 – I R 144/87, BStBl. II 1990, 595; BFH 26.4.1989 – I R 172/87, BStBl. II 1989, 673.
168 BGH 4.3.2002 – II ZR 77/00, NJW 2002, 1875.
169 BGH 7.7.2008 – II ZR 81/07, MDR 2008, 1223 = NZG 2008, 753.
170 BGH 26.3.1984 – II ZR 229/83, BGHZ 91, 1 = NJW 1984, 2366.
171 BGH 7.7.2008 – II ZR 81/07, MDR 2008, 1223 = NZG 2008, 753.
172 BGH 17.2.1992 – II ZR 140/91, NJW 1992, 1892.
173 *Bauer/Diller*, Wettbewerbsverbote, Rn 1037; *Heidenhain*, NZG 2002, 605.

mindest teilweise, im Sinne des Unternehmens, nicht aber des Organmitglieds – durch die §§ 74 ff HGB konkretisierend ausgefüllt werden. Ein klärendes Wort durch den BGH täte Not.

Wegen der immer noch bestehenden Unklarheiten zu den Wirksamkeitsmaßstäben nachvertraglicher Wettbewerbsverbote bietet es sich an, die §§ 74 ff HGB im Geschäftsführervertrag ausdrücklich zu vereinbaren,[174] jedenfalls aus Sicht des Geschäftsführers. Werden lediglich Dauer und Reichweite des Wettbewerbsverbots geregelt und im Übrigen auf die §§ 74 ff HGB verwiesen, ist damit im Zweifel auch § 74 Abs. 2 HGB in Bezug genommen mit der Folge, dass das Organmitglied eine Karenzentschädigung in Höhe von 50 % der zuletzt bezogenen Vergütung beanspruchen kann.[175] Es entspricht aber auch der hM, dass die Höhe einer zu gewährenden Karenzentschädigung abweichend von § 74 Abs. 2 HGB geregelt werden kann, zB 50 % nur des Fixums oder 30 % aller Bezüge (vgl Muster 1912, § 12).[176] Ferner ist es nach einer Entscheidung des OLG Köln zulässig, bei einer vertraglich vereinbarten Karenzentschädigung deren nachträglichen Wegfall für den Fall festzulegen, dass der Geschäftsführervertrag von der Gesellschaft aus wichtigem Grund gekündigt wird.[177]

445

Wenn zwischen dem Geschäftsführer und der Gesellschaft keine Vereinbarung über die Voraussetzungen eines **Verzichts** auf das Wettbewerbsverbot getroffen wird, gilt § 75 a HGB auch gegenüber Organmitgliedern.[178] Während des Anstellungsverhältnisses kann daher die Gesellschaft jederzeit ohne Grund auf das Wettbewerbsverbotsverbot verzichten, die Verpflichtung zur Zahlung der Karenzentschädigung entfällt aber erst ein Jahr ab Zugang der Verzichtserklärung. Die analoge Anwendung von § 75 a HGB wird durch § 314 BGB nicht ausgeschlossen. Bei § 75 a HGB handelt es sich um eine Sonderregelung, die die Rechte des anderen Teils dadurch ausreichend wahrt, dass die Rechtsfolgen des Verzichts nach § 75 a HGB eine für beide Teile ausgewogene Gesamtregelung darstellen.[179] In der Vertragspraxis sollte bei Organmitgliedern ein Verzichtsrecht dennoch vorsorglich ausdrücklich aufgenommen werden und dabei kann die Einjahresfrist des § 75 a HGB mE wirksam auf bis zu sechs Monate abgekürzt werden (vgl Muster 1856, § 13 Abs. 4).

446

Demgegenüber hat der BGH für den Fall, dass ein Verzichtsrecht des Unternehmens nicht ausdrücklich vereinbart war, entschieden, der Verzicht könne in Einzelfällen treuwidrig und damit nicht wirksam sein, wenn bspw ein Geschäftsführer ein Jahr lang freigestellt war und zwei Wochen vor Ende der Freistellung der Verzicht erklärt werde.[180] Der BGH hatte es als treuwidrig bezeichnet, dass das Unternehmen den Geschäftsführer während der gesamten Freistellungszeit in dem Glauben gelassen hatte, er werde nach Vertragsende von der Karenzentschädigung leben können. Die Entscheidung wird kritisiert;[181] angesichts der durch die Entscheidung vom 17.2.1992 begründeten Rechtsprechung hätte es nahe gelegen, in diesem Falle § 75 a HGB heranzuziehen, den Verzicht gelten zu lassen, allerdings dem ausscheidenden Geschäftsführer die vereinbarte Karenzentschädigung für die Dauer eines Jahres zu belassen.

447

Anderweitiger Verdienst wird auf die Karenzentschädigung grundsätzlich nicht angerechnet, weil § 74 c HGB nicht, auch nicht analog, anwendbar ist.[182] Aus Sicht der Gesellschaft bedarf es also einer dienstvertraglichen Regelung der Anrechnung, wie in Muster 1856 (§ 13 Abs. 3 Satz 2) formuliert.

448

5. Sozialversicherungsrechtlicher Status

Der Geschäftsführer ist, obwohl in aller Regel (s. dazu Rn 362 ff mwN) kein Arbeitnehmer, grundsätzlich Beschäftigter iSd § 7 SGB IV und daher **sozialversicherungspflichtig**, er unterliegt also der Renten-,

449

---

174 *Bauer/Diller*, Wettbewerbsverbote, Rn 1039 ff.
175 HM, so schon *Bauer*, DB 1992, 1417; vgl auch BAG 28.6.2006 – 10 AZR 407/05, NJW 2006, 3659 und Anm. *Gravenhorst*, NJW 2006, 3609 und LAG Köln 28.5.2010 – 10 Sa 162/10, BeckRS 2010, 74441 (zur arbeitsrechtlichen Situation).
176 Nach BGH 4.3.2002 – II ZR 77/00, NJW 2002, 1875 kommen auch Fälle ohne Zahlung einer Karenzentschädigung in Betracht, wobei vor der vorschnellen These, GmbH-Geschäftsführern könnten nachvertragliche Wettbewerbsverbote ohne Weiteres ohne Karenzentschädigung auferlegt werden, nur gewarnt werden kann. Jedenfalls bei der Abwägung, ob ein nachvertragliches Wettbewerbsverbot den Geschäftsführer unbillig in seinem beruflichen Fortkommen erschwert, wird der Sachverhaltsaspekt, ob und ggf in welcher Höhe eine Karenzentschädigung gezahlt wurde (auch wenn man eine solche nicht hätte zahlen müssen), berücksichtigt.
177 OLG Köln 29.3.2007 – 18 U 71/06, BeckRS 2007, 09369.
178 BGH 17.2.1992 – II ZR 140/91, DB 1992, 936, *Bauer/Diller*, Wettbewerbsverbote, Rn 1090.
179 *Bauer/Diller*, Wettbewerbsverbote, Rn 1090, allerdings krit. zu BGH 4.3.2002 – II ZR 77/00, NJW 2002, 1875.
180 BGH 4.3.2002 – II ZR 77/00, NJW 2002, 1875.
181 *Heidenhain*, NZG 2002, 605; *Bauer/Diller*, Wettbewerbsverbote, Rn 109.
182 BGH 28.4.2008 – II ZR 11/07, MDR 2008, 867 = NZG 2008, 664.

Kranken-, Pflege- und Arbeitslosenversicherung.[183] Nur dann, wenn der Geschäftsführer maßgeblichen Einfluss auf die Gesellschaft ausüben kann, gilt er als selbständig, nicht schutzbedürftig und deshalb von der Sozialversicherungspflicht befreit.[184] **Maßgeblichen Einfluss** hat ein Geschäftsführer, der seine Organstellung und sein Anstellungsverhältnis selbst bestimmen kann. Dies ist immer der Fall, wenn der Gesellschafter-Geschäftsführer mindestens 50 % der Anteile an der Gesellschaft hält.[185] Auch bei einer Beteiligung von unter 50 % hat ein Gesellschafter-Geschäftsführer maßgeblichen Einfluss, wenn er im Einzelfall aus rechtlichen (zB Sperrminorität) oder tatsächlichen Gründen (zB enge familiäre Bande in Familienunternehmen)[186] von den anderen Geschäftsführern und Mitgesellschaftern unabhängig ist.[187] Das BSG führt dazu aus: „Beim am Stammkapital der Gesellschaft beteiligten Geschäftsführer ist der Umfang der Beteiligung und das Ausmaß des sich daraus für ihn ergebenen Einflusses auf die Gesellschaft ein wesentliches Merkmal. Bei Fremdgeschäftsführern, die nicht am Gesellschaftskapital beteiligt sind, hat das BSG dementsprechend regelmäßig eine abhängige Beschäftigung angenommen, soweit nicht besondere Umstände vorliegen, die eine Weisungsgebundenheit im Einzelfall ausnahmsweise aufheben (BSG SozR 3-2400 § 7 Nr. 20; SozR 4-2400 § 7 Nr. 1). Vergleichbares muss – wie der Senat bereits ausgeführt hat (BSG SozR 4-2400 § 7 Nr. 1; vgl auch BSG mwN) – auch bei Geschäftsführern gelten, die zwar zugleich Gesellschafter sind, jedoch weder über die Mehrheit der Gesellschaftsanteile noch über eine sog. Sperrminorität verfügen. Auch für diesen Personenkreis ist im Regelfall von einer abhängigen Beschäftigung auszugehen. Eine hiervon abweichende Beurteilung kommt wiederum nur dann in Betracht, wenn besondere Umstände des Einzelfalls den Schluss zulassen, es liege keine Weisungsgebundenheit vor."[188]

450 Hat der Geschäftsführer einer **GmbH & Co. KG** seinen Anstellungsvertrag mit der Komplementär-GmbH geschlossen, kommt es allein auf die Verhältnisse in der GmbH an. Ist der Geschäftsführer an der Komplementär-GmbH nicht maßgeblich beteiligt und hat er auch keinen erheblichen Einfluss, bspw über eine Sperrminorität,[189] ist er sozialversicherungspflichtig.[190] Liegt der monatliche Verdienst des Geschäftsführers – wie oft – über der jeweiligen Pflichtversicherungsgrenze, so entfällt die Versicherungspflicht in der gesetzlichen Kranken- und Pflegeversicherung.

6. Entgeltfortzahlung im Krankheitsfalle

451 Das Entgeltfortzahlungsgesetz ist beim Geschäftsführer nicht anwendbar. Deshalb sind in aller Regel Vertragsklauseln für den Fall der Erkrankung des Geschäftsführers notwendig, um für eine angemessene **Entgeltfortzahlung im Krankheitsfalle** zu sorgen. Ansonsten beschränkt sich der Gehaltsfortzahlungsanspruch auf § 616 BGB. Entgeltfortzahlungsregelungen können kleinherzig durch analoge Anwendung des Entgeltfortzahlungsgesetzes[191] oder großzügig durch eine über sechs Wochen hinaus verlängerte vollständige Fortzahlung oder durch Zuschläge, die die Differenz zwischen Krankengeld und Geschäftsführervergütung für einen gewissen Zeitraum ausgleichen,[192] vertraglich vereinbart werden.

7. Pensionszusagen

452 Auch wenn GmbH-Geschäftsführer mit Ausnahme der Allein-, Mehrheits- und 50 %-Gesellschafter-Geschäftsführer grundsätzlich der gesetzlichen Rentenversicherung unterfallen, spielen **Pensionszusagen** und **Ruhegeldvereinbarungen**, wie bspw in Muster 1874, eine wesentliche Rolle. Für Gesellschafter-Geschäftsführer enthalten sie aber eine **steuerrechtliche Problematik:** Nach der Rechtsprechung des BFH setzen **Pensionszahlungen** regelmäßig eine längere Tätigkeit im Betrieb voraus. Eine betrieblich veranlasste Zusage liegt dann nicht vor, wenn sich die Dienstleistung nur auf wenige Jahre erstreckt.

---

183 *Reiserer/Schulte*, BB 1995, 2162. So auch die Arbeitsgrundlage der Deutschen Rentenversicherung Bund (DRV), vgl „Gemeinsames Rundschreiben zur Statusfeststellung von Erwerbstätigen" vom 13.4.2010 (abrufbar unter www.drv.de), erläutert von *Grimm*, DB 2012, 175.
184 BSG 23.6.1994 – 12 RK 72/92, NJW 1994, 2974; BSG 30.6.1999 – B 2 U 35/99, NZS 2000, 147.
185 BSG 8.12.1994 – 11 RAr 49/94, NZS 1995, 373 = ZIP 1995, 1179; BSG 30.6.1999 – B 2 U 35/99, NZS 2000, 147.
186 BSG 4.7.2007 – B 11 a AL 5/06 R, GmbHR 2007, 1324.
187 BSG 31.7.1974 – 12 RK 16/22, GmbHR 1975, 36; BSG 18.4.1991 – 7 RAr 32/90, GmbHR 1992, 172.
188 BSG 4.7.2007 – B 11 a AL 5/06 R, GmbHR 2007, 1324 (zum Anspruch eines Geschäftsführers auf Insolvenzgeld).
189 *Plagemann*, WiB 1994, 225.
190 *Straub*, DB 1992, 1089.
191 Muster 1856 (§ 9 Abs. 9).
192 Muster 1859 (§ 7).

Die **Erdienbarkeitsfrist** betrug früher mindestens zehn Jahre.[193] Dabei orientierte sich die Rechtsprechung des BFH zur Bestimmung des Erdienenszeitraums grundsätzlich an den Unverfallbarkeitsfristen des § 1 BetrAVG.[194] Man hätte deshalb vermuten können, dass seit der Verkürzung der Anwartschaftszeit in § 1 b BetrAVG auf fünf Jahre nunmehr auch ein **Erdienenszeitraum** von fünf Jahren maßgeblich ist. Demgegenüber ist der BFH auch nach der Verkürzung der gesetzlichen Anwartschaftszeit weiterhin von einer Erdienbarkeitsfrist beim Gesellschafter-Geschäftsführer von **mindestens zehn Jahren** ausgegangen.[195] Allerdings genügt bei nicht-beherrschenden Gesellschafter-Geschäftsführern auch eine Erdienenszeit von drei Jahren, wenn im Versorgungszeitpunkt die vorangegangene Dienstzeit mindestens zwölf Jahre beträgt.[196] Bei einem Lebensalter von über 60 Jahren bei Erteilung der Pensionszusage fehlt in aller Regel die Erdienbarkeit.[197] Angesichts der gestiegenen Lebenserwartung sowie der Anhebung der Altersgrenze in der gesetzlichen Rentenversicherung hat das FG Thüringen nun aber in einem Fall einer Pensionszusage an einen 62-jährigen Minderheitsgesellschafter Zweifel an dieser Altersgrenze und in seinem Urteil vom 16.2.2012 zur Klärung der Fortgeltung dieser BFH-Rechtsprechungslinie die Revision zugelassen.[198]

Bei Neugründung einer Gesellschaft ist eine Pensionszusage kurz nach Errichtung eine verdeckte Gewinnausschüttung, da ein ordentlicher und gewissenhafter Geschäftsleiter sich zunächst angemessene Zeit nehmen würde, um die Eignung und Befähigung des Geschäftsführers sowie die Ertragsentwicklung der GmbH beurteilen zu können. Die erforderliche Wartezeit, bevor eine Pensionszusage überhaupt getroffen werden sollte, beträgt zwei bis drei Jahre.[199] 453

Eine gesellschaftsrechtlich veranlasste **Überversorgung** und damit verdeckte Gewinnausschüttung liegt ferner vor, wenn die zugesagten Pensionsleistungen (einschließlich Ansprüchen aus der gesetzlichen Rente oder aus Betriebsrenten früherer Arbeit- oder Dienstgeber) am jeweiligen Bilanzstichtag 75 % des letzten steuerlich anzuerkennenden, tatsächlichen Arbeitslohnes des Gesellschafter-Geschäftsführers übersteigen.[200] 454

8. Zuständigkeit für Vertragsänderungen, Aufhebung und Kündigung des Anstellungsvertrages

Vertragsänderungen einschließlich der Aufhebung und Kündigung des Anstellungsvertrages eines GmbH-Geschäftsführers fallen nicht, wie es in einer lange gültigen Rechtsprechung hieß,[201] in die Zuständigkeit eines alleinvertretungsberechtigten Mitgeschäftsführers. Um gegenseitige Begünstigungen der Geschäftsführer zu unterbinden, hat der BGH seine frühere Rechtsprechung aufgegeben. Die Kompetenz nicht nur für den Abschluss des Anstellungsvertrages, sondern auch für jedwede Vertragsänderung fällt nunmehr in die Zuständigkeit der Gesellschafterversammlung.[202] Die schriftliche Kündigung des GmbH-Geschäftsführers durch den Alleingesellschafter ist auch ohne Niederschrift eines Gesellschafterbeschlusses wirksam.[203] 455

III. Regelungselemente des AG-Vorstandsvertrages

1. Deutscher Corporate Governance Kodex

Die Regeln des Deutschen Corporate Governance Kodex (DCGK) richten sich zunächst nur an börsennotierte Aktiengesellschaften, nicht börsennotierten Gesellschaften wird er lediglich zur Beachtung empfohlen (vgl Präambel DCGK). Aber selbst für börsennotierte Gesellschaften sind die Regeln nicht verbindlich, denn nach § 161 AktG sind Vorstand und Aufsichtsrat **börsennotierter Gesellschaften** lediglich verpflichtet, jährlich zu erklären, dass sie den vom Bundesministerium der Justiz im Amtlichen Teil des elektronischen Bundesanzeigers bekannt gegebenen Empfehlungen der „Regierungskommissi- 456

---

193 BFH 24.1.1996 – I R 41/95, GmbHR 1996, 701.
194 Hümmerich/Reufels/*Borgmann*, Gestaltung von Arbeitsverträgen, § 2 Rn 603.
195 BFH 19.11.2008 – I B 108/08, BeckRS 2008, 250145.
196 BFH 22.8.2007 – I B 5/07, BeckRS 2007, 25012312.
197 BFH 21.8.2007 – I R 74/06, DStR 2007, 2260.
198 FG Thüringen 16.2.2012 – 1 K 368/11, BeckRS 2012, 95723.
199 BFH 28.4.2010 – I R 78/08, NZG 2010, 1080; FG Sachsen-Anhalt 3.11.2010 – 3 K 1350/03, BeckRS 2011, 95440.
200 BFH 17.5.1995 – I R 16/94, BB 1995, 2053; BFH 15.9.2004 – I R 62/03, NZG 2005, 326; in jüngerer Zeit bestätigt durch BFH 4.4.2012 – I B 96/11 (NV), BeckRS 2012, 95101.
201 BGH 17.4.1958 – II ZR 222/56, WM 1958, 675; BGH 1.12.1969 – II ZR 224/67, WM 1970, 249.
202 BGH 3.7.2000 – II ZR 282/98, NJW 2000, 2983; BGH 16.7.2007 – II ZR 109/06, NZG 2007, 751; *Freund*, GmbHR 2010, 117.
203 BGH 27.3.1995 – II ZR 140/93, ZIP 1995, 643.

on Deutscher Corporate Governance Kodex" entsprochen haben oder welche Empfehlungen nicht umgesetzt wurden oder werden. Eine etwaige Nichtumsetzung von Empfehlungen ist seit Inkrafttreten des Bilanzrechtsmodernisierungsgesetzes (BilMoG)[204] am 29.5.2009 auch zu begründen („comply or explain").

457 Der Deutsche Corporate Governance Kodex beinhaltet neben einer Zusammenfassung aktienrechtlicher Bestimmungen für Vorstände in Aktiengesellschaften auch Empfehlungen („soll") und Anregungen („sollte"). Eine Reihe der Empfehlungen kann auch Auswirkungen auf die Organstellung und den Dienstvertrag von Vorstandsmitgliedern haben. Hierzu gehören die Empfehlungen, die Informations- und Berichtspflichten des Vorstands durch den Aufsichtsrat festzulegen, bei der D&O-Versicherung einen angemessenen Selbstbehalt zu vereinbaren, die Vorstandsbezüge regelmäßig zu überprüfen, sie aufzuteilen in fixe und variable Bestandteile, bei diesen grundsätzlich eine mehrjährige Bemessungsgrundlage, in deren Rahmen sowohl positive als auch negative berücksichtigt werden und eine Höchstgrenze, vorzusehen sowie aktien- oder kennzahlenbasierte Vergütungselemente auf anspruchsvolle, relevante Vergleichsparameter zu beziehen und für eine Deckelung („Cap") zu sorgen.[205] Bei erstmaliger Bestellung eines Vorstandsmitglieds empfiehlt der Deutsche Corporate Governance Kodex, den maximalen Bestellungszeitraum von fünf Jahren nicht vorzusehen, sondern einen Zeitraum, der darunter liegt (bspw drei Jahre), und eine Altersgrenze zu vereinbaren.[206]

458 Aber auch für die Gestaltung von Vorstandsverträgen nicht börsennotierter Aktiengesellschaften spielt der DCGK zum Teil eine Rolle: Da der DCGK nach vorherrschendem Verständnis eine Art „best practise" in der Unternehmensführung beschreibt (oder: zu beschreiben sucht), werden dessen Regelungen auch in diesem Bereich teilweise vollständig oder partiell durch Inbezugnahme zum Gegenstand des Vorstandsdienstvertrages und damit der Pflichten des Vorstands gemacht.[207]

2. Bestellung und Anstellung des Vorstands

459 Für den Anstellungsvertrag eines Vorstands gelten gem. 84 Abs. 1 Satz 5 AktG die Regelungen über die Bestellung in § 84 Abs. 1 Sätze 1 bis 4 AktG sinngemäß. Für die Entscheidung über den Abschluss und den Inhalt des Anstellungsvertrages ist damit der **Aufsichtsrat zuständig**, der die Gesellschaft nach § 112 AktG auch beim Abschluss des Anstellungsvertrages vertritt. Zustimmungsvorbehalte oder Weisungsrechte der Hauptversammlung bei der Anstellung eines Vorstandsmitglieds waren bislang ausgeschlossen.[208] Allerdings hat der Bundestag das im Jahr 2013 im Rahmen des VorstKoG[209] in Form einer Neufassung des § 120 Abs. 4 AktG für börsennotierte Gesellschaften durch die sog. **Say on Pay-Regelung** geändert. Danach ist der Aufsichtsrat nun verpflichtet, der Hauptversammlung einmal jährlich das geltende Vergütungssystem samt Verdiensthöchstgrenzen im Einzelnen zu erläutern und zur Zustimmung vorzulegen. Diese neu geschaffene **Vorlagepflicht des Aufsichtsrats an die Hauptversammlung** führt zu einer Art Zustimmungsvorbehalt, da der Aufsichtsrat bei fehlender Billigung des vorgelegten Vergütungssystems samt **Verdienstobergrenze** nicht mehr berechtigt ist, auf dieser Basis neue Vorstandsverträge abzuschließen. Die Entscheidung über Abschluss und Inhalt des Anstellungsvertrages verbleibt aber dennoch auch weiterhin beim Aufsichtsrat, der diese entgegen früher weithin üblicher Praxis schon seit Erlass des VorstAG Mitte 2009 nicht mehr an einen Ausschuss delegieren kann, weil die Vergütungsfragen ein, wenn nicht der wesentliche Kern des Vorstandsvertrages sind und seither im Aufsichtsratsplenum behandelt werden müssen.

460 Da seit Erlass des VorstAG keine Möglichkeit mehr besteht, nur die Bestellung zum Vorstandsmitglied im Plenum zu erörtern und zu beschließen und die Vertragsangelegenheiten in einen kleineren Aufsichtsratsausschuss zu „verschieben", ist das Timing der Bestellung und des Vertragsschlusses eines Vorstandsmitglieds nicht mehr so relevant wie früher. Bestellung und Beschluss über den Vorstandsvertrag können jetzt schlicht in einer Aufsichtsratssitzung gefasst werden.

---

204 Vom 25.5.2009 (BGBl. I, S. 1102).
205 Vgl dazu Ziff. 4.2 DCGK (Stand: Mai 2013).
206 Ziff. 5.1.2 DCGK (www.deutscher-corporate-governance-code.de).
207 So zB in Muster 1903 (§ 1 Abs. 4) und in Muster 1912.
208 BGH 6.4.1964 – II ZR 75/62, BGHZ 41, 282.
209 Bundestagsbeschluss vom 27.6.2013 zum Gesetz zur Verbesserung der Kontrolle der Vorstandsvergütung und zur Änderung weiterer aktienrechtlicher Vorschriften (VorstKoG), BT-Drucks. 17/14214; vgl dazu *Leuering/Rubner*, NJW-Spezial 2013, 335; *Ziemons*, GWR 2013, 283 sowie *Wagner*, BB 2013, 1731.

Kapitel 3: Anstellungsverträge mit GmbH-Geschäftsführern und AG-Vorständen

Die Kompetenz zum Abschluss des Anstellungsvertrages steht dem Aufsichtsrat als Gremium zu. Der in einem Beschluss zum Ausdruck gekommene einheitliche oder mehrheitliche Wille der abstimmenden Aufsichtsratsmitglieder stellt den Willen des Aufsichtsrats dar[210] und kann nicht auf ein einzelnes Aufsichtsratsmitglied, insbesondere den Aufsichtsratsvorsitzenden, übertragen werden.[211] Ob der von einem Aufsichtsratsvorsitzenden ohne Aufsichtsratsbeschluss abgeschlossene Anstellungsvertrag nach § 134 BGB nichtig ist[212] oder als Handeln eines vollmachtlosen Vertreters nach § 177 BGB genehmigt werden kann[213] – wovon der BGH in älteren Entscheidungen offenbar als selbstverständlich ausgegangen ist[214] –, hat der BGH zuletzt offengelassen.[215]

461

Der **Aufsichtsratsvorsitzende** kann aber vom Aufsichtsrat ermächtigt werden, den vom Aufsichtsratsplenum beschlossenen Anstellungsvertrag mit dem neuen Vorstandsmitglied zu unterzeichnen.[216] Es geschieht gelegentlich, dass dem Aufsichtsratsvorsitzenden vom Aufsichtsrat durch Beschluss eingeräumt wird, nach Festlegung des wesentlichen Vertragsinhalts oder von „Orientierungsgrößen" die Abstimmung und Formulierung der Einzelheiten mit dem künftigen Vorstandsmitglied auszuhandeln.[217] Dieses Prozedere sollte mE nicht gewählt werden, weil es umstritten und noch nicht höchstrichterlich geklärt ist, ob und ggf wie viel eigener Verhandlungsspielraum dem Aufsichtsratsvorsitzenden vom Aufsichtsrat eingeräumt werden kann.[218]

462

3. Form und Inhalt des Anstellungsvertrages

Der Anstellungsvertrag bedarf zwar nicht der **Schriftform**, mündliche Verträge mit Vorständen von Aktiengesellschaften kommen in der Praxis aber aus guten Gründen nicht vor.

463

Anstellungsverträge mit Vorstandsmitgliedern sind **befristet** zu schließen, wobei die Befristung nicht über einen längeren Zeitraum als fünf Jahre geschlossen werden kann (§ 84 Abs. 1 Satz 1 und 5 AktG). Ist der Anstellungsvertrag auf unbestimmte Zeit oder länger als fünf Jahre geschlossen, endet er dennoch mit Ablauf der gesetzlichen Fünf-Jahres-Frist. Verlängerungsklauseln über die Fünf-Jahres-Frist hinaus, wonach sich der Anstellungsvertrag entsprechend verlängert, wenn eine erneute Bestellung ausgesprochen wurde,[219] sind dagegen zulässig,[220] aus Vorstandssicht aber nicht unbedingt vorteilhaft.

464

Eine **Mindestdauer** des Anstellungsvertrages ist gesetzlich nicht festgelegt. Der Aufsichtsrat würde allerdings bei einer zu kurz gewählten Dauer des Anstellungsvertrages seine Pflichten verletzen.[221] Eine vernünftige und eigenverantwortliche Leitung der Gesellschaft setzt eine gewisse Mindestdauer von Bestellung und Anstellung voraus,[222] die – abgesehen von typischen Sanierungsfällen („Turnaround") oder sonstigen Fällen von Interimsmanagement – zwei Jahre nicht unterschreiten sollte.

465

Der Anstellungsvertrag eines Vorstandsmitglieds kann nicht mit einer **Probezeit** verknüpft werden.[223] Das gleiche Ergebnis kann aber durch die Vorschaltung eines Erprobungsarbeitsverhältnisses erreicht werden, in dem das künftige Vorstandsmitglied zunächst in leitender Position befristet erprobt werden kann. Zulässig ist es auch, dem Vorstandsmitglied, nicht der Gesellschaft, im Anstellungsvertrag ein **ordentliches Kündigungsrecht** vor Ablauf der Bestellung einzuräumen.[224] Durch den **Widerruf der Bestellung** oder die **Niederlegung des Vorstandsamts** ohne gleichzeitige Kündigung des Anstellungsverhältnisses wandelt sich der Anstellungsvertrag nicht automatisch in ein „gewöhnliches Anstellungsver-

466

---

210 BGH 6.4.1964 – II ZR 75/62, NJW 1964, 1367.
211 So auch jüngst BGH 29.1.2013 – II ZB 1/11, NZG 2013, 297.
212 So OLG Stuttgart 20.3.1992 – 2 U 115/90, BB 1992, 1669.
213 So wohl zutreffend OLG Karlsruhe 13.10.1995 – 10 U 51/95, AG 1996, 224; aus jüngerer Zeit OLG München 18.10.2007 – 23 U 5786/06, BB 2008, 189 = WM 2008, 73.
214 BGH 6.4.1964 – II ZR 75/62, NJW 1964, 1367.
215 BGH 17.3.2008 – II ZR 239/06, NJW-RR 2008, 1488.
216 StRspr des BGH seit BGH 17.4.1967 – II ZR 157/64, BGHZ 47, 341; bestätigt durch BGH 17.3.2008 – II ZR 239/06, NJW-RR 2008, 1488 = WM 2008, 1021.
217 *Baums*, Der Geschäftsleitervertrag, S. 79.
218 Vgl zum Meinungsstreit Lücke/Schaub/*Lücke*, Vorstand der AG, § 2 Rn 99; vgl aber auch BGH 17.3.2008 – II ZR 239/06, NJW-RR 2008, 1488 = WM 2008, 1021.
219 Muster 1903 (§ 8 Abs. 2).
220 MünchHandbGesellschR/*Wiesner*, Bd. 4, § 21 Rn 20.
221 MünchHandbGesellschR/*Wiesner*, Bd. 4, § 21 Rn 21.
222 OLG Karlsruhe 10.7.1973 – 8 U 74/73, BB 1973, 1088; ebenso die hL, vgl dazu Spindler/Stilz/*Fleischer*, AktG, § 84 Rn 12 mwN.
223 OLG Karlsruhe 10.7.1973 – 8 U 74/73, BB 1973, 1088.
224 MünchHandbGesellschR/*Wiesner*, Bd. 4, § 21 Rn 21.

hältnis" (= Arbeitsverhältnis).²²⁵ Aus Paritätsgründen wird dem Vorstandsmitglied unter den gleichen Voraussetzungen wie dem Aufsichtsrat gem. § 84 Abs. 3 Satz 1 AktG die sofortige Amtsniederlegung zugestanden.²²⁶ Da die Niederlegung des Amtes an keine besonderen Formvoraussetzungen gebunden ist, kann sie sowohl mündlich als auch schriftlich erklärt werden.²²⁷ Dabei ist es bei mehreren Gesellschaftern ausreichend, wenn die Amtsniederlegung gegenüber einem Gesellschafter erklärt wird.²²⁸ Dabei ist die Amtsniederlegung auch dann wirksam, wenn kein wichtiger Grund vorliegt oder sie nicht auf einen wichtigen Grund gestützt ist.²²⁹ Die Amtsniederlegung führt nicht automatisch zur Beendigung des Dienstverhältnisses.²³⁰ Ob darin uU eine konkludente Kündigung des Dienstvertrages zu sehen ist, ist eine Frage des Einzelfalls. Das Vorstandsmitglied kann durchaus am Vertrag festhalten wollen, zB wenn es deswegen das Amt niedergelegt hat, weil von ihm gesetzwidriges Verhalten verlangt wurde.²³¹ Allerdings kann nach hM im Vertrag festgelegt werden, dass bei Widerruf der Bestellung zugleich das Dienstverhältnis vorzeitig mit der Frist des § 622 BGB enden soll (sog. **Koppelungsklausel**).²³²

4. Gestaltungsmöglichkeiten bei Gesellschafterwechsel

467 Eine **drohende feindliche Übernahme** ist kein Grund, der das Vorstandsmitglied zur fristlosen Kündigung berechtigt. Dabei besteht in Deutschland auch nicht, wie in den Vereinigten Staaten, die Möglichkeit, sich vor einer feindlichen Übernahme nach der Taktik der „**Golden Parachutes**" zu schützen. Häufig bereits im Anstellungsvertrag werden amerikanischen Managern Sonderkonditionen für den Fall einer feindlichen Übernahme eingeräumt. Diese Konditionen nehmen dort zum Teil solch erhebliche wirtschaftliche Dimensionen ein, dass sie geeignet sind, den Deal betriebswirtschaftlich zu entwerten und den feindlichen Übernehmer von der Übernahme abzuhalten.

468 Nach deutschem Recht sind solche „**Golden Parachute**"-**Regelungen** für Organmitglieder einer Aktiengesellschaft im Falle einer vorzeitigen Kündigung bzw Abberufung nicht möglich. Es besteht zwar kein ausdrückliches Verbot solcher Regelungen, aber aus § 87 AktG folgt die Verpflichtung des Aufsichtsrats, nur **angemessene Bezüge** für Vorstandsmitglieder festzusetzen und ihre Angemessenheit zu überwachen.²³³ Genehmigt er dem Vorstand unangemessene Bezüge – dies wäre hier für den Fall einer feindlichen Übernahme anzunehmen –, so wäre eine solche Vergütungsabrede zwar bis zur Grenze der Sittenwidrigkeit nicht unwirksam, der Aufsichtsrat würde sich aber schadensersatzpflichtig machen (§§ 116 Satz 2, 93 AktG). Zusätzlich kann sich auch das Vorstandsmitglied nach § 93 Abs. 2 AktG schadensersatzpflichtig machen, wenn es sich solche unangemessenen Bezüge zahlen lässt.²³⁴

469 Wenn die Gesellschaft und das ehemalige Vorstandsmitglied nach einem Gesellschafterwechsel und dem damit oft verbundenen Ausscheiden der bisherigen Vorstandsmitglieder aus dem Vorstand kraft ausdrücklicher oder konkludenter Vereinbarung den Vertrag unter geänderten Bedingungen fortsetzen, unterliegt das ehemalige Vorstandsmitglied künftig den für Arbeitnehmer geltenden Bestimmungen. Allerdings kann nach einer Entscheidung des BAG nicht schon im Vorstandsdienstvertrag vereinbart werden, dass das Vertragsverhältnis nach Beendigung der Organstellung zu ansonsten unveränderten Bedingungen als Arbeitsverhältnis fortgesetzt wird, wohl aber kann eine Fortsetzung zu für leitende Mitarbeiter unter Vorstandsebene angepasste Konditionen vereinbart werden.²³⁵ Hat das Vorstandsmitglied den Widerruf seiner Bestellung verschuldet, kann es uU verpflichtet sein, sich mit einer seinen Fähigkeiten angemessenen anderweitigen Tätigkeit innerhalb der Gesellschaft zufrieden zu geben,

---

225 BGH 24.11.2005 – 2 AZR 614/04, NZA 2006, 366; BGH 8.1.2007 – II ZR 267/05, NJW-RR 2007, 1632 (für den Fall des Verlusts der Organstellung bei einer Umwandlung).
226 BGH 14.7.1980 – II ZR 161/79, BGHZ 78, 82, 84; *Bauer*, DB 1992, 1413, 1421 f.
227 BGH 17.9.2001 – II ZR 378/99, NZG 2002, 43.
228 OLG Hamburg 6.5.2010 – 11 W 36/10, NZG 2010, 1235.
229 BGH 8.2.1993 – II ZR 58/92, BGHZ 121, 257; OLG Hamm 17.1.2013 – 17 W 4/13, BeckRS 2013, 12055.
230 Statt aller zum sog. Trennungsprinzip Lücke/Schaub/*Lücke*, Vorstand der AG, § 2 Rn 8 ff.
231 BGH 9.2.1978 – II ZR 189/76, DB 1978, 878.
232 Die Zulässigkeit solcher Koppelungsklauseln ist zuletzt unter AGB-rechtlichen Gesichtspunkten vermehrt angezweifelt worden, vgl dazu etwa *Grobys/Glanz*, NJW-Spezial 2007, 129 f; zur Auslegung solcher Klauseln jüngst OLG Saarbrücken 8.5.2013 – 1 U 154/12-43, BeckRS 2013, 09798.
233 *Hauschka/Roth*, AG 1988, 181 (192); *Lammers*, Verhaltenspflichten von Verwaltungsorganen in Übernahmeauseinandersetzungen, 1994, S. 191.
234 *Hauschka/Roth*, AG 1988, 181 (192).
235 BAG 26.8.2009 – 5 AZR 522/08, NZA 2009, 1205.

wenn es eine fristlose Kündigung des Anstellungsvertrages vermeiden will.[236] Mit der bindenden Zuweisung der neuen leitenden Tätigkeit wandelt sich der Vorstandsdienstvertrag endgültig in einen Arbeitsvertrag um, das Vorstandsmitglied wird zum Arbeitnehmer.[237]

5. Mängel des Anstellungsvertrages

Mängel des Anstellungsvertrages können daraus resultieren, dass der Beschluss des Aufsichtsrats über die Bestellung und/oder über den Anstellungsvertrag nichtig ist. In diesem Falle fehlt es an einer rechtsverbindlichen Willenserklärung der Gesellschaft.[238] Die für das fehlerhafte Arbeitsverhältnis entwickelten Grundsätze zum faktischen Arbeitsverhältnis werden bei fehlerhaften Anstellungsverträgen eines Vorstandsmitglieds entsprechend angewandt.[239] Ist der Anstellungsvertrag tatsächlich vollzogen, kann er nicht mehr rückwirkend beseitigt werden. Beide Vertragsparteien können sich aber für die Zukunft unter Berufung auf den Mangel jederzeit vom Anstellungsvertrag lösen;[240] dem steht in aller Regel auch § 242 BGB nicht entgegen.[241] Befindet sich das Vorstandsmitglied bereits im Ruhestand, ehe die Fehlerhaftigkeit des Anstellungsvertrages bemerkt wird, stehen ihm, unabhängig von der Anwendung des BetrAVG, die Ruhegeldbezüge weiterhin zu.[242] Sind nur einzelne Vertragsbestimmungen des Anstellungsvertrages nichtig oder anfechtbar, bleiben entgegen der Regel des § 139 BGB, selbst wenn keine entsprechende Regelung im Anstellungsvertrag enthalten ist, die übrigen Vertragsbestimmungen im Zweifel wirksam.[243]

Fehlt der Aufsichtsratsbeschluss ganz oder ist er nichtig und ist der Aufsichtsratsvorsitzende daher als Vertreter ohne Vertretungsmacht aufgetreten, so ist der Anstellungsvertrag nach wohl hM nicht nichtig, vielmehr kann der Aufsichtsrat diesen durch entsprechenden ordnungsgemäßen Beschluss genehmigen.[244] Andernfalls kann sich für den Aufsichtsratsvorsitzenden eine Haftung nach § 179 BGB ergeben.

6. Aufgaben des Vorstands

Bei der vertraglichen Beschreibung der Aufgaben eines Mitglieds des Vorstands wird regelmäßig zunächst allgemein abgestellt auf eine Geschäftsführung unter Beachtung der Gesetze, der Satzung der Gesellschaft, insbesondere des Gesellschaftszwecks sowie der **Geschäftsordnung der Gesellschaft** in ihrer jeweiligen Fassung, in der regelmäßig eine **Ressortzuordnung** enthalten ist. Der Versuch, ein **bestimmtes Ressort** im Vorstandsvertrag „festzuschreiben", ist aus Sicht des Vorstandsmitglieds nur teilweise erfolgreich: Der Aufsichtsrat kann aufgrund des Vorrangs des Gesellschaftsrechts stets den Zuschnitt von Ressorts verändern oder Ressorts ganz oder teilweise entziehen. Verstößt das im Einzelfall gegen den Vorstandsvertrag, kann das die Veränderung nicht verhindern, sondern gibt dem Vorstand lediglich das Recht zur Amtsniederlegung und außerordentlichen Kündigung des Vertrages, ggf einschließlich eines möglichen Schadensersatzanspruchs.[245] Sofern dem Vorstandsvorsitzenden satzungsmäßig keine besonderen Rechte und Pflichten eingeräumt wurden, ist er „nur" primus inter pares, nimmt er die üblichen Befugnisse des Leiters eines Gremiums wahr. Er repräsentiert das Kollegium und hat kraft Amtes alle sitzungsleitenden Befugnisse.[246]

Gegenüber dem Aufsichtsrat hat der Vorstand nach Maßgabe des § 90 AktG zu **berichten**. Nach § 90 Abs. 1 Satz 2 AktG muss der Vorstand außerhalb der periodischen Berichterstattung nach § 90 Abs. 1 Satz 1 AktG unverzüglich dann **informieren**, wenn ein sonstiger wichtiger Anlass besteht. **Wichtiger Anlass** sind namentlich Ereignisse, die von außen an die Gesellschaft herangetragen werden, die nachteilig auf sie einwirken und erheblichen Einfluss auf die Lage der Aktiengesellschaft haben können.[247]

---

236 BGH 14.7.1966 – II ZR 212/64, LM § 75 AktG 1937 Nr. 17.
237 MünchHandbGesellschR/*Wiesner*, Bd. 4, § 21 Rn 24.
238 OLG Schleswig-Holstein 16.11.2000 – 5 U 66/99, NZG 2001, 275.
239 BGH 6.4.1964 – II ZR 75/62, BGHZ 41, 282; BGH 23.10.1975 – II ZR 90/73, BGHZ 65, 190.
240 BGH 21.1.1991 – II ZR 144/90, BGHZ 113, 237 = NJW 1991, 1727.
241 OLG Schleswig-Holstein 16.11.2000 – 5 U 66/99, NZG 2001, 275.
242 *Hengeler*, FS Barz, S. 129; *Säcker*, FS G. Müller, S. 745; ähnl. BGH 6.4.1964 – II ZR 75/62, BGHZ 41, 282 (291).
243 MüKo-BGB/*Söllner*, § 611 Rn 296; MünchHandbGesellschR/*Wiesner*, Bd. 4, § 21 Rn 27.
244 OLG München 18.10.2007 – 23 U 5786/06, BB 2008, 189; vgl auch Lücke/Schaub/*Lücke*, Vorstand der AG, § 2 Rn 104.
245 Ein solcher Schadensersatzanspruch nach § 628 Abs. 2 BGB setzt aber ein sog. Auflösungsverschulden voraus, an dem Schadensersatzansprüche in praxi oft scheitern.
246 *Hüffer*, AktG, § 84 Rn 21.
247 *Hüffer*, AktG, § 90 Rn 8; MünchHandbGesellschR/*Wiesner*, Bd. 4, § 25 Rn 21.

Aus dem Wechselspiel zwischen **eigenverantwortlicher Geschäftsleitung** des Vorstands und den **Informationspflichten** gegenüber dem Aufsichtsrat folgt, dass der Vorstand verpflichtet ist, über all jene Tatsachen im Aufsichtsrat zu berichten, die aus seiner Sicht erheblichen negativen Einfluss auf die Gesellschaft haben können. Einer besonderen Verankerung dieser Berichtspflichten im Wortlaut des Anstellungsvertrages bedarf es nicht, zumal sie gesetzlich unmittelbar gelten und auch teilweise in den Geschäftsordnungen der Gesellschaften niedergelegt sind und weiter konkretisiert werden.

474 Neben den dem gesamten Vorstand obliegenden Leitungsaufgaben und dem jeweils eigenen Ressort haben die Mitglieder des Vorstands zusätzlich eine **gegenseitige Überwachungspflicht**, die Vorstandsmitglieder haben also auch Pflichten in Bezug auf die sog. Fremdressorts der übrigen Vorstandsmitglieder. Für die Leitung der Gesellschaft verantwortlich sind grundsätzlich alle Vorstandsmitglieder. Diese Gesamtverantwortung aller Vorstandsmitglieder bleibt von besonderen Ressortzuweisungen, bspw. gem. Anstellungsvertrag oder Geschäftsordnung, unberührt. Jenseits des Kernbereichs der Geschäftsführungsaufgaben im eigenen Ressort verwandelt sich die Verantwortung für die übrigen Ressorts in eine Überwachungspflicht, die jedes Vorstandsmitglied trifft und die es zu einem Eingreifen verpflichtet, wenn sich im Rahmen der Überwachung oder sonst wie Anhaltspunkte ergeben, dass das zuständige Vorstandsmitglied die Geschäfte nicht ordnungsgemäß führt.[248]

7. Bezüge des Vorstands

475 Regelmäßig setzt sich die Vergütung von Vorstandsmitgliedern aus **Barbezügen** (Festgehalt und Tantieme, Bonus etc.), **Sachbezügen** wie Dienstfahrzeug etc. sowie einer **Alters- und Hinterbliebenenversorgung** zusammen. Eine solche Versorgungsregelung ist schon deshalb notwendig, weil das Vorstandsmitglied **nicht sozialversicherungspflichtig** ist, und zwar in allen Zweigen der Sozialversicherung.[249] Seit der Änderung des § 1 Satz 4 SGB VI zum 1.1.2004 sind Vorstände aber nur noch hinsichtlich ihrer Vorstandstätigkeit, nicht hingegen sonst, etwa bei Nebentätigkeiten im Rahmen von Arbeitsverhältnissen, versicherungsfrei. § 229 Abs. 1a SGB VI enthält eine Übergangsregelung, wonach Vorstandsmitglieder einer AG, die am 6.11.2003 in einer weiteren Beschäftigung oder selbständigen Tätigkeit nicht versicherungspflichtig waren, bis zum 31.12.2004 die Aufrechterhaltung ihrer Versicherungsfreiheit beantragen konnten.

476 Abweichend von § 323 BGB verliert das Vorstandsmitglied nach § 616 Abs. 1 BGB seinen Vergütungsanspruch nicht dadurch, dass es für eine verhältnismäßig nicht erhebliche Zeit durch einen in seiner Person liegenden Grund ohne sein Verschulden (also durch **Krankheit**) **an der Dienstleistung verhindert** ist. Welcher Zeitraum als „verhältnismäßig nicht erheblich" anzusehen ist, ist unter Berücksichtigung der besonderen Umstände jedes Einzelfalls zu entscheiden. Zu dieser Frage besteht nur ältere Rechtsprechung.[250] Allgemein ist man der Auffassung, dass auch ohne vertragliche Regelung die Sechs-Wochen-Frist des Entgeltfortzahlungsgesetzes als verhältnismäßig nicht erhebliche Zeit anzusehen ist.[251] Meist wird der Entgeltfortzahlungszeitraum jedoch ausdrücklich vertraglich festgelegt und ein längerer Zeitraum vereinbart.

477 Befindet sich die Gesellschaft in **Annahmeverzug** oder hat sie die **Unmöglichkeit der Dienstleistung** zu vertreten, behält das Vorstandsmitglied seinen Anspruch auf die vertraglich vereinbarten Bezüge.[252] Vereinbarte Vergütung iSv § 615 Satz 1 BGB ist das gesamte Entgelt einschließlich aller Nebenleistungen, also einschließlich Tantieme und Dienstwagen, das für die versprochenen Dienste vereinbart worden ist.[253]

478 In Fragen der Vergütung hat der Aufsichtsrat aller Aktiengesellschaften schon immer dafür zu sorgen, dass die Gesamtbezüge einschließlich aller Nebenleistungen und Sondervergütungen des Vorstandsmitglieds **angemessen** sind. Mit Erlass des VorstAG Mitte 2009 ist die Verpflichtung des Aufsichtsrats da-

---

248 BGH 8.7.1985 – II ZR 198/84, WM 1985, 1293 (1294); BGH 2.6.2008 – II ZR 27/07, NZG 2008, 628 (zur Pflicht der Beitragsabführung in der Sozialversicherung); aus jüngerer Zeit auch BFH 22.7.2010 – VII B 126/09, BFH/NV 2010, 2227 (zur Verpflichtung der Lohnsteuerabführung).
249 BSG 15.5.1984 – 12 RK 7/83, DB 1985, 448; BSG 4.9.1979 – 7 RAr 57/78, DB 1980, 166; BSG 27.3.1980 – 12 RAr 1/79, BB 1980, 1473; SG Dortmund 15.12.1969 – S 7 Kr 72/68, BB 1970, 582.
250 BGH 11.7.1953 – II ZR 126/52, BGHZ 10, 187; vgl auch *Haase*, GmbHR 2005, 1260.
251 MünchHandbGesellschR/*Wiesner*, § 21 Rn 37.
252 BGH 8.12.1977 – II ZR 219/75, AG 1978, 162; OLG Düsseldorf 5.4.1984 – 8 U 102/83, ZIP 1984, 705.
253 BGH 8.12.1977 – II ZR 219/75, AG 1978, 162.

hin gehend konkretisiert worden, dass die Gesamtbezüge in einem angemessenen Verhältnis zu den Aufgaben, Leistungen und zur Lage der Gesellschaft stehen und die übliche Vergütung nicht ohne besondere Gründe übersteigt. Dies gilt auch für Ruhegehalt, Hinterbliebenenbezüge und Leistungen verwandter Art. Das **Angemessenheitsgebot** gilt also für die Gesamtausstattung jedes Vorstandsmitglieds. Die Pflicht des Aufsichtsrats, darauf zu achten, dass die Gesamtbezüge der einzelnen Vorstandsmitglieder angemessen iSv § 87 Abs. 1 AktG sind, ist zunächst auf den **Zeitpunkt der Festsetzung** der Bezüge beschränkt.

479

Selbst **unangemessene Bezüge** iSv § 87 AktG sind für die Parteien zunächst bindend und führen nicht zur Nichtigkeit der Vergütungsabrede, da § 87 AktG von der ganz hM nicht als „Verbotsgesetz" iSd § 134 BGB angesehen wird. Der Aufsichtsrat kann, wenn eine Verständigung mit den betroffenen Vorstandsmitgliedern nicht möglich ist, nicht einseitig von sich aus eine Vertragsänderung herbeiführen. Er kann in diesem Fall auch nicht aus wichtigem Grund den Anstellungsvertrag kündigen, sondern hat – einseitig – nur unter den durch das VorstAG deutlich „gelockerten" Voraussetzungen des § 87 Abs. 2 AktG die Möglichkeit, die Bezüge herabzusetzen, wenn sich die Lage der Gesellschaft (nachträglich) so verschlechtert, dass die Weitergewährung der Vergütung für die Gesellschaft unbillig wäre.[254] Eine **Herabsetzung** kommt nicht allein deshalb in Betracht, weil sich im Nachhinein ergibt, dass die Leistungen eines Vorstandsmitglieds sein Gehalt nicht wert sind oder wenn dem Aufsichtsrat nachträglich klar wird, dass die finanzielle Lage der Gesellschaft Bezüge in der vereinbarten Höhe nicht zulässt. Für eine Herabsetzung nach § 87 Abs. 2 AktG muss die Weitergewährung der vereinbarten Bezüge infolge der Verschlechterung der Lage der Gesellschaft unbillig geworden sein.[255]

480

Nach der Neufassung des § 87 Abs. 1 Satz 2 AktG hat der Aufsichtsrat **börsennotierter** Aktiengesellschaften die Vergütungsstruktur auf eine nachhaltige Unternehmensentwicklung auszurichten, was grundsätzlich auch nicht börsennotierten Gesellschaften zu empfehlen ist. Umgesetzt werden soll dies gem. § 87 Abs. 1 Satz 2 AktG durch Implementierung des Nachhaltigkeitsgedankens in die variablen Vergütungsbestandteile mittels Einführung **mehrjähriger Bemessungsgrundlagen für variable Vergütungsbestandteile**. Daneben bleiben aber nach ganz hM auch kurzfristige, zB auf das jeweilige Geschäftsjahr bezogene variable Vergütungsbestandteile zulässig.[256] Die variable Vergütung ist daher zumindest anteilig, wenn nicht überwiegend auf mehrjährige Bemessungsgrundlagen umzustellen. Aufgrund der gleichzeitigen Änderung des § 192 Abs. 2 Nr. 4 AktG und der Gesetzesbegründung sollen die vier Jahre als „Orientierung" dienen, wobei aber auch zwei- oder dreijährige Bemessungsgrundlagen begrifflich bereits „mehrjährig" sind und jedenfalls dreijährige Laufzeiten ausreichend nachhaltig sein sollten. Unzureichend wäre eine lediglich zeitlich verzögerte Ausgestaltung und Auszahlung der variablen Vergütung eines Geschäftsführers, etwa in drei Tranchen im aktuellen und den beiden folgenden Geschäftsjahren.[257] Bei **Aktienoptionen** ist nunmehr eine vierjährige Wartefrist zwingend (§ 193 Abs. 2 Nr. 4 AktG). Ob diese Frist auch für virtuelle Aktienoptionen gilt, ist umstritten.[258] Grundsätzlich soll der Aufsichtsrat bei den variablen Vergütungsbestandteilen einen „Deckel" („cap") für außerordentliche Entwicklungen vorsehen, um sog. **windfall profits** zu verhindern.[259]

481

Versorgungsbezüge konnten bis zum Inkrafttreten des VorstAG nur bei einer wirtschaftlichen Notlage, die den Bestand des Unternehmens ernsthaft gefährdet, nach Treu und Glauben herabgesetzt werden.[260] Dabei waren in Vorstandsverträgen vereinbarte **Übergangsgelder** juristisch wie Versorgungsregelungen zu behandeln.[261] Nunmehr sieht § 87 Abs. 2 Satz 1, 2 AktG jedoch vor, dass selbst Ruhehälter, Hinterbliebenenbezüge und Leistungen verwandter Art in den ersten drei Jahren nach Ausscheiden gekürzt werden können.[262]

482

---

254 *Hüffer*, AktG, § 87 Rn 9 ff.
255 *Weppner*, NZG 2010, 1056 bietet dazu Leitlinien für die Praxis an.
256 Vgl *Annuß/Theusinger*, BB 2009, 2423 (2436); *Thüsing*, AG 2009, 517 (520).
257 *Thüsing/Forst*, GWR 2010, 515 mwN.
258 Zum Meinungsstreit vgl etwa *Hohaus/Weber*, DB 2009, 1515 (1517) mwN.
259 Vgl Muster 1912 (§ 16).
260 BGH 8.12.1960 – II ZR 107/59, WM 1961, 299, 300.
261 BGH 10.12.1979 – II ZR 10/79, WM 1980, 247.
262 Vgl dazu etwa *Diller*, NZG 2010, 1006; *von Cube/Feddersen*, NJW 2010, 576 (zur Situation beim GmbH-Geschäftsführer); *Aldenhoff/Hilderink*, NZA-RR 2004, 281.

483 Das **Mannesmann-Urteil** des 3. Strafsenats des BGH[263] hat eine Wende in der Rechtsprechung zum **Vorwurf der Untreue** bei der Vergütung von Vorstands- und Aufsichtsratsmitgliedern erbracht. Es hat den Grundsatz aufgestellt, dass der Aufsichtsrat eine treuepflichtwidrige Verschwendung des anvertrauten Gesellschaftsvermögens vornimmt, wenn den Vorständen und/oder Aufsichtsratsmitgliedern im Dienstvertrag nicht vereinbarte Sonderleistungen mit reinem Belohnungscharakter zu einem Zeitpunkt gewährt werden, wenn diese Leistungen bei rein zukunftsbezogener Betrachtung keinen Nutzen mehr für die Gesellschaft haben. Bei fehlender Rechtsgrundlage im Dienstvertrag ist die Bewilligung einer **nachträglichen Anerkennungsprämie** danach nur zulässig, wenn und soweit dem Unternehmen gleichzeitig Vorteile zufließen, die in einem angemessenen Verhältnis zu der mit der freiwilligen Zusatzvergütung verbundenen Minderung des Gesellschaftsvermögens stehen. Die Entscheidung ist vornehmlich im gesellschaftsrechtlichen Schrifttum vielfach kritisiert worden.[264] Eine Konsequenz dieses Urteils ist es, dass Sondervergütungen den Untreuetatbestand nicht erfüllen, wenn sie generell im Dienstvertrag vorgesehen sind und gewährt werden, weil das Verhalten des Vorstands einen für die Gesellschaft zukunftsbezogenen Nutzen hat. Dementsprechend sind einige Klauseln in Vorstandsverträgen formuliert (sog. **Mannesmann-Klausel**), s. Muster 1906 (Nr. 5 Buchst. f) und Muster 1912 (§ 6 Nr. 7).

484 Bei unberechtigter **Kündigung durch die Gesellschaft** genügt ein deutlicher Widerspruch des Vorstandsmitglieds gegen die Kündigung, um die Gesellschaft in Annahmeverzug zu setzen. Das Gleiche gilt im Falle einer einseitigen **Freistellung** oder **Beurlaubung** des Vorstandsmitglieds durch die Gesellschaft. Schriftlichkeit dieses Widerspruchs bzw vorsorglich eines Angebots der Dienstleistung empfiehlt sich dennoch.

485 Mit dem Gesetz über die Offenlegung der Vorstandsvergütungen (Vorstandsvergütungs-Offenlegungsgesetz – VorstOG) vom 3.8.2005[265] wurde in § 285 Satz 1 Nr. B Buchst. a) Satz 5 ff HGB geregelt, dass bei einer **börsennotierten Aktiengesellschaft** im Anhang zur Bilanz als **Pflichtangabe** unter Nennung des Namens jedes einzelnen Vorstandsmitglieds dessen Bezüge, aufgeteilt nach erfolgsunabhängigen und erfolgsbezogenen Komponenten sowie Komponenten mit langfristiger Anreizwirkung, gesondert anzugeben sind. Diese Regelung führt dazu, dass seither generell die **Vorstandsbezüge** auch öffentlich **transparent** sind. Aktiengesellschaften, die sich der **Publizierungspflicht** entziehen wollen, müssen in einer Hauptversammlung beschlossen haben, dass eine Veröffentlichung der Vorstandsbezüge nicht erfolgt (§ 286 Abs. 5 HGB). Ein Hauptversammlungsbeschluss, der der Mehrheit von mindestens drei Viertel des bei der Beschlussfassung vertretenen Grundkapitals bedarf, hat nur die Wirkung für die Dauer von fünf Jahren und muss danach ggf wiederholt werden.

8. Rechtsschutz gegen Abberufung und Kündigung

486 Gerichtliche Verfahren gegen Abberufung und/oder Kündigung sind vor den Zivilgerichten, dort vor dem örtlich zuständigen Landgericht zu führen. Funktional zuständig ist die Handelskammer (§ 96 Nr. 4 a GVG). Neben den üblichen Klageverfahren empfiehlt sich je nach Situation auch die Klage im Urkundsprozess (§§ 592 ff ZPO) als grundsätzlich zügigerem Weg zur Geltendmachung von Annahmeverzugs- und/oder Abfindungsansprüchen.

487 Bei der Abberufung ist die Rechtsposition des AG-Vorstands im Regelfalle weitaus stärker ausgebildet als die des GmbH-Geschäftsführers. Der GmbH-Geschäftsführer kann nach § 38 Abs. 1 GmbHG jederzeit, ohne dass es eines Grundes bedarf, abberufen werden. Nur in wenigen Gesellschaftsverträgen wird von der Regelung des § 38 Abs. 2 GmbHG, die Abberufung an einen wichtigen Grund zu knüpfen, Gebrauch gemacht. Beim Vorstand einer AG ist die Abberufung an einen **wichtigen Grund** geknüpft, § 84 Abs. 3 AktG. Mit Ausnahme des Vertrauensentzugs durch die Hauptversammlung kommt als Abberufungsgrund allein eine **grobe Pflichtverletzung** in Betracht.

---

263 BGH 21.12.2005 – 3 StR 470/04, NJW 2006, 522.
264 Vgl statt vieler: *Bauer/Arnold*, DB 2006, 546; *Kort*, NZG 2006, 131; *Fonk*, NZG 2006, 813.
265 BGBl. I 2005, S. 2267.

Wendet sich der Vorstand gegen seine **Abberufung,** kann folgender Antrag gestellt werden: 488

Es wird festgestellt, dass der vom Aufsichtsrat der Beklagten in der Sitzung vom ... erklärte Widerruf der Bestellung des Klägers zum Vorstandsmitglied nichtig ist. Hilfsweise: Der Beschluss des Aufsichtsrats der Beklagten vom ... auf Widerruf der Bestellung des Klägers zum Vorstandsmitglied wird für unwirksam erklärt.

Wegen der **Kündigung** formuliert man üblicherweise: 489

Es wird festgestellt, dass das zwischen dem Kläger und der Beklagten bestehende Anstellungsverhältnis durch die außerordentliche Kündigung vom ... nicht aufgelöst worden ist, sondern fortbesteht.

Im Arbeitsrecht sind Klauseln im Vertrag, die dem Arbeitgeber einseitig eine **Freistellung** ab dem Zeitpunkt des Ausspruchs einer Kündigung gestatten, unter AGB-rechtlichen Aspekten nur noch in Grenzen zulässig.[266] Angesichts der umfassenden Organpflichten und der eigenständigen Leitungsbefugnis eines Vorstandsmitglieds nach § 76 AktG sind mE einseitige Freistellungserklärungen durch den Aufsichtsrat nicht wirksam. Nur dann, wenn sich das Vorstandsmitglied mit einer solchen Entscheidung einverstanden erklärt,[267] dürfte eine vorübergehende Freistellung bzw Suspendierung greifen. Vertragsklauseln, die der Gesellschaft einseitig das Recht einräumen, das Vorstandsmitglied während der Vertragslaufzeit von seinen dienstlichen Pflichten gegen seinen Willen zu entbinden, dürften unwirksam sein und sind deshalb in den nachfolgenden Mustern nicht enthalten. Sollte sie dennoch gewünscht werden, so sollte in Anlehnung an die arbeitsrechtliche Rechtslage und BAG-Rechtsprechung formuliert werden. 490

Im Laufe eines Rechtsstreits zwischen dem abberufenen und gekündigten Vorstand und der AG, vertreten durch den Aufsichtsrat, werden, wenn kein Urkundsprozess geführt wird bzw beim Urkundsprozess im Nachverfahren, immer wieder zahlreiche zusätzliche **Vorwürfe über Fehlverhalten des Vorstands** schriftsätzlich erhoben. Diese tatsächlichen oder vermeintlichen Pflichtverletzungen, die manchmal erst im Zuge von Prüfungsberichten einer WP-Gesellschaft oder Anwaltskanzlei oder auch firmeninternen Revisionen erkennbar geworden sind, bilden häufig Gegenstand umfangreicher Ausführungen der Parteivertreter in dem streitigen Verfahren vor der Kammer für Handelssachen. Dabei wird immer wieder übersehen, dass im gerichtlichen Verfahren über die Rechtswirksamkeit des Widerrufs einer Vorstandsbestellung über die im Widerrufsbeschluss des Aufsichtsrats genannten Gründe hinaus **weitere Gründe nicht nachgeschoben** werden können, es sei denn, für diese weiteren Gründe läge ebenfalls ein gültiger Aufsichtsratsbeschluss vor, wonach die streitgegenständliche Kündigung nun auch auf diese Gründe gestützt werden soll.[268] Demgegenüber hält das OLG Düsseldorf ein Nachschieben anderer Kündigungsgründe auch ohne neuen Aufsichtsratsbeschluss für möglich und zulässig.[269] 491

Es ist beliebt, fristlose Kündigungen von AG-Vorständen und GmbH-Geschäftsführern auf Unregelmäßigkeiten bei der **Spesenabrechnung** zu stützen, wenn andere Gründe nicht bestehen oder nicht als „wichtige" Gründe geeignet erscheinen. Grundsätzlich kommen auch Verstöße gegen Reisekostenrichtlinien oder sonst fehlerhafte Spesenabrechnungen als wichtiger Grund in Betracht.[270] Allerdings hat der BGH in einer grundlegenden Entscheidung hierzu entschieden, dass ein wichtiger Grund für die fristlose Kündigung gegenüber dem Geschäftsführer einer GmbH nicht schon darin zu sehen sei, dass er sich von der Gesellschaft offen ausgewiesene Spesen habe erstatten lassen, die die Alleingesellschafterin nach den einschlägigen Bestimmungen des Geschäftsführeranstellungsvertrages nicht für erstattungsfähig hält. Insbesondere für Bewirtungen abgerechnete Spesen sind kein Kündigungsgrund, wenn der Geschäftsführer ohne Verdeckungsabsicht zu Werke gegangen ist und annahm, die Spesen für Geschäftsessen unter Teilnahme seiner Ehefrau seien erstattungsfähig. Solange der Dienstvertrag hierzu keine zweifelsfreie Aussage mache und an den Geschäftsessen auch die Ehefrauen von Geschäftsfreunden teilgenommen haben, reiche ein solcher Sachverhalt nicht als Grund zur fristlosen Kündigung.[271] 492

---

266 Hümmerich/Reufels/*Mengel*, Gestaltung von Arbeitsverträgen, § 1 Rn 1725 ff.
267 Siehe bspw Muster 1930 (§ 1 Rn 540).
268 BGH 1.12.2003 – II ZR 161/02, NJW 2004, 1528; OLG Hamm 28.2.2008 – 27 U 115/06, juris; LG Köln 11.11.1999 – 27 U 69/99, NZG 2000, 501 (für GmbH-Geschäftsführer); aA in jüngerer Zeit: OLG Düsseldorf 24.2.2012 – I-16 U 177/10, GWR 2012, 344.
269 OLG Düsseldorf 24.2.2012 – I-16 U 177/10, GWR 2012, 344.
270 OLG Celle 27.1.2010 – 9 U 38/09, BeckRS 2010, 4678; vgl aber auch BGH 28.10.2002 – II ZR 353/00, NZG 2003, 86.
271 BGH 28.10.2002 – II ZR 353/00, DB 2002, 2640 = NJW 2003, 431.

9. Vertragliches und nachvertragliches Wettbewerbsverbot

493 Nach § 88 AktG unterliegt jedes Vorstandsmitglied für die Dauer seiner Bestellung einem **Wettbewerbsverbot**. Anstellungsvertragliche und statuarische Erweiterungen sind in den Grenzen des § 88 Abs. 1 Satz 3 AktG zulässig.[272] Gleiches gilt für Beschränkungen. Nach § 88 Abs. 1 AktG dürfen Vorstandsmitglieder aber selbst dann **kein Handelsgewerbe** betreiben, wenn dadurch der Gesellschaft keine Konkurrenz gemacht würde. Vorstände dürfen weiterhin im Geschäftszweig der Gesellschaft weder für eigene noch für fremde Rechnung Geschäfte betreiben. Nach § 88 Abs. 1 Satz 2 AktG dürfen sie außerdem nicht Mitglied des Vorstands oder Geschäftsführer oder persönlich haftender Gesellschafter einer anderen Handelsgesellschaft sein, auch wenn es sich dabei nicht um ein Konkurrenzunternehmen, sondern um ein konzernverbundenes Unternehmen handelt. Nicht verboten sind einem Vorstandsmitglied die Zugehörigkeit zum Aufsichtsrat eines anderen Unternehmens sowie die Beteiligung an einer anderen Gesellschaft als stiller Gesellschafter, Kommanditist und als lediglich kapitalmäßig beteiligter Aktionär oder GmbH-Gesellschafter.[273] Im Konzern sind Aufsichtsratsmandate von Mitgliedern des Holdingvorstands die Regel.

494 Der Verstoß gegen das während der Vertragslaufzeit bestehende Wettbewerbsverbot nach § 88 Abs. 1 AktG führt auf Seiten der Gesellschaft zu einem Schadensersatzanspruch. Die Gesellschaft kann anstelle von Schadensersatz in das vom Vorstandsmitglied getätigte Geschäft eintreten und verlangen, dass ein für Rechnung des Vorstandsmitglieds gemachtes Geschäft als für ihre Rechnung vereinbart gilt und das Vorstandsmitglied den aus dem Geschäft erzielten Gewinn herausgibt oder seinen Anspruch auf Gewinn an die Gesellschaft abtritt (§ 88 Abs. 2 Satz 1 AktG). Für die Ansprüche der Gesellschaft bei Verstoß gegen das gesetzliche Wettbewerbsverbot besteht nach § 88 Abs. 3 AktG eine doppelte Verjährungsfrist. Die Ansprüche verjähren nach drei Monaten seit dem Zeitpunkt, in dem die übrigen Vorstandsmitglieder und die Aufsichtsratsmitglieder von der zum Schadensersatz verpflichtenden Handlung Kenntnis erlangen. Ohne Rücksicht auf die Kenntnis aller Vorstands- und Aufsichtsratsmitglieder verjähren die Ansprüche der Gesellschaft spätestens in fünf Jahren seit der Entstehung des Anspruchs (§ 88 Abs. 2 Satz 1 AktG). Da die vorgenannten Regelungen bindend sind, lassen sich keine Abweichungen im Vorstandsvertrag zu Gunsten der Aktiengesellschaft oder des Vorstandsmitglieds vereinbaren.

495 Mangels Existenz eines gesetzlichen **nachvertraglichen Wettbewerbsverbots** muss ein solches – wenn gewünscht – ausdrücklich vereinbart werden.[274] Weitere klare Aussagen zum nachvertraglichen Wettbewerbsverbot eines Vorstands fallen schwer. Einerseits gelten nach der Rechtsprechung die Schutzvorschriften der §§ 74 ff HGB als normativer Gesamtkomplex weder direkt noch analog. Denn der BGH hält daran fest, dass die §§ 74 ff HGB auf Organmitglieder nicht schlechthin anwendbar seien, andererseits vertritt der BGH[275] die Ansicht, dass die §§ 74 ff HGB bei Organmitgliedern nicht generell unanwendbar seien. Vielmehr differenziert der BGH hinsichtlich der **Anwendbarkeit der §§ 74 ff HGB** wie folgt: Soweit die Vorschriften dem Schutz des Handlungsgehilfen dienen, wie die §§ 74 bis 75c HGB und dabei insbesondere der Grundsatz bezahlter Karenz nach § 74 Abs. 2 HGB, sollen sie nicht unmittelbar für Organmitglieder gelten,[276] sondern können nur zur Ausfüllung der Generalklausel des § 138 BGB herangezogen werden. Soweit die §§ 74 ff HGB dagegen dem Schutz des Unternehmens dienen, seien sie entsprechend auch auf Wettbewerbsverbote mit Organmitgliedern anzuwenden.[277] Dementsprechend geht der BGH in gefestigter Rechtsprechung davon aus, dass ein nachvertragliches Wettbewerbsverbot – in den Grenzen des § 138 BGB – auch ohne Karenzentschädigung vereinbart werden kann,[278] auch wenn der BGH die Frage der Wirksamkeit eines nachvertraglichen Wettbewerbsverbots ohne Vereinbarung einer Karenzentschädigung zuletzt offengelassen hat.[279] Folgerichtig kann ein ohne Karenzentschädigung vereinbartes nachvertragliches Wettbewerbsverbot aber – je nach zeitlicher, örtlicher und gegenständlicher Ausgestaltung – im Einzelfall auch wegen Verstoßes gegen § 138 BGB iVm

---

272 MünchHandbGesellschR/*Wiesner*, Bd. 4, § 21 Rn 67.
273 *Hüffer*, AktG, § 88 Rn 4.
274 Nachvertragliche Nebenpflichten begründen kein nachvertragliches Wettbewerbsverbot (allgM).
275 BGH 17.2.1992 – II ZR 140/91, NJW 1992, 1892 = DB 1992, 936.
276 So ausdr. für das aus § 75d HGB resultierende Wahlrecht BGH 7.7.2008 – II ZR 81/07, NZG 2008, 753 (für den GmbH-Geschäftsführer).
277 So ausdr. für das Verzichtsrecht nach § 75a HGB BGH 4.3.2002 – II ZR 77/00, NJW 2002, 1875.
278 Vgl BGH 4.3.2002 – II ZR 77/00, NJW 2002, 1875 unter Hinweis auf BGH 26.3.1984 – II ZR 229/83, NJW 1984, 2366; ebenso OLG München 19.11.2008 – 7 U 1882/08, BeckRS 2009, 25678.
279 BGH 7.7.2008 – II ZR 81/07, NZG 2008, 753.

Art. 2, 12 GG nichtig sein.²⁸⁰ Vor diesem Hintergrund sind in den hier vorgelegten Mustern vorsorglich nur nachvertragliche Wettbewerbsverbote *mit* einer Karenzentschädigung vorgesehen,²⁸¹ die jedoch nach wiederum hM nicht die Höhe des § 74 Abs. 2 HGB erreichen muss. Die Empfehlung wegen der Entscheidung des BGH aus dem Jahr 1984,²⁸² ein vom Unternehmen gewünschtes nachvertragliches Wettbewerbsverbot *ohne* Karenzentschädigung vorzusehen, könnte einen anwaltlichen Kunstfehler darstellen, weicht jedenfalls vom „Grundsatz des sichersten Weges" ab.²⁸³

Das nachvertragliche Wettbewerbsverbot erstreckt sich im Zweifel auch auf den Zeitraum **nach Erreichen der Altersgrenze**. Gegebenenfalls kann auch eine unmittelbar im Anschluss an die aktiven Vorstandsbezüge geleistete **Pensionszahlung** eine Gegenleistung für die Wettbewerbsenthaltsamkeit darstellen. Zwar hat das BAG mehrfach entschieden, in Versorgungsleistungen des Arbeitgebers sei grundsätzlich keine Karenzentschädigung zu sehen.²⁸⁴ Diese Rechtsprechung gilt aber nur im Verhältnis zwischen Arbeitgeber und Arbeitnehmer und schließt deshalb im Einzelfall eine Auslegung in der dargestellten Weise nicht aus, so dass der Punkt in der Vertragsgestaltung möglichst ausdrücklich geregelt werden sollte, im Zweifel in der Pensions- bzw Ruhegehaltszusage. Eine solche kann vorsehen, dass die Karenzentschädigung auf das Ruhegeld anzurechnen ist. Ein solcher Wille sollte klar zum Ausdruck gebracht werden.²⁸⁵ Wirksam ist auch eine Vereinbarung, die vorsieht, dass während des Ruhegeldbezugs nach Erreichen der Altersgrenze das Wettbewerbsverbot nicht weitergilt und aufgehoben ist (Muster 1856, § 13 Abs. 4). Ferner kann auch vereinbart werden, dass das nachvertragliche Wettbewerbsverbot erst wirksam werden soll (aufschiebende Wirkung), wenn der Vorstand eine bestimmte Mindestzeit für die Gesellschaft tätig war, zB ein oder zwei Jahre.

Bei der Frage nach der zulässigen **Dauer** eines nachvertraglichen Wettbewerbsverbots sollte man sich an der Zwei-Jahresgrenze des § 74 Abs. 1 HGB orientieren. Eine Wettbewerbsabrede über einen Zeitraum von drei Jahren ist regelmäßig unwirksam.²⁸⁶

10. Change of Control

Unter „Change of Control"²⁸⁷ wird ein Wechsel in der Kontrolle des Unternehmens verstanden. Bezogen auf die Aktiengesellschaft ist dies die Mehrheit in der Hauptversammlung, mittels derer dann via Aufsichtsratszusammensetzung auf den Vorstand als Leitungsorgan der Aktiengesellschaft und dessen personelle Zusammensetzung zugegriffen werden kann. Dieser „Zugriff" erfolgt über die im AktG für den Aufsichtsrat vorgesehenen Rechte via § 84 Abs. 3 AktG wegen Vertrauensentzug durch die Hauptversammlung.

Eine etwaige Abberufung ließe aber zumindest im gesetzlichen Regel- und Ausgangsfall (keine [wirksame] sog. Koppelungsklausel)²⁸⁸ den Dienstvertrag und die sich daraus ergebenden Ansprüche unberührt.²⁸⁹ Dennoch können Vorstände ein Eigeninteresse an einer Regelung für den Fall des Change of Control haben: Entweder wollen nämlich die Kontrollerwerber den Vorstand austauschen oder der Vorstand möchte nicht unbedingt für jeden möglichen Kontrollerwerber tätig werden. Zudem ist zu berücksichtigen, dass es hier ggf zu einer nicht vom Vorstand zu vertretenden vorzeitigen Beendigung der Vorstandstätigkeit kommen kann. *Korts* führt zutreffend aus, dass unter einer Change-of-Control-Klausel „üblicherweise (nur) ein Leistungsversprechen der Aktiengesellschaft an ihren Vorstand für den Fall der Beendigung der Vorstandstätigkeit aufgrund eines (im Einzelfall näher zu konkretisierenden) Kontrollwechsels innerhalb der Gesellschaft verstanden" wird.²⁹⁰ Richtig ist auch, dass die Klausel – wie in Muster 1912 (§ 15) – auch für den Fall ausgestaltet sein sollte, dass es in einer Aktiengesellschaft erstmalig zu einer relevanten Kontrolle (= Anteilsmehrheit) kommt.²⁹¹

---

280 BGH 7.7.2008 – II ZR 81/07, NZG 2008, 753 (für den GmbH-Geschäftsführer).
281 Vgl Muster 1903 (§ 11).
282 BGH 26.3.1984 – II ZR 229/83, BGHZ 91, 1 = NJW 1984, 2366.
283 MünchHandbArbR/*Reinfeld*, § 30 Rn 5 f; krit. auch *Schulze*, jurisPR-HaGesR 3/2008 Anm. 1 zu BGH 28.4.2008 – II ZR 11/07.
284 BAG 26.2.1985 – 3 AZR 162/84, NZA 1985, 809; BAG 15.6.1993 – 9 AZR 558/91, NZA 1994, 502; so inzidenter wohl auch LAG Niedersachsen 26.1.2005 – 6 Sa 1306/04 B, BeckRS 2005, 31055994; vgl dazu auch *Hunold*, NZA-RR 2007, 617.
285 BAG 26.2.1985 – 3 AZR 162/84, NZA 1985, 809; s. Muster 1903 (§ 11 Abs. 3 Buchst. a).
286 BGH 9.5.1968 – II ZR 158/66, WM 1968, 893.
287 Teilweise auch „Change *in* Control".
288 Vgl Muster 1903 (§ 8 Abs. 3).
289 So zutreffend *Dauner-Lieb*, DB 2008, 567 ff mwN.
290 *Korts*, BB 2009, 1876.
291 *Korts*, BB 2009, 1876.

500 Bei der Change-of-Control-Klausel kann die **„kleine"** Change-of-Control-Klausel, bei der dem Vorstand für den Fall kontrollerwerbsbedingter vorzeitiger Beendigung der Tätigkeit durch die Aktiengesellschaft eine Abfindung zugesagt wird,[292] von der **„großen"** Change-of-Control-Klausel unterschieden werden, bei der dem Vorstandsmitglied darüber hinausgehend das Recht eingeräumt wird, sein Amt niederzulegen und den Dienstvertrag vorzeitig zu kündigen („Sonderkündigungsrecht").[293] Solche Change-of-Control-Klauseln werden nach hM als grundsätzlich zulässig angesehen,[294] auch unter „Mannesmann"-Aspekten.[295]

501 Allerdings ist auch bei der Vereinbarung und finanziellen „Ausstattung" von Change-of-Control-Klauseln stets die – freilich schwer zu definierende[296] – Grenze der Angemessenheit gem. § 87 Abs. 1 AktG zu wahren. Börsennotierte Aktiengesellschaften, die sich nach § 161 AktG zur Einhaltung des Deutschen Corporate Governance Kodex zu erklären haben und eine etwaige, auch nur teilweise Nichteinhaltung erläutern müssen, haben auch bei Change-of-Control-Klauseln Ziff. 4.2.3 DCGK zu bedenken, der einen Abfindungs-Cap von max. drei Jahresvergütungen vorsieht. Da auch einer Abfindung aus einer Change-of-Control-Klausel das Schicksal einer möglichen Herabsetzung nach § 87 Abs. 2 AktG droht, fragt es sich, ob hier Vorsorge betrieben werden kann, insbesondere durch eine ausdrückliche Abbedingung des erst durch das VorstAG 2009 verschärften § 87 Abs. 2 AktG. Das ist umstritten und durch die Rechtsprechung, soweit ersichtlich, noch nicht entschieden worden.

11. Sonstiges

502 Die **Kreditgewährung an Vorstandsmitglieder** bedarf nach § 112 AktG eines Beschlusses des Aufsichtsrats. Dabei sind die Kriterien des § 89 Abs. 1 Satz 2 bis 5 AktG zu beachten. Aus diesem Grunde bedarf die Vertragsklausel in Muster 1918 (§ 8 Abs. 2), soweit sie nicht – wie hier – in einem Anstellungsvertrag mit einem Bankvorstand enthalten ist, eines ausdrücklichen Beschlusses des Aufsichtsrats. Bei Banken iSv § 1 Abs. 1 KWG findet § 89 Abs. 1 bis Abs. 6 AktG keine Anwendung. Hier gelten spezielle Regelungen über Organkredite nach § 15 KWG. Nach § 285 Nr. 9 c HGB sind die Kredite an Vorstandsmitglieder einschließlich der eingeräumten Konditionen im Anhang des Jahresabschlusses anzugeben.

503 Ein vertraglich vereinbarter **Formzwang für Änderungen oder Ergänzungen** des Anstellungsvertrages kann durch eine formlos vereinbarte Vertragsänderung außer Kraft gesetzt werden,[297] selbst dann, wenn der Vertrag für die Aufhebung der Formabrede ausdrücklich Formzwang vorsieht.[298] Allerdings bedürfen derartige Vertragsänderungen jeweils eines Beschlusses des Aufsichtsrats. Liegt kein schriftlicher Text vor, aus dem sich die Vertragsänderung ergibt, ist kaum anzunehmen, dass es zu einem Änderungsbeschluss seitens des Aufsichtsrats gekommen ist, zumal sich dieser bzw sein Inhalt in praxi auch aus dem Protokoll der Aufsichtsratssitzung ergeben müsste.

504 Wird der Angemessenheitsrahmen des § 87 Abs. 1 AktG eingehalten, so können im Vorstandsvertrag auch ex ante bereits Regelungen für den Fall des Unterbleibens einer erneuten Bestellung nach Ablauf der Bestellungsperiode vereinbart werden, insbesondere **Abfindungen**. Allerdings ist bei deren Bemessung § 84 Abs. 1 Satz 1, 5 AktG zu beachten, aus dem die ganz hM folgert, dass die Entscheidungsfreiheit des Aufsichtsrats über die erneute Bestellung nicht durch allzu große Abfindungsansprüche beeinträchtigt werden darf. Enthält der Anstellungsvertrag unter Berücksichtigung dieser Vorgabe eine **Abfindungsregelung** für den Fall der **Nicht-Wiederbestellung** (regelkonformes Auslaufen des befristeten Dienstvertrages),[299] ist nicht gewiss, dass die vereinbarte Abfindungszahlung als Abfindung im steuerrechtlichen Sinne gem. §§ 34, 24 EStG angesehen wird. Nach der ständigen Rechtsprechung des BFH muss der Rechtsgrund einer Abfindungszahlung als Entschädigung für den Verlust des Arbeitsplatzes

---

292 Vgl Muster 1918 (§ 10).
293 Vgl Muster 1912 (§ 15).
294 MünchHandbGesellschR/*Wiesner*, Bd. 4, § 21 Rn 87.
295 Vgl dazu eingehend *Dauner-Lieb*, DB 2008, 567 ff.
296 Vgl dazu *Lücke*, NZG 2005, 672 ff mwN zur Problematik.
297 BGH 11.10.1967 – VIII ZR 76/65, NJW 1968, 32; BGH 22.4.1982 – III ZR 122/80, WM 1982, 902; OLG Frankfurt 14.7.1981 – 5 U 161/78, WM 1982, 723.
298 ErfK/*Preis*, § 310 BGB Rn 96; Palandt/*Grüneberg*, § 305 b BGB Rn 5; wohl auch Palandt/*Ellenberger*, § 125 BGB Rn 19 unter Hinweis auf BAG 20.5.2008 – 9 AZR 382/07, NJW 2009, 316; ebenso BGH 21.9.2005 – XII ZR 312/02, NJW 2006, 138 (zum Gewerbemietvertrag).
299 Muster 1903 (§ 12).

außerhalb des eigentlichen Anstellungsvertrages liegen.[300] Außerdem ist bei befristeten Dienstverhältnissen, wie sie bei Vorstandsmitgliedern ausschließlich vereinbart werden, eine Abfindung für den „Verlust des Arbeitsplatzes" eigentlich ausgeschlossen. Schon kraft Vertragsgestaltung findet der „Verlust des Arbeitsplatzes" nicht aufgrund eines Aufhebungsvertrages, sondern aufgrund des befristeten Anstellungsvertrages statt. Seit jeglicher Freibetrag weggefallen ist und die §§ 24, 34 EStG bei Höherverdienenden keinen steuerlichen Optimierungseffekt mehr hervorrufen, spielen steuerrechtliche Fragen bei der Gestaltung von Abfindungsregelungen für Vorstände regelmäßig keine Rolle. Abfindungen können daher auch bereits im Vorstandsvertrag geregelt werden. Sie unterliegen dem Steuersatz, der für die Bezüge des ausscheidenden Vorstands maßgeblich ist.

IV. Besonderheiten bei Altersversorgungsregelungen

Altersversorgungsregelungen für AG-Vorstände bilden in erster Linie eine naheliegende Kompensation für die nicht bestehende Rentenversicherungspflicht, bei GmbH-Geschäftsführern dienen sie der Ergänzung der Altersversorgung, wenn dieser sozialversicherungspflichtig ist, wobei sich die Versorgungsansprüche regelmäßig ihrer Höhe nach kaum mit dem Altersruhegeld der gesetzlichen Rentenversicherung vergleichen lassen. Die Zusage der Versorgung erfolgt beim Vorstandsmitglied oder Geschäftsführer entweder im Anstellungsvertrag oder in einer gesonderten Pensionsvereinbarung. Sie kann sich unmittelbar gegen die Gesellschaft richten, kann aber auch über eine Pensions- oder Unterstützungskasse sowie über eine Lebensversicherung gegen eine andere Gesellschaft gerichtet sein. Die Versorgungszusage kann zwar zivilrechtlich formlos erteilt werden,[301] üblich ist aber allein die schriftliche Versorgungszusage, die beim Gesellschafter-Geschäftsführer aus steuerrechtlichen Gründen auch notwendig ist.[302] Aus einer betriebsüblichen Gewährung von Versorgungszusagen gegenüber leitenden Angestellten folgt grundsätzlich kein Anspruch des GmbH-Geschäftsführers auf Ruhegeld.[303] Bei Vorstandsmitgliedern entsteht ein Versorgungsanspruch nur auf der Grundlage einer besonderen Zusage.

505

Einem **Arbeitnehmer**, dem Leistungen aus der betrieblichen Altersversorgung zugesagt worden sind, bleibt die Anwartschaft erhalten, wenn das Arbeitsverhältnis vor Eintritt des Versorgungsfalls, jedoch nach Vollendung des 30. Lebensjahres, endet und die Versorgungszusage zu diesem Zeitpunkt mindestens fünf Jahre bestanden hat (Definition der unverfallbaren Anwartschaft, § 1 b Abs. 1 Satz 1 BetrAVG). Die Insolvenzsicherung von Versorgungsansprüchen ist in §§ 7 ff BetrAVG, die Erhöhung von Betriebsrentenzahlungen in § 16 BetrAVG geregelt.

506

Nach § 17 Abs. 1 Satz 2 BetrAVG gelten die Bestimmungen des BetrAVG entsprechend auch für **Personen, die keine Arbeitnehmer sind**, sofern ihnen Leistungen der betrieblichen Altersversorgung aus Anlass ihrer Tätigkeit für ein Unternehmen zugesagt worden sind. Diese Voraussetzungen sind in der GmbH bei einem Geschäftsführer bzw in der AG bei einem Vorstand regelmäßig erfüllt. Anders stellt sich dies ggf dar, wenn Geschäftsführer bzw Vorstand an dem Unternehmen beteiligt sind.

507

Ein Geschäftsführer, der eine Mehrheitsbeteiligung hält, wird dagegen in erster Linie für sich als Unternehmer tätig, so dass das BetrAVG für ihn nicht gilt.[304] Für Vorstandsmitglieder gelten die gleichen Grundsätze. Die §§ 1 bis 16 BetrAVG gelten nach § 17 Abs. 1 Satz 2 BetrAVG, soweit die Vorstandsmitglieder mit dem Unternehmen, für das sie tätig sind, nicht so stark verbunden sind, dass sie es als ihr eigenes betrachten können. Keine Anwendung findet das BetrAVG dementsprechend auch auf Vorstände, die zugleich **Mehrheitsaktionäre** sind. Nach der Rechtsprechung des BGH ist das BetrAVG aber andererseits nicht auf alle Minderheitsaktionäre anwendbar. Denn bereits bei Besitz einer nicht ganz unbedeutenden Aktienmenge (ca. 10 %),[305] so dass der Vorstand zusammen mit einem oder mehreren anderen Aktionären über eine institutionell verfestigte Mehrheitsmacht verfügt, soll das BetrAVG nicht anwendbar sein.[306]

508

---

300 BFH 20.3.1987 – VI R 61/84, BFH/NV 1987, 498.
301 BGH 20.12.1993 – II ZR 217/92, GmbHR 1994, 112.
302 Vgl § 6a Abs. 1 Nr. 3 EStG; Küttner/*Windsheimer*, Personalbuch, 102 (Betriebliche Altersversorgung) Rn 155 mwN zur BFH-Rspr.
303 BGH 17.2.1969 – II ZR 19/68, WM 1969, 686.
304 BGH 9.3.1981 – II ZR 171/79, ZIP 1981, 898 = WM 1981, 647; *Blomeyer/Rolfs/Otto*, BetrAVG, § 17 Rn 102 ff; Lutter/Hommelhoff/*Kleindiek*, GmbHG, Anhang zu § 6 Rn 37.
305 Vgl dazu ErfK/*Steinmeier*, § 17 BetrAVG Rn 11 mwN zur BGH-Rspr.
306 BGH 9.6.1980 – II ZR 255/78, NJW 1980, 2257; BGH 14.7.1980 – II ZR 224/79, WM 1980, 1114.

509 Soweit in der Ruhegehaltsvereinbarung keine abweichenden Regelungen enthalten sind, gelten damit unter den vorgenannten Voraussetzungen für GmbH-Geschäftsführer wie Vorstände von Aktiengesellschaften die Vorschriften des BetrAVG. Ruhegehalts-, Witwen- und Waisengeldregelungen werden grundsätzlich als Anwartschaftsrechte vereinbart.[307] Man muss zunächst einmal deutlich zwischen Wartezeit, die vereinbart werden kann, und der gesetzlichen Unverfallbarkeit, die erst die Anwartschaft erzeugt, unterscheiden.[308] Haben die Parteien keine anderweitige Regelung in der Pensionsvereinbarung getroffen, gilt die Regel, dass der Berechtigte im Zeitpunkt des Versorgungsfalls noch in den Diensten der Gesellschaft stehen muss.[309] Hat der Anspruchsteller bei seinem Ausscheiden die Anwartschaftszeit erfüllt, besteht im Versorgungsfall ein Versorgungsanspruch.

510 Möglich und keineswegs unüblich, insbesondere für Vorstandsmitglieder, ist eine Zusage ohne besondere Wartezeit und ohne Anwartschaftszeit. In Muster 1906 beginnt der Anspruch auf Versorgung im Versorgungsfall ab dem ersten Tag der Vertragslaufzeit. Im Übrigen entstehen die Versorgungsbezüge erst mit Erreichen der im Pensionsvertrag vereinbarten Altersgrenze.

511 Aus der in den meisten Fällen bestehenden Anwendbarkeit des BetrAVG bei GmbH-Geschäftsführer-Pensionsvereinbarungen und Ruhegehaltsregelungen in Anstellungsverträgen von Vorständen folgt, dass mangels anderweitiger Regelung der Pensionsanspruch nicht nahtlos mit der Beendigung des Anstellungsverhältnisses und auch nicht schon dann eintritt, wenn die früher zehnjährige, nunmehr gem. § 1 b Abs. 1 BetrAVG fünfjährige **Anwartschaftszeit** erfüllt ist. In Rechtsfragen nicht ausreichend erfahrene Geschäftsführer und Vorstände meinen manchmal, dass ihre Verträge einen nahtlosen Übergang vom Anstellungsvertrag in den Zeitraum der Pensionsberechtigung enthalten. Tatsache ist, dass oft zunächst eine Anwartschaftszeit erfüllt sein muss und dass – wie zB in Muster 1906 (Pensionsvertrag, § 4) – erst ab einem bestimmten Lebensjahr ein Pensionsanspruch besteht, sofern eine volle Amtszeit von fünf Jahren als Vorstand erreicht ist.

512 Meinungsunterschiede entstehen verschiedentlich zwischen den Gesellschaften und ihren ausgeschiedenen, versorgungsberechtigten Geschäftsführern oder Vorstandsmitgliedern, wie die Anpassung des Ruhegehalts nach § 16 BetrAVG im jeweiligen Drei-Jahres-Rhythmus berechnet werden soll. Enthalten die Pensionsvereinbarungen keine Regelungen, so ist es nach der Rechtsprechung des BAG[310] nicht unbillig, wenn der Preisindex für die Lebenshaltung eines Vier-Personen-Arbeitnehmer-Haushalts mit mittlerem Einkommen angesetzt wird. Allerdings ist diese Anpassung durch den Reallohn der Arbeitnehmer des Betriebes begrenzt. Der Teuerungsausgleich kann unterbleiben, soweit er über den prozentualen Anstieg der Nettoeinkommen der Mitarbeiter des Unternehmens hinausgeht. Umstritten ist, auf welche Durchschnittsverdienste innerhalb eines Unternehmens bzw auf welche Gruppen der Belegschaft abzustellen ist. Nach neuerer Rechtsprechung des BAG ist die Anpassungsprüfungspflicht nach § 16 BetrAVG für Organmitglieder grundsätzlich abdingbar.[311]

513 Nach der BAG-Rechtsprechung kommt es nicht auf die Einkommensverhältnisse einzelner Arbeitnehmer an. Maßgeblich ist daher nicht der individuelle Lohnanstieg eines vergleichbaren Arbeitnehmers, sondern ein **statistischer Wert**.[312] Ausgeschiedene GmbH-Geschäftsführer und Vorstände ziehen gerne den Vergleich zur Gruppe der verbliebenen aktiven Vorstandsmitglieder bzw Geschäftsführer und wollen deren Gehaltssteigerungen im Drei-Jahres-Zeitraum als Vergleichsmaßstab herangezogen wissen. Die Gesellschaften neigen dazu, den statistischen Durchschnittswert der Steigerung in den Arbeitnehmer-Gehältern als Maßstab zu wählen.

514 Die Rechtslage ist bislang nicht höchstrichterlich entschieden und deshalb ungeklärt. Um Auseinandersetzungen über diese Frage aus dem Weg zu gehen, wird angeregt, wie in Muster 1918 (Anhang, § 5) vorgesehen, für den dreijährigen Anpassungszeitraum nach § 16 BetrAVG als Bezugsgröße die Tarifgehälter einer bestimmten Branche zu wählen oder gegebenenfalls ausdrücklich die Durchschnittswerte der Gehaltssteigerungen der verbliebenen aktiven Mitglieder der Geschäftsführung heranzuziehen.

---

307 BGH 28.1.1953 – II ZR 265/51, BGHZ 8, 365; BGH 18.12.1954 – II ZR 281/53, BGHZ 16, 50.
308 BGH 25.1.1993 – II ZR 45/92, AktG 1993, 234; vgl auch *Blomeyer/Rolfs/Otto*, BetrAVG, § 1 b Rn 141 f.
309 BGH 25.1.1993 – II ZR 45/92, AktG 1993, 234.
310 BAG 16.12.1976 – 3 AZR 795/75, AP § 16 BetrAVG Nr. 4; BAG 11.8.1981 – 3 AZR 395/80, BAGE 36, 39 = NJW 1982, 957; BAG 14.2.1989 – 3 AZR 313/87, BAGE 61, 102 = NZA 1989, 675.
311 BAG 21.4.2009 – 3 AZR 285/07, NZA-RR 2010, 168 (LS) = BeckRS 2009, 72640.
312 BAG 11.8.1981 – 3 AZR 395/80, BAGE 36, 39 = NJW 1982, 957; BAG 14.2.1989 – 3 AZR 313/87, BAGE 61, 102 = NZA 1989, 675, aus jüngerer Zeit: BAG 11.10.2011 – 3 AZR 527/09, NZA 2012, 454.

Aus der Anwendbarkeit des BetrAVG bei den meisten Anstellungsverträgen für Geschäftsführer und 515
Vorstandsmitglieder folgt zugleich, dass die Versorgungsansprüche **insolvenzgesichert** sind. Es steht einer Gesellschaft grundsätzlich frei, ob und in welchem Umfang sie Versorgungsleistungen erbringen will. Deshalb sind auch Spätehenklauseln, wie sie das Muster 1918 (Anhang, § 4 Abs. 4) enthält, grundsätzlich wirksam.[313]

Enthält ein **Pensionsvertrag** eine **Wartezeit**, wie in Muster 1906 (Pensionsvertrag, § 2 Ziff. 1 Buchst. d), 516
in dem die Entstehung des Pensionsanspruchs an eine fünfjährige Amtszeit geknüpft ist, stellt sich die Frage, ob durch eine vorzeitige Abberufung die Gesellschaft den Pensionsanspruch (die Erfüllung der Wartezeit) vereiteln kann. An einen wichtigen Grund für eine Abberufung iSv § 84 Abs. 3 Satz 1 AktG werden von der Rechtsprechung hohe Anforderungen gestellt. § 84 Abs. 3 Satz 2 AktG nennt eine Reihe grober Pflichtverletzungen, die Unfähigkeit zur ordnungsgemäßen Geschäftsführung und den Vertrauensentzug durch die Hauptversammlung, soweit der Entzug nicht aus offenbar unsachlichen Gründen vorgenommen wurde. Als konkrete **Beispiele** für die Abberufung nach § 84 Abs. 3 AktG sind aus der Rechtsprechung der **Missbrauch von Gesellschaftsvermögen** für eigene Zwecke, dauernder Unfriede zwischen den Vorstandsmitgliedern, der ein gedeihliches Zusammenarbeiten gefährdet,[314] oder die Verweigerung der Berichterstattung nach § 90 AktG sowie eine nach fruchtloser vorhergehender Abmahnung falsche oder unvollständige Berichterstattung bekannt. Die vorsätzliche Täuschung der Vorstandskollegen über erhebliche Tatsachen[315] oder die Ausnutzung des Vorstandsamtes für private Geschäfte[316] rechnen hierzu. In der Vergangenheit waren von der Rechtsprechung äußerst hohe Anforderungen an einen Widerruf von Ruhegeldansprüchen entwickelt worden. Die Altersversorgung ist eine Gegenleistung dafür, dass der Ruhegeldempfänger seine Arbeitskraft für lange Zeit dem Unternehmen zur Verfügung gestellt hat.[317] Nicht jedwede Schlechterfüllung rechtfertigte nach der BGH-Rechtsprechung einen Widerruf oder eine Kürzung der Versorgungszusage. Nur schwerste Verfehlungen, insbesondere wenn sie die wirtschaftliche Grundlage des Unternehmens gefährden, wie ruinöser Wettbewerb, die Annahme hoher Schmiergelder für riskante Geldanlagen u.Ä., berechtigten danach ausnahmsweise zur Kürzung eines Pensionsanspruchs. Selbst bei schweren Verfehlungen wie Straftatbeständen kam kaum ein Widerruf, allenfalls eine Kürzung des Ruhegehalts nach § 242 BGB in Betracht.[318] In diesem Zusammenhang ist allerdings seit Mitte 2009 die durch die Änderung des § 87 **Abs. 2 AktG** neu geschaffene Rechtslage zu beachten, jedenfalls für den dort genannten Drei-Jahres-Zeitraum, die von Gesetzes wegen unter den in § 87 Abs. 2 AktG genannten Gründen eine erleichterte Eingriffsmöglichkeit vorsieht.[319] Sowohl das Verhältnis dieser Norm zu den zuvor dargestellten, nach BetrAVG-Grundsätzen sehr strengen Eingriffsrechten als auch weitere Einzelheiten hierzu sind noch unklar, insb. liegt bislang noch keine obergerichtliche Rechtsprechung dazu vor.[320]

Bei **unangemessen** hohen **Übergangsgeldern** stellt sich die Frage, ob diese Versorgungsbezüge gem. § 5 517
BetrAVG angerechnet werden dürfen, soweit sie zur Hälfte auf Beträgen oder Zuschüssen des „Arbeitgebers" beruhen oder wenn eine Anrechnung oder Berücksichtigung anderweitiger Versorgungsbezüge vertraglich vereinbart ist[321] oder wenn es sich um Renten aus der gesetzlichen Rentenversicherung handelt. Zu anrechenbaren Bezügen gehören vor allem Renten aus befreienden Lebensversicherungen[322] sowie Hinterbliebenenrenten aus der gesetzlichen Unfallversicherung in vollem Umfang.[323] Auch besteht – je nach Ausgestaltung des „Übergangsgeldes" im Einzelfall – die Möglichkeit der Anrechnung eines Übergangsgeldes zur betrieblichen Altersversorgung.[324]

Ein Übergangsgeld dient idR der **Überbrückung** der Zeit zwischen dem vorzeitigen Ausscheiden des 518
Dienstverpflichteten und dem Eintritt in den Ruhestand mit Rentenbezügen. Der Betroffene, der regel-

---

313 BAG 28.7.2005 – 3 AZR 457/04, NZA-RR 2006, 591; bestätigt und ausf. auch unter europarechtlichen Aspekten begründet durch BAG 20. 4.2010 – 3 AZR 509/08, NZA 2011, 1092.
314 BGH 17.10.1983 – II ZR 31/83, WM 1984, 29.
315 OLG Düsseldorf 13.5.1982 – 8 U 11/81, AG 1982, 225.
316 BGH 25.1.1956 – ZR 190/54, BGHZ 19, 387 = WM 1956, 865.
317 BGH 19.12.1983 – II ZR 71/83, NJW 1984, 1529.
318 BAG 8.5.1990 – 3 AZR 152/88, NZA 1990, 807.
319 Vgl dazu etwa *Diller*, NZG 2009, 1006; *Gaul/Janz*, NZA 2009, 809 sowie *Bauer/Baeck/von Medem*, NZG 2010, 721.
320 Vgl zu den durch die Regelung hervorgerufenen Problemen etwa *Hüffer*, AktG, § 87 Rn 9 mwN.
321 BAG 10.8.1982 – 3 AZR 334/79, DB 1982, 2627.
322 BAG 3.7.1990 – 3 AZR 85/89, NZA 1991, 66.
323 BAG 6.8.1985 – 3 AZR 393/82, DB 1986, 1181.
324 BAG 10.8.1993 – 3 AZR 69/93, NZA 1994, 757; vgl dazu aber auch Rn 518.

mäßig aufgrund seines fortgeschrittenen Alters Schwierigkeiten hat, eine angemessene und zumutbare neue Anstellung zu finden, soll abgesichert werden. Bei Übergangsgeldern soll ebenso wie bei „Gnadengehältern" der Eintritt in den Ruhestand erleichtert werden. Eine **nachhaltige Altersversorgung** soll hiermit jedoch nicht bezweckt werden.[325] Übergangsgelder gehören idR nicht zur betrieblichen Altersversorgung. Das BAG stellt bei Abgrenzung zwischen dem Übergangsgeld und einer betrieblichen Altersversorgung, die nach § 5 BetrAVG anrechenbar ist, auf den Charakter des Übergangsgeldes ab.[326] Zum **Begriff** der **betrieblichen Altersversorgung** gehört das Versprechen einer Leistung zum Zweck der Versorgung, ein den Versorgungsanspruch auslösendes Ereignis wie Alter, Invalidität oder Tod sowie die Zusage an den Arbeitnehmer aus Anlass des Arbeitsverhältnisses.[327] Das Übergangsgeld als Überbrückungsleistung bei Arbeitslosigkeit oder der Erleichterung eines Arbeitsplatzwechsels ist demnach keine betriebliche Altersversorgung und damit nicht anrechenbar.[328]

B. Texte

I. GmbH-Geschäftsführerverträge

1. Muster: Aufhebungsvereinbarung beim Wechsel vom Arbeitsverhältnis in die Position des Geschäftsführers

Vereinbarung

Zwischen

der Firma ...

– nachfolgend „Gesellschaft" genannt –

und

Frau/Herrn ...

– nachfolgend „Geschäftsführer/in" genannt –

1. Mit Wirkung zum ... wurde Frau/Herr ... zum/zur Geschäftsführer/in der Gesellschaft berufen. Mit Wirkung vom gleichen Tag schlossen die Parteien für die neue Geschäftsführertätigkeit einen Dienstvertrag.

2. Die Parteien vereinbaren, dass das bestehende Arbeitsverhältnis mit Ablauf des dem der Bestellung als Geschäftsführer der Gesellschaft vorausgehenden Tages einvernehmlich aufgehoben wird. Mit dieser Vereinbarung enden zugleich sämtliche arbeitsvertraglichen Vereinbarungen, die zwischen den Parteien im Verlaufe des Arbeitsverhältnisses geschlossen wurden.[329]

... (Gesellschaft, vertreten durch Geschäftsführer ... und Geschäftsführer ...)[330]

... (Arbeitnehmer/in)

---

325 *Blomeyer/Rolfs/Otto*, BetrAVG, § 1 Rn 68 f.
326 BAG 10.8.1993 – 3 AZR 69/93, NZA 1994, 757; vgl auch BAG 28.10.2008 – 3 AZR 317/07, NZA 2009, 844.
327 BAG 26.6.1990 – 3 AZR 641/88, BAGE 65, 215; s. dazu auch *Blomeyer/Rolfs/Otto*, BetrAVG, § 1 Rn 69.
328 BAG 10.5.1978 – 4 AZR 740/76, DB 1978, 1988.
329 Gemäß § 623 BGB bedürfen sämtliche Auflösungsverträge der Schriftform. Die Rechtsprechung des BAG, wonach mit dem Abschluss des Geschäftsführer-Dienstvertrages durch den angestellten Mitarbeiter eine konkludente Aufhebung des Arbeitsverhältnisses verbunden ist (BAG 14.6.2006 – 5 AZR 592/05, ZIP 2006, 1692), hat das BAG trotz § 623 BGB aufrechterhalten (BAG 3.2.2009 – 5 AZB 100/08, NZA 2009, 669). Ganz sicher ist die Angelegenheit aber nach wie vor nur bei Existenz einer gesonderten schriftlichen Aufhebungsvereinbarung zwischen aufsteigendem Arbeitnehmer und GmbH, wobei letztere bei dieser Verbindung durch Geschäftsführer in vertretungsberechtigter Anzahl und nicht durch die Gesellschafter wie beim Dienstvertrag vertreten werden muss.
330 Zu beachten ist, dass die Aufhebungsvereinbarung von einem vertretungsberechtigten Organ der Gesellschaft, also vornehmlich einem Geschäftsführer, geschlossen werden sollte, weil nur ein Geschäftsführer befugt ist, den *actus contrarius* zum Arbeitsvertragsschluss, nämlich einem Aufhebungsvertrag, nach § 35 GmbHG zu schließen (*Hümmerich/Schmidt-Westphal*, DB 2007, 222).

2. Muster: Ruhensvereinbarung beim Wechsel vom Arbeitsverhältnis in die Position des Geschäftsführers

Vereinbarung

Zwischen

der Firma ...

– nachfolgend „Gesellschaft" genannt –

und

Frau/Herrn ...

– nachfolgend „Geschäftsführer/in" genannt –

1. Mit Wirkung zum ... wurde Frau/Herr ... zum/zur Geschäftsführer/in der Gesellschaft berufen. Mit Wirkung vom gleichen Tag schlossen die Parteien für die neue Geschäftsführertätigkeit einen Dienstvertrag.

2. Die Parteien vereinbaren, dass das Arbeitsverhältnis des Geschäftsführers für die Dauer des Bestands des Geschäftsführer-Dienstvertrages ruhend gestellt wird. Die Rechte aus dem Arbeitsverhältnis leben von dem Zeitpunkt an wieder auf, ab dem das Dienstverhältnis zwischen dem/der Geschäftsführer/in und der Gesellschaft beendet ist. Auf die Betriebszugehörigkeit wird die Zeit der Tätigkeit als Geschäftsführer/in angerechnet.[331]

... (Gesellschaft, vertreten durch Geschäftsführer ... und Geschäftsführer ...)

... (Arbeitnehmer/in)

3. Muster: Befristeter Dienstvertrag eines Fremdgeschäftsführers

Dienstvertrag

Zwischen

...

– nachfolgend „Gesellschaft" genannt –

und

Herrn ...

– nachfolgend „Geschäftsführer" genannt –

wird unter Bezugnahme auf den Gesellschafterbeschluss vom ... der nachfolgende Dienstvertrag eines Geschäftsführers geschlossen:

§ 1

(1) Der Geschäftsführer führt selbständig, verantwortlich und mit der Sorgfalt eines ordentlichen Kaufmanns die Geschäfte der Gesellschaft im Rahmen von Recht und Satzung sowie nach Maßgabe der Beschlüsse der Gesellschafter und der geschlossenen Verträge.

(2) Der Geschäftsführer verpflichtet sich zur Geheimhaltung aller Vorgänge, die ihm während seiner Tätigkeit für die Gesellschaft bekannt werden. Diese Verpflichtung dauert auch über ein Ausscheiden aus der Geschäftsführung hinaus fort.

---

[331] Das BAG hat entschieden, dass die Tätigkeit als Geschäftsführer bei der Bestimmung der Betriebszugehörigkeit angerechnet werden kann (BAG 24.11.2005 – 2 AZR 614/04, NZA 2006, 366).

§ 2

(1) Die Gesellschaft ist berechtigt, dem Geschäftsführer weitere oder andere Aufgaben im Unternehmensbereich, aber auch innerhalb der Firmengruppe zuzuweisen, und ihn zum Geschäftsführer anderer Gesellschaften des Unternehmensbereiches zu bestellen, wenn der Geschäftsbereich der anderen Gesellschaft und die weiteren oder anderen Aufgaben nicht wesentlich vom bisherigen Tätigkeitsbild des Geschäftsführers abweichen und die Übernahme solcher Funktionen unter den Bedingungen dieses Vertrages zumutbar ist.

(2) Dieser Vertrag regelt über die Geschäftsführertätigkeit gem. § 1 hinaus grundsätzlich auch alle weiteren oder anderen Tätigkeiten iSv Abs. 1.

§ 3

(1) Gegenüber dem Geschäftsführer wird die Gesellschaft durch ... vertreten.

(2) Der Geschäftsführer beteiligt sich während der Dauer des Dienstvertrages nicht an einem Unternehmen, das mit der Gesellschaft in Konkurrenz steht oder in wesentlichem Umfang Geschäftsbeziehungen mit der Gesellschaft oder einer Gesellschaft der Gesellschafter ... unterhält.

§ 4

(1) Der Geschäftsführer verpflichtet sich, seine ganze Arbeitskraft ausschließlich für die Gesellschaft einzusetzen. Die Übernahme anderweitiger entgeltlicher oder unentgeltlicher Tätigkeiten, die regelmäßig auszuüben sind oder für die gelegentlich nicht ganz unerheblicher Zeiteinsatz erforderlich ist, oder eine direkte oder indirekte Beteiligung an anderen Unternehmen, bedürfen der vorherigen schriftlichen Zustimmung der Gesellschafter.

(2) Die Zustimmung zur Ausübung von Nebentätigkeiten kann mit der Auflage verbunden werden, darauf fließende Entgelte, Entschädigungen und Nebenleistungen abzuführen oder auf die Zahlungen gem. § 9 anzurechnen.

(3) Wird die Gesellschaft von einer anderen Gesellschaft übernommen, mit ihr verschmolzen, erwirbt sie eine andere Gesellschaft oder wird eine Spaltung der Gesellschaft vorgenommen, setzen die Parteien ihre Vertragsbeziehungen ungeachtet der Änderung der Tätigkeit als selbständigen Dienstvertrag und nicht als Arbeitsverhältnis fort. Wird der Geschäftsführer in der neuen Konstellation nicht binnen sechs Wochen erneut zum Mitglied des geschäftsführenden Organs bestellt, steht ihm ein außerordentliches Kündigungsrecht zu, dessen Ausübung die abgezinste Auszahlung der kapitalisierten Vertragsrestlaufzeit auf der Basis der Garantietantieme zur Folge hat.

(4) Der Geschäftsführer hat alle notwendigen Anmeldungen zum Handelsregister vorzunehmen, insbesondere für eine stets aktuelle Gesellschaftsliste iSv § 40 GmbHG zu sorgen.

§ 5

Inhalt und Umfang der Vertretungsbefugnis und der Zeichnungsberechtigung des Geschäftsführers ergeben sich aus der Satzung in Verbindung mit den Gesellschafterbeschlüssen der Gesellschaft.

Soweit ein Geschäftsverteilungsplan besteht, der in einer Gesellschafterversammlung beschlossen wurde, ist dieser Bestandteil des Anstellungsvertrages.

§ 6

(1) Der Geschäftsführer unterrichtet den oder die Gesellschafter zeitnah, umfassend und kontinuierlich oder auf Ersuchen über Geschäftsverlauf, Planung und einzelne Vorgänge von besonderem Interesse.

(2) Soweit keine besonderen satzungsmäßigen Bestimmungen oder Anweisungen der Gesellschafter bestehen, gelten die folgenden Regelungen:

a) Der Geschäftsführer berichtet den Gesellschaftern regelmäßig monatlich und im Halbjahresrhythmus zum 30. Juni und 31. Dezember eines jeden Jahres über den Gang der Geschäfte und die Lage der Gesellschaft; nach besonderer Absprache erfolgt die Unterrichtung nur vierteljährlich zum Quartalsende und in Einzelfällen auf besondere Anforderung des/der Gesellschafter/s. Form, Umfang und Inhalt der Berichte werden in einer besonderen Vereinbarung festgehalten. Der turnusmäßige Bericht vom 30. Juni eines jeden Jahres kann mit der Vorlage und Erläuterung zum Jahresabschluss des vorangegangenen Jahres verbunden werden, wenn zwischen der Vorlage des Jahresabschlusses und dem 30. Juni weniger als zwei Monate liegen.

b) Im letzten Viertel eines jeden Jahres legt der Geschäftsführer den Gesellschaftern den Jahres-Finanzplan für das folgende Jahr zur Genehmigung vor. Dieser Plan enthält eine detaillierte Kosten- und Erlösvorschau und einen Investitions- und Zahlungsplan. Aus ihm sind alle wesentlichen vorgesehenen oder zu erwartenden Geschäftsvorgänge und Veränderungen unter Einschluss möglicher Alternativen ersichtlich.

c) Im Falle einer Ablehnung des Finanzplans als Ganzes oder in Teilen hat der Geschäftsführer in angemessener Frist einen aufgrund der Vorschläge der Gesellschafter überarbeiteten Finanzplan vorzulegen. Beginnt das Geschäftsjahr ohne genehmigten Finanzplan, so führt der Geschäftsführer die Geschäfte im bisher üblichen Rahmen.

§ 7

(1) Innerhalb des genehmigten Finanzplans und ohne Änderung seines grundsätzlichen Rahmens entscheidet der Geschäftsführer frei.

(2) Erfolgen Entscheidungen der Gesellschafter aus irgendwelchen Gründen nicht, nicht rechtzeitig oder ist Gefahr im Verzuge, so entscheidet der Geschäftsführer nach den Grundsätzen eines ordentlichen Kaufmanns unter Berücksichtigung der Interessen der Gesellschafter.

§ 8

(1) Der Geschäftsführer hat – unbeschadet weitergehender Bestimmungen des Gesellschaftervertrages – für folgende Geschäfte die vorherige Zustimmung der Gesellschafter einzuholen:

a) die Bestellung von Prokuristen und den Widerruf von Prokuren;

b) die Zustimmung zum Abschluss oder zur Änderung von Anstellungsverträgen, wenn sie ein Jahresgehalt von mehr als ... EUR brutto einschließlich der üblichen Nebenleistungen beinhalten; Abmachungen über eine Gewinn- oder Umsatzbeteiligung;

c) den Erwerb, die Veräußerung oder die Belastung von Grundstücken oder grundstücksgleichen Rechten;

d) den Erwerb und die Veräußerung von Beteiligungen und sonstige Verfügungen darüber;

e) den Erwerb oder die Veräußerung von Gegenständen des Anlagevermögens, wenn der Wert des einzelnen Geschäftsvorfalles ... EUR übersteigt;

f) den Abschluss oder die Änderung von Dauerschuldverhältnissen, wie zB Lizenz-, Know-how-, Beratungs-, Management- oder Mietverträgen, wenn die der Gesellschaft daraus erwachsende Belastung ... EUR pro Monat oder ... EUR pro Jahr übersteigt;

g) die Erklärung von Bürgschaften, Garantieerklärungen oder Schuldübernahmen oder -beitritten oder ähnlicher Haftungen, wenn diese im Einzelfall ... EUR übersteigen;

h) die Ausstellung und Annahme von Wechseln sowie Aufnahme von kurzfristigen Krediten, wenn diese das jährlich zu genehmigende kurzfristige Kreditlimit übersteigen; die Aufnahme von langfristigen Krediten, wie Hypotheken und Maschinenkredite;

i) Rechtsgeschäfte zwischen der Gesellschaft und

- einem Gesellschafter oder

- dem Geschäftsführer oder
- einer anderen Gesellschaft, die der Geschäftsführer ebenfalls vertritt.

Soweit der Geschäftsführer generell oder für bestimmte Geschäftsvorfälle von den Vorschriften des § 181 BGB befreit ist, wird er den Gesellschaftern jeweils unaufgefordert darüber Nachricht geben, wenn er von dieser Befreiung Gebrauch macht.

(2) Darüber hinaus ist die Zustimmung des Geschäftsführers bei allen sonstigen über den gewöhnlichen Geschäftsbetrieb hinausgehenden Entscheidungen einzuholen.

§ 9

(1) Der Geschäftsführer erhält für seine Tätigkeit ab dem ... ein Jahresgehalt von ... EUR brutto, das in 12 Teilraten von monatlich ... EUR brutto ausgezahlt wird. Jeweils zum Jahresletzten wird das Jahresgehalt des Geschäftsführers auf noch bestehende Angemessenheit durch die Gesellschaft überprüft. Bei der Überprüfung werden neben der Leistung des Geschäftsführers die wirtschaftliche Lage der Gesellschaft und die Zukunftsaussicht der Gesellschaft berücksichtigt.[332]

(2) Der Geschäftsführer erhält eine Gewinntantieme in Höhe von ... %, die im anteiligen Geschäftsjahr in Höhe von ... EUR garantiert wird und sich im Übrigen nach den in Abs. 3 niedergelegten Grundsätzen berechnet. Mit diesen Leistungen gem. Abs. 1 und 2 ist die gesamte Tätigkeit iSd §§ 1 und 2 abgegolten. Bei unvermeidbarer Mehrarbeit, die über das zumutbare Maß hinausgeht, oder bei angeordneter Sonderarbeit können besondere Vergütungen vereinbart werden.

(3) Für die Berechnung der Tantieme ist der handelsrechtliche Jahresüberschuss, der sich vor Abzug der Tantieme für den (oder die) Geschäftsführer, vor Abzug von Ertragsteuern und nach Verrechnung mit Verlustvorträgen ergibt, zugrunde zu legen. Gewinnabhängige Rückstellungen sowie steuerliche Sonderabschreibungen oder andere steuerliche Vergünstigungen, die den Gewinn unmittelbar beeinflussen und betriebswirtschaftlich nicht geboten sind, mindern die Bemessungsgrundlage nicht. Ausgenommen hiervon sind Gewinnminderungen infolge der Bewertungsfreiheit für geringwertige Wirtschaftsgüter. Andererseits ist die spätere gewinnerhöhende Auflösung von Rückstellungen oder anderen Bilanzpositionen, deren Bildung auf die Bemessungsgrundlage keinen Einfluss hatte, für die Berechnung der Tantieme unberücksichtigt zu lassen. Eine nachträgliche Erhöhung oder Verminderung des körperschaftsteuerpflichtigen Gewinns durch das Finanzamt ändert die Bemessungsgrundlage nicht.

(4) Die Gewinntantieme ist mit Feststellung des Jahresabschlusses durch die Gesellschafterversammlung fällig. Dies gilt auch dann, wenn ein wirksamer Feststellungsbeschluss nicht zustande kommt.

(5) Wird dem Geschäftsführer aus wichtigem Grunde gekündigt, so entfällt für das Geschäftsjahr, in dem es zum Ausspruch der Kündigung kommt, die Gewinntantieme.

(6) Die Gesellschaft verpflichtet sich, während einer Zeit der Freistellung die Tantieme gem. Abs. 2 fortzuzahlen, berechnet anhand des monatlichen Durchschnittswerts der Tantiemen der letzten drei Jahre.[333]

(7) Das Recht zur Nutzung eines Firmenfahrzeugs ergibt sich aus einem gesonderten Kfz-Überlassungsvertrag.

(8) Im Rahmen eines Gruppenversicherungsvertrages übernimmt die Gesellschaft die Beiträge für eine Direktversicherung betreffend eine betriebliche Altersversorgung in Höhe von ... EUR jährlich.

---

[332] Gehaltsanpassungen lassen sich nur unter eng umrissenen Voraussetzungen an die Entwicklung des Lebenshaltungsindexes knüpfen. Vergütungen aus laufenden Dienstverträgen lassen sich kaum über den Lebenshaltungsindex wertsichern (ausführlich zu Gehaltsanpassungsklauseln Hümmerich/Reufels/*Mengel*, Gestaltung von Arbeitsverträgen, § 1 Rn 1834 ff, insb. Rn 1836 ff zu Indexierungshindernissen).

[333] Alternative: „Währen einer Freistellungsphase entfällt die Tantieme, wird also nur zeitanteilig für das restliche Geschäftsjahr gewährt."

(9) Die Gehaltsfortzahlung im Krankheitsfall richtet sich nach den Regelungen des Entgeltfortzahlungsgesetzes.

§ 10

(1) Dem Geschäftsführer werden die von ihm bei dienstlichen Reisen und für Repräsentationszwecke im Interesse der Gesellschaft gemachten tatsächlichen Aufwendungen ersetzt. Die Abrechnung erfolgt monatlich oder nach Anfall aufgrund solcher Belege, wie sie von den Steuerbehörden als ordnungsgemäß für die Abzugsfähigkeit von Auslagen anerkannt werden.

(2) Dienstreisen in das Ausland wird der Geschäftsführer nur im Einvernehmen mit den Gesellschaftern unternehmen.

(3) Zum Zwecke der Begleichung von Spesen und Ausgaben, die die Gesellschaft betreffen, einschließlich der Bewirtung von Geschäftsfreunden und Kunden, erhält der Geschäftsführer die widerrufliche Befugnis, eine Firmen-Kreditkarte zu benutzen.

§ 11

Der Geschäftsführer erhält einen Jahresurlaub von ... Arbeitstagen, den er im Interesse der Erhaltung seiner Arbeitskraft verwenden wird. Der Geschäftsführer ist daher verpflichtet, mindestens die Hälfte des Jahresurlaubs zusammenhängend zu nehmen. Jahresurlaub von 15 Tagen oder mehr ist im Einvernehmen mit den Gesellschaftern unter Berücksichtigung der betrieblichen Belange festzulegen. Kürzere Urlaubszeiten wird der Geschäftsführer den Gesellschaftern anzeigen. Im Falle der Entlassung des Geschäftsführers werden die Vorschriften des Bundesurlaubsgesetzes in seiner jeweils gültigen Fassung angewendet.

§ 12

(1) Dieser Vertrag ist bis zum ... befristet. Er verlängert sich jeweils um drei Jahre, wenn er nicht drei Monate vor Vertragsende schriftlich gekündigt wird. Die Kündigung durch den Geschäftsführer ist gegenüber dem Gesellschafter mit dem höchsten Gesellschaftsanteil zu erklären.

(2) Außer durch Ablauf des Vertragszeitraums endet das Anstellungsverhältnis

a) frühestens mit Ablauf des Monats, in dem der Geschäftsführer das Lebensjahr vollendet, das Voraussetzung für den Bezug der vorgezogenen Altersrente ist; das ist derzeit das 63. Lebensjahr (Alterskündigung);

b) spätestens mit Erreichen der Altersgrenze; das ist derzeit der Ablauf des Monats, in dem das 67. Lebensjahr vollendet wird (Pensionierung);

c) wenn der Geschäftsführer zur Ausübung seiner Tätigkeit dauernd unfähig ist (volle Erwerbsunfähigkeit iSd § 43 Abs. 2 SGB VI) mit Ablauf des Monats, in dem die Erwerbsunfähigkeit durch Gutachten festgestellt wird. Die Gesellschaft kann auf eigene Kosten den Grad der Arbeitsunfähigkeit durch Einholung eines vertrauensärztlichen Gutachtens ermitteln lassen, das für beide Vertragspartner verbindlich ist.

(3) Kündigung und Widerruf der Bestellung werden gegenüber dem Geschäftsführer wirksam erklärt, wenn der Vorsitzende der Gesellschafterversammlung den Beschluss über den Widerruf der Bestellung und/oder die Kündigung in Anwesenheit des Geschäftsführers verliest. Ist der Geschäftsführer bei der Gesellschafterversammlung nicht anwesend, ist es ausreichend, dass ihm das vom Vorsitzenden der Gesellschafterversammlung unterschriebene Protokoll der Gesellschafterversammlung über den Widerruf der Bestellung und/oder Kündigung übersandt wird.[334]

---

[334] Mit dieser Form der Bekanntgabe eines Abberufungs- und eines Kündigungsbeschlusses wird vermieden, dass der Geschäftsführer die Bevollmächtigung des Erklärenden unter Hinweis auf das Fehlen einer Vollmacht nach § 174 Satz 1 BGB erfolgreich zurückweisen kann.

(4) Die Bestellung des Geschäftsführers kann durch Beschluss der Gesellschafterversammlung jederzeit widerrufen werden.[335] Beruht der Widerruf der Bestellung auf einem wichtigen Grund iSv § 626 BGB, gilt der Widerruf zugleich als außerordentliche fristlose Kündigung dieses Dienstvertrages. Liegt ein wichtiger Grund iSv § 626 BGB nicht vor, so gilt der Widerruf als Kündigung mit dreimonatiger Kündigungsfrist zum Monatsende.[336]

(5) Nach Abberufung und/oder Ausspruch einer Kündigung ist die Gesellschaft berechtigt, den Geschäftsführer von der Verpflichtung zur Dienstleistung unter Fortzahlung der vertragsgemäßen Bezüge freizustellen.[337]

(6) Im Falle der Umwandlung der Gesellschaft in eine OHG oder eine andere Gesellschaftsform erhält der Geschäftsführer bei im Übrigen unveränderter Fortgeltung dieses Vertrages die Rechtsstellung eines Prokuristen.

§ 13

(1) Der Geschäftsführer verpflichtet sich, für die Dauer von neun Monaten nach Beendigung dieses Vertrages nicht in selbständiger, unselbständiger oder sonstiger Weise für ein Unternehmen tätig zu werden, das mit der Gesellschaft oder mit einem mit der Gesellschaft verbundenen Unternehmen in direktem oder indirektem Wettbewerb steht. Auch ist es dem Geschäftsführer untersagt, während der Dauer des nachvertraglichen Wettbewerbsverbots ein solches Unternehmen zu errichten, zu erwerben oder sich hieran unmittelbar oder mittelbar zu beteiligen, es sei denn, der Anteilsbesitz schließt einen Einfluss auf die Organe des Unternehmens aus. Das Wettbewerbsverbot gilt für Deutschland, Frankreich, Großbritannien und die Niederlande.

(2) Die Gesellschaft verpflichtet sich, dem Geschäftsführer für die Dauer des Wettbewerbsverbots eine Karenzentschädigung in Höhe von 50 % der zuletzt bezogenen, vertragsmäßigen Leistungen zu gewähren.[338]

(3) Der Geschäftsführer verpflichtet sich, während der Dauer des Wettbewerbsverbots auf Verlangen jederzeit Auskunft über die Höhe seiner Erwerbseinkünfte zu erteilen und auch die Anschrift seines jeweiligen Arbeitgebers mitzuteilen. Anderweitiger Verdienst wird auf die Karenzentschädigung nach Abs. 2 zu ... % angerechnet.

(4) Das Wettbewerbsverbot wird nicht für den Fall vereinbart, dass der Geschäftsführer bei seinem Ausscheiden die Regelaltersgrenze vollendet hat oder das Dienstverhältnis weniger als ein Jahr gedauert hat.[339]
Im Übrigen gelten ergänzend die §§ 74 ff HGB entsprechend. Die Jahresfrist des § 75 a HGB wird auf 6 Monate verkürzt.

§ 14

(1) Der Geschäftsführer darf im Zusammenhang mit seiner Tätigkeit für die Gesellschaft oder ein verbundenes Unternehmen weder für sich noch für andere Personen von Dritten Zuwendungen und sonstige Vorteile fordern oder annehmen oder Dritten ungerechtfertigte Vorteile einräumen.

---

335 Mit einer solchen Koppelungsklausel wird versucht, das Trennungsprinzip zwischen Organstellung und Dienstvertrag zu überwinden. Nach bisheriger Rechtsprechung gilt sie als wirksam (BGH 9.7.1990 – II ZR 194/89, BGHZ 112, 103; BGH 29.5.1989 – II ZR 220/88, NJW 1989, 2683). Nach hier vertretener Ansicht sind vorformulierte Koppelungsklauseln beim befristeten Fremdgeschäftsführervertrag nach §§ 305c Abs. 1, 306 Abs. 2 BGB bzw § 207 BGB unwirksam (vgl auch Hümmerich/Reufels/*Reufels*, Gestaltung von Arbeitsverträgen, § 2 Rn 560 ff).
336 Oder geschäftsführerfreundlicher: „... zu dem in Abs. 1 vorgesehenen Vertragsende."
337 Nach hier vertretener Auffassung ist eine Freistellung nach Ausspruch einer Kündigung ohne gleichzeitige Abberufung nicht zulässig.
338 Auch möglich: „Die Gesellschaft verpflichtet sich, dem Geschäftsführer für die Dauer des Wettbewerbsverbots eine Karenzentschädigung in Höhe von 50 % des zuletzt bezogenen Festgehalts im Sinne von § 9 Abs. 1 zu gewähren."
339 Nachvertragliche Wettbewerbsverbote beim GmbH-Geschäftsführer werden nicht an den §§ 74 ff HGB unmittelbar gemessen, sondern bei den für sie geltenden Rechtsregeln orientiert sich der BGH am Maßstab der Sittenwidrigkeit, § 138 BGB, Art. 12 GG (BGH 4.3.2002 – II ZR 77/00, NJW 2002, 1875; BGH 26.3.1984 – II ZR 229/83, BGHZ 91, 1). Nachvertragliche Wettbewerbsverbote können auch in Grenzen beim Geschäftsführer ohne Karenzzusage wirksam vereinbart werden (BGH 26.3.1984 – II ZR 229/83, BGHZ 91, 1).

(2) Der Geschäftsführer ist allein dem Gesellschaftsinteresse verpflichtet. Er darf bei seinen Entscheidungen im Zusammenhang mit seiner Tätigkeit für die Gesellschaft oder ein verbundenes Unternehmen keine persönlichen Interessen verfolgen und keine Geschäftschancen, die der Gesellschaft oder einem verbundenen Unternehmen zustehen, für sich nutzen.

(3) Mögliche Interessenkonflikte sind unverzüglich gegenüber der Gesellschafterversammlung sowie gegenüber den anderen Mitgliedern der Geschäftsführung offenzulegen.

§ 15

(1) Änderungen und Ergänzungen sowie die Aufhebung dieses Vertrages bedürfen der Schriftform, wozu auch die Aufhebung dieser Schriftformklausel gehört.[340]

(2) Für den Fall, dass einzelne Bestimmungen dieses Vertrages unwirksam sein sollten, bleiben die übrigen Bestimmungen bestehen. Die unwirksame Bestimmung ist durch eine wirksame zu ersetzen, die dem ursprünglich gewollten Sinn am nächsten kommt.

4. Muster: Unbefristeter Dienstvertrag eines Fremdgeschäftsführers mit Haftungsbegrenzung und D&O-Versicherung

Dienstvertrag

Zwischen

der Firma ...

— nachfolgend „Gesellschaft" genannt —

und

Herrn ...

— nachfolgend „Geschäftsführer" genannt —

wird unter Bezugnahme auf den Gesellschafterbeschluss vom ... folgender Dienstvertrag eines Geschäftsführers geschlossen:

§ 1 Aufgaben, Geschäftsführung, Vertretung

(1) Der Geschäftsführer ist durch Beschluss der Gesellschafterversammlung vom ... mit Wirkung zum ... als Geschäftsführer der Gesellschaft bestellt worden. Mit der Bestellung tritt dieser Vertrag in Kraft.

(2) Der Geschäftsführer führt die Geschäfte nach Maßgabe der Gesetze, dieses Vertrages, des Gesellschaftsvertrages sowie der von der Gesellschafterversammlung festgelegten geschäftspolitischen Richtlinien mit der Sorgfalt eines ordentlichen Kaufmanns. Er hat hierbei den von der Gesellschafterversammlung erteilten Weisungen zu folgen.

(3) Soweit der Geschäftsführer Alleingeschäftsführer ist, fallen alle Angelegenheiten der Gesellschaft in seinen Aufgabenbereich. Die Gesellschaft kann die Rahmenbedingungen in einer Stellenbeschreibung konkretisieren und anpassen. Soweit mehrere Geschäftsführer bestellt sind, richtet sich die Zuständigkeit des Geschäftsführers nach den von der Gesellschafterversammlung jeweils festgelegten Aufgaben im Rahmen eines Geschäftsverteilungsplans. Änderungen des Geschäftsverteilungsplanes und/oder der Stellenbeschreibung

---

[340] Die hier verwandte sog. doppelte Schriftformklausel dürfte im Anschluss an die BAG-Rechtsprechung (im Arbeitsverhältnis: BAG 20.5.2008 – 9 AZR 382/07, NZA 2008, 1233) auch in AGB darstellenden Dienstverträgen unwirksam sein (so OLG München 13.3.2008 – 23 U 4481/07, juris; s. aber BGH 2.6.1976 – VIII 2 R 97/74, BGHZ 66, 378 zur Wirksamkeit einer doppelten Schriftformklausel in dem andersgelagerten Fall eines Individualvertrages zwischen Kaufleuten).

werden mit Übergabe der jeweiligen Fassung an den Geschäftsführer verbindlich und als Anlagen wesentlicher Bestandteil dieses Dienstvertrages.[341]

(4) Inhalt und Umfang der Vertretungsbefugnis und der Zeichnungsberechtigung des Geschäftsführers ergeben sich aus der Satzung sowie aus entsprechenden Gesellschafterbeschlüssen der Gesellschaft.

(5) Gegenüber dem Geschäftsführer wird die Gesellschaft durch einen durch die Gesellschafterversammlung bestimmten Vertreter vertreten.

§ 2 Zustimmung der Gesellschafter

(1) Der Geschäftsführer hat unbeschadet weitergehender Bestimmungen des Gesellschaftervertrages für folgende Geschäfte die vorherige Zustimmung der Gesellschafter einzuholen:

a) die Bestellung von Prokuristen und den Widerruf von Prokuren;

b) die Zustimmung zum Abschluss oder zur Änderung von Anstellungsverträgen, wenn sie ein Jahresgehalt von mehr als 100.000 EUR brutto einschließlich der üblichen Nebenleistungen beinhalten; Abmachungen über eine Gewinn- oder Umsatzbeteiligung;

c) den Erwerb, die Veräußerung oder die Belastung von Grundstücken oder grundstücksgleichen Rechten;

d) den Erwerb und die Veräußerung von Beteiligungen und sonstige Verfügungen darüber;

e) den Erwerb oder die Veräußerung von Gegenständen des Anlagevermögens, wenn der Wert des einzelnen Geschäftsvorfalles 128.000 EUR übersteigt;

f) den Abschluss oder die Änderung von Dauerschuldverhältnissen, wie zB Beratungs-, Management- oder Mietverträgen, wenn die der Gesellschaft daraus erwachsende Belastung 8.500 EUR pro Monat oder 100.000 EUR pro Jahr übersteigt;

g) den Abschluss oder die Änderung von Verträgen, die bestehende oder zukünftig zustehende Schutzrechte oder Vertriebsstrukturen der Gesellschaft betreffen (zB Lizenz- oder auch Know-how-Verträge), auch und gerade, wenn mit der Gesellschaft oder den Gesellschaftern verbundene Unternehmen betroffen sind (Konzernkoordination);

h) die Erklärung von Bürgschaften, Garantieerklärungen oder Schuldübernahmen oder -beitritten oder ähnlicher Haftungen, wenn diese im Einzelfall 25.000 EUR übersteigen;

i) Ausstellung und Annahme von Wechseln sowie Aufnahme von kurzfristigen Krediten, wenn diese das jährlich zu genehmigende kurzfristige Kreditlimit übersteigen; die Aufnahme von langfristigen Krediten, wie Hypotheken und Maschinenkredite;

j) Rechtsgeschäfte zwischen der Gesellschaft und

- einem Gesellschafter oder
- dem Geschäftsführer oder
- einer anderen Gesellschaft oder sonstigen Institution, die der Geschäftsführer ebenfalls vertritt.

(2) Darüber hinaus ist die Zustimmung der Gesellschafterversammlung bei allen sonstigen über den gewöhnlichen Geschäftsbetrieb hinausgehenden Entscheidungen einzuholen.

(3) Es besteht Einigkeit, dass der Katalog der zustimmungsbedürftigen Geschäfte jederzeit von der Gesellschaft verändert werden kann. Dies kann auch in Form von hierzu besonders bestimmten Planungen (Kreditplanung, Liquiditätsplanung etc.) geschehen. Änderungen des Kataloges werden mit der Übergabe des Kataloges oder der genehmigten Planung an den Geschäftsführer wirksam und damit Bestandteil dieses Dienstvertrages.

---

341 Auch möglich: „Der Geschäftsführer erhält das Ressort ... fest zugewiesen; eine Änderung der Ressortzuständigkeit einschließlich eines Entzuges von Aufgaben bedarf der Zustimmung des Geschäftsführers."

Kapitel 3: Anstellungsverträge mit GmbH-Geschäftsführern und AG-Vorständen

§ 3 Berichtspflichten, Finanzplan

(1) Der Geschäftsführer unterrichtet die Gesellschafterversammlung und den Aufsichtsrat zeitnah, umfassend und kontinuierlich über Geschäftsverlauf, Planung und einzelne Vorgänge von besonderem Interesse.

(2) Soweit keine besonderen satzungsmäßigen Bestimmungen oder Anweisungen des Gesellschafters bestehen oder der Geschäftsverteilungsplan bzw die Stellenbeschreibung andere Regelungen enthält, gelten die folgenden Pflichten:

a) Der Geschäftsführer berichtet der Gesellschafterversammlung und dem Aufsichtsrat quartalsweise über den Gang der Geschäfte und die Lage der Gesellschaft. Soweit im Einzelfall im Interesse der Gesellschaft eine vorzeitige Berichterstattung erforderlich ist, hat diese zu erfolgen.

b) Auf Anforderung der Gesellschafterversammlung legt der Geschäftsführer der Gesellschafterversammlung und dem Aufsichtsrat den Jahres-Finanzplan für das folgende Jahr zur Genehmigung vor. Wenn keine spezielle Anforderung ausgesprochen wird, ist der Plan im letzten Viertel des Jahres vorzulegen. Diese Planung enthält eine detaillierte Kosten- und Erlösvorschau und einen Investitions- und Zahlungsplan. Aus ihm sind alle wesentlichen vorgesehenen oder zu erwartenden Geschäftsvorgänge und Veränderungen unter Einschluss möglicher Alternativen ersichtlich.

c) Im Falle einer Ablehnung des Finanzplans als Ganzes oder in Teilen hat der Geschäftsführer in angemessener Frist einen aufgrund der Vorschläge der Gesellschafterversammlung überarbeiteten Finanzplan vorzulegen. Beginnt das Geschäftsjahr ohne genehmigten Finanzplan, so führt der Geschäftsführer die Geschäfte im bisher üblichen Rahmen.

(3) Erfolgen Entscheidungen der Gesellschafterversammlung aus irgendwelchen Gründen nicht, nicht rechtzeitig oder ist Gefahr im Verzuge, so entscheidet der Geschäftsführer nach den Grundsätzen eines ordentlichen Kaufmanns unter Berücksichtigung der Interessen der Gesellschafter.

§ 4 Verschwiegenheit

(1) Der Geschäftsführer verpflichtet sich zur Geheimhaltung aller Vorgänge, betrieblichen Angelegenheiten, insbesondere Geschäfts- und Betriebsgeheimnissen (insbesondere über Firma, Produkte, Verfahren, Pläne und Zahlen), die ihm während und im Rahmen seiner Tätigkeit für die Gesellschaft bekannt werden. Dieser Verschwiegenheit unterliegen auch der Inhalt dieses Vertrages und alle Absprachen dieses Vertragsverhältnis betreffend, sowie seine Beendigung und die Gründe seiner Beendigung. Bei einer Beendigung sind öffentliche Erklärungen (zB Presseerklärungen) nur in einem mit der Gesellschaft abgestimmten Inhalt und Form abzugeben.

(2) Der Geschäftsführer hat insbesondere davon Kenntnis, dass im Prinzip alles, was er von und um die Firma weiß, als vertraulich zu behandeln ist, wenn es nicht allgemein bekannt oder über öffentliche Quellen frei zugänglich oder ausdrücklich zur Veröffentlichung freigegeben wurde. Gesetzlichen Auskunftspflichten kann der Geschäftsführer nachkommen. Die Gesellschaft behält sich in jedem einzelnen Fall der Verletzung das Recht vor, den entstandenen Schaden und eventuelle weitere Ansprüche geltend zu machen.

(3) Diese Verpflichtung dauert auch über ein Ausscheiden aus der Geschäftsführung und die Beendigung dieses Vertrages hinaus fort. Der Geschäftsführer verpflichtet sich ferner, bei seinem Ausscheiden alle in seinem Besitz befindlichen Unterlagen (Schriftstücke und sonstige Daten, ungeachtet der technischen Form ihrer Verfügbarkeit), die im Zusammenhang mit seiner Tätigkeit stehen, an die Gesellschaft zurückzugeben. Erforderlichenfalls hat er eine eidesstattliche Versicherung abzugeben, dass er alle diesbezüglichen Unterlagen zurückgegeben oder so vernichtet hat, dass kein Dritter hieraus irgendwelche Kenntnisse erlangen kann. Ein Zurückbehaltungsrecht ist ausgeschlossen.

Für den Fall, dass der Geschäftsführer künftig Informationen aus Unterlagen der Gesellschaft im erforderlichen Umfang zur Abwehr von Schadensersatzansprüchen oder anderen gegen ihn geltend gemachten Ansprüchen benötigt, sichert ihm die Gesellschaft kurzfristigen ungehinderten Zugang zu den Unterlagen der Gesellschaft zu, der lediglich auf Wunsch der Gesellschaft nicht in persona, sondern durch einen gesetzlich zu Berufsverschwiegenheit verpflichteten Berufsträger wahrzunehmen ist.

§ 5 Arbeitszeit und Nebentätigkeit

(1) Der Geschäftsführer hat seine volle Arbeitskraft der Gesellschaft zur Verfügung zu stellen.

(2) Nebentätigkeiten bedürfen der vorherigen schriftlichen Zustimmung der Gesellschafterversammlung. Gleiches gilt für die Übernahme öffentlicher Ämter oder zeitlich beanspruchender sonstiger Funktionen.

§ 6 Bezüge

(1) Der Geschäftsführer erhält für seine Tätigkeit ab dem ... ein Jahresgehalt von ... EUR brutto, das in 13 monatsanteiligen bargeldlosen Beträgen von ... EUR brutto unter Abzug aller gesetzlichen und sonstigen einzubehaltenden bzw abzuführenden Steuern und Abgaben wie folgt ausgezahlt wird: 12 Monatsanteile jeweils am Monatsende, den 13. Anteil mit dem Novembergehalt.

(2) Neben dem in § 6 Abs. 1 genannten Gehalt erhält der Geschäftsführer eine erfolgsabhängige Tantieme, die im April des Folgejahres für das vorangegangene Jahr ausbezahlt wird. Die Höhe der Prämie wird von der Gesellschafterversammlung nach billigem Ermessen beschlossen. Bei der Beschlussfassung können die Gesellschafter verschiedene Faktoren, wie zB den wirtschaftlichen Erfolg der Gesellschaft und denjenigen der vom Geschäftsführer verantworteten Geschäftsbereiche sowie dessen persönliche Leistung, in die Entscheidung einbeziehen, ohne hierauf begrenzt zu sein. Auch die relative Gewichtung der einzelnen Faktoren zueinander obliegt der Ermessensentscheidung der Gesellschafterversammlung.

(3) Die Gesellschaft gewährt dem Geschäftsführer für die Dauer dieses Vertrages einen Zuschuss zur Krankenversicherung in Höhe des Arbeitgeberanteils, wie er bei Krankenversicherungspflicht des Geschäftsführers bestünde, höchstens jedoch in Höhe der Hälfte des Betrags, welchen der Geschäftsführer für seine Krankenversicherung aufzuwenden hat.

(4) Mit dem vereinbarten Einkommen nach Abs. 1 sind die Leistungen eventueller Mehrarbeit und die Übernahme weiterer Verantwortung sowie auf betriebliche Regelungen und Übung beruhende Leistungen mit abgegolten.

§ 7 Bezüge bei Krankheit, Unfall, Tod

(1) Bei einer vorübergehenden Verhinderung der Tätigkeit des Geschäftsführers durch Krankheit, Dienstunfähigkeit oder andere durch ihn nicht verschuldete Umstände, behält der Geschäftsführer Anspruch auf die Differenz zwischen Nettobezügen und Zahlungen seiner gesetzlichen und/oder privaten Krankenversicherung für die Dauer von drei Monaten.

(2) Stirbt der Geschäftsführer während der Dauer des Anstellungsvertrages, so haben seine Unterhaltsberechtigten zusammen Anspruch auf Fortzahlung seines fixen Gehalts für den Sterbemonat und die beiden darauf folgenden Monate. Die Unterhaltsberechtigten haben untereinander Einigung darüber zu erzielen, welcher prozentuale Anteil ihnen an dem Monatsgehalt des Geschäftsführers gebührt. Wird der Gesellschaft nicht übereinstimmend von allen Unterhaltsberechtigten mitgeteilt, zu wessen Händen die maximal drei Monatsgehälter zu Gunsten aller Unterhaltsberechtigten zu zahlen sind, ist die Gesellschaft berechtigt, die Zahlungen bei der Hinterlegungsstelle des zuständigen Amtsgerichts einzuzahlen oder auf das Anderkonto eines Rechtsanwaltes oder eines Notars mit befreiender Wirkung einzuzahlen. Eventuell bestehende Ansprüche aus der betrieblichen Altersversorgung ruhen während dieser Zeit.

(3) Die Gesellschaft wird den Geschäftsführer im üblichen Rahmen gegen Unfall versichern, mindestens jedoch in Höhe von 255.500 EUR bei Invalidität und 153.000 EUR bei Unfalltod. Bezugsberechtigt aus der Versicherung sind im Invaliditätsfall der Geschäftsführer, im Todesfall die von ihm benannten Personen, bei Fehlen einer solchen Bestimmung oder falls die benannten Personen verstorben sind, die Erben des Geschäftsführers. Die Versicherung erlischt mit dem Tage der Beendigung dieses Vertrages.

§ 8 Urlaub

(1) Der Geschäftsführer erhält einen Jahresurlaub von 30 Arbeitstagen, den er im Interesse der Erhaltung seiner Arbeitskraft verwenden wird. Urlaubsjahr ist das Kalenderjahr.

(2) Die zeitliche Lage des Urlaubs ist unter Berücksichtigung der geschäftlichen Belange sowie ggf mit weiteren Geschäftsführern festzulegen. Kann der Geschäftsführer aus geschäftlichen oder in seiner Person liegenden Gründen den Urlaub nicht oder nicht vollständig bis zum Jahresende nehmen, so bleibt ihm der Anspruch auf Urlaub insoweit bis zum 31.3. des Folgejahres erhalten. Eine Abgeltung findet nicht statt.[342]

§ 9 Repräsentationsaufwendungen, Spesen, Dienstfahrzeug

(1) Der Geschäftsführer hat bei Geschäftsreisen Anspruch auf Ersatz seiner angemessenen Reisekosten, die detailliert zu belegen sind. Er ist berechtigt, bei Nutzung der Bahn 1. Klasse und bei Nutzung von Flug- und Schiffsreisen „Business Class" in Anspruch zu nehmen.

(2) Im Fall von Geschäftsreisen ist der Geschäftsführer auch zum Ersatz seiner Spesen im Zusammenhang mit solchen Reisen gemäß dem jeweils gültigen Spesenreglement der Gesellschaft berechtigt. Die Spesen werden von der Gesellschaft lediglich aufgrund vorgelegter detaillierter Belege ersetzt.

(3) Ferner stellt die Gesellschaft dem Geschäftsführer nach Maßgabe der Dienstwagenordnung in ihrer jeweils gültigen Fassung einen Dienstwagen mit Autotelefon zur Verfügung, der auch privat genutzt werden kann. Der Anspruch auf das Dienstfahrzeug zur dienstlichen und privaten Nutzung erlischt mit dem Ausspruch einer Kündigung (auch im Falle der Abberufung als Geschäftsführer) – auch für die Dauer der Kündigungsfrist – und im Falle einer Freistellung ab dem Datum der Freistellung. Ein Zurückbehaltungsrecht am Fahrzeug, Schlüssel, Papieren etc. in diesem Zusammenhang ist ausgeschlossen. Sie sind auf entsprechende Anforderung der Gesellschaft unverzüglich zurückzugewähren.[343]

§ 10 Altersversorgung

(1) Die Gesellschaft schließt auf das Leben des Geschäftsführers eine Lebensversicherung ab, die mit Vollendung der Regelaltersgrenze, bei Erwerbsminderung gem. § 43 Abs. 1 SGB III oder § 43 Abs. 2 SGB III oder im Falle des Todes des Geschäftsführers zur Zahlung fällig wird.

(2) Für die Dauer des Dienstvertrages werden die Versicherungsprämien von der Gesellschaft zusätzlich zu den Bezügen nach § 6 erbracht. Die Versicherungsprämien zählen zu den steuerpflichtigen Bezügen und werden in der gesetzlich zulässigen Höhe pauschal versteuert.

(3) Der Geschäftsführer ist unwiderruflich bezugsberechtigt aus der Lebensversicherung.[344] Für den Todesfall sind unwiderruflich bezugsberechtigt die von dem Geschäftsführer bestimmten Personen oder bei Fehlen einer solchen Bestimmung seine Erben. Das unwiderrufliche Bezugsrecht kann weder beliehen noch abgetreten noch verpfändet werden.

(4) Im Falle des vorzeitigen Ausscheidens des Geschäftsführers aus dem Dienstverhältnis wird die Gesellschaft den Versicherungsvertrag mit allen Rechten und Pflichten auf den Geschäftsführer übertragen, sofern der Geschäftsführer zum Zeitpunkt seines Ausscheidens eine mindestens fünfjährige Dienstzeit bei der Gesellschaft erfüllt hat. Im Übrigen gelten die §§ 1 ff BetrAVG.

---

342 Auch möglich: „Kann der Urlaub auch bis zum 31.3. des Folgejahres nicht genommen werden, so ist er auf Basis des Festgehalts nach § 6 Abs. 1 abzugelten. Entsprechendes gilt bei Beendigung des Dienstverhältnisses."

343 Auch möglich: „Der Dienstwagen steht dem Geschäftsführer während der gesamten Vertragslaufzeit zur Verfügung."

344 Der GmbH-Geschäftsführer hat, wenn zu seinen Gunsten eine Direktversicherung besteht, im Insolvenzfall nur dann ein Aussonderungsrecht nach § 47 InsO, wenn er als unwiderruflich Begünstigter über ein entsprechendes Bezugsrecht verfügt. Ein nur widerrufliches Bezugsrecht führt dazu, dass die Forderung aus dem Versicherungsvertrag eine einfache Insolvenzforderung ist. Die GmbH muss ihre Erklärung über das unwiderrufliche Bezugsrecht (unwiderruflich Begünstigter) auch gegenüber dem Versicherer abgegeben haben (BAG 26.2.1991 – 3 AZR 313/90, NZA 1991, 845; OLG Hamm 15.11.1990 – 27 U 66/90, ZIP 1990, 1603).

§ 11 Vertragliche und nachvertragliche Wettbewerbsbeschränkung

(1) Dem Geschäftsführer ist es untersagt, während der Dauer dieses Vertrages in selbständiger, unselbständiger oder sonstiger Weise für ein anderes Unternehmen tätig zu werden, insbesondere sofern es mit der Gesellschaft in direktem Wettbewerb steht. In gleicher Weise ist es dem Geschäftsführer untersagt, während der Dauer dieses Vertrages ein Unternehmen zu errichten, zu erwerben oder sich hieran unmittelbar zu beteiligen. Ausgenommen ist der übliche Erwerb von Aktien für persönliche Zwecke der Geldanlage.

(2) Für die Zeit nach Beendigung der Tätigkeit gilt nach Maßgabe einer gesonderten Wettbewerbsverbotsvereinbarung, die als Anlage zu diesem Vertrag genommen wird, ein nachvertragliches Wettbewerbsverbot.[345]

(3) Eine eventuelle Abfindungszahlung ist auf die Karenzentschädigung anzurechnen.

§ 12 Haftungsbeschränkung

(1) Der Geschäftsführer haftet gegenüber der Gesellschaft nur bei Vorsatz und grober Fahrlässigkeit. § 43 Abs. 3 GmbHG und § 9 b GmbHG bleiben unberührt.[346]

(2) Außer im Fall von Vorsatz wird die Haftung auf eine Haftungshöchstsumme von … EUR/Jahr begrenzt.[347]

(3) Etwaige Schadensersatzansprüche der Gesellschaft verjähren abweichend von § 43 Abs. 5 GmbHG bereits nach zwei Jahren.

(4) Abweichend von der Beweislastverteilung gemäß BGH-Rechtsprechung trägt die Gesellschaft allgemeinen Grundsätzen folgend die volle Darlegungs- und Beweislast für alle Anspruchsvoraussetzungen.

§ 13 Versicherungen

(1) Die Gesellschaft wird den Geschäftsführer im üblichen Rahmen gegen Unfall versichern, mindestens jedoch in Höhe von 255.500 EUR bei Invalidität und 153.000 EUR bei Unfalltod. Bezugsberechtigt aus der Versicherung sind im Invaliditätsfall der Geschäftsführer, im Todesfall die von ihm benannten Personen, bei Fehlen einer solchen Bestimmung oder falls die benannten Personen verstorben sind, die Erben des Geschäftsführers. Die Versicherung erlischt mit dem Tage der Beendigung dieses Vertrages.

(2) Die Gesellschaft bezieht den Geschäftsführer in die bereits bestehende Vermögensschaden-Haftpflichtversicherung (D&O) mit einer derzeitigen Versicherungssumme in Höhe von … EUR je Schadensfall und -jahr ein und sichert zu, die Versicherungsbeiträge pünktlich zu begleichen und die Höhe der Versicherungssumme in regelmäßigen Abständen auf ihre Angemessenheit hin zu überprüfen. Die jeweils geltenden Versicherungsbedingungen können vom Geschäftsführer jederzeit bei … eingesehen und auf Wunsch auch kopiert werden.[348]

Die D&O-Versicherung deckt auch eine etwaige Tätigkeit als Organmitglied bei verbundenen Unternehmen ab.

§ 14 Sonstige Regelungen

(1) Die Abtretung und Verpfändung von Ansprüchen aus diesem Vertrag sind ausgeschlossen. Gleiches gilt für eine Aufrechnung oder die Ausübung eines Zurückbehaltungsrechtes durch den Geschäftsführer.

(2) Bei Diensterfindungen im Sinne des Gesetzes über Arbeitnehmererfindungen, die der Geschäftsführer während der Dauer des Anstellungsvertrages macht, gelten die Vorschriften dieses Gesetzes in der zurzeit der Inanspruchnahme geltenden Fassung.

(3) Der Dienstsitz ist der jeweilige Hauptsitz der Gesellschaft; derzeit ….

---

[345] Zu nachvertraglichen Wettbewerbsverboten einschließlich Vertragsstrafenregelung vgl § 2 Rn 1 ff.
[346] Die Haftung nach diesen Normen kann nicht wirksam abbedungen werden.
[347] Die Wirksamkeit der Haftungsbegrenzung ist fraglich. Aus Geschäftsführersicht sollte sie aber aufgenommen werden (schlechtestenfalls ist sie unwirksam).
[348] Es besteht keine Pflicht, eine D&O-Versicherung abzuschließen, vgl BGH 16.3.2009 – II ZR 280/07, NZG 2009, 530.

(4) Im Zusammenhang mit dem Umzug des Geschäftsführers werden folgende Aufwendungen ersetzt:

Die Gesellschaft übernimmt alle Auslagen in direktem Zusammenhang mit dem Umzug des Geschäftsführers und seiner Familie sowie dem Transport der Möbel und des gesamten Haushaltes. Diese Kosten werden gegen Vorlage eines detaillierten Kostennachweises von der Gesellschaft bis zu einer Höhe von 12.500 EUR unverzüglich beglichen. Die Erstattungsfähigkeit umfasst insbesondere Auslagen des Geschäftsführers für eine temporäre Unterkunft und für Reisekosten, die direkt mit der Übersiedlung zusammenhängen oder entstehen, wenn der Geschäftsführer seine Familie erst zu einem späteren Zeitpunkt nachkommen lässt (Wochenendbesuche etc.), nicht jedoch Nachteile im Zusammenhang mit der Veräußerung seines bisherigen Domizils.

(5) Sollten Bestimmungen dieses Dienstvertrages Regelungen der Satzung widersprechen, gehen letztere vor.

§ 15 Vertragsdauer, Kündigung

(1) Das Vertragsverhältnis zwischen dem Geschäftsführer und der Firma beginnt am ... und wird auf unbestimmte Zeit geschlossen.

(2) Die ordentliche Kündigung des Vertragsverhältnisses ist für beide Parteien jederzeit mit einer Frist von drei Monaten zum Ende eines Monats möglich. Die Kündigung durch den Geschäftsführer ist gegenüber einem Gesellschafter zu erklären. Die Kündigung durch die Gesellschaft kann durch die Gesellschafterversammlung erfolgen, die sich hierzu eines besonders bestellten Vertreters bedienen kann.

(3) Eine Abberufung als Geschäftsführer gilt als zulässige Kündigung dieses Dienstvertrages mit einer Frist von drei Monaten zum Ende eines Monats und ist dem Geschäftsführer schriftlich mitzuteilen.

(4) Eine Kündigung des Vertragsverhältnisses durch die Gesellschaft aus Anlass eines Betriebsüberganges ist ausgeschlossen.

(5) Das Recht auf außerordentliche Kündigung unter den gesetzlichen Voraussetzungen (§ 626 BGB) bleibt unberührt. Als wichtiger Grund gilt insbesondere

- die Vornahme von Geschäften ohne die vorgesehene Zustimmung,
- der Verstoß gegen das Nebentätigkeits- und/oder Wettbewerbsverbot,
- schwere Verstöße gegen die Weisungen der Gesellschafterversammlung,
- die Abgabe der eidesstattlichen Versicherung durch den Geschäftsführer,
- für den Geschäftsführer die Übertragung der Mehrheit der Gesellschaftsanteile an derzeit nicht beteiligte Dritte.

(6) Außer durch Kündigung endet das Anstellungsverhältnis mit Ablauf des Monats, in dem der Geschäftsführer das 60. Lebensjahr vollendet, sowie wenn der Geschäftsführer zur Ausübung seiner Tätigkeit dauernd unfähig ist (volle Erwerbsunfähigkeit iSd § 43 Abs. 2 SGB VI) mit Ablauf des Monats, in dem dies durch Gutachten festgestellt wird. Die Gesellschaft kann auf eigene Kosten den Grad der Erwerbsunfähigkeit zum jeweiligen Zeitpunkt durch Einholung eines vertrauensärztlichen Gutachtens ermitteln lassen, das für beide Vertragspartner verbindlich ist.

(7) Im Falle der Umwandlung der Gesellschaft steht dem Geschäftsführer ein Sonderkündigungsrecht zu, falls er in der nach der Umwandlung geschaffenen Gesellschaft nicht zum Organ bestellt werden sollte. Über das Sonderkündigungsrecht ist der Geschäftsführer befugt, mit einer Ankündigungsfrist von zwei Monaten aus der Gesellschaft auszuscheiden. Angesichts des in diesem Falle gesellschafterseitig veranlassten Ausscheidens erhält der Geschäftsführer eine Abfindung, die sich aus einer Kapitalisierung der voraussichtlichen Gesamtbezüge für die Restvertragslaufzeit und einen weiteren Betrag errechnet, der nach folgender Formel ermittelt wird: ... Bei der Berechnung der voraussichtlichen Gesamtbezüge ist die Prämie mit ihrem Durchschnittswert der Vergangenheit anzusetzen.

(8) Die Gesellschaft ist in jedem Fall der Kündigung berechtigt, den Geschäftsführer unter Anrechnung auf etwaigen noch offen stehenden Urlaub bis zum Ablauf der Kündigungsfrist von der Verpflichtung zur Dienstleistung freizustellen, wenn der Geschäftsführer zuvor oder zugleich abberufen wurde. Ein Anspruch auf Beschäftigung in einer anderweitigen Führungsposition besteht nicht.

(9) Jede Kündigung bedarf der Schriftform. Empfangszuständig für eine Kündigung durch den Geschäftsführer ist jeder weitere Geschäftsführer der Gesellschaft oder für den Fall, dass ein solcher nicht im Amt ist, derjenige Gesellschafter, der über die höchste Kapitalbeteiligung der Gesellschaft verfügt.

§ 16 Abfindung

Im Fall einer ordentlichen Kündigung gem. § 15 Abs. 2 durch die Gesellschaft erhält der Geschäftsführer eine Abfindung in Höhe von ... EUR, die mit Beendigung des Dienstverhältnisses zur Zahlung fällig wird.

§ 17 Schlussbestimmungen

(1) Für alle Rechtsstreitigkeiten aus und im Zusammenhang mit diesem Vertrag gilt deutsches Recht.

(2) Änderungen oder Ergänzungen dieses Vertrages, wozu auch die Aufhebung dieser Schriftformklausel gehört, bedürfen der Schriftform und eines Beschlusses durch die Gesellschafterversammlung.

(3) Etwaige frühere Arbeitsverhältnisse[349] mit der Gesellschaft sind hiermit ausdrücklich aufgehoben, auch soweit sie zu einer der Firma geschäftlich oder durch die Person der Gesellschafter nahe stehenden anderen Firma bestanden haben sollten. Sie bestehen auch nicht als ruhende Arbeitsverhältnisse fort. Nachvertragliche Verschwiegenheitsverpflichtungen und Wettbewerbsbeschränkungen bleiben jedoch bestehen.

(4) Für den Fall, dass einzelne Bestimmungen dieses Vertrages unwirksam sein sollten oder werden, bleiben die übrigen Bestimmungen gültig. Anstelle der unwirksamen Bestimmung oder zur Ausfüllung eventueller Lücken des Vertrages soll eine angemessene wirksame Regelung treten, die die Parteien gewollt hätten, wenn ihnen die Unwirksamkeit oder Regelungslücke bekannt gewesen wäre.[350]

(5) Alle in diesem Vertrag erwähnten Anlagen sind wesentlicher Bestandteil dieses Vertrages.

5. Muster: Dienstvertrag eines GmbH-Geschäftsführers mit Compliance- und Abfindungsklausel

Dienstvertrag

zwischen

der Firma ...

– nachfolgend „Gesellschaft" genannt –

und

Herrn ...

– nachfolgend „Geschäftsführer" genannt –

---

349 Von einer solchen integrierten Aufhebungsvereinbarung wird, sofern kein Gesellschafter-Geschäftsführer den Vertrag für die Gesellschaft unterzeichnet, abgeraten (*Hümmerich/Schmidt-Westphal*, DB 2007, 222). Der integrierte Aufhebungsvertrag ist, wenn er auf Seiten der Gesellschaft durch einen Gesellschafter vereinbart wird, wohl schwebend unwirksam. Eine BGH-Entscheidung zu diesem Fall steht noch aus.

350 Manche Vertragsparteien wünschen weiterhin, dass eine salvatorische Klausel an den Schluss des Textes gestellt wird. Salvatorische Klauseln sind mit dem Inkrafttreten der Schuldrechtsreform jedenfalls im Fall eines Verbraucher-Geschäftsführers (vgl dazu *Hümmerich*, NZA 2006, 709; BGH 24.7.2007 – XI ZR 208/06, NZG 2007, 820; BAG 19.5.2010 – 5 AZR 253/09, NJW 2010, 2827) gem. § 306 Abs. 2 BGB unwirksam (KG 28.5.1997 – Kart U 5068/96, NJW 1998, 829; LG Köln 4.2.1987 – 26 O 120/86, NJW-RR 1987, 885; Däubler/Dorndorf/*Dorndorf*, AGB im Arbeitsrecht, § 306 BGB Rn 26; AnwK-ArbR/*Hümmerich*, § 306 BGB Rn 9).

Kapitel 3: Anstellungsverträge mit GmbH-Geschäftsführern und AG-Vorständen **1**

§ 1 Position/Dienstsitz

(1) Der Geschäftsführer ist, ggf zusammen mit weiteren Geschäftsführern, Geschäftsführer der Gesellschaft. Er trägt zurzeit die Verantwortung für den Geschäftsbereich Vertrieb, Marketing und Unternehmensentwicklung. Die Gesellschafterversammlung kann verlangen, dass der Geschäftsführer – soweit dies mit seinen Aufgaben bei der Gesellschaft noch vereinbar und ihm zumutbar ist – Aufgaben in Beteiligungsgesellschaften der Gesellschaft übernimmt und sich dort auch zum Geschäftsführer bestellen lässt.

(2) Der Dienstsitz des Geschäftsführers ist am Firmensitz der Gesellschaft. Die Zuweisung eines anderen Arbeitsortes kann nur mit Zustimmung des Geschäftsführers erfolgen.

§ 2 Vertragsdauer

(1) Das Dienstverhältnis des Geschäftsführers unter diesem Dienstvertrag begann am ... und endet spätestens am ..., ohne dass es einer Kündigung bedarf. Unbeschadet dessen kann der Vertrag jederzeit mit einer Kündigungsfrist von zwölf Monaten zum Monatsende gekündigt werden. Über eine mögliche Verlängerung des Vertrages über den ... hinaus werden sich die Vertragsparteien spätestens sechs Monate vor Vertragsende verständigen.

(2) Das Recht beider Parteien zur fristlosen Kündigung aus wichtigem Grund bleibt unberührt.

(3) Jede Kündigung ist schriftlich zu erklären. Falls der Geschäftsführer durch Gesellschafterbeschluss aus seinem Amt abberufen wird, gilt die Bekanntgabe der Abberufung gegenüber dem Geschäftsführer durch die Gesellschaft zugleich als Kündigung dieses Vertrages zum nächstmöglichen Termin von Abs. 1.

(4) Die Gesellschaft ist ab Zugang einer Kündigung – gleich von welcher Seite diese erklärt wurde – berechtigt, den Geschäftsführer von seiner Tätigkeit unter weiterer Gewährung aller vertragsgemäßen Bezüge und Nebenleistungen freizustellen. Mit der Freistellung werden alle Urlaubsansprüche abgegolten.

§ 3 Geschäftsführung/Vertretung; Compliance

(1) Für die Führung der Geschäfte und die Vertretung der Gesellschaft gelten die folgenden Bestimmungen:

(a) Der Geschäftsführer führt die Geschäfte der Gesellschaft nach Maßgabe der Weisungen der jeweiligen Gesellschafterversammlung und unter Beachtung der gesetzlichen Bestimmungen sowie der Zustimmungserfordernisse, die die Satzung der Gesellschaft in ihrer jeweils gültigen Fassung bzw die Gesellschafterversammlung jeweils aufstellt.

(b) Der Geschäftsführer wird bei der Vertretung der Gesellschaft die gesetzlichen Bestimmungen, die Weisungen der Gesellschafterversammlung und die Satzung der Gesellschaft in ihrer jeweils gültigen Fassung befolgen. Derzeit vertritt der Geschäftsführer die Gesellschaft gerichtlich und außergerichtlich gemeinsam mit einem weiteren Geschäftsführer oder einem Prokuristen der Gesellschaft. Der Geschäftsführer ist von den Beschränkungen des § 181 BGB befreit.

(2) Die Gesellschafterversammlung kann eine Geschäftsordnung für die Geschäftsführung erlassen, welche die Aufgabenbereiche und Verantwortlichkeiten mehrerer Geschäftsführer gegeneinander abgrenzt. Die Bestimmungen einer etwaigen Geschäftsordnung in ihrer jeweils gültigen Fassung und die Regelungen dieses Vertrages sind von dem Geschäftsführer sowohl bei der Führung der Geschäfte der Gesellschaft als auch bei der Vertretung der Gesellschaft zu beachten.

(3) Im Rahmen der Unternehmensführung hat der Geschäftsführer für eine angemessene Compliance-Organisation, ggf unter Schaffung einer Compliance-Abteilung, zu sorgen und den Leitgedanken der Compliance in der Gesellschaft aktiv zu fördern.

Lücke

§ 4 Dienstzeit/Wettbewerbsverbot/Nebenbeschäftigung

(1) Der Geschäftsführer wird der Gesellschaft seine volle Arbeitskraft widmen und die Interessen der Gesellschaft nach besten Kräften fördern. Soweit es das Wohl der Gesellschaft erfordert, wird er der Gesellschaft auch über die übliche betriebliche Arbeitszeit hinaus zur Verfügung stehen und ihre Interessen wahrnehmen.

(2) Der Geschäftsführer verpflichtet sich, während der Dauer dieses Vertrages weder selbständig noch unselbständig als Arbeitnehmer und auch nicht als Unternehmer, weder direkt noch indirekt durch Beteiligung, in irgendeiner Form eine Konkurrenztätigkeit auszuüben oder für ein Unternehmen tätig zu sein, welches mit der Gesellschaft oder einem iSv § 15 AktG mit der Gesellschaft verbundenen Unternehmen ("verbundene Unternehmen") in direktem Wettbewerb steht.

(3) Irgendeine weitere entgeltliche Beschäftigung oder üblicherweise entgeltliche Tätigkeit sowie jede Beteiligung an Unternehmen bedarf der vorherigen ausdrücklichen schriftlichen Zustimmung der Gesellschafterversammlung. Die Zustimmung wird erteilt, wenn die Erfüllung der Pflichten aus diesem Vertrag nicht beeinträchtigt wird und auch sonst keine berechtigten Interessen der Gesellschaft entgegenstehen. Ausgenommen von der Zustimmungspflicht ist der übliche Erwerb von Wertpapieren zu Zwecken der persönlichen Vermögensverwaltung.

Eine Mitgliedschaft in Aufsichts- oder Beiräten anderer Gesellschaften sowie sonstiger Institutionen, die im Zusammenhang mit dem Geschäftsgegenstand der Gesellschaft stehen oder sonst die Interessen der Gesellschaft oder eines verbundenen Unternehmens ersichtlich berühren, bedarf ebenfalls der vorherigen ausdrücklichen schriftlichen Zustimmung der Gesellschafterversammlung.

(4) Ausdrücklich genehmigt im Sinne der vorstehenden Absätze 1, 2 und 3 sind die Tätigkeiten des Geschäftsführers, die bereits bei Abschluss dieses Vertrages bestehen gemäß Anlage 1.

§ 5 Urlaub

Der Geschäftsführer hat einen Anspruch auf bezahlten Urlaub im Umfang von 30 Tagen je Kalenderjahr. Tage im Sinne dieser Regelung sind alle Kalendertage mit Ausnahme von Samstagen, Sonntagen und gesetzlichen Feiertagen am jeweiligen Dienstsitz des Geschäftsführers. Bei unterjährigem Beschäftigungsbeginn bzw -ende wird der Urlaub in diesem Kalenderjahr zeitanteilig gewährt. Den Zeitpunkt des Urlaubs bestimmt der Geschäftsführer in Abstimmung mit dem oder den anderen Geschäftsführern und der Gesellschafterversammlung sowie unter Wahrung der Belange der Gesellschaft.

Im Übrigen gelten die Bestimmungen des Bundesurlaubsgesetzes entsprechend.

§ 6 Vergütung

(1) Als Vergütung für seine Dienste erhält der Geschäftsführer ein Bruttojahresfestgehalt, welches ... EUR (in Worten: ... Euro) beträgt. Das vereinbarte Bruttojahresfestgehalt ist zahlbar in zwölf gleichen Raten, jeweils am Ende eines Kalendermonats sowie unter Abzug von Steuern und Sozialabgaben. Soweit die Tätigkeit des Geschäftsführers in einem Kalenderjahr unterjährig beginnt oder endet, ist das Bruttojahresfestgehalt zeitanteilig geschuldet.

(2) Mehrarbeit und Überstunden werden nicht gesondert vergütet.

(3) Zudem erhält der Geschäftsführer eine jährliche Tantieme in Höhe von ... % vom Konzernergebnis der Gesellschaft vor Abschreibung und vor außerordentlichen Aufwendungen und Erträgen (gemäß German GAAP/HGB EBITDA). Bei der Ermittlung des HGB EBITDA als Bemessungsgrundlage wird die Tantieme nicht berücksichtigt. Für unvollständige Geschäftsjahre wird die Tantieme pro rata temporis gewährt. Die Tantieme ist fällig zum Ende des Monats, in dem die Gesellschafterversammlung über den Jahresabschluss beschließt.

(4) Sofern der Geschäftsführer zur Rückzahlung von Vorauszahlungen verpflichtet ist, ist die Gesellschaft im Rahmen der Pfändungsfreigrenzen berechtigt, den etwaigen Rückzahlungsbetrag von der oder den nächsten monatlichen Gehaltszahlungen einzubehalten.

(5) Darüber hinaus zahlt die Gesellschaft, soweit gesetzlich vorgeschrieben, die Arbeitgeberbeiträge zur Renten-, Arbeitslosen-, Kranken- und Pflegeversicherung. Sofern der Geschäftsführer in einer privaten Krankenversicherung versichert ist, zahlt die Gesellschaft auf Nachweis als Beitragszuschuss die Hälfte des Beitrages, der für einen versicherungspflichtig Beschäftigten bei der Krankenkasse, bei der die Mitgliedschaft besteht, vom Arbeitgeber zu tragen wäre, höchstens jedoch die Hälfte des Betrags, den der Geschäftsführer bei der Anwendung des allgemeinen Beitragssatzes tatsächlich zu zahlen hat. Die hierauf anfallende Lohnsteuer wird von der Gesellschaft einbehalten und abgeführt.

(6) Sollte der Geschäftsführer gem. § 1 Abs. 1 auch Aufgaben und/oder Ämter für bzw bei anderen Gesellschaften übertragen erhalten, so wird eine zusätzliche Vergütung für diese zusätzlichen Tätigkeiten zur Hälfte auf die Vergütung nach § 6 angerechnet.

§ 7 Auslagen/Firmenwagen

(1) Bei Bewirtung von Geschäftspartnern und Geschäftsreisen hat der Geschäftsführer Anspruch auf Ersatz seiner angemessenen Auslagen, soweit sie dem Geschäftsführer im Interesse der Gesellschaft entstehen. Übersteigen die aufgewendeten Auslagen den nach den steuerlichen Vorschriften zulässigen Pauschalbetrag, so hat der Geschäftsführer diese Auslagen im Einzelnen durch ordnungsgemäße Belege und Rechnungen nachzuweisen. Etwaige Bestimmungen der Geschäftsordnung zu Reisekosten sind in ihrer jeweils gültigen Fassung zu beachten. Ergänzend gelten die jeweils gültigen Richtlinien der Gesellschaft zu Reisekosten, die insoweit Bestandteil dieses Vertrages sind.

(2) Der Geschäftsführer hat Anspruch auf einen Dienstwagen. Die Einzelheiten richten sich nach der Geschäftswagenordnung der Gesellschaft.

§ 8 Geheimhaltungsverpflichtung/Rückgabe/Urheberrechte

(1) Während der Laufzeit dieses Vertrages und nach seiner Beendigung ist der Geschäftsführer verpflichtet, alle vertraulichen Informationen über das Geschäft oder besondere Angelegenheiten der Gesellschaft streng geheim zu halten und diese Informationen nicht für seinen eigenen oder den Nutzen anderer zu verwenden. Diese Geheimhaltungspflicht betrifft insbesondere die strategischen Pläne der Gesellschaft sowie durchgeführte und geplante Transaktionen der Gesellschaft und verbundener Unternehmen, alle Informationen über Produkte und Produktenwicklungen und -planungen, Preisgestaltung, Kunden- und Lieferantenbeziehungen, sonstige Vertragsbeziehungen, Abschlüsse, Marketingstrategien, Pläne oder Analysen über Marktpotentiale und Investitionsmöglichkeiten, Informationen über Umsatz, Gewinn, Leistungsfähigkeit, Finanzierung, Geldbeschaffungspläne oder -aktivitäten sowie Personal und Personalplanung der Gesellschaft und verbundener Unternehmen.

Der Begriff „vertraulich" bezieht sich unter anderem auf sämtliche geschäftlichen, betrieblichen, organisatorischen und technischen Kenntnisse und Informationen, die nach Wunsch oder gemäß den Interessen der Gesellschaft oder eines verbundenen Unternehmens oder im Hinblick auf die Art der Information der Öffentlichkeit nicht zugänglich gemacht werden sollen.

Diese Verpflichtung gilt nicht für die Weitergabe von Informationen im Rahmen der ordnungsgemäßen Geschäftsführungstätigkeit des Geschäftsführers.

(2) Auf Verlangen der Gesellschaft, jederzeit und spätestens bei Beendigung dieses Vertrages unaufgefordert, wird der Geschäftsführer alle in seinem Besitz befindlichen Gegenstände, die im Eigentum der Gesellschaft oder verbundener Unternehmen stehen oder ihm von der Gesellschaft oder verbundenen Unternehmen überlassen wurden, insbesondere auch Akten und sonstige, den Geschäftsbetrieb der Gesellschaft oder verbundener Unternehmen betreffende Unterlagen (insbesondere alle Lieferanten- und Kundenlisten, Druckmaterial, Urkunden, Zeichnungen, Notizen, Entwürfe) sowie Kopien davon oder elektronische Speichermedien, die den Inhalt derartiger Unterlagen enthalten, sowie Kopien davon, an die Gesellschaft zurückgeben.

Die Geltendmachung von Gegenansprüchen oder eines Zurückbehaltungsrechts durch den Geschäftsführer ist ausgeschlossen. Über die Vollständigkeit der Herausgabe derartiger Gegenstände hat der Geschäftsführer der Gesellschaft auf Verlangen eine schriftliche Erklärung abzugeben.

(3) Jedwede aus etwaigen Erfindungen des Geschäftsführers herrührende Ansprüche auf Schutzrechtsanmeldungen sowie jedwede Urheberverwertungsrechte aus etwaigen Schöpfungen des Geschäftsführers stehen ausschließlich der Gesellschaft zu, ausgenommen Erfindungen und Schöpfungen, die offensichtlich in keinerlei Zusammenhang mit dem Tätigkeitsbereich der Gesellschaft stehen. Eine gesonderte Vergütung des Geschäftsführers hierfür erfolgt nicht.

Der Geschäftsführer ist verpflichtet, jedwede Erfindung und urheberrechtsfähige Schöpfung aus dem Tätigkeitsbereich der Gesellschaft unverzüglich der Gesellschaft, vertreten durch die Gesellschafterversammlung, zu melden und die Gesellschaft in erforderlichem Umfang bei der Erlangung von Schutzrechten zu unterstützen.

§ 9 Abwerbeverbot/Nachvertraglicher Kundenschutz

(1) Der Geschäftsführer wird während der Anstellung und für die Dauer von zwölf Monaten nach Beendigung der Anstellung weder selbst noch durch andere, weder direkt noch indirekt, einen Arbeitnehmer oder einen anderen Geschäftsführer der Gesellschaft aktiv abwerben bzw ihn veranlassen, sein Vertragsverhältnis mit der Gesellschaft zu beenden.

(2) Der Geschäftsführer ist verpflichtet, nach der Beendigung des Dienstverhältnisses für die Dauer eines Jahres nicht in geschäftliche Beziehungen zu solchen Lieferanten oder Kunden gemäß Anlage ... zu treten, die während der letzten drei Jahre vor der Beendigung des Dienstverhältnisses Geschäftskontakte zu der Gesellschaft unterhalten haben („nachvertraglicher Kundenschutz").

§ 10 Dienstverhinderung/Krankheit

(1) Der Geschäftsführer ist verpflichtet, die Gesellschaft unverzüglich über jede Dienstverhinderung und deren voraussichtliche Dauer sowie die Gründe der Verhinderung zu unterrichten. Auf Verlangen der Gesellschaft ist der Geschäftsführer verpflichtet, im Falle einer Erkrankung innerhalb von drei Tagen nach dem Beginn der Dienstverhinderung ein ärztliches Attest über die Arbeitsunfähigkeit sowie deren voraussichtliche Dauer vorzulegen sowie Folgeatteste, falls die Erkrankung über den attestierten Zeitraum hinaus fortbesteht.

(2) Im Falle unverschuldeter, die Durchführung seiner Aufgaben ausschließender Krankheit oder sonstiger unverschuldeter Verhinderung an der Erbringung seiner Dienstleistung während seiner Anstellung hat der Geschäftsführer Anspruch auf Fortzahlung seines Gehalts gem. § 6 Abs. 1 für die Dauer von sechs Monaten, wobei etwaige von den Trägern der gesetzlichen oder einer privaten Krankenversicherung gewährte Leistungen auf diese Gehaltsfortzahlung angerechnet werden. Schadensersatzansprüche gegen Dritte tritt der Geschäftsführer in Höhe der geleisteten Gehaltsfortzahlung an die Gesellschaft ab.

(3) Verstirbt der Geschäftsführer während der Dauer dieses Anstellungsvertrages, so wird seinem Ehepartner das Festgehalt (§ 6 Abs. 1) für die auf den Sterbemonat folgenden drei Monate fortbezahlt, längstens jedoch bis zur Beendigung dieses Dienstvertrages. Ist der Ehepartner zu diesem Zeitpunkt bereits verstorben, so steht dieser Anspruch unterhaltsberechtigten ehelichen Kindern des Geschäftsführers zu.

§ 11 Entlastung/Haftung

(1) Der Geschäftsführer hat einen Anspruch darauf, dass von der Gesellschafterversammlung jeder Gesellschaft, zu deren Geschäftsführer er bestellt ist bzw war, einmal jährlich über seine Entlastung abgestimmt wird. Eine Verweigerung der Entlastung ist ihm gegenüber schriftlich zu begründen.

(2) Die Haftung des Geschäftsführers ist gegenüber der Gesellschaft und anderen Gesellschaften, zu deren Geschäftsführer oder sonstigem Organ er bestellt wird oder für die bzw bei denen er andere Ämter oder Funktionen übernimmt, auf vorsätzliches und grob fahrlässiges Verhalten beschränkt.

Die Gesellschaft ist verpflichtet, den Geschäftsführer von allen Ansprüchen Dritter freizustellen, soweit solche Ansprüche aus oder in Verbindung mit dessen Tätigkeit als Geschäftsführer, Organmitglied oder in Aufsichts- und Beratungsgremien aller Art in Tochter- oder sonstigen Beteiligungsgesellschaften der Gesellschaft geltend gemacht werden und er insoweit seine Pflichten als Geschäftsführer, Organmitglied oder in Aufsichts- und Beratungsgremien aller Art nicht vorsätzlich oder grob fahrlässig verletzt hat. Hilfsweise hat die Gesellschaft ihm die hierdurch entstehenden Kosten zu ersetzen. Das Gleiche gilt für alle Aufwendungen, die bei angemessener außergerichtlicher und gerichtlicher Verteidigung gegen eine solche Inanspruchnahme im In- und Ausland anfallen. Diese Verpflichtungen bestehen auch nach Beendigung der Tätigkeit als Geschäftsführer, Organmitglied oder in Aufsichts- und Beratungsgremien aller Art fort.

(3) § 43 Abs. 3 GmbHG und § 9 b GmbHG bleiben unberührt.

(4) Der Geschäftsführer haftet gegenüber der jeweiligen Gesellschaft nicht, sofern und soweit er auf ausdrückliche Weisung der jeweiligen Gesellschafterversammlung tätig geworden ist.

§ 12 Versicherung

(1) Die Gesellschaft hat für den Geschäftsführer eine Unfallversicherung abgeschlossen. Die Gesellschaft hat die erforderlichen Beiträge zu tragen und die Versicherung während der Vertragslaufzeit aufrechtzuerhalten.

(2) Die Gesellschaft hat für den Geschäftsführer eine Lebensversicherung abgeschlossen. Die Gesellschaft hat die erforderlichen Beiträge zu tragen und die Versicherung während der Vertragslaufzeit aufrechtzuerhalten.

(3) Die Gesellschaft hat für den Geschäftsführer eine angemessene Vermögensschaden-Haftpflichtversicherung („D&O") für den Fall abgeschlossen, dass er wegen einer bei Ausübung seiner Tätigkeit begangenen Pflichtverletzung von Dritten oder der Gesellschaft oder einer anderen Gesellschaft, zu deren Geschäftsführer er bestellt wird, aufgrund gesetzlicher Haftpflichtbestimmungen privatrechtlichen Inhalts für einen Vermögensschaden in Anspruch genommen wird. Die Gesellschaft hat die erforderlichen Beiträge zu tragen und die Versicherung während der Vertragslaufzeit aufrechtzuerhalten.

§ 13 Abfindung

Endet der Dienstvertrag gem. § 2 Abs. 1 Satz 1, 2 oder Abs. 3 Satz 2, so erhält der Geschäftsführer als Entschädigung für den Verlust der Beschäftigung eine Abfindung in Höhe von ... Brutto-Monatsgehältern je vollem Beschäftigungsjahr, zahlbar mit der letzten Gehaltsabrechnung.

Bei der Ermittlung der Beschäftigungszeit werden Vordienstzeiten berücksichtigt.

Der Anspruch besteht nicht, wenn die Gesellschaft berechtigt ist, das Dienstverhältnis aus wichtigem Grund gem. § 626 BGB außerordentlichen zu kündigen.

§ 14 Schlussbestimmungen

(1) Die Vertragsparteien sind sich einig, dass mit Unterzeichnung dieses Geschäftsführervertrages alle eventuellen vorherigen Vereinbarungen über die Tätigkeit des Geschäftsführers als Geschäftsführer der Gesellschaft unwirksam sind und durch diesen Geschäftsführervertrag ersetzt werden. Vereinbarungen außerhalb dieses Geschäftsführervertrages wurden nicht getroffen.

(2) Änderungen oder Ergänzungen sowie die Aufhebung dieses Vertrages bedürfen zu ihrer Wirksamkeit der Schriftform sowie der ausdrücklichen Zustimmung der Gesellschafterversammlung. Gleiches gilt für die Aufhebung dieses Schriftformerfordernisses.

(3) Sollten einzelne Bestimmungen dieses Vertrages ungültig sein oder werden, so berührt dies im Zweifel die Wirksamkeit der übrigen Bestimmungen nicht. Anstelle der unwirksamen Vorschrift oder zur Ausfüllung eventueller Lücken dieses Vertrages ist eine angemessene Regelung zu vereinbaren, die dem am nächsten kommt, was die Vertragsparteien nach ihrer wirtschaftlichen Zwecksetzung gewollt haben, bzw eine Bestim-

mung, die dem entspricht, was nach Sinn und Zweck dieses Vertrages vereinbart worden wäre, hätte man die Angelegenheit von vornherein bedacht.

(4) Für alle Rechtsstreitigkeiten über die Wirksamkeit dieses Vertrages sowie über Ansprüche aus und im Zusammenhang mit diesem Vertrag gilt deutsches Recht. Gerichtsstand ist der jeweilige Firmensitz der Gesellschaft.

(5) Mit Unterzeichnung dieses Vertrages bestätigt der Geschäftsführer, ein von der Gesellschaft unterzeichnetes Exemplar erhalten zu haben.

6. Muster: Dienstvertrag eines beherrschenden Gesellschafter-Geschäftsführers (Kurzfassung)

Dienstvertrag

Zwischen

der Firma ...

– nachstehend: Gesellschaft –

und

Herrn ...

– nachstehend: Geschäftsführer –

wird unter Bezugnahme auf den Gesellschafterbeschluss vom ... folgender Dienstvertrag eines Geschäftsführers geschlossen.

§ 1 Aufgaben und Pflichten

Herr ... ist durch Beschluss der Gesellschafterversammlung vom ... mit Wirkung zum ... zum Geschäftsführer der Gesellschaft bestellt worden. Er vertritt die Gesellschaft im Rahmen seiner ihm durch den Gesellschaftsvertrag eingeräumten Befugnisse neben dem weiteren Geschäftsführer gerichtlich und außergerichtlich. Ihm steht Einzelvertretungsbefugnis zu.

§ 2 Arbeitszeit und Nebentätigkeit

Der Gesellschaft ist bekannt, dass der Geschäftsführer eine weitere Tätigkeit als ... ausübt. Diese Tätigkeit wird er fortsetzen. In diesem Zusammenhang steht es ihm nach wie vor frei, Ämter in leitenden Funktionen, Aufsichtsgremien anderer Unternehmen und Ehrenämter in Organisationen anzunehmen. In der Bestimmung seiner Arbeitszeit ist der Geschäftsführer daher frei, wird jedoch im Rahmen seiner übrigen Tätigkeit jederzeit, soweit dies das Wohl der Gesellschaft erfordert, zu ihrer Verfügung stehen und ihre Interessen wahrnehmen.

§ 3 Wettbewerbsbeschränkung

Dem Geschäftsführer ist untersagt, während der Dauer dieses Vertrages in selbständiger, unselbständiger oder sonstiger Weise für ein Unternehmen tätig zu werden, welches mit der Gesellschaft in direktem Wettbewerb steht. In gleicher Weise ist es dem Geschäftsführer untersagt, während der Dauer dieses Vertrages ein solches Unternehmen zu errichten, zu erwerben oder sich hieran unmittelbar zu beteiligen.

Dieses Verbot lässt ausdrücklich seine Tätigkeit als ... unberührt. Kommt es durch diese Tätigkeit zu Interessenkollisionen, so wird der Geschäftsführer unverzüglich die Gesellschaft informieren. Sodann ist eine Lösung zu suchen, die den Interessen beider Parteien gerecht wird. Im Sinne dieser Interessenlagen ist der Begriff des „direkten Wettbewerbs" eng auszulegen.

§ 4 Bezüge

(1) Der Geschäftsführer erhält für seine Tätigkeit ab dem ... ein Jahresgehalt von ... EUR brutto, das in zwölf Teilraten monatlich in Höhe von ... EUR brutto ausgezahlt wird.

(2) Der Geschäftsführer erhält eine Gewinntantieme[351] in Höhe von 12 %, berechnet nach den in Abs. 3 niedergelegten Grundsätzen. Die Gewinntantieme ist auf maximal 25 % des festen Jahresgehalts des Geschäftsführers begrenzt.[352] Tantiemezahlungen an sämtliche Geschäftsführer dürfen 50 % des Jahresüberschusses nicht übersteigen. Mit diesen Leistungen gem. Abs. 1 und 2 ist die gesamte Tätigkeit im Rahmen dieses Vertrages abgegolten. Bei unvermeidbarer Mehrarbeit, die über das zumutbare Maß hinausgeht, oder bei angeordneter Sonderarbeit können besondere Vergütungen vereinbart werden.[353]

(3) Für die Berechnung der Tantieme ist der handelsrechtliche Jahresüberschuss, der sich vor Abzug der Tantieme für den (oder die) Geschäftsführer, vor Abzug von Ertragsteuern und nach Verrechnung mit Verlustvorträgen ergibt, zugrunde zu legen. Eine nachträgliche Erhöhung oder Verminderung des körperschaftsteuerpflichtigen Gewinns durch das Finanzamt ändert die Bemessungsgrundlage nicht.

(4) Die Gewinntantieme ist mit Feststellung des Jahresabschlusses durch die Gesellschafterversammlung fällig. Dies gilt auch dann, wenn ein wirksamer Feststellungsbeschluss nicht zustande kommt.

(5) Wird dem Geschäftsführer aus wichtigem Grunde gekündigt, so entfällt für das Geschäftsjahr, in welchem es zum Ausspruch der Kündigung kommt, die Gewinntantieme.

(6) Das Recht zur Nutzung eines Firmenfahrzeugs bzw die Erstattung für die Aufwendungen bei der betrieblichen Nutzung des eigenen Fahrzeugs ergibt sich aus einem gesonderten Kfz-Nutzungsvertrag, der als Anlage ... Bestandteil dieses Vertrages ist.

(7) Der Geschäftsführer hat Anspruch auf eine angemessene betriebliche Altersversorgung, die in einer gesonderten Vereinbarung geregelt wird. Diese gesonderte Vereinbarung ist als Anlage ... wesentlicher Bestandteil dieses Vertrages.

§ 5 Vertragsdauer, Kündigung

(1) Das Vertragsverhältnis zwischen dem Geschäftsführer und der Gesellschaft wird auf unbestimmte Zeit geschlossen. Das Recht auf ordentliche Kündigung ist seitens der Gesellschaft für den Zeitraum ausgeschlossen, in dem der Geschäftsführer Inhaber von Geschäftsanteilen der Gesellschaft ist, auch wenn die Beteiligung den bisherigen Umfang unterschreitet.

(2) Eine Abberufung als Geschäftsführer gilt nur dann als Kündigung dieses Dienstvertrages mit Wirkung zum Ende des auf die Abberufung nächstfolgenden Quartals, wenn der Gesellschaftsbeschluss mit Zustimmung des betroffenen Geschäftsführers erfolgt ist.

(3) Die ordentliche Kündigung des Vertragsverhältnisses ist für den Geschäftsführer jederzeit mit einer Frist von 6 Monaten möglich. Die gleiche Frist gilt, soweit der Gesellschaft das Recht zur ordentlichen Kündigung zusteht. Die Kündigung durch den Geschäftsführer ist gegenüber einem Gesellschafter zu erklären. Kündigungserklärungen haben schriftlich zu erfolgen.

(4) Das Recht auf außerordentliche Kündigung unter den gesetzlichen Voraussetzungen (§ 626 BGB) bleibt unberührt.

(5) Der Geschäftsführer wird bei Spaltung oder Teilübertragung der Gesellschaft einem Arbeitnehmer gem. § 323 Abs. 1 UmwG gleichgestellt.

---

351 Von einer umsatzorientierten Tantieme wird zur Vermeidung einer verdeckten Gewinnausschüttung beim Gesellschafter-Geschäftsführer abgeraten (BFH 5.10.1977 – I R 230/95, GmbHR 1978, 93; BFH 19.5.1993 – I R 83/92, BFH/NV 1994, 124). Eine umsatzorientierte Tantieme sollte, falls sie branchenüblich ist, allenfalls im Vertriebsbereich vereinbart werden.
352 Eine Begrenzung auf 25 % ist nicht zwingend, aber bei vorsichtiger Handhabung zu empfehlen.
353 Eine Überstundenvergütung stellt beim Gesellschafter-Geschäftsführer grundsätzlich eine verdeckte Gewinnausschüttung dar.

§ 1 Verträge mit Arbeitnehmern, freien Mitarbeitern und Gesellschaftsorganen

(6) Außer durch Kündigung endet das Anstellungsverhältnis, wenn der Geschäftsführer zur Ausübung seiner Tätigkeit dauernd unfähig ist (Invalidität im Sinne des Angestellten-Versicherungsgesetzes) mit Ablauf des Monats, in dem dies durch Gutachten festgestellt wird. Die Gesellschaft kann auf eigene Kosten den Grad der Arbeitsunfähigkeit durch Einholung eines vertrauensärztlichen Gutachtens ermitteln lassen, das für beide Vertragspartner verbindlich ist.

7. Muster: Dienstvertrag des GmbH-Geschäftsführers eines deutschen Tochterunternehmens eines US-Konzerns (deutsch/englisch)

Dienstvertrag

Zwischen

der ... GmbH

– einerseits –

und

Herrn ...

– andererseits –

wird in Übereinstimmung mit dem Gesellschafterbeschluss vom ... folgender Dienstvertrag abgeschlossen:

1. Dienststellung

Herr ... übernimmt mit Wirkung zum ... die Position des Managing Director Germany/Austria/Switzerland, Central and Eastern Europe.

Das Dienstverhältnis wird auf unbefristete Zeit abgeschlossen und kann nach den in diesem Vertrag vereinbarten Regelungen beendet werden.

Herr ... wird direkt an den Area President, ... Europe berichten.

2. Rechtsstellung

Herr ... wird durch die alleinige Gesellschafterin, die ... Company, ..., U.S.A., zum Geschäftsführer der ... GmbH bestellt, um deren Geschäfte zu führen und zu entwickeln. Die Rechte und Pflichten von Herrn ... finden ihre Grenzen in den gesetzlichen Rahmenbedingungen wie auch in der Satzung des Unternehmens. Herr ... ist als Geschäftsführer alleinzeichnungsberechtigt, demnach zeichnet er allein oder zusammen mit einem weiteren Geschäftsführer.

This Agreement

is entered into as of ...,

between

... GmbH a German Company on Limited Liabilities, having its principal place of business as ..., Germany, (hereinafter, "Company"),

and

... residing at ....

NOW, it is agreed as follows:

1. Term

In accordance with the shareholders resolution dated ... the Company shall employ ... as Managing Director, Germany, Central Europe (including Austria and Switzerland) and Eastern Europe for an unlimited period beginning on ..., unless terminated in accordance with the provisions of this Agreement.

Mr. ... will report directly to the Area President, ... Europe.

2. Titles and Duties

Subject to the shareholder's resolution of the Company, ..., U.S.A., being the sole shareholder of the Company (hereinafter "Shareholder"), ... will be appointed as "Geschäftsführer" (Statutory Director) of the Company in accordance with the German Law on Companies on Limited Liabilities (Gesetz betreffend die Gesellschaften mit beschränkter Haftung) to conduct, operate, manage and promote the business of the Company and acting sole or together with another "Geschäftsführer" in the name and on behalf of the Company in accordance with it's Articles of Incorporation and other applicable laws.

Kapitel 3: Anstellungsverträge mit GmbH-Geschäftsführern und AG-Vorständen

3. Dienstbezüge

Grundgehalt

Herr ... erhält pro rata temporis Brutto-Jahresbezüge (Base Salary) in Höhe von ... EUR. Die Bruttobezüge unterliegen einer jährlichen Überprüfung bzw Anpassung, die erstmalig zum ... erfolgen wird.

Die monatlichen Bruttobezüge betragen jeweils 1/12 der vereinbarten Jahresbezüge.

Bonus

Als Geschäftsführer unterliegt Herr ... der Bonusregelung des Konzerns, die sich auf 2 Performance-Kriterien stützt: die individuelle und die Unternehmens-Performance. Der Bonus wird erstmalig im ... des Jahres ... und danach jährlich festgesetzt. Im Rahmen des aktuell gültigen Annual Incentive Program beträgt der Zielbonus für die Position von ... 45 % des Base Salary. Der tatsächlich zu zahlende Bonus wird sich auf 0–20 % des Zielbonus belaufen, in Abhängigkeit von der individuellen und Company Performance.

Stock Options

Herrn ... werden im Rahmen der entsprechenden Unternehmensrichtlinien für Executives ggf seitens der alleinigen Gesellschafterin Stock Options gewährt. Wenn eine Gewährung von Stock Options erfolgt, so erfolgt sie in der Regel im ersten Quartal des Jahres.

Antrittsbonus

Am Tag des Eintritts erhält Herr ... eine Brutto-Einmalzahlung in Höhe von ... EUR.

Umzug

Die Gesellschaft kommt für alle notwendigen Umzugskosten in vertretbarem Rahmen auf, inkl. Aufwendungen für die Wohnungssuche und die mit der Anmietung entstehenden Maklergebühren sowie die Kaution.

4. Altersversorgung

Herrn ... wird entsprechend dem gültigen German Executive Pension Plan eine betriebliche Altersversorgung zugesagt. Die Hauptpunkte in diesem Zusammenhang sind 0,5 % bis zur Beitragsbemessungsgrenze und 1,65 % für die darüber liegenden Bezüge (Base Salary und Bonus) für jedes Beschäftigungsjahr. Die Ansprüche auf die betriebliche Altersversor-

3. Compensation

Basic Salary

As of the effective date of this Agreement stated in point 1. The annual base salary will be gross EUR ... per rata temporis and be paid in 12 equal rates, being ... EUR/month.

This salary will be reviewed on ... and annually thereafter.

Bonus

As a Statutory Director ... is entiteld to participate in the Bonus Program of the Group. Eligibility will be based on individual and corporate performance in accordance with company policies and the target bonus will be evaluated in ... and annually thereafter. Following the actual Annual Incentive Program the Target Bonus will be 45 % of the base salary. The actual bonus paid will be between 0–20 % of target bonus depending on individual and Company performance. The Company reserves the right to redesign the Bonus Program.

Stock Options

The Shareholder may grant to ... options to purchase common stock of the Shareholder, again in the accordance with the corresponding Company Policy for Executives. In case Stock Options are granted, they are used to be granted in the first quarter of the year.

On Board Bonus Payment

A single, one-time payment of EUR ... will be made on the date of joining.

Relocation

The Company will pay all necessary reasonable relocation costs including house hunting, estate agent's fees and deposit for house rental.

4. Pension Plan

... is eligible for a Company Pension in accordance with the German Executive Pension Plan with an accrual of 0,5 % up to the income limit for the assessment of contributions and 1.65 % of the remaining base salary and bonus for each year of service. The period of vesting for ... pension entitlement will be one year from the start date of ... .

Lücke

gung werden ein Jahr nach Eintritt in das Unternehmen unverfallbar.

5. Sonderleistungen

Dienstwagen

Die Gesellschaft stellt Herrn ... im Rahmen der Company Car Policy einen Dienstwagen zur Verfügung.

Herr ... erhält eine Mercedes E-Klasse oder ein vergleichbares Fahrzeug, wie einen BMW oder Audi, das die Kosten eines Standardfahrzeugs nicht überschreitet. Die Gesellschaft übernimmt alle hiermit verbundenen Kosten, inkl. die Kosten für Benzin, Kfz-Steuern und -versicherung. Der Dienstwagen darf uneingeschränkt auch für private Fahrten genutzt werden. Zugelassene Fahrer sind Herr ... und seine Frau.

Regelung bei Unfall und Tod

Herr ... wird in die Gruppenunfallversicherung des Unternehmens mit aufgenommen, die Leistungen für den Fall der Invalidität bzw Tod des Versicherten bei einem Unfall vorsieht, unabhängig davon, ob dieser Unfall in Ausübung des Dienstes oder im privaten Bereich eingetreten ist. Die Versicherungsbeträge belaufen sich auf etwa:
- 2 x Jahres-Base Salary und Bonus im Todesfall
- 2 x Jahres-Base Salary und Bonus im Falle von Invalidität

Gehaltsfortzahlung bei Krankheit

Bei einer Arbeitsunfähigkeit infolge von Krankheit oder Unfall zahlt die Firma die jeweiligen monatlichen Bruttobezüge (Base Salary) für einen Zeitraum bis zu 6 Monaten, nach zweijähriger Unternehmenszugehörigkeit bis zu 9 Monaten weiter. Auf diese Zahlungen werden etwaige Leistungen der Krankenversicherung angerechnet.

6. Urlaub

Der jährliche Erholungsurlaub beträgt 30 Tage. Im Ein- und Austrittsjahr wird der Urlaub anteilig gewährt.

7. Nebentätigkeiten

Herr ... wird seine volle Arbeitskraft in den Dienst des Unternehmens stellen. Die Aufnahme jeglicher auf Erwerb oder sonstige Vorteile gerichteter Nebentätigkeit, die die Ausübung seiner Pflichten als Managing Director beeinträchtigen könnte, bedarf der

5. Benefit Plan

Company Car

An automobile will be provided in accordance with the Car Policy of the Company.

The Company will provide a company car (either the standard E-Class or a comparable car like a BMW or an Audi that does not exceed the costs of the standard car). The Company will bear all costs, including the costs for gasoline, car tax and insurance. The company car can be fully privately used. Approved drivers are ... and his wife.

Insurance in case of disability and death

... will be covered by a Company Group Accident Insurance, regardless of whether the accident takes place during the fulfilment of his business obligations as set forth under this Agreement or during his private time, approximately in the range of the following insurance amounts:
- 2 x annual base salary and bonus in case of death
- 2 x annual base salary and bonus in case of disability

Continued payment during illness

In the event of incapacity for work the Company will pay to ... the monthly base salary up to 6 months, after 2 years of service up to 9 months. These contributions will be reduced by the receivables of his health insurance.

6. Vacation

The annual vacation is fixed at 30 working days. In the year of joining and leaving the Company the days off will be granted pro rata temporis.

7. Exclusive Employment

Subject to normal and reasonable absences for reason of illness, accident and/or other incapacity, ... shall devote all of his attention and energies to the business of the Company and shall not, during the term of this Agreement, be engaged in any other

ausdrücklichen vorherigen Zustimmung des President _ Europe.

business activity whether or not such business activity is pursued in gain, profit or other pecuniary advantage that will significantly interfere with his duties as Managing Director of the Company, unless otherwise prior approved by the President _ Europe.

8. Dauer und Beendigung des Vertrages

Das Dienstverhältnis kann von Seiten der Gesellschaft mit einer Frist von 12 Monaten zum Monatsende gekündigt werden, seitens Herrn _ mit einer Frist von 6 Monaten zum Monatsende.

Während einer etwaigen Kündigungsfrist bleibt die Vergütung, wie unter Punkt 3 dieses Vertrages geregelt, unberührt.

Die Parteien stimmen ferner darin überein, dass dieser Vertrag von keiner der beiden Parteien vor dem _ per ordentliche Kündigung beendet wird, sofern nichts anderes in beiderseitigem Einvernehmen vereinbart wird.

Das Recht auf Ausspruch einer außerordentlichen Kündigung bei Vorliegen eines wichtigen Grundes bleibt unberührt (§ 626 BGB).

9. Geheimhaltung

Herr _ verpflichtet sich, über alle ihm im Rahmen seiner Tätigkeit zur Kenntnis gelangenden Angelegenheiten des Unternehmens, soweit sie nicht allgemein bekannt oder ausdrücklich für die Öffentlichkeit bestimmt sind, Stillschweigen zu bewahren. Dies gilt gegenüber Dritten wie auch gegenüber Mitarbeitern, soweit zu einer Bekanntgabe keine direkte Veranlassung vorliegt. Die Geheimhaltungspflicht besteht auch nach dem Ausscheiden von Herrn _ fort. Im Falle der Nichtbeachtung behält sich das Unternehmen rechtliche Maßnahmen vor.

8. Termination, Discharge of Resignation

This Agreement shall be terminated by the Company by means of a routine dismissal with a prior termination period of twelve months to the end of a calendar month or by _ by means of a routine termination with a six month termination period to the end of a calendar month.

During a potential termination period the compensation would remain the same as shown under 3. Compensation in this contract.

The parties further agree that this Agreement will not be terminated by either party by means of routine dismissal before _ unless ortherwise mutually agreed.

The right to terminate this Agreement by either party of means of an exceptional dismissal (§ 626 BGB/ German Civil Code), shall remain uneffected.

9. Non Disclosure

_ recognises and acknowledges that the Company has secret business practices and trade secrets, lists of customers and any other matters which are special and unique assets of the Company's business. _ agrees that he will not, during or after the term of his employment, disclose such information or any part thereof to any person, firm or corporation, association or other entity for any reason or purpose whatsoever. In the event of a breach or threat to breach by _ of any of the provisions of this paragraph, the Company shall be entitled to an injunction restraining _ from disclosing, in whole or part, such information or from rendering any services to any firm, corporation, association or other entity to whom such information, in whole or part, has been disclosed or is threatened to be disclosed. Nothing herein contained shall be construed as prohibiting the Company from pursuing any other remedies available to the Company for such breach or threatened breach, including and not limited to the recovery of damages from _.

10. Anwendbares Recht

Es gilt ausschließlich deutsches Recht. Gerichtsstand ist ... .

11. Gültige Vertragsversion

Maßgeblich ist ausschließlich die deutsche Fassung dieses Vertrages. Die englische Version dient nur der leichteren Nachvollziehbarkeit.

12. Schlussbestimmungen

Änderungen/Ergänzungen sowie die Kündigung dieses Vertrages bedürfen der Schriftform. Der vorliegende Vertrag ersetzt sämtliche gegebenenfalls vorher getroffenen mündlichen und schriftlichen Vereinbarungen.

10. Applicable laws

The agreement shall be construed and interpreted under the laws of the Federal Republic of Germany. The courts of ... shall have exclusive jurisdiction.

11. Valid Version of Contract

Only the German Version of this contract is valid and overrules the English version. The English version was only made for easier traceability.

12. Miscellaneous

This document contains the entire agreement of the parties and may not be altered, modified, or amended except in writing executed by both parties. The unenforceability of any provision of the agreement shall not be construed to, nor shall it cause any other provision of this agreement to be unenforceable by reason thereof. This contract supercedes any previous employment agreements between the parties.

8. Muster: Dienstvertrag des GmbH-Geschäftsführers einer Konzerntochter (deutsch/englisch)

— im Folgenden „Gesellschaft" genannt —

und

— im Folgenden „Geschäftsführer" genannt —

schließen folgenden

Dienstvertrag

Präambel

Herr ... ist zum ... in die Dienste der Gesellschaft bzw deren Rechtsvorgängerin eingetreten und war zunächst als ... beschäftigt. Er wurde mit Wirkung zum ... zum Geschäftsführer der Gesellschaft bestellt. Die Parteien erklären übereinstimmend, dass sich sein Anstellungsverhältnis ausschließlich nach den nachfolgenden Bedingungen richtet. Alle vorher bestehenden Anstellungsverträge sowie sonstige schriftlich oder mündlich getroffenen Vereinbarungen, auch mit anderen Konzerngesellschaften, werden hiermit aufgehoben und durch den vorliegenden Vertrag ersetzt. Insoweit handelt die Gesellschaft als Stellvertreterin anderer Konzernunternehmen.

— hereinafter referred to as the „Company" —

and

— hereinafter referred to as the „Managing Director" —

conclude the following contract:

Contract of Employment

Preamble

Mr. ... joined the Company, respectively its predecessor, in ... and was initially employed as project manager. He has been appointed as Managing Director of the Company with effect as of ... . The parties agree that this employment is subject only to the terms and conditions set forth herein. All previous employment contracts and oral as well as written conditions even with other companies of the group will be cancelled and replaced by this contract. Insofar, the company acts as representative of other group companies.

Kapitel 3: Anstellungsverträge mit GmbH-Geschäftsführern und AG-Vorständen

§ 1 Aufgaben

(1) Herr ... ist Geschäftsführer der folgenden Gesellschaften: ...

(2) Die Aufgaben des Geschäftsführers können von den Gesellschaftern entsprechend den Fähigkeiten des Geschäftsführers und den Erfordernissen der Gesellschaft näher bestimmt, eingeschränkt, ergänzt oder geändert werden.

(3) Soweit in diesem Vertrag nichts anderes bestimmt ist, ergeben sich Rechte und Pflichten des Geschäftsführers aus den Gesetzen (insbesondere GmbH-Gesetz) sowie der jeweils gültigen Fassung des Gesellschaftsvertrages der Gesellschaft.

(4) Der Geschäftsführer verpflichtet sich, kollegial mit weiteren Geschäftsführern der Gesellschaft zusammenzuarbeiten, sofern solche bestellt sind.

(5) Er ist verpflichtet, alle von den Gesellschaftern durch Gesellschafterbeschluss erteilten Anweisungen auszuführen.

(6) Der Geschäftsführer ist berechtigt, jederzeit eine Entscheidung der Gesellschafter herbeizuführen.

(7) Der Geschäftsführer ist von den Beschränkungen des § 181 BGB befreit.

§ 2 Vergütung

(1) Der Geschäftsführer erhält für seine Tätigkeit ein festes Jahresgehalt von EUR ... brutto, zahlbar in 13 gleichen Raten.

Jeweils 1/13 wird in 12 Monatsraten zum Ende eines jeden Kalendermonats gezahlt. Die 13. Rate wird jeweils zur Hälfte im Juni und November mit der Monatsrate gezahlt.

Mit diesem Gehalt ist eine Vergütung für die Tätigkeit als Geschäftsführer der weiteren Gesellschaften abgegolten.

(2) Bei Eintritt oder Austritt im Laufe eines Jahres wird die Vergütung pro rata temporis gezahlt.

§ 1 Responsibilities

(1) Mr. ... is Managing Director of the following companies: ...

(2) The responsibilities of the Managing Director can be specified in more detail, limited, complemented, amended or changed by the shareholders in line with the potential of the Managing Director and the needs of the company.

(3) Unless otherwise specified in this contract, rights and obligations of the Managing Director shall be governed by the laws (such as the law governing private limited companies in Germany in particular) as well as the company's shareholder agreement, as amended.

(4) The Managing Director undertakes to cooperate with any other managing directors which might have been appointed by the company in a friendly, helpful and loyal manner.

(5) He undertakes to comply with any instructions given by the shareholders via shareholder resolution.

(6) The Managing Director shall be entitled to request a shareholder decision at any time.

(7) The Managing Director shall be exempt from the limitations under § 181 BGB (German Civil Code).

§ 2 Consideration

(1) In return for his services, the Managing Director shall be entitled to a fixed annual gross salary of EUR ... which shall be payable in thirteen equal instalments.

One thirteenth of this annual salary shall be paid every month in twelve monthly instalments. Half of the thirteenth instalment shall be payable in June and the other half in November together with the monthly instalment.

With this salary any compensation for the mandate as Managing Director of the other companies shall be compensated.

(2) If the Managing Director is employed or gives notice during a calender year, remuneration shall be payable on a pro rata temporis basis.

Lücke

(3) Der Geschäftsführer ist berechtigt, an dem Geschäftserfolg des Unternehmens auf Basis des globalen Incentive Compansation Plan nach jeweils jährlicher Abstimmung mit der Geschäftsleitung zu partizipieren.

§ 3 Dienstfahrzeug

(1) Die Gesellschaft stellt dem Geschäftsführer ein Dienstfahrzeug des Modells ... zur Verfügung.

(2) Alle mit der Nutzung dieses Fahrzeugs verbundenen Kosten (insbesondere Steuern, Versicherung, Reparaturen, Wartung, Benzin) werden von der Gesellschaft getragen.

(3) Der Geschäftsführer ist berechtigt, das Dienstfahrzeug auch privat zu nutzen. Die für die private Nutzung des Dienstfahrzeugs anfallenden Steuern (geldwerter Vorteil) trägt der Geschäftsführer selbst.

(4) Im Falle einer Freistellung ist die Gesellschaft berechtigt, die Herausgabe des Firmen-Pkw zu verlangen, ohne dass ein Anspruch auf Entschädigung besteht.

§ 4 Spesen

Angemessene Auslagen, die im Zusammenhang mit der Tätigkeit des Geschäftsführers für die Gesellschaft anfallen, werden von der Gesellschaft gegen Vorlage der Belege erstattet.

§ 5 Urlaub

(1) Der Jahresurlaub des Geschäftsführers beträgt 30 Arbeitstage pro Kalenderjahr.

(2) Der Urlaub ist in Abstimmung mit den übrigen Mitgliedern der Geschäftsleitung so zu legen, dass die Belange der Gesellschaft nicht beeinträchtigt werden.

§ 6 Vertraulichkeit

(1) Der Geschäftsführer ist in allen geschäftlichen Angelegenheiten Dritten gegenüber zur Vertraulichkeit verpflichtet.

(2) Die Verpflichtung zur Vertraulichkeit gilt über die Dauer des Geschäftsführervertrages hinaus.

(3) The Managing Director shall be considered for a share of the company's profits based on the global Incentive Compensation Plan as determined by Corporate annually.

§ 3 Company Car

(1) The Company shall place a company car of the make ... at the Managing Director's disposal.

(2) The Company shall bear any costs associated with the use of this car (such as, in particular, taxes, insurance, repair maintenance, petrol).

(3) The Managing Director shall also be entitled to use the company car for private purpose. The Managing Director shall bear any taxes which might be incurred for private use of the company car (benefits in money's worth).

(4) If the Managing Director is released from work, the Company is entitled to demand the return of the company car without any compensation becoming due.

§ 4 Out-of-pocket Expenses

The Company shall bear reasonable expenses incurred by the Managing Director in connection with his activities on behalf of the Company upon presentation of documentary evidence.

§ 5 Paid Leave

(1) The Managing Director shall be entitled to thirty working days paid leave per calendar year.

(2) The Managing Director must take paid leave on agreement with the other members of the Board of Management in such a manner that the Company's interests ar safeguarded.

§ 6 Confidentiality

(1) The Managing Director undertakes to refrain from disclosing any confidential information on the business to third parties.

(2) The duty of the Managing Director to refrain from disclosing confidential information shall survive the term or termination of the contract of employment of the Managing Director.

§ 7 Arbeitskraft, Nebentätigkeit

(1) Der Geschäftsführer hat seine ganze Arbeitskraft und seine gesamten Kenntnisse und Erfahrungen der Gesellschaft zur Verfügung zu stellen. Der Geschäftsführer verpflichtet sich, über alle geschäftlichen Angelegenheiten und Vorgänge in der Firma, die ihm auch im Rahmen seiner Tätigkeit zur Kenntnis gelangen, jederzeit, auch nach Beendigung der Tätigkeit bei der Firma, Stillschweigen zu bewahren.

(2) An bestimmte Arbeitszeiten ist der Geschäftsführer nicht gebunden.

(3) Die Aufnahme von entgeltlichen und unentgeltlichen Nebentätigkeiten bedarf der vorherigen Einwilligung der Gesellschafterversammlung. Dies gilt auch für die Übernahme von Ehrenämtern, Beirats-, Aufsichtsrats- und ähnlichen Ämtern. Für Veröffentlichungen, welche die geschäftlichen Belange der Firma berühren, hat der Geschäftsführer ebenfalls die vorherige Zustimmung der Gesellschafterversammlung einzuholen.

§ 8 Verhinderung

(1) Der Geschäftsführer ist verpflichtet, der Gesellschaft jede Dienstverhinderung und ihre voraussichtliche Dauer unverzüglich anzuzeigen sowie deren Gründe mitzuteilen.

(2) Auf Verlangen wird der Geschäftsführer eine ärztliche Bescheinigung über die Arbeitsunfähigkeit sowie deren voraussichtliche Dauer vorlegen.

(3) Soweit der Geschäftsführer infolge auf Krankheit beruhender Arbeitsunfähigkeit an der Erbringung seiner Arbeitsleistung verhindert ist, ohne dass ihn ein Verschulden trifft, hat er einen Anspruch auf Gehaltsfortzahlung für die Dauer von 3 Monaten. Eventuelle Zahlungen der Krankenversicherung werden auf das Gehalt angerechnet.

(4) Für den Fall, dass der Geschäftsführer während der Laufzeit dieses Vertrages vor Beendigung seiner Geschäftsführerbestellung stirbt, ist die Gesellschaft verpflichtet, seiner Witwe oder seinen unterhaltsberechtigten Kindern für den Zeitraum von 3 Monaten, die auf den Sterbemonat folgen, das letzte monatli-

§ 7 Capacity to Work, Secondary Employment

(1) The Managing Director undertakes to devote his entire capacity to work and his entire knowledge and experience to the company. The Managing Director undertakes to always, even after termination of employment with the company, refrain from disclosing any business information and transactions in the Company which may have been divulged to him.

(2) The Managing Director shall not have any fixed working hours.

(3) If the Managing Director is planning to take up a secondary employment for valuable consideration or free of charge, this shall be subject to the prior approval of the meeting of shareholders. This shall also apply if the Managing Director is willing to take on any posts in an honorary capacity, in an advisory board, supervisory board or similar positions. Any publications by the Managing Director relating to the Company's business affairs shall also be subject to the prior approval of the meeting of shareholders.

§ 8 Inability to work

(1) The Managing Director undertakes to promptly inform the Company of any inability to attend work, for how long he is likely to be unfit for work and for what reason he is unable to work.

(2) At the Company's request, the Managing Director shall submit a medical certificate attesting his unfitness for work and for how long he is likely to be unfit for work.

(3) If the Managing Director is prevented from work, through no fault of his own, due to illness, payment of remuneration shall continue for a period of 3 month. Potential payments made by a heath insurance will be credited against the salary.

(4) If the Managing Director dies within the term of this contract and before the end of his appointment as Managing Director, the company is obligated to pay the last monthly salary set forth in § 2 (1) of this agreement for 3 month following the month of death to his widow or to his dependent children.

che Gehalt gem. § 2 Abs. 1 dieses Vertrages fortzuzahlen.

§ 9 Ausschlussfristen

Nach Ende des Dienstverhältnisses sind sämtliche Ansprüche aus diesem Vertrag binnen drei Monaten geltend zu machen.

§ 10 Laufzeit/Kündigung

(1) Dieser Geschäftsführervertrag wird auf unbestimmte Zeit geschlossen.

(2) Das Dienstverhältnis endet ohne Kündigung spätestens mit Ablauf des Monats, in dem der Geschäftsführer sein 65. Lebensjahr vollendet.

(3) Das Dienstverhältnis endet ferner ohne Kündigung, wenn der Geschäftsführer berufs- oder erwerbsunfähig wird, mit Ablauf des Monats, in dem die Berufs- oder Erwerbsunfähigkeit durch rechtskräftigen Bescheid des Versorgungsträgers festgestellt wurde.

(4) Jede Vertragspartei ist berechtigt, das Dienstverhältnis mit einer Frist von 6 Monaten zum Ende eines Quartals zu beenden.

(5) Eine Kündigung bedarf zu ihrer Wirksamkeit der Schriftform.

(6) Die Gesellschaft ist berechtigt, den Geschäftsführer jederzeit freizustellen. Eine solche Freistellung berührt jedoch nicht die Verpflichtung der Gesellschaft, dem Geschäftsführer die vertraglich vereinbarte Vergütung bis zur Beendigung des Dienstverhältnisses fortzuzahlen.

§ 11 Allgemeines

(1) Geschäftsführer und Gesellschaft haben neben den in diesem Vertrag festgelegten Vereinbarungen keine weiteren mündlichen oder schriftlichen Abreden getroffen.

(2) Künftige Änderungen oder Ergänzungen dieses Vertrages bedürfen zu ihrer Wirksamkeit der Schriftform.

§ 9 Cut-off Period

Any claims still outstanding from this contract must be asserted within three months of termination of the employer-employee relationship.

§ 10 Term/Termination

(1) This contract of employment of a managing director shall be concluded for an indefinite term.

(2) Unless terminated earlier, the employer-employee relationship shall end automatically, i.e. without notice of termination having to be given, at the end of the month in which the Managing Director attained the age of 65 at the latest.

(3) The employer-employee relationship shall further end automatically, i.e. without notice of termination having to be given, if the Managing Director becomes unable to work in general or specifically unable to exercise his profession, with effect to the end of the calendar month in which the inability has been stated by a final notification of the precision fund.

(4) Each party to the contract shall be entitled to give notice of termination of the employer-employee relationship subject to six months' notice to the end of a quarter.

(5) Notice of termination shall only be effective in writing.

(6) The company shall be entitled to discharge the Managing Director from his duties any time. If the Managing Director is discharged from his duties, this shall not affect the Company's obligation to continue paying the salary agreed in the contract to the Managing Director until termination of the employer-employee relationship.

§ 11 General Issues

(1) No collateral agreements have been made between the Managing Director and the Company neither orally nor in writing in addition to the provisions stipulated in this contract.

(2) Any future changes in and amendments to this contract shall only be effective in writing.

(3) Sofern Bestimmungen dieses Vertrages unwirksam sind oder werden, bleibt die Wirksamkeit des Vertrages im Übrigen unberührt. In diesem Fall ist die unwirksame Bestimmung durch eine wirksame zu ersetzen, die wirtschaftlich der unwirksamen Bestimmung am nächsten kommt.

(3) If any provisions of this contract are or become ineffective, this shall not affect the validity of the contract as a whole. In this case, the ineffective provision must be replaced by an effective clause which most closely corresponds to the invalid clause as far as the economic purpose of the contract is concerned.

9. Muster: Ruhegeldvereinbarung eines GmbH-Geschäftsführers[354]

Ruhegeldvereinbarung

Zwischen

...

– nachstehend „Gesellschaft" genannt –

und

Herrn ...

– nachstehend „Geschäftsführer" genannt –

wird in Ergänzung des Anstellungsvertrages eine Pensionszusage über eine Alters-, Invaliden- und Hinterbliebenenversorgung nach Maßgabe der folgenden Bestimmungen vereinbart:

§ 1 Leistungsarten

Der Geschäftsführer hat gegenüber der Gesellschaft einen Rechtsanspruch auf

1. Ruhegeld,

2. Witwen-/Witwergeld.

§ 2 Ruhegeld

(1) Das Ruhegeld wird dem Geschäftsführer gezahlt, wenn

a) er dienstunfähig wird oder

b) er das 65. Lebensjahr (Altersgrenze) vollendet oder

c) er Altersrente aus der gesetzlichen Rentenversicherung vor Vollendung des 65. Lebensjahres in Anspruch nimmt oder, wenn kein Anspruch aus der gesetzlichen Rentenversicherung entstehen kann, er die altersmäßigen Voraussetzungen für den Bezug des vorzeitigen Altersruhegeldes gem. §§ 36–38, 43, 44 SGB VI erfüllt oder

d) das Dienstverhältnis durch die Gesellschaft oder im gegenseitigen Einvernehmen beendet wird.

(2) Dienstunfähigkeit liegt vor, wenn der Geschäftsführer aus gesundheitlichen Gründen nicht nur vorübergehend außerstande ist, seine Tätigkeit als Geschäftsführer der Gesellschaft auszuüben. Sie gilt als nachgewiesen, wenn ein Berufs- oder Erwerbsunfähigkeitsbescheid des Trägers der gesetzlichen Rentenversicherung oder das entsprechende Gutachten eines gemeinsam zu benennenden Facharztes vorliegt. Kann binnen vier Wochen kein Einvernehmen über den Facharzt hergestellt werden, bestimmt ihn die örtlich zuständige Ärztekammer. Dienstunfähigkeit, die vorsätzlich herbeigeführt worden ist, löst keinen Anspruch auf Ruhegeld aus.

---

354 Bei Abschluss einer Ruhegeldvereinbarung sind die nach der Rechtsprechung zu erfüllenden Voraussetzungen zu beachten, insbesondere bei Unternehmer-Geschäftsführern, vgl Hümmerich/Reufels/*Borgmann*, Gestaltung von Arbeitsverträgen, § 2 Rn 588 ff.

§ 3 Höhe des Ruhegeldes

(1) Die Höhe des Ruhegeldes wird wie folgt berechnet:

a) Der Anspruch auf ein lebenslanges Ruhegeld entsteht, sobald das Anstellungsverhältnis 5 Jahre bestanden hat.

b) Das jährliche Ruhegeld beträgt ... % des zuletzt geltenden Jahresfestgehalts. Dieser Prozentsatz erhöht sich in jedem weiteren Jahr des Anstellungsverhältnisses um ... % bis zu einer maximalen Höhe von ... %.

c) Anrechenbar sind die Dienstjahre, die der Geschäftsführer bis zur Vollendung des 65. Lebensjahres ohne Unterbrechung des Anstellungsverhältnisses in den Diensten der Gesellschaft verbracht hat. Die Dienstzeit bei ... gilt als anrechenbare Dienstzeit (Vordienstzeit) wie auch für die Unverfallbarkeit dem Grunde nach.

(2) Die auf volle Jahre gerundete anrechenbare Dienstzeit ergibt die ruhegeldfähigen Dienstjahre, die der Ermittlung des Ruhegeldes zugrunde zu legen sind. Bei der Rundung gilt ein angefangenes Dienstjahr als vollendet, wenn es mindestens zur Hälfte abgeleistet ist.

(3) Ruhegehaltsfähiges Einkommen ist das Festgehalt gemäß dem Dienstvertrag, das der Geschäftsführer im Durchschnitt der letzten 12 vollen Beschäftigungsmonate vor Eintritt des Versorgungsfalles bzw vor seinem vorzeitigen Ausscheiden bezogen hat. Über das Festgehalt hinaus gewährte Zahlungen wie Tantiemen, Gratifikationen, Jubiläumsgaben und sonstige außerordentliche Zuwendungen gehören nicht zum rentenfähigen Einkommen.

§ 4 Hinterbliebenenbezüge

(1) Verstirbt der Geschäftsführer, während er sich noch im Dienst der Gesellschaft befindet oder Ruhegehalt bezieht, verpflichtet sich die Gesellschaft, dem Ehepartner bzw dem Lebenspartner im Sinne des Lebenspartnerschaftsgesetzes auf Lebenszeit, längstens jedoch bis zu einer etwaigen Wiederverheiratung, eine Witwen-/Witwerrente zu zahlen. Die Witwen-/Witwerrente beträgt 60 % des Ruhegehalts.

(2) War der Geschäftsführer bei der Eheschließung 60 oder mehr Jahre alt oder mehr als 25 Jahre älter als sein Ehe- oder eingetragener Lebenspartner, wird kein Witwen-/Witwergeld gewährt.

(3) Witwen-/Witwergeld wird in gleichen monatlichen Teilbeträgen jeweils am Monatsende gezahlt, und zwar letztmalig für den Monat, in dem die Anspruchsvoraussetzungen entfallen sind. Anspruch auf Witwen-/Witwergeld besteht so lange nicht, wie das Gehalt oder das volle Ruhegeld gezahlt wird.

§ 5 Unverfallbarkeit

Scheidet der Geschäftsführer vor Eintritt des Versorgungsfalls aus den Diensten der Gesellschaft aus, so bleibt seine Anwartschaft auf Versorgungsleistungen nach Maßgabe der entsprechenden Vorschriften des Gesetzes zur Verbesserung der betrieblichen Altersversorgung, insbesondere gem. § 1 b BetrAVG, bestehen.

§ 6 Fälligkeit und Zahlungen der Leistungen

(1) Die Renten werden nach Abzug der von der Gesellschaft einzubehaltenden Steuern zwölf Mal im Jahr, jeweils zum Ende eines Monats, gezahlt. Erfüllungsort und Gerichtsstand für alle Ansprüche aus dieser Zusage ist der Sitz der Gesellschaft.

(2) Die erste Rente wird für den Monat gezahlt, der auf die Entstehung des Anspruchs folgt. Der Anspruch ruht jedoch bis zum Ende des Monats, für den die Gesellschaft noch Gehalt an den Geschäftsführer zahlt.

§ 7 Erlöschen des Anspruchs

(1) Der Anspruch auf eine Versorgungsleistung erlischt mit dem Tode des Rentenempfängers.

(2) Stirbt der Geschäftsführer nach Eintritt des Pensionsfalles, so hat die/der Witwe(r) Anspruch auf Fortzahlung des Ruhegeldes für den Sterbemonat und die drei folgenden Monate.

§ 8 Anpassung laufender Leistungen

Nach Eintritt des Versorgungsfalls hat die Gesellschaft alle drei Jahre eine Anpassung der laufenden Leistungen zu prüfen und hierüber nach billigem Ermessen eine Anpassung an veränderte Umstände iSd § 16 BetrAVG vorzunehmen.

§ 9 Pflichten des Versorgungsberechtigten

(1) Für die Dauer der Rentenzahlung ist der Gesellschaft die Lohnsteuerkarte des Leistungsempfängers vorzulegen. Die Gesellschaft ist über alles zu unterrichten, was für den Versorgungsanspruch oder die Höhe der Leistungen von Bedeutung ist.

(2) Schadensersatzansprüche gegen einen Dritten, der durch sein schuldhaftes Verhalten den Eintritt des Versorgungsfalles ausgelöst hat, müssen bis zur Höhe der Leistungen an die Gesellschaft abgetreten werden.

(3) Ansprüche aus dieser Versorgungszusage dürfen nicht abgetreten, verpfändet oder beliehen werden.

§ 10 Vorbehalt und Entzug der Leistungen, Inkrafttreten

(1) Die Gesellschaft behält sich vor, die Leistungen zu kürzen oder einzustellen, wenn die bei Erteilung der Ruhegeldzusage maßgebenden Verhältnisse sich nachhaltig so wesentlich geändert haben, dass ihr die Aufrechterhaltung der zugesagten Leistungen auch unter objektiver Beachtung der Belange des Versorgungsberechtigten nicht mehr zugemutet werden kann.

(2) Diese Ruhegeldzusage tritt am Tage ihrer Unterzeichnung in Kraft, sie tritt an die Stelle der bisherigen Ruhegeldzusage im Vertrag mit der Gesellschaft.

10. Muster: Beschluss der Gesellschafterversammlung über die Geschäftsverteilung

Wir, die unterzeichnenden Gesellschafter der ... GmbH, sind die alleinigen Gesellschafter dieser Gesellschaft. Unter Verzicht auf alle Formen und Fristen der Ankündigung und Einberufung halten wir eine außerordentliche Gesellschafterversammlung der ... GmbH ab und beschließen die nachfolgende Geschäftsverteilung für die Geschäftsführung der Gesellschaft, welche die vorherige Regelung gemäß Beschluss vom ... aufhebt und ersetzt.

§ 1 Geschäftsführung

Die Geschäftsführung besteht aus den Geschäftsführern

Herrn/Frau ...

und

Herrn/Frau ...

§ 2 Geschäftsverteilungsplan

Die Aufgaben- und Verantwortungsbereiche beider Geschäftsführer sollen intern geteilt werden. Der nachfolgende Geschäftsverteilungsplan legt den Geschäftsbereich eines jeden Geschäftsführers fest.

Die Aufgabenverteilung ergibt sich wie folgt:

(1) Herr/Frau ... ist zuständig für

- Berichtswesen gegenüber den Gesellschaftern
- Unternehmensstrategie und Unternehmensführung
- Verwaltung (Rechtswesen, Personalangelegenheiten)
- Finanzwesen und Controlling (Buchhaltung, Kostenrechnung)
- Marketing, Preisfindung

§ 1 Verträge mit Arbeitnehmern, freien Mitarbeitern und Gesellschaftsorganen

- Unterstützung, Vertrieb und Versand (Verkaufsplanung)
- Materialwirtschaft (Einkauf, Bestellwesen und Lagerverwaltung)
- Produktionsplanung und Produktionssteuerung (Organisation der Gruppenfertigung, Qualitätsmanagement)
- Produktentwicklung
- Aufrechterhaltung der gewerblichen Schutzrechte
- Investitionsplanung.

(2) Herr/Frau ... ist zuständig für
- Vertriebsleitung und Vertriebsplanung
- Unterstützung Marketing
- Berichtswesen gegenüber den Gesellschaftern hinsichtlich des gesamten Vertriebswesens
- Messeplanung und verantwortliche Koordination
- Vorgabe für Werbemaßnahmen
- Vorgaben für die technische Umsetzung im Bereich Großgeräte
- Unterstützung in der Materialwirtschaft
- Unterstützung in der Produktentwicklung, Unterstützung des technischen Kundendienstes und Service.

(3) In der vorbenannten Aufteilung soll die grundsätzliche Aufgabenteilung zwischen der Führung des Vertriebs und der kaufmännischen sowie der Produktentwicklungs- und Fertigungsseite zum Ausdruck kommen. Aufgaben, die nicht erwähnt sind, sollen vom jeweils Bereichsverantwortlichen wahrgenommen werden.

(4) Dieser Beschluss ist den Geschäftsführern durch Herrn/Frau ... zu übermitteln und bildet Anlage und Bestandteil der jeweiligen Geschäftsführerdienstverträge. Die Geschäftsführer sind hierauf hinzuweisen.

... (Ort, Datum, Unterschriften Gesellschafter)

11. Muster: Protokoll einer Gesellschafterversammlung über Abberufung und außerordentliche Kündigung des GmbH-Geschäftsführers

Niederschrift

über die außerordentliche

Gesellschafterversammlung der ... GmbH

vom ...

Wir, die unterzeichnenden Gesellschafter der ... GmbH, sind die alleinigen Gesellschafter dieser Gesellschaft. Unter Verzicht auf alle Formen und Fristen der Ankündigung und Einberufung halten wir eine außerordentliche Gesellschafterversammlung ab.

Gegenstand dieser Versammlung ist:

1. die Abberufung von Herrn ... als Geschäftsführer der Gesellschaft;
2. die außerordentliche Kündigung des Geschäftsführerdienstvertrages von Herrn ... .

Die Gesellschafter beschließen einstimmig, was folgt:

1. Der Geschäftsführer ... wird mit sofortiger Wirkung als Geschäftsführer der ... GmbH abberufen.
2. Der Dienstvertrag von Herrn ... wird aus wichtigem Grund außerordentlich und fristlos gekündigt, hilfsweise auch höchst vorsorglich gem. § ... seines Dienstvertrages ordentlich mit Wirkung zum ... .
3. Die Gesellschaft sagt sich von dem bestehenden nachvertraglichen Wettbewerbsverbot los.
4. Höchst vorsorglich verzichtet die Gesellschaft auf das bestehende nachvertragliche Wettbewerbsverbot.

5. Zum besonderen Vertreter der Gesellschaft, der die Beschlüsse zu Ziffer 1. bis 4. Herrn Geschäftsführer ... mitzuteilen und das schriftliche Kündigungsschreiben gem. Ziffer 2. und das schriftliche Lossagungs- und Verzichtsschreiben an den Geschäftsführer zu unterzeichnen hat und etwaige Verhandlungen über die Modalitäten der Beendigung des Dienstverhältnisses unter Einschluss der Themen der Beschlüsse zu Ziffer 1. mit 4. zu führen hat, wird der Gesellschafter ... bestellt.

... (Ort, Datum, Unterschriften sämtlicher Gesellschafter)

II. AG-Vorstandsverträge

1. Muster: Einfacher Vorstandsvertrag (nicht börsennotierte AG) mit Erläuterungstext

Zwischen

der ...

– nachfolgend „Gesellschaft" genannt –

und

Herrn ...

wird hiermit, nachdem Herr ... durch Beschluss des Aufsichtsrats vom ... mit sofortiger Wirkung bis zum ... zum ordentlichen Vorstandsmitglied der Gesellschaft bestellt worden ist, folgender

Anstellungsvertrag

geschlossen:

§ 1 Aufgabenbereich

(1) Herr ... leitet gemeinsam mit den übrigen Mitgliedern des Vorstands die ... Aktiengesellschaft unter Beachtung des jeweils gültigen Geschäftsverteilungsplanes für den Vorstand der Gesellschaft. Vorrangig ist er verantwortlich für ... . Er übt seine Tätigkeit nach Maßgabe der Gesetze, der Satzung und der Geschäftsordnung aus.

(2) Dienstort ist ... .

§ 2 Bezüge

(1) Als Vergütung für seine Tätigkeit erhält Herr ... ab dem ... ein Jahresgrundgehalt in Höhe von ... EUR brutto (in Worten: ... Euro), das in gleichen monatlichen Teilbeträgen jeweils am Ende eines Kalendermonats fällig wird.

(2) Herr ... erhält außerdem eine erfolgs- und leistungsabhängige variable Vergütung (Jahresbonus).[355] Die Höhe der variablen Vergütung ist abhängig von der Erreichung der für das jeweilige Geschäftsjahr festgelegten Ziele. Die schriftliche Zielvereinbarung ist Bestandteil dieses Vertrages. Bei vollständiger Zielerreichung

---

[355] Bis zum 17.5.2002 galt bei der Regelung der Gewinnbeteiligung eines Vorstandsmitglieds § 86 AktG (BGH 10.3.2003 – II ZR 163/03, GmbHR 2003, 584). Da § 86 Abs. 1 Satz 2 AktG für Tantiemen der Vorstandsmitglieder einen Anteil am Jahresgewinn vorsah, war die Tantieme anhand des Jahresüberschusses vor Abzug der Tantieme zu ermitteln, § 86 Abs. 2 AktG. Diese Regelung wurde aufgehoben, da die Anknüpfung an den Jahresüberschuss unüblich geworden und die Regelung damit überholt war (BT-Drucks. 14/8769, S. 13). Weiterhin gilt, dass bei der Höhe der Tantieme die wirtschaftliche Lage des Unternehmens zu berücksichtigen ist, § 87 AktG. Zunehmend verbreitet ist die dividendenabhängige Tantieme (BGH 3.7.2000 – II ZR 12/99, BB 2000, 1748; *Hüffer*, AktG, § 86 Rn 2). Ebenfalls können Stock Options als flexibles Anreizsystem vorgesehen werden. Verbreitet sind sog. Ermessenstantiemen, die entweder nach freiem Ermessen oder nach billigem Ermessen (§ 315 BGB) durch die Gesellschaft gewährt werden (BGH 21.4.1975 – II ZR 2/73, WM 1975, 761). Garantietantiemen sind häufig zu Beginn eines Dienstverhältnisses entweder für ein zu Beginn der Tätigkeit des Vorstands liegendes Rumpfgeschäftsjahr oder für die ersten Jahre, in denen das Unternehmen wieder in eine Gewinnzone gebracht werden soll, verbreitet. Unzweckmäßig sind Umsatztantiemen, weil sie den Blick des Vorstands nicht auf den die Verzinsung des Kapitals widerspiegelnden Gewinn, sondern auf eine Kennziffer lenken, die wenig über den wirtschaftlichen Erfolg eines Unternehmens aussagt (BGH 4.10.1976 – II ZR 204/74, WM 1976, 1226).

beträgt der Jahresbonus 50 % des Jahresgrundgehaltes und ist bei 100 % gedeckelt. Der Jahresbonus wird fällig nach der Sitzung des Aufsichtsrats, in der der Jahresabschluss genehmigt wird.

§ 3 Fortzahlung der Bezüge bei Krankheit und Tod

(1) Im Falle einer Arbeitsunfähigkeit durch Krankheit oder Unfall erhält Herr ... für die Dauer von neun Monaten seine Bezüge gem. § 2 Abs. 1 weiter, beginnend mit dem auf den Eintritt der Arbeitsunfähigkeit folgenden Kalendermonat, jedoch nicht über die Dauer des Anstellungsverhältnisses hinaus.

(2) Stirbt Herr ... während der Laufzeit dieses Vertrages, erhalten seine Ehefrau oder, nach deren Ableben, seine unterhaltsberechtigten Kinder die garantierten Bezüge noch für die Dauer von drei Monaten, beginnend mit dem Ablauf des Sterbemonats, weiter. Für diesen Zeitraum entfallen die Leistungen an die Hinterbliebenen aus der für Herrn ... bestehenden betrieblichen Altersversorgung.

§ 4 Versicherungsschutz

(1) Herr ... wird durch die Gesellschaft für die Dauer des Anstellungsvertrages zusätzlich gegen dienstliche und private Unfälle versichert, und zwar mit

- 255.500 EUR für den Todesfall,
- 512.000 EUR für den Invaliditätsfall.

Die Ansprüche aus der Versicherung stehen unmittelbar Herrn ... oder den von ihm benannten Anspruchsberechtigten zu.

(2) Darüber hinaus wird Herr ... durch die Gesellschaft im Rahmen der Betriebshaftpflichtversicherung gegen Schäden, die er in Ausführung seiner dienstlichen Verrichtungen für die Gesellschaft verursacht, versichert.

(3) Zudem versichert die Gesellschaft Herrn ... gegen die Risiken, wegen angeblicher oder tatsächlicher Pflichtverletzungen im Zusammenhang mit seiner Vorstandstätigkeit von der Gesellschaft und/oder Dritten aufgrund privatrechtlicher Vorschriften auf Schadensersatz in Anspruch genommen zu werden (D&O-Versicherung). Die Versicherungssumme beträgt mindestens ... Mio. EUR je Schadensfall.

§ 5 Dienstwagen

Die Gesellschaft stellt Herrn ... für die im dienstlichen Interesse notwendigen Fahrten einen Dienstwagen zur Verfügung, der auch zu Privatfahrten genutzt werden kann. Für die Beschaffung, Ausstattung und Nutzung des Dienstwagens gelten die entsprechenden Richtlinien der ... Aktiengesellschaft. Die Versteuerung dieser Sachleistung erfolgt nach den gesetzlichen Bestimmungen.

§ 6 Kostenerstattung

(1) Bei Dienstreisen und bei der Bewirtung von Geschäftspartnern und Gästen erstattet die Gesellschaft Herrn ... als Vertrauensspesen die tatsächlichen Kosten, die in der notwendigen Wahrnehmung der Interessen der Gesellschaft entstehen.

(2) Für die Erstattung der Reisekosten bei Flugreisen und bei Reisen ins Ausland gelten die Reisekostenrichtlinien der Gesellschaft.

(3) Für dienstlich veranlasste Telefongespräche von seinem Privatanschluss erstattet die Gesellschaft Herrn ... 50 % der monatlichen Gesprächsgebühren.

(4) Bei allen Kostenerstattungen sind die steuerlichen Vorschriften entsprechend zu berücksichtigen.

§ 7 Urlaub

Herr ... hat Anspruch auf einen jährlichen Erholungsurlaub von zweiunddreißig Arbeitstagen, der in Abstimmung mit den übrigen Vorstandsmitgliedern und mit dem Aufsichtsratsvorsitzenden zeitlich so festzulegen ist, dass die Belange der Gesellschaft nicht beeinträchtigt werden.

§ 8 Nebentätigkeit[356]

(1) Herr ... verpflichtet sich, seine ganze Arbeitskraft in den Dienst der Gesellschaft zu stellen. Die Übernahme oder Fortsetzung jeder Nebentätigkeit bedarf der vorherigen Zustimmung des Aufsichtsratsvorsitzenden. Das Gleiche gilt für die Beteiligung an einem anderen Unternehmen sowie für die Mitwirkung in Aufsichtsorganen anderer Unternehmen. Die Zustimmung kann erteilt werden, wenn keine Interessen der Gesellschaft entgegenstehen. Neben- und Ehrenämter, die Herr ... aufgrund dieses Anstellungsverhältnisses übernimmt, wird er auf Verlangen der Gesellschaft jederzeit, spätestens bei Beendigung des Anstellungsverhältnisses, niederlegen.

(2) Bei Veröffentlichungen und Vorträgen hat Herr ... die Belange der Gesellschaft zu berücksichtigen und diese in Zweifelsfällen mit dem Aufsichtsratsvorsitzenden abzustimmen.

§ 9 Diensterfindungen

Für die Behandlung von Diensterfindungen findet das Arbeitnehmererfindungsgesetz entsprechende Anwendung.

§ 10 Verschwiegenheit

(1) Herr ... verpflichtet sich, über alle ihm im Rahmen seiner Tätigkeit zur Kenntnis gelangenden oder ihm anvertrauten geschäftlichen und betrieblichen Angelegenheiten, insbesondere Geschäfts- und Betriebsgeheimnisse, über technische, organisatorische, wirtschaftliche und personelle Fragen Stillschweigen zu bewahren. Diese Verpflichtung erstreckt sich auch auf die Zeit nach der Beendigung des Anstellungsverhältnisses.

(2) Bei Beendigung des Anstellungsverhältnisses verpflichtet sich Herr ..., sämtliche in seinem Besitz befindlichen Unterlagen und Dateien einschließlich aller Kopien hiervon, die im Zusammenhang mit seiner Tätigkeit standen, an die Gesellschaft zurückzugeben.

§ 11 Vertragslaufzeit

(1) Dieser Vertrag tritt am ... in Kraft und endet mit Ablauf der Bestellung zum Vorstandsmitglied am ... .

(2) Herr ... hat Anspruch darauf, dass ihm spätestens neun Monate vor Ablauf des Vertrages verbindlich erklärt wird, ob und unter welchen Bedingungen eine Vertragsverlängerung angeboten wird. Herr ... ist verpflichtet, innerhalb von vier Wochen nach dem Angebot über eine Vertragsverlängerung zu erklären, ob er es annimmt.

(3) Für jeden Monat, den die Unterrichtung gem. Abs. 2 Satz 1 verspätet erfolgt, erhält Herr ..., falls der Vertrag nicht verlängert wird, eine Entschädigung in Höhe des doppelten zuletzt bezogenen monatlichen Teilbetrags gem. § 2 Abs. 1. Die Zahlung erfolgt nach Vertragsablauf monatsweise, gegebenenfalls unter Anrech-

---

[356] Nebentätigkeiten darf der Vorstand nach § 88 AktG ohne Einwilligung des Aufsichtsrats nicht im Sinne eines Handelsgewerbes oder im Geschäftszweig der Gesellschaft für eigene oder fremde Rechnung betreiben (BGH 2.4.2001 – II ZR 217/99, ZIP 2001, 958). Der Deutsche Corporate Governance Kodex (DCGK) empfiehlt, dieses Verbot auch auf Nebentätigkeiten auszuweiten. Aus Sicht des Vorstands ist die Beachtung von Ziff. 4.3.5 DCGK nicht zu begrüßen. Ein weitsichtiges Vorstandsmitglied, das meist im Laufe seines Lebens schon als Unternehmensberater tätig war, sollte sich die Tätigkeit als Unternehmensberater generell genehmigen lassen. Der Vorteil einer solchen genehmigten Nebentätigkeit besteht darin, dass im Falle einer Freistellung und einer noch längeren Laufzeit des Dienstvertrages das Vorstandsmitglied die Verhandlungen über seine Abfindung (Kapitalisierung der Restvertragslaufzeit) für sich entscheiden kann, weil es über die Nebentätigkeitsgenehmigung nicht zur Untätigkeit während der Freistellung gezwungen ist und damit auch nicht „aus dem Markt gedrängt" wird. Häufig müssen Vorstandsmitglieder bei den Verhandlungen über ihre Abfindung, falls sie vorzeitig abberufen wurden, niedrigere Beträge in Kauf nehmen, weil sie andernfalls durch die Freistellung und das damit einhergehende vertragliche Wettbewerbsverbot zur Untätigkeit gezwungen sind und damit den Anschluss an den Markt verlieren. Für die Genehmigung einer solchen Nebentätigkeit ist nicht der Aufsichtsrat allein, sondern entweder der Personalausschuss, wenn ihm diese Kompetenz zugewiesen wurde, oder der Aufsichtrat zuständig (Kölner-Komm-AktG/*Mertens*, § 88 Rn 11). Um dem Deutschen Corporate Governance Kodex (Ziff. 4.3.5) noch in etwa zu entsprechen, kann auch vereinbart werden, dass die Nebentätigkeit als Unternehmensberater nur für den Fall genehmigt wird, dass die Tätigkeit des Vorstands suspendiert ist.

nung etwaiger Versorgungsbezüge der Gesellschaft. Weitergehende Ansprüche aus Abs. 2 sind ausgeschlossen.

(4) Für eine vorzeitige Beendigung des Anstellungsverhältnisses aus wichtigem Grund gilt § 626 BGB. Einer auf eine verhaltensbedingte Pflichtverletzung gestützten außerordentlichen Kündigung hat jedoch grundsätzlich eine erfolglose Abmahnung vorauszugehen, es sei denn, die Pflichtverletzung wiegt derart schwer, dass eine vorrangige Abmahnung entbehrlich ist.[357] Die Kündigung hat schriftlich zu erfolgen.

§ 12 Schlussbestimmungen

(1) Dieser Vertrag tritt an die Stelle des bisherigen Anstellungsvertrages vom .... Änderungen und Ergänzungen sowie die Aufhebung dieses Vertrages bedürfen zu ihrer Wirksamkeit der Schriftform. § 305 b BGB bleibt unberührt.

(2) Erfüllungsort ist ....

Erläuterungen und Regelungen zum Anstellungsvertrag für Vorstandsmitglieder

1. Rahmenbedingungen nach Gesetz und Satzung

a) Für die Bestellung und Anstellung (einschl. Abberufung) eines Vorstandsmitglieds einer Aktiengesellschaft ist zwingend der Aufsichtsrat zuständig.

Die Bestellung zum Vorstandsmitglied kann nur auf höchstens fünf Jahre erfolgen.

Eine wiederholte Bestellung, jeweils auch für höchstens fünf Jahre, ist möglich.

Sie bedarf jedes Mal eines erneuten Aufsichtsratsbeschlusses, der frühestens ein Jahr vor Ablauf der bisherigen Amtszeit gefasst werden kann.

b) Die Bestellung zum Vorstandsmitglied und der Abschluss des Anstellungsvertrages sind zu unterscheiden.

Der Anstellungsvertrag regelt die Rechte und Pflichten des Vorstandsmitglieds im Innenverhältnis zur Aktiengesellschaft.

Mit der Bestellung wird das Vorstandsmitglied zum gesetzlichen Vertretungsorgan der Aktiengesellschaft bestimmt.

Die Bestimmungen für die Bestellung gelten sinngemäß auch für die Dauer des Anstellungsvertrages.

c) Der Aufsichtsrat kann die Bestellung eines Vorstandsmitglieds vor Ablauf der regulären Amtszeit nur aus wichtigem Grund widerrufen. Ein solcher Grund liegt bspw bei grober Pflichtverletzung, Unfähigkeit zur ordnungsgemäßen Geschäftsführung und Vertrauensentzug durch die Hauptversammlung oder den Aufsichtsrat vor.

Von der Abberufung bleiben die Rechte und Pflichten aus dem Anstellungsvertrag unberührt.

d) Das Vorstandsmitglied ist als Organ der Gesellschaft nicht Arbeitnehmer.

Für ihn gelten nicht:

- Arbeitsgerichtsgesetz
- Arbeitnehmererfindungsgesetz
- Arbeitszeitordnung

---

[357] Nach ständiger, wenn auch fraglicher Rspr des BGH bedarf es vor Ausspruch einer Kündigung gegenüber einem Organmitglied (Vorstand/Geschäftsführer) keiner Abmahnung, denn diese – so der BGH – „kennen regelmäßig die ihnen obliegenden Pflichten und sind sich über die Tragweite etwaiger Pflichtverletzungen auch ohne besondere Hinweise und Ermahnungen im Klaren" (vgl BGH 14.2.2000 – II ZR 218/98, NZA 2000, 543; BGH 2.7.2007 – II ZR 71/06, NZG 2007, 674). Diese Rspr wird zu Recht zunehmend kritisiert. Aufgrund dieses in Rspr und Lit. noch umstrittenen Verhältnisses von § 626 BGB und § 314 BGB (vgl dazu etwa Moll/*Eisenberg*, MAH Arbeitsrecht, § 18 Rn 21 mwN; in diese Richtung wohl auch MüKo-BGB/*Geier*, § 314 Rn 15 mwN) wird zur Absicherung des Vorstandsmitglieds (oder auch eines Geschäftsführers) empfohlen, ein grundsätzliches Abmahnerfordernis vertraglich festzuschreiben.

Kapitel 3: Anstellungsverträge mit GmbH-Geschäftsführern und AG-Vorständen

- Betriebsverfassungsgesetz
- Bundesurlaubsgesetz
- Kündigungsschutzgesetz
- Mutterschutzgesetz
- SGB IX.

Der Anstellungsvertrag ist rechtlich als Dienstvertrag iSd §§ 611 ff BGB zu qualifizieren.

e) Der Vorstand kann aus einem oder mehreren Vorstandsmitgliedern bestehen. Bei einer Aktiengesellschaft mit einem Grundkapital von mehr als zwei Mio. EUR hat der Vorstand aus mindestens zwei Personen zu bestehen.

In einer mitbestimmten (MitbestG 1976) Aktiengesellschaft ist ein Arbeitsdirektor als gleichberechtigtes Mitglied des Vorstands zu bestellen.

f) Bei einem Mehr-Personen-Vorstand erfolgt die Festlegung des Aufgabengebietes der einzelnen Vorstandsmitglieder und die Abgrenzung ihrer Tätigkeiten im Rahmen eines Geschäftsverteilungsplanes, der Bestandteil der Geschäftsordnung für den Vorstand ist.

Der Vorstand kann sich eine Geschäftsordnung geben, sofern eine Geschäftsordnung vom Aufsichtsrat nicht beschlossen oder gemäß Satzung vom Aufsichtsrat nicht zu erlassen ist. Die Satzung kann Einzelfragen der Geschäftsordnung bindend regeln.

g) Der Umfang der Geschäftsführungsbefugnis wird durch die Geschäftsordnung des Vorstands bestimmt.

Der Katalog der zustimmungspflichtigen Geschäfte umfasst diejenigen außergewöhnlichen Geschäfte und Rechtshandlungen, die im Interesse des Unternehmens der ausdrücklichen Zustimmung des Aufsichtsrats bedürfen.

h) Die Vertretungsberechtigung des Vorstandsmitglieds im Außenverhältnis geht von der Befugnis zur Gesamtvertretung aus.

Sie ist Dritten gegenüber nicht einschränkbar.

Sind mehrere Vorstandsmitglieder bestellt, kann das einzelne Vorstandsmitglied gemäß Satzung die Gesellschaft nur mit einem weiteren Vorstandsmitglied vertreten. In begründeten Fällen kann einem Vorstandsmitglied Einzelvertretungsbefugnis erteilt werden.

i) Die Hauptversammlung ist oberstes Beschlussorgan der Aktiengesellschaft.

Der Vorstand ist verpflichtet, die vom Aufsichtsrat bzw von der Hauptversammlung im Rahmen ihrer jeweiligen Zuständigkeit beschlossenen Maßnahmen auszuführen.

j) Die für die Vorstandsmitglieder gegebenen Vorschriften gelten auch für stellvertretende Vorstandsmitglieder.

k) Der Aufsichtsrat kann bei Bedarf einen der Vorstandsmitglieder zum Vorsitzenden des Vorstands ernennen.

Der Vorstandsvorsitzende ist Primus inter pares. Bei Stimmengleichheit kann seine Stimme den Ausgleich geben. Eine Alleinentscheidungsbefugnis oder ein Vetorecht kann dem Vorstandsvorsitzenden nicht erteilt werden.

2. Aufgabenbereich und Tätigkeit

a) Das Vorstandsmitglied hat seine Tätigkeit mit der Sorgfalt eines ordentlichen und gewissenhaften Geschäftsleiters auszuüben.

Die Rechte und Pflichten des Vorstandsmitglieds bestimmen sich nach Maßgabe der Satzung, der Geschäftsordnung, des Anstellungsvertrages sowie den ergänzenden gesetzlichen Vorschriften.

b) Im Rahmen seiner Berichtspflicht berichtet das Vorstandsmitglied unaufgefordert – ggf über den Vorsitzenden des Vorstands – dem Vorsitzenden des Aufsichtsrats der Gesellschaft.

c) Das Vorstandsmitglied erklärt sich bereit, nicht nur die ihm übertragenen Aufgaben, sondern auf Wunsch und nach vorheriger Absprache auch weitere seinen Fähigkeiten und Kenntnissen entsprechende Tätigkeiten auszuüben.

d) Eine Änderung des Aufgabenbereichs oder eine Versetzung während der Laufzeit des Anstellungsvertrages erfolgt im Einvernehmen mit dem Vorstandsmitglied.

3. Bezüge

a) Das Jahresgrundgehalt ist die für die Aufgabe und Tätigkeit festgelegte garantierte Vergütung.

Sie wird mit Vertragsabschluss festgelegt und gilt grundsätzlich für die Laufzeit des Vertrages. Eine Anpassung des Grundgehaltes während der Vertragslaufzeit liegt im Ermessen des Aufsichtsrats. Eine Gehaltsüberprüfung kann jährlich oder zur Mitte der Vertragslaufzeit vorgenommen werden.

b) Die erfolgs- und leistungsabhängige variable Vergütung (Jahresbonus) ist abhängig vom Erreichen vereinbarter Ziele.

Die Vereinbarung der Ziele erfolgt schriftlich in der Regel vor Beginn der Leistungsperiode bzw des Geschäftsjahres.

Am Ende der Leistungsperiode bzw des Geschäftsjahres erfolgt die Ergebnisbewertung, auf deren Basis der jeweilige Zielerreichungsgrad bestimmt und dann der Jahresbonus festgelegt wird.

c) Die Bezüge werden grundsätzlich bargeldlos gezahlt. Kosten, die aufgrund der Führung eines Gehaltskontos entstehen, gehen zu Lasten des Vorstandsmitglieds.

d) Alle Bezüge werden als Bruttobezüge gewährt.

Die Auszahlung erfolgt unter Abzug der gesetzlichen Abgaben.

e) Die Gesellschaft zahlt dem Vorstandsmitglied für seine private Zukunftssicherung einen Zuschuss in Höhe von 50 % der Lebensversicherungsprämie, jedoch nicht mehr als die Hälfte des Höchstbetrags zur gesetzlichen Angestellten-Rentenversicherung.

f) Die Gesellschaft beteiligt sich ferner an den Kosten zur privaten Krankenversicherung entsprechend den gesetzlichen Vorschriften bis zur Höhe des jeweiligen Arbeitgeberzuschusses zur Krankenversicherung, höchstens jedoch den Arbeitgeberanteil zur Pflichtkrankenkasse.

Die entsprechenden Aufwendungen sind jeweils nachzuweisen.

4. Fortzahlung der Bezüge bei Krankheit und Tod

a) Bei einer über neun Monate andauernden Arbeitsunfähigkeit kann die Gesellschaft in begründeten Fällen eine ab dem zehnten Monat zu gewährende, weitere Beihilfe festlegen.

b) Mit den im Todesfall des Vorstandsmitglieds fortgezahlten Bezügen wird eine Minderung der auf die Angehörigen möglicherweise zukommenden finanziellen Belastungen angestrebt.

Die Zahlung erfolgt an die im Anstellungsvertrag genannten anspruchsberechtigten Angehörigen.

5. Versicherungsschutz

a) Die Versicherungsprämie für die zusätzliche Unfallversicherung wird von der Gesellschaft getragen. Sie ist als geldwerter Vorteil vom Vorstandsmitglied zu versteuern.

Dem Vorstandsmitglied bleibt es überlassen, im Rahmen einer freiwilligen Zusatzversicherung zu seinen Lasten höhere Versicherungssummen zu vereinbaren.

b) Im Versicherungsfall werden die Leistungen des Versicherers an das Vorstandsmitglied bzw an die von ihm benannten anspruchsberechtigten Angehörigen weitergeleitet.

Die Zahlung erfolgt nur einmal und in nachstehender Reihenfolge, sofern das Vorstandsmitglied nicht Rangfolge und/oder Personen aus diesem Kreis selbst bestimmt hat:

aa) an seinen Ehegatten

bb) an sein/seine unterhaltsberechtigtes/ten Kinder

cc) an seine Eltern

dd) an andere vom Vorstandsmitglied benannte Personen.

Gibt es bei den genannten Personen bb) bis dd) mehrere Anspruchsberechtigte, wird die Versicherungssumme auf sie zu gleichen Teilen aufgeteilt.

c) Es gelten die Versicherungsbedingungen des Versicherungsvertrages.

6. Kostenerstattung

a) Umzugskosten

Die Kosten für einen dienstlich notwendigen Umzug werden bei Neueinstellung und aus Anlass einer Versetzung an einen anderen Dienstort von der Gesellschaft in angemessenem Rahmen übernommen.

Zu den im Einzelnen nachzuweisenden Kosten zählen die reinen Speditionskosten, die Kosten für Versicherung und ggf Übersiedlung der Familie (Fahrt und Hotelkosten).

Darüber hinaus wird für sonstige, im Einzelnen nicht nachzuweisende Kosten des Umzuges eine Pauschale in Höhe von max. ... EUR brutto gezahlt.

b) Trennungsentschädigung

Für die dienstlich notwendige Dauer der getrennten Haushaltsführung im Zusammenhang mit einem Umzug oder einer Versetzung, längstens für die Dauer von sechs Monaten, erhält das Vorstandsmitglied eine monatliche Trennungsentschädigung entsprechend den steuerlichen Möglichkeiten oder pauschal in Höhe von monatlich ... EUR brutto.

Die Trennungsentschädigung wird zusammen mit den monatlichen Bezügen ausgezahlt.

c) Maklergebühren

Bei der Wohnungsbeschaffung ist die Gesellschaft im Rahmen ihrer Möglichkeiten behilflich.

Sofern für die Wohnungsbeschaffung ein Makler eingeschaltet werden muss, übernimmt die Gesellschaft die Maklerkosten bei Wohnungsmiete bis zu zwei Monatsmieten. Bei Haus- oder Wohnungskauf wird ein Betrag bis zu zwei Monatsmieten vergleichbarer Miethäuser bzw Mietwohnungen unter Berücksichtigung der steuerlichen Vorschriften erstattet.

d) Telefonkosten

Anstelle der pauschalen Kostenerstattung in Höhe von 50 % der monatlichen Gesprächsgebühren erstattet die Gesellschaft die monatlich nachgewiesenen Einzelkosten für dienstlich veranlasste Telefongespräche. Alle übrigen Telefonkosten hat das Vorstandsmitglied selbst zu tragen.

Die Kostenerstattung erfolgt unter Berücksichtigung der jeweils geltenden steuerlichen Vorschriften.

e) Reisekosten

Die Reise-, Übernachtungs- und Verpflegungskosten sowie die Kosten der Bewirtung von Geschäftsfreunden haben sich dem Anlass entsprechend in einem angemessenen Rahmen zu halten.

Für die Erstattung sind grundsätzlich entsprechende Belege vorzulegen, die den steuerlichen Vorschriften genügen.

Die für die Reise- und Bewirtungskosten anfallenden Steuern werden von der Gesellschaft übernommen.

7. Urlaub

Es liegt im Interesse der Gesellschaft, dass das Vorstandsmitglied den ihm im Jahr zustehenden Erholungsurlaub nimmt.

Kann das Vorstandsmitglied seinen Jahresurlaub nur teilweise nehmen, weil die Interessen der Gesellschaft entgegenstehen, ist eine Übertragung des Resturlaubs auf das folgende Kalenderjahr möglich. Der Resturlaub muss bis zum 30. Juni genommen werden, danach verfällt er ersatzlos.

Eine Urlaubsabgeltung erfolgt nicht.

8. Nebentätigkeit, Wettbewerbsverbot

a) Auf Wunsch der Gesellschaft wird das Vorstandsmitglied für andere Unternehmen, an denen Beteiligungen oder ähnliche Interessen der Gesellschaft bestehen, in im Einzelnen zu vereinbarender Weise tätig werden. In allen anderen Fällen, insbesondere bei Unternehmensbeteiligungen und Mitwirkungen auf eigenen Wunsch ist die vorherige Zustimmung einzuholen.

Der Erwerb von Aktien und/oder Geschäftsanteilen, die keinen Einfluss auf die Organe der betreffenden Gesellschaften ermöglichen, fallen nicht unter die genannte Zustimmungspflicht.

b) Eine Wettbewerbstätigkeit während der Anstellung verbietet sich für das Vorstandsmitglied aufgrund seiner allgemeinen vertraglichen Treuepflicht.

Ein nachvertraglich wirkendes Wettbewerbsverbot wird nur dann in den Anstellungsvertrag aufgenommen, wenn eine der beiden vertragsschließenden Parteien dies ausdrücklich wünscht.

9. Vertragslaufzeit, Kündigung

a) Der Anstellungsvertrag eines Vorstandsmitglieds wird als zeitlich befristeter Vertrag abgeschlossen.

Die Vertragslaufzeit für Vorstandsmitglieder beträgt höchstens fünf Jahre. Das Anstellungsverhältnis endet daher mit Zeitablauf.

b) Für eine vorzeitige Kündigung „aus wichtigem Grund" gelten die gesetzlichen Bestimmungen.

c) Die Gesellschaft ist berechtigt, das Vorstandsmitglied unter Weiterzahlung seiner Bezüge für den Zeitraum zwischen der Erklärung über die Nichtverlängerung bzw Kündigung seines Vertrages und der rechtlichen Beendigung des Anstellungsvertrages jederzeit zu beurlauben.

Ein Anspruch auf Weiterbeschäftigung während dieser Zeit besteht nicht.

d) Das Vorstandsmitglied hat Anspruch auf Erteilung eines Zeugnisses.

2. Muster: Vorstandsvertrag (nicht börsennotierte AG) mit Koppelungsklausel

Dienstvertrag

zwischen

der ...

vertreten durch den Vorsitzenden des Aufsichtsrats

– nachfolgend „Gesellschaft" genannt –

– einerseits –

und

Herrn ...

– nachfolgend „Vorstand" genannt –

– andererseits –

Herr ... wird mit Wirkung vom ... zum ordentlichen Mitglied und Sprecher des Vorstands der Gesellschaft bestellt.

§ 1 Geschäftsführung

(1) Der Vorstand ist in Gemeinschaft mit anderen Vorstandsmitgliedern für die Gesamtleitung der Gesellschaft verantwortlich. Seine Rechte und Pflichten ergeben sich aus dem Gesetz, der Satzung, der Geschäftsordnung für den Vorstand in ihrer jeweils geltenden Fassung und diesem Vertrag.

(2) Das Vorstandsmitglied wird – unbeschadet der Verantwortung des Gesamt-Vorstands – gemäß dem Geschäftsverteilungsplan die Position des Technologie-Vorstands (CTO) übernehmen. Umfang und Inhalt der Ressort-Zuständigkeit können durch entsprechende Änderung des Geschäftsverteilungsplans jederzeit entsprechend der Entwicklung und den Anforderungen der Gesellschaft angepasst werden.

(3) Das Vorstandsmitglied nimmt die Rechte und Pflichten eines Arbeitgebers im Sinne der arbeits- und sozialrechtlichen Vorschriften wahr.

(4) Der Vorstand wird bei der Leitung der Gesellschaft im Sinne der Gesellschaft die Empfehlungen und Anregungen des DCGK berücksichtigen und dem Aufsichtsrat einmal jährlich schriftlich erläutern, welche Empfehlungen und Anregungen er nicht berücksichtigt hat samt Begründung.

§ 2 Nebentätigkeit

(1) Der Vorstand hat seine volle Arbeitskraft ausschließlich der Gesellschaft zu widmen und deren Interessen und Belange unter Beachtung größter Sorgfalt jederzeit zu wahren und zu fördern.

(2) Ohne vorherige schriftliche Zustimmung des Aufsichtsrats der Gesellschaft darf der Vorstand keinerlei andere geschäftliche oder gewerbliche Tätigkeit – sei es entgeltlich oder unentgeltlich – ausüben, sich an keinem gleichartigen oder branchenverwandten Unternehmen beteiligen, keine Aufsichtsratsmandate oder ähnliche Funktionen übernehmen und auch Ehrenämter nur annehmen, soweit eine gesetzliche Annahmepflicht besteht.

(3) Das Vorstandsmitglied wird auf Verlangen der Gesellschaft auch Tätigkeiten, insbesondere Aufsichtsratsmandate oder ähnliche, in mit der Gesellschaft nach §§ 15 ff AktG verbundenen Unternehmen sowie ehrenamtliche Funktionen in Organisationen und Verbänden übernehmen. Aufgrund seiner Stellung in der Gesellschaft übernommene Aufsichtsratsmandate, ähnliche Funktionen und Ehrenämter hat der Vorstand bei seinem Ausscheiden aus dem aktiven Dienst der Gesellschaft zur Verfügung zu stellen. Auf ihren Wunsch hat er sich dafür einzusetzen, dass eine andere von der Gesellschaft benannte Person an seine Stelle tritt. Zur Niederlegung eines aufgrund seiner Stellung in der Gesellschaft übernommenen Aufsichtsratsmandats, einer ähnlichen Funktion oder eines Ehrenamtes ist der Vorstand jederzeit verpflichtet, wenn er durch Beschluss des Aufsichtsrats hierzu aufgefordert wird.

(4) Bezüge, die der Vorstand aus Aufsichtsratsmandaten oder vergleichbaren Mandaten bei Gesellschaften der ...-Gruppe oder deren Gemeinschaftsunternehmen mit anderen Partnern erhält, werden auf die von der Gesellschaft nach § 4 Abs. 1 dieses Vertrages zu zahlenden Bezüge angerechnet. Dies gilt auch für 50 % der Bezüge aus konzernfremden Mandaten.

Der Vorstand wird jeweils am Anfang eines Jahres dem Vorsitzenden des Aufsichtsrats eine Aufstellung über die Höhe seiner Bezüge aus vorgenannten Mandaten für das abgelaufene Jahr unaufgefordert zur Verfügung stellen.

§ 3 Geheimhaltungs-/Verschwiegenheitspflichten

(1) Der Vorstand hat in allen Angelegenheiten der Gesellschaft gegenüber Dritten strengste Verschwiegenheit zu wahren. Die Verpflichtung besteht auch in der Zeit nach Beendigung des Dienstvertrages.

(2) Alle die Gesellschaft betreffenden Bücher, Schriften und Unterlagen sowie gespeicherten Daten, die sich im Besitz des Vorstands befinden, bleiben Eigentum der Gesellschaft. Der Vorstand hat sie nebst davon hergestellten Abschriften oder Kopien auf Verlangen jederzeit, bei Beendigung des Dienstverhältnisses ohne besondere Aufforderung, dem Vorsitzenden des Aufsichtsrats auszuhändigen. Diese Verpflichtung bezieht sich auch auf Schriftstücke sowie gespeicherte Daten, die an den Vorstand persönlich, jedoch in seiner Eigenschaft als Mitglied des Vorstands der Gesellschaft gerichtet sind.

(3) Die Verschwiegenheitspflicht nach den vorstehenden Abs. 1 und 2 erstreckt sich auch auf Angelegenheiten und Bücher, Schriften und Unterlagen sowie gespeicherte Dateien von Unternehmen, mit denen die Gesellschaft nach §§ 15 ff AktG verbunden ist.

§ 4 Vergütung

(1) Als Vergütung für seine Tätigkeit erhält der Vorstand folgende Bezüge:

a) ein festes Jahresgehalt von ... EUR brutto (in Worten: ... Euro brutto), das in zwölf gleichen Monatsraten zum 25. eines jeden Monats fällig ist.

b) einen Jahresbonus (Short-Term-Bonus), der sich an der Erreichung von zu Jahresbeginn festgelegten Jahreszielen orientiert. Die Jahresziele sind mit dem Vorstand zu Jahresbeginn zu besprechen und schriftlich festzuhalten. Der Zielbonus von 100 % beträgt für das Jahr ... EUR und ist auf 200 % gedeckelt.

c) Der Vorstand erhält einen Long-Term-Bonus für die Jahre ... bis ... (Laufzeit: drei Jahre) mit einem Zielbetrag (bei 100 % Zielerreichung) in Höhe von ... brutto (in Worten: ... EUR brutto).

Der jeweilige Zielerreichungsgrad wird vom Aufsichtsrat nach billigem Ermessen bestimmt und schriftlich mitgeteilt.

Die Auszahlung des Short-Term-Bonus erfolgt, nachdem der Jahresabschluss für das betreffende Geschäftsjahr festgestellt worden ist, und zwar möglichst mit der darauf folgenden Gehaltsabrechnung. Die Auszahlung des Long-Term-Bonus erfolgt, nachdem der Jahresabschluss für das letzte Jahr der Laufzeit festgestellt worden ist.

(2) Soweit die Laufzeit dieses Vertrages sich nicht mit dem Geschäftsjahr deckt, werden die Bezüge zeitanteilig berechnet.

§ 5 Dienstreisen und Dienstwagen

(1) Der Vorstand erhält im Rahmen des steuerlich Zulässigen Ersatz seiner Aufwendungen, die im Interesse der Gesellschaft erforderlich sind. Bei Dienstreisen werden ihm die entstandenen Fahrtkosten erstattet und angemessene Tages- und Übernachtungsgelder gewährt. Es gelten die Reisekostenrichtlinien der Gesellschaft.

(2) Die Gesellschaft stellt dem Vorstand auf Wunsch einen Dienstwagen zur Verfügung, den dieser auch privat nutzen kann. Die aus der privaten Nutzung anfallende Steuer trägt der Vorstand.

§ 6 Arbeitsverhinderung/Entgeltfortzahlung

(1) Im Falle vorübergehender Arbeitsunfähigkeit hat der Vorstand Anspruch auf Fortzahlung seiner Bezüge für die Dauer von drei Monaten, längstens aber bis zur Beendigung dieses Dienstvertrages.

(2) Stirbt das Vorstandsmitglied während der Dauer dieses Dienstvertrages, so hat seine Ehefrau Anspruch auf Fortzahlung des Gehalts gem. § 4 Abs. 1 für den Sterbemonat und die drei darauf folgenden Monate. Sofern die Ehe vor dem Zeitpunkt des Todes nicht mehr bestanden hat, erhalten diese Bezüge seine minderjährigen Kinder, wobei der Anspruch mit Eintritt der Volljährigkeit wegfällt.

§ 7 Urlaub

(1) Der Vorstand hat Anspruch auf einen Jahresurlaub von 30 Arbeitstagen. Die Urlaubzeit ist im Einvernehmen mit den übrigen Mitgliedern des Vorstands und dem Vorsitzenden des Aufsichtsrats festzulegen.

(2) Kann das Vorstandsmitglied seinen Jahresurlaub nicht nehmen, weil die Interessen der Gesellschaft dem entgegenstehen, so ist der Urlaubsanspruch bis zum 31. März des Folgejahres zu übertragen. Kann der übertragene Urlaub auch bis zu diesem Zeitpunkt vom Vorstandsmitglied nicht genommen werden, so verfällt der Urlaubsanspruch vorbehaltlich einer abweichenden Vereinbarung.

§ 8 Vertragsbeginn/-dauer

(1) Dieser Vertrag wird für die Zeit vom ... bis ... geschlossen.

(2) Er verlängert sich jeweils um den Zeitraum, für den die Amtszeit des Vorstands als Vorstandsmitglied der Gesellschaft durch Beschluss des Aufsichtsrats verlängert wird. Der Aufsichtsrat wird dem Vorstand spätestens sechs Monate vor Ablauf eine Erklärung darüber abgeben, ob die Verlängerung der Amtszeit vorgesehen ist.

(3) Widerruft der Aufsichtsrat die Bestellung des Vorstands zum Mitglied des Vorstands aus wichtigem Grund, so endet dieser Vertrag mit dem Zeitpunkt mit Ablauf der Kündigungsfrist des § 622 BGB, nach dem der Widerruf wirksam wird.

§ 9 Betriebliche Altersvorsorge/Vorsorgeuntersuchung

(1) Dem Vorstand werden mit gesonderter Vereinbarung Leistungen betrieblicher Altersversorgung zugesagt.

(2) Der Vorstand erhält das Recht auf eine ärztliche Vorsorgeuntersuchung bei der Deutsche Klinik für Diagnostik (DKD). Die Gesellschaft übernimmt die über das Leistungsangebot der Krankenversicherung des Vorstands hinausgehenden Kosten. Die Versteuerung geht zu Lasten des Vorstands.

§ 10 Versicherungen

(1) Die Gesellschaft schließt für den Vorstand eine Unfallversicherung ab, die im Todesfall eine Zahlung von 383.000 EUR und im Invaliditätsfall von max. 766.000 EUR vorsieht. Die Prämie trägt die Gesellschaft, die Versteuerung erfolgt im Rahmen der monatlichen Gehaltsabrechnung zu Lasten des Vorstands.

(2) Der Vorstand erhält eine Reisegepäckversicherung für den dienstlichen und privaten Bereich mit einer Versicherungssumme von 5.000 EUR. Die Prämie trägt die Gesellschaft, die Versteuerung erfolgt im Rahmen der monatlichen Gehaltsabrechnung zu Lasten des Vorstands.

(3) Die Gesellschaft unterhält zu Gunsten von Vorstand und Aufsichtsrat eine Vermögensschadens-Haftpflichtversicherung mit einer Deckungssumme von wenigstens 10 Mio. EUR im Schadensfall (einfach p.a.) mit einem Selbstbehalt des Vorstandsmitglieds von mindestens 10% des Schadens bis mindestens zur Höhe des Eineinhalbfachen der festen jährlichen Vergütung des Vorstandsmitglieds nach § 4 Abs. 1 dieses Vertrages.

§ 11 Nachvertragliches Wettbewerbsverbot

(1) Der Vorstand darf während der zwölf auf die Beendigung seines Dienstvertrages folgenden Monate (Karenzzeit) in kein anderes Unternehmen der Branche – in welcher Eigenschaft auch immer – eintreten, es gründen, sich an ihm beteiligen oder einem solchen Unternehmen mit Rat und Tat zur Seite stehen. Er hat in dieser Zeit auch alle sonstigen Handlungen zu unterlassen, die den geschäftlichen Interessen der Gesellschaft zuwiderlaufen.

(2) Die Gesellschaft kann unter Einhaltung einer Ankündigungsfrist von sechs Monaten auf die Einhaltung von § 11 Abs. 1 verzichten. Im Übrigen kann sie im gegenseitigen Einvernehmen modifiziert oder aufgehoben werden.

§ 1 Verträge mit Arbeitnehmern, freien Mitarbeitern und Gesellschaftsorganen

(3)

a) Während der Karenzzeit ist die Gesellschaft verpflichtet, dem Vorstand die Hälfte des festen Jahresgehalts (§ 4 Abs. 1 Buchst. a) weiterzuvergüten, das er zuletzt bei ihr bezogen hat, sowie ein Viertel der variablen Vergütung (§ 4 Abs. 1 Buchst. b). Dabei ist die Grundlage für die Berechnung der Höhe die durchschnittliche variable Vergütung der letzten drei Jahre vor Beendigung des Dienstvertrages anzusetzen. Eventuelle Ruhegeldleistungen der Versorgungsregelung werden auf die Karenzentschädigung angerechnet.

b) Auf die Karenzentschädigung wird darüber hinaus alles angerechnet, was der Vorstand während der Dauer des Wettbewerbsverbots durch anderweitige Verwertung seiner Arbeitskraft erwirbt oder zu erwerben böswillig unterlässt, sofern die Entschädigung unter Hinzurechnung dieses Betrags die zuletzt bezogenen Bezüge um mehr als 1/10, bei Verlegung des Wohnsitzes an einen anderen Ort um mehr als 1/4, übersteigt.

c) Der Vorstand verpflichtet sich, während der Dauer des Wettbewerbsverbots über die anderweitigen und nach Abs. 3 Buchst. b anzurechnenden Einkünfte zum Ende eines jeden Quartals unaufgefordert Auskunft zu geben und die Auskunft auf Anforderung zu belegen sowie die Anschrift seines jeweiligen Arbeitgebers mitzuteilen.

§ 12 Beendigung

Wird das Vertragsverhältnis nicht gem. § 8 Abs. 2 verlängert und endet, so erhält das Vorstandsmitglied eine Abfindung in Höhe von ... EUR, die mit Beendigung des Dienstverhältnisses zur Zahlung fällig ist.

§ 13 Schlussbestimmungen

(1) Die Unwirksamkeit einer Vertragsbestimmung lässt die Wirksamkeit der übrigen Vertragsbestimmungen unberührt. In einem solchen Fall soll eine Regelung gefunden werden, die dem Sinn und Zweck der entfallenen Bestimmung entspricht.

(2) Änderungen und Ergänzungen sowie die Aufhebung dieses Dienstvertrages bedürfen der Schriftform. Das gilt auch für die Aufhebung des Schriftformerfordernisses. § 305 b BGB bleibt unberührt.

3. Muster: Vorstandsvertrag mit Pensionsvertrag und Anschlussarbeitsverhältnis

Vorstandsvertrag

Zwischen

...

– nachfolgend „AG" genannt –

und

Herrn ...

wird Folgendes vereinbart:

(1) Herr ... ist mit Aufsichtsratsbeschluss vom ... zum Vorstandsmitglied bestellt worden. Die Vorstandsbestellung läuft vom ... bis ... Der Vertrag wird entsprechend bis zum ... abgeschlossen. Wird Herr ... aus wichtigem Grund gem. § 84 Abs. 3 AktG als Mitglied des Vorstands abberufen und endet dieser Vertrag, so vereinbaren die Vertragsparteien bereits jetzt eine Weiterbeschäftigung von Herrn ... als Leiter ... in einem Arbeitsverhältnis gemäß Anlage 1 zu diesem Vertrag.[358]

---

[358] Nach BAG 26.8.2009 – 5 AZR 522/08, NZA 2009, 1205 ist die Vereinbarung eines sog. Anschlussarbeitsverhältnisses nicht grundsätzlich wegen Verstoßes gegen § 84 AktG unwirksam, sondern kann erfolgen, wenn das Vertragsverhältnis nicht 1:1 fortgesetzt wird, sondern tatsächlich eine Weiterbeschäftigung zu geänderten (schlechteren) Konditionen (ähnlich anderer leitender Angestellter im Unternehmen) vereinbart wird.

Herr ... hat in Gemeinschaft mit anderen Vorstandsmitgliedern die Geschäfte der Gesellschaft nach Maßgabe der Gesetze, der Satzung und einer Geschäftsordnung zu führen. Über die Verteilung der Arbeitsgebiete sowie über den Erlass der Geschäftsordnung haben sich die Vorstandsmitglieder nach Aussprache mit dem Vorsitzenden des Aufsichtsrats untereinander zu verständigen. Im Nichteinigungsfalle erfolgen die Verteilung der Arbeitsgebiete und der Erlass der Geschäftsordnung durch den Vorsitzenden des Aufsichtsrats.

(2) Herr ... hat der AG sein ganzes Wissen und Können und seine volle Arbeitskraft zur Verfügung zu stellen. Die Übernahme einer entgeltlichen oder unentgeltlichen nebenamtlichen Tätigkeit bedarf der Zustimmung des Vorsitzenden des Aufsichtsrats. Dies gilt insbesondere für die Übernahme von Aufsichtsrats- oder ähnlichen Mandaten bei nicht zum Interessenkreis der AG gehörenden Gesellschaften.

(3) Herr ... hat in allen Angelegenheiten der Gesellschaft Außenstehenden gegenüber strengste Verschwiegenheit zu wahren. Er ist insbesondere verpflichtet, alles, was er von der AG oder von den zu deren Interessenkreis gehörenden Gesellschaften oder Werken über deren geschäftliche Tätigkeit, über Verfahren, Apparate, Maschinen oder sonstige technische und geschäftliche Angelegenheiten kennenlernt, streng geheim zu halten, nichts darüber zu veröffentlichen und keinem Dritten gegenüber etwas mitzuteilen, weder mittelbar noch unmittelbar für sich oder Dritte davon Gebrauch zu machen, soweit sich derartige Mitteilungen nicht aus dem Geschäftsgang selbst ergeben. Diese Verpflichtung besteht auch für die Zeit nach Beendigung des Dienstvertrages.

Geschäfts- und Betriebsgeheimnisse sind solche Angelegenheiten, die ihrer Natur nach geheim zu halten sind und deren unbefugte Benutzung oder unbefugte Bekanntgabe an Dritte einen geschäftlichen Nachteil für die AG oder für in deren Interessenkreis gehörende Gesellschaften zur Folge haben kann oder solche Angelegenheiten, die ausdrücklich als geheimhaltungsbedürftig bezeichnet wurden.

(4) Macht Herr ... Erfindungen, so gehen die Rechte daraus jeweils sofort auf die AG über, ohne dass es eines weiteren Rechtsaktes bedarf. Herr ... ist verpflichtet, etwa erforderliche Formalitäten zu erfüllen, um der AG oder ihren Beauftragten das uneingeschränkte Verfügungsrecht über solche Erfindungen zu verschaffen. Das Recht, bei etwaigen Patentanmeldungen als Erfinder genannt zu werden, bleibt unberührt. Die AG kann solche Erfindungen nach freiem Ermessen verwerten, ohne dass Herrn ... ein Anspruch auf Vergütung zusteht. Der etwaige Anspruch auf Erfindervergütung gilt vielmehr als durch seine Bezüge (Ziffer 5) mit abgegolten.

(5) Herr ... erhält als Gegenleistung für die der AG gegenüber übernommenen Verpflichtungen:

a) ein festes Gehalt (Fixum) von ... EUR jährlich, zahlbar in monatlichen Raten jeweils am Monatsende.

Etwaige andere Bezüge, die Herr ... von der Gesellschaft oder von anderen Gesellschaften bezieht, welche mit der Gesellschaft durch ein Beteiligungsverhältnis oder in sonstiger Weise verbunden sind, werden auf das Fixum angerechnet.

b) eine Tantieme (Short Term Incentive), welche jährlich vom Aufsichtsrat nach pflichtgemäßem Ermessen festgelegt wird und am Tage der Hauptversammlung, die über das abgelaufene Geschäftsjahr Beschluss fasst, fällig ist. Diese Tantieme ist mit 50 % der Festbezüge (Fixum) garantiert.

c) eine am Erfolg der dreijährigen Bestellungsperiode orientierte Prämie (Long Term Incentive), welche an der Erreichung vereinbarter Ziele gemessen und zu 1/3 nach Ablauf eines Jahres ausbezahlt wird.

d) Sollte der Aufsichtsrat die Wiederbestellung des Herrn ... nach Ablauf von vier Jahren nicht vornehmen, ohne dass ein wichtiger Grund für die Nichtverlängerung des Vertrages vorliegt, erhält dieser nach Beendigung des Bestellungszeitraums für ein weiteres Jahr die vollen Bezüge als Abfindung, auf die eventuelle Pensionsansprüche anzurechnen sind. Diese Regelung gilt nur so lange, bis Herr ... das 60. Lebensjahr erreicht hat. Vor Ablauf des vierten Jahres der Bestellung soll die Frage der Wiederbestellung diskutiert werden, ggf sind Herrn ... spätestens neun Monate vor Ablauf der Amtszeit die Absicht einer erneuten Bestellung sowie die hiefür vorgesehenen Vertragskonditionen mitzuteilen.

e) Die Vorstandsbezüge werden vom Aufsichtsrat in der Regel alle zwei Jahre überprüft.

f) Der Aufsichtsrat ist befugt, in Ansehung von außergewöhnlichen Sonderleistungen des Vorstands für die Gesellschaft mit zukunftsbezogenem Nutzen einmalige Sondervergütungen mit belohnendem Charakter zuzusagen.[359]

(6) Herr ... hat Anspruch auf 32 Arbeitstage Urlaub. Die Daten werden im Vorstand untereinander abgestimmt.

(7) Im Falle von Arbeitsunfähigkeit infolge eines Unfalles oder einer Erkrankung sowie im Falle eines ärztlich verordneten Kuraufenthalts, der nicht auf den Jahresurlaub angerechnet wird, werden das Gehalt gem. Ziffer 5 Buchst. a) und der garantierte Teil von Buchst. b) bis Vertragsende weitergezahlt.

(8) Hinsichtlich der Alters-, Invaliden- und Hinterbliebenenrente wird auf den Pensionsvertrag vom heutigen Tage verwiesen.

Etwaige Pensionsbezüge, die Herr ... von anderen Gesellschaften bezieht, welche mit der Gesellschaft durch ein Beteiligungsverhältnis oder in sonstiger Weise verbunden sind, werden auf die Pension angerechnet, falls nicht ausdrücklich unter Bezugnahme auf diese Bestimmung etwas anderes schriftlich vereinbart wird.

(9) Reisekosten werden entsprechend den jeweils geltenden Richtlinien für Dienstreisen erstattet.

(10) Bei Pensionierung aus Invaliditätsgründen – Berufsunfähigkeit – wird das Gehalt für die Dauer von zwölf Monaten weitergezahlt. Erst danach werden die Pensionsbezüge fällig.

Wird der Vertrag durch Tod beendet, so erhalten nahe Angehörige (Ehegatten, Eltern, Kinder) das volle Gehalt zunächst für sechs Monate fortgezahlt.

(11) Herr ... wird für die Dauer seiner Beschäftigung bei der AG in die bestehende Gruppenunfallversicherung aufgenommen. Die Deckungssummen betragen 255.500 EUR für den Todesfall und 510.000 EUR für den Invaliditätsfall.

Versicherungsschutz wird gewährt auf Unfälle sowohl innerhalb als auch außerhalb der beruflichen Tätigkeit. Der Versicherungsschutz erlischt spätestens mit Beendigung des Dienstverhältnisses bei der AG.

(12) Die AG unterhält zu Gunsten von Vorstand und Aufsichtsrat eine Vermögensschadens-Haftpflichtversicherung mit einer Deckungssumme von wenigstens 10 Mio. EUR im Schadensfall (einfach p.a.) mit einem Selbstbehalt des Vorstandsmitglieds von mindestens 10 % des Schadens bis mindestens zur Höhe des Eineinhalbfachen der festen jährlichen Vergütung des Vorstandsmitglieds nach Ziff. 5 Buchst. a) dieses Vertrages.

(13) Herr ... hat bei seinem Ausscheiden alle noch in seinem Besitz befindlichen Drucksachen, Urkunden, Aufzeichnungen, Notizen, Entwürfe und dergleichen über Angelegenheiten der AG oder der zu ihrem Interessenkreis gehörigen Gesellschaften vollständig zu übergeben. Diese Verpflichtung bezieht sich auch auf Schriftstücke, die an ihn persönlich, jedoch in seiner Eigenschaft als Vorstandsmitglied gerichtet worden sind, und auf Durchschriften von Schriftstücken, die er persönlich, jedoch in seiner Eigenschaft als Vorstandsmitglied dritten Personen hat zugehen lassen. Ein Zurückbehaltungsrecht darf an solchen Schriftstücken nicht ausgeübt werden.

(14) Herr ... hat bei seinem Ausscheiden Aufsichtsrats- und ähnliche Mandate aus dem Interessenkreis der AG niederzulegen, es sei denn, der Aufsichtsrat trifft eine abweichende Regelung.

(15) Sobald Herr ... von der AG gemäß dem unter Ziffer 8 des Vertrages erwähnten Pensionsvertrag Pension bezieht, darf er nicht in ein Konkurrenzunternehmen eintreten oder sich anderweitig in Konkurrenz zur AG oder der zu ihrem Interessenkreis gehörenden Gesellschaften betätigen. Er darf Geschäfts- und Betriebsgeheimnisse nicht unbefugterweise Dritten zur Kenntnis bringen.

Werden die AG oder die zu ihrem Interessenkreis gehörigen Gesellschaften durch vorsätzliche Zuwiderhandlungen gegen diese Verpflichtungen empfindlich geschädigt, so kann die Pension nach dem Ermessen der AG

---

[359] Eine solche Klausel bietet sich aus Sicht des Aufsichtsrats und des Vorstands als Folge des Mannesmann-Urteils des BGH (21.12.2005 – 3 StR 470/04, NJW 2006, 522) an; vgl auch Muster 1912 (§ 6 Ziff. 7).

gekürzt werden, ohne dass die Karenzverpflichtung entfällt oder weitergehende Schadensersatzansprüche ausgeschlossen sind. § 87 Abs. 2 AktG bleibt unberührt.

Die Verpflichtungen aus Ziffer 15 können Herrn ... auf die Dauer von 18 Monaten auch dann auferlegt werden, wenn er noch keine Pension bezieht. Macht die AG von diesem Recht Gebrauch, so zahlt sie Herrn ... während dieser Zeit die vollen Bezüge (festes Gehalt und Tantiemen), wie sie im Durchschnitt in den letzten zwölf Monaten vor Vertragsende ausbezahlt wurden.

Im Übrigen gelten die Bestimmungen der §§ 74 und 75 c des Handelsgesetzbuches entsprechend.

Pensionsvertrag

zwischen

...

– nachstehend „AG" genannt –

und

Herrn ...

§ 1

Dieser Vertrag ist Teil des am gleichen Tage abgeschlossenen Vorstandsvertrages der AG und Herrn ....

§ 2

1. Scheidet Herr ... bei der AG aus,

a) nachdem er das 63. Lebensjahr vollendet hat oder

b) weil er infolge Schwächung seiner körperlichen oder geistigen Leistungsfähigkeit zur Erfüllung seiner Dienstpflichten dauernd unfähig geworden ist oder

c) weil ihm die Firma aus wichtigem Grunde gekündigt hat, es sei denn, dass diese Kündigung der AG zu einem Widerruf der Pensionszusage berechtigte, oder

d) weil die Laufzeit der aktienrechtlichen Bestellung beendet ist und der Aufsichtsrat eine Neubestellung nicht vornimmt, obwohl Herr ... eine solche wünscht,

so erhält er von der AG eine lebenslängliche Pension.

2. Mit Vollendung des 60. Lebensjahres kann Herr ... nach einem Voravis von zwölf Monaten den Eintritt in den Ruhestand verlangen. Das gleiche Recht steht dem Aufsichtsrat gegenüber Herrn ... zu.

§ 3

Die jährlich in monatlichen Raten zu zahlende Pension beträgt bei Vertragsbeginn 25 % des jährlichen Fixums, das Herr ... im letzten Jahr vor der Pensionierung erhalten hat. Der Prozentsatz von 25 % erhöht sich pro Dienstjahr um jeweils 3 % und erreicht damit nach 15 Dienstjahren, wenn Herr ... das 63. Lebensjahr vollenden wird, 70 % des jährlichen Fixums. Wird Herr ... nach Ablauf dieses Zeitpunktes für weitere Jahre vom Aufsichtsrat bestellt, erhöht sich der Prozentsatz nicht mehr.

Tritt der in § 2 Nr. 2 bezeichnete Fall dergestalt ein, dass der Aufsichtsrat trotz Bereitschaft des Herrn ... zur weiteren Vorstandstätigkeit seinen Eintritt in den Ruhestand verlangt, erhält Herr ... eine Pension von 65 % des Fixums.

§ 4

Die Pensionszahlung beginnt grundsätzlich mit dem Schluss des Zeitraums, für den Herr ... sein letztes Gehalt bezogen hat; im Falle von § 2 Nr. 1 Buchst. c und d mit Vollendung des 63. Lebensjahres.

§ 5

Stirbt Herr ... vor Erreichung des Pensionierungsalters, so erhält seine Witwe eine lebenslängliche Pension in Höhe von 60 % desjenigen Betrags, auf den Herr ... Anspruch gehabt hätte, wenn er zum Zeitpunkt seines Todes pensioniert worden wäre.

Stirbt Herr ... nach seiner Pensionierung, so erhält seine Witwe eine lebenslängliche Pension von 60 % der an Herrn ... zuletzt gezahlten Pension.

Die gemeinsamen ehelichen Kinder erhalten bis zur Erreichung. des 21. Lebensjahres und, soweit sie noch in der Berufsausbildung stehen, bis zum 27. Lebensjahr je 8 %, und nach dem Tode der Witwe je 16 % der Herrn ... zustehenden Pension (§ 5 Satz 1 und 2 kommt entsprechend zur Anwendung).

Bei einer etwaigen Wiederverheiratung der Witwe entfällt die Witwenpension.

Im Falle einer Wiederverheiratung von Herrn ... entfällt der Anspruch auf eine Witwenpension, falls die Ehefrau 15 Jahre jünger als ihr Ehemann ist.

§ 6

Die Hinterbliebenen-Pension beginnt mit dem Schluss des Zeitraums, für den Herr ... zuletzt Gehalt oder Pension bezogen hat bzw für den Gehaltsfortzahlung gewährt wurde.

§ 7

Pensionen an die Hinterbliebenen werden nicht gezahlt, soweit diese aus einer Ehe stammen, die erst nach Eintritt des Pensionsfalles geschlossen worden ist.

Neben den Ansprüchen aus diesem Pensionsvertrag können keine Ansprüche aus der Versorgungsordnung für Angestellte an die AG gestellt werden.

Neben der Versorgung aus diesem Pensionsvertrag erhält Herr ... keine weiteren Pensionszahlungen von Firmen aus dem Beteiligungs- und Interessenbereich der AG.

Der unverfallbare Anteil der Altersversorgung, auf die Herr ... aus bisherigen Tätigkeiten Anspruch hat, wird auf die Zahlungen aus diesem Vertrag angerechnet.

§ 8

Abweichend vom Gesetz zur Verbesserung der betrieblichen Altersversorgung (Betriebsrentengesetz) gilt:

Die Pensionsanwartschaft beginnt mit dem Zustandekommen des Pensionsvertrages und bleibt fortan unbedingter unverfallbarer Anspruch.

Das Verhältnis der Betriebszugehörigkeitsdauer zum Zeitraum zwischen Einstellung und Erreichen des Pensionsalters bleibt bei der Festlegung des Pensionsanspruchs unberücksichtigt.

Bei einem vorzeitigen Ausscheiden nach „n" Jahren wird der Pensionsanspruch durch folgende Formel bestimmt:

25 % + (n x 3 %) = Pensionsanspruch in % der Berechnungsbasis

4. Muster: Dienstvertrag eines Holding-Vorstands mit ausschließlich variabler Vergütung

Zwischen

der A AG ...

und

Herrn ...

wird folgender Dienstvertrag geschlossen.

Kapitel 3: Anstellungsverträge mit GmbH-Geschäftsführern und AG-Vorständen

§ 1

(1) Durch Beschluss des Aufsichtsrats der Gesellschaft (A AG) ist Herr ... zum ordentlichen Mitglied des Vorstands für die Zeit vom ... bis zum ... bestellt worden.[360]

(2) Herr ... ist in Gemeinschaft mit den anderen Vorstandsmitgliedern für die Gesamtleitung der Gesellschaft verantwortlich. Seine Rechte und Pflichten als Vorstandsmitglied ergeben sich aus dem Gesetz, der Satzung, der Geschäftsordnung einschließlich Geschäftsverteilungsplan, diesem Vertrag und den im Rahmen seiner Zuständigkeit erlassenen Beschlüssen des Aufsichtsrats.

(3) Herr ... nimmt seine Aufgaben als Vorstandsmitglied der A AG neben seiner Funktion als Vorstandsvorsitzender der B AG wahr. Seine Bestellung erfolgt im Hinblick auf seine Funktion bei der B AG. Die Regelungen dieses Dienstvertrages treten ergänzend neben die Regelungen des Dienstvertrages mit der B AG.

§ 2

(1) Herr ... hat die Interessen und Belange der Gesellschaft unter Beachtung größter Sorgfalt jederzeit zu wahren und zu fördern.

(2) Aufgrund seiner Stellung in der Gesellschaft übernommene Aufsichtsratsmandate, ähnliche Funktionen und Ehrenämter hat Herr ... bei seinem Ausscheiden der Gesellschaft zur Verfügung zu stellen. Auf ihren Wunsch hat er sich dafür einzusetzen, dass eine andere, von der Gesellschaft benannte Person an seine Stelle tritt. Zur Niederlegung eines aufgrund seiner Stellung in der Gesellschaft übernommenen Aufsichtsmandats und sonstiger Ämter (zB Geschäftsführung, Beirat) ist Herr ... jederzeit verpflichtet, wenn er durch Beschluss des Aufsichtsrats hierzu aufgefordert wird. Dabei ist jedoch auf etwaige gesetzlich oder behördlich vorgegebene Fristen Rücksicht zu nehmen. Ob es sich bei einem Aufsichtsratsmandat oder einem ähnlichen Posten um eine aufgrund der Stellung in der Gesellschaft übernommene Tätigkeit im Sinne dieser Bestimmung handelt, wird jeweils vor der Übernahme des Mandats im Einvernehmen mit dem Vorsitzenden des Aufsichtsrats festgestellt.

§ 3

(1) Herr ... ist verpflichtet, alle ihm durch seine Tätigkeit bei der Gesellschaft vermittelten Einblicke und Kenntnisse geheim zu halten, soweit deren Bekanntgabe für die Gesellschaft nachteilig sein könnte, es sei denn, dass im Rahmen pflichtgemäßer Tätigkeit eine Offenlegung zu erfolgen hat. Die Geheimhaltungspflicht besteht nach dem Ausscheiden aus der Gesellschaft fort.

(2) Herr ... ist verpflichtet, alle seine dienstliche Tätigkeit betreffenden Schriftstücke einschließlich seiner eigenen Aufzeichnungen geschäftlicher Art als anvertrautes Eigentum der Gesellschaft zu behandeln, sorgfältig unter Verschluss aufzubewahren und bei Beendigung des Dienstverhältnisses unaufgefordert vollzählig der Gesellschaft auszuhändigen.

(3) Für Veröffentlichungen, durch die die Interessen der Gesellschaft beeinträchtigt werden können, hat Herr ... die vorherige schriftliche Zustimmung des Vorsitzenden des Aufsichtsrats einzuholen.

§ 4

(1) Als Vergütung für seine Tätigkeit erhält Herr ... zusätzlich zu seinen Bezügen bei der B AG mit Wirkung ab ... jährlich und brutto eine Tantieme in Höhe von ... % des Konzernjahresüberschusses der Gesellschaft zzgl der ergebnisabhängigen Steuern. Die Tantieme ist jeweils am ersten Werktag nach dem Tag fällig, an dem

---

[360] Nach Ziff. 5.1.2 des Deutschen Corporate Governance Kodex soll bei einer Erstbestellung eines Vorstandsmitglieds der Zeitraum von fünf Jahren (§ 84 Abs. 1 Satz 1 und 2 AktG) nicht vorgesehen werden, sondern ein geringerer Zeitraum, wie bspw drei Jahre, gewählt werden. Der Beschluss des Aufsichtsrats über die Verlängerung darf frühestens ein Jahr vor Ablauf der Amtszeit gefasst werden, § 84 Abs. 1 Satz 1 AktG. Teilweise wird es als unzulässig angesehen, wenn im Dienstvertrag dem Vorstandsmitglied ein bestimmter Geschäftsbereich zugewiesen wird (MünchHandBAktiengesellschaft/*Wiesner*, § 22 Rn 16). Je nachdem, wer die Geschäftsordnung erlassen hat, ob Vorstand oder Aufsichtsrat, bedarf die Ressortzuweisung der Zustimmung des jeweiligen Organs (*Hüffer*, AktG, § 84 Rn 3).

die Hauptversammlung der Gesellschaft über die Verwendung des Bilanzgewinns des betreffenden Geschäftsjahres beschließt.

(2) Erstreckt sich die Tätigkeit des Herrn ... nicht auf ein volles Geschäftsjahr, so erhält er für jeden Monat des Geschäftsjahres, in dem er für die Gesellschaft tätig war, 1/12 der Vergütung nach Abs. 1. Bei Krankheit endet der Vergütungsanspruch nach sechs Monaten ab dem ersten vollen Monat der Erkrankung. Alle übrigen Nebenansprüche wie Urlaub etc. sind im Dienstvertrag mit der B AG geregelt.

§ 5

Herr ... erhält Ersatz seiner Aufwendungen, die ihm in Ausübung seiner Aufgaben im Rahmen dieses Vertrages entstehen, einschließlich Reise- und Bewirtungskosten, soweit diese nicht – dem Regelfall entsprechend – von der B AG getragen werden. Übersteigen diese Aufwendungen nach den steuerlichen Vorschriften zulässige Pauschbeträge, so sind sie im Einzelnen zu belegen.

§ 6

(1) Dieser Dienstvertrag wird mit Wirkung vom ... geschlossen und endet am ... .

(2) Nach Ablauf der Frist des Abs. 1 kann der Dienstvertrag in beiderseitigem Einvernehmen im Rahmen der gesetzlich zulässigen Zeitdauer fortgesetzt werden. Hierzu bedarf es eines Aufsichtsratsbeschlusses über die Verlängerung der Bestellung zum Vorstandsmitglied. Soweit im Falle der Verlängerung nicht ausdrücklich anderes vereinbart wird, gelten die bisherigen dienstvertraglichen Regelungen weiter.

(3) Sollte während der Laufzeit dieses Vertrages die Bestellung von Herrn ... zum Vorstandsmitglied der B AG enden, endet in jedem Falle damit auch seine Tätigkeit für die Gesellschaft, gleichgültig aus welchen Gründen die Bestellung zum Vorstandsmitglied der B AG endet. Dabei sind sich die Vertragsparteien einig, dass das Ende der Bestellung zum Vorstandsmitglied der B AG als wichtiger Grund für den Widerruf der Bestellung zum Vorstandsmitglied der A AG gilt. Im Übrigen wird Herr ... nach dem Ausscheiden aus dem Vorstand der B AG auf erste Anforderung des Aufsichtsrats unverzüglich die Niederlegung seines Amtes als Vorstandsmitglied der A AG erklären.

(4) Zwischen den Vertragsparteien wird vereinbart, dass eine Kündigung durch die A AG aus Anlass eines Betriebsübergangs unzulässig ist. Im Falle der Umwandlung der Gesellschaft steht Herrn ... ein Sonderkündigungsrecht zu, falls er in der nach der Umwandlung geschaffenen Gesellschaft nicht zum Organ bestellt werden sollte. Über das Sonderkündigungsrecht ist Herr ... befugt, mit einer Ankündigungsfrist von zwei Monaten aus der Gesellschaft auszuscheiden. Angesichts des in diesem Falle gesellschafterseitig veranlassten Ausscheidens erhält Herr ... eine Abfindung, die sich aus einer Kapitalisierung der voraussichtlichen Gesamtbezüge für die Restvertragslaufzeit und einen weiteren Betrag errechnet, der nach folgender Formel ermittelt wird: ...

§ 7

(1) Die Unwirksamkeit einer Vertragsbestimmung lässt die Wirksamkeit der übrigen Bestimmungen unberührt. Die Parteien sind in diesem Falle verpflichtet, die rechtsunwirksame Bestimmung durch eine rechtlich zulässige und mit den Bestimmungen dieses Vertrages in Einklang stehende Regelung zu ersetzen, die dem wirtschaftlich verfolgten Zweck der ungültigen Bestimmung am nächsten kommt.

(2) Für Rechtsstreitigkeiten im Zusammenhang mit diesem Dienstvertrag befindet sich der Gerichtsstand am Sitz der A AG.

(3) Änderungen und Ergänzungen dieses Vertrages bedürfen der Schriftform.

Dieses Exemplar ist doppelt ausgefertigt. Beide Vertragsparteien erhalten je ein unterschriebenes Exemplar.

... (Ort, Datum, Der Vorsitzende des Aufsichtsrats)

... (Ort, Datum, Mitglied des Vorstands)

↑

5. Muster: Dienstvertrag (börsennotierte AG) mit nachhaltiger variabler Vergütung, „Mannesmann-", Change-of-Control- sowie Compliance-Klausel

↓

Zwischen

der ... AG,

vertreten durch den Aufsichtsrat,

dieser vertreten durch den Aufsichtsratsvorsitzenden ...

– nachstehend „Gesellschaft" genannt –

und

Herrn ...

– nachstehend „Vorstandsmitglied" genannt –

wird folgender Dienstvertrag geschlossen:

§ 1 Bestellung, Tätigkeit, Compliance

(1) Das Vorstandsmitglied wurde durch Beschluss des Aufsichtsrats der Gesellschaft vom ... zum Mitglied des Vorstands der Gesellschaft für die Zeit vom ... bis zum ... bestellt.

(2) Das Vorstandsmitglied vertritt die Gesellschaft gemäß der jeweils geltenden Satzung der Gesellschaft.

(3) Das Vorstandsmitglied führt sein Vorstandsamt gemeinsam mit den weiteren Vorstandsmitgliedern eigenverantwortlich nach Maßgabe der ihm durch Gesetz, Satzung, Vertrag und ggf durch Geschäftsordnung übertragenen Pflichten sowie im Einklang mit den Empfehlungen des Deutschen Corporate Governance Kodex gemäß jeweils aktueller Entsprechenserklärung nach § 161 AktG.

(4) Das Vorstandsmitglied verpflichtet sich weiter, im Rahmen der Unternehmensführung und -organisation eine dem Geschäftsbetrieb der Gesellschaft angemessene Compliance-Organisation aufzubauen, aufrechtzuerhalten und der Entwicklung der Gesellschaft folgend fortzuentwickeln. Er selbst hat dabei den Compliance-Gedanken vorbildlich zu vertreten.

§ 2 Geschäftsordnung, Beschlüsse des Aufsichtsrats

(1) Der Aufsichtsrat hat eine Geschäftsordnung für den Vorstand erlassen, die das Vorstandsmitglied zu beachten hat. Die derzeit geltende Geschäftsordnung liegt diesem Dienstvertrag bei (Anlage 1).

(2) Das Vorstandsmitglied hat die Zustimmung des Aufsichtsrats für bestimmte Arten von Geschäften einzuholen, soweit dies der Aufsichtsrat in der Geschäftsordnung für den Vorstand oder im Einzelfall beschlossen hat.

§ 3 Pflichten, Verantwortlichkeit und Insiderregeln

(1) Das Vorstandsmitglied hat die Geschäfte mit der Sorgfalt eines ordentlichen und gewissenhaften Geschäftsleiters zu führen und die ihm nach Gesetz, Satzung, diesem Vertrag sowie gegebenenfalls der Geschäftsordnung obliegenden Verpflichtungen gewissenhaft zu erfüllen.

(2) Das Vorstandsmitglied nimmt die Rechte und Pflichten der Gesellschaft im Sinne der arbeits- und sozialrechtlichen Vorschriften wahr.

(3) Dem Vorstandsmitglied sind die gesetzlichen Bestimmungen zum Insiderrecht sowie die unternehmensinternen Insiderregeln bekannt (Anlage 2). Das Vorstandsmitglied verpflichtet sich zur strikten Einhaltung dieser Regelungen.

§ 4 Berichtspflichten

Das Vorstandsmitglied wird den Aufsichtsrat – vorbehaltlich abweichender Regelungen in der Geschäftsordnung für den Vorstand – mindestens in den Zeitabständen des § 90 Abs. 2 AktG regelmäßigen Bericht erstatten über die beabsichtigte Geschäftspolitik und die Lage der Gesellschaft sowie insbesondere über die Entwicklung der von ihm gemäß Geschäftsverteilungsplan verantworteten Zuständigkeitsbereiche.

§ 5 Nebentätigkeit

(1) Das Vorstandsmitglied verpflichtet sich, seine ganze Arbeitskraft und sein ganzes Wissen und Können in den Dienst der Gesellschaft zu stellen.

(2) Die Übernahme oder Fortsetzung jeder Nebentätigkeit bedarf der vorherigen schriftlichen Einwilligung des Aufsichtsrats. Dies gilt für die Übernahme von Aufsichtsrats-, Beirats- oder vergleichbaren Funktionen in Unternehmen, die nicht mit der Gesellschaft verbunden sind, sowie für die Beteiligung an anderen Unternehmen.

(3) Das Vorstandsmitglied ist verpflichtet, bei Beendigung des Dienstverhältnisses – im Falle vorzeitiger Freistellung zum Zeitpunkt der Freistellung – auf Wunsch des Aufsichtsrats diejenigen Mandate niederzulegen, die es aufgrund seiner Tätigkeit oder im Zusammenhang mit seiner Tätigkeit bei der Gesellschaft übernommen hat.

§ 6 Vergütung (mit sog. Bonusbank)[361]

Die Vergütung des Vorstandsmitglieds setzt sich aus einem Festgehalt (§ 6 Nr. 1), einem jährlichen (Jahrestantieme – Short-Term-Incentive, § 6 Nr. 2) und einem mehrjährigen (Bonus – Mid-Term-Incentive, § 6 Nr. 3) variablen Vergütungsbestandteil sowie einer Teilnahme am Aktienoptionsprogramm (Long-Term-Incentive, § 7) zusammen:

1. Das Vorstandsmitglied erhält für seine Tätigkeit ein festes Jahresgehalt in Höhe von 180.000 EUR brutto, zahlbar in zwölf gleichen Monatsraten am Ende eines jeden Kalendermonats („Festgehalt").

2. Das Vorstandsmitglied erhält zudem eine am Grad der Zielerreichung für das jeweilige Geschäftsjahr orientierte variable Vergütung, die geschäftsjahrbezogene Tantieme („Short-Term-Incentive"):

a) Der Aufsichtsrat wird dem Vorstandsmitglied bis spätestens einen Monat vor Beginn des jeweiligen Geschäftsjahres für dieses Geschäftsjahr nach billigem Ermessen Zielvorgaben vorschlagen und diese in einer schriftlichen Zielvereinbarung mit dem Vorstandsmitglied vereinbaren. Die Zielvorgaben sollen dabei zu 50 % auf Unternehmensziele und zu 50 % auf persönliche Ziele abstellen.

b) Der Zielerreichungsgrad kann sich im Rahmen von 0 % bis 150 % bewegen. Das Vorstandsmitglied erhält bei einer Zielerreichung von weniger als 80 % eine negative Tantieme. Bei einer Zielerreichung von 80 % erhält das Vorstandsmitglied einen Tantiemebetrag von 60.000 EUR und je zusätzlichen 10 % Zielerreichung je weitere 10.000 EUR, bis bei max. 150 % Zielerreichung der Tantiemehöchstbetrag von 130.000 EUR erreicht ist.

Bei Zielerreichungsgraden von 80 % und mehr wird die Tantieme zu 2/3 ausbezahlt und zu 1/3 dem Nachhaltigkeitskonto (Nr. 3) zugeführt und gemäß dessen Regelungen ausbezahlt.

Ergeben sich Zielerreichungsgrade unter 80 %, aber über 70 %, so wird das Nachhaltigkeitsbonus-Konto mit einem Minusbetrag von 60.000 EUR belastet.

Bei Unterschreiten der 70 %-Schwelle erfolgt eine Belastung von jeweils weiteren 10.000 EUR für jede weitere 10 %-Zielerreichungsgradunterschreitung bis zu max. 130.000 EUR.

Die Zielvereinbarung für das Geschäftsjahr ... ist diesem Vertrag beigefügt (Anlage 2).

---

[361] Die Klausel stellt eine Möglichkeit vor, die in § 87 Abs. 1 Satz 3 AktG für börsennotierte Aktiengesellschaften geforderte Nachhaltigkeit der variablen Vergütung umzusetzen. Alternativ könnte neben dem Short-Term-Incentive auch nur ein Long-Term-Incentive vorgesehen werden, das eine mehrjährige (3 oder 4 Jahre) Bemessungsgrundlage (zB Durchschnitt des Ergebnisses von 3 oder 4 Geschäftsjahren), ggf mit Abschlagszahlungen und Rückzahlungspflicht bei geringerem Anspruch, vorsieht. Zu Besonderheiten der Bank- bzw Versicherungsbranche s. die Vorgaben der „Verordnung über die aufsichtsrechtlichen Anforderungen an Vergütungssysteme von Instituten (Instituts-Vergütungsverordnung – InstitutsVergV)" vom 6.10.2010 (BGBl. I, S. 1374) sowie das Muster 1918.

3. Das Vorstandsmitglied erhält weiter eine am Grad der Zielerreichung für das jeweilige Geschäftsjahr orientierte variable Vergütung, den „Nachhaltigkeitsbonus" („Mid-Term-Incentive"). Dieser Mid-Term-Incentive-Bonus entspricht der Höhe nach zunächst dem sich für das jeweilige Geschäftsjahr aus § 6 Nr. 2 konkret ergebenden positiven oder negativen Bonusbetrag.

Der sich hier jährlich jeweils ergebende Bonus wird jedoch nicht an das Vorstandsmitglied ausbezahlt oder von diesem erstattet (negativer Bonus), sondern der Bonus wird einem virtuellen Nachhaltigkeitsbonus-Konto des Vorstandsmitglieds gutgeschrieben bzw. belastet. Bei Unterschreiten der 70 %-Schwelle erfolgt eine Belastung von jeweils weiteren 10.000 EUR, für jede weitere 10 % Zielerreichungsgradunterschreitung bis zu max. minus 130.000 EUR. Ein sich in den Folgejahren (beginnend mit 201...) jeweils zum 31.12. (Stichtag) ergebender positiver Saldo des Nachhaltigkeitsbonus wird jeweils zu einem Drittel im Januar nach dem Stichtag ausbezahlt. Spätestens bei Beendigung des Dienstverhältnisses ist der Saldo des Nachhaltigkeitskonto auszugleichen.

4. Mit den vorstehenden Bezügen sind sämtliche Leistungen des Vorstandsmitglieds einschließlich etwaiger Mehrarbeit und einer etwaigen weiteren Tätigkeit in der Unternehmensgruppe abgegolten.

5. Besteht das Anstellungsverhältnis in einem Kalenderjahr nicht über volle zwölf Monate hinweg, wird die Vergütung pro rata temporis ausgezahlt.

6. Die Feststellung der Voraussetzungen der Tantieme erfolgt nach pflichtgemäßem Ermessen des Aufsichtsrats. Dabei sind die nach der Beendigung dieses Vertrages eintretenden positiven oder negativen Entwicklungen außer Acht zu lassen, soweit sie überwiegend auf Entscheidungen nach dem Ausscheiden des Vorstandsmitglieds beruhen.

7. Es steht im freien Ermessen des Aufsichtsrats, dem Vorstandsmitglied für nicht nur besondere, sondern außerordentliche Leistungen einen sog. Anerkennungsbonus zu gewähren. Ein Rechtsanspruch des Vorstandsmitglieds auf eine solche zusätzliche Leistung besteht nicht. Er entsteht auf Basis dieser Regelung nur nach einer gesonderten ausdrücklichen und schriftlichen Zusage des Aufsichtsrats.

§ 7 Aktienoptionsprogramm

Das Vorstandsmitglied wird als Long-Term-Incentive Aktienoptionen nach dem Aktienoptionsplan ... erhalten. Die Eckpunkte des Aktienoptionsplans sind diesem Vertrag beigefügt (Anlage 3).

§ 8 Nebenleistungen

(1) Das Vorstandsmitglied hat ferner Anspruch auf einen Dienstwagen der Oberklasse zur dienstlichen und privaten Nutzung (Typ ... oder ähnlich mit Anschaffungskosten bis zu max. 75.000 EUR zzgl MwSt.). Die damit verbundenen Kosten einschließlich der Treibstoffkosten im Inland trägt die Gesellschaft. Die für die Privatnutzung anfallenden Steuern trägt das Vorstandsmitglied.

(2) Dem Vorstandsmitglied werden die im Zusammenhang mit der Erfüllung seiner Dienstpflichten entstehenden Auslagen und Reisekosten im Rahmen der bei der Gesellschaft jeweils bestehenden Richtlinien unter Beachtung der hierfür geltenden steuerlichen Bestimmungen erstattet.

§ 9 Umzugskosten

(1) Das Vorstandsmitglied erhält die Kosten für den Umzug nach ... bis zur Höhe von maximal 15.000 EUR gegen Originalnachweise erstattet.

(2) Das Vorstandsmitglied erhält die Kosten für eine möblierte Wohnung in Höhe von maximal 1.500 EUR pro Monat ersetzt. Die Gesellschaft trägt die Kosten gegen Vorlage eines entsprechenden Mietvertrages bis zum Umzug der Familie des Vorstandsmitglieds nach ..., längstens aber für zwölf Monate.

(3) Bis zum Umzug der Familie des Vorstandsmitglieds nach ..., längstens aber für zwölf Monate, trägt die Gesellschaft außerdem die Kosten für zwei Familienheimflüge (Hin- und Rückflug) pro Monat in der Economy-Klasse.

§ 10 Urlaub

Die Dauer des Urlaubs beträgt 30 Arbeitstage im Kalenderjahr. Der Urlaub ist mit dem Aufsichtsratsvorsitzenden unter Wahrung der Belange der Gesellschaft abzustimmen. Nicht genommener Urlaub kann im folgenden Kalenderjahr bis einschließlich 30. April nachgeholt werden. Für verfallenen Urlaub wird keine Entschädigung gewährt.

§ 11 Gehaltsfortzahlung bei Krankheit und Tod

(1) Bei Arbeitsverhinderung – gleich aus welchem Grunde – ist die Gesellschaft unverzüglich über den Grund der Verhinderung zu verständigen. Im Krankheitsfall ist spätestens am dritten Werktag nach Beginn der Erkrankung ein ärztliches Attest vorzulegen, aus dem sich die Arbeitsunfähigkeit sowie deren voraussichtliche Dauer ergeben.

(2) Im Falle unverschuldeter Arbeitsunfähigkeit durch Krankheit oder Unfall erhält das Vorstandsmitglied für die Dauer von sechs Monaten, längstens bis zur Beendigung dieses Dienstvertrages, seine Nettobezüge gem. § 6 Nr. 1 dieses Vertrages fortgezahlt. Leistungen der Krankenversicherung des Vorstandsmitglieds muss dieser sich anrechnen lassen.

(3) Im Falle seines Todes erhalten seine Witwe und seine Kinder als Gesamtgläubiger das Festgehalt gem. § 6 Abs. 1 für die Dauer von drei Monaten, beginnend mit dem Ablauf des Sterbemonats, weiter.

§ 12 Wettbewerbsverbot

(1) Dem Vorstandsmitglied ist es untersagt, während der Dauer dieses Vertrages in selbständiger, unselbständiger oder sonstiger Weise für ein Unternehmen tätig zu werden, welches mit der Gesellschaft im direkten oder indirekten Wettbewerb steht oder mit einem Wettbewerbsunternehmen verbunden ist. In gleicher Weise ist es dem Vorstandsmitglied untersagt, ein solches Unternehmen zu beraten oder in anderer Weise zu fördern. Dem Vorstandsmitglied ist es auch untersagt, während der Dauer dieses Verbots ein solches Unternehmen zu errichten, zu erwerben oder sich hieran unmittelbar oder mittelbar zu beteiligen.

(2) Das Wettbewerbsverbot gilt auch zugunsten der mit der Gesellschaft verbundenen Unternehmen.

(3) Ausgenommen hiervon sind Beteiligungen im Rahmen der privaten Vermögensverwaltung, die keinen Einfluss auf die Organe der betreffenden Gesellschaften vermitteln.

(4) Dem Vorstandsmitglied ist es für die Dauer von einem Jahr nach Beendigung dieses Vertrages untersagt, in der in Abs. 1 beschriebenen Art und Weise für ein Konkurrenzunternehmen tätig zu sein. Das Vorstandsmitglied erhält für die Dauer des Wettbewerbsverbots monatlich eine Karenzentschädigung in Höhe des von ihm bezogenen monatlichen Festgehalts gem. § 6 Abs. 1 dieses Vertrages. § 615 Satz 2 BGB findet Anwendung.

(5) Die Gesellschaft ist berechtigt, auf das nachvertragliche Wettbewerbsverbot durch schriftliche Erklärung gegenüber dem Vorstandsmitglied zu verzichten. Die Gesellschaft wird im Fall der Erklärung des Verzichts mit Wirkung zum Ablauf von sechs Monaten von der Pflicht zur Zahlung einer Karenzentschädigung frei.

(6) Die Pflicht zur Zahlung der Karenzentschädigung entfällt, wenn die Gesellschaft den Vertrag zulässigerweise außerordentlich fristlos kündigt.[362]

(7) Soweit vorstehend nicht abweichend geregelt, gelten die §§ 74 ff HGB entsprechend.

---

[362] Klausel nach OLG Köln 29.3.2007 – 18 U 71/06, BeckRS 2007, 09369 zulässig.

§ 13 Geschäfts- und Betriebsgeheimnisse; Rückgabepflichten

(1) Das Vorstandsmitglied verpflichtet sich, über alle betrieblichen Angelegenheiten, insbesondere Geschäfts- und Betriebsgeheimnisse der Gesellschaft und derer Kunden, die dem Vorstandsmitglied anvertraut oder durch seine Tätigkeit bekannt geworden sind, Stillschweigen zu bewahren. Sie dürfen auch nach dem Ausscheiden weder verwertet noch Dritten mitgeteilt werden.

(2) Das Vorstandsmitglied ist verpflichtet, bei seinem Ausscheiden sämtliche Geschäftsunterlagen, Aufzeichnungen und Datenträger, die die Gesellschaft betreffen, unverzüglich und unaufgefordert an seinen Nachfolger oder das jeweils zuständige Vorstandsmitglied herauszugeben. Die Herausgabepflicht gilt auch für das Firmenfahrzeug gem. § 7 Abs. 1 dieses Vertrages und sonstige von der Gesellschaft überlassene Gegenstände. Das Vorstandsmitglied ist nicht berechtigt, an derartigen Gegenständen ein Zurückbehaltungsrecht auszuüben.

(3) Weitergehende Ansprüche der Gesellschaft aufgrund der Zuwiderhandlung gegen das Wettbewerbsverbot oder die Verschwiegenheitsverpflichtung bleiben durch die vorstehende Regelung unberührt.

§ 14 Vertragsdauer und Kündigung

(1) Dieser Vertrag tritt am ... in Kraft und ist bis zum ... befristet.

(2) Das Recht zur Kündigung aus wichtigem Grund bleibt unberührt. Ein wichtiger Grund für eine Kündigung durch die Gesellschaft ist insbesondere:

a) die Vornahme von zustimmungspflichtigen Geschäften durch das Vorstandsmitglied ohne die hierfür erforderliche Zustimmung durch den Aufsichtsrat;

b) der Verstoß des Vorstandsmitglieds gegen das Wettbewerbsverbot gem. § 12 dieses Vertrages.

(3) Jede Kündigung bedarf zu ihrer Wirksamkeit der Schriftform.

(4) Die Kündigung durch das Vorstandsmitglied ist gegenüber dem Vorsitzenden des Aufsichtsrats zu erklären.

(5) Die Gesellschaft ist berechtigt, das Vorstandsmitglied unter Weiterzahlung seiner Bezüge freizustellen. § 615 Satz 2 BGB findet Anwendung.

§ 15 Change of Control

(1) Im Falle eines Change of Control iSv Abs. 2 stehen dem Vorstandsmitglied die unter Abs. 3 näher beschriebenen Sonderrechte zu.

(2) Ein Change of Control im Sinne dieser Vertragsbestimmung ist gegeben, wenn ein Dritter oder mehrere gemeinsam handelnde Dritte mehr als ... % der Geschäftsanteile an der Gesellschaft erwerben oder die Gesellschaft durch Eingliederung nach §§ 319 ff AktG zu einer abhängigen Gesellschaft wird und sich dieser Change of Control mehr als nur unerheblich auf die Position und/oder die Tätigkeit des Vorstandsmitglieds auswirkt. Die vorgenannte Auswirkung wird bei Vorliegen des vordefinierten Change of Control vermutet.

(3) Im Falle eines Change of Control gem. Abs. 2 ist das Vorstandsmitglied innerhalb von drei Monaten ab dem Zeitpunkt des Change of Control berechtigt, mit einer Ankündigungsfrist von zwei Monaten zum Monatsende sein Amt niederzulegen und diesen Dienstvertrag außerordentlich mit einer Auslauffrist von zwei Monaten zum Monatsende zu kündigen. Macht das Vorstandsmitglied von diesem Sonderkündigungsrecht Gebrauch, so enden Mandat und Dienstverhältnis vorzeitig mit Ablauf der vorgenannten Frist.

Das Vorstandsmitglied erhält in diesem Fall unter Berücksichtigung von § 16 Abs. 2 eine Abfindung in Höhe der Vergütungsansprüche für die eigentliche Vertragsrestlaufzeit (Festgehalt und variable Vergütungsbestandteile auf der Basis einer 100 %-Zielerreichung) zuzüglich von zwei Brutto-Monatsfestgehältern gem. § 6 Abs. 1 dieses Vertrages pro Beschäftigungsjahr. Die Abfindung ist mit der letzten Gehaltsabrechnung zur Zahlung fällig.

§ 1 Verträge mit Arbeitnehmern, freien Mitarbeitern und Gesellschaftsorganen

Der Abfindungsanspruch entsteht nicht, wenn das Dienstverhältnis des Vorstands unabhängig von dem Change of Control ohnehin innerhalb der nächsten sechs Monate durch Fristablauf geendet hätte.

§ 16 Abfindungs-Cap

(1) Bei einer vorzeitigen Beendigung der Vorstandstätigkeit, die nicht auf einer berechtigten außerordentlichen Kündigung seitens der Gesellschaft nach § 626 BGB und auch nicht auf einem Change of Control iSv § 15 dieses Vertrages beruht, erhält das Vorstandsmitglied als Abfindung höchstens die Restlaufzeit dieses Anstellungsvertrages, maximal jedoch zwei Jahresvergütungen, ausbezahlt. Für die Berechnung der Höchstgrenze wird auf die Gesamtvergütung des abgelaufenen Geschäftsjahres abgestellt.

(2) Bei einer vorzeitigen Beendigung der Vorstandstätigkeit aufgrund Ausübung des Sonderkündigungsrechts nach § 15 dieses Vertrages ist die Abfindung abweichend von Abs. 1 auf maximal drei Jahresvergütungen begrenzt. Für die Berechnung der Höchstgrenze wird auf die Gesamtvergütung des abgelaufenen Geschäftsjahres abgestellt.

§ 17 D&O-Versicherung

Die Gesellschaft unterhält zugunsten von Vorstand und Aufsichtsrat eine Vermögensschadens-Haftpflichtversicherung mit einer Deckungssumme von wenigstens 10 Mio. EUR im Schadensfall (einfach p.a.) mit einem Selbstbehalt des Vorstandsmitglieds von mindestens 10 % des Schadens bis mindestens zur Höhe des 1,5-Fachen des jährlichen Festgehalts des Vorstandsmitglieds nach § 6 Abs. 1 dieses Vertrages. Sollte die Versicherungssumme in einem Kalenderjahr wegen anderer Schadensfälle nicht oder nicht mehr vollständig zur Verfügung stehen, wird die Gesellschaft das Vorstandsmitglied so stellen, als ob die Versicherung in vollem Umfang bestehen würde.

Aufsichtsrat und Vorstand überprüfen all zwei Jahre, ob die Versicherungssumme den Risiken des Geschäftsbetriebs der Gesellschaft noch angemessen ist und werden ggf für eine entsprechende Anpassung der Versicherungssumme Sorge tragen.

§ 18 Schlussbestimmungen

(1) Vereinbarungen außerhalb dieses Vertrages wurden nicht getroffen. Änderungen und Ergänzungen des Vertrages bedürfen der Schriftform, dies gilt auch für die Abbedingung dieses Schriftformerfordernisses.

(2) Sollten einzelne Bestimmungen des Vertrages unwirksam und/oder undurchführbar sein oder werden, so berührt dies nicht die Gültigkeit der übrigen Bestimmungen. An die Stelle der unwirksamen Bestimmung soll eine angemessene Regelung treten, die dem am nächsten kommt, was die Parteien nach ihrer wirtschaftlichen Zwecksetzung gewollt haben. Entsprechendes gilt zur Ausfüllung eventueller Lücken des Vertrages.

6. Muster: Betriebliche Altersversorgung – Isolierte Pensionszusage eines Vorstands im Konzern

Die Aktiengesellschaft erteilt Herrn ... entsprechend § ... des Anstellungsvertrages vom ... folgende

Pensionszusage

1. Scheidet Herr ... nach Vollendung des 65. Lebensjahres oder wegen dauernder Dienstunfähigkeit vor diesem Zeitpunkt aus den Diensten der Gesellschaft aus, so steht ihm eine Pension zu.

Bestehen über das Vorliegen der Dienstunfähigkeit Zweifel, so kann eine Untersuchung durch einen vom Vorsitzenden des Aufsichtsrats zu benennenden Vertrauensarzt auf Kosten der Gesellschaft erfolgen. Herr ... stimmt einer solchen ärztlichen Untersuchung schon jetzt zu. Bei Wiederherstellung der Dienstfähigkeit kann die Zahlung der Pension eingestellt werden. Satz 2 und 3 gelten entsprechend.

Die Jahrespension beträgt bei Ausscheiden nach Vollendung des 65. Lebensjahres brutto ... EUR (in Worten: ... Euro); bei Ausscheiden wegen dauernder Dienstunfähigkeit vor diesem Zeitpunkt verringert sich der Pensionsanspruch um 1/40 für jedes volle Jahr, das zwischen dem Zeitpunkt des Ausscheidens und der Vollendung des 65. Lebensjahres liegt.

In jedem Fall beträgt sein Anspruch bei Ausscheiden aus dem Unternehmen wegen Dienstunfähigkeit brutto ... EUR (in Worten: ... Euro).

2. Die Pension kann bereits vor Vollendung des 65. Lebensjahres beansprucht werden, wenn bei unterstellter Versicherungspflicht in der gesetzlichen Rentenversicherung die Voraussetzungen für ein vorgezogenes Altersruhegeld aus der gesetzlichen Rentenversicherung gegeben sind.

Herr ... ist verpflichtet, die Aufnahme oder Ausübung einer Beschäftigung oder Erwerbstätigkeit, die zu einem Fortfall des Altersruhegeldes aus der gesetzlichen Rentenversicherung führen würde, der Gesellschaft unverzüglich anzuzeigen. In diesem Fall ruht die Pension.

Die unter Punkt 1. Abs. 3 vorgesehene Kürzung findet für jedes Jahr einer Beschäftigung oder Erwerbstätigkeit entsprechende Anwendung.

3. Bei Ausscheiden wegen dauernder Dienstunfähigkeit vor Vollendung des 65. Lebensjahres werden etwaige anderweitige Arbeitseinkünfte bis zur Vollendung des 65. Lebensjahres zur Hälfte auf die Pension angerechnet.

4. Unverfallbare Pensionsansprüche, die Herr ... durch seine Tätigkeit bei vorherigen Arbeitgebern erworben hat, werden auf die Pension angerechnet. Er verpflichtet sich, diese Pensionsansprüche einschließlich etwaiger Anpassungen offen zu legen.

Die bisher im Konzern erworbenen Pensionsansprüche sind durch diese Zusage abgegolten.

5. Stirbt Herr ... während des Bezugs einer Pension nach diesem Vertrag, so erhält seine Ehefrau ..., geborene ..., 50 % der Pension, die er zuletzt bezog. Stirbt er vor einem Bezug einer Pension nach diesem Vertrag, so erhält Frau ... 50 % der Pension, die Herr ... bezogen haben würde, wenn er im Zeitpunkt seines Todes in den Ruhestand versetzt worden wäre.

Stirbt Herr ... nach seiner Pensionierung, so wird die Witwenpension vom 1. des Monats an gezahlt, der dem Sterbemonat folgt; stirbt er vor seiner Pensionierung, so wird die Witwenpension ab dem 1. des Monats an gezahlt, der der Vollendung des 65. Lebensjahres entspricht.

6. Der Anspruch auf Witwenpension erlischt mit Ablauf des Monats, in dem Frau ... wieder heiratet.

Die Zusage der Witwenversorgung entfällt bei einer Ehescheidung.

7. Hinterlässt Herr ... im Todesfall außer der Witwe Kinder, so zahlt die Gesellschaft für jedes Kind bis zur Vollendung des 18. Lebensjahres – falls es noch in der Ausbildung steht, längstens bis zur Vollendung des 25. Lebensjahres – einen Ausbildungsbeitrag in Höhe von 10 % der Pension, die Herr ... im Zeitpunkt seines Todes bezogen hat bzw haben würde, mindestens ... EUR (in Worten: ... Euro) monatlich.

Doppelwaisen zahlt die Gesellschaft bis zur Vollendung des 18. Lebensjahres – falls sie noch in der Ausbildung stehen, längstens bis zur Vollendung des 25. Lebensjahres – einen Ausbildungsbeitrag in Höhe von jeweils 20 % der Pension, die Herr ... im Zeitpunkt seines Todes bezogen hat bzw haben würde, mindestens ... EUR (in Worten: ... Euro) monatlich.

8. Witwenpension und Ausbildungsbeiträge für Waisen dürfen zusammen nicht die Pension übersteigen, auf die Herr ... nach Vollendung seines 65. Lebensjahres einen Anspruch hat bzw haben würde. Liegt unter Zusammenrechnung der Witwenpension und der Ausbildungsbeiträge eine Überschreitung dieses Betrags vor, so werden alle Zahlungen gleichmäßig gekürzt.

9. Die Zahlung der Pension und der Ausbildungsbeiträge erfolgt entsprechend den allgemein gültigen Zahlungsterminen der Gesellschaft.

10. Bei einer Beendigung des Dienstverhältnisses vor Erreichen des Pensionierungsalters, die nicht auf einer dauernden Dienstunfähigkeit beruht, bleibt der Pensionsanspruch entsprechend dem Gesetz zur Verbesserung der betrieblichen Altersversorgung (BetrAVG) bestehen.

Die Pension wird jedoch erst vom Eintritt des Versorgungsfalles an gezahlt. Die Höhe des Pensionsanspruches entspricht dem Verhältnis der Dauer seiner Betriebszugehörigkeit zum Zeitraum beginnend mit seiner Betriebszugehörigkeit bis zur Vollendung des 65. Lebensjahres. Der Höchstanspruch auf Leistungen wegen Invalidität oder Tod vor Erreichen der Altersgrenze ist jedoch nicht höher als der Betrag, den Herr ... oder seine Hinterbliebenen erhalten hätten, wenn im Zeitpunkt des Ausscheidens der Versorgungsfall eingetreten wäre und die sonstigen Leistungsvoraussetzungen erfüllt gewesen wären.

Tritt Herr ... bereits vor Vollendung des 65. Lebensjahres in den Ruhestand, ohne dass ein Versorgungsfall vorliegt, so wird außer der in Punkt 2. vorgesehenen Kürzung ein versicherungsmathematischer Abschlag berechnet und an der Pension gekürzt zum Ausgleich für die entsprechend längere Laufzeit der Pension.

Im Übrigen finden die Bestimmungen des Gesetzes zur Verbesserung der betrieblichen Altersversorgung vom 19.12.1974 (BetrAVG) in der jeweiligen Fassung Anwendung.

11. Die Gesellschaft behält sich vor, die zugesagte Leistung zu kürzen oder einzustellen, wenn

a) die wirtschaftliche Lage der Gesellschaft sich nachhaltig so wesentlich verschlechtert hat, dass ihr eine Aufrechterhaltung der zugesagten Leistung nicht mehr zugemutet werden kann (§ 87 Abs. 2 AktG bleibt unberührt), oder

b) der Personenkreis, die Beiträge, die Leistungen oder das Pensionierungsalter bei der gesetzlichen Sozialversicherung oder anderen Versorgungseinrichtungen mit Rechtsanspruch sich wesentlich ändern oder

c) der Pensionsberechtigte Handlungen begeht, die erheblich gegen das Interesse der Gesellschaft oder gegen Treu und Glauben verstoßen und zu einer fristlosen Entlassung berechtigen würden.

7. Muster: Anstellungsvertrag eines Vorstands einer Bank mit Pensions- und Darlehensvertrag

Anstellungsvertrag

Zwischen

der ... AG mit Sitz in ...,

vertreten durch ihren Aufsichtsrat,

dieser vertreten durch seinen Vorsitzenden,

– nachstehend „Bank" genannt –

und

Herrn ...

– nachstehend „Vorstandsmitglied" genannt –

wird folgender Anstellungsvertrag geschlossen:

§ 1 Bestellung

Der Aufsichtsrat hat Herrn ... in seiner Sitzung am ... mit Wirkung vom ... für die Dauer von fünf Jahren zum Mitglied des Vorstands der Bank iSd § 84 AktG bestellt. In Abstimmung mit den für die Aufsicht über die Gesellschaft zuständigen Behörden darf Herr ... die Tätigkeit als Vorstandsvorsitzender mit Wirkung ab Lizenzerteilung durch die BaFin aufnehmen.

§ 2 Sorgfaltspflicht und Verantwortlichkeit

(1) Das Vorstandsmitglied hat seine volle Arbeitskraft in den Dienst der Bank zu stellen und die ihm obliegenden Pflichten treu und gewissenhaft zu erfüllen.

(2) Sorgfaltspflicht und Verantwortlichkeit richten sich nach den für Vorstandsmitglieder von Aktiengesellschaften geltenden Vorschriften sowie den besonderen Bestimmungen der Bankenbrache, insb. nach dem KWG. Das Vorstandsmitglied wird zudem die verbindlichen Vorgaben der zuständigen Aufsichtsbehörden (insb. BaFin) sowie die Empfehlungen des Deutschen Corporate Governance Kodex beachten, soweit nicht die Gesellschaft Abweichungen von Empfehlungen in der jeweils aktuellen Entsprechenserklärung nach § 161 AktG erklärt hat.

(3) Auf die besonderen Pflichten zur Schaffung und Erhaltung einer ordnungsgemäßen Geschäftsorganisation einschließlich eines angemessenen Risikomanagements nach § 25a KWG wird ausdrücklich hingewiesen.

§ 3 Verschwiegenheit und Vertraulichkeit

(1) Das Vorstandsmitglied verpflichtet sich zu strengster Verschwiegenheit gegenüber sämtlichen dritten Personen über alle Geschäftsvorfälle sowie über alle sonstigen, auch personellen Vorgänge in der Bank, insbesondere über die mit der Bank zusammenarbeitenden Institute und Kunden sowie alle sonstigen geschäftlichen Beziehungen der Bank, Kredite, Kreditbedingungen und Kreditverhandlungen, Ertrags- und Kostenverhältnisse der Bank etc. Die Verschwiegenheitspflicht erstreckt sich auch auf die Bedingungen dieses Vertrages. Sie gilt auch gegenüber den Beschäftigten der Bank, soweit sie aus der Natur der Sache heraus geboten ist.

(2) Dem Vorstandsmitglied ist bekannt, dass es nicht gestattet ist, irgendwelche Aktenstücke, Formulare, Schreiben oder Abschriften davon aus den Bankräumen zu entfernen, es sei denn, dass eine vorübergehende Entfernung aus dienstlichen Gründen geboten ist.

(3) Das Vorstandsmitglied verpflichtet sich hiermit auch nach Beendigung des Dienstverhältnisses zur Einhaltung der vorbezeichneten Pflichten sowie zur Wahrung der Loyalität gegenüber der Bank. Es wird alle Maßnahmen und Handlungen unterlassen, die geeignet sind oder geeignet sein können, das Ansehen oder die Geschäftstätigkeit der Bank zu schädigen, insbesondere keine Abwerbung der mit der Bank zusammenarbeitenden Institute und Kunden oder Mitarbeiter der Bank zu betreiben.

(4) Das Vorstandsmitglied verpflichtet sich, nach Beendigung des Dienstverhältnisses alle Aktenstücke, Schreiben und sonstigen Unterlagen, die die Bank betreffen und die sich in seinem Gewahrsam befinden, herauszugeben.

§ 4 Gesamtbezüge

(1) Die Bezüge des Vorstands setzen sich aus Grundgehalt, jährlicher Abschlussvergütung und einem Long-Term-Bonus zusammen.

(2) Das Grundgehalt beträgt ... EUR (in Worten: ... Euro) jährlich. Es ist in gleichen monatlichen Raten am Ersten eines jeden Monats fällig.[363]

(3) Das Vorstandsmitglied erhält vorbehaltlich der Beschlussfassung des Aufsichtsrats jährlich eine besondere Abschlussvergütung. Die Höhe wird jeweils bei Billigung des Jahresabschlusses vom Aufsichtsrat nach freiem Ermessen festgesetzt. Für das erste Jahr des Anstellungsverhältnisses wird eine Abschlussvergütung in Höhe von mindestens jährlich ... EUR vereinbart.[364]

---

[363] Nach § 3 Abs. 3, 4, 5 InstitutsVergV muss das Verhältnis von variabler (Abs. 3 und 4) und fixer (hier: Abs. 2) Vergütung in einem angemessenen Verhältnis stehen und es darf keine signifikante Abhängigkeit des Vorstands von der variablen Vergütung entstehen. Mit anderen Worten: Die fixe Vergütung muss weiterhin beachtlich sein, sie sollte daher am besten 50 % der Vergütung nicht unterschreiten.
[364] Nach § 3 Abs. 7 InstitutsVergV darf eine variable Vergütung nur im Rahmen der Aufnahme der Tätigkeit und auch dann nur max. 1 Jahr garantiert werden.

Die Abschlussvergütung ist 14 Tage nach Feststellung des Jahresabschlusses fällig.[365]

(4) Daneben erhält das Vorstandsmitglied einen Long-Term-Bonus, dessen Höhe auf Basis eines vierjährigen Bemessungszeitraums ermittelt wird und in Anlage 1 dieses Vertrages geregelt ist.[366]

(5) Damit außergewöhnliche Entwicklungen nicht zu einer unangemessenen Höhe der variablen Vergütung führen können, wird die variable Vergütung aus Abs. 3 und 4 insgesamt auf ... EUR begrenzt.

(6) Das Vorstandsmitglied verpflichtet sich, keine persönlichen Absicherungs- oder sonstigen Maßnahmen zu ergreifen, die geeignet sind, die Risikoorientierung ihrer Vergütung einzuschränken oder aufzuheben.[367]

(7) Beginnt oder endet der Anstellungsvertrag während eines laufenden Geschäftsjahres, so werden das Grundgehalt und die Abschlussvergütung anteilig gezahlt.

(8) Der Aufsichtsrat ist befugt, dem Vorstand mit Rücksicht auf Sonderleistungen von zukunftsbezogenem Nutzen einmalige Sondervergütungen mit Belohnungscharakter zuzusagen. Höhe und Anlass der Sondervergütung sind in das Ermessen des Aufsichtsrats gestellt.[368]

(9) Das Grundgehalt erhöht sich zum jeweiligen Zeitpunkt und jeweils um den Prozentsatz, um den die Tarifgehälter der höchsten Tarifgruppe des Verbandes ... angehoben werden.

(10) Die Auszahlung der variablen Abschlussvergütung gem. Abs. 2 und eine etwaige Sondervergütung gem. Abs. 5 kann von der Bundesanstalt für Finanzdienstleistungsaufsicht (BAFin) unter den Voraussetzungen des § 45 Abs. 1 Satz 1 KWG untersagt oder beschränkt werden.[369]

(11) Ist das Vorstandsmitglied infolge Krankheit oder Unfall dienstunfähig, werden die Gesamtbezüge bis zur Wiederherstellung der Dienstfähigkeit, höchstens jedoch bis zum Eintritt in den Ruhestand wegen dauernder Dienstunfähigkeit oder bis zur Beendigung des Anstellungsverhältnisses weitergezahlt. Auf Veranlassung der Bank wird die Feststellung dauernder Dienstunfähigkeit durch einen ärztlichen Gutachter getroffen, auf den sich beide Seiten verständigen.

(12) Die Vergütung des Vorstands wird jährlich auf ihre Angemessenheit hin überprüft. Die Gesellschaft behält sich das Recht vor, die Vergütung auf der Grundlage einer für Dritte nachvollziehbaren juristischen Beurteilung der Rechtslage an die Anforderungen der Instituts-Vergütungsverordnung anzupassen.[370]

§ 5 Nebentätigkeiten

(1) Das Vorstandsmitglied bedarf zur Übernahme von Nebentätigkeiten, zu denen auch die im Interesse der Bank ausgeübten Aufsichtsratsmandate und ähnliche Mandate zählen, der Zustimmung des Vorsitzenden des Aufsichtsrats.

Bei der Zustimmung ist im Falle von Konzernmandaten zu entscheiden, ob die Nebentätigkeitsvergütung an die Bank abzuführen ist.

(2) Das Vorstandsmitglied wird die im Interesse der Bank ausgeübten Mandate mit dem Ausscheiden aus dem Vorstand niederlegen.

---

365 Geht es im Einzelfall um ein „besonderes Institut" iSd § 1 Abs. 2 InstitutsVergV, so muss die Auszahlung zur Beachtung von § 5 InstitutsVergV abweichend geregelt werden: „Die Abschlussvergütung ist zu 40 % 14 Tage nach Feststellung des Jahresabschlusses fällig. Die restlichen 60 % werden jeweils 3 Jahre einem virtuellen Bonuskonto gutgeschrieben und jeweils – vorbehaltlich zu erreichender Mindestkennzahlen – zu je 1/3 ausbezahlt. Werden die Mindestkennzahlen nicht erreicht, reduziert sich das vorhandene Guthaben auf dem Bonuskonto prozentual entsprechend der Zielverfehlung (vgl dazu § 5 InstitutsVergV)."
366 Vgl dazu etwa das komplexe variable Vergütungsmodell in Muster 1912.
367 Vgl dazu § 3 Abs. 8 InstitutsVergV.
368 Die Klausel bietet sich angesichts des Urteils des BGH vom 21.12.2005 (3 StR 470/04, NJW 2006, 205) an.
369 Das VAG sieht für Versicherungsunternehmen in § 81 b Abs. 1 a eine entsprechende Regelung vor.
370 Vgl § 10 der Instituts-Vergütungsverordnung (InstitutsVergV), die im 13.10.2010 in Kraft getreten ist (BGBl. I 2010, S. 1374, 1378); s. hierzu *Rubner*, NZG 2010, 1288. Für den Bereich der Versicherungsunternehmen gelten vergleichbare Regelungen nach der Versicherungs-Vergütungsverordnung (VersVergV) vom 6.10.2010 (BGBl. I 2010, S. 1379).

§ 6 Urlaub

Der Jahresurlaub beträgt 30 Arbeitstage. Er ist mit den anderen Vorstandsmitgliedern abzustimmen und dem Vorsitzenden des Aufsichtsrats anzuzeigen. Kann der Jahresurlaub aus betrieblichen Gründen nicht im Urlaubsjahr angetreten werden, muss er spätestens im folgenden Jahr genommen werden. Urlaubsabgeltung wird nicht gewährt.

§ 7 Reisekosten

Bei Dienstreisen des Vorstandsmitglieds werden Reisekosten im Rahmen der geltenden steuerlichen Richtlinien vergütet.

§ 8 Nebenleistungen

(1) Die Bank schließt für die Dauer des Vertrages auf ihre Kosten eine Unfallversicherung ab, die das Vorstandsmitglied mit 512.000 EUR bei Invalidität und mit 255.500 EUR bei Unfalltod versichert.

(2) Zur Finanzierung eines eigengenutzten Wohnobjekts in der Nähe des Dienstortes gewährt die Bank ein Darlehen bis zu 250.000 EUR zu den Konditionen der Bank-Baufinanzierung für alle Mitarbeiter. Für den Zinssatz gilt, dass er 3 %-Punkte günstiger ist als der vergleichbare Bank-Kundenzinssatz (nominal), mindestens 6 % p.a. nominal. Der Auszahlungskurs beträgt 100 %, die Zinsfestschreibung beträgt 10 Jahre. Die Tilgung beträgt mindestens 1 % p.a. zuzüglich ersparter Zinsen. Die Rückzahlung hat in gleich bleibenden vierteljährlichen Raten mit Zins- und Tilgungsanteil und direkter Tilgungsverrechnung zu erfolgen. Die Fälligkeit besteht vierteljährlich nachträglich. Die Mitarbeiterkonditionen entfallen bei Aufgabe der Eigennutzung oder beim Ausscheiden aus der Bank oder einem Tochterunternehmen. Sie entfallen nicht bei Pensionierung oder Rentenbezug.

(3) Das Vorstandsmitglied wird darauf hingewiesen, dass die Vereinbarung in § 8 Abs. 2 des Anstellungsvertrages unter der Bedingung steht, dass die Voraussetzungen für Organkredite (§§ 16, 15 KWG) erfüllt werden.

§ 9 Dienstwagen

Dem Vorstandsmitglied steht für die Dauer seiner Vorstandstätigkeit, auch außerhalb seiner dienstlichen Tätigkeit, ein Dienstwagen mit Fahrer zur Verfügung. Das Vorstandsmitglied ist berechtigt, den Pkw uneingeschränkt zu Privatfahrten allein oder mit Fahrer zu benutzen. Der Dienstwagen soll ein repräsentatives Fahrzeug der gehobenen Klasse sein.

§ 10 Change of Control

(1) Im Falle eines Change of Control iSv Abs. 2 stehen dem Vorstandsmitglied die unter Abs. 3 näher beschriebenen Sonderrechte zu.

(2) Ein Change of Control im Sinne dieser Vertragsbestimmung ist gegeben, wenn ein Dritter oder mehrere gemeinsam handelnde Dritte mehr als ... % der Geschäftsanteile an der Gesellschaft erwerben oder die Gesellschaft durch Eingliederung nach §§ 319 ff AktG zu einer abhängigen Gesellschaft wird und sich dieser Change of Control mehr als nur unerheblich auf die Position und/oder die Tätigkeit des Vorstandsmitglieds auswirkt. Die vorgenannte Auswirkung wird bei Vorliegen des vordefinierten Change of Control vermutet.

(3) Wird das Dienstverhältnis des Vorstandsmitglieds aufgrund bzw im Zusammenhang mit einem Change of Control gem. Abs. 2 von der Gesellschaft bzw auf deren Veranlassung beendet, so erhält das Vorstandsmitglied eine Abfindung in Höhe der Vergütungsansprüche für die Vertragsrestlaufzeit (variable Vergütung zu 100 %) zzgl zwei Brutto-Monatsgehälter gem. § 4 Abs. 2 dieses Vertrages pro Beschäftigungsjahr.

§ 11 Übernahme von Telefonkosten

Das Vorstandsmitglied hat Anspruch auf Ersatz der im Interesse der Bank aufgewendeten Telefonkosten. Darüber ist eine Vereinbarung mit dem Vorsitzenden des Aufsichtsrats zu treffen.

§ 12 Steuern für geldwerte Vorteile

Steuern für geldwerte Vorteile aus diesem Anstellungsvertrag trägt das Vorstandsmitglied.

§ 13 Versorgung

Das Vorstandsmitglied hat Anspruch auf Versorgung für sich und seine Hinterbliebenen nach Maßgabe der Vereinbarungen im Anhang, der Bestandteil dieses Vertrages ist.

§ 14 Geltungsdauer dieses Anstellungsvertrages

(1) Dieser Vertrag gilt für die Zeit vom ... bis zum ... .

(2) Dieser Anstellungsvertrag verlängert sich nach Maßgabe der Wiederbestellung des Vorstandsmitglieds. Der Vorsitzende des Aufsichtsrats wird dem Vorstandsmitglied spätestens acht Monate vor Ablauf des Anstellungsvertrages mitteilen, ob der Anstellungsvertrag verlängert werden soll. Eine Veränderung des Anstellungsvertrages zum Nachteil des Vorstandsmitglieds scheidet im Falle einer Vertragsverlängerung aus. Bei Nichteinhaltung der Frist von acht Monaten stehen dem Vorstandsmitglied die bisherigen Bezüge bis zur Beendigung des Anstellungsvertrages zzgl der Zeit der Verzögerung zu. Weitergehende Ansprüche wegen der verspäteten Mitteilung bestehen nicht.

§ 15 Transparenz und Interessenkonflikte

(1) Das Vorstandsmitglied wird den Aufsichtsrat der Gesellschaft unverzüglich unterrichten, wenn ihm zur Kenntnis gelangt, dass eine Person, die mit dem Vorstandsmitglied in einer engen Beziehung iSd § 15a Abs. 1 Satz 2 iVm § 15a Abs. 3 Satz 1 WpHG steht, eine Beteiligung an einem Unternehmen hält, das mit der Gesellschaft oder einem verbundenen Unternehmen in direktem oder indirektem Wettbewerb (Konkurrenzunternehmen) steht oder in wesentlichem Umfang Geschäftsbeziehungen zu der Gesellschaft oder einem verbundenen Unternehmen unterhält. Anteilsbesitz im Rahmen der privaten Vermögensverwaltung, der keinen Einfluss auf die Organe des betreffenden Unternehmens ermöglicht, gilt nicht als Beteiligung im Sinne dieser Regelung.

(2) Das Vorstandsmitglied darf im Zusammenhang mit seiner Tätigkeit für die Gesellschaft oder ein verbundenes Unternehmen weder für sich noch für andere Personen von Dritten Zuwendungen und sonstige Vorteile fordern oder annehmen oder Dritten ungerechtfertigte Vorteile einräumen.

(3) Das Vorstandsmitglied ist allein dem Gesellschaftsinteresse verpflichtet. Das Vorstandsmitglied darf bei seinen Entscheidungen im Zusammenhang mit seiner Tätigkeit für die Gesellschaft oder ein verbundenes Unternehmen keine persönlichen Interessen verfolgen und keine Geschäftschancen, die der Gesellschaft oder einem verbundenen Unternehmen zustehen, für sich nutzen.

(4) Mögliche Interessenkonflikte sind unverzüglich gegenüber dem Aufsichtsrat der Gesellschaft sowie gegenüber den anderen Mitgliedern des Vorstands offenzulegen. Alle Geschäfte zwischen der Gesellschaft und dem Vorstandsmitglied bzw einer Person, die mit dem Vorstandsmitglied in einer engen Beziehung iSd § 15a Abs. 1 Satz 2 iVm § 15a Abs. 3 Satz 1 WpHG steht, bzw deren Unternehmungen haben branchenüblichen Standards zu entsprechen und bedürfen der vorherigen und schriftlichen Zustimmung des Aufsichtsrats der Gesellschaft.

§ 16 Vertragsänderung und -ergänzung

Vertragsänderungen und -ergänzungen bedürfen der Schriftform.

Kapitel 3: Anstellungsverträge mit GmbH-Geschäftsführern und AG-Vorständen

Anhang zum Anstellungsvertrag zwischen der Bank und Herrn ...

§ 1

Die Bank verpflichtet sich zur Zahlung von Ruhegehalt samt Hinterbliebenenversorgung und Übergangsgeld nach Maßgabe der nachfolgenden Bestimmungen.

§ 2 Ruhegehaltsansprüche

(1) Der Vorstandsvorsitzende hat Anspruch auf Ruhegehalt, wenn er

a) auf eigenen Wunsch nach vorheriger sechsmonatiger Ankündigung frühestens mit Ablauf des 62. Lebensjahres oder später oder

b) wegen festgestellter dauernder Dienstunfähigkeit, wobei dauernde Dienstunfähigkeit als festgestellt gilt, wenn die Dienstunfähigkeit länger als ein Jahr andauert, oder

c) wegen Beendigung des Anstellungsverhältnisses

aus den Diensten der Bank ausscheidet.

(2) Scheidet das Vorstandsmitglied aus dem Anstellungsverhältnis aus, weil

- das Vorstandsmitglied die Verlängerung des Anstellungsvertrages nach einer oder weiteren Amtszeiten ablehnt,
- das Vorstandsmitglied oder die Bank den Anstellungsvertrag nach § 626 BGB aus wichtigem Grund kündigt,

beginnen die Ruhegehaltszahlungen mit der Vollendung des 62. Lebensjahres oder mit Eintritt dauernder Dienstunfähigkeit.

Wird der Anstellungsvertrag wegen eines Verhaltens des Vorstandsmitglieds nach § 626 BGB aus wichtigem Grund gekündigt oder deshalb nicht verlängert, entfallen die Ruhegehaltsansprüche nach den von der Rechtsprechung zum Dienstvertrag entwickelten Grundsätzen.

(3) Die Versorgungsanwartschaft besteht ab Vertragsbeginn und ist mit Beginn des Anstellungsverhältnisses unverfallbar iSv § 1 Abs. 1 des Gesetzes über die betriebliche Altersversorgung. Die Zahlung von Versorgungsleistungen beginnt nach Eintritt des Versorgungsfalls, jedoch nicht vor Ablauf der Zeit, für die durch die Bank Gehalt gezahlt wird.

(4) Wird der Anstellungsvertrag unter den Voraussetzungen des Abs. 2 letzter Satz beendet, richten sich die unverfallbaren Versorgungsanwartschaften nach dem Gesetz über die betriebliche Altersversorgung. Bemessungsgrundlage der Ruhegehaltsansprüche sind für die nach § 18 Abs. 6 des Gesetzes über die betriebliche Altersversorgung einzubeziehenden Beschäftigungszeiten neben der Zeit als Vorstandsvorsitzender der Bank AG sämtliche bei einem verbundenen Arbeitgeber verbrachten Dienstzeiten. Das Ruhegehalt kann in diesem Fall mit Vollendung des 62. Lebensjahres in Anspruch genommen werden.

(5) Der Ruhegehaltsanspruch kann nach Eintritt des Versorgungsfalles bei Verletzung der Treuepflicht gekürzt oder entzogen werden.

§ 3 Höhe des Ruhegehalts

(1) Das jährliche Ruhegehalt beträgt ab Vertragsbeginn 45 % des zuletzt bezogenen Grundgehalts gem. § 4 des Anstellungsvertrages. Es erhöht sich zum Ende des ersten Vertragsjahres um 1 % sowie für alle folgenden Jahre für die Dauer der Vertragszeit ebenfalls jeweils um 1 % jährlich. Am Ende der Vertragslaufzeit beträgt das jährliche Ruhegehalt 50 % des zuletzt bezogenen Grundgehalts gem. § 4 des Anstellungsvertrages. Es soll im Falle einer Verlängerung der Vertragszeit auf 50 % des zuletzt bezogenen Grundgehalts nach § 4 des Anstellungsvertrages beschränkt bleiben.

(2) Das Ruhegehalt wird in gleichen monatlichen Raten am 15. jeden Monats gezahlt.

§ 4 Hinterbliebenenversorgung

(1) Im Falle des Todes des Vorstandsmitglieds wird der ruhegehaltsfähige Teil der Gesamtbezüge bzw das Ruhegehalt für weitere drei Monate nach Ablauf des Sterbemonats anstelle der Hinterbliebenenversorgung gezahlt.

(2) Hinterbliebenenversorgung wird ohne Rücksicht auf die Dauer der Amtszeit des Vorstandsmitglieds gewährt.

(3) Das Witwengeld beträgt 60 % des Ruhegehalts. Für den Fall, dass das Vorstandsmitglied während des aktiven Dienstes verstirbt, beträgt das Witwengeld 60 % des Ruhegehalts, das dem Vorstandsmitglied zugestanden hätte, wenn es zum Zeitpunkt des Todes wegen dauernder Dienstunfähigkeit ausgeschieden wäre und Ruhegehalt wegen Dienstunfähigkeit bezogen hätte. Das Witwengeld entfällt mit der Wiederverheiratung. Im Falle der Wiederverheiratung erhält die Witwe eine Abfindung in Höhe des 24-Fachen des Monatswitwengeldes. Bei Auflösung der neuen Ehe lebt das Witwengeld wieder auf. Die Abfindung wird anteilig angerechnet, soweit die Zahlung des Witwengeldes vor Ablauf von 24 Monaten wieder aufgenommen wird. Die durch die neue Ehe erworbenen Versorgungsleistungen werden auf das Witwengeld angerechnet.

(4) Ist die Ehe innerhalb von zehn Jahren vor dem Ausscheiden des Vorstandsmitglieds aus dem Anstellungsverhältnis geschlossen worden, so ermäßigt sich, wenn die Ehefrau mehr als 20 Jahre jünger ist als das Vorstandsmitglied, das Witwengeld auf 50 % und, wenn die Ehefrau bei dessen Ableben das 42. Lebensjahr noch nicht vollendet hat, auf 40 %.

(5) Witwengeld wird nicht gewährt, wenn die Ehe erst nach dem Ausscheiden des Vorstandsmitglieds aus dem Anstellungsverhältnis geschlossen worden ist.

(6) Ist ein Witwengeld nach Abs. 5 nicht zu gewähren, wird der Aufsichtsrat unter Berücksichtigung der Dauer der Ehe und des Altersunterschiedes der Ehepartner einen Unterhaltsbeitrag festsetzen. Für dessen Anpassung gelten die Bestimmungen des § 5 dieses Anhangs.

(7) Das Waisengeld beträgt für jede Halbwaise 10 % und für jede Vollwaise 20 % des Ruhegehalts. Für den Fall, dass das Vorstandsmitglied während des aktiven Dienstes verstirbt, gelten die Regelungen für das Witwengeld entsprechend. Waisen sind die Kinder des Vorstandsmitglieds. Kein Waisengeld erhalten Kinder, wenn das Kindschaftsverhältnis durch die Annahme als Kind begründet wurde und das Vorstandsmitglied in diesem Zeitpunkt das 60. Lebensjahr vollendet hatte. Das Waisengeld wird bis zur Vollendung des 18. Lebensjahres gezahlt. Es wird bis zur Vollendung des 27. Lebensjahres gewährt, solange sich das Kind in Schul- und Berufsausbildung befindet oder wegen körperlicher oder geistiger Gebrechen dauernd erwerbsunfähig ist.

(8) Waisengeld entfällt für Kinder, die aus einer Ehe nach Abs. 5 hervorgehen. In sinngemäßer Anwendung des Abs. 6 wird der Aufsichtsrat jedoch einen Unterhaltsbeitrag gewähren.

(9) Witwengeld und Waisengeld dürfen zusammen den Ruhegehaltsanspruch nicht übersteigen; sie werden ggf im gleichen prozentualen Verhältnis gekürzt.

(10) Die Hinterbliebenenversorgung ist am 01. jeden Monats zu zahlen.

§ 5 Anpassung der Versorgungsleistungen

Ruhegehalt und Hinterbliebenenversorgung werden entsprechend der prozentualen Entwicklung der höchsten Tarifgruppe des Tarifvertrages _ der Banken angepasst. Damit sind zugleich etwaige gesetzliche Anpassungsansprüche erfüllt.

§ 6 Übergangsgeld

Scheidet das Vorstandsmitglied wegen Erreichens der Altersgrenze von 62 Jahren oder wegen dauernder Dienstunfähigkeit aus dem Anstellungsverhältnis aus, so wird zusätzlich zu dem Ruhegehalt ein Übergangsgeld für die ersten vierundzwanzig Monate nach dem Ausscheiden aus dem Anstellungsverhältnis gewährt.

Das Übergangsgeld beträgt für die ersten zwölf Monate zwei Drittel und für die zweiten zwölf Monate ein Drittel der letzten vollen Vergütung.

8. Muster: Vorstandsvertrag mit zielbezogener Bonusregelung

§ 1 Bestellung zum Mitglied des Vorstands, Vertragsdauer

(1) Der Aufsichtsrat der _ AG hat Herrn _ mit Beschluss vom _ mit Wirkung zum _ bis zum _ zum ordentlichen Mitglied des Vorstands der _ AG bestellt.

(2) Dieser Dienstvertrag tritt mit Wirkung ab dem _ in Kraft und ist vorbehaltlich anderweitiger Regelungen dieses Vertrages bis zum _ fest abgeschlossen. Die Gesellschaft und Herr _ verpflichten sich, spätestens 12 Monate vor Beendigung des Vertragszeitraums in Verhandlungen einzutreten, um möglichst kurzfristig eine beiderseits verbindliche Entscheidung über eine Vertragsverlängerung zu erzielen. Die Entscheidungsfreiheit des Aufsichtsrats bei seiner Beschlussfassung über die Verlängerung von Bestellung und Anstellungsvertrag bleibt unangetastet.

(3) Abweichend von § 1 Abs. 2 des Dienstvertrages steht Herrn _ ein Sonderkündigungsrecht unter Beachtung einer Kündigungsfrist von vier Wochen zum 15. oder zum Ende eines Kalendermonats bei erheblichen gesellschaftsrechtlichen Veränderungen zu. Als erhebliche gesellschaftsrechtliche Veränderung gilt u.a. ein unmittelbarer Wechsel des Mehrheitsanteilseigners der Gesellschaft (Change-of-Control-Klausel), die Durchführung eines Management-by-out, jegliche im Zusammenhang mit dem Wechsel eines Mehrheitsaktionärs stehende Umwandlung der _ gemäß dem Umwandlungsgesetz sowie der Erwerb von mehr als 50 % der Aktien der Gesellschaft durch einen Mehrheitsgesellschafter. Das Kündigungsrecht ist innerhalb von vier Wochen nach Kenntniserlangung vom Beginn der erheblichen gesellschaftsrechtlichen Veränderung (bspw §§ 20 f AktG) durch den Kündigungsberechtigten auszuüben. Zusätzlich verpflichtet sich Herr _, den Aufsichtsratsvorsitzenden tagsgleich über Veränderungen iSv Abs. 3 Satz 2 schriftlich zu unterrichten.

(4) Im Falle der Ausübung des Sonderkündigungsrechts gem. Abs. 3 durch die _ erhält Herr _ eine Abfindung in Form einer Einmalzahlung als Ausgleich für die vorzeitige Beendigung des Dienstvertrages nach Maßgabe folgender Berechnung: 12.000 EUR je Monat, der mit der Inanspruchnahme des Sonderkündigungsrechts als Vertragslaufzeit bis zum _ entfällt.

Die Abfindung ist mit der Beendigung des Dienstvertrages fällig. Der Abfindungsanspruch entfällt, wenn Herr _ im Zuge von gesellschaftsrechtlich erheblichen Veränderungen allein oder mit anderen Erwerber der _ AG wird, bspw im Wege eines MBO, sei es unmittelbar oder mittelbar wie bspw als Shareholder oder stiller Gesellschafter einer erwerbenden Gesellschaft.

§ 2 Aufgaben und Pflichten

(1) Herr _ führt die Geschäfte der Gesellschaft nach Maßgabe der Gesetze, der Satzung der Gesellschaft, der Geschäftsordnung für den Vorstand und dieses Dienstvertrages.[371] Er vertritt die Gesellschaft nach den Regeln der Satzung.

(2) Herr _ hat seine volle Arbeitskraft und alle seine fachlichen Kenntnisse und Erfahrungen in den Dienst der Gesellschaft zu stellen. Die Arbeitszeit richtet sich nach den Bedürfnissen des Unternehmens. Die Übernahme einer entgeltlichen oder unentgeltlichen Nebentätigkeit bedarf der vorherigen schriftlichen Zustim-

---

[371] Der Vorstand einer Aktiengesellschaft hat einen strengen Sorgfaltsmaßstab zu beachten, § 83 Abs. 1 AktG (BGH 21.4.1997 – II ZR 175/95, BB 1997, 1169). Über das KontraG wurde in § 91 Abs. 2 AktG die Implementierung eines Finanzüberwachungssystems zur Pflicht (*Lingemann/Wasmann*, BB 1998, 853). Haftungsbeschränkungen der Vorstandsmitglieder können im Anstellungsvertrag nicht im Vorhinein wirksam vereinbart werden, § 93 Abs. 4 Satz 2 AktG. Da die Vorstandsmitglieder – anders als GmbH-Geschäftsführer – die Geschäfte in ihrem Zuständigkeitsbereich in eigener Verantwortung führen (§ 76 Abs. 1 AktG), entfällt die Ersatzpflicht auch dann nicht, wenn der Aufsichtsrat das Geschäft gebilligt hat, § 93 Abs. 4 Satz 2 AktG. Beschlüsse der Hauptversammlung können dagegen zu einer Haftungsfreistellung des Vorstands führen, § 93 Abs. 4 Satz 1 AktG.

mung des Aufsichtsrats, die vom Aufsichtsrat jederzeit widerrufen werden kann. Folgende Nebentätigkeiten gelten als durch den Aufsichtsrat genehmigt: ...

(3) Unbeschadet der Gesamtverantwortung eines jeden Vorstandsmitglieds für die gesamten Belange der Geschäftsführung der Gesellschaft ist das Vorstandsmitglied für den ihm nach dem Geschäftsverteilungsplan zugedachten Geschäftsbereich zuständig.

(4) Herr ... verpflichtet sich, bei Beendigung des Dienstverhältnisses Ämter und Nebenbeschäftigungen, die er ausschließlich im Interesse der Gesellschaft übernommen hat, niederzulegen.

(5) Erhält Herr ... aus Mandaten bei Tochter- und Beteiligungsgesellschaften der Gesellschaft und aus solchen, die er im Auftrag der Gesellschaft bei anderen Gesellschaften übernommen hat, Tantiemen oder eine sonstige Vergütung, so wird er sie an die Gesellschaft abführen.

§ 3 Bezüge

(1) Herr ... erhält für seine Tätigkeit ein Bruttojahresgehalt in Höhe von ... EUR (in Worten: ... Euro) in zwölf monatlichen Raten à ... EUR (in Worten: ... Euro), fällig am jeweils Letzten eines Monats.

(2) Herrn ... wird für die Vertragslaufzeit eine jährliche Bonusberechtigung im Rahmen einer jährlich abzuschließenden Zielvereinbarung zugesagt. Folgende Teilziele werden zugrunde gelegt und in ihrer prozentualen Wertigkeit wie folgt bemessen:

- Unterschreiten der in der Finanzierungsplanung angesetzten Kosten: 10 %
- Business development: 20 %
- Abbau von Verlustquellen: 20 %
- Verdoppelung des Finanzierungsbudgets (Bilanzvolumen aus Unternehmensentwicklung): 40 %
- Organisation, Mitarbeiterführung: 10 %

Bei vollständiger Zielerreichung beträgt der Bonus für das Geschäftsjahr ... EUR. Der Aufsichtsratsvorsitzende setzt den Bonus entsprechend dem Zielerreichungsgrad nach Anhörung von Herrn ... spätestens zwei Monate nach Beendigung des Geschäftsjahres fest. Innerhalb von zwei Wochen nach dem Beschluss des Aufsichtsrats ist die Bonuszahlung fällig. Zum ... hat Herr ... Anspruch auf eine angemessene Abschlagszahlung auf den vereinbarten Bonus.

(3) Beginnt oder endet das Dienstverhältnis vor dem Ende der in § 1 Abs. 2 vereinbarten Vertragslaufzeit, werden die Leistungen gem. Abs. 2 zeitanteilig gezahlt.

(4) Eine Herabsetzung der Vergütung gem. § 87 Abs. 2 AktG kann nur bei Vorliegen der Voraussetzungen des § 87 Abs. 2 AktG aF erfolgen.

§ 4 Nebenleistungen

(1) Die Gesellschaft stellt Herrn ... einen Dienstwagen zur dienstlichen und privaten Nutzung gemäß der als Anlage zu diesem Vertrag beigefügten Dienstwagenordnung für leitende Angestellte zur Verfügung. Herr ... hat den Wert der privaten Nutzung zusätzlich zu den Bezügen gem. § 3 als Sachbezug zu versteuern. Im Falle der Beendigung dieses Dienstvertrages ist der Dienstwagen unverzüglich zurückzugeben. Die Gesellschaft hat das Recht, Herrn ... wahlweise statt der Überlassung eines Kraftwagens die Leasingraten in entsprechender Höhe gemäß Dienstwagenordnung auszubezahlen.

(2) Herrn ... werden Reisekosten und sonstige Aufwendungen, die er im Interesse der Gesellschaft tätigt, auf Nachweis gemäß den einschlägigen Richtlinien erstattet werden.

(3) Zusätzlich zum Gehalt gem. § 3 erhält Herr ... 50 % der gesetzlichen Sozialversicherungsbeiträge der höchsten Beitragsgruppe. Sofern die Gesellschaft gesetzlich verpflichtet ist, diese Beiträge an den jeweiligen Sozialversicherungsträger abzuführen, gilt die Verpflichtung nach Satz 1 mit Abführung der jeweiligen Beträge an den Sozialversicherungsträger als erfüllt. Sofern das Vorstandsmitglied anstelle der Angestellten-

versicherung eine befreiende Lebensversicherung oder eine vergleichbare Versorgungssicherung hat, bezahlt die Gesellschaft die Hälfte der Beiträge zur befreienden Lebensversicherung oder der vergleichbaren Versorgungssicherung, höchstens jedoch den Betrag, den das Vorstandsmitglied nach Satz 1 erhalten würde. Die hierauf entfallende Steuer trägt die Gesellschaft.

(4) Die Gesellschaft wird Herrn ... für die Dauer dieses Vertrages in Höhe von 1 Mio. EUR für den Todesfall und 2 Mio. EUR für den Invaliditätsfall bei einer von der Gesellschaft auszuwählenden Versicherungsgesellschaft – eventuell im Rahmen einer Gruppenunfallversicherung – gegen Unfälle versichern. Herr ... hat das Recht, den Bezugsberechtigten selbst zu bestimmen. Die Versicherung ist innerhalb von drei Monaten nach Wirksamkeit dieses Vertrages abzuschließen.

(5) Die Gesellschaft schließt für das Vorstandsmitglied eine Reisegepäckversicherung über die Versicherungssumme von 10.000 EUR ab.

(6) Als gesetzlicher Vertreter der Gesellschaft ist Herr ... auch in seinem privaten Bereich durch die Betriebshaftpflichtversicherung der Gesellschaft mitversichert. Die Deckungssummen betragen für Personenschäden ... EUR und für Sach- und Vermögensschäden. Maßgebend für den Umfang des Versicherungsschutzes sind allein die jeweiligen Bedingungen der Betriebshaftpflichtversicherung.

(7) Die Gesellschaft schließt zu Gunsten von Herrn ... eine D&O-Straf- und Vermögensschutzversicherung in üblicher und angemessener Höhe mit einem Selbstbehalt von 10% der Schadenshöhe je Schadensfall, maximal jedoch in Höhe vom 1,5-Fachen der jährlichen Festvergütung von Herrn ... ab. Dabei wird die Höhe der gegenwärtigen Deckungssumme von ... Mio. EUR bei einer Jahresprämie von ... EUR netto nicht überschritten.

(8) Die Gesellschaft schließt zu Gunsten des Vorstandsmitglieds – oder führt eine bestehende fort – eine Direktversicherung bezogen auf die Vollendung des 65. Lebensjahrs ab. Für die Dauer des Dienstvertrages werden die jährlichen Versicherungsprämien mindestens bis zu dem jeweils geltenden steuerlichen Höchstbetrag von der Gesellschaft getragen.

§ 5 Erholungsurlaub

Herr ... hat Anspruch auf einen Jahresurlaub von 30 Arbeitstagen, der auch in Teilabschnitten genommen werden kann. Die Urlaubszeiten sind im Einvernehmen mit den übrigen Vorstandsmitgliedern festzulegen.

§ 6 Bezüge bei Krankheit, Unfall, Tod

(1) Bei einer vorübergehenden Arbeitsunfähigkeit, die durch Krankheit oder aus einem anderen von Herrn ... nicht zu vertretenden Grunde eintritt, werden die Bezüge gem. § 3 Abs. 1 abzüglich Krankengeld für die Dauer von drei Monaten, längstens bis zum Ende des Anstellungsvertrages, weitergezahlt. Ein von der Krankenkasse gezahltes Krankengeld ist auf die Bezüge anzurechnen, soweit die Gesellschaft die Hälfte des Beitrages zu der entsprechenden Krankenversicherung bezahlt hat. Auf das Gehalt muss sich Herr ... Leistungen, die von Dritten aufgrund eines Verschuldens oder sonst begründeter Haftung für das die Arbeitsunfähigkeit auslösende Ereignis als Verdienstentschädigung erbracht werden, anrechnen lassen. Die Anrechnung erfolgt nur insoweit eine Verdienstentschädigung von einem Dritten tatsächlich gewährt wird.

(2) Wird Herr ... während der Dauer des Dienstvertrages dauernd arbeitsunfähig, so endet der Dienstvertrag mit Ablauf des dritten Monats, in dem die dauernde Arbeitsunfähigkeit festgestellt wird. Die dauernde Arbeitsunfähigkeit wird im Zweifel durch einen vom Aufsichtsrat zu bestimmenden Arzt festgestellt.

(3) Stirbt das Vorstandsmitglied während der Dauer des Dienstvertrages, so haben seine Witwe und seine ehelichen Kinder, soweit diese noch nicht das 25. Lebensjahr vollendet haben, als Gesamtgläubiger Anspruch auf unverminderte Fortzahlung der Bezüge gem. § 3 Abs. 1 für den Sterbemonat und die drei folgenden Monate, längstens bis zu einem vom Ableben des Vorstandsmitglieds unabhängigen Ende des Dienstvertrages.

§ 7 Geheimhaltungspflicht und Aufzeichnungen

(1) Das Vorstandsmitglied ist verpflichtet, über alle Angelegenheiten und Verhältnisse der Gesellschaft, ihrer Tochtergesellschaften und sonstiger Firmen oder Personen, mit denen die Gesellschaft wirtschaftlich oder organisatorisch verbunden ist, vor allem über Geschäfts- und Betriebsgeheimnisse Dritten gegenüber unbedingt Stillschweigen zu bewahren. Gesetzliche Mitteilungspflichten bleiben unberührt. Diese Schweigepflicht gilt auch über die etwaige Beendigung dieses Dienstvertrages hinaus.

(2) Herr ... wird bei seinem Ausscheiden aus dem Vorstand der Gesellschaft alle Unterlagen, Urkunden, Aufzeichnungen, Notizen, Berichte, Entwürfe oder hiervon gefertigte Durchschriften oder Kopien, die sich auf Angelegenheiten der Gesellschaft, ihrer Tochtergesellschaften oder sonstiger Unternehmen im Konzernverbund beziehen und die sich noch in seinem Besitz befinden, unaufgefordert an die Gesellschaft zurückgeben und auf Aufforderung der Gesellschaft schriftlich versichern, dass er dieser Verpflichtung vollständig nachgekommen ist. Ein Zurückbehaltungsrecht an den vorbezeichneten Gegenständen ist ausgeschlossen.

§ 8 Schlussbestimmungen

(1) Änderungen oder Ergänzungen dieses Vertrages bedürfen zu ihrer Wirksamkeit der Schriftform und ggf eines Beschlusses des Aufsichtsrats. Mündliche Nebenabreden bestehen nicht.

(2) Sollte eine Bestimmung dieses Vertrages undurchführbar sein oder undurchführbar werden, wird die Rechtswirksamkeit der übrigen Bestimmungen dieses Vertrages nicht berührt. Die nichtige Bestimmung ist durch die gesetzlich zulässige Regelung zu ersetzen, die dem in der nichtigen Bestimmung zum Ausdruck gekommenen wirtschaftlichen Sinn und Zweck am ehesten entspricht.

9. Muster: Geschäftsordnung für den Vorstand der Gesellschaft

Geschäftsordnung

1. Allgemeines

1.1 Der Vorstand führt die Geschäfte der Gesellschaft nach Maßgabe der Gesetze, der Satzung und dieser Geschäftsordnung.

1.2 Die Verteilung der Geschäftsbereiche auf die einzelnen Mitglieder des Vorstands ergibt sich aus dem als Anlage beigefügten Geschäftsverteilungsplan, der Bestandteil dieser Geschäftsordnung ist.

Änderungen der Geschäftsordnung bzw des Geschäftsverteilungsplans können jederzeit vom Aufsichtsrat vorgenommen werden.

2. Gesamt- und Einzelgeschäftsführung

2.1 Im Rahmen der Gesamtverantwortung jedes Vorstandsmitglieds für die Geschicke des Unternehmens hat jedes dem Vorstand angehörende Mitglied unter Wahrung größtmöglicher Selbständigkeit in dem ihm zugeordneten Bereich mit den übrigen Vorstandsmitgliedern kollegial zusammenzuarbeiten. Die Mitglieder des Vorstands unterrichten sich laufend über wichtige Maßnahmen in ihrem Bereich. Jedes Mitglied ist verpflichtet, bei schwerwiegenden Bedenken im Zusammenhang mit einer Angelegenheit eines anderen Bereichs eine Beschlussfassung des Vorstands herbeizuführen, wenn die Bedenken nicht durch eine Aussprache mit dem anderen Mitglied des Vorstands behoben werden können.

Bei Meinungsverschiedenheiten des Gesamtvorstands sowie darüber hinaus bei Anlässen, die von einem der Vorstandsmitglieder für wichtig gehalten werden, hat jedes Vorstandsmitglied das Recht, eine Beratung des Gesamtvorstands über diesen Gegenstand zu verlangen und, falls eine solche Beratung nicht zu einer Übereinstimmung führt, nach Unterrichtung des Vorsitzenden des Vorstands den Gegenstand an den Vorsitzenden des Aufsichtsrats heranzutragen. Der Vorsitzende des Aufsichtsrats entscheidet in diesem Fall über eine Behandlung im Aufsichtsrat und gegebenenfalls über Art und Zeitpunkt der Behandlung, falls die Angelegenheit nicht auf andere Weise geklärt werden kann.

2.2 Der gesamte Vorstand entscheidet

2.2.1 in allen Angelegenheiten, in denen nach dem Gesetz, der Satzung oder dieser Geschäftsordnung eine Beschlussfassung durch den gesamten Vorstand vorgeschrieben ist, insbesondere über

- die Aufstellung des Jahresabschlusses und den Geschäftsbericht;
- die Einberufung der Hauptversammlung und die Vorschläge zur Beschlussfassung der Hauptversammlung;
- die periodische Berichterstattung an den Aufsichtsrat, die Geschäfte, die der Zustimmung des Aufsichtsrats bedürfen;
- Art und Umfang des Risikofrüherkennungssystems und einer etwaigen eigenständigen Compliance-Organisation
- die Geschäfte, die der Zustimmung des Aufsichtsrats der Beteiligungsgesellschaften bedürfen;

2.2.2 in allen Angelegenheiten, die dem Vorstand durch den Vorsitzenden oder ein Mitglied zur Beschlussfassung vorgelegt werden;

2.2.3 über die Richtlinien und Planungen (strategische Planung, operative Planung, Budgetplanung);

2.2.4 über alle Angelegenheiten, die nicht durch die Geschäftsverteilung einem Geschäftsbereich zugewiesen sind;

2.2.5 einstimmig über Vorschläge an den Aufsichtsrat bezüglich Änderungen der Geschäftsordnung und des Geschäftsverteilungsplans;

2.2.6 Regelungen der Geschäftsordnung, soweit sie in die Kompetenz des Vorstands fallen.

2.3 Vorstandsbeschlüsse führt jedes Mitglied des Vorstands im Rahmen des ihm zugewiesenen Geschäftsbereichs eigenständig durch, unbeschadet der gemeinsamen Verantwortung des Gesamtvorstands für die Geschäftsführung.

2.4 Soweit Maßnahmen und Geschäfte eines Geschäftsbereichs zugleich einen oder mehrere andere Geschäftsbereiche betreffen, muss sich das Mitglied des Vorstands zuvor mit den anderen beteiligten Mitgliedern abstimmen. Wenn eine Einigung nicht zustande kommt, ist eine Beschlussfassung des Vorstands herbeizuführen.

2.5 Maßnahmen und Geschäfte eines Geschäftsbereichs, die für die Gesellschaft von außergewöhnlicher Bedeutung sind oder mit denen ein außergewöhnliches wirtschaftliches Risiko verbunden ist, bedürfen der vorherigen Zustimmung des Vorstands. Dasselbe gilt für solche Maßnahmen und Geschäfte, bei denen der Vorsitzende des Vorstands die vorherige Beschlussfassung des Vorstands verlangt.

2.6 Maßnahmen und Geschäfte der in Absatz 2.4 Satz 2 und Absatz 2.5 bezeichneten Art darf das Mitglied des Vorstands ohne vorherige Zustimmung des Vorstands oder im Fall von Absatz 2.4 ohne vorherige Abstimmung mit den anderen beteiligten Mitgliedern vornehmen, wenn dies nach seinem pflichtgemäßen Ermessen zur Vermeidung unmittelbar drohender schwerer Nachteile für die Gesellschaft erforderlich ist.

3. Vorsitzender des Vorstands

3.1 Dem Vorsitzenden obliegt die Wahrung der Interessen der Gesellschaft im faktischen Konzern der AG. Er hat dafür zu sorgen, dass die im Rahmen der einheitlichen Leitung vom Konzern verabschiedeten strategischen Planungen sowie Beschlüsse auf den Gebieten der Finanz-, Investitions-, Produktions-, Absatz- und Personalpolitik den Interessen der Gesellschaft dienen und in der Gesellschaft und ihren Beteiligungen umgesetzt werden.

3.2 Dem Vorsitzenden des Vorstands obliegt ferner die Koordination aller Geschäftsbereiche des Vorstands. Er hat auf eine einheitliche Ausrichtung der Geschäftsführung auf die durch die Beschlüsse des Vorstands festgelegten Ziele hinzuwirken sowie sicherzustellen, dass die auf der Hauptversammlung und vom Aufsichtsrat gefassten Beschlüsse ordnungsgemäß ausgeführt werden. Von den Mitgliedern des Vorstands kann er jederzeit Auskünfte über einzelne Angelegenheiten ihrer Geschäftsbereiche verlangen und bestimmen, dass er über bestimmte Arten von Geschäften im Vorhinein zu unterrichten ist.

3.3 Der Vorsitzende des Vorstands repräsentiert den Vorstand und die Gesellschaft gegenüber der Öffentlichkeit, insbesondere gegenüber Behörden, Verbänden, Wirtschaftsorganisationen und Publikationsorganen. Er kann diese Aufgaben für bestimmte Arten von Angelegenheiten oder im Einzelfall auf ein anderes Mitglied des Vorstands übertragen.

3.4 Dem Vorsitzenden des Vorstands obliegt die Federführung im mündlichen und schriftlichen Verkehr mit dem Aufsichtsrat und dessen Mitgliedern. Er unterrichtet den Vorsitzenden des Aufsichtsrats regelmäßig über den Gang der Geschäfte und die Lage des Unternehmens.

Bei wichtigen Anlässen und bei geschäftlichen Angelegenheiten, die auf die Lage der Gesellschaft von erheblichem Einfluss sein können, hat er dem Vorsitzenden des Aufsichtsrats unverzüglich zu berichten.

3.5 Bei Verhinderung des Vorsitzenden des Vorstands nimmt der stellvertretende Vorsitzende oder ein vom Vorsitzenden zu benennendes Mitglied die Rechte und Pflichten des Vorsitzenden wahr.

4. Sitzungen und Beschlüsse

4.1 Der Vorstand beschließt in der Regel in Sitzungen, die 14-tägig, mindestens aber einmal im Monat stattfinden sollen und durch den Vorsitzenden des Vorstands einberufen werden.

Jedes Mitglied kann die Einberufung einer Sitzung verlangen.

Die Einberufung soll, soweit möglich, drei Tage vor der Sitzung unter Mitteilung der Tagesordnung und der Beschlussvorlagen erfolgen.

4.2 Der Vorstand ist nur beschlussfähig, wenn die Mehrheit seiner Mitglieder anwesend ist.

4.3 Der Vorsitzende des Vorstands leitet die Sitzungen. Er bestimmt die Reihenfolge der Tagesordnung. Er ist berechtigt, die Tagesordnung abzuändern, zu ergänzen und einzelne Punkte vor der Beschlussfassung von der Tagesordnung abzusetzen, wenn er dies für eine sachgerechte Entscheidungsfindung für erforderlich hält.

4.4 Der Vorstand entscheidet durch Mehrheitsbeschluss. Bei Stimmengleichheit entscheidet die Stimme des Vorsitzenden.

Die Beschlussfassung für ein einzelnes Ressort soll in der Regel in Anwesenheit des verantwortlichen Vorstandsmitglieds erfolgen.

Bei bedeutenden Vorstandsbeschlüssen ist der Aufsichtsratsvorsitzende zu informieren.

4.5 Über die Sitzungen des Vorstands ist eine Niederschrift anzufertigen, aus der sich Ort und Tag der Sitzung, Teilnehmer, Tagesordnung und Wortlaut der Beschlüsse ergeben. Die Niederschrift wird von dem Vorsitzenden der Sitzung unterzeichnet und allen Mitgliedern des Vorstands in Abschrift übermittelt. Die Niederschrift gilt als genehmigt, wenn kein Mitglied des Vorstands in der nächsten dem Zugang der Niederschrift folgenden Sitzung widerspricht.

Entscheidungen des Vorstands, die außerhalb von Sitzungen gefasst worden sind, sind in der Niederschrift über die nächste Sitzung des Vorstands aufzunehmen.

5. Zustimmungspflichtige Geschäfte

Der Vorstand bedarf in folgenden Fällen der vorherigen Zustimmung des Aufsichtsrats:

5.1 zur Erteilung von Generalvollmachten;

5.2 zum Erwerb und zur Veräußerung von Grundstücken, wenn der Preis im Einzelfall 500.000 EUR übersteigt;

5.3 zur Errichtung und Auflösung von inländischen Zweigniederlassungen, wenn diese im Handelsregister einzutragen sind;

5.4 zur Übernahme und Veräußerung von Beteiligungen an anderen Unternehmen sowie zur Errichtung, zum Erwerb und zur Veräußerung anderer Unternehmen;

5.5 zur Ausübung von Gesellschafterrechten aus Beteiligungen bei der Beschlussfassung über Kapitalmaßnahmen, insbesondere über Kapitalerhöhungen und Kapitalherabsetzungen sowie über Unternehmensverträge;

5.6 zur Aufnahme von Anleihen;

5.7 zur Vornahme von Investitionen, die im Einzelfall 512.000 EUR überschreiten;

5.8 zum Erlass und zur Änderung einer Geschäftsordnung für den Vorstand;

5.9 zur Übernahme von Bürgschaften oder ähnlichen Haftungen zu Gunsten Dritter, ausgenommen für laufende Geschäfte von Tochtergesellschaften sowie die Teilnahme an einem konzernweiten Cash-Pooling-System;

5.10 zur Einleitung von Aktivprozessen mit einem Streitwert von mehr als 255.500 EUR.

Sofern die vorherige Zustimmung des Aufsichtsrats nicht ohne Nachteil für die Gesellschaft abgewartet werden kann, ist die Einwilligung des Aufsichtsratsvorsitzenden einzuholen, der sich in der nächsten Sitzung um die Zustimmung des Aufsichtsrats bemühen wird.

Der Aufsichtsrat kann durch Beschluss die Vornahme weiterer Arten von Geschäften von seiner Zustimmung abhängig machen.

Der Aufsichtsrat kann dem Vorstand widerruflich die Einwilligung für bestimmte Arten von Geschäften auch im Voraus erteilen bzw einen Ausschuss hierzu ermächtigen.

6. Inkrafttreten

Die Geschäftsordnung ist vom Aufsichtsrat in der Sitzung vom ... beschlossen worden und tritt mit Wirkung vom gleichen Tag in Kraft.

10. Muster: Abberufungs- und Kündigungsbeschluss wegen eines Vorstandsmitglieds

Protokoll

über einen Beschluss des Aufsichtsrats der
... AG
am ...
Ort: ...
Teilnehmer: ..., ..., ..., ...

Der vollständig anwesende Aufsichtsrat beschließt unter Verzicht auf sämtliche Form- und Fristenfordernisse einer Aufsichtsratssitzung einstimmig:

1. Die Bestellung von Herrn ... zum Vorstandsmitglied der ... AG wird aus wichtigem Grund mit sofortiger Wirkung widerrufen.

2. Der Anstellungsvertrag zwischen Herrn ... und der ... AG wird außerordentlich und fristlos gekündigt.

3. Der Vorsitzende des Aufsichtsrats wird bevollmächtigt,

- die Abberufungserklärung und
- die Kündigungserklärung

gegenüber Herrn ... auszusprechen und Schadensersatzansprüche geltend zu machen.

Lücke

Außerdem wird der Aufsichtsratsvorsitzende bevollmächtigt, Verhandlungen über eine einvernehmliche Beendigung der Zusammenarbeit zu führen. Der Aufsichtsrat ist über den Fortgang solcher Verhandlungen regelmäßig zu informieren und ein etwaiges Verhandlungsergebnis ist ihm zur Abstimmung vorzulegen.

Ferner ist der Aufsichtsratsvorsitzende bevollmächtigt, alle sonstigen Abwicklungshandlungen mit Herrn ... vorzunehmen, wie zB die Herausgabe von Unterlagen und Schlüssel der Gesellschaft zu fordern, ein Hausverbot zu erteilen und nötigenfalls einen etwaigen Rechtsstreit zu führen.

... (Ort, Datum, Unterschriften sämtlicher Mitglieder des Aufsichtsrats)

 11. Muster: Freistellungsvereinbarung mit einem Vorstandsmitglied

Vereinbarung

zwischen

der ... AG,

vertreten durch ihren Aufsichtsrat,

dieser vertreten durch den Vorsitzenden des Aufsichtsrats, Herrn ...

– nachstehend: Gesellschaft –

und

Herrn ...

– nachstehend: Mitglied des Vorstands –

Präambel

Die Bestellung von Herrn ... zum Mitglied des Vorstands der Gesellschaft ist durch Beschluss des Aufsichtsrats der Gesellschaft vom ... (im Einvernehmen mit Herrn ...) zum ... beendet worden. Es besteht Einverständnis, dass der zwischen der Gesellschaft und dem Mitglied des Vorstands geschlossene Dienstvertrag vom ... bis zum ursprünglichen Vertragsende, dh bis zum ... weiterbesteht.

§ 1 Freistellung

Das Mitglied des Vorstands wird mit Wirkung vom ... bis zum Beendigungszeitpunkt des Anstellungsvertrages unter Fortzahlung seiner vertragsgemäßen Bezüge unwiderruflich freigestellt. Durch die Freistellung sind sämtliche Urlaubsansprüche abgegolten. In der Zeit der Freistellung sind die dem Mitglied des Vorstands vertraglich vereinbarten Bezüge (Grundvergütung, Tantieme, ...) ungeschmälert fortzuzahlen. Für die Tantieme wird pauschal ein Betrag in Höhe von ... EUR/Geschäftsjahr zugrunde gelegt.

§ 2 Anderweitige Tätigkeit

Das Mitglied des Vorstands ist bis zur Beendigung des Anstellungsvertrages in der Verwertung seiner Arbeitskraft frei. Die Beteiligung an einem oder Tätigkeit für ein Konkurrenzunternehmen ist jedoch unverändert ausgeschlossen. Während der Zeit der Freistellung findet § 615 Satz 2 BGB wie folgt Anwendung: Einkommen aus einer anderweitigen Tätigkeit, freiberuflich oder im Rahmen eines Anstellungsvertrages, ist anzurechnen. Die Anrechnung erfolgt jedoch nur im Umfang von ... % des anderweitigen Einkommens.

§ 3 Sonstige Leistungen

Die sonstigen Leistungen nach dem Dienstvertrag vom ..., insbesondere Dienstwagen ..., bleiben bis zur Beendigung des Dienstvertrages dem Mitglied des Vorstands erhalten.

12. Muster: Aufsichtsratsbeschluss wegen Herabsetzung der Vergütung und Ruhegehaltansprüche (§ 87 Abs. 2 AktG)

Der Aufsichtsrat beschließt einstimmig gem. § 87 Abs. 2 AktG:

1. In Abweichung von § ... des Dienstvertrages vom ... wird das Fixum von Herrn ... von aktuell ... EUR brutto p.a. auf ... EUR brutto p.a. herabgesetzt; die variablen Vergütungsbestandteile entfallen. Die Herabsetzung erfolgt mit Wirkung ab dem ... . Diese Herabsetzung der Vergütung ist zunächst befristet bis ... (oder: ist unbefristet).

2. In Abweichung von § ... des Dienstvertrages vom ... (oder: In Abweichung der Herrn ... erteilten Ruhegehaltszusage vom ...) wird das Ruhegehalt von Herrn ... auf ... EUR brutto p.a. herabgesetzt. Die ebenfalls zugesagte Hinterbliebenenversorgung wird dementsprechend reduziert. Die Herabsetzung wirkt mit Zugang des Herabsetzungsschreibens und ist unbefristet.

3. Der Aufsichtsratsvorsitzende wird beauftragt und bevollmächtigt, Herrn ... diese Beschlüsse des Aufsichtsrats mitzuteilen und alle Maßnahmen zur Umsetzung dieser Beschlüsse zu ergreifen.

13. Muster: Herabsetzungsschreiben gem. § 87 Abs. 2 AktG

Herabsetzung der Vergütung und des Ruhegehalts gem. § 87 Abs. 2 AktG

Beschlüsse des Aufsichtsrats der ... AG vom ...

Sehr geehrter Herr ...,

anbei erhalten Sie die Niederschrift über die Beschlussfassung des Aufsichtsrats der ... AG vom ... im Original. Danach hat mich der Aufsichtsrat beauftragt und bevollmächtigt, Ihnen diese Beschlüsse des Aufsichtsrats mitzuteilen und alle Maßnahmen zur Umsetzung dieser Beschlüsse zu ergreifen.

Namens und im Auftrag des Aufsichtsrats der ... AG teile ich Ihnen hiermit gem. § 87 Abs. 2 AktG mit:

1. In Abweichung von § ... des Dienstvertrages vom ... wird Ihr Fixum von aktuell ... EUR brutto p.a. auf ... EUR brutto p.a. herabgesetzt; die variablen Vergütungsbestandteile entfallen. Die Herabsetzung erfolgt mit Wirkung ab dem ... .

Diese Herabsetzung der Vergütung ist zunächst befristet bis ... (oder: unbefristet).

2. In Abweichung von der Ihnen in § ... des Dienstvertrages enthaltenen Ruhegehaltszusage (oder: In Abweichung von der Ihnen erteilten Ruhegehaltszusage vom ...) wird Ihr Ruhegehaltsanspruch auf ... EUR brutto p.a. herabgesetzt. Die zugesagte Hinterbliebenenversorgung reduziert sich dementsprechend. Die Herabsetzung wird mit Zugang dieses Schreibens wirksam und ist unbefristet.

Anlage: Aufsichtsratsbeschluss vom ... im Original

§ 2 Zusatzvereinbarungen zu Arbeits- und Anstellungsverträgen

Kapitel 1: Nachvertragliche Wettbewerbsverbote

Literatur:

Bauer/Diller, Indirekte Wettbewerbsverbote, DB 1995, 426; *dies.*, Karenzentschädigung und bedingte Wettbewerbsverbote bei Organmitgliedern, BB 1995, 1134; *dies.*, Wechselwirkungen zwischen Wettbewerbstätigkeit, Ruhestand und betrieblicher Altersversorgung, BB 1997, 990; *dies.*, Zulässige und unzulässige Bedingungen in Wettbewerbsverboten, DB 1997, 94; *dies.*, Wettbewerbsverbote, 6. Aufl. 2012; *Baumbach/Hopt*, HGB, 35. Aufl. 2012; *Bengelsdorf*, Das örtlich zuständige Gericht bei Streitigkeiten aus einem nachvertraglichen Wettbewerbsverbot, DB 1992, 1340; *Dahns/Detlefsen*, Berufsrechtliche Aspekte bei der Beendigung der Zusammenarbeit von Steuerberatern, DStR 2006, 1574; *Diller*, Nachvertragliche Wettbewerbsverbote und AGB-Recht, NZA 2005, 250; *ders.*, Vertragsstrafen bei Wettbewerbsverboten: Was nun? Ein Werkstattbericht, NZA 2008, 574; *Diller/Wilske*, Grenzüberschreitende Durchsetzung nachvertraglicher Wettbewerbsverbote, DB 2007, 1866; *Dombrowski/Zettelmeier*, Die Wertermittlung der Nutzungsvorteile von Firmenwagen im Rahmen der Karenzentschädigung nach § 74 II HGB, NZA 1995, 155; *Düwell*, Das nachvertragliche Wettbewerbsverbot in der Gewerbeordnung, DB 2002, 2270; *Edenfeld*, Nachvertragliche Wettbewerbsverbote im Europäischen Vergleich, ZfA 2004, 463; *Gaul/Khanian*, Zulässigkeit und Grenzen arbeitsrechtlicher Regelungen zu Wettbewerbsverboten, MDR 2006, 181; *Grunsky*, Das nachvertragliche Wettbewerbsverbot (§§ 74 ff. HGB) als gegenseitiger Vertrag, FS Söllner, 1990, S. 41; *Hörl*, Geheimhaltung, Kundenschutz und Wettbewerbsverbot beim Einsatz freier Mitarbeiter, ITRB 2003, 182; *Hunold*, Aktuelle Rechtsprechung zum nachvertraglichen Wettbewerbsverbot, NZA-RR 2013, 174; *Jaeger*, Der Anstellungsvertrag des GmbH-Geschäftsführers, 5. Aufl. 2009; *v. Kann/Keiluweit*, Nachvertragliche Wettbewerbsverbote und Karenzentschädigung bei Organmitgliedern – ein Überblick, BB 2010, 2050; *Koch*, Das nachvertragliche Wettbewerbsverbot im einseitig vorformulierten Arbeitsvertrag, RdA 2006, 28; *Küttner/Reinecke*, Personalbuch 2013, 460 (Wettbewerbsverbot), 20. Aufl. 2013; *Laskawy*, Die Tücken des nachvertraglichen Wettbewerbsverbots im Arbeitsrecht, NZA 2012, 1011; *Mayer*, Das nachvertragliche Wettbewerbsverbot, AiB 2005, 652; *Meier*, Das Ende der Mandantenübernahmeklausel?, NZA 2013, 253; *Meier-Rudolph*, Nachvertragliches Wettbewerbsverbot mit GmbH-Geschäftsführern, sj 2006, 41; *Menke*, Gestaltung nachvertraglicher Wettbewerbsverbote mit GmbH-Geschäftsführern – Verzicht statt Karenzentschädigung, NJW 2009, 636; *Morawietz*, Nachvertragliche Wettbewerbsverbote beim Ausscheiden aus einer Gemeinschaftspraxis, NJOZ 2008, 3813; *Prange/Laimer/Eisele*, Wettbewerbsverbote in Deutschland, in Österreich und in der Schweiz, RIW 2008, 227; *Reufels*, Grenzüberschreitende nachvertragliche Wettbewerbsverbote – Vereinbarkeit mit der Arbeitnehmerfreizügigkeit, ArbRB 2003, 313; *Schramm*, Neue Herausforderungen bei der Gestaltung von Vertragsstrafenklauseln, NJW 2008, 1494; *Straube*, AGB-Kontrolle von nachvertraglichen Wettbewerbsverboten, BB 2013, 117; *Thomas/Weidmann*, Wirksamkeit nachvertraglicher Wettbewerbsverbote in Fällen mit Auslandsbezug, DB 2004, 2694; *Urban*, Wettbewerbsverbote rechtssicher vereinbaren, ArbRAktuell 2012, 331653; *von Medem/Bauer*, Rechtliche und taktische Hinweise zu Wettbewerbsverboten mit Vorständen und Geschäftsführern, GWR 2011, 435; *Wiesbrock/Wübbelsmann*, Wettbewerbsverbote in Unternehmenskaufverträgen, GmbHR 2005, 519.

A. Erläuterungen

I. Gesetzliche Regelungen und personeller Geltungsbereich

Im Ausgangspunkt besteht seit langem Einigkeit darüber, dass das für Handlungsgehilfen in § 60 HGB explizit geregelte Wettbewerbsverbot nur während des Bestands des Arbeitsverhältnisses Geltung beansprucht und der Arbeitnehmer daher **nach Beendigung des Arbeitsverhältnisses mangels eines gesetzlich geregelten nachvertraglichen Wettbewerbsverbots** seinem früheren Arbeitgeber **im Rahmen der Gesetze**, insbesondere im Rahmen der Bestimmungen des UWG und des § 826 BGB, **Wettbewerb machen darf.**[1] Dieser Ausgangspunkt ergibt sich auch aus der verfassungsrechtlich in Art. 12 GG niedergelegten Berufsfreiheit, die das Recht des Arbeitnehmers auf freie Wahl des Arbeitsplatzes einschließt und grundsätzlich dem Recht des Arbeitgebers auf Schutz vor Konkurrenz vorgeht.

Gegen Ende des Arbeitsverhältnisses sind daher auch bereits sog. **Vorbereitungshandlungen**, etwa für eine nach Ende des Arbeitsverhältnisses geplante Selbständigkeit, zulässig; sie dürfen noch während

---

[1] AllgM und stRspr des BAG, vgl statt vieler: ErfK/*Oetker*, § 74 HGB Rn 1 und etwa BAG 19.5.1998 – 9 AZR 394/97, NZA 1999, 200; aus jüngerer Zeit: BAG 26.6.2008 – 2 AZR 190/07, NJW 2009, 105; BAG 28.1.2010 – 2 AZR 1008/08, juris.

des bestehenden Arbeitsverhältnisses vorgenommen werden, nicht jedoch schon eine aktiv werbende Tätigkeit.[2] Zutreffend fasst das LAG Baden-Württemberg zusammen, dass während des Arbeitsverhältnisses nur solche Vorbereitungsmaßnahmen zulässig sind, die lediglich darauf gerichtet sind, die „formalen und organisatorischen Voraussetzungen für das geplante eigene Unternehmen zu schaffen", darin müssen sie sich aber auch erschöpfen. „Gefährden sie die Geschäftsinteressen des Arbeitgebers während des Bestands des Arbeitsverhältnisses demgegenüber unmittelbar – insbesondere durch Kontaktaufnahme mit Kunden oder anderen Vertragspartnern –, werden die Grenzen erlaubter Vorbereitungsmaßnahmen überschritten."[3] Ein Grenzfall dürfte das berühmte „**Verabschiedungs-Mail**" vom Firmen-E-Mail-Account an alle Kunden, Lieferanten etc. sein, mit denen der das Unternehmen verlassende Arbeitnehmer Kontakt gehabt hat, wenn darin auch die neue berufliche Wirkungsstätte bzw die neuen Kommunikationsdaten mitgeteilt werden.

3 **Nach dem Ende des Arbeitsverhältnisses** begründen dieses überdauernde nachvertragliche Verschwiegenheits- und Treuepflichten per se keine Verpflichtung zur Unterlassung von Wettbewerbshandlungen: „Soweit kein verbindliches nachvertragliches Wettbewerbsverbot vereinbart ist, kann der Arbeitnehmer nach Beendigung des Arbeitsverhältnisses im Rahmen der allgemeinen gesetzlichen Vorschriften zu seinem Arbeitgeber in Wettbewerb treten."[4] Dabei kann der Ex-Arbeitnehmer „im Arbeitsverhältnis erworbenes „Erfahrungswissen" einschließlich der Kenntnis von Betriebs- und Geschäftsgeheimnissen einsetzen und in den Kundenkreis der Klägerin eindringen."[5] Der Wettbewerb darf allerdings nicht darauf gerichtet sein, die Kunden des Ex-Arbeitgebers zum Vertragsbruch anzustiften.

4 Allerdings fanden sich in den §§ 74 ff HGB (nur für kaufmännische Angestellte) und in § 90 a HGB (nur für Handelsvertreter) schon lange **Bestimmungen über nachvertragliche Wettbewerbsverbote**, so dass solche nach Vorstellung des Gesetzgebers jedenfalls mit diesem Personenkreis vereinbart werden können. Die Rechtsprechung dehnte mit der Zeit den personellen Anwendungsbereich der §§ 74 ff HGB auf **sämtliche Arbeitnehmer**[6] aus, so dass die §§ 74 ff HGB auch für solche Arbeitnehmer galten, die keine kaufmännischen Angestellten (Handlungsgehilfen) sind. Seit dem 1.1.2003 hat der Gesetzgeber in § 110 GewO geregelt, dass Arbeitgeber und Arbeitnehmer die berufliche Tätigkeit des Arbeitnehmers für die Zeit nach Beendigung des Arbeitsverhältnisses durch Vereinbarung beschränken können (**nachvertragliches Wettbewerbsverbot**). Die §§ 74–75 f HGB sind seither kraft Gesetzes entsprechend anzuwenden. Die Regelung, die über § 6 Abs. 2 GewO **für alle Arbeitsverhältnisse** gilt, erschöpft sich somit im Wesentlichen in einer Verweisung.[7]

5 Für **freie Mitarbeiter** gelten weder § 110 GewO noch die §§ 74 ff HGB direkt, weil diese eben selbständig und keine Arbeitnehmer sind.[8] Für **arbeitnehmerähnliche Personen**[9] und auch **wirtschaftlich abhängige freie Mitarbeiter**, die mit einer Arbeitszeit von 40 Wochenstunden praktisch „in Vollzeit" Dienstleistungen bei Dritten erbringen, gilt § 74 HGB entsprechend.[10]

6 Für **Organmitglieder**, insbesondere GmbH-Geschäftsführer und Vorstandsmitglieder von Aktiengesellschaften, gelten wegen nach hM idR fehlender Arbeitnehmereigenschaft[11] die §§ 74 ff HGB weder direkt noch entsprechend.[12] Daher formulierte das OLG Düsseldorf zur **Karenzentschädigungspflicht** den Leitsatz: „Es ist anerkannt, dass die Vorschrift über die Karenzentschädigung gem. § 74 Abs. 2 HGB gegenüber Organmitgliedern von Kapitalgesellschaften, zu denen auch der Fremdgeschäftsführer

---

2 StRspr, vgl etwa BAG 28.1.2010 – 2 AZR 1008/08, juris; zuletzt bestätigt durch BAG 16.1.2013 – 10 AZR 560/11, BeckRS 2013, 67444.
3 LAG Baden-Württemberg 18.10.2006 – 13 Sa 69/05, BeckRS 2011, 65859.
4 BAG 7.9.2004 – 9 AZR 545/03, NZA 2005, 105.
5 LAG Schleswig-Holstein 21.4.2010 – 2 Ca 581c/08, BeckRS 2010, 72555 unter Hinweis auf BAG 15.6.1993 – 9 AZR 558/91, NZA 1994, 502.
6 So schon BAG 13.9.1969 – 3 AZR 138/68, BB 1970, 35; aus jüngerer Zeit: BAG 26.9.2007 – 10 AZR 511/06, NZA 2007, 1431.
7 *Düwell*, DB 2002, 2270.
8 BAG 21.1.1997 – 9 AZR 778/95, NZA 1997, 1284.
9 BAG 21.1.1997 – 9 AZR 778/95, NZA 1997, 1284; LAG Köln 2.6.1999 – 2 Sa 138/99, NZA-RR 2000, 19.
10 BGH 10.4.2003 – III RZ 196/02, NJW 2003, 1864; ähnl. OLG Dresden 13.9.2011 – 5 U 236/11, BeckRS 2011, 27497 (zeitlich umfangreiche Tätigkeit ist Indiz für wirtschaftliche Abhängigkeit).
11 StRspr des BGH, teilweise aA das BAG, vgl zum aktuellen Meinungsstand *Schulze/Hintzen*, ArbRAktuell 2012, 263 mwN; schon vor den jüngsten Urteilen des EuGH krit. gegenüber der Rechtsansicht des BGH: *Lücke*, NJW 2009, 3207 und NJOZ 2009, 3469 mwN.
12 StRspr seit BGH 26.3.1984 – II ZR 229/83, BGHZ 91, 1; BGH 4.3.2002 – II ZR 77/00, NJW 2002, 1875; ErfK/*Oetker*, § 74 HGB Rn 5 mwN zur nicht ganz einheitlichen Rspr.

einer GmbH gehört, nicht gilt (vgl BGH, 4. März 2002, II ZR 77/00 = NJW 2002, 1875)."[13] Allerdings entspricht es auch der hM in Rspr und Literatur, dass die analoge Anwendung einzelner anderer Bestimmungen des HGB in Betracht kommt, denn laut BGH sind andererseits „die §§ 74 ff. HGB nicht generell unanwendbar auf zwischen der Gesellschaft und ihrem Geschäftsführer vereinbarte Wettbewerbsverbote".[14]

Die **Darlegungslast** für einen Wettbewerbsverstoß trägt allgemeinen Regeln folgend der Arbeitgeber. Die Rechtsprechung kommt ihm dabei allerdings entgegen, wie eine Entscheidung des BAG zur Darlegungslast beim vertraglichen Wettbewerbsverbot aus jüngster Zeit belegt: „Zur Schlüssigkeit der Darlegung eines Verstoßes gegen das Konkurrenzverbot ist es ausreichend, wenn der Arbeitgeber vorträgt, der Arbeitnehmer habe vor Beendigung des Arbeitsverhältnisses Verträge mit Kunden des Arbeitgebers abgeschlossen. Der Arbeitgeber muss weder vortragen, unter welchen näheren Umständen die betreffenden Vertragsschlüsse zustande kamen, noch, dass er Aussichten gehabt hätte, die vom Arbeitnehmer an sich gezogenen Verträge selbst abzuschließen, noch, dass er mit der Konkurrenztätigkeit nicht einverstanden war."[15] Demgegenüber trägt der Arbeitnehmer die Darlegungs- und Beweislast für eine Einwilligung des Arbeitgebers.[16]

Aufgrund der vergleichsweise intensiven Regelung des Themas in den §§ 74 ff HGB, von denen **zu Lasten der Arbeitnehmerseite nicht abgewichen** werden kann (einseitig zwingendes Recht), besteht für die **Vertragsgestaltung** neben der Integration der rein tatsächlichen Bedürfnisse des Einzelfalls (gegenständliche, räumliche und zeitliche Geltung) nicht allzu viel Spielraum.[17] Unabhängig davon ist grundsätzlich anzumerken, dass der Abschluss eines nachvertraglichen Wettbewerbsverbots des Öfteren fragwürdig erscheint. Aus Unternehmenssicht sind meist nur die wenigsten Arbeitnehmer von solcher Bedeutung für das Unternehmen (bzw dann den Betrieb des Konkurrenten).

Es empfiehlt sich ein **zweistufiges Vorgehen:** Im ersten Schritt kann aufgrund der hierarchischen Einordnung der betroffenen Mitarbeiter (meist in der ersten Führungsebene unterhalb der gesetzlichen Vertreter der Gesellschaft) der potenziell für ein nachvertragliches Wettbewerbsverbot in Betracht kommende Personenkreis eingegrenzt werden (etwa ein leitender Angestellter, wie zB der Leiter der Forschungsabteilung oder ein Vertriebsleiter); natürlich können im Einzelfall – zB im Vertrieb – auch unterhalb der ersten Führungsebene geeignete Personen für ein nachvertragliches Wettbewerbsverbot identifiziert werden. Im zweiten Schritt muss sodann konkret überlegt werden, ob die Wettbewerbsenthaltsamkeit die zu zahlende Karenzentschädigung (50 % der zuletzt vertragsgemäß bezogenen Leistungen) es „wert" ist. Aber auch aus Sicht des Arbeitnehmers ist beim Abschluss eines nachvertraglichen Wettbewerbsverbots Zurückhaltung geboten, schränkt es die beruflichen Weiterentwicklungsmöglichkeiten doch enorm ein. In jedem Fall will die Vereinbarung von beiden Seiten gut bedacht sein.

In einer neueren Entscheidung des BAG deutet sich die Tendenz an, künftig in **völlig untergeordneten wettbewerblichen Aktivitäten** uU keinen pflichtwidrigen Wettbewerb zu sehen. Nach dieser Entscheidung, die zu einem Wettbewerbsverbot noch während des Bestehens des Arbeitsverhältnisses im Rahmen einer Nebentätigkeit erging, hat das BAG in Leitsatz 1 festgestellt, dass „jede Konkurrenztätigkeit zum Nachteil seines Arbeitgebers untersagt" sei, aber den weiteren Leitsatz „hinterhergeschoben": „Es kann offen bleiben, ob dies auch für einfache (Neben-)Tätigkeiten gilt, die allenfalls zu einer untergeordneten wirtschaftlichen Unterstützung des Konkurrenzunternehmens führen können und im Übrigen schutzwürdige Interessen des Arbeitgebers nicht berühren."[18] Hier wird man sich wohl auf eine – wie auch immer definierte – „**Bagatellgrenze**", etwa bei einem vereinzelten Verstoß oder bei einer Arbeit in einer untergeordneten Position und/oder für einen offensichtlich im Vergleich zum Alt-Arbeitgeber nicht ernst zu nehmenden Wettbewerber, einzustellen haben.

Ist ein Arbeitnehmer nicht durch ein den §§ 74 ff HGB entsprechendes Wettbewerbsverbot gebunden, darf er nach Beendigung des Arbeitsverhältnisses zu seinem Arbeitgeber in Wettbewerb treten. Eine vereinbarte **nachvertragliche Verschwiegenheitspflicht** oder die **nachvertragliche Treuepflicht** begrün-

---

13 OLG Düsseldorf 11.7.2008 – I-17 U 140/07, juris.
14 BGH 17.2.1992 –II ZR 140/91, NJW 1992, 1892; zum nachvertraglichen Wettbewerbsverbot von GmbH-Geschäftsführern s. § 1 Rn 442 ff; zum nachvertraglichen Wettbewerbsverbot bei AG-Vorständen s. § 1 Rn 495 ff.
15 BAG 16.1.2013 – 10 AZR 560/11, BeckRS 2013, 67444.
16 BAG 16.1.2013 – 10 AZR 560/11, BeckRS 2013, 67444.
17 Ebenso *Bauer/Diller*, Wettbewerbsverbote, Rn 24.
18 BAG 24.3.2010 – 10 AZR 66/09, NZA 2010, 693.

det für den Arbeitgeber regelmäßig keinen Anspruch auf Unterlassung von Wettbewerbshandlungen gegen den ausgeschiedenen Arbeitnehmer, da diese idR lediglich den nachvertraglichen Schutz von einzelnen konkreten Betriebs- und Geschäftsgeheimnissen bewirken können.[19]

II. Arten von Wettbewerbsverboten

1. Allgemeines

11 „Zweck des Wettbewerbsverbotes ist es, den Arbeitgeber davor zu schützen, daß sein früherer Arbeitnehmer, der mit seinen Produktionsgeheimnissen sowie seinen Beziehungen zu Kunden und Lieferanten vertraut ist, diese Kenntnisse einem Konkurrenten zugänglich macht."[20]

12 Nachvertragliche Wettbewerbsverbote können danach unterschieden bzw untergliedert werden, ob ihre inhaltliche Verbotsrichtung

- **unternehmensbezogen** oder **tätigkeitsbezogen** und/oder
- **regional, national** oder **international** und/oder
- **arbeitgeber-** oder **konzernbezogen** ist.
- Hinzu kommt als weitere „Dimension" die zeitliche Komponente, ob das nachvertragliche Wettbewerbsverbot nämlich kurz- oder mittelfristig angelegt ist.

13 Abgeschlossen werden können nachvertragliche Wettbewerbsverbote **vor, bei oder nach Abschluss des Arbeitsvertrages** oder auch während des bestehenden ungekündigten Arbeitsverhältnisses, nach der Kündigung des Arbeitsverhältnisses und theoretisch auch noch danach.

14 Bei der **Auslegung** eines nachvertraglichen Wettbewerbsverbots kommt es – wie stets – auf den Zeitpunkt des Abschlusses der Vereinbarung an, aber wegen der Zukunftsbezogenheit der konkreten Reichweite des Wettbewerbsverbots auch auf die Umstände bei Beendigung des Arbeitsverhältnisses: „Wettbewerbsverbote sind dynamisch. Ihre genaue Reichweite steht regelmäßig erst im Zeitpunkt des Ausscheidens des Arbeitnehmers fest."[21]

15 **Unternehmensbezogene** Klauseln knüpfen an die Unternehmen an, für die der Arbeitnehmer nach seinem Ausscheiden nicht tätig werden soll (ggf enumerative Aufzählung der wesentlichen Wettbewerber – „Black List" – oder es erfolgt – weiter gefasst – eine Bezugnahme auf die Branche des (Ex-)Arbeitgebers oder nur ein „pauschaler" Hinweis auf „Konkurrenzunternehmen" oder „Wettbewerber"), und wirken daher tendenziell „breiter".[22] **Tätigkeitsbezogene** Konkurrenzverbote knüpfen dagegen generalisierend an die Tätigkeit des Mitarbeiters an und sind damit tendenziell „schmaler". Allerdings kann man bei Wettbewerbsverboten nicht immer begrifflich hinreichend scharf zwischen unternehmens- und tätigkeitsbezogenen Verboten trennen. Bei der daher erforderlichen **Auslegung** eines vertraglichen Wettbewerbsverbots sind neben dem Wortlaut der Klausel die **tatsächlichen Gegebenheiten** entscheidend.[23] Je größer ein Unternehmen und je vielfältiger seine Produkte sind, umso größer ist der Bedarf an Wettbewerbsschutz.

2. Unternehmensbezogenes Wettbewerbsverbot

16 Ein unternehmensbezogenes Wettbewerbsverbot, ggf gar mit enumerativer Aufzählung der „gesperrten" Wettbewerbsunternehmen, hat natürlich den Vorteil der Rechtsklarheit und damit auch der Rechtssicherheit; Missbrauchsversuche des ausscheidenden Arbeitnehmers können leichter festgestellt und damit auch leichter unterbunden werden. Je nach Größe eines Unternehmens, das auf zahlreichen Geschäftsfeldern tätig ist (bspw ein weltweit operierender Chemiekonzern auf zahlreichen Produktfeldern), kann der Arbeitgeber bei der Alternative des tätigkeitsbezogenen Wettbewerbsverbots in Beweisschwierigkeiten geraten, wenn sein ihn verlassender Arbeitnehmer in ein anderes größeres Unternehmen wechselt, dort aber gemäß Arbeitsvertrag in einem Arbeitsfeld tätig werden soll, auf dem der

---

19 BAG 19.5.1998 – 9 AZR 394/97, NZA 1999, 200; vgl auch ErfK/*Oetker*, § 74 HGB Rn 11 mwN.
20 So schon BAG 30.1.1970 – 3 AZR 348/69, AP § 133 f GewO Nr. 24.
21 BAG 21.4.2010 – 10 AZR 288/09, NZA 2010, 1175.
22 Die in der Praxis oft gewählte Bezugnahme auf „Konkurrenzunternehmen" oder „Wettbewerbers" ist nicht zu unbestimmt, sondern aufgrund seiner Auslegbarkeit als hinreichend bestimmt anzusehen. Die darin liegende „Offenheit" auch für künftige Entwicklungen des Tätigkeitsspektrums der Gesellschaft (Flexibilität) ist ein Vorteil dieser Gestaltungsalternative; näher zum Begriff des Konkurrenzunternehmens: *Bauer/Diller*, Wettbewerbsverbote, Rn 241 ff mwN.
23 BAG 30.1.1970 – 3 AZR 348/69, AP § 133 f GewO Nr. 24.

frühere Arbeitgeber nicht engagiert ist. In diesem Falle kann der Alt-Arbeitgeber nur schwer den Nachweis führen, dass der ausscheidende Mitarbeiter anschließend tatsächlich in einem in Konkurrenz stehenden Geschäftsbereich tätig ist. Außerdem ist denkbar, dass kurze Zeit nach Arbeitsaufnahme der Mitarbeiter dort in dem neuen Unternehmen in einen anderen als den ursprünglich vorgesehenen Bereich versetzt wird. Dabei kann es sich dann um eine konkurrierende Tätigkeit handeln, ohne dass der Arbeitgeber des ausgeschiedenen Arbeitnehmers den Beweis hierüber führen kann. Hier hat ein unternehmensbezogenes Wettbewerbsverbot Vorteile, denn dort reicht es nämlich aus, dass sich die Fertigungsprogramme von Alt- und Neuarbeitgeber „in einem nicht ganz unerheblichen Teil" überschneiden.[24] Schon bei einer Überschneidung von 10 % im Bereich der Fertigungsprogramme geht das BAG[25] davon aus, dass ein Konkurrenzunternehmen vorliegt.

Der Klarheit und einfachen Handhabbarkeit eines die „gesperrten" Wettbewerber enumerativ aufzählenden Wettbewerbsverbots steht jedoch dessen mangelnde Flexibilität gegenüber, da nach Abschluss der Wettbewerbsabrede auch neue Wettbewerber entstehen können, die dann von einem vereinbarten unternehmensbezogenen Wettbewerbsverbot nicht erfasst wären. Insoweit könnte versucht werden, eine solche Wettbewerbsabrede erst **kurzzeitig vor dem Ausscheiden** abzuschließen, damit sie zumindest die bei Ausscheiden **aktuelle Wettbewerbssituation** berücksichtigen kann. Ein solches Ansinnen zu derart „vorgerückter" Zeit im Arbeitsverhältnis kann bzw wird im Zweifel auf Akzeptanzschwierigkeiten beim Arbeitnehmer treffen, insbesondere, wenn dieses Ansinnen dann mit der (arbeitgeberseits uU angedachten) Beendigung des Arbeitsverhältnisses in Verbindung gebracht wird. Alternativ wird in der Praxis mitunter auch vereinbart, dass sich der Arbeitgeber das Recht vorbehalte, den Umfang des Wettbewerbsverbots erst beim Ausscheiden festzulegen oder zu konkretisieren und dies dem Arbeitnehmer mitzuteilen. Soll dem Arbeitgeber die völlige Freiheit vorbehalten sein, den sachlichen wie sonstigen Umfang des nachvertraglichen Wettbewerbsverbots erst bei Ausscheiden festzulegen, so ist dies unverbindlich; allenfalls eine dem Zeitablauf und der veränderten Wettbewerbssituation geschuldete gewisse Anpassung soll zulässig sein. Hier bestehen allerdings hinsichtlich der Zulässigkeit solcher Regelungen noch erhebliche Abgrenzungsprobleme.[26] Die aus Sicht der Gesellschaft bestehende Problematik der fehlenden „Zukunftsoffenheit" einer enumerativen Aufzählung kann aber zB durch einen Bezug auf Unternehmen der XY-Branche in Kombination mit einer „insbesondere"-Aufzählung behoben werden. Ein Verstoß gegen das Transparenzgebot des § 307 BGB liegt darin nicht, wenn der Gegenstand eines nachvertraglichen Wettbewerbsverbots mit der Beendigung des Arbeitsverhältnisses objektiv feststellbar ist.[27]

3. Tätigkeitsbezogenes Wettbewerbsverbot

Beim tätigkeitsbezogenen Wettbewerbsverbot spielt der neue Arbeitgeber an sich keine Rolle, denn es ist dem Mitarbeiter nicht verwehrt, zu einem bestimmten Arbeitgeber oder einem Arbeitgeber aus einer bestimmten Branche zu wechseln; es ist ihm nur verwehrt, für den neuen Arbeitgeber die im nachvertraglichen Wettbewerbsverbot – mehr oder weniger eng – beschriebenen, „inkriminierten" Tätigkeiten auszuüben.

„Tätigkeit" ist mit *Bauer/Diller* sehr weit zu verstehen und bezeichnet alle „Aktivitäten in jeglicher Form, mit oder ohne Kundenkontakt, operativ oder beratend, vor Ort im Betrieb oder von Zuhause aus, im täglichen Tagesgeschäft ebenso wie bei sporadischer strategischer Beratung."[28]

Wegen der beim tätigkeitsbezogenen Wettbewerbsverbot regelmäßig für den Ex-Arbeitgeber bestehenden Beweisschwierigkeiten gesteht die Rechtsprechung diesem jedoch eine **Beweiserleichterung** zu. Selbst wenn nur ein tätigkeitsbezogenes Alt-Arbeitgeber-Wettbewerbsverbot vereinbart werde, könne dieses Wettbewerbsverbot grundsätzlich einem Wechsel zu einem Konkurrenzunternehmen entgegenstehen, und zwar selbst dann, wenn der Nachweis nicht geführt werden könne, dass der Arbeitnehmer in der gleichen Produktionssparte wie bei seinem früheren Arbeitgeber tätig werde. Jedenfalls sei dann, wenn die Betriebsanlagen des neuen Arbeitgebers nicht räumlich nach Sparten getrennt seien, die Überwachung eines rein tätigkeitsbezogenen Wettbewerbsverbots für den alten Arbeitgeber unmöglich.

---

24 BAG 16.12.1968 – 3 AZR 434/67, AP § 133 f GewO Nr. 21.
25 BAG 16.12.1968 – 3 AZR 434/67, DB 1969, 973.
26 Vgl dazu näher *Bauer/Diller*, Wettbewerbsverbote, § 7 Rn 280 ff.
27 So auch *Hunold*, NZA-RR 2007, 617.
28 *Bauer/Diller*, Wettbewerbsverbote, § 7 Rn 229.

Deshalb komme nur eine ergänzende Auslegung des Wettbewerbsverbots dahin gehend in Betracht, dass dem Arbeitnehmer schlechthin jede Tätigkeit für das Konkurrenzunternehmen verboten sei.[29]

21 Der Vorteil des tätigkeitsbezogenen Wettbewerbsverbots besteht darin, dass meist keine Begrenzung auf bestimmte Unternehmen vorgenommen wird, so dass auch **aktuell nicht konkurrierende Unternehmen** oder **noch nicht existierende Unternehmen** erfasst werden. Ferner – und das wird oft „übersehen" oder unterschätzt – erfassen solche tätigkeitsbezogenen Wettbewerbsverbote – je nach Formulierung – auch eher einen ggf aus Gesellschaftssicht ebenfalls unerwünschten **Wechsel zu Lieferanten oder Kunden**, die regelmäßig eben keine Wettbewerber sind.[30] Allerdings geht das BAG in einer jüngeren Entscheidung davon aus, dass „eine **Vertriebstätigkeit auf einer anderen Handelsstufe** (…) regelmäßig keine unerlaubte Konkurrenztätigkeit dar(-stellt), an deren Untersagung ein berechtigtes geschäftliches Interesse durch den vormaligen Arbeitgeber besteht".[31] Auch dieser Aspekt ist bei der Ausformulierung des Gegenstands des Wettbewerbsverbots ggf zu beachten. Der Nachteil, eine bloße Verpflichtung zu formulieren, sich in bestimmten **Arbeits- oder Fertigungsbereichen** – sei es auf kaufmännischem oder technischem Gebiet – nicht zu betätigen, bleibt, weil den Arbeitgeber eine zusätzliche Darlegungslast trifft. Selbst die Beweiserleichterung, dass bereits bei einem sich im Umfang von 10 % überschneidenden Fertigungsprogramm ein Konkurrenzunternehmen vorliegt,[32] macht es notwendig, dass der (alte) Arbeitgeber über ausreichende Informationen verfügt, um den Umfang der sich überschneidenden Fertigungsprogramme darzulegen.

4. Kombination von unternehmens- und tätigkeitsbezogenem Wettbewerbsverbot

22 Bei der Gestaltung von Wettbewerbsverboten ist daher stets anhand der Umstände des Einzelfalls zu entscheiden, ob einem unternehmensbezogenen oder einem tätigkeitsbezogenen Wettbewerbsverbot der Vorzug gegeben wird. Gegebenenfalls kann auch eine **Kombination** aus unternehmensbezogenem und tätigkeitsbezogenem Wettbewerbsverbot gewählt werden, um die aktuelle Wettbewerbssituation über eine unternehmensbezogene Auflistung und die sich ggf künftig ändernde Wettbewerbssituation via Tätigkeitsbezug abzudecken.[33] Wird in einem solchen Fall also zusätzlich die Tätigkeit des Mitarbeiters im bisherigen Unternehmen zum Maßstab für eine spätere Konkurrenz gemacht, werden auf diese Weise auch eine Tätigkeit für alle eventuell im Wettbewerbsverbot vergessenen Wettbewerbsunternehmen und auch für die im Laufe eines langjährigen Arbeitsverhältnisses auf dem Markt neu hinzutretenden Konkurrenzunternehmen miterfasst.

III. Rechtsform der Wettbewerbsbetätigung

23 Das Verbot einer nachvertraglichen Wettbewerbstätigkeit kann nicht nur auf die Eingehung eines Arbeitsverhältnisses bei einem Wettbewerber ausgerichtet werden, vielmehr kann es umfassender ausgestaltet werden: Dem Arbeitnehmer kann sowohl eine **selbständige Tätigkeit**[34] als auch eine **abhängige gewerbliche Tätigkeit**,[35] schließlich auch beides gleichzeitig untersagt werden. Wettbewerbsklauseln lassen sich insbesondere so gestalten, dass auch die Tätigkeit eines ausgeschiedenen Arbeitnehmers als künftig **freier Mitarbeiter** erfasst wird.[36] Vergisst man bei der Formulierung der Wettbewerbsklausel, dass sie sich auch auf die freiberufliche Tätigkeit erstrecken soll, schließt sie dieses Verbot nicht unbedingt ein.[37] Ferner kann man auch die Tätigkeit als **stiller Gesellschafter** eines Konkurrenzunternehmens in das Wettbewerbsverbot einbeziehen.[38] Nicht vom Wettbewerbsverbot erfasst wird eine **Beteiligung, die allein der Kapitalanlage dient**, wie etwa der Erwerb weniger Aktien einer Aktiengesellschaft.[39] In der Regel wird beim Volumen ausdrücklich darauf abgestellt, dass die erworbenen Aktien

---

29 BAG 30.1.1970 – 3 AZR 348/69, AP § 133 f GewO Nr. 24.
30 Sehr richtig *Bauer/Diller*, Wettbewerbsverbote, Rn 252.
31 BAG 21.4.2010 – 10 AZR 288/09, NJW 2010, 2378.
32 So schon früh das BAG 16.12.1968 – 3 AZR 343/67, AP § 133 f GewO Nr. 24.
33 Diese Empfehlung gibt Hümmerich/Reufels/*Borgmann*, Gestaltung von Arbeitsverträgen, § 1 Rn 3544.
34 StRspr seit BAG 30.1.1970 – 3 AZR 348/69, AP § 133 f GewO Nr. 24.
35 StRspr seit LAG Hamburg 20.9.1968 – 1 Sa 106/68, BB 1969, 362.
36 OLG Düsseldorf 9.9.2004 – 6 U 38/04, I-6 U 38/04, NZA-RR 2005, 318.
37 LAG Hamburg 20.9.1968 – 1 Sa 106/68, BB 1969, 362; aA LAG Hamm 16.6.1959 – 1 Sa 253/59, BB 1959, 1064.
38 BAG 15.2.1962 – 5 AZR 79/61, AP § 61 HGB Nr. 1.
39 *Grüll/Janert*, Die Konkurrenzklausel, S. 41; Schlegelberger/*Schröder*, HGB, Band 2, § 74 Rn 46.

dem einem Wettbewerbsverbot unterliegenden Ex-Mitarbeiter keinen Einfluss auf die Geschicke/ Führung der Gesellschaft (Wettbewerber) vermitteln dürfen.

Soll das Wettbewerbsverbot **umfänglich** formuliert werden, ist darauf zu achten, dass dem Ausgeschiedenen möglichst in jeder rechtlichen Organisationsform untersagt ist, Konkurrenz zu betreiben. Hier fragt es sich, ob es besser ist, generalisierend zu formulieren, dass dem Arbeitnehmer die „Tätigkeit" für ein Konkurrenzunternehmen untersagt wird, oder ob näher ausgeführt werden sollte, welche Arten von Tätigkeiten untersagt sein sollen. Die Rechtsprechung legt die Formulierungen in einzelnen Klauseln teilweise stark am Wortlaut orientiert aus. Ist dem Mitarbeiter eine selbständige und abhängige gewerbliche Tätigkeit untersagt, so ließ das OLG Frankfurt bei einem früheren GmbH-Geschäftsführer sogar gelegentliche, einzelne Konkurrenzgeschäfte zu.[40] Hier ist also vorsorglich auf eine umfassende Ausformulierung der verschiedenen Wettbewerbsformen zu achten.

IV. Einbeziehung von Konzernunternehmen

Die ausdrückliche Einbeziehung von Konzernunternehmen in den Schutzbereich nachvertraglicher Wettbewerbsverbote ist grundsätzlich (im Rahmen des berechtigten geschäftlichen Interesses) zulässig. Eine Reihe von Fragen, die nur teilweise zufrieden stellend gelöst sind, wirft die Situation auf, wenn es an einer ausdrücklichen Regelung einer Erstreckung des Wettbewerbsverbots auf verbundene Unternehmen fehlt und dieser Konzernbezug im Wege der Auslegung hergestellt werden soll. Hier bietet sich – wie auch in allen anderen Zweifelsfällen – das Mittel der **ergänzenden Vertragsauslegung** an, verknüpft allerdings mit den bekannten „Unwägbarkeiten" des Ergebnisses einer solchen Auslegung.

Derartige ausdrückliche Zusätze sind erforderlich angesichts einer im Folgenden dargelegten älteren **Entscheidung des BAG**.[41] Der Arbeitnehmer war zunächst im Unternehmen des Arbeitgebers als Leiter des Produktionsbereichs Speiseeisherstellung tätig. Die Parteien hatten ein unternehmensbezogenes Wettbewerbsverbot vereinbart. Die Speiseeisherstellung wurde später in eine rechtlich selbständige Tochtergesellschaft ausgegliedert. Der Arbeitnehmer wurde als Geschäftsführer dieser Tochtergesellschaft tätig. Sein ursprüngliches Anstellungsverhältnis wurde nicht beendet. Nach seinem Ausscheiden wechselte der Mitarbeiter zu einem konkurrierenden Speiseeishersteller und das BAG wies die Klage des Arbeitgebers auf Unterlassung der Wettbewerbstätigkeit mit der formalen Begründung ab, untersagt sei dem Arbeitnehmer nur eine Tätigkeit bei einem Konkurrenten der Muttergesellschaft.[42]

Höchstrichterliche Rechtsprechung hat noch nicht abschließend darüber befunden, in welchem Umfang Wettbewerbsverbote wirksam sind, die mit den **Konzerngesellschaften** in ihrer Gesamtheit vereinbart werden. *Martens*[43] sieht einen pauschalen konzerndimensionierten nachvertraglichen Wettbewerbsschutz als zweifelhaft an, es sei denn, der Mitarbeiter hat bereits in verschiedenen Konzerngesellschaften gearbeitet und besitzt daher Kenntnisse über Interna der einzelnen Konzerngesellschaften. Die Ansicht, dass ein derart weitgehendes **berechtigtes betriebliches Interesse** idR fehlen dürfte bzw. nicht ohne besondere Sachverhaltsaspekte angenommen werden kann, ist zutreffend. Da die übliche Rechtsfolge einer „Unverbindlichkeit" des Wettbewerbsverbots verbunden mit einem Arbeitnehmer-Wahlrecht hier nicht zweckmäßig ist, wird als Rechtsfolge eine teilweise Unwirksamkeit des Wettbewerbsverbots anzunehmen sein, soweit das berechtigte betriebliche Interesse fehlt (also für bestimmte mit dem Arbeitgeber verbundene Unternehmen). Höchstrichterlich noch nicht geklärt ist auch die Frage, inwieweit ein Beschäftigungsverhältnis mit einer Holding-Konzernspitze, die keinen eigenen Geschäftsbetrieb hat, die zu den einzelnen Gesellschaften in Konkurrenz tretenden Wettbewerber erfasst. Das ist mit dem LAG Berlin zu bejahen,[44] jedenfalls für den Fall, dass der Arbeitnehmer in seiner Funktion/Position bei der Holding eine Zuständigkeit für alle Konzerntöchter gehabt hat. Hilfreich ist es, wenn Unternehmen, die zwar nicht selbst mit dem früheren Arbeitgeber in Wettbewerb stehen, aber immerhin mit Wettbewerbsunternehmen verbunden sind, in das Wettbewerbsverbot einbezogen werden.

---

40 OLG Frankfurt 6.12.1972 – 6 U 152/71, DB 1973, 139; s. hierzu krit. *Bauer/Diller*, Wettbewerbsverbote, Rn 144.
41 BAG 24.6.1966 – 3 AZR 501/65, AP § 74 a HGB Nr. 2 (Speiseeisfall).
42 Krit. zu dieser Entscheidung: *Martens*, FS Herschel, S. 245; *Windbichler*, Arbeitsrecht im Konzern, S. 130.
43 *Martens*, in: FS Herschel, S. 237 (244).
44 LAG Berlin 17.4.1998 – 6 Sa 4/98, BeckRS 1998, 30455141.

V. Örtlicher Geltungsbereich

28 Üblicherweise legt man in einem Wettbewerbsverbot ausdrücklich fest, auf welches **räumliche Gebiet** sich das Verbot erstrecken soll. Anzuerkennen ist Konkurrenzschutz vor dem Hintergrund des berechtigten geschäftlichen Interesses allerdings nur in dem geografischen Umfang, in dem dem Arbeitgeber auch tatsächlich Konkurrenz droht. Hieraus ergibt sich bereits des Öfteren eine Diskrepanz, die bei der räumlichen Dimensionierung berücksichtigt und kritisch hinterfragt werden sollte. Fehlt in einem Wettbewerbsverbot eine Beschränkung des räumlichen Geltungsbereichs, so ist im Wege der Auslegung von einer unbeschränkten, also auch das **Ausland** erfassende Geltung auszugehen.[45] Ein vor 1990 für die Bundesrepublik Deutschland einschließlich West-Berlin vereinbartes Wettbewerbsverbot galt nach dem staatsrechtlichen Untergang der ehemaligen DDR im gesamten heutigen Bundesgebiet.[46] Bei freien Mitarbeitern hat das OLG Karlsruhe allerdings anders entschieden: Die von Schülerinnen einer Mannequin-Schule übernommene Verpflichtung hat das OLG Karlsruhe[47] dahin gehend ausgelegt, dass sich das Verbot lediglich auf das Einzugsgebiet der Schule beschränken sollte.[48]

29 Bei der **regionalen** Dimensionierung ist zu beachten, dass diese nur so weit gehen darf, wie die **berechtigten geschäftlichen Interessen** des Arbeitgebers reichen (§ 74 a Abs. 1 Satz 1 HGB). Denn nach § 74 a Abs. 1 Satz 1 HGB „ist ein Wettbewerbsverbot insoweit unverbindlich, als es nicht zum Schutz eines berechtigten geschäftlichen Interesses des Prinzipals dient".[49]

30 Ist ein Wettbewerbsverbot **regional begrenzt**, so ist die tatsächliche Ausübung der Wettbewerbstätigkeit dort untersagt. Ein inländisches Wettbewerbsverbot kann also nicht dadurch umgangen werden, dass der Arbeitnehmer formal zwar bei einem ausländischen Arbeitgeber angestellt wird, sich seine Tätigkeit jedoch im Inland abspielt.[50] Anders ist dies uU zu bewerten, wenn die Tätigkeit zulässigerweise im Ausland ausgeführt wird und sich dann aber auf das mit dem Wettbewerbsverbot belastete Inland auswirkt bzw ins Inland ausstrahlt. Das dürfte zumindest dann gelten, wenn diese „Auswirkung" bzw „Ausstrahlung" nicht der einzige oder überwiegende Zweck der Tätigkeit im Ausland ist, da andernfalls wohl eine unzulässige Umgehung des Verbots vorliegen dürfte. Zutreffend, aber im praktischen Einzelfall sicher nicht unproblematisch ist der Fall, den *Bauer/Diller*[51] beschreiben, wenn – quasi umgekehrt – eine Tätigkeit zwar im verbotenen Bereich (Inland) ausgeübt wird, sich aber ausschließlich in dem vom Wettbewerbsverbot nicht erfassten Ausland auswirkt (Vertriebszentrale in Deutschland für Vertrieb in Resteuropa).

31 Alternativ kann der räumliche Umgriff des Wettbewerbsverbots auch **abstrakt** be- bzw umschrieben werden, wie zB „in allen Ländern, in denen die Gesellschaft (oder der Arbeitnehmer) in den letzten beiden Jahren vor Beendigung seines Arbeitsverhältnisses in nicht nur völlig untergeordnetem Umfang tätig gewesen ist, insbesondere eigene Niederlassungen, Repräsentanzen oder Vertriebsgesellschaften oder -partnerschaften unterhält" (vgl Muster 2007, § 2 Abs. 4).

32 Zudem ist darauf hinzuweisen, dass ein **zu weit** bestimmter räumlicher Geltungsbereich nach § 74 a Abs. 1 HGB nicht zur Nichtigkeit führt, sondern das Wettbewerbsverbot nur insoweit unverbindlich macht, als der räumliche Bezugsrahmen überdehnt wird, im Übrigen bleibt es verbindlich (**Teilunverbindlichkeit**). Auch bei fehlendem bzw für den vereinbarten Zeitraum unzureichend berechtigtem geschäftlichen Interesse in zeitlicher Hinsicht kommt eine geltungserhaltende Reduktion in Betracht.[52]

33 Liegt ein berechtigtes geschäftliches Interesse des Arbeitgebers an dem räumlichen Zuschnitt des nachvertraglichen Wettbewerbsverbots vor, so ist weiter zu prüfen, ob dadurch das **berufliche Fortkommen**

---

[45] *Bauer/Diller*, Wettbewerbsverbote, Rn 269.
[46] LAG Berlin 26.3.1991 – 9 Sa 7/91, NZA 1991, 674.
[47] OLG Karlsruhe 26.6.1974 – 6 U 22/74, MDR 1975, 314.
[48] OLG Karlsruhe 26.6.1974 – 6 U 22/74, MDR 1975, 314.
[49] LAG Schleswig-Holstein 19.3.2013 – 1 SaGa 2/13, BeckRS 2013, 68629 unter Hinweis auf BAG 21.4.2010 – 10 AZR 288/09, NZA 2010, 1175: „Nach ständiger Rechtsprechung des Bundesarbeitsgerichts besteht ein berechtigtes geschäftliches Interesse des Arbeitgebers im Sinne des § 74 a Abs. 1 Satz 1 HGB, wenn das Wettbewerbsverbot entweder dem Schutz von Betriebsgeheimnissen dient oder den Einbruch eines ausgeschiedenen Mitarbeiters in den Kunden- oder Lieferantenkreis unter Ausnutzung besonderer Kenntnisse oder persönlicher Kontakte verhindern soll. Das bloße Interesse, Konkurrenz einzuschränken, genügt nicht. Die Reichweite des Verbots muss sowohl sachlich als auch örtlich und zeitlich von einem berechtigten geschäftlichen Interesse des Arbeitgebers gedeckt sein."
[50] *Grüll/Janert*, Die Konkurrenzklausel, S. 46 f.
[51] *Bauer/Diller*, Wettbewerbsverbote, Rn 271.
[52] BGH 8.5.2000 – II ZR 308/98, BB 2000, 1420 ff.

des Arbeitnehmers nicht unbillig erschwert wird (§ 74a Abs. 1 Satz 2 HGB). „Maßgeblich sind das Alter des Arbeitnehmers und seine Stellung im Betrieb, die Höhe der Entschädigung, der Umfang des Wettbewerbsverbots und die Mobilität der jeweiligen Berufsgruppe."[53] Die räumliche Reichweite des Wettbewerbsverbots – im Einzelfall bereits eine **bundesweite**, insbesondere aber eine **europa-** oder gar **weltweite** Dimension – kann zu einer unbilligen Erschwerung des Fortkommens des Arbeitnehmers führen. Der Gestalter eines Wettbewerbsverbots sollte sich auch bewusst sein, dass zwischen dem räumlichen Geltungsbereich des Wettbewerbsverbots und der Höhe der Karenzentschädigung eine Beziehung besteht: § 74a Abs. 1 Satz 2 HGB stellt auf die **Wechselwirkung** zwischen den Faktoren **Höhe der Entschädigung, Ort, Zeit und Gegenstand des Wettbewerbsverbots** ab.[54] Die Wechselwirkung dieser Kriterien innerhalb der an dieser Stelle vorzunehmenden Interessenabwägung ist von der Rechtsprechung bislang nicht näher definiert worden. Allerdings hat das BAG ausgeführt, dass „eine großzügige Entschädigung (...) eine weitergehende örtliche, zeitliche und gegenständliche Einschränkung der Handlungsfreiheit des Arbeitnehmers rechtfertigen" kann.[55] Dennoch ist es nicht möglich, allgemeine Grundsätze aufzuzeigen, aus denen sich ergibt, wann die Mindestkarenzentschädigung von 50 % wegen der weit reichenden räumlichen Wirkung eines Wettbewerbsverbots ggf aufzustocken ist und um wieviel.[56] Nach *Buchner*[57] soll ein Wettbewerbsverbot unbillig sein, das die Berufsausübung in Deutschland schlechthin vereitelt; nach *Schaub*[58] soll bei Spitzenkräften der Zwang zur Auswanderung in andere deutschsprachige Länder noch hinnehmbar sein. Es handelt sich hier jeweils um eine Einzelfallentscheidung, wobei auch die Feststellung des berechtigten geschäftlichen Interesses nach § 74a Abs. 1 Satz 1 HGB einerseits und die Feststellung der unbilligen Erschwerung des beruflichen Fortkommens andererseits jeweils nur unter Berücksichtigung der jeweils anderen Position zu bestimmen ist.[59] Ein **weltweites** Verbot ist dagegen in aller Regel unwirksam.[60]

Eine Überschreitung der räumlichen Grenzen eines nachvertraglichen Wettbewerbsverbots ist aber für den Alt-Arbeitgeber insoweit nicht besonders problematisch: Es droht nämlich keine Nichtigkeit des Wettbewerbsverbots insgesamt, sondern lediglich eine Teilunverbindlichkeit, die zu einer **Reduktion auf die durch berechtigte betriebliche Interessen gedeckte räumliche Dimension** führt.[61] Anders hat der BGH im Fall eines nachvertraglichen Wettbewerbsverbots einer Anwaltssozietät entschieden: Ein nachvertragliches Wettbewerbsverbot, das dem Geschäftsführer ohne zeitliche, räumliche oder gegenständliche Beschränkung verbietet, auf seinem bisherigen beruflichen Gebiet tätig zu werden, ist nichtig.[62]

34

VI. Nichtige und unverbindliche Wettbewerbsvereinbarungen

1. Grundsatz der bezahlten Karenz

Werden bei der Vereinbarung eines nachvertraglichen Wettbewerbsverbots Fehler gemacht, so kann dies – je nach Art des Fehlers – verschiedenartige Rechtsfolgen auslösen. Generell ist dabei zwischen **nichtigen und unverbindlichen Wettbewerbsverboten** zu unterscheiden.

35

Zentral ist insoweit zunächst § 74 Abs. 2 HGB, der den Grundsatz der bezahlten Karenz enthält, dh ein nachvertragliches Wettbewerbsverbot setzt u.a. voraus, dass sich der Arbeitgeber dazu verpflichtet, dem ehemaligen Arbeitnehmer während der Dauer des Wettbewerbsverbots eine **finanzielle Entschädigung in mindestens der im Gesetz vorgesehenen Höhe** (mind. 50 % der vertragsgemäß zuletzt bezogenen Leistungen) zu zahlen.[63] Fehlt es an einer expliziten Zusage einer hinreichenden Karenzentschädigung iSv § 74 Abs. 2 HGB, enthält die Vereinbarung jedoch einen generellen Verweis auf die §§ 74 ff HGB, so liegt darin im Zweifel die Zusage einer § 74 Abs. 2 HGB entsprechenden und damit den ge-

36

---

53 So BAG 21.4.2010 – 10 AZR 288/09, NZA 2010, 1175.
54 So jetzt ausdrücklich BAG 21.4.2010 – 10 AZR 288/09, NZA 2010, 1175.
55 BAG 21.4.2010 – 10 AZR 288/09, NZA 2010, 1175.
56 *Bauer/Diller*, Wettbewerbsverbote, Rn 370.
57 Wettbewerbsverbot, Schriften zur AR-Blattei, Band 10, S. 72; ebenso Schaub/*Vogelsang*, Arbeitsrechts-Handbuch, § 55 III 61.
58 Schaub/*Vogelsang*, Arbeitsrechts-Handbuch, § 55 III 61.
59 BAG 21.4.2010 – 10 AZR 288/09, NZA 2010, 1175; Näheres zu den Maßstäben der Billigkeit/Unbilligkeit der Fortkommenserschwerung bei *Bauer/Diller*, Wettbewerbsverbote, Rn 343 ff.
60 BGH 15.3.1989 – VIII ZR 62/88, NJW-RR 1989, 800.
61 Ganz hM, vgl Preis/*Stoffels*, Der Arbeitsvertrag, II W 17 Rn 46.
62 BGH 18.7.2005 – II ZR 159/03, NZG 2005, 843; bestätigt durch BGH 28.1.2008 – II ZR 209/06, BeckRS 2008, 02104.
63 Beispiel für Karenzvereinbarung: Muster 2000 (Abs. 2).

setzlichen Mindestanforderungen genügenden Karenzentschädigung.[64] Wurde dem Arbeitnehmer **keine Karenzentschädigung** zugesagt, so ist das nachvertragliche Wettbewerbsverbot ohne weiteres **nichtig** und entfaltet **keinerlei Rechtswirkungen**.[65]

37 Wurde zwar eine Karenzentschädigung zugesagt, aber eine **unzureichend hohe Karenzentschädigung**, so ist das Wettbewerbsverbot nicht nichtig, sondern lediglich **unverbindlich**.[66] Auch ggf geringfügige Abweichungen in der Höhe führen zur Unverbindlichkeit, wie ein vom LAG Hamm entschiedener Fall zeigt: „Die Zusage einer Karenzentschädigung, bei der nach dem Vertragstext zur Berechnung der Höhe auf den Durchschnitt der Vergütungsleistungen innerhalb eines abweichend von § 74 Abs. 2, § 74 b Abs. 2 HGB bestimmten Zeitraums abgestellt und lediglich die Hälfte dieses Durchschnitts zugesagt wird, entspricht nicht der in § 74 Abs. 2 HGB vorgeschriebenen Höhe. Handelt es sich um eine Klausel in einem vom Arbeitgeber vorformulierten Arbeitsvertrag, ist zumindest unklar iSd § 305 c Abs. 2 BGB, ob eine gesetzeskonforme Karenzentschädigung zugesagt wird. Dies führt zur Unverbindlichkeit des nachvertraglichen Wettbewerbsverbots."[67]

38 Zur Unverbindlichkeit des Wettbewerbsverbots führt auch die Zusage einer Karenzentschädigung von 50 % des durchschnittlichen Monatsgehalts[68] oder einer Karenzentschädigung, deren Höhe in das Ermessen des Arbeitgebers gestellt ist.[69] Auch eine dem Arbeitnehmer ggf für den Verlust des Arbeitsplatzes zugesagte Abfindung ist keine Karenzentschädigung iSd § 74 Abs. 2 HGB.[70]

39 **Rechtsfolge der Unverbindlichkeit** ist nach hM in Rspr und Literatur ein **Wahlrecht des Arbeitnehmers:** Er kann sich auf die Unverbindlichkeit berufen und sich damit vom Wettbewerbsverbot loslösen und sodann ungehindert Wettbewerb betreiben oder aber er hält sich an das eigentlich unverbindliche Wettbewerbsverbot und kann dementsprechend vom Alt-Arbeitgeber auch die Zahlung der vereinbarten (niedrigeren, nicht jedoch der eigentlich gesetzlich vorgesehenen höheren) Karenzentschädigung verlangen.[71] Ob die Wahl vom Arbeitnehmer dabei **ausdrücklich** erklärt werden muss oder sich auch **konkludent** aus dem Verhalten des betroffenen Arbeitnehmers ergeben kann, ist umstritten (s. dazu ausf. Rn 57 ff mwN).[72]

40 Der **Karenzgrundsatz** gilt für sämtliche Arbeitnehmer, nicht allein für kaufmännische Angestellte.[73] Der Gesetzeswortlaut der §§ 74 ff HGB enthält mehrere **Ausnahmen** vom Grundsatz der bezahlten Karenz für Arbeitnehmer. Eine Ausnahme enthält § 74 c Abs. 1 Satz 3 HGB, wonach ein Arbeitnehmer während der **Verbüßung einer Freiheitsstrafe** keine Entschädigung verlangen kann.[74]

41 Abgesehen von dem Fall der Verbüßung einer Freiheitsstrafe (§ 74 c Abs. 1 Satz 3 HGB) ist es für die Pflicht zur Zahlung der Karenzentschädigung unerheblich, warum der Arbeitnehmer den Wettbewerb unterlässt.[75] Der Arbeitnehmer verliert seinen Anspruch auf Karenzentschädigung also zB nicht, wenn er, etwa aus Alters- oder Gesundheitsgründen, insbesondere wegen Arbeitsunfähigkeit[76] nicht in der Lage ist, Konkurrenz zu betreiben.[77] Häufig wird bei **rentennahen Arbeitnehmern** übersehen, die Wettbewerbsabrede einvernehmlich spätestens ein Jahr vor dem Ausscheiden aus dem Arbeitsverhältnis aufzuheben, rechtzeitig auf das Wettbewerbsverbot zu verzichten oder – noch besser – von vornherein die Dauer des nachvertraglichen Wettbewerbsverbots auf die Zeit **bis zum Erreichen des Regelrenten-**

---

64 BAG 28.6.2006 – 10 AZR 407/05, NZA 2006, 1157.
65 BAG 3.5.1994 – 9 AZR 606/92, NZA 1995, 72.
66 HM, vgl etwa *Bauer/Diller*, Wettbewerbsverbote, Rn 472 ff mwN.
67 LAG Hamm 23.3.2010 – 14 SaGa 68/09, juris.
68 LAG Baden-Württemberg 17.1.2012 – 22 Sa 77/11, BeckRS 2012, 68072.
69 LAG Niedersachsen 9.1.2013 – 16 Sa 563/12, BeckRS 2013, 66442.
70 BAG 3.5.1994 – 9 AZR 606/92, NZA 1995, 72.
71 HM, BAG 13.9.1969 – 3 AZR 138/68, DB 1970, 63; BAG 14.7.2010 – 10 AZR 291/09, NZA 2011, 413; vgl statt vieler: ErfK/ *Oetker*, § 74 HGB Rn 19 mwN zur BAG-Rspr.
72 Zu den verschiedenen sich aus dieser Rspr ergebenden Folgefragen und -problemen vgl *Bauer/Diller*, Wettbewerbsverbote, Rn 157 ff.
73 BAG 13.9.1969 – 3 AZR 138/68, AP § 611 BGB Konkurrenzklausel Nr. 24.
74 BAG 9.8.1974 – 3 AZR 350/73, BB 1974, 1486; LAG Baden-Württemberg 7.9.1965 – 4 Ta 9/65, BB 1965, 1456.
75 BAG 23.11.2004 – 9 AZR 595/03, NZA 2005, 411.
76 Die Pflicht zur Zahlung einer Karenzentschädigung entfällt nicht deshalb, weil der Arbeitnehmer arbeitsunfähig ist, BAG 23.11.2004 – 9 AZR 595/03, NJW 2005, 2732; LAG Köln 17.3.2011 – 6 Sa 1413/10, NZA-RR 2011, 513.
77 BAG 18.10.1976 – 3 AZR 376/75, AP § 74 b HGB Nr. 1.

eintrittsalters zu beschränken.[78] Dieses Versäumnis kann im Worst Case bis zu zwei Jahre Karenzentschädigung an einen älteren ausgeschiedenen Mitarbeiter, der sich zur Ruhe gesetzt hat, kosten.

Die **Ausnahmen** vom Karenzgrundsatz in § 75 b HGB sind durch die Rechtsprechung des BAG gegenstandslos geworden. So ist eine Wettbewerbsklausel, die keine Karenzentschädigung für deutsche Arbeitnehmer im außereuropäischen Ausland vorsieht, unwirksam.[79] Konkurrenzverbote mit den sog. Hochbesoldeten iSv § 75 b Satz 2 HGB, die keine Karenzentschädigung vorsehen, sind ebenfalls unwirksam.[80] Beim Arbeitnehmer ist nach heutiger Rechtsprechung, unabhängig von der Verdiensthöhe, eine Entschädigungszusage erforderlich.[81]

Auch der **Verlust des Entschädigungsanspruchs** bei außerordentlicher Kündigung des Arbeitgebers wegen vertragswidrigen Verhaltens des Arbeitnehmers (§ 75 Abs. 3 HGB) stellt heute keine Ausnahme von der Karenzentschädigungspflicht dar.[82] Das BAG hat § 75 Abs. 3 HGB für verfassungswidrig erklärt.[83] Es hat die durch den Wegfall von § 75 Abs. 3 HGB entstandene Lücke durch entsprechende Anwendung von § 75 Abs. 1 HGB geschlossen. Der Arbeitgeber könne sich bis zum Ablauf eines Monats nach der Kündigung vom Wettbewerbsverbot lossagen. Ansonsten bleibe der Arbeitgeber zur Karenzentschädigung, der Arbeitnehmer zur Wettbewerbsenthaltung verpflichtet. Die Lossagung soll allerdings entbehrlich sein, wenn der außerordentlichen Kündigung eine ordentliche mit gleichzeitigem Verzicht auf das Wettbewerbsverbot nach § 75 a HGB vorausgegangen ist.[84]

Der Anspruch auf Karenzentschädigung kann **nicht Gegenstand eines Kündigungsschutzprozesses** sein, da er die Beendigung des Arbeitsverhältnisses voraussetzt.[85] Karenzentschädigung kommt deshalb nur in Betracht, wenn der Arbeitnehmer im Kündigungsschutzprozess unterliegt. Der Arbeitnehmer kann hinsichtlich der Karenzentschädigung Eventualklage erheben und die Karenzentschädigung für den Fall verlangen, dass im Kündigungsschutzprozess die Beendigung des Arbeitsverhältnisses festgestellt werden sollte.

Außerhalb des Geltungsbereichs der §§ 74 Abs. 2, 90 a Abs. 1 Satz 3 HGB bedarf die Anwendung des Grundsatzes der bezahlten Karenz stets einer besonderen Begründung. Der Streit um die Entschädigungspflichtigkeit nachvertraglicher Wettbewerbsverbote für **GmbH-Geschäftsführer** und **AG-Vorstände** ist bis heute nicht endgültig ausgeräumt. Schon das Urteil des BGH vom 26.3.1984[86] hat nicht zu einer für die Praxis mühelos handhabbaren Regelung geführt, unter welchen Umständen Wettbewerbsklauseln mit Organmitgliedern **entschädigungsfrei** vereinbart werden können. Der BGH hat darin zwar klargestellt, dass die §§ 74 ff HGB auch auf ggf sozial schutzbedürftige Fremdgeschäftsführer einer GmbH nicht analog anwendbar seien,[87] allerdings seien die in §§ 74 ff HGB zum Ausdruck kommenden Rechtsgrundsätze im Rahmen der Sittenwidrigkeitsprüfung zu berücksichtigen. Demnach spielt zB der in § 74 Abs. 2 HGB enthaltene „Karenzgedanke" im Rahmen der an den Grundsätzen des § 138 BGB ausgerichteten Entscheidung über die Wirksamkeit des Wettbewerbsverbots eine Rolle: Je nachdem, welche Bedeutung man dem Grundsatz der bezahlten Karenz bei der Gesamtbewertung iSv § 138 BGB beimesse, könne sich das Fehlen einer Entschädigungszusage entscheidend auf die **Sittenwidrigkeitsprüfung des Konkurrenzverbots** auswirken.[88] Dem erfahrenen Rechtsanwender sind die erheblichen Unwägbarkeiten einer Diskussion um das Vorliegen einer Sittenwidrigkeit und die damit verbundene Rechtsunsicherheit bekannt. *Bauer/Diller* sprechen leider richtigerweise von einer „nicht mehr prognostizierbaren Rechtsprechung der Instanzgerichte".[89] *Martens*[90] vertritt die Auffassung, dass ein Konkurrenzverbot mit einem AG-Vorstandsmitglied nur in besonderen Ausnahmefällen ohne Entgelt als rechtmäßig anerkannt werden könne. In die gleiche Richtung wird in der Literatur argumentiert im Hinblick auf **GmbH-Geschäftsführer**. Vieles spreche dafür, die Arbeitnehmerschutzvor-

---

[78] So etwa in Muster 2005 (Abs. 4).
[79] BAG 16.10.1980 – 3 AZR 202/79, AP § 75 b HGB Nr. 15.
[80] BAG 5.12.1969 – 3 AZR 514/68, AP § 75 b HGB Nr. 10.
[81] BAG 2.10.1975 – 3 AZR 28/75, AP § 75 b HGB Nr. 14.
[82] Krit. *Düwell*, DB 2002, 2270 (2271).
[83] BAG 23.2.1977 – 3 AZR 620/75, AP § 75 HGB Nr. 6 m. Anm. *Beitzke*.
[84] BAG 17.2.1987 – 3 AZR 59/86, NZA 1987, 453.
[85] BAG 18.12.1984 – 3 AZR 383/82, DB 1985, 658.
[86] BGH 26.3.1984 – II ZR 229/82, BGHZ 91, 1.
[87] AA die wohl hL, vgl *Bauer/Diller*, Wettbewerbsverbote, Rn 1038 m. Nachw. zur hL.
[88] *Bauer*, DB 1979, 2178; *Bauer/Diller*, BB 1995, 1134.
[89] *Bauer/Diller*, Wettbewerbsverbote, Rn 1037.
[90] KölnKomm-AktG/*Martens*, § 88 Rn 27.

schrift des § 74 Abs. 2 HGB partiell auch auf solche Nicht-Arbeitnehmer anzuwenden, deren Rechtsbeziehungen zum Unternehmen dienstvertraglich geregelt sind, vornehmlich also auf Konkurrenzklauseln mit GmbH-Geschäftsführern und Vorstandsmitgliedern einer Aktiengesellschaft.[91] Allerdings hat der BGH es in seiner Entscheidung vom 7.7.2008 erneut ausdrücklich offen gelassen, ob ein karenzentschädigungsloses nachvertragliches Wettbewerbsverbot mit einem GmbH-Geschäftsführer wirksam vereinbart werden kann.[92] Hieraus folgt für den Klauselverwender, dass er bei der Gestaltung von Wettbewerbsverboten mit Organmitgliedern juristischer Personen vorsorglich bis zu einer klärenden Entscheidung des BGH eine Karenzentschädigung vorsehen sollte, weil er andernfalls im Rahmen einer Überprüfung der von ihm formulierten Klausel durch die Rechtsprechung Gefahr läuft, ein nichtiges Wettbewerbsverbot formuliert zu haben. Das Fehlen jeglicher Entschädigungszusage führt zur Nichtigkeit.[93] Die Karenzentschädigung muss hier aber nicht – wie bei Arbeitnehmern – die in § 74 Abs. 2 HGB vorgesehene Höhe von 50 % der zuletzt vertragsgemäß geschuldeten Leistungen erreichen, sondern kann grundsätzlich sowohl einen geringeren Prozentsatz bei gleicher Bemessungsgrundlage aufweisen als auch den gleichen Prozentsatz bei einer reduzierten Bemessungsgrundlage.[94]

2. Nichtige Wettbewerbsvereinbarungen

46 Die Vereinbarung eines nachvertraglichen Wettbewerbsverbots unterliegt besonderen Formerfordernissen. Nach § 74 Abs. 1 HGB bedarf es nicht nur der **Schriftform**, sondern zusätzlich auch der **Übergabe eines vom Arbeitgeber original unterzeichneten Vereinbarungsexemplars**. Der Schriftform des § 126 Abs. 2 BGB ist genügt, wenn sich der wesentliche Inhalt des Rechtsgeschäfts aus einer den gesetzlichen Vorgaben entsprechenden Gesamturkunde ergibt. Bei einer in Bezug genommenen Anlage muss die Zusammengehörigkeit in geeigneter Weise zweifelsfrei kenntlich gemacht worden sein. Die Schriftstücke müssen im Augenblick der Unterzeichnung äußerlich als einheitliche Urkunde erkennbar gewesen sein, also tatsächlich eine Einheit gebildet haben. Eine feste körperliche Verbindung ist nicht zwingend notwendig.[95] Fehlt es an der Einhaltung der gesetzlichen Schriftform, ist das nachvertragliche Wettbewerbsverbot nach § 74 Abs. 1 HGB iVm §§ 126, 125 BGB **nichtig**.[96] Liegt Schriftform vor und ist nur die Übergabe eines vom Arbeitgeber original unterzeichneten Vereinbarungsexemplars unterblieben, so führt dies allein nicht nur Nichtigkeit, sondern nur zur Unverbindlichkeit des nachvertraglichen Wettbewerbsverbots (s. dazu ausf. Rn 51 ff).[97]

47 Nichtig waren dem Gesetz zufolge ferner Wettbewerbsverbote mit Arbeitnehmern, die nur ein vergleichsweise **geringes Einkommen** beziehen, § 74 a Abs. 2 Satz 1 HGB. Die Vorschrift wurde aber schon Ende 2001 aufgehoben.[98]

48 Ist der Arbeitnehmer zum Zeitpunkt der Wettbewerbsabrede **minderjährig**, ist ein mit ihm vereinbartes Wettbewerbsverbot nach § 74 a Abs. 2 Satz 2 HGB nichtig. Auch die Vereinbarung von Wettbewerbsverboten mit **Auszubildenden**, Volontären und Praktikanten ist nach § 5 Abs. 1 Satz 1 BBiG nichtig, wenn sie nicht in den letzten sechs Monaten der Ausbildung vereinbart werden. Nichtig sind auch Wettbewerbsabreden, die unter Einbeziehung von **Dritten** dergestalt vereinbart werden, dass sich der Dritte anstelle des Arbeitnehmers verpflichtet, dass Letztgenannter keinen Wettbewerb macht.[99]

49 Nichtig sind schließlich nach der Rechtsprechung des BAG Wettbewerbsabreden, in denen jegliche Vereinbarung einer **Karenzentschädigung fehlt** (s. auch Rn 36).[100] Eine Karenzentschädigung, deren Höhe in das Ermessen des Arbeitgebers gestellt ist, ist nach Ansicht des LAG Niedersachsen nicht nichtig, sondern nur unzureichend und damit unverbindlich.[101]

---

91 *Reinfeld*, Wettbewerbsverbote, S. 126 f; *Gaul*, GmbHR 1991, 144; *Groß*, Das Anstellungsverhältnis des GmbH-Geschäftsführers, S. 362 f.
92 BGH 7.7.2008 – II ZR 81/07, NZG 2008, 753.
93 BAG 3.5.1994 – 9 AZR 606/92, DB 1995, 50.
94 So dürften zB 50 % des Festgehalts regelmäßig ebenso wenig zu beanstanden sein wie etwa 30% der zuletzt vertragsgemäß bezogenen Leistungen.
95 BAG 14.7.2010 – 10 AZR 291/09, NZA 2010, 413 (Ls 6.)
96 BAG 14.7.2010 – 10 AZR 291/09, NZA 2010, 413.
97 BAG 23.11.2004 – 9 AZR 595/03, NZA 2005, 411.
98 *Bauer/Diller*, Wettbewerbsverbote, Rn 359 ff.
99 *Bauer/Diller*, Wettbewerbsverbote, Rn 183 ff.
100 So schon BAG 13.9.1969 – 3 AZR 138/68, AP § 611 BGB Konkurrenzklausel Nr. 24; OLG Karlsruhe 30.9.1986 – 8 U 127/86, BB 1986, 2365; BAG 9.1.1990 – 3 AZR 110/88, AP § 74 HGB Nr. 59; BAG 18.1.2000 – 9 AZR 929/98, n.v.
101 LAG Niedersachsen 9.1.2013 – 16 Sa 563/12, BeckRS 2013, 66442.

Da eine nichtige Vereinbarung keinerlei Rechtswirkungen zu entfalten vermag, kann weder der Arbeitgeber die Einhaltung des Wettbewerbsverbots noch der Arbeitnehmer die Karenzentschädigung verlangen.[102]

3. Unverbindliche Wettbewerbsvereinbarungen

Ein Wettbewerbsverbot ist nach § 74a Abs. 1 Satz 1 HGB insoweit unverbindlich, als es nicht zum Schutz eines berechtigten geschäftlichen Interesses des Prinzipals dient. Nach ständiger Rechtsprechung des BAG besteht ein **berechtigtes geschäftliches Interesse** des Arbeitgebers iSd § 74a Abs. 1 Satz 1 HGB, wenn das Wettbewerbsverbot entweder dem Schutz von Betriebsgeheimnissen dient oder den Einbruch eines ausgeschiedenen Mitarbeiters in den Kunden- oder Lieferantenkreis unter Ausnutzung besonderer Kenntnisse oder persönlicher Kontakte verhindern soll. Das bloße Interesse, Konkurrenz einzuschränken, genügt nicht. Die Reichweite des Verbots muss sowohl **sachlich** als auch **örtlich** und **zeitlich** von einem berechtigten geschäftlichen Interesse des Arbeitgebers gedeckt sein.[103] Ob berechtigte geschäftliche Interessen das Verbot einer Tätigkeit rechtfertigen und das Wettbewerbsverbot insoweit verbindlich ist, kann abhängig von den erworbenen Kenntnissen und Fähigkeiten erst zu diesem Zeitpunkt entschieden werden. Es muss ein **Zusammenhang** bestehen zwischen **Inhalt und Umfang des Verbots** und der **bisherigen Funktion oder Tätigkeit** des Arbeitnehmers.[104]

Unverbindliche Wettbewerbsverbote entstehen in der Praxis vor allem in folgenden Fallgestaltungen:
- inhaltlich zu weit gehendes Wettbewerbsverbot,
- zu niedrige Karenzentschädigung,
- bedingte Wettbewerbsverbote und
- bei Vorverträgen über Wettbewerbsverbote.

Dem Arbeitnehmer wird oft eine **Karenzentschädigung** in **zu niedriger Höhe** zugesagt, § 74 Abs. 2 HGB. In jedem Fall macht nämlich eine vereinbarte Karenzentschädigung von weniger als 50 % der gesetzlich vorgesehenen Bemessungsgrundlage das Wettbewerbsverbot unverbindlich. So ist zB die Zusage einer Karenzentschädigung in Höhe von 50 % des durchschnittlichen Monatsgehalts unzureichend, das Wettbewerbsverbot daher unverbindlich.[105] Auch eine Karenzentschädigung, deren Höhe in das Ermessen des Arbeitgebers gestellt ist, ist nach Ansicht des LAG Niedersachsen nicht nichtig, sondern nur unzureichend und damit unverbindlich.[106] Auch die Zusage von 50 % der zuletzt monatlich gewährten Bezüge ist auslegungsbedürftig.[107] Um dieses Problem zu vermeiden, sollte bei der Vereinbarung der Höhe der Karenzentschädigung der exakte Wortlaut des § 74 Abs. 2 HGB übernommen werden, um „auf der sicheren Seite" zu sein.[108] Allerdings soll die bloße (allgemeine) Bezugnahme auf die §§ 74 ff HGB im Zweifel auch ausreichen, um eine Zusage einer Karenzentschädigung in der gesetzlich geforderten Höhe zu begründen.[109]

Bedingte nachvertragliche Wettbewerbsverbote (s. näher Rn 79 ff) sind nicht per se unzulässig und unwirksam. Sie können ohne weiteres an den Eintritt von **objektiven Bedingungen** geknüpft werden, seien es aufschiebende Bedingungen (zB das Bestehen der Probezeit[110] oder das Erreichen einer über die Probezeit hinausgehenden Mindestbeschäftigungsdauer[111]) oder auch auflösende Bedingungen, wie den Rentenbezug.[112] Unverbindlich sind dagegen grundsätzlich vertragliche Konstruktionen, mit denen Arbeitgeber versuchen, die Last der Karenzentschädigung zu vermeiden oder sonst einzuschränken, wie zB durch bedingte Wettbewerbsverbote, bei denen der künftige Eintritt des Wettbewerbsverbots und damit auch der Karenzentschädigungspflicht vom Willen des Arbeitgebers abhängig sein soll (**sub-**

---

102 BAG 18.1.2000 – 9 AZR 929/98, n.v.
103 LAG Schleswig-Holstein 19.3.2013 – 1 SaGa 2/13, BeckRS 2013, 68629 unter Hinweis auf BAG 21.4.2010 – 10 AZR 288/09, NZA 2010, 1175.
104 BAG 21.4.2010 – 10 AZR 288/09, NZA 2010, 1175.
105 LAG Baden-Württemberg 17.1.2012 – 22 Sa 77/11, BeckRS 2012, 68072.
106 LAG Niedersachsen 9.1.2013 – 16 Sa 563/12, BeckRS 2013, 66442.
107 LAG Rheinland-Pfalz 12.1.2012 – 14 Sa 1385, BeckRS 2012, 69997.
108 So auch Hümmerich/Reufels/*Borgmann*, Gestaltung von Arbeitsverträgen, § 1 Rn 3555.
109 In diesem Sinne auch LAG Hamm 14.2.2012 – 14 Sa 1385/11, BeckRS 2012, 69997.
110 BAG 28.6.2006 – 10 AZR 407/05, NZA 2006, 1157.
111 LAG Hamm 23.3.2010 – 14 SaGa 68/09, BeckRS 2010, 70152 (1 Jahr).
112 BAG 30.10.1984 – 3 AZR 213/82, NZA 1985, 429.

jektive Bedingungen).[113] Problematisch an den letztgenannten Gestaltungen ist, dass für den Arbeitnehmer im Unklaren bleibt, ob er am Ende nach seiner Tätigkeit an ein nachvertragliches Wettbewerbsverbot gebunden sein wird oder nicht. Zutreffend weist VRiBAG *Reinecke* darauf hin, dass vertragsgestalterische Versuche, die Zahlung der Karenzentschädigung zu vermeiden, wie insbesondere bedingte Wettbewerbsverbote, bei nachfolgender arbeitsgerichtlicher Kontrolle meist scheitern.[114] Rechtsfolge ist in solchen Fallgestaltungen regelmäßig die Unverbindlichkeit.[115] Unverbindlich sind auch Wettbewerbsverbote, die die vorgesehenen Wahlrechte des Arbeitnehmers beschränken. Hierzu gehört auch die Vereinbarung, wonach das Wettbewerbsverbot nicht gelten soll, wenn es unverbindlich geworden ist oder der Arbeitnehmer ein Lösungsrecht nach § 75 Abs. 1 Satz 2 HGB hat.[116]

55 Selbst wenn ein berechtigtes geschäftliches Interesse nach § 74a Abs. 1 Satz 1 HGB gegeben ist, kann das Wettbewerbsverbot nach **§ 74a Abs. 1 Satz 2 HGB** unverbindlich sein, wenn und soweit es unter Berücksichtigung der gewährten Entschädigung nach **Ort, Zeit oder Gegenstand** eine **unbillige Erschwerung des beruflichen Fortkommens** des Gehilfen enthält. Diese Regelung gilt auch im Arbeitsrecht. Allgemeine Maßstäbe für die Wechselwirkung zwischen den drei Kriterien Ort, Zeit und Gegenstand des Wettbewerbsverbots gibt es nicht und lassen sich auch nicht aufstellen.[117] Zur Orientierung kann dienen, dass ein umfassendes Verbot in sachlicher Hinsicht einer Begrenzung entweder in zeitlicher und/oder örtlicher Hinsicht oder aber (ggf zusätzlich) einer Erhöhung der monatlichen Karenzentschädigung über die 50 % hinaus bedarf. In jedem Fall ist eine **wertende Entscheidung unter Berücksichtigung aller Umstände des Einzelfalls** zu treffen: Dabei war das BAG in einer früheren Entscheidung der Ansicht, dass eine örtlich oder sachlich umfassende Bindung des Arbeitnehmers (nur) für kurze Zeit hinzunehmen ist.[118] Ob das Wettbewerbsverbot nach Intensität und räumlicher Reichweite eine **unbillige Bindung** enthält, ist auch nach dem Alter des Arbeitnehmers und seiner Stellung im Betrieb, der Höhe der Entschädigung, dem Umfang des Wettbewerbsverbots und der Mobilität der jeweiligen Berufsgruppe zu beurteilen.[119] Bei der Beurteilung des „Gegenstands" des Wettbewerbsverbots geht man allgemein davon aus, dass unternehmensbezogene Wettbewerbsverbote bei **Nicht-Führungskräften** grundsätzlich nicht in Betracht kommen.[120] Bei **Führungskräften** soll dagegen ein unternehmensbezogenes Wettbewerbsverbot regelmäßig von § 74a Abs. 1 HGB gedeckt sein.[121] Schwierigkeiten bereitet danach naturgemäß die Abgrenzung zwischen Führungskräften und Nicht-Führungskräften. Bei **Vertriebsmitarbeitern** ist es regelmäßig nicht unbillig, ihnen eine Vertriebstätigkeit in ihrem bisherigen Produktsegment zu verbieten, da Vertriebsmitarbeiter in der Praxis häufig ihre Branche wechseln können und es für ihren Erfolg am Markt weniger auf spezifische Kenntnisse eines eng begrenzten Produkt- oder Marktbereichs ankommt als auf ihre allgemeinen, verkäuferischen Fähigkeiten.[122] Ergibt sich schließlich die Unverbindlichkeit des Wettbewerbsverbots gem. § 74a Abs. 1 Satz 2 HGB aus einer Abwägung zwischen der Bindungswirkung und der Höhe der zugesagten Entschädigung, kann der Arbeitgeber das Wettbewerbsverbot nicht dadurch heilen, dass er nachträglich eine höhere Karenzentschädigung anbietet.[123]

56 Die **Rechtsfolgen der Unverbindlichkeit** sind von derjenigen der Nichtigkeit (keine Partei kann aus der Abrede Ansprüche herleiten) zu unterscheiden: Der **Arbeitgeber** kann sich **nicht** auf die getroffene **Wettbewerbsabrede berufen**, insbesondere kann er also vor sich aus keine Wettbewerbsenthaltung vom ehemaligen Arbeitnehmer verlangen (§ 75d HGB). Dem **Arbeitnehmer** hingegen gesteht die Rechtsprechung des BAG ein **Wahlrecht** zu, ob er sich an die unverbindliche Wettbewerbsabrede halten und dafür die vereinbarte (nicht jedoch die ggf höhere gesetzliche[124]) Karenzentschädigung bean-

---

113 Vgl zu bedingten Wettbewerbsverboten etwa *Bauer/Diller*, Wettbewerbsverbote, Rn 484 ff.
114 *Küttner/Reinecke*, Personalbuch, 460 (Wettbewerbsverbot) Rn 2.
115 Vgl etwa BAG 13.5.1986 – 3 AZR 85/85, NZA 1986, 828.
116 BAG 10.12.1985 – 3 AZR 242/84, AP § 611 BGB Konkurrenzklausel Nr. 31; BAG 14.7.1981 – 3 AZR 515/78, AP § 75 HGB Nr. 8.
117 *Bauer/Diller*, Wettbewerbsverbote, Rn 343.
118 BAG 4.10.1958 – 2 AZR 200/55, AP Art. 12 GG Nr. 7.
119 So BAG 21.4.2010 – 10 AZR 288/09, NZA 2010, 1175.
120 BAG 16.12.1968 – 3 AZR 434/67, AP § 133f GewO Nr. 21; BAG 30.1.1970 – 3 AZR 348/69, AP § 133f GewO Nr. 24.
121 *Bauer/Diller*, Wettbewerbsverbote, Rn 346.
122 So *Bauer/Diller*, Wettbewerbsverbote, Rn 344 unter Hinweis auf LAG Hamm 1.12.2009 – 14 SaGa 59/09, BeckRS 2010, 67131.
123 *Bauer/Diller*, Wettbewerbsverbote, Rn 347.
124 BAG 13.9.1969 – 3 AZR 138/68, DB 1970, 63; BAG 14.7.2010 – 10 AZR 291/09, NZA 2011, 413.

spruchen oder unmittelbar in Wettbewerb zu seinem ehemaligen Arbeitgeber treten will.[125] Trifft der Arbeitnehmer die Entscheidung, an einem unverbindlichen Wettbewerbsverbot festzuhalten, kann er allerdings auch nur die vertraglich vereinbarte Karenzentschädigung verlangen. Ein Anspruch auf die in den §§ 74 ff HGB normierte gesetzliche Karenzentschädigung steht ihm nicht zu.[126]

Umstritten sind die näheren **Modalitäten der Wahl**, insbesondere die Frage, ob es einer bewussten Entscheidung des Arbeitnehmers bedarf und ggf ob diese dem Arbeitgeber mitgeteilt werden muss. „Der Anspruch auf Karenzentschädigung bei einem unverbindlichen Wettbewerbsverbot setzt voraus, dass der Arbeitnehmer sich zu Beginn der Karenzzeit für die Einhaltung des Wettbewerbsverbots entscheidet. Seine Entscheidung muss endgültig sein und den gesamten Karenzzeitraum umfassen."[127] Allerdings hält das BAG den Zugang der Wahlentscheidung beim Arbeitgeber für entbehrlich, so dass der Anspruch mit der Wettbewerbsenthaltung schon selbst entsteht.[128]

Jüngst hat das LAG Hamm in ausdrücklicher Abweichung von dieser BAG-Rechtsprechung entschieden, dass der Arbeitnehmer aus dem für ihn unverbindlichen Wettbewerbsverbot Anspruch auf Karenzentschädigung habe, wenn er sich an das Wettbewerbsverbot gehalten und seine Verpflichtung hieraus erfüllt hat. Einer (bewussten) Entscheidung für die Einhaltung des Wettbewerbsverbots bereits zu Beginn der Karenzzeit, die endgültig ist und den gesamten Karenzzeitraum umfasst, bedürfe es dagegen nicht.[129] Folgerichtig bedürfte es dann auch keines irgendwie gearteten Zugangs der Entscheidung des Arbeitnehmers (Wahlerklärung) beim Arbeitgeber. Diese Ansicht ist vor allem für den Fall der vom Arbeitnehmer nicht erkannten Unverbindlichkeit von Bedeutung, in der es denknotwenig an einer bewussten Entscheidung fehlt.

Um nach dieser Rechtsprechung insbesondere für den Arbeitgeber sich ergebende Unsicherheiten über das nachvertragliche Wettbewerbsverbot zu vermeiden, kann dieser den Arbeitnehmer analog § 264 Abs. 2 Satz 1 BGB **zur Erklärung auffordern**, ob er sich künftig an das Wettbewerbsverbot hält oder nicht.[130]

Vor aus Nachlässigkeit unterlassener Aufhebung des Wettbewerbsverbots schützt eine Klausel im Wettbewerbsverbot, wonach ab dem Bezug von Altersruhegeld keine Karenzentschädigung gezahlt wird.[131] Ein **betriebliches Ruhegeld** beziehender Ruheständler steht zu seinem ehemaligen Arbeitgeber immer noch in einem, wenngleich auch erheblich modifizierten, Abhängigkeitsverhältnis.[132] Der Grad der Abhängigkeit ist sicherlich deutlich geringer als im aktiven Arbeitsverhältnis. Deshalb wird in der Literatur die Auffassung vertreten, der Pensionär könne für die Einhaltung des Wettbewerbsverbots keine Karenzentschädigung erwarten[133] oder zumindest nur eine reduzierte.[134] Diese Ansicht ist mE abzulehnen; da aber eine höchstrichterliche Klarstellung noch aussteht,[135] werden beide Alternativen durch die vorgelegten Wettbewerbsklauseln – Muster 2000 (Abs. 6) und Muster 2005 (Abs. 4) – angeboten. Muster 2007 (§ 3 Abs. 1) enthält eine Reduktion der Karenzentschädigung bei Bezug von Altersrente.

4. AGB-rechtliche Fragestellungen

Fraglich ist zunächst schon die **Geltung der §§ 305 ff BGB** für nachvertragliche Wettbewerbsverbote: Vereinbarungen über ein nachvertragliches Wettbewerbsverbot stellen regelmäßig AGB iSd § 305 BGB dar, so dass die §§ 305 ff BGB grundsätzlich Anwendung finden. Von Bedeutung können insoweit vor allem das **Verbot überraschender Klauseln** (§ 305 c Abs. 1 BGB), das **Transparenzgebot** des § 307 Abs. 2 BGB und die **Unklarheitenregel** des § 305 c Abs. 2 BGB sein. Angesichts der in den §§ 74 ff HGB für nachvertragliche Wettbewerbsverbote schon enthaltenen detaillierten inhaltlichen Vorgaben

---

125 BAG 14.7.2010 – 10 AZR 291/09, NZA 2011, 413; die hL, etwa ErfK/*Oetker*, § 74 HGB Rn 19, folgt dem BAG.
126 BAG 13.9.1969 – 3 AZR 138/68, DB 1970, 63; BAG 14.7.2010 – 10 AZR 291/09, NZA 2011, 413.
127 So etwa schon BAG 22.5.1990 – 3 AZR 647/88, NZA 1991, 263 und aus jüngerer Zeit: BAG 14.7.2010 – 10 AZR 291/09, NZA 2011, 413; ebenso Erfk/*Oetker*, § 74 HGB Rn 19.
128 BAG 14.7.2010 – 10 AZR 291/09, NZA 2011, 413
129 LAG Hamm 14.2.2012 – 14 Sa 1385/11, BeckRS 2012, 69905.
130 BAG 22.5.1990 – 3 AZR 647/88, NZA 1991, 263 (LS 3).
131 Siehe Muster 2005 (Abs. 4).
132 Schaub/*Vogelsang*, Arbeitsrechts-Handbuch, § 85 IX 3 Rn 321.
133 Preis/*Stoffels*, Der Arbeitsvertrag, II W 10 Rn 94; aA *Bauer/Diller*, Wettbewerbsverbote, Rn 92.
134 OLG Stuttgart 18.5.1979, BB 1980, 527, zit. nach *Bauer/Diller*, Wettbewerbsverbote, Rn 92.
135 Ausdrücklich offengelassen von BAG 26.2.1985 – 3 AZR 162/84, NZA 1985, 809.

stellt sich die Frage nach einer Notwendigkeit einer zusätzlichen AGB-rechtlichen Inhaltskontrolle, m.a.W. die Frage nach dem Verhältnis der Vorschriften.

62 Eine **Inhaltskontrolle nach** § 307 **BGB** (unangemessene Benachteiligung?) hinsichtlich der beiden Hauptleistungspflichten (Unterlassung von Wettbewerb und Zahlung der Karenzentschädigung) scheidet nach hM aus.[136] Dies ergibt sich zutreffend bereits aus § 307 Abs. 3 BGB und der Tatsache, dass es sich hier um Hauptleistungspflichten und nicht um Nebenbestimmungen handelt und solche Hauptleistungspflichten der AGB-rechtlichen Klauselkontrolle entzogen sind.[137] Das LAG Baden-Württemberg hat insoweit entschieden: „Ein nachvertragliches Wettbewerbsverbot (§§ 74 ff HGB) unterliegt hinsichtlich seiner inhaltlichen, örtlichen und zeitlichen Reichweite **keiner AGB-rechtlichen Inhaltskontrolle**, da ein nachvertragliches Wettbewerbsverbot jedenfalls bei nachträglicher Vereinbarung einen gegenseitigen Vertrag iS der §§ 320 ff BGB darstellt und die Regelung der vertraglichen Hauptleistungspflichten („Leistungsbeschreibung") ebenso wie das Verhältnis zwischen Leistung und Gegenleistung (Höhe der Karenzentschädigung) gem. § 307 Abs. 3 BGB kontrollfrei bleiben. Eine Inhaltskontrolle findet deshalb nur nach Maßgabe von § 74 a HGB statt, der eine geltungserhaltende Reduktion vorsieht."[138] Will man dieser Argumentation nicht folgen, so folgt die Unanwendbarkeit der Angemessenheitskontrolle nach § 307 BGB aber aus dem durch einen Vorrang der §§ 74 ff HGB zu entscheidenden Verhältnis der Normen zueinander (§ 74 a HGB als „lex specialis").[139]

VII. Formelle Wirksamkeitsvoraussetzungen

1. Schriftformerfordernis

63 Die Vereinbarung eines nachvertraglichen Wettbewerbsverbots unterliegt besonderen formellen Anforderungen. Zunächst bedarf die Wettbewerbsabrede der **Schriftform** iSv § 126 BGB, dh der Unterschriften von Arbeitgeber und Arbeitnehmer auf der Vereinbarung. Das kann in einem Arbeitsvertrag geschehen; es bedarf keiner gesonderten Urkunde für die Wettbewerbsklausel. Unzureichend ist die Übersendung von bloßen Bestätigungs- oder Anstellungsschreiben.

64 Der Schriftform des § 126 Abs. 2 BGB ist genügt, wenn sich der wesentliche Inhalt des Rechtsgeschäfts aus einer den gesetzlichen Vorgaben entsprechenden Gesamturkunde ergibt. Bei einer in Bezug genommenen Anlage muss die Zusammengehörigkeit in geeigneter Weise zweifelsfrei kenntlich gemacht worden sein. Die Schriftstücke müssen im Augenblick der Unterzeichnung äußerlich als einheitliche Urkunde erkennbar gewesen sein, also tatsächlich eine Einheit gebildet haben. Eine feste körperliche Verbindung ist nicht zwingend notwendig.[140]

65 Fehlt es an der Einhaltung der gesetzlichen Schriftform, so ist das nachvertragliche Wettbewerbsverbot **nichtig** und keine Partei kann daraus irgendwelche Rechte herleiten. Wird ein schriftlicher befristeter Arbeitsvertrag, der eine Vereinbarung über ein nachvertragliches Wettbewerbsverbot enthält, nach seinem Ablauf mündlich verlängert, so ist das Wettbewerbsverbot mangels Einhaltung der Schriftform (§ 74 Abs. 1 HGB) hinfällig.[141]

2. Aushändigung

66 Neben dem Schriftformerfordernis ist eine weitere Besonderheit bei Wettbewerbsklauseln zu beachten: Dem Arbeitnehmer muss eine vom Arbeitgeber im Original unterzeichnete **Urkunde** mit dem Wettbewerbsverbot **ausgehändigt** werden. Es muss allerdings keine gesonderte Urkunde erstellt werden, vielmehr kann das nachvertragliche Wettbewerbsverbot insbesondere bereits im Arbeitsvertrag vereinbart werden. Der Arbeitnehmer ist zur Entgegennahme verpflichtet. Verweigert er die Annahme, muss er sich in entsprechender Anwendung von § 162 BGB wegen Vereitelung des Bedingungseintritts so be-

---

136 HM, vgl etwa LAG Hamm 14.4.2003 – 7 Sa 1881/02, NZA-RR 2003, 513; LAG Baden-Württemberg 30.1.2008 – 10 Sa 60/07, NZA-RR 2008, 508; ErfK/*Preis*, §§ 305–310 BGB Rn 3.
137 Str., wie hier auch *Diller*, NZA 2005, 421.
138 LAG Baden-Württemberg 30.1.2008 – 10 Sa 60/07, NZA-RR 2008, 508.
139 In diesem Sinne etwa *Thüsing/Leder*, DB 2004, 42; *Bauer/Diller*, Wettbewerbsverbote, Rn 356; in diesem Sinne auch *Kotzian/Marggraf*, in: Oetker, HGB, § 74 a Rn 5; MüKo-HGB/*von Hoyningen-Huene*, § 74 a Rn 33 mwN; aA etwa ArbG Halle 14.6.2007 – 2 Ca 423/07, BeckRS 2010, 75270.
140 BAG 14.7.2010 – 10 AZR 291/09, NZA 2010, 413 (LS 6).
141 So LAG Hamm 14.2.2007 – 14 Sa 141/07, LAGE § 74 HGB Nr. 21 (juris).

handeln lassen, als sei ihm die Urkunde ausgehändigt worden.[142] Die Aushändigung hat bei Unterzeichnung der Wettbewerbsabrede oder unverzüglich danach, spätestens aber binnen angemessener Frist danach zu erfolgen.[143] Verzögert der Arbeitgeber die Aushändigung darüber hinaus, braucht der Arbeitnehmer die Urkunde nicht mehr entgegenzunehmen. Die Annahme allerdings heilt den Formmangel.[144] Es wird zu Beweiszwecken deshalb empfohlen, neben der Unterschrift unter das Wettbewerbsverbot eine Bestätigung aufnehmen zu lassen, wonach der Mitarbeiter eine von der Firma unterschriebene, vollständige Abschrift der Wettbewerbsklausel erhalten hat.

Unterbleibt diese Aushändigung, so ist das nachvertragliche Wettbewerbsverbot nach der BAG-Rechtsprechung zwar weder nichtig noch unwirksam, aber der Arbeitgeber kann sich nicht darauf berufen und dem Arbeitnehmer steht ein Wahlrecht zu, ob er sich daran halten will oder nicht.[145] 67

VIII. Mandantenschutzklauseln[146]

Mit **Arbeitnehmern in freien Berufen** werden oft Vereinbarungen zum Schutz des Mandantenstammes des bisherigen Arbeitgebers getroffen. Auch wenn es sich bei solchen mit Steuerberatern, Wirtschaftsprüfern, Rechtsanwälten, aber auch Architekten etc. vereinbarten Klauseln nicht um ein vollständiges nachvertragliches Tätigkeitsverbot handelt, können derartige Klauseln – je nach Ausgestaltung – unter den Anwendungsbereich der §§ 74 ff HGB fallen oder als beschränkte Klauseln entschädigungslos möglich sein. Entsprechend dem Grad der von Wettbewerbsbeschränkungen ausgehenden Unterlassungspflichten[147] unterscheidet man zwischen verschiedenen **Erscheinungsformen**: 68

1. Niederlassungsverbote

Niederlassungsverbote untersagen dem ausscheidenden angestellten Anwalt oder Steuerberater seine Berufsausübung in umfassender Art und Weise für einen bestimmten Zeitraum in einem bestimmten, vertraglich festgelegten örtlichen Bereich, in aller Regel im Einzugsbereich des Kanzleisitzes des Alt-Arbeitgebers. Niederlassungsverbote sind mit Rücksicht auf die mittelbare Drittwirkung der Grundrechte des angestellten Steuerberaters oder Anwalts aus Art. 12 GG in aller Regel sittenwidrig und damit unwirksam.[148] Den berechtigten Interessen des Arbeitgebers, einen Schutz des von ihm aufgebauten Mandantenstammes zu erreichen, kann regelmäßig über die Vereinbarung von Mandantenübernahmeklauseln[149] angemessen Rechnung getragen werden.[150] 69

2. Allgemeine Mandantenschutzklauseln

Allgemeine Mandantenschutzklauseln verbieten es dem ausscheidenden Anwalt, Steuerberater oder Wirtschaftsprüfer umfassend, nach Beendigung des Arbeitsverhältnisses Mandanten seines früheren Arbeitgebers zu betreuen, auch wenn diese ohne eigenes Zutun des ehemaligen Angestellten seine Beratung suchen. Rechtsprechung und Schrifttum sehen allgemeine Mandantenschutzklauseln als rechtlich zulässig an,[151] unterwerfen sie aber auch dem Geltungsbereich der §§ 74 ff HGB.[152] 70

---

142 Schaub/*Vogelsang*, Arbeitsrechts-Handbuch, § 55 II Rn 38.
143 Vgl zu den unterschiedlichen Auffassungen zu dem bestehenden Zeitfenster ab Unterzeichnung der Wettbewerbsvereinbarung Schaub/*Vogelsang*, Arbeitsrechts-Handbuch, § 55 II Rn 38; ErfK/*Oetker*, § 74 HGB Rn 13 unter Hinweis auf LAG Nürnberg 21.7.1994 – 5 Sa 391/94, NZA 1995, 532.
144 LAG Nürnberg 21.7.1994 – 5 Sa 391/94, NZA 1995, 532.
145 BAG 23.11.2004 – 9 AZR 595/03, NZA 2005, 411.
146 Siehe ausf. Hümmerich/Reufels/*Borgmann*, Gestaltung von Arbeitsverträgen, § 1 Rn 2620 ff.
147 Preis/*Stoffels*, Der Arbeitsvertrag, II W 10 Rn 73 f.
148 BGH 8.5.2000 – II ZR 308/98, MDR 2000, 977; ebenso OLG Düsseldorf 19.3.2007 – I-9 U 46/07, 9 U 46/07, MedR 2007, 478 und OLG München 22.4.1996 – 17 U 5531/95, MedR 567 (beide zu einer ärztlichen Gemeinschaftspraxis).
149 Siehe Muster 2050.
150 Michalski/Römermann, ZIP 1994, 433; Knief, AnwBl 1985, 58; Moll/Reinfeld, Münchener Anwaltshandbuch ArbR, § 30 Rn 51 f; Römermann, NJW 2002, 1399.
151 BGH 8.5.2000 – II ZR 308/98, MDR 2000, 977; BAG 16.7.1971 – 3 AZR 384/70, AP § 611 BGB Nr. 25; BGH 9.5.1968 – II ZR 158/66, AP § 611 BGB Konkurrenzklausel Nr. 12 = NJW 1968, 1717; LAG Düsseldorf 28.6.2001 – 11 Sa 532/01, DB 2002, 150; Bauer/Diller, Wettbewerbsverbote, Rn 148 f, Rn 235 c f; Michalski/Römermann, ZIP 1994, 433; Bruckner, Nachvertragliche Wettbewerbsverbote zwischen Rechtsanwälten, S. 136; Henssler, FS Geiß, S. 271 f.
152 BAG 27.9.1988 – 9 AZR 59/87, NZA 1989, 467; BAG 7.8.2002 – 10 AZR 586/01, NZA 2002, 1282.

3. Beschränkte Mandantenschutzklauseln

71 Im Gegensatz zu allgemeinen Schutzklauseln untersagen beschränkte Mandantenschutzklauseln dem bisher angestellten Anwalt nur, aktiv Mandanten seines ehemaligen Arbeitgebers abzuwerben.[153] Eine beschränkte Mandantenschutzklausel entspricht damit in etwa den in § 43 b BRAO normierten Verhaltenspflichten, jedenfalls bei Rechtsanwälten. Sie weist keinen darüber hinausgehenden eigenen Regelungsgehalt aus. An der Zulässigkeit solcher beschränkter Mandantenschutzklauseln besteht nach hM kein Zweifel.[154] Eine Verpflichtung, aufgrund einer beschränkten Mandantenschutzklausel eine Karenzentschädigung gem. §§ 74 f HGB zu zahlen, besteht nicht.

4. Mandantenübernahmeklauseln

72 Mandantenübernahmeklauseln finden sich in der Praxis als Vereinbarungen zwischen Arbeitnehmer und einer Sozietät oder einer Einzelpraxis und als gesellschaftsvertragliche Mandantenschutzklauseln für ausscheidende Gesellschafter.[155] In Mandantenübernahmeklauseln wird geregelt, dass die berufliche Entfaltungsmöglichkeit des ausgeschiedenen Angestellten oder Gesellschafters unberührt bleibt, er also über die gesetzliche Lage hinaus keinerlei zusätzlichen Restriktionen unterliegt und lediglich der wirtschaftliche Ertrag der Tätigkeit bei Mitnahme von Mandanten und Mandaten dadurch geschmälert wird, dass der Mandanten und Mandate mitnehmende Berufsträger einen Teil seiner mit den mitgenommenen Mandaten generierten Vergütung an den Alt-Arbeitgeber oder die verbliebenen Mitgesellschafter abzuführen hat. Derartige Mandantenübernahmeklauseln werden daher häufig auch als **Gewinn- oder Honorarabführungsvereinbarungen** bezeichnet.

73 Mandantenübernahmeklauseln sind auch ohne Verpflichtung des Arbeitgebers zur Zahlung einer Karenzentschädigung grundsätzlich zulässig und verbindlich, soweit sie dem Schutz eines berechtigten geschäftlichen Interesses des Arbeitgebers dienen und das berufliche Fortkommen des Arbeitnehmers nicht unbillig erschweren.[156]

74 Durch Mandantenübernahmeklauseln wird der Ausscheidende nur mittelbar, und zwar in wirtschaftlicher Hinsicht, beschränkt. Er wird verpflichtet, für die Übernahme von Mandanten für einen bestimmten angemessenen Zeitraum (in Anlehnung an den Rechtsgedanken aus § 74 Abs. 2 HGB max. zwei Jahre ohne die Möglichkeit einer geltungserhaltenden Reduktion)[157] Teile des Honorars zu übertragen.[158]

75 Mandantenübernahmeklauseln unter Rechtsanwälten verstoßen nicht gegen das Verbot der Gebührenteilung in § 49 b Abs. 3 BRAO, § 22 BerufsO. Bei der Vereinbarung einer Gewinnabführungsverpflichtung geht es nicht um eine unzulässige Vergütung für die Vermittlung eines Mandats. Es geht vielmehr um einen wirtschaftlichen Ausgleich für die Mitnahme eines in der bisherigen Sozietät angefallenen Mandats. Die Abgabe des Honoraranteils hat keinen Einfluss auf den Erwerb des Mandats, so dass auch nicht von einem Verkauf von Mandaten oder Mandanten gesprochen werden kann. Allerdings kann eine Mandantenübernahmeklausel ohne Karenzentschädigung eine Umgehung iSv § 75 d Satz 2 HGB darstellen, so das BAG, „wenn die Konditionen so gestaltet sind, dass sich die Bearbeitung der Mandate wirtschaftlich nicht lohnt".[159] Nach *Meier* müssen sich solche Mandantenübernahmeklauseln aber auch an den §§ 305 ff BGB bzw § 74 a HGB messen lassen.[160] Die arbeitsvertragliche Verpflichtung einer Steuerassistentin, im Falle des Ausscheidens für fünf Jahre 20 % des Jahresumsatzes mit solchen Mandanten an ihren ehemaligen Arbeitgeber als Entschädigung abzuführen, die sie von diesem übernommen hat, stellt nach Ansicht des BAG wegen der sehr langen Bindungsdauer eine ver-

---

153 *Michalski/Römermann*, ZIP 1994, 433 (446).
154 BAG 7.8.2002 – 10 AZR 586/01, NZA 2002, 1282; ebenso jüngst das LAG Schleswig-Holstein 19.3.2013 – 1 SaGa 2/13, BeckRS 2013, 68629; aA *Bauer/Diller*, Wettbewerbsverbote, § 4 Rn 111.
155 Ein aktuell der anwaltlichen Praxis entnommenes Klauselbeispiel einer größeren Wirtschaftsprüfungsgesellschaft findet sich bei *Meier*, NZA 2013, 263.
156 BAG 7.8.2002 – 10 AZR 586/01, NZA 2002, 1282.
157 BAG 7.8.2002 – 10 AZR 586/01, NZA 2002, 1282; LAG Köln 14.4.2008 – 5 Sa 413/08, NZA-RR 2008, 10.
158 BGH 9.5.1968 – II ZR 158/66, AP § 611 BGB Konkurrenzklausel Nr. 12 = NJW 1968, 1717; *Bruckner*, Nachvertragliche Wettbewerbsverbote zwischen Rechtsanwälten, S. 136; *Bauer/Diller*, Wettbewerbsverbote, Rn 170; Moll/*Reinfeld*, Münchener Anwaltshandbuch ArbR, § 30 Rn 51.
159 BAG 7.8.2002 – 10 AZR 586/01, NZA 2002, 1282; krit. dazu jüngst unter dem Aspekt der §§ 305 ff BGB: *Meier*, NZA 2013, 263, aber auch LAG Niedersachsen 8.2.2013 – 12 Sa 904/12, BeckRS 2013, 67585.
160 *Meier*, NZA 2013, 263.

deckte Mandantenschutzklausel und damit eine Umgehung iSv § 75 d Satz 2 HGB dar. Der ehemalige Arbeitgeber kann deshalb aus einer solchen Vereinbarung keine Ansprüche herleiten.[161]

Diskutiert werden der **Umfang** einer wirksamen Gewinn- bzw Honorarabführungsverpflichtung und auch der **Zeitraum**, auf den sich nach dem Ausscheiden des Arbeitnehmers oder früheren Mitgesellschafters die Mandantenübernahmeklausel erstrecken darf. Der BGH hat in der Entscheidung vom 9.5.1968 eine zwischen einer Wirtschaftsprüfungsgesellschaft und ihrem Geschäftsführer vereinbarte Klausel, die eine Entschädigungshöhe von 20 % für einen Zeitraum von drei Jahren vorsah, als angemessen erachtet.[162] Nach *Hagen* sollen Laufzeiten von zwei Jahren bei einem abzuführenden Honoraranteil von höchstens 25 % zulässig sein.[163] Das LAG Niedersachsen wiederum hat kürzlich eine Klausel, die eine Entschädigungshöhe von 20 % für einen Zeitraum von zwei Jahren vorsah, als unangemessen angesehen.[164] Die Wirksamkeit von Mandantenübernahmeklauseln wird sich an §§ 74 ff HGB messen lassen müssen.[165] Lohnt sich die Bearbeitung mitgenommener Mandate wegen der Höhe der Gewinnabführungspflichten nicht mehr, dürfte eine Mandantenübernahmeklausel unwirksam sein.[166]

76

Die im Schrifttum vertretenen Auffassungen zur Gewinn- bzw Honorarabführungsquote ergeben folgendes Bild:

77

- Für 30 %: *Bruckner*, Nachvertragliche Wettbewerbsverbote zwischen Rechtsanwälten, S. 79; *Becker*, Zulässigkeit und Wirksamkeit von Konkurrenzklauseln zwischen Rechtsanwälten, S. 144.
- für 25 %: *Lingenberg/Hummel/Zuck/Eich*, Grundsätze des anwaltlichen Standesrechts, § 81 Rn 188.
- für 20 %: *Büsgen*, MDR 1985, 898 (901); *Michalski/Römermann*, ZIP 1994, 446 f; *Henssler/Holthausen*, in: Axmann, Starthandbuch für Rechtsanwälte, Teil 3 Rn 51; BeckOK/*Hagen*, § 74 HGB Rn 16.

Demnach könnten sich mE – je nach konkreter Kostenquote und sonstigen Umständen des Einzelfalls – Entschädigungshöhen von bis zu 30 % als zulässig erweisen. Weitergehende Entschädigungshöhen sind wohl nicht akzeptabel, da ansonsten mittelbar die Karenzentschädigungspflicht des § 74 Abs. 2 HGB umgangen würde. Das BAG hatte in 2002 im Falle einer angestellten Steuerassistentin keine Bedenken gegen eine Honorarabführungsquote in Höhe von 20 %.[167] Früher hat es im Fall eines angestellten Anwalts bei der in eine Vertragsstrafe gekleideten Abführungsverpflichtung in Höhe von 60 % – bezogen auf die Durchschnittseinnahmen aus den Mandaten in den letzten drei Jahren vor dem Ausscheiden – Bedenken angemeldet, ohne in der Sache abschließend zu entscheiden.[168]

78

IX. Bedingte Wettbewerbsverbote

Bauer/Diller bezeichnen das Thema als „Dauerbrenner".[169] Unter dem Oberbegriff „bedingte Wettbewerbsverbote" werden Vertragsgestaltungen zusammengefasst, die bewirken sollen, dass es letztlich der **Entscheidung des Arbeitgebers** überlassen bleibt, ob der Arbeitnehmer nach dem Ausscheiden Wettbewerb unterlassen muss und er Karenzentschädigung bezahlen muss oder nicht.

79

Grundsätzlich können auch nachvertragliche Wettbewerbsverbote unter (objektive) **Bedingungen** gestellt werden, zB unter die aufschiebende Bedingung des erfolgreichen Bestehens der Probezeit[170] oder

80

---

161 BAG 7.8.2002 – 10 AZR 586/01, NZA 2002, 1282.
162 BGH 9.5.1968 – II ZR 158/66, AP § 611 BGB Konkurrenzklausel Nr. 12 = NJW 1968, 1717.
163 BeckOK/*Hagen*, § 74 HGB Rn 16.
164 Das LAG Niedersachsen (8.2.2013 – 12 Sa 904/12, BeckRS 2013, 67585) hat jüngst entschieden, dass auch eine nur auf zwei Jahre befristete Abführungsvereinbarung über 20 % nach § 307 Abs. 1 Satz 1 BGB wegen einer unangemessenen Benachteiligung unwirksam sein kann. Die Entscheidung betraf eine mit einem angestellten Rechtsanwalt formularmäßig vereinbarte Mandantenübernahmeklausel, nach welcher sich der angestellte Rechtsanwalt verpflichtet, „20 % der Nettohonorare, die er innerhalb von zwei Jahren nach Beendigung des Anstellungsvertrags mit Mandanten, die während des laufenden Anstellungsvertrags [vom vormaligen Arbeitgeber] betreut wurden, verdient, an [den vormaligen Arbeitgeber] abzuführen".
165 So LAG Köln 14.4.2008 – 5 Sa 413/08, NZA-RR 2008, 10.
166 *Bauer/Diller*, Wettbewerbsverbote, Rn 134; LAG Düsseldorf 28.6.2001 – 11 Sa 532/01, DB 2002, 150.
167 BAG 7.8.2002 – 10 AZR 586/01, NZA 2002, 1282.
168 BAG 26.11.1971 – 3 AZR 220/71, AP § 611 BGB Konkurrenzklausel Nr. 26.
169 *Bauer/Diller*, Wettbewerbsverbote, Rn 484.
170 BAG 28.6.2006 – 10 AZR 407/05, NZA 2006, 1157.

des Erreichens einer bestimmten – längeren – Betriebszugehörigkeit[171] oder unter die auflösende Bedingung, dass dem Arbeitnehmer ein bestimmter geheimnis- oder wettbewerbsrelevanter Arbeitsbereich entzogen wird,[172] er ein bestimmtes (Renten-)Alter erreicht[173] oder einen Anspruch auf Altersrente aus der gesetzlichen Rentenversicherung erwirbt.[174] Unverbindlich ist dagegen die Vereinbarung solcher (**subjektiver**) **Bedingungen**, die dazu führen, dass es im Belieben des Arbeitgebers steht, ob sich der Arbeitnehmer an das Wettbewerbsverbot wird halten müssen oder nicht. Denn der Arbeitnehmer kann sich demgemäß in solchen Konstellationen nicht darauf einstellen, ob er nun Wettbewerb betreiben kann oder nicht.

81 Wer Wettbewerbsverbote formuliert, sollte darauf achten, dass seine Formulierungen keine derart bedingten Verbote enthalten. **Unzulässig** ist bspw die Klausel, bei Beendigung des Arbeitsverhältnisses werde der Mitarbeiter verpflichtet, auf Verlangen des Arbeitgebers Karenz zu halten.[175] Gleiches gilt für die Formulierung, ohne vorherige Zustimmung dürfe der Mitarbeiter keine konkurrierende Tätigkeit aufnehmen.[176] Unverbindlich ist auch eine Klausel, die den Arbeitgeber vor Beendigung des Arbeitsverhältnisses berechtigt, **den örtlichen oder sachlichen Umfang des Verbots im Einzelnen festzulegen**.[177] Unzulässig ist ferner die Formulierung, das Unternehmen sei ohne Zustimmung des Mitarbeiters berechtigt, vor oder nach Beendigung des Arbeitsvertrages auf die Wettbewerbsabrede zu verzichten.[178] Auch ein Wettbewerbsverbot, das an den Fall anknüpft, dass der Arbeitnehmer ordentlich kündigt oder eine fristlose Entlassung verschuldet, ist unverbindlich.[179]

82 Ein **Vorvertrag**, in dem sich der Arbeitnehmer verpflichtet, auf Verlangen des Arbeitgebers eine bestimmte dort niedergelegte Wettbewerbsvereinbarung zu schließen, ist nach hM grundsätzlich zulässig, wobei die Formvorschriften des § 74 Abs. 1 HGB (Schriftform, Aushändigung einer Urkunde) auch für den Vorvertrag gelten.[180] Nach Ansichten in der Literatur sind solche Vorverträge aber nur dann zulässig, wenn auch der Arbeitnehmer den Abschluss verlangen kann oder der Arbeitgeber zumindest nur innerhalb einer bestimmten Frist nach Aufnahme des Arbeitsverhältnisses eine verbindliche Erklärung abzugeben hat.[181] Die Frage der zulässigen Frist ist von der Rechtsprechung noch nicht entschieden, allerdings hat das BAG bereits entschieden, dass ein insoweit unbefristeter Vorvertrag für den Arbeitnehmer unverbindlich ist. Ferner ist die Zeit zulässiger „Schwebe" durch einen Vorvertrag längstens auf die Zeit bis vor einer Kündigung oder einem Aufhebungsvertrag begrenzt.[182] Auch vertragsgestalterische Versuche, die Zahlung der Karenzentschädigung zu vermeiden, wie insbesondere sog. bedingte Wettbewerbsverbote, scheitern bei nachfolgender arbeitsgerichtlicher Kontrolle meist.[183]

83 Abzugrenzen von unverbindlichen Wettbewerbsverboten, bei denen sich der Arbeitgeber vorbehält, den örtlichen oder sachlichen Umfang des Verbots im Einzelnen festzulegen,[184] sind solche Wettbewerbsverbote, bei denen sich der Arbeitgeber mit Beendigung des Arbeitsverhältnisses die Konkretisierung des sachlichen und örtlichen Umfangs vorbehält. Solche Konkretisierungen sind möglich. Unklarheiten über Freigabeerklärungen oder Einschränkungen des Wettbewerbsverbots gehen zu Lasten des Arbeitgebers und machen das Wettbewerbsverbot unverbindlich.[185] Es ist aber riskant, sich spätere Konkretisierungen des Wettbewerbsverbots vorzubehalten, weil schon die Frage der Höhe einer zu leistenden Karenzentschädigung bei nicht zum Zeitpunkt des Abschlusses des Wettbewerbsverbots

---

171 LAG Hamm 23.3.2010 – 14 SaGa 68/09 – BeckRS 2010, 70152 (1 Jahr); ebenso bereits *Bauer/Diller*, Wettbewerbsverbote, Rn 515.
172 Preis/*Stoffels*, Der Arbeitsvertrag, II W 10 Rn 88.
173 BAG 30.10.1984 – 3 AZR 213/82, NZA 1985, 429.
174 So auch *Bauer/Diller*, Wettbewerbsverbote, Rn 521, die zugleich vor der Formulierung „Eintritt in den Ruhestand" oder „Sich-zur-Ruhe-setzen" warnen. Unter dem Aspekt, dass gesichert nur rein objektive Bedingungen als zulässig angesehen werden können, ist diese Warnung berechtigt.
175 BAG 16.12.1986 – 3 AZR 73/86, DB 1987, 2047.
176 BAG 16.12.1986 – 3 AZR 73/86, DB 1987, 2047.
177 BAG 5.9.1995 – 9 AZR 718/93, DB 1996, 784.
178 BAG 19.1.1978 – 3 AZR 573/77, DB 1978, 543; anders für Geschäftsführer/Vorstände: OLG München 28.7.2010 – 7 U 2417/10, BeckRS 2010, 18611.
179 BAG 10.12.1985 – 3 AZR 242/84, DB 1986, 1829.
180 BAG 14.7.2010 – 10 AZR 291/09, NZA 2011, 413.
181 *Bauer/Diller*, DB 1995, 426; *dies.*, BB 1995, 1134.
182 BAG 14.7.2010 – 10 AZR 291/09, NZA 2010, 413.
183 Küttner/*Reinecke*, Personalbuch, 460 (Wettbewerbsverbot) Rn 2.
184 BAG 5.9.1995 – 9 AZR 718/93, DB 1996, 784.
185 BAG 5.9.1995 – 9 AZR 718/93, DB 1996, 784.

feststehendem örtlichem und zeitlichem Umfang meist zweifelhaft ist und damit die Unverbindlichkeit des Wettbewerbsverbots vorgezeichnet ist. Vereinbaren die Parteien in einer Mandantenschutzklausel, der Arbeitnehmer dürfe mit Zustimmung seines Arbeitgebers die Betreuung einzelner Mandanten übernehmen, bedeutet eine solche Regelung kein unzulässiges bedingtes Wettbewerbsverbot, wenn trotz Zustimmung im Einzelfall der volle Karenzentschädigungsanspruch unberührt bleibt.[186]

X. Wegfall des Wettbewerbsverbots

Der Arbeitgeber kann das Wettbewerbsverbot bis zur rechtlichen Beendigung des Arbeitsverhältnisses einseitig durch **schriftliche Erklärung des Verzichts** auf das Wettbewerbsverbot zum Wegfall bringen, § 75 a HGB. Die Erklärung muss noch während des bestehenden Arbeitsverhältnisses abgegeben werden und lässt das **Wettbewerbsverbot** mit sofortiger Wirkung entfallen. Die mit dem Wettbewerbsverbot korrespondierende **Verpflichtung zur Zahlung der Karenzentschädigung** entfällt aber nicht zugleich, sondern erst mit Ablauf eines Jahres ab Zugang der Verzichtserklärung.[187] Die Verzichtserklärung des Arbeitgebers sollte daher vom Arbeitgeber am besten 12 Monate vor dem geplanten Ende des Arbeitsverhältnisses erklärt werden, da dann keine Karenzentschädigung mehr zu zahlen ist.[188] In der Praxis geschieht dies meist nicht so frühzeitig, aber spätestens mit der Kündigung sollte die Verzichtserklärung verbunden werden, um zumindest die Kosten der Dauer der meist mehrmonatigen Kündigungsfrist zu vermeiden. 84

Von den gesetzlich für den Verzicht vorgesehenen Einschränkungen kann zumindest nach Ansicht des BAG vertraglich nicht zugunsten des Arbeitgebers abgewichen werden, insbesondere nicht in zeitlicher Hinsicht (Verzicht auch nach Beendigung des Arbeitsverhältnisses oder früherer Wegfall der Pflicht zur Zahlung der Karenzentschädigung).[189] 85

Die **ordentliche Kündigung des Arbeitgebers** löst für den **Arbeitnehmer das Recht zur Lossagung** aus,[190] wenn für die Beendigung des Arbeitsverhältnisses der Arbeitnehmer keinen erheblichen Anlass gegeben hat, § 75 Abs. 2 HGB. Das Recht zur Lossagung besteht also insbesondere nicht im Fall einer sozial gerechtfertigten verhaltensbedingten Arbeitgeberkündigung. Ein ggf bestehendes Recht zur Lossagung muss durch entsprechende fristgerechte **Erklärung** des Lossagungsberechtigten ausgeübt werden. Eine Wettbewerbsklausel, die besagt, dass das Wettbewerbsverbot von vornherein nicht für den Fall der ordentlichen Kündigung des Arbeitgebers gelten soll, ist für den Arbeitnehmer unverbindlich.[191] 86

Kündigt der **Arbeitgeber** das Arbeitsverhältnis wegen vertragswidrigen Verhaltens **aus wichtigem Grund**, kann er sich in entsprechender Anwendung des § 75 Abs. 1 HGB von einer nachvertraglichen Wettbewerbsvereinbarung binnen eines Monats nach der Kündigung durch schriftliche Erklärung lösen.[192] § 75 Abs. 3 HGB ist wegen seiner Verfassungswidrigkeit nicht anzuwenden.[193] 87

Der Wortlaut einer allgemeinen **Ausgleichsklausel** in einem gerichtlichen Vergleich, wonach mit der Erfüllung der Vereinbarung sämtliche wechselseitigen Ansprüche („hinüber und herüber") aus dem Arbeitsverhältnis und seiner Beendigung abgegolten und ausgeglichen sind, umfasst auch Ansprüche aus einem vertraglichen Wettbewerbsverbot.[194] Mit dem Urteil vom 31.7.2002 fällte das BAG allerdings eine Einzelfallentscheidung: Es räumte ein, dass aus weiteren Umständen wie dem Zustandekommen der Vereinbarung oder dem nachvertraglichen Verhalten sich ergeben könne, dass die Parteien ein Wettbewerbsverbot dennoch aufrechterhalten, nicht auf Ansprüche daraus verzichten wollten. 88

Die Klausel in einem Aufhebungsvertrag „Damit sind alle gegenseitigen Ansprüche aus dem Arbeitsverhältnis und seiner Beendigung, gleichgültig welchen Rechtsgrundes, seien sie bekannt oder unbekannt, erledigt" erfasst ein im Arbeitsvertrag vereinbartes nachvertragliches Wettbewerbsverbot, wenn 89

---

186 LAG München 19.8.1986 – 4 Sa 298/85, DB 1987, 1444.
187 BAG 25.10.2007 – 6 AZR 662/06, NJW 2008, 1466.
188 BAG 31.7.2002 – 10 AZR 513/01, BB 2003, 106.
189 BAG 31.7.2002 – 10 AZR 558/01, AP Nr. 46 zu § 611 BGB; aA *Bauer/Diller*, Wettbewerbsverbote, Rn 337; auch OLG München 28.7.2010 – 7 U 2417/10, BeckRS 2010, 18611 (für Wettbewerbsverbote mit Geschäftsführern/Vorständen).
190 Muster 2093.
191 BAG 14.7.1981 – 3 AZR 515/78, DB 1982, 906.
192 BAG 19.5.1998 – 9 AZR 327/96, EzA-SD 1998, Nr. 24, 14.
193 BAG 23.2.1977 – 3 AZR 620/75, NJW 1977, 1357.
194 BAG 31.7.2002 – 10 AZR 513/01, DB 2002, 2651.

die Parteien des Aufhebungsvertrages eine Vielzahl von Ansprüchen aus dem Arbeitsverhältnis von der Ausgleichsklausel ausnehmen und für das nachvertragliche Wettbewerbsverbot und den Anspruch auf Karenzentschädigung von einer solchen Ausnahme absehen.[195]

90 **Kündigt** der **Arbeitnehmer** das Arbeitsverhältnis ordentlich, ergeben sich keine Besonderheiten: Der Arbeitnehmer ist an das nachvertragliche Wettbewerbsverbot gebunden – für diesen Fall ist es gedacht. Ist der Arbeitnehmer aber berechtigt, das Arbeitsverhältnis **außerordentlich aus wichtigem Grund** zu kündigen, so kann er sich gem. § 75 Abs. 1 HGB binnen eines Monats schriftlich von dem nachvertraglichen Wettbewerbsverbot lossagen. Ein ggf bestehendes Recht zur Lossagung muss durch entsprechende fristgerechte **Erklärung** des Lossagungsberechtigten ausgeübt werden.

91 Wenn zwischen dem Geschäftsführer und der Gesellschaft keine Vereinbarung über die Voraussetzungen eines Verzichts auf das Wettbewerbsverbot getroffen wird, ist umstritten, ob § 75 a HGB auch gegenüber Organmitgliedern gilt.[196] Kann die Gesellschaft also während des Anstellungsverhältnisses jederzeit ohne Grund auf das Wettbewerbsverbotsverbot verzichten, muss jedoch für die Dauer eines Jahres ab Zugang der Verzichtserklärung die vereinbarte Karenzentschädigung zahlen oder nicht? Die analoge Anwendung von § 75 a HGB wird durch § 314 BGB nicht ausgeschlossen. Bei § 75 a HGB handelt es sich um eine Sonderregelung, die die Rechte des anderen Teils dadurch ausreichend wahrt, dass die Rechtsfolgen des Verzichts nach § 75 a HGB eine für beide Teile ausgewogene Gesamtregelung darstellen.[197] Der Vertragsersteller sollte daher in jedem Fall eine ausdrückliche Regelung zum Thema „Verzichtsrecht" aufnehmen, so wie bspw in Muster 2000 (Abs. 5).

92 Demgegenüber hat der BGH für den Fall, dass ein Verzichtsrechts des Unternehmens nicht ausdrücklich vereinbart war, entschieden, der Verzicht könne in Einzelfällen treuwidrig und damit nicht wirksam sein, wenn bspw ein Geschäftsführer ein Jahr lang freigestellt war und zwei Wochen vor Ende der Freistellung der Verzicht erklärt werde: „Die vereinbarte Karenzentschädigungspflicht entfällt mit dem Verzicht der GmbH auf das Wettbewerbsverbot jedenfalls dann nicht, wenn der Verzicht nach ordentlicher Kündigung des Anstellungsvertrages erst zu einem Zeitpunkt erklärt wird, in dem der Geschäftsführer sich auf die mit dem Wettbewerbsverbot verbundenen Einschränkungen seiner neuen beruflichen Tätigkeit eingerichtet hat."[198] Der BGH hatte es als treuwidrig bezeichnet, dass das Unternehmen den Geschäftsführer während der gesamten Freistellungszeit in dem Glauben gelassen hatte, er werde nach Vertragsende von der Karenzentschädigung leben können. Die Entscheidung wird kritisert.[199] Angesichts der durch die Entscheidung vom 17.2.1992 begründeten Rechtsprechung hätte es nahe gelegen, in diesem Falle § 75 a HGB heranzuziehen, den Verzicht gelten zu lassen, allerdings dem ausscheidenden Geschäftsführer die vereinbarte Karenzentschädigung für die Dauer eines Jahres zu belassen.

XI. Höhe der Karenzentschädigung und Verdienstanrechnung

93 Durch die Karenzentschädigung soll der Arbeitnehmer einen finanziellen Ausgleich dafür erhalten, dass er sich im Interesse des Arbeitgebers der Wettbewerbshandlung enthält. Die Höhe der Karenzentschädigung muss nach § 74 Abs. 2 HGB für jedes Jahr des Verbots mindestens die **Hälfte der zuletzt bezogenen vertragsmäßigen Leistungen** betragen. Die Zusage einer Karenzentschädigung in Höhe von 50 % des durchschnittlichen Monatsgehalts ist unzureichend, das Wettbewerbsverbot daher unverbindlich.[200] Auch eine Karenzentschädigung, deren Höhe in das Ermessen des Arbeitgebers gestellt ist, ist selbstredend unzureichend und unverbindlich.[201]

94 Die Karenzentschädigung ist am Schluss eines jeden Kalendermonats auszuzahlen, § 74 b Abs. 1 HGB. Zu den vertragsmäßigen Leistungen zählen grundsätzlich alle **Geld- und Sachleistungen**, also nicht nur das Gehalt, sondern alle Leistungen, die der Arbeitgeber dem Arbeitnehmer zuletzt, dh vor dem Ausscheiden, gewährt hat. Dazu gehören Gratifikationen, Sonderzuwendungen, Provisionen, Prämien,

---

195 BAG 24.6.2009 – 10 AZR 707/08 F, BeckRS 2009, 68650 (LS 2.)
196 So zwar noch BGH 17.2.1992 – II ZR 140/91, DB 1992, 936; *Bauer/Diller*, Wettbewerbsverbote, Rn 754; aA jetzt aber: OLG München 28.7.2010 – 7 U 2417/10, BeckRS 2010, 18611 (keine analoge Anwendung).
197 *Bauer/Diller*, Wettbewerbsverbote, Rn 1175.
198 BGH 4.3.2002 – II ZR 77/00, NZG 2002, 475; vgl dazu *Bergwitz*, GmbHR 2007, 525.
199 *Heidenhain*, NZG 2002, 605; *Bauer/Diller*, Wettbewerbsverbote, Rn 754 a.
200 LAG Baden-Württemberg 17.1.2012 – 22 Sa 77/11, BeckRS 2012, 68072.
201 LAG Niedersachsen 9.1.2013 – 16 Sa 563/12, BeckRS 2013, 66442.

Tantiemen, Gewinn- und Umsatzbeteiligungen sowie Urlaubsgeld. Des Weiteren sind geldwerte Vorteile, etwa – aber nicht nur – durch Überlassung eines Firmenwagens, zu berücksichtigen.[202]

Bei Aktiengesellschaften sind grundsätzlich auch Formen **aktienkursorientierter variabler Vergütung** zu berücksichtigen. Etwas anderes gilt nach einer Entscheidung des LAG Baden-Württemberg aber bei aktienkursorientierten variablen Vergütungskomponenten, die nicht durch den Vertragsarbeitgeber, sondern von einer anderen Konzerngesellschaft, insbesondere einer Konzernobergesellschaft, gewährt werden.[203] Bei **virtuellen Aktienoptionen** ergeben sich keinerlei Besonderheiten gegenüber anderen erfolgsabhängigen variablen Vergütungsformen, da es sich bei diesen lediglich um schuldrechtliche Konstruktionen handelt, die die berechtigten Arbeitnehmer so stellen, als ob sie Aktien vergünstigt erworben und dann gewinnbringend verkauft hätten. Aktien werden dabei nicht übertragen. Auch wenn **echte gesellschaftsrechtliche Beteiligungen** (Aktien oder GmbH-Anteile) eingeräumt werden, sind diese mE zu berücksichtigen, wobei hier verschiedene ungelöste Probleme bei der Ermittlung des Wertes der Beteiligungen bestehen.[204]   95

Leitungen der betrieblichen Altersversorgung, auch wenn sie wie Direktversicherungsbeiträge während des Arbeitsverhältnisses bezahlt werden, sind – mit Ausnahme der Entgeltumwandlung nach § 1 a BetrAVG – nicht zu berücksichtigen.[205] Aus § 74 b Abs. 3 HGB ergibt sich, dass auch **Spesen** außer Betracht zu bleiben haben.[206]   96

Bei der Berechnung von in der Höhe variablen Vergütungsbestandteilen, wie zB Tantiemen oder Provisionen, ist der Durchschnitt der **letzten drei Jahre** (= 36 Monate) in Ansatz zu bringen, § 74 b Abs. 2 HGB. Hat das Arbeitsverhältnis noch nicht so lange bestanden, wird der Durchschnitt aus dem Zeitraum ermittelt, für den die Bestimmung in Kraft war, § 74 b HGB.   97

Einkünfte aus selbständiger oder unselbständiger Tätigkeit, die der Arbeitnehmer während der Dauer des Wettbewerbsverbots durch die Verwertung seiner Arbeitskraft erzielt, sind auf die Karenzentschädigung **anzurechnen,** wenn diese zusammen mit der Karenzentschädigung 110 % (125 % bei Wohnsitzwechsel, s. Rn 103 f) der früheren Bezüge übersteigen, § 74 c Abs. 1 HGB. Dabei gilt, dass alle diejenigen Einkunftsbestandteile, die die Höhe der Karenzentschädigung bestimmen, auch für den Umfang anrechenbarer Leistungen maßgeblich sind.[207]   98

Auch **Arbeitslosengeld** ist wie jeder anderweitige Verdienst nach § 74 c Abs. 1 HGB zu berücksichtigen. Eine Kürzung der Karenzentschädigung um das Arbeitslosengeld ist dem Arbeitgeber selbst dann versagt, wenn er eine Erstattung des Arbeitslosengeldes an die Agentur für Arbeit vornehmen muss.[208] Eine Hochrechnung des Arbeitslosengeldes auf ein Bruttoarbeitsentgelt findet nicht statt.[209] **Überbrückungsgeld** nach § 57 SGB III steht dem Arbeitslosengeld gleich.[210]   99

Renten aus der gesetzlichen Rentenversicherung unterliegen als im Berufsleben erdiente Versicherungsleistung nicht der Anrechnung,[211] Betriebsrenten ebenfalls nicht.[212]   100

Böswilliges Unterlassen anderweitigen Erwerbs wird dem Erwerb gleichgestellt und führt zur fiktiven Anrechnung des anderweitig möglichen Verdienstes (§ 74 c Satz 1 HGB). Böswillig handelt der Arbeitnehmer, der eine ihm mögliche und den gesamten Umständen nach auch zumutbare Tätigkeit nicht aufnimmt. Das Verhalten des Arbeitnehmers, eine mögliche Arbeit nicht aufzunehmen, muss nachvollziehbar und redlich sein.[213]   101

---

202 *Bauer/Diller,* Wettbewerbsverbote, Rn 236 ff; ErfK/*Schaub,* § 74 HGB Rn 31.
203 LAG Baden-Württemberg 14.1.2009 – 2 Sa 17/08, BeckRS 2011, 65940.
204 Vgl dazu näher *Bauer/Diller,* Wettbewerbsverbote, Rn 254 a.
205 BAG 20.4.1967 – 3 AZR 314/66, AP Nr. 20 zu § 74 HGB (Bezüge, die im Zeitpunkt der Beendigung des Arbeitsverhältnisses nach den getroffenen Vereinbarungen noch nicht fällig sind); hL, vgl etwa Moll/*Reinfeld,* Münchener Anwaltshandbuch ArbR, § 32 Rn 81; Schaub/*Vogelsang,* Arbeitsrechts-Handbuch, § 55 Rn 77.
206 ErfK/*Oetker,* § 74 b HGB Rn 3 unter Hinweis auf BAG 3.4.1984 – AP HGB § 75 Nr. 44.
207 BAG 9.1.1990 – 3 AZR 110/88, DB 1990, 991.
208 BAG 22.5.1990 – 3 AZR 373/88, DB 1991, 451; LAG München 14.8.2007 – 4 Sa 189/07 (Az beim BAG: 10 AZR 678/07), juris; offengelassen aber von BAG 21.11.2004 – 9 AZR 595/03, NZA 2005, 413.
209 BAG 23.11.2004 – 9 AZR 595/03, NZA 2005, 413; BAG 14.9.2011 – 10 AZR 198/10, NZA-RR 2012, 98.
210 BAG 18.11.2005 – 10 AZR 152/05, NJW 2006, 3227.
211 BAG 30.10.1984 – 3 AZR 213/82, DB 1985, 709.
212 LAG München 19.4.2007 – 2 Sa 1341/06, BeckRS 2009, 61889.
213 BAG 13.11.1975 – 3 AZR 38/75, DB 1976, 439.

102 Übersteigt die Gesamtheit der anrechenbaren Leistungen unter Hinzurechnung der Karenzentschädigung den Betrag der zuletzt bezogenen Leistungen um mehr als **10 v.H.**, wird die Karenzentschädigung entsprechend gekürzt. Die Grenze erhöht sich auf **25 v.H.**, wenn das Wettbewerbsverbot den Arbeitnehmer zu einer Verlegung seines Wohnsitzes zwingt, § 74 Abs. 1 Satz 2 HGB. Unter dem Gesichtspunkt der Ursächlichkeit des Wettbewerbsverbots für den Wohnsitzwechsel wird vorausgesetzt, dass eine Wettbewerbstätigkeit am früheren Wohnsitz des Arbeitnehmers überhaupt objektiv und subjektiv für ihn in Betracht gekommen wäre.[214] Ein Zwang zum Wohnsitzwechsel wird bereits dann anerkannt, wenn der Arbeitnehmer nur außerhalb seines bisherigen Wohnsitzes eine angemessene neue Beschäftigung findet. Es reicht aus, dass sich der neue Arbeitgeber die örtliche Versetzung des Arbeitnehmers vorbehält und diese dann umgesetzt wird. Der später vollzogene Umzug des Arbeitnehmers wirkt auf die Anrechnungsfreigrenze zurück.[215]

103 Mit der **erhöhten Anrechnungsfreigrenze von 25 %** werden die Mehraufwendungen ausgeglichen, die der Arbeitnehmer durch den Umzug erleidet. Außerdem wird ein Anreiz geschaffen, sich nach einer neuen Arbeit umzusehen.[216] Ein Arbeitnehmer ist durch das Wettbewerbsverbot gezwungen, seinen Wohnsitz zu verlegen, wenn er nur außerhalb seines bisherigen Wohnorts eine Tätigkeit ausüben kann, die nach Art, Vergütung und beruflichen Chancen seiner bisherigen Tätigkeit nahe kommt. Ist am bisherigen Wohnsitz ein Unternehmen ansässig, bei dem die Aufnahme einer Tätigkeit dem Arbeitnehmer verboten ist, so muss der Arbeitnehmer nicht nachweisen, dass er, das nachvertragliche Wettbewerbsverbot hinweggedacht, bei diesem auch tatsächlich eine Anstellung gefunden hätte.[217]

104 Das **Schema** der **Berechnung einer Karenzentschädigung** hat somit folgenden Inhalt:
I. Jahresberechnung
   Letzte Jahreseinnahmen : 2 = Quotient
   Quotient : 12 = Monatlich zahlbare Karenzentschädigung, wenn nicht
II. Berücksichtigung anderweitigen Verdienstes
   1. Letztes Jahreseinkommen + 10 % oder im Falle des Wohnungswechsels 25 %
      Gesamtsumme von 110 % oder 125 %
      – Karenzentschädigung
      = Nicht anrechenbare Vergütung
   2. Neues Jahreseinkommen
      – Nicht anrechenbare Vergütung aus 1.
      = Anrechenbare Vergütung
   3. Karenzentschädigung aus I.
      – Anrechenbare Vergütung aus 2.
      = Zahlbare Karenzentschädigung

B. Texte

I. Wettbewerbsverbote

105 **1. Muster: Nachvertragliches Wettbewerbsverbot (ohne Vertragsstrafenregelung)**
↓

Zwischen

der Firma ...

– nachstehend: Firma –

und

Herrn ...

---
214 BAG 10.9.1985 – 3 AZR 31/84, NZA 1986, 329.
215 BAG 8.11.1994 – 9 AZR 4/93, DB 1995, 1569.
216 BAG 17.5.1988 – 3 AZR 482/86, NZA 1989, 142.
217 BAG 23.2.1999 – 9 AZR 739/97, NZA 1999, 936.

wird die nachfolgende Wettbewerbsvereinbarung getroffen:

(1) Herr ... verpflichtet sich, für die Dauer von ... Jahren[218] nach Beendigung des Arbeitsverhältnisses für kein anderes Unternehmen, keine andere Einzelfirma, keine Einzelperson (Vertrieb) und für keinen Zusammenschluss von Gesellschaften tätig zu sein, die auf den nachstehend aufgeführten Tätigkeitsgebieten mit der Firma im Wettbewerb stehen.

Tätigkeitsgebiete der Firma in diesem Sinne sind: ...

Der räumliche Geltungsbereich der Wettbewerbsvereinbarung umfasst ...

Nicht gestattet ist jede unselbständige und selbständige Konkurrenztätigkeit. Herr ... darf für die vom Wettbewerbsverbot betroffenen Firmen weder unmittelbar noch mittelbar, weder in einem freien Mitarbeiterverhältnis noch in einem Arbeitsverhältnis tätig werden. Er wird ein Konkurrenzunternehmen weder errichten noch erwerben und sich auch nicht an einem zur Firma im Wettbewerb stehenden Unternehmen beteiligen. Untersagt ist auch die Tätigkeit für ein anderes Unternehmen, das mit einem Wettbewerbsunternehmen im Sinne dieser Vereinbarung im Konzernverbund steht oder auf das ein Wettbewerbsunternehmen aufgrund sonstiger tatsächlicher oder rechtlicher Bindungen Einfluss nehmen kann bzw das seinerseits aufgrund solcher Bindungen Einfluss auf ein Wettbewerbsunternehmen hat.

(2) Während der Laufzeit des Wettbewerbsverbots zahlt die Firma Herrn ... eine Entschädigung in Höhe von 50 % seiner zuletzt bei der Firma bezogenen vertragsmäßigen Leistungen. Die Karenzentschädigung wird in monatlichen Beträgen jeweils am Monatsende gezahlt.

Auf die Karenzentschädigung wird angerechnet, was Herr ... während der Laufzeit des Wettbewerbsverbots durch anderweitige Verwertung seiner Arbeitskraft erwirbt oder zu erwerben böswillig unterlässt. Eine Anrechnung findet nur dann und soweit statt, wie die Entschädigung unter Hinzurechnung des nach Satz 1 anrechenbaren Betrags die Summe der zuletzt bezogenen vertragsmäßigen Leistungen um mehr als 10 % übersteigt.

Herr ... verpflichtet sich, der Firma während der Laufzeit des Wettbewerbsverbots unaufgefordert die Höhe etwaig anderweitiger Einkünfte aus der Verwertung seiner Arbeitskraft mitzuteilen. Auf Verlangen wird er der Firma die Höhe seiner Einnahmen jederzeit in nachprüfbarer Weise durch Belege nachweisen.

(3) Kündigt die Firma das Arbeitsverhältnis aus wichtigem Grund, so wird das Wettbewerbsverbot unwirksam, wenn die Firma innerhalb eines Monats nach der Kündigung Herrn ... schriftlich mitteilt, dass sie sich nicht an die Vereinbarung gebunden halte.

(4) Kündigt die Firma das Arbeitsverhältnis ordentlich, ohne dass ein erheblicher Anlass in der Person des Herrn ... vorliegt, wird das Wettbewerbsverbot unwirksam, wenn Herr ... innerhalb eines Monats nach Zugang der Kündigung der Firma schriftlich mitteilt, dass er sich nicht an die Vereinbarung gebunden halte. Das Wettbewerbsverbot bleibt in diesem Fall aber wirksam, wenn sich die Firma bei der Kündigung bereit erklärt, während der vorgesehenen Laufzeit des Verbots die gesamte zuletzt bezogene vertragsmäßige Vergütung an Herrn ... zu zahlen.

(5) Die Firma kann bis zur Beendigung des Arbeitsverhältnisses durch schriftliche Erklärung auf das Wettbewerbsverbot verzichten mit der Folge, dass das nachvertragliche Wettbewerbsverbot mit Zugang der Erklärung entfällt und sie nach Ablauf eines Jahres seit Erklärung des Verzichts von der Verpflichtung zur Zahlung der Entschädigung frei wird.

---

[218] Gemäß § 74 Abs. 1 HGB maximal für zwei Jahre. Die Dauer im konkreten Einzelfall ist dabei nach Maßgabe des im Einzelfall bestehenden berechtigten geschäftlichen Interesses auszurichten. Es ist ein weit verbreiteter Irrtum, dass zwei Jahre in aller Regel unbedenklich seien.

(6) Die Wettbewerbsvereinbarung wird erst wirksam, wenn das Arbeitsverhältnis über die Probezeit hinaus fortgesetzt wird.[219] Das Wettbewerbsverbot wird von den Parteien bereits jetzt einvernehmlich aufgehoben für den Ablauf des Monats, in dem Herr ... einen Anspruch auf Altersrente in der Rentenversicherung erwirbt.

(7) Für die Dauer einer Verletzung des Wettbewerbsverbots entfällt jeglicher Anspruch auf Zahlung der Karenzentschädigung. Die Geltendmachung weitergehender Ansprüche ist der Firma unbenommen.

(8) Im Übrigen gelten die Vorschriften des HGB über Wettbewerbsverbote entsprechend (§§ 74–75 c HGB).

(9) Sollte eine Bestimmung dieser Vereinbarung unwirksam sein oder werden, lässt dies die Wirksamkeit der übrigen Bestimmungen unberührt. Anstelle der unwirksamen soll eine dem beabsichtigten Vertragszweck möglichst nahe kommende wirksame Bestimmung treten.

(10) Herr ... bestätigt, eine von beiden Parteien unterzeichnete Ausfertigung dieses Zusatzvertrages zum Arbeitsvertrag entgegengenommen zu haben.

2. Muster: Nachvertragliches unternehmensbezogenes Wettbewerbsverbot (mit Vertragsstrafenregelung)

Zwischen

der Firma ...

– nachstehend: Firma –

und

Herrn ...

– nachstehend: Mitarbeiter –

wird die nachfolgende Wettbewerbsvereinbarung getroffen:

(1) Dem Mitarbeiter ist nicht gestattet, für die Dauer von ... Jahren[220] nach dem Ende seines Arbeitsverhältnisses in selbständiger, unselbständiger oder anderer Weise für Dritte tätig zu werden, die mit der Firma in direktem oder indirektem Wettbewerb stehen oder mit einem solchen Wettbewerbsunternehmen verbunden sind. Ebenso ist es dem Mitarbeiter nicht gestattet, während der Laufzeit des Wettbewerbsverbots ein solches Unternehmen zu errichten, zu erwerben oder sich hieran unmittelbar oder mittelbar zu beteiligen.

(2) Das Wettbewerbsverbot wirkt auch im Hinblick auf die mit der Firma jetzt und in Zukunft verbundenen Unternehmen.

(3) Das Wettbewerbsverbot gilt auch für und gegen einen Rechtsnachfolger der Firma. Bei einer Veräußerung des Betriebes geht es auf den Erwerber über. Der Mitarbeiter ist mit dem Übergang der Rechte aus dieser Vereinbarung auf einen etwaigen Rechtsnachfolger einverstanden.

(4) Für die Dauer des Wettbewerbsverbots zahlt die Firma eine Karenzentschädigung, die für jedes Jahr des Verbots der Hälfte der von dem Mitarbeiter zuletzt bezogenen vertragsmäßigen Leistungen der Firma entspricht. Eine Karenzentschädigung ist jedoch nicht zu zahlen während der Absolvierung des Wehrdienstes, des Zivildienstes oder der Verbüßung einer Freiheitsstrafe.[221] Die Karenzentschädigung entfällt auch bei Vorliegen der Voraussetzungen eines Bezugs der Regelaltersrente aus der gesetzlichen Rentenversicherung oder

---

219 Diese Bedingung des Wettbewerbsverbots ist nach BAG 28.6.2006 – 10 AZR 407/05, NJW 2006, 3659 zulässig. Demnach kann auch eine andere zeitliche Grenze festgelegt werden, etwa eine Betriebszugehörigkeit von einem Jahr oder 18 Monaten.
220 Gemäß § 74 Abs. 1 HGB maximal für zwei Jahre. Die Dauer im konkreten Einzelfall ist dabei nach Maßgabe des im Einzelfall bestehenden berechtigten geschäftlichen Interesses auszurichten. Es ist ein weit verbreiteter Irrtum, dass zwei Jahre in aller Regel unbedenklich seien.
221 Ein Ausschluss der Karenzentschädigungspflicht für Zeiten einer Arbeitsunfähigkeit dürfte unter Berücksichtigung von BAG 23.11.2004 – 9 AZR 595/03, NJW 2004, 2732 nicht möglich sein.

bei vorzeitiger tatsächlicher Inanspruchnahme einer anderen Rente aus der gesetzlichen Rentenversicherung.

(5) Anderweitigen Erwerb muss sich der Mitarbeiter gem. § 74 c HGB auf die Entschädigung anrechnen lassen. Der Mitarbeiter hat unaufgefordert mitzuteilen, ob und in welcher Höhe er neben der Karenzentschädigung Vergütungen aus anderweitiger Verwertung seiner Arbeitskraft bezieht. Auf Verlangen sind die Angaben durch Vorlage prüfbarer Unterlagen zu belegen.

(6) Der Mitarbeiter zahlt für jede einzelne schuldhafte Verletzungshandlung gegen das Wettbewerbsverbot an die Gesellschaft eine Vertragsstrafe in Höhe von 10.000 EUR („Einzelverstoß"). Bei mehreren Einzelverstößen, die nicht während eines Dauerverstoßes nach Abs. 7 erfolgen, fällt die Vertragsstrafe für jeden Einzelfall erneut an.[222]

(7) Liegt der schuldhafte Verstoß gegen das Wettbewerbsverbot nicht in einem Einzelverstoß iSv Abs. 6, sondern besteht der Verstoß in der Begründung eines Arbeits-, Dienst- oder sonstigen Vertragsverhältnisses zu einem Wettbewerbsunternehmen oder in einer unmittelbaren oder mittelbaren Beteiligung an einem Wettbewerbsunternehmen („Dauerverstoß"), so wird die Vertragsstrafe für jeden angefangenen Monat eines solchen Dauerverstoßes fällig. Abs. 6 findet während eines Dauerverstoßes keine Anwendung.[223]

(8) Die Geltendmachung eines über die Vertragsstrafen nach Abs. 6 und 7 hinausgehenden Schadens bleibt der Firma ebenso vorbehalten wie die Geltendmachung etwa von Unterlassungsansprüchen.

(9) Dieses Wettbewerbsverbot wird nicht wirksam, wenn das Arbeitsverhältnis nicht mehr als sechs[224] Monate gedauert hat.

(10) Im Übrigen gelten die §§ 74 ff HGB entsprechend.

_ (Unterschrift Firma)

_ (Unterschrift Mitarbeiter)

Der Mitarbeiter bestätigt, eine Zweitschrift (2. Original) dieser Vereinbarung erhalten zu haben, die von beiden Parteien unterzeichnet ist.

_ (Unterschrift Mitarbeiter)

---

[222] Die früher übliche, einfachere Klauselgestaltung: „Handelt Herr ... dem Wettbewerbsverbot zuwider, ist die Firma für jeden Fall der Zuwiderhandlung berechtigt, eine Vertragsstrafe in Höhe von ... EUR zu beanspruchen, ohne dass es eines Schadensnachweises bedarf. Bei dauernder Verletzung des Verbots entsteht die Vertragsstrafe für jeden angefangenen Monat der Verletzung neu." ist nach BAG 14.8.2007 – 8 AZR 973/06, NZA 2008, 170 unwirksam, weil eine solche Regelung insbesondere gegen das sog. Transparenzgebot verstößt, weil sie nicht klar und verständlich ist (§ 307 Abs. 2 BGB). Es bedarf wegen der Transparenzanforderungen des BAG daher einer deutlicheren Ausdifferenzierung und Abgrenzung von „Einzel- und Dauerverstoß".

[223] Diller, NZA 2008, 57 schlägt als Reaktion auf das BAG-Urteil folgende Alternativfassung vor:
„1. Für jede Handlung, durch die der Mitarbeiter das Verbot schuldhaft verletzt, hat er eine Vertragsstrafe von ... EUR zu zahlen.
2. Besteht die Verletzungshandlung in der kapitalmäßigen Beteiligung an einem Wettbewerbsunternehmen oder der Eingehung eines Dauerschuldverhältnisses (zB Arbeits-, Dienst-, Handelsvertreter- oder Beraterverhältnis), wird die Vertragsstrafe für jeden angefangenen Monat, in dem die kapitalmäßige Beteiligung oder das Dauerschuldverhältnis besteht, neu verwirkt (Dauerverletzung). Mehrere Verletzungshandlungen lösen jeweils gesonderte Vertragsstrafen aus, gegebenenfalls auch mehrfach innerhalb eines Monats. Erfolgen dagegen einzelne Verletzungshandlungen im Rahmen einer Dauerverletzung, sind sie von der für die Dauerverletzung verwirkten Vertragsstrafe mit umfasst.
3. Die Geltendmachung von Schäden, die über die verwirkte Vertragsstrafe hinausgehen, bleibt vorbehalten, desgleichen die Geltendmachung aller sonstigen gesetzlichen Ansprüche und Rechtsfolgen aus einer Verletzung (zB Unterlassungsansprüche, Wegfall des Anspruchs auf Karenzentschädigung für die Dauer des Verstoßes etc.)."

[224] Diese Bedingung des Wettbewerbsverbots ist nach BAG 28.6.2006 – 10 AZR 407/05, NJW 2006, 3659 zulässig. Demnach kann auch eine andere zeitliche Grenze festgelegt werden, etwa eine Betriebszugehörigkeit von einem Jahr oder 18 Monaten.

107 3. Muster: Vertragliches und nachvertragliches, unternehmens- und tätigkeitsbezogenes Wettbewerbsverbot

Zwischen

der Firma ...

– nachstehend: Arbeitgeberin –

und

Herrn ...

– nachstehend: Mitarbeiter –

wird in Ergänzung des Arbeitsvertrages vom ... folgende Wettbewerbsvereinbarung getroffen:

§ 1 Vertragliches Wettbewerbsverbot

Während der Dauer des Arbeitsverhältnisses ist dem Mitarbeiter als Nebenpflicht aus dem Arbeitsvertrag jeglicher Wettbewerb mit der Arbeitgeberin verboten. Nebenbetätigungen, die die Interessen der Arbeitgeberin beeinträchtigen könnten, darf der Mitarbeiter nur mit Zustimmung der Arbeitgeberin ausüben.

§ 2 Nachvertragliches Wettbewerbsverbot

(1) Der Mitarbeiter verpflichtet sich, ... Jahre[225] lang nach Beendigung seines Arbeitsverhältnisses seine betriebsspezifischen Kenntnisse auf den Gebieten Vertrieb und Marketing ohne vorherige Zustimmung der Arbeitgeberin weder unmittelbar noch mittelbar, weder beruflich noch anderweitig zu verwerten, noch bei einem branchengleichen oder branchenähnlichen Unternehmen auf den Gebieten Vertrieb und Marketing tätig zu werden, noch bei einem solchen Unternehmen mit Rat und Tat oder in anderer Weise auf den Gebieten Vertrieb und Marketing mitzuwirken, sich zu beteiligen oder ein solches Unternehmen mit Rat und Tat zu unterstützen.

(2) Konkurrenzunternehmen iSv Abs. 1 sind u.a. die folgenden Firmen:

- (auf dem Gebiet der Neumaschinenherstellung): ...
- (auf dem Gebiet des Gebrauchtmaschinenhandels): ...

Als Konkurrenzunternehmen gelten auch solche Unternehmen, die unter die Voraussetzungen des § 2 Abs. 1 fallen, ohne in Abs. 2 aufgeführt zu sein.

(3) Das Wettbewerbsverbot wirkt auch im Hinblick auf die mit der Arbeitgeberin jetzt und in Zukunft verbundenen Unternehmen. Es gilt auch für und gegen einen Rechtsnachfolger der Arbeitgeberin. Bei einer Veräußerung des Betriebes geht es auf den Erwerber über. Der Mitarbeiter ist mit dem Übergang der Rechte aus dieser Vereinbarung auf einen etwaigen Rechtsnachfolger einverstanden. Der Mitarbeiter erhält bei Ausscheiden und in der Folgezeit bei etwaigen Veränderungen erneut eine Aufstellung der mit der Arbeitgeberin verbundenen Unternehmen.

(4) Das Wettbewerbsverbot gilt räumlich in allen Ländern, in denen die Arbeitgeberin in den letzten beiden Jahren vor Beendigung des Arbeitsverhältnisses nicht nur in völlig untergeordnetem Umfang tätig gewesen ist, insbesondere eigene Niederlassungen, Repräsentanzen oder Vertriebspartnerschaften unterhält.

§ 3 Karenzentschädigung

(1) Die Arbeitgeberin verpflichtet sich, dem Mitarbeiter während der Dauer des Wettbewerbsverbots monatlich eine Entschädigung zu zahlen, die 100 % der letzten vertragsmäßigen Leistungen des Mitarbeiters ent-

---

225 Gemäß § 74 Abs. 1 HGB maximal für zwei Jahre. Die Dauer im konkreten Einzelfall ist dabei nach Maßgabe des im Einzelfall bestehenden berechtigten geschäftlichen Interesses auszurichten. Es ist ein weit verbreiteter Irrtum, dass zwei Jahre in aller Regel unbedenklich seien.

spricht. Bezieht der Mitarbeiter mit der Verpflichtung zur Wettbewerbsenthaltung Altersruhegeld, erhält er 50 % der letzten vertragsgemäßen Leistungen.

Bei wechselnden Bezügen errechnet sich gem. § 74 b Abs. 2 HGB die Entschädigung unter Berücksichtigung des Durchschnitts der letzten drei Jahre.

(2) Auf die Entschädigung wird alles angerechnet, was der Mitarbeiter durch anderweitige Verwertung seiner Arbeitskraft erwirbt oder zu erwerben böswillig unterlässt, sofern der Verdienst und die Entschädigung zusammen mehr als 10 v.H., bei durch das Wettbewerbsverbot notwendiger Wohnsitzverlegung 25 v.H. der bisherigen Bezüge übersteigen.

§ 4 Auskünfte

(1) Der Mitarbeiter verpflichtet sich, während der Kündigungsfrist und während der Dauer des Wettbewerbsverbots der Arbeitgeberin unaufgefordert und unverzüglich

a) einen etwaigen künftigen neuen Arbeitgeber, beabsichtigte freiberufliche Tätigkeiten oder den geplanten künftigen beruflichen Verwendungsbereich und den Einsatzort,

b) jeden Wechsel seines Wohnsitzes, der nächsten Arbeitgeber oder sonstiger Vertragspartner, seiner beruflichen Aktivitäten und des Einsatzortes sowie

c) jede Änderung seines Bruttoverdienstes

bekannt zu geben und auf Verlangen der Arbeitgeberin glaubhaft zu machen.

(2) Der Arbeitgeberin steht für den Fall, dass der Mitarbeiter seiner Auskunftspflicht nicht oder nicht vollständig nachkommt, bis zur Erfüllung der Auskunft ein Zurückbehaltungsrecht an der Karenzentschädigung zu.

§ 5 Ende des Arbeitsverhältnisses

(1) Wird das Arbeitsverhältnis von einer Vertragspartei aus wichtigem Grund gekündigt, kann sich der Kündigende von der Wettbewerbsabrede dadurch befreien, dass er sich vor Ablauf eines Monats nach Zugang der Kündigung schriftlich vom Wettbewerbsverbot lossagt.

(2) Endet das Arbeitsverhältnis aus anderen Gründen (auch einvernehmlich), bleibt die Wettbewerbsabrede bestehen. Sie entfällt, wenn der Tatbestand des § 75 Abs. 2 HGB erfüllt ist oder die Arbeitgeberin ihre Rechte gem. § 75 a HGB ausübt.

§ 6 Ergänzende Bestimmungen

(1) Es besteht Einigkeit zwischen den Parteien, dass auf das Wettbewerbsverbot die Bestimmungen des HGB über Wettbewerbsverbote für kaufmännische Angestellte einschließlich der ergänzenden Rechtsprechung des Bundesarbeitsgerichts angewendet werden sollen.

(2) Der Mitarbeiter bestätigt, eine von der Arbeitgeberin unterzeichnete, die vorstehenden Vereinbarungen wiedergebende Urkunde ausgehändigt erhalten zu haben.

(3) Abreden außerhalb dieses Vertrages bestehen nicht. Änderungen oder Ergänzungen dieses Vertrages bedürfen der Schriftform.

§ 7 Salvatorische Klausel

Sollten einzelne Bestimmungen dieser Vereinbarung ganz oder teilweise unwirksam sein oder werden, so wird hierdurch die Gültigkeit der übrigen Bestimmungen nicht berührt. Anstelle der unwirksamen Bestimmung gilt diejenige wirksame Bestimmung als vereinbart, die dem Sinn und Zweck der unwirksamen Bestimmung am nächsten kommt. Dies gilt auch dann, wenn die Unwirksamkeit einer Bestimmung auf einem Maß der Leistung oder der Zeit beruht; es gilt dann das rechtlich zulässige Maß.

Lücke

108 4. Muster: Tätigkeits- und gebietsbezogenes Wettbewerbsverbot

↓

Zwischen

der Firma ...

– nachstehend: Firma –

und

Herrn ...

– nachstehend: Mitarbeiter –

wird in Ergänzung zum Arbeitsvertrag folgendes Wettbewerbsverbot vereinbart:

(1) Dem Mitarbeiter ist es untersagt, während der Dauer von sechs Monaten nach der Beendigung des Arbeitsverhältnisses für ein Unternehmen tätig zu werden, welches mit der Firma in direktem oder indirektem Wettbewerb steht, gleichgültig, wie diese Tätigkeit erfolgt. Untersagt ist auch die Tätigkeit für ein anderes Unternehmen, das mit einem Wettbewerbsunternehmen im Sinne dieser Vereinbarung im Konzernverbund steht oder auf das ein Wettbewerbsunternehmen aufgrund sonstiger tatsächlicher oder rechtlicher Bindungen Einfluss nehmen kann bzw das seinerseits aufgrund solcher Bindungen Einfluss auf ein Wettbewerbsunternehmen hat.

Dieses Wettbewerbsverbot erstreckt sich sachlich auf alle Unternehmen, die ... herstellen oder vertreiben. Dieses Wettbewerbsverbot erstreckt sich räumlich auf alle Länder der Welt, in denen die Firma diese Produkte herstellt oder vertreibt.

(2) Die Firma zahlt dem Mitarbeiter für die Dauer des Wettbewerbsverbots eine Entschädigung in Höhe der Hälfte der zuletzt von ihm bezogenen vertragsmäßigen Leistungen. Die Entschädigung ist am Ende eines jeden Monats fällig.

Die Anrechnung dessen, was der Mitarbeiter während der Dauer des Wettbewerbsverbots durch anderweitige Verwertung seiner Arbeitskraft erwirbt oder zu erwerben böswillig unterlässt, richtet sich nach § 74 c HGB.

(3) Der Mitarbeiter verpflichtet sich, der Firma während der Dauer des Wettbewerbsverbots jederzeit auf Verlangen Auskunft über seine Tätigkeit, Name und Anschrift seines Arbeitgebers sowie sämtliche für das Wettbewerbsverbot bedeutsamen Umstände zu geben.

(4) Bei Ausscheiden des Mitarbeiters aus dem aktiven Arbeitsleben entfällt das Wettbewerbsverbot. Gründe für das Ausscheiden aus dem aktiven erwerbsfähigen Arbeitsleben können zB die Berechtigung zum Bezug von Altersrente oder einer befristeten oder unbefristeten Erwerbsunfähigkeitsrente sein. Tritt ein solcher Fall noch während des Arbeitsverhältnisses ein, so endet das Wettbewerbsverbot am letzten Tag des Arbeitsverhältnisses, ohne dass dem Mitarbeiter ein Anspruch auf Karenzentschädigung zusteht. Tritt ein solcher Fall erst nach Ausscheiden des Mitarbeiters bei der Firma, also im Karenzzeitraum gem. Abs. 1 ein, so entfällt die Pflicht zur Zahlung einer Karenzentschädigung mit dem Ablauf des Monats, in welchen das Ereignis fällt.

(5) Im Übrigen gelten die Vorschriften über das Wettbewerbsverbot nach §§ 74 ff HGB.

... (Ort, Datum, Unterschrift Firma)

... (Ort, Datum, Unterschrift Mitarbeiter)

Diese Vereinbarung wird in zwei Exemplaren erstellt. Der Mitarbeiter bestätigt hiermit, eine von der Firma original unterschriebene, vollständige Fassung erhalten zu haben.

... (Unterschrift Mitarbeiter)

5. Muster: Tätigkeits- und gebietsbezogenes Wettbewerbsverbot als Arbeitsvertragsklausel

(1) Herr ... verpflichtet sich, für die Dauer von ... nach Beendigung des Arbeitsverhältnisses nicht auf folgenden Gebieten in selbständiger oder unselbständiger Form tätig zu werden: ...
Der örtliche Geltungsbereich des Verbots erstreckt sich auf ....

(2) Für die Dauer des Verbots zahlt die Firma Herrn ... als Entschädigung 50 % der zuletzt gewährten vertragsmäßigen Leistungen.

(3) Im Übrigen finden auf diese Wettbewerbsklausel die §§ 74–75 c HGB Anwendung.

(4) Herr ... bestätigt, eine von beiden Parteien unterzeichnete Ausfertigung dieser Wettbewerbsabrede erhalten zu haben.

↑

6. Muster: Unternehmensbezogene Wettbewerbsverbotsklausel

(1) Herr ... verpflichtet sich, für die Dauer von zwei Jahren nach Beendigung des Arbeitsverhältnisses nicht für ein Unternehmen tätig zu sein, das die folgenden Erzeugnisse herstellt oder vertreibt: ...

(2) Innerhalb der vorstehenden Grenzen ist es Herrn ... danach auch verwehrt, ein festes Arbeitsverhältnis oder ein freies Beratungs- oder Vertretungsverhältnis zu einem solchen Unternehmen einzugehen, ein solches Unternehmen selbst zu errichten oder zu erwerben, sich an einem solchen Unternehmen – ganz gleich in welcher Rechtsform – finanziell zu beteiligen.

(3) Der örtliche Geltungsbereich des Wettbewerbsverbots erstreckt sich auf ....

(4) Für die Dauer des Wettbewerbsverbots zahlt die Firma Herrn ... als Entschädigung die Hälfte der zuletzt bezogenen vertragsmäßigen Leistungen.

(5) Im Übrigen gelten die gesetzlichen Bestimmungen der §§ 74–75 c des Handelsgesetzbuches.

(6) Herr ... bestätigt, eine von beiden Parteien unterzeichnete Ausfertigung dieser Wettbewerbsabrede erhalten zu haben.

↑

7. Muster: Tätigkeitsbezogene Wettbewerbsverbotsklausel

(1) Für die Dauer von zwei Jahren nach Beendigung des Anstellungsverhältnisses verpflichtet sich Herr ..., im Gebiet von ... keine Anstellung bei einem Konkurrenzunternehmen der Firma anzunehmen, für ein solches Unternehmen weder unmittelbar noch mittelbar tätig zu sein und sich auch an einem derartigen Unternehmen – direkt oder indirekt – nicht zu beteiligen. Untersagt ist auch die Tätigkeit für ein anderes Unternehmen, das mit einem Wettbewerbsunternehmen im Sinne dieser Vereinbarung im Konzernverbund steht oder auf das ein Wettbewerbsunternehmen aufgrund sonstiger tatsächlicher oder rechtlicher Bindungen Einfluss nehmen kann bzw das seinerseits aufgrund solcher Bindungen Einfluss auf ein Wettbewerbsunternehmen hat.

(2) Für jeden Fall der Zuwiderhandlung gegen dieses Wettbewerbsverbot hat Herr ... an die Firma eine Vertragsstrafe in Höhe von ... EUR zu zahlen.

(3) Andererseits hat die Firma für die Dauer des Wettbewerbsverbots an Herrn ... eine monatliche Entschädigung in Höhe von ... EUR zu zahlen.

(4) Im Übrigen gelten die gesetzlichen Bestimmungen der §§ 74–75 c des Handelsgesetzbuches.

(5) Herr ... bestätigt, eine von beiden Parteien unterzeichnete Ausfertigung dieser Wettbewerbsabrede erhalten zu haben.

8. Muster: Vorvertrag zu einem nachvertraglichen Wettbewerbsverbot (1)

(1) Herr ... verpflichtet sich gegenüber der Gesellschaft, auf deren schriftliches Verlangen die nachstehend in Abs. 2 geregelte Vereinbarung über ein nachvertragliches Wettbewerbsverbot abzuschließen.

(2) ... [Text des vollständigen nachvertraglichen Wettbewerbsverbots]

(3) Die Gesellschaft kann das ihr eingeräumte Recht, den Abschluss der Vereinbarung über das nachvertragliche Wettbewerbsverbot zu verlangen, nur innerhalb von ... Jahren nach Beginn des Arbeitsverhältnisses und nur solange verlangen, als das Arbeitsverhältnis noch ungekündigt und noch kein Aufhebungsvertrag abgeschlossen worden ist.

9. Muster: Vorvertragsklausel zu einem nachvertraglichen Wettbewerbsverbot (2)

Im Hinblick auf sein besonderes Tätigkeits- und Aufgabengebiet in der Firma erklärt sich der Mitarbeiter bereit, nach Ablauf der Probezeit und vor Ausspruch einer Kündigung oder Abschluss eines Aufhebungsvertrages auf Verlangen der Gesellschaft das als Anlage („Wettbewerbsverbot") zu diesem Vertrag beigefügte nachvertragliche Wettbewerbsverbot abzuschließen.

10. Muster: Mandantenschutzklausel

(1) Der Mitarbeiter verpflichtet sich, innerhalb von zwei Jahren nach Beendigung des Anstellungsverhältnisses keine Tätigkeit, freiberuflich oder als Angestellter eines anderen Berufsangehörigen, für solche Auftraggeber auszuüben, die in den letzten drei Jahren vor Beendigung des Dienstverhältnisses zum Kundenkreis der Firma gehörten.

(2) Während der Dauer des Mandantenschutzes erhält der Mitarbeiter eine Entschädigung, die für jedes Jahr des Verbots die Hälfte der von dem Mitarbeiter zuletzt bezogenen vertragsmäßigen Leistungen beträgt.

(3) Der Mitarbeiter muss sich anderweitigen Erwerb nach Maßgabe von § 74c HGB anrechnen lassen. Der Mitarbeiter hat jeweils zum Quartalsende unaufgefordert mitzuteilen, ob und in welcher Höhe er anderweitige Einkünfte bezieht. Auf Verlangen sind die Angaben zu belegen.

(4) Der Mitarbeiter zahlt für jede einzelne schuldhafte Verletzungshandlung gegen das Wettbewerbsverbot an die Gesellschaft eine Vertragsstrafe in Höhe von 10.000 EUR („Einzelverstoß"). Bei mehreren Einzelverstößen, die nicht während eines Dauerverstoßes nach Abs. 5 erfolgen, fällt die Vertragsstrafe für jeden Einzelfall erneut an.

(5) Liegt der schuldhafte Verstoß gegen das Wettbewerbsverbot nicht in einem Einzelverstoß iSv Abs. 4, sondern besteht der Verstoß in der Begründung eines Arbeits-, Dienst- oder sonstigen Vertragsverhältnisses zu einem Wettbewerbsunternehmen oder in einer unmittelbaren oder mittelbaren Beteiligung an einem Wettbewerbsunternehmen („Dauerverstoß"), so wird die Vertragsstrafe für jeden angefangenen Monat eines solchen Dauerverstoßes fällig. Abs. 4 findet während eines Dauerverstoßes keine Anwendung.

(6) Die Geltendmachung eines über die Vertragsstrafen nach Abs. 4 und 5 hinausgehenden Schadens bleibt der Firma ebenso vorbehalten wie die Geltendmachung etwa von Unterlassungsansprüchen.

(7) Das Wettbewerbsverbot gilt auch mit einem Rechtsnachfolger des Betriebs, insbesondere geht es bei einer Veräußerung auf den Erwerber über. Der Mitarbeiter ist mit dem Übergang der Rechte aus dieser Vereinbarung an den Rechtsnachfolger einverstanden.

(8) Das Wettbewerbsverbot tritt nicht in Kraft, wenn der Mitarbeiter bei seinem Ausscheiden das 65. Lebensjahr vollendet oder das Arbeitsverhältnis weniger als ein Jahr bestanden hat.

(9) Im Übrigen gelten die Vorschriften der §§ 74 ff HGB.

... (Unterschrift Firma)

Der Mitarbeiter bestätigt, eine von der Firma unterschriebene vollständige Abschrift dieser Vereinbarung erhalten zu haben.

... (Unterschrift Mitarbeiter)

II. Korrespondenz bei Wettbewerbsvereinbarungen

1. Muster: Aufforderung zur Auskunft über anderweitigen Erwerb

↓

Sehr geehrter Herr ...,

gemäß dem zwischen Ihnen und uns vereinbarten Wettbewerbsverbot sind Sie nach § 74 c Abs. 2 HGB verpflichtet, Auskunft über anderweitigen Erwerb (einschließlich eines etwaigen Bezugs von Arbeitslosengeld) während des Bezugs einer Karenzentschädigung zu geben. Wir machen darauf aufmerksam, dass wir über ein Zurückbehaltungsrecht an der Karenzentschädigung verfügen, wenn Sie Ihre Auskünfte nicht, nicht rechtzeitig oder nicht vollständig erteilen. Für den Eingang Ihrer Auskunft haben wir uns deshalb eine Frist notiert bis zum ....

Mit freundlichen Grüßen

2. Muster: Lösungserklärung des Arbeitnehmers gem. § 75 Abs. 1 oder 2 HGB

↓

Sehr geehrter Herr ...,

hiermit erkläre ich gem. § 75 Abs. 1/Abs. 2 HGB, dass ich mich an das Wettbewerbsverbot ab sofort nicht mehr gebunden erachte.

Mit freundlichen Grüßen

3. Muster: Verzicht des Arbeitgebers gem. § 75 a HGB

↓

Sehr geehrter Herr ...,

unser Unternehmen verzichtet gem. § 75 a HGB auf das mit Ihnen vereinbarte nachvertragliche Wettbewerbsverbot. Mit Ablauf eines Jahres nach Zugang unseres heutigen Schreibens sind wir von der Verpflichtung zur Zahlung einer Karenzentschädigung frei.

Mit freundlichen Grüßen

4. Muster: Lösungserklärung des Arbeitgebers bei fristloser Kündigung nach § 75 Abs. 1 und 3 HGB[226]

↓

Sehr geehrter Herr ...,

unser Unternehmen kündigt den mit Ihnen bestehenden Arbeitsvertrag aus wichtigem Grund außerordentlich mit sofortiger Wirkung. Außerdem machen wir von unserem Recht nach § 75 Abs. 1 und 3 HGB Gebrauch, uns

---

[226] Das BAG hat die wegen Verfassungswidrigkeit von § 75 Abs. 3 HGB entstandene Lücke durch Analogie zum Lösungsrecht des Arbeitnehmers aus § 75 Abs. 1 HGB geschlossen (BAG 23.2.1977 – 3 AZR 620/75, AP § 75 HGB Nr. 6). Aus der Analogie zu § 75 Abs. 1 HGB folgt, dass die Lösungserklärung des Arbeitgebers schriftlich und innerhalb eines Monats nach Zugang der

mit sofortiger Wirkung nicht mehr an das im Arbeitsvertrag vereinbarte Wettbewerbsverbot gebunden zu halten.

Mit freundlichen Grüßen

5. Muster: Angebot einer erhöhten Karenzentschädigung nach § 75 Abs. 2 HGB

Sehr geehrter Herr ...,

wir haben das Arbeitsverhältnis mit Schreiben vom heutigen Tage[227] aus dringenden betrieblichen Gründen gekündigt. Gleichwohl halten wir an dem mit Ihnen im Arbeitsvertrag vereinbarten Wettbewerbsverbot fest. Wir erklären nach § 75 Abs. 2 HGB, dass wir während der Dauer des Wettbewerbsverbots anstelle der im Vertrag zugesagten 50 %igen Karenzentschädigung die vollen von Ihnen zuletzt bezogenen vertragsmäßigen Leistungen als Karenzentschädigung erbringen.[228]

Mit freundlichen Grüßen

6. Muster: Ablehnungsandrohung durch den Arbeitnehmer bei Karenzzahlungsverzug[229]

Sehr geehrter Herr ...,

gemäß dem im Arbeitsvertrag vereinbarten Wettbewerbsverbot sind Sie verpflichtet, monatlich ... EUR an unseren Mandanten als Karenzentschädigung zu zahlen. Die Zahlung ist jeweils am Monatsletzten fällig. Für den Monat ... haben Sie keine Zahlung geleistet. Hiermit setzen wir eine Zahlungsfrist bis zum ... (zwei Wochen). Sollte die Zahlung nicht fristgerecht eingehen, wird unser Mandant vom Wettbewerbsverbot mit sofortiger Wirkung zurücktreten.

Mit freundlichen Grüßen

7. Muster: Zahlungsaufforderungsschreiben Karenzentschädigung ohne anrechenbare Einkünfte

Sehr geehrter Herr ...,

unser Mandant Herr ... hat uns mit der Wahrnehmung seiner rechtlichen Interessen im Zusammenhang mit dem mit Ihrem Hause vereinbarten nachvertraglichen Wettbewerbsverbot betraut. Ordnungsgemäße Bevollmächtigung wird anwaltlich versichert.

Kündigung erfolgen muss. Im vorliegenden Muster wird – was möglich ist – die Lösungserklärung zeitgleich mit der Kündigung ausgesprochen. Ob die Kündigung wirksam ist, ist ohne Belang für die Frage, ob der Arbeitgeber vom Lösungsrecht nach § 75 Abs. 3 und 1 HGB Gebrauch machen kann. Bei widerspruchsloser Hinnahme einer fristlosen Kündigung oder Abschluss eines Aufhebungsvertrages kann der Arbeitgeber von der Loslösungserklärungsbefugnis ungehindert Gebrauch machen (*Bauer/Diller*, Wettbewerbsverbote, Rn 452).

227 Die Zusage der erhöhten Karenzentschädigung muss zusammen mit der Kündigung erfolgen – entweder im Kündigungsschreiben selbst oder mit gesondertem Schreiben (wie hier), das aber zeitgleich mit der Kündigung zugehen muss.

228 Mit dem Angebot einer 100%igen Karenzentschädigung wird dem Arbeitnehmer dessen Lösungsrecht nach § 75 Abs. 2 HGB genommen. Wichtig ist, dass in der Formulierung, wie auch generell bei Karenzentschädigungen, Sorgfalt auf die Formulierung der angebotenen finanziellen Leistungen gelegt wird. Es muss, jedenfalls gegenüber Arbeitnehmern, der Wortlaut des § 75 Abs. 2 HGB („die vollen zuletzt von ihm bezogenen vertragsmäßigen Leistungen") verwendet werden, weil andernfalls die Vereinbarung unverbindlich wird.

229 Gerät der Arbeitgeber mit der Zahlung der Karenzentschädigung in Verzug, kann ihm der Arbeitnehmer nach § 323 Abs. 1 BGB eine Nachfrist setzen. Hier dürfte die Frist von zwei Wochen ausreichend sein. Leistet der Arbeitgeber nicht innerhalb der gesetzten Frist, kann der Arbeitnehmer zurücktreten, vgl etwa ErfK/*Oetker*, § 74 HGB Rn 32; BeckOK-HGB/*Hagen*, § 74 Rn 28 (§ 320 BGB greift hingegen nach wohl hL nicht ein).

Unser Mandant ist – wie bekannt – zum 30.6.2013 ausgeschieden. Er begehrt nunmehr die Zahlung der Karenzentschädigung für den Monat Juli 2013, die – warum auch immer – nicht vereinbarungsgemäß ausbezahlt worden ist.

Im Anstellungsvertrag vom ... wurde ein nachvertragliches Wettbewerbsverbot vereinbart. Gemäß § ... des Anstellungsvertrages hat unser Mandant Anspruch auf eine Karenzentschädigung und zwar in Höhe der Hälfte der zuletzt bezogenen vertragsmäßigen Leistungen.

Zu berücksichtigen sind dabei sämtliche Gehaltsbestandteile, insbesondere auch geldwerte Sachleistungen.
Im Einzelnen stehen unserem Mandant auf den Monat berechnet folgende Beträge zu:

1. Grundgehalt   5.750,00 EUR
2. Auto   610,00 EUR
3. Incentive   5.750,00 EUR
4. Long-term Inc (9.000,00 EUR : 12)   50,00 EUR
5. Essensgeld   82,50 EUR
6. Urlaubsgeld (351,00 EUR : 12)   29,30 EUR
Gesamtbetrag   12.871,80 EUR

Von diesem Gesamtbetrag in Höhe von 12.871,80 EUR ist die Hälfte als Karenzentschädigung zu zahlen, das sind 6.435,90 EUR.

Vorsorglich teilen wir mit, dass unser Mandant in dem bzw für den betroffenen Zeitraum keine anderweitigen Einkünfte erzielt hat, auch kein Arbeitslosengeld bezogen hat.

Die Karenzentschädigung für den Monat Juli 2013 war am 31.7.2013 fällig. Bis zum heutigen Tage ist jedoch keine Zahlung erfolgt.

Wir fordern Sie daher auf, den Betrag in Höhe von 6.435,90 EUR zzgl Verzugszinsen in Höhe von 5 % über dem jeweiligen Basiszinssatz seit dem 1.8.2013 auf das Ihnen bekannte Konto unseres Mandanten zu überweisen.

Sollte

bis zum ...

bei unserem Mandanten keine entsprechende Zahlung eingegangen sein, so werden wir unserem Mandanten empfehlen, ohne weitere Korrespondenz Klage zu erheben.

Mit freundlichen Grüßen

8. Muster: Zahlungsaufforderungsschreiben Karenzentschädigung mit anrechenbaren Einkünften

Sehr geehrter Herr ...,

unser Mandant Herr ... hat uns mit der Wahrnehmung seiner rechtlichen Interessen im Zusammenhang mit dem mit Ihrem Hause vereinbarten nachvertraglichen Wettbewerbsverbot betraut. Ordnungsgemäße Bevollmächtigung wird anwaltlich versichert.

Unser Mandant ist – wie bekannt – zum 30.6.2013 ausgeschieden. Er begehrt nunmehr die Zahlung der Karenzentschädigung für den Monat Juli 2013, die – warum auch immer – nicht vereinbarungsgemäß ausbezahlt worden ist.

Im Anstellungsvertrag vom ... wurde ein nachvertragliches Wettbewerbsverbot vereinbart. Gemäß § ... des Anstellungsvertrages hat unser Mandant Anspruch auf eine Karenzentschädigung und zwar in Höhe der Hälfte der zuletzt bezogenen vertragsmäßigen Leistungen.

Zu berücksichtigen sind dabei sämtliche Gehaltsbestandteile, insbesondere variable Vergütungsbestandteile und auch geldwerte Sachleistungen. Im Einzelnen stehen unserem Mandant auf den Monat berechnet folgende Beträge zu:

1.	Grundgehalt	5.750,00 EUR
2.	Auto	610,00 EUR
3.	Incentive	5.750,00 EUR
4.	Long-term Inc (9.000,00 EUR : 12)	750,00 EUR
5.	Essensgeld	82,50 EUR
6.	Urlaubsgeld (351,00 EUR : 12)	9,30 EUR
	Gesamtbetrag	12.871,80 EUR

Von diesem Gesamtbetrag in Höhe von 12.871,80 EUR ist die Hälfte als Karenzentschädigung zu zahlen, das sind 6.435,90 EUR.

Gemäß § 74 c HGB teilen wir mit, dass unser Mandant in dem bzw für den betroffenen Zeitraum anderweitige Einkünfte in Höhe von 1.815,90 EUR erzielt hat. Es handelt sich dabei um Arbeitslosengeld. Eine Kopie des Arbeitslosengeldbescheides legen wir zum Nachweis bei.

Dementsprechend sind an unseren Mandanten für den Monat Juli 2013 insgesamt 4.620,00 EUR zu zahlen.

Die Karenzentschädigung für den Monat Juli 2013 war am 31.7.2013 fällig. Bis zum heutigen Tage ist jedoch keine Zahlung erfolgt.

Wir fordern Sie daher auf, den Betrag in Höhe von 4.620,00 EUR zzgl Verzugszinsen in Höhe von 5 % über dem jeweiligen Basiszinssatz seit dem 1.8.2013 auf das Ihnen bekannte Konto unseres Mandanten zu überweisen.

Sollte

bis zum ...

bei unserem Mandanten keine entsprechende Zahlung eingegangen sein, so werden wir unserem Mandanten empfehlen, ohne weitere Korrespondenz Klage zu erheben.

Mit freundlichen Grüßen

Kapitel 2: Kfz-Nutzung, Dienstwagen

Literatur:

Abeln/Meier, Dienstwagen, AuA 2005, 264; *Bilsdorfer*, Der Bundesfinanzhof, die Pkw-Nutzung und das Fahrtenbuch, DStR 2012, 1477; *van Bürck/Nussbaum*, Herausgabe des Dienstfahrzeugs während der Freistellung des Arbeitnehmers: Vertragliche Gestaltungsmöglichkeiten für die Praxis, BB 2002, 2278; *Chwalisz*, Dienstwagen-Übernahmeklauseln bei Beendigung des Arbeitsverhältnisses, ArbRAktuell 2011, 627; *Fischer*, Der privat genutzte Dienstwagen und das Ende des Entgeltfortzahlungszeitraumes, FA 2003, 105; *Gehle*, Nachvertragliches Wettbewerbsverbot: Geltungserhaltende Reduktion kraft vertraglicher Vereinbarung?, DB 2010, 1981; *Gola*, Die Ortung externer Beschäftigter – Abwägung zwischen Überwachungsinteresse und schutzwürdigen Arbeitnehmerinteressen, ZD 2012, 308; *Gromann*, Nachvertragliches Wettbewerbsverbot und Karenzentschädigung, NZA-RR 2011, 514; *Hansen*, Dienstwagen als Vergütungsbestandteil, AuA 2003, 44; *Höser*, Die Dienstwagennutzung bei Arbeitsunfähigkeit, BB 2012, 573; *Hunold*, Rund um den Dienstwagen, AuA 2004, 19; *Kamps*, Besteuerung der privaten Nutzung des betrieblichen Kraftfahrzeugs eines Anwalts, AnwBl 2006, 477; *Klagges/Straube*, Rückgabe von Dienstwagen nach Kündigung und Freistellung, ArbRAktuell 2010, 211; *Küttner/Griese*, Personalbuch 2013, Dienstwagen (142), 20. Aufl. 2013; *Mauer*, Dienstwagenüberlassung an Arbeitnehmer, 2003; *Meier*, Möglichkeiten zum Entzug der Privatnutzung eines Dienstwagens, NZA 1997, 298; *Nägele*, Probleme beim Einsatz von Dienstfahrzeugen, NZA 1997, 1196; *ders.*, Der Dienstwagen. Arbeits- und Steuerrecht von A–Z, 2002; *Polloczek/Pruksch*, Der Entzug des Dienstwagens – welche Handlungsoptionen gibt es noch?, DStR 2011, 1764; *Romani/Bechtold*, Modernes Flottenmanagement – steuerrechtliche Aspekte, BB 2012, 543; *Rudersdorf*, Wettbewerbsverbote in Gesellschafts- und Unternehmenskaufverträgen, RNotZ 2011, 509; *Schmiedl*, Die Sicherung des Herausgabeanspruchs am Dienstwagen nach Beendigung des Arbeitsverhältnisses mittels einstweiliger Verfügung, BB 2002, 992; *Tänzer*, Die aktuelle Geschäftsführervergütung 2005, GmbHR 2005, 1256; *ders.*, Die angemessene Geschäftsführervergütung, GmbHR 2003, 754; *Thurmayr*, Kfz-Nutzung durch Arbeitnehmer von Kfz-Händlern, DStR 2007, 1655; *Urban*, Aktuelle Probleme der Besteuerung von Dienst- und Firmenwagen, NJW 2011, 2465; *ders.*, Dienstwagenbesteuerung bei Urlaubsreisen, NJW 2009, 3065; *Wolf*, Bewegung in der Besteuerung von Firmenwagen, DStR 2009, 152; *Zeranski*, Arbeitgeberhaftung für Arbeitnehmerschäden an mietweise überlassenen Nutzfahrzeugen, NJW 1999, 1985.

A. Erläuterungen

Bei der Gestaltung von Vereinbarungen über Dienstwagen stehen fünf Fragenkreise im Vordergrund:
- der **Umfang** der Nutzung durch den Arbeitnehmer (dienstliche/private Nutzung),
- der **Entzug** und die **Rückgabe** des Fahrzeugs (Widerruf),
- die **steuerrechtliche Behandlung** der Nutzungsüberlassung und
- die **Haftung** für Schäden am Fahrzeug.

Auch der arbeitgeberseitige Versuch, den **Arbeitnehmer an den Kosten der Dienstwagenstellung zu beteiligen**, insbesondere bei vorzeitigem Ausscheiden, spielt eine Rolle.

Vereinbarungen über eine Kfz-Nutzung müssen nicht in gesonderten Verträgen getroffen werden, sie können auch als Inhalt des Arbeitsvertrages geregelt werden, so in den Mustern 1202 (§ 11), 1211 (§ 3 Buchst. e), 1217 (Ziff. 10), 1230 (Ziff. 5), 1309 (Ziff. 5 und 6) oder 1312 (§ 4). Teilweise bestehen konzern- oder unternehmensweit einheitlich geltende Dienstwagen-Richtlinien (oder: Dienstwagenordnungen), auf die entweder im Arbeitsvertrag verwiesen wird (so in Muster 2240) oder die vom Arbeitgeber einseitig publiziert werden. Ein ausführlicher Kfz-Nutzungsvertrag findet sich in Muster 1303 (Arbeitsvertrag mit einem Außendienstmitarbeiter; § 8), das mit geringfügigen Modifikationen zusätzlich als eigenständiges Muster 2200 angeboten wird; die Modifikationen beziehen sich auf Ziff. 4 Buchst. a, die die steuerliche Behandlung der Fahrten zwischen Wohnung und Arbeitsstätte regelt.

I. Vereinbarung des Nutzungsumfangs

1. Betriebliche und private Nutzung

Es obliegt den Parteien zu vereinbaren, ob ein Dienstfahrzeug ausschließlich zu dienstlichen Zwecken oder außerdem auch zu privaten Zwecken genutzt werden darf. Sobald die private Nutzung des Fahrzeugs aber vertraglich zugesagt ist, wird sie zum Bestandteil des Vergütungsanspruchs des Arbeitnehmers, und zwar in Form der **Naturalvergütung**.[1]

126 Im Rahmen der **nur dienstlichen Nutzung** des Fahrzeugs übt der Arbeitnehmer lediglich im Rahmen des Arbeitsverhältnisses die tatsächliche Gewalt für den Arbeitgeber als **Besitzdiener** nach § 855 BGB aus.[2] Konsequenz ist, dass dem Arbeitnehmer wegen etwaiger Ansprüche aus dem Arbeitsverhältnis kein Zurückbehaltungsrecht am Fahrzeug nach § 273 BGB zusteht. Hier fehlt es an der Gleichartigkeit der einander geschuldeten Leistungen nach § 387 BGB. Haben die Parteien keine abweichende Regelung getroffen, hat im Falle des Urlaubs, der Arbeitsunfähigkeit sowie im Falle der Nichterbringung der Arbeitsleistung aus anderen Gründen der Arbeitnehmer keinen Anspruch auf Zurverfügungstellung des Fahrzeugs bzw hat er das Fahrzeug an den Arbeitgeber auf Verlangen jederzeit herauszugeben. Dies gilt erst recht bei nur betrieblicher Nutzung wechselnder Fahrzeuge aus einem Fahrzeugpool der Firma. Gibt der Arbeitnehmer das Fahrzeug in einem solchen Fall nicht heraus, liegt verbotene Eigenmacht vor. Der Arbeitnehmer schuldet als unrechtmäßiger Fremdbesitzer Schadensersatz.[3]

127 Der Arbeitgeber ist nicht verpflichtet, für das betriebseigene Kraftfahrzeug eine **Kfz-Vollkaskoversicherung** abzuschließen.[4] Besteht eine Kfz-Vollkaskoversicherung, ist eine Klausel, die im Schadensfall eine Ersatzpflicht des Arbeitnehmers bis zur Höhe des auf Basis des VVG vereinbarten **Selbstbehalts** (Selbstbeteiligung) vorsieht, nach der Rechtsprechung des BAG wegen Verstoßes gegen die Grundsätze des innerbetrieblichen Schadensausgleichs (Arbeitnehmerhaftung) unangemessen und damit unwirksam.[5]

128 Die vertragliche Absprache, wonach der Arbeitnehmer das Fahrzeug nicht nur dienstlich, sondern **auch zu Privatfahrten** nutzen darf, beinhaltet die Zusage eines geldwerten Vorteils in Form eines Sachbezugs (**Naturalvergütung**).[6] Eine solche Absprache kann natürlich auch konkludent erfolgen, etwa in dem Fall, dass der Arbeitnehmer berechtigt ist, das Fahrzeug auch am Wochenende zu gebrauchen, ohne einen Kostenanteil tragen zu müssen. An die Gestattung der Privatnutzung knüpfen sich arbeitsrechtliche und steuerrechtliche Folgen: Der Arbeitnehmer ist in diesem Fall **berechtigter Besitzer** und verfügt auch gegenüber dem Eigentümer (Arbeitgeber oder meist: Leasinggeber) über ein Recht zum Besitz iSv § 985 Abs. 1 BGB. Das Recht zur privaten Nutzung besteht auch bei Arbeitsabwesenheit fort, sofern es sich um Zeiträume handelt, für die der Arbeitgeber das Entgelt fortzahlen muss.[7] Arbeitsrechtlich kann die Zusage eines Sachbezugs nicht einfach einseitig widerrufen, sondern nur durch Änderungskündigung oder Änderungsvereinbarung beseitigt werden, es sei denn, es wäre unter Beachtung der §§ 305 ff BGB rechtswirksam ein Widerrufsrecht vereinbart worden.[8] Das Muster 2215 enthält unter Ziff. 4 die Regelung, wonach das Recht der privaten Nutzung jederzeit widerrufen werden kann. Diese umfassende Widerrufsberechtigung ist vor dem Hintergrund der BAG-Rechtsprechung aber unwirksam.[9] Zu den Voraussetzungen eines wirksamen Widerrufs („**Klauselkontrolle**" und „**Ausübungskontrolle**") s. die Ausführungen in Rn 131 ff.

129 In den vorgelegten Vertragstexten behält sich der Arbeitgeber bei einzelnen Sachverhalten ausdrücklich die Rücknahme des Fahrzeugs vor, so bspw in Muster 2200 (Ziff. 4 Buchst. i). Allerdings kommt ein Widerruf während der Zeit einer Entgeltfortzahlungspflicht grundsätzlich nicht in Betracht. Grundsätzlich zulässig ist dagegen eine vertragliche Vereinbarung, die es dem Arbeitgeber gestattet, während solcher Zeiträume, in denen er das Entgelt nicht mehr fortzahlen muss, die Privatnutzungsberechtigung zu widerrufen oder während solcher Zeiträume, in denen der noch Entgelt fortzahlen muss, wenigstens die tatsächliche Nutzung durch die **Vergütung des Nutzungswertes** zu ersetzen.[10] Zulässig sind auch

---

1 BFH 20.12.1991 – VI R 116/89, BStBl. II 1992, 308; BAG 14.12.2010 – 9 AZR 631/09, NZA 2011, 569.
2 OLG Düsseldorf 12.2.1986 – 11 U 76/85, NJW 1986, 2513; BAG 17.9.1998 – 8 AZR 175/97, BAGE 90, 9; OLG Karlsruhe 28.4.2005 – 19 U 33/05, NJW-RR 2005, 1344.
3 LAG Düsseldorf 4.7.1975 – 9 Sa 334/75, DB 1975, 2040; LAG Berlin 26.5.1986 – 9 Sa 24/86, DB 1987, 542.
4 BAG 24.11.1987 – 8 AZR 66/82, NZA 1988, 584; BAG 22.3.1968 – 1 AZR 392/67, NJW 1968, 1846. Schließt der Arbeitgeber aber keine Vollkaskoversicherung ab, so wird er im Fall eines vom Arbeitnehmer verursachten Schadens von der Rspr mit dem Argument der sog. Betriebsrisikolehre so behandelt, als hätte er eine Vollkaskoversicherung abgeschlossen („Obliegenheit").
5 BAG 5.2.2004 – 8 AZR 91/03, NJW 2004, 2469; bestätigt durch BAG 13.12.2012 – 8 AZR 432/11, ArbRAktuell 2013, 210.
6 BAG 14.12.2010 – 9 AZR 631/09, NZA 2011, 569.
7 BAG 11.10.2000 – 5 AZR 240/99, NZA 2001, 445.
8 BAG 21.4.1993 – 7 AZR 297/92, DB 1994, 2400; BAG 12.12.1984 – 7 AZR 509/83, BB 1985, 731.
9 BAG 19.12.2006 – 9 AZR 294/06, NZA 2007, 809.
10 So auch in Muster 2210 (§ 10) vertraglich vorgesehen; Küttner/*Thomas*, Personalbuch, 142 (Dienstwagen) Rn 3.

Widerrufsbefugnisse für den Arbeitgeber bei Freistellung während der Kündigungsfrist des Mitarbeiters (so in Muster 2210, § 10).[11]

Neben die Rechtsfrage der grundsätzlichen Zulässigkeit der Widerrufsklausel tritt als zweiter Schritt stets noch eine auf den Einzelfall bezogene **Ausübungskontrolle** gem. § 315 BGB, die im Einzelfall dazu führen kann, dass trotz grundsätzlich zulässiger Widerrufsklausel ein Widerruf nicht möglich ist. Das BAG führt dazu aus: „Neben der Inhaltskontrolle der in einer Allgemeinen Geschäftsbedingung enthaltenen Widerrufsklausel steht die Ausübungskontrolle im Einzelfall gem. § 315 BGB."[12] Die Ausübungskontrolle erfordert es, zur Wahrung der berechtigten Arbeitnehmerinteressen womöglich beim Widerruf regelmäßig eine kurze Ankündigungs- bzw Auslauffrist vorzusehen. Passiert dies nicht, so entsteht jedoch kein Schadensersatzanspruch auf Nutzungsausfall, sondern allenfalls eine Ersatzpflicht in Bezug auf einen möglichen „Verfrühungsschaden".[13] Möglich ist auch die Vereinbarung in einem Dienstwagenvertrag, wonach der Arbeitgeber im Fall der Freistellung berechtigt ist, dem Arbeitnehmer für die Privatfahrten bis zum Vertragsende ein anderes Fahrzeug zur Verfügung zu stellen, das dem bisherigen nicht gleichwertig sein muss;[14] ein Leichenwagen darf das **Ersatzfahrzeug** aber nicht sein.[15]

2. Widerruf der Privatnutzung

Da die Privatnutzung eines Dienstfahrzeugs einen geldwerten Vorteil und damit Arbeitsentgelt des Arbeitnehmers darstellt,[16] kann der Arbeitgeber den Dienstwagen **nicht jederzeit und ohne Begründung herausverlangen** und das **Nutzungsrecht widerrufen**. Eine Klausel, die dem Arbeitgeber das Recht gibt, die Überlassung eines auch zur privaten Nutzung zur Verfügung gestellten Fahrzeugs jederzeit zu widerrufen, ist gem. § 308 Nr. 4 BGB unwirksam. „Eine solche Widerrufsklausel hält einer Inhaltskontrolle nach § 307 BGB iVm § 308 Nr. 4 BGB nicht stand. Sie benachteiligt den Arbeitnehmer unangemessen, weil hier das Widerrufsrecht an keinen Sachgrund gebunden ist."[17]

Die §§ 305 ff BGB, insbesondere § 307 Abs. 2 Nr. 1 BGB iVm § 308 Nr. 4 BGB, sind Vorschriften, die neben der Problematik der Transparenz der Widerrufsregelung im Ergebnis eine Überprüfung unter dem Gesichtspunkt der Zumutbarkeit für den Arbeitnehmer verlangen.[18] Änderungen der Vertragsbedingungen sind in diesem Sinne nicht nur der Austausch eines Dienstwagens gegen einen anderen oder die Einschränkung der Befugnis der Dienstwagenbenutzung, sondern auch die Wegnahme des Dienstwagens durch den Arbeitgeber.

Voraussetzung für einen Widerruf der Privatnutzung ist danach, dass sich der Arbeitgeber im Arbeits- bzw Überlassungsvertrag wirksam, dh einer Überprüfung anhand der §§ 305 ff BGB standhaltend, einen **Widerruf vorbehalten** hat („**Klauselkontrolle**").[19] In einem zweiten Schritt darf die Ausübung des wirksam begründeten Widerrufsvorbehalts nach der BAG-Rechtsprechung nicht zu einer Umgehung des zwingenden Änderungskündigungsschutzes gem. § 2 KSchG führen, da der Vorbehalt andernfalls nach § 134 BGB unwirksam wäre („**Ausübungskontrolle**").

Eine Vereinbarung eines Widerrufsvorbehalts darf weder aus formellen noch aus materiellen Gründen unwirksam sein. **Materiell** darf sich der arbeitsvertraglich vorbehaltene Widerruf einer Nebenleistung nicht auf mehr als 25 % der Gesamtvergütung des Arbeitnehmers auswirken.[20] Das wird bei der Überlassung von Dienstwagen regelmäßig der Fall sein. Zudem muss der Widerrufsvorbehalt aus **formellen** Gründen (Transparenz) die **Benennung der Widerrufsgründe** im Vertrag oder in der Dienstwagenordnung enthalten und zwar zumindest dergestalt, dass bei den Widerrufsgründen zumindest die Richtung angegeben werden muss, aus der der Widerruf möglich sein soll, zB wirtschaftliche Gründe, Leistung

---

11 BAG 21.3.2012 – 5 AZR 651/10, NZA 2012, 616.
12 BAG 21.3.2012 – 5 AZR 651/10, NZA 2012, 616.
13 Offengelassen von BAG 14.12.2010 – 9 AZR 631/09, NZA 2011, 569, das in diesem Fall aber bei fehlender Ankündigungsfrist einen Schadensersatzanspruch für möglich hält.
14 Sächs. LAG 9.4.1997 – 10 Sa 936/96, BB 1997, 1693.
15 LAG Köln 19.11.2009 – 7 Sa 879/09, BeckRS 2010, 73541.
16 BAG 23.6.1994 – 8 AZR 537/92, AP § 249 BGB Nr. 34; *Nägele/Schmidt*, BB 1993, 1797.
17 BAG 19.12.2006 – 9 AZR 294/06, NZA 2007, 809; bestätigt durch BAG 21.3.2012 – 5 AZR 651/10, NZA 2012, 616.
18 *Nägele*, Der Dienstwagen, Rn 12.
19 Vgl etwa BAG 11.10.2006 – 5 AZR 721/05, NZA 2007, 87; zuletzt BAG 21.3.2012 – 5 AZR 651/10, NZA 2012, 616.
20 BAG 12.1.2005 – 5 AZR 364/04, NZA 2005, 465; bestätigt durch BAG 21.3.2012 – 5 AZR 651/10, NZA 2012, 616.

oder Verhalten des Arbeitnehmers oder Freistellung.[21] Meines Erachtens ist nach den Entscheidungsgründen des BAG-Urteils aus 2005 aber eine konkretisierende beispielhafte („insbesondere") Auflistung einzelner Widerrufsgründe angezeigt.[22]

135 Beim zweiten Prüfungsschritt, der **„Ausübungskontrolle"**, wird der Widerruf des Arbeitgebers anhand der konkreten Umstände des Einzelfalls **am Maßstab billigen Ermessens** (§ 315 BGB) überprüft. Einer **Ankündigungs- oder Auslauffrist** bedarf es beim Widerruf grundsätzlich nicht;[23] sie sollte aber m.E. vorsorglich vorgesehen werden. Allerdings kann nach neuerer Ansicht des BAG im Einzelfall (Interessenabwägung!) ein **wirtschaftlicher Ausgleich** für die wegfallende Nutzungsmöglichkeit erforderlich sein, um die Grenzen „billigen Ermessens" einzuhalten.[24]

136 Der Arbeitgeber kann zu Beginn der **Mutterschutzfrist** von einer Mitarbeiterin nur dann die Herausgabe des Firmenfahrzeugs verlangen, wenn die Parteien eine entsprechende Vereinbarung getroffen haben.[25] Gehören Sachbezüge (wie die Überlassung eines Dienstwagens auch zur privaten Nutzung) zum Arbeitsentgelt und sind sie nicht wirksam widerruflich ausgestaltet, so sind sie der Arbeitnehmerin nicht nur während eines Beschäftigungsverbots iSd § 3 Abs. 1, 4 MuSchG, sondern regelmäßig auch während der Schutzfristen der §§ 3 Abs. 2, 6 Abs. 1 MuSchG weiter zu gewähren.[26] Das BAG hat seine Auffassung damit begründet, dass der während des Beschäftigungsverbots nach § 11 MuSchG zu zahlende Durchschnittsverdienst aus dem bisherigen Sachbezug und nicht nur aus einem entsprechenden Geldwert bestehe. Die werdende und später junge Mutter solle gem. §§ 11, 14 MuSchG vor wirtschaftlichen Nachteilen bewahrt werden. Es dürfe daher keine Verdienstminderung durch das Beschäftigungsverbot eintreten. Nach jetziger Rechtslage steht bei vereinbarter Privatnutzung § 307 Abs. 2 Nr. 1 BGB einer entschädigungslosen Wegnahme entgegen. Etwas anderes gilt dagegen aufgrund des Wegfalls der Vergütungspflicht während einer **Elternzeit**.[27]

137 Der Gestalter von Vereinbarungen über die Nutzung von Dienstfahrzeugen sollte unter Berücksichtigung der Arbeitgeberinteressen darauf achten, dass Sachbezüge generell mit **Widerrufsklauseln** verbunden werden. Dadurch wird gewährleistet, dass der Firmenwagen dem Unternehmen während der Schutzfristen oder im Falle eines Beschäftigungsverbots weiterhin zur Verfügung steht. Allerdings muss der Wegfall des Sachbezugs dann angemessen abgegolten bzw bei der Berechnung des Zuschusses berücksichtigt werden. Eine entsprechende Regelung enthält Muster 2205 (§ 4).

138 Von dem Widerrufsvorbehalt **abzugrenzen** ist die Vereinbarung einer Ersetzungsbefugnis iSd § 365 BGB (Berechtigung des Arbeitgebers, den Dienstwagen jederzeit durch ein anderes gleichwertiges Fahrzeug auszutauschen).[28] Die Vereinbarung eines Rechts zur Ersetzung des Dienstwagens durch einen anderen gleichwertigen Dienstwagen ist unproblematisch zulässig. Zutreffend hat das LAG Hamm für den Fall der Freistellung die Vereinbarung eines Rechts zur Stellung eines geringerwertigeren Modells als zulässig angesehen.[29]

3. Dienstwagen und Altersteilzeit

139 Problematisch ist in Bezug auf die Dienstwagennutzung in der Altersteilzeit nicht das „Reduktionsmodell", sondern das „Blockmodell". Kann/Soll der Arbeitnehmer den Dienstwagen auch während der Freistellungsphase des Blockmodells wie davor nutzen können? Wer in Altersteilzeit wechselt, hat nach Auffassung der instanzgerichtlichen Rechtsprechung[30] keinen Anspruch auf einen Dienstwagen. Die Benutzung eines Dienstfahrzeugs hängt nach Auffassung der Kammer unmittelbar mit der Ausübung

---

21 BAG 12.1.2005 – 5 AZR 364/04, NZA 2005, 465; BAG 19.12.2006 – 9 AZR 294/06, NZA 2007, 809 (konkret zum Dienstwagen); so auch nochmals BAG 21.3.2012 – 5 AZR 651/10, NZA 2012, 616; Hümmerich/Reufels/*Schiefer*, Gestaltung von Arbeitsverträgen, § 1 Rn 3476 ff; vgl auch Muster 2220 (§ 3 (3)).
22 Vgl Muster 2205 (§ 4).
23 BAG 21.3.2012 – 5 AZR 651/10, NZA 2012, 616.
24 BAG 21.3.2012 – 5 AZR 651/10, NZA 2012, 616.
25 BAG 11.10.2000 – 5 AZR 240/99, BB 2001, 364; s. auch Muster 2205 (§ 4).
26 BAG 11.10.2000 – 5 AZR 240/99, BB 2001, 364.
27 So auch Preis/*Stoffels*, Der Arbeitsvertrag, II D 20 Rn 11; anders aber bei während der Elternzeit vereinbarter Teilzeittätigkeit.
28 Vgl Muster 2200 (Ziff. 5).
29 Moll/*Boudon/Hexel*, MAH Arbeitsrecht, § 20 Rn 9 unter Hinweis auf LAG Sachsen 9.4.1997 – 10 Sa 936/96, BB 1997, 1693.
30 ArbG Frankfurt 8.8.2001 – 7 Ca 3269/01, EzA-SD 2001, Nr. 17, 12; in diesem Sinne auch LAG Rheinland-Pfalz 14.4.2005 – 11 Sa 745/04 für den Fall eines ausdrücklichen Ausschlusses der Dienstwagennutzung während der Freistellungsphase in der Dienstwagenrichtlinie.

der beruflichen Tätigkeit zusammen. Allerdings kann natürlich vereinbart werden, dass dem Arbeitnehmer der Dienstwagen auch während der Freistellungsphase zusteht.

Werden für die Nutzung von Dienstwagen zu Privatfahrten keine Nutzungsentgelte zwischen Arbeitgeber und Arbeitnehmer vereinbart, muss der zusätzliche Vergütungsbestandteil sogar bei der Berechnung der betrieblichen Altersversorgung berücksichtigt werden, soweit die Versorgungsordnung dies vorsieht.[31] Dies ist aber stets eine Frage der Formulierung der jeweiligen Versorgungsregelung bzw -ordnung und deren Auslegung. Ist in der Versorgungsordnung der Begriff des ruhegeldfähigen Einkommens eher eng gefasst und sind dort bspw Zuschläge und Urlaubsgeld ausgeklammert, ist auch der Wert der Privatnutzung des Dienstwagens nicht ruhegehaltsfähig.[32] 140

4. Mitnahme von Arbeitskollegen; Fahrer für Dienstwagen

Wird dem Arbeitnehmer ein Dienstwagen bereitgestellt, ist der Arbeitgeber auch befugt, den Arbeitnehmer **anzuweisen, Arbeitskollegen** im Dienstwagen mitzunehmen.[33] 141

Die vorgelegten Muster sehen idR keine **Nutzungsentgelte/Zuzahlungen des Arbeitnehmers** für den Gebrauch des Dienstwagens vor. Das Muster 2225 enthält die Besonderheit, dass der Arbeitnehmer Teile der Leasingkosten selbst trägt. Sie werden nämlich, wie sich aus Ziff. 4 ergibt, bei seiner Tantieme in Abzug gebracht. Ob vor diesem Hintergrund vom Mitarbeiter noch eine Pauschal- oder Einzelnachweisversteuerung, wie dies Ziff. 13 in Muster 2225 nach Wahl des Mitarbeiters vorsieht, verlangt werden kann, erscheint zweifelhaft. Zu den steuerlichen Auswirkungen solcher Nutzungsentgelte/Zuzahlungen s. BMF-Schreiben vom 19.4.2013.[34] 142

Stellt das Unternehmen neben dem Dienstwagen ausnahmsweise einen **Fahrer** zur Verfügung (wohl nur bei Vorstandsmitgliedern teilweise üblich)[35] und ist ihm die private Nutzung des Dienstwagens gestattet, sollte das Vorstandsmitglied, das den Fahrer nicht für private Fahrten nutzt, einen Vermerk fertigen und zu den Akten nehmen, aus dem sein Verzicht auf die Tätigkeit des Fahrers zu privaten Fahrten hervorgeht. Andernfalls muss er sich einen Anteil des Fahrergehalts als geldwerten Vorteil anrechnen lassen. Wird der Fahrer auch während der Privatfahrten genutzt, so ist das nach bisheriger, jüngst aber in Frage gestellter BFH-Rechtsprechung als geldwerter Vorteil zu versteuern,[36] auch dann, wenn der Dienstwagen wie ein vollwertiges Büro ausgestattet ist.[37] 143

II. Mitbestimmung des Betriebsrats

Die Mitbestimmungsrechte des Betriebsrats bei Aufstellung von Dienstwagenregelungen sind bislang noch nicht höchstrichterlich geklärt. Je nach Ausgestaltung der Dienstwagenregelung könnten Mitbestimmungsrechte nach § 87 Abs. 1 Nr. 1 („Ordnungsverhalten im Betrieb") und/oder nach Nr. 10 („geldwerter Vorteil bei gewährter Privatnutzung") BetrVG in Betracht kommen. *Oelkers*[38] hat die hier bestehenden Fragestellungen in einem ersten Kurzbeitrag zusammengestellt.[39] 144

III. Steuerrechtliche Behandlung der privaten Nutzung[40]

1. Dienstwagen als geldwerter Vorteil

Die Überlassung eines Dienstwagens[41] auch zur privaten Nutzung ist ein **Sachbezug**, der einen geldwerten Vorteil iSd § 19 Abs. 1 Satz 1 EStG darstellt.[42] Die Höhe des geldwerten Vorteils entspricht der 145

---

31 LAG Köln 29.6.2009 – 5 Sa 22/09, NZA-RR 2009, 606.
32 BAG 14.8.1990 – 3 AZR 321/89, NZA 1991, 104; BAG 21.8.2001 – 3 AZR 746/00, AP § 77 BetrVG 1972 Auslegung Nr. 10; aus jüngerer Zeit ebenso: LAG Düsseldorf 22.6.2012 – 6 Sa 750/12, BeckRS 66848 mit einer Darstellung der maßgeblichen Auslegungsgrundsätze.
33 BAG 29.8.1991 – 6 AZR 593/88, DB 1992, 147.
34 BMF-Schreiben vom 19.4.2013, DStR 2013, 860.
35 Siehe Muster 1918 (§ 9), § 1 Rn 536.
36 BFH 27.9.1996 – VI R 84/95, NJW 1997, 967; zweifelnd nun aber BFH 22.9.2010 – VI R 54/09, NJW 2011, 557.
37 BFH 23.7.1996 – VI B 166/99, DB 1999, 1932 f.
38 *Oelkers*, NJW-Spezial 2009, 514 f.
39 Vgl dazu auch *Moll/Roebers*, DB 2012, 2672.
40 Vgl dazu auch AnwK-ArbR/*Ostermayer/Lücke*, § 8 EStG Rn 1 ff.
41 Neuerdings auch die Überlassung von Elektro-Fahrrädern (E-Bikes), vgl dazu *Inteman*, NZA 2013, 136.
42 StRspr des BFH, vgl etwa BFH 6.10.2011 – VI R 64/10, BeckRS 2012, 94278.

Höhe der hypothetischen Aufwendungen, die dem Arbeitnehmer für Unterhalt und Betrieb eines eigenen Fahrzeugs gleichen Typs entstanden wären. Die Annahme eines geldwerten Vorteils setzt aber voraus, dass die Überlassung tatsächlich auch zur privaten Nutzung erfolgt ist.[43] Ist dies nicht festgestellt, sind die Anwendungsvoraussetzungen der 1-Prozent-Regelung nicht gegeben. Insoweit besteht nach der neueren Rechtsprechung des BFH ein Anscheinsbeweis lediglich dafür, dass ein vom Arbeitgeber zur privaten Nutzung überlassener Dienstwagen auch tatsächlich privat genutzt wird, aber weder dafür, dass einem Arbeitnehmer ein Dienstwagen aus dem arbeitgebereigenen Fuhrpark überhaupt zur Verfügung stehe,[44] noch dass der Arbeitnehmer ein solches Fahrzeug unbefugt auch privat genutzt habe.[45]

146 Nutzen **mehrere Arbeitnehmer** denselben Dienstwagen auch privat, so ist der 1 %-Wert auf die verschiedenen Privatnutzer aufzuteilen (s. auch Rn 156).[46] Wird Privatnutzungsverbot dagegen ausdrücklich vereinbart und vom Arbeitgeber auch hinreichend kontrolliert, so scheidet die Annahme eines Sachbezugs aus.[47]

147 Mit § 8 Abs. 2 Satz 2 ff iVm § 6 Abs. 1 Nr. 4 EStG ist eine gesetzliche Regelung gegeben, die nur noch **zwei Methoden** im Sinne eines Wahlrechts zur Ermittlung des geldwerten Vorteils für den Arbeitnehmer bei privater Nutzung zur Verfügung stellt, nämlich die abstrakte **Nutzungspauschale** („**Pauschalmodell**") und den konkreten **Einzelnachweis** („**Fahrtenbuch-Modell**").[48] Mit diesen beiden Methoden sind die früheren, von der Finanzverwaltung bereitgestellten Ermittlungsmethoden abgelöst worden. Die jeweilige Methode kann nur zum Jahresende oder bei einem Fahrzeugwechsel gewechselt werden (R 8.1 Abs. 9 Nr. 3 LStR).

2. Einzelnachweis (Fahrtenbuch)[49]

148 Beim Einzelnachweis, geregelt in Abschnitt 8.1 Abs. 9 Nr. 2 LStR, wird die gesamte Nutzung des Kfz anhand eines **Fahrtenbuches** bzw **Fahrtenschreibers** festgehalten, wobei nicht nur dienstliche, sondern auch private Fahrten zu erfassen sind.[50] Zu den für Dienstfahrten erforderlichen Angaben gehören Datum, Kilometerstände, Reiseziel, Reiseroute, Reisezweck und die Namen der aufgesuchten Geschäftspartner.[51] Auf diese Weise soll sichergestellt werden, dass die Dienstfahrten stets auch im Interesse des Arbeitgebers durchgeführt wurden. Beim Einzelnachweis werden die Privatfahrten einschließlich derjenigen zwischen Wohnung und Arbeitsstätte mit Kilometerangaben erfasst, wobei hier Kilometerangaben ausreichend sind. Die Privatfahrten werden dann in der Weise herausgerechnet, dass die Gesamtkosten mit der Gesamtfahrleistung gleichgestellt und hiervon die Privatfahrten in Abzug gebracht werden. Als Nutzungswert setzt man die Kosten aller Privatfahrten an. Eine Abrechnung nach Einzelnachweis sieht das Muster 2205 vor.

3. Ein-Prozent-Regelung

149 Weit verbreitet ist die Berechnung gem. Abschnitt 8.1 Abs. 9 Nr. 1 LStR, also die **Ermittlung einer Nutzungspauschale**. Als monatlicher Nutzungsvorteil wird für die reinen Privatfahrten **1 v.H.** des auf volle hundert Euro abgerundeten Bruttolistenneupreises angesetzt. Der Arbeitslohn erhöht sich demnach monatlich um 1 % des inländischen Bruttolistenneupreises des Dienstwagens im Zeitpunkt der Erstzulassung zuzüglich der Kosten für Sonderausstattung einschließlich der Umsatzsteuer.[52] Dieser Wert ist nach Ansicht des BFH auch dann zu veranschlagen, wenn es beim Erwerb einen Rabatt vom Händler gegeben hat,[53] es sich um einen sog. Reimport handelt,[54] der dem Arbeitnehmer zur Verfügung gestellte Dienstwagen gar nicht neu, sondern gebraucht erworben wurde[55] oder das Fahrzeug gar

---

[43] BFH 6.10.2011 – VI R 64/10, BeckRS 2012, 94278.
[44] BFH 21.4.2010 – VI R 46/08, NJW 2010, 2751; anders noch BFH 7.11.2006 – VI R 19/05, NJW 2007, 1166.
[45] BFH 21.4.2010 – VI R 46/08, NJW 2010, 2751.
[46] BFH 15.5.2002 – VI R 132/00, BStBl. II 2003, S. 311.
[47] Vgl dazu BFH 27.5.2009 – VI B 123/08, BFH/NV 2009, 1434 und BFH 19.12.2003 – VI B 281/01, BFH/NV 2004, 488.
[48] Eingehend zu den hier relevanten Besteuerungsfragen AnwK-ArbR/*Ostermayer/Lücke*, § 8 EStG Rn 8 ff, 24 ff.
[49] Zum Fahrtenbuch vgl etwa *Bilsdorfer*, DStR 2012, 1477.
[50] FG München 6.3.1996 – 1 K 1234/93, EFG 1996, 911; ebenso *Blümich*, § 8 EStG Rn 131.
[51] HM, vgl statt vieler: *Blümich*, § 8 EStG Rn 131.
[52] BFH 13.12.2012 – VI R 51/11, NZA 2013, 494.
[53] Ganz hM, vgl etwa *Blümich*, § 8 EStG Rn 107.
[54] *Blümich*, § 8 EStG Rn 107 unter Hinweis auf BMF 18.11.2009, BStBl. I 2009, S. 1326 Tz. 10.
[55] BFH 13.12.2012 – VI R 51/11, NZA 2013, 494.

nicht gekauft, sondern geleast ist.[56] Das ist trotz der am Einzelfall ggf vorbeigehenden Typisierung der Vorteilsbestimmung verfassungsgemäß, so der BFH, da es für den Arbeitnehmer ja die Möglichkeit gibt, ein Fahrtenbuch zu führen.[57] Kann das Kraftfahrzeug auch zu Fahrten zwischen Wohnung und Arbeitsstätte genutzt werden, so ist diese Nutzungsmöglichkeit, unabhängig von der Nutzung des Fahrzeugs zu Privatfahrten, nach § 8 Abs. 2 Satz 3 EStG zusätzlich mit monatlich 0,03 % des inländischen Listenpreises des Kraftfahrzeugs für jeden Kilometer der Entfernung zwischen Wohnung und Arbeitsstätte zu bewerten und dem Arbeitslohn zuzurechnen.

Die Pauschalen in Höhe von 1 v.H. und 0,03 v.H. dürfen nur dann zugrunde gelegt werden, wenn das Kfz sowohl für Dienstfahrten als auch für private Fahrten genutzt werden darf und auch tatsächlich genutzt wurde.[58] Ob dies der Fall ist, ergibt sich aus dem Wortlaut der arbeitsrechtlichen Vereinbarung, wobei bei bestrittener tatsächlicher Überlassung zur Privatnutzung nach neuerer BFH-Rechtsprechung zu Poolfahrzeugen kein Anscheinsbeweis für eine Überlassung zur privaten Nutzung streitet.[59]

Der Monatswert kann **gekürzt** werden, wenn während vollständiger Kalendermonate das Fahrzeug nicht zur Verfügung gestanden hat. Wegen Krankheit oder Dienstreise kann die Fahrzeugnutzung nicht anteilsmäßig gekürzt werden. Der BFH will hingegen bei den Fahrten zwischen Wohnung und Arbeitsstätte auf die tatsächliche Fahrzeugnutzung abstellen,[60] worauf die Finanzverwaltung mit einem Nichtanwendungserlass reagiert hat.[61]

Ab 2013 wird die Nutzung von **Fahrzeugen mit Elektro-, Hybridelektro- oder Brennstoffzellenantrieb** als Dienstwagen vom Staat steuerlich gefördert: Bei der 1 %-Regelung wird der der Wertermittlung zugrunde zu legende Bruttolistenneupreis um 500 EUR pro kWh (max. 20 kWh) Speicherkapazität der Batterie gekürzt (§ 6 Abs. 1 Nr. 4 Satz 2 EStG). Beim Fahrtenbuch sind im Rahmen der Absetzung für Abnutzung (AfA) die auf die Anschaffung der Batterie entfallenden Kosten bei der Ermittlung der Gesamtkosten herauszurechnen, dh, die AfA ist entsprechend zu mindern oder ein zusätzlich für die Batterie gezahltes Entgelt ist von den Gesamtkosten abzuziehen (§ 6 Abs. 1 Nr. 4 Satz 3 EStG). Der – gleich nach welcher Methode – ermittelte Monatswert (Euro-Betrag) des geldwerten Vorteils der Nutzungsmöglichkeit kann um pauschale oder kilometerbezogene **Nutzungsentgelte (Zuzahlungen)** des **Arbeitnehmers** gekürzt werden.[62]

Eine **Fahrergestellung** wurde bislang mit einem Aufschlag geregelt. So hat etwa das FG Sachsen-Anhalt in seiner Entscheidung vom 19.4.2011 geurteilt, dass „die Gestellung eines Fahrers als Einnahme bei den Einkünften aus nichtselbständiger Arbeit zu erfassen" ist und dabei der Ansatz eines Stundenlohns in Abhängigkeit von der Fahrzeit sachgerechter erscheint als ein Aufschlag von 50 v.H. auf der Grundlage des Listenpreises des gefahrenen Fahrzeugs.[63] Allerdings hatte der BFH schon in 2010 Zweifel an der Grundprämisse dieser Rechtsprechungslinie geäußert: „Der Senat lässt offen, ob an der Rechtsprechung weiterhin festzuhalten ist, dass die arbeitgeberseitige Fahrergestellung für Fahrten zwischen Wohnung und Arbeitsstätte einen lohnsteuerrechtlich erheblichen Vorteil begründet."[64]

Grundlage der Berechnung bildet der **Neuwagenlistenpreis**, nicht der tatsächlich gezahlte Kaufpreis des Fahrzeugs, selbst bei erworbenen Gebrauchtwagen.[65] Rabatte beim Neuwagenkauf werden nicht berücksichtigt.[66]

Hat der Arbeitgeber seinem Arbeitnehmer ein Kraftfahrzeug entsprechend den Richtlinien des Bundesfinanzministers vom 9.6.1973[67] über Beschaffung und Haltung beamteneigener Kraftfahrzeuge überlassen, bleibt der Arbeitgeber wirtschaftlicher Eigentümer des Kfz. Wird ein Kfz entsprechend den vor-

---

56 So auch BFH 13.10.2010 – VI R 12/09; vgl ferner BFH 6.11.2001 – VI R 62/96, DStR 2002, 581.
57 BFH 13.12.2012 – VI R 51/11, NZA 2013, 494.
58 BFH 22.9.2010 – VI R 57/09, NZA-RR 2011, 142.
59 So nun BFH 21.4.2010 – VI R 46/08, NJW 2010, 2751 (anders noch BFH 7.11.2006 – VI R 19/05, NJW 2007, 1166; s. auch oben Rn 145).
60 BFH 4.4.2008 – VI R 85/04, DStR 2008, 1185.
61 BMF 23.10.2008, BStBl. I 2008, 961; modifiziert durch BMF 1.4.2011, BStBl. I S. 301.
62 BFH 7.11.2006 – VI R 95/04, DStR 2007, 104.
63 FG Sachsen-Anhalt 19.4.2011 – 4 K 1690/05, juris (Revision beim BFH unter Az: VI R 44/11).
64 BFH 22.9.2010 – VI R 54/09, NJW 2011, 557; vgl dazu auch *Hilbert/Sperandio*, DStR 2011, 1121.
65 Küttner/*Thomas*, Personalbuch, 142 (Dienstwagen) Rn 27 unter Hinweis auf die BFH-Rspr, zB BFH 18.12.2007 – XI B 178/06, BeckRS 2007, 25012923.
66 BFH 25.5.1992 – VI R 146/88, BStBl. II 1992, S. 700; BFH 18.12.2007 – XI B 178/06, BeckRS 2007, 25012923.
67 MinBlFin 1973, 306 ff.

genannten Richtlinien an einen Arbeitnehmer für Privatfahrten sowie Fahrten zwischen Wohnung und Arbeitsstätte überlassen, erzielt der Arbeitnehmer daraus Sachbezüge nach § 8 Abs. 2 Satz 1 EStG. Der diesbezügliche geldwerte Vorteil ist nicht nach § 3 Nr. 13 EStG oder § 3 Nr. 16 EStG steuerfrei.[68]

156 Steht ein betriebliches Kfz **mehreren Arbeitnehmern** zur privaten Nutzung zur Verfügung, beläuft sich der nach § 8 Abs. 2 Satz 2 EStG iVm § 6 Abs. 1 Nr. 4 Satz 2 EStG zu ermittelnde geldwerte Vorteil für jeden Kalendermonat auf insgesamt 1 v.H. des inländischen Listenpreises des Kfz im Zeitpunkt der Erstzulassung zzgl der Kosten für Sonderausstattungen einschließlich der Umsatzsteuer. Der nach § 8 Abs. 2 Satz 2 EStG iVm § 6 Abs. 1 Nr. 4 Satz 2 EStG ermittelte Vorteil ist in diesem Fall entsprechend der Zahl der Nutzungsberechtigten aufzuteilen.[69]

157 Eine Sonderregelung besteht außerdem für **Familienheimfahrten** im Rahmen einer beruflich veranlassten doppelten Haushaltsführung.[70] Wenn mehr als eine Familienheimfahrt wöchentlich vorgenommen wird, ist der Nutzungswert für Familienheimfahrten mit 0,002 v.H. vom Listenpreis pro Entfernungskilometer anzusetzen. Die meisten der vorgelegten Muster legen steuerrechtlich die Nutzungspauschale zugrunde.[71]

158 Wird die nachhaltige „vertragswidrige" private Nutzung eines betrieblichen Pkw, der dem Gesellschafter-Geschäftsführer nur zur betrieblichen Nutzung zur Verfügung gestellt wurde, von der Gesellschaft nicht unterbunden, so stellt dies – je nach Lage des Einzelfalls – Arbeitslohn oder eine verdeckte Gewinnausschüttung dar.[72]

4. Autotelefon

159 Mit Schreiben vom 4.3.2003[73] hat die Oberfinanzdirektion Frankfurt am Main zur **lohnsteuerlichen Behandlung der Aufwendungen im Zusammenhang mit der Benutzung eines Autotelefons** eingehend Stellung bezogen. Die lohnsteuerliche Beurteilung richtet sich danach, ob sich das Telefon im Fahrzeug des Arbeitgebers oder im arbeitnehmereigenen Fahrzeug befindet.

a) Telefone in einem Fahrzeug des Arbeitgebers

160 Autotelefone und Fernsprechanlagen sind bei der Ermittlung des **Nutzungswertes** eines Dienstwagens außer Ansatz zu lassen.[74] **Privatgespräche**, die der Arbeitnehmer führt, bleiben seit dem Jahr 2000 lohnsteuerfrei. Dies gilt selbst bei 100 %iger Privatnutzung des Autotelefons.

b) Telefone in einem Fahrzeug des Arbeitnehmers

161 Oftmals stellt der Arbeitnehmer dem Arbeitgeber die Aufwendungen für die Anschaffung, den Einbau und den Anschluss eines Autotelefons sowie die laufenden Telefonkosten in Rechnung. Die **Kostenübernahme** ist nur dann vollumfänglich lohnsteuerfrei, sofern der Arbeitnehmer das Telefon so gut wie ausschließlich für betrieblich veranlasste Gespräche nutzt. Dies muss nachgewiesen werden. Liegt keine so gut wie ausschließlich berufliche Nutzung vor, ist nur der Erstattungsbetrag lohnsteuerfrei, der auf die beruflich geführten Gespräche entfällt. Die auf die berufliche Nutzung entfallenden Kosten müssen grundsätzlich monatlich ermittelt werden.

162 Es kann aber auch eine **Vereinfachungsregelung** genutzt werden: Wenn die Aufwendungen regelmäßig wiederkehren, kann auf Grundlage eines für drei Monate geführten Einzelnachweises ein pauschaler Auslagenersatz berechnet werden. Der Durchschnittsbetrag kann als pauschaler Auslagenersatz beibehalten werden, bis eine wesentliche Änderung der Verhältnisse (zB Änderung der Berufstätigkeit) eintritt. Entstehen dem Arbeitnehmer erfahrungsgemäß beruflich veranlasste Telefonkosten, legt er aber keinen Nachweis darüber vor, in welchem Umfang beruflich veranlasste Aufwendungen vorliegen, kann der Arbeitgeber 20 % der vom Arbeitnehmer vorgelegten Telefonrechnung, höchstens jedoch 20 EUR monatlich, als Auslagenersatz steuerfrei ersetzen.

---

68 BFH 26.7.2001 – VI R 122/98, NZA-RR 2002, 258.
69 BFH 15.5.2002 – VI R 132/00, BB 2002, 1466.
70 LStH 8.1 Abs. 9, 10 „Überlassung eines betrieblichen Kraftfahrzeugs zu Familienheimfahrten".
71 Siehe Muster 2200 (Ziff. 4 Buchst. a); Muster 2210 (§ 5); Muster 2215 (Ziff. 5).
72 BFH 11.2.2010 – VI R 43/09, DStR 2010, 643.
73 Az S 2354 A – 39 St II 30.
74 Heß, in: Beck'sches Steuer- und Bilanzrechts-Lexikon, Stand: 1/2013, „Autotelefon".

IV. Haftungsrechtliche Einzelfragen

Seit der Entscheidung des Großen Senats[75] entspricht es allgemeiner Rechtsüberzeugung, dass die Arbeitnehmerhaftung bei Arbeiten, die durch den Betrieb veranlasst sind, nicht unbeschränkt sein darf. In welchem Umfang der Arbeitnehmer an den Schadensfolgen zu beteiligen ist, richtet sich im Rahmen einer Abwägung aller Umstände, insbesondere von Schadensanlass und Schadensfolgen, nach Billigkeits- und Zumutbarkeitsgesichtspunkten. Dies gilt auch für Schadensereignisse im Zusammenhang mit der **Nutzung von Dienstfahrzeugen**. In die **Billigkeits- und Zumutbarkeitserwägungen** sind der Grad des dem Arbeitnehmer zur Last fallenden Verschuldens, die Gefahrengeneigtheit der Arbeit, die Höhe des Schadens, ein vom Arbeitgeber einkalkuliertes oder durch Versicherung abdeckbares Risiko, die Stellung des Arbeitnehmers im Betrieb und die Höhe des Arbeitsentgelts einzustellen. Auch können uU die persönlichen Verhältnisse des Arbeitnehmers, die Dauer seiner Betriebszugehörigkeit, sein Lebensalter, seine Familienverhältnisse und sein bisheriges Verhalten zu berücksichtigen sein. Die Rechtsprechung hatte hier zunächst vier Kategorien des Verschuldens (leichteste, mittlere und grobe Fahrlässigkeit sowie Vorsatz) in eine haftungsrechtliche Dreiteilung gegossen, orientiert am Grad des Verschuldens: Grundsätzlich volle Haftung bei Vorsatz und grober Fahrlässigkeit, anteilige Haftung bei mittlerer Fahrlässigkeit und keine Haftung bei einfacher und leichtester Fahrlässigkeit. Diese Rechtsprechung hat das BAG mit den Urteilen vom 16.2.1995[76] und 23.1.1997[77] fortgeführt: Im Urteil vom 23.1.1997 hat das BAG trotz grob fahrlässig verschuldeten Schadens eine lediglich anteilige Haftung des Arbeitnehmers mit der Begründung gerechtfertigt, dass mit zunehmender Technisierung immer mehr komplizierte Arbeitsplätze entstünden und es nicht angehen könne, dem Arbeitnehmer auch bei grob fahrlässiger Schadensverursachung unter Berücksichtigung seines Verdienstes das gesamte Risiko aufzubürden. Das dreigliedrige Haftungssystem ist damit nicht mehr von der klassischen Strenge.[78] Auch bei grob fahrlässiger Schadensverursachung nimmt die Rechtsprechung nun eine Haftungsbegrenzung („Quotelung") nach **Abwägung der beiderseitigen Interessen** vor.

163

Mit dem LAG Köln kommen diese Haftungserleichterungsregeln nicht für **Unfälle im Rahmen der gestatteten Privatnutzung** zu Anwendung.[79] Richtigerweise finden die vom BAG als zwingend angesehene Haftungsgrundsätze der Arbeitnehmerhaftung auf Unfälle bei Privatfahrten mangels „betrieblich veranlasster Tätigkeit" schon gar keine Anwendung, erst recht kann vereinbart werden, dass sie keine Anwendung finden. Das BAG hat die Vereinbarung einer „normalen" Haftung des Arbeitnehmers (Haftung nach BGB) – wie im Muster 2200 (Abs. 4 Buchst. f) vorgesehen – jedenfalls nicht als ausgeschlossen angesehen, wenn es ausgeführt hat, dass die Gestattung der Privatnutzung die Vereinbarung einer verschärften Haftung des Arbeitnehmers bei privater Nutzung des Dienstwagens rechtfertigen könnte.[80]

164

Seit der VVG-Novelle zum 1.1.2008 sind mögliche „Brüche", auf die *Nägele*[81] hingewiesen hatte, behoben und korrespondiert der für den Arbeitgeber erreichbare Vollkasko-Versicherungsschutz wieder besser mit dieser Haftungsverteilungs-Rechtsprechung des BAG: Denn nach § 81 VVG ist der Kaskoversicherer bei grober Fahrlässigkeit nicht mehr, wie noch unter § 61 VVG aF, stets leistungsfrei, sondern er ist „nur noch" berechtigt, seine Leistung in einem der Schwere des Verschuldens des Versicherungsnehmers entsprechenden Verhältnis zu kürzen. Es erfolgt also auch hier eine am **Einzelfall** auszurichtende **Quotierung**.

165

Bei Schäden, die der Arbeitnehmer durch die Benutzung seines **eigenen Kfz zu dienstlichen Zwecken** erleidet (Beschädigung seines Fahrzeugs durch einen Unbekannten), besitzt der Arbeitnehmer einen **Aufwendungsersatzanspruch nach § 670 BGB**, wenn dem Arbeitnehmer für die Übernahme des mit der Tätigkeit verbundenen Risikos keine besondere Vergütung gezahlt wird.[82] Ist eine pauschale Rege-

166

---

75 BAG 27.9.1994 – GS 1/89 (A), NZA 1994, 1083.
76 BAG 16.2.1995 – 8 AZR 493/93, NZA 1995, 565.
77 BAG 23.1.1997 – 8 AZR 893/95, NZV 1997, 352.
78 Keine Haftung des Arbeitnehmers bei fahrlässiger Schadensverursachung, Quotelung bei Schadensverursachung mit mittlerer Fahrlässigkeit und volle Haftung des Arbeitnehmers bei grob fahrlässiger oder vorsätzlicher Schadensverursachung; BAG 17.9.1998 – 8 AZR 175/97, NJW 1999, 1049; BGH 21.9.1993 – Gms-OGB 1/93, DB 1994, 428.
79 LAG Köln 24.6.1994 – 13 Sa 37/94, NZA 1995, 1163.
80 BAG 5.2.2004 – 8 AZR 91/03, NZA 2004, 649.
81 *Nägele*, NZA 1997, 1196.
82 BAG 7.9.1995 – 8 AZR 515/94, NZA 1996, 32; BAG 14.12.1995 – 8 AZR 875/94, NZA 1996, 417.

lung zum Aufwendungsersatz getroffen, so bedarf es einer Vertragsauslegung, um zu ermitteln, welche Aufwendungen im Einzelfall von der Pauschale erfasst sind. Ist etwa eine Kilometerpauschale in üblicher Höhe vereinbart, so sind damit regelmäßig auch die Kosten für eine Haftpflichtversicherung mit abgedeckt.[83] Bei dem hier vorgelegten Muster 2245, bei dem die Fallkonstellation darin besteht, dass Mitarbeiter ihr privates Fahrzeug zu dienstlichen Zwecken zur Verfügung stellen, wäre generell ein solcher Aufwendungsersatzanspruch gegeben. Die Zahlung der Kilometerpauschale reicht jedoch nach hM wohl aus, um die Arbeitgeberhaftung auszuschließen, da mit der Kilometerpauschale nicht nur die Aufwendungen ausgeglichen werden sollen, die durch den normalen Betrieb des Fahrzeugs entstehen.[84]

167 Hat ein Arbeitnehmer seinen persönlichen Schadensfreiheitsrabatt in die Versicherung des Dienstwagens eingebracht, so zählt ein durch den Schaden in der Haftpflichtversicherung des Arbeitnehmers eintretender **Rückstufungsschaden** grundsätzlich zu den nach § 670 BGB zu ersetzenden Aufwendungen.[85] Ob auch dieser Schaden von der Zahlung der Kilometerpauschale abgegolten ist, ist zweifelhaft und sollte daher – wenn gewünscht – ausdrücklich vereinbart werden.[86] Im Fall des Musters 2245 kann der Mitarbeiter, wenn ihm wegen eines Verkehrsunfalls, den er bei einer Dienstfahrt mit seinem privaten Fahrzeug hatte, das Fahrzeug zeitweilig reparaturbedingt nicht zur Verfügung steht, Nutzungsausfall verlangen.[87]

168 Keine Haftung des Arbeitgebers gibt es im Hinblick auf **Personenschäden** der vom Arbeitnehmer zulässigerweise mitgenommenen Arbeitskollegen, die im gleichen Betrieb tätig sind. Die Haftung des Arbeitgebers ist nach § 104 SGB VII ausgeschlossen. Nimmt der Arbeitnehmer hingegen betriebsfremde Personen ohne Wissen und Billigung des Arbeitgebers in seinem Pkw auf eine Dienstreise mit, kann es zu einer Haftung des Arbeitgebers kommen.[88] Gegen diese Haftungslage schützt sich der Arbeitgeber mit einem Verbot, außer Familienangehörigen bei Privatfahrten, anderweitige Personen im Fahrzeug mitzunehmen.[89]

169 Verursacht der Arbeitnehmer in Ausübung seiner betrieblichen Tätigkeit einen Verkehrsunfall und wird wegen dieses Unfalls gegen ihn ein **staatsanwaltliches Ermittlungsverfahren** eingeleitet, muss der Arbeitgeber die erforderlichen Kosten der Verteidigung ersetzen. Zu den erforderlichen Kosten gehören die gesetzlichen Gebühren eines Rechtsanwalts.[90]

V. Vorenthaltung und Rückgabe des Fahrzeugs

1. Schadensersatzansprüche

170 Entzieht der Arbeitgeber dem Arbeitnehmer den Dienstwagen und ist dem Arbeitnehmer die **private Nutzung** eingeräumt worden, ist der Arbeitgeber zum **Schadensersatz** verpflichtet. Das BAG führte dazu jüngst in einem seiner Orientierungssätze aus: „Kommt der Arbeitgeber seiner Vertragspflicht, dem Arbeitnehmer die Nutzung des Dienstwagens zu Privatzwecken weiter zu ermöglichen, nicht nach, wird die Leistung wegen Zeitablaufs unmöglich, sodass der Arbeitgeber nach § 275 Abs. 1 BGB von der Leistungspflicht befreit wird. Der Arbeitnehmer hat in diesem Fall nach § 280 Abs. 1 Satz 1 iVm § 283 Satz 1 BGB Anspruch auf Ersatz des hierdurch verursachten Schadens. Zur Berechnung des Schadens ist eine Nutzungsausfallentschädigung auf der Grundlage der steuerlichen Bewertung der privaten Nutzungsmöglichkeit mit monatlich 1 % des Listenpreises des Kraftfahrzeugs im Zeitpunkt der Erstzulassung anzusetzen."[91]

171 Diese Fallkonstellation tritt verschiedentlich ein, wenn der Arbeitgeber dem Arbeitnehmer kündigt, die Schlüssel des Fahrzeugs abnimmt und den Arbeitnehmer freistellt. Der Arbeitgeber muss dem Arbeitnehmer das Fahrzeug grundsätzlich aber auch während der **Freistellung** zur weiteren privaten Nutzung

---

83 So zutr. BeckOK/*Joussen*, § 611 BGB Rn 230.
84 BAG 30.4.1992 – 8 AZR 409/91, NJW 1993, 1028.
85 BAG 30.4.1992 – 8 AZR 409/91, NJW 1993, 1028.
86 Vgl dazu BAG 30.4.1992 – 8 AZR 409/91, NZA 1993, 262. In Muster 2245 ist in Ziff. 7 Satz 1 eine Abgeltung auch des Rückstufungsrisikos mit der Kfz-Pauschale vorgesehen, in Muster 2250 Ziff. 3 (1) ist der Rückstufungsschaden von der Abgeltung ausgenommen.
87 BAG 7.9.1995 – 8 AZR 515/94, BB 1995, 2429.
88 *Hunold*, DB 1985, Beil. 1; *Nägele/Schmidt*, BB 1993, 1797.
89 Siehe Muster 2205 (§ 8); Muster 2210 (§ 6); Muster 2215 (Ziff. 17).
90 BAG 16.3.1995 – 8 AZR 260/94, NZA 1995, 836.
91 BAG 21.3.2012 – 5 AZR 651/10, NZA 2012, 616.

belassen.[92] Etwas anderes gilt nur, wenn die Parteien eine rechtswirksame Vereinbarung getroffen haben, wonach der Arbeitgeber im Falle einer Freistellung die Berechtigung zur Privatnutzung widerrufen kann, m.a.W. die Herausgabe des Fahrzeugs beanspruchen kann.[93]

Das LG Berlin vertritt ohne nähere Auseinandersetzung in den Urteilsgründen mit der umfangreichen arbeitsrechtlichen Rechtsprechung die Auffassung, wenn im Anstellungsvertrag mit einem Vorstandsmitglied vereinbart sei, die Gesellschaft stelle dem Angestellten „für die Dauer des Anstellungsvertrages" einen Dienstwagen zur Verfügung, der auch zu Privatfahrten genutzt werden könne, und die Betriebs- und Unterhaltskosten würden von der Gesellschaft getragen, nur die Versteuerung des geldwerten Vorteils für die private Nutzung gehe zu Lasten des Angestellten, habe das Vorstandsmitglied keinen Anspruch auf Zurverfügungstellung der privaten Nutzung am Dienstwagen, wenn er keine Dienstgeschäfte für die Gesellschaft mehr ausübe.[94] Das LG Berlin ist der Auffassung, wer keine Dienstgeschäfte ausübe, habe auch keinen Anspruch auf Überlassung eines Dienstwagens. Infolgedessen stehe dem Vorstandsmitglied auch aus keiner erdenklichen Anspruchsgrundlage ein Anspruch auf Nutzungsentschädigung deshalb zu, weil der Pkw ihm nicht mehr zur Verfügung stehe.

Außerdem vertritt das LG Berlin die Auffassung, der Vorstand habe auch keinen Anspruch auf Verwendungsersatz nach § 996 BGB, wenn er im Einvernehmen mit seinem Dienstherrn in seinen Dienstwagen ein Navigationssystem und verbesserte Sitze eingebaut habe. Entziehe ihm die Gesellschaft das Fahrzeug und verwerte es anderweitig, entfalle ein **Verwendungsersatzanspruch**, da es sich bei diesen Verwendungen um **Luxusaufwendungen** handele, die weder notwendig noch nützlich seien und die Brauchbarkeit der Sache nicht erhöhen. Es handle sich in diesem Falle um eine aufgedrängte Bereicherung. Das Urteil des LG Berlin stellt eine Ausreißerentscheidung dar, ist vereinzelt geblieben und hat daher keine exemplarische Bedeutung.

2. Herausgabeanspruch am Dienstwagen

Ist ein Arbeitsverhältnis beendet und gibt der Arbeitnehmer mit unterschiedlichen Begründungen (ihm fehle noch ein Teil des Gehalts, wegen einer laufenden Kündigungsschutzklage sei die Kündigung nicht wirksam etc.) das Dienstfahrzeug nicht heraus, stellt sich für den Arbeitgeber zunächst die Frage, ob und unter welchen Voraussetzungen er einen **Herausgabeanspruch** am Dienstwagen hat. Nach wohl hM hat der Arbeitnehmer den Dienstwagen „im Falle einer ordentlichen oder außerordentlichen Kündigung (…) bei der Beendigung des Arbeitsverhältnisses auch dann (vorläufig) herauszugeben, wenn die Wirksamkeit der Kündigung zwischen den Parteien streitig ist".[95] In der Praxis ergibt sich dann entweder die Wirksamkeit der Kündigung und damit wird die Herausgabepflicht bestätigt oder der Arbeitnehmer kann – bei Obsiegen im Kündigungsschutzprozess – nachträglich Schadensersatz wegen Entzugs der Nutzungsmöglichkeit beanspruchen (hM, s. dazu Rn 170 ff). In Muster 2210 (§ 10 Abs. 4) ist vorsorglich eine Begrenzung eines solchen möglichen Schadensersatzanspruchs auf den konkreten Schaden vorgesehen. Zudem ist zu klären, ob der Herausgabeanspruch im Wege der **einstweiligen Verfügung** durchgesetzt werden kann.[96]

Wählt der Arbeitgeber als Anspruchsgrundlage für den **Herausgabeanspruch Eigentum und Besitz**, muss man unterscheiden, ob dem Arbeitnehmer das Fahrzeug ausschließlich zur dienstlichen oder auch zur privaten Nutzung überlassen wurde. Wer das Fahrzeug nur zu dienstlichen Zwecken benutzen darf, ist während der Dauer des Arbeitsverhältnisses ausschließlich Besitzdiener nach § 855 BGB.[97] Ist der Arbeitnehmer nach Beendigung des Arbeitsverhältnisses jedoch nicht zur Herausgabe des Dienstwagens bereit, wandelt er die tatsächliche Gewalt des Besitzdieners in Eigenbesitz um, ohne sich auf ein Besitzrecht berufen zu können.[98] Wird der Geschäftswagen auch zur privaten Nutzung überlassen, ist der Arbeitnehmer nicht lediglich Besitzdiener. Das im Arbeitsvertrag eingeräumte Recht zur priva-

---

92 BAG 23.6.1994 – 8 AZR 537/92, BB 1994, 2276 = NZA 1994, 1128.
93 Zum Widerruf der Gestattung der Privatnutzung s. Rn 131 ff; so Muster 2200 (Ziff. 4 Buchst. i); Muster 2205 (§ 1 Buchst. b und § 4); Muster 2210 (§ 10); Muster 2215 (Ziff. 4).
94 LG Berlin 6.12.1999 – 90 O 146/99, AE 2000, 34.
95 Str, aber wohl hM, vgl etwa LAG Nürnberg 25.1.2011 – 7 Sa 521/10, BeckRS 2011, 71815; LAG Hamm 9.11.2010 – 12 Sa 1376/10, BeckRS 2011, 67819.
96 *Schmiedl*, BB 2002, 992.
97 OLG Düsseldorf 12.2.1986 – 11 U 76/85, NJW 1986, 2513.
98 *Becker-Schaffner*, DB 1993, 2078.

ten Nutzung des Firmenwagens begründet ein Besitzmittlungsverhältnis iSv § 868 BGB.[99] Ein Herausgabeanspruch am Dienstwagen nach § 861 BGB besteht daher nur, wenn der Firmenwagen ausschließlich zur dienstlichen Nutzung überlassen wurde. Dann ist der Arbeitgeber wegen der Besitzdienerschaft des Arbeitnehmers während des Arbeitsverhältnisses unmittelbarer Besitzer. Nutzt der Arbeitnehmer nach Beendigung des Arbeitsverhältnisses das Dienstfahrzeug weiter, entzieht er dem Arbeitgeber den Besitz, wobei er eine verbotene Eigenmacht nach § 858 BGB begeht.[100] Ansprüche gem. §§ 861, 862 BGB bestehen nicht, wenn der Dienstwagen auch zur privaten Nutzung überlassen wurde, da der Arbeitgeber dann nur mittelbarer Besitzer ist. Eine Erweiterung dieser Rechte ergibt sich auch nicht über § 869 BGB, da diese Vorschrift dem mittelbaren Besitzer nur Rechte gegenüber einem störenden Dritten, nicht aber gegenüber dem Besitzmittler einräumt.[101]

176 Ein **bereicherungsrechtlicher Herausgabeanspruch** kommt nur in Betracht, wenn der Geschäftswagen auch zur privaten Nutzung überlassen wurde. Anspruchsgrundlage bildet in diesem Falle § 812 Abs. 1 Satz 2 Alt. 1 BGB. Da der Arbeitnehmer mit der privaten Nutzung am Dienstwagen den unmittelbaren Besitz innehat, räumt ihm der Arbeitgeber bei Übergabe des Dienstwagens den unmittelbaren Besitz ein. Weil er dies auch in Erfüllung seiner arbeitsvertraglichen Pflichten tut, überträgt er den unmittelbaren Besitz bewusst und zweckgerichtet.[102] Damit liegt eine Leistung im bereicherungsrechtlichen Sinne vor. Ist nach dem Arbeitsvertrag lediglich die dienstliche Nutzung des Firmenwagens erlaubt, besteht von vornherein kein Herausgabeanspruch des Arbeitnehmers nach § 812 Abs. 1 Satz 2 Alt. 1 BGB, da die Einräumung der bloßen Besitzdienerschaft keinen für § 812 BGB notwendigen Rechtserwerb darstellt.

177 Der Herausgabeanspruch ergibt sich schließlich auch aus **§ 823 Abs. 1 BGB**, und zwar unabhängig davon, ob das Fahrzeug ausschließlich zur dienstlichen oder auch zur privaten Nutzung überlassen wurde. Über die rechtswidrige Weigerung des Arbeitnehmers, das Fahrzeug nach Beendigung des Arbeitsverhältnisses herauszugeben, wird das Besitzrecht des Arbeitgebers als sonstiges Recht iSv § 823 Abs. 1 BGB verletzt. Der Umfang des Schadensersatzanspruchs über § 823 BGB ergibt sich aus den §§ 249 ff BGB. Im Rahmen der Naturalrestitution wird daher die Herausgabe des Dienstwagens geschuldet.

178 Bei einem **geleasten Fahrzeug** hat der Arbeitgeber grundsätzlich keinen Herausgabeanspruch aus Eigentum oder Bereicherungsrecht. Die wohl herrschende Meinung im Schrifttum greift allerdings auf die §§ 666, 667 BGB analog zurück.[103]

179 In den meisten Fällen lässt sich ein **Verfügungsanspruch** in einem Antrag auf Erlass einer einstweiligen Verfügung darstellen. Als **Verfügungsgrund** lassen es einige Arbeitsgerichte ausreichen, dass der Arbeitgeber darlegt und glaubhaft macht, dass er das Arbeitsverhältnis gekündigt hat und die Kündigung nicht offensichtlich unwirksam ist.[104] Auch verbotene Eigenmacht kann einen Verfügungsgrund darstellen.[105] Verschiedentlich wird allerdings auch in der Rechtsprechung gefordert, dass der antragstellende Arbeitgeber Umstände darlegt, aufgrund derer er auf die sofortige und jederzeitige Verfügbarkeit des Fahrzeugs im Sinne einer tatsächlichen Zugriffsmöglichkeit dringend angewiesen ist.[106]

180 Die Anforderungen, die an die Herausgabepflicht des Arbeitnehmers nach Ende des Arbeitsverhältnisses wegen des Dienstwagens gestellt werden, sind regional unterschiedlich. Beachtet werden sollte, dass sich ein Herausgabeanspruch auch aus dem Wortlaut des jeweiligen Kfz-Überlassungsvertrages als vertraglichem Herausgabeanspruch ergeben kann.

3. Ermittlung des Wertersatzes

181 Früher war in der Rechtsprechung streitig, wie der **Wertersatz für die Vorenthaltung des Fahrzeugs** zu bemessen ist. **Drei Bewertungshilfen** sind in Rechtsprechung und Schrifttum erörtert worden. Teilweise wurde die ADAC-Kostentabelle herangezogen,[107] zum anderen wurde die Tabelle von *Sanden/Danner/*

---

99 *Schmiedl*, BB 2002, 992.
100 *Becker-Schaffner*, DB 1993, 2078.
101 OLG Frankfurt aM 26.6.1997 – 1 U 18/97, NJW 1997, 3030.
102 *Schmiedl*, BB 2002, 992 (993).
103 Vgl etwa *Schmiedl*, BB 2002, 992 (994); *Preis/Lindemann*, Der Arbeitsvertrag, II D 20 Rn 8.
104 ArbG Wetzlar 1.8.1986 – 2 Ga 1/86, EzA § 985 BGB Nr. 1; ArbG Hamburg 23.6.1995 – 13 Ga 8/95, n.v.
105 MüKo-ZPO/*Drescher*, § 935 Rn 17 mwN zur OLG-Rspr.
106 ArbG Marburg 21.1.2000 – 2 Ga 1/00, n.v.
107 LAG Köln 19.5.1998 – 13 Sa 280/98, n.v.

Küppersbusch[108] verwendet und schließlich wurde erwogen, den Nutzungsausfall anhand des Wertes des steuerlichen Sachbezugs[109] zu bestimmen.

Zum **Umfang des Schadensersatzes**, den der Arbeitgeber bei rechtswidriger Nichtgewährung der Nutzung am Firmenfahrzeug zu leisten hat, schien zunächst seit dem Urteil vom 16.11.1995 stets eine konkrete Schadensberechnung vonnöten. In seinem Urteil vom 27.5.1999[110] hat das BAG die Regelungen der §§ 249 Satz 1, 251 Abs. 1 BGB zugrunde gelegt und entschieden, dass es im Rahmen des richterlichen Ermessens liege, den Wert der privaten Nutzung eines Kraftfahrzeugs für jeden Kalendermonat mit **1 % des inländischen Listenpreises** im Zeitpunkt der Erstzulassung zuzüglich der Kosten für Sonderausstattungen einschließlich Umsatzsteuer anzusetzen. Dies entspricht seither ständiger Rechtsprechung des BAG.[111]

182

Liegt die Benutzung eines Dienstfahrzeugs im Interesse des Arbeitgebers und **least** der Arbeitgeber ein Firmenfahrzeug für den Arbeitnehmer, das dieser auch privat nutzen darf, so ist eine Vertragsvereinbarung zwischen Arbeitgeber und Arbeitnehmer, wonach der Arbeitnehmer bei Eigenkündigung die Rechte und Pflichten aus dem Leasingvertrag zu übernehmen und den Arbeitgeber von den Verpflichtungen aus dem Leasingvertrag freizustellen hat, unangemessen.[112]

183

Zulässig ist es dagegen, den Arbeitnehmer während des Arbeitsverhältnisses an den Zusatzkosten von vom Arbeitnehmer gewünschter Sonderausstattung zu beteiligen (s. dazu Rn 185).[113]

184

VI. Kostenbeteiligung des Arbeitnehmers

1. Modell-Upgrade durch Zuzahlungen während des Arbeitsverhältnisses

In der Praxis finden sich Gestaltungen, bei denen Arbeitgeber je nach Hierarchiestufe ein bestimmtes Budget für den Dienstwagen zur Verfügung stellen, orientiert entweder am Netto-Neuwagenpreis oder an der monatlichen Leasingrate, und es dann dem Arbeitnehmer überlassen, welchen Dienstwagen mit welcher Sonderausstattung er im Rahmen dieser Budgetvorgaben nutzen möchte. Teilweise wird dem Arbeitnehmer auch das Recht eingeräumt, einen höherwertigen Dienstwagen zu nutzen, wenn er den **Aufpreis** auf den Kaufpreis oder meist auf die Leasingrate **selbst trägt**. Hierzu hat das BAG bereits entschieden, dass während des Arbeitsverhältnisses eine Beteiligung des Arbeitnehmers an den Kosten des auch zur Privatnutzung überlassenen Dienstwagens möglich ist. Während des Bestands des Arbeitsverhältnisses bestehen demnach gegen eine angemessene finanzielle Beteiligung des Arbeitnehmers keine Bedenken.[114] Weniger klar wird es jedoch bei der Beendigung des Arbeitsverhältnisses.

185

2. Übernahme der Kosten des Leasingvertrages durch den Arbeitnehmer bei Ausscheiden?

Ausgangspunkt hierbei ist der Grundsatz, dass regelmäßig der Arbeitgeber für die Bereitstellung der seiner Meinung nach erforderlichen Betriebs- und Arbeitsmittel auf seine Kosten zu sorgen hat. Dies gilt auch für erforderlich gehaltene Dienstwagen. Diese Kosten sind dem Betriebsrisiko zugewiesen und daher grundsätzlich vom Arbeitgeber zu tragen, ohne dass dieser sie auf den Arbeitnehmer abwälzen kann. Der Arbeitgeber ist es daher in aller Regel auch selbst, der den Finanzierungs- oder Leasingvertrag über den Dienstwagen abgeschlossen hat und daher auch die erforderlichen Zahlungen an die Finanzierungs- oder Leasinggesellschaft zu leisten hat.

186

Endet das Vertragsverhältnis – wie oft – während einer Finanzierungs- oder meist Leasingvertragslaufzeit, so stellt sich die Frage, ob der Arbeitgeber als Leasingnehmer vom ausscheidenden Mitarbeiter als Nutzer des geleasten Fahrzeugs den Eintritt in den Finanzierungs-/Leasingvertrag oder die Erstattung der Finanzierungs-/Leasingraten verlangen bzw dies im Kfz-Überlassungsvertrag oder in der Dienstwagenregelung vertraglich vorsehen kann. Nach einer Entscheidung des BAG ist jedenfalls eine Verpflichtung des Arbeitnehmers, bei (vorzeitiger) Beendigung seines Arbeitsverhältnisses den zur Privatnutzung

187

---

108 LAG Hessen 19.12.1997 – 17/12 Sa 1871/96, NZA-RR 1998, 487; LAG Hamm 21.9.1998 – 19 Sa 646/98, n.v.; LAG Rheinland-Pfalz 19.11.1996 – 4 Sa 733/96, NZA 1997, 942.
109 LAG Hamm 10.4.1991 – 2 (16) Sa 619/90, BB 1991, 1496; nunmehr auch BAG 27.5.1999 – 8 AZR 415/98, NZA 1999, 1038; ablehnend dagegen bislang BAG 23.6.1994 – 8 AZR 537/92, NJW 1995, 348.
110 BAG 27.5.1999 – 8 AZR 415/98, NZA 1999, 1038.
111 Bestätigt zuletzt durch BAG 21.3.2012 – 5 AZR 651/10, NZA 2012, 616.
112 BAG 9.9.2003 – 9 AZR 574/02, NZA 2004, 484.
113 BAG 9.9.2003 – 9 AZR 574/02, NZA 2004, 484.
114 BAG 9.9.2003 – 9 AZR 574/02, NZA 2004, 484.

überlassenen geleasten Dienstwagen zurückzugeben und dennoch für die restliche Laufzeit des Leasingvertrages die anfallenden Leasingraten sofort als Einmalbetrag an den Arbeitgeber zu zahlen, unwirksam.[115] Daran änderte sich in dem entschiedenen Fall auch dadurch nichts, dass dem Arbeitnehmer das Recht eingeräumt worden war, den Leasingvertrag mit Zustimmung von Arbeitgeber und Leasinggeber ganz zu „übernehmen". Höchstrichterlich noch nicht geklärt ist die Lage, wenn ein „echtes" Übernahmerecht (ohne weiteres Zustimmungserfordernis seitens des Arbeit- und Leasinggebers) eingeräumt würde[116] oder der ausscheidende Mitarbeiter nur dann in den Leasingvertrag eintreten oder dem Arbeitgeber die Leasingraten erstatten soll, wenn er – insoweit entgegen BAG NZA 2004, 484 ff – das geleaste Fahrzeug auch bis zum Ablauf der Leasingvertragsdauer nutzen darf. Eine solche Gestaltung müsste mE auf der Grundlage der BAG-Argumentation grundsätzlich zulässig sein, solange bei der Klauselgestaltung eine unangemessene einseitige Kostenverlagerung vermieden wird. Allerdings kann nach vorliegender LAG-Rechtsprechung auch eine solche Klausel den betroffenen Mitarbeiter unangemessen belasten, ggf übermäßig sein Recht, seinen Arbeitsplatz frei zu wählen (Art. 12 GG), beeinträchtigen[117] und ihn damit auch unangemessen benachteiligen iSv § 307 Abs. 1 BGB.[118]

3. Übernahme der Differenzkosten eines auf Wunsch des Arbeitnehmers angeschafften/geleasten Dienstwagens?

188 Die Frage nach einer finanziellen Beteiligung des Mitarbeiters an den Leasingkosten stellt sich aus Unternehmenssicht umso mehr, wenn das **Fahrzeug nach speziellen Wünschen des ausscheidenden Mitarbeiters ausgewählt und geleast** worden ist (gehobeneres Modell und/oder höherwertigere Ausstattung). Aber auch eine entsprechende Verpflichtung des Mitarbeiters, die für die restliche Laufzeit des Leasingvertrages noch anfallenden **Differenzraten** (Teil der Leasingraten, die die **Mehrkosten der Sonderausstattung** betreffen) spätestens bis zum Ausscheiden in einer Summe zu zahlen, wurde vom BAG jedenfalls für den Fall der gleichzeitigen Rückgabeverpflichtung abgelehnt.[119] Das LAG Düsseldorf hat im Anschluss an das LAG Berlin-Brandenburg[120] entschieden, dass eine „Verpflichtung des Arbeitnehmers, einen durch seine Sonderwünsche bedingten Eigenanteil an den Leasingraten für das Dienstfahrzeug auch für die Zeit nach Beendigung des Arbeitsverhältnisses zu erstatten, obgleich er das Fahrzeug nicht mehr nutzen kann, als unangemessene Benachteiligung des Arbeitnehmers i.S.d. § 307 Abs. 1 Satz 1 BGB unwirksam" ist.[121]

B. Texte

I. Dienstwagenvereinbarungen

189 **1. Muster: Dienstwagenvereinbarung mit Nutzungspauschale für Privatfahrten**

(1) Der Mitarbeiter verpflichtet sich, im Rahmen der Erfüllung seiner arbeitsvertraglichen Aufgaben notwendig werdende Fahrten im Pkw durchzuführen.

(2) Die Firma behält sich vor, in Einzelfällen, wenn dies aus geschäftlichen Gründen notwendig erscheint, eine Bahn- oder Flugreise anzusetzen. Der Mitarbeiter ist berechtigt, von sich aus mit der Bahn zu fahren, wenn die Witterung es erfordert.

In diesen Fällen ist von dem bei der Firma bestehenden Großkundenabonnement Gebrauch zu machen.

---

115 BAG 9.9.2003 – 9 AZR 574/02, NZA 2004, 484.
116 In diesem Sinne wohl LAG Hamm 3.7.2002 – 14 Sa 624/02 als Vorinstanz von BAG 9.9.2003 – 9 AZR 574/02, NZA 2004, 484.
117 Auf diesen rechtlichen Aspekt verweist auch BAG 9.9.2003 – 9 AZR 574/02, NZA 2004, 484; aA – für einen besonders gelagerten Fall – LAG Hessen 14.10.2005 – 12 Sa 2008/04, BeckRS 2006, 44061.
118 LAG Düsseldorf 18.5.1995 – 12 Sa 183/95, NZA-RR 1996, 363 (noch zu § 242 BGB); ähnl. LAG München 30.5.2001 – 9 Sa 8/01, FA 2002, 117ff.
119 BAG 9.9.2003 – 9 AZR 574/02, NZA 2004, 484.
120 LAG Berlin-Brandenburg 5.12.2007 – 21 Sa 1770/07, BeckRS 2008, 54759.
121 LAG Düsseldorf 8.7.2011 – 10 Sa 108/11, BeckRS 2011, 76731.

(3) Die Firma überlässt dem Mitarbeiter ab ... das Fahrzeug ... mit dem polizeilichen Kennzeichen ... vorrangig zur dienstlichen Nutzung. Der Mitarbeiter ist aber auch zur privaten Nutzung (auch durch Familienangehörige bzw Partner einer eingetragenen Lebenspartnerschaft) berechtigt. Das Fahrzeug darf nur vom Mitarbeiter oder von einem Familienangehörigen bzw Partner einer eingetragenen Lebenspartnerschaft, jeweils im Besitz einer gültigen Fahrerlaubnis, im Straßenverkehr geführt werden. Der Mitarbeiter hat der Firma seinen Führerschein vor Übernahme des Wagens und danach jeweils in halbjährlichem Abstand unaufgefordert vorzulegen. Sollte zu einem späteren Zeitpunkt ein Fahrverbot erteilt werden oder ein Führerscheinentzug erfolgen, ist dies der Firma sofort mitzuteilen. Bei der Überlassung des Fahrzeugs an Familienangehörige ist das Vorhandensein eines Führerscheins zu überprüfen.

Zur Ausstattung gehören 2 Sätze Schlüssel, 1 Warndreieck, 1 vorschriftsmäßiger Verbandskasten, 1 Warnweste. Das Fahrzeug ist mit Stahl-Gürtelreifen ausgerüstet (für Sommer und Winterbetrieb). Die Reifen inkl. Ersatzreifen müssen nach einer gewissen Zeit umgesetzt werden, damit alle Reifen gleichmäßig abgefahren werden. Bei Ersatzbeschaffung von Reifen müssen Alljahresreifen angeschafft werden. Die Rechnung geht auch in diesem Fall an die Firma. Der Mitarbeiter teilt der Firma den km-Stand und die Ersatzbeschaffung mit.

(4) Für die Fahrzeuggestellung einschließlich der Privatnutzung dieses sowie etwaiger Austausch- bzw Ersatzfahrzeuge gelten die folgenden Bedingungen:

a) Die lohnsteuerrechtliche Behandlung der Privatnutzung richtet sich nach den jeweiligen maßgeblichen Vorschriften. Demnach ist zurzeit zu versteuern:
monatlich 1 % vom Brutto-Listenneupreis = ... EUR
Soweit steuerpflichtige Fahrten zwischen Wohnung und Arbeitsstätte (§ 8 Abs. 2 Satz 3 EStG) anfallen, werden zusätzlich 0,03 % des Listenneupreises pro Entfernungskilometer angesetzt.

b) Die Firma übernimmt die Kosten des Fahrzeugbetriebs. Die Betriebskosten für Öl, Benzin usw bei Urlaubsfahrten übernimmt jedoch der Mitarbeiter.
Vor Auslandsfahrten in andere als unmittelbare Nachbarländer Deutschlands ist vorab eine Genehmigung des Vorgesetzten einzuholen und vor *jeder* Auslandsfahrt eine ADAC-Auslandsschutzbrief-Versicherung abzuschließen.
Zum Monatsende ist der Firma der jeweilige Kilometerstand unaufgefordert auf der monatlichen Tankrechnung mitzuteilen.

c) Der Kraftfahrzeugschein ist neben der Fahrerlaubnis ständig mitzuführen und sorgfältig zu verwahren. Das Gleiche gilt für die von der Firma zur Verfügung gestellte Grüne Versicherungskarte.

d) Der Wagen ist möglichst in einer Garage einzustellen. Die Kosten für die Garage sind vom Mitarbeiter zu tragen; eine Erstattung durch die Firma erfolgt nicht, auch nicht anteilig.

e) Es ist selbstverständlich, dass das Fahrzeug jederzeit einer ordnungsgemäßen Pflege und Wartung unterzogen und in betriebssicherem Zustand gehalten wird. Die notwendigen Maßnahmen ergeben sich aus dem beigefügten Kundendienstscheckheft des Kfz-Herstellers.
Sämtliche Kundendienstarbeiten und Reparaturen müssen in autorisierten Werkstätten der gefahrenen Automarke durchgeführt werden. Zuwiderhandlungen gehen zu Lasten des Mitarbeiters. Notwendig erscheinende Reparaturen sind der Geschäftsleitung unverzüglich anzuzeigen. Reparaturen bedürfen der vorherigen Zustimmung der Geschäftsleitung. Unfälle sind dieser sofort zu melden.

f) Der Mitarbeiter haftet für Schäden am Kraftfahrzeug, die anlässlich einer Privatnutzung entstehen, umfassend gemäß den allgemeinen gesetzlichen Bestimmungen. Dies gilt grundsätzlich auch für Schäden, die anlässlich einer dienstlichen Nutzung entstehen, wobei jedoch die Rechtsprechungsgrundsätze zur Arbeitnehmerhaftung zugunsten des Mitarbeiters Anwendung finden.[122]

---

[122] Gegen diese Formulierung könnten unter dem Aspekt der Transparenz rechtliche Bedenken bestehen. Daher finden sich in den nachfolgenden Mustern noch konkreter formulierte Varianten der Haftungsbestimmungen.

Ferner hat der Mitarbeiter die Firma in diesem Rahmen von allen Haftpflichtansprüchen Dritter freizustellen, die wegen seines Verhaltens durch die Kraftfahrzeug-Haftpflichtversicherung nicht gedeckt sind. Dies kommt u.a. in Betracht, wenn ein Unfall auf abgefahrene Reifen zurückzuführen ist; ferner, wenn eine Obliegenheit verletzt wird, die bei Eintritt des Versicherungsfalls vom Fahrer des Fahrzeugs zu erfüllen gewesen wäre. Zu den Obliegenheitsverletzungen gehören zB unerlaubtes Entfernen vom Unfallort, ungenügende Aufklärung des Versicherers über den Unfallhergang, keine oder unwahre Angaben über Alkoholgenuss, wenn hiernach gefragt ist.

g) Falls sich im Kraftfahrzeug eine Kontrolleinrichtung befindet, hat der Mitarbeiter diese zu benutzen und die Kontrollbelege auf Anforderung vorzulegen. Darüber hinaus ist er verpflichtet, ein den jeweiligen Anforderungen entsprechendes Fahrtenbuch zu führen. Der Mitarbeiter wurde über die inhaltlichen Anforderungen an die Führung des Fahrtenbuches unterrichtet.

h) Der Mitarbeiter verpflichtet sich, auf allen Dienstfahrten stets den Sicherheitsgurt anzulegen und darauf hinzuwirken, dass auch mitgenommene Dritte dies tun.

Der Mitarbeiter verpflichtet sich weiter, bei allen Arbeiten am Fahrzeug im Gefahrenbereich des fließenden Verkehrs stets die mitgeführte Warnweste zu tragen (§ 50 Abs. 5 UVV 12).

i) Die Gebrauchsüberlassung ist an das bestehende Arbeitsverhältnis gebunden und endet automatisch spätestens mit dem Ende des Arbeitsverhältnisses. Die Firma behält sich vor, nach Kündigung des Arbeitsverhältnisses, gleich durch welche Partei, insbesondere im Falle einer Freistellung des Mitarbeiters, das Fahrzeug vorzeitig mit Wirkung zum Monatsende herauszuverlangen. Gleiches gilt im Fall einer über den Entgeltfortzahlungszeitraum andauernden krankheitsbedingten Arbeitsunfähigkeit sowie im Fall des Ruhens der beiderseitigen Hauptleistungspflichten, etwa während einer Elternzeit.

Auch bei einer Versetzung, mit der das betriebliche Bedürfnis für einen Dienstwagen entfällt, zB in den Innendienst, ist der Dienstwagen zum Monatsende zurückzugeben. In diesem Fall erhält der Mitarbeiter für die Dauer von ... Monaten als Ersatz für den entgehenden geldwerten Vorteil monatlich einen Betrag in Höhe von ... EUR.[123]

(5) Im Übrigen ist die Firma berechtigt, das Fahrzeug jederzeit gegen ein gleichwertiges Fahrzeug der gleichen Klasse auszutauschen.

2. Muster: Betriebs-Kraftfahrzeug für Dienst- und Privatfahrten (Abrechnung nach Einzelnachweis) mit Widerrufsklausel

Zwischen

der Firma ...

– nachstehend: Firma –

und

Herrn ...

– nachstehend: Mitarbeiter –

wird folgender Kfz-Überlassungsvertrag vereinbart:

---

123 Eine solche Entschädigung für den Verlust des geldwerten Vorteils ist rechtlich nicht zwingend erforderlich.

§ 1 Vertragsgegenstand

(a) Benutzung des Fahrzeugs bei Dienstfahrten

Für seine berufliche Reisetätigkeit überlässt die Firma dem Mitarbeiter den firmeneigenen Kraftwagen, Typ ..., Baujahr ..., mit dem polizeilichen Kennzeichen ..., zur uneingeschränkten Nutzung. Zum Wagen gehören die vorgeschriebenen Zubehörteile (Warndreieck, Verbandskasten usw). Außerdem sind vorhanden: ...

(b) Benutzung des Fahrzeugs bei Privatfahrten

Während der Freizeit sind dem Mitarbeiter Privatfahrten im In- und Ausland gestattet. Die Abrechnung des privaten Nutzungsanteils erfolgt gem. § 8 Abs. 2 EStG anhand des Fahrtenbuches und der vom Mitarbeiter zu fertigenden Aufzeichnungen. Kraftstoffkosten für längere Urlaubsfahrten trägt der Mitarbeiter unmittelbar.

§ 2 Steuer, Haftpflicht- und Vollkaskoversicherung

Die Kfz-Steuer und die Versicherungsbeiträge trägt die Firma. Es bestehen folgende Versicherungen:

a) Kfz-Haftpflichtversicherung (Deckungssumme ... EUR)

b) Vollkaskoversicherung mit einer Selbstbeteiligung des Arbeitnehmers von ... EUR/Teilkaskoversicherung ...

c) Insassenunfallversicherung

d) Rechtsschutzversicherung

§ 3 Fahrerlaubnis/Fahrzeugpapiere

Dem Mitarbeiter ist das Führen des Fahrzeugs nur im Besitz einer gültigen Fahrerlaubnis gestattet. Der Mitarbeiter ist verpflichtet, die Firma unverzüglich zu unterrichten, wenn ihm gegenüber ein befristetes Fahrverbot ausgesprochen wird oder ihm die Fahrerlaubnis auf Dauer entzogen wird.

Der Mitarbeiter bestätigt mit seiner Unterschrift unter diese Vereinbarung, den Fahrzeugschein und ein Fahrtenbuch erhalten zu haben. Das Fahrtenbuch ist lückenlos und genau zu führen. Es ist einmal monatlich der Personalabteilung zur Einsicht vorzulegen.

In das Fahrtenbuch trägt der Mitarbeiter an jedem Abend ein:

a) Kilometerstand des Fahrzeugs, zurückgelegte Strecke (Kilometerzahl und Ortsangaben), getrennt nach beruflichen und privaten Fahrten;

b) Auslagen für Treibstoff, Öl, Reparaturen und Wartungsarbeiten; Belege sind beizufügen;

c) Grund der jeweiligen Fahrt, so dass dienstliche und private Veranlassung gesondert erkennbar sind.

§ 4 Widerruf der Überlassung

Die Firma kann die Überlassung des Fahrzeugs unter angemessener Berücksichtigung auch der Interessen des Mitarbeiters aus sachlichem Grund (wirtschaftliche, in der Person des Mitarbeiters liegende oder verhaltensbedingte Gründe) mit einer Ankündigungsfrist von ... Kalendertagen zum Ablauf des nächsten Monats widerrufen und das Fahrzeug bei Bedarf anderweitig einsetzen. Als sachlicher Grund gilt insbesondere eine längere Erkrankung, die über den Entgeltfortzahlungszeitraum hinaus andauert (für die Dauer der die Entgeltfortzahlungspflicht überdauernden Zeit), der Ausspruch einer Kündigung, gleich welcher Partei (für die Dauer der Kündigungsfrist), eine Freistellung (für die Dauer der Freistellungsphase), eine vertragswidrige Nutzung des Fahrzeugs durch den Mitarbeiter oder bei einem Widerruf aus wirtschaftlichen Gründen ein Rückgang des EBIT/EBITDA (oder einer anderen hier festzulegenden Bezugsbasis) auf unter ... . Dabei gehen die Vertragsparteien davon aus, dass ein sachlicher Grund den Interessen des Mitarbeiters in der Regel vorgeht.

Während des Beschäftigungsverbots gem. §§ 3 Abs. 1, 4 MuSchG und während einer Schutzfrist gem. §§ 3 Abs. 2, 6 Abs. 1 MuSchG kann die Firma die Rückgabe des Firmenfahrzeugs gegen Zahlung eines Entschädigungsbetrags für den Wegfall des Sachbezugs in Höhe von täglich ... EUR verlangen. Zu Beginn einer Elternzeit und/oder bei vergleichbaren Abwesenheitszeiten ohne Entgeltfortzahlung ist das Firmenfahrzeug für die

Dauer der Elternzeit entschädigungslos an die Firma zurückzugeben. Dies gilt in anderen Fällen des Ruhens des Arbeitsverhältnisses entsprechend.

Der Mitarbeiter verfügt bei einem Herausgabeverlangen der Firma über kein Zurückbehaltungsrecht.

Der Widerruf ist ausgeschlossen, falls der geldwerte Vorteil der Fahrzeugnutzung 25 % der Gesamtvergütung des Mitarbeiters übersteigt. Dabei sind sich die Parteien einig, dass der geldwerte Vorteil hier deutlich unter der 25 %-Schwelle liegt.

§ 5 Pflicht des Mitarbeiters zur Wartung

Die Firma trägt die Kosten für Wartung und Reparatur. Der Mitarbeiter hat für ordnungsgemäße Pflege, rechtzeitige Wartung und unverzügliche Reparatur des Fahrzeugs zu sorgen. Inspektionen sind rechtzeitig nach Vorschrift des Herstellers auf Kosten der Firma durchzuführen. Die Kosten für Pflege und Garage übernimmt der Mitarbeiter. Der Wagen ist im Allgemeinen alle zwei Wochen zu waschen. Der Mitarbeiter ist dafür verantwortlich, dass sich das Fahrzeug immer in betriebs- und verkehrssicherem Zustand befindet. Soweit für ungewöhnliche Reparaturen oder für eine notwendige Ergänzung des Wagenzubehörs und der Wagenausstattung Aufwendungen von mehr als ... EUR entstehen, hat der Mitarbeiter vor der Auftragserteilung die Zustimmung der Firma einzuholen, notfalls fernmündlich oder durch E-Mail.

§ 6 Meldepflicht

Am Fahrzeug aufgetretene Mängel und Beschädigungen, Unfälle und Diebstähle sind der Firma unverzüglich mündlich oder fernmündlich mitzuteilen. Im Falle eines Verkehrsunfalls ist ein schriftlicher Bericht über das Unfallereignis nachzureichen. Anschrift und Rufnummer des Haftpflichtversicherers und der Unfallbeteiligten sind anzugeben. Die Abgabe eines Schuldanerkenntnisses sollte der Mitarbeiter unterlassen.

§ 7 Haftung

(1) Bei allen Verkehrsunfällen, auch solchen, die der Mitarbeiter selbst verschuldet hat, ist unverzüglich die Polizei hinzuzuziehen. Über den Unfallablauf hat der Mitarbeiter unverzüglich einen Bericht abzufassen. Rechte, die das Kraftfahrzeug betreffen, kann der Mitarbeiter im Interesse der Firma geltend machen. Auf Rechte, die das Kraftfahrzeug betreffen, kann der Mitarbeiter nicht verzichten.

(2) Bei Dienstfahrten haftet der Mitarbeiter für Schäden, die er vorsätzlich oder grob fahrlässig verursacht, allein. Sind die Schäden durch eine Kaskoversicherung gedeckt, haftet der Mitarbeiter in der Höhe der Selbstbeteiligung. Er hat ebenfalls denjenigen Schaden zu tragen, der der Firma durch Verlust oder durch Herabstufung des Schadensfreiheitsrabatts entsteht. Bei mittlerer Fahrlässigkeit haftet der Mitarbeiter insoweit anteilig, es erfolgt eine Quotelung des Schadens und der Haftung hierfür anhand der Einzelfallumstände. Bei leichter Fahrlässigkeit haftet der Mitarbeiter nicht. Bei Schäden oder Wertminderungen am Fahrzeug, die außerhalb des Fahrzeugbetriebs entstehen (zB mangelhafte Pflege oder Wartung, unterlassene Reparatur, nachlässige Beaufsichtigung, unsachgemäße Behandlung), haftet er für jedes Verschulden uneingeschränkt.

(3) Für Schäden am Kraftfahrzeug, die anlässlich von Privatfahrten entstehen, haftet der Mitarbeiter uneingeschränkt nach den allgemeinen gesetzlichen Regelungen. Soweit die Kaskoversicherung den Schaden trägt, haftet der Mitarbeiter nur in Höhe der Selbstbeteiligung und in Höhe des dadurch verursachten Herabstufungsschadens beim Schadensfreiheitsrabatt.

§ 8 Fahrer/Mitfahrer

Die Führung des Kraftfahrzeugs darf vom Mitarbeiter keinem anderen Fahrer überlassen werden. Das Vermieten oder Verleihen des Fahrzeugs ist untersagt. Auf Dienstfahrten ist dem Mitarbeiter nur gestattet, Repräsentanten von Kunden, Lieferanten und Mitarbeiter der Firma (zB Reisevertreter) mitzunehmen. Auf Privatfahrten ist nur die Mitnahme von Familienangehörigen bzw Partnern einer eingetragenen Lebenspartnerschaft gestattet, von denen ein jeder eine Haftungsausschlusserklärung zu Gunsten der Firma zu unterzeichnen hat.

§ 9 Sonstiges

Dieser Vertrag endet spätestens mit Ablauf des zwischen den Parteien geschlossenen Arbeitsvertrages. Außerdem kann jede Vertragspartei den Kfz-Nutzungsvertrag mit einer Frist von einem Monat unabhängig vom Bestehen des Arbeitsvertrages kündigen. Änderungen oder Ergänzungen des Vertrages bedürfen zu ihrer Wirksamkeit der Schriftform. Dies gilt auch für die Aufhebung dieses Schriftformerfordernisses. Damit sind insbesondere Änderungen dieser Vereinbarung im Wege der betrieblichen Übung ausgeschlossen, nicht jedoch Änderungen aufgrund von zwischen den Parteien nachträglich getroffener mündlicher Vereinbarungen.

3. Muster: Dienstwagenvereinbarung mit Nutzungspauschale für Privatfahrten (Arbeitsvertragsergänzung)

Zwischen

der Firma ...

– nachstehend: Firma –

und

Herrn ...

– nachstehend: Mitarbeiter –

wird über die Benutzung eines firmeneigenen Kraftwagens Folgendes vereinbart:

§ 1 Kraftfahrzeugüberlassung

Für seine Tätigkeit als ... überlässt die Firma dem Mitarbeiter den firmeneigenen Kraftwagen, Typ ... mit dem amtlichen Kennzeichen ..., zur dienstlichen Nutzung und – solange die dienstliche Nutzung erfolgt – auch zur Privatnutzung.
Der Wagen ist mit dem vorgeschriebenen Zubehör (Sicherheitsgurte, Warndreieck, Verbandskasten) ausgestattet; außerdem sind vorhanden: 1 Reservereifen, 4 Winterreifen, 1 Reservekanister, 1 Werkzeugtasche mit Inhalt, 1 Abschleppseil, 1 Warnweste.

§ 2 Versicherung und Kraftfahrzeugsteuer

Die Kfz-Steuer und die Versicherungsbeiträge werden von der Firma bezahlt. Es bestehen folgende Versicherungen:

a) Kfz-Haftpflichtversicherung, Deckungssumme unbegrenzt, 3.800.000 EUR bei Personenschäden;
b) Vollkaskoversicherung mit Selbstbeteiligung 335 EUR;
c) Insassen-Unfallversicherung.

§ 3 Fahrerlaubnis/Fahrzeugpapiere

Der Mitarbeiter ist bei Übernahme des Fahrzeugs im Besitz einer gültigen Fahrerlaubnis. Die Firma hat dies bei Übergabe durch Einsichtnahme in das Originaldokument überprüft. Der Mitarbeiter ist verpflichtet, die Firma unverzüglich zu unterrichten, wenn ihm gegenüber ein befristetes Fahrverbot ausgesprochen wird oder ihm die Fahrerlaubnis auf Dauer entzogen wird. Während eines Fahrverbots und des Entzugs der Fahrerlaubnis ist die Benutzung des Kraftfahrzeugs zu unterlassen. Der Mitarbeiter bestätigt, den Fahrzeugschein erhalten zu haben.

§ 4 Wartungspflicht

Der Mitarbeiter hat für ordnungsgemäße Pflege und Wartung des Fahrzeugs zu sorgen.

Ölwechsel und Kundendienst sind nach Fabrikvorschrift durchzuführen. Mindestens zweimal im Monat muss der Wagen gewaschen werden.

Dringende Reparaturen sind unverzüglich vorzunehmen; soweit hierfür oder für eine notwendige Ergänzung des Wagenzubehörs Aufwendungen von über 100 EUR entstehen, hat der Mitarbeiter vor Auftragserteilung bzw Beschaffung, notfalls fernmündlich, die Zustimmung der Firma einzuholen.

Der Mitarbeiter ist allein dafür verantwortlich, dass sich das Fahrzeug ständig in einem vorschriftsmäßigen Zustand befindet.

§ 5 Umfang der Benutzung

Für berufliche Fahrten sowie für Fahrten von seiner Wohnung und zurück steht der Wagen dem Mitarbeiter uneingeschränkt zur Verfügung.

Privatfahrten am Abend sowie am Wochenende und im Urlaub sind dem Mitarbeiter bis auf Widerruf gestattet. Der geldwerte Vorteil wird derzeit durch pauschale Berechnung des Nutzungsvorteils gem. § 8 Abs. 2 Satz 3 EStG mit monatlich 0,03 % des inländischen Listenpreises des Kfz für jeden Kilometer der Entfernung zwischen Wohnung und Arbeitsstätte ermittelt. Benzinkosten gehen im Urlaub zu Lasten des Mitarbeiters.

§ 6 Fahrer/Mitfahrer

Einem anderen Fahrer darf der Wagen nicht überlassen werden. Auch das Verleihen oder Vermieten des Fahrzeugs, selbst wenn dabei der Mitarbeiter fährt, ist untersagt. Auf beruflichen Fahrten darf der Mitarbeiter nur Kunden, Lieferanten oder andere Mitarbeiter der Firma mitnehmen.

Die Firma haftet bei solchen Personenschäden, die mit dem Fahrzeug anlässlich von Dienstfahrten verursacht werden, nur insoweit, als durch die bestehenden Versicherungen Deckungsschutz gewährt wird.

§ 7 Abrechnung

Die Firma erstattet dem Mitarbeiter die von ihm für Treibstoff, Öl, Reparaturen, Wartungsarbeiten, notwendige Ergänzungen des Wagenzubehörs, Hauptuntersuchungen, Abgassonderuntersuchungen aufgewandten Beträge, sofern die entsprechenden Belege vorgelegt werden.

Die Abrechnung hat jeweils monatlich zu erfolgen, bei Urlaubsfahrten nach Urlaubsrückkehr.

§ 8 Meldepflicht

Am Fahrzeug aufgetretene Mängel oder Beschädigungen, Unfälle und Diebstähle sind der Firma unverzüglich mitzuteilen, bei mündlicher oder fernmündlicher Meldung ist binnen 24 Stunden ein schriftlicher Bericht nachzureichen.

Anschrift und Rufnummer des Haftpflichtversicherers der anderen Unfallbeteiligten sowie die Nummer des Versicherungsvertrages sind anzugeben. Die Abgabe eines Schuldanerkenntnisses ist dem Mitarbeiter nicht gestattet.

§ 9 Haftung

Der Mitarbeiter haftet für Schäden oder Wertminderungen, die am Fahrzeug durch sein Verschulden (auch durch mangelhafte Pflege oder Wartung sowie durch unterlassene Reparatur) entstehen. Dasselbe gilt für Schäden, die der Mitarbeiter bei Benutzung des Wagens Dritten zufügt.[124]

---

[124] Diese umfassende Haftungsregelung ist unwirksam, da sie die nach der BAG-Rspr nicht dispositiven Grundsätze des innerbetrieblichen Schadensausgleichs (Grundsätze der Arbeitnehmerhaftung) nicht berücksichtigt. Eine wirksame Klausel zur Haftung, die das berücksichtigt, ist etwa im vorigen Muster 2205 (§ 7 Abs. 2, 3) enthalten.

Bei Diebstahl oder Beschädigung des Fahrzeugs, die nicht bei dessen Betrieb entstanden sind, haftet der Mitarbeiter ebenfalls für eigenes Verschulden, insbesondere auch für mangelhafte Beaufsichtigung, nachlässige Abstellung oder unsachgemäße Behandlung.

Die Haftung des Mitarbeiters entfällt, soweit ein Versicherer für den Schaden aufkommt und nicht auf die Firma Rückgriff genommen wird.

§ 10 Entfall der Überlassung

(1) Dem Mitarbeiter wird ein Pkw vorrangig zur dienstlichen Nutzung überlassen und nur als unselbständige Folge der dienstlichen Nutzung auch zur Privatnutzung. Soweit die Firma eine dienstliche Nutzung des Pkw nicht mehr für erforderlich hält oder durch eine vertraglich zulässige Änderung des Aufgabengebietes oder der Aufgabenstellung die Nutzung eines Dienstfahrzeugs nicht mehr sachlich geboten ist, endet die Überlassung zur dienstlichen Nutzung nach entsprechender Mitteilung durch die Firma und entfällt dadurch dann auch die Berechtigung zur Privatnutzung des Dienstfahrzeugs. Das Gleiche gilt für Zeiten, für die kein Vergütungsanspruch besteht. In Zeiten der Arbeitsabwesenheit mit Anspruch auf Entgeltfortzahlung kann die Firma die Herausgabe des Pkw gegen eine angemessene Nutzungsentschädigung verlangen. In Zeiten der Arbeitsabwesenheit ohne Anspruch auf Arbeitsentgelt, zB bei Erkrankung über den Entgeltfortzahlungszeitraum hinaus oder bei Ruhen des Arbeitsverhältnisses, kann die Firma die Herausgabe des Pkw ohne jede Entschädigungsleistung verlangen.

(2) Bei der Entscheidung der Firma über die Ausübung dieses Widerrufsrechts gehen die betrieblichen Gründe den Interessen des Mitarbeiters grundsätzlich vor, sie sind aber angemessen zu berücksichtigen, was zu einer angemessenen Ankündigungsfrist führen kann.

(3) Wird das Arbeitsverhältnis gekündigt und der Mitarbeiter von der Arbeitsleistung freigestellt, hat er das Dienstfahrzeug auf Verlangen zum Ablauf des nächsten Monats herauszugeben.

(4) Ein Anspruch auf Ersatz für die entgehende Privatnutzung besteht – abgesehen vom Fall des Abs. 1 Satz 4 – in den Fällen der Abs. 1–3 nicht.[125] Ebenso besteht kein Zurückbehaltungsrecht des Mitarbeiters an dem Pkw.

(5) Die vorstehenden Regelungen der Abs. 1–3 gelten nur, wenn und soweit der in der Privatnutzung liegende geldwerte Vorteil nicht 25 % der Gesamtvergütung des Mitarbeiters überschreitet.

§ 11 Sonstiges

Dieser Vertrag endet spätestens mit Ablauf des am ... zwischen den Parteien abgeschlossenen Arbeitsvertrages. Der Mitarbeiter kann die Kfz-Nutzung mit einmonatiger Frist zum Monatsende jederzeit kündigen.

Änderungen oder Ergänzungen des vorstehenden Vertrages bedürfen zu ihrer Rechtswirksamkeit der Schriftform. Dies gilt auch für die Aufhebung dieses Schriftformerfordernisses. Damit sind insbesondere Änderungen dieser Vereinbarung im Wege der betrieblichen Übung ausgeschlossen, nicht jedoch Änderungen aufgrund von zwischen den Parteien nachträglich getroffener mündlicher Vereinbarungen.

---

[125] Im Muster 2200 ist für diesen Fall eine zeitlich befristete finanzielle Kompensation für den Verlust der Privatnutzung vorgesehen.

192 4. Muster: Frei widerrufliche Kfz-Überlassungsvereinbarung (ohne Privatnutzung)

Zwischen

der Firma ...

— nachstehend: Firma —

und

Herrn ...

— nachstehend: Arbeitnehmer —

wird nachfolgende Vereinbarung über die Kraftfahrzeugbenutzung geschlossen:

(1) Die Firma überlässt dem Arbeitnehmer einen Dienstwagen, aktuell das Kraftfahrzeug ... (Marke, polizeiliches Kennzeichen, Fahrgestell Nr. ...) zur Benutzung. Der Arbeitnehmer bestätigt bei Übergabe des Dienstwagens, den Kraftfahrzeugschein Nr. ..., ausgestellt von ..., am ... erhalten zu haben. Die Firma hat anlässlich der Übergabe des Dienstwagens an den Arbeitnehmer das Bestehen einer entsprechenden Fahrerlaubnis durch Einsichtnahme in das Originaldokument überprüft.

(2) Die Firma kann den Pkw jederzeit gegen einen anderen gleichwertigen oder bei genereller Änderung der Dienstwagenüberlassungspraxis auch geringerwertigen Ersatzwagen austauschen. Überlässt die Firma dem Arbeitnehmer ein anderes Fahrzeug, so gilt dieser Vertrag entsprechend.

(3) Das Kraftfahrzeug darf nur für betriebliche oder geschäftliche Zwecke im Zusammenhang mit dem Arbeitsverhältnis benutzt werden. Eine Privatnutzung ist ausdrücklich untersagt und stellt einen schwerwiegenden Pflichtverstoß des Arbeitnehmers dar, der zu arbeitsrechtlichen Konsequenzen von einer Abmahnung bis hin auch zu einer außerordentlichen Kündigung des Arbeitsverhältnisses führen kann.

(4) Die Überlassung ist jederzeit ohne Angabe von Gründen widerruflich. Die Freistellung des Arbeitnehmers gilt als Widerruf dieser Vereinbarung.

Bei Widerruf oder Freistellung hat der Arbeitnehmer das Kraftfahrzeug mit Schlüsseln und Fahrzeugpapieren unverzüglich, spätestens an dem auf den Tag des Zuganges der Mitteilung über den Widerruf bzw die Freistellung folgenden Werktag an den Geschäftsführer der Firma oder an eine von diesem bevollmächtigte Person am Sitz der Firma herauszugeben. Über den Zustand des Fahrzeugs bei der Übergabe ist ein Protokoll auszufertigen, das von beiden Parteien zu unterschreiben ist.

(5) Die Firma trägt die Kosten des Betriebes sowie für Reparaturen und Wartung des Fahrzeugs. Sie unterhält eine Haftpflichtversicherung mit einer Deckungssumme von ... EUR und eine Teilkasko/Vollkaskoversicherung mit einer Selbstbeteiligung in Höhe von ... EUR.

(6) Bei Leasingfahrzeugen trägt die Firma die Leasingrate und die Kosten des Betriebes. Die Wartungskosten gehen zu Lasten der Leasingfirma. Diese ist im Falle der Beeinträchtigung der Verkehrssicherheit des Fahrzeugs zu verständigen. Reparaturrechnungen werden von ihr erstattet. Sie sind auf ihren Namen auszustellen.

(7) Treibstoffkosten werden nur gegen Vorlage der Belege ersetzt.

(8) Der Arbeitnehmer verpflichtet sich, am Ende jeden Monats eine Abrechnung über die Betriebskosten vorzulegen. Bei der Abrechnung ist der Anfangs- und Endstand des Tachometers anzugeben. Überschreitet der Arbeitnehmer den Abrechnungszeitraum um zwei Wochen, so ist die Firma nicht mehr zum Ersatz der Kosten verpflichtet.

(9) Der Arbeitnehmer ist verpflichtet,

a) das Kraftfahrzeug nur dann zu führen, wenn er im Besitz einer gültigen Fahrerlaubnis ist, und den Führerschein stets mitzuführen;

b) den Kraftfahrzeugschein bei Fahrten mitzuführen und ansonsten sorgfältig zu verwahren;
c) ein Fahrtenbuch zu führen;
d) für rechtzeitige und ordnungsgemäße Pflege und Wartung des Fahrzeugs zu sorgen.

(10) Der Arbeitnehmer wird das Kraftfahrzeug stets sorgfältig fahren. Er verpflichtet sich auch gegenüber der Firma, sämtliche Verkehrsvorschriften, insbesondere diejenigen des Straßenverkehrsgesetzes (StVG), der Straßenverkehrs-Ordnung (StVO) sowie der Straßenverkehrs-Zulassungs-Ordnung (StVZO), einzuhalten. Nach Alkoholgenuss ist die Benutzung des Wagens verboten.

(11) Der Arbeitnehmer ist verpflichtet, die Firma unverzüglich zu unterrichten, wenn ihm gegenüber ein befristetes Fahrverbot ausgesprochen wird oder ihm die Fahrerlaubnis auf Dauer entzogen wird. Während eines Fahrverbots und des Entzugs der Fahrerlaubnis ist die Benutzung des Kraftfahrzeugs zu unterlassen und dieses auf Verlangen an die Firma herauszugeben.

(12) Unfälle, Verluste, Beschädigungen des Kraftfahrzeugs hat der Arbeitnehmer unverzüglich der Firma zu melden.

(13) Bei Kraftfahrzeugunfällen, bei denen der Schaden voraussichtlich mehr als 100 EUR beträgt, sowie bei allen Unfällen mit Personenschäden ist in jedem Fall die Polizei hinzuzuziehen, auch wenn der Unfall von dem Arbeitnehmer selbst verschuldet worden ist.

(14) Der Arbeitnehmer haftet für alle vorsätzlich oder grob fahrlässig verursachten Beschädigungen des Kraftfahrzeugs auf vollen Schadensersatz. Bei Schäden am überlassenen Kraftfahrzeug, die auf mittlere bzw normale Fahrlässigkeit zurückzuführen sind, ist der Arbeitnehmer verpflichtet, sich anteilig (Quotelung) je nach Grad seines Verschuldens angemessen am Schaden zu beteiligen. Bei nur leichter Fahrlässigkeit besteht keine Haftung.

(15) Der Arbeitnehmer haftet nicht, soweit der Schaden durch eine Versicherung abgedeckt wird. Die Firma ist berechtigt, im Falle des Verlusts des Schadensfreiheitsrabatts diesen von dem Arbeitnehmer ersetzt zu verlangen.

(16) Eine Überlassung des Fahrzeugs an Dritte, mit Ausnahme von Firmenangehörigen, ist unzulässig. Vor der Überlassung des Fahrzeugs an Familienangehörige hat der Arbeitnehmer sich zu vergewissern, dass diese auch im Besitz einer gültigen Fahrerlaubnis sind. Der Firma steht offen, im Falle einer Überlassung des Fahrzeugs an Dritte von dem Arbeitnehmer Schadensersatz zu verlangen und diese Vereinbarung mit sofortiger Wirkung zu widerrufen.

(17) Dritte Personen sollen nur mitgenommen werden, wenn hierfür ein betriebliches oder geschäftliches Interesse besteht. Bei Mitnahme sonstiger Personen – auch Familienangehörigen – ist die Haftung der Firma auszuschließen. Hat der Arbeitnehmer die Haftung nicht ausgeschlossen, hat er die Firma von jeder Haftung freizustellen.

(18) Der Arbeitnehmer ist berechtigt, etwaige das Fahrzeug betreffende Rechte im Interesse der Firma geltend zu machen; er ist jedoch nicht berechtigt, auf Ansprüche der Firma im Zusammenhang mit dem Dienstwagen zu verzichten oder sich über solche zu vergleichen.

(19) Die Firma kann jederzeit ohne Angabe von Gründen mündlich die Rückgabe des Fahrzeugs verlangen. Ein Zurückbehaltungsrecht des Arbeitnehmers ist ausgeschlossen.

(20) Der Arbeitnehmer hat das Fahrtenbuch an dem Tag abzugeben, der als Ende dieser Vereinbarung in dem Widerruf benannt wird. An diesem Tag hat der Arbeitnehmer auch die Abrechnung bzgl der Betriebskosten gem. Ziff. 8 dieser Vereinbarung fertigzustellen.

(21) Änderungen oder Ergänzungen dieses Vertrages bedürfen der Schriftform. Dies gilt auch für die Aufhebung dieses Schriftformerfordernisses. Damit sind insbesondere Änderungen dieser Vereinbarung im Wege der betrieblichen Übung ausgeschlossen, nicht jedoch Änderungen aufgrund von zwischen den Parteien nachträglich getroffener mündlicher Vereinbarungen.

(22) Sind einzelne Bestimmungen des Vertrages unwirksam, so wird hiervon die Wirksamkeit der übrigen Bestimmungen nicht berührt.

5. Muster: Umfangreiche Dienstwagenvereinbarung mit Privatnutzungsanspruch und vereinbarter steuerlicher Nutzungspauschale[126]

§ 1 Grundlage der Nutzung

Dieser Kraftfahrzeugnutzungsvertrag wird auf der Grundlage des zwischen den Vertragsparteien bestehenden Arbeitsverhältnisses sowie dieser fahrzeugbezogen getroffenen Überlassungsvereinbarung geschlossen.

§ 2 Eigentum

Das dem Mitarbeiter zur Nutzung überlassene Kraftfahrzeug ist Eigentum der Firma bzw des Leasinggebers. Änderungen und Einbauten durch den Mitarbeiter sind nicht zulässig.

§ 3 Art und Umfang der Nutzung

(1) Dienstliche Nutzung

Die dienstliche Nutzung des Kraftfahrzeugs erfolgt auf der Grundlage der Betriebsvereinbarung für Geschäftsreisen. Der Mitarbeiter hat auf die Nutzung des Kraftfahrzeugs aus kurzfristigen, dringenden betrieblichen Gründen vorübergehend zu Gunsten einer anderweitigen dienstlichen Nutzung durch firmenangehörige Mitarbeiter/Mitarbeiterinnen zu verzichten. In diesem Falle wird dem Mitarbeiter ein anderweitiges, in etwa gleichwertiges Fahrzeug gestellt oder für die entgangene Nutzung finanzieller Ersatz geleistet.

(2) Private Nutzung

Die private Nutzung umfasst Fahrten zwischen Wohnung und Arbeitsstätte sowie – in angemessenem Rahmen – die Nutzung für sonstige private Zwecke. Im Rahmen der privaten Nutzung darf das Kraftfahrzeug Dritten grundsätzlich nicht überlassen werden, es sei denn, es handelt sich um Familienangehörige oder sonstige, der Hausgemeinschaft des Mitarbeiters angehörende Personen, insbesondere Lebenspartner einer eingetragenen Lebenspartnerschaft. Der Mitarbeiter ist bereit, auf die Nutzung des Kraftfahrzeugs aus kurzfristigen, dringenden betrieblichen Gründen vorübergehend zu Gunsten einer anderweitigen dienstlichen Nutzung durch firmenangehörige Mitarbeiter/Mitarbeiterinnen zu verzichten. In diesem Falle wird dem Mitarbeiter ein anderweitiges, in etwa gleichwertiges Fahrzeug gestellt oder für die entgangene Nutzung finanzieller Ersatz geleistet.

(3) Widerruf der Privatnutzung

Die Firma ist berechtigt, die Privatnutzung aus sachlichen, insbesondere wirtschaftlichen, in der Person des Mitarbeiters liegenden oder aus verhaltensbedingten Gründen mit einer Ankündigungsfrist von 10 Tagen, aber frühestens zum Ablauf des aktuellen Monats, zu widerrufen, wenn der geldwerte Vorteil der Privatnutzung – wie hier – nicht 25 % der Gesamtvergütung übersteigt. Bei Ausübung des Widerrufs sind neben den sachlichen Gründen auch die Interessen des Mitarbeiters angemessen mit zu berücksichtigen, wobei die betrieblichen Gründe in der Regel Vorrang genießen werden.

§ 4 Kosten der Nutzung

(1) Kostentragung

Die Firma trägt die Kosten der Kraftfahrzeugnutzung. Ausgenommen hiervon sind Kosten für die Unterbringung des Fahrzeugs in einer Garage. Der Geschäftswagen darf für Urlaubsfahrten innerhalb der EU genutzt

---

[126] Hümmerich/Reufels/*Borgmann*, Gestaltung von Arbeitsverträgen, § 1 Rn 2215.

werden. Die Kosten für den Unterhalt des Geschäftswagens während der Urlaubsfahrten trägt der Mitarbeiter mit Ausnahme einer ersten Vollbetankung des Fahrzeugs vor Antritt des Urlaubs (letzter Arbeitstag).

(2) Abrechnung

Der Mitarbeiter rechnet die Fahrzeugnutzung kalendermonatlich auf dem vorgesehenen Formular ab. Für Nutzungskosten tritt der Mitarbeiter in Vorlage, sofern keine anderweitige Regelung getroffen wird. Der Kostenersatz erfolgt nach der Abrechnung. Die Firma behält sich vor, den Kostenersatz für die Nutzung des firmeneigenen Kraftfahrzeugs mit der monatlichen Entgeltabrechnung vorzunehmen. Bagatellbeträge unter 25 EUR werden erst mit der nächstfolgenden Kostenabrechnung ausgezahlt. Der Mitarbeiter hat darauf zu achten, dass die das firmeneigene Kraftfahrzeug betreffenden Rechnungen das polizeiliche Kennzeichen des Fahrzeugs enthalten und auf die Firma ausgestellt sind.

§ 5 Versteuerung geldwerter Vorteile

(1) Grundlagen

Der Mitarbeiter ist nach Maßgabe der steuerlichen Vorschriften verpflichtet, die aus der Überlassung des Kraftfahrzeugs zur privaten Nutzung entstehenden geldwerten Vorteile zu versteuern und hierauf ggf entfallende Sozialversicherungsbeiträge zu entrichten.

(2) Geldwerter Vorteil Privatnutzung

Gemäß § 8 Abs. 2 EStG ist im Zuge der Privatnutzung des überlassenen Geschäftswagens der geldwerte Vorteil durch den Mitarbeiter zu versteuern. Der aus der Überlassung zur privaten Nutzung folgende geldwerte Vorteil beträgt derzeit 1 % des aus der Grund- und Sonderausstattung folgenden Bruttolistenneupreises einschließlich Mehrwertsteuer. Soweit gesetzlich zulässig, wird ein eventuell geleisteter Eigenanteil des Mitarbeiters im Rahmen der 1 %-Versteuerung berücksichtigt. Eine Reduzierung des steuerlich maßgeblichen Bruttolistenneupreises aufgrund eines etwaigen Eigenanteils des Mitarbeiters ist nicht zulässig.

(3) Geldwerter Vorteil Wohnung/Arbeitsstätte

Der Mitarbeiter hat den geldwerten Vorteil aus der Nutzung des Fahrzeugs für Fahrten zwischen Wohnung und Arbeitsstätte nach Maßgabe der geltenden Vorschriften – derzeit § 8 Abs. 2 Satz 3 EStG – zu versteuern.

(4) Mitteilungspflicht

Der Mitarbeiter ist verpflichtet, der Firma die einfache Entfernung zwischen Wohnung und Arbeitsstätte und jede Veränderung dieses Wertes unaufgefordert mitzuteilen.

(5) Durchführung der Versteuerung

Die aus der Versteuerung der geldwerten Vorteile erwachsenden Belastungen werden monatlich im Zuge der Entgeltabrechnung ordnungsgemäß abgerechnet und die Steuer abgeführt.

§ 6 Obliegenheiten, Sorgfaltspflichten, Haftung

(1) Wartung und Pflege

Als Eigentum der Firma bzw des Leasinggebers ist das Kraftfahrzeug durch den Mitarbeiter pfleglich zu behandeln. Der Mitarbeiter hat dafür Sorge zu tragen, dass die vom Hersteller vorgeschriebenen Wartungsdienste rechtzeitig durchgeführt werden. Gleiches gilt für die Durchführung notwendiger Reparaturen.

(2) Verhalten im Straßenverkehr

Der Mitarbeiter ist verpflichtet, die gesetzlichen Verkehrsbestimmungen, insbesondere der Straßenverkehrs-Ordnung (StVO) und des Straßenverkehrsgesetzes (StVG), einzuhalten und zu beachten, das Kraftfahrzeug nur mit gültiger Fahrerlaubnis zu führen und für einen stets betriebs- und verkehrssicheren Zustand des Kraftfahrzeugs zu sorgen. Darüber hinaus verpflichtet sich der Mitarbeiter zu vorsichtigem Fahrverhalten, auch um Schaden am Ansehen der Firma zu vermeiden. Die Einnahme von alkoholischen Getränken und Drogen vor oder während der Fahrt mit dem firmeneigenen Fahrzeug ist nicht gestattet. Bei Einnahme von Medikamenten hat der Mitarbeiter auf die entsprechende Indikation und die Erläuterungen im Beipackzettel zu achten. Der Mitarbeiter trägt von ihm veranlasste Bußgelder und sonstige Geldstrafen, die gegen den Halter des firmeneigenen Kraftfahrzeugs oder den Fahrer verhängt werden.

(3) Anzeige- und Meldepflichten

Unfälle, Verlust, Beschädigungen, Veränderungen und/oder Wertminderungen des Fahrzeugs hat der Mitarbeiter unverzüglich schriftlich dem zuständigen Fuhrparkbüro anzuzeigen. Bei Verkehrsunfällen ist das Unfall-Meldeformular zu benutzen. Das zuständige Fuhrparkbüro ist erreichbar unter folgender Adresse:

(4) Haftung

Wird das Fahrzeug während einer betrieblich veranlassten Tätigkeit beschädigt, haftet der Arbeitnehmer nach den von der Rechtsprechung zur Arbeitnehmerhaftung entwickelten Grundsätzen, also vollumfänglich für Vorsatz und regelmäßig auch für grobe Fahrlässigkeit. Verursacht der Arbeitnehmer den Schaden fahrlässig oder leicht fahrlässig, bestimmt sich der Haftungsumfang nach dem Grad des Verschuldens des Arbeitnehmers („Quotelung"). Eine solche Quotelung kann bei besonderen Umständen auch bei grober Fahrlässigkeit in Betracht kommen. Für Schäden, die anlässlich einer Privatnutzung eintreten, haftet der Arbeitnehmer nach den allgemeinen gesetzlichen Bestimmungen, ohne dass die Grundsätze der Arbeitnehmerhaftung eingreifen.

Wenn und soweit eine Versicherung nach nachstehendem § 7 den Schaden ersetzt, entfällt eine entsprechende Haftung des Arbeitnehmers. Er haftet in einem solchen Fall dann nach den vorstehenden Grundsätzen, jedoch nur bis zur Höhe einer eingreifenden Selbstbeteiligung und ggf für den sog. Höherstufungsschaden in der Versicherung.

Bei einer unberechtigten Nutzung des Fahrzeugs entgegen § 3 Abs. 2 haftet der Mitarbeiter verschuldensunabhängig für jeden Schaden.

§ 7 Versicherung

(1) Kraftfahrzeug-Haftpflichtversicherung

Die Firma schließt für das Kraftfahrzeug eine Haftpflichtversicherung mit unbegrenzter Deckung ab.

(2) Fahrzeugversicherung

Zur Abdeckung der Gefahr der Beschädigung, Zerstörung und des Verlusts des Fahrzeugs schließt die Firma eine Kraftfahrtzeug-Vollversicherung mit angemessener Selbstbeteiligung ab.

§ 8 Schlussvorschriften

(1) Dauer der Nutzung

Die regelmäßige Nutzungsdauer richtet sich nach der jeweils geltenden Betriebsvereinbarung „Geschäftswagenordnung" (zurzeit Regelkilometerleistung 170.000 km Benzin-Kfz oder 200.000 km Diesel-Kfz bzw Regelbetriebszeit 5 Jahre). Der Mitarbeiter ist verpflichtet, der zuständigen Personalabteilung/Fuhrparkleitung den voraussichtlichen Zeitpunkt, zu dem die Regelnutzungsdauer enden wird, rechtzeitig vor Eintritt dieses Zeitpunkts, dh 10.000 Kilometer vor Erreichen der Regelkilometerleistung oder drei Monate vor Erreichung der Regelbetriebszeit, mitzuteilen.

(2) Beendigung der Überlassung/Nutzung/Fahrzeugrückgabe

Die Firma ist berechtigt, diese Vereinbarung jederzeit aufzuheben, wenn die firmenseitigen oder persönlichen Voraussetzungen für die Überlassung eines firmeneigenen Kraftfahrzeugs nach Maßgabe der jeweils geltenden Überlassungsvereinbarung nicht mehr gegeben sind. Bei Wegfall der Voraussetzungen für die Überlassung des firmeneigenen Kraftfahrzeugs bzw bei Beendigung der Nutzungsberechtigung ist der Mitarbeiter verpflichtet, das firmeneigene Kraftfahrzeug unverzüglich an die Firma zurückzugeben.

(3) Schriftform

Die Firma und der Mitarbeiter vereinbaren, dass Änderungen und Ergänzungen des Nutzungsvertrages der Schriftform bedürfen. Dies gilt auch für die Aufhebung dieses Schriftformerfordernisses. Damit sind insbesondere Änderungen dieser Vereinbarung im Wege der betrieblichen Übung ausgeschlossen, nicht jedoch Änderungen aufgrund von zwischen den Parteien nachträglich getroffener mündlicher Vereinbarungen.

6. Muster: Dienstwagenvereinbarung bei „Standard"-Leasingfahrzeug (Übernahme der Leasingkosten durch den Mitarbeiter bei Ausscheiden)

Zwischen

der Firma ...

– nachstehend: Firma –

und

Herrn ...

– nachstehend: Mitarbeiter –

wird folgende Vereinbarung über die Nutzung eines Dienstwagens mit dem amtlichen Kennzeichen ... und der Spezifikation gemäß dem beigefügten Kfz-Schein vereinbart.

Diese Vereinbarung gilt vom ... bis spätestens ....

1. Rechte und Pflichten

Diese Dienstwagen-Nutzungsvereinbarung regelt die Rechte und Pflichten des Mitarbeiters bei Nutzung des von der Firma zur Verfügung gestellten Dienstwagens.

2. Privatnutzung

Die Firma stellt dem Mitarbeiter einen Dienstwagen zur Verfügung, der auch privat genutzt werden darf. Das Fahrzeug darf vom Mitarbeiter nicht vermietet, verliehen oder einem Dritten überlassen werden. Erlaubt ist die Nutzung aus dienstlichen Gründen durch Mitarbeiter der Firma und eine Mitbenutzung durch in häuslicher Gemeinschaft lebende Familienangehörige bzw Lebenspartner einer eingetragenen Lebenspartnerschaft.

3. Leasingfahrzeug, Laufzeit und Kilometer

Dem Mitarbeiter ist bekannt, dass die Firma den Dienstwagen leasen wird bzw geleast hat. Soweit der Abschluss des Leasingvertrages noch aussteht, legt der Mitarbeiter als Nutzer des Leasingfahrzeugs die Laufzeit des Vertrages sowie seine jährliche Kilometerleistung fest.

4. Leasingrate

Während des Arbeitsverhältnisses des Mitarbeiters trägt die Firma die entsprechende Leasingrate in Höhe von ... EUR/Monat.

Zusätzliche Kosten wegen Überschreitungen bzw sich ergebende Einsparungen infolge Unterschreitungen der festgelegten Kilometer gehen zu Lasten bzw zu Gunsten des Mitarbeiters. Falls der Anteil der freien Tantieme nicht zur Abdeckung der Leasingrate reicht, zahlt der Mitarbeiter den Restbetrag aus seinen Netto-Bezügen. Abrechnungszeitraum ist das Jahr, für das die Tantiemezahlung erfolgt.

5. Benzinkosten

Die Firma trägt die Treibstoffkosten für den Pkw. Bei privater Nutzung sind die Kosten vom Mitarbeiter zu tragen, ausgenommen Fahrten zwischen Wohnung und Arbeitsstätte sowie Kurzfahrten.

6. Versteuerung

Der Mitarbeiter ist über die gültigen steuerlichen Bestimmungen über ein Merkblatt informiert und sorgt über die Personalabteilung für die notwendige Versteuerung.

7. Fahrerlaubnis/Verkehrssicherheit

Der Mitarbeiter darf den Dienstwagen nur im Besitz einer gültigen Fahrerlaubnis nutzen und trägt Sorge für die rechtzeitige Einhaltung der notwendigen Wartungs-, Inspektions-, TÜV- und ASU-Termine. Der Mitarbeiter veranlasst notwendige Reparaturen und die Pflege des Fahrzeugs.

8. Unfall

Bei Unfällen (ausgenommen Bagatellschäden) unterrichtet der Mitarbeiter ohne Rücksicht auf das Verschulden die Polizei. Er unternimmt alles Erforderliche und Zumutbare, um Beweise über den Unfallhergang zu sichern. Ein Schuldanerkenntnis darf nicht abgegeben werden.

9. Versicherung

Der Mitarbeiter kann seinen Schadensfreiheitsrabatt für Haftpflicht- und Kaskoversicherung in den Leasingvertrag einbringen. Anderenfalls schließt die Firma eine Versicherung ab.

Bei einem durch den Mitarbeiter auf einer Privatfahrt (zB Urlaub) verschuldeten Unfall trägt dieser den Vollkasko-Selbstbehalt von 500 EUR. Bei Ausscheiden hat der Mitarbeiter Anspruch auf Rückübertragung seines eingebrachten Schadensfreiheitsrabatts.

10. Technische Veränderungen

Technische Veränderungen am Dienstwagen sind nicht zulässig.

11. Nutzungsende

Die Nutzungsberechtigung des Mitarbeiters ist an das bestehende Arbeitsverhältnis mit der Firma gebunden und endet automatisch mit Ende des Arbeitsverhältnisses.

Bei Ausscheiden des Mitarbeiters hat dieser das Leasingfahrzeug an die Firma zurückzugeben. Im Übrigen gehen die Rechte und Pflichten aus dem Leasingvertrag für die Restlaufzeit auf den Mitarbeiter über, insbesondere hat er ab Ausscheiden die Leasingraten zu tragen.[127]

12. Unterlagen

Mit dem Fahrzeug sind dem Mitarbeiter übergeben worden:
- Kfz-Schein;
- Technik-Creditcard;
- Dienstwagen-Richtlinie;
- Nutzungsvereinbarung;
- Merkblatt Steuerbestimmungen.

13. Angaben (vom Mitarbeiter auszufüllen)

Ich wähle ❑ Pauschalversteuerung bzw ❑ Einzelnachweisregelung.

Die Entfernung von der Wohnung zur Arbeitsstätte beträgt ... Entfernungskilometer.

---

[127] Ziff. 11 Abs. 2 ist mE auch unter Berücksichtigung der Rspr des BAG 9.9.2003 – 9 AZR 574/02, NZA 2004, 484 nicht unwirksam, da der Mitarbeiter hier zwar auch die restlichen Leasingraten zu tragen hat, ihm aber auch das Leasingfahrzeug und damit die Nutzungsmöglichkeit gelassen wird.

7. Muster: Dienstwagenvereinbarung bei „Sonder"-Leasingfahrzeug (Übernahme der ausschließlich durch Sonderwünsche des Mitarbeiters entstandenen Zusatz-Leasingkosten durch den Mitarbeiter bei dessen Ausscheiden)[128]

↓

Zwischen

der Firma ...

— nachstehend: Firma —

und

Herrn ...

— nachstehend: Mitarbeiter —

wird folgende Vereinbarung über die Nutzung eines Dienstwagens mit dem amtlichen Kennzeichen ... und der Spezifikation gemäß dem beigefügten Kfz-Schein vereinbart.

Diese Vereinbarung gilt vom ... bis spätestens ... .

1. Rechte und Pflichten

Diese Dienstwagen-Nutzungsvereinbarung regelt die Rechte und Pflichten des Mitarbeiters bei Nutzung des von der Firma zur Verfügung gestellten Dienstwagens.

2. Sonderwünsche des Mitarbeiters und Kostentragung

Dem Mitarbeiter ist bekannt, dass das von ihm gewünschte Fahrzeugmodell und/oder dessen (Sonder-)Ausstattung das von der Firma für die Position des Mitarbeiters zur Verfügung gestellte Niveau überschreitet und lediglich Anspruch auf einen Dienstwagen gemäß dem Firmenstandard besteht.

Die vom Mitarbeiter durch Sonderwünsche generierten Mehrkosten betragen ... EUR monatliche Leasingrate. Der Mitarbeiter erklärt sich bereit, diese Mehrkosten während des Bestehens des Arbeitsverhältnisses und dieser Vereinbarung zu tragen.[129]

3. Privatnutzung

Die Firma stellt dem Mitarbeiter einen Dienstwagen zur Verfügung, der auch privat genutzt werden darf. Das Fahrzeug darf vom Mitarbeiter nicht vermietet, verliehen oder einem Dritten überlassen werden. Erlaubt ist die Nutzung aus dienstlichen Gründen durch Mitarbeiter der Firma und eine Mitbenutzung durch in häuslicher Gemeinschaft lebende Familienangehörige bzw Lebenspartner einer eingetragenen Lebenspartnerschaft.

4. Leasingfahrzeug, Laufzeit und Kilometer

Dem Mitarbeiter ist bekannt, dass die Firma den Dienstwagen leasen wird bzw geleast hat. Soweit der Abschluss des Leasingvertrages noch aussteht, legt der Mitarbeiter als Nutzer des Leasingfahrzeugs die Laufzeit des Vertrages sowie seine jährliche Kilometerleistung fest.

5. Leasingrate

Während des Arbeitsverhältnisses des Mitarbeiters trägt die Firma die Gesamt-Leasingrate in Höhe von ... EUR/Monat, also gem. Ziff. 2 ohne die durch die Sonderwünsche des Mitarbeiters entstandene zusätzliche Leasinggebühr, die der Mitarbeiter trägt.

Zusätzliche Kosten wegen Überschreitungen bzw sich ergebende Einsparungen infolge Unterschreitungen der festgelegten Kilometer gehen zu Lasten bzw zu Gunsten des Mitarbeiters. Falls der Anteil der freien Tantieme

---

[128] Siehe dazu auch Muster 2235.
[129] Diese Kostentragungspflicht für Sonderwünsche während des Bestands des Arbeitsverhältnisses begegnet auch unter Berücksichtigung der BAG-Rspr grundsätzlich keinen rechtlichen Bedenken.

nicht zur Abdeckung der Leasingrate reicht, zahlt der Mitarbeiter den Restbetrag aus seinen Netto-Bezügen. Abrechnungszeitraum ist das Jahr, für das die Tantiemezahlung erfolgt.

6. Benzinkosten

Die Firma trägt die Treibstoffkosten für den Pkw. Bei privater Nutzung sind die Kosten vom Mitarbeiter zu tragen, ausgenommen Fahrten zwischen Wohnung und Arbeitsstätte sowie Kurzfahrten.

7. Versteuerung

Der Mitarbeiter ist über die gültigen steuerlichen Bestimmungen über ein Merkblatt informiert und sorgt über die Personalabteilung für die notwendige Versteuerung.

8. Verkehrssicherheit

Der Mitarbeiter trägt Sorge für die rechtzeitige Einhaltung der notwendigen Wartungs-, Inspektions-, TÜV- und ASU-Termine. Der Mitarbeiter veranlasst notwendige Reparaturen und die Pflege des Fahrzeugs.

9. Unfall

Bei Unfällen (ausgenommen Bagatellschäden) unterrichtet der Mitarbeiter ohne Rücksicht auf das Verschulden die Polizei. Er unternimmt alles Erforderliche und Zumutbare, um Beweise über den Unfallhergang zu sichern. Ein Schuldanerkenntnis darf nicht abgegeben werden.

10. Versicherung

Der Mitarbeiter kann seinen Schadensfreiheitsrabatt für Haftpflicht- und Kaskoversicherung in den Leasingvertrag einbringen und diesen bei Beendigung der Dienstwagennutzung, spätestens bei Beendigung des Arbeitsverhältnisses, wieder übernehmen. Anderenfalls schließt die Firma eine Versicherung ab.

Bei einem durch den Mitarbeiter auf einer Privatfahrt (zB Urlaub) verschuldeten Unfall trägt dieser den Vollkasko-Selbstbehalt von 500 EUR. Bei Ausscheiden hat der Mitarbeiter Anspruch auf Rückübertragung seines eingebrachten Schadensfreiheitsrabatts.

11. Technische Veränderungen

Technische Veränderungen am Dienstwagen sind nicht zulässig.

12. Nutzungsende

Die Nutzungsberechtigung des Mitarbeiters ist an das bestehende Arbeitsverhältnis mit der Firma gebunden und endet automatisch mit Ende des Arbeitsverhältnisses.

Bei Ausscheiden des Mitarbeiters gehen die Rechte und Pflichten aus dem Leasingvertrag für die Restlaufzeit auf ihn über, insbesondere kann der Mitarbeiter das Leasingfahrzeug ab diesem Zeitpunkt nach Maßgabe der Bedingungen des Leasingvertrages nutzen und hat ab Ausscheiden in Abweichung von Ziff. 5 Satz 1 die vollen Gesamt-Leasingraten zu tragen.[130] Für den Fall der Unwirksamkeit von Ziff. 12 Abs. 2 Satz 1 verpflichtet sich der Mitarbeiter, der Firma die in Ziff. 2 genannten Zusatzkosten bis zum Ende des Leasingvertrages zu erstatten.[131]

13. Unterlagen

Mit dem Fahrzeug sind dem Mitarbeiter übergeben worden:
- Kfz-Schein;

---

130 Ziff. 12 Abs. 2 Satz 1 ist nach Ansicht des BAG (9.9.2003 – 9 AZR 574/02, NZA 2004, 484) unwirksam.
131 Auch bei Nichtübernahme des Leasingvertrages bei Ausscheiden (oder Unwirksamkeit der Übernahmepflicht gem. Ziff. 12 Abs. 2 Satz 1 des Musters) besteht die Gefahr, dass die Arbeitsgerichte auch die bloße Verpflichtung zur partiellen Weiterzahlung der Leasingraten (soweit es ausschließlich um die Mehrkosten für die Sonderwünsche des Arbeitnehmers geht) als unangemessen und damit unwirksam ansehen (vgl dazu etwa LAG Düsseldorf 8.7.2011 – 10 Sa 108/11, BeckRS 2011, 76731).

- Technik-Creditcard;
- Dienstwagen-Richtlinie;
- Nutzungsvereinbarung;
- Merkblatt Steuerbestimmungen.

14. Angaben (vom Mitarbeiter auszufüllen)

Ich wähle ❏ Pauschalversteuerung bzw ❏ Einzelnachweisregelung.

Die Entfernung von der Wohnung zur Arbeitsstätte beträgt ... Entfernungskilometer.

↑

8. Muster: Regelung zu einer Beteiligung des Arbeitnehmers an den Leasingkosten des Dienstwagens[132]

↓

(1) Der Arbeitgeber stellt dem Mitarbeiter ein Firmenfahrzeug Modell ... zur Verfügung, das im Einkaufspreis um ... EUR (vgl Listenpreis zuzüglich individuelles Zubehör im Verhältnis Listenpreis ohne Zubehör) höher liegt als das üblicherweise zur Position gehörende Kraftfahrzeug.

(2) Wegen dieses Zubehörs erhöht sich die vom Arbeitgeber an die Leasinggesellschaft zu zahlende monatliche Leasingrate um ... EUR. Der Mitarbeiter verpflichtet sich, diesen Betrag monatlich an den Arbeitgeber zu zahlen. Es besteht Einvernehmen darüber, dass dieser Betrag im Wege der Aufrechnung mit dem monatlichen Gehalt verrechnet wird, so dass das auszuzahlende Nettogehalt sich um vorstehenden Betrag vermindert. Insgesamt werden 36 Monatsraten á ... EUR anfallen.[133]

(3) Scheidet der Mitarbeiter vor Ablauf von 36 Monaten nach Lieferung und Übergabe des Fahrzeugs aus dem Unternehmen aus, so hat der Arbeitgeber das Recht, die Rückgabe des Fahrzeugs gemäß den „Übernahmebedingungen für vom Arbeitgeber zur Verfügung gestellte Firmenfahrzeuge" zu verlangen. Der Mitarbeiter verpflichtet sich, die Differenz zwischen der Summe der 36 Raten abzüglich der gem. Nr. 2 geleisteten Monatsbeträge spätestens bis zum Ausscheiden in einer Summe zu zahlen.[134] Es bleibt dem Mitarbeiter mit Zustimmung des Arbeitgebers und des Leasinggebers unbenommen, das Kraftfahrzeug direkt von der Leasinggesellschaft zu erwerben. Für diesen Fall entfällt die Verpflichtung zur Zahlung der vorgenannten Differenz.[135]

↑

9. Muster: Einfache Arbeitsvertragsklausel mit Verweis auf Dienstwagen-Richtlinie

↓

(1) Die Gesellschaft stellt dem Mitarbeiter in seiner Funktion als Vertriebsbeauftragter auf ihre Kosten einen angemessenen Dienstwagen der Mittelklasse nach näherer Maßgabe der jeweils geltenden Dienstwagen-Richtlinie zur Verfügung. Der Dienstwagen dient vornehmlich dienstlichen Zwecken; der Mitarbeiter ist jedoch berechtigt, den Dienstwagen auch privat zu nutzen.

(2) Die näheren Bestimmungen zu dem zur Verfügung gestellten Kfz-Modell, den Nutzungsbedingungen und den den Mitarbeiter treffenden Pflichten im Hinblick auf den ihm überlassenen Dienstwagen richten sich nach der jeweils gültigen Dienstwagenregelung.

↑

---

132 Aus Sachverhalt BAG 9.9.2003 – 9 AZR 574/02, NZA 2004, 484.
133 Die Regelungen der Ziff. 1 und 2 über die Kostenbeteiligung während des bestehenden Arbeitsverhältnisses sind vom BAG als wirksam angesehen worden (vgl BAG 9.9.2003 – 9 AZR 574/02, NZA 2004, 484).
134 Diese Klausel ist nach BAG 9.9.2003 – 9 AZR 574/02, NZA 2004, 484 insbesondere wegen der Kombination von Kfz-Rückgabe und Fortzahlung der Leasingraten unwirksam.
135 Die Regelungen der Ziff. 3 über die Kostenbeteiligung nach Ausscheiden des Arbeitnehmers sind vom BAG als unwirksam angesehen worden (vgl BAG 9.9.2003 – 9 AZR 574/02, NZA 2004, 484).

198 10. Muster: Car-Allowance-Regelung (Zurverfügungstellung des privaten Kfz durch Mitarbeiter)

1. Dienstliche Nutzung des Privat-Pkw

Der Mitarbeiter stellt der Gesellschaft seinen Privat-Pkw ... (Marke, amtl. Kennzeichen) für Dienstfahrten zur Verfügung.

2. Nutzung anderer Verkehrsmittel

Dienstfahrten sind vorrangig mit dem Privat-Pkw durchzuführen. Die Nutzung anderer Verkehrsmittel für dienstliche Zwecke ist nur gestattet, wenn dies vorab vom Vorgesetzten genehmigt worden ist. Eine Erstattung von Kosten für die dienstliche Nutzung anderer Verkehrsmittel erfolgt nur nach vorheriger Genehmigung durch den Vorgesetzten. Für die Erstattung ist die Vorlage von Originalbelegen erforderlich.

3. Nutzungspauschale

Die Gesellschaft zahlt dem Mitarbeiter für die Nutzung des Privat-Pkw zu dienstlichen Zwecken eine monatliche Nutzungspauschale in Höhe von ... EUR brutto. Dabei wird von einer dienstlichen Nutzung von ca. ... km ausgegangen.

Die Nutzungspauschale dient der pauschalen Abgeltung der Zurverfügungstellung des Privat-Pkw für dienstliche Zwecke, insbesondere für die mit dem Betrieb des Pkw verbundenen Aufwendungen wie Kfz-Steuer, Kfz-Versicherung, laufende Betriebskosten, Wartung, Instandhaltung etc.

4. Fahrtenbuch

Der Mitarbeiter ist verpflichtet, ein Fahrtenbuch über die dienstlich veranlassten Fahrten zu führen, in das für jede Dienstfahrt Datum, Zweck der Dienstfahrt, Ausgangspunkt und Ziel sowie Kilometerstand bei Beginn und Ende der Dienstfahrt einzutragen sind.

Das Fahrtenbuch ist halbjährlich vorzulegen. Übersteigen oder unterschreiten die dienstlich gefahrenen Kilometer die unter Ziff. 3 genannten Richtwert um mehr als ... %, so wird die Höhe der Nutzungspauschale entsprechend angepasst.

5. Versicherung des Privat-Pkw

Der Mitarbeiter ist verpflichtet, für den von ihm zur Verfügung gestellten Privat-Pkw eine Vollkaskoversicherung mit einer Selbstbeteiligung in Höhe von ... EUR sowie eine Kfz-Haftpflichtversicherung abzuschließen.

6. Fahrerlaubnis

Der Mitarbeiter hat der Gesellschaft bei Abschluss dieser Vereinbarung eine gültige Fahrerlaubnis vorgelegt und wird es der Gesellschaft unverzüglich mitteilen und die Nutzung des Fahrzeugs umgehend einstellen, wenn seine Erlaubnis zur Führung von Kraftfahrzeugen im Straßenverkehr ganz oder zeitweilig entfallen sollte.

7. Schäden am Privat-Pkw

Mit der unter Ziff. 3 genannten Nutzungspauschale sind sämtliche Ansprüche des Mitarbeiters gegen die Gesellschaft aus und im Zusammenhang mit der Nutzung des Privat-Pkw für dienstliche Zwecke, insbesondere Ansprüche wegen Schäden am Privat-Kfz einschließlich eines etwaigen Rückstufungs- oder Höherstufungsschadens nach einem Unfall, abgegolten. Dies gilt nicht für Schäden, die auf der Verletzung des Lebens, des Körpers oder der Gesundheit und einer vorsätzlichen oder fahrlässigen Pflichtverletzung der Gesellschaft, eines gesetzlichen Vertreters oder Erfüllungsgehilfen der Gesellschaft beruhen. Satz 1 gilt ferner nicht für andere Schäden, die auf einer vorsätzlichen oder grob fahrlässigen Pflichtverletzung der Gesellschaft, eines ihrer gesetzlichen Vertreter oder ihrer Erfüllungsgehilfen beruhen.

II. Korrespondenz zu Dienstwagen und Dienstfahrten

1. Muster: Erlaubnis der Benutzung eines arbeitnehmereigenen Kraftfahrzeugs für Dienstfahrten

↓

Zwischen

dem Arbeitgeber ...

und

dem Arbeitnehmer ...

wird in Ergänzung des Arbeitsvertrages folgende Vereinbarung über die betriebliche Benutzung eines arbeitnehmereigenen Kraftfahrzeugs getroffen:

§ 1 Nutzungsumfang

(1) Dem Arbeitnehmer wird gestattet, zu betriebsbedingten Zwecken sein Kraftfahrzeug, Marke ..., polizeiliches Kennzeichen ..., gegen Kostenerstattung durch den Arbeitgeber zu benutzen („Dienstfahrt").

(2) Zu dienstlichen Zwecken benutzt der Arbeitnehmer das Fahrzeug, soweit es ihm im Einzelfalle oder global gestattet ist, für dienstliche Anlässe sein Fahrzeug zu benutzen. Fahrten zwischen der Wohnung und dem Arbeitsplatz gelten nicht als betrieblich bedingte Fahrten.

§ 2 Kosten

(1) Für jeden zu betriebsbedingten Zwecken gefahrenen Kilometer erhält der Arbeitnehmer ein Kilometergeld in Höhe von ... EUR. Mit diesem erhöhten Kilometergeld sind auch Schäden, die dem Arbeitnehmer an seinem Kraftfahrzeug während der betrieblichen Nutzung entstehen, einschließlich etwaiger Höherstufungsschäden abgegolten.

(2) Der Arbeitgeber beteiligt sich an den Kosten einer vom Arbeitnehmer abgeschlossenen oder noch abzuschließenden Vollkaskoversicherung seines Fahrzeugs mit ... %.

(3) Die Abrechnung der Kosten gem. Abs. 1 erfolgt monatlich gegen entsprechenden Nachweis der Dienstfahrten, die Kosten nach Abs. 2 nach Fälligkeit der Versicherungsprämie(n) und Vorlage der entsprechenden Rechnung.

§ 3 Haftung

(1) Für im Zusammenhang mit der betriebsbedingten Kraftfahrzeugnutzung eintretende Personen- oder Sachschäden haftet der Arbeitgeber, es sei denn, der Arbeitnehmer hat den Schadensfall vorsätzlich oder grob fahrlässig herbeigeführt. Dies gilt auch für einen etwaigen Rückstufungsschaden nach einem Unfall.

(2) Übernimmt der Arbeitgeber solche Personen- oder Sachschäden, so tritt der Arbeitnehmer seine ihm gegen Dritte aus dem gleichen Schadensereignis zustehenden Schadensersatzansprüche in entsprechender Höhe an den Arbeitgeber ab. Der Arbeitgeber nimmt diese Abtretung bereits jetzt an.

§ 4 Teilkündigung

Diese Vereinbarung kann, unabhängig vom Bestand des Arbeitsverhältnisses, von beiden Parteien ohne Angabe von Gründen jederzeit mit einer Frist von einem Monat zum Monatsende gekündigt werden.

§ 5 Sonstige Bestimmungen

(1) Mündliche Nebenabreden haben die Parteien nicht getroffen. Nebenabreden und Änderungen bedürfen der Schriftform. Dies gilt auch für eine Änderung des Schriftformerfordernisses. § 305 b BGB bleibt unberührt.

(2) Sind oder werden einzelne Bestimmungen dieses Vertrages ganz oder teilweise unwirksam, berührt dies die Wirksamkeit des Vertrages im Übrigen nicht. Lückenhafte oder unwirksame Regelungen sind so zu ergän-

§ 2 Zusatzvereinbarungen zu Arbeits- und Anstellungsverträgen

zen, dass eine andere angemessene Regelung gefunden wird, die wirtschaftlich dem am nächsten steht, was die Parteien unter Berücksichtigung der mit dieser Vereinbarung verfolgten Zwecke gewollt hätten, wenn sie die Lückenhaftigkeit oder Unwirksamkeit bedacht hätten.

↑

200 **2. Muster: Haftungsverzichtserklärung eines Arbeitskollegen**

↓

Hiermit erkläre ich im Verhältnis zu meinem Arbeitgeber und zu dem Fahrer und Halter des Fahrzeugs, Marke ..., amtliches Kennzeichen ..., dass ich aus sämtlichen Schäden, die sich aus meiner Mitfahrt in dem vorgenannten Fahrzeug ergeben können, keine Ersatzansprüche geltend machen werde. Meine Verzichtserklärung erstreckt sich nur auf solche Schadensereignisse, die von dem Fahrer des vorgenannten Fahrzeugs nicht vorsätzlich herbeigeführt wurden. Mit dieser Erklärung binde ich nicht nur mich selbst, sondern auch meine sämtlichen Rechtsnachfolger, insbesondere im Falle meines durch einen Verkehrsunfall herbeigeführten Todes.

... (Ort, Datum, Unterschrift Arbeitnehmer)

↑

201 **3. Muster: Unfallmeldung**

↓

Unfalltag: ...   Ort: ...   Zeit: ...

Fahrzeug
Marke: ...   Typ: ...
Amtl. Kennzeichen: ...   Fahrgestell-Nr.: ...   nächste HU: ...

Fahrer
Name, Vorname: ...   geb. am: ...
wohnhaft in: ...   Straße: ...
Fahrerlaubnis Klasse(n): ...   seit: ...   Abteilung: ...

Unfallbeteiligte
Name, Vorname: ...   Anschrift: ...
Kfz-Typ: ...   Amtl. Kennzeichen: ...   Haftpflichtversicherung: ...
Name, Vorname: ...   Anschrift: ...
Kfz-Typ: ...   Amtl. Kennzeichen: ...   Haftpflichtversicherung: ...
Name, Vorname: ...   Anschrift: ...
Kfz-Typ: ...   Amtl. Kennzeichen: ...   Haftpflichtversicherung: ...

Unfallzeugen
Name, Vorname: ...   Anschrift: ...
Name, Vorname: ...   Anschrift: ...
Name, Vorname: ...   Anschrift: ...

Sachverständiger (von der Polizei Anschrift: ... hinzugezogen/selbst beauftragt): ...

Eigener Schaden   **Fremdschaden**
Personenschaden: ...   Personenschaden: ...
Sachschaden Fahrer: ...   Sachschaden: ...
Sachschaden Firma: ...   Sonstiges: ...

Aufnehmende Dienststelle

Dienststelle: ... Name des Beamten: ... Tagebuch-Nr. (soweit bekannt): ...

Unfallschilderung (Darstellung des Unfallgeschehens auf Beiblatt)

... (Ort, Datum, Unterschrift Fahrer)

4. Muster: Aufforderung zur Rückgabe des Dienstwagens (Freistellung/Ende des Arbeitsverhältnisses) 202

Sehr geehrte/r Frau/Herr ...,

aufgrund der Freistellung bzw Beendigung des Arbeitsverhältnisses haben Sie den Ihnen überlassenen Dienstwagen zurückzugeben. Wir fordern Sie daher hiermit auf, den Ihnen im Rahmen des Arbeitsverhältnisses überlassenen Dienstwagen der Marke ..., polizeiliches Kennzeichen ..., samt allem Zubehör einschließlich Schlüsseln, Fahrzeugpapieren und Winterreifen am ... an unserem Betriebssitz in ... in ordnungsgemäßem Zustand zurückzugeben.

Alternative 1: Mit der Freistellung vom ... ist die Ihnen eingeräumte Nutzungsberechtigung, auch für die ergänzend gestattete private Nutzung, entfallen. Nach den Bestimmungen des Arbeitsvertrages sind wir in diesem Fall schon vor der rechtlichen Beendigung des Arbeitsverhältnisses zur Einziehung des Dienstwagens berechtigt. Ein Zurückbehaltungsrecht oder Ähnliches steht Ihnen an dem Dienstwagen nicht zu, das wurde bereits arbeitsvertraglich ausgeschlossen.

Alternative 2: Mit der Beendigung des Arbeitsverhältnisses mit Ablauf des ... entfällt die Ihnen eingeräumte Nutzungsberechtigung, auch für die ergänzend gestattete private Nutzung. Ein Zurückbehaltungsrecht oder Ähnliches steht Ihnen an dem Dienstwagen nicht zu, das wurde bereits arbeitsvertraglich ausgeschlossen.

Zwecks Vereinbarung eines Termins setzen Sie sich bitte in den nächsten Tagen mit Herrn/Frau ... in Verbindung.

Mit freundlichen Grüßen

Kapitel 3: Arbeitgeberdarlehen; Aus- und Fortbildungsfinanzierung; aktienkursorientierte Vergütung

Literatur:

Arbeitgeberdarlehen: *Berger-Delhey*, Arbeitsrechtliche Probleme des Arbeitgeberdarlehens, DB 1990, 837; *Gamillscheg*, Darlehen, AR-Blattei SD 570; *Günther*, Besteuerung von Zinsersparnissen bei Arbeitgeberdarlehen, GStB 2003, 256; *Jesse/Schellen*, Arbeitgeberdarlehen und Vorschuss, 1990; *Kania*, Nichtarbeitsrechtliche Beziehungen zwischen Arbeitgeber und Arbeitnehmer, 1990; *Kurz/Schellen*, Zu Rechtsfragen bei der Gewährung von Arbeitgeberdarlehen, FS Gaul, 1987, S. 121; *Richter/Richter*, Darlehensgewährung durch den Arbeitgeber, NWB Fach 6, S. 4425; *Schirdewahn*, Mitbestimmung bei Arbeitgeberdarlehen aus laufenden Mitteln?, BB 1980, 891; *Seifert*, Gestaltungsspielräume bei Geschenken, Arbeitgeberdarlehen und Gutscheinen nutzen, GStB 2006, 73; *Strohmer*, Versteuerung fiktiver Zinsvorteile bei Arbeitgeberdarlehen, DB 2005, 2046; *Voßkuhl*, Lohnsteuerliche Behandlung zinsgünstiger Darlehen und ähnlicher Vorteile an Arbeitnehmer, insbesondere von Kreditinstituten, DStR 1998, 12; *Warnke*, Zinsersparnisse und Zinszuschüsse bei Arbeitgeberdarlehen, EStB 2003, 395.

Aus- und Fortbildungsfinanzierung: *Becker/Schaffner*, Die Rechtsprechung zur Rückerstattung von Ausbildungskosten, DB 1991, 1016; *Eule*, Der Begriff des Ausbilders nach dem BBiG, BB 1991, 2366; *Fangmann*, Die Rechtsstellung des Praktikanten, AuR 1977, 201; *Hennige*, Rückzahlung von Aus- und Fortbildungskosten, NZA-RR 2000, 617; *Hurlebaus*, Neue Rechtsprechung zum Berufsbildungsgesetz, GewArchiv 1999, 143; *Knigge*, Übersicht über das Recht der Berufsbildung, AR-Blattei SD 400.1 und 400.2; *ders.*, Volontär und Praktikant, AR-Blattei SD 1740; *Knopp/Kraegeloh*, Berufsbildungsgesetz, Kommentar, 5. Aufl. 2005; *Krause*, Schriftform für den Ausbildungsvertrag, AR-Blattei ES 220.2 Nr. 16; *Kreutzfeld/Kramer*, Rechtsfragen bei der Kündigung des Berufsausbildungsverhältnisses, DB 1995, 975; *Mayer*, Rückzahlung von Ausbildungskosten – Anmerkung zur Entscheidung des BAG vom 16.3.1994, AiB 1994, 662; *Meier/Schulz*, Die Rückzahlung von Ausbildungskosten bei vorzeitiger oder erfolgloser Beendigung der Ausbildung, NZA 1996, 742; *Ressel*, Neue Rechtsvorschriften für die Berufsbildung, AuA 1990, 209; *Sander*, Fortbildungsvertrag und Fortbildungskosten im Arbeitsverhältnis, BuW 2003, 868; *Scherer*, Verträge mit Praktikanten, NZA 1986, 80; *I. Schmidt*, Die Beteiligung der Arbeitnehmer an den Kosten der beruflichen Bildung – Umfang und Grenzen der Vertragsgestaltung, NZA 2004, 1002; *Schrade*, Praktikum: Aktuelle Rechtslage 2012, AuA 2012, 654; *Straube*, Inhaltskontrolle von Rückzahlungsklauseln für Ausbildungskosten, NZA-RR 2012, 505; *Winkelhake*, Rückzahlung von Ausbildungskosten, AuA 2003, Nr. 12, 14; *Woortmann*, Kursänderungen im BBiG, RdJB 1998, 11; *Zeranski*, Rückzahlung von Ausbildungskosten bei Kündigung des Ausbildungsverhältnisses, NJW 2000, 336.

Aktienkursorientierte Vergütung: *Annuß/Lembke*, Aktienoptionspläne der Konzernmutter und arbeitsrechtliche Bindungen, BB 2003, 2230; *Annuß/Sammet*, Anforderungen an Vergütungssysteme in Versicherungsunternehmen, BB 2011, 115; *Baeck/Diller*, Arbeitsrechtliche Probleme bei Aktienoptionen und Belegschaftsaktien, DB 1998, 1405; *Battke/Grünberg*, Zulässigkeit von Hinauskündigungsklauseln bei Mitarbeiter- und Managementmodellen, GmbHR 2006, 225; *Curdt/Weidmann*, Aktien- bzw. Optionsgewährung an Arbeitnehmer im Steuerrecht, BB 2012, 809; *Driver-Polke/Melot de Beauregard*, Rechtswahl bei Aktienoptionsplänen und damit in Zusammenhang stehenden nachvertraglichen Wettbewerbsverboten, BB 2004, 2350; *Eulerich/Velte*, Nachhaltigkeit und Transparenz der Vorstandsvergütung, IRZ 2013, 73; *Habersack/Verse*, Rechtsfragen der Mitarbeiterbeteiligung durch Aktienoptionen und Belegschaftsaktien, ZGR 2005, 451; *Hoffmann-Becking*, Gestaltungsmöglichkeiten bei Anreizsystemen, NZG 1999, 797; *Hohaus/Weber*, Aktuelle Rechtsprechung zum Gesellschafterausschluss und ihre Bedeutung für Managementbeteiligungen, NZG 2005, 961; *Kersting/Kutsch*, Mitarbeiterbeteiligung zur Finanzierung und Sanierung, BB 2011, 373; *Küttner/Röller*, Personalbuch, 20. Aufl. 2013, 309 (Mitarbeiterbeteiligung); *Legerlotz/Laber*, Arbeitsrechtliche Grundlagen bei betrieblichen Arbeitnehmerbeteiligungen durch Aktienoptionen und Belegschaftsaktien, DStR 1999, 1658; *Lembke*, Die Ausgestaltung von Aktienoptionsplänen in arbeitsrechtlicher Hinsicht, BB 2001, 1469; *Lingemann/Diller/Mengel*, Aktienoptionen im internationalen Konzern – ein arbeitsrechtsfreier Raum?, NZA 2000, 1191; *Maletzky*, Verfallklauseln bei Aktienoptionen für Mitarbeiter, NZG 2003, 715; *Röder/Göpfert*, Aktien statt Gehalt, NZA 2001, 2002; *Schanz*, Mitarbeiterbeteiligungsprogramme, NZA 2000, 626; *Schmitt/Hasbargen*, Aktuelle Entwicklungen in der Besteuerung von Mitarbeiterbeteiligungsmodellen, BB 2010, 1951; *Schneider/Fritz/Zander*, Erfolgs- und Kapitalbeteiligung der Mitarbeiter, 6. Aufl. 2007; *Simon/Koschker*, Vergütungssysteme auf dem Prüfstand – neue aufsichtsrechtliche Anforderungen für Banken und Versicherungen, BB 2011, 120; *Sosnitza*, Manager- und Mitarbeitermodelle im Recht der GmbH, DStR 2006, 99; *Umnuß/Ehle*, Aktienoptionsprogramme für Arbeitnehmer auf der Basis von § 71 Abs. 1 Nr. 2 AktG, BB 2002, 1042; *Wagner*, Die Konzeption eines Mitarbeiterbeteiligungsmodells, BB 2005, 661; *Wagner*, Zur aktienrechtlichen Zulässigkeit von Share Matching Plänen, BB 2010, 1739; *Wilsing/Paul*, Reaktionen der Praxis auf das Nachhaltigkeitsgebot des § 87 Abs. 1 Satz 2 AktG – eine erste Zwischenbilanz, GWR 2010, 363.

Kapitel 3: Arbeitgeberdarlehen; Aus- und Fortbildungsfinanzierung; aktienkursorientierte Vergütung

A. Erläuterungen

I. Arbeitgeberdarlehen

1. Abgrenzung zu sonstigen finanziellen Leistungen

Das Arbeitgeberdarlehen ist ein gewöhnliches Darlehen, für dessen Zustandekommen die Bestimmungen des BGB gelten (§§ 488 ff BGB), ggf auch die des **Verbraucherdarlehens** (§ 491 Abs. 1 BGB).[1] Einziger Unterschied zu einem normalen Darlehen ist, dass das Darlehen mit Rücksicht auf das bestehende Arbeitsverhältnis und zu im Vergleich mit dem Markt meist günstigeren Bedingungen gewährt wird.[2] Ist Letzteres – wie so oft – der Fall, führt dies nach § 491 Abs. 2 Nr. 4 BGB zur Nichtanwendbarkeit der Bestimmungen über das Verbraucherdarlehen.[3]

Bei der Auszahlung kleinerer Beträge ohne ausführliche Vertragsgestaltung muss geprüft werden, ob überhaupt ein Arbeitgeberdarlehen gewährt werden sollte. In Betracht kommt stattdessen auch ein Vorschuss oder eine Abschlagszahlung auf das Arbeitsentgelt. **Vorschüsse** sind Leistungen auf künftiges, in überschaubar naher Zeit fälliges Arbeitsentgelt.[4] Bei Fälligkeit des Entgeltanspruchs erfolgt eine Verrechnung mit dem Vorschuss. **Abschlagszahlungen** sind Leistungen des Arbeitgebers auf das bereits verdiente, aber noch nicht abgerechnete Entgelt.[5] Aus dieser **Abgrenzung** ergibt sich eine Reihe von Konsequenzen. Unter anderem kann beim Darlehen eine Aufrechnung mit künftigen Vergütungsansprüchen des Arbeitnehmers nur im Umfang des nicht im Bereich der Pfändungsfreigrenzen angesiedelten Gehalts für wirksam erklärt werden. Der Vorschuss kann nach allgemeiner Auffassung auch auf den unpfändbaren Teil des Arbeitseinkommens angerechnet werden.[6] Soweit es sich um Beträge handelt, die ein Brutto-Monatsgehalt übersteigen, und/oder darlehenstypische Absprachen zwischen Arbeitgeber und Arbeitnehmer über Verzinsung, Kündigung und Rückzahlung getroffen sind, ist **im Zweifel** davon auszugehen, dass ein Arbeitgeberdarlehen gewollt war.[7]

Wird im Rahmen einer Notiz oder einer kleinen Vertragsergänzung zum Arbeitsvertrag zwischen den Parteien geregelt, dass der Mitarbeiter einen Betrag von X EUR für mehrere Monate erhält und dieser Betrag monatlich zu gleichen Teilen mit dem Arbeitsentgelt verrechnet wird, ist nicht sichergestellt, dass es sich um ein Darlehen handelt.[8]

Wird das Darlehen dem Arbeitnehmer vom Arbeitgeber zur **Finanzierung des Erwerbs von Aktien oder Geschäftsanteilen** der Arbeitgebergesellschaft gewährt – wie es regelmäßig im Vorfeld von Börsengängen oder der Beteiligung von Private-Equity-Gesellschaften praktiziert wird –, so treffen den Arbeitgeber besondere Aufklärungspflichten hinsichtlich der Risiken derart kreditfinanzierter Anteilserwerbe.

Abgrenzungsprobleme, wie sie bei Arbeitgeberdarlehen auftreten, bestehen bei der Übernahme von Ausbildungskosten durch den Arbeitgeber im Allgemeinen nicht. Aus den Fortbildungsverträgen geht regelmäßig der Zweck der finanziellen Zuwendung bereits hervor. In diesen Verträgen ranken sich die Rechtsfragen überwiegend um die Rückzahlungsproblematik.

2. Grenzen der vertraglichen Gestaltungsmöglichkeiten

a) Rückzahlungsraten und Pfändungsfreigrenzen

Bei der Gestaltung von Arbeitgeberdarlehensverträgen ist zu beachten, dass die Modalitäten der Rückzahlung grundsätzlich im Belieben der Parteien stehen. Allerdings sollten die **Fälligkeit** und die **Höhe von Rückzahlungsraten** im Darlehensvertrag festgelegt werden. Soll die Rückzahlung des Darlehens in der Weise geschehen, dass aus dem laufenden Entgeltanspruch Raten durch Aufrechnung einbehalten werden, sind stets die **Pfändungsgrenzen** nach § 394 BGB, insbesondere die Grenzen gem. § 850 c

---

1 Vgl dazu *Hümmerich/Holthausen*, NZA 2002, 173.
2 Preis/*Stoffels*, Der Arbeitsvertrag, II D 10 Rn 1.
3 MüKo-BGB/*Schürnbrand*, § 488 BGB Rn 68 ff.
4 Vgl zur Abgrenzung zwischen Darlehen und Vorschuss etwa LAG München 16.11.2011 – 10 Sa 476/11, juris.
5 Näher zur Abgrenzung AnwK-ArbR/*Boecken*, § 614 BGB Rn 24.
6 BAG 9.2.1956 – 1 AZR 329/55, AP § 394 BGB Nr. 1; BAG 11.2.1987 – 4 AZR 144/86, AP § 850 ZPO Nr. 11.
7 LAG Düsseldorf 14.7.1955 – 2 a Sa 158/55, AP § 614 BGB Gehaltsvorschuss Nr. 1; MüKo-BGB/*Müller-Glöge*, § 614 Rn 22; vgl auch LAG München 16.11.2011 – 10 Sa 476/11, juris.
8 LAG Bremen 21.12.1960 – 1 Sa 147/60, DB 1961, 243; LAG Düsseldorf 14.7.1955 – 2a Sa 158/55, AP § 614 BGB Gehaltsvorschuss Nr. 1.

ZPO, zu beachten. Dem Arbeitnehmer muss unter Berücksichtigung seiner Unterhaltspflichten nach Abzug der Darlehensraten der unpfändbare Teil seines Entgelts verbleiben. Bei einer Verteilung des pfändbaren Betrags gehen Vorpfändungen und zeitlich früher erfolgte Lohnabtretungen vor. Es ist daher zu empfehlen, in den Darlehensvertrag eine Klausel aufzunehmen, die die Rückzahlung durch eine Lohnabtretung in Höhe der monatlichen, unter Beachtung der Pfändungsgrenzen zulässigen Rückzahlungsrate sichert. Das Muster 2500 wählt unter § 3 Abs. 1 und § 4 Abs. 1 die Möglichkeit, die konkret festgelegten monatlichen Rückzahlungsraten jeweils am Fälligkeitstag der Lohn- und Gehaltszahlung mit dieser zu verrechnen. Diese Methode ist zulässig.[9] Bei einem **Vorschuss** soll eine Verrechnung auch unterhalb der Pfändungsfreigrenzen zulässig sein. Einen anderen Weg wählt das Muster 2510 (Sicherungsübereignung eines Pkw).

209 Üblich ist es auch, für den Fall des Zahlungsverzugs mit der Ratenzahlung eine **Gesamtfälligkeits- bzw Verfallklausel** in den Darlehensvertrag aufzunehmen, nach der im Fall des Zahlungsverzugs von zB mehr als 14 Tagen mit einer Rate sogleich alle künftigen Raten zur Zahlung fällig werden.[10] Letztlich sollte für den Fall der Beendigung des Arbeitsverhältnisses eine eigenständige Rückzahlungsregelung vorgesehen werden.[11] Allerdings ist die Vereinbarung eines außerordentlichen fristlosen Sonderkündigungsrechts des Darlehensgebers (Arbeitgebers) für den Fall der Beendigung des Arbeitsverhältnisses vor der vollständigen Darlehensrückzahlung nach Ansicht des LAG Sachsen eine unangemessene Benachteiligung gem. § 307 BGB.[12]

b) Zinsen

210 Ein **Zinsanspruch des Arbeitgebers** besteht nach § 488 Abs. 2 BGB nur, wenn der Darlehensvertrag eine ausdrückliche Vereinbarung enthält. Ohne Zinsvereinbarung wird nicht etwa der gesetzliche Zinssatz geschuldet, in diesem Falle handelt es sich vielmehr um ein zinsloses Darlehen.[13] Werden für eine Mehrzahl von Arbeitnehmern Darlehen durch den Arbeitgeber gewährt und liegen die Zinsen günstiger, als sie auf dem aktuellen Kapitalmarkt zu zahlen sind, handelt es sich um eine Vergünstigung, auf die auch andere Arbeitnehmer unter dem Gesichtspunkt des Gleichbehandlungsgrundsatzes Anspruch erheben können.[14] Auch ist es unzulässig, Teilzeitkräfte vom Bezug zinsgünstiger Darlehen auszuschließen.[15] Soweit in einem Betrieb generell zinsbegünstigte Darlehen gewährt werden, stellt die Darlehensvergabe eine Frage der betrieblichen Lohngestaltung dar und ist nach § 87 Abs. 1 Nr. 10 BetrVG mitbestimmungspflichtig.[16]

211 Gewährt der Arbeitgeber das Darlehen zu günstigeren als marktüblichen Konditionen, sind die **Zinsvorteile** für den Arbeitnehmer **Arbeitslohn**. Dies gilt auch, wenn der Arbeitgeber zu einem Darlehen einer Bank Zinszuschüsse gewährt[17] oder der Arbeitgeber sich gegenüber dem Darlehensgeber zu Zinsausgleichszahlungen verpflichtet.[18] Nach Abschnitt 31 Abs. 11 LStR sind Zinsvorteile als Sachbezug zu erfassen, wenn die Summe der noch nicht getilgten Darlehen am Ende des Lohnzahlungszeitraums 2.600 EUR übersteigt und soweit der Effektivzins 6 v.H. unterschreitet, wobei mehrere Darlehen hinsichtlich des Zinssatzes, nicht aber hinsichtlich der Geringfügigkeitsgrenze von 2.600 EUR, auch dann getrennt zu beurteilen sind, wenn sie einem einheitlichen Verwendungszweck dienen.[19] Insofern empfiehlt es sich, auch wenn der Arbeitgeber generell nicht haftet,[20] den Darlehensnehmer auf die Lohnsteuerpflichtigkeit eines Zinsvorteils hinzuweisen.[21]

---

9 BAG 10.10.1966 – 3 AZR 177/66, AP § 392 BGB Nr. 2.
10 Vgl BAG 19.1.2010 – 3 AZR 191/08, BB 2010, 1735 f (auch zu der Problematik des § 225 Satz 1 BGB aF).
11 Vgl Muster 2510 (§ 3) und Muster 2520 (Ziff. 3).
12 LAG Sachsen 20.7.2012 – 3 Sa 71/12, juris (Revision eingelegt; Az beim BAG: 8 AZR 829/12).
13 Palandt/*Putzo*, § 608 BGB Rn 1; Küttner/*Griese*, Personalbuch, 23 (Arbeitgeberdarlehen) Rn 5.
14 LAG Hamm 19.3.1993 – 10 Sa 1511/92, BB 1993, 1593.
15 BAG 27.7.1994 – 10 AZR 538/93, DB 1994, 2348.
16 BAG 9.12.1980 – 1 ABR 80/77, AP § 87 BetrVG 1972 Lohngestaltung Nr. 5; ErfK/*Kania*, § 87 BetrVG Rn 97; ebenso ErfK/*Preis*, § 611 BGB Rn 496.
17 FG Hessen 5.3.1990 – 4 K 85/86, EFG 1990, 523.
18 BFH 4.5.2006 – VI R 67/03, NZA-RR 2007, 28.
19 Näher zu den steuerlichen Aspekten von Arbeitgeberdarlehen: BMF-Schreiben vom 1.10.2008 zu Arbeitgeberdarlehen.
20 BFH 25.10.1985 – VI R 130/82, BStBl. II 1986, 98.
21 Siehe Muster 2500 (§ 2 Satz 2).

c) Wirkung von Ausschlussfristen; Verjährung

Die Auffassung des BAG, wonach das Darlehen seinen **Rechtsgrund** nicht im Arbeitsverhältnis hat und daher nicht dem Arbeitsrecht unterliegt, wird nicht einheitlich so beurteilt. Während das LAG Hamm[22] und auch das LAG Köln[23] mit dem BAG[24] das Darlehen nicht für eine Leistung aus dem Arbeitsverhältnis hält, vertritt das LAG Niedersachsen im Hinblick auf tarifliche Ausschlussfristen die Auffassung, der Anspruch der Arbeitgeberin auf Rückzahlung eines dem Arbeitnehmer gewährten Darlehens falle unter die Ausschlussfrist des § 16 BRTV-Bau, wenn sich aus dem Darlehensvertrag ergebe, dass dieser seine Grundlage in der arbeitsvertraglichen Beziehung der Parteien habe.[25] Unabhängig von dieser Rechtsfrage kann sich das jedenfalls im Einzelfall auch anders darstellen, wenn bei der Darlehensgewährung eine enge Verknüpfung mit dem Arbeitsverhältnis erfolgt, wie zB die Gewährung als betriebliche Sozialleistung auf der Grundlage einer Betriebsvereinbarung oder der Bestand des Arbeitsverhältnisses als Bedingung für den Abschluss des Darlehensvertrages.[26] Letztlich hängt dies von der konkreten Formulierung der von der Ausschlussfrist umfassten Ansprüche ab. Jüngst hat etwa das LAG Rheinland-Pfalz entschieden, dass Rückzahlungsansprüche aus einem Arbeitgeberdarlehen unter die arbeitsvertraglich vereinbarte Ausschlussfrist („Ansprüche aus dem Arbeitsverhältnis und solche, die mit diesem in Verbindung stehen") fallen,[27] und das BAG hat zu einer anderen Klauselformulierung („sämtliche aus dem bestehenden Arbeitsverhältnis und seiner Beendigung abzuleitenden wechselseitigen Ansprüche") das Gegenteil entschieden.[28] Deshalb sollte bei der Regelung von Ausschlussfristen vorsorglich klargestellt werden, dass das Arbeitgeberdarlehen davon – je nach Wunsch – nicht betroffen ist oder erfasst sein soll.

212

Teilweise wird in Arbeitgeberdarlehen hinsichtlich der Rückzahlungsforderung auch ein **Verjährungsverzicht** vereinbart.[29]

213

d) Arbeitgeberdarlehen und Verbraucherschutzrecht

Auf Darlehensverträge zwischen Arbeitgeber und Arbeitnehmer (im entschiedenen Fall handelte es sich um ein Darlehen eines Arbeitnehmers an den Arbeitgeber) fanden in der Vergangenheit bereits die Vorschriften des AGB-Gesetzes Anwendung.[30] Seit der Schuldrechtsreform ist der Arbeitnehmer Verbraucher. Die Beantwortung der Frage nach der **Anwendbarkeit der Bestimmungen über den Verbraucherkreditvertrag der §§ 491 ff BGB** ergibt sich aus § 491 Abs. 2 BGB und dort insbesondere aus dessen Nr. 4: Immer dann, wenn ein Arbeitgeber mit seinem Arbeitnehmer einen Darlehensvertrag zu **marktüblichen oder höheren Zinsen** abschließt, sind die §§ 491 ff BGB anzuwenden.[31] Die §§ 491 ff BGB finden dagegen keine Anwendung, wenn der Arbeitgeber Darlehen mit **unter dem Marktzins liegenden Zinsen** vergibt.[32] Bei Arbeitgeberdarlehen sind daher – von den Fällen des § 491 Abs. 2 BGB abgesehen – die Schriftform und die Formvorschriften des § 492 BGB zu beachten. Der Arbeitnehmer hat bei einem solchen Arbeitgeberdarlehen ein Widerrufsrecht gem. § 495 BGB. Ein Einwendungsverzicht gem. § 496 BGB ist unwirksam. Das Kündigungsrecht wegen Zahlungsverzugs ergibt sich aus § 498 BGB.

214

Die Inhaltskontrolle nach den **§§ 305 ff BGB** findet auf Arbeitgeberdarlehen **Anwendung**, selbst wenn es sich um eine einmalige Verwendung des Darlehensvertrages handelt (§ 310 Abs. 3 Nr. 2 BGB).[33] Der Darlehensvertrag darf den Arbeitnehmer daher insbesondere nicht unangemessen benachteiligen, § 307

215

---

22 LAG Hamm 28.4.1995 – 10 Sa 1386/94, LAGE § 794 ZPO Ausgleichsklausel Nr. 1.
23 LAG Köln 27.4.2001 – 11 Sa 1315/00, NZA-RR 2001, 174.
24 BAG 23.9.1992 – 5 AZR 569/91, BB 1993, 1438; BAG 19.1.2011 – 10 AZR 872/08, NZA 2011, 1159; so auch BGH 23.2.1999 – 9 AZR 737/97, NZA 1999, 1212 für Zinsansprüche aus einem Arbeitgeberdarlehen.
25 LAG Niedersachsen 9.11.1999 – 7 Sa 321/99, NZA-RR 2000, 484.
26 In diese Richtung LAG Köln 18.5.2000 – 10 Sa 50/00, NZA-RR 2001, 174.
27 LAG Rheinland-Pfalz 13.12.2011 – 3 Sa 475/11, BeckRS 2012, 66421.
28 BAG 19.1.2011 – 10 AZR 873/08, NZA 2011, 1159.
29 Vgl BAG 19.1.2010 – 3 AZR 191/08, BB 2010, 1735 f.
30 BAG 23.9.1992 – 5 AZR 569/91, BB 1993, 1438; LAG Hamm 19.2.1993 – 10 Sa 1397/92, DB 1994, 1243; LAG Saarland 29.4.1987 – 1 Sa 91/86, NZA 1988, 164.
31 Küttner/*Griese*, Personalbuch, 23 (Arbeitgeberdarlehen) Rn 4.
32 HM, vgl etwa MüKo-BGB/*Schürnbrand*, § 488 BGB Rn 68 ff.
33 BAG 23.9.1992 – 5 AZR 569/91, BB 1993, 1438; ebenso ErfK/*Preis*, § 611 BGB Rn 426 mwN.

BGB.³⁴ *Preis*³⁵ hält die einseitigen Leistungsbestimmungsrechte iSd Zivilrechtsprechung zu den Preisnebenabreden für kontrollfähig. Der Vertragspartner des Verwenders soll vor der unangemessenen Verkürzung oder Modifikation der vollwertigen Leistung, die er nach Gegenstand und Zweck des Vertrages erwarten durfte, geschützt werden, was sich auch aus § 307 Abs. 2 Nr. 2 BGB ergebe.

216 Eine Klausel, die den Arbeitnehmer zur Zahlung des ihm im Rahmen des Verkaufs eines Werkswagens eingeräumten Preisnachlasses verpflichtet, wenn ihm binnen eines Jahres nach Auslieferung des Fahrzeugs fristlos gekündigt wird, ist unwirksam, wenn die Höhe des Preisnachlasses nicht aus dem Vertrag hervorgeht.³⁶

3. Rückzahlungsklauseln

217 Wird das Arbeitsverhältnis beendet, tritt nicht automatisch Fälligkeit des Darlehens ein. Es kann nicht ohne weiteres angenommen werden, dass der weitere Fortbestand des Arbeitsverhältnisses Geschäftsgrundlage des Darlehensvertrages war.³⁷

218 Sind Rückzahlungsmodalitäten oder ein Rückzahlungstermin nicht vereinbart, können Arbeitgeber und Arbeitnehmer das Darlehen grundsätzlich unter Beachtung der ordentlichen Kündigungsfrist von drei Monaten **kündigen** (§ 488 Abs. 3 BGB), es sei denn, es wäre ein fester Rückzahlungstermin vereinbart worden, was in praxi oftmals der Fall ist (etwa bei einem Tilgungs- oder Ratenzahlungsplan). Grundsätzlich kann jedoch eine sofortige Rückzahlung des Darlehens bei Beendigung des Arbeitsverhältnisses vereinbart werden. Eine derartige Vereinbarung ist allerdings dann unwirksam, wenn sie für den Fall der Kündigung des Arbeitnehmers vereinbart ist (arg. e. § 622 Abs. 6 BGB), und sie ist unwirksam, wenn der Arbeitgeber aus betriebsbedingten Gründen kündigt (arg. e. § 612 BGB).³⁸ Diesen Anforderungen wird § 3 in Muster 2510 gerecht. Alternativ kann ab Beendigung des Arbeitsverhältnisses auch ein höherer (dann marktüblicher) Zinssatz vereinbart werden (s. Rn 219).

219 Zulässig ist schließlich für den Fall einer ordentlichen Arbeitnehmerkündigung eine Klausel, die Zinsvergünstigungen ab Beendigung des Arbeitsverhältnisses entfallen lässt und die Darlehensbedingungen an den aktuellen Kapitalmarkt anpasst („**Zinsanpassungsklausel**").³⁹ Dementsprechend ist § 5 Abs. 2 in Muster 2500 formuliert. Ein rückwirkender Wegfall von Zinsvergünstigungen für die Zeit des Bestands des Arbeitsverhältnisses hält einer gerichtlichen Billigkeitskontrolle dagegen nicht stand.⁴⁰ Auch eine Vereinbarung, die die Zinsvergünstigung bereits mit dem ersten Tag der **Elternzeit** wegfallen lässt, wenn der Arbeitnehmer das Arbeitsverhältnis nach Ende der Elternzeit nicht fortsetzt, wird für unzulässig gehalten.⁴¹

II. Aus- und Fortbildungsverträge

1. Verschiedene Vertragsformen in der Praxis

220 Im Ausbildungssektor gibt es eine Reihe von Beschäftigungsverhältnissen mit jeweils unterschiedlichem Namen und unterschiedlicher rechtlicher Regelung, wie Auszubildende, Praktikanten oder Volontäre.⁴² Unter **Ausbildungsverträgen** sind die Verträge über eine Berufsausbildung von **Auszubildenden** nach dem Berufsbildungsgesetz (BBiG) zu verstehen, innerhalb derer der Auszubildende gerade keine Arbeitsleistung schuldet, sondern nur das Bemühen, die für das Ausbildungsziel erforderliche berufliche Handlungsfähigkeit (vgl § 13 BBiG). Auch **Praktikantenverträge**⁴³ beziehen sich auf Praktika, die – ohne Teil einer Berufsausbildung iSd BBiG zu sein – im Rahmen eines Hochschulstudiums verpflichtend vorgesehen sind oder unabhängig von einer solchen Verpflichtung freiwillig geleistet werden, um die Berufseinstiegschancen zu erhöhen. **Fortbildungsverträge**⁴⁴ beziehen sich dagegen auf ein heteroge-

---

34 H/S-*Reiserer*, Das arbeitsrechtliche Mandat, § 5 Rn 201.
35 ErfK/*Preis*, §§ 305–310 BGB Rn 40.
36 BAG 26.5.1993 – 5 AZR 219/92, AP § 23 AGBG Nr. 3.
37 HM, vgl LAG Baden-Württemberg 15.7.1969 – 7 Sa 20/69, AP § 607 BGB Nr. 3; ebenso ErfK/*Preis*, §§ 305–310 BGB Rn 426.
38 Schaub/*Schaub*, Arbeitsrechts-Handbuch, § 70 Rn 21.
39 LAG Saarland 29.4.1987 – 1 Sa 91/86, NZA 1988, 164; BAG 23.2.1999 – 9 AZR 737/97, BB 1999, 1981.
40 BAG 16.10.1991 – 5 AZR 35/91, DB 1992, 1000.
41 BAG 16.10.1991 – 5 AZR 35/91, DB 1992, 1000.
42 *Wank*, RdA 2010, 193 ff.
43 Siehe hierzu Muster 1014, § 1 Rn 149.
44 Siehe Muster 2600, Muster 2610, Muster 2620.

nes Bündel von verschiedenartigen kurz-, mittel- oder auch langfristigen Fortbildungsmaßnahmen. Diesen ist gemeinsam, dass sie nicht der erstmaligen beruflichen Ausbildung dienen, sondern der beruflichen Fort- bzw Weiterbildung in einer bereits erworbenen Berufsausbildung.

Eine Vielzahl von **Studenten** geht **neben dem Studium** einer Nebentätigkeit nach, meist um das Studium zu finanzieren. Stehen dabei eine weisungsabhängige Tätigkeit in persönlicher Abhängigkeit und der „Erwerbszweck" im Vordergrund und nicht etwa ein Ausbildungszweck, so liegt ein „normales" (Teilzeit-)Arbeitsverhältnis vor.[45] Im Sozialversicherungsrecht bestehen für **Werkstudenten** verschiedene Besonderheiten (sog. Werkstudentenprivileg).[46] **Praktikant** ist dagegen, wer sich für eine vorübergehende Dauer zwecks Erwerbs praktischer Kenntnisse und Erfahrungen einer bestimmten betrieblichen Tätigkeit und Ausbildung, die keine systematische Berufsausbildung darstellt, im Rahmen einer Gesamtausbildung unterzieht, weil er diese für die Zulassung zum Studium oder Beruf, zu einer Prüfung oder zu anderen Zwecken benötigt.[47]

221

Eine weitere Kategorie von Verträgen in diesem sachlichen Kontext betreffen **Verträge mit Studenten im Rahmen ihrer Studiengänge:** Im Vordergrund stehen hier zum einen **Ausbildungsverträge im Rahmen von „Studiengängen mit vertiefter Praxis",**[48] deren Ziel es ist, die Ausbildung von praxisorientierten Absolventen betriebsnah zu fördern.[49] Zum anderen haben sich in den vergangenen Jahren vermehrt sog. **duale Studiengänge** durchgesetzt, bei denen sog. **Praxisphasenverträge**[50] abzuschließen sind.[51] Bei diesen wird „die wissenschaftliche Ausbildung an einer Hochschule, Fachhochschule oder Berufsakademie derart mit einer praktischen Ausbildung im Unternehmen kombiniert, dass ein Teil der für den Abschluss erforderlichen Kompetenzen im Unternehmen erworben und bewertet wird. Diese enge Verzahnung führt zu einer überdurchschnittlich hohen Employability der Absolventen."[52] Neben den einschlägigen Studienordnungen der akademischen Ausbildungseinrichtungen, die teilweise auch eine **Praxisphasenordnung**[53] vorhalten, bedürfen derartige duale Studiengänge einer Vertragsgrundlage für den in den Unternehmen realisierten Praxisteil.[54]

222

2. Rückzahlungsklauseln bei Ausbildungsverträgen

Im Rahmen von Berufsausbildungsverhältnissen besteht ein **Verbot vertraglicher Entschädigungszahlungen für Ausbildungskosten** (§ 12 iVm § 25 BBiG). Das BAG folgert daraus den Grundsatz, dass Kosten, die dem Ausbildenden im Rahmen der Ausbildung entstehen, nicht auf den Auszubildenden abgewälzt werden dürfen.[55] Dieses Verbot gilt nach der Rechtsprechung des BAG aber nicht für den schulischen Bereich der dualen Berufsausbildung, insbesondere für die **Kosten des Berufsschulbesuchs.** Insoweit ist der Ausbildende lediglich zur Freistellung und Vergütungsfortzahlung verpflichtet; sonstige mit dem schulischen Bereich zusammenhängende Kosten sind daher grundsätzlich „abwälzungsfähig".[56] Das gilt nach neuerer BAG-Rechtsprechung auch für die **Studiengebühren dualer Studiengänge.**[57]

223

---

45 HM, so auch BAG 11.11.2008 – 1 ABR 68/07, NZA 2009, 450 ff; Küttner/*Röller*, Personalbuch, 342 (Praktikant).
46 Siehe § 6 Abs. 1 Nr. 3 SGB V; § 27 Abs. 4 Nr. 2 SGB III.
47 Küttner/*Röller*, Personalbuch, 342 (Praktikant); vgl zum Student als Praktikant näher *Schade*, NJW 2013, 1039.
48 Näher dazu *Natzel*, NZA 2008, 567 ff; vgl auch Muster 2630. Weitere Vertragsbeispiele aus der Praxis finden sich auf den meisten Internetseiten der Hochschulen, die Studiengänge mit vertiefter Praxis anbieten.
49 Zur Anwendbarkeit des BBiG s. BAG 18.11.2008 – 3 AZR 192/07, NZA 2009, 435 ff.
50 Siehe Muster 2640. Weitere Vertragsbeispiele aus der Praxis finden sich auf den meisten Internetseiten der Hochschulen, die duale Studiengänge anbieten.
51 Nach BAG 18.11.2008 – 3 AZR 192/07, NZA 2009, 435 finden die Regelungen des BBiG in einem solchen Fall keine Anwendung: „Das BBiG ist jedoch dann nicht anwendbar, wenn die praktische Tätigkeit Teil eines Studiums ist. In diesem Fall treten die für das Studium geltenden Regeln an die Stelle des BBiG ...".
52 *Rosentreter/Koch-Rust*, NJW 2009, 3005.
53 Vgl etwa Praxisphasenordnung der FH Düsseldorf.
54 Zur (fehlenden) Sozialversicherungspflicht vgl BSG 1.12.2009 – B 12 R 4/08 R, BeckRS 2010, 66709: „Stellen sich im Rahmen eines sog. praxisintegrierten dualen Studiums die berufspraktischen Phasen infolge organisatorischer und/oder curricularer Verzahnung mit der theoretischen Hochschulausbildung als Bestandteil des Studiums dar, so begründen sie keine Versicherungspflicht wegen einer Beschäftigung zur Berufsausbildung bei dem Praktikumsbetrieb."
55 BAG 18.11.2008 – 3 AZR 192/07, NZA 2009, 435; ebenso LAG Baden-Württemberg 24.10.2012 – 9 Sa 30/12, BeckRS 2012, 72405.
56 So ausdr. BAG 26.9.2002 – 6 AZR 486/00, NZA 2003, 1403.
57 BAG 18.11.2008 – 3 AZR 192/07, NZA 2009, 435.

§ 2 Zusatzvereinbarungen zu Arbeits- und Anstellungsverträgen

3. Rückzahlungsklauseln bei Fortbildungsverträgen

a) Abgrenzung von Arbeitgeberdarlehen

224 Für die Karriere eines Arbeitnehmers ist es unerlässlich, sich permanent fortzubilden. Dieses Interesse der Arbeitnehmer an qualifizierter Fortbildung korrespondiert mit der Bereitschaft von Unternehmen, in hochwertige und kostenintensive Fortbildungen ihrer Mitarbeiter – gerade einer globalisierten Welt – zu investieren.[58] Die Vereinbarung von Rückzahlungsklauseln ist zunächst von der Variante eines **„Fortbildungsdarlehens"** und dessen Rückzahlung **abzugrenzen**: Anstelle der Übernahme der Fortbildungskosten und Regelung einer teilweisen Rückzahlungspflicht wird dabei eine **Darlehensgewährung des Arbeitgebers** an den Arbeitnehmer gewählt, damit dieser die Fortbildung selbst finanzieren kann. In der Praxis verzichtet der Arbeitgeber allerdings oftmals unter bestimmten Bedingungen ganz oder teilweise auf die Rückzahlung des Darlehens. Diese Vertragsgestaltung ist aber kein geeignetes Vorgehen, um die Anforderungen der BAG-Rechtsprechung an Rückzahlungsklauseln zu umgehen, denn das BAG wendet auf solche „Darlehensgestaltungen" – wenn sich der Arbeitnehmer nicht ausnahmslos zur Rückzahlung des Darlehens verpflichtet – auch seine Grundsätze zu Rückzahlungsklauseln an.[59]

225 Keine Anwendung findet die BAG-Rechtsprechung aber auf „echte" Darlehensgestaltungen mit uneingeschränkter Rückzahlungsverpflichtung, wobei eine Stundung der Rückzahlungsverpflichtung bis zum Abschluss der Fortbildungsmaßnahme unschädlich ist.[60] Allerdings hält das BAG im Falle eines Dualen Studiengangs auch so eine solche „echte" Darlehenskonstruktion für unangemessen, bei denen der Arbeitnehmer die Darlehensschuld zB in 60 Monatsraten „abarbeiten" soll, wenn der Arbeitgeber sich nicht zugleich auch klar dazu verpflichtet, dem Studenten nach Abschluss des Studiums einen angemessenen Arbeitsplatz mit in etwa festgelegten Arbeitsbedingungen anzubieten.[61]

226 **Fortbildungsvereinbarungen** sind gesetzlich nicht geregelt und daher durch die Parteien frei gestaltbar. Arbeitgeberseitig gefördert werden unterschiedlichste Fortbildungsmaßnahmen, die sich in Intensität und Wertigkeit stark unterscheiden. So werden sowohl Tagesseminare, kurze Fortbildungen, die nur wenige Tage dauern, als auch Qualifikationsmaßnahmen bis hin zu einem Fach- oder Hochschulstudium gefördert. Trägt der Arbeitgeber die Fort- bzw Weiterbildungskosten ganz oder zumindest teilweise selbst, ist Hauptgegenstand einer Fortbildungsvereinbarung regelmäßig eine Rückzahlungsverpflichtung.[62] Nach bisheriger Rechtsprechung des BAG müssen Fortbildungsvereinbarungen **vor Beginn der Fortbildung** abgeschlossen werden. Im Bereich der Fortbildungsverträge sind vor allem die Anforderungen an **Rückzahlungsklauseln** umstritten.

b) Beschränkungen durch das BBiG

227 Die Verbotsnorm des § 12 (iVm § 25) BBiG für **Berufsausbildungsverhältnisse** findet auf **Arbeitsverhältnisse** keine Anwendung und ist einer Verallgemeinerung oder gar analogen Anwendung über § 26 BBiG hinaus nicht zugänglich.[63] § 12 BBiG erfasst nur die Erstausbildung, nicht aber die berufliche Fort- oder Weiterbildung und Umschulungsverträge.[64] § 12 Abs. 1 Satz 1 BBiG führt zur Nichtigkeit einer Vereinbarung, durch die der Auszubildende für die Zeit nach Beendigung des Berufsausbildungsverhältnisses in der Ausübung seiner beruflichen Tätigkeit beschränkt wird.[65]

228 § 26 BBiG erweitert dieses „Belastungsverbot" zwar noch auf **vergleichbare Vertragsverhältnisse**, bei denen Personen eingestellt werden, um berufliche Fertigkeiten, Kenntnisse, Fähigkeiten oder berufliche Erfahrungen zu erwerben, ohne dass es sich um eine Berufsausbildung im Sinne dieses Gesetzes oder ein Arbeitsverhältnis handelt (s. Rn 224). Die Vorschrift erfasst aber gerade die hier behandelten Fortbildungs- und Umschulungsmaßnahmen im Rahmen eines Arbeitsverhältnisses nicht, sondern lediglich die eigens dafür begründeten Vertragsverhältnisse wie diejenigen etwa von Volontären und Praktikan-

---

[58] Straube, NZA-RR 2012, 505 ff zum aktuellen Stand der AGB-rechtlichen Inhaltskontrolle von Rückzahlungsklauseln in Fortbildungsverträgen.
[59] BAG 18.11.2008 – 3 AZR 192/07, NZA 2009, 435 ff.
[60] BAG 18.3.2008 – 9 AZR 186/07, NZA 2008, 1004; zust. Straube, NZA-RR 2012, 505 (507).
[61] BAG 18.3.2008 – 9 AZR 186/07, NZA 2008, 1004 ff.
[62] Schönhöft, NZA-RR 2009, 625.
[63] BAG 20.2.1975 – 5 AZR 240/74, EzA Art. 12 GG Nr. 12 zum damaligen, gleichlautenden § 19 BBiG aF.
[64] BAG 20.2.1975 – 5 AZR 240/74, AP § 611 BGB Ausbildungsbeihilfe Nr. 2.
[65] BAG 5.7.2000 – 5 AZR 883/98, NZA 2001, 394; BAG 15.12.1993 – 5 AZR 279/93, BB 1994, 433.

ten[66] oder Hospitanten,[67] bei denen allesamt der Bildungszweck und nicht die Arbeitsleistung im Vordergrund stehen.

c) Beschränkungen durch Art. 12 GG

Die Investition in Human Resources muss, wenn sie mit degressiv ausgestalteten Rückzahlungsklauseln verbunden ist, die eine gewisse Bindungswirkung entfalten, in Übereinstimmung gebracht werden mit dem **Grundrecht des Arbeitnehmers auf freie Arbeitsplatzwahl nach Art. 12 GG**. Es schützt den Einzelnen in seinem Entschluss, eine bestimmte Beschäftigungsmöglichkeit zu ergreifen, beizubehalten oder aufzugeben.[68] Nach Auffassung des BAG muss daher geprüft werden, ob Rückzahlungsverpflichtungen den Arbeitnehmer nach Treu und Glauben nicht in unzumutbarer Weise an den Arbeitgeber binden.[69] Der Arbeitnehmer müsse mit der Ausbildungsmaßnahme eine **angemessene Gegenleistung für die Rückzahlungsverpflichtung** erhalten. Darüber hinaus komme es auch auf die **Dauer der Bindung**, den **Umfang der Fortbildungsmaßnahme**, die **Höhe des Rückzahlungsbetrags** und dessen Abwicklung an. Das Verhältnis der einzelnen Beurteilungskriterien untereinander ist von der Rechtsprechung nicht abschließend bestimmt worden. Allerdings fließen die grundrechtlichen Vorgaben natürlich auch im Rahmen der AGB-rechtlichen Prüfung in diese ein (s. dazu Rn 230 ff, 238 mwN).

229

d) Beschränkungen durch AGB-Recht

Fortbildungsverträge mit Rückzahlungsverpflichtung sind in aller Regel vom Arbeitgeber vorformulierte Vertragsbedingungen, die aufgrund der zeitlichen Dauer und Bindung sowie der meist vorgesehenen ratenweisen Verminderung der Höhe der Rückzahlungsverpflichtung **Dauerschuldverhältnisse** darstellen, die auch der AGB-Kontrolle nach den **§§ 305 ff BGB** unterliegen.[70]

230

Zunächst muss aufgrund des **Transparenzgebots** eine Klausel über die Rückerstattung von Leistungen für den Rückzahlungspflichtigen nach § 307 Abs. 1 Satz 2 BGB **verständlich und klar** sein. Eine Klausel, nach der sich der Arbeitnehmer verpflichtet, an den erforderlichen Fortbildungsmaßnahmen teilzunehmen und dem Arbeitgeber die dafür anfallenden Kosten zu erstatten, ist intransparent, zu unbestimmt und daher unwirksam. Andererseits muss der ggf vom Arbeitnehmer zurückzuzahlende Fortbildungsaufwand nicht betragsmäßig exakt in der Vereinbarung enthalten sein, die Nennung der „Größenordnung" des zurückzuzahlenden Betrags soll nach LAG Hessen ausreichend transparent sein.[71] Dem ist vor dem Hintergrund, dass der Arbeitnehmer wissen bzw erkennen können soll, worauf er sich einlässt, zuzustimmen. Allerdings ist hierbei auch die neuere Entscheidung des BAG zu berücksichtigen, nach der die **Höhe der ggf zurückzuzahlenden Kosten** dem Grunde und der Höhe nach im Rahmen des Möglichen und Zumutbaren anzugeben sind, dh zumindest müssen **Art und Berechnungsgrundlagen** der Kosten benannt werden (Orientierungssatz).[72]

231

Das BAG hat in diesem Zusammenhang – mE sehr weitgehend – entschieden, dass eine Nebenabrede zu einem „Volontariatsvertrag" wegen Intransparenz eine unangemessene Benachteiligung darstellt, wenn die für die Dauer der reinen Studienzeit zu erbringenden Ausbildungsvergütungen und Zuschüsse nur als „Darlehen ... zur Verfügung gestellt werden" und diese nach erfolgreichem Abschluss des Studiums in 60 Monaten durch „Berufstätigkeit" beim Darlehensgeber „abgebaut" werden sollen. Nach streitbarer Auffassung des BAG müsse bereits bei Vertragsabschluss mindestens rahmenmäßig bestimmt sein, zu welchen Bedingungen die „Berufstätigkeit" bei dem Darlehensgeber erfolgen soll. Dazu gehören Angaben zum Beginn des Vertragsverhältnisses, zu Art und Umfang der Beschäftigung und zur Gehaltsfindung für die Anfangsvergütung. Eine Klausel, die dazu keinerlei Angaben enthält, lässt den Studierenden im Unklaren. Darin liegt eine unangemessene Benachteiligung.[73]

232

---

66 Vgl LAG Berlin-Brandenburg 27.6.2012 – 9 Sa 2359/11, BeckRS, 73145.
67 Vgl dazu LAG Mecklenburg-Vorpommern 27.11.2012 – 3 Ta 24/12, BeckRS 2012, 76128.
68 BVerfG 24.4.1991 – 1 BvR 1341/90, NJW 1991, 1667.
69 BAG 18.8.1976 – 5 AZR 399/75, EzA Art. 12 GG Nr. 13.
70 StRspr des BAG, vgl etwa BAG 17.11.2005 – 6 AZR 160/05, NZA 2006, 872; BAG 21.7.2005 – 6 AZR 452/04, NZA 2006, 542.
71 LAG Hessen 29.10.2010 – 19 Sa 329/10, BeckRS 2011, 70799.
72 BAG 21.8.2012 – 3 AZR 698/10, NZA 2012, 1428.
73 BAG 18.3.2008 – 9 AZR 186/07, NZA 2008, 1004; aA zur Verpflichtung einer Anschlussbeschäftigung wohl LAG Hessen 29.10.2010 – 19 Sa 329/10, BeckRS 2011, 70799.

233 Rückzahlungsverpflichtungen in vorformulierten Arbeitsverträgen (sowie in vorformulierten Ausbildungsfinanzierungsverträgen o.Ä.) sind an den Maßstäben des § 307 BGB zu messen.[74] Es fragt sich also stets, ob eine solche Rückzahlungsvereinbarung nicht „**unangemessen**" im Sinne dieser Vorschrift ist. Dabei wird nach dem **Zeitpunkt der Rückzahlungspflicht** unterschieden: Nicht unangemessen ist eine Vereinbarung in aller Regel, „wonach der Arbeitnehmer dem Arbeitgeber die Kosten der Aus- oder Fortbildung zu erstatten hat, wenn er **vor dem Abschluss der Ausbildung** auf eigenen Wunsch oder aus seinem Verschulden aus dem Arbeitsverhältnis ausscheidet".[75] Für ein **Ausscheiden nach Abschluss der Aus-/Fortbildung** gilt: Der 9. Senat des BAG hat entschieden, dass eine Vereinbarung in einem Formulararbeitsvertrag, nach der ein Arbeitnehmer vom Arbeitgeber getragene Ausbildungskosten in jedem Fall (anteilig) zurückzuzahlen hat, wenn das Arbeitsverhältnis vor Ablauf einer bestimmten Frist endet, zu weit gefasst sei. Sie sei unwirksam, weil die Rückzahlungspflicht ohne Rücksicht auf den Beendigungsgrund gelten soll.[76] Eine derartige Rückzahlungsklausel hält einer Inhaltskontrolle gem. § 307 BGB nach Auffassung des BAG nicht stand. Sie benachteiligt den Arbeitnehmer unangemessen, weil sie die Rückzahlungsverpflichtung auch dann auslösen würde, wenn der Grund für die Beendigung des Arbeitsverhältnisses allein in die Verantwortungs- oder Risikosphäre des Arbeitgebers fällt. Wirksam ist dagegen eine entsprechende Rückzahlungsklausel, wenn sie nur im Fall einer (nicht durch den Arbeitgeber zu vertretenden) Eigenkündigung gelten soll.[77] Auch eine gewachsene Bedeutung der **Transparenz** ist festzustellen,[78] jüngst insbesondere in Richtung einer notwendigen Konkretisierung der Art und Höhe der zurückzuzahlenden Fortbildungskosten.[79] Die geltungserhaltende Reduktion einer derartigen Klausel scheidet aus.[80]

e) Prüfungsschema des BAG

234 Die Prüfung, ob Fortbildungskosten überhaupt mit einer Rückzahlungsklausel versehen werden dürfen, hat nach **mehreren Stufen** zu erfolgen. Zunächst muss in einem ersten Schritt festgestellt werden, welche Vertragspartei das größere Interesse an der Fortbildung des Arbeitnehmers hat.[81] Ist das Interesse des Arbeitnehmers an der Fortbildung im Vergleich zu dem des Arbeitgebers gering, verbietet sich jede Beteiligung des Arbeitnehmers an den Fortbildungskosten über eine Rückzahlungsabsprache.

235 Besteht dagegen ein erhebliches Eigeninteresse des Arbeitnehmers an der Fortbildung, so kommt eine Rückzahlungsklausel grundsätzlich in Betracht. Allerdings muss – was idR der Fall sein wird – der Arbeitgeber auch bereit sein, dem sich Fortbildenden nach erfolgreichem Abschluss der Fortbildung auch eine der neuen, verbesserten Qualifikation entsprechende Stelle anzubieten. Das BAG führt dazu an: „Eine Rückzahlungsverpflichtung, die auch für den Fall vereinbart ist, dass der potenzielle Arbeitgeber dem potenziellen Arbeitnehmer keinen **ausbildungsadäquaten Arbeitsplatz** anbieten kann oder will, hält regelmäßig einer Inhaltskontrolle anhand des Rechts der Allgemeinen Geschäftsbedingungen nicht stand."[82]

236 Sind die Voraussetzungen gem. Rn 234 f gegeben, so stellt das BAG im Rahmen dieser **Interessenabwägung** auf Seiten des Arbeitnehmers entscheidend darauf ab, ob und inwieweit er mit der Fortbildung einen **geldwerten Vorteil** im Sinne einer Verbesserung seiner beruflichen Möglichkeiten (innerbetrieblich oder am allgemeinen Arbeitsmarkt) erlangt.[83] Der dem Arbeitnehmer infolge der Fortbildung zugeflossene Vorteil müsse eine angemessene Gegenleistung des Arbeitgebers für die durch die Rückzah-

---

74 BAG 11.4.2006 – 9 AZR 610/05, NZA 2006, 1042.
75 BAG 19.1.2011 – 3 AZR 621/08, NZA 2012, 85 ff; dies gilt nach dem BAG grundsätzlich auch dann, wenn die Aus- oder Weiterbildung nicht in einem „Block", sondern in mehreren, zeitlich voneinander getrennten Abschnitten erfolgt, sofern nach der Vereinbarung die zeitliche Lage der einzelnen Aus- oder Fortbildungsabschnitte den Vorgaben der Aus- oder Fortbildungseinrichtung entspricht und die vertragliche Vereinbarung dem Arbeitgeber nicht die Möglichkeit einräumt, allein nach seinen Interessen die Teilnahme an den jeweiligen Aus- oder Fortbildungsabschnitten oder deren zeitliche Lage festzulegen.
76 BAG 11.4.2006 – 9 AZR 610/05, NZA 2006, 1042; bestätigt durch BAG 23.1.2007 – 9 AZR 482/06, NZA 2007, 748; s. auch BAG 13.12.2011 – 3 AZR 791/09, NZA 2012, 735.
77 BAG 21.8.2012 – 3 AZR 698/10, NZA 2012, 1428.
78 BAG 18.3.2008 – 9 AZR 186/07, NZA 2008, 1004.
79 BAG 21.8.2012 – 3 AZR 698/10, NZA 2012, 1428.
80 BAG 11.4.2006 – 9 AZR 610/05, NZA 2006, 1042.
81 BAG 24.1.1963 – 5 AZR 100/62, AP Art. 12 GG Nr. 29; BAG 18.8.1976 – 5 AZR 399/75, EzA Art. 12 GG Nr. 13.
82 BAG 18.11.2008 – 3 AZR 192/07, NZA 2009, 435 (LS 4).
83 StRspr des BAG, vgl etwa BAG 18.11.2008 – 3 AZR 192/07, NZA 2009, 435.

lungsklausel bewirkte Bindung darstellen.[84] Daraus folgt eine **Verhältnismäßigkeitsprüfung** der Vorteile der Ausbildung im Verhältnis zur Dauer der Bindung. Eine Kostenbeteiligung ist dem Arbeitnehmer danach umso eher zuzumuten, je größer der mit der Fortbildung verbundene berufliche Vorteil für ihn und je überschaubarer die vorgesehene Bindungsdauer ist.

Der aus einer Weiterbildungsmaßnahme resultierende **berufliche Vorteil** kann bspw darin bestehen, dass bei seinem bisherigen Arbeitgeber die Voraussetzungen einer höheren Eingruppierung/Vergütung erfüllt sind oder sich dem Arbeitnehmer bislang verschlossene berufliche Möglichkeiten auf dem Arbeitsmarkt eröffnen, dass er die gewonnenen zusätzlichen Kenntnisse und Fähigkeiten somit auch bzw gerade in anderweitigen Arbeitsverhältnissen verwerten kann.[85] Es kommt nicht darauf an, ob der Arbeitnehmer die Vorteile aus einer Fortbildung tatsächlich zieht. Ausreichend ist, dass der Arbeitnehmer die **Möglichkeit einer beruflichen Verbesserung** hat. Eine solche Verbesserung kann auch aus einer höher dotierten Stelle beim eigenen Arbeitgeber bestehen.[86] Nur theoretische Aufstiegschancen sind keine angemessene Gegenleistung für die durch die Rückzahlungsklausel eingegangene Betriebsbindung.[87] Ernsthaft in Betracht zu ziehende Chancen stellen dagegen einen beruflichen Vorteil dar. 237

Um die entscheidende Prüfungsfrage, wann Ausbildungskosten dem Grunde nach einen beruflichen Vorteil für den Arbeitnehmer bedeuten, rankt sich eine detaillierte Rechtsprechung. Der 5. Senat des BAG hat in Anlehnung an eine Entscheidung des BVerfG zur Bürgschaft seine Befugnis unter Hinweis auf § 242 BGB entwickelt, die konkurrierenden Grundrechtspositionen des Arbeitgebers und des Arbeitnehmers bei Überprüfung von Klauseln zur Rückzahlung von Weiterbildungskosten gegeneinander abzuwägen.[88] Auch tarifliche Rückzahlungsklauseln unterliegen der Inhaltskontrolle durch die Arbeitsgerichte, wobei das BAG eine Vermutung der Angemessenheit wegen der Sachnähe der Tarifparteien aufgestellt hat.[89] Einen beruflichen Vorteil bedeutet der Führerschein zum Omnibusfahrer[90] und zum Verkehrspiloten,[91] so dass die vom Arbeitgeber finanzierten Ausbildungskosten mit einer Rückzahlungsklausel verbunden werden können. Gleiches gilt für einen Angestellten des einfachen Sparkassendienstes, der an seinen Arbeitgeber herantritt, um für den Aufstieg in den gehobenen Sparkassendienst zu einem halbjährigen Lehrgang angemeldet zu werden. Erklärt sich der Arbeitgeber hierzu bereit, ist es ihm auch gestattet, auf den weiteren Verbleib des Arbeitnehmers im Sparkassendienst durch Vereinbarung einer bedingten Rückzahlungspflicht hinzuwirken.[92] Die Finanzierung eines Hochschulstudiums rechtfertigt regelmäßig, eine Rückzahlungsvereinbarung zu treffen.[93] 238

In die Rückzahlungsvereinbarung können auch die Erstattung von Studien- und Prüfungsgebühren, Mietzuschüssen sowie Reisekosten aufgenommen werden. Nachdem eine Mitarbeiterin auf Kosten einer Raiffeisen- und Volksbank über den Besuch einer Berufsakademie den staatlich anerkannten Abschluss einer Betriebswirtin (BA) erlangt hatte, kündigte diese kurze Zeit nach Beginn ihrer Tätigkeit in einer Bankfiliale. In einem Berufsausbildungs- und Studienvertrag hatte die Mitarbeiterin mit der Bank Folgendes vereinbart: 239

1. Die Bank verpflichtet sich, die für den Besuch der Berufsakademie in ... entstehenden Studiums-, Unterbringungs- und Reisekosten zu übernehmen.

2. Im Gegenzug verpflichtet sich Frau ..., nach Studiumsende mindestens 36 Monate als Mitarbeiterin tätig zu sein. Scheidet Frau ... aus ihrem Verschulden oder auf eigenen Wunsch innerhalb von 36 Monaten nach

---

84 BAG 13.12.2011 – 3 AZR 791/09, NZA 2012, 738.
85 BAG 18.8.1976 – 5 AZR 399/75, EzA Art. 12 GG Nr. 13.
86 BAG 16.3.1994 – 5 AZR 339/92, NZA 1994, 937.
87 BAG 23.2.1983 – 5 AZR 531/80, EzA § 611 BGB Ausbildungsbeihilfe Nr. 3.
88 BAG 16.3.1994 – 5 AZR 339/92, NZA 1994, 937; s. hierzu auch *Hennige*, NZA-RR 2000, 617; *Griebeling*, FS Schaub, 1998, S. 219.
89 BAG 6.6.1984 – 5 AZR 605/82, n.v.; BAG 5.7.2000 – 5 AZR 883/98, BB 2000, 2208.
90 BAG 24.1.1963 – 5 AZR 100/62, AP Art. 12 GG Nr. 29.
91 BAG 24.6.1999 – 8 AZR 339/98, NZA 1999, 1275.
92 BAG 29.6.1962 – 1 AZR 343/61, AP Art. 12 GG Nr. 25; BAG 11.4.1984 – 5 AZR 430/82, EzA § 611 BGB Ausbildungsbeihilfe Nr. 4; BAG 23.2.1983 – 5 AZR 531/80, DB 1983, 1210; BAG 23.4.1986 – 5 AZR 159/85, EzA § 611 BGB Ausbildungsbeihilfe Nr. 5.
93 BAG 12.12.1979 – 5 AZR 1056/77, EzA § 70 BAT Nr. 11.

Studiumsende aus den Diensten der Bank aus, so hat sie der Bank die Aufwendungen für die Studiums-, Unterbringungs- und Reisekosten wie folgt zu erstatten:

- in voller Höhe bei Ausscheiden innerhalb des ersten Jahres nach Studiumsende;
- zu 80 % bei Ausscheiden innerhalb des 2. Jahres des Studiumsende;
- zu 50 % bei Ausscheiden innerhalb des 3. Jahres nach Studiumsende.

240 Das BAG entschied, dass die Bank Anspruch auf Rückzahlung der geleisteten Zahlung nach § 812 Abs. 1 Satz 1 BGB habe.[94] Soweit die Qualifizierungsvereinbarung einer Inhaltskontrolle nach den Grundsätzen zur Rückzahlung von Ausbildungskosten in einem Arbeitsverhältnis zu unterziehen sei, wäre sie wirksam und habe deshalb ebenfalls eine Erstattungspflicht der Mitarbeiterin ausgelöst. Die Mitarbeiterin habe durch die Ausbildung einen geldwerten Vorteil erlangt. Die Ausbildung zur Betriebswirtin (BA) stelle eine gehobene Qualifikation dar. Sie ermögliche der Mitarbeiterin eine kaufmännisch-betriebliche Tätigkeit in der Wirtschaft ähnlich einem Betriebswirt (FH).

241 Aufgrund dieser Ausbildung sei die Mitarbeiterin zudem berechtigt, bei Fachhochschulen weiterführende Studiengänge zu besuchen, die zu einem berufsqualifizierenden Abschluss führten. Da diese Studiengänge so zu gestalten seien, dass sie einschließlich der Prüfung innerhalb eines Jahres abgeschlossen werden könnten, habe die Mitarbeiterin eine Qualifikation erfahren, die einem Hochschulabschluss nahezu wertgleich sei. Bei einer dreijährigen Ausbildungsdauer mit 1,2 Zeitanteil für ein Studium, sei eine Bindungsdauer von drei Jahren zur Vermeidung der Rückzahlung der vom Arbeitgeber für das Studium aufgewendeten Kosten rechtlich nicht zu beanstanden.[95]

f) Rückzahlungsklauseln bei betriebsbezogener Fortbildung

242 **Betriebsbezogene Fortbildungsmaßnahmen** und Investitionen im eigenen personalpolitischen Interesse des Arbeitgebers berechtigen den Arbeitgeber nach der Rechtsprechung häufig nicht zur Vereinbarung eines wirksamen Rückzahlungsvorbehalts.[96] Unwirksam sind Rückzahlungsklauseln bei kurzen Lehrgängen im bisherigen Berufsfeld des Arbeitnehmers, die keinen qualifizierten Abschluss vermitteln.[97] Unwirksam ist auch ein Rückzahlungsvorbehalt bei einem allgemeinen dreiwöchigen Bankfortbildungsseminar, das lediglich dazu diente, die in der bisherigen Tätigkeit bereits benötigten Kenntnisse zu erweitern, aufzufrischen und zu vertiefen, dem Arbeitnehmer aber keine neue Qualifikation erbrachten.[98]

243 Unwirksam sind ferner Rückzahlungsklauseln mit Mitarbeitern, die in Schulungsveranstaltungen mit den spezifischen Anforderungen ihres neuen Arbeitsplatzes vertraut gemacht werden, die eingewiesen oder eingearbeitet werden.[99] Wird die Finanzierung eines Sprachkurses vom Arbeitgeber in erster Linie im Hinblick auf einen geplanten Einsatz des Mitarbeiters im Ostblock übernommen, geht es nach Auffassung des BAG weniger um eine Aus- oder Weiterbildung, als um eine Einarbeitung für einen bestimmten Arbeitsplatz.[100] Dementsprechend überwiegt auch das Arbeitgeber- bzw Unternehmensinteresse, wenn die Maßnahme lediglich der betriebseigenen Qualitätssicherung dient.[101]

244 Die von einer großen Anzahl von Krankenhäusern aus Anlass der an einen Arbeitnehmer erfolgten Übertragung einer „stellvertretenden Stationsleitung" gewünschte Absolvierung des Fortbildungskurses „Stationsleitung" löst trotz entgegenstehender vertraglicher Vereinbarung keine Zahlungsverpflichtung des Arbeitnehmers aus, wenn dieser den Arbeitgeber auf eigenen Wunsch vor dem Ende eines vereinbarten Bindungszeitraums verlässt.[102] Wendet der Arbeitgeber Schulungskosten weniger dafür auf,

---

94 BAG 5.12.2002 – 6 AZR 537/00, AP § 5 BBiG Nr. 11.
95 BAG 5.12.2002 – 6 AZR 537/00, AP § 5 BBiG Nr. 11.
96 BAG 20.2.1975 – 5 AZR 240/74, EzA Art. 12 GG Nr. 12; BAG 18.8.1976 – 5 AZR 399/75, EzA Art. 12 GG Nr. 13; BAG 15.11.1989 – 5 AZR 590/88, EzA § 611 BGB Berufssport Nr. 7; BAG 18.11.2008 – 3 AZR 192/07, NZA 2009, 435; LAG Bremen 25.1.1984 – 4 Sa 122/83, AP § 611 BGB Ausbildungsbeihilfe Nr. 7; LAG Hessen 7.9.1988 – 2 Sa 359/88, LAGE § 611 BGB Ausbildungsbeihilfe Nr. 3.
97 LAG Hessen 20.3.1986 – 9 Sa 165/85, NZA 1986, 753.
98 LAG Rheinland-Pfalz 23.10.1981 – 6 Sa 353/81, EzA Art. 12 GG Nr. 18.
99 BAG 3.7.1985 – 5 AZR 573/84, n.v.; LAG Bremen 25.1.1984 – 4 Sa 122/83, AP § 611 BGB Ausbildungsbeihilfe Nr. 7.
100 BAG 3.7.1985 – 5 AZR 573/84, n.v.
101 LAG Hessen 31.1.2012 – 13 Sa 1208/11, BeckRS 2012, 70262.
102 LAG Bremen 26.8.1999 – 4 Sa 256/98, AE 2000, 29.

eine Ausbildung oder Weiterbildung des Arbeitnehmers zu erreichen, sondern um die Einarbeitung für einen bestimmten Arbeitsplatz zu erzielen, ist eine Rückzahlungsklausel unwirksam.[103]

Die in der betrieblichen Praxis verbreitete Übung, wonach die Kosten für das sog. TÜV-Schweißer-Zeugnis an eine Rückzahlungsklausel gebunden werden, ist rechtswidrig. Wer an den Lehrgängen für dieses Zeugnis teilnimmt, verfügt als Arbeitnehmer bereits über die entsprechenden Fertigkeiten als Schweißer. Mit dem TÜV-Schweißer-Zeugnis geht es nur noch um den Nachweis der öffentlich-rechtlichen Gestattung. Dieser Nachweis aber liegt im überwiegenden Interesse des Arbeitgebers. Da die Prüfung außerdem regelmäßig zu wiederholen ist, würde die Anerkennung einer Rückzahlungsklausel im Ergebnis zu einer Dauerbindung des Schweißers an seinen Arbeitgeber führen. Deshalb kann eine Rückzahlungsklausel für Prüfungskosten aus Anlass von TÜV-Schweißer-Prüfungszeugnissen unwirksam sein, wenn die Ablegung der Prüfung allein im Interesse des Arbeitgebers liegt und dem Arbeitnehmer hierdurch berufliche Vorteile nicht erwachsen.[104] 245

Kurze, nur wenige Wochen andauernde **Lehrgänge**, die im Wesentlichen der **Einweisung** und **Einarbeitung** in einen neuen Arbeitsplatz dienen, können auch beim selbständigen Handelsvertreter trotz entsprechender Vereinbarung keinen Anspruch auf Rückzahlung von Ausbildungskosten begründen. Das LAG Hamm[105] hat offen gelassen, ob die vom BAG entwickelten Rechtsgrundsätze über die Rückzahlung von Ausbildungskosten auch beim Handelsvertreter anzuwenden sind. Wenn der Handelsvertreter als Einfirmenvertreter arbeitnehmerähnliche Person ist, verstößt nach Auffassung des LAG Hamm eine Rückzahlungsvereinbarung, die nur der Einweisung und Einarbeitung in einen neuen Arbeitsplatz dient, gegen das Verbot der unangemessenen Benachteiligung nach § 9 AGBG (jetzt: § 307 Abs. 2 BGB). 246

Erweist sich die Fortbildungsmaßnahme als ein geldwerter Vorteil im Sinne einer Verbesserung der beruflichen Möglichkeiten des Arbeitnehmers, besteht der **zweite Prüfungsschritt** in der zulässigen **inhaltlichen Ausgestaltung**, also im „Wie" der Bindungsintensität. Die vorliegenden Muster enthalten eine Reihe von Freizeilen oder Regelungen über die Rückzahlungsmodalitäten. Diese sind in sinnentsprechender Anwendung der nachfolgenden Grundsätze der BAG-Rechtsprechung auszufüllen. 247

g) Bindungsdauer

Das gesetzliche Höchstmaß der **Bindungsdauer** ergibt sich aus § 624 BGB.[106] Nach der Rechtsprechung ist die Ausschöpfung der Höchstdauer nur in seltenen Ausnahmefällen gerechtfertigt, so bspw dann, wenn der Arbeitnehmer bei bezahlter Freistellung und vollständiger Kostenübernahme eine besonders hohe Qualifikation erworben hat, die mit überdurchschnittlichen Vorteilen für ihn verbunden ist.[107] Das Beispielsurteil betraf ein Hochschulstudium für einen Sozialarbeiter. 248

Die **Rechtsprechung** zur Bindungsdauer ist **einzelfallorientiert**. Der Verwender der Rückzahlungsklauseln in den hier abgedruckten Fortbildungsverträgen sollte sich für seinen Anwendungsfall den möglichst vergleichbaren, in der Rechtsprechung bereits entschiedenen Sachverhalt aus den nachfolgenden Beispielen heraussuchen: Eine Lehrgangsdauer mit Arbeitsbefreiung bis zu zwei Monaten kann eine Bindung bis zu einem Jahr, eine darüber hinausgehende Ausbildungszeit von bis zu einem Jahr auch bei gleichzeitiger Freistellung des Arbeitnehmers keine längere Bindung als drei Jahre rechtfertigen.[108] Das BAG hat eine Bindung von maximal drei Jahren bei 16 Monaten Fortbildungszeit und 22,2 % Arbeitsleistung für wirksam gehalten.[109] Die Bindung von drei Jahren bei Kosten von 5.112,91 EUR und einer Ausbildungsdauer von 48 Arbeitstagen hat das LAG Düsseldorf für wirksam gehalten.[110] Musterberechtigungen zum Führen von Flugzeugen sind allgemein anerkannte Qualifikationsnachweise. Wegen der Besonderheiten der Musterberechtigungen (gegenständliche Begrenzung usw) ist unabhängig von deren Art und der vom Arbeitgeber für die Ausbildung aufgewandten Kosten regelmäßig nur 249

---

103 LAG Düsseldorf 29.3.2001 – 11 Sa 1760/00, NZA-RR 2002, 292.
104 LAG Düsseldorf 7.11.1990 – 4 Sa 1295/90, LAGE § 611 BGB Ausbildungsbeihilfe Nr. 5.
105 LAG Hamm 15.5.1998 – 10 Sa 1465/97, NZA-RR 1999, 405.
106 Fünf Jahre; außerdem § 42 Abs. 2 Soldatengesetz: doppelte Ausbildungszeit.
107 BAG 12.12.1979 – 5 AZR 1056/77, DB 1980, 1704.
108 BAG 15.12.1993 – 5 AZR 279/93, DB 1994, 1040; hier war eine Verkäuferin zur Substitutin in einem Kaufhaus mit 31 Lehrgangstagen ausgebildet worden; die Kosten beliefen sich auf etwas mehr als zwei Monatsgehälter.
109 BAG 15.5.1985 – 5 AZR 161/84, AP § 611 BGB Ausbildungsbeihilfe Nr. 9.
110 LAG Düsseldorf 23.1.1989 – 4 Sa 1518/88, DB 1989, 1295.

eine Bindungsdauer von einem Jahr zulässig,[111] ausnahmsweise von bis zu drei Jahren, wenn die Musterberechtigung zur Erlangung eines Arbeitsplatzes erforderlich ist.

250 Das zulässige Maß der Bindungsdauer ist nach BAG aufgrund einer Güter- und Interessenabwägung nach Maßgabe des Verhältnismäßigkeitsgrundsatzes unter Heranziehung aller Umstände des Einzelfalls zu ermitteln.[112] Nachfolgend Orientierungswerte für ein angemessenes Verhältnis von Qualifizierungsmaßnahmen (Dauer, Kostenaufwand, Indiz für geldwerten Vorteil der Ausbildung) und zulässiger Bindungsdauer aus der Rechtsprechung:

Dauer der Qualifizierungsmaßnahme	Zulässige Bindungsdauer	BAG, Urteil vom
bis zu einem Monat	sechs Monate	15.9.2009 = NZA 2010, 342
bis zu zwei Monaten	ein Jahr	15.12.1993 = NZA 1994, 835
drei bis vier Monate	zwei Jahre	27.7.2005 = NZA 2006, 542
bis zu sechs Monaten	drei Jahre	23.2.1983 = NJW 1983, 1781 L
bis zu 12 Monaten	drei Jahre	5.6.2007 = NZA-RR 2008, 107
bis zu 16 Monaten	drei Jahre	15.5.1985 = NZA 1986, 741
länger als zwei Jahre	fünf Jahre	21.7.2005 = NZA 2006, 542
vier Jahre	fünf Jahre	12.12.1979 = AP § 611 BGB Ausbildungsbeihilfe Nr. 4

251 Zur **Darlegungs- und Beweislast** besteht die Grundregel nach der BAG-Rechtsprechung, wonach der Arbeitgeber etwaige Zweifel an der Wirksamkeit der Rückzahlungsabrede auszuräumen hat, also dartun muss, dass der Tatbestand einer rechtshindernden Norm nicht erfüllt ist.[113]

252 **Rückzahlungstatbestände** sind nach der BAG-Rechtsprechung sphären- bzw verursachungsgerecht zu ordnen:[114] Den wesentlichen eine Rückzahlungspflicht auslösenden Tatbestand stellt die Eigenkündigung des Arbeitnehmers dar, es sei denn, der Arbeitgeber hätte einen wichtigen Grund dafür gesetzt.[115] Auch ein auf Wunsch des Arbeitnehmers geschlossener **Aufhebungsvertrag** ist ein Rückzahlungsgrund.[116] Die Rückzahlungspflicht scheidet dagegen aus, wenn der Arbeitgeber kündigt, insbesondere betriebsbedingt (s. Rn 253), es sei denn, der Arbeitnehmer wiederum hätte dafür einen wichtigen Grund gesetzt.[117] Wechselt ein Arbeitnehmer des **öffentlichen Dienstes** zu einem anderen Arbeitgeber des öffentlichen Dienstes, kann er sich wegen einer eingegangenen Rückzahlungspflicht nicht darauf berufen, wegen des Grundsatzes der Einheit des öffentlichen Dienstes sei der Rückzahlungstatbestand nicht erfüllt.[118]

253 Unwirksam sind einzelvertragliche Abreden über die Rückzahlung von Ausbildungskosten, soweit sie eine Erstattung vom Arbeitnehmer auch für den Fall einer **betriebsbedingten Kündigung** durch den Arbeitgeber vorsehen.[119] Das BAG hält vertragliche Rückzahlungsklauseln in den Fällen betriebsbedingter Kündigung für einen Verstoß gegen §§ 138 Abs. 2, 242 BGB. Die Unwirksamkeitsfolge gem. §§ 138, 242 BGB tritt eo ipso ein. Gleichwohl kann es der Vollständigkeit halber Sinn machen, die Fallkonstellation der betriebsbedingten Kündigung in die Fortbildungsvereinbarung aufzunehmen.[120]

254 In der Vergangenheit führte das BAG eine **zu lange Bindungsfrist** im Zuge der geltungserhaltenden Reduktion auf das zulässige Maß zurück.[121] Mit dem Urteil des 9. Senats vom 11.4.2006 hat sich diese Rechtslage grundlegend geändert. Der Senat hat entschieden, dass unwirksame Klauseln grundsätzlich nicht auf einen mit dem Recht der Allgemeinen Geschäftsbedingung zu vereinbarenden Regelungsge-

---

111 BAG 16.3.1994 – 5 AZR 339/92, NZA 1994, 937.
112 BAG 21.11.2001 – 5 AZR 158/00, NZA 2002, 551.
113 BAG 18.8.1976 – 5 AZR 399/75, EzA Art. 12 GG Nr. 13; BAG 11.4.1990 – 5 AZR 308/89, DB 1990, 2222; BAG 16.3.1994 – 5 AZR 339/92, NZA 1994, 937.
114 So schon BAG 11.4.2006 – 9 AZR 610/05, NZA 2006, 1042.
115 BAG 13.12.2011 – 3 AZR 791/09, NZA 2012, 738.
116 LAG Köln 10.9.1992 – 5 Sa 476/92, BB 1993, 223.
117 LAG Bremen 25.2.1994 – 4 Sa 13/93, DB 1994, 2630.
118 BAG 15.5.1985 – 5 AZR 161/84, AP § 611 BGB Ausbildungsbeihilfe Nr. 9.
119 BAG 6.5.1998 – 5 AZR 535/97, NJW 1999, 443.
120 Siehe Muster 2610 (Abs. 7).
121 BAG 6.9.1995 – 5 AZR 241/94, NZA 1996, 314 = NJW 1996, 1916; BAG 16.3.1994 – 5 AZR 339/92, NZA 1994, 937.

halt zurückzuführen seien. § 306 BGB sehe eine solche Rechtsfolge nicht vor.[122] Eine Teilung von Vertragsklauseln in einen zulässigen und in einen unzulässigen Teil komme nur in Betracht, wenn der unzulässige Teil sprachlich eindeutig abtrennbar sei. Gesetzliche Vorschriften oder richterrechtliche Rechtsgrundsätze, die nach § 306 Abs. 2 BGB anstelle der unwirksamen Rückzahlungsklausel zur Anwendung kommen und einen Rückzahlungsanspruch begründen könnten, bestünden nicht. Daher sei eine **geltungserhaltende Reduktion ausgeschlossen**. Eine **ergänzende Auslegung** der Rückzahlungsklausel mit dem Inhalt, dass eine Rückzahlungsverpflichtung nur bei einer dem Arbeitnehmer zurechenbar veranlassten Vertragsbeendigung anzunehmen sei, würde dem Arbeitgeber das Risiko der unzulässig zu weit gefassten Klausel vollständig nehmen und eine Vertragshilfe allein zu seinen Gunsten darstellen. Die Unwirksamkeit der verwendeten Klausel führe nicht zu einer derart krassen Störung des Gleichgewichts, dass eine ergänzende Vertragsauslegung zugunsten des Arbeitgebers geboten sei. Es hätte am Arbeitgeber gelegen, sich gegen das Risiko durch eine wirksame, einschränkende Fassung der Rückzahlungsklausel abzusichern.[123] Wird dem Arbeitnehmer also eine **unzumutbar** lange Bindungsfrist auferlegt, besteht die Rechtsfolge grundsätzlich **nicht** mehr in einer **Anpassung an das zulässige Maß**, sondern ist die **Rückzahlungsklausel unwirksam**, weil eine **geltungserhaltende Reduktion** ausscheidet.[124] Nur ausnahmsweise lässt die Rechtsprechung unter bestimmten Umständen eine **ergänzende Vertragsauslegung** zwecks Verkürzung der vorgesehenen Bindungsdauer zu, wenn es wegen der Einzelfallbetrachtung schwierig war, die zulässige Bindungsdauer zu ermitteln und sich bei der Frage der zulässigen Bindungsdauer gerade dieses Prognoserisiko verwirklicht.[125]

4. Rückzahlungsklauseln in Praxisphasenverträgen dualer Studiengänge

Im Rahmen der sog. dualen Studiengänge kommt es – je nach Studienordnung – zu umfangreichen Phasen betrieblicher Tätigkeit der „Studenten",[126] die zum Teil mit nicht unerheblichen finanziellen Aufwand für das Praxisunternehmen verbunden sein kann, insbesondere dann, wenn – wie in Muster 2630 – dem „dual-track-student" für alle Semester und unabhängig von Theorie- oder Praxisphase durchgehend eine monatliche Vergütung bezahlt wird.[127]

255

In der Praxis kommt es – je nach Hochschule – teilweise zu keinen das Studium überdauernden rechtlichen Bindungen oder aber dem Studenten wird eine Übernahme in ein Arbeitsverhältnis angeboten bzw. dieser verpflichtet sich zu einer mindestens zweijährigen Mitarbeit bei dem Praxisunternehmen. Um von dieser „Bildungsinvestition" angemessen profitieren zu können, kann auch daran gedacht werden, die Bindung des „Studenten" durch eine **gestaffelte Rückzahlungsvereinbarung** abzusichern. Solchen Rückzahlungsvereinbarungen steht zunächst nicht § 12 BBiG entgegen, da die Studierenden dualer Studiengänge in aller Regel nicht unter den Anwendungsbereich des BBiG fallen.[128] Solche Rückzahlungsvereinbarungen sind demnach nicht ausgeschlossen, sondern grundsätzlich unter Beachtung der Gesetze zulässig, aber wohl eher selten (vgl. Muster 2640). Bei der Überprüfung anhand der §§ 305 ff BGB, ob es im Einzelfall nicht zu einer unangemessen langen Bindungsdauer oder zu unangemessen hohen Rückzahlungsverpflichtungen kommt, „ist die Bindungsdauer zeitlichen Grenzen (unterworfen) und … die Dauer der Qualifizierungsmaßnahme mit den Kosten der Maßnahme und der Verwertbarkeit der dadurch erlangten beruflichen und als solche geldwert messbaren Vorteile" gegeneinander abzuwägen.[129]

256

5. Rückzahlungsvereinbarung aus sonstigen Gründen

Die Vereinbarung mit einem Arbeitnehmer, der auf einem von der Bundesagentur für Arbeit **subventionierten Arbeitsplatz** beschäftigt wird, rund 16 % seiner Nettovergütung an den Arbeitgeber zwecks Weiterbeschäftigung von Mitarbeitern auf nicht geförderten Arbeitsplätzen zurückzuzahlen, verstößt jedenfalls dann nicht gegen das Anstandsgefühl aller billig und gerecht Denkenden, wenn der Arbeitnehmer auch nur in einem zeitlich reduzierten Umfang beschäftigt wird. Ein etwaiger Subventionsbe-

257

---

122 BAG 11.4.2006 – 9 AZR 610/05, NZA 2006, 1042, 1045.
123 BAG 11.4.2006 – 9 AZR 610/05, NZA 2006, 1042, 1046.
124 BAG 14.1.2009 – 3 AZR 900/07, NZA 2009, 666.
125 BAG 14.1.2009 – 3 AZR 900/07, NZA 2009, 666.
126 Zur Frage des jeweils zutreffenden rechtlichen Status dieser „Studenten" vgl. *Rosentreter/Koch-Rust*, NJW 2009, 3005.
127 Üblich ist laut Spiegel-Online-Beitrag vom 10.3.2010 eine monatliche Vergütung von 700 bis 1.000 EUR brutto.
128 *Natzel*, NZA 2008, 567; ebenso *Rosentreter/Koch-Rust*, NJW 2009, 3005.
129 So zutr. bereits *Natzel*, NZA 2008, 570.

trug gegenüber der Bundesagentur für Arbeit berührt die Wirksamkeit der getroffenen Vereinbarung nicht.[130]

258 **Ausbildungs- oder Umzugsbeihilfen** des Arbeitgebers mit zeitlich begrenzter Rückzahlungsvereinbarung sind grundsätzlich verlorene Leistungen, die unter der auflösenden Bedingung einer Mindestverweildauer stehen. Die Einschränkungen, die die Rechtsprechung für derartige Rückzahlungsvereinbarungen, wie bspw für den Fall betriebsbedingter Kündigungen entwickelt hat, sind nicht auf unbedingt und uneingeschränkt rückzahlbare Arbeitgeberdarlehen übertragbar, auch wenn sie zur Finanzierung eines Umzugs gegeben werden. Solche Umzugsbeihilfen sind auch im Falle betriebsbedingter Kündigungen zurückzuzahlen, wobei allenfalls diskutiert werden kann, ob eine für den Fall vorzeitiger Beendigung des Arbeitsverhältnisses vereinbarte Fälligstellungsklausel gilt.[131]

259 Rückzahlungsvereinbarungen finden sich öfter auch für den Fall des **Nichtbestehens einer vorgesehenen Prüfung.**

6. Beteiligung des Arbeitnehmers an Ausbildungskosten

260 Nach geltender Rechtslage besteht daher nicht nur die Möglichkeit für den Arbeitgeber, mit gestaffelten Rückzahlungsklauseln zu agieren, sondern es kann von vornherein mit dem Arbeitnehmer eine Beteiligung an spezifischen Ausbildungskosten vereinbart werden. Das BAG sieht einzelvertragliche Vereinbarungen, nach denen sich ein Arbeitnehmer an den Kosten einer vom Arbeitgeber finanzierten Ausbildung zu beteiligen hat, grundsätzlich als zulässig an.[132] So ist eine Vereinbarung, nach der der Bewerber um die Stelle eines Flugzeugführers ein Drittel der Kosten für den Erwerb der erforderlichen Musterberechtigung selbst trägt, als wirksam und der richterlichen Inhaltskontrolle auch bei einem weniger verbreiteten Flugzeugtyp standhaltend beurteilt worden.[133] Im konkreten Fall hatte die Fluggesellschaft mit dem Arbeitnehmer vereinbart, dass sie zwei Drittel der Ausbildungskosten, der Arbeitnehmer ein Drittel der Kosten tragen solle.

261 Kosten von Bildungsmaßnahmen, die nach ausdrücklicher gesetzlicher Anweisung zwingend vom Arbeitgeber zu tragen sind, wie zB **Bildungsmaßnahmen für Betriebsratsmitglieder**, können nicht auf den Arbeitnehmer abgewälzt werden. Bei **Berufsausbildungsverhältnissen** (nicht: Fortbildungs-/Umschulungsverhältnissen[134]) ist allerdings **§ 12 Abs. 2 BBiG** zu beachten, wonach vertragliche Regelungen, nach denen Auszubildende für die Ausbildung eine Entschädigung bezahlen sollen, unwirksam sind (s. Rn 223). § 26 BBiG erweitert dieses „Belastungsverbot" auch auf vergleichbare Vertragsverhältnisse, bei denen Personen eingestellt werden, um berufliche Fertigkeiten, Kenntnisse, Fähigkeiten oder berufliche Erfahrungen zu erwerben, ohne dass es sich um eine Berufsausbildung im Sinne dieses Gesetzes oder um ein Arbeitsverhältnis handelt (s. Rn 224 ff).

7. Rechtsfolgen unwirksamer Fortbildungsvereinbarungen

262 Ist eine Rückzahlungsvereinbarung wegen Verstoßes gegen die §§ 305 ff BGB unwirksam, so bleibt die Fortbildungsvereinbarung im Übrigen aber bestehen und es scheiden idR auch Ansprüche des Arbeitgebers aus Bereicherungsrecht (§§ 812 ff BGB) aus.[135]

III. Aktienkursorientierte Vergütung

1. Grundlagen

263 Börsennotierte Unternehmen versuchen, die Vergütung ihrer Arbeitnehmer, insbesondere der Führungskräfte, neben Fixum und zielerreichungsabhängigen Bonuszahlungen nach wie vor zumindest auch mit dem Aktienkurs zu verknüpfen, um über eine solche Verknüpfung mit der Aktienkursentwicklung Anreize zur Steigerung des Unternehmenswertes durch die Mitarbeiter zu setzen. Dafür gibt

---

130 LAG Berlin 7.1.2000 – 6 Sa 1849/99, NZA-RR 2000, 460.
131 LAG Köln 25.6.1999 – 11 Sa 46/99, FA 2000, 97 = AE 2000, 30.
132 So zuletzt wieder BAG 13.12.2011 – 3 AZR 791/09, NZA 2012, 738.
133 BAG 21.11.2001 – 5 AZR 158/00, BB 2002, 628.
134 Vgl zur Abgrenzung zunächst § 1 BBiG.
135 BAG 13.12.2011 – 3 AZR 791/09, NZA 2012, 738 (LS 2); bestätigt durch BAG 21.8.2012 – 3 AZR 698/10, NZA 2012, 1428.

es je nach konkreter Interessenlage des Unternehmens durchaus **vielfältige Möglichkeiten**.[136] Zutreffend führt *Mengel* aus: „Es gibt nicht ein Beteiligungsmodell, das den Bedürfnissen aller Unternehmen gerecht werden würde. Deswegen entscheiden sich die Unternehmen für unterschiedliche Beteiligungsmodelle. Teilweise werden auch innerhalb eines Unternehmens unterschiedliche Beteiligungsmodelle, je nach Mitarbeiterebene, verwendet. Welches Beteiligungsmodell das für das Unternehmen jeweils geeignetste ist, hangt davon ab, welche Ziele das Unternehmen mit dem Beteiligungsprogramm verfolgt. Um diese Unternehmensziele verwirklichen zu können, muss sich der Gestalter von Beteiligungsprogrammen darüber im Klaren sein, welche **Auswirkungen** das jeweilige Modell in **gesellschaftsrechtlicher, steuerrechtlicher, bilanzrechtlicher und arbeitsrechtlicher Hinsicht** hat. Nur mit diesem Hintergrundwissen ist es möglich, das für das Unternehmen beste Beteiligungsmodell auswählen zu können."[137] Gerade auf diesem Terrain sei sowohl dem juristischen Generalisten wie auch dem Arbeitsrechtler und erst recht dem Nichtjuristen die Hinzuziehung von Gesellschafts- und Steuerrechtlern dringend empfohlen.

Besondere Regularien sind seit Inkrafttreten der „Verordnung über die aufsichtsrechtlichen Anforderungen an Vergütungssysteme von Instituten (**Instituts-Vergütungsverordnung** – InstitutsVergV)" im Oktober 2010 bei Gesellschaften aus dem **Banken- und Versicherungsbereich** zu beachten.[138]

Der teilweisen Gewährung des Arbeitsentgelts in unbarer Form, also als sog. **Sachbezug**, steht auch der vor dem Hintergrund des sog. **Truckverbots** bestehende § 107 GewO nicht grundsätzlich entgegen. Aktien oder Aktienbezugsrechte sind als Sachbezüge einzuordnen, so dass jedenfalls dann, wenn die Vergütung zu einem erheblichen Teil durch Aktienbezugsrechte geleistet werden soll, die Gefahr besteht, dass eine solche Vereinbarung wegen Verstoßes gegen § 107 Abs. 2 GewO unwirksam sein kann. In einem vom LAG Düsseldorf entschiedenen Fall eines typischerweise nicht allzu liquiditätsstarken „Start-up-Unternehmens" sollten aber auch ca. 75 % der Gesamtvergütung durch Aktienbezugsrechte abgegolten werden. Es formulierte folgenden Leitsatz: „Eine arbeitsvertragliche Vereinbarung, wonach ein erheblicher Teil der vereinbarten Vergütung durch die Gewährung von Aktienbezugsrechten erfüllt wird, verstößt gegen § 107 Abs. 1 GewO. Eine derartige Vereinbarung entspricht regelmäßig nicht den Interessen des Arbeitnehmers und kann auch nicht mit der Eigenart des Arbeitsverhältnisses begründet werden."[139] Umgekehrt dürfte man – auch wenn dazu, soweit ersichtlich, noch keine Rechtsprechung vorliegt – „auf der sicheren Seite" sein, wenn die Aktienbezugsrechte lediglich einen vergleichsweise untergeordneten Anteil der vertragsgemäß geschuldeten Vergütung ausmachen, also etwa 10–20 %, unter Inkaufnahme gewisser Risiken max. 25–30 % der Gesamtvergütung.

2. Gewährung von Aktien[140]

a) Belegschaftsaktien

aa) Rechtliche Grundlagen

Die „klassische" Variante im Sinne echter Mitarbeiterbeteiligung ist die Gewährung von Aktien des Beschäftigungsunternehmens (sog. **Belegschaftsaktien**). Belegschaftsaktien dienen der Teilhabe der Arbeitnehmer am Unternehmen, an seinen Gewinnen (Dividenden) und seiner Wettsteigerung und damit vor allem sowohl der Motivation als auch der Förderung der Identifikation mit dem „eigenen" Unternehmen. Diese Form der unmittelbaren Beteiligung der Arbeitnehmer am Unternehmen ist jedoch nach wie vor nicht allzu weit verbreitet, jedoch mit zuletzt wieder steigender Tendenz. Wenn eine Mitarbeiterbeteiligung besteht, wird diese in der Praxis oftmals mittelbar, dh über die „Zwischenschaltung" ei-

---

136 Vgl den Überblick bei Küttner/*Röller*, Personalbuch, 309 (Mitarbeiterbeteiligung) oder bei *Wagner*, NJW 2003, 3081; einen aktuellen Überblick zu Nachhaltigkeit und Transparenz der variablen Teile der Vorstandsvergütung bei den DAX-30-Unternehmen geben *Eulerich/Velte*, IRZ 2013, 73.
137 Hümmerich/Reufels/*Mengel*, Gestaltung von Arbeitsverträgen, § 1 Rn 396.
138 Instituts-Vergütungsverordnung (InstitutsVergV) vom 6.10.2010 (BGBl. I S. 1374); vgl dazu etwa *Simon/Koschker*, BB 2011, 120 (zu Banken und Versicherungen); *Annuß/Sammet*, BB 2011, 115 (zu Versicherungen), jeweils mwN.
139 So LAG Düsseldorf NZG 2009, 280 für den Fall, dass in einem Start-up-Unternehmen etwa 75 % der Vergütung in Form von Aktienbezugsrechten gewährt werden sollten; die zugelassene Revision zum BAG (Az 9 AZR 1043/08) wurde durch Vergleich erledigt.
140 Die Gewährung von GmbH-Anteilen erfolgt vergleichsweise selten, vgl dazu etwa *Wagner*, NJW 2003, 3081; *Sosnitza*, DStR 2006, 99.

ner **Mitarbeiterbeteiligungsgesellschaft**, realisiert.[141] Belegschaftsaktien werden regelmäßig unentgeltlich oder verbilligt mit einem Preisabschlag („Discount") ausgegeben.

267 Die Mitarbeiter erhalten dabei unter bestimmten Voraussetzungen idR jährlich eine bestimmte Anzahl von Aktien des Unternehmens. Die Emission der Belegschaftsaktien erfolgt entweder als **Stamm- oder Vorzugsaktien** bzw als **Inhaber- oder Namensaktien**, wobei Inhaber-Stammaktien die Regel sind. Ist der Arbeitnehmer sodann Aktionär, so gilt auch für seine Beteiligung das Aktienrecht, er genießt alle Rechte und Pflichten des Aktionärs.[142] Inhaltlich sind allerdings gewisse Halte- oder **Wartefristen** (zwischen fünf und bis zu max. zehn Jahren, ggf gestaffelt) üblich, innerhalb derer die Aktien nicht verkauft und übertragen werden dürfen.

268 Im Fall einer **Mitarbeiterbeteiligungsgesellschaft** hält diese die Aktien und übt die entsprechenden Aktionärsrechte aus, der einzelne Mitarbeiter wiederum hält einen Anteil an der Mitarbeiterbeteiligungsgesellschaft, in der Regel einer GmbH. Besteht ein Betriebsrat, so kommt ein etwaiges Mitbestimmungsrecht nach § 87 Abs. 1 Nr. 1 oder 10 BetrVG in Betracht.[143]

269 Damit die Gesellschaft auch über die für ein solches Mitarbeiterbeteiligungsprogramm benötigten Aktien verfügt, müssen diese bereitgestellt werden. Dies erfolgt regelmäßig durch eine bedingte Kapitalerhöhung und der damit verbundenen Ausgabe neuer Aktien (oder durch den Erwerb eigener Aktien, soweit zulässig).

bb) Steuerrechtliche Behandlung[144]

270 In der unentgeltlichen bzw verbilligten Gewährung von Belegschaftsaktien liegt regelmäßig ein **geldwerter Vorteil** (Delta zwischen Preis und aktuellem Börsenkurs), der lohnzuversteuern ist; daran ändern auch Haltefristen oder Veräußerungsverbote nichts.[145] Die Rückgewähr von Aktien stellt nach dem BFH negativen Arbeitslohn dar.[146]

271 Im April 2009 ist der Steuerfreibetrag im Rahmen des Gesetzes zum Ausbau der Mitarbeiterkapitalbeteiligung von früher 135 EUR auf 360 EUR mehr als verdoppelt worden.[147] Als Mittel der betrieblichen Sozialpolitik ist es nach § 3 Nr. 39 EStG bis zu 360 EUR steuerfrei, wenn die Beteiligung als freiwillige Leistung zusätzlich zum ohnehin geschuldeten Arbeitslohn gewährt und nicht auf bestehende oder künftige Ansprüche angerechnet wird und die Beteiligung mindestens allen Arbeitnehmern offen steht, die im Zeitpunkt der Bekanntgabe des Angebots ein Jahr oder länger ununterbrochen in einem gegenwärtigen Dienstverhältnis zum Unternehmen stehen.[148] Hierzu liegt ein BMF-Schreiben vom 8.12.2009 vor, das sich u.a. mit den steuerlich begünstigten Vermögensbeteiligungen und Bewertungsfragen befasst.[149] Sollten die Voraussetzungen dieses Steuerfreibetrags nicht vorliegen, so ist ggf noch an den reduzierten Steuerfreibetrag (in Höhe von 135 EUR) in § 19a Abs. 1 EStG aF zu denken.[150]

b) Aktiengewährung auf Basis sog. Share Matching Pläne

272 Vor dem Hintergrund der Finanzmarktkrise der Jahre 2008/2009 gewinnt aufgrund entsprechender gesetzgeberischer Aktivitäten der Aspekt der **Nachhaltigkeit der Vergütung** an Bedeutung.[151] In diesem Umfeld sind inzwischen von einzelnen börsennotierten Gesellschaften, etwa Siemens oder SAP, sog.

---

141 Ebenso *Hasbargen/Schmitt/Betz*, BB 2010, 1951 (1952).
142 So auch Preis/*Lindemann*, Der Arbeitsvertrag, II A 70 Rn 62.
143 Vgl dazu *Baeck/Diller*, DB 1998, 1405 mwN.
144 Mehr dazu Beck'sches Steuer- und Bilanzrechts-Lexikon, Stand: 1/2013, unter „Belegschaftsaktien".
145 BFH 30.9.2008 – VI R 25/05, DB 2009, 433.
146 BFH 17.9.2009 – VI R 17/08, DB 2009, 2640.
147 Gesetz zur steuerlichen Förderung der Mitarbeiterkapitalbeteiligung (Mitarbeiterkapitalbeteiligungsgesetz) vom 7.3.2009 (BGBl. I S. 451).
148 Vgl Gesetz zur steuerlichen Förderung der Mitarbeiterkapitalbeteiligung (Mitarbeiterkapitalbeteiligungsgesetz) vom 7.3.2009 (BGBl. I S. 451).
149 BMF-Schreiben vom 8.12.2009 – IV C 5 – S 2347/09/10002, BStBl. I, S. 1513 = DStR 2009, 2674; s. hierzu *Hasbargen/Schmitt/Betz*, BB 2010, 1951.
150 Vgl dazu die Übergangsvorschrift in § 52 Abs. 35 EStG.
151 Vgl die vor allem in Richtung Stärkung der Nachhaltigkeit zielenden gesetzlichen Änderungen, die Mitte 2009 das VorstAG gebracht hat; s. dazu etwa *Fleischer*, NZG 2009, 801 mwN sowie speziell für die Vergütung von Mitarbeitern der Finanzbranche das neue „Gesetz über die aufsichtsrechtlichen Anforderungen an die Vergütungssysteme von Instituten und Versicherungsunternehmen" und die ergänzende Instituts-Vergütungsverordnung, dazu *Müller-Bonanni/Mehrens*, NZA 2010, 792.

Share Matching Pläne aufgelegt worden.[152] *Wagner* berichtet über entsprechende Entwicklungen in der 2010er Hauptversammlungs-Saison mit Anträgen über Ermächtigungen zum Erwerb eigener Aktien zur Bedienung von Share Matching Plänen.[153] Diese sollen hier der Vollständigkeit halber angeführt werden, auch wenn kein Muster vorgelegt wird.

Mit Share Matching Plänen sollen im Wesentlichen drei **Ziele** verfolgt werden: zum einen eine Stärkung der „Mitunternehmerschaft" der Mitarbeiter durch ein – je nach innerbetrieblicher Hierarchieebene – unterschiedlich hohes Eigeninvestment des Mitarbeiters, zum anderen eine Bindungswirkung durch vorgesehene Haltefristen und drittens eine auch durch die vorgesehene Haltefrist nachhaltigere Vergütungskomponente.

Share Matching Plänen liegt folgendes **Grundprinzip** zugrunde: Die Mitarbeiter sollen zunächst aus eigenen Mitteln Aktien zum Marktpreis (oder ggf verbilligt) erwerben (sog. Investment-Aktien) und diese dann für eine gewisse Zeit („Haltefrist") auch halten. Sind diese Voraussetzungen erfüllt und ist der Mitarbeiter bei Ablauf der Haltefrist nach wie vor Mitarbeiter der Gesellschaf, so erhält der Mitarbeiter pro einer im Plan festgelegten Anzahl von von ihm gehaltener Aktien von der Gesellschaft eine bestimmte Zahl an Aktien unentgeltlich (sog. Matching-Aktien). Bei der Ausgestaltung von Share Matching Plänen können die verschiedenen Hierarchieebenen innerhalb der Belegschaft berücksichtigt werden, indem die Anzahl der zu erwerbenden Investment-Aktien (und damit die Anzahl möglicher zusätzlicher Matching-Aktien) entsprechend gestaffelt wird.

Die **Teilnahme** an solchen Share Matching Plänen ist für die Mitarbeiter **grundsätzlich freiwillig**. Die Vereinbarung einer Teilnahmepflicht (einzelvertraglich oder via Vereinbarung mit dem Sprecherausschuss) unterliegt vor dem Hintergrund des sog. Lohnverwendungsverbots oder „**Truckverbots**" den Beschränkungen des § 107 Abs. 2 GewO. In der Praxis wird aber vom Management auch unterhalb der Organebene eine Teilnahme zumindest in Form eines „Sollens" erwartet. Erwartet wird dabei, dass diese Führungskräfte in einer überschaubaren Zeit ab Einführung des Share Matching Plans auch einen Aktienbesitz in der für ihre jeweilige Hierarchieebene vorgesehenen Höhe aufbauen. Für Vorstandsmitglieder der Siemens AG ist es seit 2012 Pflicht, einen Teil ihrer Vergütung (zwei Jahresgrundgehälter; Vorstandsvorsitzender drei Jahresgrundgehälter) in Aktien des Unternehmens zu investieren und dieses Aktieninvest dann mindestens vier Jahre zu halten, also im Fall eines Rückgangs des Aktienkurses und damit des Werts des Aktienpakets auch weitere Aktien nachzuerwerben.[154]

3. Gewährung von Aktienoptionen

a) Begriff und Bedeutung

An Attraktivität etwas verloren, aber immer noch relativ weit verbreitet sind Aktienoptionspläne, besonders bei internationalen Konzernen angloamerikanischen Ursprungs. **Aktienoptionen** (oder: **Stock Options**) sind eine aus den USA stammende variable Vergütungsform, die aufgrund der Anlehnung an die Entwicklung des Aktienkurses der Gesellschaft eine stark am sog. **Shareholder Value-Ansatz** orientierte variable Vergütungsform mit Entgeltcharakter darstellt, die vorwiegend bei Führungspersonal, aber auch im sonstigen Arbeitnehmerbereich zum Einsatz gelangt. Das Modell der Aktienoptionen geht davon aus, dass dem Arbeitnehmer das **Recht** (nicht übertragbare Optionen oder Wandelungsrechte) **eingeräumt** wird, nach einer **bestimmten Frist (Warte- oder Haltefrist)** eine **bestimmte** – meist nach Hierarchieebenen gestaffelte – **Anzahl von Aktien der Gesellschaft** zu einem **bestimmten Kurs (Basispreis) zu erwerben**. Eine Verpflichtung zum Erwerb von Aktien ist damit für die begünstigten Arbeitnehmer nicht verbunden. Die Tatsache der Ausübung dieses Rechts durch den Aktienoptionsinhaber hängt daher letztlich von der Entwicklung des Aktienkurses ab, für dessen positive Entwicklung der Arbeitnehmer sich nach Kräften einsetzen soll. Liegt der aktuelle Aktienkurs bei Ablauf der Warte- oder Haltefrist unter dem Basispreis, wird der Arbeitnehmer regelmäßig von der Ausübung seiner Option absehen; ausüben wird er sie dagegen, wenn der aktuelle Aktienkurs oberhalb des Basiskurses zu liegen kommt, da der Arbeitnehmer dann durch Erwerb der Aktien und deren unverzüglichen Verkauf einen entsprechenden Gewinn machen kann. Die Chance, via Aktienoptionen an steigenden Aktienkursen zu partizipieren, soll die **Arbeitnehmer motivieren** und zu einer **stärkeren Identifikation mit**

---

[152] Vgl dazu den im Internet veröffentlichten Nachhaltigkeitsbericht 2008 der Siemens AG.
[153] *Wagner*, BB 2010, 1739 (daneben auch zur aktienrechtlichen Zulässigkeit solcher Share Matching Pläne).
[154] Vgl Vergütungsbericht Siemens AG 2011, S. 38.

dem Unternehmen führen. Gleichzeitig soll durch die zeitliche Ausrichtung des Aktienoptionsprogramms die **Betriebstreue** honoriert werden. Im Vergleich zu unmittelbar an bestimmte rechtliche Unternehmensdaten wie Umsatz oder EBIT oder ähnliche Parameter geknüpfte variable Vergütungsformen sind Aktienoptionen spekulativer, da der Aktienkurs auch bei guten persönlichen Leistungen des Arbeitnehmers und zugleich auch guten Unternehmenszahlen nicht zwangsläufig noch oben geht, geschweige denn zwangsläufig in einem entsprechendem Maße; er kann – da bekanntlich überwiegend andere Faktoren auf den Aktienkurs einwirken – sogar fallen.

277 Nach dem Platzen der New Economy-Blase, aber auch durch die nun schon länger anhaltende Finanz- und Wirtschaftskrise haben die Popularität und Anziehungskraft von Aktienoptionen abgenommen, eher kennzahlenbasierte variable Vergütungsformen sind auf dem Vormarsch. Dennoch spricht auch der **Deutsche Corporate Governance Kodex** (Stand: 05/2012) bei der variablen Vergütung der Vorstandsmitglieder in seiner Ziff. 4.2.3 von aktien- oder kennzahlenbezogenen Vergütungselementen. Hinzu kommt, dass der BGH inzwischen entschieden hat, dass Aktienoptionen für **Aufsichtsratsmitglieder** unzulässig sind.[155]

b) Rechtliche Grundlagen

aa) Grundsystematik

278 Die Gewährung von Aktienoptionen ist ein **rechtlich vielschichtiger Vorgang,** der aber einer gewissen **Grundsystematik** folgt: Die Entscheidung, ob ein Aktienoptionsplan aufgelegt werden soll, trifft zunächst der **Vorstand.** Er benötigt dann zwecks Verfügbarmachung der benötigten Aktien einen **Hauptversammlungsbeschluss** (s. Rn 279). Nach der Ausgestaltung des Aktienoptionsprogramms („**Stock Options Plan – SOP**") mit den wesentlichen Konditionen und der Bereitstellung der für das Aktienoptionsprogramm erforderlichen Aktien (durch bedingtes oder genehmigtes Kapital oder durch Rückkauf eigener Aktien) wird den berechtigten Arbeitnehmern das Recht eingeräumt, unmittelbar oder mittelbar Bezugsrechte für Aktien der Gesellschaft oder eines Konzernunternehmens zu bestimmten – im Aktienoptionsprogramm festgelegten – Bedingungen (sog. **Optionsgewährungsvertrag**) eingeräumt zu erhalten. Hat der Arbeitnehmer Aktienoptionen erhalten und übt er diese aus, so hat zur Erfüllung der Verpflichtung aus dem Optionsgewährungsvertrag ein Austausch von Aktien gegen Zahlung des vereinbarten Basispreises zu erfolgen (sog. **Zeichnungsvertrag**). Bei der rechtlichen Analyse ist zwischen den gesellschaftsrechtlichen und den arbeitsrechtlichen Aspekten zu unterscheiden.

bb) Gesellschaftsrechtliche Grundlagen

279 Um die Zusagen aus Aktienoptionen im Fall der Optionsausübung seitens der berechtigten Arbeitnehmer auch erfüllen zu können, muss die Gesellschaft über eine entsprechende Anzahl von Aktien verfügen. Diese Aktien werden dabei meist im Wege einer **bedingten Kapitalerhöhung** gem. § 193 Abs. 2 Nr. 3 AktG bereitgestellt, wobei die Kapitalerhöhung max. 10 % des Grundkapitals umfassen darf (§ 192 Abs. 3 Satz 1 AktG) und nur erfolgt bzw. durchgeführt wird, wenn die begünstigten Arbeitnehmer von den ihnen eingeräumten Optionsrechten Gebrauch machen. Eine solche Kapitalerhöhung bedarf wegen des Bezugsrechtsausschlusses der Aktionäre und dem damit ggf verbundenen „Verwässerungseffekt" der **Zustimmung der Hauptversammlung** (§ 193 Abs. 2 Nr. 3 AktG). Alternativ (kein Verwässerungseffekt) kommt auch der **Rückerwerb eigener Aktien** zur Bereitstellung der für das Aktienoptionsprogramm benötigten Aktien in Betracht (§ 71 Abs. 1 Nr. 8 AktG).[156]

280 Die konkreten Bedingungen der Gewährung von Aktienoptionen werden von den Unternehmen in einem Aktienoptionsplan („**Stock Options Plan – SOP**") niedergelegt, dessen wesentliche Parameter (Basispreis, Mindestwartezeit, Verteilung der Bezugsrechte zwischen Organebene und Belegschaft) und relevante Zeiträume für Erwerb und Ausübung der Optionen aber schon im **Hauptversammlungsbeschluss** festgelegt werden müssen. Es geht im SOP daher um eine Konkretisierung der Inhalte und Vorgaben des Hauptversammlungsbeschlusses. Ferner sollten wegen der Empfehlung des Ziff. 4.2.3 Satz 3 DCGK zumindest für Vorstandsmitglieder börsennotierter Gesellschaften, aber auch sonst finanzielle Obergrenzen („Caps") vorgesehen werden.

---

155 BGH 16.2.2004 – II ZR 316/02, NJW 2004, 1109.
156 Ordentliche Kapitalerhöhung und genehmigtes Kapital (§§ 202 ff AktG) eignen sich weniger (vgl dazu zB *Umnuß/Ehle*, BB 2002, 1042); möglich sind aber auch die Ausgabe von Optionsanleihen und Wandelschuldverschreibungen (§ 221 AktG).

Kapitel 3: Arbeitgeberdarlehen; Aus- und Fortbildungsfinanzierung; aktienkursorientierte Vergütung

Weder durch den Hauptversammlungsbeschluss noch durch die Aufstellung des Aktienoptionsplans[157] durch den Vorstand der Gesellschaft entstehen bereits Ansprüche der Arbeitnehmer/Vorstandsmitglieder. Es bedarf daher stets einer gesonderten Anspruchsgrundlage, damit Arbeitnehmer/Vorstandsmitglieder Ansprüche aus einem Aktienoptionsplan geltend machen können.[158]

cc) Arbeitsrechtliche Grundlagen

In arbeitsrechtlicher Hinsicht beruht die Einräumung von Aktienoptionen an Arbeitnehmer meist auf einer individuellen Abrede im **Arbeitsvertrag**. Das ist insbesondere bei Führungskräften der Fall, wobei in praxi meist im Arbeitsvertrag nur ein kurzer Hinweis auf Bestehen und Teilnahmeberechtigung, ggf auch auf den Umfang der Optionen, aufgenommen wird,[159] während die weiteren Details in dem sog. Aktienoptionsprogramm/Stock Option Plan enthalten sind.[160] Im Übrigen kommen – bei Erstreckung des Aktienoptionsprogramms auf weitere Teile der Belegschaft (oder die gesamte Belegschaft) – auch eine **Betriebsvereinbarung** als Rechtsgrundlage für entsprechende Ansprüche der Arbeitnehmer sowie – wenn auch selten – **betriebliche Übung** und **Tarifvertrag** als Anspruchsgrundlagen in Betracht.

In Konzernstrukturen handelt es sich bei Aktienoptionsprogrammen oft um solche von **Konzernobergesellschaften**.[161] Hierbei ist natürlich von besonderem Interesse, welche Gesellschaft die Zusage macht: die Anstellungsgesellschaft oder deren Muttergesellschaft? Die Tatsache, dass hier ein Teil des Arbeitsentgelts ggf durch Dritte gewährt wird, ist zunächst unproblematisch.[162]

Während eine Zusage einer deutschen Konzernobergesellschaft in der Praxis zu keinen besonderen Problemen führt, bringt eine Zusage einer **ausländischen Konzernobergesellschaft** doch ggf erhebliche zusätzliche Schwierigkeiten bei der Rechtsdurchsetzung mit sich. Die Frage, wer aus einem Aktienoptionsplan verpflichtet wird, lässt sich nicht einheitlich beantworten, so das BAG ausdrücklich.[163] Grundsätzlich wird eine Zusage der Konzernobergesellschaft nicht auch Bestandteil des Arbeitsverhältnisses der deutschen Tochtergesellschaft, sie kann es aber werden. Im Rahmen der Vertragsgestaltung ist daher im Einzelfall besonders darauf zu achten, den Schuldner der Ansprüche aus dem Aktienoptionsprogramm klar zu definieren: Wer hat bzw soll der Vertragspartner sein: die ausländische Mutter? Die inländische Tochter? Beides kann nach der Rechtsprechung des BAG der Fall sein. Diese Fragestellung ergibt sich insbesondere, wenn im deutschen Arbeitsvertrag Verweise auf ein Aktienoptionsprogramm der ausländischen Muttergesellschaft geplant sind. Je nachdem, ob die deutsche Anstellungsgesellschaft (mit-)verpflichtet werden soll oder nicht, sollte eine Erwähnung von Aktienoptionen im Arbeitsvertrag nur mit entsprechender Klarstellung erfolgen oder am besten unterbleiben.[164] Denn selbst bei direkter Zusage der ausländischen Konzernobergesellschaft an die begünstigten Arbeitnehmer erhöhen Verweisungsklauseln im Arbeitsvertrag die Gefahr, dass auch die deutsche Gesellschaft als (weitere) Schuldnerin des Aktienoptionsprogramms angesehen werden könnte.[165]

Weiter stellt sich in einer Konstellation mit einer ausländischen Konzernmutter natürlich auch die Frage nach dem auf eine solche Zusage einer ausländischen Konzerngesellschaft **anwendbaren Recht**, welches grundsätzlich nach dem deutschen internationalen IPR (Art. 27 ff EGBGB) zu bestimmen ist.[166] Bedeutung erlangt hier die – jedenfalls in US-amerikanischen Stock Option Plans regelmäßig enthaltene – Rechtswahlklausel, nach der das Recht des jeweiligen US-Bundesstaates (oft: Delaware) gelten soll, in welchem die US-Muttergesellschaft ihren Sitz hat. Nach nicht unumstrittener Ansicht soll eine solche Teilrechtswahl (betrifft nicht das gesamte Arbeitsverhältnis, sondern nur die Regelungen des

---

157 Anders: Küttner/*Röller*, Personalbuch, 7 (Aktienoptionen) Rn 3.
158 Näher zu den gesellschaftsrechtlichen Aspekten von Aktienoptionsplänen *Kau/Leverenz*, BB 1998, 2269 mwN.
159 Vgl Muster 2700 bzw Muster 2710 (bei aktuell bestehendem Aktienoptionsprogramm) und Muster 2720 bzw Muster 2730 (bei erst künftig vorgesehenem Aktienoptionsprogramm).
160 Weitere Gestaltungsmöglichkeiten zeigen *Dryander/Schröder*, WM 2007, 534 auf.
161 Vgl etwa BAG 12.2.2003 – 10 AZR 299/02, NZA 2003, 487.
162 Vgl dazu § 267 BGB, § 14 SGB IV und § 2 LStDV; zu Aktienoptionen durch Konzernmutter als durch Dritte gezahltes Arbeitsentgelt vgl auch *Melms/Lipinski*, BB 2003, 150.
163 BAG 16.1.2008 – 7 AZR 887/06, NZA 2008, 836.
164 Vgl etwa Muster 2740 bzw Muster 2750.
165 BAG 16.1.2008 – 7 AZR 887/06, NZA 2008, 836; LAG Hessen – 19.11.2001 – 16 Sa 971/01, NZA-RR 2003, 316; s. aber auch BAG 28.5.2008 – 10 AZR 351/07, NZA 2008, 1066.
166 Vgl dazu auch BAG 28.5.2008 – 10 AZR 351/07, NZA 2008, 1066; BAG 12.2.2003 – 10 AZR 299/02, NZA 2003, 487; LAG Düsseldorf 3.3.1998 – 3 Sa 1452/97, NZA 1999, 981; LAG Hessen 19.11.2001 – 16 Sa 1452/97, DB 2002, 794; LAG Hessen 14.8.2000 – 10 Sa 982/99, IPRspr 2000, Nr. 108, 231.

Aktienoptionsplans, die oft auch ein Wettbewerbsverbot enthalten) zulässig sein.[167] Bei einer ausschließlich mit der ausländischen Gesellschaft abgeschlossenen Optionsvereinbarung, auf die weder im deutschen Arbeitsvertrag noch bei den Einstellungsgesprächen als „zusätzliches Asset" besonders hingewiesen wurde, dürfte eine isoliert und rechtlich selbständig neben dem deutschen Arbeitsverhältnis stehende Optionsrechtsbeziehung mit der ausländischen Gesellschaft bestehen.[168] Für Streitigkeiten wären in diesem Fall dann auch die deutschen Arbeitsgerichte nicht zuständig.[169] Ist die **internationale Zuständigkeit** gegeben, folgt die Rechtswegzuständigkeit der Arbeitsgerichte aus § 2 Abs. 1 Nr. 4 Buchst. a bzw Nr. 3 Buchst. a ArbGG.[170]

286 Im Zusammenhang mit Aktienoptionsprogrammen sind aus arbeitsrechtlicher Sicht vor allem die Themen Wartezeit, Bindungs- und Verfallklauseln, Freiwilligkeitsvorbehalt, Gleichbehandlung sowie Kürzung wegen Fehlzeiten Gegenstand der gerichtlichen Entscheidungen und daher auch bei der **Ausgestaltung solcher Aktienoptionsprogrammen** zu besonders zu berücksichtigen. Der **Gleichbehandlungsgrundsatz** ist, wenn nicht alle Arbeitnehmer teilnahmeberechtigt sind, bei der Bestimmung des teilnahmeberechtigten Kreises der Arbeitnehmer zu beachten. „Setzt der Anspruch auf Aktienoptionen die Zugehörigkeit zu einer bestimmten Führungsebene voraus und legt der Arbeitgeber den Kreis der anspruchsberechtigten Führungskräfte nach abstrakten Merkmalen fest, liegt der für die Anwendung des arbeitsrechtlichen Gleichbehandlungsgrundsatzes erforderliche kollektive Bezug vor."[171] Sollen nur Führungskräfte bestimmter Hierarchieebenen Aktienoptionen erhalten, so muss sich die Gruppe der Bezugsberechtigten nach der eben zitierten BAG-Rechtsprechung klar von der Gruppe der vom Bezugsrecht ausgeschlossenen Arbeitnehmer abgrenzen lassen.

287 Sodann ist es zulässig, eine **Wartezeit** (nach § 193 Abs. 2 Nr. 4 AktG mind. vier Jahren)[172] vorzusehen, von deren Erfüllung die Gewährung von Aktienoptionen abhängen soll.[173] Zudem werden regelmäßig **Ausübungszeiträume** festgelegt, u.a. um einem möglichen Insiderhandel vorzubeugen.[174] Ferner werden von der hM auch **Bindungs- und Verfallklauseln** von bis zu fünf Jahren akzeptiert, die bei frühzeitigem Ausscheiden des Arbeitnehmers regelmäßig den vollständigen Verfall aller Aktienoptionsrechte vorsehen.[175] Bei **Fehlzeiten** ohne Entgeltfortzahlungsanspruch kann bei im Aktienoptionsplan klar formuliertem Leistungsbezug der Aktienoptionsgewährung eine entsprechend anteilige Kürzung der regelmäßig per anno gewährten Aktienoptionsrechte erfolgen.[176]

288 Zum **Freiwilligkeitsvorbehalt** ist zunächst anzumerken, dass die Aussage bzw Vereinbarung, der Arbeitgeber gewähre eine bestimmte Leistung „freiwillig", ihn keineswegs zwangsläufig von einer vertraglichen Bindung befreit. Denn je nach konkreter Vertragsformulierung kann trotz Erwähnung des Wortes „freiwillig" ein **Rechtsanspruch** auf die konkrete Leistung begründet werden. In einem solchen Fall bezieht sich das Wort „freiwillig" nach der Rechtsprechung nämlich nur darauf, dass der Arbeitgeber (bislang) rechtlich nicht verpflichtet ist, diese Leistung zu erbringen, er sich aber nun dennoch dazu verpflichtet – freiwillig eben.[177] Hierauf ist bei der Formulierung des Arbeitsvertrages besonders zu achten.

289 Zudem ist darauf hinzuweisen, dass das BAG es als widersprüchlich, intransparent und damit unwirksam ansieht, wenn dem Arbeitnehmer einerseits die Teilnahme an einem Aktienoptionsprogramm zugesagt (zB „... sind berechtigt, ... teilzunehmen"), diese Teilnahmeberechtigung dann aber sogleich unter einen Freiwilligkeitsvorbehalt gestellt wird.[178] Trotz der zuletzt verschärften neueren Rechtspre-

---

167 Str., vgl ErfK/*Schlachter*, Art. 27, 30, 34 EGBGB Rn 4 mwN; s. auch AnwK-ArbR/*Hümmerich/Schöne*, § 611 BGB Rn 1126 ff mwN zur Rspr.
168 Vgl etwa BAG 16.1.2008 – 7 AZR 887/06, NZA 2008, 836.
169 So auch LAG München 19.1.2008 – 11 Ta 356/07, n.v.; s. auch OLG München 18.7.2008 – 25 U 1797/08, BeckRS 2008, 16867.
170 Moll/*Kalvenbach/Glaser*, Münchener Anwaltshandbuch ArbR, § 18 Rn 124 mwN.
171 Vgl dazu jüngst BAG 21.10.2009 – 10 AZR 664/08, NZG 2010, 632.
172 Diese Mindestwartefrist wurde im Rahmen des VorstAG Mitte 2009 aus Nachhaltigkeitsgründen von zwei auf vier Jahre verlängert.
173 Klauselbeispiele finden sich etwa bei Hümmerich/Reufels/*Mengel*, Gestaltung von Arbeitsverträgen, § 1 Rn 451 f.
174 Bei Aktienoptionen für Führungskräfte, jedenfalls der Vorstandsmitglieder, kann ein insiderrechtliches Problempotential liegen.
175 BAG 28.5.2008 – 10 AZR 351/07, NZA 2008, 1066; ErfK/*Preis*, § 611 BGB Rn 505 a mwN.
176 HM, vgl *Legerlotz/Laber*, DStR 1999, 1658 mwN.
177 Vgl dazu BAG 11.4.2000 – 9 AZR 255/99, NZA 2001, 24 ff.
178 BAG 24.10.2007 – 10 AZR 825/06, NZA 2008, 40; ebenso BAG 30.7.2008 – 10 AZR 606/07, NZA 2008, 1173; BAG 14.9.2011 – 10 AZR 526/10, NZA 2012, 81 ff.

chung des BAG zu Freiwilligkeitsvorbehalten bei Sonderzahlungen kann auch die Teilnahmeberechtigung an einem Aktienoptionsplan umfassend und unabhängig von dem Verhältnis vom möglichen (spekulative Sonderzahlung) wirtschaftlichen Wert der Aktienoptionen und demjenigen der sonstigen vertragsgemäßen Vergütung unter einen Freiwilligkeitsvorbehalt gestellt werden, verbunden mit der Rechtsfolge, dass ggf zwar eine konkret zugesagte Teilnahmeberechtigung an einem bestimmten Aktienoptionsplan nicht mehr im Belieben des Arbeitgebers liegt, zumindest aber ein Anspruch der Arbeitnehmer auf künftige Aufstellung weiterer Aktienoptionspläne sowie eine Teilnahme an einem künftig ggf aufgestellten Aktienoptionsplan wirksam ausgeschlossen werden können.[179] Soll selbst die erstmalige Teilnahmeberechtigung an einem Aktienoptionsplan noch nicht bindend sein, so ist bei der Formulierung besonders darauf zu achten, dass die Teilnahmeberechtigung nicht zugesagt, sondern nur unter einem Freiwilligkeitsvorbehalt in Aussicht gestellt wird.

Ein im Arbeitsvertrag generell für alle zusätzlichen Leistungen (gleich welcher Art) enthaltener Freiwilligkeitsvorbehalt ist nach der neueren Rechtsprechung des BAG unwirksam, weil er – zumindest auch – laufende Entgeltleistungen erfasst und damit in das synallagmatische Verhältnis von Leistung und Gegenleistung eingreift und den Arbeitnehmer daher unangemessen benachteiligt.[180]

In Betrieben/Unternehmen mit Betriebs-, Gesamt- und/oder Konzernbetriebsräten stellt sich die Frage nach einem **Mitbestimmungsrecht des Betriebsrats** bei der Gewährung und Ausgestaltung von Aktienoptionsprogrammen. Einführung wie auch Abschaffung von Aktienoptionsprogrammen („Ob") sind mitbestimmungsfrei und lediglich die Ausgestaltung eines solchen Aktienoptionsprogramms („Wie") unterfällt nach § 87 Abs. 1 Nr. 10 BetrVG der betrieblichen Mitbestimmung.[181] Die Frage nach dem Bestehen eines Mitbestimmungsrechts des Betriebsrats dürfte bei isoliert und direkt von der ausländischen Muttergesellschaft gewährten Aktienoptionen, bei denen der deutsche Arbeitgeber keinen Gestaltungsspielraum hat, anders zu beurteilen sein.[182]

Ein weitergehender Einblick in die vorstehend angerissenen arbeitsrechtlichen Fragestellungen findet sich bei Moll/*Hexel*, Münchener Anwaltshandbuch Arbeitsrecht, 3. Aufl. 2012, § 20 Rn 95 ff.

dd) Steuerrechtliche Behandlung[183]

(1) Arbeitnehmer

Einnahmen aus Aktienoptionsprogrammen sind **Einkünfte aus unselbständiger Arbeit** iSd § 19 EStG, die nach dem **Zuflussprinzip** zu versteuern sind. Nach inzwischen gefestigter BFH-Rechtsprechung zu **Zeitpunkt und Gegenstand der Besteuerung** auf Arbeitnehmerseite kann gesagt werden, dass regelmäßig nicht bereits die Gewährung des Optionsrechts (gleich, ob handelbar oder nicht) und dessen Wert ein zu versteuernder geldwerter Vorteil sind, sondern erst die bei Ausübung der Option und entsprechendem Erwerb von Aktien entstehende Differenz zwischen dem vereinbarten Basispreis und dem bei Ausübung des Optionsrechts bestehenden Kurswert der Aktien (Ausübungspreis).[184] Neben der Optionsausübung kommt auch jede sonstige Verwertung, insbesondere die Übertragung der Aktienoptionen auf Dritte, in Betracht. Der Vorteil richtet sich dann nach der Höhe des Werts im Zeitpunkt der Verfügung darüber.[185]

Auf die Einnahmen aus der Optionsausübung kommt der ermäßigte Steuersatz nach § 34 EStG zur Anwendung.[186] Ob Aktienoptionen eine steuerlich durch das Gesetz zum Ausbau der Mitarbeiterkapitalbeteiligung[187] **steuerlich begünstigte Vermögensbeteiligung** darstellen bzw in welchem Zeitpunkt

---

179 BAG 18.3.2009 – 10 AZR 289/08, NZA 2009, 535.
180 BAG 14.9.2011 – 10 AZR 526/10, NZA 2012, 81 ff.
181 Vgl dazu näher *Oetker*, FS 50 Jahre BAG, 2004, S. 1017 ff; MünchHandbArbR/*Krause*, § 61 Rn 8 mwN.
182 Vgl dazu *Annuß/Lembke*, BB 2003, 2230.
183 Näher dazu Beck'sches Steuer- und Bilanzrechts-Lexikon, Stand: 1/2013, unter „Aktienoptionen"; Lücke/Schaub/*Lücke*, Beck'sches Mandatshandbuch Vorstand der AG, § 2 Rn 218–228.
184 BFH 20.6.2001 – VI R 105/99, DB 2001, 1861 (für nicht handelbare Optionen) und inzwischen BFH 20.11.2008 – VI R 25/05, NZA-RR 2009, 212 (auch für handelbare Optionen); vgl dazu AnwK-ArbR/*Ostermayer/Lücke*, § 19 EStG Rn 30 ff.
185 So jüngst BFH 18.9.2012 – VI R 90/10, DStR 2013, 245.
186 BFH 19.12.2006 – VI R 136/01, NJW 2007, 1230; s. zu § 34 Abs. 2 Nr. 4 EStG auch BFH 18.12.2007 – VI R 62/05, DB 2008, 445.
187 Gesetz zur steuerlichen Förderung der Mitarbeiterkapitalbeteiligung (Mitarbeiterkapitalbeteiligungsgesetz) vom 7.3.2009 (BGBl. I S. 451).

dies der Fall ist, erscheint aufgrund eines BMF-Schreibens vom 8.12.2009 fraglich zu sein.[188] Zur Verpflichtung des Arbeitgebers, die bei Ausübung des Optionsrechts anfallende Lohnsteuer einzubehalten und abzuführen, stellt der BFH darauf ab, ob der Arbeitgeber Kenntnis von der Ausübung der Optionen und dem damit verbundenen Vorteil hatte oder nicht.[189]

(2) Unternehmen

295 Bei dem die Aktien gewährenden Unternehmen sind Aktienoptionen zu bilanzieren; nur eine Mindermeinung möchte die Kosten nicht der Gesellschaft, sondern den Aktionären zuordnen.[190] Werden die Aktien für das Aktienoptionsprogramm am Markt erworben, so sind die Kosten als Personalaufwand zu buchen.

296 Bei **internationalen Sachverhalten** ist auf die ggf einschlägigen **Doppelbesteuerungsabkommen** zu achten.

ee) Sozialversicherungsrechtliche Behandlung

297 In sozialversicherungsrechtlicher Hinsicht ist die Frage zu klären, ob es sich bei der Gewährung von Aktienoptionen oder – später – bei Realisierung von Gewinnen durch Ausübung der Aktienoptionen um sozialversicherungspflichtiges Arbeitsentgelt iSv § 14 SGB IV handelt. Nach dieser Bestimmung sind alle laufenden und einmaligen Einnahmen, die aus einer Beschäftigung unmittelbar oder im Zusammenhang mit ihr erzielt werden, sozialversicherungspflichtiges Arbeitsentgelt, also auch die Gewinnerzielung aus der Ausübung von Aktienoptionen.

4. Gewährung von virtuellen Aktien (SAR's) oder virtuellen Aktienoptionen (Phantom Stocks)

298 Im Vergleich zur realen Gewährung von Aktien oder Aktienoptionen weisen die virtuellen Ersatzkonstrukte, also Stock Appreciation Rights und Phantom Stocks, einige Vorteile auf: Vor allem erfolgt bei der Gewährung von **virtuellen Aktien (Stock Appreciation Rights – SAR's)** und **virtuellen Aktienoptionen (Phantom Stocks)** keine dingliche Übertragung von Aktien. Die Aktiengewährung wird bei dieser Gestaltungsvariante „virtuell" auf rein arbeits- oder dienstvertraglicher Basis abgebildet: Der Begünstigte wird schuldrechtlich so behandelt bzw gestellt, also ob er eine entsprechende Anzahl an Aktien oder Aktienoptionen des Unternehmens tatsächlich besitzen würde (virtueller Aktien- bzw Aktienoptionsbesitz). Dementsprechend wird ihm bei Stock Appreciation Rights ein vertraglicher Zahlungsanspruch auf die Differenz zwischen dem Aktienkurs bei Gewährung der SAR's und dem Aktienkurs bei der Ausübung der SAR's (= Wert der Aktienkurssteigerung) eingeräumt und er erhält idR auch eine Dividende auf seinen virtuellen Aktienbesitz. Bei Phantom Stocks wird eine Differenzzahlung zwischen dem bei Gewährung der Phantom Stocks vereinbarten Aktienkurs („Basispreis") und dem im fiktiven Fall der Optionsausübung gegebenen Aktienkurs eingeräumt.

299 Aufgrund der rein schuldrechtlichen Gestaltung, die ohne dingliche Übertragung von Aktien auskommt, finden weder die §§ 192 ff AktG noch die §§ 71 ff AktG Anwendung, auch keine analoge Anwendung. Mithin muss bei virtuellen, also rein schuldrechtlichen Programmen, insbesondere die **Hauptversammlung** nicht involviert werden, sondern ist grundsätzlich der Vorstand zuständig, ggf der Aufsichtsrat, soweit es um die Beteiligung der Vorstandsmitglieder geht.[191] Ferner wird der sog. Verwässerungseffekt vermieden, weil es zu keiner Kapitalerhöhung kommt und demzufolge auch keine zusätzlichen Aktien in Umlauf kommen. Allerdings besteht ggf ein erheblicher Liquiditätsbedarf.

300 Bei Stock Appreciation Rights sind gem. § 249 HGB entsprechende Rückstellungen zu bilden, um die Differenzzahlungen leisten zu können. Steuerlicher Vorteil dieser virtuellen Aktienoptionen ist, dass die Differenzzahlung an die Arbeitnehmer jedenfalls steuerlich abzugsfähige Betriebsausgaben darstellen.

---

188 Vgl dazu Hasbargen/Schmitt/Betz, BB 2010, 1951 (1952).
189 BFH 4.4.2006 – VI R 11/03, NJW 2006, 3167; BFH 24.1.2001 – I R 119/98, NZA-RR 2001, 376.
190 Vgl zum Meinungsstreit über die zutreffende Bilanzierung MüKo-HGB/*Reiner*, § 272 Rn 91 ff mwN.
191 Str., wie hier Semler/v. Schenck/*Fonk*, Arbeitshandbuch für Aufsichtsratsmitglieder, § 9 Rn 126; MüKo-AktG/*Spindler*, § 87 Rn 39.

5. Weitere Gestaltungsansätze

Neben Belegschaftsaktien, Aktienoptionen und virtuellen aktienbezogenen Modellen, wie zB Stock Appreciation Rights und Phantom Stocks, werden Aktien auch als reines **Mitarbeiterbindungsinstrument** genutzt, wobei dem Mitarbeiter nach Ablauf einer bestimmten Frist (Sperrfrist) unentgeltlich Aktien der Gesellschaft übertragen werden („Restricted Stock- oder **Restricted Share Units**" – **RSU**).

Eine leistungsorientierte Variante sind – nomen est omen – „**Performance Shares**" (PSU), bei denen der Mitarbeiter Aktien des Unternehmens nicht nur qua Fristablauf und Betriebszugehörigkeit bekommt, sondern nur bei Erreichen vorab definierter Ziele. Dabei kann die Zahl der übertragenden Aktien auch vom Grad der Zielerreichung abhängig gemacht werden. Einige börsennotierte Unternehmen, darunter etwa Siemens, verlangen von ihren Führungskräften, nicht nur im Vorstand, inzwischen auch als Beleg der Identifikation mit dem Unternehmen ein „committment" dergestalt, dass sie je nach Hierarchieebene steigernde, sich zwischen 0,5 und 2,0 Jahresgehältern bewegende Eigeninvestition in Form des Haltens von Aktien der eigenen Gesellschaft („**Share Ownership**") leisten,[192] teilweise ist dies Voraussetzung für die Teilnahme an den Programmen. In diesem Zusammenhang gibt es auch sog. **Share Matching** Programme, bei denen die Mitarbeiter in Abhängigkeit von einem Eigeninvestment in Aktien der Gesellschaft nach Ablauf einer bestimmten Frist (Sperrfrist) von der Gesellschaft unentgeltlich in Abhängigkeit vom Umfang der selbst gehaltenen Aktien zusätzliche Aktien erhalten und der Umfang der gewährten Aktien teilweise vom Erreichen vereinbarter Ziele abhängt. Da die Entwicklung bei diesen Varianten noch stark im Fluss ist, werden dazu noch keine Muster vorgehalten, wobei sich erste Hinweise zu den Strukturen solcher aktienkursbezogener Vergütungen aufgrund der entsprechenden Berichtspflichten börsennotierter Unternehmen nach § 289a Abs. 2 Nr. 5 iVm § 285 Nr. 9 HGB („Vergütungsbericht" als Teil des Lageberichts) auch übers Internet recherchieren lassen.

B. Texte

I. Arbeitgeberdarlehen

1. Muster: Arbeitgeberdarlehensvertrag

Zwischen

...

– nachstehend: Darlehensgeber –

und

Herrn ...

– nachstehend: Darlehensnehmer –

wird folgender Vertrag geschlossen:

§ 1 Arbeitgeberdarlehen

Der Darlehensgeber gewährt dem Darlehensnehmer im Hinblick auf das bestehende Arbeitsverhältnis ein Darlehen in Höhe von ... EUR. Das Darlehen ist am ... zur Auszahlung fällig.

§ 2 Zinsen

Das Darlehen ist mit ... % beginnend mit dem ... jährlich zu verzinsen. Soweit sich hiernach ein lohnsteuerpflichtiger Zinsvorteil ergibt, trägt der Darlehensnehmer die zu zahlende Lohnsteuer.

---

[192] Zu solchen „Share Ownership Guidelines" und deren Verbreitung vgl *Wilsing/Paul*, GWR 2010, 363 mwN.

§ 3 Tilgung und Zinszahlung

(1) Das Darlehen ist vom Darlehensnehmer in monatlichen Raten beginnend mit dem Monat ... in Höhe von je ... EUR zu tilgen. Die Tilgungsraten werden gleichzeitig mit der jeweiligen Monatsvergütung fällig. Der Darlehensnehmer ist berechtigt, das Darlehen ganz oder teilweise zu tilgen.

(2) Die Zinsen werden kalendervierteljährlich berechnet und sind zusätzlich zu der letzten Tilgungsrate des Kalendervierteljahres, beginnend mit dem ..., fällig.

§ 4 Verrechnung

(1) Die Tilgungsraten und Zinszahlungen werden im Fälligkeitszeitpunkt mit dem auszuzahlenden pfändbaren Arbeitsentgelt verrechnet.

(2) Soweit eine Verrechnung auf diese Weise nicht möglich ist, hat der Darlehensnehmer die nicht verrechneten Beträge an den Darlehensgeber im Fälligkeitszeitpunkt zu zahlen.

§ 5 Beendigung des Arbeitsverhältnisses

(1) Im Falle der Beendigung des Arbeitsverhältnisses ist der Darlehensgeber berechtigt, den Darlehensvertrag mit einer Frist von drei Monaten zu kündigen. Dies gilt nicht bei einer fristlosen Eigenkündigung des Arbeitnehmers aus wichtigem Grund.

(2) Soweit eine Kündigung nach Abs. 1 ausgeschlossen ist oder nicht ausgesprochen wird, ist die zum Zeitpunkt der Beendigung des Arbeitsverhältnisses bestehende Darlehensrestschuld mit 2 % über dem jeweiligen Basiszinssatz der Deutschen Bundesbank zu verzinsen und mit monatlichen Raten von ... EUR zu tilgen.

(3) Die Tilgungsraten und Zinszahlungen sind jeweils am ... eines Monats fällig.

2. Muster: Darlehensvertrag mit Sicherungsübereignung eines Pkw

Zwischen

der Firma ...

– nachstehend: Firma –

und

Herrn ...

– nachstehend: Arbeitnehmer –

wird folgender Darlehensvertrag geschlossen:

§ 1 Darlehensvaluta

Der Arbeitnehmer erhält ein Darlehen über ... EUR zum ..., das mit ... % verzinst wird. Die Zinsen werden kalendervierteljährlich nachschüssig berechnet.

§ 2 Rückzahlung

Ab dem ... ist das Darlehen in monatlichen Raten in Höhe von ... zurückzuzahlen. Die monatlichen Raten werden mit den monatlichen Vergütungsansprüchen verrechnet.

§ 3 Fälligkeit bei Beendigung des Arbeitsverhältnisses

Endet das Arbeitsverhältnis durch Aufhebungs-, Abwicklungsvertrag oder Kündigung, wird das Darlehen abweichend von § 2 zum letzten Tag des Arbeitsverhältnisses vollständig fällig gestellt. Die Fälligkeit tritt nicht ein, wenn das Arbeitsverhältnis von der Firma betriebsbedingt gekündigt wurde oder der Arbeitnehmer aus wichtigem Grund gekündigt hat. In diesen Fällen kann das Darlehen von beiden Parteien mit gesetzlicher Frist gekündigt werden.

§ 4 Stille Zession

Bereits jetzt tritt der Arbeitnehmer für den Fall einer Beendigung des Arbeitsverhältnisses vor Rückzahlung des Gesamtdarlehensbetrags seinen jeweils pfändbaren Vergütungsanspruch gegen etwaige spätere Arbeitgeber an die Firma ab. Die Firma nimmt diese Abtretung an. Die Firma legt die Abtretung nur offen, wenn der Arbeitnehmer am Ausscheidenstage das Darlehen nicht vollständig zurückgeführt hat und die Parteien eine Ratenzahlung vereinbart haben. Von dieser Abtretung wird die Firma nur bis zur Höhe des noch nicht getilgten Darlehens Gebrauch machen.

§ 5 Anzeigepflichten des Arbeitnehmers

Der Arbeitnehmer verpflichtet sich, Anschriftenänderungen, Pfändungen, Verpfändungen oder Abtretungen seiner Vergütungsansprüche sowie Namen und Anschriften künftiger Arbeitgeber unverzüglich anzuzeigen.

§ 6 Sicherungsübereignung

Der Arbeitnehmer übereignet der Firma zur Sicherung des in diesem Vertrage vereinbarten Darlehens seinen Pkw, Marke ..., Fahrgestellnummer ..., mit dem polizeilichen Kennzeichen ... und übergibt der Firma zur Sicherung ihrer Forderung den Kfz-Brief.

Nach vollständiger Tilgung des Darlehens gibt die Firma den Kraftfahrzeugbrief an den Arbeitnehmer heraus. Während des Besitzes der Firma am Kfz-Brief übereignet der Arbeitnehmer sicherungshalber das Fahrzeug an die Firma. Die Firma nimmt die sicherungshalber erfolgende Übereignung an.

§ 7 Freihändiger Verkauf

Kommt der Arbeitnehmer seiner Darlehensverpflichtung mit mehr als zwei Raten nicht nach, ist der Arbeitgeber berechtigt, den Pkw freihändig zu veräußern. Der Kaufpreis darf den von einem vereidigten Sachverständigen zu ermittelnden Schätzwert maximal in Höhe von 20 % unterschreiten. Die Kosten des Sachverständigen sind vom Arbeitnehmer zu tragen. Der Arbeitnehmer ist jederzeit verpflichtet, den Pkw zum Zweck der Schätzung oder unter den vorgenannten Voraussetzungen zur Veräußerung des Fahrzeugs auf Verlangen der Firma herauszugeben.

§ 8 Schriftform

Jede Änderung dieses Vertrages bedarf der Schriftform.

3. Muster: Arbeitgeberdarlehen mit Sicherungsabtretung

Zwischen

...

– nachstehend: Arbeitgeber –

und

Herrn ...

– nachstehend: Arbeitnehmer –

wird mit Rücksicht auf das Arbeitsverhältnis nachfolgender Darlehensvertrag mit Sicherungsabtretung vereinbart:

(1) Der Arbeitgeber gewährt dem Arbeitnehmer ein Darlehen in Höhe von ... EUR (in Worten: ... Euro), das mit ... % Zinsen pro Jahr zu verzinsen ist. Der effektive Jahreszins beträgt ... %. Ein etwaiger Zinsvorteil ist von

dem Arbeitnehmer als Sachbezug zu versteuern. Der Arbeitgeber wird die Lohnsteuer für den Sachbezug in Abzug bringen.

(2) Das Darlehen ist in monatlichen Raten von _ EUR, erstmals am _ zurückzuzahlen. Die Zinsen werden kalendervierteljährlich berechnet. Sie sind jeweils bis zum _ des auf das Abrechnungsquartal folgenden Monats zusätzlich zu der fälligen Rückzahlungsrate zu bezahlen. Die Zahlungsraten und Zinsraten sind gleichzeitig mit der jeweiligen Monatsvergütung fällig.

(3) Endet das Arbeitsverhältnis, so wird der noch offene Darlehensbetrag auf einmal fällig, sofern nicht der Arbeitgeber betriebsbedingt oder der Arbeitnehmer außerordentlich gekündigt und der Arbeitgeber hierzu einen wichtigen Grund gesetzt hat. Das Darlehen ist bei der Beendigung des Arbeitsverhältnisses zurückzuzahlen. Der Arbeitgeber ist berechtigt, am Fälligkeitstag bestehende Vergütungsansprüche sowie einen etwaigen Anspruch auf Abfindung aus einem Aufhebungs- oder Abwicklungsvertrag oder aus einem arbeitsgerichtlichen Vergleich mit den Rückzahlungsverpflichtungen des Arbeitnehmers zu verrechnen.

(4) Der Arbeitnehmer anerkennt, dem Arbeitgeber den Betrag in Höhe von _ EUR zu schulden.

(5) Zur Sicherung der Forderung aus dem Darlehensvertrag tritt der Arbeitnehmer den jeweils pfändbaren Teil seiner gegenwärtigen und zukünftigen Gehaltsansprüche gegen seinen jeweiligen Arbeitgeber in Höhe der noch geschuldeten Raten und Zinsen an den Arbeitgeber ab. Der Arbeitgeber nimmt diese Abtretung an. Der Arbeitnehmer versichert, dass er zur unbeschränkten Verfügung über die Vergütungsforderung berechtigt ist, insbesondere dass sie nicht an Dritte abgetreten oder verpfändet und nicht gepfändet ist.

(6) Der Arbeitnehmer verpflichtet sich, jede Änderung seiner Adresse, eine Pfändung, Verpfändung oder Abtretung seiner Vergütungs- oder Abfindungsansprüche unverzüglich anzuzeigen.

↑

II. Fortbildungsverträge

1. Muster: Fortbildungsvertrag (1)

↓

Zwischen _

– nachstehend: Firma –

und

Herrn _

– nachstehend: Arbeitnehmer –

wird Folgendes vereinbart:

§ 1

Der Mitarbeiter nimmt vom _ bis zum _ an folgender Fortbildungsmaßnahme teil: _

§ 2

Für diese Zeit wird der Mitarbeiter unter Fortzahlung seiner durchschnittlichen Vergütung in den letzten drei Monaten von der Arbeit freigestellt. Fortbildungszeit, die über die ausfallende Arbeitszeit hinausgeht, wird nicht vergütet. Durch die Fortbildungsmaßnahme wird die Betriebszugehörigkeit iSd § _ (Betriebsrente) dieses Vertrages nicht unterbrochen. Der Mitarbeiter ist während der Fortbildungszeit in jeder Hinsicht (Urlaub, Vergütungsfortzahlung im Krankheitsfall, Weihnachtsgratifikation etc.) den übrigen Mitarbeitern gleichgestellt.

Die Firma übernimmt sämtliche Kosten der Fortbildungsmaßnahme, soweit sie nicht von einem anderen Leistungsträger übernommen werden.

Die Größenordnung der mit der Maßnahme für die Firma verbundenen Kosten (Entgeltfortzahlung während der Freistellung, Gebühren, Spesen etc.) wird sich bei etwa ... EUR bewegen.[193]

§ 3

Kündigt der Mitarbeiter das Arbeitsverhältnis, ohne hierfür einen wichtigen Grund zu haben, oder wird das Arbeitsverhältnis aus einem vom Mitarbeiter zu vertretenden Grunde von der Firma gekündigt, so ist der Mitarbeiter zur Rückzahlung der für die Dauer der Fortbildungsmaßnahme empfangenen Vergütung und der von der Firma übernommenen Kosten der Fortbildung verpflichtet. Dieselbe Verpflichtung besteht auch bei schuldhafter Nichterreichung des Fortbildungszieles.

Für jeden vollen Tätigkeitsmonat nach Beendigung der Fortbildungsmaßnahme vermindert sich der Rückzahlungsbetrag um 1/36.

2. Muster: Fortbildungsvertrag (2)

Zwischen

...

– nachstehend: Arbeitgeber –

und

Herrn ...

– nachstehend: Arbeitnehmer –

wird folgender

Fortbildungsvertrag

geschlossen:

(1) Der Arbeitnehmer nimmt von ... bis ... auf eigenen Wunsch an folgender Fortbildungsmaßnahme teil: ...

(2) Die Teilnahme des Arbeitnehmers erfolgt im Interesse seiner beruflichen Fort- und Weiterbildung und eröffnet ihm grundsätzlich sowohl innerbetriebliche Aufstiegschancen als auch verbesserte Chancen am allgemeinen Arbeitsmarkt.

(3) Der Arbeitgeber stellt den Arbeitnehmer für die Dauer der Fortbildungsmaßnahme von der Arbeit frei. Die Freistellung erfolgt unter Fortzahlung der Bezüge. Die Vergütung wird entsprechend dem Durchschnittsverdienst der letzten drei Monate berechnet. Der Aufwand hierfür wird in etwa ... EUR (einschließlich des Arbeitgeberanteils zur Sozialversicherung) betragen.

(4) Der Arbeitgeber trägt die Kosten der Fortbildungsmaßnahme. Diese bestehen aus den Kosten der Schulung, den Kosten für Unterkunft und Verpflegung sowie den An- und Abreisekosten. Der Aufwand hierfür wird in etwa ... EUR betragen.

(5) Soweit die Agentur für Arbeit, ein sonstiger Sozialversicherungsträger oder eine andere Stelle Kosten übernimmt bzw Förderungsmittel gewährt, sind diese in Anspruch zu nehmen und auf die Leistungen des Arbeitgebers anzurechnen mit der Folge, dass insoweit ein Kostenerstattungsanspruch des Arbeitnehmers nicht besteht.

(6) Der Arbeitnehmer ist zur Rückzahlung der für die Dauer der Fortbildungsmaßnahme empfangenen Bezüge und der von dem Arbeitgeber übernommenen Kosten der Fortbildungsmaßnahme verpflichtet, wenn er das Arbeitsverhältnis selbst kündigt, ohne hierfür einen vom Arbeitgeber zu vertretenden wichtigen Grund zu

---

[193] Aufgrund neuerer BAG-Rspr bedarf es hier einer möglichst genauen Schätzung der Gesamtkosten, damit für den Arbeitnehmer auch transparent wird, in welcher Höhe ggf Rückzahlungspflichten auf ihn zukommen (vgl dazu oben Rn 231 mwN zur Rspr).

haben, oder wenn das Arbeitsverhältnis vom Arbeitgeber aus einem Grund gekündigt wird, den der Arbeitnehmer zu vertreten hat. Für jeden Monat der Beschäftigung nach Beendigung der Fortbildungsmaßnahme werden dem Arbeitnehmer 1/36 des gesamten Rückzahlungsbetrags erlassen.

3. Muster: Fortbildungsvertrag mit gestaffelter Rückzahlungsklausel

Zwischen

der Firma ...

– nachstehend: Firma –

und

dem Arbeitnehmer ...

– nachstehend: Arbeitnehmer –

wird folgende Rückzahlungsvereinbarung getroffen:

§ 1

(1) Der Arbeitnehmer nimmt vom ... bis ... an einem Fortbildungskurs für ... teil.

(2) Die Parteien sind sich darüber einig, dass die Teilnahme des Arbeitnehmers im Interesse seiner beruflichen Fort- und Weiterbildung erfolgt.

§ 2

(1) Die Firma ... wird den Arbeitnehmer ... für die Dauer der Fortbildungsmaßnahme unter Fortzahlung der Bezüge von der Arbeit freistellen. Die Vergütung wird entsprechend dem durchschnittlichen Bruttomonatsverdienst der letzten drei Monate berechnet. Der Aufwand hierfür wird in etwa ... EUR (einschließlich des Arbeitgeberanteils zur Sozialversicherung) betragen.

(2) Die Lehrgangskosten, bestehend aus Unterrichtsgebühr, Übernachtungs- und Tagungskosten sowie der Anreise- und Abreisekosten, übernimmt die Firma ... ganz. Die Erstattung erfolgt nur gegen Beleg. Der Aufwand hierfür wird in etwa ... EUR betragen.

(3) Ein Kostenerstattungsanspruch besteht nicht, soweit die Agentur für Arbeit oder ein sonstiger Sozialversicherungsträger Kosten übernimmt oder übernommen hätte, der Arbeitnehmer entsprechende Kostenübernahmen seitens eines Sozialversicherungsträgers aber nicht ordnungsgemäß, insbesondere fristgerecht beantragt hat.

§ 3

Die von der Firma ... getragenen Aufwendungen einschließlich der Gehaltszahlungen und der Sozialabgaben werden endgültig von der Firma ... übernommen, wenn der Arbeitnehmer ... noch ... Jahre im Dienste der Firma ... verblieben ist. Bei vorzeitiger Kündigung des Arbeitnehmers, ohne dass er hierfür einen vom Arbeitgeber zu vertretenden wichtigen Grund hat, oder wenn die Firma ... dem Arbeitnehmer ... aus wichtigem Grund kündigt, sind die Aufwendungen wie folgt zurückzuzahlen:

- bis zum Ablauf des ersten Jahres zu 100 %,
- bis zum Ablauf des zweiten Jahres zu 66 % (2/3),
- bis zum Ablauf des dritten Jahres zu 33 % (1/3).

§ 4

Die Verminderung des Rückzahlungsbetrags um je ... EUR pro ... erfolgt nur unter der Voraussetzung, dass das Arbeitsverhältnis in diesem Bindungszeitraum nicht ruht.

4. Muster: Ausbildungsvertrag für Studium mit vertiefter Praxis

Studium mit vertiefter Praxis

an der Fakultät ... der Hochschule ...

im Bachelor-Studiengang ...

Zwischen

dem ausbildenden Betrieb ...

— im Folgenden „Betrieb" genannt —

und

dem/der Studierende/n ...

— im Folgenden „Studierende/r" genannt —

wird folgender Ausbildungsvertrag geschlossen:

Präambel

Ziel des Studiums mit vertiefter Praxis ist es, die Ausbildung von praxisorientierten Absolventen betriebsnah zu fördern sowie deren unmittelbaren Eintritt in ein Arbeitsverhältnis nach Abschluss des Studiums zu unterstützen.

Das Studium mit vertiefter Praxis ist ein anspruchsvolles Modell, in dem das Studium mit praktischer Berufserfahrung optimal verknüpft wird. Es setzt ein hohes Engagement und eine hohe Eigenverantwortung des/der Studierenden voraus. Der Betrieb wird ihn/sie im Rahmen seiner Möglichkeiten unterstützen.

Während des Studiums mit vertiefter Praxis wechseln sich Phasen des theoretischen Studiums an der Hochschule ... und betriebliche Praxisphasen ab.

§ 1 Gegenstand des Vertrages

(1) Gegenstand des Ausbildungsvertrages ist die Vereinbarung der Vertragspartner über betriebliche Praxisphasen im Rahmen des Studiums mit vertiefter Praxis des/der Studierenden an der Fakultät ... der Hochschule für angewandte Wissenschaften – Fachhochschule ... .

(2) Durch das Studium mit vertiefter Praxis soll der/die Studierende praxisorientiert ausgebildet und beim unmittelbaren Eintritt in ein Arbeitsverhältnis nach Abschluss des Studiums unterstützt werden. Es besteht jedoch von beiden Seiten kein Anspruch auf Übernahme in ein Arbeitsverhältnis nach Abschluss des Studiums.

(3) Grundvoraussetzung für diesen Ausbildungsvertrag sind:

a) Der/die Studierende muss im Studiengang ... an der Fakultät ... der Hochschule ... regulär immatrikuliert sein;

b) die Fakultät ... der Hochschule ... muss diesem Vertrag zustimmen;

c) die betrieblichen Praxisphasen müssen die Qualitätsanforderungen der Fakultät ... an praktische Studiensemester erfüllen und dem Ausbildungsplan für das praktische Studiensemester in der jeweils gültigen Fassung entsprechen;

(4) Der zeitliche Ablauf der betrieblichen Praxisphasen im Studium ist im Anhang Praxisphasen nach Maßgabe der für den Studiengang zutreffenden Studien- und Prüfungsordnung der Hochschule ... geregelt.

§ 2 Vertragsdauer

(1) Das Vertragsverhältnis beginnt am ... und endet mit Abschluss des Studiums, voraussichtlich am ....

(2) Der Betrieb und der/die Studierende können die Zeitdauer in beiderseitigem Einvernehmen verlängern, damit zB auch Zeiten für ein Auslandssemester oder eine längere Studienzeit abgedeckt sind.

§ 3 Vorzeitige Beendigung des Vertragsverhältnisses

(1) Der Vertrag kann von beiden Vertragspartnern vorzeitig beendet werden:

a) ordentlich ohne Angabe von Gründen bis zum Ablauf der ersten betrieblichen Praxisphase, unter Einhaltung einer Kündigungsfrist von einem Monat zum Monatsende bzw zum Ablauf des praktischen Studiensemesters, soweit sich der/die Studierende zum Zeitpunkt der Kündigung im praktischen Studiensemester befindet;

b) außerordentlich fristlos aus einem wichtigen Grund, insbesondere bei der Nichteinhaltung der Verpflichtungen nach § 5 und § 6.

(2) Der Betrieb kann das Vertragsverhältnis vorzeitig zum Ende des Semesters beenden, in dem der/die Studierende die Eintrittsberechtigung in ein höheres Semester verfehlt hat. Der Beauftragte für duale Studiengänge der Fakultät ... ist in diesem Falle zu konsultieren.

(3) Die Kündigung bedarf der Schriftform.

(4) Das Vertragsverhältnis ist auflösend bedingt durch eine Exmatrikulation des/der Studierenden und endet in diesem Fall automatisch, ohne dass es einer Kündigung bedürfte.

§ 4 Allgemeine Regelungen

(1) Der/die Studierende bleibt während der betrieblichen Praxisphasen, die Bestandteil des Studiums sind (Vorpraxis, praktisches Studiensemester, Bachelorarbeit), Mitglied der Hochschule ... mit allen sich daraus ergebenden Rechten und Pflichten als Studierende/r; er/sie ist weder Auszubildende/r im Sinne des Berufsbildungsgesetzes (BBiG) noch Arbeitnehmer im Sinne des Arbeitsrechts.

(2) Es gelten die Bestimmungen zum Vollzug der praktischen Studiensemester an den staatlichen Fachhochschulen in ... (= Bundesland) und der Studienplan für das praktische Studiensemester der Fakultät ... der Hochschule ... in der jeweils gültigen Fassung.

(3) Die das Studium ergänzenden betrieblichen Praxisphasen dienen der Vertiefung der praxisbezogenen Ausbildungsinhalte. Betriebliche Praxisphasen können im praktischen Studiensemester und in den vorlesungs- und prüfungsfreien Zeiten (15. Februar bis 14. März bzw 1. August bis 30. September) liegen. Des Weiteren können betriebliche Praxisphasen während der Bachelorarbeit stattfinden.

(4) Im Rahmen des Studiums mit vertiefter Praxis schlägt der Betrieb der Hochschule ... ein Thema für die Bachelorarbeit des/der Studierenden vor und räumt dem/der Studierenden die Möglichkeit ein, diese Arbeit für das Unternehmen durchzuführen. Der/die Studierende verpflichtet sich, das von der Hochschule im Einvernehmen mit dem Unternehmen gestellte Thema zu bearbeiten. Für die Bachelorarbeit sind die Regelungen der Rahmenprüfungsordnung, der Allgemeinen Prüfungsordnung der Hochschule ... und die jeweilige Studien- und Prüfungsordnung zu beachten, insbesondere die dort festgelegten Fristen und ggf die erforderliche Zustimmung der Prüfungskommission des Studienganges.

§ 5 Pflichten des Betriebs

Der Betrieb verpflichtet sich,

1. den/die Studierende/n in den betrieblichen Praxisphasen entsprechend den Vorgaben der Fakultät ... der Hochschule ... und den Regelungen dieses Vertrages auszubilden und fachlich zu betreuen;
2. dem/der Studierenden die Teilnahme an den praxisbegleitenden Lehrveranstaltungen und Leistungsnachweisen an der Hochschule zu ermöglichen und ihn/sie dafür freizustellen;
3. die von dem/der Studierenden zu erstellenden Praxisberichte zu überprüfen und sich über den Studienfortschritt zu informieren;
4. am Ende des praktischen Studiensemesters ein Zeugnis nach der Vorlage der Fakultät ... auszustellen;
5. in den betrieblichen Praxisphasen die arbeitsrechtlichen Regelungen zur Fürsorgepflicht, Beschäftigungspflicht, Pflicht zur Urlaubsgewährung und zur Gleichbehandlungspflicht einzuhalten.

§ 6 Pflichten des/der Studierenden

Der/die Studierende ist verpflichtet, sich dem Ausbildungszweck entsprechend zu verhalten, insbesondere

1. die im Betrieb gebotenen Ausbildungsmöglichkeiten wahrzunehmen und hierbei während der Praxisphasen die regelmäßige wöchentliche Ausbildungszeit von ... Stunden einzuhalten und ein Fernbleiben von der Ausbildungsstelle unverzüglich anzuzeigen;
2. die im Rahmen der betrieblichen Praxisphasen übertragenen Aufgaben sorgfältig auszuführen;
3. den Anordnungen des Betriebes und der von ihm beauftragten Personen nachzukommen;
4. die für den Betrieb gültigen Ordnungen, insbesondere Arbeitsordnungen und Unfallverhütungsvorschriften sowie Vorschriften über die Schweigepflicht zu beachten und über die erlangten firmeninternen Kenntnisse auch nach Beendigung des Vertragsverhältnisses Vertraulichkeit zu wahren;
5. fristgerecht den Praxisbericht nach den einschlägigen Richtlinien der Hochschule für das praktische Studiensemester zu erstellen und abzugeben;
6. die im vierten Semester stattfindende Wahl des Studienschwerpunktes im Einvernehmen mit dem Betrieb zu treffen;
7. dem Betrieb den ordnungsgemäßen und erfolgreichen Studienverlaufs nach jedem Semester durch von der Hochschule ausgestellte Leistungsnachweise und/oder durch eine Notenbestätigung des Prüfungsamts der Hochschule ... nachzuweisen;
8. dem Betrieb die Immatrikulationsbescheinigung/Semesterrückmeldung jeweils termingerecht vorzulegen.

§ 7 Vergütung und sonstige Leistungen

(1) Während der Vertragsdauer zahlt der Betrieb die folgende monatliche Vergütung:

- im 1. Studienjahr: ... EUR brutto
- im 2. Studienjahr: ... EUR brutto
- im 3. Studienjahr: ... EUR brutto
- im 4. Studienjahr: ... EUR brutto

Tritt während des Studiums eine vom Betrieb geduldete Verzögerung auf, die der/die Studierende zu vertreten hat, so kann eine individuelle Regelung über die Vergütung getroffen werden.

(2) Abmachungen zu Sonderzahlungen während der betrieblichen Praxisphasen bedürfen der Schriftform.

(3) Die Vergütung wird unabhängig vom Antritt eines nachfolgenden Arbeitsverhältnisses im Betrieb gezahlt.

§ 2 Zusatzvereinbarungen zu Arbeits- und Anstellungsverträgen

(4) Die im Rahmen des Ausbildungsvertrages gezahlten Vergütungen und Leistungen gelten als Einkünfte, die gegebenenfalls zu versteuern sind. Für die ordnungsgemäße Versteuerung ist der/die Studierende selbst verantwortlich. Der Arbeitgeberanteil an der Sozialversicherung wird vom Betrieb getragen.

(5) Falls nicht anders schriftlich vereinbart, werden Studienbeiträge von dem/der Studierenden getragen.

(6) Sonstige Leistungen: ...

§ 8 Arbeitszeit und Urlaub

(1) Die regelmäßige Arbeitszeit in den betrieblichen Praxisphasen richtet sich nach der betriebsüblichen, tariflichen Arbeitszeit eines/r Vollbeschäftigten.

(2) Der regelmäßige Ausbildungsort während der betrieblichen Praxisphasen ist ... . Andere Ausbildungsorte können bei Bedarf vereinbart werden.

(3) Der Betrieb gewährt dem/der Studierenden Urlaub nach den geltenden Bestimmungen. Es besteht ein Urlaubsanspruch von ... Arbeitstagen pro Jahr bzw. ... Arbeitstagen pro Monat.

(4) Der Urlaub ist während des Studiums in den Semesterferien und zu nehmen, falls zutreffend im Betriebsurlaub. In den noch verbleibenden Semesterferien wird die betriebliche Praxisphase im Betrieb fortgesetzt. Auf den Urlaub werden die vorlesungsfreien Werktage während der Studiensemester angerechnet. Während des Urlaubs darf der/die Studierende keine Erwerbstätigkeit ausüben, die den Interessen des Betriebes widerspricht oder den Studienfortschritt gefährdet; die Aufnahme einer Erwerbstätigkeit ist gegenüber dem Ausbildungsbetrieb anzeigepflichtig.

§ 9 Ausbildungsbeauftragte

(1) Der Betrieb benennt Herrn/Frau ... (Name, Adresse, Telefon, E-Mail) als Beauftragte/n für die Ausbildung des/der Studierenden. Diese/r Ausbildungsbeauftragte ist zugleich Ansprechpartner/in des/der Studierenden und der Hochschule in allen Fragen, die dieses Vertragsverhältnis berühren.

(2) Der Beauftragte der Fakultät ... für duale Studiengänge, Prof. Dr.-Ing. ..., ist zuständig und Ansprechpartner des/der Studierenden und für den Betrieb in allen Fragen, die das Studium mit vertiefter Praxis berühren.

§ 10 Versicherungsschutz

(1) Der/die Studierende ist während aller betrieblichen Praxisphasen im Inland kraft Gesetzes gegen Unfall versichert (§ 2 Abs. 1 Nr. 1 SGB VII). Im Versicherungsfalle übermittelt der Betrieb auch der Fakultät ... der Hochschule ... einen Abdruck der Unfallanzeige.

(2) Für praktische Studiensemester bzw. betriebliche Praxisphasen im Ausland hat der/die Studierende selbst für einen ausreichenden Unfallversicherungsschutz zu sorgen.

(3) Auf Verlangen des Betriebes hat der/die Studierende eine der Dauer und dem Inhalt des Ausbildungsvertrages angepasste Haftpflichtversicherung abzuschließen und den Nachweis darüber bei Beginn der Ausbildung dem Betrieb vorzulegen.

(4) Der/die Studierende unterliegt während des Vertragsverhältnisses in der Regel der Versicherungspflicht wie abhängig Beschäftigte in der Kranken-, Pflege-, Renten- und Arbeitslosenversicherung (gem. Nr. 1.2.9 des Rundschreibens vom 6. Oktober 1999 zur versicherungsrechtlichen Beurteilung von beschäftigten Studenten, Praktikanten und ähnlichen Personen durch die Spitzenverbände der Sozialversicherungsträger).

§ 11 Sonstige Vereinbarungen

(1) Änderungen und Ergänzungen des Ausbildungsvertrages sowie Nebenabsprachen und sonstige Abmachungen zwischen den Vertragsparteien bedürfen der schriftlichen Form. Diese Bestimmung kann ebenfalls nur schriftlich aufgehoben werden.

(2) Sollten einzelne Bestimmungen dieses Vertrages unwirksam sein, so wird die Gültigkeit der übrigen Vereinbarungen oder des Ausbildungsvertrages in seiner Gesamtheit dadurch nicht berührt. Soweit Bestimmungen nicht Vertragsbestandteil geworden oder unwirksam sind, gilt das als vereinbart, was dem Sinn und Zweck der vertraglich gewünschten, ungültigen Regelung am nächsten kommt.

(3) Von diesem Vertrag erhält jede Vertragspartei sowie der Beauftragte der Fakultät ... für duale Studiengänge der Hochschule ... eine unterschriebene Ausfertigung.

... (Ort, Datum)

... (Unterschrift Betrieb)

... (Unterschrift Studierende/r)

Die Fakultät ... der Hochschule ... stimmt der Ableistung der betrieblichen Praxisphasen bei der oben genannten Ausbildungsstelle zu.

... (Ort, Datum)

... (Unterschrift Beauftragter für duale Studiengänge)

5. Muster: Praxisphasenvertrag zum dualen Studiengang mit teilweiser Rückzahlungsverpflichtung

Zwischen

dem Praxisunternehmen ..., vertreten durch ...

und

Herrn/Frau ...

wird der folgende Vertrag zur Betreuung der/des Studierenden in den Praxisphasen abgeschlossen. Der Vertrag ist Teil der Zulassungsvoraussetzungen für den Bachelor-Studiengang „Dualer Studiengang ..." der Hochschule ... (FH).

§ 1 Gegenstand, Betreuungszeiten

(1) Im Rahmen des Bachelor-Studienganges „Dualer Studiengang ..." der Hochschule ... (FH) wird eine wissenschaftsbezogene und zugleich praxisorientierte Hochschulausbildung vermittelt. Gegenstand dieses Vertrages ist die Betreuung der/des Studierenden in den Praxisphasen, die entsprechend der aktuellen Studien- und Praxisordnung für den Bachelor-Studiengang „Dualer Studiengang ... (Dual-Track Accelerated Program in Business Administration) der Hochschule ... (FH) – nachfolgend „Studien- und Praxisordnung" genannt – dem Praxisunternehmen obliegt.

(2) Das Studium führt bei erfolgreichem Abschluss zum akademischen Grad **Bachelor of Arts (B.A.)**. Die Regelstudienzeit beträgt 7 Semester.

(3) Der Praxisvertrag beginnt am ... und endet am ... . Er steht unter der Bedingung, dass der Studienbewerber in den Dualen Studiengang ... an der Hochschule ... (FH) immatrikuliert wird. Die Studieninhalte werden in der Prüfungsordnung sowie in der Studien- und Praxisordnung des Studiengangs geregelt.

§ 2 Praxisunternehmen

Die praktische Betreuung der/des Studierenden wird im Praxisunternehmen durchgeführt. Es behält sich eine Versetzung in andere geeignete Unternehmen und Orte vor, soweit dies zur Erreichung des Studienzieles erforderlich ist.

§ 3 Pflichten des Praxisunternehmens

Das Praxisunternehmen verpflichtet sich,

- dafür Sorge zu tragen, dass die in der Studien- und Praxisordnung festgelegten Eignungsmerkmale erfüllt werden,
- geeignete Praxisbetreuerinnen/-betreuer einzusetzen,
- dafür Sorge zu tragen, dass der/dem Studierenden die Kenntnisse, Fertigkeiten, Fähigkeiten und praktischen Erfahrungen vermittelt werden, die zum Erreichen des Studienzieles erforderlich sind,
- die praktische Betreuung gemäß den curricularen Vorgaben der Studien- und Praxisordnung in einer Weise durchzuführen, dass das Studienziel in der vorgesehenen Studienzeit erreicht werden kann,
- die/den Studierende/n während der Theoriephasen nicht im Unternehmen einzusetzen,
- der/dem Studierenden kostenlos die Ausbildungsmittel zur Verfügung zu stellen, die für das Absolvieren der Praxisphasen erforderlich sind,
- der/dem Studierenden nur Tätigkeiten zu übertragen, die dem Studienziel dienen und dem Kenntnisstand angemessen sind,
- der/dem Studierenden die Kenntnisse zu vermitteln, die es ihr/ihm ermöglichen, sich gegebenenfalls einer Externenprüfung im Beruf entsprechend § 45 Absatz 2 Berufsbildungsgesetz zu stellen,
- die Hochschule über Fehlzeiten des Studierenden während der Praxisphasen schriftlich zu unterrichten.

§ 4 Pflichten des Studierenden

Die/Der Studierende hat sämtliche Anstrengungen zu unternehmen, die notwendig sind, um diejenigen Kenntnisse, Fertigkeiten, Fähigkeiten und beruflichen Erfahrungen zu erwerben, die erforderlich sind, um das Studienziel in der vorgesehenen Studienzeit zu erreichen. Sie/Er verpflichtet sich insbesondere,

- die ihr/ihm im Rahmen der Praxisphasen übertragenen Aufgaben sorgfältig und gewissenhaft auszuführen,
- an den Lehrveranstaltungen und Prüfungen der Hochschule sowie an sonstigen relevanten Studienangeboten teilzunehmen,
- den Weisungen zu folgen, die ihr/ihm im Rahmen der Praxisphasen von/vom der/dem Betreuerin/Betreuer und anderen weisungsberechtigten Personen erteilt werden,
- die für das jeweilige Praxisunternehmen geltenden Gesetze, Ordnungen und weiteren Regelungen zu beachten,
- Arbeitsmittel und sonstige Einrichtungen pfleglich zu behandeln und sie nur zu den ihr/ihm übertragenen Arbeiten zu verwenden,
- über Betriebs- und Geschäftsgeheimnisse auch nach ihrem/seinem Ausscheiden Stillschweigen zu wahren,
- bei Fernbleiben während der Praxisphasen, dieses unverzüglich unter Angabe des Grundes dem Praxisunternehmen mitzuteilen. Im Falle einer Arbeitsunfähigkeit, deren Dauer länger als 3 Kalendertage beträgt, ist die entsprechende Arbeitsunfähigkeitsbescheinigung spätestens am darauf folgenden Arbeitstag vorzulegen.

§ 5 Vergütung und sonstige Leistungen

(1) Die monatliche Vergütung der/des Studierenden beträgt

- im 1. Semester: ... EUR
- im 2. Semester: ... EUR
- im 3. Semester: ... EUR
- im 4. Semester: ... EUR
- im 5. Semester: ... EUR

- im 6. Semester: ... EUR
- im 7. Semester: ... EUR

Die Vergütung wird spätestens am letzten Arbeitstag des laufenden Monats gezahlt. Der/Dem Studierenden wird die Vergütung auch für die Zeiträume der Theorie- und Prüfungsphasen sowie des Urlaubs vom Praxisunternehmen gezahlt.

(2) Die Vergütung wird ferner für die Dauer von sechs Wochen gezahlt, wenn sie/er

- infolge Krankheit die Praxisphase oder Teile davon nicht absolvieren kann,
- aus einem sonstigen, in ihrer/seiner Person liegenden Grund unverschuldet verhindert ist, ihre/seine Pflichten während der Praxisphasen erfüllen kann.

(3) Wird vom Praxisunternehmen das Tragen einer besonderen Berufsbekleidung vorgeschrieben, so wird ihr/ihm diese durch das Praxisunternehmen zur Verfügung gestellt. Über mögliche Kosten führen die Parteien eine gesonderte Regelung herbei.

§ 6 Wöchentliche Arbeitszeit, Urlaub

(1) Die regelmäßige wöchentliche Arbeitszeit im Praxisunternehmen beträgt ... Stunden.

(2) Um einen erfolgreichen Abschluss des Studiums zu ermöglichen, wird der Urlaub entsprechend der aktuellen Prüfungsordnung des Bachelor-Studienganges „Dualer Studiengang ..." gewährt. Er beträgt vom ersten bis dritten Studienjahr jährlich fünf Wochen (insgesamt 25 Werktage p.a.). Davon gewährt die Hochschule jährlich zwei Wochen (10 Werktage p.a.), das Praxisunternehmen drei Wochen (15 Werktage p.a.). Im Unterschied zu den ersten drei Studienjahren gewährt das Praxisunternehmen gemäß der Prüfungsordnung im 7. Semester – aufgrund der längeren Praxisphase – einen Urlaub von zwei Wochen (10 Werktage). Darüber hinaus ist der/dem Studierenden ein gegebenenfalls tariflich vereinbarter Mehrurlaub durch das Praxisunternehmen zu gewähren.

(3) Der Urlaub ist während der Theorie- und Praxisphasen beim Praxisunternehmen zu beantragen. Während des Urlaubs darf die/der Studierende keine dem Urlaubszweck widersprechende Erwerbstätigkeit ausüben.

§ 7 Kündigung

(1) Der Praxisvertrag kann von jeder Vertragspartei aus wichtigem Grund ohne Einhaltung einer Kündigungsfrist oder durch den Studierenden unter Wahrung einer Frist von einem Monat zum Monatsende gekündigt werden.

(2) Der Praxisvertrag wird durch das Praxisunternehmen gekündigt, sofern die/der Studierende durch die Hochschule exmatrikuliert worden ist.

(3) Sämtliche Kündigungserklärungen bedürfen der Schriftform und sind zu begründen.

(4) Bei einer Kündigung wegen der Betriebsaufgabe oder wegen des Wegfalls der Eignung als Praxisunternehmen verpflichtet sich das Praxisunternehmen, in Abstimmung mit der Hochschule rechtzeitig um eine weitere Praxisbetreuung der/des Studierenden in einem anderen geeigneten Praxisunternehmen zu bemühen.

§ 8 Zeugnis

Das Praxisunternehmen stellt der/dem Studierenden zum Ende des Praxisvertrages ein Zeugnis aus. In diesem sind Art, Dauer und Ziel der Praxisphasen sowie erworbene Kenntnisse, Fertigkeiten, Fähigkeiten und praktischen Erfahrungen der/des Studierenden, auf Verlangen der/des Studierenden auch Angaben über Führung und Leistung, darzustellen.

§ 2 Zusatzvereinbarungen zu Arbeits- und Anstellungsverträgen

§ 9 Anschlussarbeitsverhältnis und Rückzahlungsverpflichtung

(1) Das Praxisunternehmen wird dem Studierenden unverzüglich nach erfolgreichem Abschluss des Studiengangs ein Angebot zum Abschluss eines Vollzeitarbeitsverhältnisses über einen ausbildungsgerechten Arbeitsplatz als ... in ... spätestens mit Wirkung ab dem übernächsten, auf den erfolgreichen Abschluss des Studiengangs folgenden Monatsersten mit entsprechender tariflicher Entlohnung unterbreiten.[194]

(2) Der Studierende verpflichtet sich zur Rückzahlung von 50 % der während des Studiums empfangenen Vergütungen (§ 5), wenn er das in Abs. 1 genannte Angebot ablehnt oder später selbst kündigt, ohne dafür einen wichtigen Grund zu haben, oder wenn das Arbeitsverhältnis vom Arbeitgeber aus einem Grund gekündigt wird, den der Arbeitnehmer zu vertreten hat. Für jeden Monat der Beschäftigung nach Beendigung des Studiengangs wird dem Studierenden 1/36 des Rückzahlungsbetrags erlassen. Kündigt der Arbeitgeber das Arbeitsverhältnis aus betriebsbedingten Gründen oder kündigt der Arbeitnehmer aus vom Arbeitgeber zu vertretenden wichtigem Grund, so entfällt die Rückzahlungsverpflichtung des Arbeitnehmers.

§ 10 Ausschlussfristen

Ansprüche aus dem Betreuungsverhältnis in den Praxisphasen sind innerhalb von drei Monaten nach Fälligkeit geltend zu machen. Ansprüche, die nicht innerhalb dieser Frist geltend gemacht werden, sind ausgeschlossen, es sei denn, dass die/der Studierende durch unverschuldete Umstände nicht in der Lage war, diese Frist einzuhalten.

§ 11 Schlussbestimmungen

(1) Änderungen oder Ergänzungen dieses Vertrages bedürfen zu ihrer Wirksamkeit der Schriftform. Das Schriftformerfordernis kann nur durch schriftliche Vereinbarung abgedungen werden. Nebenabreden wurden nicht getroffen.

(2) Sollten einzelne Bestimmungen dieses Vertrages ganz oder teilweise unwirksam sein, berührt das die Wirksamkeit des Vertrages im Übrigen nicht. Die Vertragsparteien verpflichten sich für diesen Fall, die unwirksame Bestimmung durch eine wirksame Bestimmung zu ersetzen, die dem Zweck der ganz oder teilweise unwirksamen Regelung im Rahmen des Gesamtabkommens am nächsten kommt.

... (Ort, Datum)

... (Unterschrift Name/Funktion Praxisunternehmen)

... (Unterschrift Studierende/r)

III. Aktienkursorientierte Vergütung

1. Muster: Teilnahme am Aktienoptionsprogramm der Gesellschaft (1)

Nach der Probezeit ist der Mitarbeiter zur Teilnahme an dem von der Gesellschaft aufgestellten Aktienoptionsplan 2012 (für die Jahre 2013–2017) berechtigt. Er erhält eine Anzahl von ... Aktienoptionen. Der Ausübungspreis entspricht dem Börsenwert der Aktie am Tag der Optionsgewährung. Die näheren Optionsbedingungen, insbesondere die Vestingperiode (Ausübungsreife), die Voraussetzungen der Ausübung der Optionen und des Verfalls der Aktienoptionen ergeben sich aus dem Aktienoptionsplan 2012.

---

[194] Diese Vorfestlegungen sind aufgrund der BAG-Rspr (NZA 2008, 1004 ff) erforderlich (vgl dazu oben Rn 225, 232 mwN).

2. Muster: Teilnahme am Aktienoptionsprogramm der Gesellschaft (2)

(1) In ihrer Funktion als ... sind Sie an dem bei der Gesellschaft bestehenden Aktienoptionsprogramm teilnahmeberechtigt.

(2) Die Bedingungen des Aktienoptionsprogramms sind im Aktienoptionsplan 2012 der Gesellschaft geregelt. Eine Kopie des Aktienoptionsplans 2012 hat der Arbeitnehmer bei Vertragsabschluss erhalten.

(3) Anzahl und Zuteilungszeitpunkt der für Sie vorgesehenen Aktienoptionen werden Ihnen noch gesondert mitgeteilt.

3. Muster: Teilnahme am künftigen Aktienoptionsprogramm der Gesellschaft (1)

Die Gesellschaft beabsichtigt, ein Aktienoptionsprogramm aufzulegen. Im Fall der Auflegung eines Aktienoptionsprogramms ist der Mitarbeiter zur Teilnahme an dem von der Gesellschaft aufgestellten Aktienoptionsplan 2012 (für die Jahre 2013 bis 2017) berechtigt, wenn und soweit er die im Aktienoptionsplan ggf vorgesehenen Teilnahmebedingungen erfüllt.

Ein Anspruch des Mitarbeiters auf Aufstellung eines Aktienoptionsprogramms wird hierdurch nicht begründet.

4. Muster: Teilnahme am künftigen Aktienoptionsprogramm der Gesellschaft (2)

(1) Es bestehen Überlegungen, künftig für die gesamte Belegschaft oder Teile davon ein aktienbasiertes Vergütungsmodell, zB ein Aktienoptionsprogramm oder Phantom Stocks, einzuführen. Sollte dies umgesetzt werden, so wird Ihnen bereits jetzt die Teilnahmeberechtigung dem Grunde nach zugesagt.

(2) Der Umfang der Teilnahmeberechtigung sowie die sonstigen Bedingungen des Vergütungsmodells werden von der Gesellschaft nach freiem Ermessen bestimmt werden bzw, soweit ein Mitbestimmungsrecht nach dem BetrVG besteht, mit dem zuständigen betriebsverfassungsrechtlichen Gremium nach Maßgabe des BetrVG abgestimmt werden.

5. Muster: Teilnahme am Aktienoptionsprogramm einer ausländischen Konzernmutter (1)

Die Gesellschaft verfügt über kein eigenes Aktienoptionsprogramm. Die Muttergesellschaft der Gesellschaft, die ... Inc. mit Sitz in Delaware, USA, hat einen Stock Option Plan 2012 (2013 bis 2017) aufgestellt, an dem grundsätzlich auch Mitarbeiter von anderen Konzernunternehmen, also auch Mitarbeiter der Gesellschaft, teilnehmen können.

Wenn und soweit das Board of Directors dem zustimmt – worauf die Gesellschaft rechtlich keinen Einfluss hat –, kann die Muttergesellschaft Ihnen direkt Aktienoptionen der ... Inc. nach Maßgabe des US-Stock Option Plan 2012 gewähren. Ein Anspruch darauf besteht weder gegenüber der Muttergesellschaft noch gegenüber der Gesellschaft. Gegebenenfalls kommt eine vertragliche Regelung direkt zwischen Mitarbeiter und Muttergesellschaft zustande.

316   6. Muster: Teilnahme am Aktienoptionsprogramm einer ausländischen Konzernmutter (2)

Der Mitarbeiter ist grundsätzlich zur Teilnahme an dem von der amerikanischen Muttergesellschaft der Gesellschaft, _ Inc. mit Sitz in Delaware, USA, aufgestellten Stock Option Plan 2012 (2013 bis 2017) berechtigt und erhält _ Aktienoptionen. Der Ausübungspreis entspricht dem Börsenwert der Aktie am Tag der Optionsgewährung. Die näheren Optionsbedingungen, insbesondere die Voraussetzungen des Vestings (Ausübungsreife), ergeben sich aus dem Stock Options Plan 2012.

§ 3 Arbeitsrechtstexte der Personalarbeit

Kapitel 1: Einstellung

Literatur:

Adomeit/Mohr, Benachteiligung von Bewerbern (Beschäftigten) nach dem AGG als Anspruchsgrundlage für Entschädigung und Schadensersatz, NZA 2007, 179; *Altenburg/Leister*, Der Widerspruch des Arbeitnehmers beim umwandlungsbedingten Betriebsübergang und seine Folgen, NZA 2005, 15; *Annuß*, Das Allgemeine Gleichbehandlungsgesetz im Arbeitsrecht, BB 2006, 1629; *Bauer/Baeck/Marten*, Scientology – Fragerecht des Arbeitgebers und Kündigungsmöglichkeiten, DB 1997, 2534; *Becker-Schaffner*, Die Rechtsprechung zur Frage der Erstattung von Vorstellungskosten, BlStSozArbR 1985, 161; *Brors*, Berechtigtes Informationsinteresse und Diskriminierungsverbot – Welche Fragen darf der Arbeitgeber bei Einstellung eines behinderten Bewerbers stellen?, DB 2003, 1734; *Cramer*, Die Neuerungen im Schwerbehindertenrecht des SGB IX, NZA 2004, 698; *Griebeling*, Neues im Sonderkündigungsschutz schwerbehinderter Menschen, NZA 2005, 494; *Grobys*, Organisationsmaßnahmen des Arbeitgebers nach dem neuen Allgemeinen Gleichbehandlungsgesetz, NJW 2006, 2950; *Hohenstatt/Stamer/Hinrichs*, Background Checks von Bewerbern in Deutschland, Was ist erlaubt?, NZA 2006, 1065; *Joussen*, Schwerbehinderung, Fragerecht und positive Diskriminierung nach dem AGG, NZA 2007, 174; *Kappenhagen/Zimmer*, Kein Sonderkündigungsschutz wegen Abwerbung, FA 2003, 261; *Kleinebrink*, Angebot zur Änderung von Arbeitsbedingungen und Änderungskündigung, ArbRB 2005, 150; *Laber*, Besonderheiten bei der vorzeitigen Auflösung von Berufsausbildungsverhältnissen, ArbRB 2005, 182; *Laber/Klein*, Bewerbung und dann?, ArbRB 2002, 171; *Löw*, Aktuelle Rechtsfragen zum Arbeitszeugnis, NJW 2005, 3605; *Meyer*, Neue Fragen einer Kündigung bei Widerspruch gegen „Betriebsübergang", NZA 2005, 9; *Messingschlager*, „Sind sie schwerbehindert?" – Das Ende einer (un-)beliebten Frage, NZA 2003, 301; *Oberthür*, Antragstellung auf Elternzeit und Teilzeitarbeit unter Berücksichtigung der neuesten BAG-Rechtsprechung, ArbRB 2005, 189; *Pallasch*, Diskriminierungsverbot wegen Schwangerschaft bei der Einstellung, NZA 2007, 306; *Rieble*, Kollektivwiderspruch nach § 613a VI BGB, NZA 2005, 1; *Riesenhuber*, Kein Fragerecht des Arbeitgebers, NZA 2012, 771; *Schlewing*, Der Sonderkündigungsschutz schwerbehinderter Menschen nach der Novelle des SGB IX, NZA 2005, 1218; *Schönfeld/Gennen*, Mitbestimmung bei Assessment-Centern. Beteiligungsrechte des Betriebsrats und des Sprecherausschusses, NZA 1989, 543; *Schwab*, Diskriminierende Stellenanzeigen durch Personalvermittler, NZA 2007, 178; *Sieber/Wagner*, Keine Zahlungspflicht des Arbeitgebers bei Vorstellungsgesprächen, NZA 2003, 1312; *Stiller*, Der Zeugnisanspruch in der Insolvenz des Arbeitgebers, NZA 2005, 330; *Wisskirchen*, Der Umgang mit dem Allgemeinen Gleichbehandlungsgesetz – Ein „Kochrezept" für Arbeitgeber, DB 2006, 1491; *Wisskirchen/Bissels*, Das Fragerecht des Arbeitgebers bei Einstellung unter Berücksichtigung des AGG, NZA 2007, 169.

A. Erläuterungen

Im Rechtssinne haben wir es bei der **Bewerberauswahl** mit der Anbahnung eines Arbeitsverhältnisses zu tun. Die Einstellungsphase reicht von der Stellenausschreibung über die Bewerbung, die Personalauswahl, die Mitbestimmung des Betriebsrats bis hin zum Abschluss des Arbeitsvertrages. Die **wechselseitigen Informationspflichten** zwischen Bewerber (hiermit sind im Nachfolgenden sowohl Bewerber als auch Bewerberinnen gemeint) und Arbeitgeber, das Fragerecht des Arbeitgebers und die Offenbarungspflichten des Arbeitnehmers (hiermit sind im Nachfolgenden sowohl Arbeitnehmer als auch Arbeitnehmerinnen gemeint), prägen das Anbahnungsverhältnis. Daneben können die Kosten des Auswahlverfahrens zum Streitpunkt werden.

I. Vorstellungskosten

Die Kosten einer **Bewerbungsmappe** ist Sache des Arbeitnehmers. Der Arbeitnehmer trägt die **Beschaffungskosten** für Lebenslauf, Arbeitszeugnisse, Schul- oder Hochschulbescheinigungen, Ausbildungsnachweise, Referenzen und Lichtbilder.[1] Zu den Beschaffungskosten gehören auch die Übermittlungskosten. Unverlangt eingehende Bewerbungen braucht der Arbeitgeber nicht kostenpflichtig zurückzusenden, wenn der Bewerber keinen Freiumschlag beigelegt hat. Meldet sich der Bewerber nicht innerhalb einer angemessenen Frist, können die Unterlagen vernichtet werden, wobei sogar die Meinung

---

[1] Küttner/*Reinecke*, Personalbuch, 128 (Bewerbung) Rn 2.

vertreten wird, dass sich das Recht der Vernichtung auch auf Originale erstreckt.[2] In Zeiten der überwiegenden Versendung von **elektronischen Unterlagen** treten diese Fragestellungen zurück.

Interessant wird unter dem Aspekt des Datenschutzes die Frage der **Zulässigkeit einer Speicherung** der überlassenen elektronischen Daten: Handelt es sich um eine Bewerbung auf eine ausgeschriebene Stelle, so ist diese im Anschluss zu vernichten. Allerdings sollte in Bezug auf § 15 Abs. 4 AGG die zweimonatige Frist abgewartet werden, innerhalb derer ein abgelehnter Bewerber/eine abgelehnte Bewerberin Ansprüche geltend machen kann. Bei sog. **Initiativbewerbungen** kann davon ausgegangen werden, dass der Bewerber damit einverstanden ist, dass diese Bewerbung aufbewahrt wird. Eine Löschung muss erfolgen, wenn entweder der Bewerber das Unternehmen dazu auffordert oder das Unternehmen kein Interesse mehr daran hat und dies mitteilt.

Fordert der Arbeitgeber den Arbeitnehmer auf, sich persönlich vorzustellen, werden die hiermit verbundenen Aufwendungen auch ohne besondere Vereinbarung verkehrsüblich vom Arbeitgeber von vornherein übernommen oder gegen Beleg erstattet.[3] Ausreichend ist, dass der Arbeitnehmer sich mit Wissen und Wollen des Arbeitgebers vorstellt.[4] Die Kostentragungspflicht soll den Arbeitgeber auch treffen, wenn er den aus einer Initiativbewerbung stammenden Arbeitnehmer zum Vorstellungsgespräch einlädt. Der Anspruch auf Ersatz der Vorstellungskosten kann ausgeschlossen werden, wenn der Arbeitnehmer, wie in Muster 3053, hierauf von vornherein hingewiesen wird.[5]

3 **Rechtsgrundlage** des Vorstellungskostenerstattungsanspruchs des Bewerbers bilden die §§ 662–676 BGB.[6] Die **Höhe** der Erstattungspflicht des Arbeitgebers ist umstritten. Taxikosten sollen erstattungsfähig sein,[7] Flugkosten hat der Arbeitgeber in der Regel nur zu tragen, wenn er die Übernahme zuvor zugesagt hat.[8] Übernachtungskosten sind zu übernehmen, wenn dem Arbeitnehmer nach der zeitlichen Lage des Vorstellungsgesprächs eine taggleiche An- und Abreise nicht zumutbar war.[9] Weitgehend Einigkeit besteht, dass Zeitaufwand nicht vom Arbeitgeber auszugleichen ist, weder ein genommener Urlaubstag noch ein etwaiger Verdienstausfall, weil der Arbeitgeber wegen des Entgeltfortzahlungsanspruchs des Bewerbers gegen seinen bisherigen Arbeitgeber gem. § 616 Abs. 1 Satz 1 BGB nicht zwingend mit einer wirtschaftlichen Einbuße rechnen muss.[10] Der Vorstellungskostenerstattungsanspruch nach Auftragsrecht entsteht unabhängig davon, ob das Arbeitsverhältnis zustande kommt oder nicht.[11] Der **Gerichtsstand** für einen Prozess gegen den Arbeitgeber auf Erstattung der Bewerbungskosten ist der Sitz des Arbeitgebers.[12]

4 Die Bewerbungsunterlagen eines abgelehnten Bewerbers sind dem Betriebsrat im Rahmen des Verfahrens nach § 99 BetrVG vorzulegen.[13] Zu den Bewerbungsunterlagen gehört nicht nur die vom Bewerber eingereichte Bewerbungsmappe. In der Regel zählen auch diejenigen Unterlagen zu den Bewerberdaten, die der Arbeitgeber über den Erwerber erstellt hat.[14]

II. Fragerecht des Arbeitgebers und Offenbarungspflicht des Arbeitnehmers

5 Die Rechtsprechung differenziert zwischen einem Fragerecht des Arbeitgebers und einer Offenbarungspflicht des Arbeitnehmers. Die **Offenbarungspflicht** besteht für den Arbeitnehmer unabhängig davon, ob der Arbeitgeber ihn nach einer Information befragt hat. Wann ein Fragerecht und wann eine Offenbarungspflicht besteht, entschied die Rechtsprechung danach, ob ein **sachlicher Zusammenhang** zwischen der Information, die den Arbeitgeber über den Arbeitnehmer interessieren könnte, und dem Ar-

---

2 *Laber/Klein*, ArbRB 2002, 171.
3 *Küttner/Reinecke*, Personalbuch, 128 (Bewerbung) Rn 4.
4 LAG Nürnberg 25.7.1995 – 2 Sa 74/94, LAGE § 670 BGB Nr. 12; BAG 29.6.1988 – 5 AZR 433/87, NZA 1989, 468; aA *Sieber/Wagner*, NZA 2003, 1312.
5 ArbG Kempten 12.4.1994 – 4 Ca 720/94, BB 1994, 1504.
6 BAG 14.2.1977 – 5 AZR 171/76, DB 1977, 1193.
7 ArbG Köln 20.5.2005 – 2 Ca 10220/04, NZA-RR 2005, 577.
8 ArbG Hamburg 2.11.1994 – 13 Ca 24/94, NZA 1995, 428.
9 *Küttner/Reinecke*, Personalbuch, 128 (Bewerbung) Rn 5.
10 MüKo-BGB/*Schwerdtner*, § 629 Rn 20; Staudinger/*Preis*, § 629 BGB Rn 25; Bauer/Lingemann/Diller/Haußmann/*Lingemann*, Anwalts-Formularbuch Arbeitsrecht, Kap. 1, S. 1; aA ArbG Berlin 25.6.1975 – 10 Ca 681/74, DB 1975, 1609; Schaub/*Schaub*, Arbeitsrechts-Handbuch, § 26 Rn 5.
11 Schaub/*Schaub*, Arbeitsrechts-Handbuch, § 26 Rn 5.
12 ArbG Hanau 21.12.1995 – 2 CA 699/95, NZA-RR 1996, 186.
13 BAG 10.11.1992 – 1 ABR 21/92, AP § 99 BetrVG 1972 Nr. 100.
14 BAG 14.12.2004 – 1 ABR 55/03, NZA 2005, 827.

beitsplatz, den ihm der Arbeitgeber anbietet, besteht.[15] Ein Fragerecht gestand das BAG dem Arbeitgeber immer dann zu, wenn er ein berechtigtes, billigenswertes und schutzwürdiges Interesse an der Beantwortung einer Frage hat, die für das Arbeitsverhältnis von Bedeutung ist.[16] Ohne eine entsprechende Frage des Arbeitgebers bestand eine Offenbarungspflicht für den Arbeitnehmer nur bei solchen Tatsachen, deren Mitteilung der Arbeitgeber nach Treu und Glauben erwarten durfte.[17]

Das BAG hat diese Grundsätze durch Fallbeispiele zu einzelnen Daten wie Perlen auf eine Stange gereiht, so dass sich im Laufe der Jahre eine Reihe von Rechtssätzen zum Fragerecht und zur Offenbarungspflicht etablierte. Dabei unterlag die Rechtsprechung immer wieder auch Änderungen, wie man am Beispiel der Frage der Schwangerschaft darstellen kann. Früher hielt das BAG diese Frage, wenn sie in angemessener Form gestellt wurde, für einen Ausfluss des Fragerechts des Arbeitgebers,[18] später schränkte das BAG die Zulässigkeit je nachdem, ob sich auf den Arbeitsplatz ausschließlich Frauen oder auch Männer beworben hatten, ein.[19] Schließlich änderte das BAG seine Rechtsprechung erneut, indem es nunmehr die **Frage nach der Schwangerschaft** für eine **unzulässige Geschlechtsdiskriminierung** hält.[20]

Das gesamte Recht des Erfassungsschutzes im arbeitsvertraglichen Anbahnungsverhältnis ist über § 11 AGG, wonach ein Arbeitsplatz nicht unter Verstoß gegen § 7 Abs. 1 AGG ausgeschrieben werden darf, unter einen neuen Blickwinkel gestellt worden. Nach § 7 Abs. 1 AGG dürfen Beschäftigte nicht wegen eines in § 1 AGG genannten Grundes benachteiligt werden. Folge ist, dass niemand bereits im Anbahnungsverhältnis, somit im Bewerbungsgespräch und über Personalfragebogen wegen seiner Rasse, wegen der ethnischen Herkunft, wegen des Geschlechts, wegen der Religion oder Weltanschauung, wegen einer Behinderung, wegen des Alters oder wegen sexueller Identität benachteiligt werden darf. Noch ist gegenwärtig nicht abschließend untersucht, welche Auswirkungen auf die bisherige Rechtsprechung des BAG zum Fragerecht und zur Offenbarungspflicht diese neuen Parameter haben. In einer Stellenausschreibung dürfen keine Kriterien iSd § 1 AGG künftig erwähnt werden. **Mindest- oder Höchstalter**, soweit nicht durch Gesetz vorgeschrieben, sind in Stellenausschreibungen ebenso zu vermeiden wie Formulierungen, die man häufig in Stellenanzeigen liest: „Sie sind zwischen 25 und 30 Jahre alt." Weiterhin gestattet ist die Frage nach der **Berufserfahrung**, auch wenn sich hieraus mittelbar in Einzelfällen Rückschlüsse auf das Alter ziehen lassen. In jedem Falle sind Stellenausschreibungen **geschlechtsneutral** zu formulieren. Auch die Frage nach dem Geburtsort kann zu einer ethnischen oder rassistischen Benachteiligung führen und sollte deshalb in Zukunft aus den Einstellungsgesprächen, aber auch Stellenbeschreibungen herausgenommen werden.

In allen Betrieben ist eine Überprüfung des Fragenkatalogs im Personalfragebogen, aber auch mit Blick auf Checklisten bei Einstellungsgesprächen erforderlich. Bewerbungsmasken sind genauso wie Auswahlrichtlinien auf ihre Neutralität zu überprüfen. Auch Fragen nach dem Familienstand und Zahl der Unterhaltsberechtigten sollten aus dem Anbahnungsverhältnis verband werden. Denn derartige Fragen können als Benachteiligung der sexuellen Identität iSv § 1 AGG gewertet werden.

Personalfragebogen wie die Muster 3010 und 3020 dürfen die Frage nach der Schwangerschaft nicht mehr enthalten, selbst wenn die Mitarbeiterin für eine Stelle eingestellt werden soll, bei der ein Beschäftigungsverbot für Schwangere besteht.[21] Derartige Beschäftigungsverbote gelten für Stewardessen ab dem dritten Schwangerschaftsmonat, bei Arzthelferinnen in Praxen für Labormedizin und vergleichbaren Berufen. Nur in den Fällen, in denen die ausgeschriebene Stelle ein **Beschäftigungsverbot für schwangere Mitarbeiterinnen** nach sich zieht, war die Frage nach dem Bestehen einer Schwangerschaft im Personalfragebogen in der Vergangenheit noch gestattet. Nach Auffassung des EuGH[22] und des LAG Hamm[23] ist allerdings selbst bei solchen Bewerberinnen, die sich auf einem Beschäftigungs-

---

15 *Hümmerich*, Erfassungsschutz im arbeitsvertraglichen Anbahnungsverhältnis, S. 131; *ders.*, BB 1979, 428; *Leipold*, AuR 1971, 161; *Moritz*, NZA 1987, 329; *Wohlgemuth*, AuR 1992, 46.
16 BAG 7.6.1984 – 2 AZR 270/83, DB 1984, 2706; BAG 11.11.1993 – 2 AZR 467/93, DB 1994, 939.
17 BAG 21.2.1991 – 2 AZR 449/90, DB 1991, 1934.
18 BAG 22.9.1961 – 1 AZR 241/60, DB 1961, 1522.
19 BAG 20.2.1986 – 2 AZR 244/85, DB 1986, 2287.
20 BAG 15.10.1992 – 2 AZR 227/92, DB 1993, 435; ebenso zuvor EuGH 8.11.1990 – C-177/88, BB 1991, 692.
21 Anders noch die ältere Rechtsprechung, BAG 1.7.1993 – 2 AZR 25/93, DB 1993, 1978.
22 EuGH 5.5.1994 – C-421/92, DB 1994, 1089; EuGH 14.7.1994 – C-32/93, DB 1994, 1522; EuGH 4.10.2001 – C-109/00, EuZW 2001, 689.
23 LAG Hamm 1.3.1999 – 19 Sa 2596/98, 1999, 2114; ebenso ArbG Leipzig 31.8.2000 – 1 Ca 5749/00, NZA-RR 2000, 628.

verbot unterliegende Stellen beworben haben, die Frage nach der Schwangerschaft nicht mehr zulässig. Im Jahre 2000[24] entschied der **EuGH**, dass Arbeitgeber die Einstellung schwangerer Frauen sogar dann nicht ablehnen dürfen, wenn diese wegen des Beschäftigungsverbots erst nach der Geburt des Kindes in der angestrebten Position arbeiten können. Die Weigerung, eine schwangere Bewerberin einzustellen, könne auch nicht damit gerechtfertigt werden, dass der Arbeitgeber einen finanziellen Nachteil erleide, wenn er die Arbeitnehmerin nicht einsetzen könne.

10 Diese Rechtsprechung stand zeitweilig im Widerspruch zu der Rechtsprechung des BAG, wonach eine Offenbarungspflicht des Arbeitnehmers besteht, wenn die fraglichen Umstände dem Arbeitnehmer die Erfüllung der arbeitsvertraglichen Leistungspflicht unmöglich machen oder jedenfalls sonst für den in Betracht kommenden Arbeitsplatz von ausschlaggebender Bedeutung sind.[25] Mit Urteil vom 6.2.2003 zog das BAG[26] mit der Rechtsprechung des EuGH gleich. Nunmehr ist die Frage nach dem Bestehen einer Schwangerschaft – ob im Personalfragebogen oder mündlich geäußert, ob die Folge eines Beschäftigungsverbots besteht oder nicht – generell unzulässig. *Kasper*[27] hatte vermutet, dass das BAG seine Rechtsprechung erneut in Übereinstimmung mit der EuGH-Rechtsprechung bringen wird. Die Auflage der Arbeitsverwaltung an eine Entleiherfirma, das Arbeitsvertragsmuster, das nach dem Bestehen einer Schwangerschaft fragte, zu ändern unter Hinweis auf die BAG-Judikatur zur Frage nach der Schwangerschaft, hielt das BSG[28] für nicht hinreichend bestimmt. Generell gilt nach Auffassung des BAG,[29] dass der Anfechtungsbefugnis des Arbeitgebers bei wahrheitswidriger Beantwortung einer zulässigen Frage durch den Arbeitnehmer der Umstand nicht entgegensteht, dass der Personalfragebogen ohne Zustimmung des Personalrats eingeführt wurde. Das LAG Köln[30] hat die Zulässigkeit dieser Frage auch in einem Fall verneint, in dem es um die geplante befristete Einstellung zum Zwecke der Vertretung einer schwangeren Arbeitnehmerin ging.

11 Zur **Offenbarungspflicht des Arbeitnehmers** gelten heute folgende Grundsätze, die stets bei der Gestaltung von Bewerber- oder Personalfragebogen zu beachten sind:

12 Hat der Bewerber demnächst eine **Haftstrafe** anzutreten, muss er dies dem Arbeitgeber offenbaren.[31] Eine Geschlechtsumwandlung muss nicht mitgeteilt werden, wie sich aus dem Schutzzweck des Transsexuellengesetzes (TSG) ergibt. Eine Anfechtung des Arbeitgebers wegen Irrtums über eine verkehrswesentliche Eigenschaft des Arbeitnehmers gem. § 119 Abs. 2 BGB kommt allerdings in Betracht.[32]

13 Die bisherige Rechtsprechung, wonach das Bestehen einer **Schwangerschaft** zu offenbaren war, wenn während der Schwangerschaft die potentielle Mitarbeiterin die geschuldete Tätigkeit nicht oder nach einer gewissen Zeit nicht mehr erbringen konnte (so bei einem Mannequin oder einer Sportlehrerin) oder wenn eine Tätigkeit einem Nachtarbeitsverbot iSv § 8 MuSchG oder einem Beschäftigungsverbot unterliegt, ist aufgehoben worden.[33]

14 Bei der **Schwerbehinderung** besteht keine Offenbarungspflicht, es sei denn, der Bewerber vermag aufgrund seiner Behinderung die vertraglich geschuldete Tätigkeit nicht zu leisten.[34] Dies setzt voraus, dass der Bewerber die Inhalte der vorgesehenen Tätigkeit kennt, um so zu beurteilen, ob er diese erbringen kann. Beantwortet der Schwerbehinderte die Frage nach der Schwerbehinderteneigenschaft falsch, konnte der Arbeitgeber seine Willenserklärung, die zum Abschluss des Arbeitsvertrages geführt hat, anfechten und zugleich auch die fristlose Kündigung aussprechen.[35] Ficht der Arbeitgeber im Anschluss an eine krankheitsbedingte Arbeitsunfähigkeit des Arbeitnehmers den Arbeitsvertrag wegen

---

24 EuGH 3.2.2000 – C-207/98, FA 2000, 84.
25 BAG 21.2.1991 – 2 AZR 449/90, DB 1991, 1934.
26 BAG 6.2.2003 – 2 AZR 621/01, NZA 2003, 848 = ArbRB 2003, 229.
27 FA 2000, 243.
28 BSG 6.4.2000 – B 11/7 AL 10/99 R, NZA-RR 2000, 453.
29 BAG 2.12.1999 – 2 AZR 724/98, BB 2000, 1092.
30 LAG Köln 11.10.2012 – 6 Sa 641/12.
31 Küttner/*Kreitner*, Personalbuch, 79 (Auskunftspflichten Arbeitnehmer) Rn 6.
32 BAG 21.2.1991 – 2 AZR 449/90, DB 1991, 1934.
33 BAG 8.9.1988 – 2 AZR 102/88, DB 1989, 585; BAG 15.10.1992 – 2 AZR 227/92, DB 1993, 435; BAG 1.7.1993 – 2 AZR 25/93, DB 1993, 1978; zu beachten allerdings: EuGH 14.7.1994 – C-32/93, DB 1994, 1522; EuGH 5.5.1994 – C-421/92, DB 1994, 1089.
34 BAG 1.8.1985 – 2 AZR 101/83, DB 1986, 2238.
35 BAG 1.8.1985 – 2 AZR 101/83, BAGE 49, 214; BAG 11.11.1993 – 2 AZR 467/93, BB 1994, 357; BAG 5.10.1995 – 2 AZR 923/94, BB 1996, 696; BAG 3.12.1998 – 2 AZR 754/97, AP § 123 BGB Nr. 49; BAG 18.10.2000 – 2 AZR 380/99, BAGE 96, 123; weitere Nachweise s. *Hümmerich*, Erfassungsschutz im arbeitsvertraglichen Anbahnungsverhältnis, S. 123.

arglistiger Täuschung über die Schwerbehinderteneigenschaft an, so wirkt die Anfechtung entgegen der bisherigen Rechtsprechung des BAG gem. § 142 BGB rückwirkend.[36] Generell führt eine Behinderung nicht zu einer Offenbarungspflicht. Gegenwärtig wird dem Arbeitgeber aber weiterhin ein tätigkeitsbezogenes Fragerecht durch den 2. Senat des BAG zugestanden.[37] Der Arbeitgeber ist ausnahmsweise zur Anfechtung des Arbeitsvertrages wegen Falschbeantwortung der Frage nach der Schwerbehinderteneigenschaft nicht berechtigt, wenn die Schwerbehinderung („Funktionseinschränkung der Gliedmaßen und des Rumpfs bei angeborenem Minderwuchs") für den Arbeitgeber offensichtlich war und deshalb ein Irrtum bei ihm nicht entstanden ist.[38]

Die Rechtsprechung zur Frage nach der **Schwerbehinderteneigenschaft** ist im Fluss. Nach Auffassung von *Messingschlager*[39] ist durch die Regelung in § 81 Abs. 2 SGB IX der Boden entzogen. Jedenfalls dann, wenn die Behinderung keine Einschränkungen für den in Aussicht genommenen Arbeitsplatz mit sich bringt, wird die Frage nach der Schwerbehinderteneigenschaft in der Literatur inzwischen für unzulässig gehalten.[40] *Schaub*[41] vertritt dagegen die Auffassung, die Frage nach der Schwerbehinderung bleibe weiterhin zulässig. *Wisskirchen/Bissels*[42] und *Joussen*[43] halten die Frage nach der Schwerbehinderteneigenschaft nunmehr generell für unzulässig nach § 81 Abs. 2 SGB IX und als eine vom Arbeitgeber geschuldete Präventivmaßnahme nach §§ 2 Abs. 1, 12 Abs. 1 AGG. Mit einer Rechtsänderung muss gerechnet werden, weil der Diskriminierungsschutz, wie er über die Richtlinie 2000/78/EG auf europäischer Ebene besteht, auch Behinderte einschließen sollte.[44]

Nach Ansicht des BAG[45] ist das Fragerecht des Arbeitgebers auf eine **tätigkeitsbezogene** – in diesem Fall uU erfahrungsgemäß vorliegende – Beeinträchtigung des behinderten Arbeitnehmers beschränkt. Nicht auszuschließen ist, dass vor dem Hintergrund des § 7 Abs. 1 AGG das Fragerecht nach Behinderungen generell für die Zukunft fortfällt. In Muster 3010 wird davon ausgegangen, dass nur noch die Frage nach einer Behinderung, die den Bewerber in der Ausübung der betroffenen Stelle beeinträchtigen könnte, auf Dauer zulässig sein wird. Das hat das BAG auch weiterhin ausdrücklich offen gelassen.[46]

Personalabteilungen müssen sich jedenfalls darauf einstellen, dass die Frage nach der Schwerbehinderteneigenschaft nicht auf Dauer in der bisherigen, generellen Form zulässig bleiben wird.

Unterschieden werden muss zunächst die „Krankheit" von der „Behinderung". Das Fragerecht nach einer „**Krankheit**" fällt **nicht** unter das **AGG**. Mit der Entscheidung des EuGH[47] ist klargestellt, dass nicht jede körperliche Beeinträchtigung, insbesondere aufgrund einer vorübergehenden Krankheit, in den Schutzbereich der §§ 7 Abs. 1, 1 AGG fällt. Nach Auffassung des EuGH ist der Begriff „**Behinderung**" so zu verstehen, dass er Einschränkungen erfasst, die insbesondere auf physische, geistige oder psychische Beeinträchtigungen zurückzuführen sind und die wahrscheinlich über einen langen Zeitraum ein Hindernis für die Teilhabe des Betreffenden am Berufsleben bilden.

Das ArbG Berlin hatte bereits vor Inkrafttreten des AGG über einen Fall zu befinden, bei dem eine Bewerberin als Beste den Auswahltest bestanden hatte, allerdings aufgrund eines betriebsärztlichen Befundes nicht eingestellt worden war, weil der Arzt die Auffassung vertreten hatte, die Bewerberin sei infolge einer **Neurodermitis** wahrscheinlich in höherem Maße krankheitsanfällig und daher für die vorgesehene Stelle in der Parkraumbewirtschaftung ungeeignet. Wegen der Neurodermitis war bei der Bewerberin eine Behinderung mit einen Grad von 40 % festgestellt worden (§ 69 Abs. 1 Satz 1

---

36 BAG 3.12.1998 – 2 AZR 754/97, NZA 1999, 584.
37 BAG 18.10.2000 – 2 AZR 380/99, BB 2001, 627; BAG 3.12.1998 – 2 AZR 754/97, AP § 123 BGB Nr. 49; BAG 5.10.1995 – 2 AZR 923/94, NZA 1996, 371; BAG 11.11.1993 – 2 AZR 467/93, DB 1994, 939; BAG 1.8.1985 – 2 AZR 101/83, DB 1986, 2238; aA ArbG Siegburg 22.3.1994 – 1 Ca 3454/93, NZA 1995, 943; *Düwell*, BB 2006, 1741; *Großmann*, NZA 1989, 702; *Thüsing*, NZA 2006, 136.
38 BAG 3.12.1998 – 2 AZR 754/97, AP § 123 BGB Nr. 49.
39 NZA 2003, 301; ebenso *Düwell*, BB 2006, 627.
40 *Düwell*, BB 2001, 1527; *Thüsing/Lambrich*, BB 2002, 1146 (1148); *Messingschlager*, NZA 2003, 301; differenzierend *Brors*, DB 2003, 1734.
41 NZA 2003, 299.
42 NZA 2007, 169 (170).
43 NZA 2007, 174 (177).
44 BT-Drucks. 14/5074, S. 113.
45 BAG 7.6.1984 – 2 AZR 270/83, NZA 1985, 57.
46 BAG 7.7.2011 – 2 AZR 396/10, NZA 2012, 34.
47 EuGH 11.7.2006 – C-13/05, BB 2006, 1640 LS (Chacón Navas).

SGB IX). Die Nichtberücksichtigung der Bewerberin verstieß gegen das EU-rechtliche, zwischenzeitlich durch §§ 7 Abs. 1, 1 AGG gesetzlich normierte Benachteiligungsverbot. Das **Benachteiligungsverbot nach §§ 7 Abs. 1, 1 AGG** greift damit schon bei solchen Behinderungen, die nicht zur Anerkennung als Schwerbehinderter oder Gleichgestellter führen und damit den Diskriminierungsschutz des § 81 Abs. 2 Satz 1 SGB IX auslösen. Der gemeinschaftsrechtliche Begriff der Behinderung geht somit weiter als der Begriff der Schwerbehinderung in §§ 2 Abs. 2, 68 Abs. 1 SGB IX.

20 Eine allgemeine Offenbarungspflicht über **ausgeheilte oder akute Erkrankungen** kennt die Arbeitsrechtsprechung nicht. Auch eine nur **latente Gesundheitsgefährdung** muss nicht offenbart werden.[48] Zu offenbaren sind dagegen solche Erkrankungen, die den Arbeitnehmer wegen Ansteckungsgefahr oder wegen der Schwere der Erkrankung an der Arbeitsleistung dauerhaft hindern.[49] Inwieweit vor dem Hintergrund von § 1 AGG, jedenfalls für den Fall, dass die Krankheit gleichzeitig eine Behinderung darstellt, die bisherige Rechtsprechung aufrechterhalten wird, bleibt abzuwarten.

21 **Alkoholabhängigkeit** hat ein Berufskraftfahrer im Bewerbungsgespräch zu offenbaren.[50] Bei **Aids-Erkrankung** besteht ein Fragerecht des Arbeitgebers, wenn aufgrund der Schwere der Erkrankung unmittelbare Auswirkungen auf die Leistungsfähigkeit des Arbeitnehmers zu befürchten sind.[51] Bei der Frage nach einer Aids-Infektion richtet sich die Zulässigkeit danach, ob die Gesundheitsbeeinträchtigung Auswirkungen auf die geschuldete Tätigkeit hat. So ist es heutige Auffassung, dass ein Fragerecht bei sämtlichen Heilberufen wegen des Blutkontakts besteht; ebenso bei Floristen, wohl auch bei Piloten und Berufskraftfahrern.[52] Befindet sich der Bewerber zum Zeitpunkt der geplanten Arbeitsaufnahme in Kur, besteht eine Offenbarungspflicht.[53]

22 Nach **Alkohol- und Drogenkonsum** oder **Alkohol- oder Drogenabhängigkeit** darf der Arbeitgeber fragen.[54] Die Frage nach einer Alkohol- und Drogenabhängigkeit kann wiederum unzulässig sein, wenn die Abhängigkeit als Krankheit und diese wiederum als Behinderung iSv §§ 1 Abs. 1 Satz 1, 7 Abs. 1 AGG verstanden wird.[55]

23 Im Wesentlichen beschränkt sich das **Fragerecht des Arbeitgebers** hinsichtlich **bestehender Krankheiten** auf folgende Punkte:[56]

- Liegt eine Krankheit bzw eine Beeinträchtigung des Gesundheitszustands vor, durch die die Eignung für die vorgesehene Tätigkeit auf Dauer oder in periodisch wiederkehrenden Abständen eingeschränkt ist?
- Liegen ansteckende Krankheiten vor, die zwar nicht die Leistungsfähigkeit beeinträchtigen, jedoch die zukünftigen Kollegen oder Kunden gefährden?
- Ist zum Zeitpunkt des Dienstantritts bzw in absehbarer Zeit mit einer Arbeitsunfähigkeit zu rechnen, zB durch eine geplante Operation, eine bewilligte Kur oder auch durch eine zurzeit bestehende akute Erkrankung?

24 Die **Altersdiskriminierung** wird zu den größten Herausforderungen des AGG gezählt.[57] Unklar ist noch das Verhältnis zwischen Altersdiskriminierung nach §§ 7, 1 AGG und zulässiger unterschiedlicher Behandlung nach § 8 AGG. Man wird nicht so weit gehen können und verlangen, dass vom Bewerber eingereichte Unterlagen wie Zeugnisse oder Diplomurkunden, die das Alter des Bewerbers erkennen lassen, vom Unternehmen wieder zurückzusenden sind. Vor allem Tarifverträge, die eine Reihe von Leistungen, wie zB einen verlängerten Urlaub, an das Alter knüpfen, werden auf dem Prüfstand des AGG in der Zukunft stehen. Man wird in der Zukunft auch danach unterscheiden müssen, ob eine Information über den Bewerber im Anbahnungsverhältnis benötigt wird oder ggf erst nach Abschluss des Arbeitsvertrages. In der Bewerbungssituation benötigt die Firma noch keine Information über unterhaltsberechtigte Kinder oder das Alter des Bewerbers, wohingegen Tarifverträge, die von diesen Da-

---

48 LAG Berlin 6.7.1973 – 3 Sa 48/73, BB 1974, 510.
49 BAG 7.2.1964 – 1 AZR 251/63, DB 1964, 555; LAG Frankfurt 13.10.1972 – 5 Sa 406/72, DB 1972, 2359.
50 ArbG Kiel 21.1.1982 – 2 c Ca 2062/81, BB 1982, 804.
51 Richardi, NZA 1988, 73; Löwisch, DB 1987, 936; Heilmann, BB 1989, 1413.
52 BAG 16.2.1989 – 2 AZR 347/88, DB 1989, 2382; Richardi, NZA 1988, 73; Lichtenberg/Schücking, NZA 1990, 41.
53 LAG Berlin 18.4.1978 – 3 Sa 115/77, BB 1979, 1145.
54 Bengelsdorf, NZA-RR 2004, 118.
55 Wisskirchen/Bissels, NZA 2007, 169 (171) unter Bezugnahme auf EuGH 11.7.2006 – Rs. C-13/05, NZA 2006, 839.
56 So BAG 7.6.1984 – 2 AZR 270/83.
57 Richardi, NZA 2006, 881, 884.

ten die Höhe zu gewährender Leistungen abhängig machen, erst nach Vertragsschluss zu berücksichtigen sind. Nach Vertragsschluss muss es dem Arbeitgeber gestattet sein, Daten, die für die Gehaltsberechnung oder für die Gewährung sonstiger Leistungen notwendig sind, selbst wenn sie unter den Diskriminierungskatalog des § 1 AGG fallen, zu erheben. Die Rechtsprechung, die in der Vergangenheit zwischen dem Fragerecht im Anbahnungsverhältnis und dem Fragerecht im Arbeitsverhältnis wenig differenzierte, wird vermutlich für die Zukunft deutlich nach dem **Zeitpunkt der Datenerhebung** unterscheiden müssen. Daneben werden Tarifverträge auf den Prüfstand des AGG gestellt werden, da nach § 7 Abs. 2 AGG auch die Bestimmungen in Tarifverträgen das Benachteiligungsverbot und damit den Diskriminierungsschutz des § 1 AGG zu beachten haben. § 10 AGG enthält bereits eine umfangreiche Sammlung von Ausnahmetatbeständen, die weit über den § 8 AGG hinausgehen. So befand das BAG[58] unter Berufung auf § 10 Satz 3 Nr. 6 AGG, dass Sozialpläne, die eine nach Lebensalter oder Betriebszugehörigkeit gestaffelte Abfindungsregelung vorsehen und für rentenberechtigte Arbeitnehmer Sozialplanleistungen reduzieren oder ganz ausschließen, rechtmäßig sind.

Fragen des Arbeitgebers nach **Vorstrafen** waren bisher zulässig, soweit sie für die Art des zu besetzenden Arbeitsplatzes von Bedeutung sind.[59] Sie können nach dem AGG unzulässig werden, wenn sie ein Verhalten des Arbeitnehmers, das seiner Religion oder Weltanschauung, seiner ethnischen Herkunft oder seiner sexuellen Identität zugeordnet werden kann, betreffen. Bislang ist die Frage nach Vermögensdelikten bei Kassierern oder Verkehrsdelikten bei Kraftfahrern zulässig. Vorstrafen, die nicht nach § 30 BZRG in ein polizeiliches Führungszeugnis aufzunehmen sind oder für die gem. § 51 BZRG ein Verwertungsverbot besteht, brauchen nicht wahrheitsgemäß beantwortet zu werden.[60] Eine Offenbarungspflicht bei Vorstrafen besteht für den Bewerber grundsätzlich nicht. Selbst die Frage nach einem noch nicht abgeschlossenen Ermittlungs- bzw Strafverfahren soll wegen der allgemeinen Unschuldsvermutung nach Art. 6 Abs. 2 der Europäischen Menschenrechtskonvention unzulässig sein.[61] Bei der Einstellung in den Polizeidienst kann sie aber zulässig sein.[62] Die von einem Gruppenleiter in einer Behindertenwerkstatt bei der Einstellung verschwiegene rechtskräftige Verurteilung wegen eines Sittlichkeitsdeliktes an einem von ihm betreuten Jugendlichen berechtigt den Arbeitgeber dann nicht mehr zur Anfechtung des Arbeitsvertrages, wenn das Arbeitsverhältnis nahezu 10 Jahre gedauert hat, die Strafe im Bundeszentralregister gelöscht wurde und der Arbeitnehmer während der gesamten Dauer des Arbeitsverhältnisses nicht einschlägig in Erscheinung getreten ist.[63] Fragen nach Tätigkeiten für das Ministerium für Staatssicherheit, die vor 1970 abgeschlossen sind, sind regelmäßig unzulässig, ohne dass dies im Sinne einer Stichtagsregelung zu verstehen ist.[64]

Eine Offenbarungspflicht hat der Arbeitnehmer, falls bei ihm ein nachvertragliches **Wettbewerbsverbot** besteht.[65]

Fragen zum **beruflichen Werdegang**, wie sie in den Mustern 3010 und 3030 enthalten sind, sind unbedenklich zulässig.[66] Selbst dann, wenn ein Mitarbeiter eine frühere Entziehungstherapie verheimlichen möchte, um seine Wiedereingliederung in das Arbeitsleben zu erleichtern, ist er nicht von der Rechtspflicht befreit, vollständige Angaben über Art und Dauer seiner Vorbeschäftigungen zu machen.[67]

Die Frage nach der **Gewerkschaftszugehörigkeit** ist grundsätzlich unzulässig, wie auch die Frage nach einer **Religions- oder Parteizugehörigkeit**, es sei denn, der Bewerber will seine Tätigkeit in einem Tendenzunternehmen aufnehmen.[68] Im Hinblick auf Rechte aus dem Tarifvertrag wird man bei der Frage nach der Gewerkschaftszugehörigkeit differenzieren müssen: Solange sich der Arbeitnehmer im Anbahnungsverhältnis befindet, ist die Frage unzulässig, sobald der einem Arbeitgeberverband angehörende Arbeitgeber seinen tarifvertraglichen Pflichten nachkommen muss, wird nach hier vertretener

---

58 BAG 26.5.2009 – 1 AZR 198/08, NZA 2009, 849.
59 BAG 18.9.1987 – 7 AZR 507/86, BB 1988, 632; BAG 21.2.1991 – 2 AZR 449/90, DB 1991, 1934; *Hümmerich*, BB 1979, 428; *Linnenkohl*, AuR 1983, 129.
60 BAG 21.2.1991 – 2 AZR 449/90, DB 1991, 1934.
61 ArbG Münster 20.11.1992 – 3 Ca 1459/92, NZA 1993, 461; aA *Raab*, RdA 1995, 36.
62 BAG 20.5.1999 – 2 AZR 320/98, DB 1999, 1859.
63 LAG Köln 3.5.2000 – 2 Sa 78/00, ZTR 2001, 43.
64 BVerfG 21.7.1999 – 1 BvR 1584/98, NZA 1999, 1095.
65 *Küttner/Kreitner*, Personalbuch, 79 (Auskunftspflichten Arbeitnehmer) Rn 12.
66 *Richardi*, NZA 1988, 73.
67 LAG Köln 13.11.1995 – 3 Sa 832/95, NZA-RR 1996, 403.
68 BAG 28.5.1998 – 2 AZR 549/97, NZA 1998, 1052; *Hümmerich*, BB 1979, 428.

Auffassung die Frage nach der Gewerkschaftszugehörigkeit als wirksam erachtet. Einem nicht organisierten Arbeitnehmer gegenüber ist ein tarifgebundener Arbeitgeber nicht verpflichtet, tarifliche Leistungen zuzusagen.

29 Fragen, die **Sicherheitsthemen** betreffen, sind sowohl innerhalb als auch außerhalb des öffentlichen Dienstes zulässig, soweit sie in einem sachlichen Zusammenhang mit dem angestrebten Arbeitsverhältnis stehen.[69] Soweit in den Mustern 3010, 3020 und 3030 Fragen zur Berufstätigkeit der Ehefrau und Kinder, insbesondere zur Tätigkeit in Konkurrenzunternehmen, enthalten sind, besteht hierzu noch keine höchstrichterliche Rechtsprechung; die Fragen dürften allerdings unter Sicherheitsgesichtspunkten statthaft sein.

30 Die Frage, ob jemand **Raucher** ist oder nicht, galt bisher als unzulässig.[70] Durch das AGG hat sich an dieser Rechtslage nichts geändert. Die Rauchereigenschaft zählt nicht zu den Diskriminierungsmerkmalen des AGG.

31 Die Frage nach der Zugehörigkeit zu **Scientology** hält das BAG für zulässig, da es diese Organisation nicht als Religions- oder Weltanschauungsgemeinschaft ansieht.[71] *Wisskirchen/Bissels* regen an, auf die Frage nach der Zugehörigkeit zu Scientology zu verzichten, da bereits in anderen Ländern wie USA und Frankreich anerkannt sei, dass es sich bei der Scientology-Organisation um eine **Religionsgemeinschaft** handele.[72] Bei einem Arbeitnehmer in Vertrauensstellung soll die Frage nach einer Scientology-Mitgliedschaft nach ganz überwiegender Auffassung zulässig sein.[73]

32 Die Frage nach einer **Aufenthalts- und Arbeitserlaubnis** kann nach dem Inkrafttreten des AGG als ein Verstoß gegen das Merkmal „ethnische Herkunft" und/oder „Rasse" iSd AGG angesehen werden. Da der Arbeitgeber das Recht haben muss, die Grundvoraussetzungen einer legalen Aufnahme der Arbeit zu prüfen,[74] muss es zumindest zulässig sein, dem Arbeitnehmer bei Einstellungsgesprächen die Frage zu stellen, ob er aus den EU-Staaten, aus der Schweiz oder aus den neuen 10 EU-Beitrittsländern oder dem sonstigen Ausland kommt.[75]

33 Die Muster 3010 und 3020 enthalten keine Angaben über die **frühere Vergütung** des Bewerbers, wenngleich zahlreiche Personalfragebogen derartige Fragen vorsehen. Nur wenn die bisherige Vergütung für die begehrte Stelle aussagekräftig sei oder der Bewerber sie von sich aus als Mindestvergütung gefordert habe, solle die Frage nach der bisherigen Vergütung berechtigt sein.[76] Im Regelfalle, jedenfalls außerhalb des öffentlichen Dienstes, sind diese Voraussetzungen nicht erfüllt. Personalfragebogen von Bewerbern, die nicht eingestellt wurden, dürfen vom Arbeitgeber grundsätzlich nicht aufbewahrt werden und sind deshalb entweder an den Bewerber zu senden oder zu vernichten.[77]

34 Im Fragenkatalog zum Bewerbungsgespräch[78] ist eine Reihe von Fragen enthalten, die nicht in das starre Schema zulässiger und unzulässiger Fragen passen. Ob jemand Sport treibt, wie er die Betreuung seiner Kinder organisiert oder welches Buch er gerade liest, sind keine Fragen, die der Arbeitnehmer beantworten muss. Aus Sicht des Personalberaters sind Antworten auf diese Fragen von Bedeutung. Sie geben Auskunft über die Persönlichkeit des Bewerbers. Aus Sicht des Arbeitsrechts stehen diese Fragen nur in einem mittelbaren Zusammenhang mit den den Bewerber erwartenden Rechten und Pflichten. Der Mitarbeiter muss diese Fragen somit nicht beantworten. Verweigert der Bewerber die Antwort, muss er allerdings damit rechnen, dass sich sein Verhalten nachteilig auf den Gang des weiteren Bewerbungsverfahrens auswirkt. Aus diesem Grund spricht die Rechtsprechung dem Arbeitnehmer ein „**Recht auf Lüge**" im Hinblick auf solche Fragen zu, bei denen **keine Offenbarungspflicht** besteht und die auch nicht vom **Fragerecht** des Arbeitgebers gedeckt sind.[79] Alle Fragen, die zu einer Diskriminierung gem. §§ 7, 1 AGG führen, werden vom „Recht auf Lüge" künftig erfasst.

---

69 *Buchner*, NZA 1991, 577; BAG 17.5.1983 – 1 AZR 1249/79, DB 1984, 139.
70 BVerwG 13.9.1984 – 2 C 33/82, NJW 1985, 876.
71 BAG 22.3.1995 – 5 AZB 21/94, NZA 1995, 823.
72 *Wisskirchen/Bissels*, NZA 2007, 169 (173).
73 *Bauer/Baeck/Marten*, DB 1997, 2534.
74 *Wisskirchen/Bissels*, NZA 2007, 169, 171.
75 *Schiefer/Ettwig/Krych*, AGG, 2006, Rn 98.
76 BAG 19.5.1983 – 2 AZR 171/81, DB 1984, 298.
77 BAG 6.6.1984 – 5 AZR 286/81, AP § 611 BGB Persönlichkeitsrecht Nr. 7 = NJW 1984, 2910.
78 S. Muster 3030 (§ 3 Rn 60).
79 *Leipold*, AuR 1971, 161; *Hümmerich*, Erfassungsschutz im arbeitsvertraglichen Anbahnungsverhältnis, S. 192 ff.

Nicht nur den Arbeitnehmer, auch den **Arbeitgeber** treffen **Offenbarungspflichten**. Wenn der Arbeitgeber Anlass zu Zweifeln hat, ob er in der Lage sein wird, die in absehbarer Zeit fälligen Löhne und Gehälter auszuzahlen, muss er vor Abschluss neuer Arbeitsverträge die Bewerber auf diesen Umstand hinweisen, soweit er seine Zahlungsschwierigkeiten nicht als bekannt voraussetzen kann.[80] Allerdings sind die Aufklärungspflichten des Arbeitgebers im Anbahnungsverhältnis bei ungesicherter Beschäftigung des Arbeitnehmers, auch in der Instanzrechtsprechung, umstritten.[81]

III. Mitbestimmungsrechte des Betriebsrats beim Personalfragebogen und bei Beurteilungsgrundsätzen

Das Muster 3020 ist ein Personalfragebogen iSv § 94 BetrVG. Soweit im Unternehmen ein Betriebsrat existiert, ist der **Wortlaut** dieses Fragebogens **mitbestimmungspflichtig**. Als **Personalfragebogen** gilt jedes Formular, in dem personenbezogene Fragen nach einem bestimmten Schema zusammengestellt sind, die ein Arbeitnehmer oder ein Bewerber um einen Arbeitsplatz schriftlich beantworten soll, um dem Arbeitgeber Aufschluss über seine Person und Qualifikation zu geben.[82] Das BAG hat darüber hinaus entschieden, dass auch mündliche Befragungen in der Form von Tests oder Interviews, die anhand von Checklisten und einer anschließenden schriftlichen Fixierung der Antworten erfolgen, unter § 94 BetrVG zu subsumieren seien.[83]

Der Betriebsrat verfügt bei Personalfragebogen und Beurteilungsgrundsätzen nicht über ein **Initiativrecht**; nur dann, wenn der Arbeitgeber Fragebogen wie das Muster 3020 verwendet, erwächst das Mitbestimmungsrecht.[84] Nicht der Mitbestimmung unterliege der ärztliche Fragebogen im Rahmen der Einstellungsuntersuchung, da die Anamnese des Arztes vom Weisungsrecht des Arbeitgebers unabhängig ist und die Beantwortung der Fragen durch den Arbeitnehmer der ärztlichen Schweigepflicht des Arztes unterliegt und auch nur in der Gestalt des Befundbogens[85] Eingang in die Personalakte findet.

Beurteilungsgrundsätze unterliegen ebenfalls der Mitbestimmung des Betriebsrats. Als Beispiele werden im Schrifttum die Grundsätze über die Effektivität der Arbeit, die Sorgfalt der Ausführung der Arbeit, über Selbständigkeit und Belastbarkeit, Zusammenarbeit und Anpassungsfähigkeit des Arbeitnehmers erwähnt.[86] Daraus folgt, dass auch das Muster 3300 und das Muster 3310 der Mitbestimmung des Betriebsrats unterliegen. Bei der Bewerberbeurteilung werden allgemeine, im Betrieb gültige und bei zahlreichen Bewerbern verwendete Beurteilungsgrundsätze benutzt, beim Fragenkatalog zum Bewerbungsgespräch geschieht das Gleiche. Das Muster 3030 ist auch deshalb mitbestimmungspflichtig, weil es sich hierbei um mündliche Fragen handelt, die in Form des Interviews anhand einer Checkliste gestellt und als schriftliche Antworten des Bewerbers niedergelegt werden.[87]

IV. Personalauswahl

Die Auswahlfreiheit des Arbeitgebers in der Bewerbungssituation ist durch verschiedene **gesetzliche und tarifliche Beschäftigungsverbote und -gebote** begrenzt. Einschränkungen enthalten §§ 71 Abs. 1 und 2, 81 Abs. 3 SGB IX mit der Pflicht des Arbeitgebers zur Beschäftigung von mindestens 5 % schwerbehinderter Menschen. Einschränkungen ergeben sich aus dem Mutterschutzgesetz, dem Jugendarbeitsschutzgesetz, dem Arbeitsplatzschutzgesetz etc. Für den öffentlichen Dienst gelten Beschränkungen über die Frauenförderungsgesetze der Länder, § 82 SGB IX und Art. 33 Abs. 2 GG.

Die Bestandsfestigkeit einer Einstellungsentscheidung wird auch dadurch geprägt, dass sie die Anforderungen des AGG erfüllt. Die Auswahlentscheidungen und die hierüber erstellten Unterlagen dürfen keine Benachteiligungsmerkmale enthalten, die sich als entscheidungserhebliche Kriterien erweisen. Gerade bei Gegenüberstellungen, wie sie in der Personalarbeit gebräuchlich sind, die die unterschiedlichen

---

80 BAG 24.9.1974 – 3 AZR 589/73, NJW 1975, 708 = DB 1975, 307.
81 *Hümmerich*, NZA 2002, 1305; *Kappenhagen/Zimmer*, FA 2003, 261 ff.
82 BAG 21.9.1993 – 1 ABR 28/93, AP § 94 BetrVG 1972 Nr. 4.
83 BAG 21.9.1993 – 1 ABR 28/93, AP § 94 BetrVG 1972 Nr. 4; so auch *Hanau*, BB 1972, 451; aA *Hümmerich*, Rechte des Betriebsrates bei der Erfassung von Bewerber-Daten, RdA 1979, 143.
84 LAG Düsseldorf 24.7.1984 – 2 TaBV 67/84, DB 1985, 134; LAG Frankfurt/Main 8.1.1991 – 5 TaBV 162/90, DB 1992, 534.
85 *Hümmerich*, DB 1975, 1983.
86 GK-BetrVG/*Kraft*, § 94 Rn 28; ErfK/*Hanau/Kania*, § 94 BetrVG Rn 4.
87 BAG 21.9.1993 – 1 ABR 28/93, AP § 94 BetrVG 1972 Nr. 4.

Fähigkeiten und Eindrücke, die man über den Bewerber gewonnen hat, sichtbar machen, müssen die Diskriminierungs- und Benachteiligungsverbote des AGG gewahrt sein.

41 **Testverfahren** und **Eignungsuntersuchungen** wie auch die früher gebräuchlichen graphologischen Gutachten sind bei der Personalauswahl nur statthaft mit Zustimmung des Bewerbers.[88] Auch die Personalauswahl in den sich zunehmend verbreitenden **Assessment-Centern** oder in **Auswahlseminaren** bedarf der Zustimmung des Bewerbers.[89] Eine derartige Abgrenzung zwischen zulässiger und unzulässiger Personalauswahl dürfte allerdings weitgehend theoretischer Natur sein. Derjenige Bewerber, der der Überprüfung seiner Leistungsfähigkeit im Vergleich mit Mitbewerbern durch mehrere Beobachter nicht zustimmt, hat keine Chance, den in Aussicht genommenen Arbeitsplatz zu erhalten. *Hohenstatt/Stamer/Hinrichs*[90] sind der Meinung, der Arbeitgeber könne, wenn ein sachlicher Zusammenhang mit dem zu besetzenden Arbeitsplatz bestehe, schon nach geltendem Recht in umfangreicher Weise geeignete Unterlagen vom Bewerber verlangen. Die Anforderungen des Zeugnisses zu den fachlichen Fähigkeiten Bewerbers sowie – nach Zustimmung des Bewerbers – von ärztlichen, fachpsychologischen und graphologischen Gutachten seien zulässig, sofern die einzelnen Dokumente inhaltlich auf die angestrebte Tätigkeit beschränkt seien. Die Autoren meinen weiterhin, der Arbeitgeber könne ein Führungszeugnis sowie eine Schufa-Auskunft verlangen, wenn im Unternehmen geeignete Sicherungsinstrumente zur Berücksichtigung der Interessen des Bewerbers vorhanden seien.

42 Der Arbeitgeber hat eine **Obhuts- und Sorgfaltspflicht** bei den vom Bewerber eingereichten **Bewerbungsunterlagen**. Er muss den Lebenslauf, die eingereichten Zeugnisse, Arbeitsproben, das Lichtbild und dergleichen zurückgeben, wenn das Bewerbungsverfahren erfolglos verlaufen ist.[91] Auch besteht ein **Beseitigungsanspruch** gem. § 1004 BGB analog hinsichtlich des ausgefüllten Personalfragebogens.

43 Eine Pflicht zur **Verwahrung** und **Rücksendung** besteht nicht bei **Blindbewerbungen**, also unverlangt beim Arbeitgeber eingehenden Bewerbungsunterlagen. Die Bewerbungsunterlagen sind nur in den Fällen zurückzusenden, wenn der Bewerber einen Freiumschlag beigelegt hat[92] (s. auch Rn 2). Hat der Arbeitgeber, beispielsweise gemäß dem Muster 3050, zum Vorstellungsgespräch eingeladen, sind die Vorstellungskosten zu ersetzen. Das Muster 3050 enthält einen mit der Rechtsprechung abgestimmten Erstattungsmodus.[93] Beim Muster 3055 entfällt eine Vorstellungskostenerstattung durch den Arbeitgeber.

44 Angesichts der Beweislastumkehr in § 22 AGG hat jeder Arbeitgeber ein Interesse daran, dass abgelehnten Bewerbern möglichst wenig Anknüpfungspunkte einer diskriminierenden Entscheidung gegeben werden. Deshalb sollte das **Absageschreiben** so neutral und inhaltsleer wie möglich formuliert werden.[94] In der Praxis wird sich wahrscheinlich einbürgern, dass diskriminierungsfreie Ablehnungsgründe listenmäßig zusammengestellt und in der Liste enthaltene Gründe zur Begründung einer Absage gegenüber einem Bewerber verwendet werden.

45 *Wisskirchen*[95] empfiehlt wegen der Frist zur Geltendmachung von Entschädigungen nach § 15 Abs. 4 AGG, zumindest bei „Risikobewerbern" einen Zugangsnachweis des Ablehnungsschreibens zu beschaffen. Zu empfehlen ist immer die Übersendung Einschreiben mit Rückschein oder die Versendung per Fax oder E-Mail.

V. Stellenausschreibung

46 Mit dem AGG sind neue Regeln für Stellenausschreibungen und Bewerberauswahl aufgestellt worden. § 11 AGG verpflichtet den Arbeitgeber, Arbeitsplätze **neutral** auszuschreiben. Die Verpflichtung zur neutralen Ausschreibung betrifft auch den Bereich der beruflichen Aus- und Weiterbildung.[96] Die geschlechtsneutrale Formulierung von Stellenausschreibungen nach § 11 AGG ist an für sich nichts Neu-

---

[88] BAG 16.9.1982 – 2 AZR 228/80, DB 1983, 2780; LAG Düsseldorf 30.9.1971 – 3 Sa 305/71, DB 1971, 2071.
[89] *Hunold*, DB 1993, 228.
[90] NZA 2006, 1065.
[91] BAG 6.6.1984 – 5 AZR 286/81, DB 1984, 2626.
[92] *Küttner/Reinecke*, Personalbuch, 128 (Bewerbung) Rn 3.
[93] BAG 14.2.1977 – 5 AZR 171/76, DB 1977, 1193; LAG Nürnberg 25.7.1995 – 2 Sa 73/94, LAGE § 670 BGB Nr. 12.
[94] *Wisskirchen*, DB 2006, 1491, 1494.
[95] DB 2006, 1491, 1494.
[96] BT-Drucks. 16/1780, S. 36.

es, denn über § 611 b BGB hatte sich in den Unternehmen bereits eine gewisse Routine eingestellt.[97] Die Routine aus dem Bereich der Geschlechtsneutralität ist bei Stellenausschreibungen nunmehr auch auf die übrigen Benachteiligungs- und Diskriminierungsverbote zu erweitern. **Doppeldeutige Formulierungen** sind zu vermeiden. Akzentfreies „Deutsch" oder „Muttersprachlichkeit" als Anforderungskriterien in einer Stellenbeschreibung benachteiligen Bevölkerungskreise, die eine andere als eine deutsche ethnische Herkunft aufweisen. Altersspezifische Aussagen wie „Wir suchen einen jungen Kollegen/eine junge Kollegin" sind zu vermeiden. Bei Erfordernissen einer gewissen Berufserfahrung (zB „3–5 Jahre") sollte unbedingt ein „mindestens" hinzugefügt werden, um den Eindruck zu vermeiden, Bewerber/Bewerberinnen mit größerer Berufserfahrung seien unerwünscht. Bei unabdingbaren Eigenschaften für eine Stelle, die von bestimmten Gruppen nicht erfüllt werden, sollte eine ausreichende Dokumentation, ein Erklärungsmodell für geforderte Merkmale formuliert werden. Ein **Verstoß** hiergegen führt aber nicht automatisch zu einem Entschädigungsanspruch. Die Schutzfunktion des AGG erfasst nur solche Personen, die bei einer Einstellungsentscheidung potenziell Opfer einer verbotenen Benachteiligung nach § 7 Abs. 1 AGG werden können. Erforderlich dafür ist, dass die betreffende Person objektiv für die zu besetzende Stelle in Betracht kommt und sich außerdem subjektiv ernsthaft um die Aufnahme eines Beschäftigungsverhältnisses bemüht.[98]

Wisskirchen[99] mahnt an, die Pflicht zur diskriminierungsfreien Stellenausschreibung wegen der Beweiserleichterung in § 22 AGG ernst zu nehmen, da eine nicht geschlechtsneutrale Stellenausschreibung als Anhaltspunkt einer Diskriminierung dient.[100] Verletzt ein **Stellenvermittler (Headhunter)**, dessen sich der Arbeitgeber bedient, die Pflicht zur neutralen Stellenausschreibung, wird diese Pflichtverletzung haftungsrechtlich dem Arbeitgeber **zugerechnet**.[101] In dem Urteil vom 5.2.2004 ließ der 8. Senat zwar offen, welche gesetzliche Zurechnungsnorm einschlägig sei. Er meinte lediglich, den Arbeitgeber treffe im Fall der Fremdausschreibung die Sorgfaltspflicht, die Ordnungsgemäßheit der Ausschreibung zu überwachen. Diese Pflicht bestehe auch im Falle der Einschaltung eines **Personalberatungsunternehmens**. Dabei geht es nach Auffassung des BAG nicht um die Zurechnung des Verschuldens des eingeschalteten Dritten, sondern allein um die Zurechnung seines Handlungsbeitrags. Eine vergleichbare Auffassung hat zuletzt das BVerfG in seinem Beschluss vom 21.9.2006[102] vertreten. Nach diesem Beschluss ist der Arbeitgeber, der eine Stellenausschreibung veranlasst, sogar für die Richtigkeit verantwortlich, wenn ausschreibende Stelle die Bundesagentur für Arbeit ist. Ihn trifft insoweit eine **Überwachungspflicht**, ob seine Angaben bei der **Fremdausschreibung** korrekt umgesetzt werden.

47

Der Betriebsrat kann nach § 93 BetrVG vom Arbeitgeber bei neu zu besetzenden Arbeitsplätzen eine **vorherige innerbetriebliche Stellenausschreibung** verlangen. Außerdem kann er nach § 93 BetrVG anregen, dass die Arbeitsplätze auch als Teilzeitarbeitsplätze ausgeschrieben werden. Unter „**Ausschreibung einer Stelle**" iSv § 93 BetrVG versteht das BAG eine allgemeine Aufforderung an alle oder an eine bestimmte Gruppe von Arbeitnehmern des Betriebes, sich für einen bestimmten Arbeitsplatz im Betrieb zu bewerben.[103] Im Einzelfall kann der Betriebsrat die innerbetriebliche Ausschreibung verlangen, wenn die Stellen mit freien Mitarbeitern besetzt werden sollen.[104] Ein bestimmter Inhalt bei einer innerbetrieblichen Stellenausschreibung ist nicht zu beachten.[105] Üblicherweise gilt als Mindestinhalt eine detaillierte Beschreibung des zu besetzenden Arbeitsplatzes, Angaben über die geforderte Qualifikation, Hinweise auf die tarifliche Eingruppierung, der Besetzungstermin, die beim Bewerbungsverfahren einzureichenden Unterlagen und die Bezeichnung der Stelle, an die die Bewerbung zu richten ist. Diesen Anforderungen genügt das Muster 3110. Art und Inhalt der Ausschreibung werden nicht vom Betriebsrat bestimmt, sondern vom Arbeitgeber einseitig festgelegt.[106]

48

---

97 *Wisskirchen*, DB 2006, 1491, 1493.
98 So bereits BAG 12.11.1998 – 8 AZR 365/97, NZA 1999, 371.
99 DB 2006, 1491, 1493.
100 BT-Drucks. 16/1780, S. 47.
101 BAG 5.2.2004 – 8 AZR 112/03, DB 2004, 1944.
102 BAG 21.9.2006 – 1 BvR 308/03, NZA 2007, 195.
103 BAG 23.2.1988 – 1 ABR 82/86, DB 1988, 1452.
104 *Hromadka*, SAE 1994, 133.
105 BAG 23.2.1988 – 1 ABR 82/86, DB 1988, 1452.
106 BAG 27.10.1992 – 1 ABR 4/92, DB 1993, 885; BAG 23.2.1988 – 1 ABR 82/86, DB 1988, 1452; BAG 31.5.1983 – 1 ABR 6/80, DB 1983, 2311.

In vielen Fällen verlangt der Betriebsrat zwischenzeitlich auch die Vorlage des Ergebnisses der **Abfrage bei der Bundesagentur für Arbeit**, ob **schwerbehinderte Arbeitsuchende** für die Aufgabe zur Verfügung stehen. Zu dieser Prüfung bzw Abfrage ist der Arbeitgeber gem. § 81 SGB IX verpflichtet. Man verschickt hierzu die Stellenausschreibung an die Agentur für Arbeit mit der Bitte zu prüfen, ob es geeignete schwerbehinderte Kandidaten gibt (Muster 3205). Die Agenturen erstellen keinen Negativbescheid, sondern teilen per Post oder per E-Mail lediglich mit, dass die Stelle in der internen Jobbörse publiziert wurde. Empfehlenswert ist es, nach dieser Mitteilung noch 2–3 Wochen zu warten, ob es Bewerbungseingänge von schwerbehinderten Kandidaten gibt, und erst dann die Stelle zu besetzen. Vorlegen kann man in diesen Fällen nur die Mitteilung der Agentur für Arbeit.

49 Das Initiativrecht des Betriebsrats besteht nicht nur von Fall zu Fall, also im Hinblick auf einzelne Arbeitsplätze; der Betriebsrat kann nur generell verlangen, dass Stellenausschreibungen vor Besetzung durch externe Bewerber zunächst intern zu erfolgen haben.[107] Schließlich richtet sich das Initiativrecht nach § 93 BetrVG allein auf den Betrieb; der Betriebsrat kann nicht verlangen, dass Stellen unternehmens- oder konzernweit ausgeschrieben werden.[108]

VI. Zusammenarbeit mit dem Betriebsrat bei Einstellungen

50 Neben informellen Gesprächen zwischen dem Personalleiter und dem Betriebsratsvorsitzenden oder dem Vorsitzenden des Personalausschusses vollzieht sich in vielen Fällen die Durchführung des Mitbestimmungsrechts nach § **99 BetrVG** in **formalisierten Verfahren**. Das Muster 3200 enthält alle wesentlichen Informationen, die der Arbeitgeber zu liefern hat, und zugleich die **Kontrollüberlegungen** (Subsumtionsschema), die der Betriebsrat anzustellen hat. In der Praxis wird von den Betriebsräten häufig mit der Zustimmungsfiktion nach § 99 Abs. 3 Satz 2 BetrVG gearbeitet. Wichtig ist deshalb eine Dokumentation des Zugangs des Formularantrags an den Betriebsrat. Wie hier sinnvollerweise die Dokumentation erfolgt, muss anhand der betrieblichen Gegebenheiten beantwortet werden. Verfügt der Betriebsrat über einen eigenen Briefkasten, so reicht eine Notiz über den Tag und die Uhrzeit des Einwurfs in den Briefkasten aus. Mit dem darauf folgenden Arbeitstag wird die Frist des § 99 Abs. 3 Satz 1 BetrVG in Lauf gesetzt.[109] Eine Verkürzung der Frist des § 99 Abs. 3 BetrVG durch Regelungsabsprache oder Betriebsvereinbarung zwischen Arbeitgeber und Betriebsrat ist unzulässig, eine Verlängerung hingegen möglich.[110]

51 Bei der Verweigerung der Zustimmung durch den Betriebsrat, wie sie im Antwortteil des Musters 3200 formularmäßig vorgesehen ist, reicht eine formelhafte, die bloße Wiederholung des Gesetzeswortlauts darstellende Begründung nicht aus.[111] Das Muster 3200 muss also spezifisch unter Berücksichtigung des einzelnen Falles vom Betriebsrat ausgefüllt werden. Ein Nachschieben neuer Widerspruchsgründe nach Ablauf der Wochenfrist ist nicht zulässig.[112]

52 Das Muster 3220 ist eine **Checkliste für Betriebsräte**. Mit Hilfe dieses Musters können Betriebsräte ausführlich überprüfen, ob Gründe für eine Zustimmungserteilung oder Zustimmungsverweigerung bestehen. Das Muster 3220 kann sowohl intern als Checkliste für Betriebsräte als auch als isoliertes Antwortschreiben in Fällen der vom Arbeitgeber beantragten Zustimmung zu einer Einstellung verwendet werden. Wird das Muster 3200 nicht als Guideline, sondern als Schreiben an den Arbeitgeber verwendet, sind nur geringfügige Änderungen anzubringen.

VII. Aufklärungspflichten im Anbahnungsverhältnis

53 Zunehmend wird in der Literatur gefordert, dass den Arbeitgeber im Anbahnungsverhältnis Aufklärungspflichten treffen, auch im Hinblick auf eine uU ungesicherte Beschäftigung des Arbeitnehmers, der sich aus einem ungekündigten Arbeitsverhältnis beworben hat.[113] Auch das BAG hat sich zwischenzeitlich der Auffassung angeschlossen, dass die Aufklärungspflicht gegenüber einem Bewerber im

---

[107] LAG Berlin 27.9.1982 – 9 TaBV 3/82, DB 1983, 776; LAG Köln 1.4.1993 – 10 TaBV 97/02, LAGE § 93 BetrVG 1972 Nr. 2.
[108] LAG München 8.11.1988 – 2 Sa 691/88, DB 1989, 1880.
[109] ErfK/*Hanau/Kania*, § 99 BetrVG Rn 37.
[110] BAG 17.5.1983 – 1 ABR 5/80, AP § 99 BetrVG 1972 Nr. 18.
[111] BAG 24.7.1979 – 1 ABR 78/77, AP § 99 BetrVG 1972 Nr. 11.
[112] BAG 3.7.1984 – 1 ABR 74/82, AP § 99 BetrVG 1972 Nr. 20; BAG 15.4.1986 – 1 ABR 55/84, AP § 99 BetrVG 1972 Nr. 36; BAG 10.8.1993 – 1 ABR 22/93, NZA 1994, 187.
[113] *Hümmerich*, NZA 2002, 1305.

Anbahnungsverhältnis eine Offenbarungspflicht begründet, wenn ein möglicher Stellenabbau zur Nichteinstellung des Bewerbers führen kann.[114] Nicht erst, wenn diesbezügliche unternehmerische Entscheidungen bereits wirksam und endgültig getroffen sind, sondern auch bereits dann, wenn sie sich abzeichnen, besteht die Pflicht zur Aufklärung. Ein Arbeitgeber, der Vertragsverhandlungen eingeht, dürfe bestehende Umstände, gleich welcher Art, die die vollständige Durchführung des Rechtsverhältnisses in Frage stellen können, nicht verschweigen, soweit sie ihm bekannt seien oder bekannt sein müssten.[115]

Die nötige Gewissheit, aus der sich die Aufklärungspflicht ableite, sei erst dann gegeben, wenn sich der Arbeitgeber im Grundsatz dazu entschlossen habe, bestimmte Stellen zu streichen. Der **Stellenabbau** müsse hinreichend bestimmt und in Einzelheiten bereits absehbar sein; seine bloße Möglichkeit reiche nicht aus. Allein das Bestehen einer schlechten wirtschaftlichen Lage, die dem Arbeitnehmer zudem bekannt sei, in der aber noch keine konkrete Planung bestehe, einen Arbeitsplatz zu streichen, begründe noch keine Aufklärungspflicht.

VIII. Befristung von Arbeitsverhältnissen

Wird ein Arbeitnehmer eingestellt, dessen Arbeitsverhältnis befristet werden soll, ist darauf zu achten, dass der **Vertragsschluss vor der tatsächlichen Beschäftigung** des Arbeitnehmers vorgenommen wird. Das BAG hat nämlich entschieden, wenn die Parteien mündlich ein befristetes Arbeitsverhältnis vereinbart haben, der Arbeitnehmer mit der Arbeit beginnt und einige Tage später ihm dann erst der schriftliche, befristete Arbeitsvertrag vorgelegt wird, dass ein derartiger Verfahrensablauf zur Vereinbarung eines unbefristeten Arbeitsverhältnisses führt. Die nach Vertragsbeginn und nach Aufnahme der Arbeit erfolgte schriftliche Niederlegung der mündlich vereinbarten Befristung in einem schriftlichen Arbeitsvertrag habe nicht zur Folge, dass die Befristung rückwirkend wirksam werde. Eine solche Rechtsfolge ergebe sich auch nicht aus § 141 Abs. 2 BGB. Diese Vorschrift sei auf die nach Vertragsbeginn ergangene schriftliche Fixierung einer zunächst nur mündlich getroffenen Befristungsvereinbarung in einem wirksamen Arbeitsvertrag nicht anwendbar.[116]

Auch bei einer **sachgrundlosen Befristung** ist darauf zu achten, dass die Vereinbarung vor Aufnahme der Tätigkeit des Arbeitnehmers getroffen wird. Wird ein sachgrundlos befristeter Arbeitsvertrag nach § 14 Abs. 2 Satz 1 TzBfG verlängert, muss die Vereinbarung über das Hinausschieben des Beendigungszeitpunkts hinaus nach Abschluss der Laufzeit des bisherigen Vertrages schriftlich getroffen werden und es muss der Vertragsinhalt ansonsten unverändert bleiben.[117] Die Parteien können anlässlich der Verlängerung Anpassungen des Vertragstextes an die zum Zeitpunkt der Verlängerung geltende Rechtslage vornehmen. Um eine solche Anpassung handelt es sich, wenn bereits zuvor vereinbarte Änderungen der Vertragsbedingungen in der Urkunde festgehalten werden oder die geänderten Vertragsbedingungen von den Parteien vereinbart worden wären, sofern der Arbeitnehmer in einem unbefristeten Arbeitsverhältnis stünde. Einer Verlängerung iSd § 14 Abs. 2 Satz 1 TzBfG steht nicht entgegen, dass die Parteien in der Verlängerungsvereinbarung die Vertragsbedingungen des befristeten Arbeitsvertrages an die zum Zeitpunkt der Verlängerung geltende Rechtslage anpassen.[118]

---

114 BAG 14.7.2005 – 8 AZR 300/04, NZA 2005, 1298.
115 BAG 14.7.2005 – 8 AZR 300/04, NZA 2005, 1298.
116 BAG 1.12.2004 – 7 AZR 198/04, NZA 2005, 575.
117 BAG 18.1.2006 – 7 AZR 178/05, NZA 2006, 605; BAG 19.10.2005 – 7 AZR 31/05, NZA 2006, 154; BAG 25.5.2005 – 7 AZR 286/04, EzA § 14 TzBfG Nr. 19.
118 BAG 23.8.2006 – 7 AZR 12/06, NZA 2007, 204.

B. Texte
I. Bewerberauswahl
1. Muster: Bewerberbeurteilung

Name des Bewerbers: ...
Vorgesehene Stelle: ...   ❑ extern   ❑ innerbetrieblich

1. Bewerbungsunterlagen

1.1 Äußere Form   ❑ ansprechend   ❑ mangelhaft

1.2 Vollständigkeit
    Bewerbungsschreiben   ❑ vorhanden   ❑ nicht vorhanden
    Lebenslauf   ❑   ❑
    Zeugnisse   ❑   ❑
    Fortbildungsbescheinigungen   ❑   ❑
    Lichtbild   ❑   ❑

1.3 Bewerbungsschreiben
    Layout ansprechend   ❑ ja   ❑ nein
    Umfang bis zwei Seiten   ❑   ❑
    Anrede persönlich   ❑   ❑
    Interpunktion fehlerfrei   ❑   ❑
    Sprache flüssig   ❑   ❑
    Satzbau kurz   ❑   ❑
    Formulierungen positiv   ❑   ❑

2. Beurteilungen

❑ sehr gut   ❑ negativ
❑ gut   ❑ vollständig
❑ durchschnittlich   ❑ unvollständig

3. Qualifikationen

❑ branchenfremd   ❑ überqualifiziert
❑ stellenbezogene Qualifikation   ❑ durchschnittlich
                                                    ❑ mangelhaft

4. Gehaltsvorstellungen und Verfügbarkeit

4.1 Gehaltswünsche: ...

4.2 Möglicher Eintrittstermin: ...

5. Bewerbungsgrund

6. Lebenslauf

6.1 Inhaltliche Fragen: ...

6.2 Offen gebliebene Fragen: ...

Kapitel 1: Einstellung 3

7. Beurteilung auf der Grundlage des Bewerbungsgesprächs

7.1 Auftreten
- ❏ unsicher
- ❏ aufgeregt
- ❏ ungezwungen
- ❏ selbstbewusst

7.2 Kleidung
- ❏ nachlässig
- ❏ angemessen
- ❏ geschmackvoll
- ❏ elegant

7.3 Äußeres Erscheinungsbild
- ❏ ungepflegt
- ❏ gepflegt
- ❏ ansprechend
- ❏ unvorteilhaftes Aussehen

7.4 Auftreten
- ❏ kontaktfreudig
- ❏ zurückhaltend
- ❏ entgegenkommend
- ❏ höflich

7.5 Sprechweise
- ❏ langsam, unbeholfen
- ❏ leise, zögernd
- ❏ schnell, undeutlich
- ❏ klar, gut artikuliert
- ❏ ansprechend

7.6 Redegewandtheit
- ❏ schweigsam
- ❏ gesprächig
- ❏ sprachgewandt
- ❏ geschwätzig

7.7 Auffassungsgabe
- ❏ schnell
- ❏ langsam
- ❏ besonders schnell

7.8 Typeneignung
- ❏ nicht geeignet
- ❏ bedingt geeignet
- ❏ gut geeignet
- ❏ sehr gut geeignet

7.9 Fachliche Eignung
- ❏ nicht geeignet
- ❏ bedingt geeignet
- ❏ gut geeignet
- ❏ sehr gut geeignet

7.10 Berufserfahrung
- ❏ keine
- ❏ wenig
- ❏ langjährige
- ❏ absoluter Profi

7.11 Einstellung zur Position
- ❏ Übergangslösung
- ❏ unentschlossen
- ❏ interessiert
- ❏ sehr interessiert und motiviert

8. Gesamteindruck
- ❏ nicht geeignet
- ❏ unter Umständen geeignet
- ❏ noch geeignet
- ❏ gut geeignet
- ❏ sehr gut geeignet

9. Zusatzbemerkungen

10. Absprachen

10.1 Bedenkzeit vom Bewerber bis ...

10.2 Bedenkzeit vom Unternehmen bis ...

10.3 Anfangsgehalt ...

10.4 Probezeit ...

10.5 Besondere Vertragsvereinbarungen: ...

↑

58 2. Muster: Fragebogen an Bewerber

↓

Familienname (ggf Geburtsname), Vorname: ...[119, 120]

Wohnanschrift: ...

Staatsangehörigkeit: ...

Bankverbindung: ... Kontonummer: ... BLZ: ...

Gegenwärtige Beschäftigung: ...

Sind Angehörige in einem Konkurrenzunternehmen tätig? ...

Schulabschluss: ...

Berufsausbildung: ...

Abschlussprüfung als: ... am: ...

Zusätzliche Qualifikationen: ...

Vorletzte Stelle als: ... bei Firma: ...

Unterliegen Sie einem Wettbewerbsverbot? ... Wenn ja, in welchem Umfang? ...

Haben Sie eine Behinderung, die Sie in der Ausübung der geplanten Stelle beeinträchtigt? ...[118]

Haben Sie einen Antrag auf Anerkennung gestellt? ... Wenn ja, wann? ...

Sind Sie arbeitsunfähig erkrankt? ... Seit wann? ...

Leiden Sie an einer ansteckenden oder chronischen Krankheit? ...

Leiden Sie an einer Krankheit oder an Beschwerden, die Sie bei der Ausübung der vorgesehenen Tätigkeit beeinträchtigen? ...

Endete das letzte Arbeitsverhältnis aus gesundheitlichen Gründen? ...

Haben Sie einen Kurantrag gestellt oder wurde bereits eine Kurmaßnahme bewilligt? ...

Haben Sie Wehr-/Zivildienst abgeleistet? ...

---

119 Das Geburtsdatum darf nach §§ 11, 7, 1 AGG zur Vermeidung einer Altersdiskriminierung, der Geburtsort zur Vermeidung einer rassistischen oder ethnischen Benachteiligung nicht mehr gefragt werden. Ebenfalls wird geraten, künftig nicht mehr nach dem Familienstand und nach unterhaltsberechtigten Kindern zu fragen, weil die Frage Auskunft über die sexuelle Identität geben könnte.

120 Aus §§ 7 und 1 AGG folgt, dass ein weitergehender Behindertenbegriff zu wählen ist, als ihn der deutsche Gesetzgeber in § 81 Abs. 2 Satz 1 SGB IV zur Grundlage macht. Der EuGH hat diese Auffassung des ArbG Berlin (13.7.2005 – 86 Ca 24618/04, NZA-RR 2005, 608) und von *Thüsing* (NZA 2006, 136) bestätigt (EuGH 11.7.2006 – C-13/05, BB 2006, 1640 LS – Chacón Navas). Gegenwärtig gilt noch die Rechtsprechung des 2. Senats, wonach der Arbeitgeber tätigkeitsneutral nach der Behinderung fragen darf (BAG 18.10.2000 – 2 AZR 380/99, BB 2001, 627). *Düwell* (BB 2006, 1741, 1743) hält diese Rechtsprechung seit Inkrafttreten des § 81 Abs. 2 SGB IX für überholt. – Vorliegend wird die Frage nur noch als tätigkeitsbezogenes Merkmal gestattet.

Besteht gegenwärtig ein Einberufungsbescheid? ...

Haben Sie Ihren künftigen Arbeitslohn abgetreten oder liegen Lohnpfändungen vor? ...

Haben Sie die eidesstattliche Versicherung abgeleistet? ...

Bestehen Vorstrafen, die für die vorgesehene Position von Belang sein könnten? ...

Müssen Sie aus Ihnen heute bekannten Gründen innerhalb der nächsten zwölf Monate mit längerer Abwesenheit vom Arbeitsplatz (länger als eine Woche) rechnen? ...

Ich versichere, dass meine vorstehenden Angaben wahrheitsgemäß sind. Ich habe nichts verschwiegen, was den Umständen nach zu offenbaren gewesen wäre. Mir ist bekannt, dass eine bewusst falsche oder unvollständige Beantwortung einzelner Fragen unser Unternehmen zu einer Anfechtung des Arbeitsvertrages wegen arglistiger Täuschung berechtigen würde.

... (Ort, Datum, Unterschrift Bewerber)

3. Muster: Personalfragebogen

1. Angaben zur Person[121]

Name: ...   Vorname: ...

Geburtsname: ...

geboren in: ...

Wohnanschrift: ...   Telefon: ...

Staatsangehörigkeit: ...

Kontonummer: ...   bei Bank: ...   BLZ: ...

Name und Anschrift des gesetzlichen Vertreters: ...

Krankenkasse: ...

2. Beruflicher Werdegang

Schulabschluss: ...

Sonstige Ausbildungen und Prüfungen: ...   Note: ...

Führerschein: ...   Fremdsprachen: ...

Erlernter Beruf: ...

Ausbildung von ... bis ...

Name und Anschrift des Ausbilders: ...

Bisherige Arbeitsverhältnisse:

von ... bis ...

Name und Anschrift des Arbeitgebers: ...

Ausgeübte Tätigkeit: ...

von ... bis ...

Name und Anschrift des Arbeitgebers: ...

---

[121] Früher übliche Fragen, wie die Frage nach dem Alter, nach Kindern, nach dem Status (ledig/verheiratet), sind im Fragebogen gem. §§ 11, 7, 1 AGG nicht mehr enthalten.

Ausgeübte Tätigkeit: ...
von ... bis ...
Name und Anschrift des Arbeitgebers: ...
Ausgeübte Tätigkeit: ...
Letztes Arbeitsverhältnis beendet durch: ...
Hochschulstudium: ...
Abschluss als: ...

3. Zivildienst/Wehrdienst

Als wehrtauglich gemustert? ...
Bereitstellungs- oder Einberufungsbescheid? ...
Wehrdienst geleistet von ... bis ...
Dienstgrad: ...
Ersatzdienst geleistet von ... bis ...

4. Gesundheitszustand

Chronische oder ansteckende Erkrankungen, die für die Ausübung der angestrebten Tätigkeit von Bedeutung sein könnten? ...
Wollen Sie Mitglied der Betriebskrankenkasse werden? ...

5. Diverses

Beziehen Sie eine Rente? ...
Haben Sie gegen einen früheren Arbeitgeber einen Anspruch auf eine Betriebsrente? ...
Besteht eine Anwartschaft? ...
Haben Sie ein öffentliches Ehrenamt? ...
Haben Sie im laufenden Urlaubsjahr Urlaub oder Urlaubsabgeltung erhalten? ...
Wie viele Urlaubstage? ...
Besteht für Sie ein Wettbewerbsverbot? ...

Dieser Personalfragebogen ist Bestandteil Ihres Arbeitsvertrages. Unvollständige oder unrichtige Angaben berechtigten das Unternehmen zur Anfechtung des Arbeitsvertrages oder zur fristlosen Kündigung des Arbeitsverhältnisses.

... (Ort, Datum, Unterschrift Mitarbeiter)

... (bei minderjährigen Arbeitnehmern: Unterschrift der gesetzlichen Vertreter)

4. Muster: Fragenkatalog zum Bewerbungsgespräch

Familienname (ggf Geburtsname), Vorname: ...[122]
Wohnanschrift: ...
Interviewer: ...   Datum des Interviews: ...
Wodurch sind Sie auf uns/die ausgeschriebene Stelle aufmerksam geworden? ...

---

[122] Fragen nach der Herkunft, dem Alter, der Staatsangehörigkeit oder dem Familienstand werden zur Vermeidung einer Diskriminierung nicht mehr gestellt (§§ 11, 7, 1 AGG).

Erzählen Sie uns einmal kurz Ihren beruflichen Werdegang! ...
Haben Sie die Berufstätigkeit einmal unterbrochen? ...
Wenn ja: warum? ...
Warum haben Sie sich für die ausgeschriebene Stelle beworben? ...
Wie könnte man Ihre derzeitige Stelle, Ihre derzeitige Tätigkeit umschreiben? ...
Aus welchen Gründen wollen Sie Ihren derzeitigen Arbeitsplatz aufgeben? ...
Was interessiert Sie an unserem Unternehmen? ...
Was würde sich mit der ausgeschriebenen Stelle für Sie ändern? ...
Welche Karriereziele haben Sie? ...
Wie sähe Ihre Idealposition aus? ...
Sind Sie örtlich flexibel? ...
Könnten Sie sich vorstellen, vorübergehend im Ausland zu arbeiten? ...
Wie haben Sie sich den zeitlichen Rahmen für Ihre Karriere gesteckt? ...
Was haben Sie zu Ihrer Fortbildung unternommen? ...
Beschreiben Sie Ihre Stärken und Schwächen! ...
Nennen Sie uns Ihre größten Erfolge und Ihre größten Misserfolge! ...
Wofür engagieren Sie sich in Ihrer Freizeit? ...
Treiben Sie Sport? ...
Welches Buch lesen Sie gerade? ...
Nennen Sie uns Ihren künftigen Einkommenswunsch! ...
Welche Kündigungsfrist müssen Sie beachten? ...
Üben Sie eine Nebentätigkeit aus? ...
Unterliegen Sie einem Wettbewerbsverbot? ...
Da bei uns keine Möglichkeit zum Rauchen besteht: Können Sie während der Arbeitszeit in unseren Betriebsräumen auf das Rauchen verzichten? ...

5. Muster: Zwischennachricht

Herrn/Frau ...

Ihre Bewerbung vom ... als ...

Sehr geehrte(r) Frau/Herr ...,

Ihre Bewerbungsunterlagen haben wir erhalten. Für Ihr Interesse an unserem Unternehmen bedanken wir uns.

Gegenwärtig sichten wir die Vielzahl der eingegangenen Bewerbungsunterlagen. Die Bearbeitung bedarf noch einiger Zeit.

Sobald wir uns entschieden haben, Sie zu einem Bewerbungsgespräch einzuladen, setzen wir uns mit Ihnen zwecks Terminvereinbarung in Verbindung. Bis dahin bitten wir noch ein wenig um Geduld.

Anliegend übersenden wir Ihnen zur Beschleunigung des Bewerbungsverfahrens einen Bewerberfragebogen und bitten Sie, uns diesen mit eventuell noch fehlenden Unterlagen umgehend zurückzusenden.

Zu Ihrer Information fügen wir eine Broschüre über unser Haus bei, damit Sie erste Informationen über die Entstehung, Entwicklung und Produktpalette unseres Unternehmens sammeln können.

Mit freundlichen Grüßen

6. Muster: Einladung zum Vorstellungsgespräch mit Kostenübernahme

Herrn/Frau ...

Ihre Bewerbung vom ... als ...

Sehr geehrte(r) Frau/Herr ...,

zunächst möchten wir uns bei Ihnen für die zügige Rücksendung des ausgefüllten Fragebogens bedanken. Wir haben zwischenzeitlich sämtliche Bewerberunterlagen gesichtet und uns entschlossen, Sie zu einem ersten Gespräch in unserem Hause

am ... um ... in ...

einzuladen. Ihr Gesprächspartner wird Herr/Frau ... sein.

Bitte lassen Sie uns, möglichst schriftlich, wissen, ob Sie Zeit haben, uns zu dem vorgesehenen Termin zu besuchen. Sollten Sie verhindert sein, lassen Sie uns dies bitte umgehend wissen, damit wir einen ggf telefonisch mit Ihnen abgestimmten Gesprächstermin vereinbaren können.

Die Ihnen entstehenden Reisekosten erstatten wir Ihnen im Umfang von ... EUR je gefahrenen Kilometer oder nach Maßgabe der Kosten eines 1. (oder 2.) Klasse-Tickets der Deutschen Bahn.

Wir freuen uns auf Ihren Besuch.

Mit freundlichen Grüßen

7. Muster: Einladung zum Vorstellungsgespräch ohne Kostenübernahme

Herrn/Frau ...

Ihre Bewerbung vom ... als ...

Sehr geehrte(r) Frau/Herr ...,

wir haben zwischenzeitlich Ihre Bewerberunterlagen gesichtet. Danach schließen wir nicht aus, dass Sie zu den aussichtsreicheren Bewerbern gehören. Wir überlassen Ihnen die Entscheidung, ob Sie sich bei uns vorstellen wollen.

Wenn Sie an einem Bewerbungsgespräch teilnehmen wollen, lassen Sie uns dies bitte wissen, damit wir einen ggf telefonisch mit Ihnen abgestimmten Gesprächstermin vereinbaren können.

Die Ihnen entstehenden Kosten können wir angesichts der Vielzahl der Bewerber aus Gründen der Gleichbehandlung nicht übernehmen.

Wir würden uns freuen, Sie kennen zu lernen.

Mit freundlichen Grüßen

8. Muster: Zusage Bewerbung

Herrn/Frau ...

Ihre Bewerbung vom ... als ...

Sehr geehrte(r) Frau/Herr ...,

wir können Ihnen die erfreuliche Mitteilung machen, dass wir uns für Sie entschieden haben. Auf diesem Wege möchten wir Sie als künftigen Mitarbeiter unseres Unternehmens begrüßen.

Einzelheiten sollten wir in einem weiteren Gespräch klären.

Ihr Arbeitsvertrag wird gegenwärtig vorbereitet. Wir bitten Sie, einen Termin zur Unterzeichnung des Vertrages in unserem Hause sowie zur Klärung weiterer üblicher Einzelheiten zu vereinbaren.

Mit freundlichen Grüßen

9. Muster: Absage Bewerbung

Herrn/Frau ...

Ihre Bewerbung vom ... als ...

Sehr geehrte(r) Frau/Herr ...,

leider müssen wir Ihnen die Mitteilung machen, dass wir Ihre Bewerbung nicht berücksichtigen konnten. Die uns überreichten Bewerbungsunterlagen senden wir anliegend zurück.[123]

Mit freundlichen Grüßen

10. Muster: Einwilligung in ärztliche Untersuchung, psychologische und graphologische Untersuchung

Hiermit gebe ich mein Einverständnis zu einer werks- oder vertrauensärztlichen Untersuchung/einem graphologischen Gutachten/einer psychologischen Eignungsuntersuchung. Den untersuchenden Arzt entbinde ich von seiner Schweigepflicht in dem Maße, in dem sein Befund zur Beurteilung meiner Eignung für die vorgesehene Stelle erforderlich ist.

II. Stellenbeschreibung

1. Muster: Einfache Stellenbeschreibung

1. Stellenbeschreibung: ...
2. Hierarchie/Tarifstufe: ...
3. Kurzbeschreibung des Aufgabengebietes: ...
4. Disziplinarvorgesetzter: ...
5. Fachliche(r) Vorgesetzte(r): ...
6. Stelleninhaber(in) ist disziplinarische(r) Vorgesetzte(r) folgender Mitarbeiter: ...
7. Stelleninhaber(in) ist Vorgesetzte(r) folgender Mitarbeiter(innen): ...
8. Stelleninhaber(in) vertritt: ...

---

[123] Um sich nicht dem Risiko von Schadensersatzansprüchen wegen Diskriminierung auszusetzen (§ 21 Abs. 2 AGG), wird empfohlen, bei Absageschreiben generell auf die Mitteilung einer Begründung zu verzichten. Eine Begründungspflicht bei Absagen besteht für den Arbeitgeber nicht.

9. Stelleninhaber(in) wird vertreten von: ...
10. Spezielle Vollmachten und Berechtigungen: ...
11. Beschreibung der Tätigkeit, die Stelleninhaber(in) selbständig durchzuführen hat: ...

... (Datum, Unterschrift Stelleninhaber(in))
... (Datum, Unterschrift unmittelbare(r) Vorgesetzte(r))
... (Datum, Unterschrift nächsthöhere(r) Vorgesetzte(r))
... (Datum, Unterschrift einführende Stelle)

Änderungen: ...   Datum: ...

68 2. Muster: Interne Stellenausschreibung (Aushang)

1. Abteilung: ...
2. Zeitpunkt: ...
3. Aufgabenbereich:
   Stellenbezeichnung: ...
   Arbeitsplatzbeschreibung: ...
4. Anforderungsprofil:
   Kenntnisse/Fähigkeiten: ...
   Fachliche Voraussetzungen: ...
   Persönliche Voraussetzungen: ...
   Eingruppierung: ...
5. Bewerbung:
   Bewerbung ist zu richten an: ...
   Bewerbungsfrist/Beizufügende Unterlagen: ...

... (Personalabteilung)

69 3. Muster: Job Description

Employee Name: ...
Job Title: ...
Department (& Group) Name: ...
Location: ...
Line-Manager & Job Title: ...
Date Updated: ...
Department Description: ... (summary of the main purpose and fundamental goals of the department/group)
Organisational Relationships: ... (key reporting relationships, cross-functional interfaces, „customers" and authorities)
Representation: ... (who deputises for this position in case of absence, which positions does this job holder deputise for?)
Key Tasks & Responsibilities: ... (focus on entire processes and results achieved in order of priority and time spent)

Personal Specification: ... (general guidelines for the typical minimum requirements for this position)
- Education and Qualifications: ...
- Professional Skills & Experience: ...
- Interpersonal Skills & Experience: ...
- Other Requirements: ...

↑

4. Muster: Fragebogen zur Erarbeitung einer Stellenbeschreibung 70
↓

Fragebogen zur Erarbeitung einer Stellenbeschreibung

Firma ...

Angestellte/r ...

Allgemeine Angaben zur Stelle

Nummer im Stellenplan: ...
Bezeichnung der Tätigkeit: ...
Abteilung: ...

Angaben zum Arbeitsplatz

I. Regelmäßig durchzuführende Arbeiten (genaue Angaben zu Arbeitsablauf/Zeitraum): ...
II. Unregelmäßig durchzuführende Arbeiten: ...
III. Umfang der Entscheidungskompetenz
 - Entscheidungen, die selbständig ohne Rücksprache mit dem Vorgesetzten getroffen werden können: ...
 - Entscheidungen, die nur nach Rücksprache mit dem Vorgesetzten getroffen werden können: ...
IV. Störungen im Arbeitsablauf
 - treten nicht auf: ...
   treten auf: Art der Störung: ...   Ursache: ...   Häufigkeit: ...

Angaben zu Weisungsfragen/innerbetrieblicher Zusammenarbeit

I. Direkter Vorgesetzter: ...
II. Sonstige Weisungsberechtigte:
 Name/Stelle: ...   Inhalt der Anweisung: ...
III. Erteilen Sie selbst Anweisungen?
 Empfänger der Anweisung: ...   Inhalt der Anweisung: ...
IV. Regelmäßige Zusammenarbeit mit folgenden Stellen:
 Stelle/Nr. im Stellenplan: ...   Art der Zusammenarbeit: ...

Angaben zu Vertretungsfragen

I. Während Ihres Urlaubs/Ihrer Krankheit übernimmt die Vertretung:
 Name/Stelle: ...   Umfang der zu übernehmenden Arbeiten: ...
II. Sie übernehmen die Urlaubs-/Krankheitsvertretung für
 Name/Stelle: ...   Umfang der zu übernehmenden Arbeiten: ...

Kritik/Verbesserungsvorschläge

I. Ihre Entscheidungskompetenz könnte erweitert werden
- nein ...
- ja, um folgende Bereiche: ...

II. Die innerbetriebliche Zusammenarbeit könnte verbessert werden
- nein ...
- ja – und zwar folgendermaßen: ...

III. Die Regelungen zur Urlaubs-/Krankheitsvertretung könnten verbessert werden
- nein ...
- ja – und zwar folgendermaßen: ...

IV. Sonstige Verbesserungsvorschläge: ...

... (Datum, Unterschrift)

III. Mitbestimmung des Betriebsrats bei Einstellung

1. Muster: Antrag auf Zustimmung zur Einstellung mit Antwortformular für den Betriebsrat

An: Betriebsrat, z. Hd. der/des Vorsitzenden
von: Personalabteilung
Datum: ...
Betreff: Einstellung eines neuen Mitarbeiters/einer neuen Mitarbeiterin

Wir möchten Sie über die beabsichtigte Einstellung von Frau/Herrn ... informieren. Die geplante Einstellung soll ab dem ... unbefristet/befristet bis zum ... erfolgen.

Angaben zur Person:

Name, Vorname: ...
Wohnort: ... Straße: ...
Ausbildung: ...
bisherige Tätigkeiten: ...
besondere Hinweise: ...

Vorgesehener Arbeitsplatz:

Tätigkeit: ...
Abteilung: ...
Eingruppierung:
in der Probezeit: ... nach Probezeit: ...
Außertarifliches Gehalt: ...
Auswirkungen der Einstellung: ...
Sonstige Bewerber: ...
Die Bewerbungsunterlagen sind beigefügt.
... (Ort, Datum, Unterschrift Personalabteilung)

Angaben des Betriebsrats: ...

Wir geben folgende Stellungnahme ab (Zutreffendes ankreuzen):
❏ Der Betriebsrat stimmt der beabsichtigten Maßnahme zu.

- ☐ Der Betriebsrat hat von der beabsichtigten Maßnahme Kenntnis genommen, er will dazu keine Stellungnahme abgeben.
- ☐ Der Betriebsrat verweigert zu der beabsichtigten Einstellung seine Zustimmung gem. § 99 Abs. 2 Nr. ... BetrVG. Die Zustimmungsverweigerung basiert auf folgenden konkreten Gründen: ...

... (Ort, Datum, Unterschrift Betriebsratsvorsitzende(r))
↑

2. Muster: Schwerbehindertenabfrage
(per E-Mail an zentrale E-Mail-Adresse der zuständigen Agentur für Arbeit)
↓

Sehr geehrte Damen und Herren,

in der Anlage erhalten Sie als PDF eine Stellenausschreibung unseres Unternehmens.

Bitte teilen Sie uns mit, ob es für diese geeignete schwerbehinderte arbeitsuchende Kandidaten gibt.

Mit freundlichen Grüßen

... (Name, Position)
↑

3. Muster: Bekanntgabe der Einstellung eines leitenden Angestellten an den Betriebsrat
↓

An den Betriebsrat ...

Betrifft: Einstellung eines leitenden Angestellten (§ 105 BetrVG)

Wir möchten folgende personelle Veränderung bekannt geben:

Herr/Frau ...

nimmt am ...

folgende leitende Tätigkeit in unserer Firma auf: ...

Aus folgenden Gründen ist die Qualifikation zum/zur leitenden Angestellten gegeben:

- Alternative 1: Berechtigung zur selbständigen Einstellung/Entlassung der im Betrieb beschäftigten Arbeitnehmer (§ 5 Abs. 3 Nr. 1 BetrVG)
- Alternative 2: Erteilung von Einzelprokura/Gesamtprokura (§ 5 Abs. 3 Nr. 2 BetrVG)
- Alternative 3: Erteilung der Handlungsvollmacht und Übernahme der selbständigen Leitung von Einkauf/Verkauf (§ 5 Abs. 3 Nr. 3 BetrVG)

... (Datum, Unterschrift)
↑

4. Muster: Guideline für Betriebsräte zur Prüfung der Voraussetzungen einer Zustimmungserteilung
↓

Name des Bewerbers: ...   Vorname: ...
Geburtsdatum: ...   Zahl der Unterhaltsberechtigten: ...
Familienstand: ...
vorgesehene Tätigkeit: ...   vorgesehene Eingruppierung: ...
Eingang der Mitteilung über beabsichtigte Einstellung: ...
Letzter Tag zur Stellungnahme des Betriebsrats: ...
Nächste Betriebsratssitzung: ...
Geplanter Einstellungstermin: ...

§ 3 Arbeitsrechtstexte der Personalarbeit

	ja	nein
Neubesetzung einer Stelle?	☐	☐

Neu geschaffene Stelle
- intern ausgeschrieben? ☐ ☐
- extern ausgeschrieben? ☐ ☐

Stelle im Stellenplan ausgewiesen? ☐ ☐
Stellenbeschreibung vorhanden? ☐ ☐
Stimmt Eingruppierungsvorschlag mit Tarifgruppe überein? ☐ ☐
Liegen Bewerbungsunterlagen aller Bewerber vor? ☐ ☐

Besteht ein Verstoß gegen allgemeine Vorschriften
- gegen den Gleichbehandlungsgrundsatz (§ 75 BetrVG)? ☐ ☐
- gegen sonstige, gesetzliche, tarifliche oder einzelvertragliche Vorschriften? ☐ ☐

Kann Zustimmung zur Einstellung verweigert werden mit folgender Begründung:

1. Verstoß gegen geltendes Recht
   - gegen Gesetz? ☐ ☐
   - Verordnung? ☐ ☐
   - Unfallverhütungsvorschrift? ☐ ☐
   - Tarifvertrag? ☐ ☐
   - Betriebsvereinbarung? ☐ ☐
   - gerichtliche Entscheidung? ☐ ☐
   - behördliche Anordnung? ☐ ☐
2. Verstoß gegen Auswahlrichtlinien? ☐ ☐
3. Besorgnis, dass infolge der Einstellung im Betrieb Beschäftigte
   - gekündigt werden? ☐ ☐
   - sonstige Nachteile erleiden? ☐ ☐
   - Nichtberücksichtigung eines gleich geeigneten befristet Beschäftigten, ohne dass dies aus betrieblichen oder persönlichen Gründen gerechtfertigt ist. ☐ ☐
4. Benachteiligung einer betroffenen Arbeitnehmerin/eines betroffenen Arbeitnehmers? ☐ ☐
5. Unterlassen einer internen Stellenausschreibung? ☐ ☐
6. Begründete Besorgnis, dass durch den in Aussicht genommenen Bewerber/die in Aussicht genommene Bewerberin der Betriebsfrieden gestört wird durch
   - gesetzwidriges Verhalten? ☐ ☐
   - durch grobe Verletzung der in § 75 Abs. 1 BetrVG enthaltenen Grundsätze? ☐ ☐
   - durch rassistische oder fremdenfeindliche Betätigung ☐ ☐
7. Vermehrte Einstellung geringfügig Beschäftigter? ☐ ☐

(Ort, Datum, Unterschrift Betriebsratsvorsitzende(r))
↑

Kapitel 2: Administration bestehender Arbeitsverhältnisse

Literatur:

Abmahnung: *Adam*, Die Abmahnungsberechtigung, DB 1996, 476; *Becker-Schaffner*, Die Abmahnung in der Praxis, BB 1995, 2526; *Hümmerich*, Streitfragen um Personalakten in der Privatwirtschaft, DB 1977, 541; *Hunold*, Die Rechtsprechung zur Abmahnung und Kündigung bei Vertragsstörungen im Vertrauensbereich, NZA-RR 2003, 57; *Kammerer*, Die „letzte Abmahnung" in der Rechtsprechung des BAG, BB 2002, 1747; *ders.*, Personalakte und Abmahnung; *Leisten*, Das Nachschieben von Abmahnungsgründen, AuR 1991, 206; *Pauly*, Der Anspruch auf Entfernung einer Abmahnung aus der Personalakte, MDR 1996, 121; *ders.*, Hauptprobleme der arbeitsrechtlichen Abmahnung, NZA 1995, 449; *Pflaum*, Die Abmahnung im Arbeitsrecht als Vorstufe zur Kündigung, 1992; *Schunck*, Gescheiterte Abmahnung – Kündigungsrechtliche Konsequenzen?, NZA 1993, 828; *v. Hoyningen-Huene*, Die Abmahnung im Arbeitsrecht, AuA 1993, 137, 266; *Walker*, Fehlentwicklungen bei Abmahnung im Arbeitsrecht, NZA 1995, 601; *Zuber*, Das Abmahungserfordernis vor Ausspruch verhaltensbedingter Kündigungen, NZA 1999, 1142.

Elternzeit/Erziehungsurlaub: *Bäuml*, Erziehungsurlaub trotz Sonderurlaubs, SAE 1998, 183; *Buchner/Becker*, Mutterschutzgesetz und Bundeserziehungsgeldgesetz; *Düwell*, Fragen zur Inanspruchnahme von Erziehungsurlaub, AuA 1997, 114; *Eickelpasch*, Auswirkungen des Erziehungsurlaubs auf das Arbeitsverhältnis, 1997; *Glatzel*, Erziehungsgeld und Erziehungsurlaub, AR-Blattei SD 680; *Gosch*, Teilzeitbeschäftigung während des Erziehungsurlaubs als Einstellung, AiB 1999, 230; *Grönert*, Erziehungsgeld, Mutterschutz, Elternzeit, 2005; *Ipsen*, Erziehungsgeld und Erziehungsurlaub, PersR 1992, 129; *Joussen*, Elternzeit und Verringerung der Arbeitszeit, NZA 2005, 336; *Köster/Schiefer/Überakker*, Arbeits- und sozialversicherungsrechtliche Fragen des BErzGG 1992, DB 1992, Beil. 10, 1; *Leßmann*, Der Anspruch auf Verringerung der Arbeitszeit im neuen Bundeserziehungsgeldgesetz, DB 2001, 94; *Meisel/Sowka*, Mutterschutz und Erziehungsurlaub; *Oberthür*, Antragstellung auf Elternzeit und Teilzeitarbeit unter Berücksichtigung der neuesten BAG-Rechtsprechung, ArbRB 2005, 189; *Peters-Lange/Rolfs*, Reformbedarf und Reformgesetzgebung im Mutterschutz- und Erziehungsgeldrecht, NZA 2000, 682; *Reinecke*, Elternzeit statt Erziehungsurlaub, FA 2001, 10; *Richardi/Annuß*, Gesetzliche Neuregelung von Teilzeitarbeit, BB 2000, 2201; *Schirge*, Weihnachtsgeld und Erziehungsurlaub, AiB 1996, 26; *Sowka*, Handbuch zum Erziehungsurlaub; *ders.*, Offene Fragen des Erziehungsurlaubs, NZA 1998, 347; *Stevens-Bartol*, Bundeserziehungsgeldgesetz, 2. Aufl. 1989; *Stichler*, Der Kündigungsschutz des Teilzeitarbeitsverhältnisses während des Erziehungsurlaubs, BB 1995, 355; *Zmarzlik*, Bundeserziehungsgeldgesetz, BB 1992, 130; *ders.*, Einzelfragen zum Bundeserziehungsgeldgesetz 1992, BB 1992, 852; *Zmarzlik/Zipperer/Viethen/Vieß*, Mutterschutzgesetz, Mutterschaftsleistungen, Kommentar. Mit Mutterschutzverordnung, 9. Aufl. 2005.

Mutterschutz: *Buchner*, Die Neuordnung des Mutterschaftsgeldzuschusses als Chance zur Korrektur sozialpolitischer Fehlentwicklung, NZA 2004, 1121; *Budde*, Neues Mutterschutzrecht, AiB 1997, 313; *Coester*, Mutterschutz – Beschäftigungsverbot – Arbeitsunfähigkeit, SAE 1997, 27; *Glatzel*, Mutterschutz, AR-Blattei SD 1220; *Grönert*, Erziehungsgeld, Mutterschutz, Elternzeit, 2005; *Gröninger/Thomas*, Mutterschutzgesetz, Kommentar, 1989; *Joussen*, Das neue Mutterschutzrecht, NZA 2002, 702; *Lembke*, Mutterschutzlohn und Entgeltfortzahlung, NZA 1998, 349; *Lenz*, Änderungen im Mutterschutzrecht, NJW 1997, 1419; *Marburger*, Änderungen des Mutterschutzrechts, BB 1997, 521; *Meisel/Sowka*, Mutterschutz und Erziehungsurlaub, 5. Aufl. 1999; *Oetker*, Neues zur Arbeitnehmerhaftung durch § 619a BGB?, BB 2002, 43; *Oppermann*, Mutterschutz und Elternzeit in der Personal- und Abrechnungspraxis, 2. Aufl. 2002; *Sowka*, Änderungen im Mutterschutzrecht und im Jugendarbeitsschutzrecht, NZA 1997, 296; *ders.*, Mutterschutzrichtlinien, NZA 1997, 927; *Weber*, Mutterschutzgesetz, 22. Aufl. 2002; *Will*, Änderung des Mutterschutzgesetzes, FA 2002, 268; *Zmarzlik*, Die Neufassung des Mutterschutzgesetzes, DB 1997, 474; *Zmarzlik/Zipperer/Viethen/Vieß*, Mutterschutzgesetz, Mutterschaftsleistungen, Kommentar. Mit Mutterschutzverordnung, 9. Aufl. 2005.

Schwerbehinderung: *Bitzer*, Sonderkündigungsschutz schwerbehinderter Menschen, NZA 2006, 1082; *Cramer*, Schwerbehindertengesetz, 5. Aufl. 1998; *ders.*, Die Schwerbehindertenvertretung, 1990; *ders.*, Die Neuerungen im Schwerbehindertenrecht des SGB IX, NZA 2004, 698; *Düwell*, Neu geregelt: Die Stellung der Schwerbehinderten im Arbeitsrecht, BB 2001, 1527; *Feldes/Kamm/Peiseler*, Schwerbehindertenrecht, 8. Aufl. 2004; *Griebeling*, Neues im Sonderkündigungsschutz schwerbehinderter Menschen, NZA 2005, 494; *Gröninger/Thomas*, Schwerbehindertengesetz, Loseblatt, Stand 2001; *Großmann*, Geltendmachung und Nachweis der Schwerbehinderteneigenschaft bei Kündigungen, NZA 1992, 2; *Schlewing*, Der Sonderkündigungsschutz schwerbehinderter Menschen nach der Novelle des SGB IX, NZA 2005, 1218.

Urlaub: *Hohmeister*, Aktuelle Urlaubsrechtsprechung des BAG, BB 1997, 1149; *ders.*, Die Rechtsprechung des Bundesarbeitsgerichts zum Urlaubsrecht im Jahr 1997/98, BB 1998, 1054; *Krasshöfer*, Der Anspruch des Arbeitnehmers auf Urlaub, AuA 1995, 299; *Leinemann/Linck*, Berechnung der Urlaubsdauer bei regel- und unregelmäßig verteilter Arbeitszeit, DB 1999, 1498; *dies.*, Urlaubsrecht, Kommentar, 2. Aufl. 2001; *Natzel*, Bundesurlaubsrecht, 4. Aufl. 1988; *Neumann*, Urlaubsrecht mit Erläuterungen, 12. Aufl. 2001; *Neumann/Fenski*, Bundesurlaubsgesetz, 9. Aufl. 2003; *Schäfer*, Urlaubsabgeltung bei fortbestehendem Arbeitsverhältnis, NZA 1993, 204; *Weber*, Die Ansprüche auf Urlaub, Urlaubsentgelt und Urlaubsabgeltung, RdA 1995, 229.

Sonstiges: *Altenburg/Leister*, Der Widerspruch des Arbeitnehmers beim umwandlungsbedingten Betriebsübergang, NZA 2005, 15; *Beckschulte*, Die Durchsetzbarkeit des Teilzeitanspruchs in der betrieblichen Praxis, DB 2000, 2598; *Bengelsdorf*, Alkohol im Betrieb – Die Aufgaben des Vorgesetzten, NZA 1999, 1304; *Braun*, Rechtlicher Rahmen bei der Abwerbung von Arbeitnehmern, DB 2002, 1326; *ders.*, Headhunting – Auch ein arbeitsrechtliches Problem?, NZA 2003, 633; *Busch/Dendorfer*, Abwerbung von Mitarbeitern, BB 2002, 301; *Conze*, Personalbuch TVöD, 2006; *Düwell*, Das Gesetz zur Einführung des Elterngeldes, FA 2007, 44; *Gola/Hümmerich*, Die Personalakte des Arbeitnehmers, BB 1974, 1167; *Grimm/Böker*, Die arbeits- und sozialversicherungsrechtliche Due Diligence, NZA 2002, 193; *Hoß*, Vorbereitung einer späteren Konkurrenztätigkeit, ArbRB 2002, 87; *Jedzig*, Einführung standarisierter Verfahren zur Leistungsbeurteilung von Arbeitnehmern, DB 1991, 753; *Karlsfeld*, Probleme bei der Wiedereingliederung, ArbRB 2002, 278; *Klage*, Leistung fordert regelmäßige Bewertung, BB 1994, 1144; *Kleinebrink*, Die materielle und prozessuale Bedeutung von Verschlimmerungsattesten, NZA 2002, 716; *Laber/Roos*, § 613 a Abs. 5 und 6 BGB – ein unlösbares Problem?, ArbRB 2002, 268; *Löw*, Aktuelle Rechtsfragen zum Arbeitszeugnis, NJW 2005, 3605; *Mästle*, Sexuelle Belästigung im Betrieb – angemessene Reaktionsmöglichkeiten des Arbeitgebers, BB 2002, 250; *Meyer*, Neue Fragen einer Kündigung bei Widerspruch gegen „Betriebsübergang", NZA 2005, 9; *Natzel*, Das neue Berufsbildungsgesetz, DB 2005, 610; *Rieble*, Kollektivwiderspruch nach § 613 a VI BGB, NZA 2005, 1; *Schmiedl*, Mitarbeiterabwerbung durch Kollegen während des laufenden Arbeitsverhältnisses, BB 2003, 1120; *Stiller*, Der Zeugnisanspruch in der Insolvenz des Arbeitgebers, NZA 2005, 331; *Taubert*, Neuregelungen im Berufsbildungsrecht, NZA 2005, 503; *Veit*, Die Sicherung des Mitbestimmungsrechts des Betriebsrats bei Eingruppierungen, RdA 1990, 325.

A. Erläuterungen

I. Leistungsbeurteilung

75 Gemäß § 82 Abs. 2 BetrVG kann der Arbeitnehmer selbst in angemessenen Zeitabständen vom Arbeitgeber die **Durchführung eines Beurteilungsgesprächs** verlangen. In einem solchen Mitarbeitergespräch soll der Mitarbeiter eine Einschätzung des Arbeitgebers zu seiner Leistungsfähigkeit erhalten und er soll die Gelegenheit haben, die Möglichkeiten seiner beruflichen Entwicklung mit der Personalabteilung zu erörtern.[1] Regelmäßig werden in den Unternehmen die – weitgehend formalisierten – Beurteilungsgespräche in Betriebsvereinbarungen geregelt.[2] Schriftliche Beurteilungen, wie sie beispielsweise anhand der Muster 3300 und 3310 gefertigt werden, sind gem. § 83 BetrVG zur Personalakte zu nehmen. Enthalten schriftliche Beurteilungen unzutreffende Behauptungen oder grob fehlerhafte Wertungen, kann der Arbeitnehmer die Entfernung aus der Personalakte verlangen.[3] Der Mitarbeiter kann ein Mitglied des Betriebsrats zu seinem Beurteilungsgespräch hinzuziehen, § 82 Abs. 2 Satz 2 BetrVG. Bei den Mustern 3300 und 3310 handelt es sich um Formulare zur Leistungsbeurteilung, insbesondere zur Messung der Effektivität der Arbeitsleistung des einzelnen Arbeitnehmers.

76 **Allgemeine Beurteilungsgrundsätze** unterliegen der **Mitbestimmung** des Betriebsrats gem. § 94 Abs. 2 BetrVG. Beurteilungsgrundsätze enthalten die Muster 3300 und 3310, weil mit ihrer Hilfe die Bewertung des Verhaltens oder der Leistung von Arbeitnehmern objektiviert und nach einheitlichen Kriterien ausgerichtet wird, so dass Beurteilungserkenntnisse miteinander verglichen werden können.[4] Nicht der Mitbestimmung des Betriebsrats unterliegen reine Arbeitsplatz- oder Stellenbeschreibungen, da sie keine Leistungs- bzw Verhaltensbeurteilungen enthalten.[5] Auch soweit die Mitarbeiter angewiesen werden, ihre Tätigkeit zur Fertigung einer späteren Stellenbeschreibung in Erfassungsbögen einzutragen, wie in Muster 3130 vorgesehen, ist dies mitbestimmungsfrei.[6]

Wenn die hier vorgelegten Muster 3300 und 3310 nur in einem Einzelfall und nicht generell im Betrieb verwendet werden, besteht kein Mitbestimmungsrecht des Betriebsrats.[7] Hat die Leistungsbeurteilung Auswirkungen auf die Höhe des Entgelts des Arbeitnehmers, beispielsweise im Zusammenhang mit Zulagen, die auf Basis einer Leistungsbeurteilung gewährt werden, steht dem Betriebsrat nach § 80 Abs. 2 BetrVG ein Einblicksrecht in die Leistungsbeurteilung zu.[8]

---

1 *Klage*, BB 1994, 1144.
2 *Jedzig*, DB 1991, 859.
3 LAG Frankfurt 6.3.1990 – 5 Sa 1202/89, DB 1991, 1027.
4 BAG 23.10.1984 – 1 ABR 2/83, DB 1985, 495.
5 BAG 14.1.1986 – 1 ABR 82/83, DB 1986, 1286.
6 BAG 24.11.1981 – 1 ABR 108/79, DB 1982, 1116.
7 Küttner/*Kreitner*, Personalbuch, 273 (Leistungsorientierte Vergütung) Rn 11.
8 BAG 20.12.1988 – 1 ABR 63/87, DB 1989, 1032.

II. Änderung von Arbeitsbedingungen

Soweit die Änderung von Arbeitsbedingungen **einvernehmlich** erfolgt, stellt sie in individual-arbeitsrechtlicher Hinsicht kein Problem dar. Stets ist zu prüfen, ob ein **Mitbestimmungsrecht** des Betriebsrats besteht. Bei der Versetzung, soweit sie voraussichtlich einen Zeitraum von mehr als einem Monat erfasst (vgl § 95 Abs. 3 BetrVG), ist stets das Mitbestimmungsrecht des Betriebsrats nach § 99 BetrVG zu beachten. Kein Mitbestimmungsrecht besteht dagegen, wenn ein Weiterbeschäftigungsangebot zu geänderten Arbeitsbedingungen unterbreitet wird, ohne dass – wie in Muster 3360 – das Direktionsrecht oder der Versetzungsvorbehalt gemäß Arbeitsvertrag überschritten wird. Das Muster 3360 gibt eine gebräuchliche Vorgehensweise der Personalabteilung wieder, die allerdings inhaltlich eine Änderungskündigung darstellt, je nachdem, wie sie formuliert wird. Wird das Weiterbeschäftigungsangebot zu geänderten Arbeitsbedingungen ultimativ mit der Kündigungserklärung verknüpft, ist vor Ausspruch des Angebots und Ankündigung der Änderungskündigung der Betriebsrat nach § 102 BetrVG anzuhören. Bei dem Muster 3320 handelt es sich um einen Nachtrag zum Arbeitsvertrag, wie er erforderlich wird, wenn Arbeitgeber und Arbeitnehmer das Vollzeitarbeitsverhältnis in ein Teilzeitarbeitsverhältnis gem. § 8 TzBfG umgewandelt haben. Im TzBfG findet sich kein Hinweis, dass derartige Änderungen grundsätzlich befristet vorzunehmen sind und dass der Arbeitnehmer zu irgendeinem Zeitpunkt verlangen kann, wieder vollschichtig zu arbeiten.[9] Stellt der Arbeitnehmer den Antrag, seine Arbeitszeit verkürzen zu lassen, so ist umstritten, ob die Folge bei Versäumung der Drei-Monats-Frist die gleiche ist, wie bei § 15 Abs. 7 Satz 1 Nr. 5 BErzGG, wonach erst 8 Wochen später wieder ein solcher Antrag gestellt werden kann. Vertritt man die Auffassung des ArbG Oldenburg,[10] ist die Frist des § 8 Abs. 2 Satz 1 TzBfG keine materielle Wirksamkeitsvoraussetzung und es verschiebt sich die Verkürzung der Arbeitszeit nach dem hypothetischen Willen des Antragstellers um den der Verfristung entsprechenden Zeitraum. Hält man dagegen § 15 BErzGG für anwendbar, kann die Personalabteilung den Antrag auf Verkürzung der Arbeitszeit mit folgendem Wortlaut ablehnen: 77

Sehr geehrte Frau ...,

Sie möchten ab ... nur noch ... Stunden pro Woche arbeiten. Dies hätten Sie spätestens am ... beantragen müssen. Da Ihr Antrag erst am ... eingegangen ist, ist er unwirksam. Wir stellen daher anheim, einen neuen Antrag unter Beachtung der Drei-Monats-Frist des § 8 Abs. 2 Satz 1 TzBfG zu stellen.

Ein Verfügungsgrund für den Erlass einer einstweiligen Verfügung auf Reduzierung der Arbeitszeit in der Elternzeit ist nur dann gegeben, wenn der Arbeitnehmer auf die sofortige Erfüllung seines Anspruchs dringend angewiesen ist.[11] Hieran fehlt es, wenn der Arbeitnehmer nicht glaubhaft machen kann, dass Schwierigkeiten bei der Gestaltung der Kindesbetreuung unmittelbar und konkret bevorstehen.[12] 78

Bei Änderungskündigungen wird häufig von Personalabteilungen übersehen, dass vom Arbeitnehmer nicht verlangt werden kann, die **vorbehaltlose Annahme** des Änderungsangebots **innerhalb weniger Tage** zu erklären. Setzt der Arbeitgeber keine Frist, muss es zumindest ausreichen, wenn der Arbeitnehmer sich noch vor dem Tag äußert, an dem der Arbeitgeber letztmalig hätte fristgerecht kündigen können.[13] Die vorbehaltlose Annahme des in einer Änderungskündigung enthaltenen Änderungsangebots ist nicht an die Höchstfrist von drei Wochen nach Zugang der Kündigung gebunden. Zu der Frage, wann der Arbeitgeber unter regelmäßigen Umständen (§ 147 BGB) eine Antwort auf das in seiner Änderungskündigung enthaltene Änderungsangebot erwarten darf, hat sich das BAG in der Weise geäußert, dass die Einhaltung der Drei-Wochen-Frist des § 2 Satz 2 KSchG ausreichend sein kann. 79

Die **Wiedereingliederung** eines seit längerer Zeit arbeitsunfähig erkrankten Arbeitnehmers hat in § 74 SGB V ein sinnvolles Instrument der stufenweisen Rehabilitierung des Arbeitnehmers gefunden. Weder für den Arbeitgeber noch für den Arbeitnehmer besteht allerdings die Verpflichtung zum Abschluss eines Vertrages über die Wiedereingliederung.[14] 80

---

9 BAG 13.11.2001 – 9 AZR 442/00, NZA 2002, 1047.
10 ArbG Oldenburg 26.3.2002 – 6 Ga 3/02, NZA 2002, 908.
11 Muster 6650 (§ 6 Rn 339).
12 ArbG Düsseldorf 9.1.2002 – 10 Ga 114/01, FA 2002, 81.
13 BAG 6.2.2003 – 2 AZR 674/01, DB 2003, 1178.
14 BAG 29.1.1992 – 5 AZR 37/91, NZA 1992, 643; *Karsfeld*, ArbRB 2002, 278.

81 Die **Erteilung einer Prokura** ist für einen Mitarbeiter, auch aus der Innensicht eines Unternehmens, mit einer Beförderung gleichzusetzen. Der Prokurist hat in vielen Betrieben eine angesehene Stellung, ohne dass die rechtsgeschäftliche Vertretungsbefugnis durch Prokura arbeitsrechtlich von Bedeutung wäre, sieht man einmal vom Fall des § 5 Abs. 3 Satz 2 BetrVG ab. Soweit ein Angestellter über die Prokuraerteilung zum leitenden Angestellten wird, entfällt die Zuständigkeit des Betriebsrats. Andernfalls ist die Prokuraerteilung nur mitbestimmungspflichtig, wenn sie mit einer Höhergruppierung oder Umsetzung iSv § 99 BetrVG verbunden ist.

82 Die Anweisung an Sachbearbeiter, in Geschäftsbriefen auch ihre Vornamen anzugeben, betrifft das Arbeitsverhalten und ist daher nicht nach § 87 Abs. 1 Nr. 1 BetrVG mitbestimmungspflichtig.[15] Soweit die Änderung von Arbeitsbedingungen verhandelt oder ein Konfliktgespräch mit der Personalabteilung geführt werden soll, hat der Arbeitnehmer keinen Anspruch darauf, dass zu dem Gespräch ein Anwalt zugelassen wird.[16] Personalgespräche sind höchstpersönlich wahrzunehmen; dies ergibt sich aus dem personenbezogenen Charakter des Arbeitsverhältnisses. Selbst einen Anspruch, ein Mitglied des Betriebsrats zu dem Gespräch hinzuzunehmen, besteht nicht immer.[17]

III. Urlaub

83 Der Urlaubsanspruch ist ein **Freistellungsanspruch des Arbeitnehmers gegen den Arbeitgeber**, durch den der Arbeitnehmer von seiner Arbeitspflicht befreit wird, ohne dass die übrigen Rechte und Pflichten aus dem Arbeitsverhältnis tangiert werden.[18] Entgegen einem weit verbreiteten Missverständnis wird der Urlaub vom Arbeitgeber gem. § 7 Abs. 1 Satz 1 BUrlG nach den dort genannten Kriterien gewährt. Der Arbeitgeber hat zwar kein beliebiges Recht zur Urlaubserteilung, insbesondere muss er nach billigem Ermessen entscheiden.[19] Die Festlegung des Urlaubszeitpunktes gehört jedoch zur Konkretisierung der dem Arbeitgeber obliegenden, durch die Regelung des § 7 BUrlG auch im Übrigen bestimmten Pflicht.[20] Eines Urlaubsantrags, wie er als Muster 3550 vorgelegt wird, bedarf es daher grundsätzlich nicht. Andererseits entspricht es ständiger Praxis, dass der Arbeitnehmer ein Leistungsverlangen auf Urlaub geltend macht, um den Arbeitgeber zur Erfüllung des Urlaubsanspruchs zu veranlassen.[21] Das Muster 3560 entspricht der Konkretisierung des Arbeitgeberrechts auf Urlaubsgewährung gem. § 7 Abs. 1 Satz 1 BUrlG.

84 In Muster 3570 wird dem Arbeitnehmer **unbezahlter Urlaub** gewährt, häufig im Urlaubsrecht auch als „Sonderurlaub" oder als „Sabbatical" bezeichnet. Unbezahlten Urlaub kann der Arbeitgeber nicht einseitig anordnen. Von einigen gesetzlichen Sonderregelungen abgesehen (zB bei Wahlbewerbern gem. Art. 48 Abs. 1 GG), lässt sich auch ein Anspruch des Arbeitnehmers auf Gewährung unbezahlten Urlaubs kaum aus der Fürsorgepflicht ableiten. Dem Arbeitnehmer kann nur bei schwerwiegenden Gründen gem. § 242 BGB ein Anspruch auf unbezahlten Urlaub erwachsen. Maßgeblich ist eine sorgfältige Interessenabwägung, die einerseits die Dauer der begehrten Freistellung und das Gewicht des geltend gemachten Freistellungsgrundes, andererseits die konkret entgegenstehenden betrieblichen Belange angemessen berücksichtigen muss.[22]

85 Anders ist die Rechtslage im **öffentlichen Dienst**. Hier wurde eine dem Arbeitnehmer günstigere Regelung in § 50 Abs. 2 BAT (jetzt: § 28 TVöD) geschaffen.[23] Klauseln in **Sonderurlaubsvereinbarungen**, wonach es dem Arbeitgeber freisteht, wann er den Arbeitnehmer wieder zur Arbeitsleistung auffordert, sind nichtig. Die Lücke soll in der Weise durch ergänzende Vertragsauslegung geschlossen werden, dass – notfalls durch ein Arbeitsgericht – eine angemessene Dauer der Beurlaubung festgelegt wird.[24] Nichtig sind außerdem Klauseln, wonach das Arbeitsverhältnis endet, sofern der Arbeitnehmer nicht

---

15 BAG 8.6.1999 – 1 ABR 67/98, NZA 1999, 1288.
16 LAG Hamm 23.5.2001 – 14 Sa 497/01, MDR 2001, 1361.
17 BAG 16.11.2004 – 1 ABR 53/03 m. Anm. *Hümmerich*, RdA 2005, 314.
18 BAG 19.4.1994 – 9 AZR 713/92, BB 1994, 1569; BAG 7.7.1988 – 8 AZR 472/86, DB 1988, 2315; einen informativen Überblick über die Urlaubs-Rechtsprechung gibt *Hohmeister*, BB 1997, 1149 und BB 1998, 1054.
19 BAG 18.12.1986 – 8 AZR 502/94, DB 1987, 1362.
20 BAG 18.12.1986 – 8 AZR 502/94, DB 1987, 1362; BAG 31.1.1996 – 2 AZR 282/95, n.v.
21 BAG 28.11.1990 – 8 AZR 570/89, DB 1991, 2671.
22 LAG Hamm 14.4.1982 – 2 (11) Sa 1604/81, DB 1982, 1328.
23 Wegen der Ausgestaltung und des Umfangs der Ansprüche des Arbeitnehmers s. BAG 12.1.1989 – 8 AZR 251/88, NZA 1989, 848; BAG 25.1.1994 – 9 AZR 540/91, NZA 1994, 546.
24 BAG 13.8.1980 – 5 AZR 296/78, AP § 1 BUrlG Unbezahlter Urlaub Nr. 1 = BB 1981, 974.

pünktlich nach Ablauf des Urlaubs einschließlich des Sonderurlaubs an seinen Arbeitsplatz zurückkehrt.[25] Auch war ein Vorbehalt des Arbeitgebers des öffentlichen Dienstes, nach Gewährung eines bezahlten Sonderurlaubs gem. § 50 Abs. 1 BAT die Freistellung eventuell mit dem tariflichen Erholungsurlaub zu verrechnen, unwirksam.[26] Nach TVöD wurde die Rechtslage nunmehr wie folgt gestaltet: **Sonderurlaub** wird nach § 28 TVöD als unbezahlter Urlaub gewährt, wenn ein wichtiger Grund vorliegt. Der TVöD lässt offen, was als wichtiger Grund anzusehen ist. Es muss sich jedenfalls um wichtige persönliche Gründe handeln, denen dienstliche Gründe nicht entgegenstehen dürfen.[27] Als solche **wichtigen Gründe** sind familiäre Gründe, Berufsbildung, die Fortführung eines Studiums, der Besuch von Fortbildungsveranstaltungen sowie Maßnahmen der medizinischen Vorsorge und Rehabilitation anerkannt. In Fällen unbezahlten Urlaubs vermindert sich der Erholungsurlaub einschließlich eines Zusatzurlaub um 1/12 für jeden vollen Kalendermonat des Sonderurlaubs, § 26 Abs. 2 c TVöD.

IV. Abmahnung

1. Wesen der Abmahnung

Mit der früher gesetzlich nicht geregelten Abmahnung rügt man konkretes Fehlverhalten und warnt mit einer Kündigungsandrohung vor weiteren Verstößen.[28] Sowohl dem Arbeitnehmer als auch dem Arbeitgeber steht das Abmahnungsrecht zu. Mit der Schuldrechtsmodernisierung hat das Institut der Abmahnung auch in das Recht der Leistungsstörung Eingang gefunden, § 281 Abs. 3 BGB. Der ungewöhnliche Fall der Abmahnung durch den Arbeitnehmer (Muster 3932) betrifft meist die Nichtgewährung des Gehalts. Nach ständiger Rechtsprechung darf der Arbeitnehmer das Arbeitsverhältnis wegen **Gehaltsrückstands** nur dann fristlos kündigen, wenn der Arbeitgeber entweder zeitlich oder dem Betrage nach erheblich in Verzug kommt und eine vorangegangene Abmahnung durch den Arbeitnehmer erfolglos geblieben ist.[29]

86

Die Abmahnung ist **Wirksamkeitsvoraussetzung** für die auf vertragswidriges Verhalten gestützte einseitige Auflösung oder Abänderung von Arbeitsverhältnissen durch Kündigung und Änderungskündigung[30] oder durch Versetzung.[31] Die Abmahnung hat eine **Hinweis- und Warnfunktion**; vor einer einseitigen Beendigung des Arbeitsverhältnisses trifft Arbeitgeber und Arbeitnehmer die Pflicht zur Abmahnung.[32] Für arbeitnehmerseitige, einseitige Beendigungen gilt die Pflicht zur Abmahnung nur bei außerordentlichen Kündigungen, so bei Gehaltsrückstand oder wenn eine Werkswohnung in nicht mehr zumutbarem Zustand ist. Wenn ein Arbeitgeber seinen ausländischen Arbeitnehmern nach einer Beanstandung beim Einzug und der Zusage der Abhilfe keine vertragsgemäße Unterkunft zuweist, bedarf es vor einer von den Arbeitnehmern ausgesprochenen fristlosen Kündigung grundsätzlich der Abmahnung.[33]

87

Abzugrenzen ist die Abmahnung von Vorstufen wie Ermahnung, Vorhaltungen, Verwarnungen. Derartige Hinweise des Arbeitgebers beinhalten – anders als die Abmahnung – keine Kündigungsandrohung.

88

Ein **objektiver Verstoß gegen arbeitsvertragliche Pflichten** reicht aus, um eine Abmahnung aussprechen zu dürfen.[34] Die Abmahnung ist nicht gerechtfertigt, wenn sie auf einer unzutreffenden rechtlichen Bewertung des Verhaltens des Arbeitnehmers beruht.[35] Anhand dieser beiden Urteile kann man eine wesentliche Voraussetzung für eine ordnungsgemäße Abmahnung erkennen: Im Abmahnungsschreiben muss der Sachverhalt so konkret wie möglich geschildert werden.[36] In einem zweiten Schritt muss dargestellt werden, dass es sich um einen Pflichtenverstoß handelt, also der konkrete Verstoß gegen Ar-

89

---

25 BAG 19.12.1974 – 2 AZR 565/73, AP § 620 BGB Bedingung Nr. 3 = NJW 1975, 1531.
26 BAG 1.10.1991 – 9 AZR 290/90, NZA 1992, 1078.
27 *Conze*, Personalbuch TVöD, Rn 1214.
28 BAG 17.2.1994 – 2 AZR 616/93, DB 1994, 1477; H/S-*Hümmerich/Holthausen*, Das arbeitsrechtliche Mandat, § 10 Rn 318.
29 LAG Schleswig-Holstein 26.9.2003 – 2 Sa 976/02, n.v.; LAG Schleswig-Holstein 28.5.1986 – 7 (2) Sa 532/85, ARST 1986, 55.
30 BAG 21.11.1985 – 2 AZR 21/85, DB 1986, 2133.
31 BAG 30.10.1985 – 7 AZR 216/83, DB 1986, 2188.
32 BAG 28.10.1971 – 2 AZR 15/71, DB 1972, 489.
33 BAG 19.6.1967 – 2 AZR 287/66, EzA § 124 GewO Nr. 1.
34 BAG 7.9.1988 – 5 AZR 625/87, DB 1989, 284.
35 BAG 30.5.1996 – 6 AZR 537/95, NZA 1997, 145.
36 Bestimmtheitsgebot, BAG 21.11.1985 – 2 AZR 21/85, AP § 1 KSchG 1969 Nr. 12; *Gola/Hümmerich*, BB 1974, 1167 (1170 f).

beitsvertragspflichten benannt wird (Muster 3913), und zwar unter gleichzeitigem Hinweis, wie das korrekte Verhalten aussehen müsste.

90 Eine Abmahnung kann nur dann die Funktion erfüllen, den Arbeitnehmer zu warnen, dass ihm bei der nächsten gleichartigen Pflichtverletzung die Kündigung droht, wenn der Arbeitnehmer diese **Drohung ernst nehmen** muss. Wurde jahrelang eine Kündigung stets nur angedroht, nicht jedoch ausgesprochen, meint das BAG, dass die Warnfunktion der Abmahnung so abgeschwächt sei, dass sie ihre kündigungsvorbereitende Warnfunktion nicht mehr erfülle.[37] Der Arbeitgeber müsse, wenn er zahlreiche Abmahnungen wegen gleichartiger Pflichtverletzungen bereits ausgesprochen hat, denen keine Konsequenzen gefolgt seien, bei dieser Fallkonstellation die **letzte Abmahnung** vor Ausspruch einer Kündigung **besonders eindringlich gestalten**, um dem Arbeitnehmer klar zu machen, dass weitere derartige Pflichtverletzungen nunmehr zum Ausspruch einer Kündigung führen.[38] Obwohl das BAG bei wiederholter Unpünktlichkeit des Arbeitnehmers die kündigungsrechtlichen Fragen deutlich entschieden hatte,[39] sah es im Urteil vom 15.11.2001 von einer Betrachtung unter rein kündigungsrechtlicher Perspektive ab. Während das BAG im Urteil vom 27.2.1997 entschieden hatte, dass ein Arbeitnehmer, der verschiedentlich zu spät gekommen und deswegen abgemahnt worden sei, Vorsorge gegen die Wiederholung von Verspätungen treffen müsse, beispielsweise durch Überprüfung der Fahrtüchtigkeit seines Kfz oder durch Anschaffung eines lauteren Weckers, beschränkte sich das BAG im Urteil vom 15.11.2001 auf eine rein psychologische Betrachtungsweise. Wenn die in der Abmahnung enthaltene Warnung beim Arbeitnehmer die Hoffnung offen lässt, der Arbeitgeber werde vielleicht „Gnade vor Recht ergehen lassen", weil er in der Vergangenheit „Milde walten" ließ, so entwertet dies die Warnung nicht. Ansonsten wäre gerade der ruhig und verständig abwägende, im Zweifel eher zur Nachsicht neigende Arbeitgeber benachteiligt.[40] Mit dieser Entscheidung hat das BAG die Wirkung des Urteils vom 15.11.2001 wieder ein wenig abgeschwächt.

91 Für Personalabteilungen hat die neue Rechtslage zur Folge, dass sie mit Abmahnungen haushalten und weitaus früher Kündigungen aussprechen müssen, als dies ggf in der Vergangenheit der Fall war. In der Praxis gilt die Regel, dass **nicht mehr als drei Abmahnung** im einschlägigen Pflichtenkreis ausgesprochen werden sollten, spätestens danach muss der Arbeitgeber seinen unmissverständlichen Beendigungswillen durch Ausspruch einer verhaltensbedingten Kündigung zum Ausdruck bringen.[41]

2. Pflichtverletzungen im Leistungsbereich

92 Bei Pflichtverletzungen im **Leistungsbereich** muss vor einer Kündigung grundsätzlich eine vergebliche Abmahnung ausgesprochen worden sein.[42] Eine Ausnahme liegt nur dann vor, wenn der Verstoß so schwerwiegend ist, dass der Arbeitnehmer nicht damit rechnen konnte, zunächst abgemahnt zu werden.[43] Zum Leistungsbereich gehören als Hauptpflichten die **Arbeits- und Vergütungspflicht**, der sog. **Betriebsbereich** und die **Treuepflichten**. Ein typischer Pflichtverstoß aus dem Bereich der Hauptpflichten ist die **Arbeitsbummelei**.[44] Es sei aber davor gewarnt, in einem Abmahnungsschreiben dem Arbeitnehmer nur „Arbeitsbummelei" vorzuwerfen. Es muss dann schon näher dargelegt werden, an welchen Tagen der Arbeitnehmer langsam gearbeitet hat und auch woraus sich ergibt, dass es sich bei seinem Verhalten um ein besonders langsames Arbeiten handelt. Der **häufigste Fehler** in Abmahnungsschreiben besteht in bloßen Werturteilen, die nach Ort und Zeit darüber hinaus den Sachverhalt nicht näher aufgreifen, weswegen der Arbeitnehmer abgemahnt werden soll. Zu den Pflichtverletzungen zählt weiterhin die verspätete Arbeitsaufnahme[45] oder das Überziehen von Pausen[46] oder das fehler-

---

37 BAG 15.11.2001 – 2 AZR 609/00, FA 2002, 143 = ArbRB 2002, 127 = DB 2002, 689.
38 BAG 15.11.2001 – 2 AZR 609/00, FA 2002, 143 = ArbRB 2002, 127 = DB 2002, 689.
39 BAG 27.2.1997 – 2 AZR 302/96, BB 1997, 1949.
40 BAG 16.9.2004 – 2 AZR 406/03, NZA 2005, 459.
41 *Kammerer*, BB 2002, 1747.
42 BAG 17.2.1994 – 2 AZR 616/93, DB 1994, 1477.
43 BAG 10.2.1999 – 2 ABR 31/99.
44 BAG 27.1.1988 – 5 AZR 604/86, ZTR 1988, 309.
45 BAG 17.3.1988 – 2 AZR 576/87, DB 1989, 329.
46 BAG 7.9.1988 – 5 AZR 625/87, DB 1989, 284.

hafte Arbeiten,⁴⁷ das Nichteinholen der Zustimmung des Arbeitgebers zu einer Nebentätigkeit⁴⁸ und das Nichtbefolgen von Arbeitsanweisungen.⁴⁹

Der erste Schritt besteht in der Schilderung des Sachverhalts, der möglichst präzise unter Angabe von Datum, Uhrzeit und sonstigen Merkmalen des Geschehens schriftlich niedergelegt werden sollte. Der zweite Schritt besteht in der Bewertung des sich aus dem Sachverhalt ergebenden Verhaltens als arbeitsvertragliche Pflichtverletzung. Der Pflichtenverstoß muss hinreichend genau präzisiert werden. Nicht jede Gewerkschaftswerbung während der Arbeitszeit bedeutet einen Verstoß gegen arbeitsvertragliche Pflichten. Deshalb rechtfertigt das Übersenden von E-Mails durch einen Arbeitnehmer von zu Hause aus außerhalb der Arbeitszeit an seine Arbeitskollegen im Betrieb, mit denen er versucht, die anderen Arbeitnehmer für die Mitgliedschaft in der Gewerkschaft zu werben, nicht generell eine Abmahnung.⁵⁰

Bei der Feststellung, ob ein Verhalten eine abmahnungsfähige Pflichtverletzung darstellt, ist der Grundsatz der **Verhältnismäßigkeit** zu beachten. Bagatellfälle, wie einmaliges geringfügiges Zuspätkommen oder ein Schreibfehler, der einer Schreibkraft unterläuft, reichen nicht aus, um als erhebliche Pflichtverletzung mit einer Abmahnung bedacht zu werden.⁵¹

Eine Abmahnung ist auch nicht im Hinblick auf das Fehlverhalten einer Arbeitnehmerin gerechtfertigt, wenn diese bei einer Terminsbesprechung mit ihrer Vorgesetzten und ihren Kollegen nach einer Terminsauseinandersetzung mit ihrer Vorgesetzten ein größeres Blatt mit dem Satz „Frau S. ist stolz" beschreibt. Die Abmahnung ist in diesem Falle aus der Personalakte zu entfernen.⁵²

Es gibt keinen Rechtsgrundsatz, wonach eine Abmahnung unzulässig ist, wenn der mit ihr verfolgte Zweck auch auf schonendere Weise als durch förmliche Abmahnung erreicht werden kann. Eine Abmahnung ist im Rahmen der Verhältnismäßigkeitsprüfung nur auf einen Verstoß gegen das Übermaßverbot und auf Rechtsmissbrauch zu überprüfen. Die an der Erforderlichkeit zu messende Verhältnismäßigkeitsprüfung würde zu einer erheblichen Rechtsunsicherheit führen. Der Arbeitgeber hätte stets zu prüfen, ob er auf einen Vertragsverstoß mit einer Abmahnung oder überhaupt nicht reagieren darf. Angesichts des dem Arbeitgeber im Rahmen seiner Beurteilung zuzubilligenden Ermessens würden hier bereits nicht hinnehmbare Abgrenzungsschwierigkeiten entstehen. Deshalb ist eine Abmahnung nur dann unverhältnismäßig, wenn der Arbeitgeber „Lächerlichkeiten und Banalitäten" abmahnt und damit gleichsam mit „Kanonen auf Spatzen" schießt.⁵³

In einem dritten Schritt kann man den Mitarbeiter auch auffordern, in Zukunft seine arbeitsvertraglichen Pflichten einzuhalten. Viertes, notwendiges Element einer jeden Abmahnung ist die **Warnung**, mit der unmissverständlich zum Ausdruck gebracht wird, dass im Wiederholungsfall mit weitergehenden arbeitsrechtlichen Maßnahmen gerechnet werden muss. Zu den Störungen im Bereich der Treuepflichten gehört die ständig verspätete Krankmeldung. Bei den **Störungen im Betriebsbereich** handelt es sich um Störungen der Betriebsordnung wie Verstoß gegen Rauch- oder Alkoholverbote (Muster 3920 und Muster 3928),⁵⁴ der Verstoß gegen feuerpolizeiliche Anweisungen (Muster 3930) oder Tätlichkeiten gegenüber Mitarbeitern.⁵⁵

Im **Vertrauensbereich** angesiedeltes Verhalten, das vom Arbeitgeber als Anlass zur ordentlichen oder außerordentlichen Kündigung genommen wird, muss nicht zunächst mit einer Abmahnung bedacht werden.⁵⁶ Bei Manipulationen an der Stempelkarte,⁵⁷ bei der Annahme von Schmiergeldern,⁵⁸ beim Fälschen von Arbeitsunfähigkeitsbescheinigungen⁵⁹ oder bei Tätlichkeiten gegenüber dem Arbeitge-

---

47 BAG 7.9.1988 – 5 AZR 625/87, DB 1989, 284.
48 BAG 11.12.2001 – 9 AZR 464/00, BAGE 100, 70.
49 BAG 15.1.1986 – 5 AZR 70/84, DB 1986, 1075.
50 LAG Schleswig-Holstein 1.12.2000 – 6 Sa 562/99, FA 2001, 145.
51 LAG Berlin 22.10.1984 – 12 Sa 66/84, DB 1985, 339; LAG Bremen 28.6.1989 – 2 Sa 39/89, DB 1990, 742; H/S-*Regh*, Das arbeitsrechtliche Mandat, § 6 Rn 407 ff.
52 ArbG Frankfurt aM 11.4.2001 – 7 Ca 5505/00, NZA-RR 2002, 77.
53 LAG Schleswig-Holstein 11.5.2004 – 5 Sa 170 c/02, NZA-RR 2005, 244.
54 BAG 22.7.1982 – 2 AZR 30/81, DB 1983, 180.
55 BAG 12.7.1984 – 2 AZR 320/83, DB 1985, 340.
56 BAG 10.11.1988 – 2 AZR 215/88, DB 1989, 1427.
57 LAG Hamm 20.2.1986 – 4 Sa 1288/85, DB 1986, 1338.
58 LAG Köln 4.1.1984 – 5 Sa 1217/83, DB 1984, 1101.
59 LAG Bremen 15.2.1985 – 1 Sa 196/84, BB 1985, 1129.

ber⁶⁰ bedarf die fristlose wie fristgerechte Kündigung nicht zu ihrer Wirksamkeit einer vorherigen Abmahnung.

99 Nur bei gleichartigen **Wiederholungsfällen** ist eine erneute Abmahnung vor Ausspruch der Kündigung entbehrlich.⁶¹ Abmahnung und Kündigungsgrund müssen danach in engem Zusammenhang stehen. In der Rechtsprechung spricht man hier vom „**gleichen Pflichtenkreis**".⁶²

100 Ein Sonderproblem bilden **Sammelabmahnungen**. Wenn in einem Abmahnungsschreiben mehrere Pflichtverletzungen gleichzeitig gerügt werden und eine einzelne Rüge auf einer unzutreffenden rechtlichen Bewertung oder Tatsachenannahme beruht, ist die Abmahnung in ihrer Gesamtheit nicht wirksam gewesen und das Abmahnungsschreiben ist vollständig aus der Personalakte zu entfernen.⁶³ Das Abmahnungsschreiben kann nicht teilweise aufrechterhalten werden. Eine Abmahnung kann in einem solchen Falle nicht nach den zu §§ 139, 140 BGB entwickelten Rechtsgrundsätzen teilweise mit Einschränkung aufrechterhalten bleiben.⁶⁴ Allerdings kann der Arbeitnehmer nicht einwenden, wenn der Arbeitgeber anschließend die in einer Sammelabmahnung mit teilweise unrichtigen Annahmen enthaltene Abmahnung durch Einzelabmahnungen, die einen zutreffend dargestellten Sachverhalt und zutreffende rechtliche Bewertungen enthalten, ersetzt, mit Erfolg den Einwand der Verwirkung erheben.⁶⁵ Stellt sich eine teilweise Unrichtigkeit in einer Sammelabmahnung heraus, ist es dem Arbeitgeber unbenommen, den wirksamen Teil oder die wirksamen Abmahnungen in Form von Einzelabmahnungen anschließend erneut auszusprechen. Allerdings bleibt auch das Risiko, dass der Arbeitgeber sich mit dem Einwand bei einer zu hohen Zahl einzelner Abmahnungen auseinandersetzen muss, das Abmahnungsrecht sei durch zu viele ausgesprochene Abmahnungen verbraucht.⁶⁶ Sammelabmahnungen sollten dennoch grundsätzlich vermieden werden.

3. Form der Abmahnung

101 Die Abmahnung kann auch **mündlich** ausgesprochen werden,⁶⁷ aus Beweisgründen empfiehlt sich jedoch die **Schriftform**. Denjenigen, der die Abmahnung ausgesprochen haben will, trifft die Darlegungs- und Beweislast.⁶⁸ Notwendig ist nicht, dass im Abmahnungsschreiben das Wort „Abmahnung" enthalten ist. Die Funktion einer Abmahnung wird durch ein Schreiben erfüllt, das die Hinweis- und Warnfunktion, ausgerichtet an den Maßstäben der Rechtsprechung, erfüllt.⁶⁹

102 **Abmahnungsberechtigt** ist jeder, der dem Betroffenen gegenüber weisungsbefugt ist.⁷⁰ Dies kann, bei entsprechender Bevollmächtigung, auch ein Rechtsanwalt sein.⁷¹ Ein technischer Betriebsleiter kann ebenfalls abmahnungsberechtigt sein. Als abmahnungsberechtigte Personen kommen nicht nur kündigungsberechtigte Vorgesetzte, sondern alle Mitarbeiter in Betracht, die befugt sind verbindliche Anweisungen zum Ort, zur Zeit sowie der Art und Weise der arbeitsvertraglich geschuldeten Arbeitsleistung zu erteilen, wobei die Zuweisung einer derartigen Vorgesetztenfunktion in der Regel auch eine stillschweigende Vollmacht für Abmahnung beinhaltet.⁷²

103 Häufig bilden **mehrere Sachverhalte** Anlass für eine Abmahnung. Es empfiehlt sich aus Rechtsgründen, in ein Abmahnungsschreiben nur jeweils einen Sachverhalt aufzunehmen. Denn sobald ein weiterer Sachverhalt in einem Abmahnungsschreiben unrichtig wiedergegeben ist, kann der Arbeitnehmer vom Arbeitgeber verlangen, dass das gesamte Abmahnungsschreiben aus der Akte entfernt wird.⁷³

---

60 BAG 9.1.1986 – 1 ABR 24/85, DB 1986, 1339.
61 BAG 21.5.1987 – 2 AZR 313/86, DB 1987, 2367.
62 BAG 16.1.1992 – 2 AZR 412/91, NZA 1992, 1023.
63 LAG Hamm 10.1.2006 – 19 Sa 1258/05, NZA-RR 2006, 290; BAG 13.3.1991 – 5 AZR 133/90, NZA 1991, 768.
64 LAG Düsseldorf 18.11.1996 – 3 Sa 1387/86, NZA 1987, 354.
65 LAG Köln 16.5.1997 – 11 Sa 828/96, ARST 1997, 262.
66 BAG 15.11.2001 – 2 AZR 609/00, BAGE 99, 340 = NZA 2002, 968.
67 BAG 4.3.1981 – 7 AZR 104/79, BAGE 35, 118; LAG Hamm 1.2.1983 – 13 Sa 1313/82, LAGE § 611 BGB Fürsorgepflichten Nr. 6.
68 BAG 13.3.1987 – 7 AZR 601/85, DB 1987, 1494; BAG 15.8.1984 – 7 AZR 228/82, BAGE 46, 163.
69 BAG 18.1.1980 – 7 AZR 260/78, DB 1980, 1351.
70 BAG 18.1.1980 – 7 AZR 260/78, DB 1980, 1351.
71 BAG 15.7.1992 – 7 AZR 466/91, DB 1993, 438.
72 LAG Rheinland-Pfalz 4.8.2004 – 10 Sa 222/04, n.v.
73 BAG 13.3.1991 – 5 AZR 133/90, NZA 1991, 768; LAG Köln 12.3.1966 – 5 Sa 1191/85, LAGE § 611 BGB Abmahnung Nr. 3; LAG Düsseldorf 18.11.1986 – 3 Sa 1387/86, LAGE § 611 BGB Abmahnung Nr. 7.

Der Arbeitnehmer hat nach § 83 Abs. 2 BetrVG das Recht, neben dem **Entfernungsanspruch** bei einer unrichtigen Abmahnung eine **Gegendarstellung** in die Personalakte aufnehmen zu lassen.[74] Der Betriebsrat muss vor einer Abmahnung nicht angehört werden. Es entspricht ständiger Rechtsprechung des BAG, dass der Betriebsrat kein Mitbestimmungsrecht hat, wenn ein Mitarbeiter abgemahnt wird.[75]

Der Arbeitgeber ist vor Ausspruch der Abmahnung grundsätzlich nicht verpflichtet, den Arbeitnehmer **anzuhören**.[76] Allerdings enthalten einige Tarifverträge die Verpflichtung des Arbeitgebers, den Arbeitnehmer vor Ausspruch der Abmahnung bzw vor Aufnahme einer Abmahnung in die Personalakte Gehör zu gewähren. Wichtigste tarifrechtliche Bestimmung ist § 13 Abs. 2 BAT/BAT-O, § 14 a Abs. 2 MTB II, MTL II, MT Arb-O und die entsprechenden Vorschriften in den zahlreichen, an den BAT angelehnten Bestimmungen kirchlicher „Tarifverträge". Unterließ der Arbeitgeber die Anhörung des Mitarbeiters, bevor er die Abmahnung in die Personalakte aufnahm, war die Abmahnung formell unwirksam.[77] Bei einer **formell rechtswidrigen Abmahnung** war diese zwar aus der Personalakte zu entfernen, ihre materiell-rechtliche Wirkung behielt sie gleichwohl und der Arbeitgeber konnte sich in einem späteren Kündigungsschutzprozess auf die Abmahnung berufen, wenn sie sachlich berechtigt war.[78] Mit dieser unübersichtlichen Rechtslage hat der TVöD aufgeräumt. Die Abmahnung regelt der TVöD zwar nicht, eine Anhörungspflicht vor Aufnahme der Abmahnung in die Personalakte, wie sie beispielsweise § 13 Abs. 2 BAT vorsah, enthält der TVöD nicht mehr. Der Anspruch auf Entfernung einer Abmahnung unterliegt nicht der sechsmonatigen Ausschlussfrist des § 37 TVöD, denn er entsteht immer neu, solange sich die Abmahnung in den Personalakten befindet.[79] Die früher gegenteilige Rechtsprechung hat das BAG mit Urteil vom 14.12.1994[80] aufgegeben. Die Abmahnung unterliegt auch nicht der dreijährigen **Verjährung** nach § 195 BGB. Sie unterliegt allenfalls den Rechtsprechungsgrundsätzen zur **Verwirkung**.

4. Prüfungsreihenfolge: Abmahnungen

Um bei Ausspruch einer Abmahnung keinen Fehler zu machen, empfiehlt es sich, die maßgeblichen Informationen vor Ausspruch einer Abmahnung über eine Checkliste zu überprüfen:

1. Anlass
- Schilderung des Anlasses oder der Anlässe, die zur Abmahnung herausfordern. Genau angegeben werden müssen dabei:
- Name/n des/der beteiligten Arbeitnehmer/s
- Ort, Datum und Uhrzeit
- Auswirkungen des Vorfalls

2. Beweise
- Fotos
- Zeugen/Urkunden
- Aufzeichnungen von Fahrtenschreibern, Stempeluhren, Dateien etc.
- sonstige Urkunden, Erklärungen/Ausreden des Arbeitnehmers; ggf zusätzliche Beweise ermitteln!

3. Worin besteht die Pflichtverletzung?
- Gegen welche Anweisung oder Unfallverhütungsvorschrift u.a. hat der Arbeitnehmer durch sein Verhalten verstoßen?
- Worin besteht die Pflichtverletzung gemäß Arbeitsvertrag, Tarifvertrag etc.?

---

74 *Gola/Hümmerich*, BB 1974, 1170; *Hümmerich*, DB 1977, 541.
75 BAG 17.10.1989 – 1 ABR 100/88, NZA 1990, 193.
76 BAG 21.5.1992 – 2 AZR 551/91, AP § 1 KSchG 1969 Verhaltensbedingte Kündigung Nr. 28; aA ArbG Frankfurt/Oder 7.4.1999 – 6 Ca 61/99, NZA-RR 1999, 467.
77 BAG 16.11.1989 – 6 AZR 64/88, DB 1990, 841.
78 BAG 16.11.1989 – 6 AZR 64/88, AP § 13 BAT Nr. 2.
79 *Conze*, Personalbuch TVöD, Rn 12.
80 BAG 14.12.1994 – 5 AZR 137/94, ZTR 1995, 175.

4. Handelt es sich um einen schuldhaften Verstoß?

- Nur wenn ein vorwerfbares, schuldhaftes Verhalten des Arbeitnehmers vorliegt, ist die Abmahnung wirksam. War dem Arbeitnehmer die Anweisung oder sonstige Vorschrift bekannt (zB: Unfallverhütungsvorschrift ausgehängt?)? Wie kann die Kenntnis des Arbeitnehmers nachgewiesen werden?
- Was kann der Arbeitnehmer evtl zu seiner Entlastung vorbringen? Fehlen Beweismittel, ist der Arbeitnehmer rechtzeitig zu befragen.

5. Vorangegangene Abmahnung/en

- Ist der Arbeitnehmer wegen eines Verstoßes im gleichen Pflichtenkreis schon einmal abgemahnt worden?
- Wie lange ist die Abmahnung her?
- Wie viele Abmahnungen bestehen bereits?
- Auf welche Arten von Pflichtenverstößen (Schlechtleistung/Vertrauensbereich/Zuverlässigkeit) beziehen sich vorangegangene Abmahnungen?

6. Frist

Innerhalb welcher Frist soll der Arbeitnehmer das beanstandete Verhalten abstellen? Achtung: Bei Leistungsmängeln kann im konkreten Einzelfall uU eine Besserungsfrist von bis zu vier Wochen erforderlich sein.

7. Übermittlung der Abmahnung an den Arbeitnehmer

- Übergabe gegen Empfangsquittung
- Einschreiben/Rückschein
- Übergabe unter Zeugen (wer soll Zeuge sein?)
- Ist Übersetzung in eine fremde Sprache (Sprachrisiko!) erforderlich?

8. Schlussentscheidung: Erteilung der Abmahnung

Die Abmahnung muss folgenden Inhalt haben:

- Tatbestand (gewünschtes Verhalten – tatsächliches Verhalten)
- Angabe des Verstoßes
- Androhung konkreter Konsequenzen
- Aushändigung/Zustellung

5. Verwirkung

107 Das Rechtsinstitut der Verwirkung gem. § 242 BGB ist auch bei der Abmahnung zu beachten. Zeitmoment und Umstandsmoment stehen in einer Wechselbeziehung zueinander. An das zeitliche Element sind umso geringere Anforderungen zu stellen, je deutlicher das Umstandsmoment ausgeprägt ist. Vermittelt der Arbeitgeber unmittelbar nach Kenntnisnahme des Vertragsverstoßes etwa durch eine allgemein gehaltene Äußerung den Eindruck, dass die Angelegenheit für ihn abgeschlossen sei, ist das für die Verwirkung erforderliche Zeitmoment bereits nach dreieinhalb Monaten der Untätigkeit bis zum Ausspruch der Abmahnung erfüllt.[81]

V. Auskunft

108 Während eines laufenden Arbeitsverhältnisses wird der Arbeitgeber verschiedentlich um Auskünfte von Seiten des Arbeitnehmers gebeten. Die meisten dieser Auskünfte beziehen sich auf Gehaltsfragen, insbesondere Abrechnungsfragen. Soweit der Arbeitnehmer über eine betriebliche Altersversorgung verfügt, wird der Arbeitgeber ebenfalls gelegentlich von Arbeitnehmern mit Fragen zur Höhe einer erworbenen Anwartschaft oder zur Berechnung seiner Altersversorgungsansprüche konfrontiert, insbesondere bei Änderungen von Betriebsvereinbarungen, die die Grundlage der betrieblichen Altersversorgung bilden.

109 Nimmt der Arbeitgeber **Berechnungen zur betrieblichen Altersversorgung** vor und erweisen sich diese im Nachhinein als fehlerhaft, haftet er in Höhe des Schadens, der dem Arbeitnehmer dadurch entsteht,

---

81 LAG Köln 23.9.2003 – 13 (12) Sa 1137/02, AuR 2004, 235.

dass dieser auf Basis der arbeitgeberseitigen Berechnung eine Entscheidung im Bereich der betrieblichen Altersversorgung getroffen hat.[82] Im konkreten Fall konnte der Arbeitnehmer zwischen einer Fortsetzung der bisherigen Zusage auf Versorgungsleistungen nach Maßgabe des Hamburger Ruhegeldgesetzes und einer Versicherung ab einem bestimmten Stichtag bei der VBL wählen. Die Berechnung des Arbeitgebers hatte ergeben, dass der Wechsel zur VBL zu höheren Versorgungsleistungen führen würde. Tatsächlich erwies sich im Nachhinein, dass der Arbeitnehmer höhere Versorgungsleistungen gehabt hätte, wenn er die Versorgungsleistungen nach Maßgabe des Hamburger Ruhegeldgesetzes in Anspruch genommen hätte. Auch aufgrund des Vorbringens des Arbeitgebers ging das BAG davon aus, dass sich der Arbeitnehmer bei sachlich richtiger Auskunft nicht für einen Wechsel zur VBL entschieden hätte. Wegen seiner falschen Auskunft war daher der Arbeitgeber zum Ersatz des sich hieraus ergebenen Schadens verpflichtet. Der Arbeitnehmer musste sich kein Mitverschulden entgegenhalten lassen. Er durfte sich darauf verlassen, dass der Arbeitgeber, der auf sachkundige Hilfe Dritte zurückgreifen konnte, bei der von ihm angestellten Modellrechnung die notwendige Sorgfalt anwenden würde.

VI. Abwerbung von Mitarbeitern

An Personalabteilungen wird, meist aus den einzelnen Betriebsteilen, manchmal aber auf von Seiten der Geschäftsführung, die Frage herangetragen, in welchem Umfang qualifizierte Mitarbeiter beim Wettbewerber abgeworben werden dürfen. Die Jagd nach qualifizierten Mitarbeitern (**war of talents**) findet auch in Zeiten dauerhafter Massenarbeitslosigkeit statt.[83]

Die Grenze zwischen erlaubter Abwerbung, vor allem durch Headhunter, und wettbewerbswidriger Abwerbung ist fließend. Die Rechtsprechung verlagert die maßgebliche Fragestellung auf eine Bewertungsnotwendigkeit im Einzelfall. Von Abwerbung spricht man bei einem mittelbaren oder unmittelbaren, nachhaltigen Einwirken auf einen vertraglich gebundenen Arbeitnehmer mit dem Ziel, diesen zur Begründung eines neuen Arbeitsverhältnisses mit dem Abwerbenden oder einen Dritten zu veranlassen.[84] Eine Abwerbung im Rechtssinne erfordert deshalb zunächst, dass auf den vertraglich gebundenen Arbeitnehmer mit einer gewissen Ernsthaftigkeit und Beharrlichkeit eingewirkt wird,[85] das mehr oder weniger unverbindliche, gemeinsame Pläneschmieden von mehreren Arbeitnehmern[86] oder die schlichte Mitteilung eines geplanten Stellenwechsels.[87] Die rechtlichen Maßstäbe eines Fehlverhaltens sind auch dann anzulegen, wenn die Abwerbung nicht zum Erfolg geführt hat. Es kommt darauf an, ob mit einer gewissen Intensität auf den Abzuwerbenden eingewirkt worden ist.[88] Einen Sonderkündigungsschutz nach erfolgter, zulässiger Abwerbung wegen unterbliebener Aufklärung im Anbahnungsverhältnis lehnen *Kappenhagen/Zimmer*[89] ab.

Die **rechtswidrige** Abwerbung durch **Headhunter** oder Konkurrenzunternehmen beginnt, wenn der mit der Abwerbung verfolgte Zweck oder die hierzu eingesetzten Mittel und Methoden gegen das Verbot der sittenwidrigen Schädigung gem. § 826 BGB verstoßen, einen Eingriff in den eingerichteten und ausgeübten Gewerbebetrieb nach § 823 Abs. 1 BGB darstellen oder die Unzulässigkeit nach § 3 UWG begründen. Ein klassisches, sittenwidriges Abwerben stellt die Verleitung von Arbeitnehmern durch Headhunter unter Verstoß gegen die vom BGH[90] aufgestellten Grundsätze zum Vertragsbruch dar.[91] Bezweckt der Abwerbungsversuch die Schädigung des bisherigen Arbeitgebers, beispielsweise indem ein Konkurrenzunternehmen ein ganzes Team mit dem Ziel abwirbt, die in der entsprechenden Abteilung betreuten Kunden zu übernehmen, geheimes Know-how nutzbar zu machen oder die Wettbewerbssituation des Konkurrenten zu schwächen, spielt die äußere Form der Kontaktanbahnung keine entscheidende Rolle mehr.[92] Die planmäßige Abwerbung mit solcher Zielsetzung gilt auch dann als

---

82 BAG 21.11.2000 – 3 AZR 13/00, AP § 1 BetrAVG Auskunft Nr. 1.
83 *Schmiedl*, BB 2003, 1120.
84 LAG Rheinland-Pfalz 7.2.1992 – 6 Sa 528/91, NZA 1993, 265; OLG Stuttgart 17.12.1999 – 2 U 133/99, DB 2000, 372 f; OLG Karlsruhe 25.7.2001 – 6 U 145/00, MDR 2002, 165.
85 ErfK/*Müller-Glöge*, § 626 BGB Rn 87.
86 LAG Rheinland-Pfalz 7.2.1992 – 6 Sa 528/91, NZA 1993, 265.
87 *Stahlhacke/Preis/Vossen*, Rn 680.
88 LAG Schleswig-Holstein 6.7.1989 – 4 Sa 601/88, LAGE § 626 BGB Nr. 42; *Busch/Dendorfer*, BB 2002, 301.
89 FA 2003, 261; aA *Hümmerich*, NZA 2002, 1305.
90 BGH 4.3.2004 – I ZR 221/01, NZA 2004, 794.
91 BGH 17.3.1961 – I BR 26/60, BB 1961, 639; OLG Oldenburg 26.10.1995 – 1 U 103/95, EWiR § 1 UWG 25/95, 1223.
92 BGH 19.11.1965 – 1 b ZR 122/63, GRUR 1966, 263.

wettbewerbswidrig, wenn die Ansprache der Mitarbeiter außerhalb der Arbeitszeit und nicht am Arbeitsplatz erfolgt.[93] Eine planmäßige Vorgehensweise soll dann nicht gegeben sein, wenn der mögliche neue Arbeitgeber sich darauf beschränkt, auf an ihn herangetragene Wechselwünsche positiv zu reagieren und entsprechende, auch finanziell besonders attraktive, Einstellungsangebote zu unterbreiten.[94]

113 Als **sittenwidrig** ist es anzusehen, die Abwerbung durch unrichtige oder herabsetzende Äußerungen über den bisherigen Arbeitgeber zu flankieren oder einen Mitarbeiter zu veranlassen, unter Ausnutzung des mit seiner Tätigkeit verbundenen Vertrauensvorschusses Kollegen abzuwerben.[95] Auch die Situation, dass ein Konkurrenzunternehmen bei einem kurz vor der Insolvenz stehenden Mitbewerber ein Mitarbeiterteam abwirbt mit der Folge, dass Insolvenzantrag gestellt werden muss oder das Konzept des Insolvenzverwalters zur Unternehmensveräußerung scheitert, kann unter dem Gesichtspunkt einer sittenwidrigen Handlung Schadensersatzansprüche auslösen.[96]

114 Seit dem Urteil des BGH vom 4.3.2004[97] herrscht Klarheit darüber, in welchem Umfang **Headhunter** Arbeitnehmer an ihrem Arbeitsplatz abwerben dürfen. Es ist nicht wettbewerbswidrig, wenn ein Arbeitnehmer von einem Personalberater an seinem Arbeitsplatz angerufen und in einer ersten Kontaktaufnahme nach seinem Interesse an einer bestimmten Stelle befragt wird. Setzt sich der Personalberater über eine ablehnende Stellungnahme des Arbeitnehmers hinweg, handelt er wettbewerbswidrig. Es spielt auch keine Rolle, ob der Headhunter über Festnetz oder Handy angerufen hat.[98] Entscheidend ist, ob der Anruf über eine **erste Kontaktaufnahme** hinausgeht.

VII. Unterrichtungspflicht gem. § 613 a Abs. 5 und 6 BGB

115 Mit der Unterrichtung gem. § 613 a Abs. 5 BGB soll dem Arbeitnehmer die Möglichkeit gegeben werden, zu entscheiden, ob sein Arbeitsverhältnis bei einem Betriebsübergang gem. § 613 a Abs. 1 BGB auf den Betriebserwerber übergehen oder nach Ausübung des Widerspruchsrechts gem. § 613 Abs. 6 BGB beim Betriebsveräußerer verbleiben soll.

116 § 613 a Abs. 5 BGB stellt eine Unterrichtungspflicht der am Betriebsübergang beteiligten Arbeitgeber auf. Die Unterrichtung kann durch den Betriebsveräußerer oder den Betriebserwerber erfolgen. Betriebsveräußerer und Betriebserwerber sollten sich allerdings zuvor verständigen, wer in welcher Form die Verpflichtung erfüllt, eine gemeinsame Erklärung ist möglich.[99] Gegenüber beiden am Betriebsübergang beteiligten Unternehmen kann der Arbeitnehmer bei unterbliebener, unvollständiger oder fehlerhafter Unterrichtung seine Rechte geltend machen.[100] Wer zu den zu unterrichtenden Arbeitnehmern zählt, ergibt sich wie bisher aus der Vereinbarung zwischen Betriebsveräußerer und Betriebserwerber.[101]

117 Die Bundesregierung verweist zur Begründung der unmittelbaren Information der Arbeitnehmer auf die mit einem Betriebsinhaberwechsel verbundenen, wesentlichen Änderungen der Arbeitsbedingungen und beruflichen Entwicklungsmöglichkeiten.[102] Die Unterrichtung hat unabhängig von der Betriebsgröße des Betriebsveräußerers zu erfolgen.[103] Lediglich eine **vollständige Information** der betroffenen Arbeitnehmer lässt nach ihrem Zugang die Widerspruchsfrist gem. § 613 a Abs. 6 BGB laufen. Eine vollständige objektive Information ist bereits aufgrund der Fülle der Detailinformationen im Hinblick auf jeden einzelnen Arbeitnehmer schwerlich möglich, so dass Auskünfte genügen müssen, die eine verlässliche Grundlage für weitere Erkundigungen des Arbeitnehmers geben.[104]

118 Das BAG hat die **Grundsätze zu einer ordnungsgemäßen Unterrichtung** wie folgt umschrieben: Eine Unterrichtung nach § 613 a Abs. 5 BGB erfordert eine verständliche, arbeitsplatzbezogene und zutreffende Information. Sie muss u.a. Angaben über die Identität des Erwerbers, den Gegenstand und den

---

93 *Busch/Dendorfer*, BB 2002, 301; *Braun*, DB 2002, 2326; *Schmiedl*, BB 2003, 1120.
94 LG Frankfurt aM 2.2.1994 – 2/6 O 298/93, ZIP 1994, 209.
95 BGH 19.11.1965 – 1 b ZR 122/63, GRUR 1996, 263; OLG Celle 25.3.1961 – 8 U 94/60, DB 1961, 507.
96 LAG Baden-Württemberg 21.7.1997 – 15 Sa 47/97, NZA-RR 1998, 10.
97 BGH 4.3.2004 – I ZR 221/01, NZA 2004, 794.
98 BGH 9.2.2006 – I ZR 73/02, NZA 2006, 500.
99 *Willemsen/Lembke*, NJW 2002, 1159.
100 *Laber/Roos*, ArbRB 2002, 268.
101 *Worzalla*, NZA 2002, 353.
102 BT-Drucks. 14/7760, S. 41.
103 BT-Drucks. 14/7760, S. 41.
104 *Meyer*, AuA 2002, 159; *Laber/Roos*, ArbRB 2002, 268.

rechtlichen Grund des Betriebsübergangs sowie eine korrekte Darstellung der rechtlichen Folgen des Betriebsübergangs für den Arbeitnehmer enthalten.[105] Das BAG hat in den letzten Jahren seine Anforderungen an die Inhalte einer korrekten Unterrichtung immer wieder konkretisiert. Eine gewisse Rechtsunsicherheit verbleibt bei den Arbeitgebern, ob das Unterrichtungsschreiben einer gerichtlichen Prüfung standhalten wird. Unentschieden ist u.a. noch die Rechtsfrage, ob das Unterrichtungsschreiben nicht nur in Deutsch, sondern auch in den Sprachen der nicht deutschsprachigen Mitarbeiter verfasst werden muss.

Mit Urteil vom 24.5.2005 entschied das BAG, dass dann, wenn der Arbeitnehmer über einen Betriebsübergang nicht ordnungsgemäß nach § 613a Abs. 5 BGB unterrichtet wird, die **einmonatige Widerspruchsfrist** gem. § 613a Abs. 6 Satz 1 BGB nicht läuft. Die Verletzung der Unterrichtungspflicht nach § 613a Abs. 5 BGB führt aber auch unter Berücksichtigung des Grundsatzes von Treu und Glauben nicht zu einer Unwirksamkeit der Kündigung.[106] Wird der Arbeitnehmer fehlerhaft oder gar nicht über die Haftung des bisherigen Arbeitgebers und die Verpflichtungen des neuen Betriebsinhabers in Kenntnis gesetzt, beginnt die in § 613a Abs. 6 BGB geregelte Widerspruchsfrist nicht zu laufen.[107] Da für den Arbeitnehmer bei Ausübung des Widerspruchs das Risiko des Ausspruchs einer sozial gerechtfertigten betriebsbedingten Kündigung durch den Betriebsveräußerer besteht, wenn zukünftig seine Beschäftigungsmöglichkeit entfällt, sollte man ihn über diesen Umstand bereits im Informationsschreiben aufklären (Muster 3370 und Muster 3380). Die Unterrichtung muss gem. § 613a Abs. 5 BGB den Zeitpunkt, den Grund, die Folgen und die Maßnahmen enthalten.[108] Wird das Widerspruchsrecht nach dem Betriebsübergang ausgeübt, wirkt es auf den Zeitpunkt des Betriebsübergangs zurück.[109] Die Ansicht von *Pröpper*,[110] dass dem Arbeitnehmer nach Ablauf eines Monats kein Widerspruchsrecht nach § 613a Abs. 6 BGB mehr zusteht, sollte sich die Unterrichtung nachträglich als objektiv fehlerhaft herausstellen, solange der verwertbare Teil der erfolgten Unterrichtung aus den inhaltlichen Anforderungen des § 613a Abs. 5 Nr. 1–4 BGB genügt, hat sich nicht durchgesetzt. Eine unterbliebene oder fehlerhafte Unterrichtung des Arbeitnehmers führt nicht zum Fristbeginn.[111] Vielmehr entfällt zunächst eine zeitliche Schranke, wenn die Unterrichtung nicht ordnungsgemäß war.

Das **Widerspruchsrecht** kann allerdings **verwirken**,[112] wovor sich der Arbeitnehmer mit einem **Verwirkungsschutzschreiben** (Muster 3383) bewahren kann. Eine fehlerhafte Unterrichtung über Rechtsfragen ist im Rahmen des § 613a Abs. 5 BGB dann nicht unwirksam, wenn der Unterrichtungspflichtige die Rechtslage gewissenhaft geprüft und einen vertretbaren Rechtsstandpunkt eingenommen hat.[113]

Hat der Arbeitnehmer den Widerspruch wirksam erklärt, kann er diesen als einseitige empfangsbedürftige Willenserklärung nicht einseitig nach Zugang beim Erklärungsadressaten widerrufen oder mit einem Vorbehalt versehen.[114] Eine Widerspruchserklärung ist gem. §§ 133, 157 BGB auszulegen. Bei der Ermittlung des Erklärungsinhalts finden die Grundsätze zur Auslegung formbedürftiger Willenserklärungen Anwendung, auch die so genannte **Andeutungsformel** oder **Andeutungstheorie**. Danach dürfen bei der Auslegung außerhalb der Urkunde liegende Umstände auch dann berücksichtigt werden, wenn der rechtsgeschäftliche Wille der Parteien in der Urkunde einen unvollkommenen oder andeutungsweisen Ausdruck gefunden hat.[115] Auch bei einem Ausbildungsverhältnis besteht eine Unterrichtungspflicht des Betriebsveräußerers. Das Ausbildungsverhältnis geht im Wege des Betriebsübergangs auf den Betriebserwerber über.[116]

Ein **kollektiver Widerspruch** durch eine Vielzahl von Arbeitnehmern gegen einen Betriebsübergang ist nicht generell rechtsmissbräuchlich. Ein sachlicher Grund ist nicht erforderlich. Ein kollektiver Widerspruch kann gem. § 242 BGB rechtsmissbräuchlich und daher unwirksam sein, wenn er dazu einge-

---

105 BAG 13.7.2006 – 8 AZR 305/05, DB 2006, 2406 = NZA 2006, 1268.
106 BAG 24.5.2005 – 8 AZR 398/04, DB 2005, 2472.
107 BAG 14.12.2006 – 8 AZR 763/05, NZA 2007, 682.
108 *Willemsen/Lembke*, NJW 2002, 1159; *Worzalla*, NZA 2002, 353; *Meyer*, AuA 2002, 159; *Grobys*, BB 2002, 726; *Gaul/Otto*, DB 2002, 634; *Laber/Roos*, ArbRB 2002, 268.
109 BAG 13.7.2006 – 8 AZR 305/05, NZA 2006, 1268; BAG 13.7.2006 – 8 AZR 382/05, NZA 2006, 1406.
110 DB 2003, 2011.
111 BAG 13.7.2006 – 8 AZR 303/05, NZA 2006, 1273; BAG 13.7.2006 – 8 AZR 305/05, NZA 2006, 1268.
112 BAG 13.7.2006 – 8 AZR 382/05, NZA 2006, 1046; BAG 15.2.2007 – 8 AZR 431/06, NZA 2007, 793.
113 BAG 13.7.2006 – 8 AZR 303/05, NZA 2006, 1273.
114 BAG 30.10.2003 – 8 AZR 491/02, BAGE 108, 199.
115 BAG 13.7.2006 – 8 AZR 382/05, NZA 2006, 1406.
116 BAG 13.7.2003 – 8 AZR 383/05, NZA 2006, 1406.

setzt wird, andere Zwecke als die Sicherung der arbeitsvertraglichen Rechte und die Beibehaltung des bisherigen Arbeitgebers herbeizuführen.[117] Die Entscheidung ist kritisiert worden, wenngleich das Anliegen des BAG akzeptiert wird, dass sich das kollektiv ausgeübte Widerspruchsrecht, das dem Arbeitnehmer zusteht, nicht als ein Instrument der Betriebsratsarbeit zur Verhinderung eines Betriebsinhaberwechsels erweisen darf.[118]

VIII. Antragstellung auf Eltern-/Großelternzeit, Pflegezeit und korrespondierende Teilzeitarbeit

123 Das frühere Bundeserziehungsgeldgesetz ist außer Kraft getreten. Seit dem 1.1.2007 gilt für alle Neufälle das **Bundeselterngeld- und Elternzeitgesetz (BEEG)**.[119] Viele Vorschriften sind gleich geblieben. Zum Teil befinden sich die früheren Regelungen auch in den gleichen Paragraphen. Das Elterngeld hat sich nach § 2 BEEG erhöht und beträgt pro Kind 300 EUR für die Zeit bis zur Vollendung des 14. Lebensmonats eines Kindes.

Elternzeit erfährt zunehmend auch Bedeutung unter dem gesellschaftspolitisch aktuellen Aspekt der „Work-Life-Balance" (s. dazu § 1 Rn 141 f).

124 Elternzeit wird durch den einseitigen Antrag des Arbeitnehmers/der Arbeitnehmerin, der rechtzeitig **sieben Wochen** vor dem gewünschten Beginn nach § 16 Abs. 1 BEEG gestellt sein muss, begründet. Im **Antrag** ist anzugeben, für welche Zeiten innerhalb von zwei Jahren Elternzeit genommen werden soll. Rechtzeitig vor Ablauf der Zwei-Jahres-Frist kann der Arbeitnehmer die Elternzeit einseitig um weitere zwölf Monate verlängern, so dass selbst bei einer beabsichtigten Elternzeit von drei Jahren zunächst eine Antragstellung über einen Zeitraum von zwei Jahren ausreichend ist.[120] Soweit der Antrag auf Elternzeit **kombiniert** wird mit einem **Antrag auf Teilzeitarbeit**, der nach § 15 Abs. 6 und 7 BEEG ebenfalls gestellt werden kann, handelt es sich gleichwohl um zwei selbständige Ansprüche. Diese Ansprüche können allerdings miteinander kombiniert werden; es kann der Antrag auf Elternzeit unter die Bedingung gestellt werden, dass der beantragten Teilzeittätigkeit stattgegeben wird.[121]

125 **Großelternzeit:** Das BEEG wurde zum 24.1.2009 in der Form geändert, dass eine sog. Großelternzeit (§ 15 Abs. 1a BEEG) eingeführt wurde. Die Voraussetzungen für die Beantragung sind, dass ein Elternteil minderjährig ist oder sich ein Elternteil im letzten oder vorletzten Jahr einer als Minderjähriger begonnenen (Schul- oder Berufs-)Ausbildung befindet, die seine Arbeitskraft im Allgemeinen voll in Anspruch nimmt. Zusätzlich muss der Arbeitnehmer/die Arbeitnehmerin, also Großvater oder Großmutter, mit dem zu betreuenden Enkelkind in einem Haushalt leben und das Kind selbst betreuen und erziehen. Zudem darf kein Elternteil selbst Elternzeit beanspruchen. Für den so betreuenden Großelternteil besteht ein Sonderkündigungsschutz gem. § 18 BEEG.

126 **Pflegezeit:** Das Gesetz über die Pflegezeit (Pflegezeitgesetz) gilt seit 1.7.2008. Die Pflegezeit soll Arbeitnehmern gestatten, sich für eine begrenzte Zeitdauer ohne Entgeltfortzahlung von der Arbeit **freistellen** zu lassen oder in **Teilzeit** zu arbeiten, um pflegebedürftige Angehörige zu betreuen und zu versorgen, ohne dass dadurch das Arbeitsverhältnis gefährdet würde. Das Thema „Pflegezeit" bzw auch „Familienpflegezeit" trägt vor diesem Hintergrund auch den gesellschaftspolitisch zunehmend bedeutsamen Aspekt der „Work-Life-Balance" in sich (s. dazu näher § 6 Rn 234 f). Während der Pflegezeit besteht für die Betroffenen ein Sonderkündigungsschutz.

127 Für den **Teilzeitantrag** nach dem BEEG sieht das Gesetz ein **zweistufiges Verfahren** vor. Zunächst soll auf den Antrag des Arbeitnehmers hin versucht werden, innerhalb von vier Wochen eine Einigung herbeizuführen, § 15 Abs. 5 BEEG. Die Anträge auf Elternzeit und Teilzeit können miteinander verbunden werden. Der Antrag auf Teilzeitarbeit muss so bestimmt formuliert sein, dass er mit einem bloßen „Ja" angenommen werden kann.[122] Wenn die Arbeitnehmerin eine Reduzierung der Arbeitszeit auf ein Volumen von 19,25 bis 25 Stunden verlangt, ist ihr Antrag nicht hinreichend bestimmt.[123] Mit Blick auf

---

117 BAG 30.9.2004 – 8 AZR 462/03, NZA 2005, 43.
118 *Rieble*, NZA 2005, 1.
119 Vom 5.12.2006 (BGBl. I, S. 2748); zum Überblick: *Düwell*, FA 2007, 44.
120 HWK/*Gaul*, § 17 BErzGG Rn 4.
121 *Düwell*, AuA 2002, 58; *Oberthür*, ArbRB 2005, 189.
122 LAG Niedersachsen, 11.4.2003 – 10 Sa 1746/02, LAGReport 2003, 321.
123 BAG 18.5.2001 – 9 AZR 319/03, ArbRB 2004, 361.

die gewünschte Teilzeit hat der Arbeitnehmer, anders als beim allgemeinen Teilzeitanspruch nach § 8 TzBfG, keinen Anspruch auf eine bestimmte Arbeitszeitverteilung. Die Angabe der gewünschten Verteilung der verringerten Arbeitszeit, ob also beispielsweise montags und mittwochs nicht gearbeitet werden soll, ist nicht Voraussetzung für einen Teilzeitantrag im Rahmen der Elternzeit.

Nach Auffassung des LAG Hamm hat der Arbeitgeber bei der **Festlegung der Arbeitszeit** die Grundsätze des billigen Ermessens (§ 315 Abs. 1 BGB) zu beachten. Im Rahmen der betrieblichen Möglichkeiten kann der Arbeitgeber verpflichtet sein, auf die Erfordernisse der Kinderbetreuung Rücksicht zu nehmen.[124] Wenn der Arbeitnehmer auf einen bestimmten Zeitrahmen im Zuge der Elternzeit angewiesen ist, gestattet ihm das BAG, den Teilzeitantrag auch an die Bedingung zu knüpfen, dass dem Wunsch nach einer bestimmten Arbeitszeitverteilung auch tatsächlich stattgegeben wird.[125] Nach neuerer Rechtsprechung kann sich der Arbeitnehmer beim allgemeinen Teilzeitanspruch nach § 8 TzBfG entscheiden, ob er ausschließlich die Herabsetzung der vertraglich vereinbarten Arbeitszeit beansprucht oder ob er zusätzlich eine bestimmte Verteilung der verringerten Arbeitszeit verlangt.[126]

Will der Arbeitnehmer die Teilzeitarbeit nur unter der Bedingung einer im Antrag näher bestimmten Verteilung der verringerten Arbeitszeit geltend machen, empfiehlt sich eine Formulierung, wonach die Teilzeitarbeit nur unter der **Bedingung** beantragt wird, dass es zu der vom Arbeitnehmer gewünschten Arbeitszeitverteilung kommt.[127]

Ob die Nichteinhaltung der Frist umgedeutet werden kann wie beim allgemeinen Teilzeitantrag nach § 8 TzBfG,[128] ist derzeit noch offen.[129] Die Teilzeitarbeit muss nicht nahtlos an den Ablauf der Mutterschutzfrist anschließen, sondern kann auch zu einem späteren Zeitpunkt beginnen.[130] Bei einer vollständigen Freistellung während der Elternzeit kann der Arbeitnehmer/die Arbeitnehmerin nachträglich die Aufnahme einer Teilzeittätigkeit verlangen.[131] Der Arbeitnehmer hat auch die Möglichkeit, während der Elternzeit seine Teilzeittätigkeit noch einmal zu verändern. Allerdings muss die Vorankündigungsfrist von acht Wochen eingehalten werden.

Der Arbeitgeber hat einmal die Möglichkeit, einem Antrag des Arbeitnehmers stattzugeben. Kann er sich mit dem Arbeitnehmer nicht über die Teilzeittätigkeit während der Elternzeit einigen, muss er den Anspruch innerhalb von vier Wochen schriftlich und mit konkreter schriftlicher Begründung ablehnen. Die **Ablehnung** ist nur dann berechtigt, wenn der Teilzeittätigkeit **dringende betriebliche Gründe** entgegenstehen.[132]

IX. Antrag auf Teilzeitarbeit nach § 8 TzBfG

Will der Arbeitnehmer eine Verringerung seiner Arbeitszeit erreichen, muss er nach § 8 Abs. 2 TzBfG drei Monate vor dem geplanten Beginn der reduzierten Arbeitszeit beim Arbeitgeber einen Antrag stellen. Der Antrag muss den Umfang der Verringerung und soll die gewünschte Verteilung der Arbeitszeit angeben, § 8 Abs. 2 TzBfG. Das Arbeitsverhältnis muss sechs Monate bestanden haben, der Betrieb muss 15 Arbeitnehmer beschäftigen. Es ist anerkannt, dass der Arbeitnehmer den Antrag auf Verteilung der reduzierten Arbeitszeit nicht bereits mit dem Verringerungsantrag geltend machen muss. Den Antrag auf konkrete Verteilung der Arbeitszeit kann der Arbeitnehmer noch bis zum Erörterungsgespräch mit dem Arbeitgeber vorbringen.[133] Hat der Arbeitnehmer die **Drei-Monats-Frist** für die Geltendmachung der Arbeitszeitverringerung nicht eingehalten, wird die Inanspruchnahme der Teilzeit nicht ausgeschlossen.[134] Das Verringerungsverlangen wird im Zweifel darauf gerichtet sein, zum nächstmöglichen Zeitpunkt vom Arbeitgeber gestattet zu werden.[135] Der Antrag des Arbeitnehmers

---

124 LAG Hamm 28.7.2003 – 8 Sa 1493/02, LAGReport 2004, 173.
125 BAG 18.2.2003 – 9 AZR 356/02, ArbRB 2003, 260.
126 BAG 23.11.2004 – 9 AZR 644/03, NZA 2005, 769.
127 Bauer/Diller/Lingemann/Haußmann/*Lingemann*, Anwalts-Formularbuch Arbeitsrecht, Muster 6.6.6; zur Zulässigkeit der Bedingung: LAG Düsseldorf 3.3.2004 – 12 Sa 1765/03, LAGReport 2004, 196.
128 BAG 20.7.2004 – 9 AZR 626/03, ArbRB 2004, 328; ArbG Oldenburg 26.3.2002 – 6 Ga 3/02, NZA 2002, 908.
129 Offen gelassen von BAG 20.7.2004 – 9 AZR 626/03, ArbRB 2004, 328.
130 *Oberthür*, ArbRB 2005, 189.
131 BAG 19.4.2005 – 9 AZR 233/04, BAGE 114, 206 = NZA 2005, 1354.
132 HWK/*Gaul*, § 15 BErzGG Rn 17 ff.
133 BAG 23.11.2004 – 9 AZR 644/03, NZA 2005, 769.
134 HWK/*Schmalenberg*, § 8 TzBfG Rn 9.
135 BAG 20.7.2004 – 9 AZR 626/03, NZA 2004, 1091.

auf Verringerung der Arbeitszeit ist nicht formgebunden.¹³⁶ Auch bei einem mündlichen Antrag muss innerhalb der gesetzlichen Frist reagiert werden.¹³⁷ Wird keine Änderung der Arbeitszeitlage konkret vom Arbeitnehmer beantragt, kann der Arbeitgeber die Arbeitszeit gestalten. Der Arbeitnehmer kann seinen Verteilungswunsch im Rechtsstreit nicht mit Erfolg nachschieben.¹³⁸

Gerade die Möglichkeit der Verringerung der Arbeitszeit stellt eine maßgebliche Ausprägung des gesellschaftspolitisch zunehmend wichtiger werdenden Themas der „**Work-Life-Balance**" dar (s. dazu näher § 6 Rn 226, 226 a). Zu den weiteren „work-life-balance-tools" s. § 1 Rn 141.

133 Ein weites Feld bilden die **Ablehnungsgründe**, die nach der vom BAG entwickelten **dreistufigen Prüfungsreihe** vom Arbeitgeber schriftlich dargelegt werden müssen, wenn sie wirksam sein sollen.

1. Im ersten Schritt ist das vom Arbeitgeber aufgestellte und durchgeführte Organisationskonzept festzustellen, das der vom Arbeitgeber als betrieblich erforderlich angesehenen Arbeitszeitdauer und Arbeitszeitregelung entspricht. Die dem Organisationskonzept zugrunde liegenden unternehmerischen Aufgabenstellungen und die daraus abgeleiteten organisatorischen Entscheidungen sind hinzunehmen, soweit sie nicht willkürlich sind.¹³⁹

2. Im zweiten Schritt ist zu prüfen, ob die vom Organisationskonzept bedingte Dauer der Arbeitszeit und Arbeitszeitregelung tatsächlich der gewünschten Änderung der Arbeitszeit entgegenstehen. Dabei ist zu prüfen, ob durch eine Änderung betrieblicher Abläufe oder des Personaleinsatzes die betrieblich erforderliche Arbeitszeitregelung unter Wahrung des Organisationskonzepts mit dem individuellen Arbeitszeitwunsch des Arbeitnehmers in Einklang gebracht werden kann.¹⁴⁰

3. Im dritten Schritt schließlich muss geklärt werden, ob das Gewicht der entgegenstehenden betrieblichen Gründe so erheblich ist, dass die Erfüllung des Teilzeitverlangens und des Arbeitszeitwunsches des Arbeitnehmers zu einer wesentlichen Beeinträchtigung der Arbeitsorganisation, des Arbeitsablaufs, der Sicherung des Betriebs oder zu einer unverhältnismäßigen Belastung des Betriebs führen würde.¹⁴¹ Maßgeblicher Beurteilungszeitpunkt ist der Zeitpunkt, zu dem der Arbeitgeber die Ablehnungsentscheidung getroffen hat.¹⁴²

B. Texte

I. Mitarbeiterbeurteilung

134 **1. Muster: Leistungsbeurteilungsbogen**

↓

Name, Vorname:

Personalnummer:

Abteilung:

Tätigkeit:

Bewertungsskala:

0 = unterdurchschnittlich

1 = durchschnittlich

2 = gut

3 = sehr gut

---

136 BAG 23.11.2004 – 9 AZR 644/03, NZA 2005, 769.
137 HWK/*Schmalenberg*, § 8 TzBfG Rn 11.
138 BAG 23.11.2004 – 9 AZR 644/03, NZA 2005, 769.
139 BAG 27.4.2004 – 9 AZR 522/03, NZA 2004, 1225.
140 BAG 27.4.2004 – 9 AZR 522/03, NZA 2004, 1225.
141 BAG 9.12.2003 – 9 AZR 16/03, NZA 2004, 921.
142 BAG 23.11.2004 – 9 AZR 644/03, NZA 2005, 769.

Fachliche/Persönliche Fähigkeiten	0	1	2	3
Arbeitsqualität:	☐	☐	☐	☐
Arbeitstempo:	☐	☐	☐	☐
Selbständiges Arbeiten:	☐	☐	☐	☐
Zuverlässigkeit/Pünktlichkeit:	☐	☐	☐	☐
Organisationsfähigkeit:	☐	☐	☐	☐
Konzeptionelles Arbeiten:	☐	☐	☐	☐
Initiative:	☐	☐	☐	☐
Kreativität:	☐	☐	☐	☐
Durchsetzungsfähigkeit:	☐	☐	☐	☐
Belastbarkeit:	☐	☐	☐	☐
Verantwortungsbereitschaft:	☐	☐	☐	☐
Verhandlungsgeschick:	☐	☐	☐	☐
Lernverhalten:	☐	☐	☐	☐
Weiterbildungsinteresse:	☐	☐	☐	☐
Soziales Verhalten				
Kontaktfähigkeit:	☐	☐	☐	☐
Hilfsbereitschaft:	☐	☐	☐	☐
Fähigkeit zur Teamarbeit:	☐	☐	☐	☐
Verhalten gegenüber Kollegen:	☐	☐	☐	☐
Verhalten gegenüber Vorgesetzten:	☐	☐	☐	☐

Fachkenntnisse: ...

Gesamtbeurteilung:

Aus dem Durchschnitt der Einzelbewertungen ergibt sich die Gesamtbeurteilung ...

... (Unterschrift Vorgesetzte/r)

... (Unterschrift Beurteilte/r)

↑

2. Muster: Mitarbeiterbeurteilung

↓

Name: ...

Vorname: ...

Abteilung: ...

	trifft zu	trifft eher zu	trifft eher nicht zu	trifft nicht zu	keine Meinung
1. Persönlichkeit					
a) Selbstorganisation					
▪ kann Termine und Absprachen einhalten	☐	☐	☐	☐	☐
▪ kann Aufgaben aus eigenem Antrieb erkennen und lösen	☐	☐	☐	☐	☐

	trifft zu	trifft eher zu	trifft eher nicht zu	trifft nicht zu	keine Meinung
kann sich selbständig Informationen verschaffen	☐	☐	☐	☐	☐
organisiert selbst seine Weiterbildung	☐	☐	☐	☐	☐
kann sich schnell auf neue Situationen einstellen	☐	☐	☐	☐	☐
behält bei komplexen Situationen den Überblick	☐	☐	☐	☐	☐
ist bereit, bei Engpässen auszuhelfen	☐	☐	☐	☐	☐
handelt verantwortungsbewusst und hat die Folgen seines Tuns vor Augen	☐	☐	☐	☐	☐
nimmt Kritik an und arbeitet an seinen Schwächen	☐	☐	☐	☐	☐

b) Außendarstellung

	trifft zu	trifft eher zu	trifft eher nicht zu	trifft nicht zu	keine Meinung
sicheres Auftreten	☐	☐	☐	☐	☐
gute Manieren	☐	☐	☐	☐	☐
entgegenkommend gegenüber anderen Personen	☐	☐	☐	☐	☐
fügt sich gut in das Team ein	☐	☐	☐	☐	☐
redet und schreibt gewandt	☐	☐	☐	☐	☐

2. Fachkompetenz

a) Qualität der Arbeit

	trifft zu	trifft eher zu	trifft eher nicht zu	trifft nicht zu	keine Meinung
arbeitet zügig und konzentriert	☐	☐	☐	☐	☐
arbeitet idR ohne größere Fehler	☐	☐	☐	☐	☐
kann Prioritäten setzen	☐	☐	☐	☐	☐
hat eine schnelle Auffassungsgabe	☐	☐	☐	☐	☐
beachtet betriebliche Belange	☐	☐	☐	☐	☐

b) Menge der geleisteten Arbeit

	trifft zu	trifft eher zu	trifft eher nicht zu	trifft nicht zu	keine Meinung
hält Termine ein	☐	☐	☐	☐	☐
zeigt Ausdauer und Stetigkeit auch bei unangenehmen Arbeiten	☐	☐	☐	☐	☐

↑

II. Änderung von Arbeitsbedingungen

1. Muster: Umwandlungsvereinbarung

Umwandlungsvertrag

zwischen

der Firma ...

— nachfolgend „Arbeitgeber" genannt —

und

Herrn ...

— nachfolgend „Mitarbeiter" genannt —

1. Der Mitarbeiter hat mit Schreiben vom ... gem. § 8 TzBfG eine Verringerung seiner vertraglich vereinbarten Arbeitszeit geltend gemacht. In einer Erörterung am ... haben die Parteien die Gegenstand dieser Vereinbarung bildende Verringerung der Arbeitszeit/anderweitige Verteilung der Arbeitszeit vereinbart.

2. Die tägliche Arbeitszeit des Mitarbeiters bestimmt sich künftig wie folgt: Montags bis freitags ...

3. Mit der vereinbarten Verringerung findet eine Verringerung der im Arbeitsvertrag vom ... vereinbarten Arbeitszeit in Höhe von ... % statt. Das Arbeitsentgelt ändert sich damit, mit Ausnahme der vermögenswirksamen Leistungen, auf monatlich ... EUR.

4. Die Parteien sind sich darüber einig, dass die vereinbarte Arbeitszeitverringerung bis auf weiteres/bis zum ... gültig ist.

5. Durch den Umwandlungsvertrag ändern sich ausschließlich die Arbeitsbedingungen des Mitarbeiters im Bereich der Arbeitszeit und des Arbeitsentgelts. Im Übrigen bleibt der Arbeitsvertrag vom ..., soweit die Umwandlungsvereinbarung keine Abweichungen enthält, unverändert fortbestehen.

6. Der Mitarbeiter wird darauf hingewiesen, dass er gem. § 8 Abs. 6 TzBfG eine weitere Verringerung der Arbeitszeit nicht vor Ablauf von zwei Jahren verlangen kann. Der Arbeitgeber weist bereits jetzt darauf hin, dass ohne eine wesentliche Beeinträchtigung der betrieblichen Belange eine weitere Verringerung der Arbeitszeit nicht denkbar ist.

... (Ort, Datum, Unterschriften)

2. Muster: Vereinbarung zur Übernahme eines Arbeitsverhältnisses innerhalb des Konzerns

Zwischen

Herrn ...

— nachstehend: Arbeitnehmer —

der X-Gesellschaft

— nachstehend: bisheriger Arbeitgeber —

sowie

der Y-Gesellschaft

— nachstehend: neuer Arbeitgeber —

wird die nachstehende Vereinbarung getroffen:

1. Das Arbeitsverhältnis des Arbeitnehmers mit dem bisherigen Arbeitgeber gemäß dem Anstellungsvertrag vom ... wird mit Wirkung zum ... vom neuen Arbeitgeber übernommen.

2. Die Rechte und Pflichten der Arbeitsvertragsparteien gehen unverändert auf den neuen Arbeitgeber über. Der soziale Besitzstand des Arbeitnehmers wird nicht angetastet.

3. Es besteht Einigkeit darüber, dass zum bisherigen Arbeitgeber mit der Vertragsübernahme durch den neuen Arbeitgeber das Arbeitsverhältnis sowie alle weiteren rechtlichen Beziehungen des Arbeitnehmers enden.

4. Sollte die Zustimmung Dritter zu dieser Vertragsübernahme oder zur Übernahme von Rechten und/oder Pflichten aus dem Arbeitsverhältnis erforderlich sein, so verpflichten sich hiermit die Parteien dieser Vereinbarung, alle zur Erteilung der Zustimmung erforderlichen und zulässigen Mitwirkungshandlungen, einschließlich der Abgabe von Willenserklärungen, zu erbringen.

5. Sollte diese Vereinbarung oder einzelne Elemente dieser Vereinbarung unwirksam sein oder werden, so verpflichten sich die Parteien dieser Vereinbarung, selbige oder deren unwirksamen Elemente durch wirksame zu ersetzen, die dieser nach dem beabsichtigten Zweck so nahe wie möglich kommen.

... (Unterschrift Arbeitnehmer)

... (Unterschrift X-Gesellschaft – Bisheriger Arbeitgeber)

... (Unterschrift Y-Gesellschaft – Neuer Arbeitgeber)

138 3. Muster: Vereinbarung zur Absicherung des Arbeitgeberwechsels bei Betriebs(teil)übergang innerhalb des Konzerns

Zwischen

Herrn ...

— nachstehend: Arbeitnehmer –

der X-Gesellschaft

— nachstehend: bisheriger Arbeitgeber –

sowie

der Y-Gesellschaft

— nachstehend: neuer Arbeitgeber –

wird die nachstehende Vereinbarung getroffen:

Die Parteien dieser Vereinbarung gehen davon aus, dass aufgrund eines Betriebs(-teil)-übergangs das Arbeitsverhältnis gem. § 613a BGB mit Wirkung zum ... auf den neuen Arbeitgeber übergeht. Zur rechtlichen Absicherung dieses Ergebnisses, das von den Vertragsparteien ausdrücklich gewollt wird, vereinbaren die Parteien Folgendes:

1. Sollte rechtlich – gleich aus welchen Gründen – kein Betriebs(-teil)-übergang erfolgen, so wird das Arbeitsverhältnis des Arbeitnehmers mit dem bisherigen Arbeitgeber gemäß dem Anstellungsvertrag vom ... mit Wirkung zum ... vom neuen Arbeitgeber aufgrund dieser Vereinbarung rechtsgeschäftlich übernommen.

2. Die Rechte und Pflichten der Arbeitsvertragsparteien gehen unverändert auf den neuen Arbeitgeber über. Der soziale Besitzstand des Arbeitnehmers wird nicht angetastet.

3. Es besteht Einigkeit darüber, dass zum bisherigen Arbeitgeber mit der Vertragsübernahme durch den neuen Arbeitgeber alle rechtlichen Beziehungen des Arbeitnehmers enden.

4. Sollte die Zustimmung Dritter zu dieser Vertragsübernahme oder zur Übernahme von Rechten und/oder Pflichten aus dem Arbeitsverhältnis erforderlich sein, so verpflichten sich hiermit die Parteien dieser Vereinbarung, alle zur Erteilung der Zustimmung erforderlichen und zulässigen Mitwirkungshandlungen, einschließlich der Abgabe von Willenserklärungen, zu erbringen.

5. Sollte diese Vereinbarung oder einzelne Elemente dieser Vereinbarung unwirksam sein oder werden, so verpflichten sich die Parteien dieser Vereinbarung, selbige oder deren unwirksamen Elemente durch wirksame zu ersetzen, die dieser nach dem beabsichtigten Zweck so nahe wie möglich kommen.

... (Unterschrift Arbeitnehmer)

... (Unterschrift X-Gesellschaft – Bisheriger Arbeitgeber)

... (Unterschrift Y-Gesellschaft – Neuer Arbeitgeber)

4. Muster: Versetzungsvereinbarung (Entsendung in ausländisches Tochterunternehmen)

Versetzungsvereinbarung

zwischen

...

– nachstehend „Arbeitgeber" genannt –

und

...

– nachstehend „Arbeitnehmerin" genannt –

§ 1 Vorbemerkung

Die Arbeitnehmerin ist nach Maßgabe des Arbeitsvertrages vom ... in Verbindung mit der Vertragsänderung vom ... derzeit als ... bei dem Arbeitgeber beschäftigt. Aus Anlass einer beabsichtigten Versetzung der Arbeitnehmerin zu dem mit dem Arbeitgeber wirtschaftlich verbundenen und im Ausland ansässigen Tochterunternehmen wird diese Versetzungsvereinbarung geschlossen.

§ 2 Versetzung

(1) Die Arbeitnehmerin wird ab dem ... als ... bei ... tätig werden. Die dortige Tätigkeit muss der jetzigen Tätigkeit als ... inhaltlich – insbesondere hinsichtlich Vergütung, Arbeitszeit, Urlaub etc. – mindestens gleichwertig sein. Die Arbeitnehmerin erhält eine monatliche Auslandszulage von .... Die Auslandstätigkeit wird zunächst ... betragen, kann aber einvernehmlich verlängert oder später sogar auf Dauer angelegt werden.

(2) Nach eventueller Beendigung der Auslandstätigkeit oder Nichteinhaltung der in diesem Vertrag vereinbarten Umstände der Auslandsbeschäftigung hat die Arbeitnehmerin einen Anspruch darauf, wieder für den Arbeitgeber tätig zu werden. Es steht ihr frei, innerhalb einer angemessenen Ankündigungsfrist (2 Monate) auch schon vor Ablauf ... die Weiterbeschäftigung beim Arbeitgeber im Inland zu verlangen.

(3) Die Arbeitnehmerin wird von der Auslandsgesellschaft einen selbständigen Arbeitsvertrag erhalten, der die zwischen der Arbeitnehmerin und der Auslandsgesellschaft bestehenden Rechte und Pflichten abschließend regelt. Ab dem Zeitpunkt des In-Kraft-Tretens dieses Auslandsarbeitsvertrages ruht der derzeitige Arbeitsvertrag zwischen dem Arbeitgeber und der Arbeitnehmerin. Die Beschäftigungszeit bei der Auslandsgesellschaft wird im vollen Umfang auf die Beschäftigungszeit bei dem Arbeitgeber angerechnet.

§ 3 Rückkehr

(1) Nach Beendigung des Arbeitsverhältnisses zwischen der Arbeitnehmerin und der Auslandsgesellschaft lebt das ruhende Arbeitsverhältnis mit dem Arbeitgeber nahtlos wieder auf. Etwaige Urlaubsansprüche aus der Auslandsbeschäftigung werden auf das ruhende Arbeitsverhältnis übertragen.

(2) Die Arbeitnehmerin wird in diesem Fall entsprechend ihren Kenntnissen und Fähigkeiten eingesetzt werden. Dabei wird die Auslandsbeschäftigung positiv berücksichtigt. Im Falle der Höherwertigkeit der Auslandstätigkeit muss die Weiterbeschäftigung im Inland dieser entsprechen.

(3) Der Arbeitgeber kann der Arbeitnehmerin eine gleichwertige Weiterbeschäftigung auch in einem mit ihm wirtschaftlich verbundenen Inlandsunternehmen anbieten. Die Arbeitnehmerin hat aber einen primären Anspruch auf Beschäftigung beim Arbeitgeber; sie ist nicht verpflichtet, eine ihr angebotenen Stelle in einem anderen, mit dem Arbeitgeber verbundenen Unternehmen anzunehmen.

(4) Die Bezüge der Arbeitnehmerin im Falle der Rückkehr richten sich nach der von ihr zu übernehmenden Position. Die Auslandstätigkeit wird hierbei positiv berücksichtigt. Das Gehalt wird keinesfalls unter dem derzeitigen und bis zur Rückkehr als Schattengehalt fortgeschriebenen und entsprechend den im Inland jeweils geltenden Regeln angepassten Gehalt liegen. Falls das Auslandsgehalt über dieses Schattengehalt hinausgeht, so darf dieses nicht unterschritten werden.

(5) Das ruhende Arbeitsverhältnis lebt dann nicht wieder auf, sondern erlischt, wenn das Arbeitsverhältnis aus einem in der Person der Arbeitnehmerin oder ihrem Verhalten liegenden Grund beendet worden ist, der nach deutschem Recht eine Kündigung durch die Auslandsgesellschaft gerechtfertigt hätte.

§ 4 Umzugskosten

(1) Der Arbeitgeber übernimmt die der Arbeitnehmerin entstehenden Kosten für die Suche nach einer ihren jetzigen Wohnverhältnissen entsprechenden Wohnung _. Sollte am Sitz der Auslandsgesellschaft eine vergleichbare Wohnung nur zu einem höherem Mietzins als dem jetzigen der Arbeitnehmerin (_) anzumieten sein, so trägt der Arbeitgeber den Differenzbetrag.

(2) Darüber hinaus kommt der Arbeitgeber für die Kosten auf, die der Arbeitnehmerin durch die Wohnungssuche entstehen (zB Anzeigen, Reisekosten für Besichtigungstermine vom Wohnsitz der Arbeitnehmerin aus).

(3) Verpackungs- und Transportkosten für die Verbringung der Wohnungseinrichtung vom derzeitigen Wohnort zum Sitz der Auslandsgesellschaft und für den Fall der Rückkehr bei Weiterbeschäftigung beim Arbeitgeber im Inland trägt der Arbeitgeber bis zu einer Höhe von maximal _ EUR. Die Beauftragung eines geeigneten Umzugsunternehmens ist vorab mit dem Arbeitgeber abzustimmen.

(4) Alle Kosten, die der Arbeitnehmerin im Zusammenhang mit behördlichen Genehmigungen oder Anmeldungen, die durch die Versetzung verursacht sind, entstehen, werden vom Arbeitgeber erstattet.

§ 5 Heimreise

Der Arbeitgeber verpflichtet sich, während der Dauer des Auslandsaufenthalts die Kosten von zwei Heimreisen an den jetzigen Wohnsitz der Arbeitnehmerin zu finanzieren.

§ 6 Steuern, Abgaben und Sozialversicherungsbeiträge

(1) Sämtliche Zahlungen nach diesem Vertrag erfolgen – unbeschadet der grundsätzlichen Verantwortlichkeit der Arbeitnehmerin gem. Absatz 2 und 3 – abzüglich der vom Arbeitgeber einzubehaltenden Steuern, Abgaben und Sozialversicherungsbeiträge. Steuern auf geldwerte Vorteile sind von der Arbeitnehmerin zu tragen.

(2) Die Arbeitnehmerin ist verpflichtet, die steuerlichen Vorschriften in Deutschland und im Ausland zu beachten und die sich daraus ergebenden Verpflichtungen zu erfüllen. Davon unberührt bleibt die Verpflichtung der Arbeitgeberin und der Auslandsgesellschaft zur ordnungsgemäßen Abführung von Steuern und Sozialversicherungsbeiträgen nach den jeweiligen nationalen Vorschriften.

§ 7 Verhalten

Die Arbeitnehmerin ist verpflichtet, die Gesetze und Bestimmungen am Sitz der Auslandsgesellschaft zu beachten und die dort herrschenden Sitten und Gebräuche zu respektieren.

§ 8 Informationspflicht/persönliche Daten

Die Arbeitnehmerin ist verpflichtet, dem Arbeitgeber jede Änderung der persönlichen Daten und der Anschrift mitzuteilen. Sämtliche Folgen, die aus einer Missachtung der oben genannten Meldeverpflichtung entstehen, gehen zu Lasten der Arbeitnehmerin, sofern dieser ein Verschulden anzulasten ist. Dies gilt insbesondere dann, wenn es dem Arbeitgeber aufgrund der nicht gemeldeten Anschrift unmöglich ist, der Arbeitnehmerin eine Mitteilung zuzustellen. Für diesen Fall gilt die Mitteilung des Arbeitgebers zu dem Zeitpunkt des Zugangsversuchs als zugestellt, sofern die Zustellung später nachgeholt wird.

§ 9 Anrechnung von Entschädigungen und Doppelzahlungen

(1) Wird die Arbeitnehmerin nach Beendigung ihrer Tätigkeit bei der Auslandsgesellschaft beim Arbeitgeber nach Maßgabe des § 3 dieser Vereinbarung weiter beschäftigt, so verzichtet sie auf die Zahlung eventuell ihr nach den Gesetzen oder Betriebsüblichkeiten im Ausland zustehender Abgangs-/oder Entlassungsentschädigungen oder sonstiger Zahlungen aufgrund der Beendigung ihrer Tätigkeit im Ausland. Erfolgen derartige Zahlungen ungeachtet dieses Verzichts, so sind sie von der Arbeitnehmerin an den Arbeitgeber abzuführen bzw ist dieser berechtigt, sie mit Ansprüchen der Arbeitnehmerin an den Arbeitgeber zu verrechnen.

(2) Erhält die Arbeitnehmerin von der Auslandsgesellschaft aus Anlass ihrer dortigen Tätigkeit Leistungen, die nach Art und Zweck mit Zahlungen des Arbeitgebers aufgrund dieses Vertrag wie gem. §§ 4, 5 vergleichbar sind, so wird die Arbeitnehmerin den Arbeitgeber hierüber unverzüglich unterrichten. Es besteht Einigkeit darüber, dass die Arbeitnehmerin derartige Leistungen nur einmal zu erhalten berechtigt ist. Maßgeblich ist der jeweils höhere Betrag. Im Falle von bereits erfolgten Doppelzahlungen ist die Arbeitnehmerin zur Abführung an den Arbeitgeber verpflichtet bzw dieser berechtigt, sie mit Ansprüchen der Arbeitnehmerin gegen den Arbeitgeber zu verrechnen.

§ 10 Vertraulichkeit

Diese Vereinbarung ist vertraulich zu behandeln.

§ 11 Rechtswahl/Gerichtsstand

(1) Auf diesen Vertrag findet ausschließlich das Recht der Bundesrepublik Deutschland in der jeweils geltenden Fassung Anwendung.

(2) Gerichtsstand für alle Streitigkeiten aus und in Verbindung mit diesem Vertrag und seiner Beendigung ist ...

§ 12 Schlussvorschriften

(1) Änderungen und Ergänzungen dieses Vertrages sind nur wirksam, wenn sie schriftlich erfolgen. Die Schriftform ist unverzichtbar.

(2) Sollten einzelne Bestimmungen dieses Vertrages unwirksam sein, so bleiben die übrigen Bestimmungen dieses Vertrages hiervon unberührt.

(3) Die unwirksamen Bestimmungen sollen durch solche wirksamen Bestimmungen ersetzt werden, die dem vertraglichen Zweck, wie er sich aus der Gesamtheit der Bestimmungen ergibt, am nächsten kommen.

(4) Jeder Unterzeichner bestätigt mit seiner Unterschrift zugleich den Erhalt einer von dem anderen Vertragspartner gegengezeichneten Vertragsausfertigung.

... (Ort, Datum, Unterschriften)
↑

140   5. Muster: Versetzung

↓

An
Frau/Herrn ...
im Hause

Zuweisung einer anderweitigen Tätigkeit

Sehr geehrte(r) Frau/Herr ...,

in dem mit Ihnen am ... geschlossenen Arbeitsvertrag haben wir uns in § ... das Recht vorbehalten, Sie bei dringenden betrieblichen Erfordernissen zu versetzen bzw Ihnen eine andere Tätigkeit zuzuweisen. Mit Wirkung vom ... werden Sie in der Abteilung ... mit den Aufgaben eines/einer ... betraut.

Eine Gehaltsminderung ist mit dieser Versetzung nicht verbunden.

Die Versetzung erfolgt aus folgenden Gründen: ...

Zum Zeichen Ihres Einverständnisses mit der geplanten Versetzung bitten wir um Unterzeichnung des beigefügten Doppels dieses Schreibens. Der Betriebsrat ist ordnungsgemäß gehört worden und hat der Versetzung zugestimmt.

... (Ort, Datum, Unterschrift Firma)

Aushändigungserklärung

Die Versetzungsmitteilung habe ich am ... erhalten und zur Kenntnis genommen./Ich bin mit der Versetzung einverstanden.

... (Ort, Datum, Unterschrift Mitarbeiter)

↑

141   6. Muster: Unterrichtung des Arbeitgebers über Betriebsübergang gem. § 613 a BGB und Zustimmung des Mitarbeiters

↓

Information zum Betriebsübergang nach § 613 a BGB

Sehr geehrte(r) Frau/Herr ...,

wie Ihnen bereits durch verschiedene Mitarbeiterinformationen bekannt ist, erfordert die Marktentwicklung im ...-Geschäft eine leistungsfähige und flexible Neugestaltung. Um die Wettbewerbsfähigkeit des Geschäfts zu erhalten bzw zu verbessern, ist eine nachhaltige strukturelle Neuausrichtung erforderlich. Die ... AG (im Folgenden „B") hat daher beschlossen, sich vollständig von diesem Portfolioelement zu trennen und die Aktivitäten des Geschäftsgebiets ... zum ... in die ... GmbH & Co. OHG (im Folgenden „A") mit Sitz in ... zu übertragen. Geschäftsführer der A ist Herr ....[143] Die Geschäftsadresse lautet ... . A ist ein weltweit führender Anbieter von Consumer-Electronic-Produkten, wie beispielsweise LCD-Bildschirmen, Notebook-Computern, Kameras und Scannern. Auch im Handygeschäft wird A in den nächsten Jahren zu einem führenden globalen Anbieter. Wir sehen daher deutlich bessere Marktchancen für dieses Portfolioelement in diesem neuen Umfeld.[144]

---

143 Es ist die genaue Namensbezeichnung erforderlich.
144 Sofern es sich beim Erwerber um ein Unternehmen eines Konzerns handelt, muss die Konzernstruktur dargestellt werden. Die Darstellung der Geschäftsaktivitäten muss dabei klar erkennen lassen, welches Konzernunternehmen welche Aktivität ausführt; insbesondere darf nicht der Eindruck entstehen, das Erwerberunternehmen übt diese Aktivitäten selbst aus.

Die Übertragung des Geschäftsgebiets erfolgt aufgrund eines Kaufvertrages von B mit ... im Wege der Einzelrechtsnachfolge auf A. Umfasst vom Kauf sind ....[145]

Mit diesem Betriebsübergang wird gem. § 613a BGB A Ihr neuer Arbeitgeber, der in alle Rechte und Pflichten Ihres Arbeitsverhältnisses eintritt. Ihr Arbeitsverhältnis wird also anlässlich des Betriebsübergangs – sofern nicht in der Überleitungsvereinbarung andere Regelungen getroffen sind – unverändert mit A fortgeführt (insbesondere keine Veränderungen bei dem jeweiligen Einkommenssystem, der Altersversorgung, Jubiläumsregelung, Dienstzeitregelung). Ebenso gelten die jeweiligen Tarifverträge gem. § 613a BGB weiter. Die Höhe und Zusammensetzung des bisherigen Einkommens bleibt ebenso wie eine bestehende freiwillige, widerrufliche Sonderzulage anlässlich des Betriebsübergangs unverändert.

Im Einzelnen gilt für Sie die beiliegende, mit dem Gesamtbetriebsrat der B vereinbarte Regelung zur Überleitung der Beschäftigungsbedingungen (Überleitungsvereinbarung), die Bestandteil dieses Schreibens ist. Die bestehenden Gesamtbetriebsvereinbarungen und örtlichen Betriebsvereinbarungen gelten bis zu einer eventuellen Neuregelung weiter, sofern in der Überleitungsvereinbarung nichts Abweichendes geregelt ist.

A haftet ab dem Zeitpunkt des Betriebsübergangs unbeschränkt für alle – auch die rückständigen – Ansprüche aus dem Arbeitsverhältnis, die B haftet grundsätzlich nicht mehr. Als Gesamtschuldner haftet die B lediglich für solche Verpflichtungen, die vor dem Betriebsübergang entstanden sind und bereits fällig wurden bzw spätestens ein Jahr danach fällig werden. Soweit Ansprüche nach dem ... innerhalb der Jahresfrist fällig werden, haftet B gesamtschuldnerisch nur für den Anteil der Ansprüche, die dem Zeitraum vor dem ... zuzurechnen sind. Für den Anteil der Ansprüche, die dem Zeitraum nach dem ... zuzurechnen sind, haftet A allein.[146]

Eine Kündigung wegen des Betriebsübergangs ist gesetzlich gem. § 613a Abs. 4 BGB ausgeschlossen; das Recht zu Kündigungen aus anderen Gründen bleibt unberührt.

Sie werden auch nach dem ... durch Ihren bisherigen Betriebsrat weiter betreut; an den Standorten in ..., ... und ... gilt dies so lange, bis durch Neuwahlen eigene Betriebsratsgremien gewählt sind, längstens bis zum ....

Für den Standort ... wurde der örtliche Betriebsrat informiert, dass an diesem Standort aufgrund von Produktivitätssteigerungen der Abbau von ca. ... Mitarbeitern im Bereich ... geplant ist.

Dem Übergang Ihres Arbeitsverhältnisses auf A können Sie nach § 613a Abs. 6 BGB schriftlich widersprechen. Ihr Widerspruch hätte zur Folge, dass Ihr Arbeitsverhältnis nicht auf A übergeht. Wir möchten Sie jedoch bitten, von diesem Recht nur nach sorgfältiger Abwägung Gebrauch zu machen, denn Ihr Widerspruch sichert Ihnen keinen Arbeitsplatz bei der B, da die ... Aktivitäten vollständig auf A übertragen werden und damit diese Arbeitsplätze bei der B entfallen, so dass es letztlich zu betriebsbedingten Beendigungen des Arbeitsverhältnisses kommen kann.

Sollten Sie trotz dieser Überlegungen dennoch widersprechen wollen, bitten wir darum, Ihren etwaigen Widerspruch unverzüglich, jedoch spätestens innerhalb von einem Monat nach Zugang dieses Schreibens schriftlich an Herrn ... oder an Herrn ... zu richten.

---

[145] An dieser Stelle muss der Kaufgegenstand und damit der Gegenstand des Betriebsübergangs genau beschrieben werden, also welche Abteilungen, welche Assets usw mit übergehen.
[146] Zu den rechtlichen Folgen gehören zunächst die sich unmittelbar aus dem Betriebsübergang als solchem ergebenden Rechtsfolgen. Dies erfordert einen Hinweis auf den Eintritt des Übernehmers in die Rechte und Pflichten aus dem bestehenden Arbeitsverhältnis (§ 613a Abs. 1 Satz 1 BGB), auf die Gesamtschuldnerschaft des Übernehmers und des Veräußerers nach § 613a Abs. 2 BGB und grundsätzlich auch auf die kündigungsrechtliche Situation. Zu den bei dem Übernehmer geltenden Rechten und Pflichten gehört grundsätzlich weiter die Anwendbarkeit tariflicher Normen und die Frage, inwieweit beim Veräußerer geltende Tarifverträge und Betriebsvereinbarungen durch beim Erwerber geltende Tarifverträge abgelöst werden. Eine detaillierte Bezeichnung aller Tarifverträge und Betriebsvereinbarungen ist nicht erforderlich, aber ein Hinweis darauf, ob die Normen kollektivrechtlich oder individualrechtlich fortwirken Die Rechtsfolgen müssen präzise angegeben werden, es dürfen keine juristischen Fehler enthalten sein.

Möhren

Sollten Sie weiterführende Fragen haben, wenden Sie sich bitte an den Personalbereich:

Telefonnummer

Herr ...

Herr ...

Frau ...

Darüber hinaus haben Sie die Möglichkeit, Informationsbedarf zu den Betriebsübergängen über folgende E-Mail-Hotline zu adressieren: ...

Mit freundlichen Grüßen

Anlagen:
1. Überleitungsvereinbarung
2. Vordruck § 613 a BGB
3. Wortlaut § 613 a BGB

Erklärung zum Betriebsübergang

Die ... und die ... haben vereinbart, dass Betriebsteile der ... in die ..., die künftige operative Holding, integriert werden sollen.

Mit Schreiben vom ... informierten Sie mich über die rechtlichen Hintergründe zum Übergang meines Beschäftigungsverhältnisses auf die ....

Zu dieser Maßnahme erkläre ich hiermit mein Einverständnis.

... (Ort, Datum, Unterschrift Mitarbeiter)

§ 613 a BGB Rechte und Pflichten bei Betriebsübergang

(1) Geht ein Betrieb oder Betriebsteil durch Rechtsgeschäft auf einen anderen Inhaber über, so tritt dieser in die Rechte und Pflichten aus den im Zeitpunkt des Übergangs bestehenden Arbeitsverhältnissen ein. Sind diese Rechte und Pflichten durch Rechtsnormen eines Tarifvertrags oder durch eine Betriebsvereinbarung geregelt, so werden sie Inhalt des Arbeitsverhältnisses zwischen dem neuen Inhaber und dem Arbeitnehmer und dürfen nicht vor Ablauf eines Jahres nach dem Zeitpunkt des Übergangs zum Nachteil des Arbeitnehmers geändert werden. Satz 2 gilt nicht, wenn die Rechte und Pflichten bei dem neuen Inhaber durch Rechtsnormen eines anderen Tarifvertrags oder durch eine andere Betriebsvereinbarung geregelt werden. Vor Ablauf der Frist nach Satz 2 können die Rechte und Pflichten geändert werden, wenn der Tarifvertrag oder die Betriebsvereinbarung nicht mehr gilt oder bei fehlender beiderseitiger Tarifgebundenheit im Geltungsbereich eines anderen Tarifvertrags dessen Anwendung zwischen dem neuen Inhaber und dem Arbeitnehmer vereinbart wird.

(2) Der bisherige Arbeitgeber haftet neben dem neuen Inhaber für Verpflichtungen nach Absatz 1, soweit sie vor dem Zeitpunkt des Übergangs entstanden sind und vor Ablauf von einem Jahr nach diesem Zeitpunkt fällig werden, als Gesamtschuldner. Werden solche Verpflichtungen nach dem Zeitpunkt des Übergangs fällig, so haftet der bisherige Arbeitgeber für sie jedoch nur in dem Umfang, der dem im Zeitpunkt des Übergangs abgelaufenen Teil ihres Bemessungszeitraums entspricht.

(3) Absatz 2 gilt nicht, wenn eine juristische Person oder eine Personenhandelsgesellschaft durch Umwandlung erlischt.

(4) Die Kündigung des Arbeitsverhältnisses eines Arbeitnehmers durch den bisherigen Arbeitgeber oder durch den neuen Inhaber wegen des Übergangs eines Betriebs oder eines Betriebsteils ist unwirksam. Das Recht zur Kündigung des Arbeitsverhältnisses aus anderen Gründen bleibt unberührt.

(5) Der bisherige Arbeitgeber oder neue Inhaber hat die von einem Übergang betroffenen Arbeitnehmer vor dem Übergang in Textform zu unterrichten über:
1. den Zeitpunkt oder den geplanten Zeitpunkt des Übergangs,
2. den Grund für den Übergang,
3. die rechtlichen, wirtschaftlichen und sozialen Folgen des Übergangs für die Arbeitnehmer und
4. die hinsichtlich der Arbeitnehmer in Aussicht genommenen Maßnahmen.

(6) Der Arbeitnehmer kann dem Übergang des Arbeitsverhältnisses innerhalb eines Monats nach Zugang der Unterrichtung nach Absatz 5 schriftlich widersprechen. Der Widerspruch kann gegenüber dem bisherigen Arbeitgeber oder dem neuen Inhaber erklärt werden.

7. Muster: Widerspruch des Mitarbeiters bei Betriebsübergang

142

Widerspruch

Zurück an ...

Hiermit widerspreche ich dem Übergang meines Arbeitsverhältnisses auf die Firma ... . Über die hiermit verbundenen möglichen Folgen bin ich informiert.

Betrieb: ...

Name, Vorname: ...

Personalnummer: ...

Datum: ...

Unterschrift: ...

8. Muster: Verwirkungsschutz zum Widerspruch bei Betriebsübergang[147]

143

Sehr geehrte Damen und Herren,

wir bestellen uns für unseren Mandanten ... .

Sie haben unserem Mandanten eine Mitteilung darüber zukommen lassen, dass der Betrieb ... nach § 613a BGB auf den Erwerber ... übergegangen sei. Dieses Schreiben enthält nach unserer Auffassung eine ganze Reihe von Ungereimtheiten und Unvollständigkeiten, so dass wir erwägen, dem Betriebsübergang zu widersprechen. Da der Sachverhalt für uns noch nicht ausreichend aufgeklärt ist, erklären wir zum gegenwärtigen Zeitpunkt in Vollmacht unseres Mandanten noch keinen Widerspruch. Unser Mandant behält sich allerdings vor, zu einem späteren Zeitpunkt den Widerspruch auszusprechen.

Mit freundlichen Grüßen

... (Rechtsanwalt)

---

147 Angesichts des Urteils des BAG vom 13.7.2006 (BAG 13.7.2006 – 8 AZR 382/05, NZA 2006, 1406) kann das Recht des Arbeitnehmers, dem Betriebsübergang zu widersprechen, verwirken. Um dem Betriebsveräußerer den Einwand der Verwirkung zu nehmen, insbesondere kein Umstandsmoment eintreten zu lassen, auf das sich der Veräußerer berufen könnte, empfiehlt es sich für den Arbeitnehmer beim Betriebsübergang, ein Schreiben an seinen bisherigen Arbeitgeber zu senden, in dem er sich die Ausübung des Widerspruchsrechts vorbehält. Durch diesen Vorbehalt wird ausgeschlossen, dass das Umstandsmoment begründet wird, wonach entsprechend den Grundsätzen von Treu und Glauben der Veräußerer das über einen langen Zeitraum festzustellende Schweigen des Arbeitnehmers als Verwirkungtatbestand ansehen könnte.

9. Muster: Erteilung einer Prokura

Prokura

Die Firma ..., vertreten durch ..., erteilt hiermit Frau/Herrn ..., wohnhaft in ...,
Prokura.

Die Prokura ist als Gesamtprokura ausgestattet. Frau/Herr ... kann gemeinschaftlich mit einem weiteren Prokuristen oder einem Geschäftsführer die Firma vertreten. Die Prokura gilt für sämtliche Niederlassungen der Firma/nur für die Niederlassung ... .

Frau/Herr ... ist auch/nicht befugt, Grundstücke zu veräußern und zu belasten.

Frau/Herr ... ist von den Beschränkungen des § 181 BGB befreit/nicht befreit.

... (Ort, Datum, Unterschrift Firma)

10. Muster: Erteilung einer Handlungsvollmacht (Kurzfassung)

Handlungsvollmacht

1. Ergänzend zum Anstellungsvertrag wird Frau/Herrn ... gem. § 54 Abs. 1 HGB mit Wirkung ab ...
Handlungsvollmacht
erteilt.

2. Die Handlungsvollmacht wird als Einzelvollmacht erteilt und umfasst alle Geschäfte und Rechtshandlungen, die der Betrieb der Firma gewöhnlich mit sich bringt, mit Ausnahme von

- Aufnahme von Darlehen;
- Erwerb/Veräußerung von Grundstücken, grundstücksgleichen Rechten oder Verfügung jedweder Art hierüber;
- Führung von Prozessen;
- Ausstellung und Akzeptierung von Wechseln;
- Abgabe von Bürgschafts-, Garantie- und anderen Haftungserklärungen für fremde Schuld;
- Vermittlerverträgen.

3. Die Handlungsvollmacht ist durch den Vorstand frei widerruflich und endet in jedem Fall zu dem Zeitpunkt, in dem Frau/Herr ... oder die Firma eine Kündigung des Anstellungsvertrages ausgesprochen hat bzw eine Aufhebung des Arbeitsverhältnisses vereinbart wurde.

Mit seiner/ihrer Unterschrift bestätigt Frau/Herr ..., ein Exemplar dieser Handlungsvollmacht erhalten zu haben und für ihre Einhaltung Sorge zu tragen.

... (Ort, Datum, Unterschrift)

11. Muster: Erteilung einer Handlungsvollmacht (Langfassung)

Handlungsvollmacht

Sehr geehrte/r Frau/Herr ...,
ergänzend zu Ihrem Arbeitsvertrag erteilen wir Ihnen für Ihre Aufgabe Handlungsvollmacht.

Als Handlungsbevollmächtigter sind Sie befugt, die ... nach Maßgabe folgender Bestimmungen zu vertreten:
- hinsichtlich der Geschäfte, die innerhalb Ihres Aufgabenbereichs gewöhnlich anfallen, gemeinsam mit einem Geschäftsführer/Vorstandsmitglied, einem Prokuristen oder einem anderen hierzu besonders ermächtigten Handlungsbevollmächtigten Ihres Organisationsbereichs, oder – sofern das Geschäft auch im Rahmen des üblichen Geschäftsgangs eines anderen Aufgabenbereichs liegt – gemeinsam mit einem Geschäftsführer/Vorstandsmitglied, einem Prokuristen oder einem hierzu besonders ermächtigten Handlungsbevollmächtigten dieses anderen Aufgabengebiets;
- hinsichtlich der Geschäfte, die über den Umfang der in Ihrem Aufgabenbereich gewöhnlich anfallenden Geschäfte hinausgehen, nur gemeinsam mit Ihrem Vorgesetzten, soweit er hierzu ermächtigt ist, einem Prokuristen oder einem Geschäftsführer/Vorstandsmitglied.

Als Handlungsbevollmächtigter sind Sie grundsätzlich nicht befugt zur Veräußerung und Belastung von Grundstücken, zur Eingehung von Wechselverbindlichkeiten, zur Aufnahme von Darlehen, zur Abgabe von Patronatserklärungen, zur Prozessführung oder Entgegennahme von Zahlungen. Ferner schließt diese Handlungsvollmacht die Befugnis zur Einstellung und Entlassung von Mitarbeitern nicht ein.

Die gemeinsame Zeichnung mit einem anderen Handlungsbevollmächtigten setzt voraus, dass dieser leitender Angestellter ist oder einer von beiden zur gemeinsamen Zeichnung mit einem anderen Handlungsbevollmächtigten, der nicht leitender Angestellter ist, ausdrücklich schriftlich ermächtigt worden ist.

Bei dieser Vollmacht handelt es sich um die Erteilung einer Zeichnungsberechtigung. Zur Abgabe bindender mündlicher Zusagen sind Sie dadurch nicht befugt.

Sie zeichnen, indem Sie unter der Firmenzeile Ihren Namen setzen unter Voransetzung der Buchstaben „i.V.".

Wir bitten Sie, in der Erteilung der Handlungsvollmacht einen Ausdruck besonderen Vertrauens zu sehen und sich stets der Verantwortung bewusst zu sein, die Ihnen mit der Handlungsvollmacht übertragen wird.

Diese Vollmacht ist sorgfältig aufzubewahren und uns auf Verlangen zurückzugeben.

Mit freundlichen Grüßen

↑

12. Muster: Wiedereingliederungsvertrag

Wiedereingliederungsvertrag

Zwischen

der Firma ...

und

Herrn/Frau ...

wird folgender Wiedereingliederungsvertrag geschlossen:

1. Vertragsgegenstand

Herr/Frau ... wird probeweise und befristet zur Wiedereinarbeitung nach längerer Krankheit eingestellt. Der Personalbogen vom ... ist Gegenstand dieses Vertrages.

Die Vertragspartner wünschen, dass Herr/Frau ... sich in der Firma als EDV-Sachbearbeiter/in soweit wieder einarbeiten wird, dass das Arbeitsverhältnis aufgrund des Vertrages vom ... weitergeführt werden kann.

2. Beginn und Ende der Wiedereinarbeitung

Das Wiedereingliederungsverhältnis beginnt am .... Die Zeit der Einarbeitung wird auf sechs Monate beschränkt. Sie endet mit Fristablauf.

Bereits vor Fristablauf kann jeder Vertragspartner mit einer Frist von 2 Wochen ohne Angabe von Gründen das Wiedereingliederungsverhältnis kündigen.

Die Wiedereingliederungszeit kann verlängert werden. Es bedarf dazu jedoch einer ausdrücklichen Vereinbarung. Bei einer Tätigkeit über den Fristablauf hinaus gilt das Wiedereingliederungsverhältnis nicht als stillschweigend verlängert. Ein Widerspruch iSd § 625 BGB ist nicht erforderlich.

3. Arbeitszeit, Arbeitsaufgaben

Die Einarbeitungszeit gliedert sich in zwei Abschnitte.

Für die Zeit bis zum ... wird Herr/Frau ... pro Tag ... Stunden mit ... betraut.

Ab dem ... bis zum ... erhöht sich die tägliche Arbeitszeit auf ... Stunden.

Nach diesem Zeitpunkt kann eine Erhöhung der täglichen Arbeitszeit nur in Übereinstimmung mit und auf Anraten des behandelnden Arztes von Herrn/Frau ... erfolgen.

Während der gesamten Vertragszeit wird in Abständen von zwei Wochen mit Herrn/Frau ... der bis dahin erzielte Einarbeitungserfolg besprochen.

Bei diesen Gesprächen sollen auch die weiteren Abschnitte der Einarbeitung miteinbezogen werden, die eine phasenweise Steigerung der Anforderungen am Arbeitsplatz anstreben, um das Ziel einer weiteren Gewöhnung und eine Steigerung der bisherigen Leistung unter Berücksichtigung des gesundheitlichen Zustandes des/r Herrn/Frau ... zu erreichen.

Vor Abschluss der Wiedereinarbeitungszeit findet ein Gespräch statt, indem abschließend über den weiteren Verlauf des ursprünglichen Arbeitsverhältnisses entschieden werden soll.

4. Vergütung

Eine Vergütung wird während der Wiedereingliederung nicht gezahlt.

5. Urlaub und Entgeltfortzahlung

Herr/Frau ... hat während der Zeit der Wiedereingliederung weder einen Anspruch auf Urlaub noch auf Entgeltfortzahlung im Krankheitsfall.

6. Auswirkungen auf das ursprüngliche Arbeitsverhältnis

Während der Wiedereingliederung ruht das ursprüngliche Arbeitsverhältnis. Die Pflichten aus dem Arbeitsvertrag vom ... sind für diese Zeit suspendiert.

Eine eventuelle krankheitsbedingte Kündigung dieses Arbeitsverhältnisses wird durch den Wiedereingliederungsversuch nicht ausgeschlossen. In der Wiedereingliederung ist insbesondere kein Verzicht auf ein solches Kündigungsrecht zu erblicken.

7. Pflichten des Herrn/der Frau ...

Herr/Frau ... verpflichtet sich, dem Geschäftsführer der Firma Überforderung durch die ihm/ihr zugewiesenen Tätigkeiten unverzüglich anzuzeigen und nicht über die in diesem Vertrag vereinbarte Arbeitszeit hinaus tätig zu sein.

Des Weiteren verpflichtet er/sie sich, bei der Bundesagentur für Angestellte einen Antrag auf Arbeitgeberzuschuss für berufsfördernde Leistungen gem. § 17 SGB VI zu stellen.

... (Ort, Datum, Unterschrift Firma)

... (Ort, Datum, Unterschrift Herr/Frau)

13. Muster: Bestehen der Probezeit

Betr.: Probezeit

Sehr geehrte(r) ...,

wir dürfen Ihnen die erfreuliche Mitteilung machen, dass Sie die nach Ihrem Arbeitsvertrag zu Beginn Ihres Arbeitsverhältnisses vorgesehene Probezeit erfolgreich bestanden haben.

Wir wünschen uns viele Jahre guter Zusammenarbeit mit Ihnen und verbleiben

mit freundlichen Grüßen

14. Muster: Verlängerung der Probezeit durch Aufhebungsvertrag[148]

1. Die Probezeit des Arbeitsverhältnisses gem. § ... Arbeitsvertrag vom ... endet am .... Nach derzeitigem Erkenntnisstand kann die Firma noch nicht mit der gebotenen Gewissheit feststellen, dass die Probezeit erfolgreich bestanden wurde.

2. Das Arbeitsverhältnis wird vier Monate nach Ablauf der Probezeit beendet. Die Zeit zwischen dem Ende der Probezeit und dem Ende des Arbeitsverhältnisses wird dem Arbeitnehmer gewährt, um sich im Arbeitsverhältnis zu bewähren.

3. Mit diesem Aufhebungsvertrag endet das Arbeitsverhältnis am .... Sollte sich der Arbeitnehmer in der Zeit bis zum Ende des Arbeitsverhältnisses hinreichend bewähren, wird die Firma ihm ein Wiedereinstellungsangebot unter den bisherigen Bedingungen seines Arbeitsvertrages unterbreiten. Ein Rechtsanspruch auf Wiedereinstellung entsteht durch den vorliegenden Aufhebungsvertrag nicht.

15. Muster: Mitteilung der Zweckerreichung

Betr.: Zweckerreichung Ihres Arbeitsverhältnisses

Sehr geehrte(r) ...,

wir hatten Sie, wie Sie wissen, mit Arbeitsvertrag vom ... zu dem Zweck eingestellt, um die wegen Erkrankung von Herrn ... unbesetzte Stelle auszufüllen. Zwischenzeitlich ist Herr ... wieder genesen. Er wird am ... seine Arbeit wieder aufnehmen.

Damit ist der Zweck Ihres Arbeitsverhältnisses, Vertretung während der Erkrankung von Herrn ..., erreicht. Aufgrund der Zweckerreichung endet gem. § 15 Abs. 2 TzBfG Ihr Arbeitsverhältnis am .... Gemäß § 38 SGB III müssen Sie sich innerhalb von drei Tagen bei der zuständigen Agentur für Arbeit arbeitslos melden. Wenn Sie diese Frist versäumen, kann das Arbeitsamt eine einwöchige Sperrzeit anordnen.

Wir danken Ihnen für die von Ihnen geleistete Arbeit. Wir werden, sofern wir noch einmal Bedarf haben, gerne wieder auf Sie zukommen.

Für Ihre weitere berufliche Zukunft wünschen wir Ihnen alles erdenklich Gute.

Mit freundlichen Grüßen

---

148 Die Vereinbarung entspricht dem gleichgelagerten Sachverhalt eines Urteils des BAG (BAG 7.3.2002 – 2 AZR 93/01, NZA 2002, 1000).

151 **16. Muster: Ruhensvereinbarung**

↓

Vereinbarung

zwischen

der Firma ...

– nachfolgend „Gesellschaft" genannt –

und

Herrn ...

– nachfolgend „Geschäftsführer" genannt –

Präambel

Der Geschäftsführer steht seit dem ... in einem Arbeitsverhältnis mit verschiedenen Gesellschaften des Konzerns. Grundlage der gegenwärtigen Beschäftigung ist der „Anstellungsvertrag Oberer Führungskreis" mit der Gesellschaft vom .... Im Rahmen dieses Arbeitsverhältnisses nimmt der Geschäftsführer die Aufgaben des Vorsitzenden der Geschäftsführung einer GmbH (Tochtergesellschaft) wahr.

Seit ... führt die Gesellschaft mit der Firma ... und anderen Unternehmen Gespräche über den Verkauf (von Aktivitäten) der Tochtergesellschaft. Um einerseits diesen Verkauf zu fördern, andererseits die angestammten Rechte des Geschäftsführers zu erhalten, sichert die Gesellschaft dem Geschäftsführer im Fall des Zustandekommens eines Verkaufs (von Aktivitäten) der Tochtergesellschaft auf dessen Verlangen ein Recht auf Weiterbeschäftigung auf einem seinen Kenntnissen und Fähigkeiten entsprechenden, freien Arbeitsplatz in der Gesellschaft oder im Konzern zu. Die Weiterbeschäftigung, der u.a. die Bestimmungen der Konzernbetriebsvereinbarungen (zB über die Anerkennung von Vordienstzeiten in Unternehmen des Konzerns) zugrunde liegen, erfolgt nach Maßgabe der folgenden Bestimmungen:

1. Für die Zeit, während der zwischen dem Geschäftsführer und einem Erwerber (von Aktivitäten) der Tochtergesellschaft ein Dienstverhältnis als Geschäftsführer zustande kommt, ruhen die Rechte und Pflichten aus dem zwischen den Parteien bestehenden Arbeitsverhältnis.

2. Der Geschäftsführer erhält das Recht, durch einseitige Erklärung gegenüber der Gesellschaft unter Einhaltung einer Ankündigungsfrist von drei Monaten das ruhend gestellte Arbeitsverhältnis (Anstellungsvertrag vom ...) zu aktivieren. Das Recht zur Aktivierung des Arbeitsverhältnis besteht nicht, wenn der Geschäftsführeranstellungsvertrag des Geschäftsführers mit dem Erwerber (von Aktivitäten) der Tochtergesellschaft wegen des Versuchs oder der Vollendung der strafbaren Handlung arbeitgeberseits außerordentlich beendet und der Kündigungsgrund rechtskräftig festgestellt wurde.

3. Für den Fall, dass die Gesellschaft bis zum Ablauf der in Ziff. 2 Satz 1 genannten Ankündigungsfrist feststellt, dass eine den Kenntnissen und Fähigkeiten des Geschäftsführers entsprechende, vergleichbare, freie Stelle innerhalb der Gesellschaft oder des Konzerns nicht vorhanden ist, entfällt die Verpflichtung der Gesellschaft zur Weiterbeschäftigung des Geschäftsführers. Das zwischen den Parteien ruhende Arbeitsverhältnis wird in diesem Falle mit Ablauf der Ankündigungsfrist beendet. Vergleichbar im Sinne von Satz 1 sind Stellen einer der von dem Geschäftsführer zuletzt vor Ruhensbeginn ausgeübten Tätigkeit entsprechenden Stellenwertgruppe.

Für den damit verbundenen Verlust des Arbeitsplatzes des Geschäftsführers auf Veranlassung des Arbeitgebers aus betriebsbedingten Gründen zahlt die Gesellschaft eine Abfindung gem. §§ 9, 10 KSchG iVm § 3 Nr. 9 EStG in Höhe eines halben Bruttomonatsgehalts pro Jahr des Bestehens des Arbeitsverhältnisses im Konzern (seit ...) sowie darüber hinaus von sechs weiteren Bruttomonatsgehältern. Die Berechnung der Abfindung erfolgt auf Basis des vom Geschäftsführer zuletzt vor seinem Ausscheiden beim Erwerber (von Aktivitäten) der Tochtergesellschaft bezogenen und durch Verdienstbescheinigung gegenüber der Gesellschaft nachgewiesenen Monatsverdienstes. Der Monatsverdienst entspricht 1/12 des regelmäßigen Jahresverdienstes unter ausschließlicher Zugrundelegung des Fixgehaltes sowie der leistungsabhängigen und unternehmenserfolgsabhängigen, variablen Vergütungsbestandteile, jedoch ohne Einmalzahlungen oder sonstige (vergütungsähnliche) Arbeitgeberleistungen (wie zB Stock-Options). Die Auszahlung der Abfindung ist am Ende des dem Ablauf der Ankündigungsfrist folgenden Monats fällig.

4. Die Ansprüche des Geschäftsführers aus dem Pensionsvertrag vom ... bleiben für die Zeit des Ruhens des Arbeitsverhältnisses unberührt. Als Dienstzeit iSv § 2 des Pensionsvertrages gilt zusätzlich die Zeit des Ruhens des Arbeitsverhältnisses.

... (Ort, Datum, Unterschriften)

↑

17. Muster: Dienstreiseantrag

↓

Name: ...   Vorname: ...
Reiseziel: ...
Beginn der Dienstreise: Datum: ...   Uhrzeit: ...
Ende der Dienstreise: Datum: ...   Uhrzeit: ...
Fahrt mit: a) Bahn ...
   b) Privat-Pkw ...
   c) Firmen-Pkw ... wird benötigt   von Datum: ...   Uhrzeit: ...
      bis Datum: ...   Uhrzeit: ...
   d) Flugzeug ...
   e) Sonstiges ...

Grund der Reise: ...
Stellungnahme des Vorgesetzten: ...
... (Ort, Datum, Unterschrift)
genehmigt: ...

↑

III. Telearbeit

1. Muster: Telearbeitsvertrag (als Anschreiben) mit Merkblatt zu Arbeitssicherheit sowie Hinweisen zu Datenschutz und Informationssicherheit – alternierende Telearbeit

↓

Betr.: Telearbeitsvertrag

Sehr geehrte/r Frau/Herr ...,

wie mit Ihnen besprochen, werden Sie ab ... [ggf befristet bis ... mit Grund (zB Teilzeit während Elternzeit, Projekt)] in **alternierender Telearbeit** für uns tätig sein.

Die mit Ihnen getroffenen arbeitsvertraglichen Vereinbarungen bleiben unberührt, soweit in den nachfolgenden Punkten keine andere Regelung getroffen wird.

1. Arbeitsplatz und Nutzung der zur Verfügung gestellten Arbeitsmittel

Der Raum mit dem Telearbeitsplatz befindet sich in der Wohnung mit nachfolgender Adresse (häuslicher Arbeitsplatz): ...

Bestimmte Einrichtungen der Informations- und Kommunikationstechnik (zB Notebook) werden firmenseitig unentgeltlich zur Verfügung gestellt und bleiben Eigentum der Firma.

Sollten Sie eine Hausratversicherung abgeschlossen haben und sollte infolge der Einbringung von firmenseitig zur Verfügung gestellten Gegenständen in Ihre Wohnung die Gefahr einer Unterversicherung bestehen, empfehlen wir Ihnen, sich mit Ihrer Versicherung diesbezüglich in Verbindung zu setzen und sich die Herausnahme der firmenseitig zur Verfügung gestellten Gegenstände aus der Hausratversicherung bestätigen zu lassen.

Ein betrieblicher Arbeitsplatz wird beibehalten.

2. Arbeitszeit

Der Umfang der tariflichen bzw individuell vereinbarten Arbeitszeit bleibt aufrechterhalten.

Vereinbarungsgemäß erbringen Sie an __ Arbeitstag(en) pro Woche Ihre Arbeitsleistung am häuslichen Arbeitsplatz. An den übrigen Wochentagen erbringen Sie diese am betrieblichen Arbeitsplatz.

Vorübergehende Abweichungen von dieser Verteilung sind nur im Einvernehmen mit Ihrer Führungskraft möglich. Individuelle Wünsche und betriebliche Belange sind hierbei zu berücksichtigen.

3. Kostenerstattung

Als Mitarbeiter mit alternierender Telearbeit erhalten Sie pro Kalenderjahr für die im Zusammenhang mit Telearbeit entstehenden Kosten (zB Kommunikations- und Energiekosten) einen Pauschalbetrag von jährlich __ EUR brutto (erste Auszahlung zu Beginn des Telearbeitsvertrages) (alternativ: die nachgewiesenen Kosten brutto) erstattet.

Damit sind alle entstehenden Kosten und Aufwendungen ersetzt; darüber hinausgehende Kosten werden von der Firma nicht erstattet.

4. Haftung

Für die Haftung bei Beschädigung oder Abhandenkommen von Einrichtungen der Informations- und Kommunikationstechnik oder sonstiger Arbeitsmittel gelten die gleichen Regelungen wie am betrieblichen Arbeitsplatz.

Bei Schäden, die durch im Haushalt lebende Familienangehörige oder berechtigte Besucher am Eigentum des Unternehmens verursacht werden, gelten die gleichen Grundsätze, sofern keine Haftpflichtversicherung für den Schaden aufkommt.

5. Kontakt zum Betrieb

Der Kontakt zum Betrieb, zB Unterrichtung über abteilungsinterne Informationen, die Teilnahmemöglichkeit an Weiterbildungs- und Qualifizierungsmaßnahmen, Abteilungsversammlungen, Gruppenbesprechungen sowie an Betriebsversammlung bleibt gewährleistet.

6. Arbeitssicherheit und Gesundheitsschutz

Die jeweiligen Hinweise zur Arbeitssicherheit, zum Gesundheitsschutz und zur gesetzlichen Unfallversicherung sind auch bei Telearbeit zu beachten. Grundsätzlich sind an einen Telearbeitsplatz die gleichen Anforderungen gestellt wie an einen Büroarbeitsplatz.

Das aktuelle Hinweisblatt ist als Anlage 1 beigefügt.

7. Versicherungsschutz

Für Arbeitsunfälle, die sich bei der Ausführung einer Arbeitstätigkeit am außerbetrieblichen Arbeitsplatz in der Wohnung des Mitarbeiters ereignen, sowie bei Unfällen auf dem Weg vom häuslichen Arbeitsplatz zum Betrieb besteht der Schutz der gesetzlichen Unfallversicherung nach den allgemeinen Vorschriften.

Bei Dienstreisen, die von der Wohnung aus angetreten werden, besteht zusätzlich der Schutz durch die Dienstreise-Unfallversicherung.

8. Datenschutz und Informationssicherheit

Bei jeder Form der Telearbeit kommt den Regeln des Datenschutzes und der Informationssicherheit eine besondere Bedeutung zu. Sie sind im Rahmen der gesetzlichen und betrieblichen Regelungen zu wahren.

Weitere Hinweise zum Datenschutz und zur Informationssicherheit sind als Anlage 2 beigefügt.

Soweit personenbezogene Daten verarbeitet werden und aufgrund gesetzlicher Vorschriften Kontrollen des Arbeitsplatzes erforderlich sind, erklären Sie sich bereit, den Verantwortlichen für die Dauer des Telearbeitsvertrages Zutritt zu Ihrer Wohnung zu gewähren.

9. Widerruf[149]

Die Firma und Sie können ihre Bereitschaft zur Telearbeit mit einer angemessenen Ankündigungsfrist von drei Monaten zum Ende eines Kalendermonats widerrufen.

Bei Ihrem Widerruf aus mietrechtlichen oder besonderen persönlichen Belangen kann das Einverständnis mit sofortiger Wirkung zurückgezogen werden.

Einzelheiten werden zwischen Ihnen und Ihrer Führungskraft abgesprochen. Aus der Ausübung des Widerrufsrechts dürfen Ihnen keine Nachteile entstehen.

Nach Beendigung der Telearbeit sind die firmenseitig zur Verfügung gestellten Einrichtungen und Arbeitsmittel umgehend zurückzugeben.

Mit freundlichen Grüßen

... (Ort, Datum, Unterschrift Firma)

Einverstanden: ... (Ort, Datum, Unterschrift Mitarbeiter)

Anlagen:

Anlage 1: Merkblatt zu Arbeitssicherheit und gesetzlicher Unfallversicherung bei Telearbeit, Unterweisungsvorlage Telearbeitsplatz

I. Umgebung

Ein Telearbeitsplatz ist im Grundsatz nicht anders zu gestalten als ein herkömmlicher Büroarbeitsplatz in einem Unternehmen. Nicht nur die technische Ausstattung sollte den Anforderungen des Telearbeiters und seiner Aufgabenerfüllung entsprechen, sondern auch die allgemeine Arbeitsplatzumgebung.

Daher ist der Telearbeitsplatz so zu bemessen und einzurichten, dass ausreichend Platz vorhanden ist, um wechselnde Arbeitshaltungen und -bewegungen zu ermöglichen. Die freie Bewegungsfläche am Arbeitsplatz sollte 1,5 qm betragen.

Die allgemeine und/oder spezielle Beleuchtung ist so anzuordnen, dass hinreichende Lichtverhältnisse und ein ausreichender Kontrast zwischen Bildschirm und Umgebung im Hinblick auf die sehkraftbedingten Bedürfnisse des Benutzers gewährleistet sind. Die Beleuchtung sollte mindestens 500 lx betragen, 750 lx aber nicht überschreiten. Allgemein sollte der Arbeitsplatz so eingerichtet sein, dass Reflexionen und Blendungen durch Lichtquellen vermieden werden.

Die zum Arbeitsplatz gehörenden Geräte geben Wärme ab. Es sollte darauf geachtet werden, dass das Wärmeklima des Arbeitsraumes nicht negativ beeinflusst wird. Außerdem ist für ausreichende Luftfeuchtigkeit zu sorgen.

Damit man sich bei der Arbeit wohlfühlt und leistungsfähig ist, reicht ein ergonomisch „perfekt" gestalteter Bildschirmarbeitsplatz allein nicht aus.

Daher sollte man selbst aktiv werden und insbesondere auf Folgendes achten:

- Arbeitsstuhl und das Bildschirmgerät individuell einstellen.

---

149 Muster 3520 (§ 3 Rn 154) enthält ein Widerrufsschreiben des Unternehmens.

- Dynamisches Sitzverhalten entwickeln. Ein regelmäßiger Wechsel der Sitzhaltung entlastet die Bandscheiben und trägt damit zur Vermeidung von verschleißbedingten Bandscheibenschäden bei.
- Tätigkeitswechsel und Arbeitspausen einplanen.
- Pausen zB für Bewegungs-, Entspannungs- und Augenübungen nutzen.
- Körpersignale rechtzeitig beachten zur Vermeidung von Überforderung und gesundheitlicher Beeinträchtigung.

Für dieses gesundheitsgerechte Verhalten bietet die Arbeit im häuslichen Umfeld im Grunde günstige Voraussetzungen. Dazu gehört jedoch die Entwicklung von Eigeninitiative und Selbstmotivation und zwar nicht erst dann, wenn der Organismus Überlastungen und Verspannungen mit Schmerz signalisiert.

Wenn das (bisher gewohnte) tagtägliche Pendeln zum betrieblichen Arbeitsplatz entfällt und der überwiegende Teil der Arbeitszeit am Bildschirm in der eigenen Wohnung verbracht wird, kann die körperliche Leistungsfähigkeit gefährdet sein. Hinzu kommt, dass in der Tendenz auch das Sitzen in der Freizeit weiter zunimmt (Fernsehen, Autofahren usw).

Bewegung bei der Arbeit und regelmäßige sportliche Betätigung in der Freizeit sind daher gerade für Telearbeiter wichtig. Sportliche Betätigung (Laufen, Gymnastik usw) fördert die körperliche und die psychische Leistungsfähigkeit, erhöht Wohlbefinden, Zufriedenheit und Vitalität.

II. Verhaltensweise Telearbeitsplatz

1. Die elektrische Sicherheit der zur Verfügung gestellten Geräte (zB PC, Drucker) und Anschlussleitungen muss gewährleistet sein.

2. Vor Aufnahme der Telearbeit und danach in regelmäßigen Abständen hat eine Unterweisung über die relevanten Unfallverhütungsvorschriften sowie über die ergonomische Gestaltung des Arbeitsplatzes stattzufinden. Der Tele-Bildschirmarbeitspatz entspricht in der Gefährdungsbeurteilung dem Musterarbeitsplatz „Büroarbeitsplatz eines Sachbearbeiters".

Sie selbst sind für die Einhaltung der Vorgaben zur Gestaltung des häuslichen Arbeitsplatzes (im Gegensatz zur Gestaltung des betrieblichen Arbeitsplatzes) verantwortlich.

Durch diese Vorgaben sollen haltungsbedingte sowie sehbedingte Gesundheitsbeschwerden vermieden werden. Die Ziele des Gesundheitsschutzes für Arbeitsplätze im Betrieb unterscheiden sich nicht von den Zielen für Arbeitsplätze im häuslichen Bereich!

3. Nehmen Sie keine Reparaturen an elektrischen Teilen der Geräte vor!

4. Die Fußböden und Treppen im häuslichen Arbeitsbereich müssen stolper- und trittsicher sowie rutschfest sein. Die Anschlussleitungen müssen so verlegt sein, dass keine Stolperfallen entstehen.

5. Bewahren Sie Gefahrstoffe, zB Reinigungsmittel für Bildschirmgeräte, Toner usw, für Kinder zugriffssicher auf.

6. Zur Vermeidung von Brandgefahren dürfen eingeschaltete Geräte nicht abgedeckt werden. Schalten Sie nach Arbeitsende die Geräte aus!

7. Als Arbeitnehmer besteht für Sie der Schutz der gesetzlichen Unfallversicherung.

a) Sollten Sie in Ihrer Wohnung im Rahmen Ihrer Tätigkeit einen Arbeitsunfall erleiden, so melden Sie diesen bitte umgehend Ihrer Führungskraft und (zumindest) der zuständigen Fachkraft für Arbeitssicherheit, so dass geprüft werden kann, ob es sich um einen versicherten Arbeitsunfall handelt, und entsprechende Maßnahmen eingeleitet werden. Suchen Sie bei Verletzungen einen Arzt (zB den Betriebsarzt) auf.

b) Entsprechendes gilt für Unfälle auf dem Weg zwischen Ihrer Wohnung und Ihrer Arbeitsstätte im Betrieb. Bei Dienstreisen, die von der Wohnung aus angetreten werden, besteht zusätzlich der Schutz durch die Dienstreise-Unfallversicherung.

Beachten Sie bitte, dass für Unfälle von Familienangehörigen und Gästen im häuslichen Arbeitsbereich im Regelfall kein Versicherungsschutz durch die gesetzliche Unfallversicherung besteht.

8. Für Fragen im Zusammenhang mit der Gestaltung Ihres Arbeitsplatzes sowie zu Arbeitssicherheit und Gesundheitsschutz wenden Sie sich bitte an Ihre Führungskraft, Ihre Fachkraft für Arbeitssicherheit, ggf an Ihren Betriebsarzt.

Anlage 2: Hinweise zu Datenschutz und Informationssicherheit

Im Rahmen der Telearbeit ist der Schutz von personen- und firmenbezogenen dienstlichen Daten von entscheidender Bedeutung. Aus diesem Grund sind die wesentlichen Grundregeln zum Datenschutz und zur Informationssicherheit im Folgenden zusammengestellt.

Datenschutz im Sinne des Bundesdatenschutzgesetzes (BDSG) bedeutet den Schutz von personenbezogenen Daten, also den Schutz aller Einzelangaben über persönliche oder sachliche Verhältnisse einer bestimmten oder bestimmbaren natürlichen Person (Einzelperson).

Informationssicherheit bedeutet den adäquaten Schutz jeglicher Firmendaten.

(1) Dienstliche Informationen und Systeme dürfen nur im Rahmen der zugewiesenen Aufgabe genutzt werden.

(2) Dienstliche Informationen sind vor dem Verlust der Vertraulichkeit, der Integrität und der Verfügbarkeit zu schützen. Hierzu gehört auch eine angemessene Sorgfaltspflicht beim Umgang mit dienstlichen Informationen und Systemen. Alle Mitarbeiter sind persönlich verpflichtet, unternehmensinterne Informationen gegen Verlust, Verfälschung und Missbrauch jeglicher Art zu schützen.

(3) Stellen Sie an Ihrem Telearbeitsplatz vor allem sicher, dass

- nur Sie Zugriff auf dienstliche Einrichtungen und Informationen haben (Zugangsschutz, Zugriffsschutz gemäß bereichsinterner Regelung);
- geöffnete Zugänge auch bei kurzer Abwesenheit vom Arbeitsplatz gesperrt sind, zB durch Einschalten des Bildschirmschoners mit Passwortschutz;
- bei Arbeitsschluss geöffnete Zugänge geschlossen oder vor unberechtigtem Zugang/Zugriff geschützt werden;
- externe Speichermedien (zB CD-ROM, USB-Sticks), Listen sowie andere Unterlagen und Arbeitsmittel sicher verschlossen verwahrt sind;
- auf Ihrem System stets aktuelle Versionen der konzernweit bereitgestellten Virenschutzprodukte zum Einsatz kommen;
- nur virenfreie Daten von fremden Datenträgern übernommen werden (automatischer Viren-Check);
- auf Ihrem System stets die aktuelle Version der verwendeten Nutzersoftware (zB Client-SW) installiert ist und die Updates durchgeführt werden;
- keine Software aus unsicheren Quellen zum Einsatz kommt (zB Softwaregeschenke in Zeitschriften oder aus dem Internet);
- Daten und Datenträger, insbesondere CD-ROM und USB-Sticks, zugriffssicher versandt werden (Regelung Ihres Bereichs beachten, zB zur Verschlüsselung der Daten);
- Ihre Daten regelmäßig gesichert werden (Sicherungskopien);
- Ausdrucke und Datenträger sicher entsorgt werden.

(4) Bedenken Sie, dass Nachlässigkeiten beim Datenschutz und bei der Informationssicherheit ein hohes Schadenspotenzial beinhalten können.

Für weitere Auskünfte stehen Ihnen die Mitarbeiter des Referates für Datenschutz und Informationssicherheit zur Verfügung.

Und denken Sie immer daran:

Für die Einhaltung der Regelungen zu Datenschutz und Informationssicherheit an Ihrem Telearbeitsplatz sind Sie verantwortlich.

154   2. Muster: Widerruf des Telearbeitsvertrages

Betr.: Widerruf Ihres Telearbeitsvertrages

Sehr geehrte/r Frau/Herr ...,

hiermit widerrufen wir fristgemäß die mit Ihnen vereinbarte alternierende Telearbeit gemäß Ziffer ... des Telearbeitsvertrages.[150]

Ihre alternierende Telearbeit endet demnach zum ....

Die übrigen Bedingungen Ihres Arbeitsverhältnisses bleiben unverändert bestehen.

Bitte geben Sie nach Beendigung des Telearbeitsvertrages die firmenseitig hierfür zur Verfügung gestellten Einrichtungen und Arbeitsmittel umgehend zurück.

Mit freundlichen Grüßen

155   3. Muster: Checkliste Telearbeit

Checkliste zur Telearbeit

An: ... (Personalabteilung)

Name, Vorname: ...

Kostenstelle/Standort: ...

Abteilung/Telefon: ...

Ort/Datum: ...

Bitte beachten Sie auch die spezifischen Regelungen zur Beantragung, Einrichtung, Änderung und Löschung von Telearbeitsplätzen.

1. Einrichtung des häuslichen Bereichs

		Ja	Nein	Bemerkung
1.1	Wurde ein separater Arbeitsraum hergerichtet mit abschließbarer Tür (Ablenkung, Lärm, Lärmschutz für andere) und mit genügend Platz für Geräte, Arbeits- und Hilfsmittel?			
1.2	Wurde zumindest ein Arbeitsraum vorgesehen, der von anderen Familienmitgliedern während der Arbeitszeit nicht frequentiert wird (keinesfalls nur temporär nutzbarer Arbeitsplatz)?			
1.3	Ist am häuslichen Arbeitsplatz Zugang zu Telefon und Strom sichergestellt?			
1.4	Wurde auf gleichwertige und kompatible technische Ausstattung wie im Büro geachtet (Hardware und Software einschl. Viren-			

---

150   Siehe Muster 3510 (Ziff. 9), (§ 3 Rn 153).

	Ja	Nein	Bemerkung
schutz-Software und Protokollierung/Auswertung IS-relevanter Aktionen, keine firmenfremde Hardware/Software)?			
1.5 Wurde die Verbindung zum betriebsinternen Netz, zum E-Mail-System und zu den Rechnern gemäß den internen Regelungen von einem hierzu berechtigten Dienstleister dem Büroarbeitsplatz/Projekt entsprechend vorgenommen (Zugriffsberechtigung, Schutz vor Zugriff durch Unberechtigte u.a.)?			
1.6 Wurde der Arbeitsplatz ergonomisch sinnvoll eingerichtet (Sitzposition, Schreibtischhöhe, Bildschirmposition, Bildschirmqualität, ausreichende Beleuchtung, Blende gegen direkte Sonneneinstrahlung)?			
1.7 Wurde der Arbeitsplatz so gestaltet, dass sich alles in Reichweite befindet und genügend Ablagefläche vorhanden ist?			
1.8 Wurde an die rechtzeitige Beschaffung von Büroutensilien gedacht?			
1.9 Sind aus Gründen des Datenschutzes und der Informationssicherheit ein abschließbarer Schreibtisch und ein Schrank für den Computer, Sticks etc. beschafft?			
1.10 Sind ggf Empfangsmöglichkeiten für dienstliche Besucher vorgesehen (separater Eingang, Wohn- oder Esszimmer)?			

2. Betrieb von Informationssystemen im häuslichen Bereich

	Ja	Nein	Bemerkung
2.1 Wurde der Betrieb des Informationssystems im häuslichen Bereich von der Führungskraft im Heimatbereich des Telearbeiters genehmigt?			
2.2 Ist sichergestellt, dass die Lizenzbestimmungen beachtet werden und nur freigegebene Software installiert und betrieben wird?			
2.3 Ist sichergestellt, dass Informationen und Informationssysteme ausschließlich im Sinne der zugewiesenen Aufgabe genutzt werden?			
2.4 Ist sichergestellt, dass beim Umgang mit diesen Informationen und Systemen eine angemessene Sorgfaltspflicht gewahrt wird und die gültigen Richtlinien zum Datenschutz und zur Informationssicherheit bekannt sind und befolgt werden?			
2.5 Ist sichergestellt, dass Schwachstellen und Vorfälle mit Auswirkung auf den Datenschutz und die Informationssicherheit an die Führungskraft gemeldet werden?			

		Ja	Nein	Bemerkung
2.6	Ist sichergestellt, dass der Zugriff auf die Einrichtungen im Sinne von Bedienung, Wartung und Nutzung nur durch die Berechtigten erfolgt?			
2.7	Ist sichergestellt, dass der Zugriff auf Informationen, die in diesen Einrichtungen gehalten, verarbeitet oder übertragen werden, nur für Berechtigte möglich ist?			
2.8	Ist sichergestellt, dass der Telearbeiter über etwaige Schwachstellen informiert wird?			
2.9	Ist sichergestellt, dass die Daten/Informationen regelmäßig gesichert werden (Sicherungskopien)?			
2.10	Ist sichergestellt, dass firmeninterne Daten und Informationen sicher entsorgt werden können?			

3. Berufliche Kontakte

		Ja	Nein	Bemerkung
3.1	Wurden gemeinsam mit der Führungskraft betriebsbedingte Arbeitszeiten festgelegt? Wurde der Modus der Arbeitsplanung und Kontrollen gemeinsam erarbeitet?			
3.2	Ist klargestellt, dass Kollegen bei Fragen und Problemen jederzeit zu Hause anrufen können?			
3.3	Ist die Verbindungsperson bzw der Beauftragte für Datenschutz und Informationssicherheit des Büroarbeitsplatzes über den Telearbeitsplatz informiert?			
3.4	Ist sichergestellt, dass bei akuten technischen Problemen telefonische Hilfestellung gewährleistet wird?			
3.5	Sind Kunden, Lieferanten, Kooperationspartner etc. hinsichtlich der Aufnahme der Telearbeit informiert und wurde die private Telefonnummer weitergegeben bzw auf der Visitenkarte aufgedruckt?			
3.6	Ist sichergestellt, dass nicht per Telekommunikation übertragbare Informationen per Post (eigener Briefkasten) oder durch in der Nähe wohnende Kollegen sicher überbracht werden kann?			
3.7	Wurden ggf die Bezugsadressen für Periodika auf die Wohnadresse geändert?			

4. Sonstiges

		Ja	Nein	Bemerkung
4.1	Wurden mit der Familie Abmachungen getroffen, die ein ungestörtes Arbeiten ermöglichen?			
4.2	Wurden Nachbarn und Bekannte über die neue Arbeitsweise informiert, um Gerüchte oder Missverständnisse zu vermeiden (arbeitslos, „krankfeiern")?			
4.3	Wurden vor Beginn der Telearbeit alle relevanten finanziellen und rechtlichen Fragen mit dem Arbeitgeber/der Personalabteilung geklärt (persönliche Vereinbarung, Betriebsvereinbarung), zB Haftungsfragen, regelmäßige Untersuchung des Telearbeitsplatzes auf Schwachstellen und deren Behebung/Schwachstellenanalyse (gehört auch zum Verantwortungsbereich der Führungskraft)?			
4.4	Wurde ein Erfahrungsaustausch unter den Telearbeitern organisiert?			
4.5	Wurde ggf der Vermieter informiert, dass die Mietwohnung teilweise beruflich genutzt wird?			
4.6	Wurde das vom Arbeitgeber gestellte Equipment aus der privaten Hausratsversicherung herausgenommen?			
4.7	Wurden steuerrechtlich relevante Fragen im Zusammenhang mit einem Arbeitszimmer mit dem Arbeitgeber/dem Finanzamt geklärt?			
4.8	Ist sichergestellt, dass bei Veränderung des Telearbeiters (Versetzung, Abgang) das gestellte Equipment und die Verbindung zum internen Netz von einem berechtigten Dienstleister abgebaut werden und die Zugriffsberechtigung entzogen wird?			

Maßnahmenkatalog (noch zu erledigende Aufgaben)

Nr. der Frage	Maßnahme	Wer erledigt?	Bis wann?

Anmerkungen:

... (Ort, Datum, Unterschrift Mitarbeiter)
... (Ort, Datum, Unterschrift Führungskraft)
↑

IV. Urlaub

1. Muster: Urlaubsantrag

Name, Vorname: ...

geb. am: ...

Resturlaub Vorjahr (Der Urlaub muss bis spätestens 31.3. des laufenden Jahres genommen werden) ... Tage

Urlaubsanspruch laufendes Jahr ... Tage

Anspruch zum Zeitpunkt des Antrags ... Tage

Ich beantrage Urlaub vom ... bis ... ... Tage

verbleibender Resturlaub ... Tage

Während des Urlaubs vertritt mich: Herr/Frau ...

... (Ort, Datum, Unterschrift Antragsteller)

Der Antrag auf Urlaub

❏ wird befürwortet/genehmigt. ❏ wird nicht befürwortet/genehmigt.

Bei Ablehnung bitte Begründung: ...

... (Ort, Datum, Unterschrift Vorgesetzter)

Bearbeitungsvermerk Personalstelle: ...

... (Ort, Datum, Unterschrift Personalstelle)

2. Muster: Genehmigung bezahlten Urlaubs

Sehr geehrte(r) Frau/Herr ...,

Ihnen wird gemäß Ihrem Antrag vom ... Erholungsurlaub für die Zeit vom ... bis ... bewilligt.

Erkranken Sie während des Urlaubs, müssen Sie die Erkrankung unverzüglich unter Beifügung einer ärztlichen Bescheinigung der Firma anzeigen. Dauert die Erkrankung länger als in der ärztlichen Bescheinigung vermerkt, ist eine weitere Arbeitsunfähigkeitsbescheinigung zu übersenden. Der Urlaub verlängert sich nicht um die in der ärztlichen Bescheinigung angegebenen Tage. Vielmehr wird der Urlaub durch eine Erkrankung unterbrochen. Resturlaub muss neu beantragt und erteilt werden.

Mit freundlichen Grüßen

3. Muster: Genehmigung unbezahlten Urlaubs (Sabbatical/Sonderurlaub)

Sehr geehrte(r) Frau/Herr ...,

gemäß Ihrem Antrag vom ... erhalten Sie unbezahlten Urlaub, beginnend mit dem ... und endend am .... Während der Dauer der Beurlaubung ruhen Ihre Rechte und Pflichten aus dem Arbeitsverhältnis, insbesondere die Arbeits- und die Lohnzahlungspflicht. Sie sind deshalb weder kranken- noch renten- noch arbeitslosenversichert. Für die Absicherung der vorgenannten Risiken während Ihres unbezahlten Urlaubs müssen Sie daher selbst Sorge tragen.

Mit freundlichen Grüßen

4. Muster: Anwesenheitsprämie durch bezahlten Urlaub

Sehr geehrte(r) Frau/Herr ...,

Sie erhalten als pauschalen Ausgleich für besondere Leistungen in Zeiten von Personalausfällen in einem Kalenderjahr unabhängig von der Vergütung von Überstunden jeweils im folgenden Kalenderjahr sechs zusätzliche Urlaubstage. Soweit Ihr Arbeitsverhältnis nicht während des gesamten Bezugsjahres bestand, erhalten Sie für jeden vollen Monat der Betriebszugehörigkeit einen halben zusätzlichen Urlaubstag. Bruchteile eines Urlaubstages können weder auf- noch abgerundet werden. Für Bruchteile von weniger als einem halben Tag kann kein zusätzlicher Urlaub, sondern nur eine Urlaubsabgeltung verlangt werden.

Eine Übertragung des als Anwesenheitsprämie gewährten zusätzlichen Urlaubs auf das folgende Jahr ist nicht möglich. Wird der zusätzliche Urlaub, beispielsweise wegen Beendigung des Arbeitsverhältnisses, in dem folgenden Jahr nicht gewährt, so ist er mit der Fälligkeit am 31.12. abzugelten. Wir räumen Ihnen weiterhin die Möglichkeit ein, die vorgezogene Erteilung des für das folgende Jahr zustehenden zusätzlichen Urlaubs im Zeitraum vom 22.12. bis 31.12. des laufenden Jahres in Natura zu verlangen.

Der in diesem Schreiben gewährte, zusätzliche Urlaub ist eine freiwillige und jederzeit widerrufliche Leistung der Firma. Einen Rechtsanspruch wollen wir mit dieser Zusage nicht begründen.

Außerdem knüpfen wir den zusätzlichen Urlaub an folgende Bedingung: Für jeden Tag der Abwesenheit von der Arbeit, gleichgültig aus welchem Grund, kürzen wir den zusätzlichen Urlaub um einen Drittteltag. Die Tage des Erholungsurlaubs, bis zu fünf Tagen Abwesenheit wegen Arbeitsunfähigkeit und bis zu drei Tagen entschuldigter Arbeitsverhinderung im Jahr zählen dabei nicht als Fehltage.

Bitte unterzeichnen Sie zum Zeichen Ihres Einverständnisses ein Doppel dieses Schreibens und senden es an die Personalabteilung zurück.

Mit freundlichen Grüßen

5. Muster: Urlaubsbescheinigung gem. § 6 Abs. 2 BUrlG

Herr/Frau ..., geboren am ..., wohnhaft in ..., war vom ... bis ... als ... in unserem Werk beschäftigt.

Der volle Urlaubsanspruch beträgt ... Tage im Kalenderjahr.

Es sind Herrn/Frau im Jahre ... in Natura ... Tage Urlaub gewährt worden.

Ferner wurden ... Tage abgegolten. Es wurden ... Tage Zusatzurlaub für ... gewährt.

Der Resturlaubsanspruch beträgt ... Tage.

V. Mutterschaft/Elternzeit; Pflegezeit

1. Muster: Schreiben des Arbeitgebers einige Wochen vor der Niederkunft

persönlich/vertraulich

Frau ...
im Hause

Niederkunft

Sehr geehrte Frau ...,

wie Sie uns mitgeteilt haben, erwarten Sie ein Baby und haben damit Anspruch auf die Rechte nach dem Mutterschutzgesetz. Für die noch vor Ihnen liegende Zeit der Schwangerschaft wünschen wir Ihnen und Ihrem Baby alles Gute. Lassen Sie uns bitte freundlicherweise wissen, wann die Schwangerschaft voraussichtlich beendet sein wird und Sie Ihr Baby zur Welt gebracht haben werden.

Sie wissen, dass Sie vor dem von Ihrem Frauenarzt errechneten Geburtstermin Anspruch auf Arbeitsbefreiung für die Dauer von sechs Wochen haben. Nach der Geburt beträgt Ihre Schutzfrist acht Wochen, in denen Sie sich unter Fortzahlung Ihrer Bezüge Ihrem Baby widmen können. Bei Früh- oder Mehrlingsgeburten erhöht sich der Mutterschaftsurlaub nach der Geburt auf zwölf Wochen.

Vater und Mutter des neuen Erdenbürgers haben nach dem Bundeselterngeld- und Elternzeitgesetz das Recht, Elternzeit im Anschluss an den Mutterschutz zu erhalten bis zu dem Tag, an dem Ihr Kind 19 Monate alt wird. Das Recht auf Elternzeit steht jeweils einem Elternteil zu. Während der Elternzeit können mal der Vater und mal die Mutter das Recht auf Elternzeit in Anspruch nehmen.

Während der Elternzeit erhalten Sie von uns kein Arbeitsentgelt und dürfen nur einer Teilzeittätigkeit von nicht mehr als 19 Wochenstunden gegen Entgelt nachgehen.

Lassen Sie uns bitte vier Wochen vor der beabsichtigten Inanspruchnahme der Elternzeit wissen, wann und ob Sie die Elternzeit antreten und ob Sie ggf die Elternzeit im Wechsel mit dem Vater Ihres Kindes wahrnehmen wollen.

Lassen Sie uns bitte ferner wissen, ob Sie beabsichtigen, während der Elternzeit einer Teilzeittätigkeit in unserem Hause nachzugehen.

Für unsere Personalplanung ist es wichtig, welche Absichten Sie im Hinblick auf die Entwicklung Ihres Arbeitsverhältnisses nach Beendigung der Elternzeit haben. Sie haben sicherlich Verständnis dafür, dass wir im Interesse Ihrer Kolleginnen und Kollegen, aber auch im Interesse unserer Kunden, die Stellen in unserem Hause optimal besetzen müssen und deshalb entscheiden müssen, ob die Stelle mit einer vorübergehenden Vertretung besetzt werden soll oder damit zu rechnen ist, dass Sie nach der Elternzeit gänzlich ausscheiden und deshalb von vornherein eine auf Dauer angelegte Neubesetzung Ihrer Position in Betracht kommt.

Erfahrungsgemäß sehen sich manche Mütter erst in den ersten Wochen nach der Geburt in der Lage, in dieser Frage zu einer endgültigen Entschließung zu kommen. Lassen Sie uns deshalb zu dem frühestmöglichen Zeitpunkt, spätestens aber drei Wochen nach der Niederkunft wissen, ob Sie die Elternzeit in Anspruch nehmen wollen und ob Sie nach einer Inanspruchnahme der Elternzeit das Arbeitsverhältnis fortzusetzen beabsichtigen.

Mit freundlichen Grüßen

2. Muster: Mitteilung der Schwangerschaft an das Gewerbeaufsichtsamt

An das Gewerbeaufsichtsamt

in ...

Einstellung einer werdenden Mutter

Wir kommen der gesetzlichen Auflage nach und teilen Ihnen mit, dass wir Frau ..., geb. am ..., eingestellt haben. Frau ... nimmt Ihre Arbeit am ... auf/hat ihre Arbeit am ... aufgenommen. Sie befindet sich im ... Monat der Schwangerschaft.

3. Muster: Antrag auf Elternzeit (vollständige Freistellung)

An die Firma ...

Antrag des Arbeitnehmers auf Elternzeit gem. § 16 BEEG

Sehr geehrte Damen und Herren,

im Anschluss an die Mutterschutzfrist nach dem Mutterschutzgesetz beantrage ich, ..., die Gewährung von Elternzeit bis zu dem Tage, an dem mein Kind 24 Monate alt wird. Über eine etwaige Verlängerung der Elternzeit werde ich Sie rechtzeitig informieren.[151] Die voraussichtlichen Daten teile ich mit:

Entbindungstag: ...

Ablauf der Mutterschutzfrist: ...

Ich beabsichtige,

❏ das Arbeitsverhältnis nach Beendigung der Elternzeit fortzusetzen.

❏ das Arbeitsverhältnis nach Beendigung der Elternzeit nicht fortzusetzen und werde rechtzeitig kündigen.

... (Ort, Datum, Unterschrift)

4. Muster: Antrag auf Elternzeit (mit Teilzeittätigkeit)

An die Firma ...

Antrag des Arbeitnehmers auf Elternzeit gem. § 16 BEEG

Sehr geehrte Damen und Herren,

im Anschluss an die Mutterschutzfrist nach dem Mutterschutzgesetz beantrage ich, ..., die Gewährung von Elternzeit bis zu dem Tage, an dem mein Kind 24 Monate alt wird. Über eine etwaige Verlängerung der Elternzeit werde ich Sie rechtzeitig informieren.[152] Bedingung für die Inanspruchnahme der Elternteilzeit ist, dass bis zu deren Beginn eine Einigung über die von mir beantragte Teilzeittätigkeit getroffen wird. Ich beabsichtige, für die Dauer der Elternzeit ab dem ... mit einer Wochenarbeitszeit von ... Stunden in Teilzeit weiterzuarbeiten. Die Arbeitszeit soll möglichst auf die Tage von Montag bis Mittwoch, jeweils von 8.00 bis 13.00 Uhr, verteilt werden. Ich bitte hierzu um Ihre Zustimmung.

Die voraussichtlichen Daten teile ich mit:

Entbindungstag: ...

Ablauf der Mutterschutzfrist: ...

... (Ort, Datum, Unterschrift)

5. Muster: Schreiben des Arbeitgebers nach der Geltendmachung der Elternzeit

Sehr geehrte/r Frau/Herr ...,

herzlichen Glückwunsch zur Geburt Ihres Sohnes .../Ihrer Tochter ... . Sie haben uns am ... mitgeteilt, dass Sie vom ... bis zum ... Elternzeit nehmen möchten.

Im Rahmen der betrieblichen Möglichkeiten gibt es bei uns für die Mitarbeiterinnen und Mitarbeiter zahlreiche Möglichkeiten der Arbeitsflexibilisierung, die eine größere Zeitsouveränität gestatten und es so ermögli-

---

151 Rechtzeitig vor Ablauf der Zwei-Jahres-Frist kann der Arbeitnehmer die Elternzeit einseitig um weitere 12 Monate verlängern, HWK/*Gaul*, § 17 BErzGG Rn 4.

152 Rechtzeitig vor Ablauf der Zwei-Jahres-Frist kann der Arbeitnehmer die Elternzeit einseitig um weitere 12 Monate verlängern, HWK/*Gaul*, § 17 BErzGG Rn 4.

chen, dass berufliche und familiäre Belange besser miteinander vereinbart werden können. Bei Bedarf sprechen Sie bitte Ihre Führungskraft bzw Ihr Personnel Department an, die prüfen werden, ob in Ihrem Fall eine Lösung gefunden werden kann, die den betrieblichen Belangen wie auch Ihren persönlichen Interessen ausgewogen Rechnung trägt.

Wenn Sie Ihr Arbeitsverhältnis nach Ablauf der Elternzeit nicht fortsetzen wollen, bitten wir Sie, uns dies möglichst frühzeitig mitzuteilen. In diesem Fall müssten Sie mit einer Frist von drei Monaten zum Ende der Elternzeit kündigen.

Während der Elternzeit erhalten Sie von uns keine laufenden Bezüge und zum Elterngeld bzw Erziehungsgeld keinen Arbeitgeberzuschuss. Sie erhalten auch keine Lohn- oder Gehaltsfortzahlung im Krankheitsfall. Sie bleiben aber weiterhin in der gesetzlichen Renten- und Arbeitslosenversicherung beitragsfrei versichert. In der gesetzlichen Kranken-/Pflegeversicherung bleibt die Mitgliedschaft bestehen. Sofern es sich um eine freiwillige Mitgliedschaft handelt, empfehlen wir, wegen einer Beitragspflicht mit Ihrer Krankenkasse zu sprechen.

Die tarifvertragliche vermögenswirksame bzw altersvorsorgewirksame Leistung steht Ihnen nur für die Monate zu, in denen Sie für mindestens zwei Wochen Lohn, Gehalt oder Ausbildungsvergütung beziehen. Für die Zeit, in der Sie keine vermögenswirksame bzw altersvorsorgewirksame Leistung erhalten, können Sie – vor oder nach der Elternzeit – Teile Ihres Arbeitsentgelts vermögenswirksam bzw altersvorsorgewirksam anlegen, um die Arbeitnehmersparzulage auszuschöpfen.

Für jeden vollen Kalendermonat der Elternzeit wird der Jahresurlaub um 1/12 gekürzt.

Während der Elternzeit dürfen Sie grundsätzlich keiner Erwerbstätigkeit bei einem anderen Arbeitgeber und keiner selbständigen Erwerbstätigkeit nachgehen. Falls Sie dies ausnahmsweise doch wünschen, bitten wir Sie, uns anzusprechen.

Wir bitten Sie außerdem, uns eine eventuelle Änderung Ihrer Anschrift mitzuteilen.

Mit freundlichen Grüßen

6. Muster: Ablehnung des Arbeitgebers einer während der Elternzeit gewünschten Teilzeittätigkeit

Sehr geehrte/r Frau/Herr ...,

wir können Ihrem Antrag auf Teilzeitarbeit während der Elternzeit leider nicht entsprechen. Wir haben uns intensiv bemüht, anderweitige Mitarbeiter/Mitarbeiterinnen zu finden, die bereit wären, ebenfalls in Teilzeit zu arbeiten. Weder Stellenausschreibungen noch wiederholte Nachfragen bei der Agentur für Arbeit haben dazu geführt, dass wir geeignete Bewerber gefunden hätten.

Wir bedauern, Ihnen keine andere Nachricht übermitteln zu können.

Mit freundlichen Grüßen

7. Muster: Checkliste Elternzeit

I. Persönliche Angaben des Antragstellers (Berechtigten)

1. Name: ...

   Anschrift: ...

   Telefon: ...

2. Berufliche Tätigkeit: ...

3. Arbeitszeit: ...
4. Monatliches Bruttoeinkommen: ...

    Urlaubs-/Weihnachtsgeld: ...

    Gratifikationen: ...

    Provisionsvereinbarungen: ...

    Betriebliche Altersversorgung: ...
5. Persönliche Verhältnisse zum Kind: ...
6. Geburtstag des Kindes: ...

II. Anspruchsberechtigter (§ 15 Abs. 1 und 2 BEEG)

1. Arbeitnehmer/Auszubildender

    ❏ Ja   ❏ Nein

2. Personensorgeberechtigter

    ❏ Mutter/Vater

    ❏ Adoptivmutter/Adoptivvater

    ❏ Vormund/Pfleger, wenn sie die Personensorge für das Kind haben

3. Arbeitnehmer lebt mit dem Kind in einem Haushalt

    ❏ Ja   ❏ Nein

4. Arbeitnehmer betreut und erzieht selbst das Kind

    ❏ Ja   ❏ Nein

5. Der mit dem Arbeitnehmer in einem Haushalt lebende andere Elternteil ist erwerbstätig und nimmt keine Elternzeit in Anspruch

    ❏ Ja   ❏ Nein

6. Ausschluss wegen gleichzeitigem Mutterschutz

    ❏ Ja   ❏ Nein

III. Antragstellung

1. Formlos
2. Spätestens vier Wochen vor Beginn der Elternzeit

    Beginn der Elternzeit: ...

    Gleichzeitige Erklärung, für welchen Zeitraum Elternzeit in Anspruch genommen werden soll

    Voraussichtliches Ende der Elternzeit: ...

IV. Ende der Elternzeit

1. Grundsätzlich zu dem Zeitpunkt, bis zu dem Elternzeit beantragt wurde.

    Beantragtes Ende der Elternzeit: ...

2. Spätestens bei Vollendung des dritten Lebensjahres des Kindes (§ 15 Abs. 2 Satz 1 BEEG)

    Geburtstag des Kindes: ...

    Spätester Beendigungszeitpunkt: ...

3. Spätestens drei Wochen nach dem Tod des Kindes (§ 16 Abs. 4 BEEG)

    Todestag des Kindes: ...

    Beendigungszeitpunkt: ...

4. Keine Beendigung oder Unterbrechung der laufenden Elternzeit durch die Geburt eines weiteren Kindes. Demnach auch kein Anspruch auf Mutterschaftsgeld gegen den Arbeitgeber (§ 14 MuSchG).

V. Verkürzung und Verlängerung der Elternzeit, mehrmalige Inanspruchnahme, Wechsel der Berechtigten

1. Vorzeitige Beendigung der Elternzeit vor dem ursprünglich beantragten Ende nur mit Einwilligung des Arbeitgebers (§ 16 Abs. 3 Satz 1 BEEG)

    Antrag auf vorzeitige Beendigung ❏ Ja ❏ Nein

    Neuer Endtermin: ...

    Einwilligung des Arbeitgebers ❏ Ja ❏ Nein

2. Verlängerung der Elternzeit über den ursprünglichen Beendigungszeitpunkt hinaus grundsätzlich nur mit Zustimmung des Arbeitgebers

    Antrag auf Verlängerung ❏ Ja ❏ Nein

    Neuer Endtermin: ...

    Zustimmung des Arbeitgebers ❏ Ja ❏ Nein

3. Bis zum dritten Geburtstag des Kindes darf maximal zweimal Elternzeit in Anspruch genommen werden (§ 16 Abs. 1 Satz 5 BEEG). Mitteilung der verschiedenen Zeiträume, in denen Elternzeit in Anspruch genommen werden soll, an den Arbeitgeber bereits vor der erstmaligen Inanspruchnahme.

    Inanspruchnahme der Elternzeit

    vom ... bis ...

    vom ... bis ...

    vom ... bis ...

4. Wechsel in der Person des Berechtigten. Jeder einzelne Arbeitnehmer muss eine Erklärung gegenüber seinem Arbeitgeber abgeben. Dafür genügt jeweils die Einhaltung der Vierwochenfrist vor der jeweils erstmaligen Inanspruchnahme.

    Arbeitnehmer ... Elternzeit

    vom ... bis ...

    vom ... bis ...

    Arbeitnehmer ... Elternzeit

    vom ... bis ...

    vom ... bis ...

Arbeitnehmer ... Elternzeit

vom ... bis ...

vom ... bis ...

VI. Kündigung des Arbeitsverhältnisses

1. Sonderkündigungsschutz (§ 18 BEEG)

   ❏ Ab Geltendmachung der Elternzeit

   Geltendmachung am ...

   ❏ Höchstens acht Wochen vor Beginn der Elternzeit

   Beginn der Elternzeit: ...

   Beginn der Achtwochenfrist: ...

2. Kündigung des Arbeitsverhältnisses durch den Arbeitgeber möglich mit Zulässigkeit der obersten Landesbehörde (§ 18 Abs. 1 Satz 3 BEEG). In folgenden Fällen sollen die Voraussetzungen für eine Zulässigkeitserklärung vorliegen:

   ❏ Einstellung des Betriebs

   ❏ Auflösung einer Betriebsabteilung, sofern der Arbeitnehmer nicht in einem anderen Bereich untergebracht werden kann:

   Beschäftigungsmöglichkeit in einem anderen Betrieb   ❏ Ja   ❏ Nein

   ❏ Verlegung des Betriebes oder eines Betriebsteils, wenn der Arbeitnehmer eine Weiterbeschäftigung an einem neuen Ort ablehnt:

   Weiterbeschäftigung   ❏ abgelehnt   ❏ angenommen

3. Weiterhin zulässig bleiben

   ❏ Abschluss einer Aufhebungsvereinbarung

   ❏ Eigenkündigung des Arbeitnehmers

   ❏ Zeitablauf bei einem befristeten Arbeitsvertrag

   ❏ Anfechtung eines Arbeitsvertrages

   ❏ Bedingungseintritt usw

4. Besonderes Kündigungsrecht des Arbeitnehmers/der Arbeitnehmerin (§ 19 BEEG)

   ❏ Zum Ende der Elternzeit

   Voraussichtlicher Endtermin der Elternzeit: ...

   ❏ Kündigungsfrist von drei Monaten eingehalten

168 8. Muster: Antrag auf Pflegezeit

Betr.: Unbezahlte Freistellung zur Betreuung von schwerpflegebedürftigen Familienangehörigen

Sehr geehrte/r Frau/Herr,

Ihrem Antrag entsprechend werden Sie vom ... bis ... zur Betreuung von schwerpflegebedürftigen Familienangehörigen unbezahlt freigestellt.

Während der unbezahlten Freistellung ruht das Arbeitsverhältnis. Die Entgeltfortzahlungspflicht für diesen Zeitraum tritt auch im Krankheitsfall nicht ein. Hierbei kommt es nicht darauf an, ob die Krankheit vor oder während der unbezahlten Freistellung eintritt.

Mit dem ... endet das sozialversicherungspflichtige Beschäftigungsverhältnis.

Bitte setzen Sie sich wegen Ihrer Krankenversicherung mit Ihrer Krankenkasse in Verbindung.

Um Beitragslücken in der Rentenversicherung zu vermeiden, bitten wir Sie zu beachten, dass Sie ggf freiwillige Beiträge entrichten können. Bitte wenden Sie sich hierzu an Ihren Rentenversicherungsträger.

Mit freundlichen Grüßen

VI. Datenschutz und Verhaltensgrundsätze

169 1. Muster: Verpflichtungserklärung auf das Datengeheimnis

Das Bundesdatenschutzgesetz (BDSG) gilt nunmehr in der Fassung vom 14.8.2009 (BGBl. I S. 2814). In § 5 dieses Gesetzes wird bestimmt, dass allen in der Datenverarbeitung beschäftigten Personen untersagt ist, geschützte personenbezogene Daten zu einem anderen als dem zur jeweiligen rechtmäßigen Aufgabenerfüllung gehörenden Zweck zu erheben, zu verarbeiten, bekannt zu geben, zugänglich zu machen oder sonst zu nutzen. Da zur Datenverarbeitung hierbei das Erfassen, Aufnehmen, Aufbewahren, Übermitteln, Verändern, Löschen, Nutzen, Erheben und Sperren von personenbezogenen Daten zählt, und Sie hiermit beruflich zu tun haben, machen wir Sie auf die Bestimmungen über die Einhaltung des Datengeheimnisses aufmerksam.

Sie sind zum verschwiegenen Umgang mit personenbezogenen Daten verpflichtet. Auf diese Verschwiegenheit weisen wir Sie hiermit gem. § 5 BDSG noch einmal gesondert hin. Ihre Verpflichtung auf das Datengeheimnis besteht auch nach Beendigung des Arbeitsverhältnisses fort.

Das Merkblatt zum Datengeheimnis haben wir Ihnen zur Verfügung gestellt. Mit Ihrer Unterschrift unter das vorliegende Schreiben erklären Sie, dass Sie das Merkblatt über das Datengeheimnis zur Kenntnis genommen haben.

Mit freundlichen Grüßen

Den Empfang der vorliegenden Mitteilung bestätige ich hiermit.

... (Datum, Name, Unterschrift)

170 2. Muster: Verpflichtung zur Wahrung von Betriebsgeheimnissen

Herr ... ist heute darüber belehrt worden, dass alle in der Firma ... bearbeiteten Entwicklungen, Konstruktionen, Produktionsverfahren und Geschäftsvorgänge sowie der Inhalt seines Anstellungsvertrages als Betriebsgeheimnisse gelten.

Der Unterzeichnete verpflichtet sich hiermit ausdrücklich, über die während der Dauer des Arbeitsverhältnisses gewonnenen Kenntnisse und Erfahrungen sowie Tatsachen, Betriebs- und Geschäftsgeheimnisse, die ihm vermöge seiner Stellung im Betrieb bekannt geworden sind, Schweigen zu bewahren, sie in keiner Form Dritten zugänglich zu machen und sie auch nicht für eigene Zwecke auszuwerten.

Alle schriftlichen Unterlagen, wie Zeichnungen, Pausen, Entwicklungsberichte usw, die ihm in dienstlicher Eigenschaft zugänglich sind, müssen entsprechend den dafür erlassenen Bestimmungen behandelt und sicher gegen Kenntnisnahme durch unbefugte Personen aufbewahrt werden.

Der Unterzeichnete verpflichtet sich zum Ersatz des Schadens, der daraus entsteht, dass er ein Betriebs- oder Geschäftsgeheimnis zu Zwecken des Wettbewerbs oder aus Eigennutz oder in der Absicht, der Firma ... Schaden zuzufügen oder in sonstigen Fällen einer Treuepflichtverletzung unbefugt verwertet oder jemandem in irgendeiner Form zugänglich macht.

Der Unterzeichnete hat vor Abgabe dieser Verpflichtungserklärung eingehend Kenntnis genommen vom Inhalt der §§ 1–11 des Gesetzes gegen den unlauteren Wettbewerb – UWG – (siehe unten). Er hat sich ausdrücklich bereiterklärt, sich nach diesen Bestimmungen zu verhalten und unverzüglich die Geschäftsleitung zu unterrichten, falls er Kenntnis erhält von Bestrebungen, Versuchen usw, die darauf gerichtet sind, unrechtmäßig in den Besitz von Betriebsgeheimnissen der Firma ... zu gelangen.

3. Muster: Merkblatt zum Datengeheimnis

Merkblatt zum Datengeheimnis

Neben den besonderen Geheimhaltungsvorschriften in unserem Betrieb und sonstigen Geheimhaltungsvorschriften (zB § 17 UWG) gilt für Sie aufgrund Ihrer Aufgabenstellung das Datengeheimnis nach § 5 Bundesdatenschutzgesetz (BDSG).

Hiernach ist den bei der Datenverarbeitung beschäftigten Mitarbeitern untersagt, geschützte personenbezogene Daten unbefugt zu einem anderen als dem zur jeweiligen rechtmäßigen Aufgabenerfüllung gehörenden Zweck zu erheben, zu verarbeiten, bekannt zu geben, zugänglich zu machen oder sonst zu nutzen. Die „Befugnis" des Mitarbeiters zur Verarbeitung von Daten ergibt sich zunächst aus den Regelungen des Bundesdatenschutzgesetzes bzw speziellen Datenschutzvorschriften sowie aus der Aufgabenstellung im Betrieb und den zur Wahrung des Datenschutzes bestehenden betrieblichen Grundsätzen. Eine missbräuchliche Nutzung der anvertrauten Daten liegt daher auch vor, wenn die im beruflichen Bereich bekannt gewordenen Angaben zu privaten Zwecken verwendet werden.

Gemäß gesetzlichen Bestimmungen muss jeder bei der Verarbeitung personenbezogener Daten beschäftigte Mitarbeiter ausdrücklich formell auf das Datengeheimnis hingewiesen werden. Die Verpflichtung zur Wahrung des Datengeheimnisses besteht auch nach Beendigung der jeweiligen Tätigkeit, dh auch nach Ausscheiden aus unserer Firma, weiter. Verstöße gegen das Datengeheimnis können gem. § 43 BDSG und anderen einschlägigen Rechtsvorschriften mit Freiheits- oder Geldstrafen geahndet werden. Ferner können Schadensersatzverpflichtungen des Mitarbeiters sowie arbeitsrechtliche Konsequenzen entstehen.

Der Schutz personenbezogener Daten nach dem BDSG erstreckt sich auf in Dateien gespeicherte Daten, ungeachtet der bei der Verarbeitung angewandten Verfahren. Das Gesetz schützt grundsätzlich alle Datensammlungen mit personenbezogenen Daten (zB Karteien, Erfassungsformulare, Lochkarten, Magnetbänder, Mikrofilmaufzeichnungen). Der Schutz erstreckt sich auch auf die Verfahren, mit denen solche Daten verarbeitet werden. Neben den Vorschriften des BDSG sind spezielle datenschutzrechtliche Vorschriften zu beachten. So sind bei der Verarbeitung von Daten für firmeneigene Zwecke durch die Buchhaltung und das Rechnungswesen die Grundsätze der ordnungsgemäßen Datenverarbeitung im Sinne der ordnungsgemäßen Buchführung einzuhalten. Bei der Verarbeitung von Personaldaten sind neben den Bestimmungen des BDSG die Grundsätze des Personaldatenrechts zu beachten.

Wir sind verpflichtet, die dem Datengeheimnis unterliegenden Mitarbeiter mit diesen Datenschutzvorschriften vertraut zu machen. Auch in Ihrem eigenen Interesse bitten wir Sie, die hierzu zur Verfügung gestellten Unterlagen sowie das vorliegende Merkblatt zu beachten und die angebotenen Informationsmöglichkeiten zu nutzen.

4. Muster: Benutzerrichtlinien für das Internet

1. Allgemeines

Für einzelne PC im Bereich ... ist ein Internetzugang hergestellt worden. Als Mitarbeiter/in, der/die für die Nutzung der Dienste berechtigt ist, sind Sie über diese von außen (mittelbar bzw unmittelbar) erreichbar. Desgleichen können Sie firmeninterne Informationen über E-Mail oder das Internet an andere übermitteln bzw bereitstellen.

Durch die Nutzung der genannten Kommunikationsmöglichkeiten können sich Bedrohungen ergeben, die sich gegen die nachstehend aufgeführten Sicherheitsanforderungen an IT-Systeme und Daten richten:

Integrität

Eine Änderung der Informationen ist nur durch Befugte in beabsichtigter Weise möglich. Eine Modifizierung der Informationen durch Unbefugte findet nicht statt.

Vertraulichkeit

Die Informationen dürfen nur Befugten zugänglich gemacht werden. Eine unbefugte Informationsgewinnung ist nicht erlaubt.

Authentizität

Zweifelsfreie Erkennung von Partnern bei der Herstellung einer Verbindung und Erhaltung dieses Zustandes für die Dauer der Verbindung.

Verfügbarkeit

Die Verfügbarkeit eines IT-Systems und seiner Daten muss gewährleistet sein und darf auch nicht vorübergehend beeinträchtigt werden.

Zur Abwehr von Bedrohungen, die sich gegen die vorstehenden Sicherheitsanforderungen richten, ist die konsequente und gewissenhafte Anwendung der Benutzerrichtlinien unverzichtbar.

Die Kenntnis der nachfolgenden Regelungen und deren Einhaltung ist eine wesentliche Voraussetzung zur Gewährleistung und Verbesserung des vorhandenen Sicherheitsniveaus der Firma. Jede Missachtung und Nichteinhaltung dieser Regelungen gefährdet nicht nur die Sicherheit des eigenen IT-Systems sondern auch die ....

Die Benutzerrichtlinien ergänzen die sonstigen Regelungen und Vorschriften für die Anwendung von Informationstechniken und den Umfang mit personenbezogenen oder sonstigen schutzwürdigen Daten.

2. Verantwortung

Jede/r Berechtigte hat in ihrem/seinem eigenen Zuständigkeitsbereich die vollständige und korrekte Anwendung der geltenden Regelungen, Anweisungen und Vorschriften zur Gewährleistung von Datenschutz und Datensicherheit einzuhalten. Besondere Verantwortung besteht für die in ihrem Zuständigkeitsbereich vorgesehenen und vorhandenen Zugriffssicherungen und -maßnahmen (zB Dokumenten- und Passwortverwaltung, Virenschutz).

3. Nutzung des Internetzugangs

Die Genehmigung zur Nutzung des Internetzugangs wird durch ... erteilt. Die Schaffung der technischen Voraussetzungen und die Vergabe der Benutzeridentität erfolgt durch ... .

Das Einbringen von Hard- und/oder Software in das lokale Netz sowie das Ausführen von Programmen oder von ausführbaren Programmcodes, die aus dem bzw über das Internet beschafft wurden, ist ohne vorherige Prüfung durch ... untersagt.

Die Einrichtung und der Betrieb eines nicht genehmigten Anschlusses an ein öffentlich zugängliches Netz (mittels selbst beschaffter Datenübertragungseinrichtungen wie MODEM, ISDN-Einbaukarten usw) ist nicht zulässig, weil dadurch unkontrollierbare und ungesicherte Übergänge in das lokale Netz geschaffen werden.

Die Nutzung von Internetdiensten ist lediglich in dem Umfang gestattet, wie es dienstlich notwendig ist. Die Nutzung aller über die Aufgabenerfüllung hinausgehenden Dienste ist nicht gestattet; insbesondere ist die Nutzung für private Zwecke strikt untersagt.

Internetdienste, besonders aufwendige Recherchen, sind möglichst zu Zeiten durchzuführen, in denen erfahrungsgemäß eine schnelle und damit kostengünstige Abwicklung zu erwarten ist.

Die Recherche, das Ausforschen und die Benutzung fremder Identifikationsmittel (zB Benutzerkennungen, Passwort) und sonstiger Authentifizierungshilfsmittel ist unzulässig.

Die Weitergabe und das Zurverfügungstellen von eigenen Benutzerkennungen und dazugehörigen Authentifizierungshilfsmitteln für eine Benutzung durch Dritte sind unzulässig. Es wird ausdrücklich darauf hingewiesen, dass in einem derartigen Fall aus den Protokolldaten Ihre Identität hervorgeht. Jegliche – auch unzulässige – Aktivität durch diesen Dritten wird Ihnen zugeschrieben.

4. Übertragung von sensiblen Daten

Die Übertragung von sensiblen, schutzwürdigen und insbesondere von personenbezogenen Daten (zB mittels E-Mail) über das Internet ist grundsätzlich nicht gestattet. Ausnahmen sind nur nach vorheriger Genehmigung durch die Datenschutzbeauftragte und zur Wahrung der Vertraulichkeit ausschließlich in verschlüsselter Form zulässig. Die Übertragung von als „Nur für den Dienstgebrauch" und höher eingestuften Daten ist untersagt.

5. Sicherheitsrelevante Ereignisse

Alle sicherheitsrelevanten Ereignisse (zB unerklärliches Systemverhalten, Verlust oder Veränderung von Daten und Programmen, Verdacht auf Missbrauch der eigenen Benutzerkennung usw) sind sofort an ... zu melden. Der Angelegenheit wird von dort aus nachgegangen.

Eigene Aufklärungsversuche sind zu unterlassen, damit eventuelle wertvolle Hinweise und Spuren weder verwischt werden noch verloren gehen.

6. Kontrollen

Die Einhaltung dieser Richtlinien kann stichprobenartig und/oder anlassbezogen kontrolliert werden.

7. Sanktionen

Zuwiderhandlungen und Verstöße gegen die Richtlinie werden dienstrechtlich/arbeitsvertraglich verfolgt. Verstöße können strafrechtliche Folgen haben.

Sie – als Benutzer/in –

- bestätigen die Kenntnisnahme der vorstehenden Regelungen,
- verpflichten sich zu deren Einhaltung und
- bestätigen durch die nachfolgende Unterschrift den Erhalt einer Abschrift.

Die zweite Ausfertigung erhält ... . Die dritte Ausfertigung wird zur Personalakte genommen.

... (Ort, Datum, Unterschrift Nutzer/in)

... (Ort, Datum, Unterschrift Administrator/in)

5. Muster: Verhaltensregeln zur Verhinderung von Korruption (Einzelhandel)

Vorwort der Geschäftsführung

Die Glaubwürdigkeit und der Erfolg unseres Unternehmens stehen im direkten Zusammenhang mit der persönlichen Integrität und Ehrlichkeit aller Mitarbeiter. Um diesen Erfolg zu gewährleisten, wurden die in dieser Anweisung aufgestellten Grundsätze erarbeitet.

Ziel dieser Grundsätze ist ein einwandfreies Verhalten am Arbeitsplatz, geprägt von Ehrlichkeit und Fairness im Umgang mit anderen Mitarbeitern sowie mit Kunden, Lieferanten, Mitbewerbern, Behörden und der Öffentlichkeit.

Die Integrität und der gute Ruf eines Unternehmens liegen in den Händen aller Mitarbeiter.

Alle Mitarbeiterinnen und Mitarbeiter müssen sich so verhalten, dass keine persönlichen Abhängigkeiten oder Verpflichtungen entstehen.

Bei allen geschäftlichen Entscheidungen und Handlungen sind die geltenden Gesetze und sonstigen maßgebenden internen und externen Bestimmungen zu beachten. Eine stabile geschäftliche Zusammenarbeit zum Nutzen aller kann es nur bei einem fairen Wettbewerb und strikter Einhaltung der Rechtsordnung geben. Korruption, Untreue und Betrug verzerren den Wettbewerb, führen zu höheren Kosten, zerstören das Vertrauen von Kunden und Lieferanten, gefährden unsere Wettbewerbsfähigkeiten und letztlich unsere Arbeitsplätze.

Die Geschäftsführung sorgt dafür, dass die betroffenen Mitarbeiter die relevanten Gesetze und Bestimmungen kennen und befolgen. Sie ist dafür verantwortlich, dass Rahmenbedingungen geschaffen werden, die Korruption verhindern. Zu diesem Zweck werden die in diesen Richtlinien enthaltenen Grundsätze der Geschäftsführung dieses Unternehmens bekannt gemacht und auf die darin enthaltenen ethischen Grundsätze verpflichtet. Die Einhaltung der Grundsätze wird überprüft.

Die Geschäftsführung duldet unter keinen Umständen korrupte Verhaltensweisen.

Gegen diese Grundsätze verstößt u.a., wer:

- einem Kunden, Lieferanten, Dienstleistungsunternehmen oder dessen Mitarbeiter für eine Bevorzugung bei Auftragsvergabe oder Belieferung einen Vorteil anbietet, verspricht, gewährt oder dies billigt;
- umgekehrt für sich für eine Bevorzugung eines Kunden, Lieferanten, Dienstleistungsunternehmen oder dessen Mitarbeiter bei Belieferung oder Auftragsvergabe einen Vorteil fordert, sich versprechen lässt oder annimmt;
- zu Lasten des Auftraggebers sich selbst oder Dritten direkt oder indirekt unberechtigte Vorteile verschafft.

Leitsätze für die Mitarbeiter

1. Wir gehen korrekt mit Kunden, Lieferanten, Dienstleistungsunternehmen und anderen um.

Das Unternehmen lässt nicht zu, dass durch Bestechung, Betrug, Wirtschaftsspionage, Diebstahl, Nötigung u.a. eine Vorteilsnahme zugunsten der Firma herbeigeführt wird.

2. Kunden, Lieferanten, Dienstleistungsunternehmen und andere gehen korrekt mit uns um.

Versuche von Kunden, Lieferanten oder Dienstleistungsunternehmen, Mitarbeiter in ihrer Entscheidung unlauter zu beeinflussen, werden nicht geduldet; sie sind dem zuständigen Vorgesetzten anzuzeigen.

Mitarbeiter, die sich in unlauterer Weise von Kunden, Lieferanten oder Dienstleistungsunternehmen beeinflussen lassen, werden – ungeachtet strafrechtlicher Konsequenzen – disziplinarisch und arbeitsrechtlich zur Verantwortung gezogen.

3. Umgang mit Geschenken und Warenmustern

Geschenke und Warenmuster werden grundsätzlich nicht angenommen oder verteilt.

Dies gilt für Geld- und Sachgeschenke. Geldgeschenke sind Beträge in jeder Form und Währung. Sachgeschenke sind jegliche Gegenstände von Wert, die nicht als Werbegeschenke betrachtet werden können. Auch Reisen, Dienstleistungen, Eintrittskarten für Sport-, Musik- oder sonstige Kulturveranstaltungen, Werbeprämien und Rabatte sind als Geschenk anzusehen.

Werbegeschenke sollten wertmäßig so gestaltet sein, dass ihre Annahme den Empfänger nicht in eine verpflichtende Abhängigkeit bringt. Diese müssen dem Prinzip folgen, beim Geber und Nehmer jeglichen Anschein von Unredlichkeit und Inkorrektheit zu vermeiden Hierbei wird ein Maximalwert von 5,00 EUR unterstellt. Im Zweifelsfall ist die Entscheidung des Vorgesetzten einzuholen.

Warenmuster im üblichen Umfang werden ausschließlich vom Einkauf entgegengenommen, um entsprechende Prüfungen, Untersuchungen und Archivierungen vornehmen zu können.

4. Wir trennen klar zwischen Geschäfts- und Privatbereich.

Für Aufwendungen, bei denen sich Geschäftliches und Privates so vermischen, dass eine genaue Trennung schwierig ist, müssen die Kosten insbesondere auch für Geschenke oder Bewirtungen privat übernommen werden.

Falls es zu „unvermeidbaren" Bewirtungen seitens Dritter kommt, ist dies dem nächst höheren Vorgesetzten mitzuteilen.

Bei Bewirtungen durch Lieferanten, Dienstleistungsunternehmen und anderer ist darauf zu achten, dass keine einseitige „Einladungskultur" entsteht. Falls es für die Interessen der Firma zweckdienlich ist, sollten die Bewirtungskosten abwechselnd auch von unserem Unternehmen übernommen werden, um dem Gegenüber zu signalisieren, dass zB ein gemeinsames Abendessen als echtes objektives Arbeitsessen betrachtet wird.

Über Essenseinladungen hinausgehende Dinge sind in diesen Leitsätzen geregelt. Falls es trotzdem zu „missverständlichen" Einladungen kommen sollte, ist der Vorsitzende der Geschäftsführung zu informieren.

5. Wir vermeiden Interessenkonflikte durch Nebentätigkeit bzw Kapitalbeteiligungen.

a) Nebentätigkeit

Der Mitarbeiter hat seine volle Arbeitskraft der Firma zur Verfügung zu stellen. Jede auf Erwerb gerichtete Nebentätigkeit bedarf der vorherigen schriftlichen Zustimmung des Vorsitzenden der Geschäftsführung. Das Gleiche gilt für eine tätige Beteiligung an einem Wirtschaftsunternehmen sowie für die Mitwirkung in Aufsichtsorganen anderer Gesellschaften.

Nebenbeschäftigungen für Unternehmen, mit denen die Firma im Wettbewerb steht, sind untersagt.

Veröffentlichungen und Vorträge des Mitarbeiters, die die Interessen der Firma berühren, bedürfen der Zustimmung des Vorsitzenden der Geschäftsführung.

b) Kapitalbeteiligungen

Kapitalbeteiligungen an Unternehmen mit bestimmender, gegenseitiger Einflussnahme, mit denen die Firma in geschäftlichen Beziehungen steht, sind vom Mitarbeiter vorab schriftlich anzuzeigen und durch den Vorsitzenden der Geschäftsführung zu genehmigen.

6. Über Spenden entscheidet die Geschäftsführung.

Spenden haben sich im Rahmen der Rechtsordnung zu bewegen und werden ausschließlich von der Unternehmensführung geregelt.

Mitteilungspflicht des Mitarbeiters

Die Geschäftsführung ist angehalten, Korruption zu verhindern. Sie erwartet, dass die Mitarbeiter ihrer Mitteilungspflicht über korruptes Verhalten nachkommen. Jeder Mitarbeiter trägt Mitverantwortung, wenn er von korruptem Verhalten Kenntnis hat und dieses nicht meldet.

Einem Mitarbeiter, der seiner Mitteilungspflicht nachkommt, darf hieraus kein Nachteil entstehen. Aus diesem Grunde werden seine Mitteilungen vertraulich behandelt.

Kontrolle

Menschliche Erfahrung zeigt, dass organisatorische Grundsätze nur Erfolg haben, wenn entsprechende Kontrollmaßnahmen sie begleiten. Diese sind in Gestalt angemessener Kontrollen und Plausibilitätsprüfungen vorzunehmen.

Sanktionen

Bei Verstößen gegen die Verhaltensrichtlinien und gegen gesetzliche Vorschriften sind die erforderlichen organisatorischen, disziplinarischen und rechtlichen Maßnahmen zu ergreifen, um – ungeachtet strafrechtlicher Konsequenzen – angemessen den festgestellten Zuwiderhandlungen entgegenzuwirken. Dies kann – je nach Schwere des Verstoßes – auch den Verlust des Arbeitsplatzes bedeuten.

Bestätigung

Hiermit bestätige ich die Kenntnisnahme und den Erhalt der „Verhaltensregeln zur Verhinderung von Korruption im Innen- und Außenverhältnis".

6. Muster: Der Firmen-Ethik-Kodex

Einhaltung von Gesetzen und Vorschriften

Wir werden stets die geltenden internationalen, nationalen und regionalen Gesetze und Vorschriften bei der Führung unserer Geschäfte einhalten.

Gesundheit und Sicherheit

Wir werden uns für ein gesundes und sicheres Arbeitsumfeld einsetzen. Sicherheit wird bei allen unseren unternehmerischen Entscheidungen oberste Priorität genießen, und wir werden in diesem Bereich keinen Kompromiss eingehen.

Chancengleichheit

Wir verpflichten uns, allen Beschäftigten Chancengleichheit zu gewähren und sie fair zu behandeln. Wir werden keine Art von Diskriminierung oder Belästigung dulden.

Umweltschutz

Wir werden bei unseren Geschäftstätigkeiten auf größtmögliche Umweltverträglichkeit achten und uns dafür einsetzen, dass überall dort, wo wir tätig sind, die Auswirkungen unseres Handelns auf die Umwelt so gering wie möglich ausfallen.

Fairness in Geschäftsbeziehungen

Die Beziehungen zu unseren Kunden und Lieferanten sowie das Verhältnis zu unseren Wettbewerbern werden auf den Grundsätzen der Fairness und Aufrichtigkeit fußen.

Interessenkonflikte und Integrität

Wir werden jede Situation vermeiden, in der es zu einem Konflikt zwischen privaten Interessen und Interessen des Konzerns kommen könnte. Dies gilt vor allem im Hinblick auf finanzielle Interessen, Tätigkeiten außerhalb des ...-Konzerns, Familienbeziehungen sowie für die Annahme von Geschenken und Einladungen bzw. für das Verteilen von Geschenken und die Aussprache von Einladungen.

Aktionäre und Börsenmarkt

Wir werden die Rechte der Aktionäre wahren. Wir werden weder direkt noch indirekt auf der Grundlage nicht öffentlich zugänglicher Informationen mit Aktien börsennotierter Unternehmen des ...-Konzerns handeln.

Vertraulicher Umgang mit Informationen

Wir werden keine vertraulichen Informationen über den Konzern oder seine Geschäftstätigkeiten preisgeben. Nur autorisierte Mitarbeiter dürfen Fragen der Presse oder anderer Institutionen beantworten. Hierbei werden sie die Grundsätze der Offenheit, der Ehrlichkeit und des Verantwortungsbewusstseins anwenden. Alle offen gelegten Informationen werden richtig und vollständig sein und im Einklang mit den allgemein anerkannten Bilanzierungsgrundsätzen stehen.

Erhaltung des Firmeneigentums

Wir werden die Vermögensgegenstände des Konzerns ordnungsgemäß und umsichtig behandeln und jede Art von Verschwendung oder Missbrauch vermeiden. Wir werden sie nur für Zwecke einsetzen, die in einem unmittelbaren Bezug zur Geschäftstätigkeit des Konzerns stehen.

Geschäftsunterlagen

Wir werden alle notwendigen Geschäftsunterlagen führen und aufbewahren.

↑

VII. Bescheinigungen für den Arbeitgeber und Erklärungen des Arbeitnehmers

1. Muster: Einwilligung in eine werks- oder vertrauensärztliche Untersuchung

Hiermit erkläre ich mich mit einer werks- oder vertrauensärztlichen Untersuchung einverstanden. Den untersuchenden Arzt entbinde ich von der ärztlichen Schweigepflicht, soweit Auskünfte für die Frage der Eignung und meine Tätigkeit im Rahmen meines jetzigen bzw. eines künftigen Arbeitsplatzes untersucht wird.

... (Ort, Datum, Unterschrift Mitarbeiter)

2. Muster: Abstraktes Schuldversprechen

Der Unterzeichner/die Unterzeichnerin, Frau/Herr ..., wohnhaft in ..., erkennt an, der Firma ... in ... einen Betrag von ... EUR nebst ... % Zinsen seit dem ... zu schulden.

Der Unterzeichner/die Unterzeichnerin verpflichtet sich, diesen Betrag in Monatsraten von ... EUR, beginnend mit dem ..., an die Firma zu zahlen.

Bleibt der Unterzeichner/die Unterzeichnerin mit einer Rate ganz oder teilweise länger als ... Tage in Rückstand, wird der noch offen stehende Restbetrag auf einmal fällig.

... (Ort, Datum, Unterschrift Mitarbeiter/in)

3. Muster: Erklärung/Protokoll über Einsichtnahme

↓

Name, Vorname: ...

Personalnummer: ...

Ich erkläre hiermit

am: ...

um: ...

in: ...

bei: ...

Einsicht in meine Personalakte sowie weitere Personalunterlagen genommen zu haben.

Ein Betriebsratsmitglied meines Vertrauens war bei der Einsichtnahme anwesend:

❏ ja   ❏ nein

wenn ja: Name des Betriebsratsmitgliedes: ...

Es wurden Erklärungen zum Inhalt der Personalakte abgegeben.

❏ ja   ❏ nein

... (Ort, Datum, Unterschrift Mitarbeiter/in)

... (Ort, Datum, Unterschrift Personalabteilung)

↑

4. Muster: Anschreiben wegen Ermittlung eines leidensgerechten Arbeitsplatzes und Entbindung von der ärztlichen Schweigepflicht

↓

Sehr geehrter Herr ...,

wegen Ihrer derzeitigen Erkrankung machen wir uns ernsthafte Sorgen, ob Sie zur weiteren Ausübung Ihrer Arbeitstätigkeit dauerhaft in der Lage sind. Mit hausärztlichem Attest vom ... bescheinigt Ihr Arzt Dr. ..., dass Sie aus gesundheitlichen Gründen „keine Tätigkeit mit regelhaftem Heben von Lasten über 15–20 kg, mit ständig bückenden Zwangshaltungen und mit ständigem Überkopfarbeiten verrichten" dürfen.

Angesichts Ihres Aufgabenfeldes als Kraftfahrer einerseits, als Lagerarbeiter andererseits, stellt sich daher für uns die Frage, ob diese Bescheinigung sich auf einen Dauerzustand bezieht oder ob die Bescheinigung nur einen vorübergehenden Zustand beschreibt. Als Lagerarbeiter müssen Sie sowohl ständig Lasten von über 20 kg heben wie auch Überkopfarbeiten verrichten. Als Lkw-Fahrer kommen ebenfalls regelmäßig hebende Bewegungen mit Lasten über 20 kg vor, da die Barken am Lkw ständig von Ihnen geöffnet und wieder geschlossen werden müssen. Außerdem müssen zB Zementsäcke oder Steine auf dem Lkw auch per Hand von Ihnen bewegt und damit auch gehoben werden.

In jedem Fall stellt sich die weitere Frage der Krankheitsprognose. Wie wird sich aus Sicht des Sie behandelnden Arztes die Erkrankung entwickeln? Offenbar handelt es sich ja um ein Rückenleiden, das bereits Anlass für die Kur im Frühjahr dieses Jahres war.

Wir bitten Sie hiermit, Ihren Arzt von der Schweigepflicht uns gegenüber zu entbinden, damit wir die Prognose über den voraussichtlichen weiteren Krankheitsverlauf, mögliche bzw beabsichtigte Heilmaßnahmen, die möglichen künftigen Fehlzeiten und die weiteren Einsatzmöglichkeiten als Lkw-Fahrer einerseits, als Lagerarbeiter andererseits einigermaßen verlässlich abschätzen können.

Bitte füllen Sie die beiliegende Schweigepflicht-Entbindungserklärung zweifach aus und geben Sie Ihrem Arzt davon ein Exemplar, ein weiteres Exemplar benötigen wir für unsere Personalakte. Eine weitere Abschrift ist für Sie selbst bestimmt.

Zur Erledigung notieren wir uns vorsorglich als Abgabetermin den ...

Mit freundlichen Grüßen

Schweigepflicht-Entbindungserklärung

Hiermit entbinde ich, ..., den/die mich behandelnde/n Arzt/Ärztin/Ärzte ... gegenüber meinem Arbeitgeber ... von der ärztlichen Schweigepflicht.

... (Ort, Datum, Unterschrift Mitarbeiter)

5. Muster: Antrag auf Gleichstellung mit einem schwerbehinderten Menschen 179

An die

Agentur für Arbeit ...

Sehr geehrte Damen und Herren,

hiermit beantrage ich, mich einem schwerbehinderten Menschen gem. § 2 Abs. 3 SGB IX gleichzustellen. Meinen Antrag begründe ich wie folgt:

Ich bin am ... geboren und seit dem ... bei der Firma ... beschäftigt. Ich bin deutscher/ausländischer Staatsangehöriger (bei Ausländern folgender Zusatz: und halte mich rechtmäßig im Gebiet der Bundesrepublik Deutschland auf. Eine Fotokopie meiner Aufenthaltsgenehmigung füge ich bei). Das Versorgungsamt hat bei mir einen Grad der Behinderung von ... v.H. festgestellt. Eine Fotokopie des Feststellungsbescheides füge ich bei. Meine Gleichstellung mit einem schwerbehinderten Menschen ist erforderlich, weil ich ohne Gleichstellung keinen geeigneten Arbeitsplatz erlangen/behalten kann. Mein Arbeitgeber hat angekündigt, dass er Personalreduzierungen vornehmen muss. Ich arbeite als ...

Wegen meiner Behinderung kann ich jedoch eine Reihe von Arbeiten nicht verrichten ... Es ist daher anzunehmen, dass mein Arbeitgeber versuchen wird, mir aus personenbedingten Gründen zu kündigen. Bin ich dagegen Gleichgestellter, werde ich bei einer Sozialauswahl anders berücksichtigt. Deshalb bitte ich, die Gleichstellung mit Wirkung auf den Antragseingang zu bescheiden.

Mit freundlichen Grüßen

6. Muster: Vereinbarung über Haftungsfreistellung einer Sicherheitsbeauftragten 180

Vereinbarung über Haftungsfreistellung

zwischen

der ... GmbH

– nachfolgend: Arbeitgeber –

und

Frau ...

– nachfolgend: Arbeitnehmerin –

In Ergänzung zum Anstellungsvertrag vom ... schließen die Parteien folgende Vereinbarung:

§ 1 Risikospezifische Haftungsfreistellung

Der Arbeitgeber stellt die Arbeitnehmerin im Verhältnis zu Dritten von allen Verbindlichkeiten frei, die aus der Ausübung der Aufgabe Sicherheitsbeauftragte im Betrieb X resultieren.

§ 2 Versicherung der Risiken

Der Arbeitgeber erklärt hiermit, dass er die mit der Ausübung der Tätigkeit verbundenen Risiken in versicherungsüblicher Weise versichert hat, vorliegend durch folgende Versicherung(en): Betriebshaftpflichtversicherung bei der V-Versicherungs-AG.

§ 3 Haftungsmaßstab

Für im Zusammenhang mit der Ausübung der Aufgabe Sicherheitsbeauftragte verbundene Schäden haftet die Arbeitnehmerin im Verhältnis zum Arbeitgeber nur bei vorsätzlichem Verhalten (Tun oder Unterlassen).

§ 4 Beweislastregelung

Ist ein Schaden entstanden und lässt sich aufgrund der Gesamtumstände ein vorsätzliches Verhalten des Arbeitnehmers nicht ausschließen, so trifft die Beweislast im Verhältnis zwischen Arbeitnehmerin und Arbeitgeber die Arbeitnehmerin.

... (Ort, Datum, Unterschrift Arbeitgeber)

... (Ort, Datum, Unterschrift Arbeitnehmerin)

7. Muster: Mankovereinbarung

Zwischen

der Firma ...

– im Folgenden Arbeitgeber genannt –

und

Frau/Herrn ...

– im Folgenden Arbeitnehmer genannt –

wird Folgendes vereinbart:

§ 1 Mankoübernahme

(1) Der Arbeitnehmer übernimmt den in der Inventur vom ... gemeinsam mit ihm ermittelten Warenbestand des Lagers in ... in Höhe von ... EUR. Ergibt sich bei einer späteren, in seiner Anwesenheit durchgeführten Inventur ein Manko, haftet er für das Manko, sofern er sich nicht von jeglichem Verschulden entlasten kann.

(2) Auf die Unrichtigkeit von in seiner Gegenwart durchgeführten Inventuren kann sich der Arbeitnehmer nicht berufen.

§ 2 Mankogeld

Für die Übernahme der Mankohaftung erhält der Arbeitnehmer ein Mankogeld in Höhe von ... EUR monatlich.

§ 3 Haftungsbegrenzung

Die Haftung ist pro Jahr begrenzt auf das Zwölffache des dem Arbeitnehmer monatlich gezahlten Mankogeldes. Bei nachgewiesenem Vorsatz oder grober Fahrlässigkeit gilt die Haftungsbegrenzung nicht.

§ 4 Mankoabzug

(1) Ein etwaiges Manko kann im Rahmen der Pfändungsfreigrenzen vom Entgelt des Arbeitnehmers abgezogen werden. Der Arbeitgeber ist berechtigt, als Ersatz den Wareneinkaufspreis einzusetzen.

(2) Das tarifliche Entgelt bleibt dem Arbeitnehmer trotz eines zu zahlenden Ersatzes für ein entstandenes Manko in jedem Fall erhalten.

 (Ort, Datum, Unterschrift Arbeitgeber)

 (Ort, Datum, Unterschrift Arbeitnehmer)

↑

8. Muster: Meldung einer Diensterfindung

182

↓

persönlich/vertraulich

Herrn Geschäftsführer ...
im Hause

Meldung einer Diensterfindung

Sehr geehrter Herr ...,

hiermit melde ich eine Diensterfindung.

Die Erfindung löst folgendes technisches Problem: ....

Sie baut hinsichtlich des Standes der Technik auf folgende Erfindungen auf: ...

Gelöst wird durch die Erfindung folgendes, bisher bestehendes Problem: ...

Meine erfinderische Lösung lässt sich unter Berücksichtigung der nachfolgenden Gestaltungsmerkmale, Verfahrensschritte, Stoffkomponenten und vorteilhaften Wirkungen wie folgt beschreiben: ...

Mit dieser Erfindung habe ich versucht, das schon seit längerem in unserem Hause bekannte Problem ... zu lösen. Andere Personen als der Unterzeichner haben am Zustandekommen dieser Erfindung nicht mitgewirkt. Mir wurden nur Materialien, insbesondere aus der Abteilung ..., sowie mehrere Berichte über Erfahrungen zur Verfügung gestellt.

Zum besseren Verständnis meiner Erfindung füge ich eine Funktionsbeschreibung der konstruktiven Merkmale, drei Laborberichte, zwei Schaltpläne, fünf Skizzen, zwei Zeichnungen und 32 Versuchsberichte bei.

Ich darf Sie höflichst gem. § 5 Abs. 1 Satz 3 ArbnErfG um Eingangsbestätigung meines heutigen Schreibens bitten.

Mit freundlichen Grüßen

↑

9. Muster: Kündigung und Mitteilung der Unverbindlichkeit eines Wettbewerbsverbots

183

↓

Sehr geehrter Herr ...,

hiermit kündige ich mein Dienstverhältnis zum ....

Mein Arbeitsverhältnis endet am .... Das im Arbeitsvertrag enthaltene Wettbewerbsverbot ist unverbindlich. Es verstößt gegen § 74 Abs. 2 HGB, wonach mir mindestens die Hälfte der zuletzt bezogenen vertragsmäßigen Leistungen als Karenz zu zahlen wären. In § 8 meines Arbeitsvertrages ist mir nur eine jährliche Entschädigung in Höhe von 50 % der Gehaltsbezüge zugesagt. Dienstwagen und Tantieme gehören mit zu den vertragsmäßigen Leistungen, werden aber in der Karenzentschädigungsregelung in § 8 Nr. 3 meines Vertrages nicht berücksichtigt.

Da das Wettbewerbsverbot unverbindlich ist, mache ich von meinem Recht Gebrauch, mich an das Wettbewerbsverbot nicht zu halten.

Mit freundlichen Grüßen

10. Muster: Vergütungsvereinbarung für Arbeitnehmererfindung

Zwischen

...

– nachfolgend „Firma" genannt –

und

...

– nachfolgend „Mitarbeiter" genannt –

wird folgende

Vergütungsvereinbarung für Arbeitnehmererfindungen

geschlossen:

§ 1 Vertragsgegenstand

Die Diensterfindung des Mitarbeiters ..., die die Firma im Schreiben vom ... unbeschränkt in Anspruch genommen hat, bildet Gegenstand des nachfolgenden Vertrages.

§ 2 Ermittlung der Erfindervergütung

(1) Die Parteien vereinbaren, die Erfindervergütung nach den Amtlichen Vergütungsrichtlinien für Arbeitnehmererfindungen im privaten Dienst (RL) zu ermitteln. Der Ermittlung zugrunde gelegt wird die Methode der Lizenzanalogie.

(2) Die Lizenzgebühr beträgt ... %, bezogen auf den von der Firma im Vergütungszeitraum erlangten Werksabgabepreis.

(3) Bei der Ermittlung der Lizenzgebühr bleiben Umsatzsteuer, Kosten für Verpackung, Versicherungen, sonstige Steuern oder Fracht außer Ansatz. Erstattungsleistungen des Unternehmens aufgrund der Stornierung von Aufträgen werden in Abzug gebracht.

(4) Der während der Schutzrechtsdauer erlangte vergütungspflichtige Gesamtumsatz gemäß der Tabelle RL Nr. 11 wird abgestaffelt.

§ 3 Miterfinderanteile

Zwischen den Parteien besteht Einigkeit, dass folgende Miterfinderanteile zu berücksichtigen sind:

(1) Bei Herrn ...:   ... %
(2) Bei Frau ...:   ... %

§ 4 Anteilsfaktor

Der Anteilsfaktor errechnet sich wie folgt:

(1) Für Herrn ...:   ... % (Wertzahl a = ..., Wertzahl b = ..., Wertzahl c = ...)
(2) Für Frau ...:   ... % (Wertzahl a = ..., Wertzahl b = ..., Wertzahl c = ...)

§ 5 Risikoabschlag

(1) Mangels Bestandskräftigkeit des Schutzrechts vereinbaren die Parteien einen Risikoabschlag in Höhe von ... %. Die Erfindervergütung wird um diesen Abschlag solange gemindert, bis das europäische Schutzrechtser-

teilungsverfahren bestandskräftig abgeschlossen ist. Wird das Schutzrecht in dem beantragten Schutzumfang erteilt, wird der Risikoabschlag mit Bestandskraft nachentrichtet, im anderen Falle erfolgt eine eingeschränkte Nachzahlung.

(2) Sofern das Schutzrecht rechtskräftig versagt wird, entfällt eine Nachzahlung.

(3) Die vorläufige Vergütung endet mit der endgültigen Versagung des Schutzrechts.

(4) Das Unternehmen behält sich das Recht vor, den Risikoabschlag bei Veränderungen im Erteilungsverfahren nach billigem Ermessen anzupassen.

§ 6 Außerbetriebliche Verwertung

Wird die Erfindung außerbetrieblich durch Lizenzvergabe oder Austauschvertrag verwertet, können die Parteien eine gesonderte Vereinbarung treffen. Die festgelegten Miterfinderanteile und die Anteilsfaktoren behalten ihre Gültigkeit. Bei Lizenzeinnahmen wird die auf die Diensterfindung entfallende Bruttolizenzeinnahme nach Abzug eines etwaigen Know-how-Anteils zur Ermittlung des Erfindungswertes mit einem Umrechnungsfaktor von ... % multipliziert.

§ 7 Vergütungsbeiträge

Für den Nutzungszeitraum vom ... bis zum ... errechnen sich die nachfolgenden Vergütungsbeiträge:
(1) Für Herrn ...:   ... EUR
(2) Für Frau ...:   ... EUR

§ 8 Fälligkeit

Die Vergütungsbeiträge werden innerhalb einer Frist von 10 Tagen nach Unterzeichnung dieser Vereinbarung durch sämtliche Miterfinder fällig, spätestens jedoch eine Woche nach Ablauf der in § 10 vereinbarten Widerrufsfrist.

§ 9 Abrechnungszeitraum

Die Vergütungsbeiträge sind, soweit zwischen den Parteien keine anderweitige Vereinbarung getroffen wird, neben den laufenden Verwertungshandlungen auch gültig für zukünftige Verwertungshandlungen. Zwischen den Parteien besteht Einigkeit, dass die Vergütung für ein Geschäftsjahr jeweils zum 30. Juli des Folgejahres abzurechnen und nach Rechnungslegung innerhalb der Frist des § 8 fällig ist.

§ 10 Widerrufsrecht

(1) Alle Beteiligten behalten sich ein Widerrufsrecht vor, sofern nicht sämtliche Miterfinder bis zum ... diese Vereinbarung unterzeichnet haben. Das Widerrufsrecht ist durch eingeschriebenen Brief gegenüber allen anderen Vertragspartnern bis zum ... auszuüben.

(2) Der Widerruf eines Beteiligten führt zur Aufhebung dieser Vereinbarung im Ganzen. Er erfasst auch die Vereinbarung zwischen solchen Beteiligten, die von ihrem Widerrufsrecht nicht Gebrauch gemacht haben.

(3) Im Falle des Widerrufs ist der Arbeitgeber berechtigt und verpflichtet, eine Festsetzung der Vergütung gem. § 12 Abs. 3 ArbnErfG vorzunehmen.

VIII. Abmahnung und Konfliktbewältigung

1. Muster: Checkliste zur Konfliktanalyse

↓

1. Beteiligte

- einzelner Mitarbeiter
- mehrere Mitarbeiter

2. Anzeichen für den Konflikt

Verhalten des Mitarbeiters/der Mitarbeiterin

- beschweren
- Informationen zurückhalten
- Streit suchen
- Arbeit nach Vorschrift
- Beleidigungen
- nicht grüßen
- Körperverletzungen
- Gespräche meiden
- widersprechen
- häufige Fehlzeiten

3. Konfliktauslöser: persönliches Verhältnis von Mitarbeitern

Beteiligte	Lösungsmöglichkeiten
zwei Mitarbeiter	■ Konflikt von persönlicher Ebene auf sachliche Ebene zurückführen
	■ Verständnis für den anderen wecken
	■ Aussprache organisieren
Gruppenkonflikt	■ Ursache für den Konflikt ermitteln
	■ Lösungsmöglichkeiten mit den verschiedenen Gruppen diskutieren
	■ Rivalitäten beseitigen

4. Konfliktauslöser: betriebliche Ebene

Gründe	Lösungsmöglichkeiten
Unterschiedliche Zielvorstellungen zwischen Mitarbeitern	■ Klärung über verbindliches Ziel herbeiführen
Mitarbeiter haben das gleiche Ziel, aber unterschiedliche Wege	■ Klärung über verbindlichen Weg herbeiführen
Verteilungskonflikt bei knappen Ressourcen	■ Regelung für die Verteilung aufstellen

5. Konfliktauslöser: Führungsebene

- Bevorzugung von Mitarbeitern
- Kritik an Mitarbeitern vor Dritten üben
- fehlende Information von Mitarbeitern
- Überlastung von Mitarbeitern
- ungerechte Beurteilung
- Kompetenzen von Mitarbeitern nicht beachten

6. Lösung des Konflikts

- Beseitigung der Konfliktursache
- Schaffung von Richtlinien, nach denen der Konflikt ausgetragen werden soll
- Herabholen des Konflikts auf eine „sachliche Ebene"

2. Muster: Abmahnungsformular 186

Abmahnung

Anschrift Arbeitnehmer: ...
Anschrift Arbeitgeber: ...
Personalnummer: ...
Abteilung: ...

Sehr geehrte/r Frau/Herr ...,

folgende Pflichten aus Ihrem Arbeitsvertrag haben Sie am ... um ... in Betriebsteil/Abteilung ... verletzt:

- ❏ unentschuldigtes Fehlen
- ❏ Arbeitsverweigerung
- ❏ verspätetes Erscheinen am Arbeitsplatz
- ❏ Vortäuschen von Krankheit/Arbeitsunfähigkeit
- ❏ unbefugtes Verlassen des Arbeitsplatzes
- ❏ Arbeit trotz Krankheit/Arbeitsunfähigkeit
- ❏ Schlechtleistung
- ❏ Überziehen der Pausenzeit
- ❏ eigenmächtiger Urlaubsantritt
- ❏ nicht genehmigte Nebentätigkeit
- ❏ Sonstige Beanstandungen: ...

Im Einzelnen richtet sich die Abmahnung gegen folgenden Verstoß Ihrer arbeitsvertraglichen Pflichten: ...

Wir fordern Sie auf, Ihren Pflichten aus dem Arbeitsvertrag in Zukunft ordnungsgemäß nachzukommen. Im Wiederholungsfall müssen Sie sonst mit der Auflösung Ihres Arbeitsverhältnisses rechnen.

... (Datum, Unterschrift Arbeitgeber)

Ich bestätige hiermit den Empfang der Abmahnung und versichere, dass ich den Inhalt gelesen und verstanden habe.

... (Datum, Unterschrift Arbeitnehmer)

3. Muster: Rahmentext eines Abmahnungsschreibens 187

Sehr geehrte(r) Frau/Herr ...,

zu unserem Bedauern müssen wir feststellen, dass Ihnen Folgendes vorzuwerfen ist: ...
Zeugen dieses Vorfalls waren ... .
Ihr Verhalten stellt eine Pflichtwidrigkeit dar, denn ... .

Wir bitten Sie ganz eindringlich, in Zukunft Ihren arbeitsvertraglichen Pflichten nachzukommen. Im Wiederholungsfall sind wir leider gezwungen, das Arbeitsverhältnis mit Ihnen zu beenden.

Wir bedauern diesen Schritt, sehen jedoch aufgrund Ihres unverständlichen, nicht mehr zu akzeptierenden Verhaltens keinen anderen Weg.

Eine Ausfertigung dieser Abmahnung werden wir zu Ihren Personalunterlagen nehmen. Eine weitere Ausfertigung wird dem Betriebsrat zur Kenntnisnahme zugeleitet.

Mit freundlichen Grüßen

Erklärung des Mitarbeiters

Die Abmahnung ist mir am ... ausgehändigt worden.

Ich habe den Inhalt zur Kenntnis genommen und erkenne die gegen mich erhobenen Vorwürfe in tatsächlicher Hinsicht als zutreffend an.

... (Datum, Unterschrift Empfänger)

4. Muster: Abmahnung wegen Verstoß gegen Alkoholverbot

Abmahnung

Sehr geehrte(r) Frau/Herr ...,

am ... wurden Sie, offensichtlich alkoholisiert, an Ihrem Arbeitsplatz angetroffen. Deutliche Indizien Ihrer Alkoholisierung waren ....

Wie Ihnen bekannt ist, besteht in unserem Betrieb ein allgemeines Verbot von Alkoholgenuss während der Arbeitszeit. Zu unserer Überzeugung steht fest, dass Sie gegen das Alkoholverbot verstoßen haben. Zeuge sind: ...

Wir mahnen Sie wegen des festgestellten Pflichtverstoßes hiermit förmlich ab.

Wir weisen darauf hin, dass Sie im Wiederholungsfalle mit weitergehenden arbeitsrechtlichen Schritten rechnen müssen, die bis hin zu einer Kündigung des Arbeitsverhältnisses reichen können.

Diese Abmahnung nehmen wir zu Ihrer Personalakte.

Mit freundlichen Grüßen

5. Muster: Abmahnung wegen unentschuldigten Fehlens

Abmahnung

Sehr geehrte(r) Frau/Herr ...,

am ... von ... Uhr bis einschließlich ... Uhr sind Sie nicht zur Arbeit erschienen. Gründe für Ihr Fernbleiben haben Sie uns trotz entsprechender Nachfrage bis heute nicht mitgeteilt. Damit sind Sie unentschuldigt von der Arbeit ferngeblieben. Dieses Verhalten stellt einen Verstoß gegen Ihre Arbeitsleistungspflicht dar.

Wegen des festgestellten Pflichtverstoßes mahnen wir Sie hiermit ab.

Wir weisen darauf hin, dass Sie im Wiederholungsfalle mit weitergehenden arbeitsrechtlichen Schritten rechnen müssen, die bis hin zu einer Kündigung des Arbeitsverhältnisses reichen können.

Wir werden diese Abmahnung zu Ihrer Personalakte nehmen.

Mit freundlichen Grüßen

6. Muster: Letztmalige Abmahnung wegen Verspätung

↓

Sehr geehrte Frau ...,

Ihre tägliche Arbeitszeit beginnt, wie Ihnen bekannt ist, um ... Uhr. Tatsächlich sind Sie in den vergangenen drei Wochen insgesamt ... mal zu spät zur Arbeit erschienen. Im Einzelnen hat sich Folgendes herausgestellt:

Am ... erschienen Sie um ... Uhr.

Am ... erschienen Sie um ... Uhr.

Am ... erschienen Sie um ... Uhr.

Am ... erschienen Sie um ... Uhr.

Am ... erschienen Sie um ... Uhr.

Außerdem haben Sie sich am ... unentschuldigt von Ihrem Arbeitsplatz entfernt, haben das Betriebsgelände verlassen und sind erst um ... Uhr wieder an Ihrer Arbeitsstelle erschienen.

Schließlich wurde festgestellt, dass Sie am ... Ihre Mittagspause um ... Minuten überzogen haben.

Sie sind in der Vergangenheit bereits vor diesen Ereignissen mehrfach ermahnt und einmal mit Schreiben vom ... abgemahnt worden. Ihnen ist damit bekannt, dass Sie durch Ihre Unpünktlichkeit und durch Ihr wiederholtes unentschuldigtes Entfernen vom Arbeitsplatz Pflichtverletzungen begehen.

Heute mahnen wir Sie zum letzten Mal förmlich ab. Sollte auch dieses Schreiben nicht zu einem geänderten, pünktlichen Verhalten führen, werden wir ohne weitere Ankündigung nunmehr das Arbeitsverhältnis kündigen.

Wir sind der Meinung, dass Sie die Geduld der Geschäftsleitung und Ihrer Kollegen bereits übermäßig strapaziert haben und dass, wenn auch dieses Schreiben nicht zu einer Verhaltensänderung bei Ihnen führt, weitere Ermahnung und Abmahnung zwecklos sein werden.

Mit freundlichen Grüßen

↑

7. Muster: Abmahnung wegen Übertretung des Rauchverbots

↓

Sehr geehrter Herr ...,

Sie sind am ... zum zweiten Mal dabei angetroffen worden, als Sie sich in der Abteilung ... eine Zigarette angezündet und geraucht haben. Zuletzt waren Sie am ... wegen desselben Verstoßes gegen die Betriebsordnung abgemahnt worden und verwarnt worden.

Ihnen ist bekannt, dass das Zünden einer offenen Flamme und das Rauchen in dieser Abteilung streng untersagt sind, weil erhöhte Brandgefahr besteht und durch ein falsches Verhalten die Produktionshalle abbrennen könnte. Unter Bezug auf Ihre arbeitsvertraglichen Pflichten mahnen wir Sie ab. Wir weisen nachdrücklich darauf hin, dass Sie bei einer Wiederholung dieses Vorgangs oder bei einem anderen Verstoß gegen Ihre Pflichten mit der Kündigung Ihres Arbeitsverhältnisses rechnen müssen.

Mit freundlichen Grüßen

↑

8. Muster: Ermahnung wegen Umgangs mit offenem Feuer

↓

Sehr geehrter Herr ...,

wir müssen Sie ermahnen, weil Sie gestern ... an Ihrem Arbeitsplatz in der Abteilung ... offenes Feuer gezündet haben. Dadurch haben Sie zahlreiche Belegschaftsmitglieder und Teile des Betriebes erheblich gefährdet.

Es ist Ihnen bekannt, dass wegen hoher Feuergefährlichkeit kein offenes Feuer im Betriebsteil ... gezündet werden darf.

Der zuständige Abteilungsleiter hat Sie deshalb an Ort und Stelle zur Rede gestellt.

Durch Ihr Verhalten haben Sie leichtfertig gegen das betriebliche Verbot, offenes Feuer zu zünden, das in der Betriebsordnung vom ... aufgeführt ist, verstoßen, gleichzeitig haben Sie Ihre arbeitsvertraglichen Pflichten grob schuldhaft verletzt.

Wir sprechen Ihnen gegenüber deshalb eine Ermahnung aus. Wir erwarten von Ihnen, dass Sie sich künftig arbeitsvertragskonform verhalten.

Mit freundlichen Grüßen

↑

9. Muster: Abmahnung wegen Störung des Betriebsfriedens

↓

Sehr geehrter Herr ...,

zu unserem Bedauern müssen wir feststellen, dass Ihnen Folgendes vorzuwerfen ist:

Am ... sprachen Sie gegen ... Uhr Ihre Kollegin, Frau ..., auf dem Flur an. Sie teilten ihr mit, sie sei in der Woche vom ... bis zum ..., in der sie krankgeschrieben war, von mehreren Leuten in ... beim Einkaufen gesehen worden. Sie hätten insoweit Beweise und eidesstattliche Versicherungen. Sie hätten sie somit in der Hand.

Des Weiteren äußerten Sie gegenüber Ihren Kollegen Herrn ... und Frau ..., Sie hätten Frau ... in der Hand. Frau ... wäre während ihrer Krankheit in ... beim Einkaufen gesehen worden. Sie hätten Zeugen und eidesstattliche Versicherungen.

Die von Ihnen gegenüber Frau ... erhobenen Vorwürfe sind nachweislich unwahr. Durch Ihr Verhalten haben Sie mutwillig den Betriebsfrieden gestört. Gleichermaßen haben Sie Ihre Kollegin, Frau ..., derart massiv bedroht und eingeschüchtert, dass diese sich am ... außerstande sah, ihren Dienst zu verrichten.

Ihr vorbeschriebenes Verhalten stellt einen Verstoß gegen Ihre arbeitsvertraglichen Pflichten dar. Wir bitten Sie ganz eindringlich, in Zukunft Ihren arbeitsvertraglichen Pflichten nachzukommen und entsprechende Störungen des Betriebsfriedens und Einschüchterungen von Kollegen zu unterlassen. Wir weisen darauf hin, dass Sie im Wiederholungsfalle mit weitergehenden arbeitsrechtlichen Schritten rechnen müssen, die bis hin zu einer Kündigung des Arbeitsverhältnisses reichen können.

Diese Abmahnung nehmen wir zu Ihrer Personalakte.

Mit freundlichen Grüßen

... (Unterschrift Arbeitgeber)

Ich bestätige, die Abmahnung erhalten zu haben und erkläre, dass ich gegen ihren Inhalt in tatsächlicher Hinsicht keine Einwendungen habe.

... (Unterschrift Arbeitnehmer)

↑

10. Muster: Abmahnung des Arbeitgebers durch den Arbeitnehmer wegen Gehaltsrückstand

Abmahnung

Sehr geehrter Herr ...,

seit 14 Tagen warte ich auf mein ...-Gehalt. Auch vom ...-Gehalt fehlen mir noch ... EUR. Ihr Verhalten stellt einen Pflichtenverstoß dar, denn Ihre Hauptleistungspflicht nach dem Arbeitsvertrag besteht darin, mir zum vereinbarten Fälligkeitstag das Gehalt zu zahlen.

Aus diesem Grunde mahne ich Sie hiermit förmlich ab. Sollte die Gehaltszahlung nicht innerhalb einer Woche nachgeholt werden oder sollten erhebliche Gehaltsrückstände wiederholt vorkommen, werde ich weitergehende arbeitsrechtliche Maßnahmen ergreifen, die bis hin zu einer fristlosen Kündigung reichen können.

Mit freundlichen Grüßen

IX. Teilzeitverlangen nach § 8 TzBfG

1. Muster: Antrag auf Reduzierung der Arbeitszeit

Hiermit beantrage ich ..., beschäftigt seit ..., meine Arbeitszeit von bislang ... Stunden/Woche ab dem ... um ... Stunden auf ... Stunden zu reduzieren.

Folgende alternative Verteilung käme in Betracht, wobei ich die erste Variante sehr bevorzugen würde:

	1. Variante	2. Variante
Montag		
Dienstag		
Mittwoch		
Donnerstag		
Freitag		
Samstag		
Sonntag		

Ich gehe davon aus, dass die von mir gewünschte Arbeitszeitreduzierung und die vorgeschlagene Verteilung Ihre Zustimmung finden werden. Sollten organisatorische Probleme dem entgegenstehen, bin ich gerne bereit, gemeinsam mit Ihnen eine Lösung zu suchen.

... (Datum, Unterschrift)

2. Muster: Antrag auf Teilzeittätigkeit

Personalabteilung

Antrag nach § 8 TzBfG

Sehr geehrte Damen und Herren,

hiermit beantrage ich, meine Arbeitszeit von bisher 40 Wochenstunden auf ... zu reduzieren. Als konkrete Arbeitszeiten rege ich folgende zeitliche Verteilung an: ...

Ich bin seit länger als sechs Monaten in der Firma tätig und die Firma beschäftigt auch mehr als 15 Arbeitnehmer.

Meinen Antrag auf Verringerung der Arbeitszeit stelle ich unter die Bedingung, dass es zu der von mir angeregten Arbeitszeitverteilung kommt.

Es würde mich freuen, wenn Sie meinen Antrag positiv bescheiden könnten. Zu ergänzenden Angaben in einem Gespräch stehe ich Ihnen gerne zur Verfügung.

Mit freundlichen Grüßen

197 **3. Muster: Zurückweisung wegen verspäteter Antragstellung**

↓

Betr.: Ihr Antrag nach § 8 TzBfG

Sehr geehrte(r) Frau/Herr ...,

mit Schreiben vom ... haben Sie den Antrag gestellt, Ihre wöchentliche Arbeitszeit von ... auf ... zu reduzieren. Sie wünschten eine Abänderung Ihrer Arbeitszeitregelung ab dem ... . Nach § 8 Abs. 2 TzBfG ist der Antrag drei Monate vor dem gewünschten Beginn der Arbeitszeitreduzierung zu stellen. Ihr Antrag ging bei der Personalabteilung am ... ein. Damit ist die Frist zwischen Ihrer Antragstellung und dem geänderten Arbeitszeitbeginn von drei Monaten nicht eingehalten.

Lassen Sie uns bitte wissen, ob Sie diesen Antrag als zu einem anderen Zeitpunkt gestellt betrachten. Solange wir keine weitere Nachricht von Ihnen erhalten haben, gehen wir davon aus, dass sich Ihr Antrag erledigt hat.[153]

Mit freundlichen Grüßen

↑

198 **4. Muster: Ablehnung des Antrags auf Arbeitszeitreduzierung**

↓

Betr.: Ihr Antrag nach § 8 TzBfG

Sehr geehrte(r) Frau/Herr ...,

mit Schreiben vom ... haben Sie geltend gemacht, dass Ihre Arbeitszeit ab ... verringert und neu verteilt werden soll.

Am ... fand mit Ihnen eine Erörterung mit dem Ziel statt, zu einer Vereinbarung über die Verringerung zu gelangen. Wir konnten jedoch, wie Sie wissen, keine Einigung erzielen. Gegenwärtig stehen betriebliche Gründe der Verringerung und Neuverteilung Ihrer Arbeitszeit entgegen. Ihrer Tätigkeit liegt ein Organisationskonzept der Firma zugrunde, mit dem die folgenden unternehmerischen Aufgaben im Betrieb verwirklicht werden sollen: ...

Diesem Organisationskonzept steht die von Ihnen gewünschte Änderung der Arbeitszeit entgegen, denn bei einem verringerten Einsatz durch Sie würden sich folgende betriebliche Abläufe und der Personaleinsatz in Ihrer Abteilung insgesamt wie folgt ändern: ...

Leider ist das Gewicht der einer Änderung entgegenstehenden Gründe so erheblich, dass Ihr Teilzeitverlangen zu einer wesentlichen Beeinträchtigung der Arbeitsorganisation führt. Insofern mussten wir Ihren Antrag ablehnen.

Mit freundlichen Grüßen

↑

---

153 Die Rechtsprechung geht davon aus, dass es dem Arbeitnehmer vor allem um das „Ob" der Verringerung und erst in zweiter Linie um den Zeitpunkt der Verringerung geht (BAG 20.7.2004 – 9 AZR 626/03, NZA 2004, 1091). Die Literatur geht davon aus, dass sich durch einen zu spät gestellten Antrag der verlangte Beginn der Verkürzung entsprechend nach hinten verschiebt (*Beckschulze*, DB 2000, 2598; *Richardi/Annuß*, BB 2000, 2201, 2202; HWK/*Schmalenberg*, § 8 TzBfG Rn 9; aA ErfK/*Preis*, § 8 TzBfG Rn 13; MünchArbR/*Schüren*, Erg.-Bd., § 162 Rn 59 f.

5. Muster: Stattgeben des Antrags auf Arbeitszeitreduzierung[154]

Betr.: Ihr Antrag nach § 8 TzBfG

Sehr geehrte(r) Frau/Herr ...,

Sie haben mit Schreiben vom ... einen Antrag auf Reduzierung Ihrer Arbeitszeit und eine neue Verteilung erbeten. In unserem Erörterungsgespräch haben wir Ihnen bereits erläutert, dass wir uns mit folgender Modifikation ... in der Lage sehen, Ihrem Antrag stattzugeben.

Bitte unterzeichnen Sie freundlicherweise die Durchschrift dieses Schreibens zum Zeichen Ihres Einverständnisses. Dieses Schreiben bedeutet zugleich den Nachtrag Nr. ... Ihres Arbeitsvertrages vom ... . Sämtliche Rechte und Pflichten aus dem Arbeitsverhältnis bleiben bestehen, mit Ausnahme der nunmehr geänderten Arbeitszeit und ihrer Verteilung.

Mit freundlichen Grüßen

---

[154] Dieses Schreiben ist zweifach dem Arbeitnehmer zu übersenden. Ein Exemplar enthält den Zusatz: „Mit der vorstehenden Regelung bin ich einverstanden." und ist vom Arbeitnehmer in einem unter dieser Zeile angesiedelten Unterschriftenfeld gegenzuzeichnen. Dieses Exemplar des Schreibens hat der Arbeitnehmer an die Personalabteilung zurückzureichen. Es wird als Nachtrag zum Arbeitsvertrag in die Personalakte genommen, § 83 BetrVG.

Kapitel 3: Zeugnistexte

Literatur:

Becker, Zur ökonomischen Perspektive von Leistungsbeurteilungen, AuR 1993, 298; *Becker-Schaffner*, Die Rechtsprechung zum Zeugnisrecht, BB 1989, 2105; *Böhme*, Zeugnis für den Arbeitnehmer, AuA 1992, 23; *Brill*, Rund um das Arbeitszeugnis, AuA 1994, 230; *Dachrodt*, Zeugnisse lesen und verstehen, 7. Aufl. 2003; *ders.*, Praxis vor Logik – Die unvermeidliche „vollste Zufriedenheit", BB 1992, 638; *ders.*, Zeugnisgestaltung und Zeugnissprache zwischen Informationsfunktion und Werbefunktion, BB 1992, 58; *Friederich*, Zeugnisse im Beruf richtig schreiben, 1989; *Göldner*, Die Problematik der Zeugniserteilung im Arbeitsrecht, ZfA 1991, 225; *Haupt*, Zeugnissprache – Quadratur des Kreises?, FA 1999, 280; *Hohmeister*, Das Arbeitszeugnis, PersR 1992, 399; *Huber*, Das Arbeitszeugnis in Recht und Praxis: Rechtsgrundlagen, Formulierungshilfen, Textbausteine und Zeugnisanalysen, 11. Aufl. 2006; *Hümmerich/Gola*, Personaldatenrecht im Arbeitsverhältnis, 1993; *Kempe*, Zeugnisse, AuA 1999, 532; *Kölsch*, Die Haftung des Arbeitgebers bei nicht ordnungsgemäßer Zeugniserteilung, NZA 1985, 382; *Liedke*, Der Anspruch auf ein qualifiziertes Arbeitszeugnis, NZA 1988, 270; *Löw*, Aktuelle Rechtsfragen zum Arbeitszeugnis, NJW 2005, 3605; *Moderegger*, Zeugnisse – Sein oder Schein?, ArbRB 2006, 240; *Mülhausen*, Die Erwähnung von Ausfallzeiten im Arbeitszeugnis, NZA-RR 2006, 337; *Nowak*, Pflichten des Arbeitgebers beim Erteilen eines Zeugnisses, AuA 1992, 68; *Pfleger*, Anm. zu LAG Baden-Württemberg vom 19.6.1992, DB 1993, 1041; *Popp*, Die Bekanntgabe des Austrittsgrunds im Arbeitszeugnis, NZA 1997, 588; *Schleßmann*, Das Arbeitszeugnis, 17. Aufl. 2004; *ders.*, Das Arbeitszeugnis, BB 1988, 1320; *Schmid*, Leistungsbeurteilungen in Arbeitszeugnissen und ihre rechtliche Problematik, DB 1982, 1111; *ders.*, Aussagen über Führungsleistungen in Arbeitszeugnissen und ihre rechtliche Problematik, DB 1986, 1334; *ders.*, Zur Interpretation von Zeugnisinhalten, DB 1988, 2253; *ders.*, Das „geknickte" Zeugnis, DB 2000, 412; *ders.*, Zum Zeugnisanspruch des Arbeitnehmers im Konkurs einer Handelsgesellschaft, DB 1991, 1930; *Schulz*, Alles über Arbeitszeugnisse, 7. Aufl. 2003; *ders.*, Zur Auskunftserteilung unter Arbeitgebern über Arbeitnehmer, NZA 1990, 717; *Schweres*, Zwischen Wahrheit und Wohlwollen, BB 1986, 1572; *Spiegelhalter*, Beck'sches Personalhandbuch Bd. 1, Arbeitsrechtslexikon Loseblatt, Stichwort Zeugnis; *Stiller*, Der Zeugnisanspruch in der Insolvenz des Arbeitgebers, NZA 2005, 331; *Weuster*, Arbeitsgerichtliche Zeugnisprozesse, AiB 1995, 701; *Witt*, Die Erwähnung des Betriebsratsamts und der Freistellung im Arbeitszeugnis, BB 1996, 2194.

A. Erläuterungen

I. Rechtsgrundlagen und Begriffe

200 Rechtsgrundlagen des Zeugnisrechts bilden § 109 GewO, § 630 BGB, § 73 HGB, § 16 BBiG sowie beispielsweise § 35 TVöD. Mit dem Dritten Gesetz zur Änderung der Gewerbeordnung und sonstiger gewerberechtlicher Vorschriften vom 24.8.2002[1] kodifizierte der Gesetzgeber einheitlich für alle Bundesländer einige arbeitsrechtliche Grundsätze in der Gewerbeordnung. Über § 6 Abs. 2 GewO (nF) wurde klargestellt, dass die in der Gewerbeordnung nunmehr aufgeführten Grundsätze nicht nur für die von der GewO erfassten Gewerbe, sondern umfassend für die Arbeitnehmer in allen Arbeitsverhältnissen Geltung beanspruchen.[2] Damit hat der Gesetzgeber diesen Teil der GewO zu einer Art arbeitsrechtlichem Grundgesetz ausgestaltet.[3] § 630 BGB, der stets als die Kernvorschrift des Zeugnisrechts galt, ist nur noch auf dienstverpflichtete und arbeitnehmerähnliche Personen anwendbar.[4] Eine wesentliche Rechtsänderung ist durch § 109 GewO nicht eingetreten.

201 Weiterhin wird zwischen dem einfachen und dem qualifizierten Zeugnis unterschieden. Das **einfache Zeugnis** muss gem. § 109 Abs. 1 Satz 2 GewO nur Angaben zu Art und Dauer der Tätigkeit enthalten. Das **qualifizierte Zeugnis** erstreckt sich gem. § 109 Abs. 1 Satz 3 GewO auf Angaben über Leistung und Verhalten des Arbeitnehmers im Arbeitsverhältnis. Der frühere Begriff „Führung" wurde durch den Begriff „Verhalten" zeitentsprechend angepasst.

202 Versäumt wurde, zwischen dem **Endzeugnis** und dem **Zwischenzeugnis** zu unterscheiden. Das qualifizierte Zeugnis kann weiterhin nur auf Verlangen des Arbeitnehmers erteilt werden. Der Arbeitnehmer hat auch dann einen Anspruch auf Erteilung eines qualifizierten Zeugnisses, wenn ihm zuvor auf sein

---

[1] BGBl. I 2002 S. 3412.
[2] BT-Drucks. 14/9254.
[3] *Düwell*, Geänderte Gewerbeordnung – Neues Grundgesetz des Arbeitsrechts, FA 2003, 2.
[4] *Düwell*, FA 2003, 5.

Verlangen ein einfaches Zeugnis erteilt wurde. Die Ansprüche gem. § 109 Abs. 1 Satz 2 und 3 GewO schließen einander nicht aus.

II. Rechtsnatur

Der **Anspruch auf Zeugniserteilung** ist **unabdingbar** und kann daher nicht für die Zukunft ausgeschlossen oder erlassen werden 203

Hingegen ist umstritten, ob der Anspruch nach Beendigung des Arbeitsverhältnisses erlassen werden kann.[5] Der Anspruch auf Zeugniserteilung unterliegt wie jeder schuldrechtliche Anspruch der Verwirkung.[6] Ob der Anspruch von einer tariflichen Ausschlussfrist erfasst wird, ist im Wege der Auslegung zu ermitteln. Die Ausschlussfrist des § 70 BAT erfasst den Anspruch auf Zeugniserteilung.[7] Allgemein gehaltene Ausgleichsklauseln – etwa in Vergleichen, die einen Kündigungsschutzprozess beenden – können nicht ohne weiteres dahin ausgelegt werden, dass sie auch den Verzicht auf ein qualifiziertes Zeugnis enthalten.[8] 204

Der Anspruch auf Erteilung des Zeugnisses ist grundsätzlich eine **Holschuld**.[9] Aus Gründen der nachwirkenden Fürsorge kann aus der Holschuld aber eine Schickschuld werden. Dies wird dann angenommen, wenn die Abholung für den Arbeitnehmer mit unverhältnismäßig hohen Kosten oder besonderer Mühe verbunden wäre[10] oder der Arbeitnehmer seinen Wohnort inzwischen an einen weit entfernten Ort verlegt hat.[11] Das Gleiche gilt, wenn der Arbeitnehmer die Erteilung des Zeugnisses rechtzeitig vor der Beendigung des Arbeitsverhältnisses verlangt hat, es jedoch bis zur Beendigung des Arbeitsverhältnisses aus Gründen, die in der Sphäre des Arbeitgebers liegen, nicht zur Abholung bereit liegt.[12] 205

III. Anspruchsberechtigte

Nach § 630 BGB haben dienstverpflichtete und arbeitnehmerähnliche Personen, nach § 109 GewO haben alle Arbeitnehmer bei Beendigung eines Arbeitsverhältnisses Anspruch auf Erteilung eines Zeugnisses. Daneben besteht der Zeugnisanspruch für kaufmännische Angestellte nach § 73 HGB und für Auszubildende nach § 8 BBiG. Einen Anspruch auf Zeugniserteilung haben alle Voll- und Teilzeitbeschäftigten, haupt- oder nebenberuflich tätigen Arbeitnehmer einschließlich der leitenden Angestellten,[13] Volontäre, Praktikanten,[14] arbeitnehmerähnliche Personen oder auch Heimarbeiter, Einfirmenvertreter (§ 92a HGB) und „kleine" Handelsvertreter (§ 84 Abs. 2 HGB). Auch Organvertreter ohne oder mit nur unwesentlichen Geschäftsanteilen haben Anspruch auf ein Zeugnis.[15] Dienstverpflichtete, die selbständige Arbeit verrichten, hatten nach früherer Rechtsprechung keinen Anspruch auf Zeugniserteilung,[16] können diesen Anspruch dagegen in Zukunft aus § 630 BGB ableiten. 206

IV. Anspruchsverpflichteter

1. Arbeitgeber

Die Pflicht zur Ausstellung des Zeugnisses trifft den **Arbeitgeber**. Der Arbeitgeber kann sich bei der Zeugniserteilung eines weisungsbefugten Erfüllungsgehilfen bedienen, sofern dieser erkennbar ranghöher als der betreffende Arbeitnehmer ist.[17] Die Weisungsbefugnis des Zeugnisausstellers muss aus dem 207

---

5 Dafür: Schaub/*Linck*, Arbeitsrechts-Handbuch, § 146 I 7; Staudinger/*Preis*, § 630 BGB Rn 7; dagegen: MüKo-BGB/*Schwerdtner*, § 630 Rn 45.
6 BAG 17.2.1988 – 5 AZR 638/86, AP § 630 BGB Nr. 17; LAG Hamm 16.3.1989 – 12 (13) Sa 1149/88, BB 1989, 1486; LAG Saarland 28.2.1990 – 1 Sa 209/89, LAGE § 630 BGB Nr. 9.
7 BAG 23.2.1983 – 5 AZR 515/80, AP § 70 BAT Nr. 10.
8 BAG 16.9.1974 – 5 AZR 255/74, AP § 630 BGB Nr. 9.
9 BAG 8.3.1995 – 5 AZR 848/93, AP § 630 BGB Nr. 21; LAG Düsseldorf 18.12.1962 – 8 Sa 392/62, DB 1963, 419; LAG Frankfurt 1.3.1984 – 10 Sa 858/83, DB 1984, 2200; ArbG Wetzlar 21.7.1971 – Ga 3/71, BB 1972, 222.
10 LAG Frankfurt 1.3.1984 – 10 Sa 858/83, DB 1984, 2200.
11 ArbG Wetzlar 21.7.1971 – Ga 3/71, BB 1972, 222.
12 LAG Frankfurt 1.3.1984 – 10 Sa 858/83, DB 1984, 2200.
13 LAG Hamm 12.7.1994 – 4 Sa 192/94, LAGE § 630 BGB Nr. 27.
14 BAG 3.9.1998 – 8 AZR 14/97, n.v.
15 KG Berlin 6.11.1978 – 2 U 2290/78, BB 1979, 988.
16 RG 7.1.1916 – III 246/15, RGZ 87, 440, 443; BGH 9.11.1967 – III ZR 64/67, BGHZ 49, 30.
17 LAG Düsseldorf 5.3.1968 – 3 Sa 531/68, DB 1969, 534; LAG Köln 14.7.1994 – 4 Sa 579/94, NZA 1995, 685; ArbG Köln 5.1.1968 – 2 Ca 391/64, DB 1968, 534.

Möhren

Zeugnis hervorgehen.[18] Dieser Grundsatz gilt auch für den Bereich des öffentlichen Dienstes.[19] Die Zeugniserteilung durch einen Außenstehenden oder einen Rechtsanwalt ist unzulässig.[20] Auch der Erbe ist zur Erteilung eines Zeugnisses verpflichtet, soweit ihm die Informationsbeschaffung möglich ist. Dabei muss sich der Erbe aus den verfügbaren Unterlagen unterrichten.[21] Erlöscht eine GmbH, so trifft die Verpflichtung den Liquidator.[22]

2. Zeugnisausstellung bei Insolvenz

208 Bei der **Insolvenz** des Arbeitgebers muss danach unterschieden werden, wann das Arbeitsverhältnis beendet ist. Zunächst einmal ist zu beachten, dass der Anspruch auf Zeugniserteilung „bei Beendigung eines Arbeitsverhältnisses" (§ 109 GewO) entsteht. Dementsprechend kommt es darauf an, wann das Arbeitsverhältnis beendet wurde.

209 Für die Zeit bis Eröffnung des Insolvenzverfahrens hat nach hM ausschließlich der bisherige Arbeitgeber das Zeugnis zu erteilen, wenn der Arbeitnehmer vor Eröffnung des Insolvenzverfahrens aus dem Arbeitsverhältnis ausgeschieden ist und Zeugnisklage erhoben hat.[23] *Karsten Schmidt*[24] und *Berscheid*[25] vertreten die Ansicht, es bestehe eine ungeteilte Abwicklungszuständigkeit des Insolvenzverwalters, die auch die Erfüllung des Zeugnisanspruchs umfasse.

210 Wenn der Insolvenzverwalter den Betrieb weiterführt und der Arbeitnehmer nach Insolvenzeröffnung weiterbeschäftigt worden ist, trifft nach hA die Pflicht zur Zeugniserteilung den Insolvenzverwalter.[26] Die Pflicht zur Zeugniserteilung besteht unabhängig davon, wie lange das Arbeitsverhältnis nach der Eröffnung des Insolvenzverfahrens fortbestanden hat.[27] Da der Insolvenzverwalter alleine im Besitz der für die Erteilung eines Zeugnisses erforderlichen Unterlagen, wie Personalakte, Firmenbriefbögen und Firmenstempel, ist, kann nur der Insolvenzverwalter in diesen Fällen das Zeugnis ausstellen. Wenn sich Insolvenzverwalter damit herausreden wollen, sie seien nicht in der Lage, ein Zeugnis zu erstellen, weil sie nichts über die bisherige Beschäftigung des Arbeitnehmers persönlich wüssten, sollte man sie daran erinnern, dass das BAG ausdrücklich entschieden hat, dass sich der Insolvenzverwalter die für die Zeugniserteilung erforderlichen Angaben zu beschaffen hat, wobei er ggf auch Auskünfte beim Arbeitnehmer einholen muss.[28]

211 Nicht unumstritten ist die Frage, ob den Insolvenzverwalter eine Zeugniserteilungspflicht trifft, wenn die Kündigungsfrist zwar nach Eröffnung des Insolvenzverfahrens abläuft, der Insolvenzverwalter den Arbeitnehmer aber nicht weiterbeschäftigt, etwa weil der Betrieb bereits vor Eröffnung des Insolvenzverfahrens stillgelegt wurde oder der Betrieb vom Insolvenzverwalter zwar fortgeführt, aber ein Teil der Arbeitnehmer freigestellt wurde. Überwiegend wird die Auffassung vertreten, der Insolvenzverwalter sei auch dann zur Zeugniserstellung verpflichtet, wenn die Kündigungsfrist nach Eröffnung des Insolvenzverfahrens ablaufe und er den Arbeitnehmer tatsächlich nicht weiterbeschäftigt hat. Denn auch hier gilt, dass maßgeblich der Entstehungszeitpunkt des Zeugnisanspruchs ist („bei Beendigung des Arbeitsverhältnisses").[29]

212 Endet das Arbeitsverhältnis bereits vor Eröffnung des Insolvenzverfahrens und nach Anordnung der vorläufigen Insolvenzverwaltung, kommt es hinsichtlich des Zeugnisverpflichteten darauf an, ob ein „starker Verwalter" oder ein „schwacher Insolvenzverwalter" eingesetzt wurde. Ein ehemaliger Arbeitnehmer des Schuldners, dessen Arbeitsverhältnis vor der Verfahrenseröffnung endet, kann den (endgültigen) Insolvenzverwalter nur dann auf Erteilung eines Zeugnisses in Anspruch nehmen, wenn

---

18 BAG 26.6.2001 – 9 AZR 392/00, NZA 2002, 34.
19 BAG 4.10.2005 – 9 AZR 507/04, ArbRB 2006, 101 m. Anm. *Oetker*.
20 LAG Hamm 2.11.1966 – 3 Ta 72/66, DB 1966, 1815.
21 ArbG Münster 10.4.1990 – 3 Ca 2109/89, BB 1990, 2266.
22 BAG 9.7.1981 – 2 AZR 329/79, AP § 50 ZPO Nr. 4.
23 BAG 30.1.1991 – 5 AZR 32/90, NZA 1991, 599 = NJW 1991, 1971; BAG 28.11.1966 – 5 AZR 190/66, BAGE 19, 146, 152; *Eisenbeis/Mues*, Arbeitsrecht in der Insolvenz, 2000, Rn 168; Steindorf/*Regh*, Arbeitsrecht in der Insolvenz, 2002, § 3 Rn 29; *Stiller*, NZA 2005, 331.
24 DB 1991, 1930.
25 *Berscheid*, ZInsO 1999, 205.
26 BAG 30.1.1991 – 5 AZR 32/90, NZA 1991, 599 = NJW 1991, 1971; LAG Köln 30.7.2001 – 2 Sa 1457/00, ZIP 2002, 181; Kübler/Prütting/*Moll*, InsO, § 113 Rn 14; KR/*Weigand*, §§ 113, 120 InsO Rn 118.
27 *Stiller*, NZA 2005, 330, 332.
28 BAG 30.1.1991 – 5 AZR 32/90, NZA 1991, 599; LAG Köln 30.7.2001 – 2 Sa 1457/00, ZIP 2002, 181.
29 *Stiller*, NZA 2005, 330, 334.

dieser zum Zeitpunkt der Beendigung des Arbeitsverhältnisses bereits zum vorläufigen Insolvenzverwalter mit Erlass eines allgemeinen Verfügungsverbots nach § 21 Abs. 2 Nr. 2 Alt. 1 InsO bestellt war und damit die Stellung eines vorläufigen „starken" Insolvenzverwalters hatte.[30]

Die **Vollstreckung** eines titulierten Zeugnisanspruchs gegen den Insolvenzverwalter richtet sich nach § 888 Abs. 1 ZPO.[31] Hiernach kann eine unvertretbare Handlung, worunter auch die Pflicht zur Ausstellung eines Zeugnisses fällt,[32] durch Zwangsmittel (Zwangsgeld, Zwangshaft) erreicht werden. Einschränkungen können sich ergeben, wenn der Insolvenzverwalter bei der Zeugniserteilung auf die Mitwirkung des Arbeitnehmers oder von Vorgesetzten des Arbeitnehmers angewiesen ist. Bei Beendigung eines Arbeitsverhältnisses vor Insolvenzeröffnung bleibt der Arbeitgeber Schuldner des Zeugnisanspruchs eines ausgeschiedenen Arbeitnehmers. Den vorläufigen Insolvenzverwalter trifft die Verpflichtung zur Zeugniserteilung vor Insolvenzeröffnung nur, wenn nur dem Schuldner ein allgemeines Verfügungsverbot (§ 22 Abs. 1 oder 2 InsO) auferlegt ist.[33]

Der gegen den Arbeitgeber eingeleitete Rechtsstreit über ein Zeugnis wird durch die Eröffnung des Insolvenzverfahrens nicht gem. § 240 ZPO unterbrochen. Erklärt der Arbeitnehmer, er wolle den Rechtsstreit gegen den Insolvenzverwalter „aufnehmen" und verlangt er nunmehr von ihm ein Endzeugnis, liegt hierin ein gewillkürter Parteiwechsel, der eine Klagerücknahme gegenüber dem Insolvenzschuldner enthält, der dieser gem. § 269 Abs. 1 ZPO nicht zustimmen muss. Das Arbeitszeugnis hat der Arbeitgeber zu erteilen, der diese Stellung im Zeitpunkt der Beendigung des Arbeitsverhältnisses innehatte. Hat das Arbeitsverhältnis vor Insolvenzeröffnung geendet, bleibt grundsätzlich der Insolvenzschuldner zur Erteilung verpflichtet. § 108 Abs. 1 InsO fingiert keine Arbeitgeberstellung des Insolvenzverwalters für bereits beendete Arbeitsverhältnisse.[34]

V. Fälligkeit des Zeugnisanspruchs

Der Anspruch auf Erteilung des Zeugnisses (Endzeugnisses) entsteht bei der **Beendigung des Arbeitsverhältnisses**. Früher vertrat man die Auffassung, wegen des Zusammenhangs zwischen § 630 BGB und § 629 BGB solle mit dem Zeugnis dem Arbeitnehmer die Bewerbung bei einem neuen Arbeitgeber erleichtert werden, so dass der Anspruch infolge einer an Treu und Glauben orientierten Auslegung anlässlich der Beendigung gegeben, nicht erst mit der rechtlichen Beendigung des Arbeitsverhältnisses entstanden sei.[35] Auch nach dem Wortlaut des § 109 GewO besteht der Anspruch „bei Beendigung eines Arbeitsverhältnisses", kann also von dem Arbeitnehmer auch bereits vor der rechtlichen Beendigung geltend gemacht werden. Ein fristgerecht entlassener Arbeitnehmer hat spätestens mit Ablauf der Kündigungsfrist oder bei seinem tatsächlichen Ausscheiden Anspruch auf ein qualifiziertes Zeugnis, nicht lediglich auf ein Zwischenzeugnis, auch wenn die Parteien in einem Kündigungsschutzprozess über die Wirksamkeit der Kündigung streiten.[36] Darüber hinausgehend wird teilweise vertreten, der Zeugnisanspruch entstünde bereits eine angemessene Zeit vor der Beendigung[37] bzw dann, wenn aufgrund fristgerechter Kündigung, Ablauf einer Befristung oder aufgrund eines Aufhebungsvertrages die Beendigung absehbar sei.[38] Der Arbeitnehmer habe bereits mit Ausspruch der Kündigung[39] bzw mit Beginn der Kündigungsfrist einen Anspruch auf Zeugniserteilung, wenn der Arbeitgeber die Kündigung vor Beginn der Kündigungsfrist erklärt.[40] Bei fristloser Kündigung ist das Zeugnis vom Arbeitgeber unverzüglich iSd § 121 BGB zu erteilen.

VI. Zwischenzeugnis

Gegebenenfalls kann der Arbeitnehmer bereits zu einem früheren Zeitpunkt ein Zwischenzeugnis verlangen. Einen Anspruch auf Erteilung eines Zwischenzeugnisses hat der Arbeitnehmer dann, wenn ein

---

30 LAG Hessen, 1.8.2003 – 12 Sa 568/03, n.v.; *Stiller*, NZA 2005, 330, 335.
31 LAG Düsseldorf 7.11.2003 – 16 Ta 571/03, ZIP 2004, 631; Palandt/*Putzo*, BGB, § 630 Rn 13.
32 Zöller/*Stöber*, ZPO, § 888 Rn 3.
33 BAG 23.6.2004 – 10 AZR 495/03, ArbRB 2004, 331.
34 BAG 23.6.2004 – 10 AZR 495/03, ArbRB 2004, 331.
35 BAG 27.2.1987 – 5 AZR 710/85, AP § 630 BGB Nr. 16.
36 BAG 27.2.1987 – 5 AZR 710/85, AP § 630 BGB Nr. 16.
37 MüKo-BGB/*Schwerdtner*, § 630 Rn 22; Staudinger/*Preis*, § 630 BGB Rn 12; Schaub/*Linck*, Arbeitsrechts-Handbuch, § 146 I 4.
38 Küttner/*Reinecke*, Personalbuch, 470 (Zeugnis) Rn 9.
39 Küttner/*Reinecke*, Personalbuch, 470 (Zeugnis) Rn 9.
40 Schaub/*Linck*, Arbeitsrechts-Handbuch, § 146 I 4.

berechtigtes Interesse besteht. Ein derartiges Interesse kann sich aus dem Wechsel eines Vorgesetzten,[41] aus einer Änderung des Konzern- oder Unternehmensgefüges, aus einer vom Arbeitgeber in Aussicht gestellten Kündigung, aus einer Versetzung oder aus einer anstehenden längeren Arbeitsunterbrechung wie Elternzeit, Wehr- oder Zivildienst ergeben. Auch der Bedarf zur Vorlage bei Gericht, Behörden oder Banken gilt als berechtigtes Interesse. Ein Anspruch besteht auch dann, wenn das Zwischenzeugnis für Fortbildungskurse von Interesse ist. Der Arbeitnehmer muss sein berechtigtes Interesse gegenüber dem Arbeitgeber nicht offenbaren; denn wenn er mitteilen würde, dass er sich beruflich verändern möchte, muss er gegebenenfalls damit rechnen, dass dies für ihn im weiteren Verlauf des Arbeitsverhältnisses nachteilige Konsequenzen haben könnte. Deshalb wird überwiegend die Ansicht vertreten, dass im Zwischenzeugnis auch kein berechtigtes Interesse dargelegt werden muss.[42] Zu **Form** und **Inhalt** des Zwischenzeugnisses gilt das Gleiche wie beim Schlusszeugnis.

217 Der Anspruch auf ein Zwischenzeugnis wird auch verschiedentlich statt mit „berechtigtem Interesse" mit **„triftigen Gründen"** für berechtigt gehalten. Von „triftigen Gründen" spricht das BAG[43] und das LAG Hessen.[44] Als triftiger Grund für einen Zwischenzeugnisanspruch wird üblicherweise die Versetzung angesehen.[45] Ein triftiger Grund für die Erteilung eines Zwischenzeugnisses liegt hingegen nicht vor, wenn der Angestellte das Zeugnis allein deshalb verlangt, weil er es in einem Rechtsstreit, in dem er seine Höhergruppierung anstrebt, als Beweismittel verwenden will.[46] Liegt zwischen dem Zeitpunkt der Erteilung eines Zwischenzeugnisses und der Erteilung des Endzeugnisses ein vergleichsweise kurzer Zeitraum, ist der Arbeitgeber in aller Regel an den Inhalt des Zwischenzeugnisses gebunden.[47]

218 Zu beachten ist, dass die im Schlusszeugnis verwendeten Formulierungen nicht denen des Zwischenzeugnisses entsprechen müssen.[48] Der Arbeitgeber kann jedoch bei gleicher Beurteilungsgrundlage seine im Zwischenzeugnis zum Ausdruck gekommenen Beurteilungen im Schlusszeugnis nicht ändern.[49] Hat der Arbeitgeber ein Zwischenzeugnis erteilt, darf er von seinen Bewertungen im später erteilten Endzeugnis nur dann nach unten abweichen, wenn sich an den Leistungen oder dem Verhalten des Arbeitnehmers tatsächlich etwas Gravierendes geändert hat.[50]

VII. Funktion des Zeugnisses

219 Das Zeugnis dient auf der einen Seite dem Arbeitnehmer als **Bewerbungsunterlage**, so dass er durch eine Unterbewertung gefährdet werden kann.[51] Auf der anderen Seite dient das Zeugnis dem neuen Arbeitgeber zur **Unterrichtung**, so dass er durch eine Überbewertung der Leistungen des Arbeitnehmers gefährdet werden kann.[52] Der Arbeitgeber soll sich anhand des Zeugnisses ein genaues Bild über die Eigenschaften des Arbeitnehmers, seine frühere Beschäftigung und seine Verwendungsmöglichkeiten machen können.[53] Die gesamte Rechtsprechung zum Zeugnisrecht bekennt sich einerseits zur Wahrheitspflicht,[54] andererseits zur Formel vom verständigen Wohlwollen.[55] Dem Arbeitnehmer darf das weitere Fortkommen nicht ungerechtfertigt erschwert werden.[56] Weder Schönfärberei noch zynisch negative Bemerkungen finden zwischen beiden Polen Platz. Zeugnisse haben für den Arbeitnehmer auch die Bedeutung, dass sie für ihn Maßstab dafür sind, wie der Arbeitgeber seine Leistung und Führung beurteilt.[57] Daraus folgt, dass der Arbeitgeber sich mangels entgegenstehender Vorbehalte an der Beur-

---

41 BAG 1.10.1998 – 6 AZR 176/97, DB 1999, 1120 bzgl § 61 Abs. 2 BAT-KF.
42 *Haupt/Welslau*, in: HzA, Gruppe 1, Rn 2112; Küttner/*Reinecke*, Personalbuch, 470 (Zeugnis) Rn 11; aA *Schleßmann*, Das Arbeitszeugnis, S. 42 ff.
43 BAG 1.10.1998 – 6 AZR 176/97, NZA 1999, 894;.
44 LAG Hessen 28.3.2003 – 12 SaGa 1744/02, LAGReport 2004, 215.
45 MüKo-BGB/*Schwerdtner*, § 630 Rn 40.
46 BAG 21.1.1993 – 6 AZR 171/92, AP § 61 BAT Nr. 1.
47 LAG Köln 8.7.1993 – 10 Sa 275/93, LAGE § 630 BGB Nr. 18.
48 LAG Düsseldorf 2.7.1976 – 9 Sa 727/76, DB 1976, 2310.
49 LAG Köln 22.8.1997 – 11 Sa 235/97, NZA 1999, 771.
50 BAG 21.6.2005 – 9 AZR 352/04, ArbRB 2005, 356.
51 BAG 23.6.1960 – 5 AZR 560/58, AP § 73 HGB Nr. 1.
52 BAG 23.6.1960 – 5 AZR 560/58, AP § 73 HGB Nr. 1.
53 MüKo-BGB/*Schwerdtner*, § 630 Rn 9.
54 BAG 23.6.1960 – 5 AZR 560/58, AP § 73 HGB Nr. 1.
55 BAG 12.8.1976 – 3 AZR 720/75, AP § 630 BGB Nr. 11 m. Anm. *Schleßmann*; s. ferner *Hümmerich/Gola*, Personaldatenrecht im Arbeitsverhältnis, S. 158 f; *Schulz*, Alles über Arbeitszeugnisse, S. 80.
56 BAG 8.2.1972 – 1 AZR 189/71, AP § 630 BGB Nr. 7; BAG 3.3.1993 – 5 AZR 182/92, AP § 630 BGB Nr. 20.
57 BAG 3.3.1993 – 5 AZR 182/92, AP § 630 BGB Nr. 20.

teilung, die er dem Arbeitnehmer hat zukommen lassen, auch diesem gegenüber festhalten lassen muss. Diese Bindung besteht auch bei bewusst unrichtigem Inhalt.[58]

VIII. Inhalt des Zeugnisses

Hinsichtlich des Inhalts des Zeugnisses ist zwischen dem Inhalt des einfachen und dem des qualifizierten Zeugnisses zu differenzieren. Soweit für den Inhalt des qualifizierten Zeugnisses keine Besonderheiten gelten, gelten die Ausführungen zum Inhalt des einfachen Zeugnisses auch für den Inhalt des qualifizierten Zeugnisses.

1. Einfaches Zeugnis

Beim einfachen Zeugnis sind **Art und Dauer der Beschäftigung** darzustellen. Aus dem Zeugnis müssen zwingend **Name, Vorname und Beruf** (akademischer Grad) des Arbeitnehmers hervorgehen, während Anschrift und Geburtsdatum nur mit Einverständnis des Arbeitnehmers in das Zeugnis aufzunehmen sind.[59] Das Zeugnis muss die Tätigkeiten, die der Arbeitnehmer im Laufe des Arbeitsverhältnisses ausgeübt hat, so vollständig und genau bezeichnen, dass sich künftige Arbeitgeber ein klares Bild machen können.[60] Unerwähnt dürfen solche Tätigkeiten bleiben, denen bei einer Bewerbung des Arbeitnehmers keine Bedeutung zukommt. Danach muss das Zeugnis eine Beschreibung des Arbeitsplatzes, besondere Leitungsbefugnisse, Sonderaufgaben und durchgeführte Fortbildungsmaßnahmen enthalten. Nimmt der Arbeitnehmer verschiedene Aufgaben nebeneinander oder nacheinander wahr, sind diese Aufgaben insgesamt zu beschreiben, ohne dass ein Anspruch auf getrennte Zeugnisse besteht.[61] Wurde dem Arbeitnehmer nicht für die gesamte Dauer des Arbeitsverhältnisses Prokura erteilt, so können die konkreten Daten angegeben werden.[62]

Die im Zeugnis anzugebende **Dauer** des Arbeitsverhältnisses richtet sich nach dem rechtlichen Bestand des Arbeitsverhältnisses. Bei außerordentlichen Kündigungen ist die tatsächliche Dauer anzugeben.[63] Kürzere Unterbrechungen (zB durch Urlaub, Krankheit, Wehrdienst) sind nicht in das Zeugnis aufzunehmen.[64] Nicht unumstritten ist, in welchem Umfang **Ausfallzeiten** des Arbeitnehmers im Zeugnis darzulegen sind.[65] Das BAG grenzt danach ab, ob die Ausfallzeit wesentlich oder unwesentlich war. Ist eine Elternzeit des Arbeitnehmers oder der Arbeitnehmerin wegen ihres zeitlichen Anteils an der Gesamtdauer der Beschäftigung wesentlich, gehört sie ins Zeugnis.[66] War ein Arbeitnehmer längere Zeit freigestelltes Betriebsratsmitglied, gelten die gleichen Grundsätze.[67] Für den Zeugnisleser muss sich ein **objektives Bild** ergeben. Das Arbeitszeugnis soll sich auf alle Ausfallzeiten erstrecken, an deren Kenntnis ein künftiger Arbeitgeber ein berechtigtes und verständiges Interessen haben kann.[68]

Um sich ein klares Bild von einem Bewerber machen zu können, benötigt der Arbeitgeber eine vollständige und genaue Beschreibung der **Tätigkeiten** während der gesamten Dauer des Arbeitsverhältnisses.[69] Wahrheit rangiert vor Wohlwollen. Der Grund des Ausscheidens ist nur auf Verlangen des Arbeitnehmers anzugeben.[70] Auch die Tatsache einer erfolgten fristlosen Kündigung ist nicht aufzunehmen, da sich die Beendigung durch fristlose Kündigung schon regelmäßig aus dem Beendigungszeitpunkt ergibt.[71] Die Tätigkeit oder **Mitgliedschaft im Betriebsrat** ist nur auf Verlangen des Arbeitnehmers anzugeben, da sie mit der Tätigkeit nichts zu tun hat und gegen das Benachteiligungsverbot des

---

58 BAG 3.3.1993 – 5 AZR 182/92, AP § 630 BGB Nr. 20.
59 Schaub/*Linck*, Arbeitsrechts-Handbuch, § 146 Rn 12.
60 BAG 12.8.1976 – 3 AZR 720/75, AP § 630 BGB Nr. 11.
61 Küttner/*Reinecke*, Personalbuch, 470 (Zeugnis) Rn 22.
62 LAG Baden-Württemberg 19.6.1992 – 15 Sa 19/92, NZA 1993, 127.
63 Küttner/*Reinecke*, Personalbuch, 470 (Zeugnis) Rn 22.
64 Schaub/*Linck*, Arbeitsrechts-Handbuch, § 146 Rn 12.
65 *Mühlhausen*, NZA-RR 2006, 337.
66 BAG 10.5.2005 – 9 AZR 261/04, NZA 2005, 1237; LAG Sachsen 30.1.1996 – 5 Sa 996/95, NZA-RR 1997, 47.
67 *Witt*, BB 1996, 2194 mwN.
68 *Mühlhausen*, NZA-RR 2006, 337, 339.
69 BAG 10.5.2005 – 9 AZR 261/04, NZA 2005, 1237.
70 LAG Baden-Württemberg 27.10.1966 – 4 Sa 53/66, DB 1967, 48.
71 LAG Düsseldorf 22.1.1988 – 2 Sa 1654/87, NZA 1988, 399; LAG Köln 8.11.1989 – 5 Sa 799/89, BB 1990, 856.

§ 78 Satz 2 BetrVG (§ 8 BPersVG) verstößt.[72] Andernfalls dürfen auch keine mittelbaren Aussagen gemacht werden, die ein derartiges Engagement des Arbeitnehmers nahe legen.

2. Qualifiziertes Zeugnis

224 Das qualifizierte Zeugnis erstreckt sich über die Angabe von Art und Dauer der Beschäftigung hinaus auch auf **Verhalten und Leistung**. Bei der Beurteilung der Leistung muss sich der Arbeitgeber an der jeweiligen Arbeitsaufgabe und den entsprechenden Anforderungen orientieren. Das Zeugnis muss genaue und zuverlässige Angaben über die vom Arbeitnehmer tatsächlich verrichtete Tätigkeit enthalten und durch eine wahrheitsgemäße, nach sachlichen Maßstäben ausgerichtete und nachprüfbare Gesamtbewertung die Leistung des Arbeitnehmers beschreiben. Die Führung des Arbeitnehmers betrifft neben seinem Sozialverhalten gegenüber Vorgesetzten, Kollegen, Dritten sowie gegenüber nachgeordneten Mitarbeitern auch die Beachtung der betrieblichen Ordnung.[73]

225 Dem **Arbeitgeber** steht bei der Beurteilung von Leistung und Verhalten ein **Beurteilungsspielraum** zu.[74] Er ist frei in seiner Entscheidung, welche Leistungen und Eigenschaften er mehr hervorheben oder zurücktreten lassen will.[75] Der Wortlaut des Zeugnisses steht im Ermessen des Arbeitgebers. Der Arbeitnehmer hat keinen Anspruch auf bestimmte Formulierungen.[76] Der Arbeitgeber muss das Zeugnis nach Form und Stil aber objektiv abfassen und dabei auch der Verkehrsauffassung Rechnung tragen. Das Zeugnis muss in sich schlüssig sein. Die einzelnen Abschnitte müssen aufeinander abgestimmt sein und dürfen keine Widersprüche enthalten. Die einzelnen Beurteilungen müssen sich daher mit der **Schlussnote** decken.[77] Der Arbeitgeber darf dort nicht schweigen, wo allgemein mit einer Aussage gerechnet wird.[78] Wird branchenüblich die Erwähnung einer bestimmten Eigenschaft verlangt, so muss der Arbeitgeber zu dieser Stellung nehmen. Ehrlichkeit ist einem Arbeitnehmer zu bescheinigen, der einer Berufsgruppe angehört, die eine besondere Vertrauensstellung voraussetzt (zB einer Kassiererin). Nachteilig zu bewertende Tatsachen müssen nicht verschwiegen werden, wenn sie für die Beurteilung der Leistung des Arbeitnehmers von Bedeutung sind. Läuft gegen einen als Heimerzieher beschäftigten Arbeitnehmer ein Strafverfahren wegen Missbrauchs der ihm anvertrauten Jugendlichen, kann der Arbeitnehmer nach der Entlassung von seinem bisherigen Arbeitgeber nicht verlangen, dass dieser das Strafverfahren in dem Zeugnis unerwähnt lässt.[79]

226 Das Zeugnis muss der **Wahrheit** entsprechen.[80] Gleichzeitig soll es von verständigem **Wohlwollen** getragen sein,[81] da das Zeugnis das Fortkommen des Arbeitnehmers nicht unnötig erschweren soll. Nach dem Grundsatz der **Zeugniswahrheit** ist die Erwähnung der Elternzeit im Zeugnis rechtens. Zwar lässt sich nach Auffassung des BAG nicht generell sagen, **Elternzeit** sei im Zeugnis zu erwähnen. Vielmehr sei im Einzelfall eine Abwägung der Interessen des Mitarbeiters an wohlwollender Zeugnisformulierung einerseits und potentieller späterer Arbeitgeber an zuverlässiger Information über tatsächliche Berufserfahrung andererseits vorzunehmen. Wenn aber der Arbeitnehmer, wie in dem vom BAG entschiedenen Fall, in ca. 70 % der Gesamtlaufzeit des Vertrages nicht gearbeitet, sondern sich in Elternzeit befunden habe, dürfe der Arbeitgeber die Elternzeit im Zeugnis erwähnen.[82] Die Information im Zeugnis, dass gegen die Mitarbeiterin ein Ermittlungsverfahren vor der Staatsanwaltschaft wegen Diebstählen aus den Räumen des Arbeitgebers läuft, ist grundsätzlich nicht in das Zeugnis aufzunehmen, weil das Arbeitszeugnis nur Tatsachen, dagegen keine bloße Verdächtigungen enthalten darf.[83]

---

72 BAG 19.8.1992 – 7 AZR 262/91, AP § 8 BPersVG Nr. 5; LAG Hamm 12.4.1976 – 9 Sa 29/76, DB 1976, 1112; LAG Hamm 6.3.1991 – 3 Sa 1279/90, DB 1991, 1527; ArbG Ludwigshafen 13.8.1987 – 2 Ca 281/87, DB 1987, 1364.
73 LAG Hamm 12.7.1994 – 4 Sa 564/94, LAGE § 630 BGB Nr. 26; LAG Hamm 12.7.1994 – 4 Sa 192/94, LAGE § 630 BGB Nr. 27.
74 BAG 23.2.1983 – 5 AZR 515/00, AP § 70 BAT Nr. 10; BAG 17.2.1988 – 5 AZR 638/86, AP § 630 BGB Nr. 17; LAG Frankfurt 6.9.1991 – 13 Sa 250/91, LAGE § 630 BGB Nr. 14.
75 BAG 29.7.1971 – 2 AZR 250/70, AP § 630 BGB Nr. 6.
76 BAG 29.7.1971 – 2 AZR 250/70, AP § 630 BGB Nr. 6; LAG Hamm 20.2.1976 – 3 Sa 1443/75, BB 1976, 603; LAG Düsseldorf 2.7.1976 – 9 Sa 727/76, BB 1976, 1562.
77 BAG 23.9.1992 – 5 AZR 573/91, EzA § 630 BGB Nr. 16.
78 BAG 29.7.1971 – 2 AZR 250/70, AP § 630 BGB Nr. 6.
79 BAG 5.8.1976 – 3 AZR 491/75, AP § 630 BGB Nr. 10.
80 BAG 23.6.1960 – 5 AZR 560/58, AP § 73 HGB Nr. 1.
81 BAG 23.6.1960 – 5 AZR 560/58, AP § 73 HGB Nr. 1.
82 BAG 10.5.2005 – 9 AZR 261/04, NZA 2005, 1237.
83 LAG Düsseldorf 3.5.2005 – 3 Sa 359/05, DB 2005, 1799.

Da das Zeugnis Leistung und Verhalten während der gesamten Dauer des Arbeitsverhältnisses charakterisieren soll, muss es **alle wesentlichen Tatsachen und Bewertungen** enthalten, die für die Gesamtbeurteilung von Bedeutung und für den Dritten von Interesse sind.[84] Die Beurteilung darf nicht nur auf bestimmte Zeiträume beschränkt werden. Einmalige Vorfälle oder Umstände sind nur dann in das Zeugnis aufzunehmen, wenn sie für den Arbeitnehmer, seine Leistung oder sein Verhalten charakteristisch sind. Auch der Beendigungstatbestand ist ohne Verlangen nur dann im Zeugnis anzugeben, wenn er für den Arbeitnehmer charakteristisch ist.[85] Für die verschiedenen Beendigungstatbestände werden regelmäßig folgende Formulierungen verwendet: Bei einer Kündigung durch den Arbeitgeber findet sich die Formulierung: „Das Arbeitsverhältnis endete am ..." Bei Eigenkündigung wird häufig formuliert: „Er verlässt unser Unternehmen auf eigenen Wunsch." Eine einvernehmliche Beendigung des Arbeitsverhältnisses kann der Arbeitgeber durch die Formulierung „Das Arbeitsverhältnis endete im besten beiderseitigen Einvernehmen" zum Ausdruck bringen. Erfolgte ein Aufhebungsvertrag auf Initiative des Arbeitgebers, findet sich die Formulierung: „Unsere besten Wünsche begleiten ihn."

Außerdienstliches Verhalten darf im Zeugnis nur dann erwähnt werden, wenn es sich dienstlich auswirkt (zB unbefugte Nutzung eines Dienstfahrzeugs zu einer Privatfahrt im fahruntüchtigen Zustand).[86] Das Zeugnis darf nur dann Angaben über den **Gesundheitszustand** enthalten, wenn dadurch das Arbeitsverhältnis grundsätzlich beeinflusst wird.[87]

Das Zeugnis muss zwingend eine **zusammenfassende Beurteilung der Leistung** des Arbeitnehmers enthalten (Muster 3940). Will ein Arbeitgeber einem Arbeitnehmer ein „gehobenes Befriedigend" bescheinigen, ist dies mit der Formulierung „zur vollen Zufriedenheit" zum Ausdruck zu bringen.[88]

Wettbewerbsverbote haben weder mit der „Art und Dauer" des Arbeitsverhältnisses noch mit „Leistung und Verhalten" des Arbeitnehmers etwas zu tun und dürfen daher nicht erwähnt werden.[89] **Pünktlichkeit** ist ein selbstverständliches Verhalten, dessen besondere Erwähnung im Arbeitszeugnis negativ auffällt.[90] Straftaten dürfen nur dargestellt werden, wenn sie eine dienstliche Pflichtverletzung darstellten, der Arbeitnehmer deswegen rechtskräftig verurteilt und das Arbeitsverhältnis deswegen beendet wurde.[91] Angaben oder Andeutungen zur Betriebsratstätigkeit darf das Arbeitszeugnis nicht enthalten, es sei denn, dass der Arbeitnehmer dies ausdrücklich wünscht.[92]

Erhebliche Ausfallzeiten wie im Falle der **Elternzeit** dürfen im Zeugnis erwähnt werden, wenn die Ausfallzeit nach Dauer und Lage so erheblich ist, dass bei der Nichterwähnung für Dritte sonst ein unzutreffender Eindruck über den objektiven Verlauf des Arbeitsverhältnisses entstehen würde.[93] Der **Beendigungsgrund** sowie die **Beendigungsmodalitäten** dürfen im Arbeitszeugnis grundsätzlich nicht aufgenommen werden, da beide Angaben nicht zwingend etwas mit der Art und Dauer des Arbeitsverhältnisses zu tun haben.[94] Der Umstand, wie das Arbeitsverhältnis beendet wurde – durch Kündigung, Aufhebungsvertrag oder Eigenkündigung des Arbeitnehmers – ist eine Beendigungsmodalität, die keiner Erwähnung im Arbeitszeugnis bedarf, wenn nicht der Arbeitnehmer hierauf Wert legt.[95] Üblicherweise hat der Arbeitnehmer ein Interesse daran, dass eine Eigenkündigung in das Zeugnis aufgenommen wird.

Das Arbeitszeugnis darf nur **Tatsachen** enthalten; Verdächtigungen haben im Zeugnis nichts zu suchen. Es darf nicht erwähnt werden, dass ein Ermittlungsverfahren gegen den Arbeitnehmer anhängig ist, da ein Ermittlungsverfahren nicht als abgeschlossene und feststehende Tatsache angesehen wird.[96]

---

84 BAG 23.6.1960 – 5 AZR 560/58, AP § 73 HGB Nr. 1; BAG 12.8.1976 – 3 AZR 720/75, AP § 630 BGB Nr. 11.
85 LAG Hamm 24.9.1985 – 13 Sa 883/85, AR-Blattei D, Arbeitsvertragsbruch, Entscheidung 25.
86 BAG 29.1.1986 – 4 AZR 479/84, AP § 48 TVAL II Nr. 2.
87 ArbG Hagen 17.4.1969 – 2 Ca 1160/68, DB 1969, 886.
88 LAG Hamm 22.5.2002 – 3 Sa 231/02, NZA-RR 2003, 71.
89 *Löw*, NJW 2005, 3605.
90 *Löw*, NJW 2005, 3605, 3607.
91 *Löw*, NJW 2005, 3605, 3607.
92 *Löw*, NJW 2005, 3605, 3607.
93 BAG 10.5.2005 – 9 AZR 261/04, ArbRB 2005, 355 m. Anm. *Range-Ditz*.
94 *Moderegger*, ArbRB 2006, 242.
95 LAG Hamm 17.6.1999 – 4 Sa 309/98, n.v.
96 LAG Düsseldorf 3.5.2005 – 3 Sa 359/05, DB 2005, 1799.

233 **Dankes- und Bedauernsformeln** sind nicht notwendiger Bestandteil des Arbeitszeugnisses; ein Anspruch des Arbeitnehmers auf Aufnahme der Formel in das Zeugnis besteht nicht.[97] Schlusssätze in Zeugnissen, mit denen Arbeitgeber in der Praxis oft persönliche Empfindungen wie Dank oder gute Wünsche zum Ausdruck bringen, sind nach einer neuen Entscheidung des BAG nicht „beurteilungsneutral", sondern geeignet, die objektiven Zeugnisaussagen zu Führung und Leistung des Arbeitnehmers zu bestätigen oder zu relativieren. Wenn ein Arbeitgeber solche Schlusssätze formuliere und diese nach Auffassung des Arbeitnehmers mit dem übrigen Zeugnisinhalt nicht in Einklang stehen, sei der Arbeitgeber deshalb nur verpflichtet, ein Zeugnis ohne Schlussformel zu erteilen, so die Erfurter Richter.[98]

234 Die nachfolgenden Muster sind in der Weise aufgebaut, dass keine Formulierungsmuster für die Beschreibung der einzelnen Tätigkeiten, die ein Arbeitnehmer im Verlaufe seines Arbeitsverhältnisses erbracht hat, vorgelegt werden. Die Vielzahl denkbarer Arbeitsplätze lässt es nicht als sinnvoll erscheinen, in diesem Buch Textvorschläge zu unterbreiten. Formalisierter ist beim Zeugnis dagegen die Vorgehensweise bei der Beurteilung des Mitarbeiters. Aus diesem Grund enthält ein Teil der Muster die formelmäßigen Wendungen zur **Beurteilung von Mitarbeiterleistungen**. Die Werturteile reichen von „sehr gut" bis „mangelhaft". In diesem Buch ist an anderer Stelle die Bewertungsskala des LAG Hamm wiedergegeben.[99] Die Mustertextbausteine schließen mit verschiedenen „Dankes- und Bedauerns-Formeln" für alle Arbeitnehmergruppen.[100]

IX. Form des Zeugnisses

235 Das Zeugnis ist in verkehrsüblicher Weise, also maschinenschriftlich und auf dem Geschäftspapier des Arbeitgebers, zu erstellen.[101] Es darf keine Flecken, Radierungen, Verbesserungen oder Ähnliches enthalten.[102] Das Zeugnis darf nicht bereits durch seine äußere Form den Eindruck erwecken, als distanziere sich der Aussteller von seinem Inhalt. Schreibfehler sind zu berichtigen, wenn sie negative Folgen für den Arbeitnehmer haben könnten.[103]

236 Der Arbeitnehmer hat nach einer Entscheidung des BAG keinen Anspruch auf ein **ungeknicktes** Zeugnis.[104] Der Arbeitgeber darf den Zeugnisbogen falten, um ihn in einem Umschlag kleineren Formats unterzubringen. Während das LAG Schleswig-Holstein den Anspruch auf ein ungeknicktes Zeugnis bereits vor dieser BAG-Entscheidung abgelehnt hatte,[105] hatte das LAG Hamburg einen Anspruch auf ein ungeknicktes Zeugnis angenommen.[106] Mit der Neuregelung des Zeugnisrechts in § 109 GewO ist bestimmt worden, dass Zeugnisse nicht in elektronischer Form ausgestellt werden dürfen, § 109 Abs. 3 GewO.

237 Der Arbeitnehmer hat einen Anspruch darauf, dass sein Zeugnis **auf den letzten Arbeitstag ausgestellt** wird, selbst wenn der Wortlaut erst später, beispielsweise in einem Arbeitsgerichtsprozess, festgelegt wurde.[107]

238 Das Zeugnis schließt mit der **eigenhändigen Unterschrift** des Arbeitgebers oder des für ihn handelnden Vertreters. Faksimile oder kopierte Unterschriften genügen nicht.[108] Bei einem qualifizierten Zeugnis muss der Unterzeichner erkennbar ranghöher sein als der beurteilte Mitarbeiter.[109] Zwar ist nicht erforderlich, dass der Arbeitgeber oder sein gesetzliches Vertretungsorgan das Zeugnis fertigt und unter-

---

[97] BAG 20.2.2001 – 9 AZR 44/00, NZA 2001, 843; aA: LAG Hessen 17.6.1999 – 14 Sa 1157/98, BB 2000, 155; ArbG Darmstadt 22.12.2000 – 3 Ca 444/00, AE 2001, 72. LAG Berlin 10.12.1998 – 10 Sa 106/98, BB 1999, 851; ArbG Bremen 11.2.1992 – 4a Ca 4168/91, NZA 1992, 800; LAG Köln 29.11.1990 – 10 Sa 801/90, LAGE § 630 BGB Nr. 11, wonach nachteilige Rückschlüsse durch eine Dankes-Bedauerns-Formel vermieden werden könnten.
[98] BAG 11.12.2012 – 9 AZR 227/11.
[99] Muster 3955 (§ 3 Rn 263).
[100] Muster 3970 (§ 3 Rn 266).
[101] BAG 3.3.1993 – 5 AZR 182/92, AP § 630 BGB Nr. 20.
[102] BAG 3.3.1993 – 5 AZR 182/92, AP § 630 BGB Nr. 20.
[103] ArbG Düsseldorf 19.12.1984 – 6 Ca 5682/84, NZA 1985, 812.
[104] BAG 21.9.1999 – 9 AZR 893/98, AP § 630 BGB Nr. 23.
[105] LAG Schleswig-Holstein 9.12.1997 – 5 Ta 97/96, BB 1998, 275.
[106] LAG Hamburg 7.9.1993 – 7 Ta 7/93, NZA 1994, 890.
[107] BAG 9.9.1992 – 5 AZR 509/91, AP § 630 BGB Nr. 19.
[108] LAG Bremen 23.6.1989 – 4 Sa 320/88, BB 1989, 1825.
[109] BAG 16.11.1995 – 8 AZR 983/84, EzA § 630 BGB Nr. 20; LAG Düsseldorf 5.3.1969 – 3 Sa 531/68, DB 1969, 534; LAG Köln 14.7.1994 – 4 Sa 579/94, NZA 1995, 685.

zeichnet. Es genügt die Unterzeichnung durch einen unternehmensangehörigen Vertreter des Arbeitgebers. Im Zeugnis ist deutlich zu machen, dass dieser Vertreter dem Arbeitnehmer gegenüber weisungsbefugt war. Die Stellung des das Zeugnis Unterzeichnenden muss sich aus dem Zeugnis ablesen lassen.[110] Ist ein Arbeitnehmer der Geschäftsleitung direkt unterstellt gewesen, ist das Zeugnis von einem Mitglied der Geschäftsleitung auszustellen. Der Unterzeichnende muss in dem Zeugnis außerdem auf seine Position als Mitglied der Geschäftsleitung hinweisen.[111] Die Ausstellung des Zeugnisses durch einen in einem freiberuflichen Verhältnis zu einer Anwaltskanzlei stehenden Rechtsanwalts ist unzulässig.[112]

X. Haftung des Arbeitgebers

Der Arbeitgeber haftet gegenüber dem Arbeitnehmer für die **schuldhafte Nichterteilung, verspätete Erteilung** oder **Erteilung eines unrichtigen Zeugnisses**.[113] Der zu ersetzende Schaden kann zum einen in dem Verdienstausfall liegen, den der Arbeitnehmer dadurch erleidet, dass er wegen der aufgrund des Verhaltens des Arbeitgebers gegebenen Unfähigkeit zur Vorlage eines ordnungsgemäßen Zeugnisses keinen Arbeitsplatz findet. Zum anderen kann sich der Schaden aus einem Minderverdienst ergeben, den der Arbeitnehmer hinzunehmen hat, weil er aufgrund des fehlenden ordnungsgemäßen Zeugnisses zu schlechteren Arbeitsbedingungen eingestellt wird. 239

Die **Darlegungs- und Beweislast** dafür, dass die Nichterteilung, verspätete Erteilung oder die Erteilung eines unrichtigen Zeugnisses für den Schaden des Arbeitnehmers ursächlich gewesen ist, liegt beim Arbeitnehmer.[114] Es gibt keinen allgemeinen Erfahrungssatz, wonach das Fehlen eines Zeugnisses für den Misserfolg bei Bewerbungen um einen anderen Arbeitsplatz ursächlich ist.[115] Der Arbeitnehmer muss darlegen und im Streitfall beweisen, dass ein bestimmter Arbeitgeber bereit gewesen wäre, ihn einzustellen, sich dann aber wegen des fehlenden Zeugnisses davon habe abhalten lassen. Dem Arbeitnehmer kommen aber die Beweiserleichterungen von § 252 Satz 2 BGB, § 287 ZPO zugute, wonach der Nachweis von Tatsachen genügt, die den Schadenseintritt wahrscheinlich machen.[116] 240

Der Arbeitgeber haftet gegenüber dem neuen Arbeitgeber aus vorsätzlicher, sittenwidriger Schädigung nach § 826 BGB, wenn der Arbeitgeber in dem Zeugnis wissentlich falsche Angaben über einen die Verlässlichkeit des Arbeitnehmers im Kern berührenden Punkt gemacht hat, sich der Möglichkeit schädlicher Folgen bewusst war und diese billigend in Kauf genommen hat.[117] Hat der Arbeitgeber nachträglich erkannt, dass das Zeugnis beispielsweise wegen der Untreue eines Buchhalters grob unrichtig ist und dass ein bestimmter Dritter durch Vertrauen auf dieses Zeugnis Schaden zu nehmen droht, dann haftet er für den durch die Unterlassung der Warnung entstandenen Schaden.[118] 241

XI. Änderung und Neuerteilung des Zeugnisses

Der Arbeitnehmer hat Anspruch auf Berichtigung des Zeugnisses, wenn das Zeugnis nicht den **formalen oder inhaltlichen Anforderungen** entspricht. Der Arbeitgeber muss dem Arbeitnehmer ein neues Zeugnis ausstellen. Dabei muss er das Zeugnis so gestalten, als ob es sich um eine Erstausfertigung handeln würde.[119] Der Arbeitnehmer kann die Berichtigung im Wege der Klage geltend machen.[120] 242

Ein transsexueller Arbeitnehmer kann von einem früheren Arbeitgeber die Neuerteilung des Zeugnisses mit geändertem Vornamen bzw mit geändertem Geschlecht verlangen.[121] Selbst dann, wenn die Personalakte des Arbeitnehmers infolge Zeitablaufs vernichtet sein sollte, kann der Arbeitgeber die Neuerteilung eines Zeugnisses nicht unter Berufung auf Verwirkung verweigern, da das ursprünglich erteilte 243

---

110 BAG 4.10.2005 – 9 AZR 507/04, NZA 2006, 436.
111 BAG 26.6.2001 – 9 AZR 392/00, AP § 630 BGB Nr. 27.
112 LAG Hamm 2.11.1966 – 3 Ta 72/66, DB 1966, 1815; LAG Hamm 17.6.1999 – 4 Sa 2587/96, AE 2000, 28.
113 BAG 25.10.1967 – 3 AZR 456/66, AP § 73 HBG Nr. 6.
114 BAG 25.10.1967 – 3 AZR 456/66, AP § 73 HGB Nr. 6; BAG 26.2.1976 – 3 AZR 215/75, AP § 252 BGB Nr. 3.
115 BAG 25.10.1967 – 3 AZR 456/66, AP § 73 HGB Nr. 6; BAG 24.3.1977 – 3 AZR 232/76, DB 1977, 1369.
116 BAG 25.10.1967 – 3 AZR 456/66, AP § 73 HGB Nr. 6; BAG 26.2.1976 – 3 AZR 215/75, AP § 252 BGB Nr. 3.
117 BGH 26.11.1963 – VI ZR 221/62, AP § 826 BGB Nr. 10; BGH 22.9.1970 – VI ZR 193/69, AP § 826 BGB Nr. 16; BGH 15.5.1979 – VI ZR 230/76, AP § 630 BGB Nr. 13.
118 BAG 15.5.1979 – VI ZR 230/76, AP § 630 BGB Nr. 13.
119 LAG Baden-Württemberg 27.10.1966 – 4 Sa 53/66, DB 1967, 48.
120 Muster 6759 (§ 6 Rn 381).
121 LAG Hamm 17.12.1998 – 4 Sa 1337/98, NZA-RR 1999, 455.

Zeugnis zurückzugeben ist und der Arbeitgeber dieses ohne jegliche inhaltliche Überprüfung nur hinsichtlich des geänderten Namens und Geschlechts und der sich daraus ergebenden grammatikalischen Änderungen umformulieren muss.

244 Der Arbeitgeber kann das Zeugnis **widerrufen** und Herausgabe des Zeugnisses Zug um Zug gegen Neuerteilung verlangen, wenn er sich bei der Erteilung geirrt hat.[122] Hat der Arbeitgeber das Zeugnis dagegen bewusst unrichtig erteilt, kann er das Zeugnis grundsätzlich nicht zurückfordern.[123]

XII. Darlegungs- und Beweislast

245 Der Arbeitgeber ist für die Tatsachen beweispflichtig, die der Zeugniserteilung und den darin enthaltenen Tatsachen zugrunde liegen.[124] Bei einem Streit über den Umfang der dem Arbeitnehmer übertragenen Aufgaben muss der Arbeitnehmer beweisen, dass ihm die Aufgaben übertragen wurden und er diese auch tatsächlich wahrgenommen hat.

246 Für die **Gesamtbeurteilung** gilt eine **abgestufte Darlegungs- und Beweislast:** Der Arbeitnehmer hat einen Anspruch auf eine durchschnittliche Bewertung, wenn der Arbeitgeber Defizite nicht substantiiert darlegt und notfalls beweist.[125] Fordert der Arbeitnehmer die Bescheinigung überdurchschnittlicher Leistungen, trifft ihn die Darlegungs- und Beweislast.[126] Erteilt der Arbeitgeber dem Arbeitnehmer auf seinen Wunsch ein qualifiziertes Zeugnis, so hat der Arbeitnehmer Anspruch darauf, dass seine Leistung der Wahrheit gemäß beurteilt wird. Bei deren Einschätzung hat der Arbeitgeber einen Beurteilungsspielraum, der von den Gerichten für Arbeitssachen nur beschränkt überprüfbar ist.[127] Voll überprüfbar sind dagegen die Tatsachen, die der Arbeitgeber seiner Leistungsbeurteilung zugrunde gelegt hat. Hat der Arbeitgeber dem Arbeitnehmer insgesamt eine „durchschnittliche" Leistung bescheinigt, hat der Arbeitnehmer die Tatsachen vorzutragen und zu beweisen, aus denen sich eine bessere Beurteilung ergeben soll.[128] Hat der Arbeitgeber den Arbeitnehmer als „unterdurchschnittlich" beurteilt, obliegt dem Arbeitgeber, die seiner Beurteilung zugrunde liegenden Tatsachen darzulegen und zu beweisen.[129] Ein wesentliches Indiz kann dabei die letzte Leistungsbeurteilung (s. Rn 75 f) des Arbeitnehmers sein. Ist diese sehr gut ausgefallen, ist selbst ein „durchschnittliches Zeugnis" schwer begründbar.

XIII. Versteckte Botschaften

247 Vielfach wurde in der Vergangenheit über eine „Geheimsprache" oder „versteckte Botschaften" in Zeugnissen diskutiert. Klar ist zum einen, dass solche „geheimen Zeichen" schon in der Vergangenheit nicht in Arbeitszeugnissen enthalten sein durften. Mit der Regelung des § 109 GewO verankerte der Gesetzgeber diese Rechtsprechung gesetzlich. Nach § 109 Abs. 2 GewO muss das Zeugnis **klar und verständlich** formuliert sein. Es darf keine Merkmale oder Formulierungen enthalten, die den Zweck haben, andere als aus der äußeren Form oder dem Wortlaut ersichtliche Aussagen über den Arbeitnehmer zu treffen.

248 Faktisch arbeiten die meisten Personalchefs, insbesondere in größeren Unternehmen, mit Textbausteinen, die keine „Geheimbotschaften" enthalten. Das erstmals durch das LAG Hamm[130] eingeführte Beurteilungsschema kann man heute als Standard für die Bewertung einer Leistung im Zeugnis betrachten.

---

122 ArbG Passau 15.10.1990 – 2 Ca 354/90D, BB 1991, 350.
123 BAG 8.2.1972 – 1 AZR 189/71, AP § 630 BGB Nr. 7.
124 BAG 23.6.1960 – 5 AZR 560/58, AP § 73 HGB Nr. 1.
125 BAG 24.3.1977 – 3 AZR 232/76, AP § 630 BGB Nr. 12; LAG Düsseldorf 26.2.1985 – 8 Sa 1873/84, DB 1985, 2692; LAG Frankfurt 9.6.1991 – 13 Sa 250/91, LAGE § 630 BGB Nr. 14; LAG Hamm 16.3.1989 – 12 (13) Sa 1149/88, BB 1989, 1486; LAG Hamm 13.2.1992 – 4 Sa 1077/91, LAGE § 630 BGB Nr. 16; LAG Hamm 22.5.2002 – 3 Sa 231/02, NZA-RR 2003, 71; LAG Köln 26.4.1996 – 11 (13) Sa 1231/95, NZA-RR 1997, 84.
126 LAG Düsseldorf 26.2.1985 – 8 Sa 1873/84, DB 1985, 2692; LAG Düsseldorf 12.3.1986 – 15 Sa 13/86, LAGE § 630 BGB Nr. 2; LAG Frankfurt 6.9.1991 – 13 Sa 250/91, LAGE § 630 BGB Nr. 14; LAG Köln 26.4.1996 – 11 (13) Sa 1231/95, NZA-RR 1997, 84.
127 BAG 14.10.2003 – 9 AZR 12/03, NJW 2004, 2770 = NZA 2004, 843.
128 LAG Bremen 9.11.2000 – 4 Sa 101/00, NZA-RR 2001, 287; ArbG Frankfurt aM 2.5.2001 – 9 Ca 6813/00, NZA-RR 2002, 182, 183.
129 BAG 14.10.2003 – 9 AZR 12/03, NJW 2004, 2770 = NZA 2004, 843.
130 LAG Hamm 13.2.1992 – 4 Sa 1077/91, LAGE § 630 BGB Nr. 16.

Man kann anhand eines vorgelegten Zeugnisses aber auch folgende, uU aufschlussreiche Prüfungen vornehmen:

- Ist das Zeugnis äußerlich korrekt (auf Firmenbriefbogen geschrieben, keine Rechtschreibfehler, mit Überschrift)?
- Sind die persönlichen Daten vollständig und korrekt enthalten?
- Stimmen die Angaben des Bewerbers im Lebenslauf mit denen im Zeugnis überein (keine Lücken)?
- Würde der angestrebte Wechsel für den Mitarbeiter eine berufliche Weiterentwicklung bedeuten?
- Enthält die Grußformel Dank/Bedauern oder positive Zukunftswünsche?
- Endet das Beschäftigungsverhältnis am Monatsende oder mitten im Monat?
- Weicht das Ausstellungsdatum nicht wesentlich vom Beendigungsdatum ab?
- Ist das Zeugnis vom Firmeninhaber, einer vertretungsberechtigten Person oder vom Vorgesetzten unterzeichnet?

XIV. Prozessuales

Der Anspruch auf Zeugniserteilung und der Anspruch auf Zeugnisberichtigung können im **Klageweg** geltend gemacht werden. Der Klageantrag richtet sich auf die Erstellung des Zeugnisses, wenn der Arbeitgeber kein Zeugnis erteilt hat. Begehrt der Arbeitnehmer die Berichtigung eines Zeugnisses, muss im Klageantrag im Einzelnen angegeben werden, welchen Wortlaut das prozessual angestrebte Zeugnis haben soll.[131]

Da das Zeugnis ein einheitliches Ganzes ist und seine Teile nicht ohne die Gefahr der Sinnentstellung auseinandergerissen werden können, sind die Gerichte befugt, gegebenenfalls das **gesamte Zeugnis** zu **überprüfen** und unter Umständen neu zu formulieren.[132] Der Arbeitgeber muss dann das Zeugnis erteilen, ohne auf das Urteil zu verweisen.[133] Das Zeugnis ist auf den Tag der Erstausstellung **zurückzudatieren**.[134]

Solange der Arbeitgeber noch kein Zeugnis erteilt hat, kann der Arbeitnehmer nicht **bestimmte Formulierungen** (beispielsweise in einem Parallelrechtsstreit zu einem Kündigungsschutzprozess) verlangen.[135]

Bei der Erteilung oder Berichtigung eines qualifizierten Zeugnisses beträgt der **Streitwert** in der Regel ein Bruttomonatseinkommen.[136] Bei einem Streit über die Erteilung eines Zwischenzeugnisses beläuft sich der Streitwert auf ein halbes Bruttomonatseinkommen.[137]

Die **Vollstreckung** eines stattgebenden Urteils richtet sich nach § 888 ZPO.[138] Die Zeugniserteilung ist eine unvertretbare Handlung, da das Zeugnis eigenhändig unterschrieben werden muss.

Der Anspruch auf Zeugniserteilung **verjährt** nach § 195 BGB in drei Jahren.

Der Zeugnisanspruch unterliegt daneben den Rechtsregeln der **Verwirkung**, § 242 BGB. Das Zeitmoment ist nach Auffassung des BAG erfüllt, wenn der Arbeitnehmer nach der Übersendung des Arbeitszeugnisses zehn Monate zugewartet hat, ohne seinen Anspruch auf Erteilung eines vollständigen Zeugnisses weiterzuverfolgen.[139] In einem anderen Fall hat das BAG bereits den Zeitraum von fünf Monaten als ausreichend erachtet, um eine Verwirkung anzunehmen.[140]

In Ausnahmefällen kann auch ein Zeugnisberichtigungsanspruch im Wege der **einstweiligen Verfügung** durchgesetzt werden. Dazu bedarf es neben der Glaubhaftmachung, dass ein Obsiegen im Verfahren zur Hauptsache überwiegend wahrscheinlich ist (Verfügungsanspruch), auch der Darlegung und

---

131 LAG Düsseldorf 21.8.1973 – 8 Sa 258/73, DB 1973, 1853; LAG Hamm 13.2.1992 – 4 Sa 1077/91, LAGE § 630 BGB Nr. 16.
132 BAG 23.6.1960 – 5 AZR 560/58, AP § 73 HGB Nr. 1; BAG 24.3.1977 – 3 AZR 232/76, AP § 630 BGB Nr. 12.
133 LAG Baden-Württemberg 27.10.1966 – 4 Sa 53/66, BB 1967, 161.
134 BAG 9.9.1989 – 5 AZR 509/91, AP § 630 BGB Nr. 19; LAG Bremen 23.6.1989 – 4 Sa 320/88, BB 1989, 1825; ArbG Karlsruhe 19.9.1985 – 6 Ca 654/85, NZA 1986, 169.
135 BAG 14.3.2000 – 9 AZR 246/99, n.v.
136 BAG 20.1.1967 – 2 AZR 232/65, AP § 12 ArbGG 1953 Nr. 16; LAG Düsseldorf 26.8.1982 – 7 Ta 191/82, EzA § 12 ArbGG 1979 Streitwert Nr. 18; LAG Frankfurt, 9.12.1970 – 5 Ta 76/69, BB 1971, 653; LAG Hamm 19.6.1986 – 8 Ta 142/86, AnwBl 1987, 497; LAG Schleswig-Holstein 18.3.1986 – 2 Ta 31/86, AnwBl 1987, 497.
137 LAG Hamm 23.2.1989 – 8 Ta 3/89, DB 1989, 1344.
138 BAG 29.1.1967 – 4 AZR 479/84, AP § 48 TVAL II Nr. 2; LAG Frankfurt 25.6.1980 – 8 Ta 75/80, DB 1981, 534.
139 BAG 17.2.1988 – 5 AZR 638/86, NJW 1988, 1616 = NZA 1988, 427.
140 BAG 17.10.1972 – 1 AZR 86/72, AP § 630 BGB Nr. 8.

Möhren

Glaubhaftmachung, dass das erteilte Zeugnis schon nach der äußeren Form und seinem Inhalt als Grundlage für eine Bewerbung ungeeignet ist (Verfügungsgrund).[141]

B. Texte

258 1. Muster: Beurteilung bei sehr guten Leistungen

Herr ... war ein äußerst fleißiger Mitarbeiter, der die ungewöhnliche Fülle seiner Aufgaben in bemerkenswert kurzer Zeit erledigte. Mit der Güte seiner Arbeitsergebnisse waren wir jederzeit überaus zufrieden. Seine Aufgaben führte er außerordentlich sorgfältig, zuverlässig und rationell aus. Darüber hinaus zeichnete er sich durch seine überdurchschnittliche Auffassungsgabe, Belastbarkeit, Vielseitigkeit und Initiative aus. Herr ... war an allen geschäftlichen Vorgängen sehr stark interessiert und arbeitete völlig selbständig. Insgesamt hat er die ihm übertragenen Aufgaben jederzeit zu unserer vollsten Zufriedenheit erledigt.

Aufgrund seines immer freundlichen, hilfsbereiten Wesens und seiner ständigen Bereitschaft zur Zusammenarbeit war er überall besonders beliebt. Seine Führung und sein Verhalten gegenüber Vorgesetzten waren in jeder Beziehung vorbildlich.

Wir bedauern außerordentlich, diesen hervorragenden Mitarbeiter zu verlieren und können ihn jederzeit bestens empfehlen. Für seinen weiteren Berufs- und Lebensweg wünschen wir ihm alles Gute.

259 2. Muster: Beurteilung guter Leistungen

Frau ... war eine sehr fleißige Mitarbeiterin, die die Fülle ihrer Aufgaben stets in kurzer Zeit erledigte. Mit der Güte ihrer Arbeitsergebnisse waren wir jederzeit besonders zufrieden. Sie führte ihre Aufgaben immer sorgfältig, zuverlässig und rationell aus. Besonders zeichnete sie sich durch überdurchschnittliche Auffassungsgabe, Belastbarkeit, Vielseitigkeit und Initiative aus. Frau ... war an allen geschäftlichen Vorgängen stark interessiert und arbeitete sehr selbständig. Insgesamt hat sie die ihr übertragenen Aufgaben jederzeit zu unserer vollen Zufriedenheit erledigt.

Aufgrund ihres freundlichen Wesens und ihrer Bereitschaft zur Zusammenarbeit war sie überall beliebt. Ihre Führung und ihr Verhalten gegenüber Vorgesetzten und Mitarbeitern waren stets vorbildlich.

Wir bedauern sehr, diese tüchtige Mitarbeiterin zu verlieren. Für ihren weiteren Berufs- und Lebensweg wünschen wir ihr alles Gute.

260 3. Muster: Beurteilung einer befriedigenden Leistung

Herr ... war ein fleißiger Mitarbeiter, der seine Aufgaben stets rechtzeitig erledigte. Mit der Güte seiner Arbeitsergebnisse waren wir jederzeit voll zufrieden. Seine Arbeiten führte er zuverlässig und rationell aus. Herr ... bewies gute Auffassungsgabe, Belastbarkeit, Vielseitigkeit und Initiative, war an allen geschäftlichen Vorgängen interessiert und arbeitete selbständig. Insgesamt hat er die ihm übertragenen Aufgaben zu unserer vollen Zufriedenheit erledigt. Aufgrund seines freundlichen Wesens und seiner Bereitschaft zur Zusammenarbeit war er allgemein beliebt. Seine Führung und sein Verhalten gegenüber Vorgesetzten und Mitarbeitern waren einwandfrei.

---

141 LAG Köln 5.5.2003 – 12 Ta 133/03, LAGE § 630 BGB 2002 Nr. 1 = LAGReport 2003, 304.

Wir bedauern es, diesen Mitarbeiter zu verlieren und wünschen ihm für seinen weiteren Berufs- und Lebensweg alles Gute.

4. Muster: Beurteilung bei ausreichenden Leistungen

Frau ... erledigte ihre Aufgaben rechtzeitig. Die Güte ihrer Arbeitsergebnisse hat uns zufrieden gestellt. Sie führte ihre Aufgaben im Allgemeinen sorgfältig und zuverlässig aus.

Auffassungsgabe, Belastbarkeit, Vielseitigkeit, Initiative und Selbständigkeit entsprachen im Allgemeinen den Anforderungen. Insgesamt hat sie die ihr übertragenen Aufgaben zu unserer Zufriedenheit erledigt.

Ihre Führung und ihr Verhalten gegenüber Vorgesetzten und Mitarbeitern waren nicht zu beanstanden.

Wir wünschen ihr für die Zukunft alles Gute.

5. Muster: Beurteilung bei mangelhaften Leistungen

Herr ... war bestrebt, seine Aufgaben rechtzeitig zu erfüllen. Er hat sich auch bemüht, die erforderliche Güte seiner Arbeitsergebnisse zu gewährleisten. Seine Aufgaben versuchte er sorgfältig und zuverlässig auszuführen. Sein Arbeitseinsatz war ausreichend. Die ihm übertragenen Aufgaben hat er im Großen und Ganzen zu unserer Zufriedenheit erledigt.

Seine Führung und sein Verhalten gegenüber Vorgesetzten und Mitarbeitern waren in der Regel nicht zu beanstanden.

6. Muster: Beurteilungsskala nach LAG Hamm[142]

Er hat die ihm übertragenen Aufgaben:	
1. stets zu unserer vollsten Zufriedenheit erledigt	= sehr gute Leistungen
2. stets zu unserer vollen Zufriedenheit erledigt	= gute Leistungen
3. zu unserer vollen Zufriedenheit erledigt	= vollbefriedigende Leistungen
4. stets zu unserer Zufriedenheit erledigt	= befriedigende Leistungen
5. zu unserer Zufriedenheit erledigt	= ausreichende Leistungen
6. im Großen und Ganzen zu unserer Zufriedenheit erledigt	= mangelhafte Leistungen
7. zu unserer Zufriedenheit zu erledigen versucht	= unzureichende Leistungen

---

142 LAG Hamm 13.2.1992 – 4 Sa 1077/91, LAGE § 630 BGB Nr. 16.

7. Muster: Benotungsskala nach der Rechtsprechung

stets zur vollsten Zufriedenheit	sehr gute Leistung
stets zur vollen Zufriedenheit	gute Leistung (BAG 24.10.2003 – 9 AZR 12/03, NJW 2004, 2770 = NZA 2004, 843)
zur vollen Zufriedenheit	Durchschnittsleistung (BAG 14.10.2003 – 9 AZR 12/03, NJW 2004, 2770 = NZA 2004, 843; LAG Bremen 9.11.2002, NZA-RR 2001, 287)
zur Zufriedenheit	unterdurchschnittliche/ausreichende Leistung (LAG Köln 2.7.1999, NZA 2000, 235; LAG Hessen 10.9.1987, DB 1988, 1071)
im Großen und Ganzen zur Zufriedenheit	mangelhafte Leistung (HWK/Gäntgen, § 109 GewO Rn 23)
Er führte die ihm übertragenen Aufgaben mit großem Fleiß und Interesse durch.	ungenügende Leistung (BAG 24.3.1977, DB 1977, 1369)
Er war stets bestrebt, seinen Aufgaben gerecht zu werden.	ungenügende Leistung (LAG Hamm 16.3.1989, BB 1989, 1486)

8. Muster: Sozialverhalten leitender Angestellter gegenüber Internen[143]

I. Sehr gute Beurteilung

Alternative 1: Durch seine charakterliche Integrität und sein aktives und kooperatives Wesen war er stets beim Vorstand, im Management und bei den Mitarbeitern gleichermaßen sehr anerkannt und beliebt. Er trug in hohem Maße zu einem effizienten und harmonischen Betriebsklima bei.

Alternative 2: Wegen seines Kooperationsvermögens, seiner Vertrauenswürdigkeit und seiner verbindlichen, aber bestimmten Verhaltensweise war er bei Vorgesetzten, Kollegen und Mitarbeitern gleichermaßen anerkannt und sehr geschätzt. Auch in unseren Zweigwerken wurde er stets gern gesehen.

Alternative 3: Sein Verhalten gegenüber Vorgesetzen, Kollegen und Mitarbeitern war stets einwandfrei.

II. Gute Beurteilung

Alternative 1: Durch ihre Integrität und ihr aktives und kooperatives Wesen war sie beim Vorstand, im Management und bei den Mitarbeitern gleichermaßen sehr anerkannt und beliebt. Sie trug wesentlich zu einem effizienten und harmonischen Betriebsklima bei.

Alternative 2: Wegen seiner Vertrauenswürdigkeit und seiner verbindlichen, aber bestimmten Verhaltensweise war er bei Vorgesetzten, Kollegen und Mitarbeitern gleichermaßen anerkannt und geschätzt. Auch in unseren Zweigwerken wurde er gern gesehen.

Alternative 3: Sein Verhalten gegenüber Vorgesetzten, Kollegen und Mitarbeitern war einwandfrei.

III. Befriedigende Beurteilung

Alternative 1: Durch ihr Wesen war sie beim Vorstand, im Management und bei den Mitarbeiterinnen und Mitarbeitern gleichermaßen anerkannt und beliebt.

---

143 Zitiert nach *Weuster/Scheer*, Arbeitszeugnisse in Textbausteinen, S. 326 ff.

Alternative 2: Wegen seiner Vertrauenswürdigkeit und seiner verbindlichen, aber bestimmten Verhaltensweise war er bei Mitarbeitern, Kollegen und Vorgesetzten gleichermaßen anerkannt und geschätzt.

Alternative 3: Sein Verhalten gegenüber Mitarbeitern, Kollegen und Vorgesetzten war einwandfrei.

IV. Ausreichende Beurteilung

Alternative 1: Aufgrund seines kooperativen Wesens war er allseits anerkannt.

Alternative 2: Wegen seiner verbindlichen Verhaltensweise war er bei den Mitarbeitern anerkannt und geschätzt.

Alternative 3: Ihr Verhalten gegenüber Vorgesetzten, Kollegen und Mitarbeitern war zufrieden stellend.

V. Mangelhafte Beurteilung

Alternative 1: Durch seine kooperationsgeneigte Art war er bei den Mitarbeitern und auch im Management anerkannt.

Alternative 2: Seine verbindliche Verhaltensweise wird allseits anerkannt und geschätzt.

Alternative 3: Ihr Verhalten gegenüber Vorgesetzten, Kollegen und Mitarbeitern war insgesamt einwandfrei.

9. Muster: Dankes-/Bedauerns-Formel für alle Arbeitnehmergruppen[144]

I. Bereich „sehr gut"

Alternative 1: Wir bedauern sehr, eine so exzellente Fach- und Führungskraft zu verlieren. Für die stets vorbildliche Leitung unseres Bereiches ... sind wir ihm zu großem Dank verpflichtet. Er hat einen entscheidenden Beitrag zur Entwicklung des Unternehmens und des Goodwills geleistet.

Alternative 2: Wir danken Herrn ... für die stets sehr gute und produktive Zusammenarbeit und bedauern sehr, ihn zu verlieren. Zugleich haben wir Verständnis dafür, dass er die ihm gebotene (einmalige) Chance nutzt.

Alternative 3: Wir danken Frau ... für ihre stets sehr hohen Leistungen und bedauern den Verlust dieser sehr guten Facharbeiterin. (Ihren späteren Wiedereintritt würden wir begrüßen.)

II. Bereich „gut"

Alternative 1: Wir bedauern, eine so gute Fach- und Führungskraft zu verlieren. Für die stets gute Leitung unseres Bereiches ... sind wir ihm zu großem Dank verpflichtet. Er hat einen großen Beitrag zur Unternehmensentwicklung geleistet.

Alternative 2: Wir danken Herrn ... für die stets gute Zusammenarbeit und bedauern sehr, ihn zu verlieren. Zugleich haben wir Verständnis dafür, dass er die ihm gebotene (einmalige) Chance nutzt.

Alternative 3: Wir danken Frau ... für ihre hohen Leistungen und bedauern den Verlust dieser guten Facharbeiterin.

III. Bereich „befriedigend"

Alternative 1: Wir bedauern, eine so gute Fach- und Führungskraft zu verlieren. Für die gute Leitung unseres Bereiches ... danken wir.

Alternative 2: Wir danken Herrn ... für die gute Zusammenarbeit und bedauern, ihn zu verlieren. Zugleich haben wir Verständnis dafür, dass er die ihm gebotene Chance nutzt.

Alternative 3: Wir danken Frau ... für die gute Leistung und bedauern den Verlust dieser Facharbeiterin.

---

144 Zitiert nach *Weuster/Scheer*, Arbeitszeugnisse in Textbausteinen, S. 370 ff.

IV. Bereich „ausreichend"

Alternative 1: Für die Leitung unseres Bereiches ... bedanken wir uns.
Alternative 2: Wir bedanken uns (für die Zusammenarbeit).
Alternative 3: Wir bedanken uns für die Zugehörigkeit zu unserem Hause.

V. Bereich „mangelhaft"

Alternative 1: Für das stete Bestreben, unseren Bereich ... gut zu leiten, bedanken wir uns.
Alternative 2: Wir bedanken uns für das stete Interesse an einer guten Zusammenarbeit.
Alternative 3: Wir können unseren Dank für die stets gegebene Arbeitsbereitschaft nicht versagen.
↑

§ 4 Beendigung von Arbeitsverhältnissen

Kapitel 1: Kündigung von Arbeitsverhältnissen

Literatur:

Bauer/Winzer, Vom Personalleiter zum Pförtner?, BB 2006, 266; *Fischer*, Die Rücknahme der Arbeitgeberkündigung vor und im Kündigungsschutzprozess – rechtliche und taktische Überlegungen, NZA 1999, 459; *Fuhlrott*, Das Zustimmungsverfahren zur Kündigung Schwerbehinderter, ArbRAktuell 2011, 317; *Herbert*, Zugangsverzögerung einer Kündigung per Einschreiben und Lauf der Klagefrist des § 4 KSchG, NJW 1997, 1829; *Hohmeister*, Beweisschwierigkeiten beim Zugang einer Kündigung, BB 1998, 1477; *Howald*, Formale Anforderungen an Kündigungen – Form, Kündigungsberechtigung, Zugang, öAT 2012, 246; *Hümmerich*, Verfestigte Rechtsprechung zur Betriebsratsanhörung nach § 102 BetrVG, RdA 2000, 345; *Kappenhagen/Zimmer*, Kein Sonderkündigungsschutz wegen Abwerbung, FA 2003, 261; *Kittner*, § 9 MuSchG, § 18 BEEG – Prüfungsumfang und Entscheidung bei betrieblich veranlassten Kündigungen, NZA 2010, 198; *Klein*, Die Kündigung „i.A." – Kennzeichen mangelnder Schriftform?, NZA 2004, 1198; *Kock*, Weiterbeschäftigung trotz Wegfall des Arbeitsplatzes, MDR 2006, 961; *Messingschlager*, „Sind die schwerbehindert?" – Das Ende einer (un-)beliebten Frage, NZA 2003, 301; *Mrosk*, Der Nachweis des Zugangs von Willenserklärungen im Rechtsverkehr, NJW 2013, 1481; *Reufels*, Prozesstaktische Erwägungen bei Vollmachtsproblemen, NZA 2011, 5; *Schaub*, Ist die Frage nach der Schwerbehinderung zulässig?, NZA 2003, 299; *Strybny*, Ändern, nicht beenden – neue Hürden des Bundesarbeitsgerichts für Beendigungskündigungen, FA 2006, 362; *Stürmer*, Bewerbung und Schwangerschaft, NZA 2001, 527; *Thüsing/Lambrich*, Das Fragerecht des Arbeitgebers – aktuelle Probleme zu einem klassischen Thema, BB 2002, 1146; *Vossen*, Die Anhörung des Betriebsrats (§ 102 Abs. 1 BetrVG) – Ein aktueller Rechtsprechungsüberblick, FA 2007, 66.

A. Erläuterungen

I. Schriftformerfordernis gem. § 623 BGB

Für Kündigungen und Auflösungsverträge gilt gem. § 623 BGB ein **zwingendes gesetzliches Schriftformerfordernis**. Zweck der Schriftform ist, der besonderen Bedeutung dieser Beendigungstatbestände Rechnung zu tragen und größtmögliche Rechtssicherheit herbeizuführen. Der Schriftform kommt insoweit eine **Warnfunktion** zu, damit die Vertragsparteien nicht unüberlegt das Arbeitsverhältnis beenden. Außerdem dient § 623 BGB der Klarstellung, dass tatsächlich eine Kündigung erklärt ist.[1] Mit dem Schriftformerfordernis sollen unergiebige Rechtsstreitigkeiten, ob überhaupt eine Kündigung vorliegt, vermieden bzw die entsprechende Beweiserhebung wesentlich vereinfacht werden.

Sofern sich in Tarif- und Arbeitsverträgen sowie Betriebsvereinbarungen besondere **Schriftformklauseln für Kündigungen** finden, haben diese eigenständige Bedeutung nur noch, wenn sie weitergehende Anforderungen an die Form stellen als § 623 BGB, zB die schriftliche Angabe des Kündigungsgrundes oder die Übermittlung der **Kündigung per Einschreiben**. Das Einschreibeerfordernis dient idR Beweiszwecken. Gewahrt ist dieses Formerfordernis auch im Fall einer persönlichen Übergabe gegen Empfangsquittung. Für eine Kündigung durch den Arbeitnehmer ist eine solche Klausel aufgrund der Regelung in § 309 Nr. 13 BGB, wonach Erklärungen an eine strengere Form als die gesetzliche Schriftform oder an besondere Zugangserfordernisse gebunden werden können, ohnehin unwirksam.[2]

§ 623 BGB erfasst **alle Kündigungstatbestände**, die auf die **Beendigung des Arbeitsverhältnisses** gerichtet sind. Neben der ordentlichen und der außerordentlichen Kündigung aus wichtigem Grund bedarf auch die Änderungskündigung der Schriftform. Die **Änderungskündigung** kann die Beendigung des gesamten Arbeitsverhältnisses bewirken, wenn der Arbeitnehmer sie nicht annimmt. Bei einer Änderungskündigung bedarf nicht nur die **Kündigungserklärung**, sondern auch das **Änderungsangebot** der Schriftform.[3] Bei der Änderungskündigung handelt es sich um einen einheitlichen Tatbestand von Kündigungserklärung und Änderungsangebot, was ein **umfassendes Schriftformerfordernis** begründet.

---

1 BAG 24.1.2008 – 6 AZR 519/07, NZA 2008, 521.
2 Hümmerich/Reufels/*Schiefer*, Gestaltung von Arbeitsverträgen, § 1 Rn 2804.
3 BAG 16.9.2004 – 2 AZR 628/04, NZA 2005, 635.

4 Ungeachtet des in § 623 BGB normierten konstitutiven Schriftformerfordernisses besteht grundsätzlich keine Verpflichtung, die ordentliche oder die außerordentliche Kündigung zu begründen.[4] Im Regelfall müssen die **Kündigungsgründe** nicht einhergehend mit der Kündigungserklärung mitgeteilt werden. Gesetzliche Ausnahmen von diesem Grundsatz sind in § 9 Abs. 3 MuSchG und § 22 Abs. 3 BBiG normiert. Gemäß den vorbenannten Regelungen muss die Kündigung unter Angabe der Gründe erfolgen. Auch Tarifverträge oder Arbeitsverträge können eine schriftliche Begründung der Kündigung fordern. Ein Verstoß gegen den Begründungszwang führt regelmäßig zur Unwirksamkeit der Kündigung.[5]

5 Gemäß § 626 Abs. 2 Satz 3 BGB muss der Kündigende dem anderen Teil auf Verlangen den Kündigungsgrund **unverzüglich schriftlich mitteilen**. Die Verletzung dieser gesetzlichen Verpflichtung führt indes nicht zur Unwirksamkeit der Kündigung. Aus der pflichtwidrigen Nichtangabe des Kündigungsgrundes kann sich aber für den Gekündigten ein Schadensersatzanspruch wegen der Kosten des Prozesses ergeben, den der Gekündigte im Vertrauen darauf anhängig gemacht hat, dass für die Kündigung kein wichtiger Grund vorlag.[6]

6 Die Einführung des Schriftformzwangs hat für den Ausspruch von Kündigungen die Folge, dass **mündliche Kündigungen nichtig** sind, § 125 BGB. Bei der Schriftform nach § 623 BGB handelt es sich um ein konstitutives Schriftformerfordernis, das nicht zur Disposition der Vertragsparteien steht.[7] Allerdings erfasst das Schriftformerfordernis weder die Angabe der Kündigungsart (ordentliche/außerordentliche) noch der Kündigungsfrist oder des Kündigungstermins, soweit nicht anderweitig hierzu Formerfordernisse bestehen.[8] Bleibt unklar, in welcher Art und zu welchem Zeitpunkt gekündigt ist, geht dies zu Lasten des Kündigenden und die Kündigung gilt als ordentliche, weil dies für den Gekündigten günstiger ist.[9] Die schriftliche außerordentliche Kündigung kann daher in eine ordentliche Kündigung nach § 140 BGB **umgedeutet** werden.[10]

7 Für die **Erfüllung der Formvorschrift** gilt **§ 126 BGB**, also die **Unterzeichnung** der Urkunde durch Namensunterschrift oder mittels notariell beglaubigten Handzeichens. Dabei genügen stattdessen weder Stempel noch eine faksimilierte Unterschrift. Erforderlich bei der Namensunterschrift ist mindestens ein Familienname, bei Firmen entsprechend den jeweils geltenden handels- und gesellschaftsrechtlichen Vorschriften die Unterschrift des Berechtigten. Der Lesbarkeit des Namenszugs bedarf es nicht. Vielmehr genügt ein die Identität des Unterschreibenden ausreichend kennzeichnender Schriftzug, der individuelle und entsprechend charakteristische Merkmale aufweist, welche die Nachahmung erschweren.[11] Der Schriftzug muss sich als Wiedergabe eines Namens darstellen, die Absicht einer vollen Unterschriftsleistung erkennen lassen und sich nach dem äußeren Erscheinungsbild vom Handzeichen (Paraphe) abgrenzen.[12] Die Unterschrift muss die voranstehende Kündigung decken und deshalb unterhalb des Textes stehen, also räumlich abschließen.[13]

8 Die Übermittlung per elektronischer Post (**E-Mail**) **genügt** dem Schriftformerfordernis mangels Unterzeichnung **nicht**, selbst wenn das Kündigungsschreiben als eingescannte Anlage angehängt ist.[14] Ein **Telegramm** wahrt die Schriftform trotz eigenhändiger Unterschrift des Aufgabetelegramms ebenso wenig wie die früher verbreitete Übermittlung der Kündigung durch **Telefax**.[15] Eine **vergessene Unterschrift** des Ausstellers führt unweigerlich zur Nichtigkeit der Kündigung. In der Praxis ist daher auf die eigenhändige Unterschrift des Ausstellers besonderes Augenmerk zu legen.

9 Eine Kündigung ist dem Arbeitnehmer nicht in der gesetzlich vorgeschriebenen Schriftform zugegangen, wenn ihm das Kündigungsschreiben lediglich in **Kopie** übergeben wird. Dass dem Empfänger anlässlich der Übergabe der Kopie das Originalschreiben zur Ansicht und nicht zur Mitnahme vorgelegt

---

4 BAG 21.3.1959 – 2 AZR 375/56, AP § 1 KSchG Nr. 535.
5 Zu einer entsprechenden Arbeitsvertragsklausel: BAG 25.10.2012 – 2 AZR 845/11, DB 2013, 1305.
6 BAG 17.8.1972 – 2 AZR 415/71, EzA § 626 BGB nF Nr. 22.
7 APS/*Greiner*, § 623 BGB Rn 11.
8 APS/*Greiner*, § 623 BGB Rn 19 ff; LAG Köln 6.10.2005 – 6 Sa 843/05, NZA-RR 2006, 353.
9 APS/*Greiner*, § 623 BGB Rn 19 ff; LAG Köln 6.10.2005 – 6 Sa 843/05, NZA-RR 2006, 353.
10 BAG 23.10.2008 – 2 AZR 388/07, AP § 626 BGB Nr. 217.
11 BAG 24.1.2008 – 6 AZR 519/07, NZA 2008, 521.
12 BAG 24.1.2008 – 6 AZR 519/07, NZA 2008, 521.
13 BGH 20.11.1990 – XI ZR 107/89, NJW 1991, 487.
14 LAG Düsseldorf 25.6.2012 – 14 Sa 185/12, juris.
15 BGH 30.7.1997 – VIII ZR 244/96, NJW 1997, 3169.

wird („nur gucken, nicht anfassen"), genügt nicht für die in § 130 Abs. 1 BGB präsumierte Erlangung der Verfügungsgewalt.[16]

Schriftsatzkündigungen können ein prozesstaktisches Mittel sein. Aufgrund der mit ihnen verbundenen Schwierigkeiten sollten sie nicht das einzige Mittel der Wahl bleiben. Wird eine (**weitere**) **Kündigung während des Kündigungsrechtsstreits** durch den Prozessbevollmächtigten in einem Schriftsatz erklärt, erfordert § 623 BGB, dass eine vom Bevollmächtigten[17] unterzeichnete Ausfertigung des Schriftsatzes dem Kündigungsempfänger persönlich oder einem Empfangsbevollmächtigten zugeht.[18] Die Schriftform des § 623 BGB ist bei einer vom Prozessbevollmächtigten des Arbeitgebers ausgesprochenen Schriftsatzkündigung dabei grundsätzlich nur dann gewahrt, wenn die dem Arbeitnehmer zugehende Abschrift vom Prozessbevollmächtigten des Arbeitgebers als Erklärendem unterzeichnet ist. Ausnahmsweise soll die Schriftform des § 623 BGB auch gewahrt sein, wenn die dem Prozessbevollmächtigten des Arbeitnehmers zugegangene Abschrift beglaubigt ist und der Prozessbevollmächtigte des Arbeitgebers den Beglaubigungsvermerk selbst unterschrieben hat und der Prozessbevollmächtigte des Arbeitnehmers zum Empfang der Kündigung bevollmächtigt ist.[19] Nach einer Entscheidung des BAG[20] soll die Prozessvollmacht, aufgrund derer eine Kündigung mit der allgemeinen Feststellungsklage nach § 256 ZPO angegriffen wird, den Prozessbevollmächtigten zur Entgegennahme aller Kündigungen bevollmächtigen, die den mit dem Feststellungsantrag verbundenen weiteren Streitgegenstand betreffen. Danach kommt es nicht darauf an, ob und wann die Kündigung auch dem Arbeitnehmer selbst zugegangen ist.

II. Bestimmtheitserfordernis

Die Kündigungserklärung muss ausreichend **bestimmt** sein, mithin deutlich und zweifelsfrei erklärt werden. Um seinen Beendigungswillen auszudrücken, muss der Kündigende zwar nicht unbedingt das Wort „Kündigung" verwenden. Der Wille des Erklärenden, das Vertragsverhältnis von sich aus beenden zu wollen, muss klar erkennbar sein.[21]

Als einseitiges Rechtsgeschäft ist die **Kündigung** eines Arbeitsverhältnisses **bedingungsfeindlich**. Die Verbindung mit einer unzulässigen (auflösenden) Bedingung führt zur Unwirksamkeit der Kündigung.[22] Erklärt bspw der Arbeitgeber mit der Kündigung, im Fall einer Neubeauftragung des Arbeitgebers werde der Arbeitnehmer weiterbeschäftigt und die Kündigung sei gegenstandslos, handelt es sich idR um eine auflösende Bedingung, die zur Unwirksamkeit der Kündigung führt.[23] Gleichermaßen unzulässig ist eine Kündigung für den Fall, dass der Arbeitnehmer seine Leistung nicht verbessert oder am nächsten Tag seinen Urlaub eigenmächtig antritt. Die Bedingungsfeindlichkeit der Kündigung als Gestaltungsrecht folgt zwingend aus dem Gebot der Rechtssicherheit.

Einschränkungen der Bedingungsfeindlichkeit ergeben sich im Bereich der Rechts- und Potestativbedingungen. Da der Eintritt der Bedingung bei der Änderungskündigung vom Kündigungsempfänger abhängt, ist sie als **Potestativbedingung** rechtlich zulässig. Gleiches gilt für die sog. **Verbund- oder Zweitkündigung** (außerordentliche Kündigung und vorsorgliche ordentliche Kündigung). Die ordentliche Kündigung wird für den Fall der Unwirksamkeit der außerordentlichen Kündigung ausgesprochen. Es liegt eine zulässige Rechtsbedingung vor.[24] Auch ist eine hilfsweise bzw vorsorglich ausgesprochene weitere Kündigung, die einer bereits ausgesprochenen Kündigung nachfolgt, zulässig. Zwar ist sie durch die Wirksamkeit der vorausgehenden Kündigung bedingt. Dies ist aber eine Rechtsbedingung.

Grundsätzlich muss der Empfänger einer ordentlichen Kündigung erkennen können, wann das Arbeitsverhältnis enden soll, wofür regelmäßig die **Angabe des Kündigungstermins oder der Kündigungsfrist**

---

16 LAG Düsseldorf 18.4.2007 – 12 Sa 132/07, LAGE § 130 BGB 2002 Nr. 5.
17 Zu beachten ist insoweit § 174 BGB. Der handelnde Rechtsanwalt muss deshalb immer eine auf ihn lautende Originalvollmacht vorlegen, die ihn ausdrücklich zur Kündigung berechtigt.
18 ErfK/*Müller-Glöge*, § 623 BGB Rn 26.
19 LAG Niedersachsen 30.11.2001 – 10 Sa 1046/01, NZA-RR 2002, 242.
20 BAG 21.1.1988 – 2 AZR 581/86, NZA 1988, 651.
21 BAG 15.3.1991 – 2 AZR 516/90, NZA 1992, 452.
22 BAG 15.3.2001 – 2 AZR 705/99, NZA 2001, 1070; BAG 27.6.1968 – 2 AZR 329/67, AP § 626 BGB Bedingung Nr. 1 = EzA § 626 BGB Nr. 9.
23 BAG 15.3.2001 – 2 AZR 705/99, ArbRB 2001, 39.
24 ErfK/*Müller-Glöge*, § 620 BGB Rn 173; LAG Köln 6.10.2005 – 6 Sa 843/05, NZA-RR 2006, 353.

ausreicht.[25] Das BAG[26] hält es für ausreichend, wenn in dem Kündigungsschreiben wenigstens auf die maßgeblichen (gesetzlichen) Kündigungsfristen hingewiesen wird, sofern der Erklärungsempfänger hierdurch unschwer ermitteln kann, zu welchem Termin das Arbeitsverhältnis enden soll. Das Kündigungsschreiben in der Entscheidung des BAG vom 20.6.2013 entsprach inhaltlich einem häufig bei Massenkündigungen von Insolvenzverwaltern verwendeten Text. Auch der dortige Insolvenzverwalter hatte das Arbeitsverhältnis ordentlich **„zum nächstmöglichen Zeitpunkt"** gekündigt. Das Kündigungsschreiben führt im Weiteren aus, welche Kündigungsfristen sich aus § 622 BGB ergeben und dass § 113 InsO eine Begrenzung der gesetzlichen, tariflichen oder arbeitsvertraglichen Kündigungsfrist auf drei Monate bewirke, sofern sich eine längere Frist ergebe. Daraus könnten, so das BAG, unter Berücksichtigung der Betriebszugehörigkeit die Kündigungsfrist und der Kündigungstermin entnommen werden, was im Streitfall nach § 113 InsO zu einer Begrenzung der Kündigungsfrist auf drei Monate führte. Ob daher Kündigungen, die ohne weitere Hinweise nur „zum nächstzulässigen Termin" oder nicht einmal mit dieser Angabe[27] ausgesprochen werden, dem **Bestimmtheitsgebot** genügen, könnte im ersten Fall fraglich und dürfte im zweiten Fall zu verneinen sein.[28]

III. Kündigungsberechtigung

15 Bei Ausspruch einer Kündigung ist darauf zu achten, dass derjenige, der das Kündigungsschreiben unterzeichnet, auch eine **Kündigungsberechtigung** besitzt. Kündigungsberechtigt sind immer solche Personen, die gesetzlicher Vertreter des Arbeitgebers sind, also bspw über Prokura oder Handlungsvollmacht verfügen.[29] Eine Kündigung kann aber auch von einem Vertreter mit Vertretungsmacht ausgesprochen werden, § 164 Abs. 1 BGB. Wird ein Dritter beauftragt, im Namen des Kündigungsberechtigten Kündigungen auszusprechen, bedarf es dazu idR einer **schriftlichen Vollmacht**.

16 Wird die Kündigung von Vertretern des Arbeitgebers ausgesprochen, kann der Kündigungsempfänger die Kündigung unverzüglich nach § 174 Satz 1 BGB zurückweisen, wenn mit der Kündigungserklärung keine **Originalvollmacht** vorgelegt wurde. Die in § 174 Satz 1 BGB angeordnete Unwirksamkeit der Kündigung tritt unabhängig vom Bestehen einer Vollmacht ein. Die Vorlage der Vollmacht in Fotokopie oder als Telefax ist nicht ausreichend. Die **Zurückweisung der Kündigung** muss ohne schuldhaftes Zögern erfolgen, § 121 Abs. 1 BGB. Dazu wird nicht ein sofortiges Handeln des Kündigungsempfängers verlangt. Dem Arbeitnehmer steht eine gewisse **Überlegungsfrist** und Zeit zur Einholung rechtskundigen Rats zur Verfügung.[30] Das BAG hält die Zurückweisung einer Kündigung innerhalb von drei Tagen bzw von fünf Tagen, wenn ein Wochenende dazwischen liegt, gerechnet ab Zugang der Kündigungserklärung, noch für „unverzüglich".[31] Eine Zeitspanne von mehr als einer Woche ist ohne das Vorliegen besonderer Umstände des Einzelfalles nicht mehr unverzüglich.[32]

17 Häufig übersehen wird, dass auch der **Zurückweisungserklärung nach § 174 BGB**, soll sie durch einen Vertreter erfolgen, eine Originalvollmacht beigefügt werden muss, da sie sonst ihrerseits zurückgewiesen werden kann. Aus der Zurückweisungserklärung muss sich eindeutig ergeben, dass der fehlende Vollmachtsnachweis gerügt wird.[33] Dazu genügt es nicht, wenn nur die Kündigungsbefugnis verneint wird.[34]

18 Beruht die Vertretungsmacht auf Gesetz oder einer Organstellung, ist eine Zurückweisung ausgeschlossen.[35] Die Zurückweisung nach § 174 BGB ist aber auch dann unzulässig, wenn der Kündigungsempfänger darüber in Kenntnis gesetzt wurde, dass ein bestimmter Mitarbeiter zu Erklärungen wie einer

---

25 BAG 20.6.2013 – 6 AZR 805/11, Pressemitteilung.
26 BAG 20.6.2013 – 6 AZR 805/11, Pressemitteilung.
27 Dies dennoch für zulässig haltend: LAG Köln 6.10.2005 – 6 Sa 843/05, NZA-RR 2006, 353.
28 Bereits krit. die Vorinstanz zur Entscheidung des BAG vom 20.6.2013: LAG Hamm 6.4.2011 – 6 Sa 9/11, juris: Unter Hinweis auf BAG 1.9.2010 – 5 AZR 700/09, NZA 2010, 1409 führt das LAG Hamm aus, dass es nicht die Aufgabe des Arbeitnehmers sei, darüber zu rätseln, zu welchem Kündigungstermin der Arbeitgeber die Kündigung gewollt haben könnte.
29 BAG 9.10.1975 – 2 AZR 332/74, EzA § 626 BGB nF Nr. 43.
30 BAG 8.12.2011 – 6 AZR 354/10, NZA 2012, 495; BAG 30.5.1978 – 2 AZR 633/76, EzA § 174 BGB Nr. 2.
31 BAG 14.4.2011 – 6 AZR 727/09, BB 2011, 2236; BAG 11.7.1991 – 2 AZR 107/91, EzA § 174 BGB Nr. 9; BAG 31.8.1979 – 2 AZR 674/77, EzA § 174 BGB Nr. 3.
32 BAG 8.12.2011 – 6 AZR 354/10, NZA 2012, 495; BAG 5.4.2001 – 2 AZR 159/00, AP § 626 BGB Nr. 171 (7 Arbeitstage nicht mehr unverzüglich).
33 Reufels, NZA 2011, 5, 6.
34 BAG 19.4.2007 – 2 AZR 180/06, NZA-RR 2007, 571.
35 BAG 20.9.2006 – 6 AZR 82/06, NZA 2007, 377.

Kündigung bevollmächtigt ist, § 174 Satz 2 BGB. Die bloße Mitteilung im Arbeitsvertrag, dass der jeweilige Inhaber einer bestimmten Stelle kündigen dürfe, reicht aber nicht aus, um den Arbeitnehmer von dessen Bevollmächtigung in Kenntnis zu setzen. Erforderlich ist vielmehr ein zusätzliches Handeln des Vollmachtgebers, aufgrund dessen es vor Zugang der Kündigungserklärung dem Arbeitnehmer möglich ist, der ihm genannten Funktion, mit der das Kündigungsrecht verbunden ist, die Person des jeweiligen Stelleninhabers zuzuordnen.[36] Auch ein Aushang über die Bevollmächtigung für Kündigungen am „Schwarzen Brett"[37] oder die Vertretungszusätze „i.A." oder „i.V." reichen ebenfalls nicht für die Annahme eines Inkenntnissetzens aus.[38] Zudem kann der Zusatz „i.A." auf eine fehlende Vollmacht hinweisen.[39] Es besteht ferner die Gefahr, eine solche Erklärung als die eines Erklärungsboten und damit als nicht ausreichend für die Wahrung der gesetzlichen Schriftform nach § 126 BGB anzusehen, weil diese nur gewahrt ist, wenn der rechtsgeschäftliche Vertretungswille in der Urkunde jedenfalls andeutungsweise Ausdruck gefunden hat.[40] Nach ständiger Rechtsprechung des BAG liegt ein **Inkenntnissetzen iSd § 174 Satz 2 BGB** hingegen vor, wenn der Arbeitgeber bestimmte Mitarbeiter – zB durch die Bestellung zum Prokuristen, Generalbevollmächtigten oder Leiter der Personalabteilung – in eine Stelle berufen hat, die üblicherweise mit dem Kündigungsrecht verbunden ist.[41] Die Einschränkung der Vollmacht im Innenverhältnis, bspw aufgrund einer internen Geschäftsordnung, schadet nicht.[42] Führt der Arbeitgeber den Betrieb fort und bedient sich dabei in gleicher Weise eines Personalleiters, so gelten für die Anwendung des § 174 Satz 2 BGB keine Besonderheiten.

Im Übrigen verweist das ArbG Hamburg darauf, dass der zusammen mit einer Unterschrift in einem Kündigungsschreiben enthaltene Zusatz „Human Ressources Manager" nicht eindeutig im Sinne von „Personalleiter" zu übersetzen ist, sondern auch „Sachbearbeiter der Personalabteilung" bedeuten kann. Allein die Berufung in die Stellung als Niederlassungsleiter ist idR nicht ausreichend, um von einer Kündigungsbefugnis auszugehen.[43] Eine als bekannt vorauszusetzende Bevollmächtigung iSd § 174 Satz 2 BGB liegt auch nicht vor, wenn der Insolvenzverwalter als Partei kraft Amtes einem soziierten Rechtsanwalt im Einzelfall die Befugnis zum Ausspruch der Kündigung erteilt.[44] Die **Handlungsvollmacht** bringt nicht generell eine Stellung im Betrieb mit sich, mit der das Kündigungsrecht üblicherweise verbunden zu sein pflegt.[45]

Der Amtsleiter einer Großstadt kann unter Berücksichtigung der Bestimmungen einer Allgemeinen Dienst- und Geschäftsanweisung für die Stadtverwaltung kündigungsbefugt sein.[46] Der Stellvertreter eines Geschäftsführers eines Staatsbetriebes ist nicht organschaftlicher Vertreter; auf Rechtsgeschäfte, die er vornimmt, ist § 174 BGB anwendbar.

Eine ohne Bestehen einer Vertretungsmacht für den Arbeitgeber ausgesprochene Kündigung ist rechtsunwirksam, § 180 Satz 1 BGB. Beanstandet der Arbeitnehmer die von dem Vertreter behauptete Vertretungsmacht nicht unverzüglich, kann sie nachträglich gem. § 177 Abs. 1 BGB iVm § 180 Satz 2 BGB noch **genehmigt** werden.[47] Die Genehmigung kann auch formlos durch schlüssiges Handeln erfolgen. Denn die Genehmigung zu einem formbedürftigen Rechtsgeschäft (hier § 623 BGB) kann selbst formlos erteilt werden und bedarf nicht der Form, die für das genehmigungsbedürftige Rechtsgeschäft bestimmt ist, § 182 Abs. 2 BGB.[48] Der Klageabweisungsantrag im Kündigungsschutzprozess stellt idR eine solche Genehmigung dar. Bei einer außerordentlichen fristlosen Kündigung ist die Genehmigung nur binnen der zweiwöchigen Ausschlussfrist des § 626 Abs. 2 BGB möglich.[49]

---

36 BAG 14.4.2011 – 6 AZR 727/09, NZA 2011, 683.
37 BAG 3.7.2003 – 2 AZR 235/02, NZA 2004, 427 (431); LAG Niedersachsen 25.6.2010 – 10 Sa 46/10, NZA-RR 2011, 22; LAG Berlin 28.6.2006 – 15 Sa 632/06, NZA-RR 2007, 15 (17); LAG Köln 3.5.2002 – 4 Sa 1285/01, NZA-RR 2003, 194 (195).
38 BAG 12.1.2006 – 2 AZR 179/05, NZA 2006, 980; *Reufels*, NZA 2011, 5, 6.
39 APS/*Greiner*, § 623 BGB Rn 17.
40 Dazu BAG 13.12.2007 – 6 AZR 145/07, NZA 2008, 403.
41 BAG 14.4.2011 – 6 AZR 727/09, NZA 2011, 683.
42 BAG 29.10.1992 – 2 AZR 460/92, AP § 174 BGB Nr. 10.
43 LAG Berlin 28.6.2006 –15 Sa 632/06, NZA-RR 2007, 15 (17); LAG Köln 30.3.2004 – 5 (13) Sa 1380/03, juris; aA LAG Hessen 20.6.2000 – 9 Sa 1899/99, NZA-RR 2000, 585; LAG Mecklenburg-Vorpommern 28.2.2012 – 2 Sa 290/11, NZA-RR 2012, 350, 351.
44 LAG Köln 31.8.2000 – 6 Sa 862/00, ZIP 2001, 433.
45 LAG Niedersachsen 25.6.2010 – 10 Sa 46/10, NZA-RR 2011, 22.
46 BAG 7.11.2002 – 2 AZR 493/01, AP § 620 BGB Kündigungserklärung Nr. 18.
47 BAG 26.3.2009 – 2 AZR 403/07, NZA 2009, 1146.
48 BAG 24.8.2006 – 8 AZR 574/05, NZA 2007, 328; LAG Köln 5.10.2007 – 11 Sa 257/07, NZA-RR 2008, 5.
49 BAG 26.3.1986 – 7 AZR 585/84, NJW 1987, 1038.

IV. Zugang der Kündigungserklärung

1. Allgemeines

22 Der Zugang der Kündigung spielt prozessual meist unter dem Gesichtspunkt der Einhaltung von Fristen eine entscheidende Rolle. Dies kann zB bei der Frage von Bedeutung sein, ob die **Zwei-Wochen-Frist des § 626 Abs. 2 BGB**, die maßgebliche Kündigungsfrist, die Erklärungsfrist nach § 88 Abs. 3 SGB IX oder die **Drei-Wochen-Frist** zur Erhebung der Kündigungsschutzklage gem. § 4 KSchG eingehalten wurde.

2. Zugang unter Anwesenden

23 Das Gesetz normiert nur den Zugang einer Willenserklärung unter Abwesenden (§ 130 Abs. 1 Satz 1 BGB). Der Zugang unter Anwesenden ist hingegen nicht ausdrücklich geregelt. Die zu § 130 BGB aufgestellten Grundsätze sind aber für das Wirksamwerden einer Willenserklärung unter Anwesenden entsprechend anwendbar.[50] Bei einer in einem Schriftstück verkörperten Kündigungserklärung wird die Kündigung mit **Aushändigung** des Schriftstücks an den Erklärungsempfänger wirksam, ohne dass es darauf ankommt, ob der Empfänger das ihm übergebene Schreiben tatsächlich liest.[51] Wird dem Arbeitnehmer ein Kündigungsschreiben in einem geschlossenen Umschlag übergeben, geht es ihm im Augenblick der Übergabe zu, und zwar auch dann, wenn er den Umschlag ungeöffnet zurückgibt.[52] Mit Blick auf die Bedeutung des Nachweises des Zugangs in einem späteren Rechtsstreit sollten der Übergabe Zeugen beiwohnen. Im Idealfall quittiert der Kündigungsempfänger den Empfang des Kündigungsschreibens auf einer mit Datum versehenen Durchschrift des Kündigungsschreibens. Wird dem Arbeitnehmer das Original eines Kündigungsschreibens zur Empfangsbestätigung vorgelegt und ihm nach Unterzeichnung eine Fotokopie ausgehändigt, gilt die Kündigung als ordnungsgemäß zugegangen.[53] Es genügt die Aushändigung und Übergabe des Schriftstücks, so dass der Empfänger in der Lage ist, vom Inhalt der Erklärung Kenntnis zu nehmen.[54] Etwas anderes gilt, wenn dem Arbeitnehmer lediglich das Original gezeigt, aber gar nicht ausgehändigt wird („nur gucken, nicht anfassen").[55] Bei Minderjährigen kommt es auf den Zugang bei den gesetzlichen Vertretern an.[56]

3. Zugang unter Abwesenden

24 Gemäß § 130 Abs. 1 Satz 1 BGB wird eine Willenserklärung, die einem anderen gegenüber abzugeben ist, wenn sie in dessen Abwesenheit abgegeben wird, in dem Zeitpunkt wirksam, in dem sie ihm zugeht. Eine schriftliche Willenserklärung ist nach § 130 Abs. 1 Satz 1 BGB **zugegangen**, sobald sie in verkehrsüblicher Weise in die tatsächliche Verfügungsgewalt des Empfängers bzw eines empfangsberechtigten Dritten gelangt ist und für den Empfänger unter gewöhnlichen Verhältnissen die Möglichkeit besteht, von dem Inhalt des Schreibens Kenntnis zu nehmen.[57] Wenn für den Empfänger diese **Möglichkeit unter gewöhnlichen Verhältnissen** besteht, ist es unerheblich, wann er die Erklärung tatsächlich zur Kenntnis genommen hat oder ob er daran durch Krankheit, zeitweilige Abwesenheit oder andere besondere Umstände zunächst gehindert war.[58]

25 Ein Arbeitnehmer, der auf mehrfache Weise (Anrufbeantworter, Briefe) Kenntnis von einer ausgesprochenen Kündigung erhält, ist gehalten, eine Einschreibesendung bald (unter Berücksichtigung seines Gesundheitszustands und der Witterungsverhältnisse) abzuholen.[59] Da es auf die **Möglichkeit der Kenntnisnahme unter verkehrsüblichen Voraussetzungen** ankommt, findet eine angemessene Verteilung des Übermittlungsrisikos statt. Derjenige trägt das **Übermittlungsrisiko**, der die Gefahr am ehesten beherrschen kann und in dessen Sphäre ein zugangsvereitelnder Umstand fällt. Dem Erklärenden

---

50 BAG 9.8.1984 – 2 AZR 400/83, NZA 1985, 124 = DB 1984, 2703.
51 BAG 16.2.1983 – 7 AZR 134/81, DB 1983, 1663 = NJW 1983, 2958.
52 BAG 7.1.2004 – 2 AZR 388/03, ZInsO 2005, 671.
53 LAG Hamm 4.12.2003 – 4 Sa 900/03, ArbRB 2004, 69.
54 BAG 4.11.2004 – 2 AZR 17/04, NZA 2005, 513.
55 LAG Düsseldorf 18.4.2007 – 12 Sa 132/07, LAGE § 130 BGB 2002 Nr. 5.
56 BAG 8.12.2011 – 6 AZR 354/10, NZA 2012, 495.
57 BAG 22.3.2012 – 2 AZR 224/11, EzA § 5 KSchG Nr. 41; BAG 2.3.1989 – 2 AZR 275/88, NZA 1989, 635.
58 BAG 22.3.2012 – 2 AZR 224/11, EzA § 5 KSchG Nr. 41; BAG 16.1.1976 – 2 AZR 619/74, AP § 130 BGB Nr. 7.
59 ArbG Frankfurt aM 26.5.1999 – 9 Ca 2388/97, n.v.

fällt danach das Übermittlungsrisiko so lange zu, bis er das nach den Umständen Erforderliche getan hat, um dem Empfänger die hinreichend sichere Möglichkeit der Kenntnisnahme zu verschaffen.[60]

Konnte der Adressat eine schriftliche Kündigung wegen **fehlender Sprachkenntnis** nicht verstehen, geht sie ihm erst nach einer angemessenen Zeitspanne zu, die zur Übersetzung benötigt wird.[61]

Der Adressat einer persönlich übergebenen schriftlichen Kündigungserklärung kann ihren Zugang nicht dadurch hinauszögern oder verhindern, dass er den Brief **ungeöffnet** an den Überbringer zurückgibt. Ausreichend für den Zugang iSd § 130 BGB ist vielmehr, dass er ohne weiteres Kenntnis vom Inhalt des Schreibens hätte erlangen können. Dem Arbeitnehmer ist in diesem Fall auch verwehrt, in einem späteren Prozess mit Nichtwissen zu bestreiten, dass der Umschlag tatsächlich ein Kündigungsschreiben enthielt.[62] Wer als Arbeitgeber die ordentliche Frist zur Kündigung in der Weise ausnutzen will, dass er dem Arbeitnehmer am Abend des letzten Tages des Monats die Kündigungserklärung am Arbeitsplatz übergeben will, kann sich nicht auf **Zugangsvereitelung** durch den Arbeitnehmer berufen, wenn dieser kurz vor Arbeitsschluss bereits gegangen ist.[63]

Die vorgenannten Grundsätze sind insbesondere bei postalischer Übermittlung oder bei Übermittlung durch Boten zu beachten. Bei **Einwurf in den Briefkasten** bestimmt sich der Zeitpunkt des Zugangs danach, wann der Briefkasten üblicherweise geleert wird.[64] Dabei ist nicht auf die individuellen Verhältnisse des Empfängers abzustellen, sondern im Interesse der Rechtssicherheit zu generalisieren.[65] Es kommt nicht darauf an, wann der Empfänger den Brief tatsächlich zur Kenntnis nimmt und liest, sondern darauf, wann mit der Kenntnisnahme üblicherweise gerechnet werden kann. Bei Hausbriefkästen ist mit einer Leerung im Allgemeinen zum Zeitpunkt der üblichen Postzustellzeiten zu rechnen, die allerdings stark variieren können.[66] Dabei kann trotz „Liberalisierung" der Briefzustellung nicht davon ausgegangen werden, dass mit Einwürfen in einen vorgehaltenen Hausbriefkasten – allgemein oder ortsüblich – noch bis 17.00 Uhr eines Tages zu rechnen ist.[67] Maßgeblich ist, wann am Wohnort des Arbeitnehmers mit Zustellungen zu rechnen ist.[68] Dazu kann der Arbeitgeber Auskünfte der Deutschen Post AG vorlegen, sofern diese aussagekräftig sind. Hält sich der Arbeitnehmer während einer Krankheit oder einer sonstigen Arbeitsfreistellung gewöhnlich zu Hause auf, so ist von ihm nach der Verkehrsanschauung nicht zu erwarten, dass er nach den allgemeinen Postzustellungszeiten seinen Wohnungsbriefkasten nochmals überprüft. Wird ein Kündigungsschreiben erst erhebliche Zeit nach der allgemeinen Postzustellung in seinen Wohnungsbriefkasten geworfen (gegen 16.30 Uhr), so geht ihm die Kündigung erst am nächsten Tag zu.[69] Wurde das Kündigungsschreiben noch zu einer allgemein üblichen Postzeit in den Briefkasten eingeworfen, so gilt es selbst dann noch am selben Tag als zugegangen, wenn die Briefzustellung durch die Post in diesem Gebiet regelmäßig zu einem früheren Zeitpunkt erfolgt.[70]

Musste der Arbeitnehmer nach vorangegangenen gescheiterten Verhandlungen über einen Aufhebungsvertrag damit rechnen, dass der Arbeitgeber ihm das Kündigungsschreiben noch durch **Boten** überbringen lässt, ist das Kündigungsschreiben noch am gleichen Tag zugegangen, wenn es erst gegen 16.00 Uhr in den Briefkasten gelegt wurde.[71]

Die Verhaltensgewohnheiten der Menschen beim Leeren von Briefkästen haben sich geändert, zumal heutzutage Kurierdienste existieren, die zu jeder Tages- und Nachtzeit noch den Einwurf von Schreiben bewirken können. Das LAG Hamm[72] vertritt die Auffassung, dass ein durch Boten gegen

---

60 BAG 13.10.1976 – 5 AZR 510/75, EzA § 130 BGB Nr. 7.
61 LAG Hamm 4.1.1979 – 8 Ta 105/78, NJW 1979, 2488; aA LAG Köln 24.3.1988 – 8 Ta 46/88, NJW 1988, 1870.
62 LAG Sachsen 11.2.2003 – 7 Sa 292/02, ZInsO 2004, 352; Revision mit PKH-Antrag eingelegt, PKH-Antrag verworfen, BAG 7.1.2004 – 2 AZR 388/03, ZInsO 2005, 671.
63 LAG Köln 20.4.2006 – 14 (4) Sa 61/06, NZA-RR 2006, 466.
64 BAG 22.3.2012 – 2 AZR 224/11, EzA § 5 KSchG Nr. 41; BAG 24.6.2004 – 2 AZR 461/03, NZA 2004, 1330.
65 BAG 22.3.2012 – 2 AZR 224/11, EzA § 5 KSchG Nr. 41.
66 BAG 22.3.2012 – 2 AZR 224/11, EzA § 5 KSchG Nr. 41.
67 BAG 22.3.2012 – 2 AZR 224/11, EzA § 5 KSchG Nr. 41; aA Palandt/*Ellenberger*, § 130 BGB Rn 6 (Zugang am selben Tag bei allen bis 18 Uhr eingeworfenen Briefen).
68 BAG 22.3.2012 – 2 AZR 224/11, EzA § 5 KSchG Nr. 41.
69 BAG 8.12.1983 – 2 AZR 337/82, NZA 1984, 31 = NJW 1984, 1651.
70 LAG Nürnberg 5.1.2004 – 9 Ta 162/03, NZA-RR 2004, 631.
71 LAG Berlin 11.12.2003 – 16 Sa 1926/03, NZA-RR 2004, 528.
72 LAG Hamm 26.5.2004 – 14 Sa 182/04, LAGReport 2004, 319.

12.40 Uhr in den Briefkasten eines Arbeitnehmers eingeworfenes Kündigungsschreiben auch dann am selben Tag zugegangen ist, wenn der Briefträger normalerweise gegen 10.30 Uhr die Post einwirft.

31 Verfügt ein Wohnhaus mit mehreren Mietparteien über keine Briefkästen und erfolgt die Postzustellung durch Einwurf in den dafür vorgesehenen **Briefschlitz** an der Haustür, ist ein auf diesem Weg durch einen Boten zugestelltes Kündigungsschreiben in den Machtbereich des Empfängers gelangt und diesem zugegangen. Auf die tatsächliche Kenntnisnahme des Adressaten kommt es nicht an.[73]

32 Für den **Zugang** der Erklärung trägt derjenige die **Beweislast**, der sich auf den Zugang beruft. Soweit es auf die Einhaltung einer Frist ankommt, gilt dies auch für den Zeitpunkt des Zugangs. Für den Nachweis der Zustellungen von gewöhnlichen Briefsendungen genügt nicht der Beweis des ersten Anscheins. Dies gilt insbesondere dann, wenn die Anschrift auch noch unvollständig oder teilweise falsch ist.[74]

33 Das von der Deutsche Post AG zum Übergabe-Einschreiben (s. Rn 35) angebotene **Einwurf-Einschreiben**[75] geht wie ein einfacher Brief zu. Der Kündigende erhält einen Einlieferungsbeleg. Die Zustellung wird vom Postzusteller dokumentiert. Es ist eine Sendungsverfolgung möglich.

34 Sehr umstritten ist indes der **Beweiswert der Einlieferungs- und Zustellungsbelege** bzw der Datenauszüge der Deutschen Post AG. Ein Vollbeweis kann nur durch eine öffentliche Urkunde erbracht werden. Die Deutsche Post AG kann eine solche Urkunde nicht ausstellen.[76] Zudem wird idR der Auslieferungsbeleg zerstört.[77] Legt die Partei eine Kopie des Auslieferungsbelegs oder einen Datenauszug vor, wird dadurch allein bewiesen, dass die Deutsche Post AG eine entsprechende Erklärung abgegeben hat. Wird der Zusteller ermittelt und als Zeuge benannt, ist fraglich, ob dieser sich an den Vorgang erinnern kann. Demgemäß wird teilweise angenommen, dass das Einwurf-Einschreiben nicht den Anschein des Zugangs zu begründen vermag.[78] Die wohl (leicht) überwiegende Gegenauffassung geht hingegen davon aus, dass bei Absendung eines Einwurf-Einschreibens der Beweis des ersten Anscheins für dessen Zugang spreche, jedenfalls eine starke Indizwirkung bestehe.[79]

35 Beim **Übergabe-Einschreiben** wird der Zugang nicht dadurch bewirkt, dass der Postbote den Benachrichtigungsschein in den Briefkasten einwirft.[80] Auch die Kündigungszustellung durch **Einschreiben mit Rückschein** weist erhebliche Unsicherheiten auf. Zwar besteht beim Einschreiben mit Rückschein eine Kontrolle, ob und wann der Einschreibebrief zugeht, jedoch kann der Kündigungsempfänger den Zugang leicht dadurch vereiteln, dass er das Einschreiben nicht abholt. Holt der Arbeitnehmer das Einschreiben trotz Benachrichtigung nicht ab, so wird er nur dann so behandelt, als sei ihm das Kündigungsschreiben mit der Benachrichtigung zugegangen, wenn der kündigende Arbeitgeber seinerseits alles unternimmt, um den Zugang sicherzustellen, also zB nach Kenntnis von der unterbliebenen Abholung erneut kündigt.[81] Ähnlich ist der Fall, wenn ein Arbeitnehmer weiß, dass der Ausspruch einer fristlosen Kündigung durch seinen Arbeitgeber unmittelbar bevorsteht, er den Benachrichtigungsschein über die Postzustellung des Kündigungsschreibens tatsächlich erhält oder die Unkenntnis von dessen Zugang zu vertreten hat und er dann das Kündigungsschreiben verspätet bei der Poststelle abholt.[82]

36 Gleiches gilt, wenn die Übersendung im Wege der **Postzustellung mit Postzustellungsurkunde** bewirkt wird, es sei denn, sie geschieht „durch Vermittlung eines Gerichtsvollziehers" (§ 182 Abs. 1 ZPO).[83] Bei Angabe einer postlagernden oder **Postfachanschrift** geht die Kündigung zu, sobald die Post sie zum

---

73 LAG Düsseldorf 19.9.2000 – 16 Sa 925/00, MDR 2001, 145.
74 BAG 14.7.1960 – 2 AZR 173/59, NJW 1961, 2132.
75 *Friedrich*, FA 2002, 104.
76 OLG Koblenz 31.1.2005 – 11 WF 1013/04, OLG-Report 2005, 869; offen lassend mit Hinweis auf § 33 Abs. 1 Satz 1 PostG: LAG Hamm 5.8.2009 – 3 Sa 1677/08, RDG 2010, 20.
77 Darauf weist APS/*Preis*, D. Rechtsgeschäftliche Grundlagen der Kündigung, Rn 56 hin.
78 So etwa LG Potsdam 27.2.2000 – 11 S 233/99, NJW 2000, 3722; LAG Hamm 5.8.2009 – 3 Sa 1677/08, RDG 2010, 20; krit. und zugleich zum Meinungstand auch KR/*Friedrich*, § 4 KSchG Rn 112.
79 OLG Saarbrücken 20.3.2007 – 4 U 83/06, OLGR Saarbrücken 2007, 601; LAG Köln 14.8.2009 – 10 Sa 84/09, juris; *Mrosk*, NJW 2013, 1481, 1483.
80 BAG 25.4.1996 – 2 AZR 13/95, NZA 1996, 1227; LAG Köln 21.10.1994 – 13 Sa 610/94, ZTR 1995, 371; LAG Rheinland-Pfalz 10.1.2001 – 10 Sa 949/00, n.v.
81 BGH 26.11.1997 – VIII ZR 22/97, AP § 130 BGB Nr. 19.
82 BAG 7.11.2002 – 2 AZR 475/01, NZA 2003, 719.
83 LAG Köln 21.10.1994 – 13 Sa 610/94, ZTR 1995, 371.

Abholen bereit hält oder in das Postfach einlegt und üblicherweise noch mit dem Abholen gerechnet werden kann.[84]

Nicht nur angesichts der bestehenden Rechtsunsicherheiten und Beweisschwierigkeiten ist von der postalischen Zustellung der Kündigung im Wege des Übergabe-Einschreibens, Einwurf-Einschreibens oder Einschreibens mit Rückschein bzw generell auf dem Postweg abzuraten.[85] Es kommt nämlich gelegentlich auch vor, dass Briefe abhandenkommen oder tatsächlich nicht zugestellt werden. Der umsichtige Anwalt wird seinem Mandanten angesichts der vielfältigen Fehlerquellen bei der Sicherstellung des Zugangs der Kündigung stets dazu raten, das Kündigungsschreiben dem Kündigungsempfänger selbst zu übergeben.

Die **Übergabe** sollte unter Beweisgesichtspunkten stets **in Anwesenheit von Zeugen** erfolgen. Die **Entgegennahme des Schreibens** sollte vom Kündigungsempfänger **quittiert** werden. Es kommt häufiger vor, dass der bei der Entgegennahme eines Kündigungsschreibens emotionalisierte Arbeitnehmer erklärt, er werde den Empfang des Schreibens nicht durch seine Unterschrift bestätigen. Ein Beweisnachteil für den Arbeitgeber ist damit nicht verbunden, wenn er das Schreiben in Anwesenheit von Zeugen übergeben hat. Von diesen (möglichst zwei) Zeugen sollte er sich eine schriftliche Bestätigung der Übergabe des Kündigungsschreibens geben lassen und es nicht versäumen, diesen Zeugen vor Übergabe des Briefes Gelegenheit zu geben, in den Briefumschlag hineinzuschauen und sich selbst zu vergewissern, welchen Inhalt das meist in einem Briefumschlag übergebene Kündigungsschreiben tatsächlich hat.

Ist eine Zustellung mittels Boten nicht möglich, sollte bei allen Postsendungen ein Zeuge die Versendung von der Kuvertierung bis zur Aufgabe bei der Post verfolgen.[86]

Ist der **Arbeitnehmer abwesend**, wird geraten, entweder zwei Mitarbeiter zur Wohnung des Erklärungsempfängers zu schicken, diese in den Briefkasten das Kündigungsschreiben einwerfen und hierüber eine Notiz fertigen zu lassen oder die **Zustellung durch den Gerichtsvollzieher** vorzunehmen. Bei einer Zustellung durch den Gerichtsvollzieher gilt der Brief dann, wenn der Kündigungsempfänger nicht anwesend ist und die Zustellung durch Niederlegung gem. § 182 ZPO erfolgt, mit der Niederlegung des Briefes und Einwurf der entsprechenden Mitteilung in den Briefkasten als zugegangen.

Es genügt, wenn ein Brief an eine Person ausgehändigt wird, die nach der Verkehrsauffassung als ermächtigt anzusehen ist, den **Empfänger bei der Empfangnahme** zu **vertreten**. Es ist nicht erforderlich, dass dem Dritten, der die schriftliche Willenserklärung für den Empfänger entgegennimmt, eine besondere Vollmacht oder Ermächtigung erteilt worden ist.[87] Ohne besondere Vollmacht sind nach der Verkehrsauffassung **Familienangehörige** zum Empfang der Kündigung ermächtigt.[88] Leben Ehegatten in einer gemeinsamen Wohnung und sind sie deshalb nach der Verkehrsanschauung füreinander als Empfangsboten anzusehen, gelangt eine an einen der Ehegatten gerichtete Willenserklärung grundsätzlich auch dann in dessen Macht- und Zugriffsbereich, wenn sie dem anderen Ehegatten außerhalb der Wohnung übermittelt wird.[89] Der Zugang erfolgt auch, wenn das Kündigungsschreiben einem **Lebensgefährten** überreicht wurde.[90]

Lehnt ein als **Empfangsbote** anzusehender Familienangehöriger des abwesenden Arbeitnehmers die Annahme des Kündigungsschreibens des Arbeitgebers ab, muss der Arbeitnehmer die Kündigung nur dann als zugegangen gegen sich gelten lassen, wenn er auf die Annahmeverweigerung, etwa durch vorherige Absprache mit dem Angehörigen, Einfluss genommen hat.[91] Da es für die Ermächtigung zur Entgegennahme der schriftlichen Willenserklärung auf die in der Bundesrepublik bestehende Verkehrssitte ankommt, ist es unerheblich, welche Stellung in der Familie die Ehefrau allgemein nach den im Ausland herrschenden Anschauungen einnimmt, ob die Ehefrau des Klägers tatsächlich Empfangsvoll-

---

84 BGH 31.7.2003 – III ZR 353/02, NJW 2003, 3270.
85 *Laber*, FA 1998, 170; *Ettwig*, FA 1998, 368.
86 *Mrosk*, NJW 2013, 1481, 1483.
87 BAG 8.12.1983 – 2 AZR 354/82, n.v.; BAG 16.1.1976 – 2 AZR 619/74, AP § 130 BGB Nr. 7; BAG 13.10.1976 – 5 AZR 510/75, AP § 130 BGB Nr. 8; BAG 18.2.1977 – 2 AZR 770/75, AP § 130 BGB Nr. 10.
88 LAG Hamm 28.7.1988 – 8 Ta 222/88, DB 1988, 1759; LAG Hamburg 6.7.1990 – 1 Ta 3/90, LAGE § 130 BGB Nr. 16.
89 BAG 9.6.2011 – 6 AZR 687/09, NZA 2011, 847.
90 LAG Bremen 17.2.1988 – 3 Ta 79/87, NZA 1988, 548.
91 BAG 11.11.1992 – 2 AZR 328/92, NZA 1993, 259; RAG 4.2.1941 – RAG 157/40, DR 1941, 1796.

macht hatte oder aus in ihrer Person liegenden Gründen nicht in der Lage war, die mögliche Bedeutung des Schreibens für ihren Ehemann zu erkennen und seine Weiterleitung an ihn zu veranlassen.[92]

43 Geht es um den Nachweis des **Zugangs einer Mitteilung über die Schwangerschaft**, also zu Gunsten einer Arbeitnehmerin, ist die Rechtsprechung des BAG weitaus großzügiger als beim Nachweis des Zugangs einer Kündigung durch den Arbeitgeber. Die Mitteilung kann nach dem Gesetzeswortlaut nachgeholt werden, wenn das Überschreiten dieser Frist auf einem von der Arbeitnehmerin nicht zu vertretenden Grund beruht und die Mitteilung unverzüglich nachgeholt wird. Eine schuldhafte Versäumung der Zwei-Wochen-Frist liegt idR nur bei groben Sorgfaltsverstößen vor.[93] Wann die Mitteilung noch unverzüglich erfolgt, hängt von den Umständen des Einzelfalls ab. Eine Fristüberschreitung von einer Woche bis 13 Tagen hat das BAG als unschädlich angesehen, eine Überschreitung von 16 Tagen dagegen nicht.[94]

44 Der **Prozessbevollmächtigte** ist zur Empfangnahme eines Kündigungsschreibens nur dann ermächtigt, wenn er über eine **entsprechende Vollmacht** verfügt. Ohne entsprechende Vollmacht geht die Kündigungserklärung deshalb erst mit Aushändigung an den Mandanten zu.[95] Auch bei einer erneuten Kündigung im Kündigungsschutzprozess ist zu ermitteln, welchen Inhalt die Vollmacht des Prozessbevollmächtigten hat. Wird während eines Kündigungsschutzprozesses eine zweite schriftliche Kündigung erklärt, ist nach der punktuellen Streitgegenstandstheorie davon auszugehen, dass sich die Prozessvollmachten der Prozessbevollmächtigten grundsätzlich nicht auf die Erklärung und die Entgegennahme der zweiten Kündigung beziehen. Die Prozessvollmacht hat idR einen standardisierten Inhalt. Sie umfasst nur solche Prozesshandlungen, die zur Rechtsverfolgung und Verteidigung notwendig sind. Es bedarf mithin einer besonderen Bevollmächtigung. Ist ein Schreiben von einem empfangsberechtigten Vertreter entgegengenommen, ist der Zugang selbst dann bewirkt, wenn der Vertreter das Schreiben wieder zurücksendet und nicht dem Empfangsberechtigten aushändigt.[96] Bei einem **betreuten Arbeitnehmer** unter Einwilligungsvorbehalt, der die Vermögensvorsorge erfasst, muss die Kündigungserklärung dem Betreuer zugehen.[97] Dieser Schutz wird auch durch die in § 1903 Abs. 1 Satz 2 BGB angeordnete Anwendung von § 113 BGB nicht aufgehoben.

45 Auch bei **längerer Abwesenheit** des Kündigungsempfängers, etwa wegen **Urlaubs**, ist nicht darauf abzustellen, wann der Empfänger die Kündigungserklärung tatsächlich zur Kenntnis genommen hat. Unerheblich ist, ob er durch zeitweilige Abwesenheit oder andere besondere Umstände in seinem Bereich darin gehindert worden ist, sie alsbald zur Kenntnis zu nehmen.[98] Dies gilt auch, wenn der kündigende Arbeitgeber die Urlaubsadresse des Arbeitnehmers kennt. Er kann die Kündigung gleichwohl an die Heimatanschrift des Arbeitnehmers schicken. Lediglich bei besonderen Umständen des Einzelfalles kann sich aus § 242 BGB eine abweichende Würdigung ergeben. Eine dann an sich verspätete Klage kann aber nach § 5 KSchG nachträglich zugelassen werden.[99]

46 Bei einem **Umzug** ist eine Kündigung an die bisherige Anschrift möglich, solange die neue Anschrift nicht mitgeteilt und kein Nachsendeantrag gestellt ist. Der Empfänger kann sich auf den verspäteten Zugang nicht berufen, wenn er nichts getan hat, dass ihn das Schreiben an der richtigen Anschrift erreicht.

47 **Hindernisse**, die in der **Sphäre des Empfängers** liegen, hat dieser zu verantworten. Das aus dem Fehlen eines Briefkastens erwachsende Zugangsrisiko trifft den Arbeitnehmer. Wird ihm deshalb ein Brief in den Türspalt der Wohnungstür geklemmt, so kann er sich nicht darauf berufen, den Brief erst 20 Stunden später im Hausflur gefunden zu haben.[100] Hat der Bote den Brief mangels Verfügbarkeit eines Hausbriefkastens nach vergeblichem Klingeln auffällig zwischen Glasscheibe und Metallgitter der von der Straße nicht einsehbaren Haustür des Einfamilienhauses des Kündigungsempfängers gesteckt, ist das Kündigungsschreiben zugegangen.[101] Verweigert der Empfänger grundlos die Annahme der Kündi-

---

92 BAG 8.12.1983 – 2 AZR 354/82, n.v.
93 BAG 6.10.1983 – 2 AZR 368/82, NJW 1984, 1418 = MDR 1984, 522.
94 Vgl die Übersicht bei ErfK/*Schlachter*, § 9 MuSchG Rn 7.
95 LAG Baden-Württemberg 25.9.1967 – 7 Ta 11/67, BB 1967, 1424.
96 BAG 13.10.1976 – 5 AZR 510/75, EzA § 130 BGB Nr. 7.
97 LAG Berlin 22.6.2006 – 18 Sa 385/06, jurisPR-ArbR 12/2007 Anm. 5.
98 BAG 22.3.2012 – 2 AZR 224/11, EzA § 5 KSchG Nr. 41.
99 BAG 16.3.1988 – 7 AZR 587/87, NZA 1988, 875.
100 ArbG Köln 16.3.1981 – 6 Ca 9206/80, BB 1981, 1642.
101 LAG Hamm 25.2.1993 – 8 Ta 333/92, NZA 1994, 32.

gung, gilt sie ohne Wiederholung als zugegangen.[102] Wird ein Brief wegen fehlerhafter Frankierung nicht oder verspätet zugeleitet oder weist der Kündigungsempfänger ihn wegen des Nachportos zurück, trägt der Kündigende das Risiko. Kündigt der Arbeitgeber unmittelbar nach Erteilung der Zustimmung des Integrationsamts dem schwerbehinderten Arbeitnehmer fristlos durch Einschreiben, das nach erfolglosem Zustellversuch bei der Postanstalt niedergelegt, nach Ablauf der siebentägigen Lagerfrist an den Arbeitgeber zurückgesandt und erst dann dem Arbeitnehmer zugestellt wird, dann kann es dem Arbeitnehmer nach Treu und Glauben verwehrt sein, sich darauf zu berufen, die Kündigung sei nicht unverzüglich iSd § 91 Abs. 5 SGB IX erklärt worden, wenn ihm der Benachrichtigungsschein über die Niederlegung des Einschreibbriefs bei der Postanstalt (durch Einwurf in den Hausbriefkasten) iSd § 130 BGB zugegangen ist. Das ist der Fall, wenn der Arbeitnehmer weiß, dass bei dem Integrationsamt ein Zustimmungsverfahren anhängig ist, dieser den Benachrichtigungsschein tatsächlich erhält oder die Unkenntnis von dessen Zugang zu vertreten hat. Hierbei ist zu berücksichtigen, dass er in dem Zeitraum, in dem er mit einer Kündigung rechnen muss, seine Post sorgfältig durchzusehen hat.[103]

Immer wieder zu Streit zwischen Arbeitgeber und Arbeitnehmer führen **Wohnungswechsel** des Arbeitnehmers. Verschiedentlich wird beim Ausspruch der Kündigung nicht bedacht, dass der Arbeitnehmer eine neue Wohnanschrift hat, wobei nachlässige oder nur mittelbare Mitteilungen zur Änderung der Wohnungsanschrift vom Arbeitgeber nicht seinerseits mit Nachlässigkeiten begegnet werden sollte. Ein Arbeitnehmer, der seine Wohnung wechselt, kann die Anschriftenänderung dem Arbeitgeber in der Weise mitteilen, dass er während seiner Erkrankung eine ärztliche Arbeitsunfähigkeitsbescheinigung einreicht, in der die neue Anschrift eingetragen ist. Es bedarf dann nicht noch eines ausdrücklichen Hinweises des Arbeitnehmers auf den Wohnungswechsel.[104] Schickt der Arbeitgeber bei der hier geschilderten Fallkonstellation das Kündigungsschreiben an die frühere Anschrift des Arbeitnehmers und verzögert sich deshalb der Zugang der Kündigung, handelt der Arbeitnehmer nicht treuwidrig, wenn er sich auf den späteren Zugang beruft.[105] Muss ein Arbeitnehmer mit dem Zugang einer Kündigung rechnen, so verletzt er die ihm obliegende Sorgfaltspflichten erheblich, wenn er, obwohl dem Arbeitgeber seine derzeitige Anschrift nicht bekannt ist, bei der Übersendung einer Arbeitsunfähigkeitsbescheinigung dem Arbeitgeber als Absender eine Anschrift mitteilt, unter der er tatsächlich (etwa durch Botenzustellung) nicht erreichbar ist.[106]

48

Ein Arbeitnehmer ist verpflichtet, dem Arbeitgeber jede Änderung der im Arbeitsvertrag angegebenen **Anschrift** mitzuteilen. Diese Pflicht besteht insbesondere dann, wenn ihm eine Kündigung angekündigt wird. Auch die Einrichtung eines **Nachsendeauftrags** bei der Post kann den Verstoß gegen Treu und Glauben nicht verhindern.[107] Diese Entscheidung konkretisiert die Rechtsprechung des BAG zu den Folgen einer **selbstverschuldeten Zugangsverzögerung**, die mit dem Urteil des BAG vom 25.4.1996[108] begründet wurde und sich in weiteren Entscheidungen[109] fortsetzt. Sie entspricht auch der Rechtsprechung des BGH,[110] der ebenfalls die Auffassung vertritt, dass nach Eingehung von Vertragsbeziehungen geeignete Vorkehrungen getroffen werden müssen, dass erwartete rechtserhebliche Erklärungen den Vertragspartner auch erreichen.

49

Zur **treuwidrigen Vereitelung des Zugangs** eines Kündigungsschreibens hat das BAG mit Urteil vom 22.9.2005[111] entschieden, dass sich der Empfänger einer Willenserklärung nach Treu und Glauben nicht auf den verspäteten Zugang der Willenserklärung berufen kann, wenn er die Zugangsverzögerung selbst zu vertreten hat. Der Erklärungsempfänger muss sich dann so behandeln lassen, als habe der Erklärende die entsprechenden Fristen gewahrt. Auch bei schweren Sorgfaltsverstößen kann der Adressat nach Treu und Glauben regelmäßig aber nur dann so behandelt werden, als habe ihn die Wil-

50

---

102 BAG 11.11.1992 – 2 AZR 328/92, NZA 1993, 259; BAG 4.3.1965 – 2 AZR 261/64, DB 1965, 747.
103 BAG 3.4.1986 – 2 AZR 258/85, DB 1986, 2336.
104 BAG 18.2.1977 – 2 AZR 770/75, DB 1977, 1194.
105 BAG 18.2.1977 – 2 AZR 770/75, DB 1977, 1194 = AP § 130 BGB Nr. 10.
106 BAG 22.9.2005 – 2 AZR 366/04, NZA 2006, 204.
107 BAG 22.9.2005 – 2 AZR 366/04, NZA 2006, 204.
108 BAG 25.4.1996 – 2 AZR 13/95, BAGE 83, 73.
109 BAG 27.6.2002 – 2 AZR 382/01, BAGE 102, 49 = NJW 2003, 1828; BAG 7.11.2002 – 2 AZR 475/01, BAGE 103, 277 = NZA 2003, 719.
110 BGH 26.11.1997 – VIII ZR 22/97, BGHZ 137, 205 = NJW 1998, 976.
111 BAG 22.9.2005 – 2 AZR 366/04, NZA 2006, 204.

lenserklärung erreicht, wenn der Erklärende alles Erforderliche und ihm Zumutbare getan hat, damit seine Erklärung den Adressaten erreichen konnte. In dem häufigen Fall, dass ein Arbeitnehmer mit dem Zugang einer Kündigung rechnet, verletzt er die ihm obliegende Sorgfaltspflichten erheblich, wenn er, obwohl dem Arbeitgeber seine derzeitige Anschrift nicht bekannt ist, bei der Übersendung einer Arbeitsunfähigkeitsbescheinigung dem Arbeitgeber als Absender eine Anschrift mitteilt, unter der er tatsächlich (etwa durch Botenzustellung) nicht erreichbar ist.

51 Befindet sich der Arbeitnehmer in **Untersuchungshaft** oder in **Auslieferungshaft** im Ausland, wenn während ein an seine Heimatanschrift gerichtetes Kündigungsschreiben eingeht, liegt generell ein Zugang des Kündigungsschreibens vor.[112] Allerdings kann in Fällen, in denen sich der Arbeitnehmer in Haft befand, eine nachträgliche Zulassung der Klage gem. § 5 KSchG in Betracht kommen, wenn der Arbeitnehmer wegen der Inhaftierung gehindert war, eine Kündigungsschutzklage zu erheben.

V. „Rücknahme" der Kündigung

52 Die Kündigung ist ein einseitiges empfangsbedürftiges Rechtsgeschäft. Da mit dem Zugang der Kündigung ihre Gestaltungswirkung unmittelbar herbeigeführt wird, kann der Kündigende die einmal ausgesprochene, zugegangene Kündigung entgegen einer weit verbreiteten Fehlvorstellung nicht mehr einseitig zurücknehmen.[113] Eine **einseitige Rücknahme** der Kündigung scheidet nach ihrem Zugang auch dann aus, wenn der Gekündigte von ihr tatsächlich noch keine Kenntnis erlangt hatte.[114] Gemäß § 130 Abs. 1 Satz 2 BGB wird die Willenserklärung nur dann nicht wirksam, wenn dem Kündigungsempfänger vor Zugang der Kündigung oder gleichzeitig ein **Widerruf** zugeht.[115]

53 Erklärt der Arbeitgeber die „Rücknahme der Kündigung", stellt dies ein **Angebot** dar, das bisherige Arbeitsverhältnis als nicht gekündigt zu den bisherigen Bedingungen fortzusetzen.[116] Dieses Angebot kann der Arbeitnehmer ausdrücklich, stillschweigend oder durch schlüssiges Handeln annehmen.[117] Nimmt der Arbeitnehmer das Angebot zur Fortführung des Arbeitsverhältnisses an, kommt ein Vertrag über die Aufhebung der Kündigung zustande, dessen Rechtsfolge die unveränderte Fortsetzung des Arbeitsverhältnisses ist.[118] Eine einverständliche Kündigungsrücknahme in Form eines außergerichtlichen oder gerichtlichen Vergleichs führt erst dann zur Beseitigung des arbeitgeberseitigen Annahmeverzugs, wenn der Arbeitgeber die ihm obliegende Mitwirkungshandlung vornimmt, dh einen funktionsfähigen Arbeitsplatz zur Verfügung stellt und dem Arbeitnehmer Arbeit zuweist bzw die versäumte Arbeitsaufforderung nachholt.[119]

54 Nimmt der Arbeitgeber die Kündigung zurück, entfällt hierdurch nicht das **Rechtsschutzinteresse** für die anhängige Kündigungsschutzklage. Die Rücknahme der Kündigung nimmt dem Arbeitnehmer auch nicht das Recht, nach erklärter Rücknahme gem. § 9 KSchG die Auflösung des Arbeitsverhältnisses zu beantragen.[120] In der Erhebung der Kündigungsschutzklage liegt keine antizipierte Zustimmung des Arbeitnehmers zur Rücknahme der Kündigung des Arbeitgebers.[121] In der Stellung des Auflösungsantrages gem. § 9 KSchG nach der erklärten Kündigungsrücknahme durch den Arbeitnehmer liegt idR die Ablehnung des Arbeitgeberangebots, die Wirkungen der Kündigung einverständlich rückgängig zu machen und das Arbeitsverhältnis fortzusetzen.[122]

---

112 BAG 2.3.1989 – 2 AZR 275/88, NZA 1989, 635.
113 BAG 6.2.1992 – 2 AZR 408/91, BB 1992, 790; BAG 17.4.1986 – 2 AZR 308/85, NZA 1987, 17; BAG 19.8.1982 – 2 AZR 230/80, AP § 9 KSchG 1969 Nr. 9; BAG 29.1.1981 – 2 AZR 1055/78, AP § 9 KSchG 1969 Nr. 6.
114 ErfK/*Müller-Glöge*, § 620 BGB Rn 229.
115 BAG 19.8.1982 – 2 AZR 230/80, BAGE 40, 56 = AP § 9 KSchG 1969 Nr. 9; *Fischer*, NZA 1999, 459.
116 BAG 19.8.1982 – 2 AZR 230/80, BAGE 40, 56 = AP § 9 KSchG 1969 Nr. 9.
117 *Fischer*, NZA 1999, 459 f.
118 BAG 19.8.1982 – 2 AZR 230/80, AP § 9 KSchG 1969 Nr. 9.
119 BAG 19.1.1999 – 9 AZR 679/97, EzA § 615 BGB Nr. 93.
120 BAG 29.1.1981 – 2 AZR 1055/78, AP § 9 KSchG 1969 Nr. 6.
121 BAG 16.3.2000 – 2 AZR 75/99, NZA 2000, 1332.
122 BAG 19.8.1982 – 2 AZR 230/80, AP § 9 KSchG 1969 Nr. 9.

VI. Kündigungsfristen

1. Allgemeines

Zentral geregelt sind die Kündigungsfristen für das Arbeitsrecht in § 622 BGB. Gemäß § 622 Abs. 1 BGB gilt eine **Grundkündigungsfrist** von vier Wochen zum Fünfzehnten oder zum Ende eines Kalendermonats. Für **arbeitgeberseitige Kündigungen** verlängert sich die Kündigungsfrist nach der gestuften Regelung des § 622 Abs. 2 Satz 1 BGB von einem Monat zum Ende eines Kalendermonats ab einer zweijährigen Beschäftigung bis zu sieben Monaten zum Ende des Kalendermonats nach zwanzigjähriger Tätigkeit (Nr. 1–7).

§ 622 Abs. 2 Satz 2 BGB bestimmt, dass Zeiten vor Vollendung des 25. Lebensjahres nicht berücksichtigt werden. Der EuGH hat mit seinem Urteil vom 19.1.2010[123] die **Altersdifferenzierung** in § 622 Abs. 2 BGB wegen **Altersdiskriminierung** für europarechtswidrig erklärt. Das BAG hat diese Rechtsprechung mit der Entscheidung vom 1.9.2010 bestätigt.[124] Die Nichtberücksichtigung von Beschäftigungszeiten jüngerer Mitarbeiter findet daher im deutschen Recht keine Anwendung mehr. Bei einem seit zehn Jahren im Betrieb tätigen 30-jährigen Mitarbeiter beträgt damit die Kündigungsfrist nach § 622 Abs. 2 Nr. 4 BGB vier Monate zum Monatsende und nicht nach § 622 Abs. 2 Nr. 2 BGB nur zwei Monate zum Monatsende. Dies gilt nunmehr auch für die vielen tarifvertraglichen Regelungen, die bei der Berücksichtigung von Beschäftigungszeiten bei der Feststellung der Dauer der Kündigungsfrist nach dem Lebensalter differenzieren.

Bei der Berechnung der Beschäftigungsdauer nach § 622 Abs. 2 BGB ist ein **Berufsausbildungsverhältnis**, aus dem der Auszubildende in ein Arbeitsverhältnis übernommen wurde, zu berücksichtigen.[125] Darüber hinaus finden sich Sonderregelungen etwa in § 86 SGB IX, § 22 BBiG, § 63 SeemG und § 113 Satz 2 InsO.[126] Auf Hausangestellte finden die verlängerten Kündigungsfristen nach § 622 Abs. 2 BGB keine Anwendung, da der Haushalt weder Betrieb noch Unternehmen ist.[127] Bei **arbeitnehmerähnlichen Personen** sind die Kündigungsfristen des § 621 Nr. 3 BGB maßgeblich, wenn sie aufgrund eines Dienstvertrages beschäftigt werden. Im Fall des **Geschäftsführers** einer GmbH, der am Kapital der Gesellschaft nicht beteiligt ist, findet § 622 Abs. 1 und 2 BGB entsprechende Anwendung.[128]

Die maßgebliche **Dauer der Beschäftigung** bemisst sich nach dem Zeitpunkt des Zugangs der Kündigung und nicht des Kündigungstermins. Maßgebend ist der rechtliche Bestand des Arbeitsverhältnisses. Tatsächliche Unterbrechungen der Beschäftigung wirken sich auf die Dauer des Arbeitsverhältnisses nicht aus.[129] Beschäftigungszeiten aus früheren Arbeitsverhältnissen mit demselben Arbeitgeber werden grundsätzlich nicht berücksichtigt, es sei denn, zwischen den Beschäftigungsverhältnissen besteht ein enger zeitlicher und sachlicher Zusammenhang.[130] Eine feste Begrenzung für den Zeitraum, bis zu dem Unterbrechungen außer Betracht bleiben können, besteht nicht. Je länger die zeitliche Unterbrechung gedauert hat, desto gewichtiger müssen die für einen sachlichen Zusammenhang sprechenden Umstände sein. Beträgt der zeitliche Abstand zwischen dem früheren und dem neuen Arbeitsverhältnis fast sieben Wochen und damit jenseits der Zeitdauer, die bisher als unschädlich angesehen worden ist, sind nur außergewöhnlich gewichtige Umstände in der Lage, einen sachlichen Zusammenhang zu begründen.[131] Zeiten eines freien Mitarbeiterverhältnisses sind mitzuzählen, wenn sich durch die Übernahme in ein Arbeitsverhältnis die Art der bisherigen Tätigkeit nicht ändert.[132] Auch Zeiten eines Dienstverhältnisses als Geschäftsführer können anrechenbar sein.[133]

Nach § 2 Abs. 1 Satz 2 Nr. 9 NachwG zählen die Fristen für die Kündigung des Arbeitsverhältnisses zu den wesentlichen Vertragsbedingungen, die der Arbeitgeber spätestens einen Monat nach dem vereinbarten Beginn des Arbeitsverhältnisses schriftlich niederzulegen, zu unterzeichnen und dem Arbeitneh-

---

123 EuGH 19.1.2010 – C-555/07, NZA 2010, 85.
124 BAG 1.9.2010 – 5 AZR 700/09, NZA 2010, 1409 = NJW 2010, 3740.
125 BAG 9.9.2010 – 2 AZR 714/08, NZA 2011, 343; BAG 2.12.1999 – 2 AZR 139/99, NZA 2000, 720.
126 Zu § 113 InsO: BAG 16.6.1999 – 4 AZR 191/98, EzA § 113 InsO Nr. 9.
127 KR/*Spilger*, § 622 BGB Rn 65.
128 BGH 29.1.1981 – II ZR 92/80, AP § 622 BGB Nr. 14.
129 *Wank*, NZA 1993, 961 (965).
130 BAG 19.6.2007 – 2 AZR 94/06, NZA 2007, 1103.
131 BAG 22.5.2003 – 2 AZR 426/02, NZA 2004, 399.
132 BAG 6.12.1978 – 5 AZR 545/78, NJW 1980, 1304 (zu § 2 AngKSchG); aA APS/*Linck*, § 622 BGB Rn 61.
133 LAG Rheinland-Pfalz 17.4.2008 – 9 Sa 684/07 DB 2008, 1632; ähnl. BAG 24.11.2005 – 2 AZR 614/04, NZA 2006, 366.

mer auszuhändigen hat. Die Angabe kann ersetzt werden durch einen Hinweis auf die einschlägigen Tarifverträge, Betriebs- oder Dienstvereinbarungen und ähnlichen Regelungen, die für das Arbeitsverhältnis gelten. Ist die gesetzliche Regelung maßgebend, kann auf sie verwiesen werden (§ 2 Abs. 3 NachwG).

60 Die verlängerten Kündigungsfristen gelten nach § 622 Abs. 2 BGB nur für die Kündigung durch den Arbeitgeber. Für **arbeitnehmerseitige Kündigungen** gilt hingegen immer die Grundkündigungsfrist des § 622 Abs. 1 BGB, dh eine Frist von vier Wochen zum Fünfzehnten oder zum Ende eines Kalendermonats. Allerdings können Arbeitgeber und Arbeitnehmer die Geltung der verlängerten Fristen auch für die Kündigung des Arbeitnehmers vereinbaren. Nach § 622 Abs. 6 BGB dürfen die Kündigungsfristen für den Arbeitnehmer nicht länger sein als die entsprechenden Fristen des Arbeitgebers.

61 In der **Probezeit**, längstens jedoch für die Dauer von sechs Monaten, kann das Arbeitsverhältnis mit der verkürzten Frist des § 622 Abs. 3 BGB, dh mit einer Frist von zwei Wochen, gekündigt werden. Wird eine längere Probezeit vereinbart, gilt nach Ablauf von sechs Monaten die allgemeine Grundkündigungsfrist. Die Abkürzung der Kündigungsfrist tritt bei vereinbarter Probezeit von Rechts wegen ein. Es bedarf keiner gesonderten Vereinbarung der abgekürzten Kündigungsfrist. Die **verkürzte Kündigungsfrist in der Probezeit** greift, wenn die Kündigung innerhalb der Probezeit dem Kündigungsempfänger zugeht.[134]

62 Nach § 622 Abs. 4 BGB dürfen durch **Tarifvertrag** die Grundkündigungsfrist, die verlängerte Frist und die Frist während der Probezeit abgekürzt werden. Für die Abkürzung der Kündigungsfristen besteht keine Untergrenze. Die durch Tarifvertrag verkürzten Fristen gelten auch zwischen nicht tarifgebundenen Arbeitgebern und Arbeitnehmern, wenn ihre Anwendung zwischen ihnen einzelvertraglich vereinbart ist. Tariflich geregelte Kündigungsfristen sind angesichts ihrer weiten Verbreitung für den im Arbeitsrecht tätigen Anwalt von großer Bedeutung.

63 § 622 Abs. 5 BGB regelt, dass im Rahmen von **Aushilfsarbeitsverhältnissen** und bei Beteiligung von Kleinunternehmen einzelvertraglich eine verkürzte Grundkündigungsfrist vereinbart werden kann. Gemäß § 622 Abs. 5 Satz 3 BGB können einzelvertraglich längere als die gesetzlichen Kündigungsfristen vereinbart werden. Kündigungstermine sind abdingbar.

64 Zu beachten ist die Vorschrift des § 624 BGB, die regelt, dass, wenn das Dienstverhältnis für die Lebenszeit einer Person oder für längere Zeit als fünf Jahre eingegangen ist, es von dem Verpflichteten nach dem Ablauf von fünf Jahren mit einer Frist von sechs Monaten gekündigt werden kann.

65 Die **Kündigungsfrist berechnet** sich nach den §§ 187 Abs. 1, 188 Abs. 1 Satz 1 BGB. Die Kündigungsfrist beginnt an dem Tag, der auf den Tag des Zugangs der Kündigung folgt (§ 187 Abs. 1 BGB). Sie endet mit dem Ablauf desjenigen Tages der letzten Woche, welcher durch seine Benennung dem Tage entspricht, an dem die Kündigung zugegangen ist (§ 188 Abs. 2 BGB). Fehlt bei einer nach Monaten bestimmten Frist im letzten Monat der für ihren Ablauf maßgebende Tag, endet die Frist mit dem Ablauf des letzten Tag dieses Monats (§ 188 Abs. 3 BGB). Wird das Arbeitsverhältnis mit einer zu kurzen Frist gekündigt, führt dies nicht zur Unwirksamkeit der Kündigung. Vielmehr wirkt eine verspätete Kündigung zum nächst zulässigen Kündigungstermin.[135] Der Ablauf der Kündigungsfrist muss im Kündigungsschreiben nicht mit dem exakten Datum bezeichnet werden. Die Kündigungserklärung „zum nächstmöglichen Zeitpunkt" reicht aus. Ist die Kündigungsfrist falsch berechnet, kann der Arbeitnehmer diesen Mangel auch außerhalb der Frist des § 4 KSchG beim Arbeitsgericht mit Erfolg geltend machen.[136]

2. Verhältnis von Kündigungsfrist und Kündigungstermin

66 *Diller*[137] schildert einen Fall, der dem Arbeitsrechtler in der Praxis immer wieder begegnet: Im Arbeitsvertrag ist eine Kündigungsfrist von sechs Wochen oder drei Monaten zum Quartal vorgesehen. Der gekündigte Arbeitnehmer hat aufgrund längeren Bestands des Arbeitsverhältnisses eine gesetzliche Kündigungsfrist gem. § 622 Abs. 2 BGB von zwei, drei, vier oder mehr Monaten, jeweils zum Ende des Kalendermonats. § 622 Abs. 5 BGB untersagt die einzelvertragliche Vereinbarung von Kündigungsfris-

---

134 BAG 25.2.1981 – 7 AZR 25/79, NJW 1981, 2831.
135 BAG 18.4.1985 – 2 AZR 197/84, EzA § 622 nF BGB Nr. 21.
136 BAG 15.12.2005 – 2 AZR 148/05, DB 2006, 1116.
137 Instruktiv *Diller*, NZA 2000, 293 ff.

ten, die kürzer als die gesetzlichen Fristen sind. Mit Blick hierauf stellt sich die Frage, welcher Maßstab bei dem erforderlichen **Günstigkeitsvergleich** anzulegen ist. Bezieht sich der Günstigkeitsvergleich („kürzere Frist") nur auf die Kündigungsfrist (sechs Wochen, drei Monate) oder auch auf den Kündigungstermin (Monatsende, Quartalsende)? Und falls Letzteres der Fall sein sollte, ist etwa eine Frist von sechs Wochen zum Quartal günstiger als zwei Monate zum Monatsende?

Maßgeblich für die Lösung der vorstehenden Fragen ist, ob die Arbeitsvertragsparteien mit der von ihnen vereinbarten Vertragsfassung die **Kündigungsfrist konstitutiv** oder lediglich **deklaratorisch** regeln wollten. Haben die Parteien zu Informationszwecken nur die gesetzliche Regelung wiederholt, ohne eine eigenständige Regelung treffen zu wollen, findet sich eine klare Lösung. An die Stelle des Verweises auf die alte Gesetzeslage tritt die Verweisung auf die nunmehr geltende Gesetzeslage. Sowohl hinsichtlich der Frist als auch hinsichtlich des Termins gilt ausschließlich § 622 BGB in der ab 1993 geltenden Fassung. Die frühere Quartalskündigungsfrist ist obsolet. Maßgeblich sind allein die Monatskündigungsfristen des BGB. Entsprechend führt das BAG in seiner Entscheidung vom 4.7.2001[138] aus, dass, sofern es keine Anhaltspunkte für einen entgegenstehenden Parteiwillen gibt, aus einer 1971 getroffenen Vereinbarung (Kündigungsfrist von drei Monaten zum Quartalsende) idR nicht geschlossen werden kann, dass der vertragliche Kündigungstermin (Quartalsende) auch dann Bestand haben sollte, wenn nach einer Gesetzesänderung der Gesamtvergleich von Kündigungsfrist und Kündigungstermin zu dem Ergebnis führt, dass die gesetzliche Regelung für den Arbeitnehmer stets günstiger ist. 67

Schwieriger gestaltet sich die Entscheidung, wenn die Vertragsparteien eine **konstitutive Quartalskündigungsfrist** vereinbart haben.[139] Konstitutiv sind auf jeden Fall Quartalskündigungsfristen mit Arbeitern sowie in nach Oktober 1993 abgeschlossenen Arbeitsverträgen mit Angestellten. Bei konstitutiven Quartalskündigungsfristen ist ein Günstigkeitsvergleich mit den gesetzlichen Kündigungsfristen nach § 622 BGB vorzunehmen. Im Wege eines „**Gesamtvergleichs**" sind Kündigungsfristen und -termine als Paket zu bewerten. Die längeren Fristen können also nicht ohne weiteres im Sinne einer „Rosinentheorie" mit den vertraglich vereinbarten Quartalsterminen kombiniert werden. Etwas anderes gilt ausnahmsweise dann, wenn der Vereinbarung der Quartalstermine aufgrund besonderer Umstände eine eigenständige Bedeutung zukommt. Unter Aspekten der Rechtsklarheit ist es sachgerecht, den Günstigkeitsvergleich zwischen vertraglicher Quartalskündigungsfrist und gesetzlicher Monatskündigungsfrist bezogen auf die Umstände des konkreten Einzelfalles in Abhängigkeit vom Tag des Ausspruchs einer Kündigung zu ermitteln.[140] 68

Die gesetzliche Kündigungsfrist von sieben Monaten zum Ende eines Kalendermonats nach 20jährigem Bestehen eines Arbeitsverhältnisses (§ 622 Abs. 2 Satz 1 Nr. 7 BGB) ist bei einem Gesamtvergleich von Frist und Termin in jedem Falle günstiger als eine vertraglich vereinbarte Kündigungsfrist von drei Monaten zum Quartalsende. Ein abstrakter Günstigkeitsvergleich hat im Regelfalle nach dem Maßstab zu erfolgen, welche der Kündigungsregelungen für die längere Zeit innerhalb des Kalenderjahres den besseren Schutz gibt oder ob auf den konkreten Einzelfall abzustellen ist. Abgelehnt wird vom BAG eine Sichtweise, bei der zwischen Kündigungstermin und Kündigungsfrist isoliert der Günstigkeitsvergleich vorgenommen wird. Der Arbeitnehmer hat in dem hier maßgeblichen Fall also nicht einen Anspruch auf eine Kündigungsfrist von sieben Monaten (gesetzliche Regelung) zum Ende eines Quartals (vertraglicher Kündigungstermin). 69

3. Tarifvertragliche Regelungen

Die Ausgestaltung und Abänderung der Kündigungsfristen des BGB ist in ihren verschiedenen Variationsformen – als Grundkündigungsfrist, als verlängerte Kündigungsfrist und als Kündigungsfrist während der Probezeit – **tarifdispositiv**. Das heißt, gemäß der umfassenden **Öffnungsklausel** in § 622 **Abs. 4 BGB** können sowohl die Kündigungsfristen als auch die Voraussetzungen für das Eingreifen bestimmter längerer Kündigungsfristen (Betriebszugehörigkeit) sowie die Kündigungstermine durch die Tarifpartner abweichend (günstiger oder ungünstiger) von der Gesetzeslage geregelt werden. Die tarifliche Abkürzung der Kündigungsfrist kann uU bis zum Kündigungsfristausschluss führen. Mit der Öffnungsklausel in § 622 Abs. 4 BGB wollte der Gesetzgeber den Tarifparteien die Möglichkeit eröffnen, 70

---

138 BAG 4.7.2001 – 2 AZR 469/00, NZA 2002, 380.
139 LAG Nürnberg 13.4.1999 – 6 (5) Sa 182/98, NZA-RR 2000, 80.
140 AA *Diller*, NZA 2000, 293 ff, der im Wege einer abstrakt-generellen Betrachtung ermitteln will, welche Regelung während der jeweils längeren Zeit des Jahres den besseren Schutz bietet.

den Besonderheiten einzelner Wirtschaftsbereiche und Beschäftigungsgruppen ausreichend Rechnung zu tragen.[141] Allerdings sind auch die Tarifpartner gem. § 622 Abs. 6 BGB an das Benachteiligungsverbot zu Lasten der Arbeitnehmer gebunden, weil die Vorschrift im Gegensatz zu § 622 Abs. 5 BGB aF keine Beschränkung auf einzelvertragliche Regelungen mehr enthält.

71 Nach ständiger Rechtsprechung des BAG[142] ist bei Tarifverträgen jeweils durch Auslegung zu ermitteln, inwieweit die Tarifvertragsparteien eine selbständige, das heißt eine in ihrer normativen Wirkung von der außertariflichen Norm unabhängige eigenständige Regelung treffen wollten. Dieser Wille muss im Tarifvertrag einen hinreichend erkennbaren Ausdruck gefunden haben. Das ist regelmäßig anzunehmen, wenn die Tarifvertragsparteien eine im Gesetz nicht oder anders enthaltene Regelung treffen oder eine gesetzliche Regelung übernehmen, die sonst nicht für die betroffenen Arbeitsverhältnisse gelten würde. Für einen rein deklaratorischen Charakter der Übernahme spricht hingegen, wenn einschlägige gesetzliche Vorschriften wörtlich oder inhaltlich unverändert übernommen werden.

72 Eine deklaratorische Klausel erschöpft sich in der Übernahme der gesetzlichen Regelung. Insoweit gilt nichts anderes als bei der individualvertraglichen Absprache. Wird das Gesetz aufgehoben oder geändert, gilt auch die Tarifbestimmung nicht mehr bzw nur noch in geänderter Form. Haben die Tarifpartner bei einer Kündigungsfristenregelung in nicht verfassungskonformer Weise von der in § 622 BGB enthaltenen Tariföffnungsklausel Gebrauch gemacht, ist die dadurch entstandene Lücke durch Anwendung der tarifdispositiven Gesetzesnorm zu schließen. Das heißt, es gelten die gesetzlichen Kündigungsfristen.[143]

4. Nicht frist- und nicht termingerechte Kündigung

73 Fehlt es am rechtzeitigen Zugang oder wird die Kündigung mit einer zu kurzen Frist erklärt, stellt sich die Frage, ob die Kündigung im Zweifel **zum nächsten zulässigen Kündigungstermin ausgelegt** oder **umgedeutet** werden kann.[144] Der 2. Senat des BAG geht hiervon aus. Nach dem Empfängerhorizont sei eine nicht fristgerechte Kündigungserklärung regelmäßig so auszulegen, dass das Arbeitsverhältnis unter Einhaltung der zutreffenden Frist beendet werden soll.[145] Nur dann, wenn sich aus der Kündigung und den im Rahmen der Auslegung zu berücksichtigenden Umständen des Einzelfalls ein Wille des Arbeitgebers ergibt, die Kündigung nur zum erklärten Zeitpunkt gegen sich gelten zu lassen, scheidet eine Auslegung aus. Der Kündigungstermin ist dann ausnahmsweise integraler Bestandteil der Willenserklärung.[146] Der 5. Senat des BAG vertritt hingegen die Auffassung, dass eine Auslegung der Kündigung als solche zum zutreffenden Beendigungstermin nur in Betracht kommt, wenn sich aus der Kündigungserklärung oder aus den Umständen Anhaltspunkte ein solcher Wille des Kündigenden entnehmen lasse.[147] Die Gewährung einer längeren als der vorgeschriebenen Kündigungsfrist ist grundsätzlich unschädlich. Etwas anderes gilt indes dann, wenn durch die verfrühte Kündigung die Anwendung des KSchG umgangen werden soll.[148]

VII. Beteiligung Dritter bei der Kündigung

74 Als Dritte, mit denen der Arbeitgeber vor Ausspruch der Kündigung in ein Anhörungs- oder Zustimmungsverfahren eintreten muss, kommen insbesondere das **Integrationsamt**, der **Betriebsrat**, der **Personalrat**, die **Mitarbeitervertretung in kirchlichen Einrichtungen** und der **Sprecherausschuss** in Betracht. Soll einer Mitarbeiterin gekündigt werden, die sich in Mutterschaft oder Schwangerschaft oder Elternzeit befindet, ist die Zustimmung der zuständigen **Verwaltungsbehörde** einzuholen.

---

141 BT-Drucks. 12/4902, S. 7 und 9.
142 BAG 14.2.1996 – 2 AZR 201/95, NZA 1996, 1166; BAG 5.10.1995 – 2 AZR 1028/94, EzA § 622 BGB nF Nr. 52; BAG 10.5.1994 – 3 AZR 721/93, AP § 1 TVG Tarifverträge Verkehrsgewerbe Nr. 3; BAG 16.9.1993 – 2 AZR 697/92, NZA 1994, 221; BAG 4.3.1993 – 2 AZR 355/92, NZA 1993, 995; BAG 23.1.1992 – 2 AZR 470/91, NZA 1992, 739.
143 BAG 10.3.1994 – 2 AZR 323/84, NZA 1994, 799.
144 BAG 18.4.1985 – 2 AZR 197/84, NZA 1986, 229; BAG 4.2.1960 – 3 AZR 25/58, AP § 1 KSchG Betriebsbedingte Kündigung Nr. 5.
145 BAG 6.7.2006 – 2 AZR 215/05, NZA 2006, 1405; BAG 15.12.2005 – 2 AZR 148/05, NZA 2006, 791; der Arbeitnehmer muss in diesem Fall nicht die Klagefrist nach § 4 KSchG wahren, wenn er nur die Nichteinhaltung der Klagefrist geltend machen will. Es bleibt beim Grundsatz der Verwirkung.
146 BAG 15.12.2005 – 2 AZR 148/05, NZA 2006, 791; der Arbeitnehmer muss in diesem Fall die Klagefrist nach § 4 KSchG wahren, selbst wenn er nur die Nichteinhaltung der Klagefrist geltend machen will.
147 BAG 1.9.2010 – 5 AZR 700/09, NZA 2010, 1409; ggf kommt eine Umdeutung in Betracht.
148 LAG Schleswig-Holstein 15.3.2011 – 2 Sa 491/10, juris.

Mit Urteil vom 17.6.2003 hat das BAG[149] klargestellt, dass der Arbeitgeber die Kündigung auch dann wirksam aussprechen kann, wenn eine Zulässigerklärung der Landesbehörde vorliegt, gegen die die Schwangere vor den Verwaltungsgerichten klagt. Die Kündigung einer Schwangeren ist nach § 9 Abs. 1 MuSchG nicht unzulässig, wenn zum Zeitpunkt ihres Ausspruchs eine Zulässigerklärung der zuständigen Landesbehörde vorliegt. Eine Bestandskraft des Verwaltungsakts ist nicht zu fordern. Bis zur rechtskräftigen Entscheidung über den Widerspruch und die Anfechtungsklage ist die Kündigung vielmehr schwebend unwirksam. Bei dieser Fallkonstellation werden die Rechte der schwangeren Arbeitnehmerin gewahrt. Sollte nämlich der Bescheid über die Zulässigerklärung der Kündigung vor den Verwaltungsgerichten aufgehoben werden, bleibt der Arbeitnehmerin die Möglichkeit einer Wiederaufnahme des arbeitsgerichtlichen Verfahrens.[150]

75

Es wird geraten, Sorgfalt auf die Mitteilungen an Dritte zu verwenden. Die hier vorgelegten Textbausteine sind nur Muster, die einer Individualisierung bedürfen. Insbesondere Fehler bei den Mitteilungen im Rahmen des Anhörungsverfahrens gem. § 102 BetrVG an den Betriebsrat und nach § 31 SprAuG können zur Folge haben, dass die Kündigung nichtig ist. Eine unvollständige Unterrichtung des Betriebsrats hat das BAG mit einer nicht erfolgten Anhörung des Betriebsrats gem. § 102 Abs. 1 Satz 3 BetrVG gleichgesetzt.[151] Es gilt der **Grundsatz der subjektiven Determination**.[152] Im Streitfall muss stets der Arbeitgeber beweisen, dass der Betriebsrat oder zumindest sein Vorsitzender über das erforderliche Wissen verfügte.

76

Wird das Muster 4230[153] im Rahmen einer ordentlichen Änderungskündigung verwendet, wird darum gebeten, stets zu prüfen, ob die Maßnahme nicht zugleich auch eine mitbestimmungspflichtige Versetzung iSd § 99 BetrVG darstellt. In diesem Falle ist nämlich zusätzlich das Zustimmungsverfahren nach § 99 BetrVG durchzuführen, das leider verschiedentlich vergessen wird.

77

Zu beachten ist im Rahmen des Anhörungsverfahrens nach § 102 BetrVG, dass die Mitteilung der Kündigungsfrist an den Betriebsrat nur dann unterbleiben kann, wenn sie dem Betriebsrat bekannt ist.[154] Das BAG verlangt grundsätzlich auch, dass der **Zeitpunkt des Kündigungsausspruchs** angegeben wird.[155] Ausreichend ist, wenn die Mitteilung an den Betriebsrat die Absicht des Arbeitgebers enthält, alsbald nach Abschluss des Anhörungsverfahrens die Kündigung auszusprechen.[156] Eine dementsprechende Formulierung enthalten die Muster 4210, 4220 und 4230.[157]

78

Bei der Kündigung eines **Probearbeitsverhältnisses** sind die Anforderungen nach § 102 BetrVG nicht so streng. Stützt der Arbeitgeber seinen Entschluss von vornherein nur auf subjektives Empfinden, braucht er auch nur dieses Empfinden dem Betriebsrat mitzuteilen.[158]

79

VIII. Änderungskündigung

Änderungen des Arbeitsvertrages, die nicht vom Direktionsrecht des Arbeitgebers gedeckt sind, muss der Arbeitgeber, wenn der Arbeitnehmer mit diesen nicht einverstanden ist, durch eine **Änderungskündigung** durchsetzen. Die Änderungskündigung setzt sich aus der **Kündigung des Arbeitsverhältnisses** und einem **gleichzeitigen Angebot** eines neuen Arbeitsverhältnisses zu **geänderten Arbeitsbedingungen** zusammen. Abzugrenzen ist die Änderungskündigung von einer unzulässigen Teilkündigung. Sowohl die Kündigung als auch das Änderungsangebot unterliegen dem gesetzlichen Schriftformgebot.[159] Das mit der Kündigung unterbreitete Änderungsangebot muss eindeutig bestimmt, zumindest bestimmbar sein. Ihm muss zweifelsfrei zu entnehmen sein, welche Arbeitsbedingungen ab wann zukünftig gelten sollen.[160] Wenn der Arbeitnehmer das Angebot mit einem „**Ja**" annehmen kann, ist das Angebot von

80

---

149 BAG 17.6.2003 – 2 AZR 245/02, BAGE 106, 293 = NZA 2003, 1329.
150 BAG 17.6.2003 – 2 AZR 245/02, BAGE 106, 293 = NZA 2003, 1329.
151 BAG 17.2.2000 – 2 AZR 913/98, NZA 2000, 761; zum Überblick über die Rspr *Hümmerich*, RdA 2000, 345; *Hümmerich/ Mauer*, DB 1997, 165.
152 BAG 18.5.1994 – 2 AZR 920/93, DB 1994, 1984; BAG 11.7.1991 – 2 AZR 119/91, AP § 102 BetrVG 1972 Nr. 57.
153 § 4 Rn 177.
154 BAG 29.1.1986 – 7 AZR 257/84, EzA § 102 BetrVG 1972 Nr. 64.
155 BAG 28.2.1974 – 2 AZR 455/73, EzA § 102 BetrVG 1972 Nr. 8.
156 BAG 29.1.1986 – 7 AZR 257/84, EzA § 102 BetrVG 1972 Nr. 64.
157 § 4 Rn 175; § 4 Rn 176; § 4 Rn 177.
158 BAG 26.1.1995 – 2 AZR 386/94, EzA § 102 BetrVG 1972 Nr. 87; LAG Düsseldorf 15.11.2001 – 15 Sa 1223/01, n.v.
159 BAG 16.9.2004 – 2 AZR 628/03, NZA 2005, 635.
160 BAG 29.9.2011 – 2 AZR 523/10, NZA 2012, 628.

ausreichender Bestimmtheit.¹⁶¹ Es reicht der Satz, dass die Firma dem Arbeitnehmer anbietet, das bestehende Arbeitsverhältnis zu einem bestimmten Zeitpunkt zu näher zu bezeichnenden Bedingungen fortzusetzen und dass es im Übrigen bei den bisherigen vertraglichen Regelungen verbleibt. Die Kündigung als unbedingte Änderungskündigung ist in Muster 4130¹⁶² und Muster 4140¹⁶³ dargestellt.¹⁶⁴

81 Sollen mit der Änderungskündigung durch das Änderungsangebot **mehrere Vertragsänderungen** herbeigeführt werden, sind alle vom Arbeitgeber vorgeschlagenen Vertragsänderungen am Verhältnismäßigkeitsgrundsatz zu messen. Die Unwirksamkeit einer vorgeschlagenen Änderung führt zur Gesamtunwirksamkeit der Änderungskündigung.¹⁶⁵

82 Vorsicht ist auch geboten, wenn **mehrere Alternativen** in Betracht kommen. Es kann an der Bestimmtheit des Änderungsangebots fehlen, wenn der Arbeitgeber dem Arbeitnehmer verschiedene Änderungsangebote unterbreitet und ihm die Wahl überlässt.¹⁶⁶ Dies gilt erst recht, wenn der Arbeitgeber zur selben Zeit mehrere Änderungskündigungen erklärt, die je für sich das Angebot zur Fortsetzung des Arbeitsverhältnisses unter Änderung lediglich einer bestimmten – jeweils anderen – Vertragsbedingung enthalten.¹⁶⁷ Das „Auswahlrisiko" bleibt damit beim Arbeitgeber. Er hat unter mehreren Änderungsmöglichkeiten dem Arbeitnehmer diejenige anzubieten, die den bisherigen Arbeitsbedingungen am nächsten kommt.

83 Das BAG¹⁶⁸ hat den Grundsatz der Verhältnismäßigkeit in der Weise konkretisiert, dass der **Vorrang der Änderungskündigung vor der Beendigungskündigung** bedeutet, dass selbst dann, wenn der Arbeitnehmer in einem Vorgespräch die Änderungen der Arbeitsbedingungen abgelehnt hat, zunächst eine Änderungskündigung ausgesprochen werden muss. Nur in Extremfällen gestattet die Rechtsprechung nunmehr, dass aufgrund eindeutiger Erklärungen des Arbeitnehmers, das Änderungsangebot nicht anzunehmen, anstelle der Änderungskündigung sogleich eine Beendigungskündigung treten kann, die dem Verhältnismäßigkeitsgrundsatz entspricht.¹⁶⁹

IX. Anhörung des Betriebsrats

1. Allgemeine Grundsätze des Anhörungsverfahrens

84 Gemäß § 102 Abs. 1 BetrVG ist der **Betriebsrat** vor jeder Kündigung, auch einer Änderungskündigung, durch den Arbeitgeber **anzuhören**. Eine Vereinbarung, wonach das Verfahren nach § 102 BetrVG entfallen soll, ist unwirksam. § 102 BetrVG ist zwingender Natur und steht nicht zur Disposition der Betriebspartner.¹⁷⁰ Auch vor Ausspruch einer zwischen Arbeitgeber und Arbeitnehmer „verabredeten" oder einer auf Wunsch des Arbeitnehmers auszusprechenden Kündigung ist der Betriebsrat zu hören.¹⁷¹ Wurde im Betrieb ein Interessenausgleich mit Namensliste nach § 1 Abs. 5 KSchG abgeschlossen, muss dennoch das Anhörungsverfahren nach § 102 BetrVG für jede einzelne Kündigung durchgeführt werden.

85 Bei einer Anhörung zu einer beabsichtigten außerordentlichen Kündigung stehen dem Betriebsrat nach § 102 Abs. 2 Satz 3 BetrVG **drei Tage** zur Stellungnahme zur Verfügung, bei der Anhörung zu einer ordentlichen Kündigung die **Wochenfrist** nach § 102 Abs. 2 Satz 1 BetrVG.

86 Eine **ohne Anhörung** des Betriebsrats ausgesprochene Kündigung ist unwirksam. Eine Kündigung ist auch dann unwirksam, wenn das vorangegangene **Anhörungsverfahren fehlerhaft** war, weil es nicht wirksam eingeleitet oder durchgeführt wurde.¹⁷² Hingegen führen Fehler, die in der Risikosphäre des Betriebsrats liegen, nicht zur Unwirksamkeit der Kündigung. Ohne Auswirkungen bleiben daher die

---

161 BAG 17.5.2001 – 2 AZR 460/00, EzA § 620 BGB Kündigung Nr. 3.
162 § 4 Rn 164.
163 § 4 Rn 165.
164 BAG 16.9.2004 – 2 AZR 628/03, NZA 2005, 635.
165 BAG 23.6.2005 – 2 AZR 642/04, NZA-RR 2006, 280; BAG 3.4.2008 – 2 AZR 500/06, NZA 2008, 812.
166 ErfK/*Oetker*, § 2 KSchG Rn 10; ArbG Düsseldorf 18.10.2005 – 6 Ca 2685/05, NZA-RR 2006, 21; aA LAG Hamm 7.9.2007 – 4 Sa 423/07, LAGE § 2 KSchG Nr. 60.
167 BAG 10.9.2009 – 2 AZR 822/07, NZA 2010, 333.
168 BAG 21.4.2005 – 2 AZR 132/04, EzA § 2 KSchG Nr. 53; BAG 21.4.2005 – 2 AZR 244/04, EzA § 2 KSchG Nr. 52.
169 *Bauer/Winzer*, BB 2006, 266; *Strybny*, FA 2006, 362.
170 LAG Hamm 9.9.1974, DB 1974, 1964.
171 BAG 28.6.2005 – 1 ABR 25/04, NZA 2006, 48.
172 BAG 16.9.1993 – 2 AZR 267/93, NZA 1994, 311.

nicht ordnungsgemäße Einladung zu der Betriebsratssitzung, Fehler bei der Beschlussfassung, die fehlende oder unrichtige Weitergabe der vom Arbeitgeber erhaltenen Informationen durch den Betriebsratsvorsitzenden oder ein sonst zum Empfang berechtigtes Betriebsratsmitglied, formelle Fehler bei der Abgabe der Stellungnahme, die Abstimmung unter Beteiligung von Ersatzmitgliedern trotz eines nicht gegebenen Verhinderungsfalls und die Abgabe einer Stellungnahme ohne vorangegangene Anhörung des Arbeitnehmers.[173] Etwas anderes kann ausnahmsweise dann gelten, wenn erkennbar keine Stellungnahme des Gremiums „Betriebsrat" vorliegt oder der Arbeitgeber den Fehler des Betriebsrats durch unsachgemäßes Verhalten selbst veranlasst hat.[174]

Die Anhörung bedeutet **mehr als bloße Information**, jedoch **weniger als Beratung**. Der Arbeitgeber ist verpflichtet, etwaige Bedenken des Betriebsrats, die dieser rechtzeitig vorträgt, zur Kenntnis zu nehmen, auf sie einzugehen, sie zu erwägen, auf ihre Begründetheit zu überprüfen und ernsthaft in seine Kündigungsüberlegungen einzubeziehen. Dem steht allerdings nicht entgegen, dass der Arbeitgeber bereits vor der Entgegennahme der Reaktion des Betriebsrats seinen Kündigungsentschluss abschließend gefasst hat.[175]   87

§ 102 BetrVG gilt grundsätzlich **nicht** bei der **Beendigung des Arbeitsverhältnisses** wegen **Zeitablaufs** nach § 620 Abs. 1 BGB, durch **Aufhebungsvertrag, Arbeitnehmerkündigung, Anfechtung** und der Geltendmachung der **Nichtigkeit des Arbeitsvertrages**. Änderungskündigungen haben meist einen betriebsverfassungsrechtlichen Doppelcharakter:[176] Beim Anhörungsverfahren bei Änderungskündigungen ist regelmäßig, wenn eine Umgruppierung, eine Versetzung oder eine vergleichbare Maßnahme durchgeführt wird, zusätzlich das förmliche Verfahren nach § 99 BetrVG durchzuführen. Verweigert der Betriebsrat seine Zustimmung zur Maßnahme nach § 99 BetrVG, berührt dies die Wirksamkeit der Änderungskündigung nicht.[177] Der Arbeitgeber ist jedoch gehindert, den Arbeitnehmer zu den geänderten Arbeitsbedingungen zu beschäftigen.   88

Wurde der Betriebsrat nur zu einer außerordentlichen Kündigung angehört, so kann im Prozess eine Umdeutung der unwirksamen außerordentlichen Kündigung in eine ordentliche Kündigung nicht wirksam erfolgen. Etwas anderes gilt ausnahmsweise dann, wenn der Betriebsrat, der lediglich zu einer außerordentlichen Kündigung angehört wurde, ausdrücklich erklärt hat, er stimme der fristlosen Kündigung vorbehaltlos zu, und keine Umstände dafür ersichtlich sind, dass der Betriebsrat sich bei Unwirksamkeit der außerordentlichen Kündigung gegen eine ordentliche Kündigung gewendet hätte.[178] Um jedes Risiko auszuschließen, sollte der Betriebsrat stets von vornherein auch zu einer **hilfsweise zu erklärenden ordentlichen Kündigung** angehört werden. Darauf muss bei der Anhörung aber ausdrücklich hingewiesen werden. Dem Betriebsrat gegenüber muss eindeutig klargestellt werden, dass es um die **Anhörung zu zwei Kündigungserklärungen** geht. Vorsicht ist daher bei der Verwendung von Anhörungsformularen geboten, wie diese vielfach in Unternehmen verwendet werden. Ein fehlendes „Kreuzchen" bei dem Hinweis auf die Anhörung zu einer ordentlichen Kündigung kann ausschlaggebend sein. Für die hilfsweise zu erklärende ordentliche Kündigung muss der Arbeitgeber die Wochenfrist des § 102 Abs. 2 Satz 1 BetrVG einhalten, wenn der Betriebsrat vor Fristablauf keine abschließende Stellungnahme abgibt. Sollte der Betriebsrat vor Ablauf der Fristen eine Stellungnahme abgeben, ist diese darauf hin zu überprüfen, ob sie sich auf beide Kündigungen bezieht oder nur auf eine Kündigung. Dann ist gegebenenfalls ein weiteres Abwarten des Fristablaufs nötig. Umgekehrt kann die Anhörung wegen einer beabsichtigten ordentlichen Kündigung nicht die Anhörung wegen einer stattdessen ausgesprochenen außerordentlichen Kündigung ersetzen.[179]   89

2. Anhörungsverfahren

Die Anhörung des Betriebsrats erfolgt durch **schriftliche oder mündliche Unterrichtung**. Eine zwingende Form ist nicht vorgeschrieben.[180] Gleichwohl ist aus Beweisgründen eine schriftliche Mitteilung zu empfehlen. Der Betriebsrat kann die Anhörung zu einer beabsichtigten Kündigung durch einen Boten   90

---

173 BAG 22.11.2012 – 2 AZR 732/11, BB 2013, 1395; BAG 18.8.1982 – 7 AZR 437/80, NJW 1983, 2836.
174 BAG 22.11.2012 – 2 AZR 732/11, BB 2013, 1395.
175 BAG 28.9.1978 – 2 AZR 2/77, NJW 1979, 2421.
176 LAG Düsseldorf 3.7.1974 – 6 Sa 455/73, DB 1974, 1967; KR/*Etzel*, § 102 BetrVG Rn 31.
177 BAG 30.9.1993 – 2 AZR 283/93, NZA 1994, 615.
178 BAG 16.3.1978 – 2 AZR 424/76, NJW 1979, 76; BAG 20.9.1984 – 2 AZR 633/82, NZA 1985, 286.
179 BAG 12.8.1976 – 2 AZR 311/75, AP § 102 BetrVG 1972 Nr. 10.
180 BAG 26.1.1995 – 2 AZR 386/94, EzA § 102 BetrVG 1972 Nr. 87; *Hohmeister*, NZA 1991, 213.

oder Vertreter des Arbeitgebers nicht entsprechend § 174 Satz 1 BGB zurückweisen, wenn der Anhörung keine Vollmachtsurkunde beigefügt ist.[181]

91 Die Einleitung der Betriebsratsanhörung muss gem. § 26 Abs. 2 Satz 2 BetrVG **gegenüber dem Betriebsratsvorsitzenden** oder bei dessen Verhinderung gegenüber dessen Vertreter erfolgen. Ist ein besonderer Ausschuss (Personalausschuss) gebildet, dem der Betriebsrat die Mitbestimmung bei Kündigungen (§ 102 BetrVG) übertragen hat, ist der Ausschussvorsitzende zur Entgegennahme der Erklärungen des Arbeitgebers im Anhörungsverfahren berechtigt. Erfolgt die Übergabe eines Anhörungsschreibens oder eine mündliche Information über die Kündigungsabsicht und die Kündigungsgründe gegenüber einem sonstigen Mitglied des Betriebsrats, so wird das Anhörungsverfahren erst in Gang gesetzt, wenn das Betriebsratsmitglied das Anhörungsschreiben oder die Information an den Betriebsratsvorsitzenden oder den zur Entgegennahme berechtigten Vertreter weitergegeben hat. Da das einzelne Betriebsratsmitglied Erklärungsbote des Arbeitgebers ist, trägt der Arbeitgeber das Risiko der zeitlichen Verzögerung und unvollständigen Übermittlung.[182] Anzuhören ist der Betriebsrat, der für den Beschäftigungsbetrieb örtlich zuständig ist.

92 Grundsätzlich ist das Anhörungsverfahren **während der Arbeitszeit des Betriebsratsvorsitzenden** oder (bei dessen Verhinderung) des Stellvertreters einzuleiten. Der Betriebsratsvorsitzende oder (bei dessen Verhinderung) der Stellvertreter ist berechtigt, aber grundsätzlich nicht verpflichtet, eine Mitteilung des Arbeitgebers nach § 102 Abs. 1 BetrVG außerhalb der Arbeitszeit und außerhalb der Betriebsräume entgegenzunehmen. Hat der Betriebsrat bzw sein Vorsitzender die vom Arbeitgeber angekündigte Übergabe eines Anhörungsschreibens zur Kündigung außerhalb des Betriebs nicht abgelehnt, ist sein Stellvertreter nach § 26 Abs. 2 Satz 2 BetrVG zur Entgegennahme berechtigt, wenn das Anhörungsschreiben dem Betriebsratsvorsitzenden mangels Anwesenheit nicht ausgehändigt werden kann.[183] Allerdings setzt die Entgegennahme der Anhörungsunterlagen die Frist in Lauf, auch wenn die Mitteilung außerhalb der Arbeitszeit und außerhalb der Betriebsräume erfolgt ist.[184]

93 Damit der Arbeitgeber vor einer beabsichtigten Kündigung das Anhörungsverfahren nach § 102 BetrVG durchführen kann, ist jedoch nicht nur das Vorhandensein eines Betriebsrats erforderlich, sondern der Betriebsrat muss auch **funktionsfähig** sein. Ein funktionsunfähiger Betriebsrat kann keine Mitwirkungsrechte ausüben; der Arbeitgeber kann hier grundsätzlich ohne Anhörung des Betriebsrats die Kündigung aussprechen. Der Betriebsrat ist funktionsunfähig, wenn alle Betriebsrats- und Ersatzmitglieder gleichzeitig nicht nur kurzfristig an der Ausübung ihres Amts verhindert sind (zB wegen Krankheit, Urlaub oder Dienstreisen). Der Arbeitgeber ist auch dann, wenn die Amtszeit des neu gewählten Betriebsrats bereits begonnen, sich dieser aber noch nicht konstituiert hat, nicht verpflichtet, mit dem Ausspruch der Kündigung eines Arbeitnehmers zu warten, bis er sich konstituiert hat.[185] Im Einzelfall kann ein Abwarten jedoch zumutbar sein, wenn damit zu rechnen ist, dass die Funktionsfähigkeit des Betriebsrats alsbald hergestellt ist.[186]

94 Will der Betriebsrat gegen eine Kündigung **Bedenken** geltend machen, so muss er sich nach Beschlussfassung **innerhalb einer Woche** zu einer ordentlichen Kündigung bzw **binnen drei Tagen** zu einer außerordentlichen Kündigung gegenüber dem Arbeitgeber schriftlich äußern, sonst gilt seine Zustimmung zur Kündigung als erteilt, § 102 Abs. 2 Satz 1 und 2 BetrVG. Die Fristberechnung erfolgt nach den allgemeinen Vorschriften der §§ 187 ff BGB. Der Tag des Zugangs der Erklärung wird bei der Fristberechnung nicht mitgerechnet, § 187 Abs. 1 BGB. Die Frist endet mit Ablauf des Tages der nächsten Woche, der durch seine Benennung dem Tag entspricht, an dem dem Betriebsrat die Mitteilung zugegangen ist, § 188 Abs. 2 BGB.[187] Da das Gesetz nicht auf Werk- oder Arbeitstage abstellt, sind Kalendertage gemeint.

95 Der Arbeitgeber darf erst nach Abschluss des Anhörungsverfahrens die Kündigung des Arbeitsverhältnisses aussprechen.[188] Das **Anhörungsverfahren** ist **abgeschlossen**, wenn die Äußerungsfristen abgelau-

---

[181] BAG 13.12.2012 – 6 AZR 348/11, BB 2013, 1339.
[182] BAG 16.10.1991 – 2 AZR 156/91, EzA § 102 BetrVG 1972 Nr. 83.
[183] BAG 7.7.2011 – 6 AZR 248/10, NZA 2011, 1108.
[184] BAG 27.8.1982 – 7 AZR 30/80, NJW 1983, 2835.
[185] BAG 15.11.1984 – 2 AZR 341/83, NZA 1985, 367.
[186] BAG 15.11.1984 – 2 AZR 341/83, NZA 1985, 367.
[187] BAG 12.12.1996 – 2 AZR 809/95, RzK III 1 a Nr. 78.
[188] BAG 13.11.1975 – 2 AZR 610/74, BAGE 27, 331 = NJW 1976, 694.

fen sind oder der Betriebsrat bereits vorher eine abschließende Stellungnahme abgegeben hat. Das Anhörungsverfahren kann ausnahmsweise bereits vor Fristablauf und ohne sachliche Stellungnahme abgeschlossen sein, wenn der Betriebsrat eine mündliche oder schriftliche Erklärung des Inhalts abgegeben hat, dass er eine weitere Erörterung des Falls nicht wünscht, keine weitere Erklärung mehr abgeben will und darin eine **abschließende Stellungnahme** liegt. Das ist zB der Fall, wenn er dem Arbeitgeber mitteilt, dass er beschlossen habe, die Anhörungsfrist verstreichen zu lassen.[189] Die abschließende Erklärung muss durch den Betriebsratsvorsitzenden oder im Verhinderungsfall durch den Stellvertreter erfolgen. Auf die Erklärungen anderer Betriebsratsmitglieder kann sich der Arbeitgeber nicht verlassen. Erklärt sich der Betriebsrat nicht ausdrücklich, so ist durch Auslegung zu ermitteln, ob eine bestimmte Äußerung, zB er nehme die Kündigungsabsicht zur Kenntnis, den Erklärungsinhalt einer abschließenden Stellungnahme hat. Hierbei kann auch die Übung des Betriebsrats von Bedeutung sein.[190] Durch den Arbeitgeber stets zu prüfen ist auch, ob tatsächlich eine abschließende Erklärung des Betriebsrats vorliegt oder ob in Wahrheit keine Stellungnahme des Betriebsratsgremiums, sondern nur eine persönliche Äußerung des Betriebsratsvorsitzenden vorliegt. Es reicht daher nicht aus, wenn ein Betriebsratsmitglied sich „sinngemäß" äußert, dass es „seitens des Betriebsrats gegen die außerordentliche sowie ordentliche Kündigung keine Bedenken hätte".[191]

Allein aufgrund des Umstands, dass bereits kurz (hier: zwölf Minuten) nach Übermittlung des Anhörungsschreibens per Telefax an den Betriebsrat eine Antwort gleichfalls per Telefax erfolgt, muss der Arbeitgeber aber nicht ohne Weiteres ausgehen, es liege nur eine persönliche Äußerung des Betriebsratsvorsitzenden vor.[192] Wenn ein Betriebsratsvorsitzender aber in der ersten Betriebsversammlung nach einer Insolvenzeröffnung als Versammlungsleiter lediglich seine Meinung zum Ausdruck bringt, die beabsichtigte Massenentlassung sei unwirksam, ohne dass Anhaltspunkte dafür bestehen, dass dieser Meinungsäußerung ein Betriebsratsbeschluss zugrunde liegt, so ist in dieser Äußerung keine abschließende Stellungnahme des Betriebsrats nach § 102 BetrVG zu sehen.[193] 96

Ist die Anhörung des Betriebsrats aus Gründen **fehlerhaft**, **die in seinem Verantwortungsbereich** liegen, so ist dies für die Wirksamkeit der Anhörung und damit der Kündigung ohne Bedeutung, selbst wenn sie dem Arbeitgeber bekannt sind, es sei denn, dass er sie selbst unsachgemäß veranlasst hat.[194] Eine unsachgemäße Veranlassung durch den Arbeitgeber liegt vor, wenn er fristverkürzend auf das Anhörungsverfahren einwirkt. Unterlaufen dem Betriebsrat in der abgekürzten Anhörungsfrist Fehler, dann muss sich der Arbeitgeber diese stets zurechnen lassen. Lassen sich jedoch keine Fehler des Betriebsrats feststellen, dann macht allein das fristverkürzende Einwirken des Arbeitgebers das Anhörungsverfahren nicht unwirksam.[195] Mängel der Beschlussfassung des Betriebsrats im Zuge des Anhörungsverfahrens gem. § 102 BetrVG haben auf die Wirksamkeit der Kündigung auch dann keinen Einfluss, wenn der Arbeitgeber vor Ablauf der gesetzlichen Äußerungsfrist kündigt, nachdem der Betriebsratsvorsitzende ihm gegenüber eine als abschließende Stellungnahme des Betriebsrats bezeichnete Erklärung abgegeben hat.[196] 97

Eine vor Abschluss des Anhörungsverfahrens ausgesprochene Kündigung ist **unheilbar nichtig**, § 102 Abs. 1 Satz 3 BetrVG. Auch eine nachträgliche Anhörung oder die nachträgliche und ausdrückliche Zustimmung des Betriebsrats vermögen daran nichts zu ändern.[197] In zeitlicher Hinsicht ist zu beachten, dass eine schriftliche Kündigung ausgesprochen ist, wenn das Kündigungsschreiben den Machtbereich des Arbeitgebers verlassen hat, etwa das Kündigungsschreiben zur Post gegeben worden ist. Die Kündigung ist unwirksam, wenn in diesem Zeitpunkt weder dem Arbeitgeber die Stellungnahme des Betriebsrats vorliegt noch die Anhörungsfristen des § 102 Abs. 2 BetrVG verstrichen sind.[198] 98

Die Kündigung muss nach Abschluss des Anhörungsverfahrens nicht unbedingt in engem zeitlichem Zusammenhang mit der Anhörung erfolgen. Es genügt, wenn trotz Zeitablaufs zwischen Anhörung 99

---

189 LAG Hessen 18.6.1997 – 8 Sa 977/96, LAGE § 626 BGB Nr. 14.
190 BAG 4.8.1975 – 2 AZR 266/74, BAGE 27, 209 = BB 1975, 1435; BAG 12.12.1996 – 2 AZR 809/95, RzK III 1 a Nr. 78.
191 BAG 3.4.2008 – 2 AZR 965/06, NZA 2008, 807.
192 BAG 16.1.2003 – 2 AZR 707/01, NZA 2003, 927.
193 BAG 6.10.2005 – 2 AZR 316/04, NZA 2006, 990; BAG 12.12.1996 – 2 AZR 809/95, RzK III 1 a Nr. 78.
194 BAG 6.10.2005 – 2 AZR 316/04, NZA 2006, 990; BAG 18.8.1982 – 7 AZR 437/80, NJW 1983, 2836.
195 LAG Hamm 30.6.1994 – 4 Sa 75/94, LAGE § 102 BetrVG 1972 Nr. 43.
196 LAG Hamm 12.12.1996 – 8 Sa 1246/96, FA 1998, 23 (24).
197 BAG 28.2.1974 – 2 AZR 455/73, NJW 1974, 1526.
198 BAG 13.11.1975 – 2 AZR 610/74, NJW 1976, 1766; differenzierend BAG 8.4.2003 – 2 AZR 515/02, NZA 2003, 961.

und Kündigung der Kündigungssachverhalt unverändert geblieben ist, insbesondere keine weiteren Gründe eingetreten sind.[199] Kann eine Kündigungserklärung aufgrund tatsächlicher Schwierigkeiten zunächst nicht zugestellt werden, muss vor einer dann erst mehrere Wochen später möglichen Zustellung der Kündigungserklärung nicht erneut der Betriebsrat angehört werden.[200] Weder § 102 BetrVG noch der Rechtsprechung kann ein fester Zeitkorridor entnommen werden, innerhalb dessen der **Kündigungsausspruch realisiert** werden muss. Das BAG[201] hält den **zeitlichen Zusammenhang zwischen Anhörung und Kündigung** nicht für ausschlaggebend. Hat der Arbeitgeber vor Einschaltung des Integrationsamts den Betriebsrat zur Kündigung eines **schwerbehinderten Arbeitnehmers** angehört, so soll bei unverändertem Sachverhalt eine erneute Anhörung auch dann nicht erforderlich sein, wenn die Zustimmung des Integrationsamts erst nach einem jahrelangen verwaltungsgerichtlichen Verfahren erteilt wird, sofern der Kündigungssachverhalt unverändert ist.[202] In einem solchen Extremfall ist aber stets zu prüfen, ob sich die tatsächlichen Umstände nicht doch zwischenzeitlich geändert haben. Bei der außerordentlichen Kündigung ergibt sich der zeitliche Zusammenhang zwischen Anhörungsverfahren und Kündigungsausspruch aus der Präklusionsgrenze des § 626 Abs. 2 BGB. Die Drei-Tages-Frist für die Anhörung wird auf die Zwei-Wochen-Frist nach § 626 Abs. 2 Satz 1 BGB angerechnet.

3. Inhalt der Unterrichtung

a) Allgemeines

100 Zu den notwendigen Angaben bei der Anhörung gehören neben den **Personaldaten** idR auch die **Sozialdaten** (Alter, Dauer der Betriebszugehörigkeit, Familienstand, Unterhaltspflichten), ggf ob der Ehepartner in einem Arbeitsverhältnis steht, die einen besonderen Kündigungsschutz begründenden Umstände (zB Schwangerschaft, Schwerbehinderteneigenschaft) und die Bezeichnung des Arbeitsbereichs des zu kündigenden Arbeitnehmers, jedenfalls in dem Umfang, wie sie für den Betriebsrat zur **Identifizierung des Arbeitnehmers** erforderlich sind.[203] Der Arbeitgeber muss den Betriebsrat eindeutig wissen lassen, wen er zu kündigen beabsichtigt. Dafür genügt es nicht, dass er dem Betriebsrat bei einer Massenentlassung nach § 17 KSchG die Anzahl der zu berücksichtigenden Arbeitnehmer mitteilt, ohne die Arbeitnehmer näher zu bezeichnen.[204] So hat der Arbeitgeber vielmehr auch bei einer Massenentlassung dem Betriebsrat die Sozialdaten der zu kündigenden Arbeitnehmer mitzuteilen. Die bewusst unrichtige Unterrichtung des Betriebsrats führt zur Fehlerhaftigkeit des Anhörungsverfahrens.[205]

101 Mitzuteilen ist die **Art der Kündigung,** also ob eine außerordentliche, eine ordentliche oder eine Änderungskündigung ausgesprochen werden soll.[206] Lässt der Arbeitgeber im Rahmen des Anhörungsverfahrens des Betriebsrats offen, ob er im Ergebnis eine Änderungs- oder eine Beendigungskündigung aussprechen wird, steht aber der Kündigungssachverhalt für beide Alternativen bereits fest, soll jedenfalls eine der beiden Kündigungen auf jeden Fall ausgesprochen werden, so widerspricht die Anhörung nicht dem Schutzzweck von § 102 Abs. 1 BetrVG.[207] § 102 BetrVG verlangt seinem Wortlaut nach die Mitteilung der Gründe für die Kündigung, nicht der Kündigungsfristen oder des Entlassungstermins. Dennoch darf der Arbeitgeber nicht gänzlich offen lassen, wann, unter Einhaltung welcher Frist und zu welchem Zeitpunkt Kündigungen ausgesprochen werden sollen.[208] Zu einer **ordnungsgemäßen Anhörung** gehört es, dass der Betriebsrat das ungefähre Vertragsende und die zwischen Ausspruch der Kündigung und Entlassungstermin liegende Zeitdauer in etwa abschätzen kann. Dies bedeutet, dass der Arbeitgeber grundsätzlich die **Kündigungsfrist mitzuteilen** hat, weil der Betriebsrat die Kündigungsgründe des Arbeitgebers in dem zeitlichen Zusammenhang beurteilen soll, in dem dieser die Kündigung beabsichtigt. Eine ganz exakte Kenntnis ist aber nicht unbedingt erforderlich, weil idR nicht sicher ist, zu welchem Zeitpunkt die Kündigung zugeht.[209] Ausreichend ist, wenn die Mitteilung an den Betriebsrat

---

199 BAG 26.5.1977 – 2 AZR 201/76, EzA § 102 BetrVG 1972 Nr. 30.
200 BAG 11.10.1989 – 2 AZR 88/89, NZA 1990, 748; BAG 6.2.1997 – 2 AZR 168/96, EzA § 102 BetrVG 1972 Nr. 95.
201 BAG 26.5.1977 – 2 AZR 201/76, EzA § 102 BetrVG 1972 Nr. 30.
202 BAG 18.5.1994 – 2 AZR 626/93, EzA § 611 BGB Abmahnung Nr. 31; LAG Hamm 23.3.2000 – 4 Sa 587/99, ZInsO 2000, 570.
203 BAG 15.11.1995 – 2 AZR 974/94, NZA 1996, 419.
204 BAG 16.9.1993 – 2 AZR 267/93, NZA 1994, 311.
205 BAG 23.9.1992 – 2 AZR 63/92, EzA § 1 KSchG Krankheit Nr. 37.
206 BAG 29.8.1991 – 2 AZR 59/91, NZA 1992, 416.
207 BAG 22.4.2010 – 2 AZR 991/08, NZA-RR 2010, 583.
208 BAG 3.4.1987 – 7 AZR 66/86, NZA 1988, 37.
209 BAG 29.1.1986 – 7 AZR 257/84, NZA 1987, 32; BAG 15.12.1994 – 2 AZR 327/94, NZA 1995, 521.

die Absicht des Arbeitgebers enthält, alsbald nach Abschluss des Anhörungsverfahrens die Kündigung auszusprechen.[210] Anders liegt der Fall, wenn sich aus der Kündigungsfrist und dem Kündigungstermin erst die Tragweite der geplanten personellen Maßnahme, zB die Reduzierung von Gratifikationen, ermitteln lässt. Dann besteht in jedem Fall eine Mitteilungspflicht.[211] Die Angabe der Kündigungsfrist ist im Übrigen aber entbehrlich, wenn sie dem Betriebsrat bekannt ist oder er über die tatsächlichen Umstände für die Berechnung der maßgeblichen Kündigungsfristen unterrichtet ist.[212] Davon ist im Allgemeinen auszugehen, zB wenn der Arbeitgeber erklärt, er wolle ordentlich zum nächstmöglichen Zeitpunkt kündigen, und dem Betriebsrat bekannt ist, dass im Betrieb die tariflichen Kündigungsfristen angewendet werden.[213]

Der Arbeitgeber muss dem Betriebsrat die **Gründe für die Kündigung** mitteilen, § 102 Abs. 1 Satz 2 BetrVG. Damit sind nicht nur die wichtigsten Kündigungsgründe gemeint, vielmehr hat der Arbeitgeber den Betriebsrat über alle Tatsachen und subjektiven Vorstellungen zu unterrichten, die ihn zu der Kündigung veranlassen.[214] § 102 BetrVG soll dem Betriebsrat die Möglichkeit geben, durch seine Stellungnahme auf den Willen des Arbeitgebers einzuwirken und ihn durch Darlegung von Gegengründen uU von seiner Planung, Arbeitnehmer zu entlassen, abzubringen.[215] Die Informationspflicht des Arbeitgebers geht aber nicht so weit wie die Darlegungslast im Kündigungsschutzstreit.[216] Das Anhörungsverfahren soll kein vorweggenommenes Kündigungsschutzverfahren sein. Lediglich schlagwort- oder stichwortartige Bezeichnungen des Kündigungsgrundes sind allerdings nicht ausreichend.[217]

102

Die Angaben des Arbeitgebers müssen **so genau** sein, dass es dem Betriebsrat möglich ist, ohne zusätzliche eigene Nachforschungen die Stichhaltigkeit der Kündigungsgründe zu überprüfen und sich über seine Stellungnahme schlüssig zu werden.[218] Nicht erforderlich ist die Vorlage von Beweismaterial oder die Benennung von Zeugen.[219] Etwas anderes ergibt sich auch nicht aus § 80 Abs. 2 BetrVG.[220] Die Anhörung bedarf auch dann nicht der Schriftform bzw der Übergabe vorhandener schriftlicher Unterlagen, wenn der Kündigungssachverhalt ungewöhnlich komplex ist.[221]

103

Zu berücksichtigen ist ferner, dass der Arbeitgeber im Rahmen des § 102 BetrVG nur die aus seiner Sicht tragenden Umstände mitzuteilen hat, sog. **subjektive Determination**.[222] Eine Verletzung der Mitteilungspflicht liegt deshalb nur vor, wenn dem Betriebsrat **bewusst Tatsachen vorenthalten** werden, die nicht nur eine Ergänzung oder Konkretisierung des mitgeteilten Sachverhalts darstellen, sondern diesem erst das Gewicht eines Kündigungsgrundes geben oder weitere eigenständige Kündigungsgründe beinhalten. Gleiches gilt, wenn der Arbeitgeber aus seiner Sicht unrichtige oder unvollständige Sachdarstellungen unterbreitet.[223] Teilt der Arbeitgeber dagegen objektiv kündigungsrechtlich erhebliche Tatsachen dem Betriebsrat deswegen nicht mit, weil er sie bei seinem Kündigungsentschluss für unerheblich oder entbehrlich hält, dann ist zwar die Anhörung des Betriebsrats ordnungsgemäß erfolgt.[224] Die objektiv unvollständige Unterrichtung verwehrt es dem Arbeitgeber aber, im Kündigungsschutzprozess Gründe nachzuschieben, die über die Erläuterung des dem Betriebsrat mitgeteilten Sachverhalts hinausgehen. Dies führt mittelbar zur Unwirksamkeit der Kündigung, wenn der verwertbare Sachverhalt die Kündigung nicht trägt. Wird der Betriebsrat von einer beabsichtigten betriebsbedingten Änderungskündigung mit dem Ziel, eine unselbständige Betriebsabteilung wegen hoher Kostenbelastung zu sanieren, nur über die wirtschaftlichen Verhältnisse des unselbständigen Betriebsteils, nicht aber zugleich über die Ertragslage des gesamten Betriebs unterrichtet, dann kann im Kündigungs-

104

---

210 BAG 29.1.1986 – 7 AZR 257/84, NZA 1987, 32.
211 BAG 29.3.1990 – 2 AZR 420/89, AP § 102 BetrVG 1972 Nr. 56; BAG 16.9.1993 – 2 AZR 267/93, NZA 1994, 311.
212 BAG 29.3.1990 – 2 AZR 420/89, AP § 102 BetrVG 1972 Nr. 56.
213 BAG 29.3.1990 – 2 AZR 420/89, AP § 102 BetrVG 1972 Nr. 56.
214 BAG 24.11.1983 – 2 AZR 347/82, NZA 1984, 93.
215 BAG 28.2.1974 – 2 AZR 455/73, EzA § 102 BetrVG 1972 Nr. 8.
216 BAG 30.1.1996 – 2 AZR 181/95, RzK III 1 a Nr. 77.
217 BAG 11.6.1991 – 2 AZR 119/9, EzA § 102 BetrVG 1972 Nr. 81.
218 BAG 22.9.1994 – 2 AZR 31/94, NZA 1995, 363.
219 BAG 26.1.1995 – 2 AZR 386/94, NZA 1995, 672; BAG 6.2.1997 – 2 AZR 265/96, EzA § 102 BetrVG 1972 Nr. 96; s. hierzu *Hümmerich/Mauer*, DB 1997, 165.
220 BAG 26.1.1995 – 2 AZR 386/94, NZA 1995, 672.
221 BAG 6.2.1997 – 2 AZR 265/96, EzA § 102 BetrVG 1972 Nr. 96.
222 BAG 30.1.1996 – 2 AZR 181/95, RzK III 1 a Nr. 77.
223 BAG 18.5.1994 – 2 AZR 920/93, EzA § 102 BetrVG 1972 Nr. 85.
224 BAG 18.12.1980 – 2 AZR 1006/78, EzA § 102 BetrVG 1972 Nr. 44.

schutzprozess jedenfalls nicht auf ein dringendes Sanierungsbedürfnis des gesamten Betriebs abgestellt werden.[225] Geringere Anforderungen an den Umfang der Mitteilungspflicht sind dann geboten, wenn der Betriebsrat bereits vor der erfolgten Anhörung über den erforderlichen Kenntnisstand verfügt, um sich über die Stichhaltigkeit der Kündigungsgründe ein Bild zu machen und um eine Stellungnahme dazu abgeben zu können und dies der Arbeitgeber weiß oder nach den gegebenen Umständen jedenfalls als sicher ansehen kann.

105 **Nachgeschobene Kündigungsgründe,** die bereits vor Ausspruch der Kündigung entstanden und dem Arbeitgeber bekannt waren, die er aber dem Betriebsrat nicht mitgeteilt hat, sind im Kündigungsschutzprozess jedenfalls dann nicht zu verwerten, wenn der Betriebsrat der Kündigung nicht bereits aufgrund der ihm mitgeteilten Gründe zugestimmt hat. Dies gilt auch dann, wenn der Betriebsrat der Kündigung aufgrund dieser ihm nachträglich mitgeteilten Gründe zugestimmt hat.[226] Betriebsverfassungsrechtlich können Kündigungsgründe, die bei Ausspruch der Kündigung bereits entstanden waren, dem Arbeitgeber aber erst später bekannt geworden sind, im Kündigungsschutzprozess nachgeschoben werden, wenn der Arbeitgeber zuvor den Betriebsrat hierzu erneut angehört hat.[227] Im Kündigungsschutzprozess sind auch solche Tatsachen verwertbar, die der Arbeitgeber dem Betriebsrat im Anhörungsverfahren erst auf Nachfrage mitteilt. Dies gilt jedenfalls dann, wenn der Arbeitgeber vor der Kündigung nochmals die Frist des § 102 Abs. 2 BetrVG bzw die abschließende Stellungnahme des Betriebsrats abwartet.[228] Der Arbeitgeber ist nicht gehindert, im Kündigungsschutzprozess Tatsachen nachzuschieben, die ohne wesentliche Veränderung des Kündigungssachverhalts lediglich der Erläuterung und Konkretisierung der dem Betriebsrat mitgeteilten Kündigungsgründe dienen.[229]

b) Betriebsbedingte Kündigung

106 Bei betriebsbedingten Kündigungen muss sich die Mitteilung auf drei **Tatbestandselemente** beziehen:
- auf den Wegfall eines konkreten Arbeitsplatzes,
- auf das Fehlen einer anderweitigen Beschäftigungsmöglichkeit und
- auf die Darstellung der Sozialauswahl.

107 Bei der Darstellung des **Wegfalls des konkreten Arbeitsplatzes** sind die für den Eintritt des Beschäftigungsmangels maßgeblichen außer- oder innerbetrieblichen Ursachen zu erläutern. Pauschale Hinweise auf eine Rationalisierung oder einen Auftragsmangel reichen nicht aus. Gleiches gilt bezüglich der getroffenen Unternehmerentscheidung und ihrer Kausalität für den Wegfall des betroffenen Arbeitsplatzes. Soll ein Betrieb in Etappen stillgelegt werden, muss der Arbeitgeber mitteilen, in welcher zeitlichen Abfolge welche Teile eingeschränkt, welche Arbeitnehmer zunächst weiterbeschäftigt und wann welche Arbeitnehmer entlassen werden sollen.[230] Nach dem Grundsatz der subjektiven Determination braucht der Arbeitgeber nur seine persönlichen Auswahlgründe mitzuteilen.[231] Auswahlgesichtspunkte, die bei der Abwägung des Arbeitgebers von diesem nicht angestellt wurden, muss er nicht mitteilen. Das Anhörungsverfahren bleibt trotzdem ordnungsgemäß iSv § 102 BetrVG.

108 Stets mitzuteilen sind die **Sozialdaten** des zu kündigenden Arbeitnehmers und der mit ihm vergleichbaren Arbeitnehmer. Anzugeben sind in jedem Fall die **Dauer** der Betriebszugehörigkeit, das **Alter**, die **Unterhaltspflichten** des Arbeitnehmers und ab dem 1.1.2004 die Angaben zu einer bestehenden **Schwerbehinderung**.[232] Ebenfalls anzugeben sind Umstände, die einen **besonderen Kündigungsschutz** begründen können, und zwar sowohl hinsichtlich des betroffenen Arbeitnehmers als auch anderer Arbeitnehmer mit vergleichbarer Tätigkeit, sofern der Arbeitgeber derartige Umstände in seine Auswahlentscheidung einbezogen hat.[233] Die Mitteilungspflicht des Arbeitgebers im Hinblick auf die Sozialdaten des Arbeitnehmers erstreckt sich nur auf solche Daten, die ihm aktuell bekannt sind. Der Arbeitge-

---

225 BAG 11.10.1989 – 2 AZR 61/89, EzA § 1 KSchG Betriebsbedingte Kündigung Nr. 64.
226 BAG 2.4.1987 – 2 AZR 418/86, NZA 1987, 808; BAG 18.12.1980 – 2 AZR 1006/78, NJW 1981, 2316.
227 BAG 11.4.1985 – 2 AZR 239/84, NZA 1986, 674; BAG 18.12.1980 – 2 AZR 1006/78, NJW 1981, 2316.
228 BAG 6.2.1997 – 2 AZR 265/96, NZA 1997, 656.
229 BAG 11.4.1985 – 2 AZR 239/84, NZA 1986, 674; BAG 18.12.1980 – 2 AZR 1006/78, NJW 1981, 2316.
230 LAG Hamm 17.2.1995 – 5 Sa 1066/94, LAGE § 102 BetrVG 1972 Nr. 54.
231 BAG 16.1.1987 – 7 AZR 495/85, EzA § 1 KSchG Betriebsbedingte Kündigung Nr. 48; BAG 21.7.1988 – 2 AZR 75/88, DB 1989, 485.
232 BAG 18.10.1984 – 2 AZR 543/83, EzA § 1 KSchG Betriebsbedingte Kündigung Nr. 34.
233 BAG 29.3.1984 – 2 AZR 429/83 (A), 2 AZR 429/83, AP § 102 BetrVG 1972 Nr. 31; BAG 16.9.1993 – 2 AZR 267/93, AP § 102 BetrVG 1972 Nr. 62.

ber darf sich grundsätzlich auf die Mitteilungen des Arbeitnehmers verlassen. Hat der Arbeitnehmer, bspw weil seine berufstätige Ehefrau im öffentlichen Dienst tätig ist und aus diesem Grunde einen erhöhten Ortszuschlag erhält, seine Kinder nicht auf seiner Lohnsteuerkarte eintragen lassen, sondern auf der Lohnsteuerkarte seiner Ehefrau, und sind dem Arbeitgeber die unterhaltsberechtigten Kinder dadurch nicht bekannt, wird die Kündigung nicht nichtig gem. § 102 Abs. 1 Satz 3 BetrVG, wenn der Arbeitgeber unter Bezugnahme auf die Lohnsteuerkarte dem Betriebsrat mitgeteilt hat, der Arbeitnehmer habe keine unterhaltsberechtigten Kinder.[234]

c) Personenbedingte Kündigung

Bei personenbedingten Kündigungen hat der Arbeitgeber dem Betriebsrat nach dem Grundsatz der subjektiven Determination alle Umstände mitzuteilen, auf die sich sein Kündigungswille stützt. Bei der krankheitsbedingten Kündigung gehört zu einer ordnungsgemäßen Anhörung die Mitteilung der **bisherigen Fehlzeiten**, aber auch die als Folge der Fehlzeiten entstandenen und noch zu erwartenden **Betriebsbeeinträchtigungen** und **wirtschaftlichen Belastungen** für das Unternehmen.[235] Der nur globale Hinweis auf wiederholte Fehlzeiten wegen Arbeitsunfähigkeit oder die Gesamtzahl addierter Fehlzeiten reicht nicht aus.[236] Ausreichend ist, wenn der Arbeitgeber dem Betriebsrat EDV-Ausdrucke übergibt, aus denen sich die konkreten Ausfallzeiten des zu kündigenden Arbeitnehmers ablesen lassen. Einer besonderen Auswertung der EDV-Ausdrucke bedarf es nicht.[237] 109

Bei der **Prognoseentscheidung** über die Gesundheitsentwicklung des Arbeitnehmers kann sich der Arbeitgeber grundsätzlich mit der Indizwirkung von Fehlzeiten in der Vergangenheit begnügen.[238] Angaben zur künftigen Gesundheitsentwicklung sind auch dann entbehrlich, wenn der Arbeitgeber dem Betriebsrat ein vom Arbeitnehmer vorgelegtes ärztliches Attest übergibt, aus dem sich bereits die eingeschränkte Arbeitsfähigkeit des Arbeitnehmers für die Zukunft ergibt.[239] Entbindet der Arbeitnehmer seinen Arzt nicht von der Schweigepflicht, kann der Arbeitgeber auch über die Indizwirkung bisheriger Fehlzeiten hinaus zur Gesundheitsprognose keine weiteren Angaben machen. Die Betriebsablaufstörungen sind durch konkrete Tatsachen zu belegen. 110

Besteht die Kündigungsabsicht beim Arbeitgeber gleichzeitig aus personenbedingten und verhaltensbedingten Gründen, weil entschuldigte krankheitsbedingte und unzutreffend als unentschuldigt angesehene Fehlzeiten den Arbeitgeber zur Kündigung bestimmt haben, kann die Vermengung beider Sachverhalte ohne klare Trennung zwischen personenbedingter und verhaltensbedingter Kündigung zur Fehlerhaftigkeit des Anhörungsverfahrens führen.[240] 111

d) Verhaltensbedingte Kündigung

Beabsichtigt der Arbeitgeber, einem Mitarbeiter aus verhaltensbedingten Gründen zu kündigen, muss er neben den aus seiner Sicht die Kündigung begründenden Umständen auch die Aspekte darlegen, die im Rahmen der vorzunehmenden **Interessenabwägung** von Bedeutung sind, sofern sie von ihm bedacht wurden.[241] Es kann auch erforderlich sein, dem Betriebsrat gegen die Kündigung sprechende Umstände mitzuteilen.[242] Soweit einer verhaltensbedingten Kündigung eine Abmahnung vorausgegangen ist, muss dem Betriebsrat im Rahmen einer ordnungsgemäßen Anhörung auch eine **vorangegangene Abmahnung** mitgeteilt werden. Mitzuteilen ist dem Betriebsrat eine **Gegenvorstellung** des betroffenen Arbeitnehmers.[243] 112

Im Anhörungsverfahren muss deutlich werden, dass die Kündigung aus verhaltensbedingten Gründen erfolgen soll. Ein Wechsel im Vortrag zwischen betriebsbedingter und verhaltensbedingter Kündigung 113

---

234 LAG Baden-Württemberg 9.11.1990 – 15 Sa 86/90, LAGE § 102 BetrVG 1972 Nr. 25; aA ArbG Stuttgart 31.10.1991 – 6 Ca 2171/91, AiB 1992, 360.
235 BAG 24.11.1983 – 2 AZR 347/82, AP § 102 BetrVG 1972 Nr. 30.
236 BAG 18.9.1986 – 2 AZR 638/85, n.v.
237 LAG Hamm 25.11.1987 – 14 Sa 2302/85, NZA 1988, 483.
238 *Rummel*, NZA 1984, 77.
239 LAG Hamm 25.11.1987 – 14 Sa 2302/85, NZA 1988, 483.
240 BAG 23.9.1992 – 2 AZR 63/92, EzA § 1 KSchG Krankheit Nr. 37.
241 BAG 2.3.1989 – 2 AZR 280/88, EzA § 626 BGB nF Nr. 118.
242 BAG 2.3.1989 – 2 AZR 280/88, EzA § 626 BGB nF Nr. 118.
243 BAG 31.8.1989 – 2 AZR 453/88, EzA § 102 BetrVG 1972 Nr. 75.

im Rahmen einer späteren Kündigungsschutzklage ist dem Arbeitgeber verwehrt.[244] Auch umgekehrt ist der Wechsel von einer verhaltens- zu einer personenbedingten Kündigung im späteren Kündigungsschutzprozess ausgeschlossen.[245] Wurde der Betriebsrat zu dem Kündigungsvorwurf angehört, der Arbeitnehmer habe den Arbeitgeber bestohlen, kann der Arbeitgeber die Kündigung im Prozess nicht darauf stützen, dieser Vorwurf sei zwar nicht erwiesen, es bestehe aber ein so dringender Verdacht hierfür, dass die erforderliche Vertrauensbasis entfallen sei. Hierbei handelt es sich um einen neuen, anderen Kündigungsgrund, der nicht in den Prozess eingeführt werden kann, weil der Betriebsrat hierzu nicht angehört wurde.[246]

114 Bei verhaltensbedingten Kündigungen sollte der Betriebsrat zu folgenden Punkten informiert werden:
- Verletzte arbeitsvertragliche Haupt- oder Nebenpflicht;
- Eintritt einer Störung mit nachteiligen Auswirkungen im Bereich des Arbeitgebers und des Arbeitsverhältnisses;[247]
- aufgrund einer Negativprognose festgestellte Wiederholungsgefahr;
- Abwägung der widerstreitenden Interessen von Arbeitgeber und Arbeitnehmer;
- Angaben über die Beachtung des Ultima-ratio-Prinzips.

115 Zunehmend rücken Kündigungen nach **Verstößen gegen Compliance-Richtlinien** in den arbeitsgerichtlichen Fokus. Dabei ist zunächst zu beachten, dass Compliance-Richtlinien wirksam in das Arbeitsverhältnis implementiert sein müssen. Dies geschieht regelmäßig durch Ausübung des Direktionsrechts, durch arbeitsvertragliche Vereinbarung oder Kollektivvereinbarung, namentlich durch eine Betriebsvereinbarung.[248] Verstöße gegen Compliance-Richtlinien sind zudem häufig von der Besonderheit geprägt, dass Arbeitnehmer auf diversen Verantwortungsebenen beteiligt sind.[249] Bei der Ermittlung des Sachverhalts, aber auch bei der Unterrichtung des Betriebsrats ist daher besondere Sorgfalt geboten. Denn eine unvollständige Sachverhaltsaufklärung oder Unterrichtung des Betriebsrats, zB über bestehende Verantwortlichkeiten, kann die Wirksamkeit der Anhörung in Frage stellen.

116 Jedenfalls gilt, dass **neuer Sachverhalt** dann in den Kündigungsschutzprozess eingeführt werden kann und ohne erneute Kündigung gerichtlich verwertbar ist, wenn dem Arbeitgeber der Umstand bei Ausspruch der Kündigung nicht bekannt war und er den Betriebsrat nachträglich zu den neuen Tatsachen angehört hat.[250]

e) Außerordentliche Kündigung

117 Auch bei außerordentlichen Kündigungen gilt der Grundsatz der subjektiven Determination im Anhörungsverfahren. Dem Betriebsrat sind grundsätzlich folgende Informationen zu übermitteln:
- diejenigen Tatsachen, die den Kündigungsgrund tragen sollen;
- der Zeitpunkt der Kenntniserlangung beim Arbeitgeber von den die Kündigung begründenden Tatsachen;
- die Unzumutbarkeitsgründe, die sich auf die Fortsetzung des Arbeitsverhältnisses beziehen;
- die im Rahmen der Interessenabwägung zu berücksichtigenden widerstreitenden Interessen von Arbeitgeber und Arbeitnehmer;
- etwaige Abmahnungen und Gegendarstellungen.

f) Verdachtskündigung

118 Bei der Verdachtskündigung muss der Arbeitgeber die ihm bekannten **Verdachtsmomente** und seine **vergeblichen Bemühungen** zur Aufklärung des Sachverhalts sowie die Umstände mitteilen, aus denen sich die **Unzumutbarkeit der Weiterbeschäftigung** aufgrund des Verdachts ergibt. Die Mitteilung an den Betriebsrat hat auch den Inhalt und die Ergebnisse der Anhörung des Arbeitnehmers zu enthal-

---

244 BAG 5.2.1981 – 2 AZR 1135/78, EzA § 102 BetrVG 1972 Nr. 47.
245 LAG Hamburg 22.2.1991 – 6 Sa 81/90, LAGE § 102 BetrVG 1972 Nr. 28.
246 BAG 11.4.1985 – 2 AZR 239/84, EzA § 102 BetrVG 1972 Nr. 62.
247 BAG 27.2.1997 – 2 AZR 302/96, EzA § 1 KSchG Verhaltensbedingte Kündigung Nr. 51.
248 Hierzu *Mengel*, in: SWK ArbR, Stichwort „Compliance" Rn 8 ff.
249 Hierzu *Mengel*, in: SWK ArbR, Stichwort „Compliance" Rn 21 f.
250 BAG 11.4.1985 – 2 AZR 239/84, EzA § 102 BetrVG 1972 Nr. 62.

ten.[251] Es kann sich aus taktischen Gründen empfehlen, eine Tatkündigung und hilfsweise eine Verdachtskündigung auszusprechen.

g) Änderungskündigung

Bei Änderungskündigungen bestehen keine Besonderheiten im Anhörungsverfahren. Bei Änderungskündigungen, die in der Form der fristlosen und fristgerechten Kündigung vorkommen, aber auch als verhaltensbedingte, personenbedingte und betriebsbedingte Änderungskündigung denkbar sind, gelten die zu den jeweiligen Kündigungsarten maßgeblichen Grundsätze im Anhörungsverfahren. Hinzu tritt nur, dass die Informationspflicht des Arbeitgebers sich auch auf den **Inhalt des Änderungsangebots** erstreckt.[252] Will sich der Arbeitgeber eine Beendigungskündigung vorbehalten und dann eine erneute Anhörung ersparen, muss er zugleich verdeutlichen, dass er im Fall der Ablehnung des Änderungsangebots die Beendigungskündigung beabsichtigt.[253]

119

4. Darlegungs- und Beweislast

Ist streitig, ob die Anhörung des Betriebsrats vor Ausspruch der Kündigung ordnungsgemäß erfolgt ist, so trägt der **Arbeitgeber** dafür die **Darlegungs- und Beweislast**.[254] Die ordnungsgemäße Anhörung des Betriebsrats wird aber nicht von Amts wegen geprüft. Deshalb muss der Arbeitnehmer die ordnungsgemäße Anhörung des Betriebsrats bestreiten, damit die entsprechende Darlegungslast des Arbeitgebers ausgelöst wird. Dabei kann sich der Arbeitnehmer zunächst darauf beschränken, die ordnungsgemäße Anhörung des Betriebsrats mit Nichtwissen zu bestreiten, denn die Betriebsratsanhörung ist keine Handlung des Arbeitnehmers und gewöhnlich auch nicht Gegenstand seiner Wahrnehmung.[255] Danach hat der Arbeitgeber die Darlegungslast dafür, dass er die ihm gem. § 102 BetrVG obliegenden Pflichten ordnungsgemäß erfüllt hat.[256] Der Arbeitgeber erfüllt seine Darlegungspflicht nur dann, wenn er konkrete Tatsachen vorträgt, aus denen auf eine ordnungsgemäße Betriebsratsanhörung geschlossen werden kann. Deshalb ist der pauschale Sachvortrag, der Betriebsrat wurde ordnungsgemäß angehört, ungenügend. Zwar richtet sich im Einzelfall der Umfang der Darlegungslast des Arbeitgebers auch nach der Einlassung des Arbeitnehmers. Dennoch muss der Arbeitgeber zunächst darlegen, wann genau, durch wen, wem gegenüber und mit welchem genauen Inhalt dem Betriebsrat die Kündigungsabsicht mitgeteilt wurde. Ferner ist darzulegen, ob die Fristen des § 102 Abs. 1 Satz 1, 3 BetrVG eingehalten wurden oder ob eine fristverkürzende abschließende Stellungnahme des Betriebsrats vorlag. Unterlässt der Arbeitgeber ausreichenden Sachvortrag in tatsächlicher Hinsicht, ist die Kündigung als unwirksam anzusehen, da eine Wirksamkeitsvoraussetzung nicht dargelegt ist. Der Arbeitgeber muss im Prozess aber nicht von sich aus – gleichsam vorauseilend – sämtliche Schritte des von ihm befolgten Verfahrens im Einzelnen darlegen und möglichen Einwänden mit ausführlichen Gegeneinwänden und entsprechenden Beweisantritten zuvorkommen.[257]

120

Hat der Arbeitgeber eine ordnungsgemäße Anhörung des Betriebsrats gem. § 102 BetrVG im Detail **schlüssig dargelegt**, so muss der Arbeitnehmer nach den Grundsätzen der abgestuften Darlegungslast deutlich machen, welche der Angaben er aus welchem Grund weiterhin bestreiten will.[258] Soweit es um Tatsachen außerhalb seiner eigenen Wahrnehmung geht, kann der Arbeitnehmer sich dabei gem. § 138 Abs. 4 ZPO auf Nichtwissen berufen; ein pauschales Bestreiten des Arbeitnehmers ohne jede Begründung genügt dagegen nicht.[259] Der Arbeitnehmer muss sein Bestreiten zumindest soweit substantiieren, dass für das Gericht erkennbar wird, über welche einzelnen Behauptungen Beweis erhoben werden soll.[260] Je nachdem, wie substantiiert der Arbeitnehmer den Sachvortrag bestreitet, muss der Arbeitgeber seine Darstellung noch in weitere Einzelheiten zergliedern. Auch soweit der Arbeitgeber im Prozess geltend macht, der Betriebsrat habe die maßgeblichen Kündigungsgründe bereits gekannt, darf er sich

121

---

251 *Griese*, BB 1990, 1901.
252 BAG 30.11.1989 – 2 AZR 197/89, EzA § 102 BetrVG 1972 Nr. 77.
253 BAG 30.11.1989 – 2 AZR 197/89, AP § 102 BetrVG 1972 Nr. 53.
254 BAG 16.3.2000 – 2 AZR 75/99, NZA 2000, 1332.
255 BAG 16.3.2000 – 2 AZR 75/99, NZA 2000, 1332.
256 BAG 22.9.1994 – 2 AZR 31/94, NZA 1995, 363.
257 BAG 6.10.2005 – 2 AZR 316/04, NZA 2006, 990.
258 BAG 20.1.2000 – 2 AZR 378/99, AP § 1 KSchG 1969 Krankheit Nr. 38.
259 BAG 16.3.2000 – 2 AZR 75/99, NZA 2000, 1332; LAG Köln 31.1.1994 – 3 Sa 1136/93, LAGE § 102 BetrVG 1972 Nr. 38.
260 BAG 16.3.2000 – 2 AZR 75/99, NZA 2000, 1332.

nicht mit pauschalem Sachvortrag begnügen. Er muss vielmehr darlegen, wann dem Betriebsratsvorsitzenden oder einer sonstigen Person, deren Wissen sich der Betriebsrat zurechnen lassen muss, jeweils welche konkreten Sachverhalte mitgeteilt bzw sonst bekannt gemacht wurden, die die Kündigungsgründe bilden. Dies gilt auch, wenn ein Interessenausgleich mit Namensliste nach § 1 Abs. 5 KSchG vereinbart wurde.

5. Reaktionen des Betriebsrats

122 Der Betriebsrat kann auf verschiedene Arten auf die Anhörung reagieren. Er kann schweigen, der Kündigung zustimmen oder seine Bedenken äußern. Er kann auch bei Vorliegen eines des in § 102 Abs. 3 BetrVG genannten Grundes innerhalb der Wochenfrist einer geplanten ordentlichen Kündigung widersprechen.

123 Innerhalb der Wochen- bzw Drei-Tage-Frist kann der Betriebsrat **Bedenken** gegen die beabsichtigte Kündigung schriftlich äußern. Konkrete Rechtsfolgen werden durch die Äußerung von Bedenken nicht ausgelöst. Sie haben für den Kündigungsschutzprozess grundsätzlich keine Bedeutung und können keinen besonderen Weiterbeschäftigungsanspruch des Arbeitnehmers gem. § 102 Abs. 5 BetrVG begründen. Durch die Äußerung von Bedenken gibt der Betriebsrat zu erkennen, dass er mit einer geplanten Kündigung nicht einverstanden ist. Der Arbeitgeber kann sich den Bedenken des Betriebsrats anschließen oder nicht. Überzeugen ihn die Bedenken nicht, kann er die Kündigung aussprechen.

124 Der Betriebsrat kann bei Vorliegen eines des in § 102 Abs. 3 BetrVG genannten Grundes innerhalb der Wochenfrist einer geplanten ordentlichen Kündigung **widersprechen**. Bei der außerordentlichen Kündigung besteht die Möglichkeit des Widerspruchs nicht. Kündigt der Arbeitgeber, obwohl der Betriebsrat der ordentlichen Kündigung fristgemäß widersprochen hat, ist dem Arbeitnehmer mit der Kündigung eine Abschrift der Stellungnahme des Betriebsrats zuzuleiten.

125 Der Widerspruch des Betriebsrats begründet einen **Weiterbeschäftigungsanspruch** des Arbeitnehmers bei erhobener Kündigungsschutzklage über die Kündigungsfrist hinaus (§ 102 Abs. 5 Satz 1 BetrVG). Diesem Weiterbeschäftigungsanspruch kann sich der Arbeitgeber durch Antrag auf Erlass einer einstweiligen Verfügung unter den in § 102 Abs. 5 BetrVG genannten, selten vorliegenden Voraussetzungen entziehen.[261] Beruft sich der Arbeitgeber auf eine unzumutbare wirtschaftliche Belastung durch die vorläufige Weiterbeschäftigung des Arbeitnehmers gem. § 102 Abs. 5 Satz 2 Nr. 2 BetrVG, muss er die Tatsachen, die die vorläufige Weiterbeschäftigung als wirtschaftlich unzumutbar erscheinen lassen, glaubhaft machen. Allgemeine Angaben des Arbeitgebers, zB gesunkene Umsätze, Arbeitsmangel oder finanzielle Schwierigkeiten, genügen zur Begründung nicht. Es sind die Angabe konkreter und detaillierter Daten über die wirtschaftliche und finanzielle Lage des Betriebes und Unternehmens und eine Prognose der künftigen Entwicklung erforderlich.[262]

126 Ein Arbeitnehmer hat keinen Anspruch auf Weiterbeschäftigung nach § 102 Abs. 5 Satz 1 BetrVG, wenn der Betriebsrat der Kündigung **nicht ordnungsgemäß widersprochen** hat. So besteht **kein Weiterbeschäftigungsanspruch** nach § 102 Abs. 5 Satz 1 BetrVG, wenn die Widerspruchsbegründung des Betriebsrats die Minimalia einer beachtlichen Widerspruchsbegründung nicht erfüllt.[263] Nach der Rechtsprechung des BAG ist zwar nicht erforderlich, dass der Betriebsrat im Widerspruchsschreiben Tatsachen angibt, die schlüssig einen Widerspruchsgrund iSv § 102 Abs. 3 BetrVG ergeben. Jedoch ist dem Betriebsrat ein Mindestmaß an konkreter Argumentation abzuverlangen. Beispielsweise reicht ein Widerspruch, dass im Betrieb irgendeine anderweitige Beschäftigungsmöglichkeit vorhanden sei, nicht aus. Der Betriebsrat muss in einem solchen Fall konkret darlegen, auf welchem (freien) Arbeitsplatz eine Weiterbeschäftigung des Arbeitnehmers in Betracht kommt. Hierbei muss der Arbeitsplatz zumindest in bestimmbarer Weise angegeben und der Bereich bezeichnet werden, in dem der Arbeitnehmer anderweitig beschäftigt werden kann.[264] Rügt der Betriebsrat die fehlerhafte Sozialauswahl, muss der Betriebsrat darlegen, warum die soziale Auswahl nicht zutreffend ist. Die schlichte Behauptung, Unterhaltspflichten seien nicht ausreichend berücksichtigt, ist nicht ausreichend. Der Betriebsrat muss ferner angeben, welche Arbeitnehmer aus welchen Gründen sozial bessergestellt und daher anstelle des vom

---

261 LAG Köln 31.3.2005 – 5 Ta 52/05, LAGE § 78 a BetrVG 2001 Nr. 2.
262 LAG Hamburg 16.5.2001 – 4 Sa 33/01, NZA-RR 2002, 25.
263 LAG Köln 30.5.2003 – 4 Sa 553/03.
264 BAG 11.5.2000 – 2 AZR 54/99, NZA 2000, 1055; BAG 17.6.1999 – 2 AZR 608/98, NZA 1999, 1154.

Arbeitgeber zur Kündigung vorgesehenen Arbeitnehmers auszuwählen sind.[265] Der Betriebsrat muss die Arbeitnehmer namentlich bezeichnen, die nach den angegebenen Sozialdaten anstelle des vom Arbeitgeber vorgesehenen Arbeitnehmers zu entlassen sind.[266] Die sachliche Begründetheit eines hinreichend konkret formulierten Widerspruchs des Betriebsrats ist allerdings keine Anspruchsvoraussetzung für den Weiterbeschäftigungsanspruch,[267] es sei denn, dass der Widerspruch offensichtlich unbegründet ist.[268]

Ein auf § 102 Abs. 3 Nr. 1 BetrVG gestützter Widerspruch des Betriebsrats bei einer **krankheitsbedingten Kündigung**, der in der Sache einen Appell an die Fürsorgepflicht des Arbeitgebers gegenüber einem langjährig beschäftigten Arbeitnehmer darstellt, ist kein „ordnungsgemäßer Widerspruch". Wird ein solches „Widerspruchsschreiben" dem Arbeitnehmer mit der Kündigung nicht zugeleitet, ist § 102 Abs. 4 BetrVG nicht verletzt, so dass es auf die – abzulehnende – Mindermeinung nicht ankommt, wonach die Verletzung des § 102 Abs. 4 BetrVG die Unwirksamkeit der Kündigung zur Konsequenz habe.[269]

X. Besonderer Kündigungsschutz der betrieblichen Funktionsträger

Personalabteilungen müssen, wenn sie einem Mitarbeiter kündigen, den besonderen Kündigungsschutz von betrieblichen Funktionsträgern beachten. Dazu gehören u.a. die Wahlbewerber für das Amt des Wahlvorstands, die gewählten und gerichtlich bestellten Wahlvorstände, **Betriebsräte** und Mitglieder der Jugend- und Auszubildendenvertretung. Geschützt sind aber auch Personalräte, Mitarbeitervertreter in kirchlichen Einrichtungen, **Schwerbehindertenvertreter**, eine Bordvertretung, ein Seebetriebsrat, Mitglieder eines Europäischen Betriebsrats sowie Mitglieder des SE-Betriebsrats und deren besondere Verhandlungsgremien.

Mängel der Wahl wirken sich wie folgt aus: Im Fall der Nichtigkeit der Wahl besteht kein Sonderkündigungsschutz.[270] Bei Anfechtbarkeit bleibt der Sonderkündigungsschutz bis zur rechtskräftigen Entscheidung bestehen.[271]

Das nachfolgende Schaubild zeigt die Dauer des besonderen Kündigungsschutzes für einige Funktionsträger nach dem BetrVG.[272]

Geschützte Person	Norm	Dauer des Schutzes	
		Zustimmungserfordernis nach § 103 BetrVG: ja	Zustimmungserfordernis nach § 103 BetrVG: nein
Mitglied des Betriebsrats	§ 15 Abs. 1 KSchG	Während Amtszeit	1 Jahr Nachwirkung
Mitglied der Jugend- und Auszubildendenvertretung	§ 15 Abs. 1 KSchG	Während Amtszeit	1 Jahr Nachwirkung
Mitglied des Wahlvorstands	§ 15 Abs. 3 KSchG	Bis zur Bekanntgabe des Wahlergebnisses	6 Monate Nachwirkung
Wahlbewerber	§ 15 Abs. 3 KSchG	Bis zur Bekanntgabe des Wahlergebnisses	6 Monate Nachwirkung
Arbeitnehmer, der zu einer Betriebs- oder Wahlversammlung einlädt	§ 15 Abs. 3 a KSchG		Bis zur Bekanntgabe des Wahlergebnisses bzw 3 Monate
Arbeitnehmer, der eine Bestellung eines Wahlvorstands beantragt	§ 15 Abs. 3 a KSchG		Bis zur Bekanntgabe des Wahlergebnisses bzw 3 Monate

---

265 LAG Schleswig-Holstein 22.11.1999 – 4 Sa 514/99, AP § 102 BetrVG 1972 Weiterbeschäftigung Nr. 12 = BB 2000, 203.
266 LAG München 2.8.1983 – 6 Sa 439/83, AMBl BY 1985, C9.
267 LAG Köln 24.11.2005 – 6 Sa 1172/05, AuR 2006, 212.
268 ErfK/*Kania*, § 102 BetrVG Rn 40.
269 LAG Köln 19.10.2000 – 10 Sa 342/00, MDR 2001, 517.
270 BAG 27.4.1976 – 1 AZR 482/75, AP § 19 BetrVG 1972 Nr. 4.
271 BAG 12.3.2009 – 2 ABR 24/08, NZA-RR 2010, 180.
272 *Nägele/Nestel*, BB 2002, 354.

131 Der besondere Kündigungsschutz erfasst auch **Ersatzmitglieder** der jeweiligen Gremien. Das Ersatzmitglied erwirbt den Sonderkündigungsschutz für die Dauer des Verhinderungsfalls, ohne dass es darauf ankommt, dass während der Vertretungszeit tatsächlich Betriebsratsaufgaben erledigt werden.[273] Ausgeschlossen ist der Schutz nur, wenn der Vertretungsfall durch kollusive Absprachen zum Schein herbeigeführt wird oder das Ersatzmitglied weiß oder sich ihm aufdrängen muss, dass kein Vertretungsfall vorliegt.[274] Die Kenntnis des Arbeitgebers vom Vertretungsfall ist nicht erforderlich.[275]

132 Die Hürden für den Arbeitgeber, sich von einem Betriebsratsmitglied zu trennen, sind sowohl im Betriebsverfassungsgesetz (§ 103 BetrVG) als auch im KSchG (§ 15 KSchG) hoch.[276] Mitglieder des Betriebsrats laufen stets Gefahr, aufgrund des Interessengegensatzes zwischen Arbeitgeber und Arbeitnehmern durch unbegründete Kündigungen des Arbeitgebers aus dem Betrieb entfernt zu werden. Ohne das Arbeitsverhältnis zu berühren, kann sich der Arbeitgeber vom Betriebsrat in seiner Amtsfunktion nur gem. § 23 Abs. 1 BetrVG trennen. Der Sonderkündigungsschutz der Mandatsträger sichert die Unabhängigkeit der Mitglieder des Betriebsrats, indem der einzelne Mandatsträger vor dem Verlust seines Arbeitsplatzes geschützt wird.

133 Beabsichtigt der Arbeitgeber, das Arbeitsverhältnis zu kündigen, ist dies nur im Rahmen und unter den Voraussetzungen einer außerordentlichen Kündigung möglich, die idR der Zustimmung der übrigen Gremiumsmitglieder bedarf, etwa des Betriebsrats gem. § 103 Abs. 1 BetrVG. Verweigert der Betriebsrat seine Zustimmung, kann das Arbeitsgericht auf Antrag des Arbeitgebers die fehlende Zustimmung des Betriebsrats ersetzen, § 103 Abs. 2 BetrVG. Durch die Beschränkung des Kündigungsrechts auf **außerordentliche Kündigungen mit Zustimmungserfordernis** ist gewährleistet, dass der Arbeitgeber die Arbeit der Arbeitnehmervertretung als Gremium nicht behindert oder gar unmöglich macht. § 15 KSchG dient damit nicht nur den Einzelinteressen der Arbeitnehmervertreter, sondern auch dem Interesse der gesamten Belegschaft an einer unabhängigen Amtsführung der Arbeitnehmervertretung.[277]

134 Wird ein Betrieb **stillgelegt**, normiert zB § 15 Abs. 4 KSchG eine Ausnahme vom ordentlichen Kündigungsverbot der nach § 15 Abs. 1 KSchG geschützten Funktionsträger. Der Arbeitgeber ist im Fall der Stilllegung berechtigt, gegenüber dem Mandatsträger frühestens zum Zeitpunkt der Stilllegung eine ordentliche Kündigung auszusprechen, es sei denn, die Kündigung ist nicht zu einem früheren Zeitpunkt durch zwingende betriebliche Erfordernisse bedingt. Im Fall der Stilllegung einer Betriebsabteilung ist der Arbeitgeber gem. § 15 Abs. 5 Satz 1 BetrVG uU verpflichtet, für das dort beschäftigte Betriebsratsmitglied in einer anderen Betriebsabteilung einen geeigneten Arbeitsplatz freizukündigen.[278] Im Falle tariflicher Unkündbarkeit eines Betriebsratsmitglieds bedarf es für dessen außerordentliche Kündigung nach § 15 Abs. 4 oder 5 KSchG nicht der Zustimmung des Betriebsrats.[279]

XI. Kündigung schwerbehinderter Menschen

135 Der Kündigungsschutz der Schwerbehinderten ist in den §§ 85–92 SGB IX geregelt. Terminologisch spricht das Gesetz nicht von „Schwerbehinderten", sondern von „schwerbehinderten Menschen". Die Aufgaben aus dem Gesetz nimmt das **Integrationsamt** wahr.

136 Nach § 85 SGB IX bedarf die Kündigung des Arbeitsverhältnisses eines schwerbehinderten Menschen der vorherigen **Zustimmung des Integrationsamts**. Die Kündigung des Arbeitsverhältnisses eines schwerbehinderten Menschen, die ohne vorherige Zustimmung des Integrationsamts ausgesprochen wird, ist **nichtig**, so dass das Arbeitsverhältnis fortbesteht. Der besondere Kündigungsschutz soll schwerbehinderte Arbeitnehmer vor Kündigungen insbesondere aus Gründen der Behinderung schützen und so zur Sicherung ihrer Arbeitsplätze beitragen. Er gilt – abgesehen von den in § 90 SGB IX genannten Ausnahmen – für alle schwerbehinderten Menschen iSv § 2 Abs. 2 SGB IX mit einem Grad

---

273 BAG 8.9.2011 – 2 AZR 388/10, NZA 2012, 400.
274 LAG Köln 14.7.2004 – 7 Sa 108/04, AuR 2005, 236.
275 BAG 18.5.2006 – 6 AZR 627/05, NZA 2006, 1037; BAG 5.11.2009 – 2 AZR 487/08, NZA-RR 2010, 236.
276 *Diller*, NZA 1998, 1163 f.
277 BAG 28.4.1994 – 8 AZR 209/93, NZA 1995, 168.
278 BAG 13.6.2002 – 2 AZR 391/01, NZA 2003, 44; BAG 2.3.2006 – 2 AZR 83/05, NZA 2006, 988; die Rspr des BAG ist sehr umstritten. Plädiert wird für eine Interessenabwägung zwischen den vorrangigen Interessen der geschützten Personen mit den Weiterbeschäftigungsinteressen der übrigen Arbeitnehmer bzw mit den betrieblichen Interessen, so LAG Düsseldorf 15.9.2005 – 11 Sa 788/05, AE 2006, 42; ErfK/*Kiel*, § 15 KSchG Rn 48 f.
279 BAG 18.9.1997 – 2 ABR 15/97, NZA 1998, 189.

der Behinderung von wenigstens 50 % und Gleichgestellte iSv § 2 Abs. 3 SGB IX. Die Anerkennung als Schwerbehinderter erfolgt beim zuständigen Versorgungsamt. Die Gleichstellung erfolgt durch Antrag bei der zuständigen Agentur für Arbeit, wobei ein Grad der Behinderung von mindestens 30 % notwendig ist, § 68 Abs. 2 SGB IX. Der besondere Kündigungsschutz der §§ 85 ff SGB IX gilt nicht für schwerbehinderte Menschen, deren Arbeitsverhältnis im Zeitpunkt des Zugangs der Kündigungserklärung ohne Unterbrechung noch nicht länger als **sechs Monate** besteht, § 90 Abs. 1 Nr. 1 SGB IX. In diesem Fall ist das Integrationsamt aber binnen einer Frist von vier Tagen über die Kündigung zu unterrichten. Die Verletzung dieser Verpflichtung wirkt sich aber nicht auf die Wirksamkeit der Kündigung aus.

Der besondere Kündigungsschutz umfasst nach **§ 85 SGB IX** ordentliche Kündigungen und nach **§ 91 SGB IX** außerordentliche Kündigungen. Erfasst sind auch Änderungskündigungen. Nicht geschützt wird der schwerbehinderte Arbeitnehmer, der selbst kündigt oder das Arbeitsverhältnis einvernehmlich mit dem Arbeitgeber beendet. Ferner besteht kein Schutz, wenn das Arbeitsverhältnis aufgrund Befristung endet, wobei hier § 92 SGB IX zu beachten ist. Die **Kündigungsfrist** beträgt **mindestens vier Wochen**, § 86 SGB IX.

137

Für heftige Diskussionen hat die mit Wirkung zum 1.5.2004 neu eingefügte Bestimmung des § 90 **Abs. 2 a SGB IX** gesorgt. Die Regelung bestimmt, dass die Kündigung eines schwerbehinderten Menschen dann **nicht** der vorherigen **Zustimmung** des Integrationsamts bedarf, wenn zum Zeitpunkt der beabsichtigten Kündigung die Eigenschaft als schwerbehinderter Mensch nicht nachgewiesen ist oder das Versorgungsamt nach Ablauf der Frist des § 69 Abs. 1 Satz 2 SGB IX eine Feststellung wegen fehlender Mitwirkung nicht treffen konnte. Das BAG hat in der Folgezeit in mehreren Entscheidungen die Voraussetzungen der Vorschrift präzisiert. Nach der Rechtsprechung des BAG ist von folgenden Grundsätzen auszugehen: Einer vorherigen Zustimmung des Integrationsamts zur Kündigung bedarf es immer dann, wenn der Arbeitnehmer im Zeitpunkt des Zugangs der Kündigung entweder bereits als schwerbehinderter Mensch anerkannt, seine Schwerbehinderung trotz fehlender Anerkennung offenkundig,[280] oder er nach § 2 Abs. 3 SGB IX einem Schwerbehinderten gleichgestellt[281] ist. Der Arbeitnehmer ist nicht verpflichtet, dem Arbeitgeber den Bescheid über die Schwerbehinderung vorzulegen, damit der Sonderkündigungsschutz erhalten bleibt.[282] Ausreichend ist die objektive Existenz eines geeigneten Bescheids, der die Schwerbehinderung bzw die Gleichstellung nachweist.[283] Einer vorherigen Zustimmung bedarf es ferner, wenn der Arbeitnehmer den Antrag auf Anerkennung oder Gleichstellung mindestens drei Wochen vorher beim Versorgungsamt bzw im Fall der Gleichstellung bei der Agentur für Arbeit gestellt hat,[284] sofern dem Antrag später rückwirkend für eine Zeit vor dem Kündigungszugang stattgegeben wird.[285] Dies gilt sowohl für den Fall, dass bereits die Ausgangsbehörde dem Antrag rückwirkend stattgibt oder dass einem späteren Widerspruch oder einer verwaltungsgerichtlichen Klage des Arbeitnehmers entsprochen wird.[286]

138

Sofern die **Schwerbehinderung** des Arbeitnehmers **nicht offenkundig** ist, ist der Arbeitnehmer verpflichtet, den Arbeitgeber binnen angemessener Frist nach Zugang der Kündigung über die, auch nur mögliche, Schwerbehinderteneigenschaft zu informieren. Als angemessen sieht das BAG eine Frist von idR **drei Wochen nach Zugang der Kündigung** an.[287]

139

Im Fall des **Betriebsübergangs** muss sich der Erwerber die Kenntnis des Betriebsveräußerers zurechnen lassen.[288] Der Arbeitnehmer ist daher nicht gezwungen, den Erwerber noch einmal über die bestehende Schwerbehinderung zu unterrichten. Allerdings trägt der Arbeitnehmer die Darlegungs- und Beweislast dafür, dass er den Veräußerer über die bestehende Schwerbehinderung informiert hat. Vorsorglich sollte der Arbeitnehmer den Erwerber binnen der vom BAG geforderten Drei-Wochen-Frist über die Schwerbehinderung schriftlich unterrichten, wenn dieser ohne die erforderliche Zustimmung des Integrationsamts die Kündigung ausspricht. Zu beachten ist, dass eine vom Betriebsveräußerer vor dem

140

---

280 BAG 13.2.2008 – 2 AZR 864/06, NZA 2008, 1055; ErfK/*Rolfs*, § 90 SGB IX Rn 6.
281 BAG 1.3.2007 – 2 AZR 217/06, NZA 2008, 302; ErfK/*Rolfs*, § 90 SGB IX Rn 6.
282 BAG 9.6.2011 – 2 AZR 703/09, NZA-RR 2011, 516.
283 BAG 11.12.2008 – 2 AZR 395/07, NZA 2009, 556.
284 BAG 1.3.2007 – 2 AZR 217/06, NZA 2008, 302; ErfK/*Rolfs*, § 90 SGB IX Rn 6.
285 BAG 20.1.2005 – 2 AZR 675/03, NZA 2005, 689; BAG 24.11.2005 – 2 AZR 514/04, NZA 2006, 665.
286 BAG 6.9.2007 – 2 AZR 324/06, NZA 2008, 407.
287 BAG 23.2.2010 – 2 AZR 659/08, AP § 85 SGB IX Nr. 8; BAG 9.6.2011 – 2 AZR 703/09, NZA-RR 2011, 516.
288 BAG 11.12.2008 – 2 AZR 395/07, NZA 2009, 556.

Eintritt eines Betriebsübergangs beim Integrationsamt beantragte und nach dem Betriebsübergang an ihn zugestellte Zustimmung zur Kündigung eines schwerbehinderten Arbeitnehmers keine dem Betriebserwerber erteilte Zustimmung iSd § 85 Abs. 1 SGB IX darstellt, auf die er sich zur Kündigung dieses Arbeitnehmers berufen kann.[289]

141 Der besondere Kündigungsschutz gilt nicht für schwerbehinderte Arbeitnehmer, die nach Vollendung des 58. Lebensjahres Anspruch auf Leistungen aufgrund eines Sozialplans oder Anspruch auf Knappschaftsausgleichsleistung nach dem SGB VI oder auf Anpassungsgeld für entlassene Arbeitnehmer des Bergbaus haben, § 90 Abs. 1 Nr. 3 SGB IX. Der Wegfall des Kündigungsschutzgesetzes setzt voraus, dass dem schwerbehinderten Menschen die Kündigungsabsicht rechtzeitig mitgeteilt wird und der schwerbehinderte Mensch der beabsichtigten Kündigung bis zu deren Ausspruch nicht widerspricht, andernfalls bedarf die Kündigung wegen fehlender Voraussetzungen des § 90 Abs. 1 Nr. 3 SGB IX der Zustimmung des Integrationsamts.

142 Das **Antragsverfahren** ist in § 87 SGB IX geregelt. Die Zustimmung zur Kündigung hat der Arbeitgeber schriftlich bei dem für den Sitz des Betriebs zuständigen Integrationsamt zu beantragen. Zuvor ist die Schwerbehindertenvertretung über den beabsichtigten Antrag zu hören und ihr Gelegenheit zur Stellungnahme zu geben, § 95 Abs. 2 SGB IX. Bei den Integrationsämtern stehen besondere **Vordrucke** bereit, deren sich der Arbeitgeber bei der Antragstellung bedienen kann, aber nicht muss. Die Verwendung dieser Vordrucke bietet den Vorteil, dass alle für die Kündigung wichtigen Gesichtspunkte von vornherein berücksichtigt werden. Nach § 87 Abs. 2 SGB IX holt das Integrationsamt eine Stellungnahme des Betriebsrats und der Schwerbehindertenvertretung ein. Sie hat ferner den schwerbehinderten Arbeitnehmer zu hören.

143 Das Integrationsamt soll die Entscheidung, falls erforderlich aufgrund mündlicher Verhandlung, **innerhalb eines Monats vom Tage des Eingangs des Antrags** an treffen, § 88 Abs. 1 SGB IX. Es trifft die Entscheidung, indem es die Zustimmung zur Kündigung erteilt oder versagt, gegebenenfalls kann die Kündigung wegen fehlender Schwerbehinderteneigenschaft des Arbeitnehmers oder Vorliegens eines Ausnahmetatbestands des § 90 SGB IX für nicht zustimmungsbedürftig bescheinigt werden (sog. **Negativattest**). Gegen eine ablehnende Entscheidung hat der Arbeitgeber die Möglichkeit, **Widerspruch** und nach Erlass des Widerspruchsbescheids Verpflichtungsklage zu erheben. Erteilt das Integrationsamt zunächst die Zustimmung und wird der Zustimmungsbescheid im Widerspruchsverfahren aufgehoben, handelt es sich bei der Klage gegen die erstmalig beschwerende Entscheidung des Widerspruchsausschusses um eine Anfechtungsklage iSv § 79 Abs. 1 Nr. 2 VwGO, kombiniert mit einer Verpflichtungsklage, gerichtet auf die Verpflichtung des Widerspruchsausschusses, den Widerspruch des Arbeitnehmers zurückzuweisen. Diese Anfechtungsklage hat gem. § 80 Abs. 1 Satz 1 und 2 VwGO aufschiebende Wirkung, weil der Widerspruchsbescheid in derartigen Fällen einen den Arbeitnehmer begünstigenden und den Arbeitgeber belastenden Verwaltungsakt darstellt. Trotz der dem Widerspruch des Arbeitnehmers stattgebenden Entscheidung des Widerspruchsausschusses ist für die Dauer des Klageverfahrens vom Vorliegen einer zumindest wirksamen Zustimmung zur Kündigung auszugehen.[290]

144 Der Arbeitgeber kann die **Kündigung aussprechen**, sobald der Zustimmungsbescheid ihm förmlich zugestellt worden ist. Die telefonische Abfrage des Ergebnisses reicht nicht aus. Wenn der Bescheid zugestellt ist, muss er die Kündigung innerhalb eines Monats nach Zustellung erklären, § 88 Abs. 3 SGB IX. Angesichts eines sehr formalen Urteils des LAG Baden-Württemberg[291] ist bei der Zustellung des Zustimmungsbescheids des Integrationsamts durch Einschreiben Aufmerksamkeit geboten. Nach den Verwaltungszustellungsgesetzen der Länder gilt eine **Zustellung durch die Post durch eingeschriebenen Brief** erst mit dem dritten Tag nach der Aufgabe zur Post als zugestellt, es sei denn, dass das zuzustellende Schriftstück nicht oder zu einem späteren Zeitpunkt zugegangen ist. Nach Ansicht des LAG Baden-Württemberg soll eine ordentliche Kündigung, die zwar nach Kenntnis von der Zustimmungsentscheidung des Integrationsamts, aber vor Ablauf der gesetzlich normierten Drei-Tages-Frist ausgesprochen wird, unwirksam sein. Die **Drei-Tages-Frist** gelte auch, wenn der Bescheid dem Empfänger unstreitig vor Ablauf der Frist zugegangen sei. Eine Ausnahme von der gesetzlich normierten Zustellungsfiktion sehe das Gesetz nur für den Fall vor, dass das Schriftstück nachweislich später zugegangen sei,

---

289 BAG 15.11.2012 – 8 AZR 827/11, DB 2013, 763.
290 VG Berlin 25.7.2008 – 37 A 136/08.
291 LAG Baden-Württemberg 22.9.2006 – 18 Sa 28/06, DÖD 2007, 96 (zu § 4 VwZG BW).

nicht aber für den Fall des früheren Zugangs. So die Begründung. Der Fiktion bedarf es dagegen bei einem mit Rückschein aufgegebenen Einschreiben, sofern das entsprechende Landeszustellungsgesetz hier eine Differenzierung vornimmt, nicht, da durch den Rückschein ein eindeutiger Zustellungszeitpunkt festgehalten wird, der ähnlich zuverlässig bestimmbar ist wie der durch das Empfangsbekenntnis nachgewiesene Zugang.[292]

Bedarf die ordentliche Kündigung eines schwerbehinderten Menschen außer der Zustimmung des Integrationsamts einer **Zulässigkeitserklärung nach § 18 Abs. 1 Satz 2 BErzGG** und hat der Arbeitgeber diese vor dem Ablauf der Monatsfrist des § 88 Abs. 3 SGB IX beantragt, kann die Kündigung noch nach Fristablauf wirksam ausgesprochen werden, wenn der Arbeitgeber die Kündigung unverzüglich erklärt, nachdem die Zulässigkeitserklärung nach § 18 BErzGG vorliegt.[293]   145

Auch **vor Ausspruch einer außerordentlichen Kündigung** des Arbeitsverhältnisses eines schwerbehinderten Menschen muss der Arbeitgeber die Zustimmung des einholen §§ 91 Abs. 1, 85 SGB IX. Die Zustimmung zur außerordentlichen Kündigung kann nur **innerhalb von zwei Wochen** seit Kenntnis des Arbeitgebers von den maßgebenden Tatsachen beim Integrationsamt beantragt werden, § 91 Abs. 2 SGB IX. Das Integrationsamt hat innerhalb von zwei Wochen zu entscheiden, anderenfalls wird die Zustimmung fingiert, § 91 Abs. 3 SGB IX. Hat der Arbeitgeber fristgerecht beim Integrationsamt die Zustimmung beantragt und ist die Zwei-Wochen-Frist des § 626 Abs. 2 Satz 1 BGB nach Erteilung der Zustimmung des Integrationsamts bereits abgelaufen, verlangt § 91 Abs. 5 SGB IX den unverzüglichen Ausspruch der Kündigung. Nach erteilter Zustimmung beginnt keine neue Ausschlussfrist iSv § 626 Abs. 2 BGB zu laufen.[294] Es besteht eine Obliegenheit des Arbeitgebers, sich beim Integrationsamt zu erkundigen, ob es innerhalb der Frist des § 91 Abs. 3 Satz 1 SGB IX eine Entscheidung getroffen hat, weil anderenfalls die Zustimmung fingiert wird. Der Arbeitgeber ist aber nicht verpflichtet, darauf zu dringen, über den Inhalt einer getroffenen Entscheidung schon vorab informiert zu werden.[295] Teilt das Integrationsamt lediglich mit, dass innerhalb der Frist eine Entscheidung getroffen wurde, darf der Arbeitgeber die Zustellung des entsprechenden Bescheids eine – nicht gänzlich ungewöhnliche – Zeit lang abwarten.[296]   146

Inhaltlich entscheidet das Integrationsamt nach gebundenem Ermessen. Es soll (im Regelfall) die Zustimmung erteilen, wenn der Kündigungsgrund nicht im Zusammenhang mit der Behinderung steht, § 91 Abs. 4 SGB IX. Der Zusammenhang besteht, wenn die Gesundheitsschädigung bei dem kündigungsrelevanten Verhalten eine wesentliche Rolle gespielt hat. Die Wirksamkeit der außerhalb dieses Zusammenhangs liegenden Kündigungsgründe hat das Integrationsamt nicht zu prüfen, wenn die Unwirksamkeit nicht offensichtlich ist. Nach einer Entscheidung des LAG Köln[297] ist § 91 Abs. 3 Satz 2 SGB IX nur auf fristlose außerordentliche Kündigungen anwendbar. Er gilt nicht für außerordentliche Kündigungen mit Auslauffrist.   147

Die Kündigung kann auch nach Ablauf der für fristlose Kündigungen maßgebenden Zwei-Wochen-Frist des § 626 Abs. 2 Satz 1 BGB erfolgen, wenn sie unverzüglich nach Erteilung der Zustimmung des Integrationsamts zur Kündigung erklärt wird, § 91 Abs. 5 SGB IX. Der Arbeitgeber muss daher, falls er sein Kündigungsrecht nicht verlieren will, ohne schuldhaftes Zögern iSv § 121 Abs. 1 Satz 1 BGB unmittelbar nach Zustellung des Zustimmungsbescheids oder nach Ablauf der Zwei-Wochen-Frist des § 91 Abs. 3 SGB IX die Kündigung aussprechen. Der Arbeitgeber kann die außerordentliche Kündigung gegenüber einem Schwerbehinderten nach § 91 Abs. 5 SGB IX schon dann erklären, wenn ihm das Integrationsamt die Zustimmungsentscheidung innerhalb der Zwei-Wochen-Frist des § 91 Abs. 3 SGB IX mündlich oder fernmündlich bekannt gegeben hat; einer vorherigen Zustellung der Entscheidung bedarf es nicht.[298] Wird die Zustimmung zur außerordentlichen Kündigung eines schwerbehinderten Menschen erst vom Widerspruchsausschuss erteilt, so muss die Kündigung unverzüglich erklärt werden, sobald der Arbeitgeber sichere Kenntnis davon hat, dass der Widerspruchsausschuss zu-   148

---

292 *Tolmein*, jurisPR-ArbR 10/2007 Anm. 5.
293 BAG 24.11.2011 – 2 AZR 429/10, NZA 2012, 610.
294 BAG 19.4.2012 – 2 AZR 118/11, NZA 2013, 507.
295 BAG 19.4.2012 – 2 AZR 118/11, NZA 2013, 507.
296 BAG 19.4.2012 – 2 AZR 118/11, NZA 2013, 507.
297 LAG Köln 31.10.2012 – 3 Sa 1062/11, ArbR 2013, 273.
298 BAG 12.5.2005 – 2 AZR 159/04, NZA 2005, 1173; BAG 12.8.1999 – 2 AZR 748/98, AP § 21 SchwbG 1986 Nr. 7.

stimmt. Hierfür reicht die mündliche Bekanntgabe aus, dass dem Widerspruch stattgegeben wird.[299] Beteiligt der Arbeitgeber den Betriebsrat erst nach Ende des Zustimmungsverfahrens oder nach Eintritt der Zustimmungsfiktion, so hat er das Anhörungsverfahren sofort nach Bekanntgabe der Zustimmungsentscheidung oder nach Ablauf der Zwei-Wochen-Frist einzuleiten und sofort nach Eingang der Stellungnahme des Betriebsrats, spätestens aber nach Ablauf der Drei-Tage-Frist des § 102 Abs. 2 Satz 3 BetrVG die Kündigung zu erklären.[300] Zu beachten ist, dass auch mit dem bestandskräftigen, zustimmenden Verwaltungsakt des Integrationsamts nicht zugleich feststeht, dass die Zwei-Wochen-Frist des § 626 Abs. 2 Satz 1 BGB gewahrt ist. Von den Gerichten für Arbeitssachen ist die Einhaltung der Frist des § 626 Abs. 2 Satz 1 BGB unabhängig von einer etwaigen Zustimmungsentscheidung des Integrationsamts eigenständig zu prüfen.[301]

149 Der 2. Senat hat zum Themenkomplex „Kündigung eines schwerbehinderten Menschen" außerdem entschieden, dass die **Durchführung des Präventionsverfahrens** nach § 84 Abs. 1 SGB IX **keine Wirksamkeitsvoraussetzung** einer Kündigung sei.[302] Kündige der Arbeitgeber einem schwerbehinderten Arbeitnehmer, ohne zuvor dieses Präventionsverfahren durchlaufen zu haben, führe dieser Umstand für sich genommen nicht zur Unwirksamkeit der Kündigung. Die Einhaltung des Präventionsverfahrens sei keine formelle Wirksamkeitsvoraussetzung für Kündigungen gegenüber Schwerbehinderten. Stehe die Pflichtverletzung in keinem Zusammenhang mit der Behinderung und verspreche das Verfahren von vornherein keinen Erfolg, so brauche es nicht durchgeführt zu werden. Könne dagegen das Präventionsverfahren beim schwerbehinderten Menschen im Arbeitsverhältnis auftretende Schwierigkeiten beseitigen, so könne die Unterlassung des Verfahrens zu Lasten des Arbeitgebers bei der Bewertung des Kündigungsgrundes Berücksichtigung finden.

B. Texte

I. Kündigungsschreiben[303]

1. Ordentliche Kündigung allgemein

150 a) Muster: Mindestinhalt eines Kündigungsschreibens

↓

Frau/Herrn ...

Sehr geehrte(r) Frau/Herr ...,

hiermit kündigen wir das mit Ihnen bestehende Arbeitsverhältnis ordentlich fristgemäß zum ... . Sollte durch diesen Termin die maßgebliche Kündigungsfrist nicht gewahrt sein, gilt die Kündigung zum nächstzulässigen Zeitpunkt.

Nach § 2 Abs. 2 Satz 2 Nr. 3 SGB III weisen wir Sie auf die Notwendigkeit hin, eigene Aktivitäten bei der Suche nach einer anderen Beschäftigung zu entfalten. Sie sind verpflichtet, sich spätestens drei Monate vor der Beendigung Ihres Arbeitsverhältnisses bei der Agentur für Arbeit arbeitsuchend zu melden. Liegen zwischen der Kenntnis des Beendigungszeitpunktes und der Beendigung des Arbeitsverhältnisses weniger als drei Monate, haben Sie sich innerhalb von drei Tagen nach Kenntnis des Beendigungszeitpunktes zu melden (§ 38 Abs. 1 SGB III). Kommen Sie Ihrer Verpflichtung nicht fristgerecht nach, kann die Agentur für Arbeit eine einwöchige Sperrzeit anordnen, in der Sie kein Arbeitslosengeld erhalten (§ 159 Abs. 1 Satz 2 Nr. 7, Abs. 6 SGB III).

Mit freundlichen Grüßen

---

299 BAG 21.4.2005 – 2 AZR 255/04, NZA 2005, 991.
300 BAG 3.7.1980 – 2 AZR 340/78, NJW 1981, 1332.
301 BAG 2.3.2006 – 2 AZR 46/05, NZA 2006, 1211.
302 BAG 7.12.2006 – 2 AZR 182/06, NZA 2007, 617.
303 Beispiele für Freistellungserklärungen im Zusammenhang mit Kündigungen finden sich in § 4 Rn 548 ff.

b) Muster: Mindestinhalt eines Kündigungsschreibens (englisch)

To ...

Dear ...,

herewith we have to inform you that we terminate your employment contract dated ... with due notice as of ...

In reference to the termination of your employment contract we advise you that you have to register with the local government employment office 3 month before the termination of your contract (alt.: 3 days after you have been noticed of the termination) (§ 38 SGB III). For this we will grant you leave. Should you fail to comply with this obligation the governmental employment office may reduce your unemployment compensation for one week (§ 159 Abs. 1 Satz 2 Nr. 7, Abs. 6 SGB III).

Yours sincerely

c) Muster: Ausführliches Kündigungsschreiben ohne Begründung

Frau/Herrn ...

Kündigung des Arbeitsverhältnisses

Sehr geehrte(r) Frau/Herr ...,

hiermit kündigen wir das mit Ihnen bestehende Arbeitsverhältnis ordentlich fristgemäß zum ... . Sollte durch diesen Termin die maßgebliche Kündigungsfrist nicht gewahrt sein, gilt die Kündigung zum nächstzulässigen Zeitpunkt.

Der Betriebsrat ist vor Ausspruch der Kündigung angehört worden. Er hat der Kündigung zustimmt/widersprochen/sich nicht geäußert. Eine Kopie des Widerspruchs des Betriebsrats fügen wir als Anlage bei.

Bis zum Ablauf der Kündigungsfrist stehen Ihnen für das Urlaubsjahr ... noch ... Urlaubstage, für das Urlaubsjahr ... noch ... Urlaubstage zu. Diesen Urlaub erteilen wir Ihnen für die Zeit bis zur Beendigung des Arbeitsverhältnisses.

Sie müssen daher am ... zum letzten Mal zur Arbeit erscheinen.

Ihre Arbeitspapiere werden Ihnen am letzten Arbeitstag ausgehändigt. Sollten Sie vorab für evtl Bewerbungen ein Zwischenzeugnis oder sonstige Unterlagen benötigen, geben Sie bitte kurz in der Personalabteilung Bescheid.

Wir haben Verständnis dafür, dass unsere Entscheidung Sie hart trifft. Aber aus den Ihnen mündlich erläuterten Gründen blieb uns keine andere Wahl.

Nach § 2 Abs. 2 Satz 2 Nr. 3 SGB III weisen wir Sie auf die Notwendigkeit hin, eigene Aktivitäten bei der Suche nach einer anderen Beschäftigung zu entfalten. Sie sind verpflichtet, sich spätestens drei Monate vor der Beendigung Ihres Arbeitsverhältnisses bei der Agentur für Arbeit arbeitsuchend zu melden. Liegen zwischen der Kenntnis des Beendigungszeitpunktes und der Beendigung des Arbeitsverhältnisses weniger als drei Monate, haben Sie sich innerhalb von drei Tagen nach Kenntnis des Beendigungszeitpunktes zu melden (§ 38 Abs. 1 SGB III). Kommen Sie Ihrer Verpflichtung nicht fristgerecht nach, kann die Agentur für Arbeit eine einwöchige Sperrzeit anordnen, in der Sie kein Arbeitslosengeld erhalten (§ 159 Abs. 1 Satz 2 Nr. 7, Abs. 6 SGB III).

Mit freundlichen Grüßen

... (Unterschrift Arbeitgeber)

Das Original habe ich am ... erhalten.

... (Ort, Datum, Unterschrift Mitarbeiter/in)

2. Betriebsbedingte Kündigung

153 a) Muster: Betriebsbedingte Kündigung wegen Auftragsrückgangs

Frau/Herrn ...

Sehr geehrte(r) Frau/Herr ...,

hiermit kündigen wir das mit Ihnen bestehende Arbeitsverhältnis ordentlich fristgemäß aus betriebsbedingten Gründen zum ... . Sollte durch diesen Termin die maßgebliche Kündigungsfrist nicht gewahrt sein, gilt die Kündigung zum nächstzulässigen Zeitpunkt.

In den letzten Jahren ist der Auftragseingang im Bereich ... kontinuierlich zurückgegangen. Im laufenden Wirtschaftsjahr verzeichnen wir einen weiteren Rückgang um ... %. Während wir im Jahre ... einen Auftragsumfang von ... EUR mit ... Mitarbeitern bewältigt haben, hat sich bis heute ein Arbeitskräfteüberhang entwickelt, wie der unmittelbare Zahlenvergleich ergibt. In diesem Jahr verfügen wir über einen Auftragsumfang von ... EUR und beschäftigen ... Mitarbeiter. Wir waren daher aus Kostengründen und zur Erhaltung unserer Wettbewerbsfähigkeit gehalten, ... Mitarbeitern zu kündigen.

Wir haben eine Sozialauswahl zwischen den vergleichbaren Arbeitnehmern entsprechend den gesetzlichen Vorgaben vorgenommen. Die Sozialauswahl hat dazu geführt, dass u.a. Ihnen gekündigt werden musste.

Der Betriebsrat ist vor Ausspruch der Kündigung ordnungsgemäß angehört worden. Er hat sich innerhalb der gesetzlichen Frist nicht geäußert/der Kündigung zugestimmt/der Kündigung widersprochen. Eine Kopie des Widerspruchs des Betriebsrats fügen wir als Anlage bei.

Wir bitten Sie für unsere Entscheidung um Verständnis.

Nach § 2 Abs. 2 Satz 2 Nr. 3 SGB III weisen wir Sie auf die Notwendigkeit hin, eigene Aktivitäten bei der Suche nach einer anderen Beschäftigung zu entfalten. Sie sind verpflichtet, sich spätestens drei Monate vor der Beendigung Ihres Arbeitsverhältnisses bei der Agentur für Arbeit arbeitsuchend zu melden. Liegen zwischen der Kenntnis des Beendigungszeitpunktes und der Beendigung des Arbeitsverhältnisses weniger als drei Monate, haben Sie sich innerhalb von drei Tagen nach Kenntnis des Beendigungszeitpunktes zu melden (§ 38 Abs. 1 SGB III). Kommen Sie Ihrer Verpflichtung nicht fristgerecht nach, kann die Agentur für Arbeit eine einwöchige Sperrzeit anordnen, in der Sie kein Arbeitslosengeld erhalten (§ 159 Abs. 1 Satz 2 Nr. 7, Abs. 6 SGB III).

Mit freundlichen Grüßen

154 b) Muster: Betriebsbedingte Kündigung wegen Leistungsverdichtung

Frau/Herrn ...

Sehr geehrte(r) Frau/Herr ...,

hiermit kündigen wir das mit Ihnen bestehende Arbeitsverhältnis ordentlich fristgemäß aus betriebsbedingten Gründen. Die Kündigungsfrist bis zur Beendigung des Arbeitsverhältnisses beträgt ..., so dass angesichts unserer mit heutigem Schreiben ausgesprochenen Kündigung das Arbeitsverhältnis zum ... endet. Sollte durch diesen Termin die maßgebliche Kündigungsfrist nicht gewahrt sein, gilt die Kündigung zum nächstzulässigen Zeitpunkt.

Wir haben uns entschlossen, einige organisatorische Änderungen einzuführen und in diesem Zusammenhang die Arbeit mit weniger Personal zu erledigen. Wir halten es für betriebswirtschaftlich notwendig, die Arbeit in dem Bereich ..., die bislang von ... Mitarbeitern erledigt wurde, durch eine Mitarbeiterzahl von ... künftig bewältigen zu lassen. Ferner wollen wir in der Abteilung ... künftig statt mit ... Mitarbeitern mit ... Mitarbeitern die anstehenden Aufgaben erledigen.

Organisatorisch ändert sich dadurch Folgendes: ...

Wir haben nach Maßgabe des Gesetzes eine Sozialauswahl unter den mit Ihnen vergleichbaren Arbeitnehmern vorgenommen. Dabei hat sich ergeben, dass Ihnen zu kündigen war.

Der Betriebsrat ist vor Ausspruch der Kündigung ordnungsgemäß angehört worden. Er hat sich innerhalb der gesetzlichen Frist nicht geäußert/der Kündigung zugestimmt/der Kündigung widersprochen. Eine Kopie des Widerspruchs des Betriebsrats fügen wir als Anlage bei.

Wir bitten Sie für unsere Entscheidung um Verständnis.

Nach § 2 Abs. 2 Satz 2 Nr. 3 SGB III weisen wir Sie auf die Notwendigkeit hin, eigene Aktivitäten bei der Suche nach einer anderen Beschäftigung zu entfalten. Sie sind verpflichtet, sich spätestens drei Monate vor der Beendigung Ihres Arbeitsverhältnisses bei der Agentur für Arbeit arbeitsuchend zu melden. Liegen zwischen der Kenntnis des Beendigungszeitpunktes und der Beendigung des Arbeitsverhältnisses weniger als drei Monate, haben Sie sich innerhalb von drei Tagen nach Kenntnis des Beendigungszeitpunktes zu melden (§ 38 Abs. 1 SGB III). Kommen Sie Ihrer Verpflichtung nicht fristgerecht nach, kann die Agentur für Arbeit eine einwöchige Sperrzeit anordnen, in der Sie kein Arbeitslosengeld erhalten (§ 159 Abs. 1 Satz 2 Nr. 7, Abs. 6 SGB III).

Mit freundlichen Grüßen

c) Muster: Betriebsbedingte Kündigung wegen Produktionsrückgangs

Frau/Herrn ...

Sehr geehrte(r) Frau/Herr ...,

hiermit kündigen wir das mit Ihnen bestehende Arbeitsverhältnis ordentlich fristgemäß aus betriebsbedingten Gründen zum .... Sollte durch diesen Termin die maßgebliche Kündigungsfrist nicht gewahrt sein, gilt die Kündigung zum nächstzulässigen Zeitpunkt.

Wie Sie selbst in den vergangenen Wochen/Monaten beobachtet haben werden, haben wir einen deutlichen Produktionsrückgang zu verzeichnen. Statt, wie bislang üblich, ... Teile pro Tag/pro Woche zu produzieren, fertigen wir nunmehr nur noch ... Teile pro Tag/pro Woche. Wir müssen deshalb dringend Personal abbauen, um die Existenz des Unternehmens nicht zu gefährden. Wir mussten außerdem in den letzten Jahren mit Rücksicht auf den Wettbewerb Preiskonzessionen machen. So betrug der Preis für ... noch bis zum Jahre ... EUR, während wir heute am Markt einen Preis von ... EUR erzielen können. Den dadurch eingetretenen Gewinnverfall haben wir nicht länger aufhalten können, wobei wir in den vergangenen Jahren alle organisatorischen Maßnahmen ausgeschöpft haben, um nicht über Personalmaßnahmen reagieren zu müssen. Wir haben, wie Sie wissen, ...

Wir haben nach Maßgabe des Kündigungsschutzgesetzes eine Sozialauswahl unter den in Frage kommenden Mitarbeiterinnen und Mitarbeitern vorgenommen. Die Sozialauswahl hat im Ergebnis dazu geführt, dass wir Ihnen, zusammen mit anderen betroffenen Mitarbeitern, kündigen müssen.

Der Betriebsrat ist vor Ausspruch der Kündigung ordnungsgemäß angehört worden. Er hat sich innerhalb der gesetzlichen Frist nicht geäußert/der Kündigung zugestimmt/der Kündigung widersprochen. Eine Kopie des Widerspruchs des Betriebsrats fügen wir als Anlage bei.

Wir bitten Sie für unsere Entscheidung um Verständnis.

Nach § 2 Abs. 2 Satz 2 Nr. 3 SGB III weisen wir Sie auf die Notwendigkeit hin, eigene Aktivitäten bei der Suche nach einer anderen Beschäftigung zu entfalten. Sie sind verpflichtet, sich spätestens drei Monate vor der Beendigung Ihres Arbeitsverhältnisses bei der Agentur für Arbeit arbeitsuchend zu melden. Liegen zwischen der Kenntnis des Beendigungszeitpunktes und der Beendigung des Arbeitsverhältnisses weniger als drei Monate, haben Sie sich innerhalb von drei Tagen nach Kenntnis des Beendigungszeitpunktes zu melden (§ 38 Abs. 1 SGB III). Kommen Sie Ihrer Verpflichtung nicht fristgerecht nach, kann die Agentur für Arbeit eine einwöchige Sperrzeit anordnen, in der Sie kein Arbeitslosengeld erhalten (§ 159 Abs. 1 Satz 2 Nr. 7, Abs. 6 SGB III).

Mit freundlichen Grüßen

156 d) Muster: Betriebsbedingte Kündigung wegen Betriebsteilstilllegung

Frau/Herrn ...

Sehr geehrte(r) Frau/Herr ...,

hiermit kündigen wir das mit Ihnen bestehende Arbeitsverhältnis ordentlich fristgemäß aus betriebsbedingten Gründen. Die Kündigungsfrist bis zur Beendigung des Arbeitsverhältnisses beträgt ..., so dass angesichts unserer mit heutigem Schreiben ausgesprochenen Kündigung das Arbeitsverhältnis zum ... endet. Sollte durch diesen Termin die maßgebliche Kündigungsfrist nicht gewahrt sein, gilt die Kündigung zum nächstzulässigen Zeitpunkt.

Die Geschäftsleitung hat sich entschlossen, den Betriebsteil ... stillzulegen. Eine über Jahre kontinuierlich zu beobachtende Nachfrageschwäche unserer Artikel, ein aus unserer Sicht ruinöser Preiswettbewerb und der Umstand, dass für die nächsten Jahre keine Trendwende erkennbar ist, haben die Geschäftsleitung zu der Betriebsteilstilllegung bewogen. Damit muss allen Mitarbeitern des Betriebsteils ... gekündigt werden, somit auch Ihnen. In anderen Betriebsteilen sind derzeit leider keine Stellen vakant, die wir Ihnen alternativ hätten zur Verfügung stellen können.

Der Betriebsrat ist vor Ausspruch der Kündigung ordnungsgemäß angehört worden. Er hat sich innerhalb der gesetzlichen Frist nicht geäußert/der Kündigung zugestimmt/der Kündigung widersprochen. Eine Kopie des Widerspruchs des Betriebsrats fügen wir als Anlage bei.

Wir bitten Sie für unsere Entscheidung um Verständnis.

Nach § 2 Abs. 2 Satz 2 Nr. 3 SGB III weisen wir Sie auf die Notwendigkeit hin, eigene Aktivitäten bei der Suche nach einer anderen Beschäftigung zu entfalten. Sie sind verpflichtet, sich spätestens drei Monate vor der Beendigung Ihres Arbeitsverhältnisses bei der Agentur für Arbeit arbeitsuchend zu melden. Liegen zwischen der Kenntnis des Beendigungszeitpunktes und der Beendigung des Arbeitsverhältnisses weniger als drei Monate, haben Sie sich innerhalb von drei Tagen nach Kenntnis des Beendigungszeitpunktes zu melden (§ 38 Abs. 1 SGB III). Kommen Sie Ihrer Verpflichtung nicht fristgerecht nach, kann die Agentur für Arbeit eine einwöchige Sperrzeit anordnen, in der Sie kein Arbeitslosengeld erhalten (§ 159 Abs. 1 Satz 2 Nr. 7, Abs. 6 SGB III).

Mit freundlichen Grüßen

Kapitel 1: Kündigung von Arbeitsverhältnissen

e) Muster: Betriebsbedingte Kündigung mit Abfindungsanspruch

Frau/Herrn ...

Sehr geehrte(r) Frau/Herr ...,

hiermit kündigen wir das mit Ihnen bestehende Arbeitsverhältnis wegen dringender betrieblicher Erfordernisse nach § 1 Abs. 2 Satz 1 KSchG fristgerecht zum ... . Sollte durch diesen Termin die maßgebliche Kündigungsfrist nicht gewahrt sein, gilt die Kündigung zum nächstzulässigen Zeitpunkt.

Sofern Sie gegen diese Kündigung keine Kündigungsschutzklage beim Arbeitsgericht erheben, können Sie nach Verstreichenlassen der Klagefrist von drei Wochen zum Tag der Beendigung Ihres Arbeitsverhältnisses eine Abfindung beanspruchen, die sich gem. § 1a Abs. 2 KSchG wie folgt berechnet: Für jedes Jahr des Bestehens des Arbeitsverhältnisses beträgt die Abfindung 0,5 Monatsverdienste. Bei der Ermittlung der Dauer des Arbeitsverhältnisses wird ein Zeitraum von mehr als sechs Monaten auf ein volles Jahr aufgerundet.

Nach § 2 Abs. 2 Satz 2 Nr. 3 SGB III weisen wir Sie auf die Notwendigkeit hin, eigene Aktivitäten bei der Suche nach einer anderen Beschäftigung zu entfalten. Sie sind verpflichtet, sich spätestens drei Monate vor der Beendigung Ihres Arbeitsverhältnisses bei der Agentur für Arbeit arbeitsuchend zu melden. Liegen zwischen der Kenntnis des Beendigungszeitpunktes und der Beendigung des Arbeitsverhältnisses weniger als drei Monate, haben Sie sich innerhalb von drei Tagen nach Kenntnis des Beendigungszeitpunktes zu melden (§ 38 Abs. 1 SGB III). Kommen Sie Ihrer Verpflichtung nicht fristgerecht nach, kann die Agentur für Arbeit eine einwöchige Sperrzeit anordnen, in der Sie kein Arbeitslosengeld erhalten (§ 159 Abs. 1 Satz 2 Nr. 7, Abs. 6 SGB III).

Mit freundlichen Grüßen

f) Muster: Betriebsbedingte Kündigung mit Angebot eines Abwicklungsvertrages

Frau/Herrn ...

Sehr geehrte(r) Frau/Herr ...,

die betrieblichen Verhältnisse zwingen uns dazu, das mit Ihnen bestehende Arbeitsverhältnis unter Einhaltung der für Sie maßgeblichen Kündigungsfrist von ... Monaten zum ... zu kündigen. Sollte durch diesen Termin die maßgebliche Kündigungsfrist nicht gewahrt sein, gilt die Kündigung zum nächstzulässigen Zeitpunkt.

Sie sind nicht der einzige Mitarbeiter, von dem wir uns aus betriebsbedingten Gründen trennen müssen. Der Betriebsrat ist gem. § 102 Abs. 1 BetrVG gehört worden. Wir hatten eine Sozialauswahl zu treffen, die zum Ergebnis hat, dass Ihnen und anderen Mitarbeitern gekündigt werden musste.

Sie gehören zu den seit längerem in unserem Unternehmen tätigen Mitarbeitern. Für den Fall, dass Sie unsere Entscheidung akzeptieren, bieten wir Ihnen eine Entlassungsentschädigung iHv ... EUR an. Wir würden dann mit Ihnen einen Abwicklungsvertrag schließen, in dem wir uns zur Zahlung der vorgenannten Abfindung verpflichten.

Bitte teilen Sie uns Ihre Entscheidung bis zum ... mit.

Nach § 2 Abs. 2 Satz 2 Nr. 3 SGB III weisen wir Sie auf die Notwendigkeit hin, eigene Aktivitäten bei der Suche nach einer anderen Beschäftigung zu entfalten. Sie sind verpflichtet, sich spätestens drei Monate vor der Beendigung Ihres Arbeitsverhältnisses bei der Agentur für Arbeit arbeitsuchend zu melden. Liegen zwischen der Kenntnis des Beendigungszeitpunktes und der Beendigung des Arbeitsverhältnisses weniger als drei Monate, haben Sie sich innerhalb von drei Tagen nach Kenntnis des Beendigungszeitpunktes zu melden (§ 38 Abs. 1 SGB III). Kommen Sie Ihrer Verpflichtung nicht fristgerecht nach, kann die Agentur für Arbeit

eine einwöchige Sperrzeit anordnen, in der Sie kein Arbeitslosengeld erhalten (§ 159 Abs. 1 Satz 2 Nr. 7, Abs. 6 SGB III).

Mit freundlichen Grüßen

159 g) Muster: Stilllegungsbeschluss der Gesellschafter einer GmbH zur Vorbereitung betriebsbedingter Kündigungen

Die Unterzeichner bilden die Gesellschafterversammlung der Firma ... . Unter Verzicht auf alle Formen und Fristen der Einberufung und Durchführung beschließen sie einstimmig Folgendes:

1. Der Betrieb der Firma ... in ... wird mit Ablauf des ... stillgelegt.
2. Die Geschäftsführer der Firma ... werden angewiesen, die dazu erforderlichen Maßnahmen durchzuführen, insbesondere allen dem Betrieb ... angehörenden Mitarbeitern zu kündigen.

... (Datum, Unterschrift Gesellschafter)

3. Verhaltensbedingte Kündigung

160 a) Muster: Verhaltensbedingte Kündigung

Frau/Herrn ...

Sehr geehrte(r) Frau/Herr ...,

hiermit kündigen wir das mit Ihnen bestehende Arbeitsverhältnis ordentlich fristgemäß aus verhaltensbedingten Gründen zum ... . Sollte durch diesen Termin die maßgebliche Kündigungsfrist nicht gewahrt sein, gilt die Kündigung zum nächstzulässigen Zeitpunkt.

... (Schilderung des Geschehens).

Wegen der gleichen arbeitsvertraglichen Pflichtwidrigkeit sind Sie bereits mehrfach abgemahnt worden, und zwar am ... und am ... .

Trotz wiederholter Abmahnungen haben Sie Ihr Verhalten nicht geändert. Damit besteht die Gefahr weiterer Verstöße. Wir sehen uns deshalb gezwungen, das Arbeitsverhältnis durch Kündigung nunmehr zu beenden.

Der Betriebsrat ist vor Ausspruch der Kündigung ordnungsgemäß angehört worden. Er hat der Kündigung zugestimmt/der Kündigung widersprochen/sich nicht innerhalb der gesetzlichen Frist geäußert.

Nach § 2 Abs. 2 Satz 2 Nr. 3 SGB III weisen wir Sie auf die Notwendigkeit hin, eigene Aktivitäten bei der Suche nach einer anderen Beschäftigung zu entfalten. Sie sind verpflichtet, sich spätestens drei Monate vor der Beendigung Ihres Arbeitsverhältnisses bei der Agentur für Arbeit arbeitsuchend zu melden. Liegen zwischen der Kenntnis des Beendigungszeitpunktes und der Beendigung des Arbeitsverhältnisses weniger als drei Monate, haben Sie sich innerhalb von drei Tagen nach Kenntnis des Beendigungszeitpunktes zu melden (§ 38 Abs. 1 SGB III). Kommen Sie Ihrer Verpflichtung nicht fristgerecht nach, kann die Agentur für Arbeit eine einwöchige Sperrzeit anordnen, in der Sie kein Arbeitslosengeld erhalten (§ 159 Abs. 1 Satz 2 Nr. 7, Abs. 6 SGB III).

Mit freundlichen Grüßen

4. Personenbedingte Kündigung

a) Muster: Personenbedingte Kündigung wegen langanhaltender Krankheit

↓

Frau/Herrn ...

Sehr geehrte(r) Frau/Herr ...,

hiermit kündigen wir das mit Ihnen bestehende Arbeitsverhältnis ordentlich fristgemäß aus personenbedingten Gründen zum ... . Sollte durch diesen Termin die maßgebliche Kündigungsfrist nicht gewahrt sein, gilt die Kündigung zum nächstzulässigen Zeitpunkt.

Sie haben in den letzten vier Jahren folgende Arbeitsunfähigkeitszeiten wegen Krankheit aufzuweisen:
Vom ... bis zum ... haben Sie krankheitsbedingt gefehlt, somit ... Tage.
Vom ... bis zum ... haben Sie krankheitsbedingt gefehlt, somit ... Tage.
Vom ... bis zum ... haben Sie krankheitsbedingt gefehlt, somit ... Tage.
Vom ... bis zum ... haben Sie krankheitsbedingt gefehlt, somit ... Tage.
Vom ... bis zum ... haben Sie krankheitsbedingt gefehlt, somit ... Tage.
Vom ... bis zum ... haben Sie krankheitsbedingt gefehlt, somit ... Tage.
Vom ... bis zum ... haben Sie krankheitsbedingt gefehlt, somit ... Tage.
Vom ... bis zum ... haben Sie krankheitsbedingt gefehlt, somit ... Tage.
Vom ... bis zum ... haben Sie krankheitsbedingt gefehlt, somit ... Tage.
Insgesamt ergeben sich damit innerhalb von ... Jahren ... Fehltage.

Die Anzahl Ihrer bisherigen Fehltage ergibt eine negative Gesundheitsprognose. Auf unsere Frage im Personalgespräch vom ..., aufgrund welcher Umstände wir zu der Annahme kommen sollen, dass sich für Sie in Zukunft eine andere gesundheitliche Entwicklung ergibt, konnten Sie uns keine Tatsachen benennen.

Ihre andauernden Fehlzeiten haben zu erheblichen Störungen im Betriebsablauf und zu erheblichen wirtschaftlichen Belastungen des Unternehmens geführt. Insgesamt sind durch Sie im Zeitraum von ... Jahren ... EUR Entgeltfortzahlungskosten entstanden, die wir, unabhängig von den Betriebsablaufstörungen, nicht länger hinnehmen können.

Wir haben schließlich eine Interessenabwägung durchgeführt, um zwischen Ihrem Interesse am Erhalt des Arbeitsplatzes und unseren Interessen abzuwägen. Wir haben die Ursachen Ihrer Erkrankung, die Dauer Ihrer Betriebszugehörigkeit, Ihren Familienstand u.v.m. berücksichtigt. Wir sind jedoch zu dem Ergebnis gekommen, dass die harten Fakten, nämlich ständige Betriebsablaufstörungen und die hohen Kosten, die unser Unternehmen bislang getragen hat, in der heutigen Wettbewerbssituation zwingend überwiegen.

Der Betriebsrat ist vor Ausspruch der Kündigung ordnungsgemäß angehört worden. Er hat der Kündigung zugestimmt/der Kündigung widersprochen/sich nicht innerhalb der gesetzlichen Frist geäußert.

Nach § 2 Abs. 2 Satz 2 Nr. 3 SGB III weisen wir Sie auf die Notwendigkeit hin, eigene Aktivitäten bei der Suche nach einer anderen Beschäftigung zu entfalten. Sie sind verpflichtet, sich spätestens drei Monate vor der Beendigung Ihres Arbeitsverhältnisses bei der Agentur für Arbeit arbeitsuchend zu melden. Liegen zwischen der Kenntnis des Beendigungszeitpunktes und der Beendigung des Arbeitsverhältnisses weniger als drei Monate, haben Sie sich innerhalb von drei Tagen nach Kenntnis des Beendigungszeitpunktes zu melden (§ 38 Abs. 1 SGB III). Kommen Sie Ihrer Verpflichtung nicht fristgerecht nach, kann die Agentur für Arbeit

eine einwöchige Sperrzeit anordnen, in der Sie kein Arbeitslosengeld erhalten (§ 159 Abs. 1 Satz 2 Nr. 7, Abs. 6 SGB III).

Mit freundlichen Grüßen

5. Außerordentliche Kündigung

a) Muster: Außerordentliche Kündigung

Frau/Herrn ...

Sehr geehrte(r) Frau/Herr ...,

hiermit kündigen wir das mit Ihnen bestehende Arbeitsverhältnis außerordentlich mit sofortiger Wirkung. Hilfsweise kündigen wir das Arbeitsverhältnis ordentlich fristgemäß aus verhaltensbedingten Gründen zum .... Sollte durch diesen Termin die maßgebliche Kündigungsfrist nicht gewahrt sein, gilt die hilfsweise ordentliche Kündigung zum nächstzulässigen Zeitpunkt.

Unsere Kündigungsentscheidung basiert auf folgendem Sachverhalt: ...

Der Betriebsrat ist zu der außerordentlichen Kündigung sowie der hilfsweisen ordentlichen Kündigung angehört worden und hat den Kündigungen zugestimmt/widersprochen/sich nicht innerhalb der gesetzlichen Frist geäußert.

Zwecks Abwicklung Ihres Arbeitsverhältnisses setzen Sie sich bitte mit der Personalabteilung in Verbindung.

Nach § 2 Abs. 2 Satz 2 Nr. 3 SGB III weisen wir Sie auf die Notwendigkeit hin, eigene Aktivitäten bei der Suche nach einer anderen Beschäftigung zu entfalten. Sie sind verpflichtet, sich innerhalb von drei Tagen nach Kenntnis des Beendigungszeitpunktes bei der Agentur für Arbeit zu melden (§ 38 Abs. 1 SGB III). Kommen Sie Ihrer Verpflichtung nicht fristgerecht nach, kann die Agentur für Arbeit allein deshalb eine einwöchige Sperrzeit anordnen, in der Sie kein Arbeitslosengeld erhalten (§ 159 Abs. 1 Satz 2 Nr. 7, Abs. 6 SGB III).

Mit freundlichen Grüßen

b) Muster: Außerordentliche Kündigung mit sozialer Auslauffrist

Frau/Herrn ...

Sehr geehrte(r) Frau/Herr ...,

hiermit kündigen wir das mit Ihnen bestehende Arbeitsverhältnis außerordentlich unter Einhaltung einer Auslauffrist entsprechend der maßgeblichen Kündigungsfrist zum .... Sollte durch diesen Termin die maßgebliche Kündigungsfrist nicht gewahrt sein, gilt die Kündigung zum nächstzulässigen Zeitpunkt.

Unsere Kündigungsentscheidung basiert auf folgendem Sachverhalt: ...

Der Betriebsrat ist zu der Kündigung angehört worden und hat der Kündigung zugestimmt/widersprochen/sich nicht innerhalb der gesetzlichen Frist geäußert.

Nach § 2 Abs. 2 Satz 2 Nr. 3 SGB III weisen wir Sie auf die Notwendigkeit hin, eigene Aktivitäten bei der Suche nach einer anderen Beschäftigung zu entfalten. Sie sind verpflichtet, sich spätestens drei Monate vor der Beendigung Ihres Arbeitsverhältnisses bei der Agentur für Arbeit arbeitsuchend zu melden. Liegen zwischen der Kenntnis des Beendigungszeitpunktes und der Beendigung des Arbeitsverhältnisses weniger als drei Monate, haben Sie sich innerhalb von drei Tagen nach Kenntnis des Beendigungszeitpunktes zu melden (§ 38 Abs. 1 SGB III). Kommen Sie Ihrer Verpflichtung nicht fristgerecht nach, kann die Agentur für Arbeit

eine einwöchige Sperrzeit anordnen, in der Sie kein Arbeitslosengeld erhalten (§ 159 Abs. 1 Satz 2 Nr. 7, Abs. 6 SGB III).

Mit freundlichen Grüßen

6. Ordentliche Änderungskündigung

a) Muster: Ordentliche Änderungskündigung

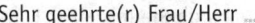

Sehr geehrte(r) Frau/Herr ...,

hiermit kündigen wir das mit Ihnen bestehende Arbeitsverhältnis ordentlich fristgemäß aus betriebsbedingten/personenbedingten/verhaltensbedingten Gründen zum ... . Sollte durch diesen Termin die maßgebliche Kündigungsfrist nicht gewahrt sein, gilt die Kündigung zum nächstzulässigen Zeitpunkt.

Wir bieten Ihnen gleichzeitig an, das Arbeitsverhältnis ab dem ... (Ablauf der Kündigungsfrist) zu folgenden neuen Bedingungen fortzusetzen:

Ihre Tätigkeit umfasst künftig folgende Aufgabe: ...

Als Vergütung erhalten Sie künftig ... .

Im Übrigen gelten die Bedingungen Ihres Arbeitsverhältnisses unverändert fort.

Der Betriebsrat hat der Änderungskündigung und der damit verbundenen Versetzung zugestimmt/widersprochen/sich nicht innerhalb der gesetzlichen Fristen geäußert.

Teilen Sie uns bitte innerhalb einer Frist von drei Wochen nach Zugang dieses Schreibens mit, ob Sie mit einer Fortsetzung des Arbeitsverhältnisses zu den geänderten Arbeitsbedingungen einverstanden sind. Andernfalls endet das Arbeitsverhältnis mit Ablauf der Kündigungsfrist.

Für diesen Fall weisen wir Sie nach § 2 Abs. 2 Satz 2 Nr. 3 SGB III auf die Notwendigkeit hin, eigene Aktivitäten bei der Suche nach einer anderen Beschäftigung zu entfalten. Sie sind verpflichtet, sich spätestens drei Monate vor der Beendigung Ihres Arbeitsverhältnisses bei der Agentur für Arbeit arbeitsuchend zu melden. Liegen zwischen der Kenntnis des Beendigungszeitpunktes und der Beendigung des Arbeitsverhältnisses weniger als drei Monate, haben Sie sich innerhalb von drei Tagen nach Kenntnis des Beendigungszeitpunktes zu melden (§ 38 Abs. 1 SGB III). Kommen Sie Ihrer Verpflichtung nicht fristgerecht nach, kann die Agentur für Arbeit eine einwöchige Sperrzeit anordnen, in der Sie kein Arbeitslosengeld erhalten (§ 159 Abs. 1 Satz 2 Nr. 7, Abs. 6 SGB III).

Mit freundlichen Grüßen

b) Muster: Ordentliche Änderungskündigung wegen Organisationsänderung

Frau/Herrn ...

Sehr geehrte(r) Frau/Herr ...,

aufgrund der mit Ihnen im Einzelnen ausführlich besprochenen Notwendigkeit, die Organisationsstruktur der Abteilung ... zu ändern, ist Ihre Weiterbeschäftigung zu den bisherigen Arbeitsbedingungen nicht möglich.

Aus der Abteilung ... wird der Bereich ... ausgegliedert. Im Verantwortungsbereich Ihrer bisherigen Abteilung verbleibt damit nur noch der Aufgabenbereich ... . Zu Ihren künftigen Aufgaben gehört Folgendes: ... . Aufgrund des Wegfalls wesentlicher Aufgaben Ihres Verantwortungsbereichs ist Ihre Position neu bewertet worden.

Daher kündigen wir das mit Ihnen bestehende Arbeitsverhältnis ordentlich fristgemäß aus betriebsbedingten Gründen zum ... Sollte durch diesen Termin die maßgebliche Kündigungsfrist nicht gewahrt sein, gilt die Kündigung zum nächstzulässigen Zeitpunkt.

Wir bieten Ihnen jedoch an, das Arbeitsverhältnis ab dem ... (Ablauf der Kündigungsfrist) zu geänderten Bedingungen fortzusetzen. Verbunden mit Ihrer neuen Aufgabenstellung werden Sie ab dem ... in die Vergütungsgruppe ... eingruppiert werden.

Im Übrigen gelten die Bedingungen Ihres Arbeitsverhältnisses unverändert fort.

Der Betriebsrat hat der Änderungskündigung und der Herabgruppierung zugestimmt/widersprochen/sich nicht innerhalb der gesetzlichen Frist geäußert.

Bitte teilen Sie uns innerhalb von drei Wochen nach Zustellung dieses Schreibens mit, ob Sie mit einer Fortsetzung des Arbeitsverhältnisses zu den geänderten Arbeitsbedingungen einverstanden sind. Andernfalls endet das Arbeitsverhältnis mit Ablauf der Kündigungsfrist.

Für diesen Fall weisen wir Sie nach § 2 Abs. 2 Satz 2 Nr. 3 SGB III auf die Notwendigkeit hin, eigene Aktivitäten bei der Suche nach einer anderen Beschäftigung zu entfalten. Sie sind verpflichtet, sich spätestens drei Monate vor der Beendigung Ihres Arbeitsverhältnisses bei der Agentur für Arbeit arbeitsuchend zu melden. Liegen zwischen der Kenntnis des Beendigungszeitpunktes und der Beendigung des Arbeitsverhältnisses weniger als drei Monate, haben Sie sich innerhalb von drei Tagen nach Kenntnis des Beendigungszeitpunktes zu melden (§ 38 Abs. 1 SGB III). Kommen Sie Ihrer Verpflichtung nicht fristgerecht nach, kann die Agentur für Arbeit eine einwöchige Sperrzeit anordnen, in der Sie kein Arbeitslosengeld erhalten (§ 159 Abs. 1 Satz 2 Nr. 7, Abs. 6 SGB III).

Mit freundlichen Grüßen

7. Außerordentliche Änderungskündigung

a) Muster: Außerordentliche Änderungskündigung

Frau/Herrn ...

Sehr geehrte(r) Frau/Herr ...,

hiermit erklären wir die außerordentliche fristlose Kündigung Ihres Arbeitsverhältnisses.

Unsere Kündigungsentscheidung basiert auf folgendem Sachverhalt: ...

Hilfsweise kündigen wir das Arbeitsverhältnis ordentlich fristgemäß aus verhaltensbedingten Gründen zum ... Sollte durch diesen Termin die maßgebliche Kündigungsfrist nicht gewahrt sein, gilt die hilfsweise ordentliche Kündigung zum nächstzulässigen Zeitpunkt.

Wir bieten Ihnen gleichzeitig an, das Arbeitsverhältnis ab sofort zu folgenden neuen Bedingungen fortzusetzen:

Ihre Tätigkeit umfasst künftig folgende Aufgabe: ...

Als Vergütung erhalten Sie künftig ...

Im Übrigen gelten die Bestimmungen Ihres Arbeitsverhältnisses unverändert fort.

Der Betriebsrat wurde zu der außerordentlichen Kündigung sowie der hilfsweisen ordentlichen Kündigung angehört. Er hat den Kündigungen zugestimmt/widersprochen/sich nicht innerhalb der gesetzlichen Frist geäußert.

Teilen Sie uns bitte unverzüglich mit, ob Sie mit einer Fortsetzung des Arbeitsverhältnisses zu den geänderten Arbeitsbedingungen einverstanden sind. Anderenfalls endet das Arbeitsverhältnis mit sofortiger Wirkung.

Für diesen Fall weisen wir Sie nach § 2 Abs. 2 Satz 2 Nr. 3 SGB III auf die Notwendigkeit hin, eigene Aktivitäten bei der Suche nach einer anderen Beschäftigung zu entfalten. Sie sind verpflichtet, sich innerhalb von drei Tagen nach Kenntnis des Beendigungszeitpunktes bei der Agentur für Arbeit zu melden (§ 38 Abs. 1 SGB III). Kommen Sie Ihrer Verpflichtung nicht fristgerecht nach, kann die Agentur für Arbeit allein deshalb eine einwöchige Sperrzeit anordnen, in der Sie kein Arbeitslosengeld erhalten (§ 159 Abs. 1 Satz 2 Nr. 7, Abs. 6 SGB III).

Mit freundlichen Grüßen

8. Arbeitnehmerreaktionen

a) Muster: Aufforderung, die Gründe der Sozialauswahl mitzuteilen

An die
Personalabteilung
im Hause

Betr.: Meine betriebsbedingte Kündigung

Sehr geehrte Damen und Herren,

mit Schreiben vom _ haben Sie mein Arbeitsverhältnis zum _ gekündigt. Sie haben mir mitgeteilt, dass betriebsbedingte Gründe hierfür den Ausschlag gegeben haben.

Gemäß § 1 Abs. 3 KSchG fordere ich Sie auf, mir die Gründe mitzuteilen, die im Rahmen der Sozialauswahl dazu geführt haben, dass ich als sozial Stärkerer im Verhältnis zu anderen Mitarbeitern gelte.

In der Abteilung _ werden meines Wissens mehrere jüngere Kolleginnen und Kollegen beschäftigt, die keine Unterhaltsverpflichtungen haben.

Ich bitte um kurzfristige Beantwortung meiner Anfrage.

Mit freundlichen Grüßen

b) Muster: Aufforderung, die Gründe einer außerordentlichen Kündigung mitzuteilen

An die
Personalabteilung
im Hause

Betr.: Meine fristlose Kündigung

Sehr geehrte Damen und Herren,

Sie haben mit Schreiben vom _ mein Arbeitsverhältnis fristlos gekündigt. Sie haben mir die Gründe Ihrer Entscheidung bislang nicht mitgeteilt. Gemäß § 626 Abs. 2 BGB fordere ich Sie hiermit auf, mir unverzüglich die Gründe der außerordentlichen Kündigung mitzuteilen.

Mit freundlichen Grüßen

169 c) Muster: Zurückweisung nach §§ 174 BGB, 180 BGB[304]

↓

Firma ...
Geschäftsleitung
im Hause

Betr.: Meine Kündigung

Sehr geehrte Damen und Herren,

mit Schreiben vom ... wurde mein Arbeitsverhältnis durch Frau/Herrn ... gekündigt. Eine Vollmacht war dem Schreiben nicht beigefügt. Hiermit beanstande ich eine mit der Übergabe des Kündigungsschreibens behauptete Vertretungsmacht und erkläre, dass ich mit der Erklärung der Kündigung ohne die entsprechende Vertretungsmacht nicht einverstanden bin, § 180 Satz 2 BGB. Sollte Vertretungsmacht bestanden haben, weise ich die Kündigung vom ... wegen fehlender Vorlage einer Vollmachtsurkunde im Original zurück, § 174 BGB.

Mit freundlichen Grüßen

↑

170 d) Muster: Anfechtung einer Eigenkündigung wegen Drohung

↓

Firma ...
Geschäftsleitung
im Hause

Betr.: Meine Kündigung

Sehr geehrte Damen und Herren,

mit Schreiben vom ... habe ich mein Arbeitsverhältnis gekündigt. Dem war ein Gespräch vorausgegangen, an dem auch unser Betriebsratsvorsitzender teilnahm. In diesem Gespräch erklärte Frau/Herrn ... unmissverständlich und ohne jeden Vorbehalt, dass beabsichtigt sei, mein Arbeitsverhältnis außerordentlich fristlos zu kündigen, da ich am gestrigen Morgen ein Brötchen vom Vortag gegessen hatte. Frau/Herrn ... bot mir jedoch an, dass man von einer außerordentlichen fristlosen Kündigung Abstand nehmen würde, wenn ich stattdessen sofort das Arbeitsverhältnis selbst kündigen würde. Mir wurde dazu ein vorgefertigtes Kündigungsschreiben vorgelegt. In dieser aus meiner Sicht bedrohlichen Situation habe ich aus Angst meine Eigenkündigung unterschrieben.

Diese Kündigungserklärung fechte ich hiermit wegen widerrechtlicher Drohung nach § 123 BGB an. Ich bin seit fast 30 Jahren im Betrieb tätig. Ich habe mir nie etwas zu Schulden kommen lassen und bin bis jetzt noch niemals abgemahnt worden. Mir ist zwar bekannt, dass auch abgelaufene oder nicht mehr zum Verkauf stehende Waren nicht verzehrt werden dürfen. Ich hatte jedoch am gestrigen Morgen noch nicht gefrühstückt gehabt, so dass mir etwas flau war. Durch den Verzehr des Brötchens hoffte ich, mein Wohlbefinden wieder herzustellen, was auch gelang. Aus meiner Sicht hätte ein verständiger Arbeitgeber in dieser Situation eine außerordentliche Kündigung nicht ernsthaft in Erwägung gezogen.

Hiermit biete ich meine Arbeitskraft uneingeschränkt an.

Mit freundlichen Grüßen

↑

---

304 Muster in Anlehnung an *Reufels*, NZA 2011, 5, 9.

e) Muster: Außerordentliche Kündigung durch den Arbeitnehmer wegen Gehaltsrückstands

An die
Personalabteilung
im Hause

Betr.: Außerordentliche Kündigung

Sehr geehrte Damen und Herren,

hiermit erkläre ich die außerordentliche, fristlose Kündigung meines Arbeitsverhältnisses.

Seit ... Wochen warte ich auf mein Gehalt für den Monat ... . Auch vom ...-Gehalt fehlen mir noch ... EUR. Aus diesem Grund habe ich Sie mit Schreiben vom ... abgemahnt und für den Fall der weiteren Verzögerung der Zahlung die fristlose Kündigung angedroht. Da seither keinerlei Zahlungen an mich geleistet wurden, sehe ich mich dazu gezwungen, das Arbeitsverhältnis mit sofortiger Wirkung zu kündigen.

Außerdem kündige ich das Arbeitsverhältnis aus den vorgenannten Gründen hilfsweise fristgemäß zum ... .

Das noch ausstehende Gehalt bitte ich umgehend auf mein Konto zu überweisen.

Mit freundlichen Grüßen

↑

II. Kommunikation bei der Kündigung mit Betriebsrat, Sprecherausschuss und Integrationsamt

1. Muster: Einholung der Zustimmung des Integrationsamts

An das
Integrationsamt

Betr.: Schwerbehinderter: ... (Name, Vorname, Geburtsdatum, falls bekannt: Aktenzeichen des zuständigen Versorgungsamts)

Sehr geehrte Damen und Herren,

wir beantragen die Zustimmung zur ordentlichen Kündigung des Schwerbehinderten ... (Name, Adresse, Geburtsdatum, falls bekannt: Aktenzeichen des Versorgungsamts).

Der Schwerbehinderte ist ledig/verheiratet/verwitwet/geschieden. Er hat einen Grad der Behinderung von ... %. Er hat folgende Unterhaltsverpflichtungen: ... . Die Schwerbehinderung ist nachgewiesen durch .../nicht nachgewiesen. Ein Antrag auf Feststellung des Grades der Schwerbehinderung ist beim Versorgungsamt ... am ... gestellt worden.

Der Schwerbehinderte wurde am ... eingestellt. Er ist als ... tätig. Das letzte Bruttomonatsgehalt betrug ... EUR.

Die Kündigung soll mit einer gesetzlichen Kündigungsfrist von ... zum ... erfolgen (alternativ: Wir beabsichtigen, dem Schwerbehinderten außerordentlich fristlos zu kündigen).

Die Kündigung ist erforderlich, weil ... .

Durch die Kündigung wird Frau/Herr ... nicht behindertenspezifisch benachteiligt.

Der Antragsteller beschäftigt ... Arbeitnehmer. Die Pflichtzahl beträgt ... . Zurzeit werden ... Schwerbehinderte beschäftigt. Hiervon sind ... älter als 50 Jahre. Bei ... Arbeitnehmern/Arbeitnehmerinnen liegen die Voraussetzungen des § 72 SGB IX vor.

Für weitere Auskünfte steht Ihnen Herr ... zur Verfügung.

Wir fügen die Stellungnahme des Betriebsrats der Schwerbehindertenvertretung bei.

↑

173 2. Muster: Antrag auf Zustimmung zur Kündigung einer schwangeren Arbeitnehmerin

↓

An die
Bezirksregierung

Betr.: Antrag auf Zustimmung zur ordentlichen Kündigung des/der ...

Sehr geehrte Damen und Herren,

wir beabsichtigen, Frau ... ordentlich zu kündigen. Wir bitten Sie um Ihre Zustimmung gem. § 9 Abs. 3 Satz 1 MuSchG. Wir begründen unseren Antrag wie folgt:

Frau ... ist seit dem ... bei uns als Sekretärin beschäftigt. Das letzte Bruttogehalt belief sich auf monatlich ... EUR. Frau ... hat ihre Schwangerschaft am ... angezeigt. Der voraussichtliche Entbindungstermin ist der ... Im Betrieb sind insgesamt 35 Arbeitnehmer beschäftigt. Ein Betriebsrat besteht nicht.

Unser Betrieb in ... wird bis zum ... stillgelegt. Alle Arbeitnehmer werden spätestens bis zu diesem Zeitpunkt entlassen sein. Irgendeine Weiterbeschäftigungsmöglichkeit besteht nicht.

Die Massenentlassungsanzeige wurde bei der zuständigen Agentur für Arbeit eingereicht. Eine Entscheidung hierüber liegt noch nicht vor.

Aufgrund der umfassenden und endgültigen Betriebsstilllegung des Unternehmens liegt ein besonderer Fall des § 9 Abs. 3 Satz 1 MuSchG vor. Die Kündigung ist daher für zulässig zu erklären.

Das Arbeitsverhältnis mit Frau ... kann unter Einhaltung der ordentlichen Kündigungsfrist von einem Monat zum Monatsende nächstmöglich am ... zum ... gekündigt werden.

Ich bitte höflich um bevorzugte Bearbeitung und möglichst zeitnahe Entscheidung.

↑

174 3. Muster: Antrag auf Zustimmung zur Kündigung in der Elternzeit

↓

An die
Bezirksregierung

Betr.: Antrag auf Zustimmung zur ordentlichen Kündigung des/der ...

Sehr geehrte Damen und Herren,

wir beabsichtigen, Frau/Herrn ... ordentlich zu kündigen. Wir bitten Sie um Ihre Zustimmung gem. § 18 Abs. 1 Satz 2 und 3 BEEG. Wir begründen unseren Antrag wie folgt:

Frau/Herr ... ist bei uns als ... seit ... beschäftigt. Sie/Er verdient zurzeit ... EUR brutto/monatlich. Wir beabsichtigen, Herrn/Frau ... zum ... zu kündigen. Die maßgebliche Kündigungsfrist beträgt ... .

Herr/Frau ... ist seit dem ... und noch bis zum ... in der Elternzeit.

Wir beabsichtigen, die Kündigung aus folgenden Gründen auszusprechen:

Unser Betrieb in ... wird bis zum ... stillgelegt. Alle Arbeitnehmer werden spätestens bis zu diesem Zeitpunkt entlassen sein. Irgendeine Weiterbeschäftigungsmöglichkeit besteht nicht.

Unter diesen Voraussetzungen liegt ein „besonderer Fall" iSv § 18 Abs. 1 Satz 2 BEEG vor, der uns nach Maßgabe von § 2 Abs. 1 Nr. 1 der Allgemeinen Verwaltungsvorschriften zum Kündigungsschutz bei Elternzeit zur Kündigung berechtigt. Wir bitten daher, der beabsichtigten Kündigung zuzustimmen.

Im Betrieb werden weniger als 20 Mitarbeiter beschäftigt, ein Betriebsrat besteht nicht.

↑

4. Muster: Anhörung des Betriebsrats vor ordentlicher Kündigung

↓

An den Betriebsrat ...

Betr.: Beabsichtigte ordentliche Kündigung (§ 102 BetrVG)

Die Firma beabsichtigt,

zum ...

fristgerecht unter Einhaltung der Kündigungsfrist von ...

zum ...

folgendem Arbeitnehmer zu kündigen:

Name:
Adresse:
Geburtsdatum:
Familienstand:
Anzahl minderjähriger Kinder: ... (laut Steuerkarte)
beschäftigt seit:
Beschäftigungsort:
Tätigkeit/Arbeitsplatz:
Abteilung:

Die Firma hält eine Kündigung aus folgenden Gründen für erforderlich: ...

Es ist beabsichtigt, unmittelbar nach Abschluss des Anhörungsverfahrens die Kündigung auszusprechen.

Der Betriebsrat wird gebeten, binnen Wochenfrist seine Stellungnahme bzw etwaige Bedenken/einen beabsichtigten Widerspruch schriftlich darzulegen.

... (Datum, Unterschrift)

↑

5. Muster: Anhörung des Betriebsrats vor außerordentlicher Kündigung

↓

An den Betriebsrat ...

Betr.: Beabsichtigte außerordentliche Kündigung (§ 102 BetrVG)

Die Firma beabsichtigt,

fristlos, bei Unwirksamkeit der fristlosen Kündigung vorsorglich fristgerecht zum nächstmöglichen Kündigungstermin, folgendem Arbeitnehmer zu kündigen:

Name:
Adresse:
Geburtsdatum:
Familienstand:
Anzahl minderjähriger Kinder: ... (laut Steuerkarte)
beschäftigt seit:
Beschäftigungsort:
Tätigkeit/Arbeitsplatz:
Abteilung:

Die Firma hält eine außerordentliche Kündigung aus folgenden Gründen für erforderlich: ...

Es ist beabsichtigt, unmittelbar nach Abschluss des Anhörungsverfahrens die Kündigung auszusprechen.

Der Betriebsrat wird gebeten, unverzüglich bzw spätestens innerhalb von drei Tagen seine Stellungnahme/ etwaige Bedenken schriftlich darzulegen.

... (Datum, Unterschrift)

177 6. Muster: Anhörung des Betriebsrats vor einer ordentlichen Änderungskündigung

An den Betriebsrat ...

Betr.: Beabsichtigte ordentliche Änderungskündigung (§§ 99, 102 BetrVG)

Die Firma beabsichtigt,

fristgerecht unter Einhaltung der Kündigungsfrist von ...

zum ...

folgendem Arbeitnehmer zu kündigen:

Name:
Adresse:
Geburtsdatum:
Familienstand:
Anzahl minderjähriger Kinder: ... (laut Steuerkarte)
beschäftigt seit:
Beschäftigungsort:
Tätigkeit/Arbeitsplatz:
Abteilung:

Die Firma hält eine Kündigung aus folgenden Gründen für erforderlich: ...

Die Firma beabsichtigt, dem Arbeitnehmer die Fortsetzung des Arbeitsverhältnisses zu folgenden geänderten Bedingungen anzubieten: ...

Es ist beabsichtigt, unmittelbar nach Abschluss des Anhörungsverfahrens die Kündigung auszusprechen.

Der Betriebsrat wird gebeten, binnen Wochenfrist seine Stellungnahme bzw etwaige Bedenken schriftlich darzulegen.

... (Datum, Unterschrift)

178 7. Muster: Anhörung des Sprecherausschusses

An den
Sprecherausschuss
z. Hd. des Vorsitzenden
im Hause

Sehr geehrter Herr ...,

unser Unternehmen erwägt, Frau/Herrn ... unter Wahrung einer Frist von ... Monaten zu kündigen. Folgende Daten über den Mitarbeiter/die Mitarbeiterin geben wir Ihnen zur Kenntnis:

Name: ...
Adresse: ...
Geburtsdatum: ...
Familienstand: ...
Anzahl minderjähriger Kinder: ... (laut Steuerkarte)

beschäftigt seit:
Beschäftigungsort:
Tätigkeit/Arbeitsplatz:
Abteilung:

Für die Kündigung sind folgende Gründe maßgebend: ...
Wir sind auch bereit, die Kündigung mit Ihnen in einem vertraulichen Gespräch zu beraten.
Sofern der Sprecherausschuss Bedenken gegen die Kündigung hat, bitten wir um schriftliche Mitteilung gem. § 31 Abs. 2 Satz 4 SprAuG unter Wahrung der gesetzlichen Frist.
Mit freundlichen Grüßen

III. Arbeitspapiere

1. Muster: Ausgleichsquittung

Ich bestätige, folgende Unterlagen am ... ausgefüllt erhalten zu haben:
1. Lohnsteuerkarte für das Jahr ...
2. Sozialversicherungs-Nachweisheft einschließlich Versicherungskarte und Sozialversicherungsausweis ...
3. Arbeitsbescheinigung für die Agentur für Arbeit
4. Zeugnis
5. Urlaub für das Urlaubsjahr ... bis einschließlich ...
6. Urlaubsbescheinigung
7. Lohn-/Gehaltsabrechnung
8. Urlaubsabgeltung
9. Restlohn/Restgehalt
10. Zwischenbescheinigung
11. Sonstiges

Das in der Abrechnung aufgeführte Gehalt sowie die Urlaubsabgeltung werden auf das Konto ... überwiesen. Ich bestätige, dass die Abrechnung von Gehalt und Urlaubsabgeltung zutreffend sind.

Darüber hinaus bestätige ich, dass keine weitergehenden Ansprüche aus und in Verbindung mit dem Arbeitsverhältnis und seiner Beendigung gegen die Firma bestehen.

Ferner bestätige ich, dass ich keine Ansprüche auf betriebliche Altersversorgung habe.

Die vorstehende Ausgleichsquittung habe ich sorgfältig gelesen.

2. Muster: Angebot auf Abfindung nach § 3 BetrAVG

Sehr geehrte(r) Frau/Herr ...,

wie Sie aus unserer Bescheinigung vom ... über die Höhe Ihrer unverfallbaren Ansprüche aus unserer betrieblichen Altersversorgung ersehen haben, beträgt Ihr unverfallbarer Anspruch auf Altersrente ... EUR.

Der Gesetzgeber hat für kleinere Anwartschaften ausgeschiedener Arbeitnehmer vorgesehen, dass dem ausgeschiedenen Arbeitnehmer mit seiner Zustimmung eine einmalige Abfindung gewährt werden kann. Ihre Anwartschaft liegt unterhalb der maßgeblichen Grenze.

In Ihrem Falle betrüge die nach § 3 Abs. 2 BetrAVG ermittelte Abfindung der unverfallbaren Ansprüche auf Alters-, Invaliden- und Hinterbliebenenleistungen ... EUR.

Falls Sie von der Möglichkeit einer Abfindung dieser geringfügigen Versorgung Gebrauch machen wollen, lassen Sie uns dies bitte wissen. Sollten Sie eine Abfindung wünschen, würden wir Ihnen den Betrag von ... EUR auf Ihr Konto überweisen.

↑

IV. Arbeitsunterlagen des Betriebsrats

1. Muster: Checkliste für Betriebsräte zur Prüfung der Zustimmungsvoraussetzungen bei Versetzung und Umgruppierung

↓

Name des Bewerbers: ... Vorname: ...
Geburtsdatum: ...
Zahl der Unterhaltsberechtigten: ...
Familienstand: ...
vorgesehene Tätigkeit: ...
vorgesehene Eingruppierung: ...
Eingang der Mitteilung über die beabsichtigte Versetzung/Umgruppierung: ...
Letzter Tag zur Stellungnahme des Betriebsrats: ...
Nächste Betriebsratssitzung: ...
Wann soll die Versetzung/Umgruppierung erfolgen? ...

	ja	nein
Ist Mitarbeiter/in		
▪ Schwerbehinderte(r)/Gleichgestellte(r)?	☐	☐
▪ sonstige schutzbedürftige Person?	☐	☐
Ist die Umgruppierung mit einer Versetzung verbunden?	☐	☐
Ist die/der betroffene Mitarbeiter/in mit der		
▪ Versetzung einverstanden?	☐	☐
▪ Höhergruppierung einverstanden?	☐	☐
▪ Abgruppierung einverstanden?	☐	☐
Liegt ein Verstoß gegen allgemeine Vorschriften vor wie		
▪ den Gleichbehandlungsgrundsatz?	☐	☐
▪ sonstige gesetzliche, tarifliche oder einzelvertragliche Vorschriften?	☐	☐
Kann Zustimmung zur Versetzung/Höher- oder Abgruppierung verweigert werden wegen:		
1. Verstoß gegen geltendes Recht, nämlich		
▪ Gesetz?	☐	☐
▪ Verordnung?	☐	☐
▪ Unfallverhütungsvorschrift?	☐	☐
▪ Tarifvertrag?	☐	☐
▪ Betriebsvereinbarung?	☐	☐
▪ gerichtliche Entscheidung?	☐	☐
▪ behördliche Anordnung?	☐	☐
2. Verstoß gegen Regeln in Auswahlrichtlinie zu Versetzung oder Umgruppierung?	☐	☐

	ja	nein

3. Besorgnis, dass infolge der Versetzung oder Umgruppierung im Betrieb Beschäftigte/n
   - gekündigt werden? ☐ ☐
   - sonstige Nachteile erleiden? ☐ ☐
   - wegen Nichtberücksichtigung eines gleich geeigneten befristet Beschäftigten, ohne dass dies aus betrieblichen oder persönlichen Gründen gerechtfertigt ist ☐ ☐
4. Benachteiligung der/des betroffenen Mitarbeiters/Mitarbeiterin ☐ ☐
5. Wurde die Stelle intern ausgeschrieben? ☐ ☐
6. Begründete Besorgnis, dass Mitarbeiter/in bei Übernahme der in Aussicht genommenen Stelle den Betriebsfrieden durch
   - gesetzwidriges Verhalten stören wird? ☐ ☐
   - grobe Verletzung der in § 75 Abs. 1 BetrVG enthaltenen Grundsätze stören wird? ☐ ☐
   - rassistische oder fremdenfeindliche Betätigung stören wird? ☐ ☐

Kann der Änderungskündigung widersprochen werden, weil:
- der Arbeitgeber bei Auswahl des/der von einer etwaigen Kündigung betroffenen Mitarbeiters/Mitarbeiterin soziale Gesichtspunkte nicht oder nicht ausreichend berücksichtigt hat? ☐ ☐
- die Kündigung gegen eine Richtlinie nach § 95 BetrVG verstößt? ☐ ☐
- die/der zur kündigende Mitarbeiter/in an einem anderen Arbeitsplatz im selben Betrieb oder in einem anderen Betrieb des Unternehmens weiterbeschäftigt werden kann? ☐ ☐
- die Weiterbeschäftigung des Mitarbeiters/der Mitarbeiterin nach zumutbaren Umschulungs- oder Fortbildungsmaßnahmen möglich ist? ☐ ☐
- eine Weiterbeschäftigung des Mitarbeiters/der Mitarbeiterin unter geänderten Vertragsbedingungen möglich ist und das Einverständnis des Mitarbeiters/der Mitarbeiterin vorliegt? ☐ ☐

Stimmt der Betriebsrat
- der Versetzung zu? ☐ ☐
- der Höhergruppierung zu? ☐ ☐
- der Abgruppierung zu? ☐ ☐

Erläuterung der Gründe einer Zustimmungsverweigerung: ...

... (Ort, Datum, Unterschrift Betriebsratsvorsitzende/r)

↑

V. Massenentlassungen

1. Muster: Sozialdaten-Liste

↓

...

Lfd. Nr.:
Name:
Ausgeübte Tätigkeit:
In anderen Tätigkeiten einsetzbar:

§ 4 Beendigung von Arbeitsverhältnissen

Hierarchieebene der ausgeübten Tätigkeit:
Beschäftigungsort:
Arbeitsvertragliche Versetzungsklausel:
Arbeitsvertragliche Kündigungsfrist:
Teilzeit:
Besonderer Kündigungsschutz/Unkündbarkeit:
Eintrittsdatum:
Geburtsdatum:
Tatsächliche Unterhaltspflichten (nicht nach Lohnsteuerkarte):
Schwerbehinderung:
Leistungsträger/besondere Kenntnisse:

Kapitel 2: Abwicklungs- und Aufhebungsverträge

Literatur:

Abele, Kein Rücktritt vom Aufhebungsvertrag nach Antragstellung auf Eröffnung des Insolvenzverfahrens, NZA 2012, 487; *Bauer*, Arbeitsrechtliche Aufhebungsverträge, 8. Aufl. 2008; *ders.*, Neue Spielregeln für Aufhebungs- und Abwicklungsverträge durch das geänderte BGB?, NZA 2002, 169; *ders.*, „Spielregeln" für die Freistellung von Arbeitnehmern, NZA 2007, 409; *Bauer/Clauss-Hasper*, Das Schicksal arbeitsrechtlicher Ansprüche bei Ehescheidung, NZA 2010, 601; *Bauer/Diller*, Allgemeine Erledigungsklausel und nachvertragliches Wettbewerbsverbot – eine unendliche Geschichte?, BB 2004, 1274; *Bauer/Günther*, Neue Spielregeln für Klageverzichtsvereinbarungen, NJW 2008, 1617; *dies.*, Die Freistellung von der Arbeitspflicht – Grundlagen und aktuelle Entwicklungen, DStR 2008, 2422; *Bauer/Hümmerich*, Nichts Neues zu Aufhebungsvertrag und Sperrzeit, NZA 2003, 1076; *Bauer/Kock*, Arbeitsrechtliche Auswirkungen des neuen Verbraucherschutzrechts, DB 2002, 42; *Bauer/Krieger*, Das Ende der außergerichtlichen Beilegung von Kündigungsstreitigkeiten?, NZA 2004, 640; *dies.*, Rien ne vas plus – „Nachkarten" nach Abwicklungsvertrag ausgeschlossen, NZA 2006, 306; *Bauer/Lingemann/Diller/Haußmann*, Anwalts-Formularbuch Arbeitsrecht, 4. Aufl. 2011; *Beneke*, Der verständige Arbeitgeber, RdA 2004, 147; *Birnbaum*, Was sind die „im Arbeitsrecht geltenden Besonderheiten"?, NZA 2003, 944; *Blomeyer*, Aktuelle Rechtsprobleme der Probezeit, NJW 2008, 2812; *Boecken*, Entstehung und Fälligkeit eines Anspruchs auf Abfindung bei Frühpensionierung, NZA 2002, 421; *Boecken/Hümmerich*, Gekündigt, abgewickelt, gelöst, gesperrt, DB 2004, 2046; *Boemke*, Höhe der Verzugszinsen für Entgeltforderungen des Arbeitnehmers, BB 2002, 96; *Bolsmann/Maaß*, Steuerliche Behandlung von Abfindungen, ArbRAktuell 2011, 287; *Däubler*, Die Auswirkungen der Schuldrechtsmodernisierung auf das Arbeitsrecht, NZA 2001, 1329; *ders.*, Altersteilzeit – „Störfälle" und andere unvorhergesehene Ereignisse, NZA 2001, 1285; *Engesser Means/Klebeck*, Sperrzeit durch Widerspruch bei Betriebsübergang, NZA 2008, 143; *Fuhlrott/Balupuri-Beckmann*, Voraussetzungen und Folgen der Freistellung von der Arbeitspflicht, ArbRAktuell 2011, 393; *Gagel*, Sperrzeitfragen bei arbeitsgerichtlichen Vergleichen, NZA 2005, 1328; *Gaul/Bonnani/Niklas*, Aktuelle Probleme der Freistellung, ArbRB 2008, 149; *Gaul/Niklas*, Neue Grundsätze zur Sperrzeit bei Aufhebungsvertrag, Abwicklungsvereinbarung und gerichtlichem Vergleich, NZA 2008, 137; *Gaul/Otto*, Personalabbau durch „Turboprämie", ArbRB 2005, 344; *Geiger*, Neues zu Aufhebungsvertrag und Sperrzeit, NZA 2003, 838; *Hambitzer*, Die Bedeutung der Abfindung im Unterhaltsrecht, FamFR 2013, 100; *Heucbemer/Insam*, Keine Sperrzeit nach Freistellung im Aufhebungsvertrag, BB 2004, 1562; *dies.*, Keine Bevorzugung von Abwicklungsverträgen gegenüber Aufhebungsverträgen bei der Verhängung von Sperrzeiten, BB 2004, 1679; *Hoß*, Regelung von Störfällen in der Altersteilzeit, ArbRB 2001, 28; *ders.*, Widerrufsrecht beim Abschluss von Aufhebungsverträgen, ArbRB 2002, 28; *Hümmerich*, Neues zum Abwicklungsvertrag, NZA 2001, 1280; *ders.*, Hausverbot bei Kündigung – Kraftmeierei oder Rechtsinstitut, DB 2001, 1778; *ders.*, Erweiterte Arbeitnehmerrechte durch Verbraucherschutz, AnwBl 2002, 671; *ders.*, „... denn sie wissen nicht, was sie tun", AE 2004, 147; *ders.*, Widerrufsvorbehalte in Formulararbeitsverträgen, NJW 2005, 59; *ders.*, Mitsprache des Betriebsrats bei Aufhebungsverträgen, RdA 2005, 314; *ders.*, Aufhebungs- und Abwicklungsvertrag in einem sich wandelnden Arbeitsrecht, NJW 2004, 2921; *ders.*, Aufhebungs- und Abwicklungsvertrag in der Diskussion, SAE 2005, 100; *ders.*, Alea iacta est, Aufhebungsvertrag kein Haustürgeschäft, NZA 2004, 809; *ders.*, Sperrzeitrechtsprechung im Umbruch, NJW 2007, 1025; *Hümmerich/Holthausen*, Der Arbeitnehmer als Verbraucher, NZA 2002, 173; *Hümmerich/Holthausen/Welslau*, Arbeitsrechtliches im Ersten Gesetz für moderne Dienstleistungen am Arbeitsmarkt, NZA 2003, 7; *Hümmerich/Schmidt-Westphal*, Integrierte Aufhebungsvereinbarungen im Dienstvertrag des GmbH-Geschäftsführers, DB 2007, 222; *Joussen*, Arbeitsrecht und Schuldrechtsreform, NZA 2001, 745; *Kleinebrink*, Ausschluss von Abfindungsleistungen in Sozialplänen, ArbRB 2004, 268; *Klumpp*, Widerspruch bei Betriebsübergang und Sperrzeit nach § 144 I 2 Nr. 1 SGB III, NZA 2009, 354; *Kramer*, Gestaltung der Freistellung von der Arbeit, DB 2008, 2538; *Kroeschell*, Die neuen Regeln bei Aufhebungs- und Abwicklungsvereinbarungen, NZA 2008, 560; *Lembke*, Sozialversicherungsrechtliche Fragen bei der Beendigung von Beschäftigungsverhältnissen, BB 2009, 2594; *Lindemann/Simon*, Die Freistellung von der Arbeitspflicht – neue Risiken und Nebenwirkungen, BB 2005, 2462; *Lingemann*, Allgemeine Geschäftsbedingungen und Arbeitsvertrag, NZA 2002, 181; *Lingemann/Groneberg*, Der Aufhebungsvertrag (Teil 1 bis Teil 5), NJW 2010, 3496, NJW 2010, 3624, NJW 2011, 2230, NJW 2011, 2937, NJW 2011, 3639; *Löwisch*, Zweifelhafte Folgen des geplanten Leistungsstörungsrechts für das Arbeitsvertragsrecht, NZA 2001, 465; *Meyer*, Der Freistellungsvertrag, NZA 2011, 1249; *Moderegger*, Aufhebungsvereinbarung oder Altersteilzeitvertrag?, ArbRB 2002, 177; *ders.*, Transferleistungen: Eine Ergänzung zur Abfindung, ArbRB 2005, 23; *Moll/Reufels*, Aufhebungsverträge – Sozialversicherungsrechtliche und steuerrechtliche Aspekte, MDR 2001, 1024; *Müller*, Besteuerung von Abfindungen, ArbR 2002, 25; *Nägele*, Anrechnung von Zwischenverdienst in der Freistellungsphase nach erfolgter Kündigung, BB 2003, 45; *ders.*, Freistellung und anderweitiger Erwerb, NZA 2008, 1039; *Nebeling/Schmid*, Zulassung der verspäteten Kündigungsschutzklage nach Anfechtung eines Abwicklungsvertrages wegen arglistiger Täuschung, NZA 2002, 1310; *Panzer*, Sozialversicherungsrechtliche Auswirkungen der Beendigung von Arbeitsverhältnissen, NJW 2010, 11; *Peters-Lange/Gagel*, Arbeitsförderungsrechtliche Konsequenzen aus § 1a KSchG, NZA 2005, 740; *Preis/Gotthardt*, Schriftformerfordernis für Kündigungen, Aufhebungsverträge und Befristungen nach § 623 BGB, NZA 2000, 348; *Preis/Schneider*, Das 5. SGB-III-Änderungsgesetz – Ein Übergangsgesetz schafft neue Probleme, NZA 2006, 177; *Propp*, Abfindungen aus dem Arbeitsverhältnis, DB 1993, 734; *Reinecke*, Kontrolle allgemeiner Arbeitsbedingungen nach dem Schuldrechtsmodernisierungsgesetz, DB 2002, 585; *ders.*, Hinweis-, Aufklärungs- und Beratungspflichten im Betriebsrentenrecht, RdA 2005, 129; *Reinfelder*, Der Rücktritt von Aufhebungsvertrag und Prozessvergleich, NZA 2013, 62; *Reufels*, Aufklärungs- und Hinweispflichten des Arbeitgebers beim Abschluss von Aufhebungsverträgen, ArbRB 2001, 26; *Reufels/Schmülling*, Gestaltung von Aufhebungsverträgen mit Vorstandsmitgliedern, ArbRB 2004, 191; *Riesenhuber/Domröse*, Richtlinienkonforme Auslegung der §§ 17, 18 KSchG und Rechtsfolgen fehlerhafter Massenentlassungen, NZA 2005, 568; *Rittweber*, Arbeits- und Beschäftigungsverhältnis – kein Sozialversicherungsschutz bei endgültigen Freistellungen, NZA 2004, 590; *Rolfs*, Sperrzeit wegen verspäteter Meldung als arbeitssuchend (§ 144 Abs. 1 Satz 2 Nr. 7 SGB III), DB 2006, 1009; *Schaub*, Gesetz zur Vereinfachung und Beschleunigung des arbeitsgerichtlichen Verfahrens, NZA 2000, 344; *Schmitt-Rolfes*, Aufhebungs- und Abwicklungsvertrag unter Berücksichtigung der Abfindungsregelung nach § 1 a KSchG, NZA 2005, 3; *ders.*, Trennung ohne Kündigung, NZA-Beilage 2010, 81; *Stück*, Arbeitgeberkündigung im Altersteilzeitverhältnis, NZA 2000, 749; *Thüsing/Wege*, Sozialplanabfindung: Turboprämie ausgebremst?, DB 2005, 2634; *Tschöpe*, Steuerliche Begünstigung von Abfindungen – nicht für Abfindungen nach § 1 a KSchG?, NZA 2006, 23; *Voelzke*, Die Erstattungspflicht des Arbeitgebers bei Entlassung älterer Arbeitnehmer – Eine Bestandsaufnahme, DB 2001, 1990; *Weber/Ehrich/Burmester/Fröhlich*, Handbuch der arbeitsrechtlichen Aufhebungsverträge, 5. Aufl. 2009; *Willemsen*, Aufhebungsverträge bei Betriebsübergang – ein „Erfurter Roulette"?, NZA 2013, 242; *Wolf*, Die beiden Gesetze zur Fortentwicklung der Altersteilzeit, NZA 2000, 637; *Wolff*, Anhörung des Betriebsrats vor Kündigungen im Zusammenhang mit Abwicklungsverträgen?, FA 2004, 293; *Zimmer*, Kündigungen im Management: § 623 BGB gilt nicht für GmbH-Geschäftsführer und AG-Vorstände, BB 2003, 1175.

A. Erläuterungen

I. Abgrenzung des Abwicklungsvertrages vom Aufhebungsvertrag

183 Gebräuchlich ist zwischenzeitlich die **Definition**, wonach durch einen **Aufhebungsvertrag** das Arbeitsverhältnis originär-einvernehmlich von den Parteien gelöst wird, ohne dass das Arbeitsverhältnis durch eine Kündigung beendet wurde.[1] Im **Abwicklungsvertrag** bringt der Arbeitnehmer zum Ausdruck, die Kündigung hinzunehmen und regelt mit dem Arbeitgeber einvernehmlich Pflichten und Rechte im Zusammenhang mit der Beendigung des Arbeitsverhältnisses.[2] Diese Unterscheidung hat sich nach anfänglicher Kritik[3] durchgesetzt.[4]

184 Der wesentliche **Unterschied** zwischen Aufhebungs- und Abwicklungsvertrag besteht in der das Arbeitsverhältnis beendenden Willenserklärung. Während beim Abwicklungsvertrag das Arbeitsverhältnis nicht durch den Vertrag, sondern durch die vom Arbeitgeber ausgesprochene einseitige, Gestaltungswirkung auslösende Kündigung endet, heben beim Aufhebungsvertrag die übereinstimmenden Willenserklärungen von Arbeitgeber und Arbeitnehmer originär das Vertragsverhältnis auf.

185 Die Definition **schließt aus**, dass ein Vertrag, in dem **nach Eigenkündigung des Arbeitnehmers** eine vertragliche Regelung über Beendigungsmodalitäten getroffen wurde, ein **Abwicklungsvertrag** ist. Der Abwicklungsvertrag setzt eine **arbeitgeberseitige Kündigung** des Arbeitsverhältnisses voraus. Ob der Kündigung des Arbeitgebers verhaltensbedingte, personenbedingte oder betriebsbedingte oder gar keine Kündigungsgründe iSd KSchG zugrunde liegen, ist nach der Definition des Abwicklungsvertrages unerheblich. Wesentlich ist, dass die Kündigung arbeitgeberseitig erfolgte.

186 Seit die Kündigung gem. § 623 BGB der Schriftform bedarf, zeigen sich in der Praxis auch keine Abgrenzungsschwierigkeiten mehr zwischen Aufhebungs- und Abwicklungsvertrag. Ist der Gestaltung von Vertragsmodalitäten eine dem Schriftformerfordernis des § 623 BGB entsprechende, arbeitgeberseitige Kündigung vorausgegangen, schließen die Parteien einen Abwicklungsvertrag. Bietet der Arbeitgeber dem Arbeitnehmer den Abschluss eines Aufhebungsvertrages an, ohne zuvor oder danach eine Kündigung erklärt zu haben, stehen die Parteien in Verhandlungen über den Abschluss eines Aufhebungsvertrages.

---

[1] *Hümmerich*, NZA 2001, 1280; *Bauer/Hümmerich*, NZA 2003, 1076; *Werner*, NZA 2002, 262.
[2] BAG 28.6.2005 – 1 ABR 25/04, NZA 2006, 48; ArbG Wesel 27.4.2005 – 3 Ca 4775/04, NZA-RR 2005, 527.
[3] *Grunewald*, NZA 1994, 441; *Bauer*, NZA 1994, 440.
[4] *Bauer*, NZA 2002, 169; *Grunewald*, AuR 1994, 260; *Holly/Friedhofen*, DB 1995, 454; *Holthäuser/Rolfs*, DB 1995, 1074; *Schiefer/Köster*, WiB 1995, 489.

II. Schnittstellen zum Steuerrecht

1. Überblick

Zum 1.1.2006 ist § 3 Nr. 9 EStG, der steuerfreie Abfindungen vorsah, außer Kraft getreten. Seither werden **Entschädigungen** – das Gesetz spricht nicht von „Abfindungen" – nur noch unter den Voraussetzungen der §§ 34, 24 Nr. 1 EStG **steuerlich privilegiert**, wenn sie als Ersatz für entgangene oder entgehende Einnahmen oder für die Aufgabe oder Nichtausübung einer Tätigkeit gewährt werden. Man spricht hier von der sog. **Fünftelungs-Regelung.** Sie bietet bei Spitzenverdienern keine steuerlichen Vorteile und ist nur für den Normalfall der Beendigung von Arbeitsverhältnissen noch von einer gewissen Bedeutung. 187

Für eine **Entschädigung (Abfindung)** gem. §§ 34 Abs. 1, 24 Nr. 1 Buchst. a und b EStG gelten bestimmte Voraussetzungen: 188
- Es muss sich um eine Entschädigung für entgehende Einnahmen (§ 24 Nr. 1 Buchst. a EStG) oder für die Aufgabe oder Nichtausübung einer Tätigkeit (§ 24 Nr. 1 Buchst. b EStG) handeln und
- es müssen außerordentliche Einkünfte vorliegen.

Zu einer steuerermäßigten Abfindung gem. §§ 34, 24 EStG gelangt man deshalb, wenn folgende Voraussetzungen erfüllt sind: 189
- Die Entschädigung wird,
  - auf einer Rechts- oder Billigkeitsgrundlage beruhend, für entgangene oder entgehende Einnahmen oder
  - für die Aufgabe oder Nichtausübung einer Tätigkeit gezahlt und
- ist unmittelbar dazu bestimmt, den Verlust entgangener oder entgehender Einnahmen zumindest teilweise auszugleichen.
- Es muss eine Zusammenballung von Einkünften in einem Veranlagungszeitraum gegeben sein.

2. Die tatbestandlichen Voraussetzungen gem. § 24 EStG

a) Entschädigung als Ersatz für Einnahmen oder Aufgabe einer Tätigkeit

Eine Entschädigung iSv § 24 Nr. 1 Buchst. a EStG wird als **Ersatz für entgangene oder entgehende Einnahmen** gewährt und tritt damit an die Stelle weggefallener oder wegfallender Einnahmen. Sie muss deshalb unmittelbar durch den Verlust von steuerbaren Einnahmen bedingt sowie dazu bestimmt sein, diesen Schaden auszugleichen, und auf einer neuen Rechts- oder Billigkeitsgrundlage beruhen.[5] Zahlungen, die nicht an die Stelle weggefallener oder wegfallender Einnahmen treten, sondern noch in Erfüllung des Arbeitsvertrages geleistet werden, sind keine Ersatzleistungen und damit keine Entschädigung.[6] Dazu gehören insb. im Zeitpunkt der Aufhebung des Arbeitsverhältnisses bereits entstandene Tantiemen, Sonderzahlungen, Provisionen, rückständiges Arbeitsentgelt oder auch eine Urlaubsabgeltung. Unschädlich ist hingegen die Kapitalisierung der vertraglichen Restlaufzeit im Falle der vorzeitigen Beendigung des Arbeitsverhältnisses, indem die bis zum Beendigungszeitpunkt freiwerdenden Bezüge als Abfindung ausgezahlt werden. Bei der sog. **Sprinterprämie** für das vorzeitige Ausscheiden handelt es sich um eine Abfindung.[7] 190

Der Entschädigungsanspruch muss zudem auf einer **neuen Rechts- oder Billigkeitsgrundlage** beruhen, die sich von der ursprünglichen Anspruchsgrundlage unterscheidet. Als neue Rechtsgrundlage kommen Aufhebungs- und Abwicklungsverträge, Änderungsvereinbarungen, gerichtliche Vergleiche und Urteile sowie Betriebsvereinbarungen oder Tarifverträge in Betracht. Ausreichend ist es, wenn bereits bei Beginn des Dienstverhältnisses ein Ersatzanspruch für den Fall der Kündigung oder Nichtverlängerung des Dienstverhältnisses vereinbart wird.[8] Dem ist aber die Vereinbarung einer Entschädigung während des (noch) laufenden befristeten Dienstverhältnisses jedenfalls dann nicht gleichzustellen, wenn sie dafür geleistet wird, dass das Dienstverhältnis vertragsgemäß ausläuft und nicht verlängert wird. Eine 191

---

[5] BFH 10.7.2008 – IX R 84/07, BFH/NV 2009, 130.
[6] BFH 24.10.2007 – XI R 33/06, BFH/NV 2008, 361.
[7] FG Niedersachsen 1.2.2011 – 8 K 343/10, BeckRS 2011, 96706.
[8] BFH 10.9.2003 – XI R 9/02, NZA-RR 2004, 315.

Steuerprivilegierung scheidet daher aus, wenn die Entschädigung dafür geleistet wird, dass kein neuer Vertrag abgeschlossen wird.[9]

192 Weitere Voraussetzung ist, dass der **Ausfall der Einnahmen** entweder **von dritter Seite veranlasst** wurde oder, wenn er vom Steuerpflichtigen selbst oder mit dessen Zustimmung herbeigeführt worden ist, dieser unter **rechtlichem, wirtschaftlichem oder tatsächlichem Druck** stand.[10] Dies ist etwa der Fall, wenn die Initiative zur Beendigung des Dienstverhältnisses vom Arbeitgeber ausgegangen ist und er damit die entscheidende Ursache gesetzt hat, ohne dass eine arbeitgeberseitige Kündigung notwendig ist. Dabei kann im Regelfall davon ausgegangen werden, dass bei Zahlung einer Abfindung der Arbeitgeber die Auflösung auch veranlasst hat.[11]

193 Die Steuerbegünstigung einer Abfindung setzt nicht (mehr) voraus, dass das zugrunde liegende Arbeitsverhältnis in vollem Umfang beendet wird.[12] Daher kann eine begünstigt zu besteuernde Entschädigung auch dann vorliegen, wenn der Arbeitnehmer eine Abfindung wegen der **unbefristeten Änderung des Arbeitsvertrages** erhält, etwa bei der Reduzierung der Arbeitszeit.[13]

194 Wird ein Arbeitnehmer im Hinblick auf eine in seinem Arbeitsvertrag bestehende **konzernweite Versetzungs- und Rückrufklausel ins Ausland** versetzt und erhält er zum Ausgleich der finanziellen Nachteile, die mit der Versetzung verbunden sind, eine „Sonderzuwendung", hängt die Möglichkeit der ermäßigten Besteuerung nach Auffassung des FG Köln davon ab, ob das **neue Dienstverhältnis als Fortsetzung des bisherigen Dienstverhältnisses** zu beurteilen ist.[14] Eine rein formale Betrachtung, die sich ausschließlich an der zivilrechtlichen Personenidentität orientiert, wird nach Auffassung des Finanzgerichts der Zielsetzung der §§ 24 Nr. 1 Buchst. a, 34 Abs. 1 und 2 EStG nicht gerecht. Die einzelnen Konzernunternehmen seien unter der einheitlichen Leitung des herrschenden Unternehmens zusammengefasst, § 18 AktG. Trotz der rechtlichen Selbständigkeit der Arbeitgeber könnten das alte und das neue Arbeitsverhältnis in einer Weise verbunden sein, die gegen eine Auflösung spreche. Die Entscheidung müsse deshalb immer das Gesamtbild des Arbeitsverhältnisses im Einzelfall berücksichtigen. Wenn das alte und das neue Dienstverhältnis derart miteinander verknüpft seien, dass das bestehende Dienstverhältnis zwar mit dem neuen Arbeitgeber, aber im Übrigen in Bezug auf den Arbeitsbereich, die Entlohnung und Wahrung des sozialen Besitzstands im Wesentlichen unverändert fortgesetzt werde, habe der Arbeitnehmer den Arbeitsplatz nicht verloren. In einem solchen Falle sei das Arbeitsverhältnis nicht im steuerrechtlichen Sinne beendet worden, insbesondere dann nicht, wenn das Arbeitsverhältnis im Heimatland ruhe und der Arbeitnehmer die Möglichkeit der jederzeitigen Rückkehr auf seinen früheren Arbeitsplatz habe. In einen solchen Falle unterliege die Abfindung nicht dem ermäßigten Steuersatz.

195 Keine Entschädigung iSv § 24 Nr. 1 Buchst. a und b EStG nimmt die Rechtsprechung an, wenn das Arbeitsverhältnis nach einem Betriebsübergang oder Betriebsteilübergang fortgesetzt wird. Bei einem **Betriebsübergang** nach § 613a BGB kann die tarifbegünstigte Besteuerung der Abfindung entfallen, wenn der Arbeitnehmer das Arbeitsverhältnis zwar mit dem neuen Arbeitgeber fortsetzt, vom alten Arbeitgeber aber noch eine Abfindung erhält. In diesem Fall ist die Abfindung nur tarifbegünstigt, wenn das zugrunde liegende Arbeitsverhältnis auch tatsächlich beendet wird.[15] Entsprechendes gilt auch bei Fortsetzung des Arbeitsverhältnisses bei **Betriebsteilübergängen**. Der BFH entschied, dass ein Betriebsteilübergang von der einen Gesellschaft auf die andere Gesellschaft nicht zur endgültigen Beendigung des bestehenden Dienstverhältnisses führe, selbst wenn das bestehende Dienstverhältnis mit dem neuen Arbeitgeber mit teilweise geänderten Konditionen fortgesetzt werde. Enthalte der Arbeitsvertrag mit dem neuen Arbeitgeber die Klausel, dass die Vorzeiten im Arbeitsverhältnis mit dem vormaligen Arbeitgeber angerechnet würden, liege keine Beendigung des Vertragsverhältnisse im steuerrechtlichen Sinne vor, § 24 Nr. 1 Buchst. a und b EStG sei nicht anwendbar.[16] Hat ein Steuerpflichtiger zwar formal zweimal den Arbeitgeber gewechselt, haben die beteiligten – sowohl unternehmensrechtlich als

---

9 BFH 10.7.2008 – IX R 84/07, BFH/NV 2009, 130.
10 BFH 11.1.2005 – IX R 67/02, BFH/NV 2005, 1044.
11 BFH 2.4.2008 – IX R 82/07, BFH/NV 2008, 1325.
12 BFH 25.8.2009 – IX R 3/09, NZA-RR 2010, 257; aA noch BFH 10.10.2001 – XI R 54/00, NZA-RR 2002, 371.
13 BFH 25.8.2009 – IX R 3/09, NZA-RR 2010, 257.
14 FG Köln 8.2.2001 – 10 K 4874/96, EFG 2001, 570; *Müller*, Besteuerung von Abfindungen, ArbRB 2002, 25.
15 BFH 10.10.2001 – XI R 54/00, NZA-RR 2002, 371.
16 BFH 12.4.2000 – XI R 1/99, BFH/NV 2000, 1195; BFH 22.6.2001 – XI B 27/01, BFH/NV 2001, 1551.

auch steuerrechtlich miteinander verflochtenen – Unternehmen jedoch beide Wechsel im gegenseitigen Einvernehmen so ausgestaltet, dass das bestehende Arbeitsverhältnis mit dem einen Arbeitgeber jeweils im Wesentlichen unverändert mit dem anderen Arbeitgeber fortgesetzt werden konnte (durchgehender Vergütungstarif, Anrechnung der Dienstzeiten, Entfallen einer Probezeit), so kommt eine Steuerbegünstigung nach §§ 24, 34 EStG nicht in Betracht.[17] Ein bestehendes Arbeitsverhältnis wird aber aufgelöst, wenn im Falle eines **Management buy out** ein Arbeitnehmer sein Arbeitsverhältnis beendet, die von ihm mitgegründete GmbH, an der er zu 50% beteiligt ist, den Geschäftsbetrieb des Arbeitgebers fortführt und er mit dieser GmbH einen Anstellungsvertrag als Geschäftsführer abschließt. Das Dienstverhältnis als Gesellschafter-Geschäftsführer stellt rechtlich und wirtschaftlich betrachtet keine Fortsetzung des früheren Dienstverhältnisses als Angestellter dar.[18] Es fehlt aber dann der für eine Steuerprivilegierung erforderliche unmittelbare Zusammenhang der Zahlung mit dem aufgelösten Dienstverhältnis, wenn die „Abfindung" nicht durch den alten, sondern durch den neuen Arbeitgeber erfolgt.[19]

Auch die **Reduzierung einer vertraglich eingeräumten Pensionszusage** ist keine Entschädigung und damit nicht steuerbegünstigt, wenn das Arbeitsverhältnis im Übrigen unverändert fortgesetzt wird. In diesem Falle fehlt es an der Beendigung des bisherigen Einkommenserzielungstatbestands.[20] 196

Einzige Voraussetzung einer Entschädigung nach § 24 Nr. 1 Buchst. b EStG ist, dass sie als **Gegenleistung** für die **Aufgabe bzw Nichtausübung einer Tätigkeit** gezahlt wird. Die Entschädigung nach dieser Vorschrift betrifft nicht die Abgeltung und Abwicklung von Interessen aus dem bisherigen Rechtsverhältnis, sondern **zukunftsorientierte** Gegenleistungen für die Aufgabe oder Nichtausübung einer Tätigkeit im Sinne einer auf künftiges Verhalten gerichteten Verpflichtung.[21] Erfasst sind damit insb. **Karenzentschädigungen** aus einem nachvertraglichen Wettbewerbsverbot, aber auch eine Abfindung, die ein angestellter Versicherungsvertreter für die Verkleinerung seines Bezirks erhält. Der BFH hat für eine Abfindungszahlung einer Versicherung an ihren Bezirksdirektor für die Substanzverluste durch die Gebietsverkleinerung zwar keine Steuerermäßigung nach § 24 Nr. 1 Buchst. a EStG zugelassen, aber eine Entschädigung nach § 24 Nr. 1 Buchst. b EStG für möglich gehalten.[22] Die Versicherung wollte ursprünglich den mit der Gebietsabtretung verbundenen erheblichen Substanzverlust in 10-Jahresraten abgelten. Der Arbeitnehmer setzte im Rahmen eines schriftlichen Abfindungsvertrages eine Einmalzahlung über 730.000 DM im Streitjahr durch. Der Anstellungsvertrag mit der Versicherung galt mit dem verkleinerten Gebiet weiter. In diesen Fällen verzichtet der Arbeitnehmer auf die künftige Ausübung einer (Teil-)Tätigkeit. 197

b) Zusammenballung von Einkünften

Entschädigungen sind als außerordentliche Einkünfte nur dann gem. § 34 Abs. 1 und 2 EStG ermäßigt zu besteuern, wenn die zu begünstigenden Einkünfte in **einem Veranlagungszeitraum** zu erfassen sind und durch die **Zusammenballung von Einkünften** erhöhte steuerliche Belastungen entstehen.[23] Die gesetzliche Steuerprivilegierung beruht auf dem **Gedanken der Steuergerechtigkeit**, weil durch die Entschädigung in einem Veranlagungszeitraum Einnahmen zufließen, die sich bei normalem Verlauf über mehrere Jahre verteilt hätten mit der Folge, dass sie einer geringeren Steuerprogression unterfallen wären.[24] Durch die Steuerbegünstigung soll der Progressionsnachteil abgefangen werden. 198

Eine Zusammenballung von Einkünften ist nur gegeben, wenn der Steuerpflichtige unter Einschluss der Entschädigung infolge der Beendigung des Arbeitsverhältnisses in dem jeweiligen Veranlagungszeitraum insgesamt mehr erhält, als er bei ungestörter Fortsetzung des Arbeitsverhältnisses, also bei normalem Ablauf der Dinge, erhalten hätte.[25] Nur dann kann eine progressionsbedingte Härte auftreten. Eine Kürzung des gem. § 34 EStG begünstigten Betrags um **laufende gewerbliche Verluste** soll nicht erfolgen.[26] 199

---
17 BFH 13.12.2005 – XI R 55/04, BFH/NV 2006, 1071; BFH 2.4.2008 – IX R 82/07, BFH/NV 2008, 1325.
18 BFH 9.5.2007 – XI R 52/05, GmbHR 2007, 1169.
19 BFH 1.8.2007 – XI R 18/05, BFH/NV 2007, 2104.
20 FG Köln 22.3.2001 – 10 K 7067/97, EFG 2001, 1448.
21 BFH 12.6.1996 – XI R 43/94, NJW 1997, 151.
22 BFH 23.1.2001 – XI R 7/00, BStBl. II 2001, 541.
23 BFH 25.8.2009 – IX R 11/09, NZA-RR 2010, 153.
24 BFH 11.5.2010 – IX R 39/09, BFH/NV 2010, 180.
25 BFH 9.10.2008 – IX R 85/07, BFH/NV 2009, 558.
26 FG Thüringen 1.12.2009 – 3 K 965/08, EFG 2010, 1789; s. aber auch BFH 9.3.2011 – IX R 9/10, DStZ 2011, 581.

200 Nach der Rspr des BFH orientiert sich die vorzunehmende **hypothetische und prognostische Betrachtung** zunächst grundsätzlich an den **Verhältnissen des Vorjahres**, die dem Veranlagungszeitraum, in dem die Entschädigung zufließt, am nächsten liegen. Eine darauf aufbauende Vergleichsberechnung lediglich am Maßstab des Vorjahres gilt aber nur für den Normalfall, in dem die Verhältnisse des Vorjahres – zB im Zuge einer normalen Gehaltsentwicklung – auch diejenigen des Folgejahres mit großer Wahrscheinlichkeit abbilden. Anders ist dies, wenn die Einnahmesituation des Vorjahres durch außergewöhnliche Ereignisse geprägt ist und sich daraus keine Vorhersagen für den (unterstellten) normalen Verlauf bei Fortsetzung des Arbeitsverhältnisses ableiten lassen, zB bei variablen Gehaltskomponenten. In diesen Fällen kann für die **Prognoseentscheidung** auch auf die **Vorjahre zurückgegriffen** werden.[27]

201 Nur in **Ausnahmefällen** lässt es der BFH zu, dass eine Entschädigungszahlung auf **zwei oder mehr Veranlagungszeiträume** mit dem ermäßigten Steuersatz besteuert werden kann. Dies kann der Fall sein, wenn zu einer Hauptentschädigungsleistung eine in einem anderen Veranlagungszeitraum zufließende minimale Teilleistung hinzukommt.[28] Dies gilt auch für ergänzende Entschädigungszusatzleistungen, die aus Gründen der sozialen Fürsorge für eine gewisse Übergangszeit gewährt werden.[29] Dazu gehören zB solche Leistungen, die der (frühere) Arbeitgeber zur Erleichterung des Arbeitsplatzwechsels oder Berufswechsels (zB Übernahme der Kosten einer Outplacement-Beratung) oder als Anpassung an eine dauerhafte Berufsaufgabe und Arbeitslosigkeit erbringt,[30] oder Leistungen aus einem Sozialplan zur Überbrückung der Arbeitslosigkeit.[31] Ferner kommen hier die Möglichkeit der **befristeten Weiternutzung des Dienstwagens**, die Nutzung einer verbilligten Dienstwohnung, die befristete Übernahme von Versicherungsbeiträgen, die befristete Zahlung von Zuschüssen zum Arbeitslosengeld und Zahlungen zur Verwendung für die Altersversorgung in Betracht.[32]

202 Die zusätzlichen Entschädigungsleistungen dürfen aber betragsmäßig nur einen ergänzenden Zusatz zur Hauptleistung bilden, diese also bei Weitem nicht erreichen oder nur geringfügig sein.[33] Wann von einer **unschädlichen geringfügigen Teilleistung** auszugehen ist, bestimmt sich nach dem Vorliegen einer Ausnahmesituation in der individuellen Steuerbelastung des einzelnen Steuerpflichtigen. Eine starre Prozentgrenze sieht das Gesetz weder vor noch kann eine solche die gesetzlich geforderte Prüfung der Außerordentlichkeit im Einzelfall ersetzen.[34]

203 Die ergänzenden Zusatzleistungen, die Teil der einheitlichen Entschädigung sind, sind unschädlich für die Beurteilung der Hauptleistung als zusammengeballte Entschädigung und sind im Zeitraum ihres Zuflusses regulär zu besteuern.[35] Übersteigen die Zusatzleistungen das zulässige Maß, ist die gesamte Entschädigungsleistung nicht mehr steuerbegünstigt. Zu beachten ist, dass die gesamte Entschädigungszahlung auch dann nicht mehr steuerbegünstigt ist, wenn sich der Arbeitnehmer in Fällen der Übernahme geldwerter Leistungen, wie zB einer **Outplacement-Beratung**, den zusätzlichen Beratungsbetrag wahlweise auszahlen lässt.

204 Entschädigungen, die aus Anlass der Auflösung eines Arbeitsverhältnisses gewährt werden, sind grundsätzlich **einheitlich** zu beurteilen.[36] Hierbei macht es keinen Unterschied, ob Hintergrund der Abfindungsleistungen eine kollektivrechtliche Bestimmung und/oder eine individuelle Verhandlung war.[37] Liegen die Voraussetzungen der Zusammenballung nicht vor, weil die Auszahlung einer Entschädigung von vornherein in zwei Veranlagungszeiträumen vereinbart war, stellt die Besteuerung auch der ersten Teilleistung mit dem regulären Steuersatz selbst dann keine verfassungswidrige Substanzsteuer dar, wenn der Differenzbetrag, der sich zwischen einer Berechnung der Einkommensteuer auf die erste Teil-

---

27 BFH 27.1.2010 – IX R 31/09, NZA-RR 2010, 486.
28 BFH 25.8.2009 – IX R 11/09, NZA-RR 2010, 153 (1,3 % der Hauptleistung); BFH 26.1.2011 – IX R 20/10, NZA-RR 2011, 371 (weniger als 5 % der Hauptleistung).
29 BFH 11.5.2010 – IX R 39/09, BFH/NV 2010, 180.
30 BFH 14.8.2001 – XI R 22/00, BB 2002, 389.
31 BFH 24.1.2002 – XI R 43/99, NZA-RR 2003, 94.
32 BMF-Schreiben vom 24.5.2004, BStBl. I, 505 Rn 14 ff.
33 BFH 11.5.2010 – IX R 39/09, BFH/NV 2010, 180 (nicht gegeben bei 54,68 % der Hauptleistung); BFH 20.6.2011 – IX B 59/11, BFH/NV 2011, 1682 (nicht gegeben bei 10,2 % der Hauptleistung); BMF-Schreiben vom 24.5.2004, BStBl. I, 505 Rn 15 (weniger als 20 % bei Leistungen aus sozialer Fürsorge).
34 BFH 26.1.2011 – IX R 20/10, NZA-RR 2011, 371.
35 BFH 14.8.2001 – XI R 22/00, BB 2002, 389.
36 BFH 11.5.2010 – IX R 39/09, BFH/NV 2010, 180.
37 FG Köln 27.2.2013 – 10 K 1481/10, juris; Thüringer FG 7.12.2011 – 1 K 578/10, EFG 2012, 1068.

leistung mit dem ermäßigten Steuersatz einerseits und dem normalen Steuersatz andererseits ergibt, höher ist als die vom Arbeitgeber gezahlte zweite Teilleistung.[38]

Ob eine Aufteilung in zwei Veranlagungszeiträume aus Billigkeitsgesichtspunkten auch in Fällen denkbar ist, in denen die Abfindung ungewöhnlich hoch ist und daher den Arbeitgeber erheblich belasten würde[39] oder in denen eine finanzielle Existenznot des Arbeitnehmers besteht,[40] erscheint angesichts der neueren Rspr des BFH fraglich.[41]

205

Arbeitgeber und Arbeitnehmer können aber den Zeitpunkt des Zuflusses einer Abfindung beim Arbeitnehmer in der Weise steuerwirksam gestalten, dass sie deren ursprünglich vorgesehene **Fälligkeit** vor ihrem Eintritt **auf einen späteren Zeitpunkt verschieben**.[42]

206

Zweifel und Ungewissheit, ob in einem weiteren Veranlagungszeitraum vom Arbeitgeber erbrachte Leistungen den Zusammenballungseffekt unterlaufen, lassen sich nicht völlig beseitigen, weil noch manche Sachverhaltskonstellation nicht gerichtsanhängig war. Die Zahlung von **Übergangsgeld** neben einer Abfindung kann steuerschädlich sein, wie eine Entscheidung des FG Düsseldorf[43] belegt. Der Arbeitnehmer schied in dem vom FG Düsseldorf entschiedenen Fall zum 31.8.1992 aus. Er sollte bis zum 31.12.1992 eine Vergütung iHv 50 % seiner bisherigen Bezüge erhalten, wurde sofort freigestellt, sollte dem Arbeitgeber jedoch weiterhin für Informationsgespräche zur Verfügung stehen. Der Arbeitgeber verpflichtete sich, dem Arbeitnehmer im Jahre 1993 eine Abfindung iHv 500.000 DM zu zahlen. Das Finanzgericht sah die Übergangsgeldzahlungen als Teil der Gesamtentschädigung an. Das Übergangsgeld sei nicht mehr im Gegenseitigkeitsverhältnis erbracht worden. Es sei für die Zeit nach dem vereinbarten Ausscheidungstermin gezahlt worden. Die Zahlungen sollten auch nur erfolgen bis zu einer etwaigen Übernahme einer anderen Tätigkeit. Die Zahlungsdauer sei nicht an der von dem Arbeitnehmer zu leistenden Arbeit, sondern an der Dauer des Verdienstausfalls orientiert gewesen. Der Arbeitnehmer sei schließlich freigestellt gewesen. Dass er noch für Informationsgespräche zur Verfügung stehen sollte, sei keine Gegenleistung für die Fortzahlung der Bezüge, sondern eine nachträglich zu erfüllende Nebenpflicht aus dem Arbeitsverhältnis gewesen. Diese Verpflichtung zur Mitwirkung an Informationsgesprächen hätte auch bestanden, wenn der Arbeitnehmer unmittelbar nach dem Ende des Arbeitsverhältnisses eine neue Tätigkeit gefunden hätte. Lediglich das Übergangsgeld wäre dann entfallen. Aus diesem Grunde setzte sich die Entschädigung daher aus dem Übergangsgeld einerseits und der Barabfindung andererseits zusammen, die jeweils in unterschiedlichem Veranlagungszeitraum gezahlt worden seien. Daher sei eine Steuerermäßigung nicht in Betracht gekommen.

207

Die **Rückzahlung** einer Abfindung ist im **Abflussjahr** zu berücksichtigen. Dies gilt auch dann, wenn die Abfindung im Zuflussjahr begünstigt besteuert worden ist. Eine Lohnrückzahlung ist regelmäßig kein rückwirkendes Ereignis, das zur Änderung des Einkommensteuerbescheids des Zuflussjahres berechtigt.[44]

208

3. Berechnungsweg der Steuerermäßigung, § 34 EStG

Die Berechnung der Steuerermäßigung erfolgt nach den Regeln des § 34 EStG anhand einer sog. **Fünftelungs-Regelung**. Der Gesetzeswortlaut ist kompliziert. Die Fünftelungs-Regelung des § 34 EStG bedeutet entgegen einer weit verbreiteten Auffassung nicht, dass sich die auf die Abfindung entfallende Steuer auf fünf Kalenderjahre verteilt. Vielmehr wird die gesamte Steuer in dem Jahr fällig, in dem die Abfindung zufließt. Die Verteilung auf fünf Jahre erfolgt lediglich rechnerisch zum Zwecke der Progressionsabschwächung.[45]

209

Die **Berechnungsschritte** kann man wie folgt zusammenfassen:

210

- Anhand der allgemeinen Steuertabellen wird die Steuer auf das gesamte zu versteuernde Einkommen des Kalenderjahres, mit Ausnahme der Abfindung, ermittelt.

---

38 BFH 21.6.2006 – XI R 29/05, BFH/NV 2006, 1833.
39 BFH 21.4.1993 – XI R 67/92, BFH/NV 1994, 224.
40 BFH 6.9.2000 – XI R 19/00, BFH/NV 2001, 431.
41 Anders FG Köln 27.2.2013 – 10 K 1481/10, juris; Thüringer FG 7.12.2011 – 1 K 578/10, EFG 2012, 1068.
42 BFH 11.11.2009 – IX R 1/09, NZA-RR 2010, 150.
43 FG Düsseldorf 29.11.2000 – 17 K 2101/98, EFG 2001, 443.
44 BFH 4.5.2006 – VI R 33/03, NZA-RR 2007, 89.
45 LAG Hamm 21.2.2002 – 19 Sa 1596/01, NZA-RR 2003, 38.

- Im zweiten Schritt wird die normale Steuer auf das gesamte zu versteuernde Einkommen ermittelt, diesmal unter Hinzurechnung eines Fünftels der Abfindung.
- Im dritten Schritt wird die Differenz aus den Steuerbeträgen gemäß den ersten beiden Schritten ermittelt, somit der auf das Fünftel der Abfindung entfallende Steuerbetrag.
- Der im dritten Schritt errechnete Betrag wird mit fünf multipliziert und bildet die auf die Abfindung entfallende Einkommensteuer.
- Die gesamte Steuerbelastung ermittelt sich aus der normalen Steuer auf das üblicherweise im Jahr zu versteuernde Einkommen zzgl des im vorletzten Rechenschritt ermittelten, auf die Abfindung entfallenden Betrags.

211 Mit wachsendem Einkommen nimmt der steuerliche Effekt der Fünftelungs-Regelung ab. Ab einem zu versteuernden Jahreseinkommen von ca. 52.000 EUR bei Alleinstehenden und ca. 105.000 EUR bei Verheirateten erweist sich eine ermäßigte Besteuerung nach der Fünftelungs-Regelung der §§ 24, 34 EStG nicht mehr als vorteilhafter im Vergleich zu einer nach Tarif besteuerten Abfindung.[46] Nur soweit Verluste geltend gemacht werden können, lässt sich die Steuerlast erfolgreich senken. Je niedriger sich der Arbeitnehmer in der Progression befindet, desto günstiger wirkt sich die Fünftelungs-Regelung für ihn aus. Bei solchen Arbeitnehmern dagegen, insbesondere Führungskräften, Vorständen, GmbH-Geschäftsführern, die mit ihrem Gehalt bereits die höchste Progressionsstufe erreicht haben, führt § 34 EStG dazu, dass die Entschädigungsleistung des Arbeitgebers gem. § 24 EStG vollständig der Steuer unterworfen ist. Interessant ist dagegen die Fünftelungs-Regelung für Arbeitnehmer, die von einer Frühpensionierungsregelung Gebrauch machen, 24 Monate lang Arbeitslosengeld beziehen und demnach in den auf das Jahr der Zusammenballung folgenden Jahren entweder nicht zu versteuerndes Arbeitslosengeld oder nicht zu versteuerndes Altersruhegeld beziehen.

212 In der Literatur zur Vermögensberatung[47] wird empfohlen, in einem Jahr, in dem eine beträchtliche Abfindung bezogen wird, ein steuerorientiertes Kapitalanlageprodukt wie die Beteiligung an einem geschlossenen Immobilienfonds zu erwerben, um sich die Fünftelungs-Regelung optimal zunutze zu machen. Die Vorteile können erheblich sein, sie können aber auch recht bald eine große Reue beim Steuerpflichtigen auslösen, dann nämlich, wenn der Fonds nicht die in ihn gesetzten Erwartungen erfüllt. Aufgabe des Arbeitsrechtlers kann es nicht sein, seinen Mandanten im Zuge von Abfindungsverhandlungen entsprechend zu beraten, nicht weil die Steueroptimierungsüberlegungen der Vermögensberater generell unseriös wären, sondern weil es nicht zu den Aufgaben eines Arbeitsrechtsanwalts gehört, Vermögensberatung zu betreiben. Vermögensberatung in diesem Sinne ist nicht Teil der Rechtsberatung. Hier gilt das Gleiche wie bei der eigentlichen Steuerberatung, die nicht in den Pflichtenkreis des Rechtsanwalts fällt.[48] Darauf aufmerksam zu machen, dass man derartige Überlegungen zusammen mit einem Fachmann anstellen kann, schadet allerdings nicht.

213 Hat der **Arbeitgeber keine oder zu geringe Steuern einbehalten,** was bspw bei einer Lohnsteuer-Außenprüfung nach § 42 f EStG beim Arbeitgeber festgestellt werden würde, kann das Finanzamt den Arbeitgeber durch **Haftungsbescheid** in Anspruch nehmen. Die Haftung des Arbeitgebers, gesamtschuldnerisch mit dem Arbeitnehmer, ergibt sich aus § 42 d EStG. Das Finanzamt kann die Steuerschuld nach pflichtgemäßem Ermessen allerdings gegenüber jedem Gesamtschuldner geltend machen. Ermessensfehlerhaft handelt das Finanzamt nur, wenn die Steuer beim Arbeitgeber nacherhoben wird, obwohl sie beim Arbeitnehmer ebenso schnell und einfach nacherhoben werden kann.[49] Ermessensfehlerhaft kann ein gegen den Arbeitgeber gerichteter Haftungsbescheid sein, weil der Arbeitgeber den Steuerabzug wegen entschuldbaren Rechtsirrtums unterlassen hat.[50] Eine Inanspruchnahme des Arbeitgebers durch Lohnsteuer-Haftungsbescheid oder Nachforderungsbescheid kann schließlich aus verfahrensrechtlichen Gründen ermessensfehlerhaft sein.[51]

214 In einer interessanten Entscheidung hat das LAG Hamm eine Reihe von Fragen geklärt, die sich um die Fünftelungs-Regelung in § 34 EStG ranken.[52] Ein Arbeitnehmer hatte geltend gemacht, der Arbeitge-

---

46 *Bauer*, Arbeitsrechtliche Aufhebungsverträge, VII. Rn 83 (zum Stand 31.12.2006).
47 *Lamberty/Türschman*, Vermögen & Steuern 9/2000, 16; *Lamberty*, Handelsblatt vom 23.8.2000, S. 52.
48 Mit der Folge, dass der Rechtsanwalt auch nicht haftet, LG Gießen 7.7.1999 – 1 S 5/99, FA 1999, 327.
49 BFH 12.1.1968 – VI R 117/66, BStBl. II 1968, 324.
50 BFH 18.9.1981 – VI R 44/77, BStBl. II 1981, 801.
51 BFH 15.5.1992 – VI R 183/88, BStBl. II 1993, 829.
52 LAG Hamm 6.12.2000 – 14 Sa 1615/00, LAGE § 2 ArbGG 1979 Nr. 37.

ber habe den die steuerfreie Abfindung nach § 3 Nr. 9 EStG übersteigenden, nach § 34 EStG zu behandelnden Steuerbetrag im Lohnsteuerabzugsverfahren dem ermäßigten Steuersatz zu unterwerfen. Zunächst stellte das LAG Hamm fest, dass die Arbeitsgerichte und nicht die Finanzgerichte für derartige Anträge nach § 2 Abs. 1 Nr. 3 Buchst. a ArbGG zuständig seien.[53] Weiterhin zeigte das LAG Hamm auf, dass der Arbeitgeber gegenüber dem Arbeitnehmer nicht verpflichtet sei, bei einer Abfindung die gesetzlich mögliche Lohnsteuerermäßigung nach § 34 EStG zu realisieren. Im Grunde gehe es um das spezielle Lohnsteuerverfahren nach § 39 b EStG. Diese Vorschrift habe den Arbeitgeber als Normadressaten. § 39 b Abs. 3 Satz 9 EStG regele den Lohnsteuerabzug bei einem sonstigen Bezug iSd § 34 Abs. 1 Nr. 2 und 4 EStG. Zu einem derartigen „sonstigen Bezug" sei auch die den Steuerfreibetrag übersteigende Abfindung zu rechnen. Die Anwendung des sog. Fünftelungsprinzips bei der Ermittlung des ermäßigten Steuersatzes für die Abfindung setze allerdings voraus, dass er die Jahreslohnsteuer nach dem maßgebenden Jahresarbeitslohn ermitteln könne, § 39 b Abs. 3 Satz 5 EStG. Der Arbeitgeber könne wegen des Ausscheidenszeitpunktes des Arbeitnehmers mitten in einem Veranlagungszeitraum und der völligen Ungewissheit, ob der Arbeitnehmer auch noch über andere Einkünfte verfüge, die nicht auf der Lohnsteuerkarte eingetragen seien, keine Ermittlung des voraussichtlichen Jahresarbeitslohns vornehmen. Bei dieser Sachlage sei der Arbeitgeber nicht verpflichtet, sich dem Risiko einer steuerlichen Haftung gegenüber dem Finanzamt auszusetzen, wenn er das Fünftelungsverfahren anwende, ohne dass die tatsächlichen Grundlagen nachweisbar vorlägen. Der Arbeitnehmer habe es selbst in der Hand, beim zuständigen Betriebsstättenfinanzamt nach § 42 e EStG eine Anrufungsauskunft einzuholen und damit sicherzustellen, dass eine mögliche Steuerersparnis nicht erst im Wege des Jahreslohnsteuerausgleichs oder der Einkommensteuerermittlung realisiert werde.

Der Arbeitgeber haftet aber für Schäden, die dem Arbeitnehmer durch eine fehlerhafte steuerliche Behandlung einer Abfindungszahlung entstehen. Dies ist der Fall, wenn der Arbeitgeber eine Sozialplanabfindung im falschen Steuerjahr berücksichtigt. Wird die Leistungszeit iSd § 271 Abs. 2 BGB bzw der Auszahlungszeitpunkt der Abfindung in einem Sozialplan ausdrücklich geregelt, so ist dieser Zeitpunkt für den Arbeitgeber bei der Berechnung des Lohnsteuerabzugs bindend.[54]

215

Wer in den letzten Jahren wegen vorzeitiger Aufhebung seines Anstellungsvertrages eine Entschädigungszahlung ordnungsgemäß als „ermäßigt besteuerte Entschädigung" in seiner Steuerklärung angegeben hat, ohne dass das Finanzamt weitere Nachforschungen anstellte, ob dies auch zutrifft, braucht nach einer Entscheidung des Finanzgerichts Köln nicht mehr mit einer Änderung seines Steuerbescheides zu rechnen, vorausgesetzt der Steuerbescheid ist bestandskräftig geworden. Nach Treu und Glauben ist es auch den Finanzbehörden verwehrt, nach Ablauf der Einspruchsfrist von einem Monat den Steuerbescheid wegen anderer steuerrechtlicher Beurteilung wieder zum Nachteil des Steuerpflichtigen zu ändern, wenn das Finanzamt pflichtwidrig weitere Umstände des Sachverhalts nicht erforscht hat.[55]

216

4. Lohnsteueranrufungsauskunft

Um sich vor Überraschungen bei der Auslegung eines Wortlauts oder generell vor unterschiedlichen steuerrechtlichen Interpretationen der Gestaltung von Aufhebungsverträgen zu schützen, empfiehlt es sich, vor Abschluss eines Aufhebungsvertrages eine Lohnsteueranrufungsauskunft einzuholen.[56] Auf diese Weise erfährt man, wie das zuständige Finanzamt die Abfindung behandeln möchte. Die Anrufungsauskunft kann vom Arbeitgeber und Arbeitnehmer einzeln, aber auch gemeinsam gestellt werden.

217

Eine **Bindungswirkung** durch die Auskunft tritt grundsätzlich nur demjenigen gegenüber ein, der die Auskunft eingeholt hat,[57] also regelmäßig gegenüber dem Arbeitgeber. Häufig müssen aufgrund von Fristen oder unternehmensinternen Zwängen Aufhebungs- und Abwicklungsverträge schnell geschlossen werden. Mit einer Antwort des Finanzamts auf eine Lohnsteueranrufungsauskunft kann nicht innerhalb weniger Tage, sondern meist erst nach mehreren Wochen gerechnet werden. Das Instrument der Lohnsteueranrufungsauskunft versagt deshalb in vielen Verhandlungssituationen als Unterstützungsinstrument, um zu einer rechtssicheren, offiziellen steuerrechtlichen Bewertung von Abfindungsregelungen zu gelangen.

218

---

53 Ebenso LAG Sachsen-Anhalt 1.9.1995 – 5 Ta 104/95, BB 1996, 275.
54 ArbG Karlsruhe 11.10.2006 – 7 Ca 79/06, dbr Nr. 4, 39.
55 FG Köln 14.2.2001 – 14 K 5161/00, EFG 2001, 1016.
56 Siehe Muster 4810, § 4 Rn 686.
57 BFH 13.11.1959 – VI 124/59 U, BStBl. III 1960, 108.

III. Schnittstellen zum Arbeitsförderungsrecht (SGB III)

1. Verstecktes Arbeitsentgelt

219 **Abfindungen** sind **generell nicht beitragspflichtig**, solange sie nicht verstecktes Arbeitsentgelt darstellen.[59] Kündigt der Arbeitgeber einem seit langem beschäftigten, älteren Arbeitnehmer fristlos und einigen sich die Parteien anschließend in einem außergerichtlichen oder gerichtlichen Vergleich auf eine Abfindung von 11.000 EUR, die den Bruttobezügen bis zum Ende der ordentlichen Kündigungsfrist entspricht, und lassen die Parteien das Arbeitsverhältnis zum Tag des Ausspruchs der außerordentlichen Kündigung enden, wird keine Beitragspflicht wegen der Abfindung begründet. Einigen sich die Parteien dagegen wirtschaftlich mit dem gleichen Inhalt, nämlich über den Betrag von 11.000 EUR, lassen das Arbeitsverhältnis aber erst zum Ende der ordentlichen Kündigungsfrist enden, nehmen eine Erledigungsklausel in den Vergleich mit auf, so dass ab dem Tag des Ausspruchs der Kündigung bis zum Ende der Kündigungsfrist keine Gehälter mehr vom Arbeitgeber zu zahlen sind, liegt ein verstecktes Arbeitsentgelt vor.[60] Der vereinbarte Abfindungsbetrag unterliegt der Beitragspflicht. Ist das Arbeitsverhältnis in diesem Fall bereits beendet, kann der unterbliebene Abzug des Arbeitnehmeranteils vom Gesamtsozialversicherungsbeitrag nicht mehr nachgeholt werden. Der Arbeitgeber kann sich nur dann an den Arbeitnehmer halten, wenn dieser seinen Pflichten nach § 28 o Abs. 1 SGB IV vorsätzlich oder grob fahrlässig nicht nachgekommen ist, § 28 g Satz 4 SGB IV.

220 Als Einmalbetrag beitragspflichtig ist eine Abfindung, die wegen **Verringerung der Wochenarbeitszeit** bei **fortbestehendem versicherungspflichtigem Beschäftigungsverhältnis** gezahlt wird.[61] Abfindungen bei Beendigung eines Altersteilzeitarbeitsverhältnisses sind beitragsfrei (Gemeinsames Rundschreiben der Spitzenverbände der Sozialversicherungsträger vom 9.3.2004, Ziff. 3.6.).

2. Anspruch auf Arbeitslosengeld

221 Eine Anwartschaft auf Arbeitslosengeld wird durch eine beitragspflichtige Beschäftigung erworben, die **mindestens zwölf Monate** dauern muss (§ 142 SGB III). Diese zwölf Monate müssen nicht in einem Block zusammenhängen, sondern können innerhalb eines Rahmens von zwei Jahren liegen (§ 143 SGB III). Die Anwartschaft kann damit auch aus mehreren Beschäftigungszeiten zusammengestückelt werden, solange die Rahmenfrist eingehalten wird.[62] Mit dem Nachweis der Mindestanwartschaft von zwölf Monaten in der Rahmenfrist von zwei Jahren erwächst ein Anspruch auf Arbeitslosengeld von sechs Monaten gem. § 147 Abs. 2 SGB III.

222 Die **Dauer des Bezugs** von Arbeitslosengeld richtet sich gem. § 147 SGB III nach folgender Tabelle:

Nach Versicherungspflichtverhältnissen mit einer Dauer von insgesamt mindestens ... Monaten	und nach Vollendung des ... Lebensjahres	... Monate
12		6
16		8
20		10
24		12
30	50.	15

---

58 BFH 9.10.1992 – VI R 97/90, DB 1993, 73.
59 BSG 21.2.1990 – 12 RK 20/88, NZA 1990, 751; BAG 9.11.1988 – 4 AZR 433/88, NZA 1989, 270.
60 BSG 21.2.1990 – 12 RK 20/88, NZA 1990, 751; BSG 21.2.1990 – 12 RK 65/87, BB 1990, 1704.
61 BSG 28.1.1999 – B 12 KR 14/89 R, NZS 1999, 358.
62 *Rüttweger*, NZS 1997, 516.

Nach Versicherungspflichtverhältnissen mit einer Dauer von insgesamt mindestens ... Monaten	und nach Vollendung des ... Lebensjahres	... Monate
36	55.	18
48	58.	24

Im Übrigen gelten die Grundsätze für die Gewährung von Arbeitslosengeld: Der Arbeitnehmer muss sich bei der Agentur für Arbeit seines Wohnortes arbeitslos melden und Arbeitslosengeld beantragen (§ 141 SGB III). Die Anspruchsvoraussetzungen sind durch die vom Arbeitgeber auszufüllende Arbeitsbescheinigung nachzuweisen (§ 312 SGB III). Die beschäftigungs- und altersmäßigen Voraussetzungen müssen bei Beginn des Anspruchs auf Arbeitslosengeld erfüllt sein. Arbeitslosengeld wird erst vom Tag der Arbeitslosmeldung an gewährt (§ 136 Abs. 1 SGB III). Der Arbeitnehmer erhält eine Sperrzeit von einer Woche, wenn er sich nicht drei Monate vor Beendigung des Arbeitsverhältnisses arbeitsuchend meldet oder wenn die Frist bis zur Beendigung des Arbeitsverhältnisses kürzer ausfällt, die Meldung durch den Arbeitnehmer nicht innerhalb von drei Tagen nach Kenntnis von der Kündigung erfolgt (§§ 38, 159 Abs. 1 Satz 2 Nr. 7 SGB III).[63]

223

Das Arbeitslosengeld beträgt grundsätzlich 60 % des letzten durchschnittlichen Nettowochenarbeitsentgelts, für Arbeitslose, die selbst oder deren Ehegatte mindestens ein steuerlich zu berücksichtigendes Kind haben, 67 % (§ 149 SGB III). Der Bemessungszeitraum, der zur Ermittlung der 60 % bzw 67 % als pauschaliertes Nettoentgelt zugrunde zu legen ist, umfasst nach § 150 Abs. 1 SGB III in der seit Hartz III geltenden Fassung den Entgeltabrechnungszeitraum des letzten Jahres beim Ausscheiden des Arbeitslosen aus dem letzten Versicherungsverhältnis vor der Entstehung des Anspruchs. Der **Bemessungsrahmen** wird in Ausnahmefällen auf zwei Jahre erweitert (§ 150 Abs. 3 SGB III). **Bemessungsentgelt** ist das durchschnittlich auf den Tag entfallende beitragspflichtige Arbeitsentgelt (§ 151 Abs. 1 SGB III). Einmalige Arbeitsentgelte, die der Arbeitslose wegen der Beendigung des Arbeitsverhältnisses erhält oder die im Hinblick auf die Arbeitslosigkeit vereinbart worden sind, bleiben außer Betracht (§ 151 Abs. 2 Nr. 1 SGB III). Während der Arbeitsunfähigkeit wird Arbeitslosengeld für die Dauer von bis zu sechs Wochen weitergezahlt (§ 146 Abs. 1 Satz 1 SGB III).

224

Vorstandsmitglieder von Aktiengesellschaften sind nicht rentenversicherungspflichtig nach §§ 1 Satz 3, 229 Abs. 1 SGB VI.[64] Bei Vorstandsmitgliedern besteht auch Versicherungsfreiheit in der Arbeitslosenversicherung (§ 27 Abs. 1 Nr. 5 SGB III). Bei abhängigen **GmbH-Geschäftsführern**, deren Tätigkeit als sozialversicherungspflichtiges Beschäftigungsverhältnis angesehen wird,[65] besteht dagegen Sozialversicherungspflicht. Der GmbH-Geschäftsführer, dessen Arbeitsverhältnis durch Aufhebungsvertrag oder Kündigung endet, hat deshalb Anspruch auf Arbeitslosengeld, wenn er Fremdgeschäftsführer oder Gesellschafter-Geschäftsführer ohne beherrschenden Einfluss war. Sein Arbeitslosengeldanspruch hängt nicht von der tatsächlichen Entrichtung von Beiträgen ab, sondern von der Ausübung einer die Beitragspflicht begründenden Beschäftigung (§ 25 SGB III). Auch die widerspruchslose Entgegennahme der Beiträge durch die Krankenkasse lässt keinen Anspruch auf Versicherungsleistung aus der Arbeitslosenversicherung entstehen.[66] Das BSG hat in einigen Urteilen aus jüngerer Zeit seine Rechtsprechung zur sozialversicherungsrechtlichen Einordnung von GmbH-Geschäftsführern präzisiert. Danach sind Fremdgeschäftsführer, die am Stammkapital der GmbH nicht beteiligt sind, grundsätzlich abhängig beschäftigt und damit sozialversicherungspflichtig. Von dieser Regel ist nur dann abzuweichen, wenn besondere Umstände, zB die persönliche oder wirtschaftliche Dominanz des Geschäftsführers, sich feststellen lassen.[67] Im umgekehrten Fall eines Allein- oder Mehrheitsgesellschafters, der, ohne Geschäftsführer zu sein, in der GmbH tätig ist, ist wegen des maßgeblichen Einflusses auf die Entscheidungsfindung in der GmbH ein abhängiges Beschäftigungsverhältnis idR nicht anzunehmen.[68] Ein sozialversicherungspflichtiges Beschäftigungsverhältnis kann aber auch für die Tätigkeit eines stillen Gesellschaf-

225

---

63 *Rolfs*, DB 2006, 1009.
64 BSG 4.9.1979 – 7 RAr 57/78, DB 1980, 166.
65 BSG 24.6.1982 – 12 RK 43/81, BB 1984, 1049; BSG 8.8.1990 – 11 RAr 77/89, NZA 1991, 324.
66 BSG 29.10.1986 – 7 RAr 43/85, BB 1987, 406.
67 BSG 18.12.2001 – B 12 KR 10/01 R, NJW 2002, 2267 = NZA-RR 2003, 325.
68 BSG 25.1.2006 – B 12 KR 30/04 R, GmbHR 2006, 645.

ters, dem eine interne Rechtsmacht in der GmbH nicht eingeräumt war, angenommen werden.[69] Für den Fall des Gesellschafter-Geschäftsführers ist von einer Sozialversicherungspflicht dann nicht auszugehen, wenn durch eine aus den Gesellschaftsanteilen resultierende Rechtsmacht maßgeblicher Einfluss auf die Gesellschaft genommen werden kann. Ist dies wie beim Fremdgeschäftsführer oder dem Minderheitsgesellschafter nicht der Fall, liegt ein abhängiges Beschäftigungsverhältnis idR vor.[70]

3. Sperrzeit wegen Arbeitsaufgabe nach § 159 Abs. 1 Satz 2 Nr. 1 SGB III

a) Allgemeines

226 Nach § 159 Abs. 1 SGB III tritt eine Sperrzeit ein, wenn sich der Arbeitslose versicherungswidrig verhält, ohne dafür einen wichtigen Grund zu haben. Im Zusammenhang mit der Beendigung des Arbeitsverhältnisses kommt dabei § 159 Abs. 1 Satz 2 Nr. 1 SGB III die größte Bedeutung zu. Danach liegt ein versicherungswidriges Verhalten vor, wenn der Arbeitslose das Beschäftigungsverhältnis gelöst oder durch ein arbeitsvertragswidriges Verhalten Anlass für die Lösung des Beschäftigungsverhältnisses gegeben und dadurch vorsätzlich oder grob fahrlässig die Arbeitslosigkeit herbeigeführt hat, ohne für sein Verhalten einen wichtigen Grund zu haben.

227 Die Prüfung, ob ein sperrzeitrelevantes Verhalten vorliegt, vollzieht sich in zwei Schritten: Zunächst ist festzustellen, ob der Arbeitnehmer das Beschäftigungsverhältnis gelöst oder durch ein **arbeitsvertragswidriges Verhalten** Anlass für die Lösung des Beschäftigungsverhältnisses gegeben hat. An die Feststellung des versicherungswidrigen Verhaltens schließt sich die Prüfung des wichtigen Grundes an. Trotz Vorliegens eines Sperrzeittatbestandes tritt eine Sperrzeit nicht ein, wenn der Arbeitnehmer für sein Verhalten einen wichtigen Grund hat.

228 Das BSG prüft stets die Frage, ob besondere Umstände vorliegen, die auf ein missbräuchliches – auf die Erlangung der Versicherungsleistung gerichtetes – Handeln des Arbeitnehmers schließen lassen. Hier geht es etwa um die Frage, ob eine sog. **Vorfeldabsprache** zwischen Arbeitgeber und Arbeitnehmer vorliegt.

229 Bei der Beurteilung des jeweiligen Sachverhalts hat der anwaltliche Berater zum einen die **Verwaltungspraxis der jeweiligen Agentur für Arbeit** und die **Geschäftsanweisungen der Bundesagentur für Arbeit zu § 159 SGB III (GA)** zu berücksichtigen.[71] Zum anderen ist die Rechtsprechung des BSG zu beachten, die meist mit zeitlichem Verzug Einzug in die GA hält. Dies kann zu dem Problem führen, dass Verschärfungen der Rechtsprechung, die noch keinen Eingang in die GA gefunden haben, von der Verwaltungspraxis bereits angewendet werden, hingegen Lockerungen der Rechtsprechung, die dann ebenfalls noch nicht in die GA eingeflossen sind, noch keine Beachtung in der Verwaltungspraxis finden. Bei der anwaltlichen Beratung sind demnach Rechtsprechung und die GA abzugleichen. Erschwert wird das Ganze dann, wenn die Verwaltungspraxis in den GA die Rechtsprechung des BSG nicht oder nicht vollständig umsetzt oder der Wortlaut der GA mit der Rechtsprechung des BSG nicht in Einklang zu bringen ist.

b) Die Sperrzeit-Rechtsprechung des BSG

230 Das BSG hat in mehreren Entscheidungen der letzten Jahre seine Sperrzeit-Rechtsprechung geschärft und insbesondere die Fallgruppen des „wichtigen Grundes" in § 159 Abs. 1 Satz 2 Nr. 1 SGB III und damit den Kreis der Tatbestände, die bei Beendigung des Beschäftigungsverhältnisses nicht zu einer Sperrzeit führen, weiterentwickelt.

aa) „Lösen" des Arbeitsverhältnisses

231 Die Sperrzeit nach § 159 SGB III ist ihrer Natur nach eine Sanktion auf eine Obliegenheitsverletzung des Versicherten im Rahmen des Versicherungspflichtverhältnisses. Sie basiert auf dem Grundgedanken, die Versichertengemeinschaft habe keine Risikofälle zu tragen, deren Eintritt der Versicherte selbst zu vertreten habe oder an deren Behebung er unbegründet nicht mithelfe.[72] Die Obliegenheit des

---

69 BSG 24.1.2007 – B 12 KR 31/06 R, NZS 2007, 648.
70 BSG 4.7.2007 – B 11 a AL 5/06 R, ZIP 2007, 2185.
71 http://www.arbeitsagentur.de.
72 BSG 25.4.2002 – B 11 AL 65/01 R, NZA-RR 2003, 105.

Arbeitslosen bezieht sich darauf, nicht durch **aktives Tun** die Beendigung seines Beschäftigungsverhältnisses herbeigeführt zu haben. Ein Unterfall des aktiven Tuns ist die Beendigung des Beschäftigungsverhältnisses (Arbeitsverhältnisses) durch **Willenserklärung**.[73]

Folge dieser Rechtsprechung ist, dass die bloße Hinnahme einer Kündigung durch den Arbeitnehmer grundsätzlich kein rechtsgeschäftliches Betätigen im Sinne eines „Lösens" des Beschäftigungsverhältnisses ist und auch kein sonstiges aktives Tun. Dementsprechend hat das BSG nie einen Zweifel daran gelassen, dass der Ausspruch einer betriebsbedingten Kündigung durch den Arbeitgeber den Tatbestand des „Lösens" eines Beschäftigungsverhältnisses entfallen lässt. Es hat sogar im Urteil vom 25.4.2002[74] ausdrücklich festgestellt, dass eine fristlose **betriebsbedingte Kündigung** im Baugewerbe bei gleichzeitiger Wiedereinstellungszusage durch den Arbeitgeber nach Änderung der Witterungsverhältnisse kein „Lösen" des Beschäftigungsverhältnisses durch den Arbeitnehmer sei.

232

Bei **verhaltensbedingten Kündigungen** muss geprüft werden, ob das Verhalten des Arbeitnehmers für die Kündigung und diese wiederum für die Arbeitslosigkeit kausal war. Vertragswidriges Verhalten des Arbeitnehmers ist kein versicherungswidriges Verhalten, wenn der Arbeitgeber auch aus personen- oder betriebsbedingten Gründen hätte kündigen können[75] oder das Beschäftigungsverhältnis aufgrund eines anderen Beendigungstatbestands, etwa durch Befristung, zum gleichen Termin geendet hätte. Bei der verhaltensbedingten Kündigung ist meist die 2. Alternative des § 159 Abs. 1 Satz 2 Nr. 1 SGB III erfüllt. In der 2. Alternative verlangt der Gesetzgeber nicht, dass der Arbeitnehmer das Beschäftigungsverhältnis „gelöst" hat, sondern lässt es ausreichen, wenn der Arbeitnehmer „durch ein arbeitsvertragswidriges Verhalten Anlass für die Lösung des Beschäftigungsverhältnisses gegeben und dadurch vorsätzlich oder grob fahrlässig die Arbeitslosigkeit herbeigeführt hat".

233

Ein arbeitsvertragswidriges Verhalten, das nach arbeitsrechtlichen Grundsätzen keinen ausreichenden Grund für eine außerordentliche oder eine verhaltensbedingte ordentliche Kündigung darstellt, führt nicht zum Eintritt einer Sperrzeit.[76] Zu beachten ist aber, dass die Sozialgerichte **mangels Bindungswirkung arbeitsgerichtlicher Entscheidungen** oder Vergleiche für das sozialgerichtliche Verfahren von Amts wegen selbst prüfen müssen, ob der Arbeitnehmer durch ein arbeitsvertragswidriges Verhalten Anlass für eine Kündigung gegeben hat.[77] Dies gilt auch, wenn nach Ausspruch einer berechtigten außerordentlichen Kündigung vor dem Arbeitsgericht ein Vergleich geschlossen wird, wonach das Arbeitsverhältnis nunmehr ordentlich betriebsbedingt beendet wird.[78]

234

Die Änderung der Rechtsprechung der Arbeitsgerichte hinsichtlich der Beurteilung, ob ein arbeitsvertragswidriges Verhalten zu einer Kündigung berechtigt, ist zu berücksichtigen, solange der Bescheid über die Sperrzeit noch nicht bestandskräftig ist.[79]

235

Von **grober Fahrlässigkeit** geht die Rechtsprechung aus, wenn der Arbeitnehmer unter Berücksichtigung seiner persönlichen Einsichtsfähigkeit eine Sorgfaltspflichtverletzung ungewöhnlich hohen Ausmaßes, dh eine besonders grobe und subjektiv schlechthin unentschuldbare Leichtfertigkeit, begangen hat, wenn er also schon einfachste, ganz naheliegende Überlegungen nicht anstellt und nicht beachtet, was jedem einleuchten muss.[80]

236

Ein „Lösen" des Beschäftigungsverhältnisses nimmt der Arbeitnehmer vor, wenn er seine Stelle aufgibt. Hier besteht das aktive Tun in der Abgabe einer Willenserklärung. Der Vorwurf der Obliegenheitsverletzung zu Lasten der Versichertengemeinschaft trifft den kündigenden Arbeitnehmer grundsätzlich unabhängig vom Motiv seines Handelns. Eine **Eigenkündigung** des Arbeitnehmers erfüllt immer den Tatbestand des „Lösens", selbst dann, wenn sie einer erwarteten arbeitgeberseitigen Kündigung zuvorkommt.

237

Ein „Lösen" des Arbeitsverhältnisses liegt auch vor, wenn der Arbeitnehmer ein **bisher bestehendes unbefristetes Arbeitsverhältnis selbst kündigt und** ein **von vornherein befristetes neues Arbeitsverhältnis**

238

---

73 BSG 25.4.2002 – B 11 AL 89/01 R, NZA-RR 2003, 162.
74 BSG 25.4.2002 – B 11 AL 89/01 R, NZA-RR 2003, 162.
75 BSG 24.7.1985 – 8 RK 14/84, NZA 1986, 109.
76 LSG Baden-Württemberg 11.5.2011 – L 3 AL 5286/10, BeckRS 2011, 72584.
77 BSG 27.4.2011 – B 11 AL 11/11 B, BeckRS 2011, 72538.
78 LSG Saarland 23.11.2010 – L 6 AL 4/10, BeckRS 2011, 72594.
79 LSG Baden-Württemberg 11.5.2011 – L 3 AL 5286/10, BeckRS 2011, 72584.
80 BSG 31.8.1976 – 7 RAr 112/74, BSGE 42, 184.

begründet.[81] Die Kündigung des Arbeitnehmers ist regelmäßig kausal für die im Anschluss an die von vornherein befristete Beschäftigung eingetretene Arbeitslosigkeit.[82] Nach der Rechtsprechung des BSG muss die Arbeitslosigkeit nicht unmittelbar durch die Lösung herbeigeführt werden. Tritt die Arbeitslosigkeit – wie hier – aufgrund der (ersten) Befristung ein, so ist der Zurechnungszusammenhang mit der Eigenkündigung des unbefristeten Arbeitsverhältnisses jedenfalls zu bejahen. Das BSG nimmt auch eine grob fahrlässige Verursachung der Arbeitslosigkeit an. Nach ständiger Rechtsprechung des BSG führt der Arbeitnehmer mit einer freiwilligen Kündigung seines Arbeitsverhältnisses die Arbeitslosigkeit idR mindestens grob fahrlässig herbei, wenn er nicht konkrete Aussichten auf einen Anschlussarbeitsplatz hat.[83] Nach dieser Rechtsprechung ist für den Ausschluss der groben Fahrlässigkeit nicht unbedingt die feste Zusicherung eines Anschlussarbeitsplatzes zu verlangen; vielmehr genügt es, dass der Kündigende konkrete Anhaltspunkte für die Annahme hat, er werde nach Beendigung des alten Arbeitsverhältnisses rechtzeitig einen neuen Arbeitsplatz erhalten. Diese Grundsätze sind sinngemäß auf die Kündigung eines unbefristeten Arbeitsverhältnisses zum Zweck der Aufnahme eines befristeten Arbeitsverhältnisses zu übertragen. In den Fällen des Wechsels von einem unbefristeten in ein befristetes Arbeitsverhältnis ist die Arbeitslosigkeit nur dann nicht grob fahrlässig herbeigeführt, wenn bereits bei Aufgabe des unbefristeten Arbeitsverhältnisses konkrete Anhaltspunkte für die Übernahme in ein neues unbefristetes Arbeitsverhältnis bestehen oder der Arbeitnehmer zu diesem Zeitpunkt die Aussicht hat, nach Auslaufen der Befristung eine anderweitige unbefristete Beschäftigung – zB beim früheren Arbeitgeber – aufnehmen zu können. Wird dem Arbeitnehmer keine Weiterbeschäftigung nach Auslaufen des befristeten Arbeitsverhältnisses in Aussicht gestellt, ist von einer groben Fahrlässigkeit auszugehen.[84]

239 Auch der Abschluss eines **Altersteilzeitvertrages** unter Umwandlung eines unbefristeten Arbeitsverhältnisses in ein befristetes stellt ein Lösen eines Beschäftigungsverhältnisses dar, die eine Sperrzeit für das Arbeitslosengeld auslösen kann.[85]

240 Für den **Aufhebungsvertrag** gilt im Grunde das Gleiche wie bei der Eigenkündigung des Arbeitnehmers. Der Abschluss des Aufhebungsvertrags gilt als ein „aktives Tun" in Gestalt eines rechtsgeschäftlichen Handelns (Abgabe einer Willenserklärung) und damit als „Lösen", das zur Anordnung einer Sperrzeit führen kann. Deshalb ist in der Rechtsprechung anerkannt, dass im Abschluss eines Aufhebungsvertrags ein „Lösen" iSv § 159 Abs. 1 Satz 2 Nr. 1 Alt. 1 SGB III liegt.[86]

241 Wenn man im Urteil des BSG vom 12.7.2006[87] den zweiten Leitsatz mit der Begründung unter Rz. 19 vergleicht, erschließt sich, dass das BSG in dem Urteil seine Tendenz fortsetzt, Aufhebungs- und Abwicklungsvertrag im Sperrzeitrecht einander anzunähern. Dem Urteil des BSG vom 9.11.1995[88] konnte noch die Regel entnommen werden, dass der Arbeitnehmer durch den **Abwicklungsvertrag** das Beschäftigungsverhältnis nicht iSv § 159 Abs. 1 Satz 2 Nr. 1 SGB III „löse", weil er beim Beendigungstatbestand passiv bleibe (Hinnahme der Kündigung). Mit Urteil vom 18.12.2003[89] änderte das BSG dann jedoch seine Meinung. Das BSG vertritt in dieser Entscheidung die Ansicht, dass Vereinbarungen zwischen Arbeitgeber und Arbeitnehmer, die nach dem Ausspruch einer Arbeitgeberkündigung getroffen werden und die die Kündigung absichern sollen (Abwicklungsvertrag), in der überwiegenden Zahl der Fälle als „Lösen" des Beschäftigungsverhältnisses anzusehen seien. Ein „Lösen" liege unabhängig davon vor, ob die ordentliche Kündigung des Arbeitgebers wirksam sei oder nicht.[90] Anders als noch das BSG im Urteil vom 9.11.1995[91] entschieden hatte, kam es im Urteil vom 18.12.2003 nicht mehr darauf an, ob eine Vereinbarung über die Hinnahme der Arbeitgeberkündigung vor (Stichwort: **Vorfeldabsprache**) oder nach dem Ausspruch der Kündigung getroffen wurde.[92]

---

81 BSG 12.7.2006 – B 11 a AL 73/05 R, AP § 144 SGB III Nr. 9.
82 BSG 12.7.2006 – B 11 a AL 55/05 R, NZA 2006, 1362.
83 BSG 20.4.1977 – 7 RAr 112/75, BSGE 43, 269; BSG 13.8.1986 – 7 RAr 1/86, SozR 4100 § 119 Nr. 28.
84 BSG 12.7.2006 – B 11 a AL 73/05 R, AP § 144 SGB III Nr. 9.
85 BSG 21.7.2009 – B 7 AL 6/08 R, SozR 4-0000.
86 BSG 5.8.1999 – B 7 AL 14/99 R, NZA-RR 2000, 552.
87 BSG 12.7.2006 – B 11 a AL 47/05 R, NZA 2006, 1359.
88 BSG 9.11.1995 – 11 RAr 27/95, NZA-RR 1997, 109.
89 BSG 18.12.2003 – B 11 AL 35/03 R, NZA 2004, 661.
90 BSG 18.12.2003 – B 11 AL 35/03 R, NZA 2004, 661.
91 BSG 9.11.1995 – 11 RAr 27/95, NZA-RR 1997, 109.
92 BSG 18.12.2003 – B 11 AL 35/03 R, NZA 2004, 661.

Diese Rechtsprechung hat das BSG in der Entscheidung vom 17.10.2007 bestätigt. In einem typischen Kündigungsschutzfall (Kündigung – Klage – Vergleich) geht der 11 a. Senat davon aus, dass ein Arbeitnehmer durch einen **arbeitsgerichtlichen Vergleich** sein Beschäftigungsverhältnis „löst". Zur Lösung reiche aus, dass ein Arbeitnehmer aktiv an der Beendigung seines Beschäftigungsverhältnisses mitwirke und dadurch die Arbeitslosigkeit verursache, was bei Abschluss eines arbeitsgerichtlichen Vergleichs der Fall sei. Dem Arbeitnehmer könne jedoch für die Lösung des Beschäftigungsverhältnisses ein wichtiger Grund im Sinne des Sperrzeitrechts zur Seite stehen.[93]

242

Der **Widerspruch** des Arbeitnehmers gegen den Übergang seines Arbeitsverhältnisses bei **Teilbetriebsübergang** stellt kein „Lösen" des Beschäftigungsverhältnisses dar.[94] Allerdings kann die anschließende Beendigung des Arbeitsverhältnisses durch Abschluss eines Aufhebungsvertrages oder Abwicklungsvertrages ein „Lösen" des Arbeitsverhältnisses darstellen.

243

bb) „Wichtiger Grund" iSv § 159 SGB III

Trotz Vorliegens eines Sperrzeittatbestands tritt eine Sperrzeit nicht ein, wenn der Arbeitnehmer für sein Verhalten einen „**wichtigen Grund**" hat. Nach der Rechtsprechung des BSG erfüllt eine **Eigenkündigung** des Arbeitnehmers zunächst immer den Tatbestand des „Lösens". Eine erwartete Kündigung des Arbeitgebers stellt grundsätzlich keinen wichtigen Grund zur Eigenkündigung dar. Das BSG vertritt die Ansicht, dass ein Arbeitnehmer dem Ausspruch einer drohenden Kündigung des Arbeitgebers nicht ohne Weiteres zuvorkommen dürfe, ihm sei grundsätzlich im Interesse der Versichertengemeinschaft zuzumuten, die Kündigung abzuwarten, sofern nicht besondere Umstände vorlägen.

244

Besondere Umstände, die einen wichtigen Grund für eine Eigenkündigung rechtfertigen, bestehen dann, wenn der Arbeitnehmer aufgrund der Situation am Arbeitsplatz erkrankt, an Magenbeschwerden, Depressionen oder Schlafstörungen leidet, er also einen regelwidrigen Körper- und/oder Geisteszustand im Sinne des Krankheitsbegriffs erfüllt, der in einem unmittelbaren Zusammenhang mit seiner Arbeitsstelle aufgetreten ist.[95] Wenn Befindlichkeitsstörungen und gesundheitliche Probleme auf **Spannungen mit dem Vorgesetzten** zurückzuführen sind, könne einem Arbeitnehmer grundsätzlich nicht zugemutet werden, auf Kosten seiner Gesundheit weiterhin seine Arbeit zu verrichten, so dass in diesem Falle ein wichtiger Grund zur Eigenkündigung bestehe.[96] Einen wichtigen Grund zur Eigenkündigung hat nach Auffassung des BSG auch ein Berufskraftfahrer, wenn der Arbeitgeber wiederholt von ihm die Verletzung der Vorschriften über Lenk- und Ruhezeiten verlangte.[97]

245

Zu den Fallgruppen des wichtigen Grundes, die einen Sperrzeittatbestand bei Eigenkündigung des Arbeitnehmers ausschließen, gehören auch der **Wohnortwechsel** zum Lebenspartner, wobei die hierzu ergangene Rechtsprechung im Bereich der **nichtehelichen Lebensbeziehungen** eine Wende vollzogen hat. Ebenso wie beim Zuzug zum Ehepartner verlangt das BSG bei Partnern einer nichtehelichen Lebensgemeinschaft, dass die bisherige Arbeitsstelle von der gemeinsamen neuen Wohnung aus nicht zumutbar erreicht werden kann. Auch wenn die Beziehung des Arbeitslosen zu seiner Partnerin im Zeitpunkt der Beschäftigungsaufgabe und des Umzugs noch keine drei Jahre besteht, kann der Zuzugswille einen wichtigen Grund darstellen, denn die früher verschiedentlich zugrunde gelegte „Drei-Jahres-Grenze" ist nach der Rechtsprechung des BSG nicht im Sinne einer absoluten zeitlichen Mindestvoraussetzung zu verstehen, unterhalb derer das Vorliegen einer eheähnlichen Gemeinschaft immer und in jedem Falle verneint werden müsse.[98]

246

Einen wichtigen Grund hält das BSG für gegeben, wenn eine Frau ihren Arbeitsplatz aufgibt, um mit ihrem zukünftigen Ehemann in eine Wohnung zu ziehen, wenn die Eheschließung in absehbarer Zeit beabsichtigt sei und der Umzug zum Wohl ihres Kindes auf den Schuljahreswechsel vorgezogen werde. Die früher strengen Anforderungen an das Bestehen einer nichtehelichen Gemeinschaft als wichtigem Grund, der dem Eintritt einer Sperrzeit entgegensteht, hob der 7. Senat mit Urteil vom 17.10.2002[99]

247

---

93 BSG 17.10.2007, B 11 a AL 51/06 R, NZS 2008, 663.
94 BSG 8.7.2009 – B 11 AL 17/08 R, BB 2010, 443.
95 BSG 21.10.2003 – B 7 AL 92/02 R, NZS 2004, 382.
96 BSG 21.10.2003 – B 7 AL 92/02 R, NZS 2004, 382.
97 BSG 6.2.2003 – B 7 AL 72/01 R, NZA-RR 2003, 662.
98 BSG 17.10.2002 – B 7 AL 72/00 R, NZS 2003, 667.
99 BSG 17.10.2002 – B 7 AL 96/00 R, NZS 2003, 546.

auf, als er entschied, dass der Umzug zum Partner sperrzeitunschädlich sei, wenn bereits bei Lösung des Beschäftigungsverhältnisses eine eheähnliche Gemeinschaft bestanden habe.

248 Auch die **Herstellung einer Erziehungsgemeinschaft** kann einen wichtigen Grund für die Lösung des Beschäftigungsverhältnisses darstellen. Während das BSG bisher einen wichtigen Grund im Sinne des Sperrzeitrechts nur beim Zuzug zum Vater oder der Mutter eines gemeinsamen Kindes anerkannt hat, hat der 11a. Senat des BSG seine bisherige Rechtsprechung erweitert. In einer Entscheidung vom 17.10.2007 hat das BSG auch in der erstmaligen Herstellung einer ernsthaften und auf Dauer angelegten Erziehungsgemeinschaft, dh in dem Zuzug des Arbeitnehmers mit einem minderjährigen Kind zum nichtehelichen Partner, einen wichtigen Grund gesehen, wenn Gründe des Kindeswohls dies erfordern. Hiervon sei insbesondere auszugehen, wenn durch den Zuzug eine Verbesserung der Unterbringung, Verpflegung oder Betreuung des Kindes gewährleistet ist.[100]

249 In der Entscheidung hat das BSG allerdings auch noch einmal klargestellt, dass das Innehaben einer gemeinsamen Wohnung zu den notwendigen Voraussetzungen für das Vorliegen einer eheähnlichen Gemeinschaft gehöre. Deshalb könne der Zuzug zum nichtehelichen Lebenspartner zwecks erstmaliger Begründung einer eheähnlichen Gemeinschaft keinen wichtigen Grund für die Lösung des Beschäftigungsverhältnisses im Sinne des Sperrzeitrechts begründen.[101] Diese Entscheidung liegt damit auf einer Linie zu der Entscheidung des BSG vom 17.10.2002.

250 Ein wichtiger Grund kann dem Arbeitnehmer auch bei einem **Wechsel von einem unbefristeten in ein befristetes Arbeitsverhältnis**, das regelmäßig ein „Lösen" des Beschäftigungsverhältnisses darstellt, zur Seite stehen. Der 7. Senat des BSG hat bereits in einer Entscheidung vom 26.10.2004[102] erste Hinweise zu der erforderlichen Gewichtung der abzuwägenden Interessen gegeben, wenn ein Arbeitnehmer ein unbefristetes Beschäftigungsverhältnis zu Gunsten einer befristeten Beschäftigung löst. Danach sei zunächst die in der Rechtswirklichkeit der Arbeitswelt bestehende – auch politisch gewollte – Tendenz zum Abschluss von befristeten bzw kurzfristigen Arbeitsverhältnissen zu berücksichtigen. Dies schließe es aus, einen derartigen Wechsel generell nicht als wichtigen Grund anzusehen. Der 7. Senat hat ferner den Standpunkt eingenommen, es sei aus Art. 12 Abs. 1 GG abzuleiten, dass Arbeitnehmern grundsätzlich auch die Möglichkeit offenstehen müsse, ihnen attraktiv erscheinende befristete Arbeitsverhältnisse aufzunehmen. Dieser Rechtsprechung hat sich auch der 11a. Senat des BSG angeschlossen und in drei Entscheidungen vom 12.7.2006 bezogen auf konkrete Fallgestaltungen fortgeführt.

251 Ein wichtiger Grund für die Lösung eines unbefristeten Arbeitsverhältnisses zur Aufnahme eines befristeten Arbeitsverhältnisses liegt vor, wenn damit ein **Wechsel in eine höherwertige Tätigkeit** (hier: von der Bürohilfe zum Buchhalter) verbunden ist.[103] Der Arbeitslose hat auch dann einen wichtigen Grund für die Lösung eines unbefristeten Arbeitsverhältnisses zur Aufnahme eines befristeten Arbeitsverhältnisses, wenn mit dem **Wechsel in ein anderes Berufsfeld** eine Erweiterung der beruflichen Einsatzmöglichkeiten verbunden ist (hier: Auslandserfahrung und Fremdsprachenkenntnisse).[104] Ein wichtiger Grund für die Lösung eines unbefristeten Arbeitsverhältnisses zur Aufnahme eines befristeten Arbeitsverhältnisses ist auch dann anzunehmen, wenn mit dem Arbeitsplatzwechsel eine **Lohnerhöhung** verbunden ist. Dabei ist unerheblich, mit welcher Steigerung des Lohns der Wechsel einhergeht, solange Anhaltspunkte für bloße Lohnabweichungen im Bagatellbereich nicht vorhanden sind.[105] Das BSG hat auch darauf hingewiesen, dass ein wichtiger Grund umso mehr gegeben sein kann, wenn es sich bei der aufgegebenen Tätigkeit um eine im Rahmen eines Leiharbeitsverhältnisses ausgeübte Tätigkeit handelte.[106]

252 Kommt es im Anschluss an ein **Altersteilzeitarbeitsverhältnis** zur Arbeitslosigkeit, stellt der Abschluss des Altersteilzeitvertrages ein „Lösen" des Arbeitsverhältnisses dar. Ein „wichtiger Grund" für die Lösung des Beschäftigungsverhältnisses liegt aber vor, wenn der Arbeitnehmer bei Abschluss der Vereinbarung beabsichtigt hatte, nach der Altersteilzeit auch tatsächlich eine Rente zu beziehen und aufgrund der Kenntnis des Arbeitnehmers eine entsprechende Annahme prognostisch gerechtfertigt war, etwa

---

100 BSG 17.10.2007 – B 11a/7 a AL 52/06 R, FamRZ 2008, 1176 (LS).
101 BSG 17.10.2007 – B 11a/7 a AL 52/06 R, FamRZ 2008, 1176 (LS).
102 BSG 26.10.2004 – B 7 AL 98/03 R, NJW 2005, 381.
103 BSG 12.7.2006 – B 11 a AL 73/05 R, AP § 144 SGB III Nr. 9.
104 BSG 12.7.2006 – B 11 a AL 55/05 R, NZA 2006, 1362.
105 BSG 12.7.2006 – B 11 a AL 57/05 R, juris.
106 BSG 12.7.2006 – B 11 a AL 73/05 R, AP § 144 SGB III Nr. 9.

weil der Arbeitnehmer davon ausging, ungekürzte Rente in Anspruch nehmen zu können.[107] Auch die Vermeidung einer ansonsten drohenden **betriebsbedingten Kündigung** kann einen wichtigen Grund darstellen.[108]

Bei Abschluss eines **Aufhebungsvertrages** galt zunächst, dass die **Androhung einer Kündigung durch den Arbeitgeber** generell kein wichtiger Grund war, der eine Sperrzeit entfallen ließ, sofern nicht besondere Umstände vorlagen. Solche besonderen Umstände sah das BSG zB dann als gegeben an, wenn dem Arbeitnehmer eine nach Arbeitsrecht rechtmäßige Kündigung aus einem von seinem Verhalten unabhängigen Grund zu dem Zeitpunkt droht, zu dem er das Arbeitsverhältnis löst, und er durch eine einverständliche Lösung des Arbeitsverhältnisses Nachteile vermeiden kann, die sich durch eine Kündigung des Arbeitgebers für sein berufliches Fortkommen ergeben.[109] Einen wichtigen Grund für die Lösung des Beschäftigungsverhältnisses hat der Arbeitnehmer aber nur, wenn ihm die **Hinnahme einer rechtmäßigen Arbeitgeberkündigung nicht zuzumuten** war. Neben Nachteilen für das berufliche Fortkommen können auch sonstige Umstände zur Unzumutbarkeit des Abwartens der arbeitgeberseitigen Kündigung führen.[110] Der Umstand, dass die vereinbarte Beendigung des Arbeitsverhältnisses mit der Zahlung einer Abfindung verknüpft worden ist, steht der Annahme, es liege ein wichtiger Grund vor, nicht von vornherein entgegen.[111] Das BSG hat bereits für bei drohender Kündigung geschlossene Aufhebungsverträge entschieden, dass zwar das Interesse am Erhalt der Abfindung für sich allein einen wichtigen Grund nicht rechtfertigen kann, dass jedoch umgekehrt eine Abfindung diesen nicht ausschließt.[112] Vielmehr kann auch das Interesse schützenswert sein, sich bei ohnehin nicht zu vermeidender Beschäftigungslosigkeit wenigstens eine Abfindung zu sichern.[113]

Daraus leitete das BSG ab, dass der Arbeitnehmer sich auch bei einer Mitwirkung an der Beendigung des Beschäftigungsverhältnisses durch Abschluss eines Aufhebungsvertrages wegen einer drohenden Arbeitgeberkündigung auf einen wichtigen Grund berufen könne, wenn ihm eine objektiv rechtmäßige betriebsbedingte Arbeitgeberkündigung drohe und das Abwarten der Arbeitgeberkündigung nicht zumutbar sei. Die Rechtmäßigkeit der drohenden bzw beim **Abwicklungsvertrag** ausgesprochenen Kündigung bestimmt sich nach der Rechtsprechung des BSG nach allgemeinen arbeitsrechtlichen Grundsätzen und ist von den Sozialgerichten in vollem Umfang zu überprüfen. Dabei ist ein Kündigungsschutzprozess fiktiv nachzuvollziehen. Entscheidend ist dabei allein die objektive Rechtslage und nicht die subjektive Vorstellung des Arbeitnehmers. Für die Beurteilung, ob ein Arbeitnehmer einen wichtigen Grund iSv § 159 Abs. 1 Satz 2 Nr. 1 SGB III zur Lösung seines Beschäftigungsverhältnisses durch Abschluss eines Aufhebungsvertrages hat, kommt es nicht darauf an, ob der Arbeitnehmer die zum gleichen Zeitpunkt drohende betriebsbedingte Kündigung subjektiv für rechtmäßig halten durfte. Ein wichtiger Grund zur Lösung des Beschäftigungsverhältnisses kann nur vorliegen, wenn die angedrohte oder ausgesprochene Kündigung nach dem jeweils maßgebenden Kündigungsrecht aus einem vom Verhalten unabhängigen Grund (insbesondere aus betriebsbedingten Gründen) **objektiv rechtmäßig** ist.

Zur Frage, wann dem Arbeitnehmer die **Hinnahme einer drohenden Kündigung zumutbar** ist, hat das BSG in der Folge folgende **Fallgruppen** herausgearbeitet: Im Urteil vom 25.4.2002[114] hat das BSG entschieden, dass ein Arbeitnehmer, der auf einer Namensliste nach § 1 Abs. 5 KSchG geführt wird, ausnahmsweise durch Abschluss eines Aufhebungsvertrages der betriebsbedingten Kündigung des Arbeitgebers zuvorkommen darf. Befinde sich der Name des Arbeitnehmers auf einer Namensliste, werde vermutet, dass die Kündigung durch dringende betriebliche Erfordernisse iSd § 1 Abs. 2 KSchG bedingt sei. Gerade in Fällen einer rechtmäßigen Kündigung, in denen der Arbeitnehmer sich rechtlich nicht gegen die Beendigung seines Beschäftigungsverhältnisses wehren könne, seien der Zweck der Sperrzeit und das verfassungsrechtliche Übermaßverbot, an dem alles staatliche Handeln zu messen ist, zu bedenken,[115] so das BSG.

---

107 BSG 21.7.2009 – B 7 AL 6/08 R, SozR 4-0000.
108 BSG 21.7.2009 – B 7 AL 6/08 R, SozR 4-0000.
109 BSG 25.4.2002 – B 11 AL 100/01 R, Die Beiträge Beilage 2002, 325.
110 BSG 25.4.2002 – B 11 AL 100/01 R, Die Beiträge Beilage 2002, 325; BSG 25.4.2002 – B 11 AL 65/01 R, NZA-RR 2003, 105; BSG 17.10.2002 – B 7 AL 136/01 R, SozR 3-4300 § 144 Nr. 12; BSG 2.9.2004 – B 7 AL 18/04 R, NZA 2005, 98.
111 BSG 17.10.2007 – B 11 a AL 51/06 R, NZS 2008, 663.
112 BSG 17.11.2005 – B 11a/11 AL 69/04 R, AP § 144 SGB III Nr. 7.
113 BSG 17.10.2007 – B 11 a AL 51/06 R, NZS 2008, 663.
114 BSG 25.4.2002 – B 11 AL 65/01 R, NZA-RR 2003, 105.
115 BSG 25.4.2002 – B 11 AL 65/01 R, NZA-RR 2003, 105.

256 Als wichtiger Grund zum Abschluss eines Aufhebungsvertrages gilt für das BSG auch, wenn der Arbeitslose ein leitender Angestellter iSv § 14 Abs. 2 Satz 1 KSchG ist. Der leitende Angestellte iSd § 14 Abs. 2 Satz 1 KSchG könne sich auf den wichtigen Grund berufen, wenn ihm ohne Abschluss des Aufhebungsvertrages die fristgerechte Kündigung und, für den Fall ihrer Sozialwidrigkeit, die Auflösung des Beschäftigungsverhältnisses auf Antrag des Arbeitgebers gem. § 9 Abs. 1 Satz 2 iVm § 14 Abs. 2 Satz 2 KSchG gedroht habe.[116]

257 Eine **Abfindungszahlung nach § 1a KSchG** kann einen wichtigen Grund für den Abschluss eines Aufhebungs- oder Abwicklungsvertrages darstellen. Dies gilt uneingeschränkt bei einer betriebsbedingten Kündigung, deren **Abfindungshöhe** die Grenze nach § 1a Abs. 2 KSchG nicht überschreitet.[117] Das Unterschreiten der Abfindungshöhe ist unbeachtlich.[118] Bei frei vereinbarter Abfindungssumme kann aber das (deutliche) Überschreiten der Grenzen des § 1a Abs. 2 KSchG ein Anhaltspunkt für einen „Freikauf" sein.[119] **Jenseits betriebsbedingter Gründe** wird sich ein Arbeitnehmer auch bei einem Aufhebungsvertrag mit einer Abfindung, deren Höhe die Grenze nach § 1a Abs. 2 KSchG nicht überschreitet, auf einen wichtigen Grund nur dann berufen können, wenn ihm der Arbeitgeber mit einer objektiv rechtmäßigen (personenbedingten) Kündigung zum gleichen Zeitpunkt droht und ihm die Hinnahme dieser Kündigung nicht zumutbar ist.[120]

258 Der Frage nach der objektiven Rechtmäßigkeit der Kündigung ist auch dann nicht weiter nachzugehen, wenn die Beteiligten nach Erhebung einer Kündigungsschutzklage im arbeitsgerichtlichen Verfahren einen **gerichtlichen Vergleich** schließen und die Beendigung des Arbeits-/Beschäftigungsverhältnisses einvernehmlich außer Streit stellen, sofern das Ende des Beschäftigungsverhältnisses nicht zeitlich vorverlegt wird. Maßgebend für die Auffassung des BSG[121] ist, dass der Arbeitnehmer nach Erhalt einer rechtswidrigen Kündigung zur Vermeidung einer Sperrzeit nicht gezwungen ist, gegen diese durch Kündigungsschutzklage vorzugehen. Wenn aber schon das Unterlassen der Klageerhebung, das zur Wirksamkeit der Kündigung und damit zur Beendigung des Arbeitsverhältnisses führt, als sperrzeitunschädlich anzusehen ist, so muss dies grundsätzlich auch für den Fall gelten, dass der Arbeitnehmer ein gerichtliches Verfahren beendet – sei es durch Rücknahme, sei es durch Vergleich. Es muss aber ausgeschlossen sein, dass mit dem abgeschlossenen Vergleich zu Lasten der Versichertengemeinschaft manipuliert werden soll.[122]

259 Vor dem Hintergrund der Entscheidungen des BSG vom 13.12.2002 und 17.10.2007 wird man konstatieren müssen, dass die Unterscheidung zwischen Aufhebungsvertrag und außergerichtlichem Abwicklungsvertrag sperrzeitrechtlich weitgehend an Bedeutung verloren hat. Nimmt der Arbeitnehmer eine Kündigung hin und schließt mit dem Arbeitgeber einen Abwicklungsvertrag mit Abfindungszahlung, droht ebenso wie beim Aufhebungsvertrag eine Sperrzeit, wenn nicht eine der genannten Fälle vorliegt (Arbeitnehmer steht auf Namensliste nach § 1 Abs. 5 KSchG, § 125 Abs. 1 InsO; Arbeitnehmer ist leitender Angestellter iSd § 14 Abs. 2 KSchG; Abfindung entspricht § 1a KSchG).

260 Den Unterschied zwischen außergerichtlichem Aufhebungsvertrag oder Abwicklungsvertrag zum **gerichtlichen Vergleich** wird man darin sehen müssen, dass das BSG bei außergerichtlichen Vereinbarungen eine Rechtmäßigkeitsprüfung der Kündigung anstrengt, während bei einem gerichtlichen Vergleich nach Ausspruch einer Kündigung „nur" eine Missbrauchskontrolle bei konkreten Anhaltspunkten vorgenommen wird.

261 Ein **Irrtum über das Vorliegen der Sperrzeitvoraussetzungen** begründete in der Vergangenheit eine besondere Härte iSd § 159 Abs. 3 SGB III, wenn er unverschuldet war.[123] In einer Folgeentscheidung konkretisierte das BSG seine Auffassung in der Weise, dass die Annahme einer besonderen Härte voraussetze, dass der Irrtum durch die konkrete Auskunft einer hiermit betrauten Stelle, idR einer Dienst-

---

116 BSG 17.11.2005 – B 11a/11 AL 69/04 R, AP § 144 SGB III Nr. 7.
117 BSG 2.5.2012 – B 11 AL 6/11 R, NZS 2012, 874; BSG 12.7.2006 – B 11a AL 47/05 R, NZA 2006, 1359.
118 BSG 2.5.2012 – B 11 AL 6/11 R, NZS 2012, 874; einschr. GA 159.103: Abfindung muss zwischen 0,25 und 0,5 Brutto-Monatsgehältern pro Jahr der Beschäftigung liegen.
119 BSG 2.5.2012 – B 11 AL 6/11 R, NZS 2012, 874.
120 LSG Baden-Württemberg 21.8.2012 – L 13 AL 1434/11, BeckRS 2013, 65066.
121 BSG 17.10.2007 – B 11a AL 51/06 R, NZS 2008, 663.
122 BSG 17.10.2007 – B 11a AL 51/06 R, NZS 2008, 663.
123 BSG 13.3.1997 – 11 RAr 25/96, NZS 1997, 583.

stelle der Bundesagentur für Arbeit, hervorgerufen oder gestützt wurde.[124] Eine vergleichbare Anknüpfungsvorschrift enthält § 159 SGB III nicht mehr.

cc) Missbräuchliches Verhalten

Abschließend zu prüfen ist stets die Frage, ob Umstände vorliegen, die auf ein **missbräuchliches** – auf die Erlangung der Versicherungsleistung gerichtetes – Handeln des Arbeitnehmers schließen lassen. Insbesondere bei Abschluss von nur kurzzeitig befristeten Arbeitsverhältnissen kann dies problematisch sein. Das BSG hat hierbei einen Zeitraum von unterhalb von zwei bzw drei Monaten als problematisch bezeichnet.[125]

262

Bei Abschluss von Aufhebungs- und Abwicklungsverträgen oder gerichtlichen Vergleichen enthält die Entscheidung des BSG vom 17.10.2007[126] hierzu einige wichtige Hinweise: Unerheblich ist nach Ansicht des BSG, dass sich die Arbeitgeberkündigung (später im sozialgerichtlichen Verfahren) als rechtswidrig erweist. Dies gilt jedenfalls dann, wenn die Sach- und Rechtslage nicht von vornherein eindeutig beurteilt werden kann. Auch die Höhe der vereinbarten Abfindung ist unschädlich, selbst wenn die Grenzen von § 1a KSchG und § 10 KSchG überschritten werden. Eine Manipulation zu Lasten der Versichertengemeinschaft liegt nach Ansicht des BSG zB aber dann vor, wenn die Parteien des Arbeitsverhältnisses den Weg über eine offenkundig rechtswidrige Kündigung (zB unterlassene Anhörung des Betriebsrats) oder über eine vom Arbeitnehmer initiierte Kündigung durch den Arbeitgeber jeweils mit anschließender Klage vor dem Arbeitsgericht einvernehmlich mit dem Ziel beschreiten, den Eintritt einer Sperrzeit zu vermeiden. Eine offensichtliche Unwirksamkeit der Kündigung ist bei einem schwerbehinderten Menschen trotz fehlender Zustimmung des Integrationsamts dann nicht anzunehmen, wenn mit dieser zu rechnen war bzw der Nachweis erbracht wird, dass einer Kündigung zugestimmt worden wäre.[127] Auch die ordentliche Unkündbarkeit steht der Annahme eines wichtigen Grundes dann nicht entgegen, wenn die Kündigung nach arbeitsrechtlichen Maßstäben ausnahmsweise als außerordentliche Kündigung mit sozialer Auslauffrist zulässig ist und die arbeitsrechtlichen Voraussetzungen, insbesondere die einschlägige Kündigungsfrist, eingehalten wurden.[128]

263

c) Geschäftsanweisungen der Bundesagentur für Arbeit (GA)

Die Geschäftsanweisungen der Bundesagentur für Arbeit (GA) zur Sperrzeit bei Arbeitsaufgabe und zum wichtigen Grund nach § 159 SGB III werden regelmäßig aktualisiert. Die letzte Aktualisierung erfolgte im September 2012.

264

aa) „Lösen" des Arbeitsverhältnisses iSv § 159 SGB III

Als Lösungssachverhalte sehen die GA u.a. die Kündigung durch den Arbeitnehmer, den Aufhebungsvertrag und sonstige Beteiligungssachverhalte ebenso wie die tatsächliche Aufgabe der Beschäftigung an (GA 159.8). Ob bei Abschluss eines Aufhebungsvertrages das Arbeitsverhältnis auch durch rechtmäßige Kündigung beendet werden konnte, ist für den Auflösungssachverhalt unerheblich. Entscheidend ist allein, ob der Vertrag gegen den Willen des Arbeitnehmers nicht zustande kommen konnte (GA 159.11).

265

Als Beteiligungssachverhalte gelten eine vorausgegangene Absprache (GA 159.13), ein Abwicklungsvertrag, mit dem gegen Zahlung einer Abfindung auf die Geltendmachung der Rechtswidrigkeit der Kündigung verzichtet wird (GA 159.14), und die vom Arbeitslosen angeregte Arbeitgeberkündigung (GA 159.15). Ein Beteiligungssachverhalt setzt aktives Mitwirken voraus. Daher reicht die bloße Hinnahme einer Kündigung nicht aus (GA 159.16). Hierzu nennen die GA folgendes **Beispiel:** Der Arbeitslose erhält nach langjähriger Beschäftigung einen Abfindungsbetrag iHv drei Monatsgehältern (15.000 EUR). Eine vorausgegangene Absprache oder eine nachträgliche Einigung kann nicht festgestellt werden. Die Kündigung ist rechtswidrig, weil sie sozial ungerechtfertigt war. Eine Sperrzeit tritt nicht ein, da die Kündigung lediglich hingenommen wurde.

266

---

124 BSG 5.6.1997 – 7 RAr 22/96, NZS 1998, 136.
125 BSG 12.7.2006 – B 11 a AL 55/05 R, NZA 2006, 1362.
126 BSG 17.10.2007 – B 11 a AL 51/06 R, NZS 2008, 663.
127 BSG 2.5.2012 – B 11 AL 6/11 R, NZS 2012, 874.
128 BSG 2.5.2012 – B 11 AL 6/11 R, NZS 2012, 874.

267 Allerdings kann die Hinnahme einer offensichtlich rechtswidrigen Kündigung auf einen Beteiligungssachverhalt hindeuten (GA 159.17). Dies ist der Fall, wenn die maßgebende Kündigungsfrist nicht eingehalten wird, der Arbeitnehmer ordentlich unkündbar ist oder der Arbeitnehmer besonderen Kündigungsschutz hat. Ob die Kündigung sozial gerechtfertigt ist oder nicht, ist für den Arbeitnehmer idR nicht offensichtlich.

268 Wird das Arbeitsverhältnis durch eine rechtmäßige ordentliche Kündigung beendet, bedeutet die Hinnahme einer Abfindung oder einer ähnlichen Leistung kein versicherungswidriges Verhalten (GA 159.18). Ein arbeitsgerichtlicher Vergleich löst eine Sperrzeit nicht aus (GA 159.19). Allein durch den Widerspruch gegen einen Betriebsübergang wird kein Beteiligungs-/Lösungssachverhalt begründet (GA 159.20 a).

bb) „Wichtiger Grund" bei Lösung des Beschäftigungsverhältnisses

269 Dem Arbeitnehmer steht ein „wichtiger Grund" u.a. dann zur Seite, wenn die verlangte Arbeit gegen gesetzliche oder sonstige Bestimmungen (zB Tarifvertrag) verstößt (GA 159.84), bei sittenwidriger Entlohnung (GA 159.85), bei Insolvenz des Arbeitgebers (GA 159.87), bei Mobbing am Arbeitsplatz (GA 159.88), bei fehlendem Leistungsvermögen des Arbeitnehmers (GA 159.89), in bestimmten Fällen doppelter Haushaltsführung (GA 159.90), in bestimmten Fällen der Begründung, Aufrechterhaltung oder Wiederherstellung einer Ehe oder Lebenspartnerschaft (GA 159.93), bei Herstellung einer Erziehungsgemeinschaft (GA 159.94), in bestimmten Fällen eheähnlicher Gemeinschaften (GA 159.95), wenn die behördliche Zustimmung vor Ausspruch einer Kündigung nicht vorlag, aber mit dieser zu rechnen gewesen wäre, zB § 89 SGB IX (GA 159.96), unter bestimmten Voraussetzungen bei Wechsel in eine Transfergesellschaft (GA 159.97) und bei Beendigung des Beschäftigungsverhältnisses aufgrund einer Pflegevereinbarung nach § 3 Abs. 1 Satz 1 PflegeZG (GA 159.100 a).

270 Bei **Aufgabe eines unbefristeten Arbeitsverhältnisses zu Gunsten eines befristeten Arbeitsverhältnisses** liegt ein wichtiger Grund vor (GA 159.100), wenn die konkrete Aussicht auf Umwandlung in ein dauerhaftes Arbeitsverhältnis bestand. Ein wichtiger Grund besteht auch, wenn zeitnah in eine befristete Beschäftigung gewechselt wird und durch die Tätigkeit zusätzliche berufliche Fähigkeiten erlangt werden oder die Tätigkeit der beruflichen Qualifikation entspricht oder ein um mindestens 10 % höheres Gehalt gezahlt wird oder aus einem Leiharbeitsverhältnis gewechselt wird. Voraussetzung ist aber, dass die befristete Beschäftigung für mindestens zwei Monate eingegangen wird.

271 Ein wichtiger Grund liegt auch vor, wenn der Arbeitnehmer sein unbefristetes Arbeitsverhältnis im Rahmen einer **Altersteilzeitvereinbarung** in ein befristetes umgewandelt hat und im Zeitpunkt der Vereinbarung prognostisch von einem Ausscheiden aus dem Arbeitsleben nach der Freistellungsphase der Altersteilzeit ausgegangen werden konnte. Dies ist jedenfalls dann anzunehmen, wenn der Arbeitslose vor Abschluss der Altersteilzeitvereinbarung von einer sachkundiger Stelle die Auskunft erhalten hat, dass ihm am Ende der Altersteilzeit eine ungekürzte Altersrente zusteht, es sich nachträglich aber herausstellt, dass er tatsächlich nur eine Rente mit Abschlägen erhalten würde (GA 159.100 b). Hat der Arbeitnehmer sein unbefristetes Arbeitsverhältnis im Rahmen einer Altersteilzeitvereinbarung in ein befristetes Arbeitsverhältnis umgewandelt, ist für die Annahme eines wichtigen Grundes ausreichend, dass sonst im Zeitpunkt der Vereinbarung eine betriebsbedingte Arbeitgeberkündigung gedroht hätte (GA 159.100 c).

272 Eine **drohende Arbeitgeberkündigung** stellt keinen wichtigen Grund dar (GA 159.101). Ein wichtiger Grund für den Abschluss eines **Aufhebungsvertrages** oder für eine **Eigenkündigung** liegt hingegen vor, wenn eine Arbeitgeberkündigung mit Bestimmtheit in Aussicht gestellt worden ist, die Kündigung auf betriebliche Gründe gestützt wird, die Arbeitgeberkündigung zu dem selben Zeitpunkt, zu dem das Beschäftigungsverhältnis geendet hat, oder früher wirksam geworden wäre, im Fall der Arbeitgeberkündigung die Kündigungsfrist eingehalten wird, der Arbeitnehmer nicht unkündbar ist und eine Abfindung von 0,5 Monatsgehältern, mindestens aber 0,25 pro Beschäftigungsjahr an den Arbeitnehmer gezahlt wird (GA 159.102 und GA 159.103). Der Gedanke des § 1 a KSchG, der für den Fall einer betriebsbedingten Arbeitgeberkündigung eine einfache Klärung der Voraussetzungen für die Beendigung des Arbeitsverhältnisses beinhaltet, wird auf die Lösung des Arbeitsverhältnisses durch den Arbeitnehmer übertragen. Im Übrigen kommt es nicht darauf an, ob die drohende Arbeitgeberkündigung rechtmäßig ist. Beträgt die Abfindung unter 0,25 Monatsentgelte oder über 0,5 Monatsentgelte pro Be-

schäftigungsjahr, liegt nur dann ein wichtiger Grund vor, wenn die drohende Arbeitgeberkündigung sozial gerechtfertigt wäre.

Eine Ausnahme besteht dann, wenn der Arbeitslose **objektive Nachteile für sein berufliches Fortkommen** vermieden hat, was bei 58-jährigen Arbeitnehmern idR nur in besonders begründeten Einzelfällen der Fall ist (GA 159.104). Eine Ausnahme besteht auch dann, wenn der Arbeitnehmer sonstige objektive Nachteile aus der arbeitgeberseitigen Kündigung darlegt. Dies ist insbesondere der Fall, wenn andernfalls auf die Vergünstigungen kein Anspruch bestanden hätte. Bei Vergünstigungen, zB Abfindungen, die höher als 0,5 Monatsgehälter sind, muss die Abfindung bei einem Aufhebungsvertrag mindestens 10 % höher sein (GA 159.105). Voraussetzung der Ausnahme ist ferner, dass die Kündigung rechtmäßig wäre, wozu auch die Prüfung der sozialen Rechtfertigung nach § 1 KSchG gehört. Die Frage der sozialen Rechtfertigung der Kündigung bestimmt sich nach den Ziff. 144.106, 144.107 und 144.108 der Geschäftsanweisungen. 273

Abwicklungsverträge sind wie Aufhebungsverträge zu bewerten (GA 159.109). 274

d) Rechtsfolgen der Sperrzeit bei Arbeitsaufgabe

Die **Sperrzeit von zwölf Wochen** bei Arbeitsaufgabe in § 159 Abs. 3 Satz 1 SGB III ist eine Mindestfrist, wenn nicht die Tatbestände von § 159 Abs. 3 Satz 2 SGB III vorliegen. Während der Sperrzeit **ruht** der Anspruch auf Arbeitslosengeld. Allerdings verbraucht sich durch die Dauer der Sperrzeit der Anspruch nicht. Vielmehr tritt zunächst nur eine zeitliche Sperre für den Leistungsbezug ein. Der Zeitpunkt des Leistungsbeginns verschiebt sich zeitlich um die Dauer der Sperrzeit nach hinten. § 159 SGB III muss aber im Zusammenhang mit § 148 Abs. 1 Nr. 4 SGB III gesehen werden. Durch die Sperrzeit wird die Bezugsdauer des Arbeitslosengeldes um ein Viertel gekürzt. 275

Insbesondere bei älteren Arbeitnehmern, die über eine längere Bezugsdauer verfügen, wirkt sich dies uU gravierend aus. Bei einem älteren Arbeitnehmer, der gem. § 127 Abs. 2 SGB III ab dem 1.1.2008 maximal für die Dauer von 24 Monaten Arbeitslosengeld beanspruchen kann, folgt aus einer Sperrzeitanordnung die Verkürzung der Anspruchsdauer um sechs Monate. 276

4. Ruhen des Anspruchs bei Entlassungsentschädigung

Eine Abfindung bleibt bei der Bemessung der Höhe und des Bezugszeitraums des **Arbeitslosengeldes** grundsätzlich unberücksichtigt. Unter den Voraussetzungen von § 158 SGB III führt eine wegen der Beendigung des Arbeitsverhältnisses gezahlte Abfindung, Entschädigung oder ähnliche Leistung (Entlassungsentschädigung) allerdings zum **Ruhen des Arbeitslosengeldanspruchs**, wenn das Arbeitsverhältnis ohne Einhaltung der der ordentlichen Kündigungsfrist entsprechenden Frist beendet wurde, § 158 Abs. 1 Satz 1 SGB III.[129] Für den Fall des vollständigen Ausschlusses des ordentlichen Kündigungsrechts oder bei nur noch eingeschränkter Kündbarkeit fingiert das Gesetz bestimmte Kündigungsfristen, § 158 Abs. 1 Satz 3 und 4 SGB III. Auch Sozialplanabfindungen können zum Ruhen des Anspruchs führen.[130] § 158 SGB III ist ferner anwendbar, wenn die ordentliche Kündigung für den Arbeitgeber grundsätzlich ausgeschlossen ist und nur für den Fall (wieder) eröffnet wird, wenn eine Abfindung gezahlt wird. Dies kann im Fall des tarifvertraglichen Ausschlusses des ordentlichen Kündigungsrechts gegeben sein, wenn eine ordentliche Kündigung bei Bestehen eines Sozialplans (wieder) möglich ist, der für den betroffenen Arbeitnehmer eine Abfindung vorsieht, oder im Fall der Aufhebung des Sonderkündigungsschutzes bei „Betriebsänderungen".[131] § 158 SGB III ist in diesem Fall nach der Rechtsprechung des LSG Niedersachsen-Bremen aber nur dann anwendbar, wenn aufgrund einer tarifvertraglichen Regelung zwar eine ordentliche betriebsbedingte Kündigung nur bei Zahlung einer Entlassungsentschädigung zulässig ist, aber keine entsprechende Einschränkung für sonstige ordentliche Kündigungen gilt (personen- oder verhaltensbedingt).[132] Bestand für den Arbeitgeber die Möglichkeit, den betroffenen Arbeitnehmer außerordentlich mit sozialer Auslauffrist zu kündigen, sieht § 158 Abs. 1 Satz 3 Nr. 2 SGB III vor, dass dann die ordentliche Kündigungsfrist gilt, mit der Fol- 277

---

[129] Vgl auch Geschäftsanweisung der Bundesagentur für Arbeit zu § 158 SGB III, Stand 04/2012, abrufbar unter www.arbeitsagentur.de.
[130] BSG 24.5.2006 – B 11 a AL 21/05 R, BeckRS 2006, 43652; BSG 9.2.2006 – B 7 a AL 44/05 R, NZA-RR 2006, 662.
[131] BSG 24.5.2006 – B 11 a AL 21/05 R, BeckRS 2006, 43652; BSG 9.2.2006 – B 7 a AL 44/05 R, NZA-RR 2006, 662.
[132] LSG Niedersachsen-Bremen 21.8.2012 – L 11 AL 20/10, juris.

ge, dass ein Ruhen des Arbeitslosengeldanspruchs nicht in Betracht kommt, wenn tatsächlich die ordentliche Kündigungsfrist eingehalten wurde.[133]

278 Wird die Kündigungsfrist eingehalten, bleibt für eine Anrechnung der Abfindung auf das Arbeitslosengeld kein Raum. Die Vorschrift des § 158 SGB III beruht auf der Annahme, dass in all den Fällen in der Entschädigungsleistung auch erspartes Arbeitsentgelt enthalten ist, auf das der Arbeitnehmer durch die vorzeitige Beendigung des Arbeitsverhältnisses verzichtet.[134] Bei Einhaltung der Kündigungsfrist hätte der Arbeitnehmer für die Dauer dieser Frist Anspruch auf Arbeitsentgelt. Bei Erhalt einer Abfindung beinhaltet diese aber auch einen Anteil, der den Anspruch auf Arbeitsentgelt abdeckt. Es ist jedoch ausgeschlossen, dass ein Arbeitsloser für einen Zeitraum, für den er Arbeitsentgelt beanspruchen kann, gleichzeitig Arbeitslosengeld erhält. Die Vorschrift gilt selbst dann, wenn dem Arbeitnehmer wegen anhaltender Arbeitsunfähigkeit gegen seinen Arbeitgeber kein Anspruch auf Arbeitsentgelt mehr zugestanden hätte.[135]

279 Unbeachtlich ist die **Art und Weise der Beendigung**, so dass Eigenkündigungen, Arbeitgeberkündigungen, Aufhebungsverträge, Abwicklungsverträge oder gerichtliche Vergleiche in Verbindung mit einer Entlassungsentschädigung zum Ruhen führen können.[136] Auch der **Beendigungsgrund** ist unerheblich, so dass personen-, verhaltens- und betriebsbedingte Beendigungstatbestände in gleicher Weise erfasst sind. Umstritten ist, ob auch eine Kündigung nach § 1a KSchG unter den Anwendungsbereich des § 158 SGB III fällt.[137]

280 Die tatsächliche Zahlung der Entlassungsentschädigung durch den Arbeitgeber ist nicht erforderlich. Ausreichend ist, dass der Arbeitnehmer die Leistung zu beanspruchen hat. In diesem Fall ist Arbeitslosengeld unter den Voraussetzungen des § 158 Abs. 4 SGB III trotz des Ruhens aus dem Gesichtspunkt der Gleichwohlgewährung zu leisten. Eine Teilleistung ist anteilig zu berücksichtigen.[138]

281 Für die **Berechnung des Ruhenszeitraums** sind nach § 158 Abs. 1 SGB III zunächst „fiktive" **Kündigungsfristen** zu berücksichtigen. Im Fall der Nichteinhaltung der Kündigungsfrist entspricht diese der maßgeblichen Kündigungsfrist des Arbeitgebers. Auf die kürzere Kündigungsfrist des Arbeitnehmers kommt es ebenso wenig an wie auf dessen Möglichkeit zur berechtigten fristlosen Kündigung.[139] Ist die ordentliche Kündigung des Arbeitsverhältnisses zeitlich unbegrenzt ausgeschlossen, gilt eine Kündigungsfrist von 18 Monaten, § 158 Abs. 1 Satz 3 Nr. 1 SGB III. Bei nur zeitlich begrenztem Kündigungsausschluss, zB bei bestimmten Arbeitnehmern mit besonderem Kündigungsschutz (wie Betriebsräten, Schwangeren, Elternzeitlern), bei Befristungen[140] oder bei kollektivrechtlich begründeter, zeitlich begrenzter ordentlicher Unkündbarkeit[141] gilt die Kündigungsfrist, die ohne den Ausschluss der ordentlichen Kündigung maßgebend gewesen wäre, mithin die ordentliche Kündigungsfrist, § 158 Abs. 1 Satz 3 Nr. 2 Alt. 1 SGB III. Diese gilt auch bei Vorliegen der Voraussetzungen für eine fristgebundene Kündigung aus wichtigem Grund (also im Fall einer ausnahmsweise zulässigen außerordentlichen Kündigung mit sozialer Auslauffrist), § 158 Abs. 1 Satz 3 Nr. 2 Alt. 2 SGB III. Kann der Arbeitnehmer nur (noch) bei Zahlung einer Entlassungsentschädigung ordentlich gekündigt werden, gilt eine einjährige Kündigungsfrist, § 158 Abs. 1 Satz 4 SGB III. Die Fristen beginnen mit dem nach § 623 BGB formwirksamen Ausspruch der Kündigung oder mit Abschluss des Aufhebungsvertrages, § 158 Abs. 1 Satz 2 SGB III.

282 Nach § 158 Abs. 1 Satz 1 SGB III ruht der Anspruch auf Arbeitslosengeld von dem Ende des Arbeitsverhältnisses an bis zu dem Tage, an dem das Arbeitsverhältnis bei Einhaltung der genannten Fristen geendet hätte. § 158 Abs. 2 SGB III regelt verschiedene Tatbestände, die eine **Begrenzung der Ruhensdauer** anordnen, während § 158 Abs. 1 Satz 5 SGB III eine **Verlängerung des Ruhenszeitraums** bei Zusammentreffen mit einer Urlaubsabgeltung zum Gegenstand hat.

---

133 BSG 2.5.2012 – B 11 AL 6/11 R, NZS 2012, 874; BSG 9.2.2006 – B 7a AL 44/05 R, NZA-RR 2006, 662.
134 NK-ArbR/*Spieß*, SGB III § 143a Rn 3.
135 BSG 20.1.2000 – B 7 AL 48/99, NZS 2000, 568.
136 BSG 29.8.1991 – 7 RAr 68/90, NZA 1992, 235; BSG 29.8.1991 – 7 RAr 130/90, NZA 1992, 387.
137 Dafür: NK-ArbR/*Spieß*, SGB III § 143a Rn 14; HK-ArbR/*Welkoborsky*, SGB III § 143a Rn 4; iE auch BSG 2.5.2012 – B 11 AL 6/11 R, NZS 2012, 874; dagegen: *Peters-Lange/Gagel*, NZA 2005, 740, 742; *Voelzke*, SGb 2007, 713, 716.
138 BSG 8.2.2001 – B 11 AL 59/00 R, AP § 117 AFG Nr. 21.
139 BSG 29.8.1991 – 7 RAr 130/90, NZA 1992, 387.
140 BSG 12.12.1984 – 7 RAr 87/83, NZA 1985, 302.
141 BSG 15.12.1999 – B 11 AL 29/99 R, BeckRS 9999, 02169.

Kapitel 2: Abwicklungs- und Aufhebungsverträge 4

Eine wichtige zeitliche Begrenzung sieht § 158 Abs. 2 Satz 1 SGB III vor. Danach ruht der Anspruch auf Arbeitslosengeld in allen Fallkonstellationen für längstens ein Jahr. Dies gilt auch für die fiktive Kündigungsfrist von 18 Monaten, da sich diese vom Tag der Kündigung bzw des Abschlusses des Aufhebungsvertrages an berechnet, während die Jahresfrist mit der rechtlichen Beendigung des Arbeitsverhältnisses beginnt. Welche Frist den Ruhenszeitraum begrenzt, hängt von der im konkreten Fall tatsächlich eingehaltenen Kündigungsfrist ab.[142] Nach § 158 Abs. 2 Satz 2 Nr. 3 SGB III ruht der Anspruch ferner nicht über den Tag hinaus, zum dem der Arbeitgeber hätte fristlos kündigen können. Im Fall der Befristung begrenzt § 158 Abs. 2 Satz 2 Nr. 2 SGB III die Ruhensdauer bis zum vorgesehenen Befristungsende. Innerhalb dieser Grenzen richtet sich die **tatsächliche Dauer der Ruhenszeit** nach § 158 Abs. 2 Satz 2 Nr. 1 iVm Sätzen 3–5 SGB III.

283

Das Arbeitslosengeld ruht solange, bis der Arbeitslose bei Weiterzahlung des während der letzten Beschäftigungszeit kalendertäglich verdienten Arbeitsentgelts einen **pauschal bestimmten Betrag der Entlassungsentschädigung verdient** hätte. Der pauschal bestimmte Betrag beläuft sich auf 60 % der Entlassungsentschädigung und vermindert sich mit zunehmender Betriebszugehörigkeitszeit und steigendem Lebensalter. Nach Vollendung des 35. Lebensjahres vermindert sich der zu berücksichtigende Anteil der Entlassungsentschädigung um jeweils 5 % für je fünf zusätzliche Betriebszugehörigkeits- und Lebensjahre bis höchstens 25 %. Während der berücksichtigungsfähige Anteil bei einem unter 40-Jährigen mit einer Betriebszugehörigkeitszeit von 9 Jahren bspw noch 55 % beträgt, beläuft sich der Anteil bei einem 56-Jährigen mit 9-jähriger Betriebszugehörigkeit auf nur noch 35 %. Bei einem 56-Jährigen mit 20-jähriger Betriebszugehörigkeit beträgt der Anteil 25 %.[143] Die nach dem Alter differenzierende Berechnungsweise ist wegen der damit verbundenen unmittelbaren Altersdiskriminierung problematisch.[144]

284

Der beim Arbeitslosengeld zu berücksichtigende Teil der Abfindung errechnet sich nach folgender Tabelle:

285

Betriebs- oder Unternehmenszugehörigkeit	Lebensalter bei Beendigung des Arbeitsverhältnisses					
	unter 40 J.	ab 40 J.	ab 45 J.	ab 50 J.	ab 55 J.	ab 60 J.
weniger als 5 Jahre	60 %	55 %	50 %	45 %	40 %	35 %
5 und mehr Jahre	55 %	50 %	45 %	40 %	35 %	30 %
10 und mehr Jahre	50 %	45 %	40 %	35 %	30 %	25 %
15 und mehr Jahre	45 %	40 %	35 %	30 %	25 %	25 %
20 und mehr Jahre	40 %	35 %	30 %	25 %	25 %	25 %
25 und mehr Jahre	35 %	30 %	25 %	25 %	25 %	25 %
30 und mehr Jahre	–	25 %	25 %	25 %	25 %	25 %
35 und mehr Jahre	–	–	25 %	25 %	25 %	25 %

Rechtsfolge des Ruhens ist, dass der **Arbeitslosengeldanspruch hinausgeschoben** wird.[145] Eine Minderung der Anspruchsdauer tritt nur bei Hinzutreten einer Sperrzeit nach §§ 159, 148 SGB III ein. Die Anwendung der Vorschrift soll anhand eines **Beispiels** erläutert werden.

286

Beispiel: Ein Arbeitsverhältnis mit einer 56 Jahre alten Mitarbeiterin wird zum 31.12. beendet, obwohl es aufgrund der vertraglich vereinbarten Kündigungsfrist erst zum 30.6. des Folgejahres hätte beendet werden können. Das monatliche Bruttogehalt der betroffenen Mitarbeiterin beträgt 3.000 EUR, die im Aufhebungsvertrag vereinbarte Abfindung 40.000 EUR. Das Arbeitsverhältnis bestand bis zum Ausscheidungszeitpunkt 15 Jahre.

---

142 ErfK/*Rolfs*, § 143 a SGB III Rn 25 mit Beispiel.
143 Ausf. NK-ArbR/*Spieß*, SGB III § 143 a Rn 41 ff.
144 AA offenbar BSG 17.10.2007 – B 11 a AL 51/06 R, NZA-RR 2008, 383 (zu § 143 a SGB III).
145 NK-ArbR/*Spieß*, SGB III § 143 Rn 20.

Nach der aus § 158 Abs. 2 SGB III entwickelten Tabelle sind für die Errechnung des Ruhenszeitraums 25 % der Abfindung zu berücksichtigen, konkret also ein Betrag von 10.000 EUR (40.000 EUR x 25 %). Bei einem Einkommen von 3.000 EUR monatlich beläuft sich das kalendertägliche Einkommen auf 100 EUR. Um die hier berücksichtigungsfähigen 10.000 EUR aus der Abfindung im Arbeitsverhältnis zu verdienen, müsste die Mitarbeiterin insgesamt 100 Tage arbeiten. Im Beispielsfall ruht somit der Anspruch auf Arbeitslosengeld für einen Zeitraum von 100 Kalendertagen.

5. Anrechnung von Nebenverdienst

287 Arbeitslosen, die in Zeiten, in denen sie Arbeitslosengeld oder Arbeitslosengeld II erhalten, Nettoeinkommen erzielen, wird nach Abzug des Freibetrags von 165 EUR die bewilligte Leistung entsprechend gekürzt (§ 155 Abs. 1 Satz 1 SGB III). Ausnahmen gestattet der Gesetzgeber bei selbständiger Tätigkeit (§ 155 Abs. 1 Satz 2 SGB III) und im Falle der finanziellen Unterstützung durch den Arbeitgeber bei Maßnahmen der Weiterbildung (§ 155 Abs. 4 Satz 3 SGB III).

6. Anspruchsübergang auf die Bundesagentur für Arbeit, § 115 SGB X

288 Während der Verhandlung von Aufhebungsverträgen wird eine bei der Gestaltung wichtige Frage häufig übersehen, dass nämlich mit der eingestellten Zahlung des Arbeitsentgelts durch den Arbeitgeber und mit dem Bezug von Arbeitslosengeld durch den Arbeitnehmer ein **Anspruchsübergang** nach § 115 Abs. 1 SGB X auf die Bundesagentur für Arbeit stattfindet.[146] Das BAG[147] hält rückwirkende Aufhebungsvereinbarungen zwar grundsätzlich für wirksam, entstandene Entgeltansprüche erlöschen aber nicht mehr durch sie, weil sie bereits auf die Bundesagentur für Arbeit übergegangen sind. Damit muss der Arbeitgeber der Bundesagentur für Arbeit in Höhe des gezahlten Arbeitslosengelds für die Zeit zwischen dem vereinbarten Beendigungstermin und dem Abschluss des Aufhebungsvertrages Gehalt nachzahlen.

289 Etwas anderes soll dagegen gelten, wenn der vereinbarte Beendigungstermin in eine Zeit gelegt wird, für die das Bestehen des Arbeitsverhältnisses streitig ist. Auch das Sozialrecht darf die Parteien nicht daran hindern, einen Streit in einer ihnen geeignet erscheinenden Weise zu beenden.[148] Namentlich bei fristlosen Kündigungen, die die sofortige Einstellung der Entgeltzahlungen durch den Arbeitgeber zur Folge haben, stellt sich dieses Gestaltungsproblem. Eine Anrechnung auf das Arbeitslosengeld kann über eine Abfindung erfolgen (Stichwort: **verstecktes Arbeitsentgelt**).

290 Durch die Überleitungsanzeige gehen die Ansprüche des Arbeitnehmers auf Entgelt und Abfindung gem. § 115 SGB X auf die Bundesagentur für Arbeit über. Die **Überleitungsanzeige** bewirkt einen **gesetzlichen Forderungsübergang** nach § 412 BGB. Mit der Überleitungsanzeige zeigt die Agentur für Arbeit dem Arbeitgeber den Anspruchsübergang meist unmittelbar im Anschluss an die Arbeitslosmeldung des Arbeitnehmers an. In einer Beendigungsvereinbarung bedarf es daher einer ausdrücklichen Regelung, wenn eine Abfindung entgegen § 115 SGB X nicht um den darauf entfallenden Anteil des Arbeitslosengeldes gekürzt werden soll, sondern die auf die Bundesagentur übergegangenen Ansprüche vom Arbeitgeber getragen werden sollen.[149]

291 Allerdings nimmt die Klärung der Frage, ob übergegangene Ansprüche zu berücksichtigen sind, meist einige Zeit in Anspruch. Oft sind es praktische Umsetzungsprobleme, die den Parteien Schwierigkeiten machen. Wurde ein Arbeitsverhältnis fristlos gekündigt, wurde im Prozessvergleich die Kündigung in eine ordentliche Kündigung umgewandelt, hat die Agentur für Arbeit aufgrund der Angaben des Arbeitnehmers eine Sperrzeit angeordnet, geht die Überleitungsanzeige regelmäßig ins Leere. Gleichwohl muss der Arbeitgeber erst eine entsprechende Erklärung des Arbeitsamts abwarten, bevor er Zahlung leistet, um vor Doppelzahlungen geschützt zu sein. Zwischen der Erfassung von Sachverhalten und der EDV-technischen bzw. administrativen Abwicklung vergeht häufig ein beträchtlicher Zeitraum. Es empfiehlt sich deshalb, in Aufhebungs- und Abwicklungsverträgen eine Formulierung aufzunehmen, wonach sich die Leistungen (Abfindung bzw Gehalt) des Arbeitgebers um die auf die Bundesagentur

---

146 BAG 9.10.1996 – 5 AZR 246/95, DB 1997, 680.
147 BAG 23.9.1981 – 5 AZR 527/79, ZIP 1981, 1364; BAG 17.4.1986 – 2 AZR 308/85, AP § 615 BGB Nr. 40.
148 BAG 29.8.1968 – 5 AZR 424/67, BB 1968, 1330; BSG 14.2.1978 – 7 RAr 57/76, BSGE 46, 20.
149 BAG 25.3.1992 – 5 AZR 254/91, NZA 1992, 1081.

für Arbeit übergegangenen Ansprüche reduzieren. Eine solche Regelung kann man auch mit einer Passage über die Fälligkeit verbinden:

Der Abfindungsanspruch entsteht mit der Unterzeichnung dieser Vereinbarung. Von diesem Zeitpunkt an ist er vererbbar. Die Zahlung der Abfindung ist fällig mit Zugang des zu erwartenden Bescheids der Bundesagentur für Arbeit über etwaige Zahlungsverpflichtungen der Firma gegenüber der Bundesagentur gem. § 115 SGB X. Die Netto-Abfindung abzüglich etwaiger Ansprüche der Bundesagentur für Arbeit wird auf das Gehaltskonto des Mitarbeiters überwiesen.

Wird eine solche Formulierung im Aufhebungs- oder Abwicklungsvertrag vergessen, kann der Fall eintreten, dass der Arbeitnehmer aus einem Prozessvergleich wegen der Abfindung vollstreckt, obwohl dem Arbeitgeber ein Leistungsverweigerungsrecht gem. § 115 SGB X zusteht. 292

Ein Rückzahlungsanspruch des Arbeitgebers, der sich auf eine Überzahlung gründet, die im Zusammenhang mit einem nach § 115 SGB X übergeleiteten Anspruch der Agentur für Arbeit steht, entfällt nicht durch eine Ausgleichs- oder Erledigungsklausel.[150] Macht die Bundesagentur für Arbeit geltend, ein Teil der zwischen Arbeitnehmer und Arbeitgeber vereinbarten Abfindung für den Verlust des Arbeitsplatzes sei wegen der Gewährung von Arbeitslosengeld auf sie übergegangen, ist für die gegen den Arbeitnehmer gerichtete Klage auf Zustimmung zur Auszahlung des vom Arbeitgeber hinterlegten Betrags das Arbeitsgericht und nicht das Sozialgericht zuständig.[151] Zahlt der frühere Arbeitgeber eines Arbeitslosen eine Abfindung trotz Forderungsübergangs auf die Bundesagentur für Arbeit wirksam an einen Gläubiger des Arbeitslosen, hat der Arbeitslose der Bundesagentur für Arbeit den durch die Schuldtilgung erlangten Anteil in Höhe des Arbeitslosengelds zu erstatten. Hat der frühere Arbeitgeber die Abfindung in Kenntnis des Forderungsübergangs auf die Bundesagentur für Arbeit an den Gläubiger des Arbeitslosen gezahlt, kann die Bundesagentur für Arbeit die Zahlung an den Gläubiger genehmigen und den Erstattungsanspruch gegen den Arbeitslosen geltend machen, ohne zuvor gegen den Arbeitgeber vorzugehen.[152] 293

Bei **Gleichwohlgewährung**, also der Zahlung von Arbeitslosengeld durch die Agentur für Arbeit, während der Arbeitnehmer Kündigungsschutzklage vor dem Arbeitsgericht erhoben hat, tritt bei der Rückabwicklung eine Reihe von Detailproblemen auf. Obsiegt der Arbeitnehmer vor dem Arbeitsgericht, hatte er also einen Entgeltanspruch während des Arbeitslosengeldbezugs gegen den Arbeitgeber, wird im Rahmen der Rückabwicklung nach der Rechtsprechung des BSG lediglich die durch den „Verbrauch" eingetretene Verringerung des Gesamtanspruchs auf Arbeitslosengeld korrigiert.[153] Im Schrifttum[154] wird beklagt, dass die weiteren Nachteile, die dem Arbeitnehmer in der Arbeitslosenversicherung erwachsen können, selbst dann bestehen bleiben, wenn die Bundesagentur für Arbeit die erbrachten Leistungen im Rahmen der Rückgewährung vollständig erstattet erhält. *Schmidt*[155] regt an, der Arbeitnehmer solle mit der Kündigungsschutzklage bereits mögliche Schäden, die ihm arbeitslosenversicherungsrechtlich trotz einer Rückabwicklung drohen, geltend machen. Der Arbeitnehmer kann Vergütungsansprüche, die wegen der Zahlung von Arbeitslosengeld auf die Bundesagentur für Arbeit übergegangen sind, im Wege der gewillkürten Prozessstandschaft für die Bundesagentur geltend machen.[156] Die Bundesagentur für Arbeit muss eine Leistungsklage wegen übergegangener Ansprüche gegen den Arbeitgeber vor dem Arbeitsgericht erheben.[157] Durch den gesetzlichen Anspruchsübergang werden Ansprüche des Arbeitnehmers nicht zu öffentlich-rechtlichen Ansprüchen. Gegen die Mitteilung über den Anspruchsübergang auf die Bundesagentur für Arbeit kann der Arbeitnehmer hingegen eine sozialgerichtliche Klage erheben.[158] 294

---

150 BAG 9.10.1996 – 5 AZR 246/95, NZA 1997, 376.
151 BAG 12.6.1997 – 9 AZB 5/97, NZA 1997, 1070.
152 BSG 24.6.1999 – B 11 AL 7/99 R, NZS 2000, 201.
153 BSG 24.7.1986 – 7 RAr 4/85, BSGE 60, 168; BSG 29.9.1987 – 7 RAr 59/86, SozR 4100 § 117 AFG Nr. 20.
154 *Schmidt*, NZA 2002, 1384.
155 NZA 2002, 1384.
156 BAG 19.3.2008 – 5 AZR 432/07, NZA 2008, 900.
157 LSG Saarland 19.1.2007 – L 8 AL 44/04, juris.
158 LSG Saarland 19.1.2007 – L 8 AL 44/04, juris.

IV. Rechtsfragen bei streitiger Arbeitnehmereigenschaft

295 Ist zwischen den Parteien streitig, ob sie ein Arbeitsverhältnis geschlossen haben, wie regelmäßig im Gefolge von Festanstellungsklagen, und wollen die Parteien den Streit durch Abschluss eines Abfindungsvergleichs außergerichtlich beenden, so sind einige Besonderheiten zu beachten. Der vermeintliche Arbeitgeber möchte, dass nicht im Aufhebungsvertrag zum Ausdruck kommt, dass ein Arbeitsverhältnis bestanden hat. Denn andernfalls muss der Arbeitgeber mit Nachforderungen der Sozialversicherungsträger und der Finanzbehörden rechnen, welchen Inhalt der Aufhebungsvertrag auch immer haben sollte.

296 Das Interesse des **freien Mitarbeiters**, der sich für einen **Scheinselbständigen**[159] hält, geht dahin, sich durch Abschluss des Vertrages Nachversicherungsansprüche offen zu halten. Schließt das Unternehmen in einem solchen Fall einen Aufhebungsvertrag, räumt uU der Unternehmer inzidenter ein, dass ein Arbeitsverhältnis bestand und eröffnet damit den Finanzbehörden wie den Sozialversicherungsträgern eine erleichterte Chance, Abgaben oder Sozialversicherungsbeiträge durchzusetzen. Will der Arbeitgeber dieses Risiko vermindern, sollten die Parteien sowohl auf die Parteibezeichnung „Arbeitgeber" und „Arbeitnehmer" als auch auf eine nähere rechtliche Einordnung des Vertragsverhältnisses verzichten. Aus diesem Grunde sehen manche Textmuster des Aufhebungsvertrages vor, dass nur von einem „Vertragsverhältnis" die Rede ist und dass im Rubrum der Name des Unternehmens und des „freien Mitarbeiters" erscheinen.

297 Die üblicherweise im Rahmen einer Abfindung gewählte Formulierung „zum Ausgleich für den Verlust des Arbeitsplatzes" kann nicht in einem solchen Vertrag verwendet werden, ohne das Risiko der Qualifizierung der Rechtsbeziehung als Arbeitsverhältnis auszulösen. Möglich und empfehlenswert ist immer, im Aufhebungsvertrag die **Anwendung des Steuersatzes** gem. §§ 24, 34 EStG **vorzusehen**. Diese steuerliche Privilegierung gilt auch, wenn ein freies Mitarbeiterverhältnis oder eine sonstige selbständige Tätigkeit auf Veranlassung des anderen Vertragsteils beendet wird.

298 Versuche, im Aufhebungsvertrag mit einem eventuell Scheinselbständigen durch Absprache einer Formulierung den Rechtszustand des freien Mitarbeiterverhältnisses zu zementieren, ist keine Aussicht auf Erfolg beschieden. Nach der Rechtsprechung kommt es nicht darauf an, wie die Parteien das Vertragsverhältnis bezeichnen, so dass sich Nachforderungen aus dem **Sozialversicherungs- und Steuerbereich** nicht auf diese Weise wirksam abwenden lassen.

299 Der Unternehmer hat ein Interesse daran, im Aufhebungsvertrag eine Regelung zu finden, wonach etwaige Rückforderungen des Finanzamts vom „freien Mitarbeiter" zu erstatten sind bzw mit einer Abfindung verrechnet werden können. Rechtlich unschädlich ist es, wenn eine solche Vereinbarung in wechselseitigen Bestätigungsschreiben unter Anwälten getroffen wird. Bei einem solchen Verfahrensweg ist zu beachten, dass Arbeitnehmer und Arbeitgeber für das Finanzamt bei der Nacherhebung von Steuern Gesamtschuldner sind. Wenn sich die Steuer ebenso schnell und einfach beim Arbeitnehmer wie beim Arbeitgeber nacherheben lässt, ist eine Inanspruchnahme des Unternehmens nach Auffassung des BFH[160] ermessensfehlerhaft. Eine Rückerstattungsregelung ist deshalb in der Höhe der Hälfte eines etwaigen Nachforderungsbetrags entbehrlich, weil der Mitarbeiter als Gesamtschuldner nach § 426 BGB den hälftigen Ausgleich verlangen kann.

300 *Diller/Schuster*[161] empfehlen, in den Aufhebungsvertrag eine ausdrückliche Bestätigung des Mitarbeiters aufzunehmen, wonach dieser sämtliche erhaltenen Beträge ordnungsgemäß versteuert hat. Zwar schütze diese Vertragsklausel das Unternehmen nicht im Ernstfall vor der Lohnsteuer-Ausfallhaftung, falls die Finanzverwaltung von einem Arbeitsverhältnis ausgehe. Bei vorsätzlich falscher Auskunft des Mitarbeiters ergäben sich dann aber neben zivilrechtlichen Rückgriffsansprüchen aus dem Arbeitsverhältnis[162] die deliktischen Rückgriffsansprüche gem. § 823 Abs. 2 BGB iVm § 263 StGB.

301 Einen besonderen Problembereich bei der Aufhebung von in ihrer rechtlichen Qualifizierung strittigen Arbeitsverhältnissen stellt der Umgang mit dem Phänomen **Umsatzsteuer** dar. Der Mitarbeiter hat die Umsatzsteuer als **Betriebsausgabe** geltend gemacht. Fehlt dem Mitarbeiter die Unternehmereigenschaft,

---

[159] Rolfs, NZA 2003, 65 f.
[160] BFH 12.1.1968 – VI R 117/66, BStBl. II 1968, 324; BFH 30.11.1966 – VI 164/65, BStBl. III 1967, 331.
[161] Diller/Schuster, FA 1998, 139.
[162] BAG 14.6.1974 – 3 AZR 456/73, EzA § 72 MTB II Nr. 1; BAG 19.1.1979 – 3 AZR 330/77, EzA § 670 BGB Nr. 13.

war er gem. §§ 15, 2 UStG nicht vorsteuerabzugsberechtigt. In einem neuen Umsatzsteuerbescheid kann das Finanzamt die vom Mitarbeiter bisher zu Unrecht bei allen Rechnungen seiner Lieferanten, Kunden etc. vorgenommenen Vorsteuerabzüge nachfordern, ohne dass der als Arbeitnehmer behandelte frühere freie Mitarbeiter die von ihm selbst an das Finanzamt geleistete Umsatzsteuer zurückfordern kann. Nach der Rechtsprechung des BFH[163] schuldet auch ein Nicht-Unternehmer die Umsatzsteuer, wenn er sie wie ein Unternehmer in einer Rechnung gesondert ausgewiesen hat.

Auf ähnlich nachteilige Folgen für das Unternehmen ist hinzuweisen. Die vom Mitarbeiter in Rechnung gestellte Umsatzsteuer kann das Finanzamt nicht mehr als Vorsteuer abziehen, weil gem. § 15 Abs. 1 UStG Voraussetzung des Vorsteuerabzugs ist, dass die Umsatzsteuer von einem Unternehmer in Rechnung gestellt wurde. Das Unternehmen muss also in Höhe des geleisteten, unzulässigen Vorsteuerabzugs eine Nachentrichtung an das Finanzamt vornehmen. 302

Führt ein Arbeitgeber eine **Umlage zu einer tariflichen Zusatzaltersversorgung** für einen Arbeitnehmer verspätet ab, weil er bei einer unklaren Rechtslage irrig von der Wirksamkeit einer Regelung eines einschlägigen Versorgungstarifvertrages ausging, so kann dem Arbeitgeber dieser Irrtum nach einem Urteil des BAG[164] nicht zum Vorwurf gemacht werden. Ein Schadensersatzanspruch des Arbeitnehmers, der Steuern auf die Umlage entrichten muss, die nach dem Tarifvertrag der Arbeitgeber im Wege der Pauschalversteuerung hätte tragen müssen, wird daher vom BAG abgelehnt. Allerdings steht dem Arbeitnehmer in der Höhe, wie der Arbeitgeber die Belastung hätte tragen müssen, ein Bereicherungsanspruch zu. 303

Für den freien Mitarbeiter ist es nicht immer vorteilhaft, wenn **Sozialversicherungsbeiträge** nachzuentrichten sind. Für das Unternehmen kann die **Nachentrichtung** katastrophale Ausmaße annehmen.[165] Der Arbeitgeber ist Schuldner des Gesamtsozialversicherungsbeitrages für Arbeitgeber- und Arbeitnehmeranteile gem. § 28 e Abs. 1 SGB IV. Dem Mitarbeiter gegenüber ist der Arbeitgeber in der Geltendmachung der Arbeitnehmeranteile zur Sozialversicherung beschränkt. Er kann sie nur im Lohnabzugsverfahren nach § 28 g SGB IV geltend machen. Nur bei den nächsten drei Lohn- und Gehaltszahlungen darf ein unterbliebener Abzug gem. § 28 g Satz 2 SGB IV nachgeholt werden, es sei denn, der Beschäftigte ist seinen Pflichten vorsätzlich oder grob fahrlässig nicht nachgekommen, § 28 g Satz 4 SGB IV. War jemand als Scheinselbständiger tätig, stellt sich die Frage, ob die Wahl der Beschäftigungsform grob fahrlässig falsch war. Gemäß der einfachen Vermutungsregel des Gesetzes ist grobe Fahrlässigkeit künftig stets gegeben. Schließen die Parteien einen Aufhebungsvertrag, ohne dass noch eine Vergütung geschuldet wird, ist das Lohnabzugsverfahren nicht mehr durchführbar. 304

Mit Abschluss eines Aufhebungsvertrages zwischen einem Unternehmen und einem Scheinselbständigen entsteht also die Rechtslage, dass der **Sozialversicherungsträger**, sofern die Arbeitnehmereigenschaft rechtswirksam festgestellt ist, regelmäßig die **Arbeitgeber- und Arbeitnehmeranteile zur Sozialversicherung nachfordern** kann, ohne dass gegenüber dem Mitarbeiter noch ein Einbehalt möglich ist. Auch eine Verpflichtung des Mitarbeiters auf Erstattung der an den Sozialversicherungsträger abgeführten Beträge ist ausgeschlossen, da die Rechtsprechung des BAG[166] die Regelung in § 28 g Satz 2 SGB IV als Begrenzungstatbestand zum Haftungsumfang des Arbeitnehmers qualifiziert, sofern keine gesonderte Parteivereinbarung besteht oder § 28 g Satz 4 SGB IV gilt. Klarheit herrscht in derartigen Fällen immer, wenn sich der Mitarbeiter zur Rückzahlung der vereinbarten Abfindung in derjenigen Höhe verpflichtet, in der der Sozialversicherungsträger eine Nachentrichtung geltend macht bzw erreichen kann. In der einzigen hierzu bekannten Entscheidung[167] ist eine solche Regelung für wirksam gehalten worden. Diese Regelung verstoße weder unmittelbar gegen § 32 Abs. 1 SGB I noch diene sie einer objektiv funktionswidrigen Umgehung dieser Vorschrift. Es bleibe dem Mitarbeiter unbenommen, sich für die Inanspruchnahme sozialversicherungsrechtlicher Vorteile zu entscheiden. Die finanziellen Nachteile, nämlich die Rückzahlung der Abfindung, benachteiligten ihn nicht unangemessen iSv § 138 BGB. 305

Die Effizienz einer solchen Regelung ist u.a. davon abhängig, dass der Abfindungsbetrag die Höhe des vierjährig nachzuentrichtenden Sozialversicherungsbeitrages im Umfang der Arbeitnehmeranteile er- 306

---

163 BFH 8.12.1988 – V R 28/84, BStBl. II 1989, 250.
164 BAG 14.12.1999 – 3 AZR 713/98, NZA 2000, 1348.
165 *Diller/Schuster*, FA 1998, 140.
166 BAG 14.1.1988 – 8 AZR 238/85, EzA §§ 394, 395 RVO Nr. 2.
167 ArbG Köln 21.6.1996 – 2 Ca 9187/95, NZA-RR 1996, 324.

reicht. Als weiteren Nachteil wird man sehen müssen, dass derartige Klauseln natürlich, wenn sie einem Sozialversicherungsträger bekannt werden, einen Ermittlungsanreiz in eine von beiden Parteien nicht gewollte Richtung setzen.

307 Gerade angesichts der vielfältigen steuerrechtlichen und sozialversicherungsrechtlichen Folgefragen bei Abschluss eines Aufhebungsvertrages mit einem Selbständigen ist **größte Aufmerksamkeit bei der Verwendung von Erledigungsklauseln** geboten. Mit einer Erledigungsklausel würde das Unternehmen rechtswirksam auf steuer- und sozialversicherungsrechtliche Rückforderungsansprüche gegenüber dem Mitarbeiter verzichten, weshalb bei der Verwendung von Erledigungsklauseln allenfalls zur Benutzung einseitiger Regelungen geraten werden kann.

V. Aufhebungs- und Abwicklungsverträge mit GmbH-Geschäftsführern und AG-Vorständen

308 Für die Abberufung von **GmbH-Geschäftsführern** ist die Gesellschafterversammlung zuständig (§ 46 Nr. 5 GmbHG). Soweit keine andere Regelung in der Satzung enthalten ist, können GmbH-Geschäftsführer, soweit nicht die Mitbestimmungsgesetze anwendbar sind, jederzeit und mit sofortiger Wirkung von ihrem Amt abberufen werden (§ 38 Abs. 1 GmbH). Die Gesellschafterversammlung einer GmbH ist im Rahmen ihrer Annexkompetenz auch zuständig für den Abschluss, die Änderung und Beendigung des Anstellungsvertrages sowie andere Regelungen, die materiell das zugrunde liegende Anstellungsverhältnis des Geschäftsführers betreffen, soweit nach Gesetz oder Satzung keine anderweitige Kompetenz bestimmt ist. Fasst die Gesellschafterversammlung den Beschluss, einem Geschäftsführer zu einem bestimmten Termin zu kündigen, so ist der Abschluss eines Aufhebungsvertrages, der zudem ein Widerrufsrecht bzw eine Fortsetzungsoption sowie eine umfassende Abgeltungsklausel enthält, nicht von der Beschlussfassung gedeckt, so dass der Aufhebungsvertrag unwirksam ist. Unentschieden bleibt, ob bei Fehlen eines entsprechenden Beschlusses eine nachträgliche Genehmigung durch die Gesellschafter möglich ist.[168]

309 Anders ist die Rechtslage bei den **Vorstandsmitgliedern** einer Aktiengesellschaft. Wenn die Bestellung eines Vorstandsmitglieds widerrufen werden soll, bedarf es eines wichtigen Grundes, für dessen Feststellung das gesamte Plenum des Aufsichtsrats ausschließlich zuständig ist.[169] Im Gegensatz zum Widerruf der Bestellung kann der Aufsichtsrat die Kündigung des Anstellungsvertrages auf einen Personalausschuss delegieren.[170]

310 Dennoch besteht kein wirksamer Schutz des Vorstandsmitglieds vor unbegründetem Bestellungswiderruf und Kündigung des Anstellungsvertrages, denn die Sofortwirkung des Widerrufs kann nicht mit einem Antrag auf einstweilige Verfügung zur vorläufigen Aufhebung der Abberufung überwunden werden, es sei denn, es fehlt überhaupt an jeglichem Aufsichtsratsbeschluss oder der Beschluss ist wegen eines Verstoßes gegen formelle Voraussetzungen, wie bei nicht ordnungsgemäßer Einberufung der Aufsichtsratssitzung, nichtig.[171]

311 Hilfreich im Kampf um die **Abfindung** für einen **Vorstand** ist ein Urteil des – österreichischen – OGH.[172] Im gerichtlichen Verfahren über die Rechtswirksamkeit eines Widerrufs einer Vorstandsbestellung können über die im Widerrufsbeschluss des Aufsichtsrats genannten Gründe hinaus keine weiteren Gründe nachgeschoben werden. Über weitere Gründe muss ein gesonderter Aufsichtsratsbeschluss vorliegen. Diese Entscheidung ist deshalb hilfreich, weil häufig nach und nach Gründe im Bestandsrechtsstreit vor den Kammern für Handelssachen von Seiten der Gesellschaft vorgetragen werden, wenn sich der eine oder andere ursprüngliche Abberufungs- oder Kündigungsgrund als nicht zutreffend erwiesen hat. Die Entscheidung des OGH kann auch im deutschen Rechtsraum verwendet werden. Rechtsprechung und Schrifttum im Aktienrecht zitieren einander wechselseitig, da in Österreich das gleiche Aktiengesetz gilt wie in Deutschland.

312 Will man einen **Aufhebungsvertrag** für ein Organmitglied schließen, so ist beim **GmbH-Geschäftsführer** zu beachten, dass **Vertragspartner** die **Gesellschaft** ist. Die Gesellschaft wird entweder durch einen

---

168 LAG Hessen 21.6.2000 – 13 Sa 1300/99, NZA-RR 2000, 604.
169 §§ 112, 107 Abs. 3 Satz 2, 84 Abs. 3 Satz 1 AktG.
170 BGH 23.10.1975 – II ZR 90/73, BGHZ 65, 190.
171 OLG Stuttgart 15.4.1985 – 2 U 57/85, ZIP 1985, 539.
172 OGH 25.5.1999 – 1 Ob 11/99 w, NZG 2000, 95; ebenso BGH 29.3.1973 – II ZR 20/71, BGHZ 60, 333 (336).

von der Gesellschafterversammlung gesondert bestellten Gesellschafter oder durch einen oder mehrere Geschäftsführer beim Abschluss des Vertrages vertreten. An den **Abberufungsbeschluss** sind keine besonderen Voraussetzungen geknüpft. Der abberufene Geschäftsführer kann nicht verlangen, vor einer Beschlussfassung über die Abberufung gehört zu werden.[173]

Für den **Widerruf der Bestellung** ist beim **Vorstand** der Aktiengesellschaft der Aufsichtsrat zuständig. Die Delegation auf einen Personalausschuss ist wegen der akzessorischen Regelungskompetenz nicht möglich; der Personalausschuss darf durch seine Entscheidungen nicht der Widerrufsentscheidung des Aufsichtsratsplenums vorgreifen.[174] Der Personalausschuss darf deshalb den Anstellungsvertrag nicht kündigen, solange nicht das Plenum über die Beendigung der Organstellung entschieden hat. Da die Kündigung als Gestaltungserklärung bedingungsfeindlich ist, kann sie vom Personalausschuss auch nicht unter der aufschiebenden Bedingung ausgesprochen werden, dass das Plenum die Bestellung widerruft. Der Personalausschuss kann dagegen die Kündigung mit der Maßgabe beschließen, dass der Vorsitzende ermächtigt wird, sie erst und nur dann dem Vorstandsmitglied zu erklären, wenn das Aufsichtsratsplenum den Widerruf der Bestellung beschlossen hat. Sofern das Aufsichtsratsplenum die Kündigungskompetenz nicht auf einen Personalausschuss delegiert hat, ist bei mitbestimmten Gesellschaften stets zu beachten, dass die Kündigung im Verfahren nach § 29 MitbestG erst durchgeführt werden darf, wenn es zuvor im Verfahren nach § 31 MitbestG den Widerruf der Bestellung beschlossen hat. Wenn das Dienstverhältnis einvernehmlich in ein gewöhnliches Anstellungsverhältnis umgewandelt worden ist, obliegt dem Vorstand als dem gesetzlichen Vertretungsorgan der AG das Recht zur Kündigung.[175]

313

Besonderheiten beim Abschluss eines **Aufhebungsvertrages mit einem GmbH-Geschäftsführer** sind nicht zu beachten. Da die Gesellschafterversammlung für die Abberufung zuständig ist, obliegt ihr ebenfalls die Kündigung des Geschäftsführers,[176] sofern in der Satzung keine abweichende Regelung enthalten ist, wie die Zuständigkeit eines fakultativen Aufsichtsrats oder eines Beirats. Der fristlosen Kündigung des Dienstvertrages muss auch – anders als im Arbeitsrecht – keine Abmahnung vorausgehen.[177] Die Gesellschaft wird durch die Gesellschafterversammlung oder durch von ihr beauftragte Geschäftsführer beim Abschluss des Aufhebungsvertrages vertreten. Hier gilt die Rechtslage wie bei Vertragsschluss oder Vertragsänderung.[178] Fasst die Gesellschafterversammlung den Beschluss, einem Geschäftsführer zu einem bestimmten Termin zu kündigen, so ist der Abschluss eines Aufhebungsvertrages, der zudem ein Widerrufsrecht bzw eine Fortsetzungsoption sowie eine umfassende Abgeltungsklausel enthält, nicht von der Beschlussfassung gedeckt, so dass der Aufhebungsvertrag unwirksam ist.[179] Bei der einvernehmlichen Beendigung des Anstellungsvertrages mit einem Vorstandsmitglied ist, wenn von ihr gleichzeitig das Ausscheiden aus der Organstellung abhängt, immer darauf zu achten, dass der häufig für Anstellungsfragen eingerichtete Personalausschuss die Abberufungsentscheidung des Aufsichtsratsplenums nicht durch eine vorzeitige Vertragsbeendigung beeinflussen darf.[180] Will man die mit der Aufhebung des Anstellungsvertrages zwangsläufig verbundenen Fragen über die finanziellen Konditionen des Ausscheidens nicht gleichzeitig mit der Abberufung im Aufsichtsratsplenum beraten und entscheiden, so bleibt nur folgender Weg: Der Personalausschuss verhandelt, beschließt und vereinbart den Vertrag über die einvernehmliche Beendigung des Anstellungsvertrages mit dem Vorstandsmitglied schon vor der Entscheidung des Aufsichtsratsplenums. Der Vertragsabschluss erfolgt jedoch unter der aufschiebenden Bedingung, dass das Plenum in seiner nachfolgenden Sitzung der einvernehmlichen Beendigung der Organstellung zustimmt.

314

Dass bei der Gestaltung eines Aufhebungsvertrages mit einem **Vorstandsmitglied** an die Vereinbarung der **aufschiebenden Bedingung** stets gedacht wird, ist auch aus einem weiteren Grunde zu beachten: Der Abschluss eines Aufhebungsvertrages mit einem Vorstandsmitglied hat regelmäßig die Verkürzung der Amtszeit zum Inhalt. An die Erfüllung von Amtszeiten sind regelmäßig Pensionsansprüche, sei es dem Grunde oder sei es der Höhe nach, geknüpft. Wird nun die Amtszeit verkürzt, kann es geschehen,

315

---

173 BGH 8.9.1997 – II ZR 165/96, DB 1997, 2266.
174 BGH 14.11.1983 – II ZR 33/83, BGHZ 89, 48 (56); BGH 25.2.1982 – II ZR 102/81, BGHZ 83, 144 (150).
175 BGH 13.2.1984 – II ZR 2/83, WM 1984, 532.
176 BGH 18.11.1968 – II ZR 121/67, BB 1969, 107.
177 BGH 14.2.2000 – II ZR 218/98, NZA 2000, 543.
178 BGH 24.1.1975 – I ZR 85/73, WM 1975, 249.
179 LAG Hessen 21.6.2000 – 13 Sa 1300/99, NZA-RR 2000, 604.
180 BGH 24.11.1980 – II ZR 182/79, BGHZ 79, 38.

dass Voraussetzungen für Pensionszusagen dem Grunde nach nicht mehr gegeben sind. Wird nun übersehen, im Aufhebungsvertrag eine aufschiebende Bedingung vorzusehen, kann der Fall eintreten, dass Personalausschuss und/oder Aufsichtsrat den Aufhebungsvertrag nicht genehmigen, der Vertrag aber unbedingt mit dem Aufsichtsratsvorsitzenden geschlossen wurde und zwischenzeitlich nach Abschluss des Aufhebungsvertrages eine Amtsniederlegungserklärung vertragsgemäß vom Vorstandsmitglied unterzeichnet wurde, mit der Folge, dass die Pensionsvoraussetzungen nicht mehr erfüllt werden können. In einem solchen Falle hilft auch nicht eine neben den Voraussetzungen des Pensionsvertrages zusätzlich im Aufhebungsvertrag geschaffene Rechtsgrundlage, denn der Aufhebungsvertrag ist in diesem Falle nicht wirksam zustande gekommen. Der Aufsichtsratsvorsitzende hat als Vertreter ohne Vertretungsmacht gehandelt. Inwieweit in diesem Falle eine Schadensersatzpflicht des Aufsichtsratsvorsitzenden besteht, mag dahinstehen. Zumindest ein Mitverschulden wird sich das Vorstandsmitglied anrechnen lassen müssen, da ihm aufgrund seiner Tätigkeit als Vorstandsmitglied bekannt sein musste, dass der Aufsichtsratsvorsitzende nur als Vertreter des Personalausschusses bzw des Aufsichtsrats handelt und handeln darf.

316 Die **Schwierigkeit** bei Aufhebungsverträgen mit Geschäftsführern und Vorständen besteht deshalb in der **Formulierung der Ausgleichsklausel**. Die Aktiengesellschaft kann auf ihre Ersatzansprüche erst drei Jahre nach der Entstehung der Ansprüche verzichten oder sich über sie vergleichen und dies auch nur dann, wenn die Hauptversammlung zustimmt und nicht eine Minderheit von mindestens 10 v.H. des Grundkapitals zu Protokoll widerspricht (§ 93 Abs. 4 Satz 3 AktG). Durch die Entlastung billigt die Hauptversammlung nur die Verwaltung der Gesellschaft durch die Mitglieder des Vorstands und des Aufsichtsrats,[181] ein Verzicht auf Ersatzansprüche ist damit nicht verbunden. Angesichts der Regelung in § 93 AktG kann daher mit einer Ausgleichsklausel im Aufhebungsvertrag kein verbindlicher Verzicht der Aktiengesellschaft auf mögliche Ersatzansprüche geregelt werden.

317 Eine Möglichkeit, bei einer etwaigen späteren prozessualen Auseinandersetzung wirksam einwenden zu können, die Gesellschaft verhalte sich widersprüchlich, wenn sie nunmehr Ersatzansprüche fordere, bieten **Bestätigungsklauseln**.[182] Hat die Gesellschaft einmal im Aufhebungsvertrag bestätigt, dass das Vorstandsmitglied während seiner aktiven Dienstzeit seiner Sorgfaltspflicht und Verantwortlichkeit treu und gewissenhaft nachgekommen ist, wird sie späterhin schwerlich eine entgegengesetzte Position einnehmen können. Beim GmbH-Geschäftsführer empfiehlt sich, in die Ausgleichsklausel aufzunehmen, dass ein Entlastungsbeschluss nach § 46 Nr. 5 GmbHG gefasst wird.

318 Eine Besonderheit bei der Beendigung von Dienstverträgen mit Organmitgliedern ergibt sich, wenn das Organmitglied **vor seiner Bestellung Arbeitnehmer der Gesellschaft** war. Nicht selten kommt es in der betrieblichen Praxis vor, dass Arbeitnehmer zum Organ einer juristischen Person, insb. zum **GmbH-Geschäftsführer**, „befördert" werden. Problematisch kann in diesen Fällen das **Schicksal des ursprünglichen Arbeitsverhältnisses** werden. Zwar geht das BAG in ständiger Rechtsprechung davon aus, dass mit der Berufung zum Geschäftsführer im Zweifel ein Dienstverhältnis begründet und damit das ursprüngliche Arbeitsverhältnis aufgehoben wird. Seit Einführung des Schriftformerfordernisses für die Aufhebung von Arbeitsverhältnissen in § 623 BGB kann davon jedoch nur noch ausgegangen werden, wenn auch ein schriftlicher Dienstvertrag geschlossen wird.[183] Fehlt ein schriftlicher Dienstvertrag, wird das Schriftformerfordernis nicht gewahrt. Dann ist zu ermitteln, welche schuldrechtliche Grundlage der Vertragsbeziehung zugrunde liegt. Haben die Parteien gleichsam mündlich einen Geschäftsführerdienstvertrag vereinbart, besteht zwischen den Parteien idR ein ruhendes Arbeitsverhältnis neben einem Dienstverhältnis fort. Denkbar ist aber auch, dass die Parteien kein neues Dienstverhältnis vereinbaren, sondern der ursprüngliche Arbeitsvertrag die Rechtsgrundlage für die Tätigkeit als Geschäftsführer bildet.[184]

319 **Kündigungsschutz** verschafft dies dem Geschäftsführer nicht ohne Weiteres. Denn die ordentliche Kündigung eines GmbH-Geschäftsführers bedarf wegen der negativen Fiktion des § 14 Abs. 1 Nr. 1 KSchG nicht der sozialen Rechtfertigung nach § 1 KSchG, selbst wenn der Geschäftsführer im Rahmen eines Arbeitsverhältnisses beschäftigt wird.[185] Die Fiktion des § 14 Abs. 1 Nr. 1 KSchG gilt, solange der Ge-

---

181 *Bauer*, DB 1992, 1421.
182 *Reufels/Schmülling*, ArbRB 2004, 191.
183 BAG 26.10.2012 – 10 AZB 55/12, GmbHR 2013, 253; BAG 15.3.2011 – 10 AZB 32/10, NZA 2011, 874.
184 BAG 26.10.2012 – 10 AZB 55/12, GmbHR 2013, 253.
185 BAG 25.10.2007 – 6 AZR 1045/06, NZA 2008, 168.

schäftsführer Organ der Gesellschaft ist. Im Fall des ruhenden Arbeitsverhältnisses lebt dieses nach Beendigung der Organstellung und des Dienstvertrages wieder auf, es sei denn, es wurde wirksam beendet. Kündigungsschutz kann mit dem Geschäftsführer auch vereinbart werden.[186]

Ein besonderes Problem werfen die **Vertretungsverhältnisse** auf. Nach § 35 Abs. 1 GmbHG obliegt bspw bei der GmbH dem Geschäftsführer die Beendigung von Arbeitsverhältnissen, während nach § 46 Nr. 5 GmbHG die Gesellschafterversammlung für die Bestellung und damit auch für den Abschluss des Dienstvertrages des Geschäftsführers zuständig ist. Das BAG hat sich bislang noch nicht mit dieser Frage näher beschäftigt.[187] Sofern man nicht auch insoweit von einer Annexkompetenz der Gesellschafterversammlung ausgeht, mag aus Gründen der Vorsorge erwogen werden, dass auf Seiten der Gesellschaft ein für die wirksame Aufhebung des Arbeitsverhältnisses vertretungsberechtigtes Organ mitunterschreibt.

VI. Inhaltskontrolle von Klauseln in Aufhebungs- und Abwicklungsverträgen

1. Einbeziehungsnormen für Arbeitsverträge

Das AGB-Recht kennt drei Einbeziehungsnormen, über die Vertragsklauseln der Wirksamkeitsprüfung unterzogen werden. Erste Einbeziehungsnorm ist § **305 Abs. 1 BGB**, der voraussetzt, dass der Vertrag Allgemeine Geschäftsbedingungen enthält. Nach § 305 Abs. 1 Satz 1 BGB sind Allgemeine Geschäftsbedingungen alle für eine Vielzahl von Verträgen formulierten Vertragsbedingungen, die eine Vertragspartei (Verwender) der anderen Vertragspartei bei Abschluss eines Vertrages stellt.

Daneben bestehen die Einbeziehungsnormen des § 310 Abs. 3 BGB. Über § **310 Abs. 3 Nr. 1 und 2 BGB** erschließt sich ebenfalls die Möglichkeit, Arbeitsverträge auf ihre Wirksamkeit nach AGB-Recht zu überprüfen. Da der Arbeitnehmer Verbraucher[188] ist, finden neben § 305 Abs. 1 BGB bei der Inhaltskontrolle von Arbeitsverträgen die den Anwendungsbereich des AGB-Rechts erweiternden Einbeziehungsnormen des § 310 Abs. 3 Nr. 1 und 2 BGB Anwendung, somit aber nicht nur bei der Überprüfung der Wirksamkeit von Arbeitsverträgen, sondern auch bei der Wirksamkeitskontrolle von Aufhebungs- und Abwicklungsverträgen. Denn beim Abschluss von Aufhebungs- und Abwicklungsverträgen wechselt der Arbeitnehmer seine Rechtsstellung nicht. Er bleibt Arbeitnehmer, der sich gegenüber dem Verwender auf einen Vertrag im Zusammenhang mit der Beendigung des Arbeitsverhältnisses verständigt. Neben § 305 Abs. 1 BGB kommen damit die erleichterten Einbeziehungsnormen aus § 310 Abs. 3 BGB bei der Inhaltskontrolle von Aufhebungs- und Abwicklungsverträgen zur Anwendung.

2. Inhaltskontrolle bei Aufhebungs- und Abwicklungsverträgen

In Nr. 5 der Orientierungssätze zum **Haustürgeschäfts-Urteil**[189] hat das BAG noch ausgeführt, weil die unmittelbaren Hauptleistungspflichten eines Aufhebungsvertrages, wie Höhe der Abfindung, Verzicht auf den Ausspruch einer außerordentlichen Kündigung und Beendigungszeitpunkt, individuell ausgehandelt würden, handele es sich beim Wortlaut von Aufhebungsverträgen nicht um vorformulierte Vertragsbedingungen, mithin nicht um Allgemeine Geschäftsbedingungen iSd §§ 305 Abs. 1, 310 Abs. 3 BGB.

Seit dem Urteil des BAG vom 25.5.2005[190] sind der Orientierungssatz Nr. 5 und die in den Textziffern 60 und 61 des Haustürgeschäfts-Urteils enthaltenen Ausführungen obsolet. Da der 5. Senat dem Arbeitnehmer den Verbraucherstatus zuerkannt hat, gilt als **Einstiegsnorm** zur **Inhaltskontrolle** von Aufhebungs- und Abwicklungsverträgen auch § 310 Abs. 3 BGB, der selbst bei einer Einmalverwendung den Vertrag für kontrollfähig erklärt, soweit der Verbraucher aufgrund der Vorformulierung auf ihren Inhalt keinen Einfluss nehmen konnte. Aufhebungs- und Abwicklungsvertragstexte werden idR vom Arbeitgeber gestellt, schon allein deshalb, damit sich nicht andere Arbeitnehmer späterhin auf abweichende Formulierungen berufen können. Vorformuliert werden die Aufhebungs- und Abwicklungsvertragstexte von den Firmen, sie verwenden im Betrieb gebräuchliche Textbausteine oder Formularmuster. Auch kann der Arbeitnehmer idR auf den Text keinen Einfluss nehmen; seine Verhandlungsmacht

---

186 BGH 10.5.2010 – II ZR 70/09, NZA 2010, 889.
187 BAG 3.2.2009 – 5 AZB 100/08, NZA 2009, 669; BAG 19.7.2007 – 6 AZR 774/06, NZA 2007, 1095.
188 BAG 25.5.2005 – 5 AZR 572/04, NZA 2005, 1111.
189 BAG 27.11.2003 – 2 AZR 135/03, NZA 2004, 597.
190 BAG 25.5.2005 – 5 AZR 572/04, NZA 2005, 1111.

erlaubt es – je nach Einzelfall – allenfalls, Einfluss zu nehmen auf die im Vertrag protokollierte Abfindungshöhe, auf das Beendigungsdatum oder auch auf den Wortlaut eines Zeugnisses. Im Urteil vom 15.2.2007[191] wendet das BAG inzwischen die Unklarheitenregel (§ 305c Abs. 1 BGB) bei einem Aufhebungsvertrag an, so dass die Inhaltskontrolle von Klauseln in Aufhebungs- und Abwicklungsverträgen zwischenzeitlich auch für das BAG außer Zweifel steht. Spätestens seit der Entscheidung vom 25.5.2005 findet auch auf Aufhebungs- und Abwicklungsverträge eine Inhaltskontrolle, zumindest über § 310 Abs. 3 Nr. 2 BGB, statt.

325 Für die wichtigste Klausel eines Aufhebungsvertrages, nämlich die **Beendigungsvereinbarung**, gilt, wenn diese klar und eindeutig formuliert ist, dass diese keiner Angemessenheitskontrolle nach § 307 Abs. 1 BGB unterliegt, weil hierdurch nicht von Rechtsvorschriften abgewichen wird.[192] Die mit einem Aufhebungs- oder Abwicklungsvertrag als Vorleistung erklärte Zustimmung zur Beendigung des Arbeitsverhältnisses stellt keine unangemessene Benachteiligung iSv § 307 Abs. 1 Satz 1 BGB dar.[193]

326 Ist die Klausel nach dem äußeren Erscheinungsbild überraschend, wird sie gem. § 305c Abs. 1 BGB nicht Vertragsinhalt. Dies kann der Fall sein, wenn die Klausel an versteckter Stelle in einem Vertrag enthalten ist, der als „Ergänzung zum Arbeitsvertrag" bezeichnet ist.[194] Einer Inhaltskontrolle unterliegen aber alle etwaigen Nebenpflichten, die sich aus dem Aufhebungs- oder Abwicklungsvertrag ergeben.[195]

3. Unangemessene Benachteiligung bei formularmäßigem Verzicht auf Kündigungsschutzklage

327 Das BAG sieht in der Erklärung des Arbeitnehmers im Kündigungsschreiben „Kündigung akzeptiert und mit Unterschrift bestätigt, auf Klage gegen die Kündigung wird verzichtet" eine unangemessene Benachteiligung. Der ohne Gegenleistung (etwa in Bezug auf Beendigungszeitpunkt, Beendigungsart, Zahlung einer Entlassungsentschädigung, Verzicht auf eigene Ersatzansprüche etc.) erklärte formularmäßige Verzicht des Arbeitnehmers auf die Erhebung einer Kündigungsschutzklage stellt eine unangemessene Benachteiligung iSv § 307 Abs. 1 Satz 1 BGB dar.[196]

328 Die Auffassung des BAG erscheint zweifelhaft. Es bedarf zur Abgabe einer Verzichtserklärung keiner kompensatorischen Gegenleistung, denn eine Verzichtserklärung ist nicht per se missbräuchlich, weil der Verwender dem Vertragspartner keinen angemessenen Ausgleich zugesteht. Gerade in dem vom BAG entschiedenen Fall, bei dem es darum ging, dass mehrere Mitarbeiterinnen in dem Verdacht standen, für den Verlust der Tageseinnahmen einer Verkaufsstelle verantwortlich zu sein, konnte die Verzichtserklärung auch als Gegenleistung zum Inhalt haben, auf eine Strafanzeige zu verzichten, keine Schadensersatzansprüche gegenüber der Mitarbeiterin geltend zu machen u.v.a.m. Ebenso wenig wie man bei einem Aufhebungsvertrag von einer unangemessenen Benachteiligung ausgehen kann, wenn keine Abfindung für den Arbeitnehmer vereinbart wurde (§ 307 Abs. 2 Nr. 1 BGB), weil es keinen Anspruch auf eine Abfindung gibt, kann man aus einer formularmäßigen Verzichtserklärung des Arbeitnehmers, keine Rechte nach dem Kündigungsschutzgesetz herzuleiten, auf eine unangemessene und mit Treu und Glauben nicht in Einklang stehende Benachteiligung schließen. Da nur in Ausnahmefällen nach dem Kündigungsschutzgesetz eine Abfindung als Kompensation für die Beendigung des Arbeitsverhältnisses vorgesehen ist, existiert kein Recht, in dem der Arbeitnehmer durch unterlassene Vereinbarung einer Abfindung gegen Treu und Glauben benachteiligt wird.

---

191 BAG 15.2.2007 – 6 AZR 286/06, NZA 2007, 614.
192 BAG 8.5.2008 – 6 AZR 517/07, NZA 2008, 1148; LAG Düsseldorf 29.7.2007 – 9 Sa 447/07.
193 BAG 11.7.2012 – 2 AZR 42/11, NZA 2012, 1316; BAG 10.11.2011 – 6 AZR 342/10, AP § 620 BGB Aufhebungsvertrag Nr. 43.
194 BAG 15.2.2007 – 6 AZR 286/06, NZA 2007, 614.
195 *Kroeschell*, NZA 2008, 121, 123.
196 BAG 6.9.2007 – 2 AZR 722/06, NZA 2008, 219.

VII. Klauselformulierungen im Rechtskontext

1. Abfindungsklauseln

a) Funktion der Abfindung

Traditionell hat die Abfindung eine **Entschädigungsfunktion**. Sie ist grundsätzlich ein vermögensrechtliches Äquivalent für den Verlust des Arbeitsplatzes.[197] Der Entschädigungsfunktion hat der Gesetzgeber im Wortlaut von § 24 Nr. 1 EStG Rechnung getragen. Mit der Abfindung wird der Arbeitnehmer für wirtschaftliche Nachteile entschädigt, die er dadurch erleidet, dass er seine Erwerbsquelle verliert, so dass sich aus den Umständen des Einzelfalls zugleich die Bemessungskriterien einer Abfindung ergeben. 329

Eine allgemeingültige, arbeitsrechtliche **Definition** der Abfindung besteht nicht. Auch ideelle Aspekte wie der Verlust einer vertrauten Umgebung, der Zwangsabschied von Arbeitskollegen und Unbequemlichkeiten bei einer neuen Arbeitsstelle sollen mit der Abfindung entschädigt werden.[198] Eine Notlage des Arbeitnehmers kann genauso gut in die Berechnung der Abfindung Eingang finden wie der Anteil des Arbeitnehmers an der Verursachung der Arbeitsverhältnisbeendigung.[199] *Kreßel*[200] meint, dass die Rechtsprechung des BAG immer stärker dazu übergehe, der Abfindung bei Arbeitslosigkeit nach dem Ende des Arbeitsverhältnisses eine veränderte Funktion zuzuweisen.[201] Gerade bei Sozialplanabfindungen zeichne sich ein Argumentationswandel des BAG ab, meist in Verbindung mit Gleichbehandlungsüberlegungen. In neueren Entscheidungen hat das BAG[202] der Abfindung auch eine **Aufstockungsfunktion** zum Arbeitslosengeld und damit eine **Versorgungsfunktion** für den Arbeitnehmer zuerkannt. 330

Der Bedeutungswandel der Abfindung, zumindest der **Sozialplanabfindung**, zeigt sich am deutlichsten im Urteil des 10. Senats vom 9.11.1994.[203] Der Sozialplan gewährte Arbeitnehmern keine Abfindung, die wegen der Schließung des Betriebs eine Eigenkündigung ausgesprochen hatten und vor dem Tag der Stilllegung ausgeschieden waren. Bei diesem Sachverhalt stellte der Senat den Leitsatz auf, dass Sozialplanansprüche ihrem Zweck nach keine Entschädigung für den Verlust des Arbeitsplatzes seien. 331

Angesichts der Multifunktionalität von Abfindungen erscheint es angebracht, entweder **unterschiedliche Funktionen** der Abfindung im Einzelfall anzuerkennen oder Abfindungen einen **einheitlichen, verbindlichen Rechtssinn** zu geben. Denn die Frage, welche Funktion die Abfindung hat, ist durchaus von Bedeutung für eine Reihe von Einzelauswirkungen, wie zB der Frage nach der Entstehung des Abfindungsanspruchs. Kauft sich der Arbeitgeber aus dem Risiko des Unterliegens im Kündigungsschutzprozess frei, ist die Abfindung eine **Gegenleistung für die Einwilligung des Arbeitnehmers zur Beendigung des Rechtsstreits**.[204] In derartigen Fällen nimmt der 2. Senat an, dass der Abfindungsanspruch mit Abschluss des Prozessvergleichs entstanden ist, so dass er den Entstehungszeitpunkt des Abfindungsanspruchs auf den Tag der Vereinbarung legt.[205] 332

Wird die Abfindung zum Ausgleich von Einkommensnachteilen wegen der vorzeitigen Inanspruchnahme von Altersruhegeld geleistet, nimmt der 9. Senat eine Entstehung des Anspruchs erst mit dem Ende des Arbeitsverhältnisses an.[206] Angesichts der Vielzahl von Faktoren, die mono- wie multikausal verursachen können, dass eine Abfindung in einer bestimmten Höhe gezahlt wird, bietet es sich an, zwischen der **Funktion** einer Abfindung und der **Verwendung** des Abfindungsbetrags zu differenzieren. Die Funktionen von Abfindungen sind zahlreich: Angst des Arbeitgebers vor der Presse oder vor Bekanntwerden des Trennungswillens gegenüber einem beliebten Mitarbeiter und Sorge vor damit einhergehender Unruhe im Betrieb; Dank an einen verdienten Mitarbeiter, dessen Leistungen aus Altersgründen nachgelassen haben; Opferrolle im Rahmen eines personalpolitischen Schachzugs, weil die 333

---

197 BAG 25.6.1987 – 2 AZR 504/86, NZA 1988, 466 (zur damaligen Rspr, wonach der Erblasser das Ende seines Arbeitsverhältnisses nicht erleben musste, um die Abfindung zu vererben); Kreßler, NZA 1997, 1140.
198 BVerfG 12.5.1976 – 1 BvL 31/73, NJW 1976, 2117.
199 Begr. zu § 8 KSchG, RegE 1951, RdA 1951, 64; LAG Düsseldorf 29.11.1994 – 16 Sa 1597/94, LAGE § 10 KSchG Nr. 2.
200 NZA 1997, 1138, 1140.
201 BAG 22.5.1996 – 10 AZR 907/95, NZA 1997, 386.
202 BAG 9.11.1994 – 10 AZR 281/94, NZA 1995, 644; BAG 19.6.1996 – 10 AZR 23/96, NZA 1997, 562; BAG 24.1.1996 – 10 AZR 155/95, NZA 1996, 834.
203 BAG 9.11.1994 – 10 AZR 281/94, NZA 1995, 644.
204 *Karlsfeld*, ArbRB 2004, 159, 160.
205 BAG 22.5.2003 – 2 AZR 250/02, BB 2004, 894; BAG 25.6.1987 – 2 AZR 504/86, NZA 1988, 466.
206 BAG 26.8.1997 – 9 AZR 227/96, NZA 2002, 421; BAG 16.5.2000 – 9 AZR 277/99, NZA 2000, 1236.

Stelle mit einem Günstling der Geschäftsleitung besetzt werden soll; Unzufriedenheit seit Jahren mit den Leistungen des Arbeitnehmers; Kommunikationsstörungen; zwingender Personalabbau aus betriebswirtschaftlichen Gründen u.v.a.m. Wie will man ermitteln, welcher dieser Anlässe letztlich zum Trennungsentschluss auf Arbeitgeberseite geführt hat?

334 Sicher ist, dass in allen Fällen die Abfindung die Funktion einer **Entschädigung** für den Verlust des Arbeitsplatzes hat, für die Gegenleistung, entweder freiwillig (Aufhebungsvertrag) den Arbeitsplatz zu räumen oder eine Kündigung hinzunehmen (Abwicklungsvertrag). Es wäre ein Gewinn an Rechtssicherheit, wenn man sich generell in der Rechtsprechung auf die **Gegenleistungsfunktion für den Verlust des Arbeitsplatzes**, die immer gegeben ist, verständigen würde. Wie der Arbeitnehmer eine Abfindung verwendet, ob er sich von dem erlangten Geldbetrag ein Boot kauft, das letzte Darlehen, das er wegen einer Eigentumswohnung aufgenommen hat, tilgt oder monatlich den Differenzbetrag zwischen Arbeitslosengeld und seinem bisherigen Netto ausgleicht, muss den Arbeitgeber nicht interessieren. Hier handelt es sich um Maßnahmen der persönlichen Lebensführung des Arbeitnehmers. Wünschenswert wäre, wenn zwischen den Senaten des BAG eine Verständigung über die **einheitliche Funktion** der Abfindung herbeigeführt würde. Aus Gründen der Rechtssicherheit und auch aus steuerrechtlichen Gründen ist ein **einheitlicher Abfindungsbegriff** geboten.

b) Abfindungshöhe

335 Abfindungen regelt man üblicherweise im Aufhebungs- oder Abwicklungsvertrag mit folgender Formulierung:

Der Mitarbeiter erhält für den Verlust des Arbeitsplatzes aufgrund arbeitgeberseitiger Veranlassung eine Abfindung gem. §§ 24, 34 EStG, §§ 9, 10 KSchG iHv ... EUR (brutto). Die Abfindungszahlung ist am ... fällig.

336 Weiterhin können folgende Formulierungen gewählt werden:

Der Mitarbeiter erhält als Entschädigung für künftig entfallende Einnahmen eine Abfindung gem. §§ 9, 10 KSchG, §§ 24, 34 EStG iHv ... EUR (brutto).

337 Außerdem ist noch folgende Formulierung gebräuchlich:

Der Mitarbeiter erhält als Ausgleich für den Verlust seines sozialen Besitzstandes eine Abfindung gem. §§ 9, 10 KSchG, §§ 24, 34 EStG iHv ... EUR (brutto).

338 Die Höhe gezahlter Abfindungen ist, je nach Status des betroffenen Arbeitnehmers (Arbeiter, Angestellter, Manager), Ausscheidensanlass, wirtschaftliche Lage des Unternehmens, Eilbedürftigkeit der Personalmaßnahme u.Ä. unterschiedlich.

339 Eine Studie über die in Deutschland bei den Arbeitsgerichten in den Jahren 1998 und 1999 gezahlten Abfindungen hat ergeben, dass in 75 % der Fälle die **Faustformel** für **zwei Beschäftigungsjahre ein Bruttomonatsgehalt** angewendet wird.[207] Die Faustformel ist ein apokryptisches Gesetz, von dem niemand weiß, auf welchen Ursprung es sich gründet und wie es sich über die Generationen deutscher Arbeitsrichter hinweg behaupten konnte. An manchen Arbeitsgerichten werden differenzierte „Faustformeln" verwendet, wie am ArbG Frankfurt/Main. Dort erhalten regelmäßig Arbeitnehmer bis zu 40 Jahren ein halbes Bruttomonatsgehalt pro Beschäftigungsjahr, Arbeitnehmer im Alter von 40 bis 50 Jahren 75 % des Monatsgehalts pro Beschäftigungsjahr und ab 55 Jahre pro Beschäftigungsjahr ein Bruttomonatsgehalt.[208] Eine Kammer des ArbG Saarlouis dagegen berechnet die Abfindung aus der Differenz zwischen Arbeitslosengeld und bisherigem Nettolohn für die Zeit der zu schätzenden Arbeitslosigkeit.[209]

340 Dennoch hat sich bei der **Höhe** der Abfindung die **Faustformel „ein halbes Bruttomonatsgehalt pro Beschäftigungsjahr"** eingebürgert. Allerdings gelten in vielen Fällen, insbesondere bei Führungskräften, andere Regeln. Bei **Führungskräften** mit befristeten Arbeitsverträgen ist die Kapitalisierung der Restvertragslaufzeit üblich. Bei leitenden Angestellten hat sich „ein Bruttomonatsgehalt pro Beschäfti-

---

207 *Hümmerich*, NZA 1999, 342.
208 *Hümmerich*, NZA 1999, 342, 352.
209 *Hümmerich*, NZA 1999, 342, 356.

gungsjahr" in Großunternehmen vermehrt als Abfindungsformel etabliert. Die Performance eines Unternehmens ist für die Abfindungshöhe ebenso entscheidend wie Verschuldenselemente beim Arbeitnehmer im Zusammenhang mit dem Trennungswillen des Arbeitgebers.[210]

Manchmal ist die Höhe der Abfindung auch das Ergebnis einer Risikoabwägung. Insbesondere gerichtliche Vergleichsvorschläge führen meist nicht zur Anwendung der Faustformel, weil verschiedentlich ein Prozessrisikozuschlag zu Lasten des klagenden Arbeitnehmers berücksichtigt wird. Man kann es schon als ein Paradoxon bezeichnen, dass verschiedentlich Richter in Güte- oder Kammerverhandlungen darauf hinweisen, sie hätten noch keine abschließende Rechtsmeinung und mit dieser Unsicherheit bei den Prozessparteien erzeugenden Aussage, die, wenn sie der Wahrheit entspricht, auch eine mangelhafte richterliche Vorbereitung einschließen kann, zur Annahme eines Vergleichsvorschlags bringen, der eine durch die Rechtslage nicht gerechtfertigte Abfindungshöhe vorsieht. 341

Manchmal empfiehlt es sich, eine Klausel in den Aufhebungsvertrag einzuarbeiten, wonach der Abfindungsanspruch entfällt, wenn das Arbeitsverhältnis vor dem vorgesehenen Beendigungstermin beendet wird. Stellt sich bspw heraus, dass der Arbeitnehmer Straftatbestände verwirklicht hat, und wird deswegen nach Abschluss des Aufhebungsvertrages und vor Beendigung des Arbeitsverhältnisses eine **fristlose Kündigung** ausgesprochen, wird auf diese Weise klargestellt, dass der aufgrund der Vererbbarkeitsklausel vorgezogen entstandene Abfindungsanspruch gleichwohl wieder untergeht, wenn der Arbeitnehmer die Beendigungsgründe zu vertreten hat. Im Übrigen entspricht es ständiger Rechtsprechung, dass der Aufhebungsvertrag unter der aufschiebenden Bedingung steht, dass das Arbeitsverhältnis bis zum vereinbarten Auflösungszeitpunkt fortgesetzt wird. Löst eine außerordentliche Kündigung das Arbeitsverhältnis vor dem vorgesehenen Auflösungszeitpunkt auf, wird der Aufhebungsvertrag – einschließlich einer vereinbarten Abfindung – grundsätzlich gegenstandslos.[211] 342

Soweit es sich bei der Abfindung um **Sozialplanabfindungen** handelt, kann der Arbeitnehmer nicht ohne weiteres im Rahmen seines Aufhebungsvertrages gegen Abfindungszahlung auf **Sozialplanleistungen verzichten**. Die Herausnahme von aus betriebsbedingten Gründen per Aufhebungsvertrag ausgeschiedenen Arbeitnehmern aus Sozialplanleistungen ist regelmäßig nicht möglich.[212] Der betrieblich veranlasste Aufhebungsvertrag steht insoweit unter dem Diktat der Gleichbehandlung der betriebsbedingten Kündigungen.[213] 343

Allerdings können die Betriebspartner in einem Sozialplan durch **Stichtagsregelungen** oder andere Gestaltungen Mitarbeitergruppen von Ansprüchen ausschließen, die aufgrund nicht durch die Betriebsänderung veranlasster Eigenkündigungen oder Aufhebungsverträge aus dem Unternehmen ausscheiden.[214] Will der Arbeitnehmer verhindern, dass er von Sozialplanabfindungen ausgeschlossen wird, empfiehlt es sich, im Aufhebungsvertrag folgende Formulierung zu wählen: 344

Vereinbart der Arbeitgeber mit dem Betriebsrat in den auf den Abschluss des Aufhebungsvertrages folgenden zwölf Monaten einen Interessenausgleich mit dem Betriebsrat oder nimmt er eine sozialplanpflichtige Betriebsänderung vor, zahlt er an den Arbeitnehmer eine Abfindung. Die Abfindung bemisst sich nach der Höhe, wie sie sich für den Arbeitnehmer unter der Voraussetzung der Beendigung des Arbeitsverhältnisses zu dem im Aufhebungsvertrag vereinbarten Zeitpunkt errechnet. Die Abfindung ist nur zu zahlen, wenn der Arbeitsplatz des Arbeitnehmers von der Betriebsänderung erfasst würde, sofern er zum Zeitpunkt des Abschlusses des Sozialplans noch bestehen würde. Abweichende Regelungen im Sozialplan gehen dieser Vereinbarung im Aufhebungsvertrag nicht vor.

Hat der Arbeitnehmer Anlass zu der Annahme, dass die im Aufhebungsvertrag vereinbarte Abfindung uU niedriger ist als die Abfindung, die ihm nach dem Sozialplan zustehen könnte, bietet es sich an, im Aufhebungs- oder Abwicklungsvertrag Folgendes zu vereinbaren: 345

Schließt der Arbeitgeber mit dem Betriebsrat in den nächsten auf den Abschluss des Aufhebungsvertrages folgenden zwölf Monaten einen Sozialplan, den Abfindungsformel bei Anwendung auf den Arbeitnehmer zu

---

210 *Hümmerich*, NZA 1999, 342 ff.
211 BAG 29.1.1997 – 2 AZR 292/96, NZA 1997, 813.
212 BAG 28.4.1993 – 10 AZR 222/92, EzA § 112 BetrVG 1972, Nr. 68.
213 BAG 20.4.1994 – 10 AZR 323/93, EzA § 112 BetrVG 1972, Nr. 75.
214 BAG 12.4.2011 – 1 AZR 505/09, NZA 2011, 1302.

einer höheren Abfindung geführt hätte, ist der Differenzbetrag zwischen der im Aufhebungsvertrag vereinbarten Abfindung und der im Sozialplan vorgesehenen Abfindung vom Arbeitgeber innerhalb von 14 Tagen nach Abschluss des Sozialplans gegenüber dem Arbeitnehmer durch eine nachträgliche Zahlung auszugleichen.

c) Abfindungen in gerichtlichen Abwicklungsverträgen

346 Die Abfindungsvereinbarung kann auch mit einer **Bürgschaftserklärung** oder einer sonstigen Sicherheit zu Gunsten des Arbeitnehmers verbunden werden. Eine Bürgschaftserklärung im gerichtlichen Abwicklungsvertrag kann folgenden Wortlaut haben:

Der Arbeitgeber verpflichtet sich, dem Arbeitnehmer eine über den Abfindungsbetrag lautende Bürgschaft einer deutschen Großbank oder Sparkasse spätestens innerhalb von 14 Tagen nach Abschluss des Abwicklungsvertrages zur Verfügung zu stellen. Sobald der Abfindungsbetrag gezahlt ist, wird der Arbeitnehmer die Bürgschaftsurkunde herausgeben.

347 Wird dieser Wortlaut in einem Prozessvergleich gewählt, ist zu beachten, dass bei der Vollstreckung Schwierigkeiten auftreten können. Der Arbeitgeber schuldet zwar dem Arbeitnehmer die Bürgschaftsurkunde. Mit Zwangsmitteln (Zwangsgeld oder Zwangshaft) kann die unvertretbare Handlung bei ihm jedoch nicht beigetrieben werden, weil die geschuldete Leistung die Leistung eines Dritten ist. Findet der Arbeitgeber keine Bank, die die von ihm nach dem Vergleich geschuldete Bürgschaftserklärung abgibt, kann er im Verfahren nach § 888 ZPO mit dem Einwand gehört werden, der Arbeitnehmer vollstrecke wegen der unvertretbaren Handlung eines Dritten.[215] Greift diese Argumentation, könnte sich der Arbeitgeber als Schuldner aus dem Vergleich seiner Leistungspflicht entziehen. Will der Arbeitgeber die Bedingungen seiner Bank nicht akzeptieren, die – neben einer Avalprovision – eventuell die Sicherungsübereignung von Wertgegenständen zur Bedingung macht, kann der Arbeitgeber die Vollstreckbarkeit seiner Pflicht zur Sicherheitsleistung durch Bürgschaftserklärung dadurch vereiteln, dass er die Sicherungsübereignung nicht vornimmt, wovon der Arbeitnehmer meist keine Kenntnis erlangt.

348 Will man die Durchsetzungshindernisse bei der Vollstreckung einer nicht beigebrachten Bürgschaftsurkunde vermeiden, bietet sich alternativ an, die Klausel wie folgt zu fassen:

Der Arbeitgeber verpflichtet sich, dem Arbeitnehmer eine über den Abfindungsbetrag lautende Bürgschaft einer deutschen Großbank oder Sparkasse spätestens innerhalb von 14 Tagen nach Abschluss des Abwicklungsvertrages zur Verfügung zu stellen. Geht dem Arbeitnehmer die Bürgschaftserklärung nicht innerhalb der vereinbarten Frist zu, ist der Abfindungsanspruch am nächsten auf die Frist folgenden Werktag entstanden und fällig und kann vom Arbeitnehmer im Vollstreckungswege beigetrieben werden.

349 Wird die vorbezeichnete Regelung im gerichtlichen Vergleich getroffen, kann die Zwangsvollstreckung durch Pfändung oder, was meist effektiver ist, durch Pfändungs- und Überweisungsbeschluss in ein Konto des Arbeitgebers betrieben werden. Wird eine derartige Vereinbarung außergerichtlich getroffen, muss der Arbeitnehmeranwalt darauf achten, dass der Vergleich als Anwaltsvergleich nach § 1044 b ZPO ausgestaltet wird, um zügig vollstrecken zu können.

350 Die **Vollstreckung** von Abfindungszahlungen aus Prozessvergleichen trifft auf vielfältige Schwierigkeiten. Beauftragt der Gläubiger auf Basis eines gerichtlichen Vergleichs den Schuldner, eine Vollstreckung wegen einer Geldforderung vorzunehmen, kann der Schuldner gegenüber dem Gerichtsvollzieher einwenden, er habe die Zahlung erbracht. In diesem Falle nimmt der Gerichtsvollzieher häufig von der Vollstreckung Abstand und fordert den Gläubiger auf, den Nachweis darüber zu erbringen, dass keine Zahlung des Schuldners eingegangen sei. Diesen Nachweis zu führen ist im Zwangsvollstreckungsverfahren äußerst schwierig, weshalb angeregt wird, in den Vergleich aufzunehmen, dass der Schuldner die Nachweispflicht übernimmt. Eine solche Vereinbarung hat zur Folge, dass der Gläubiger von seiner Nachweispflicht, eine Zahlung nicht erhalten zu haben, entbunden wird. Die Formulierung kann folgendermaßen lauten:

---

215 OLG Stuttgart 9.7.1986 – 2 W 44/86, NJW-RR 1986, 1501.

Der zur Zahlung Verpflichtete (beklagte Arbeitgeber) erklärt für den Fall einer nicht fristgerechten, in diesem Vergleich übernommenen Zahlungsverpflichtung, dass er zur Abwendung der Zwangsvollstreckung nur dann berechtigt sein will, wenn er die fristgerechte Zahlung gegenüber dem Gerichtsvollzieher durch Original-Urkunden nachweisen kann.

Wer bei einem **konzernabhängigen Unternehmen** beschäftigt ist und fürchtet, dass die Zahlung der Abfindung aus einem Vergleich nicht sichergestellt ist, dem wird die Vereinbarung eines **Schuldbeitritts** empfohlen. Eine solche Klausel kann sowohl in einen außergerichtlichen Aufhebungs- oder Abwicklungsvertrag als auch in einen Prozessvergleich aufgenommen werden. Als Wortlaut eignet sich: 351

Die Abfindung wird gesichert durch Schuldbeitritt der Konzernmutter.

Betreibt der Arbeitnehmer nach Abschluss eines gerichtlichen Abwicklungsvertrages, der eine Abfindung für ein erst in mehreren Monaten zu Ende gehendes Arbeitsverhältnis vorsieht, nach Abschluss des gerichtlichen Vergleichs sofort die Zwangsvollstreckung, verbleibt dem Arbeitgeber die Einreichung einer Vollstreckungsabwehrklage gem. § 767 ZPO, verbunden mit dem Antrag auf einstweilige Einstellung der Zwangsvollstreckung gem. § 768 ZPO. Betreibt der Arbeitnehmervertreter die Zwangsvollstreckung unter Hinweis auf eine Entscheidung des LAG Hamm,[216] wonach die Abfindung sofort fällig ist, ist im Zwangsvollstreckungsverfahren darzustellen, dass es sich bei der Entscheidung des LAG Hamm um eine Mindermeinung handelt, der die Rechtsprechung des BAG und eine Reihe von Instanzgerichten entgegensteht, wonach grundsätzlich die Abfindung erst zum vertraglich vereinbarten Beendigungszeitpunkt fällig ist. 352

Hat die Bundesagentur für Arbeit eine **Überleitungsanzeige** gem. § 115 SGB X vorgenommen, weil der Arbeitnehmer Arbeitslosengeld bezieht, droht dem Arbeitgeber auf der einen Seite die Vollstreckung, auf der anderen Seite muss er vor Auszahlung der Abfindung die mit dem Arbeitsamt abzustimmenden Nachzahlungsbeträge berechnen. Damit tritt das Gestaltungsproblem der Fälligkeit einer Abfindung vor allem aus der Sicht des Arbeitgebers auf, der vor Doppelzahlungen geschützt sein möchte. 353

Empfohlen wird für Arbeitgeber, die Doppelzahlungen vorbeugen wollen, eine Klausel im gerichtlichen Abwicklungsvertrag mit folgendem Inhalt: 354

Der Kläger erhält für den Verlust des Arbeitsplatzes in entsprechender Anwendung der §§ 9, 10 KSchG iVm §§ 24, 34 EStG eine Entschädigung iHv brutto ... EUR. Der Abfindungsanspruch entsteht mit der Protokollierung dieses Vergleichs. Die Zahlung der Abfindung ist fällig mit Zugang des Bescheids der Bundesagentur für Arbeit über etwaige Zahlungsverpflichtungen der Firma gegenüber der Bundesagentur nach § 115 SGB X und Bereitstellung der steuerlichen Lohnunterlagen durch den Kläger gegenüber dem Beklagten für das Jahr ... . Die Netto-Abfindung abzüglich etwaiger Zahlungsverpflichtungen gegenüber der Bundesagentur für Arbeit wird auf das Gehaltskonto des Klägers überwiesen.

Da es verschiedentlich zu Kommunikationsfehlern zwischen der Buchhaltung und den Agenturen für Arbeit kommt, bietet es sich an, vorsorglich in die Abfindungsklausel folgende Regelung aufzunehmen: 355

Sollte der Beklagte von der Bundesagentur für Arbeit nach § 115 SGB X in Anspruch genommen werden, kann er insoweit wegen der gegenüber dem Kläger noch bestehenden Ansprüche aufrechnen. Soweit eine Aufrechnung ausgeschlossen ist, steht der Beklagten gegen den Kläger in Höhe des an die Bundesagentur für Arbeit gezahlten Betrags ein sofort fälliger Erstattungsanspruch zu.

Zahlt der Arbeitgeber dem Arbeitnehmer eine Abfindung in voller Höhe (brutto) aus, obwohl ein Teilbetrag auf die Bundesagentur für Arbeit übergegangen ist, hat er, sofern er dadurch der Bundesagentur gegenüber nicht mit befreiender Wirkung gezahlt hat, gegen den Arbeitnehmer einen Anspruch auf die Überzahlung nach den Grundsätzen der ungerechtfertigten Bereicherung.[217] 356

---

216 LAG Hamm 16.5.1991 – 8 Ta 181/91, NZA 1991, 940.
217 ArbG Wetzlar 7.5.1986 – 2 Ca 74/86, BB 1986, 1779.

d) Abfindung und Steuerrecht

357 Es wird angeregt, weiterhin bei der Formulierung der Abfindung den Zusatz „**auf arbeitgeberseitige Veranlassung**", wie er aus § 3 Nr. 9 EStG stammt, zu verwenden, denn auch für das Arbeitslosenförderungsrecht, für das Sozialversicherungsrecht und für die Entschädigungsleistung nach § 24 EStG kann es von Bedeutung sein, dass der Wille zur Beendigung des Arbeitsverhältnisses nicht vom Arbeitnehmer, sondern vom Arbeitgeber ausgegangen ist. Dies ist etwa der Fall, wenn die Initiative zur Beendigung des Dienstverhältnisses vom Arbeitgeber ausgegangen ist und er damit die entscheidende Ursache gesetzt hat, ohne dass eine arbeitgeberseitige Kündigung notwendig ist. Dabei kann im Regelfall davon ausgegangen werden, dass bei Zahlung einer Abfindung der Arbeitgeber die Auflösung auch veranlasst hat.[218]

358 Für die steuerermäßigte Abfindung nach § 24 EStG ist es erforderlich, dass der Arbeitnehmer unter einem rechtlichen, wirtschaftlichen oder tatsächlichen Druck gehandelt hat.[219] Dies ist etwa der Fall, wenn die Initiative zur Beendigung des Dienstverhältnisses vom Arbeitgeber ausgegangen ist und er damit die entscheidende Ursache gesetzt hat, ohne dass eine arbeitgeberseitige Kündigung notwendig ist. Wenngleich der BFH entschieden hat, dass im Regelfall davon ausgegangen werden kann, dass bei Zahlung einer Abfindung der Arbeitgeber die Auflösung auch veranlasst hat,[220] bringt die Formulierung „arbeitgeberseitige Veranlassung" zum Ausdruck, dass der Arbeitnehmer nicht ganz freiwillig den Aufhebungsvertrag geschlossen hat und macht damit inzidenter klar, dass der Arbeitnehmer auf einen zur Anwendbarkeit von §§ 24, 34 EStG erforderlichen äußeren Druck gehandelt hat.

359 Bei der Ausgestaltung einer Abfindungsregelung ist zu beachten, dass es aus steuerrechtlichen Gründen den Parteien des Arbeitsvertrages verwehrt ist, die **Umwandlung** einer fristlosen in eine ordentliche Kündigung in der Weise vorzunehmen, dass sie den in die Kündigungszeit fallenden Nettolohn als Abfindung gem. §§ 9, 10 KSchG ausweisen. Die in die Kündigungszeit fallenden Löhne sind in derartigen Fällen nachträglich zu ermitteln und es sind für sie Lohnsteuer, Kirchensteuer und Sozialabgaben abzuführen. Dabei hat der Arbeitgeber die Abgaben in voller Höhe zu übernehmen.[221] Umgekehrt ist es dem Finanzamt verwehrt, einen Teil der Abfindung mit der Begründung, es handele sich insoweit um Gehalt für Zeit bis zu der nach dem Arbeitsvertrag möglichen Beendigung des Arbeitsverhältnisses, der Einkommensteuer zu unterwerfen. Wird ein Arbeitsverhältnis durch einen vor dem Arbeitsgericht geschlossenen Vergleich vorzeitig beendet und erhält der Arbeitnehmer „eine Abfindung gem. §§ 9, 10 KSchG", hat das Finanzamt den vereinbarten Betrag als Abfindung im steuerrechtlichen Sinne zu akzeptieren.[222]

360 Zweifel unter den Beteiligten entstehen verschiedentlich, wie in denjenigen Fällen zu verfahren ist, in denen entweder vom Arbeitgeber **zu wenig** oder **zu viel Lohnsteuer einbehalten** wurde. Hat ein Arbeitgeber von den Einkünften des Arbeitnehmers zu wenig Lohnsteuer einbehalten und an das Finanzamt abgeführt, kann der Arbeitgeber nach Inanspruchnahme durch das Finanzamt und Nachzahlung der Lohnsteuer Erstattung vom Arbeitnehmer nach § 670 BGB verlangen.[223] Dieser Erstattungsanspruch besteht aber nur, wenn das Finanzamt den Arbeitgeber zu Recht in Anspruch genommen hat. Haben die Parteien eine Vereinbarung getroffen, wonach bei vorzeitigem Ausscheiden zusätzlich das bisherige Bruttogehalt als Abfindung gezahlt wird (**Sprinterprämie**), endet das Arbeitsverhältnis mit dem vom Arbeitnehmer gewählten Zeitpunkt. Bei einer solchen zusätzlichen Geldleistung vereinbaren die Parteien eine Abfindung, nicht eine Arbeitsvergütung.[224] Geht das Finanzamt trotzdem für die Monate des vorzeitigen Ausscheidens des Arbeitnehmers aus den Diensten des Arbeitgebers von einem zu versteuernden Bruttogehalt aus, kann der Arbeitgeber vom Arbeitnehmer Erstattung der an das Finanzamt gezahlten Nachsteuer nur dann verlangen, wenn er alles ihm Zumutbare getan hat, um die unberechtigte Nachforderung der Finanzbehörde abzuwehren. Zu den Pflichten des Arbeitgebers gehört es in diesem Zusammenhang auch, dass er den Arbeitnehmer frühzeitig von dem Nachversteuerungsverlangen der Finanzbehörde umfassend unterrichtet und ihm damit Gelegenheit gibt, sich selbst um die richtige Be-

---

218 BFH 2.4.2008 – IX R 82/07, BFH/NV 2008, 1325.
219 BFH 11.1.2005 – IX R 67/02, BFH/NV 2005, 1044.
220 BFH 2.4.2008 – IX R 82/07, BFH/NV 2008, 1325.
221 ArbG Wetzlar 6.1.1987 – 1 Ca 368/86, DB 1987, 896.
222 FG Bremen 23.11.1977 – I 26/77, DStR 1978, 264.
223 BAG 20.3.1984 – 3 AZR 124/82, AP § 670 BGB Nr. 22.
224 FG Niedersachsen 1.2.2011 – 8 K 343/10, BeckRS 2011, 96706.

handlung seiner Steuerangelegenheit zu bemühen.²²⁵ Verpflichtet sich der Arbeitgeber in einem Vergleich, eine Nettoabfindung zu zahlen und führt er in Erfüllung dieser Verpflichtung mehr Steuern hierauf ab, als er nach den bindenden Feststellungen der Finanzverwaltung hätte leisten müssen mit der Folge, dass der Arbeitnehmer im Rahmen des Einkommensteuerausgleichs den zuviel gezahlten Betrag zurückerhält, ist der Arbeitnehmer aufgrund der im Vergleich obliegenden Redlichkeitspflicht gem. § 242 BGB verpflichtet, diesen Betrag an den Arbeitgeber abzuführen.²²⁶ Schließen Arbeitgeber und Arbeitnehmer einen Abfindungsvergleich und behält der Arbeitgeber bei Zahlung der Abfindung zuviel Lohnsteuer ein, darf er eine Erstattung an den Arbeitnehmer nur nach Maßgabe der steuerrechtlichen Bestimmungen vornehmen. Ist der Arbeitgeber unter den Voraussetzungen des § 41c Abs. 3 EStG zur Erstattung an den Arbeitnehmer nicht berechtigt, ist die vom Arbeitnehmer betriebene Zwangsvollstreckung aus dem Abfindungsvergleich in Höhe der zuviel einbehaltenen Lohnsteuer unzulässig. Der ausgeschiedene Arbeitnehmer muss sich auf die Steuererstattungsmöglichkeiten durch das Finanzamt verweisen lassen.²²⁷

Häufig hat der Arbeitgeber – und wenn bei ihm nachgefragt wird der Arbeitgeberanwalt – mit der Fallkonstellation zu tun, dass ein titulierter Vergleich über einen Abfindungsbetrag vorliegt, der Arbeitnehmer aber die zur Auszahlung erforderliche Lohnsteuerkarte (**Lohnbescheinigung**) nicht beim Arbeitgeber einreicht. Wenn der Arbeitnehmer beim Arbeitgeber nachfragt, warum die Abfindung nicht ausgezahlt wird, erhält er aus der Buchhaltung die Antwort, es fehle noch die Lohnsteuerkarte. Arbeitnehmer kommen manchmal ihrer Mitwirkungspflicht deshalb nicht nach, weil sie sich noch in der Wartezeit des neuen Arbeitsverhältnisses befinden und fürchten, sobald der frühere Arbeitgeber von dem neuen Arbeitsverhältnis über die Lohnsteuerkarte (Lohnbescheinigung) Kenntnis erlangt, bestehe die Gefahr, dass der alte Arbeitgeber sich mit dem neuen Arbeitgeber in Verbindung setze und ihn über für den Arbeitnehmer nachteilige Vorkommnisse aus dem früheren Arbeitsverhältnis unterrichte. Manchmal ist es auch reine Bequemlichkeit, dass Arbeitnehmer die Lohnsteuerkarte nicht wieder dem alten Arbeitgeber zur Verfügung stellen. In diesen Fällen muss sich der Arbeitgeber vor Vollstreckungsmaßnahmen schützen. Den einfachsten Schutz bietet ihm § 39c EStG. Der Arbeitgeber sollte den Arbeitnehmer schriftlich auffordern, innerhalb einer angemessenen Frist die Lohnsteuerkarte vorzulegen. Kommt der Arbeitnehmer dieser Aufforderung nicht nach, versteuert der Arbeitgeber die Abfindung nach Lohnsteuerklasse VI. § 39c Abs. 1 EStG gibt ihm hierzu die Handhabe. Solange der uneingeschränkt einkommensteuerpflichtige Arbeitnehmer dem Arbeitgeber eine Lohnsteuerkarte schuldhaft nicht vorlegt oder die Rückgabe der ihm ausgehändigten Lohnsteuerkarte schuldhaft verzögert, hat der Arbeitgeber die Lohnsteuer nach der Lohnsteuerklasse VI zu ermitteln. Die Lohnsteuerrichtlinien besagen unter R 124 Abs. 1 Satz 2, dass ein schuldhaftes Verhalten vorliege, wenn der Arbeitnehmer vorsätzlich oder fahrlässig die Vorlage oder Rückgabe der Lohnsteuerkarte verzögere. Ein Arbeitgeber, der es unterlässt, auf diesem Wege die Auszahlung und Versteuerung der Abfindung vorzunehmen, riskiert, dass er vom Arbeitnehmer-Anwalt mit Vollstreckungsmaßnahmen belegt wird, eine zumindest im Verhältnis zu den Banken für den Arbeitgeber immer unangenehme Botschaft.

Selbst ein **vorläufiges Zahlungsverbot** kann den Arbeitgeber bei den Banken in Misskredit bringen. Mit Formulierungen im Aufhebungs- und Abwicklungsvertrag kann man den Vollstreckungsmaßnahmen nur schwer vorbeugen. Es besteht allerdings auch die Möglichkeit, sich durch die nachfolgende Formulierung vor Vollstreckungsmaßnahmen als Arbeitgeber zu schützen:

Die Abfindung ist in jedem Falle erst fällig, wenn der Arbeitnehmer dem Arbeitgeber die Lohnsteuerkarte aus dem Jahre ... zur Verfügung gestellt hat. Der Arbeitnehmer ist beweispflichtig für den Zugang der Lohnsteuerkarte beim Arbeitgeber.

Keine Nachzahlungsverpflichtung des Arbeitgebers besteht nach Auffassung des LAG Hamm²²⁸ bei folgender Fallgestaltung: In einem Sozialplan wird eine Abfindung in der Weise vereinbart, dass für die Übergangszeit zwischen dem (vorzeitigen) Ausscheiden aus dem Betrieb und dem Beginn von monatlichen Ratenzahlungen die Differenz zwischen der Arbeitslosenunterstützung und dem durchschnittlichen monatlichen Nettogehalt des Arbeitnehmers gezahlt wird. In einem solchen Falle hat der Arbeit-

---

225 LAG Düsseldorf 14.10.2002 – 10 Sa 869/02, n.v.
226 LAG Düsseldorf 15.12.1993 – 4 Sa 250/93, LAGE § 611 BGB Aufhebungsvertrag Nr. 11.
227 LAG Köln 19.12.1986 – 9 Sa 1093/86, BB 1987, 763.
228 LAG Hamm 2.2.1989 – 10 Sa 1135/88, LAGE § 112 BetrVG 1972 Nr. 14.

geber den tatsächlichen Nettobetrag zugrunde zu legen. Erfährt der Arbeitnehmer später bei einer vom Finanzamt durchgeführten Veranlagung zur Einkommensteuer einen steuerlichen Nachteil durch die Auswirkung des sog. Progressionsvorbehalts gem. § 32 b EStG, ist der Arbeitgeber nicht zur Nachzahlung des höheren Lohnsteuerbetrags an den Arbeitnehmer verpflichtet, um den Steuernachteil wieder auszugleichen.

364 Sorgfalt ist bei der Abfassung vertraglich vereinbarter **Stichtagsregelungen** zur **Fälligkeit der Abfindung** im Vergleich geboten. So hat das LAG Bremen[229] entschieden, dass immer dann, wenn die Parteien in einem Kündigungsschutzprozess im Vergleich die Beendigung des Arbeitsverhältnisses zum 31.12. sowie die Zahlung der Abfindungssumme zum darauf folgenden 1.1. vereinbaren, kein Verstoß des Arbeitgebers gegen seine Vertragspflichten aus dem Vergleich vorliege, wenn er die Überweisung des Abfindungsbetrags so terminiere, dass diese bereits im Dezember dem Konto des Arbeitnehmers gutgeschrieben werde. Für steuerliche Nachteile, die dadurch entstanden waren, dass der Abfindungsbetrag nicht – wie vom Arbeitnehmer gewünscht – erst im Folgejahr auf seinem Konto eingegangen war, musste der Arbeitgeber nicht haften. Richtig ist zwar, dass nach § 271 Abs. 2 BGB eine Partei grundsätzlich vor der Fälligkeit zu leisten berechtigt ist. § 271 Abs. 2 BGB ist aber unanwendbar, wenn der Gläubiger durch die Vorausleistung in seinen rechtlich geschützten Interessen beeinträchtigt wird oder sich dies aus den Umständen ergibt.[230] Die **vorfristige Zahlung der Abfindung** verletzt die schutzwürdigen Interessen des Arbeitnehmers dann, wenn ihm dadurch steuerliche Nachteile erwachsen.[231] Dies gilt immer dann, wenn die Parteien bewusst den Fälligkeits- und Auszahlungszeitpunkt der Abfindung geregelt und in das nächste Jahr verlegt haben. Dies ist steuerrechtlich unproblematisch. Arbeitgeber und Arbeitnehmer können aber den Zeitpunkt des Zuflusses einer Abfindung beim Arbeitnehmer in der Weise steuerwirksam gestalten, dass sie deren ursprünglich vorgesehene **Fälligkeit** vor ihrem Eintritt **auf einen späteren Zeitpunkt verschieben**.[232] Das Interesse des Arbeitnehmers ist oft von steuerlichen Überlegungen geprägt. In einem Jahr, in dem der Arbeitnehmer nach dem Ende des Arbeitsverhältnisses arbeitslos ist, hat er regelmäßig einen weitaus niedrigeren Steuersatz als in einem Jahr, in dem er noch einen guten Verdienst und zudem noch eine Abfindung erhalten hat. Wenn die Parteien also durch die Festlegung des Datums in dem folgenden Kalenderjahr die Auszahlung bestimmt haben und dem Arbeitnehmer durch die vorzeitige Zahlung ein wirtschaftlicher Schaden entstanden ist, weil die Abfindung, gezahlt im Jahr des Arbeitsverhältnisses, einem höheren Steuersatz unterliegt, als sie im Folgejahr unterlegen hätte, ist der Arbeitgeber verpflichtet, nach § 280 Abs. 1 BGB diesen Schaden zu ersetzen.[233] Es gibt keinen Grund, mangelnde Sorgfalt bei der Vertragserfüllung für den Schuldner der Leistung zu privilegieren.

365 Macht der Arbeitnehmer einen **Steuerschaden** geltend, weil der Arbeitgeber einen Abfindungsbetrag abredewidrig noch im Vorjahr gezahlt hat, so hat er zur Darlegung der Höhe seines Schadens einerseits darzulegen, wie hoch seine Steuerpflicht in den beiden Jahren tatsächlich gewesen ist, und andererseits, wie hoch diese fiktiv ausgesehen hätte, wenn die Abfindung vereinbarungsgemäß im Folgejahr gezahlt worden wäre.[234]

366 Im Zusammenhang mit Abfindungsregelungen ist die Formulierung verbreitet:

Das Steuerrisiko trägt der Arbeitnehmer.

367 Diese Formulierung bezieht sich sowohl auf den Grund der als Abfindung bezeichneten Zahlung als auch auf die Höhe. Ob die Abfindung als steuerlich privilegierte Entschädigungsleistung anerkannt wird, verbleibt durch die vorerwähnte Formulierung im Risikobereich des Arbeitnehmers. Außerdem haftet der Arbeitgeber für die Lohnsteuer nach den gesetzlichen Vorschriften.

368 Ausstehende Gehaltsbestandteile werden im Zweifel nicht mit einer Abfindung nach betriebsbedingter Kündigung abgegolten. Allein die Zahlung einer erhöhten Abfindung führt nicht dazu, von einem stillschweigenden Verzichtsvertrag über die noch ausstehenden Gehaltsbestandteile auszugehen.[235] Soweit

---

[229] LAG Bremen 3.11.2005 – 3 Sa 111/05, NZA-RR 2006, 260.
[230] LAG Hessen 5.11.2010 – 3 Sa 602/10, juris.
[231] LAG Hessen 5.11.2010 – 3 Sa 602/10, juris.
[232] BFH 11.11.2009 – IX R 1/09, NZA-RR 2010, 150.
[233] LAG Hessen 5.11.2010 – 3 Sa 602/10, juris.
[234] LAG Hessen 5.11.2010 – 3 Sa 602/10, juris.
[235] ArbG Frankfurt 27.10.1999 – 7 Ca 2961/99, FA 2000, 55.

vertreten wird, die Einbindung ausstehender Gehaltsbestandteile in einen Abfindungsanspruch sei rechtswidrig,[236] kann ihm nicht gefolgt werden. Steuerlich sind Gehaltszahlungen, die in der Zukunft verdient worden wären, unbedenklich als Abfindung (Entlassungsentschädigung) anzusehen.[237] Die Abfindungspraxis, gerade bei befristeten Verträgen mit Managern, besteht im Wesentlichen in einer Kapitalisierung der Restvertragslaufzeit.

e) Brutto- und Nettoabfindungen

Die Abfindung ist grundsätzlich als **Bruttobetrag** unter Einbehalt der Steuer abzurechnen und auszuzahlen.[238] Eine abweichende Handhabung müssen die Parteien ausdrücklich vereinbaren.[239] Manchmal, fehlgeleitet durch alte Formulare aus der Zeit, als Abfindungen noch teilweise steuerbefreit waren, formulieren die Parteien im Aufhebungs- oder Abwicklungsvertrag: 369

Die Abfindung iHv ... EUR ist brutto = netto.

In einem solchen Fall muss der Arbeitnehmer gleichwohl die anfallende Lohnsteuer tragen. Wird eine Abfindung „**brutto für netto**" vereinbart, ergibt sich daraus kein Hinweis auf eine echte Nettolohnvereinbarung, bei der der Arbeitgeber die Steuerlast als zusätzliche Abfindung schulden würde.[240] Hat der Arbeitgeber die auf den Abfindungsbetrag entfallenden Steuern an das Finanzamt abgeführt, kann der Arbeitnehmer nicht die Auszahlung des vollen, ungekürzten Abfindungsbetrags an sich verlangen.[241] 370

Vereinbaren die Arbeitsvertragsparteien die Beendigung des Arbeitsverhältnisses gegen Zahlung einer Abfindung, so ist nur dann „netto" zu zahlen, wenn es hierüber eine eindeutige Vereinbarung gibt. Dazu kann es ausreichend sein, wenn die Parteien vereinbart haben, die Abfindung sei „netto" zu zahlen; dies führt zur Verpflichtung des Arbeitgebers, die Lohnsteuer zu tragen.[242] 371

Sagt der Arbeitgeber in einer Vorruhestandsvereinbarung die Erstattung der vom Vorruheständler zu leistenden Krankenversicherungsbeiträge zu, so liegt hierin noch keine Netto(lohn)vereinbarung. Der Arbeitgeber ist daher nicht verpflichtet, die auf diesen Teil der Vorruhestandsbezüge entfallende Lohnsteuer zu tragen.[243] 372

f) Entstehung und Fälligkeit der Abfindung

aa) Fälligkeit der Abfindung

Wenn im außergerichtlichen Aufhebungs- oder Abwicklungsvertrag oder im gerichtlichen Abwicklungsvertrag nicht ausdrücklich geregelt ist, wann die Abfindung zu zahlen ist, kann die Leistungszeit zweifelhaft sein. Nach § 271 Abs. 1 BGB kann der Gläubiger die Leistung sofort verlangen, wenn eine Zeit für die Leistung weder bestimmt noch aus den Umständen zu entnehmen ist. Wird der Zeitpunkt der Beendigung des Arbeitsverhältnisses im Aufhebungsvertrag vereinbart und darüber hinaus bestimmt, dass „wegen" oder „aus Anlass" der Beendigung eine Abfindung gezahlt wird, besteht nach herrschender Auffassung die Fälligkeit der Abfindung **zum Tag der Beendigung des Arbeitsverhältnisses**.[244] Das Kernargument der hM wird aus der Funktion der Abfindung – wie immer man sie definieren mag – hergeleitet. Wird sie als Gegenleistung für die Beendigung vereinbart, kann sie erst mit der rechtlichen Beendigung des Arbeitsverhältnisses fällig werden. Sieht eine Beendigungsvereinbarung die Beendigung des Arbeitsverhältnisses zu einem zurückliegenden Zeitpunkt vor, wird der Abfindungsan- 373

---

236 ArbG Frankfurt 27.10.1999 – 7 Ca 2961/99, FA 2000, 55.
237 FG Niedersachsen 1.2.2011 – 8 K 343/10, BeckRS 2011, 96706 (für eine „Sprinterprämie").
238 LAG München 26.8.2009 – 6 Sa 277/08, juris.
239 LAG Hamm 19.3.2008 – 6 Ca 1975/07, AE 2008, 140.
240 BAG 21.11.1985 – 2 AZR 6/85, RzK I 9j Nr. 2; LAG Schleswig-Holstein 5.12.2007 – 6 Sa 358/06, juris.
241 LAG Köln 18.12.1995 – 4 (11) Sa 962/95, ARST 1996, 163; s. auch BAG 11.10.1989 – 5 AZR 585/88, NZA 1990, 309.
242 LAG Mecklenburg-Vorpommern 29.8.2009 – 5 Sa 53/05, juris.
243 LAG Hamm 1.3.2000 – 14 Sa 2144/99, NZA-RR 2001, 46.
244 BAG 15.7.2004 – 2 AZR 630/03, NZA 2005, 292; LAG München 11.10.2001 – 2 Ta 326/01, n.v.; LAG Niedersachsen 12.9.2003 – 16 Sa 621/03, NZA-RR 2004, 478; LAG Köln 21.9.1983 – 9 Ta 148/83, DB 1984, 568; LAG Düsseldorf 23.5.1989 – 16 Sa 475/89, DB 1989, 2031; ArbG Passau 27.5.1997 – 3 Ca 651/97, BB 1997, 2114; *Klar*, NZA 2003, 543; *Gerauer*, BB 1991, 2002.

spruch mit Wirksamwerden der Vereinbarung sofort fällig. Der Arbeitgeber gerät regelmäßig auch **ohne Mahnung** ab dem Zeitpunkt der Fälligkeit in **Verzug**.[245]

374 Das LAG Hamm hat demgegenüber die Auffassung vertreten, dass der in einem arbeitsgerichtlichen Vergleich titulierte Abfindungsanspruch mangels anderweitiger Vereinbarungen auch dann sofort zur Zahlung fällig werde, wenn das Arbeitsverhältnis im Zeitpunkt des Vergleichsabschlusses noch nicht beendet sei.[246] Die besseren Argumente sprechen für die herrschende Ansicht.[247] § 271 Abs. 1 BGB nimmt eine sofortige Fälligkeit nur dann an, wenn die Zeit für die Leistung weder bestimmt **noch aus den Umständen zu entnehmen** ist. Solange es aus den Umständen keine abweichenden Anhaltspunkte gibt, besteht ein Bedarf für den Ausgleich wirtschaftlicher Nachteile erst in dem Moment, in dem die Gegenleistung des Arbeitnehmers, das Ausscheiden aus dem Arbeitsverhältnis, erbracht wurde.

bb) Entstehung der Abfindung

375 Wann die Abfindung **entstanden** ist, wird in der Rechtsprechung nicht einheitlich beantwortet. Diese Frage ist vor allem dann von Bedeutung, wenn der Arbeitnehmer in dem Zeitraum zwischen Abschluss des Aufhebungsvertrages oder Abwicklungsvertrages oder Prozessvergleichs und dem Zeitpunkt der Beendigung des Arbeitsverhältnisses verstirbt. Schuldrechtliche Ansprüche entstehen zwar regelmäßig mit Abschluss des Rechtsgeschäfts, durch das die Rechtsbeziehungen der Vertragsschließenden geregelt werden.[248] Dieser Grundsatz gilt allerdings nicht, wenn der Entstehungszeitpunkt nach der im Aufhebungsvertrag verlautbarten Interessenlage der Parteien auf einen späteren Termin festgelegt ist. Fehlt dagegen eine Bestimmung, aus der sich der Entstehungszeitpunkt des Abfindungsanspruchs herleiten lässt, nimmt die Rechtsprechung, mit Ausnahme des 2. Senats, die Entstehung zum Zeitpunkt der Beendigung des Arbeitsverhältnisses an.[249] Stirbt der Arbeitnehmer in der Zeit zwischen Unterzeichnung der Aufhebungsvereinbarung und dem letzten Arbeitstag, haben die Erben keinen Anspruch auf die Abfindung. Wenn eine Abfindung für den Verlust des Arbeitsplatzes gezahlt wird, muss nach Auffassung des 9. Senats das Arbeitsverhältnis zum vorgesehenen Beendigungstermin noch bestanden haben.[250] Soweit im **Nicht-Erlebens-Fall** die Abfindung an die Erben gezahlt werden soll, ist eine ausdrückliche Formulierung im Aufhebungsvertrag erforderlich. Eine solche **Vererbbarkeitsklausel** ist zulässig.[251]

376 Den vom BAG zum Problemkreis der Anspruchsentstehung entschiedenen Fällen liegt kein einheitlicher Sachverhalt zugrunde, denn mal war über eine Sozialplanabfindung, mal über eine Abfindung aus Anlass einer Frühpensionierung zu befinden.

377 Der 2. Senat hat – in gewisser Weise abweichend von den übrigen Senaten – die Auffassung vertreten, dass nicht als Regelfall angenommen werden könne, ein Abfindungsvergleich werde hinfällig, wenn der Arbeitnehmer den Auflösungstermin nicht erlebe.[252] Der Senat begründet diese Sicht mit der „stets vom Tode bedrohten Existenz des Menschen", durch die ohnehin „eine gewisse Unsicherheit über die Lebensdauer des Vertragspartners" bestehe. Da es ein Erbrecht gebe, hänge grundsätzlich der Fortbestand der Verträge nicht davon ab, wie lange der Vertragspartner lebe. Mit der entgegenstehenden Rechtsprechung des 9. Senats setzt sich der 2. Senat nicht auseinander.

378 Die Rechtslage bleibt allerdings so lange unsicher, wie sich die betroffenen Senate des BAG nicht auf eine einheitliche **Funktionsbestimmung** der Abfindung verständigen können. Solange die Rechtslage noch nicht verbindlich geklärt ist, empfiehlt sich aus Sicht des Arbeitnehmers oder des seine Interessen

---

245 Für eine analoge Anwendung von § 286 Abs. 2 Nr. 2 BGB im Fall der Auflösung durch Urteil nach § 9 KSchG: NK-ArbR/*Eylert*, KSchG § 10 Rn 27; offengelassen von ArbG Freiburg 4.7.2008 – 3 Ca 263/08, BeckRS 2008, 55293, wonach im Fall eines Vergleichs nach § 278 Abs. 6 ZPO als angemessene Zeit iSv § 286 Abs. 2 Nr. 2 BGB der nächste Lohnlauf des Arbeitgebers anzusehen ist.
246 LAG Hamm 16.5.1991 – 8 Ta 181/91, NZA 1991, 940.
247 *Karlsfeld*, ArbRB 2004, 159, 160.
248 BAG 13.11.1986 – 2 AZR 771/85, AP § 613 a BGB Nr. 57.
249 BAG 27.6.2006 – 1 AZR 322/05, jurisPR-ArbR 51/2006 Anm. 1 m. Anm. *Bertzbach*; BAG 22.5.1996 – 10 AZR 907/95, NZA 1997, 386; BAG 25.9.1996 – 10 AZR 311/96, NZA 1997, 163; BAG 26.8.1997 – 9 AZR 227/96, BB 1998, 700 = NZA 1998, 643; BAG 16.5.2000 – 9 AZR 277/99, NZA 2000, 1236; BAG 9.12.1987 – 4 AZR 561/87, NZA 1988, 329; LAG Rheinland-Pfalz 13.11.1987 – 6 Sa 704/87, BB 1988, 140; für § 1a KSchG: ArbG Siegen 9.6.2005 – 1 Ca 843/05, NZA 2005, 935.
250 BAG 26.8.1997 – 9 AZR 227/96, NZA 1998, 643.
251 BAG 16.10.1969 – 2 AZR 373/68, DB 1970, 259; LAG Rheinland-Pfalz 13.11.1987 – 6 Sa 704/87, BB 1988, 140.
252 BAG 22.5.2003 – 2 AZR 250/02, BB 2004, 894; BAG 25.6.1987 – 2 AZR 504/86, NZA 1988, 466.

Kapitel 2: Abwicklungs- und Aufhebungsverträge 4

wahrnehmenden Vertragsgestalters, in jeden Aufhebungs- und Abwicklungsvertrag eine sog. **Vererbbarkeitsklausel** aufzunehmen, die folgenden Inhalt haben kann:

Die Parteien vereinbaren, dass der Abfindungsanspruch mit Unterzeichnung dieser Vereinbarung (dieses Vergleichs) entstanden und vererbbar ist.

Auswirkungen hat die Vererbbarkeitsklausel allerdings auch in denjenigen Fällen, in denen nach Abschluss des Aufhebungs- und Abwicklungsvertrages, in Einzelfällen (bei Aufhebungsverträgen) noch bis zum Beendigungszeitpunkt, eine meist **außerordentliche Kündigung** ausgesprochen wird, weil dann, wenn sich die Kündigungserklärung auf verhaltensbedingte Gründe stützt, zB auf vom Arbeitnehmer begangene Unterschlagungen, die erst nach Abschluss des Aufhebungsvertrages bekannt geworden sind, die Abfindung wegen ihrer Entstehung mit Abschluss des Vergleichs und ihrer Fälligkeit mit dem Ende des Arbeitsverhältnisses gleichwohl vom Arbeitgeber gezahlt werden muss.[253] Die Entscheidung des ArbG Siegburg ist konsequent, denn sie differenziert sorgfältig zwischen Entstehung und Fälligkeit des Abfindungsanspruchs. In dem vom ArbG Siegburg entschiedenen Fall hieß es in einem Aufhebungsvertrag: 379

Die Abfindung wird im Beendigungszeitpunkt fällig. Der Abfindungsanspruch entsteht mit Unterzeichnung dieser Vereinbarung.

Um den in der Praxis vorkommenden Fällen nachträglich festgestellten Fehlverhaltens beim Arbeitnehmer nach Abschluss des Aufhebungsvertrages gerecht zu werden, wird angeregt, im Aufhebungsvertrag eine **Ergänzungsregelung** zur Anspruchsentstehung und -fälligkeit aufzunehmen: 380

Die Abfindung wird zum im vorliegenden Vertrag vereinbarten Beendigungszeitpunkt fällig. Der Abfindungsanspruch entsteht mit Unterzeichnung dieser Vereinbarung. Er geht jedoch unter, falls der Arbeitgeber das Arbeitsverhältnis aus ihm gegenwärtig noch nicht bekannten, verhaltensbedingten Gründen, außerordentlich oder ordentlich wirksam kündigt.

Eine derartige, zusätzliche Vereinbarung ist erforderlich, weil nach Auffassung des BAG die Geschäftsgrundlage für einen betriebsbedingten Aufhebungsvertrag nicht ohne weiteres wegfällt, wenn nach dessen Abschluss zum gleichen Auflösungszeitpunkt auch noch eine verhaltensbedingte ordentliche Kündigung ausgesprochen wird.[254] Nach *Bauer*[255] entfällt die Geschäftsgrundlage für die Abfindung selbst dann, wenn das Arbeitsverhältnis schon beendet ist und der Arbeitgeber nachträglich von einer gravierenden Pflichtverletzung Kenntnis erlangt. Ist die Abfindung schon ausbezahlt worden, könne sie der Arbeitgeber nach den Grundsätzen der ungerechtfertigten Bereicherung zurückverlangen. *Bauer* empfiehlt, eine Klausel mit folgendem Inhalt in den Aufhebungs- oder Abwicklungsvertrag aufzunehmen: 381

Dem Arbeitgeber sind zum Zeitpunkt des Abschlusses des Aufhebungsvertrages keine Pflichtverletzungen des Arbeitnehmers bekannt, die eine außerordentliche Kündigung aus wichtigem Grund nach § 626 BGB rechtfertigten könnten. Auch gehen beide Parteien davon aus, dass der Arbeitnehmer bis zum rechtlichen Ende des Arbeitsverhältnisses keinen solchen wichtigen Grund liefern wird. Sollte jedoch der Arbeitgeber wider Erwarten bis zur rechtlichen Beendigung des Arbeitsverhältnisses Kenntnis von einem solchen wichtigen Grund erlangen, ist er berechtigt, das Anstellungsverhältnis fristlos zu kündigen; in diesem Fall fällt die Geschäftsgrundlage für die Abfindung weg.

Sollte der Arbeitgeber erst nach der rechtlichen Beendigung des Arbeitsverhältnisses Kenntnis von einer während des Bestehens des Arbeitsverhältnisses begangenen Pflichtverletzung erlangen, die während des Bestehens des Arbeitsverhältnisses einen wichtigen Grund iSd § 626 Abs. 1 BGB geliefert hätte, so fällt die Geschäftsgrundlage für die Abfindung ebenfalls weg. Eine schon ausbezahlte Abfindung ist zurückzuzahlen. Allerdings ist der Arbeitgeber in analoger Anwendung von § 626 Abs. 2 BGB verpflichtet, sich insoweit gegenüber dem Arbeitnehmer innerhalb von zwei Wochen seit Kenntniserlangung zu erklären.[256]

---

253 ArbG Siegburg 18.11.1999 – 4 Ca 786/99 G, AE 2000, 17.
254 BAG 29.1.1997 – 2 AZR 292/96, NZA 1997, 813.
255 *Bauer*, Arbeitsrechtliche Aufhebungsverträge, IV. Rn 347.
256 *Bauer*, Arbeitsrechtliche Aufhebungsverträge, IV. Rn 348.

382 Man kann den gleichen Effekt auch mit einer kürzeren Formulierung erzielen, wenn man nämlich hinter jede Abfindungsvereinbarung den nachfolgenden Satz setzt:

Der Abfindungsanspruch entfällt, wenn das Arbeitsverhältnis, gleich aus welchem Grund, vorzeitig oder aus einem anderen Grund zum gleichen Termin endet.

g) Abfindung in der Zwangsvollstreckung

383 Abfindungen sind Arbeitseinkommen iSd § 850 Abs. 1 ZPO. Dabei macht es keinen Unterschied, ob sie aufgrund eines Auflösungsurteils nach §§ 9, 10 KSchG oder aufgrund eines gerichtlichen oder außergerichtlichen Aufhebungs- oder Abwicklungsvertrages oder als Sozialplanabfindung zu zahlen sind.[257] Sie können deshalb nach Maßgabe der §§ 850a, 850k ZPO gepfändet werden.[258] Das BAG begründet seine Auffassung damit, dass die Vorschriften über den **Lohnpfändungsschutz** den Lebensunterhalt sichern sollen, indem sie bestimmen, dass dem Schuldner ein Teil der gepfändeten Forderungen verbleiben soll.

384 Da die Abfindung als Arbeitseinkommen angesehen wird, erfasst ein formularmäßig erlassener Pfändungs- und Überweisungsbeschluss auch die Abfindung. Für die Abfindungen gelten aber nicht die Pfändungsfreigrenzen des § 850c ZPO. Diese Vorschrift setzt nämlich Arbeitseinkommen für einen fest umrissenen Zeitraum voraus.[259] Maßgeblich ist dagegen § 850i ZPO, wonach bei der Pfändung einer „nicht wiederkehrend zahlbaren Vergütung für persönlich geleistete Arbeiten oder Dienste" das Gericht dem Schuldner auf Antrag so viel zu belassen hat, wie er während eines angemessenen Zeitraums für seinen Lebensunterhalt benötigt.[260] Handelt es sich um eine durch Urteil gem. §§ 9, 10 KSchG festgesetzte Abfindung, gelten die Grundsätze zur Pfändbarkeit ebenfalls.[261] Wenn ein Pfändungsschutzantrag nach § 850i Abs. 1 ZPO oder eine entsprechende Entscheidung des Vollstreckungsgerichts fehlt, ist die Abfindung in vollem Umfang pfändbar. Den Arbeitgeber trifft keine Fürsorgepflicht, den Arbeitnehmer über die Möglichkeit eines Vollstreckungsschutzantrags nach § 850i ZPO zu belehren, weil insoweit allein das Rechtsverhältnis des Arbeitnehmers zu dessen Gläubigern betroffen ist, für das der Arbeitgeber keine Schutzpflichten hat.[262]

385 Bei Abfindungen, die an vertretungsberechtigte Organmitglieder gezahlt werden, gelten die gleichen Grundsätze wie bei Arbeitnehmern. Diese Aussage lässt sich schon mit dem Wortlaut des § 850 Abs. 2 ZPO begründen, der ausdrücklich auch „Dienstlöhne" als Arbeitseinkommen iSd § 850 ZPO erwähnt. Der BGH hat sogar entschieden, dass die fortlaufenden Dienst- und Versorgungsbezüge von Vorstandsmitgliedern einer Aktiengesellschaft dem Pfändungsschutz nach §§ 850 ff ZPO unterliegen.[263]

h) Abfindung und Familienrecht

386 Auch die familienrechtlichen Auswirkungen von Abfindungsregelungen sind in manchen, krisenhaften Lebenssituationen, die sich auch in der Beendigung eines Arbeitsverhältnisses äußern können, zu bedenken. Lebt der Arbeitnehmer im Güterstand der Zugewinngemeinschaft nach § 1363 BGB, tritt nach § 1384 BGB bei Ehescheidung für die Berechnung des Zugewinns nach § 1373 BGB anstelle der Beendigung des Güterstands der Zeitpunkt der Rechtshängigkeit des Scheidungsantrags, §§ 253 Abs. 1, 622 ZPO. Bewertungsstichtag für das Endvermögen (§ 1375 BGB) ist der Tag der Zustellung des Scheidungsantrags. Dadurch soll verhindert werden, dass der ausgleichspflichtige Ehegatte zum Nachteil seines Ehepartners während des Scheidungsverfahrens die Höhe des Anspruchs auf Zugewinn verringert. Da auch Forderungen zum Vermögen gehören, unterliegt eine bereits vor dem Stichtag vereinbarte Abfindung dem Zugewinnausgleich, unabhängig davon, ob sie vor oder nach dem Stichtag ausbezahlt wird.[264]

---

257 BAG 13.11.1991 – 4 AZR 20/91, NZA 1992, 384.
258 BAG 12.9.1979 – 4 AZR 420/77, DB 1980, 358.
259 *Bauer*, Arbeitsrechtliche Aufhebungsverträge, II. Rn 156.
260 OLG Düsseldorf 28.8.1979 – 3 W 191/79, NJW 1979, 2520.
261 *Bauer*, Arbeitsrechtliche Aufhebungsverträge, II. Rn 156.
262 BAG 13.11.1991 – 4 AZR 20/91, NZA 1992, 384.
263 BGH 8.12.1977 – II ZR 219/75, BB 1978, 275.
264 BGH 9.6.1983 – IX ZR 56/82, NJW 1983, 2142; BGH 13.11.1997 – IX ZR 37/97, NJW 1998, 749.

Nach Auffassung des BGH ist eine **Abfindung** dann **ausgleichspflichtig**, wenn sie einen objektivierbaren Wert hat, also bei einem für den Bewertungsstichtag unterstellten Erbfall auf die Erben übergehen würde.[265] Daher sind vor dem Stichtag vereinbarte, aber erst nach dem Stichtag fällig werdende Abfindungszahlungen beim Endvermögen zu berücksichtigen. Etwas anderes gilt dann, wenn das Arbeitsverhältnis nach dem Stichtag enden und die Entstehung des Abfindungsanspruchs von weiteren, nach dem Stichtag eintretenden Bedingungen abhängen soll. Gerade mit Blick auf die umstrittene Frage der Entstehung des Abfindungsanspruchs kann die Regelung des Entstehungszeitpunktes im Aufhebungs- oder Abwicklungsvertrag von Bedeutung sein. Handelt es sich nämlich bei der Abfindung im Vergleich um einen künftigen Anspruch, der nicht bereits mit Abschluss des Aufhebungs- oder Abwicklungsvertrages, sondern erst nach dem Stichtag mit Bedingungseintritt entsteht, ist die Abfindung nicht ausgleichspflichtig. Die Entscheidung des BGH,[266] wonach noch nicht fällig gewordene Abfindungen nicht im Endvermögen zu berücksichtigen sind, kann sich nur auf Ansprüche beziehen, die nicht bereits aufgrund einer vor dem Stichtag getroffenen Vereinbarung entstanden sind, sondern erst nach dem Stichtag zum Zeitpunkt der Fälligkeit anfallen.[267] Kann der Arbeitnehmer aufgrund einer arbeitsrechtlichen Auseinandersetzung mit einer Abfindung rechnen, kann eine solche Ausgangslage Anlass zu Gestaltungsüberlegungen wegen des günstigsten Zeitpunktes der Einreichung des Scheidungsantrags beim Familiengericht führen. Wird eine Abfindung erst nach Zustellung des Scheidungsantrags vereinbart, ist sie bei der Berechnung des nachehelichen Unterhalts zu berücksichtigen.[268] Zur Unterhaltsberechnung ist die Abfindung auf eine angemessene Zeit, idR mehrere Jahre, zu verteilen.[269]

387

Unterhaltsrechtlich ist eine Abfindung zur Aufstockung des unterhaltsrechtlichen Einkommens heranzuziehen, wenn das Einkommen nach dem Ausscheiden aus dem Arbeitsverhältnis geringer ist. Bei gleichbleibendem Einkommen ist die Abfindung als Vermögenswert und nicht als einkommenssteigernd zu behandeln.[270] In diesem Fall ist die Abfindung nicht zu berücksichtigen, da es dann am ehelichen Bezug fehlt.[271]

388

i) Abfindung in der Insolvenz

Vereinbart der Insolvenzverwalter in einem Aufhebungsvertrag, Abwicklungsvertrag oder gerichtlichen Vergleich eine **Abfindung**, handelt es sich um eine Masseverbindlichkeit nach § 55 Abs. 1 Nr. 1 InsO, wenn der Insolvenzverwalter die Kündigung ausgesprochen oder den zur Beendigung des Arbeitsverhältnisses führenden Aufhebungsvertrag vereinbart hat.[272] Kündigungsschutzabfindungen aus der Zeit vor Eröffnung des Insolvenzverfahrens sind hingegen einfache Insolvenzforderungen nach § 38 InsO, soweit der Aufhebungsvertrag vor Verfahrenseröffnung vereinbart wurde.

389

Sieht ein **Tarifvertrag** für den Fall der Kündigung des Arbeitsverhältnisses aufgrund von Rationalisierungsmaßnahmen die Zahlung einer **Abfindung** vor, ist der Abfindungsanspruch auch dann bloße Insolvenzforderung iSv § 38 InsO, wenn die Kündigung erst nach Eröffnung des Insolvenzverfahrens durch den Insolvenzverwalter erklärt wird.[273] Daraus ist abzuleiten, dass alle Abfindungsansprüche aus Tarifverträgen, Betriebsvereinbarungen und Verträgen, deren Rechtsgrundlage vor Insolvenzeröffnung geschaffen wurde, als Insolvenzforderungen einzustufen sind. Neben kollektivrechtlichen Rationalisierungsschutzvereinbarungen gilt dies auch für arbeitsvertraglich zugesagte Abfindungen, wie sie sich zuweilen insbesondere in Arbeitsverträgen mit Vorständen, Geschäftsführern und Führungskräften finden. Nach der Rechtsprechung des BAG ist der Anspruch auf Abfindung, der auf einer Vereinbarung zwischen dem Schuldner und dem Arbeitnehmer beruht, grundsätzlich nur Insolvenzforderung nach § 38 InsO und nicht Masseverbindlichkeit nach § 55 Abs. 1 Nr. 2 InsO, auch wenn er erst nach Insolvenzeröffnung entsteht.[274]

390

---

265 BGH 29.10.1981 – IX ZR 94/80, BGHZ 82, 145, 147.
266 BGH 6.5.1982 – IX ZA 1/82, NJW 1982, 1982.
267 *Bauer*, Arbeitsrechtliche Aufhebungsverträge, IV. Rn 342.
268 BGH 14.1.1987 – Ivb ZR 89/85, NJW 1987, 1554.
269 BGH 14.1.1987 – Ivb ZR 89/85, NJW 1987, 1554.
270 BGH 18.4.2012 – XII ZR 65/10, NJW 2012, 1868; BGH 18. 4.2012 – XII ZR 66/10, NJW 2012, 1873; ausf. *Hambitzer*, FamFR 2013, 100.
271 *Hambitzer*, FamFR 2013, 100.
272 BAG 12.6.2002 – 10 AZR 180/01, BB 2002, 2609 m. Anm. *Regh*, BB 2004, 2611.
273 BAG 27.4.2006 – 6 AZR 364/05, NZA 2006, 1282.
274 BAG 27.9.2007 – 6 AZR 975/06, NZA 2009, 89.

391 **Abfindungen aus Sozialplänen** sind nicht – wie noch unter Geltung der Konkursordnung – als bevorrechtigte Konkursforderungen eingeordnet, sondern als Masseforderungen, § 123 Abs. 2 Satz 1 InsO. Dies ist gerechtfertigt, weil Sozialplananspüche auf einer Einigung zwischen Betriebsrat und Insolvenzverwalter beruhen und somit unter § 55 Abs. 1 Nr. 1 InsO fallen.[275] Die Rechtsstellung der Arbeitnehmer mit Sozialplanforderungen wird allerdings nur formell verbessert. Die Vorschrift über die relative Begrenzung des Sozialplanvolumens bewirkt nämlich, dass die Sozialplangläubiger grundsätzlich nur befriedigt werden, wenn die übrigen Masseverbindlichkeiten voll erfüllt werden können.[276] Trotz ihrer Höherstufung stehen Sozialplanforderungen damit im Nachrang zu den herkömmlichen Masseforderungen.

392 **Forderungen aus Sozialplänen**, die **früher als drei Monate** vor dem Antrag auf Insolvenzeröffnung geschlossen wurden, haben den Rang einfacher Insolvenzforderungen.[277] Wurde der Sozialplan innerhalb von drei Monaten vor dem Antrag auf Insolvenzeröffnung abgeschlossen (**insolvenznaher Sozialplan**) und unterbleibt der Widerruf nach § 124 InsO, sind Forderungen aus dem Sozialplan ebenfalls einfache Insolvenzforderungen iSd § 38 InsO. Nur in dem Fall, dass der Sozialplan von einem vorläufigen Insolvenzverwalter mit Verwaltungs- und Verfügungsbefugnis wegen einer Betriebsänderung aufgestellt wurde, sind die Sozialplanforderungen aus insolvenznahen Sozialplänen gem. § 55 Abs. 2 InsO Masseschulden.[278] Der Insolvenzverwalter kann im Zuge einer Auflösungsvereinbarung die Zahlung einer Abfindung vereinbaren oder sich verpflichten, eine Forderung aus einem Sozialplan als Masseschuld zu befriedigen. Dann wird aus dem Sozialplananspruch durch rechtsgeschäftliche Handlung des Insolvenzverwalters ein individualvertraglicher Abfindungsanspruch, der als Masseverbindlichkeit zu befriedigen ist.[279]

393 **Nachteilsausgleichsansprüche** der Arbeitnehmer aus der Zeit vor Insolvenzeröffnung sind Insolvenzforderungen nach § 38 InsO, sofern sie noch vom Schuldner oder vorläufigen Insolvenzverwalter ohne Verwaltungs- und Verfügungsbefugnis veranlasst wurden.[280] Führt der Unternehmer eine geplante Betriebsänderung durch, ohne über sie einen Interessenausgleich mit dem Betriebsrat versucht zu haben, so sind die daraus folgenden Ansprüche entlassener Arbeitnehmer auf Nachteilsausgleich im nach Zugang der Kündigungen eröffneten Insolvenzverfahren auch dann einfache Insolvenzforderungen, wenn die Kündigungen in Absprache mit dem vorläufigen Insolvenzverwalter und mit dessen Zustimmung erfolgten.[281] Hingegen sind Ansprüche, die der vorläufige Insolvenzverwalter mit Verwaltungs- und Verfügungsbefugnis durch ein betriebsverfassungsrechtliches Verhalten begründet hat, nach § 55 Abs. 2 InsO Masseverbindlichkeiten.[282] Werden Nachteilsausgleichsansprüche durch den Insolvenzverwalter begründet, handelt es sich um Masseverbindlichkeiten nach § 55 InsO, die die Insolvenzmasse vermindern.

394 Einigen sich nach Verfahrenseröffnung der starke Insolvenzverwalter und der Arbeitnehmer auf einen außergerichtlichen Aufhebungsvertrag oder auf einen gerichtlichen Abwicklungsvertrag und vereinbaren eine Abfindung, besteht ein Masseschuldanspruch nach § 55 Abs. 1 Nr. 1 InsO.[283] Nach Ansicht des BAG verstößt es nicht gegen den arbeitsrechtlichen Gleichbehandlungsgrundsatz, wenn von einer entsprechenden Regelung diejenigen Arbeitnehmer ausgenommen werden, die sich bereits in Kenntnis des Antrags auf Eröffnung des Insolvenzverfahrens mit der Beendigung des Arbeitsverhältnisses ausdrücklich einverstanden erklärt haben.[284] Bei finanziell unsicherer Lage des Unternehmens kann sich der Arbeitnehmer einmal durch Schuldbeitritt eines Dritten, zB der Konzernmutter, oder durch eine Bürgschaftserklärung absichern. Auch verbleibt dem Arbeitnehmer das Gestaltungsmittel, Aufhebungs- und Abwicklungsvertrag unter eine auflösende Bedingung zu stellen.[285] Die Vereinbarung einer auflösenden Bedingung dürfte keinen Unwirksamkeitsgrund nach § 133 InsO wegen vorsätzlicher Gläubi-

---

275 *Boemke/Tietze*, DB 1999, 1389, 1393; *Heinze*, NZA 1999, 57, 63.
276 *Boemke/Tietze*, DB 1999, 1389, 1393.
277 BAG 31.7.2002 – 10 AZR 275/01, NZA 2002, 1332.
278 BAG 31.7.2002 – 10 AZR 275/01, NZA 2002, 1332.
279 BAG 12.6.2002 – 10 AZR 180/01, NZA 2002, 974.
280 BAG 8.4.2003 – 2 AZR 15/02, ZIP 2003, 1260.
281 BAG 4.12.2002 – 10 AZR 16/02, NZA 2003, 665.
282 LAG Schleswig-Holstein 24.8.2006 – 6 Sa 556/05, juris.
283 *Lohkemper*, KTS 1996, 1 (36).
284 BAG 27.10.1998 – 1 AZR 94/98, NZA 1999, 719.
285 *Bauer*, Arbeitsrechtliche Aufhebungsverträge, V. Rn 15.

gerbenachteiligung darstellen.²⁸⁶ Die **Gläubigerbenachteiligungsabsicht** verlangt einen auf den Erfolg der Gläubigerbenachteiligung gerichteten Willen.²⁸⁷ Hat der Arbeitnehmer beim Abschluss des auflösend bedingten Aufhebungsvertrages mit seinem wirtschaftlich schlecht dastehenden Arbeitgeber die Benachteiligung anderer Gläubiger des Arbeitgebers zwar als möglich angesehen, aber nicht gewollt oder gebilligt, fehlt eine Gläubigerbenachteiligungsabsicht.²⁸⁸ Problematisch bleiben allerdings Aufhebungsverträge und Abfindungsvereinbarungen, die in der kritischen Phase abgeschlossen werden. Die Frage der Anfechtbarkeit richtet sich nach §§ 129 ff InsO. Bei einem arbeitsgerichtlichen Vergleich mit Abfindungszahlung handelt es sich idR um eine kongruente Deckung, weil der Abfindungszahlung eine Gegenleistung, nämlich der Verzicht auf die Geltendmachung der Unwirksamkeit der Kündigung und damit eine Einwilligung in die Beendigung des Arbeitsverhältnisses, gegenübersteht.

Daher sind folgende Regelungen zum Abschluss eines aufschiebend bedingten Aufhebungsvertrages sowie eines entsprechenden Abwicklungsvertrages denkbar:

Sollte vor Zahlung der Abfindung ein Insolvenzverfahren eröffnet oder die Eröffnung mangels Masse abgelehnt werden, gilt der Aufhebungsvertrag als nicht geschlossen mit der Folge, dass das Arbeitsverhältnis ungekündigt fortbesteht.²⁸⁹

Beim Abwicklungsvertrag ist vor allem an den Fall zu denken, dass eine Kündigungsschutzklage erhoben ist und das Arbeitsverhältnis über einen Prozessvergleich gegen Zahlung einer Abfindung beendet wird. In diesem Falle sind zwei Varianten denkbar:

Wird die Abfindung fristgerecht zum ... gezahlt, nimmt der Kläger nach Zahlungseingang seine vor dem Arbeitsgericht ... erhobene Kündigungsschutzklage, Az ..., zurück. Der Beklagte erteilt vorab für diesen Fall seine Zustimmung.

Diese Variante eignet sich in den Fällen, in denen die Kündigung ausgesprochen, eine Kündigungsschutzklage erhoben, aber entweder noch kein Gütetermin durchgeführt wurde oder die Vereinbarung außergerichtlich in den Zeitraum zwischen Güte- und Kammertermin fällt. In dem Fall, in dem der gerichtliche Abwicklungsvergleich, sei es im Güte-, sei es im Kammertermin, geschlossen wird, bietet sich folgende Ergänzung an:

Sofern die Abfindung nicht spätestens zum ... bei dem Kläger eingegangen ist, ist der Abwicklungsvertrag/ Prozessvergleich vom heutigen Tage hinfällig und das ruhend gestellte Kündigungsschutzverfahren wird wieder aufgenommen.

j) Verjährung und Verfall von Abfindungen

Eine **vertraglich vereinbarte Abfindung** wegen des Verlustes des Arbeitsplatzes unterliegt der regelmäßigen Verjährung von drei Jahren nach § 195 BGB. Der durch **Urteil** oder in einem **Prozessvergleich** festgelegte Abfindungsanspruch verjährt hingegen gem. § 197 Abs. 1 Nr. 4 BGB erst in 30 Jahren.

Ausschlussfristen gelten für gerichtlich festgesetzte oder vereinbarte Abfindungen nicht,²⁹⁰ wohl aber für sonstige Abfindungsansprüche.²⁹¹

k) Abfindungsrückzahlungsklauseln

Bei konzernangehörigen Unternehmen entsteht die Gefahr, dass der Arbeitnehmer die eine Firma mit einer Abfindungsvereinbarung verlässt und in einem anderen Unternehmen, das zum gleichen Konzern gehört, ein neues Arbeitsverhältnis aufnimmt. Der Konzern kann kein Interesse daran haben, dass in diesem Falle eine Abfindung gezahlt wird. Dabei ist zu unterscheiden zwischen denjenigen Fällen, in denen unmittelbar nach Beendigung des Arbeitsverhältnisses ein neues Arbeitsverhältnis bei einem konzernzugehörigen, anderen Unternehmen aufgenommen wird, und denjenigen Fällen, in denen der

---

286 *Bauer*, Arbeitsrechtliche Aufhebungsverträge, V. Rn 16.
287 BAG 29.7.1967 – 3 AZR 55/66, NJW 1967, 2425.
288 *Bauer*, Arbeitsrechtliche Aufhebungsverträge, V. Rn 16.
289 *Bauer*, Arbeitsrechtliche Aufhebungsverträge, V. Rn 15.
290 BAG 13.1.1982 – 5 AZR 546/79, NJW 1982, 2207.
291 BAG 27.10.2005 – 8 AZR 546/03, NZA 2006, 259.

Arbeitnehmer zu einem wesentlich späteren Zeitpunkt, weil sich diese Entwicklung im Laufe seiner Bewerbungsbemühungen ergeben hat, in ein konzernabhängiges Unternehmen eintritt. Für den Fall, dass man eine Rückzahlungsregelung vereinbaren will, die den Fall des **unmittelbaren Anschlussarbeitsverhältnisses in einem konzernzugehörigen Unternehmen** erfassen soll, wird folgende Formulierung vorgeschlagen:

Der Abfindungsanspruch entfällt, wenn der Mitarbeiter im Anschluss an das Vertragsverhältnis ein neues Vertragsverhältnis unter Anrechnung der bisherigen Betriebszugehörigkeit mit einem konzernverbundenen Unternehmen eingeht, es sei denn, dieses neue Arbeitsverhältnis wird sechs Monate nach Beendigung dieses Vertrages vom neuen Arbeitgeber gekündigt; in diesem Fall ist die hier vereinbarte Abfindung bei Beendigung des neuen Arbeitsverhältnisses zu zahlen.

401 Eine differenziertere Regelung zur Abfindung ist angebracht, wenn der Arbeitnehmer erst im Laufe der Zeit, jedenfalls innerhalb eines Jahres nach Beendigung des Arbeitsverhältnisses, ein neues Arbeitsverhältnis zu einem konzernzugehörigen Unternehmen eingeht. Für diesen Sachverhalt können die Parteien das Folgende regeln:

Die Abfindung ist brutto zurückzuzahlen, wenn der Mitarbeiter innerhalb von zwölf Monaten nach Beendigung dieses Vertrages ein neues Arbeitsverhältnis mit einem konzernverbundenen Unternehmen unter Anrechnung der bisherigen Betriebszugehörigkeit eingeht und dieses neue Arbeitsverhältnis sechs Monate ungekündigt besteht; in diesem Fall ist die Abfindung nach Ablauf des sechsten Monats des neuen Arbeitsverhältnisses zur Rückzahlung fällig. Von der Rückzahlung ausgenommen ist ein Betrag 1/12 des Bruttoabfindungsbetrags für jeden Monat der Arbeitslosigkeit zwischen der Beendigung dieses Arbeitsverhältnisses und dem Beginn des neuen Arbeitsverhältnisses.

l) Abfindungsverlustklausel

402 Arbeitet der Mitarbeiter in einem Konzern, ist es denkbar, dass er bei seinem konzernabhängigen Arbeitgeber ausscheidet, eine Abfindung erhält und schon nach kurzer Zeit wieder eine Stelle in einem anderen konzernabhängigen Unternehmen antritt. Für diese Fälle besteht ein Bedürfnis, eine Rückzahlungsklausel zu vereinbaren, die darauf abstellt, ob der Arbeitnehmer in einem bestimmten Zeitraum ein Arbeitsverhältnis mit einem anderen, konzernabhängigen Unternehmen vereinbart. Zur Vermeidung einer Abfindungszahlung gegenüber einem Arbeitnehmer, der letztlich nicht sozial schutzbedürftig ist, weil er innerhalb des Konzerns nach dem Ausscheiden aus der einen Firma in eine andere Gesellschaft wechselt, bietet sich folgende Klausel an:

Die Abfindung ist in voller Höhe zurückzuzahlen, sofern der Mitarbeiter innerhalb von zwölf Monaten nach Beendigung des Arbeitsverhältnisses ein neues Arbeitsverhältnis mit einem Unternehmen der ...-Gruppe eingeht.

2. Abfindung nach § 1 a KSchG

403 Nach § 1 a KSchG hat der Arbeitnehmer einen Abfindungsanspruch, wenn der Arbeitgeber wegen dringender betrieblicher Erfordernisse kündigt und der Arbeitnehmer bis zum Ablauf der Frist des § 4 Satz 1 KSchG keine Kündigungsschutzklage erhebt, wenn der Arbeitgeber in der – schriftlichen – Kündigungserklärung den Hinweis gegeben hat, die Kündigung werde auf dringende betriebliche Erfordernisse gestützt und der Arbeitnehmer könne bei Verstreichenlassen der Klagefrist die Abfindung beanspruchen. § 1 a KSchG ist auch auf betriebsbedingte Änderungskündigungen anwendbar, soweit diese wegen Nichtannahme oder vorbehaltloser Ablehnung des Änderungsangebots zur Beendigung des Arbeitsverhältnisses führt.[292]

---

[292] BAG 13.12.2007 – 2 AZR 663/06, NZA 2008, 528.

Der Wortlaut einer Kündigung nach § 1 a KSchG kann wie folgt formuliert werden: 404

Sehr geehrter Herr ...,

hiermit kündigen wir das Arbeitsverhältnis wegen dringender betrieblicher Erfordernisse nach § 1 Abs. 2 Satz 1 KSchG. Wenn Sie innerhalb von drei Wochen nach Zugang dieses Schreibens keine Klage auf Feststellung erheben, dass das Arbeitsverhältnis durch die Kündigung nicht aufgelöst ist, haben Sie mit Ablauf der Kündigungsfrist Anspruch auf eine Abfindung. Die Höhe der Abfindung beträgt 0,5 Monatsverdienste für jedes Jahr des Bestehens des Arbeitsverhältnisses. Einzelheiten ergeben sich aus § 1 a Abs. 2 KSchG.

Mit freundlichen Grüßen

Eine Bezifferung der Abfindung ist nicht notwendig. Will der Arbeitgeber dem Arbeitnehmer aber eine geringere als die gesetzliche Abfindung anbieten, so muss er unmissverständlich erklären, dass sein Angebot kein solches nach § 1 a KSchG sein soll. Enthält das Kündigungsschreiben den notwendigen Inhalt nach § 1 a KSchG (Anspruch auf Abfindung bei Betriebsbedingtheit der Kündigung und Verstreichenlassen der Klagefrist), dann muss der Arbeitgeber im Kündigungsschreiben deutlich erkennbar machen, dass die Abfindung geringer ist als nach § 1 a KSchG vorgesehen.[293] Dies kann zB durch die Formulierung „wir bieten an" und/oder durch das Angebot einer Abfindung, deren Höhe deutlich von der gesetzlichen Abfindung nach § 1 a KSchG abweicht, erfolgen.[294] Auch der Hinweis des Arbeitgebers im Kündigungsschreiben, der Arbeitnehmer habe bei **Rechtskraft der Kündigung** einen Abfindungsanspruch, erfüllt nicht die Voraussetzungen des § 1 a Abs. 1 Satz 2 KSchG, da der Begriff „Rechtskraft der Kündigung" weitergehender ist als der des Verstreichenlassens der Klagefrist.[295] Hat der Arbeitgeber in dem Kündigungsschreiben auf eine niedrigere Abfindung aus einem in Bezug genommenen Sozialplan verwiesen, ist der Abfindungsanspruch auf diesen Betrag begrenzt. 405

Ergibt die Auslegung des Kündigungsschreibens, dass keine Kündigung nach § 1 a KSchG vorliegt, ist in der Erklärung des Arbeitgebers ein **Angebot zum Abschluss eines Abwicklungsvertrages** zu sehen. Dieses muss der Arbeitnehmer annehmen. Dabei wird man das Verstreichenlassen der Klagefrist nach § 4 Satz 1 KSchG als konkludente Annahmeerklärung bewerten können, so dass § 151 BGB anwendbar ist.[296] Enthält ein Kündigungsschreiben neben der Bedingung nach § 1 a KSchG **weitere Bedingungen**, an die die Zahlung der Abfindung geknüpft sind, zB die Pflicht zur Erledigung bestimmter Arbeiten innerhalb der Kündigungsfrist trotz Freistellung, muss der Arbeitnehmer das Angebot in jedem Fall ausdrücklich annehmen. § 151 BGB ist in diesem Fall nicht anwendbar, weil die Annahme nicht nur rechtliche Vorteile bringen würde.[297] 406

Der Abfindungsanspruch aus § 1 a Abs. 2 KSchG **entsteht** erst mit Ablauf der Kündigungsfrist der zugrunde liegenden betriebsbedingten Kündigung. Endet das Arbeitsverhältnis vorher durch Tod des Arbeitnehmers, kann der Anspruch deshalb nicht nach § 1922 Abs. 1 BGB auf den Erben übergehen.[298] 407

Nach dem Zweck der Vorschrift, jede gerichtliche Auseinandersetzung über die Rechtswirksamkeit der Kündigung im Rahmen einer Kündigungsschutzklage zu vermeiden, steht der Anspruch auf die Abfindung unter der auflösenden Bedingung, dass der Arbeitnehmer nach Ablauf der Klagefrist keine prozessualen Schritte einleitet, um die Rechtswirksamkeit der Kündigung im Rahmen einer Kündigungsschutzklage überprüfen zu lassen. Deshalb ist der Anspruch nicht bleibend entstanden, wenn zunächst **Kündigungsschutzklage erhoben und diese später zurückgenommen** wird.[299] Dies gilt auch, wenn der Arbeitnehmer nach Ablauf der Frist des § 4 KSchG Klage erhebt, einen Antrag auf nachträgliche Zulassung nach § 5 KSchG stellt und die Klage später zurücknimmt[300] oder wenn der Arbeitnehmer nach Ablauf der Frist des § 4 KSchG Klage erhebt, ohne die nachträgliche Zulassung nach § 5 KSchG beantragt zu haben, und dann die Klage wieder zurücknimmt.[301] 408

---

293 BAG 13.12.2007 – 2 AZR 807/06, NZA 2008, 904; BAG 10.7.2008 – 2 AZR 209/07, NZA 2008, 1292.
294 LAG Sachsen 30.5.2008 – 2 Sa 841/06, LAGE KSchG § 1 a Nr. 5; BAG 10.7.2008 – 2 AZR 209/07, NZA 2008, 1292.
295 LAG Hamm 7.6.2005 – 12 Sa 2165/04, NZA 2005, 1123; Wortgenauigkeit fordert ebenfalls LAG Baden-Württemberg 26.6.2006 – 4 Sa 24/06, n.v.
296 *Gießen/Besgen*, NJW 2004, 185, 187; aA ErfK/*Oetker*, § 1 a KSchG Rn 2.
297 LAG Rheinland-Pfalz 18.10.2007 – 2 Sa 497/07, BeckRS 2008, 51632.
298 BAG 10.5.2007 – 2 AZR 45/06, NZA 2007, 1043.
299 BAG 13.12.2007 – 2 AZR 971/06, NZA 2008, 696.
300 BAG 13.12.2007 – 2 AZR 971/06, NZA 2008, 696.
301 BAG 20.8.2009 – 2 AZR 267/08, NZA 2009, 1197.

409 Die **Höhe** der Abfindung bestimmt sich gem. § 1 a Abs. 2 KSchG nach den Vorgaben des § 10 Abs. 3 KSchG. Bei der Berechnung der Abfindungshöhe kommt es nicht auf die Dauer der Betriebszugehörigkeit im Zeitpunkt des Zugangs der Kündigung an. Die Höhe der Abfindung beträgt 0,5 Monatsverdienste für jedes Jahr des Bestehens des Arbeitsverhältnisses. Maßgeblich ist damit der Ablauf der Kündigungsfrist.[302]

3. Abwicklungsvertrag mit Rückkehrperspektive

410 In einer Zeit, in der man sich vermehrt mit der Frage beschäftigt, ob nicht nur statt reiner Beendigungsmodelle auch andere Ansätze in Frage kommen,[303] lassen sich Gestaltungsalternativen zum herkömmlichen Abwicklungsvertrag entwickeln, die die Möglichkeit der Wiedereinstellung beinhalten. *Dollmann*[304] hat ein **Neubegründungsmodell** vorgeschlagen, das bei jedem außergerichtlichen, aber auch gerichtlichen Abwicklungsvertrag realisierbar ist. Der Wortlaut:

Die Beklagte verpflichtet sich, dem Kläger den Abschluss eines neuen Arbeitsvertrages schriftlich anzubieten, sofern sie in der Zeit vom ... bis ... ungelernte Arbeitskräfte einstellt. Die Beklagte ist nur zum einmaligen Angebot eines neuen Arbeitsvertrages verpflichtet. Das Angebot hat unter Beachtung der Kündigungsfristen eines zwischenzeitlich begründeten Arbeitsverhältnisses mit einem Dritten zu erfolgen. Der Kläger kann das Angebot der Beklagten nur binnen einer Frist von zwei Wochen ab Zugang annehmen. Der Kläger verpflichtet sich, der Beklagten einen Wohnsitzwechsel unverzüglich mitzuteilen.

411 Diese Vereinbarung bietet sich an, wenn zuvor die Beendigung des Arbeitsverhältnisses durch Kündigung und die Zahlung eines Abfindungsbetrags gem. §§ 9, 10 KSchG protokolliert wurden. Die von *Dollmann* vorgeschlagene Klausel beinhaltet keine unbeschränkte Wiedereinstellungszusage, sondern ist zeitlich befristet und darüber hinaus aufschiebend bedingt. Das gewählte Beispiel betrifft ungelernte Arbeitskräfte, so dass sich eine Präzisierung des Angebots mit Blick auf eine bestimmte Stelle nicht zwingend anbietet.

412 Ergänzend regt *Dollmann*[305] an, eine **Anrechnungsklausel** aufzunehmen:

Im Falle der Neubegründung eines Arbeitsverhältnisses sind sich die Parteien einig, die bisherige Beschäftigungsdauer auf das neu begründete Arbeitsverhältnis anzurechnen.

413 Weiterhin besteht die Möglichkeit, eine vollständige oder teilweise Rückzahlungsvereinbarung über die gezahlte Abfindung im Falle der Wiedereinstellung zu treffen:

Der Kläger verpflichtet sich, im Falle der Neubegründung des Arbeitsverhältnisses die nach Abzug etwaiger Steuern gezahlte Abfindung in monatlichen Raten á EUR ... an die Beklagte zurückzuzahlen, die die monatlichen Raten unter Beachtung der Pfändungsfreigrenze vom Nettolohn einbehalten darf. Wird das neu begründete Arbeitsverhältnis vor vollständiger Erfüllung des Rückzahlungsanspruchs beendet, wird dem Kläger der noch offene Rückzahlungsbetrag erlassen.

414 Die Rückzahlungsklausel ist wirksam. Aus der Rechtsprechung des BAG zum Wegfall der Geschäftsgrundlage eines innerhalb der Kündigungsfrist getroffenen Prozessvergleichs mit Wiedereinstellung[306] lässt sich entnehmen, dass bei Wiedereinstellung eine Rückzahlungsverpflichtung bestehen und somit in jedem Falle privatautonom vereinbart werden kann. Wird der Abwicklungsvertrag mit Rückkehrperspektive als Aufhebungsvertrag oder gerichtlicher Vergleich geschlossen, dient dies der Beseitigung entstehender Arbeitslosigkeit und dürfte schon aus diesem Grunde als wichtiger Grund iSd § 159 SGB III anzusehen sein.

415 Es ist zweifelhaft, ob der Arbeitnehmer einen **Auskunftsanspruch** gegenüber dem Arbeitgeber hat, um festzustellen, welche Arbeitnehmer in dem vereinbarten Zeitraum eingestellt wurden. Zwar ist in der Rechtsprechung des BAG anerkannt, dass Auskunftsansprüche nach Treu und Glauben bestehen kön-

---

302 ArbG Hamburg 23.9.2008 – 25 Ca 137/08.
303 *Hümmerich/Welslau*, NZA 2005, 610.
304 *Dollmann*, BB 2005, 2297.
305 BB 2005, 2297.
306 BAG 4.12.1997 – 2 AZR 140/97, BB 1998, 1108.

nen, wenn es die Rechtsbeziehungen zwischen den Parteien mit sich bringen, dass der Berechtigte in entschuldbarer Weise über Bestehen und Umfang seines Rechts im Ungewissen ist und der Verpflichtete die zur Beseitigung der Ungewissheit erforderliche Auskunft unschwer geben kann.[307] Hieraus abzuleiten, dass dem Arbeitnehmer ein entsprechender Auskunftsanspruch zusteht, wäre kühn. Dem Mitarbeiter bleibt es allerdings unbenommen, sich ein **Auskunftsrecht** vertraglich zu sichern. Eine solche Regelung kann wie folgt lauten:

Die Beklagte verpflichtet sich, über die Anzahl und den Inhalt der mit vergleichbaren Mitarbeitern getroffenen Abreden mit Neubegründungsangebot sowie über geplante oder erfolgte Einstellungen im vereinbarten Zeitraum die erforderlichen Auskünfte zu erteilen und entsprechend § 259 Abs. 2 BGB die Richtigkeit und Vollständigkeit der Auskünfte an Eides Statt zu versichern.[308]

Vollstreckbar sind die Ansprüche aus dem erweiterten Abwicklungsvergleich nach § 894 ZPO nicht. § 894 ZPO findet auf einen gerichtlichen Vergleich, der eine Verpflichtung zur Abgabe einer Willenserklärung enthält, keine Anwendung.[309] Da der Anspruch bedingt und befristet, somit von weiteren Voraussetzungen abhängig ist, scheidet auch eine unmittelbare Vollstreckung aus dem Vergleich nach § 888 ZPO aus.[310] Vielmehr ist es erforderlich, mit einer neuen Leistungsklage die im Vergleich niedergelegte Angebotsverpflichtung gegen den ehemaligen Arbeitgeber vor dem Arbeitsgericht geltend zu machen. *Dollmann*[311] schlägt vor, in diesem Falle den Antrag zu stellen, in Anlehnung an die Geltendmachung des Wiedereinstellungsanspruchs den Arbeitgeber zu verurteilen, „ein Beschäftigungsangebot mit dem Inhalt des zum ... beendeten Arbeitsverhältnisses zu unterbreiten". 416

Mit Rechtskraft des stattgebenden Urteils gilt das Angebot des Arbeitgebers als abgegeben und kann vom Arbeitnehmer angenommen werden. Lehnt der Arbeitnehmer das Angebot auf Wiedereinstellung ab und bezieht er Arbeitslosengeld I oder Arbeitslosengeld II, muss er mit sozialversicherungsrechtlichen Sanktionen rechnen. Wer Arbeitslosengeld bezieht, wird eine Sperrzeit nach § 159 Abs. 1 Satz 2 Nr. 2 SGB III erhalten, weil er ein ihm zumutbares Arbeitsangebot abgelehnt hat. 417

Vereinbarungen über ein Rückkehrrecht stehen unter dem Vorbehalt, dass der Betriebsrat die Zustimmung nach § 99 Abs. 1 BetrVG erteilt. Die Rückkehr eines Arbeitnehmers in den Betrieb ist, auch wenn sie arbeitsvertraglich bei einem ausscheidenden Arbeitnehmer als Perspektive vereinbart wurde, eine Neueinstellung, die nach § 99 Abs. 1 BetrVG mitbestimmungspflichtig ist. Aus diesem Grund wird angeregt, in jedem Falle bei Abwicklungsverträgen mit Rückkehrperspektive eine Klausel aufzunehmen, die besagt: 418

Die von der Beklagten eingegangene Verpflichtung steht unter dem Vorbehalt der Zustimmung des Betriebsrats nach § 99 BetrVG.

Unterlässt es der Arbeitgeber, einen derartigen **Vorbehalt** auszusprechen, könnte der Fall eintreten, dass der Arbeitnehmer nach der Rückkehrzusage, deren Voraussetzungen erfüllt sind, zur Wiedereinstellung verpflichtet wäre, sämtliche Pflichten aus der Rückkehrzusage und dem sich daran anschließenden Arbeitsverhältnis zu erfüllen hätte, mit Ausnahme der Beschäftigung, weil der Betriebsrat die Zustimmung zur Einstellung nach § 99 Abs. 2 BetrVG verweigert hat und ein Zustimmungsersetzungsverfahren nach § 99 Abs. 3 BetrVG für den Arbeitgeber, ggf wegen vorhersehbarer Erfolglosigkeit, nicht in Betracht kommt. Der Arbeitsvertrag bleibt auch dann wirksam, wenn bei der Einstellung das Mitbestimmungsrecht des Betriebsrats verletzt wurde.[312] Der Betriebsrat kann in diesem Falle verlangen, dass der Arbeitnehmer im Betrieb nicht beschäftigt wird, mit der Folge, dass der Arbeitgeber das Gehalt zu zahlen hat, der Arbeitnehmer allerdings nicht beschäftigt wird.[313] Das betriebsverfassungs- 419

---

307 BAG 1.12.2004 – 5 AZR 664/03, BB 2005, 1168; BAG 21.11.2000 – 9 AZR 665/99, BB 2001, 2059.
308 *Dollmann*, BB 2005, 2297, 2302.
309 BGH 19.6.1986 – IX ZR 141/85, NJW 1986, 2704.
310 *Dollmann*, BB 2005, 2297, 2302.
311 *Dollmann*, BB 2005, 2297, 2302.
312 BAG 5.4.2001 – 2 AZR 580/99, NZA 2001, 893; BAG 2.7.1980 – 5 AZR 56/79, AP § 101 BetrVG 1972 Nr. 5; *Raab*, ZfA 1995, 479.
313 BAG 2.7.1980 – 5 AZR 56/79, AP § 101 BetrVG 1972 Nr. 5.

rechtliche Beschäftigungsverbot greift in die individualrechtlichen Beziehungen zwischen dem Arbeitgeber und dem einzelnen Arbeitnehmer ein.[314]

4. Announcement-Klauseln

420 Das betriebsinterne und das betriebsexterne Announcement (**Pressemeldung**) spielt für die Reputation eines ausscheidenden Arbeitnehmers eine nicht zu unterschätzende Rolle. Die Branchen sind klein, zumindest übersichtlich und jedes überraschende Ausscheiden eines Arbeitnehmers bietet rasch Anlass zu Verdächtigungen. Für den Arbeitnehmer, dessen Ausscheiden wertneutral nach außen kommuniziert wurde, bietet das Announcement zudem den Vorteil, dass ihn manch einer anrufen wird, der an der Vermittlung einer neuen Position Interesse hat, sei es der Wettbewerb, sei es ein Personalberater.

421 Auch die betriebsinterne Kommunikation darf, je nach Firmengröße, nicht unterschätzt werden. In Extremfällen pflegen Führungskräfte ihre Trennungsentscheidung, ohne dass eine Kündigung ausgesprochen wurde oder ohne dass bereits ein Aufhebungsvertrag geschlossen wurde, zeitgleich mit dem Verlassen des Betriebsgeländes im Intranet bekannt zu geben. Meist werden derartige E-Mails ihrem Wortlaut nach so gefasst, als sei die Trennung bereits juristisch geregelt. Oft werden auch schon die Nachfolger oder die Verteilung der Aufgaben des ausscheidenden Mitarbeiters publiziert. Was jedem Mitarbeiter am Meisten schadet, nämlich das Gerücht, die hinter seinem Rücken kolportierten und nicht steuerbaren Informationen, lassen sich durch ein Announcement nur bedingt einschränken.

422 Ein offizielles Firmen-Statement bietet demgegenüber den Vorteil, dass zumindest offenbleibt, inwieweit die Führungskraft das Unternehmen verlassen wollte oder verlassen hat. Deshalb ist Arbeitnehmern in größeren Unternehmen anzuraten, das betriebsinterne Announcement inhaltlich miteinander abzustimmen und im Aufhebungs- und Abwicklungsvertrag den vereinbarten Wortlaut niederzulegen. Selbst wenn, wie beim Abwicklungsvertrag, eine Kündigung vorausgegangen ist, kann ein danach neutral und ausgewogen formuliertes Announcement den bereits eingetretenen Ansehensverlust in Grenzen halten. Ein **internes Announcement** kann bspw lauten:

Herr Meier, der seit dem ... in unserem Hause tätig ist, wird mit Wirkung zum ... ausscheiden. Herr Meier leitete zunächst die Exportabteilung und übernahm vor vier Jahren die Stabsstelle Auslandsinvestitionen. In dieser Zeit hat er den Ausbau zweier Tochtergesellschaften in Brasilien und Polen mit großem Erfolg begleitet. Das Unternehmen dankt Herrn Meier für seine geleisteten Dienste. Herr Meier wird am ... ausscheiden. Die Stabsstelle Auslandsinvestitionen wird zum ... aufgelöst und der Finanzabteilung organisatorisch zugewiesen. Bis zur Bestellung eines neuen Abteilungsleiters wird sie von unserem kaufmännischen Direktor kommissarisch geleitet.

423 **Externe Announcements** werden regelmäßig knapp gehalten, zumal wenn der Trennung schwelende Konflikte vorausgegangen sind oder der Führungskraft fristlos gekündigt wurde. In einem solchen Falle wählt man eine Presseerklärung mit folgendem Inhalt:

Herr ..., zuletzt Vorstandsvorsitzender der ..., scheidet nach einer Übereinkunft mit dem Aufsichtsrat am ... aus. Beide Seiten machten zu den Gründen keine näheren Angaben. Herr ... wird sich künftig anderen Aufgaben im Bereich der Folienproduktion widmen.

424 Üblich ist auch eine Vereinbarung über Presseveröffentlichungen mit folgendem Wortlaut:

Presseveröffentlichungen und andere Verlautbarungen an einen unbestimmten Personenkreis werden die Parteien jeweils nur in einer vorab miteinander abgestimmten Form und Wortwahl abgeben.

Soweit der Mitarbeiter von der Gesellschaft redaktionelle Dienstleistungen übernimmt, werden die Parteien gemeinsam eine interne und externe Kommunikation hierüber erarbeiten und werden Presseveröffentlichungen und andere Verlautbarungen an einen unbestimmten Personenkreis nur in einer vorab miteinander abgestimmten Form und Wortwahl abgeben.

---

314 BAG 3.5.1994 – 1 ABR 58/93, BAGE 77, 1 (8) = NZA 1995, 484.

Hilfreich ist, auch wenn eine derartige Vereinbarung weder vollstreckbar (bei gerichtlichen Vergleichen) noch einklagbar ist, dass man das Announcement mit einer **Auskunftsbeschränkung** verknüpft, etwa in dem Sinne:

Die Firma wird gegenüber Dritten nur Auskünfte mit dem Inhalt des Announcements erteilen.

5. Aufhebungsklauseln

Nur in Aufhebungsverträgen beenden die Parteien einvernehmlich das Arbeitsverhältnis über eine Aufhebungsklausel. Dem Abwicklungsvertrag sind Aufhebungsklauseln fremd, weil beim Abwicklungsvertrag die Beendigung nicht über eine Willenserklärung des Arbeitnehmers, sondern über das einseitige Rechtsgeschäft Kündigung durch den Arbeitgeber erfolgt. **Aufhebungsklauseln** formuliert man üblicherweise wie folgt:

Das zwischen den Parteien bestehende Arbeitsverhältnis wird auf arbeitgeberseitige Veranlassung (unter Wahrung der ordentlichen Kündigungsfrist) einvernehmlich zum ... beendet.

Damit nicht schon wegen Nichteinhaltung der ordentlichen Kündigungsfrist eine Ruhensanordnung nach § 158 SGB III erfolgt, ist es wichtig, dass für den Sachbearbeiter der Agentur für Arbeit aus dem Tag der Unterzeichnung des Aufhebungsvertrages und aus dem in der Aufhebungsklausel als Beendigungsdatum bezeichneten Ende des Arbeitsverhältnisses hervorgeht, welche Fristen von den Parteien gewahrt wurden. Anhand des Arbeitsvertrages, anhand von § 622 BGB oder aufgrund eines einschlägigen Tarifvertrages kann der Sachbearbeiter der Agentur feststellen, ob die **Kündigungsfrist** eingehalten wurde.

Weiterhin sollte aus der Beendigungsformulierung immer auch hervorgehen, dass die Beendigung des Arbeitsverhältnisses **auf Initiative des Arbeitgebers** zurückgeht, sofern nicht der Arbeitnehmer mit dem Beendigungswunsch an den Arbeitgeber herangetreten ist. Üblicherweise verwendet man hier die **Formulierung „auf Veranlassung des Arbeitgebers ..."**. Dabei kann es vor dem Hintergrund der Sperrzeitproblematik nach § 159 SGB III sinnvoll sein, sofern der Aufhebungsvertrag zur Vermeidung einer ansonsten ausgesprochenen betriebsbedingten Kündigung geschlossen wurde, dies auch im Aufhebungsvertrag zu formulieren. In verschiedenen Aufhebungsverträgen wird formuliert:

Zur Vermeidung einer ansonsten unumgänglichen, fristgerechten betriebsbedingten Kündigung einigen sich die Parteien unter Wahrung der ordentlichen Kündigungsfrist auf die Beendigung des Arbeitsverhältnisses zum ....

Vor **Rückdatierungen** wird gewarnt. Die Rechtsfolgen eines rückdatierten Aufhebungsvertrages sind umstritten. Zum Teil wird dessen Nichtigkeit nach § 138 Abs. 1 BGB angenommen, da die Rückdatierung idR zur Täuschung Dritter, namentlich der Finanz- oder Arbeitsverwaltung, erfolge.[315] Nach aA sei in diesen Fällen die Täuschung nicht der Hauptzweck, sondern allenfalls Beweggrund, so dass keine Nichtigkeit gegeben sei.[316]

Von einer Rückdatierung ist der Fall der **rückwirkenden Aufhebung des Arbeitsverhältnisses** zu unterscheiden. Die Arbeitsvertragsparteien können ihr Arbeitsverhältnis mit sofortiger Wirkung, zu einem zukünftigen oder vergangenen Zeitpunkt auflösen, rückwirkend jedoch nur, wenn das Arbeitsverhältnis bereits außer Vollzug gesetzt war.[317] Allein die mit einem Aufhebungs-, Abwicklungsvertrag oder einem gerichtlichen Vergleich als Vorleistung erklärte Zustimmung zur Beendigung des Arbeitsverhältnisses im Fall des späteren Ausbleibens der Abfindung begründet keine Nichtigkeit iSv §§ 134, 138 BGB.[318]

Vorsicht ist geboten, wenn die Parteien **Gestaltungsvarianten** wählen, um für den Arbeitnehmer **Vorteile gegenüber der Finanz- oder Arbeitsverwaltung** zu erreichen. Die Rechtsprechung ist uneinheitlich. Zum Teil wird angenommen, dass die **Täuschung über den Beendigungstatbestand** stets zur Nichtig-

---

[315] ArbG Wetzlar 24.8.1993 – 1 Ca 209/93, ARST 1994, 26.
[316] LAG Baden-Württemberg 22.5.1991 – 12 Sa 169/90, LAGE § 611 BGB Aufhebungsvertrag Nr. 4.
[317] BAG 17.12.2009 – 6 AZR 242/09, NZA 2010, 273; LAG Hamm 24.2.2009 – 12 Sa 1440/08, BeckRS 2010, 72244: Es kann eine Umdeutung nach § 140 BGB in eine Beendigung zum Zeitpunkt der Außervollzugsetzung des Arbeitsverhältnisses in Betracht kommen.
[318] BAG 11.7.2012 – 2 AZR 42/11, NZA 2012, 1316; BAG 10.11.2011 – 6 AZR 342/10, BeckRS 2012, 65004.

keit der Vereinbarung führe, insb. wenn statt verhaltensbedingter Gründe nicht bestehende betriebsbedingte Gründe bescheinigt werden.[319] Etwas anderes soll gelten, wenn bei Abschluss der Vereinbarung ein zunächst verhaltensbedingter Beendigungsgrund in einen betriebsbedingten Beendigungstatbestand umgewandelt wird und die zunächst erhobenen Vorwürfe ausdrücklich fallengelassen werden.[320] Nach aA führt die Vereinbarung einer betriebsbedingten statt verhaltensbedingten Beendigung nicht zur Sittenwidrigkeit und Nichtigkeit der Aufhebungsvereinbarung, da Hauptzweck regelmäßig die Beendigung des Arbeitsverhältnisses und eine mögliche Täuschung nur Nebenzweck sei.[321] Auch Verträge, mit denen eine Steuerhinterziehung verbunden ist, sind nur dann nichtig, wenn der Hauptzweck des Vertrages gerade die Steuerhinterziehung ist.[322]

432 Ein Aufhebungsvertrag, der anlässlich eines **Betriebsübergangs** mit dem Veräußerer geschlossen wird, ist wegen **Umgehung des Kündigungsverbots des § 613 a Abs. 4 BGB** nach § 134 BGB nichtig, wenn er lediglich die Beseitigung der Kontinuität des Arbeitsverhältnisses bei gleichzeitigem Erhalt des Arbeitsplatzes bezweckt. Wenn dagegen die Vereinbarung auf das endgültige Ausscheiden des Arbeitnehmers aus dem Betrieb gerichtet ist, können die Parteien einen wirksamen Aufhebungsvertrag vereinbaren.[323] Diesem Zweck dient der Abschluss eines Aufhebungsvertrages, wenn zugleich ein neues Arbeitsverhältnis zum Betriebsübernehmer vereinbart oder zumindest verbindlich in Aussicht gestellt wird.[324]

433 Der Aufhebungsvertrag kann auch als **dreiseitiges Rechtsgeschäft** zustande kommen. Das kann beim Abschluss eines dreiseitigen Vertrages unter Einschaltung einer Beschäftigungs- und Qualifizierungsgesellschaft zur Vermeidung einer Insolvenz der Fall sein.[325] Verabreden ein **Arbeitnehmer**, sein **bisheriger Arbeitgeber** sowie ein **potenzieller neuer Arbeitgeber** im Zuge eines einheitlichen Rechtsgeschäfts, dass der Arbeitnehmer ab einem bestimmten Tage nur noch mit dem neuen Arbeitgeber im Arbeitsverhältnis stehen und für diesen ausschließlich tätig werden soll, beinhaltet dieses Dreiecksgeschäft im Verhältnis zwischen dem Arbeitnehmer und seinem bisherigen Arbeitgeber einen Aufhebungsvertrag iSv § 623 BGB.

434 Diese Grundsätze gelten auch bei einem mittels eines dreiseitigen Vertrages vollzogenen Wechsels des Arbeitnehmers in eine sog. **Transfer- oder Beschäftigungs- und Qualifizierungsgesellschaft**. Zwar stellt sich der Wechsel in die Transfergesellschaft an sich nicht als Betriebsübergang dar, weil der Betrieb nicht fortgeführt wird. Auch die anschließende Übertragung sachlicher Betriebsmittel auf einen Erwerber führt nicht ohne weiteres zur Annahme eines Betriebsübergangs.[326] Eine gesetzwidrige Umgehung der Rechtsfolgen des § 613 a BGB kann aber dann angenommen werden, wenn bei einem sich anschließenden Betriebsübergang zugleich ein neues Arbeitsverhältnis zu einem Betriebsübernehmer vereinbart oder zumindest verbindlich in Aussicht gestellt wird,[327] etwa wenn eine Namensliste mit den zu übernehmenden Mitarbeitern existiert oder wenn tatsächlich ein Großteil der Arbeitnehmer aus der Transfergesellschaft übernommen werden soll.[328] Eine Umgehung kann auch dann vorliegen, wenn die Übernahme in eine Transfergesellschaft nur zum Schein vorgeschoben oder wenn offensichtlich bezweckt wird, die Sozialauswahl zu umgehen.[329] Dies kann der Fall sein, wenn nach den gesamten Umständen klar ist, dass eine Einstellung beim Betriebserwerber erfolgt. Dann stellt sich der Abschluss eines Aufhebungsvertrages für den Arbeitnehmer nicht mehr als Risikogeschäft dar. Unterschreiben die Arbeitnehmer neben einem dreiseitigen Vertrag gleichzeitig vom Betriebserwerber vorformulierte Arbeitsverträge und entscheidet dann das „Losglück" (bei einer Chance von ca. 78 %) oder der Erwerber allein noch über die Dauer des neuen Arbeitsverhältnisses (befristet oder unbefristet), wird nach den

---

319 LAG Baden-Württemberg 6.7.2006 – 21 Sa 8/06, BeckRS 2009, 54849; LAG Hamm 27.11.1997 – 8 Sa 1263/97, LAGE § 611 BGB Aufhebungsvertrag Nr. 22: Erstellung von zwei verschiedenen Exemplaren eines Aufhebungsvertrages.
320 LAG Baden-Württemberg 6.7.2006 – 21 Sa 8/06, BeckRS 2009, 54849.
321 LAG Niedersachsen 23.11.2004 – 13 Sa 385/04, NZA-RR 2005, 415.
322 LAG Köln 18.1.2005 – 9 (11) Sa 1075/04 unter Hinweis auf BGH 2.7.2003 – XII ZR 74/01, NJW 2003, 2742.
323 BAG 23.11.2006 – 8 AZR 349/06, NZA 2007, 866.
324 BAG 10.12.1998 – 8 AZR 324/97, DB 1999, 537; BAG 28.4.1987 – 3 AZR 75/86, NZA 1988, 198.
325 BAG 18.8.2005 – 8 AZR 523/04, NZA 2006, 145; BAG 23.11.2006 – 8 AZR 349/06, NZA 2007, 866.
326 BAG 23.11.2006 – 8 AZR 349/06, NZA 2007, 866.
327 BAG 25.10.2012 – 8 AZR 572/11, BB 2012, 2815; BAG 18.8.2011 – 8 AZR 312/10, NZA 2012, 152; BAG 18.8.2005 – 8 AZR 523/04, NZA 2006, 145.
328 Dazu BAG 25.10.2012 – 8 AZR 572/11, 8 AZR 572/11, BB 2012, 2815; BAG 18.8.2011 – 8 AZR 312/10, NZA 2012, 152; *Bissels/Jordan/Wisskirchen*, NZI 2009, 865, 869.
329 BAG 23.11.2006 – 8 AZR 349/06, NZA 2007, 866.

Gesamtumständen die Eingehung eines Arbeitsverhältnisses verbindlich in Aussicht gestellt.[330] Der im Wege des dreiseitigen Vertrages geschlossene Aufhebungsvertrag ist in diesen Fällen unwirksam.

Die **Darlegungs- und Beweislast** für die Unwirksamkeit des Aufhebungsvertrages wegen Umgehung des § 613a BGB trägt der Arbeitnehmer.[331] Für die Annahme einer Umgehung reicht es nicht schon aus, wenn dessen Motiv lediglich in der erleichterten Betriebsübernahme liegt.[332]

435

Solange das Zustandekommen eines Aufhebungsvertrages zwischen den Parteien streitig ist, befindet sich der Arbeitgeber nicht im Annahmeverzug, wenn der Arbeitnehmer kein tatsächliches Angebot der Arbeitsleistung abgegeben hat.[333] Gerade in Fällen länger dauernder Verhandlungen zwischen Arbeitgeber und Arbeitnehmer, die später uU abgebrochen werden und in denen der Arbeitgeber weder das Nichterscheinen des Arbeitnehmers am Arbeitsplatz gerügt hat noch eine Freistellung ausgesprochen wurde, ist das Urteil des BAG vom 7.12.2005 von großer Bedeutung. Der Arbeitnehmer muss den Nachweis führen, dass er tatsächlich seine Arbeitsleistung während der Verhandlungen angeboten und der Arbeitgeber das Arbeitsangebot des Arbeitnehmers ausgeschlagen hat.

436

6. Aufklärungsklauseln

a) Beendigungsinitiative und Aufklärungspflicht

Auch wenn jeder Vertragspartner für die Wahrnehmung seiner Interessen selbst zu sorgen und sich Klarheit über die Folgen abzuschließender Vereinbarungen zu verschaffen hat, können sich aus der **Schutz- und Rücksichtnahmepflicht** für die **Vermögensinteressen des Arbeitnehmers** gem. § 241 Abs. 2 BGB **Aufklärungs- und Hinweispflichten des Arbeitgebers** ergeben.[334] Hinweis- und Aufklärungspflichten beruhen stets auf den besonderen Umständen des Einzelfalles und sind das Ergebnis einer umfassenden **Interessenabwägung**. Dabei sind die erkennbaren Informationsbedürfnisse des Arbeitnehmers einerseits und die Beratungsmöglichkeiten des Arbeitgebers andererseits zu beachten. Wie groß das Informationsbedürfnis des Arbeitnehmers ist, hängt insb. von der Schwierigkeit der Rechtsmaterie sowie dem Ausmaß der drohenden Nachteile und deren Voraussehbarkeit ab. Der Arbeitgeber darf aber weder durch das Bestehen noch durch den Inhalt einer arbeitsvertraglichen Informationspflicht überfordert werden.[335]

437

Der Umfang von Hinweis- und Aufklärungspflichten des Arbeitgebers beim Abschluss von Abwicklungs- und Aufhebungsverträgen beurteilt sich zunächst danach, von welcher Vertragspartei die **Initiative zur Vereinbarung** des Rechtsgeschäfts ausgegangen ist.[336] Bittet der Arbeitnehmer um die Aufhebung eines Arbeitsverhältnisses, trifft den Arbeitgeber grundsätzlich keine Aufklärungspflicht.[337] Der Mitarbeiter, der selbst um einen Aufhebungsvertrag gebeten hat, muss sich über die Konsequenzen seines Handelns und der Klauseln eines Aufhebungs- und Abwicklungsvertrages selbst informieren.[338]

438

Liegt die **Beendigungsinitiative** beim **Arbeitgeber**, beurteilen Rechtsprechung und Schrifttum die Aufklärungspflichten des Arbeitgebers wie folgt: Der Arbeitgeber hat nach Auffassung einiger Instanzrichter alles dafür zu tun, um **eventuelle Schäden abzuwenden**, die dem Arbeitnehmer durch Abschluss eines Aufhebungsvertrages entstehen könnten.[339] Der 3. Senat des BAG vertritt die (herrschende) Auffassung, dass ohne Vorliegen **besonderer Umstände** keine Aufklärungspflicht für den Arbeitgeber im Verhältnis zum ausscheidenden Arbeitnehmer bestehe.[340] Nur ausnahmsweise gebiete die Fürsorgepflicht des Arbeitgebers, den Arbeitnehmer auf die für ihn nachteiligen Folgen des Aufhebungsvertra-

439

---

330 BAG 25.10.2012 – 8 AZR 572/11, BB 2012, 2815 (Arbeitsverhältnis mit einer BQG für eine halbe Stunde); BAG 18.8.2011 – 8 AZR 312/10, NZA 2012, 152 (Arbeitsverhältnis mit einer BQG für einen Tag); dazu *Willemsen*, NZA 2013, 242.
331 BAG 23.11.2006 – 8 AZR 349/06, NZA 2007, 866.
332 BAG 18.8.2005 – 8 AZR 523/04, NZA 2006, 145.
333 BAG 7.12.2005 – 5 AZR 19/05, NZA 2006, 435.
334 BAG 14.1.2009 – 3 AZR 71/07, AP § 1 BetrAVG Auskunft Nr. 7.
335 BAG 14.1.2009 – 3 AZR 71/07, AP § 1 BetrAVG Auskunft Nr. 7.
336 BAG 11.12.2001 – 3 AZR 339/00, NZA 2002, 1150; BAG 17.10.2000 – 3 AZR 605/99, NZA 2001, 206.
337 BAG 10.3.1988 – 8 AZR 420/85, AP § 611 BGB Fürsorgepflicht Nr. 99.
338 BAG 3.7.1990 – 3 AZR 382/89, NZA 1990, 971.
339 ArbG Hamburg 10.12.1990 – 21 Ca 252/90, BB 1991, 625; ArbG Freiburg 20.6.1991 – 2 Ca 145/91, DB 1991, 2600; ArbG Wetzlar 29.8.1995 – 1 Ca 273/95, NZA-RR 1996, 84; ArbG Wetzlar 7.8.1990 – 1 Ca 48/90, DB 1991, 976; BAG 17.10.2000 – 3 AZR 605/99, DB 2001, 286.
340 BAG 3.7.1990 – 3 AZR 382/89, AP § 1 BetrAVG Nr. 24.

ges hinzuweisen.³⁴¹ Ein solcher Ausnahmefall liegt nach Meinung des 8. Senats des BAG vor, wenn die Abwägung der beiderseitigen Interessen unter Billigkeitsgesichtspunkten und unter Berücksichtigung aller Umstände des Einzelfalles ergibt, dass der Arbeitnehmer durch sachgerechte, vom Arbeitgeber redlicherweise zu erwartende Aufklärung vor der Auflösung des Arbeitsverhältnisses geschützt werden müsse, weil der Arbeitnehmer sich anderenfalls aus Unkenntnis selbst schädigen würde.³⁴² Die blumenreichen Kriterien des 8. Senats eignen sich in der Praxis nicht als trennscharfe Abgrenzungsmerkmale.

440 Regelmäßig treffen den Arbeitgeber **keine Aufklärungspflichten** hinsichtlich etwaiger **steuer- oder sozialversicherungsrechtlicher Folgen** eines Aufhebungsvertrages.³⁴³ Auch wenn die Initiative zum Abschluss des Aufhebungsvertrages vom Arbeitgeber ausgeht und in seinem Interesse liegt, schafft er damit grundsätzlich keine außergewöhnliche Gefahrenquelle. Dies kann ggf anders zu beurteilen sein, wenn er im überwiegenden Eigeninteresse dem Arbeitnehmer einen besonders risikobehafteten Aufhebungsvertrag anbietet.³⁴⁴ Insbesondere in den Fällen des § 158 Abs. 1 SGB III (Ruhen des Arbeitslosengeldanspruchs wegen Entlassungsentschädigung) sollte ein Hinweis auf die möglichen sozialversicherungsrechtlichen Folgen in den Aufhebungsvertrag aufgenommen werden. Es ist nicht auszuschließen, dass ein solcher Aufhebungsvertrag als besonders risikobehaftet angesehen wird.

Der Arbeitnehmer wurde darauf hingewiesen, dass er bei vorzeitiger einvernehmlicher Beendigung des Arbeitsverhältnisses ohne Einhaltung der Kündigungsfrist aufgrund der wegen der Beendigung des Arbeitsverhältnisses gezahlten Abfindung mit einem Ruhen des Arbeitslosengeldanspruchs nach § 158 Abs. 1 SGB III rechnen muss. Ferner wurde dem Arbeitnehmer erläutert, dass der Abschluss des Aufhebungsvertrages zusätzlich zu einer Sperrzeit nach § 159 SGB III führen kann.

b) Keine Pflicht zur Ankündigung eines künftigen Sozialplans

441 Der 10. Senat hat entschieden, dass der Arbeitgeber, der einem Arbeitnehmer einen Aufhebungsvertrag anbiete, nicht zu dem Hinweis verpflichtet sei, dass er Entlassungen plane, die zusammen genommen sozialplanpflichtig werden könnten. Willigt der Arbeitnehmer ein, kann er nach einem späteren Sozialplan keine Abfindung verlangen.³⁴⁵ Auf die Möglichkeit höherer Abfindungsansprüche aus dem bevorstehenden Abschluss eines Sozialplans muss der Arbeitgeber nur dann hinweisen, wenn absehbar ist, dass die Sozialplanregelungen auch auf den Arbeitnehmer anwendbar sein werden.³⁴⁶

Der Arbeitgeber weist den Arbeitnehmer darauf hin, dass gegenwärtig Sozialplanverhandlungen geführt werden. Der Arbeitnehmer erklärt sein Einverständnis, dass es bei den im Aufhebungsvertrag getroffenen Regelungen verbleiben soll, selbst wenn einzelne Regelungen des Sozialplans für ihn günstiger sein sollten und er unter den Anwendungsbereich des Sozialplans fallen sollte.

c) Hinweispflicht nach § 2 Abs. 2 Satz 2 Nr. 3 SGB III

442 Seit der durch das Erste Gesetz für moderne Dienstleistungen am Arbeitsmarkt eingeführten Meldepflicht des Arbeitnehmers nach Erhalt einer Kündigung und nach Abschluss eines Aufhebungsvertrages (§ 38 SGB III) besteht daneben eine obligatorische **Hinweispflicht des Arbeitgebers** gem. **§ 2 Abs. 2 Satz 2 Nr. 3 SGB III**, die nach hM bei Unterlassen durch den Arbeitgeber aber nicht zum Schadensersatz führt.³⁴⁷ Das BAG hat mit Urteil vom 29.9.2005 die Schadensersatzpflicht des Arbeitgebers abgelehnt, der es versäumt hat, den Arbeitnehmer auf die damals bestehende unverzügliche Meldung der drohenden Arbeitslosigkeit gem. §§ 2 Abs. 2 Satz 3 Satz 2 Nr. 3, 38 SGB III hinzuweisen. Er ist damit

---

341 BAG 13.6.1996 – 2 AZR 431/95, NZA 1996, 1032.
342 BAG 10.3.1988 – 8 AZR 420/85, NZA 1988, 837.
343 BAG 16.11.2005 – 7 AZR 86/05, NZA 2006, 535 (Sperrzeit nach Altersteilzeit).
344 ArbG Karlsruhe 6.12.2007 – 8 Ca 295/07, juris: wenn der Arbeitnehmer im Interesse des Arbeitgebers zur Aufhebung des Arbeitsvertrages mit dem Versprechen bewogen werden soll, er werde ab dem 60. Lebensjahr vorzeitig Rente in Anspruch nehmen können, ohne dass jedoch die Voraussetzungen zum Zeitpunkt des Abschlusses des Aufhebungsvertrages bereits vorgelegen haben.
345 BAG 13.11.1996 – 10 AZR 340/96, NZA 1997, 390.
346 BAG 22.4.2004 – 2 AZR 281/03, NZA 2004, 1295.
347 BAG 29.9.2005 – 8 AZR 571/04, NZA 2005, 1406; LAG Hamm 7.6.2005 – 19 (2) Sa 30/05, NZA-RR 2005, 606; LAG Düsseldorf 29.9.2004 – 12 Sa 1323/04, DB 2004, 2645; ArbG Verden 27.11.2003 – 3 Ca 1567/03, NZA-RR 2004, 108.

der überwiegend in Rechtsprechung und Schrifttum vertretenen Ansicht gefolgt, weil es sich bei § 2 Abs. 2 Satz 2 Nr. 3 SGB III um eine öffentlich-rechtliche Sollvorschrift handele, die der Gesetzgeber unschwer auch als Mussvorschrift hätte ausgestalten können, dies allerdings unterlassen habe, folge neben dem rein sozialrechtlichen Regelungszusammenhang,[348] dass die Norm zu keiner Schadensersatzpflicht des Arbeitgebers bei Nichtbeachtung führen solle.[349]

Trotz der Rechtsprechung des BAG wird angeraten, den Arbeitnehmer auf die Pflicht zur Meldung bei der Agentur für Arbeit hinzuweisen. Dabei bietet es sich an, dieser **Hinweispflicht** entweder dadurch zu genügen, dass man eine gesonderte Information in den Aufhebungsvertrag aufnimmt oder bereits in das Kündigungsschreiben: 443

Der Arbeitgeber hat darauf hingewiesen, dass sich der Arbeitnehmer, wenn sein Arbeitsverhältnis endet, spätestens drei Monate vor dessen Beendigung persönlich bei der Agentur für Arbeit arbeitsuchend melden muss. Liegen zwischen der Kenntnis des Beendigungszeitpunktes und der Beendigung des Arbeitsverhältnisses weniger als drei Monate, hat die Meldung innerhalb von drei Tagen nach Abschluss des Aufhebungsvertrages zu erfolgen. Die Pflicht zur Meldung besteht unabhängig davon, ob der Fortbestand des Arbeitsverhältnisses gerichtlich geltend gemacht oder vom Arbeitgeber in Aussicht gestellt wird.

d) Aufklärungspflicht über Versorgungsanwartschaften

Während das BAG dazu tendiert, grundsätzlich eine Aufklärungspflicht des Arbeitgebers wegen der sozialrechtlichen Auswirkungen von Aufhebungs- und Abwicklungsvertrag anzunehmen,[350] differenziert das ArbG Frankfurt[351] wegen sonstiger Auswirkungen des Aufhebungsvertrages danach, ob der Arbeitgeber aufgrund seiner überlegenen Sachkunde ohne weiteres zu vom Arbeitnehmer begehrten Auskünften in der Lage und der Arbeitnehmer zur sachgerechten Entscheidung erkennbar nur nach entsprechender Aufklärung durch den Arbeitgeber imstande ist. Das ArbG Frankfurt[352] geht von einer Hinweispflicht des Arbeitgebers aus, wenn der Arbeitnehmer in den Verhandlungen zum Ausdruck bringe, dass er entsprechenden Rat benötige und der Arbeitgeber ohne weiteres zu einer sachgerechten Aufklärung imstande ist. Die Beweislast dafür, dass der Arbeitnehmer um eine Aufklärung gebeten hat, liegt im Falle eines Schadensersatzprozesses gegen den Arbeitgeber beim Arbeitnehmer.[353] 444

Das LAG Berlin[354] vertritt die Ansicht, dem geltenden Recht lasse sich nicht entnehmen, dass der Arbeitgeber umfassend die Aufgabe eines Sachverwalters der wirtschaftlichen Interessen des Arbeitnehmers zu übernehmen habe. Dadurch würde der Arbeitgeber überfordert. Dies gelte insbesondere im Lohnsteuerrecht. Insoweit stünden dem Arbeitnehmer zur sachkundigen und kompetenten Beratung die entsprechenden Leistungsträger oder beruflich ausgebildete Sachkundige zur Verfügung, an die sich der Arbeitnehmer in Zweifelsfragen wenden könne. *Weber/Ehrich/Burmester* verlangen, dass sich der Mitarbeiter über die steuerliche Gestaltung des Aufhebungsvertrages entweder rechtzeitig vor Vertragsunterzeichnung selbst informiert oder zumindest, wenn er Zweifel über die möglichen steuerrechtlichen Folgen hat, in den Verhandlungen den Arbeitgeber ausdrücklich anspricht. Über den **Verlust von Versorgungsanwartschaften** muss der Arbeitgeber den Arbeitnehmer nach der BAG-Rechtsprechung grundsätzlich nicht von sich aus vor Abschluss des Aufhebungsvertrages unterrichten. Eine Aufklärungspflicht kann daraus herrühren, dass der Arbeitgeber die Initiative für den Abschluss des Aufhebungsvertrages ergriffen hat und angesichts dieser Initiative die Fallkonstellation zu einem atypischen Versorgungsfall führt.[355] 445

---

348 *Hanau*, ZIP 2003, 1573; *Bauer/Krets*, NJW 2003, 537; *Vetter*, BB 2005, 891.
349 LAG Düsseldorf 29.9.2004 – 12 Sa 1323/04, LAGE § 2 SGB III Nr. 2; LAG Baden-Württemberg 27.1.2005 – 11 Sa 110/04, n.v.; LAG Düsseldorf 2.3.2005 – 4 Sa 1919/04, AR-Blattei ES 1400 Nr. 71; LAG Berlin 29.4.2005 – 13 SHa 724/05, MDR 2005, 1177; ArbG Verden 27.11.2003 – 3 Ca 1567/03, LAGE § 2 SGB III Nr. 1 = BB 2004, 1632 m. Anm. *Heins/Höstermann*, BB 2004, 1633.
350 BAG 17.10.2000 – 3 AZR 605/99, NZA 2001, 206.
351 ArbG Frankfurt 21.11.1995 – 4 Ca 3589/95, n.v.
352 ArbG Frankfurt 21.11.1995 – 4 Ca 3589/95, n.v.
353 *Hoß/Ehrich*, DB 1997, 625.
354 LAG Berlin 18.1.1999 – 9 Sa 107/98, ARST 1999, 107.
355 BAG 13.11.1984 – 3 AZR 255/84, AP § 1 BetrAVG Zusatzversorgungskassen Nr. 5; BAG 18.9.1984 – 3 AZR 118/82, AP § 1 BetrAVG Zusatzversorgungskassen Nr. 6.

446 Bei **Versorgungsanwartschaften** besteht eine Tendenz des BAG zur Annahme einer Hinweispflicht, wenn der Arbeitnehmer aufgrund besonderer Umstände darauf vertrauen durfte, der Arbeitgeber werde bei der vorzeitigen Beendigung des Arbeitsverhältnisses die Interessen des Arbeitnehmers wahren und ihn in redlicher Weise vor unbedachten, nachteiligen Folgen seines vorzeitigen Ausscheidens bewahren.[356] Eine Schadensersatzpflicht nimmt das LAG Hessen[357] dann an, wenn ein Arbeitgeber einem Arbeitnehmer eine fehlerhafte Auskunft über die zu erwartende betriebliche Altersversorgung erteilt hat. Als Schadensersatz ist in diesem Falle nicht notwendig die fehlerhafte zu hoch berechnete Rente anzusetzen. Vielmehr ist festzustellen, welche Versorgung der Arbeitnehmer bei richtiger Auskunft nach dem gewöhnlichen Lauf der Dinge oder nach den besonderen Umständen, insbesondere nach den getroffenen Vorkehrungen durch Abschluss einer zusätzlichen privaten Versorgung erhalten hätte.

447 Vom **Fehlen einer Aufklärungspflicht** ging das BAG aus, obwohl einer Arbeitnehmerin durch Abschluss eines Aufhebungsvertrages eine Anwartschaft auf eine Altersversorgung verloren ging, die nur drei Wochen später unverfallbar geworden wäre.[358] In diesem Fall begründete das BAG seine Entscheidung damit, dass der Mitarbeiterin die Versorgungsordnung ausgehändigt worden sei, aus der die Stichtags- und Fristenregelung für sie eindeutig zu erkennen gewesen sei. Es liege in der Eigenart von Stichtags- und Fristenregelungen, dass auch nur kurze Über- und Unterschreitungen zu Rechtsnachteilen führten. Anders beurteilte das BAG **Versorgungsnachteile**, deren Kenntnis sich einer Mitarbeiterin nicht ohne weiteres aus den ihr vorliegenden Unterlagen erschlossen hätten.[359] Trete in einem solchen Falle der Arbeitnehmer an den Arbeitgeber mit der Bitte um Auskunft über die Versorgungsregelung heran, müsse der Arbeitgeber die Auskunft erteilen, soweit er hierzu in der Lage sei. Anderenfalls müsse der Arbeitgeber den Arbeitnehmer an eine zuverlässige oder kompetente Stelle verweisen.[360]

448 In seiner Rechtsprechung ist das BAG nicht konsequent. Mit Urteil vom 17.10.2000[361] entschied es, der Arbeitgeber sei zwar nicht verpflichtet, einer Mitarbeiterin die genaue Höhe der drohenden Versorgungsnachteile vor Abschluss eines Aufhebungsvertrages mitzuteilen und ihr die versorgungsrechtlichen Einzelheiten wie die Abgrenzung von Versorgungs- und Versicherungsrente zu erläutern. Der Arbeitgeber sei auch insoweit berechtigt, die Mitarbeiterin an die Zusatzversorgungskasse zu verweisen. Er habe aber die Mitarbeiterin wenigstens darauf hinzuweisen, dass bei der Zusatzversorgung mit sehr hohen Einbußen zu rechnen sei und dieses Risiko auf der angebotenen, vorzeitigen Beendigung des Arbeitsverhältnisses beruhe. Dadurch, dass die Parteien einen Aufhebungsvertrag im Januar zu Ende Februar schlossen, erhielt die Mitarbeiterin statt einer Versorgungsrente iHv 472,54 EUR, die ihr zugestanden hätte, wenn das Arbeitsverhältnis bis zum August fortgeführt worden wäre, lediglich – nach dem früheren System von VBL und ZVK – eine monatliche Versichertenrente iHv 80,43 EUR. Die Entscheidung ist bedenklich, da die Zusatzversorgungskasse die Arbeitnehmerin in einer Rentenprobeberechnung ausdrücklich darauf hingewiesen hatte, dass sie bei einer Beendigung ihres Arbeitsverhältnisses vor Eintritt des Versicherungsfalles nicht die dynamisierte Versorgungsrente von 472,54 EUR, sondern nur monatlich 80,43 EUR erhalten werde. Der Fall wurde zwar zur weiteren Sachaufklärung an das LAG Köln zurückverwiesen, er zeigt aber, dass der 3. Senat seiner eigenen Rechtsprechung nicht immer treu ist. Nach der BAG-Rechtsprechung[362] darf der Arbeitgeber die Arbeitnehmerin an die zuständige Versorgungskasse verweisen. Damit erlischt seine Aufklärungspflicht. Wenn ein Arbeitnehmer von dort einen zutreffenden Warnhinweis erhält, bleibt für die Annahme eines Aufklärungsdefizits durch den Arbeitgeber kein Raum mehr.

e) Keine Aufklärungspflicht wegen des Zeitpunktes einer Erwerbsunfähigkeitsrente

449 Sieht ein **Tarifvertrag** vor, dass sich die Abfindung für jeden Rentenbezugsmonat um einen bestimmten Betrag vermindert, wenn der Arbeitnehmer innerhalb von 15 Monaten seit Beendigung des Arbeitsverhältnisses **Erwerbsunfähigkeitsrente** bezieht, so ist der Arbeitgeber nach Ansicht des BAG nicht ver-

---

356 BAG 3.7.1990 – 3 AZR 382/89, DB 1990, 2431.
357 LAG Hessen 22.8.2001 – 8 Sa 146/00, NZA-RR 2002, 323 = BB 2002, 416.
358 BAG 3.7.1990 – 3 AZR 382/89, AP § 1 BetrAVG Nr. 24.
359 BAG 13.11.1984 – 3 AZR 255/84, AP § 1 BetrAVG Zusatzversorgungskassen Nr. 5.
360 BAG 13.11.1984 – 3 AZR 255/84, AP § 1 BetrAVG Zusatzversorgungskassen Nr. 5.
361 BAG 17.10.2000 – 3 AZR 605/99, NZA 2001, 206.
362 BAG 13.11.1984 – 3 AZR 255/84, AP § 1 BetrAVG Zusatzversorgungskassen Nr. 5.

pflichtet, den Arbeitnehmer bei Abschluss des Aufhebungsvertrages auf den für ihn günstigsten Zeitpunkt zur Stellung eines Antrags auf Erwerbsunfähigkeitsrente hinzuweisen, um die Rückzahlung der Abfindung zu vermeiden.[363]

Der Arbeitgeber macht den Arbeitnehmer darauf aufmerksam, dass sich durch die Beendigung des Arbeitsverhältnisses Nachteile im Bereich der betrieblichen Altersversorgung ergeben können, die ... zur Folge haben.

f) Aufklärungspflicht über Sonderkündigungsschutz

Gilt bei einem Arbeitnehmer besonderer Kündigungsschutz wie bei Betriebsratsmitgliedern, Schwangeren, Arbeitnehmern in der Elternzeit oder Schwerbehinderten, trifft den Arbeitgeber vor Abschluss eines Aufhebungsvertrages keine Pflicht, auf den Sonderkündigungsschutz unter dem Blickwinkel einer möglichen Anfechtbarkeit eines Aufhebungsvertrages hinzuweisen. Von einem dieser Gruppe angehörenden Arbeitnehmer kann erwartet werden, dass er sich über seinen Sonderkündigungsschutz selbst informiert. Auch ein spezifisches Anfechtungsrecht werdender Mütter oder schwerbehinderter Menschen nach § 119 Abs. 1 und 2 BGB wegen der mutterschutzrechtlichen und arbeitslosenrechtlichen Folgen des Abschlusses eines Aufhebungsvertrages lehnt das BAG ab.[364] Übersieht ein Mitarbeiter das Bestehen eines besonderen Kündigungsschutzes, stellt diese Nachlässigkeit lediglich einen unbeachtlichen Rechtsfolgeirrtum dar. Etwas anderes kann im Hinblick auf etwaige Schadensersatzansprüche gelten. In diesen Fällen stellt sich der Aufhebungsvertrag als besonders risikobehaftet dar (s. dazu Rn 439). 450

g) Eigenkündigung

Von Ausnahmefällen abgesehen[365] trifft den Arbeitgeber keine Aufklärungspflicht, wenn der Arbeitnehmer eine Eigenkündigung vornimmt. Selbst dann, wenn der Arbeitnehmer nicht über die Folgen einer Eigenkündigung im Einzelnen informiert ist, ist ihm idR bekannt, dass mit seinem Schritt im Vergleich zur arbeitgeberseitigen Kündigung negative Konsequenzen verbunden sind, so dass er erst recht Veranlassung hat, sich selbst Klarheit zu verschaffen.[366] Auch gegenüber einem alkoholkranken Arbeitnehmer geht die Fürsorgepflicht des Arbeitgebers nicht so weit, dass er ein vom Arbeitnehmer während eines Abmahngesprächs gemachtes Auflösungsangebot ablehnen müsste.[367] 451

h) Rechtsfolgen bei Verletzung der Aufklärungspflicht

Hat der Arbeitgeber seine Hinweispflicht verletzt, führt dies nicht zur Unwirksamkeit des Aufhebungsvertrages.[368] Es entsteht in diesem Falle ein **Schadensersatzanspruch** des Arbeitnehmers.[369] 452

Erteilt der Arbeitgeber Auskünfte über die Folgen des Abschlusses eines Aufhebungsvertrages, müssen diese **richtig und vollständig** sein. **Falsche** oder **irreführende Auskünfte** können selbst bei fehlender Aufklärungspflicht zum Schadensersatz verpflichten.[370] Die Haftung folgt aus einer Verletzung arbeitsvertraglicher Nebenpflichten durch den Arbeitgeber.[371] Der Arbeitgeber haftet nach § 280 Abs. 1 BGB iVm § 241 Abs. 2 BGB und nicht wegen Verletzung vorvertraglicher Aufklärungspflichten nach § 311 Abs. 2 BGB. Die Rechtsprechung geht davon aus, dass der Arbeitnehmer bei einer sachgemäßen Belehrung seine Eigeninteressen in vernünftiger Weise gewahrt hätte.[372] 453

Der Anspruch ist auf **Geldersatz** gerichtet, also bei einem Vermögensschaden aus der betrieblichen Altersversorgung auf monatliche Rente (oder wirtschaftlich gleichwertiger Nachversicherung), die der Arbeitnehmer erhalten hätte, wenn das schadensstiftende Ereignis nicht eingetreten wäre. Eine Naturalrestitution durch Beseitigung des Aufhebungsvertrages gem. § 249 BGB und Fortsetzung des Ar- 454

---

363 BAG 28.10.1999 – 6 AZR 288/98, NZA 2000, 778.
364 BAG 16.2.1983 – 7 AZR 134/81, AP § 123 BGB Nr. 22; BAG 6.2.1992 – 2 AZR 408/91, NJW 1992, 2173.
365 LAG Hamm 1.3.1985 – 16 Sa 1537/84, BB 1985, 1920.
366 LAG Düsseldorf 10.7.2001 – 8 Sa 515/01, EzA-SD 2001, Nr. 17, 7.
367 LAG Köln 13.2.2006 – 2 Sa 1271/05, NZA-RR 2006, 463.
368 BAG 17.10.2000 – 3 AZR 605/99, NZA 2001, 206.
369 BAG 14.2.1996 – 2 AZR 234/95, NZA 1996, 811.
370 BAG 10.2.2004 – 9 AZR 401/02, NZA 2004, 606; BAG 23.9.2003 – 3 AZR 658/02, AP § 1 BetrAVG Nr. 3.
371 BAG 10.3.1988 – 8 AZR 420/85, NZA 1988, 837.
372 BAG 18.12.1984 – 3 AZR 168/82, AP § 1 BetrAVG Zusatzversorgungskassen Nr. 3.

beitsverhältnisses kann der Arbeitnehmer dagegen nicht verlangen.[373] Ergibt sich aus einer unrichtigen Modellrechnung, mit der der Arbeitgeber den Arbeitnehmer bei Aufhebungsverhandlungen falsch beraten hat, dass die eine Versorgungsalternative, die der Arbeitnehmer gewählt hat, günstiger ist als die, die der Arbeitnehmer nicht gewählt hat, muss der Arbeitgeber den Arbeitnehmer so stellen, als habe der Arbeitnehmer die für ihn günstiger Versorgungszusage gewählt.[374]

455 Kein Schadensersatz wegen Verletzung von Aufklärungspflichten besteht, wenn Arbeitgeber und Arbeitnehmer als Abfindung die Differenz zwischen Arbeitslosengeld und zuletzt bezogenem Nettoarbeitsentgelt im Aufhebungsvertrag vereinbart haben und durch eine spätere Gesetzesänderung, die zu einer Minderung des Arbeitslosengeldes führt, der Abfindungsbetrag nicht mehr ausreicht, um die Differenz zwischen Arbeitslosengeld und früherem Nettoentgelt zu schließen.[375]

456 Ein etwaiges **Mitverschulden** nach § 254 BGB ist idR nur bei gänzlich unterlassenen Informationen zu berücksichtigen und kann zum Anspruchsausschluss führen.[376] Hat der Arbeitgeber hingegen **unrichtige** Auskünfte erteilt, kann er sich auf ein etwaiges Mitverschulden nicht berufen.[377]

457 Eine **Anfechtung** des Aufhebungsvertrages wegen Irrtums über die Rechtsfolgen eines Aufhebungsvertrages nach § 119 Abs. 1 BGB scheidet aus. Der nicht erkannte Eintritt zusätzlicher, mittelbarer Rechtswirkungen oder Nebenfolgen, die zu der gewollten und eingetretenen Rechtsfolge der Beendigung des Arbeitsverhältnisses hinzutreten, ist als **Rechtsfolgenirrtum unbeachtlich**.[378] Auch eine Anfechtung wegen **arglistiger Täuschung** angesichts einer Verletzung von allgemeinen Hinweispflichten wird idR selbst im Fall bewusst unwahrer Angaben über die Rechtsfolgen ausscheiden.[379] Meist wird es an der Kausalität zwischen Täuschung und Abschluss des Aufhebungsvertrages fehlen. Nur wenn der Arbeitnehmer durch bewusst falsche Angaben über den Fortbestand seines Arbeitsverhältnisses zum Abschluss eines Aufhebungsvertrages bestimmt und dadurch getäuscht wird, kommt eine Anfechtung durch den Arbeitnehmer wegen arglistiger Täuschung nach § 123 Abs. 1 Satz 1 Alt. 1 BGB.[380]

458 Um Schadensersatzansprüche wegen der Verletzung möglicher Hinweispflichten zu vermeiden, empfiehlt *Nägele*,[381] eine Klausel aufzunehmen, mit der der Arbeitnehmer auf Hinweise des Arbeitgebers zu möglichen Konsequenzen des Aufhebungsvertrages verzichtet. Eine solche Klausel kann folgenden Wortlaut haben:

Die Firma hat dem Mitarbeiter angeboten, ihn über die rechtlichen Konsequenzen dieser Vereinbarung zu informieren. Im Hinblick auf den Umstand, dass der Mitarbeiter anwaltlich vertreten ist, hat er gegenüber der Firma erklärt, dass er auf Hinweise zu den sozialversicherungs-, arbeitslosenversicherungs-, steuer- und arbeitsrechtlichen Folgen des Aufhebungsvertrages/Abwicklungsvertrages verzichte.

459 Keine Aufklärungspflicht besteht für den Arbeitgeber, wenn der Arbeitnehmer **anwaltlich vertreten** ist. So hat das LAG Berlin[382] entschieden, dass der Arbeitgeber vor Abschluss eines Aufhebungsvertrages mit einer sich im Erziehungsurlaub befindlichen Arbeitnehmerin, auf deren Initiative der Aufhebungsvertrag zustande kommt und die durch einen Fachanwalt für Arbeitsrecht vertreten wird, nicht verpflichtet ist, darauf hinzuweisen, dass die Arbeitnehmerin mangels anwartschaftsbegründender Zeiten möglicherweise kein Arbeitslosengeld erhalten wird.

---

373 BAG 14.2.1996 – 2 AZR 234/95, NZA 1996, 811; BAG 10.3.1988 – 8 AZR 420/85, AP § 611 BGB Fürsorgepflicht Nr. 99.
374 BAG 21.11.2000 – 3 AZR 13/00, NZA 2002, 618.
375 LAG Düsseldorf 15.3.1995 – 4 Sa 1805/94, DB 1995, 1240.
376 BAG 12.12.2002 – 8 AZR 497/01, NZA 2003, 687.
377 BAG 10.2.2004 – 9 AZR 401/02, NZA 2004, 606.
378 BAG 16.2.1983 – 7 AZR 134/81, NJW 1983, 2958 (mutterschutzrechtliche Folgen bei Schwangerschaft); BAG 10.3.1988 – 8 AZR 420/85, NZA 1988, 837 (Ruhen nach § 143a SGB III aF); BAG 14.2.1996 – 2 AZR 234/95, NZA 1996, 811 (Sperrzeit); BAG 10.2.2004 – 9 AZR 401/02, NZA 2004, 606 (sozialrechtliche Folgen einer Altersteilzeitvereinbarung); LAG Rheinland-Pfalz 9.12.2010 – 10 Sa 403/10, BeckRS 2011, 70445 (Sperrzeit).
379 *Bauer*, Arbeitsrechtliche Aufhebungsverträge, I. Rn 157; aA ArbG Wetzlar 7.8.1990 – 1 Ca 48/90, DB 1991, 976.
380 BAG 11.7.2012 – 2 AZR 42/11, NZA 2012, 1316 (Zahlungsunfähigkeit); BAG 23.11.2006 – 8 AZR 349/06, NZA 2007, 866 (Betriebsstilllegung statt Betriebsübergang).
381 *Nägele*, BB 1992, 1274; Verzichtserklärungen sind AGB-rechtlich indes nicht unbedenklich. Bestätigungsklauseln dergestalt, dass sich der Arbeitgeber bestätigen lässt, dass der Arbeitnehmer über etwaige Nachteile belehrt wurde, dürften nach § 309 Nr. 12 Buchst. b BGB unwirksam sein, da sie die Beweislast zum Nachteil des Arbeitnehmers ändern, indem bestimmte Tatsachen bestätigt werden, dazu *Lingemann/Groneberg*, NJW 2011, 3629, 3630.
382 LAG Berlin 13.1.2006 – 13 Sa 1957/05, DB 2006, 1120.

7. Ausgleichsklauseln

Allgemeine Ausgleichsklauseln (**Erledigungsklauseln**) können sich auf **Ansprüche aus dem Arbeitsverhältnis**, auf **sämtliche Ansprüche** oder auf **alle finanziellen Ansprüche** zwischen den Parteien beziehen. Je nach Wortwahl ist die Erledigungsklausel auszulegen. Grundsätzlich sind Ausgleichsklauseln in Aufhebungs- und Abwicklungsverträgen im Interesse klarer Verhältnisse weit auszulegen, damit aus der Vertragsbeendigung bzw -abwicklung nicht sogleich neuer Streit darüber entsteht, welche Ansprüche erledigt sind und welche nicht.[383] Erfasst eine Ausgleichsklausel die Ansprüche aus dem Arbeitsverhältnis, sind damit auch die Ansprüche aus der Beendigung des Arbeitsverhältnisses gemeint.[384] Ausgleichs- und Abgeltungsklauseln in Aufhebungsvereinbarungen, gerichtlichen Auflösungsvergleichen und sog. Abwicklungsvereinbarungen sind nicht überraschend oder ungewöhnlich iSd § 305 c BGB, sondern die Regel.[385]

460

Ausgleichsklauseln werden üblicherweise wie folgt formuliert:

461

Die Parteien sind sich darüber einig, dass mit der Erfüllung dieser Vereinbarung sämtliche Ansprüche der Parteien aus dem Arbeitsverhältnis und aus Anlass seiner Beendigung erledigt sind.

Vor der Vereinbarung einer Ausgleichsklausel sollte der Gestalter eines Aufhebungsvertrages zunächst die Parteien befragen und sorgfältig **prüfen, ob keine anderweitigen Ansprüche** (mehr) bestehen. Eine Anfechtung der Ausgleichsklausel mit der Begründung, Forderungen, die zum Zeitpunkt des Abschlusses des Auflösungsvertrages bestanden hätten, seien übersehen worden, ist idR nicht wirksam, weil es an den Voraussetzungen der §§ 119, 123 BGB fehlt.[386] Die Ausgleichsklausel wird manchmal vorschnell vereinbart. Oft wird übersehen, dass noch Spesen abzurechnen sind oder dass Rückforderungsansprüche des Arbeitgebers aus Provisionsvorschüssen bestehen. Bei **Vertriebsmitarbeitern** empfiehlt sich in Erledigungsklauseln immer der Zusatz:

462

Von der Erledigungsklausel werden nicht erfasst noch abzurechnende Vorschüsse, Ansprüche auf Reisekostenerstattung und Spesen sowie Sachleistungen wie Telefonkosten für den in der Wohnung des Mitarbeiters genutzten Internetanschluss.

Wählen die Parteien die Formulierung, „alle **gegenseitigen**" oder „alle **wechselseitigen**" Ansprüche seien mit Abschluss der Aufhebungsvereinbarung erledigt, werden durch beide Formulierungen stets **alle** Ansprüche erfasst, die einer Partei gegen die andere zustehen. Die Gegenseitigkeit bezieht sich nicht nur auf solche Ansprüche, die in einem synallagmatischen Gegenseitigkeitsverhältnis iSv § 320 BGB zueinander stehen.[387] Nach der Rechtsprechung[388] soll eine Ausgleichsklausel, die in einem Aufhebungsvertrag vereinbart worden ist, keine unstreitig bestehenden Lohnansprüche erfassen, die noch nicht abgerechnet worden sind und über die kein Streit besteht. Ein Verzicht, bei dem die Parteien im Rahmen eines Erlassvertrages von dem Bestand der Forderung ausgehen und vereinbaren, dass diese nicht mehr erfüllt werden soll, könne nicht angenommen werden. An die Feststellung des Willens, auf eine Forderung zu verzichten, seien strenge Anforderungen zu stellen. Der Verzicht auf ein Recht sei nicht zu vermuten. Die Ausgleichsklausel besitze vielmehr die Qualität eines deklaratorischen negativen Schuldanerkenntnisses, das der Durchsetzung des Anspruchs nicht entgegenstehe, wenn die Forderung unstreitig bestehe.

463

Auf eine nachhaltige **Beseitigung etwaiger Zweifel an noch bestehenden Ansprüchen** und zur Herbeiführung eines uneingeschränkten Rechtsfriedens ist die folgende Regelung gerichtet:

464

Alle Ansprüche aus dem beendeten Arbeitsverhältnis sind, seien sie bekannt oder unbekannt, betagt oder gegenwärtig, gleich aus welchem Rechtsgrund, mit der Erfüllung dieses Vertrages abgegolten, beendet und für die Zukunft ausgeschlossen.

---

383 BAG 19.3.2009 – 6 AZR 557/07, NZA 2009, 896.
384 BAG 30.11.1994 – 10 AZR 79/94, DB 1995, 781.
385 BAG 19.11.2008 – 10 AZR 671/07, NZA 2009, 318.
386 *Diller*, FA 2000, 270.
387 *Bauer*, Arbeitsrechtliche Aufhebungsverträge, IV. Rn 379.
388 BAG 7.11.2007 – 5 AZR 880/06, NZA 2008, 355; LAG Hamm 7.12.2000 – 16 Sa 1152/00, NZA-RR 2002, 15.

465 Enthält eine Ausgleichsklausel die Formulierung, „**alle Ansprüche aus dem beendeten Arbeitsverhältnis, gleich aus welchem Rechtsgrund, sind erledigt**", werden Rückzahlungsansprüche wegen überzahlten Gehalts aus § 812 BGB selbst dann mit erfasst, wenn sich der Rückzahlungsanspruch erst aus den Bedingungen des Aufhebungsvertrages ergibt.

466 Eine **allgemeine Ausgleichsklausel** im Aufhebungs- oder Abwicklungsvertrag führte nach früherer Rechtsprechung nicht zur Beseitigung eines im Arbeitsvertrag vereinbarten **nachvertraglichen Wettbewerbsverbots**.[389] Falls von den Parteien beabsichtigt, musste nach früherer Ansicht des BAG das nachvertragliche Wettbewerbsverbot ausdrücklich (wörtlich) im Auflösungsvertrag aufgehoben werden. Mit Urteil des BAG vom 19.11.2003[390] hat sich die Rechtslage tendenziell geändert. Das BAG entschied, eine Erledigungsklausel in einem Aufhebungsvertrag sei weit auszulegen und könne deshalb auch ein nachvertragliches Wettbewerbsverbot ausschließen. Maßgeblich war für das BAG der konkrete Wortlaut der Erledigungsklausel im Aufhebungsvertrag, der allerdings das Wettbewerbsverbot nicht erwähnte. Mittlerweile geht das BAG[391] davon aus, dass Ausgleichsklauseln, wonach „alle beiderseitigen Ansprüche aus dem Arbeitsverhältnis abgegolten" seien, grundsätzlich auch ein Wettbewerbsverbot und die damit verbundene Karenzentschädigung umfassen kann. Es handelt sich dabei um Ansprüche, die ihre Grundlage im Arbeitsverhältnis haben und daher „aus dem Arbeitsverhältnis" stammen.

467 Ausgeschlossen sind Ansprüche auf Entschädigung und Schadensersatz wegen **Mobbing**[392] und Ansprüche aus **Aktienoptionen**.[393] Wird in einem Aufhebungsvertrag vom Arbeitnehmer zugleich der **Erhalt der Arbeitspapiere** bestätigt und im Anschluss an den Aufhebungsvertrag zusätzlich eine umfassende **Ausgleichsquittung** unterzeichnet, so erfasst diese auch den vertraglichen Anspruch des Arbeitnehmers auf ein anteiliges 13. Monatsgehalt.[394] Auch **Vorstellungskosten** aus Anlass der Eingehung des Arbeitsverhältnisses werden, wenn sich aus den Umständen nichts anderes ergibt, von einer Ausgleichsklausel in einem gerichtlichen Vergleich erfasst, die eine Erledigung „aller eventueller finanzieller Ansprüche aus dem Arbeitsverhältnis und seiner Beendigung vorsieht."[395] Eine Ausgleichsklausel erfasst auch eine Entschädigung für die entgangene **private Nutzung eines Dienstfahrzeugs**.[396]

468 Bei einem **Arbeitgeberdarlehen** überlässt der Arbeitgeber einem Arbeitnehmer mit Rücksicht auf das Arbeitsverhältnis Kapital zur vorübergehenden Nutzung. Wie eng ein solches Darlehen mit dem Arbeitsverhältnis verknüpft ist und ob es deshalb aufgrund einer Ausgleichsklausel erlischt, die nicht auch Ansprüche, die mit dem Arbeitsverhältnis nur in Verbindung stehen, sondern lediglich alle Ansprüche aus dem Arbeitsverhältnis erfasst, hängt von der konkreten Ausgestaltung des Darlehensvertrages ab.[397] Mag der Darlehensvertrag auch mit Rücksicht auf das Arbeitsverhältnis zu Sonderkonditionen abgeschlossen sein, bleibt er doch grundsätzlich rechtlich selbstständig.[398] Etwas anderes gilt nur, wenn ausnahmsweise aufgrund der konkreten Ausgestaltung des Darlehens eine zusätzliche Verknüpfung zum Arbeitsverhältnis besteht[399] oder wenn die Ausgleichsklausel auch Ansprüche erfasst, die mit dem Arbeitsverhältnis in Verbindung stehen.[400]

469 Sorgfalt ist aus Arbeitgebersicht geboten, wenn die Vertragsbeendigung auf **Compliance bezogenen Gründen** beruht, insbesondere solchen, die im Bereich von Vermögensstraftaten, aber auch Korruptions- oder Bilanzstraftaten sowie Insiderstraftaten angesiedelt sind.[401] Es kann nicht ausgeschlossen werden, dass sich im Beendigungszeitpunkt etwaige Schäden oder Regressansprüche noch nicht realisiert haben. Dies kann auch Ansprüche bei Annahme oder Gewährung von Schmiergeldern, Schwarzgeldern oder persönlichen Vorteilen im geschäftlichen Bereich betreffen.

---

389 BAG 20.10.1981 – 3 AZR 1013/78, AP § 74 HGB Nr. 39; LAG Baden-Württemberg 22.9.1995 – 5 Sa 28/95, NZA-RR 1996, 163; *Hoß*, DB 1997, 1818.
390 BAG 19.11.2003 – 10 AZR 174/03, BB 2004, 1280.
391 BAG 19.11.2008 – 10 AZR 671/07, NZA 2009, 318; BAG 22.10.2008 – 10 AZR 617/07, NZA 2009, 139.
392 LAG Berlin 26.8.2005 – 6 Sa 633/05, NZA-RR 2006, 67.
393 BAG 28.5.2008 – 10 AZR 351/07, NZA 2008, 1066.
394 BAG 28.7.2004 – 10 AZR 661/03, NZA 2004, 1098.
395 LAG Nürnberg 29.9.2003 – 6 Sa 882/02, NZA-RR 2004, 290.
396 BAG 5.9.2002 – 8 AZR 702/01, NZA 2003, 973.
397 Vgl hierzu BAG 19.3.2009 – 6 AZR 557/07, NZA 2009, 896; BAG 28.7.2009 – 3 AZR 250/07, NZA 2010, 356.
398 BAG 19.1.2011 – 10 AZR 873/08, BB 2011, 1659.
399 BAG 28.7.2009 – 3 AZR 250/07, NZA 2010, 356 (Erwerb von Gesellschaftsanteilen); BAG 19.3.2009 – 6 AZR 557/07, NZA 2009, 896 (Finanzierung einer Mitarbeiterbeteiligung).
400 So wohl BAG 19.1.2011 – 10 AZR 873/08, BB 2011, 1659.
401 Hierzu *Mengel*, in: SWK ArbR, Stichwort „Compliance" Rn 21 f.

Führt nach Abschluss eines Aufhebungsvertrages eine Tariferhöhung dazu, dass der Arbeitnehmer einen Gehaltserhöhungsanspruch bis zum Zeitpunkt der Beendigung des Arbeitsverhältnisses hat, kann sich der Arbeitgeber nicht wirksam auf eine Erledigungsklausel im Aufhebungsvertrag berufen.[402] Auch der Anspruch auf ein **Zeugnis**[403] und auf **Herausgabe der Arbeitspapiere** wird nicht durch eine Erledigungsklausel erfasst. Gleiches gilt nach inzwischen hM in der Rechtsprechung bei **Ansprüchen aus betrieblicher Altersversorgung**.[404] Auch ein als Schadensersatz geltend gemachter Verschaffungsanspruch wegen unterbliebener Einbeziehung in eine betriebliche Altersversorgung wird nicht durch eine Ausgleichsklausel erfasst.[405] Wegen der nur losen Verbindung mit dem Arbeitsverhältnis gehen auch Ansprüche auf **Arbeitnehmererfindervergütung** grundsätzlich nicht in einer allgemeinen Erledigungsklausel unter.[406] 470

Eine Ausgleichsklausel bewirkt weder den Verzicht auf gesetzliche **Urlaubsansprüche** noch das Erlöschen des gekürzten Vollurlaubsanspruchs nach § 5 Abs. 1 Buchst. c BUrlG.[407] Differenziert ist die Rechtslage bei **Urlaubsabgeltungsansprüchen**. Gemäß § 13 Abs. 1 Satz 3 BUrlG kann von der Regelung in § 7 Abs. 4 BUrlG, wonach der Urlaub abzugelten ist, wenn er wegen Beendigung des Arbeitsverhältnisses ganz oder teilweise nicht mehr gewährt werden kann, nicht zu Ungunsten des Arbeitnehmers abgewichen werden. Jedoch hindert diese Regelung nur einzelvertragliche Abreden, die das Entstehen von Urlaubsabgeltungsansprüchen ausschließen. Ist das Arbeitsverhältnis indes bereits beendet und ein Anspruch des Arbeitnehmers gem. § 7 Abs. 4 BUrlG auf Abgeltung des gesetzlichen Erholungsurlaubs entstanden, kann der Arbeitnehmer auf diesen Anspruch durch eine Erledigungsklausel grundsätzlich verzichten.[408] 471

Von einer Ausgleichsklausel werden **unverzichtbare Rechte und Ansprüche generell nicht** erfasst. Ein Verzicht auf **tarifliche Rechte** ist nur in einem von den Tarifvertragsparteien gebilligten Vergleich zulässig (§ 4 Abs. 4 Satz 1 TVG). Das Verzichtsverbot erstreckt sich auf alle tariflichen Rechte, auch auf einen tariflichen Wiedereinstellungsanspruch.[409] Dazu gehören trotz der Entscheidung des BAG vom 14.5.2013 auch tarifvertragliche Urlaubsabgeltungsansprüche.[410] Wenn dagegen zwischen den Parteien Streit oder Ungewissheit über die tatsächlichen Voraussetzungen eines tariflichen Anspruchs bestehen, kann der Streit mit Hilfe einer Erledigungsklausel wirksam beendet werden. In diesem Falle hat man es mit einem sog. Tatsachenvergleich zu tun, der eine objektive oder subjektive Ungewissheit über die tatsächlichen Voraussetzungen des tariflichen Anspruchs im Wege gegenseitigen Nachgebens ausräumt.[411] Ein Verzicht auf **Rechte aus einer Betriebsvereinbarung** ist gem. § 77 Abs. 4 BetrVG nur mit Zustimmung des Betriebsrats möglich.[412] Auch insoweit kommt nur ein Tatsachenvergleich in Betracht. 472

Der **Verzicht** auf die Erhebung einer **Kündigungsschutzklage** ist mit einer Ausgleichsklausel nicht (mehr) zu erreichen. Der ohne Gegenleistung erklärte, formularmäßige Verzicht des Arbeitnehmers auf die Erhebung einer Kündigungsschutzklage stellt eine unangemessene Benachteiligung iSv § 307 Abs. 1 Satz 1 BGB dar.[413] 473

Eine allgemeine Ausgleichsklausel erfasst nicht einen **titulierten Anspruch**, der schon bei Abschluss des Prozessvergleichs oder außergerichtlichen Aufhebungsvertrages feststand.[414] Ebenso wenig bezieht eine Erledigungsklausel einen Rückzahlungsanspruch des Arbeitgebers wegen einer nach § 115 SGB X über- 474

---

402 LAG Köln 5.10.1995 – 10 Sa 665/95, LAGE § 611 Aufhebungsvertrag Nr. 19.
403 BAG 16.9.1974 – 5 AZR 255/74, AP § 630 BGB Nr. 9; weitergehend LAG Berlin-Brandenburg 6.12.2011 – 3 Sa 1300/11, DB 2012, 412, wonach eine allgemeine Erledigungsklausel grds. auch den Zeugnisanspruch erfassen kann.
404 BAG 14.8.1990 – 3 AZR 301/89, NZA 1991, 174; BAG 22.9.1987 – 3 AZR 194/86, AP § 17 BetrAVG Nr. 13; BAG 9.11.1973 – 3 AZR 66/73, DB 1974, 487.
405 BAG 17.10.2000 – 3 AZR 69/99, FA 2001, 117.
406 *Bauer*, Arbeitsrechtliche Aufhebungsverträge, IV. Rn 396.
407 BAG 9.6.1998 – 9 AZR 43/97, DB 1999, 52.
408 BAG 14.5.2013 – 9 AZR 844/11, NJW-Spezial 2013, 530.
409 BAG 22.2.1961 – 4 AZR 44/59, DB 1961, 575.
410 *Bauer*, ArbRAktuell 2013, 289.
411 BAG 21.12.1972 – 5 AZR 319/72, AP § 9 LFZG Nr. 1; BAG 23.8.1994 – 3 AZR 825/93, AP § 3 BetrAVG Nr. 3.
412 BAG 30.3.2004 – 1 AZR 85/03, AP § 112 BetrVG 1972 Nr. 170.
413 BAG 6.9.2007 – 2 AZR 722/06, NZA 2008, 219.
414 LAG Hessen 7.6.1985 – 13 Sa 31/85, BB 1986, 136.

geleiteten Forderung der Agentur für Arbeit ein, wenn der Arbeitgeber den Arbeitnehmer überzahlt hat.[415]

475 Enthält eine Ausgleichsklausel ein **konstitutives negatives Schuldanerkenntnis**, so soll der Arbeitgeber dieses Schuldanerkenntnis nach § 812 Abs. 2 BGB wegen ungerechtfertigter Bereicherung zu Unrecht erlangt haben, wenn der Anerkennende nachweisen kann, dass er vom Nichtbestehen der Forderung ausgegangen ist, sie aber tatsächlich doch bestand.[416] Ein „Anspruch aus dem Arbeitsverhältnis" im Sinne einer einfachen allgemeinen Ausgleichsklausel in einem Beendigungsvergleich ist auch ein etwaiger bereicherungsrechtlicher Rückzahlungsanspruch des Arbeitgebers im Fall der nachträglichen Feststellung eines einheitlichen Arbeitsverhältnisses eines zunächst als „freier Mitarbeiter" und später als Arbeitnehmer Beschäftigten. Auch wenn der Arbeitgeber daran bei Vergleichsabschluss nicht gedacht hat, aber damit rechnen konnte.[417]

476 Die in einer vom Arbeitgeber **vorformulierten Ausgleichsquittung** enthaltene Erklärung des Arbeitnehmers, auf alle Ansprüche aus dem Arbeitsverhältnis und seiner Beendigung werde verzichtet, kann eine unangemessene Benachteiligung des Arbeitnehmers darstellen und daher nach § 307 Abs. 1 Satz 1 BGB unwirksam sein.[418] Die Verzichtserklärung kann daneben, je nach dem Erscheinungsbild der Ausgleichsquittung, eine Überraschungsklausel (§ 305c Abs. 1 BGB) sein und – mangels verständlicher und klarer Darstellung der wirtschaftlichen Folgen – gegen das Transparenzgebot (§ 307 Abs. 1 Satz 2 BGB) verstoßen. In Einzelfällen können weit gefasste Ausgleichsquittungen, Ausgleichsklauseln und Erledigungsklauseln als **überraschende Klauseln** gem. § 305c BGB zu werten sein und bei fehlendem besonderem Hinweis oder fehlender drucktechnischer Hervorhebung zur Unwirksamkeit der Verzichtserklärung führen.[419] Nach Ansicht des LAG Niedersachsen stellt eine Ausgleichsquittung dann nicht ohne weiteres eine unangemessene Benachteiligung des Arbeitnehmers dar, wenn sie Teil einer detaillierten Aufhebungsvereinbarung ist und nicht ersichtlich ist, dass sie unverfallbare oder unverzichtbare Ansprüche umfassen könnte.[420]

477 Die Vereinbarung einer allgemeinen Erledigungsklausel kann **rechtsmissbräuchlich** sein, wenn der Arbeitnehmer dem Arbeitgeber durch eine vorsätzliche Vertragsverletzung oder vorsätzliche unerlaubte Handlung Schaden zugefügt hat und der Arbeitgeber bei Vereinbarung der Klausel hiervon keine Kenntnis hatte.[421]

478 Bei **ausländischen Arbeitnehmern** ist zu beachten, dass eine Erledigungsklausel unwirksam sein kann, wenn dieser die Klausel verstanden hat.[422]

8. Auslauffristen

479 Auslauffristen im Aufhebungsvertrag formuliert man üblicherweise wie folgt:

Die Parteien vereinbaren, dass das Arbeitsverhältnis unter Überschreitung (Verlängerung) der ordentlichen Kündigungsfrist mit einer sozialen Auslauffrist zum ... endet.

480 Geht die vereinbarte Auslauffrist um ein Vielfaches über die Kündigungsfrist hinaus und fehlt es auch an sonstigen, einen Aufhebungsvertrag kennzeichnenden Vereinbarungen, dann ist der Vertrag nach der Rechtsprechung des BAG[423] nicht auf eine Beendigung, sondern auf eine befristete Fortsetzung des Arbeitsverhältnisses gerichtet. Ein solcher Vertrag soll damit in Wahrheit kein Aufhebungsvertrag sein, sondern eine nachträgliche Befristung zum Inhalt haben, die der allgemeinen, von der Rechtsprechung entwickelten Befristungskontrolle unterliegt.

---

415 BAG 9.10.1996 – 5 AZR 246/95, NZA 1997, 376.
416 BAG 6.4.1977 – 4 AZR 721/75, DB 1977, 1559.
417 ArbG Berlin 31.8.2005 – 7 Ga 18429/05, EzA-SD 2005, Nr. 22, 9.
418 LAG Düsseldorf 13.4.2005 – 12 Sa 154/05, DB 2005, 1463.
419 LAG Berlin 18.1.1993 – 12 Sa 120/92, LAGE § 4 KSchG Ausgleichsquittung Nr. 3; *Ziemann*, ArbRB 2001, 46, 48.
420 LAG Niedersachsen 9.10.2009 – 10 Sa 1692/08, juris.
421 BAG 9.3.1972 – 1 AZR 165/71, BB 1972, 1276.
422 LAG Hamm 2.1.1976 – 3 Sa 1121/75, BB 1976, 553; abweichend zur Anfechtung wegen Irrtums LAG Rheinland-Pfalz 27.3.2006 – 7 Sa 19/06, BeckRS 2006, 44586.
423 BAG 28.11.2007 – 6 AZR 1108/06, NZA 2008, 348; BAG 12.1.2000 – 7 AZR 48/99, NZA 2000, 718.

… **Kapitel 2: Abwicklungs- und Aufhebungsverträge** 4

9. Beendigungsbegründungsklauseln

In Aufhebungs- wie in Abwicklungsverträgen finden sich Beendigungsbegründungsklauseln, ohne dass sie einen regelnden Inhalt haben und daher nicht zwingend in die Verträge aufgenommen werden müssen. Die Beendigungsbegründungsklausel sucht man deshalb im Text des Vertrages meist auch vergebens. In den meisten Fällen wird eine solche Klausel allenfalls als Präambel dem Text des Aufhebungs- oder Abwicklungsvertrages vorausgeschickt. Formulierungsbeispiel: 481

Nachdem die Zulassungsstudie des Pharmaprodukts CITO von der amerikanischen Muttergesellschaft durch Vorstandsbeschluss vom 3.1.2011 mit sofortiger Wirkung abgebrochen wurde, besteht für den im Bereich von HIV-Infektionen geplanten Vertrieb von CITO weltweit keine Realisierungschance mehr. Der in den letzten neun Monaten aufgebaute Deutschland-Vertrieb wird daher eingestellt. Für keinen der ausschließlich mit CITO beschäftigten Mitarbeiter besteht noch eine Beschäftigungsmöglichkeit in der Firma … . Im Betrieb sind gegenwärtig weder im Vertrieb noch im Bereich Pharmaprodukte Stellen frei. Da die Firma derzeit auch keine Einführung neuer Produkte plant, muss sie aufgrund dringender betrieblicher Bedürfnisse die Arbeitsverhältnisse aller Mitarbeiter, die im CITO-Vertriebsbereich beschäftigt sind, kündigen.

Der Vorteil der Beendigungsbegründungsklausel besteht darin, dass der Agentur für Arbeit aus arbeitsförderungsrechtlicher und dem Finanzamt aus steuerrechtlicher Sicht die Hintergründe, die zur Kündigung geführt haben, frei Haus mit dem Vertrag erläutert werden. Eine Präambel ist nicht mehr als eine Auslegungshilfe; durch sie erschließt sich jedoch dem Sachbearbeiter der jeweiligen Behörde, ohne dass er an den Wortlaut einer Präambel gebunden ist, welche Hintergründe zum Abschluss der Vereinbarung geführt haben. 482

Für die Agentur für Arbeit ist es oft hilfreich festzustellen, im Rahmen welcher unternehmerischen Entscheidungen die Kündigung ausgesprochen wurde. Hat man bspw im Unternehmen seit mehreren Jahren Personalabbau betrieben oder hat ein Betriebsübergang stattgefunden, ist der Arbeitsplatz an einen mehrere hundert Kilometer entfernt liegenden Ort verlegt worden und wollte die Familie des Arbeitnehmers nicht umziehen, so werden durch die Darstellung die Gründe einer betriebsbedingten Beendigung des Arbeitsverhältnisses aufgearbeitet, was in einer Präambel durchaus facettenreich dargestellt werden kann und der Agentur den Anlass des Aufhebungs- oder Abwicklungsvertrages erhellt. Die Beweislast für das Vorliegen der Voraussetzungen eines Sperrzeittatbestandes liegt in Anwendung des Amtsermittlungsgrundsatzes letztlich bei der Agentur für Arbeit.[424] 483

Hat der Arbeitgeber eine (**Wieder-**)**Einstellungszusage** erteilt, bedarf es meist keiner ausführlichen Beendigungsbegründung. Werden Arbeitskräfte saisonal beschäftigt, findet regelmäßig eine Beendigung zu einem bestimmten Zeitpunkt statt, eine Wiederaufnahme des Arbeitsverhältnisses zu den Konditionen des bisherigen Arbeitsvertrages wird vom Arbeitgeber mit der Wiedereinstellungszusage angeboten.[425] Die Einstellungszusage kann in zwei Formen, als **einfache Einstellungszusage** und als **bedingte Einstellungszusage** erfolgen.[426] Bei der einfachen Einstellungszusage ist allerdings zu beachten, dass nach einem Urteil des ArbG Bonn der bloße Satz des Arbeitgebers in Richtung des Arbeitnehmers, er werde im Frühjahr wieder eingestellt, nicht zwingend bedeutet, dass eine Einstellungszusage erteilt wurde.[427] Das ArbG Bonn war der Auffassung, eine Wiedereinstellungserklärung sei im Hinblick auf den Grundsatz von Treu und Glauben mit Rücksicht auf die Verkehrssitte dahin gehend zu interpretieren, dass eine Wiedereinstellung nur im Rahmen der betrieblichen Möglichkeiten und des Auftragsbestandes erfolge. 484

10. Berufsausbildungsverhältnisse

Bei Berufsausbildungsverhältnissen gelten einige Besonderheiten im Zusammenhang mit der Beendigung. Berufsausbildungsverhältnisse sind **befristet**. Sie enden mit dem Ablauf der Ausbildungszeit oder mit dem Ablauf der letzten Stufe bei einer Stufenausbildung (§ 21 Abs. 1 Satz 1, 2 BBiG) oder mit der Bekanntgabe des Ergebnisses durch den Prüfungsausschuss bei Bestehen der Abschlussprüfung vor Ab- 485

---

424 *Boecken/Hümmerich*, DB 2004, 2046.
425 *Moll/Reufels*, Anmerkung zu ArbG Bonn 13.10.1999 – 5 Ca 1311/99, EWiR 2000, 317.
426 Siehe zu dieser Differenzierung *Schrader/Straube*, NZA-RR 2003, 337.
427 ArbG Bonn 13.10.1999 – 5 Ca 1311/99, EWiR 2000, 317.

lauf der Ausbildungszeit (§ 21 Abs. 2 BBiG). Die **automatische** Beendigung des Berufsausbildungsverhältnisses gilt auch dann, wenn der Auszubildende die Abschlussprüfung nicht besteht oder zu dieser nicht zugelassen wird. Der Ausbilder muss dem **Verlängerungsverlangen** des Auszubildenden selbst dann stattgeben, wenn damit zu rechnen ist, dass der Auszubildende erneut die Prüfung nicht besteht.[428] Hat der Auszubildende die Verlängerung des Berufsausbildungsverhältnisses nicht verlangt und wird er gleichwohl nach nicht bestandener Abschlussprüfung weiterbeschäftigt, ist nach § 24 BBiG ein Arbeitsverhältnis auf unbestimmte Zeit entstanden, das ordnungsgemäß zu vergüten ist.

486 Zwar kann auch ein Ausbildungsverhältnis jederzeit einvernehmlich durch Aufhebungsvertrag beendet werden. Allerdings dürfen nach Auffassung des BAG dabei nicht zwingende **Schutzvorschriften des BBiG** umgangen werden. Eine Umgehung des Kündigungsschutzes hat das BAG angenommen, wenn ein Aufhebungsvertrag unter der Bedingung geschlossen wird, dass der Auszubildende im nächsten Berufsschulzeugnis in bestimmten Fächern nicht mehr die Note „mangelhaft" erhält.[429]

487 Auch bei **Aufhebungsverträgen** mit Auszubildenden gilt das **Schriftformerfordernis**. Auch wenn das Ausbildungsverhältnis kein Arbeitsverhältnis ist und somit § 623 BGB nicht unmittelbar anwendbar ist, gilt § 623 BGB zumindest wegen § 10 Abs. 2 BBiG auch für Berufsausbildungsverhältnisse.[430] Nach § 22 Abs. 3 BBiG bedarf jede Kündigung des Berufsausbildungsverhältnisses der Schriftform.

488 Der minderjährige Auszubildende kann weder selbst kündigen noch kann ihm gegenüber gekündigt werden. Vielmehr ist die **Kündigung** durch seinen gesetzlichen Vertreter bzw diesem gegenüber zu erklären (§§ 106, 111 BGB).[431] Nach hM genügt es, wenn ein Elternteil das Kündigungsschreiben erhält.[432]

489 In betriebsratsabhängigen Betrieben ist der Betriebsrat vor Ausspruch einer Kündigung durch den Ausbilder nach § 102 BetrVG zu hören. Dieses **Anhörungsrecht** entfällt, wenn die Ausbildung in einem reinen Ausbildungsbetrieb erfolgt.[433]

490 Innerhalb der Probezeit, die zwischen einem und vier Monaten betragen kann (§ 20 Satz 2 BBiG), kann das Berufsausbildungsverhältnis von beiden Parteien jederzeit ohne Angabe von Gründen und ohne Wahrung einer bestimmten Frist gekündigt werden (§ 22 Abs. 1 BBiG). Nach Ablauf der Probezeit sind die Kündigungsmöglichkeiten stark eingeschränkt. Der Auszubildende kann wegen Berufsaufgabe das Ausbildungsverhältnis nach § 22 Abs. 2 Nr. 2 BBiG kündigen; der Ausbilder hat nur noch die Möglichkeit, das Ausbildungsverhältnis aus wichtigem Grund unter gleichzeitiger Angabe der Kündigungsgründe im Kündigungsschreiben fristlos zu kündigen (§ 22 Abs. 3 Nr. 2 BBiG). Enthält das Kündigungsschreiben keine Kündigungsgründe, ist die Kündigung nichtig (§ 22 Abs. 3 BBiG, § 125 BGB).[434]

491 Nach Ausspruch einer fristlosen Kündigung durch den Arbeitgeber ist ein **Schlichtungsverfahren** nach § 111 Abs. 2 ArbGG durchzuführen. Vor Erhebung einer Kündigungsschutzklage ist zunächst der Ausschuss nach § 111 Abs. 2 Satz 4 ArbGG zur Vermittlung anzurufen. Eine Frist enthält das Gesetz nicht. Deshalb bis zur Grenze der Verwirkung die Anrufung des Ausschusses möglich sein.[435] Die Vermittlung ist nach Auffassung des BAG unverzichtbare Prozessvoraussetzung und ersetzt das arbeitsgerichtliche Güteverfahren.[436] Wird der von dem Ausschuss gefällte Spruch nicht innerhalb von einer Woche von beiden Parteien anerkannt, kann binnen zwei Wochen nach ergangenem Spruch Klage beim Arbeitsgericht erhoben werden (§ 111 Abs. 2 Satz 3 ArbGG). Als Prozessvoraussetzung der Klage vor dem Arbeitsgericht ist die Anrufung des Schlichtungsausschusses von Amts wegen zu prüfen. Ist sie unterblieben, ist die Klage ohne weiteres als unzulässig abzuweisen. Auf die Durchführung des Schlichtungsverfahrens kann nicht verzichtet werden.[437]

---

428 *Laber*, ArbRB 2005, 182.
429 BAG 5.12.1985 – 2 AZR 61/85, AP § 620 BGB Bedingung Nr. 10.
430 *Laber*, ArbRB 2005, 182.
431 BAG 25.11.1976 – 2 AZR 751/75, EzB-VjA § 15 Abs. 3 BBiG Nr. 11.
432 LAG Hessen 15.12.1975 – 10 (8) Sa 813/75, EzB-VjA § 15 Abs. 3 BBiG Nr. 9.
433 BAG 21.7.1993 – 7 ABR 35/92, MDR 1994, 809.
434 BAG 17.6.1998 – 2 AZR 741/97, EzB-VjA § 15 Abs. 2 Nr. 1 BBiG Nr. 83.
435 BAG 13.4.1989 – 2 AZR 441/88, AP § 4 KSchG 1969 Nr. 21.
436 BAG 13.4.1989 – 2 AZR 441/88, AP § 4 KSchG 1969 Nr. 21.
437 BAG 13.4.1989 – 2 AZR 441/88, AP § 4 KSchG 1969 Nr. 21.

Kapitel 2: Abwicklungs- und Aufhebungsverträge 4

11. Betriebliche Altersversorgung

a) Fünf Durchführungswege

aa) Direktzusage (unmittelbare Zusage)

Bei einer **unmittelbaren Zusage (Direktzusage)** verspricht der Arbeitgeber, die zu beanspruchende Betriebsrente aus dem eigenen Vermögen zu erfüllen. Der Arbeitgeber allein soll im Versorgungsfall zur Leistung verpflichtet sein. Eine Möglichkeit, um sich vor dem Versorgungsrisiko und den damit verbundenen Kosten abzusichern, besteht für den Arbeitgeber etwa darin, eine **Rückdeckungsversicherung** abzuschließen. Im Fall einer rückgedeckten Direktzusage tritt der Arbeitgeber als Bezugsberechtigter gegenüber dem Rückdeckungsversicherer auf. Der Arbeitnehmer kann dagegen keine Rechte gegenüber dem Rückversicherer geltend machen, sondern muss sich im Versorgungsfall weiterhin allein an den Arbeitgeber halten. 492

Begründet werden Direktzusagen häufig durch Kollektivvereinbarung oder individualrechtliche Zusagen mit kollektivem Bezug (**Gesamtzusage, betriebliche Übung**), seltener durch eine echte **Individualabrede**. Im Aufhebungs- oder Abwicklungsvertrag werden nur in Ausnahmefällen Versorgungsleistungen erstmals zugesagt; häufiger finden sich Klauseln, durch die auf eine bestehende Direktzusage eingewirkt werden soll. Die Gestaltungsmöglichkeiten sind dabei gesetzlich beschränkt. Gewöhnlich wird im Aufhebungsvertrag lediglich klargestellt, ob die gesetzliche Unverfallbarkeitsfrist des § 1 b BetrAVG erfüllt ist. Besteht tatsächlich noch eine verfallbare Anwartschaft, so kann in der Aufhebungsvereinbarung die Anwartschaft vertraglich unverfallbar gestellt werden, wodurch sie jedoch nicht dem auf gesetzlich unverfallbare Anwartschaften beschränkten Insolvenzschutz gem. § 7 BetrAVG unterliegt. In diesem Fall ist es auch für den Arbeitnehmer von besonderer Bedeutung, eine anderweitige Absicherung vor der Insolvenz des Arbeitgebers zu erhalten, etwa indem das Bezugsrecht einer **Rückdeckungsversicherung** an den Arbeitnehmer verpfändet wird. Ist die Betriebsrentenanwartschaft bereits gesetzlich unverfallbar, so kann in dem Aufhebungsvertrag nach § 3 BetrAVG dagegen grundsätzlich nicht auf die betriebliche Altersversorgung verzichtet oder anderweitig wirtschaftlich abgefunden werden. Eine Abfindung des Anwartschaftsrechts ist nur bei Kleinstrenten möglich. Verbesserungen der betrieblichen Altersversorgung können dagegen in weitem Rahmen im Aufhebungs- und Abwicklungsvertrag vereinbart werden. So bietet es sich insbesondere seit Wegfall der Steuerfreiheit für Abfindungen gem. § 3 Nr. 9 EStG an, statt dessen die Versorgungsanwartschaft zu erhöhen, da eine solche Steigerung bei Direktzusagen weiterhin steuer- und abgabenfrei bis zum Beginn der Leistungsphase bleibt. 493

Bei einer Aufhebungsvereinbarung könnte etwa folgende, im Wesentlichen deklaratorische Klausel aufgenommen werden, mit der der Arbeitgeber auch seiner Auskunftspflicht gem. § 4 a BetrAVG nachkommt: 494

Herrn ... steht aus der Versorgungszusage vom ... gem. § 1 b BetrAVG eine unverfallbare Anwartschaft zu. Die Höhe der unverfallbaren Anwartschaft beläuft sich gem. § 2 BetrAVG auf ... EUR.

Optional:

Zur Absicherung der Versorgungsanwartschaft wird Herrn ... das Bezugsrecht aus der bei der ...-Versicherungs AG am ... abgeschlossenen Rückdeckungsversicherung – Versicherungsschein-Nr. ... – verpfändet.

bb) Direktversicherung

Bei einer Direktversicherung schließt der Arbeitgeber eine Lebensversicherung auf das Leben des Arbeitnehmers ab, bei der dem Arbeitnehmer oder seinen Hinterbliebenen gegenüber der Versicherung als Bezugsberechtigte das Bezugsrecht auf die Leistungen der Versicherung eingeräumt wird (§ 1 b Abs. 2 BetrAVG). Durch die Einschaltung eines Lebensversicherers kommt es zu einem **Dreiecksverhältnis** zwischen Arbeitgeber, Arbeitnehmer und Lebensversicherer. Neben das arbeitsrechtliche Versorgungsverhältnis zwischen Arbeitgeber und Arbeitnehmer tritt das Deckungsverhältnis zwischen dem Arbeitgeber als Versicherungsnehmer und dem Versicherer sowie das Leistungsverhältnis zwischen dem Arbeitnehmer bzw dessen Hinterbliebenen als Bezugsberechtigte und dem Versicherer. Eine gesicherte Rechtsposition im Leistungsverhältnis erlangt der Arbeitnehmer erst dann, wenn im Deckungs- 495 verhältnis das **Bezugsrecht unwiderruflich** erklärt wurde.[438] Ein widerrufliches Bezugsrecht kann der Arbeitgeber dagegen aufgrund seiner Stellung als Versicherungsnehmer auch gegen den Willen des Arbeitnehmers beeinträchtigen, selbst wenn er damit eine Pflicht aus dem arbeitsrechtlichen Grundverhältnis verletzt.[439]

496 Wird das Arbeitsverhältnis nach Erfüllung der Unverfallbarkeitsfrist beendet, so richtet sich die Höhe der unverfallbaren Anwartschaft aus der Direktversicherungszusage grundsätzlich nach dem sog. **Quotierungsverfahren**, dh dass die Versorgungsleistung anteilig nach der Dauer der Betriebszugehörigkeit gekürzt wird. Oftmals ist der sich nach diesem Prinzip ergebende Betrag jedoch durch die Versicherungsprämien zum Zeitpunkt der Beendigung des Arbeitsverhältnisses noch nicht ausfinanziert. Der Arbeitgeber hat in diesem Fall den Differenzanspruch aus dem eigenen Vermögen wie bei einer Direktzusage zu erbringen. Das Betriebsrentengesetz gestattet dem Arbeitgeber jedoch, durch die Wahl der sog. **versicherungsförmigen Lösung** die Höhe der Versorgungsanwartschaft auf den ausfinanzierten Teil zu begrenzen, wenn gem. § 2 Abs. 2 Satz 2 BetrAVG folgende Voraussetzungen erfüllt werden:

- Dem Arbeitnehmer muss ein unwiderrufliches Bezugsrecht eingeräumt sein; Abtretungen oder Beleihungen des Rechts aus dem Versicherungsvertrag durch den Arbeitgeber und Beitragsrückstände sind nicht vorhanden;
- die Überschussanteile werden nur zur Verbesserung der Versicherungsleistung verwendet; und
- dem ausgeschiedenen Arbeitnehmer wird nach dem Versicherungsvertrag das Recht zur Fortsetzung der Versicherung mit eigenen Beiträgen eingeräumt.

497 Die genannten Voraussetzungen sind nach § 1 b Abs. 5 BetrAVG zwingend bei Direktversicherungen zu erfüllen, die auf einer Entgeltumwandlung beruhen. Bei arbeitgeberfinanzierten Zusagen steht dem Arbeitgeber das Wahlrecht zu, ob er anstelle des Quotierungsverfahrens die versicherungsförmige Lösung wählt. Eine Abfindung der Versorgungsanwartschaft kann nach § 3 BetrAVG nur bei sog. Kleinstanwartschaften verlangt werden.

498 Von besonderer Bedeutung ist der für Direktversicherungszusagen, die ab dem 1.1.2005 erteilt wurden, eingeführte **Anspruch auf Übertragung gem. § 4 Abs. 3 BetrAVG**. Hiernach kann der ausscheidende Arbeitnehmer innerhalb eines Jahres nach Beendigung des Arbeitsverhältnisses von seinem ehemaligen Arbeitgeber verlangen, dass der Übertragungswert, der dem zum Übertragungszeitpunkt gebildeten Deckungskapital entspricht, auf den neuen Arbeitgeber übertragen wird, wenn die betriebliche Altersversorgung über einen Pensionsfonds, eine Pensionskasse oder eine Direktversicherung durchgeführt worden ist und der Übertragungswert die Beitragsbemessung in der allgemeinen Rentenversicherung nicht übersteigt. Hat der Arbeitgeber die versicherungsförmige Lösung gewählt, so richtet sich der Anspruch gegen die Versicherung, weshalb dieser Weg – neben der Haftungsbegrenzung bezüglich der Höhe der unverfallbaren Versorgungsanwartschaft – regelmäßig zu empfehlen ist. Der neue Arbeitgeber ist verpflichtet, eine dem Übertragungswert wertgleiche Zusage zu erteilen und über einen Pensionsfonds, eine Pensionskasse oder eine Direktversicherung durchzuführen.

499 Folgender Text, mit dem bei Bestand einer unverfallbaren Direktversicherungsanwartschaft die versicherungsförmige Lösung gewählt wird, kann empfohlen werden:

Herrn _ steht eine gesetzlich unverfallbare Versorgungsanwartschaft aus der Versorgungszusage vom _ zu, die über die _-Versicherungs AG durchgeführt wird (Versicherungs-Nr. _).

Der Arbeitgeber wählt die versicherungsförmige Lösung gem. § 2 Abs. 2 Satz 2 BetrAVG. Das Bezugsrecht aus der Direktversicherung ist unwiderruflich und weder abgetreten noch beliehen; die Versicherung weist keine Beitragsrückstände auf. Sämtliche Überschussanteile seit Beginn der Versicherung bzw seit Beginn der Betriebszugehörigkeit dienen ausschließlich der Verbesserung der Versicherungsleistung. Herrn _ wird das Recht zur Fortsetzung der Versicherung mit eigenen Beiträgen eingeräumt.

---

438 BAG 26.2.1991 – 3 AZR 213/90, NZA 1991, 845; zur Behandlung sog. eingeschränkt unwiderruflicher Bezugsrechte BAG 26.6.1990 – 3 AZR 2/89, AP § 1 BetrAVG Lebensversicherung Nr. 12; OLG Düsseldorf 30.1.2001 – 4 U 93/00, VersR 2002, 86.
439 BAG 8.6.1999 – 3 AZR 136/98, NZA 1999, 1103; BAG 26.2.1991 – 3 AZR 213/90, NZA 1991, 845.

cc) Pensionskasse

Bei einer Pensionskassenzusage wird eine rechtsfähige **Versorgungseinrichtung** eingeschaltet, die dem Arbeitnehmer bzw dessen Hinterbliebenen einen Rechtsanspruch auf ihre Leistungen gewährt (vgl § 1 b Abs. 3 BetrAVG). Im Unterschied zur Direktversicherung erlangt der Arbeitnehmer in diesem Fall von Beginn an eine gesicherte, nicht einseitig durch den Arbeitgeber zu beseitigende Rechtsposition gegenüber der Versorgungseinrichtung. Pensionskassen unterliegen der Versicherungsaufsicht und werden regelmäßig in der Rechtsform eines Versicherungsvereins auf Gegenseitigkeit (VVaG) geführt, können aber auch als Aktiengesellschaft auftreten. Die Arbeitnehmer werden in die Pensionskasse (in der Form einer VVaG) als Mitglied aufgenommen und nehmen die Stellung als **Versicherungsnehmer** ein. Durch Satzung kann bestimmt werden, dass auch die Arbeitnehmer eigene Beiträge an die Pensionskasse zu leisten haben.[440]

500

Pensionskassenzusagen sind bei vorzeitiger Beendigung des Arbeitsverhältnisses im Wesentlichen wie Direktversicherungszusagen zu behandeln. So kann der Arbeitgeber bei arbeitgeberfinanzierten Zusagen ebenfalls entscheiden, ob die Höhe einer unverfallbaren Anwartschaft nach dem Quotierungsverfahren bemessen wird oder ob er die versicherungsförmige Lösung wählt, bei der das Erfordernis eines ausdrücklich für unwiderruflich erklärten Bezugsrechts entfällt, da dem Arbeitnehmer ein einseitig nicht einschränkbarer Rechtsanspruch gegenüber der Pensionskasse zusteht.

501

Nachfolgende textliche Regelung wird häufig gebraucht:

502

Herrn ... steht eine gesetzlich unverfallbare Versorgungsanwartschaft aus der Versorgungszusage vom ... zu, die über die ...-Pensionskasse VVaG durchgeführt wird. Der Arbeitgeber verpflichtet sich, die Voraussetzungen der versicherungsförmigen Lösung gem. § 2 Abs. 3 Satz 2 und 3 BetrAVG zu erfüllen.

dd) Pensionsfonds

Nach der **Legaldefinition** des § 1 b Abs. 3 BetrAVG handelt es sich bei einem Pensionsfonds – gleich einer Pensionskasse – um eine rechtsfähige Versorgungseinrichtung, die dem Arbeitnehmer bzw dessen Hinterbliebenen einen **Rechtsanspruch** auf die Leistung einräumt. Der Pensionsfonds, der in den §§ 112 ff VAG ausführlich geregelt wird, zeichnet sich gegenüber der Pensionskasse insbesondere dadurch aus, dass er bei der Vermögensverwaltung eine größere Anlagefreiheit genießt. Der Pensionsfonds darf als Altersleistungen nur lebenslange Renten oder Auszahlungspläne mit Restverrentung erbringen. Einmalkapitalzahlungen oder befristete Renten sind dagegen nicht zulässig (§ 112 Abs. 1 Nr. 4 VAG).

503

Obwohl ein Pensionsfonds einer Pensionskasse oder einem Lebensversicherer nahe steht, wird bei einer vorzeitigen Beendigung des Arbeitsverhältnisses die Pensionsfondszusage wie eine Direktzusage behandelt, dh dass die Anwartschaftshöhe sich nach dem **Quotierungsprinzip** berechnet und die versicherungsrechtliche Lösung nicht gewählt werden kann. Allerdings wird regelmäßig eine Pensionsfondszusage als beitragsorientierte Leistungszusage oder als Beitragszusage mit Mindestleistung ausgestaltet sein, so dass sich in diesen Sonderfällen die Anwartschaftshöhe gem. § 2 Abs. 5 a oder 5 b BetrAVG auf die nach dem Pensionsplan gebildeten Deckungsrückstellungen beschränkt. Im Hinblick auf den Anspruch auf Übertragung gem. § 4 Abs. 3 BetrAVG wird die Pensionsfondszusage dagegen wie eine Direktversicherungszusage behandelt. Des weiteren müssen Pensionsfondszusagen, die durch Entgeltumwandlung finanziert werden, den Voraussetzungen des § 1 b Abs. 5 BetrAVG entsprechen, so dass etwa dem Arbeitnehmer bei vorzeitiger Beendigung des Arbeitsverhältnisses auch das Recht auf Fortsetzung der Versorgung mit eigenen Beiträgen eingeräumt werden muss.

504

Verbreitet ist bei arbeitgeberfinanzierten Pensionsfondszusagen der nachfolgende Text im Beendigungsvertrag, der lediglich deklaratorischen Charakter hat:

505

Herrn ... steht eine gesetzlich unverfallbare Versorgungsanwartschaft aus der Versorgungszusage vom ... zu, die über den ...-Pensionsfonds durchgeführt wird. Die Höhe der unverfallbaren Versorgungsanwartschaft richtet sich nach § 2 BetrAVG.

---

440 BAG 13.5.1997 – 3 AZR 79/96, DB 1998, 213.

ee) Unterstützungskasse

506 Bei Durchführung der betrieblichen Altersversorgung über eine Unterstützungskasse wird eine rechtsfähige Versorgungseinrichtung eingeschaltet, die – anders als Pensionskasse oder Pensionsfonds – keinen Anspruch auf die Leistungen einräumt. Der **Ausschluss** des Leistungsrechts dient dem Zweck, der Versicherungsaufsicht zu entgehen. Sowohl für das arbeitsrechtliche Versorgungsverhältnis als auch für das Leistungsverhältnis zwischen Arbeitnehmer und Unterstützungskasse hat die Rechtsprechung entschieden, dass der formale Leistungsausschluss in einen aus sachlichen Gründen widerruflichen Leistungsanspruch umzuinterpretieren ist.[441] Unterstützungskassenleistungen werden im Betriebsrentengesetz im Wesentlichen wie unmittelbare Zusagen behandelt, so dass die dort beschriebenen Besonderheiten zu beachten sind.

507 In Aufhebungsvereinbarungen bietet sich der nachfolgende Vertragstext oftmals an:

Herrn ... steht eine gesetzlich unverfallbare Versorgungsanwartschaft aus der Versorgungszusage vom ... zu, die über die ...-Unterstützungskasse durchgeführt wird. Die Höhe der unverfallbaren Anwartschaft richtet sich nach § 2 BetrAVG und beläuft sich auf ... EUR.

Optional:

Zur Absicherung der Versorgungsanwartschaft wird Herrn ... das Bezugsrecht aus der bei der ...-Versicherungs AG am ... abgeschlossenen Rückdeckungsversicherung – Versicherungsschein-Nr. ... – verpfändet.

b) Entgeltumwandlung

508 Die Umwandlung von Entgeltansprüchen in Versorgungsanwartschaften (**Entgeltumwandlung**) ist spätestens seit dem Urteil des BAG vom 26.6.1990[442] eine anerkannte Form der betrieblichen Altersversorgung und vom Gesetzgeber zwischenzeitlich ausdrücklich in § 1 Abs. 2 Nr. 3 BetrAVG geregelt. Nach § 1 b Abs. 5 BetrAVG sind Entgeltumwandlungszusagen, die nach dem 31.12.2000 geschlossen wurden, unmittelbar gesetzlich **unverfallbar**. Bei Entgeltumwandlungszusagen, die vor diesem Zeitpunkt geschlossen wurden, ergibt sich die sofortige Unverfallbarkeit aus dem Versorgungsvertrag. Die lediglich vertragliche Unverfallbarkeit hat jedoch zur Folge, dass der Insolvenzschutz nach § 7 BetrAVG erst dann eingreift, wenn auch die für arbeitgeberfinanzierte Versorgungszusagen geltenden Unverfallbarkeitsfristen erfüllt sind. Darüber hinaus hat der Arbeitgeber dafür zu sorgen, dass dem Arbeitnehmer bei Wahl eines der Versorgungsträger Lebensversicherung, Pensionskasse oder Pensionsfonds die Möglichkeit zur Fortsetzung der Versicherung bzw Versorgung eingeräumt wird und die Überschussanteile allein zu Verbesserung der Leistung verwendet werden. Weiter muss das Recht des Arbeitgebers zur Verpfändung, Abtretung oder Beleihung ausgeschlossen werden. Bei Direktversicherungszusagen ist dem Arbeitnehmer von Beginn an ein unwiderrufliches Bezugsrecht einzuräumen. Diese Erfordernisse entsprechen im Wesentlichen den Voraussetzungen zur Wahl der versicherungsförmigen Lösung bei Direktversicherungs- und Pensionskassenzusagen.

509 Im Zusammenhang mit Aufhebungsverträgen hat seit der Streichung des Steuerfreibetrags für Abfindungszahlungen die Möglichkeit an Attraktivität gewonnen, den Abfindungsbetrag zur Verbesserung der betrieblichen Altersversorgung zu verwenden. Bei Direktversicherungs-, Pensionskassen- oder Pensionsfondszusagen werden die aus Anlass der Beendigung des Arbeitsverhältnisses geleisteten Beiträge an den Versorgungsträger gem. § 3 Nr. 63 Satz 4 EStG bis zu einer Höhe von 1.800 EUR, multipliziert mit der Anzahl der Beschäftigungsjahre, steuerfrei gestellt, soweit der Steuerfreibetrag in den jeweiligen Jahren nicht bereits ausgeschöpft wurde. Bei Direktzusagen und Unterstützungskassenzusagen findet unabhängig von der Höhe des Beitrags eine nachgelagerte Besteuerung statt. Zwar mag es dogmatisch fraglich sein, ob eine aus Anlass der Beendigung des Arbeitsverhältnis gewährte Verbesserung der betrieblichen Altersversorgung eine Entgeltumwandlung darstellt – ein umzuwandelnder Abfindungsanspruch wird gewöhnlich noch nicht begründet sein –, doch empfiehlt es sich sehr, bei Wahl eines externen Versorgungsträgers (Lebensversicherer, Pensionskasse oder Pensionsfonds) die Voraussetzungen des § 1 b Abs. 5 BetrAVG zu erfüllen.

---

[441] StRspr, BAG 17.5.1973 – 3 AZR 381/72, NJW 1973, 1946; BAG 17.4.1985 – 3 AZR 72/83, NZA 1986, 57; BAG 17.11.1992 – 3 AZR 76/92, NZA 1993, 938.
[442] BAG 26.6.1990 – 3 AZR 641/88, NZA 1991, 144.

Der Aufhebungsvertrag könnte folgende Formulierung enthalten (für Direktversicherungs-, Pensions-   510
kassen- oder Pensionsfondszusagen):

Der Arbeitgeber zahlt aus Anlass der Beendigung des Arbeitsverhältnisses einen Beitrag iHv ... EUR zur Verbesserung der Versorgungszusage vom ... an die/den ...-Lebensversicherung/Pensionskasse/Pensionsfonds. Die Höhe der sich hieraus ergebenden Steigerung der unverfallbaren Versorgungsanwartschaft richtet sich nach dem Versicherungsvertrag. Die Überschussanteile stehen Herrn ... zu. Herrn ... wird das Recht zur Fortsetzung der Versicherung bzw Versorgung mit eigenen Beiträgen eingeräumt. Das Recht zur Verpfändung, Abtretung oder Beleihung durch den Arbeitgeber wird ausgeschlossen.

Zusätzlich bei Direktversicherung: Herrn ... wird ein unwiderrufliches Bezugsrecht eingeräumt.

c) Sicherung durch Bürgschaft

Insolvenzschutzklauseln bieten sich an, wenn im Aufhebungsvertrag versorgungsrechtliche Zusagen erteilt   511
werden, für die der Pensions-Sicherungs-Verein nicht eintritt. Als Sicherungsweg bietet sich eine Bürgschaft, aber auch eine Rückdeckungsversicherung an. Eine Bürgschaft kann wie folgt formuliert werden:

(1) Die Gesellschaft hat gegenüber dem Geschäftsführer eine Versorgungszusage übernommen. Die Parteien vereinbaren zusätzlich, dass die Versorgungsanwartschaft des Geschäftsführers unverfallbar ist.

(2) Die Gesellschaft verpflichtet sich, die sich aus der Versorgungszusage ergebenden Anwartschaften des Geschäftsführers für den Fall der Insolvenz der Gesellschaft abzusichern. Die Insolvenzversicherung der Versorgungsanwartschaft durch die Gesellschaft erfolgt durch den Abschluss einer Bankbürgschaft. Spätestens ein Monat nach Unterzeichnung dieser Vereinbarung wird die Gesellschaft zu Gunsten des Geschäftsführers einen Bürgschaftsvertrag abschließen und an den Geschäftsführer aushändigen, der die Versorgungsanwartschaft des Klägers sichert. Entsprechend dem prognostizierten versicherungsmathematischen Wert der Versorgungszusage im Zeitpunkt der Vollendung des 65. Lebensjahres des Geschäftsführers wird die Bürgschaft über einen Betrag iHv ... EUR abgeschlossen. Der vorgenannte Betrag spiegelt den Gesamtwert der Versorgungszusage im Erlebensfall durch den Geschäftsführer wider. Die Bürgschaft wird für den Zeitraum bis zur erstmaligen Zahlung des Versorgungsbetrags, dh bis zum ..., abgeschlossen. Alle für die Zeit bis zum ... anfallenden Avalprovisionen wird die Gesellschaft im Wege einer Einmalzahlung bei Abschluss des Bürgschaftsvertrages leisten. Außer zur Sicherung der Versorgungsansprüche des Geschäftsführers dient die Bürgschaft auch der Sicherung etwaiger Versorgungsansprüche seines Ehegatten und seiner Kinder. Spätestens zwei Monate nach Abschluss der vorliegenden Vereinbarung wird die Gesellschaft dem Geschäftsführer die Bürgschaftsurkunde übergeben.

(3) Der Geschäftsführer erhält spätestens acht Wochen nach Beendigung des Dienstverhältnisses eine Auskunft gem. § 4a BetrAVG.

12. Betriebsgeheimnisklauseln

Eine typische Betriebsgeheimnisklausel in Aufhebungs- und Abwicklungsverträgen lautet wie folgt: 512

Der Arbeitnehmer verpflichtet sich, alle ihm während seiner Tätigkeit für die Firma zur Kenntnis gelangten betriebsinternen Vorgänge, insbesondere Geschäfts- und Betriebsgeheimnisse, auch nach seinem Ausscheiden geheim zu halten.

Auch **nach Beendigung** des Arbeitsverhältnisses ist der Arbeitnehmer verpflichtet, **Stillschweigen über**   513
Geschäfts- und Betriebsgeheimnisse seines bisherigen Arbeitgebers zu bewahren.[443] Die nachwirkende Pflicht zur Verschwiegenheit erstreckt sich auf sämtliche Tatsachen, die im Zusammenhang mit dem Geschäftsbetrieb stehen, nur einem eng begrenzten Personenkreis bekannt sind, nicht offenkundig sind und nach dem Willen des Arbeitgebers aufgrund eines berechtigten wirtschaftlichen Interesses geheim

---

443 BAG 15.12.1987 – 3 AZR 474/86, AP § 611 BGB Betriebsgeheimnis Nr. 5.

gehalten werden sollen.⁴⁴⁴ Dementsprechend kommt Klauseln, in denen der Arbeitnehmer auf die Nachwirkung seiner Verschwiegenheitspflicht hingewiesen wird, grundsätzlich nur deklaratorische Bedeutung zu. Das Urteil des BGH vom 3.5.2001⁴⁴⁵ hat die Funktion arbeitsvertraglicher Verschwiegenheitsklauseln für den Arbeitgeber verwässert.

514 Gleichwohl wird – mehr aus psychologischen Gründen – dazu geraten, über Betriebsgeheimnisklauseln im Aufhebungs- oder Abwicklungsvertrag den ausscheidenden Mitarbeiter an seine Pflicht zu erinnern, Betriebs- und Geschäftsgeheimnisse zu wahren. Die nachwirkende Verschwiegenheitsverpflichtung verbietet es keinem Arbeitnehmer – ebenso wenig Führungskräften bis hin zu Vorständen –, Kunden der bisherigen Firma nach dem Ausscheiden zu umwerben.⁴⁴⁶ Man kann auch im Aufhebungsvertrag ein **Verbot der Kundenumwerbung** vereinbaren,⁴⁴⁷ wobei die Wirksamkeit umstritten ist. Mit einem solchen Verbot rückt man nahe an die Funktion einer Kundenschutzklausel mit dem Gewicht eines Wettbewerbsverbots, das gemäß dem Grundsatz der bezahlten Karenz in § 74 Abs. 2 HGB nicht entschädigungslos wirksam vereinbart werden kann.⁴⁴⁸

515 Betriebsgeheimnisklauseln können in Aufhebungs- und Abwicklungsverträgen effizienter gestaltet werden, wenn sie mit einem **Vertragsstrafeversprechen** verknüpft werden. Vertragsstrafeversprechen unterliegen der Inhaltskontrolle und sind anhand der bislang ergangenen Rechtsprechung⁴⁴⁹ auf ihre Wirksamkeit zu überprüfen.

13. Diensterfindungen

516 Einzelheiten zu den Diensterfindungen regelt das **Arbeitnehmererfindungsgesetz (ArbNErfG)**. Als Ausgleich für das Verwertungsrecht an einer Erfindung hat der Arbeitgeber dem Arbeitnehmer eine angemessene Vergütung zu zahlen (§ 9 Abs. 1 ArbNErfG). Aufgrund von § 11 ArbNErfG hat der Bundesminister für Arbeit Richtlinien über die Bemessung der Vergütung erlassen. Von Vorschriften des ArbNErfG kann grundsätzlich nicht zu Ungunsten des Arbeitnehmers abgewichen werden (§ 22 Satz 1 ArbNErfG), auch nicht durch Kollektivvereinbarungen.⁴⁵⁰ Gemäß §§ 22, 23 ArbNErfG sind aber Vereinbarungen zwischen Arbeitnehmer und Arbeitgeber über Diensterfindungen zulässig nach ihrer Meldung, über freie Erfindungen und technische Verbesserungsvorschläge nach ihrer Mitteilung, soweit sie nicht in erheblichem Maße unbillig sind.

517 Eine **Schlussabfindungsregelung** für Diensterfindungen kann folgenden Wortlaut haben:

(1) Für sämtliche Erfindungen, die auf den Mitarbeiter als Erfinder oder Miterfinder zurückgehen, erhält der Mitarbeiter eine Schlussabfindung von _ EUR. Mit dieser Zahlung sind sämtliche Ansprüche des Mitarbeiters aus dem Gesetz über Arbeitnehmererfindungen vom 25.7.1957 in der zuletzt gültigen Fassung für sämtliche, während der Dauer des Arbeitsverhältnisses gemeldeten Diensterfindungen, Schutzrechte und Schutzrechtsanmeldungen, die auf den Mitarbeiter als Erfinder oder Miterfinder zurückgehen, erledigt.

(2) In der Schlussabfindung sind auch solche Vergütungen für Diensterfindungen eingeschlossen, die bei einer eventuellen Benutzung einer Erfindung durch die Firma entstehen würden oder entstanden, jedoch noch nicht vergütet sind. Die Auszahlung der Pauschalvergütung erfolgt unter Abzug der gesetzlichen Steuern.

518 Bei der Formulierung von Schlussabfindungen für Diensterfindungen in Aufhebungsverträgen stellt sich die Frage, ob eine abschließende Regelung in Form einer **Einmalzahlung** wirksam vereinbart werden kann. Die §§ 22, 23 ArbNErfG könnten dem entgegenstehen, denn mit einer solchen Einmalzahlung wird gleichzeitig der Verzicht auf die dem Arbeitnehmer gesetzlich auch über das Arbeitsverhältnis hinaus zustehende Erfindervergütung erklärt. *Bauer*⁴⁵¹ vertritt die Auffassung, wie bei nachvertrag-

---

444 BAG 15.12.1987 – 3 AZR 474/86, AP § 611 BGB Betriebsgeheimnis Nr. 5; BAG 16.3.1982 – 3 AZR 83/79, AP § 611 BGB Betriebsgeheimnis Nr. 1.
445 BGH 3.5.2001 – I ZR 153/99, WM 2001, 1824.
446 BAG 15.12.1987 – 3 AZR 474/86, AP § 611 BGB Betriebsgeheimnis Nr. 5.
447 Nach BAG 15.12.1987 – 3 AZR 474/86, NZA 1988, 502 zweifelhaft.
448 BAG 15.12.1987 – 3 AZR 474/86, DB 1988, 1020.
449 BAG 4.3.2004 – 8 AZR 196/03, NZA 2004, 727; BAG 21.4.2005 – 8 AZR 425/04, NZA 2005, 1053; BAG 18.8.2005 – 8 AZR 65/05, NZA 2006, 34.
450 *Bartenbach/Volz*, § 22 ArbNErfG Rn 7.
451 *Bauer*, Arbeitsrechtliche Aufhebungsverträge, IV. Rn 166.

lichen Wettbewerbsverboten, so sei auch bei Diensterfindungen eine einvernehmliche Aufhebung eines bestehenden Anspruchs möglich. Ein Verzicht des Arbeitnehmers auf Erfindervergütung muss aber in jedem Falle deutlich und unmissverständlich erklärt werden; allgemeine Ausgleichsklauseln genügen diesen Anforderungen nicht.[452]

14. Dienstwagenklauseln

a) Rückgabeorte

Dienstwagenregelungen zum Ende eines Arbeitsverhältnisses können in vielfältiger Weise getroffen werden. Soll das Fahrzeug am letzten Arbeitstag ordnungsgemäß herausgegeben werden, kann man wie folgt formulieren: 519

Der Mitarbeiter gibt am Tag der Beendigung des Arbeitsverhältnisses den Dienstwagen mit dem amtl. Kennzeichen ..., Marke ..., einschließlich der Fahrzeugpapiere, dreier Fahrzeugschlüssel, des Autotelefons mit Twincard, der Tankkarte und vier Winterreifen sowie eines ADAC-Schutzbriefs an die Firma auf dem Parkplatz P 2 zurück.

Bei der Formulierung von Dienstwagenregelungen sollte darauf geachtet werden, dass auch der Ort bezeichnet wird, an dem das Fahrzeug zurückgegeben werden soll. Gerade bei Außendienstmitarbeitern ist es nicht selbstverständlich, dass das Fahrzeug zum Arbeitgeber zurückgebracht wird. Haben die Parteien nichts anderes vereinbart, ist der Wohnsitz des Außendienstmitarbeiters **Erfüllungsort für die Rückgabe** des Dienstwagens.[453] 520

b) Erwerb durch den Arbeitnehmer

Oft wird vorgesehen, den Mitarbeiter freizustellen, den Dienstwagen am Tag der Beendigung des Arbeitsverhältnisses zurückzugeben oder zu erwerben. Eine Vertragspassage zu diesem Sachverhalt kann wie folgt lauten: 521

Der Mitarbeiter gibt das Fahrzeug, Marke ..., amtl. Kennzeichen ..., mangelfrei am Tag der Beendigung des Arbeitsverhältnisses mit sämtlichen Wagenpapieren und Schlüsseln zurück oder er erwirbt den Pkw zum Schätzwert des von einem Kfz-Sachverständigen auf den Beendigungszeitpunkt ermittelten Kaufpreises. Die Kosten des Sachverständigen trägt der Arbeitgeber. Entscheidet sich der Mitarbeiter für den käuflichen Erwerb des Fahrzeuges, wird ihm der Dienstwagen am Beendigungstag unter Aushändigung der Wagenpapiere übergeben. Der Kaufpreis wird mit dem Nettobetrag der Abfindung verrechnet.

Als **Kaufpreis** darf kein geringerer Wert als der **Schätzwert zum Veräußerungszeitpunkt** gewählt werden, weil andernfalls die Umsatzsteuer verkürzt würde und der vom Arbeitnehmer zu versteuernde, geldwerte Vorteil zu Lasten des Fiskus verringert würde. Der Erwerb eines Gebrauchtwagens vom Arbeitgeber führt beim Arbeitnehmer zum Zufluss von Arbeitslohn, wenn der gezahlte Kaufpreis hinter dem nach § 8 Abs. 2 Satz 1 EStG zu bestimmenden Wert des Fahrzeuges zurückbleibt. Für den danach maßgeblichen üblichen Endpreis des Fahrzeuges ist nicht auf den Händlereinkaufspreis abzustellen, sondern auf den Preis, den das Fahrzeug unter Berücksichtigung der vereinbarten Nebenleistungen auf dem Gebrauchtwagenmarkt tatsächlich erzielen würde.[454] Wird für zur Bestimmung des üblichen Endpreises eine Schätzung erforderlich, kann sich die Wertermittlung an den im Verkehr anerkannten Marktübersichten für gebrauchte Pkw orientieren. Das Ergebnis dieser Schätzung ist in der Revision nur eingeschränkt überprüfbar.[455] Auch der BFH hat in seiner Entscheidung vom 17.6.2005 ausgeführt, dass sich die erforderliche Schätzung des üblichen Endpreises entweder über zeitnahe Sachverständigengutachten oder aussagekräftige Kaufpreiserhebungen an den im Rechtsverkehr anerkannten Marktübersichten für den Wert gebrauchter Pkw orientieren kann. Hierzu zähle auch die sog. 522

---

452 Bartenbach/Volz, § 26 ArbNErfG Rn 60.
453 BAG 12.6.1986 – 2 AZR 398/85, NJW-RR 1988, 48.
454 BFH 17.6.2005 – VI R 84/04, NZA-RR 2005, 539.
455 BFH 17.6.2005 – VI R 84/04, NZA-RR 2005, 539.

Schwacke-Liste.[456] Deshalb lässt man den Schätzwert üblicherweise durch einen Sachverständigen oder durch eine Vertragswerkstatt ermitteln.

523 Es ist fehlerhaft, wenn im Vertrag geregelt wird, der Mitarbeiter übernehme den Dienstwagen zum **Buchwert**. Der Verkauf zu einem niedrigeren als dem Marktpreis nach § 8 Abs. 2 Satz 1 EStG führt zu einem steuerpflichtigen Zufluss von Arbeitslohn. Der Buchwert, der 1,00 EUR betragen kann, liegt bei älteren Fahrzeugen meist deutlich unter dem tatsächlichen Wert des Gebrauchtwagens. Ein häufiger Fehler bei der Vertragsgestaltung zeigt sich, wenn die Parteien die Mehrwertsteuerpflicht des Fahrzeugverkaufs durch die Firma an den Mitarbeiter vergessen haben.

524 Vielfach beliebt ist, weil sich der Arbeitnehmer oft auch an seinen Dienstwagen gewöhnt hat, dass dem Arbeitnehmer das Fahrzeug **unentgeltlich übereignet** wird. In diesem Falle ist aber daran zu erinnern, dass das Rechtsgeschäft (**Schenkung oder gemischte Schenkung**) steuerrechtlich einen Sachbezug zum Gegenstand hat, also einen zusätzlich zu versteuernden Arbeitslohn, wobei den Arbeitnehmer die Steuerlast trifft.

525 Soll der **Arbeitgeber** die **Steuern** tragen, die bei einer unentgeltlichen Zuwendung des Dienstwagens an den Arbeitnehmer anfallen, empfiehlt es sich, die folgende Formulierung zu wählen:

Der Arbeitgeber übereignet das Fahrzeug mit dem amtlichen Kennzeichen ... auf den Arbeitnehmer unentgeltlich als Nettosachbezugswert.

526 Der Begriff „**Sachbezug**" entstammt dem Lohnsteuerrecht. Nach der Sachbezugsverordnung (SachBezV) regelt sich die Bewertung geldwerter Vorteile. Entsprechend den Regeln des § 6 SachBezV bestimmt sich die Bewertung sonstiger Sachwerte, die nicht unter §§ 1–4 SachBezV fallen. Bei dem geldwerten Vorteil, der dem Dienstberechtigten aus der unentgeltlichen Übereignung eines Dienstwagens entsteht, handelt es sich um einen Sachbezug nach § 6 SachBezV. Vereinbaren die Parteien eine Übereignung des Gegenstands als „Nettosachbezugswert", vereinbaren sie damit, dass dem Arbeitnehmer keine finanziellen Lasten im Zusammenhang mit der Übertragung des Gegenstands treffen sollen.

527 Hier ist es so wie bei der Nettolohnvereinbarung. Regeln die Parteien, dass der Arbeitnehmer ein Nettogehalt erhält, trägt der Arbeitgeber die Lohnsteuer.[457] Übernimmt der Arbeitgeber die Lohnsteuer, spricht man von einer „**Nettolohnvereinbarung**", übernimmt der Arbeitgeber die Steuerlast beim unentgeltlichen Sachbezug, spricht man von einem „**Nettosachbezugswert**".

528 Der **entgeltliche Erwerb** des Dienstwagens löst, da der Arbeitnehmer Verbraucher ist,[458] die Regeln des Verbrauchsgüterkaufs aus, §§ 474 ff BGB. Damit kann die Gewährleistung für den Dienstwagen für die Dauer eines Jahres nicht ausgeschlossen werden, § 475 Abs. 2 BGB. Zeigt sich innerhalb von sechs Monaten seit Gefahrübergang ein Sachmangel, wird vermutet, dass die Sache bereits bei Gefahrübergang mangelhaft war, § 476 BGB. Eine Reihe von interessenwidrig erscheinenden Ergebnissen ist die Folge dieser Rechtslage. Der Arbeitnehmer, der den Dienstwagen erwirbt, kennt das Fahrzeug regelmäßig besser als der veräußernde Unternehmer (Arbeitgeber). Er hat das Fahrzeug meist seit mehreren Jahren täglich genutzt. Trotzdem ist ein diesem Umstand Rechnung tragender Verzicht des Arbeitnehmers auf Gewährleistungsansprüche gem. § 475 Abs. 1 BGB unwirksam. Man wird überlegen müssen, ob bei dieser Fallkonstellation eine teleologische Reduktion der Vermutungsregel des § 476 BGB angebracht ist, da das Gesetz davon ausgeht, dass der Verbraucher-Erwerber das Fahrzeug allenfalls einmal während einer kurzen Probefahrt selbst gefahren hat und nicht, wie der Arbeitnehmer als Erwerber seines eigenen Dienstfahrzeuges, den Wagen seit Jahren benutzt. Das Schutzbedürfnis beim Erwerber besteht nicht in gleicher Weise, wenn man einen gebrauchten Pkw bereits selbst über einen längeren Zeitraum genutzt hat.

c) Nutzungsarten

529 Der Dienstwagen kann rein dienstlich genutzt werden, er kann aber auch dienstlich und privat genutzt werden. Wird eine rein dienstliche Nutzung vereinbart, überwacht der Arbeitgeber aber nicht, ob der Arbeitnehmer auch eine Privatnutzung vornimmt, ist die steuerliche Rechtsprechung widersprüchlich.

---

456 BFH 18.10.2001 – V R 106/98, DStR 2001, 2199.
457 BFH 28.2.1992 – VI R 146/87, DStR 1992, 1017.
458 BAG 25.5.2005 – 5 AZR 572/04, NZA 2005, 1111.

Das FG Saarland[459] behauptet, es spreche eine allgemeine Lebenserfahrung dafür, dass ein zur Verfügung gestellter Dienstwagen auch privat genutzt werde, wenn der Arbeitgeber das Nutzungsverbot nicht überwache. Das FG Niedersachsen[460] hat dagegen entschieden, dass sich aus einer mangelnden Überwachung durch den Arbeitgeber keine negativen Folgen für den Arbeitnehmer ergäben. Es könne nicht davon ausgegangen werden, dass das private Nutzungsverbot nur zum Schein ausgesprochen worden sei. Wird ein Fahrzeug, das nur dienstlich genutzt werden sollte, tatsächlich auch privat genutzt, setzt das FG Saarland gem. Abschnitt 31 Abs. 9 Nr. 1 LStR die Nutzungspauschale iHv 1 % des auf volle 100 EUR abgerundeten Bruttolistenpreises an. Bei einem Fahrzeug, das nur zur dienstlichen Verwendung überlassen ist, ist die gesamte Nutzung anhand eines Fahrtenbuches nach Abschnitt 31 Abs. 9 Nr. 2 LStR festzuhalten.

Wird dem Arbeitnehmer ein Dienstwagen nur zur dienstlichen Nutzung überlassen, erlangt der Arbeitnehmer grundsätzlich weder eine Besitzstellung an diesem, noch einen Anspruch auf Nutzung des Fahrzeuges bis zur Beendigung des Arbeitsverhältnisses.[461] Der Arbeitgeber kann daher das Fahrzeug jederzeit entschädigungslos herausverlangen.[462]

530

Wurde dem Arbeitnehmer auch das Recht der privaten Nutzung des Dienstwagens eingeräumt, stellt das private Nutzungsrecht einen Teil des Arbeitsentgelts in Form einer Naturalvergütung dar. Der Arbeitgeber ist daher verpflichtet, dem Arbeitnehmer für Zeiten des **Urlaubs**, des **Entgeltfortzahlungszeitraums** nach § 3 Abs. 1 EFZG und einer bezahlten **Freistellung**[463] den zur privaten Nutzung überlassenen Dienstwagen auch weiterhin zur Verfügung zu stellen. Nur wenn der Arbeitgeber sich AGB-rechtlich wirksam einen Widerruf des Nutzungsrechts im Fall der (wirksamen) Freistellung vertraglich vorbehalten hat, ist der Arbeitgeber unter Einhaltung einer angemessenen Auslauffrist berechtigt, den Dienstwagen auch vor Beendigung des Arbeitsverhältnisses herauszuverlangen.[464]

531

Kommt der Arbeitgeber seiner Vertragspflicht nicht nach, dem Arbeitnehmer die Nutzung des Dienstwagens zu Privatzwecken weiter zu ermöglichen, hat der Arbeitnehmer nach § 280 Abs. 1 Satz 1 iVm § 283 Satz 1 BGB Anspruch auf Ersatz des hierdurch verursachten Schadens.[465] Zur Berechnung des Schadens ist eine Nutzungsausfallentschädigung auf der Grundlage der steuerlichen Bewertung der privaten Nutzungsmöglichkeit mit monatlich 1 % des Listenpreises des Kraftfahrzeugs im Zeitpunkt der Erstzulassung anerkannt.[466]

532

Zur Kapitalisierung von Nutzungsansprüchen wegen vorenthaltener privater Dienstwagennutzung empfiehlt sich die folgende Formulierung:

533

Der Arbeitgeber zahlt an den Arbeitnehmer für die Zeit vom ... bis zum ... eine monatliche Nutzungsausfallentschädigung wegen der vorenthaltenen privaten Nutzung des Dienstwagens mit dem amtlichen Kennzeichen ... iHv ... EUR.

Wenn es in einem **Prozessvergleich** heißt, der Arbeitgeber verpflichte sich zur „**vertragsgemäßen Abrechnung**", beinhaltet diese Klausel nicht – auch wenn sich die Parteien zuvor über Entschädigungsansprüche über den Entzug der Dienstwagennutzung gestritten haben –, dass der Arbeitnehmer vom Arbeitgeber aufgrund der Formulierung „vertragsgemäß" noch **Nutzungsentschädigung** für Zeiten der Vorenthaltung des Dienstfahrzeugs verlangen kann.[467] Die Nutzungsüberlassung gehört nicht zur Abwicklung des Arbeitsverhältnisses und muss daher ausdrücklich geregelt werden. Daher erfasst eine **Ausgleichsklausel** idR auch eine Entschädigung für die entgangene private Nutzung eines Dienstfahrzeugs.[468]

534

---

459 FG Saarland 7.12.2004 – 1 K 312/00, EFG 2005, 270.
460 FG Niedersachsen 25.11.2003 – 1 K 191/02, FGReport 2004, 65.
461 *Nägele*, Der Dienstwagen, S. 16.
462 LAG Berlin 26.5.1986 – 9 Sa 24/86, DB 1987, 542; ArbG Stuttgart 12.5.1995 – 26 Ca 2051/94, n.v.
463 BAG 14.12.2010 – 9 AZR 631/09, NZA 2011, 569.
464 BAG 21.3.2012 – 5 AZR 651/10, NZA 2012, 616.
465 BAG 21.3.2012 – 5 AZR 651/10, NZA 2012, 616; BAG 14.12.2010 – 9 AZR 631/09, NZA 2011, 569.
466 BAG 21.3.2012 – 5 AZR 651/10, NZA 2012, 616; BAG 14.12.2010 – 9 AZR 631/09, NZA 2011, 569.
467 BAG 5.9.2002 – 8 AZR 702/01, NZA 2003, 973.
468 BAG 5.9.2002 – 8 AZR 702/01, NZA 2003, 973.

535 Eine Gestaltungsvariante in Aufhebungs- und Abwicklungsverträgen besteht in der Rückgabe des Fahrzeuges vor der Beendigung des Arbeitsverhältnisses gegen Entschädigung der entgehenden Privatnutzung.

536 Soweit die Zahlung der Abfindung und eine nachvertragliche Privatnutzung innerhalb eines Kalenderjahres erfolgen, ist die Privatnutzung gem. §§ 24, 34 EStG zu versteuern.[469] Im BMF-Schreiben vom 18.12.1998[470] wird ausdrücklich ausgeführt, dass die weitere unentgeltliche oder teilentgeltliche (zeitlich befristete) Nutzung des Dienstwagens, der nicht in das Eigentum des Arbeitnehmers übergeht, regelmäßig Teil der Entschädigung ist. In diesen Fällen wird dieser Teil des Entschädigungsanspruchs durch die weitere Nutzung in dem jeweiligen Kalenderjahr fällig. In diesen Fällen kann § 34 EStG nicht angewendet werden, wenn die Wirtschaftsgüter auch in einem anderen als dem Veranlagungszeitraum genutzt werden, in dem die übrige Entschädigung zufließt.

d) Leasing

537 Kompliziert sind regelmäßig Vereinbarungen, bei denen ein Leasingfahrzeug, das als Dienstwagen benutzt wird, von der Leasinggesellschaft an den Mitarbeiter veräußert wird. Hier muss der beratende Anwalt mit der Leasinggesellschaft oder durch den Arbeitgeber mit der Leasinggesellschaft zunächst Rücksprache nehmen, ob die Veräußerung an den Mitarbeiter nach den Bedingungen des Leasingvertrages möglich ist. Es kommt häufiger vor, dass Abstandssummen (Differenz zwischen geschätztem Verkaufserlös und kalkulatorischem Restbuchwert) vom Arbeitgeber im Verhältnis zur Leasinggesellschaft getragen werden müssen, wenn das Fahrzeug an den Arbeitnehmer veräußert werden soll. Es muss in diesen Fällen darauf geachtet werden, wer die Abstandssumme letztendlich leistet und ob sie vom Arbeitnehmer zu versteuern ist. Wird die unentgeltliche Übereignung des Leasingfahrzeuges bei gleichzeitiger Herabsetzung der Abfindung zu einem späteren Zeitpunkt vereinbart, sollte wegen § 323 BGB eine ausdrückliche Regelung für den Fall der Unmöglichkeit (Totalschaden, Fahrzeugbrand, Diebstahl) in die Dienstwagenklausel aufgenommen werden, da andernfalls der Arbeitgeber, der eine niedrigere Abfindung als vorgesehen zahlt, ersatzlos frei wird.

538 Ist das Fahrzeug geleast und darf der Arbeitnehmer das Firmenfahrzeug auch privat nutzen, so ist eine Vertragsvereinbarung unwirksam, wonach der Arbeitnehmer bei Eigenkündigung die Rechte und Pflichten aus dem Leasingvertrag zu übernehmen und den Arbeitgeber von den Verpflichtungen aus dem Leasingvertrag freizustellen hat. Das LAG München[471] gründet diese Auffassung auf § 242 BGB. Es sei mit Treu und Glauben nicht zu vereinbaren, wenn die monatliche Leasingrate im Verhältnis zum monatlichen Einkommen des Arbeitnehmers so hoch sei, dass sie der Arbeitnehmer ohne Gefährdung seiner wirtschaftlichen Existenzgrundlage kaum bewältigen könne.

539 Haben Arbeitgeber und Arbeitnehmer vereinbart, dass der Arbeitnehmer bei einem Leasingfahrzeug, das ihm als Firmenfahrzeug zur Verfügung gestellt wird, den Unterschiedsbetrag zwischen der Normalausstattung und der Sonderausstattung übernimmt, kann er vom Arbeitgeber arbeitsvertraglich nicht wirksam verpflichtet werden, im Falle der vorzeitigen Rückgabe des Fahrzeuges die noch anfallenden Differenzraten zu zahlen.[472] Das Arbeitsverhältnis der Parteien endete aufgrund betriebsbedingter Kündigung des Arbeitgebers wegen Schließung der Niederlassung. Bis dahin hatte der Arbeitnehmer das Dienstfahrzeug 10 Monate genutzt. Der Arbeitgeber hielt vom letzten Gehalt die noch offenen 26 Differenzraten ein, zu Unrecht, wie das BAG feststellte.

540 Hat der Arbeitgeber dem Arbeitnehmer einen geleasten Dienstwagen auch zur privaten Nutzung überlassen und wird die Lohnsteuer wegen des dem Arbeitnehmer zufließenden geldwerten Vorteils nach der sog. 1 %-Regelung (§ 8 Abs. 2 Satz 2 EStG) ermittelt, kann der Arbeitgeber verpflichtet sein, dem Arbeitnehmer Auskunft über die tatsächlich mit der Fahrzeughaltung verbundenen Kosten zu erteilen (§ 8 Abs. 2 Satz 4 EStG), damit dieser wegen einer nur geringen Privatnutzung möglicherweise überzahlte Lohnsteuer vom Finanzamt erstattet verlangen kann.[473]

---

469 Hoß/Ehrich, DB 1997, 625.
470 BMF-Schreiben vom 18.12.1998 – IV A 5-S 2290/1898, 15, 16, DB 1999, 303.
471 LAG München 30.5.2001 – 9 Sa 8/01, EzA-SD 2001, Nr. 18, 9.
472 BAG 9.9.2003 – 9 AZR 574/02, NZA 2004, 484.
473 BAG 19.4.2005 – 9 AZR 188/04, NZA 2005, 983.

e) Sonstiges zur Pkw-Rückgabe

Es sollte schließlich bei einer Vereinbarung auch darauf geachtet werden, ob der Mitarbeiter einen **Schadensfreiheitsrabatt** auf die Versicherung des Dienstfahrzeuges übertragen hatte und ob dem Mitarbeiter der Schadensfreiheitsrabatt mit Rückgabe des Fahrzeuges wieder zurückgewährt wird, damit er ihn bei einem anderen Pkw eines anderen Arbeitgebers oder bei der Haftpflichtversicherung seines privaten Pkw geltend machen kann. Ein Anspruch des Mitarbeiters auf Rückgewährung des Schadensfreiheitsrabatts besteht nicht, so dass dieser Sachverhalt regelungsbedürftig ist. Man kann eine solche Rückübertragungspflicht, insbesondere weil hier Mitwirkungshandlungen des Arbeitgebers erforderlich sind, wie folgt formulieren: 541

Die Firma überträgt die auf den Namen des Mitarbeiters lautende Versicherung ... einschließlich des Schadensfreiheitsrabatts zum Tag der Beendigung des Arbeitsverhältnisses zurück und wird eine entsprechende Anzeige gegenüber der Versicherung unverzüglich nach Unterzeichnung des Aufhebungsvertrages vornehmen. Willigt die Versicherung nicht in die Rückübertragung ein, hat die Firma dem Mitarbeiter den aus dem Verlust seines Schadensfreiheitsrabatts entstehenden Schaden in vollem Umfang zu ersetzen.

Schließlich empfiehlt es sich, in allen Fällen ein **Rückgabeprotokoll** zu fertigen. Der Wortlaut eines Rückgabeprotokolls kann folgenden Inhalt haben: 542

Der Firmenwagen ist in einem der Nutzungsdauer entsprechend gepflegten, verkehrs- und betriebssicheren Zustand (laut den Bedingungen des Leasingvertrages) zu übergeben. Der Fahrzeugzustand wird bei Rückgabe in einem Protokoll festgehalten, das ein von dem Arbeitgeber Beauftragter mit unterzeichnet. In dem Protokoll werden insbesondere der Kilometerstand und vorhandene Schäden und Mängel erfasst.

Befindet sich der Pkw nicht in einem der Laufzeit und Laufleistung entsprechenden Zustand und/oder sind Schäden aufgrund unsachgemäßer Handhabung feststellbar, so gehen diese Aufwendungen im Fall der Nichtübernahme durch den Kaskoversicherer zu Lasten des Arbeitnehmers, sofern der Arbeitgeber zur Aufwandsentschädigung herangezogen wird. 543

15. Freistellungsklauseln

a) Inhaltskontrolle

Eine formularvertragliche Freistellungsklausel in einem Arbeitsvertrag kann eine **unangemessene Benachteiligung** darstellen.[474] Dies wird überwiegend jedenfalls für den Fall angenommen, dass die Klausel keine die Freistellung rechtfertigenden sachlichen Gründe benennt.[475] Der BGH sieht als vertragszweckgefährdende Klauseln aus dem Bereich des Kaufrechts stets solche an, die Modifizierungen der Hauptleistungspflichten beinhalten.[476] Die einseitige Untersagung der Arbeitsleistungspflicht stellt zumindest eine Einschränkung einer wesentlichen Rechtsposition des Arbeitnehmers als Vertragspartei dar. Gerade bei bestehenden Konflikten zwischen dem Arbeitnehmer und seinem Vorgesetzten kann sich die Einflussmöglichkeit des Arbeitnehmers auf das Geschehen deutlich verbessern, wenn der Arbeitnehmer seine Sicht unter den Kollegen und Vorgesetzten im Betrieb weiterhin vermitteln kann, selbst wenn ihm gekündigt oder die einvernehmliche Beendigung seines Arbeitsverhältnisses angekündigt wurde. Selbst wenn man die Beschäftigungspflicht auf das allgemeine Persönlichkeitsrecht reduziert und nicht von einer Hauptpflichtverletzung, sondern bei der Freistellung allein vom Verstoß gegen eine Nebenpflicht ausgeht, reicht der Verweis auf die Kündigungsschutzklage voraussichtlich 544

---

[474] *Oberthür*, in: SWK ArbR, Stichwort „Freistellung" Rn 7 – zugleich zum Meinungsstand; *Beckmann*, NZA 2004, 1131; *Fischer*, NZA 2004, 233; ArbG Berlin 4.2.2005 – 9 Ga 1155/05, EzA-SD 2005, Nr. 8, 11; ArbG Frankfurt/Main 19.11.2003 – 2 Ga 251/03, DB 2004, 934; ArbG Stuttgart 18.3.2005 – 26 Ga 4/05, EzA-SD 2005, Nr. 14, 8.
[475] *Hümmerich/Reufels/Mengel*, VertragsgestaltungArbR, § 1 Rn 1729 ff; *Oberthür*, in: SWK ArbR, Stichwort „Freistellung" Rn 7; *Hümmerich/Lücke/Mauer/Wisswede*, FBArbR, § 1 Rn 62; ErfK/*Preis*, § 611 BGB Rn 568; HWK/*Thüsing*, § 611 BGB Rn 176; *Meyer*, NZA 2011, 1249, 1253; *Gaul/Bonnani/Niklas*, ArbRB 2008, 149; *Fuhlrott/Balupuri-Beckmann*, ArbRAktuell 2011, 393; *Bauer*, NZA 2007, 409, 412; *Beckmann*, NZA 2004, 1131; *Fischer*, NZA 2004, 233; LAG Baden-Württemberg 5.1.2007 – 7 Sa 93/06, NZA-RR 2007, 406; LAG München 7.5.2003 – 5 Sa 297/03, LAGE § 307 BGB 2002 Nr. 2; ArbG München 10.12.2008 – 39 Ga 245/08, AE 2009, 49; ArbG Berlin 4.2.2005 – 9 Ga 1155/05; aA LAG Köln 20.2.2006 – 14 (10) Sa 1394/05, NZA-RR 2006, 342.
[476] BGH 12.3.1987 – VII ZR 37/86, NJW 1987, 1931, 1933.

nicht, um die Unwirksamkeit einer Freistellungsklausel abzuwenden. Folgt das BAG dem BGH, führt die Inhaltskontrolle nach § 307 Abs. 2 Satz 2 BGB auch dann zur Unwirksamkeit einer eine Kardinalpflicht suspendierenden Klausel, wenn Neben- oder Schutzpflichten des Verwenders ausgeschlossen werden, die für den anderen Vertragsteil von grundlegender Bedeutung sind.[477]

545 Freistellungsklauseln aus Anlass der Beendigung des Arbeitsverhältnisses werden regelmäßig ausdrücklich in die Trennungsvereinbarung aufgenommen. Eine Freistellungsvereinbarung kann aber auch konkludent über § 151 BGB zustande kommen. Das Schriftformgebot des § 623 BGB ebenso wie doppelte Schriftformklauseln stehen der Wirksamkeit nicht entgegen.[478]

546 In Aufhebungsvertragsverhandlungen hat die Inhaltskontrolle von Freistellungsklauseln geringe Bedeutung, weil in den meisten Fällen bereits eine kontrollfähige Freistellungsklausel im Arbeitsvertrag existiert und in den wenigen anderen Fällen die Freistellung durch beide Parteien aus- und verhandelt ist. Steht nämlich das einvernehmliche Vertragsende fest (**Aufhebungsvertrag**) oder haben sich die Parteien über die Modalitäten der Beendigung abschließend geregelt (**Abwicklungsvertrag**), hat der Arbeitnehmer in den meisten Fällen kein Interesse mehr an der Fortsetzung seiner Beschäftigung.[479] Von Bedeutung und kontrollfähig bleiben aber die Nebenabreden, etwa die Anrechnungspflicht von Zwischenverdienst, die Gewährung des Urlaubs oder die Aufrechterhaltung des vertraglichen Konkurrenzverbots.[480]

547 Die Freistellung unterliegt **nicht** der **Mitbestimmung** des Betriebsrats. Im ersatzlosen Tätigkeitsentzug liegt keine Versetzung iSd §§ 91 Abs. 1, 95 Abs. 3 Satz 1 BetrVG, so dass ein Mitbestimmungsrecht nach § 99 BetrVG nicht besteht.[481] Auch ein Mitbestimmungsrecht nach § 102 BetrVG besteht nicht.[482] Die Freistellung unterliegt auch nicht ohne weiteres der Mitbestimmung nach § 87 Abs. 1 Nr. 3 BetrVG. Nach dem Sinn und Zweck des § 87 Abs. 1 Nr. 3 BetrVG, den Arbeitnehmer vor einer Verkürzung der Arbeitszeit mit entsprechender Lohnminderung zu schützen, ist die Vorschrift nur auf Fälle einer unbezahlten, nicht dagegen auf die bezahlte Freistellung und daher nur bei Anordnung von Kurzarbeit anzuwenden.[483] Auch wenn der Insolvenzverwalter Arbeitnehmer ohne Fortzahlung der Vergütung von der Arbeitspflicht freistellt, kommt ein Mitbestimmungsrecht nach § 87 Abs. 1 Nr. 3 BetrVG nicht in Betracht.[484] Denn die Freistellung hat idR keinen vorübergehenden Charakter, sondern erfolgt in Ansehung der baldigen Beendigung des Arbeitsverhältnisses.[485]

b) Unwiderrufliche Freistellung

548 Mit der unwiderruflichen Freistellung verzichtet der Arbeitgeber endgültig und unumkehrbar auf die Arbeitsleistung des Arbeitnehmers.[486] Sie kann nur einvernehmlich wieder aufgehoben werden.[487] Eine Freistellungserklärung, mit der zugleich ohne zeitliche Festlegung Urlaub gewährt wird, ist auch ohne ausdrückliche Bezeichnung als unwiderruflich auszulegen.[488] Die unwiderrufliche Freistellung erfolgt idR bis zur Beendigung des Arbeitsverhältnisses und ist zugleich durch dieses bedingt. Die **unwiderrufliche Freistellung** regelt man üblicherweise wie folgt:

Zwischen den Parteien besteht Einvernehmen, dass der Arbeitnehmer bis zur Beendigung des Arbeitsverhältnisses unwiderruflich von der Arbeitsleistung freigestellt wird.

549 Diese gebräuchliche Formulierung war vorübergehend für den Arbeitnehmer nachteilig gewesen. Die Spitzenverbände der Renten- und Krankenversicherungsträger waren nämlich der Meinung, dass die

---

477 BGH 20.6.1984 – VIII ZR 137/83, NJW 1985, 914, 916.
478 Meyer, NZA 2011, 1249, 1250.
479 Ähnl. Bauer, NZA 2007, 409, 412; Bauer/Günther, DStR 2008, 2422, 2425; Meyer, NZA 2011, 1249, 1253.
480 Ausf. Meyer, NZA 2011, 1249, 1253 f.
481 BAG 28.3.2000 – 1 ABR 17/99, NZA 2000, 1355; LAG Hessen 2.2.1999 – 4 TaBV 65/98, BB 1999, 2088; ArbG Minden 10.12.1996 – 1 BV 37/96, NZA-RR 1997, 437; aA ArbG Wesel 7.1.1998 – 3 Ca 3942/97, NZA-RR 1998, 266.
482 BAG 22.1.1998 – 2 AZR 267/97, AP § 174 BGB Nr. 11; Kübler/Prütting/Bork/Moll, § 113 InsO Rn 31.
483 Kübler/Prütting/Bork/Moll, § 113 InsO Rn 29.
484 Kübler/Prütting/Bork/Moll, § 113 InsO Rn 31; aA ArbG Berlin 18.6.1996 – 9 Ga 17108/96, AP ERW 1997, 62 (Berscheid); ähnl. LAG Hamm 27.9.2000 – 2 Sa 1178/00, ZInsO 2001, 333, 334.
485 Gottwald/Heinze/Bertram, Insolvenzrechts-Handbuch, 4. Aufl. 2010, § 104 Rn 30.
486 Meyer, NZA 2011, 1249, 1251.
487 Oberthür, in: SWK ArbR, Stichwort „Freistellung" Rn 8.
488 BAG 17.10.2012 – 10 AZR 809/11, NZA 2013, 207; BAG 14.3.2006 – 9 AZR 11/05, AP § 7 BUrlG Nr. 32.

Vereinbarung einer unwiderruflichen Freistellung beim Arbeitnehmer eine Nichtbeschäftigung und damit auch die **Beendigung des sozialversicherungsrechtlichen Beschäftigungsverhältnisses im beitragsrechtlichen Sinne** bewirke, so dass auch keine Sozialversicherungspflicht mehr bestehe.[489]

Wurde ein Arbeitnehmer im Aufhebungsvertrag unwiderruflich freigestellt, musste er damit rechnen, dass er sich vom ersten Tag der Freistellung selbst die vollständigen Beiträge zur Krankenversicherung leisten muss und auch kein Arbeitgeberanteil mehr zur Renten-, Arbeitslosen- und Pflegeversicherung abgeführt wird. Die Spitzenverbände hatten ihre Schlussfolgerung aus dem Urteil des BSG vom 25.4.2002[490] gezogen, weil das BSG unter Hinweis auf § 7 Abs. 4 SGB IV von einem versicherungspflichtigen Beschäftigungsverhältnis nur ausgeht, wenn der Arbeitnehmer tatsächlich **beschäftigt** wird. Mit der unwiderruflichen Freistellung wird die tatsächliche Beschäftigung aufgehoben. In der Literatur wurde die Schlussfolgerung der Spitzenverbände abgelehnt.[491] Mit Urteil vom 24.9.2008 hat das BSG[492] der Auslegung durch die Spitzenverbände der Sozialversicherungsträger widersprochen und festgestellt, dass eine die Versicherungspflicht in der gesetzlichen Rentenversicherung und in der Arbeitslosenversicherung begründende Beschäftigung auch dann vorliegen kann, wenn bei fortlaufender Zahlung des Arbeitsentgelts der Arbeitnehmer einvernehmlich und unwiderruflich bis zum Ende des Arbeitsverhältnisses von der Arbeitsleistung freigestellt ist. Mittlerweile haben sich die Spitzenverbände der Sozialversicherungsträger der Rechtsprechung des BSG angepasst.[493] Es bleibt damit bei der Versicherungspflicht in der gesetzlichen Rentenversicherung sowie der Kranken- und Arbeitslosenversicherung.[494]

Nach Ansicht des Ausschusses für Rechtsfragen der Geschäftsführerkonferenz der Deutschen Gesetzlichen Unfallversicherung (DGUV) soll in den Fällen unwiderruflicher Freistellung kein beitragspflichtiges Beschäftigungsverhältnis im Sinne der Unfallversicherung vorliegen.[495] Ein beitragspflichtiges Beschäftigungsverhältnis soll ferner bei einer außergewöhnlich langen Dauer der Freistellung für einen Zeitraum von mehr als zehn Jahren nicht mehr bestehen.[496]

c) Widerrufliche Freistellung

Mit der **widerruflichen Freistellung** behält sich der Arbeitgeber vor, die Suspendierung der Arbeitspflicht einseitig aufzuheben.[497] Ob eine Freistellung widerruflich oder unwiderruflich erfolgt, ist durch Auslegung zu ermitteln.[498] Eine widerrufliche Freistellung ist anzunehmen, wenn die Erklärung keine weiteren Hinweise oder Zusätze enthält, während von der Unwiderruflichkeit auszugehen ist, wenn die Freistellung so bezeichnet wird oder als solche auszulegen ist.[499] Ohne nähere Bezeichnung kann idR eine unwiderrufliche Freistellung nur dann angenommen werden, wenn sie unter Anrechnung von Urlaubsansprüchen erfolgt.[500] Eine widerrufliche Freistellung hat meistens folgenden Wortlaut:

Der Arbeitgeber stellt den Arbeitnehmer widerruflich von der Arbeitsleistung bis zur Beendigung des Arbeitsverhältnisses frei.

Ihr Nachteil ist allerdings, dass Zweifel entstehen können, ob der bloße Vorbehalt des Widerrufs ausreichend ist, um dem Bestimmtheitserfordernis des § 307 Abs. 1 Satz 2 BGB zu genügen. Gerade seit dem Urteil des BAG vom 12.1.2005[501] erfüllen Widerrufsvorbehalte das Bestimmtheitserfordernis nur,

---

489 Niederschrift der Spitzenverbände vom 5./6.7.2005, Personalmagazin 2005, 42 f; *Moderegger*, ArbRB 2006, 90; *Laber/Goetzmann*, ArbRB 2006, 122; *Lindemann/Simon*, BB 2005, 2462; *Felser*, AiB 2006, 74.
490 BSG 25.4.2002 – B 11 AL 65/01 R, BSGE 89, 243.
491 *Bauer/Krieger*, DB 2005, 2242; *Schlegel*, NZA 2005, 972; *Lindemann/Simon*, BB 2005, 2462.
492 BSG 24.9.2008 – B 12 KR 22/07, NZA-RR 2009, 272.
493 Rundschreiben vom 30./31.3.2009.
494 Siehe aber auch Frage-/Antwortkatalog zum Versicherungs-, Beitrags- und Melderecht für flexible Arbeitszeitregelungen vom 13.4.2010, S. 2, wonach bei Freistellungen im Rahmen „sonstiger flexibler Arbeitszeitregelungen über einen längeren Zeitraum" die sozialversicherungsrechtlich relevante Beschäftigung nach einem Monat enden soll; dazu *Giesen/Ricken*, NZA 2010, 1056; ablehnend *Rolfs/Witschen*, NZS 2012, 241; dies., NZA 2011, 881.
495 Vgl Besprechungsergebnis der Spitzenverbände der Sozialversicherungsträger vom 2./3.11.2009; dazu *Giesen/Ricken*, NZA 2011, 336; s. auch BSG 30.7.1981 – 8/8 a RU 48/80, SozR 2200 § 723 Nr. 5.
496 Besprechungsergebnis der Spitzenverbände der Sozialversicherungsträger vom 13./14.10.2009.
497 *Oberthür*, in: SWK ArbR, Stichwort „Freistellung" Rn 8.
498 BAG 14.3.2006 – 9 AZR 11/05, AP § 7 BUrlG Nr. 32.
499 BAG 14.3.2006 – 9 AZR 11/05, AP § 7 BUrlG Nr. 32; krit. dazu *Bauer/Günther*, DStR 2008, 2422.
500 BAG 14.3.2006 – 9 AZR 11/05, AP § 7 BUrlG Nr. 32.
501 BAG 12.1.2005 – 5 AZR 364/04, NZA 2005, 465.

wenn auch die Widerrufsgründe in der entsprechenden vertraglichen Regelung enthalten sind. Unterliegt ein Aufhebungs- oder Abwicklungsvertrag der Inhaltskontrolle und soll der Arbeitgeber den Arbeitnehmer jederzeit bis zur Beendigung des Arbeitsverhältnisses wieder an den Arbeitsplatz zurückholen können, mag erwogen werden, in die Freistellungsklausel auch die Widerrufsgründe aufzunehmen, wie zB stärkerer Krankenstand, Auftragsüberhang, Schwangerschaftsvertretung, nur unter Mitwirkung des freigestellten Arbeitnehmers erledigbare Sachfragen oder unerwartete Projekte. Eine entsprechende Klausel kann wie folgt lauten:

Widerrufsgründe bilden ein über 2,5 % liegender Krankenstand, ein unvorhergesehener Bedarf als Schwangerschaftsvertretung, ein unvorhergesehener Auftragsüberhang sowie zum Zeitpunkt der Freistellung unerwartete Projekte oder ein aus sonstigen Gründen entstandener, akuter Bedarf an der Tätigkeit des Arbeitnehmers.

554 Bei der Rückrufklausel wird angeregt, eine Ankündigungsfrist wie bei Bedarfsarbeitsverträgen nach § 12 Abs. 2 TzBfG mit vier Tagen zu vereinbaren.[502] Ohne besondere Vereinbarung hängt die Angemessenheit der Ausübung des Rückrufs vom Einzelfall ab und ist anhand der Maßstäbe des § 315 BGB zu beurteilen.[503] Hier kann von Bedeutung sein, wenn der Arbeitgeber über einen längeren Zeitraum von seinem Widerrufsrecht keinen Gebrauch gemacht hat, ob der Arbeitnehmer bereits anderweitige Dispositionen getroffen hat.

d) Anrechnung von Zwischenverdienst

555 Haben die Parteien eine Freistellung, ggf auch konkludent,[504] vereinbart, jedoch keine Regelung über die „Anrechnung von Zwischenverdienst" getroffen, ist durch Auslegung der Vereinbarung zu ermitteln, ob der Arbeitnehmer verpflichtet ist, sich etwaigen während der Freistellung verdienten Zwischenverdienst auf sein Arbeitsentgelt anrechnen zu lassen.[505] Eine Anrechnungspflicht bestünde nur im Fall des Annahmeverzugs nach § 615 Satz 2 BGB. Annahmeverzug liegt unproblematisch vor, wenn die Freistellungserklärung als widerruflich[506] auszulegen oder nur einseitig[507] erfolgt ist.

556 In seinem Urteil vom 19.3.2002[508] hatte der 9. Senat des BAG eine Freistellungserklärung in einem Kündigungsschreiben mit folgendem Wortlaut zu beurteilen:

„Zugleich werden Sie ab sofort unwiderruflich unter Aufrechnung auf Urlaubsansprüche von der Arbeit freigestellt."

Unter Abkehr von seiner früheren Rechtsprechung[509] hat sich das BAG zu der Auffassung entschlossen, dem Arbeitnehmer sei durch die rechtswirksame unwiderrufliche Freistellung von Arbeit die Arbeitsleistung rechtlich unmöglich geworden, § 297 BGB. Der Arbeitgeber könne insoweit nicht in Gläubigerverzug geraten. Wenn aber § 615 Satz 1 BGB im Falle einer Freistellung nicht anwendbar sei, komme auch eine Anrechnungspflicht in Höhe eines anderweitig erzielten Verdiensts nach § 615 Satz 2 BGB nicht in Betracht. Das BAG stellte im Wesentlichen darauf ab, dass die gleichzeitig erklärte Anrechnung von vergütungspflichtigen Urlaubsansprüchen ohne nähere Festlegung des Urlaubszeitraums aus Sicht des Arbeitnehmers nur bedeuten konnte, dass der Arbeitgeber sich vorbehaltlos zur Fortzahlung des Entgelts im Freistellungszeitraum verpflichten wollte und der Arbeitnehmer über seine Arbeitsleistung frei verfügen konnte. Einer nicht näher bestimmten Urlaubsfestlegung könne der Arbeitnehmer regelmäßig entnehmen, dass der Arbeitgeber es ihm überlasse, die zeitliche Lage seines Urlaubs innerhalb des Freistellungszeitraums festzulegen. Da während des Urlaubs anderweitig erzielter Verdienst auf das vom Arbeitgeber geschuldete Arbeitsentgelt nicht anzurechnen sei, scheide auch eine

---

502 Vgl LAG Hessen 23.4.2007 – 7 Sa 1298/06, juris; *Oberthür*, in: SWK ArbR, Stichwort „Freistellung" Rn 9.
503 *Meyer*, NZA 2011, 1249, 1254.
504 Der Zugang einer Annahmeerklärung ist nach § 151 BGB entbehrlich, BAG 14.3.2006 – 9 AZR 11/05, AP § 7 BUrlG Nr. 32; *Nägele*, NZA 2008, 1039, 1041; *Meyer*, NZA 2001, 1249, 1251.
505 BAG 17.10.2012 – 10 AZR 809/11, NZA 2013, 207; BAG 23.1.2008 – 5 AZR 393/07, NZA 2008, 595.
506 Im Fall einer widerruflichen Freistellung ist von der Begründung eines Annahmeverzugs mit der Möglichkeit der Anrechnung von Zwischenverdienst nach § 615 Satz 2 BGB auszugehen, so ausf. *Nägele*, NZA 2008, 1039, 1041; *Meyer*, NZA 2001, 1249, 1251.
507 Also bei fehlendem, ggf auch konkludentem Einverständnis des Arbeitnehmers.
508 BAG 19.3.2002 – 9 AZR 16/01, NZA 2002, 1055; ebenso LAG Rheinland-Pfalz 23.4.2009 – 11 Sa 751/08, juris.
509 BAG 2.8.1971 – 3 AZR 121/71, DB 1971, 2217; BAG 6.2.1964 – 5 AZR 93/63, AP § 615 BGB Nr. 24.

Auslegung der Erklärung in dem Sinne aus, der Arbeitgeber habe sich nur im Rahmen der Vorschriften über den Annahmeverzug zur Zahlung verpflichten wollen. Hätte er die Entgeltfortzahlung an weitere Voraussetzungen knüpfen wollen, hätte er das in der Freistellung zum Ausdruck bringen müssen. Im Ergebnis erfolgt nach dieser Rechtsprechung somit **keine Anrechnung von Zwischenverdienst in der Freistellungsphase**, sofern die Parteien nichts anderes vereinbart haben.

In seiner Entscheidung vom 17.10.2012[510] hat der 10. Senat des BAG die in einem Aufhebungsvertrag 557 getroffene Vereinbarung, wonach der Arbeitnehmer bis zum Ende des Arbeitsverhältnisses von der Arbeitsleistung unter Fortzahlung der vertragsgemäßen Vergütung und unter Anrechnung restlicher oder noch entstehender Urlaubsansprüche und eventueller Freizeitausgleichsansprüche freigestellt wurde und eine bestimmte monatliche Vergütung bis zum Ende des Arbeitsverhältnisses gezahlt wird, ebenso beurteilt. Durch die konkrete Bezifferung der Vergütungsansprüche und die fehlende zeitliche Festlegung der Urlaubsansprüche, wodurch der Arbeitgeber dem Arbeitnehmer die Festlegung der zeitlichen Lage seines Urlaubs innerhalb des Freistellungszeitraums überlasse, sei der Arbeitnehmer unwiderruflich von der Arbeitspflicht freigestellt und seine Arbeitspflicht aufgehoben worden. Dies führe nicht (mehr) zum Annahmeverzug.

In zwei Entscheidungen des 5. Senats ist das BAG hingegen von einer **Anrechnungspflicht** ausgegangen. Das Urteil vom 6.9.2006[511] fügt sich noch in das Bild ein, da die Freistellung mit der Aufforderung, Zwischenverdienst mitzuteilen, verbunden war. In der Entscheidung vom 23.1.2008[512] war indes die Klausel in einem arbeitsgerichtlichen Vergleich zu beurteilen, wonach bis zum Zeitpunkt der Beendigung des Arbeitsverhältnisses dieses ordnungsgemäß abgerechnet wird und der Arbeitnehmer ab einem bestimmten Tag unwiderruflich unter Fortzahlung der Bezüge und unter Anrechnung auf bestehende Urlaubsansprüche von der Arbeitsleistung freigestellt wird. Das BAG führt aus, dass die Aufhebung der Arbeitspflicht einen Verzicht auf das Angebot der Arbeitsleistung bedeute und deshalb regelmäßig durch eine Freistellung des Arbeitnehmers von der Arbeitspflicht die Voraussetzungen des Annahmeverzugs des Arbeitgebers erfüllt seien, ohne dass es eines Arbeitsangebots des Arbeitnehmers bedarf. 558

Es empfiehlt mit Rücksicht auf die uneinheitliche Rechtsprechung des BAG, die **Anrechnungspflicht** 559 **ausdrücklich** zu regeln. Für den Fall, dass es zur Anrechnung von Zwischenverdienst kommen soll, kann wie folgt formuliert werden:

Zwischenverdienst während der Freistellung führt der Arbeitnehmer an den Arbeitgeber ab.

Ausreichend ist auch folgender Zusatz:

Anderweitiger Verdienst während der Freistellung wird nach § 615 Satz 2 BGB angerechnet.

Empfohlen wird auch folgende ausführlichere Anrechnungsregelung:[513]

Übersteigt die Freistellungszeit die Resturlaubsdauer, muss sich der Arbeitnehmer gegenüber dem Vergütungsanspruch dasjenige anrechnen lassen, was er durch anderweitigen Einsatz seiner Arbeitskraft erwirbt.

Will der Arbeitnehmer die Möglichkeit behalten, zweifelsfrei während der Freistellung in der Freistel- 560 lungsphase einer nicht anzurechnenden Erwerbstätigkeit nachzugehen, empfehlen *Ebert/Schar*[514] folgende Klauseln:

Die Parteien sind sich darüber einig, dass die Rechtsfolge des § 615 Satz 2 BGB ausgeschlossen ist. Während der Freistellungsphase findet § 615 Satz 2 BGB keine Anwendung.

Ausreichend ist auch folgende Regelung:

Während der Freistellung wird ein etwaiger Zwischenverdienst nicht angerechnet.

---

510 BAG 17.10.2012 – 10 AZR 809/11, NZA 2013, 207.
511 BAG 6.9.2006 – 5 AZR 703/05, NZA 2007, 36.
512 BAG 23.1.2008 – 5 AZR 393/07, NZA 2008, 595.
513 *Nägele*, BB 2003, 45.
514 ArbRB 2003, 215, 217 f.

561 Soll dem Arbeitnehmer die Möglichkeit eröffnet bleiben, anrechnungsfrei einer geringfügigen Beschäftigung nachzugehen, kann dies wie folgt klargestellt werden:

Anderweitiger Verdienst während der Freistellung wird nach § 615 Satz 2 BGB angerechnet. Ausgenommen ist ein aus einem geringfügigen Beschäftigungsverhältnis erzielter Verdienst. Der Arbeitnehmer hat den Arbeitgeber über die Aufnahme einer solchen Tätigkeit zu informieren und seinen monatlichen Verdienst bis zum Zeitpunkt der Beendigung des Arbeitsverhältnisses nachzuweisen.

562 Der **Abschluss** einer Freistellungsvereinbarung im Aufhebungsvertrag ist **nicht zwingend**. Es gibt durchaus eine Reihe von Arbeitsverhältnissen, bei denen eine Freistellung des Mitarbeiters nicht ratsam ist. Andererseits ist ein Mitarbeiter, der bereits die Beendigung des Arbeitsverhältnisses mit dem Arbeitgeber vereinbart hat, regelmäßig nicht ausreichend motiviert. Manchmal trägt er auch zu einem ungünstigen Betriebsklima in der Belegschaft bei. Zu berücksichtigen hat der Arbeitgeber aber, dass er mit der Freistellung, sofern er zugleich die Anrechnung von Zwischenverdienst vereinbart, auf ein vertragliches Wettbewerbsverbot bzw auf das gesetzliche **Wettbewerbsverbot** nach § 60 HGB verzichtet.[515] Soll dies verhindert werden, bedarf es einer ausdrücklichen Regelung, die wie folgt lauten kann:

Der Arbeitnehmer bleibt während der Dauer der Freistellung an das mit ihm vereinbarte und das gesetzliche Wettbewerbsverbot nach § 60 HGB gebunden.

563 Bei **AG-Vorständen** und **GmbH-Geschäftsführern** hat der BGH mit Urteil vom 9.10.2000[516] entschieden, dass die Freistellung von der Dienstpflicht einen Annahmeverzug iSv § 615 Satz 1 BGB begründe. Der notwendige Verzug ergebe sich schon daraus, dass die Gesellschaft auf die Dienste des Geschäftsführers verzichtet habe. Konsequenterweise kam der BGH dann auch zu einer Anrechnungspflicht nach § 615 Satz 2 BGB.

e) Anrechnung von Urlaub

564 Wird in der Freistellungserklärung oder -vereinbarung nichts über den noch bestehenden **Resturlaub** gesagt, bleibt der **Urlaubsanspruch** erhalten.[517] Der Arbeitnehmer kann dann trotz monatelanger Freistellung für seine restlichen Urlaubstage Urlaubsabgeltung verlangen. Eine wirksame Urlaubsgewährung erfordert, dass der Arbeitgeber dem Arbeitnehmer erkennbar macht, er wolle den Urlaubsanspruch erfüllen.[518] Für die wirksame Anrechnung des Urlaubsanspruchs auf die Zeit der Freistellung ist es aber nicht erforderlich, dass der Arbeitgeber den Urlaub des Arbeitnehmers innerhalb der längeren Kündigungsfrist zeitlich festlegt. Der Arbeitgeber kann den Urlaubsanspruch auch dadurch erfüllen, dass er dem Arbeitnehmer das Recht einräumt, die konkrete Lage des Urlaubs innerhalb der Freistellungszeit selbst zu bestimmen.[519] Es genügt die unwiderrufliche Freistellung während der Kündigungsfrist unter Anrechnung etwaiger Urlaubsansprüche.[520]

565 Unschädlich ist es, wenn der Arbeitgeber die Freistellungserklärung unter Urlaubsgewährung nicht ausdrücklich als unwiderruflich bezeichnet.[521] Denn eine Freistellungserklärung, mit der zugleich ohne zeitliche Festlegung Urlaub gewährt wird, ist idR als unwiderruflich auszulegen.[522] Macht der Arbeitnehmer keine anderen Urlaubswünsche geltend, ist die Festlegung des Urlaubs auf die Zeit der Kündigungsfrist auch ordnungsgemäß.[523] Im Übrigen erfüllt der Arbeitgeber mit der Freistellung auch ohne ausdrückliche oder konkludente Tilgungsbestimmung sowohl den gesetzlichen Mindesturlaub als auch übergesetzlichen Mehrurlaub.[524] Eine Freistellungsvereinbarung kann so formuliert werden:[525]

---

515 BAG 6.9.2006 – 5 AZR 703/05, NZA 2007, 36.
516 BGH 9.10.2000 – II ZR 75/99, BB 2000, 2434.
517 StRspr, BAG 9.6.1998 – 9 AZR 43/97, NZA 1999, 80.
518 BAG 14.3.2006 – 9 AZR 11/05, NZA 2006, 1008.
519 BAG 6.9.2009 – 5 AZR 703/05, NZA 2007, 36.
520 BAG 17.10.2012 – 10 AZR 809/11, NZA 2013, 207; BAG 17.5.2011 – 9 AZR 189/10, NZA 2011, 1032; BAG 14.3.2006 – 9 AZR 11/05, NZA 2006, 1008.
521 BAG 17.10.2012 – 10 AZR 809/11, NZA 2013, 207; BAG 14.3.2006 – 9 AZR 11/05, NZA 2006, 1008.
522 BAG 17.10.2012 – 10 AZR 809/11, NZA 2013, 207; BAG 14.3.2006 – 9 AZR 11/05, NZA 2006, 1008.
523 BAG 14.8.2007 – 9 AZR 934/06, NZA 2008, 473.
524 BAG 7.8.2012 – 9 AZR 760/10, NZA 2013, 104.
525 Ausreichend ist es auch, wenn die Freistellung ohne den Zusatz „unwiderruflich" erklärt wird.

Der Arbeitnehmer wird unter Anrechnung auf sämtliche bestehende und noch entstehende Urlaubsansprüche von der Arbeitsleistung bis zur Beendigung des Arbeitsverhältnisses unwiderruflich freigestellt.

Der Arbeitnehmer als Adressat der Erklärung muss hinreichend deutlich erkennen können, in welchem Umfang der Arbeitgeber den Urlaubsanspruch erfüllen will.[526] Etwaige Zweifel gehen zu Lasten des Arbeitgebers. Dies gilt insbesondere dann, wenn der Arbeitnehmer nicht erkennen kann, ob der Arbeitgeber mit der Freistellung in der Kündigungsfrist nur den gekürzten Vollurlaub oder den Vollurlaub gewähren will.[527] Problematisch wird dies vor allem bei einer Kündigung, die mit einer Kündigungsfrist bis zum 30.6. ausgesprochen wird, wenn der Arbeitnehmer erfolgreich Kündigungsschutzklage erhebt und aufgrund dessen der Fortbestand des Arbeitsverhältnisses festgestellt wird. Das BAG geht davon aus, dass mit einer einfachen Freistellungserklärung unter Urlaubsanrechnung regelmäßig nur der bis zum Auslauf der Kündigungsfrist entstandene Urlaubsanspruch gewährt wird. Dies ist bei einem Ausscheiden bis zum 30.6. des Jahres nur der Teilurlaubsanspruch nach § 5 Abs. 1 BUrlG. Will der Arbeitgeber den vollen Jahresurlaub während der Freistellungszeit erfüllen, muss er dies deutlich zum Ausdruck bringen. Dabei hält es das BAG bei einer jahresübergreifenden Kündigungsfrist für zulässig, wenn der Arbeitgeber die Freistellungserklärung zum Zweck der Erfüllung des Urlaubsanspruchs auch – soweit kein abweichender Festlegungswunsch des Arbeitnehmers verbindlich ist – im Vorgriff auf das Urlaubsjahr abgibt.[528] Eine dieser Rechtsprechung Rechnung tragende Formulierung könnte wie folgt lauten:

566

Hiermit stellen wir Sie bis zur Beendigung des Arbeitsverhältnisses unwiderruflich von der Arbeitsleistung frei. Die Freistellung erfolgt unter Anrechnung auf sämtliche bestehende und noch entstehende Urlaubsansprüche, wobei wir Ihnen im Vorgriff für das folgende Jahr innerhalb der Kündigungsfrist Ihren vollen Jahresurlaub gewähren.

Der Arbeitgeber kann den Urlaub auch vorsorglich für den Fall gewähren, dass eine von ihm erklärte ordentliche oder außerordentliche Kündigung das Arbeitsverhältnis nicht auflöst.[529] Es könnte wie folgt formuliert werden:

567

Für den Fall, dass das Arbeitsverhältnis nicht durch die außerordentliche Kündigung mit sofortiger Wirkung beendet wurde, stellen wir Sie bis zur Beendigung des Arbeitsverhältnisses unwiderruflich bis zum Ablauf der ordentlichen Kündigungsfrist von der Arbeitsleistung frei. Die Freistellung erfolgt unter Anrechnung auf sämtliche bestehende und während der Kündigungsfrist noch entstehende Urlaubsansprüche.

Die Befugnis des Arbeitgebers, Urlaub während der Freistellung nach § 7 Abs. 1 BUrlG anzuordnen, besteht nur bei unwiderruflicher Freistellung.[530] Eine widerrufliche Freistellung erfüllt den Urlaubsanspruch auch bei ausdrücklicher Urlaubserteilung nicht.[531] Will der Arbeitgeber den Arbeitnehmer nicht unwiderruflich freistellen, weil er den Arbeitnehmer vorübergehend noch im Betrieb benötigt, kommt eine **Kombination aus unwiderruflicher und widerruflicher Freistellung** in Betracht. Da Urlaubsansprüche nur während des Zeitraums der unwiderruflichen Freistellung auf Weisung des Arbeitgebers erfüllt werden, bietet sich an, die Freistellung zunächst unwiderruflich für die Dauer des Urlaubs und danach widerruflich zu erteilen. Aus Arbeitgebersicht empfiehlt es sich, dabei den während der Freistellung außerhalb des Urlaubszeitraums erzielten Verdienst durch vertragliche Vereinbarung zur Anrechnung zu bringen. Eine diesen Anforderungen entsprechende Freistellungsklausel kann folgenden Wortlaut haben:

568

Der Mitarbeiter wird mit sofortiger Wirkung von der Pflicht zur Arbeitsleistung unter Fortzahlung der vereinbarten Vergütung freigestellt. Die Freistellung erfolgt zunächst unwiderruflich für die Dauer noch offener Urlaubsansprüche oder Freizeitausgleichsansprüche, die mit der gewährten Freistellung erledigt sind. Im An-

---

[526] BAG 17.5.2011 – 9 AZR 189/10, NZA 2011, 1032.
[527] BAG 17.5.2011 – 9 AZR 189/10, NZA 2011, 1032.
[528] BAG 17.5.2011 – 9 AZR 189/10, NZA 2011, 1032.
[529] BAG 14.8.2007 – 9 AZR 934/06, NZA 2008, 473; aA LAG Hamm 14.3.2013 – 16 Sa 763/12, juris (n.rkr.; Revision beim BAG 9 AZR 455/13).
[530] BAG 14.3.2006 – 9 AZR 11/05, NZA 2006, 1008.
[531] BAG 19.5.2009 – 9 AZR 433/08, NZA 2009, 1211; BAG 14.3.2006 – 9 AZR 11/05, NZA 2006, 1008.

schluss daran bleibt die Freistellung bis zur Beendigung des Arbeitsverhältnisses aufrechterhalten. Die Freistellung nach Abschluss des Urlaubs ist widerruflich. Die Widerruflichkeit erfolgt, um im Zusammenhang mit der Abwicklung des Vertragsverhältnisses auftretende Fragen zu klären oder eine vorübergehend notwendig gewordene Tätigkeit des Mitarbeiters aus betrieblichen Gründen zu ermöglichen. Bis zur Beendigung des Vertragsverhältnisses bestehen die Verpflichtungen des Mitarbeiters aus dem Arbeitsverhältnis bis zur Beendigung fort. Soweit der Mitarbeiter außerhalb des Urlaubszeitraums während einer Freistellung anderweitigen Verdienst erzielt, ist dieser auf das Arbeitsentgelt anzurechnen.

569 Ein Problem besteht aber dann, wenn der Arbeitnehmer während der unwiderruflichen Freistellung, in die der Urlaubsanspruch fällt, **arbeitsunfähig** erkrankt. Der Urlaubsanspruch kann dann nicht verwirklicht werden. Es besteht die Gefahr, dass der Arbeitgeber zur Urlaubsabgeltung bei Beendigung des Arbeitsverhältnisses verpflichtet ist.

570 Erhebt der Arbeitnehmer **Kündigungsschutzklage**, bedeutet dies nicht, dass er zugleich seine Urlaubsansprüche geltend gemacht hat.[532] Ist der Anspruch nach § 7 Abs. 3 BUrlG nach dem 31.3. des Folgejahres erloschen, entfällt ein Abgeltungsanspruch. Die bloße Erhebung einer Kündigungsschutzklage sichert weder einen Urlaubsabgeltungsanspruch noch führt sie dazu, dass dem Arbeitnehmer Schadensersatzansprüche wegen nicht genommenen Urlaubs erwachsen.

f) Sonstige Freizeitausgleichsansprüche

571 Ordnet der Arbeitgeber Freistellung an und verfügt er gleichzeitig, angefallene Überstunden sollten durch die Freistellung abgegolten werden, ist ein arbeitsvertraglich vereinbarter Vergütungsanspruch für geleistete Überstunden gleichwohl erwachsen. Ist zur Zeit der Freistellung bereits ein Anspruch auf Überstundenvergütung entstanden und erlaubt der Arbeitsvertrag zum Ausgleich von Überstunden lediglich deren Vergütung, kann dieser nicht durch einseitig angeordnete Arbeitsbefreiung erfüllt werden. Dazu bedarf es der Vereinbarung einer Ersetzungsbefugnis. Eine solche Befugnis des Arbeitgebers kann sich aus Tarifvertrag, Arbeitsvertrag oder Parteivereinbarung ergeben.[533] Ist ein Freizeitausgleich durch Freistellung zulässig, kann ein Freizeitausgleichsanspruch des Arbeitnehmers aus einem Arbeitszeitkonto durch den Arbeitgeber allerdings auch mit einer nur widerruflichen Freistellung erfüllt werden.[534]

g) Sperrzeitvorteil durch Freistellung

572 Vereinbaren Arbeitnehmer und Arbeitgeber im Abwicklungs- oder Aufhebungsvertrag eine Freistellung von der Arbeitsleistung, besteht ein arbeitslosenversicherungsrechtlicher Vorteil des Arbeitnehmers für den Fall, dass ihm eine Sperrzeit gem. § 159 Abs. 1 Satz 2 Nr. 1 Hs 1 SGB III droht, darin, dass in § 159 SGB III nicht vom Arbeitsverhältnis, sondern vom **Beschäftigungsverhältnis** die Rede ist. Beschäftigungsverhältnis meint (auch) ein tatsächliches Arbeiten des Arbeitnehmers, so dass nach einem Urteil des BSG vom 25.4.2002[535] die tatsächliche Nichtbeschäftigung, die durch die Freistellung entsteht,[536] bewirkt, dass eine etwaige Sperrzeit ab dem Zeitpunkt der vereinbarten Freistellung zu berechnen ist. Damit kann bei entsprechend langer Freistellungszeit und rechtzeitiger Arbeitslosmeldung (§ 38 SGB III) eine Sperrzeitanordnung für den Arbeitnehmer, der während der Sperrzeit sein Gehalt unter gleichzeitiger Freistellung bezieht, wirtschaftlich bedeutungslos werden, wenn der Arbeitslosengeldanspruch nicht noch ein zweites Mal geltend gemacht wird.

h) Freistellung und Krankheit

573 Wird ein Arbeitnehmer freigestellt und erkrankt er über einen längeren Zeitraum als sechs Wochen während der Freistellung an ein und derselben Krankheit, kann er nicht vom Arbeitgeber aufgrund einer im Vergleich getroffenen Freistellungsvereinbarung fordern, während der gesamten Freistellungs-

---

532 BAG 18.9.2001 – 9 AZR 570/00, NZA 2002, 895; BAG 21.9.1999 – 9 AZR 705/98, AP § 7 BUrlG Abgeltung Nr. 77.
533 BAG 18.9.2001 – 9 AZR 307/00, NZA 2002, 268.
534 BAG 19.5.2009 – 9 AZR 433/08, NZA 2009, 1211.
535 BSG 25.4.2002 – B 11 AL 65/01 R, BSGE 89, 243 = NZA-RR 2003, 105; ebenso BSG 3.6.2004 – B 11 AL 70/03 R, NZA-RR 2005, 52.
536 *Heuchemer/Insam*, BB 2004, 1562; *Schlegel*, NZA 2005, 972; *Panzer*, NJW 2010, 11.

phase das vollständige Gehalt zu beziehen. Das BAG[537] geht davon aus, dass mit der Vereinbarung einer unwiderruflichen Freistellung von der Arbeit unter Fortzahlung der Vergütung regelmäßig kein Rechtsgrund für eine Entgeltzahlungspflicht des Arbeitgebers geschaffen wird, die über die gesetzlich geregelten Fälle der Entgeltfortzahlung bei krankheitsbedingter Arbeitsunfähigkeit hinausgeht. Dem Arbeitgeber ist es zwar unbenommen, unabhängig von der Arbeitsfähigkeit des Arbeitnehmers die Zahlung der Arbeitsvergütung während der Freistellung zuzusagen. Für die Annahme einer Zusage aufgrund einer Freistellungsvereinbarung bedarf es einer ausdrücklich im Vertragstext erkennbar geäußerten Erklärung des Arbeitgebers.

16. Insolvenzschutzklauseln zur Pensionssicherung

In Aufhebungsverträgen mit Führungskräften zeigt sich, dass vermehrt ein Bedarf an Vereinbarungen zur Insolvenzsicherung von Pensionsregelungen besteht. Grundsätzlich gelten die Regelungen des BetrAVG zwar nur für Arbeitnehmer. Gemäß § 17 Abs. 1 Satz 2 BetrAVG finden sie auch auf Personen Anwendung, die nicht Arbeitnehmer sind, wenn ihnen Leistungen der Alters-, Invaliditäts- oder Hinterbliebenenversorgung aus Anlass ihrer Tätigkeit für ein Unternehmen zugesagt worden sind. Vorstände, Geschäftsführer und sonstige Personen (Berater) gehören zu diesem Personenkreis.

Weil manche Führungskräfte ihre Positionen kaum mehr für die Dauer der heute gültigen Anwartschaftszeit von fünf Jahren (§ 1 b BetrAVG) wahrnehmen können, fehlt in diesen Fällen den in einem Aufhebungsvertrag zugesagten Pensionen die Insolvenzfestigkeit. Nicht bindend für den Pensions-Sicherungs-Verein können auch Pensionsversprechen sein, soweit sie die Höchstgrenzen nach § 7 Abs. 3 Satz 1 BetrAVG überschreiten oder wenn sie dem Pensions-Sicherungs-Verein als unangemessen hoch erscheinen, § 7 Abs. 5 BetrAVG. Bei Rechtsmissbrauch zwischen Arbeitgeber und Arbeitnehmer scheidet eine Eintrittspflicht des Pensions-Sicherungs-Vereins aus.[538] Die fiktive Anrechnung von Nachdienstzeiten, wenn sie in Aufhebungsverträgen zur Erfüllung einer Anwartschaftszeit führt, bindet zwar den Arbeitgeber,[539] ist allerdings nicht insolvenzgeschützt.

Wirksamen Insolvenzschutz erfährt der ausscheidende Vorstand oder Geschäftsführer nur dann, wenn die Gesellschaft für das im Aufhebungsvertrag erklärte Pensionsversprechen eine Rückdeckungsversicherung schließt, vertraglich sicherstellt, dass die Versicherungsprämien mit Abschluss des Aufhebungsvertrages als Einmalbetrag geleistet werden und die Gesellschaft die Rückdeckungsversicherung an den Vorstand, Geschäftsführer oder Arbeitnehmer verpfändet.[540] Wichtig ist, dass diese drei Merkmale in die Insolvenzklausel aufgenommen werden. Abzuraten ist von einer Abtretung statt Verpfändung, weil dann die abgetretene Forderung zur allgemeinen Tabelle anzumelden ist und nur quotal befriedigt wird.

Eine die Interessen des Vorstands, Mitarbeiters oder Geschäftsführers hinreichend berücksichtigende Insolvenzschutzklausel für Ruhegehaltsleistungen kann wie folgt formuliert werden:

Der Mitarbeiter wird hinsichtlich seines Pensionsvertrages vom ... wirtschaftlich und vertraglich so gestellt, als sei er erst zum Ablauf des ... ausgeschieden. Die Pensionsvereinbarung in ihrer aktuellen Fassung gilt insoweit fort. Die Ruhegehaltsleistungen werden, wie im Pensionsvertrag vorgesehen, jährlich geprüft und angepasst. Der Mitarbeiter hat nach Vollendung des 62. Lebensjahres nach dem Pensionsvertrag und der heutigen Vereinbarung Anspruch auf ein monatliches Ruhegehalt von ... EUR brutto. Zur Absicherung des Pensionsanspruchs im Insolvenzfall der Gesellschaft vereinbaren die Parteien zu Gunsten des Mitarbeiters, dass die Gesellschaft eine Rückdeckungsversicherung schließt, für die die Prämien von der Gesellschaft als Einmalbetrag innerhalb von 14 Tagen nach Abschluss dieses Aufhebungsvertrages an die Rückdeckungsversicherung gezahlt werden. Außerdem verpfändet die Gesellschaft die Rückdeckungsversicherung mit Unterzeichnung des Aufhebungsvertrages an den Mitarbeiter.

---

537 BAG 23.1.2008 – 5 AZR 393/07, NZA 2008, 595; BAG 29.9.2004 – 5 AZR 99/04, NZA 2005, 104.
538 BAG 10.3.1992 – 3 AZR 140/91, NZA 1992, 932; BAG 8.5.1990 – 3 AZR 121/89, NZA 1990, 931.
539 *Bauer*, Arbeitsrechtliche Aufhebungsverträge, IV. Rn 277.
540 *Bauer*, Arbeitsrechtliche Aufhebungsverträge, IV. Rn 277.

578 Hat der Versorgungsberechtigte eine Versorgungsanwartschaft aus der Versorgungszusage erworben, ist diese jedoch nicht durch den Pensions-Sicherungs-Verein gesichert, empfiehlt sich, über die **Rückdeckungsversicherung** folgende **Verpfändungsvereinbarung** zu schließen:

1. Der Versorgungsberechtigte hat eine Versorgungsanwartschaft aus der Versorgungszusage vom ... erworben.
Diese Versorgungsanwartschaft ist durch den Versicherungsvertrag Nr. ..., bestehend zwischen der Firma und der ... Lebensversicherung, rückgedeckt. Aus dem vorgenannten Versicherungsvertrag ist ausschließlich die Firma berechtigt und verpflichtet.

2. Zur Sicherung der Teile der Ansprüche aus der in Ziff. I genannten Versorgungszusage, die aufgrund der jeweils gültigen Höchstgrenze gem. § 7 Abs. 3 BetrAVG nicht gesetzlich insolvenzgeschützt sind, räumt die Firma

a) den Versorgungsberechtigten ein Pfandrecht hinsichtlich der Altersrente, vorzeitigen Altersrente und der Berufsunfähigkeitsrente,

b) den mit dem Versorgungsberechtigten verheirateten Ehegatten ein Pfandrecht hinsichtlich der auf ihn entfallenden Witwenrente ein.

Die Pfandrechte erstrecken sich auf die Forderungen, welche aufgrund des in Ziff. I genannten Versicherungsvertrages bestehen, und umfassen auch den Anspruch auf den Rückkaufwert und die Überschussanteile.

3. Die Pfandrechte des Ehegatten gehen zu Lebzeiten dem Pfandrecht des Versorgungsberechtigten im Range nach.

4. Der Versorgungsberechtigte (nach seinem Tod die Übrigen Begünstigten) ist zur Einziehung der Forderung aus dem in Ziff. 1 genannten Versicherungsvertrag berechtigt, sobald Pfandreife eingetreten ist. Pfandreife ist gegeben, wenn einer der in der Versorgungszusage bezeichneten Versorgungsfälle eintritt und die Firma mit einer völligen Leistung länger als zwei Wochen rückständig ist.

5. Bei Fälligkeit von laufenden Leistungen (Renten) aus der Versicherung vor Pfandreife ist das Versicherungsunternehmen abweichend von § 1281 BGB berechtigt, diese an die Firma auszuzahlen. Diese Berechtigung endet, sobald der Versorgungsberechtigte oder seine Hinterbliebenen dem Versicherungsunternehmen schriftlich angezeigt haben, dass Pfandreife eingetreten ist.

6. Die Firma zeigt die Verpfändung dem Versicherungsunternehmen unverzüglich durch Vorlage einer Ausfertigung der Verpfändungsvereinbarung schriftlich an. Mit Eingang der Verpfändungsanzeige beim Versicherungsunternehmen wird die Verpfändung wirksam.

... (Ort, Datum, Unterschrift Firma)

... (Ort, Datum, Uhrzeit, Unterschrift Versorgungsberechtigter)

... (Ort, Datum, Uhrzeit, Unterschrift Ehegatte)

579 Die vorstehende Regelung beachtet die Voraussetzungen des Urteils des BGH,[541] wonach zu Sicherungszwecken im Insolvenzfall **Pfandreife** eingetreten sein muss. Unwiderrufliche Versorgungszusagen, deren Erstarkung zu einem Versorgungsanspruch noch vom Eintritt künftiger ungewisser Ereignisse abhängt, berechtigen außerhalb des Anwendungsbereichs des Betriebsrentengesetzes nur zu einer Hinterlegung. Versorgungsrechte, die auf den Träger der Insolvenzsicherung übergehen, werden in einen Zahlungsanspruch umgewandelt. Um für durch eine Rückdeckungsversicherung und nicht durch Unverfallbarkeit gesicherte Ansprüche den gleichen Sicherungsgrad herzustellen, ist die Pfandreife zu besorgen und die Verpfändung dem Rückversicherer anzuzeigen.

580 Weiterhin besteht die Möglichkeit, eine Pensionsvereinbarung insolvenzgesichert im Aufhebungs- oder Abwicklungsvertrag zu treffen, in dem sich die Gesellschaft verpflichtet, bis zum ersten Monat der Zahlung einer Pension aus einer Direktversicherung oder eines Trägerunternehmens (Unterstützungs-

---

541 BGH 10.7.1997 – IX ZR 161/96, NJW 1998, 312; BGH 10.1.1991 – IX ZR 247/90, NJW 1991, 1111.

kasse oder Pensionsfonds) eine **unwiderrufliche Bankbürgschaft** in Höhe des Barwerts der Pensionsvereinbarung zu stellen. Diese Rechtskonstruktion macht sich den Umstand zu Nutze, dass nach § 7 Abs. 1 BetrAVG die Versorgungsansprüche, die geleistet werden, bis zur Höchstgrenze gem. § 7 Abs. 3 BetrAVG insolvenzgeschützt sind. Es ist nicht erforderlich, dass diese Ansprüche aus einer unverfallbaren Anwartschaft hervorgegangen sind.[542] Ebenso wenig ist erforderlich, dass Versorgungsleistungen aus einer aufrechterhaltenen Anwartschaft gem. § 2 BetrAVG berechnet wurden. Auch Leistungen, die für den Versorgungsempfänger günstiger sind, werden geschützt. Versorgungsansprüche werden selbst dann geschützt, wenn die Versorgungszusage erst beim Eintritt des Versorgungsfalles erteilt wurde, also keine Anwartschaftsphase dem Anspruch vorgelagert war.

Daraus folgt: Es muss nur die erste monatliche Zahlung zum Zeitpunkt der Fälligkeit der Pension oder der Hinterbliebenenversorgung geleistet worden sein, damit anschließend der Pensions-Sicherungs-Verein eintrittspflichtig wird. Bei Gestaltung einer dieser Erkenntnis folgenden Absicherung bleibt ungewiss, ob der Arbeitgeber jemals Leistungen zu erbringen hat, ob er jemals insolvent wird oder wann der ausscheidende Mitarbeiter Pensionsansprüche erwirbt. Verstirbt der Mitarbeiter als Witwer ohne Kinder vor dem vereinbarten Bezugsdatum, wird der Arbeitgeber keine Versorgungsleistungen zu erbringen haben. Verstirbt der Arbeitnehmer vor dem Bezugsdatum, erhält seine Witwe den im Pensionsvertrag zu ihren Gunsten vereinbarten monatlichen Anteil als Hinterbliebenenversorgung.

Um allen diesen Eventualitäten Rechnung zu tragen, kann der Arbeitgeber über eine Bankbürgschaft Gewähr dafür übernehmen lassen, dass das bis zur erstmaligen Zahlung der Pension an den Mitarbeiter erforderliche Kapital für sämtliche in Frage kommenden Fallgestaltungen von der Bank aufgebracht wird. Nach der ersten monatlichen Zahlung übernimmt der Pensions-Sicherungs-Verein die Leistungen, falls der Arbeitgeber zwischenzeitlich insolvent geworden sein sollte. Eine entsprechende Klausel kann lauten:

Die Insolvenzsicherung der sich aus der Pensionszusage der Gesellschaft vom ... ergebenden Versorgungsanwartschaft erfolgt über eine Bankbürgschaft. Spätestens einen Tag nach Unterzeichnung dieser Vereinbarung wird die Gesellschaft für den Geschäftsführer einen Bürgschaftsvertrag zur Sicherung der Pensionszusage schließen und das Original des Vertrages nebst Bürgschaftsurkunde zwei Wochen nach Unterzeichnung dieser Vereinbarung an den Geschäftsführer aushändigen. Entsprechend dem prognostizierten versicherungsmathematischen Wert der Pensionszusage, berechnet auf den Zeitpunkt der Vollendung des 62. Lebensjahres, wird die Bürgschaft über einen Betrag iHv ... EUR zwischen der Gesellschaft und der Bank vereinbart. Der vorgenannte Betrag gibt den Gesamtwert der Versorgungszusage im Erlebensfall durch den Geschäftsführer wieder. Sämtliche für die Zeit bis zum 62. Lebensjahr des Geschäftsführers anfallenden Avalprovisionen werden von der Gesellschaft, ratierlich gekürzt, innerhalb von zwei Wochen nach Abschluss dieser Vereinbarung als Einmalzahlung an die Bank überwiesen. Außer zur Sicherung der Versorgungsansprüche des Geschäftsführers dient die Bürgschaft der Sicherung der Versorgungsansprüche der Hinterbliebenen des Geschäftsführers.

17. Outplacement-Klauseln

Zunehmend sind Unternehmen bereit, einem leitenden Mitarbeiter, auf dessen Dienste für die Zukunft verzichtet wird, bei der Suche nach einer neuen Tätigkeit behilflich zu sein. Outplacement-Berater übernehmen diese Aufgabe. Über Outplacement-Klauseln übernimmt der Arbeitgeber die Kosten der Outplacement-Beratung.

Outplacement-Berater beschäftigen sich mit dem Werdegang des Mitarbeiters, erarbeiten sein Knowhow-Profil, ermitteln die Eignung und die Neigungen des Probanden, seine Selbsteinschätzungen, seine Erfolgsbilanz, aber auch seine Fremdeinschätzung oder Berufs- und Lebensziele. In der Outplacement-Beratung werden die Kenntnisse des Marktes und das Profil des Mitarbeiters zusammengeführt. Ziel der Outplacement-Beratung ist es, den gekündigten Arbeitnehmer nicht mehr als Bittsteller am Arbeitsmarkt auftreten zu lassen, sondern als Leistungsanbieter, der sein Fach beherrscht und seinem möglichen neuen Partner einen Nutzen anzubieten hat. Der Outplacement-Berater entwickelt eine Angebotsstrategie für den gekündigten Arbeitnehmer, plant den Positionswechsel strategisch, nutzt die in ver-

---

542 *Blomeyer/Otto*, DB 1977, 585 (586).

schiedene Unternehmen hinein wirkenden Kontakte und entwickelt einen Maßnahmenplan, der auch eine intensive Schulung von Probanden beinhaltet.

585 Die Einzelmaßnahmen des Outplacement-Beraters (Coaching, Supervision, training on the job) lassen sich teilweise bei Abschluss eines Aufhebungs- und Abwicklungsvertrages nicht vorhersehen. Der Outplacement-Berater will sich vielleicht nicht festlegen. Der Arbeitsrechtsanwalt kann Umfang und Nutzen nicht beurteilen. Deshalb geht man häufig dazu über, nicht auf den Inhalt der Outplacement-Beratung abzustellen, sondern den Arbeitgeber dazu zu verpflichten, definierte Kosten, ggf auch für definierte Leistungen des Outplacement-Beraters zu übernehmen und ggf den – meist mit der Firma zusammenarbeitenden – Outplacement-Berater namentlich im Vertrag zu benennen. Die Kosten einer Outplacement-Beratung liegen zwischenzeitlich zwischen 20.000 und 45.000 EUR, je nach Berater und Branche.

586 Wie die Entscheidung des BFH[543] gezeigt hat, besteht eine Gratwanderung, wenn die Leistungen des Outplacement-Beraters, wie in den meisten Fällen, nicht mehr nur in dem Veranlagungszeitraum erbracht werden, in dem die Abfindung gezahlt wird. Der BFH hat entschieden, dass eine Entlassungsentschädigung, die ein Arbeitnehmer wegen der Auflösung seines Arbeitsverhältnisses erhält, auch dann steuerbegünstigt ist, wenn der Arbeitgeber für eine gewisse Übergangszeit aus sozialer Fürsorge ergänzende Zusatzleistungen, wie Outplacement-Beratung, gewährt.[544] Zu beachten ist aber, dass die gesamte Entschädigungszahlung dann nicht mehr steuerbegünstigt ist, wenn sich der Arbeitnehmer in Fällen der Übernahme geldwerter Leistungen, wie zB einer Outplacement-Beratung, den zusätzlichen Beratungsbetrag in einem anderen Veranlagungszeitraum wahlweise auszahlen lässt.

587 Auch wenn die Rechte und Pflichten im Rahmen einer Outplacement-Beratungsklausel nachfolgend nur unzureichend definiert werden, besitzt die allein auf den Namen des Beraters und die maximale Höhe der Outplacement-Kosten abzielende Klausel der Üblichkeit:[545]

Die Firma verpflichtet sich, Outplacement-Beratungskosten des Mitarbeiters bis zur Höhe von 20.000 EUR netto zzgl. gesetzlicher MwSt. zu übernehmen. Der Mitarbeiter verpflichtet sich, als Outplacement-Berater die für die Firma tätige ...-Beratung zu wählen. Die Outplacement-Beratung muss innerhalb des Veranlagungszeitraums durchgeführt werden, in dem die Abfindung gezahlt wird.

588 Der für die Outplacement-Beratung bereitgestellte Betrag ist auf Seiten des Arbeitnehmers als geldwerter Vorteil zu versteuern.[546] Für den Arbeitnehmer ist er aber zugleich als Werbungskosten absetzbar.[547]

18. Probezeitverlängerungsklausel

589 Eine nachträgliche Befristung des unbefristet eingegangenen Arbeitsverhältnisses zum Zweck der weiteren Erprobung ist nicht zulässig. Zwar ist nach § 14 Abs. 1 Satz 2 Nr. 5 TzBfG die Befristung zur Erprobung ein sachlicher Grund. Angesichts der gesetzlichen Wertung in § 622 Abs. 3 BGB und § 1 KSchG kann der Sachgrund der Befristung zu Erprobungszwecken jedoch nur für die anfängliche Befristung einer Probezeit herangezogen werden. Eine sachgrundlose Befristung, um die Probezeit zu verlängern, ist nicht empfehlenswert, da eine solche Befristung unzulässig ist, wenn mit demselben Arbeitgeber bereits zuvor ein befristetes oder ein unbefristetes Arbeitsverhältnis bestanden hat, § 14 Abs. 2 Satz 2 TzBfG. Im Zweifel rieten Berater in der Vergangenheit dazu, das Arbeitsverhältnis während der Probezeit zu beenden, wenn in der Zeit der Erprobung der Arbeitnehmer nicht seine Leistungsfähigkeit zweifelsfrei unter Beweis stellen konnte.

590 Mit dem Urteil vom 7.3.2002[548] zeigt das BAG einen Weg zur **Verlängerung der Probezeit** auf. Vereinbart der Arbeitgeber mit dem Arbeitnehmer einen vorsorglichen Aufhebungsvertrag zum Ende der Probezeit und verbindet ihn mit einer Wiedereinstellungszusage für den Fall der Bewährung, stellt ein derartiger Aufhebungsvertrag keine Umgehung des allgemeinen Kündigungsschutzes nach § 1 KSchG dar.

---

543 BFH 14.8.2001 – XI R 22/00, BStBl. II 2002, 180.
544 Vgl auch BFH 11.5.2010 – IX R 39/09, BFH/NV 2010, 180.
545 Zur Vollstreckbarkeit nach § 887 ZPO: LAG Köln 15.10.2012 – 7 Ta 275/12, juris.
546 *Bauer*, Arbeitsrechtliche Aufhebungsverträge, VII. Rn 77.
547 FG Baden-Württemberg 6.3.2007 – 4 K 280/06, DStRE 2007, 737.
548 BAG 7.3.2002 – 2 AZR 93/01, DB 2002, 1997.

Zur Begründung weist das BAG darauf hin, der Aufhebungsvertrag werde in diesem Falle zu einem Zeitpunkt geschlossen, zu dem der Mitarbeiter noch über keinen Kündigungsschutz verfüge.[549]

Eine dem Urteil vom 7.3.2002 nachempfundene Aufhebungsvereinbarung kann folgenden Wortlaut haben: 591

Die mit dem Mitarbeiter vereinbarte, sechsmonatige Probezeit endet am ... Nach derzeitigem Stand hat der Mitarbeiter die Probezeit nicht bestanden, so dass eine Probezeitkündigung ausgesprochen werden müsste. Andererseits hält es die Firma für möglich, dass der Mitarbeiter in einem zusätzlichen Einarbeitungszeitraum von vier Monaten die nötige Qualifikation für seinen Arbeitsplatz unter Beweis stellt. Da eine befristete Probezeitverlängerung nicht zulässig ist, vereinbaren die Parteien, was folgt: Das Arbeitsverhältnis zwischen den Parteien endet einvernehmlich in vier Monaten am ..., ohne dass es einer Kündigung bedarf. Weist der Mitarbeiter bis zu diesem Zeitpunkt die erforderliche Qualifikation für seinen Arbeitsplatz nach, erklärt sich die Firma bereit, den heutigen Aufhebungsvertrag wieder aufzuheben und das ursprünglich begründete Arbeitsverhältnis unbefristet fortzusetzen.[550]

Dem Arbeitnehmer gibt das vom BAG entschiedene Modell keine Rechtssicherheit, künftig nach einer weiteren Erprobung beschäftigt zu werden. Der Arbeitnehmer ist weder vor Willkür geschützt, noch kann er aus dem Aufhebungsvertrag ein Recht auf Weiterbeschäftigung herleiten, falls er qualifiziert und gut gearbeitet hat. Ob die Chance auf Erhaltung des Arbeitsplatzes durch Aufhebungsvertrag in der Probezeit als „wichtiger Grund" von der Sozialrechtsprechung angesehen wird, ist noch nicht entschieden, läge allerdings unter Beachtung der Ratio des § 159 SGB III nahe. Kündigt der Arbeitgeber zum Ende der Probezeit, hat der Arbeitnehmer das Arbeitsverhältnis nicht gelöst und ist daher anspruchsberechtigt. Nutzt der Arbeitnehmer die Chance zum Erhalt seines Arbeitsplatzes, muss er wegen Abschluss eines Aufhebungsvertrages mit einer Sperrzeit wegen Arbeitsaufgabe rechnen. Hier liegt es nahe, den Vertragsschluss als „wichtigen Grund" iSd § 159 SGB III anzuerkennen. 592

19. Provisionsregelungen

Vertriebsmitarbeiter erhalten neben ihrem Fixum (Grundvergütung) regelmäßig zusätzlich eine **Provision**. Wird das Arbeitsverhältnis beendet, steht ihnen die Provision auch für solche Geschäfte zu, die sie vor der Beendigung des Geschäfts abgeschlossen oder vermittelt haben, sofern dieser Anspruch nicht ausnahmsweise vertraglich ausgeschlossen wurde. Vertriebsmitarbeiter haben ferner Anspruch auf Provision für solche Geschäfte, die innerhalb angemessener Frist nach Beendigung des Arbeitsverhältnisses zustande kommen, wenn sie das betreffende Geschäft vermittelt oder es so eingeleitet oder vorbereitet haben, dass der Abschluss des Geschäfts überwiegend auf ihre Tätigkeit zurückzuführen ist (§ 87 Abs. 3 HGB). Die Regelung ist **dispositiv**, der Arbeitsvertrag kann hiervon abweichende Regelungen treffen.[551] 593

Gestaltungsfragen ergeben sich meist, wenn die Provision von einem bestimmten Jahresergebnis (Beispiel: Zielvorgabe) des Mitarbeiters abhängig ist und der **Mitarbeiter mitten im Jahr ausscheidet**. Ist dieser Sachverhalt im Arbeitsvertrag nicht geregelt, muss die Provisionsabsprache im Wege der ergänzenden Vertragsauslegung erweitert werden.[552] Die Parteien sollten in diesem Falle einvernehmlich im Auflösungsvertrag regeln, nach welchen Parametern (Beispiel: Umsatz oder Zielerreichungsgrad) sich die *pro-rata-temporis*-Provisionshöhe errechnet. 594

20. Prozessprotokollierungsvereinbarung

Gerade bei Abwicklungsverträgen kommt es vor, dass **zunächst Kündigungsschutzklage** gegen eine Kündigung erhoben wird, sich danach der Arbeitgeber mit dem Anwalt des Arbeitnehmers in Verbindung setzt und die Modalitäten der Beendigung vereinbart. Da einem solchen Vertragsschluss eine Kündigung vorausgegangen ist, handelt es sich, sofern die Kündigung nicht einvernehmlich mit Zustimmung des Arbeitnehmers zurückgenommen wird, um einen **Abwicklungsvertrag**. 595

---

549 *Lembke*, DB 2002, 2649.
550 SPA 4/2003, 4.
551 *Bauer*, Arbeitsrechtliche Aufhebungsverträge, IV. Rn 264.
552 BAG 20.8.1996 – 9 AZR 471/95, DB 1996, 2292.

596 Bei dieser Sachlage kann in Frage kommen, dass der zwischen Arbeitgeber und Arbeitnehmer außergerichtlich geschlossene Abwicklungsvertrag zusätzlich noch einmal **gerichtlich protokolliert** wird. Ein Grund kann darin bestehen, lästigen Nachfragen der Rechtsschutzversicherung des Arbeitnehmers aus dem Weg zu gehen. Ein anderer besteht häufig darin, über den gerichtlichen Vergleich einen Titel zu erlangen, aus dem wegen der Abfindung oder wegen des Zeugniswortlauts zügig und ohne zusätzlichen Aufwand vollstreckt werden kann. Gebührenrechtlich führt nach RVG das Verhandeln eines Vergleichs nach Rechtshängigkeit der Klage gemäß inzwischen überwiegender Auffassung[553] zu einer Terminsgebühr gem. Nr. 3104 VV RVG.

597 Formulieren die Parteien im Auflösungsvertrag, der Vergleich solle später noch gerichtlich protokolliert werden, besteht die Gefahr, dass die Auflösungsvereinbarung erst mit Abschluss des Prozessvergleichs als zustande gekommen angesehen wird.[554] Deshalb empfiehlt es sich, in eine Protokollierungsvereinbarung außerdem den Zusatz aufzunehmen, dass der Vergleich gleichwohl bereits mit dem Zeitpunkt der Unterzeichnung durch beide Parteien zustande gekommen ist und die Wirksamkeit des Auflösungsvertrages nicht erst mit einer gerichtlichen Protokollierung eintreten soll. Formulierungsbeispiel:

Die Parteien vereinbaren, dass mit Unterzeichnung dieses Abwicklungsvertrages der Vergleich bereits zustande gekommen ist. Dass die Vereinbarung auch gerichtlich protokolliert werden soll, entspricht zusätzlich dem Willen beider Vertragsparteien, ohne dass dieser Wille Auswirkungen auf die Wirksamkeit der außergerichtlichen Vergleichsvereinbarung haben soll.

598 Aus Vereinfachungsgründen, um den Parteivertretern die Anreise zu einem Gerichtstermin zu ersparen, wird vermehrt in der Praxis von der Möglichkeit Gebrauch gemacht, den außergerichtlich zwischen den Anwälten ausgehandelten Vergleich durch Beschluss des Gerichts nach § 278 Abs. 6 ZPO niederlegen zu lassen.

599 Bei gerichtlich protokolliertem Vergleich eines Aufhebungsvertrages wird über §§ 126 Abs. 4, 127a BGB die Schriftform gewahrt. Dies gilt analog § 127a BGB jedenfalls auch bei einem gerichtlichen Vergleich nach § 278 Abs. 6 Satz 1 Alt. 2 ZPO.[555]

21. Rückgabevereinbarungen

600 In nahezu jeden Aufhebungs- und Abwicklungsvertrag gehört eine Vereinbarung über die Rückgabe von Gegenständen, die der Arbeitnehmer vom Arbeitgeber zur dienstlichen Benutzung erhalten hat. Wer Gegenstände vom Arbeitgeber ausschließlich zu dienstlichen Zwecken übernommen hat, wie zB einen Laptop, ist während der Dauer des Arbeitsverhältnisses ausschließlich Besitzdiener nach § 855 BGB.[556] Der Arbeitgeber bleibt also an seinem Eigentum gleichzeitig Besitzer, der Arbeitnehmer ist deshalb nach § 861 BGB mit der Beendigung des Arbeitsverhältnisses zur Herausgabe verpflichtet. Herausgabevereinbarungen formuliert man üblicherweise wie folgt:

Der Arbeitnehmer gibt bis zum ... sämtliche im Eigentum des Arbeitgebers stehenden Unterlagen und Gegenstände an den Arbeitgeber zurück. An Unterlagen sind sämtliche Kundenlisten, Kalkulationsdaten und Rechnungskopien, an Gegenständen ein Laptop der Marke ..., ein Handy der Marke ... und ein Drucker der Marke ... zurückzugeben.

601 Eine vollständigere Klausel über die Rückgabe von Unterlagen lautet wie folgt:

Am Tage der Beendigung sind sämtliche Firmenunterlagen vollständig zurückzugeben. Zu den Firmenunterlagen zählten sämtliche Geschäftspapiere, Hard- und Software inkl. Disketten, sämtliche gespeicherten Daten und Informationen, die die Firma oder die Unternehmensgruppe betreffen, Zeichnungen, Skizzen, Briefe, Besprechungsberichte, Versuchsauswertungen, handschriftliche Notizen sowie Literatur einschließlich der Abschriften solcher Unterlagen.

---

553 BAG 20.6.2006 – 3 AZB 78/05, NZA 2006, 1060; BGH 27.10.2005 – III ZB 42/05, BB 2005, 2600.
554 BAG 16.1.1997 – 2 AZR 35/96, NZA 1997, 789.
555 BAG 23.11.2006 – 6 AZR 394/06, NZA 2007, 466.
556 OLG Düsseldorf 12.2.1986 – 11 U 76/85, NJW 1986, 2513.

Eine auf die zuvor dem Mitarbeiter zur Verfügung gestellten Unterlagen und Informationen Bezug nehmende Herausgabeklausel kann folgenden Wortlaut haben:

1. Der Mitarbeiter ist verpflichtet, alle in seinem Besitz befindlichen oder sonstigen, den Geschäftsbetrieb der Firma oder mit der Firma verbundene Unternehmen betreffenden Gegenstände wie Schlüssel, Zugangskarten, Dienstwagen, Tankkarte, Handy, Laptop, Drucksachen, Disketten, Daten und Datenträger, Aufzeichnungen, Notizen, Entwürfe sowie Kopien hiervon vollständig mit seinem tatsächlichem Ausscheiden bis zum ... bei ... zurückzugeben.

2. Der Mitarbeiter sichert zu, etwaige Daten nur mit schriftlicher Zustimmung der Firma zu löschen. Auch etwaige Kopien dürfen nur mit Zustimmung der Firma erstellt oder gelöscht werden. Der Mitarbeiter wird der Firma auf Verlangen, spätestens an dem Tag der Beendigung des Arbeitsverhältnisses oder am letzten Arbeitstag vor einer Freistellung, eine Aufstellung sämtlicher Passwörter, Schreibschutzcodes oder ähnlicher Zugangscodes, die er auf den von ihm im Betrieb genutzten PCs verwendet hat, zur Verfügung zu stellen. Ein Zurückbehaltungsrecht besteht nicht.

Soweit der Arbeitnehmer einen **Domainnamen** des Arbeitgebers benutzt hat, ist er ebenfalls zur Herausgabe verpflichtet und nicht befugt, sich unter Verwendung des Domainnamens nach dem Ausscheiden als Wettbewerber zu betätigen. Das BAG[557] vertritt zwar die Auffassung, dass ein Unterlassungsanspruch der Nutzung einer Internetadresse nicht aus einer nachwirkenden arbeitsvertraglichen Nebenpflicht folge. Dagegen bestehe ein markenrechtlicher Unterlassungsanspruch, wenn es sich bei der als Domainnamen verwendeten Bezeichnung um den Teil eines Firmennamens und eine damit geschützte, geschäftliche Bezeichnung handelt. Aus diesem Grunde kann es sich in der Zukunft empfehlen, in Aufhebungsverträgen auch Vereinbarungen über den Umgang mit dem bisher in der Firma benutzten Domainnamen aufzunehmen.

22. Salvatorische Klausel

Eine typische Reduktionsklausel wird wie folgt formuliert:

Sollten einzelne Bestimmungen dieser Vereinbarung ganz oder teilweise unwirksam sein oder werden, so wird hierdurch die Gültigkeit der übrigen Bestimmungen nicht berührt. Anstelle der unwirksamen Bestimmung gilt diejenige wirksame Bestimmung als vereinbart, die dem Sinn und Zweck der unwirksamen Bestimmung am nächsten kommt. Dies gilt auch dann, wenn die Unwirksamkeit einer Bestimmung auf einem Maß der Leistung oder der Zeit beruht; es gilt dann das rechtlich zulässige Maß.

Eine salvatorische Klausel, die nur die Gültigkeit des restlichen Vertrages nach Feststellung der Unwirksamkeit einer Vertragsbestimmung anordnet, formuliert man wie folgt:

Sollten einzelne Bestimmungen dieses Vertrages rechtswidrig, nichtig oder undurchführbar sein oder werden oder sollte der Vertrag eine Lücke enthalten, wird die Gültigkeit des Vertrages im Übrigen hiervon nicht berührt.

Bei individuell ausgehandelten Aufhebungs- und Abwicklungsverträgen, in denen nicht die wesentlichen der vom Arbeitgeber vorgegebenen Formulierungen übernommen wurden, kann es sinnvoll sein, salvatorische Klauseln zu vereinbaren. Wenig Sinn macht es, solche Klauseln zu wählen, die nur die Wirksamkeit des restlichen Vertrages anordnen, falls eine Vertragsbestimmung unwirksam sein soll. Empfehlenswert ist eine salvatorische Klausel, die auch anordnet, dass anstelle der unwirksamen Bestimmung eine dieser Bestimmung möglichst nahekommende Regelung getroffen wird. Anderenfalls besteht die Gefahr, dass ein Torso-Aufhebungsvertrag verbleibt, der nicht mehr interessengerecht ist und nur für eine Partei günstige Regelungen ohne die dazu korrespondierenden sonstigen Rechte festschreibt. Ist ein wesentlicher Bestandteil des Aufhebungsvertrages nichtig, bleibt der Aufhebungsvertrag trotz einer salvatorischen Klausel in seiner Gesamtheit nichtig.[558]

---

557 BAG 7.9.2004 – 9 AZR 545/03, NZA 2005, 105.
558 BGH 8.4.1976 – II ZR 203/74, WM 1976, 1027 ff.

607 Soweit ein Aufhebungs- oder Abwicklungsvertrag der Inhaltskontrolle unterliegt, gilt nach § 306 Abs. 2 BGB das Verbot der geltungserhaltenden Reduktion. Folge ist, dass salvatorische Klauseln – gleichgültig, ob als Ersetzungs- oder als Reduktionsklauseln ausgestaltet – in Formulararbeitsverträgen ebenso wie in Formularaufhebungsverträgen unwirksam sind. Besonderheiten des Arbeitsrechts nach § 310 Abs. 4 Satz 2 BGB stehen dem Verbot der geltungserhaltenden Reduktion bei Arbeitsverträgen nicht entgegen,[559] da allein der Hinweis auf die Tatsache, dass im Arbeitsrecht an die Stelle des fehlenden dispositiven Rechts in beträchtlichem Umfang Richterrecht getreten ist, keine Besonderheit iSv § 310 Abs. 4 Satz 2 BGB zu begründen vermag.[560] Da nach § 310 Abs. 4 Satz 2 BGB der Berücksichtigungsvorbehalt nur bei **Arbeitsverträgen**, nicht bei **Aufhebungs-** und **Abwicklungsverträgen** gilt, scheidet die Gestattung einer salvatorischen Klausel auf dem Umweg über § 310 Abs. 4 Satz 2 BGB aus.

23. Schuldanerkenntnisse

608 Die Rechtsprechung zur Wirksamkeit von Schuldanerkenntnissen aus Anlass der Beendigung eines Arbeitsverhältnisses durch sofortigen Aufhebungsvertrag ist **einzelfallorientiert**. Es kommt nach der Rechtsprechung im Wesentlichen darauf an, ob bei der Anhörung der verdächtigen Angestellten rechtsstaatliche Erfordernisse eingehalten sind. Insbesondere kommt es darauf an, dass die Mitarbeiter die Möglichkeit haben, eine Person ihres Vertrauens vor ihrer Entscheidung hinzuzuziehen, insbesondere einen Rechtsanwalt.

609 Die in der Rechtsprechung behandelten Sachverhalte zu Schuldanerkenntnissen in Aufhebungsverträgen betreffen im Wesentlichen Mitarbeiter und Mitarbeiterinnen des Einzelhandels, insbesondere Kassierer(innen), die entgegen einer Kassendienstanweisung Einkäufe von Angehörigen abgerechnet und dabei Manipulationen begangen haben,[561] oder Kassierer(innen), die unberechtigt Geld aus der Kasse eines Supermarktes entnommen haben.[562] Wenn die Mitarbeiter(innen) auf frischer Tat ertappt wurden, geht man davon aus, dass es sich bei den festgestellten Taten nicht um Einzelfälle handelte, sondern dass solche strafbaren Handlungen bereits wiederholt von diesen Mitarbeiter(innen) begangen wurden.

610 Wenn die Drohung des Arbeitgebers mit einer Strafanzeige wegen schädigender Handlungen des Arbeitnehmers dazu diente, den Arbeitnehmer zur Wiedergutmachung des Schadens zu veranlassen, handelt der Arbeitgeber idR nicht widerrechtlich, wenn er den geforderten Schadensersatz aufgrund der Angaben des Arbeitnehmers für berechtigt halten durfte.[563]

611 Anders lag der Fall des LAG Thüringen.[564] Eine Auszubildende war über Videoaufnahmen beobachtet worden. Sie hatte zusammen mit drei weiteren Mitarbeiterinnen Waren- bzw Geldentnahmen zu Lasten eines Selbstbedienungsmarktes getätigt. Aufgrund der Videoaufnahmen, die dies bestätigten, fand anschließend ein Gespräch mit der Auszubildenden statt. Ihr und drei anderen Mitarbeiterinnen wurde der Text eines Schuldanerkenntnisses vorgelegt und sie sollten dort, hochgerechnet auf die Gesamtzeit, in der sie die Manipulationen begangen hatten, Schuldsummen selbst eintragen, die ihrer Meinung nach dem Schaden entsprachen, die sie bei der Firma angerichtet hatten. Die Auszubildende trug einen Betrag von 40.903,35 EUR ein. Das Schuldanerkenntnis der Auszubildenden wurde noch einmal in einer notariellen Urkunde mit Zwangsvollstreckungsunterwerfungsklausel errichtet. Die Anfechtungserklärung der Auszubildenden hatte Erfolg.

612 Das LAG Thüringen stellte den Grundsatz auf, der Arbeitgeber dürfe zur Beschaffung eines Schuldanerkenntnisses einer Kassen- und Warenveruntreuung verdächtigen Angestellten diese nicht in eine Zwangssituation bringen, in der ihre wirtschaftliche Entscheidungsfreiheit ausgeschaltet werde. Bei der Anhörung einer der Kassen- und Warenveruntreuung verdächtigen Angestellten müsse der Arbeitgeber rechtsstaatliche Erfordernisse einhalten. Er dürfe weder die Bewegungsfreiheit der Angestellten beschränken noch ihr das Recht abschneiden, den Rat einer Person ihres Vertrauens bzw eines Rechtsanwalts einzuholen. Wenn für ein Schuldanerkenntnis die Berechnung des von der Angestellten verursachten Schadens nur im Wege einer Hochrechnung erfolgen könne, müsse sichergestellt sein, dass die

---

559 *Reinecke*, DB 2002, 583, 586; aA *Annuß*, BB 2002, 458.
560 *Stoffels*, Sonderbeil. NZA 1/2004, 19, 26; *Hromadka*, NJW 2002, 2524; *Thüsing*, NZA 2002, 594.
561 BAG 22.10.1998 – 8 AZR 457/97, NZA 1999, 417.
562 LAG Thüringen 10.9.1998 – 5 Sa 104/97, NZA-RR 1999, 399.
563 BAG 22.10.1998 – 8 AZR 457/97, NJW 1999, 2059; Fortführung von BAG 3.5.1963 – 1 AZR 136/62, AP § 781 BGB Nr. 1.
564 LAG Thüringen 10.9.1998 – 5 Sa 104/97, NZA-RR 1999, 399.

Hochrechnung frei von Denk- und Rechenfehlern sei und auf hinreichend abgesicherter Grundlage beruhe.⁵⁶⁵

Das OLG Düsseldorf⁵⁶⁶ erklärte ein notarielles Schuldanerkenntnis wegen **Sittenwidrigkeit** für nichtig, in dem eine 19-jährige Auszubildende nach einem mehr als drei Stunden dauernden intensiven Verhör durch mehrere Personen und sofort anschließender Fahrt zum Notar einen Vollstreckungstitel über 30.677,51 EUR nebst 9 % Zinsen unterschrieb. Dem lag ein Diebstahl der Auszubildenden zugrunde, wobei die Summe von 30.677,51 EUR den unmittelbaren Diebstahlschaden von 1.786,45 EUR und die mit 25.564,59 EUR bezifferten Detektivkosten noch um mehr als 3.067,75 EUR überstieg. 613

Ein wirksames Schuldanerkenntnis kann folgenden Wortlaut haben: 614

Zur selbständigen Begründung der Verpflichtung erkenne ich hiermit an, dass ich ... einen Betrag von ... EUR nebst ... % Zinsen seit dem ... meinem Arbeitgeber, der Firma ..., schulde. Ich verpflichte mich, diesen Betrag in monatlichen Raten iHv ... EUR zurückzuzahlen.

Soweit ein solches Schuldanerkenntnis vor einem Notar abgegeben wird, kommt eine Verstärkung insoweit in Betracht, als das Schuldanerkenntnis auch noch mit einer sofortigen Unterwerfung unter die Zwangsvollstreckung verbunden werden kann. In diesen Fällen wählen die Notare regelmäßig die folgende Formulierung: 615

Wegen der genannten, der Firma ... zustehenden Forderung nebst Zinsen unterwerfe ich mich der sofortigen Zwangsvollstreckung in mein gesamtes Vermögen.

24. Sprinterprämie

In Auflösungsverträge kann eine Abfindungshydraulik eingearbeitet werden, indem dem Arbeitnehmer die Möglichkeit eröffnet wird, das Arbeitsverhältnis durch Erklärung vorzeitig zu beenden, wobei die vorzeitige Beendigung dem Wunsch und dem Interesse des Arbeitgebers entspricht und die Abfindung um die frei werdenden Gehälter ganz oder teilweise erhöht wird. Umgangssprachlich wird eine solche Klausel unter Anwälten auch „**Sprinterprämie**" genannt. Die übliche Formulierung lautet: 616

Der Arbeitnehmer ist berechtigt, das Arbeitsverhältnis mit einer Frist von einer Woche vor dem ... vorzeitig zu beenden. Eine derartige Beendigung entspricht ausdrücklich dem Wunsch der Firma. Die Abfindung erhöht sich für jeden vollen Monat der vorzeitigen Beendigung um ... EUR bzw bei einem Ausscheiden während des laufenden Monats um den anteiligen Betrag.

Dem Arbeitnehmer wird auf diese Weise die Möglichkeit gegeben, **steuerunschädlich und flexibel** auf ein neues Arbeitsangebot zu reagieren, während der Arbeitgeber, der den Arbeitnehmer uU ohnehin freigestellt hat, die Sozialversicherungsabgaben und auch, je nach monatlichem Abfindungserhöhungsbetrag, Teile des Gehalts einspart. Für den Arbeitgeber ist die Sprinterprämie nicht immer von Vorteil, denn hat der Arbeitnehmer eine neue Arbeitsstelle gefunden, müsste er sich, wenn ihn der Arbeitgeber nicht aus dem Arbeitsvertrag entlässt, seinen Verdienst im neuen Arbeitsverhältnis nach § 615 Satz 2 BGB anrechnen lassen, sofern die Freistellung eine Anrechnungsregelung im Hinblick auf die BAG-Rechtsprechung⁵⁶⁷ enthält. 617

Die Vereinbarung einer Sprinterprämie ist steuerrechtlich unschädlich, weil die arbeitgeberseitige Veranlassung der vorzeitigen Beendigung durch die Erklärung des Arbeitnehmers nicht entfällt, wenn hinreichend zum Ausdruck gebracht wird, dass nicht nur die vereinbarte, sondern auch die vorzeitige (vom Arbeitnehmer mitveranlasste) Beendigung in seinem Interesse liegt.⁵⁶⁸ Auch im Hinblick auf die **Einarbeitung von Gehältern** in die Abfindung ist die Sprinterprämie (**hydraulische Klausel**) steuerrechtlich unschädlich, weil das kapitalisierte Gehalt nur die restlichen Beschäftigungsmonate nach Abschluss des Abwicklungs- oder Aufhebungsvertrages betrifft und, falls bereits eine Abfindung vorgese- 618

---

565 LAG Thüringen 10.9.1998 – 5 Sa 104/97, NZA-RR 1999, 399.
566 OLG Düsseldorf 26.2.1999 – 22 U 193/98, NZA-RR 1999, 397.
567 BAG 19.3.2002 – 9 AZR 16/01, NZA 2002, 1055.
568 FG Niedersachsen 1.2.2011 – 8 K 343/10, BeckRS 2011, 96706.

25. Stock Options

619 Sagt ein ausländisches Unternehmen einem Mitarbeiter seiner deutschen Tochtergesellschaft Aktienoptionen zu, so werden die Ansprüche auf die Optionen nicht Bestandteil des Arbeitsverhältnisses mit der deutschen Tochtergesellschaft. Der Arbeitnehmer muss Ansprüche aus den Stock Options unmittelbar gegenüber der ausländischen Muttergesellschaft geltend machen. Das gilt nach Meinung des LAG Düsseldorf[570] auch dann, wenn anlässlich des Ausscheidens des Mitarbeiters aus der deutschen Tochtergesellschaft mit dieser ein Aufhebungsvertrag geschlossen wird, nach dem die Ansprüche auf die Stock Options auch nach Beendigung des Arbeitsverhältnisses bestehen bleiben.

620 Gleicher Ansicht ist das BAG.[571] Schließt der Arbeitnehmer eine Vereinbarung über die Gewährung von Aktienoptionen nicht mit seinem Arbeitgeber, sondern mit einem anderen Konzernunternehmen ab, so können Ansprüche aus dieser Vereinbarung grundsätzlich nur gegenüber dem vertragsschließenden Konzernunternehmen geltend gemacht werden und werden nicht Bestandteil des Arbeitsverhältnisses mit einer Tochtergesellschaft. Der Vertrag über die Gewährung von Aktienoptionen steht rechtlich selbständig neben dem Arbeitsvertrag des Arbeitnehmers mit der Tochtergesellschaft. Geht bei einer solchen Vertragskonstellation das Arbeitsverhältnis nach § 613a BGB über, ist ein Eintritt des Erwerbers in die Rechte und Pflichten aus der Aktienoptionsvereinbarung ausgeschlossen.[572]

621 Anderer Ansicht ist die 10. Kammer des LAG Hessen.[573] Ist ein Wettbewerbsverbot für Arbeitnehmer im Aktienoptionsplan stets Bestandteil einer amerikanischen Konzerngesellschaft (hier Procter & Gamble, Cincinnati, Ohio) oder zu einer in Deutschland tätigen Tochtergesellschaft, zu der der Arbeitnehmer arbeitsvertragliche Beziehungen unterhält, wird es vom Arbeitsvertragsstatut erfasst. Das materiell anzuwendende Recht bestimmt sich folglich nach Art. 30 EGBGB. Enthält der Aktienoptionsplan die Regelung, dass für den Plan und seine Auslegung das Recht des US-Bundesstaates Ohio gelten solle, beurteilt sich die Zulässigkeit einer solchen Teilrechtswahl nach deutschem internationalem Privatrecht. Art. 30 EGBGB erlaubt im Gegensatz zu Art. 27 EGBGB nicht ausdrücklich die Teilrechtswahl im Bereich von Arbeitsverhältnissen. Hält man die Teilrechtswahl für zulässig, muss geprüft werden, ob durch die Teilrechtswahl dem Arbeitnehmer der Schutz entzogen wird, der ihm durch die zwingenden Bestimmungen des ohne Rechtswahl kraft objektiver Anknüpfung anzuwendenden Rechts gewährt wird.

622 Anders als das LAG Düsseldorf vertritt das Hessische LAG die Auffassung, dass bei Vereinbarungen aus Konzernregelungen US-amerikanischer Unternehmen zu Stock Options die Zuständigkeit der deutschen Arbeitsgerichte gegeben ist. Das Urteil der 10. Kammer des LAG Hessen ist sorgfältig und ausführlich begründet. Für den nationalen Rechtsanwender bietet es den Vorteil, dass in Aufhebungs- und Abwicklungsverträgen vor deutschen Arbeitsgerichten, aber auch außergerichtlich, Regelungen über Stock Options US-amerikanischer Muttergesellschaften aufgenommen werden können.

623 Da der Aufhebungs- und Abwicklungsvertrag mit der deutschen Tochter einer US-amerikanischen Gesellschaft im Regelfalle unter Beachtung des von der Muttergesellschaft ausgegebenen Stock-Options-Plan geschlossen wird, tritt vermehrt die Praxis ein, den meist in der EDV der Personalabteilung gespeicherten, aktuellen Stand von *shares* und *stocks* auszudrucken und als Kopie zur Anlage des Vertrages zu nehmen. Weiterhin regelt man üblicherweise unter Beachtung des Stock-Options-Plan, innerhalb welchen Zeitraums die Option nach Beendigung des Arbeitsverhältnisses ausgeübt werden kann.

624 Zu beachten ist, dass eine Ausgleichsklausel, wonach sämtliche Ansprüche aus dem Arbeitsverhältnis und anlässlich seiner Beendigung abgegolten sind, grundsätzlich auch Ansprüche aus Aktienoptionen erfasst, wenn die Bezugsrechte vom Arbeitgeber eingeräumt wurden.[574]

---

569 BFH 17.5.1977 – VI R 150/76, BB 1977, 1288; BFH 13.10.1978 – VI R 91/77, BB 1979, 304; BFH 18.12.1981 – III R 133/78, BB 1982, 538.
570 LAG Düsseldorf 3.3.1998 – 3 Sa 1452/97, NZA 1999, 981; LAG Hessen 19.11.2001 – 16 Sa 971/01, DB 2002, 794.
571 BAG 12.2.2003 – 10 AZR 299/02, BAGE 104, 324 = NZA 2003, 487.
572 AA *Lipinski/Melms*, BB 2003, 150.
573 LAG Hessen 14.8.2000 – 10 Sa 982/99, IPRspr 2000, Nr. 40, 82.
574 BAG 28.5.2008 – 10 AZR 351/07, NZA 2008, 1066.

26. Tantiemeregelungen

In den Verträgen mit Führungskräften, insbesondere mit AG-Vorständen und GmbH-Geschäftsführern, finden sich regelmäßig Tantiemeregelungen. Über die Tantieme wird der Mitarbeiter am Geschäftsgewinn des Unternehmens oder eines Unternehmensteils beteiligt. Ähnlich der Provision wird damit eine Anreizsituation für den Mitarbeiter geschaffen. Aus steuerlichen Gründen, um dem Finanzamt sichtbar zu machen, dass Tantiemen, die in der Vergangenheit verdient wurden, nicht pflichtwidrig in eine Abfindung eingerechnet wurden, wird folgende Formulierung im Aufhebungsvertrag angeregt:

Mit Rücksicht auf den Umstand, dass noch nicht feststeht, in welchem Umfang dem Mitarbeiter aus dem Jahr ... eine Tantieme zusteht, weil die Gesellschafterversammlung für das Jahr ... die Bilanz noch nicht festgestellt hat, wird die Tantieme für die Zeit vom ... bis ... mit ... EUR pauschaliert. Der Mitarbeiter erhält die pauschalierte Tantieme am Tag der Beendigung seines Arbeitsverhältnisses.

Der Anspruch auf Tantieme wird **fällig**, sobald die Bilanz festgestellt ist oder bei ordnungsgemäßem Geschäftsgang hätte festgestellt sein können.[575] Scheidet der Mitarbeiter vor Ablauf des Geschäftsjahrs aus, beschränkt sich sein Tantiemeanspruch auf den seiner Beschäftigungszeit entsprechenden Teilbetrag. Die anteiligen Ansprüche sollten im Auflösungsvertrag geschätzt bzw. einvernehmlich festgelegt werden. Aus steuerlichen Gründen dürfen bereits zum Zeitpunkt der Vereinbarung des Aufhebungs- oder Abwicklungsvertrages erworbene Tantiemeansprüche nicht in die Abfindung eingerechnet werden, will man die privilegierte Steuerentschädigung für den gesamten Abfindungsbetrag nicht gefährden.[576] Regelungen im Arbeits- oder Anstellungsvertrag, dass eine Gewinnbeteiligung bei einem Ausscheiden des Mitarbeiters vor Feststellung der Bilanz entfällt, sind wirksam.[577] In diesen Fällen ist die Vereinbarung eines Tantiemebetrags reine Verhandlungssache.

27. Urlaubs- und Urlaubsabgeltungsklauseln

Die Vertragsfreiheit gestattet den Parteien für die Restvertragslaufzeit, aber auch für den Zeitraum einer etwaigen Freistellung, den Arbeitnehmer **Resturlaub** nehmen zu lassen (s. dazu Rn 564). Kann der Resturlaub nicht genommen werden, ist der Urlaub nach § 7 Abs. 4 BUrlG abzugelten. Eine **Abgeltungsklausel** formuliert man wie folgt:

Der zugunsten des Arbeitnehmers noch bestehende Resturlaubsanspruch von ... Arbeitstagen wird mit einem Betrag von ... EUR abgegolten.

Die Erhebung einer Kündigungsschutzklage hat regelmäßig nicht die Geltendmachung von Urlaubs- oder Urlaubsabgeltungsansprüchen zum Inhalt.[578] Mit der Beendigung eines Arbeitsverhältnisses wandelt sich nach § 7 Abs. 4 BUrlG ein bis dahin noch nicht erfüllter Urlaubsanspruch des Arbeitnehmers in einen Abgeltungsanspruch, ohne dass es weiterer Handlungen des Arbeitgebers oder des Arbeitnehmers bedarf. Einigen sich die Parteien nach Erhebung einer Kündigungsschutzklage des Arbeitnehmers in einem Vergleich über eine rückwirkende Auflösung des Arbeitsverhältnisses, ist der Abgeltungsanspruch bereits mit dem vereinbarten Ende des Arbeitsverhältnisses entstanden. Sofern die Parteien keine abweichende Regelung getroffen haben, bestehen keine Schadensersatzansprüche des Arbeitnehmers für den infolge Fristablaufs erloschenen Urlaubsabgeltungsanspruch, wenn sich der Arbeitgeber nicht mit der Gewährung des Urlaubs in Verzug befunden hatte.[579]

Der **gesetzliche Urlaubsanspruch** ist **unverzichtbar**, § 13 Abs. 1 Satz 3 iVm § 7 Abs. 4 BUrlG.[580] Ebenso stehen tariflich abgesicherte Urlaubsabgeltungsansprüche gem. § 4 Abs. 4 TVG nicht zur Disposition der Arbeitsvertragsparteien. Daher bewirkt eine Ausgleichs- bzw. Erledigungsklausel nicht den Verzicht auf entsprechende Urlaubsansprüche. Bei Urlaubsabgeltungsansprüchen ist zu differenzieren (s. Rn 471), wenn nicht der vertragliche Urlaub, soweit er über den gesetzlichen Urlaub hinausgeht, in

---

575 LAG Baden-Württemberg 31.3.1969 – 4 Sa 4/69, DB 1969, 1023; LAG Berlin 7.10.1975 – 4 Sa 62/75, DB 1976, 636.
576 BFH 13.10.1978 – VI R 91/77, BB 1979, 304; *Hümmerich/Spirolke*, NZA 1998, 225 (228).
577 BAG 25.4.1991 – 6 AZR 532/89, AP § 611 BGB Gratifikation Nr. 137; BAG 4.9.1985 – 5 AZR 655/84, AP § 611 BGB Gratifikation Nr. 123.
578 BAG 13.12.2011 – 9 AZR 420/10, AiB 2013, 244.
579 BAG 21.9.1999 – 9 AZR 705/98, BB 2000, 881.
580 BAG 31.5.1990 – 8 AZR 132/89, NZA 1990, 935.

Rede steht. § 13 Abs. 1 Satz 3 iVm § 7 Abs. 4 BUrlG verbietet nur einzelvertragliche Abreden, die das Entstehen von Urlaubsabgeltungsansprüchen ausschließen. Bei bereits beendetem Arbeitsverhältnis kann der Arbeitnehmer auf einen Urlaubsabgeltungsanspruch grundsätzlich verzichten.[581]

630 Zweifel über einen möglichen Abgeltungsanspruch, insbesondere wenn das Arbeitsverhältnis noch nicht beendet ist und eine Erfüllung des Urlaubs etwa durch Freistellung nicht in Betracht kommt, können durch einen sog. **Tatsachenvergleich** beseitigt werden. Ein Tatsachenvergleich setzt nach § 779 BGB allerdings voraus, dass zwischen den Parteien eine Ungewissheit besteht, die im Wege gegenseitigen Nachgebens beseitigt werden soll, etwa wie viele Urlaubstage der Arbeitnehmer tatsächlich bereits erhalten bzw. verbraucht hat.[582] Als Vertragstext kommt in Betracht:

Da zwischen den Parteien nicht geklärt werden konnte, in welchem Umfang der Arbeitnehmer bereits im Jahre ... Urlaub genommen hat, verständigen sich die Parteien im Wege gegenseitigen Nachgebens auf folgende Resturlaubsansprüche/Urlaubsabgeltungsansprüche des Arbeitnehmers: ...

Allgemeiner kann auch formuliert werden:

Zwischen den Parteien besteht Einigkeit, dass die Urlaubsansprüche des Arbeitnehmers in natura gewährt wurden und damit erfüllt sind.

631 Eine Forderung auf Urlaubsabgeltung ist grundsätzlich pfändbar.[583] Der Urlaubsabgeltungsanspruch ist aber nicht vererblich.[584]

632 Bei einem Verzicht oder einem Erlass auf gesetzliche oder vertragliche Urlaubsansprüche geht die Finanzverwaltung, wenn außerdem eine Abfindung gezahlt wird, regelmäßig davon aus, dass der wirtschaftliche Wert der Urlaubsabgeltung in der Abfindung enthalten ist. Das FG Köln vertritt demgegenüber die Auffassung, dass eine Abfindung nicht zwingend die Urlaubsabgeltung enthalten müsse und damit in voller Höhe steuerbegünstigt sein könne, wenn der Verzicht aus wirtschaftlich sinnvollen und gebotenen Erwägungen erfolge.[585]

633 Manchmal entsteht die Fallkonstellation, dass ein Arbeitnehmer bis zum Ende der Kündigungsfrist im Unternehmen noch benötigt wird, seinen Urlaub deshalb nicht antreten kann und dass in Kenntnis sich anschließender Arbeitslosigkeit der Urlaubsabgeltungsanspruch im Aufhebungs- oder Abwicklungsvertrag geregelt wird. Eine solche Gestaltung ist aus Arbeitnehmersicht unglücklich gewählt. Gemäß § 157 Abs. 2 SGB III ruht der Anspruch auf Arbeitslosengeld für die Zeit des abgegoltenen Urlaubs, wenn der Arbeitslose wegen Beendigung des Arbeitsverhältnisses eine Urlaubsabgeltung erhalten hat.

28. Vererbbarkeitsklauseln

634 Arbeitnehmer können ein Interesse daran haben, eine Vererbbarkeitsklausel zu vereinbaren, die wie folgt lauten kann:

Die Parteien vereinbaren, dass der Abfindungsanspruch mit Unterzeichnung dieser Vereinbarung entstanden und vererbbar ist.

635 Die Vererbbarkeitsklausel folgt den Regeln anwaltlicher Vorsicht bei der Vertretung von Arbeitnehmern, weil zwischen den Senaten des BAG keine Einigkeit besteht, zu welchem Zeitpunkt der Anspruch auf Abfindung aus einem Aufhebungs- oder Abwicklungsvertrag **entstanden** ist.

636 Fehlt eine Bestimmung, aus der sich der Entstehungszeitpunkt des Abfindungsanspruchs herleiten lässt, nimmt die Rechtsprechung, mit Ausnahme des 2. Senats, die Entstehung zum Zeitpunkt der Beendigung des Arbeitsverhältnisses an.[586] Stirbt der Arbeitnehmer in der Zeit zwischen Unterzeichnung der

---

581 BAG 14.5.2013 – 9 AZR 844/11, Pressemitteilung.
582 BAG 20.1.1998 – 9 AZR 812/96, NZA 1998, 816.
583 BAG 28.8.2001 – 9 AZR 611/99, NZA 2002, 323.
584 BAG 20.9.2011 – 9 AZR 416/10, NZA 2012, 326; vgl auch EuGH-Vorlagebeschluss des LAG Hamm 14.2.2013 – 16 Sa 1511/12, NZA-RR 2013, 288.
585 FG Köln 10.8.1999 – 14 K 1049/97, EFG 2000, 173.
586 BAG 22.5.1996 – 10 AZR 907/95, NZA 1997, 386; BAG 25.9.1996 – 10 AZR 311/96, NZA 1997, 163; BAG 26.8.1997 – 9 AZR 227/96, BB 1998, 700; BAG 16.5.2000 – 9 AZR 277/99, NZA 2000, 1236, BAG 9.12.1987 – 4 AZR 561/87, NZA 1988, 329; BAG 26.8.1997 – 9 AZR 227/96, NZA 1998, 643; LAG Rheinland-Pfalz 13.11.1987 – 6 Sa 704/87, BB 1988, 140; für § 1 KSchG: ArbG Siegen 9.6.2005 – 1 Ca 843/05, NZA 2005, 935.

Aufhebungsvereinbarung und dem letzten Arbeitstag, haben die Erben keinen Anspruch auf die Abfindung. Wenn eine Abfindung für den Verlust des Arbeitsplatzes gezahlt wird, muss nach Auffassung des 9. Senats das Arbeitsverhältnis zum vorgesehenen Beendigungstermin noch bestanden haben.[587] Soweit im Nicht-Erlebens-Fall die Abfindung an die Erben gezahlt werden soll, ist eine ausdrückliche Formulierung im Aufhebungsvertrag erforderlich. Eine solche Vererbbarkeitsklausel ist zulässig.[588]

Den vom BAG zum Problemkreis der Anspruchsentstehung entschiedenen Fällen liegt kein einheitlicher Sachverhalt zugrunde, denn mal war über eine Sozialplanabfindung, mal über eine Abfindung aus Anlass einer Frühpensionierung zu befinden und wiederum über einen arbeitsvertraglichen Abfindungsvergleich. Der 2. Senat hat – in gewisser Weise abweichend von den übrigen Senaten – die Auffassung vertreten, dass nicht als Regelfall angenommen werden könne, ein Abfindungsvergleich werde hinfällig, wenn der Arbeitnehmer den Auflösungstermin nicht erlebe.[589]

Ein in einem **Prozessvergleich** vereinbarter Abfindungsanspruch geht grundsätzlich auf die Erben über, wenn der Arbeitnehmer vor dem im Abfindungsvergleich festgelegten Auflösungszeitpunkt verstirbt. Etwas anderes gelte nur, wenn die Parteivereinbarung ergibt, dass das Erleben des vereinbarten Beendigungszeitpunktes Vertragsinhalt geworden sei. Fehlt eine derartige Vereinbarung, sei die im Vertrag verlautbarte Interessenlage der Parteien zu würdigen. Stellt die Abfindung eine Gegenleistung für die Einwilligung in die vorzeitige Beendigung des Arbeitsverhältnisses dar, führe dies zur Vererbbarkeit des Anspruchs.

Wenn der Anspruch mit dem Abschluss des Rechtsgeschäfts entsteht und seine Fälligkeit mit der Beendigung des Arbeitsverhältnisses eintritt, ist er vererbbar. Die in der Vergangenheit vom BAG geäußerte Annahme, wegen der höchstpersönlichen Natur des Arbeitsverhältnisses bedürfe der Fälligkeitszeitpunkt auch des Erlebensfalls des Arbeitnehmers, findet in § 271 BGB keine Grundlage. Die höchstpersönliche Natur des Arbeitsverhältnisses endet mit der Beendigung des Arbeitsverhältnisses. Mit der Entschädigungsleistung „Abfindung" hat der Entschädigungsanspruch schon vor der Beendigung des Arbeitsverhältnisses seinen personenbezogenen Charakter verloren. Eine höchstpersönlich zu erbringende Arbeitsleistung wird seit der Freistellung nicht mehr geschuldet. Daneben tritt ein von jeglicher personenbezogener Verbundenheit freier Anspruch auf eine gewöhnliche Geldleistung. Von dem Augenblick an, ab dem der Arbeitgeber eine Kompensation für die Beendigung des sich auf höchstpersönlichen Diensten gründenden Arbeitsverhältnisses zugesagt hat, erwirbt der Arbeitnehmer daher nach hier vertretener Ansicht eine beleihbare, ihn als Anspruchsinhaber ausweisende Geldforderung, die wie jede andere Geldforderung das Schicksal des Übergangs auf die Erben nach § 1922 BGB teilt.[590]

Die Rechtslage bleibt allerdings so lange unsicher, wie sich die betroffenen Senate des BAG nicht auf eine einheitliche Funktionsbestimmung der Abfindung verständigen können. Solange die Rechtslage noch nicht verbindlich geklärt ist, empfiehlt sich aus Sicht des Arbeitnehmers deshalb stets die Vereinbarung einer Vererbbarkeitsklausel über die Abfindung. Ein Anspruch auf Abfindung nach § 1a KSchG entsteht nach Ansicht des BAG[591] erst mit Ablauf der Kündigungsfrist. Ende das Arbeitsverhältnis vorher durch den Tod des Arbeitnehmers, gehe der Anspruch nicht nach § 1922 BGB auf die Erben über.

29. Versprechen ordnungsgemäßer Abwicklung

Verbreitet ist die Formulierung in Trennungsvereinbarungen über die ordnungsgemäße Abrechnung und Abwicklung des Arbeitsverhältnisses. Die Formulierung lautet wie folgt:

Bis zur Beendigung des Arbeitsverhältnisses wird das Arbeitsverhältnis ordnungsgemäß abgerechnet und abgewickelt.

Das Versprechen des Arbeitgebers, das Arbeitsverhältnis bis zum vereinbarten oder hingenommenen Beendigungszeitpunkt ordnungsgemäß abzurechnen und abzuwickeln, meint einmal, dass die Vergütung bis zum Vertragsende gezahlt wird. Außerdem sollen sonstige, üblicherweise nach dem Arbeits-

---

587 BAG 26.8.1997 – 9 AZR 227/96, NZA 1998, 643.
588 BAG 16.10.1969 – 2 AZR 373/68, DB 1970, 259; LAG Rheinland-Pfalz 13.11.1987 – 6 Sa 704/87, BB 1988, 140.
589 BAG 22.5.2003 – 2 AZR 250/02, BB 2004, 894; BAG 25.6.1987 – 2 AZR 504/86, NZA 1988, 466.
590 *Hümmerich*, NJW 2004, 2921, 2931.
591 BAG 10.5.2007 – 2 AZR 45/06, NZA 2007, 1043.

vertrag geschuldete Leistungen in der Zeit zwischen Vergleichsschluss und Arbeitsverhältnisende vom Arbeitgeber erbracht werden. Einen vollstreckungsfähigen Inhalt hat die gebräuchliche Formulierung „zur ordnungsgemäßen Abwicklung" nicht.

643 Die Zusage, das Arbeitsverhältnis ordnungsgemäß abzuwickeln, bedeutet grundsätzlich, dass Ansprüche der Vertragspartner, die zum Zeitpunkt des Vertragsschlusses (noch) existieren, erfüllt werden sollen, ohne dass sie von diesem Zeitpunkt an Einwendungen ausgesetzt sein sollen, die den Ansprüchen durch Zeitablauf oder aus anderen Gründen drohen könnten.[592]

644 Wird eine zusätzliche Klausel über die ordnungsgemäße Abwicklung des Vertragsverhältnisses mit einer Freistellungsklausel verbunden, sind sämtliche vertraglich geschuldete Bezüge durch den Arbeitgeber bis zum Vertragsende weiterzuzahlen, ggf auch anteilig. Strittig ist zwischen den Parteien allerdings häufiger, welche Bezüge, Boni-Anteile, Tantiemen (eventuell zeitanteilig) zur „ordnungsgemäßen Abwicklung" gehören.

645 Wird die Formel „ordnungsgemäße Abwicklung" im **Vergleich** gewählt und fällt in den Freistellungszeitraum eine turnusmäßig anstehende Gehaltserhöhung, kann der Mitarbeiter die Gehaltserhöhung erfolgreich unter Hinweis auf die Formulierung „ordnungsgemäße Abwicklung" geltend machen.[593]

646 Vereinbaren die Parteien, dass das Arbeitsverhältnis bis zur Beendigung ordnungsgemäß abgerechnet und abgewickelt wird, werden alle damit zusammenhängenden Ansprüche von einer Ausgleichsklausel nicht erfasst.[594]

30. Vollstreckungsklausel

647 Ein **vollstreckbarer Anwaltsvergleich** ist auch auf dem Gebiet des Arbeitsrechts zulässig.[595] Das ergibt sich aus der Verweisung in § 62 Abs. 2 Satz 1 ArbGG auf das Achte Buch der ZPO. Mit dieser Bezugnahme ist die gerichtliche Vollstreckbarerklärung des Anwaltsvergleichs in die Zuständigkeit der Gerichte für Arbeitssachen gelangt.

648 Auch ein Aufhebungsvertrag ist als Anwaltsvergleich möglich, wenn die Parteien sich in einem laufenden arbeitsgerichtlichen Verfahren, zB über eine Abmahnung oder Versetzung, schließlich über eine Aufhebung des Arbeitsverhältnisses verständigen.

31. Wettbewerbsverbotsklauseln

649 Nachvertragliche Wettbewerbsverbote, die sich an den geltenden Grundsätzen für wirksame Wettbewerbsverbote orientieren, können auch noch im Aufhebungsvertrag vereinbart werden und damit ein Wettbewerbsverbot erstmalig zwischen den Parteien begründen. Bei der Vereinbarung eines nachvertraglichen Wettbewerbsverbots im Aufhebungs- oder Abwicklungsvertrag finden die **§§ 74 ff HGB** über § 110 GewO Anwendung, wenn das Wettbewerbsverbot noch im Zusammenhang mit dem Arbeitsverhältnis und seiner Abwicklung vereinbart ist.[596] Für die Wirksamkeit eines nachvertraglichen Wettbewerbsverbots, das im Rahmen eines Aufhebungsvertrages vereinbart wird, gelten dieselben Grundsätze wie bei der Vereinbarung zu Beginn des Arbeitsverhältnisses. Eine unterbliebene Vereinbarung einer Karenzentschädigung führt daher zur Unwirksamkeit des Wettbewerbsverbots. Eine für den Verlust des Arbeitsplatzes zugesagte Abfindung ist keine Karenzentschädigung iSv § 74 HGB,[597] während umgekehrt in steuerlicher Hinsicht eine Karenzentschädigung eine Abfindung iSv §§ 34, 24 EStG bei Zusammenballung in einem Veranlagungszeitraum[598] sein kann.

650 Soll ein nachvertragliches Wettbewerbsverbot bestehen bleiben, formuliert man:

Das nachvertragliche Wettbewerbsverbot gemäß Vertrag vom ... bleibt aufrechterhalten.

---

592 LAG Köln 8.8.1997 – 11 Sa 175/97, AR-Blattei ES 1280 Nr. 46.
593 LAG Köln 5.10.1995 – 10 Sa 665/95, LAGE § 611 BGB Aufhebungsvertrag Nr. 19; s. ferner BAG 16.9.1998 – 10 AZR 398/97, DB 1999, 591.
594 LAG Berlin-Brandenburg 19.1.2011 – 15 Sa 2348/10, BeckRS 2011, 69843.
595 *Voit/Geweke*, NZA 1998, 400 ff.
596 BAG 3.5.1994 – 9 AZR 606/92, AP § 74 HGB Nr. 65.
597 BAG 3.5.1994 – 9 AZR 606/92, AP § 74 HGB Nr. 65.
598 BFH 12.6.1996 – XI R 43/94, BStBl. II 1996, 516.

Kapitel 2: Abwicklungs- und Aufhebungsverträge

Einvernehmlich kann ein Wettbewerbsverbot von beiden Parteien mit sofortiger Wirkung aufgehoben werden. Häufig heißt es in Abwicklungs- oder Aufhebungsverträgen: 651

Die Parteien heben ein etwaig bestehendes nachvertragliches Wettbewerbsverbot mit sofortiger Wirkung auf. Ansprüche des Arbeitnehmers auf Karenzentschädigung bestehen nicht.

Eine **vertragliche Aufhebung** des Wettbewerbsverbots ist jederzeit möglich, muss sich aber aus Gründen der Rechtssicherheit deutlich aus dem Wortlaut der Vereinbarung ergeben. Eine allgemeine Erledigungsklausel im Abwicklungs- oder Aufhebungsvertrag führt idR zur Beseitigung des nachvertraglichen Wettbewerbsverbots.[599] 652

32. Widerrufs- und Rücktrittsklausel

Ein gesetzliches Widerrufsrecht nach §§ 312, 355 BGB hat der Arbeitnehmer, der einen Aufhebungs- oder Abwicklungsvertrag schließt, nicht. Das BAG hat in drei Urteilen[600] die Ansicht geäußert, Aufhebungs- und Abwicklungsvertrag seien keine Haustürgeschäfte, wenn der Vertrag am Arbeitsplatz, also im Betrieb, geschlossen werde. Die Entscheidung ist kritisiert worden.[601] Solange sich die Rechtsprechung des 2. Senats nicht ändert, ist ein Widerruf nur auf Basis einer vertraglich vereinbarten Widerrufsklausel, ein Rücktritt nur aufgrund einer Rücktrittsklausel möglich, soweit nicht Tarifverträge Widerruf und Rücktritt gestatten. Eine Reihe von Tarifverträgen sieht Rücktritts- und Widerrufsrechte vor, so bspw § 10 Abs. 9 MTV Einzelhandel NW: „Auflösungsverträge bedürfen der Schriftform. Jede der Parteien kann eine Bedenkzeit von drei Werktagen in Anspruch nehmen. Ein Verzicht hierauf ist schriftlich zu erklären."[602] Soweit – wie die Einzelhandelstarifverträge – ein Verzicht auf das Widerrufs- und Rücktrittsrecht im Aufhebungsvertrag vereinbart werden kann, sollten Arbeitgeber eine entsprechende Klausel in den Aufhebungsvertrag aufnehmen: 653

Der Arbeitnehmer erklärt hiermit schriftlich seinen Verzicht auf das ihm tarifvertraglich eingeräumte Recht zu Widerruf und Rücktritt.

Im Fall der Nichterfüllung, insbesondere bei **Nichtzahlung der Abfindung**, steht dem Arbeitnehmer ein **Rücktrittsrecht** zu. Neben einem Rücktritt wegen wesentlicher Änderung der Geschäftsgrundlage nach § 313 Abs. 1, 3 BGB kommt insbesondere die Rücktrittsmöglichkeit wegen **Nichterbringung der Leistung** nach § 323 Abs. 1 BGB in Betracht. Voraussetzung der wirksamen Ausübung dieses Rücktrittsrechts ist, dass der Arbeitgeber die Abfindung nicht zahlt, das Rücktrittsrecht nicht ausdrücklich oder konkludent abbedungen ist und dem Arbeitgeber ohne Erfolg eine angemessene Frist zur Zahlung der Abfindung gesetzt wurde.[603] Von einem konkludenten Ausschluss des Rücktrittsrechts kann selbst bei einem Prozessvergleich nicht ohne weiteres ausgegangen werden.[604] Ein ausdrücklicher Verzicht ist wegen der Dispositivität von § 323 BGB zulässig. Außerhalb gerichtlicher Vergleiche sind indes die Regeln zur AGB-Kontrolle nach §§ 305 ff BGB zu beachten.[605] Eine Klausel in einem Aufhebungsvertrag ist zwar denkbar und könnte wie folgt lauten: 654

Der Arbeitnehmer erklärt hiermit seinen Verzicht auf das ihm gesetzlich nach § 323 Abs. 1 BGB eingeräumte Recht zum Rücktritt von diesem Aufhebungsvertrag für den Fall der Nichterbringung der Leistung, insbesondere im Fall der Nichtzahlung der Abfindung.

In der Regel dürfte diese klare Aussage den Arbeitnehmer vom Abschluss des Aufhebungsvertrages abhalten oder ihn zur Streichung der Klausel veranlassen.

---

599 BAG 19.11.2008 – 10 AZR 671/07, NZA 2009, 318; BAG 22.10.2008 – 10 AZR 617/07, NZA 2009, 139.
600 BAG 27.11.2003 – 2 AZR 135/03, NZA 2004, 597; BAG 27.11.2003 – 2 AZR 177/03, BB 2004, 1858; BAG 22.4.2004 – 2 AZR 281/03, AP § 620 BGB Aufhebungsvertrag Nr. 27.
601 *Hümmerich*, NZA 2004, 809.
602 Ähnlich: § 23 MTV Einzelhandel Baden-Württemberg; § 18 Abs. 9 MTV Einzelhandel Bayern.
603 BAG 10.11.2011 – 6 AZR 357/10, NZA 2012, 205; BAG 10.11.2011 – 6 AZR 342/10, BeckRS 2012, 65004; ausf. *Reinfelder*, NZA 2013, 62 ff.
604 *Reinfelder*, NZA 2013, 62; aA LAG Köln 5.1.1996 – 4 Sa 909/94, NZA-RR 1997, 11.
605 *Reinfelder*, NZA 2013, 62.

655 Das Rücktrittsrecht setzt die **Durchsetzbarkeit** der Forderung voraus. Daran fehlt es, wenn der Schuldner nicht leisten muss oder nicht leisten darf.[606] Im Insolvenzeröffnungsverfahren scheidet damit ein Rücktritt trotz Ausbleibens der Abfindungszahlung aus, wenn der Abfindungsanspruch im Zeitpunkt der Ausübung des Rücktrittsrechts nicht durchsetzbar war. Dies ist etwa dann der Fall, wenn ein Verfügungsverbot oder Zustimmungsvorbehalt angeordnet wurde oder die Zahlung im Vorfeld der Insolvenzeröffnung nach den §§ 129 ff InsO anfechtbar gewesen wäre.[607] Nach Insolvenzeröffnung ist ein Abfindungsanspruch nicht mehr durchsetzbar, wenn der Abfindungsanspruch aus einer noch mit dem Schuldner geschlossenen Vereinbarung vor Ausübung des Rücktrittsrechts wegen der zwischen Vertragsschluss und Fälligkeit der Abfindung erfolgten Insolvenzeröffnung zu einer Insolvenzforderung geworden ist.[608] Die §§ 103 ff InsO und damit auch § 105 Abs. 2 InsO sind nicht einschlägig.[609] Dies gilt auch dann, wenn das Insolvenzverfahren nach Aufstellung eines Insolvenzplans gem. § 258 InsO aufgehoben wird; ein Rücktritt nach § 326 Abs. 5 BGB scheitert daran, dass die Leistung nicht unmöglich iSv § 275 BGB ist.[610]

656 Ungeklärt sind bislang die **Folgen** eines wirksamen Rücktritts. Bei einem wirksamen Rücktritt von einem **Aufhebungsvertrag** ist umstritten, ob dieser zu dessen Unwirksamkeit führt[611] oder einen Wiedereinstellungsanspruch begründet.[612] Das BAG hat diese Frage bislang offengelassen.[613] Bei Rücktritt von einem **Abwicklungsvertrag** ist zu beachten, dass nach Ablauf der dreiwöchigen Klagefrist des § 4 KSchG grundsätzlich die Fiktionswirkung des § 7 KSchG eintritt.[614] Da die Folgen eines Rücktritts nach § 323 Abs. 1 BGB höchstrichterlich noch nicht entschieden sind, sollte ein Rücktritt vom Abwicklungsvertrag nur innerhalb der dreiwöchigen Klagefrist erfolgen und fristgerecht Kündigungsschutzklage erhoben werden. In aller Regel wird ein Rücktritt aber daran scheitern, dass die Abfindungszahlung vor Ablauf der Klagefrist mangels Beendigung des Arbeitsverhältnisses noch nicht fällig ist. Bei einem Rücktritt von einem **arbeitsgerichtlichen Vergleich** wird der dann durch den Prozessvergleich nicht erledigte Rechtsstreit in der Lage fortzusetzen sein, in der er sich vor Vergleichsabschluss befand.[615]

33. Zeugnisklauseln

657 Die Formulierung des Zeugnisses ist ein Recht und zugleich eine Pflicht des Arbeitgebers.[616] Das Zeugnis soll zwar **wohlwollend**, es muss aber auch **wahr** sein.[617]

658 Bei der Gestaltung des Auflösungsvertrages ergeben sich mit Blick auf das für das Fortkommen des Arbeitnehmers bedeutsame Zeugnis zwei Möglichkeiten: Entweder man nimmt den Wortlaut des meist vom Arbeitnehmer vorformulierten und vom Arbeitgeber in die Endfassung gebrachten Zeugniswortlauts als **Anlage** zum Aufhebungs- oder Abwicklungsvertrag oder, wenn die Zeit dazu nicht ausreichend ist, formuliert man Eckdaten oder globale Anforderungen an den Wortlaut des vom Arbeitgeber zu erstellenden Zeugnisses, etwa die Gesamtnote der Führungs- und Leistungsbewertung. Der in vielen Vergleichen anzutreffenden Formulierung

„Der Arbeitnehmer erhält ein wohlwollendes qualifiziertes Zeugnis, das ihn in seinem beruflichen Fortkommen nicht behindert",

---

606 BAG 11.7.2012 – 2 AZR 42/11, BeckRS 2012, 73474; BAG 10.11.2011 – 6 AZR 357/10, NZA 2012, 205; BAG 10.11.2011 – 6 AZR 342/10, BeckRS 2012, 65004.
607 BAG 10.11.2011 – 6 AZR 357/10, NZA 2012, 205.
608 BAG 11.7.2012 – 2 AZR 42/11, BeckRS 2012, 73474; BAG 10.11.2011 – 6 AZR 342/10, BeckRS 2012, 65004.
609 BAG 10.11.2011 – 6 AZR 342/10, BeckRS 2012, 65004; *Berkowsky*, NZI 2010, 855; aA *Besgen/Velten*, NZA-RR 2010, 561.
610 BAG 11.7.2012 – 2 AZR 42/11, BeckRS 2012, 73474.
611 So *Reinfelder*, NZA 2013, 62, 66.
612 So LAG Niedersachsen 15.12.2010 – 2 Sa 742/10, BeckRS 2011, 73473; LAG Baden-Württemberg 17.6.2011 – 12 Sa 1/10, BeckRS 2011, 77577; ArbG Siegburg 9.2.2010 – 5 Ca 2017/09, NZA-RR 2010, 345 (n.rk.); *Besgen/Velten*, NZA-RR 2010, 561.
613 BAG 10.11.2011 – 6 AZR 357/10, NZA 2012, 205.
614 Dazu ausf. *Reinfelder*, NZA 2013, 62, 66, der in Betracht zieht, die Klagefrist des § 4 KSchG oder die Frist des § 5 KSchG „systemfremd" erst mit Erklärung des Rücktritts beginnen zu lassen.
615 BAG 5.8.1982 – 2 AZR 199/80, NJW 1983, 2212; LAG Mecklenburg-Vorpommern 26.6.2012 – 5 Sa 253/11, NZA-RR 2012, 552; *Reinfelder*, NZA 2013, 62, 67 – zugleich mit dem Hinweis auf die entgegenstehende zivilgerichtliche Rspr; BAG 11.7.2012 – 2 AZR 42/11, BeckRS 2012, 73474: jedenfalls dann, wenn neben dem Rücktritt auch eine Anfechtung erklärt wurde.
616 BAG 29.7.1971 – 2 AZR 250/70, AP § 630 BGB Nr. 6; BAG 12.8.1976 – 3 AZR 720/75, AP § 630 BGB Nr. 11.
617 BAG 8.2.1972 – 1 AZR 189/71, AP § 630 BGB Nr. 7; BAG 5.8.1976 – 3 AZR 491/75, AP § 630 BGB Nr. 10.

fehlt nicht nur die Vollstreckungsfähigkeit,[618] sie bietet auch keine Garantie für ein gutes bzw überdurchschnittliches Zeugnis.[619]

Nach Auffassung des BAG[620] hat ein Arbeitnehmer keinen Anspruch auf eine Schlussformulierung mit einer **„Dankes-, Bedauerns- und Wunschformel"**. Daher sollte auch deren Aufnahme in ein Zeugnis in einem Aufhebungs- und Abwicklungsvertrag sichergestellt werden. 659

Verpflichtet sich der Arbeitgeber in einem **gerichtlichen Vergleich**, ein Arbeitszeugnis nach einem Formulierungsvorschlag des Arbeitnehmers zu erteilen, von dem er nur aus wichtigem Grund abweichen darf, dann sind Abweichungen nur gestattet, soweit der Vorschlag Schreibfehler oder grammatikalische Fehler oder inhaltlich unrichtige Angaben enthält, für die der Arbeitgeber darlegungs- und beweispflichtig ist.[621] Anders kann dies sein, wenn sich der Arbeitgeber verpflichtet, ein „pflichtgemäßes qualifiziertes Zeugnis" entsprechend einem dem Arbeitgeber vom Arbeitnehmer vorzulegenden Entwurf zu erstellen. Dies erfordert nicht, dass der Zeugnisentwurf Wort für Wort übernommen worden ist. Ferner muss der vom Arbeitnehmer vorzuschlagende Text des Zeugnisses die Grenze der Zeugniswahrheit und Zeugnisklarheit berücksichtigen.[622] 660

Jeder Arbeitnehmer sollte darauf achten, dass sein Zeugnis von einem **ranghöheren Mitarbeiter unterzeichnet** ist. Veranlasst der Arbeitgeber, dass ein auf gleicher Hierarchieebene angesiedelter Arbeitnehmer das Zeugnis unterzeichnet oder eventuell noch ein unter dem Arbeitnehmer stehender Mitarbeiter, bringt er damit gegenüber einem anderen Arbeitgeber zum Ausdruck, dass ihm an dem Mitarbeiter nicht viel gelegen hat. Der Arbeitnehmer hat auch einen Anspruch darauf, dass das Zeugnis von einer ranghöheren Person unterschrieben ist. Dieser Anspruch besteht auch im Bereich des öffentlichen Dienstes.[623] 661

Da der Arbeitgeber **Auskünfte an andere Arbeitgeber** über den ausgeschiedenen oder ausscheidenden Arbeitnehmer ohne Zustimmung des Betroffenen erteilen kann,[624] empfiehlt es sich, im Auflösungsvertrag zu vereinbaren, dass sich der Arbeitgeber verpflichtet, nur solche Auskünfte zu erteilen, die inhaltsgleich im Zeugnis enthalten sind. Als Text bietet sich an: 662

Der Arbeitgeber wird gegenüber Dritten Auskünfte über den Arbeitnehmer nur mit dem Inhalt des erteilten Zeugnisses geben.

Diese Regelung ist weder vollstreckbar noch für den Arbeitnehmer überprüfbar. Gleichwohl hat sie eine Warnfunktion und könnte auch den Arbeitgeber zum Schadensersatz verpflichten, wenn er abweichende, negative Auskünfte gegenüber Dritten erteilt hat. Über Dritte geschieht es verschiedentlich, dass der Arbeitnehmer von Auskünften über ihn Kenntnis erlangt. 663

Eine allgemeine Ausgleichsklausel erfasst, soweit der Verzicht überhaupt möglich ist, im Zweifel den Zeugnisanspruch nicht.[625] Der Anspruch auf Erteilung eines Zeugnisses kann allerdings wie jeder andere schuldrechtliche Anspruch verwirkt werden.[626] 664

Die nach dem Vollstreckungstitel zu erbringende Leistung muss aus dem Titel selbst heraus bestimmbar sein. Der in einem Vergleich titulierte Anspruch auf Erteilung eines **„qualifizierten Arbeitszeugnisses"** ist erfüllt, wenn das Zeugnis bestimmten, jedem Zeugnisanspruch innewohnenden formellen Anforderungen genügt. Dazu gehören Angaben zu Art und Dauer der Tätigkeit sowie eine Beurteilung von Leistung und Verhalten. Ein konkreter darüber hinausgehender Inhalt ist entweder im Vergleich im Wortlaut zu vereinbaren oder erneut auf dem Klagewege durchzusetzen.[627] Dazu gehört auch, dass Name und Vorname des Arbeitnehmers fehlerfrei geschrieben sind und das Beendigungsdatum richtig 665

---

618 LAG Hamm 4.8.2010 – 1 Ta 310/10, BeckRS 2010, 72056; LAG Rheinland-Pfalz 25.3.2008 – 8 Ta 39/08, BeckRS 2008, 53376.
619 Nach einer Studie der Universität Erlangen-Nürnberg beinhalten 86,6 % aller Zeugnisse eine gute und sehr gute zusammenfassende Leistungsbewertung; dazu auch *Düwell/Dahl*, NZA 2011, 958.
620 BAG 11.12.2012 – 9 AZR 227/11, NZA 2013, 324; BAG 20.2.2001 – 9 AZR 44/00, NZA 2001, 843; aA LAG Düsseldorf 3.11.2010 – 12 Sa 974/10, BeckRS 2011, 66448; krit. auch *Dahl*, jurisPR-ArbR 8/2013 Anm. 2.
621 LAG Köln 2.1.2009 – 9 Ta 530/09, LAGE § 109 GewO 2003 Nr. 7.
622 BAG 9.9.2011 – 3 AZB 35/11, NZA 2012, 1244.
623 BAG 4.10.2005 – 9 AZR 507/04, NZA 2006, 436.
624 BAG 25.10.1957 – 1 AZR 434/55, AP § 630 BGB Nr. 1.
625 BAG 16.9.1974 – 5 AZR 255/74, NJW 1975, 407.
626 BAG 17.2.1988 – 5 AZR 638/86, DB 1988, 1071.
627 LAG Hessen 22.10.2008 – 12 Ta 325/08, JurBüro 2009, 212.

ist.[628] Ein Titel auf Erteilung eines Arbeitszeugnisses ist insoweit nicht vollstreckbar, als er nicht nur auf die Erzwingung der Erteilung eines qualifizierten Arbeitszeugnisses, sondern darüber hinaus auch auf die Erzwingung der Erteilung eines „**wohlwollenden Arbeitszeugnisses**" gerichtet ist. Bezüglich des Begriffs „wohlwollend" fehlt es an der erforderlichen Vollstreckungsfähigkeit des Titels, da der betreffende Begriff völlig unbestimmt und somit nicht geeignet ist, die vom Arbeitgeber vorzunehmende Handlung in ausreichender Weise näher zu bezeichnen.[629] Die Frage, was mit einem „wohlwollenden qualifizierten Zeugnisses mit der Gesamtnote „gut" gemäß einem Entwurf der Klägerprozessbevollmächtigten" gemeint ist, muss im Wortlaut des Vergleichs selbst, zumindest in einer mit dem Vollstreckungstitel fest verbundenen Anlage klargestellt werden.[630]

B. Texte

I. Aufhebungs- und Abwicklungsverträge mit GmbH-Geschäftsführern

1. Muster: Ausführlicher Aufhebungsvertrag (deutsch)

↓

Zwischen

..., vertreten durch den besonders bevollmächtigten Gesellschafter ...

– nachstehend: Gesellschaft –

und ...

Bevollmächtigte: ...

– nachstehend: Geschäftsführer –

wird folgender Aufhebungsvertrag geschlossen:

§ 1 Aufhebungsklausel

Die Parteien sind sich darüber einig, dass das zwischen ihnen bestehende Anstellungsverhältnis auf Veranlassung der Gesellschaft im beiderseitigen Einverständnis mit dem ... sein Ende finden wird.

§ 2 Vorzeitige Beendigung

Der Geschäftsführer ist berechtigt, das Anstellungsverhältnis vor dem ... mit einer Ankündigungsfrist von 14 Tagen zum Monatsende vorzeitig zu beenden. Eine derartige Beendigung entspricht ausdrücklich dem Wunsch und Interesse der Gesellschaft.

§ 3 Freistellung

Die Gesellschaft stellt den Geschäftsführer mit Unterzeichnung dieser Vereinbarung bis zur Beendigung des Dienstverhältnisses unter Anrechnung auf seine Resturlaubsansprüche unwiderruflich von der Dienstleistung frei. Während der Zeit der Freistellung zahlt die Gesellschaft dem Geschäftsführer die vertragsgemäßen Bezüge iHv monatlich ... EUR brutto fort. Zu den vertragsgemäßen Bezügen zählen ferner ... Ein etwaiger anderweitiger Zwischenverdienst wird angerechnet. Dem Geschäftsführer ist es untersagt, während der Freistellung einer Konkurrenztätigkeit nachzugehen.

§ 4 Abfindung

Die Gesellschaft zahlt dem Geschäftsführer für den Verlust seiner Anstellung und zum Ausgleich für den Verlust des sozialen Besitzstandes gem. §§ 34, 24 EStG eine Abfindung iHv ... EUR brutto. Die Abfindung erhöht sich für jeden vollen Monat des vorzeitigen Ausscheidens gem. § 2 dieser Vereinbarung um ... EUR brutto. Die

---

628 LAG Hessen 23.9.2008 – 12 Ta 250/08, AuA 2009, 242.
629 LAG Rheinland-Pfalz 25.3.2008 – 8 Ta 39/08, LAGE § 888 ZPO 2002 Nr. 7.
630 LAG Rheinland-Pfalz 1.4.2009 – 3 Ta 40/09, juris.

Parteien vereinbaren, dass der Abfindungsanspruch mit Unterzeichnung dieser Vereinbarung entstanden und vererbbar ist. Die Abfindung wird bei Beendigung des Anstellungsverhältnisses zur Zahlung fällig.

§ 5 Tantiemen

Mit Rücksicht auf den Umstand, dass zurzeit noch nicht festgestellt werden kann, ob und in welchem Umfang dem Geschäftsführer in den Jahren ... eine Tantieme zusteht, wird die vertraglich vereinbarte Tantieme hiermit für den Zeitraum von ... bis ... mit einem Betrag iHv ... EUR pauschaliert. Der Geschäftsführer erhält die pauschalierte Tantieme bis zum .... Weitere Ansprüche auf eine Tantieme bestehen nicht.

§ 6 Wettbewerbsverbot

Das zwischen den Parteien vereinbarte nachvertragliche Wettbewerbsverbot wird einvernehmlich mit sofortiger Wirkung aufgehoben. Ein Anspruch auf Karenzentschädigung besteht nicht.

§ 7 Betriebliche Altersversorgung

Der Geschäftsführer hat aufgrund der ihm mit Vertrag erteilten Zusage einen Anspruch auf betriebliche Altersversorgung gegen die Gesellschaft. Berechnungsgrundlage der Altersversorgung ist die derzeitige monatliche Festvergütung iHv ... EUR. Die Anwartschaft auf diese Versorgungszusage bleibt gem. § 1 Abs. 1 BetrAVG aufrechterhalten. (Auf eine ratierliche Kürzung wird verzichtet.) Der Geschäftsführer erhält spätestens 6 Wochen nach Ausscheiden eine Auskunft gem. § 4a BetrAVG.

§ 8 Direktversicherung

Die Gesellschaft räumt mit Beendigung des Dienstverhältnisses dem Geschäftsführer das Recht ein, die bei der ... Versicherung, Versicherungsnummer ..., abgeschlossene Direktversicherung fortzuführen und wird die dazu notwendigen Erklärungen gegenüber dem Versicherer abgeben. Im Falle einer Fortführung der Versicherung durch den Geschäftsführer werden die für die Übertragung anfallenden Kosten von der Gesellschaft getragen.

§ 9 Vortragstätigkeiten

Der Geschäftsführer hat mit Unterzeichnung dieser Vereinbarung das Recht, Vortragstätigkeiten, Schulungsmaßnahmen oder Veröffentlichungen auf eigene Rechnung ohne weitere Genehmigung durch die Gesellschaft auszuüben. Die im Rahmen dieser Tätigkeiten erzielten Einkünfte werden nicht auf die nach dieser Vereinbarung von Seiten der Gesellschaft zu leistenden Zahlungen angerechnet.

§ 10 Nutzung von Firmeneinrichtungen

Während seiner Freistellung ist der Geschäftsführer weiterhin befugt, sämtliche Büroeinrichtungen einschließlich des in seiner Wohnung installierten Diensttelefons auf Kosten der Gesellschaft für Bewerbungsaktivitäten zu nutzen.

§ 11 Zeugnis

Der Geschäftsführer erhält das diesem Vertrag beigefügte Zwischenzeugnis. Zum Beendigungstermin wird dem Geschäftsführer ein auf dieses Datum ausgestelltes Schlusszeugnis erteilt, das inhaltlich mit dem Zwischenzeugnis übereinstimmt. Die Gesellschaft wird Auskünfte nur im Sinne dieses Zeugnisses erteilen.

§ 12 Dienstwagen

Der Geschäftsführer ist berechtigt, den ihm zur Verfügung gestellten Dienstwagen einschließlich des Autotelefons bis zur Beendigung des Dienstverhältnisses im bisherigen Umfang auch zu privaten Zwecken zu nutzen. Die Gesellschaft erwirbt den Pkw mit dem amtlichen Kennzeichen ... von der Leasinggesellschaft und überträgt den Pkw unentgeltlich an den Geschäftsführer als Nettosachbezugswert.

§ 13 Firmenwohnung

Das von dem Geschäftsführer derzeit als Mieter bewohnte Haus steht diesem bis zum ... zur Verfügung. Der Anschluss an die Warnanlage des Werkschutzes wird bis zu diesem Termin aufrechterhalten. Zieht der Geschäftsführer vor dem ... um, so werden die Kosten für den Umzug an einen anderen deutschen Wohnort bis zu einer Höhe von ... EUR von der Gesellschaft übernommen.

§ 14 Rückgabe von Unterlagen

Der Geschäftsführer gibt innerhalb von zwei Wochen nach Unterzeichnung dieser Vereinbarung die in seinem Besitz befindlichen, jedoch im Eigentum der Gesellschaft stehenden Unterlagen und Gegenstände an die Gesellschaft zurück.

§ 15 Darlehen

Der zwischen den Parteien geschlossene Darlehensvertrag vom ... wird zu den vereinbarten Konditionen fortgeführt. Der Geschäftsführer hat das Recht, die noch offene Darlehensschuld iHv ... EUR (Stand ...) vorzeitig durch eine Einmalzahlung abzulösen.

§ 16 Betriebs- und Geschäftsgeheimnisse

Der Geschäftsführer verpflichtet sich, alle ihm während seiner Tätigkeit für die Gesellschaft zur Kenntnis gelangten betriebsinternen Vorgänge, insbesondere Geschäfts- und Betriebsgeheimnisse, auch nach dem Ausscheiden geheim zu halten.

§ 17 Announcement

Presseveröffentlichungen und interne Verlautbarungen an einen unbestimmten Personenkreis werden die Vertragsparteien jeweils nur in einer miteinander abgestimmten Form abgeben. Nach Abschluss des Aufhebungsvertrages wird die Gesellschaft ein Announcement mit folgendem Wortlaut aussenden: ...

§ 18 Erledigungserklärung, Änderungen und Ergänzungen

Mit dieser Vereinbarung ist der Fortbestand des Dienstverhältnisses zwischen der Gesellschaft und dem Geschäftsführer bis zum ... und dessen Beendigung zu diesem oder einem früheren Zeitpunkt gem. § 2 dieser Vereinbarung abschließend geregelt. Die Gesellschafterversammlung wird innerhalb von zwei Wochen nach Abschluss dieses Vertrages, ergänzend zur Beschlussfassung über diesen Vertrag, einen Entlastungsbeschluss gem. § 46 Nr. 5 GmbHG fassen. Zugleich sind mit Erfüllung der Verpflichtungen aus dieser Vereinbarung sämtliche wechselseitigen Ansprüche der Parteien endgültig erledigt. Nebenabreden sind nicht getroffen. Änderungen und Ergänzungen dieses Vertrages bedürfen zu ihrer Wirksamkeit der Schriftform.

§ 19 Beraterkosten

Jede Partei trägt ihre Kosten und die Kosten ihrer Berater im Zusammenhang mit dem Abschluss und der Durchführung dieses Vertrages.

§ 20 Verzicht auf Hinweise

Der Geschäftsführer hatte Gelegenheit, sich über die steuer- und sozialrechtlichen Konsequenzen dieser Vereinbarung bei den zuständigen Behörden – insbesondere der Agentur für Arbeit, dem Finanzamt und einer Beratungsstelle der Bundesversicherungsanstalt – zu informieren. Er verzichtet hiermit auf weitere Hinweise der Gesellschaft.

§ 21 Salvatorische Klausel

Sollte eine Bestimmung dieses Vertrages unwirksam sein oder werden, so wird dadurch die Wirksamkeit der anderen Bestimmungen dieses Vertrages nicht berührt. An die Stelle der unwirksamen Bestimmung tritt eine rechtlich zulässige, die Sinn und Zweck der unwirksamen Bestimmung so nahe wie möglich kommt.

2. Muster: Aufhebungsvertrag (deutsch/englisch)

Aufhebungsvereinbarung	**Separation Agreement**
Zwischen	Between
– nachstehend: Gesellschaft –	– „Company" –
und	and
– nachstehend: Mitarbeiter –	– „Employee" –
wird folgende Vereinbarung geschlossen:	the following Agreement is made:
§ 1	**§ 1**
Die Parteien sind sich daher darüber einig, dass ihr Anstellungsverhältnis auf Veranlassung der Gesellschaft aus betrieblichen Gründen unter Einhaltung der Kündigungsfrist zum ... (nachfolgend „Beendigungsdatum") beendet wird.	The parties therefore agree that, upon the Company's initiative, the employment relationship shall end effective as of ... (hereinafter the „Termination Date") for compelling business reasons in compliance with the notice period.
Der Mitarbeiter hat das Recht, das Anstellungsverhältnis vorzeitig mit einer Ankündigungsfrist von 14 Tagen zum Monatsende zu beenden. In diesem Falle gilt dieses vorzeitige Datum als „Beendigungsdatum".	The Employee has the right to terminate the employment relationship early with an announcement period of 14 days with effect to the end of a calendar month. In this event this earlier date shall be the "Termination Date".
§ 2	**§ 2**
Der Mitarbeiter wird mit Wirkung vom ... widerruflich von der Verpflichtung zur Arbeitsleistung befreit. Er ist verpflichtet, innerhalb des Freistellungszeitraums seinen Resturlaub zu nehmen und die beabsichtigte zeitliche Festlegung des Urlaubs der Gesellschaft rechtzeitig anzuzeigen. Die Gesellschaft wird dem Urlaubsantrag stattgeben, es sei denn, dringende betriebliche Belange stehen dem entgegen.	The Employee is hereby released with effect of ... from his duty to work until further notice. He is obliged to take outstanding vacation within the period of release and to inform the Company of the envisaged dates of his holiday in due course. The Company will grant the vacation request unless urgent business reasons prevent the vacation from being taken.
Das Wettbewerbsverbot gem. § 60 HGB bleibt während der Kündigungsfrist bestehen.	The prohibition to compete according to Section 60 German Commercial Code (Handelsgesetzbuch) remains applicable during the notice period.

§ 3

Bis zum Beendigungsdatum erhält der Mitarbeiter seine vertragliche Vergütung, die sich nach der Vereinbarung der Parteien wie folgt zusammensetzt:

- ... EUR (brutto)/Monat
- 13. Monatsgehalt, Urlaubsgeld, Treueprämie, Fahrtkostenzuschuss und VWL (soweit ein Anlagevertrag besteht) entsprechend den Regelungen unter Ziffer 3. des Manteltarifvertrags
- 30 % des Zielbonus für das Kalenderjahr ..., soweit die in dem mit dem Mitarbeiter vereinbarten Bonusplan vorgesehenen Unternehmensziele erreicht werden, fällig entsprechend den Regelungen im Bonusplan.

Die Gesellschaft hat auf das Leben des Mitarbeiters bei ... einen Versicherungsvertrag mit der Nummer ... abgeschlossen. Die Gesellschaft überträgt diesen Versicherungsvertrag mit Wirkung zum Beendigungsdatum zu den bestehenden Bedingungen auf den Mitarbeiter und beide Parteien verpflichten sich, die dazu gegenüber der Versicherung notwendigen Erklärungen abzugeben. Rechte des Mitarbeiters aus der unmittelbaren Versorgungszusage ... bleiben von dieser Aufhebungsvereinbarung unberührt.

§ 4

Zum Ausgleich für den Verlust des Anstellungsverhältnisses zahlt die Gesellschaft dem Mitarbeiter eine Abfindung gem. §§ 24, 34 Einkommensteuergesetz in Höhe von ... EUR brutto. Die Abfindung wird zum ... fällig.

Jede Verpflichtung zur Abfindungszahlung ist mit Unterzeichnung dieses Aufhebungsvertrages entstanden, vererbbar und zu den vereinbarten Zeitpunkten fällig.

§ 5

Der Mitarbeiter wird bis zum ... eine abschließende Reisekostenabrechnung einreichen. Unter Anrechnung etwaig gezahlter Vorschüsse wird die Gesellschaft sodann abrechnen. Überzahlte Vorschüsse sind umgehend an die Gesellschaft zu erstatten.

§ 6

Der Mitarbeiter gibt alle der Gesellschaft oder einem mit ihr verbundenen Unternehmen zustehenden Ge-

§ 3

Until the termination date, the Employee shall receive his contractual remuneration, which the parties hereby agree to be composed as follows:

- ... EUR (gross)/month
- 13th monthly salary, holiday payment, travel allowance and capital accumulation benefits (if saving plan is established) according to No. 3. of the skeleton collective bargaining agreement between the company and ...
- 30 % of target bonus for the calendar year ... if company targets of the bonus plan agreed with the Employee will be reached, due to be paid according to the regulations of the bonus plan.

The Company has concluded an insurance contract with the number ... on the life of the Employee with .... The Company shall transfer this insurance contract under the current conditions with effect of the Termination Date to the Employee. Both parties are obliged to undertake all necessary declarations vice versa the insurance. Any rights of the Employee under the direct pension commitment ... remain unaffected by this separation agreement.

§ 4

As compensation for the Employee's loss of his employment, the Company shall pay to the Employee as severance pay according to Section 24, 34 Income Tax Act a total gross amount of ... EUR. The severance payment is due on ....

Any obligation of severance payments arises with signing of this separation agreement, is inheritable and is payable on the agreed due dates.

§ 5

The Employee shall until ... submit a complete final travel expense report. The Company shall then settle the accounts upon crediting any advances which may have been paid. Overpaid advances are to be paid back to the Company immediately.

§ 6

The Employee shall return all items pertaining to the Company or any of its affiliates at the location of its

genstände am Beendigungsdatum an deren Geschäftssitz zu Händen von ... zurück, insbesondere:

- das derzeitige Dienstfahrzeug in ordnungsgemäßem Zustand nebst sämtlichen Papieren und Schlüsseln,
- Kreditkarten,
- Büroschlüssel,
- sämtliche Geschäftsunterlagen und Kopien hiervon, gleich auf welchem Datenträger,
- den derzeitig genutzten Laptop, das derzeitig genutzte Blackberry und/oder Handy.

Ein Zurückbehaltungsrecht an vorgenannten Gegenständen steht dem Mitarbeiter nicht zu.

Der Mitarbeiter verpflichtet sich, spätestens bis zum Beendigungsdatum auf ihm gehörenden Datenträgern gespeicherte Daten und Softwareprogramme der Gesellschaft auf einen Datenträger der Gesellschaft zu übertragen und auf seinem Datenträger dauerhaft zu löschen.

§ 7
Die Gesellschaft erteilt dem Mitarbeiter ein wohlwollendes, qualifiziertes Zwischenzeugnis und zum Beendigungszeitpunkt ein entsprechendes Endzeugnis.

§ 8
Der Mitarbeiter ist auch über das Beendigungsdatum hinaus verpflichtet, alle ihm anvertrauten oder sonst bekannt gewordenen geschäftlichen, betrieblichen, technischen oder sonstigen Informationen, die sich auf die Gesellschaft oder verbundene Gesellschaften beziehen und vertraulichen Charakter haben, Dritten nicht zu offenbaren. Er sichert zu, Stillschweigen über den Inhalt dieser Vereinbarung gegenüber jedermann zu wahren, es sei denn, dass er gesetzlich zur Auskunft verpflichtet oder die Auskunft aus steuerlichen oder sozialversicherungsrechtlichen Gründen erforderlich ist.

§ 9
Dem Mitarbeiter ist bekannt, dass die Gesellschaft keine verbindlichen Auskünfte über sozialversicherungsrechtliche oder steuerrechtliche Konsequenzen dieser Vereinbarung geben kann, sondern die zuständigen Behörden hierzu berufen und verpflichtet sind.

business offices on Termination Date to the attention of ... in particular:

- the current Company car used, in proper condition, including all documents and keys,
- credit cards,
- office keys,
- all business documents and copies thereof, irrespective of the data carrier,
- the current Laptop used, the current Blackberry and/or Mobile.

The Employee shall have no right of retention to the above mentioned items.

The Employee is obliged to transfer any data or software programs stored on data carriers belonging to him to data carriers of the Company and to delete such data and software programs on his data carriers.

§ 7
The Company shall provide the Employee with a favourable, qualified intermediate reference and on Termination Date a corresponding final reference.

§ 8
The Employee is obliged, even after the Termination Date, not to disclose to any third party any confidential business, company, technical or other information relating to the Company or its affiliates which has become known to him or with which he was entrusted during the term of his employment. The Employee shall keep confidential the contents of this Agreement unless he is obliged by statutory laws to divulge such information or the information is required for tax or social security purposes.

§ 9
The Employee is aware that the Company is not competent to give binding information about the legal consequences of this Agreement under social or tax law, but that the appropriate authorities are competent and obliged to give such information.

Die Gesellschaft weist den Mitarbeiter darauf hin, dass er verpflichtet ist, sich spätestens drei Monate vor der Beendigung des Anstellungsverhältnisses bei der Agentur für Arbeit arbeitsuchend zu melden. Liegen zwischen der Kenntnis des Beendigungszeitpunktes und der Beendigung des Arbeitsverhältnisses weniger als drei Monate, hat er sich innerhalb von drei Tagen nach Kenntnis des Beendigungszeitpunktes zu melden.

§ 10

Mit dieser Vereinbarung möchten die Parteien ihre gesamten Rechtsbeziehungen regeln. Sie sind sich darüber einig, dass mit Ausnahme der vorgenannten Ansprüche wechselseitig aus und im Zusammenhang mit dem Anstellungsverhältnis und seiner Beendigung keine weiteren Ansprüche mehr bestehen, gleich aus welchem Rechtsgrund, ob bekannt oder unbekannt und unabhängig vom Zeitpunkt des Entstehens. Hiervon ausgenommen sind unverzichtbare Rechte.

§ 11

Presseveröffentlichungen und andere Verlautbarungen an einen unbestimmten Personenkreis werden die Parteien jeweils nur in einer vorab miteinander abgestimmten Form und Wortwahl abgeben.

§ 12

Im Zweifelsfall hat die deutsche Fassung Vorrang.

The Company points out to the Employee that he is obligated to report personally to the Agentur für Arbeit [German unemployment office] within three months prior to the end of the employment that he is seeking work. Should the time-span between the knowledge of the end of the employment and the actual moment of ending be less than three months, the employee will have to report to the Agentur für Arbeit within 3 days.

§ 10

With this Agreement, the Parties intend to regulate their entire legal relationship. The parties agree that, with the exception of the above-mentioned claims, neither party hereto shall have any further rights or claims against the other party resulting from and in connection with the employment relationship and its termination, be they known or unknown, of whatever kind and irrespective of the date on which they originate. Not included hereunder are nonforfeitable rights.

§ 11

Press releases and other announcements to an unspecified group of persons shall be made by the parties only in a form and wording agreed beforehand upon between the parties.

§ 12

In case of doubt, the German version shall prevail.

3. Muster: Ausführlicher Abwicklungsvertrag (deutsch/englisch)

Aufhebungsvereinbarung

Zwischen

— nachstehend: Gesellschaft —

und

— nachstehend: Geschäftsführer —

wird zwecks Beendigung des Anstellungsverhältnisses nachfolgende Vereinbarung getroffen:

§ 1

Die Parteien sind sich darüber einig, dass das zwischen ihnen bestehende Anstellungsverhältnis aufgrund der von der Gesellschaft am ... erklärten or-

Settlement Agreement

Between

— hereinafter referred to as „Company" —

and

— hereinafter referred to as „Managing Director" —

In order to terminate the service relationship the parties agree as follows:

§ 1

The parties are in agreement that their service relationship shall terminate effective ..., based on the

dentlichen Kündigung mit Ablauf des ... sein Ende nehmen wird.

§ 2

(1) Das Anstellungsverhältnis wird bis zum ... unter Berücksichtigung der nachstehenden Regelungen ordnungsgemäß abgewickelt. Insbesondere stehen dem Geschäftsführer bis zu diesem Zeitpunkt seine vollen vertragsgemäßen Ansprüche auf regelmäßige Vergütung (Grundgehalt: ... EUR brutto pro Monat) und Nebenleistungen (wie Dienstfahrzeug, Pauschalsteuer für Direktversicherung, Sozialversicherungsbeiträge, Unfall- und Luftpassagierversicherung) zu.

(2) Die Parteien sind sich darüber einig, dass der Geschäftsführer verpflichtet bleibt, seine Dienste für die Gesellschaft bis zum ... zu erbringen. Mit Wirkung ab dem ... wird der Geschäftsführer hiermit unwiderruflich und unter Anrechnung auf etwaige Urlaubs- oder Resturlaubsansprüche von seinen Verpflichtungen zur Erbringung weiterer Dienstleistungen für die Gesellschaft freigestellt. Die Parteien sind sich darüber einig, dass dadurch alle Urlaubsansprüche des Geschäftsführers abgegolten sind. Die Rechte der Gesellschaft aus § 38 Abs. 1 GmbHG bleiben unberührt.

§ 3

Die Gesellschaft wird an der Übertragung des zugunsten des Geschäftsführers bestehenden Direktversicherungsvertrages auf den Geschäftsführer bei Beendigung des Anstellungsverhältnisses mitwirken.

§ 4

Für das abgelaufene Geschäftsjahr ... hat die Gesellschaft die Ansprüche des Geschäftsführers auf einen Bonus gemäß dem ... (Geschäftsbereich ...) bereits ordnungsgemäß abgewickelt und ausbezahlt.

§ 5

(1) Die Gesellschaft gewährt dem Geschäftsführer für seine Tätigkeit für die Gesellschaft im Kalenderjahr ... eine Bonuszahlung, die sich auf einen Betrag von ... EUR brutto beläuft und mit Beendigung des Dienstverhältnisses fällig wird.

(2) Die Parteien sind sich darüber einig, dass darüber hinaus gehende Ansprüche des Geschäftsführers auf Bonuszahlungen oder vergleichbare Sonder-

ordinary notice of termination given by the Company on ....

§ 2

(1) The employment relationship will be wound up correctly up to ..., in accordance with the regulations set forth hereunder. Particularly, the Managing Director will be entitled to his contractually stipulated regular remuneration (base salary: ... EUR gross per month) and fringe benefits (such as company car, lump sum taxes tor direct life insurance, contributions to social security, accident and flight passenger insurance).

(2) The parties are in agreement that the Managing Director shall remain obliged to render his services to the Company until .... With effect from ... the Managing Director is herewith irrevocably released from his duties to render further services to the Company; possible entitlements to vacation or remaining vacation shall be credited during such release period. The Parties are in agreement that any outstanding vacation entitlements are thereby settled. The Company's rights under Sec. 38 Para. 1 of the German Act on Limited Liability Companies shall remain unaffected.

§ 3

The Company will cooperate in transferring the direct life insurance contract existing to the benefit of the Managing Director to him upon termination of the service relationship.

§ 4

For the expired fiscal year ..., the Company has already orderly calculated and fulfilled the entitlements of the Managing Director in accordance with the ....

§ 5

(1) In consideration to the services of the Managing Director for the Company in the calendar year ... the Company grants a Bonus Payment, which shall amount to ... EUR gross, and shall become due on the termination date.

(2) The parties are in agreement that the Managing Director is not entitled to any further bonus payments or comparable extra pays, particularly not under the ... Plan or forerunner plans.

§ 4 Beendigung von Arbeitsverhältnissen

vergütungen, insbesondere unter dem ... Plan und Vorgängerplänen, nicht bestehen.

§ 6
Als Ausgleich für den Verlust seiner Dienststellung wird die Gesellschaft an den Geschäftsführer eine Abfindungszahlung in Anlehnung an die anwendbaren Vorschriften des Einkommensteuergesetzes in Höhe von ... EUR brutto zahlen; es besteht Einvernehmen zwischen beiden Parteien, dass der Geschäftsführer die mit der Abfindung verbundene Steuerlast tragen wird. Der vorgenannte Betrag ist mit Beendigung des Dienstverhältnisses zur Zahlung fällig. Die Auszahlung der Abfindungssumme steht allerdings unter dem Vorbehalt der vorherigen schriftlichen Bestätigung gem. § 16.

§ 6
The Company will pay to the Managing Director in consideration for the loss of his Job position a severance payment according to the applicable regulations of the German Income Tax Act in the amount of ... EUR gross. Both parties are in agreement that the Managing Director shall bear any tax burden in relation to the severance payment. The aforementioned amount is due upon termination of the service relationship. The payment of the severance payment shall, however, be subject to the prior written confirmation according to Sec. 16 below.

§ 7
Die Parteien sind sich darüber einig, dass der Geschäftsführer die ihm von der ... gewährten und noch nicht ausgeübten Aktienoptionen nach Maßgabe der zugrunde liegenden Vereinbarungen mit der ... innerhalb von 90 Tagen nach dem Ende seines Dienstverhältnisses ausüben kann, soweit er sie bis zum Beendigungstermin endgültig erworben hat („vested options").

§ 7
The parties agree that the Managing Director shall be entitled to exercise the not yet exercised Stock Options granted to him by ... in accordance with the underlying agreements with ... within 90 days after termination of his service relationship to the extent they have become vested by this time.

§ 8
Es besteht Einigkeit, dass der Geschäftsführer gegenüber der Gesellschaft keine Ansprüche im Hinblick auf sog. „Restriced Stock Units (RSUs)" hat, die die ... ausgegeben hat.

§ 8
It is the parties' common understanding that the Managing Director has no rights in relation to the „Restricted Stock Units (RSUs)" issued by ... .

§ 9
Dem Geschäftsführer stehen gesetzlich unverfallbare Anwartschaften auf Alters-/Invaliditäts- und Hinterbliebenenvorsorge gemäß der Zusage der Gesellschaft vom ... (mit Ergänzungsvereinbarung vom ...) zu.

§ 9
The Managing Director has acquired statutorily vested expectancies to old age/invalidity and survivors' pensions under the Company's commitment of ... (including supplementary agreement of ...).

§ 10
Das ihm zur Verfügung gestellte Dienstfahrzeug wird der Geschäftsführer spätestens am ... in ordnungsgemäßem Zustand samt aller Schlüssel und Kfz-Papiere an die Gesellschaft an deren Sitz in ... herausgeben.

§ 10
The Managing Director will return to the Company at its seat in ... the Company Car with which he was provided no later than ..., in proper condition and together with all keys and official papers.

§ 11
Der Geschäftsführer verpflichtet sich, alle in seinem Besitz befindlichen Arbeitsmittel und Arbeitsunterlagen der Gesellschaft einschließlich Kopien hiervon mit dem Tage seiner Freistellung, auf Verlangen der

§ 11
The Managing Director is obliged to return to the Company all working materials and documents of the Company, including the copies thereof which have been in his possession in connection with his ser-

Gesellschaft auch schon vorher, an die Gesellschaft herauszugeben.

§ 12

Die Gesellschaft wird dem Geschäftsführer auf Verlangen ein sich auf Führung und Leistung während seines Anstellungsverhältnisses erstreckendes wohlwollendes Zeugnis erteilen, das ihn in seinem beruflichen Fortkommen fördert, eine sehr gute Leistungs-, Führungs- und Gesamtbeurteilung sowie eine Schlussformel enthält, die den Dank für die geleistete Arbeit und das Bedauern über das Ausscheiden des Geschäftsführers sowie beste Wünsche für die Zukunft zum Ausdruck bringt.

§ 13

(1) Der Geschäftsführer verpflichtet sich, auch nach Beendigung seines Anstellungsverhältnisses über alle ihm bekannten geschäftlichen und betrieblichen Angelegenheiten der Gesellschaft, insbesondere über Geschäfts- und Betriebsgeheimnisse, absolutes Stillschweigen zu bewahren.

(2) Während der Restlaufzeit des Dienstvertrages wird der Geschäftsführer sich an das vertragsimmanente Wettbewerbsverbot halten.

§ 14

Die Gesellschaft verpflichtet sich, dafür Sorge zu tragen, dass

(i) der Geschäftsführer unverzüglich nach seiner Freistellung gem. § 2 von allen Geschäftsführer- oder Direktorenämtern innerhalb der ...-GmbH und verbundene Unternehmen im Sinnes des § 15 AktG abberufen wird,

(ii) ihm für seine Amtstätigkeiten bis zum Datum dieses Vertrages Entlastung erteilt wird und

(iii) ihm für den Zeitraum bis zu seiner Freistellung erneut Entlastung erteilt wird, soweit bis dahin nicht sachliche Gründe vorliegen, die einer Entlastung entgegenstehen.

§ 15

Die Parteien sind sich darüber einig, dass mit Erfüllung dieser Vereinbarung alle wechselseitigen An-

vices for the Company upon the day of his release, or earlier if requested by the Company.

§ 12

The Company undertakes to issue upon the Managing Director's request a benevolent reference letter with respect to his conduct and performance during the duration of the service relationship; the letter shall promote the occupational advancement of the Managing Director, shall contain a very good appraisal of his conduct, his leadership qualities and his over-all performance as well as a complimentary close which expresses the Company's thanks his services and its regret that he leaves together with best wishes for the future.

§ 13

(1) Even after the termination of the service relationship, the Managing Director is obliged to keep absolutely confidential any information concerning business related matters of the Company of which he has become aware during the course of the employment relationship, in particular concerning operational and business secrets.

(2) During the remaining term of the service relationship, the Managing Director will comply with his implicit non-competition obligations.

§ 14

The Company hereby undertakes to arrange for

(i) the removal of the Managing Director from all his offices as director or managing director (Geschäftsführer within ...-GmbH and affiliates with the meaning of Sec. 15 German Stock Corporation Act) without undue delay right after his release under Sec. 2 above,

(ii) the approval of his managerial activities as of the date of this Agreement and

(iii) a new approval of his managerial activities up to the day of his release as far as no facts will have become known, which are in opposition to such approval.

§ 15

Upon fulfillment of this agreement, any and all claims between the parties relating to the employ-

sprüche aus dem Anstellungsverhältnis und im Zusammenhang mit dessen Beendigung – gleich, ob bekannt oder unbekannt – ausgeschlossen und erledigt sind.

§ 16
Unmittelbar nach Beendigung des Dienstverhältnisses werden der Geschäftsführer und die Gesellschaft sich gegenseitig schriftlich die ordnungsgemäße Abwicklung dieser Aufhebungsvereinbarung bis zum Dienstende und damit die Erstreckung der Ausgleichsklausel gem. § 15 oben auf die Zeit bis zur Beendigung des Dienstverhältnisses bestätigen. Die Gesellschaft ist berechtigt, ihre Zahlung gem. § 6 oben zurückzuhalten, solange ihr die Bestätigung des Geschäftsführers nicht vorliegt, es sei denn, die Gesellschaft ist ihrerseits ihren Verpflichtungen nach dieser Aufhebungsvereinbarung noch nicht ordnungsgemäß nachgekommen.

ment relationship and in connection with the termination of the employment agreement – irrespective of whether known or unknown – are settled and excluded.

§ 16
Right after termination of the service relationship, the Managing Director and the Company will mutually confirm towards each other in writing the proper winding up of this Termination Agreement until the final termination of services; thereby, they will confirm the extension of the scope of the exclusion clause in Sec. 15 above to the time period until the final termination date. The Company is entitled to withhold any payment under Sec. 6 above, until it receives the Managing Director's confirmation, unless the Company itself, at that time, has not yet properly fulfilled its obligations under this Termination Agreement.

669 **4. Muster: Ausführlicher Aufhebungsvertrag (deutsch/englisch)**

Aufhebungsvertrag
zwischen

...

– nachstehend „die Gesellschaft" –
und

...

– nachstehend „der Geschäftsführer" –

§ 1
Die Parteien sind sich einig, dass ihr Anstellungsverhältnis auf Basis des zwischen ihnen mit Wirkung vom ... geschlossenen Geschäftsführeranstellungsvertrages am ... sein vertragsgemäßes Ende gefunden hat.

§ 2
Der Geschäftsführer wurde von seinen dienstvertraglichen Pflichten freigestellt.

Der Urlaubsanspruch für die Jahre ... und ... ist mit dieser Freistellung genauso vollständig abgegolten und erledigt wie auch etwa geleistete Mehrarbeit.

Termination Agreement
between

...

– hereinafter referred to as „the company" –
and

...

– hereinafter referred to as „the managing director" –

Section 1
The parties agree that their service relationship based on the service contract between the parties entered into with effect of ... ended on ....

Section 2
The managing director was released from further activities under his employment.

The annual holiday entitlement for ... and ... as well as any other claims for over-time that the managing director may have are fully compensated and settled by this release.

§ 3
Der Geschäftsführer hat seine Vergütung bis einschließlich ... erhalten. Weitere Vergütungsansprüche (einschließlich Dienstwagenpauschale und der sog. Directors fee) bestehen nicht.

§ 4
(1) Die Gesellschaft zahlt dem Geschäftsführer zum Ausgleich für den Verlust der Dienststellung und als Entschädigung für künftig entgehende Einnahmen eine Abfindung entsprechend §§ 34, 24 EStG in Höhe von ... EUR brutto.

(2) Die Abfindung ist spätestens zum ... fällig. Die Parteien vereinbaren, dass der Abfindungsanspruch vererbbar und bereits mit Unterzeichnung dieses Vertrages entstanden ist.

§ 5
Der Geschäftsführer hat das gesamte Firmeneigentum, das sich in seinem Besitz oder unter seiner Kontrolle befand, in gutem Zustand und guter Ordnung an die Gesellschaft herauszugeben.

§ 6
(1) Vor und nach Beendigung des Anstellungsverhältnisses bleibt der Geschäftsführer verpflichtet, alle vertraulichen betriebsinternen Angelegenheiten, u.a. Geschäftsgeheimnisse der Gesellschaft oder damit verbundener Unternehmen, streng geheim zu halten.

(2) Der Geschäftsführer wird nicht ohne die Zustimmung der Gesellschaft – es sei denn, er ist dazu kraft Gesetzes verpflichtet – Geschäftsgeheimnisse oder vertrauliche Informationen betreffend der Gesellschaft oder ihrer verbundenen Unternehmen oder einen der jeweiligen Kunden, Vertreter, Lieferanten oder Klienten enthüllen oder zum Vorteil einer anderen Person oder Gesellschaft verwenden.

§ 7
Die Gesellschaft und der Geschäftsführer vereinbaren, die Regelungen und Bedingungen dieser Vereinbarung vertraulich zu behandeln und keine Information betreffend die Beendigung des Anstellungsverhältnisses gegenüber Dritten zu enthüllen, mit Ausnahme von den Rechtsanwälten oder Steuerberatern oder falls dies von Gesetzes wegen vorgeschrieben sein sollte. Im Rahmen dieses Paragraphen gilt als

Section 3
The managing director has received his remuneration until ... . He is not entitled to further remuneration (including car allowance and directors fee).

Section 4
(1) The company will pay a compensation for dismissal and for earnings shortfall in future referring to sec. 34, 24 EStG a gross amount of ... EUR to the managing director.

(2) The compensation is payable by ... at the latest. The parties agree that the managing director's claim to the compensation is inheritable and has come into existence by signature of this contract.

Section 5
The managing director has to return all property of the company which is in his possession or under his control in good condition and order.

Section 6
(1) Before and after the termination of employment, the managing director is compelled to keep all confidential business affairs including but not limited to business secrets of the company or its affiliates strictly secret.

(2) The managing director will not without the consent of the company disclose any business secret or confidential information concerning the company or its affiliates or any of their respective customers, agents suppliers or clients to another person or make use of it for the benefit of any other person or company – unless he is compelled to do so by law.

Section 7
The company and the managing director agree to keep the facts and terms described in this termination agreement confidential and not to disclose any information concerning the terms and conditions of the termination of the employment agreement to anyone, except legal and accounting advisors or if compelled by law. For the purpose of this section

Gesellschaft jedes Unternehmen, das zum ...-Konzern gehört.

§ 8

Die Gesellschaft wird dem Geschäftsführer das anliegende, sich auf Führung und Leistung während seines Dienstverhältnisses erstreckende Zeugnis erteilen. Das Zeugnis wird entsprechend der bei der Gesellschaft geltenden Vertretungsbefugnis von dem/den neuen Geschäftsführer(n) der Gesellschaft unterschrieben. Die Gesellschaft verpflichtet sich, dem Geschäftsführer ein auf den ... datiertes Zwischenzeugnis auszustellen.

§ 9

Die Gesellschaft wird an der Übertragung des zugunsten des Geschäftsführers bestehenden Direktversicherungsvertrages (... Lebensversicherung, Versicherungsscheinnummer ...) auf den Geschäftsführer bei Beendigung des Anstellungsverhältnisses mitwirken.

§ 10

(1) Die Gesellschaft erteilt dem Geschäftsführer Entlastung für seine Tätigkeit als Geschäftsführer der ..., eingetragen im Handelsregister ... unter HRB ...; ..., eingetragen im Handelsregister ... unter HRB ...; ..., eingetragen im Handelsregister ... unter HRA ...

(2) Die Gesellschaft verpflichtet sich weiter, dafür Sorge zu tragen, dass dem Geschäftsführer unverzüglich nach Unterzeichnung dieser Vereinbarung Entlastung für alle Geschäftsführer- und/oder Direktorentätigkeiten in der ... mit Sitz in ..., eingetragen im Handelsregister ... unter HRB ...; ... mit Sitz in ..., eingetragen im Handelsregister ... unter HRB ...; ..., registriert in ... (No. ...) mit Sitz in ..., erteilt wird.

(3) Die Gesellschaft wird dem Geschäftsführer unverzüglich die entsprechenden Gesellschafterbeschlüsse im Original übergeben.

§ 11

Der Geschäftsführer nimmt unverzüglich nach Erfüllung dieses Aufhebungsvertrages die beim Landgericht ... anhängige Klage – ... – zurück. Der Geschäftsführer wird unverzüglich nach Unterzeichnung des Aufhebungsvertrages im Hinblick auf den für ... anberaumten Termin zur mündlichen Verhandlung das Ru-

company means any legal entity belonging to the ...-group of companies.

Section 8

The company is obliged to hand out the attached job reference letter including the appraisal of conduct and performance of the managing director during the duration of the relationship. The job reference will be signed by the new managing director(s.) of the company in regard to its representation rules. The company is obliged to hand out an interims reference letter to the managing director dated on ....

Section 9

The company will cooperate in transferring the direct life insurance contract (... life insurance company, insurance policy number ...) existing to the benefit of the managing director to him after the end of the service relationship.

Section 10

(1) The company hereby gives formal approval of his activities as managing director of ..., GmbH with registered office in ... and registered at the commercial register in ... (HRB ...); ..., GmbH with registered office in ... and registered at the commercial register in ... (HRB ...); ..., GmbH with registered office in ... and registered at the commercial register in ... (HRA ...).

(2) Furthermore the company is obliged to arrange the formal approval of all activities as managing director or non-executive director of ... with registered office in ... and registered at the commercial register in ... (HRB ...); ... with registered office in ... and registered at the commercial register in ... (HRB ...); ..., registered in ... No. ..., registered office in ... immediately after signing this agreement.

(3) The company will hand out immediately the original documents concerning the shareholder resolutions to the managing director.

Section 11

The managing director will withdraw the pending law suit ... at the regional court ... immediately after fulfilment of this agreement. The managing director will immediately after signing this agreement in regard to the court hearing scheduled for ... apply for suspension of proceedings. The company will not ap-

hen des Verfahrens beantragen. Die Gesellschaft wird keinen Kostenantrag stellen. Die Kosten des Rechtsstreits werden gegeneinander aufgehoben, dh, jede Partei trägt ihre Rechtsanwaltskosten selbst. Die angefallenen Gerichtskosten werden zwischen den Parteien hälftig geteilt. Insoweit hat der Geschäftsführer einen Kostenerstattungsanspruch gegen die Gesellschaft in der Höhe der hälftigen nachgewiesenen Gerichtskosten für das Verfahren ..., Landgericht ... .

ply for any kind of reimbursement of the legal costs. The legal costs will be compensated in the meaning of bearing the own costs and expenses by every party. The parties will bear the accrued court fees one half to each. The managing director will have a claim to payment of his costs of the proceedings against the company to the amount of a half of the proved court fees concerning the pending law suit ... at the regional court ... .

§ 12

(1) Mit Erfüllung dieser Vereinbarung sind sämtliche gegenseitigen Ansprüche der Parteien, gleich aus welchem Rechtsgrund, bekannter und unbekannter Art, aus dem Anstellungsverhältnis, aus seiner Beendigung oder aus anderen Gründen, endgültig erfüllt und erledigt.

(2) Zwischen den Parteien besteht weiter Einigkeit, dass keine Ansprüche gegen oder Anstellungsverhältnisse mit anderen Gesellschaften der ...-Gruppe bestehen und der Geschäftsführer keine Ansprüche gegen andere Gesellschaften der ...-Gruppe geltend machen wird.

(3) Ausgenommen hiervon sind Ansprüche des Geschäftsführers gegen die ... im Zusammenhang mit Aktienoptionen aus dem Long Term Incentive Plan und dem Overseas Savings Related Share Option Scheme, die in einer gesonderten Vereinbarung mit der ... geregelt werden.

Section 12

(1) Upon performance of all provisions contained in this Agreement, all mutual claims between the parties under the employment relationship and its termination or otherwise, whether known or unknown, shall be deemed finally settled and satisfied, irrespective of the legal grounds such claims may be based on.

(2) The parties agree that no claims against or employment contracts with other companies of the ...-group exist and that the managing director will not raise any claims against another company of the ...-group.

(3) Claims of the managing director against ... in relation to stock options granted under the Long Term Incentive Plan and the Overseas Savings Related Share Option Scheme, are exempted from this clause; these claims are governed by a separate agreement with ... .

§ 13

Sollte eine Bestimmung dieses Vertrages ganz oder teilweise rechtsunwirksam sein oder werden, so wird die Gültigkeit der übrigen Bestimmungen dieses Vertrages hiervon nicht berührt. Eine unwirksame Bestimmung soll durch eine Bestimmung ersetzt werden, die dem wirtschaftlichen Zweck der unwirksamen Bestimmung so nahe wie möglich kommt.

Section 13

If any provision of this agreement is or becomes invalid, the validity of the remaining provisions of this agreement shall not be affected thereby. Any invalid provision shall be replaced by a provision that comes as close as possible to the economic purpose pursued by the parties by means of the invalid provision.

§ 14

Änderungen und Ergänzungen dieser Vereinbarung, einschließlich dieser Klausel, bedürfen zu ihrer Wirksamkeit der Schriftform.

Section 14

Each modification of and supplement to this Agreement, including any modification of this provision, must be in writing to be effective.

§ 15

Diese Vereinbarung unterliegt deutschem Recht.

Section 15

This Agreement is subject to German law.

§ 16

Die Vereinbarung ist in deutscher und englischer Fassung ausgefertigt. Im Fall einer Unstimmigkeit oder eines Widerspruchs zwischen der deutschen und der englischen Fassung hat die deutsche Fassung Vorrang.

Section 16

This Agreement is drafted in both German and English versions. In case of discrepancies or contradictions between the German and the English version the German version shall prevail.

5. Muster: Kurzer Abwicklungsvertrag (deutsch/englisch)

Abwicklungsvertrag

Zwischen

...

– nachstehend: Gesellschaft –

und

...

– nachstehend: Geschäftsführer –

wird folgender Abwicklungsvertrag geschlossen:

Präambel

Die Gesellschaft hat das Dienstverhältnis fristgerecht aus betriebsbedingten Gründen am ... mit einer sozialen Auslauffrist zum ... gekündigt. Hintergrund der Kündigung bildet die Schließung des Deutschland-Büros. Aus diesem Grund muss das gesamte Personal entlassen werden.

§ 1 Abfindung

Die Gesellschaft zahlt dem Geschäftsführer zum Ausgleich für den Verlust seiner Anstellung eine Abfindung in Höhe von ... EUR (in Worten: ... Euro).

Die Gesellschaft zahlt die Abfindung bis zum ... auf das Gehaltskonto des Geschäftsführers aus.

Die Gesellschaft verpflichtet sich, dem Geschäftsführer eine über den Abfindungsbetrag lautende Bürgschaft einer deutschen Großbank oder Sparkasse spätestens innerhalb von 14 Tagen nach Abschluss dieses Vertrages zur Verfügung zu stellen. Geht dem Geschäftsführer die Bürgschaftserklärung nicht innerhalb der vereinbarten 14 Tage zu, ist der Abfindungsanspruch am nächsten auf die Frist folgenden Werktag entstanden und fällig und kann vom Geschäftsführer im Vollstreckungswege beigetrieben werden.

Contract of liquidation

Between

...

– Company –

and

...

– Statutory Manager –

agree upon the following settlement agreement:

Preamble

On ... the Company has given due notice of dismissal to the Statutory Manager to take effect on ... on social expiry. The notice of termination of employment is based on operational reasons: closure of the German branch. For this reason the company has to dismiss the whole staff.

§ 1 Compensation for dismissal

The compensation for dismissal is ... EUR (in words: ... Euro).

The Company has to transfer the compensation to the employee's salary account by ... .

The Company engages to submit to the Statutory Manager – at the latest two weeks after conclusion of this contract – a surety covering the full compensation issued by a German big bank or any savings bank. In case the surety is not provided to the Statutory Manager within the set deadline of two weeks, the title to compensation incurs and becomes due the next working day following the deadline and may be collected by the Statutory Manager by way of enforcement.

Kapitel 2: Abwicklungs- und Aufhebungsverträge

Die Parteien vereinbaren, dass der Abfindungsanspruch vererbbar und bereits mit Unterzeichnung dieses Vertrages entstanden ist.

§ 2 Ordnungsgemäße Abwicklung

Bis zur Beendigung seines Dienstverhältnisses erhält der Geschäftsführer seine bisherigen Bezüge in Höhe von ... EUR x monatlich ... EUR weitergezahlt.

Das Dienstverhältnis wird bis zu seiner Beendigung von beiden Seiten ordnungsgemäß abgewickelt.

Zum ... beantragt die Gesellschaft mit Zustimmung des Geschäftsführers dessen Löschung im Handelsregister.

§ 3 Zeugnis

Die Gesellschaft verpflichtet sich, dem Geschäftsführer ein Zwischenzeugnis bis zum ... auszustellen, ansonsten spätestens bis zur Beendigung seiner Tätigkeit ein Endzeugnis zu erteilen.

§ 4 Rückgabe von Gegenständen

Der Geschäftsführer verpflichtet sich, alle in seinem Besitz befindlichen Arbeitsmittel und Arbeitsunterlagen der Gesellschaft, einschließlich Kopien hiervon, umgehend an die Gesellschaft herauszugeben.

Der Geschäftsführer verpflichtet sich, den ihm zur Verfügung gestellten Dienstwagen spätestens am ... in ordnungsgemäßem Zustand einschließlich aller Kfz-Schlüssel und Kfz-Papiere an die Gesellschaft herauszugeben.

Die Herausgabe der Arbeitsmittel und Arbeitsunterlagen sowie des Dienstwagens hat am Sitz der Gesellschaft zu erfolgen.

§ 5 Aufklärung

Der Geschäftsführer erklärt, über die möglichen Auswirkungen dieses Aufhebungsvertrages auf seinen möglichen Anspruch auf Arbeitslosengeld durch die Gesellschaft in Kenntnis gesetzt worden zu sein.

§ 6 Betriebliche Altersversorgung

Der Geschäftsführer hat aufgrund der ihm mit Vertrag erteilten Zusage einen Anspruch auf betriebliche Altersversorgung gegen die Gesellschaft. Berechnungsgrundlage der Altersversorgung ist die derzeitige monatliche Festvergütung in Höhe von ... EUR brutto. Als Eintrittsdatum gilt gemäß Schreiben vom

---

The parties agree that the employee's claim to this compensation is inheritable and constituted by signature of this contract.

§ 2 Execution of liquidation

The company will pay the monthly salary of ... EUR ... times to the Statutory manager until the employment is terminated.

Both parties will perform their contractual duties until the employment is terminated.

With the Statutory Manager's consent, the company applies for his registration in the commerical register with effect on ... .

§ 3 Testimonial

The Statutory Manager is entitled to an intermediate report issued by the Company until ... or a written testimonial – at the latest – by termination of the employment.

§ 4 Return of company-owned property

The Statutory Manager is obliged to immediately return any working materials and documents of the Company, including any copies thereof which have been in his possession in connection with his services for the Company.

The Statutory Manager is obliged to return the company car which he was provided with in proper condition at the latest on ..., including any vehicle documents and the car keys.

The return of the documents and the company car must take place at the Company site.

§ 5 Obligation to give information

The Statutory Manager declares that he has been informed by the Company on any possible consequences of this Contract of Liquidation with respect to his possible employment benefits entitlement.

§ 6 Pension

The Statutory Manager is entitled to the company pension scheme, granted by contract. The basis for the calculation of the company pension is the actual monthly gross salary of ... EUR. According to a letter dated ..., the date of entry is ..., as has also been indicated in the calculation established by ...-Pen-

..., wie auch in den Berechnungen der ...-Pensionsmanagement vom ... festgehalten, der ..., da der Geschäftsführer vom ... bis ... und danach ununterbrochen seit dem ... bei der Gesellschaft beschäftigt ist. Die Anwartschaft auf diese Versorgungszusage bleibt gem. § 1 Abs. 1 BetrAVG aufrechterhalten. Der Geschäftsführer erhält spätestens 8 Wochen nach Abschluss dieses Vertrages eine Bestätigung gem. § 2 Abs. 6 BetrAVG.

sions-Management on ..., due to the fact that the Statutory Manager has been employed with the Company from ... through ... and as of ... uninterruptedly. The expectancy of such pension commitment is maintained according to § 1 Abs. 1 BetrAVG. The Statutory Manager will receive a pertinent confirmation according to § 2 Abs. 6 BetrAVG at the latest 8 weeks after conclusion of this contract.

§ 7 Erledigungsklausel

Die Parteien sind sich darüber einig, dass mit der Erfüllung dieser Vereinbarung sämtliche Ansprüche der Parteien aus dem Dienstverhältnis erledigt sind. Gegen die Kündigung werden vom Geschäftsführer keine Einwendungen erhoben.

§ 7 Settlement of claims

The parties agree that through performance of this contract any claims of the parties involved – based on the employment contract – are satisfied. The employee will not raise any objection against the notice of termination of his employment.

§ 8 Anwendbares Recht

Der Vertrag unterliegt deutschem Recht.

Bei Zweifeln über den Wortlaut dieses Vertrages gilt die deutschsprachige Textversion.

§ 8 Applicable law

This contract is governed by German law.

In case of doubt with regard to the wording of the contract, the German text shall prevail.

II. Aufhebungsverträge mit AG-Vorständen

1. Muster: Aufhebungsvertrag mit freigestelltem Vorstandsvorsitzenden

Zwischen

der ...,

vertreten durch den Aufsichtsrat, dieser vertreten durch seinen Vorsitzenden ...

– nachstehend: AG –

und

Herrn Vorstandsvorsitzenden ...

wird folgende Vereinbarung getroffen:

§ 1

Herr ... ist seit dem ... bei der AG tätig und gehört dem Vorstand seit dem ... an. Seit dem ... ist er zugleich dessen Vorsitzender. Gegenwärtig gilt der Anstellungsvertrag vom ... mit den Zusatzvereinbarungen Nr. ...–... . Gemäß Zusatzvereinbarung Nr. ... erstrecken sich Bestellung und Vertragslaufzeit auf einen Zeitraum bis zum ... .

§ 2

Herr ... gibt sein Mandat als Vorsitzender des Vorstands mit Wirkung zum ... in beiderseitigem Einvernehmen zurück. Die Niederlegung seines Amts als Mitglied des Vorstands erlangt Wirksamkeit mit Unterzeichnung dieser Aufhebungs- und Abfindungsvereinbarung, des bestätigenden Beschlusses des Aufsichtsrats und der Vereinbarung über eine Presseerklärung.

Zwischen den Parteien besteht Einigkeit, dass keine Gründe in der Person von Herrn ... bestehen, die die AG berechtigen würden, Rechte gem. § 626 BGB, § 84 Abs. 3 Sätze 1 und 2 AktG auszuüben. Demgemäß sind sich die AG und Herr ... einig, dass Herr ... Anspruch auf Erfüllung dieses Vertrages samt der Zusatzvereinbarungen sowie Wahrung seines sonstigen sozialen Besitzstands beanspruchen kann. Zwischen den Parteien besteht weiterhin Einigkeit, dass durch die einvernehmliche Amtsniederlegung die Rechte von Herrn ... aus dem bestehenden Anstellungsvertrag vom ... mit sämtlichen Zusatzvereinbarungen unberührt bleiben, soweit nicht nachfolgend Abweichendes vereinbart ist.

§ 3

Der Aufsichtsrat und Herr ... sind sich einig, dass Herr ... ab dem ... von seiner vertraglichen Verpflichtung zur Leistung von Diensten freigestellt ist. Unbeschadet dieser Regelung wird Herr ... in der Zeit vom ... bis ... im Einzelfall auf Wunsch der Gesellschaft für die Erteilung von Auskünften, die seine bisherige Tätigkeit bei der Gesellschaft oder den mit ihr verbundenen Unternehmen betreffen, zur Verfügung stehen.

Herr ... wird seine Ämter als Vorstandsmitglied, Geschäftsführer, Mitglied des Aufsichtsrats, Beiratsmitglied etc. innerhalb der Unternehmensgruppe der AG oder sonstiger rechtlich und wirtschaftlich mit der AG verbundener Unternehmen bis zum ... niederlegen.

§ 4

Bis zum ... wird das Dienstverhältnis vertragsgemäß abgerechnet. Das Jahresgrundgehalt für ... wurde mit Beschluss des Aufsichtsrats vom ... auf ... EUR festgelegt. Das Jahresgrundgehalt ist bis zum ... in demselben Maße anzupassen wie bei den aktiv tätigen Mitgliedern des Vorstands. Die Anpassung wird in der Weise vorgenommen, dass jährlich der durchschnittliche Prozentsatz der Steigerung der Jahresgrundgehälter der übrigen Vorstandsmitglieder ermittelt wird. Mit diesem Prozentsatz steigt jährlich das Jahresgrundgehalt von Herrn ...

Für die Zeit vom ... bis zum ... erhält Herr ... eine Gewinnbeteiligung (Tantieme), die abweichend von § ... des Anstellungsvertrages auf jährlich ... EUR festgeschrieben wird. Im Übrigen gilt § ... des Anstellungsvertrages vom ... in der Fassung der Zusatzvereinbarungen unverändert.

§ 5

Auf Veranlassung der Gesellschaft wird der Anstellungsvertrag vom ... nicht über den ... hinaus verlängert. Als Ausgleich für den Verlust der Dienststellung und des sozialen Besitzstandes zahlt die Gesellschaft eine Abfindung (Übergangsentschädigung) in Höhe des ...-fachen Jahresgrundgehalts, wobei sich die Höhe aus dem im Jahr ... gezahlten Jahresgrundgehalt ergibt. Die Abfindung ist am ... fällig. Die Steuerlast trägt Herr ...

§ 6

Mit Ende des aktiven Dienstverhältnisses zum ..., somit nach Erreichung des ... Lebensjahres von Herrn ..., ist ein monatlich nachträglich zu zahlendes Übergangsgeld bis zum Eintritt des Versorgungsfalles (§ ... des Anstellungsvertrages vom ...), längstens jedoch auf die Dauer von fünf Jahren fällig. Das Übergangsgeld berechnet sich gem. § ... des Anstellungsvertrages vom ... Es wird erstmalig fällig zum ...

Das Übergangsgeld wird in Höhe der erreichten Anwartschaften vom monatlichen Jahresgrundgehalt nach § ... des Anstellungsvertrages gezahlt; dieses beträgt am ... % des im Jahre ... bezogenen Jahresgrundgehalts, multipliziert mit dem Faktor ... Das Übergangsgeld wird für die Dauer von ... Jahren, mithin letztmalig am ... gezahlt. Herr ... gibt der AG die Zahlstelle rechtzeitig auf.

Das Übergangsgeld begründet keine Verlängerung des Vertragsverhältnisses. Für die Zahlung des Übergangsgeldes sind die steuerlichen Vorschriften durch die AG zu beachten.

Entgegen dem Anstellungsvertrag vom ... vereinbaren die AG und Herr ..., dass das Übergangsgeld als fest vereinbart gilt. Entgelt aus einer anderweitigen Beschäftigung während der Laufzeit des Übergangsgeldes wird nicht angerechnet. Herr ... verzichtet im Gegenzug darauf, eine Beschäftigung gegen Entgelt auf dem Gebiet ... anzunehmen.

§ 7

Für die Ansprüche aus betrieblicher Altersversorgung gelten der Anstellungsvertrag vom ... einschließlich der Zusatzvereinbarungen Nr. ...-... sowie die gesetzlichen Regelungen. Die Bezugsgröße für die Berechnung des Rentenzuschusses ist das Halbjahresgehalt im Jahre ..., multipliziert mit dem Faktor ....

§ 8

Herr ... kann seinen Dienstwagen, Marke ..., amtliches Kennzeichen ..., bis zum ... kostenlos privat nutzen (§ ... des Anstellungsvertrages). Zum ... kann Herr ... von seinem Wahlrecht nach § ... des Anstellungsvertrages Gebrauch machen und das Fahrzeug entweder an die AG zurückgeben oder unentgeltlich als Nettosachbezugswert erwerben. Die Karte des Autotelefons ist am ... zurückzugeben.

§ 9

Herr ... wird alle Schriftstücke, Korrespondenzen, Aufzeichnungen, Entwürfe, Berechnungen und dergleichen, die sich auf Angelegenheiten der AG beziehen und die sich in seinem Besitz befinden zum ... an die AG zurückgeben. Diese Verpflichtung erstreckt sich auch auf Duplikate und Ablichtungen.

Herrn ... steht kein Zurückbehaltungsrecht an den in Abs. 1 genannten Gegenständen zu.

§ 10

Die AG bestätigt, dass Herr ... während seiner aktiven Dienstzeit seiner Sorgfaltspflicht und Verantwortlichkeit nach § ... des Anstellungsvertrages vom ..., auch im Jahre ..., gewissenhaft nachgekommen ist.

Die AG erteilt Herrn ... ein qualifiziertes, berufsförderndes Zeugnis. Die AG ist bereit, auf Vorschläge von Herrn ... zu Eckdaten eines solchen Zeugnisses im Rahmen des anstellungsrechtlich Zulässigen einzugehen.

Herr ... hat mit Unterzeichnung dieser Vereinbarung das Recht, Vortragstätigkeiten, Schulungsmaßnahmen oder Veröffentlichungen auf eigene Rechnung ohne weitere Genehmigung durch die Gesellschaft auszuüben. Die im Rahmen dieser Tätigkeiten erzielten Einkünfte werden nicht auf die nach dieser Vereinbarung von Seiten der AG zu leistenden Zahlungen angerechnet.

§ 11

Mit dieser Vereinbarung ist der Fortbestand des Anstellungsverhältnisses zwischen der AG und Herrn ... bis zum ... abschließend geregelt. Zugleich sind mit Erfüllung der Verpflichtungen aus diesem Vertrag sämtliche wechselseitigen Ansprüche der Parteien erledigt, soweit nicht der Anstellungsvertrag vom ... und die Zusatzvereinbarungen Nr. ...-... nachwirkende Regelungen enthalten. Insbesondere die §§ ... des Anstellungsvertrages vom ... gelten fort.

§ 12

Die AG wird aus Anlass des Ausscheidens von Herrn ... die dieser Aufhebungs- und Abfindungsvereinbarung als Anlage beiliegende, zwischen den Vertragsparteien abgestimmte Presseerklärung herausgeben.

Über die Presseerklärung gem. Abs. 1 hinausgehende öffentliche Erklärungen und Stellungnahmen in Bezug auf das Ausscheiden von Herrn ... aus dem Vorstand der Gesellschaft sind nur im Einvernehmen mit Herrn ... zulässig.

Die AG und Herr ... verpflichten sich, über den Inhalt und das Zustandekommen dieser Vereinbarung Stillschweigen zu bewahren, soweit nicht aus rechtlichen Gründen oder zum Zwecke der Durchführung der Vereinbarung eine vollständige oder teilweise Offenbarung gegenüber Dritten geboten ist. Im letzteren Falle sind die Mitteilungsempfänger im Rahmen des rechtlich und tatsächlich Möglichen in gleicher Weise zur Verschwiegenheit zu verpflichten.

§ 13

Sollte eine Bestimmung dieser Vereinbarung aus irgendwelchen jetzt bestehenden oder künftig entstehenden Gründen unwirksam sein oder werden, so soll die Unwirksamkeit nicht die Nichtigkeit der gesamten Vereinbarung zur Folge haben. Die unwirksame Bestimmung ist im Rahmen des rechtlich Zulässigen durch eine Abrede zu ersetzen, die dem ursprünglichen Willen der Parteien entspricht oder wirtschaftlich am Nächsten kommt.

Für alle Rechtsstreitigkeiten aus oder im Zusammenhang mit dieser Vereinbarung ist das Landgericht ... ausschließlich zuständig, soweit nicht durch zwingende gesetzliche Vorschriften eine andere Zuständigkeit begründet ist.

§ 14

Der Aufsichtsrat der AG hat dem Inhalt der vorstehenden Aufhebungs- und Abfindungsvereinbarung in seiner Sitzung vom ... zugestimmt und den Vorsitzenden des Aufsichtsrats zu ihrem Abschluss bevollmächtigt und zur Ausfertigung dieser Vereinbarung ermächtigt.

2. Muster: Aufhebungsvertrag mit Vorstand einer konzernverbundenen AG

Zwischen

der Aktiengesellschaft ...,

vertreten durch den Personalausschuss des Aufsichtsrats,

dieser vertreten durch den Aufsichtsratsvorsitzenden Herrn ...

– nachstehend: Gesellschaft –

und

Herrn ...

– nachstehend: Vorstand –

wird unter der aufschiebenden Bedingung, dass das Plenum des Aufsichtsrats alsbald einer einvernehmlichen Beendigung der durch Beschluss des Aufsichtsrats vom ... begründeten Bestellung von Herrn ... zum Vorstand zustimmt, der nachfolgende Aufhebungsvertrag geschlossen:

§ 1

Die Parteien sind sich darüber einig, dass das zwischen ihnen bestehende Anstellungsverhältnis auf Veranlassung der Gesellschaft im beiderseitigen Einverständnis mit dem ... sein Ende finden wird.

§ 2

Die Gesellschaft stellt den Vorstand mit Unterzeichnung dieser Vereinbarung bis zur Beendigung des Dienstvertrages unwiderruflich von der Dienstleistung frei. Während der Zeit der Freistellung zahlt die Gesellschaft dem Vorstand die vertragsgemäßen Bezüge fort. Übersteigt die Freistellungszeit die Resturlaubsdauer, muss sich der Arbeitnehmer gegenüber dem Vergütungsanspruch dasjenige anrechnen lassen, was er durch anderweitigen Einsatz seiner Arbeitskraft erwirbt oder böswillig zu verdienen unterlässt.

§ 3

Die Gesellschaft zahlt dem Vorstand eine Abfindung iHv ... EUR (in Worten: ... Euro) brutto. Die Parteien vereinbaren, dass der Abfindungsanspruch mit Unterzeichnung dieser Vereinbarung entstanden und vererbbar ist. Die Abfindung wird bei Beendigung des Anstellungsverhältnisses sofort zur Zahlung fällig.

§ 4

Mit Rücksicht auf die Ertragslage der Gesellschaft verzichtet der Vorstand auf die in § ... vereinbarte erfolgs- und leistungsabhängige variable Vergütung für das Jahr ... . Die Gesellschaft nimmt die Verzichtserklärung an.

§ 5

Der Vorstand hat in § ... seines Anstellungsvertrages eine Pensionszusage erhalten. Zusätzlich wurde mit ihm durch Vertrag vom ... vereinbart, dass die bisherige Pensionszusage der Konzerntochter ... mit sofortiger Wirkung durch die Gesellschaft übernommen wird. Der Vorstand hat damit eine Pensionszusage seit dem ... . Unverfallbarkeit ist damit am ... (5 Jahre später) eingetreten. Der Vorstand hat damit aufgrund der ihm vertraglich erteilten Zusage einen Anspruch auf betriebliche Altersversorgung gegen die Gesellschaft. Die Gesellschaft verzichtet ausdrücklich auf die in der Versorgungsordnung vorgesehene ratierliche Kürzung der Versorgungsansprüche. Der Vorstand nimmt die Verzichtserklärung an. Berechnungsgrundlage der Altersversorgung ist die derzeitige monatliche Festvergütung iHv ... EUR. Die Anwartschaft auf diese Versorgungszusage bleibt gem. § 1 Abs. 1 BetrAVG aufrechterhalten. Der Vorstand erhält spätestens 8 Wochen nach Ausscheiden eine verbindliche Auskunft nach § 4a BetrAVG.

§ 6

Der Vorstand hat mit Unterzeichnung dieser Vereinbarung das Recht, Vortragstätigkeiten, Schulungsmaßnahmen oder Veröffentlichungen auf eigene Rechnung ohne weitere Genehmigung durch die Gesellschaft auszuüben. Die im Rahmen dieser Tätigkeiten erzielten Einkünfte werden nicht auf die nach dieser Vereinbarung von Seiten der Gesellschaft zu leistenden Zahlungen angerechnet.

§ 7

Der Vorstand erhält das diesem Vertrag beigefügte Schlusszeugnis. Die Gesellschaft wird Auskünfte nur im Sinne dieses Zeugnisses erteilen.

§ 8

Der Vorstand ist berechtigt, den ihm zur Verfügung gestellten Dienstwagen mit dem amtlichen Kennzeichen ..., einschließlich des Autotelefons bis zur Beendigung des Dienstverhältnisses im bisherigen Umfang auch zu privaten Zwecken zu nutzen. Am Tag der Beendigung des Dienstverhältnisses erwirbt der Vorstand das Fahrzeug einschließlich Diensttelefon nach den im Konzern bestehenden Richtlinien (Kaufpreis = Zeitwert des Fahrzeuges zum Ausscheidungstag) zu Eigentum. Der Kaufpreis kann mit der Abfindung gem. § 3 verrechnet werden.

Der Vorstand gibt innerhalb von zwei Wochen nach Unterzeichnung dieser Vereinbarung die in seinem Besitz befindlichen, jedoch im Eigentum der Gesellschaft stehenden Unterlagen und Gegenstände an die Gesellschaft zurück.

§ 9

Der Vorstand verpflichtet sich, alle ihm während seiner Tätigkeit für die Gesellschaft zur Kenntnis gelangten betriebsinternen Vorgänge, insbesondere Geschäfts- und Betriebsgeheimnisse, auch nach dem Ausscheiden geheim zu halten.

§ 10

Presseveröffentlichungen und andere Verlautbarungen an einen unbestimmten Personenkreis werden die Vertragsparteien jeweils nur in einer miteinander abgestimmten Form abgeben. Die Parteien werden als Richtschnur dafür unverzüglich nach Abschluss dieses Vertrages einen Wortlaut ausarbeiten.

§ 11

Mit dieser Vereinbarung ist der Fortbestand des Dienstverhältnisses zwischen der Gesellschaft und dem Vorstand bis zum ... und dessen Beendigung zu diesem Zeitpunkt abschließend geregelt. Zugleich sind mit Erfüllung der Verpflichtungen aus dieser Vereinbarung sämtliche wechselseitigen Ansprüche der Parteien endgültig erledigt. Nebenabreden sind nicht getroffen. Änderungen und Ergänzungen dieses Vertrages bedürfen zu ihrer Wirksamkeit der Schriftform.

§ 12

Sollte eine Bestimmung dieses Vertrages unwirksam sein oder werden, so wird dadurch die Wirksamkeit der anderen Bestimmungen dieses Vertrages nicht berührt. An die Stelle der unwirksamen Bestimmung tritt eine rechtlich zulässige, die Sinn und Zweck der unwirksamen Bestimmung so nahe wie möglich kommt.

III. Aufhebungsverträge mit Arbeitnehmern

1. Muster: Ausführlicher Aufhebungsvertrag

Zwischen

der Firma ...

– nachstehend: Arbeitgeber –

und

Herrn ..., geb. am ..., wohnhaft in ..., Tel. ...

– nachstehend: Arbeitnehmer –

wird folgender Aufhebungsvertrag geschlossen:

Präambel

Der Arbeitgeber ist wegen Gewinnverfalls zu einem forcierten Personalabbau gezwungen. In diesem Zusammenhang wird auch die Betriebsabteilung ..., in der der Arbeitnehmer beschäftigt ist, geschlossen. Ein anderweitiger freier und zumutbarer Arbeitsplatz steht nicht zur Verfügung und wird auch in absehbarer Zeit nicht zur Verfügung stehen. Eine Umschulung des Arbeitnehmers scheidet ebenfalls aus. Vor diesem Hintergrund treffen die Parteien die folgende Vereinbarung.

§ 1 Einvernehmliche Beendigung des Arbeitsverhältnisses

Das zwischen den Parteien bestehende Arbeitsverhältnis wird auf arbeitgeberseitige Veranlassung aus betriebsbedingten Gründen zum ... unter Einhaltung der ordentlichen Kündigungsfrist einvernehmlich beendet.

§ 2 Freistellung

Bis zum unter § 1 genannten Zeitpunkt wird der Arbeitnehmer unter Fortzahlung des Arbeitsentgelts von der Arbeitsleistung widerruflich freigestellt.

Der Arbeitgeber kann den Arbeitnehmer während der Freistellungsperiode jederzeit ganz oder teilweise unter Einhaltung einer Ankündigungsfrist von 4 Tagen an den Arbeitsplatz zurückrufen.

Dem Arbeitnehmer steht es frei, seine Arbeitskraft schon im Freistellungszeitraum anderweitig zu verwerten. Etwaiger Zwischenverdienst wird angerechnet. Ausgeschlossen von der Befugnis anderweitiger Beschäftigung unter Anrechnung des Zwischenverdienstes nachzugehen, ist die Tätigkeit in einem Konkurrenzunternehmen. Als solches gilt namentlich, aber nicht ausschließlich ...

§ 3 Abwicklung offener Urlaubsansprüche

Der dem Arbeitnehmer bis zur rechtlichen Beendigung des Arbeitsverhältnisses zustehende Resturlaub von ... Tagen wird während des Zeitraums von ... bis ... gewährt.

Kann der Arbeitnehmer Urlaub wegen der Beendigung des Arbeitsverhältnisses nicht nehmen, so erhält er eine Urlaubsabgeltung von ... EUR, zahlbar nach dem in § 1 genannten Zeitpunkt.

§ 4 Abfindung/Entschädigung

Der Arbeitnehmer erhält für den Verlust des Arbeitsplatzes eine Abfindung nach §§ 24, 34 EStG, §§ 9, 10 KSchG iHv ... EUR.

Die Abfindungszahlung ist am ... fällig. Eine Zahlung vor Fälligkeit ist ausgeschlossen.

Die Abfindung reduziert sich um den Betrag, der gem. § 115 SGB X auf die Bundesagentur für Arbeit übergegangen ist. Die Abfindung wird erst dann fällig, wenn die zuständige Agentur für Arbeit der Firma einen entsprechenden Bescheid erteilt hat.

Sollte der Arbeitnehmer das Ende des Arbeitsverhältnisses nicht erleben, geht der Abfindungsanspruch auf seine Erben über. Sollte das Arbeitsverhältnis vor dem vorgesehen Beendigungstermin aus sonstigen, vom Arbeitnehmer zu vertretenden Gründen beendet werden, entfällt der Abfindungsanspruch.

Der Arbeitnehmer kann das Arbeitsverhältnis unter Einhaltung einer Frist von 2 Wochen auch vor dem in § 1 genannten Zeitpunkt durch Erklärung gegenüber dem Arbeitgeber beenden. Die vorzeitige Beendigung entspricht dem Wunsch des Arbeitgebers und liegt im Interesse des Arbeitnehmers. Die hierdurch entfallenden Bezüge erhöhen in folgendem Umfang die Abfindung:

Für jeden Monat der vorzeitigen Beendigung erhöht sich die Abfindung um ... EUR.

Falls ein Sozialplan in den nächsten ... Monaten abgeschlossen wird und sich nach diesem Sozialplan eine höhere Abfindung ergeben würde, erhält der Arbeitnehmer die nach dem Sozialplan maßgebliche Abfindung unabhängig davon, ob der Anspruch dem Grunde nach besteht.

§ 5 Hinweise

Der Arbeitnehmer wurde darauf hingewiesen, dass er bei vorzeitiger einvernehmlicher Beendigung des Arbeitsverhältnisses ohne Einhaltung der Kündigungsfrist und ohne dass betriebsbedingte Gründe bestehen, mit einem Ruhen des Arbeitslosengeldanspruchs und mit einer Sperrzeit beim Bezug des Arbeitslosengeldes rechnen muss, falls er Arbeitslosengeld in Anspruch nehmen möchte.

Der Arbeitgeber weist den Arbeitnehmer ferner darauf hin, dass er verpflichtet ist, sich spätestens drei Monate vor der Beendigung des Anstellungsverhältnisses bei der Agentur für Arbeit arbeitsuchend zu melden. Liegen zwischen der Kenntnis des Beendigungszeitpunktes und der Beendigung des Arbeitsverhältnisses weniger als drei Monate, hat der Arbeitnehmer sich innerhalb von drei Tagen nach Kenntnis des Beendigungszeitpunktes zu melden.

§ 6 Betriebliche Altersversorgung

Die Parteien sind sich darüber einig, dass wegen des vorzeitigen Ausscheidens kein Anspruch auf eine unverfallbare Anwartschaft nach dem BetrAVG erworben wurde.

§ 7 Zeugnis

Der Arbeitnehmer erhält zunächst das anliegende Zwischenzeugnis. Das Endzeugnis wird, soweit rechtlich zulässig, mit dem Zwischenzeugnis übereinstimmen.

§ 8 Wettbewerbsvereinbarung

Das vereinbarte Wettbewerbsverbot wird mit sofortiger Wirkung aufgehoben.

§ 9 Geheimhaltung

Der Arbeitnehmer wird auch nach Beendigung des Arbeitsverhältnisses Verschwiegenheit über Betriebs- und Geschäftsgeheimnisse sowie den Inhalt dieses Aufhebungsvertrages wahren.

Hierzu gehören insbesondere folgende Sachverhalte: ...

§ 10 Dienstwagen

Der Arbeitnehmer wird den ihm überlassenen Firmenwagen am Tag der rechtlichen Beendigung des Arbeitsverhältnisses zurückgeben. Zu diesem Zeitpunkt wird der Schätzwert durch ein Gutachten eines unabhängigen Kfz-Sachverständigen ermittelt. Der Arbeitnehmer hat die Möglichkeit, den Firmenwagen zu diesem Schätzwert zu übernehmen. Die Kosten des Sachverständigen tragen die Parteien je zur Hälfte.

Das Nähere regelt ein gesonderter Kaufvertrag.

§ 11 Firmenunterlagen

Der Arbeitnehmer wird folgende Firmenunterlagen am ... zurückgeben: ...

§ 12 Sonderzahlung

Dem Arbeitnehmer wird trotz des vorzeitigen Ausscheidens eine Jahressonderzahlung iHv ... EUR am ... zu ... % anteilig gezahlt.

Die vereinbarten Ziele gelten als zu ... % erfüllt. Der Arbeitnehmer erhält dementsprechend einen Betrag von ... EUR.

§ 13 Zurückbehaltungsrecht

Dem Arbeitgeber steht kein Zurückbehaltungsrecht hinsichtlich der aus dem Vertrag resultierenden Verbindlichkeiten zu.

§ 14 Nachwirkende Fürsorgepflichten

Dem Arbeitnehmer steht es frei, auch nach Beendigung des Arbeitsverhältnisses folgende betriebliche Einrichtungen zu den jeweils gültigen Regelungen und Entgelten zu nutzen:

- Betriebsrestaurant;
- Bücherei;
- Schwimmbad.

§ 15 Ausgleich aller Ansprüche

Die Parteien sind sich darüber einig, dass mit vorstehender Vereinbarung sämtliche Ansprüche aus dem Arbeitsverhältnis, aus seiner Beendigung und für die Zeit nach der Beendigung erledigt und abgegolten sind, soweit nicht vorstehend etwas anderes bestimmt worden ist.

Dies gilt nicht für folgende Ansprüche: ...

§ 16 Wiedereinstellungsanspruch

Der Arbeitnehmer ... verzichtet auf einen etwaigen Wiedereinstellungsanspruch.

2. Muster: Kurzer Aufhebungsvertrag (deutsch/englisch)

Aufhebungsvereinbarung	**Termination Agreement**
Zwischen	between
...	...
– nachstehend: Arbeitgeber –	– hereinafter referred to as Employer –
und	and
...	...
– nachstehend: Arbeitnehmer –	– hereinafter referred to as Employee –
wird zwecks Beendigung des Arbeitsverhältnisses nachfolgende Vereinbarung getroffen.	In order to terminate the employment relationship the parties agree as follows:

§ 1

Die Parteien sind sich darüber einig, dass das zwischen ihnen bestehende Arbeitsverhältnis mit Ablauf des ... aufgrund arbeitgeberseitiger Veranlassung sein Ende findet.

Der Arbeitnehmer bleibt von seinen ihm obliegenden Verpflichtungen zur Erbringung der Arbeitsleistung freigestellt. Die Freistellung erfolgt unter Anrechnung auf bestehende Urlaubsansprüche.

§ 2

Der Arbeitgeber zahlt dem Arbeitnehmer zum Ausgleich für den Verlust des Arbeitsplatzes eine Abfindung entsprechend §§ 9, 10 KSchG, §§ 24, 34 EStG in Höhe von ... EUR (in Worten: ... Euro).

Der Arbeitgeber zahlt die Abfindung bis zum letzten Tag des Arbeitsverhältnisses auf das Gehaltskonto des Arbeitnehmers aus.

Die Parteien vereinbaren, dass der Abfindungsanspruch vererbbar und bereits mit Unterzeichnung dieses Vertrages entstanden ist.

§ 3

Bis zur Beendigung seines Arbeitsverhältnisses erhält der Arbeitnehmer seine bisherigen Bezüge weitergezahlt.

Das Arbeitsverhältnis wird bis zu seiner Beendigung von beiden Seiten ordnungsgemäß abgewickelt.

Der Arbeitnehmer ist berechtigt, das Arbeitsverhältnis mit einer Ankündigungsfrist von 14 Tagen vorzeitig zu beenden. Die vorzeitige Beendigung entspricht dem ausdrücklichen Wunsch des Arbeitge-

§ 1

The employment relationship between the parties will expire effective ... . The termination of the employment is caused by the Employer.

The Employee is irrevocably released from his duties with immediate effect. The remaining vacation entitlement is taken into account.

§ 2

The compensation for dismissal pursuant to §§ 9, 10 KSchG, §§ 24, 34 EStG is ... EUR (in words: ... Euro).

The employer has to transfer the compensation to the employee's salary account until the last day of the employment.

The parties agree that the employee's claim to the compensation is inheritable and constituted by signature of this contract.

§ 3

The employer will pay the monthly salary to the employee until the employment is terminated.

Both parties will perform their contractual duties until the employment is terminated.

The employer is entitled to terminate the agreement of employment with a period of notice of 14 days. The premature termination corresponds with the employers intention. For each and every month of pre-

bers. Für jeden vollen Monat der vorzeitigen Beendigung erhöht sich die Abfindung um ... EUR.

§ 4
Als Ausgleich für jegliche Ansprüche aus dem Bereich der Gratifikationen für die Jahre ... und ... erhält der Arbeitnehmer am letzten Tag des Arbeitsverhältnisses einen Betrag in Höhe von ... EUR.

§ 5
Der Arbeitnehmer verpflichtet sich, auch nach Beendigung seines Arbeitsverhältnisses über alle ihm bekannten geschäftlichen und betrieblichen Angelegenheiten des Arbeitgebers, insbesondere über Geschäfts- und Betriebsgeheimnisse, absolutes Stillschweigen zu bewahren.

§ 6
Der Arbeitnehmer verpflichtet sich, alle in seinem Besitz befindlichen Arbeitsmittel und Arbeitsunterlagen des Arbeitgebers einschließlich Kopien hiervon umgehend an den Arbeitgeber herauszugeben.

Der Arbeitnehmer verpflichtet sich, den ihm zur Verfügung gestellten Dienstwagen am letzten Tag des Arbeitsverhältnisses in ordnungsgemäßem Zustand einschließlich aller Kfz-Schlüssel und Kfz-Papiere an den Arbeitgeber herauszugeben.

Die Herausgabe der Arbeitsmittel und Arbeitsunterlagen sowie des Dienstwagens hat am Sitz des Arbeitgebers zu erfolgen.

§ 7
Der Arbeitgeber wird dem Arbeitnehmer ein sich auf Führung und Leistung während seines Arbeitsverhältnisses erstreckendes wohlwollendes Zeugnis erteilen. Der Arbeitgeber verpflichtet sich, dem Arbeitnehmer ein entsprechendes Zwischenzeugnis bis zum ... auszustellen.

§ 8
Der Arbeitnehmer erklärt, über die möglichen Auswirkungen dieses Aufhebungsvertrages auf seinen möglichen Anspruch auf Arbeitslosengeld durch den Arbeitgeber in Kenntnis gesetzt worden zu sein.

§ 9
Die Parteien sind sich darüber einig, dass mit Erfüllung dieser Vereinbarung alle wechselseitigen An-

mature termination the compensation increases by ... EUR.

§ 4
As compensation for any entitlements of the Employee based on the Bonus Plan the Employee at the last day of the employment an amount of ... EUR.

§ 5
Even after the termination of this employment relationship, the Employee is obliged to keep absolutely confidential any information concerning business related matters of the Employer of which he has become aware during the course of the employment relationship, in particular concerning operational und business secrets.

§ 6
The Employee is obliged to return immediately all working materials and documents of the Employer, including the copies thereof which have been in his possession in connection with his services for the Employer.

The Employee is obliged to return the company car with which he was provided at the last day of the employment in proper conditions, including all vehicle documents and car keys.

The return of the documents and the company car must take place at the plant of the Employer.

§ 7
The Employer is obliged to issue a benevolent reference letter with respect to the conduct and performance of the Employee during the duration of the employment relationship in accordance with the attached draft. The employee is entitled also to a written testimonial as of ...

§ 8
The Employee declares that he has been informed by the Employer on the possible consequences of this Termination agreement with respect to his possible employment benefits entitlement.

§ 9
Upon conclusion of this agreement, any and all claims between the parties relating to the employ-

sprüche aus dem Arbeitsverhältnis und im Zusammenhang mit dessen Beendigung – gleich, ob bekannt oder unbekannt – ausgeschlossen und erledigt sind.

§ 10
Der Vertrag unterliegt deutschem Recht. Im Zweifel gilt die deutschsprachige Version.

ment relationship and in connection with the termination of the employment agreement – irrespective of whether known or unknown – are settled and excluded.

§ 10
This contract is governed by German law. The decisive text is the German version.

↑

3. Muster: Kurzer Aufhebungsvertrag

↓

Zwischen

der Firma ...

– nachstehend: Firma –

und

Herrn ...

wird folgende Vereinbarung getroffen:

§ 1 Beendigung des Arbeitsverhältnisses

Die Parteien sind sich darüber einig, dass das Arbeitsverhältnis zwischen der Firma und Herrn ... auf Veranlassung der Firma zur Vermeidung einer sonst unumgänglichen betriebsbedingten Kündigung wegen Wegfalls des Arbeitsplatzes am ... endet.

§ 2 Freistellung/Gehaltszahlung

Die Firma stellt Herrn ... mit sofortiger Wirkung bei Fortzahlung der vollen vertraglichen Bezüge unwiderruflich von jeder weiteren Tätigkeit frei.

Die Firma wird anderweitigen Erwerb in der Zeit der Freistellung vollständig anrechnen.

§ 3 Tantieme

Zur Abgeltung der ihm für das laufende Geschäftsjahr zustehenden Tantieme erhält Herr ... zeitanteilig von ... % des ausgewiesenen Jahresgewinns einen Pauschalbetrag von ... EUR.

Die Tantieme wird mit der Abfindung (§ 5) ausgezahlt.

§ 4 Gratifikation

Herr ... erhält am Fälligkeitstage eine Weihnachtsgratifikation in Höhe eines halben Monatsgehalts.

§ 5 Abfindung

Zum Ausgleich für den Verlust des Arbeitsplatzes zahlt die Firma Herrn ... im Zeitpunkt des Ausscheidens unter Bezugnahme auf §§ 9, 10 KSchG, §§ 24, 34 EStG eine Abfindung in Höhe von ... EUR.

Die Parteien vereinbaren, dass die Abfindung vererbbar und mit dem Tag der Unterzeichnung dieses Vertrages entstanden ist.

§ 6 Urlaub

Herr ... hat für das laufende Urlaubsjahr noch einen Urlaubsanspruch von ... Werktagen. Herr ..., der gem. § 2 dieser Vereinbarung bis zur Beendigung seiner Tätigkeit von jeder Arbeit freigestellt ist, nimmt in dieser Zeit den ihm noch zustehenden Urlaub.

§ 7 Darlehensrückzahlung

Herr ... schuldet der Firma aus einem ihm gewährten Umzugskostenvorschuss noch einen Restbetrag von ... EUR.

Herr ... verpflichtet sich, diesen Betrag bis zur Beendigung seines Arbeitsverhältnisses zurückzuzahlen.

§ 8 Herausgabe des Dienstwagens

Herr ... gibt den ihm überlassenen Dienstwagen, polizeiliches Kennzeichen ... einschließlich der Wagenpapiere im Laufe der nächsten 3 Tage an die Firma zurück. Die Firma gewährt Herrn ... für die vorzeitige Herausgabe bei seinem Ausscheiden eine Ausgleichszahlung von ... EUR.

§ 9 Arbeitszeugnis

Die Firma erteilt Herrn ... ein wohl wollendes Arbeitszeugnis, das sich auf Verhalten und Leistung erstreckt.

§ 10 Betriebsgeheimnisse

Herr ... verpflichtet sich, alle ihm während seiner Tätigkeit zur Kenntnis gelangten betriebsinternen Vorgänge, insbesondere Geschäfts- und Betriebsgeheimnisse, auch nach seinem Ausscheiden geheim zu halten.

§ 11 Geschäfts- und Arbeitsunterlagen

Herr ... wird innerhalb der nächsten 3 Tage alle in seinem Besitz befindlichen Geschäfts- und Arbeitsunterlagen an die Firma herausgeben.

§ 12 Wiedereinstellungsanspruch

Herr ... verzichtet auf einen etwaigen Wiedereinstellungsanspruch.

§ 13 Ausgleichsklausel

Die Parteien sind sich darüber einig, dass mit der Erfüllung dieser Vereinbarung alle wechselseitigen Ansprüche aus dem Arbeitsverhältnis und seiner Beendigung abgegolten sind.

4. Muster: Aufhebungsvertrag mit einem Ingenieur

Zwischen

der Firma ...

und

Herrn ...

wird Folgendes vereinbart:

§ 1 Vertragsende

Zwischen den Parteien besteht Einigkeit, dass das Arbeitsverhältnis auf arbeitgeberseitige Veranlassung unter Wahrung der gesetzlichen Kündigungsfrist mit Ablauf des ... einvernehmlich sein Ende finden wird.

§ 2 Entschädigung

(1) Wegen der Beendigung des Arbeitsverhältnisses zahlt die Firma an Herrn ... eine am ... fällige Abfindung iSd §§ 9, 10 KSchG, §§ 24, 34 EStG iHv ... EUR (in Worten: ... Euro).

(2) Die Abfindung ist vom Tag der Unterzeichnung dieser Vereinbarung an entstanden und ist ab diesem Tage vererbbar. Sie ist fällig am ...

(3) Die Abfindung reduziert sich um den Betrag, der gem. § 115 SGB X auf die Bundesagentur für Arbeit übergegangen ist. Die Abfindung wird erst dann fällig, wenn die zuständige Agentur für Arbeit der Firma einen entsprechenden Bescheid erteilt hat.

(4) Herr ... ist verpflichtet, die Aufnahme eines Anschlussarbeitsverhältnisses innerhalb einer Woche der Firma schriftlich mitzuteilen. Er ist verpflichtet, einen sich aus einem Anschlussarbeitsverhältnis gem. § 2 Abs. 2 ergebenden, überzahlten Abfindungsbetrag an die Firma zurückzuzahlen.

§ 3 Beurlaubung

(1) Herr ... wird widerruflich mit Wirkung vom ... unter Fortzahlung der vertragsmäßigen Bezüge iHv ... EUR monatlich beurlaubt. Im Übrigen wird das Arbeitsverhältnis ordnungsgemäß abgewickelt. Eventuell noch bestehende Spesen- und Reisekostenerstattungsansprüche sind bis zum ... geltend zu machen und verfallen bei nicht fristgerechter Vorlage der erforderlichen Unterlagen.

(2) Die Firma behält sich vor, Herrn ... während der Restlaufzeit des Vertrages teilweise oder ganz an den Arbeitsplatz zurückzurufen. Urlaubs- und Abwesenheitszeiten sind mit der Firma zuvor abzusprechen. Während seiner Freistellung ist Herr ... befugt, sämtliche bei ihm zu Hause befindlichen Büroeinrichtungen der Firma einschließlich des installierten Diensttelefons auf Kosten der Firma zu Bewerbungszwecken zu nutzen.

(3) Der Resturlaubsanspruch von Herrn ... wird in der Zeit vom ... bis zum ... verwirklicht.

§ 4 Gewinnbeteiligung, Gratifikation

(1) Herr ... hat für das laufende Geschäftsjahr Anspruch auf Gewinnbeteiligung iHv ... vom Hundert des Jahresgewinnes. Wegen der vorzeitigen Beendigung des Arbeitsverhältnisses am ... wird die Gewinnbeteiligung zu .../12 gezahlt. Die Auszahlung erfolgt nach Ablauf des Geschäftsjahres einen Monat nach Erstellung der Bilanz.

(2) Die vertraglich zugesagte Gratifikation erhält Herr ... in diesem Jahr zu ... %, die Auszahlung erfolgt zusammen mit der Abfindung.

§ 5 Dienstwagen

(1) Herr ... erwirbt den Dienstwagen am ... käuflich als Eigentum zum Buchwert. Der Kaufpreis beträgt ... EUR (zzgl. Mehrwertsteuer). Das Fahrzeug nebst ... wird unter Aushändigung der Fahrzeugpapiere Herrn ... übergeben. Der Kaufpreis wird mit dem Nettobetrag der Abfindung nach § 2 verrechnet.

(2) Bis zur Beendigung des Arbeitsverhältnisses kann der Dienstwagen zu privaten Zwecken weiterhin genutzt werden.

§ 6 Rückgabe von Unterlagen

(1) Herr ... gibt am ... sämtliche Schlüssel zu Firmengebäuden und -einrichtungen sowie den Werksausweis ab.

(2) Er wird darauf hingewiesen, dass er außerdem in den nächsten drei Tagen alle von der Firma überlassenen Gegenstände, Waren, Geräte und alle Unterlagen, die im Zusammenhang mit seiner Tätigkeit bei der Firma entstanden sind, vollständig zurückzugeben hat.

(3) Zu den Firmenunterlagen zählen u.a. sämtliche Geschäftspapiere, Hard- und Software inkl. Disketten, alle gespeicherten Daten und Informationen, die die Firma oder die Unternehmensgruppe betreffen, Zeichnungen, Skizzen, Briefe, Besprechungsberichte, Versuchsauswertungen, handschriftliche Notizen sowie Literatur einschl. Abschriften solcher Unterlagen.

§ 7 Schlussabfindung für Diensterfindungen

(1) Für sämtliche Erfindungen, die auf Herrn ... als Erfinder oder Miterfinder zurückgehen, erhält Herr ... eine Schlussabfindung von ... EUR. Mit dieser Zahlung sind sämtliche Ansprüche des Herrn ... aus dem Gesetz über Arbeitnehmererfindungen vom 25.7.1957 idF vom 15.8.1986 für sämtliche, während der Dauer des Arbeits-

verhältnisses gemeldeten Diensterfindungen, Schutzrechte und Schutzrechtsanmeldungen, die auf Herrn ... als Erfinder oder Miterfinder zurückgehen, erledigt.

(2) In der Schlussabfindung gem. § 7 Abs. 1 sind auch solche Vergütungen für Diensterfindungen eingeschlossen, die bei einer eventuellen Benutzung einer Erfindung durch die Firma entstehen würden oder entstanden, jedoch noch nicht vergütet sind. Die Auszahlung der Pauschalvergütung erfolgt unter Abzug der gesetzlichen Steuern.

§ 8 Betriebliche Altersversorgung

(1) Zu Gunsten von Herrn ... besteht ein unverfallbarer Anspruch auf betriebliche Altersversorgung. Dieser Anspruch auf eine Zusatzrente, die – außer bei Invalidität – ab dem 65. Lebensjahr einsetzt, beträgt nach jetzigen Feststellungen voraussichtlich ... EUR.

(2) Die Parteien vereinbaren, diese Altersrente gem. § 3 Abs. 2 des Gesetzes zur Verbesserung der betrieblichen Altersversorgung versicherungsmathematisch abzufinden. Herr ... erhält deshalb einen einmaligen Pauschalbetrag von ... EUR, fällig am ... . Mit der Erfüllung der Abfindungszahlung sind sämtliche Ansprüche aus der betrieblichen Altersversorgung erledigt. Herr ... erklärt, sich über die versicherungsmäßigen und rechtlichen Zusammenhänge informiert zu haben.

§ 9 Nachvertragliches Wettbewerbsverbot

Das im Arbeitsvertrag vom ... geregelte nachvertragliche Wettbewerbsverbot wird von dieser Vereinbarung nicht berührt.

§ 10 Nachwirkung der Verschwiegenheitsverpflichtung

Herr ... wird auch nach Beendigung des Arbeitsverhältnisses sämtliche ihm während seiner Tätigkeit bekannt gewordenen betriebsinternen Angelegenheiten, vor allem Geschäfts- und Betriebsgeheimnisse, geheim halten.

§ 11 Zeugnis

Herr ... erhält das als Anlage zu dieser Vereinbarung genommene Zwischenzeugnis. Am ... erhält Herr ... ein mit dem Zwischenzeugnis übereinstimmendes Endzeugnis, dessen Schlussformel wie folgt lauten wird: „Herr ... ist am ... auf eigenen Wunsch ausgeschieden."

§ 12 Beraterkosten

(1) Die Firma erstattet Herrn ... die für das Aushandeln dieses Vertrages angefallenen Anwaltsgebühren auf Basis eines Gegenstandswerts von ... EUR im Umfang einer 3,0-Gebühr nebst Auslagen.

(2) Die Firma übernimmt die Kosten einer Outplacement-Beratung im Umfang von bis zu ... EUR. Als Berater regt die Firma an, ... in Anspruch zu nehmen, mit dem andere ausscheidende Mitarbeiter der Firma bislang gute Erfahrungen gemacht haben.

§ 13 Bürgschaft

(1) Die Firma sichert zu, innerhalb von zwei Wochen nach Unterzeichnung des vorliegenden Aufhebungsvertrages eine selbstschuldnerische unwiderrufliche und unbefristete Bankbürgschaft einer deutschen Bank iHv ... EUR zur Sicherung der gem. §§ 2, 4, 7, 8 geschuldeten Leistungen Herrn ... auszuhändigen. Mit Erfüllung der Verpflichtungen ist die Bürgschaft unverzüglich zurückzugeben.

(2) Sollte die Bankbürgschaft nicht, nicht fristgerecht oder nicht entsprechend den rechtlichen Anforderungen gem. Abs. 1 vorgelegt werden, gilt der Aufhebungsvertrag als nicht geschlossen und das Arbeitsverhältnis wird unter unveränderten Bedingungen fortgesetzt.

Regh

§ 14 Erledigungsklausel

Die Parteien sind sich darüber einig, dass mit der Erfüllung sämtlicher Verpflichtungen aus diesem Aufhebungsvertrag sämtliche Ansprüche aus dem Arbeitsverhältnis, aus seiner Beendigung und für die Zeit nach der Beendigung erledigt und abgegolten sind, soweit nicht in diesem Vertrag etwas anderes bestimmt worden ist.

§ 15 Sonstiges

(1) Herr ... verzichtet auf Erläuterungen zu den rechtlichen und wirtschaftlichen Auswirkungen dieses Vertrages durch die Firma. In Teilbereichen wie betrieblicher Altersversorgung oder Leistungen nach dem SGB III hat er sich selbst informiert.

(2) Die Firma verzichtet auf etwaige Zurückbehaltungsrechte und das Recht der Aufrechnung.

(3) Herr ... verzichtet auf einen etwaigen Wiedereinstellungsanspruch.

5. Muster: Aufhebungsvertrag unter Mitwirkung des Integrationsamts

Zwischen

der Firma ...

— nachstehend: Arbeitgeber —

und

Herrn ...

— nachstehend: Arbeitnehmer —

wird folgende Vereinbarung getroffen:

§ 1

Der Arbeitgeber hat bei dem Integrationsamt ... die Zustimmung zur Kündigung des Arbeitsverhältnisses beantragt.

§ 2

(1) Zwischen den Beteiligten hat unter Leitung der örtlichen Fürsorgestelle ... am ... eine mündliche Verhandlung nach § 88 Abs. 1 SGB IX mit dem Ziel der gütlichen Einigung stattgefunden.

(2) Die Leitung der örtlichen Fürsorgestelle hat nach ausführlicher Anhörung erklärt, dass sie die Zustimmung zur Kündigung des Arbeitnehmers nach § 85 SGB IX erteilen wird.

§ 3

(1) Die Beteiligten sind darüber einig, dass auf Veranlassung des Arbeitgebers das Arbeitsverhältnis mit Ablauf der gesetzlichen Kündigungsfrist am ... endet.

(2) Das Arbeitsverhältnis wird aufgelöst, weil

a) der Arbeitnehmer die zuletzt ausgeübte Tätigkeit aus gesundheitlichen Gründen nicht mehr verrichten kann und vom Arbeitgeber auch auf anderen Arbeitsplätzen im Betrieb nicht zumutbar einsetzbar ist;

b) aus betrieblichen Gründen der Arbeitsplatz weggefallen ist und eine Umsetzungsmöglichkeit im Betrieb nicht vorhanden ist.

(3) Freie Arbeitsplätze beim Arbeitgeber, die der Qualifikation des Arbeitnehmers als ... entsprechen, stehen derzeit nicht zur Verfügung.

§ 4

Die Vertragsparteien sind darüber einig, dass der Arbeitnehmer unwiderruflich mit sofortiger Wirkung von der Arbeitsverpflichtung bis zum ... unter Anrechnung der Urlaubsansprüche freigestellt wird.

§ 5

Der Arbeitgeber verpflichtet sich, bis zur Beendigung das Arbeitsverhältnis ordnungsgemäß abzuwickeln.

§ 6

Der Arbeitgeber verpflichtet sich, dem Arbeitnehmer ein qualifiziertes, berufsförderndes Zeugnis bezüglich Führung und Leistung mit einer ... Bewertung (zur ... Zufriedenheit) zu erteilen und bis spätestens ... an den Arbeitnehmer auszuhändigen.

§ 7

Der Arbeitgeber verpflichtet sich, an den Arbeitnehmer wegen Verlustes des Arbeitsplatzes und Aufgabe des sozialen Besitzstandes eine Abfindung gem. §§ 9, 10 KSchG, §§ 34, 24 EStG iHv ... EUR – in Worten: ... Euro – zu zahlen. Die Abfindung ist am ... fällig und ab Fälligkeit mit 5 % über dem jeweiligen Basiszinssatz der EZB (derzeit ... %) zu verzinsen.

§ 8

Der bei dem Integrationsamt gestellte Antrag auf Zustimmung zur Kündigung ist durch die Erteilung der Zustimmung gegenstandslos geworden.

§ 9

Mit der Erfüllung der Verpflichtungen aus dieser Vereinbarung sind sämtliche wechselseitige Ansprüche der Beteiligten aus dem beendeten Arbeitsverhältnis einschließlich etwaiger Versorgungsansprüche endgültig erledigt.

....

(Ort, Datum, Unterschrift Arbeitgeber)

(Ort, Datum, Unterschrift Arbeitnehmer)

(Unterschrift Fürsorgestelle)

IV. Abwicklungsverträge mit Arbeitnehmern

1. Muster: Abwicklungsvertrag vor Erhebung der Kündigungsschutzklage

Zwischen

..., vertreten durch ...

– nachstehend: Arbeitgeber –

und

..., vertreten durch ...

– nachstehend: Arbeitnehmer –

wird Folgendes vereinbart:

§ 1 Gegenstand des Vertrages

Der Arbeitgeber hat das Arbeitsverhältnis fristgerecht und betriebsbedingt unter Wahrung der ordentlichen Kündigungsfrist mit Schreiben vom ... zum ... gekündigt. Die Parteien sind sich darüber einig, dass ihr Arbeitsverhältnis aufgrund der Kündigung vom ... mit Ablauf des ... sein Ende finden wird.

§ 2 Abfindung

Der Arbeitgeber zahlt dem Arbeitnehmer zum Ausgleich für den Verlust des Arbeitsplatzes eine Abfindung entsprechend §§ 9, 10 KSchG, §§ 24, 34 EStG iHv ... EUR (in Worten: ... Euro).

Der Arbeitgeber zahlt die Abfindung bis zum ... auf folgendes Konto: ...

Die Parteien vereinbaren, dass der Abfindungsanspruch mit dem Tag der Unterzeichnung dieser Vereinbarung entstanden und vererbbar ist.

§ 3 Freistellung

Der Arbeitnehmer erhält bis zur Beendigung des Arbeitsverhältnisses Gelegenheit, seinen ihm zustehenden Urlaub zu nehmen und wird im Übrigen vom Arbeitgeber von der Arbeitsleistung freigestellt. Bis zur Beendigung seines Arbeitsverhältnisses erhält der Arbeitnehmer seine bisherigen Bezüge. Er ist in der Zeit der Freistellung in der Verwertung seiner Arbeitskraft frei, wobei ihm jede Beteiligung oder Tätigkeit für ein Konkurrenzunternehmen untersagt ist. Während der Zeit der Freistellung finden §§ 326 Abs. 2 Satz 2, 615 Satz 2 BGB (keine) Anwendung. Durch die Freistellung sind sämtliche Urlaubsansprüche und Ansprüche auf Freizeitausgleich abgegolten.

§ 4 Tantieme/Bonus

Der Arbeitnehmer hat für das laufende Geschäftsjahr Anspruch auf Gewinnbeteiligung iHv ... EUR. Trotz der Beendigung des Arbeitsverhältnisses vor Ablauf des Jahres wird die Tantieme/Bonus mit der Beendigung des Arbeitsverhältnisses vollständig gezahlt.

§ 5 Dienstwagen

Der Arbeitnehmer ist verpflichtet, den Dienstwagen nebst sämtlichen Fahrzeugpapieren, Schlüsseln, sämtlichem Zubehör sowie der Tankkarte mit dem Tag der Unterzeichnung dieser Vereinbarung an die Firma zurückzugeben.

§ 6 Geschäfts- und Betriebsgeheimnisse

Der Arbeitnehmer ist verpflichtet, sämtliche ihm während seiner Tätigkeit bekannt gewordenen betriebsinternen Angelegenheiten, vor allem Geschäfts- und Betriebsgeheimnisse, geheim zu halten.

§ 7 Herausgabe von Unterlagen

Der Arbeitnehmer wird zum Beendigungszeitpunkt sein Büro räumen und alle im Zusammenhang mit dem Dienstverhältnis erhaltenen oder gefertigten Gegenstände und insbesondere Unterlagen herausgeben, ohne Abschriften oder Kopien oder Mehrstücke für sich zu behalten.

Der Arbeitnehmer wird insbesondere keinerlei Besitz mehr an Datenträgern, welcher Art auch immer, behalten, auf welchen sich Daten bzw Informationen befinden, die die Gesellschaften einschließlich Ober-, Tochter- und Schwestergesellschaften oder Geschäftspartner bzw Kunden betreffen oder auf solche Daten oder Informationen Bezug nehmen.

Der Arbeitnehmer teilt den Gesellschaften alle Codes, Passwörter, Zugangssperren im Hinblick auf EDV-Nutzung mit und wird von diesen selber keinen Gebrauch mehr machen.

Ein Zurückbehaltungsrecht gegenüber den in dieser Klausel geregelten Verpflichtungen steht dem Arbeitnehmer nicht zu.

§ 8 Zeugnis

Der Arbeitgeber verpflichtet sich, dem Arbeitnehmer bis zur Beendigung seiner Tätigkeit ein qualifiziertes, wohlwollendes und berufsförderndes Zeugnis über die Gesamtdauer seiner Beschäftigung zu erteilen. Der Wortlaut des auszufertigenden Zeugnisses ist als Anlage zu diesem Abwicklungsvertrag genommen.

§ 9 Wiedereinstellungsanspruch

Der Arbeitnehmer verzichtet auf einen etwaigen Wiedereinstellungsanspruch.

§ 10 Zurückbehaltungsrecht

Dem Arbeitgeber steht kein Zurückbehaltungsrecht wegen der sich aus diesem Vertrag ergebenden Verpflichtungen zu.

§ 11 Aufrechnungsverbot

Eine Aufrechnung des Arbeitgebers gegenüber den sich aus diesem Vertrag ergebenden finanziellen Verpflichtungen ist ausgeschlossen.

§ 12 Arbeitsbescheinigung

Der Arbeitgeber stellt dem Arbeitnehmer die Arbeitsbescheinigung gem. § 312 SGB III entsprechend dieser Vereinbarung aus.

§ 13 Belehrung

Der Arbeitnehmer bestätigt, dass er über etwaige Nachteile beim Bezug von Arbeitslosengeld belehrt ist und hierüber das Arbeitsamt verbindlich entscheidet, das zur Erteilung von Auskünften berufen und verpflichtet ist.

Der Arbeitgeber weist den Arbeitnehmer darauf hin, dass er verpflichtet ist, sich spätestens drei Monate vor der Beendigung des Anstellungsverhältnisses bei der Agentur für Arbeit arbeitsuchend zu melden. Liegen zwischen der Kenntnis des Beendigungszeitpunktes und der Beendigung des Arbeitsverhältnisses weniger als drei Monate, hat der Arbeitnehmer sich innerhalb von drei Tagen nach Kenntnis des Beendigungszeitpunktes zu melden.

§ 14 Erledigungsklausel

Die Parteien sind sich darüber einig, dass mit der Erfüllung dieser Vereinbarung sämtliche Ansprüche der Parteien aus dem Arbeitsverhältnis erledigt sind.

2. Muster: Abwicklungsvertrag nach Erhebung der Kündigungsschutzklage

Zwischen

..., vertreten durch ...

– nachstehend: Arbeitgeber –

und

..., vertreten durch ...

– nachstehend: Arbeitnehmer –

wird Folgendes vereinbart:

§ 1 Gegenstand des Vertrages

Die Parteien sind sich darüber einig, dass ihr Arbeitsverhältnis aufgrund der ordentlichen, arbeitgeberseitigen Kündigung vom ... mit Ablauf des ... aus betriebsbedingten Gründen sein Ende finden wird.

§ 2 Abfindung

Der Arbeitgeber zahlt dem Arbeitnehmer zum Ausgleich für den Verlust des Arbeitsplatzes eine Abfindung entsprechend §§ 9, 10 KSchG, §§ 24, 34 EStG iHv ... EUR (in Worten: ... Euro).

Der Arbeitgeber zahlt die Abfindung bis zum ... auf folgendes Konto: ...

Die Parteien vereinbaren, dass der Abfindungsanspruch mit dem Tag der Unterzeichnung dieser Vereinbarung entstanden und vererbbar ist.

§ 3 Freistellung

Der Arbeitnehmer wird unter Anrechnung auf seine Urlaubsansprüche bis zur Beendigung des Arbeitsverhältnisses unwiderruflich von der Arbeitsleistung freigestellt. Bis zur Beendigung seines Arbeitsverhältnisses erhält der Arbeitnehmer seine bisherigen Bezüge. Er ist in der Zeit der Freistellung in der Verwertung seiner Arbeitskraft frei, wobei ihm jede Beteiligung oder Tätigkeit für ein Konkurrenzunternehmen untersagt ist. Während der Zeit der Freistellung finden §§ 326 Abs. 2 Satz 2, 615 Satz 2 BGB (keine) Anwendung. Durch die Freistellung sind sämtliche Urlaubsansprüche und Ansprüche auf Freizeitausgleich abgegolten.

§ 4 Tantieme/Bonus

Der Arbeitnehmer hat für das laufende Geschäftsjahr Anspruch auf Gewinnbeteiligung iHv ... EUR. Trotz der Beendigung des Arbeitsverhältnisses vor Ablauf des Jahres wird die Tantieme/Bonus mit der Beendigung des Arbeitsverhältnisses vollständig gezahlt.

§ 5 Dienstwagen

Der Arbeitnehmer ist verpflichtet, den Dienstwagen nebst sämtlichen Fahrzeugpapieren, Schlüsseln, sämtlichem Zubehör sowie der Tankkarte mit dem Tag der Unterzeichnung dieser Vereinbarung an die Firma zurückzugeben.

§ 6 Geschäfts- und Betriebsgeheimnisse

Der Arbeitnehmer ist verpflichtet, sämtliche ihm während seiner Tätigkeit bekannt gewordenen betriebsinternen Angelegenheiten, vor allem Geschäfts- und Betriebsgeheimnisse, geheim zu halten.

§ 7 Herausgabe von Unterlagen

Der Arbeitnehmer wird zum Beendigungszeitpunkt sein Büro räumen und alle im Zusammenhang mit dem Dienstverhältnis erhaltenen oder gefertigten Gegenstände und insbesondere Unterlagen herausgeben, ohne Abschriften oder Kopien oder Mehrstücke für sich zu behalten.

Der Arbeitnehmer wird insbesondere keinerlei Besitz mehr an Datenträgern, welcher Art auch immer, behalten, auf welchen sich Daten bzw Informationen befinden, die die Gesellschaften einschließlich Ober-, Tochter- und Schwestergesellschaften oder Geschäftspartner bzw Kunden betreffen oder auf solche Daten oder Informationen Bezug nehmen.

Der Arbeitnehmer teilt den Gesellschaften alle Codes, Passwörter, Zugangssperren im Hinblick auf EDV-Nutzung mit und wird von diesen selber keinen Gebrauch mehr machen.

Ein Zurückbehaltungsrecht gegenüber den in dieser Klausel geregelten Verpflichtungen steht dem Arbeitnehmer nicht zu.

§ 8 Zeugnis

Der Arbeitgeber verpflichtet sich, dem Arbeitnehmer bis zur Beendigung seiner Tätigkeit ein qualifiziertes, wohl wollendes und berufsförderndes Zeugnis über die Gesamtdauer seiner Beschäftigung zu erteilen. Der Wortlaut des auszufertigenden Zeugnisses ist als Anlage zu diesem Abwicklungsvertrag genommen.

§ 9 Wiedereinstellungsanspruch

Der Arbeitnehmer verzichtet auf einen etwaigen Wiedereinstellungsanspruch.

§ 10 Zurückbehaltungsrecht

Dem Arbeitgeber steht kein Zurückbehaltungsrecht wegen der sich aus diesem Vertrag ergebenden Verpflichtungen zu.

§ 11 Aufrechnungsverbot

Eine Aufrechnung des Arbeitgebers gegenüber den sich aus diesem Vertrag ergebenden finanziellen Verpflichtungen ist ausgeschlossen.

§ 12 Arbeitsbescheinigung

Der Arbeitgeber stellt dem Arbeitnehmer die Arbeitsbescheinigung gem. § 312 SGB III entsprechend dieser Vereinbarung aus.

§ 13 Belehrung

Der Arbeitnehmer verzichtet auf Hinweise über die sozial- und steuerrechtlichen Folgen des Abschlusses dieses Abwicklungsvertrages.

Der Arbeitgeber weist den Arbeitnehmer darauf hin, dass er verpflichtet ist, sich spätestens drei Monate vor der Beendigung des Anstellungsverhältnisses bei der Agentur für Arbeit arbeitsuchend zu melden. Liegen zwischen der Kenntnis des Beendigungszeitpunktes und der Beendigung des Arbeitsverhältnisses weniger als drei Monate, hat der Arbeitnehmer sich innerhalb von drei Tagen nach Kenntnis des Beendigungszeitpunktes zu melden.

§ 14 Erledigungsklausel

Die Parteien sind sich darüber einig, dass mit der Erfüllung dieser Vereinbarung sämtliche Ansprüche der Parteien aus dem Arbeitsverhältnis erledigt sind.

§ 15 Vergleich

Mit Unterzeichnung dieser Vereinbarung nimmt der Arbeitnehmer unverzüglich seine vor dem Arbeitsgericht ... anhängige Kündigungsschutzklage, Az ..., zurück.

(Alternativ: Die Parteien überreichen den vorliegenden Abwicklungsvertrag mit der Bitte an das Arbeitsgericht ..., dass unter dem Az ... ein Beschluss gem. § 278 Abs. 6 ZPO mit dem Inhalt des vorliegenden Abwicklungsvertrages geschlossen wird.)

3. Muster: Prozessvergleich mit Monte-Carlo-Klausel

1. Die Parteien sind sich einig, dass das Arbeitsverhältnis aufgrund ordentlicher, betriebsbedingter Kündigung der Beklagten vom ... mit Ablauf des ... endet.
2. Die Beklagte verpflichtet sich, an den Kläger zum Ausgleich für den Verlust des Arbeitsplatzes eine Abfindung gem. §§ 9, 10 KSchG, §§ 34, 24 EStG iHv ... EUR zum ... zu zahlen.

3. Wird die vereinbarte Abfindung nicht zu dem unter Ziff. 2 vereinbarten Zeitpunkt von der Beklagten geleistet, ist der zwischen den Parteien geschlossene Vergleich hinfällig und der bis zu diesem Zeitpunkt ruhend gestellte Rechtsstreit wird fortgesetzt.

4. Mit der Mitteilung fristgerechten Eingangs der Zahlung gem. Ziff. 2 durch den Kläger ist der vorliegende Rechtsstreit erledigt.

↑

4. Muster: Abwicklungsvertrag als Anschreiben

Sehr geehrter Herr ...,

hiermit kündigen wir das mit Ihnen bestehende Arbeitsverhältnis ordentlich fristgemäß zum ... . Sollte durch diesen Termin die maßgebliche Kündigungsfrist nicht gewahrt sein, gilt die Kündigung zum nächstzulässigen Zeitpunkt.

Wir gewähren Ihnen für den Fall, dass Sie gegen die Kündigung keine Kündigungsschutzklage erheben, eine Abfindung iHv ... EUR. Sie erhalten ferner das aus der Anlage ersichtliche Zeugnis. Der Dienstwagen ist am letzten Tag des Arbeitsverhältnisses zurückzugeben.

Gemäß § 151 Satz 1 BGB verzichten wir auf den Zugang der Annahmeerklärung unseres Angebots.

Nach § 2 Abs. 2 Satz 2 Nr. 3 SGB III weisen wir Sie auf die Notwendigkeit hin, eigene Aktivitäten bei der Suche nach einer anderen Beschäftigung zu entfalten. Sie sind verpflichtet, sich spätestens drei Monate vor der Beendigung Ihres Arbeitsverhältnisses bei der Agentur für Arbeit arbeitsuchend zu melden. Liegen zwischen der Kenntnis des Beendigungszeitpunktes und der Beendigung des Arbeitsverhältnisses weniger als drei Monate, haben Sie sich innerhalb von drei Tagen nach Kenntnis des Beendigungszeitpunktes zu melden (§ 38 Abs. 1 SGB III). Kommen Sie Ihrer Verpflichtung nicht fristgerecht nach, kann die Agentur für Arbeit eine einwöchige Sperrzeit anordnen, in der Sie kein Arbeitslosengeld erhalten (§ 159 Abs. 1 Satz 2 Nr. 7, Abs. 6 SGB III).

↑

5. Muster: Abwicklungsvertrag (deutsch/englisch)

Abwicklungsvertrag	Settlement Agreement
Zwischen	Between
– nachstehend: Arbeitgeber –	– employer –
und	and
– nachstehend: Arbeitnehmer –	– employee –
wird folgender Abwicklungsvertrag geschlossen:	agree upon the following settlement agreement:
Präambel	**Preamble**
Der Arbeitgeber hat das Arbeitsverhältnis fristgerecht aus betriebsbedingten Gründen am ... zum ... gekündigt. Hintergrund der Kündigung ist ... . Aus diesem Grund muss das Personal deutlich verringert werden.	The employer has given due notice of dismissal to take effect on ... . The notice of termination of employment is based on operational reasons: ... . For this reason the employer has to reduce the number of staff.

§ 1 Abfindung

Der Arbeitgeber zahlt dem Arbeitnehmer zum Ausgleich für den Verlust des Arbeitsplatzes eine Abfindung entsprechend §§ 9, 10 KSchG, §§ 24, 34 EStG in Höhe von _ EUR (in Worten: _ Euro).

Der Arbeitgeber zahlt die Abfindung bis zum _ auf das Gehaltskonto des Arbeitnehmers aus.

Die Parteien vereinbaren, dass der Abfindungsanspruch vererbbar und bereits mit Unterzeichnung dieses Vertrages entstanden ist.

§ 2 Ordnungsgemäße Abwicklung

Bis zur Beendigung seines Arbeitsverhältnisses erhält der Arbeitnehmer seine bisherigen Bezüge weitergezahlt.

Das Arbeitsverhältnis wird bis zu seiner Beendigung von beiden Seiten ordnungsgemäß abgewickelt.

§ 3 Zeugnis

Der Arbeitgeber verpflichtet sich, dem Arbeitnehmer ein Zwischenzeugnis bis zum _ auszustellen, ansonsten spätestens bis zur Beendigung seiner Tätigkeit ein Endzeugnis zu erteilen.

§ 4 Erledigungsklausel

Die Parteien sind sich darüber einig, dass mit der Erfüllung dieser Vereinbarung sämtliche Ansprüche der Parteien aus dem Arbeitsverhältnis erledigt sind. Gegen die Kündigung werden vom Arbeitnehmer keine Einwendungen erhoben.

§ 5 Anwendbares Recht

Der Vertrag unterliegt deutschem Recht.

§ 1 Compensation for dismissal

The compensation for dismissal pursuant to §§ 9, 10 KSchG, §§ 24, 34 EStG is _ EUR (in words: _ Euro).

The employer has to transfer the compensation to the employee's salary account until _.

The parties agree that the employee's claim to the compensation is inheritable and constituted by signature of this contract.

§ 2 Execution of liquidation

The employer will pay the monthly salary to the employee until the employment is terminated.

Both parties will perform their contractual duties until the employment is terminated.

§ 3 Testimonial

The employee is entitled to a written testimonial as of _ or – at the latest – by termination of the employment.

§ 4 Settlement of claims

The parties agree that the performance of this contract has the effect that all their claims based on the employment contract are satisfied. The employee will not raise any objection against the notice of termination of employment.

§ 5 Applicable law

This contract is governed by German law.

6. Muster: Gerichtlicher Vergleich nach Kündigung wegen Alkoholerkrankung[631]

1. Zwischen den Parteien besteht Einigkeit, dass das zwischen ihnen bestehende Arbeitsverhältnis aufgrund der arbeitgeberseitigen krankheitsbedingten Kündigung vom _ mit Ablauf des _ sein Ende gefunden hat. Bis zu diesem Zeitpunkt wurde das Arbeitsverhältnis ordnungsgemäß abgewickelt.

2. Die Parteien vereinbaren für die Zeit vom _ bis einschließlich _ ein befristetes Arbeitsverhältnis. Die Konditionen des Arbeitsverhältnisses richten sich uneingeschränkt nach den bis zum _ bestehenden vereinbarten Regelungen. Die Betriebszugehörigkeit des Klägers wird in vollem Umfange anerkannt. Während des befristeten Zeitraums vom _ bis zum _ gelten die folgenden Auflagen für den Kläger:

---

631 Dieser Vergleich sollte ausschließlich als gerichtlich protokollierter Vergleich abgeschlossen werden. Nach BAG 15.2.2012 – 7 AZR 734/10, NZA 2012, 919 ist ein lediglich nach § 278 Abs. 6 Satz 1 Alt. 1, Satz 2 ZPO festgestellter Vergleich kein gerichtlicher Vergleich iSv § 14 Abs. 1 Satz 2 Nr. 8 TzBfG, der geeignet ist, die Befristung eines Arbeitsvertrages zu rechtfertigen.

a) Der Kläger wird der Beklagten bis spätestens zum 15. eines jeden Monats nachweisen, dass Alkoholgenuss nicht feststellbar ist. Hierzu wird er sich im vierwöchigen Rhythmus bei der Ambulanz für Suchterkrankungen und Psychotherapie der ...-Klinik oder einer anderen miteinander vereinbarten Stelle auf eigene Kosten einer Blutuntersuchung in Form eines CDT-Tests (Carbohydrate Deficient Transferrin) unterziehen und die auf Basis dieser Untersuchung erfolgte Bescheinigung unverzüglich der Beklagten vorlegen.

b) Ferner wird der Kläger weiterhin für die Monate ... bis ... der Beklagten die regelmäßige wöchentliche Teilnahme an nachsorgenden Maßnahmen durch Vorlage entsprechender Bescheinigungen einer Therapie und/ oder Selbsthilfeeinrichtung monatlich nachweisen.

c) Zwischen den Parteien besteht Einigkeit, dass für den Fall, dass der Referenzwert ausweislich der unter Ziff. 2 a) genannten Bescheinigung über die Durchführung von CDT-Tests überschritten wird, ein alkoholbedingter Rückfall vorliegt. Zu diesem Zweck wird zusätzlich zu der Befristung folgende auflösende Bedingung vereinbart:

Die auflösende Bedingung tritt ein, wenn der Kläger den Referenzwert überschreitet. Zusätzlich tritt die auflösende Bedingung auch dann ein, wenn der Kläger unabhängig von dem CDT-Test einen alkoholbedingten Rückfall erleidet. Die Feststellung, ob ein solcher Rückfall vorliegt, obliegt dem Betriebsärztlichen Dienst der Beklagten. Zum Zwecke der objektiven Feststellung eines Rückfalls entbindet der Kläger den Betriebsärztlichen Dienst hiermit von der Schweigepflicht gegenüber dem Personalmanagement der Beklagten. Weiter erklärt er hiermit seine Einwilligung zu Blutuntersuchungen durch den Betriebsärztlichen Dienst auf Veranlassung der Beklagten. Die Beklagte erklärt, dass sie von diesen Einwilligungen verantwortungsvoll Gebrauch machen wird. Tritt die Bedingung ein, gilt § 21 iVm § 15 Abs. 2 TzBfG.

3. Wird während des befristeten Zeitraums vom ... bis zum ... kein Rückfall festgestellt und kommt der Kläger all seinen Verpflichtungen ordnungsgemäß nach, wird zeitlich befristet bis ... folgende auflösende Bedingung vereinbart:

Die auflösende Bedingung tritt ein, wenn der Kläger bis zum ... einen alkoholbedingten Rückfall erleidet. Für die Feststellung, ob ein solcher Rückfall vorliegt, gilt der vorstehende Absatz entsprechend. Tritt die Bedingung ein, gilt § 21 iVm § 15 TzBfG. Tritt die Bedingung nicht bis zum ... ein, wird der Kläger beginnend ab dem ... in einem unbefristeten Arbeitsverhältnis zu unveränderten Konditionen weiterbeschäftigt.

7. Muster: Abwicklungsvertrag nach Auslandsentsendung

Zwischen

der ...

sowie

der ...

– nachstehend „Company" genannt –

– einerseits –

und

...

– andererseits –

wird Folgendes vereinbart:

1. Die Parteien sind sich darüber einig, dass das zwischen ihnen bestehende Dienstverhältnis im gegenseitigen Einvernehmen aus betrieblichen Gründen mit Wirkung zum ... beendet wird. Zum gleichen Zeitpunkt endet auch das ...-Foreign-Assignment.

Kapitel 2: Abwicklungs- und Aufhebungsverträge

2. Das Arbeitsverhältnis wird bis zu seiner Beendigung ordnungsgemäß abgerechnet. Zur ordnungsgemäßen Abrechnung gehören bis zur Beendigung die Aufrechterhaltung des sozialversicherungsrechtlichen Status in Deutschland die Krankenversicherung für Herrn ... und seine Ehefrau in ..., die Übernahme der Krankenversicherungs- und der Pflegeversicherungs-Anwartschaften für Herrn ... und seine Frau in Deutschland, die bestehende Gruppenunfallversicherung, der Dienstwagen und die Miete und die Nebenkosten für die Unterkunft in ... unter gleichzeitigem Abzug einer hypothetischen Miete in Deutschland. Zur ordnungsgemäßen Abwicklung gehört weiterhin bis zur Beendigung die Zahlung des Gehalts und pro Jahr ein Hin- und Rückflug in Business Class für Herrn ... und seine Frau sowie die Übernahme der Kosten eines Mietwagens während des Heimataufenthalts in Deutschland gemäß dem International Relocation Agreement der Company.

3. Der Bonus für das Jahr ... wird in Anwendung der Company-Regeln für ... gewährt. Ein Zu- oder Abschlag auf Basis persönlicher Performance entfällt. Die Zahlung des Bonus erfolgt zum üblichen Auszahlungszeitpunkt, spätestens zum ....

4. Mit Kündigungsschreiben vom ... wurde Herr ... unwiderruflich unter Anrechnung auf bestehende Resturlaubsansprüche von der Arbeit freigestellt. Zum gleichen Zeitpunkt wurde Herr ... als Managing Director ... abberufen. Die Freistellungsregelung gilt nicht, soweit Herr ... das Angebot der Company annimmt, für den Zeitraum ... bis ... für Europa eine Aufgabenstellung im Rahmen des Projektes ... zu übernehmen. Seine Bereitschaft zur Mitwirkung am Projekt ... hat Herr ... erklärt. Er erwartet hierzu noch ein schriftliches Angebot durch den Vertragspartner zu 1).

5. Für den Verlust des Arbeitsplatzes erhält Herr ... eine Abfindung iHv ... EUR brutto.

6. Die Abfindung wird zusammen mit dem letzten Monatsgehalt gezahlt.

7. Herr ... ist berechtigt, ihm von der Company erteilte Stock Options bis zum ... wahrzunehmen. Voraussetzung ist, dass die Wartefrist bis zum ... erfüllt ist.

8. Der Anspruch aus der Herrn ... am ... erteilten Direktzusage beträgt gemäß dem versicherungsmathematischen Sachverständigengutachten auf den ... monatlich ... EUR. Diese Berechnungen müssen noch auf den ... angepasst werden. Die Pensionsleistung kann von Herrn ... oder seinen Hinterbliebenen unter den in der Zusage vom ... vereinbarten Voraussetzungen in Anspruch genommen werden. Das versicherungsmathematische Gutachten wird als Anlage 1 zum Vertrag genommen.

9. Herr ... erhält das aus der Anlage 2 ersichtliche Zeugnis.

10. Herr ... erhält seine Ansprüche aus dem Relocation Agreement, abweichend von der Policy, für einen Umzug, der bis zum ... durchgeführt werden kann. Relocation Allowance und Temporary Living Expenses werden auf einen Betrag von pauschal ... EUR brutto konkretisiert. Sollte Herr ... bis zum ... nicht aus ... in ein anderes Land umgezogen sein, erhält er zum Ausgleich sämtlicher mit der Übersiedlung verbundener Kosten und Ansprüche einen Betrag von ... EUR brutto, fällig zum ....

11. Herr ... verpflichtet sich, alle in seinem Besitz befindlichen Dokumente, Papiere, Kreditkarten, Schlüssel und weitere Gegenstände einschließlich Laptop, Mobiltelefon und Dienstwagen, welche Eigentum der Company oder eines zum Konzern gehörenden Unternehmens sind, der Company in deren Geschäftsstelle zu einem von beiden Parteien zu vereinbarenden Zeitpunkt und Ort zu übergeben, jedoch spätestens an dem Tag, an dem das Arbeitsverhältnis endet.

12. Herr ... bestätigt hiermit noch einmal, diejenigen Bestimmungen seines Dienstvertrages, die auch nach seinem Ausscheiden fortwirken, zu beachten, in diesem Fall die Geheimhaltungspflicht und die Verpflichtung, keinen Gebrauch von ihm im Rahmen seiner Tätigkeit zur Kenntnis gelangten Geschäftsgeheimnisse oder vertraulichen Geschäftsinformationen zu machen.

13. Der Klarstellung halber wird festgehalten, dass entsprechend den Regelungen für Foreign Assignments die Company die Kosten für die Inanspruchnahme einer internationalen Steuerberatungsgesellschaft für die

Steuererklärungen des Herrn ... in Deutschland und in ... bis zu dem Steuerjahr, das den letzten Tag des Arbeitsverhältnisses von Herrn ... mit der Company erfasst, von der Company übernommen werden.

14. Mit Erfüllung dieses Vertrages sind alle Ansprüche aus dem endenden Dienstverhältnis und aus Anlass seiner Beendigung gegeneinander ausgeglichen. Unberührt bleiben die Ansprüche aus der Direktzusage vom .... Nach Eingang zweier unterzeichneter Ausfertigungen dieses Vertrages nimmt Herr ... seine beim Arbeitsgericht ... unter dem Aktenzeichen ... anhängige Klage zurück. Wegen des auf den ... anberaumten Gütetermins wird ein Vertagungsantrag gestellt.

15. Dieser Vertrag unterliegt dem deutschen Recht.

... (Ort, Datum, Unterschrift Vertragspartner 1)

... (Ort, Datum, Unterschrift Mitarbeiter)

... (Ort, Datum, Unterschrift Vertragspartner 2)

V. Sonstige Regelungen

1. Muster: Aufhebungsvertrag mit einem freien Mitarbeiter

Zwischen

der Firma ...

– nachstehend: Unternehmen –

und

Herrn ...

wird das am ... vereinbarte Vertragsverhältnis nach Maßgabe der folgenden Regelungen beendet:

§ 1

Die Partner sind sich darüber einig, dass das zwischen ihnen bestehende Vertragsverhältnis gemäß Vertrag vom ... mit Wirkung zum ... auf Veranlassung des Unternehmens endet.

§ 2

Als Entschädigung für entgangene bzw in der Zukunft entgehende Einnahmen zahlt das Unternehmen an Herrn ... eine Abfindung iHv ... EUR. Die Abfindung ist fällig am ....

Sollte angesichts des beendeten Vertragsverhältnisses das Unternehmen wirksam und rechtskräftig zur Nachentrichtung von Sozialversicherungsbeiträgen herangezogen werden, hat Herr ... in dem vom Sozialversicherungsträger festgestellten Umfang die erhaltene Abfindung zurückzuzahlen. Soweit die zurückzuzahlenden Beiträge die Höhe der Abfindung überschreiten, findet eine Rückzahlung durch Herrn ... nicht statt.[632]

§ 3

Herr ... erklärt verbindlich, dass er sämtliche Honorare, die er von dem Unternehmen im Rahmen des Vertragsverhältnisses vom ... erhalten hat, ordnungsgemäß versteuert hat.

§ 4

Mit der Erfüllung aller in diesem Aufhebungsvertrag geregelten Ansprüche des Herrn ... gegen das Unternehmen sind sämtliche finanziellen Ansprüche des Herrn ... gegen das Unternehmen erledigt.

---

632 § 2 Abs. 2 kann auch in einem von beiden Parteien unterzeichneten Sideletter festgehalten werden.

§ 5

Sollte eine Bestimmung dieses Vertrages unwirksam sein, so wird die Wirksamkeit der übrigen Bestimmungen hiervon nicht berührt. Die Parteien verpflichten sich, eine etwaige unwirksame Bestimmung durch eine dieser in Interessenlage und Bedeutung möglichst nahekommende wirksame Vereinbarung zu ersetzen.

2. Muster: Lohnsteueranrufungsauskunft

An das Finanzamt ...
– Lohnsteuerstelle –

Lohnsteueranrufungsauskunft

Sehr geehrte Damen und Herren,

ich beabsichtige, mein Arbeitsverhältnis bei der Firma ... am ... zu beenden. Die Veranlassung erfolgte durch die Firma. Die Lohnsteuerkarte habe ich erhalten.

Zwischen der Firma ... und mir soll der in Kopie beiliegende Aufhebungsvertrag geschlossen werden. Danach soll mir eine Abfindung von ... EUR zustehen.

Ich bitte Sie, mir gem. § 42 e EStG verbindlich mitzuteilen, dass aus der Abfindung ... EUR steuerfrei sind und mir sofort iHv ... EUR ausbezahlt werden kann. Ich bitte, mir deshalb verbindlich mitzuteilen, in welcher Höhe die Firma Lohnsteuer einbehalten darf.

Für eine baldige Antwort wäre ich Ihnen dankbar.

Mit freundlichen Grüßen

3. Muster: Announcement-Klauseln

1. Herr ..., Mitglied des Vorstands der ... AG, hat die Gesellschaft zum ... in beiderseitigem bestem Einvernehmen auf eigenen Wunsch verlassen, um sich zukünftig anderen Aufgaben zu widmen. Vorstand und Aufsichtsrat haben sich bei Herrn ... für seine bisher geleisteten Dienste ihren Dank ausgesprochen.
2. Aufgrund unterschiedlicher Auffassungen in der künftigen Geschäftspolitik haben sich die ... GmbH und ihr Geschäftsführer ... zum ... einvernehmlich getrennt.
3. Herr ..., bislang im Vorstand zuständig für Marketing und Vertrieb, scheidet zum ... aus persönlichen Gründen aus. Seine Aufgaben werden zunächst kommissarisch vom Vorstandsvorsitzenden, ab dem ... durch seinen Nachfolger, Herrn ..., übernommen.
4. Herr ..., Vorstand Finanzen der ... AG, scheidet zum ... aus dem Vorstand des Unternehmens auf eigenen Wunsch einvernehmlich aus. Er wird der ... Gruppe in Zukunft als unabhängiger Berater zur Verfügung stehen.

Kapitel 3: Altersteilzeitverträge

Literatur:

Abeln/Gaudernack, Keine Altersrente nach Altersteilzeit bei völliger Freistellung schon während der Arbeitsphase im so genannten Blockmodell, BB 2005, 43; *Ahlbrecht/Ickenroth*, Altersteilzeit im Blockmodell – Rechtlicher Rahmen und Sonderprobleme, BB 2002, 2440; *Beckmann*, Zeitbefristung, jurisPR-ArbR 18/2006 Anm. 1; *Bescheid*, Altersteilzeit in der Insolvenz nach Betriebsübergang, jurisPR-ArbR 10/2006 Anm. 5; *Boecken*, Entstehung und Fälligkeit eines Anspruchs auf Abfindung bei Frühpensionierung, NZA 2002, 421; *Christiansen*, Bilanzierung von Rückstellungen für Lohnzahlungen bei Altersteilzeit, HFR 2006, 356; *Decrupe*, Kündigung in der Arbeitsphase der Block-Arbeitszeit, jurisPR-ArbR 2/2006 Anm. 6; *Debler*, Altersteilzeit – „Störfälle" und andere unvorhergesehene Ereignisse, NZA 2001, 1285; *Dziesiaty*, Altersteilzeit in der Insolvenz, jurisPR-InsR 12/2005 Anm. 6; *Engesser-Means/Clauss*, Eintritt in Altersteilzeitvertrag bei Arbeitgeberwechsel, NZA 2006, 293; *Fabritius*, Gestaltungsmöglichkeiten im Rahmen von Altersteilzeit, ArbRAktuell 2011, 344; *Gaul/Cepl*, Wichtige Änderungen im Altersteilzeitgesetz, BB 2000, 1727; *Gaul/Süßbrich*, Verschärfung der Insolvenzsicherung bei Altersteilzeit, ArbRB 2004, 249; *Hamm*, Insolvenzschutz von Arbeitszeitkonten, AiB 2005, 92; *Hanau*, Neue Altersteilzeit, NZA 2009, 225; *Hinrichs/Tholuck*, Die Abwicklung von Altersteilzeitarbeitsverhältnissen in der Insolvenz, ZInsO 2011, 1961; *Hoß*, Neue Spielregeln für die Altersteilzeit, ArbRB 2004, 146; *Kallhoff*, Umbau des Altersteilzeitgesetzes im Rahmen von „Hartz III", NZA 2004, 692; *Knospe*, Die Verpflichtung zum Insolvenzschutz für Vertragsparteien einer Wertguthabenvereinbarung im Rahmen flexibler Arbeitszeitgestaltung, NZA 2006, 187; *Langohr-Plato/Teslau*, Das Alterseinkünftegesetz und seine arbeitsrechtlichen Konsequenzen für die betriebliche Altersversorgung – Teil I, NZA 2004, 1297; *Medla*, Kollektivrechtliche Beteiligungsrechte des Altersteilzeitarbeitnehmers in der Freistellungsphase, FA 2002, 2; *Moderegger*, Gesetz zur Fortentwicklung der Altersteilzeit, DB 2000, 90; *Oberhofer/Wroblewski*, Die Altersteilzeit und das BAG in der Insolvenz, ZInsO 2005, 695; *Oberthür*, Die vollständige Freistellung in der Altersteilzeit – ein riskantes Trennungsmodell, NZA 2005, 377; *Olbert*, Altersteilzeit, AuA 2005, 226; *Plagemann*, Grundzüge der Altersteilzeit, ZAP Fach 17, 873; *Podewin*, Aktuelle Entscheidungen des Bundesarbeitsgerichts zur Altersteilzeit, FA 2004, 298; *Rittweger/Petri/Schweikert*, Altersteilzeit, Kommentar, 2. Aufl. 2002; *Schlegel*, Schwerpunkte des Altersteilzeitgesetzes, FA 2000, 238; *Rothländer*, Rechtsprechungsübersicht zu Fragen der Altersteilzeit, PersR 2006, 68; *Schmidbauer/Schmidbauer*, Das neue Altersteilzeitgesetz 2003, ABC der Altersteilzeitarbeit; *Schrader/Straube*, Die Behandlung von Entgeltansprüchen aus einem Altersteilzeitverhältnis nach Insolvenzeröffnung, ZInsO 2005, 184; *Schulz*, Sozialversicherungsrechtliche Regelungen bei flexibler Arbeitszeit und Altersteilzeitarbeit, Die Beiträge 2005, 129; *ders.*, Sozialversicherungsrechtliche Regelungen bei flexibler Arbeitszeit und Altersteilzeitarbeit, Die Beiträge 2005, 193; *ders.*, Sozialversicherungsrechtliche Regelungen bei flexibler Arbeitszeit und Altersteilzeitarbeit, Die Beiträge 2005, 257; *Stück*, Arbeitgeberkündigung im Altersteilzeitverhältnis, NZA 2000, 749; *ders.*, Freistellungen im Spannungsfeld, AuA 2005, 704; *Thau*, Grundsätzlich keine Urlaubsabgeltung bei Altersteilzeit im Blockmodell, jurisPR-ArbR 48/2005 Anm. 1; *Viefhues*, Altersteilzeit und Vorruhestand, FF 2006, 103; *Weisemann*, Altersteilzeit in der Insolvenz, jurisPR-InsR 2/2005 Anm. 2; *Wellisch/Quast*, Bilanzierung von Rückstellungen bei „verblockter" Altersteilzeit und Lebensarbeitszeitkonten, BB 2006, 763; *Welslau*, Altersteilzeit in der betrieblichen Praxis, 2000; *Wolf*, Die beiden Gesetze zur Fortentwicklung der Altersteilzeit, NZA 2000, 637; *Ziemann*, Vergütungsberechnung bei Altersteilzeit im Blockmodell, jurisPR-ArbR 19/2006 Anm. 5; *Zwanziger*, Struktur, Probleme und Entwicklung des Altersteilzeitrechts – ein Überblick, RdA 2005, 226.

A. Erläuterungen

I. Allgemeines

688 Das Altersteilzeitgesetz (ATG) bildet den gesetzlichen Rahmen, um mit älteren Arbeitnehmern einen gleitenden Übergang vom Erwerbsleben in den Ruhestand zu vereinbaren. Zahlreiche Branchen und Unternehmen haben Tarifverträge zur Altersteilzeit vereinbart, die die Grundlage für einzelvertragliche Regelungen bilden. Das Altersteilzeitgesetz hat in den letzten Jahren zahlreiche gesetzliche Veränderungen erfahren. Weitreichend ist der Wegfall der Leistungen der Bundesagentur für Arbeit für Aufstockungsbeträge zu einer ab 2010 beginnenden Altersteilzeit: Mit Wirkung zum 1.1.2010 sind alle Bestimmungen des Altersteilzeitgesetzes **entfallen**, die sich auf die Voraussetzungen für die **Förderung durch die Bundesagentur** beziehen. Die Fördermöglichkeit gem. § 4 ATG gilt nur noch für Altersteilzeitverhältnisse, die bis zum 31.12.2009 mit der Arbeitsphase begonnen haben. Die Neuregelung beseitigt nur die Förderung der Aufstockungsbeträge durch die Bundesagentur, lässt aber die Altersteilzeit

im Übrigen unberührt.¹ Dies gilt für die arbeits- (§ 8 ATG), insolvenzsicherungs- (§ 8 a ATG) und sozialrechtlichen Bestimmungen (§ 10 ATG) und für die steuerliche Privilegierung des § 3 Nr. 28 EStG.

Von besonderer Bedeutung sind ferner die Änderungen im **Rentenrecht**. Für Jahrgänge ab 1952 und jünger ist die Möglichkeit zur Inanspruchnahme einer vorgezogenen Rente nach Altersteilzeit entfallen. Zudem steigt das Rentenalter stufenweise von 65 Jahren auf 67 Jahre. Ist mit der Altersteilzeit ein Übergang vom Erwerbsleben in den Ruhestand geplant, müssen diese veränderten Parameter zB durch längere Laufzeiten von Altersteilzeitverhältnissen berücksichtigt werden.

689

Arbeitgeber und Arbeitnehmer müssen die Altersteilzeit **vor ihrem Beginn vereinbaren**. Die Vereinbarung ist so zu gestalten, dass die Altersteilzeit zumindest bis zum frühestmöglichen Zeitpunkt reicht, zu dem der Arbeitnehmer eine unter Umständen auch geminderte Altersrente beanspruchen kann. Aus diesem Grunde sollte der Arbeitnehmer im Vorfeld des Abschlusses einer Altersteilzeitvereinbarung detaillierte Informationen über seinen persönlichen Versicherungsverlauf beim zuständigen Rentenversicherungsträger einholen. Durch die Auskunft des zuständigen Rentenversicherungsträgers ist der Zeitpunkt des frühestmöglichen Rentenbeginns nachweisbar.

690

Bei der **Auslegung** einer Altersteilzeitvereinbarung (§§ 133, 157 BGB) sind die zwingenden gesetzlichen Voraussetzungen zu berücksichtigen, die an die sozialversicherungsrechtliche Anerkennung von Altersteilzeit gestellt werden. Das betrifft sowohl den Anspruch auf Altersrente nach Altersteilzeit (§ 237 SGB VI) als auch die Berücksichtigung der vom Arbeitgeber zusätzlich nach § 3 Abs. 1 Nr. 1 Buchst. b ATG abzuführenden Beiträge zur Rentenversicherung.²

691

II. Altersteilzeitmodelle

Das ATG räumt den Vertragsparteien bei der konkreten Ausgestaltung des Altersteilzeitarbeitsverhältnisses einen weiten Gestaltungsspielraum ein. In der betrieblichen Praxis lassen sich zwei Formen der Altersteilzeit unterscheiden:

692

- kontinuierliche Arbeitszeitmodelle, wie etwa die „klassische" Halbtagsbeschäftigung; und
- das sog. Blockmodell.

1. Kontinuierliche Verringerung der Arbeitszeit

Bei der kontinuierlichen Verringerung der Arbeitszeit erfolgt üblicherweise eine Halbierung der Arbeitszeit über die gesamte Dauer der Altersteilzeitvereinbarung. In Absprache mit dem Arbeitgeber kann die Verteilung der Arbeitszeit aber auch in anderer Weise geregelt werden. So kann der ältere Arbeitnehmer täglich mit verminderter Stundenzahl oder an bestimmten Tagen der Woche oder im wöchentlichen oder im monatlichen Wechsel arbeiten. Bedingung ist lediglich, dass über einen Gesamtzeitraum von bis zu drei Jahren die Arbeitszeit im Durchschnitt halbiert wird (§ 2 Abs. 2 ATG). Die bisherige Arbeitszeit, die Grundlage der rechtlichen Betrachtung bildet, ist die wöchentliche Arbeitszeit, die mit dem Arbeitnehmer unmittelbar vor dem Übergang in die Altersteilzeit vereinbart war, jedoch höchstens die im Durchschnitt der letzten 24 Monate vereinbarte Arbeitszeit.

693

Beim Antrag eines Arbeitnehmers auf Altersteilzeit, basierend auf einem Tarifvertrag und verbunden mit dem Wunsch auf kontinuierliche Verringerung der Arbeitszeit, hat der Arbeitgeber nach billigem Ermessen zu entscheiden. Dabei darf er auch Schwierigkeiten bei der Besetzung eines verbleibenden Rumpfarbeitsplatzes berücksichtigen.³ Der Arbeitgeber genügt seiner Darlegungslast, wenn er die von ihm erwarteten Wiederbesetzungsprobleme während der Altersteilzeit erläutert. Handelt es sich bei dem Antragsteller um eine Frau, führt die Ablehnung nach den Grundsätzen des billigen Ermessens nicht zu einer mittelbaren Diskriminierung.⁴ Auch verstößt die Pflicht, während des Altersteilzeitarbeitsverhältnisses die individuelle Arbeitszeit um die Hälfte zu senken, nicht gegen europäisches Recht.⁵

694

---

1 *Hanau*, NZA 2009, 225.
2 BAG 11.4.2006 – 9 AZR 369/05, DB 2006, 1685.
3 BAG 26.6.2001 – 9 AZR 244/00, NZA 2002, 44.
4 BAG 26.6.2001 – 9 AZR 244/00, NZA 2002, 44; BSG 29.1.2001 – B 7 AL 98/99 R, NZA-RR 2001, 596.
5 BAG 26.6.2001 – 9 AZR 244/00, NZA 2002, 44.

2. Blockmodell

695 Anders als beim kontinuierlichen Modell teilt sich die Altersteilzeit beim Blockmodell über die Gesamtdauer in eine **Arbeitsphase** und eine sich anschließende **Freistellungsphase**. In der Arbeitsphase geht der Arbeitnehmer in Vollzeit seinen Arbeitspflichten nach und spart auf diese Weise „Arbeitszeitguthaben" (Wertguthaben iSd § 7 Abs. 1a SGB IV) an, die er in der Freistellungsphase aufbraucht (zB Altersteilzeit von vier Jahren bis zur Rente: zwei Jahre Vollzeitbeschäftigung und anschließend zwei Jahre Freistellung).

696 Vereinbaren beim Blockmodell Arbeitgeber und Arbeitnehmer, dass der Arbeitnehmer auch während der Arbeitsphase keine Arbeitsleistung zu erbringen hat, entfällt der Anspruch auf vorzeitige Altersrente nach Altersteilzeit gem. § 237 SGB VI. Der Anspruch besteht nur, wenn die Altersteilzeitvereinbarung die Voraussetzungen von § 2 Abs. 1 Nr. 2 ATG erfüllt. Danach muss die Arbeitszeit auf die Hälfte der bisherigen wöchentlichen Arbeitszeit vermindert werden, eine völlige Freistellung von der Arbeitsleistung erfüllt diese Voraussetzungen nicht.[6]

697 In dem Angebot eines Arbeitgebers auf Abschluss eines Altersteilzeitarbeitsverhältnisses liegt gegenüber dem Arbeitnehmer die Erklärung, er könne bei Annahme dieses Angebots einen Anspruch auf vorzeitige Altersrente wegen Altersteilzeit erwerben. Wird der Arbeitnehmer durch die objektiv falsche Erklärung seines Arbeitgebers über die Möglichkeit der Inanspruchnahme einer vorzeitigen Altersrente nach Altersteilzeit zum Abschluss einer Altersteilzeitvereinbarung veranlasst, kann er verlangen, so behandelt zu werden, als ob die Altersteilzeitvereinbarung nicht zustande gekommen wäre, also das volle Gehalt bis zum 65. Lebensjahr.[7]

III. Förderung der Altersteilzeitarbeit

1. Erstattungsleistungen der Bundesagentur für Arbeit

698 Ab dem 1.1.2010 kann **nicht mehr mit geförderter Altersteilzeit begonnen** werden. Altersteilzeit wird durch die Bundesagentur für Arbeit nur noch dann gefördert (§ 4 ATG), wenn mit ihr spätestens am 31.12.2009 begonnen worden ist, § 16 ATG. Entscheidend ist nicht der Abschluss des Altersteilzeitvertrages, sondern der Beginn der Altersteilzeitarbeit (im Blockmodell: Beginn der Arbeitsphase). Die Wiederbesetzung des Arbeitsplatzes kann dagegen auch noch zu einem späteren Zeitpunkt erfolgen, da § 16 ATG nur auf § 2 ATG, nicht aber auf § 3 ATG verweist.[8] Haben die Parteien von der Möglichkeit des § 2 Abs. 3 ATG Gebrauch gemacht, eine Altersteilzeit von mehr als sechsjähriger Dauer zu vereinbaren (zB 31.12.2009 bis 30.12.2019), kann der geförderte Sechs-Jahres-Zeitraum auch erst nach dem 31.12.2009 beginnen (im Beispielsfall: 31.12.2011 bis 30.12.2017).[9]

699 Bei der noch vor dem 1.1.2010 begonnenen Altersteilzeit fördert die Bundesagentur für Arbeit die Altersteilzeitarbeit durch Erstattungsleistungen an den Arbeitgeber, wenn die in den §§ 2 und 3 ATG normierten arbeitnehmer- bzw arbeitgeberbezogenen Voraussetzungen erfüllt sind (vgl § 4 ATG). Gemäß § 4 Abs. 1 ATG erstattet die Bundesagentur für Arbeit dem Arbeitgeber für längstens sechs Jahre den Aufstockungsbetrag iHv 20 % des für die Altersteilzeitarbeit gezahlten Regelarbeitsentgelts sowie die Aufwendungen für die zusätzlichen Beiträge zur gesetzlichen Rentenversicherung in Höhe des Beitrags, der sich aus 80 % des Regelarbeitsentgelts für die Altersteilzeit ergibt, begrenzt auf den Unterschiedsbetrag zwischen 90 % der monatlichen Beitragsbemessungsgrenze und dem Regelarbeitsentgelt.

700 Die nachfolgenden Ausführungen beziehen sich auf Altersteilzeitarbeitsverhältnisse, die noch bis zum 31.12.2009 in Vollzug gesetzt wurden und für die eine Förderung durch die Bundesagentur daher in Betracht kommt.

2. Arbeitnehmerbezogene Voraussetzungen

701 Die Förderung der Altersteilzeit durch die Bundesagentur für Arbeit setzt auf Seiten des Arbeitnehmers nach § 2 Abs. 1 ATG voraus, dass er

---

[6] BAG 10.2.2004 – 9 AZR 401/02, NZA 2004, 606.
[7] BAG 10.2.2004 – 9 AZR 401/02, NZA 2004, 606.
[8] *Hampel*, DB 2004, 706, 708.
[9] ErfK/*Rolfs*, § 16 ATG Rn 1.

- das 55. Lebensjahr vollendet hat (§ 2 Abs. 1 Nr. 1 ATG),
- seine Arbeitszeit durch eine nach dem 14.2.1996 mit dem Arbeitgeber geschlossene Vereinbarung, die sich bis zum Rentenalter erstreckt, auf die Hälfte der bisherigen wöchentlichen Arbeitszeit vermindert hat und dass er versicherungspflichtig nach dem SGB III beschäftigt ist (§ 2 Abs. 1 Nr. 2 ATG) und
- innerhalb der letzten fünf Jahre vor Beginn der Altersteilzeitarbeit mindestens 1.080 Kalendertage in einer versicherungspflichtigen Beschäftigung nach dem Dritten Buch Sozialgesetzbuch (SGB III) oder nach den Vorschriften eines Mitgliedstaates, in dem die Verordnung (EWG) Nr. 1408/71 des Rates der Europäischen Union Anwendung findet, gestanden hat,
- noch keinen Anspruch auf ungeminderte Rente hat.

Diese Voraussetzungen erfüllen nach § 2 Abs. 1 ATG auch Arbeitnehmer, die
- beim Übergang in die Altersteilzeitarbeit bereits älter als 55 Jahre sind,
- innerhalb der letzten fünf Jahre vor dem Übergang in die Altersteilzeitarbeit zeitweise Arbeitslosengeld, Arbeitslosengeld II oder eine Entgeltersatzleistung (Krankengeld) bezogen haben.

Auch ein **teilzeitbeschäftigter** Arbeitnehmer kann Altersteilzeitarbeit in Anspruch nehmen. Bezugsgröße für die Berechnung der Arbeitszeit und die Aufstockungsleistungen bilden in diesem Fall die Arbeitszeit und das Arbeitsentgelt der Teilzeitbeschäftigung. Teilzeitbeschäftigte Arbeitnehmerinnen, die ihre bisherige Arbeitszeit verringern, ohne nach § 3 Abs. 1 TV ATZ einen Altersteilzeitarbeitsvertrag zu schließen, haben keinen Anspruch auf den tariflichen Aufstockungsbetrag. Durch den Ausschluss von den tariflichen Leistungen, die Altersteilzeitarbeitnehmer erhalten, werden teilzeitbeschäftigte Frauen weder unmittelbar noch mittelbar diskriminiert.[10]

3. Arbeitgeberbezogene Voraussetzungen

a) Anspruchsvoraussetzungen nach § 3 ATG

Die Voraussetzungen, die der Arbeitgeber erfüllen muss, um die Förderungsleistungen der Bundesagentur für Arbeit in Anspruch zu nehmen, sind in § 3 ATG normiert. Der Arbeitgeber muss
- das Entgelt und die Rentenbeiträge gemäß den gesetzlichen Vorgaben auf Grund eines Tarifvertrages, einer Regelung der Kirchen und der öffentlich-rechtlichen Religionsgesellschaften, einer Betriebsvereinbarung oder einer Vereinbarung mit dem Arbeitnehmer aufstocken (§ 3 Abs. 1 Nr. 1 ATG),
- den durch die Altersteilzeit frei werdenden Arbeitsplatz wiederbesetzen oder eine Ersatzeinstellung vornehmen (§ 3 Abs. 1 Nr. 2 ATG).

Der Arbeitgeber kann die ihn treffende **Wiederbesetzungspflicht** entweder durch die Einstellung eines bei der Agentur für Arbeit arbeitslos gemeldeten Arbeitnehmers oder die Einstellung bzw Übernahme eines Arbeitnehmers nach Abschluss der Ausbildung auf dem freigemachten/freigewordenen Arbeitsplatz erfüllen. Für Kleinunternehmen bis zu 50 Arbeitnehmern (Auszubildende und schwerbehinderte Menschen zählen nicht mit, § 7 ATG) schreibt das Gesetz eine erleichterte Wiederbesetzung vor. Darüber hinaus ist bei Kleinunternehmen anstelle der Wiederbesetzung auch die Beschäftigung eines Auszubildenden in einem anerkannten Ausbildungsberuf förderungsbegründend.

Die Wiederbesetzung durch einen bei der Agentur für Arbeit arbeitslos gemeldeten Arbeitnehmer oder Ausgebildeten muss stets in dem gleichen Umfang erfolgen, in dem der ältere Arbeitnehmer seinen Arbeitsplatz freigemacht hat. Das Gesamtvolumen der bisherigen Arbeitszeit muss grundsätzlich erhalten bleiben. Geringfügige Abweichungen von bis zu 10 % des Gesamtvolumens der bisherigen Arbeitszeit sind unschädlich.

Die Bundesagentur für Arbeit verlangt, dass die Altersteilzeitarbeit **vor** ihrem **Beginn vereinbart** wird. Die Altersteilzeitarbeit beginnt nach Abschluss der schriftlichen Vereinbarung mit dem Vorliegen der hierfür maßgeblichen Voraussetzungen. Die Altersteilzeitvereinbarung kann nur für die Zukunft abgeschlossen werden. Rückwirkende Vereinbarungen werden nicht gefördert. Abgelaufene Arbeitszeiten, in denen tatsächlich keine Altersteilzeitarbeit geleistet wurde, können nicht in Zeiten der Altersteilzeitarbeit umgewandelt werden. Eine **Rückdatierung** von Altersteilzeitverträgen ist rechtlich ausgeschlos-

---

10 BAG 20.8.2002 – 9 AZR 710/00, NZA 2003, 510.

sen.[11] Hat der Arbeitgeber über die gesetzlich vorgeschriebenen Leistungen hinaus aufgrund individual- oder kollektivvertraglicher Vereinbarung zusätzliche Aufstockungsleistungen und Beitragszahlungen zur gesetzlichen Rentenversicherung erbracht, sind diese nicht erstattungsfähig.

708 Zum Schutz kleinerer Betriebe vor übermäßigen Belastungen sieht § 3 Abs. 1 Nr. 3 ATG vor, dass die freie Entscheidung des Arbeitgebers beim Abschluss von Altersteilzeitvereinbarungen nicht durch tarifvertragliche Bestimmungen beeinträchtigt werden darf, wenn mehr als 5 % der Arbeitnehmer des Unternehmens Altersteilzeit nach dem ATG in Anspruch nehmen wollen.

b) Aufstockungsleistungen

709 Gemäß § 3 Abs. 1 Nr. 1 ATG hat der Arbeitgeber Aufstockungsleistungen nach Maßgabe des § 3 Abs. 1 Nr. 1 Buchst. a ATG und Rentenbeitragszahlungen iSd § 3 Abs. 1 Nr. 1 Buchst. b ATG zu erbringen. Zu den Leistungen muss der Arbeitgeber auf Grund eines Tarifvertrages, einer kirchenrechtlichen Regelung, einer Betriebsvereinbarung oder kraft einer Individualvereinbarung mit dem Altersteilzeitler verpflichtet sein. Hierdurch wird garantiert, dass die Erbringung der vorgenannten Leistungen als (eine) Voraussetzung für den Anspruch auf Erstattung nach § 4 Abs. 1 ATG nicht unter einen Freiwilligkeitsvorbehalt des Arbeitgebers und damit in sein Belieben gestellt werden kann. Eine öffentliche Förderung von Altersteilzeitarbeit kommt nur in Betracht, wenn der Arbeitgeber (vertrags-)rechtlich zur Erbringung der in § 3 Abs. 1 Nr. 1 ATG genannten Leistungen verpflichtet ist.

710 Die Aufstockung des Altersteilzeitentgelts beruht auf der Überlegung, dass jeder Arbeitnehmer fixe Kosten für den Lebensunterhalt hat, wie zB für Wohnen, Kleidung, Auto, Versicherungen, Lebensmittel usw. Würde der Lohn entsprechend der halbierten Arbeitszeit auf nur noch die Hälfte herabgesetzt, verbliebe den Betroffenen zu wenig für ihre Lebensführung. Diesem misslichen Befund, der die Bereitschaft zum Abschluss einer Altersteilzeit de facto auf null setzt, soll durch die Aufstockungsleistung entgegengewirkt werden.[12]

711 Stockt der Arbeitgeber dem Arbeitnehmer das Regelarbeitsentgelt für die Teilzeitarbeit nach den Maßgabe des § 3 Abs. 1 Nr. 1 Buchst. a ATG um mindestens 20 % auf und entrichtet er Beiträge zur Rentenversicherung nach der Maßgabe des § 1 Abs. 1 Nr. 1 Buchst. b ATG, erstattet die Agentur für Arbeit dem Arbeitgeber diese Leistungen. Arbeitsentgeltbestandteile des Regelarbeitsentgelts, die dem in Altersteilzeit beschäftigten Arbeitnehmer – wie dem in Vollzeit tätigen Mitarbeiter – für den gesamten Zeitraum der vereinbarten Altersteilzeit in unverminderter Höhe weiter gezahlt werden, wie etwa ein geldwerter Vorteil oder vermögenswirksame Leistungen, können durch vertragliche Vereinbarung von der Aufstockung zum Arbeitsentgelt ausgenommen werden (§ 3 Abs. 1 a ATG). Ist der Arbeitgeber arbeitsrechtlich verpflichtet, die ungeminderten Arbeitsentgeltbestandteile aufzustocken, sind auch diese Aufstockungsleistungen grundsätzlich erstattungsfähig.

712 Mit dem Dritten Gesetz für moderne Dienstleistungen am Arbeitsmarkt[13] wurde zum 1.1.2004 das **Regelarbeitsentgelt** als Bezugsgröße eingeführt, das zu Beginn der Förderung festgelegt wird und grundsätzlich während der gesamten Förderperiode für die Ermittlung des Aufstockungsbetrags maßgeblich bleibt (§ 12 Abs. 2 Satz 1 ATG). Eine Anpassung erfolgt nur, wenn sich das zugrunde liegende berücksichtigungsfähige Arbeitsentgelt verringert (§ 12 Abs. 2 Satz 2 ATG).

713 Das Regelarbeitsentgelt nach § 3 Abs. 1 Nr. 1 Buchst. a ATG iVm § 6 Abs. 1 ATG ist das auf einen Monat entfallende sozialversicherungspflichtige Arbeitsentgelt, das der Arbeitgeber im Rahmen des Altersteilzeitverhältnisses regelmäßig zu erbringen hat. Es handelt sich somit grundsätzlich um die Hälfte des ohne Altersteilzeitarbeit maßgeblichen laufenden Arbeitsentgelts (sog. **Vollzeitarbeitsentgelt**).

714 Bei Vereinbarungen nach § 7 Abs. 1 a SGB IV ist für Zeiten der tatsächlichen Arbeitsleistung und der Freistellung das in dem jeweiligen Zeitraum fällige laufende Arbeitsentgelt als Regelarbeitsentgelt maßgebend. Das Regelarbeitsentgelt ist ggf jeden Monat neu festzusetzen, wie etwa bei Vorliegen variabler Lohnbestandteile. Dabei darf das Regelarbeitsentgelt die monatliche Beitragsbemessungsgrenze des SGB III nicht überschreiten.

---

11 Rundschreiben der Spitzenverbände der Sozialversicherung vom 9.3.2004, S. 30.
12 *Rittweger*, in: Rittweger/Petri/Schweikert, § 3 ATG Rn 5.
13 Gesetz vom 23.12.2003 (BGBl. I S. 2848).

Zum **Regelarbeitsentgelt** können – neben dem laufenden Arbeitsentgelt – zB gehören: Vermögenswirksame Leistungen, Prämien und Zulagen, Zuschläge für Sonntags-, Feiertags- und Nachtarbeit, Sachbezüge und sonstige geldwerte Vorteile wie Kraftfahrzeugüberlassung zum privaten Gebrauch des Arbeitnehmers. Arbeitsentgelte, die einmalig (zB Jahressondervergütungen), nicht regelmäßig oder nicht für die vereinbarte Arbeitszeit (zB Mehrarbeitsvergütung) gezahlt werden, bleiben unberücksichtigt. Einmalzahlungen, die arbeitsrechtlich zulässig in jedem Kalendermonat zu einem Zwölftel ausgezahlt werden, verlieren ihren Charakter als Einmalzahlungen. Die entsprechenden Beträge erhöhen das laufende Regelarbeitsentgelt. Zulagen gehören zum Regelarbeitsentgelt, wenn sie für bestimmte Arbeiten gewährt werden, die nach dem Arbeitsvertrag regelmäßig (monatlich) zu leisten sind und auch künftig durch den Arbeitgeber abgefordert werden sollen. Hierzu können zB Schmutzzulagen, Leistungs- und Erschwerniszulagen und Zulagen für Rufbereitschaft gehören. Unschädlich ist, wenn der Arbeitnehmer die Zulagen begründende Tätigkeit in einzelnen Monaten tatsächlich nicht ausübt. Zum regelmäßig zu zahlenden sozialversicherungspflichtigen Arbeitsentgelt gehören auch solche Zulagen, deren Anfall nicht von vorneherein feststeht, wenn eine rückschauende Betrachtung ergibt, dass sie tatsächlich zuletzt regelmäßig erzielt worden sind. Hierfür ist Monat für Monat, in dem jeweils eine versicherungspflichtige Zulage erzielt worden ist, festzustellen, ob diese Zulage in den jeweiligen zurückliegenden drei Monaten durchgehend als versicherungspflichtiger Entgeltbestandteil angefallen ist. Ist dies der Fall, zählt die im jeweiligen Abrechnungsmonat zu zahlende Zulage zum Regelarbeitsentgelt, anderenfalls nicht. Zeiten einer Abwesenheit des Arbeitnehmers, etwa wegen Urlaub oder Krankheit, werden bei der Festlegung des jeweiligen Referenzzeitraumes von drei Monaten ausgeklammert.[14]

Die Leistungen des Arbeitgebers sind von **Steuern** und **Sozialabgaben freigestellt**, die Aufstockungsbeträge unterliegen allerdings – wie das Arbeitslosengeld, das Arbeitslosengeld II und die übrigen Lohn- und Einkommensersatzleistungen – dem **Progressionsvorbehalt**. Das bedeutet: Die Aufstockungsbeträge bleiben unterjährig bei der Ermittlung der vom Arbeitgeber einzubehaltenden Lohnsteuer unberücksichtigt. Bei der Einkommensteuerveranlagung führen sie jedoch zu einer besonderen Ermittlung des Einkommensteuersatzes für das zu versteuernde Einkommen. Zu diesem Zweck werden die Aufstockungsbeträge dem tatsächlich zu versteuernden Einkommen (das sich aus dem erzielten Arbeitslohn und etwaigen weiteren Einkünften ergibt) hinzugerechnet, als ob sie steuerpflichtig wären. Für das so erhöhte zu versteuernde Einkommen werden die Einkommensteuer und der Steuersatz (Verhältnis der Steuer zum erhöhten Einkommen) ermittelt. Dieser höhere Steuersatz wird anschließend jedoch nur auf das tatsächlich zu versteuernde Einkommen (also ohne Aufstockungsbeträge) angewendet. Durch die Anwendung des Progressionsvorbehalts können sich bei der Einkommensteuerveranlagung Steuernachforderungen ergeben; für künftige Jahre kann das Finanzamt eventuell Vorauszahlungen festsetzen. Deshalb ist bei Überlegungen zum Eintritt in die Altersteilzeit auch zu prüfen, ob und ggf in welchem Umfang sich die Anwendung des Progressionsvorbehalts auswirkt.

Hat ein Arbeitnehmer während der Altersteilzeit im Rahmen der sog. **Schattenbesteuerung** höhere Einkommensteuern zu entrichten, besteht kein Ersatzanspruch des Arbeitnehmers gegen den Arbeitgeber, jedenfalls dann, wenn die Parteien vereinbart hatten, dass die Aufstockung nach den bei „Arbeitnehmern gewöhnlich anfallenden Abzügen" zu bemessen sei.[15] Verdeutlicht wird die vom Arbeitgeber vorzunehmende **Aufstockung** durch das nachfolgende Berechnungsbeispiel:

Beispiel: Altersteilzeit Lohnabrechnung

Monatlich anfallender Lohn	2.250,00 EUR
Beitragspflichtige Zulagen, die zwar monatlich, aber in unterschiedlicher Höhe anfallen	320,00 EUR
Jährliches Urlaubsgeld	1.130,00 EUR
Einmalige Jubiläumsprämie	1.500,00 EUR
Mehrarbeitsvergütung einschließlich Zuschläge	180,00 EUR

Das Regelarbeitsentgelt beträgt im Beispiel monatlich insgesamt 2.570 EUR (2.250 EUR + 320 EUR). Das Urlaubsgeld, die Jubiläumsprämie und die Mehrarbeitsvergütung (einschließlich Zuschläge) sind nicht zu berücksichtigen, da diese Leistungen nicht regelmäßig jeden Monat (Urlaubsgeld, Jubiläumsprämie) bzw nicht

---

14 Rundschreiben der Spitzenverbände der Sozialversicherung vom 9.3.2004, S. 30.
15 BAG 25.6.2002 – 9 AZR 155/01, BAGE 101, 351 = NZA 2003, 859.

für die vereinbarte Arbeitszeit (Mehrarbeitsvergütung) gezahlt werden. Der gesetzliche Aufstockungsbetrag berechnet sich dementsprechend folgendermaßen: 20 % von 2.570 EUR = 514 EUR.

719 Um dem Arbeitnehmer seine zukünftigen Bezüge als Altersteilzeitler nachhaltig vor Augen zu führen ist es unerlässlich, vor Abschluss einer Altersteilzeitvereinbarung eine Probeabrechnung der Personalabteilung anzufordern, aus der sich die Höhe der zukünftigen Vergütung ergibt. Ergänzende Informationen zur Berechnung des Aufstockungsbetrags können dem von der Bundesagentur für Arbeit herausgegebenen **Merkblatt** „Gleitender Übergang in den Ruhestand – Hinweise für Arbeitgeber und Arbeitnehmer" entnommen werden, dem das vorstehende Berechnungsbeispiel entstammt.

c) Beitragszahlung zur gesetzlichen Rentenversicherung

720 Der Arbeitgeber muss für den Arbeitnehmer neben der Entgeltaufstockung auch zusätzliche Beiträge zur gesetzlichen Rentenversicherung zahlen (§ 3 Abs. 1 Nr. 1 Buchst. b ATG). Die Höhe der rentenbezogenen Aufstockungsleistung errechnet sich aus 80 % des Regelarbeitsentgelts. Das ATG begrenzt die zusätzlichen Rentenversicherungsbeiträge auf den Unterschiedsbetrag zwischen 90 % der monatlichen Beitragsbemessungsgrenze (2013: 5.800 EUR West und 4.900 EUR Ost) und dem Regelarbeitsentgelt. Der Arbeitgeber ist jedoch berechtigt, darüber hinaus zusätzliche Beiträge, höchstens bis zur Beitragsbemessungsgrenze, zu zahlen. Einmalig gezahltes Arbeitsentgelt ist bei der Berechnung der zusätzlichen Rentenversicherungsbeiträge nicht zu berücksichtigen. Die zusätzlichen, das gesetzlich vorgeschriebene Maß übersteigenden Beiträge zur Rentenversicherung trägt der Arbeitgeber alleine.

721 Zur Veranschaulichung der Rentenaufstockung dient das nachfolgende Beispiel. Da nachstehend 80 % des Regelarbeitsentgelts den Höchstbetrag überschreiten, greift die gesetzliche Kappung ein.

722 **Beispiel: Rentenaufstockung**

90 % der Beitragsbemessungsgrenze (2013: West 5.800 EUR)	5.220,00 EUR
Regelarbeitsentgelt	2.900,00 EUR
Differenzbetrag/Höchstbetrag (5.220 EUR – 2.900 EUR)	2320,00 EUR
80 % des Regelarbeitsentgelts	2.320,00 EUR
Zusätzlicher Beitrag zur Rentenversicherung (= 18,9 % aus 2.320 EUR)	438,48 EUR

723 Unverminderte Arbeitsentgeltbestandteile des Regelarbeitsentgelts, zB vermögenswirksame Leistungen, gehören zum Regelarbeitsentgelt, das der Beitragsberechnung zugrunde zu legen ist.

724 Übt ein Arbeitnehmer neben seiner Altersteilzeitarbeit eine Beschäftigung oder eine selbstständige Tätigkeit aus, die die Geringfügigkeitsgrenze des § 8 SGB IV überschreitet, führt diese Zweitbeschäftigung nach Maßgabe des § 5 Abs. 3 Satz 1 ATG zum Ruhen des arbeitgeberseitigen Anspruchs auf Erstattungsleistungen nach § 4 Abs. 1 ATG. Mit Blick darauf sollte – sofern nicht eine entsprechende kollektivvertragliche Regelung besteht – in dem zwischen Arbeitgeber und Arbeitnehmer abzuschließenden Altersteilzeitvertrag ein Beschäftigungsverbot verbunden mit der auflösenden Bedingung, dass bei Vorliegen der Voraussetzungen des § 5 Abs. 3 Satz 1 ATG die Arbeitgeberleistungen iSd § 3 Abs. 1 Nr. 1 ATG wegfallen, aufgenommen werden.[16]

d) Wiederbesetzung bzw Ersatzeinstellung

725 Der Anspruch des Arbeitgebers auf Erstattungsleistungen nach § 4 Abs. 1 ATG setzt nach § 3 Abs. 1 Nr. 2 ATG die Einstellung eines Arbeitnehmers oder Auszubildenden im Zusammenhang mit dem durch den in Altersteilzeit gewechselten Arbeitnehmer frei gewordenen (Teil-)Arbeitsplatz voraus. Grundsätzlich hat der Arbeitgeber einen bei der Agentur für Arbeit arbeitslos gemeldeten Arbeitnehmer oder einen Arbeitnehmer nach Abschluss der Ausbildung auf dem frei gemachten oder auf einem in diesem Zusammenhang durch Umsetzung frei gewordenen Arbeitsplatz versicherungspflichtig im Sinne des Dritten Sozialgesetzbuches zu beschäftigen (§ 3 Abs. 1 Nr. 2 Buchst. a ATG). Die Beschäftigung des Wiederbesetzers muss der Arbeitslosenversicherungspflicht unterliegen. Der Wiederbesetzer muss deshalb mehr als geringfügig (vgl § 8 SGB IV) beschäftigt werden.

---

[16] Reichling/Wolf, NZA 1997, 422 (426).

Seit dem 1.1.2005 werden auch Bezieher von Arbeitslosengeld II als arbeitslos gemeldete Arbeitnehmer anerkannt, sofern eine Kostenzusage durch den zuständigen Träger der Grundsicherung erteilt wird. Die **Kostenzusage** muss vor der Einstellung des Wiederbesetzers erfolgen. Bei der Einstellung eines arbeitslos gemeldeten Arbeitnehmers ist von Gesetzes wegen nicht gefordert, dass dieser für eine bestimmte Dauer arbeitslos gemeldet gewesen sein muss. Insofern reicht jede, auch eine nur kurzfristige Arbeitslosmeldung, wenn nicht eine solche rechtsmissbräuchlich allein zu dem Zweck herbeigeführt wird, die Möglichkeit zur Zuschussgewährung an den einstellenden Arbeitgeber zu eröffnen.[17]

Das Erfordernis der Einstellung eines Arbeitnehmers nach dem Abschluss der Ausbildung ist erfüllt, wenn die übernommene Person eine berufsqualifizierende Ausbildung beliebiger Art – etwa im Sinne des Berufsbildungsgesetzes oder auch ein Studium – abgeschlossen hat. Darüber hinaus ist erforderlich, dass die Einstellung unmittelbar im Anschluss an die Beendigung der Ausbildung erfolgt. Arbeitgeber, die in der Regel nicht mehr als 50 Arbeitnehmer beschäftigen, können nach § 3 Abs. 1 Nr. 2 Buchst. b ATG die Wiederbesetzungspflicht auch durch die versicherungspflichtige Beschäftigung eines Auszubildenden erfüllen. Ob ein Arbeitgeber in der Regel nicht mehr als 50 Arbeitnehmer beschäftigt, bestimmt sich nach der Regelung des § 7 Abs. 1 und 3 ATG. Nach § 7 Abs. 3 ATG bleiben bei der Feststellung der Zahl der beschäftigten Arbeitnehmer nach Abs. 1 und 2 der Vorschrift schwerbehinderte Menschen und Gleichgestellte im Sinne des SGB IX sowie Auszubildende außer Ansatz.

Der arbeitslos gemeldete oder soeben erst ausgebildete Arbeitnehmer muss „auf dem frei gemachten oder auf einem in diesem Zusammenhang durch Umsetzung frei gewordenen Arbeitsplatz" (§ 3 Abs. 1 Nr. 2 Buchst. a ATG) beschäftigt werden. Damit wird ein **sachlicher Zusammenhang** zwischen der Einstellung der genannten Personen und der frei gewordenen Arbeitskapazität gefordert, dem auch durch eine sog. **Umsetzungskette** Rechnung getragen werden kann. Diese ist der Agentur für Arbeit gegenüber lückenlos durch die konkrete Benennung der wechselnden und nachfolgenden Arbeitnehmer sowie der betroffenen Arbeitsplätze darzustellen. Der Arbeitsplatz muss auch nach einer auf technischer Entwicklung oder einem strukturellen Wandel beruhenden Veränderung in seiner wesentlichen Funktion erhalten bleiben. Für Arbeitgeber, die in der Regel nicht mehr als 50 Arbeitnehmer beschäftigen, ist der Nachweis eines sachlichen Zusammenhangs zwischen der Einstellung und der frei gewordenen Arbeitskapazität nicht erforderlich. Gemäß § 3 Abs. 1 Nr. 2 Buchst. a Hs 2 ATG wird bei Kleinbetrieben unwiderleglich vermutet, dass der Arbeitnehmer auf dem frei gemachten oder auf einem im Zusammenhang mit der Einstellung durch Umsetzung frei gewordenen Arbeitsplatz beschäftigt wird.

Die Wiederbesetzung des frei gemachten oder durch Umsetzung freigewordenen Arbeitsplatzes muss des Weiteren in einem **zeitlichen Zusammenhang** mit der Begründung des Altersteilzeit-Arbeitsverhältnisses erfolgen. Je größer der Abstand zwischen dem Übergang in die Altersteilzeitarbeit und der Wiederbesetzung ist, desto höhere Anforderungen sind an die Darlegung der Kausalität zu stellen. Unterbrechungen der Wiederbesetzung – etwa deshalb, weil der angestellte Arbeitnehmer das Arbeitsverhältnis beendet – führen nach § 5 Abs. 2 Satz 2 Alt. 1 ATG nicht zum Wegfall des Anspruchs auf Erstattungsleistungen nach § 4 Abs. 1 ATG, wenn innerhalb von drei Monaten eine erneute Wiederbesetzung erfolgt. Ist das nicht der Fall, so besteht der Erstattungsanspruch nach § 5 Abs. 2 Satz 1 ATG nicht, solange der Arbeitgeber auf dem frei gemachten oder durch Umsetzung frei gewordenen Arbeitsplatz keinen Arbeitnehmer mehr beschäftigt, der bei Beginn der Beschäftigung die Voraussetzungen des § 3 Abs. 1 Nr. 2 ATG erfüllt hat. Nach Ablauf der Drei-Monats-Frist hat der Arbeitgeber bei einer Wiederbesetzung erst ab dem Zeitpunkt der Einstellung wieder Anspruch auf die Leistungen nach § 4 Abs. 1 ATG.

Bei einer **Beendigung** des „Wiederbesetzungs-Beschäftigungsverhältnisses" entfällt der Anspruch auf Erstattungsleistungen auch ohne erneute Wiederbesetzung nicht, wenn der Arbeitgeber die Leistungen nach § 4 Abs. 1 ATG bereits für vier Jahre erhalten hat. In diesem Fall wird nicht davon ausgegangen, dass die Nichtbesetzung des Arbeitsplatzes noch etwas mit der ursprünglichen Begründung eines Altersteilzeit-Arbeitsverhältnisses zu tun hat. Der arbeitgeberseitige Anspruch auf Erstattungsleistungen bleibt dann bis zur Höchstdauer von sechs Jahren erhalten. Endet die Wiederbesetzung wegen einer Befristung des Arbeitsvertrages, muss der Arbeitsplatz innerhalb von drei Monaten entweder mit dem bisherigen Arbeitnehmer oder einer anderen, die Erfordernisse des § 3 Abs. 1 Nr. 2 ATG erfüllenden Person wiederbesetzt werden. Eine dauernde Wiederbesetzung mit Arbeitnehmern in befristeten Ar-

---

17 *Diller*, NZA 1996, 847 (849 f); *Boecken*, NJW 1996, 3386 (3389).

beitsverträgen ist – vorbehaltlich der Beachtung des Teilzeit- und Befristungsgesetzes – altersteilzeitrechtlich zulässig.

4. Leistungen der Bundesagentur für Arbeit

731 Die Bundesagentur für Arbeit erstattet dem Arbeitgeber die Aufwendungen, die ihm entstehen durch die Aufstockung des Arbeitsentgelts (§ 4 Abs. 1 Nr. 1 ATG) und die zusätzlichen Beiträge zur Rentenversicherung (§ 4 Abs. 1 Nr. 2 ATG). Voraussetzung für die Erstattungsleistungen ist, dass der Arbeitgeber die Aufstockungsleistungen in der gesetzlich vorgesehenen Mindesthöhe auch tatsächlich erbracht hat. Erbringt der Arbeitgeber andererseits zB aufgrund eines Tarifvertrages höhere Leistungen, werden Zuschüsse nur in Höhe der gesetzlich festgeschriebenen Höhe gewährt.

732 Ist der in Altersteilzeitarbeit beschäftigte Arbeitnehmer von der Versicherungspflicht in der gesetzlichen Rentenversicherung befreit, können dem Arbeitgeber vergleichbare Aufwendungen erstattet werden, die er zu Gunsten des Arbeitnehmers für dessen private Altersversorgung erbracht hat. Diese Erstattungsleistungen sind jedoch der Höhe nach auf den Beitrag begrenzt, den die Bundesagentur zu tragen hätte, wenn der Arbeitnehmer nicht von der Versicherungspflicht befreit wäre (§ 4 Abs. 2 Satz 2 ATG). Weil die Wiederbesetzung des freigemachten Arbeitsplatzes bzw die Einstellung eines Auszubildenden Voraussetzung für die Förderleistungen der Bundesagentur ist, entsteht der Anspruch auf Leistungen frühestens mit der Erfüllung dieser Voraussetzung. Im Blockzeitmodell erarbeitet der ältere Arbeitnehmer während der Arbeitsphase sein Arbeitszeitguthaben für die Freizeitphase. Deshalb kann in diesem Fall der Anspruch erst dann entstehen, wenn der ältere Arbeitnehmer in die Freizeitphase einmündet. Die Leistungen der Bundesagentur für Arbeit können längstens für einen Zeitraum von sechs Jahren gewährt werden (§ 4 Abs. 1 ATG), maximal jedoch so lange, bis der Arbeitnehmer einen ungeminderten Rentenanspruch erworben hat oder eine Altersrente tatsächlich bezieht.

733 Der Anspruch auf Leistungen nach dem ATG **besteht nicht**, wenn der Arbeitgeber den Wiederbesetzer nicht mehr auf dem frei gemachten oder durch Umsetzung frei gewordenen Arbeitsplatz beschäftigt und den Arbeitsplatz nicht innerhalb von drei Monaten erneut besetzt (§ 5 Abs. 2 ATG). Entsprechendes gilt für die Beschäftigung eines Auszubildenden. Wird ein Wiederbesetzer in einem Kleinunternehmen mit bis zu 50 Arbeitnehmern umgesetzt oder ausgetauscht, ist dies für die Leistungsgewährung unschädlich, wenn der bisherige Wiederbesetzer weiterhin entsprechend der bisherigen Arbeitszeit beschäftigt wird. Entsprechendes gilt für die Umsetzung oder den Austausch des Wiederbesetzers in eigenständigen Organisationseinheiten mit nicht mehr als 50 Arbeitnehmern. Der Förderanspruch bleibt in diesem Fall erhalten, wenn der Wiederbesetzer weiterhin entsprechend der bisherigen Arbeitszeit und in derselben Organisationseinheit beschäftigt wird. Auf die Förderung wirken sich Zeiten ohne Beschäftigung aufgrund von Beschäftigungsverboten (zB MuSchG), Ableistung von Wehr- oder Zivildienst oder Elternzeit nicht aus. Das Ausscheiden des Wiederbesetzers ist generell unschädlich, wenn der Arbeitgeber insgesamt für vier Jahre die Leistungen nach dem Altersteilzeitgesetz erhalten hat (dies entspricht im Blockmodell einer Förderungsdauer von zwei Jahren).

734 Der Anspruch auf Leistungen nach dem ATG **ruht** während der Zeit, in der der Arbeitnehmer neben seiner Altersteilzeitarbeit noch eine weitere Beschäftigung oder selbstständige Tätigkeit in mehr als geringfügigem Umfang ausübt oder aufgrund einer solchen Beschäftigung eine Entgeltersatzleistung erhält (§ 5 Abs. 3 Satz 1 ATG). Die Ruhensvorschriften finden dagegen keine Anwendung, wenn der Arbeitnehmer bereits innerhalb der letzten fünf Jahre vor Beginn der Altersteilzeitarbeit ständig neben seiner Arbeitnehmertätigkeit eine mehr als geringfügige Beschäftigung oder selbstständige Tätigkeit ausgeübt hat und diese während der Altersteilzeitarbeit fortführt.

735 Der Anspruch auf Leistungen ruht auch während der Zeit, in der der Arbeitnehmer über die Altersteilzeitarbeit hinaus Mehrarbeit leistet, die den Umfang der oben genannten Geringfügigkeitsgrenze überschreitet (§ 5 Abs. 4 ATG).

736 Der Anspruch auf Leistungen nach dem ATG **erlischt**, wenn der Arbeitnehmer
- die Altersteilzeitarbeit beendet hat (§ 5 Abs. 1 Nr. 1 ATG);
- das 65. Lebensjahr vollendet hat (§ 5 Abs. 1 Nr. 1 ATG): Der Anspruch erlischt auf Dauer mit Ablauf des Monats, in dem der Arbeitnehmer das 65. Lebensjahr vollendet. Für Arbeitnehmer, die am 1. des Monats geboren sind, erlischt der Anspruch mit Ablauf des Vormonats, eine ungeminderte Altersrente beanspruchen kann (§ 5 Abs. 1 Nr. 2 ATG);

- eine geminderte oder ungeminderte Altersrente (ggf auch als Teilrente) oder Knappschaftsausgleichsleistung bezieht (§ 5 Abs. 1 Nr. 3 ATG);
- eine der Altersrente ähnliche Leistung öffentlich-rechtlicher Art bezieht, zB eine ausländische Altersrente (§ 5 Abs. 1 Nr. 3 ATG);
- eine mehr als geringfügige Beschäftigung von 150 Kalendertagen und mehr ausgeübt oder in entsprechendem Umfang Mehrarbeit geleistet hat. Hierbei sind alle Ruhenszeiträume innerhalb des Förderzeitraumes zu berücksichtigen (§ 5 Abs. 3 Satz 3 ATG).

Den Altersrenten der gesetzlichen Rentenversicherung stehen vergleichbare Leistungen einer Versicherungs- oder Versorgungseinrichtung oder eines Versicherungsunternehmens gleich, wenn der Arbeitnehmer von der Versicherungspflicht in der gesetzlichen Rentenversicherung befreit ist. Ob eine Altersrente wegen vorzeitiger Inanspruchnahme vor dem für den Versicherten maßgebenden Rentenalter um einen Abschlag an Entgeltpunkten gemindert wäre, richtet sich nach § 63 Abs. 5 iVm § 77 Abs. 2 Nr. 1 SGB VI. Auskunft hierüber erteilt der zuständige Rentenversicherungsträger. 737

Altersteilzeit-Arbeitnehmer haben nach Maßgabe der einschlägigen Regelungen und Erfüllung der jeweiligen Voraussetzungen wie jeder andere Arbeitnehmer Anspruch auf Rehabilitationsleistungen (§§ 9 ff SGB VI) und Renten (§§ 33 ff SGB VI). Spezifisch zugeschnitten u.a. auf Altersteilzeit-Arbeitnehmer ist die in § 237 SGB VI geregelte Altersrente wegen Arbeitslosigkeit oder nach Altersteilzeitarbeit. 738

5. Soziale Sicherung des Arbeitnehmers

a) Entgeltersatzleistungen der Agentur für Arbeit (zB Arbeitslosengeld)

Wird die Altersteilzeitarbeit vor Eintritt in die Altersrente beendet (zB bei Insolvenz des Arbeitgebers) und sind die Voraussetzungen für den Bezug von Arbeitslosengeld erfüllt, werden die Entgeltersatzleistungen nach dem Arbeitsentgelt bemessen, das der Arbeitnehmer erzielt hätte, wenn er seine Arbeitszeit nicht im Rahmen der Altersteilzeitarbeit vermindert hätte (§ 10 Abs. 1 ATG). Das gilt aber nur bis zu jenem Zeitpunkt, zu dem der Arbeitnehmer eine Rente wegen Alters (ggf auch mit einer Rentenminderung) in Anspruch nehmen kann. Wird die Rente nicht in Anspruch genommen, ist das Bemessungsentgelt ohne Berücksichtigung der genannten Sonderregelung neu festzusetzen. Wird während der Altersteilzeitarbeit Kurzarbeitergeld oder Winterausfallgeld bezogen (§ 10 Abs. 4 ATG), hat der Arbeitgeber die Aufstockungsleistungen nach dem Altersteilzeitgesetz in dem Umfang zu erbringen, als hätte der Arbeitnehmer in der vereinbarten Arbeitszeit gearbeitet. 739

b) Entgeltersatzleistungen anderer Leistungsträger (zB Krankengeld)

Bei dem Bezug von 740
- Krankengeld,
- Krankentagegeld von einem privaten Versicherungsunternehmen,
- Versorgungskrankengeld,
- Verletztengeld und
- Übergangsgeld

während der Altersteilzeit finden für die Bemessung dieser Leistungen die Aufstockungsbeträge zum Arbeitsentgelt und die zusätzlichen Beiträge zur Rentenversicherung keine Berücksichtigung. Deshalb tritt in Fällen des Bezugs einer solchen Entgeltersatzleistung die Bundesagentur für Arbeit an die Stelle des Arbeitgebers (§ 10 Abs. 2 ATG) und erstattet den Aufstockungsbetrag zum Arbeitsentgelt unmittelbar dem Arbeitnehmer. Die Beiträge zur Rentenversicherung werden dem individuellen Versichertenkonto beim zuständigen Rentenversicherungsträger direkt gutgeschrieben. Seit Hartz III kann auch der Arbeitgeber nach § 10 Abs. 2 Satz 2 ATG die Aufstockungsleistungen direkt an den in Altersteilzeit Beschäftigten erbringen. Gemäß § 12 Abs. 2 Satz 4 ATG kann sich der Arbeitgeber bei Vorliegen aller Voraussetzungen die gezahlten Leistungen von der Bundesagentur erstatten lassen.

Im Falle des Bezugs von **Krankengeld** (oder einer vergleichbaren Entgeltersatzleistung) bemisst sich der Aufstockungsbetrag nach dem Teilzeitarbeitsentgelt, das der Arbeitnehmer im letzten Entgeltabrechnungszeitraum vor Beginn der Arbeitsunfähigkeit (bzw medizinischen Rehabilitationsmaßnahme) erzielt hat; einmalig gezahltes Arbeitsentgelt ist nicht zu berücksichtigen. Wird die Einmalzahlung wäh- 741 rend des Krankengeldbezugs aufgrund arbeitsrechtlicher Vorschriften vom Arbeitgeber gewährt und auch aufgestockt, darf die Einmalzahlung bei der Erstattung im Rahmen des § 10 Abs. 2 ATG nicht unberücksichtigt bleiben. Bei Vorleistung der Aufstockungsbeträge durch den Arbeitgeber erstattet die Agentur für Arbeit die für die Bundesagentur für Arbeit verauslagten Aufstockungsleistungen zum Arbeitsentgelt unmittelbar dem Arbeitgeber (wie sonst auch) und nicht dem Arbeitnehmer. Die Zahlung und maschinelle Meldung der Aufstockungsbeträge nach § 3 Abs. 1 Nr. 1 Buchst. b ATG an den Rentenversicherungsträger (vgl § 38 DEÜV) erfolgt jedoch auch in diesen Fällen durch die Agentur für Arbeit. Bezieher von Krankentagegeld eines privaten Versicherungsunternehmens müssen zunächst über die Antragspflichtversicherung (§ 4 Abs. 3 Satz 1 Nr. 2 SGB VI) für einen Grundbeitrag sorgen, damit die Agentur für Arbeit den für die Altersteilzeitarbeit maßgebenden zusätzlichen Rentenversicherungsbeitrag entrichten kann. Für Arbeitnehmer, die Krankentagegeld beziehen und keinen Antrag nach § 4 Abs. 3 Satz 1 Nr. 2 SGB VI stellen, können für die Dauer des Leistungsbezugs allein die Aufstockungsleistungen zum Arbeitsentgelt erbracht werden.

IV. Problemzonen bei der Gestaltung von Altersteilzeitvereinbarungen

1. Arbeitsunfähigkeit während der Altersteilzeit

742 Eine Erkrankung während der Altersteilzeit wird gleich behandelt wie bei einem Halbtagsbeschäftigten. Es gelten dieselben Regelungen zwecks Krankmeldung und Arbeitszeit. Dies gilt nicht beim Blockmodell in der zweiten Phase.

743 Für die ersten sechs Wochen einer Erkrankung in der Arbeitsphase ist das Entgelt fortzuzahlen einschließlich der Aufstockungsbeträge. Auch das Wertguthaben nimmt in dieser Zeit zu, da die Erkrankung für diesen Zeitraum nicht als Ausfall der Arbeit gewertet wird. Bei Fortdauer der Erkrankung über sechs Wochen hinaus wird Krankengeld gezahlt, jedoch ist Bemessungsgrundlage des Krankengeldes nur das Altersteilzeitentgelt ohne die Aufstockungsbeträge. Zwar ist in § 10 Abs. 2 ATG vorgesehen, dass die Bundesagentur für Arbeit die Aufstockungsbeträge dann unmittelbar an den Arbeitnehmer erbringt. Dies gilt aber nur für den Fall, dass es sich auch tatsächlich um ein gefördertes Altersteilzeitverhältnis, also eines mit Wiederbesetzung, handelt. Für nach dem 1.1.2010 erstmals geschlossene Altersteilzeitverträge bedeutet dies, dass eine Förderung durch die Bundesagentur für Arbeit nicht in Betracht kommt, da auch Zuschussleistungen durch die Bundesagentur nicht mehr erbracht werden.

744 Wird der Rentensachverhalt des § 237 Abs. 1 Nr. 3 Buchst. b SGB VI erfüllt, muss eine Halbierung der Arbeitszeit, die auch mit Verblockung über mehrere Jahre erreicht werden kann, vorgenommen werden mit der Folge, dass der Freizeitphase auch eine entsprechende Arbeitsphase, in der tatsächlich Wertguthaben angespart wird, gegenüber steht. Bei Aufstockungen auch während des Krankengeldbezugs, insbesondere Aufstockung des Rentenbeitrags, gilt auch bei längerer Krankheit die gesamte Zeit als rentenrechtliche Zeit. Allerdings muss auf die Ausgewogenheit zwischen Arbeitszeit und Freizeitblock geachtet werden, so dass die Hälfte der Krankheitszeit in der Freizeitphase nachzuarbeiten ist.

745 Eine Arbeitsunfähigkeit in der Freistellungsphase des Blockmodells bleibt unbeachtlich, weil während der Freistellungsphase keine Arbeitsverpflichtung mehr aufgrund des in der ersten Hälfte erworbenen Zeitguthabens besteht. Der Arbeitnehmer erhält aufgrund seiner vorgeleisteten Arbeit das Altersteilzeitentgelt und die Aufstockungsleistung nach § 3 Abs. 1 Nr. 1 ATG.[18]

746 Der Arbeitnehmer erhält daher bei einer Krankheit in der Freistellung nicht etwa Krankenbezüge, sondern seine Vergütung oder seinen Lohn weiter gezahlt, unabhängig von der Länge der Krankheit.[19] Bei den gesetzlichen Krankenkassen wird bei einer Arbeitsunfähigkeit in der Freistellungsphase kein Krankengeld gezahlt, weil der Anspruch auf Krankengeld nach § 49 Abs. 1 Nr. 6 SGB V ruht.

747 Die Träger der Rentenversicherung erbringen medizinische Rehabilitationsleistungen mit dem Ziel, die Erwerbsfähigkeit der Versicherten zu erhalten, zu verbessern, vorzeitiges Ausscheiden aus dem Erwerbsleben zu vermeiden sowie möglichst dauerhaft eine Eingliederung in das Erwerbsleben zu erreichen. Diese Ziele können auch noch bei in verblockter Altersteilzeit-Beschäftigten kurz vor dem Ein-

---

18 *Debler*, NZA 2001, 1285.
19 LAG Köln 11.5.2001 – 11 Sa 228/01, NZA-RR 2002, 580.

tritt in die Freizeitphase verwirklicht werden.[20] Es ist deshalb nicht ausgeschlossen, dass noch kurz vor der Blockfreistellung bei Altersteilzeitlern Maßnahmen der Rehabilitation durchgeführt werden.

2. Urlaub

Die Handhabung des Urlaubs ist abhängig vom gewählten Modell. Beim Blockmodell besteht Urlaubsanspruch während der Arbeitsphase, während der Freistellungsphase gibt es keinen Urlaub. Im Kalenderjahr des Übergangs von der Beschäftigung zur Freistellung hat man für jeden vollen Beschäftigungsmonat Anspruch auf 1/12 des Jahresurlaubs. Bei der täglichen Reduzierung zählt ein Urlaubstag wie bei einem Halbtagsbeschäftigten (idR 3,85 Stunden).

Beginnt für einen Arbeitnehmer in Altersteilzeit die Blockfreizeit, stellt dieser Zeitraum keine Beendigung des Arbeitsverhältnisses dar. Offene Urlaubsansprüche sind daher nach der gesetzlichen Regelung nicht abzugelten, vielmehr werden sie mit der Freistellung erfüllt. Das Risiko, dass ein Urlaub wegen andauernder Arbeitsunfähigkeit vor Beginn der Freistellungsphase nicht mehr eingebracht werden kann, trug bisher der Arbeitnehmer.[21] Nach der neueren Rechtsprechung des EuGH[22] und ihm folgend des BAG[23] verfällt der gesetzliche Urlaubsanspruch, der wegen Arbeitsunfähigkeit nicht realisiert werden kann, nicht. Dies dürfte auch für den Fall der dauernden Arbeitsunfähigkeit in der Freistellungsphase gelten.

3. Dienstwagen

Bei der Bemessung des Aufstockungsbetrags, um den der Arbeitgeber das Arbeitsentgelt des Arbeitnehmers in Teilzeit gem. § 3 ATG erhöhen muss, muss der Wert der Dienstwagennutzung Berücksichtigung finden.[24] Hieran bei der Gestaltung der Altersteilzeitvereinbarung frühzeitig zu denken empfiehlt sich aus einer Reihe von Gründen. U.a. auch deshalb, weil dem Arbeitgeber der tatsächlich geleistete Aufstockungsbetrag unter den Voraussetzungen des § 4 ATG zurückerstattet wird.

Die private Dienstwagennutzung ist ein Teil der Arbeitsvergütung.[25] Bleibt der Dienstwagen dem Arbeitnehmer während der Freistellungsphase überlassen, ist der geldwerte Vorteil bei der Berechnung des Aufstockungsbetrags nach § 3 Abs. 1a ATG außer Betracht zu lassen. Wird in der Altersteilzeitvereinbarung dagegen vereinbart, dass der Dienstwagen ab der Freistellungsphase oder während der Altersteilzeit generell zurückzugeben ist, kann sich der Arbeitnehmer einen Abfindungsbetrag in Höhe des Werts der Nutzung zahlen und diesen Wert in die Bemessung des Aufstockungsbetrags einbeziehen lassen.

4. Vorzeitige Beendigung des Altersteilzeitverhältnisses

Die vorzeitige Beendigung des Altersteilzeitverhältnisses stellt die Praxis vor eine Vielzahl ungelöster Probleme. Hauptgründe vorzeitiger Beendigung bilden der **Tod des Arbeitnehmers**, eine **ordentliche und außerordentliche Kündigung des Altersteilzeitarbeitsverhältnisses** durch den Arbeitgeber, der Eintritt von Erwerbsunfähigkeit oder die Umwandlung einer Zeitrente in eine Dauerrente sowie Insolvenz des Betriebes. Der Gesetzgeber fasst alle diese Fälle in § 23 b SGB IV in der Formulierung „nicht vereinbarungsgemäße Verwendung des Wertguthabens" zusammen. In allen diesen Fällen findet ein Wertausgleich statt, der nach verschiedenen Berechnungsmethoden zu ermitteln ist.[26]

Sieht ein Tarifvertrag vor, dass das Altersteilzeitarbeitsverhältnis sofort endet, wenn ein Arbeitnehmer während des Bezugs durch **Anerkennung als Schwerbehinderter** die Möglichkeit der Inanspruchnahme eines vorzeitigen Renteneintritts hat, entstehen zwei Abwicklungsprobleme. Bei Eintritt des Störfalls müssen Beiträge für das noch nicht ausgezahlte Arbeitsentgelt in die Sozialversicherungen gezahlt werden. Das übrige Arbeitsentgelt kommt zur Auszahlung an den Arbeitnehmer. Bei der Berechnung des auszuzahlenden Entgelts an den Arbeitnehmer stellt sich die Frage, ob der Arbeitgeber die von ihm während der laufenden Altersteilzeit geleisteten Aufstockungsbeiträge sowie die geleisteten Zusatzbei-

---

20 LSG München 25.7.2006 – L 5 KR 83/06, jurisPR-ArbR 7/2007 Nr. 5 m. Anm. *Gagel*.
21 BAG 15.3.2005 – 9 AZR 143/04, DB 2005, 1858.
22 EuGH 20.1.2009 – C-350/06, NZA 2009, 135.
23 BAG 24.3.2009 – 9 AZR 983/07, NZA 2009, 538.
24 *Nägele*, Der Dienstwagen, III Rn 4.
25 BAG 16.11.1995 – 8 AZR 240/95, NZA 1996, 415; *Nägele*, Der Dienstwagen, III Rn 5.
26 *Debler*, NZA 2002, 1285 (1289 ff).

träge zur Rentenversicherung in voller Höhe auf das auszuzahlende Arbeitsentgelt anrechnen darf. Das BAG[27] entschied, dass eine Anrechnung der Aufstockungsbeträge zum Arbeitsentgelt möglich, eine Anrechnung der Höherversicherungsbeiträge zur Rentenversicherung jedoch nicht zulässig ist. Das BAG hielt sich in seinem Urteil streng an den Wortlaut der speziellen, tarifvertraglichen Anrechnungsklausel.[28]

754 In einer weiteren Entscheidung[29] hatte es das BAG mit einem Störfall zu tun, bei dem ebenfalls durch die Möglichkeit des Bezugs der Altersrente ohne Abschläge zu einem früheren Zeitraum als vorgesehen eine sofortige Beendigung des Altersteilzeitarbeitsverhältnisses die Folge war. Im Tarifvertrag war für den Fall der vorzeitigen Beendigung des Altersteilzeitverhältnisses vorgesehen, dass der Arbeitnehmer nur einen Anspruch auf die Auszahlung der Differenz zwischen den Altersteilzeitbezügen einschließlich der Aufstockungsleistung und den Bezügen für den Zeitraum der tatsächlichen Beschäftigung hat, die er ohne Eintritt in die Altersteilzeit erzielt hätte. Beim Vergleich dieses sog. Hätte-Entgelts mit dem erhaltenen Altersteilzeitentgelt zzgl Aufstockungsleistungen hatte der Arbeitgeber festgestellt, dass das Altersteilzeitentgelt mit Aufstockungsleistung das Hätte-Entgelt bereits überschritt. Aus diesem Grunde hatte er eine Auszahlung von Restgehalt abgelehnt. Das BAG hat ihn in seiner Rechtsauffassung bestätigt. Die Klausel im Tarifvertrag sei auch nicht unwirksam, sie bewege sich im Rahmen des durch Art. 9 Abs. 3 GG gewährten Gestaltungsspielraums der Tarifparteien. Bei Altersteilzeitverträgen im Blockmodell kann aus Arbeitgebersicht eine Ausgleichsregelung in Erwägung gezogen werden, um auch zugeflossene Aufstockungsleistungen in den Wertausgleich einzubeziehen:[30]

Im Fall einer vorzeitigen Beendigung des Altersteilzeitverhältnisses hat der Arbeitnehmer Anspruch auf eine etwaige Differenz zwischen den erhaltenen Bezügen einschließlich der Aufstockungsleistungen und den Bezügen für den Zeitraum seiner tatsächlichen Beschäftigung, die er ohne Eintritt in die Altersteilzeit erzielt hätte.

755 Einen rechtsmissbräuchlichen Lohnsteuerklassenwechsel des Arbeitnehmers für die Bemessung des Aufstockungsbetrags muss der Arbeitgeber nicht berücksichtigen. Ein **Rechtsmissbrauch** ist anzunehmen, wenn die Änderung nur erfolgt, um die Aufstockungsleistungen des Arbeitgebers zu erhöhen. Das gilt insbesondere, wenn die gewählte Lohnsteuerklassenkombination offensichtlich steuerlich nachteilig ist.[31]

756 Eine **Kündigung wegen Betriebsstilllegung** während der Freistellungsphase bei einer Altersteilzeitvereinbarung im Blockmodell ist nicht gem. § 1 Abs. 2 KSchG durch dringende betriebliche Erfordernisse gerechtfertigt.[32] Der mit einer Betriebsstilllegung verbundene Wegfall aller Beschäftigungsmöglichkeiten erfordere dann keine Kündigung, wenn der in Altersteilzeit befindliche Arbeitnehmer die geschuldete Arbeitsleistung bereits in vollem Umfang erbracht habe und der Arbeitgeber ihn deshalb nicht weiterbeschäftigen müsse. Auch die Besonderheiten des Insolvenzverfahrens rechtfertigen keine abweichende Beurteilung. Während der Arbeitsphase eines Altersteilzeitverhältnisses und selbst unmittelbar vor Beginn der Freistellungsphase ist nach Auffassung des BAG eine Kündigung hingegen grundsätzlich möglich.[33]

5. Altersteilzeit und Insolvenz

a) Grundlagen

757 Um die Wertguthaben der Altersteilzeitler im Blockmodell vor Wertverlust zu schützen, hat der Gesetzgeber mit § 8a ATG (**Insolvenzsicherung**) eine spezielle Sicherung gesetzlich geregelt. Führt eine Vereinbarung über die Altersteilzeitarbeit iSv § 2 Abs. 2 ATG zum Aufbau eines Wertguthabens, das den Betrag des Dreifachen des Regelarbeitsentgelts nach § 6 Abs. 1 ATG einschließlich des darauf ent-

---

[27] BAG 18.11.2003 – 9 AZR 270/03, NZA 2004, 1223.
[28] *Podewin*, FA 2004, 298.
[29] BAG 14.10.2003 – 9 AZR 146/03, NZA 2004, 860.
[30] In Anlehnung an die in der Entscheidung BAG 14.10.2003 – 9 AZR 146/03, NZA 2004, 860 wiedergegebene tarifvertragliche Regelung. Zu beachten ist aber, dass sich das BAG in der Entscheidung nur zur Zulässigkeit einer tarifvertraglichen Klausel geäußert hat.
[31] BAG 9.9.2003 – 9 AZR 554/02, NZA 2005, 482.
[32] LAG Niedersachsen 24.5.2002 – 3 Sa 1629/01, NZA-RR 2003, 17; BAG 5.12.2002 – 2 AZR 571/01, BAGE 104, 131.
[33] BAG 16.6.2005 – 6 AZR 476/04, NZA 2006, 270–273.

fallenden Arbeitgeberanteils am Gesamtsozialversicherungsbeitrag übersteigt, ist der Arbeitgeber verpflichtet, das Wertguthaben einschließlich des darauf entfallenden Arbeitgeberanteils am Sozialversicherungsbeitrag mit der ersten Gutschrift in geeigneter Weise gegen das Risiko seiner Zahlungsunfähigkeit abzusichern (§ 8 a Abs. 1 Satz 1 ATG). Eine Verrechnung von steuer- und beitragsfreien Aufstockungsleistungen mit den beitragspflichtigen Entgelten im Wertguthaben ist nicht zulässig. Bilanzielle Rückstellungen sowie zwischen Konzernunternehmen (vgl § 18 AktG) begründete Einstandspflichten, insbesondere Bürgschaften, Patronatserklärungen oder Schuldbeitritte, gelten nicht als geeignete Sicherungsmittel im Sinne des Gesetzes (§ 8 a Abs. 1 Satz 2 ATG).

Nach § 8 a Abs. 3 ATG hat der Arbeitgeber dem Arbeitnehmer die zur Sicherung des Wertguthabens ergriffenen Maßnahmen mit der ersten Gutschrift und danach alle sechs Monate in Textform nachzuweisen. Die Betriebsparteien können eine andere gleichwertige Art und Form des Nachweises vereinbaren. Kommt der Arbeitgeber seiner Verpflichtung nach § 8 a Abs. 3 ATG nicht nach oder sind die nachgewiesenen Maßnahmen nicht geeignet und weist er auf die schriftliche Aufforderung des Arbeitnehmers nicht innerhalb eines Monats eine geeignete Insolvenzsicherung des bestehenden Wertguthabens in Textform nach, kann der Arbeitnehmer verlangen, dass Sicherheit in Höhe des bestehenden Wertguthabens geleistet wird (§ 8 a Abs. 4 ATG).

Geeignete **Insolvenzsicherungsmodelle** sind:
- Bankbürgschaften;
- Absicherung im Wege dinglicher Sicherheiten (Verpfändung von Wertpapieren, insbesondere Fonds) zu Gunsten der Arbeitnehmer;
- bestimmte Versicherungsmodelle der Versicherungswirtschaft;
- das Modell der doppelseitigen Treuhand (s. Muster 4930).[34]

b) Entgeltansprüche in der Insolvenz

Hinsichtlich der **Entgeltansprüche** aus einem Altersteilzeitarbeitsverhältnis ist wie folgt zu unterscheiden: Die in der Arbeitsphase für die Zeit vor der Insolvenzeröffnung erarbeiteten Entgeltansprüche sind Insolvenzforderungen. Dies gilt zunächst für Forderungen, die auf Zeiträume vor der Eröffnung entfallen. Wird das Insolvenzverfahren während der Freistellungsphase eröffnet, sind auch die nach der Eröffnung zu leistenden Zahlungen Insolvenzforderungen.[35] Denn die während der Freistellungsphase eines Altersteilzeitarbeitsverhältnisses zu leistenden Zahlungen sind eine in der Fälligkeit hinausgeschobene Vergütung für die während der Arbeitsphase geleistete, über die hälftige Arbeitszeit hinausgehende Tätigkeit.[36] Davon werden auch Zusatzleistungen erfasst, die die Bereitschaft zur Altersteilzeit finanziell fördern sollen, zB Abfindungen.[37] Wird das Insolvenzverfahren während der Arbeitsphase eröffnet, ist die nach der Eröffnung verdiente Vergütung Masseforderung. Sie ist dann in der Freistellungsphase „spiegelbildlich" zu dem Zeitraum der Arbeitsphase auszuzahlen, in dem sie verdient wurde.[38] Hinsichtlich dieser Masseforderungen ist auch ein Betriebserwerber, auf den das Altersteilzeitarbeitsverhältnis übergegangen ist, zur Zahlung verpflichtet. Für Insolvenzforderungen haftet er dagegen nicht.[39]

c) Haftung des GmbH-Geschäftsführers

Sind von einer GmbH keine Vorkehrungen getroffen worden, die der „Erfüllung der Wertguthaben" aus Altersteilzeitverhältnissen bei Zahlungsunfähigkeit der GmbH dienen, so haftet der Geschäftsführer der GmbH im Hinblick auf eine unterlassene Insolvenzsicherung nicht persönlich. Dies galt schon vor Inkrafttreten des § 8 a ATG.[40] An dieser Rechtslage hat sich auch nach Inkrafttreten von § 8 a ATG nichts geändert. § 8 a ATG ist gegenüber dem Geschäftsführer kein Schutzgesetz iSd § 823 Abs. 2

---

34 § 4 Rn 768.
35 BAG 23.2.2005 – 10 AZR 600/03, EzA § 55 InsO Nr. 7; BAG 23.2.2005 – 10 AZR 603/03, AuR 2005, 109; BAG 23.2.2005 – 10 AZR 672/03, DB 2005, 1227.
36 BAG 23.2.2005 – 10 AZR 600/03, EzA § 55 InsO Nr. 7; BAG 19.10.2004 – 9 AZR 647/03, NZA 2005, 408.
37 BAG 27.9.2007 – 6 AZR 975/06, NZA 2009, 89.
38 BAG 19.10.2004 – 9 AZR 647/03, NZA 2005, 408.
39 BAG 19.12.2006 – 9 AZR 230/06, DB 2007, 1707; BAG 19.10.2004 – 9 AZR 645/03, 9 AZR 647/03, NZA 2005, 527.
40 So bereits BAG 21.11.2006 – 9 AZR 206/06, NZA 2007, 693; BAG 13.12.2005 – 9 AZR 436/04, NZA 2006, 729 (zur Vorgängervorschrift des § 7 d SGB IV).

BGB.⁴¹ Die Vorschrift ist nur im Verhältnis zum Arbeitgeber Schutzgesetz iSv § 823 Abs. 2 BGB. Sie begründet keine Durchgriffshaftung der gesetzlichen Vertreter juristischer Personen. Daher scheidet auch eine persönliche Haftung früherer Vorstandsmitglieder einer Aktiengesellschaft für eine unterbliebene Insolvenzsicherung aus.⁴² Wertguthaben aus Altersteilzeit sind auch keine sonstigen Rechte iSd § 823 Abs. 1 BGB.⁴³ Eine Haftung kommt aber in Betracht, wenn der Geschäftsführer einer GmbH vorspiegelt, die vorgeschriebene Insolvenzsicherung eines Wertguthabens aus einem Altersteilzeitarbeitsverhältnis sei erfolgt. Dies kann seine Schadensersatzpflicht nach § 823 Abs. 2 BGB iVm § 263 StGB begründen. Er kann einen Betrug iSd § 263 Abs. 1 StGB durch Täuschung des Betriebsrats zu Lasten eines Arbeitnehmers begangen haben, wenn der Betriebsrat aufgrund einer Betriebsvereinbarung berechtigt war, den Nachweis der Insolvenzsicherung zu verlangen.⁴⁴ Für Wertguthaben aus Langzeitkonten, wozu aufgrund der Regelung in § 8 a Abs. 1 ATG die Wertkonten aus Altersteilzeit aber nicht gehören, existiert seit dem 1.1.2009 mit § 7 e SGB IV eine Haftungsnorm auch für die persönliche Inanspruchnahme handelnder Organe.

6. Altersteilzeit und Sperrzeit

762 Der Abschluss eines Altersteilzeitvertrages unter Umwandlung eines unbefristeten Arbeitsverhältnisses in ein befristetes stellt ein „Lösen" eines Beschäftigungsverhältnisses iSv § 159 Abs. 1 Satz 2 Nr. 1 SGB III dar, das eine Sperrzeit für das Arbeitslosengeld auslösen kann.⁴⁵ Kommt es im Anschluss an ein Altersteilzeitarbeitsverhältnis zur Arbeitslosigkeit, stellt der Abschluss des befristeten Altersteilzeitvertrages folglich ein „Lösen" des Arbeitsverhältnisses dar. Ein „wichtiger Grund" iSv § 159 Abs. 1 Satz 1 SGB III für die Lösung des Beschäftigungsverhältnisses liegt aber vor, wenn der Arbeitnehmer bei Abschluss der Vereinbarung beabsichtigt hatte, nach der Altersteilzeit auch tatsächlich eine Rente zu beziehen, und aufgrund der Kenntnis des Arbeitnehmers eine entsprechende Annahme prognostisch gerechtfertigt war, etwa weil der Arbeitnehmer davon ausging, ungekürzte Rente in Anspruch nehmen zu können.⁴⁶ Auch die Vermeidung einer ansonsten drohenden betriebsbedingten Kündigung kann einen wichtigen Grund darstellen.⁴⁷ Die Sperrzeit beginnt erst mit dem Ende, nicht bereits mit dem Beginn der Freistellungsphase.⁴⁸

7. Verlust von Ehrenämtern während der Altersteilzeit

763 Solange der Altersteilzeitler noch im Betrieb beschäftigt ist – sei es im Rahmen einer kontinuierlichen Verringerung während der gesamten Altersteilzeit, sei es in der Ansparphase im Zuge eines Blockmodells –, kann er seine Ehrenämter als Arbeitnehmervertreter im Aufsichtsrat, als Mitglied des Betriebsrats oder als ehrenamtlicher Richter aus dem Arbeitnehmerkreis gem. § 21 Abs. 1 Satz 2 ArbGG beibehalten. Befindet er sich dagegen in der Freistellungsphase, erlischt sein Mandat als Arbeitnehmervertreter im Aufsichtsrat.⁴⁹ Auch seinem Mandat als ehrenamtlicher Richter ist die Grundlage entzogen, da er auf Dauer nicht mehr als Arbeitnehmer „tätig" ist.⁵⁰ Bei Altersteilzeit in Form des Blockmodells verliert der Arbeitnehmer mit Beginn der Freistellungsphase sein Wahlrecht als Betriebsrat, wenn er danach nicht in den Betrieb zurückkehrt, was die Regel sein dürfte.⁵¹

8. Außerhalb von Tarifverträgen kein Anspruch auf Altersteilzeit

764 Soweit nicht Tarifverträge einen Anspruch des Arbeitnehmers unter dort näher genannten Voraussetzungen vorsehen, besteht aufgrund des ATG **kein Anspruch** des Arbeitnehmers, einen Altersteilzeitvertrag mit dem Arbeitgeber abzuschließen. Auch soweit Tarifverträge die Möglichkeit der Inanspruch-

---

41 BAG 23.2.2010 – 9 AZR 44/09, DB 2010, 1538.
42 BAG 23.2.2010 – 9 AZR 71/09, BB 2010, 2698.
43 BAG 23.2.2010 – 9 AZR 44/09, DB 2010, 1538.
44 BAG 13.2.2007 – 9 AZR 207/06, NZA 2007, 878.
45 BSG 21.7.2009 – B 7 AL 6/08 R, NZA-RR 2010, 323.
46 BSG 21.7.2009 – B 7 AL 6/08 R, NZA-RR 2010, 323; Geschäftsanweisung der Bundesagentur für Arbeit zu § 159 SGB III, Stand 09/2012, 159.110 b.
47 BSG 21.7.2009 – B 7 AL 6/08 R, NZA-RR 2010, 323; Geschäftsanweisung der Bundesagentur für Arbeit zu § 159 SGB III, Stand 09/2012, 159.110 b.
48 BSG 21.7.2009 – B 7 AL 6/08 R, NZA-RR 2010, 323.
49 BAG 25.10.2000 – 7 ABR 18/00, NZA 2001, 461.
50 Andelewski, NZA 2002, 655.
51 Fitting u.a., BetrVG, § 7 Rn 32; Rieble/Gutzeit, BB 1998, 638; aA Däubler, AiB 2001, 684; Natzel, NZA 1998, 1262.

nahme von Altersteilzeit einräumen, ergibt sich für einen behinderten Menschen kein Anspruch auf Altersteilzeit, wenn er in dem geplanten Altersteilzeit-Zeitraum eine ungeminderte Rente nach § 236 SGB VI in Anspruch nehmen kann. So hat das BAG entschieden, dass es keine ungerechtfertigte Benachteiligung eines Schwerbehinderten darstellt, wenn der Arbeitgeber dem Arbeitnehmer die Inanspruchnahme einer Altersteilzeit verweigert, wenn dem Arbeitnehmer bereits innerhalb des geplanten Altersteilzeit-Zeitraums eine ungeminderte Rente nach § 236a SGB VI zusteht.[52] Zwar gelte § 81 Abs. 2 Satz 1 SGB IX, der festlege, dass Arbeitgeber schwerbehinderte Beschäftigte nicht wegen ihrer Behinderung benachteiligen dürfen, auch für die Tarifvertragsparteien und die Betriebsparteien. Jedoch verstoße die tarifvertragliche Regelung nicht gegen diese Vorschrift. Selbst wenn durch die Festlegung der Beendigung der Altersteilzeit mit dem Anspruch auf eine ungeminderte Altersrente eine mittelbare Diskriminierung behinderter Menschen vorliege, sei diese durch arbeitsmarktpolitische Zielsetzungen gerechtfertigt.

B. Texte

1. Muster: Altersteilzeitvertrag (Rechtslage bis 31.12.2009)[53]

Zwischen

der Firma ...

– nachstehend: Arbeitgeber –

und

Herrn/Frau ...

– nachstehend: Arbeitnehmer –

wird folgende Vereinbarung getroffen:

§ 1 Beginn der Altersteilzeit

Das am ... zwischen den Parteien begründete Arbeitsverhältnis wird nach Maßgabe der Bestimmungen dieses Vertrages mit Beginn des ... als Altersteilzeitarbeitsverhältnis fortgeführt.

§ 2 Tätigkeit

Der Arbeitnehmer übt seine bisherige Tätigkeit weiter aus, soweit die Umwandlung in ein Altersteilzeitarbeitsverhältnis keine Veränderung notwendig macht.

§ 3 Arbeitszeit

(1) Die Arbeitszeit beträgt im Jahresdurchschnitt die Hälfte der bisherigen wöchentlichen Arbeitszeit von ... Stunden und reduziert sich damit auf ... Stunden.

(2) Hinsichtlich der Verteilung der Arbeitszeit über den das Altersteilzeitarbeitsverhältnis erfassenden Zeitraum wird Folgendes vereinbart: ...

- Blockmodell: In der ersten Hälfte des Altersteilzeitarbeitsverhältnisses, in der Zeit vom ... bis ... („Arbeitsphase"), beträgt die Arbeitszeit wie bisher weiterhin ... Stunden in der Woche. Im Anschluss wird der Arbeitnehmer bis zum Ende des Altersteilzeitarbeitsverhältnisses von der Arbeitspflicht freigestellt („Freistellungsphase").
- Teilzeitmodell: Die Arbeitszeit beträgt während der gesamten Zeit des Altersteilzeitarbeitsverhältnisses den reduzierten Umfang von ... Stunden in der Woche.

---

52 BAG 27.4.2004 – 9 AZR 18/03, NZA 2005, 821.
53 Muster nach *Reichling/Wolf*, NZS 1997, 164; die Klauseln können weitgehend auch weiterhin verwendet werden. Allerdings sind die Klauseln in den §§ 6–9 auf die nur bis zum 31.12.2009 bestehende Möglichkeit der Förderung durch die Bundesagentur für Arbeit zugeschnitten.

§ 4 Arbeitsentgelt

Der Arbeitnehmer erhält für die Dauer des Altersteilzeitarbeitsverhältnisses Entgelt nach Maßgabe der gem. § 3 reduzierten Arbeitszeit. Das Arbeitsentgelt ist unabhängig von der Verteilung der Arbeitszeit fortlaufend zu zahlen. Nicht fortlaufend erbrachte Entgeltbestandteile bleiben außer Betracht.

§ 5 Altersteilzeitleistungen

(1) Der Arbeitnehmer erhält zusätzlich zum Arbeitsentgelt Aufstockungsleistungen iHv 20 % des Regelarbeitsentgelts für die Altersteilzeitarbeit.

(2) Der Arbeitgeber entrichtet für den Arbeitnehmer zusätzlich Beiträge zur gesetzlichen Rentenversicherung mindestens in Höhe des Betrags, der auf 80 % des Regelarbeitsentgelt für die Altersteilzeitarbeit, begrenzt auf den unter Unterschiedsbetrag zwischen 90 % der monatlichen Beitragsbemessungsgrenze und dem Regelarbeitsentgelt, entfällt, höchstens bis zur Beitragsbemessungsgrenze.

§ 6 Krankheit

(1) Im Falle krankheitsbedingter Arbeitsunfähigkeit leistet der Arbeitgeber Lohnfortzahlung nach den für das Arbeitsverhältnis jeweils geltenden Bestimmungen.

(2) Im Falle des Bezugs von Krankengeld, Versorgungskrankengeld, Verletztengeld oder Übergangsgeld nach Ablauf der Entgeltfortzahlung tritt der Arbeitnehmer seine Ansprüche auf Altersteilzeitleistungen gegen die Bundesagentur für Arbeit an den Arbeitgeber ab. Der Arbeitgeber erbringt Altersteilzeitleistungen insoweit anstelle der Bundesagentur für Arbeit im Umfang der abgetretenen Ansprüche an den Arbeitnehmer.

§ 7 Ruhen und Erlöschen des Anspruchs auf Altersteilzeitleistungen

(1) Der Anspruch auf die Altersteilzeitleistungen ruht während der Zeit, in der der Arbeitnehmer über die Altersteilzeit hinaus eine Beschäftigung oder selbstständige Tätigkeit ausübt, die den Umfang der Geringfügigkeitsgrenze in § 8 SGB IV überschreitet oder aufgrund solcher Beschäftigungen seine Lohnersatzleistung erhält. Beschäftigungen oder selbstständige Tätigkeiten bleiben unberücksichtigt, soweit sie der Arbeitnehmer bereits innerhalb der letzten fünf Jahre vor Beginn der Altersteilzeit ständig ausgeübt hat.

(2) Der Anspruch auf die Altersteilzeitleistungen erlischt, wenn er mindestens 150 Tage geruht hat. Mehrere Ruhenszeiten werden zusammengezählt.

§ 8 Verbot der Aufnahme oder Ausübung von Nebentätigkeiten

(1) Der Arbeitnehmer verpflichtet sich, keine Beschäftigung oder selbstständige Tätigkeit auszuüben, die die Geringfügigkeitsgrenze des § 8 SGB IV überschreitet. Beschäftigungen nach § 5 Abs. 3 Satz 4 bleiben unberücksichtigt.

(2) Der Arbeitnehmer verpflichtet sich, dem Arbeitgeber jeden möglichen Schaden aus einer Zuwiderhandlung gegen § 8 Abs. 1 ATG zu ersetzen.

§ 9 Mitwirkungs- und Erstattungspflichten

(1) Der Arbeitnehmer hat Änderungen der ihn betreffenden Verhältnisse, die für die Altersteilzeitleistungen nach § 5 ATG erheblich sind, dem Arbeitgeber unverzüglich anzuzeigen.

(2) Der Arbeitgeber hat ein Zurückbehaltungsrecht, wenn der Arbeitnehmer seinen Mitwirkungspflichten nicht nachkommt oder vorsätzlich oder grob fahrlässig unvollständige oder unrichtige Auskünfte gibt.

(3) Zu Unrecht empfangene Leistungen hat der Arbeitnehmer zu erstatten.

§ 10 Ende des Altersteilzeitarbeitsverhältnisses

(1) Das Altersteilzeitarbeitsverhältnis endet ohne Kündigung am ....

(2) Im Übrigen bleibt das Recht zur Kündigung nach Maßgabe des Arbeitsvertrages vom ... und der Gesetze unberührt.

§ 11 Vorzeitige Beendigung des Altersteilzeitarbeitsverhältnisses

Das Altersteilzeitarbeitsverhältnis kann nach Maßgabe der nachfolgenden Bestimmungen auch vor dem unter § 10 Abs. 1 dieses Vertrages genannten Zeitpunkt, also vorzeitig vor dem ..., enden.

Danach endet das Arbeitsverhältnis vorzeitig,

- mit Ablauf des Kalendermonats vor dem Kalendermonat, für den der Arbeitnehmer eine Rente wegen Alters, eine Knappschaftsausgleichsleistung, eine Leistung öffentlich-rechtlicher Art oder, wenn er von der Versicherungspflicht in der gesetzlichen Rentenversicherung befreit ist, eine vergleichbare Leistung einer Versicherungs- oder Versorgungseinrichtung oder eines Versicherungsunternehmens bezieht;
- mit Ablauf des Kalendermonats vor dem Kalendermonat, für den der Arbeitnehmer eine Rente wegen Altersteilzeit beanspruchen kann;
- wenn der Anspruch auf die Altersteilzeitleistungen gem. § 5 ATG erlischt;
- mit dem Tod des Arbeitnehmers.

§ 12 Besicherung

(1) Der Arbeitgeber besichert die Altersteilzeitansprüche des Arbeitnehmers entsprechend den gesetzlichen Vorgaben in § 8a ATG. Zu diesem Zweck richtet er für den Arbeitnehmer ein eigenes Depotkonto bei einer Kapitalanlagegesellschaft ein.

(2) Sämtliche dem Arbeitnehmer geschuldeten Leistungen aus dem Altersteilzeitverhältnis einschließlich der Arbeitgeberanteile zur Sozialversicherung werden auf das Depot des Arbeitnehmers eingezahlt.

(3) Der Arbeitgeber bestellt zu Gunsten des Arbeitnehmers an den eingezahlten Fondsanteilen ein Pfandrecht, das bis zur Beendigung des Altersteilzeitverhältnisses andauert.

(4) Vor Ablauf des Pfandrechts dürfen der Arbeitgeber und der Arbeitnehmer nur gemeinsam über die in dem verpfändeten Depot geführten Anteile verfügen. Das Pfandrecht besteht jeweils in Höhe der zu sichernden Entgeltansprüche des Arbeitnehmers einschließlich der Arbeitgeberanteile an der Sozialversicherung.

§ 13 Auslegungsfragen

(1) Für die Auslegung dieses Vertrages ist maßgeblich das ATG in seiner jeweils geltenden Fassung.

(2) Sollte eine Vorschrift dieses Vertrages unwirksam sein oder sollte eine Vorschrift dazu führen, dass von der Bundesagentur für Arbeit – bei Vorliegen der sonstigen gesetzlichen Voraussetzungen – Leistungen gem. § 4 ATG nicht erbracht werden können, sind die Vertragsparteien verpflichtet, den Vertrag so zu ändern, dass die Voraussetzungen für die Leistungen erfüllt werden.

§ 14 Vertragsänderungen

(1) Mündliche Nebenabreden bestehen nicht. Änderungen und/oder Ergänzungen dieser Vereinbarung einschließlich dieser Bestimmung bedürfen zu ihrer Rechtswirksamkeit der Schriftform, es sei denn, diese wurden nachweislich zwischen den Parteien ausgehandelt.

(2) Im Übrigen gelten die Bestimmungen des Arbeitsvertrages vom ... weiter.

↑

2. Muster: Altersteilzeitvereinbarung[54]

Zwischen

der Firma ...

– nachstehend: Arbeitgeber –

und

Herrn/Frau ...

– nachstehend: Arbeitnehmer –

wird folgende Altersteilzeitvereinbarung geschlossen:

§ 1 Beginn und Ende des Altersteilzeitarbeitsverhältnisses

Das zwischen den Parteien bestehende Arbeitsverhältnis wird unter Abänderung und Ergänzung des Arbeitsvertrages mit Wirkung ab ... als Altersteilzeitarbeitsverhältnis fortgeführt.

Das Altersteilzeit-Arbeitsverhältnis endet ohne Kündigung am ....

§ 2 Tätigkeit, Arbeitszeit und zusätzliche Arbeit

Der Arbeitnehmer wird bei Beginn der Altersteilzeitarbeit als ... beschäftigt.

Die regelmäßige wöchentliche Arbeitszeit des Arbeitnehmers beträgt die Hälfte seiner bisherigen regelmäßigen wöchentlichen Arbeitszeit von ... Stunden (= ... Stunden).

Hinsichtlich der täglichen Lage und Verteilung der Arbeitszeit wird Folgendes vereinbart:

Die Arbeitszeit ist so zu verteilen, dass in der ersten Hälfte des Altersteilzeit-Arbeitsverhältnisses die regelmäßige wöchentliche Arbeitszeit von derzeit ... Stunden geleistet wird und der Arbeitnehmer anschließend entsprechend des von ihm erworbenen Zeitguthabens von der Arbeit ohne Arbeitsverpflichtung freigestellt wird.

Der Arbeitnehmer arbeitet täglich ... Stunden zuzüglich jeweiliger lt. gültiger Betriebsvereinbarung geltender Vollzeit.

§ 3 Vergütung

Der Arbeitnehmer erhält für die Dauer des Altersteilzeitarbeitsverhältnisses Entgelt nach Maßgabe der gem. § 2 reduzierten Arbeitszeit. Das Arbeitsentgelt ist unabhängig von der Verteilung der Arbeitszeit fortlaufend zu zahlen.

§ 4 Aufstockungszahlung[55]

(1) Der Arbeitnehmer erhält zusätzlich zum Arbeitsentgelt Aufstockungsleistungen iHv 20 % des Regelarbeitsentgelts für die Altersteilzeitarbeit.

(2) Der Arbeitgeber entrichtet für den Arbeitnehmer zusätzlich Beiträge zur gesetzlichen Rentenversicherung mindestens in Höhe des Betrags, der auf 80 % des Regelarbeitsentgelt für die Altersteilzeitarbeit, begrenzt auf den unter Unterschiedsbetrag zwischen 90 % der monatlichen Beitragsbemessungsgrenze und dem Regelarbeitsentgelt, entfällt, höchstens bis zur Beitragsbemessungsgrenze.

---

[54] Das Muster trägt der Rechtslage ab dem 1.1.2010 Rechnung, berücksichtigt also den Wegfall der Förderungsmöglichkeiten durch die Bundesanstalt für Arbeit.

[55] Mit dem Wegfall der Förderungsmöglichkeiten durch die Bundesagentur für Arbeit ist aus Arbeitgebersicht der Anreiz für Aufstockungszahlungen entfallen. Eine Verpflichtung zur Zahlung von Aufstockungsleistungen besteht nicht, sie können aber vereinbart werden. Ohne solche Leistungen dürfte das Modell für Arbeitnehmer allerdings uninteressant sein. Steuerfrei nach § 3 Nr. 28 EStG sind die Aufstockungsleistungen nur, wenn die Altersteilzeit nach dem ATG durchgeführt wird.

§ 5 Kündigung

Die Möglichkeit der Kündigung bestimmt sich nach den bisher für den Arbeitsvertrag geltenden Regelungen.

§ 6 Vertragsänderung

Im Übrigen gelten die Bestimmungen des weiterlaufenden Arbeitsvertrages vom ....

3. Muster: Sicherung des Arbeitszeitwertguthabens durch Treuhandregelung[56]

Absicherung der Arbeitszeitwertguthaben

1. Zur Absicherung der Arbeitszeitwertguthaben, insbesondere zum Insolvenzschutz nach § 8 a ATG hat die Firma einen Treuhandvertrag abgeschlossen, der zur Kenntnis der Mitarbeiterin in der Anlage beigefügt wird. Der Treuhandvertrag regelt einen unmittelbaren Anspruch der Mitarbeiterin gegenüber dem Treuhänder als Vertrag zu Gunsten Dritter nach § 328 BGB.
2. Die Firma erteilt der Mitarbeiterin monatlich Auskunft über die Höhe ihres Arbeitszeitwertguthabens.

4. Muster: Treuhandvertrag (doppelseitige Treuhand) zum Insolvenzschutz[57]

Zwischen

Herrn Steuerberater ...

– nachstehend: Treuhänder –

und

....

– nachstehend: Treugeber –

wird folgender Vertrag geschlossen:

---

[56] Der mit dieser Vereinbarung korrespondierende Treuhandvertrag ist das nachfolgende Muster 4930 (§ 4 Rn 768).
[57] Im Bereich der *deferred compensation*, insbesondere soweit sie der Altersversorgung dient, aber auch bereits im Zusammenhang mit der Altersteilzeit, wird das Treuhandmodell als Sicherungsmöglichkeit diskutiert. Dabei fehlt dem Treuhandmodell allerdings noch die Anerkennung und Billigung durch die höchstrichterliche Rspr von BAG und BGH. In der Lit. ist die Insolvenzfestigkeit eines sog. doppelseitigen Treuhandmodells anerkannt. Das doppelseitige Treuhandmodell besteht darin, dass als Treugeber der Arbeitgeber auftritt. Dies ist deswegen erforderlich, weil die zu sichernden Vergütungsbestandteile zum Zeitpunkt der Arbeitsleistung noch nicht dem Arbeitnehmer zufließen dürfen, da dieser sie sonst auch in diesem Zeitpunkt versteuern müsste. Dann kann aber auch der Arbeitnehmer die Vergütungsbestandteile nicht dem Treuhänder zuwenden. Diese Zuwendung muss vielmehr durch den Arbeitgeber erfolgen. Um dem Unmittelbarkeitsprinzip Rechnung zu tragen, tritt der Arbeitgeber also als Treugeber auf. Im Verhältnis zwischen Treugeber und Treuhänder handelt es sich um eine echte, fremdnützige Verwaltungstreuhand. Zu Gunsten der Arbeitnehmer werden diesen unmittelbare Ansprüche für den Sicherungsfall gegen den Treuhänder eingeräumt. Insoweit fließt in den Treuhandvertrag ein echter Vertrag zu Gunsten Dritter nach § 328 BGB ein. Im Verhältnis zwischen Treuhänder und Arbeit-

§ 1 Treuhandverhältnis

(1) Inhalt des Treuhandverhältnisses ist die Verwaltung eines Treuhandkontos, das der Sicherung der Ansprüche von Arbeitnehmern des Treugebers aus einem aus Vorleistung der Arbeit angesparten Zeitguthaben (insbesondere Altersteilzeit im Blockmodell) dient.

(2) Der Treugeber überweist zu Gunsten des Treuhänders auf ein von diesem zu dem in Abs. 1 genannten Zweck unterhaltenes Treuhandkonto monatlich den Betrag, der sich aus der Differenz des von den Mitarbeitern erarbeiteten Entgelts und des nach den Altersteilzeitverträgen auszuzahlenden Entgelts nach § 2 (Treugut) ergibt. Übersteigt das Guthaben des Treuhandkontos den Wert des Treuguts nach § 2 hat der Treuhänder den Überschuss an den Treugeber auszuzahlen. Der Treuhänder verwendet das Treugut ausschließlich zu Gunsten der Arbeitnehmer im Sinne dieses Vertrages.

(3) Der Treugeber vergütet die Tätigkeit des Treuhänders mit monatlich/jährlich ... EUR zuzüglich der gesetzlichen Mehrwertsteuer.

§ 2 Treugut, Arbeitnehmer

(1) Treugut bilden die Arbeitszeitwertguthaben, die sich für die Summe der Arbeitnehmer nach Abs. 3 ergeben. Das einzelne Arbeitszeitwertguthaben errechnet sich nach den Bestimmungen des Abs. 2.

(2) Arbeitszeitwertguthaben ist die Differenz zwischen der Vergütungshöhe einschließlich der Arbeitgeberanteile zur Sozialversicherung, die sich aus der Regelung der Arbeitsvertragsparteien zur Vergütungshöhe im Zeitpunkt des Abschlusses des jeweiligen Altersteilzeitvertrages und der tatsächlich abgeleisteten Arbeitszeit errechnen würde, zu dem tatsächlich ausgezahlten Arbeitsentgelt einschließlich der nach § 3 Abs. 2 und 3 der Altersteilzeitverträge gezahlten Aufstockungsbeträge und der abgeführten Arbeitgeberanteile zur Sozialversicherung. Die Differenz nach Satz 1 hat Sonderzahlungen auf beiden Seiten der Vergleichsberechnung in dem Monat zu berücksichtigen, in dem der Anspruch auf die Sonderzahlung dem Grunde nach fällig wird. Die Saldierung setzt sich in der Freistellungsphase unter Hinzurechnung des Weiteren ausgezahlten Entgelts nach § 3 Abs. 1–3 sowie nach § 8 Abs. 2 der Altersteilzeitverträge solange fort, bis sich als Berechnungsergebnis der Wert „Null" ergibt. Ein negativer Wert entsteht nicht. Eine Verzinsung des Arbeitszeitwertguthabens erfolgt nicht.

(3) Arbeitnehmer im Sinne dieses Treuhandvertrages sind Arbeitnehmer des Treugebers, die mit dem Treugeber einen Vertrag über Altersteilzeit nach dem Altersteilzeitgesetz geschlossen haben. Der Treugeber gibt dem Treuhänder unmittelbar nach Abschluss eines Altersteilzeitvertrages den Namen des Arbeitnehmers bekannt und überlässt ihm eine Durchschrift des Altersteilzeitvertrages.

---

nehmer handelt es sich dann um eine Sicherungstreuhand. – Nach Eröffnung des Insolvenzverfahrens über das Vermögen des Arbeitgebers/Treugebers erlöschen die zwischen dem insolventen Treugeber und dem Treuhänder bestehenden Auftrags- bzw Geschäftsbesorgungsverhältnisse; insofern entfällt deshalb zwar die gegenüber dem Treugeber bestehende Verwaltungstreuhand. Die gegenüber den Mitarbeitern bestehende Sicherungstreuhand als eigenständiges Rechtsverhältnis bleibt jedoch auch nach Eintritt des Sicherungsfalls weiterhin bestehen und begründet ein entsprechendes Absonderungsrecht des Treuhänders. Nach § 119 InsO sind Vereinbarungen, durch die im Voraus die Anwendung der §§ 103–118 InsO ausgeschlossen oder beschränkt wird, unwirksam. Nach § 115 Abs. 1 InsO erlischt durch die Eröffnung des Insolvenzverfahrens ein vom Schuldner erteilter Auftrag, der sich auf das zur Insolvenzmasse gehörende Vermögen bezieht; gleiches gilt nach § 116 Satz 1 InsO für Geschäftsbesorgungsverträge. Die doppelseitige Treuhand verstößt aber nach der Literaturmeinung nicht gegen die genannten Bestimmungen der Insolvenzordnung, weil neben dem Vertrag zwischen Treugeber und Treuhänder zusätzlich eine eigenständige Rechtsbeziehung zwischen Treuhänder und den Mitarbeitern begründet wird, die nicht unmittelbar dem § 116 InsO unterliegen dürfte. – Allerdings gewährt die verbleibende Sicherungstreuhand kein Aussonderungsrecht nach § 47 InsO, sondern nur ein Absonderungsrecht. Der Treuhänder muss danach das Treugut an den Insolvenzverwalter herausgeben, der es jedoch nur für den gesicherten Dritten, also die Arbeitnehmer verwerten darf (MüKo-InsO/Ganter, § 47 Rn 387–389; *Fischer/Thoms-Meyer*, Privatrechtlicher Insolvenzschutz für Arbeitnehmeransprüche aus deferred compensation, DB 2000, 1861; *Bode/Bergt/Obenberger*, Doppelseitige Treuhand als Instrument der privatrechtlichen Insolvenzsicherung im Bereich der betrieblichen Altersversorgung, DB 2000, 1864; *Fischer*, Insolvenzsicherung für Altersteilzeit, Arbeitszeitkonten und Altersversorgung – Vermögensdeckung mit doppelseitiger Treuhand in der Praxis, DB 2001, Beil. 5, 21).

§ 3 Sicherung der Arbeitnehmer

(1) Für den Fall, dass der Treugeber die Ansprüche der Arbeitnehmer aus dem angesparten Zeitguthaben nach Eintritt der Fälligkeit im Falle der vorzeitigen Beendigung und Rückabwicklung nach § 8 der Altersteilzeitverträge nicht befriedigt, weil

1. über das Vermögen des Treugebers das Insolvenzverfahren eröffnet worden ist,
2. der Antrag des Treugebers auf Eröffnung des Insolvenzverfahrens mangels Masse abgewiesen wurde oder
3. der Treugeber die Betriebstätigkeit im Inland vollständig eingestellt hat und

soweit die Arbeitnehmer keinen Anspruch auf Insolvenzausfallgeld nach §§ 183 ff SGB III gegen die Bundesagentur für Arbeit haben, haben die Arbeitnehmer aus diesem Treuhandvertrag (Vertrag zu Gunsten Dritter gem. § 328 BGB) einen eigenständigen Anspruch unmittelbar gegen den Treugeber in Höhe der jeweils fälligen Ansprüche nach § 8 Abs. 2 der Altersteilzeitverträge, bis zur Höhe der Deckung durch das Treugut.

(2) Die Rechte aus Abs. 1 kommen den Arbeitnehmern auch dann zu, wenn der Treugeber mit der Zahlung fälliger Vergütung aus Zeitguthaben mehr als 3 Wochen in Verzug kommt. Der Zahlungsanspruch der Arbeitnehmer gegen den Treugeber ist in diesen Fällen des Abs. 2 gegenüber dem Treuhänder durch einen rechtskräftigen Titel nachzuweisen.

(3) Übersteigen die Ansprüche der Arbeitnehmer die Höhe des Treugutes, werden die Arbeitnehmer vom Treuhänder im Verhältnis ihrer Ansprüche zueinander befriedigt.

§ 4 Sicherung des Treugebers

(1) Für den Fall der Eröffnung des Insolvenzverfahrens über das Vermögen des Treuhänders oder der Ablehnung der Eröffnung mangels Masse, tritt der Treuhänder hiermit die Forderungsrechte aus dem Treuhandkonto an den Treugeber ab.

(2) Der Treugeber ist für diesen Fall verpflichtet, einen neuen Treuhänder gemäß den Bestimmungen dieses Vertrages zu verpflichten.

§ 5 Beendigung des Treuhandverhältnisses

(1) Das Treuhandverhältnis kann von jeder Vertragspartei unter Einhaltung einer Frist von drei Monaten zum Monatsende ordentlich gekündigt werden. Das Recht zu außerordentlichen Kündigung bleibt unberührt. Tritt ein Sicherungsfall nach § 3 ein, ist das Kündigungsrecht des Treugebers ausgeschlossen.

(2) Der Treuhänder tritt bereits jetzt mit Wirkung ab dem Zeitpunkt der Absendung der Kündigung die Forderungsrechte aus dem Treuhandkonto an den Treugeber ab.

(3) Zur Wahrung der Sicherungsfunktion des Treuhandverhältnisses ist der Treugeber gegenüber den Arbeitnehmern verpflichtet, einen den Bestimmungen dieses Vertrages entsprechenden Treuhandvertrag mit einem anderen Treuhänder abzuschließen.

§ 6 Schriftform

Änderungen dieses Vertrages bedürfen der Schriftform, soweit nicht durch das Gesetz eine andere Form vorgeschrieben ist. Auch diese Schriftformklausel kann nur schriftlich geändert werden.

§ 7 Salvatorische Klausel

Sollte eine Bestimmung dieses Vertrages unwirksam sein oder werden, wird hierdurch die Wirksamkeit der übrigen Bestimmungen nicht berührt. Die Parteien verpflichten sich, in diesem Fall eine der unwirksamen Bestimmung möglichst nahekommende Regelung zu treffen. Das Gleiche gilt für den Fall, dass sich eine Bestimmung dieses Vertrages als undurchführbar erweisen sollte.

§ 5 Betriebsvereinbarungen

Kapitel 1: Freiwillige Betriebsvereinbarungen

Literatur:

Adomeit, Thesen zur betrieblichen Mitbestimmung nach dem neueren Betriebsverfassungsgesetz, BB 1972, 53; *Ahrens*, Eingeschränkte Rechtskontrolle von Betriebsvereinbarungen, NZA 1999, 686; *Annuß*, Das Allgemeine Gleichbehandlungsgesetz im Arbeitsrecht, BB 2006, 1629; *Bauer*, Betriebliche Bündnisse für Arbeit vor dem Aus?, NZA 1999, 958; *Berg/Platow*, Unterlassungsanspruch der Gewerkschaft gegenüber tarifwidrigen betrieblichen Regelungen, DB 1999, 2362; *Bergwitz*, Vielfalt in der Einheit – Partikularinteressen im Betrieb, NZA 2012, 967; *Blomeyer*, Das Günstigkeitsprinzip in der Betriebsverfassung, NZA 1996, 337; *ders.*, Kündigung und Neuabschluss einer Betriebsvereinbarung über technische teilmitbestimmungspflichtige Sozialleistungen, DB 1985, 2506; *ders.*, Nachwirkung und Weitergeltung abgelaufener Betriebsvereinbarungen über „freiwillige" Sozialleistungen, DB 1990, 173; *Boemke/Sachadae*, Tarifpluralität und Tarifzuständigkeit für Mischbetriebe, BB 2011, 1973; *Buchner*, Betriebsräte auf schwierigem Terrain – die Viessmann-Entscheidungen des Arbeitsgerichts Marburg, NZA 1996, 1304; *ders.*, Der Unterlassungsanspruch der Gewerkschaften – Stabilisierung oder Ende der Verbandstarifverträge?, NZA 1999, 897; *Düwell*, Die Neuregelung des Verbots der Benachteiligung wegen Benachteiligung im AGG, BB 2006, 1741; *Edenfeld*, Die Tarifsperre des § 77 Abs. 3 BetrVG im Gemeinschaftsbetrieb, DB 2012, 575; *Ehrich*, Die Neuregelung des § 41 Abs. 4 Satz 3 SGB VI – nun doch wieder mit 65 Jahren in Rente?, BB 1994, 1633; *Ehrmann/Schmidt*, Betriebsvereinbarungen und Tarifverträge, NZA 1995, 193; *Franzen*, Betriebsvereinbarung – Alternative zu Tarifvertrag und Arbeitsvertrag?, NZA Beilage 2006, Nr. 3, 107; *Gaul*, Die Beendigung der Betriebsvereinbarung im betriebsratslosen Betrieb, NZA 1986, 628; *Gröben*, Betriebsvereinbarungen zur Gesundheitspolitik, AiB 2008, 485; *Hamm*, Betriebsvereinbarungen zu flexiblen Arbeitszeiten, AiB 2008, 346; *Hanau*, Aktuelle Probleme der Mitbestimmung über das Arbeitsentgelt gem. § 87 Abs. 1 Nr. 10 BetrVG, BB 1977, 350; *Haußmann/Krets*, EDV-Betriebsvereinbarungen im Praxistest, NZA 2005, 259; *Heinze*, Regelungsabrede, Betriebsvereinbarungen und Spruch der Einigungsstelle, NZA 1994, 580; *Henssler/Willemsen*, Ausnahmen von Betriebsvereinbarungen und ihre Folgen für die Nachwirkung der Kollektivvereinbarung, in: FS Herbert Buchner, 2009, S. 302 ff; *Herschel*, Entwicklungstendenzen des Arbeitsrechts, RdA 1956, 161; *Hromadka*, § 77 Abs. 3 BetrVG und die teilmitbestimmte Betriebsvereinbarung, in: FS Schaub, 1998, S. 337 ff; *Hümmerich*, Flexibilisierung der Arbeitszeit durch Betriebsvereinbarung, DB 1996, 1182; *Jacobs*, Die vereinbarte Nachwirkung nur freiwilliger Betriebsvereinbarungen, NZA 2000, 69; *Käppler*, Die Betriebsvereinbarung als Regelungsinstrument in sozialen Angelegenheiten, in: FS Kissel, 1994, S. 475 ff; *Kern*, Störfälle im Anwendungsbereich von Konzernbetriebsvereinbarungen, NZA 2009, 1313; *Kleinebrink*, Grundzüge der Gestaltung von Betriebsvereinbarungen, ArbRB 2008, 181; *ders.*, Flexibilisierung von freiwilligen finanziellen Leistungen durch Betriebsvereinbarungen, ArbRB 2005, 306; *Kock*, Arbeitszeitflexibilisierung – Gestaltung einer Betriebsvereinbarung zur Anordnung von Überstunden, MDR 2005, 1261; *Konzen*, Die umstrukturierende Betriebsvereinbarung, in: FS von Maydell, 2002, S. 341 ff; *Kort*, Arbeitszeitverlängerndes „Bündnis für Arbeit" zwischen Arbeitgeber und Betriebsrat – Verstoß gegen die Tarifautonomie, NJW 1997, 1476; *ders.*, Rechtsfolgen einer wegen Verstoßes gegen § 77 III BetrVG (teil-)unwirksamen Betriebsvereinbarung, NZA 2005, 1100; *Kreutz*, Grundsätzliches zum persönlichen Geltungsbereich der Betriebsvereinbarung, ZfA 2003, 361; *Leinemann*, Die Wirkung von Tarifverträgen und Betriebsvereinbarungen auf das Arbeitsverhältnis, DB 1990, 732; *Löwisch*, Kollektivverträge und Allgemeines Gleichbehandlungsgesetz, DB 2006, 1729; *Loritz*, Die Kündigung von Betriebsvereinbarungen und die Diskussion um eine Nachwirkung freiwilliger Betriebsvereinbarungen, RdA 1991, 65; *Maschmann*, Betriebsrat und Betriebsvereinbarung nach einer Umstrukturierung, NZA Beilage 2009, Nr. 1, 32; *Müller*, Sanierungstarifvertrag als unzulässige Lohnverwendungsabrede, DB 2000, 770; *Neufeld/Knitter*, Mitbestimmung des Betriebsrats bei Compliance-Systemen, BB 2013, 821; *Pfarr/Kocher*, Arbeitnehmerschutz und Gleichberechtigung durch Verfahren, NZA 1999, 358; *Preis*, Die Kündigung von Betriebsvereinbarungen, NZA 1991, 81; *Rech*, Die Nachwirkung freiwilliger Betriebsvereinbarungen, 1997; *Reichhold*, Metamorphosen der gekündigten Betriebsvereinbarung, Gedenkschrift Wolfgang Blomeyer 2003, S. 275 ff; *Reuter*, Betriebsverfassung und Tarifvertrag, RdA 1994, 152; *Richardi*, Die Betriebsvereinbarung als Rechtsquelle des Arbeitsverhältnisses, ZfA 1992, 307; *Rieble*, Der Fall Holzmann und seine Lehren, NZA 2000, 225; *Röder/Siegrist*, Konzernweites Bündnis für Arbeit: Zuständigkeit für Betriebsvereinbarungen zur Umsetzung tariflicher Öffnungsklauseln, DB 2008, 1098; *Roßmanith*, Die Kündigung von Betriebsvereinbarungen über betriebliche Altersversorgung, DB 1999, 634; *Salamon*, Die Konzernbetriebsvereinbarung beim Betriebsübergang, NZA 2009, 471; *ders.*, Auslegung, Wegfall der Geschäftsgrundlage und Auflösung von Konkurrenzen bei Gesamtbetriebsvereinbarungen, RdA 2009, 175; *ders.*, Die Ablösung und Kündigung von Betriebsvereinbarungen bei Wegfall der beteiligten Arbeitnehmervertretung, NZA 2007, 367; *Schaub*, Die Beendigung von Betriebsvereinbarungen, BB 1995, 1639; *Schirge*, Kündigung und Nachwirkung von Betriebsvereinbarungen über betriebliche übertarifliche Leistungen, DB 1991, 441; *Thüsing*, Folgen einer Umstrukturierung für Betriebsrat und Betriebsvereinbarung, DB 2004, 2474; *Trappmehl/Lambrich*, Unterlassungsanspruch der Gewerkschaft – das Ende für betriebliche „Bündnisse für Arbeit"?, NJW 1999, 3217; *v. Hoyningen-*

Huene, Die Inhaltskontrolle von Betriebsvereinbarungen der betrieblichen Altersversorgung, BB 1992, 1640; *Waltermann*, Gestaltung von Arbeitsbedingungen durch Vereinbarung mit dem Betriebsrat, NZA 1996, 357; *ders.*, Zur Kündigung der freiwilligen Betriebsvereinbarung, in: Gedächtnisschrift Meinhard Heinze, 2005, S. 1021 ff; *ders.*, „Umfassende Regelungskompetenz" der Betriebsparteien zur Gestaltung durch Betriebsvereinbarung?, RdA 2007, 257; *Wieland*, Betriebsvereinbarungen zur Standortsicherung, AiB 2007, 713; *Wlotzke*, Die Änderungen des Betriebsverfassungsgesetzes und das Gesetz über Sprecherausschüsse der leitenden Angestellten, DB 1989, 173; *Wohlfahrt*, Stärkung der Koalitionsfreiheit durch das BAG, NZA 1999, 962.

A. Erläuterungen

I. Vorbemerkungen

1. Keine Behandlung von Tarifverträgen

1 In diesem Formularbuch sind keine Tarifverträge und auch keine Erläuterungen hierzu enthalten. Die konsiliarische Einbeziehung des Arbeitsrechtsanwalts in der betrieblichen Praxis ist im Regelfall auf Betriebsvereinbarungen beschränkt und umfasst nur selten Tarifverträge. Anwälte, die bei Tarifverträgen beraten, verfügen über Spezialkenntnisse und greifen auf ein Werk der vorliegenden Art im Allgemeinen nicht zurück. Wer als Anwalt zur Erarbeitung eines Haustarifvertrages herangezogen wird, sei auf die einschlägige Literatur verwiesen.

2 Zum **Firmentarifvertrag** im Schrifttum: NZA 1987, 481; NZA 1989, 211; NZA 1994, 111; NZA 1989, 11; NZA 1993, 302; NZA 1995, 878; NZA 1998, 1214. Zum **Haustarifvertrag** im Schrifttum: *Bergwitz*, Vielfalt in der Einheit – Partikularinteressen im Betrieb, NZA 2012, 967; *Boemke/Sachadae*, Tarifpluralität und Tarifzuständigkeit für Mischbetriebe, BB 2011, 1973; *Braun*, Verbandstarifliche Normen in Firmentarifverträgen und Betriebsvereinbarungen, BB 1986, 1428; *Henschel*, Zur Zulässigkeit von Firmentarifverträgen mit verbandsangehörigen Unternehmen, RdA 1985, 65; *von Hoyningen-Huene*, Die Rolle der Verbände bei Firmentarifverträgen, ZfA 1980, 453; *Krichel*, Ist der Firmentarifvertrag mit einem verbandsangehörigen Arbeitgeber bestreikbar?, NZA 1986, 731; *Wieland*, Recht der Firmentarifverträge, 1998.

2. Betriebskollektive Auswirkungen des AGG

3 Verbotsadressat des AGG ist, wie sich aus der Begründung des Gesetzesentwurfs ergibt, primär der Arbeitgeber, wobei sich die Benachteiligungsverbote neben dem Arbeitgeber auch gegen Arbeitskollegen und Dritte richten.[1] Der in § 2 Abs. 1 AGG bestimmte sachliche Anwendungsbereich erfasst auch kollektivrechtliche Vereinbarungen. Damit stehen auch Tarifverträge und Betriebsvereinbarungen unter der Geltung des AGG.[2] Deshalb sind alle Betriebsvereinbarungen darauf zu überprüfen, ob sie **unzulässige Differenzierungsverbote** enthalten, ob sie unmittelbar wie mittelbar bei einzelnen Arbeitnehmergruppen zu Benachteiligungen führen, die nicht durch die allgemeine Rechtfertigungsklausel des § 8 Abs. 1 AGG gedeckt sind. Auch Kollektivverträge unterstehen über die in § 2 Abs. 1 Nr. 1 AGG genannten Auswahlkriterien und Einstellungsbedingungen dem Diskriminierungsverbot, denn die Nennung in § 2 Abs. 1 Nr. 2 AGG hat nur den Charakter einer Hervorhebung.[3] Vor allem das **Alter** spielt in den Diskussionen um die Wirksamkeit einzelner Betriebsvereinbarungen eine große Rolle. Weiterhin wird die Diskussion dadurch belebt, dass nach der Legitimität mit einzelnen Betriebsvereinbarungen verfolgter **Ziele** iSv § 10 Satz 1 AGG gefragt wird. Eine gesetzliche Regelung, die Arbeitsvertragsparteien, Betriebspartnern und Tarifvertragsparteien die Befugnis einräumt, ihrerseits vorzusehen, welche Ungleichbehandlungen zulässig sein sollen und welche nicht, hält *Löwisch* für mit Art. 6 der Gleichbehandlungsrichtlinie unvereinbar.[4] Die in kollektivvertraglichen Kündigungsverboten für ältere Arbeitnehmer liegende unmittelbare Benachteiligung jüngerer Arbeitnehmer ist durch § 10 Satz 3 Nr. 7 AGG ausdrücklich zugelassen.

4 Noch nicht beantwortet ist die Frage, ob die **Staffelung von Arbeitszeiten** in Tarifverträgen und Betriebsvereinbarungen nach dem **Lebensalter** mit § 3 Abs. 1 AGG als unmittelbare Benachteiligung jün-

---

1 Begr. RegE, BR-Drucks. 329/06, S. 36; *Annuß*, BB 2006, 1629.
2 H/S-*Nicolai/Huke*, Das arbeitsrechtliche Mandat, § 7 Rn 860.
3 *Löwisch*, DB 2006, 1729.
4 *Löwisch*, DB 2006, 1729 (1730).

gerer Arbeitnehmer vereinbar ist. Die Staffelung der **Urlaubsdauer** nach dem Lebensalter ist jedenfalls mit der Unterscheidung nach dem Lebensalter „40 Jahre" eine nicht gerechtfertigte Diskriminierung wegen des Alters.[5] Die Tarifvertragsparteien des öffentlichen Dienstes haben noch im Jahr 2012 eine neue Urlaubstarifregelung vereinbart. Auch **Staffelungen der Entgelte** nach dem Lebensalter stellen eine unmittelbare Benachteiligung nach § 3 Abs. 1 AGG dar. Dabei lassen sich derartige Staffelungen dem Ausnahmekatalog des § 10 Satz 3 AGG nicht zuordnen.[6] Die Überlegung, durch den Anstieg der Vergütung mit dem Lebensalter werde der Zuwachs an Lebenserfahrung honoriert, ist zu vage, um als angemessene Benachteiligung jüngerer Arbeitnehmer gelten zu können.[7] Dementsprechend hat die Rechtsprechung die Staffelung der Vergütung nach Lebensaltersstufen wegen der Diskriminierung jüngerer Arbeitnehmer als unwirksam erachtet.[8] Nach der Überleitung in den Tarifvertrag des öffentlichen Dienstes (TVöD), der diskriminierende Ansätze bei der Bildung des Entgelts vermeidet, können trotz Berücksichtigung von Besitzständen bei der Überleitung in die neuen Entgeltgruppen keine Rechte auf eine höhere Vergütung mehr aus einer etwaigen diskriminierenden Ausgestaltung des BAT mehr abgeleitet werden.[9]

Im Bereich der **mittelbaren Benachteiligung** hat das BAG auch für kollektivrechtliche Regelungen ein **Prüfmuster** entwickelt, bei dem der erste Schritt darin besteht, **Vergleichsgruppen** zu ermitteln. Es sind die von einer Regelung Begünstigten und die von ihr Benachteiligten einander gegenüberzustellen. In einem zweiten Schritt ist innerhalb der Vergleichsgruppen das zahlenmäßige Verhältnis der Geschlechter zu ermitteln. Diese Geschlechterrelationen sind miteinander zu vergleichen. Mittelbar benachteiligt ist das Geschlecht, dessen Anteil an der benachteiligten Gruppe größer ist als sein Anteil an der Begünstigten.[10]

Löwisch hält dieses Prüfmuster auch auf kollektivrechtliche Regelungen zur Bestimmung mittelbarer Benachteiligungen nach dem AGG für übertragbar. Mache eine betriebliche Regelung den Erhalt einer Leistung vom Bestehen eines deutschen **Sprachtests** abhängig, lasse sich auf diese Weise feststellen, ob Arbeitnehmer bestimmter ethnischer Herkunft dem zahlenmäßigen Verhältnis nach den Anspruch auf die Leistung seltener erwerben als Arbeitnehmer anderer ethnischer Herkunft. Sei das nicht der Fall, etwa weil die Arbeitnehmer dieser Gruppe keine Probleme mit dem Sprachtest hätten, liege schon keine mittelbare Benachteiligung vor. Treffe es zu, sei von einer mittelbaren Benachteiligung auszugehen und zu fragen, ob diese sachlich gerechtfertigt sei, etwa weil das Beherrschen der deutschen Sprache für die zu leistende Arbeit wichtig sei.[11]

Nach § 7 Abs. 2 AGG führt der **Verstoß** einer kollektivvertraglichen Regelung gegen die Gleichbehandlungsgebote des AGG zur Unwirksamkeit der betreffenden Regelung. Darüber hinaus führt der Verstoß kollektivvertraglicher Regelungen gegen Gleichbehandlungsgebote zu einem Anspruch der benachteiligten Mitarbeiter und Mitarbeiterinnen auf Gleichstellung mit den nicht Benachteiligten.[12] Da das AGG in seinem arbeitsrechtlichen Abschnitt keine Übergangsvorschriften enthält, werden die Rechtsfolgen auch bei solchen Betriebsvereinbarungen eintreten, die bereits vor Inkrafttreten des AGG geschlossen wurden. Sämtliche der nachfolgenden Betriebsvereinbarungen werden deshalb in den nächsten Jahren auf dem Prüfstand der Rechtsprechung auf Basis des AGG stehen. **Schadensersatzansprüche** muss der Arbeitgeber nach § 15 Abs. 3 AGG aus vor Inkrafttreten des AGG geschlossenen Betriebsvereinbarungen nicht fürchten, denn er ist in diesen Fällen nach § 15 Abs. 3 AGG nur zur Entschädigung verpflichtet, wenn er das Benachteiligungsverbot vorsätzlich oder grob fahrlässig verletzt hat. Eine vor Inkrafttreten des AGG mit dem Betriebsrat vereinbarte Benachteiligung erfüllt die Voraussetzungen des § 15 Abs. 3 AGG nicht.

Das AGG schreibt den Unternehmen vor, präventive Maßnahmen zu ergreifen, um das Risiko der Entstehung von Diskriminierungen zu minimieren. **§ 12 AGG** ist eine Art Grundgesetz für die Unternehmen, durch „Maßnahmen und Pflichten des Arbeitgebers" dafür Sorge zu tragen, dass sich die Mitar-

---

5 BAG 20.3.2012 – 9 AZR 529/10, NZA 2012, 803.
6 *Löwisch*, DB 2006, 1729.
7 *Schmidt/Senne*, RdA 2002, 80 (82).
8 BAG 10.11.2011 – 6 AZR 148/09, NZA 2012, 161; BAG 10.11.2011 – 6 AZR 481/09, NZA-RR 2012, 100.
9 BAG 8.12.2011 – 6 AZR 319/09, NZA 2012, 275.
10 BAG 10.12.1997 – 4 AZR 264/96, DB 1998, 1289.
11 *Löwisch*, DB 2006, 1729 (1731).
12 BAG 7.3.1995 – 3 AZR 282/94, DB 1995, 2020; EuGH 7.2.1991 – C-184/89, DB 1991, 660.

beiter und Mitarbeiterinnen in einem möglichst diskriminierungsfreien Unternehmen befinden. § 12 AGG bildet die **Kernvorschrift der arbeitgeberseitigen Organisationspflichten**.[13]

9 Ein Weg, neben den inhaltlichen Komponenten in den Betriebsvereinbarungen **Geschlechterdiskriminierung** zu vermeiden, besteht in der Verwendung geschlechtsneutraler Formulierungen in Betriebsvereinbarungen. Während die in diesem Formularbuch verwendeten Muster bei Arbeitsverträgen oder Aufhebungsverträgen mal den männlichen Arbeitnehmer, mal den weiblichen Arbeitnehmer als Vertragspartner wählen, werden in den hier abgedruckten Betriebsvereinbarungen geschlechtsneutrale Formulierungen gewählt oder die männliche und die weibliche Form nebeneinander gestellt.

II. Begriff und Rechtsnatur der Betriebsvereinbarung

10 Im BetrVG findet sich keine Legaldefinition der Betriebsvereinbarung. Die Betriebsvereinbarung ist das Rechtsinstitut, das der Gesetzgeber den Betriebspartnern zur Verfügung stellt und in § 77 Abs. 2–6 BetrVG näher ausgestaltet. Die Betriebsvereinbarung regelt **generell betriebliche und betriebsverfassungsrechtliche Fragen** sowie die **individuellen Rechtsbeziehungen zwischen Arbeitgeber und Arbeitnehmer**. Insofern liegt es nahe, wenn man die Betriebsvereinbarung griffig als das durch schriftliche Vereinbarung der Organe der Betriebsverfassung (Arbeitgeber und Betriebsrat) geschaffene **Gesetz des Betriebes** bezeichnet.[14] Soweit ein Spruch der Einigungsstelle die Einigung zwischen Arbeitgeber und Betriebsrat über die generelle Regelung einer betrieblichen oder betriebsverfassungsrechtlichen Frage ersetzt, ist auch dieser Spruch als eine Betriebsvereinbarung anzusehen (arg. § 77 Abs. 2 BetrVG).[15]

11 Von besonderer Bedeutung ist die **Normwirkung** der Betriebsvereinbarung.[16] Die Normen einer Betriebsvereinbarung wirken wie tarifliche Normen **unmittelbar** und **zwingend** auf die Arbeitsverhältnisse der im Betrieb beschäftigten Arbeitnehmer ein, so dass es **keiner Umsetzung** der vereinbarten Regelung **in das Einzelarbeitsverhältnis mehr bedarf**.[17] Obwohl sie nicht zum Bestandteil des Arbeitsvertrages werden, gestalten sie unabhängig vom Willen und der Kenntnis der Vertragspartner das Arbeitsverhältnis.[18] Aufgrund der zwingenden Wirkung einer Betriebsvereinbarung kann von ihren Regelungen nicht zu Ungunsten der Arbeitnehmer durch abweichende Absprachen der Arbeitsvertragsparteien abgewichen werden. Lediglich günstigere einzelvertragliche Vereinbarungen gehen der Betriebsvereinbarung vor (sog. **Günstigkeitsprinzip**).[19] Die Betriebspartner können die Betriebsvereinbarung jederzeit **einvernehmlich aufheben** oder **abändern**. Auch können sie die zwingende Wirkung einer Betriebsvereinbarung zur Disposition stellen und ähnlich wie tariflichen Öffnungsklauseln die Arbeitsvertragsparteien durch **Öffnungsklauseln** von der zwingenden Wirkung der Betriebsvereinbarung entbinden.[20]

12 Im **Verhältnis zwischen Betriebsvereinbarung und Arbeitsvertrag** bestimmt sich die Wirkung, wie vorstehend erwähnt, nach dem **Günstigkeitsprinzip**. Das BAG leitet diese Kollisionslösung arbeitsvertraglicher Gestaltungsfaktoren aus dem allgemeinen arbeitsrechtlichen Schutzprinzip und der Bedeutung des Günstigkeitsprinzips für die gesamte Arbeitsrechtsordnung her.[21] Gegen die Regelungen einer Betriebsvereinbarung verstoßende, ungünstigere Absprachen im Arbeitsvertrag oder einer arbeitsvertraglichen Zusatzvereinbarung sind zwar nicht nichtig, sie werden von der Betriebsvereinbarung aber verdrängt.[22] Bei einem ersatzlosen Wegfall der Betriebsvereinbarung bleiben dem Arbeitnehmer die Ansprüche aufgrund arbeitsvertraglicher Vereinbarungen oder Zusatzvereinbarungen erhalten. Haben Arbeitgeber und Arbeitnehmer ihre arbeitsvertraglichen Vereinbarungen **betriebsvereinbarungsoffen** so gestaltet, dass sie einer anderen günstigeren oder ungünstigeren Regelung einer Betriebsvereinbarung den Vorrang einräumen, wird die vertragliche Absprache durch die Betriebsvereinbarung abgelöst.[23] Gleiches gilt, wenn in einer arbeitsvertraglichen Vereinbarung ausdrücklich auf die jeweils geltende Be-

---

13 *Grobys*, NJW 2006, 2950.
14 *Fitting u.a.*, BetrVG, § 77 Rn 12.
15 *Etzel*, BetrVG, Rn 1084.
16 *Fitting u.a.*, BetrVG, § 77 Rn 124 ff.
17 H/S-*Spirolke*, Das arbeitsrechtliche Mandat, § 12 Rn 564.
18 *Fitting u.a.*, BetrVG, § 77 Rn 125; BAG 21.9.1989 – 1 AZR 454/88, AP § 77 BetrVG 1972 Nr. 43.
19 *Küttner/Kreitner*, Personalbuch, 126 (Betriebsvereinbarung) Rn 1.
20 *Fitting u.a.*, BetrVG, § 77 Rn 130.
21 BAG 16.9.1986 – GS 1/82, AP § 77 BetrVG 1972 Nr. 17.
22 BAG 21.9.1989 – 1 AZR 454/88, AP § 77 BetrVG 1972 Nr. 43.
23 BAG 12.8.1982 – 6 AZR 1117/79, AP § 77 BetrVG 1972 Nr. 4, BAG 3.11.1987 – 8 AZR 316/81, AP § 77 BetrVG 1972 Nr. 25.

triebsvereinbarung Bezug genommen wird;[24] dynamische Klauseln in Arbeitsverträgen sind zulässig.[25] Das Verhältnis von Betriebsvereinbarungen zu **betrieblichen Einheitsregelungen** ist ebenfalls nach dem individualarbeitsrechtlichen Ansatz, also dem Günstigkeitsprinzip zu beurteilen.[26] Bei allgemeinen Sozialleistungen des Arbeitgebers, insbesondere bei Leistungen der Altersversorgung, bestehen demgegenüber Besonderheiten. Hier muss statt des individuellen Günstigkeitsprinzips ein sog. **kollektiver Günstigkeitsvergleich** vorgenommen werden.[27]

Die **Rechtsnatur** der Betriebsvereinbarung ist umstritten. Die Rechtsprechung setzt sich mangels Relevanz für die Praxis mit ihr nicht auseinander. In der Literatur stehen sich die **Satzungstheorie**[28] und die **Vertrags-**[29] oder **Vereinbarungstheorie**[30] gegenüber. Nach der Satzungstheorie stellt die Betriebsvereinbarung eine durch übereinstimmende, parallele Beschlüsse der Organe der Betriebsverfassung zustande kommende Normenordnung im Sinne einer autonomen Satzung des Betriebes dar, während sie nach der Vertragstheorie als ein privatrechtlich kollektiver Normenvertrag angesehen wird, den Arbeitgeber und Betriebsrat abschließen und der kraft staatlicher Ermächtigung unmittelbar und zwingend die betrieblichen Arbeitsverhältnisse normativ gestaltet.[31]

Bei betriebskollektiven Absprachen zwischen Arbeitgeber und Betriebsrat unterscheidet man zwischen freiwilligen Betriebsvereinbarungen, erzwingbaren Betriebsvereinbarungen, Gruppenvereinbarungen und Regelungsabsprachen. Den Abschluss **freiwilliger Betriebsvereinbarungen** kann der Betriebsrat nicht erzwingen. Einigen sich die Betriebspartner nicht, kann die Einigungsstelle, die beim Scheitern von Verhandlungen über eine Betriebsvereinbarung zuständig ist, nur tätig werden, wenn beide Seiten einverstanden sind.[32] **Erzwingbare Betriebsvereinbarungen** sind Betriebsvereinbarungen, deren Regelungssachverhalte im Gesetz normiert sind. Zu Regelungsgegenständen der erzwingbaren Betriebsvereinbarung kann der Betriebsrat über den Spruch der Einigungsstelle eine Betriebsvereinbarung erzwingen (§ 76 Abs. 6 BetrVG). Die **Gruppenvereinbarung** wurde durch das BetrVerfReformG[33] in § 28a Abs. 2 in das BetrVG eingefügt. Hintergrund ist der grundlegende Wandel der Unternehmens- und Betriebsstrukturen, der insbesondere durch eine starke Dezentralisierung und Flexibilisierung der Entscheidungs- und Arbeitsablaufstrukturen gekennzeichnet war bzw. ist. § 28a BetrVG erlaubt es Arbeitgeber und Betriebsrat, die Wahrnehmung von Aufgaben des Betriebsrats, insbesondere auch die Wahrnehmung von Mitwirkungs- und Mitbestimmungsrechten, auf Arbeitsgruppen zu delegieren.[34]

Die Betriebsvereinbarung ist von der sog. **Regelungsabrede abzugrenzen**.[35] In Fällen, in denen der Abschluss einer Betriebsvereinbarung möglich ist, ist es dem Betriebsrat auch gestattet, sein Mitbestimmungsrecht in Form einer Regelungsabrede auszuüben.[36] Eine Regelungsabrede kommt ferner dort in Betracht, wo eine Regelung durch Betriebsvereinbarung unzulässig wäre. So können Regelungen über Arbeitsentgelte oder sonstige Arbeitsbedingungen auch dann getroffen werden, wenn entsprechende Tarifverträge bestehen oder üblicherweise bestehen und Betriebsvereinbarungen deshalb nach § 77 Abs. 3 BetrVG unzulässig wären.[37] Die Regelungsabrede bedarf keiner Form, sollte jedoch aus Beweisgründen möglichst schriftlich erfolgen. Sie bedarf zu ihrer Wirksamkeit eines entsprechenden Betriebsratsbeschlusses.[38] Sie ist ein schuldrechtlicher Vertrag und weist keine der Betriebsvereinbarung ver-

---

24 BAG 20.11.1987 – 2 AZR 284/86, AP § 620 BGB Altersgrenze Nr. 2.
25 Hümmerich/Reufels/*Mengel*, Gestaltung von Arbeitsverträgen, § 1 Rn 2325.
26 BAG 16.9.1986 – GS 1/82, AP § 77 BetrVG 1972 Nr. 17.
27 BAG 16.9.1986 – GS 1/82, AP § 77 BetrVG 1972 Nr. 17; Hümmerich/Reufels/*Schiefer*, Gestaltung von Arbeitsverträgen, § 1 Rn 1241.
28 *Herschel*, RdA 1948, 47; *ders.*, RdA 19567, 161; *Adomeit*, BB 1962, 1246.
29 G. *Hueck*, Betriebsvereinbarung, S. 42 ff; *Bulla*, DB 1962, 1207; *Säcker*, AR-Blattei: Betriebsvereinbarung I, D I 2, 4.
30 *Jacobi*, Grundlehren, S. 350 ff; *Dietz*, in: FS Sitzler, S. 131, 137 f; *Neumann-Duesberg*, RdA 1962, 404 (409 f).
31 Fitting u.a., BetrVG, § 77 Rn 13.
32 § 76 Abs. 6 BetrVG.
33 Gesetz zur Reform des Betriebsverfassungsgesetzes vom 23.7.2001 (BGBl. I S. 1852).
34 Fitting u.a., BetrVG, § 28a Rn 1 ff.
35 LAG Hamm 17.10.1996 – 4 Sa 1516/95, n.v.
36 BAG 10.3.1992 – 1 ABR 31/91, AP § 77 BetrVG 1972 Regelungsabrede Nr. 1; BAG 16.9.1986 – GS 1/82, AP § 77 BetrVG 1972 Nr. 17; BAG 9.7.1985 – 3 AZR 546/82, AP § 1 BetrAVG Ablösung Nr. 6.
37 *Adomeit*, BB 1972, 53; *Hanau*, BB 1977, 350; aA ArbG Marburg 7.8.1996 – 1 BV 6/96, NZA 1996, 1331; ArbG Marburg 7.8.1996 – 1 BV 10/96, NZA 1996, 1337 (Viessmann-Fälle).
38 LAG Schleswig-Holstein 4.9.2002 – 4 TaBV 8/02, LAGE § 98 ArbGG 1979 Nr. 39.

gleichbare normative Wirkung auf.[39] Ist eine als Betriebsvereinbarung vorgesehene Abmachung zwischen Arbeitgeber und Betriebsrat etwa wegen Formmangels als Betriebsvereinbarung unwirksam oder haben die Betriebspartner für ihre Abrede von vornherein keine Schriftform vorgesehen, kann die Vereinbarung als formlose Regelungsabrede aufrechterhalten werden, soweit für den zu regelnden Gegenstand keine Betriebsvereinbarung erforderlich ist. Dies gilt insbesondere auch für die mitbestimmungspflichtigen Angelegenheiten iSv § 87 BetrVG.[40] Durch eine Regelungsabrede können auch Mitbestimmungsrechte des Betriebsrats erweitert werden.[41] Indes entfaltet eine Regelungsabrede keine Rechte im Verhältnis zwischen Arbeitgeber und Arbeitnehmer, da der Regelungsabrede **keine normative Wirkung** zukommt. So kann etwa Kurzarbeit mit bindender Wirkung für die Arbeitnehmer nicht durch eine Regelungsabrede eingeführt werden.[42] Gleichfalls können Arbeitnehmer aus der Missachtung einer Regelungsabrede durch den Arbeitgeber keine Rechte herleiten. Soll beispielsweise der Betriebsrat nach einer mit dem Arbeitgeber getroffenen Regelungsabrede auch außerhalb gesetzlicher Mitbestimmungsrechte bei jeder Anrechnung einer Tariferhöhung auf eine übertarifliche Zulage mitbestimmen und missachtet der Arbeitgeber eine solche Regelungsabrede, führt das nicht zur Unwirksamkeit der Anrechnung im Verhältnis zum Arbeitnehmer.[43] Es bleibt dem Arbeitgeber überlassen, die mit dem Betriebsrat abgesprochenen Regelungen gegenüber allen betroffenen Arbeitnehmern mit individualrechtlichen Mitteln durchzusetzen.[44]

16 Im Rahmen der Betriebsverfassungsreform hat der Gesetzgeber mit den sog. **Gruppenvereinbarungen** in § 28a BetrVG ein Regelungsinstrument geschaffen, das der Betriebsvereinbarung ähnelt. Ziel des Gesetzgebers war es, eine bereits sehr häufig anzutreffende Praxis in den Betrieben und Verwaltungen auf ein rechtliches Fundament zu stellen. Das in § 28a BetrVG niedergelegte Delegationsrecht ermöglicht eine unmittelbare Beteiligung der Arbeitnehmer im Rahmen der Arbeitsorganisation. Als Regelungsgegenstände von Gruppenvereinbarungen kommen u.a. in Betracht: die Urlaubsplanung, die Festlegung des Qualifizierungsbedarfes und seine Planung, die Organisation der Arbeit bzw die Gestaltung der Arbeitsbedingungen (Arbeitswechsel in der Gruppe, Reihenfolge der Arbeitsabwicklung, Zusammenarbeit in der Gruppe), die Einbeziehung in Steuerungsgremien, die Mitwirkung bei Personalentscheidungen, die Förderung der Gleichstellung, Pausen- und Vertretungsregelungen und die Berücksichtigung leistungsschwächerer Arbeitnehmer. Da § 77 BetrVG entsprechende Anwendung findet, hat eine Gruppenvereinbarung, unmittelbare und zwingende Wirkung. Aufgrund der entsprechenden Anwendung des § 77 BetrVG sind auch bei der Gruppenvereinbarung Schriftformzwänge zu beachten. Es gelten die Regelungen über das grundsätzliche Verzichts- und Verwirkungsverbot, über das Recht zur Kündigung der Vereinbarung und über die Nachwirkung der Abrede bei mitbestimmungspflichtigen Tatbeständen.[45]

17 Das **Verhältnis** einer schriftlichen Gruppenvereinbarung zu einer allgemeinen Betriebsvereinbarung bestimmt sich nach den **Grundsätzen der Spezialität**.[46] Dementsprechend genießt die Gruppenvereinbarung in der Regel Vorrang vor einer allgemeinen Betriebsvereinbarung. Dies gilt unabhängig von einer Günstigkeitsbetrachtung, da aufgrund der Anwendung des § 77 BetrVG die Grundsätze gelten, die das Verhältnis mehrerer Betriebsvereinbarungen zueinander bestimmen.[47]

III. Auslegung und Billigkeitskontrolle

18 Nach ständiger höchstrichterlicher Rechtsprechung sind Betriebsvereinbarungen entsprechend den Tarifverträgen **wie Gesetze auszulegen**.[48] Danach ist maßgeblich auf den im Wortlaut der Betriebsvereinbarung zum Ausdruck gelangten Willen der Betriebspartner abzustellen. Insbesondere bei unbestimmtem Wortsinn ist der wirkliche Wille der Betriebsparteien, soweit er im Text seinen Niederschlag ge-

---

39 BAG 14.8.2001 – 1 AZR 744/00, NZA 2002, 342; BAG 14.2.1991 – 2 AZR 415/90, DB 1991, 1990; Küttner/*Kreitner*, Personalbuch, 126 (Betriebsvereinbarung) Rn 2.
40 LAG Hamm 17.10.1996 – 4 Sa 1516/95, n.v.
41 BAG 14.8.2001 – 1 AZR 744/00, NZA 2002, 342.
42 BAG 14.2.1991 – 2 AZR 415/90, EzA § 87 BetrVG 1972 Kurzarbeit Nr. 1.
43 BAG 14.8.2001 – 1 AZR 744/00, NZA 2002, 342.
44 LAG Hamm 17.10.1996 – 4 Sa 1516/95, juris; LAG Hamburg 6.5.1994 – 3 TaBV 8/93, LAGE § 77 BetrVG 1972 Nr. 20.
45 *Fitting u.a.*, BetrVG, § 28a Rn 32.
46 *Natzel*, DB 2001, 1363; zweifelnd *Däubler*, AiB 2001, 383.
47 *Fitting u.a.*, BetrVG, § 28a Rn 34.
48 BAG 29.1.2002 – 1 AZR 227/01, juris; BAG 19.10.1999 – 1 AZR 816/98, juris; BAG 4.6.1987 – 2 AZR 393/86, juris.

funden hat, zu berücksichtigen.[49] Neben der Feststellung des Zwecks der Betriebsvereinbarung sind als weitere Auslegungsmittel der Gesamtzusammenhang der Betriebsvereinbarung sowie ihre Entstehungsgeschichte zu berücksichtigen.[50] Die Auslegung einer Betriebsvereinbarung hat sich daran zu orientieren, ob ihr Ergebnis in sich verständlich und umsetzbar ist. Im Zweifel gebührt derjenigen Auslegung der Vorzug, die zu einer vernünftigen, sachgerechten, zweckorientierten und praktisch brauchbaren Regelung führt. Hierbei kann auch von Bedeutung sein, wie die Betriebsvereinbarung im Betrieb über längere Zeit hin tatsächlich gehandhabt wurde.[51] Für die bei Zweifeln mögliche Heranziehung weiterer Auslegungskriterien (**Entstehungsgeschichte**, praktische **Betriebsübung** etc.) gibt es keinen Zwang zu einer bestimmten Reihenfolge.[52] Die Auslegung einer Betriebsvereinbarung obliegt auch dem **Revisionsgericht**.[53]

Betriebsvereinbarungen unterliegen neben einer **Rechtskontrolle** einer **gerichtlichen Billigkeitskontrolle**.[54] Maßstab ist hierbei die Verpflichtung der Betriebspartner, dem Wohl des Betriebes und seiner Arbeitnehmer unter Berücksichtigung des Gemeinwohls zu dienen. Die Grundsätze der Verhältnismäßigkeit und des Vertrauensschutzes sind zu beachten,[55] ebenso der Gleichbehandlungsgrundsatz.[56] Im Rahmen dieser Verpflichtung haben die Betriebspartner den billigen Ausgleich zwischen den Interessen der Belegschaft und dem Betrieb sowie den Ausgleich zwischen den verschiedenen Teilen der Belegschaft selbst zu suchen, wobei ihnen ein weiter Ermessensspielraum eröffnet ist.[57]

19

Werden **Außendienstmitarbeiter** in einer Betriebsvereinbarung über eine betriebliche Altersversorgung unter Verstoß gegen § 75 Abs. 1 BetrVG aus dem Kreis der Anspruchsberechtigten ausgenommen, steht ihnen im Regelfall nicht ein einzelvertraglicher Anspruch auf der Grundlage des Gleichbehandlungsgrundsatzes zu. Vielmehr beruht ihr Anspruch unmittelbar auf der Betriebsvereinbarung. Der Ausschluss der Außendienstmitarbeiter ist nämlich wegen des Verstoßes gegen § 75 Abs. 1 BetrVG unwirksam, § 134 BGB. Die Nichtigkeit der Versorgungsordnung in diesem Einzelpunkt führt regelmäßig nicht zur Unwirksamkeit der gesamten Versorgungsordnung, § 139 BGB.[58]

20

IV. Zustandekommen von Betriebsvereinbarungen

Gemäß § 77 Abs. 2 BetrVG sind Betriebsvereinbarungen von Betriebsrat und Arbeitgeber gemeinsam zu beschließen und **schriftlich** niederzulegen. Sie sind, sofern sie nicht auf einem Spruch der Einigungsstelle beruhen (vgl § 76 Abs. 3 Satz 3 BetrVG), von beiden Seiten zu unterzeichnen und der Arbeitgeber hat sie an geeigneter Stelle im Betrieb auszulegen. Auf Arbeitgeberseite ist der Vertragspartner des Betriebsrats bei Abschluss einer Betriebsvereinbarung der Inhaber des Betriebes oder derjenige, der die Arbeitgeberfunktion im Betrieb wahrnimmt. Dies kann sowohl der Geschäftsführer als auch ein leitender Angestellter sein.

21

Der Arbeitgeber hat nach § 77 Abs. 2 Satz 3 BetrVG Betriebsvereinbarungen an geeigneter Stelle im Betrieb auszulegen. Die **Bekanntmachung** der Betriebsvereinbarung hat keine konstitutive Wirkung. Die Betriebsvereinbarung ist so auszulegen oder auszuhändigen, dass sämtliche Arbeitnehmer, auch neu eingestellte Mitarbeiter, in der Lage sind, sich ohne besondere Umstände mit dem Inhalt vertraut zu machen. Diesen Anforderungen trägt die Verteilung von Abschriften, ein Anschlag im Betrieb am Schwarzen Brett oder die Veröffentlichung in der Werkzeitung Rechnung.[59]

22

Unabdingbare Voraussetzung für die Wirksamkeit der Betriebsvereinbarung ist, dass sie **vom Betriebsrat und Arbeitgeber unterzeichnet** worden ist (§ 77 Abs. 2 Satz 2 Hs 1 BetrVG).[60] Die Betriebsvereinbarung bedarf zwingend der **Schriftform**. Eine nur mündlich getroffene „Betriebsvereinbarung" ist nich-

23

---

49 BAG 9.10.2012 – 3 AZR 539/10, juris.
50 *Fitting u.a.*, BetrVG, § 77 Rn 15; H/S-*Spirolke*, Das arbeitsrechtliche Mandat, § 12 Rn 566.
51 BAG 22.5.2001 – 3 AZR 491/00, EzA § 1 BetrAVG Betriebsvereinbarung Nr. 3 = NZA 2002, 408.
52 LAG Köln 25.1.2001 – 5 Sa 1276/00, NZA-RR 2001, 487.
53 BAG 10.11.1992 – 1 AZR 293/90, juris.
54 BAG 11.6.1975 – 5 AZR 217/74, EzA § 77 BetrVG 1972 Nr. 1; BAG 11.3.1976 – 3 AZR 334/75, EZA § 242 BGB Ruhegeld Nr. 51.
55 BAG 20.11.1990 – 3 AZR 573/89, EzA § 77 BetrVG 1972 Nr. 38.
56 LAG Hamm 27.2.1997 – 17 Sa 1889/96, LAGE § 242 BGB Gleichbehandlung Nr. 21.
57 BAG 11.6.1975 – 5 AZR 217/74, EzA § 77 BetrVG 1972 Nr. 1; *Etzel*, BetrVG, Rn 1099.
58 LAG Düsseldorf 29.6.2001 – 18 Sa 495/01, NZA-RR 2002, 38.
59 *Fitting u.a.*, BetrVG, § 77 Rn 25.
60 H/S-*Spirolke*, Das arbeitsrechtliche Mandat, § 12 Rn 569; BAG 21.8.1990 – 3 AZR 422/89, NZA 1991, 507.

tig, § 125 Satz 1 BGB. Sie kann in Form einer Regelungsabrede aufrechterhalten werden. In diesem Fall entfällt aber die normative Wirkung der Absprache. Die Betriebsvereinbarung muss die Unterschriften beider Organe der Betriebsverfassung bzw der bevollmächtigten Vertreter gem. § 126 Abs. 2 Satz 1 BGB auf derselben Urkunde aufweisen.[61]

24 Das **Schriftformerfordernis** des § 77 Abs. 2 Satz 1 BetrVG ist nicht erfüllt, wenn der Arbeitgeber die Fotokopie eines Beschlusses des Betriebsrats unterzeichnet, selbst wenn das Original des Beschlusses von sämtlichen Betriebsratsmitgliedern unterzeichnet war. Ein Anspruch des Arbeitgebers auf Unterzeichnung einer Betriebsvereinbarung besteht auch dann nicht, wenn der Betriebsrat durch Beschluss dem Entwurf einer Betriebsvereinbarung zugestimmt hat. Ein Beschluss über den Abschluss einer Betriebsvereinbarung wird für den Betriebsrat erst dann bindend, wenn er im Rahmen des § 77 Abs. 2 Satz 1 BetrVG gefasst ist und die Formvorschriften eingehalten worden sind. Bis zu diesem Zeitpunkt kann der Beschluss wieder aufgehoben werden.[62] Ein Austausch von Urkunden, die je nur von einer Seite unterzeichnet sind, genügt nicht.[63]

25 Eine Betriebsvereinbarung ist nicht wegen Verstoßes gegen § 77 Abs. 2 Satz 1 und 2 BetrVG unwirksam, wenn eine in der vom Betriebsrat und Arbeitgeber unterschriebenen Betriebsvereinbarung in Bezug genommene **Anlage** selbst nicht unterschrieben ist, aber durch Heftklammer aus einer Heftmaschine an die Betriebsvereinbarung angetackert ist.[64] Die Schriftform des § 77 Abs. 2 Satz 1 BetrVG ist auch dann gewahrt, wenn die Betriebsvereinbarung auf eine schriftliche, den Arbeitnehmern bekannt gemachte Gesamtzusage des Arbeitgebers **verweist**. Die Gesamtzusage muss weder in der Betriebsvereinbarung wiederholt noch als Anlage angeheftet werden. Die Anforderungen des § 126 BGB können auf Normenverträge nicht unbesehen übernommen werden. Nach § 126 BGB muss die Urkunde das gesamte formbedürftige Rechtsgeschäft enthalten. Bezugnahmen sind unzulässig, wenn sich Angaben, die für den Vertragsinhalt wesentlich sind, ausschließlich aus Umständen außerhalb der Urkunde ergeben. Diese Anforderung dient dem Übereilungsschutz. Er spielt beim Abschluss von Tarifverträgen oder Betriebsvereinbarungen keine Rolle. Bei ihnen soll die Schriftform Zweifel über den Inhalt der vereinbarten Normen ausschließen. Die erforderliche Klarheit kann auch bei einer Verweisung auf genau bezeichnete andere schriftliche Regelungen bestehen.[65] Ein schlichter Verweis auf vom Arbeitgeber noch auszuhängende, den Arbeitnehmern unbekannte Bekanntmachungen genügt jedoch nicht dem Formerfordernis des § 77 Abs. 2 BetrVG. So genügt der Verweis auf vom Arbeitgeber auszuhängende Listen in einer Betriebsvereinbarung höchstens dem Mitbestimmungsrecht des Betriebsrats nach § 87 Abs. 1 Nr. 3 BetrVG, suspendiert aber nicht die Arbeitspflicht und den Vergütungsanspruch solcher Arbeitnehmer, die der Kurzarbeit widersprechen. Dies folgt aus § 77 Abs. 2 BetrVG iVm dem Prinzip der Normklarheit.[66] Für den Fall der Verweisung muss eindeutig feststehen, auf welchen genau identifizierbaren, konkreten Regelungstext Bezug genommen wird. Die in Bezug genommene Bestimmung muss in der verweisenden Betriebsvereinbarung so genau bezeichnet werden, dass Irrtümer über ihre Identität ausgeschlossen sind.[67]

26 Die Betriebsvereinbarung muss auf Seiten des Betriebsrats auf einem **ordnungsgemäßen (wirksamen) Betriebsratsbeschluss** nach § 33 BetrVG beruhen. Anderenfalls ist sie nichtig. Das heißt, der Betriebsrat als Gremium muss die Zustimmung zum Abschluss der vom Arbeitgeber vorgelegten Betriebsvereinbarung erteilen. Erst danach ist der Betriebsratsvorsitzende (§ 26 Abs. 2 Satz 1 BetrVG) berechtigt, die vom Arbeitgeber vorgelegte Betriebsvereinbarung zu unterschreiben. Der Betriebsratsvorsitzende hat alle Mitglieder des Betriebsrats unter Mitteilung der Tagesordnung rechtzeitig zu laden. Ladung und Beschlussfassung auf einer ordnungsgemäß einberufenen Sitzung sind unverzichtbare Voraussetzungen für das Zustandekommen eines wirksamen Betriebsratsbeschlusses. Eine Beschlussfassung des Betriebsrats im Umlaufverfahren ist unzulässig.[68] Eine vom Betriebsratsvorsitzenden ohne entsprechenden Be-

---

[61] BAG 21.8.1990 – 3 AZR 422/89, AP § 6 BetrAVG Nr. 19; BAG 14.2.1978 – 1 AZR 154/76, AP Art. 9 GG Arbeitskampf Nr. 60.
[62] LAG Berlin 6.9.1991 – 2 TaBV 3/91, DB 1991, 2593.
[63] *Etzel*, BetrVG, Rn 1085.
[64] LAG Hamm 25.9.1985 – 12 TaBV 66/85, DB 1986, 919.
[65] BAG 3.6.1997 – 3 AZR 25/96, AP § 77 BetrVG 1972 Nr. 69.
[66] LAG Hessen 14.3.1997 – 17/13 Sa 162/96, NZA-RR 1997, 479.
[67] BAG 28.4.2009 – 1 AZR 18/08, juris.
[68] ArbG Heilbronn 13.6.1989 – 4 Ca 116/89, BB 1989, 1897.

triebsratsbeschluss abgeschlossene Betriebsvereinbarung kann vom Betriebsrat **durch schlüssiges Verhalten gebilligt** und dadurch wirksam werden.[69]

Im Rahmen seiner originären Zuständigkeit nach § 50 Abs. 1 BetrVG – die Angelegenheit betrifft mehrere Betriebe oder das Gesamtunternehmen – kann auch der **Gesamtbetriebsrat** Betriebsvereinbarungen schließen, im Rahmen der Auftragszuständigkeit nach § 50 Abs. 2 BetrVG ist Vertragspartner der Betriebsrat, für den der Gesamtbetriebsrat lediglich Abschlussvollmacht hat.[70] Entsprechendes gilt für den **Konzernbetriebsrat**. Die **Arbeitsgruppe** kann im Rahmen der ihr übertragenen Aufgaben ebenfalls Vereinbarungen abschließen, auf die die Vorschriften über die Betriebsvereinbarung entsprechend anwendbar sind, § 28 a Abs. 2 Satz 2 BetrVG.

Auf Arbeitgeberseite ist Vertragspartner der **Inhaber des Betriebs**, bei juristischen Personen das **Unternehmen**, bei einem **gemeinsamen Betrieb** mehrerer Unternehmen die aus dem Zusammenschluss entstandene Gemeinschaft, in der Regel eine BGB-Gesellschaft. Schließen Betriebsrat, Arbeitgeber und zuständige **Gewerkschaft** einen „Konsolidierungsvertrag", der die Verkürzung von Ansprüchen aus einem Tarifvertrag vorsieht, in dessen fachlichem und räumlichem Geltungsbereich sich der Betrieb befindet, so handelt es sich im Zweifel um einen (Haus-)Tarifvertrag, da eine Betriebsvereinbarung mit diesem Inhalt nach § 77 Abs. 3 BetrVG unwirksam wäre.[71]

Bestimmungen in gemischten, von Arbeitgeber, Gewerkschaft und Betriebsrat gemeinsam unterzeichneten Vereinbarungen sind jedoch unwirksam, wenn sich nicht aus diesen selbst ohne Weiteres und zweifelsfrei ergibt, wer Urheber der einzelnen Regelungskomplexe ist und um welche Rechtsquellen es sich folglich handelt. Dies folgt aus dem Gebot der **Rechtsquellenklarheit**, das den Schriftformerfordernissen des TVG und des BetrVG zugrunde liegt.[72]

Sind durch eine Betriebsvereinbarung rechtliche Interessen der leitenden Angestellten berührt, hat der Arbeitgeber vor Abschluss einer Betriebsvereinbarung nach § 2 Abs. 1 Satz 2 SprAuG den **Sprecherausschuss** anzuhören.

Eine **nichtige Betriebsvereinbarung** liegt vor, wenn die Schriftform nicht gewahrt ist, kein ordnungsgemäßer Beschluss des Betriebsrats zum Abschluss der Betriebsvereinbarung vorliegt, die Betriebsratswahl nichtig war oder eine der abschließenden Parteien nicht zuständig ist, etwa wenn der Gesamtbetriebsrat unter Missachtung des § 50 BetrVG eine Gesamtbetriebsvereinbarung mit dem Arbeitgeber getroffen hat. Nichtigkeit kann sich aus dem Verstoß gegen zwingendes höherrangiges Recht ergeben, insbesondere aus dem Verbot, dem Tarifvorrang unterliegende Arbeitsbedingungen in einer Betriebsvereinbarung zu regeln (§ 77 Abs. 3 BetrVG). Nichtigkeit kann sich aber auch aus mangelnder Zuständigkeit des Betriebsrats, beispielsweise durch Vereinbarung eines generellen Nebentätigkeitsverbots für alle Mitarbeiter,[73] ergeben. Auch ist der Betriebsrat unzuständig, eine generelle Teilnahme an Betriebsausflügen oder Betriebsfeiern zu begründen, selbst wenn sie während der Arbeitszeit stattfinden.[74] Eine nichtige Betriebsvereinbarung erzeugt keine Rechtswirkung, ihre **Umdeutung** in individualrechtlich wirksame Rechtsgeschäfte wie Gesamtzusage, Vertrag zu Gunsten Dritter oder betriebliche Übung ist generell nicht möglich.[75] Denkbar ist aber, dass **Teilnichtigkeit** vorliegt, also nur einzelne Bestimmungen der Betriebsvereinbarung nichtig sind und der übrige Teil wirksam bleibt, sofern noch eine sinnvolle und in sich geschlossene Regelung vorhanden ist.[76] Eine **rückwirkende Anfechtung** der Betriebsvereinbarung aufgrund von Willensmängeln ist ausgeschlossen. Eine Anfechtung einer Betriebsvereinbarung, beispielsweise wegen arglistiger Täuschung oder Drohung, wirkt nur für die Zukunft.[77]

---

69 LAG Köln 5.10.1988 – 2 Sa 696/88, LAGE § 26 BetrVG 1972 Nr. 1.
70 Fitting u.a., BetrVG, § 77 Rn 18.
71 BAG 7.11.2000 – 1 AZR 175/00, NZA 2001, 727.
72 BAG 15.4.2008 – 1 AZR 86/07, BAGE 126, 251.
73 BAG 25.5.1970 – 3 AZR 384/69, AP § 60 HGB Nr. 4; BAG 13.11.1979 – 6 AZR 934/77, AP § 1 KSchG 1969 Krankheit Nr. 5.
74 BAG 4.12.1970 – 5 AZR 242/70, AP § 7 BUrlG Nr. 4.
75 BAG 19.7.1977 – 1 AZR 483/74, AP § 77 BetrVG 1972 Nr. 1; BAG 13.8.1980 – 5 AZR 325/78, AP § 77 BetrVG 1972 Nr. 2; LAG Hamm 22.10.1998 – 8 Sa 1353/98, NZA-RR 2000, 27.
76 BAG 12.10.1994 – 7 AZR 398/93, AP § 87 BetrVG 1972 Arbeitszeit Nr. 66; BAG 28.4.1981 – 1 ABR 53/79, AP § 87 BetrVG 1972 Vorschlagswesen Nr. 1; BAG 28.7.1981 – 1 ABR 79/79, AP § 87 BetrVG 1972 Nr. 2; BAG 20.12.1983 – 1 AZR 442/82, AP § 112 BetrVG 1972 Nr. 17; BAG 18.12.1990 – 1 ABR 11/90, AP § 1 TVG Tarifverträge Metallindustrie Nr. 98.
77 BAG 15.12.1961 – 1 AZR 207/59, AP § 615 BGB Kurzarbeit Nr. 1.

V. Grenzen der Regelungsmacht der Betriebspartner

32 Die Regelungsbefugnis der Betriebspartner ist durch zwingende gesetzliche Vorschriften beschränkt. Die Betriebsvereinbarung hat **zwingendes staatliches Recht** zu beachten. Hierzu zählen staatliche Gesetze und Verordnungen, die öffentlich-rechtlichen Unfallverhütungsvorschriften der Berufsgenossenschaften, sofern staatliches Recht nur abweichende Regelungen in Tarifverträgen gestattet (vgl §§ 616 Abs. 2, 622 Abs. 4 BGB, § 4 Abs. 4 EFZG, § 13 BUrlG, § 7 ArbZG, §§ 21a und 21b JArbSchG), sowie die durch Richterrecht gestalteten Rechtsgrundsätze.[78] So ist es den Betriebspartnern verwehrt, eine von den Vorschriften des BUrlG zu Ungunsten der Arbeitnehmer abweichende Urlaubsregelung zu treffen (vgl § 13 BUrlG). Ebenso wenig können sie durch Betriebsvereinbarung die Folgen der Teilnahme von Arbeitnehmern an einem Arbeitskampf regeln. Eine Betriebsvereinbarung, die die Folgen der Teilnahme der von dem Betriebsrat vertretenen Arbeitnehmer an einem Arbeitskampf regeln würde, wäre rechtlich unzulässig, denn der Betriebsrat unterliegt im Falle von Arbeitskämpfen gem. § 74 BetrVG einer Neutralitätspflicht. Er ist ferner durch den Interessenkonflikt, einerseits aus Arbeitnehmern zu bestehen, die andererseits ihr Betriebsratsamt wahrnehmen, daran gehindert, im Falle von Arbeitskampfmaßnahmen Mitbestimmungsrechte der Arbeitnehmer wahrzunehmen.[79]

33 Die Betriebspartner müssen des Weiteren das Benachteiligungsverbot wegen des Geschlechts und das Lohngleichheitsgebot, das auch eine mittelbare Diskriminierung wegen des Geschlechts verbietet, beachten (§§ 3 Abs. 2, 1, 7 Abs. 1 AGG).[80] Auch ein Verstoß gegen die allgemeinen Grundsätze des Kündigungs- und Kündigungsschutzrechts führt zur Unwirksamkeit entsprechender Regelungen in einer Betriebsvereinbarung.[81] Eine Regelung durch Betriebsvereinbarung ist gleichermaßen ausgeschlossen, soweit gesetzliche Mindestansprüche im Mutterschutzgesetz oder im Schwerbehindertenrecht (SGB IX) betroffen sind. Zum zwingenden staatlichen Recht gehört auch das **BetrVG**. In einer Betriebsvereinbarung darf dem Arbeitgeber die Befugnis zur einseitigen Gestaltung mitbestimmungspflichtiger Angelegenheiten nur soweit eingeräumt werden, wie sie die Substanz der Mitbestimmungsrechte unberührt lässt.[82] **Unzulässig** sind Betriebsvereinbarungen, die die Kostentragungspflicht des Arbeitgebers für von ihm zu stellende Arbeits- und Schutzkleidung auf die Arbeitnehmer ganz oder teilweise abwälzen.[83] Etwas anderes gilt nur, wenn dem Arbeitnehmer die Verwendung dieser Kleidung im privaten Bereich gestattet ist und vom Arbeitnehmer gewünscht wird.[84]

34 Die praktisch bedeutsamste Beschränkung der Regelungsmacht von Arbeitgeber und Betriebsrat findet sich in § 77 Abs. 3 BetrVG (sog. **Tarifvorbehalt**). Hiernach können **Arbeitsentgelte und sonstige Arbeitsbedingungen, die durch Tarifvertrag geregelt sind oder üblicherweise geregelt werden, nicht Gegenstand einer Betriebsvereinbarung** sein. Eine Ausnahme gilt nur dann, wenn der Tarifvertrag ausdrücklich eine sog. Öffnungsklausel enthält, mit der die Tarifvertragsparteien den Betriebspartnern eine Regelungskompetenz zuweisen, § 77 Abs. 3 Satz 2 BetrVG.

35 Wenn ein Tarifvertrag eine Öffnungsklausel enthält, nach der bei Vorliegen bestimmter Voraussetzungen die Tarifvertragsparteien einer von den Tarifregelungen abweichenden Betriebsvereinbarung zustimmen sollen, kann eine der Parteien des Tarifvertrages von der anderen die Zustimmung verlangen, wenn die tariflich bestimmten Voraussetzungen vorliegen, die tariflichen Anforderungen erfüllt werden und die andere Tarifvertragspartei nicht das Vorliegen eines besonderen Ausnahmesachverhalts geltend machen kann.[85]

36 Die Regelungssperre des § 77 Abs. 3 BetrVG bezieht sich auf Arbeitsentgelte und sonstige Arbeitsbedingungen. Arbeitsentgelt ist jede in Geld zahlbare Vergütung oder Sachleistung des Arbeitgebers, zB Lohn, Prämien, Gratifikationen, Gewinnbeteiligungen oder Deputate. Unter „sonstigen Arbeitsbedin-

---

[78] Fitting u.a., BetrVG, § 77 Rn 53.
[79] LAG Hessen 3.10.1984 – 2 Sa 310/84, AR-Blattei ES 170.1 Nr. 23.
[80] LAG Hessen 10.11.1989 – 13 Sa 255/89, LAGE § 611a BGB Nr. 6; vgl zur Geschlechtsdiskriminierung bei Beförderung in Führungspositionen aufgrund Statistik über Geschlechtsverteilung LAG Berlin-Brandenburg 26.11.2008 – 15 Sa 517/08, LAGE § 22 AGG Nr. 1 (nicht rechtskräftig, anhängig beim BAG – 8 AZR 1012/08).
[81] BAG 16.2.1962 – 1 AZR 164/61, AP § 4 TVG Günstigkeitsprinzip Nr. 11.
[82] BAG 7.9.1956 – 1 AZR 646/56, AP § 56 BetrVG Nr. 2; BAG 26.7.1988 – 1 AZR 54/87, AP § 87 BetrVG 1972 Provision Nr. 6; BAG 28.4.1992 – 1 ABR 68/91, AP § 50 BetrVG 1972 Nr. 11.
[83] BAG 1.12.1992 – 1 AZR 260/92, AP § 87 BetrVG 1972 Ordnung des Betriebes Nr. 20; BAG 10.3.1976 – 5 AZR 34/75, AP § 618 BGB Nr. 17; BAG 19.5.1998 – 9 AZR 307/96, AP § 1 TVG Tarifverträge: Spielbanken Nr. 3.
[84] BAG 1.12.1992 – 1 AZR 260/92, AP § 87 BetrVG 1972 Ordnung des Betriebes Nr. 20.
[85] BAG 20.10.2010 – 4 AZR 105/09, BAGE 136, 71.

gungen" versteht man alle Regelungen, die Gegenstand der Inhaltsnormen eines Tarifvertrages sein können. Sowohl formelle als auch materielle Arbeitsbedingungen fallen hierunter.[86] Die Vorschrift soll die **Funktionsfähigkeit der Tarifautonomie** sicherstellen, indem sie den Tarifvertragsparteien den Vorrang zur Regelung von Arbeitsbedingungen einräumt. Diese Befugnis soll nicht dadurch ausgehöhlt werden, dass Arbeitgeber und Betriebsrat ergänzende oder abweichende Regelungen vereinbaren. Es geht um die Sicherung der ausgeübten und aktualisierten Tarifautonomie.[87] Ausgehend von diesem Normzweck kann die **Sperrwirkung** nicht davon abhängen, ob ein Arbeitgeber tarifgebunden ist oder nicht. Es soll vorrangig Aufgabe der Tarifpartner sein, Arbeitsbedingungen kollektivrechtlich zu regeln. Die Funktionsfähigkeit der Tarifautonomie würde auch dann gestört, wenn die **nicht tarifgebundenen Arbeitgeber** kollektivrechtliche „Konkurrenzregelungen" in der Form von Betriebsvereinbarungen erreichen könnten. Soweit ein Bedürfnis nach betriebsnaher Regelung besteht, stehen Firmentarifverträge als kollektives Gestaltungsmittel zur Verfügung.

Darüber hinaus können ergänzende Betriebsvereinbarungen durch entsprechende tarifliche **Öffnungsklauseln** zugelassen werden. Es entspricht somit zu Recht ganz überwiegender Auffassung, dass die Sperrwirkung auch Betriebe nicht tarifgebundener Arbeitgeber erfasst.[88] Der von § 77 Abs. 3 Satz 1 BetrVG bezweckte Schutz der Tarifautonomie ist jedoch nur dort erforderlich und angebracht, wo die Tarifvertragsparteien auch von ihrer Regelungskompetenz Gebrauch machen und ihre tarifliche Autonomie in aktualisierter Form tatsächlich ausüben. Wo dies nicht der Fall ist, bedürfen die Tarifvertragsparteien keines besonderen Schutzes, der dann rein abstrakt ausfiele und sich als ein Verbot entsprechender normativer Regelungen auf betrieblicher Ebene insbesondere für die Arbeitnehmerschaft kontraproduktiv auswirkte. Es entspricht demgemäß nahezu allgemeiner Meinung, dass der Tarifvorbehalt in § 77 Abs. 3 Satz 1 BetrVG die Tarifautonomie nur in ihrer **ausgeübten und aktualisierten Form** schützt. Voraussetzung ist somit, dass für den räumlichen, betrieblichen, fachlichen und persönlichen Geltungsbereich, in den der Betrieb fällt, Tarifverträge abgeschlossen sind oder üblicherweise abgeschlossen werden.[89] Nur soweit der Tarifvertrag bestimmte Arbeitsbedingungen tatsächlich regelt, wird die Sperrwirkung nach Abs. 3 ausgelöst. Der Tarifvertrag muss eine inhaltliche Sachregelung enthalten. Maßgeblich ist, ob nach dem Willen der Tarifvertragsparteien die betreffende Angelegenheit abschließend geregelt werden sollte.[90] Eine reine Negativregelung, dh die ausdrückliche oder konkludente Feststellung der Tarifparteien, für bestimmte Angelegenheiten eine tarifliche Regelung nicht zu treffen oder sogar auszuschließen, löst keine Sperrwirkung aus.[91] Auch wenn die Tarifparteien eine bestimmte Angelegenheit einfach nicht geregelt haben, weil sie sich hierüber nicht haben einigen können, wird keine Sperrwirkung ausgelöst.[92] Keine Regelung durch Tarifvertrag liegt vor, wenn der Tarifvertrag nur noch kraft Nachwirkung gilt, da ihm in diesem Stadium keine zwingende Wirkung mehr zukommt. Allerdings wird sich die Sperrwirkung dann in der Regel aus dem Gesichtspunkt der Tarifüblichkeit ergeben.[93]

Unter Verstoß gegen die Regelungssperre des § 77 Abs. 3 BetrVG abgeschlossene Betriebsvereinbarungen sind **nichtig**. Ein **Günstigkeitsvergleich** zwischen Betriebsvereinbarung und Tarifvertrag findet nicht statt.[94] Im Anwendungsbereich der zwingenden Mitbestimmungsrechte des Katalogs des § 87 Abs. 1 BetrVG sind betriebliche Regelungen nur dort ausgeschlossen, wo eine tarifliche Regelung tatsächlich besteht. Erforderlich ist also ein im Betrieb anwendbarer Tarifvertrag, Tarifüblichkeit genügt nicht. Dieser **Tarifvorrang** des § 87 Abs. 1 Eingangssatz BetrVG verdrängt den allgemeineren Tarifvorbehalt des § 77 Abs. 3 BetrVG.[95]

Unzulässig sind Betriebsvereinbarungen, die ohne Vorliegen besonderer Gründe das tarifliche Entgelt nur erhöhen wollen.[96] Gleiches gilt für Betriebsvereinbarungen über sog. **Anwesenheits- und Pünktlich-**

---

86 BAG 9.4.1991 – 1 AZR 406/90, AP § 77 BetrVG 1972 Tarifvorbehalt Nr. 1.
87 BAG 24.2.1987 – 1 ABR 18/85, AP § 77 BetrVG 1972 Nr. 21; BAG 22.6.1993 – 1 ABR 62/92, AP § 23 BetrVG 1972 Nr. 22.
88 BAG 24.1.1996 – 1 AZR 597/95, NZA 1996, 948.
89 LAG Köln 16.3.1999 – 13 TaBV 27/98, NZA-RR 1999, 481.
90 BAG 3.4.1979 – 6 ABR 29/77, AP § 87 BetrVG 1972 Nr. 2.
91 BAG 1.12.1992 – 1 AZR 234/92, AP § 77 BetrVG 1972 Tarifvorbehalt Nr. 3.
92 BAG 23.10.1985 – 4 AZR 119/84, AP § 1 TVG Tarifverträge: Metallindustrie Nr. 33.
93 *Fitting u.a.*, BetrVG, § 77 Rn 83.
94 BAG 13.8.1980 – 5 AZR 325/78, DB 1981, 274; BAG 26.2.1986 – 4 AZR 535/84, NZA 1986, 790.
95 BAG 3.12.1991 – GS 2/90, BAGE 69, 134 = NZA 1992, 749; im Einzelnen H/S-*Spirolke*, Das arbeitsrechtliche Mandat, § 12 Rn 249.
96 BAG 17.12.1985 – 1 ABR 6/84, AP § 87 BetrVG 1972 Tarifvorrang Nr. 5.

keitsprämien, da es sich um verdeckte Zuschläge auf den Tariflohn handeln kann.[97] Unzulässig sind auch sonstige Zulagen, die für die bloße Erfüllung arbeitsvertraglicher Pflichten gezahlt werden.[98] Nimmt eine Betriebsvereinbarung eine anstehende Tariflohnerhöhung für den Betrieb vorweg, unterliegt sie der Sperrwirkung und ist unwirksam.[99] Unzulässig ist auch eine Betriebsvereinbarung über die Verteilung der Arbeitszeit, die nach § 87 Abs. 1 Nr. 2 BetrVG grundsätzlich geschlossen werden kann, wenn sie zugleich Regelungen über die Dauer der wöchentlichen bzw jährlichen Arbeitszeit enthält, die im Widerspruch zu einem für den Betrieb geltenden Tarifvertrag stehen.[100] Werden dagegen Zulagen an andere tatbestandliche Voraussetzungen geknüpft, als sie die tarifliche Regelung enthält und sind derartige Zulagen auch nicht durch die Tarifregelung ausgeschlossen, liegt kein Verstoß gegen § 77 Abs. 3 BetrVG vor.[101]

40 § 77 Abs. 1 Satz 2 BetrVG untersagt dem Betriebsrat, durch einseitige Handlung in die **Leitung des Betriebes** einzugreifen. Betriebsvereinbarungen dürfen daher keine Anordnungsbefugnisse des Betriebsrats vorsehen oder etwa dem Betriebsrat den Widerruf von Anordnungen des Arbeitgebers einräumen. Verstößt der Betriebsrat grob gegen das Verbot des Eingriffs in die Betriebsleitung, kann der Arbeitgeber beim Arbeitsgericht die Auflösung des Betriebsrats oder die Amtsenthebung einzelner Betriebsratsmitglieder nach § 23 Abs. 1 BetrVG beantragen.[102]

41 Die Regelungsmacht der Betriebspartner findet weitere Grenzen in einem **kollektivfreien Individualbereich**.[103] Die Betriebspartner dürfen nicht regeln, wie die Arbeitnehmer ihr Leben außerhalb des Betriebes verbringen. Nebenbeschäftigungsverbote, Regelungen, wie Arbeitnehmer ihre freie Zeit oder ihren Urlaub verbringen, sind den Betriebspartnern entzogen. Gleichfalls entzieht sich der Regelungskompetenz eine Verpflichtung der Arbeitnehmer zur **Teilnahme an Betriebsfeiern**, auch wenn sie während der Arbeitszeit stattfinden.[104] Durch Betriebsvereinbarungen können gleichermaßen keine **Lohnverwendungsabreden** getroffen werden. Lohnabzüge zu Gunsten kirchlicher, politischer, sozialer oder gemeinnütziger Organisationen sind unzulässig.[105] Lohnabtretungsverbote können durch Betriebsvereinbarungen geregelt werden, wenn der Lohnanspruch von vornherein so entsteht, dass er vor Auszahlung durch den Arbeitgeber nicht abgetreten werden kann.[106] Zulässig sind in Betriebsvereinbarungen Abtretungen an Träger der Sozialversicherungen, die dem Arbeitnehmer zur Erhaltung seiner Existenz Leistungen gewähren.[107] Die mit der **Bearbeitung von Gehaltspfändungen** verbundenen Kosten können durch Betriebsvereinbarung nicht dem Arbeitnehmer auferlegt werden.[108] Die Stundung oder der Erlass eines bereits fälligen Lohnanspruchs kann nicht durch Betriebsvereinbarung geregelt werden.[109] Eine Regelung, die von den Arbeitnehmern bereits während eines laufenden Kündigungsschutzprozesses die **gerichtliche Geltendmachung von Annahmeverzugslohnansprüchen** verlangt, belastet die Arbeitnehmer unverhältnismäßig und ist unwirksam.[110] Individualrechtliche Versorgungsansprüche können nicht durch Betriebsvereinbarung geschmälert werden.[111] Auch unverfallbare Versorgungsanwartschaften können wegen ihres eigentumsähnlichen Charakters nicht grundlos gekürzt oder entzogen werden.[112]

42 Umstritten ist, ob insbesondere nach Inkrafttreten des AGG durch Betriebsvereinbarungen **Altersgrenzen für den Bestand des Arbeitsverhältnisses** eingeführt werden können. Für das Individualrecht gilt § 41 Satz 2 SGB VI, wonach eine Beendigungsvereinbarung wegen der Möglichkeit der Beantragung von Altersruhegeld, die vor dem Erreichen der Regelaltersgrenze wirksam werden soll, dem Arbeitneh-

---

[97] BAG 29.5.1964 – 1 AZR 281/63, AP § 59 BetrVG Nr. 24.
[98] BAG 13.8.1980 – 5 AZR 325/78, AP § 77 BetrVG 1972 Nr. 2.
[99] BAG 7.12.1962 – 1 AZR 245/61, AP Art. 12 GG Nr. 28.
[100] BAG 22.6.1993 – 1 ABR 62/92, AP § 23 BetrVG 1972 Nr. 22.
[101] *Fitting u.a.*, BetrVG, § 77 Rn 88.
[102] *Fitting u.a.*, BetrVG, § 77 Rn 10.
[103] *Fitting u.a.*, BetrVG, § 77 Rn 55 mwN.
[104] BAG 4.12.1970 – 5 AZR 242/70, DB 1971, 295.
[105] BAG 20.12.1957 – 1 AZR 237/56, AP § 399 BGB Nr. 1.
[106] BAG 5.9.1960 – 1 AZR 509/57, AP § 399 BGB Nr. 4.
[107] BAG 2.6.1966 – 2 AZR 322/65, AP § 399 BGB Nr. 8.
[108] BAG 18.7.2006 – 1 AZR 578/05, BAGE 119, 122 = NZA 2007, 462.
[109] LAG Baden-Württemberg 27.4.1977 – 8 Sa 203/76, BB 1977, 996.
[110] BAG 12.12.2006 – 1 AZR 96/06, BAGE 120, 308 = NZA 2007, 453.
[111] BAG 24.11.1977 – 3 AZR 732/76, AP § 242 BGB Ruhegehalt Nr. 177.
[112] BAG 17.1.1980 – 3 AZR 456/78, AP § 242 BGB Ruhegehalt Nr. 185; BAG 19.6.1980 – 3 AZR 958/79, AP § 1 BetrAVG Wartezeit Nr. 8; BAG 21.8.1980 – 3 AZR 143/80, AP § 1 BetrAVG Wartezeit Nr. 7.

mer gegenüber als auf das Erreichen der Regelaltersgrenze abgeschlossen gilt, es sei denn, sie wird innerhalb der letzten drei Jahre vor der erstmaligen Möglichkeit der Antragstellung schriftlich bestätigt. Das BAG hat tarifliche Altersgrenzen gebilligt, wenn der Arbeitnehmer nach dem Vertragsinhalt und der Vertragsdauer eine Altersversorgung in der gesetzlichen Rentenversicherung erwerben kann oder bei Vertragsschluss bereits die für den Bezug einer Altersrente erforderliche rentenrechtliche Wartezeit erfüllt hat.[113] Auch nach der Rechtsprechung des EuGH sind Altersgrenzenregelungen möglich, wenn sie hinreichend gerechtfertigt sind. Es ist Sache des nationalen Gerichts zu prüfen, ob die im Ausgangsverfahren fragliche Regelung einem solchen rechtmäßigen Ziel entspricht und ob der nationale Gesetz- oder Verordnungsgeber angesichts des Wertungsspielraums, über den die Mitgliedstaaten im Bereich der Sozialpolitik verfügen, davon ausgehen durfte, dass die gewählten Mittel zur Erreichung dieses Ziels angemessen und erforderlich waren.[114] Die Zielsetzung muss insbesondere aus den Bereichen Beschäftigungspolitik, Arbeitsmarkt oder berufliche Bildung stammen. Die **Zielsetzung des Staates** muss erkennbar sein, entweder durch ausdrückliche Benennung der Ziele oder aber dadurch, dass Anhaltspunkte für diese Zielsetzung feststellbar sind. Diese erkennbaren und legitimen Ziele müssen so konkret sein, dass die Angemessenheit und Erforderlichkeit der zu ihrer Erreichung eingesetzten Mittel gerichtlich überprüft werden können. Der Staat und ggf die Sozialpartner haben sowohl bei der Festlegung des Ziels auch als bei der Festlegung der Maßnahmen zu seiner Erreichung einen weiten Ermessensspielraum, insbesondere für die Entscheidung, die Lebensarbeitszeit der Arbeitnehmer zu verlängern oder – im Gegenteil – ihren früheren Eintritt in den Ruhestand vorzusehen, zu der sich die betreffenden nationalen Stellen aufgrund politischer, wirtschaftlicher, sozialer, demografischer und/oder haushaltsbezogener Erwägungen und in Anbetracht der konkreten Arbeitsmarktlage veranlasst sehen können. Das ArbG Hamburg hat die Wirksamkeit einer Altersgrenzenregelung in einer Betriebsvereinbarung wegen des Fehlens der genannten Voraussetzungen für eine betriebliche Regelung verneint.[115]

Die Betriebsparteien können weiterhin durch eine Betriebsvereinbarung Rechte und Pflichten nur **im Verhältnis zueinander**, nicht jedoch normative Ansprüche gegenüber und zu Lasten Dritter begründen. Hierzu fehlt ihnen die Regelungsbefugnis. Das gilt auch im Verhältnis zwischen Muttergesellschaft und Tochtergesellschaft.[116]

VI. Räumlicher, persönlicher und zeitlicher Geltungsbereich

Räumlich gilt eine Betriebsvereinbarung für den Betrieb, für den sie abgeschlossen wurde. Dabei können durchaus für einzelne Betriebe unterschiedliche Regelungen getroffen werden. Der Gesamtbetriebsrat ist auch im Rahmen seiner originären Zuständigkeit befugt, einzelne Betriebe aus dem Geltungsbereich einer Gesamtbetriebsvereinbarung auszunehmen. Die originäre Gesamtbetriebsvereinbarung nach § 50 Abs. 1 BetrVG erstreckt sich auf das Unternehmen, nach § 50 Abs. 1 Satz 1 Hs 2 BetrVG auch auf Betriebe ohne Betriebsrat.

In **persönlicher** Hinsicht erstreckt sich die Betriebsvereinbarung grundsätzlich auf alle Arbeitnehmer des Betriebes iSd § 5 Abs. 1 BetrVG. Enthält der Tarifvertrag eine Öffnungsklausel für Betriebsvereinbarungen, so sind sämtliche Mitarbeiter eines Betriebes, unabhängig von ihrer Gewerkschaftszugehörigkeit, in den persönlichen Geltungsbereich einer Betriebsvereinbarung einbezogen.[117] Es ist unerheblich, ob das Arbeitsverhältnis bereits bei Abschluss einer Betriebsvereinbarung bestanden hat. Auch für später in einen Betrieb eintretende Arbeitnehmer entfaltet eine bestehende Betriebsvereinbarung normative Wirkung nach § 77 Abs. 4 BetrVG.[118] Betriebsvereinbarungen gelten grundsätzlich nicht für Pensionäre[119] sowie für Arbeitnehmer, die im Zeitpunkt des Inkrafttretens der Betriebsvereinbarung bereits ausgeschieden sind, mit Ausnahme von Sonderfällen im Bereich von Sozialplanregelungen, da Sozialpläne auch noch nach Vollzug von Entlassungen abgeschlossen werden können.[120] Mit seinem

---

113 BAG 18.6.2008 – 7 AZR 116/07, NZA 2008, 1302.
114 EuGH 5.3.2009 – Rs. C-388/07, NZA 2009, 305.
115 ArbG Hamburg 22.9.2009 – 21 Ca 352/08, juris; vgl zur Frage der Legitimation der Betriebspartner auch *Waltermann*, NZA 1994, 822; *ders.*, ZfA 2006, 324 f; s. auch Boecken/Joussen/*Boecken*, TzBfG, 2007, § 14 Rn 112; *Thüsing*, Arbeitsrechtlicher Diskriminierungsschutz, 2007, Rn 438.
116 BAG 11.1.2011 – 1 AZR 375/09, DB 2011, 1171.
117 BAG 18.8.1987 – 1 ABR 30/86, DB 1987 2257.
118 BAG 5.9.1960 – 1 AZR 509/57, DB 1960, 1309.
119 BAG 30.1.1970 – 3 AZR 44/68, BB 1970, 1097.
120 BAG 6.8.1997 – 10 AZR 66/97, NZA 1998, 155.

Ausscheiden verliert der Arbeitnehmer gegenüber dem Arbeitgeber einen selbständigen schuldrechtlichen Anspruch. Nur soweit die Betriebsvereinbarung ausdrücklich Regelungen für Pensionäre enthält, können ausgeschiedene Arbeitnehmer noch anspruchsberechtigt sein.[121] Hat der Ruheständler aus einer Betriebsvereinbarung vor Eintritt in den Ruhestand einen Anspruch auf Ruhegeld erworben, bestand dieser nach bisheriger Rechtsprechung unabhängig von der Betriebsvereinbarung und über deren Ende hinaus. Neuregelungen konnten diesbezüglich nicht mehr für Arbeitnehmer begründet werden, die sich bereits im Ruhestand befanden. Begründet wurde dies insbesondere mit der fehlenden Legitimation des Betriebsrats.[122] Das BAG hat es zuletzt ausdrücklich offen gelassen, ob an dieser ständigen Rechtsprechung in Zukunft festzuhalten ist.[123] Generell nicht in den persönlichen Geltungsbereich einer Betriebsvereinbarung einbezogen sind leitende Angestellte. Leitende Angestellte werden selbst durch einen Sozialplan nicht erfasst.[124]

46 Der *zeitliche Geltungsbereich* wird durch die Betriebsvereinbarung selbst bestimmt. Enthält die Betriebsvereinbarung keine Regelung, tritt sie am Tag ihrer Unterzeichnung in Kraft.[125] Denkbar ist auch eine rückwirkende Geltung, soweit es sich um eine **Rückwirkung** handelt, die Vertrauensschutzgesichtspunkte angemessen berücksichtigt. Die Beschränkung der Rückwirkung von Gesetzen und sonstiger Rechtsnormen beruht außerhalb des Art. 14 Abs. 1 GG auf dem Rechtsstaatsprinzip des Art. 20 Abs. 3 GG. Die Regeln über die Rückwirkung von Rechtsnormen unterscheiden zwischen echter und unechter Rückwirkung. **Echte Rückwirkung** liegt vor, wenn eine Rechtsnorm nachträglich ändernd in abgeschlossene, der Vergangenheit angehörende Tatbestände eingreift. Sie ist verfassungsrechtlich grundsätzlich unzulässig. **Unechte Rückwirkung** liegt vor, wenn eine Rechtsnorm auf gegenwärtige, noch nicht abgeschlossene Sachverhalte und Rechtsbeziehungen einwirkt und damit zugleich betroffene Rechtspositionen nachträglich entwertet. Sie ist verfassungsrechtlich grundsätzlich zulässig. Grenzen der Zulässigkeit können sich aus dem Grundsatz des Vertrauensschutzes und dem Verhältnismäßigkeitsprinzip ergeben. Das ist dann der Fall, wenn die vom Normgeber angeordnete unechte Rückwirkung zur Erreichung des Normzwecks nicht geeignet oder nicht erforderlich ist oder wenn die Bestandsinteressen der Betroffenen die Veränderungsgründe der Neuregelung überwiegen.[126] Eine unechte Rückwirkung kommt danach nur in Betracht, wenn der Normadressat im Zeitpunkt des rückwirkenden Inkrafttretens der Norm keinen hinreichenden Vertrauensschutz auf den Fortbestand der bisherigen Rechtslage mehr genießt. Dies ist etwa dann anzunehmen, wenn er mit einer abweichenden Neuregelung rechnen musste,[127] ferner wenn die geltende Regelung unklar oder verworren war, schließlich wenn er sich (zB wegen widersprüchlicher Rechtsprechung) nicht auf eine bestimmte Auslegung der Norm verlassen durfte. So entfällt der Vertrauensschutz in den Fortbestand einer tariflichen Regelung etwa dann, wenn die Tarifvertragsparteien eine „gemeinsame Erklärung" über den Inhalt der Tarifänderung und den beabsichtigten Zeitpunkt ihres Inkrafttretens vor Abschluss des Tarifvertrages abgeben und diese den betroffenen Kreisen bekannt gemacht wird.[128] Dabei macht es keinen Unterschied, ob die Betriebsvereinbarung von den Betriebspartnern abgeschlossen wird oder durch Spruch der Einigungsstelle zustande kommt. Eine auf den Zeitpunkt einer Tariferhöhung zurückwirkende Betriebsvereinbarung über die Anrechnung übertariflicher Zulagen kommt in Betracht, wenn der Arbeitgeber zunächst mitbestimmungsfrei das Zulagenvolumen und – unter Beibehaltung der bisherigen Verteilungsrelationen – auch die einzelnen Zulagen kürzt, zugleich aber bekannt gibt, dass er eine Änderung der Verteilungsrelationen erreichen will und dem Betriebsrat eine entsprechende rückwirkende Betriebsvereinbarung vorschlägt. Soll eine belastende Betriebsvereinbarung rückwirkend in Kraft treten, so muss das in ihr jedoch deutlich zum Ausdruck gebracht werden. Im Zweifel ist eine Rückwirkung nicht gewollt.[129] Gegen den Abschluss einer Betriebsvereinbarung unter einer **aufschiebenden Bedingung** bestehen keine rechtlichen Bedenken, wenn der Eintritt der vereinbarten Bedingung für alle Beteiligten, auch für die Arbeitnehmer als Normunterworfene, ohne Weiteres feststellbar ist.[130]

---

121 BAG 25.10.1988 – 3 AZR 483/86, BB 1989, 1548.
122 Grundlegend BAG 16.3.1956 – GS 1/55, BAGE 3, 1; BAG 13.5.1997 – 1 AZR 75/97, NZA 1998, 160.
123 BAG 31.7.2007 – 3 AZR 189/06, NZA-RR 2008, 263.
124 BAG 31.1.1979 – 5 AZR 454/77, BB 1979, 833.
125 BAG 21.7.1998 – 1 AZR 60/98, n.v.
126 BAG 15.11.2000 – 5 AZR 310/99, NZA 2001, 900.
127 BAG 22.5.2012 – 1 AZR 103/11, NZA 2012, 1110.
128 BAG 20.4.1999 – 1 AZR 631/98, NZA 1999, 1059.
129 BAG 19.9.1995 – 1 AZR 208/95, NZA 1996, 386.
130 BAG 15.1.2002 – 1 AZR 165/01, EzA § 614 BGB Nr. 1.

VII. Beendigung und Nachwirkung der Betriebsvereinbarung

1. Zeitablauf und Zweckerreichung

Die **Geltungsdauer** einer Betriebsvereinbarung kann durch die Betriebspartner frei vereinbart werden. Eine Betriebsvereinbarung kann des Weiteren durch **Zweckerreichung** enden. Haben die Betriebspartner eine Angelegenheit durch Betriebsvereinbarung geregelt, können sie diese Betriebsvereinbarung auch **einvernehmlich aufheben** und dieselbe Angelegenheit durch eine neue Betriebsvereinbarung regeln. Die neue Betriebsvereinbarung tritt an die Stelle der früheren und löst diese ab. Im Verhältnis zweier aufeinander folgender Betriebsvereinbarungen gilt das **Ablösungsprinzip**, die jüngere Norm ersetzt die ältere.[131] Das gilt auch dann, wenn die neue Regelung für die Arbeitnehmer ungünstiger ist als die frühere.[132] Sehen die Betriebspartner nur in einer Protokollnotiz vor, dass einzelvertraglich begründete Rechtspositionen verschlechtert werden sollen, so ist im Zweifel nicht anzunehmen, dass sie in dieser Form eine ablösende Betriebsvereinbarung schaffen wollen.[133] Eine Betriebsvereinbarung kann nicht durch eine **Regelungsabrede** abgelöst werden, weil eine Regelungsabrede keine normative Wirkung entfaltet. Die Regelungsabrede ist gegenüber der Betriebsvereinbarung eine niederrangigere Rechtsquelle.[134] Im Hinweis in einer **Gesamtzusage**, diese sei im Einvernehmen mit dem Gesamtbetriebsrat beschlossen, liegt der Vorbehalt künftiger Abänderung durch Betriebsvereinbarung.[135] Beruht der Anspruch der Arbeitnehmer auf einer **betrieblichen Übung**, kann diese nicht durch eine ablösende Betriebsvereinbarung beseitigt werden, wenn sich der Arbeitgeber die Ablösung durch Betriebsvereinbarung nicht ausdrücklich vorbehalten hat. Der Vorbehalt muss dem Transparenzgebot des § 307 Abs. 1 Satz 2 BGB genügen.[136]

47

2. Kündigung der Betriebsvereinbarung

Betriebsvereinbarungen sind nach § 77 Abs. 5 BetrVG kündbar. Mangels anderweitiger Regelung in der Betriebsvereinbarung beträgt die **Kündigungsfrist drei Monate**. Die Kündigung bedarf **keiner Form**, sie muss unmissverständlich und eindeutig sein. Erforderlichenfalls ist die Kündigungserklärung nach § 133 BGB auszulegen.[137] Die Ausübung des Kündigungsrechts bedarf **keiner Rechtfertigung** und unterliegt **keiner inhaltlichen Kontrolle**.[138] Dies gilt unabhängig vom Regelungsgegenstand, also auch dann, wenn es um eine betriebliche Altersversorgung geht. Von der Möglichkeit der Kündigung sind ihre **Rechtsfolgen** zu trennen. Die **Kündigung einer Betriebsvereinbarung über betriebliche Altersversorgung** bewirkt nicht lediglich eine Schließung des Versorgungswerks für die Zukunft. Auch Arbeitnehmer, die zum Zeitpunkt des Ausspruchs der Kündigung durch die Betriebsvereinbarung begünstigt wurden, sind von der Kündigung betroffen. Die Wirkung der Kündigung einer Betriebsvereinbarung über betriebliche Altersversorgung ist jedoch mit Hilfe der Grundsätze des Vertrauensschutzes und der Verhältnismäßigkeit zu begrenzen. Je weiter der Arbeitgeber mit seiner Kündigung in Besitzstände und Erwerbschancen eingreifen will, umso gewichtigere Eingriffsgründe braucht er. Es darf lediglich ein abgestufter Eingriff in erworbene Besitzstände erfolgen.[139] Dabei ist auf das Prüfungsschema zurückzugreifen, das das BAG für ablösende Betriebsvereinbarungen entwickelt hat.[140] Soweit hiernach die Wirkungen der Kündigung einer Betriebsvereinbarung über betriebliche Altersversorgung beschränkt sind, bleibt die Betriebsvereinbarung als Rechtsgrundlage erhalten. Die nach Kündigung der Betriebsvereinbarung verbleibenden Rechtspositionen genießen unverändert den Schutz des § 77 Abs. 4 BetrVG.[141]

48

Kündigt der Arbeitgeber eine Betriebsvereinbarung über eine **freiwillige Leistung**, so endet die normative Wirkung der kollektiven Regelung mit Ablauf der Kündigungsfrist. Die Arbeitnehmer können dann keine Ansprüche mehr auf der Grundlage der Betriebsvereinbarung erwerben. Dies gilt grundsätzlich auch für teilmitbestimmte Leistungen, bei denen der Betriebsrat nur hinsichtlich des Leistungsplans

49

---

131 BAG 22.5.1990 – 3 AZR 128/89, NZA 1990, 813.
132 BAG 10.8.1994 – 10 ABR 61/93, NZA 1995, 314; BAG 16.9.1986 – GS 1/82, AP § 77 BetrVG 1972 Nr. 17.
133 BAG 9.12.1997 – 1 AZR 330/97, NZA 1998, 609.
134 BAG 27.6.1985 – 6 AZR 392/81, AP § 77 BetrVG 1972 Nr. 14; BAG 20.11.1990 – 1 AZR 643/89, NZA 1991, 426.
135 BAG 10.12.2002 – 3 AZR 92/02, NZA 2004, 271.
136 BAG 5.8.2009 – 10 AZR 483/08, NZA 2009, 1105.
137 BAG 19.2.2008 – 1 AZR 114/07, NZA-RR 2008, 412.
138 BAG 26.4.1990 – 6 AZR 278/88, NZA 1990, 814; BAG 17.1.1995 – 1 ABR 29/94, NZA 1995, 1010.
139 BAG 17.3.1987 – 3 AZR 64/84, DB 1987, 1639.
140 BAG 26.8.1997 – 3 AZR 235/96, AP § 1 BetrAVG Ablösung Nr. 27.
141 BAG 15.2.2011 – 3 AZR 964/08, juris; BAG 11.5.1999 – 3 AZR 21/98, NZA 2000, 322.

mitzubestimmen hat, der Arbeitgeber hingegen frei ist in seiner Entscheidung, ob er überhaupt eine freiwillige Leistung erbringen will. Das BAG bejaht allerdings eine Nachwirkung dann, wenn der Arbeitgeber mit der Kündigung nicht beabsichtigt, die freiwillige Leistung vollständig entfallen zu lassen, sondern nur das zur Verfügung gestellte Volumen zu reduzieren und den Verteilungsschlüssel zu ändern.[142] Wird ein Sozialplan von einem neuen Sozialplan mit rückwirkender Kraft abgelöst, so können aufgrund des ersten Sozialplans entstandene Ansprüche der Arbeitnehmer grundsätzlich nicht zu ihren Ungunsten verändert werden, es sei denn, die Geschäftsgrundlage für den ersten Sozialplan ist weggefallen und das Festhalten an ihm mit dem bisherigen Inhalt ist nach Treu und Glauben nicht zumutbar.[143]

50 Neben der gesetzlich geregelten ordentlichen Kündigungsmöglichkeit kann jede Betriebsvereinbarung **fristlos aus wichtigem Grund** gekündigt werden, sofern besonders schwerwiegende Gründe vorliegen, die eine sofortige Beendigung der Betriebsvereinbarung unabdingbar machen. Das außerordentliche Kündigungsrecht ist unabdingbar.[144] An das Vorliegen eines wichtigen Grundes sind indes strenge Anforderungen zu stellen. Selbst verheerende Kalkulationsfehler sollen keinen wichtigen Grund darstellen.[145] Eine **Teilkündigung** ist zulässig, wenn der gekündigte Teil einen selbständigen Regelungskomplex betrifft, der ebenso in einer eigenständigen Betriebsvereinbarung geregelt werden könnte.[146] Ist der Betrieb **betriebsratslos** geworden, kann der Arbeitgeber eine Kündigung gegenüber der gesamten Belegschaft aussprechen. Eine Ablösung kommt jedoch nur individualrechtlich in Betracht.[147]

51 Auch wenn eine nicht erzwingbare, auf Dauer angelegte Vereinbarung in einem arbeitsgerichtlichen **Vergleich** im Beschlussverfahren geschlossen wurde, kann sie gekündigt werden. Die Kündbarkeit ist jedoch ausgeschlossen, wenn die Vereinbarung nicht eine eigenständige, rechtsgestaltende Regelung der Betriebsparteien, sondern lediglich eine unmittelbar aus dem Gesetz folgende Verpflichtung zum Inhalt hat.[148]

3. Nachwirkung von Betriebsvereinbarungen

52 Die Wirkung einer Betriebsvereinbarung über den Zeitraum ihrer vereinbarten Geltungsdauer hinaus ist unterschiedlich bei freiwilligen und bei erzwingbaren Betriebsvereinbarungen. In Angelegenheiten der über die Einigungsstelle **erzwingbaren Mitbestimmung** gelten Betriebsvereinbarungen nach Auslaufen der Kündigungsfrist oder einer Befristung weiter, bis sie durch eine andere Abmachung ersetzt werden, § 77 Abs. 6 BetrVG. Im **Nachwirkungszeitraum** wirken die Regelungen der Betriebsvereinbarung zwar noch unmittelbar auf die Arbeitsverhältnisse ein, sind jedoch nicht mehr zwingend. Die jederzeitige Ablösung durch eine andere Abmachung ist möglich. **Freiwillige Betriebsvereinbarungen**, die keinen Gegenstand der erzwingbaren Mitbestimmung regeln, wirken nach ihrer Beendigung nicht kraft Gesetzes nach.[149] Die Betriebspartner können eine entsprechende Nachwirkung aber vereinbaren. Im Zweifel ist eine Konfliktlösungsmöglichkeit gewollt, die derjenigen bei der erzwingbaren Mitbestimmung entspricht. Scheitern die Bemühungen um eine einvernehmliche Neuregelung, kann von jedem Betriebspartner die Einigungsstelle angerufen werden, die verbindlich entscheidet.[150] Eine Betriebsvereinbarung über einen freiwilligen Verdienstausgleich entfaltet Nachwirkung, wenn der Arbeitgeber mit der Kündigung die Zahlung nicht völlig einstellt, sondern einseitig für eine Übergangszeit reduzierte Zahlungen festlegt.[151] Das gilt allgemein, wenn mit der Kündigung einer **teilmitbestimmten Betriebsvereinbarung** über eine freiwillige Leistung beabsichtigt wird, das zur Verfügung gestellte Volumen zu reduzieren und den Verteilungsschlüssel zu ändern.[152] Der Vereinbarung wird jedoch die Grundlage entzogen, wenn der Arbeitgeber die Leistung in vollem Umfang und ersatzlos streichen will.[153]

---

142 BAG 26.10.1993 – 1 AZR 46/93, AP § 77 BetrVG 1972 Nachwirkung Nr. 6.
143 BAG 10.8.1994 – 10 ABR 61/93, AP § 112 BetrVG 1972 Nr. 86.
144 BAG 17.1.1995 – 1 ABR 29/94, NZA 1995, 1010.
145 *Schaub*, BB 1995, 1639.
146 BAG 6.11.2007 – 1 AZR 826/06, NZA 2008, 422.
147 *Salamon*, NZA 2007, 367.
148 BAG 19.2.2008 – 1 ABR 86/06, BAGE 125, 361.
149 H/S-*Spirolke*, Das arbeitsrechtliche Mandat, § 12 Rn 583 mwN.
150 BAG 28.4.1998 – 1 ABR 43/97, NZA 1998, 1348.
151 LAG Hamm 31.5.1995 – 2 Sa 1145/94, LAGE § 77 BetrVG 1972 Nachwirkung Nr. 1.
152 BAG 10.11.2009 – 1 AZR 511/08, NZA 2011, 475; BAG 26.10.1993 – 1 AZR 46/93, NZA 1994, 572.
153 LAG Frankfurt 2.2.1995 – 5 TaBV 59/94, LAGE § 77 BetrVG 1972 Nachwirkung Nr. 2.

Eine Betriebsvereinbarung, deren alleiniger Gegenstand eine finanzielle Leistung des Arbeitgebers ist, über deren Einführung und Leistungszweck dieser ohne Beteiligung des Betriebsrats entscheiden kann, wirkt nur solange nach, bis der Arbeitgeber gegenüber dem Betriebsrat oder den Arbeitnehmern erklärt, dass er für den bisherigen Leistungszweck keine Mittel mehr zur Verfügung stellt. Der Arbeitgeber kann die Nachwirkung aber nur beenden, wenn die finanzielle Leistung allein in einer Betriebsvereinbarung steht. Ist sie Bestandteil einer Betriebsvereinbarung, die ein umfassendes Entgeltsystem oder zumindest mehrere finanzielle Elemente enthält, besteht die Nachwirkung fort, weil aus einem Entgeltsystem nicht ein Teil herausgebrochen werden kann. Denn es ist davon auszugehen, dass auch bei Abschluss der Betriebsvereinbarung die verschiedenen Entgeltkomponenten in einem wechselseitigen Verhältnis zueinander gesehen wurden.[154]

Regelt eine Betriebsvereinbarung nur **einen konkreten Sachverhalt**, beispielsweise die Gratifikation nur für ein bestimmtes Jahr, so gilt ihre Nachwirkung als Regelung eines einmaligen Sachverhalts als vertraglich ausgeschlossen.[155] Hat ein Arbeitgeber die nur für einen Teil der in seinem Betrieb beschäftigten Arbeitnehmer bestehende freiwillige Betriebsvereinbarung über eine Jahressonderzahlung gekündigt, so führt der Umstand, dass andere Arbeitnehmer auf anderer rechtlicher Grundlage weiterhin ähnliche Leistungen erhalten, nicht zu einer Nachwirkung der teilmitbestimmten Betriebsvereinbarung.[156]

Eine gekündigte Regelungsabrede wirkt analog § 77 Abs. 6 BetrVG zwischen Arbeitgeber und Betriebsrat bis zum Abschluss einer neuen Vereinbarung weiter, wenn Gegenstand der Regelungsabrede eine mitbestimmungspflichtige Angelegenheit ist.[157]

VIII. Betriebliche Bündnisse für Arbeit

In der betrieblichen Praxis wie auch in der gesetzespolitischen Diskussion wird der **Vorrang des Tarifvertrages nach § 77 Abs. 3 BetrVG** zunehmend in Frage gestellt.[158] Aufgrund schwieriger wirtschaftlicher Rahmenbedingungen und internationaler Konkurrenz ist zu beobachten, dass Unternehmen betriebliche Bündnisse für Arbeit fordern, die eine Unterschreitung der tariflichen Arbeitsbedingungen gegen Arbeitsplatzsicherung ermöglichen, um auf diese Weise dem verschärften Konkurrenzdruck am Markt standhalten und den Arbeitnehmer eine zukunftssichere Perspektive bieten zu können.

Den Gewerkschaften stehen zur Sicherung der Tarifautonomie und ihrer Grundrechte aus Art. 9 Abs. 3 GG nach höchstrichterlicher Rechtsprechung Unterlassungsansprüche zu. Entsprechend können die Gewerkschaften gerichtlich gegen Betriebsvereinbarungen vorgehen, die den Tarifvorrang nach § 77 Abs. 3 BetrVG verletzten. Die Regelungssperre des § 77 Abs. 3 BetrVG betrifft indes nicht Regelungsabreden und vertragliche Einheitsregelungen, sondern nur Betriebsvereinbarungen.[159] § 77 Abs. 3 BetrVG stellt eine Grundnorm der betriebsverfassungsrechtlichen Ordnung dar. Sie weist dieser ihren Platz innerhalb der arbeitsrechtlichen Rechtsordnung zu und verpflichtet die Betriebspartner, diese Ordnung bei der Regelung von Arbeitsbedingungen durch Betriebsvereinbarung zu beachten. Ein Verstoß gegen diese Verpflichtung stellt daher für den Betriebsrat eine Verletzung seiner gesetzlichen Pflichten iSv § 23 Abs. 1 BetrVG und für den Arbeitgeber einen Verstoß gegen seine Verpflichtungen aus diesem Gesetz iSv § 23 Abs. 3 BetrVG dar.[160]

Während bei einer tarifwidrigen Betriebsvereinbarung Unterlassungsansprüche nach § 23 BetrVG zu prüfen sind, kommt im Fall tarifwidriger Regelungsabreden § 1004 BGB in analoger Anwendung ins Spiel. In seiner **„Burda"-Entscheidung** führt der 1. Senat des BAG hierzu wie folgt aus: „Eine vertragliche Einheitsregelung, die das Ziel verfolgt, normativ geltende Tarifbestimmungen zu verdrängen, ist geeignet, die Tarifvertragsparteien in ihrer kollektiven Koalitionsfreiheit (Art. 9 Abs. 3 GG) zu verletzen. Das liegt insbesondere dann nahe, wenn ein entsprechendes Regelungsziel zwischen Arbeitgeber und Betriebsrat in Form einer Regelungsabrede vereinbart wird. Zur Abwehr von Eingriffen in die kol-

---

154 BAG 5.10.2010 – 1 ABR 20/09, BAGE 135, 382.
155 BAG 17.1.1995 – 1 AZR 784/94, n.v.
156 LAG Köln 15.8.2002 – 5 (3) Sa 617/02, LAGE § 77 BetrVG 1972 Nachwirkung Nr. 5; in Abgrenzung zu BAG 26.10.1993 – 1 AZR 46/93, NZA 1994, 572.
157 BAG 23.6.1992 – 1 ABR 53/91, NZA 1992, 1098.
158 *Fabricius*, RdA 1973, 126; *Ehrmann/Schmidt*, NZA 1995, 196; *Feudner*, DB 1993, 2231.
159 BAG 20.4.1999 – 1 ABR 72/98, NZA 1999, 887.
160 BAG 20.8.1991 – 1 ABR 85/90, NZA 1992, 317.

lektive Koalitionsfreiheit steht der betroffenen Gewerkschaft ein Unterlassungsanspruch entsprechend § 1004 BGB zu. Diese kann gegebenenfalls auch verlangen, dass der Arbeitgeber die Durchführung einer vertraglichen Einheitsregelung unterlässt. Es ist daran festzuhalten, dass bei einem Günstigkeitsvergleich von tariflichen und vertraglichen Regelungen nach § 4 Abs. 3 TVG nur sachlich zusammenhängende Arbeitsbedingungen vergleichbar und deshalb zu berücksichtigen sind (sog. **Sachgruppenvergleich**). § 4 Abs. 3 TVG lässt es nicht zu, dass Tarifbestimmungen über die Höhe des Arbeitsentgelts und über die Dauer der regelmäßigen Arbeitszeit mit einer betrieblichen Arbeitsplatzgarantie verglichen werden."[161]

59 Wie bereits ausgeführt, besteht der Zweck **betrieblicher Bündnisse für Arbeit** in der **Standortsicherung**. Der Verzicht auf (meist tarifliche) Gehaltsansprüche wird vom Arbeitgeber in einem Bündnis für Arbeit mit dem Verzicht auf betriebsbedingten Kündigungen für einen näher vereinbarten Zeitraum bedacht. Berücksichtigt man die vorstehenden Leitsätze des BAG im „Burda"-Beschluss,[162] steht die Zukunft betrieblicher Bündnisse für Arbeit zumindest derzeit auf keiner tragfähigen eigenständigen Rechtsbasis. Unproblematisch und gängige Praxis sind Bündnisse für Arbeit, wenn eine Tariföffnungsklausel besteht.[163] Eine Reihe von Tarifverträgen sieht ausdrücklich Öffnungsklauseln zum Abschluss von Bündnissen für Arbeit vor, wenn sich die wirtschaftliche Lage eines Unternehmens derart verschlechtert und infolgedessen die Personalkosten für einen befristeten Zeitraum zum Erhalt von Arbeitsplätzen abgesenkt werden müssen.[164]

60 Schon in den **Viessmann-Entscheidungen**[165] lehnte die Rechtsprechung ein Bündnis für Arbeit grundsätzlich ab. Die Amtsenthebungsverfahren gegen Betriebsräte, die dieses Bündnis für Arbeit geschlossen hatten und der Gewerkschaft nicht angehörten, scheiterten nur daran, dass das Arbeitsgericht Marburg das in Fällen des § 23 Abs. 3 BetrVG gebotene Verschulden bei den Betriebsräten wegen der Komplexität der Materie nicht feststellen konnte. Trotzdem hatte das Bündnis für Arbeit als betriebliches Bündnis keinen Bestand. Am LAG Hessen wurde durch richterliche Vermittlung mit dem zuständigen hessischen Arbeitgeberverband ein den Flächentarifvertrag ergänzender Verbandstarifvertrag geschlossen[166] und auf diese Weise das als Regelungsabrede geschlossene betriebsverfassungsrechtliche Bündnis mit im Übrigen modifiziertem Inhalt in eine tarifvertragliche Vereinbarung überführt. Auch im **Holzmann-Fall** wurde die ursprünglich als betriebliches Bündnis konzipierte Vereinbarung späterhin zum Gegenstand einer tariflichen Vereinbarung zwischen dem Arbeitgeberverband der Bauindustrie und der IG-Bau.[167]

61 Für den Gestalter von Betriebsvereinbarungen und Regelungsabreden im Zusammenhang mit Bündnissen für Arbeit lassen sich gegenwärtig folgende Erkenntnisse zusammenfassen: Wenngleich in der Literatur heftig kritisiert nimmt das BAG an, dass aus Art. 9 Abs. 3 GG folge, dass Betriebsvereinbarungen und Regelungsabreden, die mit der Regelungssperre des § 77 Abs. 3 BetrVG nicht in Einklang stehen, die negative Koalitionsfreiheit von Tarifvertragsparteien verletzen können. Zwar wendet der 1. Senat § 77 Abs. 3 BetrVG bei Regelungsabreden nicht unmittelbar an. Im zweiten Leitsatz des Beschlusses vom 20.4.1999[168] stellt er aber im Ergebnis die Regelungsabrede mit der Betriebsvereinbarung gleich.

62 Wer **Arbeitsplatzsicherung in Verbindung mit Personalkostenabsenkung** betreiben will, dabei aber als Arbeitgeber der Tarifbindung unterliegt, hat im Wege eines Bündnisses für Arbeit zumindest derzeit noch nur die Möglichkeit, sein Ziel über veränderte gesellschaftsrechtliche Konstruktionen und damit einhergehende veränderte Tarifbindungen zu erreichen. Vernünftigerweise wird man allerdings gesellschaftsrechtliche Veränderungen in Unternehmen nur dann in Angriff nehmen, wenn sie unternehmensstrategisch und aus steuerlichen Gründen Sinn machen. Der Burda-Fall hat dabei das Drehbuch

---

161 BAG 20.4.1999 – 1 ABR 72/98, NZA 1999, 887.
162 BAG 20.4.1999 – 1 ABR 72/98, DB 1999, 1555 = NZA 1999, 887.
163 BAG 20.4.1999 – 1 AZR 631/98, ARST 1999, 165.
164 Eine entsprechende Öffnungsklausel findet sich etwa in § 3 des Tarifvertrages zur Beschäftigungssicherung und zum Beschäftigungsaufbau Metall BW v. 19.5.2012.
165 ArbG Marburg 7.8.1996 – 1 BV 6/96, NZA 1996, 1331; ArbG Marburg 7.8.1996 – 1 BV 10/96, NZA 1996, 1337; ArbG Frankfurt 28.10.1996 – 1 Ca 6331/96, NZA 1996, 1340; Buchner, NZA 1996, 1304.
166 SPA 20/1997, 1; SPA 8/1998, 1.
167 FAZ v. 24.12.1999, S. 14; FAZ v. 20.1.2000, S. 23; FAZ v. 22.1.2000, S. 16; FAZ v. 28.1.2000, S. 13; FAZ v. 29.1.2000, S. 14; FAZ v. 1.2.2000, S. 17; FAZ v. 3.2.2000, S. 69; FAZ v. 8.2.2000, S. 21; FAZ v. 10.2.2000, S. 17; FAZ v. 1.3.2000, S. 17; FAZ v. 5.4.2000, S. 17; FAZ v. 6.4.2000, S. 19 und 69; Müller, DB 2000, 770; Rieble, NZA 2000, 225.
168 BAG 20.4.1999 – 1 ABR 72/98, NZA 1999, 887.

geliefert, nach dem der anwaltliche Gestalter den Weg zu seinem Ziel, einen tarifunabhängigen, auf niedrigerem Personalkostenniveau arbeitenden Betrieb organisieren kann. Die dem Arbeitgeberverband Druck angehörende Burda GmbH wurde zunächst in zwei Betriebe gespalten, in eine Burda Dienstleistungs GmbH und in eine Burda Druck GmbH. Sind die beiden gespaltenen Betriebe nicht mehr im Arbeitgeberverband, finden die Tarifverträge keine Anwendung mehr, soweit sie nicht für allgemeinverbindlich erklärt worden sind, was aber bei der Druckindustrie seit jeher nicht der Fall war. Auch etwaige Verweisungsklauseln in Arbeitsverträgen verloren nach der damaligen Auslegung als Gleichstellungsabreden ihre Gültigkeit.[169] Treffen nun Arbeitgeber und Betriebsrat der beiden neuen Betriebe (im Beispielsfall Burda Dienstleistungs GmbH und Burda Druck GmbH) eine Regelungsabrede, in der Einzelheiten zur Vergütung abweichend von dem früher angewendeten Tarifvertrag geregelt werden, entsteht ein „Bündnis für Arbeit", wenn die Geschäftsleitungen der beiden Betriebe sich im Gegenzug verpflichten, keine betriebsbedingten Kündigungen innerhalb eines vereinbarten Zeitraums auszusprechen. Zur Wirksamkeit bedarf ein solches Bündnis für Arbeit zusätzlich der einzelvertraglichen Vereinbarung, um die Wirkung des § 613a Abs. 1 Satz 2 BGB entfallen zu lassen; das gilt insbesondere vor dem Hintergrund der geänderten Rechtsprechung zu den Bezugnahmeklauseln, die nur noch bei ausdrücklicher entsprechender Regelung als Gleichstellungsabrede auszulegen sind.[170]

IX. Gegenstand freiwilliger Betriebsvereinbarungen

Die Rechtsgrundlage für freiwillige Betriebsvereinbarungen bildet § 88 BetrVG. Die freiwilligen Betriebsvereinbarungen sind, wie die erzwingbaren, gleichermaßen vollwertige, die Arbeitsverhältnisse und Betriebsabläufe bestimmende Vereinbarungen.[171] Wesentliche Unterschiede zeigen sich jedoch im Bereich der **Nachwirkung**.[172] Freiwillige Betriebsvereinbarungen können im Bereich der nicht erzwingbaren Mitwirkung des Betriebsrats geschlossen werden. Derartige Betriebsvereinbarungen kommen für den Bereich der Innerbetriebsrats-Organisation wie im Hinblick auf betriebsübliche Gepflogenheiten bei der Freistellung von Betriebsratsmitgliedern in Betracht (§ 38 Abs. 1 BetrVG).

Die Einrichtung einer **ständigen Einigungsstelle** nach § 76 Abs. 1 BetrVG muss nicht durch Betriebsvereinbarung geregelt werden. Der Vorsitzende der Einigungsstelle kann beispielsweise jederzeit wechseln oder durch Regelungsabsprache zwischen den Betriebspartnern gefunden werden. Es kann aber auch im Wege einer Betriebsvereinbarung nach § 76 Abs. 1 BetrVG eine ständige Einigungsstelle eingerichtet und beispielsweise auch der Fall geregelt werden, dass der Arbeitgeber sich in Fragen der Mitwirkung dem Spruch einer Einigungsstelle unterwirft (§ 76 Abs. 6 Satz 1 BetrVG).

Die Regelung des **Beschwerdeverfahrens** in § 86 BetrVG oder der weiteren sozialen Angelegenheiten in § 88 BetrVG kann in einer freiwilligen Betriebsvereinbarung ebenso ihren Niederschlag finden wie eine Betriebsvereinbarung über interne Stellenausschreibungen nach § 93 BetrVG.

Von der Einrichtung einer Pensionskasse mit Beitragsleistungen der Arbeitnehmer über Regelungen zu freiwilligen Sozialleistungen oder zur Dauer der wöchentlichen Arbeitszeit,[173] über die Urlaubsdauer bis hin zum betrieblichen Umweltschutz können freiwillige Betriebsvereinbarungen getroffen werden. Die Betriebsvereinbarung über die Behandlung von **Suchtproblemen** im Betrieb ist ein Beispiel hierfür (Muster 5170).

Neben den freiwilligen Betriebsvereinbarungen kennt das Arbeitsrecht sog. **teilmitbestimmungspflichtige Betriebsvereinbarungen**. Hierbei handelt es sich um Bereiche, die nur zum Teil der erzwingbaren Mitbestimmung unterliegen, wie beispielsweise der Mitbestimmung bei der Gewährung freiwilliger Leistungen gem. § 87 Abs. 1 Nr. 10 BetrVG, wobei der Betriebsrat lediglich hinsichtlich des sog. Leistungsplans ein erzwingbares Mitbestimmungsrecht besitzt, der Dotierungsrahmen jedoch als Arbeitgeberentscheidung mitbestimmungsfrei ist.[174]

---

169 BAG 4.8.1999 – 5 AZR 642/98, FA 1999, 406.
170 BAG 14.12.2005 – 4 AZR 536/04, NZA 2006, 607; BAG 24.2.2010 – 4 AZR 691/08, NZA-RR 2010, 530; BAG 21.10.2009 – 4 AZR 396/08, NZA-RR 2010, 361; BAG 23.9.2009 – 4 AZR 331/08, NZA 2010, 513; BAG 29.8.2007 – 4 AZR 767/06, NZA 2008, 364; vgl im Einzelnen H/S-*Spirolke*, Das arbeitsrechtliche Mandat, § 8 Rn 97 ff.
171 BAG 16.9.1986 – GS 1/82, AP § 77 BetrVG 1972 Nr. 17.
172 *Rech*, Die Nachwirkung freiwilliger Betriebsvereinbarungen, 1997, S. 120.
173 BAG 18.8.1987 – 1 ABR 30/86, AP § 77 BetrVG 1972 Nr. 23.
174 BAG 21.8.1990 – 1 ABR 73/89, DB 1991, 232.

X. Geltungsumfang freiwilliger Betriebsvereinbarungen

68 Freiwillige Betriebsvereinbarungen sind nur innerhalb der Schranken der Gesetze zulässig, für sie gelten ebenfalls die allgemeinen Vorschriften des § 77 BetrVG über das Zustandekommen, die Wirkung und die Kündbarkeit.

69 Zum Wesen der freiwilligen Betriebsvereinbarung gehört, dass sie nach Auslaufen der Kündigungsfrist **keine Nachwirkung** entfaltet.[175] In einer freiwilligen Betriebsvereinbarung kann allerdings die Nachwirkung ausdrücklich vereinbart werden.[176]

70 Vereinbaren die Betriebspartner in einer freiwilligen Betriebsvereinbarung für den Fall der Kündigung, dass die Betriebsvereinbarung bis zum Abschluss einer neuen nachwirke, hat dies nicht zur Folge, dass bei einer späteren Nichteinigung über eine Folgebetriebsvereinbarung die freiwillige Betriebsvereinbarung ad infinitum weiter gilt. Das BAG hat mit Beschluss vom 28.4.1998[177] entschieden, dass mit einer solchen Klausel in einer freiwilligen Betriebsvereinbarung im Zweifel eine Konfliktlösungsmöglichkeit gewollt sei, die derjenigen bei einer erzwingbaren Mitbestimmung entspreche. Scheiterten die Bemühungen um eine einvernehmliche Neuregelung, könne von jedem Betriebspartner die Einigungsstelle angerufen werden. Diese treffe dann eine verbindliche Entscheidung darüber, ob die gekündigte freiwillige Betriebsvereinbarung weitergelte.

71 Die Kündigungsfrist bei freiwilligen erzwingbaren Betriebsvereinbarungen beträgt gem. § 77 Abs. 5 BetrVG, soweit die Parteien keine andere Frist in der Betriebsvereinbarung vereinbart haben, drei Monate. Bei teilmitbestimmungspflichtigen Betriebsvereinbarungen entfällt die Nachwirkung.[178] Anders ist die Rechtslage, wenn weiterhin Leistungen zur Verfügung gestellt werden.[179]

B. Texte

I. Konflikte, interne Kommunikation und Personalwirtschaft

72 **1. Muster: Betriebsjubiläen**

↓

(1) Die Beschäftigten des Betriebes begehen nach einer Betriebszugehörigkeit von jeweils 5, 10, 20, 25 und 35 Jahren ein Betriebsjubiläum. Als anrechenbare Zeit der Betriebszugehörigkeit gelten dabei auch Zeiten, die ein Beschäftigter in einem anderen Betrieb des Unternehmens oder eines verbundenen Unternehmens zurückgelegt hat. Unterbrechungen des Arbeitsverhältnisses sind unschädlich, soweit Beschäftigungszeiten nach den geltenden tariflichen Regelungen zusammenzurechnen sind.

(2) Nach Vollendung des 10., 25. und 35. Jahres der Betriebszugehörigkeit erhalten die Beschäftigten eine Geldzuwendung iHv

- 500 EUR bei 10-jährigem Jubiläum,
- 1.200 EUR bei 25-jährigem Jubiläum und
- 1.800 EUR bei 35-jährigem Jubiläum.

(3) Die Jubiläumszuwendungen werden jährlich anlässlich einer gemeinsamen von Betriebsrat und Arbeitnehmer auszurichtenden Jubiläumsveranstaltung überreicht. Zu der Jubiläumsveranstaltung werden auch die Jubilare mit 5-jährigem und 20-jährigem Jubiläum eingeladen.

Im Rahmen der Jubiläumsveranstaltung erhalten die Jubilare mit 5-jährigem Jubiläum ein Sachgeschenk, das sich wertmäßig im Bereich der Aufmerksamkeiten gem. Abschnitt 73 der Lohnsteuerrichtlinien bewegt.

---

175 BAG 16.3.1956 – GS 1/55, AP § 57 BetrVG Nr. 1; BAG 9.2.1989 – 8 AZR 310/87, BB 1989, 2112; BAG 26.4.1990 – 6 AZR 278/88, DB 1990, 1871; BAG 17.1.1995 – 1 ABR 29/94, BB 1995, 1643.
176 BAG 9.2.1984 – 6 ABR 10/81, BB 1984, 1746; LAG Schleswig-Holstein 20.8.1987 – 4 Sa 37/87, NZA 1988, 35; LAG Düsseldorf 23.2.1988 – 16 TaBV 13/88, DB 1988, 2651 = NZA 1988, 813.
177 BAG 28.4.1998 – 1 ABR 43/97, AP § 77 BetrVG 1972 Nachwirkung Nr. 11.
178 BAG 21.8.1990 – 1 ABR 73/89, DB 1991, 232.
179 BAG 26.10.1993 – 1 AZR 46/93, NZA 1994, 572; BAG 17.1.1995 – 1 ABR 29/94, DB 1995, 1918.

Jubilare mit 20-jährigem Betriebsjubiläum erhalten ein Sachgeschenk im Wert von 750 EUR. Die auf dieses Sachgeschenk entfallenden Steuern werden gem. § 40 Abs. 2 EStG pauschal vom Arbeitgeber entrichtet.

2. Muster: Diskriminierungsschutz ausländischer Arbeitnehmer

Zwischen

der Firma ...

und

dem Betriebsrat der Firma ...

wird folgende freiwillige Betriebsvereinbarung geschlossen:

Präambel

Niemand darf gem. §§ 1, 2 AGG aus Gründen der Rasse oder wegen der ethnischen Herkunft, des Geschlechts, der Religion oder Weltanschauung, einer Behinderung, des Alters oder der sexuellen Identität benachteiligt werden. Nach § 75 Abs. 1 BetrVG haben Arbeitgeber und Betriebsrat darüber zu wachen, dass jede Benachteiligung von Personen aus Gründen ihrer Rasse oder wegen ihrer ethnischen Herkunft, ihrer Abstammung oder sonstigen Herkunft, ihrer Nationalität, ihrer Religion oder Weltanschauung, ihrer Behinderung, ihres Alters, ihrer politischen oder gewerkschaftlichen Betätigung oder Einstellung oder wegen ihres Geschlechts oder ihrer sexuellen Identität unterbleibt. Arbeitgeber und Betriebsrat haben die Eingliederung ausländischer Arbeitnehmer im Betrieb und das Verständnis zwischen ihnen und deutschen Arbeitnehmern sowie Maßnahmen zur Bekämpfung von Rassismus und Fremdenfeindlichkeit im Betrieb zu fördern, § 80 Abs. 1 Nr. 7 BetrVG. Auf diesem rechtlichen Hintergrund vereinbaren die Parteien was folgt:

§ 1 Betrieblicher Gleichbehandlungsgrundsatz

(1) Das Zusammenleben zwischen deutschen und ausländischen Arbeitnehmern im Betrieb soll gefördert werden.

(2) Die Personalverwaltung hat bei allen personellen Einzelmaßnahmen die Gleichbehandlung der Belegschaftsmitglieder nach einheitlichen Auswahlmerkmalen zu beachten. Zur betrieblichen Gleichbehandlung gehören die Beschäftigungs- und Arbeitsbedingungen einschließlich Arbeitsentgelt und Entlassungsbedingungen, insbesondere die Einstellung, Versetzung, Entgeltfestsetzung, Beförderung und Qualifizierung.

§ 2 Berufsbildung

Die Auswahl von Bewerberinnen und Bewerbern für die Einstellung in Ausbildungsarbeitsverhältnisse muss für alle Ausbildungsberufe nach gleichen Auswahlmerkmalen erfolgen. Maßgeblich hat das Gesamtbild der Bewerberin oder des Bewerbers aus Testergebnis, persönlichem Eindruck und Feststellung der sonstigen Qualifikationsmerkmale zu sein. Personalabteilung und Geschäftsleitung haben darauf hinzuwirken, dass Arbeitnehmerinnen und Arbeitnehmer ausländischer Herkunft in gleicher Weise vom Fort- und Weiterbildungsangebot Gebrauch machen können.

§ 3 Sozialleistungen

(1) Alle Arbeitnehmerinnen und Arbeitnehmer haben auf freiwillige betriebliche Sozialleistungen in gleicher Weise Anspruch, vorausgesetzt, dass die jeweiligen Anspruchsvoraussetzungen erfüllt sind.

(2) Die Personalabteilung wird verpflichtet, allen Arbeitnehmerinnen und Arbeitnehmern in gleicher Weise Werkswohnungen zur Verfügung zu stellen.

§ 4 Durchführung der Betriebsvereinbarung

(1) Die Betriebspartner haben im Rahmen ihrer Einflussmöglichkeiten auf die Durchführung dieser Betriebsvereinbarung zu achten, um Verstöße gegen die betrieblichen Grundsätze der Gleichbehandlung zu verhindern.

(2) Soweit durch Diskriminierung ein Verstoß gegen das Gleichbehandlungsgebot entsteht, verpflichten sich die Betriebspartner, entsprechende Maßnahmen jeweils im Rahmen ihrer Zuständigkeiten einzuleiten.

(3) Ausländische Mitarbeiterinnen oder Mitarbeiter, die sich durch das Verhalten deutscher Belegschaftsmitglieder diskriminiert fühlen, haben die Möglichkeit, sich beim Betriebsrat zu melden. Der Betriebsrat benennt für derartige Fälle eine besondere Vertrauensperson, die die Mitarbeiterin oder den Mitarbeiter beraten und unterstützen wird.

§ 5 Inkrafttreten und Kündigung

Diese Vereinbarung ist eine freiwillige Betriebsvereinbarung, der keine Nachwirkung im Falle ihrer Kündigung durch eine Partei zukommt und die am __ in Kraft tritt. Sie kann gekündigt werden mit einer Frist von drei Monaten zum Monatsende.

3. Muster: Diskriminierung und Mobbing[180]

Zwischen

der Firma __

– nachstehend: Unternehmen –

und

dem Betriebsrat der Firma __

– nachstehend: Betriebsrat –

wird folgende Betriebsvereinbarung getroffen:

Präambel

Eine Unternehmenskultur, die geprägt ist von durchgängiger Information und partnerschaftlichem Verhalten am Arbeitsplatz, bildet die Basis für ein positives innerbetriebliches Arbeitsklima und ist damit eine wichtige Voraussetzung für den wirtschaftlichen Erfolg eines Unternehmens.

Das Unternehmen verpflichtet sich, transparente und ehrliche Information sowie ein partnerschaftliches Klima zu fördern und aufrechtzuerhalten, indem Unterdrückung von arbeitsnotwendigen Informationen, Desinformation, Mobbing, sexuelle Belästigung und Diskriminierung unterbunden werden. Dies gilt auch für die Werbung und Darstellung in der inner- und außerbetrieblichen Öffentlichkeit.

§ 1 Geltungsbereich

Die Betriebsvereinbarung gilt persönlich für alle Mitarbeiter/Mitarbeiterinnen der __ AG sowie für alle von der __ AG beschäftigten Dritten. Räumlich gilt sie für alle Werke der __ AG.

§ 2 Grundsätze

(1) Das Vorenthalten von Informationen, Desinformation, Mobbing gegen Einzelne oder Gruppen, sexuelle Belästigung, die sich meist gegen Frauen richtet, sowie Diskriminierung aus Gründen der Rasse oder wegen

---

180 Eine solche Betriebsvereinbarung kann der Betriebsrat über den Anspruch auf Bildung einer Einigungsstelle, die nicht offensichtlich unzuständig ist, erreichen, LAG Düsseldorf 27.7.2004 – 5 TaBV 38/04, AiB 2005, 122.

der ethnischen Herkunft, des Geschlechts, der Religion oder Weltanschauung, einer Behinderung, des Alters oder der sexuellen Identität stellen am Arbeitsplatz eine schwerwiegende Störung des Betriebsfriedens dar.

(2) Die in § 2 Abs. 1 erwähnten Beispielsfälle gelten als Verstoß gegen die Menschenwürde sowie als Verletzung des Persönlichkeitsrechts, sie schaffen im Unternehmen ein eingeengtes, stressbelastetes und entwürdigtes Arbeits- und Lernumfeld und begründen nicht zuletzt gesundheitliche Störungen.

(3) Die Mitarbeiter/Mitarbeiterinnen zeitgerecht zu informieren, eigenes Wissen und damit eventuellen Vorsprung vor anderen aufzugeben, ist Teil einer fairen partnerschaftlichen Unternehmens- und Kommunikationskultur. Informationspolitik muss offen und frei von Hierarchien erfolgen, um zur Vertrauensbildung beizutragen.

(4) Alle Mitarbeiter/Mitarbeiterinnen sind verpflichtet, an der Einhaltung des Arbeitsfriedens und eines guten Arbeitsklimas mitzuwirken. Hierzu gehört vor allem, die Persönlichkeit der Mitarbeiter/Mitarbeiterinnen zu respektieren. Zur Verletzung dieser Würde des Einzelnen gehört insbesondere das bewusste, gezielte und fahrlässige Herabwürdigen bis hin zu/zur

Mobbing, wie beispielsweise:

- absichtliches Zurückhalten von arbeitsnotwendigen Informationen oder sogar Desinformation, dh, jede Führungskraft ist verpflichtet, alle Informationen, die die Mitarbeiter/Mitarbeiterinnen zur umfassenden und selbständigen Bearbeitung ihrer Aufgaben benötigen, vollständig, durchgängig und unmittelbar weiterzugeben. Dazu gehören auch Informationen, die es Mitarbeiter/Mitarbeiterinnen ermöglichen, Unternehmensziele und -zusammenhänge zu verstehen oder zu erkennen. Darüber hinaus sind alle Mitarbeiter/Mitarbeiterinnen verpflichtet, Informationen an Vorgesetzte, Kollegen und die Organe des Unternehmens umfassend und schnell weiterzugeben, die diese zur Bewältigung ihrer Aufgaben benötigen.
- Verleumden oder Verbreiten von Gerüchten über Firmenangehörige oder deren Familien,
- Drohungen und Erniedrigungen,
- Beschimpfung, verletzende Behandlung, Hohn und Aggressivität,
- unwürdige Behandlung durch Vorgesetzte, wie zB die Zuteilung kränkender, unlösbarer, sinnloser oder gar keiner Aufgaben.

Sexuellen Belästigung

Eine sexuelle Belästigung ist, wenn ein unerwünschtes, sexuell bestimmtes Verhalten, wozu auch unerwünschte sexuelle Handlungen und Aufforderungen zu diesen, sexuell bestimmte körperliche Berührungen, Bemerkungen sexuellen Inhalts sowie unerwünschtes Zeigen und sichtbares Anbringen von pornographischen Darstellungen gehören, bezweckt oder bewirkt, dass die Würde der betreffenden Person verletzt wird, insbesondere wenn ein von Einschüchterungen, Anfeindungen, Erniedrigungen, Entwürdigungen oder Beleidigungen gekennzeichnetes Umfeld geschaffen wird. Was als sexuelle Belästigung empfunden wird, ist auch durch das subjektive Empfinden der Mitarbeiter/Mitarbeiterinnen bestimmt, wie beispielsweise:

- unerwünschter Körperkontakt,
- anzügliche Bemerkungen, Kommentare und Witze zur Person,
- Aufforderung zu sexuellen Handlungen,
- Zeigen sexistischer und pornographischer Darstellungen,
- Andeutungen, dass sexuelles Entgegenkommen berufliche Vorteile bringen könnte.

Diskriminierung

- aus rassistischem, ausländerfeindlichem oder religiösem Grund, wegen der ethnischen Herkunft, des Geschlechts, der Weltanschauung, einer Behinderung, des Alters oder der sexuellen Identität, die in mündlicher oder schriftlicher Form geäußert wird, bzw diesbezügliche Handlungen gegenüber Mitarbeitern/Mitarbeiterinnen oder deren Familien. Neben einer unmittelbaren Äußerung genügt es, wenn unerwünschte

Verhaltensweisen mit einem der vorgenannten Gründe in Zusammenhang stehen oder eine Benachteiligung wegen einer dieser Gründe von einem Vorgesetzten angewiesen wird.

§ 3 Beschwerderecht

(1) Betroffene Mitarbeiter/Mitarbeiterinnen, die sich durch Missachtung der unter § 2 beschriebenen Grundsätze beeinträchtigt fühlen, können sich an die nachfolgenden Stellen wenden:

- den/die betrieblichen Vorgesetzten
- den Betriebsrat,
- das Personalwesen,
- den betriebsärztlichen Dienst.

(2) Die in § 3 Abs. 1 genannten Stellen haben die Aufgabe, unverzüglich, spätestens innerhalb einer Woche nach Kenntnis des Vorfalls:

- die Mitarbeiter/Mitarbeiterinnen zu beraten und zu unterstützen,
- in getrennten oder gemeinsamen Gesprächen mit den Mitarbeitern/Mitarbeiterinnen den Sachverhalt festzustellen und zu dokumentieren,
- die Mitarbeiter/Mitarbeiterinnen über die tatsächlichen und arbeitsrechtlichen Zusammenhänge und Folgen im vorgenannten Sinne aufzuklären,
- allen – auch vertraulichen – Hinweisen und Beschwerden nachzugehen,
- auf Wunsch die Mitarbeiter/Mitarbeiterinnen bei allen Gespräch/en und Besprechungen zu begleiten, zu beraten und sie in ihrer Vertretung zu unterstützen.

(3) Ist im Rahmen dieser Beratung keine Klärung erfolgt, so ist im unmittelbaren Anschluss ein Gremium zu bilden, das sich aus Vertretern des Betriebsrats, des Personalwesens, ggf der/dem Vorgesetzten und dem betriebsärztlichen Dienst zusammensetzt, um Gegenmaßnahmen und ggf arbeitsrechtliche Konsequenzen im Rahmen der bestehenden Vereinbarungen vorzuschlagen.

(4) Beschwerdestelle im Sinne des Allgemeinen Gleichbehandlungsgesetzes (AGG) ist der Personalleiter. Beschwerden, die bei den in Absatz 1 genannten Stellen angebracht werden, sind ihm zur Kenntnis zu geben. Der Personalleiter ist für die weitere Behandlung und für die Mitteilung des Ergebnisses an den Beschwerdeführer verantwortlich.

(5) Die §§ 84 und 85 des Betriebsverfassungsgesetzes über das allgemeine Beschwerderecht bleiben unberührt.

§ 4 Vertraulichkeit

Über die Information und Vorkommnisse, persönlichen Daten und Gespräche ist absolutes Stillschweigen gegenüber Dritten zu bewahren.

§ 5 Maßnahmen

(1) Ein Verstoß gegen die Grundsätze des § 2 ist eine Verletzung arbeitsvertraglicher Pflichten.

(2) Einvernehmlich mit dem Betriebsrat kann das Unternehmen eine Beratung bzw Therapie anbieten oder die dem Einzelfall angemessenen betrieblichen Maßnahmen wie zB

- Belehrung
- Verwarnung
- Verweis
- Geldbuße

oder arbeitsrechtliche Maßnahmen, wie zB
- Versetzung
- Abmahnung
- Kündigung

ergreifen.

(3) Ein Konflikt am Arbeitsplatz kann durch eine Mediation aufgearbeitet und beigelegt werden. Hierzu wird mit den betroffenen Arbeitnehmern eine Vereinbarung getroffen. Die Kosten der Mediation trägt das Unternehmen.

(4) Die Durchführung der Maßnahmen erfolgt in Abstimmung mit dem Betriebsrat. Im Übrigen gelten die einschlägigen gesetzlichen Bestimmungen.

§ 6 Fördermaßnahmen

(1) Im Interesse einer umfassenden Information und Aufklärung werden die partnerschaftlichen Verhaltensgrundsätze gegen Diskriminierung und Mobbing für die Belegschaft zugänglich gemacht.

(2) Im Rahmen der beruflichen Aus- und Weiterbildung von Mitarbeitern/Mitarbeiterinnen sind die Grundsätze dieser Betriebsvereinbarung zu vermitteln. Eine besondere Verantwortung übernehmen

- betriebliche Vorgesetzte,
- Ausbilder/Ausbilderinnen,
- Beschäftigte der Personalabteilung,
- der betriebsärztliche Dienst,
- der Betriebsrat.

§ 7 Schlussbestimmung

Diese Betriebsvereinbarung tritt mit Unterschrift in Kraft. Sie kann mit einer Frist von drei Monaten, erstmals zum ... gekündigt werden.

4. Muster: Frauenförderung

Zwischen

der Firma ...

– nachstehend: Unternehmen –

und

dem Betriebsrat der Firma ...

– nachstehend: Betriebsrat –

wird folgende Betriebsvereinbarung zur Frauenförderung geschlossen:

Präambel

Ziel dieser Betriebsvereinbarung ist, die Durchsetzung der tatsächlichen Gleichstellung von Frauen und Männern, insbesondere bei der Einstellung, Beschäftigung, Aus-, Fort- und Weiterbildung und dem beruflichen Aufstieg, zu fördern. Bestehende Nachteile sollen beseitigt werden. Unter Beachtung des Vorranges von Eignung, Befähigung und fachlicher Leistung werden die beruflichen Chancen von Frauen sowie die Vereinbarkeit von Familie und Erwerbstätigkeit für Frauen und Männer gefördert. Durch Entwicklung von Zielvorgaben wird der Frauenanteil in allen Vergütungsgruppen sowie in allen Funktions- und Leitungsebenen erhöht. Die Benachteiligung von Frauen wird vermieden.

§ 1 Ausschreibung und Einstellung

(1) Ein Arbeitsplatz darf nicht nur für Frauen oder nur für Männer ausgeschrieben werden, es sei denn, ein bestimmtes Geschlecht ist unabdingbare Voraussetzung für die ausgeschriebene Tätigkeit. Stellenausschreibungen sind so abzufassen, dass sich auch Frauen bewerben.

(2) In Aufgabenbereichen, in denen Frauen unterrepräsentiert sind, ist in Stellenausschreibungen darauf hinzuweisen, dass im Unternehmen Frauen beruflich gefördert werden. Das Unternehmen sei daher insbesondere an Bewerbungen von Frauen interessiert.

§ 2 Maßnahmen bei der Aus- und Fortbildung

(1) Das Unternehmen wird im Rahmen der Aus- und Fortbildung der Mitarbeiter Frauen vermehrt die Gelegenheit geben, im Rahmen ihrer Fähigkeiten, der dienstlichen Erfordernisse und ihrer beruflichen Entwicklung an diesen Fortbildungsmaßnahmen teilzunehmen, die Zusatzqualifikationen verschaffen und die beruflichen Chancen verbessern.

(2) Fortbildungsveranstaltungen sollen zeitlich so gelegt werden, dass auch Beschäftigte mit Familienpflichten daran teilnehmen können.

(3) Mitarbeiterinnen, die wegen Mutterschutzes oder Elternzeit nicht arbeiten, werden die im Unternehmen verteilten Aus- und Fortbildungsangebote sowie entsprechende Mitarbeiterinformationen und sonstige Materialien während ihrer Betriebsabwesenheit zugesandt.

§ 3 Einweisung in höher vergütete Stellen

(1) Beförderungen werden nach Eignung, Befähigung und fachlicher Leistung ohne Rücksicht auf Rasse oder ethnische Herkunft, Geschlecht, Religion oder Weltanschauung, Behinderung, Alter oder sexuelle Identität oder bestehende „Beziehungen" vorgenommen.

(2) Soweit im Bereich des Betriebes oder der Betriebsabteilung im jeweiligen Fachbereich weniger Frauen als Männer beschäftigt sind, sind Frauen bei gleicher Eignung, Befähigung und fachlicher Leistung bevorzugt zu befördern.

§ 4 Maßnahmen zur Erleichterung des Wiedereinstiegs nach Elternzeit

(1) Die Beschäftigung von Frauen und deren berufliche Wiedereingliederung nach der Familiengründung werden gefördert. Die Teilzeitbeschäftigung ist eine besonders geeignete Form, Beruf und Familie miteinander zu verbinden.

(2) Mitarbeiterinnen und Mitarbeiter, die nach Ablauf der Mutterschutzfrist oder der Elternzeit weiter arbeiten wollen, sollen den betrieblichen Vorgesetzten und die zuständige Personalabteilung mindestens drei Monate vor dem Ende der Betriebsabwesenheit unterrichten. Sie sollen dabei angeben, ob sie in Vollzeit oder Teilzeit arbeiten wollen. Ist die Beschäftigung an dem alten Arbeitsplatz nicht möglich, so wird der Mitarbeiterin oder dem Mitarbeiter ein gleichwertiger Vollarbeitsplatz an anderer Stelle oder ein Teilzeitarbeitsplatz angeboten. Auf Wunsch der Mitarbeiterin oder des Mitarbeiters soll stets geprüft werden, ob der bisherige Vollzeitarbeitsplatz in einen Teilzeitarbeitsplatz umgewandelt werden kann. Die Vorschriften zum Anspruch auf Reduzierung der Arbeitszeit nach § 15 BEEG und § 8 TzBfG bleiben unberührt.

(3) Mitarbeiterinnen, die wegen der Geburt ihres Kindes oder nach Ablauf der gesetzlichen Schutzfrist oder der Elternzeit ausgeschieden sind, werden vorrangig wieder eingestellt, wenn freie Arbeitsplätze zur Verfügung stehen. Das Gleiche gilt für Mitarbeiter, die nach Ablauf ihrer Elternzeit wegen der fortwährenden Betreuung ihres minderjährigen Kindes ausgeschieden sind.

§ 5 Familiengerechte Arbeitszeit

Im Rahmen der gesetzlichen, tarifvertraglichen oder sonstigen Regelungen der Arbeitszeit und der betrieblichen Möglichkeiten sind Beschäftigten mit Familienpflichten, wenn möglich und beantragt, geänderte tägliche und wöchentliche Arbeitszeiten einzuräumen. Die Vorschriften des § 15 BEEG und § 8 TzBfG bleiben unberührt.

§ 6 Teilzeitbeschäftigung

(1) Das Unternehmen wird im Rahmen der Möglichkeiten ein ausreichendes Angebot an Teilzeitbeschäftigungen schaffen.

(2) Teilzeitbeschäftigte dürfen gegenüber Vollzeitbeschäftigten nicht benachteiligt werden.

§ 7 Inkrafttreten

Die Betriebsvereinbarung tritt am ... in Kraft. Sie entfaltet im Falle der Kündigung durch eine Partei keine Nachwirkung.

5. Muster: Innerbetriebliche Stellenausschreibung

Zwischen

der Firma ...

und

dem Betriebsrat der Firma ...

wird folgende Betriebsvereinbarung über innerbetriebliche Stellenausschreibung gem. § 93 BetrVG geschlossen:

§ 1 Geltungsbereich

Diese Vereinbarung gilt für alle Mitarbeiterinnen und Mitarbeiter (Arbeitnehmer iSd § 5 BetrVG) der Firma ... .

§ 2 Zweckbestimmung

Die innerbetriebliche Stellenausschreibung soll es jeder Mitarbeiterin und jedem Mitarbeiter ermöglichen, entsprechend den Fähigkeiten, Neigungen und beruflichen Vorstellungen die innerbetrieblichen Entwicklungs- und Aufstiegsmöglichkeiten wahrzunehmen.

§ 3 Grundsätze

(1) Die innerbetriebliche Stellenausschreibung erfolgt in Zusammenarbeit zwischen der Personalabteilung, der suchenden Betriebsstelle und dem Betriebsrat.

(2) Arbeitsplätze werden vor ihrer Besetzung intern ausgeschrieben.

(3) Bei Stellen, die zusätzlich extern ausgeschrieben werden, erfolgt die interne Stellenausschreibung spätestens zeitgleich mit der externen Ausschreibung.

(4) Die innerbetriebliche Stellenausschreibung wird für die Dauer von mindestens 15 Arbeitstagen an den „Schwarzen Brettern" ausgehängt. Extern arbeitende Mitarbeiterinnen und Mitarbeiter erhalten die Stellenausschreibungen auf geeigneten Wegen und gleichzeitig mit dem Aushang an den „Schwarzen Brettern".

(5) Die innerbetriebliche Stellenausschreibung enthält mindestens folgende Angaben:

- Anfordernde Stelle (Bereich und Arbeitsgruppe)
- Stellenbezeichnung und Leitungsebene
- Beschreibung der Aufgaben
- Beschreibung der Arbeitsbedingungen einschließlich der Angaben über den Einsatz im externen Geschäft
- fachliche und persönliche Anforderungen
- Tarifgruppe oder ungefähres AT-Gehalt

- Aussagen zur Entwicklungsmöglichkeit
- Zeitpunkt der Arbeitsaufnahme
- Bewerbungsfrist
- Form der Bewerbung
- Annahmestelle.

(6) Von allen Stellenausschreibungen erhält der Betriebsrat spätestens zum Zeitpunkt der Veröffentlichung ein Exemplar.

(7) Um eine ausgeschriebene Stelle kann sich jede Mitarbeiterin/jeder Mitarbeiter bewerben. Jede interne Bewerbung wird mit der gleichen Vertraulichkeit behandelt wie eine externe Bewerbung. Der Schriftwechsel wird, wenn die Bewerberin/der Bewerber dies wünscht, über die Privatadresse abgewickelt. Die/der derzeitige Vorgesetzte der Bewerberin/des Bewerbers soll von dieser/diesem selbst über die Bewerbung unterrichtet werden. Dies soll aus Personalplanungsgründen spätestens jedoch zu dem Zeitpunkt erfolgen, zu dem die Bewerberin/der Bewerber in die engere Wahl gekommen ist. Hierüber erhält sie/er eine entsprechende Nachricht.

(8) Aus der Bewerbung dürfen der Bewerberin/dem Bewerber keine Nachteile erwachsen.

(9) Liegt zwischen einer innerbetrieblichen Stellenausschreibung und der Besetzung der Stelle ein Zeitraum von mehr als sechs Monaten, so wird die Stellenausschreibung wiederholt.

§ 4 Auswahl

(1) Für die Auswahl der Bewerberin/des Bewerbers sind ausschließlich fachliche und persönliche Qualifikationen maßgeblich. Interne und externe Bewerberinnen/Bewerber werden nach gleichen Kriterien beurteilt. Bei gleichen Voraussetzungen erhält die interne Bewerberin/der interne Bewerber den Vorzug.

(2) Bei Einigung über die Person der Bewerberin/des Bewerbers wird die Zustimmung zu einer Versetzung oder Einstellung nach § 99 BetrVG beim Betriebsrat unter Vorlage aller Bewerbungsunterlagen eingeholt.

(3) Mit allen internen Bewerberinnen/Bewerbern ist innerhalb eines Monats nach Eingang der Bewerbung durch eine der zuständigen Stellen ein Bewerbungsgespräch zu führen.

(4) Sofern interne Bewerberinnen/Bewerber für die zu besetzende Stelle nicht in Betracht kommen, wird ihnen dies persönlich mitgeteilt. Eingereichte Bewerbungsunterlagen werden unverzüglich zurückgegeben.

(5) Der Betriebsrat erhält alle Bewerbungsunterlagen und ihm werden die Gründe für die getroffene Auswahl mitgeteilt.

§ 5 Verfahren bei Versetzungen

(1) Die Versetzung und alle im Zusammenhang damit getroffenen Vereinbarungen werden der Bewerberin/dem Bewerber schriftlich bestätigt.

(2) Hat sich die anfordernde Stelle für eine Bewerberin/einen Bewerber entschieden, so ist die Mitarbeiterin/der Mitarbeiter innerhalb von sechs Monaten von der abgebenden Stelle freizugeben. Im gegenseitigen Einvernehmen der Beteiligten (angebende Stelle, anfordernde Stelle, Bewerberin/Bewerber, Betriebsrat) kann diese Frist um bis zu drei Monate verlängert werden, falls eine frühere Freistellung aus vertraglichen und/oder terminlichen Gründen in Bezug auf die Realisierung eines Projektes/Auftrages Schwierigkeiten mit dem Kunden zur Folge hat.

(3) Die Einarbeitung darf die für diesen Arbeitsplatz angemessene Probezeit nicht überschreiten. Kommt es innerhalb dieses Zeitraumes nicht zu einer Festübernahme auf den neuen Arbeitsplatz, so hat die Mitarbeiterin/der Mitarbeiter das Recht, unter den alten Bedingungen an den alten Arbeitsplatz zurückzukehren. Ist dieser zwischenzeitlich besetzt oder aufgelöst, so wird eine Versetzung auf einen gleichwertigen Arbeitsplatz im Betrieb vorgenommen.

(4) Bei einer zeitlich befristeten Versetzung wird die Mitarbeiterin/der Mitarbeiter nach Ablauf der Frist an den alten Arbeitsplatz zurückversetzt.

Ist wegen rückläufiger Auftragslage in Bezug auf den alten Arbeitsbereich eine Rückversetzung nicht vertretbar, erhält die Mitarbeiterin/der Mitarbeiter ein gleichwertiges Aufgabengebiet in einem anderen Arbeitsbereich.

§ 6 Schlussbestimmungen

(1) Diese Vereinbarung tritt am ... in Kraft. Sie ist mit einer Frist von drei Monaten kündbar. Einvernehmliche Änderungen oder Erweiterungen sind jederzeit möglich.

(2) Im Falle einer Kündigung gelten die Regelungen dieser Vereinbarung weiter, bis sie durch eine andere Vereinbarung ersetzt werden.

6. Muster: Mitarbeiterbeschwerden

Zwischen

der Firma ...

– nachstehend: Arbeitgeber –

und

dem Betriebsrat der Firma ...

– nachstehend: Betriebsrat –

wird folgende Regelung zur Beilegung von Mitarbeiterbeschwerden getroffen:

§ 1

Wendet sich eine Mitarbeiterin/ein Mitarbeiter mit einer Beschwerde an den Betriebsrat und erachtet der Betriebsrat die Beschwerde ganz oder teilweise für berechtigt, legt er die Beschwerde dem Arbeitgeber mit einer ausführlichen Stellungnahme vor, ggf verbunden mit einem Lösungsvorschlag. Im Rahmen seiner Stellungnahme benennt der Betriebsrat ausdrücklich die Beschwerdepunkte, die er für berechtigt erachtet.

§ 2

Der Arbeitgeber verpflichtet sich, binnen 14 Tagen nach Eingang der Beschwerde diese zu bescheiden. Sollte der Beschwerdegegenstand umfangreiche Gespräche oder sonstige Prüfungen erfordern, hat er dies dem Betriebsrat mitzuteilen. In diesem Fall verlängert sich die Frist um weitere 14 Tage auf insgesamt 28 Tage.

§ 3

Hilft der Arbeitgeber der Beschwerde nicht ab, sind die Parteien verpflichtet, eine innerbetriebliche Schlichtungsstelle anzurufen. Diese setzt sich aus je zwei Vertretern des Betriebsrats und des Arbeitgebers zusammen. Erklärt eine Seite die Verhandlungen vor der innerbetrieblichen Schlichtungsstelle für gescheitert, kann die Einigungsstelle nach § 85 BetrVG angerufen werden. Die Beteiligten sind sich einig, dass für das Einigungsstellenverfahren bzgl Mitarbeiterbeschwerden von jeder Seite zwei Beisitzer benannt werden.

§ 4

Wendet sich eine Mitarbeiterin/ein Mitarbeiter mit seiner Beschwerde unmittelbar an den Arbeitgeber, so soll nach einem Gespräch mit dem Beschwerdeführer binnen vier Wochen eine schriftliche Bescheidung erfolgen, es sei denn, der Beschwerdegegenstand hat sich zwischenzeitlich erledigt.

§ 5

Die Betriebsvereinbarung über die Behandlung von Mitarbeiterbeschwerden kann mit einer Frist von drei Monaten zum Jahresende, erstmals zum ... gekündigt werden. Eine Nachwirkung dieser Betriebsvereinbarung findet nicht statt.

7. Muster: Mitarbeitergespräche

Zwischen

der Firma ...

– nachstehend: Gesellschaft –

und

dem Betriebsrat der Firma ...

– nachstehend: Arbeitnehmervertretung –

wird folgende Vereinbarung geschlossen:

Präambel

Der Erfolg des Konzerns und seiner Unternehmen kann dauerhaft nur gesichert werden, wenn wir uns der schwierigen Marktsituation und dem ständigen Veränderungsprozess stellen. Die Veränderungen in der Bankenbranche machen eine noch striktere Orientierung an den Kundenbedürfnissen notwendig. Diese Entwicklung verlangt auch von den Mitarbeiterinnen und Mitarbeitern weiterhin eine hohe Leistungsfähigkeit und -bereitschaft. Somit hat die Förderung und Entwicklung der Mitarbeiterinnen und Mitarbeiter eine ganz besondere Bedeutung. Förderung und Entwicklung sind im „Mitarbeitergespräch" von besonderem Gewicht, denn die hohe Motivation der Mitarbeiterinnen und Mitarbeiter und ihre Identifikation mit den Aufgaben tragen maßgeblich zum Erfolg unseres Unternehmens und Konzerns bei. Die in Zusammenhang mit o.g. Entwicklung bestehenden vielfältigen Chancen für die Mitarbeiterinnen und Mitarbeiter sollen durch das „Mitarbeitergespräch" gezielt aufgezeigt werden. Um o.g. Ziele zu unterstützen, soll das „Mitarbeitergespräch" eingeführt werden, das auf dialog-, beteiligungs- und förderungsorientierten Führungsbeziehungen basiert. Dialogorientiert heißt, intensiv miteinander kommunizieren. Beteiligungsorientiert heißt, Mitarbeiterinnen und Mitarbeiter haben die Möglichkeit, auf Fragen, die sie in ihrer täglichen Arbeit betreffen, Einfluss zu nehmen. Förderungsorientiert heißt, die fachlichen und sozialen Qualifikationen der Mitarbeiterinnen und Mitarbeiter gezielt weiterzuentwickeln.

§ 1 Ziele des Verfahrens

(1) Das „Mitarbeitergespräch" dient der Verständigung über Aufgaben und Ziele, der Förderung und Beurteilung von Mitarbeiterinnen und Mitarbeitern, der Förderung einer konstruktiven Kommunikation sowie insgesamt der Stärkung der Leistungsfähigkeit und Leistungsbereitschaft durch Unterstützung zur Zielerreichung und durch Festlegung gezielter Maßnahmen zur Entwicklung der Mitarbeiterin/des Mitarbeiters.

(2) Über den Aufgabenbereich der Mitarbeiterin/des Mitarbeiters hinausgehende Entwicklungsmöglichkeiten sind vom Vorgesetzten zu berücksichtigen.

(3) Das „Mitarbeitergespräch" dient ausschließlich der Personalführung und -förderung. Es geht somit um:

- die vom Arbeitsalltag entkoppelte Kommunikation und Verständigung über Arbeitssituation, Aufgaben, Zusammenarbeit, gegenseitige Einschätzung und sonstige relevante Fragen durch einen regelmäßigen Dialog;
- die Förderung der Mitarbeiterin/des Mitarbeiters, deren/dessen Stärken ausgebaut und deren/dessen Schwächen durch entsprechende Personalentwicklungsmaßnahmen abgebaut werden sollen;

- die Abstimmung von Aufgaben und Zielen;
- die Offenlegung unbearbeiteter Konflikte und deren konstruktive Behandlung;
- das aufgaben- und zielorientierte Feedback für die Mitarbeiterinnen und Mitarbeiter sowie die Anerkennung der geleisteten Arbeit unter Berücksichtigung der Arbeitssituation;
- die Feststellung der Personalentwicklungserfordernisse des Unternehmens sowie der Personalentwicklungsbedürfnisse und -wünsche der Mitarbeiterinnen/der Mitarbeiter, die planbar gemacht werden.

Es dient nicht der Fundierung maßregelnder Personalentscheidungen. Mitarbeiterinnen/Mitarbeiter zu beurteilen ist ein wesentlicher Teil der Personalführung im Unternehmen. Das „Mitarbeitergespräch" dient dazu:

- Ziele und Standards für die Leistung von Mitarbeiterinnen und Mitarbeitern zu vereinbaren und ggf über den besten Weg zu ihrer Realisierung Einvernehmen zu erzielen,
- soweit erforderlich, Unterstützung für die tägliche Arbeit zu geben,
- Vertrauen zwischen der Mitarbeiterin/dem Mitarbeiter und Führungskraft zu stärken, damit Arbeitsergebnisse verbessert werden können und gleichzeitig Arbeitsfreude (Motivation zur Leistung) gefördert wird.

§ 2 Grundsätze

(1) Diese Rahmenvereinbarung gilt für alle Mitarbeiterinnen und Mitarbeiter des Unternehmens mit Ausnahme von leitenden Angestellten gem. § 5 BetrVG; Mitarbeitern, die sich in einer speziellen Ausbildung (zB interne Traineeprogramme) befinden; befristet Beschäftigten sowie Auszubildenden.

(2) Die Modalitäten für die Freiwilligkeit einer Teilnahme am Mitarbeitergespräch für Mitarbeiterinnen und Mitarbeiter im rentennahen Alter bleiben der einvernehmlichen Regelung der Parteien in den Unternehmen überlassen.

(3) Die Führungskraft wie auch die Mitarbeiterin/der Mitarbeiter haben die Möglichkeit, das „Mitarbeitergespräch" zu unterbrechen, um neue Erkenntnisse zu gewinnen oder Klärungen vorzunehmen. Das Gespräch soll dann innerhalb von 14 Tagen erneut aufgenommen werden.

(4) Grundlage des „Mitarbeitergesprächs" sind die jeweilige Tätigkeit sowie insbesondere die spezifischen Aufgaben- bzw Zielvereinbarungen aus dem vorhergegangenen „Mitarbeitergespräch". Bestehende Tätigkeits-, Aufgaben- und/oder Stellenbeschreibungen werden einbezogen.

(5) Das „Mitarbeitergespräch" ist dialog-, beteiligungs- und förderungsorientiert zu gestalten.

(6) Der Beurteilungsprozess besteht aus zwei Schritten:

- der Vereinbarung von Zielen und Wegen zur Zielerreichung am Anfang des Beurteilungszeitraumes und
- der Ergebnisbewertung und einem Gespräch am Ende der Beurteilungsperiode.

(7) Bestandteil dieser Vereinbarung ist der „Gesprächsbogen". Informationen zur Durchführung (siehe auch § 7) werden den Arbeitnehmervertretungen zum Abgleich mit den Inhalten der Rahmenvereinbarung vor Veröffentlichung zur Kenntnis gebracht, wobei sachlich begründete Einwände zu berücksichtigen sind.

(8) Der Gesprächsbogen wird erst ausgefüllt, nachdem die Führungskraft und die Mitarbeiterin/der Mitarbeiter ihre Sichtweisen ausgetauscht und über die einzelnen Punkte eingehend gesprochen haben, also während des „Mitarbeitergesprächs" oder unmittelbar danach.

§ 3 Personeller Rahmen, Turnus und Anlässe

(1) Das „Mitarbeitergespräch" erfolgt in der Regel einmal jährlich. Der Gesprächstermin ist mindestens zwei Wochen vorher zwischen der Mitarbeiterin/dem Mitarbeiter und ihrer/seiner Führungskraft zu vereinbaren.

(2) Beurteilender im Rahmen des „Mitarbeitergesprächs" ist in der Regel die/der direkte Vorgesetzte. Sachlich begründete Ausnahmen davon (zB Projektleiter, wenn die/der Mitarbeiterin/Mitarbeiter überwiegend in einem Projekt tätig war/ist) sind denkbar. In Zweifelsfällen entscheidet die Konfliktkommission aufgrund der betrieblichen Gegebenheiten.

(3) Neu eingetretene Mitarbeiterinnen und Mitarbeiter werden erstmalig nach zwölf Monaten mittels dieses Beurteilungssystems beurteilt. Dabei muss sichergestellt sein, dass die Zielsetzung sechs Monate vor der Beurteilung, frühestens jedoch sechs Monate nach Eintritt erfolgt.

(4) Außerhalb des Regelturnusses ist die zusätzliche Durchführung eines „Mitarbeitergesprächs" bei besonderen Anlässen möglich, zB:

- auf Wunsch der Mitarbeiterin/des Mitarbeiters,
- bei Versetzung (auch im Sinne von Förderung und Beförderung, Rotationsaufenthalte, Festlegung von Zielen und Aufgaben),
- bei einem Wechsel des Vorgesetzten (Festlegung von Zielen und Aufgaben),
- bei Beginn und nach befristetem Ausscheiden (zB Elternzeit, Wehrdienst),
- bei Übernahme im Anschluss an die Probezeit (Förderung, Festlegung von Zielen und Aufgaben).

(5) Für das „Mitarbeitergespräch" ist ausreichend Zeit einzuplanen. Für seinen störungsfreien Ablauf ist Sorge zu tragen.

(6) Auf Wunsch der Mitarbeiterin/des Mitarbeiters kann ein Mitglied der Arbeitnehmervertretung ihrer/seiner Wahl am „Mitarbeitergespräch" teilnehmen.

(7) Über die Beurteilung wird im „Mitarbeitergespräch" gemeinsam zwischen der Führungskraft und der Mitarbeiterin/dem Mitarbeiter (Selbst- und Fremdeinschätzung) ein konstruktiver, offener und vertrauensvoller Dialog geführt.

§ 4 Unterschriften

Jede Mitarbeiterin/jeder Mitarbeiter erhält eine Kopie ihres/seines „Mitarbeitergesprächs" nach Abschluss des Gesprächs für ihren/seinen persönlichen Gebrauch. Der fertig ausgefüllte Gesprächsbogen ist von der Führungskraft und der Mitarbeiterin/dem Mitarbeiter zum Abschluss des Gesprächs, spätestens jedoch innerhalb einer Woche danach, zu unterschreiben. Die Mitarbeiterin/der Mitarbeiter bestätigt mit ihrer/seiner Unterschrift die Durchführung des „Mitarbeitergesprächs" und die Kenntnisnahme der Gesprächsergebnisse.

§ 5 Konfliktlösung

(1) Die Thematisierung strittiger Punkte gehört ausdrücklich zu den Personalführungszielen des „Mitarbeitergesprächs". Konflikte sollen von den Beteiligten in sachlicher Weise angesprochen und mit dem Willen zur Einigung möglichst einer Lösung zugeführt werden. Kann in einzelnen Punkten dennoch keine Übereinstimmung erzielt werden, gibt es folgende Möglichkeiten:

- Die konträren Auffassungen werden im Bogen festgehalten und nebeneinander stehen gelassen, wenn die Beteiligten gemeinsam der Auffassung sind, dass eine völlige Klärung nicht unbedingt erforderlich ist.
- Kommt zu bestimmten Punkten keine Einigung zustande, kann die Mitarbeiterin/der Mitarbeiter ihre/seine anders lautende Meinung schriftlich niederlegen und ein Einigungsgespräch mit dem nächsthöheren Vorgesetzten herbeiführen. Auf Wunsch der Mitarbeiterin/des Mitarbeiters kann ein Mitglied der Arbeitnehmervertretung an dem Gespräch teilnehmen.

(2) Erfolgt in diesem Gespräch keine Einigung, hat jede/r der Beteiligten das Recht, sich an die Arbeitnehmervertretung des jeweiligen Unternehmens zu wenden oder ein paritätisch besetztes Gremium, das sich aus je zwei Mitgliedern des Unternehmens und der jeweiligen Arbeitnehmervertretung zusammensetzt, anzurufen. Diese paritätische Kommission soll innerhalb von zwei Wochen nach Anrufung tagen. Kann keine Einigung erzielt werden, kommt § 85 BetrVG zum Tragen. Bei Anwendung des § 85 BetrVG werden individuelle Rechtsansprüche nicht geprüft.

(3) Die Prüfung der strittigen Punkte erfolgt durch Aussprache, bei der alle relevanten Fakten erörtert werden. Die Kommission ist berechtigt, Beurteilungs- und andere maßgebliche Unterlagen (zB Stellenbeschreibungen) einzusehen und beteiligte Personen zu hören.

(4) Die Kommission soll eine Lösung herbeiführen und kann prüfen,

- ob wesentliche Tatsachen hinreichend berücksichtigt wurden und
- ob die Bestimmungen dieser Vereinbarung eingehalten wurden.

§ 6 Dokumentation

Die Inhalte und Ergebnisse der letzten drei Regelbeurteilungen im Rahmen des „Mitarbeitergesprächs" werden in der Personalakte abgelegt. Die Mitarbeiterin/der Mitarbeiter und die Führungskraft erhalten eine Kopie. Ältere als die letzten drei Regelbeurteilungen sowie deren Kopien werden vernichtet bzw auf Wunsch der Mitarbeiterin/des Mitarbeiters an diese/diesen ausgehändigt. Eine maschinelle Erfassung, Speicherung und Auswertung der Daten des „Mitarbeitergesprächs" erfolgt nicht. Das gilt nicht, soweit Teilinformationen zweckmäßigerweise für Verwaltungsaufgaben (zB Personalentwicklungsplanung) verarbeitet werden müssen. Diese Teile sind im Einzelnen und abschließend in einer Anlage, die Bestandteil der jeweiligen Betriebs-/Dienstvereinbarung wird, zukünftig zu vereinbaren. Darüber hinaus können mit der Arbeitnehmervertretung Ausnahmen vereinbart werden.

§ 7 Information der Beteiligten

Alle Mitarbeiterinnen und Mitarbeiter erhalten über die Einführung des „Mitarbeitergesprächs" eine ausführliche schriftliche Information. Für die Führungskraft ist eine vorangehende eingehende Schulung in den Grundprinzipien des „Mitarbeitergesprächs" obligatorisch. Bei Bedarf werden auch sog. Anschlussschulungen angeboten. Die gesetzlichen Mitbestimmungsrechte bleiben unberührt. Für interessierte Mitarbeiterinnen/Mitarbeiter werden ebenfalls Schulungen durchgeführt. Bei entsprechendem Bedarf können hierzu auch Workshops vor Ort (in den einzelnen Filialen/Abteilungen) – auch unter Einsatz von entsprechend geschulten Multiplikatoren – durchgeführt werden.

§ 8 Schlussbestimmungen

(1) Diese Vereinbarung tritt mit ihrer Unterzeichnung in Kraft. Sie kann von beiden Seiten mit einer Frist von sechs Monaten zum Ende eines Kalenderjahres gekündigt werden.

(2) Diese Vereinbarung wirkt nach. Unternehmen und Arbeitnehmervertretung können beschließen, dass bestimmte Organisationseinheiten erst zu einem späteren Zeitpunkt das „Mitarbeitergespräch" anwenden. Der konkrete Umsetzungstermin wird vom Unternehmen im Einvernehmen mit der Arbeitnehmervertretung festgesetzt.

Anhänge zur Rahmenvereinbarung Kriterienkatalog Mitarbeitergespräch – Fassung vom ...

Hinweise zur Anwendung

(1) Die gemeinsame Festlegung der einzelnen Kriterien durch Führungskraft und Mitarbeiterin bzw Mitarbeiter am Anfang der Beurteilungsperiode dient der Schaffung einer größtmöglichen Transparenz für die zu beurteilenden Mitarbeiterinnen und Mitarbeiter. Sie ist somit ein wesentlicher Beitrag zu einer vertrauensvollen Zusammenarbeit zwischen Mitarbeiterinnen und Mitarbeitern und den jeweiligen Führungskräften. Ziel der angestrebten Transparenz ist insbesondere ein hoher Grad an Akzeptanz und Identifikation mit den jeweiligen Beurteilungsergebnissen. Indem die Mitarbeiterinnen und Mitarbeiter die jeweiligen Beurteilungskriterien kennen, haben sie außerdem bessere Möglichkeiten der Selbstkontrolle bzw Selbstbeurteilung.

(2) Um die Festlegung der Verhaltenskriterien zur Verhaltenseinschätzung zu erleichtern, werden fünf Bereiche vorgeschlagen.

(3) Die Auswahl der einzelnen Kriterien richtet sich nach den jeweiligen wesentlichen Anforderungen, die sich aus dem jeweiligen Arbeitsplatz ergeben bzw die an die betreffende Mitarbeiterin/den betreffenden Mitarbeiter gestellt werden. Hierbei ist Ziel, die jeweils charakteristischen Kriterien auszuwählen und eindeutige Prioritäten zu setzen.

(4) Die jeweiligen innerhalb der fünf Bereiche aufgeführten Unterpunkte enthalten einen zusammenfassenden Merksatz (kursive Schreibweise), der zumeist durch nachgestellte Stichworte (mit Spiegelstrichen gekennzeichnet) näher erläutert wird.

Inhalt

1. Verhalten im Aufgabenbereich
1.1 Akquisitionsverhalten
1.2 Qualitätsverhalten
1.3 Anwendung von Kenntnissen
1.4 Serviceverhalten/-orientierung
1.5 Entscheidungsverhalten
1.6 Anwendung von Sprachkenntnissen
1.7 Global-international ausgerichtetes Verhalten
1.8 Arbeitssicherheitsverhalten
2. Persönliches Verhalten
2.1 Einsatzverhalten/Leistungsmotivation
2.2 Selbstsicherheit/selbstsicheres Verhalten
2.3 Denkverhalten
2.4 Veränderungsverhalten
2.5 Identifikationsverhalten
2.6 Verantwortungsverhalten
2.7 Umweltbewusstes/ökologisches Verhalten
3. Soziales Verhalten
3.1 Kommunikationsverhalten
3.2 Informationsverhalten
3.3 Teamverhalten/kollegiales Verhalten
4. Führungsverhalten
4.1 Motivations-/Überzeugungskraft
4.2 Mitarbeiterorientiertes Verhalten
4.3 Mitarbeiterförderung
4.4 Ergebnisorientiertes Verhalten
4.5 Teambildung
4.6 Innovations-/Qualitätsförderung
4.7 Delegationsverhalten
4.8 Adäquater Einsatz von Expertinnen/Experten
5. Wirtschaftliches Denken und Handeln
5.1 Unternehmerische Initiative
5.2 Risikoverhalten
5.3 Ertrags- und kostenorientiertes Verhalten
5.4 Denken und Handeln im Gesamtunternehmens-/Konzerninteresse
5.5 Strategisches Denken und Handeln

1. Verhalten im Aufgabenbereich

1.1 Akquisitionsverhalten

Kundinnen/Kunden werden gewonnen, Produkte werden erfolgreich angeboten. Die Mitarbeiterin/der Mitarbeiter geht planmäßig, systematisch und zielgerichtet bei der Akquisition von Kundinnen/Kunden am Markt vor und sucht das (Neu-)Kundengeschäft.

1.2 Qualitätsverhalten

Es erfolgt eine Qualitätsorientierung und -optimierung im Hinblick auf Dienstleistungen und Produkte sowie eigene Arbeitsabläufe. Die Mitarbeiterin/der Mitarbeiter

- beachtet die Qualität der eigenen Arbeit,
- erhält und fördert das Güteniveau der Dienstleistung/des Produktes,
- optimiert eigene Arbeitsabläufe,
- beachtet Planung und Organisation (strukturiertes Arbeitsverhalten, um zu optimalen Ergebnissen in der Aufgabenerfüllung zu kommen),
- hat Übersicht und gleichzeitig einen Blick für wesentliche Details.

1.3 Anwendung von Kenntnissen

Wissen und Erfahrung werden erfolgreich im Fachgebiet eingebracht. Die Mitarbeiterin/der Mitarbeiter verfügt über Fach-/Bank-/wirtschaftliche Kenntnisse

- das eigene Unternehmen, den Konzern, den Markt betreffend,
- im eigenen Fachgebiet,
- außerhalb des eigenen Fachgebietes

und wendet sie an.

1.4 Serviceverhalten/-orientierung

Interne/externe Kundenbedürfnisse stehen im Mittelpunkt (Kundenorientierung). Die Mitarbeiterin/der Mitarbeiter

- zeichnet sich durch Beratungsqualität Kundinnen/Kunden/MA/Kolleginnen/Kollegen gegenüber aus,
- kann sich in Bedürfnisse, Interessen und Ziele der Kundinnen/Kunden/MA/Kolleginnen/Kollegen hineinversetzen.

1.5 Entscheidungsverhalten

Der Mitarbeiter/die Mitarbeiterin handelt problemlösungsorientiert und leitet entsprechende Maßnahmen ein.

1.6 Anwendung von Sprachkenntnissen

Sprachwissen und Spracherfahrung werden erfolgreich im Fachgebiet eingebracht. Die Mitarbeiterin/der Mitarbeiter

- verfügt über die für den jeweiligen Aufgabenbereich ggf erforderlichen Fremdsprachenkenntnisse (in Abhängigkeit vom jeweiligen Aufgabengebiet kann der Grad von erforderlichen Grundlagenkenntnissen bis zum verhandlungssicheren Beherrschen einer oder mehrerer Fremdsprachen reichen).

1.7 Global-international ausgerichtetes Verhalten

Die Mitarbeiterin/der Mitarbeiter zeigt im Rahmen ihrer/seiner jeweiligen Funktion und Aufgabe Bereitschaft, den besonderen Anforderungen des internationalen Geschäfts gerecht zu werden. Er/sie verfügt über

Fremdsprachenkenntnisse und hat Kenntnisse und Verständnis über Gebräuche und Verhaltensweisen anderer Kulturen.

1.8 Arbeitssicherheitsverhalten

Die Mitarbeiterin/der Mitarbeiter verhält sich sicherheitsbewusst. Die Mitarbeiterin/der Mitarbeiter

- ist über die im eigenen Arbeitsbereich geltenden Sicherheitsvorschriften und -regeln informiert und verhält sich entsprechend,
- vermeidet Sicherheitsrisiken, hält aktiv nach Gefahrenquellen Ausschau und bemüht sich um deren Abstellung.

2. Persönliches Verhalten

2.1 Einsatzverhalten/Leistungsmotivation

Aus eigenem Antrieb (selbständig) sowie auch in schwierigen Situationen versucht die Mitarbeiterin/der Mitarbeiter qualitativ als auch quantitativ gute Arbeitsergebnisse zu erzielen (Eigeninitiative). Die Mitarbeiterin/der Mitarbeiter

- gibt Impulse, greift aus sich selbst heraus steuernd in Prozesse ein und treibt diese dadurch voran,
- arbeitet selbständig,
- zeigt sich engagiert und zielorientiert,
- übernimmt freiwillig Aufgaben und initiiert Maßnahmen,
- macht konstruktive und neue Vorschläge.

Die Mitarbeiterin/der Mitarbeiter

- bearbeitet Aufgaben kontinuierlich (Leistungskonstanz),
- kann gesteckte Ziele konsequent verfolgen und führt die Dinge zu Ende,
- vertritt eigene Belange ausdauernd, ggf auch gegen Widerstände,
- bleibt nach demoralisierenden Erlebnissen weiterhin aktiv.

Zu beachten sind aber auch die individuell unterschiedlichen Belastungsgrenzen sowie besondere Umstände (persönliche/berufliche Sondersituation).

2.2 Selbstsicherheit/selbstsicheres Verhalten

Dieses Kriterium kann nicht für alle Arbeitsplätze relevant sein. Es darf nur verwendet werden, wenn Aufgabe und Funktion dies notwendig machen. Es ist auch wegen der zu beachtenden Persönlichkeitsrechte jedes Einzelnen nur dann anzuwenden, wenn die Aufgabe es erforderlich macht (zB bei Kundenkontakt).

Wirkung der Persönlichkeit auf andere

- Vorbild,
- ist Vorbild im Auftreten und Handeln und wird als solches auch akzeptiert,
- zeigt Übereinstimmung zwischen Denken, Sagen und Handeln, wirkt dadurch glaubwürdig und kongruent.

Ausstrahlung

- Wirkt in sich ruhend, ausgeglichen und sicher,
- wirkt positiv durch Erscheinen und Auftreten,
- gewinnt Sympathie und Anhänger für die Sache und die eigene Person,
- Vertreten des eigenen Standpunktes,
- Vertritt den eigenen Standpunkt oder die eigenen Argumente im Sinne der Sache mit Nachdruck und Konsequenz.

Darstellungsverhalten/Präsentationsverhalten
- Kann sich präsentieren,
- stellt Inhalte und Ergebnisse strukturiert und anschaulich sowie lebendig und interessant dar,
- erzielt Glaubwürdigkeit.

2.3 Denkverhalten

Komplexe und schwierige Sachverhalte und/oder Zusammenhänge werden schnell verstanden, sicher beurteilt und kreativ zu neuen Lösungen verarbeitet.

Vernetztes Denken
- Denkt mehrdimensional und vernetzt,
- berücksichtigt komplexe Wirkungen,
- unterscheidet Wesentliches von Unwesentlichem (strategisches Denken),
- mittel-/langfristige Entwicklungen sowie zukünftige Probleme und Erfordernisse werden erkannt und Steuerungsmaßnahmen werden beachtet,
- neuartige Zusammenhänge werden hergestellt,
- Kausalitäten werden erkannt.

Auffassung
- Erkennt, worauf es ankommt,
- findet schnell den Einstieg,
- erfasst umfangreiche Sachverhalte,
- greift Ideen rasch auf und nutzt diese,
- verfügt über geistige Flexibilität.

Kreativität
- Verfügt über die Fähigkeit, schöpferisch neue Lösungen zu erarbeiten,
- erarbeitet konstruktive und kreative Lösungsansätze,
- kann kombinieren und neue Aspekte integrieren.

2.4 Veränderungsverhalten

Offenheit Neuem gegenüber sowie Beweglichkeit im Denken und Handeln.

Lernverhalten
- Ist interessiert und in der Lage, neue Inhalte (Themen, Wissensgebiete, Verfahren etc.) aufzunehmen und umzusetzen,
- kann sich schnell auf neue Sachverhalte einstellen,
- sucht und übernimmt gerne neue Tätigkeiten.

Aufgeschlossenheit gegenüber Neuerungen
- Ist bereit, Bestehendes und Bewährtes zu hinterfragen,
- begegnet Neuem mit Interesse und Aufgeschlossenheit, hält nicht an Gewohntem fest,
- ist bereit, Neues zu erproben.

Flexibilität und Mobilität
- Verfügt über Beweglichkeit im Denken und Handeln sowie über Bereitschaft zur Veränderung,
- zeigt hohes Reaktionsvermögen in neuen Situationen,
- passt sich situativ richtig an.

Selbstkritik
- Schätzt die eigenen Fähigkeiten richtig ein,
- hat ein realistisches Selbstbild,
- ist in der Lage, sich selbst immer wieder als Persönlichkeit in Frage zu stellen und das eigene Verhalten zu überprüfen,
- zeigt Bereitschaft, Feedback aufzunehmen und kann Kritik konstruktiv verarbeiten.

2.5 Identifikationsverhalten

Loyalität und Identifikationswille werden grundsätzlich erwartet. Inwieweit diese Kriterien der Beurteilung unterliegen, hängt im Wesentlichen von Aufgabe und Funktion ab. Sie sind nur unter besonderer Beachtung der Persönlichkeitsrechte anzuwenden (zB idR erst ab mittlerer Führungsebene an aufwärts). Die Mitarbeiterin/der Mitarbeiter identifiziert sich mit den Unternehmenszielen.

Loyalität
- Ist vertrauenswürdig und zuverlässig,
- hält sich an die Grundsätze des Unternehmens,
- Identifikationswille,
- tritt für die Belange des Konzerns/der Bank nach außen ein,
- ist bereit, nach bestem Wissen und Gewissen übergeordnete Ziele mit persönlichen Beiträgen zu unterstützen.

2.6 Verantwortungsverhalten

Die Mitarbeiterin/der Mitarbeiter übernimmt Verantwortung für übertragene Aufgaben und für unterlaufene Fehler.
- Ist bereit, Verantwortung zu übernehmen,
- verfügt über Pflichtbewusstsein und steht für unterlaufene Fehler ein,
- erledigt übertragene Aufgaben zuverlässig,
- nutzt ihren/seinen Handlungsspielraum voll aus,
- rechtfertigt sich im Nachhinein nicht lange bei tatsächlichem/vermeintlichem Misserfolg.

2.7 Umweltbewusstes/ökologisches Verhalten

Die Mitarbeiterin/der Mitarbeiter verhält sich umweltbewusst. Die Mitarbeiterin/der Mitarbeiter
- vermeidet die unnötige Verschwendung von Ressourcen,
- achtet auf die Verwendung ökologisch möglichst unbedenklicher Materialien,
- entwickelt Vorschläge und Ideen zur Verbesserung des Umweltschutzes,
- vermeidet Lärm- und andere Umweltbelastungen für die Kolleginnen/Kollegen und sich selbst.

3. Soziales Verhalten

3.1 Kommunikationsverhalten

Erfolgreiches Mitteilen sowie konstruktive Auseinandersetzung mit anderen.

Kontaktverhalten
- Ist freundlich im Umgang mit Führungskräften/Kolleginnen/Kollegen/Kundinnen/Kunden/Mitarbeiterinnen/Mitarbeitern,
- verhält sich verbal als auch nonverbal anderen gegenüber zugewandt und baut somit rasch eine Beziehung zu Gesprächspartnerinnen/Gesprächspartnern auf,

- berücksichtigt die Situation (Bedürfnisse, Motive, Probleme) der Gesprächspartnerin/des Gesprächspartners, denkt sich in diesen hinein, zeigt Verständnis,
- schafft in Gesprächen eine entspannte Atmosphäre.

Verhandlungsverhalten/Überzeugungsverhalten

- Verliert das Ziel, die Interessen der Bank nicht aus den Augen,
- kann die Argumentationsweise der aktuellen Situation anpassen,
- kann sich anhand durchdachter Argumente sowie durch souveränes Auftreten anderen gegenüber Akzeptanz verschaffen,
- gewinnt Gesprächspartnerinnen/Gesprächspartner für eigene Ziele,
- entkräftet Einwände der Gesprächspartnerin/des Gesprächspartners durch Argumente,
- strahlt Glaubwürdigkeit, Sicherheit und Souveränität aus.

Mündlicher/schriftlicher Ausdruck

- Kann komplexe Sachverhalte klar und verständlich darstellen,
- kommuniziert empfängergerecht,
- kann ihre/seine Gedanken auf den Punkt bringen und unmissverständlich darstellen,
- findet die richtigen Worte und Formulierungen.

Kritik-/Konflikt- und Konsensverhalten

- Spricht konsequent und sachlich Kritik- bzw Problempunkte an, reagiert sachlich, ohne das Vertrauensklima zu zerstören,
- erkennt Konflikte frühzeitig, kann sie aushalten und konstruktiv angehen,
- verteidigt den eigenen Standpunkt angemessen und sucht nach konsensfähigen Lösungen.

Aktives Zuhören

- Hört der Gesprächspartnerin/dem Gesprächspartner zu, unterbricht nicht, geht auf sie/ihn ein.

3.2 Informationsverhalten

Aktives Einholen, Nutzen und Weitergeben von Information.

- Verschafft sich selbständig Information,
- gibt wichtige Information aktiv und unaufgefordert weiter.

3.3 Teamverhalten/kollegiales Verhalten

Sachorientierte, konstruktive und vertrauensvolle Zusammenarbeit mit anderen, Intra-Teamverhalten (in der Arbeitseinheit) Inter-Teamverhalten (über die eigene Arbeitseinheit hinaus).

- Gestaltet die Teamarbeit aktiv mit und greift Ideen anderer auf,
- verfügt über die Fähigkeit, eigene Schwächen durch heranziehen des Teams auszugleichen,
- akzeptiert Rolle, Aufgaben und Kompetenzen anderer Teammitglieder,
- unterstützt kooperativ und partnerschaftlich Kolleginnen/Kollegen,
- nimmt Rücksicht auf andere.

4. Führungsverhalten

4.1 Motivations- und Überzeugungskraft

Mitarbeiterinnen und Mitarbeiter für die eigene Sache gewinnen und begeistern.

- Regt und leitet andere an,
- beeinflusst das Verhalten anderer zielorientiert,

- schafft Handlungsspielräume,
- strahlt Glaubwürdigkeit, Sicherheit und Souveränität aus,
- räumt Zweifel und kritische Fragen aus.

4.2 Mitarbeiterorientiertes Verhalten

Mit Mitarbeiterinnen und Mitarbeitern kooperativ zusammenarbeiten, sie unterstützen.

- Kann Vertrauensklima schaffen,
- richtet ihr/sein Führungsverhalten auf ihre/seine Mitarbeiterinnen und Mitarbeiter aus,
- fördert den Teamgedanken,
- überprüft das Leistungsverhalten der Mitarbeiterinnen und Mitarbeiter sachorientiert,
- arbeitet mit ihren/seinen Mitarbeiterinnen und Mitarbeitern eng zusammen.

4.3 Mitarbeiterförderung

Mitarbeiterinnen und Mitarbeiter in ihrer fachlichen und persönlichen Entwicklung fördern.

- Kann andere gut einschätzen und beurteilen und setzt sie entsprechend ihrer Eignung ein,
- gibt Anerkennung und Kritik,
- unterstützt die Mitarbeiterinnen und Mitarbeiter in ihren Aufgaben und Zielen,
- spricht ausführlich und gezielt über berufliche Perspektiven.

4.4 Ergebnisorientiertes Verhalten

Zielorientiertes Arbeiten und Treffen von Entscheidungen.

- Legt sich fest, kommt zu Ergebnissen und Entscheidungen,
- arbeitet zielorientiert und pragmatisch,
- wägt Chancen/Gefahren ab,
- verschafft sich Akzeptanz,
- vertritt klar ihre/seine Absichten,
- setzt Lösungsvorschläge durch,
- insistiert, beharrt und verfolgt die Ziele.

4.5 Teambildung

Konstruktives Entwickeln von Teams, Einbeziehung in die Entscheidungsvorbereitung.

- Steuert Teams prozessorientiert,
- ist zielorientiert und verfügt über Entscheidungsbereitschaft,
- ist in der Lage, verschiedene Fachdisziplinen zu integrieren,
- verfügt über Verhandlungsgeschick,
- organisiert und koordiniert das Vorgehen in der Gruppe,
- kann Teambewusstsein entwickeln,
- erkennt, fördert und integriert Rollen und individuelle Stärken der Teammitglieder,
- nimmt Spannungen im Team wahr und nutzt sie konstruktiv.

4.6 Innovations- und Qualitätsförderung

Unterstützung neuer Werte, Aufgeschlossenheit gegenüber Neuem, mit dem Ziel der Qualitätserhaltung und -steigerung.

- Unterstützt Neues mit Interesse, Aufgeschlossenheit,

- transportiert aktiv Innovation,
- kontinuierliches Bemühen, die Qualität des Produktes/der Dienstleistung zu steigern.

4.7 Delegationsverhalten

Mitarbeiterinnen und Mitarbeitern Aufgaben und damit verbundene Verantwortung und Entscheidungskompetenz entsprechend ihrer Qualifikation übertragen.

- Verteilt Aufgaben mitarbeitergerecht und motivierend,
- Leistung und Verantwortung durch Delegation von Kompetenzen fördern.

4.8 Adäquater Einsatz von Expertinnen/Experten

Expertinnen/Experten werden kompetent, gezielt und effektiv genutzt.

5. Wirtschaftliches Denken und Handeln

5.1 Unternehmerische Initiative

Dieses Kriterium ist nur dann anzuwenden, wenn Aufgabe und Funktion dies erforderlich machen. Chancen und Risiken werden erkannt und entsprechende Maßnahmen ergriffen. Die Mitarbeiterin/der Mitarbeiter

- verfolgt das gesamtunternehmerische Ziel,
- erkennt frühzeitig Entwicklungstendenzen,
- agiert der Situation entsprechend,
- geht ggf unkonventionelle Wege, um das Chancenpotential für den Konzern/das Unternehmen zu nutzen.

5.2 Risikoverhalten

Risiken werden erkannt. Durch eigenes Handeln wird für deren kontrollierte Begrenzung gesorgt Hierzu gehört auch, mögliche Konsequenzen für andere Funktionsbereiche zu bedenken und zuständige Stellen rechtzeitig einzuschalten.

5.3 Ertrags- und kostenorientiertes Verhalten

Im Hinblick auf Budgets und Ressourcen wird ertrags- und kostenorientiert gedacht und gehandelt. Die Mitarbeiterin/der Mitarbeiter

- erkennt Vorteile und Nachteile für das Unternehmen,
- berücksichtigt die Effektivität von Maßnahmen und schöpft Leistungspotentiale konsequent aus.

5.4 Denken und Handeln im Gesamtunternehmens- und Konzerninteresse

Dieses Kriterium ist nur dann anzuwenden, wenn Aufgabe und Funktion dies erforderlich machen. Wirtschaftliche Auswirkungen auf den Konzern werden wahrgenommen. Die Probleme des Konzerns (zB Personal, Kosten, Markt) werden bewusst in Handlungen berücksichtigt. Die Mitarbeiterin/der Mitarbeiter

- gibt erkannte Geschäftschancen außerhalb des Verantwortungsbereiches konsequent weiter,
- arbeitet funktions- und bereichsübergreifend und nutzt das interne Netzwerk und die vorhandene Infrastruktur,
- berücksichtigt bei Entscheidungen im eigenen Verantwortungsbereich gesamtunternehmensspezifische Aspekte,
- stellt die Gesamtbankzielerreichung vor eigene Erfolgsoptimierung und Interessen.

5.5 Strategisches Denken und Handeln

Langfristige Entwicklungen sowie zukünftige Erfordernisse werden erkannt und Steuerungsmaßnahmen werden bedacht.

- Erkennen wesentlicher Zusammenhänge,
- konzeptionelles mittel-/langfristiges Denken,
- ressortübergreifendes Denken.

Mitarbeitergespräch in der Firma

Gesprächsbögen

I.	Einschätzung der Arbeitssituation
II.	Leistungsbeurteilung Aufgaben- und Zielerreichung Verhaltenseinschätzung
III.	Künftige Aufgaben und Ziele
IV.	Entwicklungsmöglichkeiten und Maßnahmen

Mitarbeiterin/Mitarbeiter:	...	Pers.-Nr.:	...
Gesprächsanlass:	...	Organisationseinheit:	...
Termin:	...	Führungskraft:	...
Derzeitige Funktion:	...		

Die Mitarbeiterin/der Mitarbeiter wird von mir als zuverlässig nach § 14 Geldwäschegesetz beurteilt:

... (Unterschrift der Führungskraft)

Das Mitarbeitergespräch wurde geführt:

... (Unterschrift der nächsthöheren Führungskraft)

Diese Seite dient der Mitarbeiterin/dem Mitarbeiter zur Gesprächsvorbereitung; sie verbleibt bei der Mitarbeiterin/dem Mitarbeiter.

I. Einschätzung der Arbeitssituation

(aus Sicht der Mitarbeiterin/des Mitarbeiters)

	trifft immer zu	trifft meistens zu	trifft selten zu	trifft gar nicht zu	keine klare Aussage möglich
Ich kenne meine Aufgaben					
Ich bin mit meinen Aufgaben zufrieden					
Ich verfüge über genügend Handlungsspielraum					
Ich werde gut informiert					
Ich werde bei den mir übertragenen Aufgaben gut unterstützt					
Ich kann neue Ideen einbringen					

	trifft immer zu	trifft meistens zu	trifft selten zu	trifft gar nicht zu	keine klare Aussage möglich
Ich bekomme regelmäßige Rückmeldung					
Ggf Ergänzung:					

(Die Mitarbeiterin/der Mitarbeiter berücksichtigt sowohl den eigenen Beitrag, das betriebsstellenbezogene Umfeld als auch den Beitrag der Führungskraft zur Gestaltung der einzelnen Aspekte der Arbeitssituation.)

II. Leistungsbeurteilung

Aufgaben und Zielerreichung

- Was waren die Hauptaufgaben der Mitarbeiterin/des Mitarbeiters?
  (Hier werden die Hauptaufgaben zusammengefasst.)
- Was waren die wichtigsten Ziele seit der letzten Zielvereinbarung?

1.
2.
...

- Wurden die Ziele erreicht/zum Teil erreicht/nicht erreicht?

zu 1.
zu 2.
zu ...

- Wenn die Ziele nur teilweise oder nicht erreicht wurden, welche Hinderungsgründe (zB nicht vorherzusehende besondere Situationen) gab es?

Verhaltenseinschätzung

Nachfolgend wird das Verhalten der Mitarbeiterin/des Mitarbeiters in der derzeitigen Funktion eingeschätzt. Pro zutreffenden Verhaltensbereich werden vor dem Beurteilungszeitraum zwei bis drei für die Mitarbeiterin/den Mitarbeiter zur Erfüllung der Aufgaben und Ziele relevante Kriterien festgelegt. Die Mitarbeiterin/der Mitarbeiter nutzt die Verhaltenseinschätzung zur Selbsteinschätzung als Gesprächsvorbereitung. Im bzw nach dem Gespräch füllt die Führungskraft den Bogen aus.
Je Kriterium wird ein Kästchen angekreuzt:

	wenig ausgeprägt	zufrieden stellend ausgeprägt	gut ausgeprägt	sehr gut ausgeprägt
1. Verhalten im Aufgabenbereich				
...				
...				
Beschreibung des Verhaltens:				
2. Persönliches Verhalten				
...				
Beschreibung des Verhaltens:				

	wenig ausgeprägt	zufrieden stellend ausgeprägt	gut ausgeprägt	sehr gut ausgeprägt
3. Soziales Verhalten				
...				
...				
Beschreibung des Verhaltens:				
4. Führungsverhalten				
...				
...				
Beschreibung des Verhaltens:				
5. Wirtschaftliches Denken und Handeln				
...				
...				
Beschreibung des Verhaltens:				

III. Künftige Aufgaben und Ziele

Die Hauptaufgaben der Mitarbeiterin/des Mitarbeiters werden sein:

Die wichtigsten Ziele für das nächste Geschäftsjahr (inklusive terminlicher Festlegung) sind:

1. ...
2. ...

IV. Entwicklungs- und Fördermaßnahmen

Im zurückliegenden Zeitraum durchgeführte Entwicklungs- und Fördermaßnahmen, die im vorherigen Mitarbeitergespräch festgelegt wurden: ...

Gab es weitere geplante Maßnahmen, die nicht durchgeführt werden konnten? Falls ja, geben Sie bitte eine kurze Erläuterung dafür: ...

Maßnahmen zur Unterstützung der Erfüllung der zukünftigen Aufgaben und Ziele: ... am Arbeitsplatz: für andere Funktionen/Aufgaben: ...

Raum für eventuelle Stellungnahmen der Mitarbeiterin/des Mitarbeiters zu den Punkten I–IV: ...

... ...

(Mitarbeiterin/Mitarbeiter)   (Führungskraft)

(bestätigt mit ihrer/seiner Unterschrift die Durchführung eines Mitarbeitergesprächs und die Kenntnisnahme der Gesprächsergebnisse)

↑

8. Muster: Personalplanung

Zwischen

der Firma ...

und

dem Betriebsrat der Firma ...

wird folgende Betriebsvereinbarung über Personalplanung vereinbart:

§ 1

Ziel der Personalplanung ist es, durch Zusammenarbeit zwischen Geschäftsleitung und Betriebsrat die bei den jeweiligen Betriebspartnern vorhandenen Informationen aus der Belegschaft oder aus der Führung des Unternehmens wechselseitig durch Informationsaustausch und Beratung wirksam werden zu lassen.

§ 2

Die Zusammenarbeit im Bereich der Personalplanung findet in einem paritätisch von Arbeitgeber und Betriebsrat besetzten Personalausschuss statt. Dem Ausschuss gehören zwei Mitarbeiter auf der Arbeitgeberseite und zwei vom Betriebsrat gewählte Mitglieder des Betriebsrats an. Der Ausschuss tagt monatlich. Weitere Sitzungen sind auf Wunsch einer Seite anzuberaumen. Die Sitzungen sind nicht öffentlich.

§ 3

Vierteljährlich erhält der Personalausschuss eine Absatz- und Produktionsprognose sowie einen Personalstatus und eine Personalprognose. Die Unterlagen des Arbeitgebers müssen einen Vergleich der Ist-Belegschaft mit der Soll-Belegschaft, unterteilt nach Betriebsabteilungen und Qualifikationen ermöglichen. Die Vorausberechnung des künftigen Personalbedarfs macht Veränderungen bei Stellenbesetzungen aufgrund von Fluktuationen (Rentenfälle etc.), Einführung zusätzlicher Produkte, Auswirkungen von Investitionen und Rationalisierungsmaßnahmen sichtbar.

§ 4

Der Personalausschuss wird vom Arbeitgeber zeitnah und umfassend über alle personalpolitischen Auswirkungen unterrichtet, die sich aus beabsichtigten unternehmerischen Entscheidungen ergeben. Die Mitglieder des Personalausschusses können verlangen, dass ein Geschäftsführer die vorgelegten Daten erläutert.

§ 5

Diese Betriebsvereinbarung tritt am ... in Kraft. Sie ist mit einer Frist von drei Monaten kündbar.

II. Betriebsratsarbeit – Organisation des Betriebsrats

1. Muster: Arbeitsfreistellung und Vergütung von Betriebsratsmitgliedern

Zwischen

der Firma ...

– nachstehend: Gesellschaft –

und

dem Gesamtbetriebsrat ...

wird die nachfolgende Betriebsvereinbarung geschlossen:

I. Abschnitt: Arbeitsfreistellung von Betriebsratsmitgliedern

Betriebsratsmitglieder werden, soweit es nach Umfang und Art des Betriebes zur ordnungsgemäßen Durchführung ihrer Betriebsratstätigkeit erforderlich ist, im Rahmen der §§ 37 und 38 BetrVG von der Arbeit freigestellt. Für die Freistellung gilt nachstehende Regelung:

A. Freigestellte Betriebsratsmitglieder

1. Die Anzahl der ganztägig freigestellten Betriebsratsmitglieder richtet sich nach der Anzahl der im Betrieb nicht nur vorübergehend beschäftigten Arbeitnehmer ausschließlich der leitenden Angestellten im Sinne des § 5 Abs. 3 BetrVG. Sie berechnet sich aus der in der Anlage 1 enthaltenen Staffel, die Bestandteil dieser Vereinbarung ist.

2. Grundlage für die Feststellung der Beschäftigtenzahl ist die vom Direktionsbereich Personal- und Sozialwesen monatlich erstellte Statistik.

3. Vorübergehende Schwankungen des Personalstandes bleiben ohne Einfluss auf die Gesamtzahl der ganztägig freigestellten Betriebsratsmitglieder. Daher erfolgt eine Freistellung erst, wenn die jeweilige in der Staffel aufgezeigte Grenze mindestens seit drei Monaten überschritten und abzusehen ist, dass sie innerhalb der folgenden drei Monate voraussichtlich nicht unter die jeweilige Grenze absinken wird.
Andererseits wird eine Freistellung erst aufgehoben, wenn der Personalstand seit mindestens sechs Monaten unter die jeweilige Grenze abgesunken und abzusehen ist, dass sie innerhalb der folgenden sechs Monate nicht wieder überschritten wird.

4. Zusätzlich zu den für die einzelnen Betriebsräte nach der vorstehenden Regelung freigestellten Betriebsratsmitgliedern werden, unabhängig vom Personalstand, insgesamt zwei Mitglieder der Betriebsräte der ... für Aufgaben des Gesamtbetriebsrats ganztägig von der Arbeit freigestellt. Die Zugehörigkeit zum entsendenden Betriebsrat wird durch die Übernahme der Gesamtbetriebsrats-Aufgaben nicht berührt. Die Berufung und Abberufung geschieht in Abstimmung mit dem Direktor Personal- und Sozialwesen.

B. Nicht freigestellte Betriebsratsmitglieder

Jeweils zu Beginn einer Amtsperiode treffen der Betriebsrat und der zuständige Leiter ... eine Absprache über den zeitlichen Umfang der Betriebsratstätigkeit der nicht freigestellten Betriebsratsmitglieder, die wahlweise eine der beiden nachstehenden Regelungen zum Inhalt haben muss:

1. Die nicht freigestellten Betriebsratsmitglieder werden bis zu 30 % ihrer individuellen regelmäßigen Arbeitszeit zu Betriebsratsaufgaben einschließlich der Teilnahme an den regelmäßigen Betriebsratssitzungen, jedoch ausschließlich der Teilnahme an den Sondersitzungen des Betriebsrats, herangezogen.

Oder

2. Die Anzahl der nicht freigestellten Betriebsratsmitglieder wird mit 20 % der regelmäßigen betrieblichen Arbeitszeit multipliziert. Für jeweils 100 % sich aufgrund dieser Regelung ergebenden Prozente erfolgt eine zusätzliche, über die Anzahl der oben unter A.1. genannten Staffel hinausgehende Freistellung. Ein Rest von 50 % und mehr wird auf 100 % aufgerundet, so dass hierfür gegebenenfalls eine weitere Freistellung anfällt.
Die danach noch verbleibenden, nicht freigestellten Betriebsratsmitglieder werden in der Woche maximal bis zu 10 % – ausgenommen regelmäßige Betriebsratssitzungen – für Betriebsratsaufgaben eingesetzt.

C. Ersatzmitglieder

1. Bei einer vorübergehenden Verhinderung eines ordentlichen Betriebsratsmitglieds wird grundsätzlich ein Ersatzmitglied durch den Betriebsrat bestellt, wenn die Verhinderung voraussichtlich länger als fünf Arbeitstage andauert. Dieser Grundsatz gilt nicht für die Teilnahme an einer Betriebsratssitzung.

2. Im Falle einer derartigen vorübergehenden Verhinderung eines freigestellten Betriebsratsmitglieds teilt der Betriebsrat dem zuständigen Leiter ... den Namen des vertretenden Betriebsratsmitglieds und/oder des Ersatzmitglieds mit.

Vor Beschlussfassung des Betriebsrats über die Vertretung eines freigestellten oder nicht freigestellten Betriebsratsmitglieds erfolgt eine Beratung mit dem zuständigen Leiter ... um betriebliche Belange mit zu berücksichtigen.

Der Leiter ... veranlasst die im Zusammenhang mit der vorübergehenden Arbeitsfreistellung stehenden erforderlichen Maßnahmen.

3. Für die Bestellung eines Ersatzmitglieds bei vorübergehender Verhinderung eines nicht freigestellten Betriebsratsmitglieds gilt die Regelung der Ziff. 2 entsprechend. In diesem Fall erfolgt die Inanspruchnahme des Ersatzmitglieds nur in dem Umfang, wie das nicht freigestellte Betriebsratsmitglied nach oben stehender Regelung (I.B.) zu Betriebsratsaufgaben herangezogen werden könnte.

II. Abschnitt: Bezahlung von Betriebsratsmitgliedern

A. Ganztägig freigestellte Betriebsratsmitglieder

Die Bezahlung der ganztägig freigestellten Betriebsratsmitglieder erfolgt nach dem Grundsatz, dass dem Betriebsratsmitglied aus seiner Freistellung weder Vorteile noch Nachteile erwachsen dürfen.

1. Lohnempfänger

a) Freigestellte Betriebsratsmitglieder, die als Lohnempfänger im Unternehmen tätig sind, behalten den Monatslohn ihres Arbeitsplatzes vor der Freistellung.

b) Die Vergütung setzt sich aus der Grundvergütung und einer gesondert ausgewiesenen Pauschale auf der Basis von 37 Stunden einschließlich Äquivalenzstunden (= in Grundstunden umgerechnete Mehrarbeitszuschläge) zusammen. Basis für die Grundvergütung sind die jeweils geltenden tarifvertraglich oder sonstig festgelegten Stunden.

c) Für die Berechnung der monatlichen Vergütung wird eine entsprechend höhere Stundenzahl zugrunde gelegt, wenn die Vergleichspersonen des freigestellten Betriebsratsmitglieds – bzw bei erstmaliger Freistellung das freigestellte Betriebsratsmitglied selbst – durchschnittlich mehr als die unter b) aufgeführten Stunden einschließlich Äquivalenzstunden pro Monat gearbeitet haben.

Für die Ermittlung der durchschnittlichen monatlichen Stundenzahl werden die letzten zwölf abgerechneten Monate herangezogen. Monate mit Krankheitszeiten über sechs Wochen, unbezahltem Urlaub, unbezahlten Fehltagen und Kurzarbeit bleiben unberücksichtigt.

d) Zusätzlich zu der nach b) ermittelten Vergütung wird ggf eine Schichtzulage als Pauschale gezahlt. Die Höhe ergibt sich aus dem Durchschnitt der an die Vergleichspersonen – bzw bei erstmaliger Freistellung an das freigestellte Betriebsratsmitglied selbst – bezahlten Spät- und/oder Nachtarbeitsstunden und/oder Wochenendschichten, multipliziert mit dem entsprechenden Geldwert. Die Summe der Einzelergebnisse wird auf volle EUR aufgerundet und der sich ergebende Betrag der Pauschale gem. b) zugerechnet.

Für die Ermittlung werden die letzten zwölf abgerechneten Monate herangezogen. Monate ohne volle Arbeitsleistung bleiben unberücksichtigt.

2. Gehaltsempfänger

a) Freigestellte Betriebsratsmitglieder, die als Gehaltsempfänger im Unternehmen tätig sind, behalten das Gehalt, das sie zum Zeitpunkt der Freistellung beziehen.

Für die tarifliche Leistungsbeurteilung wird die Gesamtpunktzahl entsprechend dem Unternehmensdurchschnitt einheitlich für alle Standorte in NRW festgelegt.

b) (1) Tarifangestellte: Die Vergütung setzt sich zusammen aus dem Grundgehalt und einer gesonderten ausgewiesenen Pauschale auf der Basis von 37 Stunden einschließlich Äquivalenzstunden (= in Grundstunden umgerechnete Mehrarbeitszuschläge).

(2) AT-Angestellte: Die Vergütung setzt sich zusammen aus dem Grundgehalt und einer gesondert ausgewiesenen Pauschale auf der Basis von 25 Stunden.

(3) Management-Angehörige: Das Grundgehalt für Management-Angehörige bleibt unverändert bestehen. Eine gesonderte Pauschale wird nicht gezahlt.

Basis für die Grundvergütung sind die jeweils geltenden tarifvertraglichen oder sonstig festgelegten Stunden.

c) Für die Berechnung der monatlichen Vergütung der T- und AT-Angestellten wird eine entsprechend höhere Stundenzahl zugrunde gelegt, wenn die Vergleichspersonen des freigestellten Betriebsratsmitglieds – bzw bei erstmaliger Freistellung das freigestellte Betriebsratsmitglied selbst – durchschnittlich mehr als die unter b) aufgeführten Stunden einschließlich Äquivalenzstunden pro Monat gearbeitet haben.

Für die Ermittlung der durchschnittlichen monatlichen Stundenzahl werden die letzten zwölf abgerechneten Monate herangezogen. Monate mit Krankheitszeiten über sechs Wochen, unbezahltem Urlaub, unbezahlten Fehltagen und Kurzarbeit bleiben unberücksichtigt.

d) Zusätzlich zu der nach b) ermittelten Vergütung wird ggf eine Schichtzulage als Pauschale gezahlt. Die Höhe ergibt sich aus dem Durchschnitt der an die Vergleichspersonen – bzw bei erstmaliger Freistellung an das freigestellte Betriebsratsmitglied selbst – bezahlten Spät- und/oder nach und/oder Wochenendschichten, multipliziert mit dem entsprechenden Geldwert.

Die Summe der Einzelergebnisse wird auf volle EUR aufgerundet und der sich ergebende Betrag der Pauschale gem. b) zugerechnet.

Für die Ermittlung werden die letzten zwölf abgerechneten Monate herangezogen. Monate ohne volle Arbeitsleistung bleiben unberücksichtigt.

3. Gemeinsame Vorschriften

a) Vergütung

(1) Ausgehend von dem Grundsatz, dass freigestellte Betriebsratsmitglieder in ihrer Lohn- bzw Gehaltsgestaltung so behandelt werden sollen, als wenn sie auf ihrem alten Arbeitsplatz geblieben wären, wird die Vergütung im Rahmen von Lohn- und Gehaltsveränderungen überprüft und ggf berichtigt. Die Korrektur erfolgt auf individueller Basis.

(2) Die Berechnung und Überprüfung der Löhne und Gehälter der freigestellten Betriebsmitglieder erfolgt durch die zuständigen Leiter ....

(3) Mit der Vergütung sind alle im Laufe eines Monats evtl anfallenden Mehr-, Nacht-, Spät-, Sonn- und Feiertagsarbeitsstunden einschließlich der ggf anfallenden Zuschläge und Zulagen abgegolten. Gleichzeitig ist damit jede Betriebsratstätigkeit vergütet, die aus betriebsbedingten Gründen außerhalb der Arbeitszeit durchzuführen ist.

(4) Soweit sich bei Arbeitsverhinderung des freigestellten Betriebsratsmitglieds kein Anspruch auf Erstattung des Verdienstausfalls aus Gesetz, Tarifvertrag bzw Einzelvertrag ergibt, wird pro Fehltag der Anteil abgezogen, der sich ergibt, wenn die Gesamtvergütung (einschließlich Pauschalen) durch die Tage Montag bis Freitag des jeweiligen Abrechnungsmonats geteilt wird.

b) Berufliche Weiterbildung

(1) Vergleichsarbeitsplatz ist der Arbeitsplatz, den das freigestellte Betriebsratsmitglied zum Zeitpunkt der Freistellung innehatte.

(2) Vergleichspersonen sind die auf dem Vergleichsarbeitsplatz eingesetzten Mitarbeiter. Bei mehr als einer Vergleichsperson erfolgt die Auswahl von bis zu drei Vergleichspersonen durch den zuständigen Leiter ... in Abstimmung mit dem betroffenen Betriebsratsmitglied.

(3) Ergibt sich im Verlauf der Freistellung eine Änderung durch Wegfall oder Veränderung des ursprünglichen Vergleichsarbeitsplatzes oder durch berufliche Weiterentwicklung bzw Ausscheiden der Vergleichspersonen, werden neue Vergleichsarbeitsplätze und/oder Vergleichspersonen durch den zuständigen Leiter ... bzw den Leiter ... in Abstimmung mit dem betroffenen Betriebsratsmitglied festgelegt.

(4) Betriebsratsmitglieder, deren Vergleichspersonen eine betriebsbezogene höhere Qualifikation erworben und eine diesbezügliche berufliche Weiterentwicklung erfahren haben, werden entsprechend behandelt, wenn sie den entsprechenden bzw gleichen Qualifikationsnachweis erbracht haben.

(5) In Einzelfällen, in denen zur Feststellung von Vergleichsarbeitsplätzen, Vergleichspersonen und einer möglichen beruflichen Weiterentwicklung von freigestellten Betriebsratsmitgliedern eine abschließende Übereinstimmung zwischen dem jeweils zuständigen Leiter ... und dem betroffenen Betriebsratsmitglied nicht herbeigeführt werden kann, erfolgt auf Antrag des zuständigen Betriebsratsvorsitzenden über den Betriebsausschuss des Gesamtbetriebsrats eine Nachprüfung und Entscheidung durch den Arbeitsdirektor.

B. Zeitweises Nachrücken von nicht freigestellten Betriebsratsmitgliedern und Ersatzmitgliedern

Nicht freigestellte Betriebsratsmitglieder oder Ersatzmitglieder, die vorübergehend entsprechend C.1 teilfreigestellt werden, erhalten eine Vergütung auf der Basis des Durchschnitts der letzten sechs abgerechneten Monate pro Tag der Freistellung, jedoch mindestens auf der unter II. A.1 b bzw 2 b aufgeführten Basis.

III. Abschnitt: Abwesenheit von Betriebsratsmitgliedern

1. Wenn freigestellte Betriebsratsmitglieder außerhalb des Hauses tätig werden, melden sie sich bei dem jeweiligen Betriebsratsvorsitzenden oder dessen Stellvertreter ab. Bei Abwesenheit von mehr als einem Tag erfolgt zusätzlich eine Information an den zuständigen Leiter .... Bei Teilnahme an Lehrgängen zu Schulungszwecken ist eine Abstimmung mit dem zuständigen Leiter ... erforderlich.

2. Wenn nicht freigestellte Betriebsratsmitglieder im Rahmen des Betriebsverfassungsgesetzes ihren Arbeitsplatz verlassen müssen, melden sie sich beim Vorgesetzten ab. Sofern sie außerhalb des Hauses tätig werden, kommt zusätzlich Absatz 1 zur Anwendung.

3. Wenn der Vorsitzende des Betriebsrats außerhalb des Hauses tätig wird, erfolgt eine Information an den Leiter ... bei Teilnahme an Lehrgängen zu Schulungszwecken erfolgt eine Abstimmung mit dem Leiter ....

IV. Abschnitt: Beendigung der Freistellung

1. Wird die Freistellung eines Betriebsratsmitglieds aufgehoben, so wird das Betriebsratsmitglied grundsätzlich an dem Arbeitsplatz eingesetzt, der seiner Einstufung entspricht. Soweit dem im Ausnahmefall betriebliche oder in der Person des Betroffenen liegende Gründe entgegenstehen, wird sichergestellt, dass das betroffene Betriebsratsmitglied eine gleichwertige Tätigkeit ausüben kann, sofern nicht zwingende betriebliche Notwendigkeiten entgegenstehen.

2. Soweit an einem neuen Arbeitsplatz eine zusätzliche Ausbildung notwendig wird, übernimmt die Gesellschaft die hierfür gegebenenfalls anfallenden Kosten.

3. Im Übrigen bleiben bestehende Rechte nach dem Betriebsverfassungsgesetz unberührt.

V. Abschnitt: Bürokraft für den Betriebsrat

Zur Erledigung der anfallenden Sekretariatsarbeiten wird dem Gesamtbetriebsrat und jedem Betriebsrat, der aus 11 und mehr Mitgliedern besteht, jeweils eine Vollzeitbürokraft zur Verfügung gestellt. Der Einsatz von Bürokräften bei Betriebsräten mit weniger als 11 Mitgliedern erfolgt in Absprache mit dem örtlich zuständigen HR-Leiter. Ab 35 Betriebsratsmitgliedern werden zwei Bürokräfte zur Verfügung gestellt.

VI. Abschnitt: Schlussbestimmungen

1. Diese Vereinbarung tritt am ... in Kraft.

2. Sie ersetzt alle bisher getroffenen Absprachen und Betriebsvereinbarungen über Arbeitsfreistellung von Betriebsratsmitgliedern und Bezahlung freigestellter Betriebsratsmitglieder und Ersatzmitglieder.

3. Soweit sich durch betrieblich bedingte Gründe oder durch Neufassung von gesetzlichen oder tariflichen Bestimmungen die Notwendigkeit ergibt, die Aufgaben oder die Entlohnung der freigestellten und nicht freigestellten Betriebsratsmitglieder neu zu regeln, sind sich die Parteien dieser Vereinbarung einig, dass über den Umfang der Freistellungen und der für Betriebsratstätigkeit notwendigen Arbeitszeit für nicht freigestellte Betriebsratsmitglieder oder die Entlohnung erneut mit dem Ziel des Abschlusses einer neuen Vereinbarung zu verhandeln ist.

4. Diese Vereinbarung kann mit einer Frist von drei Monaten zum Ende eines Kalenderjahres gekündigt werden.

5. Die gekündigte Betriebsvereinbarung gilt bis zum Abschluss einer neuen weiter.

Anlage 1: Anlage zur Betriebsvereinbarung „Arbeitsfreistellung von Betriebsratsmitgliedern und Bezahlung freigestellter Betriebsratsmitglieder und Ersatzmitglieder"

Arbeitnehmer	Freistellungen	Arbeitnehmer	Freistellungen	Arbeitnehmer	Freistellungen
bis 150	0	6.801–7.400	14	16.901–17.700	28
151–300	1	7.401–8.000	15	17.701–18.500	29
301–800	2	8.001–8.700	16	18.501–19.400	30
801–1.300	3	8.701–9.400	17	19.401–20.300	31
1.301–1.800	4	9.401–10.100	18	20.301–21.200	32
1.801–2.300	5	10.101–10.800	19	21.201–22.100	33
2.301–2.800	6	10.801–11.500	20	22.101–23.000	34
2.801–3.300	7	11.501–12.200	21	23.001–25.000	35
3.301–3.800	8	12.201–12.900	22	25.001–27.000	36
3.801–4.400	9	12.901–13.700	23	27.001–29.000	37
4.401–5.000	10	13.701–14.500	24	29.001–31.000	38
5.001–5.600	11	14.501–15.300	25	31.001–33.000	39
5.601–6.200	12	15.301–16.100	26		
6.201–6.800	13	16.101–16.900	27		

Bei mehr als 33.000 Arbeitnehmern erhöht sich die Zahl der Freistellungen für je weitere 2.000 Mitarbeiter um ein zusätzliches Mitglied.

Anlage 2: Berechnung der Stundenbasis für freigestellte BR-Mitglieder – Lohn/Gehalt

Die Feststellung gem. Abschnitt II. A. 1 c) bzw 2 c) der Betriebsvereinbarung, ob eine über II. A. 1 b) bzw 2 b) übersteigende Stundenbasis heranzuziehen ist, wird wie folgt vorgenommen:

a) Der Monatslohn bzw das Grundgehalt zuzüglich dem Entgelt für Mehr-, Sonn- und Feiertagsarbeit einschließlich der entsprechenden Arbeitszeitzuschläge, der Feiertags-, Krankheits- und Urlaubsdurchschnittsvergütung sowie der Durchschnittsvergütung für bezahlte Abwesenheit wird pro Monat, der bei der Berechnung zu berücksichtigen ist, durch die jeweilige Stundenrate, die dem Monatslohn bzw Grundgehalt zugrunde liegt, dividiert. Es ergeben sich Stunden pro Monat einschließlich Äquivalenzstunden.

b) Die monatlichen Einzelergebnisse nach a) werden addiert und durch die Anzahl Monate geteilt, die bei der Berechnung zu berücksichtigen waren. Das Ergebnis ist die Durchschnittsstundenzahl pro Monat einschließlich Äquivalenz-Vergütung, soweit sie über den unter II. A. 1 b) bzw 2 b) aufgeführten Stunden liegt.

2. Muster: Betriebliche Einigungsstelle

§ 1 Besetzung der Einigungsstelle

(1) Die Einigungsstelle besteht aus fünf Mitgliedern. Zwei Beisitzer werden vom Betriebsrat, zwei Beisitzer werden vom Arbeitgeber gestellt. Für die Dauer von drei Jahren wird Herr Richter am Arbeitsgericht ... zum Vorsitzenden der Einigungsstelle bestellt. Widersprechen Betriebsrat und Arbeitgeber nicht innerhalb von sechs Monaten vor Ablauf der Amtszeit des Einigungsstellenvorsitzenden, verlängert sich die Amtszeit jeweils um weitere drei Jahre.

(2) Im Falle der Verhinderung wird zum Vorsitzenden der Einigungsstelle bestellt Herr Richter am Arbeitsgericht ... .

(3) Auf Seiten des Betriebsrats wie auf Seiten des Arbeitgebers kann jeweils ein Mitglied der Einigungsstelle tätig werden, das nicht dem Betrieb angehört. Die Vergütung eines außerbetrieblichen Mitglieds der Einigungsstelle erfolgt gem. § 76 a BetrVG.

(4) Die Beisitzer der Einigungsstelle werden jeweils für eine Sitzung oder für einen Verhandlungsgegenstand von der jeweiligen Seite bestellt, für den Arbeitgeber durch den Personaldirektor ... und für den Betriebsrat durch Beschluss des Betriebsrats.

(5) Scheidet der Vorsitzende der Einigungsstelle während seiner Amtszeit aus, bestellen Arbeitgeber und Betriebsrat unverzüglich einen Nachfolger. Können sich die Parteien nicht auf einen Vorsitzenden einigen, erfolgt die Bestellung durch das örtlich zuständige Arbeitsgericht (§ 98 ArbGG).

§ 2 Anrufung der Einigungsstelle

(1) Sehen Gesetz, Tarifvertrag oder Betriebsvereinbarung Einvernehmen zwischen Arbeitgeber und Betriebsrat vor und ist es den Betriebspartnern nicht gelungen, in Verhandlungen das entsprechende Einvernehmen herzustellen, können Betriebsrat und Arbeitgeber die Einigungsstelle anrufen. Dem Anrufungsschreiben sind die wesentlichen, die Meinungsverschiedenheiten zwischen Arbeitgeber und Betriebsrat erhellenden Unterlagen beizufügen.

(2) Die Einigungsstelle ist zur Entscheidung von Regelungsstreitigkeiten zwischen Arbeitgeber und Betriebsrat zuständig.

(3) Die Einigungsstelle ist weiterhin zuständig, wenn sie von beiden Betriebspartnern, unabhängig vom Rechtsgrund, einvernehmlich angerufen wird. In diesen Fällen wird die Einigungsstelle nur tätig, wenn beide Seiten mit ihrer einvernehmlichen Anrufung dem Vorsitzenden der Einigungsstelle mitteilen, dass sie einen etwaigen Spruch der Einigungsstelle als für beide Seiten verbindlich ansehen.

(4) Nach Anrufung der Einigungsstelle durch einen Betriebspartner lädt der Vorsitzende innerhalb von 10 Tagen die Mitglieder und zieht mit der Ladung die notwendigen Beweismittel bei, insbesondere Urkunden. Mit der Ladung können ferner Zeugen, Sachverständige und sonstige Beteiligte zum Termin hinzugezogen werden.

§ 3 Verfahren vor der Einigungsstelle

(1) Die Sitzungen der Einigungsstelle sind nicht öffentlich.
(2) Die Sitzungen der Einigungsstelle werden vom Vorsitzenden geleitet.
(3) Der Vorsitzende führt in den wesentlichen Streitstand ein.
(4) Arbeitgeber und Betriebsrat erhalten Gelegenheit, ihre Standpunkte zu erläutern.
(5) Der Vorsitzende der Einigungsstelle berät danach mit den Betriebspartnern gemeinsam und/oder getrennt. Hält er es für erforderlich, werden anschließend präsente Beweise erhoben.

Spirolke

(6) Bei allen Abstimmungen findet zunächst nur eine Abstimmung mit den Beisitzern statt. Stimmenthaltungen sind dabei zulässig. Kommt bei der Abstimmung eine Mehrheit nicht zustande, beraten die Betriebspartner zunächst weiter. Findet eine zweite Abstimmung statt, stimmt der Vorsitzende der Einigungsstelle mit ab.

(7) Über den Verfahrensverlauf und über die wesentlichen Diskussionspunkte fertigt der Vorsitzende der Einigungsstelle ein Protokoll. Das Protokoll wird vom Vorsitzenden unterzeichnet.

§ 4 Spruch der Einigungsstelle

(1) Die Einigungsstelle ist beschlussfähig, wenn sie ordnungsgemäß und vollständig besetzt ist. Entscheidungen können mit einfacher Mehrheit getroffen werden.

(2) Entscheidet die Einigungsstelle in einer Angelegenheit, bei der für den Betriebsrat ein Mitbestimmungsrecht besteht, durch Spruch, bindet der Spruch die Beteiligten. Im Falle einer Ermessensüberschreitung der Einigungsstelle entscheidet das Arbeitsgericht.

§ 5 Kosten der Einigungsstelle

Die notwendigen Kosten der Einigungsstelle trägt der Arbeitgeber. Reisekosten und Spesen werden nicht erstattet. Honorare an den Vorsitzenden und an etwaige außerbetriebliche Beisitzer erfolgen nach Maßgabe von § 76 a BetrVG. Betriebsangehörige werden für die Tätigkeit in der Einigungsstelle unter Fortzahlung ihrer Bezüge freigestellt. Für ihre Tätigkeit erhalten sie kein Honorar.

§ 6 Inkrafttreten

Diese Betriebsvereinbarung tritt mit ihrer Unterzeichnung in Kraft. Sie kann mit einer Frist von drei Monaten gekündigt werden. Zum Zeitpunkt der Kündigung anhängige Verfahren werden nach den Regeln dieser Betriebsvereinbarung zu Ende geführt.

3. Muster: Betriebsversammlungen

Zwischen

der Firma ...

und

dem Betriebsrat der Firma ...

wird gem. § 43 BetrVG eine Betriebsvereinbarung über die regelmäßige Betriebsversammlung geschlossen.

§ 1 Planung der Betriebsversammlung

Die regelmäßigen Betriebsversammlungen (§ 43 Abs. 1 BetrVG) finden in ... statt. Der Termin der Betriebsversammlung wird durch den Betriebsrat bestimmt. Die für die Betriebsversammlung notwendigen Räume werden durch die Firma angemietet.

§ 2 Teilversammlung

(1) Die Betriebsversammlung wird wegen der Eigenart des Betriebes am Terminstage in Teilversammlungen um 9.00 Uhr und um 15.30 Uhr durchgeführt (§§ 42 Abs. 1, 44 Abs. 1 BetrVG).

(2) An der Teilversammlung um 9.00 Uhr können solche Arbeitnehmerinnen und Arbeitnehmer nicht teilnehmen, die an diesem Tage Frühschicht, Tagschicht sowie Büroarbeitszeit haben. An der Teilversammlung um 15.30 Uhr können solche Arbeitnehmerinnen und Arbeitnehmer nicht teilnehmen, die an diesem Tage Mittagschicht haben. Alle vorstehenden nicht besonders aufgeführten Arbeitnehmerinnen und Arbeitnehmer können nach ihrer Wahl an der Teilversammlung um 9.00 Uhr oder um 15.30 Uhr teilnehmen.

§ 3 Arbeitsfreistellung und Entgeltzahlung

(1) Arbeitnehmerinnen und Arbeitnehmer, die in Früh-, Tagschicht oder im Bürodienst arbeiten und deren Arbeitszeit nach 16.00 Uhr endet, werden ab 15.00 Uhr ohne Verdienstminderung von der Arbeit freigestellt. Arbeitnehmerinnen und Arbeitnehmer, die in Außenstellen arbeiten, werden so rechtzeitig von der Arbeit freigestellt, dass sie die Betriebsversammlung erreichen. Die Firma wird Autobusse für den rechtzeitigen Antransport bereitstellen. Die Freistellung erfolgt ab dem Zeitpunkt, zu dem Autobusse bereitgestellt werden oder bereitgestellt werden müssen.

(2) Die in Abs. 1 genannten Arbeitnehmerinnen und Arbeitnehmer erhalten während der Teilnahme an der Betriebsversammlung für die Zeit zwischen normalem Arbeitsende und Versammlungsende ihren Stundenlohn bzw anteiliges Gehalt ohne Mehrarbeitszuschläge.

§ 4 Entgeltzahlung während der Betriebsversammlung

(1) Arbeitnehmerinnen und Arbeitnehmer, die an Teilversammlungen außerhalb der regelmäßigen Arbeitszeit teilnehmen, erhalten für die Dauer der Betriebsversammlung ihren Stundenlohn bzw ihr anteiliges Gehalt.

(2) Die regelmäßige Arbeitsvergütung wird während der Dauer der Betriebsversammlung auch für solche Arbeitnehmerinnen und Arbeitnehmer gezahlt, für die Gleitzeitarbeitszeit vereinbart worden ist und deren Stammarbeitszeit vor 16.00 Uhr endet.

§ 5 Nachweis der Teilnahme

(1) Die Mitarbeiterin/der Mitarbeiter erhält die Arbeitsvergütung nach dieser Betriebsvereinbarung nur, wenn sie/er nachweist, dass sie/er an der Betriebsversammlung teilgenommen hat. Der Nachweis ist mit einer Kontrollkarte zu führen, die bis 1/2 Stunde nach Beginn der Betriebsvereinbarung ausgegeben und nach Beendigung der Betriebsversammlung persönlich am Ausgang abgegeben wird.

(2) In die Kontrollkarte sind Name, Anschrift und Personalnummer einzutragen.

§ 6 Inkrafttreten

Die Betriebsvereinbarung tritt am ... in Kraft. Sie kann mit einer Frist von drei Monaten zum Jahresende gekündigt werden.

4. Muster: Einheitlicher Betrieb[181]

Zwischen

der A-GmbH

und

der A-Tel-GmbH

und

dem Betriebsrat der A-GmbH

wird folgende Betriebsvereinbarung geschlossen:

Durch die vorliegende dreiseitige Betriebsvereinbarung erkennen die A-GmbH sowie die A-Tel-GmbH das Vorliegen eines einheitlichen Betriebes mit gemeinsamer Zuständigkeit des Betriebsrats der A-GmbH unter den nachfolgenden Konditionen an.

---

[181] Bei fehlender Einigung über eine betriebsratsfähige Organisationseinheit stehen den Beteiligten die Rechte nach § 18 Abs. 2 BetrVG offen. Das Muster 5115 vermeidet eine streitige Auseinandersetzung, die in einem Beschlussverfahren münden würde (BAG 17.8.2005 – 7 ABR 62/04, n.v.).

§ 1

Das Mandat des Betriebsrats für die A-Tel-GmbH endet, wenn keines der nachfolgenden Kriterien für einen gemeinsamen Betrieb der A-GmbH sowie der A-Tel-GmbH mehr zutreffen:

- Einheitlicher Leitungsapparat in Bezug auf Entscheidungen im Bereich der personellen und sozialen Angelegenheiten.
- Gemeinsame Nutzung von Betriebsmitteln (…, Drucker, Fax, Telefonanlage).
- Gemeinsame räumliche Unterbringung und exakte Übereinstimmung der Anschriften und Telefonnummern.
- Personelle, technische und organisatorische Verknüpfung der Arbeitsabläufe.
- Gemeinsame Lohnbuchhaltung.

§ 2

Soweit Streit über das Vorliegen der vorgenannten Kriterien besteht, entscheidet hierüber eine dreiköpfige Einigungsstelle unter Vorsitz eines einvernehmlich zu besetzenden Berufsrichters eines deutschen Arbeitsgerichtes. Die beiden anderen Beisitzer der Einigungsstelle werden paritätisch mit je einem Vertreter der A-GmbH sowie des Betriebsrats besetzt. Kommt keine Einigung über die Besetzung der Person des Vorsitzenden zustande, so entscheidet auf Antrag einer der beiden Parteien hierüber das Arbeitsgericht. Da es sich bei der Frage, ob es sich um einen gemeinsamen Betrieb handelt, um eine Rechtsfrage handelt, bleibt der Rechtsweg zu den Arbeitsgerichten unberührt.

§ 3

Bis zum Zeitpunkt der Beendigung des Mandats des Betriebsrats für die A-Tel-GmbH hat dieser alle Rechte nach dem Betriebsverfassungsgesetz, insbesondere Informations-, Beteiligungs- und Mitwirkungsrechte nach dem Betriebsverfassungsgesetz im Hinblick auf die durchzuführenden Umstrukturierungen.

5. Muster: Europäischer Betriebsrat[182]

Zwischen

der A&B-Gruppe

und

dem besonderen Verhandlungsgremium der A&B-Gruppe

wird nachfolgende Vereinbarung iSd Artikel 6 der Richtlinie 94/95/EG vom 22.9.1994, S. 1 EBRG geschlossen:

Präambel

Zielsetzung dieser Vereinbarung ist die Stärkung des Rechts auf grenzüberschreitende Unterrichtung und Anhörung zwischen Arbeitgebern und Arbeitnehmern auf europäischer Ebene. Die Bildung eines Europäischen Betriebsrats dient dem europaweiten Informations- und Meinungsaustausch auf der Basis einer vertrauens-

---

[182] Ein von der Schweiz aus geleitetes Unternehmen ist verpflichtet, dem Gesamtbetriebsrat des deutschen Unternehmens die Auskünfte zu erteilen, die zur Bildung eines europäischen Betriebsrats erforderlich sind (BAG 29.6.2004 – 1 ABR 32/99, NZA 2005, 118 = BB 2005, 440). Weiterhin entschied das BAG, dass der fingierten zentralen Leitung einer gemeinschaftsweit tätigen Unternehmensgruppe gemäß § 2 Abs. 2 Satz 3, Satz 4 EBRG die Erfüllung eines Auskunftsanspruchs nach § 5 Abs. 1 EBRG nicht bereits deswegen subjektiv unmöglich iSv § 275 Abs. 1 BGB ist, weil sie selbst die erforderlichen Kenntnisse nicht besitzt, sondern sich diese erst von anderen Unternehmen der Gruppe beschaffen muss. Es steht insbesondere angesichts des Urteils des EuGH vom 13.1.2004 (Rs. C-440/00) keineswegs fest, dass ihr eigener Auskunftsanspruch gegen die Gruppenunternehmen in den übrigen Mitgliedstaaten der Europäischen Union dort nicht durchgesetzt werden könne.

vollen Zusammenarbeit zwischen Arbeitnehmern und Arbeitgebern der im A&B-Konzern vertretenen Unternehmen.

§ 1 Organisation

(1) Die Arbeitnehmervertreter der A&B-Gruppe innerhalb des in Anlage 1 definierten Geltungsbereichs bestellen nach Maßgabe des in Anlage 2 niedergelegten Organisationsstatuts einen Europäischen Betriebsrat. Die Anlagen 1 und 2 sind Bestandteil dieser Vereinbarung.

(2) Das zentrale Management der A&B-Europa-AG und der Europäische Betriebsrat kommen vorbehaltlich von Sitzungen aus Anlass außergewöhnlicher Umstände iSv § 2 Nr. 2 einmal im Jahr zu einer gemeinsamen eintägigen Sitzung zusammen. Sitzungsort ist _. Die Sitzungen sollen im _ eines jeden Jahres stattfinden. Die Sitzungen werden von dem Arbeitgebervertreter geleitet. Tagesordnung, Sitzungstermin, Sitzungsort und zu versendende Unterlagen werden zwischen dem Vorsitzenden des Europäischen Betriebsrats und dem zentralen Management abgestimmt.

(3) Die A&B-Europa-AG ist berechtigt, Vertreter der Arbeitgeberseite auch von der A&B-Europa-AG mit Sitz in _ zu entsenden. Darüber hinaus sollen Vertreter der zentralen Leitung teilnehmen. Weitere mögliche Teilnehmer sind die Leitungen der einbezogenen Unternehmen sowie Mitglieder je nach Themen betroffener Arbeitsgruppen von A&B.

(4) Außerdem kann an den Sitzungen je ein entsprechend Nr. II. 3 des Organisationsstatuts (Anlage 2) bestellter Arbeitnehmervertreter aus _ und _ als Gast teilnehmen. Für Gastländer wird keine zusätzliche Übersetzungsinfrastruktur bereitgestellt.

(5) Die Sitzungssprache ist deutsch. Einladungen und Protokolle werden in die Landessprache der Unternehmen des Geltungsbereichs übersetzt. Für die Sitzungstage werden Simultanübersetzungen sichergestellt.

§ 2 Information und Anhörung

(1) Die Information und Anhörung, sofern sie mindestens zwei Betriebe oder zwei Unternehmen in verschiedenen Mitgliedstaaten des Geltungsbereichs betrifft, bezieht sich vor allem auf folgende Bereiche:
- Struktur des Unternehmens oder der Unternehmensgruppe sowie die wirtschaftliche und finanzielle Lage,
- die voraussichtliche Entwicklung der Geschäfts-, Produktions- und Absatzlage,
- die Beschäftigungslage und ihre voraussichtliche Entwicklung,
- Investitionen (Investitionsprogramme),
- grundlegende Änderungen der Organisation,
- die Einführung neuer Arbeits- und Fertigungsverfahren,
- die Verlegung von Unternehmen, Betrieben oder wesentlichen Betriebsteilen sowie Verlagerungen der Produktion,
- Zusammenschlüsse oder Spaltungen von Unternehmen und Betrieben,
- die Einschränkung oder Stilllegung von Unternehmen, Betrieben oder wesentlichen Betriebsteilen,
- Massenentlassungen,
- Informationen über sonstige wesentliche, die Mitarbeiterinteressen länderübergreifend berührende Themen (zB Sicherheit, Hygiene und Umweltpolitik).

(2) Über außergewöhnliche Umstände, die erhebliche Auswirkungen auf die Interessen der Arbeitnehmer haben, hat die zentrale Leitung den Europäischen Betriebsrat rechtzeitig unter Vorlage der erforderlichen Unterlagen zu unterrichten und auf Verlangen anzuhören. Als außergewöhnliche Umstände gelten insbesondere

a) die Verlegung von Unternehmen, Betrieben oder wesentlichen Betriebsteilen,

b) die Stilllegung von Unternehmen, Betrieben oder wesentlichen Betriebsteilen,

c) Massenentlassungen.

Spirolke

(3) Die Unterlagen zu den jeweiligen Themen werden dem Europäischen Betriebsrat rechtzeitig zur Verfügung gestellt. Rechtzeitig heißt, den Europäischen Betriebsrat in einem Zeitpunkt anzuhören, in dem auf die geplante Maßnahme noch Einfluss genommen werden kann.

§ 3 Geheimhaltung, Vertraulichkeit

(1) Eine Informationspflicht nach § 2 dieser Vereinbarung besteht nur, soweit dadurch nicht Betriebs- oder Geschäftsgeheimnisse des Unternehmens oder der Unternehmensgruppe gefährdet werden.

(2) Die Mitglieder und Ersatzmitglieder des Europäischen Betriebsrats sind verpflichtet, Betriebs- und Geschäftsgeheimnisse, die ihnen wegen ihrer Zugehörigkeit zum Europäischen Betriebsrat bekannt geworden und von der Geschäftsleitung ausdrücklich als geheimhaltungsbedürftig bezeichnet sind, nicht zu offenbaren und zu verwerten. Dies gilt auch nach dem Ausscheiden aus dem Europäischen Betriebsrat.

§ 4 Schutz inländischer Arbeitnehmervertreter

Die Mitglieder des Europäischen Betriebsrats genießen bei der Wahrnehmung ihrer Aufgaben den gleichen Schutz und gleichartige Sicherheiten wie die Arbeitnehmervertreter nach den innerstaatlichen Rechtsvorschriften und/oder Gepflogenheiten des Landes, in dem sie beschäftigt sind.

§ 5 Inkrafttreten, Geltungsdauer, Fortentwicklung

(1) Die Vereinbarung tritt mit ihrer Unterzeichnung in Kraft.

(2) Sie ist beiderseits mit einer Frist von sechs Monaten zum Jahresende kündbar, erstmals zum .... Sie gilt bis zum Abschluss einer neuen Vereinbarung fort.

(3) Beide Seiten bekunden ihren Willen, bei Bedarf diese Vereinbarung zu verändern und sie dynamisch neuen Anforderungen des sozialen Dialogs in Europa einvernehmlich anzupassen.

Anlage 1

(1) Der Geltungsbereich der Vereinbarung erstreckt sich auf Unternehmen des A&B-Konzerns, für die die A&B-Deutschland-AG kontrollierendes Unternehmen iSv § 6 des deutschen Gesetzes über Europäische Betriebsräte vom 28.10.1996 ist.

(2) Dies sind zum Zeitpunkt des Abschlusses der Vereinbarung folgende Unternehmen: ...

Anlage 2

Nach § 1 Abs. 1 der Vereinbarung über die Zusammenarbeit zwischen der A&B-Gruppe und dem Europäischen Betriebsrat der A&B-Gruppe werden folgende Regelungen der Organisation des Europäischen Betriebsrats durch die zentrale Leitung anerkannt:

I. Name, Geltungsbereich

(1) Der Name des Gremiums lautet: „Europäischer Betriebsrat".

(2) Der Geltungsbereich ist in Anlage 1 zur Vereinbarung über die Zusammenarbeit zwischen der A&B-Gruppe und dem Europäischen Betriebsrat definiert.

II. Mitglieder

(1) Mitglieder im Europäischen Betriebsrat können nur frei gewählte und demokratisch legitimierte betriebliche Arbeitnehmervertreter sein, die in den Unternehmen der A&B-Gruppe im Geltungsbereich nach den bestehenden gesetzlichen Regelungen ausreichend vertreten sind.

(2) Die Dauer der Mitgliedschaft im Europäischen Betriebsrat beträgt vier Jahre, wenn sie nicht durch Abberufung oder aus anderen Gründen vorzeitig endet. Die Mitgliedschaft beginnt mit der Bestellung.

(3) Für die Zusammensetzung gilt:

Alle zwei Jahre, vom Tage der konstituierenden Sitzung des Europäischen Betriebsrats an gerechnet, hat die zentrale Leitung zu prüfen, ob sich die Arbeitnehmerzahlen in den einzelnen Mitgliedstaaten derart geändert haben, dass sich eine andere Zusammensetzung des Europäischen Betriebsrats errechnet, wobei die Firma in Deutschland mit maximal drei Mitgliedern vertreten sein wird. Sie hat das Ergebnis dem Europäischen Betriebsrat mitzuteilen. Ist danach eine andere Zusammensetzung des Europäischen Betriebsrats erforderlich, veranlasst dieser bei den zuständigen Stellen, dass die Mitglieder des Europäischen Betriebsrats in den Mitgliedstaaten neu bestellt werden, in denen sich eine gegenüber dem vorhergehenden Zeitraum abweichende Anzahl der Arbeitnehmervertreter ergibt; mit der Neubestellung endet die Mitgliedschaft der bisher aus diesen Mitgliedstaaten stammenden Arbeitnehmervertreter im Europäischen Betriebsrat. Die Sätze 1–3 gelten entsprechend bei Berücksichtigung eines bisher im Europäischen Betriebsrat nicht vertretenen Mitgliedstaats.

(4) Zum Zeitpunkt des Abschlusses der Vereinbarung ergibt dies die folgende Zusammensetzung des Europäischen Betriebsrats:

Deutschland	3
Frankreich	2
Italien	2
Österreich	1
Portugal	1

Es können Ersatzmitglieder bestellt werden.

(5) Die jeweiligen Mitglieder des Europäischen Betriebsrats werden nach den Regelungen der jeweiligen Vorschriften der innerstaatlichen Umsetzungsgesetze zur Richtlinie 94/95/EG vom 22.9.1994 bestellt. Gleiches gilt für ihre Abberufung.

(6) Die Mitgliedschaft im Europäischen Betriebsrat endet mit dem Erlöschen der Befugnis, nach den jeweiligen inländischen Vorschriften die Arbeitnehmer zu vertreten, durch Amtsniederlegung oder Abberufung durch das entsendende inländische Gremium.

(7) Die inländischen Arbeitnehmervertretungen teilen der zentralen Leitung die Namen der Mitglieder des Europäischen Betriebsrats, ihre Anschriften sowie die jeweilige Betriebszugehörigkeit unverzüglich mit.

III. Struktur

(1) Der Europäische Betriebsrat wählt auf seiner konstituierenden Sitzung aus seiner Mitte einen Vorsitzenden und einen stellvertretenden Vorsitzenden.

(2) Der Vorsitzende des Europäischen Betriebsrats, oder im Falle seiner Verhinderung der Stellvertreter, vertritt den Europäischen Betriebsrat im Rahmen der von ihm gefassten Beschlüsse. Zur Entgegennahme von Erklärungen, die dem Europäischen Betriebsrat gegenüber abzugeben sind, ist der Vorsitzende oder im Fall seiner Verhinderung der Stellvertreter berechtigt.

(3) Der Europäische Betriebsrat hat das Recht, am Sitzungstag nach § 1 Abs. 2 der Vereinbarung über die Zusammenarbeit zwischen der A&B-Gruppe und dem Europäischen Betriebsrat eine eigene Sitzung sowie Vor- und Nachbesprechungen am Sitzungsort durchzuführen und hierzu einzuladen. Der genaue Zeitpunkt ist mit der zentralen Leitung abzustimmen. Die Sitzungen des europäischen Betriebsrats sind nicht öffentlich. Die Sitzungen leitet der Vorsitzende, im Falle seiner Verhinderung der Stellvertreter.

(4) Der Europäische Betriebsrat bildet aus seiner Mitte einen Ausschuss von drei Mitgliedern, dem neben dem Vorsitzenden zwei weitere zu wählende Mitglieder angehören. Die Mitglieder des Ausschusses sollen in verschiedenen Mitgliedstaaten beschäftigt und der deutschen Sprache mächtig sein. Der Ausschuss führt die laufenden Geschäfte des Europäischen Betriebsrats.

Spirolke

(5) Die Beschlüsse des Europäischen Betriebsrats werden mit der Mehrheit der Stimmen der anwesenden Mitglieder gefasst.

IV. Kostenübernahme

(1) Die durch die Bildung und Tätigkeit des Europäischen Betriebsrats entstehenden Kosten trägt das Unternehmen. Gleiches gilt für laufende Allgemeinkosten, für Schrift- und Telefonverkehr sowie Büromaterial.

(2) Der Europäische Betriebsrat und der Ausschuss können sich durch einen Sachverständigen ihrer Wahl unterstützen lassen, soweit dies zur ordnungsgemäßen Erfüllung ihrer Aufgaben erforderlich ist. Der Sachverständige kann auch Beauftragter von Gewerkschaften sein. Der Europäische Betriebsrat hat einen Antrag auf Kostenübernahme unter Beifügung eines Kostenvoranschlags mit Kostenhöchstgrenze an die zentrale Leitung zu richten. Die Beauftragung erfolgt nur im Einvernehmen mit der zentralen Leitung.

III. Sonstige Regelungssachverhalte

1. Muster: Altersteilzeit (Bereich Chemie)[183]

Geschäftsführung und Gesamtbetriebsrat der ... schließen in Ergänzung zum Sozialplan folgende freiwillige Gesamtbetriebsvereinbarung über Altersteilzeit (ATZ):

Präambel

Die Vereinbarung regelt die Anwendung des „Gesetzes zur Förderung eines gleitenden Übergangs in den Ruhestand" (Altersteilzeitgesetz = ATG) vom 23.7.1996, des „Tarifvertrages zur Förderung der Altersteilzeit" in der Chemischen Industrie (TV-ATZ) vom 29.3.1996 in der Fassung vom 17.7.1996 und des Manteltarifvertrages für akademisch gebildete Angestellte in der Chemischen Industrie (MTV-AKAD) vom 5.3.1976 in der Fassung vom 23.10.1996.

§ 1 Geltungsbereich

Die Vereinbarung gilt für unbefristet beschäftigte Mitarbeiterinnen und Mitarbeiter der Firma, mit Ausnahme der leitenden Angestellten gem. § 5 Abs. 3 BetrVG. Ebenfalls ausgenommen sind alle Beschäftigten der Niederlassung ....

§ 2 Anspruchsvoraussetzungen

(1) ATZ-Arbeit kann mit Mitarbeiterinnen und Mitarbeitern vereinbart werden, die
- das 55. Lebensjahr (bei Beginn des ATZ-Vertrages) vollendet haben und
- in den letzten fünf Jahren (vor Beginn der ATZ) mindestens 1.080 Kalendertage in einer versicherungspflichtigen Beschäftigung nach dem SGB III gestanden haben.

---

[183] Der Gesetzgeber hat einen neuen Begriff des Regelarbeitsentgelts gewählt (s. näher § 4 Rn 661 ff). Im Bereich Chemie wurden bis zum 31.12.2009 keine Anpassungen tariflich bei den Aufstockungszahlungen vorgenommen, so dass für Betriebsvereinbarungen zur Altersteilzeit weiterhin die frühere Rechtslage unverändert maßgeblich war. Eine Förderung der Altersteilzeit durch die Bundesagentur für Arbeit besteht nur noch für Altersteilzeitverhältnisse, die bis zum 31.12.2009 begonnen haben. Auch für ab 1.1.2010 begonnene Altersteilzeitverhältnisse gilt jedoch die Steuerfreiheit für die Aufstockungsbeiträge nach § 3 Nr. 28 EStG weiter (§ 1 Abs. 3 Satz 2 ATG). Der bisherige Tarifvertrag zur Förderung der Altersteilzeit im Bereich Chemie ist daher zum 31.12.2009 ausgelaufen und gilt nur noch für Altfälle weiter. Die Tarifvertragsparteien der Chemie haben einen Tarifvertrag „Lebensarbeitszeit und Demografie" abgeschlossen, mit dem ein sog. Demografiefonds geschaffen wurde, über deren Verwendung mittels Betriebsvereinbarung entschieden wird. Eines der zur Verfügung gestellten Module, die über den Demografiefonds finanziert werden können, bildet die Altersteilzeit. Die neuen tariflichen Bedingungen sehen einen Beginn der Altersteilzeit mit 59 Jahren und eine 6-jährige Dauer vor. Die Rentenversicherungsaufstockung wird auf das Regelarbeitsentgelt umgestellt (s. § 4 Rn 658 ff), es gibt keine Abfindungsregelung, die Aufstockungsbeträge bleiben aber gleich. Der Tarifvertrag enthält eine Öffnungsklausel für abweichende freiwillige Regelungen außerhalb des Demografiefonds.

(2) Mitarbeiterinnen und Mitarbeiter, für die der TV-ATZ gilt (= Tarif-Mitarbeiter), haben einen Rechtsanspruch auf ATZ-Beschäftigung.

(3) Mitarbeiterinnen und Mitarbeiter, die dem MTV-AKAD unterstellt sind (= AT-Mitarbeiter), haben keinen Rechtsanspruch auf ATZ-Beschäftigung. Ihnen kann jedoch ATZ-Arbeit auf Basis des § 5 Nr. 5 MTV-AKAD angeboten werden.

§ 3 Überforderungsschutz

Die Firma behält sich für jede Niederlassung die Anwendung der Überforderungsschutzregelung des § 3 TV-ATZ vor.

§ 4 Verteilung der Arbeitszeit

(1) Die wöchentliche Arbeitszeit der Mitarbeiterin/des Mitarbeiters in ATZ beträgt die Hälfte der bisherigen wöchentlichen Arbeitszeit (dh bei der 37,5 Stunden-Woche 18,75 Stunden). Soweit vor Beginn der ATZ die Arbeitszeit nach § X MTV – bis zweieinhalb Stunden längere oder kürzere Wochenarbeitszeit – geregelt war, beträgt die wöchentliche Arbeitszeit die Hälfte der vereinbarten Arbeitszeit. Darüber hinaus gelten die besonderen Bestimmungen des § X TV-ATZ. Für AT-Mitarbeiter gelten die obigen Regelungen auf Basis der abrechnungstechnisch relevanten Arbeitszeit sinngemäß.

(2) Die ATZ-Arbeit gem. Abs. 1 kann im Rahmen von zwei Modellen geleistet werden:

a) ATZ – Modell I

Bei diesem Modell wird die Arbeitszeit, die sich aus der Dauer des ATZ-Arbeitsverhältnisses von mindestens 24 bis höchstens 60 Monate ergibt, frei verteilt. Die Verteilung kann so erfolgen, dass die Mitarbeiterin/der Mitarbeiter zB regelmäßig halbtags oder in einem anderen Zeitrhythmus arbeitet.

Die Firma kann das Verlangen der Mitarbeiterin/des Mitarbeiters auf ATZ-Arbeit nach Modell I aus betriebsbedingten Gründen ablehnen, wenn sie ihr/ihm stattdessen eine Beschäftigung nach Modell II anbietet.

b) ATZ – Modell II

Bei diesem Modell wird die Arbeitszeit, die sich aus der Dauer des ATZ-Arbeitsverhältnisses von mindestens 24 bis höchstens 60 Monate ergibt, so verteilt, dass die Arbeitszeit unverändert in der ersten Hälfte des ATZ-Arbeitsverhältnisses geleistet wird (= Arbeitsphase) und die Mitarbeiterin/der Mitarbeiter in der zweiten Hälfte aufgrund des in der ersten Hälfte erworbenen Zeitguthabens von der Arbeit freigestellt wird (= Freistellungsphase).

(3) Für Mitarbeiterinnen/Mitarbeiter in ATZ-Arbeit entfällt der Anspruch auf Altersfreizeiten nach § 2 a) MTV und § 5 Nr. 4 MTV-AKAD.

§ 5 Beantragung und Vereinbarung

(1) Die ATZ-Arbeit muss spätestens drei Monate vor dem vorgesehenen Beginn des ATZ-Arbeitsverhältnisses beantragt werden. Bei Anwendung des Überforderungsschutzes gem. § 3 können andere Fristen festgelegt werden.

(2) Aufgrund des Antrages erhält die Mitarbeiterin/der Mitarbeiter eine Auskunft über das zu erwartende Entgelt während des ATZ-Arbeitsverhältnisses und die nach dessen Beendigung zu erwartende Firmenpension. Im Zusammenhang mit der Auskunft wird die Mitarbeiterin/der Mitarbeiter außerdem über die in ihrem/seinem Fall mögliche Verteilung der ATZ-Arbeit informiert. Das gilt auch für AT-Mitarbeiter, wenn ihnen die Firma ATZ-Arbeit anbietet.

(3) Die ATZ-Vereinbarung wird mindestens einen Monat vor dem vertraglichen Beginn der ATZ-Arbeit zwischen der Firma und der Mitarbeiterin/dem Mitarbeiter schriftlich abgeschlossen.

(4) Das ATZ-Arbeitsverhältnis dauert mindestens 24 Monate, längstens jedoch fünf Jahre. Es endet durch den Übergang in den Ruhestand. Die Dauer des ATZ-Arbeitsverhältnisses und die Verteilung der ATZ-Arbeit werden in der ATZ-Vereinbarung festgelegt.

§ 6 Vergütung während ATZ

(1) Die Mitarbeiterin/Der Mitarbeiter erhält für die Dauer des ATZ-Verhältnisses das Arbeitsentgelt für die geleistete ATZ-Arbeit sowie eine Aufstockungszahlung.

(2) Die Aufstockungszahlung beträgt nach dem ATZ-TV 40 % des Arbeitsentgelts für die geleistete ATZ-Arbeit, zusammen mit dem Arbeitsentgelt mindestens jedoch 85 % des Nettoarbeitsentgelts, das die Mitarbeiterin/der Mitarbeiter ohne Eintritt in die ATZ-Arbeit erzielt hätte. Sofern sich nach dem ATG im Rahmen von jeweils sechs Kalendermonaten eine insgesamt höhere als die nach dem ATZ-TV im gleichen Zeitraum geleistete Aufstockungszahlung ergibt, erhält die Mitarbeiterin/der Mitarbeiter zusätzlich die Differenz.

Nicht zur Berechnungsgrundlage für die Aufstockungszahlung nach dem TV-ATZ gehören die steuerfreien Sonntags-, Feiertags- und Nachtarbeitszuschläge, das Urlaubsgeld, die vermögenswirksamen Leistungen, die Jahresleistung (Jahresendvergütung), die Jahressondervergütung/GVC-Leistung und die Jubiläumszuwendung. Alle etwaigen sonstigen, nicht arbeitszeitabhängigen Leistungen werden für die Berechnung der Aufstockungszahlung in jedem Fall nur in Höhe der Hälfte der Vollzeit-Leistung berücksichtigt.

Für die Berechnung des Nettoarbeitsentgelts sind die nach dem ATG erlassene Rechtsverordnung und die sich aus der Lohnsteuerkarte ergebende Steuerklasse maßgebend.

(3) Für Mitarbeiterinnen/Mitarbeiter in vollkontinuierlicher oder teilkontinuierlicher Wechselschichtarbeit berechnen sich die Zuschläge für Sonntags-, Feiertags- und Nachtarbeit nach dem tatsächlichem Umfang der geleisteten Sonntags-, Feiertags- und Nachtarbeit. Für die Aufstockungszahlung werden diese Zuschläge nur berücksichtigt, soweit sie steuerpflichtig sind.

Diese Mitarbeiterinnen/Mitarbeiter erhalten beim ATZ-Modell II für die Dauer der Freistellung eine Aufstockungszahlung, die zusammen mit dem in dieser Phase gezahlten Entgelt für die im Voraus geleistete ATZ-Arbeit mindestens 80 % des theoretischen Vollzeitnettoarbeitsentgelts ergibt.

(4) Liegen die Voraussetzungen des § X MTV vor, erhalten Tarif-Mitarbeiter nach § 9 Abs. 2 TV-ATZ eine Aufstockungszahlung in Höhe des tariflichen Zuschusses bzw der tariflichen Zuwendung und nach § 9 Abs. 3 TV-ATZ die Leistungen nach § 3 Abs. 1 ATG.

(5) Während des Bestehens des ATZ-Arbeitsverhältnisses werden tarifliche Entgeltveränderungen bei beiden ATZ-Modellen entsprechend Mitarbeiterinnen/Mitarbeitern in Vollzeitarbeit berücksichtigt, dh unter Berücksichtigung der Modalitäten der jeweiligen ATZ-Modelle sowie der individuellen Arbeitszeit, bei ATZ-Modell II auch in der Freistellungsphase.

Gleiches gilt für betriebliche Entgeltregelungen wie Erfahrungszuwachsstufen und leistungsbezogene Vergütungen. Für die leistungsbezogene Vergütung wird die letzte Vergütungskategorie (VK), unabhängig davon, ob positiv oder negativ, vor der Freistellungsphase festgeschrieben und für die Entgeltverwaltung während der gesamten Freistellungsphase in Ansatz gebracht.

Während eines ATZ-Arbeitsverhältnisses wird aus betriebsbedingten Gründen keine Reduzierung des Basismonatsentgelts vorgenommen.

(6) Verminderungen der Vergütung, die durch Steuerpflicht entstehen, werden von der Firma nicht ausgeglichen.

Die Firma erbringt auch keinen Ausgleich für steuerliche Belastungen, die der Mitarbeiterin/dem Mitarbeiter dadurch entstehen, dass die Aufstockungszahlung dem Progressionsvorbehalt unterliegt.

(7) Die vorstehenden Vergütungsbestimmungen, mit Ausnahme des § 6 Abs. 3, gelten auch für AT-Mitarbeiter. § 6 Abs. 4 gilt analog für AT-Mitarbeiter.

§ 7 Zusatzbeitrag zur gesetzlichen Rentenversicherung

Neben den von der Firma zu tragenden Sozialversicherungsbeiträgen für das ATZ-Arbeitsverhältnis entrichtet die Firma für die Mitarbeiterin/den Mitarbeiter gem. § 3 Abs. 1 Nr. 1 b ATG Beiträge zur gesetzlichen Rentenversicherung in Höhe des Unterschiedsbetrags zwischen 90 % des Entgelts, das die Mitarbeiterin/der Mitarbeiter erhalten hätte, wenn ihre/seine Arbeitszeit nicht durch das ATZ-Arbeitsverhältnis vermindert worden wäre, und dem Arbeitsentgelt für die ATZ-Arbeit, höchstens jedoch bis zur Beitragsbemessungsgrenze.

§ 8 Urlaub und Arbeitszeitverkürzung

Mitarbeiterinnen/Mitarbeiter, die auf der Basis des ATZ-Modell II beschäftigt werden, müssen Urlaubsansprüche und sonstige Zeitguthaben, die sich nicht aus dem ATZ-Modell II selbst ergeben, in der Zeit abbauen, in der sie noch zur Arbeitsleistung verpflichtet sind (Arbeitsphase). Nicht in der Arbeitsphase genommene Zeitguthaben verfallen, es erfolgt keine finanzielle Abgeltung. Für die Zeit der Freistellung von der Arbeit (Freistellungsphase) besteht kein Urlaubsanspruch.

§ 9 Sonstige Leistungen

(1) Während der Arbeitsphase des ATZ-Modell II erwirbt die Mitarbeiterin/der Mitarbeiter einen Anspruch auf eine ungekürzte Jahresendvergütung (zurzeit 95 % des tariflichen Vollarbeitszeitentgelts). Im Jahr des Übergangs von der Arbeitsphase in die Freistellungsphase wird der Anspruch anteilig gewährt.

In der Freistellungsphase erhält die Mitarbeiterin/der Mitarbeiter pro Monate 1/12 des jährlichen Anspruchs auf Jahresendvergütung nach dem „Tarifvertrag zur Förderung der Altersteilzeit".

(2) Urlaubsgeld und vermögenswirksame Leistungen werden für Tarif-Mitarbeiter in der Höhe gezahlt, die der TV-ATZ vorsieht. Während der Freistellungsphase erhält die Mitarbeiterin/der Mitarbeiter pro Monat 1/12 des jährlichen Urlaubsgeldanspruchs.

(3) Sofern eine Jahressondervergütung/GVC-Leistung gewährt wird, wird diese Leistung bei ATZ-Modell I jeweils zu 50 % bei jährlicher Betrachtungsweise für die Gesamtzeit der ATZ-Arbeit gezahlt, im Ein- und Austrittsjahr jedoch anteilig.

Bei ATZ-Modell II erfolgt die Gewährung zu 100 % für die Arbeitsphase, im Jahr des Übergangs in die Freistellungsphase entsprechend anteilig.

(4) Für AT-Mitarbeiter wird die monatliche FlexComp-Rückstellung für die Dauer des ATZ-Arbeitsverhältnisses iHv 50 % des Vollzeit-Betrags gebildet.

Wahlweise kann für AT-Mitarbeiter, die nach ATZ-Modell II beschäftigt werden, für die Dauer der Arbeitsphase die Bildung der FlexComp-Rückstellung in Höhe des Vollzeit-Betrags erfolgen. In diesem Fall entfällt jedoch die Bildung von Rückstellungen in der Freistellungsphase.

(5) Fällt ein Firmenjubiläum in das ATZ-Arbeitsverhältnis, so erhält die Mitarbeiterin/der Mitarbeiter die jeweilige Jubiläumszuwendung unabhängig vom vereinbarten ATZ-Modell. Hat die Mitarbeiterin/der Mitarbeiter Anspruch auf die Zahlung eines Basismonatsentgelts, so wird das letzte Basismonatsentgelt vor Eintritt in die ATZ zugrunde gelegt.

(6) Verstirbt eine Mitarbeiterin/ein Mitarbeiter während des ATZ-Arbeitsverhältnisses, so erhalten die Anspruchsberechtigten die bisherigen laufenden Monatsbezüge für den Sterbemonat und die Leistungen aus der Sterbegeldordnung auf der Basis der zuletzt erhaltenen Bezüge (siehe hierzu auch § 5 Nr. 3. TV-ATZ).

§ 10 Betriebliche Altersversorgung

(1) Für die Gewährung von Versorgungsleistungen unter der jeweils maßgebenden Pensions-/Versorgungsordnung wird die Mitarbeiterin/der Mitarbeiter für die Dauer des ATZ-Arbeitsverhältnisses bis zu dessen Beendigung so gestellt, wie wenn sie/er in Vollzeit gearbeitet hätte. Dies wird dadurch erreicht, dass für die Dauer des ATZ-Arbeitsverhältnisses statt des tatsächlichen Beschäftigungsgrades von 50 % ein Beschäfti-

gungsgrad von 100 % berücksichtigt wird. Für Mitarbeiterinnen/Mitarbeiter, die am 31.12.1996 das 55. Lebensjahr noch nicht vollendet haben, wird der bis dahin erworbene Besitzstand nach den Vorschriften der maßgebenden Pensions-/Versorgungsordnung dynamisiert, jedoch auf der Grundlage des Basisentgelts bei Vollzeit-Arbeit.

(2) Die erworbene Alterspension der Firma wird wegen der vorgezogenen Gewährung nach ATZ-Arbeit versicherungsmathematisch nicht gekürzt.

§ 11 Ausgleich für Kürzung der gesetzlichen Rente

Wird die gesetzliche Rente wegen der nach Ende der Altersteilzeit vorzeitigen Inanspruchnahme gekürzt, erhält die Mitarbeiterin/der Mitarbeiter von der Firma hierfür eine pauschale Abfindung. Der Höchstpauschalbetrag beträgt für Tarif-Mitarbeiter 12.800 EUR brutto und für AT-Mitarbeiter 15.500 EUR brutto. Der individuelle Pauschalbetrag ergibt sich aus dem Verhältnis des für die Mitarbeiterin/den Mitarbeiter maßgebenden Prozentsatzes der Kürzung zum maximal möglichen Prozentsatz der Kürzung, das mit dem zutreffenden Höchstpauschalbetrag multipliziert wird. Die Zahlung des Pauschalbetrags erfolgt innerhalb der letzten drei Kalendermonate vor der Beendigung des ATZ-Arbeitsverhältnisses.

§ 12 Freiwilligkeitsvorbehalt

Die in dieser Betriebsvereinbarung über den TV-ATZ oder das ATG hinausgehenden Leistungen werden nur den Mitarbeiterinnen/den Mitarbeitern gewährt, mit denen die Firma eine ATZ-Vereinbarung aufgrund betrieblicher Veranlassung geschlossen hat.

§ 13 Nebenbeschäftigung

(1) Die Mitarbeiterin/Der Mitarbeiter darf während des ATZ-Arbeitsverhältnisses keine Beschäftigungen oder selbständige Tätigkeiten ausüben, die die Geringfügigkeitsgrenze des § 8 SGB IV überschreiten oder für die sie/er aufgrund einer solchen Beschäftigung eine Lohnersatzleistung erhält. Unberücksichtigt bleiben Tätigkeiten, die die Mitarbeiterin/der Mitarbeiter schon innerhalb der letzten fünf Jahre vor Beginn der Teilzeitarbeit ständig ausgeübt hat.

(2) Wird durch Nebenbeschäftigungen oder Nebentätigkeiten die Geringfügigkeitsgrenze überschritten, entfällt der Anspruch auf die Aufstockungszahlung. Leistungen, die zu Unrecht bezogen worden sind, müssen erstattet werden.

§ 14 Schlussbestimmungen

(1) Diese Vereinbarung tritt mit Unterzeichnung in Kraft und endet ohne Nachwirkung am ___. Für Mitarbeiterinnen/Mitarbeiter, die bis zum ___ in ATZ eingetreten sind, gelten die Bestimmungen bis zum Ende ihres ATZ-Arbeitsverhältnisses weiter.

(2) Unabhängig von § 14 Abs. 1 kann diese Vereinbarung mit der gesetzlichen Frist von drei Monaten gekündigt werden, ohne dass eine Nachwirkung eintritt. Die Kündigung kann erstmals frühestens zum ___ erfolgen.

(3) Künftige gesetzliche oder tarifliche Änderungen finden auf diese Vereinbarung Anwendung. Etwaige hierdurch für die Mitarbeiterinnen/Mitarbeiter entstehende Nachteile werden von der Firma nicht ausgeglichen.

(4) Soweit in dieser Betriebsvereinbarung oder in den ATZ-Vereinbarungen mit den Mitarbeiterinnen/Mitarbeitern nichts Abweichendes vereinbart ist, gelten für die Begründung und Abwicklung von ATZ-Arbeitsverhältnissen das ATG und der Tarifvertrag in der jeweils gültigen Fassung.

(5) Ergibt sich im Zuge der Anwendung dieser Vereinbarung ein zusätzlicher Regelungsbedarf, werden die entsprechenden Punkte durch gemeinsame Protokollnotizen zu dieser Vereinbarung geregelt.

Beide Seiten sind sich einig, dass für die technische Abwicklung verwaltungsfreundliche Lösungen unter Berücksichtigung der hierzu angebotenen Standardsoftware gefunden werden sollen. Dies gilt insbesondere für die Administration der ...-Zuschläge in der Freistellungsphase.

2. Muster: Betriebsrente

Zwischen

der Firma ..., vertreten durch ...

und

dem Gesamtbetriebsrat der Firma ..., vertreten durch den Gesamtbetriebsratsvorsitzenden ...

wird folgende Betriebsvereinbarung über betriebliche Altersversorgung geschlossen:

Präambel

Die betriebliche Altersversorgung ist eine freiwillige soziale Leistung der Firma. Sie ergänzt die gesetzliche Rentenversicherung. Eine Anrechnung der Leistungen der gesetzlichen Rentenversicherung auf die Leistungen der betrieblichen Altersversorgung findet nicht statt.

§ 1 Leistungen

(1) Die Firma gewährt Leistungen der Alters-, Invaliden- und Hinterbliebenenversorgung.

(2) Eine Mitarbeiterin/Ein Mitarbeiter erhält

1. Altersruhegeld, wenn sie/er die Wartezeit erfüllt hat, ihr/sein Arbeitsverhältnis nach Erreichen der gesetzlichen Regelaltersgrenze nach dem SGB VI endet oder sie/er vor Erreichen der festen Altersgrenze vorgezogene Altersrente in Anspruch nimmt (Versorgungsfall);

2. Invalidenrente, wenn sie/er die Wartezeit erfüllt hat und ihre/seine Betriebszugehörigkeit vor Erreichen der gesetzlichen Regelaltersgrenze wegen Erwerbsminderung oder Erwerbs- oder Berufsunfähigkeit iSd gesetzlichen Rentenversicherung endet (Versorgungsfall). Die Zahlung von Invalidenrente entfällt mit dem Wegfall der Erwerbsminderung oder Erwerbs- oder Berufsunfähigkeit vor Erreichen der gesetzlichen Regelaltersgrenze.

(3) Der überlebende Ehegatte eines Versorgungsberechtigten erhält Hinterbliebenenrente, wenn der Versorgungsberechtigte bei Eintritt seines Todes die Wartezeit erfüllt hat. Hinterbliebenengeld wird nur gewährt, wenn die Ehe vor Eintritt des Versorgungsfalles, spätestens vor Erreichen der Regelaltersgrenze geschlossen worden ist. Die Zahlung des Hinterbliebenengeldes beginnt frühestens mit Vollendung des 45. Lebensjahres des Ehegatten. Vor Vollendung des 45. Lebensjahres beginnt die Zahlung des Hinterbliebenengeldes nur dann, wenn die Erwerbsfähigkeit um mindestens 50 v.H. gemindert ist oder ein nach Abs. 3 versorgungsberechtigtes Kind vorhanden ist. Die Zahlung des Hinterbliebenengeldes endet mit der Wiederverheiratung der Witwe/des Witwers. Eine eingetragene Lebenspartnerschaft steht der Verheiratung gleich.

(4) Kinder- und Waisengeld wird an Kinder von Versorgungsberechtigten gezahlt, wenn bei diesen ein Versorgungsfall eingetreten ist. Anspruchsberechtigt sind eheliche, für ehelich erklärte, als Kinder angenommene und nichteheliche Kinder. Kinder- und Waisengeld wird nur bis zur Vollendung des 18. Lebensjahres eines Kindes gezahlt. Nach Vollendung des 18. Lebensjahres, längstens jedoch bis zum 21. Lebensjahr wird Kinder- und Waisengeld nur gezahlt, wenn die Schul- und Berufsausbildung noch nicht beendet ist oder die Zeit des Grundwehrdienstes oder zivilen Ersatzdienstes andauert.

(5) Versorgungsleistungen werden nur gewährt, wenn der Arbeitnehmer bis zum Eintritt des Versorgungsfalles eine anrechnungsfähige Betriebszugehörigkeit von 10 Jahren erreicht hat. Die Unverfallbarkeitsregelungen des BetrAVG bleiben hiervon unberührt.

§ 2 Höhe der Versorgungsleistungen

(1) Für jedes vollendete Jahr der Betriebszugehörigkeit wird ein nach Leistungsgruppen gestaffelter Betrag gezahlt. Die Einreihung in die Versorgungsgruppen erfolgt nach der Einreihung in die tariflichen Lohn- und Gehaltsgruppen.

(2) Das Ruhegeld beträgt in

Leistungsgruppe	Beträge	Tarifliche Lohngruppe
A 1	1,69 EUR	A 1
A 2	2,48 EUR	A 2
usw bis zB A 3	3,27 EUR	A 3

(3) Im Falle der Berufsunfähigkeit beträgt das Ruhegeld 2/3 der bei Erwerbsfähigkeit zu gewährenden Invalidenrente.

(4) Das Hinterbliebenengeld beträgt 60 v.H. des Ruhegeldes, das der verstorbene Ehegatte bezieht oder das er bezogen hätte, wenn er am Todestage erwerbsfähig geworden wäre.

(5) Das Kinder- und Waisengeld beträgt für jedes Kind 50 EUR/Monat.

§ 3 Bemessungsgrößen

(1) Als Zeiten der Betriebszugehörigkeit gelten nur solche Zeiten, die im Dienst der Firma oder solcher Unternehmen zurückgelegt sind, an denen die Firma mehrheitlich beteiligt ist. Wird das Arbeitsverhältnis ohne Verschulden der Mitarbeiterin/des Mitarbeiters unterbrochen, so gilt die Unterbrechung als nicht erfolgt, wenn sie nicht länger als sieben Tage, nach den ersten 10 Jahren nicht länger als 26 Wochen, bei 25 Jahren Betriebszugehörigkeit 65 Wochen, 40 Jahren 117 Wochen dauert. Bei längeren unverschuldeten Unterbrechungen werden die Dienstzeiten zusammengerechnet.

(2) Für die Zuordnung zu einer Leistungsgruppe ist bei der Altersrente der Stand fünf Jahre vor Eintritt des Versorgungsfalles, in allen übrigen Leistungsarten der Stand bei Eintritt des Versorgungsfalles entscheidend.

(3) War eine Mitarbeiterin/ein Mitarbeiter ganz oder vorübergehend teilzeitbeschäftigt, so wird die Versorgungsleistung der gesamten anrechenbaren Betriebszugehörigkeit im Verhältnis der vereinbarten zur tariflichen Arbeitszeit gekürzt.

§ 4 Anpassung der Renten

Alle laufenden Versorgungsleistungen werden nach § 16 BetrAVG alle drei Jahre angepasst.

§ 5 Anpassung der Versorgungsanwartschaft

Die Versorgungsanwartschaften werden alle drei Jahre, erstmals zum ..., für danach eintretende Versorgungsfälle auf Anpassung überprüft. Bei der Überprüfung sind insbesondere die Ergebnisse der gesetzlichen Anpassungsüberprüfung und die wirtschaftliche Lage der Firma zu berücksichtigen.

§ 6 Anzeige- und Meldepflicht

Alle Empfänger von Versorgungsbezügen sind verpflichtet, der die Versorgungsleistung zahlenden Stelle unverzüglich jede Änderung anzuzeigen im Hinblick auf:

1. Personen- und Familienstand,
2. Anschrift,
3. Konto und Bankverbindung,
4. Wegfall der Berufs- und Erwerbsfähigkeit vor Vollendung des 65. Lebensjahres.

§ 7 Inkrafttreten, Geltungsbereich, Anrechnung

(1) Die Versorgungsordnung tritt am ... in Kraft.

(2) Diese Betriebsvereinbarung gilt für alle Mitarbeiterinnen/Mitarbeiter, die am ... in einem Arbeitsverhältnis zur Firma ... stehen oder danach mit ihr ein Arbeitsverhältnis begründet haben. Sie gilt nicht für solche Mitarbeiterinnen/Mitarbeiter, denen die Firma eine einzelvertragliche Versorgungszusage erteilt hat, es sei denn, die Versorgung nach dieser Betriebsvereinbarung ist günstiger. In diesem Falle werden die einzelvertraglich zugesagten Leistungen auf die Leistungen nach dieser Betriebsvereinbarung angerechnet.

↑

3. Muster: Suchtprobleme

↓

Bezüglich der Handhabung von Suchtproblemen in der Firma haben sich die Geschäftsführung und der Gesamtbetriebsrat auf das nachstehende Verfahren geeinigt:

§ 1

Dieses Verfahren gilt für alle Beschäftigten der Firma im Inland. Für die entsandten Beschäftigten im Ausland müssen individuelle Regelungen gefunden werden, die sich inhaltlich so weit wie möglich an das im Inland geltende Verfahren anlehnen.

§ 2

Sucht im Sinne dieses Verfahrens ist in erster Linie die Gefährdung durch die Abhängigkeit von Alkohol, Medikamenten und Drogen.

§ 3

Ziele dieses Verfahrens sind insbesondere:
- die Gesundheit der Beschäftigten zu erhalten,
- Suchtgefährdeten und -kranken möglichst frühzeitig ein Hilfsangebot zu unterbreiten,
- dem Suchtmittelmissbrauch entgegenzuwirken,
- die Gleichbehandlung der Betroffenen sicherzustellen,
- die Durchführung präventiver Maßnahmen für Mitarbeiterinnen/Mitarbeiter der Firma.

§ 4

Das Anbieten alkoholhaltiger Getränke, Nahrungs- und Genussmittel unterbleibt. Beschäftigte dürfen sich nach den Unfallverhütungsvorschriften nicht durch Alkoholgenuss, Medikamente oder Drogen in einen Zustand versetzen, durch den sie sich selbst oder andere gefährden können.

§ 5

Suchterkrankungen sind von Fachleuten zu behandeln. In der Regel wird ... als Betriebssozialdienst und Beratungsstelle für die Firma im Rahmen präventiver Maßnahmen tätig. Die individuelle Fallbehandlung erfolgt in den Einrichtungen der vorgenannten Stelle. Zu den präventiven Maßnahmen, die diese durchzuführen hat, gehört insbesondere, dass sämtliche Vorgesetzten und der Betriebsrat systematisch über Abhängigkeitserkrankungen zu schulen sind. Diese Schulung ist deshalb von besonderer Bedeutung, weil das Thema Sucht enttabuisiert werden muss und vor allem die Vorgesetzten und der Betriebsrat immer wieder sachbezogene Gespräche mit Betroffenen führen müssen.

§ 6

(1) Fällt ein/e Mitarbeiter/in wegen suchtbedingter Verletzungen seiner/ihrer arbeitsvertraglichen Pflichten auf und entsteht der Eindruck, dass er/sie suchtgefährdet ist, so führt der/die unmittelbare Vorgesetzte mit ihm/ihr ein vertrauliches Gespräch. Dieser/e Vorgesetzte hat im Gespräch mit dem/der Betroffenen Wege zur Hilfe aufzuzeigen, zB die in § 5 bezeichnete Stelle.

Über das Gespräch mit dem/der Betroffenen wird Stillschweigen bewahrt. Es werden keine Aufzeichnungen gefertigt. Von dem/der Vorgesetzten wird der Zeitpunkt des Gesprächs festgehalten.

(2) Ist im Verhalten des/der Betroffenen in übersehbarer Zeit (ca. sechs Wochen) keine positive Veränderung festzustellen und verletzt der/die Betroffene weiterhin seine/ihre arbeitsvertraglichen Pflichten, so ist auf Veranlassung des/der unmittelbaren Vorgesetzten ein weiteres Gespräch zu führen. Das Gespräch hat keine personellen Konsequenzen. Der/die Betroffene wird auf den weiteren Fortgang des Verfahrens laut Gesprächsprotokoll hingewiesen. Ihm/ihr werden erneut Wege zur Hilfe aufgezeigt. Der Zeitpunkt des Gesprächs wird von dem/der Vorgesetzten festgehalten.

(3) Ändert sich das Verhalten des/der Betroffenen in der nächsten Zeit (ca. weitere vier bis sechs Wochen) nicht, führen Abteilungsleitung und Betriebsrat ein gemeinsames Gespräch mit ihm/ihr.

Dem/der Betroffenen wird noch einmal eindringlich geraten, das Hilfsangebot in Form der Beratungsstelle anzunehmen. Er/sie wird auf das weitere Verfahren laut Gesprächsprotokoll hingewiesen, das die Einschaltung der Personalabteilung im nächsten Schritt beinhaltet.

Ist in dem Verhalten des/der Betroffenen in einem überschaubaren Zeitraum (mindestens weitere vier Wochen) noch immer keine positive Veränderung festzustellen, so findet auf Veranlassung der Abteilungsleitung ein neues Gespräch statt, an dem neben dem in § 6 Abs. 3 Satz 1 genannten Personenkreis auch der/die Leiter/in der Personalabteilung teilnimmt. Der/die Betroffene erhält eine mündliche Verwarnung und die Auflage, ein konkretes Hilfsangebot in einem Zeitraum von zwei Wochen wahrzunehmen. Im Gespräch stellt der/die Leiter/in der Personalabteilung klar, dass bei Ablehnung des Hilfsangebots unmittelbar nach der Bedenkzeit von zwei Wochen arbeitsrechtliche Konsequenzen gezogen werden, dh Erteilung einer schriftlichen Abmahnung.

(4) Verletzt der/die Kranke danach weiterhin seine arbeitsvertraglichen Pflichten und lehnt er/sie immer noch eine ambulante bzw therapeutische Maßnahme ab, so führt der/die Leiter/in der Personalabteilung mit ihm/ihr ein weiteres Gespräch unter Beteiligung der Abteilungsleitung und des Betriebsrats. In dem Gespräch erteilt der/die Personalleiter/in eine schriftliche Abmahnung und kündigt eine zweite schriftliche Abmahnung bei einem weiteren Verstoß gegen arbeitsvertragliche Pflichten an.

(5) Tritt keine Veränderung im Verhalten ein und ist der/die Kranke nach ca. zwei weiteren Wochen nicht bereit, eine ambulante Behandlung bzw therapeutische Maßnahme anzunehmen, wird seitens der Personalabteilung die zweite schriftliche Abmahnung ausgesprochen und damit die Kündigung angedroht. Der/dem Betroffenen wird ein erneutes Hilfsangebot gemacht, mit der Verpflichtung, die Beratungsstelle dem/der Personalleiter/in gegenüber von der Schweigepflicht über die Häufigkeit der Kontakte, nicht über Inhalte, zu entbinden.

(6) Verstößt der/die Betroffene weiterhin gegen die arbeitsvertraglichen Pflichten und ist er/sie nicht bereit, eine ambulante Behandlung bzw therapeutische Maßnahme anzunehmen, wird nach einer Bedenkzeit von einer Woche eine fristgerechte Kündigung ausgesprochen. Der/die Leiter/in der Personalabteilung weist darauf hin, dass frühestens nach einem Jahr über eine Wiedereinstellung gesprochen werden kann.

§ 7

(1) Bricht der/die Betroffene die individuelle ambulante Behandlung bzw Therapie ab oder wird er/sie nach erfolgreicher Behandlung bzw Therapie rückfällig und verstößt gegen arbeitsrechtliche Pflichten, spricht der/die Personalleiter/in eine schriftliche Abmahnung aus. In dem Gespräch wird der/die Betroffene eindringlich darauf hingewiesen, die Behandlung wieder aufzunehmen. Der/die Betroffene wird davon in Kenntnis gesetzt, dass bei einem erneuten Abbruch der Behandlung bzw Therapie und einem weiteren Verstoß gegen arbeitsrechtliche Pflichten die fristgerechte Kündigung ausgesprochen wird.

(2) Bricht der/die Betroffene ein zweites Mal die individuelle ambulante Behandlung bzw Therapie ab oder wird er nach zweiter erfolgreicher Behandlung bzw Therapie rückfällig und verstößt gegen arbeitsrechtliche Pflichten, erhält er/sie die fristgerechte Kündigung.

§ 8

Die in dem Interventionsplan (§§ 6, 7) vorgesehenen Schritte können immer nur als Richtwerte und Richtzeiten angesehen werden und müssen im Einzelfall individuell und indikationsbedingt definiert und festgelegt werden. Hieran wirken Personalabteilung, Betriebsrat und behandelnde/r Therapeut/in einvernehmlich mit.

§ 9

Bei Rückkehr eines/r Suchtkranken, vor allem nach einer stationären Langzeittherapie, wird ihm/ihr nach Möglichkeit der bisherige Arbeitsplatz oder eine andere gleichwertige Stelle angeboten. Der/die Mitarbeiter/in muss einen Nachweis seitens der Beratungs- und Behandlungsinstitutionen vorlegen, dass er an allen erforderlichen Therapiemaßnahmen teilgenommen hat.

§ 10

Neben diesen von der Firma in die Wege geleiteten Hilfsmaßnahmen hat selbstverständlich jede/jeder Betroffene die Möglichkeit, sich persönlich und direkt außerhalb des Betriebes an die Beratungsstelle oder an andere ähnliche Einrichtungen zu wenden.

4. Muster: Umweltschutz[184]

Zwischen

der Firma ..., vertreten durch ...

und

dem Betriebsrat der Firma ..., vertreten durch den Betriebsratsvorsitzenden ...

wird folgende freiwillige Betriebsvereinbarung zum Schutze der Umwelt geschlossen:

§ 1 Betrieblicher Umweltausschuss

(1) Zur Information und Beratung von Problemen und Maßnahmen im Umweltschutz bilden Unternehmensleitung und Betriebsrat einen Umweltausschuss.

(2) Der Ausschuss setzt sich aus einer gleichen Anzahl von Vertretern der Unternehmensleitung und des Betriebsrats sowie dem Umweltschutzbeauftragten zusammen. Auf Beschluss des Umweltausschusses kann dieser sachkundige Arbeitnehmerinnen/Arbeitnehmer aus dem Umweltschutz-Arbeitskreis in den Ausschuss benennen, die jedoch kein Stimmrecht haben.

(3) Der Ausschuss tritt regelmäßig einmal im Quartal zusammen. Sondersitzungen können jederzeit durch einzelne Ausschussmitglieder beantragt werden. Der Ausschussvorsitz wechselt jeweils von Jahr zu Jahr zwischen der Unternehmensleitung und den Arbeitnehmervertretern.

---

184 Mit dem Betriebsverfassungsreformgesetz vom 23.7.2001 (BGBl. I S. 1852, Neufassung BGBl. I S. 2518) wurden mehrere Vorschriften in das Betriebsverfassungsgesetz eingefügt, die sich auf den betrieblichen Umweltschutz beziehen. Vgl hierzu *Wiese*, Beteiligung des Betriebsrats beim betrieblichen Umweltschutz nach dem Gesetz zur Reform des Betriebsverfassungsgesetzes, BB 2002, 674.

§ 2 Aufgaben des Ausschusses

Im Umweltausschuss werden alle in diesem Bereich anfallenden bzw mit ihm in Verbindung stehenden Aufgaben und Maßnahmen beraten sowie betriebsinterne Aktivitäten koordiniert. Dazu gehören im Einzelnen:

- Erstellung einer sozial-ökologischen Betriebsbilanz
- Erarbeitung von Umweltkonzepten für Produktionsverfahren und Produkte
- Entwicklung eigener Konzepte zur Aus- und Weiterbildung zum Umweltschutz und deren Koordination
- Anregung und Unterstützung von betrieblichen Umweltschutz-Arbeitskreisen
- Überwachung und Koordination der Arbeit des Umweltschutzbeauftragten
- Information der Belegschaft über eventuelle Störfälle
- Beratung der Investitionen im Bereich des Umweltschutzes und Maßnahmen der Umweltvorsorge bei der Errichtung neuer Produktionsanlagen oder bei wesentlichen Veränderungen bestehender Anlagen.

§ 3 Informationspflichten

(1) Die Mitglieder des Umweltausschusses werden von der Unternehmensleitung jederzeit über die für sie notwendigen Maßnahmen unterrichtet. Außerdem muss den Mitgliedern auf deren Verlangen von der Unternehmensleitung das Recht eingeräumt werden, in die betrieblichen Akten Einsicht zu nehmen.

(2) Neben der Präsentation der jährlichen sozial-ökologischen Betriebsbilanz unterrichtet der Ausschuss in regelmäßigen Veröffentlichungen die Belegschaft über seine Arbeit zum Umweltschutz.

(3) Bei Störfällen aller Art werden die Ausschussmitglieder durch die Unternehmensleitung sowie die Belegschaft durch den Umweltausschuss sofort und umfassend informiert.

§ 4 Betriebliches Vorschlagswesen

(1) Für den Zeitraum von zwölf Monaten nach Inkrafttreten dieser Betriebsvereinbarung werden sämtliche umweltpolitisch ausgerichteten Verbesserungsvorschläge nach dem Vergütungssatz des betrieblichen Verbesserungswesens honoriert.

(2) Nach Ablauf dieser Frist nehmen Unternehmensleitung und Betriebsrat unverzüglich darüber Verhandlungen auf, ob das Thema Umweltschutz als ständiger Themenschwerpunkt in das betriebliche Vorschlagswesen aufgenommen wird.

§ 5 Umweltschutzbeauftragter

(1) Die Unternehmensleitung bestellt in Abstimmung mit dem Betriebsrat einen Umweltschutzbeauftragten.

(2) Um den Umweltschutzbeauftragten bei der Wahrnehmung seiner Aufgaben abzusichern, gelten für ihn die gleichen Kündigungsschutzregelungen wie für den Datenschutzbeauftragten. Vor seiner Abberufung oder der Änderung seiner Aufgaben ist der Betriebsrat anzuhören.

§ 6 Umweltschutz-Arbeitskreise

(1) Interessierte Beschäftigte können jederzeit einen betrieblichen Arbeitskreis zum Umweltschutz bilden, der durch den Umweltausschuss unterstützt wird. Die jeweiligen Themen werden der Belegschaft bekannt gegeben.

(2) Die Vorschläge aus dem Arbeitskreis werden dem Umweltausschuss vorgelegt. Dieser muss in einer angemessenen Frist darüber entscheiden, ob und wie mögliche Vorschläge umgesetzt werden können; die Entscheidung ist dann der Unternehmensleitung und dem Arbeitskreis zuzuleiten. Sollte die Unternehmensleitung dem Vorschlag des Arbeitskreises und des Ausschusses nicht folgen, muss sie dies schriftlich begründen, um dem Arbeitskreis oder dem Ausschuss die Möglichkeit zu geben, den Vorschlag zu überarbeiten.

Kapitel 1: Freiwillige Betriebsvereinbarungen

§ 7 Schlussbestimmungen

(1) Weitergehende Mitwirkungs- und Mitbestimmungsrechte des Betriebsrats und des Umweltschutzbeauftragten bleiben durch diese Vereinbarung unberührt.

(2) Die Vereinbarung tritt am ... in Kraft. Sie kann mit einer Frist von drei Monaten zum Ende eines Kalenderjahres gekündigt werden. Die Kündigung bedarf der Schriftform.

Kapitel 2: Erzwingbare Betriebsvereinbarungen

A. Erläuterungen
I. Gegenstand erzwingbarer Betriebsvereinbarungen

89 Immer dann, wenn der Betriebsrat über ein erzwingbares Mitbestimmungsrecht verfügt, kann er auch durch **Anrufung der Einigungsstelle**, sofern die Verhandlungen gescheitert sind, erreichen, dass es zum Abschluss einer Betriebsvereinbarung kommt.[1] Im Bereich der erzwingbaren Mitbestimmung sind die Betriebspartner aufeinander angewiesen. Der Arbeitgeber kann nicht einseitig handeln, weil seine **individualrechtlich** regelmäßig im Wege des Direktionsrechts vorgenommenen Maßnahmen ohne Beachtung der Mitbestimmung des Betriebsrats **unwirksam** sind.[2]

90 Kollektivrechtlich steht dem **Betriebsrat** in weiten Teilen der zwingenden Mitbestimmung ein **Unterlassungsanspruch** zu.[3]

91 Gegenstand erzwingbarer Betriebsvereinbarungen können als Normenvertrag Regelungen über Inhalt, Abschluss und Beendigung von Arbeitsverhältnissen, sog. Inhaltsnormen (Muster 5365), aber auch Gegenstände betrieblicher und betriebsverfassungsrechtlicher Fragen sein.[4] Gegenstand erzwingbarer Betriebsvereinbarungen bilden die gesetzlichen Beteiligungsrechte in sozialen, personellen und wirtschaftlichen Angelegenheiten. Im Zentrum der erzwingbaren Betriebsvereinbarungen steht § 87 **Abs. 1 BetrVG** mit seinem **Katalog der 13 Einzeltatbestände**. Allgemeine Betriebsordnungen gehören nach § 87 Abs. 1 Nr. 1 BetrVG (Muster 5360, 5370 und 5375) hierzu ebenso wie Regelungen zur Arbeitszeit (§ 87 Abs. 1 Nr. 2 BetrVG; Muster 5300, 5305, 5310, 5315 oder 5325). Regelungen über die Verhütung von Arbeitsunfällen (§ 87 Abs. 1 Nr. 7 BetrVG; Muster 5505) ermöglichen dem Betriebsrat erzwingbare Betriebsvereinbarungen wie auch Regelungsgegenstände im Bereich des betrieblichen Vorschlagswesens (§ 87 Abs. 1 Nr. 12 BetrVG; Muster 5480 und 5485).

92 Wenn der Arbeitgeber seine Mitarbeiter auf das Unternehmen treffende gesetzliche Verhaltenspflichten und ethische Vorstellungen verpflichten will, geschieht das in Form von **Compliance-Regelungen**. Hierbei ist das Mitbestimmungsrecht des § 87 Abs. 1 Nr. 1 BetrVG zu beachten. Abzugrenzen gilt es einerseits das mitbestimmungsfreie Arbeitsverhalten vom mitbestimmungspflichtigen Ordnungsverhalten der Arbeitnehmer, andererseits die der Regelungskompetenz der Betriebsparteien entzogene private Lebensführung der Arbeitnehmer von dem Verhalten der Arbeitnehmer im Betrieb, wobei der Begriff des Betriebes in diesem Zusammenhang nicht räumlich, sondern funktional zu verstehen ist. Schließlich kann das Mitbestimmungsrecht durch gesetzliche Regelungen von Verhaltenspflichten eingeschränkt sein, wie bspw durch das Verbot unwillkommener sexueller Zudringlichkeiten oder Körperkontakte, Gesten und Aussagen sexuellen Inhalts nach §§ 1, 3, 7 und 12 AGG. Soweit Gesetze abschließende Regelungen enthalten, ist für ein Mitbestimmungsrecht kein Raum mehr.

93 Ein Gesamtwerk ist für die Feststellung von Mitbestimmungsrechten in seine einzelnen Regelungsgegenstände zu zerlegen.[5] Verfahrensregelungen, bspw bei der Mithilfe zur Aufklärung von Pflichtverstößen, betreffen das Ordnungsverhalten und sind daher mitbestimmungspflichtig.[6] Bei der Begründung von Meldepflichten und der Einrichtung eines Meldeverfahrens der Mitarbeiter, bspw bei einem **Compliance-Beauftragten**, bedeutet das Mitbestimmungsrecht beim Verfahren nicht zwangsläufig ein Mitbestimmungsrecht bei den meldepflichtigen Tatbeständen. Soweit die Meldepflicht sich auf Pflichtenverstöße von Arbeitnehmern in ihrem Arbeitsverhalten bezieht, begründet ein Mitbestimmungsrecht bei der Einführung und Ausgestaltung einer Meldepflicht kein Mitbestimmungsrecht beim Arbeitsverhalten.[7] Das Muster 5377 enthält eine Betriebsvereinbarung zur Compliance mit dem Regelungsinhalt

---

1 BAG 9.2.1989 – 8 AZR 310/87, EzA § 77 BetrVG 1972 Nr. 27.
2 Grundlegend BAG 3.12.1991 – GS 1/90, AP § 87 BetrVG 1972 Lohngestaltung Nr. 52; BAG 2.3.2004 – 1 AZR 271/03, NZA 2004, 852.
3 BAG 3.5.1994 – 1 ABR 24/93, NZA 1995, 40; zum allgemeinen Unterlassungsanspruch H/S-*Spirolke*, Das arbeitsrechtliche Mandat, § 12 Rn 601 ff.
4 *Fitting u.a.*, BetrVG, § 77 Rn 45 f.
5 BAG 22.7.2008 – 1 ABR 40/70, BAGE 127, 146.
6 BAG 27.9.2005 – 1 ABR 32/04, BAGE 116, 36.
7 BAG 22.7.2008 – 1 ABR 40/70, BAGE 127, 146.

der Korruptionsbekämpfung und das Muster 5378 eine Betriebsvereinbarung mit dem Aspekt des Datenschutzes.

Die Ausgestaltung von **Arbeitszeitkonten** unterliegt der Mitbestimmung nach § 87 Abs. 1 Nr. 2 BetrVG,[8] soweit im Wege der Gleitzeitmöglichkeiten davon auch die Verteilung der Arbeitszeit auf die Wochentage und Beginn und Ende der täglichen Arbeitszeit betroffen sind.[9] Dies gilt auch für **Lebensarbeitszeitkonten** (Muster 5342).

Immer wichtiger wird für Arbeitnehmer nicht nur die Ausbalancierung von Arbeit und Freizeit an einzelnen Tagen oder über den Zeitraum einer Woche. Vielmehr sind Arbeitnehmer zur Vereinbarung ihrer beruflichen und privaten Lebensführung (**Work-Life-Balance**) auch auf längere Zeiträume von Freizeit angewiesen, in denen sie nicht ohne Einkommen sein können. Hier lassen sich (**Lebens-)Arbeitszeitkonten** auch mit gesetzgeberischen Vorstellungen, wie sie im Pflegezeitgesetz und im Familienpflegezeitgesetz ihren Niederschlag gefunden haben, verzahnen.[10]

Teil der notwendigen und immer dringlicher werdenden inneren und äußeren Abgrenzung zwischen Arbeit und Privatleben ist in Zeiten der **ständigen Erreichbarkeit** die willentliche Regelung der technischen Machbarkeit in der Welt der Smartphones, Tablets, Smartwatches und ähnlichen Errungenschaften, die die Art und Weise der Arbeitsleistung revolutioniert, insbesondere von Betriebsräumen und Betriebsöffnungszeiten gelöst haben.[11] Hier ist es notwendig, Freizeit als arbeitsfreie Zeit gesondert zu schützen, nicht zuletzt bereits durch technische Einstellungen. Hierbei ist auch das Mitbestimmungsrecht des § 87 Abs. 1 Nr. 6 BetrVG zu beachten, das bereits bei der Einführung der smarten technischen Geräte eingreift. An der Eignung eines Smartphones oder eines Tablets zur Überwachung der Arbeitnehmer hinsichtlich ihres Aufenthaltsortes und ihrer Aktivität kann nicht gezweifelt werden. Das Muster 5344 enthält eine Betriebsvereinbarung zur Freizeitruhe-Garantie.

Tatbestände der erzwingbaren Mitbestimmung sind auch außerhalb von § 87 BetrVG, so bei den personellen Angelegenheiten, geregelt. Beispielsweise der Tatbestand einer **Auswahlrichtlinie** ermöglicht dem Betriebsrat nach § 95 Abs. 1 BetrVG die Durchsetzung einer Betriebsvereinbarung (Muster 5470 und 5475). Der Wortlaut von **Personalfragebogen** unterliegt nach § 94 BetrVG ebenso der vollen Mitbestimmung des Betriebsrats wie die Durchführung von Maßnahmen der **betrieblichen Berufsbildung** (§ 98 Abs. 1 BetrVG).

Die Einführung eines **Personalinformationssystems** wie PAISY unterliegt der erzwingbaren Mitbestimmung sowohl nach § 87 Abs. 1 Nr. 1 BetrVG als auch nach § 87 Abs. 1 Nr. 6 BetrVG.[12] Die Betriebsvereinbarung Muster 5427 entspricht dieser Anforderung. Fragen der Arbeitszeitgestaltung haben ihre Rechtsgrundlage in § 87 Abs. 1 Nr. 2 BetrVG (Muster 5300, 5305, 5310, 5315, 5325 und 5330).

Tarifvertragsparteien können in einer **Öffnungsklausel** festlegen, dass die Ausfüllung der Tarifnormen nur durch **einvernehmliche Betriebsvereinbarung** möglich ist. Der Arbeitgeber kann die entsprechenden Regelungen nicht einseitig in Kraft setzen, er ist auf den Betriebsrat und rechtstechnisch auf den Abschluss einer Betriebsvereinbarung angewiesen. Andererseits kann er den Abschluss einer Betriebsvereinbarung nicht über die Einigungsstelle nach § 87 Abs. 2 BetrVG erzwingen.[13]

II. Nachwirkungen erzwingbarer Betriebsvereinbarungen

Mit ihrer Beendigung verliert die Betriebsvereinbarung zwar grundsätzlich ihre unmittelbare und zwingende Wirkung.[14] Gemäß § 77 Abs. 6 BetrVG entfalten Betriebsvereinbarungen im Bereich der erzwingbaren Mitbestimmung jedoch Nachwirkung. Sie gelten fort, bis sie durch eine andere Abmachung, die nicht eine Betriebsvereinbarung sein muss, ersetzt werden. Nachwirkung besteht grundsätz-

---

8 *Kiesche/Wilke*, Konjunktur der Langzeitkonten, AiB 2007, 407.
9 AnwK-ArbR/*Welslau*, § 87 BetrVG Rn 53.
10 Siehe dazu auch § 6 Rn 234.
11 Vgl die Stellungnahme des Europäischen Wirtschafts- und Sozialausschusses zum Thema „Europäisches Jahr der seelischen Gesundheit – bessere Arbeit, mehr Lebensqualität" (Initiativstellungnahme), ABl. C 44 vom 15.2.2013.
12 BAG 14.9.1984 – 1 ABR 23/82, AP § 87 BetrVG 1972 Überwachung Nr. 9; BAG 23.4.1985 – 1 ABR 39/81, AP § 87 BetrVG 1972 Überwachung Nr. 11; BAG 11.3.1986 – 1 ABR 12/84, AP § 87 BetrVG 1972 Überwachung Nr. 14; *Hümmerich/Gola*, Personaldatenrecht im Arbeitsverhältnis, S. 23.
13 BAG 28.2.1984 – 1 ABR 37/82, NZA 1984, 230. Ein Beispiel ist die tarifvertraglich gestattete Regelung des Leistungsentgelts im Tarifvertrag des öffentlichen Dienstes (TVöD) durch einvernehmliche Dienst- oder Betriebsvereinbarung (s. Muster 5450).
14 BAG 26.4.1990 – 6 AZR 278/88, DB 1990, 1871.

§ 5 Betriebsvereinbarungen

lich auch bei befristeten Betriebsvereinbarungen, die mit Zeitablauf enden.[15] Die Nachwirkung kann allerdings in jeder Betriebsvereinbarung ausgeschlossen werden.[16]

III. Verbotene Regelungsgegenstände

101 Zu den **unzulässigen** Regelungsgegenständen in einer Betriebsvereinbarung gehört, aus Betriebsbußen erlangte Gelder dem Betriebsrat zuzusprechen. Das BAG[17] hat außerdem entschieden, Arbeitgeber und Betriebsrat könnten keine wirksame Vereinbarung treffen, durch die sich der Arbeitgeber verpflichte, an den Betriebsrat im Falle der Verletzung von Mitbestimmungsrechten eine Vertragsstrafe zu zahlen. Der Betriebsrat sei grundsätzlich nicht vermögensfähig. Eine Ausnahme bestehe nur insoweit, als § 40 BetrVG Ansprüche auf Erstattung der durch die Tätigkeit des Betriebsrats entstehenden Kosten vorsehe. An den Betriebsrat zu zahlende Vertragsstrafen kenne das Gesetz nicht. Im Übrigen wird auf die Erläuterungen in Kapitel 1 verwiesen.

Besonders ist darauf hinzuweisen, dass bei der Verwendung der Muster stets die Beachtung des Tarifvorrangs nach § 87 Abs. 1 Eingangssatz BetrVG und außerhalb des Katalogs des § 87 Abs. 1 BetrVG des Tarifvorbehalts nach § 77 Abs. 3 BetrVG zu prüfen ist (s. Rn 34 ff).

B. Texte

I. Arbeitszeit

102 **1. Muster: Arbeiten an Wochenenden und Feiertagen**

Zwischen

der Firma ...

und

dem Betriebsrat der Firma ...

wird folgende Betriebsvereinbarung über die Durchführung von Arbeiten an Wochenenden und Feiertagen geschlossen:

Präambel

Geschäftsführung und Betriebsrat haben das gemeinsame Ziel, alle Arbeiten innerhalb der betrieblichen Arbeitszeit nach § 2 letzter Satz der Betriebsvereinbarung über Arbeitszeitregelung[18] in der Fünftagewoche von montags bis freitags durchzuführen.

Arbeitseinsätze an Wochenenden und Feiertagen sind deshalb nach Möglichkeit zu vermeiden. Die Planung des Arbeitsanfalls ist auf dieses Ziel hin auszurichten.

Die Geschäftsführung hat vor der Beantragung von Arbeitseinsätzen für Wochenenden und/oder Feiertagen sorgfältig zu prüfen, ob die erforderlichen Arbeiten nicht durch andere geeignete Maßnahmen (zB andere Arbeitsverteilung, Verschiebung von Prioritäten und Terminen) erledigt werden können.

Für die Erreichung dieses Zieles ist die erforderliche Personalplanung durchzuführen.

Mit dieser Betriebsvereinbarung werden einzelvertragliche Rechte der Mitarbeiterinnen/Mitarbeiter nicht berührt.

Die Geschäftsführung wird unter Beachtung der Mitbestimmung des Betriebsrats die erforderlichen Genehmigungsanträge bei der zuständigen Behörde nach dem Arbeitszeitgesetz (ArbZG) stellen. Er wird im Rahmen

---

15 *Fitting u.a.*, BetrVG, § 77 Rn 181.
16 BAG 17.1.1995 – 1 ABR 29/94, NZA 1995, 1010.
17 BAG 29.9.2004 – 1 ABR 30/03, BAGE 112, 96 = NZA 2005, 163.
18 Siehe Muster 5305 (§ 5 Rn 103).

der Antragstellung diese Betriebsvereinbarung und eine etwaige Stellungnahme des Betriebsrats der Behörde vorlegen.

Für gleichwohl sich aus betrieblichen Notwendigkeiten ergebende unvermeidliche Arbeitseinsätze an Wochenenden und/oder Feiertagen schließen Geschäftsführung und Betriebsrat die nachstehende Betriebsvereinbarung ab:

§ 1 Geltungsbereich

(1) Diese Vereinbarung gilt für alle Mitarbeiterinnen und Mitarbeiter (Arbeitnehmer iSd § 5 BetrVG) der ....

(2) Diese Vereinbarung regelt das Mitbestimmungsverfahren bei jedweder Wochenend- und/oder Feiertagsarbeit insbesondere

- im Falle von Projektarbeiten,
- im Zusammenhang mit Arbeitseinsätzen bei der Produktionsdurchführung sowie bei Notfällen,
- bei der Durchführung geplanter Installations- und Instandsetzungsarbeiten, die zur Vermeidung der Störung der Wochenproduktion am Wochenende bei der stillgelegten Anlage durchgeführt werden sollen.

(3) Diese Betriebsvereinbarung gilt nicht für Bereitschaftsdienste einschließlich der Arbeitseinsätze im Bereitschaftsdienst.

(4) Hinsichtlich der Begriffsbestimmung von Samstags-/Sonntagsarbeit und Feiertagsarbeit wird auf die Begriffsbestimmung in § 6 der Betriebsvereinbarung über Arbeitszeitregelung[19] verwiesen. Die dortige Begriffsbestimmung ist kalendarisch zu verstehen. Die Anlage 1 zur Betriebsvereinbarung über Arbeitszeitregelung (Schichtdienst) bleibt unberührt.

§ 2 Antrags- und Genehmigungsverfahren im Zusammenhang mit Projektarbeiten und geplanten Installations- und Instandsetzungsarbeiten

(1) Bei erkennbarer Notwendigkeit von Wochenend- und/oder Feiertagsarbeit im Rahmen eines Projektes, insbesondere in der Schlussphase eines Projektes vor dem Übergabe- und Einführungstermin, ist beim Betriebsrat die Genehmigung dieser Arbeit an Wochenenden und/oder Feiertagen zu beantragen. Hierbei sind die voraussichtlich betroffenen Mitarbeiterinnen und Mitarbeiter dem Betriebsrat ebenso wie die geschätzten Arbeitsstunden und ihre Verteilung auf die Wochenenden mitzuteilen.

Dieser Antrag auf Zustimmung zu Samstags-, Sonntags- und/oder Feiertagsarbeit beinhaltet eine dem frühen Zeitpunkt der Meldung angemessene quantitative Schätzung über die betroffenen Mitarbeiterinnen und Mitarbeiter und die erforderlichen Arbeitszeiten, die nicht in vollem Umfange der endgültigen Durchführung entsprechen muss.

(2) Der Antrag auf Zustimmung ist dem Betriebsrat spätestens zwei Wochen vor Beginn des betreffenden Kalendermonats, in dem die erwarteten Wochenend- und/oder Feiertagsarbeiten anfallen werden, bezogen auf den Kalendermonat, zur Genehmigung vorzulegen. Dem Betriebsrat steht nach Eingang des Antrags eine Frist von fünf Arbeitstagen zur Verfügung, in denen er dem Antrag zustimmen, teilweise zustimmen oder ihn ablehnen kann.

Lehnt der Betriebsrat ganz oder teilweise den Antrag ab, so hat er dies der Geschäftsführung in Stichworten nachvollziehbar zu begründen. Für Antrag und Antragsablehnung gilt die Schriftform.

Die Pflicht zur Begründung bei teilweiser oder ganzer Ablehnung des Antrages hat keinen Einfluss auf die Wirksamkeit der Entscheidung des Betriebsrats.

Lässt der Betriebsrat die Frist verstreichen, ohne eine Stellungnahme abzugeben, so gilt die beantragte Wochenend- und/oder Feiertagsarbeit als genehmigt.

---

19 Siehe Muster 5305 (§ 5 Rn 103).

(3) Wenn sich im Rahmen eines Projektes Situationen ergeben, durch die kurzfristiger Handlungsbedarf entsteht – zB weil absehbar ist, dass die gem. Abs. 1 beantragten Zeiten überschritten werden könnten –, ist die geschätzte erforderliche Wochenend- und/oder Feiertagsarbeit beim Betriebsrat spätestens sieben Arbeitstage vor dem geplanten Einsatz zu beantragen.

Die Frist für den Betriebsrat verkürzt sich auf drei Arbeitstage. Im Übrigen gelten die Bestimmungen des Abs. 2.

Für Arbeitseinsätze nach Abs. 3 gilt eine jährliche Obergrenze von 0,75 Stunden pro beschäftigter Mitarbeiterin/beschäftigtem Mitarbeiter.

Bei Überschreitung dieser jährlichen Obergrenze bedarf eine Ablehnung des Antrags der Geschäftsführung auf Arbeitseinsatz an Wochenenden und/oder Feiertagen keiner Begründung durch den Betriebsrat.

(4) Der Antrag der Geschäftsführung enthält folgende Angaben:

- Name der Mitarbeiterin/des Mitarbeiters,
- Datum des/der Tage/s, an dem/denen der/die Einsätze geplant sind,
- Anzahl der an den jeweiligen Tagen geschätzten Einsatzstunden,
- Grund des Arbeitseinsatzes.

(5) Die vorstehenden Bestimmungen gelten entsprechend für Arbeitseinsätze an Wochenenden und/oder Feiertagen bei geplanten Installations- und Instandsetzungsarbeiten gem. § 1 Abs. 2.

§ 3 Antrags- und Genehmigungsverfahren bei Notfällen

(1) Werden im Rahmen der täglichen Produktionsdurchführung (zB Abstimmläufe, Programmfehler, Maschinenausfall, Jobablauffehler und Datenbankreorganisation nach Programmabstürzen) oder wegen dringendster Kundenwünsche Arbeitseinsätze an Wochenenden und/oder Feiertagen kurzfristig erforderlich, so sind diese unmittelbar nach Bekanntwerden der Erforderlichkeit spätestens um 9.00 Uhr des letzten Arbeitstages vor der notwendigen Wochenend- und/oder Feiertagsarbeit zu stellen.

Für die Dringlichkeit des Kundenwunsches gelten sinngemäß die Verpflichtungen des Abs. 5.

Der Antrag enthält in diesen Fällen – neben den unter § 2 Abs. 4 genannten Angaben – auch eine stichwortartige, gleichwohl nachvollziehbare Begründung dafür, dass der Antrag nicht früher gestellt werden konnte, also eine frühere Planbarkeit nicht gegeben war.

Die Zustimmung, teilweise Zustimmung oder Ablehnung der beantragten Wochenend- und/oder Feiertagsarbeit durch den Betriebsrat erfolgt bis 14.00 Uhr des letzten Arbeitstages vor dem geplanten Wochenend- und/oder Feiertagseinsatz. Gibt der Betriebsrat bis zu diesem Zeitpunkt keine Stellungnahme ab, gilt die beantragte Wochenend- und/oder Feiertagsarbeit als genehmigt.

(2) Die vorstehenden Bestimmungen gelten entsprechend für Arbeitseinsätze an Wochenenden und/oder Feiertagen für Installations- und Instandsetzungsarbeiten gem. § 1 Abs. 2 dieser Betriebsvereinbarung.

(3) Die Fälle, in denen die Erforderlichkeit der Arbeit an Wochenenden und/oder Feiertagen nachweislich so spät bekannt wird, dass eine vorherige Meldung bis spätestens um 9.00 Uhr des letzten Arbeitstages vor dem betreffenden Wochenende und/oder Feiertag nicht mehr möglich ist, sind von der Geschäftsführung unverzüglich dem Betriebsrat, spätestens mit Ablauf des zweiten Arbeitstages der darauf folgenden Woche zu melden. Hierbei handelt es sich um unvorhergesehene Notfälle nach § 4.

Diese Information erfolgt schriftlich und enthält neben den unter § 2 Abs. 4 genannten Angaben auch eine nachvollziehbare Begründung dafür, dass der Antrag nicht früher gestellt werden konnte.

Arbeitseinsätze an Wochenenden und/oder Feiertagen, die vom Betriebsrat nach den Bestimmungen des vorstehend geregelten Verfahrens ganz oder teilweise abgelehnt wurden, können hinsichtlich des abgelehnten Teils auch nicht als Notfall durchgeführt werden.

(4) Für Arbeitseinsätze gem. Abs. 3 von Mitarbeiterinnen und Mitarbeitern an Wochenenden und/oder Feiertagen gilt eine Obergrenze pro Mitarbeiterin/pro Mitarbeiter von zwei Arbeitseinsätzen pro Quartal.

(5) Soweit sich die Notwendigkeit zu kurzfristigen Arbeitseinsätzen an Wochenenden und/oder Feiertagen aufgrund von dringenden Kundenaufträgen ergibt, hat die Geschäftsführung das in ihren Kräften stehende und ihr wirtschaftlich Zumutbare zu tun, diese Kundenaufträge in der Zeit von Montag bis Freitag abzuwickeln und den Abgabetermin möglichst nicht auf den Monat zu vereinbaren.

§ 4 Notfalldefinition

(1) Die Erforderlichkeit von Arbeitseinsätzen an Wochenenden und/oder Feiertagen muss unabhängig von dem Willen des Arbeitgebers eintreten, dh von ihm selbst nicht vorsätzlich oder fahrlässig herbeigeführt worden sein.

(2) Als Notfälle im Sinne dieser Betriebsvereinbarung sind alle Situationen anzusehen, die sich einer vorherigen Planung entziehen und in denen die Nichtdurchführung des Arbeitseinsatzes an Wochenenden und/oder Feiertagen einen erheblich wirtschaftlichen Schaden für die Firma herbeiführen würde.

(3) Ein drohender wirtschaftlicher Schaden/Wettbewerbsnachteil kann auch darin entstehen, dass dieser bei einem Kunden eintreten würde und durch Arbeiten in der Zeit von montags bis freitags nicht verhindert werden könnte. Sinngemäß gelten die Verpflichtungen aus § 3 Abs. 5. Notfallarbeiten sind auf vorübergehende Arbeiten zu beschränken.

§ 5 Folgen der Ablehnung

Einsätze an Wochenenden und/oder Feiertagen, die nicht ordnungsgemäß beantragt oder zu denen die Zustimmung vom Betriebsrat ganz oder teilweise nicht erteilt wurde, dürfen hinsichtlich des abgelehnten Teils nicht angeordnet oder geduldet werden. Ein erneuter Antrag der Geschäftsführung auf Zustimmung zu einem bereits abgelehnten Einsatz ist nicht zulässig, es sei denn, dass sich neue Gründe für die Notwendigkeit der Durchführung des Arbeitseinsatzes/der Arbeitseinsätze an Wochenenden und/oder Feiertagen ergeben haben.

§ 6 Information der Mitarbeiterinnen und Mitarbeiter

(1) Die Geschäftsführung wird die betroffenen Mitarbeiterinnen und Mitarbeiter über die getroffene Entscheidung des Betriebsrats in Bezug auf die Arbeitseinsätze unterrichten und dafür Sorge tragen, dass die Entscheidung befolgt wird.

(2) Zeiten, die die Mitarbeiterinnen und Mitarbeiter an Wochenenden und/oder Feiertagen ohne Veranlassung der Geschäftsführung und ohne Bezug zur dienstlichen Tätigkeit zu privaten Zwecken in den Geschäftsräumen der Firma verbringen, gelten nicht als Arbeitseinsätze im Sinne dieser Betriebsvereinbarung. Diese Zeiten sind festzuhalten.

Auf Verlangen des Betriebsrats hat die Geschäftsführung durch Befragen der Mitarbeiterin/des Mitarbeiters dem Betriebsrat den nicht dienstlichen Charakter des Aufenthaltes der Mitarbeiterin/des Mitarbeiters nachvollziehbar darzulegen.

(3) Arbeitseinsätze der Mitarbeiterinnen und Mitarbeiter im Rahmen dieser Vereinbarung erfolgen in der Regel einvernehmlich. Soweit eine einvernehmliche Regelung nicht erzielt werden kann, ist die Geschäftsführung in Ausnahmefällen auch berechtigt, den Arbeitseinsatz anzuordnen. Sie hat hierbei auf wichtige private Gründe (zB Erkrankung eines nahen Angehörigen) Rücksicht zu nehmen.

§ 7 Besonderheiten

(1) An- und/oder Abreisen zu/von eigenen Schulungen gelten pauschal als durch den Betriebsrat genehmigt.

(2) Notwendige Zeiten für Wege von und zum Arbeitsplatz bei Arbeiten an Wochenenden und/oder Feiertagen nach § 2 Abs. 3 gelten mit 25 % als Arbeitszeit und werden entsprechend abgerechnet; für Arbeitseinsätze nach § 3 Abs. 1 gilt ein Satz von 50 %, für Arbeitseinsätze nach § 3 Abs. 3 gilt ein Satz von 100 %.

§ 8 Zusätzliche Information des Betriebsrats

(1) Der Betriebsrat erhält am zweiten Arbeitstag nach jedem Wochenende und/oder Feiertag zur Kontrolle in Bezug auf die Einhaltung dieser Betriebsvereinbarung eine Kopie der Pförtnerliste bzw für die Außenstellen eine Kopie der Sekretariatsliste. Diese Listen enthalten folgende Angaben:

- Name der Mitarbeiterin/des Mitarbeiters
- Uhrzeit, zu der das Gebäude betreten wurde
- Uhrzeit, zu der das Gebäude verlassen wurde
- Grund der Anwesenheit.

Die Geschäftsführung gewährleistet, dass diese Listen ordnungsgemäß geführt werden.

(2) Der Betriebsrat erhält monatlich, spätestens am 15. Arbeitstag des Folgemonats, unaufgefordert eine Liste, aus der pro Mitarbeiterin/pro Mitarbeiter hervorgeht, an wie vielen Samstagen, an wie vielen Sonntagen, an wie vielen Feiertagen gearbeitet wurde und wie viele Arbeitsstunden an den einzelnen Tagen geleistet wurden. Diese Liste enthält die Summen dieser Zahlen für die Fachbereiche aller Ebenen und für die Firma insgesamt.

§ 9 Bewertung der Arbeitseinsätze

Die Abgeltung der Arbeitseinsätze an Wochenenden und/oder Feiertagen richtet sich nach der Betriebsvereinbarung über Arbeitszeitregelung.[20]

§ 10 Personelle Maßnahmen

Personelle Maßnahmen, die im Zusammenhang mit der Anwendung dieser Betriebsvereinbarung stehen, sind nur im Einvernehmen mit dem Betriebsrat zulässig.

§ 11 Folgen von Verstößen gegen diese Betriebsvereinbarung

(1) Verstößt die Geschäftsführung gegen die Bestimmungen dieser Betriebsvereinbarung, so verpflichtet sie sich, für jeden nachgewiesenen verschuldeten Verstoß gegen die Bestimmungen dieser Betriebsvereinbarung, einen Betrag iHv ... EUR an einen betrieblichen Sozialfonds abzuführen. Über die Verwendung der Beträge in diesem Sozialfonds entscheiden Geschäftsführung und Betriebsrat gemeinsam.

(2) Für Verstöße gegen die Bestimmungen dieser Betriebsvereinbarung, für die die Geschäftsführung einen solchen Betrag an den betrieblichen Sozialfonds abzuführen hat, wird der Betriebsrat die Verhängung eines Zwangsgeldes nach § 23 Abs. 3 BetrVG nicht beantragen. Dies schließt eine rechtliche Verwertung nach § 23 Abs. 3 BetrVG in der Folgezeit nicht aus.

(3) Der Anspruch des Betriebsrats auf Zahlung des Betrags in den betrieblichen Sozialfonds nach dieser Bestimmung kann während drei Monaten nach Kenntnisnahme schriftlich geltend gemacht werden. Spätestens nach Ablauf von neun Monaten nach dem Vorfall ist die Geltendmachung ausgeschlossen. Der Anspruch ist dann verfallen.

Für die fristgerechte Geltendmachung genügt die inhaltliche Rüge eines bestimmten Verstoßes.

---

[20] Siehe Muster 5305 (§ 5 Rn 103).

§ 12 Schlussbestimmungen

(1) Diese Vereinbarung tritt am ... in Kraft. Sie gilt vorerst bis zum ... und verlängert sich jeweils um ein weiteres Jahr, wenn sie nicht von einer der beiden Vertragsparteien mit dreimonatiger Frist vor Ablauf schriftlich gekündigt wird.

(2) Änderungen bzw Ergänzungen im Einvernehmen zwischen beiden Vertragsparteien sind jederzeit möglich.

(3) Im Falle einer Kündigung gelten die Regelungen dieser Vereinbarung weiter, bis sie durch eine andere Abmachung ersetzt werden.

2. Muster: Arbeitszeitregelung zur Sollzeit

Zwischen

der Geschäftsführung der ...

und

dem Betriebsrat der ...

wird folgende Betriebsvereinbarung über Arbeitszeitregelung getroffen:

§ 1 Geltungsbereich

Diese Vereinbarung gilt für alle Mitarbeiterinnen und Mitarbeiter (Arbeitnehmer iSd § 5 BetrVG) der ...

§ 2 Bestimmung der monatlichen Sollzeit

Die tägliche Arbeitszeit für die Berechnung der monatlichen Sollzeit, die zurzeit 7,6 Stunden als Tagesnorm beträgt, wird festgelegt durch den Manteltarifvertrag in seiner jeweils gültigen Fassung. Arbeitstage sind alle Wochentage von Montag bis Freitag (Fünftagewoche) mit Ausnahme der gesetzlichen Feiertage.

§ 3 Besonderheiten bezogen auf die Sollzeit

Ausnahmeregelungen bedürfen einer besonderen Vereinbarung zwischen Geschäftsführung und Betriebsrat. Der bisherige Besitzstand findet dabei Berücksichtigung. Rosenmontag wird wie ein gesetzlicher Feiertag behandelt. Am Donnerstag vor Fastnacht (Weiberfastnacht) beträgt die Sollzeit vier Stunden, am Fastnachtsdienstag 5,5 Stunden. Zusätzlich ist in den Jahren, in denen keine ganztägige betriebliche Veranstaltung stattfindet, ein weiterer Arbeitstag arbeitsfrei, der einvernehmlich zwischen Geschäftsführung und Betriebsrat festgelegt wird.

Für Mitarbeiterinnen/Mitarbeiter, die aus betrieblichen Gründen an einem der arbeitsfreien Tage arbeiten müssen, sowie für Teilzeitkräfte ist mit dem Betriebsrat eine Ersatzlösung zu vereinbaren.

§ 4 Berechnung der monatlichen Sollstunden

Die monatlichen Sollstunden sind das Produkt aus Arbeitstagen x Tagesnorm nach § 2, korrigiert um eventuelle Ausnahmeregelungen.

§ 5 Gleitzeit, Kernzeit

Die Gleitzeit gilt für die offiziellen Arbeitstage vertraglich als vereinbart. Sie beginnt um 6.00 Uhr und endet um 20.00 Uhr (Normalarbeitszeit). Eine Kernzeit wird nicht festgelegt. Die Mitarbeiterin/der Mitarbeiter ist jedoch verpflichtet, ihre/seine An- bzw Abwesenheitszeiten zwischen 9.00 Uhr und 15.00 Uhr (freitags zwischen 9.00 Uhr und 14.00 Uhr) in Abstimmung mit ihrem/seinem direkten Vorgesetzten so zu planen, dass eine sinnvolle Zusammenarbeit mit den Kolleginnen/Kollegen und die Auskunftsbereitschaft gegenüber Kunden gewährleistet ist. Geschäftsführung und Betriebsrat verpflichten sich, Verhandlungen aufzunehmen, wenn aus betrieblichen Gründen die Einführung einer Kernzeit notwendig erscheint.

§ 6 Begriffsbestimmung der unterschiedlichen Arbeitszeiten

Richtungweisend für die monatliche Abrechnung durch den Monatsbericht bzw Erfassungsbogen ist die nachstehende Darstellung:

Begriffsbestimmung	Zeitfestlegung	Bewertung
Normalarbeitszeit	6.00 Uhr bis 20.00 Uhr	Faktor 1,0 zur Abdeckung der Sollzeit Faktor 1,25 für Mehrarbeit
Nachtarbeitszeit	20.00 Uhr abends bis 6.00 Uhr morgens	Faktor 1,5
Samstagsarbeitszeit		
– Tag	6.00 Uhr bis 20.00 Uhr	Faktor 1,5
– Nacht	0.00 Uhr bis 6.00 Uhr 20.00 Uhr bis 24.00 Uhr	Faktor 1,75
Sonn-/Feiertagsarbeitszeit		
– Tag	6.00 Uhr bis 20.00 Uhr	Faktor 2,0
– Nacht	0.00 Uhr bis 6.00 Uhr 20.00 Uhr bis 24.00 Uhr	Faktor 2,25

Arbeitszeit in der Nacht, an Samstagen sowie an Sonn- und Feiertagen ist – ausgenommen in Notfällen – nur in Abstimmung mit dem Bereichs-/Abteilungsleiter und nach Genehmigung durch den Betriebsrat zulässig. Voraussetzung ist, dass ein wichtiger Grund vorliegt.

§ 7 Ermittlung von Mehrarbeit und Fehlzeiten

Mehrarbeit (Überstunden) bzw Fehlzeiten werden zunächst aus der Differenz zwischen Sollstunden und Iststunden aus der monatlichen Normarbeitszeit ermittelt.

Differenz	Mehrarbeit	Fehlzeiten
	nein	nein
> 0	nein	ja
< 0	Ja	nein

Nacht-, Samstags-, Sonn- und Feiertagsstunden zählen grundsätzlich als Mehrarbeit (Überstunden). Kann die Mitarbeiterin/der Mitarbeiter aus einem für sie/ihn sehr wichtigen Grund ihre/seine Sollstunden nicht während der Normalarbeitszeit erfüllen und wünscht den Ausgleich durch Nacht-, Samstags- und/oder Sonn- und Feiertagsarbeit, so ist hierfür eine Sondergenehmigung vom Bereichs-/Abteilungsleiter erforderlich, die im Vorhinein einzuholen ist. Wird das Ansinnen der Mitarbeiterin/des Mitarbeiters akzeptiert, erfolgt in solchen Fällen eine 1 : 1 Verrechnung, und zwar bis zur Erfüllung der Sollzeit.

Ist aus geschäftlichen oder wirtschaftlichen Gründen eine Verschiebung der Sollzeit außerhalb der Normalarbeitszeit ganz oder teilweise erforderlich oder sinnvoll, bedarf dies der vorherigen Zustimmung des Betriebsrats.

§ 8 Verrechnung von Fehlzeiten

Ergibt sich aus der Differenz Sollstunden minus Iststunden aus der monatlichen Normalarbeitszeit eine Fehlzeit, so erfolgt automatisch eine Verrechnung mit dem Mehrstundenvortrag aus der Normalarbeitszeit der Vormonate unter Berücksichtigung des Bewertungsfaktors. Ist kein Guthaben aus der Normalarbeitszeit der Vormonate vorhanden oder reicht dieses Guthaben nicht aus, erfolgt in Abstimmung mit der Mitarbeiterin/dem Mitarbeiter ein Zugriff auf die Überstunden aus den übrigen Zeiten (Nachtarbeitszeit etc.) der Vormonate und des laufenden Monats, und zwar auch hier unter Berücksichtigung des jeweiligen Bewertungsfaktors. Die Mitarbeiterin/der Mitarbeiter hat darauf zu achten, dass ohne Abstimmung mit dem Bereichs-/Abteilungsleiter nicht mehr als 10 Minusstunden auf den neuen Monat vorgetragen werden. Ein Minusstunden-Vortrag ist 1 : 1 abzuleisten.

§ 9 Überstundenabrechnung, Freizeitverrechnung

Durch entsprechende Eintragung im Monatsbericht bzw Erfassungsbogen reguliert die Mitarbeiterin/der Mitarbeiter ihre/seine Überstundenabrechnung in Bezug auf abzurechnende und/oder vorzutragende Stunden. Nimmt die Mitarbeiterin/der Mitarbeiter das Recht für sich in Anspruch, den Überstundenvortrag unter Berücksichtigung des Bewertungsfaktors in Freizeit umzusetzen, so ist die zeitliche Einplanung der Freizeit nur in Abstimmung mit dem direkten Vorgesetzten möglich, und zwar unter Berücksichtigung der betrieblichen Erfordernisse.

§ 10 Berechnung der Überstundenvergütung

Für die Überstundenbezahlung gilt die Formel:

Monatsbezüge lt. Vertrag: Monatssatz x (Überstunden x maßgeblicher Bewertungsfaktor)

Der Monatssatz, der zurzeit 162 Stunden beträgt, ist festgelegt im Manteltarifvertrag. Es gilt die jeweils gültige Fassung.

Anstelle der Monatsbezüge wird in diese Formel das höchste Tarifgehalt einschließlich der tariflichen Zulagen (Verantwortungszulage plus Sozialzulage) zuzüglich 10 % eingesetzt, falls die Monatsbezüge diese Obergrenze übersteigen. Die Obergrenze beträgt zurzeit ... EUR.

§ 11 Urlaubsentgelt aus Überstunden

Werden der Mitarbeiterin/dem Mitarbeiter in einem Kalenderjahr mehr als 50 Überstunden bezahlt, so erhält sie/er im Februar des übernächsten Jahres für jeden Urlaubstag des dem Bezugsjahr folgenden Jahres einen Jahresanteil von der abgerechneten Mehrarbeitsvergütung (ohne Nachtzuschläge) des Bezugsjahres als Urlaubsentgelt. Der Jahresanteil, der zurzeit 1/220 beträgt, ist festgelegt im Manteltarifvertrag. Es gilt die jeweils gültige Fassung. Übersteigt der errechnete Betrag für das Urlaubsentgelt 65 % der Obergrenze nach § 10 (Höchstbetrag), so tritt anstelle des errechneten Betrags der Höchstbetrag.

§ 12 Regelung für Teilzeitkräfte

Die Mehrstunden aus der monatlichen Normalarbeitszeit von Teilzeitkräften werden erst dann mit Zuschlägen für Mehrarbeit bedacht, wenn die monatliche Sollzeit für Vollzeitkräfte überschritten wird. Das heißt, die errechneten Überstunden, die in der Differenz zwischen Sollstunden für Vollzeitkräfte und Sollstunden bezogen auf die Teilzeitkräfte liegen, werden mit dem Faktor 1,0 bewertet. Ansonsten gelten die gleichen Bedingungen wie für Vollzeitkräfte.

§ 13 Anpassung an den Manteltarifvertrag

Sieht ein neuer bzw geänderter Manteltarifvertrag günstigere Bedingungen vor als diese Regelungen, so erfolgt eine Anpassung. Änderungen, die diese Betriebsvereinbarung betreffen, werden den Mitarbeiterinnen und Mitarbeitern schriftlich mitgeteilt. Insbesondere gilt dies für die tägliche Arbeitszeit (siehe § 2), den Monatssatz sowie die Obergrenze (siehe § 10) und den Jahresanteil (siehe § 11).

§ 14 Regelung für den Schichtbetrieb

Für die Mitarbeiterinnen/Mitarbeiter im Schichtbetrieb gilt diese Arbeitszeitregelung in allen Punkten, in denen weder der Manteltarifvertrag für das private Versicherungsgewerbe noch die Arbeitszeitregelung für den Schichtbetrieb (siehe Anlage 1) Abweichungen vorsieht.

§ 15 Schlussbestimmungen

(1) Diese Vereinbarung tritt am ... in Kraft. Sie kann mit einer Frist von drei Monaten zum Jahresende gekündigt werden.

Änderungen bzw Ergänzungen im Einvernehmen zwischen beiden Vertragspartnern sind jederzeit möglich.

(2) Im Falle einer Kündigung gelten die Regelungen dieser Vereinbarung weiter, bis sie durch eine andere Abmachung ersetzt werden.

Anlage 1 zur Betriebsvereinbarung vom ... über die Sonderregelung der Arbeitszeit für den Schichtbetrieb (siehe § 14)

1. Bereich A

1.1

1. Schicht (Frühschicht):	6.00 Uhr bis 13.35 Uhr (7,58 Stunden)
2. Schicht (Spätschicht):	13.35 Uhr bis 21.10 Uhr (7,58 Stunden)

1.2 Die Zeit, die die Mitarbeiterin/der Mitarbeiter nach 20.00 Uhr arbeitet, ist gesondert zu erfassen. Nach Erreichen von jeweils 80 Stunden aus der Sondererfassung hat die Mitarbeiterin/der Mitarbeiter Anspruch auf eine Freischicht. Diese Regelung ist eine freiwillige, außertarifliche Leistung des Arbeitgebers.

2. Bereich B

2.1

1. Schicht (Frühschicht):	6.00 Uhr bis 13.00 Uhr (7 Stunden)
2. Schicht (Spätschicht):	13.00 Uhr bis 20.00 Uhr (7 Stunden)
3. Schicht (Nachtschicht):	19.45 Uhr bis 4.30 Uhr (8,75 Stunden)

2.2 Die Nachtschicht ist mit mindestens zwei Personen zu besetzen. Dies gilt nicht in Notfällen und bei kurzfristigem krankheits- bzw unfallbedingtem Ausfall, der sich einer vorherigen Planung entzieht. Der Arbeitgeber verpflichtet sich, die darauf folgende Nachtschicht wieder mit mindestens zwei Personen zu besetzen, es sei denn, es tritt ein neuer Notfall im vorgenannten Sinne auf.

2.3 Ändert der Arbeitgeber den bereits vom Betriebsrat genehmigten Schichtplan, darf den betroffenen Mitarbeiterinnen/Mitarbeitern kein Nachteil entstehen. Gegebenenfalls erfolgt eine Zeitgutschrift zur Erreichung der monatlichen Sollzeit.

2.4 Die Mitarbeiterinnen/Mitarbeiter des Operatings haben Anspruch auf Freischichten. Die Regelung ergibt sich aus § 11 Nr. 5 des Manteltarifvertrages für das private Versicherungsgewerbe in der jeweils gültigen Fassung.

2.5 Die Nachtarbeitszuschläge (+ 25 %) werden unabhängig von der tatsächlichen Anwesenheit mindestens bis 1.00 Uhr nachts der Mitarbeiterin/dem Mitarbeiter gutgeschrieben.

↑

3. Muster: Berechnung und Erfassung der Arbeits- und Reisezeit

Zwischen

der Geschäftsleitung der ...

und

dem Betriebsrat der ...

wird nachfolgende Betriebsvereinbarung zur Berechnung und Erfassung der Arbeits- und Reisezeit geschlossen:

Präambel

Diese Betriebsvereinbarung dient der Vereinheitlichung der Berechnung und Erfassung der Arbeits- und Reisezeiten aller Mitarbeiter. Dabei soll den Schutzaspekten des § 618 Abs. 1 BGB und des Arbeitszeitgesetzes Rechnung getragen werden. Die Mitarbeiter planen ihre Termine und deren Lage im Regelfall eigenständig. Dabei stimmen die Betriebsparteien überein, dass Fahrtzeiten die Mitarbeiter erheblich weniger belasten als die durchweg hoch qualifizierte Arbeitstätigkeit als Fachkraft für Arbeitssicherheit.

§ 1 Begriffsdefinitionen

(1) Diese Betriebsvereinbarung gilt für alle Arbeitnehmer des Unternehmens iSd § 5 Abs. 1 BetrVG.

(2) Die regelmäßige tägliche Arbeitszeit beträgt ein Fünftel der individualvertraglich mit der jeweiligen Mitarbeiterin und dem jeweiligen Mitarbeiter (nachfolgend „Mitarbeiter" genannt) vereinbarten regelmäßigen wöchentlichen Arbeitszeit.

(3) Reisezeiten im Sinne dieser Betriebsvereinbarung sind ausschließlich Fahrtzeiten, keine Übernachtungszeiten.

§ 2 Dienstfahrten

(1) Für die Erledigung notwendiger Dienstfahrten ist der Mitarbeiter in der Wahl des Verkehrsmittels frei. Die Erstattung der Kosten richtet sich nach den individualvertraglichen Vereinbarungen. Ist zwischen dem Unternehmen und dem Mitarbeiter die dauerhafte Nutzung eines Dienstwagens vereinbart, wählt der Mitarbeiter im Regelfall diesen. Der Mitarbeiter ist verpflichtet, auf Anweisung einen Dienstwagen zu nutzen. Das Weisungsrecht bezieht sich nicht auf die Gestattung der Privatnutzung.

(2) Der Mitarbeiter wird seine Termine so planen, dass er nach Rückkehr von einer Dienstfahrt, die er mit dem Pkw absolviert, 11 Stunden Ruhezeit verbringen kann. Ist diese Ruhezeit aufgrund der anfallenden Fahrtzeiten nach einem Termin oder vor dem Termin am folgenden Tag nicht einzuhalten, wird der Mitarbeiter für die Dienstfahrt ein öffentliches Verkehrsmittel wählen. Er wird in diesem Fall während der Reisezeit in dem öffentlichen Verkehrsmittel keine Arbeitsaufgaben wahrnehmen (Aktenstudium, Terminsvor- oder -nachbereitung u.Ä.), soweit dadurch die Ruhezeit von 11 Stunden nicht eingehalten werden könnte.

(3) Ist bei der Terminplanung absehbar, dass die Gesamtzeit von Dienstfahrt (Hin- und Rückfahrt) und Arbeitsleistung ohne Pausen die Dauer von 10 Stunden an einem Tag übersteigt, ist nach Wahl des Mitarbeiters entweder die Dienstfahrt mit öffentlichen Verkehrsmitteln durchzuführen oder in einem ortsnahen Hotel zu übernachten und die Rückfahrt bzw die Fahrt zum nächsten Kunden an dem darauffolgenden Tag anzutreten. § 2 Abs. 2 Satz 3 gilt entsprechend.

(4) Stellt der Mitarbeiter am Ende der Arbeitsleistung beim Kunden fest, dass er mit der Rückfahrt die Dauer von 10 Stunden überschreiten wird und ist er mit dem Pkw angereist, wird er in einem Hotel übernachten und die Rückfahrt bzw die Fahrt zum Kunden des folgenden Tages am nächsten Morgen antreten. § 2 Abs. 2 Satz 3 gilt entsprechend.

§ 3 Anrechnungsregelungen von Reisezeiten

(1) Reisezeiten (§ 1 Abs. 3) in der regelmäßigen Arbeitszeit (§ 1 Abs. 2) werden wie Arbeitszeit angerechnet und vergütet.

(2) Reisezeiten außerhalb der regelmäßigen Arbeitszeit werden wie folgt angerechnet:

1. an Arbeitstagen bis zu 2 Stunden ohne Anrechnung;
2. bei Überschreiten von 2 Stunden jede volle Stunde einschließlich der ersten zwei Stunden mit einer halben Stunde;
3. an Samstagen, Sonntagen und Feiertagen jede volle Stunde Reisezeit mit einer halben Stunde, höchstens mit 4 Stunden.

(3) Die angerechneten Stunden zählen wie Mehrarbeitsstunden. Sie werden mit Minderstunden an anderen Tagen eines Monats verrechnet.

§ 4 Erfassung von Arbeitszeiten

(1) Die Mitarbeiter erfassen ihre Arbeitszeiten durch elektronische Selbstaufschreibung. Die Angaben umfassen:

- Datum
- Beginn einer Dienstfahrt (Anfahrt)
- Ankunft beim Kunden (Anfahrt)
- Beginn der Arbeitstätigkeit
- Pausenbeginn
- Pausenende
- Ende der Arbeitstätigkeit
- Beginn der Dienstfahrt (Rückfahrt oder Fahrt zum Hotel)
- Ende der Dienstfahrt (Rückfahrt oder Fahrt zum Hotel)
- gefahrene Kilometer
- Name des Kunden
- Tätigkeitsort
- Art der Tätigkeit (schlagwortartig, insbesondere bei interner Verwaltungstätigkeit)

(2) Verwaltungsarbeit (Berichte schreiben, Unterlagen vorbereiten, Termine vor- und nachbereiten etc.) ist konkret mit Schlagwort und zugehörigem Kunden oder der zugehörigen Akquisitionsmaßnahme zu bezeichnen. Das Wort „Bürotag" ist inhaltsleer und daher nicht zu verwenden. Pauschale Bürotage gibt es nicht, sie genügen nicht dem Nachweis der Erbringung der Arbeitszeit. Verwaltungsarbeit ist nur solange zu erbringen, wie es zur Erledigung der Sachaufgaben tatsächlich notwendig ist. Die restliche Zeit eines Tages soll, soweit weder ein Kundenbesuch, eine Dienstfahrt oder Verwaltungsarbeit erfolgt, Freizeitausgleich genommen werden. Es besteht mithin keine Notwendigkeit und keine Berechtigung, 8 Stunden „voll zu machen", obwohl eine weitere Arbeitsleistung an diesem Tag nicht erforderlich ist.

(3) Ist für den Mitarbeiter absehbar, dass er an einzelnen Tagen keinen Kundeneinsatz generieren kann, setzt der Mitarbeiter die Geschäftsführung hiervon mindestens mit einem Vorlauf von 10 Kalendertagen davon in Kenntnis. Wenn der Mitarbeiter auf diese Art gemeldete Tage anschließend mit Kundenterminen verplant, informiert er die Geschäftsführung unverzüglich.

(4) Für die elektronische Erfassung der Arbeitszeit werden vom Arbeitgeber die notwendigen Tools zur Verfügung gestellt. Der Einsatz erfolgt nach entsprechender Abstimmung mit dem Betriebsrat.

(5) Die Geschäftsleitung kann in die Arbeitszeiterfassung des Mitarbeiters jederzeit Einblick nehmen. Der Mitarbeiter stellt sicher, dass alle Eintragungen für den Monat am dritten Werktag des Folgemonats vollstän-

dig erfasst sind. Der Mitarbeiter hat die Vorgaben des Arbeitszeitgesetzes zu beachten, Sonn- und Feiertagsarbeit ist ausgeschlossen.

§ 5 Ausschlussfristen für die Geltendmachung von Ansprüchen aus dieser Betriebsvereinbarung

(1) Alle Ansprüche, die Mitarbeiter aus dieser Betriebsvereinbarung herleiten können, und solche, die das Unternehmen gegen Mitarbeiter geltend machen kann, verfallen, wenn sie nicht innerhalb von drei Monaten nach Fälligkeit gegenüber dem Anspruchsgegner schriftlich geltend gemacht werden.

(2) Lehnt der Anspruchsgegner den Anspruch ab oder erklärt er sich nicht innerhalb von einem Monat nach der schriftlichen Geltendmachung des Anspruchs, so verfällt dieser, wenn er nicht innerhalb von weiteren drei Monaten nach der Ablehnung oder dem Fristablauf gerichtlich geltend gemacht wird.

(3) Dies gilt nicht für Ansprüche, die zwischen Betriebsrat und dem Unternehmen bestehen.

§ 6 Inkrafttreten, Kündigung, Nachwirkung

(1) Diese Betriebsvereinbarung tritt mit Unterzeichnung in Kraft.

(2) Die Betriebsvereinbarung kann von beiden Seiten mit einer Frist von drei Monaten zum Monatsende gekündigt werden.

(3) Eine Nachwirkung ist ausgeschlossen.

4. Muster: Flexibilisierung der Arbeitszeit

Zwischen

der Geschäftsleitung der ...

und

dem Betriebsrat der ...

wird nachfolgende Betriebsvereinbarung über die Flexibilisierung der Arbeitszeit geschlossen:

§ 1

Mit dem Ziel einer kurzfristigen Anpassung an den in unserem Hause bereichsweise unterschiedlich auftretenden Kapazitätsbedarf, bedingt durch Schwankungen in der Auftragssituation, sowie zur Verbesserung unserer Wettbewerbsfähigkeit durch Senkung der Kosten, wird vornehmlich für den aktuellen Fall ..., darüber hinaus aber auch für Terminengpässe in der Zukunft, für den Zeitraum ... bis ... eine flexible Arbeitszeitregelung vereinbart, wonach bis zum ... die regelmäßige wöchentliche Arbeitszeit auf bis zu ... Stunden verlängert werden kann.

§ 2

Es kommt die in § ... MTV zwischen den Tarifparteien vereinbarte Regelung, wonach die Verteilung der individuellen regelmäßigen Wochenarbeitszeit ungleichmäßig auf mehrere Wochen verteilt werden kann, zur Anwendung.

Es ist jedoch erforderlich, dass die individuelle regelmäßige Arbeitszeit von zurzeit ... Stunden wöchentlich im Durchschnitt von längstens zwölf Kalendermonaten, dh im Zeitraum 1. Oktober bis 30. September, erreicht wird.

§ 3

Die Verteilung der durch die Bereiche bedarfsweise unterschiedlich festgelegten wöchentlichen Arbeitszeit kann auf fünf Werktage (montags bis freitags) festgelegt werden. Sie kann von ... bis zu ... Stunden wöchentlich betragen.

Persönliche Belange der einzelnen Arbeitnehmerinnen und Arbeitnehmer sind zu berücksichtigen.

Die erforderlichen Pläne hierzu sind im Einvernehmen mit dem Betriebsrat vier Wochen im Voraus aufzustellen. Sie beinhalten ggf auch erforderliche flexible tägliche Arbeitszeitregelungen (Beginn und Ende der täglichen Arbeitszeit sowie der Pausen).

§ 4

Der Ausgleichszeitraum bestimmt sich nach den Tarifregelungen und beträgt zwölf Monate. Dies bedeutet, dass Mehrleistungen innerhalb von zwölf Kalendermonaten (1. Oktober bis 30. September) durch Freizeit (reduzierte Wochenarbeitszeit) auszugleichen sind.

Sofern dies aus betrieblichen Gründen nicht realisierbar ist, sind die bis zum 30. September nicht durch Ausgleich abgegoltenen Stunden entsprechend § ... MTV wie Mehrarbeit zu behandeln.

§ 5

Diese Betriebsvereinbarung gilt für alle Mitarbeiter und Mitarbeiterinnen iSd § ... MTV, soweit sie innerhalb ihrer Bereiche in die Flexibilisierung der wöchentlichen Arbeitszeit einbezogen werden.

§ 6

Während der Laufzeit dieser Vereinbarung, dh bis zum Ablauf des Ausgleichszeitraumes – 30. September – werden keine betriebsbedingten Kündigungen ausgesprochen.

§ 7

Die bis zum 30. September aufgelaufenen Freizeitguthaben fallen nicht unter die vereinbarte Ausgleichsregelung. Sie werden entsprechend § ... der Betriebsvereinbarung über die Arbeitszeitregelung ab ... behandelt.

§ 8

Diese Betriebsvereinbarung tritt am ... in Kraft und ist zunächst bis zum ... befristet.

Rechtzeitig zum ... werden die bis dahin gewonnenen Erkenntnisse zum Anlass genommen, über eine unbefristete Fortführung zu verhandeln.

5. Muster: Gleitende Arbeitszeit

Zwischen

der Firma ..., vertreten durch die Geschäftsleitung

– nachstehend: Unternehmen –

und

dem Betriebsrat der Firma ..., vertreten durch den Vorsitzenden

– nachstehend: Betriebsrat –

wird folgende Betriebsvereinbarung über gleitende Arbeitszeit getroffen:

§ 1 Allgemeines

(1) Gegenstand dieser Betriebsvereinbarung ist die Regelung der gleitenden Arbeitszeit. Mit dieser Arbeitszeitregelung soll allen Mitarbeiterinnen und Mitarbeitern die Gelegenheit gegeben werden, ihre Arbeitszeiten unter Berücksichtigung gesetzlicher und tariflicher Vorschriften sowie sonstiger betrieblicher und arbeitsvertraglicher Vereinbarungen und der betrieblichen Notwendigkeiten selbst zu gestalten.

(2) Die einschlägigen Regelungen der „Tarifverträge für ..." gelten auch für diese Betriebsvereinbarung.

(3) Das Unternehmen und der Betriebsrat bekennen sich zum Grundsatz der Arbeitszeitsouveränität der Mitarbeiterinnen und Mitarbeiter. Wegen der selbständigen und eigenverantwortlichen Gestaltung der Tagesarbeitszeit innerhalb einzelner Organisationseinheiten haben sich in erster Linie die Mitarbeiterinnen und Mitarbeiter selbst abzustimmen.

(4) Können sich die zeitautonomen Arbeitsgruppen nicht darüber verständigen, wie sie den ordnungsgemäßen Betriebsablauf sichern wollen, entscheidet der Vorgesetzte unter Berücksichtigung der Interessen der Mitarbeiterinnen und Mitarbeiter. Es ist Aufgabe der Führungskräfte darauf zu achten, dass einzelne Mitarbeiterinnen und Mitarbeiter nicht benachteiligt werden.

(5) Ansonsten gelten die Bestimmungen der Betriebsvereinbarung „Konfliktregelung bei der Arbeitszeitflexibilisierung".

§ 2 Geltungsbereich

Diese Betriebsvereinbarung gilt für alle Mitarbeiterinnen und Mitarbeiter des Unternehmens, mit Ausnahme von leitenden Angestellten, Auszubildenden, Praktikanten und Aushilfskräften. Weitere Ausnahmen können zwischen dem Unternehmen und dem Betriebsrat vereinbart werden und sind als Anlage 1 Bestandteil dieser Betriebsvereinbarung.

§ 3 Tägliche Sollarbeitszeit

(1) Die Tagessollarbeitszeit beträgt für Vollzeitbeschäftigte Montag bis Freitag jeweils ein Fünftel der tariflichen Wochenarbeitszeit.

(2) Bei Teilzeitbeschäftigten erfolgt eine einzelfallbezogene Sollarbeitszeitregelung. Bei Teilzeitbeschäftigten, die zeitweise in Vollzeit beschäftigt sind, gelten für die Dauer der Tätigkeit die Regelungen zur Sollarbeitszeit analog den Vollzeitbeschäftigten. Hierbei sind die Mitbestimmungsrechte des Betriebsrats zu beachten.

§ 4 Rahmenarbeitszeit

(1) Montag bis Freitag: 6.00 bis 20.00 Uhr. Die Mitarbeiterinnen und Mitarbeiter können unter Maßgabe des § 5 und unter Einhaltung der gesetzlich vorgeschriebenen Ruhezeit Beginn und Ende ihrer Arbeitszeit innerhalb der Rahmenarbeitszeit selbst bestimmen.

(2) Die tägliche Arbeitszeit – ohne Pausen und Reisezeiten – darf auch im Falle von Überstunden 10 Stunden grundsätzlich nicht überschreiten. Bei Mitarbeiterinnen unter 18 Jahre, die unter das Mutterschutzgesetz fallen, liegt die Grenze bei 8,0 Stunden; bei Mitarbeiterinnen über 18 Jahre, die unter das Mutterschutzgesetz fallen und bei Jugendlichen liegt diese Grenze bei 8,5 Stunden.

(3) Die Neufestlegung der Rahmenarbeitszeiten bedarf einer gesonderten Vereinbarung zwischen dem Unternehmen und dem Betriebsrat.

§ 5 Kernrichtzeit

(1) Montag bis Donnerstag: 10.00 Uhr bis 14.00 Uhr; Freitag: 10.00 Uhr bis 13.00 Uhr. Innerhalb dieses Zeitraumes sind die Mitarbeiterinnen und Mitarbeiter grundsätzlich zur Anwesenheit verpflichtet, um als Ansprechpartner zur Verfügung zu stehen. Bei geplanter Abwesenheit während der Kernrichtzeit sind Abstimmungen innerhalb des jeweiligen Tätigkeitsbereiches zwingende Voraussetzung. Protokollnotiz: Die Einhaltung der gesetzlich vorgeschriebenen Ruhezeit zwischen zwei Arbeitstagen von zurzeit 11 Std. ist kein Verstoß gegen die Kernrichtzeit.

(2) Für Teilzeitbeschäftigte ist für jeden der für sie festgelegten Arbeitstage die Kernrichtzeit in der Weise festzusetzen, dass zumindest in Teilen Übereinstimmung mit der vorgesehenen Kernrichtzeit besteht. Ist für Teilbeschäftigte eine ungleichmäßige Verteilung in der Weise vorgesehen, dass sie an einzelnen Wochenta-

gen wie Vollzeitbeschäftigte arbeiten, so ist für diese Tage die für Vollzeitbeschäftigte geltende Kernrichtzeit maßgebend.

§ 6 Funktionszeit und Betriebsbereitschaft

(1) Wenn es nach den jeweiligen betrieblichen Verhältnissen zweckmäßig ist, kann anstelle der Kernrichtzeit eine Funktionszeit mit dem Betriebsrat für einzelne Organisationseinheiten, Arbeitsgruppen oder Abteilungen vereinbart werden. Sie kann auch nur für bestimmte Wochentage vereinbart werden.

(2) Funktionszeit ist die Zeitspanne, innerhalb der die jeweilige Organisationseinheit die Betriebsbereitschaft üblicherweise sicherzustellen hat.

(3) Im Rahmen der vorgegebenen Rahmenarbeitszeit sind – differenziert nach dem betrieblichen Bedarf und in Abstimmung mit innerbetrieblichen Organisationseinheiten – die Funktionszeiten von den jeweiligen Führungskräften der Organisationseinheiten unter Mitwirkung der Mitarbeiterinnen und Mitarbeiter festzulegen.

(4) Die Organisationseinheiten regeln die Gewährleistung der Betriebsbereitschaft selbst. Grundsätzlich bilden Abteilungen und Arbeitsgruppen ab jeweils 8 besetzten Stellen im Sinne dieser Betriebsvereinbarung Organisationseinheiten, die eine angemessene Betriebsbereitschaft gewährleisten.

(5) Funktionszeiten, Betriebsbereitschaft, Mindestbesetzung der Organisationseinheiten während der Funktionszeit usw werden mit dem Betriebsrat abgestimmt. Nach erfolgter Abstimmung sind die dann verbindlich formulierten Funktionszeiten der Organisationseinheiten, dem Personalwesen, dem Betriebsrat und den betroffenen Mitarbeiterinnen und Mitarbeitern zur Kenntnis zu geben.

§ 7 Pausen

(1) Die Arbeitszeit ist grundsätzlich zusammenhängend zu legen. Dauer, Zeitpunkt und Häufigkeit der Pausen können von den Mitarbeiterinnen und Mitarbeitern unter Beachtung der gesetzlichen Bestimmungen und in Absprache mit dem jeweiligen Arbeitsbereich frei gestaltet werden.

(2) Zurzeit sind folgende Pausen gesetzlich vorgeschrieben:

Bei einer Gesamtarbeitszeit von

- bis zu 6 Stunden 0 Minuten
- bis zu 9 Stunden 30 Minuten
- mehr als 9 Stunden 45 Minuten (davon gelten 15 Minuten als bezahlte Arbeitszeit).

(3) Unbezahlte Pausen oder Arbeitsunterbrechungen sollen arbeitstäglich 1 Stunde nicht überschreiten.

(4) Die Anordnung, Arbeitszeit in mehreren Arbeitszeitblöcken zu erbringen, ist nicht zulässig.

§ 8 Gleitzeitkonto

(1) Es wird ein Gleitzeitkonto geführt, das den Mitarbeiterinnen und Mitarbeitern eine kurzfristige Disposition der Arbeitszeit ermöglicht.

(2) Das Zeitkonto wird im Sinne eines „Girokontos" geführt. Zeitguthaben und Zeitschulden, die sich aus der Saldierung von Ist- und Sollarbeitszeiten am Ende eines Monats unter Verrechnung des Übertrags aus dem Vormonat in Form eines Monatssaldos ergeben, dürfen grundsätzlich nicht mehr als 30 Stunden betragen.

(3) Die Inanspruchnahme von Gleittagen und Blockfreizeiten, auch im Vorgriff, ist unter Berücksichtigung der Funktionsfähigkeit der Organisationseinheit uneingeschränkt möglich.

(4) Das Zeitkonto ist in drei Ampelzonen eingeteilt:

a) Grüne Zone: bis +/- 20 Stunden

Innerhalb dieses Rahmens disponiert die Mitarbeiterin/der Mitarbeiter seine Arbeitszeit eigenverantwortlich.

Kapitel 2: Erzwingbare Betriebsvereinbarungen

b) Gelbe Zone: bis +/- 30 Stunden

Bei Über- bzw Unterschreiten eines Zeitsaldos von +/- 20 Stunden ist sicherzustellen, dass der/die direkte Vorgesetzte die entsprechende Meldung des Zeiterfassungssystems erhält. Beim Erreichen der Zone sprechen Mitarbeiterin/Mitarbeiter und Vorgesetzte/r geeignete Maßnahmen ab, um den Zeitsaldo in angemessener Zeit wieder in die grüne Zone zurückzuführen. Die Vorgesetzten sind verpflichtet, wenn das Erreichen der roten Zone sich abzeichnet, einen Überstundenantrag zu stellen.

Protokollnotiz: Bei manueller Erfassung der Arbeitszeit gilt die monatliche Abgabe des Erfassungsbogens als entsprechende Meldung.

c) Rote Zone: über +/- 30 Stunden

Diese Zone darf nur ausnahmsweise und vorübergehend genutzt werden. Die Vorgesetzten haben zusammen mit den betroffenen Mitarbeiterinnen/Mitarbeitern entsprechende Maßnahmen zu ergreifen, die es ermöglichen, die rote Zone unverzüglich wieder zu verlassen. Über die Nutzung dieser Zone ist der Betriebsrat in jedem Einzelfall unverzüglich schriftlich zu informieren.

(5) Gerät eine Mitarbeiterin oder ein Mitarbeiter innerhalb eines Halbjahres mehrfach oder geraten innerhalb einer Abteilung/einer Organisationseinheit überdurchschnittlich viele Mitarbeiterinnen/Mitarbeiter in die rote Zone, findet eine gemeinsame Beratung des Personalwesens, des Betriebsrats und des Leiters der betroffenen Abteilungs-/Organisationseinheit statt, in der Änderungen zur Arbeitsorganisation und Personalplanung zu vereinbaren sind. Die Initiative zu einem solchen Gespräch kann von jeder der örtlichen Betriebsparteien ausgehen.

(6) Bei Erreichen des Zeitschuldensaldos von 30 Stunden ist zwischen dem Vorgesetzten und der Mitarbeiterin/dem Mitarbeiter zwingend ein Gespräch über den geplanten Ausgleich zu führen.

(7) Die über 30 Stunden hinausgehenden Zeitguthaben werden dem Überstundenkonto gutgeschrieben und auf einer Liste des Zeiterfassungssystems ausgegeben.

(8) Für Teilzeitkräfte gelten die gleichen Grenzwerte.

(9) Zeitguthaben sind in Freizeit abzugelten. Eine Bezahlung ist nicht zulässig.

(10) Bei Ausscheiden einer Mitarbeiterin/eines Mitarbeiters ist für einen rechtzeitigen Zeitausgleich zu sorgen. Bestehende Zeitguthaben/Zeitschulden, die aus zwingenden betrieblichen oder persönlichen Gründen nicht ausgeglichen werden können, werden mit dem Gehalt verrechnet.

§ 9 Überstunden und Überstundenkonto

(1) Überstunden nennt man die Arbeit, die über die tägliche Sollarbeitszeit hinaus angeordnet und geleistet wurde sowie angeordnete oder geduldete Arbeit, die außerhalb der Rahmenarbeitszeit, an Wochenenden, gesetzlichen Feiertagen, tariflich vereinbarten arbeitsfreien Tagen oder über den betrieblich geregelten Gleitzeitübertrag hinaus geleistet wurde (alternativ: Überstunden sind in § ... des Manteltarifvertrags definiert). Sie sind zu vermeiden. Sollten Überstunden dennoch anfallen, werden sie durch Freizeit abgegolten. Die Mitbestimmungsrechte des Betriebsrats sind zu beachten.

(2) Zur Verwaltung der Überstunden wird ein Überstundenkonto geführt. Auf diesem werden alle Überstunden einschließlich der Zuschläge in Zeit gutgeschrieben und verwaltet.

(3) Die Inanspruchnahme des Guthabens in Form von Freistunden, freien Tagen und Blockfreizeiten ist unter Berücksichtigung der Funktionsfähigkeit der Organisationseinheit uneingeschränkt möglich.

(4) Kann aus innerbetrieblichen oder persönlichen Gründen das Konto innerhalb von sechs Monaten nicht ausgeglichen werden, muss dieses gegenüber dem Betriebsrat begründet werden. Innerhalb von zwölf Monaten ist der Ausgleich des Kontos durch das Unternehmen zwingend durchzuführen.

(5) Bei Ausscheiden einer Mitarbeiterin/eines Mitarbeiters ist für einen rechtzeitigen Ausgleich des Überstundenkontos zu sorgen. Bestehende Zeitguthaben, die aus zwingenden betrieblichen oder persönlichen Gründen nicht ausgeglichen werden können, werden in begründeten Ausnahmefällen finanziell abgegolten.

(6) Der Betriebsrat erhält monatlich eine Aufstellung der Guthaben auf den Überstundenkonten.

§ 10 Abwesenheitszeiten mit Anspruch auf Zeitgutschrift

(1) Bei Abwesenheit wegen Urlaub, Arbeitsbefreiungen, Kur, Heilverfahren oder Krankheit wird die entsprechende Sollarbeitszeit gutgeschrieben.

(2) Bei verspäteter Arbeitsaufnahme bzw vorzeitigem Verlassen des Arbeitsplatzes infolge von Gründen, die die Arbeitsaufnahme oder Weiterarbeit unmöglich machen, erfolgt die Gutschrift über die Differenz bis zur täglichen Sollarbeitszeit an dem betreffenden Tag. Teilzeitbeschäftigte erhalten eine Zeitgutschrift bis zur Höhe der mit ihnen individuell vereinbarten Arbeitszeit.

(3) Arztbesuche, Heilbehandlungen u.Ä. sollen außerhalb der Kernrichtzeit terminiert werden. In folgenden Fällen gelten Arztbesuche ab 7.00 Uhr als bezahlte Abwesenheitszeit, für die eine entsprechende Zeitgutschrift erfolgt:

- amts- oder vertrauensärztliche Untersuchungen,
- ärztlicherseits angeordnete Test- und Laboruntersuchungen, Röntgenuntersuchungen, Spezialbehandlungen usw sowie
- unaufschiebbare Arzttermine, auf deren Terminierung die Mitarbeiterin/der Mitarbeiter keinen Einfluss hat oder die nur zu einer bestimmten Tageszeit durchgeführt werden können.

(4) Für die Wahrnehmung dienstlich oder amtlich angeordneter Termine (zB als Zeuge oder Schöffe) erfolgt eine Zeitgutschrift in Höhe der hierdurch bedingten Abwesenheit.

(5) Für sonstige ganztägige Abwesenheitszeiten, für die aufgrund gesetzlicher, tariflicher oder betrieblicher Bestimmungen eine bezahlte Freistellung vorgesehen ist, wird die jeweilige tägliche Sollarbeitszeit gutgeschrieben.

(6) An seinem Geburtstag erhält die Mitarbeiterin/der Mitarbeiter eine Zeitgutschrift von 1 Stunde. Die Kernrichtzeit verkürzt sich an diesem Tag entsprechend.

§ 11 Dienstgänge/Dienstreisen/Weiterbildung/Dienstliche Veranstaltungen

(1) Bei Dienstgängen, zB bei Kundenbesuchen oder Messebetreuung, erfolgt eine Zeitgutschrift für die tatsächliche Zeit der Abwesenheit. Am Dienstsitz stattfindende Weiterbildungsmaßnahmen und sonstige, dienstlich bedingte Veranstaltungen werden wie Dienstgänge behandelt.

(2) Bei Dienstreisen wird die tatsächliche Zeit der dienstlichen Inanspruchnahme einschließlich der Reisezeit gutgeschrieben. Auswärts stattfindende Weiterbildungsmaßnahmen und sonstige, dienstlich bedingte Veranstaltungen werden wie Dienstreisen behandelt.

(3) Bei ganztägigen Maßnahmen außerhalb der Arbeitsstätte wird mindestens die tägliche Sollarbeitszeit gutgeschrieben.

(4) Reisezeiten werden grundsätzlich dem Überstundenkonto gutgeschrieben. Auf Wunsch der Mitarbeiterin/des Mitarbeiters können sie auch dem Gleitzeitkonto gutgeschrieben oder finanziell abgegolten werden.

(5) Der Betriebsrat erhält monatlich eine Aufstellung der angefallenen Reisezeiten.

§ 12 Verstöße

(1) Verstöße gegen wesentliche Bestimmungen dieser Betriebsvereinbarung können zum befristeten oder dauerhaften Ausschluss von der Teilnahme an der Gleitenden Arbeitszeit führen.

(2) Betrugstatbestände können arbeitsrechtliche Konsequenzen haben.

§ 13 Schlussbestimmungen

(1) Die Betriebsvereinbarung tritt am ... in Kraft. Damit sind alle bisherigen Vereinbarungen im Zusammenhang mit der gleitenden Arbeitszeit aufgehoben.

(2) Sie kann mit einer beiderseitigen Frist von sechs Monaten zum Jahresende ganz oder teilweise gekündigt werden. Die Kündigung hat schriftlich zu erfolgen. Bis zum Abschluss einer neuen Vereinbarung gelten die Regelungen dieser Vereinbarung weiter.

(3) Sollte eine Vorschrift dieser Vereinbarung nicht mit dem geltenden Recht im Einklang stehen und deshalb unwirksam sein, behalten die anderen Regelungen dieser Vereinbarung ihre Gültigkeit. Die unwirksame Regelung ist rechtskonform so auszulegen, dass sie dem beiderseitigen Wollen der Parteien entspricht.

6. Muster: Gleitende Arbeitszeit und elektronische Zeiterfassung

Zwischen

der Firma ...

und

dem Betriebsrat der Firma ...

wird gem. §§ 77 und 87 BetrVG folgende Betriebsvereinbarung geschlossen:

I. Regelungen zur Arbeitszeit

§ 1 Geltungsbereich

(1) Die gleitende Arbeitszeit gilt grundsätzlich für alle Mitarbeiter und Mitarbeiterinnen mit Ausnahme der leitenden Angestellten.

(2) Besondere Arbeitszeitregelungen gelten für die folgenden Mitarbeiter und Mitarbeiterinnen:

- Kraftfahrer
- Hausmeister
- Empfang
- Teilzeitbeschäftigte.

(3) Die Parteien dieser Betriebsvereinbarung können einvernehmlich andere Mitarbeiter und Mitarbeiterinnen von dieser Betriebsvereinbarung ausnehmen, wenn dies betrieblich notwendig ist.

(4) Die Arbeitszeit der Mitarbeiter und Mitarbeiterinnen, die nach Abs. 2 und 3 von dieser Betriebsvereinbarung ausgeschlossen sind bzw werden, wird einzelvertraglich, mit Beteiligung des Betriebsrats, geregelt.

§ 2 Allgemeine Bestimmungen über die Arbeitszeit

(1) Die regelmäßige wöchentliche Arbeitszeit richtet sich nach den entsprechenden Bestimmungen des Tarifvertrages. Sie beträgt zzt. 38 Stunden und 30 Minuten (ohne Pausen). Die tägliche regelmäßige Arbeitszeit beträgt:

Montags	8 Stunden 15 Minuten
Dienstags	8 Stunden 15 Minuten
Mittwochs	8 Stunden
donnerstags	8 Stunden
Freitags	6 Stunden

(2) Die tatsächliche tägliche Arbeitszeit darf gem. Arbeitszeitgesetz grundsätzlich zehn Stunden, ausschließlich der Pausen, nicht überschreiten.

(3) Die Mittagspause beträgt montags bis donnerstags mindestens 30 Minuten. Sie kann auf bis zu 120 Minuten ausgedehnt werden und ist in der Zeit zwischen 12.00 Uhr und 14.00 Uhr zu nehmen.
Beträgt die Arbeitszeit freitags mehr als sechs Stunden, so ist eine 30-minütige Mittagspause einzulegen.

§ 3 Gleitzeit

(1) Der tägliche Arbeitszeitrahmen gliedert sich wie folgt in eine Gleitzeitspanne morgens, eine Kernarbeitszeit vormittags, eine Mittagsgleitzeitspanne, eine Kernarbeitszeit nachmittags und eine Gleitzeitspanne nachmittags:

a) Gleitzeit morgens
- Montag bis Freitag   7.00 Uhr bis 9.00 Uhr

b) Kernarbeitszeit vormittags
- Montag bis Donnerstag   9.00 Uhr bis 12.00 Uhr
- Freitag   9.00 Uhr bis 13.00 Uhr

c) Gleitzeit mittags
- Montag bis Donnerstag   12.00 Uhr bis 14.00 Uhr

d) Kernarbeitszeit nachmittags
- Montag und Dienstag   14.00 Uhr bis 15.45 Uhr
- Mittwoch und Donnerstag   14.00 Uhr bis 15.30 Uhr

e) Gleitzeit nachmittags
- Montag und Dienstag   15.45 Uhr bis 18.30 Uhr
- Mittwoch und Donnerstag   15.30 Uhr bis 18.30 Uhr
- Freitag   13.00 Uhr bis 15.30 Uhr

(2) Innerhalb der Gleitzeit kann jeder Mitarbeiter/jede Mitarbeiterin, unter Berücksichtigung der dienstlichen Belange, Beginn und Ende seiner/ihrer täglichen Arbeitszeit selbst bestimmen.
Falls aus betrieblichen Gründen die Notwendigkeit dazu besteht, kann der Vorgesetzte bis zu zweimal im Monat eine bestimmte Arbeitszeit vorgeben (Anfang und Ende).

(3) Während der Kernarbeitszeit besteht Anwesenheitspflicht.

(4) Die Zeiten dienstlicher Tätigkeiten vor 7.00 Uhr und nach 18.30 Uhr (freitags nach 15.30 Uhr) werden nicht als Arbeitszeit angerechnet.
Ausnahme: Angeordnete Überstunden.

§ 4 Stundensoll

(1) Die Arbeitszeit und die Mittagspause ergeben zusammen ein regelmäßig zu erbringendes Stundensoll von:

Montags	8 Stunden 45 Minuten
Dienstags	8 Stunden 45 Minuten
Mittwochs	8 Stunden 30 Minuten
donnerstags	8 Stunden 30 Minuten
Freitags	6 Stunden

Auf dieser Basis wird für jeden Monat durch die Personalabteilung das allgemeine Stundensoll für den Monat vorgegeben.

(2) Dem allgemeinen (38,5 Stunden in der Woche) steht das persönliche Stundensoll gegenüber. Mit dem persönlichen Stundensoll werden am Ende des Monats die tatsächlich erbrachten Arbeitsstunden (Kommt-/ Geht-Buchungen, Dienstgänge und Dienstreisen) verglichen.

Hinzugerechnet werden dem persönlichen Stundensoll ferner die im Laufe des Monats angefallenen Tage für Urlaub und Krankheit und gegebenenfalls der Übertrag des Gleitzeitsaldos vom Vormonat. Ein negativer Gleitzeitsaldo ist dem allgemeinen Stundensoll des Folgemonats hinzuzurechnen.

(3) Jeder Mitarbeiter/jede Mitarbeiterin hat seine/ihre Arbeitszeit so einzurichten, dass er/sie grundsätzlich das vorgegebene allgemeine bzw. persönliche monatliche Stundensoll einhält.

Unterschreiten oder Überschreiten die im Laufe eines Monats tatsächlich erbrachten Arbeitsstunden das persönliche monatliche Stundensoll, so können jeweils bis zu 16 Plus- oder 10 Minusstunden in den nächsten Monat übertragen werden. Minusstunden sind bis zum jeweiligen Quartalsende auszugleichen.

Minusstunden können mit Urlaub ausgeglichen werden.

§ 5 Gleitzeitentnahme

(1) Zu Lasten seines/ihres Gleitzeitguthabens kann jeder Mitarbeiter/jede Mitarbeiterin mit Zustimmung des zuständigen Vorgesetzten, auch während der Kernarbeitszeit, maximal dreimal im Monat, jedoch höchstens zwölf Stunden monatlich und maximal einmal einen ganzen Arbeitstag, abwesend sein.

(2) Der Feiertag gilt als ganzer Arbeitstag. Aufgrund des frühen Kernzeiten des darf am Freitag kein halber Gleitzeittag in Anspruch genommen werden.

(3) Gleitzeitentnahme für einen halben oder ganzen Tag ist nicht möglich direkt vor oder im Anschluss an den Erholungsurlaub bzw. Arbeitsbefreiung nach ....

(4) Die Weigerung der Zustimmung zur Gleitzeitentnahme hat der Vorgesetzte mit einem Terminvorschlag für die Gleitzeitentnahme im laufenden Monat zu verbinden. Ist die Gleitzeitentnahme wegen der Verweigerung im laufenden Monat nicht mehr möglich, so werden die entstandenen Plusstunden, soweit sie 16 Stunden übersteigen, in den Folgemonat als Mehrarbeit iSv § 8 übertragen.

§ 6 Arbeitsbefreiung

(1) Zur Erfüllung allgemeiner staatsbürgerlicher Pflichten nach deutschem Recht wird der Mitarbeiter/die Mitarbeiterin freigestellt. Bei ganztägiger Inanspruchnahme wird das tägliche Stundensoll gem. § 2 angerechnet.

(2) Arztbesuche haben grundsätzlich außerhalb der Kernarbeitszeit stattzufinden. Ist ein Arztbesuch während der Kernarbeitszeit unumgänglich, so wird dem Mitarbeiter/der Mitarbeiterin die Zeit des Arztbesuchs einschließlich der Wegezeiten als Arbeitszeit angerechnet, wenn die Anwesenheit durch die Praxis bescheinigt wird.

In begründeten Fällen kann der Arbeitgeber von dem Arbeitnehmer/der Arbeitnehmerin eine Bescheinigung der medizinischen Notwendigkeit des Arztbesuches innerhalb der Kernarbeitszeit anfordern. Die evtl. anfallenden Kosten für eine solche Bescheinigung trägt der Arbeitgeber.

§ 7 Dienstreisen und Dienstgänge

(1) Bei Dienstreisen, eintägigen und mehrtägigen, und bei Dienstgängen gilt die tatsächliche Dauer der dienstlichen Inanspruchnahme am auswärtigen Geschäftsort als Arbeitszeit. Bei Dienstreisen wird jedoch für jeden Tag einschließlich der Reisetage mindestens die betriebsübliche Arbeitszeit berücksichtigt.

(2) In die Dienstreisezeit fallende Wochenenden und (deutsche) gesetzliche Feiertage sind als Mehrarbeit zu berücksichtigen, soweit an ihnen tatsächlich gearbeitet worden ist.

(3) In der Frage des Zeitausgleichs wird auf § 8 verwiesen.

§ 8 Angeordnete Überstunden

(1) Überstunden sind die zusätzliche Arbeitszeit, die auf vorheriger Anordnung beruht und die tägliche Stundenzahl von acht Stunden 15 Minuten (montags und dienstags), von acht Stunden (mittwochs und donnerstags) und von sechs Stunden (freitags) sowie am Monatsende die nach § 4 Abs. 3 in den Folgemonat übertragbare Stundenzahl überschreitet. Überstunden sind auch die an arbeitsfreien Tagen auf Anordnung erbrachte Arbeitszeit. Die Bestimmung findet auf Mitarbeiter iSv § 1 Abs. 1 und 2 keine Anwendung.

(2) Der zeitliche Ausgleich der Überstunden erfolgt in Absprache mit dem Vorgesetzten. Der Zeitausgleich für Überstunden sollte bis zum Quartalsende erfolgen.

(3) Ist der Zeitausgleich für Überstunden aus dienstlichen Gründen bis zum Quartalsende nicht möglich, so wird das Überstundenguthaben abgegolten.

(4) Der Zeitausgleich für Überstunden erfolgt stundenweise oder für ganze oder halbe Tage. Für einen ganzen Tag ist montags und dienstags ein Guthaben von acht Stunden 15 Minuten, für einen halben Tag ein Guthaben von vier Stunden und acht Minuten erforderlich. Für einen ganzen Tag ist mittwochs und donnerstags ein Guthaben von acht Stunden, für einen halben Tag ein Guthaben von vier Stunden erforderlich. Für freitags ist ein Guthaben von sechs Stunden erforderlich.

Der Eindeutigkeit wegen wird auf Folgendes hingewiesen:

a) Zeitausgleich für Überstunden ist unabhängig von Gleitzeitguthaben bzw -entnahme.

b) Da Dienstreisen angeordnet werden, unterliegt dabei anfallende Mehrarbeit diesem Verfahren.

§ 9 Einhaltung der arbeitsrechtlichen Bestimmungen

Bei der Wahl der täglichen Arbeitszeit hat jeder Mitarbeiter/jede Mitarbeiterin die Bestimmungen über die täglich zulässige Höchstarbeitszeit selbst zu beachten. Nach dem Arbeitszeitgesetz darf die tägliche Arbeitszeit in der Regel 10 Stunden (ohne Pause) nicht überschreiten.

Mutterschutzgesetz, Jugendarbeitsschutzgesetz, SGB IX können im Einzelfall eine geringere Höchstarbeitszeit festlegen. Die Betroffenen dürfen die für sie festgesetzte tägliche Arbeitszeit weder über- noch unterschreiten. Nur in diesem Rahmen können sie an der gleitenden Arbeitszeit teilnehmen.

§ 10 Vorgesetzte

Vorgesetzte im Sinne dieser Betriebsvereinbarung sind der jeweilige Dienstvorgesetzte, der Bereichsleiter oder dessen Stellvertreter, sowie der Vorstand oder dessen Vertreter. Die Vorgesetzten sind gehalten, auf die Einhaltung der gesetzlichen Bestimmungen, insbesondere derjenigen des Arbeitszeitgesetzes, sowie der Gesetze über Jugendschutz und Mutterschutz, zu achten. Im Übrigen hat jeder Mitarbeiter/jede Mitarbeiterin für die Einhaltung dieser Bestimmungen Sorge zu tragen.

§ 11 Inkraftsetzung

Diese Betriebsvereinbarung tritt am ... in Kraft und ersetzt die Betriebsvereinbarung vom ..., soweit nicht die elektronische Zeiterfassung betroffen ist. Diese Betriebsvereinbarung kann von jeder Partei mit einer Frist von drei Monaten zum Quartalsende gekündigt werden.

II. Regelungen zur Zeiterfassung

§ 1 Zeiterfassung

(1) Die Zeiten des Arbeitsbeginns und des Arbeitsendes werden durch das elektronische Zeiterfassungssystem von jedem Mitarbeiter/jeder Mitarbeiterin durch die entsprechende Zeiterfassungskarte eingegeben.

(2) Eine Zeiterfassung ist grundsätzlich auch für jede Abwesenheit zwischen Arbeitsbeginn und Arbeitsende vorzunehmen. In der Mittagspause nehmen nur diejenigen Mitarbeiter und Mitarbeiterinnen eine Zeiterfas-

sung vor, die das Haus verlassen. Die Zeiterfassung während der Mittagspause wird nur insoweit als Gleitzeitentnahme berücksichtigt, als sie die Pausenzeit von 30 Minuten übersteigt.

(3) Folgende nicht durch die elektronische Zeiterfassung erfassten Vorgänge sind handschriftlich auf dem entsprechenden Vordruck der Personalabteilung vorzulegen:

- Karte vergessen
- Dienstgang
- Fortbildungsmaßnahmen
- Erkrankung während der Arbeit
- Arztbesuch während der Kernarbeitszeit
- GLAZ-Freizeit
- Ausgleich Überstunden
- Urlaub (Erholungsurlaub, Sonderurlaub BAT/MTB, Bildungsurlaub)
- Mutterschutz, Elternzeit
- Kur
- Sonstiges

§ 2 Monatlicher Abschluss

(1) Dem allgemeinen (38,5 Stunden in der Woche) steht das persönliche Stundensoll gegenüber. Mit dem persönlichen Stundensoll werden am Ende des Monats die tatsächlich erbrachten Arbeitsstunden (Kommt/Geht-Buchungen, Dienstgänge und Dienstreisen) verglichen. Hinzugerechnet werden dem persönlichen Stundensoll ferner die im Laufe des Monats angefallenen Tage für Urlaub und Krankheit und gegebenenfalls der Übertrag des Gleitzeitsaldos vom Vormonat. Ein negativer Gleitzeitsaldo ist dem allgemeinen Stundensoll des Folgemonats hinzuzurechnen.

(2) Zu Beginn eines jeden Monats erhält jeder Mitarbeiter/jede Mitarbeiterin von der Personalabteilung für den abgelaufenen Monat eine Monatsübersicht über die Soll- und Ist-Stunden. Diese Auflistung ist vom Mitarbeiter/von der Mitarbeiterin zu überprüfen. Beanstandungen sind spätestens bis zum 10. des Folgemonats zwecks Klärung der Personalabteilung mitzuteilen.

(3) Die ganztätige Abwesenheit wegen Urlaub oder Krankheit wird montags und dienstags mit 8 Stunden 15 Minuten, mittwochs und donnerstags mit 8 Stunden und freitags mit sechs Stunden angesetzt. Die Differenz zwischen dem „Ist" und „persönlichen Soll" ergibt den Monatssaldo.

(4) Der Mitarbeiter/die Mitarbeiterin bestätigt mit seiner/ihrer Unterschrift auf dem Monatsblatt die Richtigkeit des Abschlusses und legt dieses seinem/ihrem Vorgesetzten zur Abzeichnung vor. Dieser bestätigt mit seiner Unterschrift die Richtigkeit der Angaben. Das Monatsblatt wird anschließend der Personalabteilung wieder zugeleitet.

Abgeschlossene Monatsblätter werden grundsätzlich nach einer Aufbewahrungszeit von zwölf Monaten von der Personalabteilung vernichtet.

§ 3 Datenschutz

Zum Schutz der betroffenen Mitarbeiter/Mitarbeiterinnen sind hinsichtlich der erfassten Arbeitszeitdaten folgende Grundsätze zu beachten:

- Es dürfen nur die Daten aufgezeichnet werden, die für die Abrechnung erforderlich sind.
- Durch geeignete technische und organisatorische Maßnahmen ist eine unbefugte Kenntnisnahme der Zeitdaten durch Dritte zu verhindern.

- Die erfassten Daten dürfen nur den mit der Abrechnung und Kontrolle dieser Aufzeichnungen beauftragten Stellen zugänglich sein. Diese dürfen die Daten zu keinem anderen als zum Zweck der Gleitzeitabrechnung und -kontrolle verarbeiten, bekannt geben oder sonst nutzen.
- Die aufgezeichneten Daten sind zu löschen, wenn ihre Kenntnis für die Kontrollzwecke der Personalabteilung nicht mehr erforderlich ist und schutzwürdige Belange des betroffenen Mitarbeiters/der betroffenen Mitarbeiterin durch die Löschung nicht beeinträchtigt werden. Grundsätzlich ist eine Aufbewahrungsdauer von zwölf Monaten ausreichend und angemessen.

§ 4 Verlust der Ausweiskarte

(1) Der Verlust oder das Wiederauffinden einer verloren gegangenen Ausweiskarte sind der Personalabteilung unverzüglich mitzuteilen.

(2) Muss die Karte aufgrund von Vorsatz oder fahrlässigem Verhalten des Karteninhabers/der Karteninhaberin neu ausgestellt werden, wird der Herstellungspreis der Karte (zzt. ... EUR) in Ansatz gebracht. Ein schuldhaftes Handeln in diesem Sinne liegt vor, wenn der Karteninhaber/die Karteninhaberin die Karte bewusst beschädigt, vernichtet oder durch Veränderung unbrauchbar gemacht hat.

§ 5 Missbrauch

(1) Jeder Mitarbeiter/jede Mitarbeiterin muss selbst buchen. Es ist unzulässig, Buchungen durch andere vornehmen zu lassen oder Buchungen für einen anderen vorzunehmen.

(2) Ein Missbrauch der Regelungen über die gleitende Arbeitszeit kann nach erfolgloser Abmahnung – unbeschadet anderweitiger Rechtsfolgen – zum sofortigen Ausschluss von dieser Betriebsvereinbarung führen, mit der Folge, dass die tägliche Arbeitszeit vom Vorstand festgesetzt wird.

§ 6 Inkraftsetzung

(1) Diese Betriebsvereinbarung tritt am ... in Kraft und ersetzt für die elektronische Zeiterfassung die Betriebsvereinbarung vom ...

(2) Diese Betriebsvereinbarung kann von jeder Partei mit einer Frist von drei Monaten zum Quartalsende gekündigt werden.

7. Muster: KAPOVAZ-Abrede

Zwischen

der Firma ...

– nachstehend: Firma –

und

dem Betriebsrat der Firma ...

– nachstehend: Betriebsrat –

wird folgende Betriebsvereinbarung über kapazitätsorientierte variable Arbeitszeit (KAPOVAZ) geschlossen.

§ 1 Gegenstand und Zweck

(1) Arbeitgeber und Betriebsrat sind sich einig, dass wegen des branchentypisch wechselnden Arbeitsanfalls eine Anpassung der individuellen Arbeitszeit der Mitarbeiterinnen/Mitarbeiter an die auftragsbezogene Auslastung des Betriebes erforderlich ist bei gleichzeitiger Sicherung einer verstetigten Vergütung der Mitarbeiterinnen/Mitarbeiter unter Berücksichtigung ihrer Interessen.

(2) Die nach Maßgabe der Betriebsvereinbarung vom Arbeitgeber angeordnete Arbeitszeit ist mitbestimmt; Abweichungen bedürfen im Rahmen des § 87 Abs. 1 Nr. 2 und 3 BetrVG der Zustimmung des Betriebsrats.

(3) Zwingende Arbeitnehmerschutzbestimmungen und die Befugnisse des Arbeitgebers nach dem ArbZG bleiben unberührt.

§ 2 Geltungsbereich

(1) Die Betriebsvereinbarung gilt für alle vollbeschäftigten Mitarbeiterinnen/Mitarbeiter (Angestellte, Arbeiter und Auszubildende) mit Ausnahme der im Verkaufsaußendienst Beschäftigten, der Abteilungsleiter und Prokuristen, der Monteure und Fahrer.

(2) Soweit Mitarbeiterinnen/Mitarbeiter aushilfsweise als Monteure oder Fahrer tätig sind, fallen sie für die Zeit ihrer Aushilfstätigkeit nicht unter den Geltungsbereich der Betriebsvereinbarung. Mit ihnen werden individuelle Regelungen getroffen.

§ 3 Dauer und Lage der wöchentlichen Arbeitszeit

(1) Die wöchentliche Arbeitszeit der Mitarbeiterinnen/Mitarbeiter umfasst einen Rahmen von 30 bis 44 Stunden ohne Pausen.

(2) Arbeitstage sind die Tage von Montag bis Freitag. Die Arbeit an Samstagen bedarf der gesonderten Zustimmung des Betriebsrats.

(3) Die tägliche Arbeitszeit liegt zwischen 6.00 Uhr und 18.00 Uhr.

(4) Die betriebsübliche wöchentliche Arbeitszeit beträgt 37 Stunden. Sie entspricht der tariflichen wöchentlichen Arbeitszeit ähnlicher Betriebe.

§ 4 Individuelle Arbeitszeit

(1) Die individuelle Arbeitszeit der Mitarbeiter wird vom Arbeitgeber abteilungsbezogen für die Dauer von zwei Kalenderwochen festgelegt.

(2) Die Ankündigungsfrist beträgt grundsätzlich zwei Wochen.

(3) Der Arbeitgeber ist berechtigt, ohne nähere Begründung die Ankündigungsfrist abteilungsbezogen auf eine Woche zu verkürzen. Dieses Recht steht ihm für jede Abteilung 6 mal im Jahr zu.

(4) Der Arbeitgeber ist berechtigt, in Notfällen (zB unvorhergesehener Ausfall von Mitarbeiterinnen/Mitarbeitern, der zur erheblichen Arbeitsverzögerungen führen würde) die bereits festgelegte Arbeitszeit zu erhöhen. Die Änderung ist der/dem betroffenen Mitarbeiterin/Mitarbeiter spätestens am Morgen des vorhergehenden Tages mitzuteilen.

(5) Die Festlegung der individuellen Arbeitszeit erfolgt grundsätzlich durch Aushang, nach Wahl des Arbeitgebers durch schriftliche Einzelmitteilung. Mitarbeiterinnen/Mitarbeiter, die wegen Abwesenheit keine Gelegenheit zur Einsichtnahme in den Aushang haben, sollen sich über ihre Arbeitszeit informieren. Ist das nicht möglich, gilt für den ersten Arbeitstag nach Rückkehr aus einer Abwesenheitszeit die 37-Stunden-Woche mit einer täglichen Arbeitszeit von 7,5 Stunden (Montag bis Donnerstag) und 7 Stunden (Freitag).

(6) Der Betriebsrat erhält jeweils eine Ablichtung der Aushänge. Über Änderungen nach Abs. 4 wird er unverzüglich informiert.

§ 5 Arbeitszeitkonto

(1) Für jede Mitarbeiterin/jeden Mitarbeiter wird ein Arbeitszeitkonto eingerichtet. Es dient der Feststellung der geleisteten Arbeitszeit und der Vergütung im Saldierungszeitraum.

(2) Dem Betriebsrat werden unaufgefordert jeweils zum 10. eines Monats die Arbeitszeitkonten der Mitarbeiterinnen/Mitarbeiter für den vorangegangenen Monat in Kopie zur Verfügung gestellt.

(3) Saldierungszeiträume sind jeweils die Zeiträume von 1. März bis 30. August und vom 1. September bis 28./29. Februar des Folgejahres. Rumpfzeiträume werden anteilig berechnet.

(4) Neben den tatsächlich geleisteten Stunden werden der Mitarbeiterin/dem Mitarbeiter für jeden Tag, an dem sie/er durch Krankheit, Urlaub oder aus sonstigen triftigen Gründen an der Arbeitsleistung verhindert ist, die ihr/ihm am Fehltag angeordneten Stunden angerechnet. Fehlt es an einer konkretisierten individuellen Arbeitszeit, gelten die für alle Mitarbeiterinnen/Mitarbeiter der Abteilung einheitlich angeordneten Stunden, andernfalls wöchentlich 37 Stunden, arbeitstäglich 7,5 Stunden (Montag bis Donnerstag) oder 7 Stunden (Freitag) als angeordnet. Letzteres gilt auch für die wegen eines Feiertags ausfallende Arbeitszeit. Für die auf Kurzarbeit entfallenden Zeiträume wird der Mitarbeiterin/dem Mitarbeiter die betriebsübliche regelmäßige Arbeitszeit angerechnet.

(5) Ist die Mitarbeiterin/der Mitarbeiter im Kalenderjahr 90 % der Arbeitstage ihrer/seiner Arbeitspflicht nachgekommen, erhält sie/er eine Gutschrift auf ihrem/seinem Arbeitszeitkonto in Höhe von vier Stunden. Ist die Mitarbeiterin/der Mitarbeiter an 95 % der Arbeitstage ihrer/seiner Arbeitspflicht nachgekommen, erhöht sich die Gutschrift auf 7,4 Stunden und bei 98 % auf 22,2 Stunden. Urlaub und Freizeitausgleich gelten als Erfüllung der Arbeitspflicht. Eintretende Mitarbeiterinnen/Mitarbeiter erhalten die Prämie gequotelt unter Berücksichtigung ihres Anteils an Beschäftigungsmonaten im laufenden Kalenderjahr.

§ 6 Zeiterfassung

Die Zeiterfassung erfolgt gemäß dem betrieblichen Zeiterfassungssystem. Einzelheiten ergeben sich aus der Betriebsvereinbarung „Zeiterfassung" vom ...

§ 7 Monatsvergütung

(1) Die Mitarbeiterin/Der Mitarbeiter erhält eine monatliche Vergütung, berechnet auf der Basis von 37 Wochenstunden unbeschadet der tatsächlichen individuellen Arbeitszeit.

(2) Fehlstunden ohne Vergütungsanspruch mindern das monatliche Entgelt.

(3) Mehrarbeitsstunden werden jeweils am Ende eines Saldierungszeitraums gem. § 5 Abs. 3 ermittelt und vergütet.

(4) Die Vergütungszahlung im Krankheitsfall hat sich an den zwingenden Vorschriften des Entgeltfortzahlungsgesetzes zu orientieren.

(5) Ist gem. §§ 169–179 SGB III Kurzarbeit angezeigt und anerkannt, bemisst sich das Arbeitsentgelt abweichend von Abs. 1 nach der tatsächlichen individuellen Arbeitszeit.

§ 8 Pausenzeit

(1) Die Mittagspause dauert 45 Minuten. Sie wird vom Mitarbeiter – abteilungsweise verschoben – zwischen 12.00 und 13.00 Uhr genommen.

(2) Die Frühstückspause dauert 15 Minuten. Sie wird ebenfalls abteilungsweise verschoben genommen.

§ 9 Mehrarbeit, Überstunden

(1) An Tagen, an denen die Mitarbeiterin/der Mitarbeiter Arbeitsstunden in einem Umfang erbringt, der über acht Stunden hinausgeht, kann für jede Arbeitsstunde im Arbeitszeitkonto ein Zuschlag gutgeschrieben werden. Die Zuschlagshöhe bleibt individualarbeitsrechtlichen Regelungen vorbehalten.

(2) Überstunden werden am Ende des jeweiligen Saldierungszeitraums errechnet. Überstunden sind solche Arbeitsstunden, die im jeweiligen Saldierungszeitraum die regelmäßige Arbeitsstundenzahl, berechnet auf der Grundlage der wöchentlichen Arbeitszeit von 37 Stunden, überschreiten.

(3) Überstunden können im folgenden Saldierungszeitraum durch Freizeit oder Vergütung abgegolten werden.

§ 10 Übergangs- und Schlussbestimmungen

(1) Mit dieser Betriebsvereinbarung wird die Betriebsvereinbarung ... aufgehoben.

(2) Firma und Betriebsrat vereinbaren, sobald eine Partei unvorhergesehene Sachverhalte als verhandlungsbedürftig bezeichnet, in neue Verhandlungen über eine Anpassung der Betriebsvereinbarung einzutreten.

Die Verhandlungen müssen das Ziel haben, den nicht hinreichend berücksichtigten Sachverhalt in der Weise zu regeln, wie ihn die Verhandlungspartner bei Abschluss der Betriebsvereinbarung geregelt haben würden, hätten sie den Sachverhalt bereits bedacht.

(3) Bei Meinungsverschiedenheiten über Anwendung, Auslegung oder Notwendigkeit der Neuverhandlung der Betriebsvereinbarung entscheidet die Einigungsstelle, wenn sich die Parteien nicht einigen können.

(4) Die Betriebsvereinbarung kann mit einer Frist von 3 Monaten zum Ende eines Saldierungszeitraumes gekündigt werden. Sie wirkt nach, solange keine ergänzende Betriebsvereinbarung geschlossen wurde.

(5) Die vorliegende Betriebsvereinbarung schließt die Vereinbarung zwischen den Betriebspartnern von Brückentagen nicht aus.

(6) Diese Betriebsvereinbarung tritt am ... in Kraft.

8. Muster: Projektbezogene Rufbereitschaft

Zwischen

der Firma ..., vertreten durch die Geschäftsleitung

– nachstehend: Unternehmen –

und

dem Betriebsrat der Firma ..., vertreten durch den Vorsitzenden

– nachstehend: Betriebsrat –

wird folgende Betriebsvereinbarung zur Regelung von projektbezogener Rufbereitschaft getroffen:

Präambel

Das Unternehmen und der Betriebsrat sind sich darüber einig, dass zur Aufrechterhaltung des Betriebsablaufes und aus Wettbewerbsgründen die Notwendigkeit besteht, Rufbereitschaft einzurichten, um unseren Auftraggebern und Kooperationspartnern die zugesicherten DV-Dienstleistungen zu erfüllen. Im Rahmen der Rufbereitschaft sind die Mitarbeiterinnen und Mitarbeiter verpflichtet, Schäden für das Unternehmen im Rahmen ihrer Möglichkeiten abzuwenden.

§ 1 Allgemeines

(1) Gegenstand dieser Betriebsvereinbarung ist die Regelung von projektbezogener Rufbereitschaft. Diese Vereinbarung soll sowohl den an das Unternehmen gestellten Anforderungen gerecht werden als auch Mitarbeiterwünsche berücksichtigen.

(2) Die einschlägigen Regelungen der „Tarifverträge für ..." gelten auch für diese Betriebsvereinbarung.

(3) Das Unternehmen und der Betriebsrat bekennen sich zum Grundsatz der Selbständigkeit und Eigenverantwortung der Mitarbeiterinnen und Mitarbeiter. Es gilt der Grundsatz der Freiwilligkeit. (Alternativ: Können sich die betroffenen Gruppen nicht darüber verständigen, wie sie den ordnungsgemäßen Betriebsablauf sichern wollen, entscheidet der Vorgesetzte unter Berücksichtigung der Interessen der Mitarbeiterinnen und Mitarbeiter. Es ist Aufgabe der Führungskräfte, darauf zu achten, dass einzelne Mitarbeiterinnen und Mitarbeiter nicht benachteiligt werden.)

§ 5 Betriebsvereinbarungen

(4) Das Unternehmen verpflichtet sich, durch organisatorische Maßnahmen und technische Einrichtungen die Belastung für die Einzelnen so gering wie möglich zu halten.

§ 2 Geltungsbereich

Diese Betriebsvereinbarung gilt für alle Mitarbeiterinnen und Mitarbeiter des Unternehmens, mit Ausnahme von leitenden Angestellten, Auszubildenden und Praktikanten. Weitere Ausnahmen können zwischen dem Unternehmen und dem Betriebsrat vereinbart werden und sind als Anlage 1 Bestandteil dieser Betriebsvereinbarung. Anweisungen leitender Angestellter dürfen nicht gegen diese Betriebsvereinbarung verstoßen.

§ 3 Begriffsbestimmungen

(1) Rufbereitschaft ist die Zeit, in der sich die Mitarbeiterin/der Mitarbeiter für einen Einsatz außerhalb ihrer/seiner üblichen Arbeitszeit bereitzuhalten hat. Sie dient der Behebung von evtl Störfällen im Rahmen des Softwareentwicklungsprozesses (zB bei Einsätzen von Neuprogrammen oder Programmänderungen).

(2) Als anfordernde Stelle gelten die jeweils verantwortlichen Führungskräfte (zB Gruppen- oder Projektleitung). Weitere Stellen können zwischen dem Unternehmen und dem Betriebsrat vereinbart werden und sind als Anlage 2 Bestandteil dieser Betriebsvereinbarung.

(3) Wird die Mitarbeiterin/der Mitarbeiter während der Rufbereitschaft tätig, wird diese Zeit als Einsatz bezeichnet. Der Einsatz beginnt mit dem Anruf und endet entweder mit dem Abschluss von Telefongespräch bzw Rückruf oder durch Beendigung des Einsatzes mit dem Erreichen des Ausgangsortes. Einsätze gelten als Mehrarbeit im Sinne der jeweils geltenden Betriebsvereinbarung über Gleitende Arbeitszeit.

(4) Als Nachteinsätze im Sinne dieser Vereinbarung gelten Einsätze in der Zeit von 22.00 Uhr bis 6.00 Uhr. Unberührt bleiben die Bestimmungen für Nachtarbeit gemäß Tarifvertrag (insb. Vergütungen).

§ 4 Durchführung der Rufbereitschaft

(1) Rufbereitschaft wird personenbezogen und stundenweise – idR für mindestens fünf Stunden – beantragt.

(2) Die Dauer der Rufbereitschaft soll pro Mitarbeiterin/Mitarbeiter eine Woche oder zwei Wochenenden im Monat und vier Wochenenden im Quartal nicht überschreiten. Ausnahmen sind zu begründen.

(3) Anträge auf Rufbereitschaft sind mit den Mitarbeiterinnen und Mitarbeitern nach Kenntnis der Sachlage unverzüglich abzustimmen und dem Betriebsrat mit entsprechender Begründung zur Mitbestimmung vorzulegen.

(4) Die Mitarbeiterin/der Mitarbeiter kann während der Rufbereitschaft ihren/seinen Aufenthaltsort selbst bestimmen. Sie/er ist jedoch verpflichtet, dafür zu sorgen, dass sie/er von der anfordernden Stelle erreichbar ist. Die Mitarbeiterin/der Mitarbeiter hat unverzüglich, dh innerhalb von 30 Minuten, zurückzurufen und, soweit erforderlich, idR innerhalb einer Stunde persönlich am Einsatzort zu erscheinen.

(5) Während der Teilnahme an der Rufbereitschaft werden die Mitarbeiterinnen/Mitarbeiter mit einem Cityfunkgerät, Europieper, Funktelefon o.Ä. ausgerüstet. Private Telefonnummern werden an Dritte nicht weitergegeben. Für Notfälle privater Art ist es der Mitarbeiterin/dem Mitarbeiter gestattet, das Funktelefon zu benutzen, wenn die Benutzung des eigenen Telefons nicht möglich ist.

(6) Die Verwendung von Laptops wird separat geregelt. Ausnahmen in Einzelfällen bedürfen der Zustimmung des Betriebsrats.

§ 5 Einsatz während der Rufbereitschaft

(1) Während der Einsatzzeit sind die Pausenregelung und die sonstigen Bestimmungen des Arbeitszeitgesetzes (zB 11 Stunden Ruhezeit zwischen Einsatzende und Arbeitsbeginn) sowie anderer gesetzlicher Schutzvorschriften (zB Jugendarbeitsschutzgesetz, Mutterschutzgesetz, SGB IX) einzuhalten. Die Kernrichtzeitregelung der Betriebsvereinbarung „Gleitende Arbeitszeit" entfällt für den nächsten Tag.

(2) Damit die Mitarbeiterin/der Mitarbeiter aus der Teilnahme an der Rufbereitschaft keine Nachteile hat, wird an dem auf dem Einsatz folgenden Arbeitstag mindestens die tägliche Sollarbeitszeit gutgeschrieben. Protokollnotiz 1: Die Parteien sind sich darüber einig, dass die Zeit zwischen üblichen und tatsächlichen Arbeitsbeginn gutgeschrieben wird, wenn die Regelungen aus dieser Betriebsvereinbarung eine frühere Arbeitsaufnahme ausschließen.

(3) Wird eine Mitarbeiterin/ein Mitarbeiter zu einem Nachteinsatz herangezogen, sollte sie/er am Folgetag nicht zur regulären Arbeit erscheinen. In diesem Fall verlängert sich die Rufbereitschaft bis zum Folgetag bis 12.00 Uhr. Die verlängerte Rufbereitschaft endet jedoch, wenn die Mitarbeiterin/der Mitarbeiter wieder die reguläre Arbeit aufnimmt. Die bestehende Rufbereitschaft bleibt davon unberührt.

(4) Fallen an Sonn- oder Feiertagen in erheblichem Umfang Einsätze an, wird die Mitarbeiterin/der Mitarbeiter idR am Folgetag, mindestens aber innerhalb von zwei Wochen freigestellt. Es wird ihr/ihm die tägliche Sollarbeitszeit gutgeschrieben. Die bestehende Rufbereitschaft bleibt davon unberührt. Protokollnotiz 2: Die Parteien sind sich darüber einig, dass ein Einsatz in erheblichem Umfang dann vorliegt, wenn die Summe der Einsatzzeiten zzgl der tariflichen Zuschläge größer ist, als die tägliche Sollarbeitszeit.

(5) Monatlich wird dem Betriebsrat eine vollständige Aufstellung aller geleisteten Einsätze pro Mitarbeiterin/Mitarbeiter vorgelegt.

§ 6 Abgeltung von Rufbereitschaft

(1) Rufbereitschaft und Zuschläge sind grundsätzlich in Freizeit auszugleichen. Die Zeitgutschrift beträgt 1/3 der Rufbereitschaft und wird auf dem Mehrarbeitskonto verwaltet.

(2) In Ausnahmefällen (persönliche bzw betriebliche Belange) kann stattdessen eine Vergütung erfolgen. Sie beträgt ... EUR/Std. Die Vergütung wird in Anlehnung an Tariferhöhungen angepasst.

(3) An Sonnabenden erfolgt ein Zuschlag von 50 %, an Sonn- und Feiertagen sowie an Bankfeiertagen von 100 %.

Alternativ:

(1) Rufbereitschaft wird mit ... EUR/Std. vergütet, mindestens jedoch für fünf Stunden pro Tag. Die Vergütung wird in Anlehnung an Tariferhöhungen angepasst.

(2) An Sonnabenden, Sonn- und Feiertagen sowie tariflich freien Tagen werden Zuschläge analog den Regelungen bzgl Mehrarbeit im Manteltarifvertrag gezahlt, dh zzt. an Sonnabenden 50 %, an Sonn- und Feiertagen sowie an tariflich freien Tagen 100 %.

(3) Auf Wunsch der Mitarbeiterin/des Mitarbeiters erfolgt statt der Vergütung eine Zeitgutschrift, sofern dem keine dringenden betrieblichen Belange entgegenstehen. Die Zeitgutschrift beträgt 1/3 der Rufbereitschaftszeit (zzgl der Zuschläge) und wird auf dem Überstundenkonto verwaltet.

§ 7 Abgeltung bei Einsätzen

(1) Der Anspruch auf Vergütung aus der Rufbereitschaft bleibt bei Einsätzen in voller Höhe erhalten. Darüber hinaus wird an Tagen mit Rufbereitschaft keine Mehrarbeit geleistet.

(2) Einsatzzeiten werden je angefangene halbe Stunde auf 30 Minuten aufgerundet. Mehrere Einsätze innerhalb einer halben Stunde werden grundsätzlich zusammengerechnet. Für Nachteinsätze werden mindestens drei Stunden (zzgl Zuschlägen) gutgeschrieben. An- und Abfahrtzeiten gelten als Arbeitszeiten.

(3) Aufwendungen und Auslagen anlässlich der Rufbereitschaft (zB Fahrt- und Telefonkosten) werden erstattet.

§ 8 Versicherung/Haftung

(1) Notwendige Fahrten im Rahmen der Rufbereitschaft (auch zwischen Ausgangs- und Einsatzort) werden einer Dienstfahrt gleichgestellt. Anlässlich von Dienstfahrten ist die Mitarbeiterin/der Mitarbeiter im Rahmen einer Gruppen-Unfallversicherung geschützt.

(2) Schäden bei genehmigten oder geduldeten Fahrten mit dem privaten Fahrzeug trägt das Unternehmen. Aus versicherungsrechtlichen Gründen darf bei Einsätzen nach 20.00 Uhr das eigene Fahrzeug nicht benutzt werden.

(3) Es gelten die Grundsätze zur Haftungsbeschränkung bei gefahrgeneigter Handlung, dh die Haftung wird auf Vorsatz oder grobe Fahrlässigkeit begrenzt.

§ 9 Konfliktmechanismus

(1) Ergeben sich aus den Regelungen der Betriebsvereinbarung Meinungsverschiedenheiten zwischen den örtlichen Betriebsparteien, so ist zunächst ein betriebsinterner Einigungsversuch auf Betriebsebene vorzunehmen.

(2) Führt dieser Einigungsversuch nicht zu einem einvernehmlichen Ergebnis, kann jede Betriebspartei eine Schiedsstelle anrufen, die aus zwei Mitgliedern des Betriebsrats sowie zwei Vertretern der Unternehmensseite besteht.

(3) Die Schiedsstelle klärt u.a.
- Fälle, in denen Widersprüche gegen Entscheidungen der/des Vorgesetzten geltend gemacht werden, und
- Eingaben von Beschäftigten.

(4) Kommt eine Einigung auch in der Schiedsstelle nicht zustande, so entscheidet die Einigungsstelle.

§ 10 Rechte und Beteiligung der Beschäftigten

Jede Mitarbeiterin und jeder Mitarbeiter hat das Recht, sich über Entscheidungen des unmittelbaren Vorgesetzten bzw der Personalfunktion bei dem Betriebsrat zu beschweren. Hieraus dürfen ihr/ihm keine Nachteile entstehen.

§ 11 Schlussbestimmungen

(1) Der Betriebsrat erhält monatlich eine Aufstellung der angefallenen Rufbereitschafts- und Einsatzzeiten.

(2) Abweichungen von den getroffenen Regelungen sind mit dem Betriebsrat zu vereinbaren.

(3) Die Betriebsvereinbarung tritt mit ihrer Unterzeichnung in Kraft. Damit sind alle bisherigen Vereinbarungen im Zusammenhang mit Rufbereitschaft usw aufgehoben.

(4) Sie kann mit einer beiderseitigen Frist von drei Monaten zum Jahresende ganz oder teilweise gekündigt werden. Die Kündigung hat schriftlich zu erfolgen. Bis zum Abschluss einer neuen Vereinbarung gelten die Regelungen dieser Vereinbarung weiter.

(5) Sollte eine Vorschrift dieser Vereinbarung nicht mit dem geltenden Recht im Einklang stehen und deshalb unwirksam sein, behalten die anderen Regelungen dieser Vereinbarung ihre Gültigkeit. Die unwirksame Regelung ist rechtskonform so auszulegen, dass sie dem beiderseitigen Wollen der Parteien entspricht.

9. Muster: Variable Arbeitszeit I

Zwischen

der Firma ...

und

dem Betriebsrat der Firma ...

werden folgende Ausführungsbestimmungen zur variablen Arbeitszeit vereinbart:

§ 1 Variable Arbeitszeit

Variable Arbeitszeit ist die Anpassung von Angebot und Nachfrage an Arbeitszeit unter Berücksichtigung der betrieblichen und persönlichen Belange bei voller Wahrung aller arbeits- und tarifrechtlichen Vorschriften.

§ 2 Praktische Auswirkungen

Jeder Mitarbeiter (im weiteren Text: auch Mitarbeiterinnen) hat innerhalb der Brandbreite (siehe § 3) die Möglichkeit, Arbeitsbeginn, Arbeitsende sowie persönlich bedingte Arbeitsunterbrechungen selbst zu bestimmen und somit seine Arbeitszeit variabel zu gestalten.

Diese Regelung setzt voraus, dass ein vorübergehend nicht besetzter Arbeitsplatz in dringenden Fällen ohne Beeinträchtigung des Betriebsablaufs von einem Mitarbeiter übernommen werden kann.

Unternehmensbereiche, die zur Verrichtung ihrer Tätigkeiten in hohem Maße auf gegenseitige Kontakte angewiesen sind, werden angehalten, nur kontaktunabhängige Arbeiten auf Zeiten außerhalb der Normaldienstzeit (siehe § 4) zu verlegen.

Ist die ordnungsgemäße Abwicklung einzelner Arbeitsabläufe von der Anwesenheit bestimmter Mitarbeiter abhängig, so ist eine Einigung auf einen verbindlichen Arbeitsbeginn und ein verbindliches Arbeitsende erforderlich; insoweit kann die Variierungsmöglichkeit eingeschränkt werden.

Vorgesetzte haben sicherzustellen, dass Mitarbeiter nur dann von der Möglichkeit Gebrauch machen, Arbeiten auf Zeiten außerhalb der Normaldienstzeit zu verlegen, wenn die volle arbeitsmäßige Auslastung gewährleistet ist.

In begründeten Ausnahmefällen und insbesondere im Kundeninteresse hat der Vorgesetzte nach Anhörung des Mitarbeiters das Recht, auch während der Bandbreite innerhalb einer Zeitgrenze

Morgens	ab 7.30 Uhr bis 10.00 Uhr
nachmittags	ab 15.00 Uhr bis Ende der Bandbreite bzw
donnerstags	ab 17.00 Uhr bis Ende der Bandbreite

Einfluss auf die Arbeitszeit der Mitarbeiter zu nehmen.

Die Arbeitsaufnahme vor Beginn der Bandbreite und die Arbeitsbeendigung nach Ende der Bandbreite müssen vom Vorgesetzten – ggf generell – genehmigt sein. Das Gleiche gilt für die Arbeit an Tagen, an denen normalerweise nicht gearbeitet wird.

§ 3 Bandbreite

Die Bandbreite umfasst den arbeitstäglichen zeitlichen Rahmen, in dem der Mitarbeiter seine Arbeitszeit ableisten muss; sie wird auf die Zeit zwischen 7.30 Uhr und 18.30 Uhr festgelegt.

Sonderregelungen werden im Einzelfall den betreffenden Unternehmensbereichen bekannt gegeben.

§ 4 Normaldienstzeit

Als Normaldienstzeit gilt wöchentlich:

Montag bis Mittwoch	7.45 Uhr bis 12.45 Uhr
	13.45 Uhr bis 16.30 Uhr
Donnerstag	7.45 Uhr bis 12.45 Uhr
	13.45 Uhr bis 18.15 Uhr
Freitag	7.45 Uhr bis 12.30 Uhr
	13.30 Uhr bis 15.45 Uhr

Diese Normaldienstzeiten beinhalten täglich eine Frühstückspause von 15 Minuten sowie eine Pause am Donnerstagnachmittag von ebenfalls 15 Minuten.

Bestehende Sonderregelungen in Form von zeitlichen Verschiebungen bzw durchgehenden Öffnungszeiten bei einigen Unternehmensbereichen gelten unverändert fort.

§ 5 Sollzeit

Die tarifliche Wochenarbeitszeit beträgt 38,5 Stunden.

Für die Dauer des derzeit geltenden Tarifvertrages wird eine 15-minütige Pause angerechnet. Daraus ergibt sich eine tägliche Sollzeit von:

Montag bis Mittwoch	7,50 Stunden (7 Stunden, 30 Minuten)
Donnerstag	9,00 Stunden
Freitag	6,75 Stunden (6 Stunden, 45 Minuten)

= wöchentliche Sollzeit 38,25 Stunden.

Ein VA-Abrechnungszeitraum beträgt drei Monate und endet am 20. der Monate Februar, Mai, August und November. Seine Sollzeit errechnet sich aus den Arbeitstagen des Abrechnungszeitraumes.

Für jede Zeiterfassungsanlage wird von der Personalabteilung eine Tabelle geliefert, aus der die kumulierte Soll-Anwesenheitszeit bis zum jeweiligen Arbeitstag und die Soll-Anwesenheitszeit des Abrechnungszeitraumes zu ersehen sind (= kumulierte Soll-Anwesenheitszeit am letzten Arbeitstag).

§ 6 Variable Arbeitszeit und Urlaub

Zwischen Variabler Arbeitszeit und Urlaubsanspruch besteht kein verrechenbarer Zusammenhang. Demnach sollen Zeitguthaben nicht in Urlaubsgutschriften und Urlaubsguthaben nicht in Zeitgutschriften umgewandelt werden.

§ 7 Variable Arbeitszeit und Überstunden

Die Variable Arbeitszeit ist von den iSd Tarifvertrages zu bezahlenden Überstunden zu trennen.

Die beim Verfahren der Variablen Arbeitszeit über die Soll-Anwesenheitszeit hinausgehenden Arbeitszeiten können grundsätzlich nicht als vergütungsberechtigte Überstunden gelten. Vergütungsberechtigte Überstunden können nur dann entstehen, wenn vom Vorstand oder einem dazu Berechtigten eine Anordnung ausgesprochen wurde.

Für alle Unternehmensbereiche einheitlich angeordnete Überstunden können über die Zeiterfassungsanlage durch Sollzeiterhöhung registriert werden.

§ 8 Höchstarbeitszeit

Die tägliche Höchstarbeitszeit einschließlich evtl angeordneter Überstunden ist auch beim Verfahren der Variablen Arbeitszeit auf 10 Stunden begrenzt. Für Mutterschutz genießende Mitarbeiterinnen beträgt die tägliche Höchstarbeitszeit 8 1/2 Stunden. Dadurch entstehende Fehlzeiten (Donnerstag) sind an anderen Tagen auszugleichen.

§ 9 Pausen

Jeder Mitarbeiter ist für die Einhaltung der den Vorschriften der Arbeitszeitordnung entsprechenden Ruhepausen selbst verantwortlich; eine zeitliche Unterschreitung der nachstehenden Ruhepausen ist nicht zulässig. Unabhängig von der gesetzlichen Pausenregelung ist eine 1/2-stündige Mittagspause unbedingt einzuhalten.

Nach dem Arbeitszeitgesetz muss bei einer Arbeitszeit von mehr als sechs Stunden eine Pause von 30 Minuten und bei einer Arbeitszeit von mehr als neun Stunden eine Pause von 45 Minuten eingehalten werden.

§ 10 Arbeitsbefreiung

Auf die Arbeitszeit anrechenbar sind die im Arbeitsvertrag vereinbarten Fälle von Arbeitsbefreiung.

Diese Vereinbarung tritt am ... in Kraft. Sie kann beiderseits mit einer Frist von vier Monaten zum Jahresende gekündigt werden.

10. Muster: Variable Arbeitszeit II (ohne Kernzeit)   111

Zwischen

der Firma ...

und

dem Betriebsrat der Firma ...

wird die nachfolgende Betriebsvereinbarung über die variable Arbeitszeitgestaltung geschlossen.

Präambel

Ziel ist die Ausrichtung der Arbeitszeit an den Anforderungen unserer Kunden und der effektiven und ressourcenschonenden Aufgabenerledigung einerseits und der Vereinbarkeit von beruflicher Tätigkeit und privater Lebenszeitgestaltung, insbesondere der Vereinbarkeit von Familie und Beruf. Die Nutzung der variablen Arbeitszeit beruht auf der Eigenverantwortung der Mitarbeiterinnen und Mitarbeiter und dem kollegialen Umgang miteinander zur Sicherstellung der Arbeitsfähigkeit der Teams, Abteilungen und Bereiche.

§ 1 Geltungsbereich

(1) Diese Betriebsvereinbarung gilt für alle Mitarbeiterinnen und Mitarbeiter (nachfolgend „Mitarbeiter" genannt). Sie gilt nicht für die leitenden Angestellten und für die Auszubildenden. Der Ausbildungszweck erlaubt die in dieser Betriebsvereinbarung vorausgesetzte eigenverantwortliche Gestaltung der Arbeitszeit nicht.

(2) Gemeinsam mit dem Betriebsrat können für einzelne Abteilungen abweichende Regelungen getroffen werden, soweit dies aufgrund der Eigenart der Arbeitsaufgabe erforderlich ist.

§ 2 Rahmenarbeitszeit

(1) Der tägliche Arbeitszeitrahmen erstreckt sich von Montag bis Freitag von 6.00 Uhr bis 22.00 Uhr.

(2) Der Bereichsleiter kann – angelehnt an die bereichsspezifischen Bedürfnisse – innerhalb dieser Rahmenarbeitszeit für seinen Bereich einen abweichenden Arbeitszeitrahmen angeben. Der Bereichsleiter beantragt dies unter Angabe der Gründe, ggf beschränkt auf einen Zeitraum, bei der Personalabteilung. Die Betriebsparteien schließen hierüber eine ergänzende Betriebsvereinbarung ab; können sie sich nicht einigen, entscheidet die Einigungsstelle.

(3) In Ausnahmefällen kann der Vorgesetzte Arbeitsbeginn oder Arbeitsende nach Anhörung des Betriebsrats und mit Einwilligung der Personalabteilung für einen begrenzten Zeitraum, der drei Monate nicht überschreiten darf, auch außerhalb des Arbeitszeitrahmens festlegen.

§ 3 Festlegung der individuellen Arbeitszeitlage

(1) Innerhalb der Rahmenarbeitszeit legen die Mitarbeiter ihre individuelle tägliche Arbeitszeit und die Pausen eigenständig fest.

(2) Die Mitarbeiter haben bei der Festlegung ihrer täglichen Arbeitszeit und der Pausen die betrieblichen Erfordernisse zu berücksichtigen. Ein Leerlauf ist zu vermeiden. Eine Arbeitsaufnahme erfordert das Vorhandensein eines ausreichenden Arbeitsvolumens oder die Notwendigkeit der Betriebsbereitschaft. Bei Beendigung der Arbeit dürfen keine unaufschiebbaren Arbeitsaufgaben unerledigt bleiben.

(3) Der Bereichsleiter kann innerhalb seines Bereichs zeitautonome Arbeitsgruppen bilden, deren Mitglieder sich untereinander zeitlich abstimmen, um eine jederzeitige Arbeitsbereitschaft zu gewährleisten.

(4) Der Bereichsleiter kann ausnahmsweise Einzelweisungen über zwingende Anwesenheitszeiten sowohl für einzelne Mitarbeiter als auch für Teams oder den gesamten Bereich festlegen, soweit dies betrieblich notwendig ist. Die Nutzung dieser Befugnis darf nicht längerfristig zur Nichtanwendung dieser Betriebsvereinbarung führen.

§ 4 Soll-Arbeitszeit

(1) Die wöchentliche Soll-Arbeitszeit beträgt für Vollzeitbeschäftigte 40 Stunden, für Teilzeitbeschäftigte den entsprechenden arbeitsvertraglich vereinbarten Anteil an der Vollarbeitszeit. Die tägliche Soll-Arbeitszeit beträgt 8 Stunden.

(2) Arbeitsbeginn ist die Aufnahme der Arbeit am Arbeitsplatz; die Erfassung erfolgt über die jeweilige IT-Applikation.

(3) Arbeitsende ist die Beendigung der Tätigkeit; die Erfassung erfolgt über die jeweilige IT-Applikation.

§ 5 Höchstarbeitszeiten

(1) Die Mitarbeiter sind verpflichtet, die Vorschriften des Arbeitszeitgesetzes zu täglichen und durchschnittlichen Höchstarbeitszeiten, Pausen und Ruhezeiten zu beachten. Danach darf die tägliche Arbeitszeit 10 Stunden nicht überschreiten. Ab einer Arbeitszeit von 6 Stunden ist eine Pause von 30 Minuten erforderlich, ab einer Arbeitszeit von 9 Stunden von 45 Minuten. Die Pausen dürfen nicht zu Beginn oder am Ende der Arbeitszeit genommen werden. Nach der täglichen Arbeitszeit ist eine Ruhenszeit von 11 Stunden einzuhalten.

(2) Bestimmte Beschäftigtengruppen müssen die weiteren, engeren gesetzlichen Vorschriften beachten. Einschränkungen sehen das Mutterschutzgesetz, das Jugendarbeitsschutzgesetz, das Sozialgesetzbuch IX für schwerbehinderte Mitarbeiter und das BEEG für Mitarbeiter in der Elternzeit vor. Die Personalabteilung gibt hierüber jederzeit im Einzelnen Auskunft.

§ 6 Anrechenbarkeit von Abwesenheitszeiten auf die Soll-Arbeitszeit

(1) Folgende Abwesenheitszeiten werden auf die Soll-Arbeitszeit angerechnet:
- Arbeitsunfähigkeit
- Dienstreisen und Kundenbesuche
- Fortbildungsveranstaltung, soweit diese während der üblichen Dienstzeiten erfolgen, mit maximal der durchschnittlichen täglichen Soll-Arbeitszeit
- Urlaub und Bildungsurlaub nach dem Weiterbildungsgesetz des Landes
- Mitarbeit im Rahmen der Ausbildung, zB als Prüfer bei der IHK

- Arztbesuche in Notfällen, die mit einer Arbeitsunfähigkeit einhergehen
- Vorstellung beim Betriebsarzt auf Veranlassung des Arbeitgebers
- Wahrnehmung von Betriebsratsaufgaben nach dem BetrVG

(2) Nicht anrechenbar sind:
- 1. Pausen
- 2. Arztbesuche, die nicht mit Arbeitsunfähigkeit einhergehen
- 3. Behördengänge
- 4. Teilnahme an Betriebsfeiern
- 5. Zeiten, in denen der Mitarbeiter am Arbeitsplatz keine dienstlichen Tätigkeiten ausübt, zB die private Nutzung von Internet oder E-Mail-Systemen

(3) Der Mitarbeiter hat Korrekturanträge, die zur Anerkennung von Abwesenheitszeiten als Arbeitszeiten führen sollen oder die aufgrund von sonstigen Unrichtigkeiten des Zeitkontos gestellt werden, innerhalb von 30 Kalendertagen über seinen Vorgesetzten bei der Personalabteilung einzureichen.

§ 7 Zeitausgleich

(1) Der positive oder negative Zeitsaldo wird arbeitstäglich aus dem Vergleich zwischen individueller Soll-Zeit und individueller Ist-Zeit ermittelt.

(2) Der Mitarbeiter ist verpflichtet, seine Soll-Arbeitszeit zu erbringen. Ein negatives Zeitsaldo darf für Vollzeitbeschäftigte 40 Stunden, es soll im Regelfall 20 Stunden nicht überschreiten. Für Teilzeitbeschäftigte gelten die Grenzen entsprechend dem Anteil ihrer individuellen Arbeitszeitdauer an der Arbeitszeitdauer eines Vollzeitbeschäftigten.

(3) Positive Zeitsalden können in Freizeit abgebaut werden. Die Freizeitnahme darf zusammenhängend einen Tag nicht überschreiten und darf nicht zusammenhängend mit Erholungsurlaub genommen werden.

(4) Positive Zeitsalden, die am Monatsende bestehen, können auf Antrag des Mitarbeiters, der über den Vorgesetzten bei der Personalabteilung zu stellen ist, ausgezahlt werden. Sie werden zwingend ausgezahlt, wenn das positive Zeitsaldo 80 Stunden erreicht hat.

§ 8 Missbrauch

Sofern der begründete Verdacht besteht, dass Mitarbeiter die Möglichkeiten der variablen Arbeitszeit missbräuchlich einsetzen und/oder gegen gesetzliche Arbeitszeitvorschriften verstoßen und/oder sich ihnen nicht zustehende Zeitgutschriften erschleichen, können diese Mitarbeiter von dem Bereichsleiter nach Anhörung der Betriebsrats und mit Einwilligung der Personalabteilung von der variablen Arbeitszeit ausgeschlossen werden. In diesem Fall legt der Arbeitgeber die Lage der Arbeitszeit im Wege des Direktionsrechts nach § 106 GewO im Einvernehmen mit dem Betriebsrat fest. Arbeitsrechtliche Maßnahmen wie Ermahnung, Abmahnung oder Kündigung des Arbeitsverhältnisses bleiben hiervon unberührt.

§ 9 Inkrafttreten, Beendigung der Betriebsvereinbarung, Nachwirkung

(1) Die Betriebsvereinbarung tritt mit Unterzeichnung in Kraft. Sie ersetzt zugleich sämtliche bestehenden Regelungen zur Gleitzeit oder variablen Arbeitszeit.

(2) Es gelten die gesetzlichen Kündigungsfristen und die gesetzlichen Regelungen zur Nachwirkung.
↑

11. Muster: Lebensarbeitszeitkonten (Work-Life-Balance)

Zwischen

der Firma ...

und

dem Betriebsrat der Firma ...

wird folgende Betriebsvereinbarung über eine bessere Vereinbarkeit von Arbeit und Privatleben – Work-Life-Balance – durch Einrichtung von Lebensarbeitszeitkonten abgeschlossen:

§ 1 Geltungsbereich

Diese Betriebsvereinbarung gilt für alle Mitarbeiterinnen und Mitarbeiter und Auszubildende (nachfolgend „Mitarbeiter" genannt).

§ 2 Lebensarbeitszeitkonten

(1) Das Unternehmen führt mit Wirkung ab dem ... für alle Mitarbeiter Lebensarbeitszeitkonten ein. Die rechtlichen Regeln über die Führung richten sich nach den jeweiligen gesetzlichen Bestimmungen, insbesondere in Bezug auf die Sozialversicherungsbeiträge nach den §§ 7 b ff SGB IV, den einschlägigen tarifvertraglichen Bestimmungen, nach dieser Betriebsvereinbarung sowie günstigeren arbeitsvertraglichen Bestimmungen mit dem jeweiligen Mitarbeiter.

(2) Ziel der Lebensarbeitskonten ist es, den Mitarbeitern die Möglichkeit der bezahlten Freistellung von der Arbeitsleistung oder der Verringerung der vertraglich vereinbarten Arbeitszeit einzuräumen.

(3) Wertguthaben aus dem Lebensarbeitszeitkonto können verwendet werden für gesetzlich geregelte vollständige oder teilweise Freistellungen von der Arbeitsleistung oder gesetzlich geregelte Verringerungen der Arbeitszeit, insbesondere für Zeiten,

a) in denen der Mitarbeiter nach § 3 des Pflegezeitgesetzes vom 28. Mai 2008 (BGBl. I S. 874, 896) in der jeweils geltenden Fassung einen pflegebedürftigen nahen Angehörigen in häuslicher Umgebung pflegt,

b) in denen der Mitarbeiter nach § 15 des Bundeselterngeld- und Elternzeitgesetzes ein Kind selbst betreut und erzieht,

c) für die der Mitarbeiter eine Verringerung seiner vertraglich vereinbarten Arbeitszeit nach § 8 des Teilzeit- und Befristungsgesetzes verlangen kann; § 8 des Teilzeit- und Befristungsgesetzes gilt mit der Maßgabe, dass die Verringerung der Arbeitszeit auf die Dauer der Entnahme aus dem Wertguthaben befristet werden kann.

(4) Wertguthaben aus dem Lebensarbeitszeitkonto können außerdem verwendet werden für vertraglich vereinbarte vollständige oder teilweise Freistellungen von der Arbeitsleistung oder vertraglich vereinbarte Verringerungen der Arbeitszeit, insbesondere für Zeiten,

a) die unmittelbar vor dem Zeitpunkt liegen, zu dem der Mitarbeiter eine Rente wegen Alters nach dem Sechsten Buch des Sozialgesetzbuches (SGB VI) bezieht oder beziehen könnte oder

b) in denen der Mitarbeiter an beruflichen Qualifizierungsmaßnahmen teilnimmt.

§ 3 Ansparmodell

(1) Ausgehend von der arbeitsvertraglich mit dem Mitarbeiter vereinbarten Arbeitszeit werden jeweils zum Monatsende Plusstunden (Stunden, die über die vereinbarte Arbeitszeit in diesem Monat hinausgehen) als Wertguthaben in das Lebensarbeitszeitkonto übertragen.

(2) Entschuldigte Fehlzeiten mit Lohnanspruch (Entgeltfortzahlung nach dem EFZG, Urlaub etc.) werden nach den jeweiligen gesetzlichen, tarifvertraglichen oder durch Betriebsvereinbarung normierten Umrechnungsregeln als Zeiten gewertet.

(3) Die Guthabenzeiten werden im Lebensarbeitszeitkonto in Euro umgerechnet als Guthaben geführt. Hierzu wird der auf eine Arbeitsstunde entfallende Euro-Betrag je gearbeiteter Plusstunde angesetzt.

(4) Zeitzuschläge für Schichtarbeit, Sonn- und Feiertagsarbeit, Nacharbeit, Bereitschaftszeiten oder Überstunden und Mehrarbeit nach der Betriebsvereinbarung ... (alternativ: den §§ ... des ...-Tarifvertrages) werden ebenfalls in Euro umgerechnet und dem Lebensarbeitszeitkonto des Mitarbeiters hinzugeschrieben.

§ 4 Sozialversicherungsbeiträge

(1) Die Sozialversicherungspflicht des Lebensarbeitszeitkontos richtet sich nach den jeweiligen gesetzlichen Bestimmungen, derzeit den §§ 7 Abs. 1 a, 7 b–7 f SGB IV.

(2) Die Sozialversicherungspflicht tritt nach den derzeitigen gesetzlichen Bestimmungen erst in dem Zeitraum ein, in dem das Wertguthaben aus dem Lebensarbeitszeitkonto jeweils ausgezahlt wird.

(3) Der Arbeitgeberbeitrag zur Sozialversicherung wird bereits im Zeitpunkt der jeweiligen Wertgutschrift dem Lebensarbeitszeitkonto zugeführt, § 7 d Abs. 1 SGB IV.

§ 5 Lohnbesteuerung

Nach den derzeitigen gesetzlichen Vorschriften tritt der Zufluss des Lohnes erst jeweils in dem Monat ein, in dem der Wertguthabenbetrag vom Konto an den Mitarbeiter ausgezahlt wird.

§ 6 Unterrichtungspflicht des Arbeitgebers

Der Arbeitgeber hat jeden Mitarbeiter mindestens einmal jährlich in Textform über die Höhe seines im Lebensarbeitszeitkonto enthaltenen Arbeitsentgeltguthabens zu unterrichten.

§ 7 Insolvenzsicherung

Der Arbeitgeber ist verpflichtet, die Wertguthaben aller Lebensarbeitszeitkonten gegen den Insolvenzfall gemäß den gesetzlichen Bestimmungen des § 7 e SGB IV abzusichern und den Mitarbeitern hierüber unaufgefordert, jeweils zum Jahresbeginn, einen Nachweis zu erbringen.

§ 8 Übertragung des Lebensarbeitszeitkontos im Fall der vorzeitigen Beendigung des Arbeitsverhältnisses

Bei Beendigung des Arbeitsverhältnisses kann der Mitarbeiter durch schriftliche Erklärung gegenüber dem Arbeitgeber verlangen, dass das Wertguthaben seines Lebensarbeitszeitkontos

a) auf den neuen Arbeitgeber übertragen wird, wenn dieser mit dem Beschäftigten eine Wertguthabenvereinbarung nach § 7 b SGB IV abgeschlossen und der Übertragung zugestimmt hat oder

b) auf die Deutsche Rentenversicherung Bund übertragen wird, wenn das Wertguthaben einschließlich des Gesamtsozialversicherungsbeitrages einen Betrag in Höhe des Sechsfachen der monatlichen Bezugsgröße in der Sozialversicherung übersteigt; die Rückübertragung ist ausgeschlossen.

§ 9 Opt-Out-Recht

Jeder Mitarbeiter kann durch unwiderrufliche schriftliche Erklärung gegenüber dem Arbeitgeber verlangen, nicht am Lebensarbeitszeitkontenmodell teilzunehmen. Dieses Opt-Out-Recht besteht für jeden Mitarbeiter nur einmalig. In zum Zeitpunkt des Inkrafttretens dieser Betriebsvereinbarung bereits bestehenden Arbeitsverhältnissen ist das Opt-Out-Recht bis spätestens zum ... auszuüben. Bei nach Inkrafttreten dieser Betriebsvereinbarung begründeten Arbeitsverhältnissen ist das Opt-Out-Recht im ersten Monat des Bestehens des Arbeitsverhältnisses auszuüben.

§ 10 Inkrafttreten, Beendigung, Nachwirkung

Die Betriebsvereinbarung tritt mit Unterzeichnung in Kraft. Sie kann mit einer Frist von drei Monaten gekündigt werden. Im Falle der Kündigung wirkt die Betriebsvereinbarung in den Teilen nach, in denen sie Tatbestände der zwingenden Mitbestimmung regelt. Kommt eine Einigung über eine Neuregelung nicht zustande, entscheidet die Einigungsstelle.

12. Muster: Freizeitruhe-Garantie (Verbot digitaler Freizeitstörung durch den Arbeitgeber/Work-Life-Balance)

Zwischen

der Firma ...

und

dem Betriebsrat der Firma ...

wird folgende Betriebsvereinbarung über eine bessere Vereinbarkeit von Arbeit und Privatleben – Work-Life-Balance – durch den Schutz vor Selbstausbeutung in der Freizeit abgeschlossen:

§ 1 Geltungsbereich

Diese Betriebsvereinbarung gilt für alle Mitarbeiterinnen und Mitarbeiter und Auszubildende (nachfolgend „Mitarbeiter" genannt).

§ 2 Abgrenzung Arbeitszeit und Freizeit

(1) Das Unternehmen hält die vereinbarten Regelungen zur Arbeitszeit ein; der Betriebsrat hat einen korrespondierenden Durchführungsanspruch aus den hierzu abgeschlossenen Betriebsvereinbarungen.

(2) Arbeit außerhalb des Betriebes ist nur zulässig:

a) für Mitarbeiter mit Home-Office in den vereinbarten festen Arbeitszeiten;

b) für Mitarbeiter im Außendienst innerhalb der Arbeitszeiten nach der Betriebsvereinbarung ...;

c) für Mitarbeiter auf – sonstigen – Dienstreisen innerhalb der Arbeitszeiten nach der Betriebsvereinbarung „Dienstreisen".

(3) Zur Sicherung der Freizeit als Ruhe- und Erholungsphase zwischen dem Ende der arbeitstäglichen Arbeit und dem Beginn der Arbeit am nächsten Arbeitstag werden die folgenden Regelungen getroffen.

§ 3 Digitale Störungsfreiheit in der Freizeit

(1) Das Unternehmen stellt technisch sicher, dass mit dem Zeitpunkt des Ausloggens aus dem betrieblichen Rechnernetzwerk keine dienstlichen E-Mails mehr auf externe Rechner oder Smartphones oder sonstige internetfähige Geräte des jeweiligen Mitarbeiters weitergeleitet werden können.

(2) Auch ein Upstream-Einloggen durch den Mitarbeiter während der Auslogg-Phase wird technisch ausgeschlossen. Dienstliche E-Mails dürfen von den Mitarbeitern außerhalb der Arbeitszeit nicht versandt werden.

(3) Das Unternehmen stellt sicher, dass die Mitarbeiter nach Ausloggen aus dem betrieblichen Rechnernetzwerk nicht mit externen Geräten während der Freizeit sich in das Netzwerk einloggen können.

(4) Gleiches gilt für telefonische Kontakte. Das Unternehmen stellt sicher, dass Mitarbeiter nach Verlassen des Betriebsgeländes und außerhalb der Arbeitszeit nicht vom Unternehmen kontaktiert werden und umgekehrt.

§ 4 Arbeitsverbot der Mitarbeiter

(1) Arbeit während der Freizeit ist verboten. Das Unternehmen überwacht die Einhaltung des Arbeitsverbotes durch geeignete und zulässige Maßnahmen in Abstimmung mit dem Betriebsrat in jedem Einzelfall.

(2) Verstöße werden arbeitsrechtlich mit angemessenen Maßnahmen gegenüber dem Mitarbeiter und gegebenenfalls weiteren Beteiligten, insbesondere den Vorgesetzten, geahndet. Der Betriebsrat ist hierüber in jedem Einzelfall vorab zu unterrichten. Weitere Beteiligungsrechte – zB nach § 102 BetrVG – bleiben unberührt.

(3) Jeder Mitarbeiter hat das Recht, Verstöße gegen das Arbeitsverbot anzuzeigen, sowohl dann, wenn sie ihn selbst betreffen, als auch in Bezug auf andere Mitarbeiter.

§ 5 Inkrafttreten, Beendigung, Nachwirkung

Die Betriebsvereinbarung tritt mit Unterzeichnung in Kraft. Sie kann mit einer Frist von drei Monaten gekündigt werden. Im Falle der Kündigung wirkt die Betriebsvereinbarung in den Teilen nach, in denen sie Tatbestände der zwingenden Mitbestimmung regelt. Kommt eine Einigung über eine Neuregelung nicht zustande, entscheidet die Einigungsstelle.

II. Betriebliche Ordnung

1. Muster: Alkoholmissbrauch[21]

Zwischen

der Firma ...

und

dem Betriebsrat der Firma ...

wird die nachfolgende Betriebsvereinbarung über Alkoholmissbrauch geschlossen:

§ 1 Mitnahme alkoholischer Getränke

Die Mitnahme alkoholischer Getränke in den Betrieb ist grundsätzlich verboten. Die Mitnahme ist nur aus besonderem Anlass gestattet. Ein solcher Anlass können betriebliche Feiern, Jubiläen oder Geschenksituationen sein, bei denen von einer Mitarbeiterin/einem Mitarbeiter einer anderen Mitarbeiterin/einem anderen Mitarbeiter eine Flasche Wein etc. zum Geschenk gemacht wird.

§ 2 Alkoholgenuss im Betrieb

Der Genuss von Alkohol im Betrieb während der Arbeitszeit ist grundsätzlich verboten. Das Alkoholverbot gilt auch während der Pausen. Jede Mitarbeiterin/Jeder Mitarbeiter hat den Betrieb in nüchternem Zustand zu betreten. Ausnahmen vom Verbot des Alkoholgenusses sind nur im Zusammenhang mit betrieblichen Feiern und ähnlichen Gelegenheiten gestattet, wenn eine Zustimmung des zuständigen Vorgesetzten vorliegt.

§ 3 Verhinderung von Alkoholgenuss im Betrieb

Vorgesetzte mit Führungsverantwortung, der Sicherheitsingenieur, die Betriebs-, Bereichs- und Abteilungsleiter sind verpflichtet, im Rahmen ihrer Möglichkeiten dafür Sorge zu tragen, dass keine alkoholischen Getränke am Arbeitsplatz oder im Betrieb getrunken werden.

---

21 BAG 13.2.1990 – 1 ABR 11/89, AiB 1991, 272.

§ 4 Sofortmaßnahmen bei festgestellter Alkoholisierung

Stellt eine Mitarbeiterin/ein Mitarbeiter oder Vorgesetzter fest, dass Verdacht auf Angetrunkenheit oder Volltrunkenheit besteht, ist eine sofortige Entscheidung über die Nichtbeschäftigung der Mitarbeiterin/des Mitarbeiters herbeizuführen. Angetrunkenheit erkennt man erfahrungsgemäß an unsicherem Gang, Alkoholfahne sowie Beeinträchtigungen im Sprechen. Mitarbeiterinnen/Mitarbeiter, die derartige Merkmale feststellen, haben den Vorgesetzten zu unterrichten, Vorgesetzte haben eine Messung der Blutalkoholkonzentration bei der Mitarbeiterin/dem Mitarbeiter zu veranlassen.

Die Mitarbeiterin/Der Mitarbeiter soll in einem solchen Falle befragt werden, ob sie/er damit einverstanden ist, dass sie/er sich einem Atem-Alkohol-Test oder einer Blutentnahme durch einen Arzt unterzieht. Der Mitarbeiterin/Dem Mitarbeiter soll angeboten werden, dass bei der Alkoholüberprüfung ein Mitglied des Betriebsrats zugegen ist. Erklärt sich die Mitarbeiterin/der Mitarbeiter einverstanden, soll die Maßnahme durchgeführt werden. Erklärt sich die Mitarbeiterin/der Mitarbeiter nicht einverstanden, haben die Beteiligten einen Vermerk zu fertigen, aus dem die Feststellungen zur Alkoholisierung der Mitarbeiterin/des Mitarbeiters hervorgehen. Die Mitarbeiterin/Der Mitarbeiter ist sofort nach Hause zu schicken. Es ist sicherzustellen, dass sie/er nicht ihr/sein privates Kraftfahrzeug auf dem Nachhauseweg benutzt.

Der Vermerk ist der Personalabteilung unverzüglich vorzulegen. Der Vermerk ist vorab von dem Vorgesetzten und etwaigen Zeugen zu unterzeichnen.

§ 5 Arbeitsrechtliche Maßnahmen

Bei einmaligem Fehlverhalten durch Alkoholmissbrauch ist die Mitarbeiterin/der Mitarbeiter abzumahnen. Bei mehrmaligem Alkoholmissbrauch ist nach Abwägung aller Umstände des Einzelfalles eine ordentliche Kündigung auszusprechen, in extremen Fällen kann auch eine fristlose Kündigung als geeignetes Mittel in Betracht kommen, insbesondere dann, wenn aufgrund bestehender Unfallverhütungsvorschriften die Beschäftigung einer/eines wiederholt alkoholisierten Mitarbeiterin/Mitarbeiters in bestimmten Bereichen wie Außendienst, als Kraftfahrer, Bagger- oder Kranfahrer etc. untersagt ist.

§ 6 Suchtprävention und -behandlung

Mit durch Alkoholmissbrauch auffälligen Mitarbeiterinnen/Mitarbeitern wird durch den Vorgesetzten, einen Mitarbeiter der Personalabteilung und den Suchtbeauftragten ein Aufklärungsgespräch geführt. In diesem Gespräch wird der Mitarbeiterin/dem Mitarbeiter geeignete Hilfestellung angeboten, indem auf die Beratung durch den Suchtbeauftragten und die Suchtberatungsstellen von karitativen Organisationen hingewiesen und entsprechendes Informationsmaterial ausgehändigt wird.

Die Mitarbeiterin/der Mitarbeiter wird befragt, ob sie/er nach eigener Einschätzung Probleme im Umgang mit Alkohol hat, die auf eine Abhängigkeit hindeuten können. Der Mitarbeiterin/dem Mitarbeiter wird dringend empfohlen, sich in die Beratung einer karitativen Beratungsstelle zu begeben und hierüber einen Nachweis in Form einer Bescheinigung beizubringen. Hierfür wird eine Frist von zehn Tagen eingeräumt und ein weiteres Gespräch nach Ablauf dieser Frist anberaumt.

Bei von der Mitarbeiterin/von dem Mitarbeiter erklärtem oder nachgewiesenem Krankheitsbild ist die Mitarbeiterin/der Mitarbeiter verpflichtet, sich einer Entziehungskur (Entgiftung und Reha-Maßnahme) zu unterziehen. Kommt sie/er dieser Aufforderung nicht nach, kann nach Abwägung aller Interessen eine ordentliche Kündigung ausgesprochen werden. Kommt die Mitarbeiterin/der Mitarbeiter der Aufforderung nach, wird sie/er jedoch rückfällig, ist ebenfalls eine verhaltensbedingte Kündigung im Regelfalle gerechtfertigt.

Verneint die Mitarbeiterin/der Mitarbeiter auch im zweiten Gespräch, ein Problem im Umgang mit Alkohol zu haben, das Krankheitswert besitzt, wird sie/er darauf hingewiesen, dass dann davon ausgegangen werden muss, dass die festgestellten Verstöße gegen den in dieser Betriebsvereinbarung festgelegten Umgang mit

Alkohol verschuldet erfolgt sind mit der Folge, dass arbeitsrechtliche Maßnahmen nach § 5 dieser Betriebsvereinbarung ergriffen werden müssen.

§ 7 Geltungsbereich, Inkrafttreten

Die Betriebsvereinbarung gilt für alle Mitarbeiter iSd Betriebsverfassungsgesetzes einschließlich der Auszubildenden. Sie tritt am Tage ihrer Unterzeichnung in Kraft. Sie kann mit einer Frist von drei Monaten gekündigt werden und wirkt nach bis zu dem Zeitpunkt, an dem sie durch eine andere Betriebsvereinbarung ersetzt wird.

2. Muster: Allgemeine Arbeitsordnung

Präambel

Im Interesse eines gedeihlichen Zusammenwirkens aller Mitarbeiterinnen und Mitarbeiter im Betrieb, zur Wahrung der bei Organisationsabläufen notwendigen Klarheit und zur Verwirklichung der Unternehmensziele durch alle Mitarbeiterinnen und Mitarbeiter vereinbaren Arbeitgeber und Betriebsrat die nachfolgende Allgemeine Betriebsordnung. Zwischen Betriebsrat und Arbeitgeber und Betriebsrat besteht Einigkeit, dass die Allgemeine Arbeitsordnung kein statisches Regelwerk sein soll, sondern in Abständen zur Anpassung an veränderte Wettbewerbs- und Arbeitsbedingungen angepasst werden muss.

Gemäß § 77 Abs. 4 BetrVG wirkt die Arbeitsordnung in ihrer jeweils gültigen Fassung unmittelbar und zwingend auf das Arbeitsverhältnis jedes einzelnen Arbeitnehmers ein.

A. Einstellung

§ 1 Einstellungsvoraussetzungen

(1) Alle Bewerberinnen/Bewerber müssen die üblichen Arbeitspapiere, wie Lohnsteuerkarte, Versicherungsnachweisheft, Nachweisheft, Urlaubsbescheinigung des letzten Arbeitgebers, Ausweise, Zeugnisse und den ausgestellten Einstellungsfragebogen bei der Personalabteilung einreichen. Die Personalabteilung fordert außerdem die Anfertigung von Passbildern für Personalabteilung und Werksausweis an.

(2) Die Bewerberinnen/Bewerber haben Fragen über ihre persönlichen und beruflichen Verhältnisse wahrheitsgemäß und vollständig zu beantworten. Über Vorstrafen, die für die vorgesehene Tätigkeit von Bedeutung sind, müssen die Bewerberinnen/Bewerber wahrheitsgemäß Auskunft erteilen.

(3) Wer unrichtige Ausweispapiere oder Zeugnisse vorlegt oder im Einstellungsfragebogen bewusst wahrheitswidrige oder unvollständige Angaben macht, muss mit einer fristlosen Kündigung oder einer Anfechtung der Willenserklärung bei Abschluss des Arbeitsvertrages rechnen.

(4) Blindbewerbungen werden dem Betriebsrat gebündelt im Verfahren des § 99 BetrVG zugeleitet.

(5) Abgelehnte Bewerbungen und abgelehnte Blindbewerbungen reicht die Personalabteilung schnellstmöglich und vollständig an die Bewerber zurück.

§ 2 Ärztliche Untersuchung

(1) Innerhalb der ersten drei Monate nach der Einstellung unterzieht sich jede Bewerberin/jeder Bewerber einer gesundheitlichen Eignungsuntersuchung beim Werksarzt. Befund und Befundunterlagen verbleiben in den Akten des Werksarztes. Der Werksarzt fertigt einen Bescheid, in dem er der Personalabteilung Mitteilung über die gesundheitliche Eignung macht.

(2) Hält der Werksarzt die Mitarbeiterin/den Mitarbeiter nicht für gesundheitlich geeignet, endet das Arbeitsverhältnis 14 Tage nach Zugang einer Kopie des werkärztlichen Bescheids.

(3) Hält die Personalabteilung über die werksärztliche Untersuchung hinausgehende, weitergehende fachärztliche Feststellungen für erforderlich, hat sich die Mitarbeiterin/der Mitarbeiter der Untersuchung eines von der Firma beauftragten Arztes zu unterziehen. Die Kosten trägt die Firma.

(4) Mit der Beschäftigung von Jugendlichen darf nur begonnen werden, wenn die nach dem JArbSchG vorgesehene ärztliche Untersuchung durchgeführt worden ist. Gleiches gilt für solche Arbeitnehmerinnen/Arbeitnehmer, für deren Beschäftigung auf bestimmten Arbeitsplätzen eine ärztliche Untersuchung gesetzlich vorgesehen ist.

(5) Jede Mitarbeiterin/Jeder Mitarbeiter ist verpflichtet, wenn sie/er eine ansteckende Krankheit hat oder in einer Weise erkrankt ist, dass sich hierdurch eine Gefährdung der übrigen Mitarbeiter ergeben könnte, die Personalabteilung unverzüglich zu unterrichten.

§ 3 Werksausweis

(1) Jede Mitarbeiterin/Jeder Mitarbeiter erhält mit der Arbeitsaufnahme einen Werksausweis. Der Werksausweis ist beim Betreten und Verlassen des Betriebsgeländes dem Pförtner unaufgefordert vorzuzeigen bzw. zur Öffnung von Toren und Absperrungen zu benutzen.

(2) Der Werksausweis ist Eigentum der Firma und bei Beendigung des Arbeitsverhältnisses Zug um Zug mit der Aushändigung der Arbeitspapiere zurückzugeben. Ein etwaiger Verlust des Werksausweises ist, sobald die Mitarbeiterin/der Mitarbeiter dies bemerkt, dem Werkschutz unter Angabe der Umstände, bei denen der Verlust eingetreten ist, zu melden.

§ 4 Einstellungsverfahren

(1) Arbeitsverträge werden schriftlich geschlossen.

(2) Schriftform ist auch bei Teilzeitkräften, Aushilfsmitarbeitern und befristeten Arbeitsverhältnissen unabdingbar.

(3) Alle krankenversicherungspflichtigen Mitarbeiterinnen/Mitarbeiter werden Mitglied der Betriebskrankenkasse. Ausnahmen sind nur möglich, wenn die Mitarbeiterin/der Mitarbeiter Mitglied einer öffentlich-rechtlichen Kranken- oder Ersatzkasse ist oder der Bundesknappschaft angehört.

§ 5 Belehrung, Einweisung

(1) Jede Mitarbeiterin/Jeder Mitarbeiter hat vor Arbeitsaufnahme in ihre/seine künftige Arbeit von ihrem/seinem Vorgesetzten oder einer/einem Kollegin/Kollegen eingewiesen zu werden.

(2) Außerdem ist sie/er zu belehren über die Art ihrer/seiner Tätigkeit und ihrer/seiner Einordnung in den Arbeitsablauf des Betriebes, über die bestehenden Unfall- und Gesundheitsgefahren, über entsprechende Abwehrmaßnahmen und über die in der Firma bestehenden Maßnahmen zur Sicherung des Umweltschutzes.

§ 6 Probe- und Aushilfsarbeitsverhältnisse

(1) Mit jeder Arbeitnehmerin/jedem Arbeitnehmer wird regelmäßig zunächst ein Probearbeitsverhältnis begründet. Bei gewerblichen Arbeitnehmern dauert die Probezeit drei Monate, bei Angestellten beträgt die Probezeit sechs Monate. Der Arbeitgeber ist auch befugt, das Probearbeitsverhältnis als befristetes Arbeitsverhältnis auszugestalten.

(2) Aushilfsarbeitsverträge bedürfen der Schriftform. Der Grund der Befristung ist im Arbeitsvertrag anzugeben.

B. Allgemeine Verhaltenspflichten

§ 7 Pflicht zur Erbringung der Arbeitsleistung

(1) Die Mitarbeiterin/Der Mitarbeiter stellt ihre/seine volle Arbeitskraft in den Dienst der Firma. Sie/Er verpflichtet sich, die ihr/ihm übertragenen Arbeiten mit höchstmöglicher Qualität auszuführen, zur Aufrechter-

haltung der Ordnung und Sicherheit im Betrieb beizutragen und alles zu unterlassen, was den Betriebsablauf, den Betriebsfrieden oder die Betriebssicherheit stören könnte.

(2) Im Betrieb auftretende Meinungsverschiedenheiten sollten innerhalb des Betriebes durch Gespräche zur Auflösung von Konflikten beigelegt werden. Dabei ist ein Mitglied des Betriebsrats, wenn die Arbeitnehmerin/der Arbeitnehmer dies wünscht, hinzuzuziehen.

(3) Die Mitarbeiterin/Der Mitarbeiter hat die Weisungen der Geschäftsleitung zu befolgen. Jeder Abmahnung sollte zunächst mindestens eine in angemessener Form ausgesprochene Ermahnung vorausgehen.

§ 8 Veränderungen in den persönlichen Verhältnissen

(1) Alle Veränderungen in den persönlichen Verhältnissen, deren Kenntnis für die Personalabteilung oder andere Stellen im Betrieb von Bedeutung sein könnte, insbesondere Adressänderungen, Änderungen in den familiären Verhältnissen oder beispielsweise Verlust der Schwerbehinderteneigenschaft hat die Mitarbeiterin/der Mitarbeiter von sich aus und ohne Aufforderung durch Vorgesetzte oder die Personalabteilung unverzüglich mitzuteilen. Soweit erforderlich, sind amtliche Belege über die Veränderungen beizufügen.

(2) Hat eine Mitarbeiterin/ein Mitarbeiter die Meldung ihres/seines Wohnungswechsels unterlassen, gelten alle Erklärungen, die an die letzte bekannte Anschrift verschickt wurden, am zweiten Tage nach Aufgabe zur Post als an diesem Tage ordnungsgemäß zugegangen, auch für den Fall, dass sie mit der Mitteilung „unbekannt verzogen" zurückgesandt werden.

§ 9 Verschwiegenheitspflicht

(1) Jede Mitarbeiterin/Jeder Mitarbeiter hat über Geschäfts- und Betriebsgeheimnisse sowie über betriebliche Angelegenheiten, bei denen sie/er annehmen darf, dass sie vertraulich zu behandeln sind, absolutes Stillschweigen zu bewahren und ihre/seine Informationen über solche Angelegenheiten ausschließlich für betriebsinterne Zwecke zu verwenden. Die Verschwiegenheitspflicht besteht auch gegenüber anderen Mitarbeiterinnen/Mitarbeitern des Betriebes, wenn diese nicht mit entsprechenden Aufgaben betraut sind und die Mitarbeiterin/der Mitarbeiter annehmen darf, dass die Informationen für diese Mitarbeiterinnen/Mitarbeiter nicht bestimmt sind. Die Verschwiegenheitsverpflichtung endet nicht mit Beendigung des Arbeitsverhältnisses, sondern wirkt darüber hinaus auf unbegrenzte Zeit fort.

(2) Die Mitarbeiterin/Der Mitarbeiter ist nicht berechtigt, Arbeitsgeräte, Modelle, Geschäftspapiere o.Ä. nachzubilden, aus den Geschäftsräumen zu entfernen oder sie einem Dritten zu übergeben. Ebenfalls ist es unzulässig, sich Aufzeichnungen und Notizen oder Fotokopien von geschäftlichen Unterlagen zu fertigen.

(3) Strengstens untersagt ist es, Fotoapparate, Videokameras o.Ä. in den Betrieb mitzubringen und dort zu benutzen, es sei denn, der Werkschutz ist informiert (beispielsweise wegen einer Betriebsfeier).

(4) Es verstößt gegen die Verschwiegenheitsverpflichtung, wenn Berichte über Vorgänge im Betrieb an außerbetriebliche Stellen gegeben werden, sofern nicht vorgesetzte Stellen hierzu eine Erlaubnis erteilt haben.

(5) Es ist nicht gestattet, Personen am Arbeitsplatz zu empfangen, seien es Privatpersonen, seien es Dritte, seien es Kunden oder Lieferanten. In diesen Fällen sind stets die zur Verfügung stehenden Sozialräume oder Besucherzimmer zu verwenden.

§ 10 Privatsachen

(1) Alle Gegenstände, die die Mitarbeiterin/der Mitarbeiter nicht während der Anwesenheit im Betrieb benötigt, dürfen in den Betrieb nicht eingebracht werden. Insbesondere nicht erlaubt ist die Einbringung von Rundfunk-, Fernseh- oder anderen Musikempfängern.

(2) Für die mitgebrachten Kleidungsstücke, die bei der Arbeit nicht getragen werden, stellt die Firma abschließbare Schränke oder offene Kleiderablagen mit verschließbaren Wertsachenfächern zur Verfügung. Die

Schränke und Wertsachenfächer müssen stets geschlossen gehalten werden. Unternehmenseigene Gegenstände dürfen in Kleiderschränken oder Kleiderablagen nicht aufbewahrt werden.
(3) Die Firma haftet für abhanden gekommene Privatsachen nur, soweit sie die ihr obliegenden Pflichten nicht erfüllt hat. Für den Verlust von Geld, Schmuck oder sonstigen Wertsachen haftet die Firma nicht.
(4) Die Benutzung des Firmenparkplatzes geschieht auf eigene Gefahr.

§ 11 Nebentätigkeit

(1) Eine Nebentätigkeit darf die Mitarbeiterin/der Mitarbeiter nur mit vorheriger schriftlicher Zustimmung der Firma ausüben. Gleiches gilt für die Übernahme oder Beteiligung an einem gewerblichen Unternehmen, für die Veröffentlichung in Wort, Schrift und Bild, soweit die Veröffentlichungen den Tätigkeitsbereich der Firma tangieren.
(2) Die Zustimmung zur Nebentätigkeit wird erteilt, wenn durch die Nebentätigkeit berechtigte Interessen der Firma nicht berührt werden und der Umfang der zu erwartenden Nebentätigkeit die Arbeitnehmerin/den Arbeitnehmer nicht in ihrer/seiner Leistungsfähigkeit beeinträchtigt. Äußert sich der Arbeitgeber zu einem Nebentätigkeitsantrag nicht innerhalb eines Monats, gilt die Nebentätigkeit als gestattet.

§ 12 Geschenke

(1) Keiner Mitarbeiterin/Keinem Mitarbeiter ist es gestattet, von Personen oder Firmen, die zum Unternehmen eine Geschäftsverbindung anstreben oder unterhalten, Geschenke oder andere Vorteile zu fordern, sich versprechen zu lassen oder anzunehmen. Die Geschäftsleitung ist unverzüglich zu unterrichten, wenn der Mitarbeiterin/dem Mitarbeiter derartige Angebote gemacht worden sind.
(2) Abs. 1 gilt nicht, soweit es sich um geringfügige kleine Geschenke handelt, wie Kugelschreiber, Taschenkalender etc.

§ 13 Anzeige strafbarer Handlungen

(1) Wer feststellt, dass im Betrieb eine Straftat begangen wird, ist verpflichtet, seinem Vorgesetzten unverzüglich über seine Beobachtungen Mitteilung zu machen, wenn durch die Straftat ein Personen- oder Sachschaden entstanden ist oder entstehen könnte.
(2) Fundsachen sind beim Werkschutz abzuliefern.

§ 14 Rauchverbot, Sicherheitsmaßnahmen, Unfallverhütungsvorschriften

(1) Rauchen ist nur in den hierfür freigegebenen Zonen im Betrieb gestattet.
(2) Mit Feuer, feuergefährlichen Gegenständen und Chemikalien wie Säuren und Giften, aber auch mit elektrischer Energie ist mit größtmöglicher Vorsicht unter Beachtung der Sicherheitsvorschriften umzugehen.
(3) Bei allen Arbeiten ist stets darauf zu achten, dass die Unfallverhütungsvorschriften der Berufsgenossenschaft strengstens eingehalten werden.

§ 15 Personalakte

(1) Jede Mitarbeiterin/Jeder Mitarbeiter hat das Recht, in die über sie/ihn geführten Personalakten während der Arbeitszeit Einsicht zu nehmen. Sie/Er kann hierzu ein Mitglied des Betriebsrats hinzuziehen. Das Mitglied des Betriebsrats hat über den Inhalt der Personalakten Stillschweigen zu bewahren, sofern die Mitarbeiterin/der Mitarbeiter das Betriebsratsmitglied nicht ausdrücklich von seiner Verpflichtung zur Verschwiegenheit entbindet.
(2) Die Mitarbeiterin/Der Mitarbeiter darf sich Notizen aus der Personalakte fertigen. Gegen Erstattung der Kosten können Fotokopien von Teilen der Akte verlangt werden.
(3) Die Mitarbeiterin/Der Mitarbeiter darf das Recht auf Einsichtnahme auf einen Dritten, insbesondere einen Rechtsanwalt übertragen.

(4) Auf Verlangen der Mitarbeiterin/des Mitarbeiters ist die Personalabteilung verpflichtet, Erklärungen wie Gegendarstellungen etc. zur Personalakte zu nehmen.

C. Arbeitszeit

§ 16 Regelmäßige Arbeitszeit

(1) Die Dauer der regelmäßigen Arbeitszeit richtet sich nach den gesetzlichen bzw den für den Betrieb geltenden tarifvertraglichen Bestimmungen. Beginn und Ende der regelmäßigen täglichen Arbeitszeit und der Pausen werden mit dem Betriebsrat vereinbart und am Schwarzen Brett bekannt gegeben.

(2) Jede Mitarbeiterin/Jeder Mitarbeiter ist verpflichtet, zur festgesetzten Uhrzeit die Arbeit an ihrem/ seinem Arbeitsplatz aufzunehmen und die geltende Arbeitszeit einzuhalten. Die Arbeitsaufnahme hat, soweit dies notwendig ist, in Arbeitskleidung zu erfolgen. Maßgeblich für die Arbeitszeit ist die Betriebsuhr.

(3) Umziehen, Waschen und ähnliche Vorbereitungsmaßnahmen haben außerhalb der Arbeitszeit zu erfolgen.

(4) Bei Verspätung oder vorzeitigem Verlassen des Arbeitsplatzes ist der unmittelbare Vorgesetzte zu unterrichten. Bei geringfügigen Zeitunter- bzw -überschreitungen erfolgt keine Änderung des Arbeitsentgelts, wenn die Mitarbeiterin/der Mitarbeiter nachweist, dass sie/er die Verspätung bzw die Notwendigkeit des vorzeitigen Verlassens des Arbeitsplatzes nicht zu vertreten hat.

(5) Mitarbeiterinnen/Mitarbeiter, die mehr als eine Stunde zu spät zur Schicht erscheinen, können an dem betreffenden Tag nicht beschäftigt werden und erhalten für diesen Arbeitstag auch kein Arbeitsentgelt.

(6) Der Betrieb und die Arbeitsräume dürfen nur durch die hierfür vorgesehenen Eingänge betreten und verlassen werden. Soweit Zeiterfassungsgeräte aufgestellt sind, sind zur Feststellung der Einhaltung der Arbeitszeit die Zeiterfassungsgeräte zu benutzen.

§ 17 Mehrarbeit

(1) Mehrarbeitsstunden werden nur vergütet, wenn sie von einem zuständigen Vorgesetzten angeordnet oder in unvorhergesehenen Fällen aus betrieblichen Gründen notwendig waren und ihre Anerkennung spätestens am Tag darauf beantragt worden ist.

(2) Erscheint bei durchlaufenden Schichten die Ablösung nicht rechtzeitig am Arbeitsplatz, hat die Mitarbeiterin/der Mitarbeiter dies unverzüglich ihrem/seinem Vorgesetzten mitzuteilen. Der Vorgesetzte hat sich sofort um einen Ersatz zu kümmern. Bis zum Eintreffen des Ersatzmannes hat die Mitarbeiterin/der Mitarbeiter am Arbeitsplatz weiterzuarbeiten und nur die zusätzlichen, durch Unfallverhütungsvorschriften oder sonstige Bestimmungen verpflichtenden Pausen einzuhalten.

D. Verhalten bei der Arbeit

§ 18 Arbeitsausführung

(1) Jede Mitarbeiterin/Jeder Mitarbeiter ist verpflichtet, mit Materialien, Rohstoffen und Energien sparsam umzugehen und die Betriebsmittel pfleglich und sachgemäß zu behandeln.

(2) In Notfällen oder bei Arbeitsmangel ist die Mitarbeiterin/der Mitarbeiter auch verpflichtet, andere Arbeiten zu verrichten, die nicht in ihrem/seinem Arbeitsvertrag vereinbart sind.

(3) Keine Mitarbeiterin/Kein Mitarbeiter darf sich bei ihrer/seiner Arbeit von einer/einem anderen vertreten lassen, es sei denn, ein Vorgesetzter hat hierzu eine vorherige Zustimmung erteilt.

(4) Jede Mitarbeiterin/Jeder Mitarbeiter hat ihren/seinen Arbeitsplatz ordentlich und sauber zu halten und vor jedem Verlassen aufzuräumen.

§ 19 Umgang mit Arbeitsmitteln

(1) Alle Gegenstände der Firma sind sachgemäß und pfleglich zu behandeln, vor Beschädigungen zu schützen und an dem für sie bestimmten Platz aufzubewahren.

(2) Mängel an Materialien, Maschinen, Werkzeugen oder Arbeitsstücken sind immer dem Vorgesetzten unverzüglich zu melden. Auf Fehlerquellen in den Arbeitsabläufen sind die Vorgesetzten unverzüglich hinzuweisen.

(3) Soweit es die Art der Tätigkeit erfordert oder durch die Unfallverhütungsvorschriften vorgeschrieben ist, hat jede Mitarbeiterin/jeder Mitarbeiter eine unfallsichere Arbeitskleidung zu tragen. Die Arbeitskleidung wird durch die Firma unentgeltlich zur Verfügung gestellt.

E. Arbeitsentgelt

§ 20 Entgeltgrundsätze

(1) Die Höhe der Arbeitsvergütung richtet sich bei tarifgebundenen Mitarbeiterinnen/Mitarbeitern nach den tariflichen Bestimmungen. Bei allen übrigen Mitarbeiterinnen/Mitarbeitern ergibt sich die Höhe der Vergütung aus dem Arbeitsvertrag bzw den hierzu vereinbarten Ergänzungen.

(2) Vergütet wird nur die tatsächlich geleistete Arbeit.

(3) Übertarifliche Bestandteile des Arbeitsentgelts können mit tariflich vereinbarten Lohn- und Gehaltssteigerungen verrechnet werden. Übertarifliche Leistungen können auf Erhöhungen des Tariflohns angerechnet werden.

§ 21 Abrechnung des Arbeitsentgelts

(1) Das Arbeitsentgelt wird monatlich nachträglich ausgezahlt.

(2) Der Arbeitnehmerin/Dem Arbeitnehmer ist ein monatlicher Gehaltszettel zur Verfügung zu stellen, aus dem sich die Abrechnung des Verdienstes ergibt. Die Abrechnung ist drei Tage vor Ende eines Monats dem Mitarbeiter auszuhändigen.

§ 22 Auszahlung des Arbeitsentgelts

(1) Das Arbeitsentgelt wird zum letzten Werktag eines Monats auf das angegebene Bankkonto überwiesen.

(2) Fällt das Fälligkeitsdatum auf einen Sonntag, einen Samstag oder einen Feiertag, erfolgt die Überweisung des Entgelts so, dass es auf dem Konto des Arbeitnehmers am vorhergehenden Werktag verfügbar ist.

(3) Jede Arbeitnehmerin/Jeder Arbeitnehmer hat auf ihre/seine Kosten ein Konto einzurichten bzw zu unterhalten.

§ 23 Abzüge vom Arbeitsentgelt

Bei der Abrechnung des Arbeitsentgelts werden abgezogen

- die gesetzlichen Steuern und Beiträge zur Sozialversicherung;
- gepfändete oder mit Zustimmung der Firma abgetretene Teile des Arbeitsentgelts;
- Abschlagszahlungen, Vorschüsse und Raten für vom Betrieb gewährte Darlehen;
- Kosten für die Bearbeitung von Lohnpfändungen.

§ 24 Einsprüche gegen die Berechnung des Arbeitsentgelts

(1) Bestehen Meinungsverschiedenheiten über die Höhe des Arbeitsentgelts, hat die Mitarbeiterin/der Mitarbeiter innerhalb von fünf Wochen bei der Personalabteilung einen Einspruch zu erheben.

(2) Überzahlungen des Arbeitsentgelts hat die Mitarbeiterin/der Mitarbeiter an die Firma zurückzuzahlen.

(3) Tarifliche Verfall- und Ausschlussfristen bleiben für tarifgebundene Arbeitnehmer unberührt.

§ 25 Abtretungsverbot und Pfändungskosten

(1) Eine Abtretung der Arbeitsvergütung ohne vorherige Zustimmung der Firma ist nichtig.

(2) Wird das Arbeitsentgelt der Mitarbeiterin/des Mitarbeiters gepfändet, werden zur Deckung der durch Bearbeitung anfallenden Kosten pro bearbeiteter Pfändung 10 EUR erhoben, die beim Arbeitsentgelt einbehalten werden.

F. Urlaub und Arbeitsversäumnis

§ 26 Urlaub

(1) Die Dauer des Urlaubs richtet sich nach dem Manteltarifvertrag ... sowie bei nicht tarifgebundenen Arbeitnehmerinnen/Arbeitnehmern nach den individualarbeitsrechtlich getroffenen Regelungen.

(2) Bis zum 31. Januar eines jeden Jahres wird für jede Betriebsabteilung ein Urlaubsplan aufgestellt. Jede Mitarbeiterin/Jeder Mitarbeiter hat bis zum 31. Dezember des Vorjahres sich in den Urlaubsplan einzutragen. Kollidieren einzelne Arbeitnehmerinteressen mit den betrieblichen Belangen, hat der Vorgesetzte ein Gespräch unter den betroffenen Arbeitnehmerinnen/Arbeitnehmern zu organisieren und in diesem Gespräch zu versuchen, eine Einigung zwischen allen Beteiligten herbeizuführen. Zu diesem Gespräch kann ein Mitglied des Betriebsrats hinzugezogen werden. Gelingt die Einigung nicht, entscheidet der Vorgesetzte verbindlich.

(3) Führt die Firma Werksferien durch, sind die Werksferien für alle Mitarbeiterinnen/Mitarbeiter verbindlich.

(4) Auf Verlangen des Vorgesetzten hat die Mitarbeiterin/der Mitarbeiter vor Antritt ihrer/seiner Urlaubsreise ihre/seine Passwörter im Computer und ihre/seine Urlaubsanschrift bekannt zu geben.

§ 27 Arbeitsversäumnis

(1) Ist eine Mitarbeiterin/ein Mitarbeiter infolge Krankheit oder aus anderen Gründen außerstande, zur Arbeit zu kommen, hat sie/er die Gründe und die Dauer seines voraussichtlichen Fernbleibens zwei Stunden vor Schichtbeginn unaufgefordert dem zuständigen Vorgesetzten telefonisch mitzuteilen.

(2) Im Falle einer Erkrankung ist die Mitarbeiterin/der Mitarbeiter außerdem verpflichtet, vor Ablauf des dritten Kalendertages nach Beginn der Arbeitsunfähigkeit eine ärztliche Bescheinigung über die Arbeitsunfähigkeit sowie deren voraussichtliche Dauer nachzureichen. Dauert die Erkrankung länger als in der Bescheinigung angegeben, ist die Mitarbeiterin/der Mitarbeiter verpflichtet, eine neue ärztliche Bescheinigung beizubringen.

(3) Spätestens einen Tag vor Ablauf einer Arbeitsunfähigkeitsbescheinigung hat die Mitarbeiterin/der Mitarbeiter ihren/seinen Vorgesetzten anzurufen und ihm mitzuteilen, ob mit einer Verlängerung der Arbeitsunfähigkeit zu rechnen ist oder ob die Mitarbeiterin/der Mitarbeiter voraussichtlich mit Ablauf der Arbeitsunfähigkeit wieder am Arbeitsplatz erscheinen wird.

§ 28 Kur- und Heilverfahren

(1) Beantragt eine Mitarbeiterin/ein Mitarbeiter ein Heil- oder Kurverfahren bei einem Träger der Sozialversicherung, hat sie/er die Firma unverzüglich von ihrer/seiner Antragstellung und ebenso unverzüglich von der Entscheidung über eine bewilligte Kur zu unterrichten. Eine Kopie über den Bescheid hat die Mitarbeiterin/der Mitarbeiter der Personalabteilung über den Vorgesetzten unverzüglich vorzulegen.

(2) Erkrankt die Mitarbeiterin/der Mitarbeiter während der Durchführung einer Kur, hat sie/er die Firma unverzüglich über die Unterbrechung des Kurverfahrens zu unterrichten. Kuren, deren Kosten ein Sozialversicherungsträger übernimmt, werden nicht auf den Erholungsurlaub angerechnet.

G. Sonstige Verhaltensregeln

§ 29 Politische und gewerkschaftliche Betätigung

(1) Parteipolitische Betätigung im Betrieb ist verboten. Alle Mitarbeiterinnen/Mitarbeiter haben alles zu unterlassen, wodurch der Arbeitsablauf oder der Betriebsfrieden beeinträchtigt werden könnte.

(2) Es ist nicht erlaubt, ohne Zustimmung der Firma Plakate anzukleben oder Wände zu beschriften, Flugblätter oder Druckschriften zu verteilen, Handels- oder Tauschgeschäfte jedweder Art innerhalb des Betriebes durchzuführen, Geld-Beiträge oder Unterschriften zu sammeln, es sei denn, es handelt sich um Anlässe wie Geburtstage, Betriebsjubiläen etc.

(3) Die Ausgabe oder Verteilung von Informationsmaterial einer Gewerkschaft hat außerhalb des Betriebes stattzufinden. Die Durchführung gewerkschaftlicher Versammlungen oder das Werben für eine Gewerkschaft auf dem Betriebsgelände ist nicht gestattet.

§ 30 Alkohol

(1) Es ist nicht gestattet, in angetrunkenem oder betrunkenem Zustand zur Arbeit zu erscheinen. Unzulässig ist ebenfalls der Gebrauch alkoholischer Getränke am Arbeitsplatz.

(2) Wird eine Mitarbeiterin/ein Mitarbeiter in angetrunkenem Zustand am Arbeitsplatz angetroffen, ist der zuständige Vorgesetzte zu informieren. Der Vorgesetzte ist befugt, die betroffene Mitarbeiterin/den betroffenen Mitarbeiter dem Werksarzt zu überführen und Feststellungen über den Grad der Alkoholabhängigkeit der Mitarbeiterin/des Mitarbeiters treffen zu lassen. Der Werksarzt ist befugt, die Blutalkoholkonzentration festzustellen.

§ 31 Werksstraßen

(1) Auf allen Werksstraßen und Werkswegen gilt die Straßenverkehrsordnung. Verbotenes und Gebotenes ist durch die im allgemeinen Straßenverkehr üblichen Verkehrszeichen bekannt gemacht und für alle Teilnehmer am Werksstraßenverkehr verbindlich.

(2) Bei Verkehrsunfällen innerhalb des Werksgeländes ist sofort der Werkschutz zu unterrichten.

§ 32 Verhalten bei Betriebsunfällen

(1) Im Falle eines Unfalls ist jede Mitarbeiterin/jeder Mitarbeiter verpflichtet, erste Hilfe zu leisten, die Unfallstation oder den Werksarzt zu benachrichtigen. Veränderungen am Unfallort sind zu unterlassen, soweit sie nicht zur Durchführung der ersten Hilfe notwendig sind.

(2) Alle Unfälle, auch geringfügige Unfälle, sind den Vorgesetzten oder der Personalabteilung oder dem Werkschutz zu melden.

§ 33 Privatarbeiten

(1) Privatarbeiten dürfen während der Arbeitszeit nicht erledigt werden, es sei denn, es liegt eine ausdrückliche Erlaubnis des Vorgesetzten vor.

(2) Außerhalb der Arbeitszeiten dürfen Privatarbeiten im Betrieb oder auf dem Betriebsgelände durchgeführt werden, wenn der Vorgesetzte dies erlaubt hat.

§ 34 Verbesserungsvorschläge

(1) Für Erfindungen und Verbesserungsvorschläge gelten die gesetzlichen Bestimmungen bzw die Betriebsordnung über technische Verbesserungsvorschläge.

(2) Jede Mitarbeiterin/Jeder Mitarbeiter ist verpflichtet, Erfindungen und technische Verbesserungsvorschläge, die während der Arbeitszeit entwickelt wurden, zunächst der Firma anzubieten.

H. Beendigung des Arbeitsverhältnisses

§ 35 Beendigungsgründe

(1) Das Arbeitsverhältnis endet mit Ablauf des Datums, für das es eingegangen wurde, mit Ablauf des Kalendermonats, in dem die Mitarbeiterin/der Mitarbeiter die gesetzliche Regelaltersgrenze erreicht hat, in Fällen der Erwerbsminderung oder der Erwerbs- oder Berufsunfähigkeit mit Ablauf des Kalendermonats, in dem der Mitarbeiterin/dem Mitarbeiter der Bescheid über den Eintritt der Erwerbsminderung oder Erwerbs- oder Berufsunfähigkeit zugestellt worden ist.

(2) Das Arbeitsverhältnis endet ferner durch Tod der Mitarbeiterin/des Mitarbeiters, durch fristlose oder fristgerechte Kündigung auf Arbeitnehmer- wie auf Arbeitgeberseite sowie durch Aufhebungs- oder Abwicklungsvertrag.

§ 36 Ordentliche Kündigung

(1) Für die ordentliche Kündigung gelten die tariflichen, arbeitsvertraglichen oder gesetzlichen Fristen.

(2) Vor jeder ordentlichen Kündigung ist der Betriebsrat nach § 102 BetrVG anzuhören. Die Anhörung erfolgt in schriftlicher Form unter Angabe der wesentlichen Kündigungsgründe.

(3) Nach Ausspruch einer Kündigung ist der Arbeitgeber berechtigt, die Mitarbeiterin/den Mitarbeiter bis zum Ablauf der Kündigungsfrist unter Fortzahlung der Bezüge von der Arbeit freizustellen. § 102 Abs. 5 BetrVG wird nicht eingeschränkt.

(4) Nach Ausspruch einer Kündigung ist der Mitarbeiterin/dem Mitarbeiter unaufgefordert ein Zwischenzeugnis auszustellen.

§ 37 Außerordentliche Kündigung

(1) Das Arbeitsverhältnis kann fristlos gekündigt werden, wenn die kündigende Partei einen wichtigen Grund hat, § 626 BGB.

(2) Als grobe Verstöße sehen es die Betriebspartner an, wenn eine Mitarbeiterin/ein Mitarbeiter drei oder mehr Tage unentschuldigt fernbleibt oder wiederholte unentschuldigte kürzere Fehlzeiten veranlasst. Wichtige Gründe sind ebenfalls grobe Verstöße gegen die Unfallverhütungsvorschriften trotz vorangegangener Ermahnung oder Abmahnung, Trunkenheit am Arbeitsplatz, strafbares Verhalten wie Diebstahl, Betrug oder Unterschlagung, Verstöße gegen die Geheimhaltungspflicht oder Manipulationen am Zeiterfassungsgerät oder einer Tachoscheibe. Als wichtige Gründe gelten ferner besonders nachhaltige Störungen des Betriebsfriedens, beispielsweise durch Tätlichkeit oder grobe Beleidigung eines Vorgesetzten oder anderer Mitarbeiterinnen/Mitarbeiter im Betrieb.

§ 38 Rückgabe von Werkseigentum

(1) Alle Gegenstände, die im Eigentum der Firma stehen, aber von der Mitarbeiterin/vom Mitarbeiter benutzt werden, wie beispielsweise Werkzeuge, der Werksausweis, Geschäftsunterlagen, dienstliche Aufzeichnungen, Schlüssel oder die Arbeitskleidung, sind bei Ausspruch einer Kündigung durch den Arbeitgeber auf Verlangen unverzüglich herauszugeben.

(2) Auch Dienstwagen sind, selbst wenn eine private Nutzungsmöglichkeit vereinbart wurde, auf Verlangen des Arbeitgebers unverzüglich mit sämtlichen Schlüsseln und Papieren zurückzugeben. Eine Anrechnung des Dienstwagens nach der 1 %-Methode entfällt ab dem Monat der Rückgabe des Fahrzeugs.

(3) Kommt eine Mitarbeiterin/ein Mitarbeiter nicht fristgerecht ihrer/seiner Pflicht zur Herausgabe von im Eigentum des Arbeitgebers stehenden Gegenständen oder Unterlagen nach, macht sie/er sich schadensersatzpflichtig.

§ 39 Aushändigung von Unterlagen

(1) Mit Beendigung des Arbeitsverhältnisses hat der Arbeitgeber der Arbeitnehmerin/dem Arbeitnehmer die Arbeitspapiere gegen Empfangsbescheinigung zurückzugeben.

(2) Das noch ausstehende Arbeitsentgelt wird fristgerecht überwiesen.

(3) Der Mitarbeiterin/Dem Mitarbeiter sind ferner mit Beendigung des Arbeitsverhältnisses eine Urlaubsbescheinigung sowie ein Zeugnis über die Art und Dauer ihrer/seiner Tätigkeit auszustellen und sämtliche Unterlagen, die sie/er dem Arbeitgeber zur Verfügung gestellt hat, auszuhändigen.

(4) Die Rückgabe von Unterlagen unterfällt nach dem Willen der Betriebspartner nicht der tariflichen Ausschlussfrist.

I. Übergangs- und Schlussbestimmungen

§ 40 Geltungsbereich

(1) Die Allgemeine Arbeitsordnung gilt für alle Arbeitnehmerinnen/Arbeitnehmer iSd BetrVG. Sie gilt nicht, soweit ihr zwingende gesetzliche oder tarifvertragliche Bestimmungen entgegenstehen. Gegenüber für die Mitarbeiterin/den Mitarbeiter günstigeren vertraglichen Vereinbarungen tritt sie zurück.

(2) Zusammen mit dem unterzeichneten Arbeitsvertrag erhält jede Mitarbeiterin/jeder Mitarbeiter ein Exemplar der Arbeitsordnung. Die Arbeitsordnung liegt außerdem in der Personalabteilung und beim Betriebsrat zur Einsichtnahme aus. Jede Mitarbeiterin/Jeder Mitarbeiter hat die Pflicht, Aushändigung und Kenntnisnahme der Arbeitsordnung schriftlich zu bestätigen.

§ 41 Inkrafttreten

Die Allgemeine Arbeitsordnung tritt am ... in Kraft.

§ 42 Änderung und Kündigung

(1) Die Arbeitsordnung oder Einzelne ihrer Bestimmungen können mit einer Frist von drei Monaten zum Monatsende gekündigt werden. Die Kündigung wird der Belegschaft durch Aushang oder Mitteilung in der Werkzeitung bekannt gemacht.

(2) Die gekündigten Bestimmungen der Arbeitsordnung bleiben bis zum Abschluss einer neuen Arbeitsordnung oder der gekündigten Teile der Arbeitsordnung in Kraft (Nachwirkung).

116 3. Muster: Arbeitsvertragsgestaltung (Rahmenrichtlinien)

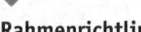

Rahmenrichtlinien

der Firmen der M-Gruppe (Industrieservice)

§ 1 Geltungsbereich

(1) Betrieblicher Geltungsbereich

Diese Vereinbarung gilt für alle M-Betriebe in der Bundesrepublik Deutschland.

(2) Persönlicher Geltungsbereich

Diese Vereinbarung gilt für alle gewerblichen Arbeitnehmer und für die Angestellten der M-Betriebe.

§ 2 Beginn und Ende des Arbeitsverhältnisses

(1) Einstellung

Die Arbeitnehmerinnen/Arbeitnehmer werden unter Beachtung der gesetzlichen Rechte des Betriebsrats eingestellt.

Kapitel 2: Erzwingbare Betriebsvereinbarungen

Der Arbeitnehmerin/Arbeitnehmer hat die üblichen Arbeitspapiere, zu denen auch eine Bescheinigung des letzten Arbeitgebers über den im laufenden Kalenderjahr bereits erhaltenen Urlaub gehört, bei der Einstellung gegen Bestätigung dem Arbeitgeber zu übergeben. Darüber hinaus hat sie/er einen Personalfragebogen wahrheitsgemäß auszufüllen.

Die Einstellungsbedingungen sind in einem Arbeitsvertrag, der als Muster[22] für gewerbliche Arbeitnehmer und für Angestellte dieser Vereinbarung beigefügt ist, schriftlich festzuhalten und vom Arbeitgeber und von der Arbeitnehmerin/vom Arbeitnehmer zu unterzeichnen.

Ein Exemplar des Arbeitsvertrages ist der Arbeitnehmerin/dem Arbeitnehmer auszuhändigen. Alle Änderungen des Vertrages bedürfen der Schriftform.

Dem gewerblichen Arbeitnehmer ist die Lohngruppe, in die sie/er eingestuft wird, bei der Einstellung bzw falls für die Probezeit eine andere Einstufung gilt, spätestens zum Ablauf der Probezeit schriftlich mitzuteilen.

Der/Dem Angestellten ist die Gehaltsgruppe und die Art ihrer/seiner Tätigkeit bei der Einstellung bzw falls für die Probezeit eine andere Einstufung gilt, spätestens zum Ablauf der Probezeit schriftlich mitzuteilen.

(2) Probezeit und befristete Arbeitsverhältnisse

Arbeitnehmerinnen/Arbeitnehmer werden grundsätzlich zunächst in einem befristeten Probearbeitsverhältnis eingestellt. Das Arbeitsverhältnis endet mit Ablauf der Probezeit, ohne dass es einer Kündigung bedarf. Die Probezeit beträgt grundsätzlich sechs Monate, falls nicht wegen der Art der Tätigkeit eine längere Probezeit sachdienlich ist. Der Arbeitgeber kann die Probezeit um längstens drei Monate verlängern. Während der Probezeit gilt die kürzestzulässige gesetzliche Kündigungsfrist als vereinbart.

Befristete Einstellungen (Fristverträge) für eine abgegrenzte Aufgabe sind zulässig. Diese Arbeitsverhältnisse enden, ohne dass es einer Kündigung bedarf, nach Ablauf der vereinbarten Frist. Wird eine Arbeitnehmerin/ein Arbeitnehmer, die/der befristet eingestellt wurde, darüber hinaus weiterbeschäftigt, so bedarf es einer weiteren befristeten Fortführung des Arbeitsvertrages oder das Arbeitsverhältnis wird als unbefristetes Arbeitsverhältnis mit entsprechender Einstufung fortgeführt.

Eine zweimalige befristete Verlängerung des Arbeitsvertrages ist möglich.

(3) Ende des Arbeitsverhältnisses

Das Arbeitsverhältnis endet durch schriftliche Kündigung des Arbeitgebers oder der Arbeitnehmerin/des Arbeitnehmers. Es gelten die jeweils im Arbeitsvertrag festgelegten bzw die gesetzlichen Kündigungsfristen. Bestehen für die Arbeitgeberkündigung längere Kündigungsfristen, so gelten diese Fristen auch für die Kündigung der Arbeitnehmerin/des Arbeitnehmers.

Bei Vorliegen eines wichtigen Grundes kann das Arbeitsverhältnis ohne Einhaltung einer Kündigungsfrist gekündigt werden.

Insbesondere soll der Arbeitnehmerin/dem Arbeitnehmer regelmäßig gekündigt werden, wenn sie/er

- Schwarzarbeit leistet oder im Falle der Arbeitsunfähigkeit einer Erwerbstätigkeit nachgeht,
- unentschuldigt der Arbeitsleistung nicht nachkommt (Fehlschichten),
- entgegen der ausdrücklichen Anweisungen die Sicherheitsvorschriften nicht einhält,
- sich irgendwelcher strafrechtlichen Vergehen schuldig macht, ohne dass es einer Einleitung eines Verfahrens bedarf,
- erhebliche Störungen des Betriebsfriedens verursacht.

---

[22] Der Betriebsrat verfügt hinsichtlich des Wortlauts des Arbeitsvertrages über kein Mitbestimmungsrecht (BAG 19.10.1999 – 1 ABR 75/98, AP § 80 BetrVG 1972 Nr. 58; BAG 18.10.1988 – 1 ABR 33/87, AP § 99 BetrVG 1972 Nr. 57; Richardi/*Thüsing*, BetrVG, § 99 Rn 139).

Arbeitnehmerinnen/Arbeitnehmer, die altersmäßig die Voraussetzungen für den Bezug von Altersruhegeld oder gesundheitlich die Voraussetzungen für Erwerbsminderungs-/Erwerbsunfähigkeitsrente bzw Berufsunfähigkeitsrente aus der gesetzlichen Rentenversicherung bzw Berufsgenossenschaft erfüllen, scheiden mit Ablauf des Monats, in dem sie die Voraussetzungen erfüllen, aus dem Arbeitsverhältnis aus.

(4) Zeugnis

Der Arbeitnehmerin/Dem Arbeitnehmer steht ein Zeugnis über Art und Dauer des Arbeitsverhältnisses und die ausgeübte Tätigkeit zu. Auf Verlangen kann das Zeugnis auf Leistung und Führung im Dienst ausgedehnt werden. Auf Verlangen ist ein Zwischenzeugnis auszustellen.

§ 3 Arbeitszeit

(1) Beginn und Ende der Arbeitszeit

Die Arbeitszeit beginnt und endet an den betrieblichen Arbeitsstellen bzw an den vereinbarten Sammelstellen. Beginn und Ende der regelmäßigen Arbeitszeit und der Ruhepausen werden vom Arbeitgeber/Niederlassungsleitungen im Einvernehmen mit dem Betriebsrat festgelegt und bekannt gegeben.

Bei Verwendung von Arbeitszeitmessgeräten werden die Messergebnisse als bindend anerkannt und werden zur Grundlage der Lohn- und Gehaltsabrechnung.

Gleitende Arbeitszeit kann für Angestellte durch Betriebsvereinbarung eingeführt werden.

(2) Dauer und Verteilung der Arbeitszeit

Die regelmäßige wöchentliche Arbeitszeit beträgt ausschließlich der Pausen an den Werktagen 40 Stunden. Die regelmäßige werktägliche Arbeitszeit ausschließlich der Ruhepausen beträgt acht Stunden. Die Arbeitszeit gilt nicht für Schichtarbeiten, Teilzeitbeschäftigte und Rufbereitschaft. Eine abweichende Vereinbarung kann aus betrieblichen Gründen vom Arbeitgeber/Niederlassungsleitungen im Einvernehmen mit dem Betriebsrat festgelegt werden.

Die Bestimmungen des Arbeitszeitgesetzes sind zu beachten.

(3) Ruhepausen

Den Arbeitnehmerinnen/Arbeitnehmern sind die gesetzlich vorgeschriebenen Ruhepausen zu gewähren. Sie dienen der Erholung und zur Einhaltung der gesetzlich vorgeschriebenen Ruhepflichten insbesondere bei Kraftfahrern oder bei Arbeiten unter erschwerten Bedingungen.

Wird die Arbeit aus technischen Gründen unvorhergesehen unterbrochen, so kann die Pause in die Unterbrechungszeit verlegt werden. Die Gewährung von Pausen darf nicht zu unzumutbaren Mehrbelastungen einzelner beteiligter Arbeitnehmer oder Arbeitnehmergruppen führen. Die Pausen von Arbeitsgruppen sind zeitlich so aufeinander abzustimmen, dass keine mehr als notwendigen Betriebsunterbrechungen verursacht werden.

(4) Mehrarbeit

Mehrarbeit ist die über die festgelegte wöchentliche Arbeitszeit hinausgehende Arbeitszeit ausschließlich der Pausen, soweit sie angeordnet war. Mehrarbeit kann aus betrieblichen Gründen angeordnet werden.

Mehrarbeit oder ausfallende Arbeitszeit (Arbeits- oder Beschäftigungsmangel) kann während des Monats durch Verkürzung und Verlängerung der festgelegten Arbeitszeiten an Werktagen ausgeglichen werden. Ein übrig bleibender Saldo von bis zu 20 Mehrarbeitsstunden pro Monat wird auf das Mehrarbeitsstundenkonto des Arbeitnehmers gutgeschrieben. In beschäftigungsarmen Zeiten werden diese Mehrarbeitsstunden ausgeglichen (Freizeitausgleich). Das Mehrarbeitsstundenkonto soll den Betrag einer Monatsregelarbeitszeit nicht übersteigen. Übersteigende Beträge werden durch Auszahlung oder Freizeitausgleich entlohnt. Der Freizeitausgleich ist in der Regel durch Freistellung an ganzen Tagen zu gewähren.

Übersteigen die zuschlagspflichtigen Mehrarbeitsstunden pro Monat die Grenze von 20 Stunden, erfolgt eine entgeltliche Auszahlung einschließlich der Zuschläge. Überstunden, die bei angeordneten Sonderarbeiten (Noteinsätze) anfallen, werden voll abgerechnet.

Kapitel 2: Erzwingbare Betriebsvereinbarungen

(5) Nachtarbeit

Als zuschlagspflichtige Nachtarbeit gilt die in der Zeit von 23.00 Uhr bis 6.00 Uhr geleistete Arbeit. Der Frühbeginn einer Tagesschicht (5.00 Uhr) gilt nicht als Nachtarbeit. Nachtarbeit kann aus betrieblichen Gründen angeordnet werden.

(6) Sonn- und Feiertagsarbeit

Als zuschlagspflichtige Sonn- und Feiertagsarbeit gilt jede Arbeit in der Zeit zwischen 0.00 Uhr und 24.00 Uhr an Sonn- und Feiertagen. Sonn- und Feiertagsarbeit kann aus betrieblichen Gründen angeordnet werden.

(7) Rufbereitschaft

Rufbereitschaftsdienst kann außerhalb der betriebsgewöhnlichen Arbeitszeit verlangt werden, wenn betriebliche Gründe dies erfordern. Rufbereitschaft wird von der Niederlassungsleitung angeordnet. Für die Rufbereitschaft wird eine Zulage gezahlt.

(8) Verpflichtung der Mitarbeiterin/des Mitarbeiters

Die Mitarbeiterin/Der Mitarbeiter ist zur Leistung von Mehrarbeit, Nachtarbeit, Sonn- und Feiertagsarbeit und Rufbereitschaftsdienst verpflichtet.

§ 4 Zuschläge

Die Zuschläge für Mehr-, Nacht-, Sonn- und Feiertagsarbeit bzw Rufbereitschaft betragen

- für Mehrarbeit (ab der 8. Tagesarbeitsstunde) 25 %
- für Nachtarbeit 25 %
- für Sonn- und Feiertagsarbeit 50 %
- für Arbeiten an Festtagen 100 %
  (Ostern, Pfingsten, Weihnachten und Neujahr)

Fallen mehrere Tatbestände für Zuschläge zusammen, werden sie additiv gezahlt. Zuschläge für Arbeiten an Festtagen und Sonn- und Feiertagen werden nicht additiv gewährt.

Zuschläge werden nur für volle und halbe Arbeitsstunden berechnet. Angebrochene Arbeitsstunden werden zur halben Arbeitsstunde aufgerundet, wenn mehr als eine Viertelstunde gearbeitet wurde und werden zur vollen Arbeitsstunde aufgerundet, wenn mehr als 45 Minuten gearbeitet wurde.

Die Zuschläge werden für gewerbliche Arbeitnehmer vom letzten vereinbarten Normalstundenlohn (ohne Sonderzuschläge wie zB Schichtzulagen, Treuezulagen, etc.; Ausnahme Funktionszuschlag) berechnet.

Bei Angestellten werden die Zuschläge pro Arbeitsstunde auf 1/173 des Monatsgehaltes berechnet.

Als Rufbereitschaftszulage wird für eine 24-stündige Rufbereitschaft 20 EUR brutto gezahlt. Die Rufbereitschaft an Wochenenden (Freitagnachmittag bis Montag früh) wird mit 50 EUR pauschal vergütet.

§ 5 Kurzarbeit

Im Bedarfsfalle kann Kurzarbeit für Niederlassungen, Betriebe oder Betriebsabteilungen unter Beachtung der gesetzlichen Mitbestimmungsrechte des Betriebsrats mit einer Ankündigungsfrist von fünf Werktagen eingeführt werden.

Arbeitgeber und Betriebsrat können eine kürzere Ankündigungsfrist vereinbaren.

§ 6 Freistellung von der Arbeit

Der Arbeitnehmerin/Dem Arbeitnehmer ist ohne Anrechnung auf ihren/seinen Urlaub und ohne Verdienstminderung Freizeit wie folgt zu gewähren:

§ 5 Betriebsvereinbarungen

1. aus Anlass der eigenen Eheschließung	2 Tage
2. aus Anlass der Entbindung der Ehefrau	1 Tag
3. bei ihrer/seiner Silbernen Hochzeit	1 Tag
4. bei Wohnungswechsel mit eigenem Hausstand	1 Tag
5. bei schwerer Erkrankung von zur häuslichen Gemeinschaft gehörigen Familienangehörigen auf ärztliche Bescheinigung bis zu	2 Tage/Jahr
6. bei Tod und Teilnahme an Beisetzungen von Ehegatten, Kindern, Eltern und Geschwistern, soweit sie in häuslicher Gemeinschaft mit dem Arbeitnehmer lebten	1 Tag

7. bei ärztlicher Behandlung, die nach ärztlicher Bescheinigung während der Arbeitszeit notwendig ist, für die als erforderlich nachgewiesene Zeit (ärztliche Bescheinigung)
8. bei Arbeitsversäumnissen aufgrund öffentlich-rechtlicher Verpflichtungen (öffentliche Ehrenämter). Der Arbeitnehmer ist jedoch verpflichtet, die öffentlich-rechtliche Vergütung in Anspruch zu nehmen. Der Unterschiedsbetrag zwischen öffentlicher Vergütung und Verdienst wird vom Arbeitgeber getragen.

Die Arbeitnehmerin/Der Arbeitnehmer hat in allen Fällen der Arbeitsversäumnisse oder der berechtigten Freistellung von der Arbeit den Arbeitgeber ohne schuldhaftes Zögern über die Gründe für die Arbeitsbefreiung oder über das Arbeitsversäumnis zu unterrichten.

§ 7 Arbeitsversäumnis bei Arbeitsunfähigkeit

Ist die Arbeitnehmerin/der Arbeitnehmer durch Krankheit an der Arbeitsleistung verhindert, so hat sie/er dem Arbeitgeber unverzüglich – spätestens innerhalb von zwei Tagen – durch entsprechende ärztliche Arbeitsunfähigkeitsbescheinigung ihre/seine Arbeitsunfähigkeit nachzuweisen. Auch bei Kurzerkrankungen von ein bis drei Tagen kann der Arbeitgeber die Vorlage eines ärztlichen Zeugnisses verlangen. Bei Arbeitsunfähigkeit im Ausland hat die Arbeitnehmerinnen/der Arbeitnehmer sich die Arbeitsunfähigkeit ebenfalls bescheinigen zu lassen und unverzüglich den Arbeitgeber zu informieren.

Die Arbeitnehmerin/Der Arbeitnehmer hat den Arbeitgeber unverzüglich vom Nichtantritt zur Arbeit telefonisch zu unterrichten. Sie/Er hat alles ihr/ihm Mögliche und Zumutbare zu unternehmen, um die Niederlassung über den Nichtantritt zur Arbeit in Kenntnis zu setzen, damit geeigneter Ersatz auf der Einsatzstelle gestellt werden kann.

Die Arbeitnehmerin/Der Arbeitnehmer ist verpflichtet, den Arbeitgeber unverzüglich von dem Antrag auf eine Kur und von der Bewilligung zu unterrichten.

Für die Fortzahlung des Entgeltes im Krankheitsfall sowie bei Kur gelten die gesetzlichen Vorschriften.

§ 8 Lohn und Gehalt

Der Lohn und das Gehalt für die gewerblichen Arbeitnehmer und Angestellten werden aufgrund einzelvertraglicher Regelungen festgelegt.

Zwischen den Löhnen und Gehältern männlicher und weiblicher Arbeitnehmer besteht bei gleicher Tätigkeit kein Unterschied.

§ 9 Lohngruppen

Die gewerblichen Arbeitnehmer sind auf der Grundlage der tatsächlichen Tätigkeit, Aufgabe und Verantwortung im Betrieb in die entsprechende Lohngruppe einzugruppieren. Übt eine Arbeitnehmerin/ein Arbeitnehmer innerhalb ihres/seines Arbeitsbereiches ständig wiederkehrend mehrere Tätigkeiten aus, auf die verschiedene Lohngruppen zutreffen, so ist sie/er in die Lohngruppe einzugruppieren, deren Tätigkeitsfeld er überwiegend ausfüllt.

Für gewerbliche Arbeitnehmer werden folgende Lohngruppen festgelegt:

(1) Fachwerker

Das sind gewerbliche Arbeitnehmer mit abgeschlossener Berufsausbildung und Arbeitnehmer, die nach einer mindestens zweijährigen betrieblichen Einarbeitung in allen Tätigkeitsbereichen umfassend eingesetzt werden können.

(2) Werker

Das sind gewerbliche Arbeitnehmer, die nach einjähriger betrieblichen Einarbeitung und entsprechender Eignung in den meisten fachlichen betrieblichen Einsatzbereichen eingesetzt werden können.

(3) Helfer

Das sind gewerbliche Arbeitnehmer, die als Hilfsarbeiter nach kurzer betrieblicher Einarbeitung und Einweisung betriebliche Arbeiten als Mitarbeiter von Fachwerkern oder Fachwerker-Vorarbeitern ausführen können.

(4) Maschinenführer

Das sind gewerbliche Arbeitnehmer, die nach abgeschlossener Berufsausbildung oder besonderer betrieblicher oder außerbetrieblicher Ausbildung die Eignung und Fähigkeit erworben haben, selbstfahrende Arbeitsmaschinen zu fahren, zu bedienen und zu unterhalten.

(5) Werkstattmechaniker

Das sind gewerbliche Arbeitnehmer, die nach abgeschlossener Berufsausbildung als Schlosser oder Kfz-Schlosser oder besonderer betrieblicher oder außerbetrieblicher Ausbildung die Eignung und Fähigkeit erworben haben, Werkstattaufgaben für Kfz und Arbeitsmaschinen durchzuführen.

(6) Vorarbeiter

Das sind Fachwerker, Maschinenführer und Sanierer mit entsprechender Ausbildung und Berufserfahrung, die geeignet sind, Arbeitsgruppen auf den Baustellen zu führen und vom Arbeitgeber schriftlich zum Vorarbeiter einer Arbeitsgruppe ernannt worden sind.

(7) Sanierer

Das sind gewerbliche Arbeitnehmer mit abgeschlossener Berufsausbildung und mindestens zweijähriger Berufserfahrung im Bereich zB der Asbest- oder PCB-Sanierung. Der Sanierer besitzt die Tauglichkeit nach G 1.2 und G 26 II der berufsgenossenschaftlichen Grundsätze.

(8) Reiniger

Reiniger sind gewerbliche Arbeitnehmer, die vorzugsweise Reinigungsarbeiten nach Anweisung durchführen.

§ 10 Gehaltsgruppen

Für Angestellte gelten folgende Gehaltsgruppen:

(1) Baustellenleiter

Baustellenleiter sind Angestellte, die nach einer abgeschlossenen technischen oder kaufmännischen Berufsausbildung oder einer besonderen betrieblichen oder außerbetrieblichen Ausbildung die Eignung und Fähigkeit besitzen, einen Auftrag in seiner technischen Durchführung vorzubereiten, die Auftragsabwicklung zu überwachen, die Baustellendokumentation ordnungsgemäß zu führen und die vertragsgemäße Abwicklung zu unterstützen.

(2) Werkstattleiter

Werkstattleiter sind Angestellte, die nach abgeschlossener Berufsausbildung als Schlosser oder Kfz-Schlosser und besonderer betrieblicher oder außerbetrieblicher Fortbildung die Eignung und Fähigkeit erworben haben, Werkstattaufgaben für Kfz und Arbeitsmaschinen zu leiten und durchzuführen und vom Arbeitgeber schriftlich zum Werkstattleiter ernannt worden sind.

§ 5 Betriebsvereinbarungen

(3) Disponent

Disponenten sind Angestellte, die nach abgeschlossener Berufsausbildung oder mindestens zweijähriger vergleichbarer betrieblicher Ausbildung die Fähigkeit und Eignung besitzen, die Fahrzeugflotte und andere Einsatzgeräte einer Niederlassung nach technischen und kaufmännischen Gesichtspunkten zu disponieren.

(4) Kfm. Angestellter

Kfm. Angestellte sind Angestellte, die nach abgeschlossener Berufsausbildung oder vergleichbarer kaufmännischer Ausbildung von mindestens zwei Jahren die Fähigkeit und Eignung besitzen, alle buchhalterischen Arbeiten, die Lohn- und Gehaltsabrechnung sowie andere Büroarbeiten durchzuführen.

(5) Sekretärin/Schreibkraft

Sekretärinnen oder Schreibkräfte sind Angestellte, die aufgrund einer qualifizierenden Ausbildung die Fähigkeit und Eignung besitzen, alle Sekretariats- und Schreibaufgaben sowie andere Bürotätigkeiten auszuführen.

(6) Verkäufer

Verkäufer sind Angestellte, die aufgrund einer abgeschlossenen technischen oder kaufmännischen Berufsausbildung die Fähigkeit und Eignung besitzen, für die einzelnen Niederlassungen neue Kunden zu akquirieren und den bestehenden Kundenstamm zu pflegen, das Produkt- und Dienstleistungsprogramm des Unternehmens zu präsentieren, Auftragsvorkalkulationen durchzuführen und schließlich in eine zutreffende vertragliche Form zu überführen.

Die Beschreibung der Berufsbilder ist nicht abschließend. Nach Bedarf werden die Berufsbilder sowohl im gewerblichen Arbeitnehmerbereich als auch bei den Angestellten ergänzt.

§ 11 Lohnstruktur

Als Berufserfahrung wird die betriebliche Berufserfahrung als auch die außerbetriebliche Berufserfahrung im gleichen Einsatzbereich angerechnet.

Vorarbeiter der Arbeitsgruppen erhalten einen pauschalen Stundenlohnzuschlag als Funktionszuschlag. Mit Wegfall der Vorarbeiterfunktion besteht kein Anspruch mehr auf diesen Funktionszuschlag.

Während der Probezeit bzw Einarbeitungszeit kann von der Lohnstruktur abgewichen werden.

Über die Lohngruppen hinaus sind einzelvertragliche Lohnzuschläge, die die jeweiligen speziellen Qualifikationen berücksichtigen, zulässig.

Den Arbeitnehmerinnen/Arbeitnehmern ist die Zugehörigkeit zur jeweiligen Lohngruppe schriftlich zu bestätigen.

§ 12 Leistungslohn

Arbeiten im Leistungslohn sind zulässig. Bei Arbeiten im Leistungslohn wird die Stundenlohnabrechnung sowie die Abrechnung nach Stundenlohnzuschlägen (Ausnahme: Nacht-, Sonn- und Feiertagszuschläge, Funktionszuschlag und Erschwerniszuschläge) ausgesetzt.

§ 13 Erschwerniszuschläge

Die gewerblichen Arbeitnehmer haben für die Zeit, in der sie Arbeiten unter erschwerten Bedingungen ausführen, Anspruch auf die nachstehend aufgeführten Erschwerniszuschläge bezogen auf den Normalstundenlohn.

Es gelten folgende Erschwerniszuschläge:

1. Arbeiten in Räumen mit über 40 Grad Celsius im Arbeitsbereich 1,00 EUR
2. Arbeiten in Arbeitsbereichen mit außergewöhnlich hoher Verschmutzung bzw Staubentwicklung, bei welchen eine Staubschutzmaske (P2-Maske) getragen wird 0,80 EUR

Kapitel 2: Erzwingbare Betriebsvereinbarungen

3. Arbeiten mit Schutzanzug und Atemmaske mit Filter (P3)	1,00 EUR
4. Arbeiten mit Schutzanzug und Atemmaske mit Filter (P3) und Profi	1,30 EUR
5. Arbeiten mit Vollschutzanzug und schwerem Atemgerät	2,50 EUR
6. Arbeiten mit Vollschutzanzug und schwerem Atemgerät in Flüssigkeiten	4,00 EUR

Bei besonderen Arbeitserschwernissen wird in Abstimmung mit der Geschäftsleitung im Einzelfall über die Gewährung besonderer Erschwerniszuschläge entschieden.

Treffen mehrere Erschwernisse der verschiedenen Kategorien zusammen, werden die entsprechenden Zuschläge additiv gewährt.

§ 14 Urlaub

(1) Urlaubsanspruch

Der Urlaub dient der Erholung und der Erhaltung der Arbeitskraft. Während des Urlaubs darf die Arbeitnehmerin/der Arbeitnehmer keiner Erwerbstätigkeit nachgehen. Der Zeitpunkt des Urlaubsantritts ist zwischen Arbeitnehmerin/Arbeitnehmer und Arbeitgeber so abzustimmen, dass auf die betrieblichen Belange Rücksicht genommen wird.

Das Urlaubsjahr ist das Kalenderjahr. Die Arbeitnehmerin/Der Arbeitnehmer hat für jedes Kalenderjahr Anspruch auf bezahlten Urlaub. Beginnt oder endet das Beschäftigungsverhältnis im Laufe des Urlaubsjahres, so beträgt der Urlaubsanspruch 1/12 für jeden vollen Kalendermonat, in dem das Beschäftigungsverhältnis während des Urlaubsjahres besteht.

Der volle Urlaubsanspruch kann bei Neueinstellungen erstmals nach sechs Monaten der ununterbrochenen Beschäftigung geltend gemacht werden.

Der Urlaub ist spätestens bis 31. März des Folgejahres zu gewähren und zu nehmen. Der Urlaubsanspruch erlischt, wenn er nicht bis zu diesem Zeitpunkt genommen wurde. Ausnahmen hiervon sind in Abstimmung mit der Geschäftsleitung möglich.

(2) Urlaubsdauer

Der Grundurlaub beträgt für alle Arbeitnehmerinnen/Arbeitnehmer 28 Arbeitstage im Urlaubsjahr. Basis ist die Fünf-Arbeitstage-Woche.

Der maximale Urlaub kann jedoch insgesamt 30 Tage im Jahr nicht überschreiten.

Für Jugendliche und Schwerbeschädigte gelten die Zusatzurlaubsansprüche nach den gesetzlichen Regelungen.

(3) Bildungsurlaub

Bildungsurlaub ist gemäß der gesetzlichen Regelung zu gewähren.

§ 15 Gratifikationen

(1) Weihnachts- und Urlaubsgeld

Weihnachts- und Urlaubsgeld sind freiwillige Leistungen, auf die ein Rechtsanspruch weder dem Grunde noch der Höhe nach besteht. Die Leistung wird vom Arbeitgeber nach eigenem Ermessen jährlich neu festgelegt. Wesentlich für die Festsetzung eines Weihnachts- oder Urlaubsgeldes ist die wirtschaftliche Lage des Unternehmens. Von den freiwilligen Leistungen in Form von Weihnachts- und Urlaubsgeld sind Arbeitnehmerinnen/Arbeitnehmer ausgeschlossen, die

- durch ihr Verhalten zu ernstlichen Beanstandungen Anlass gegeben haben,
- sich am Auszahlungstag in einem gekündigten Arbeitsverhältnis befinden,
- sich am Auszahlungstag in der Probezeit befinden.

Scheidet eine Arbeitnehmerin/ein Arbeitnehmer nach Zahlung des Weihnachts- oder Urlaubsgeldes bis zum 31. März des Folgejahres (Weihnachtsgeld) oder bis zum 30. September (Urlaubsgeld) aus, ist das Weihnachts- oder Urlaubsgeld in voller Höhe zurückzuzahlen.

(2) Tantiemen und Sonderprämien

Zur Motivation und Verbesserung der Arbeitsergebnisse, der Kundenfreundlichkeit, der Baustellenabrechnung, der Gerätepflege und der Einsatzbereitschaft können Prämien oder Tantiemen gewährt werden. Mitarbeiterinnen/Mitarbeiter können nach einem festgelegten Schlüsselsystem am Geschäftserfolg der Niederlassung beteiligt oder einzelfallbezogen prämiert werden. Voraussetzung für die Beteiligung an der Tantiemenregelung ist die 12-monatige ununterbrochene Zugehörigkeit zum Unternehmen sowie ein ungekündigtes Beschäftigungsverhältnis. Tantiemen werden nach positivem Abschluss des Geschäftsjahres für die Niederlassung gezahlt.

Darüber hinaus können für herausragende technische Leistungen oder herausragende Tagesleistungen, die auch zu zusätzlichen Umsätzen für die Niederlassung führen, Sonderprämien vergeben werden.

§ 16 Vermögenswirksame Leistungen

Arbeitnehmerinnen/Arbeitnehmer erhalten als vermögenswirksame Leistungen nach Beendigung der Probezeit 13,29 EUR und nach einer Betriebszugehörigkeit von zwölf Monaten 26,59 EUR. Die gesetzlichen Vorschriften zur Gewährung von vermögenswirksamen Leistungen sind zu beachten.

§ 17 Arbeitssicherheit

Arbeitgeber und Arbeitnehmerin/Arbeitnehmer haben unter Beachtung der einschlägigen gesetzlichen Vorschriften, insbesondere der Arbeitsstättenverordnung und der Unfallverhütungsvorschriften, darauf zu achten, dass Arbeitsräume, Arbeitsplätze, Arbeitsverfahren, Arbeitsabläufe und Arbeitsumgebung so eingerichtet werden, dass so weit wie möglich Unfall- und Gesundheitsgefahren ausgeschlossen sind. Arbeitsaufgaben sind so zu gestalten, dass insbesondere im Hinblick auf eine Leistungsvergütung zu erwartende gesteigerte Anstrengungen der Arbeitnehmer nicht zu Unfall- und Gesundheitsgefahren führen.

Die Arbeitnehmerinnen/Arbeitnehmer sind verpflichtet, die geltenden Arbeitsschutzbestimmungen und Unfallverhütungsvorschriften zu beachten und einzuhalten und die vom Arbeitgeber zur Verfügung gestellte Arbeitsschutzkleidung sowie Sicherheits- und Sicherungsmittel zu tragen und anzuwenden.

Anordnungen zur Sicherheit sind Folge zu leisten. Anweisungen, gleich welchen Charakters, die von der Einhaltung der Sicherheitsvorschriften absehen, sind von vornherein unwirksam. Erkennbare Gefahren hat jeder Arbeitnehmer sofort und unmittelbar seinem Vorgesetzten, der Niederlassungsleitung oder der Geschäftsführung zu melden.

Der Genuss von Alkohol oder anderen berauschenden Mitteln ist während der Arbeitszeit und auf dem Betriebsgelände nicht erlaubt.

Verstöße gegen die Arbeitssicherheit stellen einen fristlosen Entlassungsgrund dar.

§ 18 Inkrafttreten

Diese Rahmenrichtlinie tritt am ... in Kraft.

4. Muster: Arztbesuch während der Arbeitszeit[23]

Zwischen

der Firma ...

und

dem Betriebsrat der Firma ...

wird folgende Betriebsvereinbarung geschlossen:

(1) Arztbesuche während der Arbeitszeit sollen grundsätzlich vermieden werden.

(2) Ist der Besuch eines Arztes während der Arbeitszeit aus gesundheitlichen Gründen des Arbeitnehmers oder aus organisatorischen, beim Arzt liegenden Gründen unvermeidbar, legt der Mitarbeiter/die Mitarbeiterin dem Arzt ein Formblatt vor, das über die Personalabteilung und über den Betriebsrat erhältlich ist.

(3) Das Formblatt, das dem Arzt vorzulegen ist, hat folgenden Wortlaut:

„Bescheinigung des behandelnden Arztes zur Vorlage beim Arbeitgeber

Name des Mitarbeiters/der Mitarbeiterin: ...

Der Mitarbeiter/die Mitarbeiterin hat mich am ... in der Zeit von ... Uhr bis ... Uhr zur Behandlung aufgesucht. Die Behandlung musste während der Arbeitszeit des Mitarbeiters/der Mitarbeiterin ausgeführt werden, da ....

..., den

Praxisstempel

Unterschrift des Arztes"

(4) Macht der Arzt für das Ausfüllen des Formulars Kosten geltend, so werden diese von der Firma bis zu einem Betrag von 7,50 EUR getragen.

(5) Diese Betriebsvereinbarung kann von beiden Parteien bei einer Frist von ... gekündigt werden.

5. Muster: Betriebsordnung (Kurzfassung)

§ 1 Betriebsfremde Betätigung

(1) Die Erledigung privater Tätigkeiten während der Arbeitszeit ist grundsätzlich verboten, es sei denn, der Vorgesetzte hat eine solche Tätigkeit ausdrücklich erlaubt.

(2) Jeder Handel zwischen Belegschaftsmitgliedern auf dem Betriebsgelände ist untersagt.

(3) Eine Aufforderung an Mitarbeiterinnen/Mitarbeiter zur Beteiligung an Sammlungen im Betrieb ist nur mit Zustimmung der Geschäftsleitung gestattet.

(4) Private Telefongespräche im Ortsverkehr sind im angemessenen Maße kostenfrei zulässig. Generell dürfen die Mitarbeiterinnen/Mitarbeiter aber nur in Ausnahmefällen selbst Anrufe tätigen. Bei Ferngesprächen hat die Mitarbeiterin/der Mitarbeiter die Vorwahl ... zu wählen. Über ihre/seine Telefonate erhält sie/er eine monatliche Gebührenrechnung.

(5) Politische Betätigung auf dem Betriebsgelände ist nicht gestattet. Auch das Tragen von Plaketten, die wegen ihrer meinungsbekennenden Inhalte zu einer Störung des Betriebsfriedens führen können, ist nicht gestattet.

---

[23] Die Einführung von Formularen zur Bestätigung durch den Arzt unterliegt dem Mitbestimmungstatbestand des § 87 Abs. 1 Nr. 1 BetrVG, BAG 21.1.1997 – 1 ABR 53/96, NZA 1997, 785.

§ 2 Werksverkehr

(1) Fahrzeuge und Fahrräder dürfen nur auf den hierfür gekennzeichneten Stellen auf dem Firmenparkplatz geparkt werden.

(2) Die amtlichen Kennzeichen von auf dem Betriebsparkplatz abgestellten Pkw sind von der Mitarbeiterin/dem Mitarbeiter dem Werkschutz zu melden.

(3) Die Firma übernimmt keine Haftung für auf dem Firmenparkplatz abgestellte Fahrzeuge.

(4) Fahrzeuge, die auf dem Firmenparkplatz nicht innerhalb der vorgesehenen Markierungen oder auf einem Behindertenparkplatz, ohne dass Halter oder Fahrer Behindertenstatus genießen, oder auf dem Firmengelände nicht ordnungsgemäß abgestellt sind, können von der Firma auf Kosten der Mitarbeiterin/des Mitarbeiters durch Abschleppunternehmen abtransportiert werden.

(5) Auf dem Firmengelände darf nicht mehr als 25 km/h gefahren werden.

§ 3 Kontrollen

Die Betriebspartner sind sich darüber einig, dass zum Schutze des Eigentums der Mitarbeiterinnen/Mitarbeiter, aber auch zum Schutze des Eigentums des Arbeitgebers Kontrollen am Arbeitsplatz und an den Werkstoren durchgeführt werden dürfen. Die Kontrollen sind auf das notwendige Maß zu beschränken. Der Betriebsrat erhält spätestens eine Woche nach Durchführung einer komplexeren Kontrollmaßnahme Nachricht über die Maßnahme und das dabei erzielte Ergebnis.

§ 4 Alkohol und Rauchen

(1) Alkoholgenuss während der Arbeitszeit ist verboten. Nur in begründeten Ausnahmefällen wie bei Betriebsfeiern können vom Vorgesetzten Ausnahmen zugelassen werden.

(2) Bei dem Genuss von Tabak ist stets auf die Wünsche und die Gesundheit der übrigen Kollegen Rücksicht zu nehmen. In Räumen, in denen mehr als eine Mitarbeiterin/ein Mitarbeiter untergebracht ist, darf nicht am Arbeitsplatz geraucht werden.

(3) Das Rauchen ist im Übrigen nur an den im Betrieb durch kein Rauchverbotszeichen gekennzeichneten Räumen gestattet.

6. Muster: Betriebsordnung (Langfassung)

§ 1 Geltungsbereich

(1) Die Tarif- und Arbeitsordnung gilt für alle Mitarbeiterinnen/Mitarbeiter der Unternehmensgruppe ...

(2) Ausgenommen sind die Mitglieder der Geschäftsleitung und die Handlungsbevollmächtigten (leitende Angestellte) sowie die Aushilfskräfte.

(3) Die Unternehmensgruppe besteht aus den Firmen: ...

§ 2 Wirksamkeit

Diese Fassung der Betriebsordnung gilt mit Wirkung vom ....

§ 3 Beginn und Beendigung des Beschäftigungsverhältnisses

(1) Arbeitsverhältnisse mit gewerblichen Arbeitnehmern und Angestellten (außer Aushilfen) werden vor Aufnahme der Arbeit mit einem schriftlichen Arbeitsvertrag auf der Basis dieser Betriebsordnung begründet.

(2) Es kann eine Probezeit vereinbart werden. Diese soll bei gewerblichen Arbeitnehmern sechs Wochen, bei Angestellten 3 Monate nicht überschreiten.

Während der Probezeit kann das Probearbeitsverhältnis für gewerbliche Arbeitnehmer von beiden Seiten mit einer Frist von zwei Wochen, bei Angestellten von beiden Seiten mit einer Frist von einem Monat zum Monatsende gekündigt werden.

(3) Das Arbeitsverhältnis endet durch Kündigung oder bei befristeten Arbeitsverhältnissen durch Zeitablauf. Die Kündigung bedarf der Schriftform.

(4) Das Arbeitsverhältnis eines gewerblichen Arbeitnehmers oder eines Angestellten kann mit einer Frist von vier Wochen zum 15. oder zum Ende eines Kalendermonats gekündigt werden.

(5) Für eine Kündigung durch den Arbeitgeber beträgt die Kündigungsfrist, wenn das Arbeitsverhältnis

- zwei Jahre bestanden hat: einen Monat zum Ende eines Kalendermonats;
- fünf Jahre bestanden hat: zwei Monate zum Ende eines Kalendermonats;
- acht Jahre bestanden hat: drei Monate zum Ende eines Kalendermonats;
- 10 Jahre bestanden hat: vier Monate zum Ende eines Kalendermonats;
- 12 Jahre bestanden hat: fünf Monate zum Ende eines Kalendermonats;
- 20 Jahre bestanden hat: sieben Monate zum Ende eines Kalendermonats.

(6) Das Arbeitsverhältnis kann von jedem Arbeitsvertragspartner aus wichtigem Grund ohne Einhaltung einer Kündigungsfrist gekündigt werden, wenn Tatsachen vorliegen, aufgrund derer dem Kündigenden unter Berücksichtigung aller Umstände des Einzelfalles und unter Abwägung der Interessen beider Vertragsteile die Fortsetzung des Arbeitsverhältnisses bis zum Ablauf der Kündigungsfrist oder bis zu der vereinbarten Beendigung des Arbeitsverhältnisses nicht zugemutet werden kann.

Die Kündigung kann nur innerhalb von zwei Wochen erfolgen. Die Frist beginnt mit dem Zeitpunkt, in dem der Kündigungsberechtigte von den für die Kündigung maßgebenden Tatsachen Kenntnis erlangt. Der Kündigende muss dem anderen Teil auf Verlangen den Kündigungsgrund unverzüglich schriftlich mitteilen.

(7) Stichtag für die Berechnung des Lebensalters und der Betriebszugehörigkeit ist der dem 1. Januar folgende Arbeitstag. Eine frühere Betriebszugehörigkeit wird nicht angerechnet, wenn das Arbeitsverhältnis länger als ein Jahr zusammenhängend unterbrochen war oder durch freiwillige Aufgabe des Arbeitsverhältnisses beendet wurde.

(8) Unberührt bleiben die gesetzlichen Bestimmungen über die fristlose Auflösung des Arbeitsverhältnisses.

(9) Schwarzarbeit berechtigt zur fristlosen Kündigung des Arbeitsverhältnisses. Schwarzarbeit ist die in das Gewerbe fallende Arbeit, die vom Arbeitnehmer für andere Betriebe oder sonstige Auftraggeber verrichtet oder auf eigene Rechnung gegen Entgelt durchgeführt wird.

(10) Verzichtet der Arbeitgeber während der Kündigungsfrist auf die Dienste des Angestellten, so sind, wenn der Angestellte neben einem Festgehalt Provisionen erhält, seine Bezüge wie bei Krankheit zu berechnen.

(11) Nach Beendigung des Arbeitsverhältnisses hat die Arbeitnehmerin/der Arbeitnehmer Anspruch auf ein qualifiziertes Zeugnis. Auf Wunsch der Arbeitnehmerin/des Arbeitnehmers wird auch ein qualifiziertes Zwischenzeugnis erteilt.

(12) Eine fristlose Kündigung, die als solche unwirksam ist, gilt als fristgemäße Kündigung zum nächstmöglichen Zeitpunkt.

(13) Löst die Arbeitnehmerin/der Arbeitnehmer das Arbeitsverhältnis rechtswidrig auf oder kommt sie/er vorsätzlich einer wesentlichen Dienstpflicht nicht nach, so steht dem Arbeitgeber

a) bei Arbeitern

ohne Nachweis des entstandenen Schadens ein Ersatzanspruch gem. § 124 b Gewerbeordnung in Höhe eines Wochenlohnes zu;

b) bei Angestellten

ohne Nachweis des entstandenen Schadens ein Ersatzanspruch in Höhe eines halben Monatsgehaltes zu.

Spirolke

(14) Im Falle des Ausscheidens ist die Arbeitnehmerin/der Arbeitnehmer verpflichtet, unaufgefordert sämtliche in ihrem/seinem Besitz befindlichen Geschäftsunterlagen sowie vom Arbeitgeber gestellte Werkzeuge und Arbeitskleidung diesem auszuhändigen. Für Verlust und schuldhafte Beschädigung hat er dem Arbeitgeber Schadensersatz zu leisten, der gegen Lohn-/Gehaltsforderungen aufgerechnet wird.

§ 4 Arbeitszeit

(1) Die regelmäßige Arbeitszeit ergibt sich aus den Arbeitszeitregelungen.

(2) Beginn und Ende der täglichen Arbeitszeit einschließlich der Pausen und die Verteilung der Arbeitszeiten auf einzelne Wochentage werden in den einzelnen Firmen bzw in den Firmenbereichen und/oder Betriebsstellen nach Maßgabe der betrieblichen Erfordernisse gesondert geregelt.

Die Regelungen werden von den Betriebsstellen-Leitern erarbeitet und der Geschäftsleitung zur Genehmigung vorgeschlagen. Die Arbeitszeit an den Tagen vor Weihnachten und Neujahr endet um 12.00 Uhr, und zwar bei voller Bezahlung.

(3) Die Überschreitung der regelmäßigen Arbeitszeit bei gewerblichen Arbeitnehmern ist Mehrarbeitszeit. Diese wird im Rahmen der folgenden Bestimmungen des § 5 durch Zuschläge vergütet. Die Mehrheit bei gewerblichen Arbeitnehmern der ... wird im Rahmen der folgenden Bestimmungen (§ 5) erst ab der 5. Stunde vergütet.

Die Überschreitung der regelmäßigen Arbeitszeit bei Angestellten ist ebenfalls Mehrarbeitszeit. Diese wird vergütet und zwar nach Maßgabe der Bestimmungen des § 5. Mehrarbeit soll auf Ausnahmefälle nach Maßgabe der betrieblichen Erfordernisse beschränkt bleiben.

(4) Für Jugendliche gelten die Bestimmungen des Jugendarbeitsschutzgesetzes in seiner jeweils geltenden Fassung.

(5) Aus dringenden betrieblichen Gründen, zB zur Vermeidung von Entlassungen oder vorübergehenden Stilllegungen, auch als unmittelbare Auswirkung eines Streiks, kann für die gesamte Belegschaft oder für einen Teil (nicht jedoch für einzelne Arbeitnehmer) eine kürzere als die regelmäßige Arbeitszeit (Kurzarbeit) nach einer Ankündigungsfrist von acht Arbeitstagen eingeführt werden. Für die Ankündigung genügt ein Aushang im Betrieb und in den betroffenen Betriebsstellen. Die Ankündigungsfrist gilt als gewahrt, wenn die Einführung der Kurzarbeit innerhalb von acht Tagen erfolgt.

Wird einer Arbeitnehmerin/einem Arbeitnehmer vor Einführung, bei Beginn oder während der Kurzarbeit gekündigt, so hat sie/er für die Dauer der Kündigungsfrist Anspruch auf den vollen Verdienst der regelmäßigen Arbeitszeit. Der Anspruch mindert sich, soweit ein Anspruch auf Kurzarbeitergeld besteht. Der Anspruch entfällt, wenn die Kündigung aus wichtigem Grunde erfolgt. Im Übrigen gelten die gesetzlichen Bestimmungen.

§ 5 Mehr-, Nacht-, Sonn- und Feiertagsarbeit

(1) Allgemeines

a) Mehr-, Nacht-, Sonn- und Feiertagsarbeit ist nach Möglichkeit zu vermeiden. Soweit sie in dringenden Fällen erforderlich ist, wird sie betrieblich geregelt, und zwar liegt die Zuständigkeit hierfür bei den Betriebsstellen-Leitern.

b) Anspruch auf Entgelt für geleistete Mehr-, Nacht-, Sonn- und Feiertagsarbeit besteht nur dann, wenn sie vom Arbeitgeber bzw dem zuständigen Betriebsstellenleiter angeordnet und in allen Einzelheiten geregelt und genehmigt worden ist.

c) Mehrarbeit ist die über die regelmäßige Arbeitszeit täglich hinausgehende Arbeitszeit. Fehlstunden sind zuvor bei der Berechnung auszugleichen. Berechnungsperiode ist hierfür der Abrechnungsmonat.

d) Nachtarbeit ist die zwischen 20.00 Uhr und 06.00 Uhr geleistete Arbeit.

e) Sonn- und Feiertagsarbeit ist jede an diesen Tagen zwischen 0.00 Uhr und 24.00 Uhr geleistete Arbeit.

(2) Zuschläge für Mehr-, Nacht-, Sonn- und Feiertagsarbeit

Es werden folgende Zuschläge gezahlt und zwar bezogen auf das reguläre Brutto-Entgelt je Stunde, wobei die jeweiligen Monatsstunden pro Jahr bei Gehaltsempfängen oder Monatslöhnen zugrunde gelegt werden:

a) für Mehrarbeit 25 %
b) für Nachtarbeit 25 %
c) für Sonn- und Feiertagsarbeit 50 %

(3) Sonstiges

a) Die Regelungen über Nacht- und Feiertagsarbeit gelten nicht für die Beschäftigten an den Tankstellen.

b) Beim Zusammentreffen mehrerer Zuschläge wird nur ein Zuschlag, und zwar der höhere, berechnet.

c) Die Auszahlung des Entgeltes für geleistete Überzeitarbeit erfolgt bei der nächstmöglichen Entgeltzahlung.

d) Die Regelungen über Mehr-, Nacht-, Sonn- und Feiertagsarbeit gelten nicht für Angestellte, die neben einem Festgehalt Provisionen beziehen.

(4) Freizeitgewährung bei geleisteter Mehrarbeit

Bei Vereinbarung von Mehrarbeit gem. § 4 ist gleichzeitig im Zusammenwirken mit den Betriebsstellen-Leitern zu regeln, ob die geleistete Mehrarbeit bezahlt oder mit bezahlter Freistellung von der Arbeit abgegolten wird.

Wird Letzteres vereinbart, gilt Folgendes:

a) Die Abgeltung durch bezahlte Freizeit gem. § 4 hat innerhalb von zwei Lohn-/Gehaltsperioden zu erfolgen, die Lohn-/Gehaltsperiode mit eingeschlossen, in der die Mehrarbeit anfiel.

b) Für eine Stunde Mehrarbeit gibt es eine Stunde bezahlte Freistellung von der Arbeit.

Die Regelungen für Freizeitgewährung gelten nicht für Angestellte im Außendienst.

Die Geschäftsleitung kann für einzelne Sonderfälle von betrieblich bedingter und im Einzelfall anzuordnender Mehrarbeit gesonderte, ggf auch zeitlich begrenzte Regelungen für bestimmte Teile der Unternehmensgruppe ... einführen.

§ 6 Eingruppierung

Allgemeine Eingruppierungsmerkmale

1. Sämtliche Arbeitnehmerinnen/Arbeitnehmer werden entsprechend ihrer Tätigkeit in Tätigkeitsgruppen eingruppiert.

2. Maßgebend für die Eingruppierung sind die Gruppenmerkmale, dh die ausgeübte Tätigkeit und/oder die berufliche Ausbildung.

3. Übt eine Arbeitnehmerin/ein Arbeitnehmer Tätigkeiten aus, die mehreren Gruppen angehören, so wird sie/er in diejenige Gruppe eingruppiert, die der überwiegenden Tätigkeit entspricht.

4. Bei Änderung einer dauernden Tätigkeit wird die Eingruppierung überprüft und ggf neu vorgenommen.

5. Jede Änderung der Eingruppierung wird mit der Arbeitnehmerin/dem Arbeitnehmer abgestimmt.

Gruppenbeispiele, Gruppierungsmerkmale, Beispiele

1. Gewerbliche Arbeitnehmer

(Lohnempfänger)

L 1–L 5

Monatslöhne Fahrer

F 1 –F 3

2. Angestellte und Meister
(Gehaltsempfänger)
G 1–G 5
GM 1–GM 3 (Meister)
3. Auszubildende
A 1–A 4

L 1, Arbeitnehmer ohne einschlägige Fachkenntnisse (ungelernte)
- Hilfskräfte (gewerblich, technisch)
- Lagerarbeiter
- Platzarbeiter

L 2, Arbeitnehmer, die nach betrieblicher Einarbeitung mit so erworbenen Kenntnissen nach Anweisung in Teilbereichen einfache Arbeiten ausführen
- Kieswerker (Muldenkipperfahrer und Laderfahrer)
- Anlagenführer
- Kfz-Mechaniker
- Tankwarte (als Hilfskräfte)
- Lackierer (als Hilfskräfte)

L 3, Facharbeiter, die unter Aufsicht einfache Facharbeiten ausführen (für diese Gruppenzuordnung ist eine Gesellenprüfung Voraussetzung, soweit eine solche üblich ist)
- Kfz-Mechaniker
- Lackierer
- Monteure, Maschinisten
- Schlosser
- Kieswerker
- Baggerführer
- Raupenführer
- Wiegemeister

L 4, Facharbeiter, die auf Grund ihrer Ausbildung und ihrer fachlichen Erfahrung
a) selbständig arbeiten
b) bestqualifiziert sind
c) Altgesellen sind
- Kfz-Mechaniker
- Lackierer
- Kieswerker
- Vorarbeiter
- stellv. Betriebsleiter

L 5, Facharbeiter, die selbständig, in eigener Verantwortung, ohne Anweisung (ausgenommen allgemeine Betriebsanweisung) arbeiten und deren Tätigkeit eine Fachausbildung und mehrjährige Berufserfahrung erfordert

F 1, Lkw-Fahrer, bis zu drei Jahren tätig
F 2, Lkw-Fahrer, bis zu fünf Jahren tätig

Kapitel 2: Erzwingbare Betriebsvereinbarungen

F 3, Lkw-Fahrer, insbesondere Berufskraftfahrer und Sonderfahrzeugfahrer

GM 1, Betriebsmeister, die als solche ausdrücklich angestellt sind und eingesetzt werden (Meisterprüfung nicht erforderlich)

- Kfz-Bereich
- Kieswerker (evtl)

GM 2, Meister mit bestandener Meisterprüfung, die Beaufsichtigungsbefugnisse und Anweisungsbefugnisse haben

- Kfz-Bereich
- Kieswerker (evtl)

GM 3, Meister mit bestandener Meisterprüfung, die auf Grund ihrer Fähigkeiten und umfassender betrieblicher Fachkenntnisse und mehrjähriger Berufserfahrung Abteilungen leiten, ein Aufgabengebiet selbständig und verantwortlich bearbeiten

- Kfz-Bereich
- Kieswerker (evtl)

G 1, Angestellte für einfache Tätigkeiten schematischer Art ohne Vorkenntnisse (ungelernt)

- Hilfskräfte (Werkstatt, Lager)
- Bürodienste aller Art
- einfache Schreibarbeiten, Kartei, Fotokopierer, Registratur
- Botengänge

G 2

a) Angestellte mit abgeschlossener Berufsausbildung (im 1. und 2. Gehilfenjahr)

b) Angestellte mit betrieblicher Ausbildung (Erledigung genau umrissener Aufgaben).

Der betrieblichen Ausbildung können Kenntnisse, die in mindestens zweijähriger praktischer Tätigkeit erworben worden sind, gleichgesetzt werden.

- Schreibkräfte für einfache Arbeiten
- einfache Buchhaltungsarbeiten
- einfache Arbeiten im Verkaufs- und Lagerbereich
- Telefonbedienung
- EDV (Datenerfassung)
- einfache Verkaufsaufgaben
- Tankstellen-Kassen

G 3, Angestellte mit erfolgreich abgeschlossener Ausbildung

- selbständige Erledigung bestimmter Aufgabe (Ersatz für Berufsausbildung; praktische und theoretische Kenntnisse können auch durch mehrjährige einschlägige Tätigkeit erworben worden sein)
- Sekretärinnen
- Schreibkräfte (Steno, Phono, Textverarbeitung)
- Buchhalter
- Lohnbuchhalter
- Sachbearbeiter
  - Lager
  - Verkauf

§ 5 Betriebsvereinbarungen

- Einkauf/Disposition
- Kasse
- Personal
- Fakturierung
- Verkäufer
- Kundendienst-Mitarbeiter
- Telefonbedienung (größere Anlage)
- EDV, Operating und einfache Programmierung

G 4, Angestellte mit erfolgreich abgeschlossener Berufsausbildung

- selbständig
- verantwortlich tätig
- mit besonderen Fachkenntnissen für
- Buchhalter
- Lohnbuchhalter
- Lagerverwalter
- Sachbearbeiter
  - Kundendienst
  - Hauptkasse
  - Verkauf/Einkauf/Disposition
  - Personal
- Sekretärinnen
- Verkäufer
- EDV, Operating, Programmierung

G 5, Angestellte mit erfolgreich abgeschlossener Berufsausbildung

- selbständig
- verantwortlich tätig
- mehrjährige, einschlägige Berufserfahrung
- Entscheidungsbefugnisse für Gruppenleiter
  - Verkauf/Einkauf/Disposition
  - Personal
  - Buchhaltung
  - Lager
- Stellvertretende von Leitern der
  - Bereiche
  - Abteilungen
  - Betriebsstellen

Auszubildende

A 1	1. Ausbildungsjahr
A 2	2. Ausbildungsjahr
A 3	3. Ausbildungsjahr
A 4	4. Ausbildungsjahr

§ 7 Entgeltgrundsätze

(1) Für gewerbliche Arbeitnehmer (Lohnempfänger) gilt das Zeitlohnentgelt oder das Monatslohnentgelt.

(2) Für Angestellte (Gehaltsempfänger) wird das Arbeitsentgelt als monatliches Bruttoentgelt geleistet (besondere Vereinbarungen vgl Abs. 5).

(3) Bei gewerblichen Arbeitnehmern kann die Arbeit auch im Leistungslohn oder nach Prämiensystem ausgeführt werden. Voraussetzungen und Bedingungen sind in gesonderten Regelungen festzulegen.

(4) Es können Zulagen vereinbart werden.
Bei generellen Anpassungen der Löhne und Gehälter an veränderte wirtschaftliche Verhältnisse können diese Zulagen immer auf die neuen Ansprüche angerechnet werden.

(5) Mit Angestellten, die neben einem monatlichen Festgehalt Provisionen beziehen, sind Entgeltvereinbarungen gesondert schriftlich festzulegen.

§ 8 Entgeltzahlung

(1) Das Arbeitsentgelt wird jeweils zum Ende des Monatszeitraums (Abrechnungsperiode) nachträglich gezahlt.

(2) Die Arbeitnehmerin/Der Arbeitnehmer erhält eine Abrechnung, aus der die Zahl der geleisteten Arbeitsstunden, der Bruttoverdienst, der Abrechnungszeitraum, evtl Abschlagszahlungen, die Zuschläge und Abzüge im Einzelnen ersichtlich sind.

(3) Alle Zahlungen werden bargeldlos auf ein vom Arbeitnehmer anzugebendes Konto geleistet.

(4) Auf Wunsch der Arbeitnehmerin/des Arbeitnehmers, jedoch nur mit ausdrücklicher Zustimmung des Arbeitgebers, können Zahlungen auch an von der Arbeitnehmerin/vom Arbeitnehmer zu benennende Dritte geleistet werden.

(5) Der Arbeitnehmerin/Dem Arbeitnehmer ist es nicht gestattet, gegenwärtige oder zukünftige Lohn-/Gehaltsforderungen ohne Einverständnis des Arbeitgebers an Dritte abzutreten. Solche Abtretungen sind gegenüber dem Arbeitgeber unwirksam.

(6) Vorschusszahlungen können nur in Einzelfällen erfolgen. Zuständig ist der betreffende Betriebsstellen-Leiter.

§ 9 Sonderzahlungen

(1) Jede Arbeitnehmerin/Jeder Arbeitnehmer erhält neben ihrem/seinem Arbeitsentgelt eine jährliche Sonderzahlung (Urlaubsgeld) iHv 40 % ihres/seines monatlichen Bruttoarbeitsentgeltes.
Bemessungsgrundlage für diese Sonderzahlung ist:

a) bei gewerblichen Arbeitnehmern (Lohnempfängern) der vereinbarte Stundenlohn bezogen auf die Regelarbeitszeit

b) bei Angestellten (Gehaltsempfängern) das vereinbarte monatliche Brutto-Gehalt bzw das Festgehalt

c) bei Auszubildenden die Bruttoausbildungsvergütung.

Die Sonderzahlung wird mit je 1/12 zusammen mit dem monatlichen Arbeitsentgelt abgerechnet und geleistet.

Das Urlaubsgeld für die Auszubildenden wird ab ... zweimal jährlich, mit der Abrechnung Mai und mit der Abrechnung November, ausgezahlt.

(2) Der Arbeitgeber erbringt für jede Arbeitnehmerin/jeden Arbeitnehmer vermögenswirksame Leistungen nach einzelvertraglicher Vereinbarung.
Eine Barauszahlung ist ausgeschlossen. Die vermögenswirksame Anlage ist dem Arbeitgeber vor Zahlung, durch die Vorlage eines entsprechenden Antrages, nachzuweisen.

(3) Der Arbeitgeber wird jährlich bis zum 30. November eine weitere Sonderzahlung leisten. Die Höhe kann von Fall zu Fall unterschiedlich sein und steht im freien Ermessen des Arbeitgebers.

(4) Die Arbeitnehmerinnen/Die Arbeitnehmer erhalten bei einer ununterbrochenen Betriebszugehörigkeit von 10 Jahren und 25 Jahren eine Jubiläumszuwendung in Höhe der im Rahmen der Lohnsteuerrichtlinien steuerfreien Beträge:

600 EUR bei 25 Jahren
300 EUR bei 10 Jahren.

Bei den Arbeitnehmerinnen/Arbeitnehmern, die aus saisonalen Gründen jährlich entlassen werden, sind die Arbeitslosenzeiten als Beschäftigungszeiten anzusehen. Die Beschäftigung durch einen anderen Arbeitgeber unterbricht die Betriebszugehörigkeit.

(5) Die Arbeitnehmerinnen/Arbeitnehmer erhalten eine Heiratsbeihilfe in folgender Höhe, die im Rahmen der Lohnsteuerrichtlinien steuerfrei ist.

Die Heiratsbeihilfe richtet sich nach der Betriebszugehörigkeit und ist durch die Heiratsurkunde nachzuweisen:

bis fünf Jahre Betriebszugehörigkeit   200 EUR
bis 10 Jahre Betriebszugehörigkeit   250 EUR
über 10 Jahre Betriebszugehörigkeit   300 EUR

Diese Regelung gilt mit Wirkung vom ... . Bei der Berechnung der Betriebszugehörigkeit werden auch die Ausbildungszeiten mitgerechnet.

§ 10 Entgeltzahlungen an Feiertagen

(1)

a) Für die Arbeitszeit, die infolge eines gesetzlichen Feiertages ausfällt, ist vom Arbeitgeber den Arbeitnehmerinnen/Arbeitnehmern der Arbeitsverdienst zu zahlen, den sie ohne den Arbeitsausfall erhalten hätten. Die Arbeitszeit, die an einem gesetzlichen Feiertag gleichzeitig infolge von Kurzarbeit ausfällt und für die an anderen Tagen als an den gesetzlichen Feiertagen Kurzarbeit geleistet wird, gilt als infolge eines gesetzlichen Feiertages ausgefallen (dh Durchschnitt aus den letzten drei Monaten).

b) Für die Beschäftigten der ..., Abteilung Spedition, gilt:

Für die Arbeitszeit, die infolge eines gesetzlichen Feiertages ausfällt, ist vom Arbeitgeber der Arbeitnehmerin/dem Arbeitnehmer der Arbeitsverdienst zu zahlen, der sich aus dem Monatslohn ergibt (dh 10 Std. x Stundenlohn); evtl gearbeitete Überstunden werden nicht berücksichtigt.

c) Für die Beschäftigten der ..., Abteilung Gruben, gilt:

Für die Arbeitszeit, die infolge eines gesetzlichen Feiertages ausfällt, ist vom Arbeitgeber der Arbeitnehmerin/dem Arbeitnehmer der Arbeitsverdienst zu zahlen, der sich aus der Durchschnittsberechnung des letzten Jahres ergibt. In die Durchschnittsberechnung werden alle regelmäßigen Zahlungen einbezogen.

(2) Ist der Arbeitgeber zur Fortzahlung des Arbeitsentgeltes für den gesetzlichen Feiertag nach den gesetzlichen Vorschriften über die Entgeltfortzahlung im Krankheitsfalle verpflichtet, so bemisst sich die Höhe des fortzuzahlenden Arbeitsentgeltes für diesen Feiertag nach den Vorschriften im Krankheitsfalle.

(3) Arbeitnehmerinnen/Arbeitnehmer, die am letzten Arbeitstag vor oder am ersten Arbeitstag nach Feiertagen unentschuldigt der Arbeit fernbleiben, haben keinen Anspruch auf Bezahlung für diese Feiertage.

§ 11 Entgeltzahlung im Krankheitsfall

(1) Bei Arbeitsunfähigkeit infolge Krankheit gelten die jeweils gültigen Vorschriften des Entgeltfortzahlungsgesetzes.

(2) Ist die Arbeitnehmerin/der Arbeitnehmer durch Krankheit oder sonstige unvorhergesehene Ereignisse an der Arbeitsleistung verhindert, so ist dem Arbeitgeber unverzüglich unter Angabe von Gründen Mitteilung zu machen.

(3) Auch ist sie/er verpflichtet, vor Ablauf des dritten Kalendertages nach Beginn der Arbeitsunfähigkeit eine ärztliche Bescheinigung über die Arbeitsunfähigkeit sowie über deren voraussichtliche Dauer nachzureichen.

(4) In Fällen unverschuldeter, mit Arbeitsunfähigkeit verbundener Krankheit einschließlich eines wegen dieser Krankheit von dem Versicherungsträger bewilligten Heilverfahrens erhält die Arbeitnehmerin/der Arbeitnehmer für die Dauer von sechs Wochen Lohnfortzahlung nach den gesetzlichen Bestimmungen.

(5) Das fortzuzahlende Arbeitsentgelt ist derzeit wie folgt zu berechnen:

a) Die Höhe der Entgeltfortzahlung im Krankheitsfall beträgt 100 % des der Arbeitnehmerin/dem Arbeitnehmer bei der für sie/ihn maßgebenden regelmäßigen Arbeitszeit zustehenden Arbeitsentgelts. Ein Anspruch auf Lohnfortzahlung entsteht erst nach vierwöchiger ununterbrochener Dauer des Arbeitsverhältnisses.

b) Die Arbeitnehmerinnen/Die Arbeitnehmer, die nach Stundenlohn vergütet werden, erhalten 100 % des Durchschnittsverdienstes der letzten drei Monate.

c) Für die Beschäftigten bei der ..., Abteilung Spedition, gilt:

Für die Arbeitszeit, die infolge Krankheit der Arbeitnehmerin/des Arbeitnehmers ausfällt, ist vom Arbeitgeber der Arbeitnehmerin/dem Arbeitnehmer der Arbeitsverdienst zu zahlen, der sich aus dem Monatslohn ergibt (dh 10 Stunden x Stundenlohn), evtl gearbeitete Überstunden werden nicht berücksichtigt.

d) Für die Beschäftigten der ..., Abteilung Gruben, gilt:

Für die Arbeitszeit, die infolge Krankheit der Arbeitnehmerin/des Arbeitnehmers ausfällt, ist vom Arbeitgeber der Arbeitnehmerin/dem Arbeitnehmer der Arbeitsverdienst zu zahlen, der sich aus der Durchschnittsberechnung des letzten Jahres ergibt. In die Durchschnittsberechnung werden alle regelmäßigen Zahlungen einbezogen.

e) Bei Kurzarbeit kann eine Arbeitnehmerin/ein Arbeitnehmer im Krankheitsfall kein höheres Entgelt beanspruchen, als wenn sie/er gearbeitet hätte. Die verkürzte Arbeitszeit ist zugrunde zu legen.

f) Die Auszahlung des fälligen Arbeitsentgelts erfolgt in der betriebsüblichen Art und Weise, die Krankheitstage werden in der Lohn-/Gehaltsperiode zu den betriebsüblichen Lohn-/Gehaltszahlungsterminen abgerechnet.

g) Wird die Arbeitsunfähigkeit der Arbeitnehmerin/des Arbeitnehmers durch einen Dritten verursacht, ist der Arbeitnehmer verpflichtet, die ihm gegen diesen Dritten zustehenden Schadensersatzansprüche in Höhe des ihm während der Arbeitsunfähigkeit gezahlten Lohnes einschl. des darauf entfallenden Sozialversicherungsbeitrages des Arbeitgebers abzutreten oder an den Arbeitgeber abzuführen.

Die Arbeitnehmerin/Der Arbeitnehmer ist verpflichtet, dem Arbeitgeber die zur Rechtsverfolgung dienlichen Auskünfte zu geben und Beweismittel zur Verfügung zu stellen.

(6) Bei Angestellten, die neben einem Festgehalt Provisionen beziehen, gilt folgende Regelung:

Das Entgelt besteht aus dem Festgehalt und der Provision. Die Letztere wird ermittelt, indem für jeden Arbeitstag 1/300 der während der letzten zwölf Monate gezahlten Provisionssumme eingesetzt wird.

Bei kürzerer Beschäftigungsdauer ist ein entsprechender Durchschnittssatz aus der seit Beginn der Tätigkeit gezahlten Provisionssumme zu bilden.

§ 12 Unterstützung im Sterbefall

(1) Hinterlässt eine Arbeitnehmerin/ein Arbeitnehmer einen unterhaltspflichtigen Ehegatten oder unterhaltspflichtige Kinder unter 18 Jahren, deren Berufsausbildung noch nicht beendet ist, ist das Entgelt vom Sterbetag an gerechnet für einen Monat weiterzuzahlen.

Zusätzlich sind ab einer ununterbrochenen Betriebszugehörigkeit von

- 10 Jahren ein voller Monatsverdienst
- 20 Jahren zwei volle Monatsverdienste

zu zahlen.

(2) Wenn der Tod auf einen Arbeitsunfall zurückzuführen ist, so erhalten die Angehörigen, die in häuslicher Gemeinschaft mit dem Verstorbenen lebten, zwei volle Monatsverdienste, nach 5-jähriger Betriebszugehörigkeit drei volle Monatsverdienste.

(3) Stichtag für die Berechnung der Betriebszugehörigkeit ist der dem 1. Januar folgende Arbeitstag.

(4) Der Durchschnittsverdienst ergibt sich aus dem Durchschnittsverdienst der letzten drei Monate.

(5) Sind mehrere Anspruchsberechtigte vorhanden, so wird der Arbeitgeber durch Zahlung an einen Anspruchsberechtigten befreit.

(6) Bei Angestellten, die neben einem Festgehalt Provisionen beziehen, ist das Monatsgehalt das doppelte Festgehalt.

§ 13 Urlaub

A. Urlaubsanspruch

(1) Jede Arbeitnehmerin/Jeder Arbeitnehmer hat in jedem Jahr Anspruch auf Urlaub unter Fortzahlung des Entgelts.

(2) Urlaubsjahr ist das Kalenderjahr.

(3) Der erste Anspruch auf einen vollen Jahresurlaub entsteht nach einer ununterbrochenen 6-monatigen Beschäftigungsdauer. Bei Wiedereintritt in den Betrieb ist die Wartezeit neu zu erfüllen.

(4) Der Urlaubsanspruch entsteht und berechnet sich zeitanteilig entsprechend der Beschäftigungsdauer im Kalenderjahr.

(5) Der Urlaub soll nach Möglichkeit im Urlaubsjahr zusammenhängend in Anspruch genommen werden, sofern nicht berechtigte Belange des Betriebes entgegenstehen. Der Urlaubsanspruch erlischt mit Ablauf des Kalenderjahres. Falls der Urlaub während des Kalenderjahres aus betrieblichen oder persönlichen Gründen nicht gewährt bzw in Anspruch genommen werden kann, muss er bis zum 31.3. des Folgejahres gewährt und in Anspruch genommen werden, ansonsten ist der Urlaub verfallen, es sei denn, der Urlaub kann aus krankheitsbedingten Gründen auch in diesem Zeitraum nicht in Anspruch genommen werden.

B. Urlaubsdauer

(1) Die Dauer des Jahresurlaubs richtet sich nach den tariflichen oder einzelvertraglichen Bestimmungen.

(2) Schwerbehinderte Menschen iSd § 69 SGB IX erhalten den gesetzlichen Zusatzurlaub:

- fünf Tage bei einer 5-Tage-Woche
- sechs Tage bei einer 6-Tage-Woche.

(3) Als Urlaubs- bzw Arbeitstage zählen alle Arbeitstage laut Arbeitszeitvereinbarung mit Ausnahme der Sonntage und der gesetzlichen Feiertage.

C. Urlaubsentgelt

(1)

a) Die Bezahlung während des Urlaubs (Urlaubsentgelt) bemisst sich bei den gewerblichen Arbeitnehmern (Lohnempfängern) nach dem durchschnittlichen Arbeitsverdienst, den der gewerbliche Arbeitnehmer in den letzten drei abgerechneten Monaten vor dem Beginn des Urlaubs erhalten hat. Bei Verdiensterhöhungen nicht nur vorübergehender Natur, die während des Berechnungszeitraumes oder des Urlaubs eintreten, ist vom erhöhten Verdienst auszugehen.

b) Für die Beschäftigten bei der ..., Abteilung Spedition, gilt:

Für die Arbeitszeit, die infolge Urlaub ausfällt, ist vom Arbeitgeber der Arbeitnehmerin/dem Arbeitnehmer der Arbeitsverdienst zu zahlen, der sich aus dem Monatslohn ergibt (dh 10 Std. x Stundenlohn); evtl gearbeitete Überstunden werden nicht berücksichtigt.

c) Für die Beschäftigten bei der ..., Abteilung Gruben, gilt:

Für die Arbeitszeit, die infolge Urlaub ausfällt, ist vom Arbeitgeber der Arbeitnehmerin/dem Arbeitnehmer der Arbeitsverdienst zu zahlen, der sich aus der Durchschnittsberechnung des letzten Jahres ergibt. In die Durchschnittsberechnung werden nur regelmäßige Zahlungen einbezogen.

d) Bei Angestellten, die neben einem Festgehalt Provisionen erhalten, gilt folgende Regelung:

Das Entgelt besteht aus dem Festgehalt und der Provision. Der der Provision entsprechende Betrag wird ermittelt, indem für jeden Arbeitstag 1/250 der während der letzten zwölf Monate gezahlten Provisionssumme eingesetzt wird.

Bei kürzerer Beschäftigungsdauer ist ein entsprechender Durchschnittssatz aus der seit Beginn der Tätigkeit gezahlten Provisionssumme zu bilden.

(2) Verdienstkürzungen, die im Berechnungszeitraum infolge von Kurzarbeit, Arbeitsausfällen oder unverschuldeter Arbeitsversäumnisse entstehen, bleiben für die Berechnung des Urlaubsentgeltes außer Betracht.

(3) Eine Abgeltung des Urlaubs ist grundsätzlich zu vermeiden. Ein beim Ausscheiden aus dem Betrieb fälliger Urlaubsanspruch ist möglichst während der Kündigungsfrist zu erfüllen. Lassen die betrieblichen Verhältnisse dies nicht zu oder scheidet der Arbeitnehmer fristlos aus, so kann eine Abgeltung in Geld erfolgen.

D. Sonstige Urlaubsbestimmungen

(1) Für jede Betriebsstelle wird vom Betriebsstellen-Leiter ein jährlicher Urlaubsplan aufgestellt, der mit den Arbeitnehmerinnen/Arbeitnehmern abgestimmt wird.

(2) Erkrankt eine Arbeitnehmerin/ein Arbeitnehmer während des Urlaubs, so werden die durch ärztliches Zeugnis nachgewiesenen Tage der Arbeitsunfähigkeit auf den Jahresurlaub angerechnet im Rahmen des Entgeltfortzahlungsgesetzes, falls die Arbeitnehmerin/der Arbeitnehmer dies wünscht.

(3) Wird der Arbeitnehmerin/dem Arbeitnehmer von einem Träger der Sozialversicherung, einer Verwaltungsbehörde der Kriegsopferversorgung oder einem sonstigen Sozialleistungsträger eine Vorbeugungs-, Heil- oder Genesungskur gewährt, so darf die hierauf entfallende Zeit auf den Urlaub nicht angerechnet werden, wenn nicht gesetzliche Vorschriften eine Anrechnung gestatten.

(4) Während des Urlaubs darf die Arbeitnehmerin/der Arbeitnehmer keine dem Urlaubszweck widersprechende Erwerbstätigkeit leisten.

§ 14 Freistellung von der Arbeit

(1) In den nachfolgenden Fällen wird der Arbeitnehmerin/dem Arbeitnehmer Freizeit ohne Anrechnung auf den Urlaub unter Fortzahlung ihres/seines Verdienstes gewährt, und zwar

- bei seiner Eheschließung   2 Arbeitstage
- bei Eheschließung von Familienangehörigen   1 Arbeitstag
- bei seiner silbernen Hochzeit   1 Arbeitstag
- bei Niederkunft der Ehefrau   2 Arbeitstage
- bei Tod des Ehegatten   3 Arbeitstage
- bei Todesfällen im engeren Familienkreis (Geschwister,
  Eltern, Kinder, Schwiegereltern)   1 Arbeitstag

Bei einem Anspruch von mehreren Tagen brauchen diese nicht unbedingt zeitlich hintereinander zu liegen. Der Tag kann bei den vorgenannten Familienangehörigen wahlweise für den Begräbnistag genommen werden.

(2) Bei plötzlich eintretender nachzuweisender schwerer Erkrankung des Ehegatten oder der in häuslicher Gemeinschaft lebenden Kinder, die die Anwesenheit der Arbeitnehmerin/des Arbeitnehmers unbedingt notwendig machen, wird die erforderliche Zeit, höchstens jedoch ein Arbeitstag, bezahlt.

§ 15 Sonstige Arbeitsverhinderungsgründe

(1) Ein Anspruch auf Fortzahlung des Entgelts bei sonstigen Arbeitsverhinderungsgründen besteht nur dann, wenn von dritter Seite keine Entschädigung gezahlt wird oder werden muss.

(2) Bei der Erfüllung staatsbürgerlicher Pflichten, denen sich die Arbeitnehmerin/der Arbeitnehmer kraft Gesetzes während der Arbeitszeit nicht entziehen kann, wird die Zeit bezahlt, die nachweislich für die Erledigung dieser Angelegenheiten benötigt wird.

(3) Schwerbehinderten ist die für die Dauer der amtlichen Untersuchung zwecks Rentenfestsetzung erforderliche Zeit der Verdienst weiterzuzahlen, soweit die Untersuchung sich nicht außerhalb der Arbeitszeit regeln lässt.

(4) Dasselbe trifft zu für ärztliche Untersuchungen, die von behördlichen Stellen durchgeführt werden oder aufgrund gesetzlicher Bestimmungen vorgenommen werden müssen.

(5) In nachstehenden Fällen ist der Arbeitnehmerin/dem Arbeitnehmer bezahlte Freizeit bis zur Höchstdauer von drei Arbeitstagen pro Monat zu gewähren, ohne dass eine Anrechnung auf den Urlaub stattfinden darf:

- beim Aufsuchen eines Arztes, sofern dies während der Arbeitszeit unvermeidbar ist;
- bei Vorladung von Behörden und Ämtern;
- bei Vorladung von Gerichten entfällt die Vergütung in den Fällen, in denen die Arbeitnehmerin/der Arbeitnehmer im Strafverfahren Beschuldigter oder im Zivilverfahren Partei ist. Eine eventuelle Kostenerstattung ist aufzurechnen.

In den vorgenannten Fällen ist eine entsprechende Bescheinigung vorzulegen. Der Anspruch auf Erstattung eines etwaigen Verdienstausfalles entsteht erst dann, wenn von dritter Stelle nachweislich kein Ersatz zu leisten ist. Die Arbeitnehmerin/Der Arbeitnehmer hat dem Arbeitgeber unverzüglich die zur Geltendmachung des Ersatzanspruches erforderlichen Angaben zu machen.

§ 16 Sonstiges

(1) Bereitschaftsdienst
Ab dem ... erhalten die Mitarbeiterinnen/Mitarbeiter, die am Bereitschaftsdienst teilnehmen, 50 EUR brutto pro Woche für die Bereithaltung. Die Zeit des evtl Einsatzes wird mit den entsprechenden Zuschlägen gesondert vergütet.

(2) Dienstfahrzeuge
Wird von der Geschäftsleitung ein Firmenfahrzeug zur Verfügung gestellt, so ist dieses zu Lasten der Arbeitnehmerin/des Arbeitnehmers den Lohnsteuerrichtlinien entsprechend zu versteuern.

(3) Direktversicherungen
Direktversicherungen werden nur im Wege der Entgeltumwandlung nach dem BetrAVG zugesagt.

(4) Fahrgeld bei Lehrgängen

a) bei Angestellten und Arbeitern

Angestellten und Arbeitern wird in der Regel ein Firmenfahrzeug zur Verfügung gestellt. Kann dies aus betrieblichen Gründen nicht erfolgen, so sind pro gefahrenem km 0,21 EUR steuerfrei für das Privatfahrzeug auszuzahlen.

b) bei Auszubildenden

Bei Auszubildenden, die an überbetrieblichen Lehrgängen teilnehmen, sind die Fahrtkosten in der jeweils für das Unternehmen günstigsten Form (Bus, Pkw) zu übernehmen. Es muss sich hierbei um Lehrgänge handeln, die für das Ausbildungsverhältnis zwingend notwendig sind.

Bezahlt wird nur eine Hinfahrt und eine Rückfahrt pro Woche, da die Auszubildenden dort übernachten können, es sei denn, in der Woche ist die Berufsschule zu besuchen.

(5) Nebentätigkeit

Nebentätigkeiten dürfen nur nach vorheriger Rücksprache mit der Geschäftsleitung übernommen werden.

(6) Schwerbehinderte

Jede Arbeitnehmerin/Jeder Arbeitnehmer ist verpflichtet, den Schwerbehindertenausweis (falls vorhanden) vorzulegen und dem Arbeitgeber mitzuteilen, wenn sie/er einen Antrag auf Feststellung der Schwerbehinderteneigenschaft beim Versorgungsamt einreicht.

(7) Verpflegungsmehraufwendungen

Die Mitarbeiterinnen/Mitarbeiter erhalten pro Tag Fahrtätigkeit generell 8,50 EUR Spesen (bei Arbeiten auf dem Platz werden keine Spesen gezahlt), die nach den gesetzlichen Bestimmungen teilweise steuerfrei gezahlt werden.

Können die Mitarbeiterinnen/Mitarbeiter durch betriebliche Einteilungen nicht zu Hause übernachten, werden 25 EUR Spesen gezahlt, die nach den gesetzlichen Bestimmungen teilweise steuerfrei sind. Bei Zahlung der Übernachtungspauschale werden keine täglichen Spesenzahlungen mehr geleistet.

Wird den Beschäftigten ein Firmenfahrzeug zwecks Fahrten zur Baustelle zur Verfügung gestellt, so wird diesen Arbeitnehmerinnen/Arbeitnehmern die Fahrzeit bis zum Einsatzort nicht vergütet.

7. Muster: Compliance I (Korruptionsbekämpfung)

120

Zwischen

der Firma ...

und

dem Betriebsrat der Firma ...

wird folgende Betriebsvereinbarung zur Compliance im Unternehmen geschlossen:

Präambel

Die Integrität und der gute Ruf unseres Unternehmens liegen auch in den Händen unserer Mitarbeiter. Ehrlichkeit und Fairness, Gesetzes- und Rechtstreue müssen den Umgang miteinander im Unternehmen genauso bestimmen wie den Umgang mit Kunden und Geschäftspartnern. Ziel dieser Betriebsvereinbarung ist es, Situationen vorzubeugen, die die Integrität unseres Verhaltens in Frage stellen können, und Rahmenbedingungen zu schaffen, die Korruption und ähnliche Gesetzesverstöße zu verhindern helfen.

§ 1 Geltungsbereich

Diese Betriebsvereinbarung gilt für alle Mitarbeiterinnen und Mitarbeiter des Betriebes einschließlich der Auszubildenden.

§ 2 Fordern, Annehmen und Gewähren von Geschenken und Zuwendungen

(1) Das Annehmen und Gewähren von Geldgeschenken oder sonstigen finanziellen Vorteilen von Dritten ist ausnahmslos untersagt. Dazu zählen auch Spenden für eine „Kaffeekasse", die Gewährung von Rabatten und Preisnachlässen bei privat bezogenen Waren oder Dienstleistungen, Einladungen zu Veranstaltungen und Werbegeschenke. Werbegeschenke im Wert von bis zu 2,50 EUR (einfacher Kugelschreiber, Kalender) sind hiervon ausgenommen.

(2) Firmen, die Geldgeschenke oder Sachgeschenke mit einem mutmaßlichen Wert von mehr als 25 EUR anbieten, sind dem Compliance-Beauftragten zu melden. Ein zugesandtes Geschenk, das dem Annahmeverbot nach Abs. 1 unterliegt, ist an den Compliance-Beauftragten zusammen mit einem etwaigen Anschreiben weiterzuleiten.

(3) Der Compliance-Beauftragte entscheidet über die weitere Verwendung. Es ist zu entscheiden, ob das Geschenk an Behörden herauszugeben ist oder dem Schenker zurückgegeben werden kann. Scheiden beide Möglichkeiten aus, ist das Geschenk zu verwerten und der Erlös einer gemeinnützigen Organisation zu spenden.

(4) Vor der Annahme von Einladungen zu Kundenveranstaltungen, Freizeitereignissen und Ähnlichem ist die Zustimmung des Vorgesetzten und des Compliance-Beauftragten einzuholen. Die Mitarbeiterin/Der Mitarbeiter ist auf den möglicherweise zu versteuernden geldwerten Vorteil des Besuchs einer solchen Veranstaltung hinzuweisen.

(5) Gelegentliche Bewirtungen sind im üblichen Rahmen (kein Luxus-Restaurant, keine übermäßigen alkoholischen Getränke etc.) gestattet. Die Mitarbeiterin/Der Mitarbeiter teilt dem Compliance-Beauftragten im Nachgang den Umstand der Bewirtung, den Anlass, den Einladenden und die Lokalität mit.

(6) Das Fordern jeglicher Zuwendungen außerhalb des schriftlichen Vertrages mit einem Geschäftspartner ist unzulässig.

§ 3 Verbot Compliance-widriger Weisungen

(1) Es ist verboten, unterstellte Mitarbeiterinnen und Mitarbeiter anzuweisen, Dritte, insbesondere Kunden und/oder Lieferanten, durch Gewährung von persönlichen Vorteilen (Bestechung) zum Abschluss von Geschäften mit der Firma zu bewegen. Es ist dabei unerheblich, ob der Vorgesetzte hierfür Sach- oder Geldleistungen der Firma einsetzt bzw einzusetzen anweist oder eigene Mittel oder Mittel Dritter. Erfolgen solche Anweisungen gleichwohl, so gelten folgende Regelungen:

- Die unterstellten Mitarbeiterinnen und Mitarbeiter sind verpflichtet und berechtigt, hierzu den Compliance-Beauftragten zu kontaktieren und unverzüglich und vollständig über den Sachverhalt aufzuklären. Andere Mitarbeiterinnen und Mitarbeiter der Firma sind berechtigt, den Compliance-Beauftragten hierüber zu informieren.
- Die Firma ist verpflichtet, hierauf mit angemessenen Sanktionen gegenüber dem Vorgesetzten zu reagieren.
- Zugunsten der den Sachverhalt anzeigenden Mitarbeiterinnen und Mitarbeiter gilt die Beweisregelung des § 619a BGB entsprechend. Sanktionen wegen der Anzeige beim Compliance-Beauftragten sind in jedem Fall ausgeschlossen.
- Unterlassen Mitarbeiterinnen und Mitarbeiter eine rechtzeitige Anzeige beim Compliance-Beauftragten, so können Sanktionen gegenüber den Mitarbeiterinnen und Mitarbeitern wegen des Compliance-Verstoßes nur erfolgen, soweit die Firma zuvor den Vorgesetzten, der die Weisung erteilt hat, sanktioniert hat.

(2) Für Compliance-widrig verwandte Sach- oder Geldmittel haften die an dem Verstoß beteiligten Mitarbeiterinnen und Mitarbeiter als Gesamtschuldner gegenüber der Firma. Der Ersatz weiterer Schäden bleibt vorbehalten.

§ 4 Geschäfte mit nahestehenden Personen

Den Mitarbeiterinnen und Mitarbeitern ist es untersagt, in eigenen Angelegenheiten oder in Angelegenheiten ihm nahestehender Personen für das Unternehmen tätig zu werden. In solchen Fällen hat die Mitarbeiterin/der Mitarbeiter den Vorgesetzten zu informieren, der entscheidet, welche Mitarbeiterin/welcher Mitarbeiter für das Unternehmen den Geschäftsvorfall bearbeitet. Nahestehende Personen in diesem Sinne sind insbesondere Ehepartner, nichteheliche Lebenspartner, nichteingetragene und eingetragene Lebenspartner, Geschwister, Geschwister der Ehe- oder Lebenspartner sowie Verwandte und Verschwägerte gerader Linie (zB Eltern, Schwiegereltern, Großeltern, Kinder, Schwiegerkinder, Enkel). Auch nicht verwandte Personen können eine nahestehende Person sein, bei der das Näheverhältnis einen Interessenkonflikt begründet, wenn enge persönliche bzw freundschaftliche Kontakte bestehen. Im Zweifel ist stets der Vorgesetzte zu informieren, der bei Bedarf den Compliance-Beauftragten hinzuziehen kann.

§ 5 Private Vertragsabschlüsse mit Kunden, Lieferanten, Geschäftspartnern

Mitarbeiterinnen und Mitarbeiter haben bei privaten Geschäftsabschlüssen mit Kunden, Lieferanten und Geschäftspartnern des Unternehmens, soweit sie von der Geschäftsverbindung Kenntnis haben, ihren Vorgesetzten zu unterrichten. Sie haben gewissenhaft zu prüfen, ob die ihnen gewährten Konditionen eine Vergünstigung enthalten, die ihnen nur aufgrund der Geschäftsbeziehung zum Unternehmen gewährt wird. In diesem Falle ist das Verbot nach § 2 zu berücksichtigen.

§ 6 Kapitalbeteiligung

Kapitalbeteiligungen von Mitarbeiterinnen und Mitarbeitern und deren Ehe- und Lebenspartnern an den Unternehmen von Geschäftspartnern und Wettbewerbern sind der Unternehmensleitung (Personalabteilung) schriftlich anzuzeigen. Diese Anzeigepflicht besteht nicht beim Erwerb von börsengängigen Werten oder reinen Vermögensanlagen, die keinen Einfluss auf das Unternehmen bewirken.

§ 7 Nebentätigkeit

Mitarbeiterinnen und Mitarbeiter sind verpflichtet, Nebentätigkeiten vor deren Aufnahme der Unternehmensleitung (Personalabteilung) schriftlich anzuzeigen. Nebentätigkeiten, die im Wettbewerb zu Geschäftstätigkeiten des Unternehmens stehen, sind untersagt. Bestehen Anhaltspunkte, dass durch die Nebentätigkeit die Interessen des Unternehmens beeinträchtigt werden oder sonstige gesetzliche oder arbeitsvertragliche Verpflichtungen verletzt werden, ist das Unternehmen berechtigt, die Nebentätigkeit zu untersagen. Wegen der weiteren Einzelheiten zur Erteilung von Nebentätigkeitsgenehmigungen wird auf die arbeitsvertraglichen Regelungen der/s jeweiligen antragstellenden Mitarbeiterin/Mitarbeiters verwiesen.

§ 8 Korruptionsbekämpfung

(1) Korruption bezeichnet den Missbrauch einer dienstlichen bzw betrieblichen Funktion zur Erlangung eines persönlichen Vorteils oder eines Vorteils für Dritte.

(2) Mitarbeiterinnen und Mitarbeiter sollen korruptes Verhalten von Kollegen oder Geschäftspartnern dem Compliance-Beauftragten mitteilen. Verpflichtungen nach § 2 dieser Betriebsvereinbarung bleiben hiervon unberührt. Alle eingehenden Hinweise werden vertraulich behandelt. Keine Mitarbeiterin/Kein Mitarbeiter, die/der in redlicher Absicht Mitteilung von einem Korruptionsverdacht oder von sonstigen Sachverhalten gegenüber dem Compliance-Beauftragten macht, muss Nachteile befürchten, auch dann nicht, wenn sich der Verdacht als unbegründet erweist.

(3) Der Compliance-Beauftragte steht den Mitarbeiterinnen und Mitarbeitern beratend zur Seite, gibt ihnen Hilfestellungen bei Compliance-Fragestellungen, schützt sie gegen unberechtigte Vorwürfe und verhindert präventiv Fehlverhalten.

(4) Alle Mitarbeiterinnen und Mitarbeiter sind aufgefordert, dem Compliance-Beauftragten Vorschläge und Hinweise zu geben, um zu klaren und transparenten Arbeitsabläufen und Organisationsstrukturen beizutragen.

§ 9 Information der Mitarbeiterinnen und Mitarbeiter

Die Mitarbeiterinnen und Mitarbeiter werden einmal jährlich, zB im Rahmen einer Informationsveranstaltung, auf die Maßnahmen und Regelungen zur Vermeidung von Korruption hingewiesen.

§ 10 Compliance-Beauftragte/r

(1) Für die Umsetzung der Betriebsvereinbarung wird ein/e Compliance-Beauftragte/r ernannt, auf die/den sich die Unternehmensleitung und der Betriebsrat verständigen. Die/Der Compliance-Beauftragte hat eine weisungsunabhängige und objektive Bearbeitung aller an sie/ihn gerichteten Anliegen zu gewährleisten. Sie/Er darf wegen dieser Tätigkeit nicht benachteiligt werden.

(2) Stellt die/der Compliance-Beauftragte einen hinreichenden Anfangsverdacht des Verstoßes gegen die betrieblichen Regelungen fest, informiert sie/er die Unternehmensleitung und den Betriebsrat. Die/Der Compliance-Beauftragte wahrt die zugesicherte Vertraulichkeit hinsichtlich der Namen der Informanten, es sei denn, die/der Informant/in erteilt ausdrücklich ihre/seine Zustimmung, dass der Name an die Unternehmensleitung und den Betriebsrat weitergegeben werden darf.

§ 11 Sanktionen

Ein Verstoß gegen die Regelungen dieser Betriebsvereinbarung kann unter Berücksichtigung aller Aspekte des Einzelfalls zu arbeitsrechtlichen Maßnahmen (Ermahnungen, Abmahnungen) bis hin zur fristlosen Kündigung, zu Schadensersatzforderungen und anderen rechtlichen Konsequenzen, bspw einer Strafanzeige, führen.

§ 12 Durchführungspflicht der Firma

Die Firma ist verpflichtet, eine Compliance-konforme Arbeitsweise aller Mitarbeiterinnen und Mitarbeiter sowie der Geschäftsführung zu gewährleisten. Weist die Firma Mitarbeiterinnen oder Mitarbeiter zu einem Compliance-widrigen Verhalten an oder duldet sie ein solches, insbesondere trotz Unterrichtung über Verstöße durch den Compliance-Beauftragten, so steht dem Betriebsrat ein Anspruch auf Einhaltung dieser Betriebsvereinbarung und der Compliance-Regelungen gegenüber der Firma zu.

§ 13 Laufzeit

Die Betriebsvereinbarung tritt mit Unterzeichnung in Kraft. Sie kann mit einer Frist von drei Monaten gekündigt werden. Im Falle der Kündigung wirkt die Betriebsvereinbarung nach. Kommt eine Einigung über eine Neuregelung nicht zustande, entscheidet die Einigungsstelle.

↑

8. Muster: Compliance II (Datenschutz)

↓

Zwischen

der Firma ...

und

dem Betriebsrat der Firma ...

wird folgende Betriebsvereinbarung zur Compliance im Unternehmen geschlossen:

Präambel

Zur effektiven Wahrung des Persönlichkeitsschutzes der Mitarbeiterinnen und Mitarbeiter der Firma sind folgende Restriktionen bei der Auswertung und Verwertung von rechtswidrig erlangten Daten und Informationen über das Verhalten der Mitarbeiterinnen und Mitarbeiter erforderlich:

§ 1 Geltungsbereich

Diese Betriebsvereinbarung gilt für alle Mitarbeiterinnen und Mitarbeiter des Betriebes einschließlich der Auszubildenden.

§ 2 Verbot Compliance-widriger Informationserhebung und -auswertung

Es ist der Firma untersagt, in den nachfolgend beschriebenen Arten Daten und Informationen über das Verhalten der Mitarbeiterinnen und Mitarbeiter zu erheben, auszuwerten oder sonst zu nutzen:

(1) Eine Datenerhebung unter Verstoß gegen datenschutzrechtliche Bestimmungen, insbesondere:

- die Datenerhebung von privaten E-Mails mittels Firmengeräten (PCs, sonstige internetfähige Geräte, Smartphones etc.) oder von Fremdgeräten. Dies gilt für Verbindungs- und Inhaltsdaten;
- die Datenerhebung von Telefonverbindungsdaten zu allen Gesprächen, seien sie dienstlich, seien sie privater Natur, unabhängig davon, welche Telefoneinrichtung hierzu genutzt wird;
- die offene oder heimliche Überwachung der Mitarbeiter mit sonstigen technischen Maßnahmen, insbesondere mittels Mikrofonen und/oder Videokameras.

(2) Sonstige Informationserhebung unter Missachtung der Persönlichkeitsrechte der Mitarbeiterinnen und Mitarbeiter. Hierunter fallen insbesondere folgende Maßnahmen:

- Heimliches Belauschen, Beobachten oder sonstiges Ausspähen der Mitarbeiter durch Personen;
- heimliche Durchsuchungen oder Überwachungen der Arbeitsplätze, der Kleidung oder Schränke der Mitarbeiterinnen und Mitarbeiter;
- offene Durchsuchungen der vorbenannten Art ohne die ausdrückliche Zustimmung des Mitarbeiters.

§ 3 Verwertungsverbote und Beweisverwertungsverbot

(1) Die außergerichtliche Verwertung von rechtswidrig nach § 2 erhobenen Informationen ist ausgeschlossen, darauf gestützte Sanktionen wie Abmahnungen, Kündigungen usw sind nichtig.

(2) Die gerichtliche Verwertung – der Vortrag und Beweisantritte – unter Verwertung rechtswidrig nach § 2 erhobener Informationen ist ausgeschlossen.

(3) Die Mitarbeiterinnen und Mitarbeiter haben einen Individualanspruch auf Unterlassung von rechtswidrigen Maßnahmen nach Abs. 1 und 2.

(4) Der Betriebsrat hat einen eigenständigen Durchführungsanspruch dieser Betriebsvereinbarung, der ebenfalls einen eigenständigen Unterlassungsanspruch in Bezug auf Maßnahmen nach § 2 sowie § 3 Abs. 1 und 2 umfasst.

§ 4 Ausnahmen

Die Firma kann Ausnahmen von den Verboten nach § 2 beim Betriebsrat beantragen. Dieser entscheidet unverzüglich, spätestens innerhalb von 24 Stunden an den Werktagen, ansonsten am nächsten Werktag, der dem Tag der Antragstellung nachfolgt. Unterbleibt eine Entscheidung, gilt die Zustimmung als verweigert.

§ 5 Laufzeit

Die Betriebsvereinbarung tritt mit Unterzeichnung in Kraft. Sie kann mit einer Frist von drei Monaten gekündigt werden. Im Falle der Kündigung wirkt die Betriebsvereinbarung nach. Kommt eine Einigung über eine Neuregelung nicht zustande, entscheidet die Einigungsstelle.

9. Muster: Verhalten der Mitarbeiterinnen und Mitarbeiter im Betrieb

Zwischen

der Firma ...

und

dem Betriebsrat der Firma ...

wird folgende Betriebsvereinbarung über das Verhalten der Mitarbeiterinnen und Mitarbeiter im Betrieb geschlossen:

§ 1 Geltungsbereich

Diese Betriebsvereinbarung gilt für alle Mitarbeiterinnen und Mitarbeiter und Auszubildende (nachfolgend Mitarbeiter genannt).

§ 2 Zusammenarbeit im Betrieb

Das Unternehmen unterstützt die Vielfalt und Chancengleichheit im Konzern und fördert zugleich die Integration und Wertschätzung seiner Mitarbeiter. Jeder Mitarbeiter ist mitverantwortlich für die Integration seiner Kollegen und für ein gutes Betriebsklima. Jeder Mitarbeiter wirkt aktiv daran mit, dass kein Mitarbeiter aus Gründen des Geschlechts, der sexuellen Identität, des Alters, der Rasse, der ethnischen Herkunft, der Religion, der Weltanschauung oder einer Behinderung benachteiligt wird.

§ 3 Verschwiegenheit

Jeder Mitarbeiter ist verpflichtet, über alle Angelegenheiten unserer Kunden und alle aus ihrer Tätigkeit erlangten Kenntnisse über persönliche und geschäftliche Beziehungen des Unternehmens und seiner Kunden strengstes Stillschweigen innerhalb und außerhalb des Dienstes zu bewahren. Das gilt auch nach Beendigung des Arbeitsverhältnisses.

§ 4 Datensicherheit

(1) Sämtliche gespeicherten Programme und Daten mit geschäfts- oder kundenbezogenem Inhalt dürfen nicht zu privaten Zwecken kopiert, anderweitig gebraucht oder unberechtigten Dritten zugänglich gemacht werden. Eine Löschung von Daten darf nur mit Genehmigung des Vorgesetzten erfolgen. Die Genehmigung kann sowohl generell als auch für den Einzelfall erteilt oder widerrufen werden. Diese Verpflichtung gilt auch nach Beendigung des Arbeitsverhältnisses.

(2) Interne Dokumente, die nur für den dienstlichen Gebrauch bestimmt sind, sind vor dem Verlassen der Geschäftsräume sicher zu verwahren. Für dienstliche E-Mails ist das Verschlüsselungssystem zu nutzen. Der Absender der E-Mail ist für die Vorkehrungen einer sicheren Versendung verantwortlich. Interne Dokumente dürfen nicht per E-Mail an eine private E-Mail-Adresse des Mitarbeiters gesandt werden. Ausnahmen hiervon sind nur zulässig, wenn die Daten ausschließlich den Empfänger der E-Mail betreffen.

§ 5 Ordnung am Arbeitsplatz

(1) Jeder Mitarbeiter hat seinen Arbeitsplatz so zu verlassen, dass er von anderen Kollegen bei Bedarf ohne Weiteres genutzt werden kann und im Vertretungsfall auf die Unterlagen zugegriffen werden kann, weil sich deren Ordnung ohne Weiteres erschließt. Elektronische Unterlagen sind in den dafür vorgesehenen Team-Verzeichnissen abzulegen.

(2) Jeder Mitarbeiter hat die ihm anvertrauten Arbeitsmittel sorgfältig zu behandeln. Schäden sind unverzüglich den zuständigen Stellen (IT-Technik, Facility-Management) zu melden. Für mitgebrachte eigene Gegenstände ist der Mitarbeiter selbst verantwortlich. Das Unternehmen haftet für Schäden nur, wenn es ein Verschulden an der Entstehung eines Schadens trifft.

§ 6 Schlüssel und Betriebsausweis

(1) Schlüssel des Unternehmens sind jederzeit sicher aufzubewahren und vor dem Zugriff Dritter zu schützen. Der Verlust von Schlüsseln ist unverzüglich dem Vorgesetzten und der Abteilung Facility-Management zu melden.

(2) Jeder Mitarbeiter erhält einen Betriebsausweis, der ihn berechtigt, die für den Mitarbeiter freigegebenen Räume des Unternehmens während der üblichen Arbeitszeiten zu betreten. Der Ausweis ist auf Verlangen vorzuzeigen. Außerhalb der üblichen Arbeitszeiten dürfen die Geschäftsräume nur mit besonderer Genehmigung des Bereichsleiters betreten werden. Der Verlust oder die Beschädigung des Betriebsausweises ist unverzüglich dem Vorgesetzten und der Abteilung Facility-Management zu melden. Bei wiederholtem Verlust wird für die Erstellung eines neuen Betriebsausweises eine angemessene Aufwandspauschale erhoben.

§ 7 Erscheinungsbild der Mitarbeiter

Jeder Mitarbeiter hat sich angemessen zu kleiden. Das gilt insbesondere für die Mitarbeiter mit Kundenkontakt. Der Mitarbeiter repräsentiert das Unternehmen. Er hat daher für ein gepflegtes äußeres Erscheinungsbild Sorge zu tragen.

§ 8 Wahrung der Unternehmensinteressen

Jeder Mitarbeiter hat die berechtigten Interessen des Unternehmens jederzeit zu wahren und aktiv zu fördern. Er hat alles zu unterlassen, was die Ordnung des Betriebs, den Betriebsfrieden und die Arbeitsabläufe beeinträchtigen könnte. Erfährt ein Mitarbeiter von Handlungen eines anderen Mitarbeiters, gleich welcher Hierarchieebene, oder von Vorgängen innerhalb oder außerhalb des Unternehmens, die dazu geeignet sind, die berechtigten Unternehmensinteressen zu gefährden, ist der Mitarbeiter gehalten, unverzüglich die Bereichsleitung, die Personalleitung oder den Compliance-Beauftragten zu benachrichtigen. Der Compliance-Beauftragte kann insbesondere jederzeit über Verdachtsmomente, Betrugs- oder Bestechungsfälle, Fälle von Vorteilsnahmen informiert werden.

§ 9 Annahme von Geschenken

Grundsätzlich dürfen die Mitarbeiter Sach- oder Geldgeschenke, Dienstleistungen oder sonstige Vorteile, die ihnen Kunden oder Lieferanten des Unternehmens im Zusammenhang mit ihrer dienstlichen Tätigkeit anbieten, nicht entgegennehmen. Sollte eine Rückgabe oder eine Ablehnung des Vorteils dem Mitarbeiter nicht möglich erscheinen, hat er unverzüglich seinen Vorgesetzten und den Compliance-Beauftragten zu informieren und den Vorteil an den Compliance-Beauftragten herauszugeben.

§ 10 Einhaltung von Gesetzen und Vorschriften

Jeder Mitarbeiter hat sich stets darüber zu informieren, welche Gesetze und sonstigen Vorschriften in seinem Arbeitsbereich relevant sind. Er hat die einschlägigen Gesetze und Vorschriften stets zu beachten und anzuwenden. Sämtliche Diensthandlungen müssen sich am geltenden Recht orientieren. Die Mitarbeiter haben den dienstlichen Anweisungen sowohl in geschriebener als auch in mündlicher Form Folge zu leisten. Sie haben sich im Intranet über die Arbeitsanweisungen zu informieren.

§ 11 Veröffentlichungen und Vorträge

Veröffentlichungen und Vorträge, die inhaltlich den Arbeitsbereich des Mitarbeiters oder den Geschäftszweig des Unternehmens betreffen, bedürfen der vorherigen Einwilligung des Unternehmens. Das gilt auch dann, wenn in dem Beitrag oder der Ankündigung des Beitrags das Unternehmen nicht genannt wird.

§ 12 Politische und gewerkschaftliche Arbeit

(1) (Partei-)politische Betätigung ist im Betrieb während der Arbeitszeit untersagt. Politische Überzeugungen sind mit der gebotenen Zurückhaltung und der Achtung und Rücksicht auf Andersdenkende zum Aus-

druck zu bringen. Die Verteilung von Flugblättern, Druckschriften oder Ähnlichem ist auf dem Betriebsgelände untersagt.

(2) Gewerkschaftliche Betätigung der Mitarbeiter ist keine Arbeitszeit. Sie darf andere Mitarbeiter nicht von ihrer Arbeit abhalten.

§ 13 Rauchen

(1) Das Rauchen in den Geschäftsräumen ist untersagt. Das Rauchen ist ausschließlich innerhalb der dafür ausgewiesenen Flächen des Betriebsgeländes gestattet. Raucherpausen sind Pausenzeiten und zählen nicht zur Arbeitszeit. Sie sind in der Zeiterfassung dementsprechend als Pausen zu erfassen.

(2) Jeder hat die Gelegenheit, sich bei dem Suchtbeauftragten über die gesundheitlichen Folgen des Rauchens sowie über die Möglichkeiten der Entwöhnung zu informieren.

§ 14 Bekanntmachungen

(1) Zur Bekanntmachung von dienstlichen Vorschriften und Weisungen, der Mitteilung der Unternehmensleitung und des Personalbereichs und von Mitteilungen des Betriebsrats hat das Unternehmen ein für alle Mitarbeiter zugängliches Intranet eingerichtet. Jeder Mitarbeiter ist verpflichtet, sich mit den dort zur Verfügung gestellten Informationen vertraut zu machen und aktuelle Hinweise zur Kenntnis zu nehmen. Mitarbeiter können sich in Bezug auf die im Intranet veröffentlichten Dokumente nicht auf Unkenntnis berufen, es sei denn, sie weisen nach, dass sie unverschuldet keine rechtzeitige Kenntnis erlangen konnten.

(2) Aushänge an Schwarzen Brettern oder an sonstigen Orten, die die Mitarbeiter anbringen möchten, bedürfen der vorhergehenden Einwilligung des Personalbereichs.

§ 15 Beschwerderecht

Jeder Mitarbeiter hat das Recht, sich bei den zuständigen internen Stellen des Unternehmens zu beschweren, wenn er sich benachteiligt, ungerecht behandelt oder in sonstiger Weise beeinträchtigt fühlt. Er kann sich bei seinen Vorgesetzten, dem Personalbereich oder dem Betriebsrat beschweren. Er ist berechtigt, ein Mitglied des Betriebsrats hinzuzuziehen. Besonders hingewiesen wird auf die beim Personalbereich eingerichtete Beschwerdestelle nach dem Allgemeinen Gleichbehandlungsgesetz (AGG).

§ 16 Gemeinsame gesellschaftliche Verantwortung

Das Unternehmen versteht sich als Teil der Gesellschaft. Es trägt durch eine nachhaltige Unternehmenspolitik in ökonomischer, ökologischer und sozialer Verantwortung zu einer Stärkung der Gesellschaft bei. Das Unternehmen unterstützt ausdrücklich das ehrenamtliche Engagement und wirkt in zahlreichen Sozialprojekten mit. Die Mitarbeiter sind willkommen, sich auch in diesem Bereich mit ihrem Engagement einzubringen.

§ 17 Inkrafttreten, Beendigung, Nachwirkung

Die Betriebsvereinbarung tritt mit Unterzeichnung in Kraft. Sie kann mit einer Frist von drei Monaten gekündigt werden. Im Falle der Kündigung wirkt die Betriebsvereinbarung in den Teilen nach, in denen sie Tatbestände der zwingenden Mitbestimmung regelt. Kommt eine Einigung über eine Neuregelung nicht zustande, entscheidet die Einigungsstelle.

10. Muster: Werksparkplatz

Zwischen

der Firma ...

und

dem Betriebsrat der Firma ...

wird folgende Betriebsvereinbarung über einen Werksparkplatz geschlossen:

§ 1 Geltungsbereich

Diese Betriebsvereinbarung über einen Werksparkplatz betrifft die folgenden Parkflächen am Standort ... .

§ 2 Parkplatzbenutzung

(1) Jede Mitarbeiterin/Jeder Mitarbeiter darf ihr/sein Fahrzeug auf dem in § 1 beschriebenen Parkplatz abstellen, um ihren/seinen Arbeitsplatz aufzusuchen. Ein Rechtsanspruch auf einen Parkplatz besteht jedoch nicht.

(2) Parken ist nur innerhalb der markierten Flächen erlaubt.

(3) Bei Schneefall und Eisglätte ist entsprechend den witterungsbedingten Möglichkeiten so zu parken, dass Behinderungen der Streufahrzeuge und der übrigen parkenden Fahrzeuge vermieden werden.

(4) Es ist nicht erlaubt, beim Straßenverkehrsamt abgemeldete Fahrzeuge auf dem Werksparkplatz abzustellen.

(5) Es ist nicht erlaubt, Wartungsarbeiten am Fahrzeug oder Autowäsche auf dem Werksparkplatz vorzunehmen.

§ 3 Besucher- und Sonderparkplätze

Besucher- und Sonderparkplätze dürfen nur von den dazu Berechtigten, insbesondere Kunden, benutzt werden.

§ 4 Verkehrsvorschriften

(1) Auf dem Werksparkplatz gelten die Vorschriften der Straßenverkehrsordnung, soweit in dieser Betriebsvereinbarung nichts Abweichendes geregelt ist.

(2) Auf dem Werksparkplatz gilt eine Höchstgeschwindigkeit von 30 km/h.

(3) Aus Parkfeldern ausfahrende Fahrzeuge sind wartepflichtig gegenüber dem fließenden Verkehr auf den Fahrstraßen.

§ 5 Haftung

Die Firma haftet nur für Schäden, die ihre beauftragten Personen bei Erfüllung ihrer Aufgaben vorsätzlich oder grob fahrlässig verursacht haben.

§ 6 Kontrollen durch den Werkschutz

(1) Der Werkschutz beaufsichtigt den Parkplatz durch unregelmäßige Kontrollgänge.

(2) Die Mitarbeiterinnen/Mitarbeiter verpflichten sich, bei der Benutzung des Werksparkplatzes den Anweisungen der Mitarbeiterinnen/Mitarbeiter des Werkschutzes Folge zu leisten.

§ 7 Verkehrsunfälle

Ereignet sich auf dem Werksparkplatz ein Verkehrsunfall, so gilt Folgendes:

(1) Bei Sachschäden ist eine Regelung unter den Beteiligten herbeizuführen. Auf Wunsch eines Beteiligten können Polizei oder Werkschutz hinzugezogen werden. Die Verständigung der Polizei erfolgt durch den Werkschutz.

(2) Wird bei einem Verkehrsunfall Firmeneigentum (Beleuchtungskörper, Hinweistafeln, Zaun etc.) beschädigt, hat die Mitarbeiterin/der Mitarbeiter unverzüglich den Werkschutz zu unterrichten.

(3) Entsteht durch einen Verkehrsunfall auf dem Parkplatz ein Personenschaden, ist unverzüglich der Werkschutz zu unterrichten, der die zuständigen Stellen (Krankenwagen, Polizei etc.) verständigt.

§ 8 Verstöße gegen die Betriebsvereinbarung

(1) Die Geschäftsleitung kann falsch parkende Fahrzeuge auf Kosten des Fahrers bzw Halters sofort ohne weitere Unterrichtung abschleppen lassen, wenn durch falsches Parken Rettungswege versperrt oder andere Parkplatzbenutzer behindert werden oder außerhalb der markierten Parkflächen, auf Fußgängerwegen oder auf Sperrflächen geparkt wird. Die Mitarbeiterinnen/Mitarbeiter erklären sich weiterhin damit einverstanden, dass auf ihre Kosten ihr Fahrzeug von der Geschäftsleitung ohne weitere Unterrichtung abgeschleppt werden darf, wenn es sich auf dem Besucher- oder Sonderparkplatz befindet.

(2) Die Betriebspartner vereinbaren, dass die Kosten des Abschleppens im Lohn- und Gehaltseinzugsverfahren einbehalten werden.

(3) Der Standort eines abgeschleppten Fahrzeugs kann beim Werkschutz erfragt werden.

(4) Die Einleitung arbeitsrechtlicher Schritte, die von Ermahnung, Abmahnung bis hin zur Kündigung im mehrfachen Wiederholungsfalle reichen können, bleibt von den Regelungen dieser Betriebsvereinbarung unberührt.

↑

III. EDV und Telekommunikation[24]

1. Muster: Arbeit an Bildschirmgeräten[25]

↓

Zwischen

der Geschäftsführung der

und

dem Gesamtbetriebsrat

wird folgende Betriebsvereinbarung zur Arbeit an Bildschirmgeräten geschlossen:

§ 1

Gegenstand dieser Betriebsvereinbarung ist die Einführung, jede Änderung und die Anwendung von Bildschirmgeräten.

---

24 Im Bereich der Datenverarbeitung existieren zahlreiche gesetzliche und von der Rechtsprechung gezogene Grenzen des Eingriffs in das Persönlichkeitsrecht des Arbeitnehmers/der Arbeitnehmerin (BDSG, Telekommunikationsgesetz, Teledienste und Teledienstedatenschutzgesetz). Die Wirksamkeit von Betriebsvereinbarungen, die Verarbeitung personenbezogener Daten zum Inhalt haben, ist stets an den erwähnten gesetzlichen Regelungen zu messen. Verstöße gegen Datenschutzregelungen führen nicht nur zur Unwirksamkeit der Regelungen in Betriebsvereinbarungen, sie führen auch zu einem Beweisverwertungsverbot der gewonnenen Daten im Kündigungsschutzprozess des dieserhalb gekündigten Arbeitnehmers/der Arbeitnehmerin, s. *Haußmann/Krets*, NZA 2005, 259.

25 Vgl hierzu die Verordnung über Sicherheit und Gesundheitsschutz bei der Arbeit an Bildschirmgeräten (Bildschirmarbeitsverordnung) vom 4.12.1996 (BGBl. I S. 1843) und die Verordnung zur arbeitsmedizinischen Vorsorge vom 18.12.2008 (BGBl. I S. 2768) mit der Anlage Teil 4 zur Angebotsuntersuchung.

§ 2

(1) Bildschirmgeräte sind Geräte, die in Verbindung mit computergestützten Informations- und Datenverarbeitungssystemen betrieben werden und der Datenerfassung, der Datenausgabe oder beiden Zwecken (Dialogverkehr) dienen, sowie Mikrofilmlesegeräte und ähnliche Geräte, die unter die Bildschirmarbeitsverordnung fallen.

(2) Sofern in dieser Betriebsvereinbarung nichts anderes bestimmt ist, sind „Geräte" im Sinne dieser Betriebsvereinbarung die in Abs. 1 genannten Geräte.

§ 3

(1) Vor Aufnahme der Arbeit an einem Gerät muss für jeden/e Arbeitnehmer/in, der/die für die Arbeit an einem Gerät vorgesehen ist, eine augenärztliche Untersuchung durch einen Facharzt durchgeführt werden und die Unbedenklichkeit für die Arbeit an diesen Geräten bescheinigt werden (Tauglichkeitsuntersuchung). Auf Wunsch des/der Arbeitnehmers/in ist auch eine neurologische und/oder orthopädische Untersuchung zum gleichen Zwecke durchzuführen.

(2) In regelmäßigen Abständen von mindestens zwölf Monaten sind die augenärztlichen Untersuchungen durch einen Facharzt bei den Arbeitnehmerinnen/Arbeitnehmern zu wiederholen (Kontrolluntersuchungen), die mindestens 30 % ihrer durchschnittlichen Arbeitszeit an Geräten arbeiten. Der untersuchende Facharzt kann auch kürzere Abstände festlegen.

(3) Der Facharzt bescheinigt dem Arbeitgeber die Tatsache der Eignung oder Nichteignung. Die Weitergabe aller weiteren Untersuchungsergebnisse bedarf der ausdrücklichen Zustimmung des/der Arbeitnehmers/in.

(4) Die Untersuchungsergebnisse der Untersuchungen nach Abs. 1, 2 und 3 sind ausschlaggebend für die Beschäftigung oder die Weiterbeschäftigung an einem Gerät.

(5) Sofern bei einer ärztlichen Untersuchung festgestellt wurde, dass eine Beschäftigung an einem Gerät nicht möglich ist, darf dieses nicht zur Kündigung oder zur Verringerung der Eingruppierung führen.

(6) Sofern bei einer ärztlichen Untersuchung festgestellt wurde, dass eine Beschäftigung an einem Gerät nicht mehr möglich ist, muss dem/der Arbeitnehmer/in ein anderer gleichwertiger Arbeitsplatz bei gleicher Bezahlung in demselben Betrieb angeboten werden. Dem/der Arbeitnehmer/in darf deshalb nicht gekündigt werden.

(7) Ist die Beschäftigung oder die Weiterbeschäftigung aufgrund der Untersuchungsergebnisse nur mit Einschränkungen möglich, so sind Arbeitsplatz und Arbeitsbedingungen den medizinischen Erfordernissen anzupassen. Dabei eventuell notwendig werdende Umschulungsmaßnahmen sind während der Arbeitszeit durchzuführen. Nach Beendigung der Umschulungsmaßnahme hat der/die Arbeitnehmer/in Anspruch auf einen gleichwertigen Arbeitsplatz in demselben Betrieb. Zu den Maßnahmen, die aufgrund von Satz 1 zu treffen sind, hat der Betriebsrat ein Initiativrecht, für das die Voraussetzungen des § 87 Abs. 1 Nr. 7 BetrVG als erfüllt gelten.

(8) Für die Untersuchungen nach Abs. 1, 2 und 3 hat der/die Arbeitnehmer/in das Recht auf freie Arztwahl.

(9) Die Kosten der Untersuchungen nach Abs. 1, 2 und 3, etwaiger Hilfsmittel sowie der Umschulungsmaßnahmen nach Abs. 6 trägt die Firma in voller Höhe, soweit sie nicht von der zuständigen Krankenkasse übernommen werden. Bemessungsgrundlage für die Kostenübernahme für Hilfsmittel sind die beihilfefähigen Aufwendungen. Davon abweichend übernimmt die Geschäftsleitung bei Brillen für die beiden Gläser 100 EUR und für das Gestell 50 EUR. Von diesen Aufwendungen sind etwaige Krankenkassenzuschüsse abzuziehen.

(10) Die fachärztlichen Untersuchungen werden während der Arbeitszeit durchgeführt. Die Untersuchungsergebnisse gem. Abs. 3 werden zur Personalakte genommen.

§ 4

(1) Werden durch die Einführung, Änderung oder Anwendung von Geräten Arbeitsplätze wegrationalisiert, so hat die Geschäftsleitung den davon betroffenen Arbeitnehmerinnen/Arbeitnehmern gleichwertige Arbeitsplätze in demselben Betrieb anzubieten. Dabei darf keine Verschlechterung des Entgelts für die betroffenen Arbeitnehmerinnen/Arbeitnehmer eintreten.

(2) Dem/der Arbeitnehmer/in darf nicht gekündigt werden, wenn durch die Einführung, Änderung oder Anwendung von Geräten Arbeitsplätze wegrationalisiert werden.

(3) Ist eine Weiterbeschäftigung auf dem bestehenden oder auf einem gleichwertigen Arbeitsplatz nicht oder nicht mehr möglich, ist dem/der Arbeitnehmer/in die Teilnahme an einer geeigneten Umschulungsmaßnahme anzubieten. Der/die Arbeitnehmer/in wirkt bei der Auswahl der Maßnahmen mit. Verweigert der/die Arbeitnehmer/in die Teilnahme an der Maßnahme, entfallen die Schutzvorschriften gem. Abs. 1 und 2.

§ 5

Ist der/die Arbeitnehmer/in infolge seiner/ihrer Arbeit an einem Gerät in seiner/ihrer bisherigen Vergütungsgruppe nicht mehr voll leistungsfähig und kann er/sie deshalb nur in einer niedrigeren Vergütungsgruppe weiterbeschäftigt werden, gelten die Voraussetzungen des Tarifvertrages für eine Herabgruppierung als erfüllt.

§ 6

Arbeitnehmerinnen/Arbeitnehmer, die durch die Arbeit an einem Gerät berufsunfähig geworden sind, sind nach Wiederherstellung der Berufsfähigkeit auf Antrag in demselben Betrieb wiedereinzustellen, und zwar auf einem Arbeitsplatz, der dem vorherigen Arbeitsplatz gleichwertig ist.

§ 7

(1) Die Arbeitsbedingungen – insbesondere die Beschaffenheit und Gestaltung der Geräte sowie die Arbeitsumgebung – müssen ergonomisch, arbeitsphysikalisch und arbeitsmedizinisch so gestaltet werden, dass keine zusätzlichen Belastungen für die betroffenen Arbeitnehmerinnen/Arbeitnehmer auftreten. Die von der Bundesausführungsbehörde für Unfallversicherung herausgegebenen Sicherheitsregeln für Bildschirmarbeitsplätze im Bürobereich sind in ihrer jeweils gültigen Fassung Bestandteil dieser Vereinbarung und entsprechend anzuwenden. Die Vorschriften der Bildschirmarbeitsverordnung sind einzuhalten.

(2) Die Arbeitsbedingungen an Geräten sind regelmäßig – mindestens einmal jährlich – zu überprüfen und ggf zu ändern. Dabei sind neue und gesicherte Erkenntnisse, die zu einer Verbesserung der Arbeitsbedingungen an den Geräten beitragen, umgehend zu berücksichtigen.

(3) Zu den Maßnahmen, die aufgrund von Abs. 1 und 2 zu treffen sind, steht dem Betriebsrat ein Initiativrecht zu, für das die Voraussetzungen von § 87 Abs. 1 Nr. 7 BetrVG als erfüllt gelten.

§ 8

Die maschinelle Erfassung und Auswertung arbeitsplatzbezogener Daten zum Zwecke der Leistungsmessung, des Leistungsvergleichs, der Leistungskontrolle und/oder der Verhaltenskontrolle bei der Arbeit an Geräten ist unzulässig.

§ 9

(1) Bei der Einführung, Änderung oder Anwendung von Geräten sind einseitige und monotone Arbeitsplätze weitestgehend zu verhindern. Die Arbeitsbereiche sind so zu gestalten, dass Mischarbeitsplätze geschaffen werden. Bei der Gestaltung von Mischarbeitsplätzen ist die bisherige Qualifikation des/der Arbeitnehmers/in zu erhalten; im Übrigen gilt § 10.

(2) Die Einrichtung oder Veränderung des einzelnen Arbeitsplatzes ist – unter Wahrung der Rechte des Betriebsrats – mit dem/der am Arbeitsplatz tätigen Arbeitnehmer/in zu beraten.

(3) Arbeitnehmerinnen/Arbeitnehmer, denen Aufgaben an Geräten übertragen werden oder deren Aufgaben an Geräten geändert werden sollen, sind, falls erforderlich, durch eine qualifizierte Aus- bzw Weiterbildung auf ihre zukünftige Arbeit rechtzeitig vorzubereiten. Die Aus- bzw Weiterbildung erfolgt während der Arbeitszeit. Die Kosten trägt die Firma. Die §§ 96–98 BetrVG sind anzuwenden.

§ 10

Werden durch die Einführung oder Änderung und/oder Anwendung der Geräte die bisherigen Arbeitsinhalte von Arbeitnehmerinnen/Arbeitnehmern ganz oder teilweise verändert, darf dies nicht zur Änderung der bisherigen Eingruppierung oder zur Kündigung führen, es sei denn, die veränderten Arbeitsinhalte entsprechen einer tariflich höher bewerteten Tätigkeit.

§ 11

(1) Bei Arbeit an Geräten muss zusätzlich zu tariflichen und gesetzlichen Regelungen bei einer ununterbrochenen Arbeitsdauer von je 60 Minuten eine zusätzliche bezahlte Erholungszeit von je 15 Minuten eingehalten werden. Eine Kumulierung der Erholungszeiten ist nicht möglich.

(2) Die Tätigkeit an Geräten darf in der Regel nicht mehr als vier Stunden täglich überschreiten. Die Arbeit an Geräten darf nicht zur Schichtarbeit führen.

§ 12

(1) Schwangere dürfen an Bildschirmgeräten nur mit ihrem Einverständnis beschäftigt werden. Schwangeren, die weiterhin an Bildschirmgeräten arbeiten wollen, muss ein strahlungsfreier Bildschirm zur Verfügung gestellt werden. Sobald die Schwangerschaft der Personalabteilung mitgeteilt worden ist, hat diese unverzüglich die Installation eines solchen Bildschirms zu veranlassen. Außerdem ist die Betroffene schriftlich auf die Arbeitszeit- und Pausenregelungen im § 11 hinzuweisen.

(2) Bei der Beschäftigung von Schwerbehinderten und Gleichgestellten iSd SGB IX an Geräten sind die Vorschriften des SGB IX zu beachten.

§ 13

Bei Maßnahmen iSv § 1 ist der zuständige Betriebsrat rechtzeitig und umfassend anhand von Unterlagen zu unterrichten, so dass dieser durch seine Vorschläge auf die Maßnahmen Einfluss nehmen kann. Die betroffenen Arbeitnehmerinnen/Arbeitnehmer werden ebenfalls rechtzeitig über die geplante Maßnahme unterrichtet und angehört. Ihnen wird die Gelegenheit zur Stellungnahme und für Vorschläge gegeben.

Sind die in § 14 genannten Punkte noch nicht in vollem Umfang darstellbar oder ergeben sich dazu spätere Änderungen, so wird darüber in den folgenden Planungsphasen weiter unterrichtet. Sonstige Rechte des Betriebsrats und der Arbeitnehmerinnen/Arbeitnehmer aus dem BetrVG bleiben unberührt.

§ 14

Die Unterrichtung gem. § 13 wird insbesondere über Folgendes Auskunft geben:
- Ziele, Zwecke, Umfang, Vor- und Nachteile der Maßnahme;
- Auswirkungen auf Personalbedarf, mögliche Um- und Freisetzungen, Qualifikation, Leistung und Arbeitsintensität und Eingruppierung;
- Auswirkungen auf Arbeitsbedingungen (wie zB Arbeitsqualität, Arbeitsablauf und -organisation, Arbeitsplatzgestaltung, Arbeitsbelastung und -beanspruchung, Arbeitsumgebung, Arbeitszeit, Pausen);
- Veränderung von Aufgaben und Arbeitsplätzen;

- betroffene Arbeitnehmerinnen/Arbeitnehmer und Arbeitsbereiche;
- Vor- und Nachteile für Arbeitnehmerinnen/Arbeitnehmer.

§ 15

(1) Die Beteiligung des Betriebsrats richtet sich nach dem Betriebsverfassungsgesetz und den zwischen der Firma und dem Gesamtbetriebsrat getroffenen Vereinbarungen.

(2) Entstehen bei der Anwendung dieser Betriebsvereinbarung Meinungsverschiedenheiten zwischen der Geschäftsführung und dem Gesamtbetriebsrat/dem Betriebsrat und sind diese Meinungsverschiedenheiten nicht zu beheben, kann eine der genannten Stellen die Einigungsstelle anrufen. Der Spruch der Einigungsstelle ersetzt die Einigung zwischen Geschäftsführung und dem Gesamtbetriebsrat/dem Betriebsrat.

Diese Betriebsvereinbarung tritt am Tage der Unterzeichnung in Kraft. Sie kann mit einer Frist von drei Monaten zum Ende eines Kalendervierteljahres, erstmals zum ..., gekündigt werden.

2. Muster: E-Mail und Internet

Zwischen

der ... GmbH, vertreten durch den Geschäftsführer ...

und

dem Betriebsrat der ... GmbH, vertreten durch den Betriebsratsvorsitzenden ...

wird folgende Betriebsvereinbarung zu E-Mail und Internet geschlossen:

§ 1 Gegenstand

Gegenstand dieser Betriebsvereinbarung ist die Einführung von E-Mail und die Nutzung von Internet-Diensten durch die Beschäftigten der GmbH.

§ 2 Geltungsbereich

(1) Diese Betriebsvereinbarung gilt für alle Beschäftigten der GmbH.

(2) Die GmbH vereinbart bei Verträgen mit Dritten, dass diese Betriebsvereinbarung auch im Rahmen der Dienstleistung des Dritten für die GmbH eingehalten wird.

§ 3 Zweckbestimmung

(1) E-Mail dient der Kommunikation der Beschäftigten untereinander sowie mit externen Stellen.

(2) Die Nutzung der Internet-Dienste dient dem Zugriff auf weltweit verfügbare Informationen und Daten und dem Angebot firmenbezogener Informationen.

(3) Eine private Nutzung von E-Mail und Internet-Diensten während der Dienstzeiten ist untersagt.

(4) Die bei der Nutzung der E-Mail und der Internet-Dienste anfallenden personenbezogenen Daten (Protokoll- oder Verbindungsdaten) dürfen nicht zu einer Leistungs- und Verhaltenskontrolle verwendet werden. Personenbezogene Daten, die zur Sicherstellung eines ordnungsgemäßen Betriebes der E-Mail/Internet-Dienste erhoben und gespeichert werden, unterliegen der besonderen Zweckbestimmung nach § 31 Bundesdatenschutzgesetz (BDSG). Anlassbezogen dürfen die Protokolle verwendet werden, um die Einhaltung des Verbots der privaten Nutzung zu kontrollieren und einen Verstoß hiergegen nachzuweisen.

§ 4 Begriffe

(1) Personenbezogene Daten (Personaldaten) sind Einzelangaben über persönliche und sachliche Verhältnisse bestimmter oder bestimmbarer natürlicher Personen (Beschäftigte der GmbH).

(2) Im Übrigen gelten die Begriffsbestimmungen des BDSG.

§ 5 Netze

(1) Als Netz werden alle technischen Einrichtungen bezeichnet, die es ermöglichen, Daten zwischen zwei oder mehr Computern in Form von elektromagnetischen oder optischen Signalen zu senden, zu übertragen, zu vermitteln, zu empfangen, zu steuern oder zu kontrollieren.

(2) Die Einrichtungen des Netzes sind angemessen zu sichern, insbesondere Server, Router und ähnliche Netzeinrichtungen sind in Räumen aufzustellen, zu denen nur besonders Berechtigte Zugang haben. Die Verkabelung ist vor unberechtigten Zugriffen zu schützen. Angemessen ist die Sicherung (Satz 2), wenn der für die Schutzmaßnahmen zu erbringende technische und wirtschaftliche Aufwand verhältnismäßig zur Bedeutung der zu schützenden Daten und der zu sichernden Anlagen und dem Risiko ihrer Verletzlichkeit ist.

§ 6 E-Mail

(1) E-Mail-Server sind zentral aufgestellte Computer, die der Verteilung, Zwischenspeicherung und gegebenenfalls auch der Speicherung von E-Mail dienen. Klienten sind die Arbeitsplatzrechner der Beschäftigten, auf denen E-Mail erstellt, empfangen, gelesen und verarbeitet wird.

(2) E-Mail-Server sind so aufzustellen, dass Unberechtigte keinen Zugang haben. Auf den Servern sind E-Mails gegen unberechtigte Zugriffe besonders zu sichern.

(3) E-Mails dürfen nur auf den dafür vorgesehenen E-Mail-Servern zwischengespeichert und an die Empfänger verteilt und zugestellt werden.

(4) Eingehende E-Mails können auf dem Arbeitsplatzcomputer des Empfängers, ausgehende auf dem des Absenders gespeichert werden.

(5) Die E-Mail-Server sind in Anlage 1 aufgeführt. Anlage 2 enthält die in der GmbH eingesetzte E-Mail-Software für E-Mail-Server und Klienten.

§ 7 Verwendung von E-Mail

(1) Das E-Mail-Programm wird zum Empfang und zur Versendung von elektronischer Post genutzt. Es kann zur Weitergabe von Dateien und Vorgängen benutzt werden. Eine automatisierte Vorgangssteuerung mittels E-Mail wird hiermit nicht eingeführt. Eine derartige Vorgangssteuerung bedarf zur Einführung einer gesonderten Betriebsvereinbarung.

(2) Die GmbH kann zur Information der Beschäftigten ein „Schwarzes Brett" im E-Mail-System einrichten, um E-Mails an alle Beschäftigten zu versenden. E-Mails mit identischem Inhalt an alle Beschäftigten müssen nicht verschlüsselt werden. Solange nicht alle Beschäftigten einen Arbeitsplatzrechner mit Zugriff auf E-Mail haben, werden sie auf herkömmliche Art (zB durch Aushänge oder Rundschreiben) informiert.

(3) Der Betriebsrat der GmbH erhält auf Wunsch die gleichen E-Mail-Möglichkeiten zur Information der Beschäftigten wie die Geschäftsleitung.

(4) Das Löschen von unerwünschten E-Mails (SPAM) geschieht nach vom Arbeitgeber zur Verfügung gestellten Regeln. Die Aktivierung dieser Regeln erfolgt durch den Beschäftigten.

§ 8 Verschlüsselung

(1) E-Mails mit vertraulichem Inhalt oder mit personenbezogenen Daten Dritter dürfen innerhalb der GmbH sowie an externe Stellen nur verschlüsselt versendet werden. Nachrichten mit Inhalten nach Satz 1 dürfen an externe Stellen nicht per E-Mail übermittelt werden, soweit diese nicht in der Lage sind, verschlüsselte E-Mails zu lesen.

(2) Das E-Mail-System muss ermöglichen, ausgehende E-Mails mit dem öffentlichen Schlüssel des Empfängers zu verschlüsseln. Das Format der ausgehenden verschlüsselten E-Mails soll einem offenen Standard für verschlüsselte E-Mails genügen.

(3) Zur Verschlüsselung der E-Mail stellt der Arbeitgeber ein Public-Key-Verschlüsselungsschema zur Verfügung. Jeder Beschäftigte erhält einen öffentlichen und einen geheimen Schlüssel. Öffentliche Schlüssel werden allgemein zugänglich gemacht und in geeigneter Weise vor Manipulationen gesichert (zertifiziert). Der geheime Schlüssel eines Beschäftigten wird ihm geschützt übergeben, so dass Dritte von ihm keine Kenntnis erlangen können. Geheime Schlüssel dürfen nicht dupliziert und an keiner zentralen Stelle innerhalb der GmbH gespeichert werden.

(4) Schlüsselpaare nach Abs. 3 werden nach allgemein anerkannten Regeln generiert. Die zur Generierung der Schlüssel erforderlichen Daten werden nach der Schlüsselgenerierung unverzüglich gelöscht. Die technischen Einrichtungen orientieren sich am § 16 SigV (Verordnung zur digitalen Signatur); die geheimen Schlüssel werden bevorzugt auf Chipkarten gespeichert.

(5) Die GmbH ist berechtigt, die E-Mail-Adressen und die öffentlichen Schlüssel der Beschäftigten Dritten zugänglich zu machen. Die erforderliche Einwilligung im Sinne des BDSG wird auf den Anträgen zur Einrichtung eines E-Mail-Accounts eingeholt.

§ 9 Vertretungsregelung

(1) Das E-Mail-System muss über die Funktion Auto-Forward und Auto-Reply verfügen.

(2) Jeder Beschäftigte erhält zwei E-Mail-Adressen: eine funktionsbezogene (dienstliche) und eine namensbezogene (persönliche) Adresse. Eine funktionsbezogene E-Mail-Adresse kann sich auch auf eine Gruppe von Beschäftigten beziehen (zB auf eine Abteilung oder ein Referat). Die E-Mail an beide Adressen landet in derselben Mailbox. Für normale Dienstgeschäfte wird die funktionsbezogene E-Mail-Adresse benutzt.

a) Eine E-Mail an die funktionsbezogene Adresse wird bei Abwesenheit automatisch an den Stellvertreter weitergeleitet (Auto-Forward) oder der Absender wird automatisch über die Abwesenheit informiert (Auto-Reply). Vor vorhersehbarer Abwesenheit (zB Urlaub, Dienstreise) wird dieser Automatismus durch den Beschäftigten in Absprache mit dem Stellvertreter aktiviert. Bei unvorhersehbarer Abwesenheit (zB Krankheit) kann das Verfahren für diese funktionsbezogene Adresse durch den Postmaster (§ 11) auf Veranlassung des Vorgesetzten und in Absprache mit dem Stellvertreter aktiviert werden. Der Zeitpunkt ist schriftlich festzuhalten und dem Beschäftigten nach Rückkehr mitzuteilen.

b) Eine E-Mail an die namensbezogene Adresse wird grundsätzlich nicht weitergeleitet. Jeder Beschäftigte kann die Absender automatisch über seine Abwesenheit informieren (Auto-Reply).

§ 10 Posteingangsbuch

(1) Die GmbH führt ein elektronisches Posteingangsbuch. Dabei werden alle von außen eingehenden E-Mails an funktionsbezogene Adressen gem. § 9 Abs. 2 mit Absender, Empfänger, E-Mail-ID, Datum und Uhrzeit in einer Log-Datei gespeichert.

(2) In E-Mail-Systemen kann man sich mittels der Optionen „die E-Mail ist auf dem Zielrechner angekommen" (Zustellungsbestätigung) oder „der Empfänger hat die E-Mail gelesen" (Lesebestätigung) davon überzeugen, ob eine Nachricht angekommen ist. Diese Optionen dürfen nicht zur Verhaltens- oder Leistungskontrolle von Beschäftigten verwendet werden. Im E-Mail-System wird standardmäßig keine Lesebestätigung angegeben. Von Beschäftigten darf nicht verlangt werden, die Lesebestätigung zu aktivieren.

§ 11 Postmaster

Für die Verwaltung des E-Mail-Systems sind sog. Postmaster zuständig. Sie müssen mit den Bestimmungen des Fernmeldegeheimnisses im TKG und den Vorschriften des BDSG vertraut sein und sie sind auf das Datengeheimnis gem. § 5 BDSG zu verpflichten. Über alle Informationen, die sie durch ihre Tätigkeit erhalten, haben sie Stillschweigen zu bewahren. Dies gilt insbesondere auch für die unbeabsichtigte Kenntnisnahme von E-Mails dienstlichen oder persönlichen Inhalts.

§ 12 Zugriffsrechte und Passworte

(1) Jeder Benutzer des E-Mail-Systems erhält eine Zugriffsberechtigung (Passwort) und einen eigenen Datenbereich (Mailbox).

(2) Passworte bestehen aus mindestens sechs Zeichen, davon mindestens ein Sonderzeichen; damit sind alle Wörter ausgeschlossen, die im Duden stehen. Benutzer müssen ihre Passworte sorgfältig auswählen und geheim halten. Es ist untersagt, Passworte an andere weiterzugeben.

(3) Ohne Kenntnis und Zustimmung der Beschäftigten dürfen Dritte keine Einsicht in die E-Mail eines Beschäftigten nehmen. Kenntnis und Zustimmung werden unterstellt, wenn E-Mail in Bereiche weitergeleitet wird, die für Dritte zugänglich sind.

(4) Soweit die E-Mail dienstliche Inhalte betrifft, kann der Vorgesetzte verlangen, dass der Beschäftigte die E-Mail für ihn ausdruckt.

§ 13 Archivierung

(1) Soweit zu Dokumentationszwecken erforderlich, werden ein- und ausgehende E-Mails ausgedruckt und wie Schriftstücke aufbewahrt. Die zugrunde liegenden Dateien werden im Rahmen der normalen Datensicherung gesichert (Anlage zu § 9 BDSG) und nicht archiviert.

(2) Dienstliche E-Mail, die verschlüsselt empfangen und zu Nachweiszwecken noch benötigt wird, ist auszudrucken und zu den Akten zu nehmen.

§ 14 Internet-Dienste

(1) Alle Beschäftigten, die Zugang zum Internet haben, können die in der Anlage 3 aufgeführten Internet-Dienste dienstlich nutzen. Bei deren Nutzung sind die in Anlage 4 enthaltenen Vorschriften und Regeln zu beachten.

(2) Soweit zum effektiven Zugriff auf das Internet Proxy- oder Cache-Server installiert werden, werden die Log-Dateien nur anonymisiert geschrieben.

(3) Eine personenbezogene Kontrolle der Internet-Nutzung findet nur beim konkreten Verdacht der missbräuchlichen Benutzung statt. Die anfallenden Protokolldaten werden nur zur Klärung des konkreten Verdachts ausgewertet. Der Betriebsrat ist zu beteiligen.

(4) Eine Auswertung der Nutzungsinformationen des www-Browsers auf der lokalen Festplatte eines Benutzers ist nur unter sinngemäßer Anwendung des Abs. 3 zulässig.

(5) Der Arbeitgeber ist berechtigt, den Zugriff auf offensichtlich dienstlich nicht erforderliche Inhalte zu sperren.

§ 15 Information der Beschäftigten

Die Beschäftigten sind über die besonderen Probleme der E-Mail und der Internet-Dienste zu unterrichten. Insbesondere ist auf Folgendes hinzuweisen:

a) gesetzliche Regelungen zum Fernmeldegeheimnis,
b) Anwendung der Datenschutzvorschriften (BDSG),
c) Zugänglichkeit unverschlüsselter E-Mail bei Transport im Netz,
d) Probleme der Archivierung,
e) dienstliche (arbeitsrechtliche), gesetzliche und ethische Grundsätze und Vorschriften bei der Nutzung von Internet-Diensten.

§ 16 Kontrolle der Betriebsvereinbarung

(1) Der Betriebsrat hat das Recht, die Einhaltung dieser Betriebsvereinbarung zu überprüfen.

(2) Der Betriebsrat kann zur Durchführung seiner aus dieser Betriebsvereinbarung resultierenden Aufgaben nach Abstimmung mit der GmbH Sachverständige seiner Wahl hinzuziehen; die notwendigen Kosten trägt die GmbH.

§ 17 Verstöße

(1) Der Datenschutzbeauftragte, der Arbeitgeber und der Betriebsrat sind unverzüglich über Missbrauch und Missbrauchsversuche des E-Mail-Systems zu informieren. Alle Beschäftigten haben das Recht, vermutete oder tatsächliche Verstöße den Genannten vorzutragen. Das Beschwerderecht der Beschäftigten gem. §§ 84 und 85 BetrVG bleibt hiervon unberührt.

(2) Personenbezogene Daten, die entgegen dieser Betriebsvereinbarung erfasst oder gespeichert werden, dürfen nicht verwendet werden. Personelle Maßnahmen, die auf Informationen beruhen, die unter Verstoß gegen die Zweckbestimmung gem. § 3 gewonnen wurden, sind unwirksam. Der unberechtigte Zugriff auf personenbezogene Daten hat arbeitsrechtliche Konsequenzen.

§ 18 Inkrafttreten

Diese Betriebsvereinbarung tritt mit ihrer Unterzeichnung in Kraft. Sie kann mit einer Frist von drei Monaten zum Ende eines Kalenderjahres gekündigt werden. Bis zum Abschluss einer neuen Betriebsvereinbarung gilt die vorliegende Vereinbarung weiter.

Anlage Betriebsvereinbarung: Code of Conduct

Unzulässig ist jede Internetnutzung, die geeignet erscheint, den Interessen der GmbH oder deren Ansehen in der Öffentlichkeit zu schaden, oder die gegen geltende Gesetze oder Verordnungen verstößt, zB

- das Abrufen oder Anbieten von Inhalten, die gegen datenschutzrechtliche, persönlichkeitsrechtliche, urheberrechtliche oder strafrechtliche Bestimmungen verstoßen,
- das Abrufen oder Anbieten von weltanschaulicher, politischer oder kommerzieller Werbung,
- das Abrufen oder Anbieten von beleidigenden, verleumderischen, verfassungsfeindlichen, rassistischen, sexistischen oder pornographischen Äußerungen oder Abbildungen.

Anbieten heißt: verbreiten über das Internet oder das Einstellen in Newsgruppen oder Diskussionsforen in einer Art, dass die Firmenzugehörigkeit erkennbar ist (zB durch die E-Mail-Adresse des Absenders) oder unter Verwendung von EDV-Anlagen der GmbH. Abrufen heißt: auf im Netz vorhandene Informationen mit EDV-Anlagen der GmbH zugreifen.

3. Muster: Beteiligung des Betriebsrats vor Einführung neuer DV-Systeme

Zwischen

dem Vorstand der ...

und

dem Gesamtbetriebsrat der ...

wird folgende Betriebsvereinbarung über die Beteiligung des Betriebsrats vor Einführung neuer DV-Systeme geschlossen:

§ 1 Ist-Analyse

Findet beim Arbeitgeber bzw bei einem von ihm beauftragten Dritten durch Projektantrag einer Abteilung bzw durch eigene Aufgabenstellung eine Untersuchung eines gegebenen Zustandes (Ist-Analyse) mit dem Ziel statt, diesen Zustand durch Einführung neuer und/oder wesentlicher Änderung/Erweiterung vorhandener

Hard- und/oder Software zu verändern (Projekt), so ist der Gesamtbetriebsrat vorher darüber zu unterrichten (siehe Anlage 1).

§ 2 Unterrichtung und Prüfung des Mitbestimmungsrechts

Nach Abschluss der Problemanalyse (Ermittlung von Lösungsansätzen für den zu erreichenden Sollzustand) wird der Gesamtbetriebsrat anhand der vorhandenen Unterlagen unterrichtet. Der Arbeitgeber prüft, ob bei Verwirklichung des Projekts ein Mitbestimmungsrecht des Gesamtbetriebsrats gegeben ist. Das Ergebnis der Prüfung wird dem Gesamtbetriebsrat mitgeteilt. Bei Meinungsstreit setzt das Verfahren gem. § 5 ein.

§ 3 Soll-Konzeption

Die Soll-Konzeption über den Einsatz von neuer bzw wesentlich geänderter vorhandener Hard- und/oder Software wird mit dem Gesamtbetriebsrat beraten, bevor diese Konzeption vom Arbeitgeber endgültig schriftlich festgelegt wird. Hierzu wird dem Gesamtbetriebsrat die Konzeption präsentiert. Die Präsentation kann durch formlose Besprechung oder in gemeinsamer Sitzung erfolgen. Dazu sind dem Gesamtbetriebsrat die vorhandenen Unterlagen vorzulegen (siehe Anlage 2).

§ 4 Test

Ist nach der DV-technischen Fertigstellung des Projekts eine Testphase erforderlich, so teilt der Arbeitgeber dem Gesamtbetriebsrat dies vorher mit. Ein Test im Sinne dieser Vereinbarung liegt nur vor, wenn der Beginn der Phase vom Arbeitgeber ausdrücklich als Test deklariert worden ist und der Gesamtbetriebsrat zugestimmt hat.

Der Test gilt nach sechs Monaten ab Deklarierung als beendet, sofern nichts anderes schriftlich zwischen den Betriebspartnern vereinbart worden ist.

§ 5 Feststellung des Mitbestimmungsrechts

Nach Abschluss der Testphase, über deren Ergebnis der Gesamtbetriebsrat unterrichtet wird, bzw vor Einführung des Projektes findet zwischen den Betriebspartnern die endgültige Klärung über das Bestehen eines Mitbestimmungsrechts statt.

Besteht Einvernehmen über das Mitbestimmungsrecht, wird dessen Inhalt und Umfang bestimmt.

Besteht Streit über das Bestehen bzw den Inhalt und Umfang des Mitbestimmungsrechts, ist über die strittigen Fragen mit dem ernsten Willen zur Einigung zu verhandeln und sind Vorschläge für die Beilegung der Meinungsverschiedenheiten zu machen. Kommt keine Einigung zustande, so entscheidet die ständige Einigungsstelle.

§ 6 Zulässigkeit der Einführung

Die Einführung neuer bzw wesentlich geänderter vorhandener Hard- und/oder Software ist erst zulässig, wenn die Voraussetzungen gem. § 5 erfüllt sind, es sei denn, der Gesamtbetriebsrat stimmt der Einführung schriftlich zu.

§ 7 Schlussbestimmung

Die Betriebsvereinbarung tritt am Tage ihrer Unterzeichnung in Kraft. Sie kann von beiden Seiten mit sechsmonatiger Frist zum Ende eines Kalenderjahres, jedoch frühestens zum ..., gekündigt werden. In diesem Falle wirkt sie bis zum Abschluss einer neuen Betriebsvereinbarung nach. Eine einvernehmliche Beendigung ist jederzeit möglich.

Anlage 1

Die Unterrichtung ist anhand des Projektantrages oder anderer gleichwertiger Unterlagen, aus denen sich insbesondere

- die Zielbestimmung
- die betroffenen Arbeitnehmer
- die grobe Zeitbedarfsschätzung
- der Beginn und Form der Erhebung

der Untersuchung ergeben, vorzunehmen.

Anlage 2

Die Informationen müssen erkennen lassen, welche arbeitstechnischen, organisatorischen und personellen Veränderungen beabsichtigt sind und wie geplant ist, sie durchzuführen.

Sie müssen enthalten:

- Auftragsbeschreibung (Ausgangssituation, Problemstellung, Zielsetzung etc.)
- Kosten-/Nutzenanalyse (Ermittlung der Wirtschaftlichkeit)
- Zusammenhänge mit anderen Aufträgen
- Benutzung/Verwendung personenbezogener Daten von Arbeitnehmerinnen/Arbeitnehmer
- Aussagen über die Auswirkungen auf
  - die Arbeitsplätze
  - die Arbeitsinhalte
  - die Arbeitsqualifikationen
  - die Arbeitsabläufe und
  - die Arbeitsplatzgestaltung
- Darstellung der Vor- und Nachteile/Alternativkonzepte
- EDV-Sachlogisches Konzept
- Sachmitteleinsatz
- Aussagen über Softwareergonomie und Arbeitsgestaltung
- Nennung der sämtl. betroffenen Abteilungen und Arbeitsplätze
- Realisierungszeitplan/Prioritätenvergabe

↑

4. Muster: Einführung, Einsatz und Weiterentwicklung von DV-/IT-Systemen

↓

Zwischen

der Firma ..., vertreten durch die Geschäftsleitung

– nachstehend: Unternehmen –

und

dem Betriebsrat der Firma ...

– nachstehend: Betriebsrat –

wird folgende Betriebsvereinbarung über die Einführung, den Einsatz und die Weiterentwicklung von DV-/IT-Systemen geschlossen:

Kapitel 2: Erzwingbare Betriebsvereinbarungen

Präambel

(1) Das Unternehmen und der Betriebsrat legen mit dieser Betriebsvereinbarung Rahmenbedingungen für den Einsatz von DV-/IT-Systemen mit dem Ziel fest, die Persönlichkeitsrechte der Mitarbeiterinnen und Mitarbeiter unter Beachtung aller maßgeblichen Bestimmungen zu sichern und eine soziale Kommunikation bei weit reichender technischer Unterstützung sicherzustellen. Auf der Grundlage gegenseitigen Vertrauens werden damit betriebliche Regeln entwickelt, die den Interessen beider Seiten gerecht werden. Vor dem Hintergrund des Bundesdatenschutzgesetzes und des Betriebsverfassungsgesetzes sowie der EU-Richtlinien und weiterer Gesundheits- und Arbeitsschutzbestimmungen wird folgende Vereinbarung geschlossen.

(2) Die einschlägigen Regelungen der „Tarifverträge für ..." gelten auch für diese Betriebsvereinbarung.

§ 1 Begriffsbestimmungen

(1) Personenbezogene und/oder personenbeziehbare Daten sind Einzelangaben über persönliche oder sachliche Verhältnisse einer bestimmten oder (auch mit Zusatzwissen) bestimmbaren Person iSd § 3 Abs. 1 BDSG.

(2) Verarbeiten ist das Speichern, Verändern, Übermitteln, Sperren und Löschen personenbezogener und/oder personenbeziehbarer Daten iSd § 3 Abs. 5 BDSG.

(3) Systemfunktionen sind Programme und Programmteile, Auswertungen, Datenfelder, Verarbeitungsanweisungen, Listings u.Ä. Systemfunktionen schließen Dateninhalte nicht unbedingt mit ein.

(4) Informations- und Techniksysteme (IT-Systeme) sind Hard- und Software incl. sämtlicher Peripheriegeräte, digitale Nebenstellenanlagen, Netze.

(5) Projekt ist ein Vorhaben, das durch die Einmaligkeit der Bedingungen in ihrer Gesamtheit, durch eine Zielvorgabe, die Begrenzung zeitlicher, personeller oder anderer Art, Abgrenzung gegenüber anderen Vorhaben und eine projektspezifische Organisation gekennzeichnet ist.

(6) Projektmitglieder sind die einem Projekt zugeordneten Mitarbeiterinnen und Mitarbeiter, die nicht mit der Projektleitung oder -koordination oder deren Stellvertretung beauftragt sind.

§ 2 Grundsätze

(1) Es gilt der Grundsatz der persönlichen und der nicht-maschinellen Kommunikation.

(2) DV-/IT-Systeme dürfen weder zu disziplinarischen Maßnahmen noch zu Anweisungen genutzt werden, die Auswirkungen auf Arbeitsplatz, -zeit und -organisation haben.

(3) Termin- und andere Vereinbarungen gelten nur dann als getroffen, wenn sie von den beteiligten Seiten jeweils bestätigt sind.

(4) Workflow-Systeme sind so zu organisieren, dass jede Mitarbeiterin/jeder Mitarbeiter für sich die Reihenfolge des Dokumenten- oder Aufgabenflusses flexibel gestalten kann. Eine zeitliche Bindung zur Aufgabenerfüllung besteht nur, wenn sie von beiden Seiten bestätigt wurde.

(5) Jegliche automatisierte Verarbeitung von Daten ist nur im Rahmen der jeweiligen Zweckbestimmung und der gesetzlichen Bestimmung zulässig.

(6) Nachteile aufgrund des Einsatzes von DV-/IT-Systemen, v.a. Kündigungen, Herabgruppierungen, Qualifikations- und Kompetenzeinbußen, sind ausgeschlossen.

§ 3 Geltungsbereich

(1) Sachlicher Geltungsbereich

Die Betriebsvereinbarung gilt für die Verarbeitung von personenbezogenen und/oder personenbeziehbaren Daten unabhängig davon, in welchen Systemen diese Daten gespeichert sind und ob die Verarbeitung in standardisierter oder individueller Form erfolgt. Sie gilt nicht für Personalinformations- und -verwaltungssysteme. Für diese sind gesonderte Betriebsvereinbarungen abzuschließen.

(2) Persönlicher Geltungsbereich

Die Betriebsvereinbarung erstreckt sich auf alle Mitarbeiterinnen und Mitarbeiter des Unternehmens, mit Ausnahme der leitenden Angestellten gem. § 5 Abs. 3 BetrVG. Diese dürfen nicht gegen die Betriebsvereinbarung verstoßen.

(3) Räumlicher Geltungsbereich

Die Betriebsvereinbarung gilt für alle Betriebsteile des Unternehmens. Sie gilt auch bei Telearbeit außerhalb der Geschäftsräume.

(4) Aufträge an Dritte dürfen dieser Vereinbarung nicht widersprechen. Verträge mit Dritten sind so zu gestalten, dass die Kontrollrechte des Betriebsrats auch gegenüber Dritten wahrgenommen werden können.

§ 4 Erprobung der DV-/IT-Systeme

(1) Beide Seiten sind sich darüber einig, neue DV-/IT-Systeme als Arbeitsmittel unterstützend für die betrieblichen Abläufe, ggf zunächst in einer Erprobungsphase, einzusetzen. In dieser Phase sollen die Mitarbeiterinnen und Mitarbeiter nach einem abgestimmten Plan die Systeme nutzen können.

(2) Während der Erprobung findet durch einen projektspezifischen (alternativ: noch zu benennenden, paritätisch besetzten) Arbeitskreis unter Beteiligung von betroffenen Mitarbeiterinnen und Mitarbeitern eine begleitende Überprüfung der Einsatzauswirkungen statt mit dem Ziel, jederzeit steuernd eingreifen zu können. Der Betriebsrat hat ein Teilnahme- und umfassendes Informationsrecht. (Ein Eingreifen erfordert das konsensuelle Vorgehen beider Seiten.)

§ 5 Gestaltung

(1) Während der Erprobungsphase sind die Mitarbeiterinnen und Mitarbeiter aufgerufen, Hinweise für eine bessere Gestaltung an den projektspezifischen (alternativ: paritätischen) Arbeitskreis zu geben. Der projektspezifische (alternativ: paritätische) Arbeitskreis wird von sich aus eigene Untersuchungen über die Gestaltungsnotwendigkeiten durchführen. Insofern hat er die Einwilligung der Geschäftsleitung bzw des zuständigen Geschäftsleitungsmitglieds.

(2) Ergeben sich durch den Einsatz des DV-/IT-Systems Hinweise auf Arbeitsbehinderungen durch die Arbeitsorganisation, entwickelt der projektspezifische (alternativ: paritätische) Arbeitskreis Maßnahmen zur Beseitigung dieser Hindernisse. Ein Umsetzungsrecht hat er nicht.

(3) Die Beteiligungsrechte des Betriebsrats bleiben davon unberührt.

§ 6 Einführungsmodalitäten

(1) Es werden nur die Systeme und Systemfunktionen verwandt, die dem Betriebsrat benannt wurden. Alle Aktivitäten bei der Einführung weiterer Systeme und Funktionen werden rechtzeitig im projektspezifischen (alternativ: paritätischen) Arbeitskreis geplant und diskutiert. Es gilt § 8.

(2) Es wird ein Forum (zB eine Diskussionsdatenbank) eingerichtet, in dem die Mitarbeiterinnen und Mitarbeiter ihre Erfahrungen, erkennbare Schwachstellen und Verbesserungsvorschläge einbringen können. Dieses Forum wird auch vom projektspezifischen (alternativ: paritätischen) Arbeitskreis zur Informationsgewinnung und zur Weitergabe von Hinweisen genutzt.

(3) Die Freischaltung von DV-/IT-Systemen am einzelnen Arbeitsplatz und damit die Berechtigung der Nutzung sollen erst nach beendeter Qualifizierung der Mitarbeiterin/des Mitarbeiters an diesem Platz geschehen.

(4) Es wird ein Verfahren festgelegt, wie neue und ausscheidende Mitarbeiterinnen und Mitarbeiter an die Systemadministratoren gemeldet werden.

(5) Einträge in Adressdatenbanken mit Ausnahme von dienstlichen Adressierungsmerkmalen (Abteilung, Telefon, Fax, E-Mail usw) unterliegen der Autorenschaft der Eingetragenen.

§ 7 Verhaltensregeln

(1) Es wird eine Sammlung von Verhaltensregeln über die Form der Kommunikation für alle Teilnehmer erarbeitet (zB analog zur Nettikette im Internet).

(2) Projektmitglieder dürfen Informationen zu personenbezogenen und/oder personenbeziehbaren Daten, die sie im Rahmen ihrer Projektarbeit erhalten, nicht nach außerhalb ihres Arbeitsbereiches weitergeben.

(3) Im Rahmen des Projektmanagements erfasste personenbezogene und/oder personenbeziehbare Daten sind nur den mit der Projektsteuerung beauftragten Mitarbeiterinnen/Mitarbeitern zugänglich. Sie dürfen nur in anonymisierter und kumulierter Form weitergegeben werden.

(4) Die Systemadministratoren dürfen innerhalb ihrer Organisationseinheit alle die Maßnahmen selbständig ergreifen, die in Ihrem Aufgabenbereich zur Aufrechterhaltung des Systems notwendig sind. Sie dürfen jedoch betriebliche oder persönliche Informationen nicht nach außerhalb ihres Arbeitsbereiches weitergeben.

(5) Es ist den Systemadministratoren nicht erlaubt, personenbezogene und/oder personenbeziehbare Daten oder Dateien aus einem Berechtigungskreis in einen anderen zu übertragen. Dienstliche Anweisungen dieser Art sind nicht erlaubt und von der Systemadministration abzulehnen.

(6) Ausnahmen bedürfen der Vereinbarung. Maßnahmen, die zur Aufrechterhaltung des ordnungsgemäßen Betriebes von DV-/IT-Systemen unabdingbar sind (zB Störungsbeseitigung an Hard- und Software), können vorab durchgeführt werden. In diesen Fällen müssen die Beteiligungsrechte des Betriebsrats nachträglich gewahrt werden.

§ 8 Mitbestimmungsverfahren bei Einführung neuer bzw Erweiterung bestehender Systeme

(1) Gegenstand

Die Einführung zusätzlicher Systeme, die Schaffung von Schnittstellen zu weiteren DV-/IT-Systemen, Zugriffsberechtigungskonzepte, die Verarbeitung und Auswertung personenbezogener und/oder personenbeziehbarer Daten, Qualifizierungskonzepte usw sind mitbestimmungspflichtig. Die Änderung vorhandener Anwendungen unterliegt dann der Mitbestimmung, wenn personenbezogene und/oder personenbeziehbare Daten hinzukommen oder neue Auswertungen auf vorhandene personenbezogene und/oder personenbeziehbare Datenfelder vorgenommen werden. Bei einem Wechsel des Releases des DV-/IT-Systems ist der Betriebsrat vorher zu informieren. Falls mit dem Release-Wechsel neue Anwendungen eingeführt werden, ist das Mitbestimmungsverfahren im Sinne dieser Betriebsvereinbarung durchzuführen. Alle Maßnahmen, die auf Einführung, Ergänzung oder Änderung von DV-/IT-Systemen gerichtet sind, werden dem Betriebsrat so rechtzeitig bekannt gegeben, dass dieser Gestaltungsalternativen einbringen kann.

(2) Information

Der Informationsumfang erstreckt sich auf:

- Anwendungsziele und -zwecke, Planungsschritte sowie Einbindung des Systems in die DV-/IT-Strategie des Unternehmens
- Beschreibung der Einsatzfelder
- Beschreibung der technischen Komponenten und Programmunterlagen auf der Grundlage der Programmdokumentation
- Beschreibung der Auswirkungen auf die Mitarbeiterinnen und Mitarbeiter

(3) Prüfung

Im Mitbestimmungsverfahren überprüft der Betriebsrat vorrangig die Sicherstellung der in § 10 genannten Sachverhalte. Verstößt das System oder Teile des Systems gegen gesetzliche, tarifvertragliche oder betriebliche Bestimmungen, widerspricht der Betriebsrat der Einführung.

(4) Dokumentation

Nach erfolgter Zustimmung werden im Einvernehmen mit dem Betriebsrat folgende Anlagen erstellt:

Systeme und Systemfunktionen werden in Anlage 1 (Softwareverzeichnis) mit folgenden Angaben beschrieben:

- Bezeichnung und Funktionsbeschreibung des Systems
- Rechnerbasis (HOST, LAN-Server, PC, ...)
- unternehmensweites System/lokales System
- Verarbeitung personenbezogenen Daten (ja/nein)
- Vereinbarungen zur Erprobungsphase (Dauer, Verfahren nach Ende der Erprobung, ...).

In Anlage 2 (Hardware-Verzeichnis) werden alle relevanten Hardwarebestandteile und die Netzwerkstruktur aufgeführt.

Alle Auswertungen und Datenaggregationen personenbezogener und/oder personenbeziehbare Daten mit Hilfe von DV-/IT-Systemen, die Verknüpfung von Daten verschiedener Systeme und der Datenexport zur anderweitigen Verarbeitung von Daten werden incl. zugehöriger Vereinbarungen in Anlage 3 (Auswertungsverzeichnis) dokumentiert.

Zugriffsberechtigungskonzepte sind zu erstellen und in Anlage 4 (Berechtigungsverzeichnis) zu dokumentieren. Die Systemadministratoren sind namentlich zu benennen.

(5) Kontrolle

Der Betriebsrat hat das Recht, durch lesenden Zugriff auf alle Systemfunktionen jederzeit die Einhaltung dieser Betriebsvereinbarung zu kontrollieren und zu überprüfen. Mitarbeiterinnen und Mitarbeiter der Systemadministration/Anwendungsentwicklung sind dem Betriebsrat zu Auskünften über Systeminhalte und deren Anwendungen verpflichtet. Anfallende Protokolle können eingesehen werden und sind ggf zu erläutern.

§ 9 Weitere Rechte des Betriebsrats

(1) Unbeschadet der gesetzlichen Mitbestimmung informiert das Unternehmen den Betriebsrat regelmäßig umfassend über die laufende DV-/IT-Planung.

(2) Der Betriebsrat hat im Rahmen der gesetzlichen Aufgaben das Recht, sich durch externe Sachverständige beraten zu lassen. Der Betriebsrat informiert darüber vorher die Geschäftsleitung. Die Kosten werden durch das Unternehmen getragen.

(Alternative 1: Der Betriebsrat hat im Rahmen der gesetzlichen Aufgaben das Recht, sich durch externe Sachverständige beraten zu lassen. Die Kosten bis zu einem Beratungsumfang von 20 Tagen p.a. gelten als genehmigt. Darüber hinaus gehender Beratungsbedarf erfordert nähere Vereinbarungen mit der Geschäftsleitung.)

(Alternative 2: Der Betriebsrat kann bei der Durchführung seiner Aufgaben nach näherer Vereinbarung mit der Geschäftsleitung Sachverständige hinzuziehen. Gibt das Unternehmen innerhalb einer Woche nach Antragstellung auf Kostenübernahme keine ablehnende Stellungnahme ab, so gilt der Antrag als genehmigt.)

(3) Der Betriebsrat hat das Recht, die Funktion „Nachricht an alle" zu nutzen. Auf Anforderung werden dem Betriebsrat Anwendungen zur Verfügung gestellt, wie zB:

- „elektronisches Schwarzes Brett" für Informationen an alle Mitarbeiterinnen und Mitarbeiter
- betriebsinterne Datenbank
- Diskussionsdatenbanken zur Kommunikation zwischen Mitarbeiterinnen, Mitarbeitern und Betriebsrat zu unterschiedlichen Themen
- zusätzliche Informationsdatenbanken zur Nutzung durch Betriebsräte und alle Mitarbeiterinnen und Mitarbeiter.

§ 10 Leistungs- und Verhaltenskontrolle

(1) Eine automatisierte Verarbeitung von Daten zur Leistungs- und/oder Verhaltenskontrolle von Mitarbeiterinnen und Mitarbeitern ist unzulässig. Ausnahmen bedürfen der Vereinbarung.

(2) Im Rahmen des Projektmanagements erfasste Daten und durchgeführte Auswertungen dienen ausschließlich der Planung, Zeit- und Kostenkontrolle des Projekts.

(3) Bei Prüfungen, die aufgrund gesetzlicher oder tariflicher Vorschriften und Verordnungen erforderlich sind, wird der Betriebsrat unverzüglich von der entsprechenden Maßnahme in Kenntnis gesetzt. Der Betriebsrat erhält seitens der mit der Prüfung beauftragten Stelle alle erforderlichen Informationen über die beabsichtigte Prüfung und hat das Recht, daran teilzunehmen.

(4) Personelle Maßnahmen, die auf Informationen (auch zufälligen) beruhen, die unter Verletzung dieser Betriebsvereinbarung gewonnen wurden, sind unwirksam und rückgängig zu machen.

§ 11 Rechte der Mitarbeiterinnen und Mitarbeiter

(1) Die Mitarbeiterinnen und Mitarbeiter werden über den Inhalt dieser Betriebsvereinbarung informiert. Sie wird zusätzlich allgemein zugänglich abgelegt.

(2) Jede Mitarbeiterin/jeder Mitarbeiter erhält auf Wunsch einen kostenlosen Ausdruck aller über sie/ihn gespeicherten relevanten Daten in verständlicher Form.
Im Übrigen gelten die im Bundesdatenschutzgesetz geregelten „Rechte der Betroffenen" in der jeweils gültigen Fassung.

(3) Werden von Mitarbeiterinnen und Mitarbeitern gespeicherte Daten begründet beanstandet, so ist das Unternehmen unverzüglich zur Korrektur verpflichtet. Nachteile aufgrund falscher Daten entstehen den Mitarbeiterinnen und Mitarbeitern nicht bzw sind entsprechend rückgängig zu machen.

§ 12 Datenschutz

(1) Jede Verarbeitung von schutzwürdigen personenbezogenen und/oder personenbeziehbaren Daten, auch der unberechtigte Zugriff, wird revisionssicher protokolliert.

(2) Die/der betriebliche Datenschutzbeauftragte erstellt eine Datenschutzkonzeption, in der die technischen und organisatorischen Maßnahmen zum Schutz der personenbezogenen und/oder personenbeziehbaren Daten berücksichtigt sind. Der Betriebsrat ist zu informieren.

(3) Die/der Datenschutzbeauftragte legt dem Betriebsrat und der Geschäftsleitung jährlich einen Bericht vor, in dem die datenschutzrechtlichen Aspekte berücksichtigt sind.

(4) Das Unternehmen verarbeitet innerhalb von DV-/IT-Systemen Personaldaten nur, soweit dies aufgrund gesetzlicher oder tarifvertraglicher Vorschriften oder von Adressierungen erforderlich ist.

(5) Personaldaten, für die der Speicherzweck entfallen ist, werden sofort physikalisch gelöscht.

(6) Personaldaten, die nur für statistische Zwecke benötigt werden, sind unverzüglich zu anonymisieren.

(7) Protokolldateien werden nach fünf Tagen überschrieben und damit auch physikalisch gelöscht. Ausnahmen bedürfen der Vereinbarung.

§ 13 Ergonomie und Grundsätze der Arbeitsplatzgestaltung

Einzelheiten werden in einer zu entwickelnden und abzuschließenden Betriebsvereinbarung Bildschirmarbeit geregelt. Dies gilt gleichermaßen für den Gesundheitsschutz und weitere Schutzregelungen.

§ 14 Qualifizierungsgrundsätze

(1) Vor der Einführung von DV-/IT-Systemen iSv § 1 Abs. 4 ist mit dem Betriebsrat ein Qualifizierungskonzept abzustimmen. Hierin sind mindestens die Lernziele, Kerninhalte, Teilnehmer/Teilnehmerinnen, Termine und Ort der Bildungsmaßnahme enthalten. Das Qualifizierungskonzept enthält, abhängig von den Bedingun-

gen des jeweiligen Systems, auch Anteile von ergonomischer Gestaltung und Grundsätzen des Datenschutzes in vernetzten Systemen.

(2) Vor dem Einsatz von Geräten und Anwendungen iSv § 1 Abs. 4 sowie vor technischen und organisatorischen Änderungen beim Einsatz dieser Geräte und Anwendungen sind die betroffenen Mitarbeiterinnen und Mitarbeiter rechtzeitig und umfassend über die Arbeitsmethoden und über ihre Aufgaben zu unterrichten und zu qualifizieren.

(3) Neue Mitarbeiterinnen und Mitarbeiter werden entsprechend ihrer persönlichen Vorkenntnisse qualifiziert.

§ 15 Anlagen

Die Anlagen 1–4 sind Bestandteil dieser Betriebsvereinbarung. Sie können einvernehmlich ergänzt oder verändert werden.

§ 16 Schlussbestimmungen

(1) Das Unternehmen und der Betriebsrat verpflichten sich, bei Streitigkeiten, die Auslegung und Anwendung dieser Betriebsvereinbarung betreffen, unverzüglich Verhandlungen mit dem Ziel einer einvernehmlichen Regelung aufzunehmen. Ist über einzelne Fragen kein Einvernehmen zu erzielen, so wird die Einigungsstelle angerufen. Bis zu einer Entscheidung durch die Einigungsstelle darf eine beabsichtigte Maßnahme nicht vorgenommen werden.

(2) Verstöße gegen diese Betriebsvereinbarung werden bei Erkennen umgehend abgestellt.

(3) Die Betriebsvereinbarung tritt mit ihrer Unterzeichnung in Kraft. Sie kann in beiderseitigem Einvernehmen ergänzt oder verändert werden.

(4) Die Zeit bis zum ... gilt als Erprobungsphase, während der die Betriebsvereinbarung mit einer Frist von drei Monaten zum Quartalsschluss schriftlich gekündigt werden kann. Danach kann sie mit einer Frist von sechs Monaten zum Jahresende ganz oder teilweise gekündigt werden. Die Kündigung hat schriftlich zu erfolgen. Bis zum Abschluss einer neuen Vereinbarung gelten die Regelungen dieser Vereinbarung weiter.

(5) Sofern dies nicht ausdrücklich schriftlich erklärt wird, wird durch diese Betriebsvereinbarung keine andere Betriebsvereinbarung abgelöst. Sollten sich daraus widersprüchliche Regelungen ergeben, so sind diese in einer angemessenen Frist zu regeln.

(6) Sollte eine Vorschrift dieser Vereinbarung nicht mit dem geltenden Recht im Einklang stehen und deshalb unwirksam sein, behalten die anderen Regelungen dieser Vereinbarung ihre Gültigkeit. Die unwirksame Regelung ist rechtskonform so auszulegen, dass sie dem beiderseitigen Wollen der Parteien entspricht.

Zwischen

der Firma ..., vertreten durch die Geschäftsleitung

– nachstehend: Unternehmen –

und

dem Betriebsrat der Firma ...

– nachstehend: Betriebsrat –

wird als

Anlage zur Betriebsvereinbarung DV/IT

folgende

Sicherheitsvereinbarung für die Benutzung des Internets

geschlossen. Sie gilt gleichzeitig als Arbeitsanweisung für die Benutzung des Internets.

Verteiler: alle Mitarbeiter

§ 1 Ziel und Zweck

Ziel und Zweck dieses Dokumentes ist es, allen (internen und externen) Mitarbeiterinnen und Mitarbeitern einen Leitfaden in die Hand zu geben, damit sie sich bei der Benutzung des Internets verantwortungsbewusst iSd Unternehmens verhalten können. Bitte drucken Sie die Nutzungsvereinbarung im Anhang aus und senden Sie das Original unterschrieben zurück an Datenschutzbeauftragter Herr ..., Raum ... .

§ 2 Geltungsbereich

Diese Arbeitsanweisung gilt für alle Mitarbeiterinnen und Mitarbeiter des Unternehmens. Dazu gehören alle beschäftigte Personen (interne und externe), auszubildende Personen und Aushilfen, mit denen das Unternehmen Verträge zur Leistungserbringung vereinbart hat. Neue Versionen ersetzen die alten Versionen dieses Dokuments vollständig, sofern dies nicht anders ausgewiesen ist.

§ 3 Hintergrund der Sicherheitsmaßnahmen

Das Internet ist ein rasant wachsendes Kommunikationsnetz mit allen Vor- und Nachteilen eines offenen weltweiten Netzes. Nützliche wie auch unwichtige, sogar kriminelle Informationen sind verfügbar. Die erste Priorität der unternehmensweiten Sicherheit beim Internet hat zum Ziel, Mitarbeitern ein Höchstmaß an Transparenz für das Internet bei gleichzeitigem Schutz unternehmensinterner Systeme und Informationen zu bieten.

§ 4 Gefahrenpotential

Es ist wichtig, sich der Tatsache bewusst zu sein, dass

- das Internet auch von Personen benutzt wird, die nicht immer das Wohl des Unternehmens im Auge haben;
- alle über das Internet ausgetauschten Informationen von einer Vielzahl unbekannter Personen (Kriminelle, Spione, Saboteure, Geheimdienste etc.) gelesen und missbraucht werden können;
- die Computer-Viren, Computer-Würmer, Trojanische Pferde oder sonstige Schädlinge über das Internet unkontrolliert verbreitet und große materielle und immaterielle Schäden verursachen können.

§ 5 Sicherheitsmaßnahmen des Unternehmens

Ein Schutz vor den möglichen Gefahrenpotentialen in unserem Unternehmen kann nur dann gewährleistet werden, wenn alle betroffenen Mitarbeiterinnen und Mitarbeiter des Unternehmens mit PC-Arbeitsplätzen diese Arbeitsanweisung beachten und danach handeln.

Arbeitsanweisung

§ 1 Verantwortlichkeit für den Computer-Arbeitsplatz

Jeder Computer-Arbeitsplatz ist einem Benutzer bzw einer Benutzergruppe zugeordnet. Für jeden Arbeitsplatz gibt es mindestens einen Verantwortlichen, in der Regel ist das der Besitzer. Der Besitzer ist für die Beachtung der Vorschriften und Arbeitsanweisungen des Unternehmens verantwortlich.

§ 2 Nutzung von zugelassener Hard- und Software

Jeder Computer-Arbeitsplatz darf grundsätzlich nur die vom Unternehmen zugelassene bzw genehmigte Hard- und Software beinhalten. Diese sind alle offiziell erworbenen, lizenzierten, überlassenen bzw selbstentwickelten Hard- und Softwareprodukte. Erweiterungen, die Fremdanschlüsse schaffen, sind genehmigungspflichtig (siehe Genehmigungen).

§ 3 Schutz vor unbefugtem Zugriff

Jede Mitarbeiterin/Jeder Mitarbeiter hat ihren/seinen Computer-Arbeitsplatz vor unbefugtem Zugriff zu schützen.

§ 4 Internet-Zulassung

Aufgrund der schnell verändernden Internet-Technologien muss jeder neue Dienst durch die Netzwerk-Betreiber auf Sicherheitsrelevanz überprüft werden, bevor er zum Einsatz kommt. Für die Internet-Zulassung muss der Benutzer die Internet-Nutzungsvereinbarung anerkennen. Es sind sinngemäß folgende Verpflichtungserklärungen abzugeben:
1. Der Benutzer handelt im Sinne und im Interesse des Unternehmens.
2. Die Benutzung steht grundsätzlich im Zusammenhang mit dem Aufgabenumfeld.
3. Der Benutzer ist sich über die Gefahren und Risiken im Internet bewusst.

§ 5 Berechtigung für Internet-Dienste

Zum Internet gehören verschiedene Internet-Dienste, zB:
- E-Mail
- WWW
- FTP
- News
- Telnet.

Der Benutzer ist nach Anerkennung der Internet-Nutzungsvereinbarung berechtigt, die zugelassenen Dienste entsprechend in Anspruch zu nehmen.

§ 6 Speicherung von Internet-Zugriffen

(1) Jede Benutzeraktivität bzw Transaktion im Internet wird gespeichert (protokolliert) und für eine bestimmte Zeitdauer aufbewahrt. Der Umfang der gespeicherten Daten wird in Anlage 3 der Betriebsvereinbarung DV/IT abschließend dokumentiert. Somit ist eine Nutzung, das Speichern/Herunterladen von Software, Dateien und Internet-Seiten nachweisbar. Dieses Logging-Verfahren ist notwendig, um potentielle Angriffe (Hacking, Spionage, Sabotage etc.) festzustellen und an die zuständigen Strafverfolgungsbehörden weiterleiten zu können (siehe Auswertung).

(2) Die Inhalte von E-Mails und Dateien sind von der Protokollierung unberührt.

(3) In einem Servicefall sind die zuständigen Stellen im Unternehmen berechtigt, den jeweiligen PC zu überprüfen und ggf Änderungen vorzunehmen.

§ 7 Auswertung von Internet-Zugriffen

(1) Die gespeicherten Internet-Zugriffe (Protokolldaten) dürfen laut
- Bundesdatenschutzgesetz (§ 31) sowie
- Betriebsverfassungsgesetz (div. Mitbestimmungsrechte) und
- Betriebsvereinbarung über Einführung, Einsatz und Weiterentwicklung von DV-/IT-Systemen des Unternehmens

nicht zur Auswertung personenbezogener/personenbeziehbarer Daten verwendet werden.

(2) Im Hinblick auf die Wahrung der Interessen der Mitarbeiterinnen und Mitarbeiter und im Sinne des Datenschutzes werden folgende Maßnahmen ergriffen:

a) Zugriff auf gespeicherte Daten

Es wird gewährleistet, dass nur autorisierte Personen in begründeten Fällen die gespeicherten Daten einsehen und auswerten. Die Auswertung der gespeicherten Daten erfolgt unter Einbindung der EDV-Revision, des Betriebsrats und der Geschäftsleitung bzw einer von ihr beauftragten Person. Über die Auswertung wird die/der betroffene Mitarbeiterin/Mitarbeiter informiert. Es wird ein ausführliches Protokoll über die Auswertung erstellt. Die/Der betroffene Mitarbeiterin/Mitarbeiter erhält eine Kopie dieses Protokolls.

b) Speicherungsdauer der Daten

Die gespeicherten Daten werden vor dem Zugriff nicht autorisierter Personen geschützt aufbewahrt. Die Aufbewahrungsdauer der Daten beträgt maximal zwölf Monate. (Auswertungen sind jedoch nur in den ersten 90 Tagen nach Speicherung zulässig.) Sofern aufgrund allgemeiner Vorgaben (zB gesetzliche Auflagen) eine längere Aufbewahrungsfrist erforderlich wird, wird diese dem Betriebsrat rechtzeitig vorher unter Angabe der Gründe mitgeteilt. Nach Ablauf der Aufbewahrungsfrist werden die gespeicherten Daten iSd Bundesdatenschutzgesetzes gelöscht.

c) Leistungs- und Verhaltenskontrolle

Eine Verhaltens- oder Leistungskontrolle der Mitarbeiterinnen und Mitarbeiter durch Auswertung der gespeicherten Daten erfolgt nicht (siehe auch § 10 der Betriebsvereinbarung über Einführung, Einsatz und Weiterentwicklung von DV-/IT-Systemen des Unternehmens).

§ 8 Maßnahmen bei Verstößen gegen die Arbeitsanweisung

(1) Die Zugangsberechtigung erlischt, wenn das Internet fahrlässig und unzulässig für solche Zwecke eingesetzt wird, die das Unternehmen materiell bzw immateriell schädigen, und damit gegen diese Arbeitsanweisung verstoßen wird.

(2) Bei schweren Verstößen oder Missbrauchsfällen können neben dem Internet-Zulassungsentzug weitere disziplinäre und arbeitsrechtliche Maßnahmen eingeleitet werden.

(3) Zum schweren Verstoß gehört die grobe Fahrlässigkeit bzw Missbrauch bezogen auf die Nutzung, die Speicherung und die Weitergabe der folgenden Daten:

- sittenwidrige, obszöne und respektlose Angebote
- menschenverachtende und rassistische Propagandadaten
- Sekten-Propaganda bzw -Mitgliederwerbung jeder Art
- unbefugtes Software-Herunterladen für Privatzwecke, wenn dadurch grob fahrlässig Lizenzrechte verletzt werden.

§ 9 Kontrolle über die Einhaltung von Arbeitsanweisung

(1) Die EDV-Revision ist zuständig für die Überprüfung/Kontrolle der Einhaltung von Arbeitsanweisungen zum Thema Internet. Ansprechpartner bei Rückfragen:

Name:
Telefon:
Fax:
E-Mail: ...@...

(2) Definitionen der Begriffe

Autorisierte Personen

Die „autorisierten Personen" für die Auswertung im Sinne dieser Arbeitsanweisung sind die Internet-Systemadministratoren der Netzwerkbetreiber.

Auswertung

Eine Auswertung im Sinne dieser Arbeitsanweisung ist notwendig, sofern die gespeicherten Internet-Zugriffe zur Feststellung der potentiellen Angriffe (zB Hacking, Spionage, Sabotage) bzw der schweren Verstöße gegen diese Arbeitsanweisung es erforderlich machen, grobe Fahrlässigkeit bzw den Missbrauchsfall unter Einbindung der zuständigen EDV-Revision, des zuständigen Betriebsrats und der Geschäftsleitung bzw einer von ihr beauftragten Person zu überprüfen bzw nachzuweisen.

Besitzer

Besitzer eines Computer-Arbeitsplatzes ist in der Regel ein Mitarbeiter/eine Mitarbeiterin.

Computer-Arbeitsplatz

Computer-Arbeitsplätze sind Systeme im Sinne dieser Arbeitsanweisung, wenn sie in festen bzw mobilen Arbeitsumgebungen Zugriff auf das Internet haben (PC, Notebook, Laptop, NC usw).

Computer-Viren

Computer-Viren gehören zu den Programmen mit Schadensfunktionen. Ein Computer-Virus ist eine nicht selbständige Programmroutine, die sich selbst reproduziert und dadurch vom Anwender nicht kontrollierbare Manipulationen in Systembereichen, an anderen Programmen oder deren Umgebung vornimmt. Ein Virus infiziert andere Programme mit einer Kopie von sich selbst. Bösartige Viren beschädigen andere Programme oder Daten, löschen die Plattenverzeichnisstruktur oder richten andere Schäden an. Die verschiedenen Virentypen sind:

Programm-Viren: fügen sich bestehende Programmdateien auf Speichermedien ein und werden beim Aufruf des Wirtsprogramms ausgeführt.

System-Viren: befallen Systembereiche (Bootsektor, Master-Boot-Sektor, Partitionstabelle) von Disketten oder Festplatten.

Direct-Action-Viren: infizieren bei der Ausführung des infizierten Programms sofort weitere Programmdateien, führen sofort eine Schadensroutine aus und geben dann wieder die Kontrolle an das Gast-Programm ab.

Stealth-Viren: versuchen ihr Vorhandensein im System zu verbergen. Dazu überwachen sie die Systemaktivitäten und verschleiern ihre Existenz.

Polymorphe-Viren: verschlüsseln infizierte Programmteile, um zu verhindern, dass Antiviren-Programme die Virus-typischen Merkmale entdecken. Manche Viren verwenden eine Technik, heißt „Tunneling", um die Antiviren-Überwachungsprogramme zu umgehen.

Slow-Viren: führen erst nach einem längeren Zeitraum ihre Schadensroutine aus.

Makro-Viren: werden auf der Basis der in vielen Software-Produkten integrierten Makro-Sprachen entwickelt. Sie „klinken" sich zB in Formatvorlagen von Textverarbeitungssystemen (zB WinWord-Dokument) ein. Sie sind nicht in der Lage, ohne eine spezifische Makro-Ausführungsumgebung zu laufen.

Computer-Würmer

Bei Computer-Würmern handelt es sich um Störprogramme, die sich selbständig in einem Computer-Netzwerk ausbreiten. Diese Störprogramme können sich reproduzieren und mit Hilfe von Netzwerkfunktionen sich selbst auf andere Computer kopieren. Die Programm-Kopien können sogar andere Funktionen übernehmen als das Ursprungsprogramm.

Datenträgermedium und -laufwerk

Datenträgermedium ist das Speichermedium für die Daten und Programme (Festplatte, Diskette, USB-Stick, PCMCIA, CD, Zip-Medium, Jaz-Medium, Streamer-Cassette, Magneto-Optische Platte usw). Datenträgerlaufwerk ist das jeweilige Steuerungsinstrument des Datenträgers zum Lesen und Speichern von Daten und Programmen.

Kapitel 2: Erzwingbare Betriebsvereinbarungen

Firewall

Eine Firewall als zentraler Übergang zum Internet ist eine Kombination von Hardware- und Software-Komponenten, der eine sichere Verbindung zwischen dem Netzwerk des Unternehmens und Netzwerken erlaubt, die nicht unter der Kontrolle des Unternehmens sind. Die Systemkonfiguration und die Filterregeln müssen gewährleisten, dass nur die erlaubten Verbindungen zugelassen werden. Es gibt folgende Möglichkeiten der Filterung:

Packet-Filter: benutzen die Informationen zB Rechnernummer und Dienst.

Application-Gateway: benutzen die Informationen der Anwendungsschicht, um Verbindungen aufzubauen oder abzubauen.

Fremdanschlüsse

Möglichkeit, über definierte Kommunikationsschnittstellen (zB externe/interne Modems und ISDN-Geräte) externe DV-Einrichtungen (zB Rechnersysteme, Internet) zu erreichen bzw von ihnen erreicht zu werden. Fremdanschlüsse sind alle nicht Primär- oder Sekundär-Datennetze zu den Benutzern des Unternehmens und Partnern des Kooperationsverbundes.

Genehmigungen

für Fremdanschlüsse: Firma ..., Beauftragter für die IT-Infrastruktur (Ansprechpartner).

Internet-Dienste

WWW (World Wide Web): Leicht bedienbare Anwenderprogramme, die den Zugriff auf Informationen mit Hilfe des Protokolls HTTP (HyperText Transfer Protocol) ermöglicht.

E-Mail (Electronic Mail): Ein Internet-Dienst zum Versenden und Empfangen von elektronischen Nachrichten.

FTP (File Transfer Protocol): Ein Internet-Dienst zur Übertragung von Dateien von und zu entfernten Rechnern.

News: Ein Internet-Dienst als Diskussionsforum zu verschiedenen Themen, an denen jeder Internet-Benutzer teilnehmen kann.

Telnet: Ein Internet-Dienst zum Einloggen und Arbeiten auf einem entfernten Rechner.

Modem und ISDN-Gerät

Modems (Modulator-Demodulator) und ISDN-Geräte (Integrated Services Digital Network) sind Datenübertragungsgeräte.

Protokollierung

Die Protokollierung im Sinne dieser Arbeitsanweisung liegt vor, sofern die Daten über die Internet-Zugriffe gespeichert und verwendet werden, um diese später auswerten zu können.

Trojanische Pferde

Trojanische Pferde sind Sabotage-Programme, die unter falschem Namen bzw falscher Identität ins Computersystem gelangen. Der Name eines „Trojanischen Pferdes" suggeriert häufig eine nützliche Funktion oder ist sogar identisch mit dem Namen eines bekannten Software-Programms. Den wahren Charakter zeigen die Trojanischen Pferde bei der Ausführung, indem sie die zerstörerischen Funktionen ausführen.

Anlage: Internet-Nutzungsvereinbarung

(Vom Antragsteller auszufüllen)

Hiermit bestätige ich Erhalt und Kenntnisnahme der „Arbeitsanweisung für die Benutzung des Internets" der Firma .... Mir ist bewusst, dass bei Verstößen gegen diese Arbeitsanweisung Maßnahmen entsprechend dieser Arbeitsanweisung eingeleitet werden können.

Name: ...

Personal-Nr.: ...

Firma: ...
Abteilung: ...
erklärt Folgendes:
1. Die Arbeitsanweisung für die Benutzung des Internets wird eingehalten.
2. Der Benutzer handelt im Sinne und Interesse des Unternehmens.
3. Die Internet-Benutzung steht grundsätzlich im Zusammenhang mit dem Aufgabenumfeld.
4. Der Benutzer ist sich über die Gefahren und Risiken im Internet bewusst.

...

(Datum, Unterschrift Mitarbeiterin/Mitarbeiter)

5. Muster: Einsatz von SAP-HR-TIM

Zwischen

der Firma ...

und

dem Betriebsrat der Firma ...

wird folgende Betriebsvereinbarung über den Einsatz von SAP-HR-TIM geschlossen:

§ 1 Gegenstand

Gegenstand dieser Vereinbarung ist die Einführung und Nutzung des SAP-Anwendungssystems „HR-TIM". Diese Vereinbarung dient dem Schutz der Mitarbeiterinnen und Mitarbeiter vor missbräuchlicher Nutzung des Systems.

§ 2 Geltungsbereich

Diese Vereinbarung gilt für die Mitarbeiterinnen und Mitarbeiter des Standortes

- ...
- ...

sowie für die Mitarbeiterinnen und Mitarbeiter von im Rahmen der sozialen Einheit des Standortes noch hinzukommenden rechtlich selbständigen Unternehmen.

§ 3 Systemnutzung

Das System dient der

- Erfassung und Auswertung der An- und Abwesenheitszeiten
- Unterstützung der betrieblichen Personaldisposition und der administrativen Ablauforganisation
- Ermittlung von entgeltrelevanten Daten für die Verdienstabrechnung
- Durchführung der Gleitenden Arbeitszeit
- Führung von Ausgleichszeitkonten.

§ 4 Systembeschreibung

(1) Hardware

Sie besteht aus

- ...
- ...

(2) Software
Eingesetzt wird das dialog-orientierte SAP-Softwaresystem HR-TIM, Betriebssystem R 3, in Realtime-Arbeitsweise sowie hardwarespezifische Software.

(3) Durchführung der Zeiterfassung
Die Mitarbeiterinnen und Mitarbeiter erhalten einen Werkausweis mit Induktiv-Codierung. Sie sind verpflichtet, beim Betreten und Verlassen des Werkes (außer Pausen) an dem für ihren Arbeitsplatz vorgesehenen INCA-Zeiterfassungsterminal die Kommt- oder Geht-Zeit zu registrieren. Die Ausweise sind pfleglich zu behandeln; bei leichtfertiger Beschädigung oder wiederholtem Verlust von Ausweisen kann die Mitarbeiterin/der Mitarbeiter für die Kosten der Neuerstellung in Anspruch genommen werden.

Die Zeitsalden der Ausgleichskonten A und B sowie der Gleitzeitsaldo können jeweils mit dem Stand des Vortages von der Mitarbeiterin/vom Mitarbeiter an den Zeiterfassungsterminals abgerufen werden; während der Nachtschichtwoche stehen die Zeitsalden des Vortages erst zum Schichtende zur Verfügung.

(4) Datenverarbeitung
Die über die INCA-Zeiterfassungsterminals registrierten Zeitbuchungen werden über das DEC-Rechnersystem an die Datenbank transferiert und stehen den Zugriffsberechtigten zur online-Abfrage zur Verfügung. Die vom Zeitbeauftragten durchgeführten online-Erfassungen der Abwesenheiten, der sonstigen nicht über die Zeitregistrierung erfassten Anwesenheiten sowie Schichtplanabweichungen und die Registrierung sonstiger entgeltrelevanter Daten laufen unmittelbar auf die Datenbank und sind für die Zugriffsberechtigten online verfügbar. Die abrechnungstechnische Bewertung (Ermittlung der datums- und uhrzeitabhängigen Zulagen und Zuschläge etc.) sowie die Zeitsaldenmitteilung erfolgt auf dem DEC-Rechnersystem in Nachtverarbeitung.

§ 5 Datenauswertung
Die Zeitdaten werden nur zu den unter § 3 genannten Zwecken ausgewertet. Die verarbeiteten Daten sowie die Bildschirmanzeigen und Druckerausgaben, soweit diese regelmäßig wiederkehrende Auswertungen betreffen, sind zu dokumentieren. Bei Ad-hoc-Auswertungen mit Personenbezug ist der Betriebsrat über den Zweck und Inhalt vorher zu informieren. Davon ausgenommen sind Bildschirmanzeigen und Auswertungen, die keinen Rückschluss auf einzelne Arbeitnehmer zulassen.

§ 6 Zugriffsrechte
Zugriffsrechte werden nur im Rahmen der jeweiligen Fachaufgaben und Zuständigkeiten eingeräumt. Die Namen der Zugriffsberechtigten sowie Art und Umfang der Zugriffsberechtigung sind in einem Verzeichnis zu erfassen.

§ 7 Schlüsselverzeichnis
Anlage 2 enthält die Angabe der verwendeten Schlüssel und deren Bedeutung im Klartext.

§ 8 Schnittstellenbeschreibung
Schnittstelle im Sinne dieser Vereinbarung ist jede Übermittlung von Daten an ein anderes System.
Die Anlage enthält ein Verzeichnis aller Daten, die an andere EDV-Systeme übergeben oder von anderen EDV-Systemen übernommen werden.

§ 9 Datenübermittlung
Eine Übermittlung personenbezogener Daten an Dritte iSd Bundesdatenschutzgesetzes, die zu Aussagen über Leistung und Verhalten verwertet werden können, ist über gesetzlich geregelte Übermittlungen hinaus unzulässig. Der Datenschutzbeauftragte erstattet dem Betriebsrat im Rahmen einer Betriebsratssitzung jeweils im

vierten Quartal des Kalenderjahres einen ausführlichen mündlichen Bericht über seine Erkenntnisse in Bezug auf das Zeiterfassungssystem.

§ 10 Kontrolle des Systems

Der Betriebsrat hat Anspruch, zur Überprüfung der Einhaltung dieser Betriebsvereinbarung

- die Systemdokumentation
- die verwendeten Tabellen und Schlüsselverzeichnisse

einzusehen und sich ggf aushändigen zu lassen. Nach Maßgabe des § 80 Abs. 3 BetrVG kann der Betriebsrat einen Sachverständigen hinzuziehen. Der Betriebsrat ist vor jedem Releasewechsel zu unterrichten.

§ 11 Systemschulung

Die Zeitbeauftragten und sonstigen Anwender erhalten eine ausreichende Systemunterweisung sowie einen Leitfaden für die Erfassung der Zeitdaten. Darüber hinaus stehen die Mitarbeiter der Personalabteilung in Fragen der Systemanwendung als Ansprechpartner zur Verfügung.

Diese Betriebsvereinbarung tritt zum ... in Kraft. Sie kann beiderseits mit einer Frist von sechs Monaten zum Jahresende gekündigt werden.

6. Muster: Elektronische Kommunikationssysteme und informationstechnische Infrastruktur

Zwischen

der Firma ...

und

dem Betriebsrat der Firma ...

wird folgende Betriebsvereinbarung über Elektronische Kommunikationssysteme und informationstechnische Infrastruktur geschlossen:

§ 1 Gegenstand und Geltungsbereich

Diese Vereinbarung regelt die Grundsätze für Einsatz und Anwendung elektronischer Kommunikationssysteme sowie der informationstechnischen Infrastruktur bei der Firma ... und gilt für alle Beschäftigten, die mit solchen Systemen arbeiten.

Diese Vereinbarung umfasst im Einzelnen

- das E-Mail-System,
- den Zugang zum Internet und
- das konzerninterne Netz und dessen Verwaltung.

Spezielle Anwendungssysteme sowie der Einsatz der Telekommunikationsanlage sind nicht Gegenstand dieser Vereinbarung.

§ 2 Zielsetzung

(1) Ziel dieser Vereinbarung ist es, den Einsatz einer leistungsfähigen und zeitgemäßen Technik und die in absehbarer Zukunft erforderlichen Neuerungen offener informations- und kommunikationstechnischer Infrastruktur mit dem Schutz der Persönlichkeitsrechte für die betroffenen Mitarbeiterinnen und Mitarbeiter zu verbinden.

(2) Die zur Verfügung gestellten Dienste dienen der Information und Kommunikation im Interesse der Firma. Bei ihrer Nutzung muss die Sicherheit des IT-Systems bzw Firmennetzes gewährleistet bleiben.

§ 3 Dokumentation

Die für die Benutzer und den Server-Betrieb eingesetzte Software ist in der Abteilung IS dokumentiert. Der Betriebsrat hat das Recht, diese Dokumentation einzusehen und sich erläutern zu lassen.

§ 4 Nutzung der Kommunikationstechniken

(1) Das elektronische Post-System (E-Mail), der Internet-Zugang und weitere konzerninterne Informations- und Kommunikationsdienste stehen – je nach Tätigkeit – als Arbeitsmittel zur Verfügung und dienen insbesondere der Verbesserung interner wie externer Kommunikation in den Arbeitsprozessen, der Erzielung einer höheren Transparenz und einer Beschleunigung der Geschäftsprozesse.

(2) Das Ausmaß einer privaten Nutzung ist auf den gelegentlichen Gebrauch zu begrenzen und darf die Arbeitsabläufe nicht stören sowie keine zusätzlichen Kosten verursachen.

(3) Insbesondere ist jede Nutzung unzulässig, die geeignet ist, den Interessen des Unternehmens oder dessen Ansehen in der Öffentlichkeit zu schaden, die Sicherheit des Firmennetzes zu beeinträchtigen oder die gegen geltende Rechtsvorschriften und die Richtlinie des Unternehmens über die Nutzung der elektronischen Kommunikationsmittel verstößt, wie vor allem

- das Abrufen oder Verbreiten von Inhalten, die gegen datenschutzrechtliche, persönlichkeitsrechtliche, urheberrechtliche oder strafrechtliche Bestimmungen verstoßen,
- das Abrufen oder Verbreiten von beleidigenden, verleumderischen, verfassungsfeindlichen, rassistischen oder pornografischen Äußerungen oder Abbildungen.

(4) Die Verbindungsdaten für externe Mail-Versendungen und den Internet-Zugang können mit Angaben von

- Datum/Uhrzeit der aufgerufenen Seiten,
- Adressen von Absender und Empfänger und
- übertragener Datenmenge

protokolliert werden. Diese Protokolle werden ausschließlich zu den Zwecken

- Analyse und Korrektur technischer Fehler,
- Gewährleitung der Systemsicherheit,
- Optimierung des Netzes,
- zur statistischen Feststellung der Nutzungsdauer und -häufigkeit und
- für die Zwecke der Auswertungen gem. § 5 dieser Vereinbarung (Missbrauchskontrolle)

verwendet und nach zwei Monaten (laufender und abgeschlossener Monat) automatisch gelöscht. Der Zugriff ist auf die mit der Netzwerkadministration betrauten Personen begrenzt.

(5) Die Firma behält sich vor, bei Verstößen gegen diese Vereinbarung die Nutzung des Firmensystems für den privaten Gebrauch im Einzelfall einzuschränken oder zu untersagen.

(6) Besondere Regelungen zur Elektronischen Post

Jeder vernetzte Arbeitsplatzrechner wird mit der Möglichkeit elektronischer Post ausgestattet. Auf persönliche Mail-Accounts haben ausschließlich die Benutzer Zugriff; sie entscheiden über die Speicherung, Löschung und Weitergabe ihrer Mails.

Für den Fall von Abwesenheiten stellt das E-Mail-System den Benutzern die Funktion Auto-Reply (die Absender von eingehender E-Mail erhalten eine automatische Benachrichtigung über die Abwesenheit des Benutzers mit der Option der Weiterleitung an eine vom Benutzer angegebene andere Adresse) zur Verfügung. Die Mitarbeiterin/Der Mitarbeiter kann eine Vertrauensperson bestimmen, die im Falle einer unverhofften Abwesenheit mit voraussichtlich mehr als drei Tagen diese Auto-Reply-Funktion einstellen kann. Diese Vertrauensperson ist jedoch nicht berechtigt, darüber hinaus selbst Einsicht zu nehmen oder anderen Personen die Einsichtnahme zu ermöglichen.

Mails von Mitarbeiterinnen und Mitarbeiter, die das Unternehmen verlassen haben, werden ohne Ansicht ihres Inhalts gelöscht. Die Mail-Accounts von für längere Zeit nicht erreichbaren Mitarbeitenden werden gesperrt. Abweichungen von diesem Verfahren sind bei Missbrauchsverdacht sowie auf Antrag der betroffenen Person unter Beachtung des Verfahrens gem. § 5 möglich.

(7) Zugang zum Internet

Der Zugang zum Internet wird Mitarbeiterinnen und Mitarbeitern nach Genehmigung durch den Vorgesetzten zur Verfügung gestellt, wenn die Internet-Nutzung für deren Arbeit notwendig ist.

(8) Konzerninternes Netz

Zur Inventarführung der eingesetzten Hard- und Software sowie zur Netzwerkadministration und zur Benutzerunterstützung wird die in Anlage 1 dokumentierte Software auf einem lokalen Server eingesetzt.

Aufzeichnungen und Auswertungen der System- oder systemnahen Software über Benutzeraktivitäten (Login/Logout, aufgerufene Programme, verbrauchte Systemressourcen, Zugang zu PC-Netzwerkservern usw) dürfen ausschließlich zu den folgenden Zwecken benutzt werden:

- Gewährleistung der Systemsicherheit,
- Feststellung der Nutzungsdauer und -häufigkeit,
- Analyse und Korrektur von technischen Fehlern im System,
- Optimierung des Computersystems,
- statistische Auswertungen ohne individuelle Kennung über den Zugriff auf Ressourcen im Netz und
- Missbrauchskontrolle unter Beachtung des Verfahrens gem. § 5.

Der Zugriff auf die entsprechenden Funktionen ist auf diejenigen Personen begrenzt, die für die Wartung der Hard- und Software sowie die Netzwerkadministration zuständig sind.

Die entsprechenden Dateien werden nur so lange gespeichert, wie dies zur Erfüllung der oben genannten Zwecke erforderlich ist.

Soweit mittels Software zur Unterstützung der Netzwerkverwaltung ein Zugriff auf die Arbeitsplatzrechner von Mitarbeiterinnen/Mitarbeitern möglich ist, so wird diese so installiert, dass nur die berechtigten Administratoren Zugriff auf die Endgeräte haben können und jeder Endbenutzer diesen Zugriff ausdrücklich erlauben muss und seinerseits jederzeit auch wieder beenden kann.

Der Einsatz von Softwareprodukten mit Eskalationsmanagement (automatische Erzeugung von Alarm- und Aufmerksamkeitsmeldungen) bleibt auf technische Fehlermeldungen der Server- und Systemsoftware begrenzt. Darüber hinaus können die Mitarbeiterinnen und Mitarbeiter Software mit solchen Leistungsmerkmalen einsetzen, um sich selbst auf die Einhaltung von Fristen oder die Durchführung termingebundener Arbeiten aufmerksam zu machen.

§ 5 Maßnahmen bei Verstößen/Missbrauchsregelung

(1) Bei Verdacht auf missbräuchliche Nutzung der Informations- und kommunikationstechnischen Systeme oder ihrer Nutzung zu betrügerischen Zwecken kann eine Überprüfung der Daten nach vorheriger Zustimmung des Betriebsrats durchgeführt werden. Die Überprüfung erfolgt durch eine Untersuchungsgruppe, bestehend aus einen Netzwerk-Administrator, einem Vertreter des Bereichs Human Resources und einem Vertreter des Bereichs Datenschutz, die gegebenenfalls weitere Untersuchungsmaßnahmen veranlasst (zB Offenlegung der IP-Adresse des benutzten PCs oder weitere Überwachungsmaßnahmen) und auf Basis dieser Untersuchung einen Bericht erstellt, der dem Betriebsrat zur Verfügung gestellt wird. Der Bericht ist auch den ermittelten Mitarbeiterinnen und Mitarbeitern auszuhändigen; diese sind anschließend dazu zu hören. Diese Untersuchungsgruppe regt evtl weiterführende Maßnahmen an.

(2) Werden Verstöße gegen die Sicherheit des Netzes bzw die Verbreitung von Dateien diskriminierenden, ehrverletzenden, politischen, sexistischen, rassistischen, radikalen oder verhetzenden Inhalts festgestellt, kann dies personelle Einzelmaßnahmen bis hin zur sofortigen Entlassung zur Folge haben.

§ 6 Änderungen und Erweiterungen

(1) Das Unternehmen wird den Betriebsrat jährlich und auf Antrag des Betriebsrats über seine längerfristige Strategie des Einsatzes der informations- und kommunikationstechnischen Infrastruktur informieren, insbesondere auch über geplante Aktivitäten in Richtung E-Commerce. Dabei werden vor allem die möglichen Auswirkungen auf Arbeitsplätze, Arbeitskräfteeinsatz, Arbeitsbedingungen und Qualifikationsanforderungen beraten.

(2) Geplante Änderungen der in Anlage 1 dokumentierten Systeme werden dem Betriebsrat so rechtzeitig mitgeteilt, dass er die Gelegenheit einer Einflussnahme auf die anstehende Entscheidung nutzen kann.

(3) Beide Seiten prüfen dabei, ob durch die geplante Änderung die Bestimmungen dieser Vereinbarung eingehalten bleiben. Ist dies nach Auffassung einer Seite nicht der Fall, so werden Verhandlungen um eine diese Vereinbarung ergänzende Regelung aufgenommen. Gleiches gilt, wenn eine Seite geltend macht, dass durch zwischenzeitlich geänderten Umgang mit den Systemen die Bestimmungen dieser Vereinbarung verletzt sind oder sich neuer Regelungsbedarf iSd § 87 Abs. 1 Nr. 6 BetrVG (Schutz vor Überwachung) ergeben hat.

(4) Kommt in den Fällen, in denen diese Vereinbarung die Zustimmung des Betriebsrats bzw das Einvernehmen beider Seiten vorsieht, eine Einigung nicht zu Stande, so entscheidet eine gem. § 76 Abs. 5 BetrVG zu bildende Einigungsstelle.

§ 7 Schlussbestimmungen

Diese Vereinbarung tritt mit ihrer Unterzeichnung in Kraft. Sie kann mit einer Frist von drei Monaten zum Monatsende, frühestens jedoch zum ..., gekündigt werden. Im Falle einer Kündigung wirkt sie nach bis zum Abschluss einer neuen Vereinbarung.

7. Muster: Nutzung der Neuen Medien

130

Zwischen

der ...-Bank

– nachfolgend: Bank –

und

dem Betriebsrat der ...-Bank

wird folgende Betriebsvereinbarung geschlossen:

§ 1 Präambel

Die Bereitstellung der Internetdienste und eines E-Mail-Zugangs für alle Mitarbeiterinnen und Mitarbeiter in dem von der Bank bestimmten Umfang ist Ausdruck des Vertrauens des Vorstandes in den verantwortungsvollen Umgang mit diesen Medien.

(1) Chancen und Risiken der Neuen Medien

Das Internet bietet mit der Möglichkeit zur Information, zur Kommunikation und zum Datentransfer über E-Mail-Programme vielfältige neue Arbeits- und Kooperationsformen sowie Marktbearbeitungs- und damit Geschäftschancen. Da das Internet ein weltweit offenes Kommunikationsnetz ist, sind mit dem Einsatz dieser Neuen Medien aber auch erhöhte Risiken verbunden. Wir alle müssen uns der Tatsache bewusst sein, dass

- im Internet neben nützlichen auch unwichtige oder falsche Informationen und sogar strafrechtlich relevante Inhalte verfügbar sind,
- das Internet von einer Vielzahl unbekannter Personen benutzt und missbraucht werden kann,
- der Kommunikationspartner im Internet nicht derjenige sein muss, der er zu sein vorgibt,
- Nachrichten auf dem Übertragungsweg ausgespäht und manipuliert werden können,
- E-Mail-Anhänge möglicherweise Computer-Viren und Würmer enthalten, die trotz entsprechender Schutzmaßnahmen technisch nicht erkannt werden können, und
- das Herunterladen, aber auch schon das Anschauen bzw Ausdrucken von Dateien Schäden auf Rechnern und Servern anrichten kann.

Die negativen Folgen für die Bank können vielfältig sein:

- Der Geschäftsbetrieb kann durch Einschränkungen beim Internetzugang sowie durch Programm- und Funktionsstörungen massiv beeinträchtigt werden.
- Die Vertraulichkeit der übertragenen sowie der im Netz der Bank gespeicherten Daten ist nicht mehr gewährleistet, und die Daten sind nicht mehr geschützt.

Solche Vorkommnisse wären nicht nur mit massiven finanziellen Einbußen, sondern auch mit erheblichen Imageschäden für unser Institut verbunden, für die – im Falle grober Fahrlässigkeit und Vorsatz – auch die Mitarbeiterin/der Mitarbeiter selbst haftet.

Neben den Führungskräften und den Spezialisten muss sich auch jede Mitarbeiterin/jeder Mitarbeiter der möglichen Risiken bewusst sein und selbst zur Sicherheit des Netzes und der Daten beitragen.

(2) Sicherheitsmaßnahmen

Sicherheit, Schutz von Vertraulichkeit und Integrität der Daten haben erste Priorität für die Bank. Bei Angriffsversuchen, zB mit Viren, kann es notwendig sein, den Zugang ohne vorherige Ankündigung und ohne Rücksicht auf laufende Benutzertätigkeiten abzuschalten. Die ständige Verfügbarkeit kann deshalb nicht immer gewährleistet werden. Des Weiteren können auch Wartungs- und Administrationsarbeiten eine längere Abschaltung erforderlich machen.

Im Gegensatz zu einem lokalen Netz kann die Sicherheit der öffentlichen Kommunikationsnetze vom Anwender nicht umfassend beurteilt und beeinflusst werden. Dem kann durch den Einsatz systemtechnischer Maßnahmen (speziell: Firewall-Systeme) durch die Bank und durch die Beachtung der Nutzungsrichtlinien (siehe § 2) begegnet werden.

(3) Datenschutz

Bei der Benutzung aller Kommunikationsmedien sind Vorschriften über das Dienstgeheimnis und den Datenschutz zu beachten. Mitarbeiterinnen und Mitarbeiter unterliegen der Schweigepflicht hinsichtlich dienstlicher Angelegenheiten. Die Verletzung der Schweigepflicht ist strafbar und kann arbeitsrechtliche Konsequenzen haben.

Die Regelungen des Datenschutzgesetzes im Umgang mit personenbezogenen Daten sind zu beachten. Dritten außerhalb der eigenen Abteilung dürfen solche Daten nur dann zur Kenntnis gebracht werden, wenn dienstliche Erfordernisse unter Berücksichtigung der Rechtsgrundlagen dies erlauben.

Indem Sie dieser Dienstvereinbarung nicht ausdrücklich widersprechen, erlauben Sie den Zugriff von Dritten aus betriebsorganisatorischen Gründen (zB Vertreter, Administrator) auf Ihren Postkorb. Diese Zugriffe von Dritten sind nur bei dienstlicher Veranlassung erlaubt.

Sollten Sie sich mit diesem Zugriff von Dritten auf Ihren Postkorb nicht einverstanden erklären, ist Ihnen mit Eingang Ihres Widerspruchs im Bereich Personal die private Nutzung des Internets untersagt.

Wenden Sie sich bei Fragen an den Datenschutzbeauftragten der Bank.

(4) Protokollierung der Internetaktivitäten

Es werden automatisch Protokolle der Internetnutzung angefertigt. Aufgezeichnet werden dabei insbesondere Daten, die nachvollziehbar machen, welche Mitarbeiterin/welcher Mitarbeiter an welchem Tag zu welcher Uhrzeit welches Dokument aufgerufen hat. Folglich sind sowohl dienstliche als auch private Aktivitäten erfasst. Die Protokolldaten werden zum Zwecke der Datensicherung und Datenschutzkontrolle, der Abwehr von Schäden oder zur Ermittlung von Missbrauchsfällen gespeichert und vor dem Zugriff nicht autorisierter Personen geschützt aufbewahrt.

Die Aufbewahrungsdauer der Protokolle beträgt maximal 120 Tage bei allen Internetaktivitäten, sofern nicht aufgrund zB gesetzlicher Auflagen eine andere Aufbewahrungsfrist erforderlich ist. Nach Ablauf der Aufbewahrungsfrist werden die gespeicherten Daten im Sinne des Bundesdatenschutzgesetzes gelöscht. Somit ist das Speichern, Herunterladen und Nutzen von Software, Dateien und Internet-Seiten sowie die Benutzeridentität nachweisbar. Dieses Logging-Verfahren ist notwendig, um potenzielle Angriffe feststellen und an die zuständigen Strafverfolgungsbehörden weiterleiten zu können.

§ 2 Nutzungsrichtlinien für Internet und E-Mails

(1) Generelle Nutzungsrichtlinien

Alle Mitarbeiterinnen und Mitarbeiter einschließlich Auszubildender, die zur Nutzung eines PC-Arbeitsplatzes der Bank zugelassen sind und/oder Zugang zum Internet in dem von der Bank zur Verfügung gestellten Umfang haben, verpflichten sich:

a) bei allen Internet-Aktivitäten

- jede Internetnutzung zu unterlassen, die den Interessen der Bank oder deren Ansehen in der Öffentlichkeit schaden könnte oder gegen geltende Rechtsvorschriften, Richtlinien und Organisationsanweisungen des Unternehmens verstößt;
- keine Inhalte, die gegen datenschutz-, persönlichkeits-, urheber- oder strafrechtliche Bestimmungen verstoßen, sowie keine beleidigenden, verleumderischen, verfassungsfeindlichen, rassistischen oder pornografischen Äußerungen oder Abbildungen abzurufen oder zu verbreiten;
- persönliche Chip- und Magnetkarten, durch die der Zugang zu Geschäftsräumen und Rechnern der Bank ermöglicht wird, nicht an dritte Personen weiterzugeben;
- ihre Benutzerkennungen (zB den OSPlus-User) in Kombination mit den dazugehörigen Passwörtern keiner weiteren Person bekannt zu geben;
- bei Verdacht eines unberechtigten Zugangs oder anderen kritischen Ereignissen unverzüglich den Vorgesetzten zu benachrichtigen;
- keine falschen Identitäten vorzuspiegeln und nicht unter fremden Namen aufzutreten;
- keine Hard- und Software sowie keine ausführbaren Programme in die Systeme der Bank einzubringen und keine neuen Programme oder Updates herunterzuladen, es sei denn, sie wurden dafür ausdrücklich dienstlich durch den jeweiligen Kompetenzträger autorisiert;
- bei allen internet-bezogenen Tätigkeiten das transferierte Datenvolumen wegen Geschwindigkeit und Kosten so klein wie möglich zu halten.

Alle Mitarbeiter einschließlich Auszubildender verpflichten sich ferner:

b) bei ihren E-Mail-Aktivitäten

- ihre E-Mail-Anschrift der Bank nur zu dienstlichen Zwecken zu verwenden;
- ihren E-Mail-Posteingang so oft wie möglich zu bearbeiten, mindestens aber zweimal pro Arbeitstag;
- bei Abwesenheit von mehr als einem Tag eine automatische Abwesenheitsnachricht einzustellen, aus der hervorgeht, wann die Bearbeitung/Beantwortung voraussichtlich erfolgen wird;

- für die Bearbeitung des Postkorbes bei Abwesenheit möglichst zwei ständige Vertreter zu bestellen;
- ihre Abwesenheit in ihrem elektronischen Kalender zu vermerken;
- aufgrund der umfangreichen Fälschungs- und Missbrauchsrisiken beim Umgang mit E-Mails besonders vorsichtig zu sein;
- keine E-Mails mit unbekanntem Absender oder suspektem Betreff zu öffnen, sondern in diesem Fall sofort den Benutzerservice und die Revision zu informieren, damit Absender und Hintergrund ermittelt werden können;
- bei eingegangenen E-Mails mit Datenanhang ohne den Hinweis auf die automatisch erfolgte Virenprüfung auf jeden Fall den Benutzerservice zu informieren;
- sich im Zweifelsfall vor dem Öffnen von E-Mail-Anhängen nicht verifizierbarer Herkunft an den Benutzerservice zu wenden;
- keine Kettenbriefe zu versenden oder weiterzuleiten, auch nicht hausintern im Intranet;
- keine gleichlautenden E-Mails an mehr als zehn Kunden zu versenden, sondern in diesem Fall die Vorgehensweise und den Zeitpunkt des Versands mit dem Online-Vertrieb abzustimmen;
- keine vertraulichen Daten von Kunden aktiv anzufordern;
- personenbezogene bzw vertrauliche Informationen nur dann zu übertragen, wenn die Vertraulichkeit der Informationen bei der Übertragung beispielsweise durch Verschlüsselung gewährleistet ist. Dies gilt nicht nur für den Inhalt der E-Mail, sondern auch für beigefügte Anlagen (Attachments);
- konto- und kundenbezogene Auskünfte (zB Kontostände, Kontonummern, Pfändungen) nur dann per E-Mail zu übermitteln, wenn dies ausdrücklich auf Kundenwunsch geschieht und die Vertraulichkeit auf dem Übermittlungsweg gewährleistet ist;
- keine Sachverhalte, für die der Gesetzgeber die Schriftform vorsieht, sowie Schriftverkehr mit verbindlichen und verpflichtenden Rechtsfolgen (zB Verträge, Kündigungen) per E-Mail zu übermitteln.

Und schließlich verpflichten sich alle Mitarbeiter einschließlich Auszubildender:

c) bei der privaten Nutzung

- das Internet zu privaten Zwecken nur außerhalb der Arbeitszeit zu nutzen und dabei zu beachten, dass dienstliche Belange sowie der ordnungsgemäße Betriebsablauf nicht beeinträchtigt werden;
- den dienstlichen Postkorb in Lotus Notes nicht für private Zwecke, sondern außerhalb der Arbeitszeit so genannte „Freemail-Anbieter", zB freenet.de, gmx.de, web.de, zu nutzen;
- keine privaten Dateien auf den Laufwerken der Bank abzulegen;
- unverlangt erhaltene private Dateianhänge unmittelbar nach Empfang zu löschen (der Dateianhang darf vor der Löschung an einen einzigen Empfänger außerhalb der Bank – zB das persönliche Freemail-Konto – weitergeleitet werden; der Absender ist dann unter Nutzung der privaten E-Mail-Adresse zu informieren, dass die dienstliche E-Mail-Adresse für solche Zusendungen nicht genutzt werden darf).

(2) Regelungen zum Umgang mit freigeschalteten CD-ROM- bzw Diskettenlaufwerken

Alle Mitarbeiter, die über ein freigeschaltetes CD-ROM- bzw Diskettenlaufwerk verfügen, verpflichten sich ferner:

- alle Dateien, die über das Disketten-/CM-ROM-Laufwerk bewegt werden, nicht privat, sondern nur im Sinne der Bank zu nutzen;
- vor jedem Zugriff auf externe Dateien einen Viren-Check durchzuführen und in dem Fall, dass das Programm Viren findet, unmittelbar den Benutzerservice zu informieren und die Dateien zu Kontroll- und Rekonstruktionszwecken, entsprechend dem Erfordernis, sicher aufzubewahren;
- auf keinen Fall eigenständig Programme auf Rechnern im Netzwerk der Bank zu installieren.

§ 3 Anpassungen

Aufgrund möglicher Gesetzesänderungen und der Schnelllebigkeit der erfassten Medien wird diese Betriebsvereinbarung bei Bedarf den neuen Gegebenheiten angepasst. Aktualisierungen werden allen Mitarbeiterinnen und Mitarbeitern durch eine Anzeige auf ihrem Bildschirm bekannt gegeben.

Die Betriebsvereinbarung ist verpflichtend für alle Mitarbeiterinnen und Mitarbeiter einschließlich Auszubildender, die zur Nutzung eines PC-Arbeitsplatzes der Bank zugelassen sind und/oder Zugang zum Internet in dem von der Bank zur Verfügung gestellten Umfang haben.

§ 4 Konsequenzen bei Missachtung der Betriebsvereinbarung

In begründeten Fällen, dh bei einem konkreten Verdacht auf Schadens- und Missbrauchsfälle (zB Verrat von Geschäftsgeheimnissen oder rassistischen Aktivitäten), werden die personenbezogen protokollierten Internetaktivitäten (vgl § 1 Abs. 4) ausgewertet.

Zur Wahrung der Interessen der Mitarbeiterin/des Mitarbeiters und im Sinne des Datenschutzes dürfen nur der Datenschutzbeauftragte sowie durch den jeweiligen Zentralbereichsleiter autorisierte Personen aus den Bereichen Revision sowie Personal und im Bedarfsfalle der Organisation die gespeicherten Daten auswerten. Die Revision wird die Einhaltung dieses Verfahrens im Rahmen ihrer Aufgabenstellung stichprobenartig und anlassbezogen prüfen.

Die Zugangsberechtigung wird gesperrt, wenn die Mitarbeiterin/der Mitarbeiter das Internet fahrlässig und unzulässig für Zwecke einsetzt, die gegen diese Betriebsvereinbarung verstoßen. Bei Verstößen können neben dem Internet-Zugangsentzug weitere disziplinarische Maßnahmen bis hin zur fristlosen Kündigung eingeleitet werden.

§ 5 Schlussbestimmungen

Diese Betriebsvereinbarung tritt am ... in Kraft.

Die Kündigung dieser Betriebsvereinbarung kann nur schriftlich erfolgen. Sie kann von beiden Vertragspartnern unter Wahrung einer Kündigungsfrist von sechs Monaten zu jedem Monatsschluss gekündigt werden. Eine Nachwirkung ist ausgeschlossen.

8. Muster: Betriebsvereinbarung PAISY

Zwischen

der Geschäftsführung ...

und

dem Gesamtbetriebsrat ...

wird folgende Betriebsvereinbarung über die Einführung und Anwendung eines Personal-/Abrechnungs- und Informationssystems (PAISY) geschlossen:

Präambel

Geschäftsführung und Gesamtbetriebsrat ... schließen, ausgehend von dem verfassungsrechtlich gewährleisteten Recht des Einzelnen, grundsätzlich selbst über die Verwendung seiner persönlichen Daten zu bestimmen, und dem Grundsatz, den Arbeitnehmer vor unzulässigem Gebrauch seiner personenbezogenen Daten zu schützen, die folgende Betriebsvereinbarung ab:

§ 1 Ziel und Zweck von PAISY

(1) Das EDV-System PAISY dient der ordnungsgemäßen Lohn- und Gehaltsabrechnung, der Erfüllung von Verpflichtungen aus Gesetzen, Tarifverträgen, Betriebsvereinbarungen und einzelvertraglichen Zusagen sowie der Durchführung einer geordneten Personalwirtschaft.

(2) Erhebung, Erfassung, Speicherung, Übermittlung, Veränderung, Auswertung und Löschung der Personaldaten sind nur zulässig, soweit sie zum Erreichen der Zweckbestimmung iSd § 1 Abs. 1 unbedingt erforderlich sind.

Eine Verknüpfung mit personenbezogenen Daten aus anderen EDV-Systemen ist in beide Richtungen ausgeschlossen.

§ 2 Geltungsbereich

(1) Die Vereinbarung regelt die Einführung und Anwendung von PAISY. Alle aufgeführten Anlagen sind Bestandteil dieser Betriebsvereinbarung.

(2) Die Vereinbarung gilt für alle Mitarbeiterinnen und Mitarbeiter im Inland und die entsandten Auslands-Mitarbeiterinnen und Auslandsmitarbeiter.

(3) Daten ehemaliger Mitarbeiterinnen und Mitarbeiter dürfen nur dann verarbeitet werden, wenn dies zu einem späteren Zeitpunkt im Rahmen behördlicher Anordnungen oder Anfragen verlangt wird.

Hierfür nicht in Frage kommende Daten sind zwei Jahre nach dem Ausscheiden der Mitarbeiterinnen und Mitarbeiter im System zu löschen und ggf außerhalb des Systems zu dokumentieren.

(4) Daten von Bewerberinnen und Bewerber werden mit Einverständnis des/der Betroffenen im Rahmen einer zu führenden Bewerberdatei verarbeitet.

§ 3 Dokumentation des Systems

(1) Eingesetzte Geräte

PAISY wird technisch entsprechend der Systembeschreibung der Firma ... beschrieben. Diese liegt zur Einsicht in der Personalabteilung sowie im Büro des Betriebsrats aus.

Der Gesamtbetriebsrat erhält als Anlage 1 eine Übersicht über die Endgeräte (Bildschirmterminals, Drucker) mit Angaben ihres Typs, Standorts sowie des Benutzers, von denen aus PAISY im Dialogbetrieb genutzt werden kann. Änderungen werden dem Gesamtbetriebsrat mitgeteilt. Die Anlagen sind im Betriebsratsbüro einzusehen.

Es ist technisch sicherzustellen, dass PC-Benutzer aus anderen EDV-Systemen keinerlei Zugriff auf die PAISY-Daten haben.

(2) Datenkatalog

In Anlage 2 sind alle Daten vereinbart, die zum Erreichen der Zweckbestimmung dieser Betriebsvereinbarung (s. § 1 Abs. 1) über die Beschäftigten in der Firma gespeichert werden (Stamm- und Bewegungsdaten). Die Anlagen sind im Betriebsratsbüro einzusehen.

Andere personenbezogene Daten der Mitarbeiterinnen/Mitarbeiter werden nicht verarbeitet.

Eine Weitergabe von personenbezogenen Daten innerhalb des Unternehmens und an Stellen außerhalb des Unternehmens ist nur im Rahmen der Zweckbestimmung dieser Betriebsvereinbarung möglich.

Vor der Inbetriebnahme von PAISY wird dem Gesamtbetriebsrat ein Datenfeldstammsatz entsprechend der PAISY-Systematik mit einem Schlüsselverzeichnis zur Verfügung gestellt.

(3) Auswertungen

In Anlage 3 sind alle Auswertungen, die mit Hilfe von PAISY im Rahmen der Zweckbestimmung dieser Betriebsvereinbarung erstellt werden, aufgelistet. Die Anlagen sind im Betriebsratsbüro einzusehen.

Folgende Angaben sind dabei vorzusehen:

- Arbeitsnummer,
- Name und Zweck der Auswertung,
- Kurzbeschreibung,
- Empfänger der Auswertung,
- Daten, die in der Auswertung verarbeitet sind,
- Zeitpunkt der Auswertung.

Alle Auswertungen werden mit einer Arbeitsnummer versehen, dokumentiert und in einer Programmbibliothek abgelegt, die Protokolldatei mit dem Namen ... wird jeweils zum 15. eines Monats an den Betriebsrat übersandt.

Darüber hinausgehende Auswertungen bedürfen der Mitbestimmung des Gesamtbetriebsrats.

(4) Zugriffsberechtigungen

In Anlage 4 sind die vergebenen Berechtigungen für PAISY abschließend vereinbart. Sie enthält:

- Funktion des/der Zugriffsberechtigten,
- Umfang des Zugriffsrechts,
- Art des Zugriffsrechts.

Es werden keine Zugriffsberechtigungen vergeben, die eine Entwicklung von Programmen bei gleichzeitigem Zugriff auf Echtdaten erlauben. Die Anlagen sind im Betriebsratsbüro einzusehen.

(5) Matchcodes

Matchcodes haben die Funktion, das Auffinden von Daten einer Mitarbeiterin/eines Mitarbeiters zu erleichtern. Matchcodes werden zunächst nur für Personalstammdaten erstellt. Abweichungen bedürfen der Zustimmung des Betriebsrats.

§ 4 Protokollierung und Datenschutz

(1) Es wird automatisch ein lückenloses Protokoll aller Auswertungsläufe, Datenübermittlungen und Datenzugriffe einschließlich der Versuche erstellt. Es ist technisch zu gewährleisten, dass das System PAISY nicht ohne diese Protokollierung betrieben werden kann. Die Vergabe, Änderung und Löschung von Zugriffsberechtigungen werden ebenfalls elektrisch protokolliert.

(2) Die Protokolle werden vom Leiter der Personalabteilung für ein Jahr aufbewahrt.

(3) Die Geschäftsführung gewährleistet, dass die mit PAISY verarbeiteten Daten der Mitarbeiterinnen/Mitarbeiter umfassend gemäß den Vorschriften des Bundesdatenschutzgesetzes gegen unzulässige Verwendung gesichert werden.

§ 5 Änderungen des Systems

(1) Über alle geplanten Änderungen des Systems PAISY wird der Gesamtbetriebsrat anhand schriftlicher Unterlagen informiert.

(2) Änderungsanträge sind mitbestimmungspflichtig und werden mit dem Ziel einer einvernehmlichen Regelung unter Beteiligung des betrieblichen Datenschutzbeauftragten beraten. Auch der Gesamtbetriebsrat hat das Recht, Änderungsanträge zu stellen.

(3) Kommt über einen beantragten Änderungsantrag keine Einigung zustande, haben beide Seiten das Recht, die Einigungsstelle anzurufen.

(4) Ausgenommen von diesem Verfahren sind Änderungen, soweit sie die Erfüllung einer durch Gesetz, Rechtsverordnung, Unfallverhütungsvorschriften, Tarifvertrag oder Betriebsvereinbarung festgelegten Aufgabe oder der Erfüllung der Wartungsverträge dienen und nicht inhaltlicher Art sind.

§ 6 Kontrollrechte des Gesamtbetriebsrats

(1) Der Gesamtbetriebsrat benennt drei fachkundige Mitarbeiterinnen/Mitarbeiter zur Ausübung seiner Kontrollrechte. Er hat das Recht,

- sämtliche Systemunterlagen einzusehen und sich erläutern zu lassen (dazu gehören alle neuen oder ergänzenden/korrigierenden Beschreibungen der Software und neue Versionen);
- sämtliche Protokolldateien einzusehen;
- sich den gesamten PAISY-Begriffskatalog (Inhaltsverzeichnis aller Satzarten) und die vergebenen Zugriffsberechtigungen ausdrucken zu lassen.

(2) Der Gesamtbetriebsrat kann zur ordnungsgemäßen Erfüllung seiner Kontrollaufgaben externe Sachverständige iSd § 80 Abs. 3 BetrVG hinzuziehen.

§ 7 Rechte der einzelnen Mitarbeiterinnen und Mitarbeiter

(1) Nach Inkrafttreten dieser Vereinbarung und der Installation des Systems PAISY erhalten alle Beschäftigten kostenlos einen vollständigen Ausdruck sämtlicher über sie gespeicherten Daten in verständlicher Form in einem verschlossenen Umschlag. An Dritte übermittelte Daten sind unter Angabe des Empfängers kenntlich gemacht. Gleiches gilt für Neueingestellte.

(2) Einmal jährlich im Oktober erhalten die Mitarbeiterinnen/Mitarbeiter kostenlos einen neuen Ausdruck.

§ 8 Sonstige Regelungen

(1) Löschfristen für Bewegungsdaten

Bewegungsdaten werden nur für das laufende Jahr und das Vorjahr im Direktzugriff des Systems PAISY gespeichert, danach erfolgt eine Archivierung. Archivdaten dürfen nur zu einzelfallbezogenen Nachweiszwecken verwandt werden.

(2) Bildschirmarbeit

Die Regelungen der Betriebsvereinbarung zur Bildschirmarbeit gelten unverändert fort.

(3) Schulung

Die mit PAISY arbeitenden Mitarbeiterinnen/Mitarbeiter werden im erforderlichen Umfang geschult.

§ 9 Schlussbestimmungen, Kündigung und Nachwirkung

(1) Durch diese Betriebsvereinbarung werden gesetzliche und tarifliche Bestimmungen sowie Regelungen aus anderen Betriebsvereinbarungen nicht berührt. Dies gilt insbesondere für die Rechte und Pflichten des betrieblichen Datenschutzbeauftragten.

(2) Geschäftsführung und Gesamtbetriebsrat werden bei der Durchführung und Überwachung dieser Betriebsvereinbarung eng mit dem/der betrieblichen Datenschutzbeauftragten zusammenarbeiten.

(3) Die Betriebsvereinbarung tritt zum ... in Kraft.

Sie kann mit einer Frist von sechs Monaten zum Ende eines Kalenderjahres, erstmals zum ... gekündigt werden. Im Falle einer Kündigung wirkt diese Betriebsvereinbarung bis zum Abschluss einer neuen Vereinbarung nach.

9. Muster: Personalinformationssystem

Zwischen

dem Vorstand der Gesellschaft ...

und

dem Gesamtbetriebsrat der Gesellschaft ...

wird im Hinblick auf die Verarbeitung personenbezogener Daten der in der Gesellschaft beschäftigten Mitarbeiter die nachfolgende Betriebsvereinbarung geschlossen:

A. Allgemeiner Teil

§ 1 Geltungsbereich und Gegenstand der Betriebsvereinbarung

(1) Die Betriebsvereinbarung gilt im Hinblick auf die Verarbeitung personenbezogener Daten der im Unternehmen beschäftigten Mitarbeiter durch das Informationssystem ... .

(2) Als Verarbeiten von Daten gelten die in § 3 Abs. 5 BDSG geregelten Phasen (Speichern, Verändern, Übermitteln, Sperren und Löschen).

§ 2 Sonderregelung für Gesundheitsdaten

(1) Gesundheitsdaten über den Mitarbeiter oder die Mitarbeiterin, soweit sie Operationen, Krankheitsverläufe, erbliche Vorbelastungen, Labordaten etc. betreffen (Befunddaten), verbleiben grundsätzlich in den Dateien, Karteien und Akten des Werksarztes. Die Befunddaten dürfen nicht ohne Zustimmung des Mitarbeiters an die Personalabteilung weitergeleitet werden.

(2) Befunddaten dürfen in das Informationssystem auch mit Zustimmung des Mitarbeiters oder der Mitarbeiterin nicht aufgenommen werden.

(3) Bescheiddaten, also solche Informationen, mit denen der Werksarzt die Personalabteilung darüber unterrichtet, welche Tätigkeiten der Mitarbeiter oder die Mitarbeiterin im Unternehmen verrichten darf, dürfen im Personalinformationssystem gespeichert werden. Sie sind jedoch so zu sperren, dass kein Unbefugter auf sie zugreifen kann.

§ 3 Verarbeitung von Mitarbeiterdaten

(1) Alle personenbezogenen Daten von Mitarbeitern/Mitarbeiterinnen dürfen nur im Rahmen der Zweckbestimmung des Arbeitsverhältnisses verarbeitet werden.

(2) Die Geschäftsleitung verpflichtet sich, nur solche Auswertungsprogramme zu erstellen, einzusetzen, die mit der in der Systemdarstellung aufgeführten Zielsetzung in Einklang stehen.

(3) Unzulässig ist die Erstellung von Auswertungen, die durch programmgesteuerte Verknüpfung von Arbeitsplatzdaten und Mitarbeiterdaten folgende Auswertung zum Gegenstand haben:

- automatisierte Überprüfung der Eignung des Mitarbeiters/der Mitarbeiterin für einen Arbeitsplatz;
- automatisierter Vergleich der Eignung mehrerer Mitarbeiter/Mitarbeiterinnen;
- automatisierte Ermittlung zu versetzender oder zu kündigender Mitarbeiter/Mitarbeiterinnen.

§ 4 Verwendung von Mitarbeiterdaten

(1) Unzulässige Verwendung personenbezogener Daten von Mitarbeitern/Mitarbeiterinnen ist zu unterlassen. Die Geschäftsleitung hat Mitarbeiter/Mitarbeiterinnen vor unberechtigter Veränderung, Übermittlung und Löschung ihrer Daten zu schützen.

(2) Die Geschäftsleitung verpflichtet sich, personenbezogene Daten von Mitarbeitern/Mitarbeiterinnen nicht an Dritte, also außerhalb des Unternehmensbereichs, zu übermitteln. Unberührt bleiben Übermittlungen auf-

grund gesetzlicher Vorschriften wie DÜVO, an die Finanzämter etc. Übermittlungen von Daten an Dritte sind im Übrigen nur gestattet mit Einwilligung des betroffenen Mitarbeiters bzw der betroffenen Mitarbeiterin.

B. Rechte des Mitarbeiters/der Mitarbeiterin

§ 5 Auskunftserteilung

Die Gesellschaft verpflichtet sich, auf Verlangen des Mitarbeiters bzw der Mitarbeiterin bis zweimal im Jahr unentgeltlich eine vollständige Übersicht der über den Mitarbeiter/die Mitarbeiterin im Informationssystem gespeicherten Daten entschlüsselt und lesbar auszuhändigen.

§ 6 Veränderung gespeicherter Daten auf Verlangen des Mitarbeiters

Über einen Mitarbeiter bzw eine Mitarbeiterin gespeicherte personenbezogene Daten sind auf Verlangen des/der Betroffenen zu berichtigen oder zu ergänzen, wenn der Mitarbeiter/die Mitarbeiterin die Unrichtigkeit oder Unvollständigkeit von Daten nachweist. Personenbezogene Daten, deren Richtigkeit vom Mitarbeiter bzw von der Mitarbeiterin bestritten und vom Unternehmen nicht nachgewiesen werden, sind zu löschen, soweit nicht gesetzliche Vorschriften über die Aufbewahrung von Informationen entgegenstehen.

C. Rechte des Betriebsrats

§ 7 Unterrichtung des Betriebsrats

(1) Der Betriebsrat wird über die Planung und jede Änderung der Planung des Informationssystems rechtzeitig und umfassend unterrichtet. Auf Wunsch sind ihm erläuternde Unterlagen zur Verfügung zu stellen.

(2) Die Unterrichtung beginnt mit der Aufnahme der Planungsarbeiten. Der Betriebsrat wird laufend über die Installation bis zur Inbetriebnahme unterrichtet.

§ 8 Gegenstand der Unterrichtung

(1) Aus der Unterrichtung und Beratung muss für den Betriebsrat erkennbar sein, welche arbeitstechnischen Organisationen und/oder personellen Veränderungen beabsichtigt sind und wie sie durchgeführt werden.

(2) Die Unterrichtung erstreckt sich insbesondere auf

- Zielsetzung und wirtschaftlichen Umfang des Systems;
- sich aus dem System ergebende unmittelbare und mittelbare Rationalisierungspotentiale sowie die personellen Auswirkungen im Einzelfall;
- Auswirkungen auf die bisherigen Aufgaben und Arbeitsplätze;
- Veränderung der Arbeitsbedingungen;
- Auswirkungen auf den arbeitsplatzbezogenen Sachmitteleinsatz;
- von Veränderungen betroffene Werke, Abteilungen und Arbeitsplätze.

(3) Die Unterrichtung des Betriebsrats hat in jedem Falle so rechtzeitig zu erfolgen, dass Anregungen und Bedenken des Betriebsrats noch bei der Planung berücksichtigt werden können.

(4) Der Betriebsrat verpflichtet sich, seine Stellungnahmen jeweils unverzüglich abzugeben, um den Planungsverlauf nicht zu verzögern.

§ 9 Einsichtnahme durch den Betriebsrat

(1) Dem Betriebsrat wird auf Verlangen Einsicht in Ablauf und Funktionsweise des Systems und die dabei gefertigten Unterlagen gewährt. Einsicht erhält der Betriebsrat auf Wunsch in alle Anwendungen und Bedienungsvorschriften, Abläufe und in die Programmdokumentation.

(2) Der Betriebsrat erhält Einblick in personenbezogene Daten der betroffenen Mitarbeiter nur im Rahmen seiner Rechte nach dem BetrVG.

D. Schlussbestimmungen

§ 10 Bestellung eines Datenschutzbeauftragten

(1) Die Geschäftsleitung verpflichtet sich, den Datenschutzbeauftragten nur mit Zustimmung des Betriebsrats zu bestellen.

(2) Der Betriebsrat bildet einen Ausschuss für den Datenschutz, in dem der Datenschutzbeauftragte auf Wunsch des Betriebsrats jederzeit zu berichten hat.

§ 11 Inkrafttreten

Die Betriebsvereinbarung tritt am ... in Kraft. Sie kann mit einer Frist von drei Monaten zum Monatsende gekündigt werden.

10. Muster: Telefonanlage[26]

Zwischen

der Firma ...

und

dem Betriebsrat der Firma ...

wird folgende Betriebsvereinbarung über den Einsatz einer Telefonanlage getroffen:

§ 1

(1) Die Anlage dient ausschließlich dem Führen von Telefongesprächen sowie der Kostenerfassung und Kostenkontrolle von Dienst- und Privatgesprächen.

Telefongespräche von Mitarbeiterinnen/Mitarbeiter werden nicht abgehört oder aufgezeichnet. Besteht die Möglichkeit des Mithörens durch Dritte, so ist die Mitarbeiterin/der Mitarbeiter vorher davon zu unterrichten.

(2) Änderungen der Programme und der Hardware sind nur nach vorheriger Zustimmung des Betriebsrats zulässig.

§ 2 Leistungsmerkmale

Die Anlage wird ausschließlich mit den Standard-Leistungsmerkmalen und den in der Anlage 1 genannten zusätzlichen Leistungsmerkmalen ausgestattet.

§ 3 Erfassungsdaten

(1) Hausinterne Gespräche werden nicht erfasst.

(2) Bei Nahbereichsgesprächen werden die gesamten Gebühreneinheiten für die Firma in einer Summe erfasst.

(3) Bei dienstlichen Ferngesprächen werden folgende Daten erfasst:

- Nebenstelle
- Gebühreneinheiten

---

26 Zu beachten ist, dass nach der Neufassung des Telekommunikationsgesetzes vom 25.6.2004 (BGBl. I S. 1190) bei Speicherung von Einzelnachweisen in Betrieben und Behörden die Mitteilung der Telefondaten nur zulässig ist, wenn der Teilnehmer in Textform erklärt hat, dass die Mitarbeiter informiert sind und künftige Mitarbeiter unverzüglich informiert werden (§ 99 Abs. 1 TKG); *Schimmelpfennig/Wenning*, DB 2006, 2290.

(4) Bei privaten Ferngesprächen werden folgende Daten erfasst:
- Nebenstelle
- Datum
- Gebühreneinheiten.

§ 4 Auswertung von Daten

(1) Dienstliche Ferngespräche werden pro Nebenstelle in einer monatlichen Kostensumme ausgewertet.

(2) Die Mitarbeiterinnen/Mitarbeiter können private Telefongespräche in dringenden Fällen während der Dienstzeit führen. Die Unterscheidung zwischen dienstlichen und privaten Ferngesprächen geschieht durch Vorwahl einer vierstelligen Kennziffer.

Private Ferngespräche werden entsprechend dem in der Anlage 2 aufgeführten Formular ausgewertet.

§ 5 Verwendung der Daten

(1) Für seine/ihre dienstlichen Ferngespräche erhält der/die Mitarbeiter/in für seine/ihre Nebenstelle die monatliche Telefonkostensumme schriftlich mitgeteilt. Die Geschäftsführung und die Abteilungsleiterinnen/ Abteilungsleiter bekommen monatlich für ihren Zuständigkeitsbereich eine Telefonkostenübersicht.

(2) Für ihre/seine Privatferngespräche erhält die Mitarbeiterin/der Mitarbeiter in einem verschlossenen Umschlag monatlich eine Telefonkostenabrechnung entsprechend Anlage 2. Die Kasse erhält die Telefongebühren pro individuellen Verursacher in einer Summe. Innerhalb eines Monats sind die Telefonrechnungen an der Kasse zu bezahlen.

§ 6 Nutzung und Aufbewahrungsfristen

(1) Die elektronisch gespeicherten Daten der dienstlichen und privaten Telefongespräche werden nach der monatlichen Auswertung gelöscht.

(2) Die Aufbewahrungsfristen richten sich nach den gesetzlichen Bestimmungen.

§ 7 Datenschutz und Datensicherung

(1) Bei der Gebührenerfassung und -auswertung sind die Vorschriften des Schutzes personenbeziehbarer Daten einzuhalten.

(2) Eine über die Regelung dieser Vereinbarung hinausgehende Auswertung und Weiterverarbeitung erfolgt nicht.

(3) Zwischen Geschäftsführung und Betriebsrat vereinbarte Änderungen der Software und der Leistungsmerkmale der Telefonanlage können nur unter Aufsicht des innerbetrieblichen Datenschutzbeauftragten erfolgen. Für diese Aufgabe erhält er einen Schlüssel, ohne den eine Änderung nicht möglich ist.

§ 8 Meinungsverschiedenheiten

Entstehen bei der Anwendung dieser Betriebsvereinbarung Meinungsverschiedenheiten zwischen der Geschäftsführung und dem Betriebsrat, kann eine der genannten Seiten die Einigungsstelle anrufen. Der Spruch der Einigungsstelle ersetzt die Einigung zwischen Geschäftsführung und Betriebsrat.

§ 9 Inkrafttreten

Diese Betriebsvereinbarung tritt am ... in Kraft. Sie ist mit einer Frist von sechs Monaten, frühestens zum ..., kündbar.

Anlage 1 – Zusätzliche Leistungsmerkmale

A. Für die Abfragestelle:

Nebenstellen-Besetztanzeige

Mitbenutzung der Kurzwahl-Zentrale für externe Ziele

B. Für die Nebenstellen:

Automatischer Rückruf

Kurzwahl-Zentrale für ... externe Ziele

Wahlwiederholung extern

Anrufumleitung variabel

Anlage 2

Telefonübersicht für private Ferngespräche von

Herrn/Frau ...

Monat ...

Lfd.-Nr.	Nebenstelle	Datum	Gebühreneinheiten	Betrag
...	...	...	...	...
...				
Summe privater Ferngespräche:				...

11. Muster: Telefonanlage ACD[27]

Zwischen

der Geschäftsleitung der Firma ...

und

dem Betriebsrat der Firma ...

wird über die „ACD-Anlage" Meridian Automatic Call Distribution gem. § 87 Abs. 1 Nr. 6 und 7 iVm § 77 BetrVG folgende Betriebsvereinbarung geschlossen:

Präambel

(1) Mit dem Betreiben bzw der Erweiterung der „Automatischen Anrufverteilung" wird der technische Fortschritt durch die Firma ... genutzt, um die Aufgabenerledigung im Telefonservice zu unterstützen.

(2) Die Geschäftsleitung und der Betriebsrat sind sich darüber einig, dass eine Nutzung der „Automatischen Anrufverteilung" einerseits der Verbesserung des Kundenservices und der Optimierung des Arbeitsablaufes dient, andererseits aber auch berechtigte Interessen der Mitarbeiter berücksichtigen soll. Daher bedarf die Anwendung der ACD-Anlage der vertrauensvollen Zusammenarbeit zwischen Geschäftsleitung und Betriebsrat.

---

[27] Zu beachten ist, dass nach der Neufassung des Telekommunikationsgesetzes vom 25.6.2004 (BGBl. I S. 1190) bei Speicherung von Einzelnachweisen in Betrieben und Behörden die Mitteilung der Telefondaten nur zulässig ist, wenn der Teilnehmer in Textform erklärt hat, dass die Mitarbeiter informiert sind und künftige Mitarbeiter unverzüglich informiert werden (§ 99 Abs. 1 TKG); *Schimmelpfennig/Wenning*, DB 2006, 2290.

§ 1 Ziel und Zweck der Vereinbarung

(1) Diese Betriebsvereinbarung dient dem Schutz der Beschäftigten vor Gefahren und negativen Auswirkungen der Nutzung interner Telekommunikationsanlagen mit ACD. Sie gewährleistet die Einhaltung der gesetzlichen Regelungen des Datenschutzes im Anwendungsfall und die Humanisierung der Arbeit. Für die Mitarbeiter soll Transparenz bei der Anwendung, eine Nutzerbeteiligung sowie Grundzüge der Ergonomie festgelegt werden.

(2) Zweck dieser Betriebsvereinbarung ist es, entsprechende Grundsätze, Regelungen und Beteiligungsinstrumente für alle Beschäftigten bei Planung und Einführung bzw Anwendung festzulegen. Diese Betriebsvereinbarung gilt inhaltlich für Phasen und Komponenten der Nutzung von Telekommunikationsanlagen im Rahmen von ACD-Systemen. Zu den Komponenten zählen Hardware, Software, Netze, Schnittstellen, Daten und Arbeitsmethoden. Zu den Phasen zählen Planung, Pilotierung, Schulung, Entwicklung, Einführung, Anwendung, Änderung und Erweiterungen.

(3) Des Weiteren werden zum Schutz der Persönlichkeitsrechte des Einzelnen Regelungen über die Erhebung, Verarbeitung und Nutzung von personenbezogenen und beziehbaren Daten sowie über Schnittstellen festgelegt. Die wichtigsten Elemente des Datenschutzes werden konkretisiert und Kontrollmöglichkeiten für die Betriebsräte geschaffen. Individuelle Leistungs- und Verhaltenskontrollen werden ausgeschlossen.

§ 2 Geltungsbereich

Diese Betriebsvereinbarung gilt:

(1) sachlich für den Betrieb und die Einführung der in der Anlage 1 beschriebenen Automatischen Anrufverteilungsanlage (Meridian ACD-Anlage der Northern Telecom GmbH),

(2) räumlich für die Betriebsstätten der Firma ... und

(3) persönlich für alle Mitarbeiter, soweit hierfür die Bestimmungen des Betriebsverfassungsgesetzes Anwendung finden.

§ 3 Begriffsbestimmungen

(1) Sofern in dieser Betriebsvereinbarung der Begriff „Telekommunikationsanlage" verwandt wird, gelten die unter Abs. 1–3 festgelegten Definitionen. Gleiches gilt, wenn nachfolgend der Begriff „Telekommunikationsanlage" als „TK-Anlage" abgekürzt wird. „ACD" bezeichnet eine Zusatzfunktion dienstlicher TK-Anlagen, die im Kundenservice eingesetzt werden.

(2) Soweit für die Datenverarbeitung innerhalb der TK-Anlagen zwischen Stamm-, Verbindungs-, Betriebs-, Statistik-, Revisions- und Installationsdaten unterschieden wird, sind darunter im Einzelnen zu verstehen:

Stammdaten: personenbezogene Daten, die das Nutzungsverhältnis des jeweiligen Teilnehmers festlegen;

Verbindungsdaten: personenbezogene Daten, die zur Bereitstellung der Verbindung erforderlich sind; unter anderem Rufnummern des anrufenden und angerufenen Teilnehmers, Beginn und Ende der jeweiligen Verbindung, genutzte Leistungsmerkmale;

Betriebsdaten: Daten, die zum Zwecke der Störungseingrenzung und Störungsbeseitigung erforderlich sind;

Statistikdaten: auf die Arbeitsgruppen Telefonberatung und Infoservice verdichtete Verbindungsdaten, ohne die Rufnummern der Teilnehmer;

Revisionsdaten: personenbezogene Daten, die bei der Protokollierung von Betriebsaktivitäten anfallen;

Inhaltsdaten: Daten über Inhalt von Telefongesprächen.

(3) Wesentliche über Abs. 1 und 2 hinausgehende Begriffe sind in Anlage 1 definiert. Darüber hinaus gelten die Begriffsbestimmungen des Bundesdatenschutzgesetzes (BDSG).

(4) Sofern in dieser Betriebsvereinbarung Personen und Personenkreise definiert werden (Benutzer, Mitarbeiter), wird dafür nur aus grammatikalischer Vereinfachung die männliche Ausdrucksform benutzt. Die Definitionen gelten für Frauen und Männer gleichermaßen.

(5) Telefonservice im Sinne dieser Betriebsvereinbarung bezeichnet Tätigkeiten in der Telefonberatung und im Infoservice.

§ 4 Kurzbeschreibung des Systems

(1) Das genannte System dient der Optimierung des Kunden- und Telefonservices. Es zielt auf die gleichmäßige Auslastung der angeschlossenen Telefonplätze, der Erhebung, Verarbeitung und Nutzung statistischer Daten zur ausreichenden Personalbereitstellung sowie zur Ansprache des Kunden während seiner Wartezeit.

(2) Zur Realisierung dieser Absichten wird eine ACD-Anlage mit der TK-Anlage verbunden und den Nutzern getrennt davon Informationsverarbeitungssysteme zur Verfügung gestellt, die die notwendige Information für den Telefon- und Kundenservice bereitstellen.

(3) Die Mitarbeiter können in die präzise Beschreibung des ACD-Systems Einsicht nehmen. Programmveränderungen werden den betroffenen Benutzern vor einer Implementierung zur Kenntnis gebracht. Die Mitarbeiter erhalten Kenntnis über

- alle im System festgehaltenen Datenfelder und Auswertungen,
- Systemarchitektur und das Konzept der Zugriffsberechtigungen,
- Hinweise auf die Benutzerbetreuung,
- den Text dieser Betriebsvereinbarung.

§ 5 Dokumentation des Systems/Bestandsverzeichnisse

(1) Folgende Anlagen, die Bestandteil dieser Betriebsvereinbarung sind, dokumentieren das System abschließend:

Anlage 1: Es werden ausschließlich die in der Anlage 2 genannten Hardwarebestandteile eingesetzt.

Anlage 2: Es findet ausschließlich die in der Anlage 2 genannte Software (Betriebsführungsprogramme) Verwendung (Release-Stand).

Anlage 3: ACD verfügt ausschließlich über die in Anlage 3 genannten Leistungsmerkmale auf Anwenderebene, die getrennt nach Systemmanager, System-Supervisor (Aufsichtsplatz) und Bedienerplatz aufgelistet werden (Auflistung der Zugriffsberechtigten).

Anlage 4: Angaben der Schnittstellen und der Vernetzung mit anderen Informations- und Kommunikationssystemen (zu welchen Systemen bestehen welche Art von Vernetzungen). Zweckbestimmungen auch bei Schnittstellen und Vernetzung mit anderen I&K-Systemen, bei personenbezogenen Daten und deren Auswertung.

Anlage 5: Musterausdruck der personenbezogenen Daten, die dort verarbeitet werden, bzw Mitteilung, dass dort keine personenbezogenen Daten verarbeitet werden.

Anlage 6: Auflistung der verwendeten Statistiken.

(2) Die Anlagen werden laufend aktualisiert. Der Betriebsrat wird an der Fortentwicklung der Bestandsverzeichnisse entsprechend § 87 BetrVG beteiligt.

§ 6 Schutz personenbezogener Daten

(1) Anlage 5 enthält von allen zugelassenen Auswertungen und Ausgaben ein Muster. Andere als die darin genannten Daten werden nicht erhoben, verarbeitet und genutzt. Die Daten werden maximal für die Dauer eines Monats gespeichert, anschließend werden die Daten physikalisch gelöscht. Andere Ausgaben sind un-

zulässig und werden programmtechnisch unterbunden. Die Systemadministratoren werden nachweislich darauf hingewiesen, sie sind dem Betriebsrat zur Auskunft verpflichtet.

(2) Die Real-Time-Anzeige des Status der einzelnen Plätze erfolgt nicht namensbezogen und dient ausschließlich der kurzfristigen Personalbereitstellung in ausreichendem Umfang. Die Real-Time-Anzeige wird nicht abgespeichert und ausgedruckt, sie wird den Mitarbeitern erläutert und ist jederzeit zugänglich.

(3) Personenbezogene Daten werden im ACD-System ausschließlich im Rahmen folgender Zweckbestimmung erhoben, verarbeitet und genutzt:

Stammdaten sind personenbezogene Daten, die das Nutzungsverhältnis des jeweiligen Teilnehmers festlegen: Identifikation von eingesetzten Beschäftigten als Teil einer Arbeitsgruppe ohne einzelplatzbezogene Anwesenheitskontrolle durch ACD.

Verbindungsdaten: statistische Zwecke ohne Nachweis einzelner Verbindungen.

Betriebsdaten: Maßnahmen entsprechend § 31 BDSG.

Statistikdaten: Ermittlung des Anrufverhaltens der Kunden zur Feststellung einer ausreichenden Personalbereitstellung.

Inhaltsdaten von Telefongesprächen: einseitige Ansagetexte von MMO.

(4) Es werden im Rahmen der ACD-Nutzung nur Daten erhoben, verarbeitet und genutzt, die unmittelbar den vorstehenden Zweckbestimmungen dienen.

(5) Rufnummern von internen und externen Teilnehmern, von ankommenden oder abgehenden Gesprächen werden weder erhoben, verarbeitet noch genutzt.

(6) Inhalte von Telefongesprächen zwischen Kunden und Mitarbeitern werden nicht abgehört. Für Kunden eingerichtete Sprachspeicher- oder Anrufbeantwortersysteme werden nicht zur Erteilung von Arbeitsaufträgen an einzelne Mitarbeiter genutzt.

(7) Programmtechnisch ist verhindert, dass eine einzelplatzbezogene Statistik (Report 4) erstellt wird.

(8) Die Verwendung von Daten und Auswertungen ist nur im Rahmen der dienstlichen Aufgaben der jeweiligen Nutzer zulässig. Insofern ist auch die innerbetriebliche Weitergabe der Daten eingeschränkt.

(9) Eine Priorisierung von Abfrageplätzen wird ausgeschlossen.

§ 7 Schutz vor Leistungs- und Verhaltenskontrollen, Statistiken

(1) Es dürfen nur die in der Anlage 6 genannten Statistiken installiert und verwendet werden.

(2) Die in Abs. 1 genannten Statistiken werden auf den in der Anlage genannten Druckern ausgegeben. Der Ausdruck ist durch ein Passwort zu schützen und darf nur von GL, Supervisoren und Abteilungsleitern aktiviert werden.

(3) Der Betriebsrat erhält auf Anforderung alle Statistiken gem. Abs. 1 angefertigt/ausgedruckt.

(4) ACD-Anlagen sind potentiell geeignet, Daten zur Leistung und zum Verhalten der Mitarbeiter zu erheben, zu verarbeiten und zu nutzen, insbesondere hinsichtlich

- der Anzahl der geführten Gespräche,
- der Dauer der geführten Gespräche,
- der Erreichbarkeit und der Wartezeit,
- der Gesprächsverluste (Abbruchs des Anrufs durch den Kunden).

(5) Die unter Abs. 4 genannten Daten und Auswertungen werden weder zu individuellen Leistungs- und Verhaltenskontrolle verwertet, noch dazu, arbeitsrechtliche Maßnahmen zu veranlassen und/oder zu begründen; auch werden diese Daten nicht zur Anwesenheitskontrolle oder zur Kontrolle des Arbeitsstatus einzelner Mitarbeiter genutzt.

(6) Statistische Daten werden ausschließlich zur Ermittlung des Auslastungsgrades der Arbeitsgruppen verwendet. Sofern in Einzelfällen diese Gruppen nur eine minimale Größe haben und deswegen Rückschlüsse auf einzelne Personen möglich wären, werden derartige Statistiken nicht dazu genutzt, personelle Entscheidungen gegenüber diesen Mitarbeitern zu treffen.

§ 8 Schnittstellen und technisch-organisatorische Schutzmaßnahmen

(1) Das in § 4 beschriebene System wird über die in Anlage 4 dokumentierte Auflistung der Schnittstelle verbunden, darin enthalten sind:

- datenabgebende und -empfangende Stellen
- Art der Daten und der Auswertung
- Zweck und Zeitpunkt der Übergabe
- Löschfristen
- Art der Übergabe.

(2) ACD-Anlagen werden nur mit betrieblichen TK-Anlagen verknüpft. Eine Verknüpfung mit anderen DV-Systemen ist nicht zulässig. Schnittstellen im Sinne dieser Betriebsvereinbarung sind die Stellen, an denen Daten aus anderen DV-Systemen in ACD-Anlagen übernommen werden oder an andere DV-Systeme übergeben werden. Auch wenn Daten auf dem Papier- oder Listenwege an andere DV-Systeme weitergegeben oder übermittelt werden, ist dies in der Schnittstellenbeschreibung zu dokumentieren.

(3) Die Revisions- und Betriebsdaten sind gegen unbefugten Zugriff geschützt. Die Speicherung und Auswertung erfolgt ausschließlich zu Zwecken der Datenschutzkontrolle, der Datensicherung sowie der Sicherstellung eines ordnungsgemäßen Betriebes der ACD-Anlage. Zu diesem Zweck haben auch die Systemadministratoren Zugriff zu diesen Daten. Sie werden nachweislich darauf hingewiesen, dass die Erhebung, Verarbeitung und Nutzung der Daten aus dem ACD-System nicht für individuelle Leistungs- oder Verhaltenskontrollen erfolgen darf. Die Systemadministratoren sind den Betriebsräten zur Auskunft verpflichtet.

(4) Auf alle Auswertungen, insbesondere mit Betriebs-, Revisions- und Statistikdaten, müssen präzise Zweckbindung, User-Kennziffer, Benutzungszeitpunkt und Empfänger vermerkt sein.

(5) Eine unmittelbare Signalisierung des Auslastungsgrades, beziehbar auf einzelne Beschäftigte und des Status der einzelnen Bedienerplätze wird programmtechnisch verhindert. Zentralzeigedisplays sind nicht vorgesehen.

(6) Die Beschäftigten haben das Recht, sich zur Nachbearbeitung von Kundenfragen aus dem System auszuschalten. Die Nachbearbeitungszeiten werden durch den Beschäftigten selbst aktiviert oder verlängert.

(7) Bildschirmausdrucke der Online-Zustände sind ausschließlich zu Servicezwecken erlaubt.

§ 9 Datenschutz Rechte der Betroffenen

(1) Der ACD-Server wird in einem verschlossenen Raum aufbewahrt. Die Zutrittsberechtigung zum Server ist wie folgt festgelegt: Der in dieser Betriebsvereinbarung festgelegte Systemzustand ist gegen technische Veränderungen zu sichern und durch Passwort zu schützen.

(2) Jeder betroffene Mitarbeiter ist über die in den ACD-Anlagen verwendeten und auf ihn bezogenen oder beziehbaren Datenfelder und deren Zweckbestimmung wie folgt zu informieren: schriftlich, unentgeltlich und in einer für den Betroffenen verständlichen Form. Diese Informationen können die Beschäftigten jederzeit verlangen. § 34 BDSG bleibt unberührt. Die Information erfolgt bei Verfahrensänderungen erneut, auch bei wesentlichen Erweiterungen der TK- bzw ACD-Anlage und einer Änderung der Zweckbestimmung der Datennutzung.

(3) Beschwerden von Mitarbeitern über Missachtung der persönlichen Rechte aus dem Bundesdatenschutzgesetz oder dieser Betriebsvereinbarung ist unverzüglich nachzugehen. Der Betriebsrat ist über alle dienstli-

chen Beschwerden zu unterrichten. Den Mitarbeitern dürfen bei Inanspruchnahmen des Beschwerderechts nicht gemaßregelt werden und keine Nachteile haben.

(4) Personelle Maßnahmen, die auf Informationen beruhen, die unter Verletzung dieser Betriebsvereinbarung gewonnen wurden, sind zurückzunehmen und sind als nicht existent (nichtig) zu betrachten.

§ 10 Wartung und Systemverwaltung

(1) Muss das in § 4 beschriebene System gewartet werden, wird der Betriebsrat rechtzeitig von der Notwendigkeit unterrichtet. Ihm wird darüber hinaus mitgeteilt, wann die Wartung beginnen soll. Der Betriebsrat hat während der Wartungszeit Zugangsrecht. Die Systemverwaltung wird von Beschäftigten des Hauses vorgenommen. Eine Übernahme der Systemverwaltung durch den Hersteller oder Dritte ist unzulässig.

(2) Die Wartung, Reparatur bzw das Beheben von Störungen durch den Hersteller erfolgt ausschließlich im Hause.

(3) Alle Wartungs-, Reparatur- und Systemverwaltungsarbeiten sowie die Nutzung von Anwendungsprogrammen sind generell zu protokollieren.

(4) Die Zugriffsberechtigten auf System- und Anwendungsprogramme sowie Dateien sind in Anlage 3 (gem. § 4 Abs. 1) festgeschrieben.

§ 11 Rechte der Beschäftigten

(1) Alle Beschäftigten werden umfassend in die Eigenschaften des Systems eingewiesen, um ein grundsätzliches Verständnis für diese Technik und die damit zusammenhängenden Probleme zu bekommen (Transparenz des Systemverhaltens). Hierzu zählen insbesondere:

- die Leistungsmerkmale der ACD-Anlage,
- die Darstellung der Kommunikationsumgebung,
- die individuell nutzbaren Leistungsmerkmale,
- die Funktionsweise der Telefonnebenstellenanlage,
- die Inhalte dieser BV.

(2) Im internen und externen Telefonverkehr werden keine Rufnummern gesperrt.

(3) Die Umleitung von Gesprächen auf andere Nebenstellen ist nur nach dem Einverständnis der Betroffenen zulässig.

(4) Bei Einführung des Telefonservice werden zur Gestaltung der Arbeitserledigung folgende Grundsätze eingehalten:

- Es sollen keine einseitigen, körperlichen oder psychischen Dauerbelastungen entstehen;
- die Aufgabenerledigung soll möglichst in Form von Mischarbeitsplätzen im Wechsel zwischen DV-gestützten und DV-freien Tätigkeiten erfolgen.

(5) Die Einführung und Fortentwicklung des Telefonservice berücksichtigt die jeweils neuesten arbeitswissenschaftlichen gesicherten Erkenntnisse und den Stand der Technik.

(6) Die Arbeit im Telefonservice wird an Bildschirmarbeitsplätzen verrichtet. Die Tätigkeit erfordert in der Regel arbeitstäglich mindestens 2 Stunden ständigen Blickkontakt zum Bildschirm. Deswegen wird zur Entlastung und Vermeidung von physischer Überbeanspruchung für jede Stunde Tätigkeit am Bildschirm nach Maßgabe des § 7 TV 366 eine zehnminütliche bezahlte Pause für alle betroffenen Mitarbeiter gewährt.

§ 12 Rechte des Betriebsrats

(1) Über Maßnahmen, die ACD und Telefonservice betreffen, sind die Betriebsräte rechtzeitig und umfassend zu unterrichten. Die Information und die Beteiligung haben so rechtzeitig zu erfolgen, dass Vorschläge, Anregungen oder Bedenken der Betriebsräte bei Entscheidungen berücksichtigt werden können und noch keine

betrieblichen Sachzwänge geschaffen sind. Rechtzeitig ist die Unterrichtung dann, wenn sie erfolgt, solange noch unterschiedliche Lösungsalternativen im Interesse der Mitarbeiter berücksichtigt werden können.

(2) Der Betriebsrat hat zum Zwecke der Kontrolle der Betriebsvereinbarung Zugang zu allen Geräten des Systems. Die für das System zuständigen Mitarbeiter sind ihm zur Auskunft verpflichtet. Die Betriebsräte können sich zur sachgerechten Wahrnehmung ihrer Aufgaben Informationen und Hilfen des Arbeitgebers bedienen. Der Betriebsrat hat das Recht, im Rahmen des § 37 Abs. 6 BetrVG externe Schulungen zu besuchen, um sich die notwendigen Kenntnisse zur Wahrnehmung ihrer Aufgaben bei der Einführung und Anwendung von ACD und Telefonservice anzueignen. Der Betriebsrat hat das Recht, gem. § 80 Abs. 3 BetrVG einen Sachverständigen seiner Wahl hinzuzuziehen. Hierfür entstehende Kosten trägt der Arbeitgeber.

(3) Der Betriebsrat kann jederzeit die Systemprotokolle gem. § 9 Abs. 3 dieser Betriebsvereinbarung vorlegen lassen. Er hat das Recht, den Ausdruck der Systemdaten jederzeit zu verlangen.

(4) Über geplante Änderungen und Erweiterungen des Systems ist der Betriebsrat rechtzeitig, dh vor Auftragsvergabe, anhand von aussagefähigen Unterlagen zu informieren.

(5) Alle Anlagen sind Bestandteil dieser Betriebsvereinbarung, jede Änderung und Erweiterung der Anlagen bedarf der Zustimmung des Betriebsrats.

(6) Der Betriebsrat wird im Rahmen seiner Beteiligungsrechte einbezogen, wenn ACD-Auswertungen für die Berechnung der personellen Ausstattung der Niederlassung herangezogen werden.

§ 13 Schlussbestimmungen, Inkrafttreten und Kündigung

(1) Die Geschäftsleitung und der Betriebsrat verpflichten sich, Meinungsverschiedenheiten bzw Auslegungsstreitigkeiten, die sich bei der Anwendung und Auslegung der Betriebsvereinbarung ergeben, nach Möglichkeit einvernehmlich zu lösen. Wenn dieses Einvernehmen nicht erzielt wird, entscheidet die Einigungsstelle im Rahmen des BetrVG.

(2) Bei einer gravierenden und durch diese Betriebsvereinbarung nicht mehr abgedeckten Weiterentwicklung von ACD und Telefonservice verpflichtet sich die Niederlassungsleitung, die hier getroffenen Regelungen in eine neue Betriebsvereinbarung entsprechend zu übernehmen. Gleiches gilt für den Fall der Ablösung von ACD oder Teilen davon durch ein anderes DV-System. In beiden Fällen werden bis zum Abschluss einer neuen Betriebsvereinbarung die neuen Komponenten/Anlagen nicht genutzt. Ein Probebetrieb findet nicht statt.

(3) Diese Betriebsvereinbarung tritt zum ... in Kraft. Sie kann unter Einhaltung einer Frist von drei Monaten zum Schluss eines Kalenderjahres gekündigt werden. Nach Eingang der Kündigung müssen unverzüglich Verhandlungen über eine neue Betriebsvereinbarung aufgenommen werden. Bis zum Abschluss der neuen Betriebsvereinbarung gilt diese Vereinbarung weiter. Streitigkeiten über die Auslegung dieser Betriebsvereinbarung entscheidet die Einigungsstelle.

12. Muster: Telefonieren mit betrieblichem Handy   135

Zwischen

der Firma ...

– im Folgenden „Firma" genannt –

und

dem Betriebsrat der Firma ...

wird folgende Betriebsvereinbarung geschlossen:

§ 1 Ziel und Zweck der Vereinbarung

Die Firma stellt Mobilfunkgeräte zur betrieblichen Nutzung zur Verfügung. Mit dieser Betriebsvereinbarung (im Folgenden „BV" genannt) sollen Regelungen bereitgestellt werden, die es ermöglichen, den Arbeitnehmerdatenschutz zu sichern sowie die Nutzer betrieblicher Mobilfunkeinrichtungen vor unberechtigten arbeitsrechtlichen und steuerlichen Nachteilen zu schützen. Letzteres gilt auch für die Firma. Diese BV soll es erleichtern, nichtbetrieblich veranlasste Telefonkosten zu vermeiden.

§ 2 Geltungsbereich

Diese BV gilt für alle Beschäftigten der Firma, soweit sie unter den Geltungsbereich des BetrVG fallen.

§ 3 Bereitstellung von Mobilfunkgeräten

(1) Nach Entscheidung der Kostenverantwortlichen stellt die Firma den unter § 2 genannten Beschäftigten im erforderlichen Umfang Mobilfunkgeräte und Telekarten (D-Netz) unentgeltlich zur Verfügung. Die Bereitstellung erfolgt arbeitsplatzbezogen bzw für die Erledigung einer bestimmten Aufgabe.

(2) Bei der Überlassung der Mobilfunkeinrichtungen muss der Nutzer die in Anlage 1 beigefügte Erklärung unterschreiben.

§ 4 Nutzung der Mobilfunkeinrichtungen

Alle Mobilfunkeinrichtungen sind nur für Gespräche/SMS oder ähnliche Dienste zu nutzen, die im betrieblichen Interesse geführt werden. Privatgespräche, private SMS oder ähnliche Dienste zu Lasten der dienstlichen Karte sind untersagt. Anrufe zu Hause, die dienstlich veranlasst sind, werden nicht ausgeschlossen.

§ 5 Prüfung der Nutzung von Mobilfunkeinrichtungen

(1) Prüfungen sind erforderlich, um die ordnungsgemäße Nutzung der Mobilfunkeinrichtungen sicher zu stellen und damit die an den Betreiber der Mobilfunkanlagen entrichteten Beträge nicht der Umsatzsteuer unterfallen.

(2) Die Parteien gehen davon aus, dass jeder Nutzer für die in § 4 beschriebene Nutzung monatlich maximal 75 EUR verbraucht. Soweit der monatliche Rechnungsbetrag eines Mobilfunkgerätes 75 EUR übersteigt, erhält der betroffene Nutzer einen Einzelverbindungsnachweis, anhand dessen er die Nutzung gem. § 4 zunächst selbst überprüfen kann. Sollten im Ausnahmefall nicht betrieblich veranlasste Gespräche geführt worden sein, sind diese Gespräche/SMS vom Nutzer zu kennzeichnen und die dafür aufkommenden Verbindungsentgelte zu erstatten, indem sie mit der nächsten Gehaltsabrechnung verrechnet werden. Weiterhin führen der Nutzer sowie dessen Vorgesetzter ein Gespräch, in dem die Vermeidung unnötiger Mobilfunk-Kosten erörtert wird. Dieses Gespräch wird mindestens sieben Tage vorher vereinbart, um dem Betriebsrat die Möglichkeit der Teilnahme an diesem Gespräch zu eröffnen.

(3) Bei monatlichen Rechnungsbeträgen von unter 75 EUR überprüft die Firma stichprobenartig anhand von Einzelverbindungsnachweisen, ob die Regelungen des § 4 eingehalten wurden. Die Art und Weise der Überprüfung ergibt sich aus der Anlage 3. Weitere Prüfungen und Prüfungen zu anderen Zwecken sind ausgeschlossen.

(4) Eine Überprüfung der Rechnungsbeträge findet nicht statt bei Betriebsräten, Jugend- und Auszubildendenvertreter, Schwerbehindertenvertreter, Sozialarbeiter, Betriebsärzte, Datenschutzbeauftragte und Gleichstellungsbeauftragte, soweit die jeweilige Personengruppe im Betrieb vorhanden ist.

§ 6 Datenschutz, Schutz vor Missbrauch

(1) Der Einzelverbindungsnachweis der Netzbetreiber darf folgende Angaben enthalten:
- Kartennummer, Funkrufnummer
- Datum des Gesprächs

- Uhrzeit des Gesprächs
- Dauer des Gesprächs
- Zielrufnummer
- Nettopreise

(2) Der Schutz der in dieser BV erhobenen und genutzten Daten ist in Anlage 2 dargestellt.

§ 7 Pflichten des Nutzers von Mobilfunkgeräten

Jeder Beschäftigte, dem Mobilfunkgeräte zur Erledigung seiner Aufgaben zur Verfügung gestellt werden, ist verpflichtet, die Geräte sorgfältig zu behandeln und sicher aufzubewahren. Im Falle eines Verlustes oder eines Diebstahls ist sofort die für die Ausgabe der Geräte zuständige Stelle zu informieren. Der Nutzer haftet für den Verlust oder die Beschädigung von Mobilfunkgeräten ab mittlerer Fahrlässigkeit.

§ 8 Schlussbestimmungen

Mobilfunkeinrichtungen für die dienstliche Nutzung werden ausschließlich nach den Regelungen dieser BV überlassen.

Diese BV tritt mit Wirkung vom ... in Kraft und kann von jeder Seite mit einer Frist von sechs Monaten zum Monatsende gekündigt werden. Im Falle der Kündigung wirkt diese BV bis zum Abschluss einer neuen BV nach.

Die Anlagen dieser BV sind deren Bestandteil.

Durch diese BV werden die Bestimmungen des BetrVG weder eingeschränkt noch erweitert.

Anlage 1 der BV über den innerbetrieblichen Einsatz von Mobilfunkgeräten vom ...

Frau/Herr ...

werden von der Firma ein D-...-Netz Mobilfunkgerät und eine D-...-Telekarte

Karten-Nummer: ...

Ruf-Nummer: ...

für betriebliche Zwecke zur Verfügung gestellt. Für die Erledigung der Aufgaben ist der Einsatz eines Mobilfunkgerätes erforderlich. Das Mobilfunkgerät und die Telekarte werden auf Anweisung des Vorgesetzten arbeitsplatzbezogen bzw für bestimmte Aufgaben eingesetzt und darf nicht für private Zwecke verwendet werden.

Auf das Verbot der privaten Nutzung gemäß der BV vom ... wurde die Mitarbeiterin/der Mitarbeiter hingewiesen.

Der Nutzer des Gerätes ist dafür verantwortlich, dass eine missbräuchliche Nutzung ausgeschlossen ist und dass das Gerät sicher aufbewahrt wird. Disziplinarrechtliche/arbeitsrechtliche Maßnahmen sollen nur bei erheblichem Missbrauch ins Auge gefasst werden.

Der Nutzer haftet für den Verlust oder die Beschädigung von Mobilfunkgeräten gemäß der Regelung der BV über den innerbetrieblichen Einsatz von Mobilfunkgeräten.

Gerät und Telekarte habe ich erhalten, die Bedingungen sind mir bekannt.

Ich erkläre mich informiert im Sinne von § 99 Abs. 1 Telekommunikationsgesetz.

... (Datum/Unterschrift)

Anlage 2 der BV über den innerbetrieblichen Einsatz von Mobilfunkgeräten vom ... – Datenschutz und Datensicherungskonzept

1. Ziel und Zweck

Das Unternehmen stellt Mobilfunkgeräte zur betrieblichen Nutzung zur Verfügung. Mit dieser Betriebsvereinbarung sollen Regelungen bereitgestellt werden, die es ermöglichen, den Arbeitnehmerdatenschutz zu sichern sowie die Nutzer betrieblicher Mobilfunkeinrichtungen vor unberechtigten arbeitsrechtlichen und steuerlichen Nachteilen zu schützen. Letzteres gilt auch für die Firma. Diese BV soll es erleichtern, nichtbetrieblich veranlasste Telefonkosten zu vermeiden. Prüfungen sind auch erforderlich, damit die an den Betreiber der Mobilfunkanlagen entrichteten Beträge nicht der Umsatzsteuer unterfallen.

2. Allgemeine Schutzmaßnahmen

Personen, die mit der Verarbeitung personenbezogener Daten aus dieser BV beschäftigt sind, ist es gem. § 5 BDSG untersagt, diese Daten unbefugt zu verarbeiten oder zu nutzen.

Diese Beschäftigten werden in einer gesonderten Unterweisung auf die Einhaltung des Datenschutzes besonders hingewiesen.

Der Personenkreis ist dem Betriebsrat mitzuteilen.

3. Organisatorische Maßnahmen

Nach § 9 BDSG sind Maßnahmen zu treffen, die nach Art der zu schützenden personenbezogenen Daten dazu geeignet sind, diese zu schützen.

Aufwand und Umfang der Maßnahmen zur Datensicherung müssen dem Zugewinn an Datensicherheit sowie der Bedeutung und dem Schutzbedürfnis angemessen sein. Danach gelten für die Benutzung der Einzelverbindungsnachweise folgende Grundsätze.

Den mit den Einzelverbindungsnachweisen befassten Beschäftigten ist es untersagt, die geschützten personenbezogenen Daten zu einem anderen Zweck als dem zur jeweiligen rechtmäßigen Aufgabenerfüllung gehörenden Zweck zu verarbeiten, bekannt zu geben, zugänglich zu machen oder sonst zu nutzen.

Es wird sichergestellt, dass keine anderen Personen außer die in der BV genannten Personen und Stellen (Human Ressources, Betriebsrat, die entsprechende Mitarbeiterin bzw der entsprechende Mitarbeiter und der betreffende Vorgesetzte bzw Kostenverantwortliche) Zugang zu den Einzelverbindungsnachweisen erhalten.

Nach Gebrauch der Einzelverbindungsnachweise werden diese vernichtet, sofern die Aufbewahrung nicht aus steuerlichen Gründen geboten ist. Aus Vereinfachungsgründen und um einen schnellen Zugriff auf die geprüften Einzelverbindungsnachweise bei Lohnsteuer-Außenprüfungen zu ermöglichen, sind die Einzelverbindungsnachweise daher in gesonderten Akten bei den oben genannten Stellen aufzubewahren.

Transportkontrolle: Die Transportkontrolle stellt sicher, dass bei der Übermittlung personenbezogener Daten sowie beim Transport diese nicht unbefugt gelesen, verändert oder gelöscht werden können.

Eine darüber hinausgehende maschinelle Speicherung und Auswertung der Daten erfolgt nicht.

Anlage 3 der BV über den innerbetrieblichen Einsatz von Mobilfunkgeräten vom ... – Durchführung der Überprüfungen

Die Geschäftsleitung, vertreten durch Human Ressources (HR), und der Betriebsrat (BR), legen gemeinsam drei aufeinander folgende Monate im Jahr fest, an denen eine Überprüfung anhand der Einzelverbindungsnachweise stattfinden soll. In diesen Monaten werden je 5 % der Rufnummern überprüft, bei denen das Gebührenaufkommen inklusive Grundgebühr eine Gesamtsumme von 75 EUR nicht übersteigt. Sofern ein Nutzer mehr als 75 EUR monatlich verbraucht, wird das in der BV beschriebene Verfahren angewandt. HR ermittelt für den jeweils festgelegten Monat die in Frage kommenden Rufnummern.

Aus diesen wird gemeinsam mit dem BR die oben genannte Anzahl (5 %) ausgelost, für die ein Einzelverbindungsnachweis angefordert werden soll.

Die Anforderung erfolgt dann für die auf die jeweilige Auslosung folgenden drei Abrechnungsmonate. Der Mitarbeiter ist über die bevorstehende Überprüfung nachweislich zu unterrichten. Der Netzbetreiber wird dann um Zusendung der entsprechenden Einzelverbindungsnachweise gebeten.

Den Einzelverbindungsnachweis erhält HR und leitet ihn an die jeweilige Mitarbeiterin/den jeweiligen Mitarbeiter weiter.

Die Mitarbeiterin/Der Mitarbeiter kontrolliert ihren/seinen Einzelverbindungsnachweis und versieht ihn ggf mit dem Hinweis „kein Privatgespräch geführt" oder § 6 (2) findet Anwendung.

Nachdem sie/er ihn unterzeichnet hat, leitet sie/er den Einzelverbindungsnachweis an seinen Kostenstellenverantwortlichen weiter.

Der Kostenstellenverantwortliche prüft den Einzelverbindungsnachweis und schickt ihn anschließend mit seiner Unterschrift versehen an HR zurück.

Die geprüften Einzelverbindungsnachweise werden dort anschließend in einem gesonderten Ordner summarisch und chronologisch aufbewahrt und nach Ablauf der Aufbewahrungsfristen bzw nach Ende der Lohnsteuer-Außenprüfung vernichtet.

13. Muster: Video- und Kameraüberwachung[28]

Zwischen

der Firma ...

– nachstehend: GmbH –

und

dem Betriebsrat der Firma ...

– nachstehend: Betriebsrat –

wird folgende Betriebsvereinbarung zur Video- und Kameraüberwachung geschlossen:

§ 1 Geltungsbereich

Die Betriebsvereinbarung gilt für die Einführung und Anwendung des Kameraüberwachungssystems .... Sie gilt für alle Beschäftigten der GmbH in den Standorten ....

§ 2 Zweckbindung

Das Kameraüberwachungssystem dient ausschließlich

- der Verringerung bzw Verhütung von Diebstählen auf dem Firmengelände
- ...

§ 3 Leistungs- und Verhaltenskontrolle

Das Kameraüberwachungssystem wird nicht zu Zwecken der Leistungs- und Verhaltenskontrolle, zum Leistungsvergleich oder zur Leistungsbemessung der Beschäftigten genutzt.

§ 4 Betroffene Abteilungen

Eine Ganzhausüberwachung ist ausgeschlossen. Die Einführung und Anwendung von Kameras erfolgt ausschließlich in den in der Anlage 1 aufgelisteten Abteilungen.

---

28 Ergänzter Abdruck aus RDV 2000, 18; vgl zur Thematik den Gesetzentwurf der Bundesregierung vom 3.9.2010, BR-Drucks. 535/10, hier insbesondere den Entwurf zu § 32 f BDSG.

§ 5 Systemdokumentation

Das Kameraüberwachungssystem wird nachfolgend abschließend dokumentiert. Die Anlagen sind Bestandteil der Betriebsvereinbarung und von beiden Seiten zu unterzeichnen.

(1) Geräte: In Anlage 2.1 sind alle eingesetzten Geräte mit den Standorten dokumentiert.

(2) Systembeschreibung: Anlage 2.2 enthält die Systembeschreibung mit dem Vernetzungskonzept.

(3) Position: In Anlage 2.3 sind die Positionen der Kameras mit ihrer tatsächlichen Reichweite anhand von Skizzen dokumentiert. Es wird sichergestellt, dass durch den Blickwinkel der Kameras keine Arbeitsplätze ständig erfasst werden, so dass die Mitarbeiterinnen und Mitarbeiter sich nicht einem ständigen Beobachtungsdruck bei der Erbringung ihrer Arbeitsleistung ausgesetzt sehen.

§ 6 Schnittstellen, Übermittlung der Daten

(1) Intern: Bilddaten des Kameraüberwachungssystems werden digital ausschließlich in einem eigenständigen und mit keinem anderen verbundenen System verarbeitet. Daten werden nicht an andere interne technische Systeme übermittelt.

(2) Extern: Bilddaten des Kameraüberwachungssystems werden nur innerhalb des Betriebes verarbeitet und nicht an Dritte iSd BDSG weitergegeben. Eine Ausnahme besteht nur im Deliktsfall an polizeiliche Dienststellen.

§ 7 Aufzeichnungen

Eine Aufzeichnung erfolgt nicht ganztägig, sondern nur zeitweise. Die Mitarbeiterinnen und Mitarbeiter des Werkschutzes schalten in eigenem Ermessen und nur bei einem konkreten Verdacht eines Diebstahls das Aufzeichnungsgerät ein.

§ 8 Aufbewahrung und Löschung der Videobänder

(1) Eingesetzte Videobänder werden durchnummeriert und mit dem Datum der Aufnahme versehen. Bespielte Bänder sind im Monitorraum unter Verschluss zu halten.

(2) Die Bänder (bzw Bilddateien) werden jeweils am Tagesende, spätestens mit Beginn des nächsten Arbeitstages gelöscht oder vernichtet.

(3) Videobänder (bzw Bilddateien) mit aufgezeichneten Delikten werden nach Wegfall ihres Zweckes gelöscht.

(4) Werden Delikte von Beschäftigten weitergeleitet, wird der Betriebsrat unverzüglich informiert. Die Aufzeichnung wird ausschließlich in Anwesenheit des Betriebsrats ausgewertet.

§ 9 Rechte und Pflichten des Werkschutzes

(1) Die Mitarbeiterinnen und Mitarbeiter des Werkschutzes nehmen ausschließlich Überwachungen nach dieser Betriebsvereinbarung vor. Sie geben keine Information über die Beschäftigten an Mitarbeiterinnen/Mitarbeiter der GmbH oder an Dritte weiter.

(2) Die Mitarbeiterinnen und Mitarbeiter des Werkschutzes werden auf Einhaltung der Regelungen dieser Betriebsvereinbarung verpflichtet.

§ 10 Rechte der Beschäftigten

(1) Die GmbH stellt sicher, dass alle Beschäftigten über Einsatz und Leistungsumfang des Überwachungssystems umfassend informiert sind. Eine heimliche Überwachung ist ausgeschlossen.

(2) Alle Beschäftigten werden vor der Anwendung des Kameraüberwachungssystems über die Regelungen dieser BV informiert. Den Beschäftigten der betroffenen Abteilungen wird mit Inbetriebnahme die Reichweite der Kameras an den Monitoren demonstriert. Dies gilt in gleicher Weise für neu eingestellte Beschäftigte.

§ 11 Rechte des Betriebsrats

Bei Ausübung seiner Kontrollrechte kann der Betriebsrat den Raum mit den Monitoren unangemeldet betreten. Die Mitarbeiterinnen und Mitarbeiter des Werkschutzes sind dem Betriebsrat zur Auskunft verpflichtet.

§ 12 Zugang zum Monitorraum, Zugriffsberechtigungen

(1) Zugang zu dem Raum mit den Monitoren und Zugriff auf das Kamerasystem einschließlich der Videobänder (bzw Bilddateien) haben ausschließlich die in Anlage 3 aufgelisteten Mitarbeiterinnen und Mitarbeiter des Werkschutzes.

(2) Zugang oder Zugriff anderer Personen (insb. Vorgesetzter/Geschäftsführung) erfolgt nur mit Zustimmung des Betriebsrats. Hierbei ist mindestens ein Mitglied des Betriebsrats anwesend.

(3) Wartungs- und Reinigungspersonal hat nur Zugang zu dem Raum im Rahmen seiner Aufgaben.

(4) Die Anwesenheit aller Personen im Monitorraum wird in einem Logbuch protokolliert.

§ 13 Änderungen und Erweiterungen

(1) Änderungen und Erweiterungen der Anlage sind nur mit Zustimmung des Betriebsrats zulässig.

(2) Der Betriebsrat wird bereits im Planungsstadium einer Änderung oder Erweiterung eingeschaltet, so dass Vorschlägen und Bedenken des Betriebsrats Rechnung getragen werden kann.

§ 14 Abschaffung des Kameraüberwachungssystems

(1) Überwachung durch Kameras ist nur statthaft, wenn alle anderen Möglichkeiten, den in § 2 genannten Zweck des Einsatzes zu erfüllen, erschöpft sind.

(2) Die Kameraüberwachung wird dann abgeschafft, wenn alternative und wirksame Sicherungsmethoden auf dem Markt sind. Die Sicherungssysteme sind dann als wirksam anzusehen, wenn sie

 den in § 2 genannten Zweck erfüllen können und

 den Kontrolldruck der Beschäftigten zu verringern in der Lage sind.

§ 15 Inkrafttreten und Kündigung

Diese Betriebsvereinbarung tritt mit Unterzeichnung in Kraft. Sie gilt bis zum ....

IV. Entgeltregelungen

1. Muster: Entgeltordnung

Zwischen

der Firma ...

und

dem Betriebsrat der Firma ...

wird die nachfolgende Betriebsvereinbarung über eine Entgeltordnung geschlossen:

Präambel

Die wirtschaftliche Situation des Unternehmens ist angespannt. Hierzu haben die Betriebsparteien ein Gutachten eines Wirtschaftsprüfers vorliegen. Im Rahmen der Stabilisierung des Unternehmens und seiner Ausrichtung auf eine wirtschaftlich tragfähige Zukunft vereinbaren die Parteien die nachfolgende neue Entgeltordnung. Ein Tarifvertrag ist auf das Unternehmen nicht anwendbar, das Unternehmen ist nicht Mitglied eines Arbeitgeberverbandes.

§ 1 Persönlicher und zeitlicher Geltungsbereich

(1) Diese Betriebsvereinbarung gilt für alle Arbeitnehmer des Betriebes iSd § 5 Abs. 1 BetrVG, die ab dem Tag des Inkrafttretens dieser Betriebsvereinbarung in das Arbeitsverhältnis neu eintreten.

(2) Für die am Tag des Inkrafttretens dieser Betriebsvereinbarung beschäftigten Mitarbeiter gilt die bis zum Tag des Inkrafttretens gültige Entgeltordnung des Betriebes unverändert fort.

(3) Für jeden am Tag des Inkrafttretens dieser Betriebsvereinbarung beschäftigten Mitarbeiter, der mit dem Unternehmen individualrechtlich einen neuen Arbeitsvertrag nach dem dieser Betriebsvereinbarung beigefügten Muster abschließt, gilt diese Betriebsvereinbarung vom Tag des Inkrafttretens des neuen Arbeitsvertrages an.

§ 2 Entgeltstruktur

(1) Die Entgeltstruktur besteht aus einem Grundgehalt und einer variablen Vergütung.

(2) Das Grundgehalt wird zwölf Mal im Jahr gezahlt.

(3) Die Vergütung ist jeweils zum 15. eines Monats bargeldlos fällig.

§ 3 Mehrarbeit und Überstunden

(1) Mit dem Grundgehalt (§ 2) sind Überstunden und Mehrarbeit bis zu 8 Stunden wöchentlich abgegolten. Die Gesamtarbeitszeit darf an Werktagen (Montag–Samstag) 10 Stunden betragen, wenn innerhalb von sechs Monaten ein Ausgleich derart erfolgt, dass im Durchschnitt 48 Stunden pro Woche nicht überschritten werden. Diese durchschnittlich nach dem Arbeitszeitgesetz als Höchstarbeitszeit festgelegten 48 Stunden wöchentlich sind mit dem Grundgehalt abgegolten. Die Abgeltung von angeordneter oder vereinbarter Mehrarbeit oder Überstunden darüber hinaus erfolgt durch Freizeitausgleich. Ein Anspruch auf Freizeitausgleich dieser Arbeitszeiten besteht nur, wenn die Arbeitszeiten nachgewiesen und durch den disziplinarischen Vorgesetzten abgezeichnet worden sind.

(2) Mehrarbeitsstunden an einzelnen Tagen werden mit Minderarbeitszeiten an anderen Tagen innerhalb eines Kalendermonats verrechnet. Das Unternehmen ist berechtigt, an Tagen, an denen trotz Bemühens von Mitarbeiter und Geschäftsführung kein Kundeneinsatz geplant wird, bei bestehenden Mehrarbeitsstunden aus demselben Kalendermonat Freizeitausgleich anzuordnen.

§ 4 Jährliche Sonderzahlung

(1) Der Mitarbeiter erhält jeweils im Juni und November eine Sonderzahlung, deren Höhe je ein halbes Bruttomonatsgehalt beträgt. Maßgebend ist die Höhe des Bruttomonatsgehalts im jeweiligen Auszahlungsmonat.

(2) Auszahlungsvoraussetzung ist, dass das Anstellungsverhältnis ungekündigt während des gesamten Geschäftsjahres bestanden hat. Im Jahr der Einstellung bemisst sich die Sonderzahlung anteilig nach der Anzahl der Beschäftigungsmonate. Voraussetzung für die anteilige Zahlung der Sonderzahlung bei unterjährigem Eintritt ist der Bestand des Arbeitsverhältnisses am Ersten des jeweiligen Auszahlungsmonats. Die Sonderzahlung wird – gegebenenfalls anteilig – nicht gezahlt, wenn der Mitarbeiter im Rahmen des bestehenden Arbeitsverhältnisses tatsächlich keine Arbeitsleistung erbracht hat, zB während der Elternzeit oder der Krankheit nach Auslaufen der Entgeltfortzahlung.

§ 5 Variable Vergütung

(1) Die Mitarbeiter erhalten eine variable Vergütung, in deren Berechnung individuell-leistungsbezogene und unternehmenserfolgsbezogene Komponenten einfließen. Voraussetzungen und Höhe richten sich nach den Abs. 2–6. Mitarbeiter, die ausschließlich in der Verwaltung des Unternehmens tätig sind, erhalten eine variable Vergütung nach Abs. 7, die ausschließlich unternehmenserfolgsbezogen ist.

(2) Zu Beginn eines jeden Geschäftsjahres wird der kostendeckende Mindestumsatzerlös ohne Umsätze aus abgerechneten Reisekosten (KDMU) festgelegt. Dieser Wert errechnet sich aus dem Businessplan und gilt für

jeden in Vollzeit beschäftigten Mitarbeiter, der nicht in der Verwaltung des Unternehmens tätig ist, gleichermaßen, bei in Teilzeit beschäftigten Mitarbeitern anteilig. Der Businessplan wird dem Betriebsrat zur Kenntnis gegeben.

Das Ergebnis der gewöhnlichen Geschäftstätigkeit (EGGT) errechnet sich aus dem persönlichen erreichten Umsatz ohne Umsätze aus abgerechneten Reisekosten des einzelnen Mitarbeiters (EU) abzüglich des KDMU. Die auf das EGGT abzuführenden Steuern (ST) betragen derzeit pauschaliert ... %. Sollten sich in den Besteuerungsgrundlagen Änderungen ergeben, werden die Betriebspartner den Wert ST entsprechend anpassen. Der Jahresüberschuss des Mitarbeiters (JÜMA) ergibt sich aus dem EGGT abzüglich der ST.

(3) Die ausschließlich individuell-leistungsbezogene Tantieme beträgt ... % des JÜMA.

(4) Der unternehmenserfolgsbezogene Anteil der Tantieme wird ausgezahlt, wenn der Jahresabschluss des betreffenden Jahres des Unternehmens mit einem Gewinn abschließt. In diesem Fall erhält der Mitarbeiter weitere ... % seines JÜMA.

(5) Die variable Vergütung ist in dem Monat fällig, der der Feststellung des Jahresabschlusses folgt. Die individuell-leistungsbezogene Tantieme ist spätestens am 15.4. des Folgejahres fällig.

(6) Bei unterjährig ein- und austretenden Mitarbeitern wird die variable Vergütung pro rata temporis in der Weise berechnet, dass der KDMU auf die Beschäftigungsmonate des Geschäftsjahres heruntergebrochen wird. Gleiches gilt für volle Monate, in denen das Arbeitsverhältnis ruht (bspw wegen Elternzeit) oder in denen Entgelt bei längerer Krankheit nach Auslaufen der Entgeltfortzahlung im Krankheitsfall nach dem EFZG nicht geschuldet ist.

(7) Mitarbeiter, die ausschließlich in der Verwaltung des Unternehmens tätig sind, erhalten in dem Fall, in dem der Jahresabschluss des Unternehmens mit einem Gewinn abschließt, eine unternehmenserfolgsbezogene Tantieme iHv ... % ihres Bruttomonatsgehalts. Abs. 6 gilt entsprechend.

§ 6 Bürokostenpauschale

Zum Ausgleich für den Aufwand des Mitarbeiters, der mit der Unterhaltung eines Büroarbeitsplatzes in der Privatwohnung verbunden ist, erhält der Mitarbeiter pauschal ... EUR brutto monatlich, solange der Arbeitgeber dem Mitarbeiter keinen anderweitigen räumlichen Arbeitsplatz zur Verfügung stellt. Zwischen den Parteien besteht Einigkeit, dass damit sämtliche tatsächlich anfallenden Aufwendungen des Mitarbeiters zur Unterhaltung eines Büroarbeitsplatzes abgegolten sind. Weitere Ansprüche aus der Unterhaltung eines Büroarbeitsplatzes bestehen nicht.

§ 7 Ausschlussfristen für die Geltendmachung von Ansprüchen aus dieser Betriebsvereinbarung

(1) Alle Ansprüche, die Mitarbeiter aus dieser Betriebsvereinbarung herleiten können, und solche, die das Unternehmen gegen Mitarbeiter geltend machen kann, verfallen, wenn sie nicht innerhalb von drei Monaten nach Fälligkeit gegenüber dem Anspruchsgegner schriftlich geltend gemacht werden.

(2) Lehnt der Anspruchsgegner den Anspruch ab oder erklärt er sich nicht innerhalb von einem Monat nach der schriftlichen Geltendmachung des Anspruchs, so verfällt dieser, wenn er nicht innerhalb von weiteren drei Monaten nach der Ablehnung oder dem Fristablauf gerichtlich geltend gemacht wird.

(3) Dies gilt nicht für Ansprüche, die zwischen Betriebsrat und Unternehmen bestehen.

§ 8 Inkrafttreten, Kündigung, Nachwirkung

(1) Diese Betriebsvereinbarung tritt mit Unterzeichnung in Kraft.

(2) Die Betriebsvereinbarung kann von beiden Seiten mit einer Frist von drei Monaten zum Monatsende gekündigt werden.

(3) Die Nachwirkung richtet sich nach den gesetzlichen Bestimmungen.

↑

2. Muster: Freiwillige Gratifikation

↓

Zwischen

der Firma ...

und

dem Betriebsrat der Firma ...

wird die nachfolgende Betriebsvereinbarung über Zahlung einer freiwilligen Gewinnbeteiligung geschlossen.

§ 1 Geltungsbereich

(1) Gewinnbeteiligt sind alle Mitarbeiterinnen und Mitarbeiter, die im jeweiligen Geschäftsjahr ununterbrochen als Arbeitnehmerinnen oder Arbeitnehmer für die Firma in einem ungekündigten Arbeitsverhältnis tätig sind.

(2) An der Gewinnbeteiligung nehmen nicht teil Mitarbeiterinnen und Mitarbeiter, die mehr als 10 Wochen im Geschäftsjahr wegen Beurlaubung, Krankheit, Wehrdienst, Mutterschaft oder aus vergleichbaren Gründen keine Arbeitsleistung erbracht haben, sowie die Auszubildenden, Praktikanten und Volontäre. Teilzeitbeschäftigte Arbeitnehmerinnen und Arbeitnehmer erhalten entsprechend ihrem Arbeitszeitanteil eine Gewinnbeteiligung. Befristet beschäftigte Mitarbeiterinnen und Mitarbeiter erhalten eine Gewinnbeteiligung, wenn sie für die Dauer eines Geschäftsjahres in der Firma tätig waren.

§ 2 Berechnung des Gewinnanteils

(1) 6 % des in einem Geschäftsjahr nach Abzug von Steuern erzielten Gewinns stellt die Firma den Mitarbeiterinnen und Mitarbeitern zur Verfügung. An einem Verlust nehmen die Mitarbeiterinnen und Mitarbeiter nicht teil.

(2) Der ausgeschüttete Gewinnanteil ist zu teilen durch die Gesamtzahl der für sämtliche Mitarbeiterinnen und Mitarbeiter errechneten Punkte.

(3) Die Punkte werden von dem Vorgesetzten jedes Mitarbeiters in Form einer abschließenden, jährlichen Leistungsbeurteilung vergeben. Für eine nicht ausreichende Leistung wird kein Punkt vergeben. Für eine ausreichende Leistung erhält der Mitarbeiter fünf Punkte, für eine befriedigende Leistung erhält er 10 Punkte, für eine gute Leistung werden 20 Punkte und für eine besonders hervorragende Leistung werden 40 Punkte in Ansatz gebracht.

§ 3 Fälligkeit

(1) Die Gewinnanteile sind spätestens neun Monate nach Abschluss eines Geschäftsjahres oder zwei Monate nach Feststellung des Jahresabschlusses fällig.

(2) Jede Mitarbeiterin/Jeder Mitarbeiter kann innerhalb einer Frist von zwei Monaten nach Fälligkeit Einwendungen gegen die Berechnung erheben. In diesem Falle findet eine Besprechung zwischen einem zuständigen Mitarbeiter der Firma und einem Betriebsratsmitglied in Anwesenheit des Beschwerdeführers und des Vorgesetzten des Beschwerdeführers statt. Können sich in dieser Besprechung die Parteien nicht einigen, bleibt der Mitarbeiterin/dem Mitarbeiter der Weg zu den Arbeitsgerichten.

§ 4 Freiwilligkeitsvorbehalt

Bei der Betriebsvereinbarung über eine freiwillige Gewinnbeteiligung handelt es sich um eine freiwillige Vereinbarung der Firma mit dem Betriebsrat zu Gunsten der Belegschaft. Diese Vereinbarung kann, ohne dass sie eine Nachwirkung entfaltet, mit einer Frist von drei Monaten zum Monatsende gekündigt werden. Wird die Kündigung während eines laufenden Geschäftsjahres ausgesprochen, entfallen in dem Geschäftsjahr die Zahlung der Gewinnbeteiligung und auch die Zahlung einer anteiligen Gewinnbeteiligung.

3. Muster: Prämiensystem für Mitarbeiter im Verkauf

Zwischen

der Firma ...

und

dem Betriebsrat der Firma ...

wird folgende Betriebsvereinbarung über ein Prämiensystem für Mitarbeiter im Verkauf geschlossen:

§ 1 Regelungsgegenstand und Zweck der Vereinbarung

(1) Regelungsgegenstand dieser Betriebsvereinbarung ist die Einführung eines freiwilligen Prämiensystems für die im Verkauf der Firma beschäftigten Mitarbeiterinnen und Mitarbeiter.

(2) Zweck dieser Regelung ist die Schaffung von Leistungsanreizen für die Mitarbeiterinnen und Mitarbeiter durch Einführung einer Leistungsprämie.

(3) Die Einführung der Prämienregelung erfolgt freiwillig und begründet keine Rechtsansprüche über die Geltungsdauer der Betriebsvereinbarung hinaus.

§ 2 Persönlicher Anwendungsbereich

(1) Diese Betriebsvereinbarung regelt die Prämienleistungen für Mitarbeiterinnen und Mitarbeiter der Firma, die im Bereich des Verkaufs beschäftigt sind.

(2) Die Gewährung der Prämien setzt voraus, dass die einzelne Mitarbeiterin/der einzelne Mitarbeiter bereits sechs Monate in der Firma beschäftigt ist. AushilfsMitarbeiterinnen/Aushilfsmitarbeitern wird keine Prämienzahlung gewährt.

(3) Die Prämienregelung findet keine Anwendung auf Personen, die den Regelungen der § 4 Abs. 3 Satz 1 Nr. 1 MuSchG oder § 23 Abs. 1 Nr. 1 JArbSchG unterfallen.

§ 3 Verhältnis zur tariflichen Vergütung

(1) Die für die Einzelarbeitsverträge maßgebliche tarifliche Vergütung bleibt von der Prämienregelung unberührt.

(2) Die von dieser Regelung erfassten Prämien sind freiwillige und außertarifliche Vergütungen für besondere Leistungen.

§ 4 Voraussetzungen und Höhe der Prämienzahlung; Einschränkungen der Prämienzahlung

(1) Die Gewährung der Prämie ist abhängig von dem erzielten Umsatz der einzelnen Mitarbeiterin/des einzelnen Mitarbeiters. Bei Nichtarbeit (Urlaub, Krankheit u.a.) erfolgt keine Prämienzahlung. Die Prämienzahlung erfolgt unabhängig von der geleisteten Arbeitszeit der Mitarbeiterin/des Mitarbeiters.

(2) Die Höhe der Prämie wird für jede/jeden im Verkauf beschäftigte/beschäftigten Mitarbeiterin/Mitarbeiter auf der Basis des von ihr/ihm erwirtschafteten Umsatzes nach der von der Firma erstellten Prämientabelle berechnet. Die Prämientabelle kann von der Firma jederzeit abgeändert werden. Die Prämientabelle ergibt sich aus der jeweils durch Aushang am schwarzen Brett bekannt gemachten Fassung.

(3) Die Auszahlung der Prämie erfolgt für jede Mitarbeiterin/jeden Mitarbeiter im Monat nach der Einreichung des jeweiligen Umsatzes.

(4) Mitarbeiterinnen/Mitarbeiter, die von der Firma eine schriftliche Abmahnung erhalten haben, können nach billigem Ermessen der Firma für einen angemessenen Zeitraum von der Prämienregelung ausgenommen werden. Ein klagbarer Anspruch auf Leistung der Prämie besteht nicht.

§ 5 Befristung, Kündigung

(1) Die Betriebsvereinbarung wird auf unbestimmte Zeit geschlossen, im Falle ihrer Kündigung durch einen Betriebspartner besteht Einigkeit, dass sie keine Nachwirkung entfaltet.

(2) Die Betriebsvereinbarung kann von beiden Seiten mit einer Frist von einem Monat zum Monatsschluss gekündigt werden. Ein Kündigungsgrund ist nicht erforderlich.

§ 6 Übergangs- und Schlussbestimmungen

Diese Vereinbarung tritt am ... in Kraft.

4. Muster: Leistungsorientierte Vergütung nach TVöD

Zwischen

dem Verein ...

und

dem Betriebsrat des Vereins ...

wird folgende Betriebsvereinbarung über eine leistungsorientierte Vergütung im Anwendungsbereich des § 18 TVöD geschlossen:

§ 1 Anwendungsbereich

Diese Betriebsvereinbarung gilt für alle Mitarbeiterinnen und Mitarbeiter (nachfolgend Mitarbeiter genannt), die dem Anwendungsbereich des TVöD unterfallen.

§ 2 Leistungsfeststellung durch Zielvereinbarung

(1) Die Leistungsfeststellung erfolgt mittels einer Zielvereinbarung. Gegenstand der Zielvereinbarung dürfen nur Ziele oder Kriterien sein, die auf die auszuübende Tätigkeit des Mitarbeiters bezogen sind, die von dem Mitarbeiter beeinflusst und innerhalb der regelmäßigen Arbeitszeit erreicht werden können.

(2) Der Beurteilungszeitraum ist das Kalenderjahr. Die Zielvereinbarung ist zwischen der vorgesetzten Führungskraft und dem Mitarbeiter nach dem Inhalt einer Besprechung schriftlich zu vereinbaren. Die Zielvereinbarung ist bis zum ... des laufenden Jahres abzuschließen. Ein Muster der Zielvereinbarung wird vom Verein in Abstimmung mit dem Betriebsrat entwickelt und einheitlich den Führungskräften zur Verfügung gestellt.

(3) Inhalt der Zielvereinbarung sind fünf Ziele, die unterschiedlich gewichtet werden können. Die Ziele decken sich nicht mit einer Stellenbeschreibung. Sie sollen Schwerpunkt der Arbeitsaufgaben für den Beurteilungszeitraum kennzeichnen. Es soll sich nach Möglichkeit um Ziele handeln, deren Erreichung einer objektiven Messbarkeit zugänglich ist. Die Ziele sollen sich aus den übergeordneten Unternehmenszielen ableiten lassen und auf die Aufgaben des Stelleninhabers heruntergebrochen sein.

(4) Bei schwerbehinderten Menschen oder diesen Gleichgestellten sind behinderungsbedingte Leistungseinschränkungen bei der Festlegung der Ziele angemessen zu berücksichtigen. Bei Mandatsträgern (Betriebsrat, Schwerbehindertenvertretung, Jugend- und Auszubildendenvertretung etc.) ist die Einschränkung der für die Arbeitsleistung zur Verfügung stehenden Zeit ebenfalls angemessen zu berücksichtigen.

(5) Die Feststellung der Zielerreichung erfolgt durch die zuständige Führungskraft. Sie ist über den nächsthöheren Vorgesetzten bis zum ... des Folgejahres an die Personalabteilung weiterzuleiten. Nach einer unternehmensweiten Konsolidierung aller Leistungsbeurteilungen, die dem möglichst weitgehenden Ausschluss von auf unterschiedlicher Beurteilungspraxis beruhenden Abweichungen in der Bewertung dient, werden die

Feststellungen der Zielerreichung in einem Mitarbeitergespräch erörtert. Das Mitarbeitergespräch kann genutzt werden, um die Ziele für die laufende Beurteilungsperiode zu vereinbaren.

(6) Innerhalb der laufenden Beurteilungsperiode ist ein Mitarbeitergespräch zu führen, wenn absehbar ist, dass aufgrund vom Mitarbeiter nicht beeinflussbarer Faktoren eine Zielerreichung nicht möglich sein wird. In diesem Falle ist eine Anpassung der Ziele zu vereinbaren. Wird innerhalb der laufenden Beurteilungsperiode absehbar, dass der Mitarbeiter leistungsbedingt seine Ziele in einem Grad verfehlen wird, der eine leistungsorientierte Vergütung ausschließt, ist ein Mitarbeitergespräch zu vereinbaren, um mit dem Mitarbeiter die Gründe und Abhilfemaßnahmen zu besprechen.

§ 3 Leistungsprämien

(1) Das gem. § 18 Abs. 3 TVöD zur Verfügung stehende Leistungsentgelt wird in Form von Leistungsprämien ausgeschüttet.

(2) Der Verein teilt dem Betriebsrat einmal jährlich bis zum ... das für das Leistungsentgelt zur Verfügung stehende Volumen mit. Der Betriebsrat wird weiterhin von den Beurteilungsergebnissen abteilungsbezogen ohne Nennung der Personen und von den insgesamt im Unternehmen erreichten Leistungspunkten (Abs. 3) unterrichtet.

(3) Aus der Zielerreichung der Einzelziele wird nach der in der Zielvereinbarung festgelegten Gewichtung ein Gesamtzielerreichungsgrad berechnet. Je 10 % der Zielerreichung entsprechen einem Leistungspunkt bis zu einer Obergrenze von einem Zielerreichungsgrad von 150 %. Das zur Verfügung stehende Volumen des Leistungsentgelts wird durch die Summe der Leistungspunkte im Unternehmen geteilt, hierdurch ergibt sich der Wert eines Leistungspunktes im Beurteilungszeitraum. Für die Berechnung der individuellen Leistungsprämie werden die individuellen Leistungspunkte mit dem Wert eines Leistungspunktes im Beurteilungszeitraum multipliziert.

(4) Die Auszahlung der Leistungsprämie erfolgt bis zum ... .

§ 4 Schulungen und Probelauf

(1) Der Verein wird in Zusammenarbeit mit dem Betriebsrat sicherstellen, dass alle Führungskräfte vor Durchführung des ersten Beurteilungszeitraums eine Schulung über die Instrumente der Zielvereinbarung, das Führen der Mitarbeitergespräche und den Inhalt dieser Betriebsvereinbarung erhalten.

(2) Im Jahr ... wird das Verfahren der Zielvereinbarung durchlaufen, das Leistungsentgelt wird jedoch unabhängig von der Leistungsbeurteilung gleichmäßig an alle Beschäftigten entsprechend der Ziffer 1 Satz 6 der Protokollerklärungen zu § 18 Abs. 4 TVöD ausgezahlt (Probelauf).

§ 5 Arbeitsplatzwechsel, Teilzeitbeschäftigte, unterjährig Beschäftigte

(1) Ist der Mitarbeiter im Beurteilungsjahr weniger als zwei Monate beschäftigt, nimmt er an dem Leistungsentgelt nicht teil. Ist der Mitarbeiter mehr als zwei Monate, aber nicht den vollen Beurteilungszeitraum beschäftigt, wird sein Leistungsentgelt für jeden Monat fehlender Beschäftigung um 1/12 gekürzt.

(2) Im Fall des Arbeitsplatzwechsels erfolgt eine Zwischenbeurteilung durch den bisherigen Vorgesetzten und eine neue Zielvereinbarung mit dem neuen Vorgesetzten. Die Gesamtleistungsbeurteilung setzt sich aus der zeitanteiligen Berücksichtigung der Einzelergebnisse zusammen.

(3) Bei Teilzeitbeschäftigten wird das nach § 3 Abs. 3 errechnete Leistungsentgelt im Verhältnis der individuellen Arbeitszeit zur Arbeitszeit eines in Vollzeit Beschäftigten reduziert. Die Arbeitszeit wird bei der Vereinbarung der Ziele angemessen berücksichtigt.

§ 6 Betriebliche Kommission

(1) Es wird eine betriebliche Kommission gebildet, für die der Verein und der Betriebsrat je zwei Mitglieder benennen.

Spirolke

(2) Die betriebliche Kommission wertet die Erfahrungen mit dieser Betriebsvereinbarung aus, weist auf Defizite und Schwächen hin und entwickelt Vorschläge zur Weiterentwicklung dieser Betriebsvereinbarung.

(3) Führungskräfte und Mitarbeiter können sich mit Bedenken oder Beschwerden an die Kommission wenden. Die Beschwerden können sich nur auf Mängel des Systems und seiner Anwendung beziehen. Die fachliche Leistungsbeurteilung des Vorgesetzten kann nicht Gegenstand einer Beschwerde bei der Kommission sein. Rechte der Mitarbeiter, sich an den Betriebsrat oder die Personalabteilung zu wenden, bleiben unberührt.

(4) Die Kommission unterbreitet für die Behandlung der Beschwerde einen Vorschlag. Das Entscheidungsrecht für die Abhilfe einer Beschwerde liegt beim Verein. Folgt der Verein dem Vorschlag der Kommission nicht, hat er der Kommission und dem Beschwerdeführer seine Gründe darzulegen.

§ 7 Inkrafttreten, Laufzeit

Die Betriebsvereinbarung tritt zum ... in Kraft. Sie kann mit einer Frist von drei Monaten zum Ende eines Beurteilungszeitraums, erstmals zum ..., gekündigt werden. Unabhängig von einer Nachwirkung findet sie auf das Leistungsentgelt, das auf den Beurteilungszeitraum in der Kündigungsfrist entfällt, auch nach dem Ablauf des Beurteilungszeitraums Anwendung.

5. Muster: Übertarifliche Zulagen

§ 1 Geltungsbereich

(1) Diese Betriebsvereinbarung gilt für alle wahlberechtigten Arbeitnehmerinnen/Arbeitnehmer des Betriebes iSv § 5 BetrVG.

(2) Die Betriebsvereinbarung regelt nur die Höhe allgemeiner, übertariflicher Zulagen. Sie erfasst nicht die Gewährung tariflicher Zulagen wie für Schicht-, Nacht- und Mehrarbeit, die tarifliche Erschwerniszulage sowie arbeitsplatzbezogene Zulagen.

§ 2 Bemessung der Zulage

(1) Die Geschäftsführung allein bestimmt unter Beachtung des arbeitsrechtlichen allgemeinen Gleichbehandlungsgrundsatzes, welchem Mitarbeiter bzw welcher Mitarbeiterin im Einzelfall eine allgemeine, übertarifliche Zulage gewährt wird. Die Zulagengewährung kann mit einer Ankündigungsfrist von einem Monat gegenüber einzelnen Mitarbeiterinnen/Mitarbeitern von der Geschäftsleitung widerrufen werden, wenn sie darlegt, dass die Voraussetzungen, die zu ihrer Gewährung geführt haben, entfallen sind. Die Zulage kann befristet gewährt werden; es ist jedoch nicht zulässig, die Zulage an Bedingungen zu knüpfen.

(2) Die allgemeine, übertarifliche Zulage beträgt pro Beschäftigungsjahr ... EUR.

(3) Es handelt sich um eine freiwillige Leistung, die mit Beendigung dieser Betriebsvereinbarung vollständig eingestellt werden kann.

§ 3 Anrechnung bei Tariflohnerhöhungen

Zwischen den Parteien besteht Einigkeit, dass eine allgemeine, übertarifliche Zulage vom Arbeitgeber jederzeit auf Tariflohnerhöhungen angerechnet werden kann.[29]

§ 4 Kontrollbefugnisse des Betriebsrats

Zur Kontrolle der Einhaltung dieser Betriebsvereinbarung steht dem Betriebsrat sein Einsichtsrecht in die Bruttolohn- und Gehaltslisten zu. Außerdem verpflichtet sich die Geschäftsleitung, einmal jährlich den Betriebsrat über den Durchschnittswert der übertariflichen Zulagen zu unterrichten.

---

[29] BAG 1.3.2006 – 5 AZR 363/05, DB 2006, 1377; BAG 7.2.1996 – 1 AZR 657/95, DB 1996, 1630.

§ 5 Kündigung

Die Betriebsvereinbarung kann von beiden Parteien mit einer Frist von drei Monaten zum Monatsende gekündigt werden.

V. Sonstige Regelungssachverhalte

1. Muster: Alternierende Telearbeit

Zwischen

der Firma ...

und

dem Betriebsrat der Firma ...

wird folgende Betriebsvereinbarung zur alternierenden Telearbeit getroffen:

Präambel

Die Firma ... beabsichtigt, alternierende Telearbeit als neue Arbeitsform einzuführen. Durch alternierende Telearbeit

- kann eine bessere Vereinbarung von Beruf und individueller Lebensführung erreicht werden („Work-Life-Balance"),
- sind die Fahrten zwischen Wohnung und Arbeitsplatz reduziert und damit Verkehr und Umwelt entlastet und
- wird die Motivation gefördert.

Die Firma ... ermöglicht im Geltungsbereich dieser Betriebsvereinbarung den Beschäftigten die Form der „alternierenden Telearbeit". Dies bedeutet eine Kombination aus Arbeit im Betrieb und regelmäßiger oder gelegentlicher Telearbeit zu Hause. Die Einführung der ausschließlich alternierenden Telearbeit soll sicherstellen, dass die sozialen, arbeitsorganisatorischen und kommunikativen Kontakte zur betrieblichen Arbeitsstätte aufrechterhalten bleiben.

Die alternierende Telearbeit ist beispielsweise für solche Tätigkeiten geeignet,

- die eigenständig und eigenverantwortlich durchgeführt werden können,
- die im konzeptionellen und kreativen Bereich angesiedelt sind,
- die einen hohen Autonomiegrad aufweisen und
- die ergebnisorientiert bewertet werden können.

Dies kann zu einer Steigerung von Effektivität und Produktivität führen, verbunden mit einem höheren Grad an Motivation und Arbeitszufriedenheit.

Die alternierende Telearbeit bietet ein größeres Maß an Flexibilität und Individualität bei der Gestaltung der Arbeitszeit und Arbeitsorganisation der Beschäftigten und bietet die Chance, im Rahmen von familiär bedingten Unterbrechungen der Berufstätigkeit, wie zB Erziehungsurlaub, Anschluss an den Beruf zu halten. Dies bietet insbesondere auch Männern die Chance, mehr als bisher Familienaufgaben zu übernehmen.

Mit der Einrichtung von alternierender Telearbeit entfällt das tägliche Pendeln zwischen Wohnung und Betrieb. Dies kann zu Zeit- und Kostenersparnis führen und zur Reduzierung des Individualverkehrs, somit also auch einen Beitrag zum Umweltschutz leisten.

§ 1 Geltungsbereich

Diese Betriebsvereinbarung gilt für die gesamte Firma .... Der persönliche Geltungsbereich erstreckt sich auf alle Arbeitnehmer ausschließlich der leitenden Angestellten.

§ 2 Grundsätze

Die Einrichtung von und die Beschäftigung in Telearbeit erfolgt nach dem Prinzip der Freiwilligkeit.

Die in der alternierenden Telearbeit Beschäftigten haben weiterhin ihren Arbeitsplatz im Betrieb. Sie behalten ihren Arbeitnehmerstatus mit allen Rechten und Pflichten. Alternierende Telearbeit ist somit keine Heimarbeit iSd Heimarbeitsgesetzes.

Zwischen Betrieb und örtlicher Personalverwaltung ist für die jeweilige Abteilung innerhalb von 6 Monaten nach Inkrafttreten der Betriebsvereinbarung festzulegen, welche Tätigkeiten innerhalb der Abteilungen für eine alternierende Telearbeit geeignet sind und wie viele Beschäftigte einbezogen werden können.

Die Auswahl soll sicherstellen, dass gleichermaßen Männer und Frauen an der alternierenden Telearbeit teilnehmen können und dass familiäre Gründe, wie zB Kindererziehung oder Betreuung und Pflege naher Familienangehöriger, den Vorrang bei der Bewilligung haben.

Vollzeit- und Teilzeitbeschäftigte können an der alternierenden Telearbeit teilnehmen. Teilzeitbeschäftigte, deren wöchentliche Arbeitszeit unter der Hälfte der wöchentlichen Arbeitszeit einer/eines Vollzeitbeschäftigten liegt, können in Ausnahmefällen an der alternierenden Telearbeit teilnehmen.

Alternierende Telearbeit soll auch für Beschäftigte mit Vorgesetztenfunktion möglich sein.

Die Anwendung dieser neuen Arbeitsform setzt einen kooperativen Führungsstil voraus. Die Überprüfung von Leistungen wird durch Zielvereinbarungen und Erfolgskontrolle ersetzt.

Bei der Einrichtung von alternierenden Telearbeitsplätzen sind die gesetzlichen Vorgaben des Gesundheits- und Arbeitsschutzes einzuhalten.

Auf Antrag des/der Beschäftigten oder des Betriebsrats werden Arbeitsabläufe und -organisation auf die Möglichkeit der Verbesserung untersucht. Hierfür bietet die Firma ... eine fachkundige Beratung an. Dies gilt auch für Fragen der Informations- und Kommunikationstechnik einschließlich des Datenschutzes.

§ 3 Benachteiligungsverbot

Die Teilnahme an der alternierenden Telearbeit darf nicht zur Benachteiligung von Beschäftigten führen.

Beschäftigte in alternierender Telearbeit dürfen bei der Inanspruchnahme von Fortbildung nicht benachteiligt werden.

Die Telearbeit darf nicht dazu führen, dass den in Telearbeit Beschäftigten geringerwertige Tätigkeiten übertragen werden.

Vor Beginn der alternierenden Telearbeit ist innerhalb der Organisationseinheit zu prüfen, ob durch die alternierende Telearbeit einer/eines Beschäftigten der Aufgabenzuschnitt zu ändern ist. Es ist darauf zu achten, dass bei organisatorischen Veränderungen im Zuge der Genehmigung von alternierender Telearbeit den im Betrieb zurückbleibenden Beschäftigten keine geringerwertigen Aufgaben übertragen werden. Der Aufgabenzuschnitt wird protokolliert.

Es ist sicherzustellen, dass die in alternierender Telearbeit Beschäftigten an Dienstbesprechungen teilnehmen können sowie alle Rundschreiben, Fort- und Weiterbildungsangebote, Termine für Betriebsversammlungen und alle für ihre Arbeit notwendigen Informationen erhalten. Zum Ausgleich zeitlicher Verzögerungen bei Informationen können Betriebsrat und Gewerkschaften in eigener inhaltlicher Verantwortung Informationen per Intranet/Internet anbieten.

Die bei der Anwendung von Informationstechnologie im Rahmen der Telearbeit anfallenden Daten dürfen zur Verhaltens- und Leistungsüberwachung der Beschäftigten nur mit Zustimmung des Betriebsrats und nur im

Rahmen der üblichen Dienst- und Fachaufsicht verwendet werden. Von der Einleitung und dem Inhalt solcher Kontrollmaßnahmen ist der Beschäftigte zuvor zu unterrichten.

§ 4 Teilnahmevoraussetzung

Die Einrichtung eines Arbeitsplatzes in der Wohnung erfolgt ausschließlich auf begründeten Antrag einer/eines Beschäftigten.

Der veränderte Arbeitsablauf ist zwischen dem Betrieb und der/dem Beschäftigten schriftlich zu vereinbaren.

Die Einrichtung eines Telearbeitsplatzes erfolgt grundsätzlich für einen Mindestzeitraum von einem Jahr.

§ 5 Einrichtung des Arbeitsplatzes in der Wohnung

Ein eigenes Arbeitszimmer ist nicht zwingend erforderlich.

Die Firma ... übernimmt keine Miet- und Mietnebenkosten.

Die Arbeitsstätte in der Wohnung kann nur eingerichtet werden, wenn sie für die allgemeine Arbeitsplatzanforderungen geeignet ist. Für diese Feststellung und zur ergonomischen Überprüfung hat der Arbeits- und Sicherheitstechnische Dienst nach vorheriger Terminabsprache Zugang zu einer solchen Arbeitsstätte. Dies gilt auch für den Datenschutzbeauftragten bei Vorliegen berechtigter Interessen. Der Betriebsrat hat die Möglichkeit der Teilnahme.

Der Zugang aus anderen dienstlichen Gründen ist auf das Unabwendbare zu begrenzen; eine vorherige Terminabstimmung ist vorzunehmen. Kontrollbesuche sind nicht zulässig. Auf Wunsch des/der Beschäftigten kann Beauftragten der Dienststelle und Interessenvertretungen Zugang gewährt werden.

Die Firma ... übernimmt die Ausstattung des Telearbeitsplatzes mit Möbeln und der erforderlichen technischen Infrastruktur auf seine Kosten. Dies gilt auch für den Auf- und Abbau der gestellten Arbeitsmittel sowie Wartung, Miete, Service und die Kosten der Datenübertragung. Stromkosten werden pauschal übernommen. Der Online-Zugriff für den Telearbeitsplatz erfolgt über .... Hierzu wird von der Firma ... ein ISDN-Hauptanschluss am Telearbeitsplatz mit entsprechender Kommunikationstechnik, einschließlich Telefonanschluss zur ausschließlichen dienstlichen Nutzung, eingerichtet und funktionsbereit übergeben.

Die Einrichtungen des Telearbeitsplatzes dienen ausschließlich der dienstlichen Nutzung und dürfen grundsätzlich nicht für private Zwecke genutzt werden.

§ 6 Beendigung der Telearbeit

Die Arbeitsstätte in der Wohnung kann von Seiten der Beschäftigten ohne Angabe von Gründen fristlos und mit sofortiger Wirkung gekündigt werden.

Die Kündigung einer solchen Arbeitsstätte von Seiten der Firma ... kann unter Beachtung des allgemeinen arbeitsrechtlichen Gleichbehandlungsgrundsatzes aus arbeitsplatzbezogenen Gründen mit einer Frist von einem Monat zum Ende des folgenden Kalendermonats erfolgen. Der Betriebsrat ist zu beteiligen.

Nach Aufgabe der Arbeitsstätte in der Wohnung sind die gestellten Arbeitsmittel unverzüglich der Firma ... zu überlassen. Die Kosten für den Abbau der Arbeitsgeräte übernimmt die Firma ....

§ 7 Haftung

Die Firma ... haftet für die installierte Hard- und Software sowie die Telekommunikationseinrichtungen im Falle von Beschädigung und Diebstahl, es sei denn, dass Vorsatz oder grobe Fahrlässigkeit des/der Beschäftigten nachgewiesen wird.

§ 8 Arbeitszeit

In welchem Rhythmus die alternierende Telearbeit erfolgt, wird zwischen der/dem Beschäftigten, dem Betrieb und dem Betriebsrat vereinbart. Dabei ist mindestens ein Fünftel der regelmäßigen wöchentlichen Arbeitszeit in der betrieblichen Arbeitsstätte festzulegen. Teilzeitbeschäftigte sollen einmal wöchentlich in der betrieblichen Arbeitsstätte anwesend sein.

Die gesetzliche Mindest- und Höchstarbeitszeit sind einzuhalten. Die Arbeitszeit wird durch Selbstaufschreibung festgehalten. Zusätzlicher Planungs- und Organisationsaufwand ist Arbeitszeit.

Es ist zwischen „selbstbestimmter" und „betriebsbestimmter" Arbeitszeit zu unterscheiden.

„Betriebsbestimmte Arbeitszeit" ist die Zeit, die die Firma ... für die Anwesenheit der/des Beschäftigten am häuslichen Arbeitsplatz festlegt, sowie die tägliche Verteilung dieser Arbeitszeit (Präsenzpflicht).

„Selbstbestimmte Arbeitszeit" ist die Zeit, die der Beschäftigte flexibel gestalten kann. Der Anteil der „selbstbestimmten Arbeitszeit" soll unter Berücksichtigung der jeweils konkreten Arbeitsaufgaben so groß wie möglich sein.

Die Festlegung der Arbeitszeit für die alternierende Telearbeit sowie die Anteile der Anwesenheit in der betrieblichen Arbeitsstätte sind schriftlich festzulegen. Der Betriebsrat ist zu beteiligen.

Aus begründetem aktuellem Anlass können die Beschäftigten jederzeit einen Teil oder die gesamte für die häusliche Arbeitsstätte vorgesehene Arbeitszeit an der betrieblichen Arbeitsstätte ableisten. Die voraussichtliche Zeitdauer der Unterbrechung ist anzuzeigen.

Betriebsbedingte Fahrzeiten zwischen betrieblicher und häuslicher Arbeitsstätte werden auf die Arbeitszeit angerechnet.

Zuschläge zu Arbeitsleistungen zu ungünstigen Zeiten werden nur dann gezahlt, wenn es sich um „betriebsbedingte" Zeiten handelt.

§ 9 Datenschutz

Die Firma ... verpflichtet sich, die gebotenen technischen und organisatorischen Maßnahmen für die Datensicherung und den Datenschutz zu treffen.

Beschäftigte, die alternierende Telearbeit ausüben, haben das Datengeheimnis zu beachten. Die Beschäftigten sind verpflichtet, vertrauliche Daten und Informationen so zu schützen, dass Dritte keine Einsicht bzw. keinen Zugriff nehmen können.

Eine Verarbeitung von Personaldaten bleibt für die häusliche Arbeitsstätte ausgeschlossen.

§ 10 Geltungsdauer

Die Dienstvereinbarung tritt am Tag nach der Unterzeichnung durch die Vertragsparteien in Kraft. Sie kann nach Ablauf von zwei Jahren jeweils mit einer Kündigungsfrist von sechs Monaten zum Jahresende von beiden Vertragsparteien gekündigt werden.

143 **2. Muster: Außerbetriebliche Arbeitsstätten**

Zwischen

der Firma ..., vertreten durch die Geschäftsleitung

– nachstehend: Unternehmen –

und

dem Betriebsrat der Firma ...

– nachstehend: Betriebsrat –

wird folgende Betriebsvereinbarung über außerbetriebliche Arbeitsstätten geschlossen:

§ 1 Allgemeines

(1) Das Unternehmen kann die Einrichtung außerbetrieblicher Arbeitsstätten in der Wohnung von Mitarbeiterinnen und Mitarbeitern in Gestalt der alternierenden Telearbeit anbieten. Mit der Errichtung außerbetrieblicher Arbeitsstätten stärkt das Unternehmen seine Wettbewerbsposition als innovativer und sozialer Arbeitgeber. Gleichzeitig fördert es dabei die Chancengleichheit, die Vereinbarkeit von Beruf und Familie sowie die Bindung von qualifizierten Mitarbeiterinnen und Mitarbeitern an das Unternehmen.

(2) Alternierende Telearbeit liegt dann vor, wenn die Mitarbeiterin/der Mitarbeiter ihre/seine individuelle regelmäßige Arbeitszeit teilweise zu Hause (häusliche Arbeitsstätte) und teilweise im Betrieb des Unternehmens (betriebliche Arbeitsstätte) erbringt. Die häusliche Arbeitsstätte ist mit der zentralen Betriebsstätte durch elektronische Kommunikationsmittel verbunden.

(3) Das Unternehmen und der Betriebsrat sehen es als selbstverständlich an, dass Mitarbeiterinnen und Mitarbeiter in außer- und innerbetrieblichen Arbeitsstätten gleichgestellt sind.

§ 2 Gegenstandsbereich

(1) Gegenstand dieser Vereinbarung sind Rahmenbedingungen für die Einrichtung, Nutzung und Auflösung einer außerbetrieblichen Arbeitsstätte in der Wohnung von Mitarbeiterinnen/Mitarbeitern.

(2) Sofern in dieser Betriebsvereinbarung nichts anderes ausdrücklich geregelt ist, gelten bestehende betriebliche Regelungen unverändert bzw sinngemäß für die Mitarbeiterinnen und Mitarbeiter, die eine außerbetriebliche Arbeitsstätte in ihrer Wohnung haben.

§ 3 Geltungsbereich

Diese Vereinbarung gilt für alle Mitarbeiterinnen und Mitarbeiter des Unternehmens iSd § 5 BetrVG, soweit sie sich nicht in der Ausbildung befinden.

§ 4 Teilnahmevoraussetzungen

(1) Die Teilnahme an der Einrichtung außerbetrieblicher Arbeitsstätten ist freiwillig.

(2) Grundsätzlich können sich alle Mitarbeiterinnen und Mitarbeiter zur Teilnahme an der Errichtung außerbetrieblicher Arbeitsstätten und an der Beschäftigung in alternierender Telearbeit bereit erklären.

(3) Mitarbeiterinnen und Mitarbeiter, für die die außerbetriebliche Arbeitsstätte in der Wohnung aus sozialen Gründen wünschenswert ist, sollen bevorzugt in Betracht gezogen werden. Hierbei ist der Betriebsrat zu beteiligen.

(4) Grundsätzlich sind solche Tätigkeiten für alternierende Telearbeit geeignet, die eigenständig und eigenverantwortlich durchführbar sind und die ohne Beeinträchtigung des Betriebsablaufs bei eingeschränktem unmittelbarem Kontakt zum Betrieb verlagert werden können.

(5) Die häusliche Arbeitsstätte muss in der Wohnung der Mitarbeiterin oder des Mitarbeiters in einem Raum sein, der für einen dauernden Aufenthalt zugelassen und vorgesehen sowie für die Aufgabenerledigung unter Berücksichtigung der allgemeinen Arbeitsplatzanforderungen geeignet ist. Diese Voraussetzungen werden durch eine Begehung geprüft, die durch den zuständigen Vertreter des Unternehmens gemeinsam mit einem Vertreter des Betriebsrats und ggf mit der Fachkraft für Arbeitssicherheit durchgeführt wird.

(6) Die Einrichtung einer außerbetrieblichen Arbeitsstätte in der Wohnung einer Mitarbeiterin/eines Mitarbeiters erfolgt aufgrund schriftlicher Vereinbarung des Unternehmens mit der Mitarbeiterin/dem Mitarbeiter. Die Rechte des Betriebsrats sind zu beachten.

(7) In der schriftlichen Vereinbarung (Anlage 1) wird auf die Regelungen dieser Betriebsvereinbarung, auf die weiter geltenden betrieblichen Vorschriften bzw Betriebsvereinbarungen und auf die einschlägigen gesetzlichen und tarifvertraglichen Bestimmungen verwiesen.

(8) Der arbeits- und sozialversicherungsrechtliche Status der Mitarbeiterin/des Mitarbeiters bleibt unverändert. Es besteht Versicherungsschutz bei Unfällen am außerbetrieblichen Arbeitsplatz durch die Berufsgenossenschaft. Bei Dienstreisen, die vom Telearbeitsort aus angetreten werden, besteht zusätzlich eine Dienstreiseunfallversicherung.

§ 5 Arbeitszeit

(1) Die Zuständigkeit des Betriebsrats hinsichtlich der Verteilung der Arbeitszeit bleibt unberührt. Die Gewährung von Entscheidungsspielräumen für Mitarbeiterinnen und Mitarbeiter mit einer außerbetrieblichen Arbeitsstätte erfordert hinsichtlich Aufteilung und Verteilung der Arbeitszeit klare Abgrenzungen.

(2) Umfang der Arbeitszeit

Die zu leistende Arbeitszeit ist die tarifvertragliche bzw arbeitsvertragliche durchschnittliche regelmäßige Arbeitszeit. Bestehende kollektivrechtliche bzw arbeitsvertragliche Regelungen sind dabei zu beachten.

(3) Aufteilung der Arbeitszeit

Die Arbeitszeit ist sowohl auf die betriebliche als auch auf die außerbetriebliche Arbeitsstätte aufzuteilen. Hierbei ist der Anteil der auf die betriebliche Arbeitsstätte entfallenden Arbeitszeit so zu gestalten, dass der soziale Kontakt zum Betrieb aufrechterhalten bleibt. Die Aufteilung der Arbeitszeit sowie die Verteilung und Lage der Arbeitszeit ist in der schriftlichen Vereinbarung festgelegt.

(4) Verteilung der außerbetrieblichen Arbeitszeit

Die Verteilung der nach Abs. 2 vorgesehenen außerbetrieblichen Arbeitszeit auf die einzelnen Wochentage kann sowohl von dem Unternehmen als auch von der Mitarbeiterin/vom Mitarbeiter vorgenommen werden.

a) Betriebsbestimmte Verteilung

Eine betriebsbestimmte Verteilung der Lage der Arbeitszeit an/in den Arbeitstagen/Arbeitswochen/Arbeitsmonaten liegt dann vor, wenn sie vom Vorgesetzten vorgegeben oder sie von der Verfügbarkeit notwendiger, von dem Unternehmen gestellter Arbeitsmittel bestimmt wird. Insofern gelten die betrieblichen Regelungen zur gleitenden Arbeitszeit.

b) Selbstbestimmte Verteilung

Eine selbstbestimmte Verteilung der Arbeitszeit liegt dann vor, wenn die Mitarbeiterin/der Mitarbeiter über die Verteilung selbst entscheidet und sie selbst vornimmt. Der Anteil der selbstbestimmten Arbeitszeit soll unter Berücksichtigung der jeweils konkreten Arbeitsaufgaben so groß wie möglich gestaltet werden.

(5) Mehrarbeit

Für Mehrarbeit gelten die gleichen Regelungen wie für betriebliche Arbeitsstätten.

(6) Fahrzeiten

Fahrzeiten zwischen betrieblicher und außerbetrieblicher Arbeitsstätte gelten als nicht betriebsbedingt und somit nicht als Arbeitszeit; es sei denn, diese Fahrten werden betriebsbedingt bzw angeordnet an einem Tag notwendig, an dem in der häuslichen Arbeitsstätte gearbeitet werden sollte.

(7) Urlaub und Arbeitsunfähigkeit

Hinsichtlich Urlaub und Arbeitsunfähigkeit gelten die gleichen Regelungen wie für betriebliche Arbeitsstätten.

§ 6 Zeiterfassung

(1) Die Erfassung aller Arbeitszeiten erfolgt durch die Mitarbeiterin/den Mitarbeiter in einem Arbeitsnachweis (Arbeitstagebuch), der der/dem Vorgesetzten jeden Monat vorzulegen ist.

(2) Der Betriebsrat hat das Recht, Einblick in die erfassten geleisteten Arbeitszeiten zu nehmen.

§ 7 Arbeitsmittel

(1) Die notwendigen technischen Arbeitsmittel sowie die erforderlichen Büromöbel für die außerbetriebliche Arbeitsstätte werden für die Zeit des Bestehens dieser Arbeitsstätte von dem Unternehmen kostenlos zur Verfügung gestellt. Einzelheiten werden in der schriftlichen Vereinbarung mit der Mitarbeiterin/dem Mitarbeiter geregelt.

(2) Der Auf- und Abbau der gestellten Arbeitsmittel sowie eine eventuelle Wartung oder Reparatur erfolgt durch das Unternehmen. Die hierbei entstehenden Kosten werden unternehmensseitig übernommen.

(3) Bei Defekten an der technischen Ausrüstung bzw einem Unmöglichwerden der Arbeitsleistung aus sonstigen Gründen (zB Stromausfall) besteht eine Lohnzahlungspflicht des Unternehmens.

(4) Sollten im Ausnahmefall Arbeitsmittel von der Mitarbeiterin/dem Mitarbeiter gestellt werden, so werden die Aufwendungen gegen Nachweis erstattet.

(5) Die für den Arbeitseinsatz in der Wohnung erforderlichen Geräte und deren Installation müssen den gesicherten arbeitswissenschaftlichen Erkenntnissen entsprechen.

§ 8 Kontakt zum Betrieb

(1) Der Kontakt der Mitarbeiterinnen/Mitarbeiter zum Betrieb und zu ihren Vorgesetzten ist von großer Bedeutung. Die Gestaltung der aufgabengerechten und sozialen Kontakte der Mitarbeiterinnen/Mitarbeiter innerhalb ihrer Organisationseinheit, zu den Führungskräften, zum Unternehmen, zum Konzern und zu den Mitarbeitervertretungen bedarf entsprechender Maßnahmen.

(2) Mitarbeiterinnen/Mitarbeiter mit einer außerbetrieblichen Arbeitsstätte können bei ihrer Führungskraft eine Mitarbeiterbesprechung für einen Tag beantragen, an dem sie betriebsbestimmt im Betrieb arbeiten werden, wenn dies aus Gründen der Zusammenarbeit (zB längere Abwesenheit) erforderlich erscheint. Bei der Terminierung sind die beiderseitigen Interessen angemessen zu berücksichtigen.

(3) Die Teilnahme an betrieblichen Versammlungen, Betriebsversammlungen und Betriebsratssprechstunden zählt als Arbeitszeit. Das Recht zur Teilnahme an Betriebsversammlungen und Betriebsratssprechstunden bleibt unberührt.

(4) Betriebsinterne Medien (Informationsumläufe, Rundschreiben, Mitarbeiterzeitschriften usw) sind rechtzeitig der Mitarbeiterin/dem Mitarbeiter zugänglich zu machen. Der/die Beschäftigte hat das Recht, sofern vorhanden, auch an der häuslichen Arbeitsstätte das unternehmensspezifische elektronische Informationssystem zu nutzen.

(5) Wegen der Teilnahme an der alternierenden Telearbeit darf die Mitarbeiterin/der Mitarbeiter beim beruflichen Fortkommen und bei der Teilnahme an internen und externen Weiterbildungs- und Qualifizierungsmaßnahmen nicht benachteiligt werden.

§ 9 Aufwandserstattungen

Folgende, durch die außerbetriebliche Arbeitsstätte bedingte Aufwendungen werden der Mitarbeiterin/dem Mitarbeiter erstattet:

1. Raum- und Energiebereitstellung

Für die Bereitstellung des Raumes sowie für Energie wird eine monatliche Pauschale in Höhe der für diesen Raum anteilig anfallenden Wohnkosten vergütet, mindestens aber 100 EUR. Diese Pauschale wird jährlich überprüft.

2. Telekommunikationskosten

Das Unternehmen erstattet gegen Nachweis sämtliche Telekommunikationsaufwendungen (zB Anschlusskosten, Kosten für den laufenden Betrieb), die an der außerbetrieblichen Arbeitsstätte anfallen.

3. Erstattung gegen Nachweis

Macht eine Mitarbeiterin/ein Mitarbeiter einen höheren Aufwand geltend, so wird dieser gegen Nachweis erstattet. Bei Meinungsverschiedenheiten wird der Betriebsrat hinzugezogen.

4. Fahrtkosten

Fahrkosten zwischen betrieblicher und außerbetrieblicher Arbeitsstätte werden grundsätzlich nicht erstattet, es sei denn, diese Fahrten werden angeordnet bzw betriebsbedingt notwendig.

5. Essengeldzuschuss

Der Essengeldzuschuss oder vergleichbare Leistungen aufgrund der außerbetrieblichen Arbeitsstätte in der Wohnung reduzieren sich anteilig entsprechend der Anzahl der Arbeitstage in der Betriebsstätte.

§ 10 Zugang zur häuslichen Arbeitsstätte

Der jeweilige Vertreter des Unternehmens sowie des Betriebsrats haben Zugang zur häuslichen Arbeitsstätte nach Zustimmung der Mitarbeiterin/des Mitarbeiters mit Voranmeldung. Dies gilt auch für die Begehung nach § 4. Die Verweigerung des Zutritts kann nur die Nichtteilnahme an der außerbetrieblichen Arbeitsstätte bzw ihre Aufgabe zur Konsequenz haben.

§ 11 Daten- und Informationsschutz

Auf den Schutz von vertraulichen Daten und Informationen gegenüber Dritten ist bei der häuslichen Arbeitsstätte besonders zu achten. Vertrauliche Daten und Informationen sind von Unternehmen und Mitarbeiterin/Mitarbeiter so zu schützen, dass Dritte keine Einsicht und/oder Zugriff nehmen können. Das Unternehmen hat organisatorisch und technisch die Sicherstellung des Datenschutzes zu gewährleisten.

§ 12 Qualifizierung

(1) Die Teilnehmerinnen und Teilnehmer an der Beschäftigung in außerbetrieblichen Arbeitsstätten sind umfassend zu unterrichten und zu qualifizieren. Neben einer Qualifizierung in der Handhabung der Technik (Hard- und Software) umfasst die Qualifizierung Unterweisungen insbesondere in

- der ergonomischen Gestaltung des Bildschirmarbeitsplatzes,
- Datenschutz und Datensicherung und
- Techniken des Selbstmanagements (u.a. Zeitmanagement).

(2) Im Übrigen gelten die gleichen Regelungen wie für betriebliche Arbeitsstätten.

§ 13 Haftung

(1) Die Haftung der Mitarbeiterin/des Mitarbeiters sowie der in dem jeweiligen Haushalt lebenden Familienangehörigen und von Besuchern für Beschädigung und Abhandenkommen der in der Wohnung eingesetzten Geräte und Hard- bzw Softwareeinrichtungen ist auf Vorsatz und grobe Fahrlässigkeit beschränkt. Der Arbeitgeber schließt eine gesonderte Versicherung ab.

(2) Die Haftungsbeschränkung auf Vorsatz und grobe Fahrlässigkeit bezieht sich auch auf Haftungsfälle wegen Verstoßes gegen das Bundesdatenschutzgesetz und auf berechtigte Schadenersatzansprüche Dritter, wenn sie in ursächlichem Zusammenhang mit der außerbetrieblichen Arbeitsstätte stehen.

(3) Aufrechnungserklärungen von Schadenersatzansprüchen des Unternehmens gegen den Entgeltanspruch der Mitarbeiterin/des Mitarbeiters sind nicht zulässig.

(4) Bei Meinungsverschiedenheiten im Schadensfall wird der Betriebsrat hinzugezogen. Hieraus dürfen sich für die Mitarbeiterin/den Mitarbeiter keine arbeitsrechtlichen Konsequenzen ergeben.

§ 14 Aufgabe der außerbetrieblichen Arbeitsstätte

(1) Die häusliche Arbeitsstätte kann von beiden Seiten ohne Angabe von Gründen mit einer Ankündigungsfrist von drei Monaten zum Ende des Kalendermonats aufgegeben werden. Für jedes Jahr des Bestehens der außerbetrieblichen Arbeitsstätte verlängert sich die Ankündigungsfrist um einen Monat. Maximal beträgt die Ankündigungsfrist sechs Monate. Bei der Kündigung/Aufgabe der Wohnung gelten diese Fristen nicht. Die Aufgabeankündigung hat schriftlich zu erfolgen.

(2) Wird die außerbetriebliche Arbeitsstätte aufgegeben, so sind die vom Unternehmen gestellten Arbeitsmittel vom Unternehmen abzuholen. Die Mitarbeiterin/der Mitarbeiter ist verpflichtet, hierfür den Zugang zu ermöglichen.

(3) Einen bevorstehenden Wohnungswechsel hat die Mitarbeiterin/der Mitarbeiter unverzüglich dem Unternehmen anzuzeigen. Soll die außerbetriebliche Arbeitsstätte aufrechterhalten bleiben, ist ein neues Antragsverfahren durchzuführen.

§ 15 Projektbegleitung

(1) Für die Planung, Durchführung und Kontrolle von Projekten zur Einführung von außerbetrieblichen Arbeitsstätten bzw der alternierenden Telearbeit wird eine Arbeitsgruppe „Telearbeit" eingerichtet, an der Betriebsräte beteiligt werden.

(2) Die Arbeitsgruppe „Telearbeit" hat insbesondere folgende Aufgaben wahrzunehmen:
- Auswahl geeigneter Tätigkeiten
- Auswahl von Mitarbeiterinnen und Mitarbeitern
- aufgaben- und menschengerechte Einrichtung der außerbetrieblichen Arbeitsstätten
- Sicherstellung des Arbeits- und Gesundheitsschutzes
- Sicherstellung der Integration der Mitarbeiterinnen und Mitarbeiter ins betriebliche Geschehen
- Gewährleistung von Schulungs- und Trainingsmaßnahmen sowie
- Institutionalisierung eines Erfahrungs- und Informationsaustausches.

(3) Über Pilotprojekte zur Einführung alternierender Telearbeit treffen Unternehmen und Betriebsrat eine ergänzende Vereinbarung, die als Anlage 2 Bestandteil dieser Betriebsvereinbarung wird.

§ 16 Schlussbestimmungen

(1) Es gelten die Bestimmungen der Betriebsvereinbarung „Konfliktregelungen bei der Arbeitszeitflexibilisierung".

(2) Die einschlägigen Regelungen der „Tarifverträge für ..." gelten auch für diese Betriebsvereinbarung.

(3) Interessierte Mitarbeiterinnen und Mitarbeiter werden über die Einrichtung außerbetrieblicher Arbeitsstätten umfassend und rechtzeitig informiert.

(4) Über die Projekte finden regelmäßig Gespräche zwischen dem zuständigen Vertreter des Unternehmens und dem Betriebsrat statt. Die Erfahrungen der Teilnehmerinnen und Teilnehmer an den Projekten werden ausgewertet.

(5) Die Zeit vom ... bis ... gilt als Erprobungsphase, während der die Betriebsvereinbarung mit einer Frist von drei Monaten zum Quartalsschluss schriftlich gekündigt werden kann. Danach kann sie mit einer Frist von sechs Monaten zum Jahresende ganz oder teilweise gekündigt werden. Die Kündigung hat schriftlich zu erfolgen. Bis zum Abschluss einer neuen Vereinbarung gelten die Regelungen dieser Vereinbarung weiter.

(6) Sollte eine Vorschrift dieser Vereinbarung nicht mit dem geltenden Recht im Einklang stehen und deshalb unwirksam sein, behalten die anderen Regelungen dieser Vereinbarung ihre Gültigkeit. Die unwirksame Regelung ist rechtskonform so auszulegen, dass sie dem beiderseitigen Wollen der Parteien entspricht.

§ 5 Betriebsvereinbarungen

Vereinbarung über die Errichtung, Nutzung und Auflösung einer außerbetrieblichen Arbeitsstätte in einer Mitarbeiterwohnung

Zwischen

der Firma ...

und

... (Vor- und Nachname des/der Beschäftigten)

Adresse: ...

Telefon-Nr. privat: ...

Kostenstelle: ...

Vertragsstunden pro Woche an der ABA: ...

wird folgende Vereinbarung getroffen:

§ 1 Grundlage

Grundlage dieser Vereinbarung ist die Betriebsvereinbarung über außerbetriebliche Arbeitsstätten vom ... . Zudem finden die betrieblichen Regelungen unverändert, gegebenenfalls sinngemäß, Anwendung, sofern in der o.a. Betriebsvereinbarung oder in dieser Vereinbarung ausdrücklich nichts anderes geregelt ist. Für die außerbetriebliche Arbeitsstätte in einer Wohnung gelten aufgrund Art. 13 Grundgesetz abweichende gesetzliche Bestimmungen. Ein Zutritt von Unternehmens- bzw Arbeitnehmervertretern bedarf der Zustimmung der Mitarbeiterin/des Mitarbeiters und kann erst nach dessen vorheriger Zustimmung erfolgen.

§ 2 Krankheit, Urlaub oder sonstige Arbeitsfreistellung

Aufgrund dieser Vereinbarung ergeben sich hierzu keine Änderungen hinsichtlich der Meldung von Krankheit, der Inanspruchnahme von Urlaub oder sonstiger Arbeitsfreistellung.

§ 3 Arbeitszeit/Mehrarbeit/Zeiterfassung

Die zu leistende Arbeitszeit ist die arbeitsvertraglich festgelegte durchschnittliche regelmäßige Arbeitszeit. Mindestens ... Stunden/Tage in der Woche arbeiten Sie in der betrieblichen Arbeitsstätte. Die Arbeitszeit in der häuslichen Arbeitsstätte verteilt sich wie folgt:

- montags ... Stunden
- dienstags ... Stunden
- mittwochs ... Stunden
- donnerstags ... Stunden
- freitags ... Stunden

Die gesetzlichen, tarifvertraglichen und betrieblichen Vorschriften zur Arbeitszeitgestaltung sind einzuhalten. Für Mehrarbeit gelten die gleichen Regelungen und Voraussetzungen wie für betriebliche Arbeitsstätten. Die Erfassung aller Arbeitszeiten erfolgt durch die Mitarbeiterin/den Mitarbeiter in einem Arbeitszeitnachweis in der Form eines Arbeitstagebuchs, das Sie monatlich Ihrem Vorgesetzten vorlegen.

§ 4 Arbeitsmittel

Sämtliche an der außerbetrieblichen Arbeitsstätte notwendigen Arbeitsmittel werden kostenlos zur Verfügung gestellt und dürfen nicht für private Zwecke benutzt werden. Diese Arbeitsmittel werden in einer Inventarliste festgehalten, die die Führungskraft führt. Der Auf- und Abbau der gestellten Arbeitsmittel sowie eine eventuelle Wartung bzw Reparatur erfolgt durch das Unternehmen. Wir sichern Ihnen zu, dass die in der Wohnung erforderlichen Geräte und deren Installation den gesicherten arbeitswissenschaftlichen Erkenntnissen und den technischen Sicherheitsstandards entsprechen.

Die Wartung der Geräte erfolgt nach Absprache mit der Fachabteilung an der häuslichen Arbeitsstätte. Für Ausfallzeiten an der häuslichen Arbeitsstätte besteht eine Lohnzahlungspflicht des Unternehmens.

§ 5 Kostenerstattung

Für die Bereitstellung des Raumes sowie für Energie wird eine monatliche Pauschale in Höhe der für diesen Raum anteilig anfallenden Wohnkosten vergütet, mindestens aber 100 EUR. Diese Pauschale wird jährlich überprüft.

§ 6 Daten- und Informationsschutz

Bei einer außerbetrieblichen Arbeitsstätte ist auf den Schutz von Daten und Informationen besonders zu achten. Vertrauliche Daten und Informationen sind von Ihnen so zu schützen, dass Dritte keine Einsicht und/oder Zugriff nehmen können. Das Unternehmen stellt den technischen und organisatorischen Datenschutz sicher. Der unmittelbare Vorgesetzte legt in Absprache mit dem Datenschutzbeauftragten fest, welche Daten zu Hause verarbeitet werden dürfen. In Zweifelsfragen kann der Mitarbeiter/die Mitarbeiterin jederzeit den betrieblichen Datenschutzbeauftragten hinzuziehen.

Unternehmenseigene Unterlagen dürfen nur aus dem Unternehmen genommen werden, wenn dies zur unmittelbaren Erfüllung der vereinbarten Arbeitsaufgabe notwendig ist. Welche Arbeitsunterlagen mit in die häusliche Arbeitsstätte genommen werden dürfen, obliegt der Zustimmung des unmittelbaren Vorgesetzten.

Ein privater PC darf für dienstliche Zwecke nicht genutzt werden.

§ 7 Versicherungsschutz

Arbeitsunfälle an einer außerbetrieblichen Arbeitsstätte sowie Wegeunfälle auf dem Weg zur betrieblichen Arbeitsstätte sind durch die Berufsgenossenschaft versichert. Das Unternehmen informiert die zuständige Berufsgenossenschaft. Im Zweifelsfall muss die Mitarbeiterin/der Mitarbeiter den Nachweis führen können, dass der Unfall sich bei einer versicherten Tätigkeit ereignet hat.

Bei Dienstreisen, die von der außerbetrieblichen Arbeitsstätte aus angetreten werden, besteht zusätzlich noch eine Unfallversicherung.

§ 8 Haftung

Die Haftung des Mitarbeiters/der Mitarbeiterin und der in seinem/ihrem Haushalt lebenden Familienangehörigen sowie von Besuchern für Beschädigung und Abhandenkommen der in der Wohnung eingesetzten Geräte und Hard- bzw Softwareeinrichtungen ist auf Vorsatz und grobe Fahrlässigkeit beschränkt.

Das Unternehmen deckt die o.a. Risiken durch die Betriebshaftpflicht ab bzw schließt eine gesonderte Versicherung für Schäden ab, die nicht durch die private Hausratversicherung des Arbeitnehmers gedeckt sind.

Im Übrigen übernimmt das Unternehmen Schadensersatzansprüche von Dritten, wenn diese berechtigt sind und ursächlich ein Zusammenhang mit der außerbetrieblichen Arbeitsstätte in der Wohnung besteht.

§ 9 Beendigungsbedingungen

Die außerbetriebliche Arbeitsstätte in der Wohnung des Mitarbeiters kann mit einer Ankündigungsfrist von drei Monaten aufgegeben werden. Pro Jahr des Bestehens der Arbeitsstätte verlängert sich die Ankündigungsfrist um einen Monat, maximal aber bis zu sechs Monaten. Bei Kündigung der Wohnung durch den Vermieter verkürzt sich die Ankündigungsfrist entsprechend. Die Aufgabeankündigung hat schriftlich zu erfolgen.

3. Muster: Auswahlrichtlinie gem. § 95 BetrVG

Zwischen

der Geschäftsführung R

in Vollmacht und Vertretung zugleich für die ... GmbH

und

dem Betriebsrat der Firma R ...

wird folgende Vereinbarung getroffen:

§ 1 Feststellung der horizontalen Vergleichbarkeit

Der Feststellung der horizontalen Vergleichbarkeit wird folgendes Funktionsschema zugrunde gelegt:

Leitungsebene	Sachbearbeitung	Monteure
Profitcenter-Leiter	Kundendienstmeister	Gebiets-/Kundendienstmonteur
Montagemeister	kfm. Mitarbeiter	Reparatur-/Modernisierungsmonteur
Engineering/Technik	Planung	
Controlling	Einkauf/Kalkulation	

§ 2 Festlegung der Mitarbeiterinnen/Mitarbeiter, die nicht in die Sozialauswahl einbezogen werden

In begründeten Einzelfällen (§ 1 Abs. 3 Satz 2 KSchG) behält sich der Arbeitgeber vor, einzelne Arbeitnehmerinnen und Arbeitnehmer, „deren Weiterbeschäftigung, insbesondere wegen ihrer Kenntnisse, Fähigkeiten und Leistungen oder zur Sicherung einer ausgewogenen Personalstruktur des Betriebes, im berechtigten betrieblichen Interesse liegt", mit Zustimmung des Betriebsrats einvernehmlich nicht in die Sozialauswahl mit einzubeziehen.

Die Auswahl der Arbeitnehmerinnen und Arbeitnehmer, die in den Kreis der Sozialauswahl nicht einbezogen werden, erfolgt anhand der Stellenbezeichnung, Qualifikation, Einsatzpotential sowie der Beurteilung nach Qualifikation und Leistung entsprechend der Auswahlrichtlinien (siehe Anlage 1).

§ 3 Sozialauswahl

Auf alle danach verbleibenden, horizontal vergleichbaren Mitarbeiterinnen und Mitarbeiter der Betriebsstätte findet anschließend eine Sozialauswahl gem. § 1 Abs. 3 Satz 1 KSchG statt. Die Sozialauswahl erfolgt im Rahmen der gesetzlichen Bestimmungen gemäß der in Anlage 2 ausgeführten Kriterien und Gewichtungen.

Das Ergebnis dieser Sozialauswahl ist verbindlich für alle im Rahmen der Betriebsänderungen zu treffenden Personalentscheidungen.

4. Muster: Auswahlrichtlinien

Zwischen

der Firma ...

und

dem Betriebsrat der Firma ...

wird folgende Betriebsvereinbarung über Auswahlrichtlinien getroffen:

§ 1 Zuständigkeit von Personalmanagement und Betriebsrat

(1) Jede Einstellung, Eingruppierung, Umgruppierung oder Versetzung von Mitarbeiterinnen und Mitarbeitern bedarf gem. § 99 BetrVG der Zustimmung des Betriebsrats. Dem Betriebsrat ist unter Vorlage der erforderli-

chen Unterlagen einschließlich etwaiger Bewerbungsunterlagen, auch etwaiger Blindbewerbungen, Auskunft über die geplanten Maßnahmen und deren Auswirkungen zu geben. Bei einer beabsichtigten Einstellung oder Veränderungen im Hinblick auf leitende Angestellte ist der Betriebsrat nach § 105 BetrVG zu unterrichten.

(2) Der Betriebsrat ist vor jeder Kündigung anzuhören. Unterliegt die Kündigung der Zustimmung des Betriebsrats, ist diese vor Ausspruch der Kündigung einzuholen.

(3) Das Personalmanagement ist ausschließlich zuständig für die Vorbereitung personeller Einzelmaßnahmen, die der Mitwirkung oder Mitbestimmung des Betriebsrats unterliegen, sowie für die Entgegennahme von Anträgen des Betriebsrats auf Entfernung betriebsstörender Arbeitnehmer gem. § 104 BetrVG.

§ 2 Entscheidungskriterien des Personalmanagements

(1) Das Personalmanagement hat seine Entscheidungen unter Berücksichtigung der gesetzlichen, tariflichen und betrieblichen Bestimmungen zu treffen.

(2) Personalpolitik, Personalentscheidungen und Personalbehandlung sollen dazu dienen, die freie Entfaltung der Persönlichkeit der im Betrieb beschäftigten Arbeitnehmer zu schützen und zu fördern, alle im Betrieb tätigen Personen nach Recht und Billigkeit zu behandeln, jegliche Diskriminierung von Personen aus Gründen ihrer Rasse, wegen ihrer ethnischen Herkunft, ihrer Nationalität, ihrer Religion oder Weltanschauung, ihrer Behinderung, ihres Alters, ihrer politischen oder gewerkschaftlichen Betätigung oder Einstellung oder wegen ihres Geschlechts oder ihrer sexuellen Identität zu unterlassen und die Eingliederung Schwerbehinderter oder sonstiger schutzbedürftiger Personen zu unterstützen.

§ 3 Bewerber

(1) Bei der Bewerberauswahl werden nur die aus dem Personalfragebogen oder aus sonstigen Unterlagen ersichtlichen Tatsachen zur Meinungsbildung herangezogen.

(2) Dem Betriebsrat wird im Rahmen des Zustimmungsverfahrens nach § 99 BetrVG auch Mitteilung zusammen mit den Bewerbungsunterlagen über diejenigen Bewerberinnen/Bewerber gemacht, die für eine engere Auswahl nicht in Betracht gekommen sind.

(3) Sofern dies der Betriebsrat wünscht, soll ihm Gelegenheit gegeben werden, eine Bewerberin/einen Bewerber innerhalb der Wochenfrist des § 99 BetrVG kennen zu lernen.

§ 4 Ausschreibung

(1) Alle zu besetzenden Arbeitsplätze, bei denen eine Ausschreibung verlangt oder vereinbart worden ist, werden zunächst innerbetrieblich ausgeschrieben.

(2) Bei der Auswahl zwischen einer/einem innerbetrieblichen oder außerbetrieblichen Bewerberin/Bewerber ist der/dem innerbetrieblichen Bewerberin/Bewerber durch das Personalmanagement bei gleicher Qualifikation der Vorzug zu geben.

§ 5 Versetzungen

(1) Mit den vorliegenden Auswahlrichtlinien werden nur Versetzungen aus personen- oder betriebsbedingten Gründen erfasst.

(2) Als Versetzung gilt die Zuweisung eines anderen Arbeitsbereichs mit einer erheblichen Änderung der Umstände, unter denen die Arbeit zu leisten ist, wenn sie die Dauer von einem Monat überschreitet. Werden Mitarbeiterinnen oder Mitarbeiter nach der Eigenart ihres Arbeitsverhältnisses üblicherweise nicht ständig an einem bestimmten Arbeitsplatz beschäftigt, gilt die Bestimmung des jeweiligen Arbeitsplatzes nicht als Versetzung, § 95 Abs. 3 BetrVG.

(3) Werden Mitarbeiterinnen oder Mitarbeiter wegen Nachlassens körperlicher Kräfte oder aufgrund ärztlicher Empfehlung aus personenbedingten Gründen versetzt, sind sie gegenüber anderweitigen Bewerberinnen/Bewerbern auf eine freie Stelle zu bevorzugen.

(4) Versetzungen aus betriebsbedingten Gründen hat das Personalmanagement im Rahmen der Personalplanung mit dem Betriebsrat vorzubesprechen.

§ 6 Versetzung auf geringerwertigen Arbeitsplatz

Wird eine Mitarbeiterin oder ein Mitarbeiter auf einen geringerwertigen Arbeitsplatz versetzt, gelten die gleichen Auswahlrichtlinien wie bei einer Kündigung.

§ 7 Versetzung auf höherwertigen Arbeitsplatz

Für die Versetzung auf einen höherwertigen Arbeitsplatz gelten die gleichen Auswahlrichtlinien wie bei einer Einstellung. Fachliche Eignung ist von gleicher Wertigkeit wie Betriebszugehörigkeit. Ein Recht auf bevorzugte Besetzung eines freien Arbeitsplatzes wird jedoch durch eine mehr als 15-jährige Betriebszugehörigkeit sowie durch eine im Betrieb erlittene Gesundheitsstörung erworben.

§ 8 Umgruppierung

Bei Umgruppierungen aufgrund von Beförderungen, Versetzungen oder Übertragung zusätzlicher Aufgaben gelten die gleichen Auswahlgrundsätze wie bei der Versetzung.

§ 9 Förderung von Auszubildenden

(1) Auszubildende sind, sobald sie ihren Ausbildungsabschluss erworben haben, unter Berücksichtigung ihrer fachlichen und persönlichen Befähigung im Vergleich mit sonstigen Bewerbern auf freie Stellen vorrangig einzustellen.

(2) Maßstab der fachlichen Befähigung ist das Schulwissen und der Berufsschulabschluss sowie die Ergebnisse der praktischen Prüfung des ehemaligen Auszubildenden.

§ 10 Mitteilungspflicht des Personalmanagements bei personenbedingten Kündigungen

(1) Das Personalmanagement hat bei personenbedingten Kündigungen alle Gründe, die nach den Grundsätzen der subjektiven Determination maßgeblich sind, dem Betriebsrat mitzuteilen.

(2) Das Personalmanagement hat unter Berücksichtigung des Alters, des Familienstandes, der Betriebszugehörigkeit und des beruflichen Werdegangs eine Weiterbeschäftigungsmöglichkeit auch nach zumutbaren Umschulungs- und Fortbildungsmaßnahmen zu prüfen und dem Betriebsrat das Ergebnis der Prüfung mitzuteilen. Dabei hat das Personalmanagement insbesondere mitzuteilen, welche Umschulungsmaßnahmen erwogen und welche Arbeitsplätze für eine Weiterbeschäftigung überprüft worden sind.

(3) Macht der Betriebsrat für die Weiterbeschäftigung auf bestimmten Arbeitsplätzen konkrete Vorschläge, so nimmt das Personalmanagement eine Überprüfung dieser Vorschläge vor.

(4) Ergibt sich aus Sicht des Personalmanagements und des Betriebsrats statt einer personenbedingten Kündigung die Möglichkeit zu einer Weiterbeschäftigung, so ist dem Arbeitnehmer vor Ausspruch der Kündigung der für eine Weiterbeschäftigung in Betracht kommende Arbeitsplatz anzubieten.

§ 11 Auswahlkriterien des Personalmanagements bei betriebsbedingten Kündigungen

(1) Betriebsbedingt gekündigt werden darf nur solchen Arbeitnehmerinnen und Arbeitnehmern, deren Arbeitsplatz durch eine Organisationsentscheidung in Wegfall gekommen ist. Nicht gekündigt werden darf solchen Mitarbeiterinnen und Mitarbeitern, die nach Umschulungs- und Fortbildungsmaßnahmen in dem Unternehmen in zumutbarer Zeit weiterbeschäftigt werden können.

(2) In eine Sozialauswahl hat das Personalmanagement diejenigen Mitarbeiterinnen und Mitarbeiter des Betriebes einzubeziehen, deren Tätigkeit gleichartig ist oder deren Arbeitsplätze untereinander austauschbar sind. Darüber, ob Tätigkeiten gleichartig sind, treffen im Zweifelsfalle Personalmanagement und Betriebsrat eine gemeinsame Bestimmung. Entsprechend § 1 Abs. 3 Satz 2 KSchG können Mitarbeiterinnen und Mitarbeiter aus der Sozialauswahl ausgenommen werden, deren Weiterbeschäftigung, insbesondere wegen ihrer Kenntnisse, Fähigkeiten und Leistungen oder zur Sicherung einer ausgewogenen Personalstruktur des Betriebes, im berechtigten betrieblichen Interesse liegt. Können sich Personalmanagement und Betriebsrat über die Vergleichbarkeit und/oder die Herausnahme von Leistungsträgern aus der Sozialauswahl nicht einigen, ist die Einigungsstelle anzurufen.

(3) Mitarbeiterinnen und Mitarbeiter, bei denen die vorgenannten Grundsätze zur betriebsbedingten Kündigung beachtet worden sind, sind im Rahmen der Sozialauswahl nach folgenden Kriterien und der sich hieraus ergebenden Wertigkeit und Rangfolge zu vergleichen:

1. Dauer der Betriebszugehörigkeit
2. Alter[30]
3. Unterhaltsverpflichtungen
4. Schwerbehinderung.

§ 12 Verstöße gegen die Betriebsvereinbarung

Soweit die Überprüfung von Verstößen gegen diese Betriebsvereinbarung nicht einem gesetzlichen Verfahren vorbehalten ist, können Personalmanagement und Betriebsrat die Einigungsstelle anrufen.

§ 13 Inkrafttreten

Diese Betriebsvereinbarung tritt am ... in Kraft. Sie kann mit einer Frist von drei Monaten zum Quartalsende gekündigt werden.

5. Muster: Auswahlrichtlinien bei Kündigungen

Zwischen

der Firma ...

und

dem Betriebsrat der Firma ...

wird die nachfolgende Betriebsvereinbarung über Auswahlrichtlinien für personelle Maßnahmen geschlossen:

§ 1

Bei Wegfall von Arbeitsplätzen aus betrieblichen Gründen ist vorrangig zu prüfen, ob die Weiterbeschäftigung der betroffenen Arbeitnehmerinnen und Arbeitnehmer auf anderen, freien Arbeitsplätzen, ggf auch zu ungünstigeren Bedingungen, möglich ist.

§ 2

Im Rahmen von § 1 ist zu prüfen, ob eine Umschulungs- bzw Fortbildungsmaßnahme in Betracht kommt. Eine Umschulungs- bzw Fortbildungsmaßnahme kommt nur dann in Betracht, wenn die Arbeitnehmerin/der Ar-

---

30 Die Berücksichtigung des Lebensalters im Rahmen der Sozialauswahl nach § 1 Abs. 3 Satz 1 KSchG stellt eine an das Alter anknüpfende unterschiedliche Behandlung im Sinne des AGG dar. Sie ist jedoch gemäß § 10 Satz 1 und 2 AGG gerechtfertigt. Auch die Bildung von Altersgruppen kann nach § 10 Satz 1 und 2 AGG durch legitime Ziele gerechtfertigt sein. Davon ist regelmäßig auszugehen, wenn die Altersgruppenbildung bei Massenkündigungen aufgrund einer Betriebsänderung erfolgt (BAG 6.11.2008 – 2 AZR 523/07, NZA 2009, 361).

beitnehmer damit einverstanden, die Maßnahme für das Unternehmen zumutbar und im Anschluss an die Maßnahme eine Weiterbeschäftigung im Unternehmen möglich ist.

§ 3

Sind betriebsbedingte Kündigungen dennoch unvermeidbar, werden von der Werks-/Personalleitung nach Absprache mit dem Betriebsrat in den Kreis der miteinander vergleichbaren Mitarbeiterinnen und Mitarbeiter alle einbezogen, deren Funktion auch von der Mitarbeiterin/dem Mitarbeiter wahrgenommen werden kann, dessen Arbeitsplatz weggefallen ist. Vergleichbar in diesem Sinne sind diejenigen Mitarbeiterinnen/Mitarbeiter, die aufgrund ihrer betrieblichen Tätigkeit und beruflichen Qualifikation ohne längere Einarbeitungszeit gegenseitig austauschbar sind.

§ 4

In die soziale Auswahl sind Mitarbeiterinnen/Mitarbeiter nicht einzubeziehen, deren Weiterbeschäftigung insbesondere wegen ihrer Kenntnisse, Fähigkeiten und Leistungen oder zur Sicherung einer ausgewogenen Personalstruktur des Betriebes im berechtigten betrieblichen Interesse liegt, dh betriebstechnische, wirtschaftliche oder sonstige betriebliche Bedürfnisse eine Weiterbeschäftigung bedingen.

Abgesehen von der Darlegung individueller Kriterien können Arbeitnehmer aus dem Kreis der vergleichbaren Arbeitnehmer herausgenommen werden, wenn das berechtigte Interesse an der Sicherung einer ausgewogenen Personalstruktur des Betriebes die Weiterbeschäftigung eines oder mehrerer bestimmter Arbeitnehmer bedingt.

§ 5

Unter den verbleibenden Mitarbeiterinnen/Mitarbeitern wird die individuelle Auswahl nach den gesetzlichen sozialen Grunddaten Dauer der Betriebszugehörigkeit, Lebensalter und Unterhaltsverpflichtungen durchgeführt.

6. Muster: Betriebliches Vorschlagswesen[31]

Zwischen

der Firma ...

und

dem Betriebsrat (besteht ein Gesamtbetriebsrat, durch diesen) der Firma ...

wird gem. § 87 Abs. 1 Nr. 12 BetrVG folgende Betriebsvereinbarung für die Bewertung von Verbesserungsvorschlägen geschlossen:

§ 1 Geltungsbereich

Die Vereinbarung gilt für alle Arbeitnehmer iSd § 5 Abs. 1 BetrVG.

§ 2 Verbesserungsvorschlag

(1) Jede Idee und Anregung, die dazu beiträgt, einen betrieblichen Zustand zu verbessern, gilt als Verbesserungsvorschlag im Sinne dieser Vereinbarung, es sei denn, sie ist patent- und gebrauchsmusterfähig oder ein qualifizierter technischer Verbesserungsvorschlag nach § 20 Abs. 1 ArbnErfG (vgl aber § 14 Abs. 2 dieser Betriebsvereinbarung).

(2) Ein Verbesserungsvorschlag kann beispielsweise beinhalten:

a) Verbesserung der Arbeitssicherheit, des Gesundheitsschutzes und Erhöhung der Betriebssicherheit,

---

31 Quelle: *Schoden*, Betriebliche Arbeitnehmererfindungen und betriebliches Vorschlagswesen, 1995, S. 268–274.

b) Zweckmäßigkeit von Arbeitsverfahren und Arbeitsplatzgestaltung,

c) Einsatz und bessere Ausnutzung maschineller und anderer technischer Hilfsmittel aller Art,

d) Verbesserung der Qualität, Reduzierung von Ausschuss und Fehlern,

e) Einsparung von Material oder Betriebsmittelkosten oder sonst notwendiger Aufwendungen,

f) Verbesserung der Sozialeinrichtungen oder der Organisation der Sozialeinrichtungen,

g) Verbesserung des Umweltschutzes.

§ 3 Einreichen von Verbesserungsvorschlägen

(1) Verbesserungsvorschläge können schriftlich oder mündlich von einzelnen oder als Gruppenvorschlag von mehreren Belegschaftsmitgliedern gemeinsam eingebracht oder vorgebracht werden. Werden sie mündlich vorgebracht, hat die Geschäftsstelle den Vorschlag schriftlich zu formulieren oder bei der Formulierung zu helfen und von dem oder den Einreichern unterschreiben zu lassen. Soweit Vordrucke vorhanden sind, sollen diese genutzt werden.

(2) Der Eingang eines Vorschlages ist dem Einsender unverzüglich schriftlich zu bestätigen. Gleichzeitig ist ihm die Nummer, unter der sein Vorschlag registriert ist, von der Geschäftsstelle mitzuteilen.

§ 4 Organe des betrieblichen Vorschlagswesens

Die Organe des betrieblichen Vorschlagswesens sind: die Geschäftsstelle (§ 5); der Bewertungsausschuss (§ 6); und der Berufungsausschuss (§ 7).

§ 5 Geschäftsstelle

(1) Der Arbeitgeber hat eine Geschäftsstelle zu bilden. Die Geschäftsstelle besteht aus dem Leiter und je nach den betrieblichen Notwendigkeiten aus der erforderlichen Zahl von Sachbearbeitern bzw. einem Beauftragten für das Vorschlagswesen.

(2) Die Geschäftsstelle hat folgende Aufgaben:

a) die Vorschläge zu registrieren und zu bestätigen (§ 3 Abs. 2),

b) den Vorschlagenden bei der Abfassung und Formulierung ihrer Vorschläge behilflich zu sein,

c) die Schutzfähigkeit der Verbesserungsvorschläge, gegebenenfalls in Verbindung mit einer Patentabteilung, zu überprüfen (vgl § 16 Abs. 2–4),

d) evtl nötige Stellungnahmen der zuständigen Betriebs- und Abteilungsleiter einzuholen,

e) die Sitzungen des Bewertungsausschusses und Berufungsausschusses vorzubereiten,

f) abschließende Erledigungen aufgrund der Entscheidung der Ausschüsse,

g) Intensivierung und Förderung von Maßnahmen für das betriebliche Vorschlagswesen.

(3) In kleineren Betrieben werden die Aufgaben der Geschäftsstelle durch den Beauftragten für das betriebliche Vorschlagswesen wahrgenommen.

§ 6 Der Bewertungsausschuss

(1) Zusammensetzungen

a) Es wird ein Bewertungsausschuss gebildet, der sich paritätisch zusammensetzt. Der Arbeitgeber benennt seine Vertreter. Der Betriebsrat benennt die Vertreter der Arbeitnehmer.

b) Je ein Arbeitgeber- und ein Arbeitnehmervertreter wechseln sich jährlich im Vorsitz ab.

(2) Geschäftsführung

a) Die Geschäftsführung des Ausschusses obliegt der Geschäftsstelle.

b) Der Leiter der Geschäftsstelle nimmt an den Sitzungen beratend teil, soweit er nicht als Vertreter der Geschäftsstelle zu den stimmberechtigten Mitgliedern gehört.

Spirolke

c) Der Ausschuss tritt monatlich einmal oder nach Bedarf zusammen.

d) Er ist beschlussfähig, wenn mindestens je die Hälfte der Arbeitgeber- und Arbeitnehmermitglieder anwesend sind. Beide Seiten können Ersatzvertreter bestimmen.

e) Beschlüsse werden mit einfacher Stimmenmehrheit gefasst. Bei Stimmengleichheit entscheidet die Stimme des jeweiligen Vorsitzenden.

f) Der Bewertungsausschuss kann Gutachten anfordern und Sachverständige beratend hinzuziehen.

g) Die Sitzungen sind nicht öffentlich, die Beratungen sind vertraulich zu behandeln. Das gilt nicht gegenüber Arbeitgeber und Betriebsrat. Über jede Sitzung ist ein Protokoll anzufertigen und von allen Mitgliedern zu unterschreiben.

h) Hat der Bewertungsausschuss über einen Verbesserungsvorschlag eines seiner Mitglieder oder von Familienangehörigen zu entscheiden, so darf dieses Mitglied an der Beratung und Entscheidung über seinen Vorschlag nicht teilnehmen. Für diesen Fall hat die jeweilige Gruppe einen Vertreter zu bestimmen.

(3) Aufgaben des Bewertungsausschusses

Der Bewertungsausschuss hat die Aufgaben:

a) über die Zugehörigkeit des Einsenders zum Geltungsbereich nach § 1 dieser Vereinbarung zu entscheiden,

b) zu entscheiden, ob ein Verbesserungsvorschlag iSv § 2 vorliegt,

c) die Vergütung anhand der Vergütungsrichtlinien festzusetzen,

d) dem Einsender über das Ergebnis der Prüfung und Bewertung einen schriftlichen Bescheid zu erteilen,

e) die Überprüfung nach § 12 vorzunehmen.

§ 7 Der Berufungsausschuss

(1) Es kann ein Berufungsausschuss gebildet werden, der über die Einsprüche nach § 9 Abs. 2 entscheidet.

(2) Für seine Einrichtung, Zusammensetzung und Geschäftsführung gelten die gleichen Prinzipien wie für den Bewertungsausschuss.

(3) Die Mitglieder des Bewertungsausschusses können nicht Mitglieder des Berufungsausschusses ein.

§ 8 Behandlung der Verbesserungsvorschläge

(1) Verbesserungsvorschläge sind der Geschäftsstelle zuzuleiten. Sie kann Annahmestellen einrichten. Andere Stellen des Betriebes bzw des Unternehmens, denen Vorschläge bekannt werden, haben diese unverzüglich in verschlossenem Umschlag an die Geschäftsstelle weiterzuleiten.

(2) Um eine möglichst gerechte Beurteilung herbeizuführen, ist es notwendig, jeden eingereichten Vorschlag anonym zu behandeln. Deshalb hat die Geschäftsstelle jeden Vorschlag sofort mit einer Registriernummer zu versehen. Die weitere Behandlung des Vorschlages darf nur unter der Registriernummer erfolgen, der Name des Vorschlagenden darf nicht in Erscheinung treten.

(3) Die Unterlagen, aus denen sich ergibt, welche Namen der jeweiligen Registriernummer zugeordnet sind, sind unter Verschluss zu halten.

(4) Für die Priorität eines Vorschlages ist das Eingangsdatum maßgebend. In Zweifelsfällen wird eine Klärung in einer Besprechung mit allen Beteiligten versucht.

§ 9 Bewertungsbescheid und Einsprüche

(1) Über das Ergebnis der Prüfung und Bewertung erhält der Einsender einen schriftlichen Bescheid des Bewertungsausschusses, wenn die Prüfung länger als zwei Monate dauert, einen Zwischenbescheid.

(2) Gegen Entscheidungen des Bewertungsausschusses steht sowohl dem Einsender als auch dem Arbeitgeber das Recht des Einspruches zu. Er ist binnen einer Frist von einem Monat nach Zustellung des Bescheides

bei der Geschäftsstelle einzulegen. Der Bewertungsausschuss überprüft in diesem Fall nochmals seine Entscheidung.

(3) Ändert der Bewertungsausschuss seine Entscheidung nicht ab oder ist der Widersprechende auch mit der neuen Entscheidung nicht einverstanden, dann ist der Vorschlag dem Berufungsausschuss vorzulegen.

(4) Gegen die Entscheidung des Berufungsausschusses steht der Rechtsweg zum Arbeitsgericht innerhalb von drei Monaten nach Zustellung der Entscheidung des Berufungsausschusses offen. Entsprechendes gilt, wenn kein Berufungsausschusses besteht.

§ 10 Vergütung (Prämie)

Alle Verbesserungsvorschläge werden nach folgenden Kategorien vergütet:

1. Vorschläge, deren Nichtverwertung der Arbeitgeber zu vertreten hat, sind so zu vergüten, als ob sie ausgeführt wurden.

2. Vorschläge, die nicht ausgeführt werden können oder keinen Nutzen bringen, bei denen jedoch ein persönliches Bemühen des Einsenders anzuerkennen ist, sind mit einem Anerkennungsschreiben und einer Geld- oder Sachprämie in angemessener Höhe zu vergüten.

3. Ist der Kostenvorteil, der durch den Verbesserungsvorschlag entsteht, nicht genau zu bestimmen, wird die Prämie durch den Bewertungsausschuss unter Berücksichtigung des Bewertungsschemas festgesetzt.

4. Die Vergütung für Vorschläge, deren Kostenvorteil nicht erfassbar ist, ist ebenso wie die für Vorschläge, bei denen der Kostenvorteil errechenbar ist, nach oben hin nicht begrenzt.

5. Für Vorschläge, die zu errechenbaren Ersparnissen führen, wird während der Nutzungsdauer eine jährliche oder eine einmalige Vergütung gezahlt.

6. Die Festsetzung der Vergütung erfolgt nach Ablauf einer zwölfmonatigen Nutzungsdauer. Vorher sind angemessene Abschlagszahlungen zu leisten. Abschlagszahlungen sind auch zu leisten, wenn der Nutzen des Vorschlags nicht errechenbar ist.

§ 11 Prämienberechnung

(1) Als Grundlage zur Prämienberechnung dienen – entsprechend dem Bewertungsschema 1 – alle rechnerisch erfassbaren Ersparnisse, die sich während einer zwölfmonatigen Nutzungszeit ergeben, wenn man den Betriebszustand ohne die vorgeschlagene Verbesserung mit dem Betriebszustand nach Durchführung der Verbesserung unter sonst gleichen Bedingungen vergleicht.

(2) Von diesem Betrag erhält der Vorschlagende jährlich x % (5–30 %, bei einmaliger Vergütung 30–60 %).

(3) Gemeinkosten werden dabei nicht berücksichtigt; Investitionen nur in Höhe der steuerlichen Abschreibung.

(4) Eine Begrenzung in der Höhe der Vergütung oder eine Degression ist ausgeschlossen.

(5) In geeigneten Fällen kann auch eine Umsatzerhöhung der Prämienberechnung zugrunde gelegt werden.

§ 12 Nachbewertung

Ist eine einmalige Vergütung bezahlt worden, hat der Vorschlagende das Recht, bei wesentlich geänderten Umständen eine Neuberechnung zu verlangen. Die Neuberechnung kann auch in der Weise erfolgen, dass an die Stelle der einmaligen Vergütung eine laufende Vergütung tritt. In diesem Fall ist die bereits erfolgte Zahlung entsprechend zu berücksichtigen.

§ 13 Zusatzprämie, Förderungsmaßnahmen

(1) Eine Zusatzprämie iHv 10–20 % der ermittelten Vergütung erhalten die Beschäftigten, die aufgrund ihrer Ausbildung und Stellung im Unternehmen weniger oder keinen Einfluss haben (Auszubildende, Hilfs- und angelernte Arbeiter).

(2) Einreicher, die sich durch mehrere gute Verbesserungsvorschläge ausgezeichnet haben, werden bei Förderungsmaßnahmen bevorzugt berücksichtigt.

§ 14 Rechte und Schutz des Einsenders

(1) Grundsatz des betrieblichen Vorschlagswesens muss es sein, Ideen und Gedankengut des Einreichers zu schützen.

(2) Vorschläge, bei denen zu erwarten ist, dass sie Arbeitnehmererfindungen oder qualifizierte technische Verbesserungsvorschläge iSd § 20 Abs. 1 ArbNErfG sind, müssen der zuständigen Patentabteilung zugeleitet werden. Über das Ergebnis der Beurteilung ist der Einsender zu unterrichten. Falls der Vorschlag patent- oder gebrauchsmusterfähig ist, muss der Einsender rechtzeitig informiert werden. In diesem Fall regeln sich die Rechtsbeziehungen nach den Bestimmungen des Gesetzes über Arbeitnehmererfindungen vom 25.7.1959.

(3) Das Datum der Übergabe des Verbesserungsvorschlages an die Patentabteilung gilt (damit) als Meldedatum einer Diensterfindung nach § 5 ArbNErfG.

(4) Vorschläge, für die Schutzrechte beantragt, aber nicht gewährt werden, müssen erneut als Vorschläge im Sinne dieser Vereinbarung behandelt werden.

(5) Nach der Installierung von Anlagen und Aufnahme der Produktion sind Sperrfristen für die Einreichung von Verbesserungsvorschlägen ausgeschlossen.

(6) Einsender von Vorschlägen, die während der Bearbeitungszeit ihres Vorschlages – aus welchen Gründen auch immer – aus dem Unternehmen ausscheiden, behalten alle Rechte, die sich aus dieser Vereinbarung ergeben.

(7) Der Vergütungsanspruch geht im Falle des Ablebens auf die gesetzlichen Erben des Einsenders über.

§ 15 Kündigung

Diese Betriebsvereinbarung kann mit einer Frist von drei Monaten jeweils zum Jahresende gekündigt werden.

↑

7. Muster: Betriebliches Vorschlagswesen im Bereich der Metallindustrie[32]

↓

Zwischen

der Firma ...

und

dem Betriebsrat der Firma ...

wird nachstehende Betriebsvereinbarung über das betriebliche Vorschlagswesen geschlossen.

1. Teil: Allgemeine Bestimmungen

Das betriebliche Vorschlagswesen soll dazu dienen, durch die Mitarbeit und das Mitdenken der gesamten Belegschaft die Wirtschaftlichkeit sowie das gute Einvernehmen und die Arbeitssicherheit im Betrieb zu fördern. Es hat die Aufgabe, Ideen nutzbar zu machen und ihre angemessene Anerkennung zu sichern.

§ 1 Verbesserungsvorschläge

Verbesserungsvorschläge sind Anregungen, die durch Umstellung und Änderung eine Verbesserung bestehender Methoden, eine höhere oder bessere Produktion, eine Vereinfachung des Arbeitsverfahrens, Ersparnisse von Arbeitszeit oder Material oder eine Erhöhung der Sicherheit anstreben. Dazu zählen auch Vorschläge, die der Zusammenarbeit, der Ordnung oder der Sauberkeit im Betrieb dienen.

---

32 Quelle: Gesamtverband der metallindustriellen Arbeitgeberverbände e.V. (Stand: 1997).

Ein Verbesserungsvorschlag liegt jedoch nur dann vor, wenn
- eine Verbesserung gegenüber dem bisherigen Zustand erreicht wird,
- seine Einführung rentabel ist oder die Sicherheit erhöht, Gesundheitsgefährdungen oder Umweltbelastungen verringert, das Firmenansehen steigert oder der guten Zusammenarbeit im Betrieb dient und
- ohne die Anregung des Einreichers diese Verbesserung nicht durchgeführt worden wäre.

Der Vorschlag darf nicht lediglich einen bestehenden Zustand bemängeln, sondern muss eine Lösung des Problems enthalten.

Als Verbesserungsvorschläge in diesem Sinne gelten nur solche Vorschläge, bei denen eine über den Rahmen des sich aus dem Arbeitsverhältnis ergebenden Aufgabenbereichs des Einreichers hinausgehende Leistung vorliegt. Der Aufgabenbereich ist abhängig von der Stellung des Einreichers; er umfasst alle Tätigkeiten und Überlegungen des Mitarbeiters, die bei der Erfüllung seiner Aufgaben im Betrieb von ihm erwartet werden können.

Ein Verbesserungsvorschlag im Sinne dieser Definition liegt nicht vor im Fall einer patent- oder gebrauchsmusterfähigen Erfindung oder eines technischen Verbesserungsvorschlages, der dem Betrieb eine ähnliche Vorzugsstellung einräumt wie ein gewerbliches Schutzrecht. In diesen Fällen ist das Gesetz über Arbeitnehmererfindungen anzuwenden.

§ 2 Teilnahmeberechtigte am betrieblichen Vorschlagswesen

Verbesserungsvorschläge können von allen Mitarbeitern, einschließlich der Auszubildenden, Praktikanten und Werkstudenten, eingereicht werden.

§ 3 Einreichen des Verbesserungsvorschlages

Ein Verbesserungsvorschlag kann von einem einzelnen Mitarbeiter oder von mehreren Mitarbeitern gemeinsam (Gruppenvorschlag) beim Beauftragten für das betriebliche Vorschlagswesen schriftlich eingereicht oder mündlich vorgetragen werden. Hierdurch erklärt sich der Einreicher damit einverstanden, dass sein Vorschlag ausschließlich nach den Bestimmungen dieser Betriebsvereinbarung behandelt wird.

Bestimmte Teile des Vorschlags können auf Wunsch des Einreichers anonym bearbeitet werden, soweit das Verfahren dies zulässt.

Ist der Verbesserungsvorschlag eine Diensterfindung, so wird der Erfinder durch die Einreichung nicht von seiner Meldepflicht nach § 5 des Gesetzes über Arbeitnehmererfindungen befreit.

2. Teil: Organisation des betrieblichen Vorschlagswesens

§ 4 Beauftragter für das betriebliche Vorschlagswesen

Die Geschäftsleitung bestimmt einen Beauftragten für das betriebliche Vorschlagswesen. Dieser bearbeitet die eingereichten Verbesserungsvorschläge und trägt die Verantwortung für ihre ordnungsgemäße Behandlung. Er hat insbesondere den Einreicher zu beraten; das persönliche Gespräch soll das Vertrauen zum betrieblichen Vorschlagswesen fördern und dem Einreicher die Möglichkeit geben, seine Ideen näher zu erläutern.

§ 5 Prüfungsausschuss

Der Prüfungsausschuss setzt sich zusammen aus dem Vorsitzenden, der von der Geschäftsleitung benannt wird und mit dem Beauftragten für das betriebliche Vorschlagswesen personengleich sein kann, zwei weiteren ständigen Mitgliedern aus den für die Beurteilung der Vorschläge wichtigen Bereichen, die ebenfalls von der Geschäftsleitung bestimmt werden, sowie aus zwei vom Betriebsrat benannten Vertretern der Mitarbeiter.

Der Prüfungsausschuss hat die Aufgabe, die ihm von dem Beauftragten für das betriebliche Vorschlagswesen vorgelegten Verbesserungsvorschläge zu prüfen und, falls der Verbesserungsvorschlag zur Verwirklichung angenommen wird, der Geschäftsleitung eine Vorschlagsprämie vorzuschlagen.

3. Teil: Bearbeitung der Verbesserungsvorschläge

§ 6 Eingangsbestätigung

Der Eingang eines Verbesserungsvorschlages wird schriftlich unter Hinweis auf die vom Einreicher anerkannten Bestimmungen dieser Betriebsvereinbarung bestätigt.

§ 7 Vorbereitung

Der Beauftragte für das Betriebliche Vorschlagswesen registriert die eingereichten Verbesserungsvorschläge mit dem Zeitpunkt des Eingangs und bringt sie gegebenenfalls in eine zweckmäßige Form. Er kann bei den fachlich zuständigen Abteilungen Stellungnahmen einholen und trifft alle Maßnahmen, die zur Vorbereitung der Prüfung durch den Ausschuss erforderlich sind.

§ 8 Verfahren im Prüfungsausschuss

Der Prüfungsausschuss schlägt der Geschäftsleitung die Annahme, Anerkennung oder Ablehnung der Verbesserungsvorschläge sowie im Falle der Annahme eine Vorschlagsprämie vor; für den Fall der Anerkennung empfiehlt er eine Anerkennungsprämie oder Sachzuwendung. Er beschließt mit Stimmenmehrheit. Er kann Sachverständige ohne Stimmrecht hinzuziehen.

Die Teilnehmer an den Sitzungen des Ausschusses müssen den Inhalt der Beratungen vertraulich behandeln.

Die Ergebnisse der Beratungen des Ausschusses werden in einer Niederschrift festgehalten, die von dem Vorsitzenden und zwei weiteren Mitgliedern des Ausschusses unterschrieben wird. Im Falle der Annahme muss diese Niederschrift bis zum Ablauf des fünften Jahres nach dem Jahr der Zuerkennung der Vorschlagsprämie aufbewahrt werden.

§ 9 Prioritäten

Falls zwei oder mehr Vorschläge dem Sinne nach übereinstimmen, kann nur der zuerst eingegangene angenommen werden.

Will eine betriebliche Stelle die Priorität für einen Gedanken geltend machen, so weist sie diese gegenüber dem Prüfungsausschuss durch schriftliche Unterlagen nach; in diesem Falle findet eine weitere Prüfung und Beratung durch den Prüfungsausschuss nicht statt.

Wird ein zunächst abgelehnter Vorschlag später durchgeführt, so behandelt der Prüfungsausschuss den Vorschlag unter Wahrung der Priorität des Einreichers erneut. Wenn ein später eingereichter Vorschlag gleichen oder ähnlichen Inhalts Anlass für die Durchführung war, kann der Prüfungsausschuss auch eine Aufteilung der Prämie nach billigem Ermessen vorschlagen.

Alternative:

Wird ein zunächst abgelehnter Vorschlag später durchgeführt, so behandelt der Prüfungsausschuss den Vorschlag unter Wahrung der Priorität des Einreichers erneut. Ein zunächst abgelehnter Vorschlag bleibt, vom Datum der Eingangsbestätigung an gerechnet, zwei Jahre lang prämienberechtigt. Die Prämienberechtigung kann um weitere zwei Jahre verlängert werden, wenn der Vorschlag vor Auslaufen der ersten Schutzfrist erneut eingereicht, dh verlängert wird.

Wird ein zunächst abgelehnter Vorschlag anlässlich eines gleichen oder ähnlichen Vorschlages durch einen weiteren Einreicher innerhalb der Schutzfrist doch durchgeführt, so bleibt die Priorität des ersten Einreichers erhalten. Die Anregung des Zweiteinreichers kann außerdem entsprechend gewertet werden.

4. Teil: Bewertung und Prämierung

§ 10 Vorschlagsprämie

Für Verbesserungsvorschläge, die zur Verwirklichung angenommen sind, erhalten die Einreicher eine Vorschlagsprämie. Ihre Höhe wird jeweils auf Vorschlag des Prüfungsausschusses von der Geschäftsleitung festgesetzt.

Für Vorschläge, die eine errechenbare Ersparnis bringen, zB an Zeit, Energie, Ausschuss, Reparatur- und/oder Wiederbeschaffungskosten, Betriebs- und/oder Hilfsstoffen, errechnet sich die Prämie nach der Ersparnis im ersten Anwendungsjahr. Erfordert die Errechnung der Ersparnis einen unverhältnismäßigen Aufwand, so kann sie geschätzt oder die Vorschlagsprämie in entsprechender Anwendung des folgenden Absatzes ermittelt werden.

Für Verbesserungsvorschläge, die keine errechenbare Ersparnis, jedoch einen sonstigen Vorteil bringen, insbesondere hinsichtlich der Arbeitssicherheit, Arbeitsplatzgestaltung, Qualitätsverbesserung usw, schlägt der Prüfungsausschuss die Vorschlagsprämie nach folgendem Stufenplan vor:

Stufe I: Ausgezeichnet
Stufe II: sehr gut
Stufe III: Gut
Stufe IV: Befriedigend
Stufe V: Ausreichend

Wird ein Verbesserungsvorschlag von mehreren Einreichern gemacht (Gruppenvorschlag), so erfolgt die Verteilung der Prämie nach dem von den Einreichern gewünschten Aufteilungsmaßstab; andernfalls wird die Prämie zu gleichen Teilen ausgezahlt.

§ 11 Anerkennungsprämie

Für Vorschläge, die nicht durchgeführt werden, kann der Prüfungsausschuss eine Anerkennungsprämie oder eine Sachzuwendung vorschlagen, wenn die umsichtige und interessierte Mitarbeit des Einreichers anzuerkennen ist.

§ 12 Weiterbearbeitung nach der Entscheidung

Die Entscheidung über den Vorschlag wird dem Einreicher schriftlich bekannt gegeben. Eine Ablehnung ist zu begründen. Die Vorschlagsprämie oder Sachzuwendung wird in angemessener Form überreicht.

Die Gewährung der Vorschlagsprämie oder Sachzuwendung wird der Belegschaft in geeigneter Weise bekannt gegeben. Der Einreicher kann wünschen, dass sein Name hierbei nicht genannt wird.

Ist der Einreicher mit der Ablehnung seines Vorschlages nicht einverstanden und kann er bisher nicht berücksichtigte, wesentliche Gesichtspunkte geltend machen, so ist er berechtigt, innerhalb von drei Monaten nach Zugang des schriftlichen Bescheids die Durchführung eines zweiten Prüfungsverfahrens beim Beauftragten für das betriebliche Vorschlagswesen zu beantragen, in welchem die Einspruchsgründe zu berücksichtigen sind.

§ 13 Verwirklichung des Verbesserungsvorschlages

Im Auftrage der Geschäftsleitung informiert der Beauftragte für das betriebliche Vorschlagswesen die zuständigen betrieblichen Stellen über die erfolgte Annahme des Verbesserungsvorschlages und beobachtet dessen Durchführung.

§ 14 Ergänzendes Prüfungsverfahren

Treten bei der Durchführung innerhalb des ersten Anwendungsjahres wesentliche neue Gesichtspunkte auf, die bei der Entscheidung über die Höhe der Vorschlagsprämie nicht zu Gunsten des Einreichers berücksichtigt worden sind, so kann in seinem Interesse spätestens bis Ablauf des zweiten Anwendungsjahres ein ergänzendes Prüfungsverfahren eingeleitet werden.

Dies gilt auch bei Verfahrensfehlern oder Fehlberechnungen.

5. Teil: Zusatzbestimmungen

§ 15 Weitergabe an Dritte

Verbesserungsvorschläge dürfen ohne Einverständnis der Geschäftsleitung nicht an Dritte weitergegeben werden. Die Geschäftsleitung kann dem Einreicher gestatten, seinen Verbesserungsvorschlag anderweitig zu verwerten.

§ 16 Sperrfristen

Beim Anlauf neuer Fertigungen werden von der Geschäftsleitung ggf Sperrfristen festgelegt, während derer Vorschläge nicht entgegengenommen werden, die sich auf diese neuen Fertigungen beziehen. Die Dauer dieser Sperrfristen soll so kurz wie möglich bemessen sein.

§ 17 Gewährleistungspflichten Dritter

Vorschläge, die neue Einrichtungen oder Maschinen betreffen, werden nur dann entgegengenommen, wenn die Haftung des Lieferanten nicht beeinträchtigt wird oder der Lieferant sein Einverständnis zur Durchführung des Verbesserungsvorschlages gibt.

§ 18 Versuche

Soweit zur Erprobung neuer Gedanken im Hinblick auf künftige Verbesserungsvorschläge Versuche notwendig erscheinen, bedürfen diese der Zustimmung des sachlich zuständigen Vorgesetzten, die der Beauftragte für das Betriebliche Vorschlagswesen einholt.

§ 19 Anrechnung auf Erfindervergütungen

Stellt sich bei einem Verbesserungsvorschlag heraus, dass ein Vergütungsanspruch nach dem Gesetz über Arbeitnehmererfindungen besteht, so kann eine nach dieser Betriebsvereinbarung gewährte Vorschlagsprämie auf die nach dem Gesetz über Arbeitnehmererfindungen zu gewährende Vergütung angerechnet werden.

§ 20 Inkrafttreten und Kündigung der Betriebsvereinbarung

Die Betriebsvereinbarung tritt am ... in Kraft.

Sie kann mit einer Frist von drei Monaten zum Jahresende gekündigt werden.

8. Muster: Gruppenarbeit[33]

Zwischen

der Firma ...

und

dem Betriebsrat der Firma ...

wird gem. § 87 Abs. 1 Nr. 13 BetrVG folgende Rahmenbetriebsvereinbarung über Gruppenarbeit geschlossen:

---

[33] Die Mitbestimmung des Betriebsrats bei Gruppenarbeit wurde erstmalig im BetrVG über § 87 Abs. 1 Nr. 13 mit der Reform des Betriebsverfassungsgesetzes vom 23.7.2001 (BGBl. I S. 1852) in das Gesetz aufgenommen. Da die Auslegung der Vorschrift eine Vielfalt von Zweifelsfragen hervorruft, wird bei der Bearbeitung einer Betriebsvereinbarung über Gruppenarbeit die Lektüre des Beitrags von *Wiese*, Die Mitbestimmung des Betriebsrats über Grundsätze zur Durchführung von Gruppenarbeit nach § 87 Abs. 1 Nr. 13 BetrVG, BB 2002, 198 empfohlen; vgl auch *Rose*, Gruppenarbeit in Deutschland, in: FS Goos, 2009, S. 79; *Federlin*, Arbeitsgruppen im Betrieb, in: FS Leinemann, 2006, S. 505.

§ 1 Geltungsbereich

Diese Betriebsvereinbarung gilt für alle gewerblichen Arbeitnehmer der Produktionsbereiche ...sowie die Tag- und Abendschicht der Techniker, soweit sie sich an der Testphase beteiligen wollen. Während der Testphase wird zunächst die Gruppenarbeit an den ...-maschinen eingeführt. Soweit die Testphase auf andere Produktionsbereiche erstreckt werden soll, ist eine neue Betriebsvereinbarung zwischen Geschäftsleitung und Betriebsrat notwendig. Entgeltregelungen werden in einer „Entgeltbetriebsvereinbarung über Gruppenarbeit" getroffen.

§ 2 Zielsetzung und Definition

(1) Gruppenarbeit verfolgt unternehmensbezogene und mitarbeiterbezogene Ziele. Aus betriebswirtschaftlicher Sicht dient die Gruppenarbeit der Steigerung der Wettbewerbsfähigkeit des Betriebes, der Qualitätsverbesserung, der Optimierung von Organisationsabläufen sowie der höheren Flexibilität beim Personaleinsatz. Aus der Sicht der Mitarbeiter soll die Gruppenarbeit zu höherer Arbeitszufriedenheit führen und eine stärkere Identifikation mit dem Betrieb ermöglichen. Ziel der Gruppenarbeit ist es, den Mitarbeitern in stärkerem Maße Gelegenheit zu geben, Fach- und Sozialkompetenz umzusetzen.

(2) Gruppenarbeit im Sinne dieser Vereinbarung wird definiert als Zusammenarbeit einer bestimmten Zahl von Mitarbeitern in ganzheitlichen Arbeitsaufgaben. Übertragen sinnvoll abgegrenzter Tätigkeiten auf eine Gruppe, Lösen gemeinsamer Aufgaben durch Kooperation und Einräumung von Handlungs- und Entscheidungsspielräumen für die Gruppe.

§ 3 Kompetenzen der Gruppe

(1) Die Gruppe setzt ihre Ziele innerhalb eines definierten Aufgabenbereichs gemeinsam um. Direkte Produktionsaufgaben werden mit indirekten Tätigkeiten wie Instandhaltung, Logistik, Qualitätssicherung zusammengefasst.

(2) Die Gruppenmitglieder tragen im Rahmen erweiterter Kompetenzen gemeinsame Verantwortung für die jeweiligen Arbeitsergebnisse, insbesondere im Rahmen der Parameter Qualität, Produktivität, Kosten, Termine, Quantität und Kapazitätsnutzung, soweit für die Gruppe eine eigene Einflussmöglichkeit besteht.

(3) Jede Gruppe nimmt selbständig folgende Aufgaben wahr: Arbeitseinteilung, Urlaubs- und Schichtplanung, Teamgespräche, Maßnahmen der Förderung der Zusammenarbeit (einschl. Social Events), Entscheidungen über Maßnahmen der beruflichen Fortbildung im Rahmen vorgegebener Budgets.

(4) An die zuständigen Zentralabteilungen berichtet die Gruppe über Verbesserungsmaßnahmen zur Optimierung des Arbeitssystems, der Arbeitsabläufe, der Arbeitsgestaltung und der Arbeitssicherheit.

§ 4 Gruppensprecher

(1) Die Gruppe wählt einen Gruppensprecher, der die Gruppe nach innen und außen vertritt. Der Gruppensprecher handelt im Auftrag der Gruppe, verfügt über keine Weisungs- und Disziplinarbefugnisse, sondern moderiert die Arbeit der Gruppe.

(2) Der Gruppensprecher wird in freier geheimer Wahl mit einfacher Mehrheit für die Dauer eines Jahres aus der Mitte der Gruppe gewählt.

(3) Eine Abwahl des Gruppensprechers durch die Gruppe ist jederzeit in geheimer Wahl mit 2/3 der Stimmen der Gruppenmitglieder möglich.

(4) Neben dem Gruppensprecher wird ein Stellvertreter oder eine Stellvertreterin gewählt. Der Stellvertreter vertritt den Gruppensprecher im Falle seiner Abwesenheit, bei Krankheit, Urlaub etc.

(5) Der Gruppensprecher übernimmt neben der Moderation der Gruppe die Aufgabe, zwischen Meinungsverschiedenheiten der Beteiligten auszugleichen, den Informationsaustausch sicherzustellen, die Meister zu unterstützen, die Teamgespräche zu leiten und zur Motivation der Gruppe beizutragen.

§ 5 Gruppenstärke

(1) Größe und Zusammensetzung einer Gruppe werden durch technische, arbeitsorganisatorische und räumliche Faktoren bestimmt. Die Zusammensetzung der Gruppe erfolgt mit Zustimmung des Betriebsrats. Die Zustimmung hat die Wirkung einer Erklärung des Betriebsrats gem. § 99 BetrVG.

(2) Bei der Zusammensetzung einer Gruppe ist darauf zu achten, dass eine ausgewogene, fachliche und soziologische Struktur entsteht. Mitarbeiter, die sich in mehrjähriger Zusammenarbeit bewährt haben, sollen bei der Gruppenbildung nicht auseinander gerissen werden.

§ 6 Teamgespräche

Teamgespräche sind zweckgerichtet und dienen der Lösung fachlicher, organisatorischer oder sozialer Fragen. Sie finden einmal im Monat außerhalb der Arbeitszeit statt.

Die Teams entscheiden selbst, über welche Themen diskutiert wird. Sie sind auch befugt, andere Personen zum Teamgespräch einzuladen. Vorgesetzte und Mitglieder des Betriebsrats oder einzelner Fachabteilungen sind verpflichtet, wenn die Gruppe dies wünscht, Rede und Antwort zu stehen.

§ 7 Aufgaben der Meister

Schwerpunkte in der Führungsaufgabe der Meister bilden bei der Gruppenarbeit die Betreuung der Fertigungsgruppen, die Vorgabe und Vereinbarung von Zielen, Unterstützung der Gruppe, wenn sich abzeichnet, dass die Ziele eventuell nicht erreicht werden, Informationsaustausch über die Gruppe hinaus, Unterstützung im Qualifizierungsprozess, Mitarbeiterbeurteilung und Personaleinsatz. Die Besetzung der einzelnen Arbeitsplätze innerhalb der Gruppe wird von der Gruppe geregelt und bestimmt.

§ 8 Arbeitspensen, Qualifizierung und Personalbemessung

(1) Arbeitspensen werden nicht einseitig von den Vorgesetzten festgelegt, sondern müssen in der Gruppe gemeinsam verabschiedet werden. Sind die betroffenen Mitarbeiter mit dem festgesetzten Pensum nicht einverstanden, können sie sich im Verfahren der §§ 84, 85 BetrVG an den Betriebsrat und dieser ggf an die Einigungsstelle wenden. Das Soll-Arbeitspensum und die betrieblich notwendigen Schwankungen werden zwischen Vorgesetzten und Mitarbeitern unter Berücksichtigung der zur Verfügung stehenden Schichtzeiten besprochen und vereinbart. Bei der Durchsprache des Soll-Arbeitspensums werden Fragen, Einwände und Vorschläge der Mitarbeiter erörtert und eventuell zusätzliche Untersuchungen zur Klärung von Zweifelsfragen durchgeführt.

(2) Die Soll-Personalbesetzung wird zwischen Vorgesetzten und Mitarbeitern besprochen und vereinbart. Grundlage bilden die Auswertung des PPS und die fachlich bekannten Daten. Die Soll-Personalbesetzung wird jeweils in zweijährigem Rhythmus auf ihre Aktualität und Stimmigkeit überprüft.

(3) Die betrieblichen Vorgesetzten machen Vorschläge, Mitarbeiter auf höheren Arbeitsebenen arbeiten zu lassen. Die Entscheidung über die Tätigkeit auf einer höheren Arbeitsebene fällt die Gruppe.

§ 9 Entlohnungsgrundsätze

(1) Während der Testphase erhalten alle Mitarbeiter ihr bisheriges Einkommen. Die in den Fertigungsinseln tätigen Beschäftigten werden bis zur Einführung eines „flexiblen Prämienlohns" mit ihrem bisherigen Durchschnittsverdienst übernommen. Bisher erarbeitete Zuschläge aus Spät-, Nachtarbeit (ggf Sonn- und Feiertagsarbeit), jedoch ohne Mehrarbeits- und sonstige Zulagen, werden bis zum Zeitpunkt der Einführung des „flexiblen Prämienlohns" weiterhin geleistet. Nach Ablauf von sechs Monaten soll ein flexibler Prämienlohn gezahlt werden.

(2) Während der Testphase wird parallel zu den Gehaltsabrechnungen eine monatliche Berechnung durchgeführt, aus der der Mitarbeiter ersehen kann, welches Gehalt er auf Basis des „flexiblen Prämienlohnes" erzielt haben würde.

(3) Das Modell „flexibler Prämienlohn" wird erst wirksam, wenn es in einer gesonderten Betriebsvereinbarung zur Entlohnung bei Gruppenarbeit mit dem Betriebsrat verabschiedet wurde.

§ 10 Arbeitszeit

(1) Die Arbeitszeit wird für jede Fertigungsinsel gesondert festgelegt. Die Nutzungszeit soll 100 Stunden pro Woche nicht überschreiten. Einzelheiten regelt eine Betriebsvereinbarung.

(2) Als Rahmenvereinbarung zwischen Geschäftsleitung und Betriebsrat steht fest, dass das Arbeitsmodell keine Samstagsarbeit als Regelarbeitszeit, keine persönliche Arbeitszeit von mehr als sechs Stunden pro Tag und möglichst kurze Nachtschichten vorsieht.

§ 11 Rechte des Betriebsrats

(1) Der Betriebsrat ist Mitglied des Projektteams zur Einführung von Gruppenarbeit. Er benennt zwei Mitglieder für das Team.

(2) Der Betriebsrat hat außerdem die Möglichkeit, ständige Mitglieder für die Kernteams und die Arbeitsgruppen zu benennen, die die Arbeit bei der Entwicklung bei der Gruppenarbeit beobachten und begleiten.

(3) Der Betriebsrat erhält außerdem sämtliche Erfahrungsberichte, die im Projektteam erstellt werden.

§ 12 Konfliktlösung

Wird bei Festlegung oder Änderung der Soll-Personalbesetzung oder des Soll-Arbeitspensums keine Einigung erzielt, entscheidet innerhalb von zehn Tagen die betriebliche Einigungsstelle. Den Mitgliedern der Einigungsstelle sind sämtliche zur Beurteilung der Angelegenheit notwendigen Unterlagen zur Verfügung zu stellen. Im Einigungsstellenverfahren sind betroffene Mitarbeiter, der Gruppensprecher und Mitarbeiter des Projektteams anzuhören.

§ 13 Inkrafttreten

Diese Betriebsvereinbarung tritt am ... in Kraft. Sie gilt zunächst befristet bis zum ... . Alle Regelungen dieser Vereinbarung entfallen, wenn das Projekt „Gruppenarbeit" eingestellt wird. Die Betriebsvereinbarung kann, ohne dass sie nachwirkt, mit einer Frist von drei Monaten zum Monatsende gekündigt werden.

9. Muster: Kurzarbeit

Zwischen

der Firma ...

und

dem Betriebsrat der Firma ...

wird folgende Betriebsvereinbarung geschlossen:

§ 1 Einführung von Kurzarbeit

Mit Wirkung vom ... wird in den Betriebsabteilungen ... Kurzarbeit eingeführt. Die Arbeitszeit für die Arbeitnehmerinnen und Arbeitnehmer in diesen Abteilungen beträgt während der Kurzarbeit ... Stunden wöchentlich.

§ 2 Verteilung der Arbeitszeit

Die Arbeitszeit wird wie folgt verteilt: ...

Über die Verteilung der Arbeitszeit informiert die Geschäftsleitung spätestens sieben Tage vorher durch Aushang am Schwarzen Brett. Krankheits- oder urlaubsabwesende Mitarbeiter werden von ihrem Vorgesetzten telefonisch verständigt.

§ 3 Information des Betriebsrats

Die Geschäftsleitung informiert den Betriebsrat wöchentlich über die Entwicklung des Auftragsbestands und die weitere Geschäftsentwicklung.

§ 4 Zahlung von Kurzarbeitergeld

Die Geschäftsleitung stellt bei der örtlichen Agentur für Arbeit die erforderlichen Anträge zur Gewährung von Kurzarbeitergeld. Das Kurzarbeitergeld wird vom Betrieb ausgezahlt, nachdem die Agentur für Arbeit die Leistung gegenüber der Firma erbracht hat. Die Firma ist nicht in der Lage, eine Vorfinanzierung vorzunehmen. Aus diesem Grunde wird es eventuell zu einer Verzögerung von bis zu zwei Monaten kommen, bis das Kurzarbeitergeld ausgezahlt wird.

Überstunden werden während der Zeit der Kurzarbeit weder gefahren noch vergütet.

§ 5 Beendigung der Kurzarbeit

Die Kurzarbeit endet spätestens am ... . Sollte die Auftragslage sich unvorhergesehen verbessern, kann die Kurzarbeit ohne Zustimmung des Betriebsrats vorzeitig beendet werden. Sollte die Kurzarbeit verlängert werden müssen, ist eine gesonderte Betriebsvereinbarung zu schließen.

§ 6 Urlaub

Alle Mitarbeiterinnen und Mitarbeiter sind aufgefordert – soweit möglich – während der Kurzarbeitsphase Urlaub zu nehmen. Die üblichen Antragsfristen können verkürzt werden.

§ 7 Sonstiges

Diese Betriebsvereinbarung endet mit Ablauf der Kurzarbeitsperiode. Die Firma verpflichtet sich, bei allen Gesprächen mit der Agentur für Arbeit ein Mitglied des Betriebsrats teilnehmen zu lassen. Der Betriebsrat verpflichtet sich, die nach dem Vordruck der Agentur für Arbeit vom Betriebsrat auszufüllenden Daten unverzüglich und schnellstmöglich einzutragen.

10. Muster: Personaleinkauf

Zwischen

der Firma ..., vertreten durch den Geschäftsführer ...

und

dem Betriebsrat der Firma ..., vertreten durch den Betriebsratsvorsitzenden ...

wird folgende Betriebsvereinbarung über die Regelung des Personaleinkaufs geschlossen:

§ 1 Ziele

Ziel dieser Betriebsvereinbarung ist es, allen Mitarbeitern und Mitarbeiterinnen der Firma ... ein einheitliches Regelwerk bezüglich rabattierter Personaleinkäufe zu geben.

§ 2 Räumlicher, persönlicher und sachlicher Geltungsbereich

(1) Diese Betriebsvereinbarung gilt für alle Produktions- und Verwaltungsstätten der Firma ... sowie der von dem Unternehmen selbst betriebenen Verkaufsstellen.

(2) Die vorliegende Betriebsvereinbarung gilt für alle Mitarbeiterinnen und Mitarbeiter. Ein Personaleinkauf zu rabattierten Sätzen wird der Mitarbeiterin/dem Mitarbeiter ausschließlich für ihren/seinen persönlichen Bedarf bzw eigenen Haushalt gewährt.

(3) Sachlich gilt die vorliegende Betriebsvereinbarung für alle Artikel aus dem Sortiment, die in den eigenen Produktionsstätten selbst produziert oder als Teiglinge bzw halbgebackene Ware im Laden aufgebacken werden. Beim Verkauf an Mitarbeiterinnen/Mitarbeiter des Unternehmens gilt ein Nachlass von 35 % auf den Verkaufspreis als vereinbart. Auch alle Produkte, die in der Verkaufsstelle selbständig veredelt und hergestellt werden, zB belegte Brötchen, Snacks, Kaffee, Tee und Kakao im Ausschank, fallen unter diese Regelung. Ausgenommen von dieser Regelung sind alle zugekauften Sortimente und Handelswaren, wie zB zugekaufte Getränke.

§ 3 Abrechnung des Personalrabatts

(1) Der 35 %ige Personalrabatt auf Backwaren (Verzehr oder Mitnahme) wird täglich wie folgt abgerechnet:

a) Der Personalkauf wird durch eine Kollegin in die Kasse eingegeben; der Bon wird von dieser auf der Rückseite unterschrieben. Die Namen des Käufers und des Verkäufers werden in das Formular Personalrabattliste eingetragen. In Fällen einer Einerbesetzung sollte der Kauf bei Schichtwechsel durchgeführt werden; ist dies nicht möglich, kann der Personalkauf durch den Käufer selbst eingegeben werden.

b) Der Kaufbetrag in C ist die Summe des Einkaufs ohne Rabattgewährung.

c) Der Rabattbetrag in C ist der gewährte Preisnachlass (nicht der zu zahlende Betrag).

d) Bonnummer eintragen und den Kassenbon an das Formular heften.

e) Das Formular ist von der Ladenleitung (Vertretung, sofern vorhanden) zu unterschreiben und wird der Kassenabrechnung täglich beigefügt. Die Ladenleitung (Vertretung, sofern vorhanden) ermittelt die Tagessummen und achtet auf die Vollständigkeit der Angaben (Laden-Nr.; Ladenbezeichnung, Datum; Unterschrift etc.).

(2) Bei Mitarbeiterinnen/Mitarbeitern, die sich nicht an die oben beschriebene Vorgehensweise halten, geht die ... (Name und Adresse der Firma einsetzen) von einer rechtswidrigen Handlung aus. Diese Mitarbeiterinnen/Mitarbeiter müssen ggf mit einer außerordentlichen fristlosen Kündigung rechnen.

§ 4 Personaleinkaufsmöglichkeiten

(1) Mitarbeiterinnen/Mitarbeiter im Verkauf

Durch diese Betriebsvereinbarung wird jeder Verkäuferin/jedem Verkäufer die Möglichkeit geschaffen, an ihrem/seinem Arbeitsplatz (Laden) Personaleinkäufe zu tätigen. Dies bedeutet, der Personaleinkauf kann nur in dem Laden vorgenommen werden, in dem die Mitarbeiterin/der Mitarbeiter ständig beschäftigt ist. Ein Personaleinkauf zu rabattierten Sätzen kann in Schwesterläden nicht vorgenommen werden.

(2) Springerinnen/Springer im Verkauf

Aufgrund des ständigen Arbeitsplatzwechsels besteht für Springerinnen/Springer die Möglichkeit, Personaleinkäufe in dem Laden, in dem sie/er zum Zeitpunkt des Personaleinkaufs tätig ist, gemäß den Anweisungen wie vor Personaleinkäufe zu tätigen.

(3) Gebietsverkaufsberaterinnen/Gebietsverkaufsberater

Die Gebietsverkaufsberaterinnen/Gebietsverkaufsberater können Personaleinkäufe innerhalb ihres Verkaufsbereiches gemäß den Anweisungen wie vor tätigen.

(4) Mitarbeiterinnen/Mitarbeiter der Produktions-Verwaltungsstätte

Mitarbeiterinnen/Mitarbeiter der Produktions-Verwaltungsstätten wird die Möglichkeit eingeräumt, die Personaleinläufe zu rabattierten Sätzen ausschließlich im Werksladen zu tätigen.

(5) Ein Wiederverkauf der zu rabattierten Sätzen erlangten Produkte ist untersagt. Zur Vollständigkeit wird darauf hingewiesen, dass die Mitarbeiterin/der Mitarbeiter den geldwerten Vorteil ab einem Einkaufsvorteil von ... EUR per anno selbst voll versteuern muss.

§ 5 Inkrafttreten/Dauer

Diese Betriebsvereinbarung tritt mit Wirkung vom ... in Kraft und endet, ohne dass es einer Kündigung bedarf, am ..., ohne Nachwirkungen. Während der Laufzeit kann die Betriebsvereinbarung beiderseits mit einer Frist von drei Monaten gekündigt werden.

§ 6 Salvatorische Klausel

Sind oder werden einzelne Bestimmungen dieser Betriebsvereinbarung ganz oder teilweise ungültig, so bleiben die anderen Bestimmungen gleichwohl in Kraft. Das Gleiche gilt, sofern sich in dieser Betriebsvereinbarung eine Lücke herausstellen sollte. Anstelle einer Lücke soll eine angemessene Regelung gelten, die – soweit rechtlich möglich – dem am nächsten kommt, was die Vertragsparteien gewollt haben oder nach dem Sinn und Zweck dieser Vereinbarung gewollt haben würden, sofern sie bei Abschluss diesen Punkt bedacht hätten.

11. Muster: Unfallschutz

Zwischen

der Firma ...

und

dem Betriebsrat der Firma ...

wird folgende Betriebsvereinbarung zum Unfallschutz geschlossen:

§ 1 Räumlicher Schutz

Die Betriebsvereinbarung gilt für die Werke/Betriebe ... .

§ 2 Aufgabe

Den Sicherheitsbeauftragten wird zur Unterstützung der zuständigen Stellen und des Betriebsrats[34] die Mitwirkung an folgenden Arbeitsschutzaufgaben übertragen:

1. Verteilung von Sicherheitsinformationen an die Mitarbeiterinnen/Mitarbeiter;
2. Einwirkung auf die Mitarbeiterinnen/Mitarbeiter zu sicherheitsbewusstem Verhalten und Handeln;
3. Beteiligung bei der Unterrichtung der Mitarbeiterinnen/Mitarbeiter über deren Aufgabe und Verantwortung sowie über die Art der Tätigkeit und die Einordnung in den Betrieb, insbesondere bei der Einstellung;
4. Unterstützung der Betriebsleitung bei der Durchführung der Unfallverhütungsaufgaben;
5. Teilnahme an Betriebsbesprechungen, sofern diese Arbeitssicherheitsfragen des Betriebes betreffen, sowie an Betriebsbegehungen der Berufsgenossenschaft und der Gewerbeaufsicht;
6. Beteiligungen an Unfalluntersuchungen;
7. Erprobung von Körperschutzartikeln im Betrieb;
8. Meldung im Betrieb auftretender Mängel und Schwierigkeiten an die Werksleitung;
9. Zusammenarbeit mit dem Betriebsrat.

---

[34] Der Betriebsrat hat auch bei der Ausfüllung der Vorschriften des Arbeitsschutzgesetzes über Gefährdungsbeurteilungen (§ 5 ArbSchG) und über die Unterweisung der Arbeitnehmer (§ 12 ArbSchG) ein Mitbestimmungsrecht, BAG 8.6.2004 – 1 ABR 13/03, NZA 2004, 1175.

§ 3 Auswahl und Ernennung des Sicherheitsbeauftragten

(1) Sicherheitsbeauftragte werden ehrenamtlich vom Arbeitgeber nach Anhörung des Betriebsrats und nach einer Belehrung gem. § 22 SGB VII ernannt.

(2) Zu Sicherheitsbeauftragten sind nur Personen zu bestellen, die über eine ausreichende Betriebserfahrung verfügen und befähigt sind, das Amt eines Sicherheitsbeauftragten auszufüllen.

(3) Bei der Auswahl eines Sicherheitsbeauftragten ist zu berücksichtigen, dass eine Akzeptanz in der Belegschaft besteht. Ferner ist sicherzustellen, dass für Betriebsabteilungen, in denen Frauen oder ausländische Arbeitnehmer beschäftigt sind, diese Personengruppen durch Sicherheitsbeauftragte aus ihren Reihen beteiligt werden. Mitarbeiter in vorgesetzter Stellung sollen regelmäßig nicht zu Sicherheitsbeauftragten bestellt werden.

(4) Durch die Bestellung von Sicherheitsbeauftragten bleibt die Verantwortlichkeit des Unternehmens für die Unfallsicherung unberührt.

§ 4 Abberufung

Die Amtszeit der Sicherheitsbeauftragten ist unbegrenzt. Sie kann jedoch durch Erklärung des Unternehmers nach vorheriger Mitwirkung des Betriebsrats beendet werden.

§ 5 Arbeitsfreistellung

(1) Sicherheitsbeauftragte werden nach Abstimmung mit den zuständigen Vorgesetzten von der Arbeit freigestellt, soweit dies zur Durchführung ihrer Arbeitsaufgaben erforderlich ist.

(2) Durch Vereinbarung mit dem Betriebsrat können regelmäßige Zeiten vereinbart werden, zu denen die Sicherheitsbeauftragten von der Arbeit freigestellt werden.

§ 6 Umsetzung

(1) Wird der Sicherheitsbeauftragte auf einen anderen Arbeitsplatz umgesetzt oder versetzt, so sind die besonderen Auflagen der Berufsgenossenschaft zu beachten.

(2) Das Mitwirkungsrecht des Betriebsrats nach §§ 99 ff BetrVG bleibt unberührt.

§ 7 Aus- und Fortbildungskosten

(1) Sicherheitsbeauftragte werden zur Teilnahme an Aus- und Fortbildungsmaßnahmen der Berufsgenossenschaften von der Arbeit freigestellt, es sei denn, dass zwingende betriebliche Gründe der Freistellung entgegenstehen. Ein Freistellungsanspruch besteht auch bei werksinternen Schulungen.

(2) Das Unternehmen ist verpflichtet,

a) den Sicherheitsbeauftragten die zur Durchführung ihrer Arbeit erforderlichen Informationen und Arbeitsunterlagen zur Verfügung zu stellen;

b) den Sicherheitsbeauftragten Gelegenheit zu geben, an den Betriebsbegehungen der technischen Aufsichtsbeamten der Berufsgenossenschaft teilzunehmen;

c) den Sicherheitsbeauftragten die Besichtigungsbefunde der technischen Aufsichtsbeamten mitzuteilen.

§ 8 Beschwerden

(1) Jeder Sicherheitsbeauftragte hat Mängel, die die Arbeitssicherheit berühren, dem zuständigen Vorgesetzten und der Abteilung Arbeitssicherheit zu melden. Der zuständige Vorsitzende und die Abteilung Arbeitssicherheit haben die Sicherheitsbeauftragten über die getroffenen Maßnahmen zu unterrichten.

(2) Wird ein Sicherheitsbeauftragter bei seiner Arbeit behindert oder werden Verstöße gegen die Sicherheitsbestimmungen nicht beseitigt, so muss sich der Sicherheitsbeauftragte bei der Werksleitung beschweren.

(3) Unberührt bleibt das Recht des Sicherheitsbeauftragten, eine Beschwerde an den Betriebsrat zu richten.

§ 9 Bekanntmachung der Sicherheitsbeauftragten

(1) Die Sicherheitsbeauftragten sind entsprechend den Vorschriften der Berufsgenossenschaft der Belegschaft namentlich bekannt zu geben.

(2) Auf Verlangen der Berufsgenossenschaft sind die Sicherheitsbeauftragten dieser namentlich zu benennen.

§ 10 Benachteiligungsverbot

Den Sicherheitsbeauftragten dürfen aus der Wahrnehmung ihrer Aufgaben keine Nachteile erwachsen.

12. Muster: Urlaubsrahmenplanung

Zwischen

der Firma ..., vertreten durch die Geschäftsleitung

– nachstehend: Unternehmen –

und

dem Betriebsrat der Firma ...

– nachstehend: Betriebsrat –

wird die folgende Betriebsvereinbarung über die Urlaubsrahmenplanung geschlossen:

Präambel

(1) Diese Betriebsvereinbarung soll eine reibungslose Urlaubsplanung gewährleisten und für die Mitarbeiterinnen und Mitarbeiter und für das Unternehmen Rechtssicherheit bei der Abwicklung des Urlaubs sicherstellen.

(2) Das Unternehmen und der Betriebsrat bekennen sich zum Grundsatz der Selbständigkeit und Eigenverantwortung der Mitarbeiterinnen und Mitarbeiter. Es ist Aufgabe der Führungskräfte, darauf zu achten, dass einzelne Mitarbeiterinnen und Mitarbeiter nicht benachteiligt werden.

§ 1 Allgemeines

(1) Urlaub dient der eigenen Regeneration und der Erholung von der Arbeit. Es widerspricht daher auch dem Urlaubszweck, im Urlaub für das Unternehmen erreichbar zu sein. Auch zwingende Notwendigkeiten, welche einen anderen Ausweg nicht zulassen, können Arbeitspflichten für die Zeit des erteilten Urlaubs nicht begründen. Solche Notwendigkeiten, welcher Art sie auch sein mögen, sind nicht geeignet, die durch die Urlaubserteilung beseitigte Arbeitspflicht erneut entstehen zu lassen. Mit der Urlaubserteilung hat der Arbeitgeber die ihm obliegende Erfüllungshandlung vorgenommen, die nicht mehr einseitig aufgehoben werden kann. Denkbar ist lediglich eine Anfechtung der Urlaubserteilung wegen Irrtum oder arglistiger Täuschung. Der Arbeitgeber kann die Arbeitnehmerin/den Arbeitnehmer nicht aus dem Urlaub zurückrufen. Durch die Urlaubsgewährung sind die Arbeitspflichten der Arbeitnehmerin/des Arbeitnehmers suspendiert. Sie können durch den Arbeitgeber nicht einseitig wieder hergestellt werden. Ein Rückruf aus dem Urlaub ist auch nicht damit begründbar, dass im Betrieb Not- und Erhaltungsarbeiten zu verrichten seien. Es gibt keine Pflicht der Arbeitnehmerin/des Arbeitnehmers, im Hinblick auf etwaige Not- und Erhaltungsarbeiten unaufgefordert oder auf Verlangen des Arbeitgebers die Urlaubsanschrift mitzuteilen. Der durch Urlaubserteilung des Arbeitgebers festgesetzte Urlaubstermin kann freilich stets einvernehmlich geändert werden.

(2) Jeweils bis Ende April wird das Unternehmen gegenüber dem Betriebsrat darlegen, wie mögliche, durch den Urlaubsplan bedingte personelle Engpässe überbrückt werden sollen, um den reibungslosen Arbeitsablauf zu gewährleisten.

(3) Die einschlägigen Regelungen der „Tarifverträge für ..." gelten auch für diese Betriebsvereinbarung.

(4) Erholungsurlaub ist der/dem einzelnen Beschäftigten unter Beachtung der gesetzlichen, tarifvertraglichen, betrieblichen und gegebenenfalls einzelvertraglichen Bestimmungen unter Abwägung der Interessen der/des Beschäftigten und der betrieblichen Interessen zu gewähren.

(5) Der gesetzliche Mindesturlaub muss, weiterer Urlaub soll im laufenden Kalenderjahr gewährt und angetreten werden.

(6) Jede Mitarbeiterin und jeder Mitarbeiter hat das Recht, zusammenhängend mindestens vier Wochen Urlaub zu nehmen.

§ 2 Geltungsbereich

(1) Diese Betriebsvereinbarung gilt für alle Mitarbeiterinnen und Mitarbeiter des Unternehmens, mit Ausnahme von leitenden Angestellten und Praktikanten. Weitere Ausnahmen können zwischen dem Unternehmen und dem Betriebsrat vereinbart werden und sind als Anlage 1 Bestandteil dieser Betriebsvereinbarung. Anweisungen leitender Angestellter dürfen nicht gegen diese Betriebsvereinbarung verstoßen.

(2) Die Grundsätze dieser Betriebsvereinbarung gelten sowohl für Erholungsurlaub iSd Bundesurlaubsgesetzes als auch für Freizeitausgleich für geleistete Mehrarbeit.

§ 3 Beantragung des Urlaubs

(1) Für zusammenhängende Urlaubszeiten von mehr als 10 Arbeitstagen werden für das jeweilige Urlaubsjahr ab Anfang November des Vorjahres Urlaubslisten ausgehängt. Es ist dafür zu sorgen, dass sämtliche Beschäftigte von diesen Listen Kenntnis bekommen.

(2) Alle Mitarbeiterinnen und Mitarbeiter stellen ihren Urlaubsantrag durch Eintragung ihrer Urlaubswünsche in die Urlaubslisten. Für das 1. Quartal des Urlaubsjahres erfolgt der Eintrag bis zum 15.11. des Vorjahres, sonst bis zum 15.2. des Urlaubsjahres. Dem Eintrag in eine Urlaubsliste gleichgestellt ist der Eintrag in eine Datei.

(3) Verspätet abgegebene Urlaubsanträge finden bei der Gewährung des Urlaubs nur dann Berücksichtigung, wenn dem Antrag nicht andere, rechtzeitig eingegangene, Urlaubsanträge entgegenstehen.

(4) Aus Gründen der Planungssicherheit, zB für geplante größere Reisen, sind in Absprache mit der jeweiligen Gruppe andere Termine möglich.

§ 4 Genehmigung des Urlaubs

Urlaubsanträge gem. § 3 Abs. 2 sind innerhalb von 14 Tagen nach Stichtag, sonstige Anträge innerhalb von 14 Tagen nach Antragstellung zu bescheiden. Werden vorgenannte Fristen nicht eingehalten, gilt der Urlaub wie beantragt als genehmigt und kann angetreten werden, ohne dass die Einrede des eigenmächtigen Urlaubsantritts geltend gemacht wird.

§ 5 Einsprüche gegen den Antrag

(1) Einsprüche gegen den Urlaubsantrag hat das Unternehmen innerhalb der in § 4 genannten Fristen beim Betriebsrat einzulegen und gegenüber dem Betriebsrat und der Mitarbeiterin/dem Mitarbeiter schriftlich zu begründen.

(2) Hat das Unternehmen gegen einen Urlaubsantrag gem. Abs. 1 Einspruch eingelegt, werden die Betriebsparteien nach beiderseitiger Rücksprache mit der/dem betroffenen Beschäftigten innerhalb einer Woche versuchen, eine gütliche Einigung zu erzielen.

(3) Führt dieser Einigungsversuch nicht zu einem einvernehmlichen Ergebnis, gilt § 12 dieser Betriebsvereinbarung.

§ 6 Nachträgliche Änderung

(1) Genehmigte Urlaubsanträge können auf Antrag der Mitarbeiterin oder des Mitarbeiters nachträglich geändert werden. Es gelten die Grundsätze von verspätet eingegangenen Urlaubsanträgen.

(2) Genehmigter Urlaub kann nur aus zwingenden betrieblichen Gründen und nur mit Zustimmung der/des Beschäftigten verschoben, abgebrochen oder unterbrochen werden. Stimmt die/der Beschäftigte einer Verschiebung nicht zu, kann sie/er den Urlaub antreten, ohne dass die Einrede des eigenmächtigen Urlaubsantritts geltend gemacht wird. Auch aus der Weigerung, den Urlaub zu unter- bzw abzubrechen, dürfen ihr/ihm keine Nachteile entstehen. Alle hieraus entstehenden Kosten – auch für mitreisende Familienangehörige und Partner – trägt das Unternehmen. Die/der Beschäftigte erhält zusätzlich bis zu fünf Urlaubstage. Zwingende betriebliche Gründe sind gegenüber Betriebsrat und Mitarbeiter/in schriftlich zu begründen.

§ 7 Vorrang

(1) Mitarbeiterinnen/Mitarbeiter, die schulpflichtige Kinder haben, erhalten den Jahresurlaub vorrangig während der Schulferien. Mitarbeiterinnen/Mitarbeiter mit schulpflichtigen Kindern, die in einem Jahr während der Sommerferien aus betrieblichen Gründen keinen Urlaub nehmen konnten, haben im folgenden Jahr Vorrang vor vergleichbaren Mitarbeiterinnen/Mitarbeitern. Den Schulferien gleichgestellt sind in diesem Zusammenhang Schließzeiten von Kindergärten u.Ä.

(2) Mitarbeiterinnen/Mitarbeiter, deren Ehepartner ebenfalls berufstätig sind, wird der Urlaub nach Möglichkeit so gewährt, dass sie zusammen mit ihrem Ehepartner Urlaub machen können.

(3) Mitarbeiterinnen/Mitarbeiter, die aus gesundheitlichen Gründen ihren Urlaub während einer bestimmten Jahreszeit nehmen wollen, wird im Rahmen der betrieblichen Möglichkeiten der Urlaub in der gewünschten Jahreszeit gewährt.

(4) Im Anschluss an eine Maßnahme der medizinischen Vorsorge oder der Rehabilitation wird Urlaub auf Wunsch der/des Beschäftigten gewährt.

(5) Auszubildende erhalten ihren Jahresurlaub während der Berufsschulferien.

§ 8 Abgeltung von Urlaub

Eine Abgeltung von Urlaub ist ausgeschlossen. Dies gilt nicht bei der Beendigung des Arbeitsverhältnisses.

§ 9 Resturlaub

(1) Kann der Urlaub im jeweiligen Urlaubsjahr nicht genommen werden, soll er bis zum 30.4. des Folgejahres angetreten werden. Aus dringenden betrieblichen Gründen oder in persönlich begründeten Ausnahmefällen ist eine Verlängerung dieser Frist bis zum 31.12. des auf das Urlaubsjahr folgenden Kalenderjahres möglich.

(2) Resturlaub ist bevorzugt zu genehmigen.

(3) Die Genehmigung von Resturlaub kann nicht widerrufen werden, vgl § 6 Abs. 2.

§ 10 Unbezahlter Urlaub

Unbezahlter Urlaub kann in Abstimmung mit dem Betriebsrat gewährt werden. Bei Gewährung von unbezahltem Urlaub ist aus sozialversicherungsrechtlichen Gründen stets ein genaues Anfangs- und Enddatum festzulegen.

§ 11 Rechte des Betriebsrats

(1) Der Betriebsrat erhält auf Antrag die Urlaubsplanung und eine Aufstellung der individuellen Urlaubsansprüche.

(2) Der Betriebsrat erhält zum 30.4. eine schriftliche, personenbezogene Aufstellung der Resturlaubsbestände sowie der Urlaubsplanung für diese Bestände.

§ 12 Konfliktmechanismus

(1) Ergeben sich aus den Regelungen der Betriebsvereinbarung Meinungsverschiedenheiten zwischen den örtlichen Betriebsparteien, so ist zunächst ein betriebsinterner Einigungsversuch auf Betriebsebene vorzunehmen.

(2) Führt dieser Einigungsversuch nicht zu einem einvernehmlichen Ergebnis, kann jede Betriebspartei eine Schiedsstelle anrufen, die aus zwei Mitgliedern des Betriebsrats sowie zwei Vertretern der Unternehmensseite besteht.

(3) Kommt eine Einigung auch in der Schiedsstelle nicht zustande, so entscheidet die Einigungsstelle.

§ 13 Rechte und Beteiligung der Beschäftigten

Jede Mitarbeiterin und jeder Mitarbeiter hat das Recht, sich über Entscheidungen des unmittelbaren Vorgesetzten bzw der Personalfunktion bei dem Betriebsrat zu beschweren. Hieraus dürfen ihr/ihm keine Nachteile entstehen.

§ 14 Schlussbestimmungen

(1) Abweichungen von den getroffenen Regelungen sind mit dem Betriebsrat zu vereinbaren.

(2) Die Betriebsvereinbarung tritt mit ihrer Unterzeichnung in Kraft. Damit sind alle bisherigen Vereinbarungen im Zusammenhang mit Urlaubsplanung usw aufgehoben.

(3) Sie kann mit einer beiderseitigen Frist von sechs Monaten zum Jahresende ganz oder teilweise gekündigt werden. Die Kündigung hat schriftlich zu erfolgen. Bis zum Abschluss einer neuen Vereinbarung gelten die Regelungen dieser Vereinbarung weiter.

(4) Sollte eine Vorschrift dieser Vereinbarung nicht mit dem geltenden Recht im Einklang stehen und deshalb unwirksam sein, behalten die anderen Regelungen dieser Vereinbarung ihre Gültigkeit. Die unwirksame Regelung ist rechtskonform so auszulegen, dass sie dem beiderseitigen Wollen der Parteien entspricht.

13. Muster: Urlaubsgewährung

Zwischen

der Firma ...

und

dem Betriebsrat der Firma ...

wird folgende Betriebsvereinbarung über die Gewährung von Urlaub geschlossen:

§ 1 Erholungsurlaub

(1) Alle Mitarbeiterinnen und Mitarbeiter erhalten jährlich unter Fortzahlung ihrer Bezüge Erholungsurlaub. Urlaubsjahr ist das Kalenderjahr.

(2) Die Wartezeit für den erstmaligen vollen Urlaubsanspruch beträgt sechs Monate, bei Jugendlichen unter 18 Jahren drei Monate.

(3) Der Urlaub wird schriftlich genehmigt. Ohne schriftliche Genehmigung darf Urlaub nicht angetreten werden.

(4) Der Urlaub soll nach Möglichkeit zusammenhängend gewährt werden. Er ist schriftlich bei der Abteilungsleitung zu beantragen. Eine Kopie des Urlaubsantrages ist an die Personalleitung weiterzugeben. Die Urlaubswünsche der Mitarbeiterin/des Mitarbeiters sind bei der zeitlichen Festlegung des Urlaubes zu be-

rücksichtigen, sofern nicht dringende betriebliche Belange oder die Urlaubswünsche sozial schutzwürdigerer anderer Arbeitnehmer entgegenstehen.

(5) Erkrankungen während des Urlaubes werden, sofern sie durch eine Arbeitsunfähigkeitsbescheinigung nachgewiesen sind, nicht auf den Urlaubsanspruch angerechnet.

(6) In Ausnahmefällen ist das Unternehmen berechtigt, bereits gewährten Urlaub zu widerrufen, wenn die Anwesenheit der Mitarbeiterin/des Mitarbeiters im Unternehmen durch unvorhersehbare betriebliche Erfordernisse erforderlich ist. In diesen Fällen werden nachgewiesene Aufwendungen, die der Mitarbeiterin/dem Mitarbeiter durch den Widerruf des Urlaubes entstehen, durch das Unternehmen übernommen.

(7) Kann Urlaub aus dringenden betrieblichen oder nach Zustimmung des Unternehmens aus persönlichen Gründen bis zum Ende des Kalenderjahres nicht in Anspruch genommen werden, wird er auf die ersten drei Monate des folgenden Kalenderjahres übertragen. Sofern er auch in diesem Zeitraum nicht in Anspruch genommen werden kann, verfällt er.

§ 2 Urlaubsdauer

(1) Die Dauer des Erholungsurlaubes richtet sich nach den jeweiligen tarifvertraglichen Vorschriften. Der Erholungsurlaub beträgt zurzeit 30 Werktage. Für Schwerbehinderte erhöht sich der Urlaub nach den jeweiligen Vorschriften des Schwerbehindertengesetzes.

(2) Anspruch auf 1/12 des Jahresurlaubes für jeden vollen Monat des Bestehens des Arbeitsverhältnisses haben Mitarbeiterinnen/Mitarbeiter

- für Zeiten eines Kalenderjahres, für die wegen Nichterfüllung der Wartezeit in diesem Kalenderjahr kein voller Urlaubsanspruch besteht,
- wenn die Mitarbeiterin/der Mitarbeiter vor erfüllter Wartezeit aus dem Arbeitsverhältnis ausscheidet,
- wenn die Mitarbeiterin/der Mitarbeiter nach erfüllter Wartezeit vor dem 1.7. eines Kalenderjahres aus dem Arbeitsverhältnis ausscheidet.

(3) Bruchteile von Urlaubstagen, die mindestens einen halben Urlaubstag ergeben, werden auf volle Urlaubstage aufgerundet.

(4) Im Eintrittsjahr in das Arbeitsverhältnis erhalten Mitarbeiterinnen/Mitarbeiter nur dann Urlaub, wenn ihnen nicht bereits von anderer Seite Urlaub gewährt oder abgegolten wurde.

(5) Sofern das Arbeitsverhältnis ruht, reduziert sich der Anspruch der Mitarbeiterin/des Mitarbeiters auf Erholungsurlaub für jeden vollen Monat des Ruhens des Arbeitsverhältnisses um 1/12.

§ 3 Sonderurlaub

Betriebsangehörige können bei Vorliegen eines wichtigen Grundes unter Verzicht auf Bezüge Sonderurlaub erhalten, wenn die betrieblichen Verhältnisse es gestatten. Der Sonderurlaub ist schriftlich zu beantragen und darf erst nach schriftlicher Genehmigung in Anspruch genommen werden.

§ 4 Arbeitsbefreiung

Aufgrund besonderer Anlässe wird Mitarbeiterinnen und Mitarbeitern unter Fortzahlung ihrer Vergütung eine Arbeitsbefreiung bis zu zwei Tagen gewährt, nämlich

- bei eigener Eheschließung,
- bei Eheschließung des Kindes,
- bei Umzug,
- bei silberner oder goldener Hochzeit oder Tod der Eltern, Schwiegereltern, des Ehegatten, von Geschwistern oder Kindern,
- bei Niederkunft der Ehefrau.

Kapitel 2: Erzwingbare Betriebsvereinbarungen

§ 5 Inkrafttreten
Diese Betriebsvereinbarung tritt mit dem ... in Kraft. Die Kündigung und die Nachwirkung bemessen sich nach den Bestimmungen des BetrVG.

Kapitel 3: Interessenausgleichsvereinbarungen und Sozialpläne

Literatur:

Ahrendt, Zum Bemessungsdurchgriff beim Sozialplan, RdA 2012, 340; *Annuß*, Sozialplanabfindung nur bei Verzicht auf Kündigungsschutz, RdA 2006, 378; *Bachner/Schindele*, Beschäftigungssicherung durch Interessenausgleich und Sozialplan, NZA 1999, 130; *Baeck/Diller*, Zur Teilbarkeit von Betriebsänderungen, NZA 1997, 689; *Bell*, Gender Mainstreaming in Sozialplänen, AiB 2005, 18; *Birk*, Der Sozialplan, Festschrift Horst Konzen, 2006, S. 11 ff; *Biswas*, Die Namensliste im Interessenausgleich, FA 2005, 361; *Blatt*, Das Modell „Vivento" – ein neues Personalkonzept zum sozialverträglichen Strukturwandel, NZA Beilage 1/2005, 41; *Blanke/Rose*, Die zeitliche Koordinierung von Informations- und Konsultationsansprüchen Europäischer Betriebsräte und nationaler Interessenvertretungen bei grenzüberschreitenden Umstrukturierungsmaßnahmen, RdA 2008, 65; *Boemke/Danko*, Vererblichkeit von Abfindungsansprüchen, DB 2006, 2461; *Boemke/Tietze*, Insolvenzarbeitsrecht und Sozialplan, DB 1999, 1389; *Bruns*, Zum Unterlassungsanspruch des Betriebsrats bei Betriebsänderungen, AuR 2003, 15; *Compensis*, Die Vererblichkeit von Sozialplananspruch und anderen Abfindungen, DB 1992, 888; *Eyer*, Die Alternative zu Stillstand und Einigungsstelle: Wirtschaftsmediation, AiB 2003, 98; *Fischer*, Allgemeine Vorüberlegungen und praktische betriebsverfassungsrechtliche Umsetzungsprobleme, NZA Sonderbeilage 1/2004, 28; *ders.*, Sozialplan – Zuständigkeit des Gesamtbetriebsrats, SAE 2003, 44; *Fischinger*, Streik um Tarifsozialpläne?, NZA 2007, 310; *Gaul*, Gestaltungsspielraum bei Sozialplanabfindungen, DB 1998, 1514; *Gaul/Gajewski*, Die Betriebsänderung; *Gaul/Bonanini/Otto*, Hartz III: Veränderte Rahmenbedingungen für Kurzarbeit, Sozialplanzuschüsse und Transfermaßnahmen, DB 2003, 2386; *Gaul/Otto*, Aktuelle Aspekte einer Zusammenarbeit mit Beschäftigungsgesellschaften, NZA 2004, 1301; *Giesen*, Massenentlassungsanzeige erst nach Abschluss von Sozialplanberatungen, SAE 2006, 135; *Gillen/Hörle*, Betriebsänderungen in Tendenzbetrieben, NZA 2003, 1225; *Grau*, Unterrichtung der Arbeitnehmer und ihrer Vertreter gemäß Art. 7 der Betriebsübergangsrichtlinie 2001/23/EG und die Umsetzung der europäischen Vorgaben im deutschen Recht, ZfA 2005, 647; *Heise/Schwald*, Arbeitsrechtliche Instrumente in der Wirtschaftskrise, NZA 2009, 753; *Hensslier*, Der „Arbeitgeber in der Zange", Festschrift Reinhard Richardi, 2007, S. 553 ff; *Hesse*, Das Scheitern des Interessenausgleichs in der Einigungsstelle, Festschrift Arbeitsgemeinschaft Arbeitsrecht im DAV, 2006, S. 879 ff; *Heupgen*, Anspruch des Betriebsrats auf Unterlassung betriebsbedingter Kündigungen vor Einigung über einen Interessenausgleich und Sozialplan, NZA 1997, 1271; *Höfling*, Streikbewehrte Forderung nach Abschluss von Tarifsozialplänen anlässlich konkreter Standortentscheidungen, ZfA 2008, 1; *Hohenstatt*, Der Interessenausgleich in einem veränderten rechtlichen Umfeld, NZA 1998, 846; *Hümmerich*, Gesetzesnovelle zu § 98 ArbGG – ein Schildbürgerstreich, DB 1998, 1133; *Hümmerich/Spirolke*, Allgemeiner Unterlassungsanspruch des Betriebsrats bei Betriebsänderung, BB 1996, 1986; *dies.*, Eigenkündigung des Arbeitnehmers und Sozialplanabfindung, BB 1995, 42; *dies.*, Die betriebsbedingte Kündigung im Wandel – Neue Wege zum rechtssicheren Personalabbau, NZA 1998, 797; *Hümmerich/Welslau*, Beschäftigungssicherung trotz Personalabbau, NZA 2005, 610; *Hunold*, Die Rechtsprechung zu Interessenausgleich, Nachteilsausgleich und Sozialplan, §§ 112–113 BetrVG – Teil 1, NZA-RR 2004, 561; *Jacobs/Naber*, Massenentlassungen – Kündigungserklärung als Zeitpunkt der Entlassung, SAE 2006, 61; *Kappenhagen*, Die neue „alte" Namensliste nach § 1 Abs. 5 KSchG, FA 2004, 37; *ders.*, Namensliste nach § 1 V KSchG in einem freiwilligen Interessenausgleich, NZA 1998, 968; *Kittner*, Neues Kündigungsschutzrecht außerhalb des Kündigungsschutzgesetzes, NZA 1998, 731; *Klak/Wiesinger*, Der rechtliche und personalpolitische Wert von Überführungsvereinbarungen und ihr Einfluss auf den Betriebsfrieden, Festschrift Wolfgang Hromadka, 2008, S. 205 ff; *Kleinebrink*, Möglichkeiten der Festlegung von Abfindungsleistungen in Sozialplänen, ArbRB 2004, 254; *Kraushaar*, Einigungsstelle über Sozialplan bei Betriebsrat in Gründung, AuR 2005, 34; *Krieger/Arnold*, Rente statt Abfindung: Zulässigkeit des Ausschlusses älterer Arbeitnehmer von Sozialplanleistungen, NZA 2008, 1153; *Laskawy/Rehfeld*, Sozialplanauslegung – Altersdifferenzierung im Sozialplan – gestaffelte Abfindungshöhe - § 10 Satz 3 Nr. 6 AGG gemeinschaftsrechtskonform, AuR 2009, 361; *Lembke*, Umstrukturierung in der Insolvenz unter Einschaltung einer Beschäftigungs- und Qualifizierungsgesellschaft, BB 2004, 773; *Löwisch*, Beschäftigungssicherung als Gegenstand betrieblicher und tariflicher Regelungen und von Arbeitskämpfen, DB 2005, 554; *ders.*, Die Flankierung von Sozialplänen durch die Bundesanstalt für Arbeit, RdA 1997, 287; *ders.*, Neugestaltung des Interessenausgleichs durch das Arbeitsrechtliche Beschäftigungsförderungsgesetz, RdA 1997, 80; *Lunk*, Die originäre Zuständigkeit des Gesamtbetriebsrats gem. § 50 I 1 BetrVG – eine kritische Bestandsaufnahme der Fallgruppen, NZA 2013, 233; *Matthes*, Neue Funktionen für Interessenausgleich und Sozialplan, RdA 1999, 178; *ders.*, Rechtsfragen zum Interessenausgleich, in: FS Wlotzke, 1996, S. 393 ff; *Meier*, Die Sozialplanabfindung: Verloren bei Eigenkündigung? – Entschädigung für Besitzstandsverlust oder Übergangsbeihilfe?, NZA 1995, 769; *ders.*, Abänderung von Sozialplanregelungen, NZA 1995, 974; *Mengel/Ullrich*, Erste praktische Erfahrungen mit dem neuen Recht der Beschäftigungs- und Qualifizierungsgesellschaften, BB 2005, 1109; *Moderegger*, Transferleistungen: Eine Ergänzung zur Abfindung, ArbRB 2005, 23; *Mohr*, Zulässige Differenzierungen von Leistungen in Sozialplänen, BB 2007, 2574; *Molkenbur/Schulte*, Rechtscharakter und -wirkungen des Interessenausgleichs, DB 1995, 269; *Moll*, Betriebsübergang und Betriebsänderung, RdA 2003, 129; *Neef*, Die Neuregelung des Interessenausgleichs und ihre praktischen Folgen, NZA 1997, 65; *Nicolai*, Erstreikbarkeit von tariflichen Sozialplänen, SAE 2004, 240; *dies.*, Zur Zulässigkeit tariflicher Sozialpläne – zugleich ein Beitrag zu den Grenzen der Tarifmacht, RdA 2006, 33; *Oberberg*, Anrechenbarkeit eines Sozialplananspruchs auf Nachteilsausgleich, AuR 2003, 69;

Oetker, Anrechnung tarifvertraglicher Abfindungen auf Sozialplanleistungen, RdA 2007, 242; *Quecke*, Unternehmerentscheidung und Personalabbau, NZA 1999, 1247; *Paschke/Ritschel*, Erstreikbarkeit von Tarifverträgen aus Anlass von Standortentscheidungen, AuR 2007, 110; *Podewin*, Die Nutzung von Beschäftigungs- und Qualifizierungsgesellschaften (BQG) bei Personalabbau, FA 2007, 264; *Raffler/Simshäuser*, Die Transfergesellschaft als Mittel zur Sanierung eines Unternehmens in der Krise, AuR 2009, 384; *Rehwald*, Verbot der Diskriminierung wegen Alters und Behinderung, AiB 2013, 331; *Ricken*, Der Sozialplantarifvertrag als zulässiges Arbeitskampfziel, ZfA 2008, 283; *Riesenhuber*, Informationspflichten beim Betriebsübergang: Fehler bei der Umsetzung der Richtlinie und Anlass für eine grundsätzliche Neuordnung, RdA 2004, 340; *Röder/Baeck*, Interessenausgleich und Sozialplan, 3. Aufl. 2000; *Röder/Gradert*, Mitbestimmungsrechte bei Untätigkeit eines zuständigen Gesamt- bzw Konzernbetriebsrats am Beispiel von Betriebsänderungen, DB 1996, 1674; *Rolf/Riechwald*, Transfergesellschaften nach neuem Recht, BB 2011, 2805; *Rolfs*, Abfindung, AR-Blattei SD 10; *Rose/Grummer*, Die Stellung des Beraters des Betriebsrats nach § 111 Satz 2 BetrVG, DB 2003, 1790; *Schaub/Schindele*, Kurzarbeit, Massenentlassung, Sozialplan, 2. Aufl. 2005; *Schiefer*, Namensliste gem. § 1 Abs. 5 KSchG, DB 2009, 2546; *Schiefer/Worzalla*, Unzulässige Streiks um Sozialpläne, DB 2006, 46; *Schmidt*, Sozialplangestaltung und arbeitsrechtliche Kontrolle, Festschrift Peter Kreutz, 2010, S. 451 ff; *Schnitker/Grau*, Arbeitsrechtliche Aspekte von Unternehmensumstrukturierungen durch Anwachsung von Gesellschaftsanteilen, ZIP 2008, 394; *Scholz*, Dotierung eines Sozialplans durch die Einigungsstelle, BB 2006, 1498; *Schrader/Straube*, Interessenausgleichsverhandlungen und Nachteilsausgleichsansprüche im Eröffnungsverfahren und nach Insolvenzeröffnung, ZInsO 2005, 910; *Schweibert*, Alter als Differenzierungskriterium in Sozialplänen, Festschrift Arbeitsgemeinschaft Arbeitsrecht im DAV, 2006, S. 1001 ff; *Seebacher*, Der Sozialtarifvertrag, AiB 2006, 70; *Sessig/Fischer*, Sozialplan und Sozialplanforderungen im Insolvenzverfahren, ZInsO 2010, 561; *Stück*, Rechtliche Fallen vermeiden, PERSONAL 2005, Nr. 10, 56; *ders.*, Mitbestimmung bei Outsourcing, AuA 2004, Nr. 10, 22; *Sieg*, Rechtliche Rahmenbedingungen für Beschäftigungsgesellschaften, NZA Beilage 1/2005, 9; *Temming*, Für einen Paradigmenwechsel in der Sozialplanrechtsprechung, RdA 2008, 205; *Thüsing*, Dreigliedrige Standortentscheidungen, NZA 2008, 201; *Thüsing/Ricken*, Zweimal Otis – Tarifliche Sozialpläne und die Grenzen zulässiger Streikziele, JbArbR 42, 113; *Trittin*, Der Ausgleich der Nachteile für die Arbeitnehmer im Sozialplan bei Spaltung und Zusammenlegung von Betrieben, AuR 2009, 119; *Willemsen/Hohenstadt*, Zur umstrittenen Bindungs- und Normwirkung des Interessenausgleichs, NZA 1997, 345; *Welkoborsky*, Instrument in der Krise: Transfersozialplan?, AiB 2009, 428; *Wolff*, Personalanpassung durch „Transfersozialplan", NZA 1999, 622; *Zabel*, Ergänzungstarifvertrag bei Betriebsänderung, AiB 2005, 105; *Zange*, Diskriminierung bei Berechnung einer Sozialplanabfindung, NZA 2013, 601; *Zimmer/Hempel*, Der Interessenausgleich als Betriebsvereinbarung, FA 2007, 171; *Zwanziger*, Voraussetzungen und Rechtswirkungen des Interessenausgleichs mit Nennung der zu kündigenden Arbeitnehmer, AuR 1997, 427.

A. Erläuterungen

I. Der Interessenausgleich

1. Schwellenwert

Bei Betriebsänderungen hat der Arbeitgeber gem. §§ 111 f BetrVG zu versuchen, mit dem Betriebsrat einen Interessenausgleich zu schließen. Diese Verpflichtung zum Abschlussversuch besteht nur dann, wenn das Unternehmen den **Schwellenwert** von in der Regel **mehr als 20 wahlberechtigten Arbeitnehmern** ausweist.[1] Hat in den Monaten vor einer beabsichtigten Betriebsänderung bereits eine Personalverminderung stattgefunden, so ist die Zahl der **„regelmäßigen Belegschaftsstärke"**, aus der sich die Verpflichtung zum Versuch eines Interessenausgleichs oder die Sozialplanpflichtigkeit berechnet, anhand einer wertenden Gesamtwürdigung zu ermitteln, die auch eine Prognose der weiteren Personalentwicklung des Betriebes einschließt. Besteht die Betriebsänderung in einem bloßen Personalabbau, kann sich die erforderliche Würdigung nur auf die vorangehende Entwicklung beziehen. Als die zurzeit eines Stilllegungsbeschlusses maßgebliche Zahl der in der Regel Beschäftigten kann auch eine erst zwei Monate vorher erreichte Belegschaftsstärke anzusehen sein, wenn diese das Ergebnis längerfristiger personalwirtschaftlicher Entscheidungen des Arbeitgebers ist.[2] **Leiharbeitnehmer** sind dann mitzuzählen, wenn sie länger als drei Monate im Unternehmen eingesetzt werden.[3]

155

---

1 BAG 10.12.1996 – 1 ABR 43/96, NZA 1997, 733; man beachte die Neufassung durch das BetrV-ReformG, die nunmehr statt auf den Betrieb auf das Unternehmen abstellt.
2 BAG 10.12.1996 – 1 ABR 43/96, NZA 1997, 733; BAG 9.5.1995 – 1 ABR 51/94, DB 1995, 2075.
3 BAG 18.10.2011 – 1 AZR 335/10, NZA 2012, 221.

2. Der Begriff der Betriebsänderung

156 Wann eine Betriebsänderung iSv § 111 BetrVG vorliegt, ergibt sich aus den fünf Tatbeständen des Gesetzes und einer sie präzisierenden BAG-Rechtsprechung und Literatur.[4] § 112 BetrVG ist im Zusammenhang mit § 1 Abs. 5 KSchG zu lesen. § 1 Abs. 5 KSchG begründet die gesetzliche Vermutung, dass die Kündigung durch dringende betriebliche Erfordernisse bedingt ist, wenn bei einer Kündigung aufgrund einer Betriebsänderung nach § 111 BetrVG die betroffenen Arbeitnehmer in einem Interessenausgleich namentlich bezeichnet werden. In diesen Fällen kann die soziale Auswahl der Arbeitnehmer nur auf grobe Fehlerhaftigkeit überprüft werden.[5] Der Arbeitnehmer muss die gegen ihn sprechende Vermutung der Betriebsbedingtheit der Kündigung durch substantiierten Vortrag entkräften.[6] Er muss den Beweis des Gegenteils erbringen und dabei seine Kenntnismöglichkeiten ausschöpfen.[7] Bei einer wesentlichen Änderung der Sachlage nach Zustandekommen des Interessenausgleichs gilt die Vermutung dringender betrieblicher Erfordernisse und korrekter sozialer Auswahl nicht. Die Wesentlichkeit ist jedenfalls gegeben, wenn nicht ernsthaft bezweifelt werden kann, dass zumindest ein Betriebspartner den Interessenausgleich in Kenntnis der späteren Änderung nicht oder mit anderem Inhalt geschlossen hätte.[8] Dagegen reicht es nicht aus, dass sich lediglich die individuellen Beschäftigungsmöglichkeiten für einen in der Namensliste aufgeführten Arbeitnehmer geändert haben.[9] Es muss von einem Wegfall der Geschäftsgrundlage gesprochen werden können.[10] Schließlich ersetzte der Interessenausgleich die Stellungnahme des Betriebsrats nach § 17 Abs. 3 Satz 2 KSchG.

157 § 1 Abs. 4 und 5 KSchG[11] lautet:

§ 1 KSchG Sozial ungerechtfertigte Kündigungen

(1)–(3) ...

(4) Ist in einem Tarifvertrag, in einer Betriebsvereinbarung nach § 95 des Betriebsverfassungsgesetzes oder in einer entsprechenden Richtlinie nach den Personalvertretungsgesetzen festgelegt, wie die sozialen Gesichtspunkte nach Absatz 3 Satz 1 im Verhältnis zueinander zu bewerten sind, so kann die Bewertung nur auf grobe Fehlerhaftigkeit überprüft werden.

(5) Sind bei einer Kündigung auf Grund einer Betriebsänderung nach § 111 des Betriebsverfassungsgesetzes die Arbeitnehmer, denen gekündigt werden soll, in einem Interessenausgleich zwischen Arbeitgeber und Betriebsrat namentlich bezeichnet, so wird vermutet, dass die Kündigung durch dringende betriebliche Erfordernisse im Sinne des Absatzes 2 bedingt ist. Die soziale Auswahl der Arbeitnehmer kann nur auf grobe Fehlerhaftigkeit überprüft werden. Die Sätze 1 und 2 gelten nicht, soweit sich die Sachlage nach Zustandekommen des Interessenausgleichs wesentlich geändert hat. Der Interessenausgleich nach Satz 1 ersetzt die Stellungnahme nach § 17 Abs. 3 Satz 2.

158 Mit § 1 Abs. 5 KSchG will der Gesetzgeber dem Willen der Betriebspartner im Hinblick auf dringende betriebliche Bedürfnisse bzw bei der damit im Zusammenhang stehenden Sozialauswahl eine Einschätzungsprärogative einräumen, da die Betriebspartner eine größere Sachnähe und -kunde zu den betrieblichen, die Kündigung bedingenden Sachverhalten besitzen.

159 § 1 Abs. 5 KSchG modifiziert die Sozialauswahl, wenn eine Betriebsänderung iSd § 111 BetrVG geplant ist und zwischen Arbeitgeber und Betriebsrat ein Interessenausgleich zustande kommt, in dem die Arbeitnehmer, denen gekündigt werden soll, namentlich bezeichnet sind. In eine Namensliste dürfen ausschließlich Arbeitnehmer aufgenommen werden, die aus der Sicht der Betriebsparteien aufgrund der dem Interessenausgleich zugrunde liegenden Betriebsänderung zu kündigen sind. Bei der Aufnahme weiterer Arbeitnehmer, beispielsweise freiwillig ausscheidender, um für diese sozialversicherungspflichtige Nachteile zu vermeiden, wird der gesamten Namensliste die Vermutungswirkung versagt. Ob eine **Teil-Namensliste** möglich ist, hat das BAG nicht abschließend entschieden, steht der Möglichkeit einer

---

4 GK-BetrVG/*Fabricius*, § 111 Rn 1–367; zusammenfassend H/S-*Spirolke*, Das arbeitsrechtliche Mandat, § 12 Rn 473–483.
5 BAG 7.5.1998 – 2 AZR 536/97, AP § 113 BetrVG 1972 Nr. 36.
6 BAG 7.5.1998 – 2 AZR 536/97, AP § 113 BetrVG 1972 Nr. 36.
7 BAG 27.9.2012 – 2 AZR 516/11, NZA 2013, 559.
8 BAG 12.3.2009 – 2 AZR 418/07, NZA 2009, 1023.
9 BAG 23.10.2008 – 2 AZR 163/07, BB 2009, 1758.
10 BAG 21.2.2001 – 2 AZR 39/00, EzA § 1 KSchG Interessenausgleich Nr. 8.
11 Zur Verfassungsmäßigkeit der Vorschrift BAG 6.9.2007 – 2 AZR 715/06, NZA 2008, 633.

Kapitel 3: Interessenausgleichsvereinbarungen und Sozialpläne

Teil-Namensliste jedoch eher ablehnend gegenüber.[12] Ist die Liste nicht unterschrieben, muss sie mit dem Interessenausgleich fest verbunden sein.[13] Dabei genügt es dem **Schriftformerfordernis** nicht, wenn die **Zusammenheftung** erst nach Unterzeichnung erfolgt. Die Zusammenheftung der Namensliste mit der Haupturkunde (Interessenausgleich) muss **im Zeitpunkt der Unterzeichnung** bereits vorgenommen sein.[14] Ist die Namensliste selbst unterschrieben, genügt ein Verweis auf den ebenfalls unterschriebenen Interessenausgleich.[15] Die Schriftform ist jedoch im Fall fehlender anfänglicher fester körperlicher Verbindung nicht gewahrt, wenn zwar der Interessenausgleich auf eine Namensliste verweist, jedoch in der Namensliste eine Rückverweisung auf den Interessenausgleich fehlt.[16] Die Rechtswirkung des § 1 Abs. 5 KSchG tritt nur ein, wenn der Interessenausgleich in jeder Hinsicht (Schriftform, Zuständigkeit Betriebsrat/Gesamtbetriebsrat) wirksam abgeschlossen worden ist.[17]

Ebenso obliegt dem Arbeitgeber die **Darlegungs- und Beweislast** dafür, dass eine Betriebsänderung vorliegt.[18] Grob fehlerhaft iSd § 1 Abs. 5 KSchG ist die Sozialauswahl nur dann, wenn der Arbeitnehmer darlegt und im Bestreitensfall nachweist, dass die Auswahlkriterien jede Ausgewogenheit vermissen lassen.[19] Der Prüfungsmaßstab der **groben Fehlerhaftigkeit** wird nicht nur auf die Gewichtung der Sozialkriterien, sondern auch auf die **Bildung der Vergleichsgruppen** und die **Ausklammerung von Leistungsträgern** erstreckt.[20]

160

Kommt ein Interessenausgleich mit Namensliste zustande, wird im Rahmen eines Individualprozesses nach § 1 KSchG vermutet, dass die Kündigung der namentlich bezeichneten Arbeitnehmer durch dringende betriebliche Erfordernisse iSd § 1 Abs. 2 KSchG bedingt ist. § 1 Abs. 2 KSchG erfasst sowohl das Vorliegen der notwendigen betrieblichen Erfordernisse, die einer Weiterbeschäftigung im Rahmen der bisherigen Beschäftigungsmöglichkeit entgegenstehen, als auch die fehlende Möglichkeit des Einsatzes im Rahmen anderer freier Beschäftigungsmöglichkeiten iSd § 1 Abs. 2 Satz 2 KSchG.[21]

161

Ein möglicher Verstoß gegen das Verbot der **Altersdiskriminierung** kann allenfalls zur groben Fehlerhaftigkeit der Sozialauswahl führen. Er hat nicht die „Unwirksamkeit" der Namensliste und des Interessenausgleichs insgesamt und damit den Wegfall der gesetzlichen Vermutung der Betriebsbedingtheit der Kündigung zur Folge.[22]

162

Der Arbeitnehmer kann vom Arbeitgeber verlangen, **Auskunft** über die getroffene Sozialauswahl zu erteilen. Die **Vortragslast** des Arbeitgebers beschränkt sich allerdings auf die subjektiven, vom Arbeitgeber angestellten Auswahlüberlegungen. Der Arbeitnehmer hat keinen Anspruch auf vollständige Auflistung der Sozialdaten aller objektiv vergleichbaren Arbeitnehmer. Gibt der Arbeitgeber keine oder keine vollständige Auskunft über seine Auswahlüberlegungen, so ist der Vortrag des Arbeitnehmers, es seien sozial stärkere Arbeitnehmer als er vorhanden, schlüssig und ausreichend.[23]

163

In § 112 Abs. 1 BetrVG hat der Gesetzgeber die **Formvoraussetzungen** für Interessenausgleich und Sozialplan geregelt und gleichzeitig bestimmt, dass es sich bei dem Sozialplan um eine Betriebsvereinbarung iSv § 77 BetrVG handelt, für die allerdings § 77 Abs. 3 BetrVG nicht gilt. Im Umkehrschluss folgt aus § 112 Abs. 1 BetrVG, dass der Interessenausgleich **keine Betriebsvereinbarung** ist. Das BAG hat den Interessenausgleich als eine **kollektivrechtliche Vereinbarung** *sui generis* qualifiziert, deren Einhaltung der Betriebsrat nicht aus eigenem Recht verlangen bzw. durchsetzen könne.[24] Demgegenüber hat sich eine zeitweilig im Vordringen befindliche Meinung herausgebildet, wonach dem Betriebsrat ein Anspruch gegen den Arbeitgeber zustehe, dass dieser die Betriebsänderung so wie im Interessenaus-

164

---

12 BAG 26.3.2009 – 2 AZR 296/07, NZA 2009, 1151.
13 BAG 7.5.1998 – 2 AZR 55/98, AP § 1 KSchG 1969 Namensliste Nr. 1.
14 BAG 6.7.2006 – 2 AZR 520/05, NZA 2007, 266.
15 BAG 22.1.2004 – 2 AZR 111/02, AP § 112 BetrVG 1972 Namensliste Nr. 1.
16 BAG 12.5.2010 – 2 AZR 551/08, NZA 2011, 114.
17 ErfK/*Ascheid*, § 1 KSchG Rn 584.
18 *Zwanziger*, AuR 1997, 427.
19 BT-Drucks. 13/4612, S. 9; BAG 21.1.1999 – 2 AZR 624/98, BB 1999, 1556.
20 BT-Drucks. 15/1204, S. 12; BAG 2.12.1999 – 2 AZR 757/98, NZA 2000, 531.
21 BAG 27.9.2012 – 2 AZR 516/11, NZA 2013, 559; BAG 7.5.1998 – 2 AZR 55/98, AP § 1 KSchG 1969 Namensliste Nr. 1; BAG 23.10.2008 – 2 AZR 163/07, BB 2009, 1758; BAG 6.9.2007 – 2 AZR 715/06, NZA 2008, 633.
22 BAG 5.11.2009 – 2 AZR 676/08, NZA 2010, 457.
23 BAG 27.9.2012 – 2 AZR 516/11, NZA 2013, 559.
24 BAG 28.8.1991 – 7 ABR 72/90, NZA 1992, 41.

gleich vereinbart durchführt und alle gegenteiligen Maßnahmen unterlässt.[25] Die Betriebspartner haben es indessen in der Hand, diese Wirkung durch eine ausdrückliche Vereinbarung herbeizuführen.[26] Der Interessenausgleich ist im Gegensatz zum Sozialplan **nicht erzwingbar**.[27] Der Interessenausgleich muss **schriftlich** niedergelegt und vom Unternehmer und Betriebsrat unterschrieben werden. Ein mündlich vereinbarter Interessenausgleich ist unwirksam.[28]

165 **Betriebsänderungen** iSv § 111 Satz 3 Nr. 1–5 BetrVG sind nur Maßnahmen von einem gewissen Gewicht. Die Maßnahmen in den Nr. 1–3 müssen sich auf den gesamten Betrieb oder zumindest auf wesentliche Betriebsteile beziehen. Bezugsgröße für die Frage, ob eine Betriebsänderung durch Personalabbau iSv § 111 Satz 3 Nr. 1 BetrVG, § 17 Abs. 1 KSchG vorliegt, ist die Anzahl der im einzelnen Betrieb beschäftigten Arbeitnehmer.[29] Soweit es sich um Änderungen der Betriebsorganisation iSd Nr. 4 und 5 handelt, müssen diese Änderungen „**grundlegend**" sein. Wann ein betroffener Betriebsteil „**wesentlich**" oder wann eine Änderung iSd Nr. 4 und 5 „**grundlegend**" ist, ermittelt das BAG anhand der **Zahlenstaffeln** in § 17 KSchG.[30] In Betrieben mit 21–59 Arbeitnehmern müssen mehr als fünf Arbeitnehmer, in Betrieben mit 60–499 Arbeitnehmern 10 % oder mehr als 25 Arbeitnehmer und schließlich in Betrieben mit mindestens 500 Arbeitnehmern müssen in jedem Fall 30 Arbeitnehmer, mindestens aber 5 % der Belegschaft betroffen sein. Da der Schwellenwert von 20 Arbeitnehmern nur im Unternehmen erreicht sein muss, kann es auch in kleineren Betrieben zu Betriebsänderungen kommen. Dort müssen mindestens sechs Arbeitnehmer betroffen sein, um von einer Betriebsänderung zu sprechen.[31]

166 Wie bereits am Beispiel des Schwellenwertes aufgezeigt (s. Rn 155), lässt sich die Interessenausgleichspflichtigkeit zwar anhand der Zahlenstaffeln bei einer einheitlichen Maßnahme bestimmen. Besteht die Betriebsänderung dagegen aus **mehreren gleichartigen Maßnahmen**, die **zeitversetzt** eingeleitet werden, oder aus **mehreren verschiedenartigen Maßnahmen**, die **zeitgleich** ergriffen oder sogar zeitversetzt durchgeführt werden, stellt sich die Frage, wann auf Basis der Zahlenstaffeln des § 17 KSchG eine „wesentliche" bzw „grundlegende" Betriebsänderung vorliegt. Die Problematik ist also ähnlich der beim Schwellenwert. Es kommt vor,[32] dass die einzelne Maßnahme nach der Zahlenstaffel des § 17 KSchG keine Betriebsänderung, eine Gesamtschau über einen längeren Zeitraum dagegen eine interessenausgleichspflichtige Betriebsänderung ergibt.

167 Geht man von der Steuerungsfunktion von Interessenausgleich und Sozialplan aus,[33] kommt es auf eine **einheitliche Planungsentscheidung** an. Zeitversetzt durchgeführte gleichartige Maßnahmen müssen als eine Einheit betrachtet werden, wenn sie auf einer einheitlichen Planungsentscheidung des Unternehmens beruhen.[34] Konsequenterweise hat das BAG dementsprechend die Auffassung vertreten, eine Betriebsänderung sei nicht interessenausgleichs- und sozialplanpflichtig, wenn im Zeitpunkt der Beschlussfassung des Arbeitgebers noch kein Betriebsrat besteht, mag er auch bis zur tatsächlichen Umsetzung der Maßnahme errichtet worden sein.[35]

168 Liegt ein **bloßer inhaltlicher Zusammenhang** vor, beruhen die Maßnahmen aber auf unterschiedlichen Planungsentscheidungen, besteht keine Pflicht zur Zusammenrechnung der von den einzelnen Maßnahmen betroffenen Arbeitnehmer.[36] Anders liegt dagegen der Fall einer **einheitlichen Rahmenentscheidung**. Bei einheitlichen Rahmenentscheidungen besteht eine einheitliche Planungsentscheidung. Behält sich der Arbeitgeber weitere Maßnahmen im Rahmen einer Planungsentscheidung vor, sofern aus seiner Sicht diese Maßnahmen notwendig werden, müssen die Maßnahmen mit Blick auf die Zahlenstaffeln des § 17 KSchG einzeln betrachtet werden. Anders liegt dagegen der Fall, wenn der Arbeitgeber bei der Planungsentscheidung von einer ersten Maßnahme bereits weiß und davon ausgeht, dass weitere Maßnahme erforderlich sein werden, die einzelnen Maßnahmen jedoch zeitlich auseinanderlegt

---

25 LAG München 16.7.1997 – 9 TaBV 54/97, AuR 1998, 89; ArbG Bonn 16.10.2003 – 3 BV 65/02, n.v.; *Matthes*, in: FS Wlotzke, S. 93.
26 *Fitting u.a.*, BetrVG, §§ 112, 112a Rn 45; H/S-*Spirolke*, Das arbeitsrechtliche Mandat, § 12 Rn 505.
27 GK-BetrVG/*Fabricius*, §§ 112, 112a Rn 22; *Willemsen/Hohenstatt*, NZA 1997, 345.
28 BAG 9.7.1985 – 1 AZR 323/83, BAGE 49, 160 = NZA 1986, 100.
29 BAG 19.7.2012 – 2 AZR 386/11, NZA 2013, 333.
30 BAG 7.8.1990 – 1 AZR 445/89, NZA 1991, 113.
31 BAG 9.11.2010 – 1 AZR 708/09, BAGE 136, 140 = NZA 2011, 466.
32 *Baeck/Diller*, NZA 1997, 689.
33 BAG 22.5.1979 – 1 ABR 17/77, NJW 1980, 83; BAG 28.10.1992 – 10 ABR 75/91, NZA 1993, 420.
34 BAG 22.5.1979 – 1 AZR 848/76, AP § 111 BetrVG 1972 Nr. 3; BAG 26.10.1982 – 1 ABR 11/81, NJW 1983, 2838.
35 BAG 20.4.1982 – 1 ABR 3/80, NJW 1982, 2334.
36 *Baeck/Diller*, NZA 1997, 691.

und in jedem einzelnen Falle ein Interessenausgleich nicht geschlossen werden müsste. Die Rechtsprechung[37] sowie *Gaul/Gajewski*[38] halten das Unternehmerverhalten für einen Fall des Rechtsmissbrauchs und meinen, die Einzelmaßnahmen hinsichtlich ihrer personellen Auswirkungen zusammenrechnen zu müssen.

Interessant ist auch der Fall, dass ein Betrieb vor einer feststehenden Betriebsübernahme einer namentlich festgelegten Anzahl von Personen, die den Zahlenwert des § 17 KSchG erfüllt, Aufhebungsverträge anbieten will und diese Mitarbeiter sämtlich dazu bringen möchte, durch Aufhebungsverträge aus dem Betrieb auszuscheiden. Das LAG Köln hat in diesem Falle entschieden, dass eine die Interessenausgleichspflicht auslösende Betriebsänderung vorliegt.[39] Das BAG geht noch einen Schritt weiter: Die mit einem Aufhebungsvertrag bezweckte Entlassung ist – bei Vorliegen der Voraussetzungen der Massenentlassung – solange unwirksam, als nicht eine formgerechte Massenentlassungsanzeige beim Arbeitsamt eingereicht und dessen Zustimmung eingeholt wird.[40]

169

Aus bloßer **Zeitgleichheit mehrerer Maßnahmen** kann nicht auf eine einheitliche Planungsentscheidung und damit auf eine Betriebsänderung, die an den Zahlenstaffeln des § 17 KSchG zu messen ist, geschlossen werden.[41] Entscheidend ist, ob eine einheitliche punktuelle Ursache bei einer materiell einheitlichen Planungsentscheidung besteht. Bei zeitversetzten, verschiedenartigen Maßnahmen kommt es ebenfalls auf die einheitliche Planungsentscheidung des Unternehmens an. *Baeck/Diller* weisen darauf hin, dass im Wesentlichen die Darlegungs- und Beweislast darüber entscheidet, ob eine **einheitliche Planungsentscheidung** im arbeitsgerichtlichen Beschlussverfahren nachgewiesen werden kann. Im Beschlussverfahren gilt aber nach § 83 Abs. 1 ArbGG der Amtsermittlungsgrundsatz. Das Gericht hat den Sachverhalt von Amts wegen zu erforschen. Den Parteien obliegt nicht die subjektive Beweislast. Es reicht aus, dass sie die für sie günstigen Tatsachen behaupten. Beweis dafür anbieten müssen sie nicht. Es obliegt dem Gericht, durch die im § 83 Abs. 2 ArbGG aufgezählten Maßnahmen den Sachverhalt aufzuklären.[42] Einzelne Maßnahmen stellen sich aus der Sicht eines Betriebsrats manchmal erst nach einem Rückblick und in der Kombination einzelner Vorkommnisse als eine von vornherein durchdachte, einheitliche Planungsentscheidung dar. In diesen Fällen kann der Betriebsrat das Arbeitsgericht im Beschlussverfahren den Planungszusammenhang über eine Anordnung der Einsichtnahme von Urkunden (Geschäftsführungsvorlagen, Protokollen von Geschäftsführungssitzungen) ermitteln lassen, § 83 Abs. 2 ArbGG. Allerdings darf die Behauptung des Betriebsrats nicht ins Blaue hinein erfolgen. Trägt der Betriebsrat keine Tatsachen vor, die den rechtlichen Schluss auf eine einheitliche Planungsentscheidung zulassen, muss das Arbeitsgericht auch nicht „ermitteln". Der Amtsermittlungsgrundsatz entlastet die Beteiligten nicht davon, die ihnen günstigen Tatsachen vorzutragen.

170

Der **bloße Betriebsübergang nach § 613 a BGB** ist nach gefestigter Rechtsprechung keine Betriebsänderung iSd §§ 111 ff BetrVG.[43] Der mit dem Umwandlungsrecht in § 111 BetrVG eingefügte Tatbestand der **Spaltung von Betrieben** wird vom BAG zugleich so verstanden, dass die Übertragung eines Betriebsteils auf ein anderes Unternehmen in der Form der organisatorischen Spaltung des Betriebes eine mitbestimmungspflichtige Betriebsänderung iSv § 111 Satz 2 Nr. 3 BetrVG ist.[44] Wegen der wirtschaftlichen Nachteile, die sich für die Mitarbeiter im konkreten Falle ergaben, habe der Betriebsrat einen Sozialplan verlangen können. Zu den berücksichtigungsfähigen Nachteilsfolgen gehörten allerdings nicht eine etwaige Verringerung der Haftungsmasse bei dem Betriebserwerber sowie dessen befristete Befreiung von der Sozialplanpflicht nach § 112 a Abs. 2 BetrVG.[45] Insbesondere konnte der Betriebsrat in der Einigungsstelle nicht verlangen, dass der abgebende Betrieb für die Dauer des Verlustes einer Sozialplananwartschaft nach dem Übergang des Betriebsteils auf das neu gegründete Unternehmen für die Dauer von vier Jahren eine Ausfallbürgschaft stellte.

171

---

37 BAG 2.8.1983 – 1 AZR 516/81, NJW 1984, 1781.
38 Die Betriebsänderung, S. 26.
39 LAG Köln 13.1.1998 – 13 TaBV 60/97, NZA 1998, 1018.
40 BAG 11.3.1999 – 2 AZR 461/98, NZA 1999, 761.
41 Baeck/Diller, NZA 1997, 693.
42 Baeck/Diller, NZA 1997, 694.
43 BAG 15.12.2011 – 8 AZR 692/10, NZA-RR 2012, 570; BAG 24.7.1979 – 1 AZR 219/77, DB 1980, 164; BAG 4.12.1979 – 1 AZR 843/76, DB 1980, 743.
44 BAG 10.12.1996 – 1 ABR 32/96, NZA 1997, 898.
45 BAG 10.12.1996 – 1 ABR 32/96, NZA 1997, 898.

172 Zu beachten ist eine Entscheidung des BAG, wonach bei der **Anwendung der Zahlenstaffeln des § 17 KSchG** zur Feststellung einer wesentlichen Betriebsänderung, aber auch bei einem Personalabbau nach § 112a BetrVG und den in diesem Zusammenhang zu erfüllenden, zahlenmäßigen Voraussetzungen diejenigen Mitarbeiter mitgerechnet werden, die dem Übergang ihres Arbeitsverhältnisses auf einen Teilbetriebserwerber (und damit auch dem Übergang auf einen Betriebserwerber) widersprochen haben und für die eine Beschäftigungsmöglichkeit im Restbetrieb nicht mehr besteht.[46] Entscheidet sich der Arbeitgeber, eine Betriebsabteilung stillzulegen und kündigt deshalb den dort beschäftigten Arbeitnehmern, so ist er regelmäßig zur Wiedereinstellung entlassener Arbeitnehmer verpflichtet, wenn er sich noch während der Kündigungsfrist entschließt, die Betriebsabteilung mit einer geringeren Anzahl von Arbeitnehmern doch fortzuführen.[47] Aufhebungsverträge können wegen Wegfalls der Geschäftsgrundlage angepasst werden, eine erhaltene Abfindung ist vom Arbeitnehmer zurückzuzahlen.

173 Der Zeitpunkt, zu dem die Entlassungsanzeige nach § 17 KSchG vom Arbeitgeber vorzunehmen ist, hat sich seit dem Urteil des EuGH vom 27.1.2005[48] ergeben. Während nach der früheren Rechtsprechung des BAG[49] der Zeitpunkt, bis zu dem die Entlassungsanzeige nach § 17 KSchG zu erfolgen hatte, erst endete, wenn die Kündigungsfrist ausgelaufen war, hat die Entlassungsanzeige nach § 17 KSchG vor Ausspruch der Kündigungserklärung zu erfolgen. Die Art. 2–4 der Richtlinie 98/95/EG des Rates vom 20.7.1998 zur Angleichung der Rechtsvorschriften der Mitgliedsstaaten über Massenentlassungen sind dahin gehend auszulegen, dass die Kündigungserklärung des Arbeitgebers das Ereignis ist, das als Entlassung gilt. Das BAG hat sich in mehreren Entscheidungen dieser Rechtsauffassung angeschlossen, den Betrieben, die bis zum Bekanntwerden der EuGH-Entscheidung nach der alten Rechtslage verfahren hatten, jedoch Vertrauensschutz gewährt.[50]

174 Wurde die **Massenentlassungsanzeige** nicht wirksam erstattet, ist die Kündigung nach § 134 BGB nichtig. Fehlt die erforderliche **Stellungnahme des Betriebsrats**, ist die Massenentlassungsanzeige unwirksam. Die Stellungnahme des Betriebsrats kann in einen Interessenausgleich integriert werden.[51] Auch die **Unterrichtung des Betriebsrats** nach § 17 Abs. 2 Satz 1 KSchG mit dem Verfahren nach § 111 BetrVG verletzt keine europarechtlichen Vorgaben. Das BAG hat es dahingestellt sein lassen, ob die Unterrichtung nach § 17 Abs. 2 Satz 1 KSchG der **Schriftform** nach § 126 BGB bedarf oder ob Textform genügt. Jedenfalls wird ein etwaiger Schriftformverstoß durch eine abschließende Stellungnahme des Betriebsrats geheilt.[52] Allerdings ersetzt der Interessenausgleich mit Namensliste nur die Stellungnahme des Betriebsrats gegenüber der Agentur für Arbeit, nicht aber die schriftliche Unterrichtung des Betriebsrats nach § 17 Abs. 2 Satz 1 KSchG.[53]

175 Während ein Sozialplan auch für Maßnahmen aufgestellt werden kann, die noch nicht geplant, aber in groben Umrissen abschätzbar sind,[54] gelten für den Interessenausgleich strengere Anforderungen. In Großunternehmen, die Dauerstrukturierungen vornehmen, ist es üblich, dass **Sozialpläne über längere Zeiträume geschlossen** und auch immer wieder **verlängert** werden. Für den Interessenausgleich sieht der 1. Senat die Rechtslage nicht wie beim Sozialplan. Der Betriebsrat müsse mit dem Arbeitgeber über konkret geplante Betriebsänderungen verhandeln und diese in einem Interessenausgleich niederlegen. Rein vorsorgliche Interessenausgleichsvereinbarungen seien nicht wirksam.[55]

3. Der Interessenausgleich im taktischen Umfeld

176 Beim Interessenausgleich gilt, dass der Arbeitgeber „ihn **versucht** hat" im Sinne des Gesetzes, wenn er den Betriebsrat gem. § 111 Satz 1 BetrVG beteiligt hat und ein Interessenausgleich nach Verhandlungen nicht zustande gekommen sowie die Einigungsstelle vergeblich angerufen worden ist.

177 Die Taktik von Betriebsräten beim Abschluss von Interessenausgleichsvereinbarungen und Sozialplänen bestand seit jeher darin, bei drängenden wirtschaftlichen Problemen des Betriebes das **kostenauslö-**

---

46 BAG 10.12.1996 – 1 AZR 290/96, NZA 1997, 787.
47 BAG 4.12.1997 – 2 AZR 140/97, NZA 1998, 701.
48 EuGH 27.1.2005 – Rs. C-188/03 (Irmtraud Junk./. Wolfgang Kühnel), NZA 2005, 213.
49 BAG 18.9.2003 – 2 AZR 79/02, BAGE 107, 318.
50 BAG 23.3.2006 – 2 AZR 345/05, NZA 2006, 971; BAG 13.7.2006 – 6 AZR 198/06, NZA 2007, 25.
51 BAG 22.11.2012 – 2 AZR 371/11, DB 2013, 939.
52 BAG 20.9.2012 – 6 AZR 155/11, NZA 2013, 32.
53 BAG 18.1.2012 – 6 AZR 407/10, NZA 2012, 817.
54 BAG 26.8.1997 – 1 ABR 12/97, AP § 76 BetrVG 1972 Nr. 57.
55 BAG 19.1.1999 – 1 AZR 342/98, BB 2000, 47.

sende Zeitmoment in die Waagschale zu werfen. Betriebsräte machen gerne, weil es einen erzwingbaren Anspruch auf Abschluss eines Interessenausgleichs nicht gibt, die Unterzeichnung eines bereits durchverhandelten Interessenausgleichs vom gleichzeitigen Abschluss eines Sozialplans abhängig.[56] Der Unternehmer muss nur „versuchen", einen Interessenausgleich mit dem Betrieb zu schließen. Kommt eine Einigung nicht zustande, ruft der Unternehmer die Einigungsstelle an (§ 112 Abs. 2 BetrVG). Dort wird noch einmal über den Inhalt eines Interessenausgleichs verhandelt. Gelingt es auch diesmal nicht, sich auf den Wortlaut eines Interessenausgleichs zu einigen, hat der Unternehmer einen Interessenausgleich ordnungsgemäß „versucht".[57] Es ist weder nach nationalem Recht noch nach Art. 2 Abs. 1, 2 EGRL 59/98 Voraussetzung, dass außer der Unterrichtung des Betriebsrats und Beratung mit dem Betriebsrat auch eine Einigung vor „Durchführung der Massenentlassung" erzielt worden sein muss.[58]

Betriebsräte weigern sich verschiedentlich mit dem Argument in Beratungen einzutreten, sie seien nicht hinreichend informiert. Sie lassen sich vom Arbeitgeber schriftlich zur Aufnahme der Beratungen auffordern und antworten dann mit dem Verlangen, ergänzende Unterlagen zum Zweck einer vollständigen Unterrichtung über die Betriebsänderung zu erhalten. Nur nach hinreichender Unterrichtung des Betriebsrats über die Betriebsänderung ist der Betriebsrat zur Aufnahme von Beratungen verpflichtet, nur nach ausreichender Unterrichtung kann Arbeitgeber mit Recht behaupten, er habe in Verhandlungen einen Interessenausgleich „versucht".[59] 178

Eine Sonderregelung bildet § 112a BetrVG, der die **Erzwingbarkeit eines Sozialplans** unter der Voraussetzung formuliert, dass die Betriebsänderung allein in einem Personalabbau besteht. Bestimmte Prozentzahlen bzw Mindestzahlen von Arbeitnehmern, je nach Betriebsgröße, müssen vom Personalabbau betroffen sein, um die Erzwingbarkeit eines Sozialplans auszulösen. Zu beachten ist die Sonderregelung für Neugründungen (§ 112a Abs. 2 BetrVG) in den ersten vier Jahren. 179

In § 113 BetrVG hat der Gesetzgeber schließlich den **Sanktionenkatalog** der Abweichung des Unternehmers von einem Interessenausgleich bzw der Durchführung einer Betriebsänderung nach § 111 BetrVG, ohne über sie einen Interessenausgleich mit dem Betriebsrat versucht zu haben, aufgestellt. Der Nichtversuch eines Interessenausgleichs und die Abweichung von einem Interessenausgleich haben einen individualrechtlichen Anspruch auf Nachteilsausgleich, also auf Abfindung im wirtschaftlichen Umfang des § 10 KSchG zur Folge. In Tendenzbetrieben kommt ein Nachteilsausgleich dann in Betracht, wenn der Arbeitgeber eine Betriebsänderung durchführt, ohne den Betriebsrat rechtzeitig unterrichtet und Verhandlungen über einen Sozialplan ermöglicht zu haben. Beginnt der Arbeitgeber mit der Betriebsänderung, ohne einen Interessenausgleich versucht zu haben, entsteht der Anspruch auf Nachteilsausgleich nach § 113 Abs. 3 BetrVG. Allerdings kann der Arbeitnehmer, der infolge der beginnenden Betriebsänderung mit dem Arbeitgeber einen Aufhebungsvertrag geschlossen hat, im Wege einer allgemeinen Ausschlussklausel auf Ansprüche auf Nachteilsausgleich wirksam verzichten.[60] 180

Das BAG hat es bislang ausdrücklich offen gelassen, ob § 113 Abs. 1 und Abs. 2 BetrVG auch auf den **Tendenzbetrieb** anwendbar ist.[61] Die Betriebspartner sind schließlich befugt, einen verbindlichen, vorsorglichen Sozialplan in Form einer freiwilligen Betriebsvereinbarung aufzustellen, ohne dass der Betriebsrat dadurch auf künftige Mitbestimmungsrechte verzichtet.[62] 181

Der Unternehmer hat meistens aufgrund des Kostendrucks ein Interesse an einer zügigen Realisierung der Betriebsänderung. Wird eine Betriebseinschränkung geplant, muss mit Unruhe in der Belegschaft gerechnet werden, die erst bei Klarheit über die Betroffenen in Motivation unter den Verbleibenden gewandelt werden kann. Das Interesse des Unternehmers geht also stets in Richtung einer schnellen Zustimmung zum Interessenausgleich. Ist der Interessenausgleich mit dem Betriebsrat verhandelt, kann die Betriebsänderung sanktionslos umgesetzt werden. Das Interesse des Betriebsrats geht dagegen in Richtung einer möglichst komfortablen, wirtschaftlichen Ausstattung des Sozialplans. Der Betriebsrat weiß, dass er die Kündigungen im Zusammenhang mit der Betriebsänderung ohnehin nicht verhindern 182

---

56 Dazu AnwK-ArbR/*Spirolke*, § 112 BetrVG Rn 3.
57 BAG 9.7.1985 – 1 AZR 323/83, NZA 1986, 100.
58 BAG 21.5.2008 – 8 AZR 84/07, NZA 2008, 753.
59 *Röder/Baeck*, DB 1996, Beilage 17, S. 23; *Löwisch*, RdA 1997, 80 (83).
60 BAG 23.9.2003 – 1 AZR 576/02, NZA 2004, 440.
61 BAG 27.10.1998 – 1 AZR 766/97, ARST 1999, 73.
62 BAG 26.8.1997 – 1 ABR 12/97, AP § 112 BetrVG 1972 Nr. 117; BAG 1.4.1998 – 10 ABR 17/97, NZA 1998, 768.

kann. *Neef* hat die Verhandlungsposition des Betriebsrats auf einen einfachen Nenner gebracht: „Zeit oder Geld."[63]

183 **Scheitern** die außergerichtlichen Verhandlungen, führt der Weg in die **Einigungsstelle**. Durch eine Mitteilung an den Betriebsrat wird die Einigungsstelle angerufen. Regelmäßig teilt man dem Betriebsrat den Vorsitzenden und die Anzahl der Beisitzer mit. Äußert sich der Betriebsrat nicht oder macht er Gegenvorschläge, die der Arbeitgeber nicht akzeptiert, muss der Arbeitgeber das Arbeitsgericht bemühen, § 98 ArbGG, § 76 Abs. 2 BetrVG. Das Arbeitsgericht entscheidet nach Anhörung der Beteiligten. Gegen diese Entscheidung ist die Beschwerde möglich, die innerhalb von 14 Tagen eingelegt und begründet sein muss (§ 98 Abs. 2 ArbGG). Das LAG entscheidet dann in letzter Instanz. Der Interessenausgleich ist „versucht", wenn auch in der Einigungsstelle keine Einigung über einen Interessenausgleich zustande kommt. Der Versuch eines Interessenausgleichs setzt jedoch nicht voraus, dass die Einigungsstelle das Scheitern der Interessenausgleichsverhandlungen förmlich durch Beschluss feststellt. Eine verfahrensbeendende Entscheidung des Einigungsstellenverfahrens ist auch nicht aus Gründen der Rechtssicherheit oder Rechtsklarheit geboten.[64]

184 Auch wenn das Verfahren als **Eilverfahren** gedacht war, so kann es ohne weiteres mehrere Monate dauern, bis eine Einigungsstelle ihre Arbeit aufnimmt. Sobald der Vorsitzende bestellt ist, muss dieser die Parteien laden, Termine für Sitzungen der Einigungsstelle finden, an denen alle Beteiligten verfügbar sind, sich die maßgeblichen Unterlagen und die bisher angefallene Korrespondenz geben lassen, kurzum, in einem Monat lassen sich diese Verfahrensabläufe selten bewältigen. Es bedarf hierzu keines nennenswerten Verfahrensgeschicks, um angesichts der Terminslage und der zu wahrenden Ladungsfristen die Zusammenkunft einer Einigungsstelle in weite Ferne rücken zu lassen. Die Errichtung einer Einigungsstelle im Wege der einstweiligen Verfügung ist ausgeschlossen.[65]

185 Eine weitere Variante der **Zeitfalle** beschreiben *Röder* und *Gradert*, nämlich die **Untätigkeit des zuständigen Gesamt- bzw Konzernbetriebsrats** bei Betriebsänderungen.[66] Bei Unternehmens- und Konzernumstrukturierungen besteht eine originäre Zuständigkeit des Gesamtbetriebsrats, wenn die Betriebsänderung alle oder zumindest mehrere Betriebe betrifft und notwendigerweise einheitlich für die betroffenen Betriebe geregelt werden muss.[67] Dabei kommt es auf die ursprüngliche Planung des Unternehmers an und nicht darauf, wie sich die Planung realisiert.[68] Bleibt der Gesamtbetriebsrat trotz einer Aufforderung durch den Vorstand, einen Interessenausgleich im Zuge einer das gesamte Unternehmen oder den Konzern betreffenden Umstrukturierung zu verhandeln, untätig, oder verweist der Gesamt- bzw Konzernbetriebsrat den Vorstand an die Einzelbetriebsräte, stellt sich für die Arbeitgeberseite ein Problem. Wird mit den Einzelbetriebsräten verhandelt, läuft der Arbeitgeber Gefahr, schließlich mit dem unzuständigen Betriebsrat einen Interessenausgleich geschlossen zu haben. Weigern sich Gesamt- oder Konzernbetriebsrat, besteht die Gefahr, dass dem Vorstand nachgesagt wird, er habe nicht ausreichend den Interessenausgleich versucht (beispielsweise mit dem Bemerken, er habe schließlich mit den Einzelbetriebsräten Interessenausgleichsverhandlungen führen können), so dass als Sanktion die Verpflichtung eines Nachteilsausgleichs nach § 113 BetrVG droht. Wenn die originäre Zuständigkeit des Gesamtbetriebsrats nach § 50 Abs. 1 BetrVG zum Aushandeln eines Interessenausgleichs gegeben ist, stellt sich damit die Frage, ob der einzelne Betriebsrat zur Wahrnehmung eines Mitbestimmungsrechts wieder zuständig wird, wenn der Gesamtbetriebsrat den Arbeitgeber an die örtlichen Betriebsräte verweist oder von seiner Zuständigkeit keinen Gebrauch macht.

186 Verkennt der Arbeitgeber die Zuständigkeit des zutreffenden betriebsverfassungsrechtlichen Organs und verhandelt mit dem falschen Organ, erfüllt der Arbeitgeber unabhängig von einem Verschulden nicht die Anforderungen an den Versuch eines Interessenausgleichs iSv § 113 Abs. 3 BetrVG. Bei unklarer Rechtslage genügt der Arbeitgeber seinen betriebsverfassungsrechtlichen Pflichten jedoch, wenn er in geeigneter Weise versucht, den richtigen Partner für die Verhandlungen über einen Interessenaus-

---

63 *Neef*, NZA 1997, 66.
64 BAG 16.8.2011 – 1 AZR 44/10, AP Nr. 55 zu § 113 BetrVG 1972.
65 LAG Niedersachsen 29.9.1988 – 14 TaBV 84/88, AuR 1989, 290; ArbG Ludwigshafen 20.11.1996 – 3 GaBV 3062/96, NZA 1997, 172; ArbG Düsseldorf 24.6.1992 – 4 BVGa 14/92, NZA 1992, 907; aA LAG Düsseldorf 8.2.1991 – 15 TaBV 11/91, LAGE § 98 ArbGG 1979 Nr. 19.
66 *Röder/Gradert*, DB 1996, 1674.
67 BAG 19.7.2012 – 2 AZR 386/11, NZA 2013, 333.
68 BAG 24.1.1996 – 1 AZR 542/95, BB 1996, 2093; zum Unterlassungsanspruch des Betriebsrats bei Betriebsänderung *Pflüger*, DB 1998, 2062.

gleich zu finden. Der Arbeitgeber trägt die Initiativlast, den richtigen Verhandlungspartner zu finden; dieser genügt er durch die Aufforderung an die infrage kommenden Gremien, die Zuständigkeitsfrage zu klären.[69]

Mit den Beschlüssen des BAG vom 11.12.2001[70] und 23.10.2002[71] hat das BAG klargestellt, dass die Zuständigkeit des Gesamtbetriebsrats für Interessenausgleich und Sozialplan getrennt zu prüfen ist. Im Beschluss vom 11.12.2001 hat der 1. Senat festgestellt, dass aus der Zuständigkeit des Gesamtbetriebsrats für die Vereinbarung eines Interessenausgleichs nicht zwingend die gesetzliche Zuständigkeit für den Abschluss eines Sozialplans folge. Dafür sei das Vorliegen der Voraussetzungen des § 50 Abs. 1 BetrVG gesondert zu prüfen. Ob danach ein zwingendes Bedürfnis nach einer betriebsübergreifenden Regelung bestehe, bestimme sich auch nach dem Inhalt des Interessenausgleichs. In dem Beschluss vom 23.10.2002 ging es um eine grundlegende Änderung der Organisationsstruktur eines bundesweit tätigen Versicherungsunternehmens. Die Organisationsänderung bewirkte, dass Teilbetriebsschließungen in 25 Bezirksdirektionen in der gesamten Bundesrepublik stattfanden. Das Unternehmen vereinbarte aus diesem Anlass mit dem Gesamtbetriebsrat einen Interessenausgleich, wonach jedem Arbeitnehmer, dessen Arbeitsplatz durch die Betriebsänderung wegfällt, einen Arbeitsplatz im Betrieb der neuen Organisationsstruktur anzubieten sei. Gleichzeitig schlossen die Firma und der Gesamtbetriebsrat einen Sozialplan ab. Der Betriebsrat einer Bezirksdirektion des Versicherungsunternehmens vertrat die Auffassung, er selbst und nicht der Gesamtbetriebsrat sei zum Abschluss des Sozialplans für die in der Bezirksdirektion von der Betriebsänderung betroffenen Arbeitnehmer zuständig. Die vom Betriebsrat beantragte Einsetzung einer Einigungsstelle lehnten die Vorinstanzen ab. Die Rechtsbeschwerde des Betriebsrats vor dem 7. Senat hatte keinen Erfolg. Der Senat war der Auffassung, der Abschluss des Sozialplans auch für die in der Bezirksdirektion von der Betriebsänderung betroffenen Arbeitnehmer sei in den Zuständigkeitsbereich des Gesamtbetriebsrats gefallen. Die Regelungskompetenz des Gesamtbetriebsrats für den Sozialplan beruhe darauf, dass die in dem Interessenausgleich vereinbarte Betriebsänderung nicht nur einen einzigen Betrieb, sondern die Mehrzahl der Betriebe betroffen habe und die Durchführung der Betriebsänderung betriebsübergreifend einheitliche Kompensationsregelung erfordert habe.[72]

4. Unterlassungsverfügung

Eine zweite Sanktion – neben dem Nachteilsausgleich – stellt es dar, wenn der Betriebsrat den Ausspruch betriebsbedingter Kündigungen im Wege einer **einstweiligen Unterlassungsverfügung** verhindern kann. Im Gesetz ist ein allgemeiner Unterlassungsanspruch nicht geregelt. Durch einen Beschluss des 1. Senats des BAG vom 3.5.1994[73] ist es möglich geworden, dass der Arbeitgeber generell zur Einhaltung von Beteiligungsrechten des Betriebsrats im Wege des einstweiligen Rechtsschutzes im Beschlussverfahren verpflichtet werden kann. Die Literatur- und Rechtsprechungsäußerungen zur Übertragung der Mitbestimmungssicherungs-Rechtsprechung des 1. Senats auf Maßnahmen einer geplanten Betriebsänderung sind geteilt. Ein Teil der Rechtsprechung hat sich für einen Unterlassungsanspruch des Betriebsrats ausgesprochen.[74] Die überwiegende Rechtsprechung und Literatur lehnen den Unterlassungsanspruch ab.[75]

---

69 BAG 24.1.1996 – 1 AZR 542/95, BB 1996, 2093 = NZA 1996, 1107.
70 BAG 11.12.2001 – 1 AZR 193/01, NZA 2002, 688.
71 BAG 23.10.2002 – 7 ABR 55/01, FA 2002, 389.
72 BAG 23.10.2002 – 7 ABR 55/01, ZIP 2003, 1514.
73 BAG 3.5.1994 – 1 ABR 24/93, BB 1994, 2273.
74 LAG Hamm 28.6.2010 – 13 Ta 372/10, juris; LAG Hessen 19.1.2010 – 4 TaBVga 3/10, NZA-RR 2010, 187; LAG München 22.12.2008 – 6 TaBVGa 6/08, BB 2010, 896; LAG Hamm 21.8.2008 – 13 TaBVga 16/08, juris; LAG Berlin-Brandenburg 25.6.2008 – 15 TaBVGa 1145/08, juris; LAG Niedersachsen 4.5.2007 – 17 TaBVGa 57/07, LAGE § 111 BetrVG 2001 Nr. 7; LAG Hessen 27.6.2007 – 4 TaBVGa 137/07, juris; LAG Hamm 26.2.2007 – 10 TaBVGa 3/07, NZA-RR 2007, 469; LAG Hamm 28.8.2003 – 13 TaBV 127/03, NZA-RR 2004, 80; LAG Thüringen 18.8.2003 – 1 Ta 104/03, LAGE § 111 BetrVG 2001 Nr. 1; LAG Thüringen 26.9.2000 – 1 TaBV 14/2000, LAGE § 111 BetrVG 1972 Nr. 17; LAG Hamburg 13.11.1981 – 6 TaBV 9/81, AuR 1982, 389; LAG Hamburg 5.2.1986 – 1 GaBV 8/85, RDV 1987, 83; LAG Frankfurt aM 21.9.1982 – 4 TaBVGa 94/82, DB 1983, 613; LAG Berlin 7.9.1995 – 10 TaBV 5/95 und 9/95, 10 TaBV 5/95, 10 TaBV 9/95, NZA 1996, 1284.
75 LAG Rheinland-Pfalz 5.2.2010 – 6 TaBVGa 5/09, juris (bei Verhandlungsbereitschaft des Arbeitgebers); LAG Baden-Württemberg 21.10.2009 – 20 TaBVGa 1/09, juris; LAG Köln 27.5.2009 – 2 TaBVGa 7/09, juris; LAG Nürnberg 9.3.2009 – 6 TaBVGa, ZTR 2009, 554; LAG Rheinland-Pfalz 26.10.2006 – 11 TaBVGa 58/06, juris (für den Fall, dass beide Betriebspartner bereits die Einigungsstelle angerufen haben); LAG Köln 30.3.2006 – 2 Ta 145/06, juris; LAG Düsseldorf 14.12.2005 – 12 TaBV 60/05, LAGE § 111 BetrVG 2001 Nr. 4; LAG München 28.6.2005 – 5 TaBV 46/05, juris; LAG Sachsen-Anhalt 30.11.2004 – 11 TaBV 18/04, juris;

189 Gegenwärtig kann allenfalls nach Gerichtsbezirken gesagt werden, ob beim Aushandeln eines Interessenausgleichs ein betriebsverfassungsrechtlicher Unterlassungsanspruch droht oder nicht. Es kann vereinzelt ein praktischer Bedarf an einem Unterlassungsanspruch gesehen werden, die betriebsverfassungsrechtliche Dogmatik spricht allerdings selbst nach der Rechtsprechungsänderung durch den Beschluss des 1. Senats vom 3.5.1994 dagegen. Eines Nachteilsausgleichsanspruchs für den Arbeitnehmer nach § 113 BetrVG hätte es nicht bedurft, wenn dem Betriebsrat der Anspruch auf Verhinderung einer Betriebsänderung eingeräumt wäre.

5. Inhalt eines Interessenausgleichs

190 Interessenausgleichsvereinbarungen dienen häufig dazu, mit dem Betriebsrat gemeinsam eine **Regelung über die Durchführung von Maßnahmen zum Personalabbau** zu finden. Es empfiehlt sich – wenn möglich – das Schema, das der Arbeitgeber bei der Sozialauswahl im Rahmen der betriebsbedingten Kündigung anwendet, in den Interessenausgleich einzubeziehen. Beispiele hierzu finden sich in den Mustern 5635, 5630 und 5825. Dort werden jeweils Punkte für Lebensalter, Betriebszugehörigkeit und Unterhaltspflichten vergeben. Die Anzahl der zu verteilenden Punkte differiert je nach Schema. Unterschiedlich ist auch die Berücksichtigung von besonderen sozialen Härten geregelt. Während diese in Muster 5635 und Muster 5630 erst in einem zweiten Schritt einbezogen werden sollen, werden dafür in anderen Mustern ebenfalls Punkte verteilt. Muster 5635 sieht in § 2 Abs. 2 auch die Einbeziehung einer Namensliste in den Interessenausgleich vor, die auf der Basis des in § 2 Abs. 3 festgelegten Schemas erstellt wurde.

191 Die **Sozialauswahl** richtet sich grundsätzlich nach § 1 Abs. 3 KSchG. Danach ist als Auswahlkriterium neben der Betriebszugehörigkeit, den Unterhaltspflichten und einer Schwerbehinderung auch das **Lebensalter** zu berücksichtigen. Die in § 1 Abs. 3 KSchG vorgesehene Berücksichtigung des Lebensalters stellt eine an das Alter anknüpfende unterschiedliche Behandlung dar, die jedoch nach der Rechtsprechung des BAG[76] nicht gegen das Verbot der **Altersdiskriminierung** nach § 2 Abs. 1 Nr. 2 iVm §§ 1, 7, 10 AGG verstößt, weil sie nach § 10 Satz 1, 2 AGG gerechtfertigt ist. Zwar heißt es in § 2 Abs. 4 AGG, dass für Kündigungen ausschließlich die Bestimmungen zum allgemeinen und besonderen Kündigungsschutz gelten. Das BAG hat in der genannten Entscheidung diese Bestimmung so gelesen, dass die Diskriminierungsverbote des AGG einschließlich der ebenfalls im AGG vorgesehenen Rechtfertigungen für unterschiedliche Behandlungen bei der Auslegung der unbestimmten Rechtsbegriffe des Kündigungsschutzgesetzes in der Weise zu beachten sind, dass sie Konkretisierungen des Begriffs der Sozialwidrigkeit darstellen. Durch die Regelung in § 2 Abs. 4 AGG soll lediglich sichergestellt werden, dass es neben dem Kündigungsschutzgesetz kein „zweites Kündigungsrecht" geben soll, das auf § 134 BGB iVm den Vorschriften des AGG gestützt wird. Es gibt also keine „Diskriminierungsklage" neben der Kündigungsschutzklage. Vielmehr ist der Arbeitnehmer, der sich gegenüber der Kündigung seines Arbeitsverhältnisses auf eine Diskriminierung berufen will, gehalten, diese im Rahmen der Sozialwidrigkeit mit einer Kündigungsschutzklage anzugreifen.

192 Die Berücksichtigung des Lebensalters in der Sozialauswahl soll ältere Arbeitnehmer, die wegen ihres Alters typischerweise schlechtere Chancen am Arbeitsmarkt haben, etwas besser schützen, wobei das Lebensalter nur eines von vier Kriterien ist. Die Berücksichtigung des Lebensalters ist zur Einbeziehung von Arbeitsmarktchancen geeignet und erforderlich, ein milderes Mittel ist nicht ersichtlich.[77] Der Senat hat in der genannten Entscheidung ein **Punkteschema**, mit dem die Beschäftigungszeit pro Jahr mit 1,5 Punkten und das Lebensalter mit einem Punkt pro Jahr berücksichtigt wurden, gebilligt. Es hat darauf hingewiesen, dass in dem Schema mit der Zuteilung von sieben Punkten je unterhaltsberechtigtem

---

LAG Köln 30.4.2004 – 5 Ta 166/04, juris; LAG Niedersachsen 29.11.2002 – 12 TaBV 111/02, BB 2003, 1337; LAG Düsseldorf 14.11.1983 – 12 TaBV 88/83, DB 1984, 511; LAG Baden-Württemberg 28.8.1985 – 2 TaBV 8/85, DB 1986, 805; LAG Niedersachsen 5.6.1987 – 12 TaBV 17/87, LAGE § 23 BetrVG 1972 Nr. 11; LAG Rheinland-Pfalz 18.4.1989 – 1 Ta 83/89, NZA 1989, 863; LAG Schleswig-Holstein 13.1.1992 – 4 TaBV 54/91, LAGE § 111 BetrVG 1972 Nr. 11; ArbG Köln 27.10.1993 – 2 BVGa 24/93, BB 1993, 2311; ArbG Bonn 23.8.1995 – 4 BVGa 9/95, NZA 1995, 966; ArbG Duisburg 23.10.1997 – 5 BVGa 10/96, n.v.; LAG Düsseldorf 19.11.1996 – 8 TaBV 80/96, NZA-RR 1997, 297; LAG Hamm 1.7.1997 – 13 TaBV 54/97, ZIP 1997, 2210; *Heupgen*, NZA 1997, 1271; *Röder/Gradert*, DB 1996, 1679; *Hümmerich/Spirolke*, BB 1996, 1986; zur erstinstanzlichen Rechtsprechung vgl AnwK-ArbR/*Spirolke*, § 111 BetrVG Rn 29 mit Fn 95.

76 BAG 6.11.2008 – 2 AZR 523/07, NZA 2009, 361; BAG 12.3.2009 – 2 AZR 418/07, NZA 2009, 1023.

77 Kritisch gegenüber der linearen Berücksichtigung des Lebensalters, weil es auch zur unterschiedlichen Behandlung mehrerer jüngerer Arbeitnehmer (zB 27 und 31 Jahre) mit gleichen Arbeitsmarktchancen führen kann, *Kamanabrou*, RdA 2007, 199, 202 f.

Kind und fünf Punkten für den unterhaltsberechtigten Ehepartner auch die typischen Interessen junger Familien berücksichtigt wurden.

Weiterhin hat der Senat in der angegebenen Entscheidung die **Bildung von Altersgruppen**, die einer Namensliste zugrunde gelegt wurden, anerkannt. Sie verstößt nicht gegen das unionsrechtliche Verbot der Altersdiskriminierung und dessen Ausgestaltung durch die Richtlinie 2000/78/EG.[78] Auch in der Altersgruppenbildung liegt eine unterschiedliche Behandlung wegen des Alters. Die Erhaltung der Altersstruktur stellt aber ein legitimes Ziel dar, das vom Arbeitgeber im Prozess regelmäßig darzulegen ist. Davon sei jedoch nach Ansicht des 2. Senats auszugehen, wenn die Altersgruppenbildung bei **Massenkündigungen** aufgrund einer Betriebsänderung erfolgt. In diesen Fällen ist regelmäßig die Erhaltung einer auch altersmäßig ausgewogenen Personalstruktur gefährdet. Die Erhaltung einer altersgemischten Belegschaft liegt sowohl im Interesse der Gesamtheit der Belegschaft als auch im Wettbewerbsinteresse des Arbeitgebers, das unter dem Schutz der Art. 2 Abs. 1, Art. 12 GG steht. Die Altersgruppenbildung ist geeignet, weil sie ein „Ausbluten" der unteren Altersstufen verhindert, und sie ist bei einer Massenentlassung für erforderlich gehalten worden, in der ohne Altersgruppenbildung fast alle Arbeitnehmer bis 35 Jahren zu kündigen gewesen wären. Zuletzt hat der Senat auch darauf hingewiesen, dass gerade durch die Altersgruppenbildung der Effekt der Berücksichtigung des Lebensalters bei der „reinen" Sozialauswahl zulasten der jüngeren Arbeitnehmer wieder etwas eingeebnet wird. In einem Fall, in dem für die Zuordnung zu einem Personalüberhang mit der Folge der Versetzung in einen Stellenpool die Auswahl allein unter den über 40-jährigen Erzieherinnen eines Landes erfolgte, was mit der Schaffung einer ausgewogenen Personalstruktur gerechtfertigt wurde, hat der 8. Senat des BAG konkretere Darlegungen des Arbeitgebers gefordert. Das Land hätte konkret darlegen müssen, wie die erstrebte Personalstruktur aussehen sollte, warum sie erforderlich war und wie sie aufgrund der vorgenommenen Personalauswahl hätte erreicht werden sollen.[79] Eine Altersgruppenbildung ist aber zur Erhaltung der Altersstruktur der Belegschaft nur geeignet, wenn sie tatsächlich dazu führt, dass die bestehende Struktur bewahrt bleibt. Sind mehrere Gruppen vergleichbarer Arbeitnehmer von den Entlassungen betroffen, muss deshalb eine proportionale Berücksichtigung aller Altersgruppen auch innerhalb der jeweiligen Vergleichsgruppen möglich sein.[80]

Manche Interessenausgleichs- und Sozialplanregelungen enthalten die Einschränkung, dass im Rahmen der Sozialauswahl als **Unterhaltsberechtigte** nur diejenigen Berücksichtigung finden, die auf der **Lohnsteuerkarte** enthalten sind. In der älteren Rechtsprechung beanstandeten die Gerichte derartige Regelungen in Sozialplänen nicht. So musste der Arbeitgeber bei einer anhand der Lohnsteuerkarte für die getroffene Sozialauswahl ermittelten Zahl von Unterhaltspflichten des gekündigten Arbeitnehmers nur dann eine Korrektur vornehmen, wenn der Arbeitnehmer innerhalb der Klagefrist gem. § 1 KSchG geltend machte, dass weitere Unterhaltspflichten bestehen.[81] Im Urteil vom 22.9.2005[82] beanstandete der 2. Senat eine Formulierung in einem Sozialplan nicht, die besagte: „Für die Feststellung der Unterhaltspflichten sind die Angaben auf der Lohnsteuerkarte maßgeblich ..." Auch in der Entscheidung vom 14.6.2005 des LAG Hamm[83] beanstandete die Kammer nicht, dass in der Lohnsteuerkarte eine objektiv fehlerhafte Angabe zur Zahl der Unterhaltspflichten bestand. In einer Reihe weiterer Entscheidungen[84] ließen die Gerichte in Übereinstimmung mit Teilen der Literatur[85] ausschließlich über die Lohnsteuerkarte vom Arbeitgeber ermittelte Unterhaltspflichten als ausreichend gelten. Demgegenüber besagt die heute herrschende Meinung, dass den Arbeitgeber eine **Erkundigungspflicht** zu den **tatsächlichen Unterhaltspflichten** des im Wege der Sozialauswahl zu kündigenden Arbeitnehmers trifft.[86] Ob der Arbeitgeber sich auf die Eintragungen in der Lohnsteuerklasse bei Durchführung der Sozialauswahl verlassen darf, hat das BAG zuletzt offen gelassen, hat aber betont, dass das Gesetz in § 1 Abs. 3

---

78 BAG 15.12.2011 – 2 AZR 42/10, NZA 2012, 1044.
79 BAG 22.1.2009 – 8 AZR 906/07, NZA 2009, 945.
80 BAG 19.7.2012 – 2 AZR 352/11, NZA 2013, 86.
81 LAG Köln 29.7.2004 – 5 Sa 63/04, FA 2004, 349 = AuR 2004, 436 f.
82 BAG 22.9.2005 – 2 AZR 365/04, n.v.
83 LAG Hamm 14.6.2005 – 19 Sa 287/05, NZA-RR 2005, 640.
84 LAG Baden-Württemberg 9.11.1990 – 15 Sa 86/90, n.v.; LAG Schleswig-Holstein 10.8.2004 – 5 Sa 93/04, n.v.; LAG Rheinland-Pfalz 12.7.2005 – 5 Sa 1031/04, n.v.; LAG Köln 10.5.2005 – 1 Sa 1510/04, ZIP 2005, 1524.
85 ErfK/*Ascheid*, 5. Aufl., § 1 KSchG Rn 488; *Hümmerich/Spirolke*, NZA 1998, 800; *Fischermeier*, NZA 1997, 1094.
86 LAG Mecklenburg-Vorpommern 5.4.2005 – 3 Sa 8/05, n.v.; LAG Rheinland-Pfalz 12.7.2006 – 10 Sa 121/06, n.v.; LAG Düsseldorf 4.11.2004 – 11 Sa 957/04, DB 2005, 454; LAG Niedersachsen 12.12.2003 – 10 Sa 247/03, NZA-RR 2005, 524; AnwK-ArbR/*Holthausen*, § 1 KSchG Rn 524.

Satz 1 KSchG ausschließlich von „Unterhaltspflichten" spricht, die ausreichend zu berücksichtigen sind. Darunter sind die familienrechtlichen Unterhaltspflichten zu verstehen. Da die kinderbezogenen Eintragungen auf der Lohnsteuerkarte nur begrenzt etwas über das Bestehen dieser familienrechtlichen Verhältnisse aussagen, dürfte sich der Schluss aufdrängen, dass § 1 Abs. 3 Satz 1 KSchG an sich nicht auf die in die Lohnsteuerkarte eingetragenen Kinderfreibeträge abhebt, so dass es auf die tatsächlichen, nicht aber auf die in die Lohnsteuerkarte eingetragenen Daten ankommen dürfte. Den Bedürfnissen der Praxis ist ausreichend dadurch Rechnung getragen, dass der Arbeitgeber auf die ihm bekannten Daten vertrauen kann, wenn er keinen Anlass zu der Annahme hat, sie könnten nicht zutreffen.[87] Grundsätzlich ist der Arbeitnehmer für die Unterrichtung des Arbeitgebers über Veränderungen seiner Personalien verantwortlich.[88] Für die Praxis kann einerseits auf die Daten in der Lohnsteuerkarte abgestellt werden, andererseits sollte aber jedenfalls eine Frist in den Interessenausgleich gesetzt werden, innerhalb derer die Arbeitnehmer eine Korrektur ihrer Unterhaltspflichten mitteilen können. Damit kommt der Arbeitgeber seiner Erkundigungsobliegenheit nach. Soll mit dem Interessenausgleich eine Namensliste abgeschlossen werden, in die die Sozialauswahl bereits einfließen muss, empfiehlt sich in Zusammenwirken mit dem Betriebsrat eine vorgeschaltete Information an die Belegschaft, dass für ihre Sozialdaten die Eintragungen auf ihrer Lohnsteuerkarte herangezogen werden, soweit sie nicht binnen einer Frist Änderungen mitteilen. Das BAG hat in der Entscheidung von 2006[89] zu einer Namensliste ausgeführt, dass, wenn der Arbeitnehmer lediglich eine Lohnsteuerkarte überreicht, ohne den Arbeitgeber über davon abweichende persönliche Daten aufzuklären, er davon ausgehen muss, dass der Arbeitgeber sich bei seinen Angaben gegenüber dem Betriebsrat auf die dort dokumentierten Daten verlässt.

195 In Muster 5825 sind neben der betriebsbedingten Kündigung auch andere Maßnahmen der Personalminderung sehr ausführlich niedergelegt. Eine Besonderheit weist Muster 5655 insofern auf, als dort nicht die Durchführung von Entlassungen Gegenstand des Interessenausgleichs ist, sondern die Einführung eines Leistungsmanagements in allen Einzelheiten geregelt wird, mit dem eine Leistungsbeurteilung aller Mitarbeiter ermöglicht werden soll. Ein Interessenausgleich, der 117 Mitarbeiter, die gewerkschaftliche Vertrauensleute sind, aus der Zahl der zu kündigenden Arbeitnehmer herausnimmt, nimmt eine nach § 75 BetrVG ungerechtfertigte Bevorzugung von gewerkschaftlich organisierten Arbeitnehmern vor.[90] Nicht nur die Nichtkündigung der gewerkschaftlichen Vertrauensleute, sondern auch die Kündigung der von der Entlassungswelle betroffenen Arbeitnehmer war unwirksam. Die Bevorzugung Einzelner in einem Interessenausgleich verstößt nicht nur gegen § 75 BetrVG, sondern macht den Arbeitgeber nach § 15 AGG schadensersatzpflichtig, sofern sich die Bevorzugung oder Benachteiligung auf die Diskriminierungsmerkmale des § 1 AGG erstreckt.

6. Interessenausgleich in der Insolvenz

196 Die Vorschriften des BetrVG über den Interessenausgleich und über den Nachteilsausgleich bei Betriebsänderungen (§§ 111–113 BetrVG) gelten auch in der Insolvenz. Die Verpflichtung des Insolvenzverwalters, den Betriebsrat über eine geplante Betriebsänderung zu unterrichten und mit ihm einen Interessenausgleich zu versuchen, besteht auch dann, wenn die Betriebsstilllegung die unausweichliche Folge einer wirtschaftlichen Zwangslage ist und es zu ihr keine sinnvolle Alternative gibt. Im Rahmen eines eröffneten Insolvenzverfahrens kann sich der Insolvenzverwalter nicht darauf berufen, der Versuch eines Interessenausgleichs sei ausnahmsweise entbehrlich. Den Besonderheiten der Insolvenz ist über §§ 121, 122 InsO Rechnung zu tragen.[91]

197 Verletzt der Insolvenzverwalter seine Verpflichtung zur **Unterrichtung des Betriebsrats** und zum **Versuch eines Interessenausgleichs**, haben die betroffenen Arbeitnehmer nach § 113 Abs. 3, Abs. 1 BetrVG einen Anspruch auf **Nachteilsausgleich**. Die Höhe der vom Arbeitsgericht festzusetzenden Abfindung richtet sich nach dem entsprechend anwendbaren § 10 Abs. 1 und 2 KSchG. Die Insolvenzsituation ist insoweit ohne Bedeutung.[92]

---

87 BAG 17.1.2008 – 2 AZR 405/06, NZA-RR 2008, 571; BAG 6.7.2006 – 2 AZR 520/05, NZA 2007, 266.
88 BAG 6.7.2006 – 2 AZR 520/05, NZA 2007, 266.
89 BAG 6.7.2006 – 2 AZR 520/05, NZA 2007, 266.
90 LAG Köln 29.7.2004 – 5 Sa 63/04, LAGReport 2004, 343.
91 BAG 22.7.2003 – 1 AZR 541/02, BAGE 107, 91 = NZA 2004, 93.
92 BAG 22.7.2003 – 1 AZR 541/02, BAGE 107, 91 = NZA 2004, 93.

Ein nach Eröffnung des Insolvenzverfahrens entstandener Anspruch auf Nachteilsausgleich wird zur Masseverbindlichkeit iSv § 209 Abs. 1 Nr. 3 InsO, wenn der Insolvenzverwalter die Unzulänglichkeit der Masse anzeigt. Während des Vollstreckungsverbots nach § 210 InsO ist der Abfindungsanspruch im Wege einer Feststellungsklage nach § 256 Abs. 1 ZPO zu verfolgen.[93]

Auch bei Vorliegen eines Interessenausgleichs mit **Namensliste** iSd § 125 Abs. 1 InsO unterliegt die Betriebsratsanhörung nach § 102 BetrVG keinen erleichterten Anforderungen. Die Substantiierungspflicht im Kündigungsschutzprozess bildet nicht das Maß für die Unterrichtungspflicht des Arbeitgebers nach § 102 BetrVG. Der Umfang der Unterrichtungspflicht orientiert sich vielmehr an dem – vom Zweck des Kündigungsschutzprozesses zu unterscheidenden – Zweck des Anhörungsverfahrens. Die Betriebsratsanhörung nach § 102 BetrVG zielt nicht darauf ab, die selbständige Überprüfung der Wirksamkeit einer Kündigung zu gewährleisten. Der Betriebsrat ist in diesem Sinne kein „Gericht", sondern soll als Partner des Arbeitgebers in einem zwar gesetzlich institutionalisierten, aber vertrauensvoll zu führenden betrieblichen Gespräch seine Meinung zu einer beabsichtigten Kündigung kundtun. Hat der Betriebsrat den erforderlichen Kenntnisstand, um sich über die Stichhaltigkeit der Kündigungsgründe ein Bild zu machen oder eine Stellungnahme hierzu abgeben zu können und weiß dies der Arbeitgeber oder kann er dies nach den gegebenen Umständen jedenfalls als sicher annehmen, so kann vom Arbeitgeber keine weitere detaillierte Begründung verlangt werden.[94]

Kommt trotz ordnungsgemäßer Unterrichtung ein Interessenausgleich innerhalb einer **Frist von drei Wochen** nach Verhandlungsbeginn oder nach schriftlicher Aufforderung zur Aufnahme von Verhandlungen nicht zustande, kann der Insolvenzverwalter bei besonderer Eilbedürftigkeit unter Abwägung der wirtschaftlichen Lage des Unternehmens und den Arbeitnehmerinteressen, anstatt die Einigungsstelle anzurufen, beim Arbeitsgericht die **Zustimmung zur Durchführung der Betriebsänderung** beantragen, § 122 Abs. 1 Satz 1 InsO. Nach § 126 Abs. 1 Satz 1 InsO kann der Insolvenzverwalter nach denselben zeitlichen Abläufen auch parallel zum Verfahren nach § 122 InsO für den Fall, dass kein Interessenausgleich mit Namensliste geschlossen wird, beim Arbeitsgericht beantragen festzustellen, dass die **Kündigung der Arbeitsverhältnisse bestimmter Arbeitnehmer** sozial gerechtfertigt ist.

II. Der Sozialplan

1. Gegenstand und Ziel des Sozialplans

Während Gegenstand des Interessenausgleichs die unternehmerische Maßnahme ist, also die Betriebsänderung sowie der Kreis oder die Zahl der betroffenen Arbeitnehmer und die Art, in der sie betroffen sind, befasst sich der Sozialplan mit den **Auswirkungen der Betriebsänderung für den Mitarbeiter**. Ziel des Sozialplans ist es, die für den Mitarbeiter mit dem Interessenausgleich verbundenen Nachteile aufzufangen oder abzuschwächen. Im Vordergrund stehen regelmäßig **wirtschaftliche Kompensationsleistungen**, insbesondere in Form der Abfindung.[95] Mit der Einfügung der Nr. 2 a in § 112 Abs. 5 BetrVG durch das BetrVerf-Reformgesetz[96] will auch der Gesetzgeber die Tendenz zum Transfer-Sozialplan fördern. Nach § 112 Abs. 5 Nr. 2 a BetrVG soll die Einigungsstelle insbesondere die im SGB III vorgesehenen Förderungsmöglichkeiten zur Vermeidung von Arbeitslosigkeit berücksichtigen.

2. Grundsätze

Der Sozialplan ist, anders als der Interessenausgleich, eine **Betriebsvereinbarung**.[97] Anders als bei den übrigen Betriebsvereinbarungen gilt für den Sozialplan nach § 112 Abs. 1 Satz 4 BetrVG nicht der Tarifvorbehalt des § 77 Abs. 3 BetrVG. Es ist zulässig, in einen Sozialplan spezifische, individuelle Regelungen für einzelne Arbeitnehmer aufzunehmen.[98] Der Sozialplan hat eine **Ausgleichsfunktion**, da er einen Ausgleich für den Verlust des Arbeitsplatzes oder die Verschlechterung von Arbeitsbedingungen

---

93 BAG 22.7.2003 – 1 AZR 541/02, BAGE 107, 91 = NZA 2004, 93.
94 BAG 28.8.2003 – 2 AZR 377/02, BB 2004, 1056.
95 Zum Gegenmodell des Transfer-Sozialplans *Wolff*, NZA 1999, 622; *Matthes*, RdA 1999, 178; Muster 5850 (§ 5 Rn 305).
96 Gesetz vom 23.7.2001 (BGBl. I S. 1852).
97 BAG 18.12.1990 – 1 ABR 15/90, DB 1991, 969.
98 BAG 12.2.1985 – 1 AZR 40/84, DB 1985, 1487.

gewährt.⁹⁹ Er soll bis zu einem neuen Arbeitsverhältnis oder dem Bezug des gesetzlichen Altersruhegelds eine Überbrückungshilfe darstellen.¹⁰⁰ Er hat damit eine Überleitungs- und Vorsorgefunktion.¹⁰¹

203 Bei der Gestaltung von Sozialplänen kann vorgesehen werden, dass der Arbeitnehmer eine **Abfindung** erhält, selbst dann, wenn er im unmittelbaren Anschluss an die Beendigung seines Arbeitsverhältnisses einen anderweitigen Arbeitsplatz bei einem anderen Unternehmen gefunden hat.¹⁰² Sozialpläne müssen in diesen Fällen keine Abfindung gewähren¹⁰³ und können sogar verminderte Leistungen für Mitarbeiter vorsehen, die kurz vor dem Bezug von Altersruhegeld stehen.¹⁰⁴ Die damit verbundene unterschiedliche Behandlung wegen des Alters ist durch § 10 Satz 3 Nr. 6 AGG gedeckt.¹⁰⁵

204 Der **zeitliche Geltungsbereich** richtet sich regelmäßig nach dem Zeitpunkt des Abschlusses bzw Scheiterns eines Interessenausgleichs¹⁰⁶ oder nach dem Tag des Abschlusses des Sozialplans. Derartige Stichtagsregelungen sind praktikabel und statthaft.¹⁰⁷ Aber auch rückwirkende Sozialpläne sind wirksam.¹⁰⁸ Schließlich kann der Betriebsrat mit einem Restmandat¹⁰⁹ auch Sozialpläne für bereits stillgelegte Betriebe vereinbaren (Muster 5705).

205 Er kann sogar **vorsorgliche Sozialpläne** für den Fall schließen, dass kein Betriebsübergang iSv § 613 a BGB vorliegt und die Frage, ob eine Betriebsänderung oder nur ein Betriebsübergang wegen Funktionsnachfolge anzunehmen ist, unterdessen gerichtlich klären lassen.¹¹⁰

206 Der zeitliche Geltungsbereich kann begrenzt werden. Es kann aber auch geregelt werden, dass der Sozialplan endet, ohne dass es einer Kündigung bedarf, mit der Abwicklung aller sich aus ihm ergebenden Ansprüche.

207 Ein vorsorglicher Sozialplan mit dem Gesamtbetriebsrat, der für eine Vielzahl künftig möglicher, noch nicht geplanter Betriebsänderungen den Ausgleich oder die Milderung wirtschaftlicher Nachteile vorsieht, begründet normative Ansprüche zugunsten von Arbeitnehmern typischerweise für den Fall, dass aus Anlass einer konkreten Betriebsänderung auf betrieblicher Ebene der Abschluss eines Sozialplans unterbleibt. Er hindert aber regelmäßig nicht den Abschluss eines Sozialplans aufgrund einer konkreten Betriebsänderung auf betrieblicher Ebene. Die Ansprüche aus beiden Sozialplänen werden weder kumuliert noch gilt das Günstigkeitsprinzip.¹¹¹

208 Vom **persönlichen Geltungsbereich** des Sozialplans werden alle Personen erfasst, die durch die Betriebsänderung Nachteile erleiden. Teilzeitbeschäftigte dürfen wegen des Diskriminierungsverbots in § 4 TzBfG nicht von Sozialplanleistungen ausgenommen werden, müssen sich aber mit Leistungen zufrieden geben, die entsprechend ihrer persönlichen Arbeitszeit im Verhältnis zur tariflichen Arbeitszeit herabgesetzt sind.¹¹² Leitende Angestellte werden ohne ausdrückliche Regelung von Sozialplänen nicht erfasst.¹¹³ Vor allem besteht keine Pflicht, sie in den Sozialplan einzubeziehen.¹¹⁴ Auch ausgeschiedene Mitarbeiter werden in den Sozialplan einbezogen. Wer aufgrund einer Betriebsänderung einen Aufhebungsvertrag geschlossen¹¹⁵ oder eine Eigenkündigung ausgesprochen¹¹⁶ hat, kann, wenn der Arbeitgeber das Ausscheiden veranlasst hat, nicht allein deshalb von Leistungen aus dem Sozialplan ausgeschlossen werden.¹¹⁷

---

99 BAG 9.11.1994 – 10 AZR 281/94, DB 1995, 782.
100 BAG 31.7.1996 – 10 AZR 45/96, DB 1997, 281.
101 BAG 26.6.1990 – 1 AZR 263/88, DB 1990, 2477; *Hümmerich*, NZA 1996, 1289, 1291.
102 BAG 23.4.1985 – 1 ABR 3/81, ZIP 1985, 1015.
103 BAG 30.11.1994 – 10 AZR 578/93, DB 1995, 1238; BAG 31.7.1996 – 10 AZR 45/96, DB 1997, 281 = NZA 1997, 165.
104 BAG 26.7.1988 – 1 AZR 156/87, DB 1988, 2464.
105 BAG 26.5.2009 – 1 AZR 198/08, NZA 2009, 849.
106 BAG 30.11.1994 – 10 AZR 578/93, DB 1995, 1238.
107 BAG 30.11.1994 – 10 AZR 578/93, NZA 1995, 492; *Gaul*, DB 1998, 1514 ff.
108 BAG 9.12.1981 – 5 AZR 549/79, DB 1982, 908.
109 BAG 20.4.1982 – 1 ABR 3/80, DB 1982, 1727.
110 BAG 1.4.1998 – 10 ABR 17/97, NZA 1998, 768.
111 BAG 17.4.2012 – 1 AZR 119/11, NZA 2012, 1240.
112 BAG 28.10.1992 – 10 AZR 128/92, NZA 1993, 515.
113 BAG 31.1.1979 – 5 AZR 454/77, DB 1979, 1039.
114 BAG 16.7.1985 – 1 AZR 206/81, DB 1985, 2207; § 32 Abs. 2 SprAuG.
115 BAG 28.4.1993 – 10 AZR 222/92, DB 1993, 2034.
116 BAG 15.1.1991 – 1 AZR 80/90, DB 1991, 1526.
117 BAG 19.7.1995 – 10 AZR 885/94, DB 1995, 2531.

Allerdings hat das BAG die früher in ihren Grundzügen arbeitnehmerfreundliche Rechtsprechung[118] zwar nicht ausdrücklich beendet, tatsächlich allerdings zwischenzeitlich ganz erheblich eingeschränkt.[119] Insbesondere mit den Entscheidungen vom 5.4.1995[120] und vom 20.4.1994[121] entsteht der Eindruck, dass die bisherige Rechtsprechung zur **Eigenkündigung des Arbeitnehmers** bei Sozialplanabfindungen zwar formal aufrechterhalten, tatsächlich aber zu Gunsten einer jedweden Regelung über vor Abschluss eines Sozialplans ausgeschiedene Mitarbeiter in das Belieben der Betriebspartner gestellt wird. Für den beratenden Rechtsanwalt hat diese Rechtsprechung zur Folge, dass er bei der Gestaltung von Sozialplänen Differenzierungen bei den Gründen des Ausscheidens eines Mitarbeiters formulieren und insbesondere auch für Mitarbeiter, die vor Abschluss des Sozialplans ausgeschieden sind, nur einen Teil der Abfindung[122] oder keine Abfindungsberechtigung vorsehen kann.[123] Eine Eigenkündigung des Arbeitnehmers, die ohne eine Mitteilung des Arbeitgebers über den Zeitpunkt seines voraussichtlichen Ausscheidens aus dem Betrieb erfolgt, ist grundsätzlich nicht durch den Arbeitgeber veranlasst.[124] Betriebliche Interessen, die personelle Zusammensetzung der Belegschaft bis zu einem bestimmten Zeitpunkt zu sichern, sind in Abkehr von der früheren Rechtsprechung[125] nicht geeignet, Differenzierungen bei der Höhe von Sozialplanabfindungen zu rechtfertigen. Ihnen kann nur durch andere zusätzliche Leistungen im Rahmen freiwilliger Betriebsvereinbarungen Rechnung getragen werden.[126] Stellt ein Sozialplan für die Bemessung der Abfindung wegen Verlustes des Arbeitsplatzes auf die Dauer der Betriebszugehörigkeit ab, so zählen als Zeiten der Betriebszugehörigkeit auch solche, in denen der Arbeitnehmer wegen des Ruhens seines Arbeitsverhältnisses (zB wegen Elternzeit) tatsächliche Arbeitsleistungen nicht erbracht hat.[127] Während nach der bisherigen BAG-Rechtsprechung Elternzeiten bei der Bestimmung der Betriebszugehörigkeitszeiten für Abfindungen hinzugerechnet werden müssen, erkennt der EuGH eine solche Pflicht nicht.[128] Der EuGH hielt es nicht für einen Verstoß gegen Art. 141 EG und die Richtlinie 75/117, wenn bei Abfindungsregelungen (in Österreich) die Zeiten des Militärdienstes berücksichtigt werden, die Elternzeiten hingegen nicht. Nach § 3 Abs. 2 AGG stellt sich die Nichtberücksichtigung von Ruhenszeiträumen wegen Elternzeit als mittelbare Benachteiligung von Frauen dar, denn die Statistik belegt, dass weitaus mehr Frauen Elternzeit in Anspruch nehmen als Männer. Insofern wird es im Ergebnis, wenn auch nicht in der Begründung bei der Rechtsprechung des BAG vom 21.10.2003 verbleiben.[129]

In einem Sozialplan geregelte Ansprüche kann der Arbeitnehmer **unmittelbar einklagen**.[130] Enthält der Sozialplan Wiedereinstellungsverpflichtungen, kann der Betriebsrat bei der Einstellung Dritter die Zustimmung nach § 99 Abs. 2 Nr. 1 BetrVG verweigern.[131] Die Rechte des Betriebsrats sind der Verfügung einzelner Arbeitnehmer entzogen.[132]

Soweit Formulierungen bei Abfassung eines manchmal unter Zeitdruck zustande gekommenen Sozialplans mehrere **Auslegungen** gestatten, kann der Wille der Betriebspartner bei der Auslegung nur berücksichtigt werden, soweit er im Sozialplan seinen Niederschlag gefunden hat.[133] Sind Teile des Sozialplans unwirksam, bleibt der Rest wirksam, soweit er eine sinnvolle Regelung ergibt. Das BAG nimmt in ständiger Rechtsprechung die **Teilnichtigkeit** von Betriebsvereinbarungen an.[134] Führt die Korrektur einzelner unwirksamer Sozialplanregelungen zu einer Ausdehnung des vereinbarten Finanzvolumens

---

118 *Hümmerich/Spirolke*, BB 1995, 42.
119 *Maier*, NZA 1995, 769.
120 BAG 5.4.1995 – 10 AZR 554/94, GdS-Zeitung 1995, Nr. 10, 16.
121 BAG 20.4.1994 – 10 AZR 186/93, NZA 1995, 89.
122 BAG 15.5.2007 – 1 AZR 370/06, ZIP 2007, 1575; LAG Rheinland-Pfalz 2.6.1993 – 6 Sa 284/93, NZA 1993, 1144.
123 BAG 1.2.2011 – 1 AZR 417/09, AP Nr. 211 zu § 112 BetrVG 1972; BAG 20.4.2010 – 1 AZR 988/08, NZA 2010, 1018; BAG 24.1.1996 – 10 AZR 155/95, NZA 1996, 834.
124 BAG 15.3.2011 – 1 AZR 808/09, AP Nr. 214 zu § 112 BetrVG 1972.
125 BAG 19.7.1995 – 10 AZR 885/94, NZA 1996, 271.
126 BAG 19.2.2008 – 1 AZR 1004/06, NZA 2008, 719; BAG 6.11.2007 – 1 AZR 960/06, NZA 2008, 232.
127 BAG 21.10.2003 – 1 AZR 407/02, NZA 2004, 559; LAG Hessen 19.5.1998 – 4 Sa 773/97, ARST 1999, 58.
128 EuGH 8.6.2004 – Rs. C-220/02, AP Nr. 19 zu EWG-Richtlinie Nr. 75/117.
129 BAG 21.10.2003 – 1 AZR 407/02, NZA 2004, 559.
130 BAG 17.10.1989 – 1 ABR 75/88, DB 1990, 486.
131 BAG 18.12.1990 – 1 ABR 15/90, DB 1991, 969.
132 BAG 9.5.1995 – 1 ABR 51/94, DB 1995, 2075.
133 BAG 16.3.1994 – 10 AZR 606/93, ZIP 1994, 1293.
134 BAG 27.10.1987 – 1 ABR 9/86, DB 1988, 558.

des Sozialplans, ist die **Mehrbelastung** vom Arbeitgeber hinzunehmen, solange sie im Verhältnis zum Gesamtvolumen nicht ins Gewicht fällt.[135]

212 Sozialpläne kommen wie Interessenausgleichsvereinbarungen zustande. Anders als der Interessenausgleich kann der Sozialplan jedoch nach § 112 Abs. 4 BetrVG durch einen **Spruch der Einigungsstelle** oder einvernehmlich durch die Einigungsstelle geschlossen werden.

3. Kombinierter Interessenausgleich und Sozialplan

213 Höchstrichterlich noch nicht geklärt ist, welche Rechtsregeln generell auf **kombinierte Rahmenvereinbarungen** anzuwenden sind. Da derartige Vereinbarungen jedenfalls einen vollständigen Sozialplan beinhalten, müssen mindestens für diesen Teil einer solchen Rahmenvereinbarung die Regeln einer Betriebsvereinbarung gelten. Da alles, was im Interessenausgleich zwischen den Betriebspartnern geregelt wird, auch in einer förmlichen Betriebsvereinbarung enthalten sein kann, bringen die Betriebspartner – ob gewollt oder ungewollt – mit einem kombinierten Interessenausgleich und Sozialplan zum Ausdruck, dass sie die **Elemente des Interessenausgleichs auch den Regeln über Betriebsvereinbarungen unterwerfen** wollen. Jedenfalls dann, wenn keine Anhaltspunkte für eine hiervon abweichende Betrachtung erkennbar sind, wird man auf die Elemente des Interessenausgleichs in kombinierten Vereinbarungen ebenfalls die Regeln für Betriebsvereinbarungen anwenden können.

214 Lässt sich der Arbeitgeber auf die Forderungen nach einem kombinierten Interessenausgleich und Sozialplan ein, bewegt sich der Betriebsrat von vornherein in der Erzwingbarkeit beider Vereinbarungen über die Einigungsstelle, was eine wesentliche Verbesserung der Verhandlungsposition des Betriebsrats bedeutet. Kündigungsverbote, Versetzungs- oder Umschulungsverpflichtungen des Arbeitgebers sollen allerdings nicht durch Spruch der Einigungsstelle zum Gegenstand eines Sozialplans gemacht werden können.[136]

4. Inhalt eines Sozialplans

a) Wirtschaftliche Auswirkungen einer Betriebsänderung als Regelungsgegenstand des Sozialplans

215 Nach der gesetzlichen Definition dient der Sozialplan dem Ausgleich oder der Milderung der wirtschaftlichen Nachteile, die den Arbeitnehmern infolge der geplanten Betriebsänderung entstehen, § 112 Abs. 1 Satz 2 BetrVG. Im Sozialplan sind die **Abfindungen** oder **Maßnahmen zur Vermeidung wirtschaftlicher Nachteile** zu regeln.

216 Umschulungsregelungen, Kündigungsverbote und vergleichbare Regelungspositionen gehören **nicht** in den Sozialplan; sie können, wenn nicht individualarbeitsvertragsrechtlich oder über eine Regelungsabsprache, nur im Interessenausgleich vereinbart werden.[137]

217 Die Betriebspartner sind, wie auch die Einigungsstelle, im Grundsatz frei, welche Nachteile sie bei den von der Betriebsänderung betroffenen Arbeitnehmern in welchem Umfang ausgleichen oder mildern wollen.[138] Es können „**Null-Sozialpläne**", die keinerlei Abfindung vorsehen,[139] oder nach der Vermeidbarkeit der Nachteile differenzierende Sozialpläne geschlossen werden.[140] Bei der Gestaltung eines Sozialplans haben die Betriebspartner die Möglichkeit, für ältere Arbeitnehmer nur eine Überbrückungszahlung bis zum Rentenalter statt der ansonsten für die übrigen Mitarbeiter vorgesehenen Abfindungen vorzusehen.[141] Eine Klausel, wonach eine Höchstsumme festgelegt ist, verstößt nicht gegen § 75 Abs. 1 Satz 2 BetrVG, wonach kein Arbeitnehmer wegen Überschreitung einer bestimmten Altersstufe benachteiligt werden darf.[142] Das gilt auch im Hinblick auf das Verbot der Altersdiskriminierung in Art. 1, Art. 2 Abs. 1, Abs. 2, Art. 6 Abs. 1 EGRL 78/2000 und das AGG.[143] Die Betriebspartner konnten auch ältere Mitarbeiter von Sozialplanleistungen gänzlich ausnehmen, wenn die Mitarbeiter nach Beendigung des Arbeitsverhältnisses Arbeitslosengeld und im unmittelbaren Anschluss daran Altersru-

---

135 BAG 21.10.2003 – 1 AZR 407/02, NZA 2004, 559.
136 BAG 17.9.1991 – 1 ABR 23/91, NZA 1992, 227.
137 BAG 17.9.1991 – 1 ABR 23/91, NZA 1992, 227.
138 BAG 15.1.1991 – 1 AZR 80/90, DB 1991, 1526.
139 BAG 25.10.1983 – 1 AZR 260/82, DB 1984, 725.
140 BAG 8.12.1976 – 5 AZR 613/75, DB 1977, 729.
141 BAG 26.7.1988 – 1 AZR 156/87, DB 1988, 2464; Muster 5820 (§ 9) § 5 Rn 303.
142 BAG 19.10.1999 – 1 AZR 838/98, FA 1999, 405.
143 BAG 2.10.2007 – 1 AZN 793/07, DB 2008, 69; LAG Köln 17.6.2008 – 9 Sa 220/08, juris.

hegeld erhalten können.¹⁴⁴ Jedenfalls die Möglichkeit der Reduzierung von Abfindungen besteht auch für Arbeitnehmer rentennaher Jahrgänge, die nach einem relativ kurzen, vollständig oder überwiegend durch den Bezug von Arbeitslosengeld überbrückbaren Zeitraum gesetzliche Altersrente beziehen können.¹⁴⁵

Sowohl mit der Einbeziehung des **Lebensalters** als auch der **Betriebszugehörigkeit** in eine Berechnungsformel für Abfindungen ist eine – im Fall der Betriebszugehörigkeit mittelbare – Ungleichbehandlung wegen des Alters verbunden. Gleiches gilt, wenn rentennahe Jahrgänge in Sozialplänen eine andere, regelmäßig geringere Abfindung erhalten. Nach § 10 Satz 3 Nr. 6 AGG sind Differenzierungen in Sozialplänen gerechtfertigt, wenn die Parteien eine nach Alter oder Betriebszugehörigkeit gestaffelte Abfindungsregelung geschaffen haben, in der die wesentlich vom Alter abhängenden Chancen auf dem Arbeitsmarkt durch eine verhältnismäßig starke Betonung des Lebensalters erkennbar berücksichtigt worden sind, oder Beschäftigte von Leistungen des Sozialplans ausgeschlossen haben, die wirtschaftlich abgesichert sind, weil sie, ggf nach Bezug von Arbeitslosengeld,¹⁴⁶ rentenberechtigt sind. § 10 Satz 3 Nr. 6 AGG verstößt nicht gegen das gemeinschaftsrechtliche Verbot der Altersdiskriminierung. Die Regelung ist iSv Art. 6 Abs. 1 Satz 1 der Richtlinie 2000/78/EG durch ein vom nationalen Gesetzgeber verfolgtes legitimes Ziel gerechtfertigt. Es entspricht einem allgemeinen sozialpolitischen Interesse, dass Sozialpläne danach unterscheiden können, welche wirtschaftlichen Nachteile den Arbeitnehmern drohen, die durch eine Betriebsänderung ihren Arbeitsplatz verlieren. 218

Die Betriebsparteien sind auch nicht verpflichtet, sich innerhalb eines Sozialplans auf eine Berechnungsformel zu beschränken. Sie können auch **verschiedene Systeme kombinieren**, insbesondere bei rentennahen Jahrgängen eine andere Berechnungsweise wählen, die zu geringeren Abfindungen führt.¹⁴⁷ Hierbei kann die Zeit bis zum frühestmöglichen Bezug einer Altersrente, auch mit Rentenabschlägen, zugrunde gelegt werden. Dies gilt jedoch nicht für eine vorzeitige Altersrente, die nur wegen einer Behinderung in Anspruch genommen werden kann. Beim Abstellen auf einen möglichen Rentenbezug mit Abschlägen dürfen die Arbeitnehmer jedoch nicht gänzlich von Abfindungszahlungen ausgeschlossen werden. Dies würde die Erforderlichkeit der gerechtfertigten Ungleichbehandlung wegen des Alters in Frage stellen.¹⁴⁸ 219

Teilweise wird vertreten, dass eine Anknüpfung an das Alter vor dem Hintergrund der §§ 7, 10 AGG nur gerechtfertigt werden könne, soweit sich – zumindest auf der Grundlage einer typisierenden Betrachtung – nachweisen lasse, dass das Alter einen Sondernachteil gegenüber den Angehörigen anderer Altersgruppen begründet. Damit wäre eine Gestaltung nicht vereinbar, bei der die Abfindung mit jedem zusätzlichen Jahr des Lebensalters ansteigt.¹⁴⁹ In der Entscheidung vom 20.1.2009 hat der 1. Senat eine klassische **Abfindungsformel**, die das Produkt aus Alter, Betriebszugehörigkeit und Bruttomonatsentgelt durch einen verhandelten Divisor teilt, ohne besondere Problematisierung dieses Punktes gebilligt, allerdings fand auf den der Entscheidung zugrunde liegenden Sozialplan das AGG noch keine Anwendung.¹⁵⁰ Die Forderung nach einem Nachweis hinsichtlich der Betroffenheit bestimmter Altersgruppen von Beschäftigungslosigkeit zu einer bestimmten Zeit der Betriebsänderung bzw des Auslaufens von Kündigungsfristen oder einer Verweildauer in einer BQG, der zwangsläufig zusätzlich nach Berufsgruppen differenzieren müsste, überspannt die Anforderungen an die Betriebspartner. 220

Sieht ein Sozialplan vor, dass die Arbeitnehmer zusätzlich zu der sich nach der Dauer der Betriebszugehörigkeit und dem Arbeitsverdienst errechnenden Grundabfindung mit dem Erreichen des 45. und des 50. Lebensjahres der Höhe nach gestaffelte Alterszuschläge erhalten, werden hierdurch jüngere Arbeitnehmer idR nicht unzulässig wegen ihres Lebensalters benachteiligt.¹⁵¹ Ebenso hat das BAG eine Rege- 221

---

144 BAG 11.11.2008 – 1 AZR 475/07, NZA 2009, 210; BAG 31.7.1996 – 10 AZR 45/96, AP § 75 BetrVG 1972 Nr. 35; LAG Köln 25.11.1998 – 7 Sa 654/98, NZA-RR 1999, 588; zweifelhaft nach EuGH 12.10.2010 – C-499/08 [Ole Andersen/Region Syddanmark], NZA 2010, 1341, der den Ausschluss von einer Entlassungsentschädigung in Dänemark dann für eine nicht gerechtfertigte Altersdiskriminierung hält, wenn sich der 63-jährige Arbeitnehmer gegen die Inanspruchnahme einer Rente und für die Fortsetzung seines Berufslebens entscheidet.
145 BAG 20.1.2009 – 1 AZR 740/07, NZA 2009, 495.
146 Vgl aber EuGH 12.10.2010 – C-499/08 [Ole Andersen/Region Syddanmark], NZA 2010, 1341.
147 BAG 26.5.2009 – 1 AZR 198/08, NZA 2009, 849.
148 EuGH 6.12.2012 – Rs. C-152/11, NZA 2012, 1435.
149 Richardi/*Annuß*, § 112 BetrVG Rn 91.
150 BAG 20.1.2009 – 1 AZR 740/07, NZA 2009, 495.
151 BAG 12.4.2011 – 1 AZR 743/09, BAGE 137, 310 = NZA 2011, 985.

lung des altersbezogenen Faktors in einem Sozialplan gebilligt, wonach Beschäftigte erst ab dem 40. Lebensjahr die volle Abfindung erhalten, Beschäftigte ab dem 30. bis zum 39. Lebensjahr dagegen nur 90 % und bis zum 29. Lebensjahr nur 80 %.[152]

222 § 6 Satz 3 Nr. 6 AGG eröffnet den Betriebspartnern die Möglichkeit der „verhältnismäßig starken Betonung des Lebensalters" und benennt selbst als Grund hierfür die „wesentlich vom Alter abhängenden Chancen auf dem Arbeitsmarkt". Zugrunde liegt die allgemeine und in der bisherigen Sozialplanpraxis sowie in die Sozialauswahlkriterien nach § 1 Abs. 3 Satz 1 KSchG eingeflossene Erkenntnis, dass sich die Chancen auf dem Arbeitsmarkt mit zunehmendem Lebensalter verschlechtern. Eine harte Grenzziehung wird hier statistisch kaum zu belegen sein. Eine lineare Berücksichtigung des Alters trägt dieser schleichenden Reduzierung der Chancen auf dem Arbeitsmarkt Rechnung. Sicherlich ist diese bei einem Altersunterschied von zwei Jahren bei zwei Arbeitnehmern kaum messbar; allerdings wird sich auch die Abfindungshöhe bei den üblichen Formeln nur marginal unterscheiden. Trotz der Formulierung in § 10 Satz 3 Nr. 6 AGG **„nach Alter oder Betriebszugehörigkeit gestaffelte Abfindungsregelungen"** ist die Berücksichtigung beider Kriterien in einer Abfindungsformel nach wie vor zulässig. Die Formulierung ist nicht im Sinne eines „Entweder-oder" zu lesen. Auch bei der Sozialauswahl stehen beide Kriterien nebeneinander, worin das BAG keine Überbetonung des Alters sieht,[153] die Regelung in § 10 Satz 3 Nr. 6 AGG spricht von einer „verhältnismäßig starken Betonung des Lebensalters". Es ist nicht erkennbar, dass der Gesetzgeber die bisherige Sozialplanpraxis ändern wollte, das Gegenteil ist der Fall, indem der Gesetzgeber ausführt, dass auch weiterhin das Alter bei der Beendigung von Arbeitsverhältnissen und der damit im Zusammenhang stehenden Leistungen des Arbeitgebers berücksichtigt werden kann.[154] Im Ergebnis sind daher die „klassischen" Abfindungsformeln weiterhin zulässig.

223 Die Betriebsparteien können in einem Sozialplan auch regeln, dass Abfindungen, die der Arbeitgeber aufgrund eines Tarifvertrages wegen einer Betriebsänderung zahlt, zur Erfüllung von Sozialplansprüchen führen.[155]

224 Bei einer fristlosen Kündigung,[156] bei Eigenkündigung des Arbeitnehmers,[157] bei der Weigerung, einen zumutbaren Arbeitsplatz im Betrieb, Unternehmen oder Konzern anzunehmen,[158] sowie bei Widerspruch gegen den Übergang des Arbeitsverhältnisses nach § 613a BGB[159] können Arbeitnehmer von den Leistungen des Sozialplans **ganz oder teilweise ausgeschlossen** werden. Arbeitnehmer, die im unmittelbaren Anschluss an die Beendigung des Arbeitsverhältnisses, auch durch Vermittlung des Arbeitgebers,[160] eine neue Tätigkeit gefunden haben, können[161] (müssen aber nicht)[162] von **Abfindungen ausgeschlossen** werden. Ausgenommen können auch Arbeitnehmer werden, wenn sie wegen des Bezugs einer befristeten vollen **Erwerbsminderungsrente** nicht beschäftigt sind und mit der Wiederherstellung ihrer Arbeitsfähigkeit nicht zu rechnen ist.[163] Der Sozialplan kann einen Ausgleich dafür vorsehen, dass verfallbare Anwartschaften auf betriebliche Altersversorgung verloren gehen[164] oder in Zukunft nicht mehr ansteigen.[165] Knüpft ein Sozialplan für die Berechnung von Abfindungen an das Durchschnittsentgelt „vor dem Kündigungstermin" an, so soll im Zweifel entsprechend dem allgemeinen arbeitsrechtlichen Sprachgebrauch der Tag des Ablaufs der Kündigungsfrist maßgebend sein. Für die Annahme, dass mit dem Kündigungstermin der Tag der Kündigungserklärung gemeint ist, bedarf es besonderer Anhaltspunkte.[166]

---

152 BAG 12.4.2011 – 1 AZR 764/09, NZA 2011, 988.
153 BAG 6.11.2008 – 2 AZR 523/07, NZA 2009, 361.
154 BT-Drucks. 16/1780, S. 36.
155 BAG 14.11.2006 – 1 AZR 40/06, DB 2007, 173.
156 BAG 31.1.1979 – 5 AZR 454/77, DB 1979, 1039.
157 LAG Köln 14.12.1998 – 11 Sa 785/98, DStR 1999, 1161 = ARST 1999, 214.
158 BAG 28.9.1988 – 1 ABR 23/87, DB 1989, 48.
159 BAG 10.11.1993 – 4 AZR 184/93, DB 1994, 1377.
160 BAG 19.6.1996 – 10 AZR 23/96, AP § 112 BetrVG 1972 Nr. 102.
161 BAG 30.11.1994 – 10 AZR 578/93, DB 1995, 1238.
162 BAG 23.4.1985 – 1 ABR 3/81, ZIP 1985, 1015.
163 BAG 7.6.2011 – 1 AZR 34/10, BAGE 138, 107 = NZA 2011, 1370.
164 BAG 27.10.1987 – 1 ABR 9/86, DB 1988, 558.
165 BAG 29.11.1978 – 5 AZR 553/77, DB 1979, 795; Muster 5810 (Anlage 1, § 2 Abs. 3) § 5 Rn 301.
166 BAG 17.11.1998 – 1 AZR 221/98, ARST 1999, 139.

b) Vererbbarkeit des Abfindungsanspruchs

Umstritten ist, ob und wann ein Abfindungsanspruch aus einem Sozialplan **vererbbar** ist. Zunächst einmal besteht Einigkeit, dass Abfindungsansprüche fällig sind zum Zeitpunkt der vorgesehenen Beendigung des Arbeitsverhältnisses.[167] Von der Fälligkeit ist die Entstehung eines Anspruchs zu unterscheiden. Die Rechtsprechung, wann ein Abfindungsanspruch entsteht, ist nicht einheitlich.

Der 2. Senat des BAG lässt den für einen Arbeitnehmer vereinbarten Abfindungsanspruch mit dem Abschluss der Vereinbarung entstehen. Im Regelfalle sei nicht anzunehmen, dass der Arbeitnehmer davon ausgehen müsse, ein Abfindungsvergleich werde hinfällig, wenn er den Auflösungstermin nicht erlebe.[168] Der 9. Senat vertritt die Auffassung, dass der in einem Aufhebungsvertrag vereinbarte Anspruch auf eine Abfindung jedenfalls dann nicht bereits mit Abschluss des Vertrages entstehe, sondern erst zum vereinbarten Ausscheidenstermin, wenn es sich um eine Frühpensionierung handele und im Aufhebungsvertrag kein früherer Entstehungszeitpunkt bestimmt sei. In diesem Falle könne der Anspruch nicht entstehen, wenn das Arbeitsverhältnis vorzeitig, etwa durch den Tod des Arbeitnehmers, ende. Der Anspruch auf die Abfindung könne deshalb auch nicht von den Erben durch Erbfolge erworben werden.[169] Auch im Urteil vom 16.5.2000[170] vertritt der 9. Senat die Ansicht, der Anspruch auf Abfindung entstehe regelmäßig nur, wenn der Arbeitnehmer das vertraglich vereinbarte Ende des Arbeitsverhältnisses erlebe.

Noch weiter gefasst als der 9. Senat vertritt der 10. Senat die Meinung, dass der Anspruch auf Abfindung im Zuge einer geplanten Personalreduzierung, der in einem Aufhebungsvertrag niedergelegt sei, wobei auf Leistungen eines Sozialplans verwiesen werde, entstehe nicht, wenn der Arbeitnehmer nach Abschluss des Aufhebungsvertrages, aber vor der vereinbarten Beendigung des Arbeitsverhältnisses versterbe.[171] In gleicher Weise hatte der 10. Senat bereits wenige Monate zuvor im Zusammenhang mit Entlassungen wegen Truppenreduzierungen entschieden.[172]

Der 1. Senat ist, wie der 9. Senat, der Auffassung, dass der Abfindungsanspruch aus einem Sozialplan nur vererbt werden kann, wenn er zum Zeitpunkt des Todes des Arbeitnehmers bereits entstanden war.[173]

Boecken[174] hält die vom 9. und 10. Senat vertretene Ansicht, der Abfindungsanspruch entstehe erst mit dem vereinbarten Ende des Arbeitsverhältnisses, für unzutreffend. Ein schuldrechtlicher Anspruch entstehe grundsätzlich mit dem Abschluss des Rechtsgeschäfts, also mit dem Setzen des Rechtsgrunds, wobei es für die Entstehung des Anspruchs ohne Bedeutung sei, ob der Gläubiger in diesem Zeitpunkt die Leistung auch verlangen könne, diese also fällig sei. Mit der Entschädigungsleistung „Abfindung" hat der Entschädigungsanspruch als Surrogat seinen personenbezogenen Charakter verloren. Von dem Augenblick an, ab dem der Arbeitgeber einer Kompensation für die Beendigung des sich auf höchstpersönlichen Diensten gründenden Arbeitsverhältnisses zugesagt hat, erwirbt der Arbeitnehmer eine beleihbare, ihn als Anspruchsinhaber ausweisende Geldforderung, die wie jede andere Geldforderung das Schicksal des Übergangs auf die Erben nach § 1922 BGB teilt.[175] *Gaul*[176] weist zutreffend darauf hin, dass Regelungen zur Fälligkeit einer Sozialplanabfindung für die Vererbbarkeit eines Anspruchs ohne Bedeutung sind. Es wird deshalb angeregt, wenn man die **Vererbbarkeit sicherstellen** will, bereits in den Sozialplan eine Regelung aufzunehmen, wonach ab dem Tage des Abschlusses des Sozialplans die Abfindung entstanden ist.

---

167 BAG 9.12.1987 – 4 AZR 561/87, NZA 1988, 329; LAG Düsseldorf 23.5.1989 – 16 Sa 475/89, NZA 1989, 850.
168 BAG 22.5.2003 – 2 AZR 250/02, BB 2004, 894; BAG 16.10.1969 – 2 AZR 373/68, DB 1970, 259.
169 BAG 26.8.1997 – 9 AZR 227/96, NZA 1998, 643.
170 BAG 16.5.2000 – 9 AZR 277/99, NZA 2000, 1236.
171 BAG 25.9.1996 – 10 AZR 311/96, DB 1997, 281 = NZA 1997, 163.
172 BAG 22.5.1996 – 10 AZR 907/95, DB 1997, 280 = NZA 1997, 386.
173 BAG 27.6.2006 – 1 AZR 322/05, NZA 2006, 1238.
174 NZA 2002, 421.
175 *Hümmerich*, NJW 2004, 2921, 2931.
176 DB 1998, 1519.

c) Fälle des Anspruchsausschlusses

230 Die Grenzen der Gestaltung eines Sozialplans ergeben sich vor allem aus den §§ 75 und 112 Abs. 5 BetrVG und dem arbeitsrechtlichen Gleichbehandlungsgrundsatz. Ein **Ausschluss** von Arbeitnehmern von Sozialplanabfindungen ist in folgenden Fällen möglich:

- Das Arbeitsverhältnis wird vor Abschluss oder vor Scheitern des Interessenausgleichs – gleich aus welchem Grund – beendet.
- Der oder die Betroffene lehnt einen zumutbaren Arbeitsplatz im Betrieb, Unternehmen oder – auf Vermittlung des Arbeitgebers – in einem anderen Unternehmen ab.
- Der Mitarbeiter bzw die Mitarbeiterin widerspricht dem Übergang des Arbeitsverhältnisses gem. § 613 a BGB und wird betriebsbedingt gekündigt.
- Weitere Ausschlussvariante bildet die rechtliche Möglichkeit eines Arbeitnehmers, unmittelbar nach Beendigung des Arbeitsverhältnisses Anspruch auf (vorzeitige) gesetzliche Altersrente geltend zu machen.

d) Gestaltungsverbote

231 Der bei einem Sozialplan mitgestaltende anwaltliche Berater hat eine Reihe von **Gestaltungsverboten** zu beachten. So dürfen in einem Sozialplan Leistungen nicht davon abhängig gemacht werden, dass keine Kündigungsschutzklage erhoben oder eine bereits erhobene Klage wieder zurückgenommen wird.[177] Zulässig sind dagegen solche Klauseln, wie sie eine Reihe von Textbausteinen enthalten,[178] die die Fälligkeit von im Sozialplan geregelten Ansprüchen bis zum Abschluss des Kündigungsschutzverfahrens hinausschieben.[179] Inzwischen hat das BAG allerdings in zwei Beschlüssen entschieden, dass die Zusage von Abfindung gegen Verzicht auf Erhebung einer Kündigungsschutzklage wirksam versprochen werden kann, wenn sie außerhalb eines Sozialplans in einer freiwilligen Betriebsvereinbarung geregelt ist.[180] Damit bestätigte der 1. Senat die Ansicht des 9. Senats, wonach ein Arbeitgeber weder den arbeitsrechtlichen Gleichbehandlungsgrundsatz verletze, noch gegen das Maßregelungsverbot des § 612 a BGB verstoße, wenn er die Zahlung einer freiwilligen Abfindung davon abhängig mache, dass der Arbeitnehmer gegen die Kündigung nicht gerichtlich vorgehe.[181] Diese Rechtsprechung ist verschiedentlich kritisiert worden.[182] Zwischenzeitlich hat das BAG sogar entschieden, dass kollektive Regelungen, in denen für den Verlust des Arbeitsplatzes eine Abfindung in Aussicht gestellt werde, die aber nicht gezahlt werden solle, wenn der Arbeitnehmer den Fortbestand des Arbeitsverhältnisses geltend mache, außerhalb von Sozialplänen zulässig und damit auch in kirchlichen Regelwerken, die weder Tarifverträge noch Betriebsvereinbarungen seien, vorgesehen werden könnten.[183]

232 **Unzulässig** sind Klauseln, die bei ausländischen Arbeitnehmern die Abfindungszahlung davon abhängig machen, dass sie in ihre Heimat zurückkehren.[184] Unverfallbare Versorgungsanwartschaften können durch Sozialplan weder wirksam aufgehoben noch kapitalisiert werden.[185]

233 Empfiehlt der Arbeitgeber anlässlich eines geplanten Personalabbaus auf einer Betriebsversammlung, sich nach anderen Arbeitsplätzen umzusehen, ist die deswegen ausgesprochene Eigenkündigung des Arbeitnehmers auch dann aus Gründen der Betriebsänderung veranlasst und damit grundsätzlich sozialplanpflichtig, wenn dem Arbeitnehmer wegen einer Verbesserung der Auftragslage letztendlich nicht gekündigt worden wäre, es sei denn, er hat im Zeitpunkt der Kündigung keinen Grund mehr für die Annahme, ihm werde im Zuge des Personalabbaus gekündigt werden.[186] Noch nicht entschieden ist die Wirksamkeit von Rückzahlungsklauseln in Sozialplänen bei Wiedereinstellung. Angemessen er-

---

177 BAG 20.12.1983 – 1 AZR 442/82, DB 1984, 723.
178 Muster 5730 (§ 21 Abs. 2); Muster 5720 (§ 2 Abs. 5); Muster 5695 (§ 11 Abs. 2).
179 BAG 20.6.1985 – 2 AZR 427/84, DB 1985, 2357.
180 BAG 31.5.2005 – 1 AZR 254/04, NZA 2005, 997.
181 BAG 15.2.2005 – 9 AZR 116/04, NZA 2005, 1117.
182 *Thüsing/Wege*, DB 2005, 2634; *Riesenhuber*, NZA 2005, 1100; *Benecke*, BB 2006, 938.
183 BAG 3.5.2006 – 4 AZR 189/05, NZA 2006, 1420.
184 BAG 7.5.1987 – 2 AZR 271/86, DB 1988, 450.
185 BAG 24.3.1981 – 1 AZR 805/78, DB 1981, 2178.
186 BAG 28.10.1992 – 10 AZR 405/91, DB 1993, 590; *Hümmerich/Spirolke*, BB 1995, 42.

scheint nach *Gaul*,[187] die Rückzahlungspflicht, jedenfalls für den Fall der unbefristeten Wiedereinstellung beim bisherigen Arbeitgeber, um 1/36 für jeden vollen Monat der Arbeitslosigkeit zu mindern.

Geklärt ist zwischenzeitlich, dass ein Arbeitgeber, der bestimmten Arbeitnehmern im Rahmen eines Personalabbaus zusätzliche Leistungen zusagt, um sie zur einvernehmlichen Beendigung des Arbeitsverhältnisses zu bewegen, nicht verpflichtet ist, diese Leistungen auch Arbeitnehmern zu gewähren, die sich bereits zu geringeren Leistungen mit der Beendigung des Arbeitsverhältnisses einverstanden erklärt haben. So entschied das BAG,[188] dass die Absicht des Arbeitgebers, durch zusätzliche Leistungen die Bereitschaft der Arbeitnehmer zu erhöhen, aus dem Arbeitsverhältnis auszuscheiden, ein billigenswerter Grund für eine Ungleichbehandlung sein könne. Der Arbeitgeber verstoße deshalb nicht gegen den arbeitsrechtlichen Gleichbehandlungsgrundsatz, wenn er Arbeitnehmer von diesen Leistungen ausnehme, die schon vor Zusage der Zusatzleistungen mit der Beendigung ihres Arbeitsverhältnisses einverstanden gewesen seien.

234

Zulässig ist auch die **Differenzierung nach Vollzeit- und Teilzeitbeschäftigung**. Wird zur pauschalen Bewertung der mit dem Arbeitsplatzverlust verbundenen Nachteile auf die **Dauer der Betriebszugehörigkeit** zurückgegriffen und auch nach Zeiten der Teilzeit- und Vollzeitbeschäftigung differenziert, ist eine Sozialplanregelung wirksam.[189]

235

e) Berechnung von Abfindungen

Die Berechnung von Abfindungen kann über eine **Formel** (Muster 5710, § 6), aber auch über ein **Punktesystem** (Muster 5685, Anlage 1; Muster 5720, Anlage 1) errechnet werden. Man muss einer Abfindungsregelung im Sozialplan die Dauer der Betriebszugehörigkeit nicht zwangsläufig zugrunde legen.[190] Gelingt es dem Betriebsrat, über das Abfindungsvolumen zu verhandeln, also beispielsweise die Forderung von 1 Mio. EUR als Abfindung für die Arbeitnehmer durchzusetzen, dann steht es für das Unternehmen im Ergebnis gleich, ob es als Verteilungsmaßstab die Formel Lebensalter x Betriebszugehörigkeit x Monatsentgelt, dividiert durch eine Zahl oder eine Multiplikatortabelle wählt. Für das sozialplanpflichtige Unternehmen ist das Kostenvolumen entscheidend, nicht so sehr der Weg, auf dem es verteilt wird, solange die gesetzlichen Ge- und Verbote, insbesondere das Gleichbehandlungsgebot und die Diskriminierungsverbote, eingehalten sind.

236

Akzeptiert der Betriebsrat dagegen ein Verhandlungskonzept, in dem die Frage, was der einzelne Arbeitnehmer als Sozialplanabfindung erhält, im Vordergrund steht, kommt es naturgemäß darauf an, ob man eine Formel oder eine Multiplikatortabelle wählt. Die Multiplikatortabelle des Musters 5720 (Anlage 1) entspricht übrigens in ihrer Wertigkeit exakt der Hälfte der Tabelle des Musters 5685 (Anlage 1). Es ist stets Sache der Verhandlungspartner, sich für eine Verhandlungsstrategie zu entscheiden und im richtigen Augenblick das richtige Abfindungsverteilungskonzept auf den Tisch zu legen.

237

f) Unternehmerische Entscheidungen für die Vereinbarung von Sozialplänen

Der Vereinbarung von Sozialplänen können verschiedene unternehmerische Entscheidungen zugrunde liegen. Ein klassischer Fall ist die **Betriebsstilllegung** (Muster 5705, 5685 und 5600).

238

Häufige Fälle sind darüber hinaus die **Verlagerung** eines Betriebes (Muster 5730, 5695, 5715 und 5815) und die **Zusammenführung** von mehreren Betrieben oder Betriebsteilen (Muster 5740 und 5700). Schließlich kommt auch der reine **Personalabbau** innerhalb eines bestehenden Betriebes vor (Muster 5635 und 5720).

239

g) Hinweise zu den Mustertexten

Die Muster, die die Zusammenführung von Betrieben oder Betriebsteilen oder die Betriebsverlagerung zum Gegenstand haben, enthalten jeweils sowohl Regelungen zu den Modalitäten der Versetzung der Arbeitnehmer, denen eine neue Arbeitsstelle angeboten wird, als auch Regelungen über Abfindungen für die Arbeitnehmer, die entlassen werden. Die Modalitäten der Versetzung umfassen die Möglichkeiten der Übernahme und Vermittlung von Arbeitnehmern in andere Betriebe einer Firma. Auch der Er-

240

---

[187] DB 1998, 1518.
[188] BAG 18.9.2001 – 3 AZR 656/00, ArbRB 2002, 8.
[189] BAG 14.8.2001 – 1 AZR 760/00, DB 2002, 153.
[190] BAG 9.11.1994 – 10 AZR 281/94, DB 1995, 782.

satz von versetzungsbedingtem Trennungsmehraufwand spielt in diesen Sozialplänen eine große Rolle. Es werden Trennungsentschädigungen festgelegt, Kostenersatz für Umzug und doppelte Haushaltsführung und Zuschüsse zu höheren Mieten gewährt.

241 Eine ausführliche Regelung enthält das Muster 5810. Dort ist auch ein Fahrtkostenzuschuss für die Besichtigung von Wohnungen am neuen Arbeitsplatz und für Fahrten zum alten Wohnort nach dem Beginn der Tätigkeit an der neuen Arbeitsstelle vorgesehen. In Muster 5700 wird als Anlage 2a ein ausführliches Mietzuschussmodell vorgestellt. Einige Muster enthalten Rückzahlungsklauseln für den Fall des Ausscheidens des Arbeitnehmers aus dem Betrieb innerhalb eines bestimmten Zeitraumes nach dem Umzug. Auch Leistungen für Arbeitnehmer, die nicht umziehen wollen, sind in einigen Sozialplänen enthalten (Muster 5810, Teil E § 1 Abs. 2).

242 Der Personalabbau ist zum Beispiel in Muster 5635 geregelt. Dieses Muster enthält ausschließlich Regelungen zur Auswahl der zu entlassenden Arbeitnehmer und die Berechnung und Durchführung von Abfindungszahlungen. Auch in den Mustern 5705 und 5685, die die Stilllegung von Betrieben regeln, nimmt die Ausgestaltung der Abfindungsregelungen einen wichtigen Platz ein, wobei in Muster 5685 auch Angebote auf einen Arbeitsplatzwechsel innerhalb des Konzerns enthalten sind.

243 Eine Besonderheit enthält Muster 5725. In diesem Sozialplan werden allen Mitarbeitern gleichwertige Arbeitsplätze an einem anderen Standort angeboten. Der Sozialplan enthält Sonderregelungen für das Auswahlverfahren bei freien oder frei werdenden Arbeitsplätzen in demselben Betrieb und Kriterien für die Zumutbarkeit oder Unzumutbarkeit der Annahme des Angebots von Arbeitsplätzen.

5. Gestaltungsmöglichkeiten der Einigungsstelle

244 Ruft eine Partei die Einigungsstelle gem. § 112 Abs. 2 Satz 3 BetrVG an, entscheidet die Einigungsstelle nach § 112 Abs. 4 BetrVG **verbindlich**. Die Einigungsstelle hat sich bei dem einvernehmlich oder durch Spruch erlassenen Sozialplan an den in § 112 Abs. 5 BetrVG vorgegebenen Richtlinien zu orientieren.[191] Sie hat die wirtschaftliche Vertretbarkeit des Sozialplans für das Unternehmen und die sozialen Belange der betroffenen Arbeitnehmer zu beachten. Lehnt eine Betriebspartei den Vorsitzenden einer Einigungsstelle wegen Besorgnis der Befangenheit ab, bestimmt sich das weitere Verfahren entsprechend den Vorschrift der ZPO über die Ablehnung von Schiedsrichtern im schiedsgerichtlichen Verfahren. Über die Ablehnung befindet die Einigungsstelle. Der Vorsitzende ist von der Teilnahme an der Beschlussfassung ausgeschlossen.[192]

245 Berücksichtigt ein erzwungener Sozialplan nicht die **Gegebenheiten des Einzelfalles**, also Lebensalter, familiäre Belastungen, Schwerbehinderteneigenschaft, ist er schon allein deshalb unwirksam.[193] Enthält der Sozialplan Herabgruppierungen von Arbeitnehmern, müssen Ausgleichszahlungen vorgesehen werden.[194] Ein etwas geringer vergüteter Arbeitsplatz kann im Sozialplan für den einzelnen Arbeitnehmer für zumutbar erklärt werden.[195] Der Wegfall von Überstunden führt nicht zur Unzumutbarkeit. In einem Sozialplan können geringere Leistungen für Arbeitnehmer vorgesehen werden, die ihnen angebotene, anderweitige zumutbare Arbeitsplätze nicht annehmen (Muster 5800, § 4 Abs. 9 Buchst. a). Es ist auch den Betriebspartnern grundsätzlich überlassen, generalklauselartig oder im Wege der Prüfung durch einen Ausschuss festzulegen, welche Arbeitsplätze für den jeweiligen Arbeitnehmer zumutbar sind.[196] Nicht übertragbar aufgrund unterschiedlicher Regelungsziele ist der Zumutbarkeitskatalog des § 121 SGB III.[197] Bei einem notwendigen Ortswechsel kann die Unzumutbarkeit auf weiteren Umständen als dem bloßen Ortswechsel beruhen.[198] Die Unzumutbarkeit kann beispielsweise durch eine Pflege von Familienangehörigen, durch andernfalls notwendige Umschulung von Kindern etc. ausgelöst werden.

246 Generell haben die Betriebspartner, hat aber auch die Einigungsstelle, die **Abhängigkeit des Sozialplanvolumens von den wirtschaftlichen Möglichkeiten eines Unternehmens** zu beachten. Bei Einzelkaufleu-

---

191 BAG 26.5.1988 – 1 ABR 11/87, DB 1988, 2154.
192 BAG 11.9.2001 – 1 ABR 5/01, FA 2002, 148; im Einzelnen H/S-*Spirolke*, Das arbeitsrechtliche Mandat, § 13 Rn 14.
193 BAG 14.9.1994 – 10 ABR 7/94, DB 1995, 430.
194 BAG 27.10.1987 – 1 ABR 9/86, DB 1988, 558.
195 BAG 28.9.1988 – 1 ABR 23/87, DB 1989, 48.
196 BAG 28.9.1988 – 1 ABR 23/87, DB 1989, 48.
197 BAG 6.11.2007 – 1 AZR 960/06, NZA 2008, 232.
198 BAG 25.10.1983 – 1 AZR 260/82, DB 1984, 725.

ten, OHG und KG, kommt es nicht nur auf das Betriebs-, sondern auch auf das Privatvermögen an, das nach dem Gesetz für Verbindlichkeiten haftet.[199]

Ist für eine Betriebsgesellschaft iSd § 134 Abs. 1 UmwG ein Sozialplan aufzustellen, darf die Einigungsstelle für die Bemessung des Sozialplanvolumens auch die wirtschaftliche Leistungsfähigkeit einer Anlagegesellschaft iSd § 134 Abs. 1 UmwG berücksichtigen. Der **Bemessungsdurchgriff** ist jedoch der Höhe nach auf die der Betriebsgesellschaft bei der Spaltung entzogenen Vermögensteile begrenzt.[200]   247

Dass Sozialplanmittel anderen Investitionen nicht mehr zur Verfügung stehen, soll für sich allein keine Rolle spielen.[201] Für die Unternehmen notwendige Investitionen müssen trotz des Sozialplans möglich bleiben. Es soll jedoch zulässig sein, durch einen Sozialplan Arbeitgeber so zu belasten, dass die Maßnahme für die Ertragskraft des Unternehmens einschneidend ist.[202] Selbst ein Sozialplan, der die durch Betriebsänderung begründeten Einsparungen für ein Jahr aufzehrt, soll nicht zu beanstanden sein.[203] Auch der Einspareffekt von zwei Jahren kann vertretbar sein.[204]   248

In neueren Entscheidungen dehnt der 1. Senat die Grenzen des durch eine Einigungsstelle beschlossenen Sozialplans immer weiter bis an den Rand der Bestandsgefährdung. Der Umfang der nach § 112 Abs. 5 Satz 1 BetrVG zulässigen Belastung des Unternehmens richte sich zwar nach den Gegebenheiten des Einzelfalles. Der in § 112 Abs. 5 Satz 2 Nr. 3 BetrVG enthaltenen Grenzziehung sei zu entnehmen, dass das Gesetz bei einem wirtschaftlich wenig leistungsstarken Unternehmen im Falle der Entlassung eines großen Teils der Belegschaft auch **einschneidende Belastungen bis an den Rand der Bestandsgefährdung** für vertretbar ansehe.[205] Eine Mindestdotierung eines Sozialplans durch die Einigungsstelle gebe es nicht. Der Normzweck eines Sozialplans werde nach § 112 Abs. 1 Nr. 2 BetrVG nicht durch einen Ausgleich, sondern schon durch die Milderung der den Arbeitnehmern aufgrund der Betriebsänderung entstehenden wirtschaftlichen Nachteilen erreicht. Habe der Betriebsrat den Spruch der Einigungsstelle zur Aufstellung eines Sozialplans mit der Begründung angefochten, dessen Gesamtvolumen sei zu gering, müsse er darlegen, dass der Sozialplan seinen gesetzlichen Zweck nicht erfülle, weil er nicht einmal eine substantielle Milderung der Nachteile vorsehe.[206] Ein Ermessensfehler der Einigungsstelle liege auch bei Unterschreitung der Grenze des § 112 Abs. 1 Satz 2 BetrVG nicht vor, wenn andernfalls das Sozialplanvolumen für das Unternehmen wirtschaftlich nicht vertretbar wäre. In diesem Zusammenhang könne es auf die Möglichkeit eines sog. Berechnungsdurchgriffs auf Konzernobergesellschaften ankommen.[207]   249

Mit Beschluss vom 24.8.2004 hat der 1. Senat festgelegt, dass die Einigungsstelle bei ihrer **Ermessensausübung** an **zwei Grenzen** gebunden sei: Sie dürfe kein größeres Gesamtvolumen des Sozialplans vorsehen, als selbst für den vollen Ausgleich aller wirtschaftlicher Nachteile der Arbeitnehmer nach §§ 112 Abs. 5, 113 BetrVG erforderlich sei. Sie müsse andererseits grundsätzlich mindestens Leistungen vorsehen, die noch als substantielle spürbare Milderung der wirtschaftlichen Nachteile angesehen werden könnten. Mit dieser Grenzziehung lässt sich nicht vereinbaren, dass andererseits in der Vergangenheit auch Nullsozialpläne für wirksam gehalten wurden.   250

6. Individualrechtliche Fragestellungen

In der Zwangsvollstreckung werden **Sozialplanabfindungen als Arbeitseinkommen** iSv § 850 ZPO von Pfändungsmaßnahmen erfasst. Teile der Abfindung können auf Antrag des Arbeitnehmers nach § 850 i ZPO der Pfändung entzogen werden.[208] Der Arbeitgeber ist aber nicht verpflichtet, den Arbeitnehmer auf diese Möglichkeit hinzuweisen.[209] Eine Durchgriffshaftung auf den Gesellschafter zur Realisierung von Sozialplanansprüchen ist denkbar.[210] Generell hat das BAG außerdem entschieden, dass der   251

---

199 BAG 8.7.1972 – 3 AZR 481/71, DB 1972, 2069.
200 BAG 15.3.2011 – 1 ABR 97/09, BAGE 137, 203 = NZA 2011, 1112.
201 BAG 22.5.1979 – 1 ABR 17/77, DB 1979, 1896.
202 BAG 17.10.1989 – 1 ABR 80/88, DB 1990, 694; krit. *Hümmerich*, NZA 1996, 1292.
203 BAG 27.10.1987 – 1 ABR 9/86, DB 1988, 558.
204 BAG 6.5.2003 – 1 ABR 11/02, NZA 2004, 108.
205 BAG 6.5.2003 – 1 ABR 11/02, FA 2004, 46.
206 BAG 24.8.2004 – 1 ABR 23/03, NZA 2005, 302.
207 BAG 22.1.2013 – 1 ABR 85/11, DB 2013, 1182; BAG 24.8.2004 – 1 ABR 23/03, NZA 2005, 302.
208 OLG Düsseldorf 28.8.1979 – 3 W 191/79, DB 1980, 112.
209 BAG 13.11.1991 – 4 AZR 20/91, DB 1992, 585.
210 BAG 15.1.1991 – 1 AZR 94/90, DB 1991, 1472; BAG 10.2.1999 – 5 AZR 677/97, DB 1999, 485.

Rechtsweg zu den Arbeitsgerichten gegeben ist, wenn der Arbeitnehmer die Gesellschafter seines Arbeitgebers, einer GmbH, im Wege des Durchgriffs in Anspruch nimmt.[211]

252 Sozialpläne können wie jede Betriebsvereinbarung auch **zu Lasten der Arbeitnehmer abgeändert** werden. In diesem Falle ersetzt der neue Sozialplan den alten. Von solchen Änderungen werden allerdings bereits fällige Ansprüche nicht erfasst, weil sie schon individualisiert sind.[212] Auch entstandene, aber noch nicht fällige Ansprüche können in einem nachfolgenden Sozialplan weder vermindert noch erlassen werden.[213]

253 Die ordentliche **Kündigung eines Sozialplans** kann im Sozialplan vereinbart werden. Enthält der Sozialplan keine entsprechende Regelung, ist die ordentliche Kündigung ausgeschlossen.[214] Bereits entstandene Ansprüche werden durch die Kündigung eines Sozialplans ebenso wenig berührt, wie bereits fällige Ansprüche.[215] Auch der Sozialplan wirkt nach § 77 Abs. 6 BetrVG nach, bis er durch einen anderen Sozialplan ersetzt wird, oder durch Spruch einer Einigungsstelle ein weiterer Sozialplan zustande kommt.[216] Die fristlose Kündigung von Sozialplänen ist nur auf ganz wenige Sonderfälle, in denen es um die Existenz des Unternehmens geht, beschränkt.[217] Außerordentlich gekündigte Sozialpläne wirken nach § 77 Abs. 6 BetrVG nach,[218] weshalb die Effizienz eines Rechts zur außerordentlichen Kündigung ausscheidet.

254 Einzelne Arbeitnehmer können ihre **Ansprüche aus einem Sozialplan gerichtlich verfolgen**.[219] Allerdings erfassen tarifliche Ausschlussfristen bei entsprechend weiter Fassung der tariflichen Bestimmung auch Ansprüche aus Betriebsvereinbarungen und damit aus Sozialplänen.[220]

255 Für Ansprüche auf eine Sozialplanabfindung gilt die regelmäßige **Verjährungsfrist** nach § 195 BGB.[221]

256 Einzelne Arbeitnehmer werden mit der Argumentation, das Gesamtvolumen des Sozialplans sei zu niedrig bemessen, nicht gehört.[222] Wer zu Unrecht von Leistungen des Sozialplans ausgeschlossen wurde, kann dagegen gerichtlich vorgehen.[223] Dass die Klage eines einzelnen Arbeitnehmers die Erhöhung des Gesamtvolumens eines Sozialplans zur Folge hat, mindert die Begründetheit seines Anspruchs nicht.[224] Der Betriebsrat hat keinen eigenen Anspruch darauf, dass im Sozialplan für Arbeitnehmer begründete Rechte vom Arbeitgeber erfüllt werden.[225]

257 Meinungsverschiedenheiten zwischen den Betriebspartnern über die **Auslegung eines Sozialplans** können die Arbeitnehmer nicht verbindlich durch Spruch der Einigungsstelle beilegen lassen;[226] Verbindlichkeit erlangt im Streit über die Auslegung eines Sozialplans die gerichtliche Entscheidung entweder über eine vom Arbeitnehmer im Urteilsverfahren eingereichte Klage oder über das von einem Betriebspartner eingeleitete arbeitsgerichtliche Beschlussverfahren.[227] Sozialpläne, wie auch Betriebsvereinbarungen, unterliegen einer arbeitsgerichtlichen Billigkeitskontrolle.[228]

258 Es wird angeregt, bei der Gestaltung von Sozialplänen auch auf die **steuerlichen Auswirkungen** einer Regelung zu achten. So ist es nachteilig für die betroffenen Arbeitnehmer, wenn in den häufig in Sozialplänen anzutreffenden Nachschlagsklauseln Rechnungsdifferenzen aus den tatsächlichen Leistungen der Agentur für Arbeit und den bei Zahlung der Abfindung zugrunde gelegten Zahlungen durch einen Nachschlag ausgeglichen werden. Ein solcher Nachschlag kann den Verlust der steuerlichen Privilegie-

---

211 BAG 13.6.1997 – 9 AZB 38/96, NJW 1998, 261.
212 BAG 24.3.1981 – 1 AZR 805/78, DB 1981, 2178.
213 BAG 10.8.1994 – 10 ABR 61/93, DB 1995, 480.
214 BAG 10.8.1994 – 10 ABR 61/93, DB 1995, 480.
215 BAG 10.8.1994 – 10 ABR 61/93, DB 1995, 480.
216 BAG 24.3.1981 – 1 AZR 805/78, DB 1981, 2178.
217 LAG Saarland 3.7.1985 – 1 TaBV 3/84, DB 1986, 48.
218 BAG 10.8.1994 – 10 ABR 61/93, DB 1995, 480.
219 BAG 17.2.1981 – 1 AZR 290/78, DB 1981, 1414.
220 LAG Hamburg 4.6.1999 – 3 Sa 91/98, BB 1999, 2677.
221 BAG 30.10.2001 – 1 AZR 65/01, ArbRB 2002, 132.
222 BAG 26.7.1988 – 1 AZR 156/87, DB 1988, 2464.
223 BAG 25.10.1983 – 1 AZR 260/82, DB 1984, 725.
224 BAG 26.6.1990 – 1 AZR 263/88, NZA 1991, 111.
225 BAG 17.10.1989 – 1 ABR 75/88, DB 1990, 486.
226 BAG 27.10.1987 – 1 AZR 80/86, DB 1988, 503.
227 BAG 8.11.1988 – 1 AZR 721/87, DB 1989, 587.
228 BAG 26.7.1988 – 1 AZR 156/87, DB 1988, 2464; BAG 7.11.1989 – GS 3/85, DB 1990, 1724; BAG 26.10.1994 – 10 AZR 482/93, DB 1995, 830; BAG 14.2.1984 – 1 AZR 574/82, DB 1984, 1527.

rung gem. §§ 34, 24 EStG zur Folge haben. Von dieser hier zu Anschaulichkeitszwecken berücksichtigten Klausel wird abgeraten. Zur steuerlichen Information der Mitarbeiter empfiehlt sich auch eine Anlage zum Sozialplan.

III. Differenzierte Beschäftigungssicherung über Transfer-Interessenausgleich und Transfer-Sozialplan

Neben den klassischen Abfindungssozialplan tritt der Transfer-Sozialplan, mit dem die zur Verfügung stehenden Mittel zielgerichteter für die Erlangung eines neuen Beschäftigungsverhältnisses unter Nutzung der finanziellen Förderleistungen der Bundesagentur für Arbeit insbesondere über das Transferkurzarbeitergeld eingesetzt werden sollen.[229] Gemäß § 112 Abs. 5 Nr. 2 a BetrVG besteht für die Einigungsstelle, tatsächlich für die Betriebspartner eine Verpflichtung, das differenzierte Programm der Bundesagentur für Arbeit im Rahmen der Beschäftigungssicherung zu nutzen.

Rechte der Beschäftigungssicherung stehen dem Betriebsrat nicht nur über § 112 Abs. 5 Nr. 2 a BetrVG zu, sondern auch über § 92 a Abs. 1 Satz 2 BetrVG.[230] Die Beschäftigungssicherungsrechte des Betriebsrats sind daneben das Korrelat zu den Verpflichtungen, die der Gesetzgeber den Arbeitgebern in § 2 Abs. 2 Nr. 2 SGB III auferlegt hat.[231] Wer heute mit den Betriebspartnern Interessenausgleich und Sozialplan verhandelt, sollte deshalb darüber nachdenken, welche Maßnahmen im Paket von Sozialplan und Interessenausgleich in Abstimmung mit der Bundesagentur für Arbeit vereinbart werden können. Eine Förderung der Teilnahme an Transfermaßnahmen ist in § 110 SGB III vorgesehen. Insgesamt gehören zu den **Transferhilfen:**

- Gründungszuschuss bei Aufnahme einer selbständigen, hauptberuflichen Tätigkeit (§§ 93 f SGB III);
- Übernahme von Weiterbildungskosten und Bildungsgutscheine (§§ 81 ff SGB III);
- Kurzarbeitergeldleistungen (§§ 95 ff SGB III);
- Saison-Kurzarbeitergeld (§§ 101 f SGB III);
- Eingliederungszuschüsse (§§ 88 ff, § 131 SGB III).

Gemäß § 110 SGB III wird die Teilnahme von Arbeitnehmern, die aufgrund einer Betriebsänderung von Arbeitslosigkeit bedroht sind, an Transfermaßnahmen gefördert, wenn

- sich die Betriebsparteien im Vorfeld der Entscheidung über die Einführung von Transfermaßnahmen von der Agentur für Arbeit haben beraten lassen,
- die Maßnahme von einem Dritten durchgeführt wird,
- die vorgesehene Maßnahme der Eingliederung der Arbeitnehmer in den Arbeitsmarkt dienen soll und
- die Durchführung der Maßnahme gesichert ist.

Als **Transfermaßnahmen** gelten alle Maßnahmen, die zur Eingliederung von Arbeitnehmern in den Arbeitsmarkt dienen, an deren Finanzierung sich Arbeitgeber angemessen beteiligen.[232] Die Auswahl des Dritten obliegt den Betriebspartnern.

Der **Zuschuss** beträgt gem. § 110 Abs. 2 SGB III höchstens 50 % der tatsächlich aufzuwendenden Maßnahmekosten, höchstens 2.500 EUR je Arbeitnehmer. Die Beiträge der Agenturen zu Transfer-Sozialplänen sind keine Ermessensleistungen, sondern als **Pflichtleistung** ausgestaltet und können daher unter den gesetzlichen Voraussetzungen bei jedem Transfer-Sozialplan verlangt werden.[233]

Über § 92 a BetrVG hat der Betriebsrat ein **Vorschlagsrecht zur Abwendung von Kündigungen.** In den Grenzen des § 77 Abs. 3 BetrVG, § 4 Abs. 3 TVG hat der Betriebsrat das Recht, dem Arbeitgeber Beschäftigungssicherungsvorschläge zu unterbreiten. Alle aus Sicht des Betriebsrats in Betracht kommenden betrieblichen Maßnahmen sind zulässige Gegenstände von Beschäftigungssicherungsvorschlägen.[234] Beschäftigungssicherungspläne, die wiederum ihrerseits Teil von Interessenausgleichsverhandlungen bilden können, vermögen zu umfassen:

---

[229] *Hümmerich/Welslau*, NZA 2005, 612; *Fischer*, NZA-Sonderbeil. 1/2004, 28.
[230] *Wendeling-Schröder/Welkoborsky*, NZA 2002, 1370.
[231] *Preis*, NZA 1998, 449; *Gagel*, in: FS Dieterich, S. 169.
[232] *Gaul/Bonanini/Otto*, DB 2003, 2386; *Fischer*, NZA-Sonderbeil. 1/2004, 28.
[233] *Gaul/Bonanini/Otto*, DB 2003, 2386 (2387).
[234] *Wendeling-Schröder/Welkoborsky*, NZA 2002, 1374.

- Abbau von Überstunden;
- konjunkturelle Kurzarbeit;
- Absenkung der tariflichen/betrieblichen Wochenarbeitszeit im Rahmen tariflicher Öffnungsklauseln;
- Einrichtung von betriebsorganisatorisch eigenständigen Einheiten und Aufnahme von Saison-Kurzarbeit;
- Antizipative Maßnahmen iSv Art. 4 Abs. 2 d der EG-Richtlinie zur Verbesserung der Beschäftigungsfähigkeit und Anpassungsfähigkeit;
- Maßnahmen zur Ausbildung und Qualifizierung über § 97 Abs. 2 BetrVG hinaus.

265 In das immer komplexer werdende Instrumentarium der Betriebspartner, das zugleich eine immer differenziertere Ausgestaltung von Arbeitsplatzlösungen für Arbeitnehmer ermöglicht, gehören ferner:
- Vereinbarung unregelmäßigerer Arbeitszeiten und Entgelteinbußen bei Wegfall von Überstunden;
- veränderte und beschleunigte Arbeitsabläufe;
- Entgelteinbußen zum Erhalt von Arbeiten im Betrieb;
- Entgelteinbußen bei Absenkung von Arbeitszeit oder durch Kurzarbeit;
- Vereinbarung von Altersteilzeit und Regelungen zur Einkommens- oder Rentenminderung bei Altersteilzeit/Frühpensionierung.

266 Gemäß § 112 Abs. 5 Nr. 2 a BetrVG gehört zu den Grundsätzen, von denen sich die Einigungsstelle im Rahmen billigen Ermessens leiten zu lassen hat, die Berücksichtigung der im SGB III vorgesehenen Fördermöglichkeiten zur Vermeidung von Arbeitslosigkeit. Ein wesentliches Element des Transfer-Sozialplans kann die Bildung einer **betriebsorganisatorisch eigenständigen Einheit (beE)** sein, in die die Arbeitnehmer mit Vollziehung der Betriebsänderung wechseln und in der sie als wesentliche Finanzierung der Kosten **Transferkurzarbeitergeld** nach § 111 SGB III beziehen. Die beE kann entweder intern oder extern gebildet werden. Erforderlich bei einer internen Bildung ist die genaue Abgrenzung zum übrigen Betrieb, um einen Wechsel von der beE in operativ tätige Betriebsteile, die einen arbeitstechnischen Zweck des Betriebes erfüllen, auszuschließen, der auch die Förderleistungen entfallen ließe. Häufig wird die beE bei einem **externen Träger**, einer **Transfer- oder Beschäftigungs- und Qualifizierungsgesellschaft** gebildet. In diesem Fall bedarf es zusätzlich zum Abschluss eines Interessenausgleichs und Sozialplans des Abschlusses eines **dreiseitigen Vertrages** zwischen Arbeitgeber, Arbeitnehmer und Transfergesellschaft über die Beendigung des Arbeitsverhältnisses zum Arbeitgeber und Begründung eines befristeten Arbeitsverhältnisses für die im Sozialplan vereinbarte Dauer mit der Transfergesellschaft. Über die Einschaltung einer professionellen Transfergesellschaft wird es auch administrativ für kleinere Unternehmen möglich, einen Transfer-Sozialplan abzuschließen. Der Arbeitnehmer, der zur Transfergesellschaft nicht „zwangsversetzt" werden kann, erklärt sich im dreiseitigen Vertrag regelmäßig mit Verzicht auf seine Kündigungsfrist (unter gleichzeitiger Verlängerung des Aufenthalts in der Transfergesellschaft), mit Kurzarbeit Null, der Teilnahme an Qualifizierungs- und Weiterbildungsmaßnahmen, Bewerbertrainings und Beschäftigung bei einem anderen Arbeitgeber zum Zwecke der Qualifizierung einverstanden.[235] Im Dienstleistungsvertrag mit der Transfergesellschaft verpflichtet sich der Arbeitgeber, die Differenzkosten zwischen Transferkurzarbeitergeld und den an die Arbeitnehmer auszuzahlenden Bezügen zuzüglich der Verwaltungskosten, die sog. Remanenzkosten,[236] zu tragen. Vor Übertritt in die Transfergesellschaft, in berechtigten Ausnahmefällen innerhalb eines Monats danach, muss mit den Mitarbeitern eine **Profiling-Analyse** gemacht werden, innerhalb der Transfergesellschaft müssen Vermittlungsvorschläge unterbreitet und Qualifizierungsdefizite durch entsprechende Schulungen behoben werden. Das Transferkurzarbeitergeld wird **maximal zwölf Monate** gezahlt, § 111 Abs. 1 Satz 2 SGB III.

267 Gemäß § 323 Abs. 2 SGB III müssen die Förderleistungen zu Transfermaßnahmen vom Arbeitgeber unter Beifügung einer Stellungnahme des Betriebsrats, die in Interessenausgleich und Sozialplan liegen wird, **beantragt** werden. Die **Frist** beträgt drei Monate. In der Praxis werden häufig auf die Transfermaßnahmen spezialisierte Unternehmen aus der Personalbranche beauftragt, die sich auch um diese administrativen Dinge kümmern.

---

235 Vgl *Gaul/Bonanni/Otto*, DB 2003, 2386.
236 Arens/Düwell/Wichert-*Welkoborsky*, Handbuch Umstrukturierung und Arbeitsrecht, § 11 Rn 62 ff.

Kapitel 3: Interessenausgleichsvereinbarungen und Sozialpläne

Obligatorischer Bestandteil eines Transferinteressenausgleichs ist die Vereinbarung zwischen den Betriebspartnern über die Bildung einer eigenständigen betriebsorganisatorischen Einheit, in der die von einer Kündigung betroffenen Arbeitnehmer zusammengefasst werden und der Arbeitnehmer muss nach § 17 SGB III von Arbeitslosigkeit bedroht sein. *Gaul/Otto*[237] plädieren für eine externe Durchführung einer eigenständigen, betriebsorganisatorischen Einheit, weil sie befürchten, dass andernfalls die Arbeitnehmer einen Wiedereinstellungsanspruch erlangen. Die in der eigenständigen betriebsorganisatorischen Einheit zusammengefassten Mitarbeiter können an Qualifizierungs- und ähnlichen Weiterbildungsmaßnahmen teilnehmen. Einen Teil der heute möglichen Qualifizierungshilfen enthalten die beiden Interessenausgleichsvereinbarungen (Muster 5640 und Muster 5850). Die bisher geläufige Unterscheidung zwischen Interessenausgleich und Sozialplan ist bereits durch eine Reihe gesetzlicher Neuregelungen wie in den §§ 110, 111 SGB III, § 125 InsO und § 323 Abs. 2 UmwG brüchig geworden.[238] Auch die neu geschaffenen Beschäftigungssicherungsmaßnahmen, insbesondere soweit sie ihre Rechtsgrundlage im SGB III haben, werden dazu führen, dass die Grenze zwischen Interessenausgleich (Vereinbarung der Betriebsänderung) und Sozialplan (Vereinbarung der wirtschaftlichen Auswirkungen einer Betriebsänderung) verschwimmen.[239] Zunehmend zeigt sich in der Praxis, dass beide Maßnahmen in einer Regelung zusammengefasst werden, mit der zwangsläufig gegebenen Folge, dass inhaltlich zwischen Betriebsvereinbarung (Sozialplan) und betriebsvereinbarungsähnlicher Regelung (Interessenausgleich) kaum mehr unterschieden werden kann.

268

Wendeling-Schröder/Welkoborski[240] weisen darauf hin, dass sowohl die Zusammenfassung von Arbeitnehmern in einer betriebsorganisatorisch eigenständigen Einheit als auch die Durchführung von Sozialplanzuschussmaßnahmen nach § 110 SGB III verbindliche Vereinbarungen zwischen Arbeitgeber und Betriebsrat voraussetzen, aus denen dem Arbeitnehmer Rechtsansprüche zustehen müssen. Damit könne die bisherige Rechtsprechung des BAG, wonach im Interessenausgleich nur das „Wie" der unternehmerischen Maßnahme vereinbart werden könne und Regelungen darüber geschaffen würden, ob die unternehmerische Maßnahme überhaupt durchzuführen sei und ob die Betriebsänderung auch gegenüber den davon betroffenen Arbeitnehmern so durchgeführt werden könne, dass diesen möglichst keine oder nur geringfügige wirtschaftliche Nachteile entstehen,[241] nicht mehr uneingeschränkt aufrechterhalten werden. Das BAG gehe davon aus, dass der Interessenausgleich auf die Be- und Festschreibung der Einzelheiten der unternehmerischen Maßnahme und ihre Auswirkungen auf die Arbeitnehmer beschränkt werde. Regelungen zur Begründung von Rechtsansprüchen könne der Interessenausgleich also eigentlich gar nicht haben; er regle nicht, er beschreibe, lege dar und die Einzelheiten der Betriebsänderungen fest.[242] Der Interessenausgleich solle den Unternehmer bekanntlich binden, Erfüllungsansprüche des Arbeitnehmers sollen sich aus ihm gegenüber dem Unternehmer jedoch nicht ergeben.[243]

269

Mit dem erzwingbaren Sozialplan wird an diejenigen wirtschaftlichen Nachteile angeknüpft, die den von der Betriebsänderung betroffenen Arbeitnehmer trotz einer möglichst schonungsvollen Durchführung der Betriebsänderung tatsächlich noch entstehen. Regelungen, die nicht unmittelbar dem Ausgleich oder der Milderung entstehender wirtschaftlicher Nachteile dienen, können nicht durch Spruch der Einigungsstelle erzwungen werden, sondern allenfalls Teil eines einvernehmlich vereinbarten Interessenausgleichs sein. Angesichts dieser traditionellen Abgrenzung hat die Errichtung einer eigenständigen betriebsorganisatorischen Einheit oder die Organisation von Sozialplanzuschussmaßnahmen weder originär im Interessenausgleich noch im Sozialplan Platz. Auch der Abschluss einer freiwilligen Betriebsvereinbarung neben Interessenausgleich und Sozialplan führt zu keinem anderen Ergebnis.[244] Wer künftig Transfer-Interessenausgleich- und Transfer-Sozialplan-Verhandlungen führt, sollte sich darüber bewusst sein, dass er formaljuristisch alle zwischen den Betriebspartnern maßgeblichen Fragen und zur Förderung der aus dem Sozialrecht stammenden Gestaltungsmaßnahmen zur Beschäftigungssi-

270

---

237 NZA 2004, 1301.
238 *Matthes*, RdA 1999, 178; *Wendeling-Schröder/Welkoborski*, NZA 2002, 1376.
239 *Sieg*, NZA-Sonderbeil. 1/2005, 9.
240 NZA 2002, 1376 (noch zu § 216 a SGB III aF).
241 BAG 17.9.1991 – 1 ABR 23/91, NZA 1992, 227.
242 *Wendeling-Schröder/Welkoborski*, NZA 2002, 1376.
243 BAG 28.8.1991 – 7 ABR 72/90, AP § 85 ArbGG 1979 Nr. 2.
244 *Fitting u.a.*, BetrVG, §§ 112, 112 a Rn 251, 278.

cherung in einer Gesamtvereinbarung zusammenfasst oder stattdessen drei verschiedene Vereinbarungswege wählt:

- In einem Interessenausgleich beschränkt man sich auf die Darstellung der unternehmerischen Maßnahme (Betriebsänderung).
- In einer freiwilligen Betriebsvereinbarung nach § 88 BetrVG[245] vereinbart man die Errichtung einer gemeinsamen Einrichtung, wie beispielsweise der betriebsorganisatorisch eigenständigen Einheit, die Organisation und Durchführung von Sozialplan-Zuschuss-Maßnahmen sowie ergänzende Beschäftigungsmaßnahmen.
- Im Sozialplan werden die Leistungen zum Ausgleich und zur Milderung der im Interessenausgleich beschriebenen Nachteile geregelt.

271 Soweit die Betriebspartner eine Anreizsituation für einen Verzicht auf Kündigungsschutzklagen schaffen wollen, können sie daneben noch

- eine freiwillige Betriebsvereinbarung schließen, die Arbeitnehmern zusätzliche Leistungen ermöglicht, wenn sie auf die Erhebung einer Kündigungsschutzklage verzichten.[246]

272 Es wird die Auffassung vertreten, dass die in § 112 Abs. 5 Nr. 2a BetrVG genannten Maßnahmen zur Vermeidung der Arbeitslosigkeit durch Steigerung der Arbeitsfähigkeit künftig zum Katalog der im Sozialplan zu regelnden Materie rechnen.[247] Es sei der gesetzgeberischen Entscheidung, diese Maßnahmen der Verhandlungspflicht zur Herbeiführung des Sozialplans zuzuweisen, zu entnehmen, dass von einer Erzwingbarkeit solcher Maßnahmen auszugehen sei. Auch *Richardi*[248] hält es für vorstellbar, solche Maßnahmen zur Verhütung von wirtschaftlichen Nachteilen nicht bloß im Interessenausgleich anzusiedeln, sondern in den Sozialplan einzubeziehen. Dabei wird kein Unterschied gesehen, ob die eigenständige betriebsorganisatorische Einheit intern vom bisherigen Arbeitgeber gebildet wird oder extern durch eine Transfergesellschaft auf Basis eines Sozialplans geführt wird.[249] Richtigerweise ist die **Freiheit der Unternehmerentscheidung**, die die Unterscheidungslinie zwischen nicht erzwingbarem Interessenausgleich und erzwingbarem Sozialplan markiert, auch im Rahmen der Transfer-Regelungen zu achten. Dass der Unternehmer in seinem Betrieb eine **beE** gründet und für einen begrenzten Zeitraum fortführt, kann ihm nicht gegen seinen Willen durch die Einigungsstelle aufgegeben werden. Bei der vollständigen Durchführung durch eine externe Transfergesellschaft wird dagegen nicht in die vom Unternehmer gewollte Betriebsstruktur eingegriffen, sondern es geht im Wesentlichen nur um die Zurverfügungstellung eines wirtschaftlichen Volumens und dessen Verwendung außerhalb des Unternehmens für die von Entlassungen betroffenen Arbeitnehmer. Die Entlassungen können gleichwohl vom Arbeitgeber durchgeführt werden. Es ist auch nicht erkennbar, dass mit dieser Abgrenzung in die Entscheidungsfreiheit der Einigungsstelle für einen möglichst zweckdienlichen Sozialplan über Gebühr eingegriffen würde.[250]

273 Die Gestaltungspflicht und die Gestaltungsbefugnis der Einigungsstelle haben sich durch die §§ 110, 111 SGB III erweitert. Der Aufwand, Beschäftigungssicherungsmaßnahmen in der Einigungsstelle zu verhandeln, ist wesentlich höher als die Auseinandersetzung um eine Sozialplanformel, insbesondere dann, wenn entsprechend den gesetzgeberischen Absichten anstelle von Sozialplanleistungen/Abfindungen beschäftigungssichernde Maßnahmen, Wiedereingliederungsmaßnahmen u.Ä. vereinbart werden und die soziale Abfederung des Arbeitsplatzverlustes statt der Abfindung in Geld durch Qualifizierung und andere Maßnahmen substituiert wird. Ziel des Gesetzgebers ist es, wegzukommen vom bloß reaktiven Sozialplan zum gestaltenden Transfer-Sozialplan. *Hanau*[251] meint, dass die zukunftsbezogene Überbrückungsfunktion des Sozialplans als Transfer-Sozialplan eine grundlegende Umgestaltung der bisherigen Sozialplanpraxis bedeute. Die Betriebsparteien könnten nicht ignorieren, was zum Pflichtenprogramm der Einigungsstelle gem. § 112 Abs. 5 Nr. 2a BetrVG gehöre.

---

245 U.U. als Sozialeinrichtung des Arbeitgebers gemäß § 87 Abs. 1 Nr. 8 BetrVG; BAG 23.8.2001 – 5 AZB 11/01, NZA 2002, 230.
246 BAG 15.2.2005 – 9 AZR 116/04, NZA 2005, 117; BAG 31.5.2005 – 1 AZR 254/04, DB 2005, 1744.
247 DKK/*Däubler*, §§ 112, 112a BetrVG Rn 183; Arens/Düwell/Wichert-*Welkoborsky*, Handbuch Umstrukturierung und Arbeitsrecht, § 11 Rn 81.
248 NZA 2000, 16, 166.
249 *Bachner/Schindele*, NZA 1999, 130; *Wendeling-Schröder/Welkoborsky*, NZA 2002, 1377.
250 Vgl *Fitting u.a.*, BetrVG, §§ 112, 112a Rn 277ff; AnwK-ArbR/*Spirolke*, § 112 BetrVG Rn 54.
251 NJW 2001, 2513 (2518).

B. Texte

I. Interessenausgleich

1. Muster: Betriebsstilllegung im Konzern[252]

Zwischen

der ... AG

– nachstehend: AG –

und

dem Gesamtbetriebsrat der ... AG

wird folgender Interessenausgleich vereinbart:

§ 1

Das Unternehmen befindet sich weiterhin in einer sehr ungünstigen wirtschaftlichen Situation. Zur Abwendung von Verlusten und zur langfristigen Sicherung der Arbeitsplätze ist eine Optimierung der Wirtschaftlichkeit zwingend erforderlich. Dazu sind strukturelle Anpassungen und ein deutlicher Fixkostenabbau erforderlich.

Zur Anpassung der organisatorischen und personellen Strukturen an die wirtschaftliche Lage werden deshalb die Aktivitäten der AG am Standort T stufenweise – ... beginnend und voraussichtlich ... endend – zum überwiegenden Teil nach L und M verlagert und alle Aktivitäten in T eingestellt.

Zum ... soll die eigenständige Organisationsform des Werkes T der AG aufgegeben und die Aktivitäten in die organisatorische Einheit Werk L eingegliedert werden. Verlagerungen von Einheiten nach M und L sollen noch im Laufe des Jahres ... erfolgen.

Mittel- bzw langfristig sollen ca. 42 % der Aktivitäten des Werkes T nach L verlagert werden. Ca. 21 % sollen insbesondere im Hinblick auf die Zusammenführung mit bestehenden Organisationseinheiten nach M verlagert werden. Bereits vorhandenes sowie durch die Verlagerungen entstehendes Einsparpotential umfasst zusammen ca. 30 % der Aktivitäten im Werk T. Etwa 2 % der Aktivitäten werden in die Firma XY integriert.

Die Maßnahmen hinsichtlich der Produktionsanlage für technische Harze sowie der zugeordneten Chemietechnikaktivitäten (ca. 5 %) sind noch zu konkretisieren.

Insgesamt sind bis Ende ... die Einstellung von ca. 33 % der Aktivitäten am Standort T mit Verlagerungen nach L und M sowie Realisierung von Einsparpotentialen vorgesehen. Bis Ende ... sollen nach Schaffung der notwendigen räumlichen Bedingungen in L und M weitere 47 % der Aktivitäten verlagert bzw abgebaut werden.

Die verbleibenden Organisationseinheiten sollen möglichst von ... bis spätestens ... sukzessive nach L verlagert werden, sofern die Wirtschaftlichkeit weiterhin gegeben ist und die erforderlichen öffentlich-rechtlichen Genehmigungen vorliegen.

Daraus können sich folgende Personalmaßnahmen ergeben:

- Versetzungen vom Standort T nach L.
- Versetzungen vom Standort T nach M oder an einen anderen Standort der AG
- Übernahmen durch Unternehmen der Firmen-Gruppe
- Schulungsmaßnahmen aufgrund geänderter Aufgabenstellungen
- Arbeitsvertragsbeendigungen.

---

252 Dieser Text ist das Pendant zu Muster 5680.

§ 2

Die personellen Maßnahmen werden zeitlich wie folgt abgewickelt:

(1) Diejenigen Mitarbeiterinnen/Mitarbeiter unter 55 Jahren, die einen Arbeitsplatz in M ausschlagen, scheiden ungeachtet kürzerer Kündigungsfristen frühestens mit Ablauf des ... aus dem Arbeitsverhältnis aus. Im Einzelfall bleibt eine bezahlte Freistellung von der Arbeitsleistung vorbehalten.

(2) Versetzungen nach M werden nicht vor dem ... wirksam. Einvernehmliche Regelungen bleiben davon unberührt.

(3) Mitarbeiterinnen/Mitarbeitern unter 55 Jahren (Stichtag ...), denen kein Arbeitsplatz im Unternehmen angeboten werden kann, kann frühestens zum ... gekündigt werden.

(4) Bestehende Ausbildungsverhältnisse werden ordnungsgemäß zu Ende geführt.

2. Muster: Betriebsübergang und Sitzverlegung einer Versicherungsgesellschaft[253]

Zwischen

der Versicherungs AG

– nachstehend: Unternehmen –

und

dem Betriebsrat der Versicherungs AG

– nachstehend: Betriebsrat –

wird folgender Interessenausgleich vereinbart.

Präambel

Aufgrund strategischer und betriebswirtschaftlicher Erwägungen führen die Versicherung AG und die Versicherung International ihren Geschäftsbetrieb zusammen. Der Hauptsitz der Neuen Versicherung AG wird ... Der Standort A soll mit einem Service-Center (Akquisition und Kundenservice) sowie unterstützenden Funktionen beibehalten werden. Aus diesem Grund werden zwischen Unternehmen und Betriebsrat nachfolgende Maßnahmen getroffen:

§ 1 Unternehmerische Maßnahmen

(1) Die Arbeitsverhältnisse der Mitarbeiterinnen und Mitarbeiter gehen zum Zeitpunkt der Bestandsübertragung oder Verschmelzung voraussichtlich am ..., spätestens jedoch zum ..., auf die Neue Versicherungs AG über.

(2) Zum ... erfolgt eine Teilstilllegung von Abteilungen und die Reduzierung von Arbeitsplätzen am bisherigen Standort A (Anlage 1) sowie die Errichtung und Erweiterung von Abteilungen und Arbeitsplätzen am Standort ... (Anlage 2). Die Abteilung Finanzen/Rechnungswesen wird mit Ablauf des ... nach ... verlagert.

(3) Sollten sich zu den vorbenannten Zeitpunkten neue Erkenntnisse ergeben, wird das Unternehmen den Betriebsrat rechtzeitig, im Falle des Abs. 2 mindestens sechs Wochen vorher, informieren.

§ 2 Struktur

(1) Die durch die Maßnahmen entstehende vorläufige betriebliche und personelle Struktur am Standort A ergibt sich aus der Anlage 3 dieses Interessenausgleichs. Die als Anlage 4 beigefügte, zwischen Unternehmen und Betriebsrat abgestimmte Funktionsaufteilung zwischen A und ... einschließlich der personellen Zuordnung ist Bestandteil des Interessenausgleichs.

---

253 Dieser Text ist das Pendant zu Muster 5690.

(2) Sollten sich hiervon Abweichungen ergeben, werden die Rechte des Betriebsrats nach §§ 90, 92 BetrVG gewahrt.

§ 3 Maßnahmen zur Erhaltung von Arbeitsplätzen, betriebsbedingte Kündigung

(1) Das Unternehmen ist bestrebt, betriebsbedingte Kündigungen dadurch zu vermeiden, dass den in der als Anlage 5 dieser Vereinbarung genannten Mitarbeiterinnen und Mitarbeitern die dort zugeordneten Arbeitsplätze zu entsprechenden Arbeitsbedingungen in ... angeboten werden.

Für den Fall, dass die Mitarbeiterin/der Mitarbeiter dieses Angebot annimmt, stimmt der Betriebsrat einer Versetzung schon jetzt zu.

(2) Sollte eine Beschäftigung in ... nicht möglich sein, prüft das Unternehmen, ob die Mitarbeiterin/der Mitarbeiter am Standort A unter Berücksichtigung der Neustrukturierung des Servicecenter-Bereiches weiterbeschäftigt werden kann.

(3) Das Unternehmen wird Stellenausschreibungen der Konzern AG den Mitarbeiterinnen/Mitarbeitern zugänglich machen, soweit dies Stellen im Raum A betrifft.

(4) Sofern die Maßnahmen nach Abs. 1–3 nicht zu einer Weiterbeschäftigung führen, kann den in der Anlage 5 und in der Anlage 6 genannten Mitarbeiterinnen/Mitarbeitern unter Beachtung der gesetzlichen Bestimmungen betriebsbedingt gekündigt werden.

§ 4 Mitwirkung des Betriebsrats

Das Unternehmen hat den Betriebsrat über die beabsichtigten Maßnahmen umfassend unterrichtet und mit ihm die geplanten Maßnahmen beraten. Dabei hat der Betriebsrat seine Einwände vorgetragen. Die Beratungen haben zu dem in diesem Interessenausgleich niedergelegten Ergebnis geführt.

§ 5 Sozialplan

In einem Sozialplan werden zum Ausgleich und zur Milderung etwaiger wirtschaftlicher Nachteile und zur Förderung der Mobilität der Mitarbeiter finanzielle Regelungen vereinbart.

§ 6 Inkrafttreten

Dieser Interessenausgleich tritt mit Unterzeichnung in Kraft und endet mit der Durchführung der beschriebenen Maßnahmen.

3. Muster: Betriebsverlagerung[254]

Zwischen

der Firma ...

— nachstehend: Firma —

und

dem Betriebsrat der Firma ...

— nachstehend: Betriebsrat —

wird folgender Interessenausgleich vereinbart:

Präambel

Die Gesellschafterversammlung der Firma hat am ... beschlossen, ihren Hauptsitz von ... nach ... zu verlegen. Ein Teil der Arbeitsbereiche soll in ... verbleiben; etwa 1/4 bis 1/3 der jetzigen Zahl der Mitarbeiterinnen und Mitarbeiter soll weiterhin in ... beschäftigt werden. Als Termin der Sitzverlegung wird der ... angestrebt.

---

254 Dieser Text ist das Pendant zu Muster 5695.

§ 1 Gegenstand

(1) Die Firma wird voraussichtlich zum ... ihren Sitz von ... nach ... verlegen. Eine Reihe von Arbeitsbereichen verbleibt in ... Bei der Sitzverlegung unter gleichzeitiger teilweiser oder gänzlicher Aufrechterhaltung einzelner Arbeitsbereiche in ... muss sichergestellt bleiben, dass sämtliche Arbeitsbereiche der Firma funktionsfähig bleiben.

(2) Die Geschäftsführung der Firma hat für die Verlegung und für die aufrecht zu erhaltenden Arbeitsbereiche ein Konzept erarbeitet, das dem Interessenausgleich beigefügt ist. Derzeit ist geplant, die Verlegung nach Maßgabe dieses Konzepts durchzuführen. Sollten sich geringfügige Änderungen in zeitlicher oder organisatorischer Hinsicht ergeben, stellen diese keine Abweichung vom Interessenausgleich dar und werden deshalb von den Betriebspartnern als durch den Interessenausgleich gedeckt angesehen. Der Betriebsrat wird über eventuelle Änderungen unverzüglich unterrichtet.

(3) Geringfügige Änderungen iSv Abs. 2 sind solche, von denen weniger als drei Arbeitnehmer je Arbeitsbereich betroffen sind.

(4) Änderungen, die nicht mehr als geringfügig iSv Abs. 2 anzusehen sind, tragen die Betriebspartner durch ändernde Interessenausgleichs-Vereinbarungen Rechnung.

(5) Die Geschäftsführung der Firma wird ein Jahr vor dem tatsächlichen Umzugstermin dem Betriebsrat den verbindlichen Termin für den Umzug mitteilen.

§ 2 Durchführung

(1) Eine Liste der betroffenen Mitarbeiterinnen/Mitarbeiter wird dem Interessenausgleich beigefügt. Als Mitarbeiter gelten auch solche, die ungeachtet eines Vertrages mit einer der Firma nahen Gesellschaft oder Organisation in den Räumen der Firma arbeiten und in den Betrieb der Firma tatsächlich eingegliedert sind. Die Liste enthält folgende Angaben: Name, Vorname, Geburtstag, Eintrittsdatum, Tätigkeit, Brutto-Monatseinkommen, Familienstand, Zahl der unterhaltspflichtigen Kinder, besonderer Kündigungsschutz, Umzugsbereitschaftserklärung (ja/nein), individuelle Besonderheiten.

(2) Die Umzugsbereitschaftserklärung ist von den Mitarbeiterinnen/Mitarbeitern nach Festlegung des Umzugstermins durch die Geschäftsführung nach § 1 Abs. 5 erneut abzugeben.

(3) Diejenigen Mitarbeiterinnen/Mitarbeiter, deren Arbeitsplatz nach ... verlegt wird und die ihre Umzugsbereitschaft erklärt haben oder die bei erklärter Umzugsbereitschaft auf einem anderen Arbeitsplatz in ... beschäftigt werden können, erhalten von der Firma unter Wahrung ihres Besitzstandes ein schriftliches Änderungsangebot, das die Bezeichnung der angebotenen Stelle mit einer möglichst exakten Beschreibung der Tätigkeiten, der Vergütung, Eingruppierung und der Arbeitszeiten enthält. Den Mitarbeiterinnen/Mitarbeitern wird eine Frist von drei Wochen eingeräumt, der Geschäftsführung ihre Entscheidung mitzuteilen, ob sie das Änderungsangebot annehmen.

(4) Zwischen allen Arbeitnehmerinnen/Arbeitnehmer, die keine Umzugsbereitschaft erklärt oder das Angebot nach Abs. 3 Satz 1 abgelehnt oder keine Entscheidung mitgeteilt haben, findet hinsichtlich der am Dienstort ... verbleibenden Arbeitsplätze eine soziale Auswahl statt. Die soziale Auswahl erfolgt durch eine Vorauswahl nach einem entsprechenden Punktesystem mit einer anschließenden Einzelfallbewertung im Anschluss an die Feststellung des Umzugstermins durch die Geschäftsführung nach § 1 Abs. 5, der Abgabe der Umzugsbereitschaftserklärung der Mitarbeiterinnen/Mitarbeiter nach § 2 Abs. 2 und der Entscheidung der Mitarbeiterinnen/Mitarbeiter nach § 2 Abs. 3 Satz 2 unter Mitbestimmung des Betriebsrats.

(5) Mitarbeiterinnen/Mitarbeiter, die keine Umzugsbereitschaft erklärt oder das Angebot nach Abs. 3 Satz 1 abgelehnt oder keine Entscheidung mitgeteilt haben und für die nach dem Ergebnis der Sozialauswahl kein Arbeitsplatz in ... zur Verfügung steht, erhalten eine betriebsbedingte Beendigungskündigung unter Wahrung der vertraglichen und/oder gesetzlichen Kündigungsfrist.

(6) Zwischen der Mitteilung des verbindlichen Umzugstermins und dem Zugang der Kündigungen liegen maximal drei Monate.

(7) Mitarbeiterinnen/Mitarbeiter, denen nach Abs. 5 gekündigt wird, oder Mitarbeiterinnen/Mitarbeiter, die nach der Sozialauswahl in ... verbleiben können, sich aber noch für einen Umzug nach ... entscheiden, erhalten auf Verlangen nochmals ein Arbeitsangebot in ..., sofern zu diesem Zeitpunkt ein den Eignungen des der Mitarbeiterin/Mitarbeiters entsprechender Arbeitsplatz in ... noch frei ist. Der dadurch ggf in ... frei werdende Arbeitsplatz ist der/dem nach der Sozialauswahl sozial schwächsten gekündigten Mitarbeiterin/Mitarbeiter anzubieten.

(8) Gegenüber Mitarbeiterinnen/Mitarbeitern, deren Arbeitsverhältnis an den Dienstort ... verlegt wird und die ihren ständigen Wohnsitz nach ... verlegen, wird die Firma in einem Zeitraum von 10 Jahren keine ordentliche betriebsbedingte Kündigung aussprechen.

§ 3 Mitwirkungs- und Mitbestimmungsrechte des Betriebsrats

Weitere Mitwirkungs- und Mitwirkungsrechte des Betriebsrats bleiben von diesem Interessenausgleich unberührt.

§ 4 Sozialplan

Zum Ausgleich und zur Milderung der wirtschaftlichen Nachteile, die den Mitarbeiterinnen/Mitarbeitern durch die geplante Betriebsänderung entstehen, haben die Parteien einen Sozialplan geschlossen.

§ 5 Inkrafttreten/Außerkrafttreten

(1) Die Parteien sind sich einig, dass die Verhandlungen abgeschlossen sind, das Verfahren zur Herbeiführung eines Interessenausgleichs beendet ist.

(2) Der Interessenausgleich tritt mit dem Tag seiner Unterzeichnung in Kraft.

(3) Der Interessenausgleich tritt außer Kraft, wenn der Umzug nach übereinstimmender Feststellung der Geschäftsführung und des Betriebsrats vollständig vollzogen ist.

4. Muster: Fusion[255]

Zwischen

der ... Aktien Gesellschaft

– nachstehend: AG –

und

dem Betriebsrat der ... Aktien Gesellschaft

– nachstehend: Betriebsrat –

wird im Hinblick auf die zukünftige Zusammenarbeit zwischen den Firmen A und S folgender Interessenausgleich gem. §§ 111, 112 BetrVG vereinbart:

§ 1

Beide Partner bringen ihre gesamte Produktion, den Vertrieb, die Logistik und die Verwaltung in ein neu zu gründendes Unternehmen mit Sitz in H und N ein.

Die Brunnen- und Markenrechte verbleiben weiterhin bei der AG, die in unveränderter Rechtsform, jedoch lediglich als reiner Rechtsmantel geführt wird.

---

[255] Dieser Text ist das Pendant zu Muster 5700.

Die Zusammenlegung dient der langjährigen Sicherung von strategischen Positionen und Marktanteilen; die damit verbundene Ausweitung der Ertragssituation soll zukünftig u.a. die Stabilität von Arbeitsplätzen verbessern und zusätzlichen Spielraum für weitere nationale Produkteinführungen eröffnen.

Beide Partner sind zwar ertragsstark, sehen aber mittelfristig angesichts der starken Handelsmassierung und der Neuverteilung von Marktanteilen auf europäischer Ebene die Notwendigkeit zu einer Kooperation.

Es ergeben sich dadurch für uns folgende große Vorteile:

- Mit den Marken A und S bieten wir die beiden Spitzenmarken im deutschen Getränkemarkt an.
- Durch die Zusammenarbeit werden wir unsere jetzt schon internationale Position im europäischen Markt deutlich ausweiten können.
- S bekommt den Zugang über den Getränkefachgroßhandel zum Mehrweggeschäft, das im Hinblick auf die Umweltdiskussion immer wichtiger wird.
- Mit einer kombinierten Verkaufsorganisation von ca. 100 AußendienstMitarbeiterinnen und -mitarbeitern haben wir einen schlagkräftigen Vertrieb gegenüber unseren Mitbewerbern.
- Durch die volle Ausnutzung unseres Logistiksystems unter Einbeziehung von S können erhebliche Kosteneinsparungen realisiert werden.

Darüber hinaus können in weiteren Unternehmensbereichen Synergieeffekte optimal realisiert werden.

Die Zusammenführung beider Gesellschaften stellt die logische Entwicklung einer erfolgreichen Zusammenarbeit in der Vergangenheit dar, wobei das gesamte Geschäft beider Gesellschaften unter einheitlicher Leitung in Zukunft gemeinsam betrieben und weiterentwickelt werden soll.

Die Zusammenlegung soll spätestens zum ... erfolgt sein. Die Bewertung des einzubringenden Geschäftes ergibt nicht nur vom Volumen oder Umsatz sondern auch vom Ertrag her ein deutliches Übergewicht für A. Die AG wird somit eine deutliche Mehrheit im Joint Venture haben und dessen Führung übernehmen.

§ 2

Im Zuge dieser Unternehmenszusammenführung wird es zu Änderungen der betrieblichen Organisationsstruktur kommen. Im Verlauf der verschiedenen Gespräche mit dem Betriebsrat erläuterte der Vorstand die mittelfristigen geschäftspolitischen Notwendigkeiten und Aussichten einer solchen Zusammenführung und übergab dem Betriebsrat Strategie- sowie Organisationspläne für die gemeinsame Geschäftstätigkeit.

Im Verlauf der Gespräche konnte der Betriebsrat durch den Vorstand der AG von der Fusion überzeugt werden.

Der Betriebsrat distanziert sich aber ausdrücklich von dem zweiten Standort H und hat diesbezüglich dem Vorstand frühzeitig eine Auflistung der Punkte unterbreitet, die für den alleinigen Standort N sprechen.

Durch die Zusammenführung beider Geschäftsaktivitäten bzw Systemzusammenlegung wird infolge von funktionalen Doppelbesetzungen mit Arbeitsplatzverlusten von insgesamt ca. 50 Arbeitsplätzen bei beiden Unternehmen zu rechnen sein.

Durch die neue Struktur sind folgende Abteilungen von der Betriebsänderung betroffen:

- Buchhaltung/Rechnungswesen/Kostenrechnung
- Einkauf
- Information/Rechnungsausgangsprüfung/Schreibbüro
- Auftragsabwicklung
- Marketing/Werbung ohne Messe/Ausstellung
- Personalabteilung/Gehaltsabrechnung/Lohnbuchhaltung
- Zentrale/Empfang/Postabfertigung
- Verkauf/VK Innen/VK Außen/Handel/Gastronomie

- Vorstandssekretärinnen
- Betrieb/Technik.

§ 3

Die AG wird Mitarbeiterinnen/Mitarbeitern aus den vorgenannten Abteilungen entsprechend den Anforderungsprofilen der neuen Planstellen bzw der neuen Organisationsstruktur Versetzungsangebote unterbreiten.

Bei den Einzelgesprächen können die Mitarbeiterinnen/Mitarbeiter auf eigenen Wunsch ein Betriebsratsmitglied hinzuziehen.

Alle erforderlichen Einzelmaßnahmen werden unter Wahrung der gesetzlichen und tariflichen Bestimmungen, insbesondere des Mitbestimmungsrechts des Betriebsrats, durchgeführt.

Als personelle Einzelmaßnahmen kommen in Betracht:

- Versetzung nach H
- Vorzeitige Pensionierung, zB 63
- Betriebsbedingte Kündigungen, soweit die vorstehenden Maßnahmen nicht möglich sind
- Qualifizierungsmaßnahmen, dh soll eine Mitarbeiterin/ein Mitarbeiter auf Veranlassung des Arbeitgebers bei Versetzung in das Fusionsunternehmen oder einen Konzernbetrieb umgeschult werden – das Einverständnis des Arbeitnehmers vorausgesetzt –, so übernimmt der Arbeitgeber die Kosten der Umschulung.

Das Unternehmen ist bemüht, soziale Härten zu vermeiden. Vorrangig vor allen Kündigungen wird älteren Mitarbeiterinnen und Mitarbeitern das vorzeitige Ausscheiden aus Altersgründen auf freiwilliger Basis unter Berücksichtigung der betrieblichen Notwendigkeiten ermöglicht.

Es werden vom Vorstand alle Anstrengungen unternommen, den jeweiligen von der Versetzung betroffenen Mitarbeiterinnen/Mitarbeitern, die durch diese Zusammenlegung ihre bisherige Tätigkeit aufgeben müssen, innerhalb der Gruppe (Konzern) vergleichbare Arbeitsplätze anzubieten.

Soweit darüber hinaus Betriebsangehörige ausscheiden müssen, wird als sozialer Ausgleich für diesen Personenkreis ein Sozialplan vereinbart.

In diesem Sozialplan werden u.a. die Fragen

- Trennungsmehraufwand
- Besitzstände der Mitarbeiterinnen/Mitarbeiter
- Betriebsvereinbarungen/Richtlinien
- Fortsetzung der Ausbildungsverhältnisse

behandelt und festgelegt.

Die Anwendung der Tarifverträge der Getränkeindustrie in ... bleiben durch die hier vereinbarten Maßnahmen unberührt; bei Mitarbeiterinnen/Mitarbeitern, die Versetzungsangebote wahrnehmen, kommen die Tarifverträge der Erfrischungsgetränkeindustrie in H zur Anwendung.

↑

5. Muster: Fusion und Zusammenführung von Betriebsteilen[256]

↓

Zwischen

 der Firma ...

und

 dem Betriebsrat der Firma ...

---

256 Zu diesem Interessenausgleich kann das Muster 5700 für einen Sozialplan entsprechend verwandt werden.

§ 5 Betriebsvereinbarungen

wird im Hinblick auf die zukünftige Zusammenarbeit zwischen ... und ... folgender Interessenausgleich gem. §§ 111, 112 BetrVG vereinbart:

§ 1

Beide Partner bringen ihre gesamte Produktion, den Vertrieb, die Logistik und die Verwaltung in ein neu zu gründendes Unternehmen mit Sitz in ... ein.

Die Zusammenlegung dient der langfristigen Sicherung von strategischen Positionen und Marktanteilen; die damit verbundene Ausweitung der Ertragssituation soll zukünftig u.a. die Stabilität von Arbeitsplätzen verbessern und zusätzlichen Spielraum für weitere nationale Produkteinführungen eröffnen.

Beide Partner sind zwar ertragsstark, sehen aber mittelfristig angesichts der starken Handelsmassierung und der Neuverteilung von Marktanteilen auf europäischer Ebene die Notwendigkeit zu einer Kooperation.

Es ergeben sich dadurch für uns folgende große Vorteile:

- Mit den Marken ... und ... bieten wir die beiden Spitzenmarken im deutschen Markt an.
- Durch die Zusammenarbeit werden wir unsere jetzt schon internationale Position im europäischen Markt deutlich ausweiten können.
- ... bekommt den Zugang zu ....
- Mit einer kombinierten Verkaufsorganisation von ca. ... AußendienstMitarbeiterinnen und -mitarbeitern haben wir einen schlagkräftigen Vertrieb gegenüber unseren Mitbewerbern.
- Durch die volle Ausnutzung unseres Logistiksystems unter Einbeziehung von ... können erhebliche Kosteneinsparungen realisiert werden.

Darüber hinaus können in weiteren Unternehmensbereichen Synergieeffekte optimal realisiert werden.

Die Zusammenführung beider Gesellschaften stellt die logische Entwicklung einer erfolgreichen Zusammenarbeit in der Vergangenheit dar, wobei das gesamte Geschäft beider Gesellschaften unter einheitlicher Leitung in Zukunft gemeinsam betrieben und weiterentwickelt werden soll.

Die Zusammenlegung soll spätestens zum ... erfolgt sein. Die Bewertung des einzubringenden Geschäftes ergibt nicht nur vom Volumen oder Umsatz, sondern auch vom Ertrag her ein deutliches Übergewicht für .... Die ... wird somit eine deutliche Mehrheit im Joint Venture haben und dessen Führung übernehmen.

§ 2

Im Zuge dieser Unternehmenszusammenführung wird es zu Änderungen der betrieblichen Organisationsstruktur kommen. Im Verlauf der verschiedenen Gespräche mit dem Betriebsrat erläuterte der Vorstand die mittelfristigen geschäftspolitischen Notwendigkeiten und Aussichten einer solchen Zusammenführung und übergab dem Betriebsrat Strategie- sowie Organisationspläne für die gemeinsame Geschäftstätigkeit.

Im Verlauf der Gespräche konnte der Betriebsrat von der Fusion überzeugt werden.

Der Betriebsrat distanziert sich aber ausdrücklich von dem zweiten Standort ... und hat diesbezüglich dem Vorstand frühzeitig eine Auflistung der Punkte unterbreitet, die für den alleinigen Standort ... sprechen.

Durch die Zusammenführung beider Geschäftsaktivitäten bzw Systemzusammenlegung wird infolge von funktionalen Doppelbesetzungen mit Arbeitsplatzverlusten von insgesamt ca. ... Arbeitsplätzen bei beiden Unternehmen zu rechnen sein.

Durch die neue Struktur sind folgende Abteilungen von der Betriebsänderung betroffen:

- Buchhaltung/Rechnungswesen/Kostenrechnung
- Einkauf
- Informatik/Rechnungsausgangsprüfung/Schreibbüro
- Auftragsabwicklung

Kapitel 3: Interessenausgleichsvereinbarungen und Sozialpläne

- Marketing/Werbung ohne Messe/Ausstellung
- Personalabteilung/Gehaltsabrechnung/Lohnbuchhaltung
- Zentrale/Empfang/Postabfertigung
- Verkauf/VK Innen/VK Außen/Handel
- Vorstandssekretärinnen
- Betrieb/Technik.

§ 3

Die ... wird Mitarbeiterinnen/Mitarbeitern aus den vorgenannten Abteilungen entsprechend den Anforderungsprofilen der neuen Planstellen bzw der neuen Organisationsstruktur Versetzungsangebote unterbreiten.

Bei den Einzelgesprächen können die Mitarbeiterinnen/Mitarbeiter auf eigenen Wunsch ein Betriebsratsmitglied hinzuziehen.

Alle erforderlichen Einzelmaßnahmen werden unter Wahrung der gesetzlichen und tariflichen Bestimmungen, insbesondere des Mitbestimmungsrechts des Betriebsrats durchgeführt.

Als personelle Einzelmaßnahmen kommen in Betracht:

- Versetzung nach ...
- Vorzeitige Pensionierung
- Betriebsbedingte Kündigungen
- Qualifizierungsmaßnahmen, dh soll eine Mitarbeiterin/ein Mitarbeiter auf Veranlassung des Arbeitgebers bei Versetzung in das Fusionsunternehmen oder einen Konzernbetrieb umgeschult werden – das Einverständnis des Arbeitnehmers vorausgesetzt –, so übernimmt der Arbeitgeber die Kosten der Umschulung.

Das Unternehmen ist bemüht, soziale Härten zu vermeiden. Vorrangig vor allen Kündigungen wird älteren Mitarbeiterinnen und Mitarbeitern das vorzeitige Ausscheiden aus Altersgründen auf freiwilliger Basis unter Berücksichtigung der betrieblichen Notwendigkeiten ermöglicht.

Es werden vom Vorstand alle Anstrengungen unternommen, den jeweiligen von der Versetzung betroffenen Mitarbeiterinnen/Mitarbeitern, die durch diese Zusammenlegung ihre bisherige Tätigkeit aufgeben müssen, innerhalb der Gruppe vergleichbare Arbeitsplätze anzubieten.

Soweit darüber hinaus Betriebsangehörige ausscheiden müssen, wird als sozialer Ausgleich für diesen Personenkreis ein Sozialplan vereinbart.

In diesem Sozialplan werden unter anderem die Fragen

- Trennungsmehraufwand
- Besitzstände der Mitarbeiterinnen/Mitarbeiter
- Betriebsvereinbarungen/Richtlinien
- Fortsetzung der Ausbildungsverhältnisse

behandelt und festgelegt.

§ 4

Die von betriebsbedingten Kündigungen betroffenen Mitarbeiterinnen/Mitarbeiter sind in einer Namensliste (Anlage) aufgeführt.

Es besteht Einigkeit darüber, dass der Betriebsrat mit den bisherigen Erläuterungen im Zusammenhang mit der Verhandlung des Interessenausgleichs und der Erstellung der Namensliste nach § 102 BetrVG vollständig informiert wurde. Der Betriebsrat hat die Kündigungen zur Kenntnis genommen. Er gibt keine gesonderte Stellungnahme hierzu ab. Das Anhörungsverfahren nach § 102 BetrVG ist damit abgeschlossen.

Die Anwendung der Tarifverträge ... bleibt durch die hier vereinbarten Maßnahmen unberührt; bei Mitarbeitern, die Versetzungsangebote wahrnehmen, kommen die Tarifverträge ... zur Anwendung.

Dieser Interessenausgleich und der Sozialplan gelten für alle festgelegten personellen Maßnahmen im Zusammenhang mit der Fusion ....

6. Muster: Neuorganisation eines Consulting-Unternehmens

Zwischen der

... GmbH, vertreten durch die Geschäftsführer ...

und

dem Gesamtbetriebsrat der ... GmbH, vertreten durch den Vorsitzenden ...

wird folgende Gesamtbetriebsvereinbarung zum Interessenausgleich Projekt ... und aller damit verbundenen Maßnahmen geschlossen:

Präambel

(1) Das Projekt ... wurde im Oktober ... gestartet, um die Stärken der Beratungsunternehmen ... und ... in einer gemeinsamen Unternehmung zu bündeln und dieses als eigenständige Consulting-Einheit in die ... einzubinden. Als Termin für die Zusammenarbeit ist der ... avisiert.

(2) Ziel der Unternehmensleitung ist es, ein führendes, innovatives und international operierendes Management-Beratungsunternehmen zu schaffen mit herausragender Expertise im Bereich der neuen Informations- und Telekommunikationstechnologien. Es berät Top-Entscheider der Kunden bei der Erschließung und nachhaltigen Sicherung von Wettbewerbsvorteilen. Das neue Beratungsunternehmen wird sich mit der Spitzengruppe der international tätigen Management Consultants messen.

(3) Innerhalb der ... bildet das neue Unternehmen eine Consulting-Einheit mit eigenständigem Profil und unter eigenem Namen, weil sie bei Kunden die Speerspitzenrolle beim Einstieg in innovative Themen ausfüllt und als erste Adresse und Imageträger in der Öffentlichkeit wiederum positive Hebelwirkungen schafft auf Beratungsimage und -profil der ....

(4) Das neue Beratungsunternehmen soll die gegenwärtigen Kunden und Geschäfte der beiden Fusionspartner nicht vernachlässigen. Deshalb sollen bestehende Organisationseinheiten so weit wie möglich als Einheit erhalten werden.

(5) Zwingend erforderlich sind jedoch auch die nachhaltige Stärkung der Schlagkraft durch Fokussierung der Kompetenzen auf die strategisch relevanten Bedarfspotentiale am Markt und durch wettbewerbsgerechte, effiziente interne Prozesse Strukturen und Standorte. Spezifisch heißt das:

- Neuausrichtung der operativen Matrix aus Industry- und Competence-Practices, um die veränderte Marktstrategie optimal unterstützen zu können. Beide Unternehmen haben bereits eine Matrixorganisation installiert. Ein Teil der vorhandenen Einheiten kann nahezu unverändert migrieren, andere Einheiten müssen neu zugeordnet oder neu geschaffen werden.
- Neuausrichtung von Service Support, um Serviceorientierung und Kosteneffizienz wettbewerbsgerecht zu gestalten. Dies bedeutet Neustrukturierung der Service- und Supportbereiche.
- Neuausrichtung der nationalen Standorte, um primär den Wissensaustausch unter den Mitarbeiterinnen und Mitarbeitern und die Identifikation mit dem Unternehmen zu fördern.

(6) Ziel dieser Vereinbarung ist es, die Voraussetzungen für die Umsetzung der Neuorganisation von ... zu schaffen und die damit verbundenen unumgänglichen Veränderungen für die Mitarbeiterinnen und Mitarbei-

ter sozialverträglich zu gestalten. In Kenntnis dieses Sachverhaltes schließen die Vertragsparteien gem. §§ 111, 112 BetrVG nachfolgenden Interessenausgleich:

§ 1 Geltungsbereich

Diese Vereinbarung gilt für alle Mitarbeiterinnen und Mitarbeiter der ..., soweit sie nicht leitende Angestellte sind (Anlage: Namensliste/Stellen der leitenden Angestellten zum Stichtag ...).

§ 2 Gegenstand

Gegenstand des Interessenausgleichs sind die Organisationsänderungen aufgrund der in der Präambel genannten Gründe. Die Betriebsparteien sind sich einig, dass eine Neuorganisation notwendig ist, um die Unternehmen ... und ... zusammenzuführen. Im Einzelnen handelt es sich um folgende Maßnahmen:

- Ab ..., spätestens ab ... pachtet die ... GmbH die Betriebe der ... GmbH.
- Im 2. Halbjahr ... erfolgt die Rückverschmelzung der ... GmbH auf die ... GmbH.
- Voraussichtlich zum ... wird die ... GmbH auf die ... GmbH gesellschaftsrechtlich verschmolzen. Sie ist als 100 %ige Tochter in die ... GmbH eingebunden.
- Bis zum ... werden die Maßnahmen zur Optimierung von Prozessen, Strukturen und Kapazitäten umgesetzt. Durch diese Maßnahmen (einschl. der Zusammenfassung/Schließung von Standorten), die noch mit dem Gesamtbetriebsrat zu konkretisieren und abzustimmen sind, kommt es lt. ... zu betriebsbedingten Kündigungen von max. 150 Mitarbeiterinnen und Mitarbeitern.

§ 3 Organisations-Einheiten

(1) Für die ... stellt sich die zentrale Herausforderung, Branchen- und Fach-Know-how gleichermaßen zu entwickeln und in ihren Projekten zum Einsatz bringen zu können, um im Beratungsmarkt zu bestehen. Vor diesem Hintergrund wird die ... die vorhandene Matrixorganisation neu ausrichten (siehe Anlage 2: Organigramme der operativen Einheiten).

(2) Die Service Center stehen den Industry- und Competence-Practices bzw dem Gesamtunternehmen als Dienstleister zur Verfügung (siehe Anlage 3: Organigramme der Service- und Supportbereiche).

(3) In Anlage 4 sind die bestehenden nationalen Standorte aufgeführt. Mit der Erstellung und Bekanntgabe der zu schließenden bzw zu verlegenden Standorte sind gegenüber dem Gesamtbetriebsrat die Verpflichtungen von ... bzgl des § 90 BetrVG nicht abschließend erfüllt.

§ 4 Durchführung

Ab dem ... wird die ... mit der ... organisatorisch zusammengeführt. Die Umsetzung der Maßnahmen erfolgt gem. § 2.

(1) Mitarbeiterzuordnung: Die ... wird allen Mitarbeiterinnen und Mitarbeitern, für die sich als Folge der Organisationsänderung eine Veränderung ihres bisherigen Aufgabenbereichs ergibt, einen nach Möglichkeit gleichwertigen Arbeitsplatz anbieten (Anlage 5: Mitarbeiterzuordnung).

(2) Versetzungen: Die ... und der Gesamtbetriebsrat einigen sich auf die im Zuge der mit der Organisationsänderung zusammenhängenden Versetzungsmaßnahmen notwendigerweise auszuschreibenden Stellen. Externe Ausschreibungen sind möglich, Einstellungen wird ... erst wieder ab dem ... vornehmen. Ausgenommen sind Stellen, bei denen Geschäftsführung und Betriebsrat einvernehmlich feststellen, dass diese – auch über Qualifizierungsmaßnahmen – mit internen Bewerbern nicht besetzt werden können. Ziel ist es, alle Versetzungsmaßnahmen bis zum ... durchgeführt zu haben.

Stellenausschreibungen erfolgen intern unternehmensweit. Die auszuschreibenden Stellen sind in der Anlage 6 erfasst. Versetzungsangebote müssen schriftlich erfolgen und haben mindestens folgende Angaben zu enthalten:

- vorgesehener Arbeitsort
- vorgesehener Arbeitsplatz (Stellenbeschreibung)
- vorgesehene Vergütung, inkl. variablem Vergütungsanteil
- voraussichtlicher Termin
- ggf vorgesehene Qualifizierungsmaßnahmen
- ggf Befristung der Position.

Betroffene Mitarbeiterinnen und Mitarbeiter erhalten, soweit adäquate Arbeitsplätze vorhanden sind, mindestens zwei Versetzungsangebote. Nach Zugang des ersten Angebots hat die Mitarbeiterin oder der Mitarbeiter eine einmalige Entscheidungsfrist von zwei Wochen. Diese Frist gilt auch für gleichzeitig unterbreitete weitere Angebote. Wird der Mitarbeiterin oder dem Mitarbeiter nach Ablauf dieser Frist möglichst innerhalb von zwei weiteren Wochen ein weiteres Angebot unterbreitet, hat er eine einmalige Entscheidungsfrist von einer Woche. Beinhaltet ein Versetzungsangebot einen Standortwechsel, so verdoppeln sich die Fristen. Bei Versetzungsmaßnahmen ist der örtliche Betriebsrat zu beteiligen. Im Falle betriebsübergreifender Versetzungen sind der abgebende sowie der aufnehmende Betriebsrat gem. § 99 BetrVG zu beteiligen.

(3) Aufhebungsverträge: Zu Beginn der Verhandlungen über den Abschluss eines Aufhebungsvertrages wird ... den Gesamtbetriebsrat informieren und die Mitarbeiterin oder den Mitarbeiter darauf hinweisen, dass diese/dieser die Möglichkeit hat, ein Betriebsratsmitglied hinzuzuziehen. ... wird sich diesen Hinweis entweder schriftlich bestätigen lassen oder einen entsprechenden Vermerk in den Aufhebungsvertrag aufnehmen. Über den Abschluss eines Aufhebungsvertrages ist der Gesamtbetriebsrat zu unterrichten. Nach Abschluss des Aufhebungsvertrages ist die Mitarbeiterin/der Mitarbeiter berechtigt, innerhalb von drei Arbeitstagen von dem Vertrag zurückzutreten.

(4) Personalwirtschaftliche Maßnahmen: Im Zuge der Organisationsänderungen wird es zu Kündigungen und anderen personalwirtschaftlichen Maßnahmen kommen. Hier greifen die Regelungen des Sozialplans. Die ... legt dem Gesamtbetriebsrat bis zum ... eine Liste mit den Namen der Mitarbeiterinnen und Mitarbeiter vor, denen bis zum ... nach den Vorstellungen der Geschäftsführung gekündigt werden soll. Danach umfasst die Liste die Namen von maximal 150 Mitarbeiterinnen und Mitarbeitern und ist nach dem ... nicht mehr erweiterbar. Hiervon ausgenommen sind die Fälle, in denen nicht auf der Liste stehende Mitarbeiterinnen und Mitarbeiter sich für einen Ringtausch nach den Regelungen des Sozialplans anbieten. Ab dem ... verzichtet ... für die Dauer von einem Jahr bei Consultants und von zwei Jahren bei Service- und Supportkräften auf betriebsbedingte Kündigungen. Mit der Erstellung und Bekanntgabe der o.g. Namensliste gegenüber dem Gesamtbetriebsrat sind die Verpflichtungen von ... bzgl des § 90 BetrVG nicht abschließend erfüllt.

(5) Auswahlrichtlinie: Folgende Auswahlrichtlinien des § 95 BetrVG für die Sozialauswahl sind vereinbart:

Punktetabelle zur sozialen Vorauswahl:

1. Betriebszugehörigkeit – je volles Beschäftigungsjahr 2 Punkte
2. Lebensalter

- bis 20 Jahre   0 Punkte
- bis 30 Jahre   1 Punkt
- bis 40 Jahre   3 Punkte
- bis 50 Jahre   6 Punkte
- bis 57 Jahre   8 Punkte
- über 57 Jahre   10 Punkte

3. Unterhaltspflichten

Ehegatte: 2 Punkte
je Kind (auf der Steuerkarte verzeichnet)[257] 4 Punkte

Eintragung (0,5 gilt als 1 Kind).

Bei Punktgleichheit wird eine einvernehmliche Entscheidung zwischen der Geschäftsführung und dem Gesamtbetriebsrat herbeigeführt. Die soziale Auswahl am Standort ... beschränkt sich ausschließlich auf die Mitarbeiterinnen und Mitarbeiter, die dem von dieser Regelung umfassten Mitarbeiterkreis (.../...) angehören.

Gemäß § 1 Abs. 3 KSchG sind in die soziale Auswahl die Arbeitnehmer nicht einzubeziehen, deren Weiterbeschäftigung, insbesondere wegen ihrer Kenntnisse, Fähigkeiten und Leistungen oder zur Sicherung einer ausgewogenen Personalstruktur des Betriebes, im berechtigten betrieblichen Interesse liegt.

Für Mitarbeiterinnen und Mitarbeiter, die von betriebsbedingten Kündigungen betroffen sind, wird sich die ... um alternative Beschäftigungsmöglichkeiten im ...-Konzern bemühen, wenn dort entsprechende Vakanzen bestehen.

§ 5 Besitzstandswahrung

Der Besitzstand der Mitarbeiterinnen und Mitarbeiter hinsichtlich Gehaltshöhe, variablem Vergütungsanteil und Sozialleistungen bleibt unberührt.

§ 6 Verfahren

(1) Die Zuständigkeit für die Detailplanungen/Umsetzungsplanungen sowie die sich daraus ergebenden Durchführungsschritte einschließlich Änderungen der Arbeitsablauf-/Arbeitsorganisation im örtlichen Betrieb liegt bei der Geschäftsführung. Die umfassende Beratung mit den zuständigen Betriebsräten erfolgt so rechtzeitig, dass deren Anregungen berücksichtigt werden können. Vorbereitete Unterlagen werden für die Beratung rechtzeitig zur Verfügung gestellt.

(2) ... trägt dafür Sorge, dass die nicht freigestellten Betriebsräte in dem für die Umsetzung erforderlichen Umfang von ihrer Arbeit gem. § 37 Abs. 2 BetrVG freigestellt werden.

§ 7 Einbeziehung der Mitarbeiterinnen und Mitarbeiter

(1) Die Mitarbeiterinnen und Mitarbeiter werden unter Einbindung des örtlichen Betriebsrats über die Organisationsänderung informiert. Insbesondere werden sie über Veränderungen ihres Arbeitsplatzes bzw Aufgabenbereichs rechtzeitig und umfassend unterrichtet. Ihnen werden dabei auch die damit verbundenen Chancen und Entwicklungsmöglichkeiten verdeutlicht. Mit den Mitarbeiterinnen und Mitarbeitern werden erforderliche Qualifizierungsmaßnahmen besprochen, die sie in die Lage versetzen, den Anforderungen und dem Wandel ihres bestehenden bzw eines neuen Arbeitsplatzes gerecht zu werden. Die ... ermöglicht, dass die vereinbarten Qualifizierungsmaßnahmen binnen drei Monaten angetreten werden können.

(2) Sofern mit den Veränderungen ein Wechsel des Arbeitsortes oder eine Beendigung des Arbeitsverhältnisses verbunden ist, sind vor den konkreten Maßnahmen mit den betroffenen Mitarbeiterinnen und Mitarbeitern Gespräche über alle zur Verfügung stehenden Möglichkeiten sowie die Vorstellung der Mitarbeiterinnen und Mitarbeiter einschließlich deren familiärer und sozialer Situation zu führen.

(3) Die Mitarbeiterinnen und Mitarbeiter können hierbei auch eigene Vorschläge zu den zur Verfügung stehenden Möglichkeiten unterbreiten. Diese Gespräche sind rechtzeitig unter Angabe des Gesprächsthemas und Aushändigung erforderlicher Unterlagen anzukündigen. Die Betroffenen können ein Mitglied des örtlichen Betriebsrats/der Schwerbehindertenvertretung hinzuziehen. Die Rechte aus den §§ 84, 85 BetrVG bleiben unberührt.

---

257 Aus Gründen der Rechtssicherheit wird davon abgeraten, die Unterhaltspflichten allein aus der Lohnsteuerkarte zu entnehmen; zu den Einzelheiten s. § 5 Rn 194.

§ 8 Weitergehende Regelungen

Die Parteien setzen sich dafür ein, dass für alle Mitarbeiterinnen und Mitarbeiter Regelungen zur

- Karrieresystematik/Kompetenzmodell inkl. Leistungsbeurteilung
- Qualifizierung
- Vergütungssystematik

gemäß Zeitplan (Anlage 7: Roadmap) wirksam werden.

§ 9 Inkrafttreten

(1) Die Parteien sind sich einig, dass die Verhandlungen abgeschlossen sind und das Verfahren zur Herbeiführung eines Interessenausgleichs abgeschlossen ist. Die Vereinbarung tritt mit Unterzeichnung durch die Betriebsparteien in Kraft und endet mit Abschluss der Maßnahmen gem. § 2, mit Ausnahme von § 4 Abs. 4, welcher einvernehmlich zwischen Geschäftsführung und Gesamtbetriebsrat abgestimmt wird.

(2) Die aufgeführten Anlagen sind Bestandteil dieser Vereinbarung.

(3) Sollten Bestandteile dieser Vereinbarung ganz oder teilweise nichtig sein oder unwirksam werden, wird dadurch die Wirksamkeit des Gegenstandes und der anderen Bestandteile im Übrigen nicht berührt.

(4) Im Übrigen bleiben die gesetzlichen Beteiligungsrechte des Gesamtbetriebsrats und der örtlichen Betriebsräte von dieser Vereinbarung unberührt.

..., den ...

Anlagen:

1 Namensliste/Stellen der leitenden Angestellten
2 Organigramme der operativen Einheiten
3 Organigramme der Service- und Support-Einheiten
4 Nationale Standorte
5 Mitarbeiterzuordnung
6 Auszuschreibende Stellen
7 HR-Regelungen Roadmap

Protokollnotiz zum Interessenausgleich Projekt ...

§ 1 Mitarbeiterzuordnungsmatrix

Die Parteien sind sich darüber einig, dass die Anlagen 5 und 6 stichtagsbezogen sind und ständig aktualisiert werden müssen. Jede Änderung wird mit dem Gesamtbetriebsrat abgestimmt. Selbiges gilt für die Personalplanung im Rahmen des Projektes ...

Dazu wird folgendes Verfahren vereinbart: Die aktuelle Version der Anlagen 5 und 6 werden dem Vorsitzenden des Gesamtbetriebsrats sowie dessen Stellvertreter und in Kopie dem BR-Sekretariat zugeleitet. Fehlende Informationen oder Unklarheiten können innerhalb von drei Arbeitstagen benannt werden. Sofern der Gesamtbetriebsrat nicht innerhalb von fünf Arbeitstagen nach Zuleitung der aktualisierten Version widerspricht, kann die aktualisierte Matrix umgesetzt werden. Sofern der Gesamtbetriebsrat der Umsetzung widerspricht, versuchen sich beide Parteien innerhalb von fünf Arbeitstagen nach Eingang des Widerspruches auf Initiative der ... hin zu einigen. Sofern keine Einigung zustande kommt, greifen die dann vorgesehenen Bestimmungen des BetrVG.

§ 2 Entscheidungsfristen

Die Entscheidungsfristen gem. § 4 Abs. 2 beginnen bei Dienstreisen und Urlaub erst nach der Rückkehr der Mitarbeiterin oder des Mitarbeiters, bei Arbeitsunfähigkeit erst mit Wiederherstellung der Arbeitsfähigkeit der Mitarbeiterin oder des Mitarbeiters.

§ 3 Mitarbeiterliste

Die Liste der zu entlassenden Mitarbeiterinnen und Mitarbeiter muss dem Gesamtbetriebsrat bis zum ... vollständig vorliegen und umfassend erläutert/begründet werden. Dies ist Voraussetzung für die Einleitung des Anhörungsverfahrens gem. § 102 BetrVG.

7. Muster: Outsourcing von Handwerkern einer Wohnungsbaugesellschaft[258]

Zwischen

der Firma ...

– nachstehend: Firma –

und

dem Betriebsrat der Firma ...

– nachstehend: Betriebsrat –

wird folgender Interessenausgleich vereinbart:

Präambel

Die Geschäftsleitung hat die Rationalisierungsentscheidung getroffen, den bislang von 167 Arbeitnehmern (einschließlich der 4 befristeten Arbeitsverhältnisse) geführten Bauhof mit den Gewerken, Maurer, Dachdecker, Klempner, Elektro, Schlosser, Ofenbau, Gerüstbauer und Kfz-Bereich sowie Verwaltung und Notdienst spätestens zum ... nur noch mit 71 Arbeitnehmern fortzuführen.

Diese Rationalisierungsentscheidung wurde dadurch bedingt, dass die wirtschaftlichen Rahmenbedingungen für eine Fortsetzung des Regiebetriebes mit der alten Personalstärke nicht gegeben sind.

Im Bereich Instandhaltung (Reparaturen), Modernisierung/Instandsetzung und der Sanierung von leer stehenden Wohnungen herrscht ein erheblicher Konkurrenzdruck. Um die Aufrechterhaltung der bisherigen Personalstärke zu rechtfertigen, müsste ein Verdrängungswettbewerb geführt werden, den das Unternehmen aufgrund der erheblich höheren Tariflöhne im Vergleich zu den entsprechenden Tarifen der Mitbewerber aus den Bereichen Maurer, Dachdecker und Ofenbauer sowie Klempner, Schlosser und Elektriker nicht erfolgreich leisten kann.

Daher hat sich die Geschäftsleitung zu einer Umstrukturierung des Regiebetriebes mit dem Ziel entschlossen, den Bestand und den treuhänderisch verwalteten sowie teilweise bereits privatisierten Grundstücksbestand im Reparatur- und Schnelldienst (RSD) zu betreuen. Hierbei ist nicht eine Betreuung im herkömmlichen Sinne, sondern ein Serviceangebot des Unternehmens gegenüber den Mietern gemeint, der in seinem Inhalt und seiner Qualität einem modernen Dienstleistungsunternehmen entspricht. Diesem Serviceangebot entsprechend werden die Mitarbeiter zukünftig verstärkt im Bereich der Einleitung von Sofortmaßnahmen, der Durchführung qualitativ hochwertiger Handwerksleistungen sowie der Organisation von notwendigen Fremdnachfolgeleistungen bei Havariefällen eingesetzt werden.

Eine der den konkurrierenden Gewerkebranchen übliche Personalkostenhöhe erfordert eine Reduzierung des Mitarbeiterbestands auf 71 Beschäftigte.

---

258 Dieser Text ist das Pendant zu Muster 5710.

§ 5 Betriebsvereinbarungen

Der zukünftige Regiebetrieb wird sich im Wesentlichen in drei Geschäftsfelder aufgliedern:
- RSD-Leistungen im Bestand
- RSD-Leistungen für private Haushalte und vertraglich gebundene Fremdunternehmen
- Sanierung des Leerstandes.

Andere Lösungskonzepte sind nicht zu realisieren. Eine Ausgründung des gesamten Regiebetriebes und Übernahme durch einen Investor scheitert an fehlenden Interessenten. Eine Privatisierung der Einzelwerke nach dem Modell Management-Buy-Out wurde von den Mitarbeitern ebenfalls nicht angenommen.

Ziel dieser Vereinbarung ist es, die Existenz des Unternehmens insgesamt zu sichern, unumgängliche Personalanpassungsmaßnahmen sozialverträglich zu gestalten und möglichst viele Arbeitsplätze bei der Firma zu erhalten und mittel- und langfristig zu sichern.

§ 1 Gegenstand

(1) Gegenstand des Interessenausgleiches ist der Personalabbau aufgrund der in der Präambel genannten Gründe. Die Betriebsparteien sind sich einig, dass ein Personalabbau unabdingbar ist. Nur dadurch kann die Wettbewerbsfähigkeit des Unternehmens wiedererlangt und der Bestand des Unternehmens langfristig gesichert werden.

(2) Die Parteien sind sich einig, dass der derzeitige Personalbestand von insgesamt 167 Arbeitnehmern im Bereich Regiebetrieb zum ... auf 71 Arbeitnehmer abgebaut werden muss.

(3) Die Parteien sind sich einig, dass eine betriebswirtschaftliche optimale Führung des zukünftigen personalreduzierten Regiebetriebes wie folgt aussehen muss:

Fachgewerk	Zukünftige Belegschaftsgröße
HLS Glasklempner	19
Dachdecker	8
Dachklempner	2
Elektriker	8
Schlosser	2
Maurer	13
Ofensetzer	3
Werkstatt	4
Leitung und Verwaltung	7
Dispatcher	5
Summe	71

§ 2 Durchführung

(1) Der Personalabbau wird in folgenden Etappen durchgeführt:

Der Ausspruch der Kündigungen erfolgt zum ...

Entlassungstermin ist der ... und der .... Die Kündigungen der Zivildienstleistenden werden nach Abschluss des Zivildienstes unter Einhaltung der ordentlichen Kündigungsfrist ausgesprochen.

Die gegenwärtig durch die Firma vorgenommene Ausbildung von gewerblichen Arbeitnehmern kann unter den dargestellten Bedingungen zu Ende geführt werden.

Die Ausbildung ist nach entsprechender Abstimmung zu den Ausbildungsrichtlinien wie folgt sicherzustellen: Neue Ausbildungsverträge werden nicht abgeschlossen. Nach Abschluss der Ausbildung (20... werden 5 Dachdecker, 4 Elektroinstallateure, 4 Gas- und Wasserinstallateure; 20... werden 4 Dachdecker, 3 Elektroinstallateure, 5 Gas- und Wasserinstallateure; 20... werden 4 Elektroinstallateure ihre Ausbildung abschließen) werden die Auszubildenden nicht übernommen.

Kapitel 3: Interessenausgleichsvereinbarungen und Sozialpläne

Die Geschäftsleitung wird freiwerdende oder neue Arbeitsplätze vorrangig den Auszubildenden, und unter diesen vorrangig den Junggesellen, anbieten.

(2) Das Unternehmen wird die erforderlichen betriebsbedingten Beendigungskündigungen unter Beachtung der jeweils gültigen Kündigungsfristen aussprechen. Die Firma ist weiterhin berechtigt, Kündigungen aus anderen Gründen auszusprechen. Diese unterfallen nicht dem Sozialplan.

(3) Bei der Durchführung der Sozialauswahl werden folgende Auswahlrichtlinien zugrunde gelegt:

a) Pro Dienstjahr wird ein Sozialpunkt vergeben.

b) Für jedes volle Lebensjahr wird ein Sozialpunkt zugrunde gelegt.

c) Für jedes unterhaltsberechtigte Kind werden vier Punkte hinzuaddiert.

d) Der besondere Kündigungsschutz der Betriebsratsmitglieder, der Schwerbehinderten und nach dem Tarifvertrag wird insoweit berücksichtigt, als diese aus der Liste der zu entlassenden Arbeitnehmer herausgelassen werden.

e) Der besondere Kündigungsschutz der Zivildienstleistenden wurde insoweit berücksichtigt, als diese in der Sozialauswahl berücksichtigt wurden.

Wenn diese sich aufgrund ihrer Sozialdaten nach individueller Abschlussprüfung im Kreis der zu Entlassenden befinden, wird ihnen die Kündigung jedoch erst nach Beendigung des Zivildienstes unter Einhaltung der ordentlichen Kündigungsfrist ausgehändigt werden.

f) Die Sozialauswahl zwischen den vergleichbaren Mitarbeitern erfolgt pro Berufsgruppe. Die Hilfsarbeiter jeder Berufsgruppe entsprechen nicht mehr dem zukünftigen Anforderungsprofil. Daher ist deren Vergleichbarkeit ausgeschlossen. Im Rahmen der Sozialauswahl sind diese daher unberücksichtigt gelassen.

g) Für den Fall, dass Arbeitnehmer die gleichen Sozialpunkte aufweisen, wird die Entscheidung zunächst in der Rangfolge Unterhaltsverpflichtung und dann nach Betriebszugehörigkeit getroffen. Die Entscheidung erfolgt jedoch wiederum nach der individuellen Abschlussprüfung.

Die Sozialauswahl zwischen den vergleichbaren Mitarbeitern erfolgt in einem ersten Schritt anhand dieser Auswahlrichtlinien. In einem zweiten Schritt ist jeder Einzelfall daraufhin zu überprüfen, ob besondere soziale Härten vorliegen, die eine abweichende Beurteilung erfordern. Im Rahmen dieser individuellen Abschlussprüfung können jedoch nur soziale Gesichtspunkte, die mit dem Arbeitsverhältnis in Verbindung stehen, berücksichtigt werden, und in Übereinstimmung mit § 1 Abs. 3 KSchG stehen.

h) Die Berücksichtigung berechtigter betrieblicher Bedürfnisse bleibt hiervon unberührt.

Aus betriebstechnischen und wirtschaftlichen Bedürfnissen sowie sonstigen berechtigten betrieblichen Belangen ist es notwendig, im Interesse einer erfolgreichen Verbesserung der Ertragslage des Regiebetriebes bestimmte, dh leistungsstärkere, besser qualifizierte oder vielfältig einsetzbare Arbeitnehmer weiterzubeschäftigen. Erhebliche Leistungsunterschiede, erheblich geringere Krankheitsanfälligkeit sind Bedürfnisse, die einer Sozialauswahl entgegenstehen können.

Auch sonstige berechtigte betriebliche Bedürfnisse, die im Interesse der Aufrechterhaltung eines geordneten Betriebsablaufes notwendig sind, können dazu führen, dass sozial weniger schutzbedürftige Arbeitnehmer weiterbeschäftigt werden. Hierzu zählen insbesondere eine im Interesse des Betriebes notwendige vielseitige Verwendbarkeit, eine erhöhte Kooperationsbereitschaft (zB bei Team-Aufgaben), die Einplanung eines Arbeitnehmers für künftige Führungsaufgaben sowie besondere Qualifikationen wie Fachkenntnisse.

Auch persönliche Kontakte zu den Mietern werden zur Optimierung des zukünftigen Unternehmensprofils als berechtigtes betriebliches Bedürfnis angesehen.

(4) Nach der Sozialauswahl sind die Gewerkeleiter ... weiterzubeschäftigen. Diesen Mitarbeitern werden Änderungsverträge angeboten für den Fall, dass diese von den Mitarbeitern nicht angenommen werden, Änderungskündigungen unter Einhaltung der ordentlichen Kündigungsfrist ausgesprochen.

Spirolke

§ 5 Betriebsvereinbarungen

Den Mitarbeitern mit Sonderkündigungsschutz wird eine außerordentliche Kündigung unter Einhaltung einer Auslauffrist ausgesprochen. Die Auslauffrist entspricht der Kündigungsfrist, die ohne den Ausschluss der ordentlichen Kündigung nach dem Tarifvertrag maßgebend gewesen wäre.

Stimmen die Mitarbeiter der Änderung ihres Arbeitsverhältnisses zu, erhalten sie mindestens für die Dauer von sechs Monaten das bisherige Bruttogehalt in dem neuen Vertragsverhältnis fortgezahlt. Nach Ablauf der ersten sechs Monate wird der Mitarbeiter neu eingruppiert.

(5) Eine Liste aller Mitarbeiter ist im Interessenausgleich als Anlage beigefügt.

Die Liste enthält folgende Angaben: Name, Alter, Geburtsdatum, Eintrittsdatum, Beruf, Unternehmenszugehörigkeit, Familienstand, Zahl der bekannten unterhaltsberechtigten Kinder, Tätigkeit, Vergütungsgruppe, (Pfändung, besonderer Kündigungsschutz, besondere individuelle Umstände/Abschlussprüfung) sowie die Kündigungsfristen.

Die Liste wird je nach Bedarf aktualisiert.

§ 3 Mitwirkungsrecht

(1) Der Betriebsrat wurde im Rahmen der Interessenausgleichsverhandlungen auch gem. § 17 Abs. 2 KSchG unterrichtet. Die weiteren Mitwirkungsrechte des Betriebsrats bleiben von dieser Vereinbarung unberührt. Dies bedeutet, dass die Firma vor Ausspruch der betriebsbedingten Kündigungen das Anhörungsverfahren nach § 102 BetrVG gesondert durchführen wird.

Diese Vereinbarung wird der Anzeige der Firma nach § 17 KSchG beigefügt.

(2) Der Betriebsrat verpflichtet sich, eine schriftliche Stellungnahme zu diesem Konzept abzugeben und innerhalb von zwei Wochen nach Beendigung des Interessenausgleichsverfahrens dem Arbeitgeber zur Vorlage gegenüber der Bundesagentur für Arbeit und der Regionaldirektion auszuhändigen.

§ 4 Sozialplan

Zum Ausgleich bzw zur Milderung der wirtschaftlichen Nachteile, die den Arbeitnehmern durch die geplante Betriebsänderung entstehen, haben die Parteien einen Sozialplan abgeschlossen.

§ 5 Inkrafttreten

(1) Die Parteien sind sich einig, dass die Verhandlungen abgeschlossen sind und das Verfahren zur Herbeiführung eines Interessenausgleiches beendet ist.

(2) Der Interessenausgleich tritt mit Unterzeichnung in Kraft und endet zum ....

8. Muster: Personalabbau[259]

Zwischen

der Firma ...

– nachstehend: Unternehmen –

und

dem Betriebsrat der Firma ...

– nachstehend: Betriebsrat –

wird folgender Interessenausgleich vereinbart:

---

259 Dieser Text ist das Pendant zu Muster 5720.

Präambel

Aufgrund der gegenläufigen Auftrags- und Kostenentwicklung kann das Unternehmen nur fortgeführt werden, wenn im Bereich der variablen Kosten, die im Wesentlichen die Personalkosten betreffen, erhebliche Einsparungen erfolgen. Darüber hinaus soll die negative Entwicklung der Auftragslage gestoppt werden durch die Umstellung des Vertriebs auf freie Handelsvertreter und die Schließung der betriebseigenen Abteilung Verkauf. Hierdurch sollen Motivation und eigenverantwortliches Handeln gesteigert und genutzt werden. Die kostenintensive Abteilung Montage wird ebenfalls geschlossen und die Arbeiten an Subunternehmer vergeben, wie es das Unternehmen beispielsweise in Frankreich bereits erfolgreich praktiziert. Neben diesen Umstrukturierungsmaßnahmen ist ein weiterer Personalabbau unumgänglich. Um die Anzahl der betriebsbedingten Kündigungen so gering wie möglich zu halten, sollen die verbleibenden Mitarbeiterinnen/Mitarbeiter den Verzicht auf ein Weihnachts- und Urlaubsgeld erklären.

§ 1 Gegenstand

Um die Überlebensfähigkeit des Unternehmens zu sichern und die Wettbewerbsfähigkeit wieder zu erlangen, werden folgende Maßnahmen ergriffen:

1. Schließung der Abteilung Vertrieb und Zusammenarbeit mit freien Handelsvertretern nach §§ 84 ff HGB.
2. Schließung der Abteilung Montage und Zusammenarbeit mit Subunternehmern.
3. Abbau des Personalbestands von derzeit 65 Arbeitnehmerinnen/Arbeitnehmern ausschließlich der in den Abteilungen Verkauf und Montage beschäftigten Arbeitnehmer auf 50 Arbeitnehmerinnen/Arbeitnehmer.
4. Vorschlag eines Verzichts auf Weihnachts- und Urlaubsgeld für die Dauer von zunächst drei Jahren, bei Nichtannahme durch die Mitarbeiterinnen/Mitarbeiter Ausspruch von Änderungskündigungen gegenüber den verbleibenden 50 Arbeitnehmerinnen/Arbeitnehmern.

§ 2 Durchführung

(1) Das Unternehmen wird den namentlich in einer Anlage 1 bezeichneten Mitarbeiterinnen und Mitarbeitern des Verkaufs Aufhebungsverträge und gleichzeitig ein Angebot zum Abschluss eines freien Handelsvertretervertrages unterbreiten. Nimmt die Mitarbeiterin/der Mitarbeiter des Verkaufs das Angebot nicht innerhalb einer Bedenkzeit von einer Woche an, wird gegenüber der Mitarbeiterin/dem Mitarbeiter unter Einhaltung der ordentlichen Kündigungsfrist die Beendigungskündigung ausgesprochen. Eine Vergleichbarkeit mit den Arbeitsplätzen anderer Mitarbeiterinnen/Mitarbeiter ist nicht gegeben.

(2) Das Unternehmen wird den namentlich in einer Anlage 2 bezeichneten Mitarbeitern der Abteilung Montage Aufhebungsverträge anbieten und gleichzeitig ein Angebot unterbreiten, als Subunternehmer für das Unternehmen tätig zu werden. Nimmt der Mitarbeiter der Abteilung Montage das Angebot nicht innerhalb einer Bedenkzeit von einer Woche an, wird dem Mitarbeiter eine Änderungskündigung ausgesprochen, verbunden mit dem Angebot, in der Produktion eingesetzt zu werden. Entsteht auf diese Weise ein Arbeitskräfteüberhang in der Produktion, sind nach erneuter Durchführung einer Sozialauswahl entsprechend weitere betriebsbedingte Beendigungskündigungen auszusprechen.

(3) Den in einer Namensliste in einer Anlage 3 aufgeführten Mitarbeiterinnen/Mitarbeitern sind unter Beachtung der jeweils geltenden Kündigungsfristen betriebsbedingte Beendigungskündigungen auszusprechen. Bei der Durchführung der Sozialauswahl werden folgende Auswahlrichtlinien gem. § 1 Abs. 3 Satz 1 KSchG zugrunde gelegt:

a) Für jedes bis zum ... vollendete Lebensjahr wird ein Sozialpunkt vergeben, höchstens 55 Punkte.

b) Für jedes bis zum ... vollendete Jahr der Betriebszugehörigkeit werden bis zum 10. Jahr 2 Punkte, ab dem 11. Jahr 3 Punkte vergeben; Berücksichtigung nur bis zum 59. Lebensjahr.

c) Für jedes unterhaltsberechtigte Kind werden nochmals vier Punkte hinzuaddiert.

d) Der besondere Kündigungsschutz der Betriebsratsmitglieder, Jugend- und Auszubildendenvertreter, Schwerbehinderten und in Mutterschutz und Elternzeit befindlichen Mitarbeiter wird insoweit berücksichtigt, als diese aus der Liste der zu entlassenen Arbeitnehmer herausgenommen werden.

e) Die Sozialauswahl zwischen den vergleichbaren Mitarbeiterinnen/Mitarbeitern erfolgt abteilungsbezogen nach Berufsgruppen, wobei die Abteilungen ... und ... zusammengezogen werden. Die angelernten Mitarbeiterinnen/Mitarbeiter ohne Ausbildung entsprechen nicht mehr dem zukünftigen Anforderungsprofil. Aufgrund der mangelnden flexiblen Einsatzmöglichkeit sind diese Mitarbeiterinnen/Mitarbeiter mit den ausgebildeten Mitarbeiterinnen/Mitarbeitern nicht vergleichbar.

f) Die soziale Auswahl der Mitarbeiterinnen/Mitarbeiter, deren Arbeitsverhältnis aufgrund der in der Präambel dargelegten Umstände eine Beendigung finden muss, erfolgt durch eine Vorauswahl nach dem dargestellten Punktesystem und anschließender individueller Abschlussprüfung, in deren Rahmen im Einzelfall zu beurteilen ist, ob besondere soziale Härten im Sinne der sozialen Gewichtung vorliegen, die eine Korrektur der nach dem Punkteschema erfolgten Vorauswahl erforderlich machen.

g) Die Berücksichtigung berechtigter betrieblicher Interessen, die es iSv § 1 Abs. 3 Satz 2 KSchG erforderlich machen, einzelne Arbeitnehmerinnen/Arbeitnehmer nicht in die soziale Auswahl einzubeziehen, bleibt hiervon unberührt.

h) Die Erwägungen, die zur Auswahl der in Anlage 3 genannten Mitarbeiterinnen/Mitarbeiter geführt haben, sind in Anlage 4 niedergelegt.

i) Es besteht Einigkeit darüber, dass der Betriebsrat mit den bisherigen Erläuterungen im Zusammenhang mit der Verhandlung des Interessenausgleichs und der Erstellung der Namensliste nach § 102 BetrVG vollständig informiert wurde. Der Betriebsrat hat die Kündigungen zur Kenntnis genommen. Er gibt keine gesonderte Stellungnahme hierzu ab. Das Anhörungsverfahren nach § 102 BetrVG ist damit abgeschlossen.

(4) Den in einer Anlage 5 benannten verbleibenden Mitarbeiterinnen/Mitarbeitern wird das Unternehmen vorschlagen, zum Nutzen des Betriebes, insbesondere auch zur Vermeidung weiterer betriebsbedingter Beendigungskündigungen, für einen Zeitraum von zunächst drei Jahren auf Weihnachts- und Urlaubsgeld zu verzichten.

Sollten sich die Mitarbeiterinnen/Mitarbeiter hiermit nicht einverstanden erklären, sind Änderungskündigungen auszusprechen, verbunden mit dem Angebot, das Arbeitsverhältnis mit Ausnahme des Anspruchs auf Weihnachts- und Urlaubsgeld zu unveränderten Bedingungen fortzusetzen.

Da davon alle verbleibenden Arbeitnehmer betroffen sind, findet eine Sozialauswahl nicht statt.

§ 3 Mitwirkungsrechte

Der Betriebsrat wurde im Rahmen der Interessenausgleichsverhandlungen auch gem. § 17 Abs. 2 KSchG unterrichtet. Dieser Interessenausgleich ersetzt die Stellungnahme des Betriebsrats nach § 17 Abs. 3 Satz 2 KSchG. Der Betriebsrat erklärt, dass das Anhörungsverfahren nach § 102 BetrVG im Rahmen der Interessenausgleichsverhandlungen durchgeführt ist und dass er dem Ausspruch der Kündigungen der in den Anlagen 1, 2 und 3 bezeichneten Mitarbeiterinnen und Mitarbeiter sowie dem Ausspruch der Änderungskündigungen der in Anlage 5 bezeichneten Mitarbeiterinnen und Mitarbeiter nicht widerspricht.

Diese Vereinbarung wird der Anzeige des Unternehmens nach § 17 KSchG beigefügt.

Im Übrigen bleiben die Mitwirkungsrechte des Betriebsrats von diesem Interessenausgleich unberührt.

§ 4 Inkrafttreten

(1) Die Parteien sind sich einig, dass die Verhandlungen über einen Interessenausgleich abgeschlossen sind und das Verfahren zur Herbeiführung eines Interessenausgleichs beendet ist.

(2) Der Interessenausgleich tritt mit Unterzeichnung in Kraft.

9. Muster: Personalabbau im Bauunternehmen, interne Beschäftigungs- und Qualifizierungseinheit

Zwischen

der Firma ...

und

dem Betriebsrat der Firma ...

wird folgender Interessenausgleich vereinbart:

Präambel

(1) Allgemeine Ausgangssituation im Baugewerbe

Im Zuge der seit mehreren Jahren andauernden Strukturkrise in der deutschen Bauwirtschaft ist es in Deutschland zu einem massiven Verdrängungs- und Preiswettbewerb unter den Bauunternehmen gekommen. Gleichzeitig ist ein erheblicher Rückgang der Nachfrage von Bauleistungen in den neuen, aber auch den alten Bundesländern eingetreten. Die in der ersten Hälfte der 90er Jahre aufgebauten Kapazitäten in der deutschen Bauwirtschaft und die damit verbundene Beschäftigungsnotwendigkeit der Mitarbeiterinnen und Mitarbeiter verstärken den Wettbewerbs- und Preisdruck.

Die rückläufige Nachfrage von Bauleistungen führt dazu, dass die Niederlassungen der großen Bauaktiengesellschaften und großen mittelständischen Baufirmen verstärkt in die traditionellen Märkte der mittelständischen Bauunternehmen vordringen.

Gleichzeitig können mittelständische Bauunternehmen nicht auf den Markt der kleinen und Kleinst-Bauunternehmen ausweichen, weil diese übersetzt sind und das Preis- und Kostenniveau in diesem Bereich für Mittelständler nicht darstellbar ist.

Das niedrige Baupreisniveau wird hierbei im Allgemeinen kompensiert durch eine drastische „Verschlankung" der Fixkostenstrukturen und durch den Einsatz von Nachunternehmen auf Werkvertragsbasis, auch in den Bereichen der traditionellen Eigenleistungen wie Beton- und Mauerwerksarbeiten. Fixkostenreduzierungen erfolgen in der Regel durch Schließung eigener Neben- und Hilfsbetriebe und gleichzeitige Vergabe dieser Leistungen über Dauer- und Rahmenverträge an Dritte.

Die Begründung für die Beschäftigung von Nachunternehmern liegt in einer deutlichen Lohnniveaudifferenz zwischen den eigenen gewerblichen Mitarbeitern und Nachunternehmer-Arbeitnehmern. Diese Lohnkostendifferenz ist umso größer, je mehr auf Ausführung von Rohbauleistungen über Werkverträge mit Nachunternehmern aus Billiglohnländern (MOE-Staaten, SOE-Ländern) zurückgegriffen wird.

Ein Ende der stagnierenden Baukonjunktur ist nach den Prognosen namhafter Institute und Verbände in den nächsten Jahren nicht zu erwarten. Selbst bei einem Wiederanziehen der wirtschaftlichen Entwicklung ist ein entlastender Anstieg der Baupreise nicht zu erwarten, da die inzwischen umorganisierten Unternehmensstrukturen der Baufirmen und die nach wie vor vorhandenen Überkapazitäten den Preisdruck belassen werden.

(2) Ausgangssituation der Firma

Das mittelständische Bauunternehmen beschäftigt mit Stand vom ... insgesamt 396 Mitarbeiter, davon 86 Angestellte und 310 gewerbliche Arbeitnehmer. Mit dieser Belegschaft wurde im Jahre ... ein Bauvolumen von ca. ... Mio. EUR abgewickelt. Im Jahr ... wird die Bauleistung voraussichtlich nur bei ... Mio. EUR liegen.

Die Bauleistungen werden zu ca. 10 % mit der Herstellung von Stahlbeton- und Spannbetonfertigteilen erbracht, zu ca. 6 % mit Fertiggaragen und zu ca. 84 % mit Bauleistungen bei Hochbau-Rohbauten und bei schlüsselfertigen Hochbauten. Aufgrund der heutigen Personalstrukturen erfolgt die Produktion und Bauausführung im Bereich der Produktions-Montage- und Rohbauleistungen weitestgehend mit eigenen Mitarbeitern.

Die Geschäftsführung hat seit dem Jahr ... versucht, die Markt- und Konkurrenzfähigkeit der Firma wieder herzustellen, indem bereits eine erhebliche Anzahl von Mitarbeitern im Rahmen einvernehmlicher Lösungen mit den betroffenen Mitarbeitern und dem Betriebsrat abgebaut wurden.

Trotzdem war die Ergebnissituation der Firma in der jüngeren Vergangenheit nicht positiv. In ... betrug das Ergebnis vor Verlustausgleich der Muttergesellschaft ... EUR in ... EUR. Die entsprechenden Ergebnisse lagen für ... bei ... EUR für ... bei ... EUR. Für ... wird ein ausgeglichenes Bilanzergebnis erwartet. Die Verluste in der Vergangenheit wurden durch private Mittel der Gesellschafter ausgeglichen.

Gleichzeitig hat sich die Beschäftigungssituation bei der Firma als zunehmend schwierig erwiesen. Im 1. und 4. Quartal ... mussten jeweils ca. 30 bis 40 gewerbliche Mitarbeiter in die Kurzarbeit entlassen werden; dabei fielen insgesamt ca. 30.000 Kurzarbeits-Stunden an. Im gesamten ersten Halbjahr ... waren es ca. 43.000 Kurzarbeits-Stunden; in der Spitze entsprach dies 61 gewerblichen Mitarbeitern. Der erhebliche Schwerpunkt der Kurzarbeit lag in den Bereichen Baubetrieb (Hochbau). Es ist davon auszugehen, dass zukünftig ähnliche Kurzarbeits-Aufwendungen erforderlich werden, falls es nicht zu einer Reduzierung der Anzahl der gewerblichen Mitarbeiter kommt.

Betriebsrat und Geschäftsleitung stimmen in der Beurteilung der weiteren Entwicklung überein. Angesichts des Preisdrucks am Markt im Baubereich und angesichts der nicht mehr weiter absenkbaren Sach- und Personalkosten und im Hinblick darauf, dass die Verluste der Firma bisher ausschließlich aus eigenen Mitteln der Anteilseigner aufgefangen wurden, verbleibt nur der Ausweg, Leistungen, die die Firma bislang am Markt angeboten hat, künftig durch externe, wesentlich preisgünstiger arbeitende Nachunternehmer-Firmen durchführen zu lassen sowie Personalkosten in erheblichem Umfang zu senken.

Zur Anpassung der Beschäftigungssituation der Firma an die zukünftigen wirtschaftlichen Notwendigkeiten und die prognostizierte konjunkturelle Entwicklung der Bauwirtschaft muss das Unternehmen die nachstehend beschriebenen, zwischen Geschäftsleitung und Betriebsrat vereinbarten Sanierungsmaßnahmen umgehend und vollständig initiieren.

§ 1 Strategische Sanierungsmaßnahmen

Bezogen auf einzelne organisatorische Betriebsbereiche der Firma stellen sich die notwendigen strategischen Maßnahmen wie folgt dar:

(1) Baubetrieb (Hochbau)

Die heutige Anzahl der Baufacharbeiter beträgt 109 Mitarbeiter. Zukünftig werden mit eigenen Mitarbeitern nur noch folgende Bauleistungen ausgeführt, so dass sich nur noch folgender Personalbedarf ergibt:

a) Tagelohnbauarbeiten bei Dauerkunden und in Industriebetrieben (Abrechnungs- und Stundenlohnarbeiten, Reparaturarbeiten, Hilfsleistungen sowie Ad-hoc-Aufträge): Dieser Bereich wird voraussichtlich unverändert fortgesetzt werden können. Der Personalbedarf in diesem Bereich beläuft sich wie bisher auf 30 Mitarbeiter.

b) Typische Baustellen der Firma unter Verwendung von Stahlbetonfertigteilen: Hierbei handelt es sich um Rohbauten oder Schlüsselfertigbauten, wo neben den Fertigteilbauweisen auch konventionelle Bauarbeiten auszuführen sind (zB Fundamente, Ortbeton-Treppenhäuser, Bodenplatten, Abmauerungen).

Die ineinander greifenden Arbeitsabfolgen zwischen diesen Leistungen und den Fertigteilmontagen lassen keinen Einsatz von dritten Werkvertragsunternehmen zu. Für eine durchschnittliche angenommene Anzahl von ca. 8 Stück solcher typischer Baustellen braucht das Unternehmen zukünftig 40 eigene Mitarbeiter.

c) Sanierungsbauarbeiten: Dieser Bereich wird auch in der Zukunft als moderat wachstumsorientiertes Betätigungsfeld für die Firma gesehen. Die hierzu erforderliche Anzahl der Mitarbeiter beträgt wie bisher 10 Arbeitnehmer.

d) Kleinstaufträge: Für Kleinstaufträge mit geringer Personalstärke und kurzen Ausführungsterminen werden nach derzeitiger Einschätzung weiterhin unverändert 9 Mitarbeiter benötigt.

e) Die sonstigen Rohbauleistungen im Bereich der Rohbau- und Schlüsselfertigbaustellen werden zukünftig von der Firma nur noch organisatorisch und bauaufsichtlich begleitet. Die praktische Bauabwicklung und Erbringung der Bauleistungen erfolgt im Wege der Auftragsvergabe an Nachunternehmer im Werkvertragsverhältnis. Die Firma wird hier in Zukunft nur noch als Generalunternehmer tätig sein, der entsprechende Nachunternehmer beauftragt.

Die Preisdifferenz zwischen den Nachunternehmerfirmen und dem eigenem Lohnkostenniveau wird für die marktgerechte Gestaltung der Baupreise genutzt. Dadurch entfällt zukünftig das Beschäftigungsbedürfnis für 19 Baufacharbeiter.

f) Die Anzahl der Aufsichtskräfte (Poliere bzw Werkpoliere) reduziert sich von 23 auf 20 Mitarbeiter. Damit kann die eigene Bauleistungserbringung und auch die Baustellenkoordination, Führung und Leitung der Nachunternehmer gewährleistet werden.

g) Die Anzahl der Geräteführer (Turmdrehkranfahrer) reduziert sich von sieben auf fünf Mitarbeiter. Die Anzahl der mobilen Baugeräteführer bleibt mit drei Mitarbeitern unverändert. Wegen betriebsinterner Umsetzungen gleichqualifizierter Mitarbeiter auf diese Arbeitsplätze werden in diesem Bereich jedoch insgesamt fünf Kündigungen der bislang dort beschäftigten Arbeitnehmer notwendig werden.

h) Durch die strategischen Sanierungsmaßnahmen wird ebenfalls das Weiterbeschäftigungsbedürfnis eines technischen Angestellten entfallen.

(2) Fertigbau

Die Produktion von Fertigteilen wird auch zukünftig weiterhin mit eigenen Mitarbeitern erfolgen, ebenso die Montage der Fertigteile. Bedingt durch betriebsinterne Umsetzungen aus dem Baubetrieb muss vier Mitarbeitern jedoch gekündigt werden.

Durch den rückläufigen Absatz von Fertiggaragen und durch Umorganisation der Arbeitsabläufe bei der Garagenmontage muss die Anzahl der Mitarbeiter in diesem Bereich von zwölf auf acht gesenkt werden. Zwei Mitarbeiter können aufgrund ihrer Qualifikation in den Baubetrieb umgesetzt werden. Zwei Mitarbeitern muss wegen Wegfalls des Beschäftigungsbedürfnisses gekündigt werden.

(3) Bauhof

Die bisher praktizierte logistische Betreuung der Baustellen – weitestgehend mit Eigenleistungen des Bauhofes – wird zukünftig nicht mehr aufrechterhalten werden können. Gründe sind die kostenintensive Vorhaltung von Geräten und deren Reparaturen sowie die nicht gewährleistete Auslastung des Personals.

Der eigene Geräte-, Schalungs- und Fuhrpark wird im Jahre ... erheblich reduziert und durch angemietete und fremdbeauftragte Lieferungen und Leistungen ersetzt. Wegen des hierdurch anfallenden bzw reduzierten Handlungs-, Reparatur- und Verwaltungsaufwandes entfallen die Arbeitsplätze für einen Schalungsvorbereiter sowie für drei Lkw-Fahrer.

(4) Hilfsbetriebe

a) Schlosserei

Aufgrund der geschilderten Marktsituation wird die Schlosserei zukünftig keine externen oder internen unabhängigen Schlosserarbeiten mehr ausführen, sondern ausschließlich als Notdienstmannschaft für Sofortreparaturen im Fertigteilwerk tätig sein. Hierdurch entfallen die Arbeitsplätze für sechs Mitarbeiter der Schlosserei. Davon wird ein Mitarbeiter betriebsintern umgesetzt und fünf Mitarbeiter werden gekündigt.

b) Kfz-Schlosserei

Mit Beginn des Jahres ... werden alle Pkw, Kombi und Bullifahrzeuge von der Firma über einen Fullservice-Leasingvertrag abgewickelt. Dazu gehört ein Reparaturservice und Waschdienst. Infolgedessen wird die Kfz-

Schlosserei geschlossen, so dass die fünf Arbeitsplätze der Kfz-Schlosserei auf Dauer entfallen. Aus diesem Bereich können drei Mitarbeiter betriebsintern umgesetzt werden, zwei Mitarbeitern muss gekündigt werden. Alle zukünftigen Mitarbeiter vom Bauhof und vom Hilfsbetrieb werden in einer Organisationseinheit zusammengefasst und betriebsübergreifend und flexibel eingesetzt.

§ 2 Geltungsbereich des Interessenausgleichs

(1) Dieser Interessenausgleich gilt für alle Mitarbeiter der Firma, die sich am Tag der Unterzeichnung des Interessenausgleichs in einem ungekündigten Arbeitsverhältnis zur Firma befinden, von den in § 1 vereinbarten strategischen Sanierungsmaßnahmen betroffen sind und deren Arbeitsverhältnisse voraussichtlich durch Kündigung beendet wird.

(2) Dieser Interessenausgleich gilt nicht

- für leitende Angestellte iSv § 5 Abs. 3 BetrVG,
- für Mitarbeiter, denen aus verhaltensbedingten Gründen gekündigt wird,
- für Mitarbeiter, die vor Unterzeichnung dieses Interessenausgleichs eine Eigenkündigung ausgesprochen haben,
- für Mitarbeiter, die die Wartefrist nach § 1 KSchG nicht erfüllt haben,
- für Mitarbeiter, die sich in einem befristeten Arbeitsverhältnis befinden.

§ 3 Gesetzliche Rechte, Information der Mitarbeiter

(1) Alle personellen Maßnahmen aus Anlass der strategischen Sanierungsmaßnahmen gem. § 1 werden im Rahmen des Betriebsverfassungsgesetzes unter Wahrung der gesetzlichen und tariflichen Rechte des Betriebsrats und der Mitarbeiterinnen und Mitarbeiter durchgeführt.

(2) Allen von diesem Interessenausgleich betroffenen Mitarbeitern sollen die Konsequenzen und Zusammenhänge dieses Interessenausgleichs mündlich durch die Personalabteilung erläutert werden. Zu solchen Einzelgesprächen kann jeder Mitarbeiter auf Wunsch ein Mitglied des Betriebsrats hinzuziehen.

(3) Bei der Kündigung eines Schwerbehinderten ist die Zustimmung des Integrationsamts einzuholen. Bei der Kündigung von Mitarbeitern, die sich im Wehr- oder Zivildienst befinden, ist die Zustimmung der zuständigen staatlichen Stelle einzuholen.

§ 4 Beendigung der Arbeitsverhältnisse

(1) Die Arbeitsverhältnisse können durch Aufhebungsvertrag, Abwicklungsvertrag oder Kündigung beendet werden.

(2) Bei Kündigung eines Mitarbeiters ist die arbeitsvertragliche oder tarifliche Kündigungsfrist zu beachten. Die Kündigungsfrist wird bei Arbeitnehmern mit einer Kündigungsfrist bis zu drei Monaten um einen Monat, bei Arbeitnehmern mit einer Kündigungsfrist bis zu sieben Monaten um zwei Monate verlängert.

(3) Die Parteien stimmen darin überein, dass die Kündigungen bis zum ... ausgesprochen werden sollen.

(4) Etwaige unverfallbare Betriebsrentenanwartschaften bleiben von der Firma anerkannt und führen gemäß dem Gesetz über betriebliche Altersversorgung und unter Wahrung arbeitsvertraglicher und betrieblicher Normen zu entsprechenden Ansprüchen gegen die Firma.

§ 5 Namensliste

(1) Eine Liste der Mitarbeiter, die von den in der Präambel genannten Maßnahmen durch Beendigung des Arbeitsverhältnisses betroffen sind, ist dem Interessenausgleich als Anlage beigefügt.

(2) Die Namensliste ist von den Vertragspartnern zu unterzeichnen und wird vor dessen Unterzeichnung fest an den Text des Interessenausgleichs geheftet und so mit diesem verbunden. Es handelt sich um eine Namensliste iSv § 1 Abs. 5 KSchG.

§ 6 Personelle Maßnahmen

(1) Die Parteien stimmen darin überein, dass die von den Sanierungsmaßnahmen betroffenen Arbeitnehmer zum ... innerhalb der Firma in einer betriebsorganisatorisch eigenständigen Einheit zusammengefasst werden. Durch diese Maßnahme soll den Mitarbeitern die Möglichkeit geschaffen werden, an Qualifizierungs- und ähnlichen Weiterbildungsmaßnahmen teilzunehmen. Die Firma wird der Agentur für Arbeit die Schaffung der betriebsorganisatorisch eigenständigen Einheit anzeigen und die Zahlung von Transferkurzarbeitergeld gem. § 111 SGB III beantragen.

(2) Für die bei der Umsetzung der Maßnahmen durch Kündigung betroffenen Arbeitsverhältnisse können unverzüglich die erforderlichen betriebsbedingten Kündigungen ausgesprochen werden.

(3) Die betroffenen gewerblichen Mitarbeiter bzw Mitarbeiterinnen sind verpflichtet, den ihnen noch zustehenden Jahresurlaub ... vor ihrem Ausscheiden nach Absprache mit der Geschäftsleitung zu nehmen.

(4) Die betroffenen Angestellten/Poliere sind verpflichtet, vor ihrem Ausscheiden den ihnen noch zustehenden Urlaub aus ... bzw ... vor ihrem Ausscheiden nach Absprache mit der Geschäftsleitung zu nehmen.

§ 7 Anhörung des Betriebsrats

Der Betriebsrat wurde über die für die Sozialauswahl relevanten Merkmale aller Mitarbeiter unter Vorlage von Unterlagen unterrichtet. Dem Betriebsrat wurden ferner Unterlagen über alle Mitarbeiter übergeben. Die Unterlagen enthielten u.a. Angaben zur Person (Nachname, Vorname), zu Sozialdaten (Betriebszugehörigkeit, Alter, Unterhaltspflichten, Schwerbehinderteneigenschaft), zu individuellen Kündigungsfristen, zur Art der derzeitigen Beschäftigung und zu sonstigen Aspekten, die einen besonderen Kündigungsschutz begründen (Betriebsratsmitgliedschaft, Schwerbehinderung etc.).

Für die erforderlich werdenden Kündigungen aus dringenden betrieblichen Erfordernissen haben die Betriebspartner nachstehende Auswahlrichtlinien gem. § 1 Abs. 3 Satz 1 KSchG vereinbart, nach denen die sozialen Gesichtspunkte bei der Auswahl von Mitarbeitern zur Kündigung zu werten sind:

1. Betriebszugehörigkeit: 1 Punkt pro Jahr
2. Lebensalter: 1 Punkt pro Lebensjahr ab dem 18. Lebensjahr
3. Unterhaltsberechtigte Kinder: 4 Punkte pro Kind
4. Unterhaltsberechtigter Ehegatte: 4 Punkte
5. Schwerbehinderung: 6 Punkte

Für die Berechnung von Betriebszugehörigkeit und Lebensalter wird als Stichtag der ... zugrunde gelegt. Für die Feststellung, ob ein unterhaltspflichtiger Ehegatte oder unterhaltspflichtige Kinder vorhanden sind, wird zunächst pauschal auf die Angaben in den Lohnsteuerkarten der Arbeitnehmer zurückgegriffen.[260]

Betriebsratsmitglieder werden aus der Sozialauswahl herausgenommen.

Die soziale Auswahl der Mitarbeiter erfolgt durch eine Vorauswahl nach dem vorstehenden Punkteschema und anschließender individueller Abschlussprüfung.

Die Berücksichtigung berechtigter betrieblicher Interessen, die es iSv § 1 Abs. 3 Satz 2 KSchG erforderlich machen, einzelne Arbeitnehmer nicht in die soziale Auswahl einzubeziehen, bleibt hiervon unberührt.

Die Geschäftsleitung hat den Betriebsrat gem. § 102 BetrVG gebeten, den nach § 5 beabsichtigten Kündigungen nicht zu widersprechen. Der Betriebsrat hat über diesen Antrag beraten und nachfolgenden Beschluss getroffen:

In der Zustimmung zum Interessenausgleich liegt nach Durchsicht der Unterlagen und nach Rücksprache mit der Geschäftsleitung in Einzelfällen gemäß einem gesonderten Beschluss zugleich die Erklärung, im Rahmen

---

[260] Aus Gründen der Rechtssicherheit wird davon abgeraten, die Unterhaltspflichten allein aus der Lohnsteuerkarte zu entnehmen; zu den Einzelheiten s. § 5 Rn 194.

des Anhörungsverfahrens nach § 102 BetrVG zu den beabsichtigten Kündigungen keine weitergehende Stellungnahme abgeben zu wollen.

Auf Wunsch des Betriebsrats kann deshalb von der Firma auf die Fristen gem. § 102 Abs. 2 BetrVG mit Unterzeichnung dieser Vereinbarung verzichtet werden.

Dieser Interessenausgleich gilt zugleich als Stellungnahme des Betriebsrats zu der Meldung nach § 17 KSchG und in den Verfahren nach §§ 85 ff SGB IX.

§ 8 Inkrafttreten

Der Interessenausgleich tritt mit der Unterzeichnung durch die Vertragsparteien in Kraft. Er endet zum ....

10. Muster: Teilbetriebsveräußerung, Verschmelzung und Betriebsstättenverlegung

Zwischen

der Geschäftsführung der R-... GmbH

in Vollmacht und Vertretung zugleich für die

R-... GmbH in D

R-... GmbH in H

R-... GmbH in M

– nachstehend: R –

und

dem Gesamtbetriebsrat der R in Vollmacht und Vertretung der Einzelbetriebsräte der o.g. Gesellschaften

wird folgender Interessenausgleich vereinbart:

§ 1 Ziel

Die R soll mit der V Vertrieb GmbH zusammengeführt werden, die Aktivitäten des Geschäftsbereiches ... an Dritte veräußert bzw Teilbetriebe in den Geschäftsbereich W integriert werden.

Darüber hinaus sollen im Rahmen der geplanten Zusammenführung/Verschmelzung der R mit der V Rationalisierungs- und Anpassungsmaßnahmen durchgeführt werden.

Im Zusammenhang mit diesen Maßnahmen wird Folgendes vereinbart:

§ 2 Integration von Teilbetrieben/Abteilungen in den R Geschäftsbereich

(1) Die Betriebsstätten B und F des Geschäftsbereiches ... sollen aufgegeben werden. Davon betroffen sind in erster Linie die Mitarbeiter der Abteilungen des Anlagenbaues.

(2) Die von dieser Betriebsaufgabe nicht betroffenen Mitarbeiter sollen ihre Aufgaben innerhalb des Geschäftsbereiches Wärmedienst weiterführen und demnach auf die R gem. § 613 a BGB übergehen. Ein Ortswechsel im Rahmen dieser Betriebsänderung findet nicht statt.

(3) Bevor im Rahmen dieser Maßnahmen an den Standorten betriebsbedingte Kündigungen ausgesprochen werden, verpflichtet sich der Arbeitgeber, den von der Kündigung betroffenen Arbeitnehmern zurzeit freie oder geplante Arbeitsplätze nach dem im Sozialplan vorgesehenen Verfahren anzubieten.

(4) Eine vor Ausspruch der Kündigungen durchzuführende Sozialauswahl erfolgt im Rahmen der gesetzlichen Bestimmungen unter Einbeziehung aller an den betroffenen Standorten beschäftigten Arbeitnehmern der R.

(5) Für den Fall von Entlassungen wird ein Sozialplan vereinbart.

§ 3 Veräußerung von Betriebsteilen

(1) Von Betriebsänderungen werden aus heutiger Sicht folgende Betriebsstätten betroffen sein: ...

(2) Soweit Standorte an Dritte veräußert werden, verpflichtet sich R in den Verträgen mit den Käufern zur Sicherung der Rechte der betroffenen Mitarbeiter Folgendes festzulegen:

a) Die betroffenen Mitarbeiter werden gem. § 613a BGB unter Wahrung ihres gesamten arbeitsrechtlichen und sozialen Besitzstandes übergeleitet.

b) Der soziale Besitzstand umfasst die bisherige kündigungsrechtliche und betriebsverfassungsrechtliche Stellung der Arbeitnehmer bzw der Belegschaft.

c) Werden die vom Betriebsübergang betroffenen Mitarbeiterinnen und Mitarbeiter innerhalb eines Jahres nach Betriebsübergang betriebsbedingt gekündigt, so erhalten sie Leistungen nach dem Sozialplan. Für diesen Sozialplananspruch haftet neben dem Übernehmer die Firma R gesamtschuldnerisch.

d) Für Mitarbeiterinnen/Mitarbeiter, die dem Betriebsübergang (der Veräußerung) widersprechen, findet der Sozialplan keine Anwendung, es sei denn, der Widerspruch erfolgt aus beachtlichen Gründen. Ob und in welcher Höhe in diesen Fällen ein Abfindungsanspruch entsteht, entscheiden Geschäftsführung und Arbeitsgemeinschaft der Betriebsräte im Einzelfall.

e) Die Ausbildungsverhältnisse müssen im Rahmen der Veräußerung von den Erwerbern übernommen und erfüllt werden.

f) Die Zusagen auf eine betriebliche Altersversorgung sind vom Übernehmer möglichst fortzuführen. Können oder sollen sie nicht fortgeführt werden, wird R den betroffenen Mitarbeiterinnen/Mitarbeitern ein Angebot zur Abfindung der Versorgungszusage unterbreiten (vgl Protokollnotiz gemäß Anlage).

g) Der Übernehmer ist darauf zu verpflichten, entweder die gleiche Tarifbindung einzugehen wie R oder im Falle einer anderweitigen Tarifbindung mit den Beschäftigten eine Übergangsregelung (Besitzstandswahrung) bis zum Ablauf der einjährigen Schutzfrist zu vereinbaren.

(3) Die Arbeitsgemeinschaft der Betriebsräte erhält in Vollmacht und Vertretung der Einzelbetriebsräte der o.g. Gesellschaften entsprechend § 126 Abs. 3 UmwG die für die Veräußerung maßgebenden Vertragswerke zur Beratung und Erörterung.

§ 4 Betriebsübergang bei Zusammenführung/Verschmelzung der Unternehmensbereiche R und V

(1) Für alle Maßnahmen, die sich aus der Zusammenführung/Verschmelzung der Unternehmensbereiche R und V ergeben, gelten die unter § 2 dieses Interessenausgleichs vereinbarten Regelungen. Von dieser Betriebsänderung werden aus heutiger Sicht ausschließlich Arbeitnehmer der R betroffen sein.

(2) Soweit von diesen Maßnahmen auch Interessen der Arbeitnehmervertretungen der V betroffen sind, werden die zuständigen Betriebsräte versuchen, Einvernehmen über die einheitliche Anwendung der Inhalte dieses Interessenausgleichs zu erzielen. Hierüber wird ggf ein gesonderter Interessenausgleich durchzuführen sein.

§ 5 Sozialplan

Der auf Basis dieses Interessenausgleiches verabschiedete Sozialplan gilt für alle betriebsbedingten Kündigungen innerhalb der Laufzeit bis zum ...

In Fällen der Veräußerung gem. § 3 dieser Vereinbarung gilt als Laufzeit ein Jahr vom Zeitpunkt des Betriebsübergangs an gerechnet.

↑

11. Muster: Umwandlung von Vertriebsbüros in Technische Büros[261]

Zwischen

der Firma ...

– nachstehend: H –

und

dem Betriebsrat für den Standort ...

wird gem. § 112 Abs. 1 BetrVG folgender Interessenausgleich abgeschlossen:

Präambel

In den zurückliegenden Monaten wurde das Konzept der Vertriebsstandorte weiterentwickelt, woraus sich eine geplante Anpassung an die veränderten Markt- und Verkehrsbedingungen ergeben hat. Die zukünftige Struktur sieht neben den Vertriebszentren und Geschäftsstellen zusätzlich Technische Büros sowie Service-Stützpunkte und Teilarbeitsplätze zu Hause vor. Dadurch werden Reaktions- und Fahrtzeiten vor allem im Bereich des Kundendienstes reduziert. Weiterhin können die Veränderung der Verkaufsstruktur (Verstärkung des Partnergeschäftes und die Orientierung an Branchen und Industrien und weniger an der Geographie) flexibler umgesetzt werden.

Die Mitarbeiterinnen und Mitarbeiter und Betriebsräte wurden am ... über die Planungen unterrichtet, die noch nicht abgeschlossen sind. Entsprechende Arbeitsgruppen, die mit Mitgliedern des Gesamtbetriebsrats bzw Mitgliedern der örtlich betroffenen Betriebsräte und mit Mitgliedern des Managements von H besetzt sind, wurden etabliert.

Mit Rücksicht hierauf wird Folgendes vereinbart:

§ 1

Die Geschäftsstellen D, M, K und U werden zu Technischen Büros umgewandelt, die für Kundendienst, Verkauf und Systemintegration zuständig sind. Die administrative Unterstützung wird nicht mehr im Technischen Büro durchgeführt, sondern vom nächstgelegenen Vertriebszentrum aus geleistet.

§ 2

Von den Veränderungen sind die in der Anlage namentlich genannten Mitarbeiterinnen und Mitarbeiter an den jeweiligen Standorten betroffen. Die noch nicht feststehenden betroffenen Mitarbeiterinnen und Mitarbeiter des Kundendienstes werden im Einvernehmen mit dem Gesamtbetriebsrat bzw den Einzelbetriebsräten ergänzt, sobald das Service-Stützpunkt-Konzept vorliegt, spätestens bis zum ...

§ 3

Der Zeitpunkt der Veränderung der administrativen Unterstützung beginnt nicht vor dem ... und wird spätestens zum ... beendet sein. Aufgrund von heute nicht vorhersehbaren betrieblichen oder sonstigen Umständen können sich diese Termine in Abstimmung mit den Betriebsräten verändern. Die von der Veränderung betroffenen Mitarbeiterinnen und Mitarbeiter werden unverzüglich nach Abschluss dieser Vereinbarung von dem Veränderungstermin unterrichtet. Etwaige Änderungen werden unverzüglich mitgeteilt.

§ 4

Mit der Umorganisation ist nicht die Absicht des Personalabbaus verbunden. Deshalb wird es für die in der Anlage genannten Mitarbeiterinnen und Mitarbeiter keine betriebsbedingten Beendigungskündigungen geben. H wird allen von der Veränderung betroffenen Mitarbeiterinnen und Mitarbeitern einen gleichwertigen

---

[261] Dieser Text ist das Pendant zu Muster 5725.

Arbeitsplatz im künftigen Technischen Büro anbieten, soweit entsprechende Arbeitsplätze frei sind oder frei werden oder neu geschaffen werden und die Mitarbeiterinnen und Mitarbeiter für diese Arbeitsplätze geeignet sind. Sind am bisherigen Standort keine oder nicht genügend freie Arbeitsplätze vorhanden, dann sind diese Arbeitsplätze bevorzugt sozial besonders schutzwürdigen Arbeitnehmern anzubieten. H wird in jedem Fall allen von der Veränderung betroffenen Mitarbeiterinnen und Mitarbeitern einen gleichwertigen Arbeitsplatz in dem nächstgelegenen Vertriebszentrum anbieten. Es besteht Übereinstimmung, dass diese Arbeitsplätze den von der Veränderung betroffenen Mitarbeiterinnen und Mitarbeitern vorrangig und ausschließlich angeboten werden. Die Mitarbeiterinnen und Mitarbeiter können sich auch darüber hinaus auf andere Stellen bewerben, aber nur bis zum Ablauf der im Sozialplan festgelegten Überlegungsfrist. Eine interne Stellenausschreibung findet nicht bzw erst dann statt, wenn nicht genügend betroffene Mitarbeiterinnen und Mitarbeiter die entsprechenden Arbeitsplatzangebote angenommen haben.

Im Hinblick auf die Mitarbeiterinnen und Mitarbeiter des Kundendienstes erfolgt primär eine Veränderung des Arbeitsortes, die jedoch auch mit einer Umstrukturierung der Arbeitsaufgaben und eventuell einer anderen organisatorischen Zuordnung verbunden sein kann. Einzelheiten werden im Stützpunkt-Konzept wie unter § 2 noch ergänzend festgelegt.

§ 5

H legt Wert darauf, alle mit den betroffenen Mitarbeiterinnen und Mitarbeitern zu lösenden Fragen und Probleme einvernehmlich zu regeln. H ist jedoch an einseitigen Maßnahmen, insbesondere dem Ausspruch von Änderungskündigungen, nicht gehindert. Die Mitbestimmungsrechte der Betriebsräte bei Ausspruch von Änderungskündigungen bzw Kündigungen bleiben unberührt. Sofern dabei die Festlegung des Interessenausgleichs und des Sozialplans eingehalten werden, erklärt der jeweilige Betriebsrat jedoch bereits jetzt, dass er den Versetzungen innerhalb der Standorte und an andere Standorte zustimmt bzw keinen Widerspruch erhebt.

§ 6

Für die wirtschaftlichen und sonstigen Nachteile, die durch die festgelegten Maßnahmen entstehen, wird für die betroffenen Mitarbeiterinnen und Mitarbeiter ein Sozialplan abgeschlossen.

12. Muster: Verflachte Hierarchie, Verbesserung des Leistungsmanagements, Einführung von TQM

Zwischen

der Firma ...

und

dem Gesamtbetriebsrat der Firma ...

wird iSv §§ 87 Abs. 1 Nr. 10 und 11, 94, 98 und 111 ff BetrVG folgende Gesamtbetriebsvereinbarung zur

a) effizienten Organisation durch flachere Hierarchie und Umorganisation im Bereich Technik im Allgemeinen – Teil A
b) Einführung eines Leistungsmanagements – Teil B
c) Einführung von Workshops und Trainingsmaßnahmen auf der Basis des Modells der European Foundation for Quality Management (EFQM) – Teil C

geschlossen:

Teil A: Effiziente Organisation durch flachere Hierarchie und Umorganisation im Bereich Technik im Allgemeinen

Präambel

(1) Beide Vertragspartner stimmen darin überein, dass aufgrund des zunehmenden Wettbewerbsdrucks auf dem ...-Markt die Sicherung der Wirtschaftlichkeit der Firma und damit aller Arbeitsplätze in Zukunft nur gewährleistet ist, wenn in der Firma durch einen kontinuierlichen Veränderungsprozess ein flächendeckendes, kundenorientiertes und qualitäts- und kostenbewusstes Handeln eingeleitet und durchgeführt wird.

(2) Voraussetzung für eine solche erfolgreiche Unternehmensstrategie ist eine leistungsfähige und kundennahe Organisation, die die Arbeitsabläufe optimiert und die Aufgaben hinsichtlich der Kompetenz und Verantwortung delegiert und bereichsübergreifende Arbeiten sowie Team- und Projektarbeiten entwickelt und fördert.

(3) Deshalb sehen beide Vertragspartner die Notwendigkeit, die bestehende Organisation den künftigen Marktanforderungen anzupassen und einen Unternehmenswertewandel auf der Grundlage einer systematischen Organisations- und Personalplanung einzuleiten.

§ 1 Geltungsbereich und Gegenstand der Vereinbarung

(1) Diese Vereinbarung gilt für alle Mitarbeiterinnen und Mitarbeiter einschl. Führungskräfte, die von den nachstehend genannten Maßnahmen betroffen sind (nachstehend Mitarbeiter genannt). Sie gilt nicht für leitende Angestellte iSv § 5 Abs. 3 BetrVG.

(2) Gegenstand dieser Vereinbarung sind folgende geplante Maßnahmen:

a) Die Neustrukturierung der Technik-Aufgaben in den Niederlassungen.

b) Die Schaffung einer effizienteren Organisation insbesondere durch einen Verzicht auf Neubesetzung freiwerdender Gruppenleiterfunktionen und Entwicklung und Förderung von Team- und Projektgruppen.

§ 2 Einleitung von Maßnahmen

(1) Vor Umsetzung der einzelnen Maßnahmen in den Standorten der Zentralen bzw den jeweiligen Niederlassungen ist der zuständige Betriebsrat rechtzeitig und umfassend anhand von Unterlagen zu unterrichten, insbesondere über die Auswirkungen auf die einzelnen Mitarbeiter bzw Führungskräfte sowie hinsichtlich der Personalplanung.

(2) Die Geschäftsführung hat mit dem Betriebsrat über Art und Umfang der personellen Auswirkungen zu beraten. Während der Beratung mit dem Betriebsrat werden keine personellen Einzelmaßnahmen im Zusammenhang mit der geplanten Änderung durchgeführt.

Soweit keine Einigung erzielt wird, entscheidet die betriebliche Schiedsstelle.

§ 3 Organisatorische Maßnahmen

(1) Neustrukturierung der Technik-Aufgaben in den Niederlassungen

a) Künftig werden die zwei Aufgabenfelder in den Planungszentren (Planung/Ausbauaufgaben) und in den Betriebszentren (Betriebsaufgaben) auf einen Leiter für Technikaufgaben konzentriert.

b) Die Struktur der künftigen Technikzentren ist in der Anlage 1 zu dieser Vereinbarung festgelegt, wobei das Aufgabenfeld ... noch einmal mit dem Gesamtbetriebsrat dahin gehend vereinbart wird, in welchem Umfang Kapazitäten des Technikbereiches der Niederlassungen für die Betreuung unserer Kunden genutzt werden können. Insbesondere ist zu prüfen, wie Mitarbeiter der Betriebsbüros in den technischen Kundenservice der Niederlassungen eingebunden werden können.

Dabei ist eine Implementierung der Betriebsbüros in mögliche flächendeckende Kundencenter mit Synergieeffekten der AG zu analysieren.

Die Zuordnung des technischen Kundenservice zum Bereich Kundenbetreuung wird Gegenstand der Analyse.

Die Neustrukturierung erfordert auch eine Anpassung der Organisationsstruktur im Geschäftsbereich Technik in der Zentrale.

Alle vorstehend genannten Anpassungsmaßnahmen sind vor ihrer Einführung mit dem Gesamtbetriebsrat zu beraten und einvernehmlich festzulegen.

Ein Strukturvorschlag ist in der Anlage 2 aufgeführt.

(2) Effiziente Organisation durch flachere Hierarchie

a) Beide Vertragspartner stimmen grundsätzlich darin überein, dass die bisherigen Gruppenleiter in ihrer Funktion zu unveränderten Bedingungen von der Firma weiterbeschäftigt werden.

Freiwerdende Gruppenleiterfunktionen werden nicht wieder besetzt und bei Neueinstellungen nicht mehr als solche ausgeschrieben.

Im Rahmen des Ziels einer flacheren Hierarchie im Unternehmen wird grundsätzlich geprüft und mit dem Betriebsrat beraten, ob eine freiwerdende Stelle – mit oder ohne Führungsverantwortung – mit der gleichen hierarchischen Einstufung wiederbesetzt wird.

b) Es werden aus großen Abteilungen, die unterteilt werden können, Teams gebildet, die im Rahmen der zugewiesenen Aufgaben eigenverantwortlich arbeiten.

Je nach Führungsspanne können daraus auch zusätzliche Abteilungen entstehen.

Darüber hinaus können auch bereichsübergreifende Teams bzw Projektgruppen gebildet werden, die aus aktuellen Gründen ein spezielles betriebliches Erfordernis bearbeiten.

Die Teams bzw Projektgruppen werden von einem Sprecher/Leiter betreut. Die Zuordnung der Aufgabenfelder ist von der Qualifikation des Sprechers/Leiters abhängig.

c) Die Aufgaben bzw Größe der Teams bzw Projektgruppen sind mit dem zuständigen Betriebsrat einvernehmlich abzustimmen. Auf Verlangen des Betriebsrats ist die Teamsprecherstelle vorher innerbetrieblich auszuschreiben.

§ 4 Standort- und Arbeitsplatzsicherung

(1) Im Zusammenhang mit den Maßnahmen nach dieser Vereinbarung und weiteren Betriebsänderungen werden keine betriebsbedingten Kündigungen ausgesprochen.

(2) Der Personalstellenplan auf Vollzeitbasis für ... ist als Anlage 3 beigefügt und ist verbindlicher Bestandteil hinsichtlich der Sicherung der Standorte und der Anzahl der Arbeitsplätze für die Laufzeit dieser Vereinbarung.

Der rechnerische Personalüberhang von 60 Vollzeitkräften wird nicht durch betriebsbedingte Kündigungen abgebaut, sondern im Wege der Fluktuation. Für neue zusätzliche Aufgaben wird der Stellenplan entsprechend angepasst.

(3) Sind personelle Anpassungen als Folge von Maßnahmen nach Teil A § 3 dieser Vereinbarung erforderlich, können Um- bzw Versetzungen zwischen den Geschäftsbereichen Produktmanagement/Zentrale Aufgaben, Vertrieb, Technik, Finanzen, Personal/Recht und Kundenbetreuung/Informationsverarbeitung vorgenommen werden, soweit die Grundsätze der Teil A §§ 5 und 6 dieser Vereinbarung eingehalten worden sind.

(4) Die Firma ist verpflichtet, dem Gesamtbetriebsrat und den örtlichen Betriebsräten mindestens einmal vierteljährlich die vollständige Personalplanung mit den wirtschaftlichen Ergebnissen des laufenden Geschäftsjahres anhand von Unterlagen vorzulegen und mit ihnen zu beraten, insbesondere folgende Planungen/Ergebnisse (Soll/Ist-Vergleich):

- Stellenplan und Personaleinsatzplan
- Personalkostenplan

- Personalbeschaffungs- und/oder Personalabbauplan
- Personalentwicklungs- bzw Qualifizierungsplan
- Fluktuationsstatistik
- Erlös- und Kostenübersichten für die jeweiligen Bereiche.

Die Rechte des Wirtschaftsausschusses nach dem BetrVG bleiben hiervon unberührt.

§ 5 Grundsätze bei personellen Maßnahmen

(1) Die Firma verpflichtet sich, bei allen personellen Maßnahmen den zuständigen Betriebsrat zu Beginn der Planungsphase, dh in jedem Fall bevor die Entscheidung gefallen ist, umfassend und unter Vorlage der erforderlichen Unterlagen zu informieren.

(2) Um- bzw Versetzungen können nur im Einvernehmen mit dem Betriebsrat und dem Mitarbeiter bzw der Führungskraft vorgenommen werden. Sollte keine Einigung erzielt werden, entscheidet die betriebliche Schiedsstelle darüber. Bis zum Abschluss des Verfahrens werden die personellen Maßnahmen ausgesetzt.

(3) Vor Abschluss eines Aufhebungsvertrages ist der zuständige Betriebsrat zu informieren. Zwischen dem schriftlichen Angebot auf Abschluss eines Aufhebungsvertrages und der Unterzeichnung muss ein Zeitraum von mindestens sieben Tagen liegen.

Bei Zahlung einer Abfindung wegen betriebsbedingter Beendigung des Arbeitsverhältnisses wird mindestens 0,7 eines Monatsentgeltes pro Betriebszugehörigkeitsjahr gezahlt.

(4) Freiwerdende Stellen, die wieder besetzt werden sollen, werden grundsätzlich innerbetrieblich ausgeschrieben, es sei denn, der Betriebsrat verzichtet auf eine Ausschreibung. Beim Wechsel innerhalb des Konzerns werden Abfindungen nicht gezahlt.

§ 6 Zumutbarkeit von Um- bzw Versetzungen

(1) Sollten Mitarbeiter bzw Führungskräfte infolge der Maßnahmen nach § 3 dieser Vereinbarung um- bzw versetzt werden müssen, so haben die Betroffenen grundsätzlich einen Anspruch auf einen gleichwertigen und zumutbaren Arbeitsplatz im Unternehmen. Dabei sind die Wünsche der Betroffenen mit zu berücksichtigen.

(2) Ein gleichwertiger und zumutbarer Arbeitsplatz muss in funktioneller, materieller, regionaler und sozialer Hinsicht gegeben sein.

Die funktionale Zumutbarkeit ist gegeben, wenn die Anforderungen des neuen Arbeitsplatzes der Qualifikation (Ausbildung, Erfahrung, bisherige Tätigkeit) des Mitarbeiters bzw der Führungskraft entsprechen oder wenn dieser die erforderliche Qualifikation durch eine vom Unternehmen angebotenen Umschulungs- oder Fortbildungsmaßnahme erwerben kann.

Die materielle Zumutbarkeit ist gegeben, wenn das Jahreseinkommen auf dem neuen gleichwertigen Arbeitsplatz dem des bisherigen Arbeitsplatzes mindestens entspricht.

Die regionale Zumutbarkeit ist gegeben, wenn der Betroffene den neuen Arbeitsplatz unter ähnlichen Bedingungen erreichen kann wie den bisherigen Arbeitsplatz. Dies ist der Fall, wenn die neue tägliche Gesamtwegezeit (Hin- und Rückfahrt) zwischen Wohnort und neuer Arbeitsstelle insgesamt nicht mehr als zwei Stunden beträgt.

Die soziale Zumutbarkeit ist gegeben, wenn die sozialen Belange des Mitarbeiters bzw der Führungskraft berücksichtigt sind. Hierzu gehören insbesondere die Ortsbindung durch Wohnungseigentum, die Bedürfnisse schulpflichtiger Kinder und unterhaltspflichtiger Angehöriger.

Über die Frage der Zumutbarkeit entscheidet im Nichteinigungsfall die betriebliche Schiedsstelle.

(3) Nimmt der Mitarbeiter bzw die Führungskraft einen zumutbaren Arbeitsplatz nicht an, entfallen alle Ansprüche aus dieser Vereinbarung.

(4) Dem Betroffenen sind für die neuen bzw veränderten Arbeitsplatzanforderungen die erforderlichen Kenntnisse in Seminaren zu vermitteln. Hiervon kann abgewichen werden, wenn die ordnungsgemäße Einarbeitung unter Anleitung am neuen Arbeitsplatz (temporäre Doppelbesetzung) gewährleistet ist und der Betriebsrat zugestimmt hat.

(5) Im Übrigen gelten die Regelungen der Umzugsrichtlinie vom ...

§ 7 Umschulungs- bzw Fortbildungsmaßnahmen

(1) Die für die vorstehend genannten Umschulungs- bzw Fortbildungsmaßnahmen notwendigen Seminarangebote sind möglichst im Rahmen der innerbetrieblichen Weiterbildung durchzuführen. Allerdings darf sich das Angebot an Weiterbildungsplätzen für die anderen Mitarbeiter bzw Führungskräfte nicht verringern.

(2) Eine Umschulungs- bzw Fortbildungsmaßnahme ist grundsätzlich ohne Minderung des monatlichen Arbeitsentgeltes und während der regelmäßigen Arbeitszeit durchzuführen. In Ausnahmefällen kann mit Zustimmung des Betriebsrats auch außerhalb der regelmäßigen Arbeitszeit eine Umschulungs- bzw Fortbildungsmaßnahme durchgeführt werden, wobei diese Zeiten auf die regelmäßige Arbeitszeit angerechnet werden. Die Firma trägt sämtliche persönlichen und sachlichen Kosten der Umschulungs- bzw Fortbildungsmaßnahmen.

(3) Das Angebot und die Durchführung einschl. der Seminarinhalte von Bildungsmaßnahmen geschieht in Zusammenarbeit und gem. § 98 BetrVG mit Zustimmung des Betriebsrats.

§ 8 Zwischenzeugnis

Den Betroffenen wird auf Verlangen jederzeit ein qualifiziertes Zwischenzeugnis ausgestellt.

§ 9 Meinungsverschiedenheiten

Über Auslegungsstreitigkeiten bzw die Anwendung dieser Vereinbarung entscheidet die betriebliche Schiedsstelle.

§ 10 Schlussbestimmungen/Laufzeit

(1) Günstigere arbeitsvertragliche oder tarifliche Regelungen bleiben von diesen Bestimmungen unberührt. Sollten eine oder mehrere Regelungen dieser Vereinbarung unwirksam sein oder werden, so wird dadurch nicht die Wirksamkeit der gesamten Vereinbarung beeinträchtigt. Die unwirksame Bestimmung kann durch eine solche ersetzt werden, die dem von den Parteien beabsichtigten Zweck am nächsten kommt.

(2) Diese Vereinbarung tritt mit der Unterzeichnung in Kraft und endet zum ... Sollten die Maßnahmen nach § 3 dieser Vereinbarung bis zum Ende der Laufzeit dieser Vereinbarung noch nicht abgeschlossen sein, gelten diese Regelungen bis zum Abschluss einer neuen Vereinbarung weiter.

Teil B: Einführung eines Leistungsmanagements

Präambel

(1) Ein effizientes Leistungsmanagement dient zur Steuerung von Motivations-, Entwicklungs- und Leistungsprozessen im Unternehmen. Hierbei stehen die Unternehmensziele und Interessen der Mitarbeiter an humanen Arbeitsbedingungen gleichberechtigt nebeneinander. Eine Beschränkung auf Steigerung der Produktivität ist ausgeschlossen. Dies wird erreicht durch eine Verknüpfung von Unternehmens-, Geschäftsfeld- und Prozesszielen mit den Zielen der Teams und denen der einzelnen Führungskräfte.

(2) Zur Aufgabenerfüllung brauchen alle Mitarbeiter und Führungskräfte eine klare Zielorientierung und Feedback über die erzielten Ergebnisse. Darüber hinaus sind Qualifikations- und Entwicklungsperspektiven im Unternehmen aufzuzeigen und durchzuführen, um diese Ziele zu realisieren.

(3) Um diese Ziele einzuleiten, wird das Leistungsmanagement systematisch in der Firma eingesetzt.

§ 1 Geltungsbereich

(1) Die nachfolgenden Regelungen gelten für alle Mitarbeiter der Firma und Führungskräfte auf der Ebene der Hauptabteilungsleiter und Abteilungsleiter sowie für die gleichgestellten Positionen der Fachgebietsleiter und Fachleiter.

(2) Sie gilt nicht für leitende Angestellte iSd § 5 Abs. 3 BetrVG.

§ 2 Systembestandteile des Leistungsmanagements

(1) Zur ergebnisorientierten Umsetzung des Leistungsmanagements werden im Unternehmen folgende Instrumente implementiert:

a) Das kunden- und marktorientierte Arbeitsprofil,

b) das Ziel- und Ergebnisgespräch,

c) das Leistungsbeurteilungsgespräch.

(2) Durch die Anwendung dieser Instrumente soll die Bildung einer Vertrauenskultur in der Firma gefördert werden.

§ 3 Einführung und Inhalte des Leistungsmanagements

(1) Das Arbeitsprofil

a) Das Leistungsmanagement wird als Top-down-Prozess eingeführt. Sukzessive wird für jede Führungskraft und für jeden Mitarbeiter ein Arbeitsprofil als Leistungsgrundlage entwickelt. Dies erfolgt, indem der Mitarbeiter/die Führungskraft jeweils parallel mit dem Vorgesetzten einen Entwurf des Arbeitsprofils erstellen. In den Fällen, in denen mehrere Mitarbeiter dieselben Tätigkeiten verrichten, sollte ein gemeinsames Arbeitsprofil für die Gruppe erstellt werden. Das Arbeitsprofil gibt eindeutige Antworten auf wichtige Kernfragen, die den Sinn der Arbeit sowie kunden- und ergebnisorientierte Arbeitsaspekte betreffen.

Die Gruppenarbeit dient auch der Förderung des Teamgeistes im Unternehmen.

Die in den Arbeitsprofilen enthaltenen Ziele/Ergebnisse und deren Qualitätskriterien werden in kontinuierlich stattfindenden Ziel- und Ergebnisgesprächen vereinbart bzw die Zielerreichung bewertet.

b) Dieser Prozess findet erstmalig im zweiten Quartal ... statt.

(2) Das Ziel- und Ergebnisgespräch

a) Im Ziel- und Ergebnisgespräch einigen sich der Vorgesetzte und die Führungskraft bzw der Mitarbeiter bzw Gruppen von Mitarbeitern auf die Kernbestandteile des Arbeitsprofils.

Im Rahmen des Leistungsmanagements dient das auf dem Arbeitsprofil basierende Ziel- und Ergebnisgespräch einer unternehmensweiten Leistungsbewertung und -verbesserung. Die Kommunikation über Zielvereinbarung und Zielerreichung auf der Basis kundenorientierter Qualitätskriterien sowie der quantitativen und qualitativen Unternehmensziele führt zu einer klar definierten Zielvereinbarung zwischen dem Vorgesetzten und der Führungskraft bzw dem Mitarbeiter. Diese Zielvereinbarung schließt nicht nur Einzelleistungen, sondern auch Teamleistungen mit ein.

b) Es können bis zu drei jobspezifische Ergebnisse vereinbart werden. Die Ziel- und Ergebnisgespräche sind in regelmäßigen Abständen von acht bis zwölf Wochen durchzuführen.

c) Das Ziel- und Ergebnisgespräch besteht bei den Mitarbeitern aus vier Hauptkomponenten:

1. Mission Statements
2. Schlüsselkunden
3. Jobspezifische Ergebnisse/Ziele
4. Entwicklungsplan.

Bei Führungskräften:

5. Allgemeine kulturfördernde Ziele.

d) Im Ziel- und Ergebnisgespräch wird des Weiteren ein zielorientierter Entwicklungsplan aufgestellt. Er beinhaltet die Personalentwicklungsmaßnahmen, die für die nächsten zwölf Monate geplant bzw realisiert werden sollen.

e) Die einzelnen Angaben zum Arbeitsprofil bzw Ziel- und Ergebnisgespräch und das Arbeitsprofil-Feedback sind im Anhang aufgeführt.

f) Folgendes Schema wird für die Bewertung von Ergebnissen/Zielen des Arbeitsprofils angewandt:

Stufe	Bewertung	Beschreibung
1	nicht erreicht	Die Qualitätsanforderungen der Kunden werden nicht erfüllt. Bei quantitativen Qualitätskriterien ist dies gegeben, wenn das Ergebnis mehr als 10 % unter der Vereinbarung liegt.
2	überwiegend erreicht	Die Qualitätsanforderungen der Kunden sind im Wesentlichen erfüllt. Bei quantitativen Qualitätskriterien ist dies gegeben, wenn das tatsächliche Ergebnis bis einschließlich 10 % unter der Vereinbarung liegt.
3	Erreicht	Alle Qualitätsanforderungen der Kunden sind erfüllt. Bei quantitativen Qualitätskriterien ist dies gegeben, wenn das tatsächliche Ergebnis auf dem vereinbarten Niveau liegt.
4	Ausgezeichnet	Alle Qualitätskriterien der Kunden sind in ausgezeichneter Weise erfüllt. Bei quantitativen Qualitätskriterien ist dies gegeben, wenn das tatsächliche Ergebnis bis einschließlich 10 % über der Vereinbarung liegt.
5	exzellent	Alle Qualitätsanforderungen der Kunden sind in exzellenter Weise erfüllt, dh bei weitem über dem vereinbarten Maß. Bei quantitativen Qualitätskriterien ist dies gegeben, wenn das tatsächliche Ergebnis mehr als 10 % über der Vereinbarung liegt. Weitere exzellente Qualitätsanforderungen wurden eigenständig entwickelt und voll erfüllt.

(3) Das Leistungsbeurteilungsgespräch

a) Das Leistungsbeurteilungsgespräch wird einmal jährlich im ersten Quartal eines Geschäftsjahres für alle Mitarbeiter und Führungskräfte durchgeführt und bezieht sich auf die Leistungsergebnisse des vergangenen Planungszyklus.
Die einzelnen Angaben sind im Anhang aufgeführt.

b) Ziel des Leistungsbeurteilungsgesprächs ist eine Bewertung der Zielerreichung aller über das gesamte Jahr vereinbarten jobspezifischen Ergebnisse/Ziele des Arbeitsprofils. Dabei werden auch systematische Entwicklungswege aufgezeigt. Der Schwerpunkt soll neben einer vergangenheitsbezogenen Betrachtung der Leistung auch auf einer zukunftsorientierten Förderung des Mitarbeiters bzw der Führungskraft liegen.
Dabei können neue Ziele vereinbart und kann der zielorientierte Entwicklungsplan angepasst werden.

c) Während der Probezeit wird kein Leistungsbeurteilungsgespräch geführt. Stattdessen wird am Ende der Probezeit ein Probezeitgespräch geführt.

d) Das Leistungsbeurteilungsgespräch beinhaltet zwei Hauptkomponenten:

1. Jobspezifische Ergebnisse/Ziele
2. Zielorientierter Entwicklungsplan.

Bei den Führungskräften kommt eine dritte Hauptkomponente hinzu, und zwar allgemeine Ergebnisse/Ziele

- Befähigung der Mitarbeiter (Personalentwicklung), zB die Mitarbeiter der Abteilung bzw des Bereiches beteiligen sich an innovativen Organisationsentwicklungsprozessen oder lernen im Team.
- Unternehmenskultur zB Betriebsklima.

e) Die vorgesehenen grundsätzlichen Entwicklungsziele sind für die Zielvereinbarungsgespräche zu benennen. Die Firma wird hierzu in Abstimmung mit dem Gesamtbetriebsrat die Grundsätze und die Personalentwicklungsplanung, zB Trainings und Workshops, erstellen. Die weiteren Beteiligungsrechte des Gesamtbetriebsrats bzw der örtlichen Betriebsräte im Zusammenhang mit den Workshops und Trainings richten sich nach Teil C dieser Vereinbarung.

f) Das Bewertungssystem setzt sich aus drei Kriterien zusammen:

1. Ziele
- allgemeine kulturfördernde Ergebnisse/Ziele (nur Führungskräfte)
- jobspezifische Ergebnisse/Ziele

2. Qualitätskriterien

3. Indikatoren.

Die Bewertung der jobspezifischen Ergebnisse/Ziele erfolgt auf der Basis der fünfstufigen verbalen Skala nach Teil B § 3 Abs. 2 lit. f) dieser Vereinbarung.

Bei der Bewertung der allgemeinen Ergebnisse/Ziele für die Führungskräfte wird ebenfalls die fünfstufige Skala herangezogen.

§ 4 Schulung bzw Weiterbildung

(1) Alle Mitarbeiter und Führungskräfte werden in den zur Zielerreichung erforderlichen Komponenten dieser Vereinbarung geschult. Die Schulungen finden grundsätzlich während der regelmäßigen Arbeitszeit statt.

(2) Die Schulungen sind iSv § 98 BetrVG mit den einzelnen Betriebsräten in den Zentralen bzw Niederlassungen einvernehmlich abzustimmen.

(3) Der Gesamtbetriebsrat wird nach Unterzeichnung dieser Vereinbarung für die einzelnen Betriebsräte bezüglich ihrer rechtlichen und inhaltlichen Aufgabenstellung ein Schulungsprogramm iSv § 37 Abs. 6 BetrVG aufstellen und dazu einladen. Sämtliche Kosten wie zB Hotel-, Reise- und Referentenkosten sind gem. § 40 BetrVG von der Firma zu übernehmen.

§ 5 Zusammensetzung des Jahreszieleinkommens

(1) Das Jahreszieleinkommen setzt sich aus einem Jahresgrundgehalt und einem variablen Anteil im Rahmen des Leistungsmanagements zusammen.

Das Jahresgrundgehalt setzt sich aus zwölf Mal gezahltem monatlichen Gehalt bzw Festlohn sowie ggf aus der einmal im Jahr gezahlten Sonderzuwendung zusammen. Soweit andere Leistungen wie Ortszuschlag, Sozialzuschlag, Allgemeine Zulage, Stellenzulage, Ballungsraumzulage, Programmiererzulage oder die Ausgleichszulage aus den Übergangstarifverträgen zustehen, sind diese im Gehalt bzw Festlohn enthalten.

Nicht enthalten sind die übertariflichen Zulagen, das Urlaubsgeld und die Vermögenswirksamen Leistungen.

(2) Die entsprechenden Jahresgrundgehälter bzw Bandbreiten für die jeweiligen Tätigkeitsgruppen sind für alle Mitarbeiter und für die Führungskräfte im Anhang aufgeführt. Die Klassifizierung der Tätigkeitsgruppen ist im Anhang aufgeführt. Die vorgesehenen Eingruppierungen (gültig ab Inkrafttreten der Vereinbarung) bedürfen gem. § 99 BetrVG der Zustimmung durch den zuständigen Betriebsrat. Verweigert der Betriebsrat iSv § 99 BetrVG seine Zustimmung, so hat die Firma die Zustimmung beim zuständigen Arbeitsgericht ersetzen zu lassen.

Die Mitarbeiter des Unternehmens werden aufgrund der Tätigkeitsmerkmale den beschriebenen Bandbreiten zugeordnet. Ziel ist die Schaffung einer transparenten Entgeltstruktur.

(3) Nach Abschluss eines Entgeltrahmen-Tarifvertrages werden die Regelungen im Anhang abgelöst. Die Betriebsparteien werden dann unabhängig von der Laufzeit dieser Vereinbarung unverzüglich eine Vereinbarung über Gehaltsbandbreiten für die AT-Mitarbeiter abschließen.

(4) Die jeweiligen Jahresgrundgehälter sind Mindestgehälter und dürfen nicht unterschritten werden. Gehaltserhöhungen oder Beförderungen werden anteilig berücksichtigt und nicht mit dem variablen Gehaltsanteil verrechnet.

(5) Nach Ablauf eines Geschäftsjahres per 31.12. werden die Bandbreiten der Jahresgrundgehälter nach Abschluss einer linearen tariflichen Gehaltserhöhung entsprechend angepasst. Bis zum Abschluss einer neuen Regelung bleiben die bisherigen Jahresgrundgehälter bestehen. Die Wirksamkeit der gesamten Vereinbarung bleibt davon unberührt.

(6) Soweit höhere arbeitsvertragliche Jahresgrundgehälter vereinbart worden sind, bleiben diese als Bezugsgrößen für das Jahreszieleinkommen bestehen.

§ 6 Berechnungsgrundlagen und Höhe der variablen Vergütung

Für die Mitarbeiter:

(1) Die maximalen variablen Vergütungsanteile sind im Anhang aufgeführt.

Am Ende eines Geschäftsjahres wird bezogen auf die bis zu drei wichtigsten jobspezifischen Ergebnisse/Ziele die Höhe der variablen Vergütung nach dem abschließenden Leistungsbeurteilungsgespräch im ersten Quartal eines Kalenderjahres individuell festgelegt.

Nach der Festlegung erhält der zuständige Betriebsrat iSv § 80 Abs. 2 BetrVG eine Übersicht über die vereinbarten variablen Vergütungsanteile.

(2) Für jedes der maximal drei wichtigsten jobspezifischen Ergebnisse/Ziele der Zielvereinbarung wird die Höhe der variablen Vergütung errechnet. Auf der Grundlage der unter Teil B § 3 Abs. 2 lit. f) definierten Stufen richtet sich der Zielerreichungsgrad nach folgendem Schema:

Stufe	Zielerreichungsgrad	Vergütung in % der max. variablen Vergütung
1	nicht erreicht	0 %
2	überwiegend erreicht	67 %
3	Erreicht	100 %
4	ausgezeichnet	110 %
5	Exzellent	120 %

Die Gesamteinschätzung der Erreichung der vereinbarten Ziele wird folgendermaßen vorgenommen:

Aus der Summe der für die einzelnen Ziele erreichten Stufen (1–5) wird der Durchschnitt gebildet und durch kaufmännische Rundung eine Stufe für die Gesamtzielerreichung festgelegt.

Auf dieser Basis wird die variable Vergütung für die Erreichung der jobspezifischen Ziele festgesetzt.

Beispiel:

	Stufe
1. Ziel	2
2. Ziel	3
3. Ziel	5
	10 : 3 = 3,3

Aus der Rundung ergibt sich als Stufe für die Gesamtzielerreichung: 3

§ 5 Betriebsvereinbarungen

Für die Führungskräfte:

(3) Mit den Führungskräften werden Einzelvereinbarungen getroffen, die vereinbarten variablen Vergütungsanteile werden dem Gesamtbetriebsrat aufgelistet zur Verfügung gestellt; die Rechte der örtlichen Betriebsräte bleiben gem. § 80 Abs. 2 BetrVG davon unberührt.

(4) Als Berechnungsgrundlage zur Ermittlung bzw Auszahlung des variablen Vergütungsanteils werden zwei Kenngrößen zugrunde gelegt, und zwar

- eine am Erfolg des Unternehmens orientierte Kenngröße, nämlich das Betriebsergebnis II und
- die zwischen dem Vorgesetzten und der Führungskraft vereinbarten wichtigsten jobspezifischen Ergebnisse/Ziele; hierbei sind die „allgemeinen kulturfördernden Ergebnisse" mit zu vereinbaren.

(5) Bei der Bemessung der variablen Vergütung werden das Betriebsergebnis II zu einem Drittel (1/3) und die jobspezifischen Ergebnisse/Ziele des Arbeitsprofils zu zwei Drittel (2/3) berücksichtigt.

(6) Die Komponente des Betriebsergebnisses II ergibt sich aus dem jährlich vom Aufsichtsrat verabschiedeten Wirtschaftsplan. Dieser ist vor der Aufsichtsratssitzung dem Wirtschaftsausschuss zur Kenntnis und Beratung vorzulegen, um den Geist der neuen Unternehmenskultur zu dokumentieren, das heißt, dass Entscheidungen der Geschäftsführung transparent und für die Arbeitnehmervertretungen nachvollziehbar beraten werden können. Das Berechnungsschema ist im Anhang beigefügt.

(7) Der Zielerreichungsgrad hinsichtlich des Betriebsergebnisses II ergibt sich aus dem Verhältnis des gemäß Wirtschaftsplan geplanten Betriebsergebnisses II zum realisierten Betriebsergebnis II. Der Übereinstimmungsgrad bestimmt die Höhe der variablen Vergütung und wird danach ausgezahlt.

Für das Bewertungsschema des Betriebsergebnisses II gilt als Messgröße zur Zielerreichung die nachfolgend aufgeführte Regelung:

Stufe	Bewertung	Beschreibung	Höhe der variablen Vergütung bzgl des Betriebsergebnisses II
1	nicht erreicht	Das Betriebsergebnis wurde nicht erreicht. Dies ist gegeben, wenn das tatsächliche Ergebnis mehr als 10 % unter Plan liegt.	0 %
2	überwiegend erreicht	Im Wesentlichen ist das Betriebsergebnis erreicht worden. Dies ist gegeben, wenn das tatsächliche Betriebsergebnis bis einschl. 10 % unter Plan liegt.	45 %
3	Erreicht	Das Betriebsergebnis ist erreicht worden. Dies ist gegeben, wenn das tatsächliche Ergebnis auf dem Planniveau liegt.	67 %
4	Ausgezeichnet	Das Betriebsergebnis ist ausgezeichnet. Dies ist gegeben, wenn das tatsächliche Ergebnis bis einschl. 10 % über dem Plan liegt.	89 %
5	exzellent	Das Betriebsergebnis ist exzellent erreicht. Das ist gegeben, wenn das tatsächliche Betriebsergebnis mehr als 10 % über dem Plan liegt	100 %

(8) Das Bewertungsschema für die jobspezifischen Ergebnisse/Ziele aufgrund des Arbeitsprofils, die zur Berechnung der 2/3 des variablen Gehaltsanteils maßgebend sind, ist unter Teil B § 3 dieser Vereinbarung beschrieben.

Für jedes der maximal drei wichtigsten jobspezifischen Ergebnisse/Ziele der Zielvereinbarung wird die Höhe der variablen Vergütung errechnet. Auf der Grundlage der unter Teil B § 3 Abs. 2 lit. f) definierten Stufen richtet sich der Zielerreichungsgrad nach folgendem Schema:

Kapitel 3: Interessenausgleichsvereinbarungen und Sozialpläne

Stufe	Zielerreichungsgrad	Vergütung in % der max. variablen Vergütung
1	nicht erreicht	0 %
2	überwiegend erreicht	45 %
3	Erreicht	67 %
4	Ausgezeichnet	89 %
5	Exzellent	100 %

Die Gesamteinschätzung der Erreichung der vereinbarten Ziele wird folgendermaßen vorgenommen:

Aus der Summe der für die einzelnen Ziele erreichten Stufen (1–5) wird der Durchschnitt gebildet und durch kaufmännische Rundung eine Stufe für die Gesamtzielerreichung festgelegt.

Auf dieser Basis wird die variable Vergütung für die Erreichung der jobspezifischen Ziele festgesetzt.

Beispiel:

	Stufe
1. Ziel	2
2. Ziel	3
3. Ziel	5
	10 : 3 = 3,3

Aus der Rundung ergibt sich als Stufe für die Gesamtzielerreichung: 3

(9) Aus der Addition der nach Abs. 7 und 8 ermittelten Komponenten ergibt sich der Gesamtbetrag der variablen Vergütung.

(10) Für die Mitarbeiter des Vertriebs Außendienst wird ein variables Vergütungssystem eingeführt, über das eine gesonderte Betriebsvereinbarung abgeschlossen wird. Ziel dabei ist, dass Teile des bisherigen Festgehaltes bzw der nach Teil B § 5 festgelegten Bandbreiten in variable Bestandteile umgewandelt werden.

§ 7 Auszahlung

(1) Die variable Vergütung wird spätestens nach Abschluss des Geschäftsjahres und nach Freigabe des Jahresergebnisses durch den Aufsichtsrat ausgezahlt. Das Auszahlungsformular ist als Anlage für die Führungskräfte und für die Mitarbeiter aufgeführt.

(2) Mitarbeiter und Führungskräfte, die im Laufe des Jahres in das Unternehmen eintreten, erhalten unter Berücksichtigung der Ergebnisse des Probezeitgesprächs eine zeitanteilige Auszahlung der variablen Vergütung. Das Gleiche gilt für Mitarbeiter, die die gesetzliche Elternzeit in Anspruch nehmen oder andere Mitarbeiter bzw Führungskräfte, deren Beschäftigungsverhältnis ruhen sollte.

(3) Mitarbeiter, die im Laufe des Geschäftsjahres das Arbeitsverhältnis beenden, haben keinen Anspruch auf eine zeitanteilige variable Vergütung. Das Gleiche gilt für eine Beendigung des Arbeitsverhältnisses bis zum 31.3. des Folgejahres; bereits ausgezahlte variable Vergütungsanteile ohne Rechtsanspruch sind als Vorschuss zurückzuzahlen und werden mit der letzten Gehaltsabrechnung verrechnet.

§ 8 Aufbewahrung der Formulare

(1) Eine Kopie des Formulars zum Ziel- und Ergebnisgespräch bzw Leistungsbeurteilungsgespräch wird nach den Gesprächen mit der Führungskraft bzw mit dem Mitarbeiter ausgehändigt. Das Original verbleibt beim Vorgesetzten unter Verschluss und darf Dritten nicht zugänglich gemacht werden, es sei denn zu Informationen bei internen Bewerbungen oder aufgrund von gesetzlichen Bestimmungen. Die Rechte des Betriebsrats nach §§ 80 Abs. 2 und 83 BetrVG bleiben hiervon unberührt. Der nächsthöhere Linienvorgesetzte hat das Recht zur Einsichtnahme.

(2) Günstigere arbeitsvertragliche oder tarifliche Regelungen bleiben bestehen.

(3) Die Vereinbarung tritt mit Unterzeichnung in Kraft und gilt befristet bis zum ... . Die Vertragsparteien werden spätestens im I. Quartal ... vor Auslaufen der Vereinbarung über die Bewertung des Leistungsmanagements beraten und über die Fortführung einer Vereinbarung entscheiden.

Anhang: Schema zur Klassifizierung der Tätigkeitsgruppen

A Mitarbeiter, die nach kurzer Einarbeitung eine einfache schematische Tätigkeit ausüben.

B Mitarbeiter, die eine einfache kfm. oder technische Tätigkeit ausüben, wie sie in der Regel durch Anlernen oder längere Einarbeitung erworben werden.

C Mitarbeiter, die Tätigkeiten nach Anweisung ausüben, wie sie in der Regel durch eine abgeschlossene Berufsausbildung oder entsprechende Berufserfahrung erworben werden.

D Mitarbeiter, die Tätigkeiten selbständig nach allgemeiner Anweisung ausüben, wie sie in der Regel nach dem Merkmal C erworben werden.

E Mitarbeiter, die schwierige Tätigkeiten selbständig und eigenverantwortlich nach allgemeinen Richtlinien ausüben, wie sie in der Regel über das Merkmal C durch mehrjährige Berufserfahrung und/oder Fachschulausbildung erworben werden.

F Mitarbeiter, die schwierige Tätigkeiten nach allgemeinen Richtlinien selbständig und eigenverantwortlich für einen abgegrenzten Teilbereich ausüben, wie sie in der Regel nach dem Merkmal E erworben werden.

G Mitarbeiter, die schwierige vielseitige Tätigkeiten nach allgemeinen Richtlinien selbständig und eigenverantwortlich für ein gesamtes Aufgabengebiet ausüben.

H Mitarbeiter, die besonders schwierige vielseitige Tätigkeiten selbständig und eigenverantwortlich für komplexe Aufgabengebiete ausüben.

I Mitarbeiter, die für eine Gruppe besonders schwierige Koordinierungsaufgaben eigenverantwortlich und/oder entsprechende Fachverantwortung und/oder Spezialaufgaben ausüben.

J Mitarbeiter, die über das Merkmal I hinaus Anweisungsbefugnisse übertragen bekommen haben und/oder entsprechende gewichtige Fachverantwortung und/oder Spezialaufgaben ausüben.

K Mitarbeiter mit Tätigkeiten, die sich nach Schwierigkeit und/oder Verantwortung über das Merkmal J hinausheben.

Teil C: Einführung von Workshops und Trainingsmaßnahmen auf der Basis des Modells European Foundation for Quality Management (EFQM)

§ 1 Geltungsbereich

(1) Diese Vereinbarung gilt für alle Mitarbeiterinnen und Mitarbeiter einschließlich der Führungskräfte der Firma (nachstehend Mitarbeiter genannt).

(2) Sie gilt nicht für leitende Angestellte iSv § 5 Abs. 3 BetrVG.

§ 2 Gegenstand

(1) Diese Vereinbarung regelt iSv § 98 BetrVG die Grundsätze zur Durchführung von Workshops und Trainingsmaßnahmen im Zusammenhang mit dem Projekt „Focus Kunde" auf der Basis des Modells der European Foundation for Quality Management (EFQM).

(2) Nicht Gegenstand dieser Vereinbarung ist das Qualitätssystem auf der Grundlage von DIN/ISO 9000 ff.

§ 3 Zielsetzungen

(1) Mit den Workshops und Trainings wird zur Zukunftssicherung der Firma ein Veränderungsprozess eingeleitet, der ein kundenorientiertes Verhalten mit einem ausgeprägten Qualitäts- und Kostenbewusstsein fördert.

(2) Um die dafür notwendigen Voraussetzungen zu schaffen, sind alle Führungskräfte und Mitarbeiter in den Veränderungsprozess einzubeziehen und durch abgestimmte Trainingsmaßnahmen zu beteiligen.

(3) Mit dem Modell auf der Basis von EFQM liegt der Schwerpunkt nicht auf prozessorientierten Verfahrensvorschriften und detailliert geregelten Zuständigkeiten, sondern in der Qualität des Unternehmensergebnisses, das heißt, bessere Qualität und höhere Kundenzufriedenheit sind entscheidend vom Verhalten aller Mitarbeiter bzw Führungskräfte abhängig.

Dabei werden Maßstäbe auf ihre Relevanz für die Firma überprüft und aus den eigenen Reihen nach Input- und Output-Kriterien bewertet.

Die weiteren Einzelheiten zum EFQM-Modell sind als Anlage Bestandteil dieser Vereinbarung, wobei die einzelnen Inhalte und Methoden auf Erfordernisse der Firma modifiziert und mit dem Bildungsausschuss des Gesamtbetriebsrats einvernehmlich beraten und entschieden werden müssen.

Kommt darüber keine Einigung zustande, entscheidet die betriebliche Schiedsstelle.

§ 4 Grundsätze zur Durchführung von Workshops und Trainings

(1) Alle Maßnahmen sind vor ihrer Durchführung rechtzeitig und umfassend anhand von Unterlagen mit dem Bildungsausschuss des Gesamtbetriebsrats zu beraten und einvernehmlich abzustimmen. Bei Nichteinigung gilt Teil C § 3 Abs. 3 letzter Satz dieser Vereinbarung entsprechend.

(2) Mit dem Bildungsausschuss des Gesamtbetriebsrats sind insbesondere folgende Maßnahmen zu beraten und bis zum ... festzulegen:

a) Die Planung von Workshops und Trainings hinsichtlich ihrer Inhalte und Methoden.

b) Die Festlegung der Verantwortlichkeiten für die Bereichs- bzw Standortteams/Coaches.

c) Erarbeitung von Kriterien zur Teilnahme aller Mitarbeiter an Trainingsmaßnahmen.

d) Die Festlegung bzw Zusammensetzung des Teilnehmerkreises für die jeweilige Trainingsmaßnahme.

e) Die Terminplanung für die Workshops/Trainingsmaßnahmen.

(3) Die Workshops und Trainings werden in bereichs- und hierarchieübergreifenden Gruppen durchgeführt.

(4) Alle Maßnahmen finden grundsätzlich während der persönlichen Arbeitszeit des Mitarbeiters statt. Abweichungen bedürfen vorher der Zustimmung des Betriebsrats. Bei einer Teilnahme außerhalb der persönlichen Arbeitszeit werden diese Zeiten auf die regelmäßige Arbeitszeit angerechnet.

(5) Bei den Maßnahmen nach Abs. 2 lit. b) und d) hat der zuständige Betriebsrat mitzubestimmen.

(6) Die Firma trägt sämtliche Kosten der Workshops und Trainingsmaßnahmen.

(7) Dem Mitarbeiter ist die vorgesehene Teilnahme an einer Maßnahme mindestens 14 Tage vorher schriftlich mitzuteilen.

(8) Die Teilnehmer erhalten eine Teilnahmebescheinigung über Inhalte und Dauer der Maßnahme. Eine Beurteilung jedweder Art ist unzulässig.

(9) Vor Durchführung der Trainingsmaßnahmen für die Mitarbeiter, werden die einzelnen Mitglieder der Betriebsräte in Zusammenarbeit mit dem Bildungsausschuss des Gesamtbetriebsrats zentral geschult. Der Gesamtbetriebsrats-Vorsitzende lädt die vom Betriebsrat benannten Mitglieder (ein Mitglied je Betriebsrat) zur Schulung ein. Ebenso kann der Gesamtbetriebsrats-Vorsitzende einen Sachverständigen des Gesamtbetriebsrats hinzuziehen.

Sämtliche Kosten der Schulungen trägt die Firma gem. § 40 BetrVG.

§ 5 Nachteilsverbot

(1) Mögliche Erkenntnisse aus den Workshops und Trainings über die Teilnehmer dürfen nicht zu ihrem beruflichen Nachteil angewendet werden. Vielmehr ist im Rahmen von persönlichen Entwicklungsplänen bzw -zielen das Qualifikationsprofil einzelner Mitarbeiter zu fördern und zu erweitern.

(2) Erkenntnisse über mögliche Rationalisierungspotentiale bei den Arbeitsprozessen werden nicht im Wege von betriebs- bzw personenbedingten Kündigungen umgesetzt. Bei Um- bzw Versetzungen sind die Grundsätze nach Teil A §§ 5 und 6 dieser Vereinbarung zu beachten.

(3) Mit der Einführung von EFQM werden keine elektronisch gestützte Dokumentations- und Kontrollmaßnahmen durchgeführt, die insbesondere zur Überwachung von Verhalten und Leistungen der Mitarbeiter dienen könnten.

§ 6 Kontinuierlicher Verbesserungsprozess (KVP)

(1) Ziel ist ein kontinuierlicher Verbesserungsprozess bei der Firma, der auf die verschiedenen Bereiche des Unternehmens wirkt, insbesondere werden im Verlauf des Prozesses konkrete Verbesserungsprojekte gestartet, die nachweislich zu Problemlösungen bzw zur Effizienzsteigerungen im Unternehmen führen sollen.

Die geplanten Bereichs-/Standortteams mit Coaching sollen den Veränderungsprozess absichern und die Verbesserungsvorschläge bearbeiten.

(2) Beide Vertragspartner verpflichten sich deshalb, iSv § 87 Abs. 1 Nr. 12 BetrVG eine gesonderte Betriebsvereinbarung über die Grundsätze von Verbesserungsvorschlägen im KVP-Prozess und deren Wertung bzw Verwertbarkeit abzuschließen.

§ 7 Meinungsverschiedenheiten

Über Auslegungsstreitigkeiten bzw die Anwendung dieser Vereinbarung entscheidet die betriebliche Schiedsstelle.

§ 8 Laufzeit

Diese Vereinbarung tritt mit der Unterzeichnung in Kraft und kann frühestens zum ... mit einer Frist von drei Monaten gekündigt werden. Bis zum Abschluss einer neuen Vereinbarung wirken die Regelungen dieser Vereinbarung nach.

13. Muster: Zusammenführung von Betriebsteilen/Bankgewerbe[262]

Zwischen

der Geschäftsführung der Firma ...

und

dem Betriebsrat der Firma ... in K

wird folgender Interessenausgleich vereinbart:

§ 1

Der Betrieb in K wird spätestens bis zum ... nach M verlagert. Das Unternehmen wird zu gegebener Zeit im Raum K neue Arbeitsplätze schaffen. Hierbei handelt es sich um Funktionen des Vertriebs einschließlich der Redaktion ... sowie Tätigkeiten zur logistischen/technischen Unterstützung der ....

§ 2

Die Verlagerung erfolgt in Etappen je nach technischen, organisatorischen und betriebswirtschaftlichen Gegebenheiten.

---

262 Dieser Text ist das Pendant zu Muster 5740.

§ 3

Der Betriebsrat wird über die jeweils vorzunehmenden Verlagerungsmaßnahmen mindestens vier Wochen vor Umsetzung unterrichtet.

§ 4

Die Regelungen zum Ausgleich oder zur Milderung von wirtschaftlichen Nachteilen, die die Mitarbeiterinnen und Mitarbeiter in K im Zusammenhang mit der Betriebsänderung treffen, sind in einer Betriebsvereinbarung über einen Sozialplan geregelt.

II. Sozialplan

1. Muster: Betriebsstilllegung im Konzern[263]

Zwischen

der AG ...

– nachstehend: AG –

und

dem Gesamtbetriebsrat der AG ...

wird folgender Sozialplan vereinbart:

Präambel

Vorrangiges Ziel dieses Sozialplans ist die Erhaltung eines sozial gleichwertigen und zumutbaren Arbeitsplatzes im Unternehmen. Die Betriebsparteien stimmen in dem Bemühen überein, die durch die Integration des Werkes T in das Werk L bedingten Arbeitsplatzverluste so gering wie möglich zu halten und unumgängliche Entlassungen auf ein Minimum zu beschränken.

Zum Ausgleich oder zur Milderung wirtschaftlicher Nachteile für die betroffenen Mitarbeiterinnen und Mitarbeiter schließen die AG und der Gesamtbetriebsrat die nachstehende Vereinbarung iSd §§ 111, 112 BetrVG.

§ 1 Eingliederung des Werkes T in das Werk L

(1) Mit der Eingliederung des Werkes T in das Werk L werden alle Betriebsvereinbarungen des Werkes gegenstandslos, und es gelten die betrieblichen Regelungen des Werkes L auch für die Belegschaft am Standort T. Dies schließt nicht aus, dass einzelne Regelungen oder Absprachen einer neuen Regelung zugeführt werden.

(2) Soweit regelmäßige monatliche Entgeltbestandteile des bisherigen Werkes T der L-Entgeltsystematik nicht entsprechen, werden diese weiterhin als persönlich anrechenbare Zulage gewährt.

Anlässlich der Eingliederung wird keine Mitarbeiterin/kein Mitarbeiter aus T bei Beibehaltung ihrer/seiner bisherigen Tätigkeit ein geringeres regelmäßiges monatliches Entgelt erhalten. Wenn durch die Anwendung der L-Entgeltsystematik bezüglich des regelmäßigen monatlichen Entgeltes ein finanzieller Nachteil entsteht, wird dieser in voller Höhe in Form einer persönlich anrechenbaren Zulage ausgeglichen.

Soweit andererseits durch die Anwendung der L-Entgeltsystematik eine Erhöhung des bisherigen regelmäßigen monatlichen Entgeltes entsteht, wird der Unterschiedsbetrag auf die persönlich anrechenbare Zulage angerechnet.

Die in der Entgeltabrechnung ausgewiesenen persönlich anrechenbaren Zulagen der gewerblichen Mitarbeiter des ehemaligen Werkes T werden bei Erhöhungen des Tarifentgeltes um den gleichen Prozentsatz angehoben. Sie sind auf sämtliche Entgelterhöhungen anrechenbar.

---

[263] Dieser Text ist das Pendant zu Muster 5600.

(3) Folgende Betriebsvereinbarungen finden weiterhin für die Mitarbeiterinnen und Mitarbeiter, die am Standort T des Werkes L ihren Arbeitsplatz haben, Anwendung: ...

(4) Der Katalog für Körperschutzmittel (Arbeitsschutzkleidung) wird auf Bedarf in T ausgedehnt.

(5) Die werksärztliche Betreuung der Mitarbeiterinnen und Mitarbeiter am Standort T wird dort sichergestellt.

(6) Sollten wider Erwarten nicht alle kollektiven Regelungen erfasst sein, so sind bei Bedarf nachträglich Verhandlungen aufzunehmen und ggf ein Ausgleich bzw die Milderung wirtschaftlicher Nachteile zu vereinbaren.

§ 2 Versetzungen

(1) Grundsätze

Die AG wird den Mitarbeiterinnen und Mitarbeitern mit einem unbefristeten Arbeitsverhältnis, die Kündigungsschutz iSd Kündigungsschutzgesetzes haben und deren Arbeitsplätze im ehemaligen Werk T entfallen, im Rahmen ihrer Möglichkeiten zumutbare, möglichst gleichwertige Arbeitsplätze vorrangig innerhalb des Werkes L (einschließlich des Standortes T) oder in einem anderen Werk der AG anbieten.

Die Mitarbeiterin/Der Mitarbeiter ist verpflichtet, andere zumutbare Arbeiten zu leisten. Sie/Er darf eine ihrem/seinem Leistungsvermögen entsprechende Arbeit nicht ausschlagen.

Lehnt die Mitarbeiterin/der Mitarbeiter ein Arbeitsplatzangebot im Werk L einschließlich des Standortes T ab, das die AG für zumutbar hält, wird die Zumutbarkeit des angebotenen Arbeitsplatzes durch die Schiedskommission (siehe § 5) geprüft. Wird die Zumutbarkeit bestätigt, wird zum Zwecke der Versetzung unter Wahrung der gesetzlichen Beteiligungsrechte des Betriebsrats – soweit erforderlich – eine Änderungskündigung ausgesprochen. Die laufende Kündigungsfrist gilt als verlängerte Angebotsfrist. Lehnt die Mitarbeiterin/der Mitarbeiter das mit der Änderungskündigung verbundene Versetzungsangebot ab, gilt die Änderungskündigung als Beendigungskündigung.

(2) Gleichbehandlung

Die an die Standorte L und M versetzten Mitarbeiterinnen und Mitarbeiter werden in ihrem neuen Betrieb als gleichberechtigte und gleichrangige Belegschaftsmitglieder behandelt und anerkannt. Sie dürfen im Rahmen der Gleichbehandlung aller Betriebsangehörigen (§ 75 BetrVG) keine Benachteiligung, aber auch keine Besserstellung erfahren. Umgekehrt werden auch die bisherigen Belegschaftsmitglieder in L und M aus Anlass der vorgesehenen Maßnahmen weder bevorzugt noch benachteiligt.

(3) Schulungsmaßnahmen aufgrund geänderten Aufgabenstellungen

Sofern bei Versetzungen die mögliche Weiterbeschäftigung von Mitarbeiterinnen und Mitarbeitern nur auf einem Arbeitsplatz unter geänderter Aufgabenstellung möglich ist und hierfür Umschulungsmaßnahmen notwendig sind, wird das Unternehmen für geeignete Umschulungs- und/oder Weiterbildungsmaßnahmen sorgen. Hierbei werden notwendige Höherqualifizierungsmaßnahmen berücksichtigt.

Die Kosten hierfür trägt das Unternehmen. Leistungen Dritter (zB Agentur für Arbeit) sind vorrangig in Anspruch zu nehmen und werden darauf angerechnet.

Während der Schulungsmaßnahmen wird den Mitarbeiterinnen und Mitarbeitern eine Verdienstsicherung im Rahmen des nachstehenden Abs. 4 gewährt.

(4) Verdienstausgleich bei Versetzungen

a) Grundsatz

Wird eine Mitarbeiterin/ein Mitarbeiter auf einen anderen Arbeitsplatz versetzt, so richten sich ihre/seine Eingruppierung und ihre/seine Entgeltbestandteile nach dem neuen Arbeitsplatz.

b) Voraussetzungen für den Verdienstausgleich

Die Mitarbeiterinnen/Mitarbeiter erhalten einen Verdienstausgleich, wenn sie im Rahmen dieses Interessenausgleichs aus betriebsbedingten Gründen einvernehmlich auf einen Arbeitsplatz versetzt werden, dessen Bruttoentgelt niedriger ist als bisher.

Beruht die Versetzung auf eigenem Wunsch der Mitarbeiterin/des Mitarbeiters oder ist sie durch Umstände bedingt, die die Mitarbeiterin/der Mitarbeiter verursacht hat, erfolgt keine Verdienstsicherung.

c) Berechnung des Verdienstausgleichs

Der Verdienstausgleich ist der Unterschiedsbetrag zwischen dem Sicherungsentgelt und dem jeweiligen Bruttomonatsentgelt am neuen Arbeitsplatz.

aa) Das Sicherungsentgelt besteht aus dem Bruttomonatsentgelt am bisherigen Arbeitsplatz zum Zeitpunkt der Versetzung mit Ausnahme von Erschwerniszulagen, Mehrarbeitsvergütungen, Sachbezügen, Auslandszulagen, Schweißer- und Vertreterzulagen, Bereitschaftsvergütungen und Einmalzahlungen.

bb) Das zu vergleichende Bruttomonatsentgelt am neuen Arbeitsplatz enthält

- bei einer Versetzung in ein Werk mit gleicher Entgeltsystematik die gleichen Bestandteile wie das Sicherungsentgelt
- bei einer Versetzung in ein Werk mit M-Entgeltsystematik die folgenden Bestandteile
  - Tarifentgelt (Eingruppierung entsprechend dem neuen Arbeitsplatz)
  - Grundzulage
  - Übertarifliche Zulage (ÜTZ)
  - Vorarbeiterzulage
  - Prämienzulage (Durchschnittsprozentsatz der letzten zwölf abgerechneten Monate der neuen Prämiengruppe)
  - Schichtzulage
  - SFN-Zuschläge

ohne Erschwerniszulagen, Mehrarbeitsvergütungen und sonstige Entgeltbestandteile.

Die übertarifliche Zulage (ÜTZ) am neuen Arbeitsplatz wird in Höhe der persönlich anrechenbaren Zulage am bisherigen Arbeitsplatz gewährt, soweit dadurch insgesamt das Sicherungsentgelt nicht überschritten wird.

Der Verdienstausgleich wird auf der Basis der am bisherigen Arbeitsplatz geleisteten vertraglichen Wochenarbeitszeit berechnet. Gilt am neuen Arbeitsplatz eine geringere vertragliche Wochenarbeitszeit, so wird der Verdienstausgleich im Verhältnis der neuen zur alten Wochenarbeitszeit gekürzt. Die Gewährung tariflicher Altersfreizeiten gilt nicht als Verringerung der vertraglichen Wochenarbeitszeit im Sinne dieser Regelung und führt daher nicht zur Kürzung des Verdienstausgleichs. Eine höhere vertragliche Arbeitszeit ändert den Verdienstausgleich nicht.

d) Versetzungen von Wechselschicht auf Tagschicht

Abweichend von lit. c) werden bei einer Versetzung von Wechselschicht auf Tagschicht die SFN-Zuschläge nicht in den Verdienstausgleich einbezogen, weil die besondere Belastung der Sonntags-, Feiertags- und Nachtarbeit entfällt. Wegen der dadurch eintretenden Minderung des Bruttoentgelts wird eine Ausgleichspauschale gewährt.

Diese Ausgleichspauschale beträgt 300 EUR monatlich. Sie wird bis zur Versetzung auf einen anderen Wechselschicht-Arbeitsplatz, längstens für zwölf Monate, gezahlt. §§ 13, 14 MTV Chemie bleiben unberührt. Sollte es wider Erwarten nicht möglich sein, innerhalb von zwölf Monaten Frist einen Wechselschichteinsatz zu vermitteln, wird im Einvernehmen mit dem Betriebsrat eine Anschlussregelung getroffen.

e) Entwicklung des Verdienstausgleichs

Hat die Mitarbeiterin/der Mitarbeiter bis zur Versetzung mindestens 15 Dienstjahre vollendet, wird ihr/sein Verdienstausgleich zum jeweiligen Termin der Tariferhöhung um den Prozentsatz der Tariferhöhung gesteigert.

Im Übrigen wird der Verdienstausgleich unverändert gewährt, bis sich durch erneute Versetzungen oder sonstige strukturelle Änderungen das Entgelt am neuen Arbeitsplatz erhöht. Das gilt auch für Umgruppierungen am neuen Arbeitsplatz. Die dadurch bedingte Erhöhung des Bruttoentgelts wird dann auf den Verdienstausgleich angerechnet.

Wird in der Zeit der Ausgleichszahlung der Mitarbeiterin/dem Mitarbeiter ein zumutbarer Arbeitsplatz am selben Standort, der zu einem höheren Bruttomonatsentgelt im Sinne der lit. c) führt, angeboten und von der Mitarbeiterin/dem Mitarbeiter nicht angenommen, wird der Verdienstausgleich entsprechend gekürzt bzw er entfällt ganz. Die Zumutbarkeit wird durch die Schiedskommission (siehe § 5) geprüft.

Sollte innerhalb der Laufzeit dieses Interessenausgleichs eine erneute betriebsbedingte Versetzung auf einen Arbeitsplatz mit geringerem Bruttoentgelt vorzunehmen sein, wird für die Berechnung des Verdienstausgleichs das Bruttomonatsentgelt am ursprünglichen Arbeitsplatz zugrunde gelegt.

f) Härtefälle

Härtefälle werden im Einvernehmen mit dem Gesamtbetriebsrat festgestellt und geregelt.

(5) Versetzungen an andere Standorte

a) Mitarbeiterinnen/Mitarbeiter, die vom Werk L einschließlich des Standortes T in ein anderes Werk der AG versetzt werden, erhalten folgende Leistungen:

- Fahrtkosten für die erste Hinreise gemäß Reisekostenordnung.
- Unterbringungskosten in der nachgewiesenen Höhe oder pauschal 4 EUR je Übernachtung bis zum Umzug. Anfänglich werden erforderlichenfalls Hotelkosten gezahlt, allerdings mit der Auflage, baldmöglichst eine kostengünstigere Unterbringung zu suchen.
- Trennungsentschädigung (Mehraufwendungen für Verpflegung) für die Dauer der doppelten Haushaltsführung
  - während der ersten drei Monate (Probezeit) 23,50 EUR pro Kalendertag,
  - nach Ablauf dieser Zeit 8 EUR pro Kalendertag.
  - Die Zahlung entfällt an Tagen, an denen der Mitarbeiter auf Dienstreise ist, sich zu Hause aufhält, sich in Urlaub befindet oder die Heimfahrt in Anspruch nimmt.
- Fahrtkosten für Familienheimfahrten nach dem Deutsche-Bahn-Tarif (Ziffer 3.2 Reisekostenordnung):
  - zwei Heimfahrten monatlich für
    Verheiratete mit eigenem Haushalt am alten Tätigkeitsort,
    Nichtverheiratete mit eigenem Haushalt am alten Tätigkeitsort, die am neuen Tätigkeitsort noch keinen eigenen Haushalt begründet haben,
  - eine Heimfahrt monatlich für Nichtverheiratete, die bisher im Familienkreis gewohnt haben und noch keinen eigenen Haushalt am neuen Tätigkeitsort begründet haben.
- Das Unternehmen unterstützt die betroffenen Mitarbeiterinnen und Mitarbeiter bevorzugt bei der Wohnungssuche.
- Umzugskosten werden gegen Rechnung des Spediteurs in vollem Umfang erstattet. Renovierungskosten der bisherigen oder der künftigen Wohnung werden gegen Nachweis erstattet.
- Falls Maklergebühren anfallen, werden diese gegen Rechnung erstattet.
- Mietentschädigung bei doppelter Mietzahlung in Höhe der Mietkosten für die bisherige Wohnung für die Dauer der Kündigungsfrist bzw bis zur einvernehmlichen Vertragsaufhebung, längstens für zwölf Monate.

- Darlehen zur Zahlung einer Mietkaution.
- Der Mitarbeiterin/Dem Mitarbeiter kann ein zinsloses Arbeitgeberdarlehen gewährt werden, auch wenn sie/er ein solches Darlehen bereits einmal erhalten hat.

Alle aufgeführten laufenden Leistungen werden, soweit nicht anders bestimmt, längstens für ein Jahr gewährt.

b) Mitarbeiterinnen/Mitarbeiter, die vom Einsatzort T auf Dauer an den Einsatzort L wechseln und ihren bisherigen Wohnsitz beibehalten, erhalten eine steuerpflichtige Ausgleichszahlung als einmaligen Ausgleich für den entstehenden Mehraufwand für Fahrten zwischen Wohnung und neuer Arbeitsstätte. Diese Ausgleichszahlung wird mit der Abrechnung des der Versetzung folgenden Monats ausgezahlt. Berechnungsgrundlage ist die Differenz der kürzesten Fahrtstrecke zwischen Wohnung und bisheriger Arbeitsstätte sowie zwischen Wohnung und neuer Arbeitsstätte, gestaffelt nach den Zonen der Mehrfahrtstrecke (Entfernungsdifferenz für die einzelne Fahrt):

- 3 bis 8 km   1.250 EUR
- mehr als 8 km   1.800 EUR

c) Gibt die Mitarbeiterin/der Mitarbeiter aufgrund ihres/seines Wechsels vom Einsatzort T an den Einsatzort L ihren/seinen bisherigen Wohnsitz innerhalb von zwei Jahren auf und tritt dadurch eine erhebliche Verkürzung der Fahrtstrecke zwischen Wohnung und Arbeitsplatz gegenüber der früheren Fahrtstrecke ein, werden folgende Leistungen gewährt:

- Umzugskosten werden gegen Rechnung des Spediteurs in vollem Umfang erstattet.
- Renovierungskosten der bisherigen oder der künftigen Wohnung werden gegen Nachweis erstattet.
- Das Unternehmen ist bei der Wohnungssuche behilflich.
- Der Mitarbeiterin/Dem Mitarbeiter kann ein zinsloses Arbeitgeberdarlehen gewährt werden, auch wenn er ein solches Darlehen bereits einmal erhalten hat.

§ 3 Arbeitsvertragsbeendigungen

Alle Mitarbeiterinnen und Mitarbeiter, die einvernehmlich oder aufgrund vom Arbeitgeber ausgesprochener betriebsbedingter Kündigung aus dem Unternehmen ausscheiden, erhalten Leistungen nach Maßgabe der folgenden Bestimmungen, wenn ein entsprechender Arbeitsplatz im ehemaligen Werk T (nach Ringtausch) ersatzlos entfällt.

Anspruchsberechtigt sind auch diejenigen Mitarbeiterinnen und Mitarbeiter, die ihr Arbeitsverhältnis unter Wahrung der Kündigungsfrist selbst beenden, sofern ihr Arbeitsplatz aufgrund der geplanten Rationalisierungsmaßnahmen wegfällt oder diese Mitarbeiterinnen und Mitarbeiter einen Arbeitsplatz freimachen, auf den ein vom Arbeitsplatzverlust in T betroffener Mitarbeiter versetzt werden könnte.

(1) Leistungsausschlüsse

Keinen Anspruch auf die nachstehenden Leistungen haben:

- Mitarbeiter/innen mit befristeten Arbeitsverträgen;
- Mitarbeiter/innen, die im Zeitpunkt des Ausspruchs der Kündigung bzw der einvernehmlichen Auflösung des Arbeitsverhältnisses keinen Kündigungsschutz nach dem Kündigungsschutzgesetz genießen, dh deren Arbeitsvertrag noch nicht länger als sechs Monate besteht;
- Mitarbeiter/innen, denen ein oder mehrere zumutbare Arbeitsplätze im Werk L einschließlich des Standortes T angeboten wurden und die den bzw diese Arbeitsplätze abgelehnt haben. Vor Ausschluss des Leistungsanspruchs überprüft die Schiedskommission die Zumutbarkeit des angebotenen Arbeitsplatzes;
- Mitarbeiter/innen, die ein Arbeitsverhältnis bei der Firma XY oder einem anderen mit der AG verbundenen Unternehmen unter Anerkennung der Dienstzeit annehmen;

- Mitarbeiter/innen, die im unmittelbaren Anschluss an ihr Ausscheiden Leistungen aus der gesetzlichen Rentenversicherung beanspruchen können. Ansprüche aus der Richtlinie bleiben davon unberührt;
- Mitarbeiter/innen, deren Arbeitsverhältnis aus verhaltensbedingten Gründen beendet wird.

(2) Arten der Leistungsgewährung

Je nach Lebensalter werden

- eine Übergangshilfe und gegebenenfalls anschließend eine Überbrückungshilfe oder
- eine Abfindung

gezahlt. Die Übergangs- und gegebenenfalls Überbrückungshilfe erhalten Mitarbeiterinnen und Mitarbeiter, die im Zeitpunkt des Ausscheidens mindestens das 61. Lebensjahr vollendet haben. Die Abfindung erhalten Mitarbeiterinnen und Mitarbeiter, die im Zeitpunkt des Ausscheidens das 61. Lebensjahr noch nicht vollendet haben.

a) Übergangshilfe und Überbrückungshilfe

aa) Dauer

Übergangshilfe wird gezahlt, solange die Mitarbeiterin/der Mitarbeiter Anspruch auf Arbeitslosengeld hat, längstens bis zu dem Zeitpunkt, in dem ein Anspruch auf Leistungen der gesetzlichen Rentenversicherung besteht.

Überbrückungshilfe wird nach Beendigung der Gewährung von Arbeitslosengeld gezahlt, längstens bis zu dem Zeitpunkt, in dem ein Anspruch auf Leistungen der gesetzlichen Rentenversicherung besteht.

bb) Höhe

Die Übergangshilfe und die Überbrückungshilfe betragen bei Mitarbeiterinnen/Mitarbeitern in der Tagschicht 68 %, bei Mitarbeiterinnen/Mitarbeitern in der Wechselschicht 82 % des zuletzt bezogenen Brutto-Monatsentgelts ohne Berücksichtigung der SFN-Zuschläge.

Hierauf werden Leistungen der Arbeitslosenversicherung (ohne künftige Erhöhungsbeträge), Rentenleistungen der Sozialversicherungsträger oder gleichwertige Leistungen aus einer fällig werdenden befreienden Lebensversicherung oder sonstiger öffentlicher oder betrieblicher Versorgungseinrichtungen, soweit Letztere nicht auf Eigenbeiträgen der Mitarbeiterin/des Mitarbeiters beruhen, angerechnet. Bereits gewährte Rentenleistungen werden nicht angerechnet.

Gewährt die Agentur für Arbeit der/dem ausgeschiedenen Mitarbeiterin/Mitarbeiter trotz korrekter Antragstellung kein oder nur ein vermindertes Arbeitslosengeld II, weil sie/er nicht bedürftig im Sinne der Leistungsvoraussetzungen ist, wird das Arbeitslosengeld II nur in Höhe der tatsächlichen Leistung der Agentur für Arbeit auf die Überbrückungshilfe angerechnet. Hat die/der ausgeschiedene Mitarbeiterin/Mitarbeiter den Antrag auf Arbeitslosengeld II jedoch nicht oder nicht korrekt gestellt, wird der Bezug ihres/seines höchstmöglichen Arbeitslosengeldes II fiktiv unterstellt.

Wenn die Agentur für Arbeit kein Arbeitslosengeld II gewährt, trägt es auch nicht die Beiträge zur Krankenversicherung. In diesem Falle erstattet das Unternehmen der/dem ausgeschiedenen Mitarbeiterin/Mitarbeiter zur Aufrechterhaltung des Krankenversicherungsschutzes den Gesamtbeitrag zur Krankenversicherung bis zur Höhe der Beiträge der zuständigen gesetzlichen Krankenkasse.

cc) Fälligkeit

Die Übergangshilfe bzw die Überbrückungshilfe wird monatlich nachträglich auf ein von der Mitarbeiterin/vom Mitarbeiter zu benennendes Girokonto gezahlt.

b) Ergänzung der Übergangshilfe/Überbrückungshilfe

Zum Ausgleich wirtschaftlicher Nachteile durch Beendigung der Berufstätigkeit vor Gewährung der Leistungen aus der gesetzlichen Rentenversicherung wird ein gestaffelter Einmalbetrag von einem bis maximal fünf Brutto-Monatsentgelten gemäß nachstehender Tabelle gewährt.

Alter vollendet		Anzahl Monatsentgelte
Jahr	Monat	
61		5,00
	1	4,92
	2	4,83
	3	4,75
	4	4,67
	5	4,58
	6	4,50
	7	4,42
	8	4,33
	9	4,25
	10	4,17
	11	4,08
62		4,00
	1	3,92
	2	3,83
	3	3,75
	4	3,67
	5	3,58
	6	3,50
	7	3,42
	8	3,33
	9	3,25
	10	3,17
	11	3,08

Alter vollendet		Anzahl Monatsentgelte
Jahr	Monat	
63		3,00
	1	2,92
	2	2,83
	3	2,75
	4	2,67
	5	2,58
	6	2,50
	7	2,42
	8	2,33
	9	2,25
	10	2,17
	11	2,08
64		2,00
	1	1,92
	2	1,83
	3	1,75
	4	1,67
	5	1,58
	6	1,50
	7	1,42
	8	1,33
	9	1,25
	10	1,17
	11	1,08
von 65		1,00
bis 67		1,00

c) Abfindung

Mitarbeiterinnen/Mitarbeiter, die mindestens sechs Monate im Unternehmen beschäftigt waren, erhalten für jedes Jahr ihrer Beschäftigung (anerkannte Dienstjahre, kaufmännisch gerundet) eine Abfindung in Höhe eines halben Brutto-Monatsentgelts, mindestens jedoch 1.500 EUR. Zusätzlich erhalten anerkannte Schwerbehinderte einen Einmalbetrag von 2.500 EUR und Mitarbeiter mit Kindern einen Einmalbetrag von 1.500 EUR je Kind laut Steuerkarte.[264]

Wegen der hier zu regelnden besonderen Verhältnisse und zum Ausgleich der auftretenden sozialen Härten werden die Abfindungsbeträge nach folgender Formel aufgestockt:

(Lebensalter + anrechenbare Dienstjahre) x 100 EUR

Die Abfindung wird – sozialversicherungsfrei – am Ende des dem Ausscheiden folgenden Monats auf ein vom Mitarbeiter zu benennendes Girokonto gezahlt.

---

[264] Aus Gründen der Rechtssicherheit wird davon abgeraten, die Unterhaltspflichten allein aus der Lohnsteuerkarte zu entnehmen; zu den Einzelheiten s. § 5 Rn 194.

d) Entgeltdefinition

Bei der Berechnung des Brutto-Monatsentgelts gem. lit. a)–c) ist maßgebend das zuletzt bezogene Bruttoentgelt ausschließlich Mehrarbeitsvergütung, SFN-Zuschläge, Erschwerniszulage, Urlaubsgeld, vermögenswirksame Leistungen und sonstige einmalige Zahlungen. Leistungslohnüberverdienste werden nach dem Durchschnitt der letzten zwölf Monate ermittelt.

(3) Mitwirkungs- und Meldepflichten

Die Mitarbeiterin/Der Mitarbeiter ist verpflichtet, nach ihrem/seinem Ausscheiden die entsprechenden Anträge auf Leistungen der Arbeitslosenversicherung zu stellen und der Meldepflicht bei der Agentur für Arbeit nachzukommen. Der Antrag auf Leistungen der gesetzlichen Rentenversicherung ist rechtzeitig zu stellen, sobald die gesetzlichen Voraussetzungen in der Person des Antragstellers hierfür gegeben sind.

Ereignisse, die die Gewährung von Leistungen nach dieser Regelung beeinflussen können, sind der Personalabteilung unverzüglich anzuzeigen. Bei Verletzung dieser Verpflichtungen entfällt die Leistungsgewährung in dem Zeitpunkt, in dem die Mitarbeiterin/der Mitarbeiter Kenntnis von dem Ereignis hatte oder grob fahrlässig von dem Ereignis keine Kenntnis genommen hat.

(4) Anrechnung anderer Einkünfte

Auf die Gewährung laufender Leistungen nach dieser Regelung sind Einkünfte aus selbständiger oder unselbständiger Tätigkeit anzurechnen, soweit sie den Betrag von 500 EUR im Monat überschreiten. Führen die vorgenannten Tätigkeiten zur Kürzung oder zum Entzug der Leistungen der Agentur für Arbeit, so erhöhen sich hierdurch nicht die laufenden Leistungen des Arbeitgebers.

(5) Sonstige Leistungen bei Ausscheiden aus dem Unternehmen

a) Betriebliche Altersversorgung

Scheidet eine Mitarbeiterin/ein Mitarbeiter gegen Zahlung einer Abfindung aus, so erhält sie/er, sofern sie/er die Unverfallbarkeitsvoraussetzungen des § 1 b BetrAVG erfüllt, eine unverfallbare Anwartschaft auf Leistungen der betrieblichen Altersversorgung.

Scheidet eine Mitarbeiterin/ein Mitarbeiter mit Übergangs- bzw. Überbrückungshilfe aus, bleibt ihr/sein Anspruch in der vollen bis zum Austrittstermin erworbenen Höhe erhalten; auf die Berechnung eines ratierlichen Anspruchs (m/n) gemäß Betriebsrentengesetz wird verzichtet, soweit sie für die Mitarbeiterin/den Mitarbeiter ungünstiger ist.

b) Urlaub

Unabhängig vom Zeitpunkt der Beendigung des Arbeitsverhältnisses steht der Mitarbeiterin/dem Mitarbeiter, die/der Leistungen nach dieser Vereinbarung erhält, der volle Urlaubsanspruch für das laufende Kalenderjahr zu. Der Urlaub ist vor Beendigung des Arbeitsverhältnisses in Freizeit zu gewähren und zu nehmen.

c) Befreiende Lebensversicherung

Mitarbeiterinnen/Mitarbeiter, die mit Übergangs- oder Überbrückungshilfe ausscheiden und von der Versicherungspflicht befreit sind, erhalten zur Fortführung ihrer befreienden Lebensversicherung die bisher gezahlten Prämien bis zur Vollendung des 63. Lebensjahres, soweit diese nicht von der Arbeitsverwaltung übernommen werden.

d) Jahresprämie

Ausgeschiedene Mitarbeiterinnen/Mitarbeiter erhalten für das Austrittsjahr die volle Jahresprämie.

e) Dienstjubiläum

Mitarbeiterinnen/Mitarbeiter, die innerhalb von zwölf Monaten nach ihrem Ausscheiden ein Dienstjubiläum begehen würden, erhalten als zusätzliche Abfindung die Jubiläumsvergütung entsprechend den Jubiläumsdienstzeiten nach der geltenden Regelung in voller Höhe; Sachgeschenke, Ehrungen und bezahlte Freistellungen entfallen.

f) Darlehen

Darlehen werden aus Anlass des Ausscheidens bei der AG nicht zur sofortigen Rückzahlung fällig; ihre Tilgung richtet sich nach den ursprünglich vereinbarten Bedingungen.

g) Werkswohnungen

Mitarbeiterinnen/Mitarbeitern, die mit Abfindung ausscheiden und die eine Werkswohnung bewohnen, wird für zwei Jahre Unkündbarkeit der überlassenen Wohnung aus diesem Anlass zugesagt. Härtefälle werden in der Schiedskommission festgestellt und geregelt.

Mitarbeiterinnen/Mitarbeitern, die mit Übergangs-/Überbrückungshilfe ausscheiden, wird das Mietverhältnis aus diesem Anlass nicht gekündigt.

(6) Abtretungs- und Verpfändungsverbot

Ansprüche auf Leistungen gem. § 3 dürfen weder abgetreten noch verpfändet werden. Abtretungen und Verpfändungen sind dem Unternehmen gegenüber unwirksam. Solange die Mitarbeiterin/der Mitarbeiter noch nicht vereinbarungsgemäß oder zum Ende der Kündigungsfrist ausgeschieden ist, sind die Ansprüche auf Leistungen gem. § 3 nicht vererblich.

Für den Sterbemonat und die darauf folgenden Monate wird die volle Übergangs- bzw Überbrückungshilfe an die versorgungsberechtigten im gemeinsamen Haushalt lebenden hinterbliebenen Ehepartner oder Kinder, oder an Kinder, die sich noch in der Ausbildung befinden, gezahlt.

(7) Anrechnung anderer Leistungen

Eine im Zusammenhang mit der Beendigung des Arbeitsverhältnisses außerhalb dieser Betriebsvereinbarung zu zahlende gerichtliche oder außergerichtliche Abfindung wird auf die Leistungen aus dieser Betriebsvereinbarung angerechnet.

§ 4 Härtefonds

Zur Milderung besonderer zusätzlicher wirtschaftlicher Nachteile und sozialer Härten wird ein Härtefonds iHv 50.000 EUR eingerichtet. Über die Verwendung der Mittel aus diesem Fonds entscheidet die Schiedskommission.

§ 5 Schiedskommission

Ergeben sich bei der Anwendung oder Auslegung dieses Sozialplans Streitigkeiten zwischen Gesamtbetriebsrat und Unternehmensleitung, wird zur Beilegung der Meinungsverschiedenheiten eine Schiedskommission gebildet. Die Schiedskommission unterliegt dem Einigungszwang.

Mitglieder der Kommission: ...

§ 6 Inkrafttreten

Dieser Sozialplan tritt am ... in Kraft. Er regelt ausschließlich die Maßnahmen und deren Folgen, die in dieser Vereinbarung angesprochen sind, und ersetzt während seiner Laufzeit bestehende Regelungen gleichen oder vergleichbaren Inhalts.

Die Regelungen dieses Sozialplans enden mit dem Ablauf der geplanten Maßnahmen. Sie entfalten keine Nachwirkung und schaffen kein Präjudiz für vergleichbare spätere Maßnahmen.

↑

2. Muster: Betriebsstilllegung, Spruch der Einigungsstelle

Protokoll

der Verhandlungen der Einigungsstelle zum Abschluss eines Sozialplans wegen der zum ... geplanten Betriebsschließung bei der Gesellschaft.

Die Verhandlungen der Einigungsstelle beginnen am ... um ... Uhr in den Räumen der Firma in ....

Die Einigungsstelle konstituiert sich in folgender Besetzung:

Arbeitgeberbeisitzer	Geschäftsführer ...	Rechtsanwalt ...
Betriebsratsbeisitzer	Betriebsrat ...	Rechtsanwalt ...
Vorsitzender RiArbG ...		

In der mündlichen Verhandlung werden zunächst die Vorgeschichte und die wirtschaftlichen Begleitumstände der zum ... geplanten endgültigen Betriebsschließung erörtert. Die damit verbundenen personellen Konsequenzen werden im Einzelnen dargestellt. Da die Gesellschaft vollständig liquidiert werden soll, fallen sämtliche der zuletzt bestehenden ... Arbeitsplätze weg. Ein Teil der Belegschaft konnte in andere Unternehmen des Konzerns vermittelt werden. Auf einen anderen Teil werden einvernehmlich die Regeln des Sozialplans vom ... über die Frühpensionierung angewandt. Einige Mitarbeiter haben das Arbeitsverhältnis unter dem Eindruck der geplanten Betriebsschließung von sich aus vorzeitig beendet. Gegenüber 14 verbleibenden Mitarbeitern mussten betriebsbedingte arbeitgeberseitige Kündigungen zum ... ausgesprochen werden. Alle hiervon betroffenen Arbeitnehmer haben beim Arbeitsgericht Kündigungsschutzklagen erhoben. Diese sind zurzeit noch in der ersten Instanz anhängig.

Die Betriebspartner nehmen aus ihrer jeweiligen Sicht zum Sach- und Streitstand hinsichtlich der Sozialplanverhandlungen Stellung. Als Grundlage der Erörterungen dienen der Sozialplan vom ..., dessen Wiederinkraftsetzung der Arbeitgeber vorgeschlagen hat, sowie der dazugehörige Änderungsentwurf des Betriebsrats. Die beiden Vorschläge werden im Einzelnen erörtert und die jeweiligen Meinungsverschiedenheiten zu jedem Einzelpunkt herausgearbeitet.

Um ... Uhr vertagt sich die Einigungsstelle auf den .... Bis zum neuen Termin wird der Vorsitzende einen schriftlichen Einigungsvorschlag vorlegen.

Fortsetzung der Einigungsstellenverhandlung am ... um ... Uhr in den Räumen der Kanzlei von Herrn Rechtsanwalt ....

An der heutigen Verhandlung nimmt auf Betriebsratsseite an Stelle des verhinderten Betriebsrats ... Frau ... teil.

Die Erörterungen werden anhand des zwischenzeitlich den Beteiligten zugeleiteten Einigungsvorschlags des Vorsitzenden fortgesetzt. Der Vorsitzende führt hierzu auch separate Konsultationen mit den Beisitzern jeder Seite. Zwischen allen Verhandlungsteilnehmern besteht Einvernehmen darüber, dass die von den betriebsbedingten arbeitgeberseitigen Kündigungen betroffenen Arbeitnehmer in sozialer Hinsicht besonders schutzbedürftig erscheinen.

Nach ausführlicher Erörterung kann schließlich einstimmig folgende Einigung erzielt werden:

1. Die Betriebspartner verabschieden einen Sozialplan, der den von der Betriebsschließung zum ... betroffenen Arbeitnehmern dieselben Leistungen gewährt wie der Sozialplan vom .... Verschiedene, im Einzelnen abgesprochene redaktionelle Änderungen dienen der Klarstellung der Regelungsinhalte.

2. Der Arbeitgeber wird den von den betriebsbedingten, arbeitgeberseitigen Kündigungen betroffenen Arbeitnehmern ein verbindliches Angebot unterbreiten, die laufenden Kündigungsschutzprozesse durch einen Vergleich folgenden Inhalts zu beenden:

a) Beendigung des Arbeitsverhältnisses aufgrund betriebsbedingter Kündigung zum ...

b) Zahlung einer Abfindung in Höhe der Sozialplanabfindung zuzüglich eines Aufstockungsbetrags iHv je ... EUR pro Jahr der Betriebszugehörigkeit und ... EUR pro unterhaltsberechtigtem Kind laut Lohnsteuerkarte.

Der 52 Jahre alte Arbeitnehmer ... soll aufgrund der ihn betreffenden Härte einen weiteren Abfindungszuschlag erhalten in Anlehnung an die Regelung über einen Abfindungsaufschlag in § 4 Abs. 5 des Sozialplans vom ..., der auch berücksichtigt, dass der Mitarbeiter ... die Anspruchsvoraussetzungen nach § 4 Abs. 5 des Sozialplans nur knapp verfehlt.

Lehnen die Arbeitnehmer das Vergleichsangebot ab, verbleibt es für sie bei den Regeln des Sozialplans.

3. Der Härtefonds gem. § 6 des Sozialplans dient dem Ausgleich etwaiger weiterer zurzeit nicht bekannter besonderer Härten im Einzelfall. Ein solcher Härtefall kommt nach übereinstimmender Auffassung der Betriebspartner zB dann in Betracht, wenn ein arbeitslos gewordener Mitarbeiter eine für ihn geeignete, durch einen öffentlichen Leistungsträger geförderte berufliche Qualifizierungsmaßnahme absolviert, ohne für deren Dauer Leistungen zum laufenden Unterhalt (zB Arbeitslosengeld, Unterhaltsgeld) beziehen zu können.

Der Vorsitzende wird die Reinschrift des heute verabschiedeten Sozialplans erstellen und den Betriebspartnern in der ... KW zur Unterzeichnung im Umlaufverfahren zuleiten.

Die Einigungsstellenverhandlung wird um ... Uhr geschlossen. Der Vorsitzende dankt allen Verhandlungspartnern für ihren Beitrag zu der stets sachlichen und konstruktiven Verhandlungsatmosphäre.

Für die Richtigkeit des Protokolls: ...

Mit dem Protokollinhalt einverstanden:

... (Rechtsanwalt)

... (Rechtsanwalt)

Betriebsvereinbarung

zwischen

der R-Gesellschaft mbH

– nachstehend: R –

und

dem Betriebsrat der R-Gesellschaft mbH

– nachstehend: Betriebsrat –

Präambel

Im Februar ... hat die 100 %ige Gesellschafterin von R beschlossen, den Betrieb des Unternehmens zum ... endgültig stillzulegen. Diese Entscheidung wurde der Belegschaft im Rahmen einer Betriebsversammlung vom ... mitgeteilt.

Der Betriebsrat hat am ... erklärt, dass sich nach seiner Rechtsauffassung aus dem Interessenausgleich vom ... ein kollektivrechtlicher Anspruch auf Fortführung des Betriebes bis mindestens zum Jahre ... ergebe. R hat dieser Rechtsauffassung widersprochen. Aufgrund dieser Meinungsverschiedenheit ist ein erneuter Interessenausgleich nicht zustande gekommen.

Ungeachtet dessen schließen die Betriebspartner unter Aufrechterhaltung der beiderseitigen Rechtsstandpunkte zur Milderung sozialer Härten und zum Ausgleich von wirtschaftlichen Nachteilen, die den Arbeitnehmerinnen und Arbeitnehmern infolge der seitens R zum ... geplanten Betriebsstilllegung entstehen, den folgenden Sozialplan:

§ 1 Geltungsbereich

(1) Leistungen nach den Bestimmungen dieser Vereinbarung erhalten Mitarbeiterinnen und Mitarbeiter von R, die am _ in einem unbefristeten Arbeitsverhältnis mit R standen und deren Arbeitsplatz von der zum _ geplanten Betriebsstilllegung betroffen ist.

Die im Rahmen der Durchführung personeller Einzelmaßnahmen zu wahrenden Rechte des Betriebsrats bleiben von dieser Betriebsvereinbarung unberührt.

(2) Leistungen nach den Bestimmungen dieser Vereinbarung erhalten auch diejenigen Mitarbeiterinnen und Mitarbeiter, die im Rahmen der vorgesehenen Maßnahmen auf Veranlassung von R oder erkennbar aufgrund der von R geplanten Maßnahmen auf eigenen Wunsch nach dem _ bei R ausgeschieden sind.

Im Einzelfall müssen mit dem aufnehmenden Betrieb getroffene vertragliche Regelungen beachtet werden.

(3) Keine Leistung nach dieser Vereinbarung erhalten:

a) Mitarbeiter/innen, mit denen auf der Grundlage des Sozialplans vom _ ein Vertrag über die Beendigung des Arbeitsverhältnisses wegen vorzeitiger Inanspruchnahme von Altersrente geschlossen wurde und die bis zum Beginn der vorgezogenen Altersrente bei der Firma _ unter im Übrigen vergleichbaren Arbeitsbedingungen weiterbeschäftigt werden;

b) Mitarbeiter/innen, bei denen die Voraussetzungen für die Inanspruchnahme des Altersruhegeldes ohne Rentenabschläge aus der gesetzlichen Rentenversicherung bestehen;

c) Mitarbeiter/innen, die wegen voller Erwerbsminderung aus den Diensten von R ausscheiden;

d) Mitarbeiter/innen, denen von R – unter Beachtung von § 102 BetrVG – aus einem personen- oder verhaltensbedingten Grund fristlos oder fristgerecht gekündigt wird;

e) Mitarbeiter/innen, die ein in der in § 3 Abs. 1 beschriebenen Art und Weise ordnungsgemäß unterbreitetes Angebot einer Tätigkeit in einem anderen Unternehmen des Konzerns nicht annehmen, sofern dieses Angebot nicht aus einem der in § 3 Abs. 2 genannten Gründe unzumutbar erscheint.

§ 2 Sonstige allgemeine Bestimmungen

(1) Für Kündigungen, Aufhebungsvereinbarungen und Abwicklungsverträge gilt eine Kündigungsfrist von mindestens drei Monaten, soweit nicht eine längere Kündigungsfrist vertraglich oder aufgrund gesetzlicher oder tariflicher Regelungen anzuwenden ist.

(2) Die über die Abfindungsregelung ausscheidenden Mitarbeiterinnen/Mitarbeiter erhalten zur Suche eines neuen Arbeitsplatzes eine angemessen bezahlte Freistellung von der Arbeit. Falls der Mitarbeiterin/dem Mitarbeiter durch Vorstellung bei einem neuen Arbeitgeber Kosten entstehen, die durch diesen nicht übernommen werden, werden die nachgewiesenen Aufwendungen von R getragen.

(3) R verzichtet auf die Einhaltung der Kündigungsfrist, wenn die Mitarbeiterin/der Mitarbeiter dies im Hinblick auf die Aufnahme einer anderweitigen Tätigkeit wünscht.

(4) Stichtag für die Ermittlung und Berechnung von Leistungen aus dieser Betriebsvereinbarung ist der letzte Tag des Arbeitsverhältnisses der jeweiligen Mitarbeiterin/des jeweiligen Mitarbeiters bei R.

(5) Die von R nach dieser Vereinbarung zu zahlenden Abfindungen sind innerhalb eines Monats nach dem Ausscheiden des Mitarbeiters fällig.

Abweichend hiervon werden die in dieser Betriebsvereinbarung begründeten Leistungen für Mitarbeiterinnen/Mitarbeiter, die eine Kündigungsschutzklage erheben, erst innerhalb eines Monats nach rechtskräftigem Abschluss des Kündigungsschutzverfahrens fällig. Eine im Rahmen des Kündigungsschutzverfahrens festgesetzte oder vereinbarte Abfindung wird auf die Leistungen aus dieser Vereinbarung angerechnet.

(6) Soweit auf Leistungen aus dieser Betriebsvereinbarung Steuern und Sozialversicherungsbeiträge zu entrichten sind, sind sie unter Beachtung zwingender gesetzlicher Vorschriften von der Mitarbeiterin/vom Mitarbeiter zu tragen.

(7) Für Weiterbildungsmaßnahmen vor dem ... wird der Mitarbeiter/die Mitarbeiterin auf Wunsch ganz oder teilweise von der Arbeitsleistung freigestellt. Der Anspruch des Mitarbeiters/der Mitarbeiterin auf die Leistungen nach Arbeitsvertrag, Tarifvertrag und Betriebsvereinbarungen bleibt im Übrigen unberührt.

§ 3 Arbeitsplatzwechsel innerhalb des Konzerns

(1) R bemüht sich weiterhin, allen Mitarbeiterinnen/Mitarbeitern – ausgenommen den in § 1 Abs. 3 lit. a) und b) erwähnten – ein adäquates Stellenangebot für Arbeitsplätze in Unternehmen des Konzerns zu vermitteln. Das Angebot ist schriftlich zu formulieren und unter Mitwirkung des Betriebsrats der Mitarbeiterin/dem Mitarbeiter zu unterbreiten. Aus dem schriftlichen Angebot müssen die künftigen Aufgaben, die hierzu geforderte berufliche Qualifikation, der Dienstsitz und die tarifliche Eingruppierung bzw der Monatsverdienst deutlich erkennbar sein.

Der Mitarbeiterin/dem Mitarbeiter ist Gelegenheit zu geben, sich an Ort und Stelle über das aufnehmende Unternehmen, den Arbeitsplatz und die dort üblichen Arbeitsbedingungen zu unterrichten. Zur Annahme des Angebots ist eine Überlegungsfrist von mindestens 15 Arbeitstagen einzuräumen.

Über die Eignung der Mitarbeiterin/des Mitarbeiters für den in Aussicht genommenen Arbeitsplatz entscheidet das aufnehmende Unternehmen.

a) Mitarbeiterinnen/Mitarbeiter, deren künftiges Monatsentgelt einschließlich aller regelmäßig gezahlten Zulagen am neuen, durch R vermittelten Arbeitsplatz niedriger ist als das bisherige Monatsentgelt bei R, erhalten zum Ausgleich für die mit dem Verlust des Arbeitsplatzes bei R verbundenen Nachteile eine Abfindung im Sinne der einschlägigen steuerrechtlichen Vorschriften.

Die Höhe der Abfindung beträgt 100 % des Differenzbetrags zwischen bisherigem und künftigem Monatsentgelt für die ersten sechs Monate des neuen Arbeitsverhältnisses zuzüglich 75 % des Differenzbetrags für die zweiten sechs Monate zuzüglich 50 % des Differenzbetrags für die dritten sechs Monate.

Die Abfindung wird fällig innerhalb eines Monats nach Beendigung des Arbeitsverhältnisses mit R.

b) Nimmt die Mitarbeiterin/der Mitarbeiter innerhalb von 18 Monaten nach Antritt des neuen Arbeitsverhältnisses einen durch den Arbeitsplatzwechsel notwendig gewordenen Wohnungswechsel vor, so kann sie/er Leistungen nach Maßgabe der Regelungen über die Erstattung von Umzugskosten gem. Anlage 2 § 2 beanspruchen.

c) Fallen für die Mitarbeiterin/den Mitarbeiter infolge des Arbeitsplatzwechsels bei Beibehaltung des bisherigen Wohnsitzes erhöhte Fahrtkosten an, so kann sie/er für die Dauer von bis zu zwölf Monaten nach Antritt des neuen Arbeitsverhältnisses Leistungen nach Maßgabe der Regelungen über die Erstattung von Fahrtkosten gem. Anlage 2 § 1 beanspruchen.

d) Die Ansprüche nach lit. a), b) und c) gelten nur für den ersten Arbeitsplatzwechsel zu einem von R vermittelten neuen Arbeitgeber, nicht für etwaige nachfolgende weitere Arbeitsplatzwechsel derselben Mitarbeiterin/desselben Mitarbeiters. Die Regelung in lit. e) bleibt hiervon unberührt.

e) Erfolgt seitens des aufnehmenden Unternehmens eine betriebsbedingte Kündigung innerhalb von zwölf Monaten nach dem Antritt des von R vermittelten neuen Arbeitsverhältnisses, so findet dieser Sozialplan Anwendung.

Die Schutzfrist erhöht sich für Mitarbeiterinnen/Mitarbeiter ab dem vollendeten 40. Lebensjahr auf 15 Monate, ab dem vollendeten 50. Lebensjahr auf 18 Monate.

Seitens R bereits erbrachte Leistungen werden voll angerechnet. Dasselbe gilt für Leistungen, die das aufnehmende Unternehmen im Zusammenhang mit der Beendigung des Arbeitsverhältnisses gewährt.

(2) Unzumutbarkeit iSv § 1 Abs. 3 lit. e)

a) Unzumutbar ist ein Vermittlungsangebot, bei dem

aa) die angebotene Tätigkeit qualitativ deutlich geringwertiger ist als die bisherige,

bb) das angebotene Entgelt deutlich niedriger ist als das bisherige,

cc) ein notwendiger Ortswechsel nachhaltig in das Familienleben eingreift (zB bei Pflegebedürftigkeit unmittelbarer Angehöriger, nahem Schulabschluss der Kinder, besonderen Härten im Zusammenhang mit der Berufstätigkeit des Lebensgefährten),

dd) die Mitarbeiterin/der Mitarbeiter im Zeitpunkt des Abschlusses dieser Betriebsvereinbarung eine berufliche Fortbildung betreibt, die infolge des angebotenen Arbeitsplatzwechsels nicht fortgeführt werden könnte,

ee) sich das aufnehmende Unternehmen nicht verpflichtet, bei R erworbene Besitzstände als eigene Verbindlichkeit anzuerkennen. Die Regelungen in Abs. 1 lit. a) und Abs. 2 lit. a) aa) und bb) bleiben hiervon unberührt.

b) Ob eine Unzumutbarkeit vorliegt, befindet im Streitfall bis zum ... eine aus je einem Vertreter der Geschäftsleitung und des Betriebsrats zusammengesetzte Kommission, die einvernehmlich entscheidet.

§ 4 Abfindungen

(1) Mitarbeiterinnen/Mitarbeiter, denen kein zumutbarer Arbeitsplatz im Konzern angeboten werden konnte und die aufgrund einer arbeitgeberseitigen betriebsbedingten Kündigung oder eines entsprechenden Abwicklungsvertrages zum ... bei R ausscheiden, erhalten eine Abfindung für den Verlust des Arbeitsplatzes bei R.

Die Höhe der Abfindung errechnet sich durch Multiplikation des für die Mitarbeiterin/den Mitarbeiter maßgeblichen Monatsbetrags iSv Abs. 3 lit. c) mit dem sich aus der Anlage 1 ergebenden Multiplikator (= Abfindung gemäß Anlage 1).

(2) Mitarbeiterinnen/Mitarbeiter iSv § 1 Abs. 2, die nach dem ... durch Eigenkündigung oder in sonstiger Weise vorzeitig aus dem Arbeitsverhältnis ausgeschieden sind, sowie gekündigte Mitarbeiterinnen/Mitarbeiter, die gem. § 2 Abs. 3 auf eigenen Wunsch vorzeitig aus dem Arbeitsverhältnis ausgeschieden sind bzw ausscheiden, erhalten für den Verlust des Arbeitsplatzes bei R ebenfalls eine Abfindung gemäß Anlage 1.

(3) Begriffsbestimmungen

a) Lebensalter ist die Anzahl vollendeter Lebensjahre, die die Mitarbeiterin/der Mitarbeiter am Stichtag (§ 2 Abs. 4) erreicht hat zuzüglich der bis dahin vollendeten weiteren Lebensmonate.

b) Betriebszugehörigkeit ist die Anzahl vollendeter Dienstjahre, die die Mitarbeiterin/der Mitarbeiter am Stichtag (§ 2 Abs. 4) erreicht hat zuzüglich der bis dahin vollendeten weiteren Dienstmonate.

c) Als Monatsbetrag ist der Betrag anzusehen, der einem Zwölftel der Jahresbezüge entspricht. Zur Ermittlung der Jahresbezüge wird das der Mitarbeiterin/dem Mitarbeiter zuletzt bei R zustehende Monatsentgelt unter Einrechnung des 13. Monatsgehalts herangezogen. Dabei bleiben Mehrarbeitsvergütungen, Jahresprämie und sonstige nicht ständig gewährte Zulagen unberücksichtigt.

(4) Mitarbeiterinnen/Mitarbeiter, die einen von R vermittelten Arbeitsplatz in einem anderen Unternehmen erhalten haben und Leistungen gemäß Anlage 2 nicht in Anspruch nehmen, erhalten eine Abfindung für den Verlust des Arbeitsplatzes bei R in Höhe eines Monatsbetrags (Abs. 3 lit. c), mindestens jedoch ... EUR.

Keinen Anspruch auf diese Abfindung haben Mitarbeiterinnen/Mitarbeiter, die trotz des Wechsels zu einem anderen Konzernunternehmen weiterhin auf dem Werksgelände in ... arbeiten.

Für Mitarbeiterinnen/Mitarbeiter, die zugleich Anspruch auf eine Abfindung gem. § 3 Abs. 1 lit. a) haben, errechnet sich die Höhe der Gesamtabfindung aus der Summe der Einzelansprüche.

(5) Mitarbeiterinnen/Mitarbeiter mit mindestens zehnjähriger Betriebszugehörigkeit, die nicht sofort einen Arbeitsplatz finden, erhalten für die Dauer der Arbeitslosigkeit, längstens jedoch für die Dauer von zwölf Monaten ab dem Ausscheiden bei R, einen Bruttoausgleich zwischen den Leistungen der Bundesagentur für Arbeit und 90 % des bisherigen Nettomonatsverdienstes. Dieser Ausgleich wird auf Antrag und gegen Nachweis der Leistungen der Bundesagentur für Arbeit rückwirkend vierteljährlich erstattet. Die Berechnung des Nettoentgeltes erfolgt gem. § ... MTV.

(6) Im Übrigen sind mit der Zahlung einer Abfindung alle sonstigen Ansprüche aus § ... MTV abgegolten.

§ 5 Sonstige Leistungen

(1) Unabhängig vom Termin des Ausscheidens hat die Mitarbeiterin/der Mitarbeiter für das Jahr des Ausscheidens Anspruch auf das volle Urlaubsgeld und den vollen Jahresurlaub. Der Urlaub ist grundsätzlich vor dem Ausscheiden in natura zu nehmen.

(2) Unabhängig vom Datum des Ausscheidens der Mitarbeiterin/des Mitarbeiters leistet R für das Jahr ... die volle tariflich vereinbarte Vermögenswirksame Leistung und die volle Weihnachtsgratifikation und bei einem Ausscheiden nach dem ... auch die volle Jahresprämie. Die Auszahlung erfolgt nach Maßgabe von § 2 Abs. 5.

(3) Falls die gesetzlichen Voraussetzungen erfüllt sind, erhält die/der abkehrende Mitarbeiterin/Mitarbeiter zum Zeitpunkt des Ausscheidens eine Unverfallbarkeitserklärung zur Betriebsrente und unverzüglich nach Vorlage ihrer/seiner Rentenunterlagen einen Bescheid über ihre/seine Versorgungsansprüche gegen R.

§ 6 Härtefonds

(1) Zur Milderung besonderer Härten, die im Zusammenhang mit der Durchführung dieser Vereinbarung auftreten, kann in Einzelfällen eine Beihilfe gewährt werden. Für derartige Beihilfen wird ein Härtefonds iHv ... EUR gebildet.

(2) Leistungen aus dem Härtefonds werden nur auf Antrag gewährt. Der Antrag muss spätestens innerhalb von sechs Monaten nach dem Ausscheiden bei R gestellt werden. Mit dem Antrag ist glaubhaft zu machen, dass die Antragstellerin/den Antragsteller im Vergleich zu den anderen betroffenen Arbeitnehmerinnen/Arbeitnehmern durch das Ausscheiden bei R eine besondere Härte trifft.

(3) Über den Antrag entscheidet bis zum ... eine aus je einem Vertreter der Geschäftsleitung und des Betriebsrats bestehende Kommission einvernehmlich.

(4) Auf Leistungen aus dem Härtefonds besteht kein Rechtsanspruch.

(5) Der Härtefonds wird zum ... aufgelöst.

§ 7 Schlussbestimmungen

(1) Die Vereinbarung hat eine Laufzeit bis zum ... . Für Mitarbeiterinnen/Mitarbeiter, mit denen zu diesem Zeitpunkt noch ein Kündigungsschutzprozess oder ein anderes arbeitsgerichtliches Verfahren über Leistungen aus diesem Sozialplan anhängig ist, verlängert sich die Laufzeit bis zum Ablauf von zwei Monaten nach rechtskräftigem Abschluss des Verfahrens.

(2) Im Rahmen dieser Betriebsvereinbarung auftretende grundsätzliche Meinungsverschiedenheiten, die sich bei der Anwendung ergeben, sind von der Geschäftsführung und dem Betriebsrat mit dem Ziel einer einvernehmlichen Lösung zu beraten.

(3) R wird diese Vereinbarung allen betroffenen Mitarbeiterinnen und Mitarbeitern aushändigen, sie beraten und sie rechtzeitig vor Durchführung der sie betreffenden Maßnahmen davon in Kenntnis setzen.

(4) Diese Vereinbarung tritt am Tage ihrer Unterzeichnung in Kraft.

(5) Leistungen, die R zum Ausgleich für die Nachteile, die aus der zum ... geplanten Betriebsstilllegung entstehen, im Zeitpunkt des Inkrafttretens dieses Sozialplans bereits erbracht hat, sind auf die Ansprüche nach diesem Sozialplan anzurechnen.

§ 5 Betriebsvereinbarungen

(6) Die Mitgliedschaft in den Kommissionen gem. § 3 Abs. 2 lit. b) und § 6 Abs. 3 bleibt bestehen, bis die Aufgaben beendet sind. Ein zwischenzeitliches Ausscheiden aus dem Betrieb führt weder auf Arbeitgeber- noch auf Betriebsratsseite zum Erlöschen des Mandats. Auf Arbeitgeberseite geht die Mitgliedschaft in der Kommission auf den Liquidator bzw eine von diesem zu bestimmende Person über.

(7) R ist berechtigt, ihre Verpflichtungen aus dem Sozialplan mit schuldbefreiender Wirkung durch eine andere Gesellschaft des Konzerns oder durch eine externe Treuhandgesellschaft übernehmen zu lassen.

Anlage 1 zum Sozialplan – Berechnung der Abfindung

Im Alter von	bis 30	31 und 32	33 bis 35	36 bis 38	39 und 40	41 und 42	43 bis 45	46 und 47	48 und 49	50 bis 52	53 und 54	55	56 bis 58	59 und 60	61 und 62	63 und 64
Betriebszugehörigkeit in Jahren																
bis 2	0,6	0,6	0,6	0,7	0,75	0,8	1,0	1,0	1,0	1,0	1,0	1,0	1,0	1,0	1,0	0,5
nach 2	1,2	1,2	1,2	1,4	1,5	1,6	2,0	2,0	2,0	2,0	2,0	2,0	2,0	2,0	2,0	1,0
3	1,8	1,8	1,8	2,1	2,1	2,4	2,5	2,7	2,7	3,8	3,8	3,8	3,8	3,8	3,8	1,5
4	2,4	2,4	2,4	2,8	2,8	3,2	3,2	3,6	3,6	4,4	4,4	4,4	4,4	4,4	4,4	2,0
5	3,0	3,0	3,0	3,5	3,5	4,0	4,0	4,5	4,5	5,0	5,0	5,0	5,0	5,0	5,0	2,5
6	3,6	3,6	3,6	4,2	4,2	4,8	4,8	5,4	5,4	5,7	6,0	6,0	6,0	6,0	6,0	3,0
7	4,2	4,2	4,2	4,9	4,9	5,6	5,6	6,3	6,3	6,7	7,0	7,0	7,0	7,0	7,0	3,5
8	4,8	4,8	4,8	5,6	5,6	6,4	6,5	7,2	7,2	7,6	8,0	8,0	8,0	8,0	8,0	4,0
9	5,4	5,4	5,4	6,3	6,3	7,2	7,5	8,1	8,1	8,6	9,0	9,0	9,0	9,0	9,0	4,5
10	6,0	6,0	6,0	7,0	7,0	8,0	8,0	9,0	9,0	9,5	10,0	10,0	10,0	7,0	6,0	5,0
11	6,0	6,6	6,6	7,7	7,7	8,8	8,8	9,9	9,9	10,5	11,0	11,0	10,0	7,0	6,0	5,0
12	6,0	7,2	7,2	8,4	8,4	9,6	9,6	10,4	10,4	11,4	12,0	12,0	10,0	7,0	6,0	5,0
13	6,0	7,2	7,8	9,1	9,1	10,4	10,5	11,7	11,7	12,4	13,0	13,0	10,0	7,0	6,0	5,0
14	6,0	7,2	8,4	9,8	9,8	11,2	11,5	12,6	12,6	13,3	14,0	14,0	10,0	7,0	6,0	5,0
15	6,0	7,2	9,0	10,5	10,5	12,0	12,0	13,5	13,5	14,3	15,0	15,0	11,0	7,0	6,0	5,0
16		7,2	9,0	11,2	11,2	12,8	12,8	14,4	14,4	15,2	16,0	16,0	11,0	7,0	6,0	5,0
17		7,2	9,0	11,9	11,9	13,0	13,6	15,0	15,0	16,0	16,0	16,0	11,0	7,0	6,0	5,0
18			9,0	12,6	12,6	13,0	13,6	15,0	15,0	16,0	16,5	16,5	11,0	7,0	6,0	5,0
19			9,0	12,6	13,0	13,0	14,0	15,0	15,0	16,0	16,5	16,5	11,0	7,0	6,0	5,0
20			9,0	12,6	13,0	13,0	14,0	15,0	15,0	16,0	17,0	17,0	12,0	7,0	6,0	5,0
21				12,6	13,0	13,0	14,0	15,0	15,0	16,0	17,0	17,0	12,0	7,0	6,0	5,0
22				12,6	13,0	13,0	14,0	15,0	15,0	16,0	17,0	17,0	12,0	7,0	6,0	5,0
23				12,6	13,0	13,0	14,0	15,0	15,0	16,0	17,0	17,0	12,0	7,0	6,0	5,0
24					13,0	13,0	14,0	15,0	15,0	16,0	17,0	17,0	12,0	7,0	6,0	5,0
25						13,0	14,0	15,0	15,0	16,0	17,0	17,0	13,0	7,0	6,0	5,0
26						13,0	14,0	15,0	15,0	16,0	17,0	17,0	13,0	7,0	6,0	5,0
27						13,0	14,0	15,0	15,0	16,0	17,0	17,0	13,0	7,0	6,0	5,0
28							14,0	15,0	15,0	16,0	17,0	17,0	13,0	7,0	6,0	5,0
29							14,0	15,0	15,0	16,0	17,0	17,0	13,0	7,0	6,0	5,0

Im Alter von	bis 30	31 und 32	33 bis 35	36 bis 38	39 und 40	41 und 42	43 bis 45	46 und 47	48 und 49	50 bis 52	53 und 54	55	56 bis 58	59 und 60	61 und 62	63 und 64
Betriebszugehörigkeit in Jahren																
30							14,0	15,0	15,0	16,0	17,0	17,0	14,0	7,0	6,0	5,0
31								15,0	15,0	16,0	17,0	17,0	14,0	7,0	6,0	5,0
32								15,0	15,0	16,0	17,0	17,0	14,0	7,0	6,0	5,0
33									15,0	16,0	17,0	17,0	14,0	7,0	6,0	5,0
34									15,0	16,0	17,0	17,0	14,0	7,0	6,0	5,0
35										16,0	17,0	17,0	14,0	7,0	6,0	5,0
36										16,0	17,0	17,0	14,0	7,0	6,0	5,0
37										16,0	17,0	17,0	14,0	7,0	6,0	5,0
38											17,0	17,0	14,0	7,0	6,0	5,0
39											17,0	17,0	14,0	7,0	6,0	5,0

Anlage 2 zum Sozialplan ...

Ergänzend zu den im Sozialplan ... getroffenen Vereinbarungen gelten folgende Bestimmungen:

§ 1 Erstattung von Fahrtkosten

(1) Führt ein in Zusammenhang mit der zum ... geplanten Betriebsstilllegung von R vermittelter Arbeitsplatz für die Mitarbeiterin/den Mitarbeiter bei Beibehaltung des Wohnsitzes zu einem längeren Anfahrweg, so werden die hierdurch entstehenden Mehrkosten – sofern die neue einfache Wegstrecke den bisherigen Weg zwischen Wohnung und Betrieb um mindestens 15 km übersteigt – ab dem Tage des Antritts der neuen Arbeitsstelle nach folgender Maßgabe erstattet:

a) bei Benutzung eines privaten Pkw 0,30 EUR/km für die über jeweils 15 km hinausgehenden Mehrkilometer für Hin- und Rückfahrt;

b) bei Benutzung öffentlicher Verkehrsmittel Erstattung der nachgewiesenen über je 15 km hinausgehenden Mehrkosten für die Hin- und Rückfahrt.

(2) Die Erstattung der Mehrkosten wird nach folgender Staffel gewährt:

a) die ersten drei Monate: 100 % der Mehrkosten
b) die zweiten drei Monate: 75 % der Mehrkosten
c) die dritten drei Monate: 50 % der Mehrkosten
d) die vierten drei Monate: 25 % der Mehrkosten

Die Erstattung endet vorzeitig mit dem Tage eines Umzugs.

§ 2 Erstattung von Umzugskosten

Bedingt der im Zusammenhang mit der geplanten Betriebsstilllegung von R vermittelte Arbeitsplatzwechsel in ein anderes Unternehmen des Konzerns einen Wohnungswechsel, so werden die hierdurch entstehenden Kosten – sofern sie nicht vom aufnehmenden Unternehmen übernommen werden – nach folgenden Richtlinien erstattet:

(1) Leistungen vor dem Umzug

a) Für die ersten zwei Wochen unter Einschluss des Anreisetages ab Beginn der Tätigkeit am neuen Arbeitsplatz werden Reisekosten gemäß R Reisekostenrichtlinien gezahlt.

b) Für die Folgezeit bis zum Tage des Umzugs – längstens jedoch für sechs Monate – wird an verheiratete und ihnen gleichgestellte Mitarbeiterinnen/Mitarbeiter als Trennungsentschädigung gezahlt:

- eine Verpflegungspauschale von ... EUR täglich
- eine Unterkunftspauschale von ... EUR täglich.

c) Nicht gleichgestellte ledige Mitarbeiterinnen/Mitarbeiter erhalten für eine Höchstdauer von sechs Monaten eine Unterkunftspauschale von ... EUR täglich, sofern sie zwei Wohnungen unterhalten.

d) Mitarbeiterinnen/Mitarbeitern, die Anspruch auf Trennungsentschädigung haben, werden jeden Monat zwei Familienheimfahrten gewährt.

(2) Wohnungsbeschaffung/Renovierungskosten/Umzug

a) R erstattet die Kosten für Zeitungsinserate und Maklergebühren im erforderlichen und angemessenen Rahmen.

b) Erforderliche Renovierungskosten in der neuen oder in der alten Wohnung werden im notwendigen und angemessenen Umfang von R übernommen (maximal ... EUR incl. MwSt. je qm).

c) Folgende durch den Umzug entstehende Kosten werden erstattet:

aa) die Reisekosten für bis zu zwei Fahrten für die Mitarbeiterin/den Mitarbeiter und ihren/seinen Lebenspartner zur Besichtigung der neuen Wohnung und Vorbereitung des Umzugs

bb) die Frachtkosten (Transportkosten) und Frachtmehrkosten (Packerstunden, Versicherungen u.Ä.) gegen Beleg

cc) die einmaligen Reisekosten für die Übersiedlung der Mitarbeiterin/des Mitarbeiters und ihrer/seiner Angehörigen

dd) zur Abgeltung aller sonstigen durch den Umzug entstehenden Kosten ein Monatsbetrag iSv § 4 Abs. 3 lit. c) des Sozialplans, mindestens ... EUR brutto.

(3) Leistungen nach dem Umzug

a) Mietausgleich

Ab dem Tag des Umzugs und längstens für die Dauer von zwei Jahren, jedoch nicht länger als bis zum Ablauf von 30 Monaten nach Beginn des neuen Arbeitsverhältnisses wird ein Mietausgleich gewährt, wenn bei gleicher Qualität und Größe der bisherigen Wohnung ein höherer Mietpreis zu zahlen ist (EUR/qm). Der Mietausgleich wird in Höhe der Differenz der Mietpreise zwischen alter und neuer Wohnung nach folgender Staffel gezahlt:

aa) sechs Monate: 100 % des Differenzbetrags
bb) sechs Monate: 75 % des Differenzbetrags
cc) sechs Monate: 50 % des Differenzbetrags
dd) sechs Monate: 25 % des Differenzbetrags

b) Doppelmiete

Muss die Mitarbeiterin/der Mitarbeiter neben der Miete für die neue Wohnung auch noch Miete für die bisherige Wohnung zahlen, übernimmt R die Miete der nicht benutzten Wohnung bis zu dem Zeitpunkt, zu dem das Mietverhältnis frühestmöglich durch Kündigung beendet werden kann.

(4) Eigenheime/Eigentumswohnungen

a) Bewohnt(e) die Mitarbeiterin/der Mitarbeiter am bisherigen und/oder am neuen Wohnsitz eine Eigentumswohnung oder ein Eigenheim, so wird zunächst der hierfür jeweils geltende ortsübliche Mietwert ermittelt. Nach dem Vergleich der Mietwerte richtet sich, ob und in welcher Höhe die Mitarbeiterin/der Mitarbeiter eine Ausgleichszahlung in entsprechender Anwendung von § 2 Abs. 3 lit. a) dieser Anlage beanspruchen kann.

Behält die Mitarbeiterin/der Mitarbeiter das Wohneigentum an dem bisherigen Wohnsitz bei und vermietet es angemessen weiter, so tritt die dabei tatsächlich erzielte Miete an die Stelle der fiktiven ortsüblichen Vergleichsmiete.

Behält die Mitarbeiterin/der Mitarbeiter das bisherige Wohneigentum bei, ohne es angemessen weiterzuvermieten, so kann sie/er unbeschadet der sich aus Absatz 1 ergebenden Rechte auf einen eventuellen – fiktiven – Mietausgleich keine weitergehenden Ansprüche aus einer entsprechenden Anwendung von § 2 Abs. 3 lit. b) dieser Anlage herleiten.

b) Zusätzliche Makler-, Notar- und Gerichtskosten, die anlässlich des von R vermittelten Arbeitsplatzwechsels aus dem Verkauf und Neukauf von eigengenutztem Wohneigentum entstehen, werden gegen Nachweis bis zu einem Höchstbetrag von ... EUR erstattet.

§ 3 Bezug von Heizöl und Treibstoffen

Ehemalige Mitarbeiterinnen/Mitarbeiter, die vorzeitig in den Ruhestand versetzt wurden, werden hinsichtlich der Rückvergütung bei Heizöl, Treibstoffbezug u.Ä. wie reguläre R-Pensionäre behandelt.

3. Muster: Betriebsübergang und Sitzverlegung einer Versicherungsgesellschaft[265]

Zwischen

der V-AG

– nachstehend: Unternehmen –

und

dem Betriebsrat der V-AG

– nachstehend: Betriebsrat –

wird folgender Sozialplan vereinbart:

§ 1 Zielsetzung

Unternehmen und Betriebsrat haben am ... einen Interessenausgleich vereinbart. Ziel dieses Sozialplans ist es, Ausgleichs- und Mobilitätsmaßnahmen für von diesem Interessenausgleich betroffene Mitarbeiterinnen und Mitarbeiter zu regeln.

§ 2 Geltungsbereich

(1) Der Sozialplan gilt für alle von dem Interessenausgleich betroffenen Mitarbeiterinnen und Mitarbeiter des Unternehmens, die zum Zeitpunkt des Inkrafttretens dieses Sozialplans in einem ungekündigten Arbeitsverhältnis stehen.

(2) Der Sozialplan gilt nicht für

- leitende Angestellte iSd § 5 Abs. 3 BetrVG,
- Mitarbeiter/innen, deren Arbeitsverhältnis aus personen- und/oder verhaltensbedingten Gründen gekündigt worden ist oder gekündigt ist oder aus diesen Gründen einvernehmlich beendet wird,
- Mitarbeiter/innen, deren Arbeitsverhältnis während der Probezeit gekündigt wird oder wurde,
- Mitarbeiter/innen, die in einem befristeten Arbeitsverhältnis stehen.

---

265 Dieser Text ist das Pendant zu Muster 5605.

§ 3 Förderung der Mobilität

(1) Alle Mitarbeiterinnen/Mitarbeiter erhalten Gelegenheit zur Teilnahme an einer Informationsveranstaltung über das Unternehmen Neue Versicherungs-AG in den Geschäftsräumen in A und zur gemeinsamen Besichtigung des Betriebes in ... .

(2) Die Mitarbeiterinnen/Mitarbeiter erhalten Gelegenheit, mit ihren Familienangehörigen bzw mit einem Lebensgefährten, mit dem sie nachweislich einen gemeinsamen Haushalt führen, die neue Wohnung zu besichtigen, am neuen Wohnsitz Verhandlungen zu führen und Informationen einzuholen. Die anfallenden Kosten werden bei Benutzung des Privat-Pkw iHv 0,30 EUR pro km oder bei Benutzung der öffentlichen Verkehrsmittel in Höhe der bei der Deutschen Bahn entstehenden Fahrtkosten (2. Klasse) ersetzt.

(3) Führen Maßnahmen im Rahmen des Interessenausgleiches zu einem Wohnungswechsel der Mitarbeiterin/des Mitarbeiters, werden die nachgewiesenen Umzugskosten im Rahmen des Bundesumzugskostengesetzes (BUKG) iHv bis zu 2.500 EUR erstattet. Sofern die Kosten im Einzelfall diesen Betrag übersteigen, erfolgt eine Abstimmung zwischen der Mitarbeiterin/dem Mitarbeiter und dem übernehmenden Unternehmen.

(4) Die bei der Wohnungssuche anfallenden Maklerkosten werden einmalig auf Nachweis bis zur Höhe von zwei Monatsmieten, maximal 1.500 EUR erstattet.
Ebenso werden die Kosten der Anzeigenschaltung zur Wohnungssuche übernommen.

(5) Sofern Mitarbeiterinnen/Mitarbeiter eine Mietkaution zu stellen haben, wird eine entsprechende Arbeitgeberbürgschaft auf Wunsch übernommen.

(6) Verheiratete Mitarbeiterinnen/Mitarbeiter erhalten, sofern die tägliche Rückkehr vom neuen Arbeitsplatz zum alten Wohnsitz unzumutbar ist, ein Trennungsgeld für doppelte Haushaltsführung bis zur Verlegung des Wohnsitzes, jedoch längstens für sechs Monate, nach den entsprechenden steuerlichen Richtlinien. Dies gilt auch für eingetragene Lebenspartnerschaften und für solche Mitarbeiterinnen/Mitarbeiter, die mit einem Lebensgefährten nachweisbar einen gemeinsamen Haushalt führen.

Diesen Mitarbeiterinnen/Mitarbeitern erstattet das Unternehmen längstens für die Dauer von sechs Monaten die Kosten für Wochenend-Heimfahrten.

Gleiches gilt für die Kosten für eine Unterkunft bis zum Betrag von 500 EUR brutto monatlich auf entsprechenden Nachweis. Sofern die Kosten im begründeten Einzelfall diesen Betrag übersteigen, erfolgt eine vorherige Abstimmung zwischen der Mitarbeiterin/dem Mitarbeiter und dem übernehmenden Unternehmen.

(7) Die entsprechenden Rechnungen und Belege sind auf die Neue Versicherungs-AG auszustellen und dieser einzureichen.

(8) Der für eigene Versicherungen von der Versicherung AG gewährte Mitarbeiterrabatt wird bis zum Ablauf der Verträge weiter gewährt werden.

Das Unternehmen wird sich dafür einsetzen, dass den Mitarbeiterinnen/Mitarbeitern aufgrund ihrer Konzernzugehörigkeit gewährte Sonderkonditionen bei Versicherungen, Darlehen und Hypothekendarlehen bis zum Ablauf der Verträge, bei Darlehen und Hypothekendarlehen mindestens jedoch fünf Jahre, erhalten bleiben.

(9) Den Mitarbeiterinnen/Mitarbeitern wird zugesagt, dass sie innerhalb von 18 Monaten seit Beginn ihrer Tätigkeit bei dem neuen Arbeitgeber nicht aus betriebsbedingten Gründen gekündigt werden.

§ 4 Abfindungen

(1) Mitarbeiterinnen/Mitarbeiter, denen betriebsbedingt gekündigt wird oder die einer derartigen Kündigung des eigenen Arbeitsverhältnisses oder des Arbeitsverhältnisses eines mit ihnen funktionell austauschbaren Mitarbeiters (vgl Anlage 4 des Interessenausgleiches vom ...) durch Eigenkündigung oder Abschluss eines Aufhebungsvertrages zuvorkommen, erhalten eine Abfindung nach folgenden Regelungen.

(2) Für jeden Monat der Betriebszugehörigkeit erhält die Mitarbeiterin/der Mitarbeiter 0,1 Monatsgehalt, wobei 0,1 Monatsgehalt mindestens 50 EUR beträgt. Die Mindestabfindung beträgt 1,5 Monatsgehälter. Auf die Betriebszugehörigkeit werden Zeiten der Konzernzugehörigkeit mit 1/3 angerechnet.

(3) Grundlage für die Berechnung der Abfindung ist das im Vereinbarungs-/Kündigungsmonat gezahlte regelmäßige Brutto-Monatsgehalt.

(4) Je unterhaltsberechtigtem Kind erhält die Mitarbeiterin/der Mitarbeiter zusätzlich ein Brutto-Monatsgehalt.

(5) Für Schwerbehinderte (ab 50 % Minderung der Erwerbsfähigkeit) erhöht sich die Abfindung ebenfalls um ein Brutto-Monatsgehalt.

(6) Der Abfindungsanspruch kann nicht abgetreten oder verpfändet werden. Der Abfindungsanspruch ist vererblich.

(7) Die Versteuerung der Abfindung und gegebenenfalls der Abzug von Sozialversicherungsabgaben richten sich nach den gesetzlichen Vorschriften.

(8) Bei Erhebung einer Kündigungsschutzklage oder bei der Anfechtungsklage gegen eine Aufhebungsvereinbarung wird die Abfindung erst dann fällig, wenn die Wirksamkeit der Kündigung/Aufhebungsvereinbarung rechtskräftig feststeht. Eine vom Arbeitsgericht zugesprochene oder vergleichsweise vereinbarte Abfindung wird auf die Abfindung nach diesem Sozialplan angerechnet.

(9) Mitarbeiterinnen/Mitarbeiter, die aufgrund von Eigenkündigung oder aufgrund von ihnen veranlasster Aufhebungsvereinbarung vor dem _ ausscheiden, erhalten 50 % der Abfindung. Mitarbeiterinnen/Mitarbeiter, die auf Veranlassung des Unternehmens über die in § 1 Abs. 2 des Interessenausgleiches vom _ genannten Zeitpunkte hinaus tätig sind, erhalten eine um 10 % erhöhte volle Abfindung.

(10) Resturlaubsansprüche und Gratifikationen errechnen sich anteilig nach dem Termin des Ausscheidens; eine Rückzahlungspflicht besteht nicht.

(11) Abfindungen an Mitarbeiterinnen/Mitarbeiter werden fällig, wenn das Arbeitsverhältnis rechtswirksam beendet ist. Die Auszahlung erfolgt jedoch erst in dem Monat, in dem das Arbeitsverhältnis endet.

§ 5 Schlussbestimmungen

Sollten einzelne Bestimmungen dieses Sozialplans unwirksam sein oder werden, so bleiben die übrigen Bestimmungen hiervon unberührt. Beide Seiten werden sich in einem solchen Fall darauf verständigen, anstelle der unwirksamen Bestimmungen Regelungen zu treffen, die diesen Bestimmungen wirtschaftlich am nächsten kommen. Gleiches gilt im Falle einer Regelungslücke, wie auch im Falle der Nichtdurchführbarkeit einer in dieser Vereinbarung festgelegten Regelung.

Günstigere gesetzliche oder tarifliche Regelungen bleiben von diesem Sozialplan unberührt.

§ 6 Inkrafttreten

Dieser Sozialplan tritt mit Unterzeichnung in Kraft und endet mit Abschluss der im Interessenausgleich vom _ festgeschriebenen Maßnahmen.

In diesem Sozialplan geregelte Fristen bleiben hiervon unberührt.

4. Muster: Betriebsverlagerung[266]

Zwischen

dem Betrieb D

– nachstehend: D –

und

dem Betriebsrat des Betriebes D

– nachstehend: Betriebsrat –

wird folgender Sozialplan vereinbart:

Präambel

Zum Ausgleich und zur Milderung der wirtschaftlichen Nachteile, die den Mitarbeiterinnen und Mitarbeitern durch die im Interessenausgleich vom ... geregelte Betriebsverlagerung entstehen, wird folgender Sozialplan vereinbart.

Teil A: Geltungsbereich/Begriffsbestimmungen

§ 1 Geltungsbereich

(1) Die Regelungen dieses Sozialplans gelten, soweit nichts anderes bestimmt ist, für alle Mitarbeiterinnen und Mitarbeiter iSd § 5 Satz 1 BetrVG, die zum Zeitpunkt des Inkrafttretens des Interessenausgleichs in einem ungekündigten und unbefristeten Arbeitsverhältnis stehen.

(2) Mitarbeiter/innen, die in einem befristeten Arbeitsverhältnis stehen, fallen nur dann unter den Geltungsbereich des Sozialplans, wenn ihr befristetes Arbeitsverhältnis über den ... hinaus andauert oder aufgrund der Betriebsänderung vorzeitig beendet wird.

(3) Dieser Sozialplan findet keine Anwendung auf

a) Mitarbeiter/innen, deren Arbeitsverhältnis aus personen- oder verhaltensbedingten Gründen ordentlich oder außerordentlich gekündigt oder aus diesen Gründen einvernehmlich beendet wird;

b) Mitarbeiter/innen, die das Arbeitsverhältnis selbst kündigen, ohne damit einer betriebsbedingten Kündigung zuvorzukommen;

c) Mitarbeiter/innen, deren Arbeitsverhältnis mit dem D nach dem ... geschlossen wurde, es sei denn, dass nachfolgend anderes vereinbart wird.

§ 2 Begriffsbestimmungen

(1) Der Sozialplan differenziert zwischen Leistungen bei Versetzungen und Leistungen bei Beendigung des Anstellungsverhältnisses. Bei einer Versetzung gelten für die Leistungen die Regelungen des Teil B, bei einer Beendigung die Regelungen des Teil C.

a) Eine Versetzung im Sinne des Sozialplans liegt vor, wenn die Mitarbeiterin/der Mitarbeiter ab dem Umzug von Betriebsteilen des D das Arbeitsverhältnis beim D am neuen Dienstort fortsetzt. Unerheblich ist, ob das Arbeitsverhältnis zu geänderten oder gleich bleibenden Bedingungen fortgesetzt wird.

b) Für am jetzigen Standort verbleibende Mitarbeiterinnen/Mitarbeiter, die ihr Arbeitsverhältnis nicht zu gleich bleibenden Bedingungen fortsetzen können, gilt § 5 (Verdienstsicherung).

c) Eine Beendigung im Sinne des Sozialplans liegt vor, wenn das Arbeitsverhältnis zwischen der/dem Mitarbeiterin/Mitarbeiter und D wegen der Betriebsverlagerung beendet wird.

---

266 Dieser Text ist das Pendant zu Muster 5610.

(2) Scheidet eine Mitarbeiterin/ein Mitarbeiter bei D aus und beginnt sie/er im Anschluss hieran ein neues Anstellungsverhältnis, wird wie folgt differenziert:

- Wechselt die Mitarbeiterin/der Mitarbeiter ohne Besitzstandswahrung, liegt eine Beendigung vor. Für die Leistungen gelten die Regelungen des Teils C.
- Wechselt die Mitarbeiterin/der Mitarbeiter unter Besitzstandswahrung, liegt eine Versetzung vor. Die Ausstrahlung der Besitzstandswahrung aus D endet nach zwei Jahren. Für die Leistungen gelten die Regelungen des Teils B.

Ein Wechsel unter Besitzstandswahrung liegt vor, wenn

a) der Mitarbeiterin/dem Mitarbeiter für alle Rechte die Betriebszugehörigkeit bei D angerechnet wird und

b) die Mitarbeiterin/der Mitarbeiter bei der betrieblichen Altersversorgung keine Nachteile erleidet, sie/er also im Versorgungsfall mindestens die Ansprüche besitzen wird, die sie/er bei Fortsetzung des Anstellungsverhältnisses mit D erworben hätte.

(3) Partner im Sinne des Sozialplans sind Ehepartner, eingetragene Lebenspartner und Personen, die in nichtehelicher Lebensgemeinschaft zusammenleben. Nichteheliche Lebensgemeinschaften liegen vor, soweit eine Wohn- und Wirtschaftsgemeinschaft vor dem ... mehr als zwei Jahre besteht. Dieses ist durch geeignete Unterlagen nachzuweisen.

Teil B: Versetzung

§ 3 Fortbildungsmaßnahmen

Kann eine Mitarbeiterin/ein Mitarbeiter die Qualifikation für einen angebotenen Arbeitsplatz nur durch eine zumutbare Fortbildungsmaßnahme erreichen, so veranlasst D die Maßnahme auf seine Kosten. Für die Dauer der Fortbildungsmaßnahme wird das bisherige Brutto-Monatsgehalt für die Dauer von bis zu sechs Monaten fortgezahlt. Etwaige Leistungen Dritter (zB Agentur für Arbeit) muss sich die Mitarbeiterin/der Mitarbeiter anrechnen lassen.

§ 4 Umzug

Erfolgt wegen einer Versetzung ein Wohnungswechsel drei Monate vor dem Umzugstermin von D oder innerhalb von zwölf Monaten nach Arbeitsaufnahme an den neuen Dienstort, gewährt D folgende Leistungen.

(1) Wohnraumbeschaffung

a) Durch Beleg nachgewiesene Kosten (zB Inseratskosten/Maklergebühren) werden erstattet, maximal jedoch bis zu 3.500 EUR. Bei Immobilienerwerb oder Erwerb einer Eigentumswohnung betragen die erstattungsfähigen Kosten bis zu 3 % des Kaufpreises.

b) Notwendige Reisekosten zur Wohnungssuche und -besichtigung werden für die Mitarbeiterin/den Mitarbeiter sowie deren/dessen Partner in folgendem Umfang ersetzt:

- Fahrtkosten nach den für Dienstreisen geltenden Regelungen, wobei der Arbeitgeber sich vorbehält, die Fahrkarten/Flugtickets zu stellen,
- pro Reise und Personal für maximal drei Tage die Pauschale für Verlegungsmehraufwand bei Dienstreisen,
- pro Reise die Kosten für eine Übernachtungsmöglichkeit, die der Arbeitgeber benennt, oder über die von der Mitarbeiterin/dem Mitarbeiter mit dem Arbeitgeber Einvernehmen hergestellt worden ist. Orientiert sich die Mitarbeiterin/der Mitarbeiter eigenständig vor Ort, so werden ihr/ihm gegen Nachweis bis zu 78 EUR erstattet.

Jeder Mitarbeiterin/Jedem Mitarbeiter werden maximal die Kosten für drei Reisen zur Wohnungssuche ersetzt. Befindet sich der Dienstort der Mitarbeiterin/des Mitarbeiters bereits am neuen Dienstort, werden lediglich die Kosten des Ehepartners ersetzt.

c) Speditionskosten (incl. Aus- und Einräumen durch die Spedition) werden erstattet. Hat der D eine Rahmenvereinbarung für den Umzug mit einer Spedition getroffen, oder zeigt D der Mitarbeiterin/dem Mitarbeiter rechtzeitig an, welche Spedition sie/er beauftragen soll und lehnt die Spedition die Durchführung des Umzuges nicht ab, werden der Mitarbeiterin/dem Mitarbeiter lediglich die Kosten erstattet, die auch bei Inanspruchnahme des vom Arbeitgeber bezeichneten Unternehmens entstanden wären.

d) D erstattet die notwendigen Kosten der Anfahrt der Mitarbeiterinnen/Mitarbeiter sowie der mit ihnen in häuslicher Gemeinschaft lebenden Personen von der bisherigen Wohnung zur neuen Wohnung anlässlich des Umzuges entsprechend den Reisekostenrichtlinien von D.

e) Jede Mitarbeiterin/Jeder Mitarbeiter erhält Sonderurlaub für die Wohnungssuche von insgesamt maximal vier Tagen, sofern nicht der Dienstort der Mitarbeiterin/des Mitarbeiters bereits nach ... verlegt ist.

Für die Durchführung des Umzuges und die Erledigung der wegen des Umzuges notwendigen Behördengänge erhält jede Mitarbeiterin/jeder Mitarbeiter Sonderurlaub von insgesamt maximal zwei Tagen.

(2) Als Ausgleich für sonstige Auslagen erhält jede Mitarbeiterin/jeder Mitarbeiter eine Umzugskostenpauschale iHv 3.000 EUR. Für jede weitere zum Haushalt gehörende Person erhöht sich die Pauschale um 1.500 EUR.

§ 4 Abs. 1 lit. a)–e) und Abs. 2 findet auch Anwendung auf Mitarbeiterinnen/Mitarbeiter iSv § 1 Abs. 3 lit. c).

(3) Eventuell anfallende doppelte Mieten werden gegen Nachweis für einen Zeitraum von bis zu fünf Monaten erstattet, sofern die aufzugebende Wohnung nicht weiter genutzt wird. Bei Wohnungseigentum werden die Unterhaltskosten ebenfalls für bis zu fünf Monate erstattet, sofern das Haus/die Wohnung nicht zwischenzeitlich vermietet bzw anderweitig genutzt wird, höchstens jedoch 255 EUR monatlich. Mitarbeiterinnen/Mitarbeiter, die ihr Dienstverhältnis mit D nach dem ... begonnen haben, erhalten die Unterhaltskosten bis zu einem Monat.

(4) Mietzuschuss

Hat eine Mitarbeiterin/ein Mitarbeiter aufgrund der Versetzung an den neuen Dienstsitz eine höhere Miete als bisher zu zahlen, so gewährt D einen Mietzuschuss entsprechender folgender Regelung (diese Berechnung findet sinngemäß auch bei einem Wechsel von Eigentum zu Miete bzw von Miete zu Eigentum Anwendung):

- Für einen Zeitraum von fünf Jahren nach der Versetzung wird der Differenzbetrag zwischen dem Quadratmeterpreis der neuen Wohnung unter Zugrundelegung der Mietfläche der alten Wohnung und dem Quadratmeterpreis der alten Wohnung mit einem gestaffelten Zuschuss ausgeglichen.
- Die Staffelung des Zuschusses verläuft wie folgt:
Jahr 1 = 90 % des Differenzbetrags
Jahr 2 = 80 % des Differenzbetrags
Jahr 3 = 70 % des Differenzbetrags
Jahr 4 = 60 % des Differenzbetrags
Jahr 5 = 50 % des Differenzbetrags

Die Mietzuschusszahlung beginnt mit dem Zeitpunkt der Fälligkeit der ersten Mietzahlung für die Wohnung am neuen Dienstort.

Sonderfälle bleiben einer Einzelregelung vorbehalten.

(5) Wohneigentumsbeihilfe

Denjenigen Mitarbeiterinnen/Mitarbeitern, die während ihrer Tätigkeit am jetzigen Dienstort in einem selbst genutzten Eigenheim bzw in einer selbst genutzten Eigentumswohnung leben, gewährt der Arbeitgeber gegen Nachweis einen Zuschuss für einen Zeitraum von fünf Jahren für die Neuanschaffung von Wohneigentum am neuen Dienstort iHv 50 % für die nach Anschaffung einer vergleichbaren Wohnung zusätzlich anfallenden

Darlehenszinsen auf den Betrag, der den Verkaufspreis des jetzigen Eigenheims bzw der jetzigen Eigentumswohnung übersteigt.

(6) Familienheimfahrten

D erstattet die Kosten für monatlich zwei Familienheimfahrten gemäß den steuerlichen Regelungen mit einem eigenen Wagen oder mit öffentlichen Verkehrsmitteln/Flugzeug. Dies gilt bis zum Bezug der neuen Wohnung am Dienstsitz, längstens jedoch für sechs Monate unter vollständiger Kostenerstattung, für weitere sechs Monate unter Erstattung von 2/3 der Kosten und weitere sechs Monate unter Erstattung von 1/3 der Kosten. Für die Übergangszeit gilt eine flexible Arbeitszeitregelung unter Einhaltung der wöchentlichen Gesamtarbeitszeit.

(7) Doppelte Haushaltsführung

Bis zur Beschaffung einer Wohnung am neuen Beschäftigungsort erhält die Mitarbeiterin/der Mitarbeiter bei Vorliegen des Tatbestands der notwendigen Einrichtung einer doppelten Haushaltsführung die entsprechenden Erstattungen gemäß den steuerlichen Regelungen für höchstens 18 Monate.[267]

(8) Lohnsteuer

Auf die Leistungen nach den Absätzen 1–7 entfallende Lohnsteuer trägt unter Berücksichtigung der steuerlichen Bestimmungen, insbesondere § 3 Nr. 16 EStG, die Mitarbeiterin/der Mitarbeiter.

§ 5 Verdienstsicherung

(1) Mitarbeiter/innen, die nach § 2 Abs. 1 lit. b) ein Angestelltenverhältnis bei D fortsetzen und deren neues Bruttogehalt niedriger ist, erhalten als Ausgleich über einen Zeitraum von 24 Monaten ihr derzeitiges Bruttomonatsgehalt weiter. Nach Ablauf dieses Zeitraumes werden sie gehaltlich entsprechend dem neuen Aufgabengebiet eingestuft. Weicht die Monats-Arbeitszeit am neuen Arbeitsplatz von der Arbeitszeit am bisherigen Arbeitsplatz ab, ist Grundlage für die Berechnung der Einkommensdifferenz die neue monatliche Vergütung.

(2) Mitarbeiter/innen, die nach § 2 Abs. 2 ein Angestelltenverhältnis unter Besitzstandswahrung begründen und deren neues Brutto-Monatsgehalt niedriger ist, erhalten als Ausgleich einen einmaligen Abfindungsbetrag für den Verlust des Arbeitsplatzes in Höhe des 24fachen Differenzbetrags zwischen den beiden Brutto-Monatsgehältern. Weicht die Monats-Arbeitszeit am neuen Arbeitsplatz von der Arbeitszeit am bisherigen Arbeitsplatz ab, ist für die Berechnung der Einkommensdifferenz die neue monatliche Vergütung nach der bisherigen Arbeitszeit zu bestimmen.

§ 6 Vorzeitige Beendigung

Wird das iSv § 2 Abs. 2 begründete Arbeitsverhältnis innerhalb von 24 Monaten durch arbeitgeberseitige betriebsbedingte Kündigung im Einvernehmen beendet, erhält die Mitarbeiterin/der Mitarbeiter die Leistungen gemäß Teil C. Der arbeitgeberseitigen betriebsbedingten Beendigungskündigung steht eine Eigenkündigung gleich, die durch eine Betriebsänderung veranlasst ist und mit der die Mitarbeiterin/der Mitarbeiter einer arbeitgeberseitigen betriebsbedingten Beendigungskündigung zuvorkommt.

Teil C: Beendigung des Arbeitsverhältnisses

§ 7 Abfindung

(1) Eine Abfindung nach § 8 erhalten die Mitarbeiterinnen/Mitarbeiter, denen nach § ... des Interessenausgleichs betriebsbedingt gekündigt wird.

---

267 Es gilt § 9 Abs. 1 Nr. 5 EStG iVm LStH 2010 R 9.11.

(2) Mitarbeiter/innen, die das Arbeitsverhältnis nach dem ... selbst kündigen und mit dieser Eigenkündigung einer arbeitgeberseitigen betriebsbedingten Beendigungskündigung nach § ... des Interessenausgleichs zuvorkommen, erhalten eine Abfindung nach folgender Maßgabe:

- bei Beendigung des Arbeitsverhältnisses in der Zeit vom ... bis zum ... 65 % der Abfindung nach § 8,
- bei Beendigung des Arbeitsverhältnisses in der Zeit vom ... bis zum ... 80 % der Abfindung nach § 8.

(3) Die Eigenkündigung nach Abs. 2 ist in Bezug auf Ansprüche aus Versorgungsverträgen nicht als arbeitgeberseitig und betriebsbedingt anzusehen, sondern als Eigenkündigung auszulegen.

(4)

a) Unabhängig von der Auswahl nach dem Punktesystem (siehe Interessenausgleich Anlage ...) erhalten Mitarbeiter/innen, die zum Stichtag ... das 56. Lebensjahr vollendet haben und vor dem ... bei D beschäftigt waren, auf Wunsch ein Arbeitsplatzangebot in ... . Sie müssen bis zum ... erklären, ob sie das Angebot annehmen.

Wer dieses nicht annimmt und aus D ausscheidet, erhält keine Abfindung.

b) Mitarbeiter/innen, die unter Abs. 4 lit. a) fallen und nicht bei D verbleiben möchten, müssen dieses bis zum ... erklären. Sie erhalten bei Eigenkündigung unter Freistellung vom Dienst bis zum Eintritt in die gesetzliche Altersrente, längstens jedoch für den Zeitraum von zwölf Monaten, Lohnfortzahlung iHv 75 % des letzten Bruttogehaltes.

§ 8 Höhe der Abfindung

(1) Der Grundbetrag der Abfindung errechnet sich wie folgt:

Alter[268] x Dienstjahre x Bruttomonatsgehalt/Divisor

Der Divisor beträgt:

bis zu einem Alter von 40 Jahren	61
bis zu einem Alter von 45 Jahren	60
bis zu einem Alter von 50 Jahren	58
bis zu einem Alter von 55 Jahren	57

(2) Der Grundbetrag der Abfindung nach Abs. 1 erhöht sich für jedes zum Zeitpunkt des Inkrafttretens dieses Sozialplans auf der Steuerkarte eingetragene unterhaltsberechtigte Kind um 500 EUR.[269]

(3) Für Schwerbehinderte oder Schwerbehinderten Gleichgestellte im Sinne des SGB IX erhöht sich der Grundbetrag der Abfindung nach Abs. 1 um 1.000 EUR. Die Anerkennung als Schwerbehinderter muss im Zeitpunkt der Beendigung des Arbeitsverhältnisses vorliegen.

(4) Bei der Berechnung des Lebensalters und der Dienstjahre werden nur volle Jahre berücksichtigt. Stichtag für die Berechnung ist der Tag der Beendigung des Arbeitsverhältnisses.

(5) Bruttomonatsgehalt ist das Durchschnittsentgelt der letzten drei Monate vor der Beendigung des Arbeitsverhältnisses auf der Basis der vertraglichen regulären Arbeitszeit ohne Berücksichtigung etwaiger Sonderzahlungen.

§ 9 Ausscheiden älterer Mitarbeiterinnen und Mitarbeiter

Mitarbeiterinnen und Mitarbeiter, die zum Zeitpunkt der Beendigung des Arbeitsverhältnisses bereits die Voraussetzungen für den Bezug von vorgezogener Altersrente aus der gesetzlichen Rentenversicherung erfüllen, erwerben keine Ansprüche aus dem Sozialplan.

---

268 Zur Frage der unterschiedlichen Behandlung wegen des Alters vgl § 5 Rn 191 ff. In der vorliegenden Formel findet das Lebensalter zweifach Berücksichtigung, weil auch der Divisor nach Altersgruppen gestaffelt ist. Hierin könnte eine Überbetonung des Lebensalters liegen.

269 Aus Gründen der Rechtssicherheit wird davon abgeraten, die Unterhaltspflichten allein aus der Lohnsteuerkarte zu entnehmen; zu den Einzelheiten s. § 5 Rn 194.

Dies gilt auch für alle diejenigen Mitarbeiterinnen und Mitarbeiter, die bereits einen Antrag auf Gewährung einer vollen Erwerbsminderungsrente oder einer Altersrente gestellt haben, es sei denn, dass der Antrag abschlägig beschieden wird.

§ 10 Steuerliche Behandlung

Die Abfindungen werden in Anwendung der steuerrechtlichen Bestimmungen ausgezahlt.

§ 11 Auszahlung der Abfindung

(1) Die Abfindungsansprüche entstehen zum Zeitpunkt der rechtlichen Beendigung des Arbeitsverhältnisses. Sie können zuvor nicht übertragen und vererbt werden. Die Ansprüche werden mit der Entstehung, frühestens einen Monat nach Ausspruch der Kündigung, fällig.

(2) Erhebt eine Mitarbeiterin/ein Mitarbeiter Klage auf Feststellung der Unwirksamkeit einer Kündigung oder des Fortbestehens des Arbeitsverhältnisses, so werden eventuelle Ansprüche aus diesem Sozialplan erst fällig, wenn das Verfahren abgeschlossen ist.

Wird eine solche Klage eingereicht, nachdem die Leistungen bereits ausbezahlt worden sind, so sind diese mit Erhebung der Klage unter Ausschluss von Zurückbehaltungsrechten zur Rückzahlung fällig. Wird in einem solchen Verfahren eine Abfindung zuerkannt oder vergleichsweise vereinbart, so gilt Abs. 3.

(3) Auf Leistungen aus diesem Sozialplan sind etwaige gesetzliche, tarifvertragliche oder individualvertragliche Abfindungen, Nachteilsausgleichsansprüche oder sonstige Entschädigungsleistungen (zB nach § 113 BetrVG, §§ 9, 10 KSchG) für den Verlust des Arbeitsplatzes anzurechnen.

(4) D ist berechtigt, die Leistungen aus dem Sozialplan mit eigenen Ansprüchen (Rückerstattungsansprüche, Ansprüche aus Arbeitgeberdarlehen usw) zu verrechnen.

§ 12 Sonderleistungen

Im Laufe eines Kalenderjahres ausscheidende Mitarbeiterinnen/Mitarbeiter erhalten den Jahresurlaub, das Weihnachtsgeld und das Urlaubsgeld anteilig für die Beschäftigungsdauer im Jahr des Ausscheidens, sofern keine günstigere individualvertragliche oder gesetzliche Regelung besteht.

§ 13 Betriebliche Altersversorgung

(1) D wird den Mitarbeiterinnen und Mitarbeitern zum Zeitpunkt ihres Ausscheidens schriftlich mitteilen, ob und in welcher Höhe unverfallbare Anwartschaften aus betrieblicher Altersversorgung bestehen.

(2) Die Betriebsrenten regeln sich grundsätzlich nach dem Gesetz zur Verbesserung der betrieblichen Altersversorgung.

§ 14 Härtefälle

Für besondere soziale Härtefälle steht ein Fonds zur Verfügung. Dieser dient dazu, in atypischen und schwierigen Fällen die Abfindungssätze dieses Sozialplans aufzustocken bzw Leistungen zu gewähren für Härtefälle, die durch die Vereinbarung nicht oder nicht ausreichend erfasst werden. Unterstützungen aus diesem Fonds werden längstens bis zum zwölften Monat nach dem Ausscheiden der Mitarbeiterin/des Mitarbeiters im Einvernehmen mit dem Betriebsrat gezahlt. Vorschlagsberechtigt zur Verwendung des Härtefonds sind die Mitarbeiterinnen und Mitarbeiter selbst, der Betriebsrat sowie die Geschäftsleitung von D. Die Verwendung erfolgt mit Zustimmung des Betriebsrats.

§ 15 Schlussbestimmungen

(1) Mitarbeiterinnen und Mitarbeiter, die Ansprüche aus diesem Sozialplan besitzen, sind verpflichtet, jede tatsächliche Änderung in ihren persönlichen Verhältnissen, die Bedeutung für die Leistungen nach dieser Betriebsvereinbarung hat, unverzüglich schriftlich D mitzuteilen.

(2) Sollten einzelne Bestimmungen dieses Sozialplans unwirksam sein oder werden oder im Widerspruch zu tariflichen oder gesetzlichen Regelungen stehen, so bleiben die übrigen Regelungen bestehen. Die unwirksame oder in Widerspruch stehende Regelung ist durch eine Regelung zu ersetzen, die dem von den Parteien mit der ersetzten Regelung Gewollten möglichst nahe kommt. Gleiches gilt für eine eventuelle Regelungslücke.

(3) Der Sozialplan tritt mit Unterzeichnung durch die Betriebsparteien in Kraft.

5. Muster: Fusion[270]

Zwischen

der ... Aktien Gesellschaft

– nachstehend: AG –

und

dem Betriebsrat der ... Aktien Gesellschaft

– nachstehend: Betriebsrat –

wird im Hinblick auf die Zusammenlegung der Geschäftsaktivitäten der Aktien Gesellschaft und der S GmbH mit Sitz in H und N folgender Sozialplan gem. § 112 BetrVG für die Aktien Gesellschaft geschlossen:

Präambel

Dieser Sozialplan wird zum Ausgleich oder zur Milderung der wirtschaftlichen Nachteile geschlossen, die Belegschaftsmitglieder infolge der erforderlichen Struktur- und Rationalisierungsmaßnahmen erleiden. Er soll die sozialen Belange der Belegschaftsmitglieder bestmöglich berücksichtigen.

Der Sozialplan gilt für alle unter das BetrVG fallenden Mitarbeiter der AG.

§ 1 Trennungsmehraufwand

Mitarbeiterinnen/Mitarbeitern, die aufgrund der Fusion ihren Wohn- und Dienstsitz verlegen, ersetzt die AG die folgenden Mehraufwendungen:

(1) Trennungsentschädigungen

Eine Trennungsentschädigung für Verpflegungsmehraufwand iHv 12 EUR/Tag entsprechend den lohnsteuerrechtlichen Vorschriften[271] für längstens drei Monate ab dem Datum der Versetzung nach H.

(2) Wohnraumbeschaffung

Wird ein durch die Versetzung bedingter Wohnungswechsel erforderlich, so trägt die AG die Kosten des Umzuges in angemessener Höhe und eine eventuelle Maklercourtage im Rahmen der Lohnsteuer-Richtlinien (nachstehend: LStR). Bis zur Beschaffung einer Wohnung am neuen Beschäftigungsort erhält die Mitarbeiterin/der Mitarbeiter bei Vorliegen des Tatbestands der notwendigen Einrichtung einer doppelten Haushaltsführung die entsprechenden Erstattungen gemäß LStR für höchstens sechs Monate; gegebenenfalls sorgt die AG bis zur Beschaffung einer Wohnung für eine angemessene Hotelunterbringung (für längstens sechs Monate).

(3) Familienheimfahrten

Die AG erstattet wöchentlich eine Familienheimfahrt gemäß LStR mit dem eigenen Wagen oder mit öffentlichen Verkehrsmitteln (exkl. Flugzeug). Dies gilt bis zum Bezug der neuen Wohnung am Dienstsitz, längstens jedoch für sechs Monate.

---

270 Dieser Text ist das Pendant zu Muster 5615.
271 LStH 2010 R 9.11 Abs. 7 iVm § 4 Abs. 5 Nr. 5 EStG.

(4) Mietzuschuss

Hat eine Arbeitnehmerin/ein Arbeitnehmer aufgrund der Versetzung an den neuen Dienstsitz eine höhere Miete als bisher zu zahlen, so gewährt die AG einen Mietzuschuss entsprechend folgender Regelung:

- Für einen Zeitraum von drei Jahren nach der Versetzung wird der Differenzbetrag zwischen dem Quadratmeterpreis der neuen Wohnung unter Zugrundelegung der Mietfläche der alten Wohnung mit einem gestaffelten Zuschuss ausgeglichen.
- Die Staffelung des Zuschusses verläuft wie folgt:
Jahr 1 = 80 % des Differenzbetrags
Jahr 2 = 60 % des Differenzbetrags
Jahr 3 = 30 % des Differenzbetrags
ab Versetzung bzw Wohnungswechsel.

Sonderfälle bleiben einer Einzelregelung vorbehalten.

(5) Lohnsteuer

Soweit die vorgenannten Leistungen nicht von der Lohnsteuer befreit sind, trägt die Lohnsteuer die Arbeitnehmerin/der Arbeitnehmer.

§ 2 Vermittlung bzw Übernahme von Arbeitnehmern in andere Betriebe oder Betriebsteile der Gruppe (Konzern)

(1) Die AG erklärt sich bereit, alle Möglichkeiten auszuschöpfen, den von der Betriebsänderung betroffenen Arbeitnehmerinnen und Arbeitnehmern im Einvernehmen mit dem Betriebsrat in anderen Betrieben oder Betriebsteilen der Gruppe neue zumutbare Arbeitsplätze zu vermitteln. Geschieht diese Vermittlung dadurch, dass in anderen Betrieben oder Betriebsteilen der Gruppe (aufnehmender Betrieb) Arbeitnehmerinnen und Arbeitnehmer freiwillig zu Gunsten eines bestimmten – von der Betriebsänderung unmittelbar betroffenen – Arbeitnehmers der AG aus dem Arbeitsverhältnis ausscheiden, so haben diese freiwillig ausscheidenden Arbeitnehmerinnen und Arbeitnehmer Anspruch auf Leistungen analog den Bestimmungen des Sozialplans. Voraussetzung hierfür ist, dass die Geschäftsleitung des aufnehmenden Betriebes dieser Vermittlung ausdrücklich zugestimmt hat.

(2) Arbeitnehmerinnen und Arbeitnehmern, denen infolge der Betriebsänderung die Übernahme in andere Betriebe oder Betriebsteile der Gruppe angeboten wird, ist die Absicht schriftlich mitzuteilen. Die Bezeichnung des neuen Arbeitsplatzes muss den Standort des Betriebes, eine aussagefähige Aufgabenbeschreibung, die Angabe der Bewertungsgruppe des jeweiligen Tarifvertrages und des Bruttoeinkommens enthalten. Die Arbeitnehmerin/Der Arbeitnehmer muss innerhalb von 20 Kalendertagen nach Zugang der Mitteilung erklären, ob sie/er das Angebot annimmt.

(3) Nach Zugang des Angebots erhält die Arbeitnehmerin/der Arbeitnehmer unter Fortzahlung des Arbeitsverdienstes die Gelegenheit, den angebotenen neuen Arbeitsplatz zu besichtigen. Die hierfür notwendigen Fahrtkosten und angemessenen Spesen werden ihm erstattet.

(4) Wird durch die Übernahme der Arbeitnehmerin/des Arbeitnehmers in einen anderen Gruppenbetrieb ein Wohnungswechsel erforderlich, so trägt die AG die Kosten des Umzugs in angemessener Höhe und eine evtl Maklercourtage im Rahmen der LStR. Bis zur Beschaffung einer Wohnung am neuen Beschäftigungsort erhält die Arbeitnehmerin/der Arbeitnehmer bei Vorliegen des Tatbestands der notwendigen Einrichtung einer doppelten Haushaltsführung gemäß LStR für höchstens sechs Monate die entsprechenden Erstattungen nach LStR. Abweichend von den Bestimmungen nach den LStR, jedoch auch höchstens für sechs Monate, gilt für Familienheimfahrten als vereinbart:

- Erstattung der notwendigen Fahrtkosten für jeweils eine Familienheimfahrt wöchentlich.

§ 2 Abs. 5 gilt entsprechend.

(5) Hat die Arbeitnehmerin/der Arbeitnehmer aufgrund eines Wohnungswechsels durch Übernahme in einen anderen Gruppenbetrieb eine höhere Miete als bisher zu zahlen, so gewährt die AG für höchstens ein Jahr einen Mietzuschuss, längstens jedoch innerhalb eines Zeitraumes von zwei Jahren nach der Versetzung. Dieser wird in Höhe des Differenzbetrags zwischen dem Quadratmeterpreis der neuen Wohnung unter Zugrundelegung der Mietfläche der alten Wohnung, jedoch höchstens bis zu einem Betrag von 100 EUR monatlich gezahlt.

Sonderfälle bleiben einer Einzelregelung vorbehalten. § 2 Abs. 5 gilt entsprechend.

(6) Sofern einer Arbeitnehmerin/einem Arbeitnehmer iSd Abs. 2 ein Arbeitsplatz in anderen Betrieben oder Betriebsteilen der Gruppe angeboten wird, ist dem Betriebsrat des betroffenen anderen Betriebes vor jeder personellen Maßnahme die Personalakte und der Entwurf der Arbeitsvertragsänderung der/des betroffenen Arbeitnehmerin/Arbeitnehmers vorzulegen.

(7) Arbeitnehmerinnen/Arbeitnehmer, die bis zur Vollendung des 45. Lebensjahres einen geringer bezahlten Arbeitsplatz übernehmen, erhalten als Ausgleich den Unterschiedsbetrag zwischen ihrem bisherigen tariflichen Entgelt und dem neuen tariflichen Entgelt für die Dauer von zwei Jahren vom Zeitpunkt ihrer Versetzung ab als dynamische Besitzstandszulage weitergezahlt.

Arbeitnehmerinnen/Arbeitnehmer nach Vollendung des 45. Lebensjahres erhalten die dynamische Besitzstandszulage für die Dauer von vier Jahren.

Arbeitnehmerinnen/Arbeitnehmer ab dem 54. Lebensjahr erhalten die dynamische Besitzstandszulage bis zur Beendigung des Arbeitsverhältnisses.

Für die Berechnung dieser dynamischen Besitzstandszulage wird die Differenz zwischen dem Entgelt der alten und der neuen Bewertungsgruppe einschließlich der tariflichen Jahressonderzahlung sowie der tariflichen Leistungszulage und der freiwilligen außertariflichen Zulage berücksichtigt.

(8) Bei einem Arbeitsplatzwechsel innerhalb der Gruppe besteht ein Anspruch auf Anrechnung der abgeleisteten Dienstzeit in der AG, insbesondere auch hinsichtlich des Kündigungsschutzes und des Anspruchs auf freiwillige soziale Leistungen. Dies gilt nicht für die betriebliche Altersversorgung.

(9) Bei einem Wechsel in einen Betrieb der Gruppe gilt hinsichtlich einer betrieblichen Altersversorgung folgende Regelung:

Arbeitnehmerinnen/Arbeitnehmer, die in eine Beteiligungsgesellschaft der Gruppe versetzt werden, erhalten bei Vorliegen der gesetzlichen Voraussetzungen einen unverfallbaren Betriebsrentenanspruch gem. § 1b BetrAVG schriftlich von der AG bestätigt. Liegen die gesetzlichen Voraussetzungen nicht vor, erhalten die versetzten Arbeitnehmerinnen/Arbeitnehmer einen vertraglichen, bedingten Betriebsrentenanspruch.

Einen Anspruch auf Versorgungsleistungen aufgrund einer vertraglich zugesagten Anwartschaft hat die/der versetzte Arbeitnehmerin/Arbeitnehmer bei Eintritt des Versorgungsfalles, wenn sie/er aufgrund der in der AG und in einer Beteiligungsgesellschaft insgesamt zurückgelegten Dienstjahre die gesetzlichen Voraussetzungen zur Erlangung eines unverfallbaren Betriebsrentenanspruches (§ 1b BetrAVG) erfüllt.

Als anrechnungsfähige Dienstjahre zur Berechnung der Höhe des vertraglichen Betriebsrentenanspruches werden die in der AG bis zur Versetzung tatsächlich zurückgelegten Dienstjahre berücksichtigt.

Die Berechnung der Höhe des vertraglichen Betriebsrentenanspruchs gegenüber der AG richtet sich nach den Bestimmungen der Versorgungsordnung der AG in ihrer jeweils gültigen Fassung in Verbindung mit § 2 BetrAVG. Angefangene Dienstjahre, die über sechs Monate hinausgehen, gelten als volles Dienstjahr.

Die Versorgungsansprüche der/des versetzten Arbeitnehmerin/Arbeitnehmers richten sich in einer aufnehmenden Beteiligungsgesellschaft nach den dort jeweils gültigen Bestimmungen der Versorgungsordnung nach folgender Maßgabe:

Auf die Wartezeit der Versorgungsbestimmungen der aufnehmenden Beteiligungsgesellschaft werden die in der AG zurückgelegten Dienstjahre angerechnet. Für die Berechnung der Höhe der gesamten Versorgungsansprüche gelten die insgesamt erbrachten Dienstjahre in der Gruppe.

Erreicht die Arbeitnehmerin/der Arbeitnehmer in der aufnehmenden Beteiligungsgesellschaft nicht die nach der dort geltenden Versorgungsordnung erforderliche Mindestwartezeit, so errechnet sich ihr/sein Versorgungsanspruch der Höhe nach im Verhältnis der tatsächlichen in der Beteiligungsgesellschaft zurückgelegten Dienstjahre zu der erforderlichen Mindestwartezeit.

Als Stichtag für die Aufnahme in das Versorgungswerk der aufnehmenden Beteiligungsgesellschaft gilt der Tag der Versetzung.

(10) Arbeitnehmerinnen/Arbeitnehmer, die einen angebotenen zumutbaren anderen Arbeitsplatz in der Gesellschaft oder in der Gruppe ablehnen, haben keine Ansprüche nach diesem Sozialplan.

Zumutbar ist der Arbeitsplatz, wenn

a) ein der Vorbildung und Berufserfahrung entsprechendes Aufgabengebiet angeboten wird,

b) mindestens entsprechende tarifliche Eingruppierung erfolgt,

c) mindestens gleicher Brutto-Monatsverdienst gezahlt wird, wobei Zuschläge für Nacht-, Sonn- und Feiertagsarbeit sowie Mehrarbeitsregelungen außer Betracht bleiben,

d) die bisherige Betriebszugehörigkeit voll anerkannt wird, mit Ausnahme der Ansprüche auf betriebliche Versorgungsleistungen bei einem Wechsel in eine Beteiligungsgesellschaft der Gruppe

e) sich der bisherige Arbeitsweg nicht um mehr als 60 Minuten für den einfachen Weg verlängert.

(11) Eine auf medizinische Gründe gestützte Unzumutbarkeit hat die/der betroffene Arbeitnehmerin/Arbeitnehmer durch ein amtsärztliches Zeugnis nachzuweisen; die Kosten hierfür trägt die AG.

(12) Das Unternehmen verpflichtet sich, die derzeit bestehenden Ausbildungsverhältnisse fortzuführen oder die Ausbildung in Tochter-/Konzerngesellschaften weiterzuführen.

Die Mehraufwendungen, die den Auszubildenden entstehen, werden von der AG für die Dauer der Ausbildungszeit übernommen.

§ 3 Umschulung von Arbeitnehmern

(1) Sollen Arbeitnehmer – ihr Einverständnis vorausgesetzt – auf Veranlassung der AG oder auf Vorschlag des Betriebsrats umgeschult werden, um im gleichen oder in einem anderen Betrieb bzw Betriebsteil der Gruppe eine Arbeit zu übernehmen, so gilt Folgendes:

(2) Der Arbeitnehmerin/Dem Arbeitnehmer wird die beabsichtigte Umschulung unter Angabe von Art und Dauer schriftlich mitgeteilt. Weiterhin wird ihr/ihm ein Angebot über einen neuen, der Umschulung entsprechenden Arbeitsplatz übermittelt.

(3) Während der Umschulung, längstens jedoch für die Dauer von zwölf Monaten, erhält die Arbeitnehmerin/der Arbeitnehmer ihren/seinen durchschnittlichen monatlichen Bruttoverdienst, berechnet nach der Grundlage des Entgeltfortzahlungsgesetzes, weiter, und zwar unter Anrechnung der ihr/ihm nach dem SGB III zustehenden Ansprüche.

(4) Die AG trägt die notwendigen sachlichen Kosten der Umschulung einschließlich notwendiger Fahrtkosten bei Umschulungen außerhalb des Betriebes sowie Leistungen nach den LStR bei Vorliegen einer notwendigen doppelten Haushaltsführung, sofern ihr/ihm nicht Ansprüche aus dem SGB III zustehen.

§ 4 Ausscheiden von Arbeitnehmern

(1) Ausscheidende Mitarbeiterinnen/Mitarbeiter werden für die erforderliche Zeit zur Bewerbung um einen neuen Arbeitsplatz ohne Verdienstminderung von ihrer Arbeit freigestellt. Erforderliche Fahrtkosten werden vergütet, sofern nicht Ansprüche gegenüber Dritten bestehen. Eine Vergütung von Aufwendungen im Zusam-

menhang mit Bewerbungen in den Beteiligungsgesellschaften der Gruppe erfolgt nach Absprache mit der AG unter Beteiligung des Betriebsrats. Eine Vergütung entfällt, sofern Ansprüche gegenüber Dritten bestehen.

(2) Bezüglich der Bezahlung von betrieblichen Ruhegeldern an Arbeitnehmerinnen/Arbeitnehmer, die anlässlich der Betriebsänderung ausscheiden, gelten die Bestimmungen des Gesetzes zur Verbesserung der betrieblichen Altersversorgung (BetrAVG). Ein angefangenes Dienstjahr wird dann als vollendet gewertet, wenn es mehr als zur Hälfte abgeleistet ist.

(3) Tariflich geregelte Leistungen erhält die/der betroffene Arbeitnehmerin/Arbeitnehmer im Jahr des Ausscheidens gemäß den Bestimmungen des Manteltarifvertrages sowie des Tarifvertrages über vermögenswirksame Leistungen in ihrer jeweils gültigen Fassung. Für Urlaub und Urlaubsgeld gilt davon abweichend folgende Regelung:

Arbeitnehmerinnen/Arbeitnehmer erhalten im Jahr des Ausscheidens den ihnen tariflich zustehenden Jahresurlaub in voller Höhe, wenn der Urlaub bis zum Ausscheiden aus dem Arbeitsverhältnis genommen wird. Dasselbe gilt für den Anspruch auf das tariflich geregelte Urlaubsgeld. Die zeitliche Lage des Urlaubs bestimmt die AG nach den betrieblichen Erfordernissen im Einvernehmen mit dem Betriebsrat.

(4) Die AG gewährt denjenigen Arbeitnehmerinnen/Arbeitnehmern, die infolge dieser Betriebsänderung aus der AG ausscheiden und bis zu zwei Jahren nach Ausscheiden ein 25-jähriges Dienstjubiläum und bis zu fünf Jahren nach Ausscheiden ein 40-jähriges Dienstjubiläum begehen würden, das bisher übliche Jubiläumsgeld.

(5) Das jeweilige fiktive Jubiläumsgeld wird bei der Berechnung der Abfindung berücksichtigt und erhöht den individuell errechneten Abfindungsbetrag um diese Summe.

(6) Stirbt eine/ein von der Betriebsänderung betroffene/betroffener Arbeitnehmerin/Arbeitnehmer noch vor Ablauf von zwölf Monaten nach seinem Ausscheiden, so erhalten die Hinterbliebenen die für den Sterbefall üblichen tariflichen bzw betriebsüblichen Leistungen.

§ 5 Abfindungen für ausscheidende Arbeitnehmer

(1) Arbeitnehmerinnen/Arbeitnehmer, die zum Zeitpunkt der Beendigung des Arbeitsverhältnisses das 61. Lebensjahr vollendet haben, erhalten eine individuell errechnete Abfindung in Höhe des „Nettoausgleiches" von 80 % bis zu dem frühesten Zeitpunkt, in dem sie eine Altersrente mit Rentenabschlägen in Anspruch nehmen können. Der „Nettoausgleich" errechnet sich aus der Differenz zwischen dem auf der Grundlage der Bestimmung des Abs. 6 zu ermittelnden Nettoentgelt und den Leistungen der Agentur für Arbeit (Arbeitslosengeld und Arbeitslosenhilfe), multipliziert mit der Anzahl der Monate zum Zeitpunkt des Ausscheidens bis zum Erreichen des vorgenannten Rentenanspruchs.

(2) Arbeitnehmer, die zum Zeitpunkt der Beendigung des Arbeitsverhältnisses die Voraussetzungen für den Bezug der vorgezogenen Altersrente aus der gesetzlichen Rentenversicherung erfüllen, erwerben keine Ansprüche aus dieser Vereinbarung.

Ebenso gilt dies auch für alle diejenigen Arbeitnehmer, die bereits einen Antrag auf Gewährung einer vollen Erwerbsminderungsrente oder einer Altersrente gestellt haben, es sei denn, dass der Antrag abschlägig beschieden wird.

(3) Zum Ausgleich von Härten, die sich für Arbeitnehmer, die bis zum Zeitpunkt der Beendigung des Arbeitsverhältnisses das 61. Lebensjahr noch nicht vollendet haben, ergeben und deren Arbeitsverhältnis aus Anlass dieser Betriebsänderung gekündigt oder einvernehmlich aufgelöst worden ist und die nicht auf einen anderen zumutbaren Arbeitsplatz in der Gruppe vermittelt werden konnten, findet die beigefügte Abfindungstabelle Anwendung (Anlage 1).

(4) Die anspruchsberechtigten Arbeitnehmer erhalten für je einen Punkt der beigefügten Abfindungstabelle 1/10 des Entgeltes der jeweiligen Bewertungsgruppe gemäß den zum Zeitpunkt des Ausscheidens jeweils gültigen Bestimmungen des Entgelttarifvertrages zuzüglich evtl monatlich gezahlter tariflicher Leistungszu-

lagen, regelmäßig gezahlter freiwilliger Zulagen, Besitzstandszulagen sowie Urlaubs- und Weihnachtsgeld (gezwölftelt). Als Entgelt wird höchstens das Entgelt der Bewertungsgruppe IX des gültigen Entgelttarifvertrages zugrunde gelegt. Für jedes unterhaltsberechtigte Kind und für je 10 % Schwerbehinderung werden zusätzlich fünf Punkte gewährt.

§ 6 Härtefonds

Für besondere Härtefälle wird ein Härtefonds gebildet. Dieser dient dazu, in Notfällen die Abfindungssätze dieses Sozialplans aufzustocken bzw Zuschüsse bei Betriebswechsel innerhalb des Gruppenbereiches zu leisten oder Leistungen zu gewähren für Härtefälle, die durch diese Vereinbarung nicht oder nicht ausreichend erfasst werden. Unterstützungen aus diesem Fonds werden längstens bis zum ... nach dem Ausscheiden der Arbeitnehmerin/des Arbeitnehmers im Einvernehmen mit dem Betriebsrat gezahlt.

§ 7 Mutterschutz

Kann einer Arbeitnehmerin, die bei Aufhebung ihres Arbeitsverhältnisses Leistungen nach dem Sozialplan beanspruchen könnte, aufgrund der Bestimmungen des Mutterschutzgesetzes nicht gekündigt werden, so bleiben ihr gleichwohl ihre Ansprüche auf Abfindung oder sonstige Leistungen nach diesem Sozialplan erhalten. Sie hat sich jedoch hierauf die Zahlung anrechnen zu lassen, die sie wegen ihres Zustandes als werdende Mutter ohne Arbeitsleistung erhalten hat. Voraussetzung der Anspruchsentstehung ist eine Beendigung des Arbeitsverhältnisses zum Ende der Mutterschutzfrist ggf nach Ablauf der Kündigungsfrist. Schließt sich an den Mutterschutz eine Elternzeit an, ohne dass das Arbeitsverhältnis nach Zustimmung des staatlichen Amts für Arbeitsschutz/der Bezirksregierung gekündigt wird, bestehen keine Abfindungsansprüche.

§ 8 Änderung in den persönlichen Verhältnissen

Die Leistungsempfänger aus dieser Betriebsvereinbarung sind verpflichtet, jede tatsächliche Änderung in ihren persönlichen Verhältnissen, die Bedeutung für Leistungen nach dieser Betriebsvereinbarung haben, unverzüglich schriftlich dem Unternehmen mitzuteilen. Das Unternehmen behält sich vor, zu Unrecht bezogene Leistungen zurückzufordern. Hierüber wird der Betriebsrat informiert.

§ 9 Freistellung vor Ablaufen der Kündigungsfrist

(1) Gekündigte oder zu kündigende Arbeitnehmerinnen/Arbeitnehmer können bis zum Ablauf der Kündigungsfrist in Übereinstimmung mit der AG auf eigenen Wunsch von ihrer Arbeitsleistung freigestellt werden. Der Entgeltanspruch sowie sonstige Ansprüche aus dem Arbeitsverhältnis enden mit dem Zeitpunkt der vorzeitigen Freistellung von der Arbeitsleistung.

(2) Haben gekündigte oder zu kündigende Arbeitnehmerinnen/Arbeitnehmer kurzfristig einen neuen Arbeitsplatz gefunden, so soll dem Ersuchen auf Freistellung stattgegeben werden, es sei denn, dass zwingende betriebliche Gründe dem entgegenstehen. Über die Frage, ob zwingende betriebliche Gründe vorliegen, entscheidet die Sozialplankommission gem. § 10.

§ 10 Sozialplankommission

Treten Meinungsverschiedenheiten bei der Auslegung oder Anwendung der Bestimmungen dieses Interessenausgleiches und dieses Sozialplans auf, so soll ein Gremium aus je drei von der AG und vom Betriebsrat benannten Vertretern darüber entscheiden. Ist eine Einigung nicht zu erzielen, so entscheidet eine Einigungsstelle in der gleichen Besetzung unter Hinzuziehung eines unparteiischen Vorsitzenden, der im Nichteinigungsfalle vom zuständigen Arbeitsgericht bestimmt wird.

§ 11 Schlussbestimmungen

(1) Gesetzlich und tariflich geregelte Leistungen, betriebsübliche Leistungen sowie individuell vertragliche Leistungen, auf die die Arbeitnehmerin/der Arbeitnehmer Anspruch hat, erhält die/der jeweilige von dieser

Betriebsänderung durch Freistellung betroffene Arbeitnehmerin/Arbeitnehmer bis zum Zeitpunkt der Beendigung ihres/seines Arbeitsverhältnisses.

(2) Bei allen im Rahmen dieser Vereinbarung zu berechnenden Abfindungen und sonstigen Leistungen handelt es sich um Brutto-Beträge, die am Tage der Beendigung des Arbeitsverhältnisses, frühestens jedoch erst, wenn endgültig feststeht, dass das Arbeitsverhältnis durch den Aufhebungsvertrag bzw die betriebsbedingte Kündigung wirksam beendet worden ist, fällig werden. Die Abrechnung und Auszahlung erfolgt unter Berücksichtigung der steuerlichen Bestimmungen und unter Beachtung der Sozialversicherungsbestimmungen unter Einbehaltung der entsprechenden Abzüge im Rahmen der üblichen Entgeltabrechnung. Ansprüche hierauf können nicht abgetreten oder verpfändet werden.

Die AG wird durch Änderung der Gesetzes- oder Rechtslage nach Inkrafttreten dieser Betriebsvereinbarung nicht zu Leistungen im Rahmen des „Nettoausgleichs" verpflichtet, die dem Grunde oder der Höhe nach über den bisherigen Leistungsumfang hinausgehen.

(3) Arbeitnehmerinnen/Arbeitnehmer, die aufgrund von Tatsachen, die die AG zur Kündigung aus wichtigem Grund ohne Einhaltung einer Kündigungsfrist oder zur Kündigung aus verhaltensbedingten Gründen, die die/der Arbeitnehmerin/Arbeitnehmer zu vertreten hat, berechtigen oder Arbeitnehmerinnen/Arbeitnehmer, die aufgrund eigener, nicht durch die Betriebsänderung veranlasster Kündigung aus der AG ausscheiden, haben keinen Anspruch auf Abfindung.

(4) In andere Betriebe der Gruppe übernommene Arbeitnehmerinnen/Arbeitnehmer, denen bis zu zwei Jahren nach ihrer Übernahme auf ihrem Arbeitsplatz aus betriebsbedingten Gründen gekündigt wird, fallen unter die Bestimmungen dieses Sozialplans. Das Gleiche gilt für diejenigen Arbeitnehmerinnen/Arbeitnehmer, die in der AG verbleiben und deren Arbeitsverhältnis aufgrund einer betriebsbedingten Kündigung, die im Zusammenhang mit der vorstehend geregelten Betriebsänderung steht, bis zum ... beendet wird.

(5) Diese Betriebsvereinbarung tritt mit Unterzeichnung durch die Betriebspartner in Kraft; sie endet spätestens am ....

(6) Sollten einzelne Regelungen dieser Betriebsvereinbarung gegen gesetzliche Bestimmungen verstoßen und demzufolge nichtig sein, so bleibt die Wirksamkeit der übrigen Regelungen dieses Sozialplans davon unberührt.

Anlage 1: Abfindungstabelle zur Betriebsvereinbarung „Sozialplan"

Punktetabelle I	
Berücksichtigung der Dauer der Betriebszugehörigkeit nach abgeleisteten Dienstjahren	
Jahre	Punkte
01	03
02	05
03	07
04	09
05	11
06	14
07	17
08	19
09	22

Punktetabelle II	
Berücksichtigung des Lebensalters[272] nach vollendeten Lebensjahren	
Alter (Jahre)	Punkte
20	02
21	04
22	06
23	08
24	10
25	12
26	14
27	16
28	18

---

[272] Zur Frage der unterschiedlichen Behandlung wegen des Alters vgl § 5 Rn 191 ff.

Kapitel 3: Interessenausgleichsvereinbarungen und Sozialpläne

Punktetabelle I	
Berücksichtigung der Dauer der Betriebszugehörigkeit nach abgeleisteten Dienstjahren	
Jahre	Punkte
10	24
11	27
12	30
13	33
14	36
15	39
16	42
17	45
18	48
19	51
20	55
21	58
22	61
23	64
24	67
25	70
26	73
27	76
28	79
29	82
30	85
31	88
32	91
33	94
34	97
35	100
36	103
37	106
38	109
39	112
40	115

Punktetabelle II	
Berücksichtigung des Lebensalters nach vollendeten Lebensjahren	
Alter (Jahre)	Punkte
29	20
30	22
31	24
32	26
33	28
34	30
35	32
36	34
37	36
38	38
39	40
40	42
41	44
42	46
43	48
44	51
45	54
46	57
47	60
48	63
49	66
50	69
51	72
52	75
53	78
54	81
55	84
56	87

Für jedes unterhaltsberechtigte Kind und für je 10 % Schwerbehinderung werden zusätzlich je fünf Punkte gewährt.

Stichtag für die Berechnung der Punkte ist jeweils der Zeitpunkt der Beendigung des Arbeitsverhältnisses.

§ 5 Betriebsvereinbarungen

Anlage 2: Protokollnotiz zum Sozialplan der AG und dem Betriebsrat der AG vom ...

In Ergänzung zu § 1 Abs. 4 des Sozialplans (hier: Staffelung des Zuschusses) gilt Folgendes:

Ziel des Mietzuschussgedankens soll sein, mindestens die Höhe des verfügbaren Nettoeinkommens zu gewährleisten, das eine/ein Arbeitnehmerin/Arbeitnehmer für ihre/seine bei der AG erbrachte Arbeitsleistung erzielt hat.

Anlage 2 a: Mietzuschussmodell

2010	Stadt N €		Stadt H	Mietzuschuss in %
brutto	2.006,82		2.408,18	
netto 65 %	1.303,79		1.564,55	
./. Miete	306,77		613,55	
Verfügbares Nettoeinkommen + Mietzuschuss netto	997,01 —	+ netto	951,00 245,42	80 %
	997,01		1.196,42	

2011	Stadt N €		Stadt H	Mietzuschuss in %
brutto	2.129,53		2.528,33	
netto 65 %	1.370,26		1.643,80	
./. Miete	306,77		613,55	
Verfügbares Nettoeinkommen + Mietzuschuss netto	1.063,48 —	+ netto	1.028,89 184,06	60 %
	1.063,48		1.214,31	

2012	Stadt N €		Stadt H	Mietzuschuss in %
brutto	2.236,90		2.653,60	
netto 65 %	1.454,62		1.725,61	
./. Miete	306,77		613,55	
Verfügbares Nettoeinkommen + Mietzuschuss netto	1.147,85 —	+ netto	1.112,05 92,03	30 %
	1.147,85		1.204,09	

2013	Stadt N €		Stadt H	Mietzuschuss in %
brutto	2.349,38		2.786,54	
netto 65 %	1.526,20		1.809,97	
./. Miete	306,77		613,54	
Verfügbares Nettoeinkommen + Mietzuschuss netto	1.219,43 —		1.196,42 entfällt	0 %
	1.219,43		1.196,42	

	Stadt N		Stadt H	Mietzuschuss in %
2014	€			
brutto	2.466,98		2.924,58	
netto 65 %	1.602,90		1.902,00	
./. Miete	306,77		613,54	
Verfügbares Nettoeinkommen	1.296,00		1.288,45	
+ Mietzuschuss netto	—		entfällt	0 %
	1.296,00		1.288,45	

	Stadt N		Stadt H	Mietzuschuss in %
2015	€			
brutto	2.589,69		3.070,30	
netto 65 %	1.684,70		1.996,59	
./. Miete	306,77		613,55	
Verfügbares Nettoeinkommen			entfällt	
+ Mietzuschuss netto	—			0 %
	1.377,93		1.383,04	

Anlage 3: Protokollnotiz zum Sozialplan der AG und dem Betriebsrat der AG vom ...

Der Sozialplan wird wie folgt ergänzt:

Ältere Arbeitnehmer, die nach dem vollendeten 57. Lebensjahr aufgrund eines Aufhebungsvertrages vorzeitig aus dem Unternehmen ausscheiden, erhalten die Jahre nach Beendigung ihres Arbeitsverhältnisses bis zur Vollendung des 60. Lebensjahres, maximal jedoch drei Jahre, zu Gunsten ihrer betrieblichen Altersversorgung angerechnet.

Anlage 4: Protokollnotiz zum Sozialplan der AG und dem Betriebsrat der AG vom ...

Freitrunk

Die AG gewährt den Arbeitnehmern, die zum Zeitpunkt der Beendigung des Arbeitsverhältnisses das 57. Lebensjahr vollendet haben, Freitrunk in Höhe der für Rentner der AG betrieblichen Menge.

Anlage 5: Protokollnotiz zum Sozialplan der AG und dem Betriebsrat der AG vom ...

Härtefond

Bei Arbeitnehmern, die ein Entgelt über der Bew.Gr. IX beziehen, wird der übersteigende Betrag ebenfalls in die Berechnung einbezogen.

Zum Ausgleich sozialer Härten wird ein Betrag iHv 30.000 EUR bereitgestellt; Auszahlungen aus diesem Fond unterliegen dem einstimmigen Entscheid der Sozialplankommission.

Arbeitnehmer, die selbst kündigen, brauchen das Weihnachtsgeld nicht zurückzuzahlen.

6. Muster: Insolvenzsozialplan, Spruch der Einigungsstelle

In dem Einigungsstellenverfahren zwischen

Rechtsanwalt ..., handelnd in seiner Eigenschaft als Insolvenzverwalter über das Vermögen der Firma ...

– nachstehend: Arbeitgeber –

und

dem Betriebsrat der Firma ...

– nachstehend: Betriebsrat –

wird durch Spruch der Einigungsstelle vom ... das Nachfolgende entschieden:

Präambel

Über das Vermögen der Firma ... (Gemeinschuldnerin) ist durch Beschluss des Amtsgerichts ..., Aktenzeichen ..., ein Insolvenzverfahren eröffnet worden; Herr Rechtsanwalt ... ist zum Insolvenzverwalter bestellt worden. Der Geschäftsbetrieb der Gemeinschuldnerin ist zum ... eingestellt worden; das Gemeinschuldnerunternehmen ist zu liquidieren. Im Zuge der Liquidation ist sämtlichen Arbeitnehmerinnen und Arbeitnehmern eine ordentliche Kündigung ausgesprochen worden.

Zwischen den Parteien besteht Einigkeit darüber, dass es sich bei der Betriebsschließung und der Kündigung sämtlicher Arbeitsverhältnisse um sozialplanpflichtige Maßnahmen handelt.

Ergänzend wird auf den Interessenausgleich verwiesen.

§ 1 Persönlicher Geltungsbereich

In den Geltungsbereich dieses Sozialplans fallen alle Arbeitnehmerinnen und Arbeitnehmer der Gemeinschuldnerin iSd § 5 BetrVG, die sich am ... (Stichtag) in einem ungekündigten Arbeitsverhältnis befunden haben. Personen iSd § 5 Abs. 2–4 BetrVG, Auszubildende, Praktikanten, am Stichtag noch nicht mehr als sechs Monate Beschäftigte, Arbeitnehmer mit befristeten Arbeitsverhältnissen und geringfügig Beschäftigte nehmen am Sozialplan nicht teil.

Arbeitnehmerinnen und Arbeitnehmer, die nach dem Stichtag verstorben sind, werden im Sozialplan berücksichtigt; in diesem Fall ist die Sozialplanforderung an die durch Erbschein legitimierten Erben (ggf Ehemann/Ehefrau und leibliche Erben bis zweites Glied) auszuzahlen.

§ 2 Insolvenzbedingte Hinweise

Nach § 123 Insolvenzordnung (InsO) darf das Gesamtvolumen des Sozialplans den 2,5fachen Monatsverdienst (§ 10 Abs. 3 KSchG) aller betroffenen Arbeitnehmerinnen und Arbeitnehmer nicht überschreiten. Weiterhin darf von der an Insolvenzgläubiger auszuschüttenden Masse nicht mehr als 1/3 auf Sozialplanansprüche gezahlt werden.

Die Sozialplanansprüche der Arbeitnehmerinnen und Arbeitnehmer stellen Masseverbindlichkeiten gem. § 123 Abs. 2 Satz 1 InsO dar und sind von den Arbeitnehmerinnen und Arbeitnehmern individuell zur Insolvenztabelle beim Insolvenzverwalter ... anzumelden.

Zwischen den Parteien besteht Einigkeit darüber, dass derzeit nicht feststeht, ob Sozialplananspüche befriedigt werden können.

§ 3 Gesamtvolumen des Sozialplans

Das Gesamtvolumen des Sozialplans wird auf ... EUR (in Worten: ... EUR) festgesetzt.

§ 4 Berechnung der Sozialplanansprüche

Die Sozialplanansprüche der Arbeitnehmerinnen und Arbeitnehmer werden nach einem Punktsystem berechnet. Die folgenden Merkmale, die für jede Arbeitnehmerin/jeden Arbeitnehmer individuell zu überprüfen sind, werden mit den angegebenen Punkten, die zu addieren sind, berücksichtigt:

(1) Betriebszugehörigkeit

Für jedes am Stichtag vollendete Jahr einer Betriebszugehörigkeit: drei Punkte

Unterbrechungen der Betriebszugehörigkeit von weniger als sechs Monaten bleiben unberücksichtigt, dh die vor der Unterbrechung liegenden Zeiten der Betriebszugehörigkeit werden mitberechnet. Bei Unterbrechungen von mehr als sechs Monaten wird nur die Zeit nach der Unterbrechung berücksichtigt.

Es werden nur volle Jahre berechnet.

(2) Lebensalter[273]

Bis 30 Jahre am Stichtag	5 Punkte
Bis 40 Jahre am Stichtag	10 Punkte
Bis 50 Jahre am Stichtag	15 Punkte
Über 50 Jahre am Stichtag	20 Punkte

(3) Kinder

Für jedes am Stichtag tatsächlich auf der Lohnsteuerkarte eingetragene Kind: zwei Punkte

Bei anteilig auf der Lohnsteuerkarte eingetragenen Kindern werden die Punkte im entsprechenden Anteil berücksichtigt.[274]

(4) Schwerbehinderte/Gleichgestellte

Am Stichtag rechtskräftig beschiedene Schwerbehinderte und Gleichgestellte erhalten zusätzlich ... EUR pro Kopf (Härtefond).

(5) Teilzeitbeschäftigte

Die Punkte, die für am Stichtag mindestens seit sechs Monaten in Teilzeit beschäftigte Arbeitnehmerinnen/Arbeitnehmer ermittelt wurden, werden mit dem Teilzeitgrad (zB 50 %) multipliziert.

§ 5 Ermittlung des Punktwertes in EUR

Der Wert des Einzelpunktes in EUR wird nach der folgenden Formel errechnet:

... EUR = Sozialplanvolumen abzgl. ... EUR = Härtefond/... Punkte

Der Punktwert beträgt danach ... EUR.

§ 6 Ermittlung der Sozialplanansprüche in EUR

Die zur Insolvenztabelle anzumeldenden Sozialplanansprüche der Arbeitnehmerinnen/Arbeitnehmer ergeben sich aus einer Multiplikation der individuellen Punkte gem. § 4 dieser Vereinbarung mit dem Einzelpunktwert gem. § 5 dieser Vereinbarung.

Der Höchstbetrag der Einzelabfindungen beträgt ... EUR. Ergeben sich aus der Multiplikation der Punktwerte der einzelnen Arbeitnehmerinnen/Arbeitnehmer höhere Abfindungsbeträge als ... EUR, wird die Differenz dem Härtefond zugeführt.

§ 7 Steuerhinweis/Anrechnungsklausel

Bei den Abfindungen handelt es sich um Abfindungen gem. §§ 9, 10 KSchG. Etwa vom Gericht festgesetzte Abfindungen oder Vergleichsbeträge werden auf Ansprüche aus diesem Sozialplan angerechnet.

---

[273] Zur Frage der unterschiedlichen Behandlung wegen des Alters vgl § 5 Rn 191 ff.
[274] Aus Gründen der Rechtssicherheit wird davon abgeraten, die Unterhaltspflichten allein aus der Lohnsteuerkarte zu entnehmen; zu den Einzelheiten s. § 5 Rn 194.

§ 8 Schlussbestimmungen

Der Arbeitgeber wird allen am Sozialplan teilnehmenden Arbeitnehmerinnen und Arbeitnehmern mitteilen, welcher Sozialplananspruch sich nach dieser Vereinbarung ergibt.

Der Betriebsrat erstellt eine Liste, in der alle Arbeitnehmerinnen und Arbeitnehmer, die am Sozialplan teilnehmen, mit den für sie ermittelten individuellen Punkten und dem sich daraus ergebenden Sozialplananspruch aufgeführt werden. Die Liste wird als Anlage zu dieser Vereinbarung genommen werden.

§ 9 Salvatorische Klausel

Sollte eine Regelung in dieser Vereinbarung unwirksam sein oder werden oder sollte diese Vereinbarung eine von den Parteien nicht bedachte Lücke aufweisen, so gilt zwischen den Parteien diejenige Regelung als vereinbart, die der unwirksamen Klausel in ihrem wirtschaftlichen Gehalt so weit wie möglich entspricht bzw. die die Lücke so ausfüllt, dass das wirtschaftliche Gepräge dieser Vereinbarung erhalten bleibt.

7. Muster: Outsourcing von Handwerkern einer Wohnungsbaugesellschaft[275]

Zwischen

der Firma ...

– nachstehend: Firma –

und

dem Betriebsrat der Firma ...

– nachstehend: Betriebsrat –

wird folgender Sozialplan vereinbart:

§ 1

Der Sozialplan gilt für alle unter das Betriebsverfassungsgesetz fallenden Mitarbeiter/innen der Firma, die am ... in einem ungekündigten Arbeitsverhältnis stehen und die aus den in der Präambel des Interessenausgleichs niedergelegten Gründen entlassen werden.

§ 2

Mitarbeiter/innen, denen aus personen- oder verhaltensbedingten Gründen gekündigt wird, erhalten keine Leistungen aus dem Sozialplan.

§ 3

Ausscheidende Mitarbeiter/innen erhalten als Entschädigung für den Verlust ihres Arbeitsplatzes eine Abfindung iSd §§ 9 und 10 KSchG. Die Abfindung wird im Monat des Ausscheidens unter Beachtung der steuer- und sozialversicherungsrechtlichen Vorschriften ausgezahlt.

§ 4

Soweit in einem arbeitsgerichtlichen Verfahren eine höhere als in diesem Sozialplan vereinbarte Abfindung festgesetzt wird, wird die Sozialplan-Abfindung entsprechend angerechnet.

In der Sozialplanabfindung ist eine Abfindung, die auf einer anderen rechtlichen Grundlage basiert, enthalten.

Bis zum Abschluss eines Rechtsstreits werden keine Leistungen nach dem Sozialplan ausgezahlt.

---

275 Dieser Text ist das Pendant zu Muster 5630.

Wird ein Rechtsstreit durch die Arbeitnehmer/innen anhängig gemacht, nachdem die Abfindung bereits ausgezahlt worden ist, so ist diese mit Einreichung der Klage zur Rückzahlung fällig.

§ 5

Stirbt die/der aus diesem Sozialplan Anspruchsberechtigte, so geht der Anspruch nach § 1922 BGB auf den Ehegatten bzw die Erbberechtigten über.

§ 6

Die Abfindung nach diesem Sozialplan beträgt

Lebensalter[276] x Betriebszugehörigkeit x Monatsentgelt/85

Als Lebensalter gilt das im Jahre ... vollendete Lebensjahr.

Als Betriebszugehörigkeit gilt das am ... vollendete Dienstjahr. Der Beginn der Betriebszugehörigkeit für jede/jeden Mitarbeiter ergibt sich aus der Anlage 1 des Sozialplans.

Als Monatsentgelt gilt das Bruttomonatsgehalt, das sich aus der Lohnbescheinigung ... ergibt.

§ 7

Meinungsverschiedenheiten bei der Anwendung des Sozialplans werden von der Firma und dem Betriebsrat mit dem ernsten Willen zur Einigung beraten.

§ 8

Der Sozialplan tritt am ... in Kraft und endet am ... .
Der Sozialplan kann im Bedarfsfall einvernehmlich längstens bis zum ... verlängert werden.

8. Muster: Teilbetriebsveräußerung, Verschmelzung und Betriebsstättenverlegung

↓

Zwischen

der Geschäftsführung der R-... GmbH

– nachstehend: R –

in Vollmacht und Vertretung zugleich für die ... GmbH

und

dem Gesamtbetriebsrat der R in Vollmacht und Vertretung der Einzelbetriebsräte der o.g. Gesellschaft
wird gem. § 112 BetrVG folgender Sozialplan geschlossen:

§ 1

Der Sozialplan wird zum Ausgleich bzw zur Milderung von wirtschaftlichen Nachteilen geschlossen, die den Arbeitnehmerinnen und Arbeitnehmern durch die Umsetzung der strukturellen Konzeptionen gemäß Interessenausgleich vom ...[277] entstehen, sowie durch alle sonstigen betriebsbedingten Kündigungen im Rahmen der Laufzeit dieses Sozialplans (gemäß Punkt ... des Interessenausgleichs vom ...).

§ 2

Dieser Sozialplan gilt – gemäß dem im Interessenausgleich vom ... festgelegten räumlichen Geltungsbereich – für alle Arbeitnehmer/innen und Auszubildende, die in einem ungekündigten Arbeitsverhältnis ste-

---

276 Zur Frage der unterschiedlichen Behandlung wegen des Alters vgl § 5 Rn 191 ff.
277 Siehe Muster 5645 (§ 5 Rn 283).

hen und aufgrund ihrer Betriebszugehörigkeit unter die Regelungen des § 1 KSchG fallen. Ausgenommen sind hiervon jedoch die leitenden Angestellten gem. § 5 BetrVG, die gemäß Anlage aufgeführt worden sind.

Für Arbeitnehmer/innen, deren Arbeitsverhältnisse aus Anlass des Mutterschutzes, der Elternzeit, des Wehr- und Ersatzdienstes ruhen (BEEG, ArbPlSchG), gelten die Bestimmungen dieses Sozialplans entsprechend, es sei denn, dass eine Weiterbeschäftigung erfolgt. Die betroffenen Arbeitnehmer/innen erhalten eine Abfindung, wie sie sich zum Zeitpunkt des individuellen Ausscheidens, jedoch maximal bis zum Ende der Laufzeit des Sozialplans errechnet.

§ 3

Der Arbeitgeber verpflichtet sich, nach Möglichkeit Arbeitsplätze für die Arbeitnehmer/innen innerhalb der Wärmetechnik oder anderer Sparten zu vermitteln. Die Zumutbarkeit eines neuen Arbeitsplatzes muss in funktioneller, wirtschaftlicher und räumlicher Hinsicht gegeben sein.

(1) Funktionelle Zumutbarkeit

Diese ist gegeben, wenn die Anforderungen des Arbeitsplatzes der Qualifikation (zB Ausbildung, Erfahrung, bisherige Tätigkeit) der Arbeitnehmerin/des Arbeitnehmers entsprechen oder wenn diese/dieser die notwendige Qualifikation durch eine vom Unternehmen angebotene Umschulungsmaßnahme erwerben kann.

(2) Wirtschaftliche Zumutbarkeit

Die Zumutbarkeit aus wirtschaftlichen Aspekten ist gegeben, wenn die Arbeitnehmerin/der Arbeitnehmer ihre/seine bisherige tarifliche Eingruppierung oder – bei einem Wechsel – eine dieser bisherigen Eingruppierung vergleichbare tarifliche Eingruppierung behält und die bisherige effektive Entlohnung (Bruttojahreseinkommen) bei vergleichbarer Arbeitszeit in vergleichbarer Höhe weiter besteht.

(3) Räumliche Zumutbarkeit

Diese Zumutbarkeit ist gegeben, wenn der neue Arbeitsplatz in einer Entfernung von 50 km vom Wohnort mit öffentlichen Verkehrsmitteln von der betroffenen Arbeitnehmerin/vom betroffenen Arbeitnehmer erreicht werden kann. Arbeitnehmer/innen, deren Fahrtweg sich aufgrund der erforderlichen Maßnahmen um mehr als fünf Entfernungskilometer verlängert, erhalten für die Strecke, die über der zumutbaren Fahrtwegverlängerung von 5 km liegt, einen Ausgleich, der sie wie folgt errechnet:

(zusätzliche Entfernungskilometer – 5 km) x 0,30 EUR x 20 Arbeitstage.

Dieser Ausgleich wird in Form einer monatlichen Nettozahlung gewährt. Der Arbeitgeber übernimmt dabei die etwaig erforderliche Versteuerung. Diese Zahlung setzt im Folgemonat nach der erfolgten Maßnahme ein und endet nach 18 Monaten.

Diese Regelung gilt nicht für Arbeitnehmer/innen, die über ein Firmenfahrzeug verfügen.

(4) Arbeitnehmer/innen, denen neue Arbeitsplätze durch den Arbeitgeber angeboten werden, erhalten diese Angebote schriftlich unter Angabe der Tätigkeit, der tariflichen Eingruppierung sowie sonstiger tarifvertraglicher Entlohnungsgrundsätze.

(5) Nimmt eine Arbeitnehmerin/ein Arbeitnehmer einen zumutbaren Arbeitsplatz ausdrücklich an und stellt sich innerhalb eines Zeitraumes von vier Monaten heraus, dass der Arbeitsplatz nicht geeignet oder doch nicht zumutbar ist, tritt in diesem Fall die Abfindungsregelung gem. § 6 dieser Vereinbarung in Kraft.

(6) Arbeitnehmer/innen, die einen zumutbaren Arbeitsplatz gem. der Abs. 1–4 ablehnen, erhalten keine Abfindung.

(7) Ist die Versetzung mit einer erforderlichen Umschulung verbunden, erhält die Arbeitnehmerin/der Arbeitnehmer für die Dauer der Maßnahme ihr/sein vereinbartes monatliches Gehalt bzw ihren/seinen Lohn weiter. Die aus Anlass der Umschulung ursächlich erforderlichen Kosten trägt das Unternehmen. Die Erforderlichkeit wird vom Arbeitgeber und der Arbeitsgemeinschaft gemeinsam festgelegt.

Eine erforderliche Umschulung ist ohne Minderung des Monatsentgeltes und während der regelmäßigen Arbeitszeit durchzuführen, soweit nicht die Umschulung aus zwingenden Gründen außerhalb der Arbeitszeit durchgeführt werden muss. Für die außerhalb der Arbeitszeit aufgewendete Zeit erhält die Arbeitnehmerin/der Arbeitnehmer einen Freizeitausgleich.

(8) Bei Vermittlung von Mitarbeiterinnen/Mitarbeitern in andere Unternehmensbereiche des Konzerns erfolgt die Einstellung zu den dort üblichen Konditionen bei Anerkennung der Betriebszugehörigkeit und ohne neue Probezeit. Bei daraus resultierenden Minderungen der Bezüge erfolgt in Abstimmung mit der Arbeitsgemeinschaft der Betriebsräte der abgebenden Gesellschaft ein Ausgleich.

§ 4

Ist ein Wechsel notwendigerweise mit einem Umzug verbunden, so trägt die R die dafür anfallenden Aufwendungen gegen Kostennachweis bis zu einer maximalen Höhe von 2.500 EUR.

(1) Für erhöhte Mietaufwendungen wird in Höhe der nachzuweisenden Differenz der Miete am neuen Wohnort zur bisherigen Miete für gleiche Quadratmeterzahl bei gleicher Qualität ein Ausgleich für ein halbes Jahr gezahlt.

(2) Soweit eine Wohnung nicht umgehend gefunden wird, beteiligt sich R anteilig an den Kosten für ein möbliertes Appartement bis zu einem Zeitraum von sechs Monaten. Für den gleichen Zeitraum erstattet das Unternehmen dem Arbeitnehmer die Kosten für eine Heimfahrt im 14-tägigen Rhythmus mit öffentlichen Verkehrsmitteln (ausgenommen bei Firmenfahrzeugen).

(3) Kann das Mietverhältnis am bisherigen Wohnort nicht rechtzeitig gekündigt werden oder muss die Arbeitnehmerin/der Arbeitnehmer für die neue Wohnung Miete zahlen, während sie/er sie noch nicht bewohnen kann, so erstattet R die Miete für die leer stehende Wohnung maximal bis zur Höhe der Mietkosten der Ausgangswohnung für längstens einen Monat. Die Erstattung der Doppelmiete entfällt, falls die Arbeitnehmerin/der Arbeitnehmer die Wohnung einem Dritten überlässt.

(4) Die unter den Abs. 1–3 genannten Zahlungen sind Bruttozahlungen, soweit sie nicht gemäß der Einkommensteuerrichtlinien bzw des Bundesumzugskostengesetzes steuerfrei gezahlt werden können.

§ 5

Sofern sich nach der Versetzung, jedoch innerhalb der Laufzeit des Sozialplans eine Auflösung des Arbeitsverhältnisses ergibt, die die Arbeitnehmerin/der Arbeitnehmer nicht zu vertreten hat, hat die Arbeitnehmerin/der Arbeitnehmer Anspruch auf die Leistungen dieses Sozialplans bei Kündigungen, ausgenommen hiervon ist der Fall der außerordentlichen Kündigung.

§ 6

Arbeitnehmer/innen, bei denen die Beendigung des Arbeitsverhältnisses durch eine betriebsbedingte Kündigung erfolgt und denen kein neuer, zumutbarer Arbeitsplatz angeboten werden kann, erhalten für den Verlust des Arbeitsplatzes und zur Milderung der damit verbundenen Härte eine Abfindung, die nach Maßgabe der folgenden Bestimmungen gezahlt wird:

(1) Auf Basis des Kündigungsschutzgesetzes erhält jede/jeder ausscheidende Arbeitnehmerin/Arbeitnehmer, die/der zu dem in § 2 genannten Personenkreis gehört, eine Abfindung. Als Mindestbetrag wird eine Abfindungszahlung iHv 50 % eines Bruttomonatseinkommens pro Dienstjahr gezahlt.

Der Abfindungsbetrag wird unter Berücksichtigung der in Abs. 2 definierten Obergrenzen grundsätzlich nach folgender Formel berechnet:

$$\text{Dienstjahre} \times \text{Lebensalter}^{278}/60 \times \text{Bruttojahreseinkommen}/12$$

wobei

---

278 Zur Frage der unterschiedlichen Behandlung wegen des Alters vgl § 5 Rn 191 ff.

Lebensalter = erreichte vollendete Jahre; angefangene Jahre werden aufgerundet (Beispiel: 48,3 = 49).

Bruttojahreseinkommen = Steuerpflichtiges Einkommen des Kalendervorjahres, das sind im Wesentlichen: Effektivgehalt/-lohn zzgl Urlaubsgeld, Weihnachtsgeld, Mehrarbeit inklusive aller Zuschläge, Akkordzuschläge, Verkaufsprovisionen und aller steuerpflichtigen Sachbezugswerte.

Außertarifliche und -vertragliche einmalige Sonderzahlungen, wie zB einmalige erfolgsabhängige Prämien und Tantiemen, bleiben außer Ansatz. Ob und in welcher Höhe ein Grundbetrag für das Bruttojahreseinkommen Berücksichtigung findet, wird im Einzelfall mit der Arbeitsgemeinschaft der Betriebsräte abgestimmt.

(2) Als Beschäftigungszeit gilt die bei R verbrachte Dienstzeit vom Eintritt in das Unternehmen bis zum Ablauf der persönlichen Kündigungsfrist.

Von R anerkannte Dienstjahre finden ebenfalls Berücksichtigung.

Angefangene Jahre werden auf volle Jahre aufgerundet.

Der maximale Abfindungsbetrag wird grundsätzlich auf das 20fache eines Bruttomonatseinkommens begrenzt.

Weiterhin wird die Abfindungssumme

a) bei Mitarbeiterinnen/Mitarbeitern bis zum vollendeten 50. Lebensjahr auf eine Obergrenze von 75 % des Bruttomonatseinkommens x Dienstjahre

b) und bei Mitarbeiterinnen/Mitarbeitern ab dem 50. Lebensjahr auf eine Obergrenze von 85 % des Bruttomonatseinkommens x Dienstjahre

begrenzt.

(3) Zusätzlich zu dem als Abfindung ermittelten Sockelbetrag werden – soweit zutreffend – folgende Zuschläge gewährt:

Für jedes unterhaltspflichtige Kind, das auf der Lohnsteuerkarte der Arbeitnehmerin/des Arbeitnehmers als Kinderfreibetrag eingetragen ist: 750 EUR (Beispiel: 1,5 Kinder = 1.125 EUR)[279]

Für Schwerbehinderte oder Gleichgestellte: 2.000 EUR

Sofern die Kündigung nach dem 30.9. wirksam wird, werden Urlaub und Urlaubsgeld sowie das anteilige 13. Monatseinkommen in voller Höhe angewandt. In allen anderen Fällen gelten die tarifvertraglichen Bestimmungen bzw es werden die Leistungen pro rata gezahlt.

Vermögenswirksame Leistungen werden bis zum Ende des Arbeitsverhältnisses weiter erstattet.

Alle Mitarbeiter/innen, die im Jahre ... nach ihrem Ausscheiden ein Dienstjubiläum begehen würden, erhalten eine Jubiläumszuwendung in betriebsüblicher Höhe.

Gewährte Wohnungsbau-Darlehen an Mitarbeiter/innen werden entsprechend der Betriebsvereinbarung behandelt (Rückzahlung innerhalb eines Jahres, ausgenommen Härtefälle, die zwischen der Geschäftsführung und der Arbeitsgemeinschaft geregelt werden).

(4) Für besondere, noch nicht erkennbare Härtefälle wird ein Fonds gebildet. Dessen Höhe und Ausschüttungsmodalitäten werden von Geschäftsführung und der Arbeitsgemeinschaft vor Abschluss des Sozialplans gemeinsam und einvernehmlich festgelegt. Ebenso werden die Entscheidungen im Einzelfall von der Geschäftsführung und der Arbeitsgemeinschaft gemeinsam und einvernehmlich getroffen.

§ 7

Die nach diesem Sozialplan gezahlten Beträge sind Abfindungen gem. §§ 9, 10 KSchG und werden unter Beachtung der steuerlichen Bestimmungen ausgezahlt.

---

[279] Aus Gründen der Rechtssicherheit wird davon abgeraten, die Unterhaltspflichten allein aus der Lohnsteuerkarte zu entnehmen; zu den Einzelheiten s. § 5 Rn 194.

§ 8

Die Abfindung wird mit der letzten Lohn- bzw Gehaltsabrechnung fällig.

§ 9

Sollte eine Arbeitnehmerin/ein Arbeitnehmer vor dem endgültigen Ausscheiden aus dem Unternehmen versterben, erhalten die Erbberechtigten die errechnete Abfindung in voller Höhe entsprechend den steuerlichen Richtlinien.

§ 10

Den betroffenen Arbeitnehmerinnen/Arbeitnehmern wird zur Bewerbung um einen neuen Arbeitsplatz die erforderliche Freizeit ohne Verdienstminderung gewährt. R verpflichtet sich, Arbeitnehmerinnen/Arbeitnehmern, die einen neuen Arbeitsplatz gefunden haben, den Arbeitsplatzwechsel ohne Einhaltung der Kündigungsfrist zu ermöglichen. Die Leistungen nach dem Sozialplan bleiben davon unberührt.

§ 11

Die Arbeitnehmer/innen haben Anspruch auf Erteilung eines Zeugnisses/Zwischenzeugnisses, das Auskunft über die ausgeübte Tätigkeit gibt und sich auf Wunsch der Arbeitnehmerin/des Arbeitnehmers auch auf die Beurteilung von Führung und Leistung erstreckt. Die gespeicherten Personaldaten werden – gemäß Bundesdatenschutzgesetz – nach Ablauf der gesetzlichen Fristen gelöscht.

§ 12

Geschäftsführung und die Arbeitsgemeinschaft der Betriebsräte R werden stets gemeinsam die Umsetzung sämtlicher personeller Maßnahmen begleiten.
Das Personalwesen stellt diesbezüglich alle notwendigen Unterlagen

- Anzahl und Benennung der ausscheidenden und versetzten Arbeitnehmer/innen
- Art der Weiterbeschäftigung der versetzten Arbeitnehmer/innen
- durchgeführte Umschulungsmaßnahmen etc.

§ 13

Dieser Sozialplan tritt mit Wirkung zum ... in Kraft und endet gemäß Interessenausgleich vom ... (siehe § ... des Interessenausgleichs).

9. Muster: Personalabbau[280]

Zwischen

der Firma ...

und

dem Betriebsrat der Firma ...

wird folgender Sozialplan vereinbart:

§ 1 Geltungsbereich

(1) Leistungen nach den Bestimmungen dieses Sozialplans erhalten Mitarbeiter und Mitarbeiterinnen der Firma, die am ... in einem unbefristeten Arbeitsverhältnis zur Firma standen und deren Arbeitsplatz von den Betriebsänderungen, die im Interessenausgleich unter § 1 verhandelt wurden, betroffen sind.

---

280 Dieser Text ist das Pendant zu Muster 5635.

Die im Rahmen der Durchführung personeller Einzelmaßnahmen zu wahrenden Rechte des Betriebsrats bleiben von dieser Betriebsvereinbarung unberührt.

(2) Leistungen nach den Bestimmungen dieser Vereinbarung erhalten auch diejenigen Mitarbeiter/innen, die im Rahmen der vorgesehenen Maßnahmen auf Veranlassung der Firma oder erkennbar aufgrund der von der Firma geplanten Maßnahmen auf eigenen Wunsch nach dem ... bei der Firma ausgeschieden sind.

(3) Keine Leistungen nach dieser Vereinbarung erhalten:

a) Mitarbeiter/innen, bei denen die Voraussetzungen für die Inanspruchnahme der Altersrente ohne Rentenabschläge aus der gesetzlichen Rentenversicherung bestehen;

b) Mitarbeiter/innen, die wegen voller Erwerbsminderung aus den Diensten der Firma ausscheiden;

c) Mitarbeiter/innen, denen von der Firma unter Beachtung von § 102 BetrVG aus einem personen- oder verhaltensbedingten Grund fristlos oder fristgerecht gekündigt wird.

§ 2 Sonstige allgemeine Bestimmungen

(1) Für Kündigungen, Aufhebungsvereinbarungen und Abwicklungsverträge gilt die vertragliche Kündigungsfrist, soweit nicht der Mitarbeiter/die Mitarbeiterin auf die Einhaltung der Kündigungsfrist bei einer Aufhebungsvereinbarung verzichtet. Besteht keine vertragliche Kündigungsfrist, ist die gesetzliche Kündigungsfrist einzuhalten.

(2) Die über die Abfindungsregelung ausscheidenden Mitarbeiter/innen erhalten zur Suche eines neuen Arbeitsplatzes eine angemessen bezahlte Freistellung von der Arbeit. Falls dem Mitarbeiter/der Mitarbeiterin durch Vorstellung bei einem neuen Arbeitgeber Kosten entstehen, die durch diesen nicht übernommen werden, können die nachgewiesenen Aufwendungen von der Firma getragen werden.

(3) Die Firma verzichtet auf die Einhaltung der Kündigungsfrist, wenn der Mitarbeiter/die Mitarbeiterin dies im Hinblick auf die Aufnahme einer anderweitigen Tätigkeit wünscht.

(4) Stichtag für die Ermittlung und Berechnung von Leistungen aus dieser Betriebsvereinbarung ist der letzte Tag des Arbeitsverhältnisses des jeweiligen Mitarbeiters/der jeweiligen Mitarbeiterin.

(5) Die von der Firma nach dieser Vereinbarung zu zahlenden Abfindungen sind innerhalb eines Monats nach dem Ausscheiden des Mitarbeiters/der Mitarbeiterin fällig. Abweichend hiervon werden die in dieser Betriebsvereinbarung begründeten Leistungen für Mitarbeiter/innen, die eine Kündigungsschutzklage erheben, erst innerhalb eines Monats nach rechtskräftigem Abschluss des Kündigungsschutzverfahrens fällig. Eine im Rahmen des Kündigungsschutzverfahrens festgesetzte oder vereinbarte Abfindung wird auf die Leistungen aus dieser Vereinbarung angerechnet.

(6) Soweit auf Leistungen aus dieser Betriebsvereinbarung Steuer- und Sozialversicherungsbeiträge zu entrichten sind, sind sie unter Beachtung zwingender gesetzlicher Vorschriften vom Mitarbeiter/von der Mitarbeiterin zu tragen.

(7) Solange der Mitarbeiter/die Mitarbeiterin noch in einem Arbeitsverhältnis zur Firma steht, kann die Firma eine Freistellung unter Fortzahlung der Bezüge aussprechen, um dem Mitarbeiter/der Mitarbeiterin Gelegenheit zur Teilnahme an einer Qualifizierungsmaßnahme der Agentur für Arbeit oder sonstiger Stellen zu ermöglichen.

§ 3 Abfindungen

(1) Mitarbeiter/innen iSv § 1 Abs. 2, die nach dem ... durch Eigenkündigung oder in sonstiger Weise vorzeitig aus dem Arbeitsverhältnis ausgeschieden sind, sowie gekündigte Mitarbeiter/innen, die gem. § 2 Abs. 3 auf eigenen Wunsch vorzeitig aus dem Arbeitsverhältnis ausgeschieden sind, erhalten eine Abfindung für den Verlust des Arbeitsplatzes bei der Firma.

(2) Keine Abfindungen nach dieser Betriebsvereinbarung erhalten Mitarbeiter/innen, auch wenn sie unter den Anwendungsbereich von § 3 Abs. 1 fallen, die aus einem Arbeitsverhältnis in ein Handelsvertreterverhältnis gewechselt sind oder als Subunternehmer tätig werden oder ein Arbeitsverhältnis bei einem Subunternehmen der Firma begründet haben, dessen Inhaber oder Mitinhaber in einem Arbeitsverhältnis zur Firma vor Unternehmensgründung gestanden hat.

(3) Die Höhe der Abfindung errechnet sich durch Multiplikation des für den Mitarbeiter/die Mitarbeiterin maßgeblichen Monatsbetrags iSv § 4 Abs. 3 mit dem sich aus der Anlage 1 ergebenden Multiplikator.

(4) Bei Mitarbeitern/Mitarbeiterinnen, die zum Zeitpunkt des Abschlusses des Sozialplans innerhalb der nächsten 24 Monate die Regelaltersgrenze der gesetzlichen Rentenversicherung erreichen, bestimmt sich die Höhe der Abfindung nicht nach § 3 Abs. 3 iVm der Anlage 1 zu diesem Sozialplan, sondern nach § 5.

§ 4 Begriffsbestimmungen

(1) Lebensalter ist die Anzahl vollendeter Lebensjahre, die der Mitarbeiter/die Mitarbeiterin am ... erreicht hat.

(2) Betriebszugehörigkeit ist die Anzahl vollendeter Dienstjahre, die der Mitarbeiter/die Mitarbeiterin am ... erreicht hat.

(3) Monatsbetrag ist das regelmäßige monatliche Bruttoentgelt ohne Berücksichtigung von Weihnachtsgeld, Urlaubsgeld, Überstundenvergütung oder sonstigen Zulagen. Nicht ständig gewährte Leistungen bleiben unberücksichtigt.

§ 5 Rentennahe Jahrgänge

Mitarbeitern/Mitarbeiterinnen, die in den Geltungsbereich von § 3 Abs. 4 fallen, wird nach dem Ausscheiden ein Zuschuss zum Arbeitslosengeld gewährt bis zu dem Zeitpunkt, ab dem sie eine gesetzliche Altersrente ohne Abschläge beziehen können. Der Zuschuss wird so bemessen, dass er zusammen mit dem Arbeitslosengeld

- in den ersten zwölf Monaten nach dem Ausscheiden des Mitarbeiters/der Mitarbeiterin 80 % des letzten Nettoeinkommens,
- in den nächsten zwölf Monaten 75 % des letzten Nettoeinkommens,

jeweils berechnet entsprechend § 4 Abs. 3, abdeckt.

Der Zuschuss wird im Voraus berechnet und im Monat des Ausscheidens als Abfindung im Rahmen der steuer- und sozialversicherungsrechtlichen Vorschriften als Einmalbetrag gezahlt.

§ 6 Sonstige Leistungen

(1) Unabhängig vom Termin des Ausscheidens hat der Mitarbeiter/die Mitarbeiterin den Urlaub vor dem Ausscheiden in natura zu nehmen.

(2) Wird das Ausscheiden erst durch Richterspruch ermöglicht, wird die Abfindung einen Monat nach Rechtskraft der richterlichen Entscheidung fällig.

(3) Falls die gesetzlichen Voraussetzungen erfüllt sind, erhält der ausscheidende Mitarbeiter/die ausscheidende Mitarbeiterin zum Zeitpunkt des Ausscheidens eine Unverfallbarkeitserklärung zur betrieblichen Altersversorgung. Nach Vorlage seiner/ihrer Rentenunterlagen erhält er/sie eine Mitteilung über die Höhe seiner/ihrer Versorgungsansprüche gegen die Firma.

§ 7 Härtefonds

(1) Zur Milderung besonderer Härten, die im Zusammenhang mit der Durchführung dieser Vereinbarung auftreten, kann in Einzelfällen eine Beihilfe gewährt werden. Für derartige Beihilfen wird ein Härtefonds iHv ... EUR gebildet.

(2) Leistungen aus dem Härtefonds werden nur auf Antrag gewährt. Der Antrag muss spätestens innerhalb von drei Monaten nach dem Ausscheiden aus der Firma gestellt werden. Mit dem Antrag ist glaubhaft zu machen, dass den Antragsteller/die Antragstellerin im Vergleich zu den anderen betroffenen Arbeitnehmern/Arbeitnehmerinnen durch das Ausscheiden aus der Firma eine besondere Härte trifft.

(3) Über den Antrag entscheidet eine aus einem Vertreter der Geschäftsleitung und einem vom Betriebsrat zu bestimmenden Betriebsratsvertreter bestehende Kommission einvernehmlich.

(4) Auf Leistungen aus dem Härtefonds besteht kein Rechtsanspruch.

(5) Der Härtefonds wird bis zum ... aufgelöst, soweit die Mittel nicht verbraucht wurden.

§ 8 Schlussbestimmungen

(1) Die Vereinbarung hat eine Laufzeit bis zum ....

(2) Im Rahmen dieser Betriebsvereinbarung auftretende grundsätzliche Meinungsverschiedenheiten, die sich bei der Anwendung ergeben, sind von der Geschäftsführung mit dem Betriebsrat mit dem Ziel einer einvernehmlichen Lösung zu beraten.

(3) Die Firma wird diese Vereinbarung allen Mitarbeitern aushändigen.

Anlage 1: Multiplikatortabelle Sozialplan

Im Alter[281] von	bis 30	31 und 32	33 bis 35	36 bis 38	39 und 40	41 und 42	43 bis 45	46 und 47	48 und 49	50 bis 52	53 und 54	55	56 bis 58	59 und 60	61 und 62	ab 63
Betriebszugehörigkeit in Jahren																
bis 2	0,30	0,30	0,30	0,35	0,38	0,40	0,50	0,50	0,50	0,50	0,50	0,50	0,50	0,50	0,50	0,25
nach 2	0,60	0,60	0,60	0,70	0,75	0,80	1,00	1,00	1,00	1,00	1,00	1,00	1,00	1,00	1,00	0,50
3	0,90	0,90	0,90	1,05	1,05	1,20	1,25	1,35	1,35	1,50	1,50	1,50	1,50	1,50	1,50	0,75
4	1,20	1,20	1,20	1,40	1,40	1,60	1,60	1,80	1,80	2,20	2,20	2,20	2,20	2,20	2,20	1,00
5	1,50	1,50	1,50	1,75	1,75	2,00	2,00	2,25	2,25	2,50	2,50	2,50	2,50	2,50	2,50	1,25
6	1,80	1,80	1,80	2,10	2,10	2,40	2,40	2,80	2,80	2,85	3,00	3,00	3,00	3,00	3,00	1,50
7	2,10	2,10	2,10	2,45	2,45	2,80	2,80	3,15	3,15	3,35	3,50	3,50	3,50	3,50	3,50	1,75
8	2,40	2,40	2,40	2,80	2,80	3,20	3,25	3,60	3,60	3,80	4,00	4,00	4,00	4,00	4,00	2,00
9	2,70	2,70	2,70	3,15	3,15	3,60	3,75	4,05	4,05	4,30	4,50	4,50	4,50	4,50	4,50	2,25
10	3,00	3,00	3,00	3,50	3,50	4,00	4,00	4,50	4,50	4,75	5,00	5,00	5,00	3,50	3,00	2,50
11	3,00	3,30	3,30	3,85	3,85	4,40	4,40	4,95	4,95	5,25	5,50	5,50	5,00	3,50	3,00	2,50
12	3,00	3,60	3,60	4,20	4,20	4,80	4,80	5,50	5,50	5,70	6,00	6,00	5,00	3,50	3,00	2,50
13	3,00	3,60	3,90	4,55	4,55	5,20	5,25	5,85	5,85	6,20	6,50	6,50	5,00	3,50	3,00	2,50
14	3,00	3,60	4,20	4,90	4,90	5,60	5,75	6,30	6,30	6,65	7,00	7,00	5,00	3,50	3,00	2,50
15	3,00	3,60	4,50	5,25	5,25	6,00	6,00	6,75	6,75	7,15	7,50	7,50	5,50	3,50	3,00	2,50
16		3,60	4,50	5,60	5,60	6,40	6,40	7,20	7,20	7,60	8,00	8,00	5,50	3,50	3,00	2,50
17		3,60	4,50	5,95	5,95	6,50	6,80	7,50	7,50	8,00	8,00	8,00	5,50	3,50	3,00	2,50
18			4,50	6,30	6,30	6,50	6,80	7,50	7,50	8,00	8,25	8,25	5,50	3,50	3,00	2,50
19			4,50	6,30	6,50	6,50	7,00	7,50	7,50	8,00	8,25	8,25	5,50	3,50	3,00	2,50

---

[281] Zur Frage der unterschiedlichen Behandlung wegen des Alters vgl § 5 Rn 191 ff.

Kapitel 3: Interessenausgleichsvereinbarungen und Sozialpläne

Im Alter von	bis 30	31 und 32	33 bis 35	36 bis 38	39 und 40	41 und 42	43 bis 45	46 und 47	48 und 49	50 bis 52	53 und 54	55	56 bis 58	59 und 60	61 und 62	ab 63
Betriebszuge-hörigkeit in Jahren																
20			4,50	6,30	6,50	6,50	7,00	7,50	7,50	8,00	8,50	8,50	6,00	3,50	3,00	2,50
21				6,30	6,50	6,50	7,00	7,50	7,50	8,00	8,50	8,50	6,00	3,50	3,00	2,50
22				6,30	6,50	6,50	7,00	7,50	7,50	8,00	8,50	8,50	6,00	3,50	3,00	2,50
23				6,30	6,50	6,50	7,00	7,50	7,50	8,00	8,50	8,50	6,00	3,50	3,00	2,50
24					6,50	6,50	7,00	7,50	7,50	8,00	8,50	8,50	6,00	3,50	3,00	2,50
25						6,50	7,00	7,50	7,50	8,00	8,50	8,50	6,00	3,50	3,00	2,50
26							6,50	7,00	7,50	7,50	8,00	8,50	8,50	6,50	3,50	3,00	2,50
27							6,50	7,00	7,50	7,50	8,00	8,50	8,50	6,50	3,50	3,00	2,50
28								7,00	7,50	7,50	8,00	8,50	8,50	6,50	3,50	3,00	2,50
29								7,00	7,50	7,50	8,00	8,50	8,50	6,50	3,50	3,00	2,50
30								7,00	7,50	7,50	8,00	8,50	8,50	6,50	3,50	3,00	2,50
31									7,50	7,50	8,00	8,50	8,50	7,00	3,50	3,00	2,50
32										7,50	8,00	8,50	8,50	7,00	3,50	3,00	2,50
33											7,50	8,00	8,50	7,00	3,50	3,00	2,50
34											7,50	8,00	8,50	7,00	3,50	3,00	2,50
35												8,00	8,50	8,50	7,00	3,50	3,00	2,50
36													8,00	8,50	8,50	7,00	3,50	3,00	2,50
37													8,00	8,50	8,50	7,00	3,50	3,00	2,50
38														8,50	8,50	7,00	3,50	3,00	2,50
39														8,50	8,50	7,00	3,50	3,00	2,50

10. Muster: Umwandlung von Vertriebsbüros in Technische Büros[282]

Zwischen

der Firma ...

— nachstehend: X-Firma —

und

den Betriebsräten der Standorte D, M, K und B

wird im Anschluss und unter Bezugnahme auf die Interessenausgleiche vom ... folgender Sozialplan geschlossen:

---

[282] Dieser Text ist das Pendant zu Muster 5650.

§ 1 Geltungsbereich/Betroffene Mitarbeiterinnen und Mitarbeiter

Diese Regelung gilt für alle in den jeweilgen Anlagen der Interessenausgleiche vom ... sowie den entsprechenden Ergänzungen (vgl §§ 2 und 4 Interessenausgleiche) aufgeführten Mitarbeiter und Mitarbeiterinnen der Standorte D, M, U, K mit folgenden Ausnahmen bzw Sonderregelungen:

(1) Sämtliche Ansprüche aus diesem Sozialplan entfallen für Mitarbeiter/innen mit befristeten Arbeitsverträgen. Diese werden bis zum Ablauf des befristeten Arbeitsverhältnisses an den bisherigen Standorten weiterbeschäftigt. Erfolgt vorübergehend eine Beschäftigung an einem anderen Standort, so gelten die üblichen Firmenregelungen für Fahrgeldzuschüsse. Die Regelungen dieses Sozialplans finden auch dann keine Anwendung, wenn nach Ablauf des befristeten Arbeitsverhältnisses ein weiteres befristetes oder auch ein unbefristetes Arbeitsverhältnis für denselben oder einen anderen Standort vereinbart wird.

(2) Für die betroffenen Mitarbeiter/innen des Standortes K gelten lediglich die §§ 1, 2, 3 und 10 dieses Sozialplans, weil im Zuge des Aufbaus der zentralen Verwaltungsfunktionen des Analytik Vertriebes Deutschland und aufgrund des bestehenden Arbeitsplatzangebots im Werk W allen betroffenen Mitarbeiterinnen/Mitarbeitern in K ein Stellenangebot am Standort W unterbreitet werden kann.

(3) Mitarbeiter/innen, die das Angebot eines gleichwertigen Arbeitsplatzes mit unveränderten Arbeitszeiten am gleichen Standort oder ein zumutbares Angebot an einem anderen Standort ablehnen, werden von Leistungen aus diesem Sozialplan ausgeschlossen.

(4) Mitarbeiter/innen, die aufgrund einer Eigenkündigung oder aufgrund einer von X-Firma ausgesprochenen Kündigung aus verhaltens- oder personenbedingten Gründen bzw eines dadurch veranlassten Aufhebungsvertrages ausscheiden, erhalten ebenfalls keine Leistungen aus diesem Sozialplan. Dies gilt auch für den Fall des Todes der Arbeitnehmerin/des Arbeitnehmers sowie das Eintreten von dauerhafter Arbeitsunfähigkeit, gleich aus welchem Grunde vor dem Eintritt der Änderung.

§ 2 Arbeitsplatzangebot/Erklärungsfrist

(1) Jeder/Jedem betroffenen Mitarbeiterin/Mitarbeiter wird von X-Firma ein gleichwertiger Arbeitsplatz an einem anderen Standort angeboten (vgl auch § 4). Dies gilt auch für von der Veränderung betroffene, sich im Mutterschutz oder in Elternzeit befindliche Mitarbeiter/innen. Unter einem gleichwertigen Arbeitsplatz ist ein Arbeitsplatz zu verstehen, der trotz anderweitiger Arbeitsaufgabe mit einem Einarbeitungszeitraum von bis zu drei Monaten ausgeführt werden kann und dessen vergütungsmäßige Einstufung nicht mehr als zwei Gehaltsgruppen über oder unter der Einstufung des bisherigen Arbeitsplatzes liegt. X-Firma und der Betriebsrat gehen selbstverständlich davon aus, dass notwendige Schulungs- und Einarbeitungsmaßnahmen angeboten werden. Der Arbeitsplatz ist auch dann als gleichwertig anzusehen, wenn sich die Lage der täglichen Arbeitszeit ändert.

(2) Jede Mitarbeiterin/Jeder Mitarbeiter erhält spätestens vier Wochen nach Abschluss dieses Sozialplans ein schriftliches, nach Bereich und Tätigkeit konkretisiertes Arbeitsplatzangebot. Die Mitarbeiterin/Der Mitarbeiter hat nach dieser Vierwochenfrist eine Überlegungsfrist von sechs Wochen. Spätestens mit Ablauf dieser Überlegungsfrist muss die Mitarbeiterin/der Mitarbeiter gegenüber der jeweiligen Personalabteilung schriftlich bekannt geben, ob sie/er den angebotenen Arbeitsplatz annimmt oder das Angebot ablehnt.

(3) Mitarbeiter/innen, die sich in Elternzeit befinden und deren Elternzeit nicht vor dem ... endet, erhalten zu einem späteren Zeitpunkt, längstens aber vier Monate vor dem Ende ihrer Elternzeit ein entsprechendes Angebot im nächstgelegenen Vertriebszentrum. Dieses Angebot ist, soweit schon möglich, nach Bereich und Tätigkeit konkretisiert. Im Übrigen gelten die Regelungen der §§ 4 und 2 entsprechend.

(4) Entscheidet sich die Mitarbeiterin/der Mitarbeiter für die Annahme des Angebots, dann kann sie/er die Leistungen gem. § 8 oder § 9 beanspruchen. Hat die Mitarbeiterin/der Mitarbeiter das Angebot von X-Firma angenommen und kündigt sie/er nach der Annahme des Angebots bis zum Zeitpunkt des Eintritts der Änderung selbst, so entfällt jeder Anspruch aus dem Sozialplan.

Kapitel 3: Interessenausgleichsvereinbarungen und Sozialpläne

(5) Lehnt die Mitarbeiterin/der Mitarbeiter den angebotenen Arbeitsplatz ab, schweigt sie/er sich aus oder erklärt sie/er die Annahme des Angebots nicht in schriftlicher Form, so hat die Mitarbeiterin/der Mitarbeiter, sofern die weiteren Voraussetzungen vorliegen (vgl §§ 4, 5), Ansprüche gem. § 6.

§ 3 Gehaltsgruppenschutz für versetzte Mitarbeiterinnen und Mitarbeiter

X-Firma garantiert allen in den Diensten von X-Firma verbleibenden, den Arbeitsplatz wechselnden bzw versetzten Mitarbeiterinnen/Mitarbeitern einen Gehaltsgruppenschutz für zwei Jahre, gerechnet von dem Zeitpunkt des Wechsels an und ungeachtet, ob der Wechsel innerhalb des Betriebes oder in einen anderen Betrieb erfolgt.

§ 4 Sonderregelungen über das Auswahlverfahren bei freien oder frei werdenden Arbeitsplätzen in demselben Betrieb

(1) Sind in einem betroffenen Betrieb Arbeitsplätze vorhanden oder werden sie bis zum ... geschaffen, so ist X-Firma verpflichtet, folgende Verfahrensweise einzuhalten:

a) Diese Arbeitsplätze sind unter der Voraussetzung der Eignung und Qualifikation ohne Rücksicht auf Alter und Betriebszugehörigkeit bevorzugt anzubieten:

- in erster Linie allein stehenden Mitarbeiterinnen/Mitarbeitern (nicht verheiratet, verwitwet, geschieden oder getrennt lebend), die in häuslicher Gemeinschaft mit einem oder mehreren Kindern bis zu 18 Jahren leben;
- in zweiter Linie Mitarbeiterinnen/Mitarbeitern, die zum Stichtag ... in häuslicher Gemeinschaft mit einer pflegebedürftigen, mit ihnen verwandten Person leben. Als pflegebedürftige Personen gelten solche Menschen, die wegen erheblichen körperlichen oder geistigen Gebrechen auf dauernde Pflege und Betreuung durch Dritte angewiesen sind, nicht jedoch Kinder, die allein mit Rücksicht auf ihr Alter und ihren Entwicklungsstand einer ständigen Betreuung und Beaufsichtigung bedürfen. Als Verwandte gelten der Ehegatte, die Kinder, die Eltern und die Großeltern sowie die Geschwister und die Schwiegereltern. Die Mitarbeiterin/Der Mitarbeiter ist verpflichtet, geeignete Nachweise für die Pflegebedürftigkeit und das Bestehen einer häuslichen Gemeinschaft beizubringen;
- in dritter Linie Mitarbeiterinnen/Mitarbeitern, die zum Stichtag ... anerkannte Schwerbehinderte (§ 2 Abs. 2 SGB IX) oder diesen Gleichgestellte (§ 2 Abs. 3 SGB IX) sind oder deren Ehegatte zum ... anerkannter Schwerbehinderter (§ 2 Abs. 2 SGB IX) oder entsprechend Gleichgestellter (§ 2 Abs. 3 SGB IX) ist, jedoch nur wenn der Ehegatte zum Stichtag ... in einem unbefristeten und ungekündigten Arbeitsverhältnis steht;
- im Übrigen nach der Rangfolge der sozialen Schutzwürdigkeit, wobei in erster Linie die Betriebszugehörigkeit, bei vergleichbarer Betriebszugehörigkeit (nicht mehr als zwei Jahre Unterschied) das Lebensalter und bei vergleichbarem Lebensalter (nicht mehr als vier Jahre Unterschied) die Unterhaltsverpflichtungen den Ausschlag geben.

b) X-Firma ist, sofern diese Besonderheiten nicht geltend gemacht oder nachgewiesen sind, verpflichtet, sich grundsätzlich an den aus den vorliegenden Lohnsteuerkarten hervorgehenden Daten zu orientieren.

c) Die in Mutterschutz bzw Elternzeit befindlichen Mitarbeiter/innen sind einzubeziehen, soweit diese Zeiten vor dem ... enden.

d) Betriebsratsmitglieder, die den Vorrang gem. lit. a) respektieren und ein Arbeitsplatzangebot an einen anderen Standort annehmen, erhalten die Zusage, dass der ihnen zukommende betriebsverfassungsrechtliche Kündigungsschutz bis einschließlich ... aufrechterhalten wird, dh der Ausspruch einer ordentlichen Kündigung durch X-Firma bis einschließlich ... ausgeschlossen wird.

(2) X-Firma wird unverzüglich nach Unterzeichnung dieses Sozialplans die vorhandenen bzw neu zu schaffenden freien, geeigneten Arbeitsplätze feststellen und ausschreiben, wobei jede/jeder betroffene Mitarbeite-

rin/Mitarbeiter über das Vorhandensein eines entsprechenden Arbeitsplatzes unter näherer Beschreibung schriftlich zu unterrichten ist. Jede Mitarbeiterin/Jeder Mitarbeiter muss binnen 14 Tagen ab Zugang der Nachricht X-Firma schriftlich darüber informieren, ob sie/er sich auf einen solchen Arbeitsplatz bewirbt. Gleichzeitig hat die Mitarbeiterin/der Mitarbeiter zu begründen, ob und ggf aus welchen Gründen sie/er eine Bevorzugung gem. Abs. 1 lit. a) verlangt.

Geeignete Nachweise müssen beigefügt werden. Jede Mitarbeiterin/Jeder Mitarbeiter erhält zusätzlich auch ein Angebot eines Arbeitsplatzes in einem anderen Standort gem. § 2 Abs. 1 zu dem dort festgelegten Zeitpunkt. Nach Ablauf der 14-tägigen Ausschreibungsfrist erstellt X-Firma unter Hinzuziehung eines Vertreters des örtlichen Betriebsrats die entsprechend Rangliste gem. Abs. 1 lit. a). Nach Ablauf der Ausschreibungsfrist eingehende Mitteilungen von Mitarbeiterinnen/Mitarbeitern werden nicht berücksichtigt. Die Angebote sind den Mitarbeiterinnen/Mitarbeitern nach Rangliste dann unverzüglich in schriftlicher Form zu unterbreiten. Nimmt die Mitarbeiterin/der Mitarbeiter nicht in schriftlicher Form das Angebot binnen zwei Wochen an, so ist der entsprechende Arbeitsplatz der/dem nächst schutzwürdigen Mitarbeiterin/Mitarbeiter anzubieten, wobei für die Erklärungsfrist und Erklärungsform das Vorstehende gilt.

(3) Werden geeignete Arbeitsplätze bis zum _ frei oder neu geschaffen, dann sind sie den in der Rangliste folgenden, bisher nicht berücksichtigten Mitarbeiterinnen/Mitarbeitern anzubieten. Mitarbeiter/innen, deren Mitteilungen nach Ablauf der ersten Ausschreibungsfrist eingegangen sind, werden dabei berücksichtigt. Mitarbeiter/innen, die bei der ersten Ausschreibungsrunde ausdrücklich oder durch Nichtäußerung kein Interesse gezeigt haben, werden nicht mehr berücksichtigt.

§ 5 Kriterien für die Zumutbarkeit bzw Unzumutbarkeit der Annahme des Angebots von Arbeitsplätzen

(1) Arbeitsplätze am gleichen Standort

Das Angebot eines gleichwertigen Arbeitsplatzes am bisherigen Standort ist der Mitarbeiterin/dem Mitarbeiter stets zumutbar, es sei denn, dass durch eine Erhöhung der bisherigen Arbeitszeit für die Mitarbeiterin/den Mitarbeiter, die/der zu entsprechenden Nachweisen verpflichtet ist, eine unlösbare Situation entsteht (zB Unmöglichkeit, Kinder zu betreuen oder die Pflege eines zum Stichtag _ in häuslicher Gemeinschaft lebenden pflegebedürftigen Angehörigen aufrecht zu erhalten, vgl § 4 Abs. 1 lit. a).

(2) Arbeitsplätze an einem anderen Standort

Das Angebot eines gleichwertigen Arbeitsplatzes an einem anderen Standort ist Mitarbeiterinnen/Mitarbeitern unter folgenden Voraussetzungen zumutbar:

- allen Mitarbeiterinnen/Mitarbeitern, die in die Zielgehaltsgruppe _ oder höher eingereiht sind, auch wenn die Ist-Gehaltsgruppe derzeit niedriger ist;
- allen allein stehenden Mitarbeiterinnen/Mitarbeitern ohne Kinder (vgl § 4 Abs. 1 lit. a) oder mit Kindern über 18 Jahren, unabhängig von der Vergütungs- bzw Zielgehaltsgruppe. Als allein stehend gelten nicht Mitarbeiter/innen, die zum Stichtag _ in einer eheähnlichen Lebensgemeinschaft mit einem Partner gewohnt haben. X-Firma ist berechtigt, geeignete Nachweise hierfür zu verlangen;

Auch wenn die Voraussetzungen für die Zumutbarkeit an sich vorliegen würden, ist der Mitarbeiterin/dem Mitarbeiter das Angebot eines gleichwertigen Arbeitsplatzes an einem anderen Standort unzumutbar, wenn sie/er zum Stichtag des Eintritts der sie/ihn betreffenden Veränderung das 45. Lebensjahr oder mehr Lebensjahre vollendet hat oder wenn sie/er persönlich körperlich schwerbehindert oder wegen körperlicher Behinderung einem Schwerbehinderten gleichgestellt ist oder die Voraussetzung einer häuslichen Gemeinschaft mit einem pflegebedürftigen Angehörigen zum Stichtag _ vorgelegen hat (vgl § 4 Abs. 1) lit. a).

(3) Das Auswahlverfahren im Hinblick auf die CEs, die einen Wohnsitzwechsel vollziehen sollen, wird nach Abschluss der entsprechenden Planungen in Ergänzung dieses Sozialplans einvernehmlich zwischen X-Firma und dem Gesamtbetriebsrat bzw den Einzelbetriebsräten festgelegt.

§ 6 Abfindungen

(1) Lehnt die Mitarbeiterin/der Mitarbeiter ein zumutbares Angebot am gleichen Standort oder ein zumutbares Angebot an einem anderen Standort ab, so besteht kein Anspruch auf eine Abfindung.

(2) Ist das Angebot der Mitarbeiterin/dem Mitarbeiter nach § 5 unzumutbar, so hat die Mitarbeiterin/der Mitarbeiter Anspruch auf eine Abfindung, die sich aus einem Sockelbetrag, der für Mitarbeiter/innen bis zu drei vollendeten Beschäftigungsjahren ein halbes Brutto-Monatsgehalt und für Mitarbeiter/innen mit mehr als drei vollendeten Beschäftigungsjahren ein Brutto-Monatsgehalt beträgt sowie zusätzlich aus einem nach der Formel

1/2 Brutto-Monatsgehalt pro Beschäftigungsjahr,

berechneten Betrag zusammensetzt.

Die Höhe der Abfindung beträgt aber mindestens 2.500 EUR.

In Abhängigkeit des Lebensalters[283] ändert sich der Wichtungsfaktor der Formel von 1/2 Brutto-Monatsgehalt bei einem

Lebensalter größer 40 Jahren auf 0,6 Brutto-Monatsgehälter

Lebensalter größer 45 Jahren auf 0,7 Brutto-Monatsgehälter

Lebensalter größer 50 Jahren auf 0,8 Brutto-Monatsgehälter.

Stichtag der Altersberechnung ist ....

Als Beschäftigungsjahre werden ganze Dienstjahre (Stichtag: Zeitpunkt des Ausscheidens) in Ansatz gebracht, wobei angebrochene Dienstjahre nach anteiligen Monaten berechnet werden (Beispiel: 2 Jahre 4 Monate = 2,3 Jahre). Wurde das Arbeitsverhältnis mit X-Firma in der Vergangenheit weniger als sechs Monate rechtlich unterbrochen, so werden die Beschäftigungszeiten (ohne den Unterbrechungszeitraum) zusammengerechnet.

Beträgt die Unterbrechung mehr als sechs Monate, so zählt nur die zuletzt ununterbrochen zurückgelegte Dienstzeit. Zeiten der Elternzeit und des Wehrdienstes werden herausgerechnet.

Das Brutto-Monatsgehalt errechnet sich folgendermaßen: ...

Maßgeblich für die Berechnung ist das vor dem Ausscheidenszeitpunkt zuletzt bezogene Brutto-Monatsgehalt. Die Veränderung des Brutto-Monatsgehaltes während der Dienstzeit (Wechsel von Teilzeit in Vollzeit oder umgekehrt, Veränderung von Teilzeiten) bleibt außer Betracht, sofern der Wechsel länger als zwölf Monate zurückliegt. Ist dies nicht der Fall, so wird das Brutto-Monatsgehalt anteilig gewichtet.

(3) Nimmt eine Mitarbeiterin/ein Mitarbeiter ein an sich unzumutbares Angebot dennoch an, dann entfällt der Abfindungsanspruch aus dem Sozialplan, auch wenn die Mitarbeiterin/der Mitarbeiter nach Annahme des Angebots kündigt oder das Arbeitsverhältnis aufzulösen wünscht.

(4) Eine Abfindung aus diesem Sozialplan wird, sofern die Voraussetzungen für die Zahlung einer Abfindung vorliegen, unabhängig davon bezahlt, ob tatsächlich Arbeitslosigkeit nach dem Ausscheiden bei X-Firma eintritt.

§ 7 Fälligkeit der Abfindungs- und Entschädigungsansprüche, Anrechnung anderer Ansprüche

Die Ansprüche nach § 6 sind zum Zeitpunkt der rechtlichen Beendigung des Arbeitsverhältnisses fällig. Solange Rechtsstreitigkeiten über den Fortbestand des Arbeitsverhältnisses, Änderungskündigungen oder Kündigungen, Grund und/oder Höhe von Abfindungszahlungen anhängig sind, werden die Ansprüche erst nach rechtskräftiger Beendigung des Rechtsstreites fällig. Auf den Abfindungsanspruch gem. § 6 werden Ansprüche aus vergleichsweisen Regelungen in und außerhalb von Rechtsstreitigkeiten und sonstige vergleichbare Leistungen angerechnet.

---

283 Zur Frage der unterschiedlichen Behandlung wegen des Alters vgl § 5 Rn 191 ff.

Im Hinblick auf die steuer- und sozialversicherungsrechtliche Behandlung gelten die jeweils zum Auszahlungszeitpunkt gültigen steuer- und sozialversicherungsrechtlichen Vorschriften.

§ 8 Leistungen bei verändertem Arbeitsort ohne Veränderung des Wohnsitzes

(1) Verändert sich der Arbeitsort, ohne dass die Mitarbeiterin/der Mitarbeiter ihren/seinen Wohnsitz verlegt, so erhält sie/er monatlich ab dem Zeitpunkt des Eintritts der Veränderung bis einschließlich ... eine Ausgleichszahlung für die höheren Fahrtkosten in Form einer Pauschale. Diese beträgt ... EUR brutto monatlich. Weiterhin erhält die Mitarbeiterin/der Mitarbeiter ein einmaliges, bevorzugtes Vorkaufsrecht für einen Pkw auf der Kfz-Verkaufsliste.

(2) Bei der Pauschale handelt es sich um einen Aufwendungsersatz. Die Pauschale wird nicht gezahlt bzw entsprechend gekürzt, wenn der zusätzliche Aufwand nicht entsteht, zB bei Inanspruchnahme des Mutterschutzes vor und nach der Geburt, bei Inanspruchnahme von Elternzeit sowie bei Inanspruchnahme von Zeitguthaben aus dem Arbeitszeitmodell oder bei Arbeitsunfähigkeit.

Mitarbeiter/innen, die über einen Firmen-Pkw verfügen, haben keinen Anspruch auf die Pauschalzahlungen.

(3) Innerhalb der ersten sechs Monate nach Eintritt der Veränderung kann die Mitarbeiterin/der Mitarbeiter sich für eine Wohnsitzverlagerung entscheiden und die Leistungen gem. § 9 beanspruchen. In diesem Fall werden jedoch nur die Pauschalbeträge sowie die Erstattung der Umzugskosten, nicht aber die sonstigen Leistungen (Maklergebühr bei Miete, zusätzlicher Urlaub, Hotelübernachtungen für die Familie, doppelte Mietzahlungen und Kosten für möblierte Unterkunft bzw Trennungsentschädigung) gewährt.

§ 9 Leistungen bei verändertem Arbeitsort mit Wechsel des Wohnortes

Die nachfolgenden Leistungen werden nur gewährt, wenn sich die Entfernungsstrecke zwischen dem bisherigen Wohnort und dem neuen Arbeitsort im Vergleich zur Entfernung zwischen dem neuen Wohnort und dem neuen Arbeitsort um mehr als die Hälfte verringert.

(1) Miete/Eigentum bisheriger Wohnort – Miete neuer Wohnort

Mitarbeiter/innen, die ihren Hauptwohnsitz (Schwerpunkt der Lebensbeziehung) von dem bisherigen Wohnort an den oder in die Umgebung des neuen Arbeitsortes verlegen und dort eine Wohnung anmieten, erhalten folgende Leistungen:

- Pauschalbetrag zur Abgeltung der mit der Wohnsitzverlagerung verbundenen Umstände und Aufwendungen iHv zwei Brutto-Monatsgehältern, mindestens jedoch 5.600 EUR sowie für jedes unterhaltspflichtige Kind, das in häuslicher Gemeinschaft mit der Mitarbeiterin/dem Mitarbeiter lebt, zusätzlich 1.000 EUR;
- Erstattung der Umzugskosten (Verpacken und Auspacken von Möbeln und Hausrat, Transport, nicht jedoch Küchenumbauten, Möbelschreinerarbeiten etc.) gegen Beleg, wobei die Spedition von X-Firma ausgewählt wird;
- Erstattung der ortsüblichen Maklergebühr, die ggf im Zuge der Anmietung der neuen Wohnung fällig wird gegen Beleg;
- vier Tage bezahlter Urlaub für die Wohnungssuche und die Durchführung des Umzuges;
- zwei Hotelübernachtungen der eigenen Familie gegen Beleg;
- für eventuell notwendig werdende doppelte Mietzahlungen wird ein Betrag von drei Monats-Kaltmieten für die jeweils leer stehende Wohnung gegen Vorlage von entsprechenden Unterlagen und Belegen erstattet;
- für den Fall, dass der Umzug erst nach Aufnahme der Tätigkeit an dem neuen Arbeitsort erfolgen kann, übernimmt X-Firma für maximal sechs Monate und maximal 350 EUR pro Monat die effektiv anfallenden Kosten für eine möblierte Unterkunft und die effektiv anfallenden Kosten für wöchentliche Familienheimfahrten (Bahnfahrt 2. Klasse bzw 0,30 EUR pro Kilometer bei Benutzung des eigenen Pkw). Ausgenommen von der Kostenerstattung für Heimfahrten sind Mitarbeiter/innen, die über einen Firmenwagen verfügen.

Weiter bezahlt X-Firma in diesem Fall für maximal sechs Monate eine Trennungsentschädigung von 7 EUR pro Kalendertag. Die Zahlung der Trennungsentschädigung entfällt für diejenigen Wochenenden bzw sonstigen freien Tage, für die Erstattung der Kosten für Familienheimfahrten gewährt wird sowie bei Urlaub und Erkrankung des Mitarbeiters für länger als drei Tage.

(2) Miete alter Wohnort – Eigentum neuer Wohnort

Mitarbeiter/innen, die ihren Hauptwohnsitz (Schwerpunkt der Lebensbeziehung) an den oder in die Umgebung des neuen Arbeitsortes verlegen, zum Stichtag ... am alten Wohnort in Miete wohnen und Haus- oder Wohnungseigentum zur Selbstnutzung am neuen Wohnort erwerben, erhalten gegen Nachweis der vorstehend genannten Voraussetzungen durch geeignete Unterlagen (Grundbuchauszüge, Kaufverträge) folgende Leistungen:

- Pauschalbetrag zur Abgeltung der mit der Wohnsitzverlagerung verbundenen Umstände und Aufwendungen einschließlich Makler- und Notargebühren iHv vier Brutto-Monatsgehältern, mindestens jedoch 7.500 EUR sowie für jedes unterhaltspflichtige Kind, das in häuslicher Gemeinschaft mit der Mitarbeiterin/dem Mitarbeiter lebt, zusätzlich 1.000 EUR;
- Erstattung der Umzugskosten (Verpacken und Auspacken von Möbeln und Hausrat, Transport, nicht jedoch Küchenumbauten, Möbelschreinerarbeiten etc.) gegen Beleg, wobei die Spedition von X-Firma ausgewählt wird;
- vier Tage bezahlter Urlaub für die Wohnungssuche und die Durchführung des Umzuges;
- zwei Hotelübernachtungen der eigenen Familie gegen Beleg;
- für den Fall, dass der Umzug erst nach Aufnahme der Tätigkeit an dem neuen Arbeitsort erfolgen kann, übernimmt X-Firma für maximal sechs Monate und maximal 350 EUR pro Monat die effektiv anfallenden Kosten für eine möblierte Unterkunft und die effektiv anfallenden Kosten für wöchentliche Familienheimfahrten (Bahnfahrt 2. Klasse bzw 0,30 EUR pro Kilometer bei Benutzung des eigenen Pkw).

Ausgenommen von der Kostenerstattung für Heimfahrten sind Mitarbeiter/innen, die über einen Firmenwagen verfügen. Weiter bezahlt X-Firma in diesem Fall für maximal sechs Monate eine Trennungsentschädigung von 7 EUR pro Kalendertag. Die Zahlung der Trennungsentschädigung entfällt für diejenigen Wochenenden bzw sonstigen freien Tage, für die Erstattung der Kosten für Familienheimfahrten gewährt wird sowie bei Urlaub und Erkrankung der Mitarbeiterin/des Mitarbeiters für länger als drei Tage.

(3) Eigentum alter Wohnort – Eigentum neuer Wohnort

Mitarbeiter/innen, die zum Stichtag ... am alten Wohnort im selbst genutzten Haus- oder Wohnungseigentum wohnen und die ihren Hauptwohnsitz (Schwerpunkt der Lebensbeziehung) an den oder in die Umgebung des neuen Arbeitsortes verlegen und dort Haus- oder Wohnungseigentum zur Selbstnutzung erwerben, erhalten gegen Nachweis der vorstehend genannten Voraussetzungen durch geeignete Unterlagen (Grundbuchauszüge, Kaufverträge) folgende Leistungen:

- Pauschalbetrag zur Abgeltung der mit der Wohnsitzverlagerung verbundenen Umstände und Aufwendungen einschließlich Makler- und Notargebühren iHv sechs Brutto Monatsgehältern, mindestens jedoch ... EUR sowie für jedes unterhaltspflichtige Kind, das in häuslicher Gemeinschaft mit der Mitarbeiterin/dem Mitarbeiter lebt, zusätzlich ... EUR;
- Erstattung der Umzugskosten (Verpacken und Auspacken von Möbeln und Hausrat, Transport, nicht jedoch Küchenumbauten, Möbelschreinerarbeiten etc.) gegen Beleg, wobei die Spedition von X-Firma ausgewählt wird;
- vier Tage bezahlter Urlaub für die Wohnungssuche und die Durchführung des Umzuges;
- zwei Hotelübernachtungen der eigenen Familie gegen Beleg;
- für den Fall, dass der Umzug erst nach Aufnahme der Tätigkeit an dem neuen Arbeitsort erfolgen kann, übernimmt X-Firma für maximal sechs Monate und maximal 350 EUR pro Monat die effektiv anfallenden

Kosten für eine möblierte Unterkunft und die effektiv anfallenden Kosten für wöchentliche Familienheimfahrten (Bahnfahrt 2. Klasse bzw 0,30 EUR pro Kilometer bei Benutzung des eigenen Pkw). Ausgenommen von der Kostenerstattung für Heimfahrten sind Mitarbeiter/innen, die über einen Firmenwagen verfügen. Weiter bezahlt X-Firma in diesem Fall für maximal sechs Monate eine Trennungsentschädigung von 7 EUR pro Kalendertag. Die Zahlung der Trennungsentschädigung entfällt für diejenigen Wochenenden bzw sonstigen freien Tage, für die Erstattung der Kosten für Familienheimfahrten gewährt wird sowie bei Urlaub und Erkrankung der Mitarbeiterin/des Mitarbeiters für länger als drei Tage.

(4) Fristen für die Inanspruchnahme

Jede Mitarbeiterin/Jeder Mitarbeiter soll möglichst frühzeitig X-Firma darüber informieren, welche der Möglichkeiten sie/er in Anspruch nehmen will. Die Leistungen können längstens innerhalb eines Zeitraums von zwölf Monaten nach dem Eintritt der Arbeitsortänderung in Anspruch genommen werden. Dabei kann in diesem Zeitraum eine andere Leistungsgruppe beansprucht werden, falls deren Voraussetzungen erfüllt werden. Bereits erbrachte Leistungen werden angerechnet, zu viel erbrachte Leistungen sind ohne Rücksicht auf deren Verbrauch zurückzuerstatten.

(5) Verheiratete Mitarbeiter/innen, Mitarbeiter/innen in eingetragener Lebenspartnerschaft und solche, die zum Stichtag ... am alten Wohnort in nichtehelicher Lebensgemeinschaft wohnten und die beide bei X-Firma beschäftigt sind, können die Regelungen nach Abs. 1–3 nur einmal in Anspruch nehmen.

(6) Als Stichtag für die Berechnung der Pauschalbeträge gilt das Bruttomonatsgehalt zum Zeitpunkt der Versetzung.

(7) Die Ansprüche nach § 9 sind nach Vorlage der entsprechenden Belege und Nachweise spätestens bis zum Ende des Folgemonats fällig.

(8) Im Falle, dass Leistungen zu Unrecht bezogen worden sind, ist die Mitarbeiterin/der Mitarbeiter zur Rückzahlung verpflichtet. Auf den Einwand des Wegfalls der Bereicherung kann sich die Mitarbeiterin/der Mitarbeiter nur im Hinblick auf nachweislich, tatsächlich und zweckentsprechend erfolgte, vergebliche Aufwendungen berufen, die im Vertrauen auf das Bestehen des Anspruchs getätigt wurden.

Scheidet eine Mitarbeiterin/ein Mitarbeiter durch Eigenkündigung oder außerordentliche oder verhaltensbedingte Kündigung von X-Firma innerhalb von zwei Jahren nach dem Bezug der Leistungen gem. Abs. 1–3 aus den Diensten von X-Firma aus, so ist sie/er zur Rückzahlung der Abgeltungsbeträge iHv zwei bzw vier bzw sechs Brutto-Monatsgehältern verpflichtet, wobei folgende Staffelung gilt:

- Ausscheiden innerhalb des ersten Jahres nach Umzug: 100 % Rückzahlung
- Ausscheiden innerhalb des zweiten Jahres nach Umzug: 50 % Rückzahlung

(9) Im Hinblick auf die steuerliche Behandlung der Leistungen gelten diejenigen steuerlichen Vorschriften, die im Zeitpunkt der Auszahlung bzw im für die steuerliche Behandlung maßgeblichen Zeitpunkt gültig sind.

§ 10 Inkrafttreten

Dieser Sozialplan tritt am Tage der Unterzeichnung durch X-Firma und die jeweiligen Betriebsräte in Kraft. Dieser Sozialplan kann nicht gekündigt werden. Er endet durch Zweckerreichung.

Die Regelungen dieses Sozialplans gelten jedoch für eventuelle weitere Veränderungen in den betroffenen Standorten, die innerhalb eines Zeitraums bis zum ... eintreten.

↑

11. Muster: Verlagerung eines Tendenzbetriebs

Zwischen

der Firma ...

und

dem Betriebsrat der Firma ...

wird folgender Sozialplan vereinbart:

Präambel

Zum Ausgleich und zur Milderung der wirtschaftlichen Nachteile, die den Mitarbeiterinnen und Mitarbeitern durch Betriebsänderungen, betriebsbedingte Kündigungen und Versetzungen bis zum ... entstehen, wird ein Sozialplan zwischen den Betriebspartnern vereinbart. Zwischen den Vertragsparteien besteht die übereinstimmende Auffassung, dass zu den einen Sozialplan auslösenden Maßnahmen auch der Umzug des gesamten Betriebes von ... nach ... zählt. Die Parteien sind sich einig, dass der Betrieb ein Tendenzbetrieb ist und deshalb die Betriebsänderung nicht in einem Interessenausgleich geregelt werden muss. Die Parteien sind sich ferner einig, dass die Sicherung der Funktionsfähigkeit des Betriebes Vorrang hat. Die Geschäftsleitung erklärt, dass sie den Betriebsrat über geplante Betriebsänderungen umfassend und zeitnah unterrichtet und die Betriebsänderungen mit dem Betriebsrat berät.

Teil A: Geltungsbereich, Begriffsbestimmungen

§ 1 Geltungsbereich

(1) Die Regelungen dieses Sozialplans gelten, soweit nichts anderes bestimmt ist, für alle Mitarbeiterinnen und Mitarbeiter iSv § 5 Abs. 1 BetrVG, die zum Zeitpunkt des Inkrafttretens des Sozialplans in einem ungekündigten und unbefristeten Arbeitsverhältnis stehen.

(2) Mitarbeiterinnen und Mitarbeiter, die in einem befristeten Arbeitsverhältnis stehen, fallen nur dann unter den Geltungsbereich des Sozialplans, wenn ihr befristetes Arbeitsverhältnis aufgrund der Betriebsänderung vorzeitig beendet wird, soweit nicht bereits im Arbeitsvertrag eine Beendigung des Arbeitsverhältnisses ab dem Umzug vorgesehen ist.

(3) Dieser Sozialplan findet keine Anwendung auf

a) Mitarbeiterinnen und Mitarbeiter, deren Arbeitsverhältnis aus personen- oder verhaltensbedingten Gründen ordentlich oder außerordentlich gekündigt oder aus diesen Gründen einvernehmlich beendet wird;

b) Mitarbeiterinnen und Mitarbeiter, die das Arbeitsverhältnis selbst kündigen, ohne damit einer betriebsbedingten Kündigung zuvorzukommen; § 23 bleibt unberührt;

c) Mitarbeiterinnen und Mitarbeiter, denen ein vergleichbarer Arbeitsplatz in ... angeboten wurde, die dieses Angebot nicht angenommen haben und bei denen das Arbeitsverhältnis aus diesem Grunde durch Kündigung oder einvernehmliche Aufhebung beendet wird. Spezielle Regelungen wie §§ 2 Abs. 2, 23 oder 24 des Sozialplans sind von diesem Ausschluss nicht betroffen.

§ 2 Begriffsbestimmungen

(1) Der Sozialplan differenziert zwischen Leistungen bei Versetzung und Leistungen bei Beendigung des Arbeitsverhältnisses. Bei einer Versetzung gelten die Leistungen des Teils B, bei einer Beendigung die Regelungen des Teils C.

a) Eine Versetzung im Sinne des Sozialplans liegt vor, wenn die Mitarbeiterin oder der Mitarbeiter ab dem Umzug ihre/seine Tätigkeit am neuen Dienstort fortsetzt. Unerheblich ist, ob das Arbeitsverhältnis zu geänderten oder zu gleich bleibenden Bedingungen fortgesetzt wird.

b) Keine Beendigung im Sinne des Sozialplans liegt bei einem Betriebsübergang iSv § 613a BGB vor.

c) Keine Ansprüche aus dem Sozialplan gemäß Teil C werden solchen Mitarbeiterinnen oder Mitarbeitern gewährt, die dem Übergang ihres Arbeitsverhältnisses nach § 613a BGB widersprochen haben und deren Arbeitsverhältnis aus diesem Grunde durch Kündigung oder einvernehmliche Aufhebung beendet wird.

(2) Scheidet eine Mitarbeiterin oder ein Mitarbeiter aus und wird im Anschluss hieran ein Arbeitsverhältnis zu einer der Firma nahe stehenden Institution wie ... unter Besitzstandswahrung begründet, liegt eine Versetzung vor. Leistungen werden in diesen Fällen entsprechend Teil B erbracht, soweit ein Ausgleichsbedarf besteht. Kein Ausgleichsbedarf besteht, wenn die Institution in der Region ... angesiedelt ist.

(3) Ein Wechsel unter Besitzstandswahrung liegt vor, wenn

a) der Mitarbeiterin oder dem Mitarbeiter für alle Rechte die Betriebszugehörigkeit bei der Firma angerechnet wird und

b) die Mitarbeiterin oder der Mitarbeiter bei der betrieblichen Altersversorgung keine Nachteile erleidet, also im Versorgungsfall mindestens die Ansprüche bestehen, die bei Fortsetzung des Arbeitsverhältnisses mit dem Arbeitgeber hätten erworben werden können.

(4) Partner im Sinne des Sozialplans sind Ehepartner, eingetragene Lebenspartner und Personen, gleich welchen Geschlechts, die in nichtehelicher Lebensgemeinschaft zusammenleben. Nichteheliche Lebensgemeinschaften werden als Wohn- und Wirtschaftsgemeinschaft von längerer Dauer als zwei Jahre definiert. Zum Nachweis des Bestehens einer nichtehelichen Lebensgemeinschaft genügt eine eidesstattliche Versicherung der Partnerin oder des Partners.

(5) Umzugsgut sind die Wohnungseinrichtung und in angemessenem Umfang andere bewegliche Gegenstände und Haustiere, die sich am Tag vor dem Einladen des Umzugsgutes im Eigentum, Besitz oder Gebrauch der Mitarbeiterin/des Mitarbeiters oder anderer Personen befinden, die mit ihm/ihr in häuslicher Gemeinschaft leben. Andere Personen iSd Satzes 1 sind Partnerinnen und Partner iSv § 2 Abs. 4 sowie die unterhaltsberechtigten Kinder, Stief- und Pflegekinder. Es gehören ferner dazu Verwandte bis zum vierten Grade, Verschwägerte bis zum zweiten Grade und Pflegeeltern, wenn die Mitarbeiterin oder der Mitarbeiter diesen Personen aus gesetzlicher oder sittlicher Verpflichtung nicht nur vorübergehend Unterkunft und Unterhalt gewährt, sowie solche Pflegekräfte oder Betreuer, deren Hilfe die Mitarbeiterin oder der Mitarbeiter aus gesundheitlichen oder beruflichen Gründen nicht nur vorübergehend bedarf.

(6) Eine Wohnung besteht aus einer geschlossenen Einheit von mehreren Räumen, in der ein Haushalt geführt werden kann, darunter stets eine Küche oder ein Raum mit Kochgelegenheit. Zu einer Wohnung gehören außerdem Wasserversorgung, Ausguss und Toilette und ggf Speicher, Keller und Abstellraum.

(7) Unter Region ... werden die Stadt- und Landkreise ... verstanden.

Teil B: Versetzung

§ 3 Grundsätze des individuellen Nachteilsausgleichs

Mitarbeiterinnen und Mitarbeiter, die nach ... versetzt werden, haben Anspruch auf Ersatz der erstattungsfähigen Umzugskosten und Trennungsgeld, Reisebeihilfen für Heimfahrten, Regelung flexibler Arbeitszeiten, Wohnungsfürsorgedarlehen und Verdienstsicherung nach Maßgabe der folgenden Vorschriften.

§ 4 Umzugskosten

(1) Erstattungsfähige Umzugskosten sind

a) Beförderungsauslagen (§ 5)

b) Reisekosten (§ 6)

c) Mietentschädigung (§ 7)

d) andere Auslagen (§ 8)

e) Pauschalvergütung für sonstige Auslagen (§ 9).

(2) Die Umzugskosten werden nach Beendigung des Umzugs gewährt. Sie sind innerhalb einer Ausschlussfrist von einem Jahr beim Arbeitgeber zu beantragen; die Frist beginnt mit dem Tage nach Beendigung des Umzugs. Auf Antrag können Vorschüsse gezahlt werden.

§ 5 Beförderungsauslagen

(1) Die notwendigen Auslagen für das Befördern des Umzugsgutes iSd § 2 Abs. 5 von der bisherigen zur neuen Wohnung werden erstattet.

(2) Auslagen für das Befördern von Umzugsgut, das sich außerhalb der bisherigen Wohnung befindet, werden höchstens insoweit erstattet, als sie beim Befördern mit dem übrigen Umzugsgut erstattungsfähig wären.

(3) Erstattet werden auch die notwendigen Auslagen für das Verpacken von Umzugsgut, für das Verpackungsmaterial sowie für den Ab- und Aufbau von Wohnungseinrichtung/Küche.

(4) Der Arbeitgeber strebt an, mit einem Speditionsunternehmen besondere Konditionen für die in Abs. 1–3 genannten Arbeiten zu vereinbaren. Soweit eine solche Vereinbarung getroffen wird, sind die Mitarbeiterinnen und Mitarbeiter verpflichtet, dieses Unternehmen zu beauftragen, falls dies nicht im Einzelfall unzumutbar ist.

§ 6 Reisekosten

(1) Die Auslagen für die Reise der Mitarbeiterin oder des Mitarbeiters und der zur häuslichen Gemeinschaft gehörenden Personen (§ 2 Abs. 5 Satz 2 und 3) von der bisherigen zur neuen Wohnung werden wie bei Dienstreisen der Mitarbeiterin oder des Mitarbeiters in entsprechender Anwendung der Betriebsvereinbarung über die Erstattung von Reisekosten in der jeweils geltenden Fassung erstattet. Es ist ein Dienstreiseantrag zu stellen. Tagegeld wird vom Tage des Einladens des Umzugsgutes bis zum Tage des Ausladens mit der Maßgabe gewährt, dass auch diese beiden Tage als volle Reisetage gelten. Übernachtungskosten werden auf Nachweis erstattet, wenn eine Übernachtung außerhalb der neuen Wohnung notwendig gewesen ist.

(2) Abs. 1 Satz 1 gilt entsprechend für zwei Reisen und zwei Personen zum Suchen oder Besichtigen einer Wohnung mit der Maßgabe, dass die Fahrtkosten bis zur Höhe der billigsten Flugklasse erstattet werden. Reisespesen und Übernachtungskosten werden je Reise für höchstens einen Reise- und zwei Aufenthaltstage gewährt.

§ 7 Mietentschädigung

(1) Miete für die bisherige Wohnung wird bis zu dem Zeitpunkt, zu dem das Mietverhältnis frühestens gelöst werden konnte, längstens jedoch für sechs Monate erstattet, wenn für dieselbe Zeit Miete für die neue Wohnung gezahlt werden musste. Ferner werden die notwendigen Auslagen für das Weitervermieten der Wohnung innerhalb der Vertragsdauer bis zur Höhe der Miete für einen Monat erstattet. Die Sätze 1 und 2 gelten auch für die Miete einer Garage.

(2) Miete für die neue Wohnung, die nach Lage des Wohnungsmarktes für eine Zeit gezahlt werden musste, während der die Wohnung noch nicht benutzt werden konnte, wird längstens für drei Monate erstattet, wenn für dieselbe Zeit Miete für die bisherige Wohnung gezahlt werden musste. Entsprechendes gilt für die Miete einer Garage.

(3) Die bisherige Wohnung im eigenen Haus oder die Eigentumswohnung steht der Mietwohnung gleich. An die Stelle der Miete tritt der ortsübliche Mietwert der Wohnung. Entsprechendes gilt für die eigene Garage. Für die neue Wohnung im eigenen Haus oder die neue Eigentumswohnung wird Mietentschädigung nicht gewährt.

(4) Miete nach den Abs. 1 und 3 wird nicht für eine Zeit erstattet, in der die Wohnung oder Garage ganz oder teilweise anderweitig vermietet oder benutzt worden ist.

§ 8 Andere Auslagen

(1) Die notwendigen ortsüblichen Maklergebühren für die Vermittlung einer angemessenen Mietwohnung und einer Garage oder die entsprechenden Auslagen bis zu dieser Höhe für eine eigene Wohnung werden erstattet. Maßgabe für eine angemessene Wohnung sind Größe und Ausstattung der bisherigen Wohnung.

(2) Auslagen für einen durch den Umzug bedingten zusätzlichen Unterricht der Kinder der Mitarbeiterin/des Mitarbeiters, der Partnerin oder des Partners (§ 2 Abs. 5 Satz 2) werden bis zu 40 v.H. des im Zeitpunkt der Beendigung des Umzuges maßgeblichen Monatsgehaltes der Gehaltsgruppe ... für jedes Kind erstattet, und zwar bis zu 50 v.H. dieses Betrags voll und darüber hinaus zu drei Vierteln.

§ 9 Pauschvergütung für sonstige Umzugsauslagen

(1) Mitarbeiterinnen und Mitarbeiter, die am Tage vor dem Einladen des Umzugsgutes eine Wohnung hatten und nach dem Umzug wieder eingerichtet haben, erhalten eine Pauschvergütung für sonstige Umzugsauslagen. Die Höhe dieser Pauschvergütung richtet sich nach dem jeweils für Verheiratete und Ledige lohnsteuerfrei zahlbaren Höchstbetrag. Die Pauschvergütung für sonstige Umzugsauslagen erhöht sich für andere Personen, die zur häuslichen Gemeinschaft gehören (§ 2 Abs. 5 Satz 2 und 3) mit Ausnahme des Ehepartners iSv § 2 Abs. 4. Der Erhöhungsbetrag richtet sich nach dem jeweils lohnsteuerfrei zahlbaren Betrag.

(2) Dem Verheirateten stehen gleich der Verwitwete und der Geschiedene sowie derjenige, dessen Ehe aufgehoben oder für nichtig erklärt ist, ferner der Ledige, der auch in der neuen Wohnung Personen iSd § 2 Abs. 5 Satz 3 nicht nur vorübergehend Unterkunft und Unterhalt gewährt bzw aufgenommen hat.

(3) Sind die Voraussetzungen des Absatzes 1 Satz 1 nicht gegeben, so beträgt die Pauschvergütung bei Verheirateten 30 v.H. und bei Ledigen 20 v.H. des Betrags nach Abs. 1 Satz 2 oder 3.

(4) Stehen für denselben Umzug mehrere Pauschvergütungen zu, wird nur eine davon gewährt; sind die Pauschvergütungen unterschiedlich hoch, so wird die höhere gewährt.

(5) Gegen Einzelnachweis können folgende Umzugsauslagen bis zum Höchstbetrag von insgesamt ... EUR erstattet werden:

a) Fenster- und Türvorhänge: Auslagen für notwendige Neuanschaffungen wegen der Größe der Fenster und Türen in der neuen Wohnung; Änderungen, Abnehmen und Anbringen der bisherigen Vorhänge, auch von Rollos, Vorhangstangen und Zugvorrichtungen (Höchstbetrag ... EUR).

b) Auslagen für Schönheitsreparaturen in der alten Wohnung, wenn diese nach dem Mietvertrag beim Auszug durchgeführt werden mussten.

§ 10 Vorläufige Wohnung

Eine Mitarbeiterin oder ein Mitarbeiter mit Wohnung iSd § 2 Abs. 6 kann für den Umzug in eine vorläufige Wohnung Umzugskostenerstattung erhalten, wenn der Arbeitgeber dem vorläufigen Umzug vorher schriftlich zugestimmt hat. Bis zum Umzug in die endgültige Wohnung kann eine Wohnung nur einmal als vorläufige Wohnung anerkannt werden.

§ 11 Arbeitgeberdarlehen und Gehaltsvorschüsse

Für aus Anlass des Umzuges zu zahlende Mietkautionen und/oder Abstandszahlungen werden auf Antrag Gehaltsvorschüsse oder Arbeitgeberdarlehen gewährt. Die Verzinsung richtet sich nach den jeweils geltenden lohnsteuerlichen Bedingungen. Für Abstandszahlungen wird Vorschuss/Darlehen bis zum Höchstbetrag von ... EUR gewährt.

§ 12 Trennungsgeld

(1) Anspruch auf Trennungsgeld haben Mitarbeiterinnen und Mitarbeiter, die in häuslicher Gemeinschaft mit in § 2 Abs. 5 genannten Personen leben, vom Zeitpunkt der Versetzung bis zum Bezug einer neuen gemeinsamen Wohnung mit diesen Personen, längstens für ein halbes Jahr ab dem Zeitpunkt der Versetzung. In begründeten Einzelfällen kann Trennungsgeld für maximal weitere drei Monate gewährt werden.

Verlängerungsanträge sind spätestens einen Monat vor Ablauf zu stellen und zu begründen.

Mitarbeiterinnen und Mitarbeiter, deren Arbeitsverhältnis infolge Erreichens der Regelaltersgrenze oder aufgrund schriftlicher Vereinbarung innerhalb von zwei Jahren nach dem Zeitpunkt der Versetzung endet, haben Anspruch auf Trennungsgeld längstens bis zum Zeitpunkt der Beendigung des Arbeitsverhältnisses.

(2) Trennungsgeld wird nicht gewährt für

a) Tage, an denen sich die Mitarbeiterin/der Mitarbeiter auf Dienstreise mit Anspruch auf Tagegeld befindet.

b) Tage, die die Mitarbeiterin/der Mitarbeiter mit einem der in § 2 Abs. 5 genannten Angehörigen verbringt, wenn für die Heimfahrt eine Reisebeihilfe gem. § 13 gewährt wird.

c) Tage, für die Reisekosten nach § 6 gewährt werden.

(3) Das Trennungsgeld beträgt ... EUR.

(4) Das Trennungsgeld wird monatlich nachträglich gezahlt. Der Antrag ist schriftlich innerhalb eines Jahres nach Ablauf des jeweiligen Kalendermonates zu stellen. Die Mitarbeiterin/der Mitarbeiter hat nachzuweisen, dass die Voraussetzungen für die Trennungsgeldgewährung vorliegen.

§ 13 Reisebeihilfe für Heimfahrten

(1) Mitarbeiterinnen und Mitarbeiter mit Anspruch auf Trennungsgeld können Reisebeihilfen für Heimfahrten zu den in § 2 Abs. 5 genannten Angehörigen erhalten. Anstelle von Reisen der Mitarbeiterin/des Mitarbeiters können auch Reisen der in § 2 Abs. 5 genannten Personen berücksichtigt werden, wenn die Mitarbeiterin/der Mitarbeiter eine entsprechende Anzahl von Heimfahrten nicht in Anspruch nimmt.

(2) Als Reisebeihilfe werden die entstandenen notwendigen Fahrauslagen erstattet. Erstattet werden höchstens die Fahrtkosten bis zur Höhe der billigsten Flugklasse für eine wöchentliche Heimfahrt.

(3) § 12 Abs. 4 gilt entsprechend.

§ 14 Regelung flexibler Arbeitszeiten

Beginn und Ende der Kernarbeitszeiten werden so festgelegt, dass Mitarbeiterinnen und Mitarbeiter mit Anspruch auf Trennungsgeld Heimfahrten iSv § 13 Abs. 1 Satz 1 nicht an arbeitsfreien Tagen durchführen müssen, soweit dies mit dienstlichen Belangen vereinbar ist.

§ 15 Wohnungsfürsorgedarlehen

(1) Für die Anmietung, die Ausstattung oder den Erwerb einer Wohnung werden auf Antrag Wohnungsfürsorgedarlehen des Arbeitgebers gewährt.

(2) Darlehen können bis zu einem Betrag von ... EUR gewährt werden. Bestehende Arbeitgeberdarlehen, mit Ausnahme solcher nach § 11, werden auf den Höchstbetrag angerechnet. Das Darlehen ist in Höhe des von den Finanzämtern anerkannten Zinssatzes von derzeit ... % zu verzinsen und innerhalb von 10 Jahren in monatlichen Raten zurückzuzahlen. Zinszahlungen und -tilgung erfolgen in monatlichen Raten durch Aufrechnung mit Gehaltsansprüchen.

(3) In den ersten beiden Jahren kann das Darlehen auf Wunsch der Mitarbeiterin oder des Mitarbeiters tilgungsfrei gestellt werden.

(4) Das Darlehen wird, ohne dass es einer Kündigung bedarf, stets an dem Tag zur Rückzahlung fällig, an dem das Arbeitsverhältnis endet.

(5) Soweit das Darlehen den Betrag von ... EUR überschreitet, haben die Mitarbeiterin oder der Mitarbeiter dem Arbeitgeber eine verwertbare Sicherheit zu stellen, wobei die Sicherheit üblicherweise aus einer Grundschuld besteht. Ausnahmen sind im Einzelfall möglich. In begründeten Fällen kann der Arbeitgeber darauf verzichten, der Mitarbeiterin oder dem Mitarbeiter ein Darlehen zu gewähren, wenn die dem Arbeitgeber bekannten Vermögensverhältnisse eine Rückzahlung des Darlehens zweifelhaft erscheinen lassen.

§ 16 Verdienstsicherung bei Arbeitgeberwechsel

Mitarbeiterinnen und Mitarbeiter, die nach § 2 Abs. 3 des Sozialplans ein neues Arbeitsverhältnis unter Besitzstandswahrung begründen und deren neues Bruttomonatsgehalt niedriger ist, erhalten als Ausgleich für den Verlust des Arbeitsplatzes einen einmaligen Abfindungsbetrag in Höhe des 12fachen Differenzbetrags zwischen den beiden Bruttomonatsgehältern, ohne Abzinsung und ohne Berücksichtigung etwaiger künftiger Gehaltserhöhungen. Weicht die Monatsarbeitszeit am neuen Arbeitsplatz von der Arbeitszeit am bisherigen Arbeitsplatz ab, ist für die Berechnung der Einkommensdifferenz die neue monatliche Vergütung im Umfang der bisherigen Arbeitszeit zugrunde zu legen.

§ 17 Vorzeitige Beendigung

Wird das iSv § 2 Abs. 3 des Sozialplans unter Besitzstandswahrung begründete Arbeitsverhältnis innerhalb von 36 Monaten durch arbeitgeberseitige betriebsbedingte Kündigung beendet, erhalten die Mitarbeiterin und der Mitarbeiter die Leistungen gemäß Teil C unter Anrechnung der Leistungen nach § 16 und abzüglich etwaiger Abfindungsleistungen des neuen Arbeitgebers. Der arbeitgeberseitigen betriebsbedingten Beendigungskündigung steht eine Eigenkündigung der Mitarbeiterin oder des Mitarbeiters gleich, die durch eine Betriebsänderung veranlasst wurde und mit der die Mitarbeiterin oder der Mitarbeiter einer arbeitgeberseitigen betriebsbedingten Beendigungskündigung zuvorkommt.

Teil C: Beendigung des Arbeitsverhältnisses

§ 18 Abfindung

(1) Mitarbeiterinnen und Mitarbeitern iSv § 1 Abs. 1, denen nach Maßgabe der Präambel betriebsbedingt gekündigt wurde und die dem Geltungsbereich des Sozialplans nach § 1 unterfallen, sowie Mitarbeiterinnen und Mitarbeiter, die das Arbeitsverhältnis selbst kündigen und mit ihrer Eigenkündigung einer arbeitgeberseitigen betriebsbedingten Beendigungskündigung zuvorkommen, erhalten eine Abfindung.

(2) Die Mitarbeiterinnen und Mitarbeiter haben das Recht, statt der Abfindung eine befristete Fortsetzung des Arbeitsverhältnisses über den Beendigungszeitraum hinaus unter Umwandlung der Abfindung in Gehaltszahlungen in monatlicher Höhe, die dem monatlichen Arbeitgeberbrutto vor dem vorgesehenen Beendigungszeitpunkt entsprechen, zu verlangen.

§ 19 Höhe der Abfindung

(1) Der Grundbetrag der Abfindung errechnet sich wie folgt:

Alter[284] x Betriebszugehörigkeit x Bruttomonatsgehalt / ...

Die Betriebsparteien berücksichtigen das Alter entsprechend der Regelung des § 10 Satz 3 Nr. 6 AGG, da sie davon ausgehen, dass mit zunehmendem Alter die Chancen auf dem Arbeitsmarkt, eine neue abhängige Beschäftigung zu finden, sich verschlechtern und ältere Arbeitnehmer eine längere Zeit der Arbeitslosigkeit zu überbrücken haben. Auch wenn Arbeitsmarktstatistiken in aller Regel Stufen von fünf oder zehn Jahren für die Darstellung zusammenfassen, gehen die Betriebspartner davon aus, dass dieser Prozess linear verläuft.

---

284 Zur Frage der unterschiedlichen Behandlung wegen des Alters vgl § 5 Rn 191 ff.

(2) Der Grundbetrag der Abfindung nach Abs. 1 erhöht sich für jedes zum Zeitpunkt des Inkrafttretens dieses Sozialplans auf der Steuerkarte eingetragene unterhaltsberechtigte Kind um ... EUR.[285]

(3) Für Schwerbehinderte oder Schwerbehinderten Gleichgestellte im Sinne des SGB IX erhöht sich die Abfindung nach Abs. 1 um ... EUR. Die Anerkennung als Schwerbehinderter muss im Zeitpunkt der Beendigung des Arbeitsverhältnisses vorliegen.

(4) Bei der Berechnung des Lebensalters und der Dienstjahre werden volle Jahre und volle Monate berücksichtigt. Bei der Berechnung der Betriebszugehörigkeit sind die gemäß der Betriebsvereinbarung über Dienstzeiten anzurechnenden Beschäftigungszeiten, die aus einer Teilzeitbeschäftigung mit einer regelmäßigen wöchentlichen Arbeitszeit von nicht mehr als 10 Stunden resultieren, mit 25 v.H., von nicht mehr als 20 Stunden mit 50 v.H. und von nicht mehr als 30 Stunden mit 75 v.H. zu berücksichtigen. Bei TeilzeitMitarbeiterinnen/-mitarbeitern gilt als Bruttomonatsgehalt das Entgelt, das sie auf der Basis dieser Grundsätze bei einer Ganztagstätigkeit erhalten hätten.

(5) Bruttomonatsgehalt ist das Durchschnittsentgelt der letzten drei Monate vor der Beendigung des Arbeitsverhältnisses auf der Basis der vertraglich regulären Arbeitszeit ohne Berücksichtigung etwaiger Sonderzahlungen (zB Jahressonderzahlung, Urlaubsgeld, Tantiemen, Nachtarbeitszuschläge, Erschwerniszuschläge) und Leistungen mit Aufwendungsersatzcharakter.

(6) Mitarbeiterinnen und Mitarbeiter, denen eine Abfindung gem. Abs. 1 gewährt wird, erhalten als Einmalzahlung den einjährigen Arbeitgeberanteil aus der betrieblichen Altersversorgung nach Maßgabe des bestehenden Gruppenversicherungsvertrages ausfinanziert. Der Einmalbetrag wird unmittelbar vom Arbeitgeber an die ...-Versicherung zum Zeitpunkt der Beendigung des Arbeitsverhältnisses gezahlt. In den Fällen des § 23 Abs. 1 wird keine Ausfinanzierung in Form des Einmalbetrags vorgenommen.

§ 20 Steuerliche Behandlung

Die Abfindungen werden unter Berücksichtigung der steuerlichen Bestimmungen ausgezahlt.

§ 21 Auszahlung der Abfindung

(1) Die Abfindungsansprüche entstehen zum Zeitpunkt der rechtlichen Beendigung des Arbeitsverhältnisses. Sie können zuvor nicht übertragen und vererbt werden. Die Ansprüche werden mit der Entstehung fällig, frühestens einen Monat nach Ausspruch der Kündigung.

(2) Erhebt eine Mitarbeiterin oder ein Mitarbeiter Klage auf Feststellung der Unwirksamkeit einer Kündigung oder des Fortbestehens des Arbeitsverhältnisses, so werden die Ansprüche aus diesem Sozialplan erst fällig, wenn das Verfahren abgeschlossen ist und feststeht, dass das Arbeitsverhältnis beendet ist. Dies gilt auch, wenn die Mitarbeiterin oder der Mitarbeiter Klage gegen einen Erwerber erhebt, an den sächliche und immaterielle Betriebsmittel der Betriebsstätte veräußert wurden. Im Falle der rechtskräftigen Feststellung der Unwirksamkeit der Kündigung oder des Fortbestehens des Arbeitsverhältnisses mit einem eventuellen Erwerber bestehen keine Ansprüche auf Leistungen nach diesem Sozialplan. Wird eine solche Klage eingereicht, nachdem die Leistungen bereits ausbezahlt worden sind, so sind diese mit Erhebung der Klage unter Ausschluss von Zurückbehaltungsrechten zur Rückzahlung fällig. Wird in einem solchen Verfahren eine Abfindung zuerkannt oder vergleichsweise vereinbart, so gilt Abs. 3.

(3) Auf Leistungen aus diesem Sozialplan sind etwaige gesetzliche, tarifvertragliche oder individualvertragliche Abfindungen, Nachteilsausgleichsansprüche oder sonstige Entschädigungsleistungen (zB nach § 113 BetrVG, §§ 9, 10 KSchG) für den Verlust des Arbeitsplatzes anzurechnen.

(4) Der Arbeitgeber ist berechtigt, die Leistungen aus dem Sozialplan mit eigenen Ansprüchen (Rückerstattungsansprüche, Ansprüche aus Arbeitgeberdarlehen usw) zu verrechnen.

---

285 Aus Gründen der Rechtssicherheit wird davon abgeraten, die Unterhaltspflichten allein aus der Lohnsteuerkarte zu entnehmen; zu den Einzelheiten s. § 5 Rn 194.

§ 22 Sonderleistungen

Im Laufe eines Kalenderjahres ausscheidende Mitarbeiterinnen und Mitarbeiter erhalten den Jahresurlaub, das Weihnachtsgeld und das Urlaubsgeld anteilig für die Beschäftigungsdauer im Jahr des Ausscheidens, sofern keine günstigere individualvertragliche oder gesetzliche Regelung besteht.

§ 23 Härtefälle

(1) Mitarbeiterinnen und Mitarbeiter, für die ein Umzug aus persönlichen Gründen unzumutbar erscheint, erhalten 35 Prozent der Abfindung nach § 19 Abs. 1 sowie die vollen Leistungen nach § 19 Abs. 2 und 3. Persönliche Gründe für die Unzumutbarkeit eines Umzugs können sich aus beruflichen, schulischen, gesundheitlichen oder vergleichbaren Gründen des Betroffenen, von Familienangehörigen oder Partnern ergeben. Auch die nach Abs. 1 Satz 1 geleisteten Abfindungen werden zum Ausgleich für den Verlust des Arbeitsplatzes geleistet. Sie werden fällig unabhängig davon, ob die Beendigung durch Aufhebungsvertrag, Abwicklungsvertrag, Kündigung aus betrieblichen Gründen oder Eigenkündigung eintritt. Der Arbeitgeber teilt allen Mitarbeiterinnen und Mitarbeitern bis zum ... mit, ob ihnen in ... ein vergleichbarer Arbeitsplatz zur Verfügung steht. Die Mitarbeiterinnen und Mitarbeiter haben bis zum ... verbindlich zu erklären, ob sie aus persönlichen Gründen ausscheiden wollen.

(2) Die Voraussetzungen des Härtefalls nach § 23 Abs. 1 werden durch den Härtefondsausschuss nach Abs. 4 festgelegt mit der Besonderheit, dass in derartigen Fällen der Betriebsrat den Vorsitz führt und bei Stimmengleichheit der Vorsitzende über zwei Stimmen verfügt.

(3) Für sonstige besondere soziale Härtefälle steht ein Härtefonds iHv ... EUR zur Verfügung. Der Härtefonds dient dazu, in atypischen und schwierigen Fällen Leistungen zu gewähren für Härtefälle, die durch die Vereinbarung nicht oder nicht ausreichend erfasst wurden. Unterstützungen aus dem Härtefonds werden längstens bis zum 12. Monat nach dem Ausscheiden oder nach dem Umzug der Mitarbeiterin oder des Mitarbeiters im Einvernehmen mit dem Betriebsrat gezahlt. Vorschlagsberechtigt zur Verwendung des Härtefonds sind die Mitarbeiterinnen und Mitarbeiter, der Betriebsrat sowie der Arbeitgeber.

(4) Entscheidungen über die Gewährung von Leistungen aus dem Härtefonds trifft der Härtefonds-Ausschuss. Der Härtefonds-Ausschuss ist paritätisch besetzt mit zwei Mitgliedern des Betriebsrats und zwei Vertretern des Parteivorstands. Die Sitzungen des Härtefonds-Ausschusses sind nicht öffentlich. Den Vorsitz führt von Sitzung zu Sitzung wechselnd ein Mitglied des Betriebsrats und ein Vertreter des Arbeitgebers.

§ 24 Umzugskosten bei Wechsel zu anderem Arbeitgeber

Zieht eine Mitarbeiterin oder ein Mitarbeiter anlässlich des Wechsels zu einem anderen Arbeitgeber um, liegt die neue Arbeitsstätte außerhalb der Region ... und liegt die neue Wohnung außerhalb der Region ..., so erstattet der Arbeitgeber auf Antrag die Kosten dieses Umzugs, soweit sie nicht von dem neuen Arbeitgeber übernommen werden, gegen Einzelnachweis bis zu einem Betrag von höchstens ... EUR.

Teil D: Sonstiges, Schlussbestimmungen

§ 25 Umschulungsmaßnahmen

(1) Kann eine Mitarbeiterin oder ein Mitarbeiter, deren Arbeitsplatz wegfällt, die Qualifikation für einen angebotenen Arbeitsplatz beim Arbeitgeber in ... oder bei einem anderen Arbeitgeber nur durch eine zumutbare Umschulungs- oder Fortbildungsmaßnahme erreichen, so trägt der Arbeitgeber die anfallenden Kosten der Umschulungsmaßnahme in angemessenem Umfang.

(2) Falls die Umschulungsmaßnahme nicht berufsbegleitend durchgeführt werden kann, so wird die Mitarbeiterin oder der Mitarbeiter für die Dauer der Umschulungs- oder Fortbildungsmaßnahme bis zu zwölf Monaten unter Fortzahlung des Gehaltes freigestellt, wenn die Schulungsmaßnahme ein Volumen von mindestens 35 Stunden/Woche umfasst und mit einem staatlich anerkannten Abschluss, mit dem Abschluss eines anerkannten Bildungsträgers oder, wenn es in dem betreffenden Fachgebiet derartige Abschlüsse nicht gibt, mit

einem allgemein anerkannten vergleichbaren Abschluss endet. Teilfreistellungen sind in analoger Anwendung der vorstehenden Bestimmungen möglich.

(3) Etwaige Leistungen Dritter, beispielsweise der Agentur für Arbeit, müssen sich Mitarbeiterinnen oder Mitarbeiter anrechnen lassen. Leistungen nach den Absätzen 1 und 2 werden auf Abfindungen angerechnet.

§ 26 Zeugnis und Arbeitgeberbescheinigungen

Der Arbeitgeber verpflichtet sich, die bei einem Umzug oder bei einem Ausscheiden der Mitarbeiterin und des Mitarbeiters erforderlichen Bescheinigungen wie Arbeitsbescheinigungen, Zwischenzeugnisse und Zeugnisse umgehend bereitzustellen.

§ 27 Beurlaubung ohne Gehaltszahlung

Einem Mitarbeiter oder einer Mitarbeiterin kann auf Antrag Urlaub ohne Gehaltszahlung für die Dauer von drei Jahren bewilligt werden. Während des Zeitraums der Bewilligung ruhen sämtliche Ansprüche aus dem Arbeitsverhältnis. Der Mitarbeiter oder die Mitarbeiterin haben dem Arbeitgeber bis zur Aufnahme ihrer anderweitigen Tätigkeit Namen und Anschrift des Arbeitgebers anzuzeigen. Sechs Monate vor Ablauf des bewilligten Urlaubs ohne Gehaltszahlung ist anzuzeigen, ob der Mitarbeiter oder die Mitarbeiterin zurückkehren wollen oder das Arbeitsverhältnis kündigen. Der Bewilligungszeitraum von drei Jahren kann in begründeten Ausnahmefällen um bis zu zwei Jahre verlängert werden, wenn dienstliche Gründe nicht entgegenstehen. Die Zeit der Beurlaubung gilt nicht als Beschäftigungszeit.

§ 28 Anlaufstelle

Als Anlaufstelle wird eine organisatorische Einheit beim Arbeitgeber bezeichnet, zu deren Aufgaben es gehört, die Mitarbeiterinnen und Mitarbeiter bei organisatorischen Fragen im Zusammenhang mit der Durchführung des Sozialplans in dienstlicher und außerdienstlicher Hinsicht zu unterstützen.

§ 29 Schlussbestimmungen

(1) Mitarbeiterinnen und Mitarbeiter, die über Ansprüche aus diesem Sozialplan verfügen, sind verpflichtet, jede tatsächliche Änderung in ihren persönlichen Verhältnissen, die Bedeutung für die Leistungen nach dieser Betriebsvereinbarung haben könnten, unverzüglich schriftlich der Firma mitzuteilen.

(2) Sollten einzelne Bestimmungen dieses Sozialplans unwirksam sein oder werden oder im Widerspruch zu tariflichen oder gesetzlichen Regelungen stehen, so bleiben die übrigen Regelungen bestehen. Die unwirksame oder in Widerspruch stehende Regelung ist durch eine Regelung zu ersetzen, die dem von den Parteien mit der ersetzten Regelung Gewollten möglichst nahe kommt. Gleiches gilt für eine eventuelle Regelungslücke.

(3) Die bestehenden Betriebsvereinbarungen bleiben von dieser Vereinbarung unberührt.

(4) Der Sozialplan tritt mit Unterzeichnung durch die Betriebspartner in Kraft.

12. Muster: Zusammenführung von Betriebsteilen mit Vorruhestandsregelung[286]

Zwischen

der Geschäftsführung der Firma ...

– nachstehend: Firma –

und

dem Betriebsrat der Firma ...

– nachstehend: Betriebsrat –

---

286 Dieser Text ist das Pendant zu Muster 5660.

wird zum Ausgleich oder zur Milderung von wirtschaftlichen Nachteilen im Zusammenhang mit der Betriebsverlagerung von ... nach ... für die in ... beschäftigten Mitarbeiter/innen ... der folgende Sozialplan vereinbart.

§ 1 Geltungsbereich

Die nachfolgenden Bestimmungen gelten für alle bei der Firma beschäftigten Mitarbeiter/innen, die zum Zeitpunkt des Inkrafttretens des Sozialplans von der Betriebsänderung iSd § 111 BetrVG betroffen sind.

Soweit die Beendigung des Arbeitsverhältnisses aufgrund der in der Präambel genannten Betriebsänderung erfolgt, ist der Sozialplan unabhängig davon anzuwenden, ob das Arbeitsverhältnis vom Unternehmen oder dem Arbeitnehmer gekündigt wird oder ob es im gegenseitigen Einvernehmen endet.

§ 2 Allgemeine Bestimmungen

(1) Rechte des Betriebsrats

Arbeitgeber und Betriebsrat sind sich darüber einig, dass durch die nachfolgenden Bestimmungen die Betriebsänderung iSd §§ 111, 112 BetrVG abschließend geregelt wird.

(2) Teilzeitbeschäftigte

Für teilzeitbeschäftigte Mitarbeiter/innen gelten die Leistungen dieses Sozialplans anteilig entsprechend ihrer monatlichen Arbeitszeit im Verhältnis zur monatlichen Arbeitszeit der vollzeitbeschäftigten Mitarbeiter/innen.

(3) Kurzzeitbeschäftigte

Für die kurzzeitbeschäftigten und teilzeitbeschäftigten Mitarbeiter/innen gelten keine Tarifverträge, jedoch die ergänzenden Regelungen in § 5 Abs. 2, (3) dieses Sozialplans (Sozialfaktor).

(4) Steuern und Sozialabgaben

Soweit auf die nach diesem Sozialplan gewährten Leistungen aufgrund gesetzlicher Bestimmungen Steuern und/oder Sozialabgaben zu entrichten sind, werden diese zu Lasten der Leistungsempfänger einbehalten.

§ 3 Weiterbeschäftigung am Standort M

(1) Die Firma hält für alle Mitarbeiter/innen in K einen vergleichbaren Arbeitsplatz am Standort M bereit.

(2) Den Mitarbeiterinnen und Mitarbeitern, die das Angebot eines Arbeitsplatzes gem. Abs. 1 annehmen, bleiben die derzeitigen Rechte aus dem Arbeitsvertrag und die derzeitigen Ansprüche aus den Versorgungsordnungen uneingeschränkt erhalten. Im Übrigen finden auf sie die für den Betrieb in M geltenden Betriebsvereinbarungen Anwendung. Eine Verrechnung von materiellen Besitzständen mit Tariferhöhungen ist nicht zulässig.

Diesen Mitarbeiterinnen und Mitarbeitern wird ein Sonderkündigungsschutz für den Zeitraum von fünf Jahren eingeräumt. Während dieser Zeit ist eine ordentliche betriebsbedingte Kündigung ausgeschlossen.

(3) Die Firma unterstützt die am Standort M weiterbeschäftigten Mitarbeiter/innen wie folgt:

a) Transferlösung

Sofern die demnächst in M tätigen Mitarbeiter/innen aus K ihren Hauptwohnsitz im Raum K beibehalten, gewährt die Firma folgende Hilfestellungen:

- Übernahme der täglichen Beförderung der Mitarbeiter/innen von der Betriebsstätte K nach M und zurück oder Übernahme der entsprechenden Kosten für die preiswerteste Jahreskarte im jeweiligen Verkehrsverbund abzüglich eines Zwei-Zonen-Eigenanteils.
- Anrechnung der Fahrzeit auf die jeweilige Arbeitszeit mit täglich pauschal drei Stunden, höchstens jedoch mit der tatsächlich benötigten Fahrzeit.

Das bedeutet:

Vollzeitbeschäftigte (Regelarbeitszeit 39 Std./Woche) arbeiten zB wöchentlich an drei Arbeitstagen jeweils 10 Stunden und leisten damit jeweils nur 30 Arbeitsstunden in der Woche bei vollem Gehaltsausgleich.

Teilzeitbeschäftigte (Regelarbeitszeit 20 Std./Woche) arbeiten zB wöchentlich an zwei Arbeitstagen jeweils sieben Stunden und leisten damit insgesamt 14 Arbeitsstunden in der Woche bei vollem Gehaltsausgleich.

b) Lösung bei doppelter Haushaltsführung in M.

Im Falle der doppelten Haushaltsführung übernimmt die Firma für diese Mitarbeiter/innen die in M anfallenden Mietkosten für zu einer Höhe von maximal 200 EUR pro Monat für längstens zwei Jahre.

Im Übrigen werden die nachgewiesenen Mehraufwendungen im Rahmen der steuerlich jeweils zulässigen Höchstbeträge für längstens zwei Jahre erstattet. Leistungen nach a) sind insoweit ausgeschlossen.

c) Die Firma leistet Hilfestellung im Falle der Verlegung des ersten Wohnsitzes von K nach M in folgender Weise:

- Übernahme von Umzugskosten und Umzugsnebenkosten gemäß Bundesumzugskostengesetz
- Gewährung von Mietzuschüssen im Einzelfall aufgrund gestiegener Mietaufwendungen wegen Umzugs nach M bei vergleichbarer Lage und Wohnfläche sowie vergleichbarem Wohnkomfort des angemieteten Objektes für maximal fünf Jahre, wobei im ersten Jahr die Mietdifferenz iHv 100 % und in den Folgejahren jeweils um 20 % vermindert ausgeglichen wird. Maximal werden jedoch 200 EUR pro Monat erstattet.
- Gewährung von Darlehen im Rahmen der gültigen Darlehensrichtlinien unter Wegfall des Grundsatzes der Einmalgewährung.

Leistungen gem. a) und b) sind insoweit ausgeschlossen.

(4) Nehmen Mitarbeiter/innen das Angebot eines Arbeitsplatzes gem. Abs. 1 an, so erwerben sie damit folgende Rechte:

- Teilnahme an von der Firma für erforderlich gehaltenen Fortbildungs- bzw Umschulungsmaßnahmen, die der Arbeitgeber in Abstimmung mit dem Betriebsrat und den Betroffenen rechtzeitig zu veranlassen hat. Die Qualifizierungsmaßnahmen können inner- und außerbetrieblich erfolgen und sind grundsätzlich während der betrieblichen Arbeitszeit durchzuführen und auf diese anzurechnen.
Die Umschulung erfolgt auf Kosten des Arbeitgebers, soweit nicht öffentliche Mittel in Anspruch genommen werden können. Während der Dauer der Qualifizierungsmaßnahmen wird den Mitarbeiterinnen und Mitarbeitern das bisherige Einkommen weiterbezahlt (Berechnungsgrundlage ist die Entgeltfortzahlung im Krankheitsfall). Darüber hinausgehende Ansprüche bestehen nicht.
- Gewährung einer angemessenen Anlern- und Einarbeitungszeit für den Fall, dass die Mitarbeiter/innen in M eine von ihrer zuletzt in K wahrgenommenen Aufgabe abweichende Funktion übernehmen.
- Während der ersten drei Monate können die Mitarbeiter/innen ihre Zustimmung zur Versetzung an den neuen Arbeitsplatz in M mit einer Erklärungsfrist von vier Wochen zurücknehmen. In diesem Fall stehen ihnen die entsprechenden Rechte aus diesem Sozialplan zu.

(5) Die Rechte gem. Abs. 2 und 4, mit Ausnahme des fünfjährigen Sonderkündigungsschutzes, stehen auch den Mitarbeiterinnen und Mitarbeitern zu, die auf einem anderen vergleichbaren Arbeitsplatz in K infolge der Betriebsverlagerung der Firma von K nach M zunächst weiterbeschäftigt werden.

(6) Alle Mitarbeiter/innen, die bei der Firma gem. Abs. 1 und 5 weiterbeschäftigt werden, erhalten rechtzeitig ein entsprechendes schriftliches Arbeitsplatzangebot, das als Mindestinformation die entsprechende Arbeitsanweisung des neuen Arbeitsplatzes, die Eingruppierung, die Dauer und Lage der Arbeitszeit, den Einsatzort und die organisatorische Einordnung der Stelle in die Betriebsorganisation erhält.

§ 4 Vermittlung eines Arbeitsplatzes beim Konzern

Der Konzern als Gesellschafterin der Firma wird geeigneten Mitarbeitern ggf ohne Probezeit die Weiterbeschäftigung im Konzern anbieten, sofern dort gleichwertige oder zumutbare Arbeitsplätze verfügbar sind. Die Firma wird den Mitarbeitern bei der Vermittlung zum Konzern behilflich sein.

§ 5 Abfindungen

(1) Anspruch auf Abfindung

Werden Arbeitsverhältnisse beendet, weil Angebote der Firma auf Weiterbeschäftigung am Standort M oder auf Vermittlung eines Arbeitsplatzes beim Konzern nicht angenommen werden oder wenn trotz Vorliegens der Voraussetzung der Vorruhestandsregelung eine Eigenkündigung des Mitarbeiters erfolgt, so erhalten diese Mitarbeiter/innen eine Abfindung.

Keine Abfindung gem. § 5 erhalten Mitarbeiter/innen,

- die ein Weiterbeschäftigungs- bzw Vermittlungsangebot gem. §§ 3 oder 4 angenommen haben,
- für die die Firma im Raum K neue Arbeitsplätze schafft,
- die zum Zeitpunkt des Ausscheidens Anspruch auf Erwerbs- oder Berufsunfähigkeitsrente, volle Erwerbsminderungsrente, Altersruhegeld oder betriebliche Vorruhestandsleistungen gem. § 7 haben.

(2) Höhe der Abfindung

Die Abfindung bemisst sich im Zeitpunkt des Ausscheidens nach folgender Formel:

Alter[287] x Beschäftigungszeit x Bruttogehalt / Sozialfaktor

Die Betriebsparteien berücksichtigen das Alter entsprechend der Regelung des § 10 Satz 3 Nr. 6 AGG, da sie davon ausgehen, dass mit zunehmendem Alter die Chancen auf dem Arbeitsmarkt, eine neue abhängige Beschäftigung zu finden, sich verschlechtern und ältere Arbeitnehmer eine längere Zeit der Arbeitslosigkeit zu überbrücken haben. Auch wenn Arbeitsmarktstatistiken in aller Regel Stufen von fünf oder zehn Jahren für die Darstellung zusammenfassen, gehen die Betriebspartner davon aus, dass dieser Prozess linear verläuft.

Der Abfindungsbetrag wird auf volle 100 EUR aufgerundet.

Die in der Abfindungsformel verwandten Begriffe werden wie folgt definiert:

- Alter:
Hier gilt das im Ausscheidenszeitpunkt vollendete Lebensjahr.
- Beschäftigungszeit:
Die Beschäftigungszeit stellt auf die vollen, vollendeten Kalendermonate der Tätigkeit eines/einer Mitarbeiter/in bei der Firma, geteilt durch zwölf, ab.
- Bruttogehalt:
Das Bruttogehalt bemisst sich bei allen Mitarbeiterinnen und Mitarbeitern nach dem individuellen durchschnittlichen Verdienst der letzten drei Monate auf Basis der regelmäßigen persönlichen Arbeitszeit. Einmalzahlungen bleiben dabei unberücksichtigt.
- Sozialfaktor:
Der Sozialfaktor beträgt für vollzeitbeschäftigte Mitarbeiter/innen
  bis zur Vollendung des 45. Lebensjahres   50 Punkte
  ab Vollendung des 45. Lebensjahres   40 Punkte

---

287 Zur Frage der unterschiedlichen Behandlung wegen des Alters vgl § 5 Rn 191 ff.

(3) Sonderleistungen

Mitarbeiter/innen, die gegen Zahlung einer Abfindung gem. § 5 Abs. 2 aus dem Unternehmen ausscheiden, erhalten

- soweit unterhaltsberechtigte Kinder lt. Eintragung in der Lohnsteuerkarte vorhanden sind,[288]
- bei Erwerbsminderung von mindestens 50 %

eine zusätzliche Einmalzahlung.

Für diese Sonderleistungen steht ein Fonds von insgesamt ... EUR zur Verfügung. Die Verteilung dieses Betrags wird im Einzelnen vom Betriebsrat in Abstimmung mit der Geschäftsführung gesondert geregelt.

(4) Fälligkeit der Abfindungen

Die von der Firma gewährten Abfindungen werden bei Ausscheiden fällig.

(5) Darlehensregelung

Die von der Firma gewährten betrieblichen Darlehen werden für eine Übergangsfrist von maximal fünf Jahren nach Ausscheiden der betreffenden Mitarbeiter/innen zu den betriebsüblichen Konditionen weiter gewährt. Nach Ablauf dieser Frist sind die Darlehen abzulösen.

§ 6 Sondervereinbarung

Mitarbeiterinnen und Mitarbeitern, die bei Abschluss dieser Vereinbarung bereits mindestens 20 Jahre ununterbrochen bei der Firma beschäftigt sind, aber bis ... nicht mehr die Voraussetzungen der Vorruhestandsregelung (§ 7) erfüllen können, wird bei Vorliegen der fachlichen und persönlichen Voraussetzungen ein neuer Arbeitsplatz im Raum K unter Wahrung ihrer Besitzstände angeboten. In diesen Fällen besteht kein Anspruch auf Leistungen aus dem Sozialplan. Ist die Bereitstellung eines neuen Arbeitsplatzes im Raum K nicht möglich (zB mangelnder Personalbedarf), erhalten diese Mitarbeiter/innen Abfindungen gem. § 5 Abs. 2, 3 dieses Sozialplans. Der Sozialfaktor beträgt in diesen Fällen 35 Punkte.

§ 7 Vorruhestandsregelung

(1) Vollzeit- und Teilzeitbeschäftigten, die bis einschließlich ... das 61. Lebensjahr vollendet haben und bei Abschluss dieser Vereinbarung mindestens 10 Jahre ununterbrochen bei der Firma beschäftigt waren, wird, soweit sie eine Weiterbeschäftigung in M. nicht wünschen, die folgende Vorruhestandsregelung gewährt.

Die Vorruhestandsregelung beinhaltet neben einer Abfindung (§ 7 Abs. 4) alternativ die Gewährung von monatlichen Vorruhestandszahlungen (§ 7 Abs. 2) oder einer Einmalzahlung (§ 7 Abs. 3).

Insoweit gelten folgende Regelungen:

(2) Monatliche Vorruhestandszahlungen

Die Mitarbeiter/innen haben einen Arbeitnehmerstatus eigener Art, wobei gilt:

- Das monatliche Vorruhestandsgeld beträgt in den ersten drei Monaten 80 %, danach 75 % des letzten monatlichen Tarifgrundgehalts, multipliziert mit 13/12 bei laufender tariflicher Anpassung entsprechend den linearen Tariferhöhungen.
- Die Mitarbeiter/innen unterfallen ab dem Zeitpunkt des vorgezogenen Sozialversicherungs-Rentenbezuges mit Rentenabschlägen den Leistungen der Unterstützungseinrichtung (betriebliche Altersversorgung) mit dem dann erworbenen individuellen Versorgungssatz (Vorruhestandszeit gilt insoweit als Dienstzeit).
- Die Firma und Mitarbeiter/innen führen die Beiträge zur gesetzlichen Kranken- und Rentenversicherung bis zum Rentenbezug weiter ab.
- Die Firma erklärt sich damit einverstanden, dass Mitarbeiter/innen während ihrer Vorruhestandszeit anderweitig erwerbstätig sind.

---

[288] Aus Gründen der Rechtssicherheit wird davon abgeraten, die Unterhaltspflichten allein aus der Lohnsteuerkarte zu entnehmen; zu den Einzelheiten s. § 5 Rn 194.

(3) Einmalzahlung unter Anrechnung von Arbeitslosengeld

In diesem Fall wird der Arbeitnehmerstatus im gegenseitigen Einvernehmen mit folgenden Konsequenzen aufgelöst:

- Die Mitarbeiter/innen können Arbeitslosengeld beantragen.
- Die Abführung der AG-/AN-Beiträge zur Sozialversicherung entfällt.

Die Firma verpflichtet sich, diese Mitarbeiter/innen im Zeitpunkt des vorgezogenen Sozialversicherungs-Rentenbezuges unter die Leistungen der Unterstützungseinrichtung (betriebliche Altersversorgung) mit dem dann individuell erworbenen Versorgungssatz (Vorruhestandszeit gilt insoweit als Dienstzeit), zu stellen.

Die Einmalzahlung bemisst sich nach folgender Formel:

Bruttogehalt x 13/12 x Vorruhestandsmonate x 75/100

Auf den so errechneten Einmalbetrag wird das fiktive Arbeitslosengeld, welches die Agentur für Arbeit ggf auf Antrag bewilligt, angerechnet.

Die in der Abfindungsformel verwandten Begriffe werden wie folgt definiert:

- Bruttogehalt:
  Das Bruttogehalt bemisst sich nach dem letzten monatlichen Tarifgrundgehalt.
- Anzahl Vorruhestandsmonate:
  Die Anzahl der Vorruhestandsmonate errechnet sich als Summe der vollen Kalendermonate, die zwischen dem Zeitpunkt des Ausscheidens der Mitarbeiter/innen und dem Zeitpunkt des frühestmöglichen Bezugs einer Altersrente mit Rentenabschlägen liegen.

(4) Abfindung

Mitarbeiter/innen, die unter die Vorruhestandsregelung fallen, erhalten eine Abfindung iHv 400 EUR für jedes Beschäftigungsjahr, das über das 10. ununterbrochene Beschäftigungsjahr hinausgeht. Teilzeitbeschäftigte Mitarbeiter/innen erhalten eine anteilige Abfindung entsprechend dem Verhältnis der mit ihnen zuletzt vereinbarten regelmäßigen Wochenarbeitszeit zur regelmäßigen tariflichen Wochenarbeitszeit (zzt. 39 Std./Woche). Die Abfindung beträgt pro Person maximal ... EUR. Das maximale Gesamtvolumen für sämtliche Abfindungen beträgt ... EUR. Sollte das Gesamtvolumen der Abfindungen nach der oben dargestellten Berechnungsweise den Betrag von ... EUR überschreiten, werden alle Abfindungen prozentual entsprechend gekürzt. Bei Unterschreitung des Gesamtvolumens wird der nicht verwendete Betrag in einem Härtefonds bereitgestellt, über den der Betriebsrat in Abstimmung mit der Geschäftsführung bei Härtefällen verfügen kann.

Die Abfindungen werden mit der ersten laufenden monatlichen Zahlung der Vorruhestandsleistung bzw mit der Auszahlung der Vorruhestandsleistungen als Einmalzahlung fällig.

§ 8 Sonstige Regelungen

(1) Scheiden Mitarbeiter/innen gem. § 5 Abs. 1 dieser Vereinbarung aus, so ist ihnen die zur Bewerbung um einen anderen Arbeitsplatz erforderliche Freizeit (maximal zwei Arbeitstage) ohne Verdienstminderung während der Arbeitszeit zu gewähren. Bis zur Beendigung des Arbeitsverhältnisses werden die aus Anlass einer solchen nachgewiesenen Bewerbung anfallenden Fahrtkosten, Kosten für Bewerbungsfotos, Fotokopier- und Beglaubigungskosten etc. erstattet. Um die Bewerbung für neue Arbeitsplätze zu erleichtern, wird die Firma auf Verlangen qualifizierte Zeugnisse ausstellen.

(2) Die Firma verpflichtet sich bei Mitarbeiterinnen und Mitarbeitern, die vor Ablauf der individuellen Kündigungsfrist einen neuen Arbeitsplatz gefunden haben, nur insoweit an der Kündigungsfrist festzuhalten, als dies betriebsbedingte Gründe erfordern.

(3) Mitarbeiter/innen, die im Kalenderjahr ihres Ausscheidens oder des Eintritts in den Vorruhestand Anspruch auf Jubiläumsleistungen erworben hätten, erhalten diese Leistungen auch, wenn am Stichtag des An-

spruchs für die Jubiläumsleistungen das Arbeitsverhältnis bereits geendet oder das Vorruhestandsverhältnis bereits begonnen hat. Darüber hinaus kann während des Vorruhestandes kein Anspruch auf Jubiläumsleistungen erworben werden.

(4) Im Laufe eines Kalenderjahres ausscheidende Mitarbeiter/innen erhalten den Jahresurlaub, die Gewinnbeteiligung, das Weihnachtsgeld und das Urlaubsgeld sowie die vermögenswirksamen Leistungen anteilig für die Beschäftigungsdauer im Jahr des Ausscheidens.

(5) Alle Mitarbeiter/innen haben sich binnen eines Monats nach Inkrafttreten dieses Sozialplans verbindlich zu erklären, ob sie das Weiterbeschäftigungsangebot in M wahrnehmen.

(6) Die Geschäftsführung entscheidet darüber, zu welchem Zeitpunkt die Regelungen dieses Sozialplans für die jeweiligen Mitarbeiter/innen umgesetzt werden.
Die Firma wird die jeweils betroffenen Mitarbeiter/innen hierüber frühzeitig informieren.

§ 9 Schlussbestimmungen

(1) Sollten sich bei der Durchführung dieses Sozialplans im Einzelfall besondere Härten ergeben oder sollten Einzelfälle durch diesen Sozialplan nicht geregelt sein, so wird die Firma in Abstimmung mit dem Betriebsrat diese Einzelfälle angemessen zu regeln versuchen.

(2) Bei Streitigkeiten zwischen den Betriebsparteien über die Auslegung des Sozialplans ist eine gütliche Einigung, ggf unter Einschaltung einer Einigungsstelle, herbeizuführen.

(3) Eine vom Gericht zuerkannte oder vergleichsweise vereinbarte Abfindung oder Entschädigung wird auf die von der Firma gewährten Leistungen aus dieser Betriebsvereinbarung voll angerechnet.

(4) Gesetzliche und einzelvertragliche Kündigungsfristen bleiben von dieser Betriebsvereinbarung unberührt.

(5) Dieser Sozialplan tritt am ... in Kraft und endet mit der vollständigen Umsetzung der im Interessenausgleich vorgesehenen Maßnahme.

III. Kombinationsregelungen Interessenausgleich/Sozialplan

1. Muster: DV- und Orga-Projekte, Rationalisierung

Zwischen

den Vorständen der AG (Versicherungsbereich)

und

dem Gesamtbetriebsrat

wird folgende Rahmenvereinbarung zur personellen Umsetzung vom DV- und Orga-Projekten sowie Rationalisierungsvorhaben abgeschlossen:

§ 1 Geltungsbereich

Die Vereinbarung gilt für alle Arbeitnehmer/innen (nachstehend: AN) im Innendienst und technischen Außendienst der vorgenannten Gesellschaften, soweit sie nicht leitende Angestellte iSv § 5 Abs. 3 BetrVG sind. Unter den Geltungsbereich fallen alle Rationalisierungsvorhaben iSd § 106 BetrVG, sofern diese einen der unter Abschnitt III dieser Vereinbarung genannten Schritte nach sich ziehen. Dabei ist es unerheblich, ob es sich um ein größeres Projekt oder eine einzelne Maßnahme handelt.

§ 5 Betriebsvereinbarungen

Insbesondere sind dieses die Einzelmaßnahmen aus den Großprojekten:

- Neuorganisation der Kundenbetreuung
- Neuausrichtung der Versicherungen
- Dokumenten-Retrieval & Workflow-System
- Prozessorientierte Organisationsentwicklung
- Einrichtung Verwaltungscenter, Kompetenzcenter, Neuorganisation Schaden
- Neustrukturierung der Vertriebswege

Soweit eine Maßnahme nach §§ 111, 112 BetrVG vorliegt, bleiben die dort geregelten Mitbestimmungsrechte des Betriebsrats unberührt. Zur Sicherstellung dieser Beteiligungsrechte wird eine paritätische Arbeitskommission gebildet, die regelmäßig über den Stand, die Auswirkungen und über die Umsetzung der aus Projekten resultierenden Maßnahmen berät (in der Regel drei Mitglieder des Betriebsrats, drei Mitglieder des Arbeitgebers).

§ 2 Zusammenarbeit der Beteiligten/Zeitrahmen

(1) Zeitpunkt der Information

Der Arbeitgeber informiert regelmäßig den jeweils zuständigen Betriebsrat über die geplanten Maßnahmen und deren personelle Auswirkungen. Darüber berät er so rechtzeitig mit den zuständigen Gremien, dass diese bei den anstehenden Umsetzungen mitwirken können. Damit soll gewährleistet sein, dass die personellen Auswirkungen Berücksichtigung finden und zwischenzeitlich durch zB

- Ausnutzung der Fluktuation
- Vornahme von befristeten Einstellungen

gemildert werden.

(2) Zusammenarbeit mit dem Gesamtbetriebsrat und den örtlichen Betriebsräten

Alle anfallenden Umsetzungsschritte werden mit den zuständigen Betriebsräten beraten. Der Gesamtbetriebsrat erhält in regelmäßigen Abständen eine zusammenfassende Information. Es können Umsetzungsteams unter Beteiligung des zuständigen Betriebsrats gebildet werden, die Vorschläge zur personellen Umsetzung und für erforderliche Qualifizierungsmaßnahmen erarbeiten.

(3) Zusammenarbeit mit den betroffenen AN

Die betroffenen AN werden rechtzeitig – in der Regel unmittelbar nach den Beratungen mit dem Betriebsrat – informiert. Bei allen Gesprächen mit den Betroffenen ist auf Wunsch des AN ein Mitglied des Betriebsrats hinzuzuziehen. Bei der Entscheidung über die konkreten Maßnahmen sind die familiären Verhältnisse und die Vorstellungen der AN nach Möglichkeit zu berücksichtigen.

(4) Ausgleich bzw Milderung von Nachteilen

Sollten AN aufgrund von Rationalisierungsmaßnahmen Nachteile erleiden, die in den Geltungsbereich dieser Rahmenvereinbarung fallen, werden diese durch die Anwendung der Instrumente unter § 4 (Sozialplan) ausgeglichen bzw gemildert.

§ 3 Interessenausgleich

(1) Neuorganisation der Kundenbetreuung Leben

Die bisherigen Abteilungen „Antrag/Leistung" und die Bestandsverwaltung Leben werden in einem Bereich zusammengefasst bei gleichzeitiger Einführung der Allround-Bearbeitung.

Es bleibt bei der derzeitigen dezentralen versicherungstechnischen Bearbeitung. Es sind aus heutiger Sicht keine systematischen Arbeitsverlagerungen größeren Umfangs vorgesehen.

(2) Neuausrichtung Versicherung

Zur Sicherstellung der strategischen Ziele wird die bisherige spartenorganisatorische Gliederung umgewandelt in eine kundenorientierte Aufbauorganisation.

Es bleibt bei der Zielsetzung, die versicherungstechnische Bearbeitung weiter zu dezentralisieren. Dies wird zu einer Verlagerung von Arbeitsvolumen von der Hauptverwaltung auf die Verwaltungscenter führen.

(3) Dokumenten-Retrieval & Workflow-System

Das Dokumenten-Retrieval & Workflow-System wird unternehmensweit schrittweise eingeführt. Die mitbestimmungsrechtlichen Aspekte aus §§ 87–91 BetrVG sind in einer Gesamtbetriebsvereinbarung geregelt.

(4) Einrichtung Verwaltungscenter

Konzentration der bisherigen 17 Verwaltungsgeschäftsstellen auf zukünftig sieben Verwaltungscenter, die alle Versicherungsprodukte des Privatkundengeschäftes aller Vertriebswege bearbeiten (Anlage 3).

(5) Einrichtung Kompetenzcenter

Einrichtung von fünf Kompetenzcentern an den Standorten ... . Die Kompetenzcenter haben die Aufgabe, die fachliche Vertriebsunterstützung für alle Vertriebswege zu leisten.

(6) Neuorganisation Schaden dezentral

Beibehaltung der bisherigen dezentralen Schadenbearbeitung an allen Standorten der bisherigen Verwaltungsgeschäftsstellen unter besonderer Beachtung der Entwicklung der Schadenstückzahlen, der Qualität der Aufgabenerfüllung und der Möglichkeit, erforderliche Vertretungsregelungen zu organisieren. Bei Veränderungen der Rahmenbedingungen wird die Aufrechterhaltung der Standorte erneut überprüft.

Mit der Zielsetzung einer einstufigen Schadenbearbeitung werden die Abgabegründe/Limite neu festgelegt. Die Schadenbearbeitungsquote durch den akquisitorischen Außendienst soll deutlich erhöht werden.

(7) Neustrukturierung der Vertriebswege

Mit der Zielsetzung, die Fixkosten in diesem Funktionsbereich zu senken, werden folgende Maßnahmen umgesetzt.

a) Zum ... werden folgende Organisationseinheiten geschlossen:

Die Bezirksdirektionen ..., die Hauptgeschäftsstellen ..., die Maklerdirektion ... .

b) Es werden diejenigen Betriebsstätten in Bezug auf eine Weiterführung geprüft, die unter „Investitionsdirektionen/Geschäftsstellen" geführt werden.

Es ist beabsichtigt, diese Betriebsstätten zu schließen, sofern die angegebenen Umsätze zu dem genannten Termin nicht erreicht werden. In diesem Fall ist mit dem örtlich zuständigen Betriebsrat gem. § 112 BetrVG über den Abschluss eines Einzelinteressenausgleichs für die betroffene Betriebsstätte zu verhandeln.

§ 4 Instrumente (Sozialplan)

(1) Personalpolitische Grundsätze

Der Arbeitgeber wird alle Möglichkeiten ausschöpfen, um betriebsbedingte Kündigungen zu vermeiden.

Auch wenn Maßnahmen bezüglich des Umfangs der personellen Auswirkung noch nicht abschließend definiert sind, können bereits Versetzungen auf andere Arbeitsgebiete eingeleitet werden. Vor einer konkreten personellen Einzelmaßnahme erfolgt eine Beratung mit dem Betriebsrat über Kriterien der Sozialauswahl. Dem betroffenen Personenkreis können dann offene Stellen bevorzugt angeboten werden. Der zuständige Betriebsrat wird informiert, bevor dem AN das konkrete Arbeitsplatzangebot unterbreitet wird.

(2) Ausschreibung von Arbeitsplätzen/Personalauswahl

Alle vakanten Stellen, die aufgrund der beschriebenen Maßnahmen zu besetzen sind, werden in den betroffenen Regionen ausgeschrieben. Die Betriebsvereinbarung über die interne Ausschreibung von Arbeitsplätzen in der Hauptverwaltung gilt weiter.

Für die Personalauswahl ist der jeweilige Vorgesetzte zuständig. Die Eignung von internen Bewerbern und/ oder Qualifizierbarkeit wird auf Basis der Anforderungsprofile (Funktionsbeschreibung) festgelegt. Bei der Feststellung der Eignung/Qualifizierbarkeit wirkt der zuständige Betriebsrat mit. Bei Nicht-Eignung erhält der interne Bewerber eine Begründung.

Für die Durchführung von Assessment-Centern im Zusammenhang mit der Einrichtung von Kompetenzcentern wird eine gesonderte Betriebsvereinbarung abgeschlossen.

(3) Qualifizierungsmaßnahmen

Wenn sich die Tätigkeit eines AN an seinem Arbeitsplatz ändert, hat er Anspruch auf die erforderliche Einarbeitung oder Qualifizierung. Der Arbeitgeber hat sowohl über Inhalt als auch Dauer einer angemessenen Qualifizierung mit dem Betriebsrat zu beraten. Der notwendige Qualifizierungsbedarf wird unter Berücksichtigung des beruflichen Werdeganges, der Ausbildung und der Fachkenntnisse im Hinblick auf die zukünftigen Anforderungen des Arbeitsplatzes festgelegt. Die daraus resultierenden Qualifizierungsmaßnahmen werden schriftlich festgehalten und dem AN ausgehändigt.

Der Anspruch setzt voraus, dass der AN auf der Basis seines bereits erlangten Fachwissens in der Lage ist, das geforderte Qualifikationsziel innerhalb von zwölf Monaten zu erreichen. Bei Qualifizierungsmaßnahmen ab einer Dauer von sechs Monaten wird nach der Hälfte der Dauer verbindlich überprüft, ob das Qualifikationsziel erreicht werden kann. Bestehen daran begründete Zweifel, so kann die Maßnahme nach entsprechender Beratung mit dem Betriebsrat abgebrochen werden.

Bleibt die Qualifizierungsmaßnahme erfolglos und wird aus diesem Anlass das Arbeitsverhältnis aufgelöst, so richtet sich die Abfindung nach § 4 Abs. 9 lit. b). Die Regelungen des 1. Absatzes gelten auch, wenn die Weiterbeschäftigung an dem bisherigen Arbeitsplatz nicht möglich ist und eine Einigung über die Versetzung erzielt wurde.

Die Kosten von Einarbeitungs- und Qualifizierungsmaßnahmen trägt der Arbeitgeber. Für die Dauer der Einarbeitung oder Qualifizierung erhält der AN seine regelmäßigen Bezüge weitergezahlt. Einarbeitungen und Qualifizierungen erfolgen während der regelmäßigen Arbeitszeit.

(4) Weiterbeschäftigung

Ein Angebot auf Weiterbeschäftigung erfolgt schriftlich. Es enthält Angaben über den beabsichtigten Versetzungszeitpunkt, Art der Tätigkeit, Arbeitsort und etwaige Regelungen, die aus dieser Vereinbarung folgen. Der AN hat für seine Entscheidung eine Bedenkzeit von längstens vier Wochen.

Innerhalb dieser Bedenkzeit kann er während der Arbeitszeit eine angebotene Stelle aufsuchen und sich informieren.

a) Ist die Weiterbeschäftigung an dem bisherigen Arbeitsplatz nicht möglich, ist der Arbeitgeber verpflichtet, dem AN in demselben Betrieb einen gleichwertigen anderen Arbeitsplatz anzubieten, der für den AN geeignet und zumutbar ist.

b) Steht ein Arbeitsplatz, der die Anforderungen nach lit. a) erfüllt, nicht zur Verfügung, ist der Arbeitgeber verpflichtet, dem AN einen gleichwertigen Arbeitsplatz in einem anderen Betrieb des Unternehmens anzubieten, der für den AN geeignet und zumutbar ist.

c) Steht auch ein Arbeitsplatz, der die Anforderungen nach lit. b) erfüllt, nicht zur Verfügung oder nimmt der AN den ihm nach lit. b) angebotenen Arbeitsplatz nicht an, ist der Arbeitgeber verpflichtet, dem AN einen geeigneten und zumutbaren Arbeitsplatz in demselben Betrieb des Unternehmens anzubieten.

d) Steht auch ein Arbeitsplatz, der die Anforderungen nach lit. c) erfüllt, nicht zur Verfügung, ist der Arbeitgeber verpflichtet, dem AN – soweit vorhanden – einen geeigneten und zumutbaren Arbeitsplatz in einem anderen Betrieb des Unternehmens anzubieten.

e) Ein anderer Arbeitsplatz ist gleichwertig, wenn die Tätigkeit nach derselben Tarifgruppe vergütet wird. Er ist geeignet, wenn damit zu rechnen ist, dass der AN die fachlichen und persönlichen Anforderungen des anderen Arbeitsplatzes erfüllen kann; dies ist auch dann der Fall, wenn zum Erwerb der Qualifikation für den anderen Arbeitsplatz eine Einarbeitung oder Qualifizierung erforderlich und dem Arbeitgeber zumutbar ist (siehe Qualifizierung).

f) Die Zumutbarkeit eines anderen Arbeitsplatzes für den AN richtet sich nach der Art seiner bisherigen Tätigkeit, seinem Alter und seinem Gesundheitszustand, seinen persönlichen Verhältnissen sowie den äußeren Umständen (zB bei einem Wechsel des Arbeitsortes).

Der AN kann einen Wechsel des Arbeitsortes ablehnen, wenn die Gesamtwegezeit 150 Minuten überschreitet.

g) Ist ein AN an einen anderen Ort versetzt worden und dorthin umgezogen, ist für die Dauer von 36 Monaten ab vollzogener Versetzung der Ausspruch einer betriebsbedingten Kündigung, außer im Falle der Betriebsstilllegung, durch den Arbeitgeber ausgeschlossen.

h) Wenn sich die Tätigkeit eines AN an seinem Arbeitsplatz erheblich ändert, hat er Anspruch auf eine schriftliche Beurteilung, die mit ihm zu besprechen ist. AN, die den Arbeitsplatz wechseln, haben Anspruch auf ein qualifiziertes Zwischenzeugnis.

i) Jeder AN hat das Recht, eine Versetzung in den Außendienst zu beantragen. Bei einer solchen Versetzung hat der AN Anspruch auf Einarbeitung und Schulung. Er erhält einen Außendienstvertrag besonderer Art zu den bisherigen Bezügen einschließlich etwaiger tariflicher Verbesserungen für die Dauer von längstens sechs Monaten. Ferner werden ihm die im Außendienst üblichen Fahrtkosten und Spesen und eine Vergütung von 5 EUR je „Einheit" für von ihm vermitteltes Neugeschäft erstattet. Ein durch diese Maßnahme ausgelöster erhöhter Kostensatz geht nicht zu Lasten der zuständigen Führungskraft. Nach längstens sechs Monaten erhält der AN einen üblichen Außendienst-(Aufrechnungs-)Vertrag.

Beendet der AN seine Tätigkeit im Außendienst innerhalb von sechs Monaten von sich aus oder im Einvernehmen mit dem Arbeitgeber, erhält er die entsprechende Abfindung aus diesem Interessenausgleich/Sozialplan.

(5) Gehaltssicherung

Werden AN auf einen anderen Arbeitsplatz versetzt, der nach den tarifvertraglichen Bestimmungen geringer zu bewerten ist, als es der bisherigen Vergütung entspricht, so erfolgt eine Gehaltssicherung. Ist die Beschäftigungsdauer (ohne Ausbildungszeiten) kleiner als fünf Jahre, so wird eine Gehaltssicherung von 36 Monaten vorgenommen. Die Gehaltssicherung ist die Differenz zwischen bisherigem Gehalt und zukünftigem Gehalt, entsprechend der Wertigkeit des neuen Arbeitsplatzes. Der Differenzbetrag wird für 36 Monate in eine dynamisierte Ausgleichszulage umgewandelt.

Nach Ablauf der Gehaltssicherung wird die Ausgleichszulage gem. § 7 Nr. 1 Rationalisierungsschutzabkommen in Höhe der jeweiligen Tarifanhebung abgebaut.

Für AN mit einer Beschäftigungsdauer ab fünf Jahren erfolgt kein Abbau der Ausgleichszulage.

(6) Rückkehranspruch

AN, die in Folge von Rationalisierungsmaßnahmen auf einen anderen Arbeitsplatz versetzt wurden, werden bei der Besetzung von freien Stellen im ursprünglichen Arbeitsbereich bei vergleichbarer Qualifikation bevorzugt berücksichtigt.

(7) Mobilitätsbeihilfen

Wird ein AN auf einen weiter entfernten Arbeitsplatz versetzt, werden für einen Übergangszeitraum folgende Leistungen gewährt:

a) Bei Aufrechterhaltung des bisherigen Wohnsitzes

aa) Hotel/Appartement am neuen Arbeitsort

Für die Dauer von drei Monaten – in begründeten Ausnahmefällen bis zu sechs Monaten – übernimmt der Arbeitgeber die Kosten für ein gutes Mittelklassehotel oder ein Appartement am neuen Arbeitsort.

Für den Zeitraum, in dem ein AN diese Leistungen in Anspruch nimmt, übernimmt der Arbeitgeber die Kosten für eine Familienheimfahrt (Deutsche Bahn 2. Klasse) wöchentlich.

Sofern bei dem AN eine doppelte Haushaltsführung entsteht, wird eine Trennungsentschädigung nach den steuerlichen Richtlinien gewährt.

bb) Anreise von der bisherigen Wohnung

Alternativ zu den Leistungen und für den Zeitraum nach lit. a) aa) wird ein Fahrtkostenzuschuss (brutto) in Höhe der Kosten für Monatskarten der Bahn AG (2. Klasse) gezahlt. Anschließend gelten die allgemeinen Regelungen über den Fahrtkostenzuschuss. Die Leistungen nach lit. a) aa) und bb) können wahlweise in Anspruch genommen werden. Ein Wechsel ist jederzeit möglich.

cc) Zuschuss für den erhöhten Zeitaufwand

Für den Aufwand des verlängerten Weges zur Arbeit erhält der AN eine zusätzliche Aufwandsentschädigung (brutto). Die Höhe dieser Aufwandsentschädigung richtet sich nach der zusätzlichen Dauer für die einfache Fahrt zur Arbeitsstätte:

Stufe I   ... EUR/Monat ab 30 Minuten
Stufe II   ... EUR/Monat ab 45 Minuten
Stufe III   ... EUR/Monat ab 60 Minuten

Die Fahrtkosten und die Entschädigung für den verlängerten Weg zur Arbeit werden für die Dauer von zwei Jahren gezahlt. Ab einer sechsjährigen Betriebszugehörigkeit verlängert sich die Dauer um ein Jahr, bei einer Betriebszugehörigkeit ab acht Jahre um ein weiteres Jahr.

Nach Ablauf der Dauer wird die Aufwandsentschädigung in den nächsten zwölf Monaten in gleichen Beträgen „abgeschmolzen" (Kürzung je Monat um 1/12).

b) Umzug zum neuen Arbeitsort

Verlegt ein AN innerhalb von 24 Monaten nach Versetzung den Wohnsitz an den neuen Arbeitsort, werden folgende Leistungen gewährt:

aa) Wohnungssuche

Für Wohnungsbesichtigungen und für Termine mit Maklern wird in angemessenem Rahmen bezahlte Freizeit gewährt, wenn diese Termine nicht außerhalb der regelmäßigen Arbeitszeit wahrgenommen werden können.

Die Kosten für Anzeigen in regional verbreiteten Zeitungen werden vom Arbeitgeber übernommen.

Reisekosten für die Besichtigung von Wohnobjekten werden, auch für den Lebenspartner, erstattet.

bb) Maklergebühren

Maklergebühren werden im ortsüblichen Rahmen für die Vermittlung von Mietwohnungen erstattet. Bei Erwerb von Wohnungseigentum erfolgt die Erstattung von Maklerkosten in der Höhe, die für die Beschaffung einer vergleichbaren Mietwohnung entstanden wären.

cc) Umzugskosten

Der Arbeitgeber übernimmt die erforderlichen Umzugskosten nach Abstimmung.

dd) Mietzuschüsse

Mietzuschüsse werden befristet gemäß einer hierfür bestehenden Tabelle gezahlt.

Bei der Veräußerung und dem Erwerb von Wohneigentum werden individuelle Regelungen getroffen.

ee) Abstandszahlung

Verlegt ein AN, der die Leistungen nach lit. b) aa)–dd) in Anspruch nehmen kann, seinen Wohnsitz innerhalb von zwölf Monaten nach der Versetzung an den neuen Arbeitsort, so erhält er zusätzlich eine Abstandszahlung iHv ... EUR.

Kapitel 3: Interessenausgleichsvereinbarungen und Sozialpläne

ff) Betriebsbedingte Veranlassung

In Zweifelsfällen entscheidet der Arbeitgeber mit dem örtlichen Betriebsrat über die betriebsbedingte Veranlassung des Wohnungswechsels.

gg) Rückzahlungsverpflichtung

Der AN ist verpflichtet, die Umzugskosten und Maklergebühren anteilig zurückzuzahlen, wenn er innerhalb von zwei Jahren aufgrund eigener Kündigung die Versicherungsgruppe verlässt, ohne für seine Kündigung einen wichtigen Grund iSd § 626 Abs. 1 BGB zu haben.

(8) Verkürzung der individuellen Arbeitszeit

a) Im Rahmen von Rationalisierungsmaßnahmen sind, soweit es betrieblich durchführbar ist, verstärkt Teilzeitplätze oder alternativ individuelle Arbeitszeitregelungen anzubieten. Die individuellen Wünsche der AN sind angemessen zu berücksichtigen, wobei von Rationalisierungsmaßnahmen Betroffene bei entsprechender Qualifikation oder Qualifizierbarkeit den Vorzug haben. Umwandlungswünschen – zB Rückkehr in eine Vollzeittätigkeit – ist Rechnung zu tragen, sofern die arbeitsorganisatorischen Gegebenheiten sowie die personelle Situation dies zulassen. Ebenso können unter diesen Voraussetzungen im Rahmen von Arbeitsplatzteilung in Abstimmung mit dem Betriebsrat spezifische Arbeitszeitregelungen vereinbart werden, um betriebsbedingte Kündigungen zu vermeiden.

Modelle zur Gehaltssicherung werden mit dem Gesamtbetriebsrat entwickelt.

Über die veränderten Arbeitsbedingungen ist eine schriftliche Vereinbarung mit dem AN abzuschließen.

b) Ist die Reduzierung der Arbeitszeit durch eine Maßnahme nach § 3 veranlasst, erhält der AN eine einmalige Ausgleichszahlung iHv 12 x 50 % (brutto) der Differenz zwischen bisherigem und künftigem Monatsgehalt einschließlich aller Zulagen und VL.

Bei einer anschließenden Erhöhung des vertraglichen Arbeitszeitvolumens innerhalb von zwölf Monaten wird die Ausgleichszahlung anteilig mit den erhöhten Bezügen verrechnet.

Erfolgt innerhalb dieser zwölf Monate eine betriebsbedingte Kündigung, so wird die Abfindung auf der Grundlage der Vollzeit ermittelt, abzüglich der einmaligen Ausgleichszulage gem. Satz 1.

Erfolgt die Kündigung nach Ablauf der zwölf Monate, so wird die Höhe der Abfindung entsprechend dem Verhältnis Vollzeit zu Teilzeit während der gesamten Beschäftigungsdauer ermittelt.

(9) Austrittsregelungen

a) Abfindungsanspruch

Einen Anspruch auf Abfindung unter Ausnutzung der steuerlichen Möglichkeiten haben diejenigen AN,

- die infolge der Maßnahmen betriebsbedingt gekündigt werden,
- die einvernehmlich aufgrund eines betriebsbedingten Aufhebungsvertrages aus dem Unternehmen ausscheiden oder in den nichtangestellten Außendienst (§§ 84 f HGB) wechseln,
- deren Arbeitsplatz wegfällt und die aufgrund eigener Kündigung aus dem Unternehmen ausscheiden, es sei denn, ihnen wird vorher schriftlich ein nach den Bestimmungen dieser Rahmenvereinbarung gleichwertiger oder zumutbarer Arbeitsplatz angeboten,
- die infolge eines Ringtausches gem. § 4 Abs. 12 ausscheiden.
- die infolge der Maßnahmen an einen anderen Arbeitsort versetzt wurden und ihre Entscheidung innerhalb von drei Monaten revidieren.

Der Anspruch auf Abfindung erlischt, wenn der AN ein zumutbares Arbeitsplatzangebot ablehnt.

b) Höhe der Abfindung

aa) Arbeitnehmer vor Vollendung des 60. Lebensjahres[289]

Die Höhe der Abfindung beträgt je Beschäftigungsjahr für ununterbrochene Tätigkeit in Unternehmen, die zum Konzern der Versicherungsgruppe gehören, ein Bruttomonatsgehalt multipliziert mit nachfolgendem Faktor:

- bis zum vollendeten 30. Lebensjahr   Faktor 0,7
- ab vollendetem 30. Lebensjahr   Faktor 0,9
- ab vollendetem 35. Lebensjahr   Faktor 1,1
- ab vollendetem 40. Lebensjahr   Faktor 1,2
- ab vollendetem 45. bis 59. Lebensjahr   Faktor 1,4

Ein begonnenes Beschäftigungsjahr gilt als volles Jahr, wenn bereits mehr als sechs Monate bis zum Ausscheidetermin abgelaufen sind.

Unterhaltsberechtigte Kinder

Für jedes unterhaltsberechtigtes Kind erhält der AN eine zusätzliche Abfindung nach folgender Tabelle:

- erreichtes Alter des Kindes bis 5 Jahre   ... EUR
- erreichtes Alter des Kindes von 6 bis 10 Jahre   ... EUR
- erreichtes Alter des Kindes von 11 bis 15 Jahre   ... EUR
- erreichtes Alter des Kindes ab 16 Jahre   ... EUR

Die AN, deren Betriebsstätte geschlossen wird, erhalten zusätzlich als Abfindung ein Monatsgehalt, sofern sie noch in dem Monat der Stilllegung ihre arbeitsvertraglichen Verpflichtungen erfüllt haben (Urlaubszeiten ausgeschlossen). In diesen Fällen ist eine Abgeltung von Urlaub nach den tarifvertraglichen Bestimmungen möglich.

Die Mindestabfindung beträgt:

- erreichtes Alter bis 29 Jahre   ... EUR
- erreichtes Alter von 30 bis 39 Jahre   ... EUR
- erreichtes Alter von 40 bis 49 Jahre   ... EUR
- erreichtes Alter von 50 bis 59 Jahre   ... EUR

Die Höchstabfindung beträgt ... EUR.

bb) Arbeitnehmer ab Vollendung des 60. Lebensjahres

Es wird eine Austrittsvereinbarung erarbeitet.

Die Austrittsvereinbarung wird vor Einleitung der personellen Maßnahme schriftlich fixiert, dem AN und dem zuständigen Betriebsrat ausgehändigt und mit diesem beraten.

cc) Arbeitnehmer, die unmittelbar gesetzliche Regelaltersrente beziehen

Rentenversicherungspflichtige AN, die von den vorgenannten Maßnahmen betroffen sind und nach dem Austritt unmittelbar gesetzliche Regelaltersrente beziehen, erhalten eine Abfindung iHv ... EUR je Monat für jeden Monat vom Austrittszeitpunkt bis zum Erreichen der Regelaltersgrenze. Die Abfindung wird in einer Summe im Austrittsmonat ausgezahlt. Sofern bis zur Vollendung der Regelaltersgrenze ein Jubiläum noch erreicht würde, erhöht sich die Abfindung um das Jubiläumsgeld.

(10) Haustarife, Hypothekendarlehen, Personaldarlehen

Haustarife werden bis zum Austritt, bei anschließender Arbeitslosigkeit für deren nachgewiesene Dauer, weiter gewährt.

---

[289] Zur Frage der unterschiedlichen Behandlung wegen des Alters vgl § 5 Rn 191 ff.

Bei Hypothekendarlehen gelten die Mitarbeiterkonditionen bis zum Ablauf der vereinbarten Zinsbindungsfrist.

Personaldarlehen werden mit Leistungen nach § 4 verrechnet.

(11) Urlaub/Sonderzahlungen

Bei Ausscheiden während des Kalenderjahres gelten die tariflichen Bestimmungen.

(12) Ringtausch

AN können eine Austrittsvereinbarung gem. § 4 beantragen, wenn dadurch die unmittelbare Aufrechterhaltung eines Arbeitsverhältnisses eines betroffenen AN gesichert wird.

(13) Härtefälle

Arbeitgeber und Betriebsrat behalten sich vor, für besondere Härten gesonderte Einzelfallregelungen zu vereinbaren.

(14) Abstimmung mit dem Betriebsrat/Inkrafttreten

Bestehen Meinungsverschiedenheiten über die Anwendung oder Auslegung dieser Vereinbarung, entscheidet hierüber eine betriebliche Schlichtungsstelle. Jede Seite entsendet drei Mitglieder. Kommt eine Einigung nicht zustande, so erfolgt die Abwicklung nach § 76 BetrVG.

Diese Betriebsvereinbarung tritt mit der Unterzeichnung in Kraft und kann frühestens zum ... gekündigt werden. Sie löst den bisherigen Interessenausgleich/Sozialplan vom ... und den Sozialplan vom ... ab. Die Regelungen unter § 4 Abs. 4 ff ersetzen die Regelungen unter § 3 des Interessenausgleichs/Sozialplans vom ....

2. Muster: Personalabbau

Zwischen

der ... GmbH

– nachstehend: Arbeitgeber –

und

dem Gesamtbetriebsrat der ... GmbH

– nachstehend: Gesamtbetriebsrat –

wird folgende Rahmenbetriebsvereinbarung über einen Interessenausgleich/Sozialplan abgeschlossen:

Präambel

Zur Steigerung der Wirtschaftlichkeit und der Wettbewerbsfähigkeit sind von der ...-GmbH in einem ständigen Prozess der Orientierung an sich ändernden wirtschaftlichen Rahmenbedingungen Maßnahmen zur rationellen Gestaltung des Unternehmens und einzelner Betriebsteile durchzuführen. Maßnahmen im Sinne dieser Rahmenvereinbarung sind sämtliche von Arbeitgeberseite veranlassten Änderungen der Arbeitstechnik oder der Arbeitsorganisation, sofern diese personelle Maßnahmen nach sich ziehen können. Dabei ist es unerheblich, ob es sich um größere Projekte oder einzelne Maßnahmen handelt.

Bei der Umsetzung von Maßnahmen ist den sozialen Interessen der Beschäftigten in besonderem Maße Rechnung zu tragen. Die nachstehende Regelung soll helfen, anstehende Maßnahmen zur Zufriedenheit aller Beteiligten zu lösen. Ziel von Arbeitgebern und den Betriebsräten ist es, betriebsbedingte Kündigungen zu vermeiden.

Diese Betriebsvereinbarung ist zugeschnitten auf die Personalstruktur der ...-GmbH, insbesondere in Bezug auf erreichtes Alter, Betriebszugehörigkeit und Bezüge der Mitarbeiterinnen/Mitarbeiter.

§ 5 Betriebsvereinbarungen

§ 1 Geltungsbereich

Diese Vereinbarung gilt personell für alle Mitarbeiterinnen und Mitarbeiter der Firma, soweit sie nicht leitende Angestellte iSv § 5 Abs. 3 BetrVG sind. Der personelle Geltungsbereich wird auch nicht durch § 3 Abs. 1 vorletzter Satz ausgedehnt.

§ 2 Beschäftigungspolitische Grundsätze

Der Arbeitgeber sagt zu, alle Möglichkeiten auszuschöpfen, Mitarbeiterinnen/Mitarbeitern bei Fortfall ihres bisherigen Arbeitsplatzes andere Arbeitsplätze anzubieten.

Arbeitgeber und Betriebsrat stimmen darin überein, dass die Aufrechterhaltung eines Arbeitsverhältnisses Vorrang vor dessen Auflösung hat.

Ist dies nicht möglich oder äußert eine/ein betroffene/r Mitarbeiter/in einen entsprechenden Wunsch, dann werden auch innerhalb des Konzerns und hier bevorzugt in der Gruppe ... Personalvermittlungsaktivitäten eingeleitet.

Im Rahmen der Beziehungen zu örtlichen Behörden oder befreundeten Firmen wird sich der Arbeitgeber für die Vermittlung von Mitarbeiterinnen/Mitarbeitern, die trotz der nachstehenden Maßnahmen nicht weiterbeschäftigt werden können, außerhalb des Unternehmens ebenfalls einsetzen.

Die betroffenen Mitarbeiterinnen/Mitarbeiter sowie die zuständigen Betriebsratsgremien werden vom Arbeitgeber an diesen Bemühungen beteiligt und, wo dieses nachweislich nicht möglich ist, zumindest sofort informiert.

Der Arbeitgeber hat deshalb unter Beteiligung des Betriebsrats folgende Maßnahmen zu ergreifen:

- begrenzter Einstellungsstopp
- Ausnutzung der normalen Fluktuation
- Versetzungen (Ringtausch gegebenenfalls nach Qualifizierung oder Weiterqualifikation)
- Abbau von Überstunden
- „Versetzung" im Konzern – Stellenbörse (Nachweis offener Stellen soweit bekannt)
- Verstärktes Angebot von Teilzeitarbeit
- Vornahme von befristeten Einstellungen beziehungsweise befristeter Einsatz von externen Mitarbeiterinnen/Mitarbeitern.

§ 3 Grundsatzregelungen

Die mit Rationalisierungsmaßnahmen verbundenen Personalanpassungen werden nach Art und Umfang sozialverträglich durchgeführt. Ziel ist die Erhaltung möglichst vieler Arbeitsplätze und deren langfristige Sicherung.

(1) Zusammenarbeit mit den Betriebsratsgremien

Bei der Umsetzung von Maßnahmen ist den Interessen der Beschäftigten in besonderem Maße Rechnung zu tragen. Die Planungen sowie die sich daraus ergebenden Durchführungsschritte und Planungsunterlagen werden vor der Entscheidung mit den zuständigen Betriebsratsgremien so rechtzeitig und umfassend beraten, dass der Betriebsrat bei der anstehenden Entscheidung mitwirken kann.

„Rechtzeitig" heißt: im Regelfall mindestens zwei Monate, im begründeten Ausnahmefall mindestens ein Monat vor der geplanten Umsetzung; „umfassend" heißt: unter Vorlage der auf die einzelne Person bezogenen Maßnahmenpläne über die jeweilige Einzelmaßnahme sowie der Darstellung der Auswirkung auf die einzelnen, persönlichen Arbeitsplätze.

Anstehende Maßnahmen werden unverzüglich in der Personalplanung berücksichtigt. Die Betriebsratsgremien werden laufend (mindestens jedoch alle vier Wochen) über die aktuelle Personalplanung im Detail unterrichtet und Auswirkungen der Umsetzung von Maßnahmen werden mit ihnen beraten.

Die Betriebsratsgremien werden regelmäßig, dh mindestens alle zwei Wochen, über den jeweiligen Planungs- und Realisierungsstand von Maßnahmen informiert (ergänzende Bestimmungen des § 99 BetrVG bleiben davon unberührt). Die Information erfolgt umfassend, dh alle Unterlagen, die der Planung oder Realisierung gedient haben, werden dem zuständigen Betriebsrat überlassen.

In der Planungsphase von Konzentrationen, Zentralisierungen und Auslagerungen von Aufgaben beziehungsweise Arbeitsprozessen werden den zuständigen Betriebsratsgremien rechtzeitig eine Wirtschaftlichkeitsbetrachtung und die sich daraus ergebenden, insbesondere personellen Konsequenzen vorgelegt und erläutert. Auf Wunsch der Betriebsratsgremien wird nach Umsetzung von Maßnahmen eine Nachbetrachtung vorgenommen und bei Bedarf erläutert.

Den Betriebsratsgremien steht es frei, weitere betriebsverfassungsrechtliche Gremien beratend in Gespräche einzuschalten.

Die Firma wird alle gegenwärtigen Unternehmen des Konzerns, die Mitarbeiterinnen/Mitarbeiter der Firma aufnehmen, verpflichten, die diesen gegenüber bestehenden Verpflichtungen aus dieser Vereinbarung zu übernehmen und einzuhalten.

Die Vorschriften gem. § 106 BetrVG bleiben von vorstehenden Regelungen unberührt.

(2) Zusammenarbeit mit den betroffenen Mitarbeiterinnen/Mitarbeitern und Information derselben

Vor der Umsetzung von personellen Maßnahmen werden die Betroffenen über Veränderungen ihres Arbeitsplatzes beziehungsweise Aufgabenbereiches rechtzeitig und umfassend unterrichtet. Sofern mit der Durchführung von Maßnahmen ein Wechsel des Arbeitsortes oder ein Wegfall eines Arbeitsplatzes verbunden ist, werden in Einzelgesprächen mit den betroffenen Mitarbeiterinnen/Mitarbeitern deren Vorstellungen, Möglichkeiten, familiäre und sonstige sozialen Verhältnisse erörtert. Dies ist die Grundlage für die weitere individuelle mit den zuständigen Betriebsratsgremien abzustimmende Maßnahmenplanung.

Daraus resultiert ein schriftliches Arbeitsplatzangebot/Stellenangebot mit allen wichtigen Merkmalen: zB Übernahmetermin, Einsatzort, Reisetätigkeit, Funktionsbeschreibung, Entwicklungsmöglichkeiten in Bezug auf Aufgaben und Bezüge. Vor einem Wechsel zu einem anderen Betrieb innerhalb der VGDB beinhaltet das Arbeitsplatzangebot die Betriebsordnung und die Betriebsvereinbarungen des übernehmenden Betriebes.

Mit den Mitarbeiterinnen/Mitarbeitern werden erforderliche Qualifizierungsmaßnahmen besprochen, die sie in die Lage versetzen, den Anforderungen und dem Wandel ihres bestehenden beziehungsweise eines neuen Arbeitsplatzes gerecht zu werden. Bei der Feststellung der Eignung und der Qualifizierbarkeit sowie bei der Festlegung der individuellen Qualifizierungsmaßnahmen von betroffenen Mitarbeiterinnen/Mitarbeitern wegen anstehender Umsetzungen/Veränderungen des Arbeitsgebietes bestimmt der Betriebsrat im Rahmen des §§ 97 Abs. 2, 98 BetrVG bzw der hierzu bestehenden Betriebsvereinbarungen mit. Den beruflichen Interessen der betroffenen Mitarbeiterinnen/Mitarbeiter ist Rechnung zu tragen.

Die daraus resultierenden Qualifizierungsmaßnahmen werden schriftlich festgehalten und der Mitarbeiterin/dem Mitarbeiter und den zuständigen Betriebsratsgremien ausgehändigt.

Die Mitarbeiterin/der Mitarbeiter hat für ihre Entscheidung eine angemessene Bedenkzeit. In der Regel sind vier Wochen angemessen. Innerhalb der Bedenkzeit können sie während der Arbeitszeit eine angebotene Stelle aufsuchen und sich informieren.

Alle Kosten für Aus- und Weiterbildungsmaßnahmen trägt der Arbeitgeber. Der Arbeitgeber verzichtet auf die Forderung von Rückzahlungen. Zeiten der Einarbeitung und Qualifizierung gelten als Arbeitszeit.

Bei allen Gesprächen mit den Betroffenen ist auf Wunsch der Mitarbeiterin/des Mitarbeiters ein Mitglied des Betriebsrats hinzuzuziehen – auf dieses Recht werden die Betroffenen schon bei der Anberaumung des Gesprächstermins ausdrücklich hingewiesen. Die Rechte aus §§ 84, 85 BetrVG bleiben hiervon unberührt. Diese Gespräche sind den betroffenen Mitarbeiterinnen/Mitarbeitern und dem zuständigen Betriebsratsgremium rechtzeitig vorher unter Angabe des Gesprächsthemas anzukündigen.

§ 4 Durchführung von Maßnahmen

Da zum Zeitpunkt der Unterzeichnung dieser Vereinbarung anstehende Maßnahmen nur zu einem sehr geringen Teil konkretisiert und mögliche weitere Maßnahmen nur ansatzweise bekannt sind, wird zwischen Arbeitgeberseite und Betriebsrat vereinbart, zu anstehenden Maßnahmen Vereinbarungen zu treffen, die mindestens folgende Inhalte haben:

- eine funktionen- oder funktionsbereichsorientierte Beschreibung der Maßnahmen mit einer Gegenüberstellung von Ist- und Sollzuständen und
- die hieraus resultierenden Betroffenheiten sowie
- die Terminvorstellungen für die Realisierung der Maßnahmen.

Es ist unstrittig, dass vor Abschluss derartiger Vereinbarungen die Maßnahmen nicht durchgeführt werden dürfen. Planungsaktivitäten, die sich nicht in konkreten Maßnahmen ausdrücken, werden hierdurch nicht berührt.

§ 5 Arbeitsplatzsicherung

Vorrangiges Ziel bei der Umsetzung von Maßnahmen ist die Aufrechterhaltung eines gleichwertigen Arbeitsverhältnisses bei der Firma. Hierzu sind den betroffenen Mitarbeiterinnen/Mitarbeitern im Rahmen von Qualifizierungs- und Vermittlungsanstrengungen Vorschläge zu unterbreiten.

Es gilt das Rationalisierungsschutzabkommen vom ..., soweit in der vorliegenden Rahmenvereinbarung nicht günstigere Regelungen getroffen werden.

(1) Wertigkeit von Arbeitsplätzen

Gleichwertig ist ein Arbeitsplatz, wenn bei gleicher Arbeitszeit zumindest die Wertigkeit (zB Vergütung/tarifliche Eingruppierung) des neuen Arbeitsplatzes der des bisherigen entspricht und/oder wenn die für diesen Arbeitsplatz erforderliche Qualifikation durch vom Arbeitgeber angebotene Qualifizierungsmaßnahmen erworben werden kann und der Arbeitsplatz am bisherigen Dienstort liegt.

Bei einer Versetzung oder Umbesetzung auf einen gleichwertigen Arbeitsplatz bleiben die Bezüge nach Art und Höhe erhalten.

Gleichwertig zumutbar ist ein Arbeitsplatz, wenn Gleichwertigkeit vorliegt und ein Ortswechsel zumutbar ist. Zumutbar ist ein Ortswechsel, wenn die Gesamtwegezeit (Hin- und Rückweg) 120 Minuten nicht überschreitet und die sozialen Belange und persönlichen Gründe der betroffenen Mitarbeiterinnen/Mitarbeiter berücksichtigt werden (zB die Ortsbindung, die Bedürfnisse schulpflichtiger Kinder sowie unterhaltsberechtigter und zu betreuender Angehöriger, Alter und Gesundheitszustand).

(2) Beschäftigungssicherung/Vermeidung von Entlassungen

Im Rahmen einer Existenzsicherung und Qualifizierung entsprechend den künftigen Anforderungen besteht Einvernehmen zwischen Arbeitgeber und Betriebsrat, dass folgende Maßnahmen mit Beteiligung des Betriebsrats durchgeführt werden:

a) Alle freien Stellen werden im Unternehmen ausgeschrieben. Im Falle einer Ablehnung erhalten die internen Bewerberinnen/Bewerber eine schriftliche Begründung.

b) Wechselt eine Mitarbeiterin/ein Mitarbeiter aufgrund des Wegfalls ihres/seines bisherigen Arbeitsplatzes auf einen anderen Arbeitsplatz und ändert sich dabei auch ihr/sein Aufgabengebiet, so werden der Mitarbeiterin/dem Mitarbeiter erforderliche Qualifizierungsmaßnahmen angeboten, und es wird ihr/ihm ausreichend Gelegenheit gegeben, sich zur Bewältigung ihrer/seiner künftigen Aufgaben den Anforderungen der neuen Stelle entsprechend zu qualifizieren. Arbeitgeber und Betriebsrat sind sich einig, dass in der Regel ein Zeitraum von 18 Monaten – in begründeten Einzelfällen auch länger – für Qualifizierungsmaßnahmen ausreichend ist.

c) Fällt ein Arbeitsplatz weg und müsste das Beschäftigungsverhältnis gegen Zahlung einer Abfindung beendet werden, so besteht die Möglichkeit, dass eine andere Mitarbeiterin/ein anderer Mitarbeiter gegen Zahlung einer Abfindung freiwillig ausscheidet und die/der vom Wegfall ihres/seines Arbeitsplatzes betroffene Mitarbeiterin/Mitarbeiter den somit freiwerdenden Arbeitsplatz besetzt (Ringtausch).

d) Bei einem Angebot von Teilzeitarbeitsplätzen ist zur Sicherung von Arbeitsverhältnissen den Umwandlungswünschen der Mitarbeiterinnen/Mitarbeiter (zB auch spätere Rückkehr in ein Vollzeitbeschäftigungsverhältnis) Rechnung zu tragen. Betroffene haben bei entsprechender Qualifikation oder Qualifizierbarkeit den Vorzug.

Über die veränderten Arbeitsbedingungen ist eine schriftliche Vereinbarung mit den Betroffenen abzuschließen. Bei Umstellung auf ein Teilzeitarbeitsverhältnis erhält die Mitarbeiterin/der Mitarbeiter eine einmalige Ausgleichszahlung iHv 50 % der Differenz zwischen bisherigem und künftigem Monatsgehalt inklusive Zulagen und vermögenswirksamen Leistungen (zum Zeitpunkt der Arbeitszeitänderung) multipliziert mit zwölf als Bruttoausgleichszahlung.

Eventuell anstehende Fälle für eine Umwandlung in einen Teilzeitarbeitsplatz werden zwischen Arbeitgeber und den zuständigen Betriebsratsgremien beraten. In diesem Zusammenhang können Ausgleichszahlungen nur im Einvernehmen zwischen Arbeitgeber und Betriebsrat verweigert werden.

Es besteht Einigkeit, dass mit TeilzeitMitarbeiterinnen und -Mitarbeitern über Jobsharing gesprochen werden kann.

e) Mitarbeiterinnen/Mitarbeiter, die im Zusammenhang mit der Verlagerung von Funktionen in andere Unternehmen der ... versetzt/umgesetzt werden, erhalten die Zusage,

- dass sie im Falle einer (konzern-)internen Bewerbung bei der Besetzung von freien Stellen vorrangig berücksichtigt werden;
- dass für den Fall einer Liquidation der übernehmenden Gesellschaft oder der Veräußerung des übernehmenden Betriebes oder der Mehrheit der Geschäftsanteile an Dritte, mit Ausnahme an ein Unternehmen des Konzerns, die ...-GmbH die Rückübernahme der Arbeitsverhältnisse garantiert. Dabei bleibt eine den Umständen nach angemessene Änderung des Tätigkeits- und Aufgabengebietes vorbehalten;
- dass die ...-GmbH eine Rückübernahme der Arbeitsverhältnisse in Aussicht stellt, wenn einer Mitarbeiterin/einem Mitarbeiter aufgrund ihrer/seiner Ausbildung beziehungsweise ihres/seines Ausbildungsstandes oder der Art der bisherigen Tätigkeit (Funktionsbeschreibung) nicht mehr zugemutet werden kann, das Arbeitsverhältnis mit der übernehmenden Gesellschaft beziehungsweise dem übernehmenden Betrieb fortzusetzen und kein Grund in der Person der Mitarbeiterin/des Mitarbeiters der Rückübernahme entgegensteht.

Diese Zusage gilt für einen Zeitraum von drei Jahren nach erfolgter Versetzung/Umsetzung.

Sollte für eine/n rückübernommene/n Mitarbeiterin/Mitarbeiter kein Arbeitsplatz in Anwendung dieser Rahmenvereinbarung zur Verfügung stehen, kann das Arbeitsverhältnis gegen Zahlung einer Abfindung gemäß den Regelungen dieser Rahmenvereinbarung aufgelöst werden.

f) Wird Mitarbeiterinnen/Mitarbeitern, die im Rahmen der Vorschriften dieser Betriebsvereinbarung in ein anderes Konzernunternehmen gewechselt haben, innerhalb von drei Jahren betriebsbedingt gekündigt, verpflichtet sich die Firma, diese/n Mitarbeiterin/Mitarbeiter zurückzuübernehmen. Steht auch hier kein Arbeitsplatz in Anwendung dieser Rahmenvereinbarung zur Vergütung, gilt § 5 Abs. 2 lit. e) letzter Absatz.

§ 6 Mobilitätserfordernisse

Die Regelung der Mobilität bezieht sich auf den Arbeitsplatzwechsel innerhalb des Konzerns.

(1) Tägliche Mobilität

Arbeitgeber und Betriebsrat sind sich einig, dass mit einem Wechsel auf einen geographisch weiter entfernten Arbeitsplatz nicht zwingend auch eine sofortige Verlagerung des persönlichen Lebensraumes verbunden sein kann. Es werden daher vom Arbeitgeber für einen Übergangszeitraum von bis zu einem Jahr gewisse Unterstützungsleistungen gewährt.

a) Hotelkosten

Für die Dauer von zunächst drei Monaten – in begründeten Ausnahmefällen bis zu sechs Monaten – übernimmt der Arbeitgeber die Kosten für ein gutes Mittelklassehotel oder ein adäquates Apartment am neuen Arbeitsort, wenn die Mitarbeiterin/der Mitarbeiter nicht täglich pendelt und solange sie/er nicht ihren/seinen Wohnsitz an den neuen Arbeitsort verlegt.

b) Familienheimfahrten

Für den Zeitraum, in dem eine Mitarbeiterin/ein Mitarbeiter nicht täglich pendelt, sondern die Hotelkostenübernahme nach vorstehender lit. a) in Anspruch nimmt, übernimmt der Arbeitgeber die Kosten für eine Familienheimfahrt (Deutsche Bahn Regelung, wie in der Betriebsvereinbarung über die Regelung von Dienstreisen und Dienstgängen) wöchentlich.

c) Trennungsgeld

Sofern bei Mitarbeiterinnen/Mitarbeitern eine doppelte Haushaltsführung anfällt, wird für einen Zeitraum von sechs Monaten eine Trennungsentschädigung nach den steuerlichen Richtlinien gewährt.

d) Fahrtkostenübernahme

Für den Zeitraum von einem Jahr erstattet der Arbeitgeber die Kosten für Monatskarten der DB (Deutsche Bahn Regelung, wie in der Betriebsvereinbarung über die Regelung von Dienstreisen und Dienstgängen) zwischen dem alten und dem neuen Arbeitsort, sofern die Mitarbeiterin/der Mitarbeiter nicht die Hotelkostenübernahme nach vorstehender lit. a) in Anspruch nimmt oder vorher ihren/seinen Wohnsitz an den neuen Arbeitsort verlegt. Die Kostenerstattung erfolgt brutto.

Diese Fahrtkostenerstattung erhalten auch Mitarbeiterinnen/Mitarbeiter, die anfangs oder zwischenzeitlich in einem Hotel gewohnt haben und hierfür die Hotelkostenübernahme nach vorstehender lit. a) in Anspruch genommen haben. Die Zeiten der Hotelkostenübernahme werden auf den Zeitraum der Fahrtkostenerstattung angerechnet.

e) Fahrtzeitanrechnung als Arbeitszeit

Für den Zeitraum von einem Jahr rechnet der Arbeitgeber von der täglichen Fahrtzeit zwischen dem alten und dem neuen Arbeitsort die Differenz zwischen alter und neuer Wegezeit – maximal zwei Stunden – vergütungsrechtlich als Arbeitszeit an, sofern die Mitarbeiterin/der Mitarbeiter täglich pendelt. Die Dauer der täglichen Arbeitszeit wird hierdurch nicht berührt.

(2) Geographische Mobilität

Entscheidet sich eine Mitarbeiterin/ein Mitarbeiter, ihren/seinen persönlichen Lebensraum in die Nähe ihres/seines neuen Arbeitsplatzes zu verlagern, werden vom Arbeitgeber folgende Unterstützungsleistungen gewährt:

a) Wohnungssuche

Für Wohnungsbesichtigungen und für Termine mit Maklern wird in angemessenem Rahmen bezahlte Freizeit gewährt, wenn diese Termine nicht außerhalb der regelmäßigen Arbeitszeit wahrgenommen werden können.

Die Kosten für zwei Anzeigen in regional verbreiteten Zeitungen werden vom Arbeitgeber übernommen.

Reisekosten für die Besichtigung von Wohnobjekten werden auch für die Lebenspartnerin/den Lebenspartner erstattet.

b) Umzugskosten

Der Arbeitgeber übernimmt die erforderlichen Umzugskosten.

Die Mitarbeiterin/der Mitarbeiter ist verpflichtet, die Umzugskosten anteilig zurückzuzahlen, wenn sie/er innerhalb von zwei Jahren aufgrund eigener Kündigung den Konzern verlässt, ohne für die Kündigung einen wichtigen Grund iSd § 626 Abs. 1 BGB zu haben.

§ 7 Besitzstandswahrung

(1) Betriebszugehörigkeit

Die bisherige Betriebszugehörigkeit wird auch in übernehmenden Unternehmen des Konzerns anerkannt. In diesem Zusammenhang bleiben auch besondere Kündigungsschutzrechte erhalten.

(2) Für die Mitarbeiter/innen, die innerhalb des Konzerns wechseln, gelten die Tarifverträge – soweit arbeitsvertraglich vereinbart – weiter.

(3) Gehaltssicherung

Wird ein/e Mitarbeiter/in wegen Wegfalls ihrer/seiner Stelle auf einen anderen Arbeitsplatz umgesetzt und dieser ist nicht gleichwertig, erfolgt eine Gehaltssicherung wie folgt:

Für Mitarbeiter/innen, die im Rahmen dieser Vereinbarung ihren Arbeitsplatz wechseln und auf einen geringer bezahlten Arbeitsplatz versetzt werden, wird eine Gehaltssicherung für die Dauer von zwei Jahren vereinbart. In dieser Zeit wird die Differenz zwischen bisherigem und neuem Gehalt dynamisiert, das heißt, diese Differenz nimmt an tariflichen Erhöhungen teil. Nach Ablauf von zwei Jahren wird die Differenz als nicht dynamisierte Zulage gezahlt, die mit allen tariflichen und individuellen Gehaltserhöhungen verrechnet wird. Dabei wird die bevorzugte Versetzung auf einen im Vergleich zum früheren Arbeitsplatz gleichwertigen Arbeitsplatz zugesagt.

Im Zusammenhang mit Zulagen, die wegfallen, gilt folgende gleitende Besitzstandswahrung:

Schichtarbeitszuschläge werden für die Dauer eines Jahres ab Wegfall der Zahlungsvoraussetzung weiterbezahlt. Danach werden die Zuschläge über einen Zeitraum von vier Jahren in vier gleichen Jahresraten abgebaut.

Für Bereitschaftsgelder, Nachtarbeitszuschläge und weitere Zuschläge (zB „Startgeld für Nachtschichten im Operating") gibt es eine einmalige Abfindung in Höhe der im Zeitraum der letzten zwölf Monate gezahlten Beträge brutto.

(4) Probezeit

Bei einem Wechsel innerhalb des Konzerns werden keine Probezeiten vereinbart.

(5) Darlehen für Angestellte und sonstige Mitarbeiterkonditionen bei Konzern-Unternehmen

Diese Vergünstigungen bleiben – soweit sie bestehen – bei einem Wechsel des Arbeitsplatzes bzw Arbeitgebers innerhalb des Konzerns unverändert erhalten.

(6) Haustarife und Mitarbeiterkonditionen bei Konzern-Unternehmen

Mitarbeiter/innen, die innerhalb des Konzerns wechseln, erhalten unverändert die üblichen Haustarifkonditionen sowie folgende Bankkonditionen:

zzt. kostenfreie Kontoführung und EC-Karte, verbilligte Kreditkarte.

Hiervon unberührt bleiben bestehende Vergünstigungen nach Abs. 5.

(7) Altersversorgung

Bestehende Versorgungsmodelle (Pensionszusagen etc.) bleiben bei einem Wechsel innerhalb des Konzerns unverändert erhalten.

§ 8 Ausscheidensregelungen

Arbeitgeber und Betriebsrat stimmen darin überein, dass unter Umständen nicht in allen Fällen die Aufrechterhaltung eines Beschäftigungsverhältnisses gewährleistet werden kann. Es sind daher Maßnahmen vorzusehen, die Beendigung eines Arbeitsverhältnisses so sozialverträglich wie nur irgend möglich zu gestalten.

Der örtlich zuständige Betriebsrat wird vor dem Zustandekommen von Aufhebungsverträgen schriftlich informiert.

Als ein Bestandteil des Aufhebungsvertrages ist von der Mitarbeiterin/dem Mitarbeiter zu unterschreiben, dass sie/er über das Beratungsrecht des Betriebsrats unterrichtet worden ist. Den Mitarbeiterinnen/Mitarbeitern wird eine Bedenkzeit bis zur Unterschriftsleistung von einer Woche eingeräumt. Spätestens zwei Arbeitstage nach Unterzeichnung des Aufhebungsvertrages erhält der Betriebsrat davon eine Kopie.

(1) Abfindungsanspruch

Einen Anspruch auf Abfindung unter Ausnutzung der steuerlichen Möglichkeiten haben diejenigen Mitarbeiterinnen/Mitarbeiter,

- die infolge der Maßnahmen betriebsbedingt gekündigt werden,
- die einvernehmlich aufgrund eines Aufhebungsvertrages aus dem Unternehmen ausscheiden,
- deren Arbeitsplatz wegfällt und die aufgrund eigener Kündigung aus dem Unternehmen ausscheiden; es sei denn, ihnen wird vorher schriftlich ein nach den Bestimmungen dieser Rahmenvereinbarung gleichwertiger Arbeitsplatz angeboten,
- die infolge eines Ringtausches gem. § 5 Abs. 2 lit. c) ausscheiden.

(2) Abfindungsermittlung

a) Betriebszugehörigkeit bis zu fünf Jahren

Für Betriebszugehörigkeiten bis gleich und kleiner fünf Jahre setzt sich die Abfindung aus einem Sockelbetrag und einem Steigerungsbetrag zusammen. Mitarbeiterinnen/Mitarbeiter, die weniger als zwei Jahre Betriebszugehörigkeit haben und jünger als 50 Jahre sind, erhalten nur den Sockelbetrag.

Der Steigerungsbetrag gilt demzufolge für alle Mitarbeiterinnen/Mitarbeiter, die zwei Jahre und mehr Betriebszugehörigkeit haben bzw 50 Jahre oder älter sind.

Teilzeitkräfte sind mit dem Prozentsatz am Sockelbetrag und Steigerungsbetrag beteiligt, wie sich ihre Wochenstunden zu den Wochenstunden eines Vollzeitbeschäftigten verhalten.

aa) Der Sockelbetrag ist wie folgt gestaffelt:

- erreichtes Alter[290] bis 29 Jahre ... EUR
- erreichtes Alter von 30 bis 39 Jahre ... EUR
- erreichtes Alter von 40 bis 49 Jahre ... EUR
- erreichtes Alter ab 50 Jahre ... EUR

bb) Der Steigerungsbetrag errechnet sich wie folgt:

- erreichtes Alter bis 29 Jahre
  nach der Formel: (erreichtes Alter./. 20) x ... EUR
- erreichtes Alter von 30 bis 39 Jahre
  nach der Formel: (erreichtes Alter./. 29) x ... EUR + ... EUR
- erreichtes Alter von 40 bis 49 Jahre
  nach der Formel: (erreichtes Alter./. 39) x ... EUR + ... EUR
- erreichtes Alter ab 50 Jahre
  nach der Formel: (erreichtes Alter./. 49) x ... EUR + ... EUR

---

290 Zur Frage der unterschiedlichen Behandlung wegen des Alters vgl § 5 Rn 191 ff.

b) Betriebszugehörigkeit über fünf Jahre

Für Betriebszugehörigkeiten von mehr als fünf Jahren (zB fünf Jahre und ein Monat) ist die Abfindung abhängig von den Monatsbezügen. Die Höhe der Abfindung beträgt je Dienstjahr:

- bis zum erreichten Alter von 29 Jahren   Faktor 0,7
- ab erreichtes Alter 30 bis 39 Jahre   Faktor 1,0
- ab erreichtes Alter 40 bis 49 Jahre   Faktor 1,2
- ab erreichtes Alter von 50 Jahren   Faktor 1,4

der letzten Monatsbezüge (incl. alle Zulagen, auch VL).

Ein begonnenes Dienstjahr gilt als volles Jahr, wenn bereits mehr als sechs Monate bis zum Ausscheidenstermin erfüllt sind.

Der Monatsbezug hat für die Berechnung der Abfindung eine verbindliche Obergrenze. Die Obergrenze ist abhängig von dem Tarifgehalt der höchsten Gehaltsgruppe mit allen Berufsjahren (Basisbetrag). Der Basisbetrag wird mit dem Faktor 1,2 multipliziert und das Ergebnis auf einen durch 500 teilbaren Euro-Betrag nach oben gerundet. Dieser Betrag gilt als Obergrenze ohne Berücksichtigung von sonstigen Zulagen für die Multiplikation mit dem altersabhängigen Faktor.

Die Höchstabfindung beträgt ... EUR (Teilzeitbeschäftigte anteilig, siehe § 8 Abs. 2 lit. a) letzter Satz).

Ist der Abfindungsbetrag nach § 8 Abs. 2 lit. b) kleiner als nach einer Berechnung gem. § 8 Abs. 2 lit. a), gilt der höhere Betrag als Abfindung.

c) Sonderregelung für Mitarbeiterinnen/Mitarbeiter ab Vollendung des 55. Lebensjahres

Mitarbeiterinnen/Mitarbeiter, die das 55. Lebensjahr vollendet haben, werden nicht betriebsbedingt entlassen, bis eine abschließende Austrittsvereinbarung zwischen dem Arbeitgeber und dem Gesamtbetriebsrat zustande gekommen ist.

d) Unterhaltsberechtigte Kinder

Für jedes unterhaltsberechtigte Kind erhält die Mitarbeiterin/der Mitarbeiter eine zusätzliche Abfindung nach folgender Tabelle:

- erreichtes Alter des Kindes bis 5 Jahre   ... EUR
- erreichtes Alter des Kindes von 6 bis 10 Jahre   ... EUR
- erreichtes Alter des Kindes von 11 bis 15 Jahre   ... EUR
- erreichtes Alter des Kindes ab 16 Jahre   ... EUR

e) Behandlung von Gratifikationen/Tantiemen

Sind Maigratifikation/Maitantiemen bzw. Weihnachtsgratifikation/Novembertantiemen zum Zeitpunkt der Vorlage der betriebsbedingten Kündigung bereits gezahlt, so entfällt eine Rückzahlung. Sind die genannten Gratifikationen/Tantiemen noch nicht gezahlt, so erhält die Mitarbeiterin/der Mitarbeiter für die in den jeweiligen Kalenderhalbjahren bis zum Ausscheidenszeitpunkt anfallenden Betriebszugehörigkeitsmonate pro Monat 1/6 der betroffenen Gratifikation/Tantiemen.

Ist die Abschlussvergütung zum Zeitpunkt der Vorlage der betriebsbedingten Kündigung bereits gezahlt, so entfällt eine Rückzahlung. Ist die Abschlussvergütung noch nicht gezahlt, so erhält die Mitarbeiterin/der Mitarbeiter für die in dem jeweiligen Kalenderjahr bis zum Ausscheidenszeitpunkt anfallenden Betriebszugehörigkeitsmonate pro Monat 1/12 der betroffenen Abschlussvergütung.

Stehen zum Zeitpunkt des Ausscheidens die Gratifikationsbeträge/Tantiemebeträge noch nicht fest, so gilt Folgendes:

- Ausscheidenszeitpunkt im ersten Kalenderhalbjahr: je Betriebszugehörigkeitsmonat 1/6 der Maigratifikation/Maitantieme und 1/12 der Abschlussvergütung auf der Berechnungsbasis (Prozentsatz) des Vorjahres,
- Ausscheidenszeitpunkt im zweiten Kalenderhalbjahr: je Betriebszugehörigkeitsmonat ab 1.7. 1/6 der Weihnachtsgratifikation/Novembertantieme und je Betriebszugehörigkeitsmonat ab 1.1. 1/12 der Abschlussvergütung auf der Berechnungsbasis (Prozentsatz) des Vorjahres.

Für die Ermittlung und Bewertung der Betriebszugehörigkeitsmonate im Zusammenhang mit den Gratifikationen gelten § 3 Nr. 3 des Manteltarifvertrages für die private Versicherungswirtschaft sowie die Angaben in den Rundschreiben des Arbeitgebers, mit denen die Gratifikationen/Tantiemen bekannt gegeben werden.

f) Behandlung der Anwartschaften von bestehenden Versorgungsmodellen (Pensionszusagen etc.)

aa) Personenkreis mit Unverfallbarkeitsanspruch

Mitarbeiterinnen/Mitarbeiter, die zum Zeitpunkt des Austritts mindestens das 25. Lebensjahr vollendet haben und mindestens 5 Jahre Mitglied der Versorgungskasse sind, haben in Bezug auf diese Versorgungseinrichtungen einen Anspruch auf die Unverfallbarkeit des Rentenanspruchs.

Für Pensionszusagen gilt ebenfalls die Altersgrenze von 25 Jahren. Darüber hinaus muss die Pensionszusage entweder mindestens 5 Jahre bestehen.

Für den Unverfallbarkeitsanspruch gilt vorrangig § 1b und für die Höhe des Anspruchs § 2 des Gesetzes zur Verbesserung der betrieblichen Altersversorgung (BetrAVG).

Mitglieder der Versorgungskasse mit Unverfallbarkeitsanspruch haben die Möglichkeit der freiwilligen Weiterzahlung von Beträgen.

bb) Personenkreis ohne Unverfallbarkeitsanspruch

Mitarbeiterinnen/Mitarbeiter, die keinen Unverfallbarkeitsanspruch haben, erhalten die von ihnen eingezahlten Beiträge zurück. Beitragsrückerstattungen aus der Versorgungskasse werden mit 3 % verzinst.

Mitarbeiterinnen/Mitarbeiter, die Mitglied der Versorgungskasse sind, haben jedoch die Möglichkeit der freiwilligen Weiterversicherung.

g) Fortführung von Mitarbeiterkonditionen

Im Falle eines betriebsbedingten Ausscheidens einer Mitarbeiterin/eines Mitarbeiters werden Mitarbeiterkonditionen (steuerpflichtig gem. § 7 Abs. 6), wie bei einem Arbeitsplatzwechsel innerhalb des Konzerns, jedoch nur bis zu zwei Jahren weiter gewährt. Für Baudarlehen und die damit verbundenen Lebensversicherungen gilt entsprechendes bis zum Ablauf der Zinsfestschreibung, maximal jedoch fünf Jahre ab dem Datum des Ausscheidens. Für ehemalige Mitarbeiterinnen/Mitarbeiter, die eventuell nach Ablauf dieser Zeit durchgehend arbeitslos sind, verlängert sich der vorgenannte Zeitraum bis zur Wiederaufnahme einer Beschäftigung, maximal fünf Jahre.

Die vorgenannten Grundsätze gelten nicht, wenn die Mitarbeiterin/der Mitarbeiter eine Beschäftigung bei einem anderen Unternehmen aufnimmt, das in Konkurrenz zu Unternehmen des Konzerns steht.

h) Allgemeines

Alle Leistungen, die sich gem. § 8 Abs. 2 lit. a), b), d) und Abs. 2 lit. f) bb) vorletzter Satz (Härteausgleich) ergeben, gelten als Abfindung.

Das erreichte Alter wird zum Zeitpunkt des Ausscheidens stets nach der Jahresdifferenzmethode (Ausscheidejahr./. Geburtsjahr) errechnet.

Ein Betriebszugehörigkeitsjahr sind zwölf vollendete Zugehörigkeitsmonate in der ...-GmbH.

Die Beträge gem. § 8 Abs. 2 lit. a) und von § 8 Abs. 2 lit. b) bleiben unverändert, nur die Höchstabfindungen ändern sich jeweils um den gleichen Prozentsatz, um den sich das Tarifgehalt eines Versicherungsangestellten nach der höchsten Gehaltsgruppe mit vollen Berufsjahren des Gehaltstarifvertrages ändert. Dabei werden die Beträge auf volle 50 EUR aufgerundet. Die Dynamisierung gilt ab ... . Der jeweilige Anpassungstermin richtet sich nach dem Tarifvertrag für das private Versicherungsgewerbe.

Wird für eine Mitarbeiterin/einen Mitarbeiter, die/der bereits eine Abfindung nach dieser Rahmenvereinbarung bekommen hat, eine Neuberechnung durchgeführt – gleich aus welchem Grund – so wird der bereits erhaltene Betrag auf die Neuberechnung angerechnet.

Die Abfindung ist mit der rechtlichen Beendigung des Arbeitsverhältnisses fällig und ist vererblich. Sollte die Firma die Mitarbeiterin/den Mitarbeiter unter Vergütungsfortzahlung von der Arbeit freistellen, ist die Abfindung zusammen mit der Gehaltszahlung für den Freistellungsmonat zur Auszahlung fällig.

Spätestens zum Zeitpunkt des Ausspruchs der betriebsbedingten Kündigung bzw der Unterzeichnung des Aufhebungsvertrages erstellt der Arbeitgeber der Mitarbeiterin/dem Mitarbeiter ein qualifiziertes Zwischenzeugnis.

Mitarbeiterinnen/Mitarbeitern wird für die Wahrnehmung von Vorstellungsgesprächen im Rahmen ihrer Bewerbungen nach vorheriger Absprache mit dem Arbeitgeber bezahlte Freizeit gewährt.

§ 9 Schlussbestimmungen

(1) In besonderen Härtefällen wird eine Einzelfallregelung für die/den betroffene/n Mitarbeiterin/Mitarbeiter zwischen dem Arbeitgeber und dem zuständigen Betriebsrat ausgehandelt.

(2) Diese Betriebsvereinbarung tritt mit dem Zeitpunkt der Unterzeichnung in Kraft und kann frühestens zum ... – mit einer Kündigungsfrist von drei Monaten – gekündigt werden. Sie verlängert sich jeweils um ein Kalenderjahr, wenn sie nicht mit einer Frist von drei Monaten jeweils zum Ende eines Kalenderjahres gekündigt wird.

3. Muster: Restrukturierung

Zwischen

der Firmengruppe ...

– nachstehend: Arbeitgeber –

und

dem Gesamtbetriebsrat der Firmengruppe ...

– nachstehend: Gesamtbetriebsrat –

wird folgender Interessenausgleich/Sozialplan zu den Umsetzungsmaßnahmen einer betrieblichen Restrukturierung geschlossen:

Präambel

Zur mittelfristigen Verbesserung der Wettbewerbspositionen der Firmengruppe wird eine dauerhafte Kostenentlastung insbesondere im Bereich der Fixkosten angestrebt.

Um dies zu erreichen, wurde zunächst ein Projekt unter Mitwirkung der Unternehmensberatung ... gestartet. In diesem Projekt wurden – unter Einbeziehung bereits laufender Aktivitäten in einzelnen Unternehmensbereichen – verschiedene Maßnahmen zur strategischen Neuausrichtung der Gruppe entwickelt, die in den Jahren ... bis ... umgesetzt werden sollen. Die Maßnahmen und ihre Auswirkungen auf die Arbeitnehmer wurden dem Gesamtbetriebsrat vorgestellt und mit ihm beraten.

§ 5 Betriebsvereinbarungen

Teil A: Geltungsbereich

§ 1

Die Vereinbarung gilt für alle Arbeitnehmer und Arbeitnehmerinnen (nachfolgend: AN) im Innendienst, technischen Außendienst und organisierenden Außendienst der vorgenannten Gesellschaften, soweit sie nicht leitende Angestellte iSv § 5 Abs. 3 BetrVG sind.

§ 2

Sie gilt für alle personellen Umsetzungsmaßnahmen im Zusammenhang mit den nachfolgend genannten Maßnahmen des Projekts:
- Schließung der dezentralen Kundenbetreuung einschließlich der Schadendienste
- Aufbau der zentralen Kundenbetreuung
- Neuordnung der Stammorganisation in drei Vertriebsdirektionen
- Neuordnung der Organisationsmaßnahmen
- Personalanpassungsmaßnahmen in den Vertriebs- und Vertriebsunterstützungsfunktionen
- Personalanpassung in den Querschnittfunktionen der Hauptverwaltung (nachfolgend: HV) sowie für alle kleineren organisatorischen Maßnahmen, die im unmittelbaren sachlichen und zeitlichen Zusammenhang zu dem Projekt stehen.

Teil B: Phasenplan für die Umsetzung

Die Zentralisierung der Kundenbetreuung A erfolgt im Zeitraum ... bis ....

Die Zentralisierung der Kundenbetreuung B erfolgt stufenweise bis ....

Die Schließung der Kundenbetreuungsstandorte ... erfolgt inklusive der Schadendienste ... bis zum .... Den Arbeitnehmern dieser Kundenbetreuungen inklusive der Schadendienste wird unabhängig von der Durchführung der organisatorischen Maßnahmen frühestens zum ... gekündigt.

Die Schließung der Standorte ... sowie des Schadendienstes ... erfolgt zum .... Den Arbeitnehmern dieser Kundenbetreuungen inklusive der Schadendienste wird unabhängig von der Durchführung der organisatorischen Maßnahmen frühestens zum ... gekündigt.

Die Schließung und Kapazitätsanpassung der Vertriebs- und Vertriebsunterstützungsfunktionen erfolgt zum ... (Anlage 1).

Die Strukturen sind im Rahmen der mittelfristigen Planung festgelegt worden. Daher wird davon ausgegangen, dass jedenfalls bis Ende ... keine darüber hinausgehenden personellen Maßnahmen erforderlich sind. Wenn sich aufgrund von wesentlichen Abweichungen in der mittelfristigen Geschäftsentwicklung die Notwendigkeit zu weiteren Maßnahmen ergibt, werden diese in Form von Interessenausgleichsverhandlungen beraten.

In den Querschnittfunktionen der HV sind mit Ausnahme des Bereichs Immobilien im Jahr ... keine betriebsbedingten Personalanpassungsmaßnahmen geplant. Im Bereich Immobilien werden die Aufgaben der Bau- und Instandhaltungsfunktionen auf die Firma ... übertragen. Für die übrigen Funktionen des Immobilienbereiches werden im Jahr ... keine betriebsbedingten Kündigungen ausgesprochen, die vor dem ... wirksam werden.

Teil C: Personalpolitische Grundsätze und Instrumentarien

§ 1 Personalpolitische Grundsätze

Der Arbeitgeber wird alle Möglichkeiten ausschöpfen, um betriebsbedingte Kündigungen zu vermeiden.

Auch wenn Maßnahmen bezüglich des Umfangs der personellen Auswirkung noch nicht abschließend definiert sind, können bereits Versetzungen auf andere Arbeitsgebiete eingeleitet werden. Vor der Versetzung erfolgt eine Beratung mit dem zuständigen Betriebsrat über Fragen der Sozialauswahl. Dem betroffenen Personenkreis können dann offene Stellen bevorzugt angeboten werden. Der zuständige Betriebsrat wird informiert, bevor dem AN das konkrete Arbeitsplatzangebot unterbreitet wird.

§ 2 Arbeitsplatzangebot

Allen AN, die sich mobil erklärt haben, wird im aufnehmenden Betrieb ein Arbeitsplatzangebot in der gleichen Funktion unterbreitet. Sofern dies nicht möglich ist, wird den AN ein Arbeitsplatz in einer anderen geeigneten Funktion angeboten, wenn sie in einem angemessenen Zeitraum (gemäß Teil C § 6) qualifizierbar sind.

Für den Fall, dass geringfügig mehr AN Mobilitätsbereitschaft erklärt haben und auch qualifizierbar sind, als freie Stellen zur Verfügung stehen, wird gleichwohl ein Arbeitsplatzangebot in den aufnehmenden Standorten unterbreitet. Geringfügigkeit liegt in jedem Fall dann vor, wenn bezogen auf den jeweiligen Funktionsbereich die Soll-Zahl um weniger als 2 % überschritten wird.

§ 3 Weiterbeschäftigung im Innendienst

Ein Angebot auf Weiterbeschäftigung erfolgt schriftlich. Es enthält Angaben über den beabsichtigten Versetzungszeitpunkt, Art der Tätigkeit, Arbeitsort und etwaige Regelungen, die aus dieser Vereinbarung folgen. Der AN hat für seine Entscheidung über das Angebot eine Bedenkzeit von längstens drei Wochen. Innerhalb dieser Bedenkzeit kann er während der Arbeitszeit eine angebotene Stelle aufsuchen und sich informieren.

(1) Ist die Weiterbeschäftigung an dem bisherigen Arbeitsplatz nicht möglich, ist der Arbeitgeber verpflichtet, dem AN in demselben Betrieb einen gleichwertigen anderen Arbeitsplatz anzubieten, der für den AN geeignet und zumutbar ist.

(2) Steht ein Arbeitsplatz, der die Anforderungen des Abs. 1 erfüllt, nicht zur Verfügung, ist der Arbeitgeber verpflichtet, dem AN einen gleichwertigen Arbeitsplatz in einem anderen Betrieb des Unternehmens anzubieten, der für den AN geeignet und zumutbar ist.

(3) Steht auch ein Arbeitsplatz, der die Anforderungen der Abs. 2 erfüllt, nicht zur Verfügung oder nimmt der AN den ihm nach Abs. 2 angebotenen Arbeitsplatz nicht an, ist der Arbeitgeber verpflichtet, dem AN einen geeigneten und zumutbaren Arbeitsplatz in demselben Betrieb des Unternehmens anzubieten.

(4) Steht auch ein Arbeitsplatz, der die Anforderungen von Abs. 3 erfüllt, nicht zur Verfügung, ist der Arbeitgeber verpflichtet, dem AN – soweit vorhanden – einen geeigneten und zumutbaren Arbeitsplatz in einem anderen Betrieb des Unternehmens anzubieten.

(5) Ein anderer Arbeitsplatz ist gleichwertig, wenn die Tätigkeit nach derselben Tarifgruppe vergütet wird. Er ist geeignet, wenn damit zu rechnen ist, dass der AN die fachlichen und persönlichen Anforderungen des anderen Arbeitsplatzes erfüllen kann; dies ist auch dann der Fall, wenn zum Erwerb der Qualifikation für den anderen Arbeitsplatz eine Einarbeitung oder Qualifizierung erforderlich und dem Arbeitgeber zumutbar ist (siehe Qualifizierung).

(6) Die Zumutbarkeit eines anderen Arbeitsplatzes für den AN richtet sich nach der Art seiner bisherigen Tätigkeit, seinem Alter und seinem Gesundheitszustand, seinen persönlichen Verhältnissen sowie den äußeren Umständen (zB bei einem Wechsel des Arbeitsortes).

Der AN kann einen Wechsel des Arbeitsortes ablehnen, wenn die tägliche Gesamtwegezeit 150 Minuten überschreitet.

(7) Wenn sich die Tätigkeit eines AN an seinem Arbeitsplatz erheblich ändert, hat er Anspruch auf eine schriftliche Beurteilung, die mit ihm zu besprechen ist. AN, die den Arbeitsplatz wechseln, haben Anspruch auf ein qualifiziertes Zwischenzeugnis.

(8) Ist ein angebotener Arbeitsplatz nach den tariflichen Bestimmungen geringer bewertet, erfolgt eine Gehaltssicherung nach Maßgabe des Teil D § 1.

§ 4 Weiterbeschäftigung im angestellten Werbeaußendienst

(1) Jeder Innendienst-AN hat das Recht, eine Versetzung in den werbenden Außendienst zu beantragen. Der Antrag hat in schriftlicher Form zu erfolgen. Bei einer solchen Versetzung hat der AN Anspruch auf Einarbeitung und Schulung.

(2) Allen betroffenen AN im organisierenden Außendienst wird ein Arbeitsplatzangebot für den werbenden Außendienst unterbreitet. Nimmt der AN dieses Angebot innerhalb von drei Wochen nicht schriftlich an, so hat er einen Anspruch auf Abfindung gemäß dieser Vereinbarung.

(3) Für den Zeitraum der Qualifizierung – mindestens aber für sechs Monate – wird keine Kündigung aus betriebsbedingter Veranlassung durchgeführt.

(4) Erscheint nach Ablauf von drei Monaten die Qualifizierung aus objektivierbaren Gründen zu scheitern, so kann bereits zu diesem Zeitpunkt dem AN unter Einhaltung der individuellen Kündigungsfrist gegen Abfindung gekündigt werden. Der AN kann zum Ablauf der sechs Monate kündigen, ohne dass die Abfindung entfällt. Die Abfindungshöhe stellt in beiden Fällen auf den Zeitpunkt der Versetzung ab.

(5) Die Gehaltssicherung richtet sich nach Teil D § 2.

§ 5 Erweiterter Kündigungsschutz

Ist ein AN an einen anderen Ort versetzt worden und dorthin umgezogen, ist für die Dauer von 36 Monaten ab vollzogener Versetzung der Anspruch einer betriebsbedingten Kündigung, außer im Falle der Betriebsstilllegung, durch den Arbeitgeber ausgeschlossen.

§ 6 Qualifizierungsmaßnahmen

Wenn sich die Tätigkeit eines AN an seinem Arbeitsplatz ändert, hat er Anspruch auf die erforderliche Einarbeitung oder Qualifizierung. Der Arbeitgeber hat sowohl über Inhalt als auch Dauer einer angemessenen Qualifizierung mit dem Betriebsrat zu beraten. Der notwendige Qualifizierungsbedarf wird unter Berücksichtigung des beruflichen Werdeganges, der Ausbildung und der Fachkenntnisse im Hinblick auf die zukünftigen Anforderungen des Arbeitsplatzes festgelegt. Die daraus resultierenden Qualifizierungsmaßnahmen werden schriftlich festgehalten und dem AN ausgehändigt.

Der Anspruch setzt voraus, dass der AN auf der Basis seines bereits erlangten Fachwissens in der Lage ist, das geforderte Qualifikationsziel innerhalb von sechs Monaten (in begründeten Ausnahmefällen bis zwölf Monate) zu erreichen. Bei Qualifizierungsmaßnahmen von sechs Monaten wird nach der Hälfte der Dauer verbindlich überprüft, ob das Qualifikationsziel erreicht werden kann. Bestehen daran begründete Zweifel, so kann die Maßnahme nach entsprechender Beratung mit dem Betriebsrat abgebrochen werden.

Bleibt die Qualifizierungsmaßnahme erfolglos und wird aus diesem Anlass das Arbeitsverhältnis beendet, so richtet sich die Abfindung nach dieser Vereinbarung. Die oben genannten Regelungen gelten auch, wenn die Weiterbeschäftigung an dem bisherigen Arbeitsplatz nicht möglich ist und eine Einigung über die Versetzung erzielt wurde.

Die Kosten von Einarbeitungs- und Qualifizierungsmaßnahmen trägt der Arbeitgeber. Für die Dauer der Einarbeitung oder Qualifizierung erhält der AN seine regelmäßigen Bezüge weitergezahlt. Einarbeitungen und Qualifizierungen erfolgen während der regelmäßigen Arbeitszeit.

§ 7 Kapazitätsanpassungen

Nach Übernahme der zentralen Bearbeitung werden durch Rationalisierungsprojekte, wie Dokumenten-Retrieval-System, Point-of-Sale, Vertriebs-Controlling, Prozessoptimierung etc. in den aufnehmenden Standorten Arbeitskapazitäten entfallen. Es besteht Einvernehmen, dass dies bei einer Wachstumsrate entsprechend dem mittelfristigen Plan durch normale Fluktuation und durch befristete Arbeitsverträge ausgesteuert werden soll.

Für den Fall einer unterproportionalen Wachstumsentwicklung wird der Abbau des Stellenüberhangs zunächst durch Reduzierung von Mehrarbeit und durch Arbeitszeitverkürzung angestrebt.

§ 8 Verkürzung der individuellen Arbeitszeit

Im Rahmen von Rationalisierungsmaßnahmen sind, soweit es betrieblich durchführbar ist, verstärkt Teilzeitarbeitsplätze oder alternativ individuelle Arbeitszeitregelungen anzubieten.

Ebenso können unter diesen Voraussetzungen im Rahmen von Arbeitsplatzteilung in Abstimmung mit dem Betriebsrat spezifische Arbeitszeitregelungen vereinbart werden, um betriebsbedingte Kündigungen zu vermeiden.

Über die veränderten Arbeitsbedingungen ist eine schriftliche Vereinbarung mit dem AN abzuschließen. Der Gehaltausgleich ist in Teil F § 1 geregelt.

Teil D: Gehaltssicherung bei Versetzung

§ 1 Versetzung innerhalb des Innendienstes

(1) Werden AN auf einen anderen Arbeitsplatz im Innendienst versetzt, der nach den tarifvertraglichen Bestimmungen geringer zu bewerten ist, als es der bisherigen Vergütung entspricht, erfolgt eine Gehaltssicherung. Der Gehaltssicherungsbetrag ist die Differenz zwischen bisherigem Gehalt und zukünftigem Gehalt. Dabei werden alle Gehaltsbestandteile berücksichtigt, die der Wertigkeit des alten und neuen Arbeitsplatzes entsprechen (zB Tarifgruppe, Tätigkeitszulage, Verantwortungszulage). Nicht berücksichtigt werden variable Bestandteile (zB Überstunden, Leistungszulage) und Zulagen, die eine besondere Belastung ausgleichen (zB Bereitschaftspauschale). Der Differenzbetrag wird in eine dynamisierte Ausgleichszulage umgewandelt. Die Zulage wird mit individuellen Gehaltsanhebungen verrechnet.

(2) Bezüglich der Dauer der Gehaltssicherung gilt:

a) für AN, die bei Umsetzung der Maßnahme eine Beschäftigungsdauer (ohne Ausbildungszeiten) von fünf Jahren erreicht haben, wird die Ausgleichszulage unbefristet gezahlt,

b) für AN, deren Beschäftigungsdauer kleiner als fünf Jahre (ohne Ausbildungszeiten) ist, wird die Gehaltssicherung befristet für 36 Monate gewährt.

Nach Ablauf dieses Zeitraums wird die Ausgleichszulage entsprechend § 7 Nr. 1 Rationalisierungsschutzabkommen in Höhe der jeweiligen Tarifanhebung abgebaut.

§ 2 Versetzung in den Werbeaußendienst

(1) Für den Zeitraum der Gehaltssicherung erhalten AN einen Außendienstvertrag besonderer Art. In diesem werden neben der Gehaltssicherung gem. Abs. 2 und 3 die im Außendienst üblichen Fahrtkosten und Spesen und eine Vergütung von ... EUR je „Einheit" für von ihm vermitteltes Geschäft gezahlt. Ein durch diese Maßnahme ausgelöster erhöhter Kostensatz geht nicht zu Lasten der zuständigen Führungskraft. Nach längstens sechs Monaten erhält der AN einen üblichen Außendienst-(Aufrechnungs-)Vertrag.

(2) Innendienstmitarbeiter, die in den Werbeaußendienst wechseln, erhalten die bisherigen Bezüge einschließlich etwaiger tariflicher Verbesserungen für die Dauer von sechs Monaten weiter.

(3) Basis für die Gehaltssicherung des organisierenden Außendienstes ist das Durchschnittseinkommen der letzten sechs Monate vor dem Wechsel in den Werbeaußendienst. Grundlage für die Ermittlung des Durchschnittseinkommens sind das Gehalt, die Differenzabschlussprovision, die Super- bzw Superabschlussprovision und Provisionsgarantien.

§ 5 Betriebsvereinbarungen

Nicht berücksichtigt werden Abschlussprovisionen für gelegentliches Eigengeschäft (Provisionssplitting ist hiervon ausgenommen), Betreuungsprovisionen, Bonifikationen, Investitionszuschüsse und Aufwendungsersatz, auch bei lohnsteuerpflichtiger Zahlung (zB Reisekosten, Spesen, Orga-Zuschuss).

Teil E: Mobilitätsbeihilfen

Wird ein AN auf einen von seinem Wohnsitz weiter entfernten Arbeitsplatz versetzt, werden für einen Übergangszeitraum folgende Leistungen gewährt:

§ 1 Bei Aufrechterhaltung des bisherigen Wohnsitzes

(1) Hotel/Appartement am neuen Arbeitsort

Für die Dauer von drei Monaten – in begründeten Ausnahmefällen bis zu sechs Monaten – übernimmt der Arbeitgeber die Kosten für ein gutes Mittelklassehotel oder ein Appartement am neuen Arbeitsort.

Für den Zeitraum, in dem ein AN diese Leistungen in Anspruch nimmt, übernimmt der Arbeitgeber die Kosten (gemäß Reisekostenrichtlinie) für eine Familienheimfahrt wöchentlich.

Sofern bei AN eine doppelte Haushaltsführung entsteht, wird eine Trennungsentschädigung nach den steuerlichen Richtlinien gewährt.

(2) Anreise von der bisherigen Wohnung

Alternativ zu den Leistungen nach Abs. 1 wird ein Fahrtkostenzuschuss (brutto) in Höhe der Kosten (gemäß Reisekostenrichtlinie) für Monatskarten der Bahn AG gezahlt. Anschließend gelten die allgemeinen Regelungen über den Fahrtkostenzuschuss. Die Leistungen nach Abs. 1 und 2 können wahlweise in Anspruch genommen werden. Ein Wechsel ist jederzeit möglich.

(3) Zuschuss/Arbeitszeitverkürzung für den erhöhten Zeitaufwand

a) Für den Aufwand des verlängerten Weges zur Arbeit erhält der AN eine zusätzliche Aufwandsentschädigung (brutto). Die Höhe dieser Aufwandsentschädigung richtet sich nach der zusätzlichen Dauer für die einfache Fahrt zur Arbeitsstätte:

Stufe I ... EUR/Monat ab 30 Minuten
Stufe II ... EUR/Monat ab 45 Minuten
Stufe III ... EUR/Monat ab 60 Minuten

Die Fahrtkosten und die Entschädigung für den verlängerten Weg zur Arbeit werden für die Dauer von zweieinhalb Jahren gezahlt. Ab einer sechsjährigen Betriebszugehörigkeit verlängert sich die Dauer um ein Jahr, bei einer Betriebszugehörigkeit ab acht Jahre um ein weiteres Jahr.

b) Der AN kann auf den Zuschuss verzichten und sich für eine Verkürzung der täglichen Arbeitszeit entsprechend den Stufen I bis III von 30, 45 oder 60 Minuten für den vorgenannten Zeitraum entscheiden.

c) Ein Wechsel zwischen Zuschuss und Arbeitszeitverkürzung ist einvernehmlich möglich.

§ 2 Umzug zum neuen Arbeitsort

Verlegt ein AN innerhalb von 24 Monaten nach Versetzung den Wohnsitz an den neuen Arbeitsort, werden in angemessenem Rahmen gegen Nachweis folgende Leistungen gewährt:

(1) Wohnungssuche

Für Wohnungsbesichtigungen und für Termine mit Maklern wird bezahlte Freizeit gewährt, soweit diese Termine nicht außerhalb der regelmäßigen Arbeitszeit wahrgenommen werden können.

Die Kosten für Anzeigen in regional verbreiteten Zeitungen werden vom Arbeitgeber übernommen.

Reisekosten für die Besichtigung von Wohnobjekten werden, auch für den Lebenspartner, erstattet.

(2) Maklergebühren

Maklergebühren werden im ortsüblichen Rahmen für die Vermittlung von Mietwohnungen erstattet. Bei Erwerb von Wohnungseigentum erfolgt die Erstattung von Maklerkosten in der Höhe, die für die Beschaffung einer vergleichbaren Mietwohnung entstanden wären.

(3) Umzugskosten

Der Arbeitgeber übernimmt die erforderlichen Umzugskosten nach Abstimmung. Näheres ist in der Anlage 2 geregelt.

(4) Mietzuschüsse

Mietzuschüsse werden befristet gemäß Anlage 1 gezahlt.
Bei der Veräußerung und dem Erwerb von Wohneigentum werden individuelle Regelungen getroffen.

(5) Abstandszahlung

Verlegt ein AN, der die Leistungen nach Abs. 2–4 in Anspruch nehmen kann, seinen Wohnsitz innerhalb von zwölf Monaten nach der Versetzung an den neuen Arbeitsort, so erhält er zusätzlich eine Abstandszahlung iHv ... EUR brutto.

(6) Betriebsbedingte Veranlassung

In Zweifelsfällen entscheidet der Arbeitgeber nach Beratung mit dem örtlichen Betriebsrat, ob ein Wohnungswechsel betriebsbedingt veranlasst ist.

(7) Rückzahlungsverpflichtung

Der AN ist verpflichtet, die Umzugskosten und Maklergebühren anteilig zurückzuzahlen, wenn er innerhalb von zwei Jahren aufgrund eigener Kündigung die ... Firmengruppe verlässt.

Teil F: Verkürzung der Arbeitszeit

Die nachfolgenden Regelungen gelten für die betriebsbedingte Reduzierung der Arbeitszeit. Dies gilt sowohl für Einzelvereinbarungen als auch für kollektive Arbeitszeitreduzierungen durch freiwillige Betriebsvereinbarungen im Rahmen der §§ 111, 112 BetrVG.

§ 1

Wird die Arbeitszeit reduziert, erhält der AN für 54 Monate einen Gehaltsausgleich. Er beträgt 25 % der Differenz zwischen bisherigem und künftigem Bruttomonatsgehalt (einschließlich aller Zulagen und VL). Der Gehaltsausgleich wird als Einmalabfindung zu Beginn der Arbeitszeitreduzierung für 54 Monate im Voraus gezahlt. Ist zu diesem Zeitpunkt bereits absehbar, dass das Arbeitsverhältnis vor Ablauf der 54 Monate endet oder ruht, wird die Abfindung entsprechend reduziert.

§ 2

Während dieses Ausgleichszeitraums kann die Arbeitszeit vorübergehend oder dauerhaft bis auf die ursprüngliche Wochenarbeitszeit angehoben werden. Das Gehalt wird dann auf Basis der neuen Arbeitszeit gezahlt, ohne dass die Abfindung nach § 1 angerechnet wird.

§ 3

Kündigt der AN innerhalb des Ausgleichszeitraums, ist die Abfindung für den Rest des Ausgleichszeitraums anteilig zurückzuzahlen.

§ 4

Erfolgt während des Ausgleichszeitraums eine betriebsbedingte Beendigung des Arbeitsverhältnisses, wird eine dann fällige Abfindung auf der Basis des ursprünglichen Gehalts gezahlt.

Teil G: Austrittsregelungen

§ 1 Abfindungsanspruch

(1) Einen Anspruch auf Abfindung haben AN, deren Arbeitsplatz wegfällt und die nach Inkrafttreten dieser Vereinbarung

- infolge der Maßnahmen betriebsbedingt gekündigt werden,
- einvernehmlich aufgrund eines betriebsbedingten Aufhebungsvertrages aus dem Unternehmen ausscheiden,
- aus Anlass dieser Maßnahmen aufgrund eigener Kündigung aus dem Unternehmen ausscheiden,
- infolge der Maßnahmen an einen anderen Arbeitsort versetzt werden und innerhalb von drei Monaten nach der Versetzung ausscheiden. [Die zum Zeitpunkt der Versetzung ermittelte Abfindung reduziert sich um die Anzahl der ab diesem Zeitpunkt gezahlten Bruttogehälter incl. aller Gehaltsbestandteile (ohne VL)],
- oder infolge eines Ringtausches ausscheiden.

(2) Ein Anspruch auf Abfindung entsteht nicht, wenn der AN ein zumutbares Arbeitsplatzangebot nicht binnen einer Ausschlussfrist von drei Wochen ab Unterbreitung schriftlich annimmt.

(3) Der Anspruch auf Abfindung reduziert sich bei vorzeitiger Eigenkündigung. Die Abfindung wird zum tatsächlichen Austrittszeitpunkt errechnet. Für jeden Monat des vorzeitigen Ausscheidens wird die Abfindung um je 5 % – höchstens jedoch um 60 % – gekürzt.

Das Gleiche gilt bei vorzeitiger betriebsbedingter Beendigung des Arbeitsverhältnisses durch Aufhebungsvertrag.

(4) Die Ansprüche auf Zahlung der Abfindung sind fällig bei Ausscheiden des AN; sollte zu diesem Zeitpunkt ein Kündigungsschutzverfahren des betroffenen AN anhängig sein, tritt die Fälligkeit erst mit rechtskräftiger Beendigung des Verfahrens ein.

(5) Abfindungen, die in Aufhebungsverträgen bzw im Vergleichswege vereinbart oder im Kündigungsschutzverfahren zuerkannt werden, werden auf Leistungen nach dieser Vereinbarung angerechnet.

§ 2 Höhe der Abfindung

(1) Arbeitnehmer vor Vollendung des 61. Lebensjahres

a) Abfindung nach Betriebszugehörigkeit

aa) Die Abfindung beträgt in Abhängigkeit vom Lebensalter[291] je Beschäftigungsjahr (ohne Ausbildungszeiten):

- bis zum vollendeten 30. Lebensjahr   Faktor 0,7
- ab vollendetem 30. Lebensjahr   Faktor 0,9
- ab vollendetem 35. Lebensjahr   Faktor 1,1
- ab vollendetem 40. Lebensjahr   Faktor 1,2
- ab vollendetem 45. bis 60. Lebensjahr   Faktor 1,4

des letzten Monatsgehaltes (incl. aller Zulagen, ohne VL). Bei AN des organisierenden Außendienstes tritt an die Stelle des Monatsgehalts das nach Teil D § 2 Abs. 3 ermittelte Durchschnittseinkommen (ohne VL). Berücksichtigt werden ununterbrochene Zeiten der Betriebszugehörigkeit in Unternehmen, die zur Firmengruppe gehören. Nicht vollendete Beschäftigungsjahre werden bis einschließlich sechs Monate abgerundet; über sechs Monate auf volle Jahre aufgerundet.

---

291 Zur Frage der unterschiedlichen Behandlung wegen des Alters vgl § 5 Rn 191 ff.

bb) Eine in diesem Zeitraum abgeschlossene Erstausbildung wird unabhängig von ihrer Dauer pauschal mit insgesamt 1,5 Bruttomonatsgehältern bei der Abfindung zusätzlich berücksichtigt. Die Altersfaktoren finden keine Anwendung.

b) Unterhaltsberechtigte Kinder

Für jedes Kind, dem der AN im Zeitpunkt des Ausscheidens zum Unterhalt verpflichtet ist, erhält der AN eine zusätzliche Abfindung nach folgender Tabelle:

- erreichtes Alter des Kindes bis 5 Jahre ... EUR
- erreichtes Alter des Kindes von 6 bis 10 Jahre ... EUR
- erreichtes Alter des Kindes von 11 bis 15 Jahre ... EUR
- erreichtes Alter des Kindes ab 16 Jahre ... EUR

c) Zusätzliche Abfindung bei Schließung von Betriebsstätten

AN, deren Betriebsstätten geschlossen werden, erhalten ein Monatsgehalt zusätzlich als Abfindung, wenn sie im Monat der Stilllegung ihre arbeitsvertraglichen Verpflichtungen erfüllen und in diesem Monat keinen Urlaub nehmen.

In diesen Fällen ist eine Abgeltung von Urlaub nach den tarifvertraglichen Bestimmungen möglich.

d) Mindest-/Höchstabfindung

Für die Summe der Abfindungskomponenten nach lit. a)–c) gelten folgende Mindest-/Höchstabfindungen:

aa) Die Mindestabfindung beträgt bei einem erreichten Alter

- bis 29 Jahre ... EUR
- von 30 bis 39 Jahre ... EUR
- von 40 bis 49 Jahre ... EUR
- von 50 bis 60 Jahre ... EUR

bb) Die Höchstabfindung beträgt ... EUR; in Abhängigkeit vom Lebensalter bei Ausscheiden maximal jedoch nicht mehr als

- bis 52 Jahre   45 Gehälter
- bis 55 Jahre   40 Gehälter
- bis 60 Jahre   35 Gehälter

(2) Arbeitnehmer ab Vollendung des 61. Lebensjahres

AN, die bei Ausscheiden das 61. Lebensjahr vollendet haben, erhalten eine Abfindung gemäß Anlage 1, § 2.

(3) Arbeitnehmer, die unmittelbar gesetzliche Altersrente beziehen

Rentenversicherungspflichtige AN, die von den vorgenannten Maßnahmen betroffen sind und nach dem Austritt unmittelbar gesetzliche Altersrente beziehen, erhalten eine Abfindung iHv ... EUR je Monat für jeden Monat vom Austrittszeitpunkt bis zum Erreichen der Regelaltersgrenze. Die Abfindung wird in einer Summe im Austrittsmonat ausgezahlt. Sofern bis zum Erreichen der Regelaltersgrenze ein Jubiläum noch erreicht würde, erhöht sich die Abfindung um das Jubiläumsgeld.

§ 3 Anteilige Abfindung für Teilzeitkräfte

Bei Teilzeitkräften wird die Höhe der Abfindung für alle Komponenten gemäß nachfolgender Regelung unter Abs. 1 und 2 anteilig ermittelt. Dies gilt auch für die Mindest- und Höchstabfindung sowie die zusätzlich Abfindung für unterhaltsberechtigte Kinder.

(1) Für AN, die tariflich eingruppiert sind, entsprechend dem Verhältnis der individuellen zur tariflichen Wochenarbeitszeit.

(2) Für AN gem. § 1 Nr. 2 MTV, die ein außertarifliches Entgelt unterhalb der Tarifgruppe 1 beziehen, entsprechend dem Verhältnis vertragliches Bruttomonatsentgelt zur TG 1.

Teil H: Urlaub/Sonderzahlungen

Bei Ausscheiden während des Kalenderjahres gelten die tariflichen Bestimmungen. Eigenkündigungen von AN, die durch die vorgenannten Maßnahmen veranlasst sind, werden bezüglich der Gewährung von Sonderzahlungen wie betriebsbedingte Arbeitgeberkündigungen behandelt.

Teil I: Ringtausch

AN können eine Austrittsvereinbarung beantragen, wenn dadurch die unmittelbare Aufrechterhaltung eines Arbeitsverhältnisses betroffener AN gesichert wird.

Teil J: Härtefälle

Arbeitgeber und Betriebsrat behalten sich vor, für besondere Härten gesonderte Einzelfallregelungen zu vereinbaren. Hierfür stehen auch Mittel aus dem Sozialfonds (Betriebsvereinbarung vom ...) zur Verfügung.

Teil K: Sozialauswahl bei betriebsbedingten Kündigungen

Es besteht Einvernehmen, dass unmittelbar nach dem Abschluss dieser Vereinbarung Gespräche zwischen den Parteien über Verfahren und Maßstäbe der Sozialauswahl aufgenommen und bis zum ... abgeschlossen werden.

Im Anschluss daran werden mit den zuständigen Betriebsräten Gespräche darüber aufgenommen, welchen AN betriebsbedingt zu kündigen ist. Als Ergebnis dieser Gespräche werden Listen erstellt. Für den Fall der Einigung werden diese Listen als Bestandteil dieser Vereinbarung anerkannt und als Anlage beigefügt.

Das Zustandekommen dieser Listen ist weder Bedingung für die Rechtswirksamkeit dieser Vereinbarung noch für die Einleitung und Umsetzung personeller Maßnahmen durch den Arbeitgeber. Vereinbaren die Parteien Namenslisten, wird diese Vereinbarung zusammen mit den Namenslisten nochmals unterzeichnet.

Teil L: Abstimmung mit dem Betriebsrat/Inkrafttreten

Bestehen Meinungsverschiedenheiten über die Anwendung oder Auslegung dieser Vereinbarung, entscheidet hierüber eine betriebliche Schlichtungsstelle. Jede Seite entsendet drei Mitglieder. Kommt eine Einigung nicht zustande, so erfolgt die Abwicklung nach § 76 BetrVG.

Diese Betriebsvereinbarung tritt am ... in Kraft und endet nach Umsetzung der in Abschnitt A genannten Maßnahmen. Sie löst den Interessenausgleich/Sozialplan vom ... ab.

Sollten einzelne Bestimmungen dieser Vereinbarung unwirksam sein oder werden, bleiben die übrigen Regelungen bestehen. Die unwirksamen Regelungen werden durch Ergänzungsvereinbarungen der Parteien ersetzt, die dem von den Parteien gewollten Ergebnis möglichst nahe kommen.

Anlage 1

§ 1 Mietbeihilfe für Arbeitnehmer bei Versetzung

Im Falle eines versetzungsbedingten Umzugs wird dem AN bei der Beschaffung einer gleichwertigen Mietwohnung eine Mietbeihilfe gewährt. Hierzu gelten folgende Grundsätze:

(1) Diese Regelung gilt nur, wenn der AN am bisherigen Beschäftigungsort oder in dessen Umgebung eine abgeschlossene Wohnung angemietet hat. Für möblierte Wohnungen oder Untermietverhältnisse (insbesondere bei Verwandten) gilt sie nicht.

(2) Wenn für eine gleichwertige Wohnung am neuen Beschäftigungsort eine höhere Miete zu zahlen ist, wird die Differenz zur bisherigen Miete durch eine Mietbeihilfe (brutto) ausgeglichen. Die Gleichwertigkeit be-

zieht sich auf die qm-Wohnfläche, Ausstattung, Lage und Art des Mietobjektes (Wohnung, Reihen- oder Einzelhaus).

(3) Wenn das neue Mietobjekt höherwertig ist, kann die Mietdifferenz nicht voll ausgeglichen werden.

(4) Grundlage für die Errechnung der Mietbeihilfen ist der Mietzins ohne Nebenkosten (zB für Heizung, Treppenhausreinigung, Müllabfuhr und ohne Kosten für Garage).

(5) Mietbeihilfen werden für max. 36 Monate gezahlt und reduzieren sich jeweils um 25 % vom Ursprungsbetrag pro Jahr.

Beispiel: Miete neu: 600,00 EUR

Miete alt: 500,00 EUR

Differenz: 100,00 EUR

Mietbeihilfe 1. Jahr: 100,00 EUR

Mietbeihilfe 2. Jahr: 75,00 EUR

Mietbeihilfe 3. Jahr: 56,25 EUR

§ 2 Abfindungsberechnung für Mitarbeiter ab dem 61. Lebensjahr

Auf der Grundlage der tarifvertraglichen Vorschriften und unter Berücksichtigung der Bestimmungen des SGB III berechnet sich die Abfindung nach folgender Regelung:

(1) Zuschuss zum Arbeitslosengeld

Für Arbeitnehmer, die das 61. Lebensjahr vollendet haben und die Voraussetzungen zum Bezug der gesetzlichen Altersversorgung noch nicht erfüllen, wird eine Ausgleichszahlung (Abfindung) zum Zeitpunkt des Austritts gewährt, die sich folgendermaßen berechnet:

Anzahl der Monate bis zur frühestmöglichen Inanspruchnahme von Altersrente, auch mit Rentenabschlägen, – aber mindestens zwölf Monate –

multipliziert mit 80 % des sich aus der Bemessungsgrundlage (Abs. 6) ergebenden Nettomonatsgehalts zum Zeitpunkt des Austritts

vermindert um die Höhe des voraussichtlichen Arbeitslosengeldes. Wird das Arbeitslosengeld aus Gründen, die der AN nicht zu vertreten hat, nicht oder nicht mehr gezahlt, übernimmt der Arbeitgeber die Zahlung.

Arbeitslosengeld II, das der Arbeitnehmer möglicherweise im Anschluss an das Arbeitslosengeld erhält, wird bei der Ermittlung der Abfindung nicht angerechnet. Der Zuschuss zum Arbeitslosengeld II beträgt mindestens ... EUR.

(2) Dienstjubiläum bis zwölf Monate nach dem Ausscheiden

Bei Arbeitnehmern, die innerhalb der nächsten zwölf Monate nach dem betriebsbedingten Ausscheiden ein Dienstjubiläum erreicht hätten, erhöht sich die Abfindung um das Jubiläumsgeld.

(3) Altersversorgungsausgleich

Als Ausgleich für Nachteile in der betrieblichen und gesetzlichen Altersversorgung erhöht sich die Abfindung wie folgt:

Für Arbeitnehmer mit einer Betriebszugehörigkeit ab 10 Jahren:

Anzahl der Monate vom Ausscheiden bis zum Erreichen der Regelaltersgrenze multipliziert mit ... EUR brutto.

Für Arbeitnehmer mit einer Betriebszugehörigkeit von weniger als 10 Jahren:

... EUR multipliziert mit Anzahl der Beschäftigungsjahre (aber nicht mehr als max. ... EUR) multipliziert mit der Anzahl der Monate vom Ausscheiden bis zum Erreichen der Regelaltersgrenze.

(4) Ausgleich für Krankenversicherungsbeiträge

Für die Zeiten während der Arbeitslosigkeit, in denen nach Bezug des Arbeitslosengeldes I kein Arbeitslosengeld II gewährt wird, sind Beträge zur Krankenkasse zu entrichten. Zum Ausgleich der Belastung wird der Abfindungsbetrag pauschal um ... EUR erhöht.

(5) Bemessungsgrundlage

a) Bruttogehalt Innendienst

Das Bruttogehalt setzt sich zusammen aus:

- Tarifgruppe
- Leistungszulage
- Ausgleichszulage
- Tätigkeitszulage
- Verantwortungszulage
- Sozialzulage
- Arbeitszeitausgleichszulage
- Vermögenswirksamen Leistungen.

Nicht zum Bruttogehalt zählen:

- Bereitschaftspauschale
- Mehrarbeitsvergütung
- pauschalierte Mehrarbeit.

b) Bruttoeinkommen Außendienst

Das Bruttoeinkommen des organisierenden Außendienstes ergibt sich aus Teil D § 2 Abs. 3 der Vereinbarung.

c) Nettogehalt

Das Nettogehalt ergibt sich aus dem vorgenannten Bruttogehalt bzw Bruttoeinkommen, vermindert um folgende Abzüge:

- Steuern[292]
- Solidaritätszuschlag
- Krankenversicherung/AN-Anteil zur freiwilligen bzw privaten Krankenversicherung
- Rentenversicherung/AN-Anteil zur befreienden Lebensversicherung
- Pflegeversicherung.

Maßgeblich bei der Berechnung der Abfindung ist die Steuerklasse, die zu Beginn des Kalenderjahres galt, in dem das Kündigungs-/Aufhebungsverfahren abgeschlossen wird.

Das Nettomonatsgehalt wird ohne Sonderzahlungen ermittelt.

---

[292] Freibeträge werden grundsätzlich nicht berücksichtigt, es sei denn, es handelt sich um Kinderfreibeträge oder Schwerbehindertenfreibeträge.

4. Muster: Verlagerung eines Verbandes

Zwischen

dem Verband ...

– nachstehend: Verband –

und

dem Betriebsrat des Verbandes ...

– nachstehend: Betriebsrat –

wird folgender Interessenausgleich und Sozialplan geschlossen:

Präambel

Der Verband wird ... seinen Sitz von ... nach ... verlegen. Hierzu wird er gemeinsam mit anderen Verbänden in ... ein Verbandsgebäude errichten, dessen Fertigstellung ... erfolgen soll. Der derzeitige Umzugsstichtag für den Verband ist daher der ... vorbehaltlich einer Verzögerung bei der Fertigstellung des Verbandsgebäudes.

Zur Milderung von wirtschaftlichen Nachteilen im Zusammenhang mit der Betriebsverlegung für die beim Verband beschäftigten Mitarbeiterinnen und Mitarbeiter (im Folgenden: Mitarbeiter) wird der nachfolgende Sozialplan mit einem Volumen von ca. ... EUR vereinbart. Die Betriebspartner sind sich darüber einig, dass durch die nachfolgenden Bestimmungen die Betriebsänderung iSd §§ 111, 112 BetrVG geregelt wird.

§ 1 Geltungsbereich des Sozialplans

Der Sozialplan gilt grundsätzlich für alle Mitarbeiter des Verbandes, die zum Umzugsstichtag mit dem Verband einen Arbeitsvertrag geschlossen haben, es sei denn, der Arbeitsvertrag ist zeitlich befristet oder mit einer Umzugsklausel versehen. Für Mitarbeiter mit einer Umzugsklausel gelten lediglich die im Hinblick auf eine Wohnsitzverlegung nach ... gewährten Leistungen. Mitarbeiter mit Umzugsklausel sind von jeglicher Form der Abfindungsleistung ausgeschlossen.

Der Verband garantiert allen umzugswilligen Mitarbeitern einen adäquaten Arbeitsplatz zu gleichen Konditionen in ...

§ 2 Leistungen im Hinblick auf die Wohnsitzverlegung

(1) Umzugskosten

a) Es werden die entstehenden Umzugskosten (Speditionskosten und Packkosten) für alle zerbrechlichen Gegenstände – zB Glas, Porzellan, Bilder, Lampen, die aus Gründen des Versicherungsschutzes vom Spediteur zu packen sind – vom Verband übernommen, wobei der Verband das Recht hat, die Speditionsfirma vorzugeben. Mitarbeiter, die ihren Umzug lieber in Eigenregie durchführen wollen, erhalten eine Pauschale von 25 % des Preises, der durchschnittlich für den Umzug eines Haushalts entsprechender Größe aufzuwenden wäre.

b) Der Verband gewährt eine Umzugspauschale iHv 2.000 EUR je Mitarbeiter, wobei pro Kind zusätzlich 500 EUR geleistet werden, sofern das Kind durch Wohnsitzwechsel vom Umzug betroffen ist.

c) Der Verband gewährt jedem vom Umzug betroffenen Mitarbeiter für den eigentlichen Umzug drei Tage Sonderurlaub.

(2) Wohnungssuche

Der Verband gewährt jedem Mitarbeiter zwei Reisen zur Wohnungssuche für jeweils zwei Personen. Es wird jeweils eine Übernachtung in einem vom Verband festzulegenden Hotel finanziert. Zusätzlich werden pro Reise dem Mitarbeiter die steuerfreien Verpflegungsmehraufwendungen ersetzt. Im Falle einer Pkw-Fahrt wird auf Basis eines 2.-Klasse-Bahntickets abgerechnet.

Spirolke

(3) Maklerkosten

Der Verband erstattet bei Mietobjekten die Maklerkosten bis zu einer Höchstgrenze von 4.000 EUR. Diese Höchstgrenze gilt auch in den Fällen, in denen Maklerkosten für ein Kaufobjekt entstehen. Verkauft der Mitarbeiter nachweislich eine Immobilie am jetzigen Sitz des Verbandes, bzw in der Umgebung, um auf diese Weise den Kauf einer Ersatzimmobilie in ... zu finanzieren, erstattet der Verband Maklerkosten bis zu einer Obergrenze von 8.200 EUR.

(4) Doppelte Mietzahlung

Der Verband fordert seine Mitarbeiter auf, zum ... eine neue Immobilie in ... anzumieten. Die vorhandene Wohnung in ... soll jedoch erst zum ... aufgegeben werden. Der Verband ersetzt dafür die Miete des Monats ... der Wohnung am jetzigen Sitz des Verbandes (Kaltmiete zzgl Umlagen). Sofern der Mitarbeiter am jetzigen Verbandssitz in einer eigenen Immobilie wohnt, wird die Vergleichsmiete ersetzt.

(5) Verzögerungsklausel

Sollte der Verband auch bis zum ... seinen Dienstsitz noch nicht nach ... verlegt haben und aufgrund von Bauverzögerung nach wie vor gezwungen sein, seine Geschäftsstelle am jetzigen Verbandssitz weiter zu betreiben, trägt der Verband folgende entstehenden Kosten:

a) Die Kosten einer adäquaten Unterbringung in ...
b) Die Reisekosten für das Wochenendpendeln zurück nach ...

(6) Bestandsschutz/Rückzahlungsklausel

Der Verband versichert allen umzugswilligen Mitarbeitern, dass es innerhalb der ersten zwei Jahre nach dem Umzug zu keinen betriebsbedingten Kündigungen in ... kommen wird. Im Gegenzug werden die Mitarbeiter verpflichtet, im Falle einer Kündigung innerhalb der ersten zwei Dienstjahre in ... die auf den Umzug geleisteten Zuwendungen des Verbandes anteilig zurückzuerstatten.

§ 3 Abfindungsleistungen

Die Betriebspartner bewerten die soziale Situation der Mitarbeiter, die dem Verband nicht nach ... folgen, differenziert. Dabei herrscht jedoch Einigkeit, dass allen am jetzigen Verbandssitz zurückbleibenden Mitarbeitern eine Abfindung gezahlt werden soll. Maßgeblich für die Differenzierung bei den gewährten Leistungen soll das Lebensalter sein. Die Betriebspartner sind der Ansicht, dass zwischen denjenigen differenziert werden soll, die aufgrund gesetzlicher Möglichkeiten (Altersrente, vorzeitige Altersrente, Altersrente für langjährig Versicherte, Altersteilzeit etc.) unmittelbar oder mittelbar in den Genuss von Rentenbezügen kommen können, verhältnismäßig geringere Leistungen erhalten sollen, als diejenigen Mitarbeiter, die selbst nach Auslaufen des Arbeitslosengeldes und unter Hinnahme von Rentenabschlägen nicht in den Genuss von Rentenzahlungen kommen können. Demgemäß wurden die Gruppen wie folgt definiert:

- Gruppe 1 umfasst alle diejenigen Mitarbeiter, die zum ... das 61. Lebensjahr noch nicht vollendet haben.
- Gruppe 2 umfasst alle älteren Mitarbeiter.

Die Abfindungsleistungen werden für die Gruppe 1 nach folgender Formel berechnet: 40 % des Nettolohns multipliziert mit der Anzahl der Monate Arbeitslosengeld, die der Mitarbeiter maximal in Anspruch nehmen könnte (also höchstens 24).

Die Abfindungsleistungen werden für die Gruppe 2 nach folgender Formel berechnet: 30 % des Nettolohns multipliziert mit der Anzahl der Monate Arbeitslosengeld, die der Mitarbeiter maximal in Anspruch nehmen könnte (also höchstens 24).

§ 4 Berechnung

Für die Berechnung der Abfindung ist maßgebend die in der Anlage beigefügte Auflistung, die alle möglichen Anspruchsberechtigten in den Gruppen 1 und 2 mit den relevanten Daten Alter, Nettogehalt, Bezugsdauer und Arbeitslosengeld erfasst und die endgültige Abfindung errechnet. Noch vor Ausspruch der Änderungs- bzw Beendigungskündigungen erhält jeder mögliche Abfindungsberechtigte seine individuellen Daten zum Zwecke der Überprüfung. Sollten sich bei der Ermittlung des Nettogehalts oder der Berechnung der Abfindung Differenzen ergeben, werden diese aufgeklärt und einvernehmlich zwischen Mitarbeiter, Betriebsrat und Verbandsgeschäftsführung geregelt. Sollten sich Änderungen ergeben, werden diese in die Liste übernommen und Bestandteil des Sozialplans.

Die Leistungen im Hinblick auf den Umzug werden gegen Vorlage entsprechender Rechnungsunterlagen bzw entsprechend der vorgesehenen Pauschalierungsregelungen errechnet. Im Falle von Differenzen zwischen dem Mitarbeiter und der Verbandsgeschäftsführung wird unter Einbeziehung des Betriebsrats eine einvernehmliche Lösung herbeigeführt.

§ 5 Auszahlung

Abfindungen werden mit dem Tag des Ausscheidens fällig. Auf alle anderen Sozialplanleistungen besteht ein Anspruch mit dem Inkrafttreten des Sozialplans, sobald die Anspruchsvoraussetzungen erfüllt sind. Die Mitarbeiter sind verpflichtet, jede tatsächliche Änderung in ihren persönlichen Verhältnissen, die Bedeutung für die Leistung nach diesem Sozialplan hat, unverzüglich dem Verband mitzuteilen.

Erhebt ein Mitarbeiter Klage auf Feststellung der Unwirksamkeit der Kündigung oder des Fortbestehens des Arbeitsverhältnisses oder auf Feststellung der Unwirksamkeit der Änderung der Arbeitsbedingungen wegen der Betriebsverlegung nach ..., so werden die Ansprüche aus diesem Sozialplan erst fällig, wenn das Verfahren rechtskräftig abgeschlossen ist. Das Kündigungsschutzrecht und die Rechte des Betriebsrats bleiben unberührt.

Auf Leistungen aus diesem Sozialplan sind etwaige gesetzliche, arbeitsgerichtlich zugesprochene oder individualvertragliche Abfindungen, Nachteilsausgleichsansprüche oder jegliche sonstige Entschädigungsleistungen für den Verlust des Arbeitsplatzes anzurechnen.

Der Verband ist berechtigt, die Leistungen aus dem Sozialplan mit eigenen Ansprüchen zu verrechnen.

§ 6 Inkrafttreten

Der Sozialplan tritt mit seiner Unterzeichnung in Kraft.

Sollten einzelne Bestimmungen dieses Sozialplans unwirksam sein oder unwirksam werden oder im Widerspruch zu gesetzlichen Regelungen stehen, so bleiben die übrigen Regelungen davon unberührt. Die unwirksame oder im Widerspruch stehende Regelung ist durch eine solche zu ersetzen, die dem von den Parteien gewollten wirtschaftlichen Ergebnis nahe kommt.

5. Muster: Vertriebskonzept- und Arbeitszeitänderung

Die Firma ...

– nachstehend: Geschäftsleitung –

und

der Gesamtbetriebsrat der Firma ...

– nachstehend: Gesamtbetriebsrat –

vereinbaren den nachfolgenden Rahmensozialplan:

Präambel

Die Parteien stellen übereinstimmend fest, dass aufgrund der äußerst kritischen wirtschaftlichen Situation der Firma ..., die sich u.a. in den im Geschäftsjahr ... aufgelaufenen sowie für die Geschäftsjahre ... und ...

vorhersehbaren Verlusten niederschlägt, eine zügige Umstrukturierung des Unternehmens erforderlich ist, um dessen Überlebensfähigkeit zu sichern.

Ziel dieser Gesamtbetriebsvereinbarung ist es, im Rahmen der betrieblichen Möglichkeiten Nachteile für Mitarbeiterinnen und Mitarbeiter, die sich aus den bevorstehenden Umstrukturierungsmaßnahmen, Betriebsänderungen und Schließungen insbesondere aus

- der Einführung neuer Vertriebskonzepte (zB „Abholmarkt") einschließlich der damit zusammenhängenden Änderungen der Arbeitsbedingungen,
- einer bedarfs- und kundengerechten Neugestaltung der Arbeitszeiten sowie
- den notwendigen Personalanpassungsmaßnahmen

ergeben können, auszugleichen bzw zu mildern.

§ 1 Geltungsbereich

(1) Dieser Rahmensozialplan gilt für alle Mitarbeiterinnen und Mitarbeiter der Firma, die sich am ... in einem ungekündigten Beschäftigungsverhältnis befanden und die von den in der Präambel angesprochenen Maßnahmen betroffen sein werden.

(2) Der Rahmensozialplan gilt nicht

- für leitende Angestellte iSv § 5 Abs. 3 BetrVG,
- für Mitarbeite/innen, denen aus verhaltensbedingten Gründen gekündigt wird,
- für Mitarbeiter/innen, die vor dem ... eine Eigenkündigung ausgesprochen haben,
- für Mitarbeiter/innen in einem befristeten Arbeitsverhältnis sowie
- für Mitarbeiter/innen, die die Wartefrist nach § 1 KSchG nicht erfüllt haben.

§ 2 Allgemeine Bestimmungen

(1) Alle personellen Maßnahmen aus Anlass der in der Präambel genannten Betriebsänderungen werden im Rahmen des Betriebsverfassungsgesetzes unter Wahrung der gesetzlichen und tariflichen Rechte durchgeführt.

(2) Von Arbeitsplatzänderungen betroffene Beschäftigte werden iSv § 81 BetrVG unverzüglich über Art und Umfang der sie betreffenden Maßnahmen nach Beratung mit dem örtlichen Betriebsrat informiert.

(3) Soweit der Beschäftigte es wünscht, ist zu den mit ihm geführten Gesprächen ein Mitglied des örtlichen Betriebsrats hinzuzuziehen, er ist vorher auf diese Möglichkeit hinzuweisen.

(4) Bei der Kündigung eines Schwerbehinderten ist die Zustimmung des Integrationsamts einzuholen.

§ 3 Einführung des „Abholmarkt"-Konzeptes

(1) Die Geschäftsleitung beabsichtigt, das dem Gesamtbetriebsrat bereits vorgestellte Vertriebskonzept „Abholmarkt" an folgenden Standorten einzuführen: ...

Die Umstellung weiterer Märkte auf das „Abholmarkt"-Konzept ist beabsichtigt.

(2) Geschäftsleitung und Gesamtbetriebsrat werden im Rahmen ihrer Möglichkeiten zu einer erfolgreichen Einführung dieses Vertriebskonzeptes beitragen.

Insbesondere werden Geschäftsleitung und Gesamtbetriebsrat eine Gesamtbetriebsvereinbarung „Prämiensystem" abschließen, welche alle derzeitigen und künftigen Abholmärkte erfasst.

§ 4 Nachteilsausgleich/-milderung bei personellen Maßnahmen

(1) Soweit bei der Durchführung der in der Präambel angesprochenen Umstrukturierungsmaßnahmen personelle Maßnahmen erforderlich sind, richten sich deren Voraussetzungen sowie der Ausgleich bzw die Milderung daraus resultierender Nachteile für die Mitarbeiter/innen (§§ 111 ff BetrVG) ausschließlich nach dieser

Vereinbarung. Die Mitbestimmungsrechte des örtlichen Betriebsrats bei personellen Maßnahmen bleiben hiervon unberührt. Der Wirtschaftsausschuss wird gem. §§ 106 ff BetrVG beteiligt.

(2) Mitarbeiter/innen, die in einem Zeitraum von vier Monaten nach Einführung des „Abholmarkt"-Konzeptes betriebsbedingt ausscheiden, dürfen für diesen Zeitraum finanziell nicht schlechter gestellt sein als bei Anwendung des ursprünglichen Entlohnungssystems. Diese Regelung gilt längstens bis ....

§ 5 Versetzung auf einen anderen freien Arbeitsplatz

(1) Es besteht Einigkeit zwischen den Parteien, dass zunächst die Möglichkeit einer Weiterbeschäftigung – ggf unter geänderten Arbeitsbedingungen oder in benachbarten Betriebsteilen (auch innerhalb der Gruppe) geprüft werden, bevor eine Beendigung des Arbeitsverhältnisses in Betracht gezogen wird. Dabei besteht Übereinstimmung, dass dem Erhalt von gleichwertigen und zumutbaren Arbeitsplätzen Vorrang vor der Auflösung von Arbeitsverhältnissen einzuräumen ist.

(2) Dabei sind die Wünsche des Beschäftigten zu berücksichtigen, soweit dies möglich ist.

Ausscheidenden Beschäftigten werden frei werdende Arbeitsplätze bevorzugt angeboten.

(3) Der Beschäftigte hat nach Erhalt eines Arbeitsplatzangebots innerhalb einer Frist von zwei Wochen schriftlich zu erklären, ob er die angebotene Tätigkeit annimmt oder ablehnt.

§ 6 Zumutbarkeit eines neuen Arbeitsplatzes

(1) Nimmt ein Beschäftigter einen unzumutbaren Arbeitsplatz ausdrücklich an, so hat er die Möglichkeit, innerhalb von drei Monaten zu erklären, dass er die Fortsetzung des Arbeitsverhältnisses über diesen Zeitpunkt hinaus ablehnt. Gibt er die Erklärung ab, so endet das Arbeitsverhältnis unter Einhaltung der für den betroffenen Beschäftigten geltenden Kündigungsfristen. Bis zur Beendigung des Arbeitsverhältnisses ist der Beschäftigte verpflichtet, an dem angenommenen Arbeitsplatz weiterzuarbeiten. Dies ist in einer einzelvertraglichen Regelung festzuhalten. In diesem Falle kommen die Regelungen dieses Rahmensozialplans zur Anwendung.

(2) Der Arbeitsplatz ist zumutbar, wenn er folgenden Anforderungen entspricht:

a) Funktionell,

wenn die Anforderungen des Arbeitsplatzes der Qualifikation (Ausbildung, Erfahrung, bisherige Tätigkeit) entsprechen oder die erforderliche Qualifikation durch eine vom Unternehmen angebotene zumutbare längstens dreimonatiger Weiterbildungs-/Umschulungsmaßnahme erreicht werden kann und

b) materiell,

wenn der Beschäftigte seine bisherige tarifliche Eingruppierung oder bei Wechsel von gewerblicher in kaufmännische Tätigkeit oder umgekehrt, eine dieser bisherigen Eingruppierung vergleichbare tarifliche Eingruppierung behält und die bisherige effektive Entlohnung (Bruttomonatsgehalt) bei vergleichbarer Arbeitszeit weiterbesteht und die bisherige Betriebszugehörigkeit anerkannt wird (ausgenommen Ansprüche auf betriebliche Altersversorgung im übernehmenden Unternehmen) und

c) örtlich,

wenn der neue Arbeitsplatz unter einem zeitlichen Mehraufwand von 90 Minuten Hin- und Rückfahrt (Basis: öffentlicher Personennahverkehr) vom betroffenen Beschäftigten erreicht werden kann und

d) persönlich,

wenn nicht aus den persönlichen/sozialen Bedingungen besondere, gegen die Veränderung sprechende Gesichtspunkte im Einzelfall überwiegen.

(3) Das Angebot eines neuen, nach Ansicht des Unternehmens zumutbaren Arbeitsplatzes muss schriftlich erfolgen.

Es muss enthalten:

a) Art und Umfang der Tätigkeit, Einsatzort, Arbeitsplatz

b) Tarifliche Eingruppierung (Tarifgruppe/-stufe)

c) Höhe und Zusammensetzung des Entgeltes einschl. aller Zuschläge, sonstiger Bezüge und Leistungen, soweit möglich (Provisionssystem u.a.)

d) Arbeitszeit und Arbeitszeiteinteilung

Beschäftigte, denen ein zumutbarer Arbeitsplatz angeboten wird, erhalten die Möglichkeit, sich über diesen Arbeitsplatz zu informieren und ihn auf Kosten des Unternehmens zu besichtigen.

Die Geschäftsleitung wird allen betroffenen Beschäftigten bei der Suche nach einem neuen Arbeitsplatz behilflich sein.

Das Unternehmen wird sich im Einvernehmen mit der Industrie- und Handelskammer und den Auszubildenden um die Übernahme der Ausbildungsverhältnisse durch geeignete Betriebe bemühen.

Muss ein Auszubildender infolge einer diesem Sozialplan unterfallenden Maßnahme seinen Ausbildungsort wechseln, so erhält er für den Verlust seines sozialen Besitzstandes einen Einmalbetrag von ... EUR.

(4) Mitarbeiter/innen, die einen iSv § 6 Abs. 2 zumutbaren Arbeitsplatz ablehnen, erhalten keinerlei Leistungen aus diesem Rahmensozialplan, es sei denn, dies ist in diesem Rahmensozialplan ausdrücklich bestimmt.

§ 7 Abfindungsregelung

(1) Beschäftigte, denen kein neuer zumutbarer Arbeitsplatz angeboten werden kann und bei denen das Arbeitsverhältnis infolge der Durchführung von Maßnahmen im Sinne der Präambel arbeitgeberseitig beendet wird, erhalten für den Verlust ihres Arbeitsplatzes und zur Milderung der damit verbundenen sozialen Härten eine Abfindung, die nach Maßgabe der Bestimmungen des § 7 Abs. 2 ff errechnet und gezahlt wird.

(2) Alle Mitarbeiter/innen, die noch nicht das 61. Lebensjahr vollendet haben und gleichzeitig eine längere als eine achtjährige Betriebszugehörigkeit haben (vgl § 9 Abs. 1), erhalten folgende Grundbeträge:

- ... EUR für alle Mitarbeiter/innen
- ... EUR für jedes unterhaltsberechtigte Kind.

Maßgeblich für die Berücksichtigung von Kindern ist der Eintrag auf der Lohnsteuerkarte.[293]

(3) Schwerbehinderte erhalten den doppelten Sockelbetrag.

(4) Darüber hinaus erhalten Arbeitnehmer, die nicht unter § 9 fallen, neben diesen Grundbeträgen eine Abfindung nach folgender Formel:

Lebensalter[294] x Beschäftigungsjahre x Bruttomonatsentgelt = Produkt

Die Betriebsparteien berücksichtigen das Alter entsprechend der Regelung des § 10 Satz 3 Nr. 6 AGG, da sie davon ausgehen, dass mit zunehmendem Alter die Chancen auf dem Arbeitsmarkt, eine neue abhängige Beschäftigung zu finden, sich verschlechtern und ältere Arbeitnehmer eine längere Zeit der Arbeitslosigkeit zu überbrücken haben. Auch wenn Arbeitsmarktstatistiken in aller Regel Stufen von fünf oder zehn Jahren für die Darstellung zusammenfassen, gehen die Betriebspartner davon aus, dass dieser Prozess linear verläuft.

Das Produkt ist durch Divisor(en) zu teilen, die durch Spruch der Einigungsstelle festgelegt werden.

Unter Bruttomonatsentgelt ist das durchschnittliche Bruttomonatsgehalt bzw der durchschnittliche Bruttomonatslohn (ohne Sonderleistungen wie Weihnachtsgeld, Urlaubsgeld, Vermögenswirksame Leistungen oder

---

[293] Aus Gründen der Rechtssicherheit wird davon abgeraten, die Unterhaltspflichten allein aus der Lohnsteuerkarte zu entnehmen; zu den Einzelheiten s. § 5 Rn 194.

[294] Zur Frage der unterschiedlichen Behandlung wegen des Alters vgl § 5 Rn 191 ff.

Mehrarbeitsvergütung), gerechnet aus dem Zeitraum der letzten zwölf Monate vor Beendigung des Anstellungsverhältnisses zu verstehen. Angefangene Beschäftigungsjahre und Lebensalter werden pro vollen Beschäftigungsmonat mit zwei Dezimalstellen nach dem Komma errechnet.

(5) Mitarbeiter/innen, die wegen dieser Maßnahmen nach dem ... aber vor Unterzeichnung dieser Vereinbarung ausgeschieden sind, erhalten 50 % aus diesem Rahmensozialplan.

(6) Härtefonds

Sind von einer einheitlichen Umstrukturierungsmaßnahme iSd Präambel mindestens 20 % der Mitarbeiter/innen betroffen, so wird zum Ausgleich besonderer sozialer Härten ein Härtefonds gebildet.

Mit dem Härtefonds sollen weitere wirtschaftliche Nachteile der von der Umstrukturierungsmaßnahme betroffenen Mitarbeiter/innen ausgeglichen werden, die beim Abschluss dieses Rahmensozialplans noch nicht absehbar waren.

Die Geschäftsleitung zahlt je betroffener/betroffenen Vollzeitmitarbeiter/in ... EUR in den Härtefonds ein; für Teilzeitkräfte wird eine anteilige Zahlung geleistet.

Eine Verteilung der Gelder aus dem Härtefonds erfolgt durch gemeinsame Entscheidung von Geschäftsleitung und örtlichem Betriebsrat.

Teilzeitbeschäftigte erhalten alle aus diesem Sozialplan vereinbarten Leistungen anteilsmäßig.

(7) Die Abfindungen werden entsprechend §§ 9, 10 KSchG gezahlt und sind mit Feststehen der wirksamen Beendigung des Arbeitsverhältnisses fällig.

(8) Nach § 7 Abs. 1 einvernehmlich ausscheidende Beschäftigte erhalten als zusätzliche Abfindung neben der nach den vorstehenden Regelungen zu berechnenden Abfindung 50 % des Bruttogehalts/-lohnes, das ihnen bis zum Ablauf der Frist zustehen würde, die sich aus dem frühestmöglichen firmenseitigen Kündigungszeitpunkt unter Einhaltung der Kündigungsfrist errechnet.

§ 8 Soziale Auswahl bei betriebsbedingter Kündigung

(1) Kommt die Versetzung einer Mitarbeiterin/eines Mitarbeiters, deren/dessen Arbeitsplatz weggefallen ist, auf einen anderen freien Arbeitsplatz nicht in Betracht, so ist eine betriebsbedingte Kündigung nur unter Beachtung der nachfolgenden Kriterien für die Sozialauswahl zulässig.

(2) In die soziale Auswahl sind alle Mitarbeiter/innen einzubeziehen, deren Arbeitsplatz diejenige Mitarbeiterin/derjenige Mitarbeiter, deren/dessen Arbeitsplatz entfallen ist, ausfüllen kann.

Dies setzt voraus, dass diejenigen Mitarbeiter/innen, zwischen denen eine Sozialauswahl durchgeführt werden soll, im Hinblick auf ihre berufliche Qualifikation und Erfahrung sowie ihre zuletzt ausgeübte Tätigkeit miteinander vergleichbar sind.

(3) Arbeitgeber und Gesamtbetriebsrat stellen übereinstimmend fest, dass wegen der angespannten Arbeitsmarktlage zurzeit auch jüngere Mitarbeiter/innen Schwierigkeiten haben, nach einer betriebsbedingten Entlassung eine neue Stelle zu finden.

Arbeitgeber und Gesamtbetriebsrat sind sich weiter darüber einig, dass bei dieser Sachlage jüngere Mitarbeiter/innen, die für ihre Familie und die Ausbildung ihrer Kinder zu sorgen haben und die sich überdies im Stadium des Existenzaufbaus befinden, sozial besonders schutzwürdig sind. Verglichen mit rentennahen Jahrgängen, deren soziale Absicherung bis zum Zeitpunkt des frühestmöglichen Bezugs von Leistungen aus der gesetzlichen Rentenversicherung sichergestellt ist, werden jüngere Mitarbeiter/innen deshalb einen Arbeitsplatzverlust in aller Regel schwerer verkraften können.

Unter der Voraussetzung, dass eine solche soziale Absicherung älterer Mitarbeiter/innen bis zum Renteneintritt sichergestellt ist (vgl hierzu § 9), sind sich Arbeitgeber und Gesamtbetriebsrat deshalb darüber einig, dass im Rahmen der Sozialauswahl das Lebensalter älterer Mitarbeiter/innen geringer gewichtet wird.

(4) Im Rahmen der Betriebsratsanhörung wird der Arbeitgeber in jedem Einzelfall die für die Sozialauswahl maßgeblichen Gesichtspunkte (Lebensalter, Betriebszugehörigkeit, Unterhaltsverpflichtungen und Schwerbehinderung) darstellen und – unter Berücksichtigung der vorstehend aufgeführten weiteren Auswahlkriterien – die soziale Schutzbedürftigkeit der/des betroffenen Mitarbeiterin/Mitarbeiters bewerten.

§ 9 Soziale Absicherung älterer Mitarbeiter

(1) Mitarbeiter/innen, deren Arbeitsverhältnis durch betriebsbedingte Kündigung beendet wird und die zum Zeitpunkt der Beendigung des Arbeitsverhältnisses das 61. Lebensjahr bereits vollendet haben sowie eine Betriebszugehörigkeit von mindestens acht Jahren aufweisen, erhalten ab der Beendigung des Arbeitsverhältnisses bis zum frühestmöglichen Zeitpunkt des Bezuges von Leistungen aus der gesetzlichen Rentenversicherung anstelle der Abfindung ein monatliches Übergangsgeld.

(2) Das Übergangsgeld errechnet sich aus der Differenz der Leistungen nach dem SGB III oder ggf der Krankenkasse und 80 % des im Durchschnitt der letzten zwölf Monate vor der Beendigung des Arbeitsverhältnisses bezogenen Nettoeinkommens. Sonderzahlungen (Weihnachtsgeld, Urlaubsgeld, Einmal-Prämien usw) sowie Mehrarbeitsvergütungen (Grundvergütung und Zuschläge) bleiben bei der Berechnung des durchschnittlichen Nettoeinkommens außer Betracht. Anderweitiger Verdienst wird nicht angerechnet.

(3) Bei der Berechnung des bisherigen Nettoeinkommens gem. § 9 Abs. 2 werden auf der Lohnsteuerkarte eingetragene familienbedingte Freibeträge (zB Kinderfreibeträge) berücksichtigt.

Ein nach Erhalt der betriebsbedingten Kündigung durchgeführter Wechsel der Lohnsteuerklasse wird nicht berücksichtigt. Dies gilt auch bei der Berechnung des Übergangsgeldes.

Gegebenenfalls ist das Arbeitslosengeld also fiktiv unter Berücksichtigung der bisherigen Lohnsteuerklasse zu ermitteln und anzusetzen.

(4) Die Mitarbeiterin/Der Mitarbeiter ist verpflichtet, dem Arbeitgeber unverzüglich eine Kopie des Leistungsbescheides der Arbeitsverwaltung vorzulegen sowie etwaige Änderungen von sich aus unaufgefordert anzuzeigen.

Das Gleiche gilt für die Bescheide über etwaige Sperr-/Ruhenszeiten.

Kommt die Mitarbeiterin/der Mitarbeiter dieser Verpflichtung trotz einmaliger schriftlicher Aufforderung des Arbeitgebers nicht nach, so ist der Arbeitgeber bis zur Erfüllung der Verpflichtung berechtigt, alle Leistungen nach dieser Betriebsvereinbarung zurückzuhalten.

(5) Im Falle der Verhängung von Sperr- und/oder Ruhenszeiten durch die Agentur für Arbeit wird im Rahmen der Zahlungen nach § 9 Abs. 2 das Arbeitslosengeld fiktiv angesetzt. In diesem Falle zahlt der Arbeitgeber also nur die Differenz zwischen dem fiktiven Arbeitslosengeld und dem nach § 9 Abs. 2 garantierten Nettoeinkommen. Die vorstehende Regelung findet keine Anwendung, wenn die Mitarbeiterin/der Mitarbeiter die Sperr- und/oder Ruhenszeit nicht zu vertreten hat. Die Beiträge zur Kranken- und Rentenversicherung trägt in den Sperr- und Ruhenszeiten der Arbeitgeber, soweit sie nicht von der Bundesagentur für Arbeit getragen werden.

(6) Das Übergangsgeld wird jeweils zum Monatsende auf ein von der Mitarbeiterin/vom Mitarbeiter zu benennendes Konto überwiesen. Auf Wunsch der Mitarbeiterin/des Mitarbeiters kann das Übergangsgeld auch in einem Einmalbetrag bei Beendigung des Arbeitsverhältnisses zur Auszahlung gebracht werden.

(7) Die Mitarbeiterin/Der Mitarbeiter ist verpflichtet, dem Arbeitgeber jeweils zu Beginn eines Jahres unaufgefordert eine Lohnsteuerkarte vorzulegen. Unterlässt sie/er dies, so nimmt der Arbeitgeber eine Versteuerung des nach § 9 Abs. 2 zu leistenden Übergangsgeldes nach Lohnsteuerklasse VI vor.

§ 10 Jubiläumszuwendungen, vermögenswirksame Leistungen, Urlaubs- und Weihnachtsgeld

(1) Jubiläumszuwendungen sind, wenn der Anspruch innerhalb von zwölf Monaten nach dem Ausscheiden entstehen würde, in voller Höhe auszuzahlen.

(2) Vermögenswirksame Leistungen, die bis zum Ende des Kalenderjahres zu zahlen wären, werden in gleicher Höhe als Pauschalbetrag abgegolten.

(3) Für das Jahr, in dem das Arbeitsverhältnis endet, erhalten die betroffenen Beschäftigten das Urlaubsgeld sowie das Weihnachtsgeld anteilig.

§ 11 Kündigungsschutzklage

Erhebt eine Mitarbeiterin/ein Mitarbeiter Kündigungsschutzklage, wird der Anspruch auf die Abfindung erst fällig, wenn das Verfahren abgeschlossen ist und feststeht, dass das Arbeitsverhältnis beendet ist. Für den Fall, dass in einem Kündigungsschutzverfahren eine Abfindung festgesetzt wird, erfolgt jeweils eine Anrechnung von Abfindungen des jeweils höheren Betrags, so dass immer nur die höhere Abfindung zur Auszahlung gelangt.

§ 12 Betriebsbedingte Kündigung

Mitarbeiter/innen, die von einer betriebsbedingten Kündigung betroffen sind, sind berechtigt, das Arbeitsverhältnis vorzeitig mit einer Frist von sieben Tagen zum Wochenende zu beenden.

§ 13 Bewerbung um neuen Arbeitsplatz

Den betroffenen Mitarbeiterinnen und Mitarbeitern wird zur Bewerbung um einen neuen Arbeitsplatz die erforderliche Freizeit ohne Verdienstminderung gewährt. Das Unternehmen verpflichtet sich, Mitarbeiterinnen und Mitarbeitern, die aufgrund eigener Stellensuche einen neuen Arbeitsplatz gefunden haben, den Arbeitsplatzwechsel ohne Einhaltung einer Kündigungsfrist zu ermöglichen.

§ 14 Zeugnis

Alle Beschäftigten erhalten auf Wunsch ein qualifiziertes Zwischenzeugnis.

Das Endzeugnis, das sich ebenfalls auf Wunsch des Beschäftigten auf die Beurteilung von Führung und Leistung zu erstrecken hat, sowie die Arbeitspapiere sind spätestens acht Tage vor dem endgültigen Feststehen des Ausscheidens dem Beschäftigten entweder per eingeschriebenem Brief oder persönlich durch den jeweiligen Verkaufsstellenleiter gegen Unterschrift auszuhändigen.

§ 15 Aufhebungsvertrag

Aufhebungsverträge bedürfen der Schriftform. Beide Parteien haben ein Widerrufsrecht bis spätestens zum Ende des folgenden Arbeitstages.

§ 16 Härtefälle

Sollten sich bei der Durchführung des Sozialplans im Einzelfall besondere Härten ergeben oder sollten Einzelfälle nicht geregelt sein, so werden Unternehmen und örtlicher Betriebsrat in einem paritätisch besetzten Ausschuss mit je zwei Mitgliedern vertrauensvoll mit dem Willen zur Einigung beraten und eine Entscheidung treffen.

Bei Streitigkeiten über Regelungen nach diesem Paragraphen entscheidet ein vom Unternehmen und Gesamtbetriebsrat mit je zwei Mitgliedern besetzter Ausschuss.

Kommt in dem Ausschuss keine Einigung oder Mehrheit zustande, so hat bei einer zweiten Abstimmung eine der Parteien eine zweite Stimme. Das Doppelstimmrecht steht den Betriebsparteien für jede einzelne Angelegenheit im Wechsel zu. Das erste Doppelstimmrecht gebührt dem Gesamtbetriebsrat.

§ 17 Vererblichkeit

Die finanziellen Ansprüche aus diesem Rahmensozialplan sind vererblich und gehen mit dem Tod der Mitarbeiterin/des Mitarbeiters auf deren/dessen Erben über, soweit sie bereits entstanden sind.

§ 18 Inkrafttreten

Dieser Sozialplan tritt mit Unterzeichnung in Kraft und gilt bis längstens ...

Anlage

Die Einigungsstelle hat die Divisoren gem. § 7 (Abfindungsregelung) durch Spruch wie folgt festgelegt:

- bei Mitarbeiterinnen/Mitarbeitern bis 30 Jahren: durch 75
- bei Mitarbeiterinnen/Mitarbeitern bis 40 Jahren: durch 70
- bei Mitarbeiterinnen/Mitarbeitern bis 50 Jahren: durch 65
- bei Mitarbeiterinnen/Mitarbeitern über 50 Jahren: durch 60

6. Muster: Vertriebsumstrukturierung

Zwischen

der Geschäftsführung der Firmen ...

– nachstehend: MD –

und

dem Betriebsrat der Firma ...

– nachstehend: BR –

wird folgender Interessenausgleich und Sozialplan gem. §§ 111 und 112 BetrVG abgeschlossen:

§ 1 Zweck der Betriebsänderung

Durch die Auswirkungen des Gesetzes ... sind bei MD erhebliche wirtschaftliche Nachteile eingetreten bzw in der Zukunft zu erwarten. Bedingt durch staatliche oder institutionelle Maßnahmen kann der bisherige Kostenumfang bzw können künftige Kostensteigerungen nicht mehr durch entsprechende Preisanpassungen oder Umsatzerlöse aufgefangen werden. MD sieht sich deshalb gezwungen, seine Kostenstruktur insgesamt zu verbessern und neben den anderen Kostenarten auch die Personalkosten zu senken.

Darüber hinaus muss sich das Unternehmen, insbesondere im Vertriebsbereich, durch organisatorische Anpassungen auf neue Marktentwicklungen und veränderte Kundenstrukturen einstellen, um längerfristig seine Wettbewerbsfähigkeit zu sichern.

Nach eingehender Darstellung und Beratung der außer- und innerbetrieblichen Gründe und der damit verbundenen Auswirkungen auf die Mitarbeiterinnen und Mitarbeiter werden zum Zwecke des Interessen- und Nachteilsausgleichs nachfolgende Regelungen vereinbart.

§ 2 Geltungsbereich

(1) Örtlicher und persönlicher Geltungsbereich

Dieser Interessenausgleich und Sozialplan umfasst alle Mitarbeiterinnen und Mitarbeiter (im Folgenden: Mitarbeiter) in den eingangs erwähnten Firmen, soweit sie dem MD-Betrieb M und damit dessen beiden Teilbetrieben

a) Innendienst (Hauptverwaltung)

b) Außendienstorganisation

angehören.

Werden durch diese Betriebsänderung der Hauptverwaltung M in Einzelfällen auch die im MD-Betrieb A befindlichen X-Funktionen berührt, so erfolgen betriebsbedingte Veränderungen nach Unterrichtung und Mitwirkung des Betriebsrats A.

Der Geschäftsbereich Y und dessen Mitarbeiter im Innen- und Außendienst werden durch diese Betriebsänderung nicht berührt.

(2) Zeitlicher Geltungsbereich

Die Betriebsänderung umfasst den Zeitraum ... bis ... . Sollten einzelne Maßnahmen, die sich aus dem Betriebsänderungszweck ergeben, noch nicht bis ... abgeschlossen sein, wird der zeitliche Geltungsbereich mit Zustimmung beider Parteien verlängert.

Interessenausgleich und Sozialplan gelten ab ... ihrer Unterzeichnung durch beide Parteien und für alle Mitarbeiter, die am ... in einem unbefristeten und ungekündigten Arbeitsverhältnis stehen und die im genannten Zeitraum von personellen Maßnahmen aus dieser Betriebsänderung betroffen sind.

(3) Negativer Geltungsbereich

Nicht unter diesen Interessenausgleich und Sozialplan fallen Mitarbeiter,

- die bis zum ... Anspruch auf Altersrenten, vorgezogene Altersrente oder auf volle Erwerbsminderungsrente erwerben (Rentenbeginn),
- deren befristetes Arbeitsverhältnis aufgrund Zeitablaufs endet,
- die durch Eigenkündigung bei MD ausscheiden,
- denen aus einem personen- oder verhaltensbedingten Grund gekündigt wird,
- die Leitende Angestellte gem. § 5 Abs. 3 BetrVG sind.

§ 3 Interessenausgleich

(1) Teilbetriebsänderung Innendienst

a) Zeitlicher Veränderungsrahmen

Um die in § 1 dieser Vereinbarung genannten betrieblichen Erfordernisse sicherzustellen, vollzieht sich die Betriebsänderung im Teilbetrieb Innendienst M in der Zeit vom ... bis ... . Der Zeitraum ist notwendig, um sowohl mitarbeiterorientierten als auch betrieblichen Belangen gleichermaßen zu entsprechen. In diesem Zeitraum werden die dem Betriebsänderungszweck dienenden strukturellen, ablauforganisatorischen und zuständigkeitsbezogenen Veränderungen eingeleitet und durchgeführt, so dass die geplante Personalverminderung erreicht werden kann.

b) Personalplanung

Aufgrund dieser Betriebsänderung wird innerhalb des Geschäftsbereiches Y die am Anfang des Geschäftsjahres ... gültige Zahl von ... besetzten Planstellen um ... Planstellen bis ... auf ... Planstellen verringert.

Beide Parteien sind sich darüber einig, dass erst nach Festlegung oder Durchführung aller organisatorischen Einzelmaßnahmen der genaue Personalplan ... festgestellt werden kann. Deshalb kann sich die o.g. Planzahl ... bis zum Abschluss der Betriebsänderung sowohl nach oben als auch nach unten geringfügig, dh nicht mehr als plus/minus 3, verändern.

c) Personalanpassung

Die Verminderung der Mitarbeiter/Planstellen soll erreicht werden durch

aa) natürliche Fluktuation und grundsätzlichen Verzicht auf externe Neubesetzung,

bb) Auflösung vorhandener Planstellen/Aufgaben bzw Umverteilung von Aufgaben auf andere Stellen. Die dadurch freiwerdenden Mitarbeiter können – sofern fachlich möglich – auf andere zu besetzende Stellen versetzt werden,

cc) Angebot von Vorruhestands- und Ruhestandsvereinbarungen an ältere Mitarbeiter,

dd) Angebot von Aufhebungsverträgen,

ee) betriebsbedingte Kündigungen gemäß den Regelungen dieser Vereinbarung.

§ 5 Betriebsvereinbarungen

(2) Teilbetriebsänderung Außendienstorganisation

a) Zeitlicher Veränderungsrahmen

Die gemäß dem Betriebsänderungszweck notwendige neue Struktur der Außendienstorganisation wird am ... wirksam. Alle aus dieser Strukturveränderung resultierenden Distrikts-, Gebiets- und sonstigen Stellenbesetzungen sollen deshalb zu diesem Termin erfolgen. Ausgenommen ist der Außendienst ..., dessen Veränderungen bis ... abgeschlossen werden.

b) Strukturelle Veränderung/Personalplanung

Die strukturelle Veränderung des Gesamtaußendienstes bzw der einzelnen Außendienstlinien ergibt sich aus der Gegenüberstellung der bisherigen Außendienstorganisation/Anzahl Mitarbeiter mit der/dem ab ... gültigen Organisationsstruktur/Stellenplan (siehe Anlage). Dieser Vergleich ergibt

aa) die Auflösung der bisherigen Außendienste ... und ... sowie eine personelle Erweiterung der Außendienste .... Die Gruppe ... wird aus dem Außendienst ... ausgegliedert und dem Marketingbereich unterstellt.

bb) eine Verminderung von

- ... Distriktleitern
- ... Beratern in ...
- ... Pharmaberatern

c) Personalanpassung

Die Auflösung der Stellen in den Außendiensten ... sowie die Besetzung der Stellen in den anderen Außendienstlinien soll wie folgt geschehen:

aa) Stellenbesetzungen/Versetzungen

- Distriktleiter, deren Stelle entfällt, erhalten grundsätzlich freie Distriktleiter- oder freie Referentenstellen in den anderen Außendiensten angeboten.
- Weitere freie Referentenstellen werden den Beratern angeboten, die die Auswahlkriterien/-richtlinien lt. Abs. 3 lit. b) bb) im jeweiligen örtlichen Bereich am besten erfüllen.
- Freie Beraterstellen werden im Rahmen der sozialen Auswahl und nach örtlichen Gesichtspunkten (siehe Abs. 3 lit. c) aa) grundsätzlich den Außendienstmitarbeitern angeboten, deren Stelle entfällt.

bb) Stellenverminderung/Beendigung des Arbeitsverhältnisses

Die Verminderung der Mitarbeiter/Planstellen soll erreicht werden durch

- natürliche Fluktuation und grundsätzlicher Verzicht auf Neueinstellungen,
- Angebot von Vorruhestands-/Ruhestandsverträgen an ältere Mitarbeiter,
- betriebsbedingte Kündigungen gemäß den Regelungen dieser Vereinbarung und sofern lt. lit. c) aa) keine Versetzung möglich ist.

(3) Personelle Maßnahmen

a) Durchführung personeller Einzelmaßnahmen

Versetzungen, Änderungs- und Beendigungskündigungen aufgrund dieser Betriebsänderung können erst nach Wirksamwerden dieses Interessenausgleichs und Sozialplans durchgeführt werden.

b) Fachliche Auswahlkriterien

aa) Innendienst

Nicht in die Sozialauswahl einbezogen werden Mitarbeiter, die aufgrund ihrer besonderen Fachkenntnisse und/oder der Alleinstellung ihrer Funktion für die Fortführung betrieblicher Aufgaben dringend benötigt werden und deshalb nicht vergleichbar sind. Der BR erhält im Rahmen der Anhörung lt. § 102 BetrVG alle notwendigen Informationen, um den jeweiligen Einzelfall beurteilen zu können.

bb) Außendienst

Nicht in die Sozialauswahl der Außendienstmitarbeiter untereinander werden Mitarbeiter einbezogen, die für die Wettbewerbsfähigkeit des Unternehmens im Markt, für die Betreuung besonders wichtiger Kundengruppen und damit für die Sicherung des Unternehmens und seiner Arbeitsplätze dringend erforderlich sind. Nicht in die Sozialauswahl einbezogen werden deshalb diejenigen Außendienstmitarbeiter, die bereits für folgende Funktionen ernannt wurden: ...

Die in den Stellenausschreibungen für diese Stellen aufgeführten Anforderungskriterien gelten im Sinne dieser Vereinbarung als Auswahlkriterien gem. § 95 BetrVG. Die Auswahlrichtlinien gelten als erfüllt, wenn der Mitarbeiter eine der genannten Referentenstellen bereits inne hat oder wenn im Rahmen der bereits erfolgten Stellenausschreibungen der BR bis zum ... den Versetzungsantrag für die ernannten Referenten und Mentoren zur Zustimmung erzielt ... (Datum der Mitarbeiterauflistung an BR) und nicht lt. § 99 Abs. 2 BetrVG widersprochen hat.

c) Sozialauswahl

Die Sozialauswahl geschieht nach den Regeln der einschlägigen Rechtsprechung. Für die Anhörung/Abstimmung der Einzelfälle werden zwischen MD und BR folgende Grundsätze vereinbart:

aa) Auswahl innerhalb der Teilbetriebe/Funktionen

Um einen ordnungsgemäßen Betriebsablauf sicherzustellen und um den fachlichen Unterschieden/Qualifikationen innerhalb der beiden Teilbetriebe Innendienst und Außendienst zu entsprechen, erfolgt die Sozialauswahl getrennt, jeweils unter den Mitarbeitern des Innendienstes und unter den Mitarbeitern des Außendienstes. Im Außendienst erfolgt die Sozialauswahl zudem innerhalb folgender Funktionen ...

und jeweils nach geographischen Gesichtspunkten (Wohnortnähe). Verglichen werden dabei die Sozialdaten der Mitarbeiter, die den gleichen/ähnlichen geographischen Bezirk bzw den gleichen/ähnlichen geographischen Distrikt bearbeiten. In den Bezirksvergleich werden in vertretbarem Ausmaß auch Nachbarbezirke einbezogen.

bb) Persönliche Auswahlkriterien (Sozialdaten)

Innerhalb des Teilbetriebes erfolgt die Sozialauswahl gemäß nachfolgenden Kriterien und deren Reihenfolge:

1. Mitarbeiter mit besonderem Kündigungsschutz (Schwerbehinderte, Mitarbeiterinnen mit Mutterschutz, BR-Mitglieder).

2. Einer Maßzahl, gebildet aus der Summe Lebensalter plus Dauer der Betriebszugehörigkeit, jeweils zum Stichtag ... berechnet. Diese Maßzahl erhöht sich für jeden auf der Lohnsteuerkarte des Mitarbeiters eingetragenen Kinderfreibetrag um 3 Punkte (Anzahl der Freibeträge x 3 Punkte). Mit diesen letztgenannten Punkten werden der Familienstand und die Zahl der unterhaltsberechtigten Kinder berücksichtigt.

3. Besondere soziale Härtefälle.

d) Zumutbares Arbeitsplatzangebot

Ein im Rahmen der sozialen Auswahl oder aus anderen Gründen angebotener Arbeitsplatz gilt als zumutbar bzw gleichwertig, wenn

- das neue Aufgabengebiet hinsichtlich Aus- und Fortbildung und/oder Berufserfahrung in den generellen Berufsbereich des Mitarbeiters fällt. Im Außendienst gilt im Sinne dieser Regelung für einen Berater im Bereich ... eine Stelle als Berater als nicht gleichwertig. Ausgenommen davon sind Distriktleiter. Für sie gelten im Sinne dieser Regelung Distriktleiterstellen sowie die Stellen als Referenten als gleichwertig.

- das Monatsgehalt des Mitarbeiters sich nicht mindert oder wenn nach Ablauf der Entgeltgarantie lt. § 4 Abs. 7 lit. a) des Sozialplans die neue Entgeltgruppe bzw das neue Effektivgehalt nicht wesentlich niedriger ist. Als wesentlich niedriger werden weniger als 90 % des früheren monatlichen Bruttogehalts angesehen. Bei diesem Vergleich werden variable Bezüge, wie zB Außendienstprämien, Incentives, Boni, Spesenerstattung und der Besitz eines Firmenfahrzeuges, nicht berücksichtigt.

- bei Mitarbeitern mit schulpflichtigen Kindern oder mit berufstätigem Ehepartner der Arbeitsplatz/der geographische Zuständigkeitsbereich nicht mit einem Umzug verbunden ist. Die Entscheidung darüber trifft der Mitarbeiter.

Lehnt der Mitarbeiter einen zumutbaren Arbeitsplatz auch nach einer Änderungskündigung ab, verliert er den Anspruch auf Leistungen aus dem Sozialplan.

e) Versetzungsangebote

Versetzungen sollen grundsätzlich einvernehmlich erfolgen. Sie werden in schriftlicher Form durch die Personalabteilung angeboten. Sie enthalten die Bezeichnung der neuen Stelle, deren organisatorische, ggf geographische Eingliederung, den Versetzungstermin sowie das monatliche Gehalt, bei Tarifmitarbeitern auch die Entgeltgruppe. Der Mitarbeiter muss der Personalabteilung innerhalb von zwei Wochen schriftlich mitteilen, ob er die Versetzung akzeptiert oder ablehnt. Die Zwei-Wochen-Frist beginnt an dem Tag, an dem der Empfänger im Inland tatsächlich Kenntnis von dem Angebot erhält. MD ist berechtigt, Änderungskündigungen aufgrund dieses Interessenausgleichs und Sozialplans auszusprechen, sofern sich der Mitarbeiter nicht rechtzeitig erklärt oder zumutbare bzw gleichwertige Versetzungen ablehnt. Gibt der Mitarbeiter keine Erklärung ab, gilt die Versetzung als abgelehnt.

f) Stellenausschreibungen/Stellenbesetzungen

Freie Stellen werden ohne vorhergehende Stellenausschreibung in der beschriebenen Reihenfolge denjenigen Mitarbeitern angeboten, die aufgrund der fachlichen und/oder sozialen Auswahlkriterien als vorrangig gelten. Stellenausschreibungen erfolgen erst dann, wenn kein Mitarbeiter in dieser Personengruppe fachlich in Frage kommt, bzw wenn der Arbeitsplatz von den Angebotsempfängern als nicht zumutbar abgelehnt werden konnte. Führen diese internen Auswahl- und Ausschreibungsverfahren zu keinem Ergebnis, kann die Stelle durch externe Personalbeschaffung besetzt werden.

g) Änderungskündigungen/Kündigungen

Beendigungs- und Änderungskündigungen aus dieser Betriebsänderung erfolgen stets unter Einhaltung der gesetzlichen bzw einzelvertraglichen Kündigungsfristen, erstmals zum .... Ausgenommen davon sind außerordentliche Kündigungen oder außerordentliche Änderungskündigungen.

h) Aufhebungsverträge

Beim Abschluss von Aufhebungsverträgen kann auf die Einhaltung der sonst üblichen Kündigungsfristen verzichtet werden. Die Entscheidung über die Beendigung vor Fristablauf trifft seitens MD im Innendienst der jeweilige Hauptabteilungsleiter und im Außendienst der Vertriebsdirektor. In diesem Fall erfolgt die Berechnung materieller Leistungen nur bis zum tatsächlichen Beendigungstermin (siehe auch lit. i).

Sofern Aufhebungsverträge „auf Veranlassung des Arbeitgebers und aus betrieblichen Gründen" nur zu dem Zweck abgeschlossen werden, um eine personen- bzw verhaltensbedingte Arbeitgeberkündigung zu vermeiden oder zu beseitigen, entsteht kein Anspruch aus dem Interessenausgleich und Sozialplan sowie auf dessen Leistungen.

i) Freistellungen/Vorzeitige Vertragsauflösung

MD hat das Recht, gekündigte Mitarbeiter bis zum Beendigungstermin freizustellen. Mit dieser Freistellung werden gleichzeitig noch bestehende Urlaubsansprüche abgegolten, es sei denn, dass die Zahl der Resturlaubstage höher als die Zahl der Freistellungstage ist.

Mitarbeiter, die freigestellt werden, können das Vertragsverhältnis durch Aufhebungsvertrag vorzeitig ohne Einhaltung der Kündigungsfrist lösen. In diesem Falle wird die Abfindung um die arbeitsvertraglichen Bruttomonatsgehälter erhöht, die MD für die noch nicht abgelaufene Freistellungszeit zu zahlen hätte. Diese Ausgleichszahlung wird nicht auf die Maximalabfindung angerechnet.

(4) Mitwirkung des Betriebsrats

Bei allen erforderlich werdenden Versetzungen, Änderungskündigungen oder Beendigungskündigungen und Abweichungen von dieser Vereinbarung sind die Mitwirkungsrechte des Betriebsrats zu beachten. Es besteht jedoch Übereinstimmung darin, dass die Erörterung im Zusammenhang mit der Erstellung der Namenslisten zur Versetzung, Änderungskündigung oder Beendigungskündigung von betroffenen Mitarbeitern im Rahmen des Interessenausgleichs und Sozialplans die förmliche Information/Anhörung ersetzen. Dies gilt jedoch nur unter der Voraussetzung, dass der Betriebsrat insoweit umfassend auch über die Auswahlkriterien informiert wurde.

(5) Übereinstimmung über Interessenausgleich

Es besteht Übereinstimmung darüber, dass mit vorstehenden Bestimmungen der Interessenausgleich gem. §§ 111, 112 BetrVG abschließend geregelt ist.

§ 4 Sozialplan

Ziel dieses Sozialplans ist es, die durch die Betriebsänderung entstehenden wirtschaftlichen Nachteile der betroffenen Mitarbeiter in angemessener Weise auszugleichen bzw zu mildern.

(1) Ältere Mitarbeiter

Um jüngeren Mitarbeitern den Arbeitsplatz zu erhalten, werden älteren Mitarbeitern folgende Vereinbarungen zur Beendigung des Arbeitsverhältnisses angeboten. Berechtigt hierfür sind Mitarbeiter, die am ... 61 Jahre und älter sind und mindestens 10 Jahre Betriebszugehörigkeit aufweisen. Voraussetzung ist, dass das Angebot

a) im Außendienst bis zum ...

b) im Innendienst bis zum ...

schriftlich angenommen wird. Die jeweiligen Beendigungsverträge unterscheiden sich nach dem individuellen Lebensalter des Mitarbeiters wie folgt:

a) Entgeltfortzahlung/Freistellung

„Ältere Mitarbeiter" im Außendienst, die das Arbeitsverhältnis aufgrund dieser Vereinbarung beenden, werden vom ... bis ... bei Fortzahlung des regelmäßigen Entgelts (Grundgehalt, 13. Gehalt, Vermögenswirksame Leistungen) freigestellt. Im Innendienst wird diese Regelung analog angewandt, wenn der Mitarbeiter bis zur Beendigung des Arbeitsverhältnisses freigestellt werden kann.

b) Alter 62 bis unter der Regelaltersgrenze

Mitarbeiter, die am ... 62 Jahre und älter sind, erhalten folgende Ruhestandsvereinbarung, sofern sie ab ... bzw ab Vollendung des 63. Lebensjahres die Voraussetzung für den Bezug der Altersrenten für langjährig Versicherte, ggf mit Rentenabschlägen, erfüllen:

aa) Hochrechnung der „anrechenbaren Dienstzeit" bis zur Regelaltersgrenze bei der Berechnung der betrieblichen Altersversorgung und Zahlung der MD-Rente auf dieser Basis ab ... bzw ab Vollendung des 63. Lebensjahres,

bb) eine Abfindung iHv 500 EUR für jeden Rentenmonat bis zur Regelaltersgrenze als Einmalbetrag (Rentenmonate x 500 EUR = Abfindung).

c) Alter 61 bis unter 62

Mitarbeiter, die bis zum ... das 61. Lebensjahr, jedoch noch nicht das 62. Lebensjahr vollendet haben, erhalten folgende Vorruhestandsvereinbarung:

aa) Ab ... bis zur Vollendung des 63. Lebensjahres ein monatliches Vorruhestandsentgelt bis zu 75 % des zuletzt bezogenen regelmäßigen Bruttomonatsentgelts, maximal jedoch bis zu 75 % der ab ... geltenden Beitragsbemessungsgrenze für die gesetzliche Rentenversicherung. Unabhängig von deren tatsächlicher Höhe im Jahre ... wird hier eine Beitragsbemessungsgrenze von ... EUR brutto/monatlich unterstellt (... EUR x 75 % = ... EUR). Das monatliche Vorruhestandsgehalt wird 12 Mal pro Jahr gezahlt.

bb) Eine einmalige Abfindung iHv ... EUR brutto als Ausgleich für die beiden fehlenden Beitragsjahre zur gesetzlichen Rentenversicherung.

cc) Hochrechnung der „anrechenbaren Dienstzeit" bis zur Vollendung des 63. Lebensjahres für die Berechnung der betrieblichen Altersversorgung.

dd) Zahlung der unter Einschluss der Hochrechnung erreichten Rente aus der betrieblichen Altersversorgung ab dem Folgemonat nach Vollendung des 63. Lebensjahres, in Verbindung mit dem Bezug der Rente aus der gesetzlichen Sozialversicherung oder einer vergleichbaren Altersversorgung.

d) Regelung Bruttomonatsentgelt

Das in lit. c) genannte regelmäßige Bruttomonatsentgelt ist gleich dem Bruttogehalt, das der Mitarbeiter beim Abschluss seiner Vereinbarung zuletzt monatlich erhalten hat. Alle anderen regelmäßigen oder variablen Entgeltbestandteile werden ausgeschlossen.

(2) Abfindungsregelungen

Mitarbeiter im Geltungsbereich dieses Interessenausgleichs/Sozialplans, deren Arbeitsverhältnis betriebsbedingt gekündigt oder denen stattdessen von MD ein Aufhebungsvertrag angeboten wird, erhalten wegen Verlustes ihres Arbeitsplatzes eine Abfindung iSd §§ 9, 10 KSchG.

a) Mindestabfindung/Höchstabfindung

Die nach Ziffern 2.2 ff errechnete Abfindung beträgt mindestens zwei Bruttomonatsentgelte und nicht mehr als ... EUR brutto. Bei „älteren Mitarbeitern" lt. § 4 Abs. 1 erhöht sich die Maximalabfindung auf ... EUR.

Außerdem ist der Abfindungsbetrag nicht höher als die Summe der Bruttomonatsentgelte (einschließlich der regelmäßigen Sonderzahlungen, dies sind 13. Entgelt oder Jahresabschlusszahlung, Urlaubsgeld, vermögenswirksame Leistungen), die der Mitarbeiter bis zum vorgezogenen Rentenbeginn der gesetzlichen Rentenversicherungen erhalten würde.

b) Abfindungsberechnung

Um das Lebensalter des jeweiligen Mitarbeiters und die Dauer seiner Betriebszugehörigkeit bei MD entsprechend zu berücksichtigen, wird die Abfindung nach folgender Formel berechnet:

Lebensalter[295] x Betriebszugehörigkeit/47,5 x Bruttomonatsentgelt = Abfindung

Die Betriebsparteien berücksichtigen das Alter entsprechend der Regelung des § 10 Satz 3 Nr. 6 AGG, da sie davon ausgehen, dass mit zunehmendem Alter die Chancen auf dem Arbeitsmarkt, eine neue abhängige Beschäftigung zu finden, sich verschlechtern und ältere Arbeitnehmer eine längere Zeit der Arbeitslosigkeit zu überbrücken haben. Auch wenn Arbeitsmarktstatistiken in aller Regel Stufen von fünf oder zehn Jahren für die Darstellung zusammenfassen, gehen die Betriebspartner davon aus, dass dieser Prozess linear verläuft.

Lebensalters- und Betriebszugehörigkeitsjahre werden bis zum Tage der Beendigung des Arbeitsverhältnisses berechnet (Dezimalsystem).

Das Bruttomonatsgehalt nach lit. a) und b) setzt sich zusammen aus

aa) dem regelmäßigen vertraglichen Monatsgehalt, das der Mitarbeiter in dem Monat bezieht, in dem das Arbeitsverhältnis gekündigt oder der Aufhebungsvertrag geschlossen wird,

bb) dem anteiligen 13. Gehalt pro Monat (Monatsgehalt: 12). Bei Tarifmitarbeitern ist die tarifvertragliche Jahresabschlusszahlung darin enthalten,

cc) dem anteiligen Urlaubsgeld von maximal ... EUR p.a., dies sind ... EUR brutto pro Monat,

dd) den Vermögenswirksamen Leistungen von ... EUR brutto monatlich.

---

295 Zur Frage der unterschiedlichen Behandlung wegen des Alters vgl § 5 Rn 191 ff.

Nicht eingeschlossen sind dabei alle anderen regelmäßigen oder variablen Zahlungen, wie zB Mehrarbeitsausgleich, Außendienstprämien, Boni, geldwerter Vorteil des Firmen-Pkw etc.

c) Abfindungszulage für ältere Mitarbeiter

Die nach lit. b) errechnete Abfindung erhöht sich für Mitarbeiter, die am ... das 50. Lebensjahr vollendet haben, um 10 % (Faktor 1,1).

d) Abfindungszulage für Kinder

Die Abfindung erhöht sich für jeden auf der Lohnsteuerkarte des Mitarbeiters eingetragenen Kinderfreibetrag um ... EUR (Anzahl Kinderfreibeträge x ... EUR).[296]

e) Abfindungszulage für Schwerbehinderte

Die Erhaltung der Arbeitsplätze für Schwerbehinderte oder diesen Gleichgestellten gehört zu den wichtigsten personalpolitischen MD-Zielen. Sollte jedoch ein Mitarbeiter im Geltungsbereich des § 2 SGB IX von dieser Betriebsänderung betroffen werden, so erhöht sich seine Abfindung

- um ... EUR brutto bei einem Schwerbehinderungsgrad von 50 % und mehr
- um ... EUR brutto bei einem Schwerbehinderungsgrad von unter 50 %.

f) Fälligkeit und Abrechnung

Die Abfindungen werden bei Beendigung des Arbeitsverhältnisses fällig und zusammen mit der letzten Gehaltsabrechnung gezahlt. Sie werden sozialversicherungsfrei und nach den geltenden steuerlichen Bestimmungen (Fünftelregelung) abgerechnet.

g) Abtretung

Der Anspruch auf die Abfindung kann nicht abgetreten werden, er ist jedoch vererblich.

(3) Andere Zahlungen/Leistungen

a) Jahresleistung/13. Entgelt

Alle ausscheidenden Mitarbeiter erhalten zusammen mit der letzten Entgeltzahlung je nach Beendigungstermin das anteilige (pro rata temporis) oder das volle 13. Entgelt für das laufende Jahr. Bei Tarifmitarbeitern ist damit die anteilige bzw volle tarifliche Jahresabschlusszahlung abgegolten.

b) Jubiläumszahlungen

Jubiläumszahlungen, die bis zum Ende des Jahres entstehen, in dem das Arbeitsverhältnis endet, werden spätestens mit dem letzten Monatsgehalt abgerechnet.

c) Urlaubsabgeltung

Allen Mitarbeitern wird bis zur Beendigung des Arbeitsverhältnisses der bestehende Resturlaubsanspruch des laufenden Jahres als Freizeit gewährt. Soweit dieser Urlaub aus betrieblichen Gründen nicht gewährt werden kann, erfolgt ein finanzieller Ausgleich der Resturlaubstage mit der letzten Entgeltzahlung. Die Berechnung des Jahresurlaubs erfolgt anteilig entsprechend dem Beendigungstermin.

d) Urlaubsgeld

Das Urlaubsgeld wird in voller Höhe für das laufende Urlaubsjahr gezahlt, wenn das Arbeitsverhältnis nach dem 30. Juni und anteilig, wenn das Arbeitsverhältnis vor dem 1. Juli endet.

(4) Betriebliche Versorgungsansprüche

Für jene Mitarbeiter, die zum Zeitpunkt der Beendigung des Arbeitsverhältnisses die gesetzliche Unverfallbarkeit gem. § 1 des Gesetzes zur Verbesserung der betrieblichen Altersversorgung erreicht haben, gelten die Leistungsrichtlinien der MD-Unterstützungskasse GmbH in der Fassung vom ... .

---

[296] Aus Gründen der Rechtssicherheit wird davon abgeraten, die Unterhaltspflichten allein aus der Lohnsteuerkarte zu entnehmen; zu den Einzelheiten s. § 5 Rn 194.

Mitarbeiter, die bis zum Beendigungstermin die gesetzliche Unverfallbarkeit nicht erreicht haben (betrifft Betriebszugehörigkeit bis unter fünf Jahre und Lebensalter unter 25 Jahre), erhalten zusätzlich zu ihrer Abfindung 50 % des jeweiligen Kapitalwertes der erworbenen betrieblichen Rentenanwartschaft. Dieser wird unter Zugrundelegung der Versicherungstabellen von Heubeck errechnet. Diese Kapitalwertzahlung berührt nicht die in Abs. 2 lit. a) genannten Abfindungshöchstbeträge.

Bei „älteren Mitarbeitern" wird die in Ziffer 4 der Leistungsrichtlinien geregelte „Anrechenbare Dienstzeit" bis zu dem jeweiligen Zeitpunkt verlängert, der in Abs. 1 lit. b)–d) des Sozialplans geregelt ist. Die in Ziffer 5 geregelten „Anrechenbaren Bezüge" beziehen sich auf die Jahresentgelte, die bis zur Beendigung des Arbeitsverhältnisses zu berücksichtigen sind.

(5) Spesenvorschüsse/Außendienstpauschale

Ständige Spesenvorschüsse werden mit der letzten Gehaltszahlung oder in dem Monat verrechnet, in dem die Abfindung ausgezahlt wird.

Freigestellte Außendienstmitarbeiter erhalten während des Freistellungszeitraums bis zum Ende des Beschäftigungsverhältnisses eine monatliche Außendienstpauschale von ... EUR brutto.

(6) Firmen-Pkw

Besitzt der Mitarbeiter einen Firmen-Pkw, so endet die Dauer der privaten und dienstlichen Nutzung (Rückgabe des Firmen-Pkw) lt. den Bestimmungen der Richtlinie für Firmenfahrzeuge vom ... . „Ältere Mitarbeiter" lt. § 4 Abs. 1 können den Firmen-Pkw während des gesamten Freistellungszeitraumes benutzen.

(7) Versetzungen

a) Entgeltgarantie

Sofern Mitarbeiter, deren Arbeitsplatz durch diese Betriebsänderung entfällt, in eine andere Stelle versetzt werden, erhalten sie für die Dauer eines Jahres mindestens das monatliche regelmäßige Gehalt, das sie in ihrer bisherigen Stelle bezogen haben. Danach gilt das für die jeweilige Stelle vorgesehene tarifliche Entgelt (einschließlich übertariflicher Zulagen) oder das für diese Stelle vorgesehene außertarifliche Entgelt.

b) Ersatz von Mehraufwendungen

Wird aufgrund einer Versetzung ein Umzug notwendig, werden dem Mitarbeiter gemäß MD-Umzugskostenordnung die Kosten ersetzt. Die Entscheidung darüber, ob der Mitarbeiter, durch diese Versetzung bedingt, an seinen neuen Arbeitsort umziehen möchte, muss er spätestens sechs Monate (= Kostenerstattungszeitraum) nach dem Versetzungstermin treffen. Im Übrigen gilt die Reisekostenordnung für den Innen- bzw für den Außendienst.

c) Schulungs- und Einarbeitungskosten

Die Firma trägt in angemessenem Umfang die durch Versetzungen in andere Stellen oder durch die Übernahme neuer Zuständigkeiten entstehenden notwendigen Schulungs- bzw Einarbeitungskosten. Für Schulungen der Außendienstmitarbeiter gelten die üblichen Regelungen für Trainings- und Produktschulungsveranstaltungen.

(8) Teilzeitbeschäftigte

Die Leistungen aus dem Sozialplan richten sich bei Teilzeitbeschäftigten nach dem Verhältnis der individuellen vertraglichen Arbeitszeit zur betrieblichen Vollarbeitszeit.

(9) Besondere Fälle

Sofern besondere Fälle auftreten, die durch diesen Sozialplan nicht angemessen berücksichtigt sind, vereinbaren MD und BR, diese individuell zu prüfen und in vertrauensvoller Zusammenarbeit zu regeln.

(10) Künftige Beendigungen des Arbeitsverhältnisses

MD und BR stimmen überein, dass die in diesem Sozialplan vereinbarten Abfindungsberechnungen und materiellen Leistungen ausschließlich der besonderen Situation dieser Betriebsänderung Rechnung tragen und deshalb keine Grundlagen oder Maßstäbe für künftige betriebsbedingte Kündigungen oder – gleich aus welchem Anlass abzuschließende – Aufhebungsverträge darstellen.

(11) Rechtsstreitigkeiten

Sofern Mitarbeiter gegen eine betriebsbedingte Kündigung Klage erheben, werden die Sozialplanleistungen erst nach rechtskräftigem Abschluss des Rechtsstreites fällig und mit einer ggf gerichtlich festgesetzten Abfindung verrechnet.

IV. Transfer-Interessenausgleich

1. Muster: Transfer-Interessenausgleich

Zwischen

der Gesellschaft ...

und

dem Betriebsrat der Gesellschaft ...

wird folgender Interessenausgleich vereinbart:

Präambel

Der Gesellschafter der Gesellschaft hat den Beschluss gefasst, den operativen Geschäftsbetrieb der Gesellschaft zum ... vollständig stillzulegen. Der Betriebsrat nimmt diese Unternehmerentscheidung zur Kenntnis. Ausführliche Beratungen über verschiedene Betriebsfortführungskonzepte des Betriebsrats haben zu keiner Abänderung der Entscheidung des Gesellschafters geführt.

§ 1 Geltungsbereich

(1) Der Interessenausgleich gilt für alle Mitarbeiterinnen und Mitarbeiter (nachfolgend „Mitarbeiter" genannt) des Betriebes, die sich am ... in einem ungekündigten Arbeitsverhältnis zur Gesellschaft befunden haben.

(2) Dieser Interessenausgleich gilt nicht für

- leitende Angestellte gem. § 5 Abs. 3 und 4 BetrVG,
- für Mitarbeiter, deren Arbeitsverhältnis aus verhaltensbedingten oder personenbedingten Gründen beendet wurde oder enden wird,
- Mitarbeiter, die sich in einem befristeten Arbeitsverhältnis befinden, es sei denn, dass das Arbeitsverhältnis vor Auslaufen der Befristung aus den Gründen, die den Gegenstand des Interessenausgleichs bilden, betriebsbedingt gekündigt wird.

§ 2 Gegenstand der Betriebsänderung

(1) Gegenstand der Betriebsänderung ist eine Betriebsstilllegung.

(2) Die Einstellung des operativen Geschäftsbetriebes erfolgt zum ... .

§ 3 Durchführung der Betriebsstilllegung

(1) Die Verträge mit den externen Mandanten sind gekündigt. Sie sind spätestens zum ... ausgelaufen.

(2) Die befristeten Arbeitsverträge laufen aus, soweit ihre Laufzeit bis zum 30./31. des auf den nächstmöglichen Kündigungstermin folgenden Monats endet, andernfalls werden sie betriebsbedingt gekündigt.

(3) Bis zum ... wird im Verwaltungsbereich mit der bestehenden Organisation und den verbliebenen Mitarbeitern gearbeitet.

(4) Die Mitarbeiter, die nicht zuvor bereits einen Aufhebungsvertrag abgeschlossen, eine Eigenkündigung ausgesprochen haben oder deren Arbeitsverhältnis nicht zuvor auf anderem Weg beendet wurde, erhalten ab ... eine betriebsbedingte Kündigung ihres Arbeitsverhältnisses unter Einhaltung der individuellen Kündigungsfrist.

(5) Eine Liste der Mitarbeiter, denen aufgrund der Betriebsstilllegung gekündigt werden muss oder deren Arbeitsverhältnis innerhalb von 30 Tagen vor Abschluss des Interessenausgleichs geendet hat, ist dem Interessenausgleich als Anlage 1 beigefügt. Die Liste enthält die Angaben über Name, Geschlecht, Staatsangehörigkeit, Alter, Familienstand, Anzahl der Kinder, Wohnort, Beruf, zuletzt ausgeübte Tätigkeit, Jahr des Eintritts in den Betrieb, Schwerbehinderung oder Gleichstellung, Zuordnung zu den Kategorien Arbeiter/Angestellter/Auszubildender, Vollzeit oder Teilzeit. Sie entspricht bis auf den Namen und die Anzahl der Kinder der dem Formblatt „Liste der zur Entlassung vorgesehenen Arbeitnehmer" der Bundesagentur für Arbeit. Sie ist jedoch keine Namensliste nach § 1 Abs. 5 KSchG.

(6) Die Gesellschaft wird rechtzeitig die Massenentlassungsanzeige gegenüber der Agentur für Arbeit nach §§ 17 ff KSchG abgeben. Sie wird weiterhin unverzüglich die Zustimmung des Integrationsamts, des staatlichen Amts für Arbeitsschutz und sonstiger Behörden für den Ausspruch von Kündigungen gegenüber Mitarbeitern mit dem entsprechenden besonderen Kündigungsschutz einholen.

Nach Abgabe der Massenentlassungsanzeige werden die betriebsbedingten Kündigungen ausgesprochen. In den Kündigungsschreiben werden die betroffenen Mitarbeiter auf diesen Interessenausgleich und den Sozialplan hingewiesen.

§ 4 Beteiligungsrechte des Betriebsrats

(1) Durch den Abschluss dieses Interessenausgleichs sind die Beteiligungsrechte des Betriebsrats bei einer Betriebsänderung nach §§ 111, 112 BetrVG gewahrt.

(2) Das Anhörungsverfahren gem. § 102 BetrVG zur Kündigung der auf der Liste (Anlage 1) verzeichneten Mitarbeiter ist mit Abschluss dieses Interessenausgleichs durchgeführt; der Betriebsrat gibt hierzu keine weitergehende Stellungnahme ab.

(3) Dem Interessenausgleich wird die Anzeige von Entlassungen nach § 17 KSchG nebst Anlagen (Anlage 2) beigefügt. Dieser Interessenausgleich gilt zugleich als Stellungnahme des Betriebsrats zu der Anzeige einer Massenentlassung nach § 17 KSchG und in den Verfahren nach §§ 85 ff SGB IX und § 18 BEEG. Der Betriebsrat ist nach diesen Vorschriften hinreichend informiert.

§ 5 Sozialplan

Zur Milderung der den Mitarbeitern durch die Durchführung der Maßnahmen nach diesem Interessenausgleich entstehenden Nachteile schließen die Betriebsparteien einen Sozialplan ab, der auch das Angebot des Wechsels der betroffenen Mitarbeiter in eine Transfergesellschaft unter den dort genannten Voraussetzungen enthält.

§ 6 Inkrafttreten, Laufzeit

Der Interessenausgleich tritt mit der Unterzeichnung in Kraft und endet mit Durchführung der Maßnahme, spätestens am ....

V. Transfer-Sozialplan

1. Muster: Transfer-Sozialplan

Zwischen

der Gesellschaft ...

und

dem Betriebsrat der Gesellschaft ...

wird folgender Sozialplan vereinbart:

§ 1 Geltungsbereich

(1) Dieser Sozialplan gilt für alle Mitarbeiterinnen und Mitarbeiter (nachfolgend „Mitarbeiter" genannt), deren Arbeitsverhältnis aufgrund der im Interessenausgleich vom ... geregelten Betriebsänderung endet und die nicht leitende Angestellte iSv § 5 Abs. 3 BetrVG sind.

§ 2 Wechsel in eine Transfer- und Qualifizierungsgesellschaft (TansferG)

(1) Mitarbeiter, die eine betriebsbedingte Kündigung aufgrund der Betriebsstilllegung der Gesellschaft erhalten haben, haben Anspruch auf eine zeitlich befristete Übernahme in die TransferG, die eine betriebsorganisatorisch eigenständige Einheit (beE) für die Aufnahme der betroffenen Mitarbeiter bildet, wenn sie die im Nachfolgenden genannten Voraussetzungen erfüllen. Der Anspruch ist zeitlich auf die doppelte Anzahl der Monate der individuellen Kündigungsfrist beschränkt, besteht mindestens aber für sechs Monate, höchstens für zwölf Monate. Bei befristet Beschäftigten, deren Arbeitsverhältnis vor Ablauf der Befristung gekündigt wird, beträgt die maximale Verweildauer in der TransferG die doppelte Anzahl der vollen Monate zwischen Zugang der Kündigungserklärung und Auslaufen der Befristung, auch wenn dadurch die Mindestverweildauer nach Satz 2 unterschritten wird. Die Kosten der TansferG trägt die Gesellschaft.

(2) Der Anspruch nach Abs. 1 kann vom Mitarbeiter nur innerhalb von zwei Wochen ab Zugang der Kündigung geltend gemacht werden. Er setzt voraus, dass der Mitarbeiter mit der Gesellschaft und der TransferG einen dreiseitigen Vertrag nach der Anlage 1 abschließt, der das Arbeitsverhältnis zwischen dem Mitarbeiter und der Gesellschaft zum ... beendet und ein neues, befristetes Arbeitsverhältnis zwischen dem Mitarbeiter und der TransferG begründet, das am ... beginnt. Ein entsprechendes schriftliches verbindliches Angebot auf Abschluss eines dreiseitigen Vertrages haben Gesellschaft und die TransferG dem Mitarbeiter mit der Übergabe der Kündigung zu übergeben. Das Angebot erhalten alle sozialversicherungspflichtig beschäftigten Mitarbeiter, für die Beiträge zur Arbeitslosenversicherung nach dem SGB III abgeführt werden. Die Betriebsparteien haben über eine entsprechende Liste Einvernehmen erzielt (Anlage 2).

(3) Der Mitarbeiter ist verpflichtet, an einer ihm angebotenen arbeitsmarktlich zweckmäßigen Maßnahme zur Feststellung der Eingliederungsaussichten (Profiling) teilzunehmen. Das Profiling wird von der TransferG vor Beginn des Arbeitsverhältnisses mit der TransferG unter Abstimmung mit der Agentur für Arbeit durchgeführt.

(4) Der Anspruch setzt weiterhin voraus, dass für den Mitarbeiter gem. § 111 SGB III Transferkurzarbeitergeld bewilligt wird.

§ 3 Vergütung in der TransferG

(1) In der TransferG erhält der Mitarbeiter Transferkurzarbeitergeld nach § 111 SGB III.

(2) Der Mitarbeiter erhält weiterhin einen Aufstockungsbetrag auf ... % des bisherigen Nettoeinkommens. Das maßgebliche Bruttomonatsgehalt (Sollentgelt) richtet sich nach dem durchschnittlichen Verdienst der letzten drei Monate vor Wechsel in die TransferG ohne Arbeitsentgelt, das einmalig gezahlt wird. Das daraus resultierende Nettoeinkommen wird nach der Verordnung über die pauschalierten Nettoentgelte für das Kurz-

arbeitergeld für das Jahr ... vom ... (BGBl. I S. ...) nach der im Zeitpunkt des Abschlusses dieses Sozialplans bestehenden Steuerklasse berechnet.

(3) Tragung und Abführung der Steuern und Sozialversicherungsbeiträge richten sich nach den gesetzlichen Bestimmungen. Die auf den Aufstockungsbetrag (Nettobetrag entfallende Lohnsteuer und Sozialversicherungsbeiträge trägt die TransferG (Bestandteil der Remanenzkosten der Gesellschaft).

(4) Soweit in der TransferG kein Anspruch auf Transferkurzarbeitergeld besteht, weil an Urlaubs- und Feiertagen mangels Arbeitsausfall kein Kurzarbeitergeld gewährt wird, wird für diese Tage ein Bruttoentgelt entsprechend Abs. 2 Satz 2 des Sozialplans gezahlt. In der TransferG gilt der gesetzliche Urlaubsanspruch.

(5) Wird Transferkurzarbeitergeld gem. § 111 Abs. 4 Satz 2 iVm § 98 Abs. 4 SGB III nicht gezahlt, weil der Mitarbeiter bei den durchzuführenden Maßnahmen nicht in der verlangten und gebotenen Weise mitwirkt, ist auch der Aufstockungsbetrag nach Abs. 2 nicht geschuldet.

(6) Der Mitarbeiter hat das Recht, das Arbeitsverhältnis mit der TransferG jederzeit ohne Einhaltung einer Frist zu beenden. Für den Zeitraum, den der Mitarbeiter das mit der TransferG bestehende Arbeitsverhältnis vorzeitig beendet, erhält er von der TransferG eine Abfindung iHv ... % der eingesparten Remanenzkosten.

§ 4 Abfindungsanspruch

(1) Eine Abfindung erhalten die Mitarbeiter, die nach § 3 Abs. 4 des Interessenausgleichs betriebsbedingt gekündigt werden.

(2) Aufgrund bis zum ... ausgesprochener Eigenkündigung und bis zu diesem Stichtag abgeschlossenen Aufhebungsvertrages ausscheidende Mitarbeiter haben keinen Anspruch auf eine Abfindung nach diesem Sozialplan, es sei denn, dass dies im Aufhebungsvertrag ausdrücklich vereinbart wurde. Ausscheidenswillige Mitarbeiter, die nach dem ... eine Eigenkündigung aussprechen oder nach dem ... einen Aufhebungsvertrag abschließen, erhalten die Abfindung nach § 5 Abs. 1 und 2 des Sozialplans, es sei denn, im Aufhebungsvertrag ist bereits eine Abfindung der Höhe nach vereinbart.

(3) Mitarbeiter, deren befristete Arbeitsverträge iSv § 3 Abs. 2 des Interessenausgleichs vom ... nicht verlängert wurden bzw werden, sondern zu dem im Zeitpunkt des Abschlusses des Interessenausgleichs vereinbarten Befristungsende auslaufen, erhalten keine Abfindung nach § 5 Abs. 1 und 2 des Sozialplans, sondern eine Abfindung nach § 5 Abs. 3 des Sozialplans. Eine Abfindung nach § 5 Abs. 3 des Sozialplans erhalten ebenfalls Mitarbeiter mit befristeten Arbeitsverträgen, die vor Ablauf der Befristung selbst gekündigt haben bzw kündigen werden oder einen Aufhebungsvertrag abschließen bzw abgeschlossen haben.

§ 5 Abfindungshöhe

(1) Der Grundbetrag der Abfindung errechnet sich nach folgender Formel:

Betriebszugehörigkeit x Lebensalter[297] x Bruttomonatsgehalt / ... (Divisor)

Die Betriebsparteien berücksichtigen das Alter entsprechend der Regelung des § 10 Satz 3 Nr. 6 AGG, da sie davon ausgehen, dass mit zunehmendem Alter die Chancen auf dem Arbeitsmarkt, eine neue abhängige Beschäftigung zu finden, sich verschlechtern und ältere Arbeitnehmer eine längere Zeit der Arbeitslosigkeit zu überbrücken haben. Auch wenn Arbeitsmarktstatistiken in aller Regel Stufen von fünf oder zehn Jahren für die Darstellung zusammenfassen, gehen die Betriebspartner davon aus, dass dieser Prozess linear verläuft.

Betriebszugehörigkeit ist die Anzahl der Jahre des Bestehens des Arbeitsverhältnisses bis zur rechtlichen Beendigung des Arbeitsverhältnisses bei der Gesellschaft. Die Abrechnung erfolgt monatsgenau. Zeiten unbezahlten Urlaubs werden bei der Berechnung der Betriebszugehörigkeit nicht berücksichtigt.

Lebensalter sind die im Zeitpunkt der rechtlichen Beendigung des Arbeitsverhältnisses vollendeten Lebensjahre.

---

297 Zur Frage der unterschiedlichen Behandlung wegen des Alters vgl § 5 Rn 191 ff.

Bruttomonatsgehalt ist das gesamte durchschnittliche Bruttogehalt des Kalenderjahres ... ohne Aufwandsentschädigungen wie Fahrtgeld, Essenszuschuss und Ähnliches. Zeiten, in denen das Arbeitsverhältnis geruht hat (zB durch unbezahlten Urlaub oder Elternzeit), dürfen beim Bruttomonatsgehalt nicht anspruchsmindernd berücksichtigt werden.

(2) Der Grundbetrag der Abfindung erhöht sich

a) für alle nach § 4 Abs. 1 und 2 abfindungsberechtigten Mitarbeiter um einen Sockelbetrag von ... EUR;

b) für jedes unterhaltsberechtigte Kind zum Zeitpunkt des Inkrafttretens des Sozialplans um ... EUR;

c) für schwerbehinderte Menschen oder diesen Gleichgestellte iSd SGB IX um ... EUR. Die Anerkennung als schwerbehinderter Mensch oder die Gleichstellung müssen im Zeitpunkt des Inkrafttretens des Sozialplans vorliegen oder bei nachträglicher Feststellung bis spätestens drei Wochen vor Inkrafttretens des Sozialplans beantragt worden sein.

Die Abfindung beträgt bei der Beendigung befristeter Arbeitsverhältnisse, die vor Ablauf der Befristung enden, maximal den Betrag, der den Bruttomonatsgehältern zwischen der tatsächlichen Beendigung des Arbeitsverhältnisses und dem ursprünglichen Befristungsende entspricht.

(3) Mitarbeiter, deren befristete Arbeitsverträge iSv § 3 Abs. 2 des Interessenausgleichs vom ... nicht verlängert werden, erhalten eine Abfindungspauschale iHv ... EUR. Dies gilt auch für Mitarbeiter, die die Wartefrist nach § 1 KSchG von sechs Monaten noch nicht erfüllt haben.

§ 6 Vorzeitige Beendigung des Arbeitsverhältnisses

Betriebsbedingt gekündigte Mitarbeiter sind berechtigt, mit einer Ankündigungsfrist von einer Woche vorzeitig aus dem Arbeitsverhältnis auszuscheiden. Im Fall vorzeitigen Ausscheidens nach Satz 1 erhöht sich die nach § 5 des Sozialplans berechnete Abfindung des Mitarbeiters um ... % der noch ausstehenden Monatsgehälter (Arbeitnehmer-Brutto) für die Zeit zwischen dem vorzeitigen Beendigungszeitpunkt und dem Ablauf der Kündigungsfrist. Anspruch auf diese erhöhte Abfindung besteht auch dann, wenn die vorgenannte vorzeitige Beendigung des Arbeitsverhältnisses nach erfolgter betriebsbedingter Kündigung durch Aufhebungsvertrag vereinbart wird. Die Abfindung gilt nicht für Mitarbeiter, die in die Transfergesellschaft wechseln.

§ 7 Auszahlung der Abfindung

(1) Die Abfindungsansprüche entstehen zum Zeitpunkt des Ausspruchs der Kündigung bzw mit dem Abschluss eines Aufhebungsvertrages, sind vererblich und werden mit der rechtlichen Beendigung des Arbeitsverhältnisses fällig. Sie werden als Bruttobeträge abgerechnet.

(2) Erhebt ein Mitarbeiter Klage auf Feststellung der Unwirksamkeit einer Kündigung oder das Fortbestehen des Arbeitsverhältnisses, so werden eventuelle Ansprüche aus diesem Sozialplan erst fällig, wenn das Verfahren rechtskräftig abgeschlossen ist.

(3) Auf Leistungen aus diesem Sozialplan sind etwaige gesetzliche, tarifvertragliche oder individualvertragliche Abfindungen, Nachteilsausgleichsansprüche (zB nach § 113 BetrVG, §§ 9, 10 KSchG) für den Verlust des Arbeitsverhältnisses anzurechnen.

§ 8 Sonstige Ansprüche

(1) Alle Mitarbeiter, deren Arbeitsverhältnis aufgrund der im Interessenausgleich beschriebenen Maßnahmen endet und deren Arbeitsverhältnis bei Abschluss dieses Interessenausgleichs noch nicht beendet ist, erhalten bis zu ... Tage bezahlte Freizeit zur Wahrnehmung von Vorstellungsgesprächen.

(2) Alle von den Maßnahmen im Interessenausgleich vom ... betroffene Mitarbeiter erhalten unverzüglich ein wohlwollendes qualifiziertes Zwischenzeugnis sowie bei Beendigung ihres Arbeitsverhältnisses ein entsprechendes Schlusszeugnis.

§ 9 Inkrafttreten, Laufzeit, Salvatorische Klausel

(1) Der Sozialplan tritt mit Unterzeichnung in Kraft. Er endet mit der Erfüllung sämtlicher sich hieraus ergebender Ansprüche, spätestens mit Ablauf des ...

(2) Sollten einzelne Bestimmungen dieses Sozialplans unwirksam sein oder werden oder im Widerspruch zu tariflichen oder gesetzlichen Regelungen stehen, so bleiben die übrigen Regelungen bestehen. Die unwirksame oder in Widerspruch stehende Regelung ist durch eine Regelung zu ersetzen, die dem von den Parteien mit der ersetzenden Regelung Gewollten möglichst nahe kommt. Gleiches gilt für eine eventuelle Regelungslücke.

2. Muster: Dreiseitiger Vertrag

Vertrag

zwischen

1. der Gesellschaft ...

und

2. der Mitarbeiterin/dem Mitarbeiter ...

und

3. der TransferG ...

Der Betrieb der Gesellschaft wird zum ... stillgelegt. Hierzu ist mit Datum vom ... zwischen der Gesellschaft und dem Betriebsrat der Gesellschaft ein Sozialplan geschlossen worden. Im Sozialplan ist als beschäftigungswirksames Instrument die Einsetzung einer Transfer- und Qualifizierungsgesellschaft beschlossen worden.

I. Beendigung des Arbeitsverhältnisses zwischen der Gesellschaft und der Mitarbeiterin/dem Mitarbeiter

1. Beendigung des Arbeitsverhältnisses

Das zwischen der Gesellschaft und der Mitarbeiterin/dem Mitarbeiter (nachstehend „Mitarbeiter" genannt) bestehende Arbeitsverhältnis ist arbeitgeberseitig betriebsbedingt gekündigt worden. Zwischen den Parteien besteht Einigkeit, dass das Arbeitsverhältnis mit Ablauf des ... (nächstes Monatsende) sein Ende finden wird.

2. Abwicklung

Die Abwicklung des Arbeitsverhältnisses richtet sich nach dem Sozialplan. Noch bestehende Urlaubsansprüche werden bis zur Beendigung des Arbeitsverhältnisses in natura genommen. Sollte die bis zur Beendigung des Arbeitsverhältnisses verbleibende Zeit hierfür nicht ausreichen, werden restliche Urlaubsansprüche abgegolten.

Dem Mitarbeiter steht nach dem Sozialplan eine Abfindung iHv ... EUR brutto zu. Die Abfindung ist mit der Abrechnung des letzten Beschäftigungsmonats bei der Gesellschaft fällig.

3. Zeugnis

Der Mitarbeiter erhält von der Gesellschaft unverzüglich ein die berufliche Entwicklung förderndes qualifiziertes Zeugnis.

II. Arbeitsvertrag mit der TransferG

1. Begründung und Befristung des Arbeitsverhältnisses zwischen TransferG und Mitarbeiter

Zwischen dem Mitarbeiter und der TransferG wird mit Wirkung ab dem ... (nächster Monatserster) ein Arbeitsverhältnis begründet. Das Arbeitsverhältnis ist befristet nach § 14 Abs. 2 TzBfG und endet, ohne dass es einer Kündigung bedarf, mit Ablauf des ... (doppelte Kündigungsfrist der Gesellschaft, mindestens ... Monate, höchstens zwölf Monate).

2. Tätigkeit

Dem Mitarbeiter sind Zweck und Inhalt der Tätigkeit der und bei der TransferG als Transfer- und Qualifizierungsgesellschaft bekannt. Der Mitarbeiter ist insbesondere verpflichtet, an allen Vermittlungs- und Qualifizierungsmaßnahmen in der von der TransferG oder der Agentur für Arbeit geforderten Art und Weise mitzuwirken. Die TransferG verpflichtet sich im Gegenzug, die Durchführung der Transfer- und Qualifizierungsmaßnahmen an dem Interesse des Mitarbeiters an der Aufnahme einer Beschäftigung im Arbeitsmarkt auszurichten.

3. Vergütung

(1) In der Transfergesellschaft erhält der Mitarbeiter Transferkurzarbeitergeld nach § 111 SGB III.

(2) Der Mitarbeiter erhält weiterhin einen Aufstockungsbetrag auf ... % des bisherigen Nettoeinkommens. Das maßgebliche Bruttomonatsgehalt (Sollentgelt) richtet sich nach dem durchschnittlichen Verdienst der letzten drei Monate vor Wechsel in die TransferG ohne Arbeitsentgelt, das einmalig gezahlt wird. Das daraus resultierende Nettoeinkommen wird nach der Verordnung über die pauschalierten Nettoentgelte für das Kurzarbeitergeld für das Jahr ... vom ... (BGBl. I S. ...) nach der im Zeitpunkt des Abschlusses des Sozialplans bestehenden Steuerklasse berechnet. Die auf den Aufstockungsbetrag entfallenden Steuern und Sozialabgaben trägt die TransferG.

(3) Soweit in der TransferG kein Anspruch auf Transferkurzarbeitergeld besteht, weil an Urlaubs- und Feiertagen mangels Arbeitsausfall kein Kurzarbeitergeld gewährt wird, wird für diese Tage ein Bruttoentgelt entsprechend Abs. 2 Satz 2 gezahlt. In der TransferG gilt der gesetzliche Urlaubsanspruch.

(4) Wird Transferkurzarbeitergeld gem. § 111 Abs. 4 Satz 2 iVm § 98 Abs. 4 SGB III nicht gezahlt, weil der Mitarbeiter bei den durchzuführenden Maßnahmen nicht in der verlangten und gebotenen Weise mitwirkt, ist auch der Aufstockungsbetrag nach Abs. 2 nicht geschuldet.

4. Beendigung des Arbeitsverhältnisses

(1) Das Arbeitsverhältnis endet mit Auslaufen der Befristung nach Ziffer 1.

(2) Die TransferG kann das Arbeitsverhältnis während der Befristung aus verhaltens- und personenbedingten Gründen ordentlich kündigen. Es gelten die gesetzlichen Kündigungsfristen, eine Probezeit wird nicht vereinbart. Der Mitarbeiter kann das Arbeitsverhältnis nach seinem Beginn jederzeit ohne Einhaltung einer Kündigungsfrist kündigen. Die Kündigung bedarf der Schriftform.

(3) Das Recht zur außerordentlichen Kündigung bleibt unberührt.

(4) Kündigt der Mitarbeiter das Arbeitsverhältnis ohne Einhaltung einer Kündigungsfrist, hat er Anspruch auf eine Abfindung nach § 4 Abs. 2 des Sozialplans.

5. Nebentätigkeit

(1) Der Mitarbeiter wird seine Arbeitskraft ausschließlich in der TransferG einbringen. Er wird keine andere Beschäftigung annehmen oder Geschäftstätigkeit ausüben, ohne zuvor eine ausdrückliche Zustimmung der TransferG schriftlich eingeholt zu haben. Nebentätigkeiten, die zum Wegfall des Anspruchs auf Transferkurzarbeitergeld führen, berechtigen die TransferG, die Zustimmung zu verweigern.

(2) Der Mitarbeiter muss den Verpflichtungen, die sich aus den Bestimmungen zur Nebentätigkeit bei Bezug von Transferkurzarbeitergeld ergeben, in eigener Verantwortung nachkommen. Eine Verletzung dieser Verpflichtung berechtigt die TransferG, die monatliche Vergütung auf die Differenz zwischen der Vergütung nach Ziffer 3 und der Höhe des Transferkurzarbeitergeldes bei unterstelltem Vorliegen der Anspruchsvoraussetzungen dem Grund nach zu begrenzen. Einkünfte aus einer Nebentätigkeit, die die Höhe des Transferkurz-

arbeitergeldes bei unterstelltem Vorliegen der Anspruchsvoraussetzungen übersteigen, führen zeitanteilig zu einer Minderung der Aufstockung der monatlichen Vergütung nach Ziffer 3 Abs. 2.

6. Datentransfer und Datenschutz

Mit Unterzeichnung dieses Vertrages erklärt sich der Mitarbeiter ausdrücklich damit einverstanden, dass die zur Lohn- und Gehaltsabrechnung und zur Feststellung seiner Kenntnisse und Qualifikationen erforderlichen persönlichen Daten von der Gesellschaft an die TransferG weitergeleitet werden. Ferner ist der Mitarbeiter damit einverstanden, dass die vorgenannten Daten im Einklang mit den Bestimmungen des Bundesdatenschutzgesetzes bei der TransferG gespeichert und mittels Datenverarbeitung verarbeitet und zu den genannten Zwecken an einen Dritten weitergegeben werden.

III. Schlussbestimmungen

1. Ausgleichsklausel

Mit Erfüllung dieses Vertrages sind sämtliche Ansprüche zwischen dem Mitarbeiter und der Gesellschaft, seien sie bekannt oder unbekannt, zum Zeitpunkt des Übergangs in die TransferG, gleich aus welchem Rechtsgrund, ausgeglichen und erledigt, es sei denn, die Ansprüche ergeben sich aus dem Sozialplan.

2. Arbeitslosmeldung

Der Mitarbeiter wird nach § 2 Abs. 2 Satz 2 Nr. 3 SGB III darauf hingewiesen, dass er verpflichtet ist, eigene Aktivitäten bei der Suche nach einer anderen Beschäftigung zu entfalten, und weiterhin verpflichtet ist, sich spätestens innerhalb von drei Monaten vor der Beendigung des Arbeitsverhältnisses mit der TransferG arbeitsuchend zu melden. Wenn sich der Mitarbeiter nicht fristgerecht arbeitsuchend meldet, kann das für ihn negative Folgen haben, die insbesondere in der Verhängung einer Sperrzeit liegen (§§ 38 Abs. 1, 159 Abs. 1 Satz 2 Nr. 7, Abs. 6 SGB III).

3. Salvatorische Klausel

Sollte eine Bestimmung dieses Vertrages ganz oder teilweise unwirksam sein oder werden, oder sollte sich in diesem Vertrag eine Lücke ergeben, wird die Wirksamkeit der übrigen Bestimmungen davon nicht berührt. Das Gleiche gilt für Regelungen, die ergänzend zu diesem Vertrag getroffen werden. Anstelle der unwirksamen Bestimmung und zur Ausfüllung von Lücken soll eine angemessene Regelung gelten, die, soweit rechtlich möglich, dem am nächsten kommt, was die Vertragsparteien nach dem Sinn und Zweck des Vertrages gewollt haben würden, sofern sie den Punkt bedacht hätten.

§ 6 Schriftsätze im arbeitsgerichtlichen Urteilsverfahren

Kapitel 1: Parteienunabhängige Schriftsätze

Literatur:

Beckers, Die Anwendung der Vollstreckung aus arbeitsgerichtlichen Titeln durch Sicherheitsleistung des Schuldners, NZA 1997, 1322; *Boemke,* Höhe der Verzugszinsen für Entgeltforderungen des Arbeitnehmers, BB 2002, 96; *Diller,* Der Arbeitnehmer der GbR!? – Neue und alte Fallen im Prozess, NZA 2003, 401; *Diller,* Die verschenkten Zinsen – oder: Pokern ohne Risiko, FA 2004, 300; *Dollmann,* Konsequenzen der aktuellen BAG-Rechtsprechung zur Parteifähigkeit der GbR, ArBRB 2005, 30; *Düwell,* Elektronisches Postfach für das Bundesarbeitsgericht, FA 2006, 172; *Düwell/Lipke,* ArbGG, Kommentar, 3. Aufl. 2012; *Germelmann/Matthes/Prütting,* ArbGG, 8. Aufl. 2013; *Holthausen,* Typische Fehler im Kündigungsschutzprozess, AnwBl 2006, 688; *Hümmerich,* Terminsverlegungsanträge, in: ArbG ArbR, FS zum 25-jährigen Bestehen, 2006, S. 345 ff; *Laber/Goetzmann,* Klage auf zukünftige Vergütung, ArBRB 2007, 309; *Natter/Gross,* Arbeitsgerichtsgesetz, Handkommentar, 2. Aufl. 2013; *Prütting/Weth,* Die Vertretung einer Gewerkschaft im Betrieb – Geheimverfahren zum Nachweis der Voraussetzungen, DB 1989, 2276; *Schmidt/Schwab/Wildschütz,* Die Auswirkungen der Reform des Zivilprozesses auf das arbeitsgerichtliche Verfahren, NZA 2001, 1161, 1217; *Schwab/Weth,* Arbeitsgerichtsgesetz, Kommentar, 3. Aufl. 2011; *Tiedemann,* Das Vorabentscheidungsverfahren beim EuGH, ArBRB 2007, 123; *Walker,* Der einstweilige Rechtsschutz im Zivilprozeß und im arbeitsgerichtlichen Verfahren, 1993.

A. Erläuterungen

Im Kapitel „Parteienunabhängige Schriftsätze" werden solche Mustertexte vorgestellt, die sowohl von Arbeitgebern als auch von Arbeitnehmern bei Gericht eingereicht werden können. Der Antrag auf Terminsänderung beispielsweise wird sowohl vom Arbeitgeberanwalt als auch vom Arbeitnehmeranwalt gestellt. Auch die Themen, die in den Erläuterungen erörtert werden, berühren in gleicher Weise Arbeitgeber wie Arbeitnehmer.

I. Parteibezeichnung

1. Anforderungen in der Rechtsprechung

Für Arbeitgeber- wie Arbeitnehmeranwälte lautet bei Erhebung der Klage die erste Frage, **welche Partei Gegner** im Rechtsstreit ist. Diejenige Partei, gegen die sich der Anspruch richtet, muss in der Klageschrift aufgeführt werden. Für die Parteistellung im Prozess ist allerdings nicht allein die formelle Bezeichnung als Partei in der Klageschrift maßgeblich.[1] Ist die Bezeichnung nicht eindeutig, ist die Partei durch **Auslegung** zu ermitteln.

Selbst bei äußerlich eindeutiger, aber offenkundig unrichtiger Bezeichnung ist grundsätzlich diejenige Person als Partei angesprochen, die erkennbar durch die Parteibezeichnung betroffen werden soll.[2] Entscheidend ist immer die Wahrung der rechtlichen Identität zwischen der ursprünglich bezeichneten und der tatsächlich gemeinten Partei. Eine gewisse Großzügigkeit der Rechtsprechung bei der Parteibezeichnung ist zu beobachten. So soll die Klageerhebung nicht an **unvollständigen oder fehlerhaften Bezeichnungen der Parteien** scheitern, wenn diese Mängel in Anbetracht der jeweiligen Umstände letztlich keine vernünftigen Zweifel an dem wirklich Gewollten aufkommen lassen.[3] Hält demgegenüber der Kläger an der falschen Parteibezeichnung trotz rechtlicher Erörterung im Termin fest, geht dies zu seinen Lasten: Die Klage ist in diesem Fall unzulässig, wenn die falsch bezeichnete Partei nicht existiert.[4] Problematisch sind Unklarheiten über die richtige Partei vor allem im Zusammenhang mit **Kündigungsschutzklagen**, weil die Kündigungsschutzklage nach § 4 KSchG fristgebunden ist. Obwohl eine eventuelle subjektive Klagehäufung unzulässig ist, kann nach Auffassung des BAG[5] die Frist nach §§ 4

---

1 BAG 1.3.2007 – 2 AZR 525/05, NZA 2007, 1013.
2 *Holthausen,* AnwBl 2006, 688.
3 BAG 12.2.2004 – 2 AZR 136/03, AP § 4 KSchG 1969 Nr. 50; BAG 1.3.2007 – 2 AZR 525/05, NZA 2007, 1013.
4 LAG Hamm 24.9.2012 – 8 Sa 444/12, NZA-RR 2013, 46.
5 BAG 31.3.1993 – 2 AZR 467/92, NZA 1994, 237.

Satz 1, 13 Abs. 1 Satz 2 KSchG auch durch eine hilfsweise gegen den richtigen Arbeitgeber erhobene Kündigungsschutzklage gewahrt werden.

4 Bei der **Umstellung** einer Klage auf eine andere (richtige) Partei entfällt mit der Zulassung der Klageänderung die Rechtshängigkeit des ursprünglichen (fristgerechten) Klageantrags.[6] Kann vor Klageerhebung die Frage nach der Person des Arbeitgebers oder, aus Sicht des Arbeitgebers, die Person des Arbeitnehmers selbst unter sorgfältiger Prüfung der vorliegenden Unterlagen nicht geklärt werden, sollte man zunächst alle in Betracht kommenden Personen gemeinsam verklagen, um in der Güteverhandlung mit Hilfe des Vorsitzenden eine Bestimmung der richtigen beklagten Partei vorzunehmen und nach entsprechender Erklärung des Prozessgegners die Klagen gegen die sonstigen Beklagten zurückzunehmen. Auch bei Arbeitnehmern, beispielsweise ausländischen Arbeitnehmern mit ähnlich lautendem Namen, können Unklarheiten über den richtigen Prozessgegner entstehen.

5 Die Parteien eines Prozesses werden vom Kläger in der Klageschrift bezeichnet. Ist die Bezeichnung nicht eindeutig, so ist durch ihre **Auslegung** die richtige Partei zu ermitteln.[7] Bei einer Klage gegen eine GmbH & Co. KG haben der Name der Komplementär-GmbH und die Namen der Geschäftsführer der Komplementärin ein größeres Gewicht als die Firmenanschrift. Ist lediglich die Firmenanschrift fehlerhaft, lässt sich anhand der übrigen Angaben ohne weiteres ermitteln, wer verklagt sein soll.[8] Ist der Arbeitgeber bereits in der Insolvenz und ist der Insolvenzverwalter in der Klageschrift nicht erwähnt, nimmt das BAG im Zuge der Auslegung an, dass sich die Klage allein gegen den bisherigen Arbeitgeber richten soll.[9]

2. GbR als Arbeitgeber

6 Bis zum Jahre 2001 entsprach es ständiger Rechtsprechung, dass die GbR im Zivilprozess nicht rechtsfähig und damit nicht parteifähig ist. Deshalb mussten alle Gesellschafter der GbR als notwendige Streitgenossen bei Gesamthandsforderungen verklagt werden.[10] Mit dem Urteil vom 29.1.2001 änderte der BGH seine Rechtsprechung und kam zu dem Ergebnis, dass die GbR **Rechtsfähigkeit** besitze.[11] Dementsprechend hat das BAG seine Rechtsprechung mit Urteil vom 1.12.2004[12] angepasst.

7 Bei Klagen des Arbeitnehmers gegen den Arbeitgeber ist die richtige Partei nunmehr, falls der GbR beispielsweise eine als GbR organisierte Arztpraxis ist, die GbR. Bei Zahlungsklagen wird empfohlen, neben der GbR auch die Gesellschafter selbst zu verklagen, wobei für das taktisch richtige Vorgehen Fragen der Vollstreckung, des Kostenrisikos bzw der Deckungsschutzproblematik bei der Rechtsschutzversicherung, aber auch des Beweisrechts zu beachten sind.[13] Bei Verfahren wegen einer Kündigung eines Arbeitsverhältnisses gehen Klagen gegen den Gesellschafter einer GbR ins Leere. Arbeitgeberfähig ist die GbR, nicht der einzelne Gesellschafter. Deshalb können auch die einzelnen Gesellschafter keine arbeitsrechtlichen Klagen gegen den Arbeitnehmer erheben, vielmehr muss die Klage von der GbR gegen den Arbeitnehmer gerichtet werden. Nur die GbR ist arbeitsrechtlich aktivlegitimiert.

8 In anhängigen Verfahren, die sich nach altem Recht gegen die Gesellschafter einer GbR richteten, hat der BGH angenommen, dass durch die Änderung der Rechtsprechung zur Parteifähigkeit der GbR kein Parteiwechsel erforderlich sei, sondern dass eine Änderung in der Form einer Rubrumsberichtigung zulässig und der richtige Weg sei.[14]

II. Anträge

1. Keine Antragstellung im Termin der Güteverhandlung

9 Dem arbeitsgerichtlichen Verfahren war schon immer eigen, dass zunächst nach § 54 ArbGG ein **Gütetermin** durchzuführen ist. Da die **Güteverhandlung** ein dem Urteilsverfahren erster Instanz vorgelager-

---

6 *Holthausen*, AnwBl 2006, 688, 689.
7 BAG 13.7.1989 – 2 AZR 571/88, juris.
8 LAG Hamm 18.9.1997 – 4 Sa 2244/96, juris.
9 BAG 21.9.2006 – 2 AZR 573/05, NZA 2007, 404.
10 BGH 26.3.1981 – VII ZR 160/80, BGHZ 80, 227; BGH 15.10.1999 – V ZR 141/98, NJW 2000, 292.
11 BGH 29.1.2001 – II ZR 331/00, BGHZ 146, 341.
12 BAG 1.12.2004 – 5 AZR 597/03, NZA 2005, 318.
13 *Diller*, NZA 2003, 401; *Dollmann*, ArbRB 2005, 30; *Sievers*, jurisPR-ArbR 10/2005 Anm. 2.
14 BGH 15.1.2003 – XII ZR 300/99, NJW 2003, 1043.

ter Verfahrensabschnitt ist und keine streitige Verhandlung iSv § 137 Abs. 1 ZPO,[15] ist im Termin der Güteverhandlung auch kein Antrag zu stellen.[16]

2. Zahlungsklage

a) Bezifferter Antrag

Bei einer Zahlungsklage muss der Antrag **beziffert** sein, es muss die geforderte Summe als Zahl im Antrag enthalten sein.[17] Ein unbezifferter Klageantrag ist grundsätzlich unzulässig. Gleiches gilt, wenn ein bloßer Rahmenantrag formuliert wird, dessen Inhalt sich erst aus dem Verfahren oder der Zwangsvollstreckung ergeben soll.

Ein unbezifferter Klageantrag kommt nur dann in Betracht, wenn das Gericht, wie bei einem unbestimmten Schadensersatzanspruch, selbst rechtsgestaltend tätig wird, wie etwa bei einer Klage auf angemessene Entschädigung gem. § 15 Abs. 2 AGG, bei der die Höhe der Entschädigung in das Ermessen des Gerichts gestellt wird.[18]

Werden rückständige Entgeltansprüche geltend gemacht, lautet der richtige Zahlungsantrag:

Die beklagte Partei wird verurteilt, an die klägerische Partei ... EUR brutto zzgl Zinsen in Höhe von fünf Prozentpunkten über dem Basiszinssatz hieraus seit ... zu zahlen.

b) Zinssatz

„Brutto oder Netto" – die Frage nach der Verzinsung arbeitsrechtlicher Vergütungsansprüche hat wegen der zum 1.5.2000 in Kraft getretenen Erhöhung des damals 4 % betragenden gesetzlichen Zinssatzes auf **fünf Prozentpunkten über dem Basiszinssatz** nach § 1 des Diskontsatz-Überleitungs-Gesetzes vom 9.6.1998[19] gem. § 288 Abs. 1 Satz 1 BGB aF und der ab 1.1.2002 geltenden Fassung der §§ 288, 247 BGB eine erheblich gesteigerte wirtschaftliche Bedeutung erlangt. Der aktuell gültige Basiszinssatz liegt nach § 247 BGB ab dem 1.1.2013 bei – 0,13 %. Ungeachtet der Tatsache, dass die Geltendmachung eines weitergehenden materiellrechtlichen Schadens auch nach der Neufassung des § 288 Abs. 4 BGB unberührt bleibt, betragen der gesetzliche Mindestzinssatz für Verzugszinsen und der Prozesszinssatz damit ab dem 1.1.2013 4,87 %.

Die Höhe des jeweiligen Basiszinssatzes wird von der Bundesbank für einen bestimmten Zeitraum festgesetzt. Nicht nur die aktuellen, sondern auch die vorherigen Zinssätze werden von der Bundesbank publiziert und können beispielsweise im Internet unter http://www.bundesbank.de/Redaktion/DE/Standardartikel/Bundesbank/Zinssaetze/basiszinssatz.html?searchArchive=0&submit=Suchen&searchIssued=0&templateQueryString=Zinssatz abgefragt werden. Aufgrund der Änderung des Zinssatzes in regelmäßigen Abständen muss eine Anpassung der geltend gemachten, konkret bezifferten Prozess- und Verzugszinsen vom Anwalt stets bedacht werden.

Gemäß § 247 Abs. 1 BGB verändert sich der Basiszinssatz zum 1.1. und 1.7. eines jeden Jahres um die Prozentpunkte, um die die Bezugsgröße seit der letzten Veränderung des Basiszinssatzes gestiegen oder gefallen ist. Bezugsgröße ist der Zinssatz für die jüngste Hauptrefinanzierungsoperation der Europäischen Zentralbank vor dem ersten Kalendertag des betreffenden Halbjahres.

§ 288 Abs. 2 BGB ordnet bei Rechtsgeschäften, an denen ein Verbraucher iSv § 13 BGB nicht beteiligt ist, einen **erhöhten Verzugszins** an. Er liegt für Entgeltforderungen in diesem Fall bei acht Prozentpunkten über dem Basiszinssatz. Da der Arbeitnehmer beim Abschluss des Arbeitsvertrages Verbraucher iSv § 13 BGB ist,[20] bestimmt sich der Verzugszins bei rückständigen Entgeltforderungen nach § 288 Abs. 1 Satz 1 BGB und liegt fünf Prozentpunkte über dem Basiszinssatz.[21]

---

15 Düwell/*Lipke/Kloppenburg*, ArbGG, § 54 Rn 22.
16 LAG München 24.1.1989 – 2 Sa 1042/88, NJW 1989, 1502.
17 Zöller/*Greger*, ZPO, § 253 Rn 13 a.
18 Muster 6310 (§ 6 Rn 255).
19 BGBl. I S. 1242.
20 BAG 25.5.2005 – 5 AZR 572/04, NZA 2005, 1111.
21 *Boemke*, BB 2002, 96 (97).

c) Brutto oder Netto

17 Nachdem in der Vergangenheit die Frage umstritten war, ob der Arbeitnehmer seinen Lohn im Wege einer **Brutto-Klage** oder aber einer **Netto-Klage** geltend machen müsse oder könne, bestimmte der Große Senat des BAG in seinem Beschluss vom 7.3.2001,[22] dass der Arbeitnehmer die Verzugszinsen nach § 288 BGB aus der in Geld geschuldeten Bruttovergütung verlangen könne und beantwortete damit die Streitfrage im Sinne der „**Bruttolösung**". Danach kommt es auf die Höhe des tatsächlich entstehenden Zinsschadens nicht an. Eine Aufspaltung der Vergütung in den Nettoanteil und die gesetzlichen Abzüge widerspräche dem Ziel einer vereinfachten Schadensberechnung.[23]

18 Obwohl nach der Entscheidung des Großen Senats vom 7.3.2001 gilt, dass der klagende Arbeitnehmer als Gläubiger der Entgeltforderung die gesetzlichen Verzugs- und Prozesszinsen iSd §§ 288, 291 BGB vom Bruttobetrag beanspruchen kann, enthalten die vorliegenden Muster zum einen eine Bruttoklage.[24] Des Weiteren enthält das Buch als Nettoklage einen Antrag auf Erlass einer einstweiligen Verfügung.[25] Gerät der Arbeitnehmer in große wirtschaftliche Schwierigkeiten und besteht eine hohe Plausibilität für das Bestehen eines Zahlungsanspruchs, gewährt in Einzelfällen die Rechtsprechung die Zahlungsansprüche des Arbeitnehmers als Nettobetrag.

19 Mit Blick auf das Bestimmtheitserfordernis des § 253 Abs. 2 Nr. 2 ZPO stellt sich die Frage, ob bei der Formulierung des Klageantrages in Zahlungsklagen ein Hinweis auf die gesetzlichen Prozesszinsen ausreicht oder ob der Zinssatz konkreter beziffert werden muss. Rechtsprechung und Vollstreckungsorgane haben sich allerdings inzwischen an die Basiszinssätze gewöhnt und die nachfolgenden Antragsvarianten als zulässig akzeptiert.[26]

d) Antragsvarianten

20 Ein Zahlungsantrag in einer Klageanschrift und damit ein vollstreckungsfähiger Tenor kann zB wie folgt formuliert werden:

Die beklagte Partei wird verurteilt, an die klägerische Partei 10.000 EUR brutto nebst Zinsen in Höhe von fünf Prozentpunkten über dem Basiszinssatz ab dem 1.7.2013 zu zahlen.

21 Hat ein Arbeitnehmer bereits Arbeitslosengeld erhalten, lautet sein Zahlungsantrag wie folgt:

Die beklagte Partei wird verurteilt, an die klägerische Partei ... EUR brutto abzüglich an die Bundesagentur für Arbeit übergegangener ... EUR netto zzgl Zinsen in Höhe von fünf Prozentpunkten über dem Basiszinssatz aus dem Differenzbetrag seit ... zu zahlen.

22 Werden Entgeltansprüche aus verschiedenen Zeiträumen geltend gemacht oder soll lediglich eine Teilklage erhoben werden, wird angeraten, die einzelnen Forderungen zu individualisieren. Der Kläger muss angeben, welchen Teil einer Gesamtleistung er mit der Klage begehrt.[27] Wird hinsichtlich der Zinsen auf die Rechtshängigkeit abgestellt, ist zu beachten, dass die Verzugszinsen erst ab dem Tag, der auf die Rechtshängigkeit folgt, zu zahlen sind. Das BAG wendet hierbei § 187 Abs. 1 BGB analog an.[28] Ein entsprechender Antrag lautet:

Die beklagte Partei wird verurteilt, an die klägerische Partei

1. ... EUR brutto als Gehalt für den Monat ... nebst Zinsen hieraus in Höhe von fünf Prozentpunkten über dem Basiszinssatz seit ...,

---

22 BAG 7.3.2001 – GS 1/00, NZA 2001, 1195.
23 BAG 7.3.2001 – GS 1/00, NZA 2001, 1195.
24 Muster 6736 (§ 6 Rn 366).
25 Muster 6741 (§ 6 Rn 369).
26 BAG 16.9.2008 – 9 AZR 791/07, NZA 2009, 79.
27 BAG 18.3.1992 – 4 AZR 374/91, NZA 1992, 987.
28 BAG 19.12.2007 – 5 AZR 1008/06, NZA 2008, 464; BAG 15.11.2000 – 5 AZR 365/99, NZA 2001, 386.

2. _ EUR brutto aus Mehrarbeit für _ Stunden am _ und am _ nebst Zinsen hieraus in Höhe von fünf Prozentpunkten über dem Basiszinssatz seit _,
3. _ EUR Schmerzensgeld

zu zahlen.

Auch eine Klage auf künftige Leistung ist gem. § 46 Abs. 2 ArbGG, § 259 ZPO grundsätzlich zulässig. 23
Damit können auch künftige Vergütungsansprüche von Arbeitnehmern geltend gemacht werden.[29] Streitig ist allerdings zurzeit, welche Anforderungen an den Klageantrag zu stellen sind, ob nämlich die künftigen Leistungshindernisse in den Klageantrag aufgenommen werden müssen oder nicht. Das BAG hat hierzu – die Zulässigkeit offen lassend – entschieden, dass alle regelmäßig absehbaren Voraussetzungen für die zu erbringende Gegenleistung in den Antrag mit aufzunehmen sind.[30] Die Vergütungsansprüche müssen zudem bezifferbar sein[31] und können nicht geltend gemacht werden, wenn das Arbeitsverhältnis gekündigt ist.[32]

e) Künftige Leistungen

An die Formulierung des Antrags auf künftige Vergütung stellen die Senate des BAG unterschiedlich 24
hohe Anforderungen.[33] Der 5. Senat verlangt, dass **alle Eventualitäten** in den Antrag aufgenommen werden, unter denen die beantragte zukünftige Vergütungsforderung **entfallen** könnte, also Krankheit, unbezahlten Urlaub, unentschuldigte Fehlzeiten usw.[34] Nur das Unerwartete kann im Antrag unberücksichtigt bleiben. Die Beendigung des Arbeitsverhältnisses gehört nach Auffassung des 5. Senats nicht zu den unerwarteten Bedingungen, die im Antrag enthalten sein müssen, während der 4. Senat vom Gegenteil ausgeht.[35] Die Begründungen der verschiedenen Senate variieren. Entschließt man sich jedoch zu einer solchen Klage, sollte man die strengeren Anforderungen des 4. Senats einhalten.

Eine Klage des Arbeitnehmers auf **künftige Gehälter** allein aufgrund der Vorlage des Arbeitsvertrages 25
und aktueller Verdienstbescheinigungen scheidet im Arbeitsgerichtsprozess aus. Nach § 46 Abs. 2 Satz 2 ArbGG finden die Vorschriften über den Urkunden- und Wechselprozess (§§ 592–605 a ZPO) im arbeitsgerichtlichen Verfahren keine Anwendung. Die elegante Möglichkeit, den Rechtsstreit zunächst einmal im Urkundenprozess zu führen und nach einem Vorbehaltsurteil erfolgreich vollstrecken zu können, sieht der Arbeitsgerichtsprozess nicht vor. Bei Geschäftsführern und AG-Vorständen ist demgegenüber die Klage auf zukünftige Gehälter nach einer fristlosen Kündigung denkbar. Ein Klagemuster findet sich in diesem Buch als Muster 6576.[36]

3. Auskunfts- und Stufenklage

Über den Anspruch des Arbeitnehmers auf Auskunft über die Höhe seiner Vergütung kann unmittel- 26
bar Auskunftsklage erhoben werden oder im Zuge einer Stufenklage, wobei der Arbeitnehmer von der Bezifferungspflicht des § 253 Abs. 2 Nr. 2 ZPO auf der dritten Stufe seiner Klage befreit ist. Im Arbeitsverhältnis besteht nach § 242 BGB ein Auskunftsanspruch, soweit der Anspruchsberechtigte in entschuldbarer Weise über Bestehen und Umfang seines Rechts im Ungewissen ist, während der Verpflichtete unschwer Auskunft erteilen kann.[37] Bei der **Stufenklage** handelt es sich um eine **objektive Klagehäufung**.

Auf der ersten Stufe wird Rechnungslegung nach §§ 259 Abs. 1, 666, 675 BGB verlangt, ggf die Vorla- 27
ge eines Vermögensverzeichnisses nach § 260 Abs. 1 BGB oder Bucheinsicht nach §§ 118, 166 HGB oder ein Buchauszug nach § 87c Abs. 2 HGB. Wird die erste Stufe erfüllt, kann der Kläger unter den Voraussetzungen der §§ 259 Abs. 2, 260 Abs. 2 BGB auf der zweiten Stufe die eidesstattliche Versiche-

---

29 BAG 13.3.2002 – 5 AZR 755/00, EzA § 259 ZPO Nr. 1; aA LAG Berlin-Brandenburg 3.9.2008 – 17 Sa 913/08, juris.
30 BAG 9.4.2008 – 4 AZR 104/07, NZA-RR 2009, 79.
31 BAG 31.8.1983 – 4 AZR 67/81, n.v.
32 *Laber/Goetzmann*, ArbRB 2007, 309.
33 BAG 29.7.1960 – 5 AZR 532/59, AP § 259 ZPO Nr. 2; BAG 23.2.1983 – 4 AZR 508/81, BAGE 42, 54; BAG 14.5.1997 – 7 AZR 471/96, n.v.
34 BAG 13.3.2002 – 5 AZR 755/00, NZA 2002, 1232.
35 BAG 9.4.2008 – 4 AZR 104/07, NZA-RR 2009, 79.
36 § 6 Rn 323.
37 BAG 1.12.2004 – 5 AZR 664/03, BAGE 113, 55; BAG 19.4.2005 – 9 AZR 188/04, NZA 2005, 983.

rung des Prozessgegners über die Richtigkeit der erteilten Auskünfte verlangen. Auf der dritten Stufe richtet sich die Klage dann auf Leistung eines Geldbetrags, der erst nach erteilter Auskunft beziffert werden muss.

28 Die Anträge in einer Stufenklage können wie folgt formuliert werden:

1. Die beklagte Partei wird verurteilt, der klägerischen Partei Auskunft über die von der klägerischen Partei vom _ bis zum _ vermittelten Geschäfte und die Höhe der aus diesen Geschäften eingegangenen Verkaufserlöse zu erteilen.

Nach erteilter Auskunft werden wir beantragen:

2. Die beklagte Partei wird verurteilt, die Richtigkeit der Auskunft an Eides statt zu versichern.
3. Die beklagte Partei wird verurteilt, der klägerischen Partei _ % des sich aus der gem. Ziff. 1 des Klageantrags erteilten Auskunft ergebenden Gesamtbetrags mit Zinsen hieraus in Höhe von fünf Prozentpunkten über dem Basiszinssatz seit _ zu zahlen.

4. Feststellungsklage

29 Bei der Feststellungsklage ist die Arbeitsrechtsprechung großzügig. Die Feststellungsklage erfordert zunächst als Streitgegenstand die **Behauptung des Bestehens oder Nichtbestehens eines Rechtsverhältnisses** und weiterhin muss der Feststellungskläger ein **rechtliches Interesse** an alsbaldiger Feststellung haben. Fehlt eine der beiden Voraussetzungen, ist die Feststellungsklage unzulässig.

30 Während im Zivilprozess das Feststellungsinteresse verneint wird, wenn der Kläger sein Rechtsschutzziel im Wege der Leistungsklage (vorrangig) verwirklichen kann,[38] ist es im Arbeitsgerichtsprozess ausreichend, dass das Rechtsverhältnis durch eine tatsächliche Unsicherheit gefährdet ist.[39]

31 Gegenstand von Feststellungsklagen können Ansprüche zur Feststellung einer Versorgungsanwartschaft[40] Rechte, wie die Erfindereigenschaft bei einem Patent,[41] der Bestand eines Arbeitsverhältnisses als unbefristetes,[42] der Eintritt in ein Arbeitsverhältnis nach § 613a BGB[43] oder die Statusklärung sein.[44]

5. Abrechnungsklage

32 Die Abrechnungsklage ist keine **Auskunftsklage**. Bei der Abrechnungsklage beantragt ein Arbeitnehmer beispielsweise:

Die beklagte Partei wird verurteilt, der klägerischen Partei über die Monate _ eine Lohnabrechnung zu erteilen, aus der die abzuführenden oder abgeführten Steuern und Sozialversicherungsbeiträge ersichtlich sind.

33 Häufig wird übersehen, dass § 108 GewO keinen selbständigen Abrechnungsanspruch zur Vorbereitung eines Zahlungsanspruchs gewährt. Nach § 108 GewO ist dem Arbeitnehmer, wenn ein Anspruch auf Zahlung von Arbeitsentgelt besteht, „bei Zahlung" eine Abrechnung zu erteilen. Die Abrechnung bezweckt die Information über die erfolgte Zahlung. § 108 GewO regelt dagegen keinen selbständigen Abrechnungsanspruch zur Vorbereitung eines Zahlungsanspruchs.[45] Deshalb kann nicht gem. § 254 ZPO der bestimmte Klageantrag vorbehalten werden, bis die Abrechnung nach § 108 GewO erteilt ist. Vielmehr setzt eine zulässige Stufenklage voraus, dass die Abrechnung zur Erhebung eines bestimmten Antrags erforderlich ist. Die auf § 108 GewO gestützte Klage ist deshalb keine Stufenklage, sondern eine Abrechnungsklage.

---

38 BGH 9.6.1983 – III ZR 74/82, NJW 1984, 1118.
39 Düwell/Lipke/*Kloppenburg*, ArbGG, § 46 Rn 127.
40 LAG Hamm 7.3.1989 – 6 Sa 270/88, ZIP 1989, 1215.
41 BGH 24.10.1978 – X ZR 42/76, NJW 1979, 269.
42 BAG 7.8.1980 – 2 AZR 563/78, DB 1980, 2244.
43 BAG 9.1.1980 – 5 AZR 21/78, NJW 1980, 2148.
44 BAG 15.12.1999 – 5 AZR 457/98, NZA 2000, 775.
45 BAG 12.7.2006 – 5 AZR 646/05, NZA 2006, 1294.

6. Zinsfälligkeit

Ändert sich im Laufe des Prozesses der Zinssatz, so kann der ab einem bestimmten Zeitpunkt geltende neue Zinssatz durch Umstellung des Klageantrags in das Verfahren eingeführt werden. Hierin liegt keine Klageänderung. Denn nach § 264 Nr. 2 ZPO gilt es nicht als Klageänderung, wenn der Klageantrag in Bezug auf Nebenforderungen erweitert oder beschränkt wird. Bei der **Berechnung** der Zinsansprüche werden häufig Fehler gemacht.

Zunächst einmal ist von den Fälligkeitsregelungen, bezogen auf einen Zahlungsanspruch, aus Tarifvertrag oder Arbeitsvertrag auszugehen. Fehlen spezielle Regelungen, gelten § 614 BGB, § 64 HGB, die nachschüssige Zahlung anordnen.[46] Fälligkeitszeitpunkt bei Monatsvergütung ist daher der erste Tag des Folgemonats. Der Eintritt der Fälligkeit verschiebt sich auf den nächsten Werktag, wenn der Fälligkeitstag auf einen Samstag, Sonntag oder Feiertag fällt. Nach Meinung des BAG[47] beginnt der Verzug mit dem dem Fälligkeitstag nachfolgenden Tag.

Nicht richtig ist es, wenn im Klageantrag „5 %-Punkte über dem Basiszinssatz" beantragt werden. Richtig muss der Antrag lauten, dass „**fünf Prozentpunkte über dem Basiszinssatz**" gefordert werden. Das genaue Herausarbeiten der Höhe des Zinsanspruchs und des Zinsbeginns erfordert zwar Mehrarbeit, ist aber selbst für den Fall, dass der Klägeranwalt eine zu hohe Forderung gestellt hat, unschädlich, weil fehlerhafte, zu hoch geltend gemachte Ansprüche zu keiner anteiligen Belastung mit Kosten führen, wenn die Zuvielforderung keine höheren Kosten veranlasst hat und verhältnismäßig geringfügig war, § 92 Abs. 2 ZPO.[48] Nur wenn die Zuvielforderung aus Zinsen mehr als fünf oder zehn Prozent der Gesamtforderung ausmacht, kann sie sich bei den Kosten auswirken.[49] Werden dem Arbeitnehmer im Prozess Zinsen auf einen Entgeltanspruch zugesprochen, sind die Prozesszinsen zu versteuern.[50]

III. Terminsverlegung und Fristverlängerung

1. Fristverlängerung

Der häufigste Fall der Fristverlängerung, die **Arbeitsüberlastung** des Rechtsanwalts, wurde zwischenzeitlich vom BAG entschieden. Nach Ansicht des BAG zählt die von einem Prozessbevollmächtigten geltend gemachte berufliche Überlastung oder besonders starke Arbeitsbelastung zu den Gründen iSv § 66 Abs. 1 Satz 5 ArbGG.[51] Nur wenn Anhaltspunkte dafür vorliegen, dass die pauschal vorgebrachten **Überlastungsgründe** in Wahrheit nicht gegeben sind, kann der Vorsitzende im Einzelfall eine weitere Substantiierung des Verlängerungsgesuchs verlangen. Generell genügt der bloße Hinweis auf die Arbeitsüberlastung des Rechtsanwalts. Ein sich an dieser Rechtslage orientierendes Muster ist unter den Texten der parteienunabhängigen Schriftsätze enthalten (Muster 6128).[52]

Außerdem stellt sich die Frage, ob dem Anwalt die Fristverlängerung verweigert werden soll, weil er dauerhaft überlastet ist. Der Bedarf an Fristverlängerung entfällt beim Anwalt nicht deshalb, weil sein Überlastungszustand nicht vorübergehend ist.

2. Terminsverlegung

Unabgestimmte Terminierungen führen zu überproportional hohen Terminsaufhebungen. Da die Gerichtstermine meist von den Richtern nicht mit den Anwälten abgestimmt werden, sind **Terminsänderungsanträge** nach § 227 ZPO die sichere Folge.

Terminsanordnungen können nach § 227 ZPO aus erheblichen Gründen aufgehoben oder verlegt werden. § 227 Abs. 3 ZPO gilt nach § 46 Abs. 2 ArbGG im arbeitsgerichtlichen Verfahren nicht. Hintergrund bildet der Umstand, dass es Gerichtsferien im Arbeitsgerichtsprozess zu keiner Zeit gegeben hat und sich die Sondervorschrift des § 227 Abs. 3 ZPO auf die Abschaffung der Gerichtsferien im Zivil-

---

46 Diller, FA 2004, 300.
47 BAG 15.5.2001 – 1 AZR 672/00, DB 2002, 273.
48 Diller, FA 2004, 300.
49 Zöller/Herget, ZPO, § 92 Rn 11.
50 BFH 25.10.1994 – VIII R 79/91, BStBl. 1995 II, S. 121.
51 BAG 20.10.2004 – 5 AZB 37/04, NZA 2004, 1350.
52 § 6 Rn 132.

prozess⁵³ bezieht.⁵⁴ Die vom Gericht nach § 216 Abs. 1 ZPO von Amts wegen bestimmten Termine sind nach § 227 Abs. 2 ZPO – jedenfalls dann, wenn es der Vorsitzende verlangt – nur aus solchen erheblichen Gründen aufzuheben, die **glaubhaft gemacht** sind. Es ist Sache des Richters, ob er eine Glaubhaftmachung verlangt. Dem eine Terminsänderung beantragenden Rechtsanwalt gegenüber bietet es sich an, von vornherein durch Beifügung einer Ladung eines anderen Gerichts, wenn aus diesem Grunde eine Terminsverhinderung besteht, oder durch anwaltliche Versicherung den Verhinderungsgrund glaubhaft zu machen. Insoweit wird auf die in diesem Buch abgedruckten Mustertexte 6027, 6030 und 6033 verwiesen.⁵⁵

41 Welche Gründe iSv § 227 Abs. 1 ZPO erheblich sind, sagt das Gesetz nicht. Es hat sich eine **Kasuistik von Verhinderungsgründen** entwickelt.⁵⁶ Die Verhinderung bei Sozietätszugehörigkeit eines Anwalts gehört zu den Verhinderungsgründen ebenso wie Krankheit, Urlaub, berufsbedingte Terminskollision, Anwaltswechsel oder unterschiedliche Feiertage in einzelnen Bundesländern, zumal dann, wenn es sich um kirchliche Feiertage handelt.

IV. Instanzenübergreifende Bestimmungen

1. Sofortige Beschwerde gegen Kostenentscheidung

42 Gemäß § 91a Abs. 2 ZPO ist die **sofortige Beschwerde gegen die Kostenentscheidung** bei Erledigung der Hauptsache nur statthaft, wenn der Streitwert der Hauptsache 600 EUR als für die Zulässigkeit der Berufung maßgeblichen Wert übersteigt. Der Wert von 600 EUR stimmt mit dem Wert des § 64 Abs. 2 Buchst. b) ArbGG überein, bei dessen Überschreitung u.a. die Berufung an das LAG zulässig ist. Die Kostenentscheidung in einer reinen Bestandsschutzstreitigkeit ist bei einer übereinstimmenden Erledigungserklärung mit der sofortigen Beschwerde nur dann angreifbar, wenn der Streitwert der Hauptsache in Anwendung von § 42 Abs. 3 GKG, § 3 ZPO den Betrag von 600 EUR übersteigt.

43 Anders sieht es bei der sofortigen Beschwerde gegen Beschlüsse aus, durch die die Bewilligung von Prozesskostenhilfe in Bestandsschutzstreitigkeiten abgelehnt wird. Hier gilt nach der neuen Fassung des § 46 Abs. 2 Satz 3 ArbGG, dass die sofortige Beschwerde in Abweichung von § 127 Abs. 2 ZPO unabhängig vom Streitwert zulässig ist.⁵⁷

2. Bild- und Tonübertragung, elektronische Akten und Schriftsätze

44 Nach § 128a ZPO kann das Gericht die Verhandlung und die Beweisaufnahme im Wege der **Bild- und Tonübertragung (Videokonferenz)** durchführen, wenn die Parteien einverstanden sind. Eine Aufzeichnung findet jedoch nicht statt (§ 128a Abs. 3 ZPO).

45 Die Vorschriften der §§ 46c–46e ArbGG erlauben den Verfahrensbeteiligten in den näher ausgestalteten Grenzen die elektronische Übermittlung von Dokumenten mittels elektronischer Signatur nach dem Signaturgesetz. Die ganze Gerichtsakte kann zudem elektronisch geführt werden, wenn die Voraussetzungen des § 46e ArbGG vorliegen.

3. Erweiterte Hinweispflicht nach § 139 ZPO

46 Durch den **Wegfall des Tatbestandsmerkmals „rechtlichen" in § 139 Abs. 2 ZPO** muss von Seiten des Gerichts auch auf einen **tatsächlichen** Gesichtspunkt hingewiesen werden. Hinzuweisen ist auf einen Gesichtspunkt, den eine Partei erkennbar übersieht, für unerheblich hält oder den das Gericht anders beurteilt als beide Parteien.

47 Nach § 139 Abs. 4 ZPO sind Hinweise des Gerichts so früh wie möglich zu erteilen und aktenkundig zu machen. Die Erteilung des Hinweises kann nur durch den Inhalt der Akten bewiesen werden. Auch nach der Erweiterung der Hinweispflichten in § 139 ZPO gilt weiterhin der Grundsatz, dass es nicht Aufgabe des Gerichts ist, durch Fragen oder Hinweise neue Anspruchsgrundlagen, Einreden oder An-

---

53 Gesetz zur Abschaffung der Gerichtsferien vom 28.10.1996 (BGBl. I S. 1546).
54 *Germelmann u.a.*, ArbGG, § 46 Rn 34.
55 § 6 Rn 111; § 6 Rn 112; § 6 Rn 113.
56 *Hümmerich*, Terminsverlegungsanträge, in: ArbG ArbR, FS zum 25-jährigen Bestehen, 2006, S. 345 ff, 357 ff.
57 *Schmidt/Schwab/Wildschütz*, NZA 2001, 1161 (1166 f).

träge einzuführen, die in dem streitigen Vorbringen der Parteien nicht zumindest andeutungsweise eine Grundlage haben.[58] Es gibt **keine allgemeine Aufklärungs- und Fragepflicht des Gerichts**.[59]

Da das arbeitsgerichtliche Berufungsverfahren in weitaus größerem Umfang als echte zweite Tatsacheninstanz ausgestattet ist, als dies beim Berufungsverfahren im Zivilprozess der Fall ist, zeitigt die Regelung praktische Auswirkungen nur in arbeitsgerichtlichen Revisionsverfahren bei Erhebung einer auf die Verletzung des § 139 ZPO gestützten Verfahrensrüge nach § 551 Abs. 3 Satz 1 Nr. 2 Buchst. b) ZPO.[60] Wird der Verfahrensfehler gerügt, das Berufungsgericht habe einen erforderlichen Hinweis nicht erteilt, steht für das Revisionsverfahren die Tatsache der Nichterteilung dann fest, wenn sich die Erteilung des Hinweises nicht aus den Akten ergibt.[61] Nach § 142 Abs. 1 Satz 1 ZPO kann das Gericht anordnen, dass eine Partei oder ein Dritter die in ihrem oder seinem Besitz befindlichen Urkunden und sonstigen Unterlagen, auf die sich eine Partei bezogen hat, vorlegt. Dritte sind zur Vorlegung nicht verpflichtet, soweit ihnen diese nicht zumutbar ist oder sie zur Zeugnisverweigerung gem. §§ 383–385 ZPO berechtigt sind.

4. Urkundenanordnung

Mit Blick auf die im Gegensatz zu § 273 ZPO unveränderte Fassung des § 56 Abs. 1 Satz 2 Nr. 1 ArbGG stellt sich die Frage der Anwendbarkeit des § 142 ZPO im arbeitsgerichtlichen Verfahren. Während § 273 ZPO ausdrücklich als vorbereitende Maßnahme in Nr. 5 die Vorlage von Urkunden durch Dritte normiert, wurde die Parallelvorschrift des § 56 Abs. 1 ArbGG nicht entsprechend ergänzt. § 56 Abs. 1 Satz 2 Nr. 1 ArbGG regelt ausdrücklich nur die Vorlage von Unterlagen im Besitz der Parteien.[62] Gleichwohl sprechen überzeugende Argumente für eine entsprechende Anordnung gem. § 56 Abs. 1 ArbGG und § 142 ZPO. Einerseits stellen die in § 56 Abs. 1 Satz 2 Nr. 1–4 ArbGG enummerierten Maßnahmen keinen abschließenden Katalog dar, wie sich aus der Formulierung in Satz 1 „insbesondere" ergibt. Und andererseits sollte durch § 56 ArbGG die Pflicht des Vorsitzenden zur Vorbereitung der streitigen Verhandlung stärker als in der ZPO ausgestaltet werden.[63] Die Nichtanpassung des § 56 Abs. 1 Satz 2 Nr. 1 ArbGG an die geänderte Fassung des § 142 ZPO ist damit als ein redaktionelles Versehen zu bewerten.[64] Zur Vorbereitung des Gütetermins ist eine **Anordnung nach § 142 ZPO ausgeschlossen**. Dem Vorsitzenden steht zur Vorbereitung der Güteverhandlung weder die Befugnis nach § 56 ArbGG noch nach § 273 ZPO zu.[65]

Die Urkundenvorlageanordnung setzt einen schlüssigen Parteivortrag voraus, zu dessen Bestätigung die Urkundenvorlage dient. § 142 ZPO stellt kein „pre-trial discovery of documents"-Verfahren dar. So weist die Beschlussempfehlung des Rechtsausschusses[66] darauf hin, dass § 142 ZPO die Partei nicht von ihrer Darlegungs- und Substantiierungslast befreie, sondern die Urkundenvorlegung nur auf der Grundlage eines schlüssigen Vortrags der Partei, die sich auf die Urkunden beziehe, angeordnet werden dürfe. Dementsprechend gibt § 142 ZPO dem Gericht nicht die Befugnis, unabhängig von einem schlüssigen Vortrag zum Zwecke der Informationsgewinnung Ausforschung zu betreiben.

5. Vereinfachte Prozessbeendigung

§ 269 Abs. 2 Satz 4 ZPO (vgl auch § 54 Abs. 2 ArbGG) regelt, dass, wenn der Beklagte der **Zurücknahme** der Klage nicht innerhalb einer Notfrist von zwei Wochen seit der Zustellung des Schriftsatzes widerspricht, seine Einwilligung als erteilt gilt, wenn der Beklagte zuvor auf diese Folge hingewiesen worden ist. Gemäß § 278 Abs. 6 ZPO kann ein **gerichtlicher Vergleich** auch dadurch geschlossen werden, dass die Parteien einen schriftlichen Vergleichsvorschlag des Gerichts durch Schriftsatz gegenüber dem Gericht annehmen oder indem die Parteien dem Gericht einen identischen Vergleichsvorschlag unterbreiten. In diesem Fall stellt das Gericht das Zustandekommen und den Inhalt des Vergleichs durch Beschluss fest. In Ergänzung der Regeln zum Prozessvergleich eröffnet § 278 Abs. 6 ZPO dem Gericht

---

58 Schmidt/Schwab/Wildschütz, NZA 2001, 1161 (1163) unter Hinweis auf die Begründung zum RegE, BT-Drucks. 14/4722, S. 199.
59 BVerfG 17.1.1994 – 1 BvR 245/93, NJW 1994, 1274.
60 Vgl BAG 24.3.2009 – 9 AZR 987/07, NZA 2009, 538.
61 Schmidt/Schwab/Wildschütz, NZA 2001, 1161 (1163).
62 Schmidt/Schwab/Wildschütz, NZA 2001, 1161 (1163).
63 Germelmann u.a., ArbGG, § 56 Rn 5.
64 Schmidt/Schwab/Wildschütz, NZA 2001, 1161 (1163).
65 Germelmann u.a., ArbGG, § 54 Rn 17.
66 BT-Drucks. 14/6036, S. 121.

die Möglichkeit, einen Vollstreckungstitel (§ 794 Abs. 1 Nr. 1 ZPO) ohne Güteverhandlung oder gar eine mündliche Verhandlung zustande zu bringen. Gemäß § 128 Abs. 4 ZPO iVm § 53 Abs. 1 ArbGG kann die Entscheidung des Gerichts durch den Vorsitzenden ergehen. Nach § 307 ZPO setzt der Erlass eines **Anerkenntnisurteils** keinen Antrag des Klägers mehr voraus.

6. Gehörsrüge

52 Mit § 321a ZPO wird dem Gericht des ersten Rechtszuges die Möglichkeit eröffnet, sich bei unanfechtbaren Urteilen selbst zu korrigieren, wenn es den Anspruch auf rechtliches Gehör (Art. 103 Abs. 1 GG) in entscheidungserheblicher Weise verletzt hat. § 321a ZPO gilt schon gem. § 46 Abs. 2 ArbGG auch für die Arbeitsgerichte. Für das arbeitsgerichtliche Verfahren dürfte aber ohnehin die nahezu wortgleiche Regelung in § 78a ArbGG *lex specialis* sein.[67]

53 Die **Rüge** ist **frist- und formgebunden** und muss mit dem von § 321a ZPO bestimmten Inhalt erhoben werden. Nach § 321a Abs. 2 Satz 2 ZPO ist die Rügeschrift innerhalb einer Notfrist von zwei Wochen bei dem Gericht des ersten Rechtszuges einzureichen. Die Frist beginnt mit der Zustellung des in vollständiger Form abgefassten Urteils, im Falle des § 313a Abs. 1 Satz 2 ZPO (Aufnahme der wesentlichen Entscheidungsgründe ins Protokoll) innerhalb von zwei Wochen nach Zustellung auch des Protokolls. Die Rügeschrift muss die Bezeichnung des Prozesses, die Darlegung der Verletzung des Anspruchs auf rechtliches Gehör und seine Kausalität für die Entscheidung enthalten. Mangelt es an einem dieser Erfordernisse, so ist die Rüge als unzulässig zu verwerfen. Ist die Rüge unbegründet, weist das Gericht sie zurück. Ist die Rüge begründet, hilft ihr das Gericht ab, indem es den Prozess fortsetzt. Der Prozess wird dann in die Lage vor Schluss der mündlichen Verhandlung zurückversetzt (§ 321a Abs. 5 ZPO).[68]

54 Hinsichtlich der Gebühren des Rechtsanwalts trifft § 12a Abs. 6 RVG folgende Regelung: Kosten werden nicht erstattet. Der Rechtsanwalt, der bereits im Rahmen des Verfahrens tätig war, das zur nunmehr mit einer Rüge nach § 78a ArbGG angegriffenen Entscheidung führte, erhält für die Durchführung des Rügeverfahrens keine zusätzlichen Gebühren. Nur wenn der Rechtsanwalt ausschließlich mit der Gehörsrüge befasst ist, erhält er eine Gebühr von 0,5 gem. Nr. 3330 VV RVG.[69]

7. Stärkung der Eingangsinstanz

55 Während im Zivilprozess der ZPO durch eine Beschränkung der Zulassung neuen Vorbringens in § 531 Abs. 2 ZPO das Berufungsverfahren im Wesentlichen auf eine Rechtskontrolle des erstinstanzlichen Urteils unter Ausschluss neuen Tatsachenvorbringens der Parteien ausgestaltet ist, greift im arbeitsgerichtlichen Verfahren die **Spezialvorschrift** des § 67 ArbGG. Dadurch kann in der Berufung vor dem Landesarbeitsgericht von beiden Seiten nahezu uneingeschränkt neuer Tatsachenstoff eingebracht werden.

56 So heißt es u.a. in § 67 Abs. 3 ArbGG zwar: „Neue Angriffs- und Verteidigungsmittel, die im ersten Rechtszug entgegen § 282 Abs. 1 der Zivilprozessordnung nicht rechtzeitig vorgebracht oder entgegen § 282 Abs. 2 der Zivilprozessordnung nicht rechtzeitig mitgeteilt worden sind, sind nur zuzulassen, wenn ihre Zulassung nach der freien Überzeugung des Landesarbeitsgerichts die Erledigung des Rechtsstreits nicht verzögern würde oder wenn die Partei das Vorbringen im ersten Rechtszug nicht aus grober Nachlässigkeit unterlassen hatte." Im Ergebnis ist damit aber im Arbeitsverfahren ein neuer Sachvortrag in der Berufungsinstanz unter erheblich erleichterten Voraussetzungen als im Verfahren vor den Zivilgerichten möglich.

V. Berufung[70]

1. Berufungsfähige Urteile

57 Gemäß **§ 64 Abs. 2 ArbGG** kann die Berufung nur eingelegt werden kann, wenn sie im Urteil des Arbeitsgerichts zugelassen worden ist, der Wert des Beschwerdegegenstandes 600 EUR übersteigt oder die Rechtsstreitigkeit über das Bestehen, Nichtbestehen oder die Kündigung eines Arbeitsverhältnisses

---

67 BAG 31.5.2006 – 5 AZR 342/06 (F), NZA 2006, 875; LAG Köln 24.6.2006 – 8 Ta 307/05, LAGE § 78a ArbGG 1979 Nr. 2.
68 *Schmidt/Schwab/Wildschütz*, NZA 2001, 1161, 1166 f.
69 Mayer/Kroiß/*Kroiß*, § 12a RVG Rn 12.
70 H/S-*Beseler*, Das arbeitsrechtliche Mandat, § 16 Rn 1 ff.

geführt wurde. Nur in Bestands- und Statusstreitigkeiten sind Urteile der Arbeitsgerichte generell berufungsfähig. In allen anderen Fällen muss die Berufung zugelassen werden. Aus diesem Grunde beinhalten die Anträge in Klagen und Klageerwiderungen, soweit nicht Bestands- oder Statusstreitigkeiten betroffen sind, in diesem Buch einen Antrag auf Zulassung der Berufung.

2. Berufungsfrist und Berufungsbegründungsfrist

Die Frist für die **Einlegung** der Berufung beträgt einen Monat, die Frist für die **Begründung** der Berufung zwei Monate. Beide Fristen beginnen mit der Zustellung des in vollständiger Form abgefassten Urteils, spätestens aber mit Ablauf von fünf Monaten nach der Verkündung (§ 66 Abs. 1 ArbGG). Der Lauf von Berufungs- und Berufungsbegründungsfrist beginnt gem. § 66 Abs. 1 Satz 2 ArbGG nach fünf Monaten seit Verkündung des erstinstanzlichen Urteils. Eine unterbliebene Rechtsmittelbelehrung führt nicht mehr zu einer Verlängerung der Berufungsfrist auf 17 Monate. Das BAG hat ausdrücklich entschieden, die zum alten Recht ergangene Rechtsprechung nicht mehr fortzusetzen.[71] Die Berufung ist in einem Fall der **Versäumung der 5-Monatsfrist** allein mit dem Hinweis auf die Fristversäumung ausreichend begründet.[72]

58

Fehlt es an der Zustellung eines vollständig abgefassten Urteils eines Arbeitsgerichts, beginnt die Berufungs- und Berufungsbegründungsfrist spätestens mit Ablauf von fünf Monaten nach Verkündigung. In diesem Fall enden die Berufungsfrist sechs Monate und die Berufungsbegründungsfrist sieben Monate nach Verkündung.[73]

59

Bei der Berufung muss der Kläger durch Schriftsatz das Rechtsmittel einlegen und innerhalb der Frist des § 66 Abs. 1 ArbGG begründen, wobei die **Berufungsbegründungsfrist** einmal auf Antrag verlängert werden kann, wenn dadurch nach der freien Überzeugung des Vorsitzenden der Rechtsstreit nicht verzögert wird oder wenn die Partei erhebliche Gründe darlegt, § 66 Abs. 1 Satz 4 ArbGG. Nach § 66 Abs. 1 Satz 1 Hs 2 ArbGG beträgt die Frist für die Begründung der Berufung zwei Monate und zwar mit gleichem Fristbeginn wie die Berufungsfrist selbst.[74] Damit ist die Frist zur Begründung der Berufung unabhängig von der Berufungseinlegung.

60

3. Inhalt des Berufungsurteils

Eine weitere Abweichung zum Zivilprozess ergibt sich aufgrund § 69 ArbGG. § 540 ZPO findet im arbeitsrechtlichen Verfahren keine Anwendung. Es verbleibt dabei, dass das Urteil nebst Tatbestand und Entscheidungsgründen schriftlich abzusetzen und von sämtlichen Mitgliedern der Kammer zu unterschreiben ist.

61

4. Berufungsgründe

§ 513 Abs. 1 ZPO stellt iVm § 529 ZPO eine zentrale Bestimmung des Berufungsrechts dar. Beide Normen gelten über § 64 Abs. 6 ArbGG auch im arbeitsgerichtlichen Verfahren. § 513 Abs. 1 ZPO nennt die beiden Berufungsgründe. Danach kann die Berufung darauf gestützt werden, dass die Entscheidung auf einer Rechtsverletzung iSv § 546 ZPO beruht oder nach § 529 ZPO zugrunde zu legende Tatsachen eine andere Entscheidung rechtfertigen. Hinzuweisen ist ergänzend auf die gem. § 520 Abs. 3 ZPO verschärften Anforderungen an die Berufungsbegründung.

62

5. Berufungsrücknahme und Anschlussberufung

Der Berufungskläger kann die Berufung ohne Zustimmung der Gegenseite bis zur Verkündung des Berufungsurteils zurücknehmen (§ 516 Abs. 1 ZPO). Diese Änderung wirkt sich im Fall der Einlegung der nach neuem Recht allein noch möglichen unselbständigen Anschlussberufung aus.

63

Das **Recht der Anschlussberufung** wird in § 524 ZPO dahin gehend geregelt, dass es nur noch die alleinige Form der (unselbständigen) Anschlussberufung gibt. Diese Anschlussberufung ist gem. § 524 Abs. 2 Satz 2 ZPO bis zum Ablauf eines Monats nach Zustellung der Berufungsbegründungsschrift zulässig. Die Anschlussberufung steht stets in Abhängigkeit vom Hauptrechtsmittel und verliert ihre Wir-

64

---

71 BAG 24.10.2006 – 9 AZR 709/05, NZA 2007, 228.
72 *Schmidt/Schwab/Wildschütz*, NZA 2001, 1217, 1218.
73 BAG 28.10.2004 – 8 AZR 492/03, NZA 2005, 125.
74 AnwK-ArbR/*Breinlinger*, § 66 ArbGG Rn 12.

kung, wenn die Berufung verworfen, zurückgenommen oder durch Beschluss zurückgewiesen wird, § 524 Abs. 4 ZPO.

6. Berufungseinlegung

65 Die Berufung kann telegrafisch, per Telefax oder in elektronischer Form eingelegt werden. Bei der Telegrafie muss der Verfasser jedoch eindeutig erkennbar sein.[75] Eine verspätete Unterzeichnung führt zur Unzulässigkeit der Berufung.[76] Fehler in der Technik des Gerichts muss sich der Berufungsführer nicht zurechnen lassen.[77] Auch kommt es nicht darauf an, wann der Schriftsatz ausgedruckt oder tatsächlich zur Geschäftsstelle gelangt ist.[78]

7. Berufungsschrift

66 Der Inhalt der Berufungsschrift hat den Anforderungen des § 519 ZPO zu genügen, die Berufungsschrift muss also die Bezeichnung des Urteils enthalten, gegen das die Berufung gerichtet wird und die Erklärung, dass gegen dieses Urteil Berufung eingelegt wird. Als Sollvorschrift ausgestaltet ist in § 519 Abs. 3 ZPO, dass eine Ausfertigung oder beglaubigte Abschrift des angefochtenen Urteils beigefügt wird.

67 Die Anträge, die der Berufungsführer im Zuge der Berufungsverhandlung stellt, müssen in der Berufungsschrift noch nicht enthalten sein. Werden sie nicht bereits im Berufungsschriftsatz aufgeführt sind, kann es leicht geschehen, dass sie im Berufungsbegründungsschriftsatz vergessen werden. In jedem Fall muss an den Anfang eines Berufungsantrags gesetzt werden, dass gegen das Urteil des Arbeitsgerichts (ggf in welchem Umfang) Berufung eingelegt wird. Der eigentliche **Prozessantrag** beginnt mit dem Satz:

Das Urteil des ArbG ... wird abgeändert ...

VI. Revision

1. Revisionseinlegungsfrist und Revisionsbegründungsfrist

68 Die Frist für die Einlegung der Revision beträgt einen Monat, die Frist für die Begründung der Revision zwei Monate, § 74 Abs. 1 Satz 1 ArbGG. Beide Fristen beginnen mit der Zustellung des in vollständiger Form abgefassten Urteils, spätestens aber mit Ablauf von fünf Monaten nach der Verkündung. Für das Revisionsverfahren ist die Regelung mit der Fristenregelung des Berufungsverfahrens nach § 66 Abs. 1 ArbGG gleichgeschaltet worden. Die Frist zur Begründung ist unabhängig vom Zeitpunkt der Einlegung der Revision. Anders als im Berufungsverfahren muss der Prozessgegner sich im Grunde im Revisionsverfahren nur bestellen; es ist nicht erforderlich, dass er einen Erwiderungsschriftsatz, insbesondere eine Begründung seines Zurückweisungsantrags fertigt.

2. Revisionsbegründungsschriftsatz

69 Der Revisionsbegründungsschriftsatz an das BAG muss nach § 130 Nr. 6 ZPO, § 11 Abs. 2 ArbGG von einem Rechtsanwalt unterschrieben sein. Es besteht auch die Möglichkeit, beim BAG **elektronische Dokumente** einzureichen. Mit der Verordnung über den elektronischen Rechtsverkehr beim BAG vom 9.3.2006[79] hat die Bundesregierung aufgrund von § 46 b Abs. 2 Satz 1 ArbGG die Einführung des elektronischen Postfachs für das BAG verordnet. Alle nach § 11 Abs. 2 Satz 1 ArbGG in Deutschland zugelassenen Rechtsanwälte können seit diesem Zeitpunkt Schriftsätze und sonstige Dokumente über eine gesicherte Verbindung mit prozessrechtlicher Wirkung in das eingerichtete elektronische Postfach einlegen.[80] Dabei besteht das eingerichtete elektronische „**Gerichts- und Verwaltungspostfach**" (EGVP) beim BAG nur virtuell, tatsächlich besteht es am Landesamt für Datenverarbeitung in NRW.

---

75 BAG 24.9.1986 – 7 AZR 669/84, NZA 1987, 106.
76 AnwK-ArbR/*Breinlinger*, § 66 ArbGG Rn 4.
77 BVerfG 1.8.1996 – 1 BvR 121/95, NJW 1996, 2857.
78 BGH 14.3.2001 – XII ZR 51/99, NJW 2001, 1581; BAG 19.1.1999 – 9 AZR 679/97, NZA 1999, 925.
79 BGBl. I S. 519.
80 *Düwell*, FA 2006, 172.

Die **Revisionsbegründung** muss nach § 551 Abs. 3 Nr. 1 ZPO einen **Revisionsantrag** enthalten. Ausreichend ist, wenn sich der Antrag aus der Revisionsschrift oder aus der Revisionsbegründung ergibt.[81] Der Antrag muss darauf gerichtet sein, zumindest einen Teil der Beschwer aus dem Berufungsurteil zu beseitigen.[82]

Über eine **Zurückverweisung** entscheidet das Revisionsgericht von Amts wegen.

War der Kläger in erster und zweiter Instanz unterlegen, bedarf es eines Sachantrags, der aussagt, wie in der Sache selbst entschieden werden soll. Ist der Revisionsführer in beiden Instanzen erfolglos geblieben, formuliert man den Revisionsantrag am besten wie folgt:

Es wird beantragt, auf die Revision des Klägers das Urteil des LAG ... vom ... (Az ...) aufzuheben und auf die Berufung des Klägers das Urteil des ArbG ... vom ... (Az ...) wie folgt abzuändern: ...

War der Revisionsführer in erster Instanz erfolgreich, wurde seine Klage jedoch vom Landesarbeitsgericht abgewiesen, beantragt er:

Es wird beantragt, auf die Revision des Klägers das Urteil des LAG ... vom ... (Az ...) aufzuheben und die Berufung des Beklagten gegen das Urteil des ArbG ... vom ... (Az ...) zurückzuweisen.

Die **Revisionsbegründung** muss sich nach § 551 ZPO mit den **Gründen** des angefochtenen Urteils auseinandersetzen.[83] Das bloße Beharren auf früher einmal in den Instanzen vorgebrachten Argumentationen bedeutet keine Auseinandersetzung mit dem angefochtenen Urteil.[84] Es muss also stets eine **eigenständige Auseinandersetzung mit den Gründen im Urteil** erfolgen, damit die Revisionsbegründung wenigstens den formalen Anforderungen entspricht. Ein Berufungsurteil ohne Tatbestand ist im Revisionsverfahren aufzuheben, wenn es entgegen den zivilprozessualen Regelungen keinen Tatbestand enthält.[85]

Bei **Verfahrensrügen** nach § 557 Abs. 3 Satz 2 ZPO ist das BAG in seiner Nachprüfung auf den Umfang der ordnungsgemäß erhobenen Rügen beschränkt.[86] Da das BAG zusätzlich das angefochtene Urteil nur auf Mängel prüfen darf, die von Amts wegen zu berücksichtigen sind, empfiehlt *Düwell*,[87] stets auch **Sachrügen** zu erheben, damit das Urteil nicht nur auf Verfahrensfehler, sondern auch auf materiellrechtliche Mängel überprüft wird. Bei einer auf Verfahrensmängel gestützten Revision sind nach § 551 Abs. 3 Nr. 2 Buchst. b) ZPO diejenigen Tatsachen vorzutragen, die einen tragenden Verfahrensverstoß ergeben. Damit muss auch die Kausalität zwischen Verfahrensmangel und Ergebnis des Berufungsurteils dargelegt werden. Es ist allerdings ausreichend, wenn vorgebracht wird, dass bei richtigem Verfahren das Berufungsgericht möglicherweise anders entschieden hätte.[88] Gegenrügen kann der Revisionsbeklagte bis zum Schluss der mündlichen Verhandlung vor dem Revisionsgericht vorbringen.[89]

3. Rücknahme der Revision

Die **unzulässige** Revision wird nach § 552 ZPO vom BAG verworfen, wobei die Entscheidung auch ohne mündliche Verhandlung durch Beschluss ergehen kann, § 552 Abs. 2 ZPO. Ist die Revision nur hinsichtlich eines selbständigen, abtrennbaren Teils unzulässig, ist sie nur insoweit zu verwerfen.[90]

Für die Revision gelten bei der **Rücknahme** über § 72 Abs. 5 ArbGG, §§ 565, 516 ZPO die gleichen Vorschriften wie bei der Berufung. Die Revision kann ohne Zustimmung des Prozessgegners zurückgenommen werden.

---

81 BAG 24.9.1986 – 7 AZR 669/84, NZA 1987, 106.
82 H/S-*Düwell*, Das arbeitsrechtliche Mandat, § 17 Rn 71.
83 BAG 7.7.1999 – 10 AZR 575/98, NZA 2000, 112.
84 BAG 4.9.1975 – 3 AZR 230/75, DB 1975, 2092.
85 BAG 17.6.2003 – 2 AZR 123/02, NZA 2004, 564.
86 BAG 6.1.2004 – 9 AZR 680/02, NZA 2004, 449.
87 AnwK-ArbR/*Düwell*, § 74 ArbGG Rn 48.
88 AnwK-ArbR/*Düwell*, § 74 ArbGG Rn 50 unter Hinweis auf BAG 23.1.1996 – 9 AZR 600/93, NZA 1996, 838.
89 BAG 14.7.1965 – 4 AZR 347/63, BAGE 17, 241; BAG 20.1.2004 – 9 AZR 23/03, n.v.
90 BAG 17.11.1966 – 3 AZR 347/66, BB 1967, 121.

Mauer

4. Anschlussrevision

78 Über die Verweisung in § 72 Abs. 5 ArbGG richtet sich das Recht der Anschlussrevision nach § 554 ZPO. Wesen der Anschlussrevision ist, dass der Einlegende sich dem Rechtsmittel der Gegenpartei anschließen will. Der Vorteil der Anschlussrevision besteht darin, dass der Revisionskläger nach § 72 Abs. 5 ArbGG, § 516 Abs. 3 Satz 1 ZPO die gesamten Kosten tragen muss, wenn er sein Rechtsmittel zurücknimmt und dass damit auch die Anschlussrevision gegenstandslos wird. Entscheidend ist deshalb, dass der Revisionsbeklagte sein Rechtsmittel als Anschlussrevision bezeichnet oder ansonsten den Willen zur unselbständigen Anschließung eindeutig erklärt.[91] Die Anschließung muss nach § 554 Abs. 2 Satz 1 und 2 ZPO durch Einreichung der Revisionsanschlussschrift erklärt werden. Sie muss nicht bereits gem. § 554 Abs. 2 Satz 2 ZPO die Begründung enthalten, die Begründung in einem gesonderten Schriftsatz kann nachgeholt werden, wenn dieser noch innerhalb der einmonatigen Anschlussfrist beim BAG eingeht.[92]

VII. Verfahren vor dem EuGH nach Art. 267 AEUV[93]

1. Gegenstand des Vorabentscheidungsverfahrens

79 Der Katalog der Verfahren, in denen der EuGH zuständig ist, ergibt sich aus dem Vertrag über die Europäische Union und dem Vertrag über die Arbeitsweise der Europäischen Union (AEUV), vormals dem EG-Vertrag. Eines der Verfahren aus diesem Katalog ist das *„Vorabentscheidungsverfahren"* gem. Art. 267 AEUV (ex-Art. 234 EG, ex-ex-Art. 177 EGV). Zweck des Vorabentscheidungsverfahrens ist es, dem EuGH im Sinne einer Vereinheitlichung die Möglichkeit zu geben, Gemeinschaftsrecht auszulegen, wenn es aus Sicht eines nationalen Gerichts in einem anhängigen Rechtsstreit auf die Auslegung von Gemeinschaftsrecht ankommt. Im Vordergrund steht die Vereinheitlichung des Rechts in der Gemeinschaft, im Wesentlichen geht es um Vereinheitlichung von Wettbewerbsbedingungen innerhalb der EU. Die monopolisierte Auslegungskompetenz des EuGH besteht nicht nur beim primären Gemeinschaftsrecht, sondern auch beim sekundären Gemeinschaftsrecht, dh bei der Anwendung und Auslegung von EG-Verordnungen und EG-Richtlinien.

80 Das EuGH-Verfahren ist ein **Zwischenverfahren**, in dem nicht der nationale Rechtsstreit entschieden wird, sondern vom nationalen Gericht aufgeworfene Auslegungsfragen. Das nationale Gericht legt dem EuGH nur eine abstrakt formulierte Rechtsfrage vor, wobei sich die Frage entweder auf die Auslegung einer Norm des Gemeinschaftsrechts[94] bezieht oder auf die Vereinbarkeit einer nationalen Norm mit den Normen des Gemeinschaftsrechts.[95] Mit seinem Urteil entscheidet der EuGH über die europarechtliche Frage **bindend** für das nationale Gericht (sog. inter-partes-Wirkung).[96] Das nationale Gericht übernimmt danach den Ausgangsrechtsstreit wieder und entscheidet ihn unter Beachtung des Urteils des EuGH.

2. Vorlagebeschluss des nationalen Gerichts

81 Das Anrufungsmonopol zum EuGH liegt für Vorlagebeschlüsse beim nationalen Gericht. Das im jeweiligen Instanzenzug höchste Gericht ist vorlageverpflichtet, wenn die Voraussetzungen gegeben sind; die sonstigen Instanzgerichte, also im Arbeitsrecht das Arbeitsgericht und das Landesarbeitsgericht, sind vorlageberechtigt.

82 Die Parteien – in der Praxis sind es die Anwälte der Parteien – regen an, eine Frage dem EuGH zur Vorabentscheidung nach Art. 267 AEUV vorzulegen. Das Arbeitsgericht kann aber auch von Amts wegen eine Auslegungsfrage dem EuGH vorlegen. Die deutschen Gerichte wählen für die Entscheidung über die Vorlegung einer Sache an den EuGH regelmäßig die Form des Beschlusses, mit dem zum einen das Verfahren ausgesetzt wird und zum anderen eine Vorlagefrage an den EuGH formuliert wird.

---

91 AnwK-ArbR/*Düwell*, § 74 ArbGG Rn 99.
92 AnwK-ArbR/*Düwell*, § 74 ArbGG Rn 107.
93 Weiterführende Literatur: *Diller*, in: Bauer/Lingemann/Diller/Haußmann, Anwalts-Formularbuch Arbeitsrecht, Kap. 109 sowie M 109.1, Fn 1 bis 6; *Tiedemann*, Das Vorabentscheidungsverfahren beim EuGH, ArbRB 2007, 123.
94 Beispiel: Gleichbehandlung gem. Art. 141 EG oder Inhalt der Betriebsübergangs-Richtlinie 18/77/EWG und Art. 119 EGV, EuGH 11.3.1997 – C-13/95, NZA 1997, 433 („Ayse Süzen") auf Vorlagebeschluss des ArbG Bonn.
95 Beispiel: Änderung von § 2 Abs. 1 Satz 2 Nr. 5 NachwG nach EuGH 4.12.1997 – C-253/96 – C-258/96, NZA 1998, 137.
96 *Tiedemann*, ArbRB 2007, 123 (128).

Rechtsmittel gegen den Aussetzungsbeschluss des Arbeitsgerichts gibt es ebenso wenig wie eine Möglichkeit, die Aussetzung zu erzwingen, Art. 267 AEUV.

3. Verfahrensverlauf

Das Verfahren besteht zunächst aus einem schriftlichen Verfahren. Das aussetzende Arbeitsgericht übersendet die Akte mit dem Aussetzungsbeschluss und der Vorabentscheidung zum EuGH. Der EuGH fordert die Parteien auf, einen Schriftsatz („schriftliche Erklärung") einzureichen.[97] Obwohl die Parteivertreter nicht zwingend einen Schriftsatz einreichen müssen, empfiehlt es sich, von der Möglichkeit der Stellungnahme Gebrauch zu machen. Zum notwendigen Inhalt eines solchen Schriftsatzes[98] gehören die Angabe des Aktenzeichens und der Parteien, die Darlegung des Sachverhalts des Ausgangsrechtsstreits, die Darstellung der nationalen Rechtslage, die Relevanz der vorgelegten Auslegungsfrage für die Entscheidung des nationalen Rechtsstreits, die Darstellung der Rechtsauffassung der Partei, warum welche Auslegung der in Streit stehenden europarechtlichen Vorschrift richtig ist. Auch kann man, wenn das nationale Gericht die Vorlagefrage unklar, umständlich oder nicht vollständig formuliert hat, Anregungen zur Präzisierung geben. Schließlich sollte man aus der Sicht der Partei die Vorlagefrage selbst beantworten.

Es ist Aufgabe der Verfahrensbeteiligten, sich argumentativ mit der Vorlagefrage auseinander zu setzen und eine konkrete Beantwortung durch den EuGH vorzuschlagen, wobei der EuGH bei der Beantwortung der Frage nicht an die Anträge und Vorschläge der Parteien gebunden ist.[99] Da die Prozessakten des vorlegenden Gerichts dem EuGH meist nicht übersetzt werden, ist es schon hilfreich, wenn man den Sachverhalt in seiner Stellungnahme dezidiert (und meist genauer als das vorlegende Gericht) darstellt. Die Aufforderung des EuGH an die Parteien, eine schriftliche Erklärung abzugeben, ist an eine Frist von zwei Monaten gebunden.[100] Bei Fristversäumung gibt es grundsätzlich keine Wiedereinsetzung in den vorigen Stand. Die Schriftsätze sind mit fünf beglaubigten Abschriften sowie mit einer weiteren Abschrift für jede am Verfahren beteiligte Partei einzureichen.[101]

Beweis- und sonstige Verfahrensanträge können nicht gestellt werden. Urkunden können beigefügt werden. Dabei ist aber zu beachten, dass diese Urkunden normalerweise nicht mit übersetzt werden. Sinnvoll ist deshalb, die entscheidenden Passagen der Urkunden wörtlich im Text des Schriftsatzes wiederzugeben.[102] Eine weitere Besonderheit des Verfahrens besteht darin, dass die Verfahrensbeteiligten keine Gelegenheit erhalten, auf die Schriftsätze des jeweils anderen noch zu erwidern. Die Schriftsätze der Parteivertreter werden regelmäßig zur gleichen Zeit eingereicht. Sachvortrag auf verschiedene Schriftsätze aufzuteilen ist danach nicht möglich. Da es ausgeschlossen ist, auf Einwendungen des Gegners zu erwidern, wird empfohlen, die Einwendungen in der Weise abzuschneiden, dass man sich mit den mutmaßlichen Einwendungen des Prozessgegners im eigenen Schriftsatz befasst. Dabei entsteht allerdings die Gefahr, dass man Einwendungen aufbaut, die der Prozessgegner tatsächlich nicht bringen wird und dass man auf diese Weise die eigenen Prozesschancen verschlechtert.

Für das Vorabentscheidungsverfahren vor dem EuGH gilt diejenige Sprache, in der der Ausgangsrechtsstreit geführt wurde. Bei Vorabentscheidungsverfahren vor deutschen Arbeitsgerichten ist daher die Gerichtssprache deutsch. Der EuGH schreibt auch in diesen Fällen in deutscher Sprache an das Arbeitsgericht und an die deutschen Parteien bzw ihre Parteivertreter. Die schriftliche Erklärung der Parteien kann deshalb auch in deutscher Sprache verfasst werden. In der mündlichen Verhandlung wird auf Deutsch plädiert.

---

97 Muster 6012 (§ 6 Rn 104).
98 Art. 23 der Satzung des Europäischen Gerichtshofes (in der konsolidierten Fassung des den Verträgen beigefügten Protokolls (Nr. 3) über die Satzung des Gerichtshofs der Europäischen Union in der durch die Verordnung (EU, Euratom) Nr. 741/2012 des Europäischen Parlaments und des Rates vom 11. August 2012 (ABl. L 228 vom 23.8.2012, S. 1) geänderten Fassung) iVm Art. 57 der Verfahrensordnung des EuGH (ABl. L 265 vom 29.9.2012, S. 19).
99 Diller, in: Bauer/Lingemann/Diller/Haußmann, Anwalts-Formularbuch Arbeitsrecht, Kap. 109, M 109.1 Fn 5.
100 Art. 23 der konsolidierten Satzung des EuGH des den Verträgen beigefügten Protokolls (Nr. 3) über die Satzung des Gerichtshofs der Europäischen Union in der durch die Verordnung (EU, Euratom) Nr. 741/2012 des Europäischen Parlaments und des Rates vom 11. August 2012 (ABl. L 228 vom 23.8.2012, S. 1) geänderten Fassung.
101 Art. 57 Abs. 2 Verfahrensordnung (ABl. EG 2012, L 265, S. 19).
102 Diller, in: Bauer/Lingemann/Diller/Haußmann, Anwalts-Formularbuch Arbeitsrecht, Kap. 109, M 109.1 Fn 4.

87 *Diller*[103] empfiehlt, die Schriftsätze in klarer, einfacher Sprache abzufassen und dabei kurze Sätze zu verwenden. Die interne Arbeitssprache der Generalanwälte und der Richter ist traditionell Französisch und die wenigsten Richter sprechen fließend Deutsch. Deshalb arbeiten sowohl die Generalanwälte als auch die Richter mit französischen Übersetzungen der eingereichten deutschen Schriftsätze. Je komplizierter Sprache und Satzbau im deutschen Parteischriftsatz gewählt werden, umso wahrscheinlicher sind Missverständnisse bei den Generalanwälten und den Richtern, die aus Ungenauigkeiten der Übersetzungen herrühren.

88 Die **mündliche Verhandlung** findet in den Räumen des EuGH in Luxemburg statt. Versäumnisurteile werden nicht erlassen. Das Ausbleiben einer Partei bleibt zunächst folgenlos. Die Richter können den Verfahrensvertretern Fragen stellen. Zuvor plädieren die Parteivertreter. Tritt das Plenum des EuGH zusammen, stehen dem Verfahrensbevollmächtigten 30 Minuten für ein Plädoyer zur Verfügung. Entscheidet eine Kammer des EuGH, ist das Plädoyer auf 15 Minuten begrenzt. Nach den von den Richtern gestellten Fragen hält der Generalanwalt sein Plädoyer, das Urteil wird meist zwischen sechs bis acht Wochen später vom EuGH verkündet.

VIII. Zwangsvollstreckung

89 Das Vollstreckungsverfahren ist ein selbständiges, vom Erkenntnisverfahren unabhängiges Verfahren zur Durchsetzung eines materiellen Anspruchs mit staatlichem Zwang. Verfahrensziel kann die Befriedigung einer Geldforderung, die Herausgabe einer Sache, die Erzwingung einer Handlung, Duldung oder Unterlassung oder die Abgabe einer Willenserklärung sein. Geregelt ist die Zwangsvollstreckung privatrechtlicher Ansprüche im 8. Buch der ZPO (§§ 704–945 ZPO). Die Zwangsvollstreckung aus arbeitsgerichtlichen Titeln ist darüber hinaus in den §§ 62 und 85 ArbGG normiert. Danach gelten mit einigen Ausnahmen die Vorschriften des 8. Buches der ZPO entsprechend.[104] Eine umfassende Darstellung der Zwangsvollstreckung würde den zur Verfügung stehenden Rahmen sprengen.

90 In Abweichung zu den Regelungen der §§ 708–715 ZPO sind die Urteile des Arbeitsgerichts und des Landesarbeitsgerichts und die diesen gleichgestellten Entscheidungen **von Gesetzes wegen vorläufig vollstreckbar** (§ 62 Abs. 1 Satz 1 ArbGG). Eine Ausnahme von diesem Grundsatz normiert § 62 Abs. 1 Satz 2 ArbGG, wonach das Arbeitsgericht auf Antrag des Beklagten die vorläufige Vollstreckbarkeit auszuschließen hat, wenn der Beklagte glaubhaft macht, dass die Vollstreckung ihm einen nicht zu ersetzenden Nachteil bringen würde.

91 Nicht von der Vorschrift des § 62 ArbGG erfasst werden Entscheidungen im Verfahren des Arrestes und der einstweiligen Verfügung. Arrestbefehl und einstweilige Verfügung sind sowohl als Beschluss wie auch als Urteil vollstreckbar. Zu ihrer Vollstreckung bedarf es keiner Vollstreckungsklausel.

92 Bei der Zwangsvollstreckung kann das Zeitmoment nicht hoch genug eingeschätzt werden. Manchmal entscheiden Tage darüber, ob eine Vollstreckung zum Erfolg führt oder scheitert. Selbst wenn entsprechend § 310 Abs. 2 ZPO das Urteil bei der Verkündung in vollständiger Form abgefasst ist, dauert es oft noch Wochen, bis es in Ausfertigung den Parteien von Amts wegen (§ 317 Abs. 1 Satz 1 ZPO) zugestellt wird. Besteht ein Interesse an einer Beschleunigung des Zwangsvollstreckungsverfahrens, sollte man am besten gleich zu Protokoll am Ende der mündlichen Verhandlung einen Antrag auf Erteilung einer abgekürzten vollstreckbaren Ausfertigung stellen. Diese Ausfertigung, die weder Tatbestand noch Entscheidungsgründe enthält (§ 317 Abs. 2 Satz 2 ZPO), kann im Parteibetrieb zugestellt werden und eröffnet sogleich die Möglichkeit der Zwangsvollstreckung (§ 750 Abs. 1 ZPO).

93 Die Zwangsvollstreckung wird aufgrund einer **vollstreckbaren Ausfertigung des Urteils** durchgeführt (§ 724 Abs. 1 ZPO). Will der Gläubiger in einem Zuge in mehrere getrennte Vermögensmassen des Schuldners (zB Arbeitslohn, Provisionsansprüche gegenüber mehreren Geschäftsherren, Pfändung beweglicher Sachen durch den Gerichtsvollzieher) vollstrecken, reicht hierfür eine vollstreckbare Ausfertigung nicht aus. Insoweit eröffnet § 733 ZPO dem Gläubiger die Möglichkeit, eine weitere vollstreckbare Ausfertigung zu erhalten. Wird der Titel vernichtet oder geht er verloren, kann der Gläubiger gleichfalls die Erteilung einer weiteren vollstreckbaren Ausfertigung beantragen. Jedoch kann nach § 733 Abs. 1 ZPO der Schuldner, bevor eine weitere vollstreckbare Ausfertigung bereitgestellt wird, ge-

---

103 *Diller*, in: Bauer/Lingemann/Diller/Haußmann, Anwalts-Formularbuch Arbeitsrecht, Kap. 109, Ziff. 4.
104 Lansnicker/*Fleddermann*, Prozesse in Arbeitssachen, § 4 Rn 1 ff.

hört werden. Mit Blick auf Art. 103 GG und den aus ihm folgenden Anspruch auf rechtliches Gehör ist die Anhörung regelmäßig notwendig. Das Verfahren auf Erteilung einer weiteren vollstreckbaren Ausfertigung bildet eine besondere Angelegenheit nach § 18 Nr. 7 RVG, womit für den Anwalt eine zusätzliche Gebühr anfällt.

Die Zwangsvollstreckung wird von der **Dispositionsmaxime** bestimmt. Das heißt, sie wird nur auf **Antrag** eingeleitet. Es wird nicht von Amts wegen vollstreckt. Im Regelfall müssen die allgemeinen Vollstreckungsvoraussetzungen (**Titel, Klausel und Zustellung**) erfüllt sein. Das heißt, die Zwangsvollstreckung erfordert das Vorliegen eines vollstreckbaren Titels, der mit der Vollstreckungsklausel versehen wurde, und dieser Titel muss dem Schuldner zugestellt worden sein. Als **arbeitsrechtliche Vollstreckungstitel** kommen Endurteile, Vollstreckungsbescheide, Kostenfestsetzungsbeschlüsse, Prozessvergleiche und vollstreckbare Urkunden in Betracht. Fehlt eine der drei genannten Voraussetzungen, darf dem Vollstreckungsantrag nicht stattgegeben werden. Gleichwohl angeordnete Vollstreckungsmaßnahmen sind rechtswidrig.

Vom Grundsatz her ist das **Amtsgericht** nach § 764 Abs. 1 ZPO auch im arbeitsgerichtlichen Verfahren das Vollstreckungsgericht. **Örtlich** zuständig ist das Amtsgericht, in dessen Bezirk die Vollstreckungshandlung vorzunehmen ist. Die Zuständigkeit des Arbeitsgerichts besteht ausnahmsweise für Vollstreckungsmaßnahmen aus einem nach § 919 ZPO erlassenen Arrest, § 930 Abs. 1 Satz 3 ZPO. Darüber hinaus sind die Arbeitsgerichte als Vollstreckungsorgane nur zuständig in den Fällen, in denen das Prozessgericht als Vollstreckungsgericht tätig wird (§§ 887, 888, 890 ZPO), oder wenn im Zusammenhang mit der Zwangsvollstreckung Klage beim Prozessgericht erster Instanz zu erheben ist (§§ 731, 767, 768, 785, 786 ZPO).

Ausschließlich sachlich zuständig für den Erlass eines **Pfändungs- und Überweisungsbeschlusses** ist das Amtsgericht als Vollstreckungsgericht (§ 62 Abs. 2 ArbGG, §§ 764, 802 ZPO). Während im Urteilsverfahren erster Instanz kein Kostenerstattungsanspruch der obsiegenden Partei für die Zuziehung eines Prozessbevollmächtigten oder eines Beistands besteht (§ 12 a Abs. 1 Satz 1 ArbGG), kann der Gläubiger seine Anwaltskosten im Zwangsvollstreckungsverfahren nach § 788 ZPO geltend machen, wenn diese notwendig waren. Die Notwendigkeit der Beauftragung eines Anwalts für die Zwangsvollstreckung ist grundsätzlich anzunehmen.[105] Die Zuständigkeit des Arbeitsgerichts als Prozessgericht erster Instanz besteht schließlich auch für die vom Gläubiger anstelle der Kostenbeitreibung nach § 788 ZPO gewählte Festsetzung der Zwangsvollstreckungskosten.[106]

Die Zwangsvollstreckung der Verurteilung des Arbeitgebers zur **Herausgabe der Lohnsteuer- und Angestelltenversicherungskarte** geschieht, sofern diese bereits ausgefüllt ist, nach § 883 Abs. 1 ZPO (Herausgabe beweglicher Sachen) und nicht etwa nach den §§ 887, 888 ZPO. Die Vollstreckung nach den zweitgenannten Normen erfolgt nur dann, wenn die Lohnsteuerkarte bzw Angestelltenversicherungskarte noch nicht ausgefüllt worden ist und somit eine über die Herausgabe hinausgehende Handlung zu erfolgen hat.

Der Anspruch auf **Erteilung und Berichtigung eines Arbeitszeugnisses** ist nach § 888 ZPO zu vollstrecken. Die Zeugniserstellung stellt eine unvertretbare Handlung dar, da sie zum einen untrennbar mit einer Willensäußerung verknüpft ist und zum anderen durch die Unterschrift des Arbeitgebers nicht ersetzt werden kann. Allerdings bietet das Zwangsvollstreckungsverfahren keinen Platz für eine Überprüfung der inhaltlichen Richtigkeit des Zeugnisses. Berichtigungsansprüche sind daher in einem gesonderten Rechtsstreit zu verfolgen. Nur wenn der Vollstreckungstitel die Formulierung eines bestimmten Zeugnisinhalts vorgibt, lässt sich dieser erzwingen.[107]

Titel auf Durchführung einer **unvertretbaren Handlung** sind durch das Prozessgericht des ersten Rechtszuges, also das Arbeitsgericht, zu vollstrecken.[108] Das Gericht hat den Schuldner durch Zwangsgeld bis zu 25.000 EUR oder durch Zwangshaft anzuhalten, die Handlung vorzunehmen (§ 888 Abs. 1 ZPO). Das Zwangsgeld ist nicht etwa für jeden Tag der Zuwiderhandlung, sondern in einer Summe festzusetzen, da es sonst zu unbestimmt wäre.[109] Neben der Festsetzung des Zwangsgeldes ist auch

---

105 Gerold/Schmidt/*Müller-Rabe*, RVG, Nr. 3309 VV Rn 117.
106 LAG Köln 26.4.2010 – 2 Ta 24/10, juris.
107 Schaub/*Linck*, Arbeitsrechts-Handbuch, § 146 IV.4. Rn 34.
108 Lansnicker/*Fleddermann*, Prozesse in Arbeitssachen, § 4 Rn 37.
109 LAG Köln 21.10.1996 – 10 Ta 218/96, LAGE § 888 ZPO Nr. 39.

Zwangshaft festzusetzen für den Fall, dass das Zwangsgeld nicht beigetrieben werden kann. Der Gläubiger hat das Zwangsgeld zu Gunsten der Staatskasse zu vollstrecken. Vollstreckte Beträge sind von der Landeskasse zu erstatten, wenn der Beschluss aufgehoben wird oder sich das Verfahren erledigt.[110]

100 Bei der **Festsetzung von Zwangsmitteln** ist der verfassungsrechtliche Verhältnismäßigkeitsgrundsatz zu beachten. Ein festzusetzendes Zwangsgeld hat sich an dem Interesse des Gläubigers an der Durchsetzung der titulierten Forderung (Gegenstandsstreitwert) und der Hartnäckigkeit des Schuldners, mit der dieser die Erfüllung der unvertretbaren Handlung unterlässt, zu orientieren. Ein erstmaliges Zwangsgeld, das den Streitwert um das Zehnfache übersteigt, ist unverhältnismäßig.[111]

B. Texte

I. Instanzenunabhängige Schriftsätze

101 **1. Muster: Anhörungsrüge nach § 78 a Abs. 1 ArbGG**

↓

An das

...

Anhörungsrüge

der/des ...

– beklagte Partei –

Prozessbevollmächtigte: ...

gegen

...

– klägerische Partei –

wegen: Verletzung des rechtlichen Gehörs

Entgegen der Entscheidung des Gerichts vom ..., Az ... wird beantragt:

1. Der Rechtsstreit in Sachen ..., Az ... wird fortgeführt.
2. Die Schlussanträge aus der mündlichen Verhandlung vom ... werden gestellt.
3. Die Kosten des Rechtsstreits werden der klägerischen Partei auferlegt.

Gründe:

1. Die klägerische Partei wurde von der beklagten Partei auf unbestimmte Zeit als ... gegen ein vereinbartes monatliches Gehalt von zuletzt ... EUR brutto in einem Arbeitsverhältnis beschäftigt.

Am ... ist das Arbeitsverhältnis durch die beklagte Partei zum ... gekündigt worden. Die Kündigung ist der klägerischen Partei am ... zugegangen.

...

Die beklagte Partei hat mit Schriftsatz vom ..., der vor der mündlichen Verhandlung vom ... bei Gericht eingegangen ist, die Unwirksamkeit der Kündigung wegen ... unter Beweis gestellt durch ... .

Das Gericht hat diesen Beweisantritt sowie die Ausführungen der beklagten Partei zu diesem Gesichtspunkt nicht zur Kenntnis genommen. In der Entscheidung vom ..., der beklagten Partei zugegangen am ..., heißt es,

---

110 LAG Bremen 30.9.2008 – 3 Ta 40/08, ArbuR 2008, 407.
111 LAG Hessen 15.1.1993 – 9 Ta 470/92, DB 1993, 1248.

die beklagte Partei sei hinsichtlich der Kündigungsgründe beweisfällig geblieben. Wie aus den Urteilsgründen ersichtlich ist, hat das Gericht bei der Entscheidung auf

abgestellt, ohne die klägerische Partei zuvor darauf hinzuweisen.

2. Das Gebot der Gewährung rechtlichen Gehörs verpflichtet das Gericht, die Ausführungen der Prozessparteien zur Kenntnis zu nehmen und in Erwägung zu ziehen. Dabei müssen die Parteien bei Anwendung der von ihnen zu verlangenden Sorgfalt erkennen können, auf welche Gesichtspunkte es für die Entscheidung ankommen kann,

> BGH 15.2.2005 – XI ZR 144/03, FamRZ 2005, 700; LAG Köln 24.6.2006 – 8 Ta 307/05, LAGE § 78a ArbGG 1979 Nr. 2.

Stellt das Gericht seine Entscheidung ohne vorherigen Hinweis auf einen rechtlichen Gesichtspunkt ab, mit dem auch ein gewissenhafter und kundiger Prozessbevollmächtigter selbst unter Berücksichtigung der Vielfalt vertretbarer Rechtsauffassungen nicht zu rechnen brauchte, wird ihm rechtliches Gehör zu einer streitentscheidenden Frage versagt,

> BAG 31.5.2006 – 5 AZR 342/06 (F), NZA 2006, 875; BAG 31.8.2005 – 5 AZN 187/05, AP § 72a ArbGG 1979 Rechtliches Gehör Nr. 7.

Hätte das Gericht Beweis erhoben, so wie es beantragt worden war, und hätte die beklagte Partei Ausführungen zu dem vom Gericht berücksichtigten Gesichtspunkt abgeben dürfen, hätte das Gericht der Klage nicht stattgeben dürfen. Das Verfahren ist somit fortzusetzen.

2. Muster: Befangenheitsgesuch

Aktenzeichen: ...

Gegner: RAe ..., zwei Abschriften anbei

In dem Rechtsstreit ... ./. ...

begründen wir das im Termin vom ... für unsere Partei gestellte Befangenheitsgesuch wie folgt:

Gründe:

1. Die die Besorgnis der Befangenheit begründeten Tatsachen ergeben sich aus der beigefügten anwaltlichen Versicherung.

   Glaubhaftmachung: Beigefügte anwaltliche Versicherung des Unterzeichners.

2. Bei dieser Sachlage ist die klägerische Partei berechtigterweise besorgt, dass es dem abgelehnten Richter an der gebotenen Unvoreingenommenheit mangelt. Befangenheit iSd § 42 Abs. 2 ZPO, § 49 ArbGG ist ein innerer Zustand des Richters, der seine vollkommen gerechte, von jeder falschen Rücksicht freie Einstellung zur Sache, seine Neutralität und Distanz gegenüber den Verfahrensbeteiligten beeinträchtigen kann,

   > BVerfG 8.2.1967 – 2 BvR 235/64, BVerfGE 21, 139.

Gemäß § 42 Abs. 2 ZPO kann ein Richter wegen Besorgnis der Befangenheit abgelehnt werden, wenn ein Grund vorliegt, der geeignet ist, Misstrauen gegen die Unparteilichkeit des Richters zu rechtfertigen. Gründe für ein solches Misstrauen sind gegeben, wenn ein Beteiligter von seinem Standpunkt aus bei vernünftiger, objektiver Betrachtung davon ausgehen kann, dass der Richter nicht unvoreingenommen entscheiden werde. Bei der Anlegung dieses objektiven Maßstabes kommt es entscheidend darauf an, ob die Prozesspartei, die ein solches Ablehnungsgesuch angebracht hat, von ihrem Standpunkt aus Anlass hat, Voreingenommenheit des Richters zu befürchten. Es muss also die Befürchtung bestehen, dass der abgelehnte Richter in die Verhandlung und Entscheidung des gerade anstehenden Falles sachfremde, unsachliche Momente mit einfließen lassen könnte und den ihm unterbreiteten Fall nicht ohne Ansehen der Person nur aufgrund der sachlichen Gegebenheiten des Falles und allein nach Recht und Gesetz entscheidet,

> BAG 6.8.1997 – 4 AZR 789/95, NZA 1998, 332; ErfK/*Koch*, § 49 ArbGG Rn 9; Düwell/Lipke/*Kloppenburg*, ArbGG, § 49 Rn 22.

Befangenheit oder Voreingenommenheit ist die unsachliche innere Einstellung des Richters zu den Beteiligten oder zum Gegenstand des konkreten Verfahrens. Sie tendiert zu der Gefahr, dass sachfremde Umstände die Bearbeitung und Entscheidung der Sache beeinflussen und dadurch ein Prozessbeteiligter bevorzugt oder benachteiligt wird,

> LAG Schleswig-Holstein 6.11.2007 – 2 Ta 256/07, EzA-SD 2008, Nr. 7, 24.

Ein Ablehnungsverfahren nach § 42 Abs. 2 ZPO dient dementsprechend allein dazu, die Beteiligten vor der Unsachlichkeit des Richters aus einem in seiner Person liegenden Grund zu schützen. Eine den Beteiligten ungünstige und möglicherweise auch unrichtige Rechtsauffassung kommt als Ursache für die Parteilichkeit des Richters nicht in Betracht, es sei denn, die mögliche Fehlerhaftigkeit beruhte auf einer unsachlichen Einstellung des Richters oder auf Willkür,

> BAG 10.7.1996 – 4 AZR 759/94, juris; Sächsisches LAG 7.11.2001 – 2 Sa 559/01, MDR 2002, 589; Düwell/Lipke/*Kloppenburg*, ArbGG, § 49 Rn 29.

Die bereits erfolgte Bildung einer bestimmten Meinung (zB zur Rechtslage oder zur Beurteilung des Sachverhalts) rechtfertigt dementsprechend keinen Befangenheitsantrag,

> LAG Schleswig-Holstein 6.11.2007 – 2 Ta 256/07, EzA-SD 2008, Nr. 7, 24.

Nicht erforderlich ist, dass der Richter, gegen den sich das Ablehnungsgesuch richtet, tatsächlich befangen ist. Es kommt auch nicht darauf an, ob sich der betreffende Richter selbst ggf für befangen hält. Vielmehr ist Beurteilungsmaßstab, ob aus Sicht der Partei tatsächlich Gründe/Tatsachen vorliegen, aufgrund derer auf die Unparteilichkeit des Richters geschlossen werden könnte. Danach sind geeignet, Misstrauen gegen eine unparteiliche Amtsausübung des Richters zu rechtfertigen, nur objektive Gründe, die vom Standpunkt des Ablehnenden aus bei vernünftiger Betrachtung die Befürchtung wecken können, der Richter stehe der Sache nicht unvoreingenommen und damit nicht unparteilich gegenüber; rein subjektive unvernünftige Vorstellungen des Ablehnenden scheiden aus,

> BGH 14.3.2003 – IXa ZB 27/03, NJW-RR 2003, 1220 f.

Ob die Besorgnis der Befangenheit gerechtfertigt ist, kann nur für den jeweiligen Einzelfall entschieden werden,

> *Germelmann u.a.*, ArbGG, § 49 Rn 19.

Vorgetragene Ablehnungsgründe sind vom Gericht in ihrer Gesamtheit zu würdigen, wobei auch eine bestehende Prozessvertretung der Partei zu berücksichtigen ist,

> LAG Schleswig-Holstein 6.11.2007 – 2 Ta 256/07, EzA-SD 2008, Nr. 7, 24.

Bezeichnet ein Richter den Sachvortrag einer Partei oder ihres Prozessbevollmächtigten in der mündlichen Verhandlung als „Unsinn", so kommt seine Ablehnung wegen Besorgnis der Befangenheit in Betracht,

> LSG NRW 16.6.2003 – L 11 AR 49/03 AB, NJW 2003, 2933.

Auch die Verweigerung einer beantragten Terminsverlegung kann die Besorgnis der Befangenheit des Richters begründen, wenn darin eine auffällige Ungleichbehandlung der Prozessbeteiligten zum Ausdruck kommt,

> OLG Köln 8.11.2002 – 11 W 73/02, AnwBl 2003, 121.

Die Entscheidung in der Sache durch einen abgelehnten Richter stellt ihrerseits einen eigenständigen Verstoß gegen den Grundsatz des gesetzlichen Richters dar, was eine Aufhebung der Sachentscheidung rechtfertigt. Andernfalls hätte es ein die Grenzen der Verwerfung eines Befangenheitsgesuchs verkennendes Gericht in der Hand, durch eine gleichzeitig mit der Verwerfung eines Befangenheitsgesuchs getroffene nicht anfechtbare Sachentscheidung vollendete Tatsachen zu schaffen,

BVerfG 20.7.2007 – 1 BvR 2228/06, NJW 2007, 3771.

Von diesem Standpunkt aus ist das Misstrauen der klägerischen Partei gegenüber dem abgelehnten Richter aus folgenden Gründen berechtigt: ...

3. Muster: Eidesstattliche Versicherung im Verfahren der einstweiligen Verfügung 103

↓

Eidesstattliche Versicherung

Ich bin über die Strafbarkeit der Abgabe einer vorsätzlich oder auch nur fahrlässig falschen Versicherung an Eides statt gem. §§ 156, 163 StGB eindringlich belehrt worden.

§ 156 StGB lautet:

„Wer vor einer zur Abnahme einer Versicherung an Eides Statt zuständigen Behörde eine solche Versicherung falsch abgibt oder unter Berufung auf eine solche Versicherung falsch aussagt, wird mit Freiheitsstrafe bis zu drei Jahren oder mit Geldstrafe bestraft."

§ 163 Abs. 1 StGB lautet:

„Wenn eine der in den §§ 154–156 bezeichneten Handlungen aus Fahrlässigkeit begangen worden ist, so tritt Freiheitsstrafe bis zu einem Jahr oder Geldstrafe ein."

Im Bewusstsein der Tatsache, dass diese Erklärung einem Gericht vorgelegt werden wird, erkläre ich,

...

Folgendes an Eides statt:

Ich habe den Schriftsatz der Rechtsanwälte ... vom ... sorgfältig gelesen. Die darin enthaltenen Angaben entsprechen der Wahrheit. Es ist nichts hinzugefügt oder weggelassen worden, was sinnentstellend sein könnte. In meine eidesstattliche Versicherung beziehe ich insbesondere folgende Feststellungen ein: ...

↑

4. Muster: EuGH-Schriftsatz 104

↓

Gerichtshof der Europäischen Gemeinschaft

Kanzlei

L-2925 Luxemburg

Aktenzeichen: Rs C-... ./. ...

In dem

Vorabentscheidungsverfahren

...

– klägerische Partei –

Verfahrensbevollmächtigte: ...

gegen

..., vertreten durch ...

– beklagte Partei –

Verfahrensbevollmächtigte: ...

geben wir unter Überreichung einer Vollmacht unserer Partei namens und in Vollmacht der ... Partei nach Art. 23 der Satzung des Gerichtshofs der EG zum Vorabentscheidungsersuchen des ArbG ..., Az ..., Beschluss vom ..., uns durch den Gerichtshof zugestellt am ..., folgende schriftliche Erklärung ab:

I. Sachverhalt und Verfahren

Dem Verfahren vor dem Arbeitsgericht liegt folgender Sachverhalt zugrunde: ...

II. Stellungnahme

Die ... Partei ersucht den Gerichtshof, die Vorlagefrage des Arbeitsgericht wie folgt zu beantworten: ...

Gründe:

Das ... hat in seinem Vorlagebeschluss die Frage aufgeworfen, ob ... mit ... vereinbar ist. Diese Frage ist zu bejahen/zu verneinen, weil ... .

105 **5. Muster: Fax-Sendebericht, Wirkung des „OK-Vermerks"**

Ein Schreiben geht dem Schuldner zu, wenn es so in den Bereich des Empfängers gelangt, dass dieser unter normalen Verhältnissen die Möglichkeit hat, vom Inhalt des Schreibens Kenntnis zu nehmen,

BAG 8.12.1983 – 2 AZR 337/82, AP § 130 BGB Nr. 12.

Ein Zugang folgt nicht aus einem vorgelegten Sendebericht, der einen „OK-Vermerk" enthält. Einem solchen Sendebericht kommt nicht der Wert eines Anscheinsbeweises zu,

BAG 14.8.2002 – 5 AZR 169/01, NZA 2003, 158.

Es gibt keinen allgemeinen Erfahrungssatz, dass Telefaxsendungen den Empfänger vollständig und richtig erreichen. Solange der Anspruchsteller nur vorträgt, dem Schuldner sei ein Schreiben zugegangen, weil der ausgedruckte Sendebericht einen „OK-Vermerk" enthalte, kann der Schuldner den Erhalt des Telefaxes ohne weitere Darlegungen einfach bestreiten,

BAG 14.8.2002 – 5 AZR 169/01, NZA 2003, 158.

Der Anspruchsteller muss schon Tatsachen dafür vortragen, dass bei dem von ihm verwendeten Telefaxgerät ein „OK-Vermerk" ausschließlich dann ausgedruckt wird, wenn die Übertragung ordnungsgemäß erfolgt ist, also das Anschreiben so in den Bereich des Empfängers gelangt ist, dass dieser von dessen Inhalt Kenntnis nehmen konnte.

Wird die Telefaxnummer aus dem konkreten Aktenvorgang handschriftlich auf den zu versendenden Schriftsatz übertragen, ist eine Verwechslungsgefahr gering,

BGH 22.6.2004 – VI ZB 14/04, NJW 2004, 3491.

6. Muster: Mittelbare Beweisführung im Arbeitsgerichtsprozess

Die Beweisführung muss nicht unmittelbar auf die Tatsachen gerichtet sein, die den gesetzlichen Tatbestand des geltend gemachten Rechts ausfüllen. Auch die Beweisführung durch Indizien, aus denen auf die gesetzlichen Tatbestandsmerkmale geschlossen werden kann, ist prozessrechtlich zulässig,

BGH 10.5.1984 – III ZR 29/83, NJW 1984, 2039; Zöller/*Greger*, § 286 ZPO Rn 9 a.

Sowohl das Arbeitsgerichtsgesetz als auch die Zivilprozessordnung überlassen es den Prozessbeteiligten, wie sie das Gericht überzeugen,

vgl Natter/Gross/*Pfitzer/Ahmad*, ArbGG, § 46 Rn 29 ff.

Entgegen der von *Prütting/Weth* (DB 1989, 2276) vertretenen Ansicht verletzt die Beweisführung mit einer notariellen Erklärung die Grundsätze der Unmittelbarkeit, der Öffentlichkeit und der Parteiöffentlichkeit der Beweisaufnahme nicht, §§ 87 Abs. 2, 64 Abs. 7, 52 ArbGG, §§ 355 Abs. 1, 357 Abs. 1 ZPO.

Wird eine generell einer Beweisaufnahme zugängliche, gewöhnlich im Wege der Zeugenvernehmung zu beweisende Tatsache durch notarielle Erklärung in den Rechtsstreit eingeführt, wird die notarielle Erklärung im Wege des Urkundenbeweises über Hilfstatsachen verwertet. Damit werden sowohl der Beweiswert der mittelbaren Beweismittel als auch die dadurch festgestellten Indizien selbständig und eigenverantwortlich beurteilt.

Die notarielle Erklärung ist eine öffentliche Urkunde iSd § 415 ZPO. Zu den Amtsbefugnissen der Notare gehört die Erstellung einer Tatsachenbescheinigung. Nach § 20 Abs. 1 Satz 2 BNotO sind die Notare zuständig, Beurkundungen jeder Art vorzunehmen. Zu ihren Aufgaben gehört auch die Ausstellung einer Bescheinigung über amtlich von ihnen wahrgenommene Tatsachen. Die Wahrnehmung ist amtlich, wenn der Notar auftragsgemäß in seiner Eigenschaft als Notar tätig geworden ist. Zu den von ihm wahrgenommenen Tatsachen zählen auch nichtrechtsgeschäftliche Erklärungen.

Erscheint eine Person bei einem Notar, gibt sie die Erklärung ab, bei einer bestimmten Firma beschäftigt zu sein, legt sie den Reisepass vor und eine Banküberweisung, die zugleich die für eine Lohnabrechnung typischen Angaben enthält, und wird ferner ein Arbeitsvertrag vorgelegt, der auf den Namen dieser Person lautet, so begründet eine entsprechende Urkunde des Notars den vollen Beweis dafür, dass diese Person bei dem näher beschriebenen Arbeitgeber in einem Arbeitsverhältnis steht. Die Gewerkschaft hat in einem solchen Falle durch mittelbares Beweismittel, ohne den Namen ihres im Betrieb des Arbeitgebers beschäftigten Mitglieds zu nennen, Beweis erbracht, dass sie in dem Betrieb vertreten ist,

BAG 25.3.1992 – 7 ABR 65/90, NJW 1993, 612.

7. Muster: PKH-Antrag

Antrag auf Bewilligung von Prozesskostenhilfe

In dem arbeitsgerichtlichen Rechtsstreit

...

– antragstellende Partei –

Prozessbevollmächtigte: ...

gegen

...

– antragsgegnerische Partei –

beantragen wir namens und in Vollmacht der antragstellenden Partei,
1. der antragstellenden Partei für die ... Instanz Prozesskostenhilfe zu bewilligen;
2. der antragstellenden Partei zur vorläufig unentgeltlichen Wahrnehmung ihrer Rechte den Unterzeichner als Rechtsanwalt beizuordnen.

Begründung:

1. Die antragstellende Partei ist nach ihren persönlichen und wirtschaftlichen Verhältnissen außerstande, die Kosten des beabsichtigten Rechtsstreits auch nur zum Teil aufzubringen. Dies ergibt die anliegende Erklärung der antragstellenden Partei über ihre persönlichen und wirtschaftlichen Verhältnisse, die als Anlage 1 beigefügt ist. Die antragstellende Partei ist nicht rechtsschutzversichert in dieser Sache und nicht Mitglied einer Gewerkschaft/eines Arbeitgeberverbands.

2. Die aus dem beigefügten Schriftsatz ersichtlichen Ansprüche bieten hinreichende Aussicht auf Erfolg, die antragstellende Partei verhält sich nicht mutwillig. Sofern das Gericht weitere Darlegungen oder Beweisantritte für erforderlich hält, wird um eine Auflage gebeten.

8. Muster: Tatbestandsberichtigung (Grundmuster)

Arbeitsgericht ...

Aktenzeichen: ...

Gegner: Rechtsanwälte ..., zwei Abschriften anbei

In Sachen ... ./. ...

beantragt die ... Partei,

den Tatbestand des Urteils vom ... gem. § 320 ZPO in der Weise zu berichtigen, dass statt der Feststellung „..." auf Seite ... des Urteils die Feststellung „..." an gleicher Stelle aufgenommen wird.

Gründe:

1. In der Urteilsabschrift auf Seite ... heißt es, ...

Die ... Partei hat jedoch zu keiner Zeit die dort als ...-Behauptung aufgeführte Erklärung mündlich oder in schriftsätzlicher Weise abgegeben:

    Beweis: Schriftsätze der ... Partei.

Tatsächlich hat die ... Partei im Schriftsatz vom ... auf Seite ... Folgendes erklärt: ...

Der Tatbestand des Urteils ist demgemäß zu berichtigen.[112]

---

112 Der Antrag auf Berichtigung des Tatbestands macht Sinn, wenn gegen das Urteil Berufung eingelegt werden oder ein Antrag auf Urteilsergänzung vorbereitet werden soll. Der Antrag hat im Hinblick auf ein Rechtsmittel den Zweck, der Beweiskraft des Tatbestands (§ 314 ZPO) zu begegnen. Dies ist von Bedeutung, wenn beispielsweise eine Behauptung bereits in erster Instanz vorgetragen wurde und damit verhindert wird, dass sie nicht in der zweiten Instanz als neues Vorbringen zurückgewiesen werden kann. Der Tatbestand bildet den positiven Beweis für das, was die Parteien vorgetragen haben, aber auch negativen Beweis für dasjenige, was nicht behauptet oder bestritten wurde (BGH 3.11.1982 – IVa ZR 39/81, MDR 1983, 384). Der Regelungsgehalt der §§ 314, 320 ZPO erfasst auch tatbestandliche Feststellungen in den Entscheidungsgründen (BGH 26.3.1997 – IV ZR 275/96, NJW 1997, 1931), so dass auch Feststellungen in den Entscheidungsgründen mit dem Tatbestandsberichtigungsantrag angegriffen werden können. Die Bedeutung des Tatbestands wird dadurch gemindert, dass er nach § 313 ZPO nur den wesentlichen Inhalt des Parteivorbringens knapp darstellen soll. Die Gerichte neigen dazu, diesen Einwand bei Tatbestandsberichtigungsanträgen in den Vordergrund zu stellen. Manchmal verweisen sie auch auf ihre Befugnis, wegen des Knappheitsgebots auf die gewechselten Schriftsätze im Tatbestand Bezug nehmen zu dürfen. Nehmen sie allerdings nicht Bezug, muss der Tatbestand richtig sein. Enthält der Tatbestand Fehler, ist er zu berichtigen. Auf die Aufnahme von Rechtsauffassungen im Tatbestand besteht kein Anspruch, da Rechtsauffassungen einer Partei an der Rechtskraft des Urteils nicht teilhaben (Musielak/*Musielak*, ZPO, § 320 Rn 2). Der Tatbestandsberichtigungsantrag kann nur innerhalb einer Frist von zwei Wochen geltend gemacht werden, § 320 Abs. 1 ZPO. Anders als bei einem erfolgreichen Antrag auf Ergänzung des Urteils nach § 321 ZPO verlängert sich die Rechtsmittelfrist durch den Beschluss zur Tatbestandsberichtigung gem. § 320 ZPO nicht (Zöller/*Vollkommer*, ZPO, § 321 Rn 11).

2. Zur Beschleunigung der Angelegenheit und entsprechend unserem Interesse, das Berufungsverfahren zügig durchzuführen, wird um einen baldigen Termin gebeten.[113]

9. Muster: Tatbestandsberichtigungsantrag gem. § 320 ZPO und § 319 ZPO

In dem Rechtsstreit

...

– klägerische Partei –

gegen

...

– Beklagter und Widerkläger –

beantragt der Kläger,

I.

gem. § 320 ZPO den Tatbestand des Urteils Az ..., Gericht ..., vom ..., zugestellt am ..., wie folgt zu berichtigen:
1. auf Seite ... Zeile ... ist das Wort „..." zu ersetzen durch „..."
2. auf Seite ...
3. ...

II.

Gemäß § 319 ZPO sind folgende offenbare Unrichtigkeiten des Tatbestands des Urteils ... zu korrigieren:
1. Die Bezeichnung des Beklagten zu ... im Rubrum des Urteils lautet richtigerweise „...".
2.

Begründung:

Nach § 313 Abs. 2 Satz 1 ZPO ist der Sach- und Streitstand seinem wesentlichen Inhalt nach knapp darzustellen. Auf Anlagen kann Bezug genommen werden. Wörtliche Zitate werden dann in den Tatbestand aufgenommen, wenn es für die Entscheidung auf den Wortlaut ankommt und wenn es sich dabei um eine Frage von einigem Gewicht für die Entscheidung handelt.

Streitentscheidend ist vorliegend ...

Entscheidet sich ein Gericht – wie vorliegend – aufgrund dieser Rechtslage und wegen des Umfangs der Sache dazu, den Tatbestand ausführlicher zu gestalten und wörtliche Zitate zu verwenden, dann kann der Tatbestand seiner Funktion zur vollständigen und verständlichen Darstellung des Sach- und Streitstandes nur genügen, wenn die Ausführungen beider Kontrahenten in vergleichbarer Weise dargestellt werden. Dieser Befund gilt erst recht, wenn man von dem Grundsatz ausgeht, dass im Tatbestand eines Urteils der Vortrag der unterliegenden Partei regelmäßig ausführlicher darzustellen ist als der Vortrag der obsiegenden Partei,

vgl hierzu *Sattelmacher/Sirp/Schuschke*, Bericht, Gutachten und Urteil, 33. Aufl. 2003, Rn 540; *Baumfalk*, Die zivilgerichtliche Assessorklausur, 14. Aufl. 2008, S. 265, Rn 3.3.1 a) aE.

Das Erfordernis der Verständlichkeit des Tatbestands,

vgl *Kurpat*, Einführung in die Urteilstechnik, 6. Aufl. 2010, Rn 257,

---

113 Im Zivilprozess besteht die Möglichkeit, auf den Termin zur mündlichen Verhandlung über den Berichtigungsantrag zu verzichten. Das Einverständnis zur Entscheidung im schriftlichen Verfahren gem. § 128 Abs. 2 ZPO kann im arbeitsgerichtlichen Verfahren nicht wirksam erklärt werden, § 46 Abs. 2 ArbGG. Nach dieser Vorschrift findet § 128 Abs. 2 ZPO keine Anwendung.

erfordert es in diesen Fällen, dass das Gericht sämtlichen Sachvortrag, der für seine Entscheidungsfindung und seine Abwägung maßgeblich war, in einer für beide Parteivorträge einheitlichen Form im Tatbestand wiedergibt. Anders kann insbesondere die unterlegene Partei nicht feststellen, ob das Gericht ihren Vortrag tatsächlich im vollen Umfang zur Kenntnis genommen und in Erwägung gezogen hat,

vgl zu der ansonsten gegebenen Verletzung rechtlichen Gehörs BVerfG 23.6.1989 – 1 BvR 147/89, n.v.

Diesen Umständen trägt die beantragte Tatbestandsberichtigung ebenso Rechnung wie der Vorbereitung des streitentscheidenden Sachverhalts für das Berufungsverfahren.

I. Zu den Anträgen nach § 320 ZPO

Anträge zu I. 1) bis I. 3)

Die zugrunde liegenden Sachverhalte sind unstreitig. Die beantragten Änderungen des Tatbestands sind auch maßgeblich für die Entscheidung.

II. Zu den Anträgen nach § 319 ZPO

Bei den unter Ziff. II. zur Korrektur beantragten Fehlern handelt es sich um einfache Schreibfehler bzw vergleichbare offensichtliche Unrichtigkeiten, die gem. § 319 Abs. 1 ZPO zu berichtigen sind.

10. Muster: Verspätete Urteilsabsetzung

Gelangt ein vollständig abgesetztes Urteil erst nach Ablauf von fünf Monaten seit seiner Verkündung mit allen richterlichen Unterschriften zur Geschäftsstelle des Gerichts, so ist dies als ein Urteil ohne Entscheidungsgründe anzusehen, das auf Verfahrensrüge aufzuheben und an das LAG zurückzuverweisen ist,

BAG 4.8.1993 – 4 AZR 501/92, NZA 1993, 1150; GmS-OGB, Beschl. v. 27.4.1993 – GmS-OGB 1/92, NZA 1993, 1147.

Ein Urteil gilt entsprechend § 547 Nr. 6 ZPO dann nicht als mit Gründen versehen, wenn es nicht innerhalb von fünf Monaten nach der Verkündung schriftlich niedergelegt, von dem Richter unterschrieben und der Geschäftsstelle zugegangen ist,

BAG 26.8.2003 – 3 AZR 361/02, n.v.

Eine landesarbeitsgerichtliche Entscheidung, in der die Revision nicht zugelassen wurde und deren Gründe erst mehr als fünf Monate nach Verkündung unterschrieben worden sind, erschwert für die unterlegene Partei den Zugang zum Revisionsgericht in verfassungswidriger Weise,

BVerfG 14.3.2002 – 1 BvR 16/02, NZA 2002, 1170.

Eine gegen eine solche Entscheidung gerichtete Verfassungsbeschwerde ist binnen eines Monats nach Ablauf der Fünf-Monats-Frist zu erheben. Ist die Einlegungsfrist versäumt, so kann innerhalb einer zweiwöchigen Frist, die mit dem Wegfall des Hindernisses zu laufen beginnt, Wiedereinsetzung in den vorigen Stand beantragt werden. Als Hindernis ist hierbei die Unkenntnis der unterlegenen Partei von ihrer Obliegenheit, die landesarbeitsgerichtliche Entscheidung fristgerecht mit der Verfassungsbeschwerde anzugreifen, anzusehen, wobei ihr das Verschulden ihres Prozessbevollmächtigten zugerechnet wird,

BVerfG 14.3.2002 – 1 BvR 16/02, NZA 2002, 1170.

Die Entscheidung eines LAG, in der die Revision nicht zugelassen wurde und deren vollständige Gründe erst mehr als fünf Monate nach Verkündung unterschrieben der Geschäftsstelle übergeben wurde, erschwert für die unterlegene Partei den Zugang zum Revisionsgericht in verfassungswidriger Weise,

BVerfG 26.3.2001 – 1 BvR 383/00, NZA 2001, 982.

In vollständiger Fassung ist ein landesarbeitsgerichtliches Urteil erst dann abgesetzt, wenn es innerhalb der Fünf-Monats-Frist von sämtlichen Kammermitgliedern unterschrieben der Geschäftsstelle übergeben worden ist. Zur Wahrung der Fünf-Monats-Frist reicht es nicht aus, wenn der Kammervorsitzende des LAG seinen schriftlichen Urteilsentwurf innerhalb der Fünf-Monats-Frist der Geschäftsstelle zur Weiterleitung an die ehrenamtlichen Richter übergeben hat,

BVerfG 12.8.2002 – 1 BvR 1012/02, NZA 2003, 59.

11. Muster: Vertagung eines Gerichtstermins wegen Erkrankung

In dem Rechtsstreit

... ./. ...

beantragen wir,

den auf den ... anberaumten Sitzungstermin zu vertagen.

Gründe:

Der sachbearbeitende Rechtsanwalt ... ist erkrankt. Nur er ist in den Streitstoff eingearbeitet. Herr ... hat ausdrücklich mit der von uns vertretenen Partei vereinbart, dass alle Termine von ihm wahrgenommen werden. Die Vereinbarung mit der Partei und die Erkrankung sind erhebliche Gründe iSv § 227 Abs. 1 ZPO. Die Richtigkeit der vorstehenden Angaben wird anwaltlich versichert. Erkrankt der sachbearbeitende Rechtsanwalt einer prozessbevollmächtigten Sozietät, darf der Antrag, den Termin zu verlegen, außer in Fällen des Arrests oder der einstweiligen Verfügung nicht mit der Begründung abgelehnt werden, ein anderes Mitglied der Sozietät könne und müsse den Termin wahrnehmen und sich in die Sache einarbeiten,

BVerwG 9.12.1983 – 4 C 44/83, NJW 1984, 882; Zöller/*Stöber*, § 227 ZPO Rn 6.

Selbst wenn der Rechtsanwalt in Urlaub ist, ist dem Anliegen der Partei, durch den informierten und eingearbeiteten Rechtsanwalt ihres Vertrauens vertreten zu werden, ungeachtet der Pflicht des Rechtsanwalts, für Vertretung zu sorgen (§ 53 BRAO), Rechnung zu tragen,

E. Schneider, MDR 1977, 793.

12. Muster: Vertagung eines Gerichtstermins wegen Terminskollision

Aktenzeichen: ...

Gegner: RAe ...

In dem Rechtsstreit

... ./. ...

– klägerische Partei –

Prozessbevollmächtigte: ...

gegen

– beklagte Partei –

Prozessbevollmächtigte: ...

beantragen wir,

    den Gütetermin zu verlegen.

Gründe:

1. Der Unterzeichner ist der alleinige Sachbearbeiter in allen arbeitsrechtlichen Angelegenheiten der Beklagten. Am gleichen Terminstage findet am Arbeitsgericht B ... ein Gütetermin statt, den der Unterzeichner wahrnehmen muss.

    Glaubhaftmachung: Vorlage der Ladung in Kopie – Anlage B 1.

Da der Termin des Verfahrens vor dem Arbeitsgericht B ... zeitlich vor dem Verfahren vor dem Arbeitsgericht A ... anberaumt wurde, hat das Verfahren vor dem Arbeitsgericht B ... Vorrang.

2. Den Vorgang, der Gegenstand des Verfahrens vor dem Arbeitsgericht B ... bildet, konnte der Unterzeichner nicht mit der für Personalangelegenheiten zuständigen Prokuristin am ... besprechen und sich dementsprechend schriftsätzlich äußern. Am ... ist die Prokuristin zu einem 2 1/2-wöchigen Urlaub mit ihrer Familie aufgebrochen, so dass der Unterzeichner noch nicht einmal über den Sachverhalt des vorliegenden Verfahrens unterrichtet ist. Eine Vertreterin in Personalangelegenheiten hat die Prokuristin nicht. Die Prokuristin wird am ... ihren Dienst wieder aufnehmen. Zu diesem Tag hat der Unterzeichner über die Sekretärin, von der er auch die Prozessunterlagen per Fax kommentarlos erhalten hat, einen Besprechungstermin vereinbart. Wenn der Gütetermin einen Sinn machen soll, dann sicherlich den, zu einer Einigung zwischen den Parteien zu gelangen. Hierzu ist aber Voraussetzung, dass der Unterzeichner die Wirksamkeit der Kündigung und die Prozesschancen beider Parteien beurteilen kann. Insofern macht es keinen Sinn, einen Gütetermin durchzuführen mit einem nichtinformierten Parteivertreter. Die Richtigkeit der vorstehenden Angaben wird anwaltlich versichert.

Es wird deshalb um Verlegung des Termins ab der ... KW gebeten.

113 **13. Muster: Vertagung eines Gerichtstermins wegen Terminskollision bei Sozietät**

In dem Rechtsstreit

    ... ./. ...

beantragen wir,

    den auf den ... anberaumten Sitzungstermin zu vertagen.

Gründe:

Der Unterzeichner ist am Terminstage verhindert. Er hat einen vor dem ArbG ... schon früher anberaumten Gerichtstermin wahrzunehmen, wie aus der anliegenden Terminsladung ersichtlich ist.

Bei gleichzeitigen Gerichtsterminen ist nach der Rechtsprechung abzuwägen, welcher Termin leichter zu verlegen ist,

    BSG 10.8.1995 – 11 RAr 51/95, NJW 1996, 677.

Da es sich bei dem anderen Termin um einen zeitlich vorher bestimmten Gerichtstermin handelt, kann in der anderweitigen Sache dem Gericht nicht zugemutet werden, wegen eines später durch das hiesige Gericht angeordneten Termins seinen eigenen Termin zu verlegen.

Auch der Umstand, dass der Unterzeichner einer aus mehreren Rechtsanwälten bestehenden Sozietät angehört, führt nicht dazu, dass ein Vertagungsgrund nach § 227 Abs. 1 ZPO fehlt. Nur wenn eine Terminsvertretung durch einen anderen Rechtsanwalt einer Sozietät möglich ist und wenn die Präsenz des ersten Rechtsanwalts nicht wegen dessen besonderer Sachkunde erforderlich ist, fehlt es an einem Vertagungsgrund,

    BVerwG 23.1.1995 – 9 B 1/95, NJW 1995, 1231; BSG 31.10.2005 – B 7 a AL 134/05 B, juris.

In den beiden terminlich kollidierenden Angelegenheiten ist der Unterzeichner alleiniger Sachbearbeiter, er allein ist eingearbeitet und verfügt über die erforderlichen Zusammenhangsinformationen. Er ist der Anwalt des Vertrauens der betroffenen Partei, der gegenüber sich der Unterzeichner ausdrücklich verpflichtet hat, alle Gerichtstermine selbst wahrzunehmen. Gleiches gilt im Hinblick auf den Termin in der Angelegenheit des hier angerufenen Gerichts.

14. Muster: Vertagung und Antrag auf Frist zur Rückäußerung 114

Das Gericht muss den Rechtsstreit vertagen und unserer Partei nach § 283 ZPO angemessene Zeit für eine Rückäußerung gewähren. Art. 103 Abs. 1 GG gibt jedermann Anspruch auf rechtliches Gehör. Der Anspruch auf rechtliches Gehör ist ein elementarer Prozessgrundsatz. Den Parteien muss nach ständiger Rechtsprechung des Bundesverfassungsgerichts ausreichend Gelegenheit gegeben werden, sich zum gesamten Prozessstoff zu äußern. Nur solcher Prozessstoff darf der Entscheidung zu Grunde gelegt werden, zu der Gehör gewährt wurde,

    BVerfG 8.10.1985 – 1 BvR 33/83, BVerfGE 70, 288, 293 f; BVerfG 31.3.2006 – 1 BvR 2444/04, BVerfGK 7, 485.

Die Fristen, die vom Gericht für eine Rückäußerung gesetzt werden, müssen objektiv ausreichend sein,

    BVerfG 27.9.1978 – 1 BvR 570/77, BVerfGE 49, 212, 216.

Nach der Rechtsprechung des Bundesverfassungsgerichts sind 3 Arbeitstage oder 6 Tage mit eingeschlossenem Wochenende nicht ausreichend; lediglich 1 Tag genügt nicht einmal in vorläufigen Rechtsschutzverfahren,

    BVerfG 3.11.1983 – 2 BvR 348/83, BVerfGE 65, 227, 235.

Der Anspruch der Parteien aus Art. 103 Abs. 1 GG, dass ihnen ausreichend Gelegenheit gegeben werden muss, sich zum gesamten Prozessstoff zu äußern, gilt auch im arbeitsgerichtlichen Verfahren,

    BAG 19.1.1982 – 3 AZR 504/79, AP Art. 103 GG Nr. 33.

Unserer Partei war daher eine angemessene Frist einzuräumen, um auf das Vorbringen des Beklagten in der Klageerwiderung eingehen zu können. Zu diesem Zweck muss unserem Antrag auf Vertagung zwingend entsprochen werden (§ 227 Abs. 1 Nr. 2 ZPO),

    BAG 19.1.1982 – 3 AZR 504/79, AP Art. 103 GG Nr. 33.

Unserer Partei kann nicht entgegengehalten werden, dass die von dem Gegner erstmals vorgelegten Unterlagen bekannt waren. Auch in einem solchen Fall muss, nach der Rechtsprechung des BAG, „ihm und seinem Bevollmächtigten ausreichend Gelegenheit gegeben werden, sämtliche Unterlagen ohne Hast zu prüfen und sich darüber zu beraten",

    BAG 19.1.1982 – 3 AZR 504/79, AP Art. 103 GG Nr. 33.

Dies gilt insbesondere dann, wenn – wie hier – der Inhalt der Unterlagen nicht mit einem Blick zu erfassen ist.

Es ist uns eine angemessene Frist zur Rückäußerung nach § 283 ZPO zu gewähren und der Rechtsstreit antragsgemäß für eine entsprechende Zeit zu vertagen.

15. Muster: Verweisungsbeschluss unanfechtbar

Hat das Landgericht eine Sache an das Arbeitsgericht verwiesen, ist der Verweisungsbeschluss bindend. Der nach § 17 Abs. 2 GVG ergehende Verweisungsbeschluss unterliegt der sofortigen Beschwerde (§ 17a Abs. 4 GVG). Hieraus folgt jedoch umgekehrt, dass eine nach § 17a Abs. 2 GVG ergangener Beschluss, sobald er rechtskräftig geworden ist, einer weiteren Überprüfung entzogen ist.

Angesichts dieser Rechtslage besteht die Bindungswirkung nach § 17a Abs. 2 Satz 3 GVG auch bei gesetzwidrigen Verweisungen,

> BGH 16.12.2003 – X ARZ 363/03, NZA 2004, 341.

Im konkreten Fall hatte das Landgericht die Regelung des § 5 Abs. 1 Satz 3 ArbGG übersehen, wonach für Klagen eines GmbH-Geschäftsführers gegen die Gesellschaft ausdrücklich nicht die Arbeitsgerichte zuständig sind, sondern die Kammer für Handelssachen des Landgerichts zuständig ist. Auch eine offenkundige Fehlbeurteilung schließt es grundsätzlich aus, die Bindungswirkung der Verweisung des Rechtsstreits an das Gericht eines anderen Rechtswegs zu durchbrechen,

> BGH 8.7.2003 – X ARZ 138/03, NJW 2003, 2990; BSG 1.6.2005 – B 13 SF 4/05 S, SGb 2006, 116.

16. Muster: Verwertung einer Zeugenaussage bei mitgehörtem Telefonat

Der Zeuge ... hat das Telefonat zwischen dem Kläger und dem Beklagten am ... mitgehört.

Beweis: Zeugnis ...

Das Mithören des Gesprächs erfolgte mit ausdrücklichem Einverständnis des/der ... . Der/die ... wurde von ... gefragt, ob er/sie damit einverstanden sei, wenn der/die ... das Telefonat mithöre, dann brauche ... dem Zeugen nicht noch mal alles zu erzählen.

Beweis: Zeugnis ...

Der/die ... erklärte, „ja, gerne, er/sie kann ruhig mithören" und grüßte daraufhin den Zeugen über die eingeschaltete Mithöreinrichtung.

Beweis: Zeugnis ...

Als der Anrufer mit „ja" antwortete, drückte der/die ... die Mithörtaste, so dass der Zeuge ... noch die Worte „gerne, er/sie kann ruhig mithören" akustisch vernahm.

Beweis: Wie vor.

Außerdem grüßte der/die ... den Zeugen, so dass er, indem er/sie sich persönlich an den Zeugen wandte, zum Ausdruck brachte, dass er die Anwesenheit und das Mithören des Zeugen billigte, ja sogar schätzte.

Ein Verstoß gegen das Grundrecht des Fernmeldegeheimnisses ist bei dieser Sachlage nicht zu erkennen. Zwar ist bei der Nutzung von Telekommunikationseinrichtungen die Kommunikation besonderen Gefährdungen der Kenntnisnahme durch Dritte ausgesetzt und unterliegt deshalb einem besonderen Schutz,

> BVerfG 20.6.1984 – 1 BvR 1494/78, BVerfGE 67, 157 = NJW 1985, 121.

Die Reichweite des grundrechtlichen Schutzes endet nicht am sog. Endgerät der Telekommunikationsanlage. Dem Schutzanliegen des Art. 10 Abs. 1 GG wird eine solche rein technisch definierte Abgrenzung angesichts der technologischen Entwicklungen und insbesondere der durch sie bedingten vielfältigen Konvergenzen der

Übertragungswege, Dienste und Endgeräte nicht gerecht. Moderne Endgeräte ermöglichen eine Vielzahl von Leistungen, auch solche, die untrennbar in den Übermittlungsvorgang eingebunden und dem Endteilnehmer häufig gar nicht in den Einzelheiten bekannt sind, jedenfalls nicht seiner alleinigen Einflussnahme unterliegen. Eine Gefährdung der durch Art. 10 Abs. 1 GG geschützten Vertraulichkeit der Telekommunikation kann auch durch Zugriff am Endgerät erfolgen. Ob Art. 10 Abs. 1 GG Schutz vor solchen Zugriffen bietet, ist mit dem Blick auf den Zweck der Freiheitsverbürgung unter Berücksichtigung der spezifischen Gefährdungslage zu bestimmen. So gewährt Art. 10 Abs. 1 GG auch Schutz, wenn an einem Endgerät eines privaten Verbrauchers, etwa einem Telefon, ein Abhörgerät angebracht und genutzt wird,

BVerfG 9.10.2002 – 1 BvR 1611/96, NJW 2002, 3619.

Bei der Vernehmung von Zeugen und der Verwertung ihrer Aussagen haben die Gerichte das verfassungsrechtlich gewährleistete Recht am gesprochenen Wort als Teil des Allgemeinen Persönlichkeitsrechts zu beachten,

wie vor.

Das Selbstbestimmungsrecht erstreckt sich auch auf die Auswahl der Personen, die Kenntnis vom Gesprächsinhalt erhalten sollen. Das Selbstbestimmungsrecht findet einen Ausdruck in der Befugnis des Menschen, selbst und allein zu entscheiden, ob sein Wort auf einen Tonträger aufgenommen und damit möglicherweise Dritten zugänglich werden soll, womit Wort und Stimme von dem Kommunikationsteilnehmer losgelöst und in einer für Dritte verfügbaren Gestalt verselbständigt werden,

BVerfG 31.1.1973 – 2 BvR 454/71, BVerfGE 34, 238.

Menschliche Kommunikation soll durch das Grundrecht dagegen geschützt sein, dass die Worte, eine vielleicht unbedachte oder unbeherrschte Äußerung, eine bloß vorläufige Stellungnahme im Rahmen eines sich entfaltenden Gesprächs oder eine nur aus einer besonderen Situation heraus verständliche Formulierung, bei anderer Gelegenheit und in anderem Zusammenhang hervorgeholt werden, um durch Inhalt, Ausdruck oder Klang gegen den Sprechenden zu zeugen,

BVerfG 9.10.2002 – 1 BvR 1611/96, NJW 2002, 3619.

Das Grundgesetz schützt deshalb davor, dass Gespräche heimlich aufgenommen und ohne Einwilligung des Sprechenden oder gar gegen dessen erklärten Willen verwertet werden. Die Rechtsordnung misst diesem Aspekt hohe Bedeutung bei, wie sich an dem Umstand darlegen lässt, dass der Verstoß hiergegen nach § 201 Abs. 1 Nr. 1 StGB mit Strafe bedroht ist.

Wie das Bundesverfassungsgericht in dem Beschluss vom 9.10.2002 festgestellt hat, kann sich auf das Recht am gesprochenen Wort auch eine juristische Person des Privatrechts berufen.

Die Schutzbedürftigkeit des Kommunikationsvorgangs hängt nicht davon ab, ob das Gespräch einen vertraulichen Inhalt oder ob der Anrufer erkennbar Wert auf Vertraulichkeit gelegt hat. Auch ist unerheblich, ob eine Mithöreinrichtung als Abhörgerät iSd § 201 Abs. 2 Nr. 1 StGB anzusehen ist. Zwar kann die Strafbarkeit ein Anhaltspunkt dafür sein, dass ein rechtlich besonders geschütztes Verhalten betroffen ist. Der verfassungsrechtliche Schutz des allgemeinen Persönlichkeitsrechts richtet sich jedoch nicht danach, ob die Rechtsordnung einen zusätzlichen, strafrechtlichen Schutz vorsieht. Das Selbstbestimmungsrecht des Gesprächsteilnehmers ist auch darüber hinaus geschützt.

Der Schutzbereich des Rechts am gesprochenen Wort ist allerdings nicht beeinträchtigt, wenn ein Gesprächsteilnehmer in das Mithören des Zeugen eingewilligt hat,

so ausdrücklich BVerfG 9.10.2002 – 1 BvR 1611/96, NJW 2002, 3619.

Da die Auswahl der Gesprächsteilnehmer auf einer individuellen Entscheidung beruht, kann der Schutz der Vertraulichkeit auch durch Einwilligung aufgehoben werden. Das Erfordernis der Einwilligung ist Ausdruck des in Art. 2 Abs. 1 GG geschützten Selbstbestimmungsrecht.

Da der/die ... ausdrücklich den/die ... fragte, ob er/sie mit einem Mithören des Gesprächs einverstanden sei, liegt ein vom Gesprächsteilnehmer selbst aufgehobener Schutz der Vertraulichkeit vor. Er/sie hat von dem Selbstbestimmungsrecht als Ausdruck des Persönlichkeitsrechts durch Einwilligung Gebrauch gemacht.

Eine konkludente Einwilligung lag nicht vor, sondern eine ausdrückliche, vom Zeugen mitgehörte Erklärung. Die konkludente Einwilligung wäre auch nach Auffassung des Bundesverfassungsgerichts weder aus der Verkehrssitte noch aus dem Umstand ableitbar, dass allgemein bekannt ist, dass Telefonanlagen derartige Mithöreinrichtungen enthalten,

BVerfG 9.10.2002 – 1 BvR 1611/96, NJW 2002, 3619.

Selbst wenn das heimliche Mithören in bestimmten Bereichen, beispielsweise im Geschäftsverkehr, faktisch häufig oder gar weitgehend üblich sein sollte, reicht dies nicht, um das Fehlen der Einwilligung in das Mithören deshalb als unerheblich anzusehen, weil der Gesprächspartner nicht widersprochen hat. Aus dem Umstand allein, dass jemand von einer Mithörmöglichkeit Kenntnis hat, folgt jedenfalls nicht notwendig, dass er mit einem tatsächlichen Mithören auch rechnet und zugleich stillschweigend einverstanden ist,

BVerfG 9.10.2002 – 1 BvR 1611/96, NJW 2002, 3619.

In der Beweisaufnahme ist also zunächst über die Behauptung Beweis zu erheben, dass der Zeuge ... gehört hat, dass der/die ... die Einwilligung zum Mithören des Telefonats erklärt hat. Erst wenn die Beweisaufnahme zur Überzeugung des Gerichts ergibt, dass eine Einwilligung des/der ... vorgelegen hat, kann unter Berücksichtigung der Anforderungen an das Persönlichkeitsrecht eines Gesprächsteilnehmers nach der Rechtsprechung des Bundesverfassungsgerichts Beweis über die übrigen Behauptungen, für die wir den Zeugen ... benannt haben, erhoben werden.

II. Schriftsätze in der ersten Instanz

1. Muster: Arbeitsgerichtliche Klage

Arbeitsgericht ...

Klage

– klägerische Partei –

Prozessbevollmächtigte: ...

gegen

...

– beklagte Partei –

Prozessbevollmächtigte: ...

wegen: ...

Wir bestellen uns zu Prozessbevollmächtigten der klägerischen Partei, in deren Namen und Vollmacht wir um Anberaumung eines möglichst frühen

Gütetermins

bitten. Sollte die Güteverhandlung ergebnislos bleiben, werden wir beantragen:

1. ...
2. Die Berufung wird zugelassen.
3. Die Kosten des Rechtsstreits trägt die beklagte Partei.

Gründe:

2. Muster: Arbeitsgerichtliche Klageerwiderung

↓

Arbeitsgericht ...

Klage

...

– klägerische Partei –

Prozessbevollmächtigte: ...

gegen

...

– beklagte Partei –

Prozessbevollmächtigte: ...

wegen: ...

Wir bestellen uns zu Prozessbevollmächtigten der beklagten Partei, in deren Namen und Auftrag wir, sollte die Güteverhandlung ergebnislos bleiben, beantragen:

1. Die Klage wird abgewiesen.
2. Die Berufung wird zugelassen.
3. Die Kosten des Rechtsstreits trägt die klägerische Partei.

Gründe:

3. Muster: Einspruch gegen Versäumnisurteil

↓

Arbeitsgericht ...

Einspruch

...

– klägerische Partei –

Prozessbevollmächtigte: ...

gegen

...

– beklagte Partei –

Prozessbevollmächtigte: ...

wegen: Einspruch gegen Versäumnisurteil

Wir bestellen uns zu Prozessbevollmächtigten der ... Partei und legen gegen das Urteil des Arbeitsgerichts ... vom ..., Aktenzeichen: ...

Einspruch

ein und werden beantragen zu erkennen:

1. Das Versäumnisurteil des Arbeitsgerichts ... vom ... wird aufgehoben.
2. ...
3. Die ... Partei trägt mit Ausnahme der durch Säumnis entstandenen Kosten die Kosten des Rechtsstreits.

Gründe:

...

4. Muster: Einstweilige Verfügung, Antrag auf Erlass (Grundmuster)

↓

Arbeitsgericht ...

Antrag auf Erlass einer einstweiligen Verfügung

– antragstellende Partei –

Verfahrensbevollmächtigte: ...

gegen

...

– antragsgegnerische Partei –

wegen: ...

Wir bestellen uns zu Verfahrensbevollmächtigten der antragstellenden Partei und beantragen wegen Dringlichkeit des Falles ohne mündliche Verhandlung durch den Vorsitzenden allein, hilfsweise unter Abkürzung der Ladungsfrist aufgrund einer unverzüglich anzuberaumenden mündlichen Verhandlung den Erlass einer einstweiligen Verfügung mit folgendem Inhalt:

1. ...
2. Die antragsgegnerische Partei hat die Kosten des Verfahrens zu tragen.

Für den Fall des Obsiegens wird bereits jetzt beantragt,

3. der antragstellenden Partei eine vollstreckbare Kurzausfertigung der Entscheidung (ohne Tatbestand und Entscheidungsgründe) zu erteilen.

Gründe:

 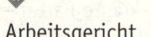

5. Muster: Einstweilige Verfügung, Antrag auf Abweisung (Grundmuster)

↓

Arbeitsgericht ...

In dem Verfahren auf Erlass einer einstweiligen Verfügung

– antragstellende Partei –

Verfahrensbevollmächtigte: ...

gegen

– antragsgegnerische Partei –

Verfahrensbevollmächtigte: ...

wegen: ...

bestellen wir uns zu Verfahrensbevollmächtigten der antragsgegnerischen Partei. Wir haben den Termin zur mündlichen Verhandlung notiert. Wir werden beantragen, wie folgt zu beschließen:
1. Der Antrag wird abgewiesen.
2. Die Kosten des Verfahrens trägt die antragstellende Partei.

Gründe:

...

6. Muster: Einstweilige Verfügung, Erforderlichkeit der Vollziehung

Versäumt es der Gläubiger, eine einstweilige Verfügung innerhalb der Monatsfrist zu vollziehen, so kann der Schuldner den Antrag auf Aufhebung auch in der Berufungsinstanz stellen.
Auch wenn eine im Beschlussverfahren ergangene einstweilige Verfügung von Amts wegen zugestellt wird, so ersetzt dies nicht die Vollziehung durch den Gläubiger. Dies gilt auch für die Zustellung im Parteibetrieb. Die grundsätzliche Notwendigkeit der Vollziehung durch Zustellung gilt auch für einstweilige Verfügung auf Unterlassung bestimmter Handlungen,

LAG Frankfurt 20.2.1990 – 5 TaBVGa 171/89, NZA 1991, 30; LAG Hamm 25.5.2005 – 10 (2) Sa 381/05, juris.

Diese Rechtsauffassung entspricht auch der Rechtsprechung des BGH und der Oberlandesgerichte,

BGH 22.10.1992 – IX ZR 36/92, BGHZ 120, 73.

Allein die 12. Kammer des Landesarbeitsgerichts Berlin hat für den Fall der Vollziehung eines zur Weiterbeschäftigung verurteilenden Verfügungsurteils entschieden, dass die Zustellung im Parteibetrieb dann entbehrlich sei, wenn der Arbeitgeber nach Verkündung des Verfügungsurteils den Arbeitnehmer zunächst weiterbeschäftige,

LAG Berlin 10.6.1985 – 12 Sa 32/85, LAGE § 929 ZPO Nr. 2.

7. Muster: Fristen im Urteilsverfahren

Angriffs- und Verteidigungsmittel können grundsätzlich bis zum Schluss des letzten Termins der mündlichen Verhandlung geltend gemacht werden; Gleiches gilt für Beweismittel.
Ausdrücklich ausgeschlossen ist die Anwendbarkeit der Vorschriften über den frühen ersten Termin und das schriftliche Vorverfahren, § 46 Abs. 2 ArbGG, §§ 275–277 ZPO. Das Arbeitsgericht ist nicht berechtigt, die §§ 275–277 ZPO anzuwenden. Insbesondere kann es den Parteien nicht nach § 275 Abs. 1, 3 und 4, § 276 Abs. 1 und 3 ZPO Fristen setzen, bei deren Überschreitung das Vorbringen als verspätet zurückgewiesen werden muss,

AnwK-ArbR/*Kloppenburg*, § 56 ArbGG Rn 74.

Das Arbeitsgericht kann nur zur vorbereitenden mündlichen Verhandlung den Parteien eine Frist setzen, § 56 Abs. 1 Satz 2 Nr. 1 ArbGG. Dabei muss das Gericht aber konkret angeben, welche Punkte es für klärungsbedürftig hält,

BAG 19.6.1980 – 3 AZR 1177/79, AP § 56 ArbGG 1979 Nr. 1.

Werden Angriffs- und Verteidigungsmittel erst nach Ablauf der nach § 56 Abs. 1 Satz 2 Nr. 1 ArbGG gesetzten Frist vorgebracht, so sind sie nur zuzulassen, wenn nach der freien Überzeugung des Gerichts ihre Zulassung die Erledigung des Rechtsstreits nicht verzögern würde oder wenn die Partei die Verspätung genügend entschuldigt, § 56 Abs. 2 ArbGG. § 56 Abs. 2 ArbGG entspricht § 296 Abs. 1 ZPO. Allerdings müssen die Parteien über die Folgen der Fristversäumung belehrt werden, § 56 Abs. 2 Satz 2 ArbGG. Ist die Belehrung unterblieben, kommt eine Zurückweisung des verspäteten Vorbringens nicht in Betracht. Dies gilt auch dann, wenn die Partei anwaltlich vertreten ist,

BGH 14.7.1983 – VII ZR 328/82, BGHZ 88, 180, 183 ff; AnwK-ArbR/*Kloppenburg*, § 56 ArbGG Rn 47.

Die Belehrung setzt voraus, dass der Partei der konkrete Nachteil einer Versäumung der Frist klar gemacht wird, die bloße Wiedergabe des Textes der die Zurückweisung anordnenden Vorschrift genügt nicht,

BGH 12.1.1983 – IVa ZR 135/81, BGHZ 86, 218.

Solange nicht feststeht, ob verspäteter Tatsachenvortrag einerseits erheblich und andererseits streitig und beweisbedürftig ist, scheidet die Anwendung von § 296 Abs. 1 ZPO nach allgemeiner Meinung aus,

BGH 24.4.1985 – VIII ZR 95/84, BGHZ 94, 195; LAG Berlin-Brandenburg 12.3.2007 – 10 Sa 2042/06, LAGE § 296 ZPO 2002 Nr. 1.

Eine Sonderregelung bezüglich der Fristen besteht im Kündigungsschutzverfahren, § 61 a ArbGG. Der Vorsitzende hat dem Beklagten für die schriftliche Klageerwiderung eine Frist von mindestens 2 Wochen zu setzen, § 61 a Abs. 3 ArbGG. Nur in rechtlich oder tatsächlich schwierig gelagerten Fällen kann eine längere Frist geboten sein,

AnwK-ArbR/*Kloppenburg*, § 61 a ArbGG Rn 9.

Eine Verlängerung der Frist ist unter den Voraussetzungen des § 224 Abs. 2 ZPO möglich. Bei Versäumung einer Partei nach Abs. 3 und 4 gesetzten Frist, ist das verspätete Vorbringen zurückzuweisen, § 61 Abs. 5 ArbGG. Die Vorschrift entspricht § 296 Abs. 1 ZPO. Nach § 61 a Abs. 6 ArbGG sind die Parteien über die Folgen der Versäumung in der nach Abs. 3 und Abs. 4 gesetzten Frist zu belehren.

8. Muster: Gebührenklage wegen arbeitsrechtlicher Interessenwahrnehmung

Landgericht ...

Klage

der Rechtsanwälte ...

– klägerische Partei –

Prozessbevollmächtigte: ...

gegen

– beklagte Partei –

wegen: anwaltlicher Gebührenforderung
Streitwert: ... EUR

Wir bestellen uns zu Prozessbevollmächtigten der klägerischen Partei, in deren Namen und Auftrag wir beantragen werden zu erkennen:

1. Die beklagte Partei wird verurteilt, an die klägerische Partei ... EUR nebst Zinsen in Höhe von fünf Prozentpunkten über dem Basiszinssatz seit dem Zeitpunkt der Zustellung der Klage zu zahlen.
2. Die Kosten des Rechtsstreits werden der beklagten Partei auferlegt.
3. Der klägerischen Partei wird nachgelassen, gegebenenfalls zu erbringende Sicherheitsleistungen auch in Form einer Bürgschaft einer deutschen Großbank oder Sparkasse erbringen zu dürfen.

In prozessualer Hinsicht wird beantragt:

1. das schriftliche Vorverfahren anzuordnen;
2. gem. § 331 Abs. 3 ZPO gegen die beklagte Partei ohne mündliche Verhandlung das **Versäumnisurteil** zu erlassen, falls diese nicht rechtzeitig anzeigt, dass sie sich gegen die Klage verteidigen will;
3. gem. § 307 ZPO gegen die beklagte Partei ohne mündliche Verhandlung das **Anerkenntnisurteil** zu erlassen, sofern diese auf die Aufforderung nach § 276 Abs. 1 Satz 1 ZPO den Anspruch ganz oder teilweise anerkennt;
4. gem. § 283 ZPO der klägerischen Partei nachzulassen, innerhalb einer vom Gericht zu bestimmenden Frist Erklärungen zu nicht rechtzeitig vor dem Verhandlungstermin mitgeteiltem Vorbringen schriftsätzlich nachzureichen (**Schriftsatznachlass**);
5. von den ergehenden Urteilen eine **vollstreckbare Ausfertigung** zu erteilen;
6. falls das Urteil für die klägerische Partei einen vollstreckungsfähigen Inhalt hat, **Vollstreckungsklausel** zu erteilen;
7. gem. § 317 ZPO den Zeitpunkt der Zustellung des Urteils an die beklagte Partei zu bescheinigen.

Gründe:

Die klägerische Partei nimmt die beklagte Partei aus anwaltlicher Gebührenforderung in Anspruch.

I. Mandatshintergrund

Die beklagte Partei ist .... Das zuletzt von der beklagten Partei bezogene Gehalt belief sich auf ... EUR monatlich. Zusätzlich erhielt die beklagte Partei Tantiemen, Boni, Pensionszahlungen, vermögenswirksame Leistungen und einen Dienstwagen.

Beweis: Vorlage der Gehaltsabrechnung – Anlage K 1.

Nachdem der Arbeitgeber die beklagte Partei am ..., aus ihrer Sicht überraschend, freistellte, war der Bestand des Arbeitsverhältnisses deutlich gefährdet. Der Arbeitgeber übergab der beklagten Partei am ... einen Aufhebungsvertrag, der eine Abfindungssumme von ... EUR vorsah.

Beweis: Vorlage des Aufhebungsvertragsentwurfs in Kopie – Anlage K 2.

Mit dem übergebenen Vertrag wollte der Arbeitgeber die Angelegenheit erledigen und auf eine Kündigung verzichten. Die beklagte Partei konnte sich nicht entschließen, den Aufhebungsvertrag zu unterzeichnen. Daraufhin machte der Arbeitgeber zusätzlichen Druck und drohte mit einer umgehenden Kündigung, falls nicht in Kürze ein von der beklagten Partei unterzeichneter Aufhebungsvertrag umgehend vorgelegt werde.

Beweis: Vorlage des Schreibens des Arbeitgebers vom ... – Anlage K 3.

Am ... suchte die beklagte Partei einen der beiden Geschäftsführer des Arbeitgebers in dessen Büro auf und fragte, ob die Möglichkeit bestehe, dass er nach einer Beendigung seines Arbeitsverhältnisses für den Arbeitgeber als freier Mitarbeiter mit dem Aufgabenbereich ... arbeiten könne. Damit könne er sich nach seinem Ausscheiden eine neue berufliche Existenz aufbauen.

Beweis: Zeugnis ...

Gegen Ende des Gesprächs sicherte der Geschäftsführer der beklagten Partei zu, dass sie einen Vertrag über ein Auftragsvolumen von ... EUR jährlich für ... Jahre erhalten würde, wenn bei dem Freien-Mitarbeiter-Vertrag der Text desjenigen Vertrages gewählt werde, den die beklagte Partei im letzten von ihr selbst mit einem freien Mitarbeiter geschlossenen Vertrag verwendet habe und wenn die beklagte Partei aus ihrem Arbeitsverhältnis durch Aufhebungsvertrag alsbald ausscheide.

Beweis: wie vor.

II. Das Mandat

1. Am ... suchte die beklagte Partei die klägerische Partei zu einer Besprechung in der Kanzlei auf. Das Gespräch und die anschließende Mandatsbearbeitung erfolgte durch ... (aus Vereinfachungsgründen künftig „der Kläger" genannt). Wie es bei der klägerischen Partei üblich ist, füllte die beklagte Partei im Wartezimmer handschriftlich einen Anmeldebogen aus.

Beweis: 1. Vorlage des vom Beklagten ausgefüllten Stammdatenblatts in Kopie – Anlage K 4.
2. Zeugnis ...

Die Mitarbeiterin ... legte die Akte an und händigte zusammen mit dem Stammdatenblatt das allgemeine Mandantenmerkblatt aus.

Beweis: Vorlage des allgemeinen Mandantenmerkblatts – Anlage K 5.

Das allgemeine Mandantenmerkblatt ist eine Ausfüll- und Erläuterungshilfe zum Stammdatenblatt. Außerdem füllte die beklagte Partei die Vollmacht aus, wobei sie weder die Parteibezeichnung, noch den Gegenstand des Mandats einschränkte, was nach den im Soldan-Formular vorgesehenen Freilassungen möglich gewesen wäre. Die beklagte Partei erteilte der klägerischen Partei eine Blanko-Vollmacht.

Beweis: Vorlage der Vollmacht in Kopie – Anlage K 6.

Das Original dieser Vollmacht wird der Kammer im Termin vorgelegt.

Wie der Kläger im späteren Besprechungstermin feststellte, entnahm die beklagte Partei einer Info-Wand im Wartezimmer mehrere Info-Sheets, u.a. die Informationsblätter „Was tun bei Kündigung?", „Der Aufhebungsvertrag" sowie „Rechtsanwaltsgebühren und Rechtschutzversicherung".

Beweis: Vorlage der Info-Sheets – Anlagenkonvolut K 7.

Diese Info-Sheets enthält auch die Homepage der klägerischen Partei unter .... Sie sind für jedermann nachlesbar.

Die beklagte Partei wählte die vorerwähnten Mandanteninformationen bereits im Wartezimmer als Lektüre während der Anlage der Akte. Nach etwa 10 Minuten erhielt der Kläger die Nachricht, dass die Besprechung mit der beklagten Partei vorbereitet sei. Er holte die beklagte Partei im Wartezimmer unter Entgegennahme der Akte ab und begab sich mit ihr in einen Konferenzraum der Kanzlei.

2. Die beklagte Partei schilderte dem Kläger ihre gegenwärtige Situation beim Arbeitgeber und händigte eine Reihe von Urkunden aus. So übergab sie dem Kläger:

Während der Kläger nach einigen ersten Erläuterungen durch die beklagte Partei die erwähnten Unterlagen durcharbeitete, studierte die beklagte Partei zwei Artikel, die ihm der Kläger zur Lektüre während dieser Zeit und zum besseren Verständnis ihrer arbeitsrechtlichen Situation übergab.

Nachdem der Kläger und die beklagte Partei die ihnen jeweils zur Verfügung gestellten Unterlagen durchgelesen hatten, setzten sie das Gespräch fort und richteten an den anderen wechselseitig eine Reihe von Fragen. Die beklagte Partei wollte u.a. wissen, ob die Kosten ihrer anwaltlichen Interessenwahrnehmung durch die Rechtsschutzversicherung gedeckt seien. Sie habe in den Info-Sheets einige Hinweise hierzu gelesen.

Der Beklagte hat ein tatsächliches Geschehen aufgezeigt, mit dem er den Vorwurf eines Rechtsverstoßes durch seine Arbeitgeberin verbunden hat: Sie habe ihm einen Aufhebungsvertrag angeboten, im Falle der

Nichtannahme eine betriebsbedingte Kündigung angedroht, später mitgeteilt, dass er von der geplanten Stellenreduzierung betroffen sei, Angaben zur Sozialauswahl verweigert und dann zugleich ein befristetes Angebot auf Abschluss eines Aufhebungsvertrages unterbreitet. An der Ernsthaftigkeit, das Arbeitsverhältnis auf diese Weise auf jeden Fall beenden und nicht etwa nur vorbereitende Gespräche über Möglichkeiten von betrieblich bedingten Stellenreduzierungen und deren etwaigen Umsetzungen führen zu wollen, besteht nach diesen Behauptungen kein Zweifel. Auf diese vom Beklagten behaupteten Tatsachen hat er den Vorwurf gegründet, die Arbeitgeberin habe ihre Fürsorgepflicht verletzt und damit eine Vertragsverletzung begangen, sie habe eine Kündigung – ohne Auskunft über die Sozialauswahl – in Aussicht gestellt, die – weil sozial ungerechtfertigt – rechtswidrig wäre. Schon mit diesem vom Beklagten behaupteten Verhalten beginnt sich die vom Rechtsschutzversicherer übernommene Gefahr zu verwirklichen. Mit ihnen ist vom Beklagten ein Verstoß iSd § 4 (3) ARB 2012 ausreichend dargetan. Ob seine rechtliche Bewertung des Vorgehens seiner Arbeitgeberin zutreffend ist, bleibt für den Eintritt des Rechtsschutzfalles ohne Bedeutung. Nach der Rechtsprechung des BGH ist damit ein Rechtspflichtenverstoß hinreichend dargelegt.

BGH 19.11.2008 – IV ZR 305/07, BGHZ 178, 346.

Darauf hat der Kläger den Beklagten hingewiesen. Der Antrag wurde jedoch abgelehnt. Im Einverständnis der Parteien wurde der Anspruch des Beklagten auf mögliche Deckung nicht weiterverfolgt, da die Karenzzeit noch nicht verstrichen war.

Beweis: Schreiben vom ... – Anlage K ...

3. In der Besprechung am ... kreisten die Gedanken des Klägers und der beklagten Partei immer wieder um die gegenwärtige Verhandlungsposition. Die beklagte Partei akzeptierte dem Grunde nach ein Verhandlungsergebnis, das aus einer Paketlösung mit zwei grundlegenden Elementen bestand, einem Aufhebungsvertrag zur Beendigung des Arbeitsverhältnisses und einem Freien-Mitarbeiter-Vertrag. Die beklagte Partei erhob die Forderung, den wirtschaftlichen Inhalt dieses Gesamtpaketes, wie es bis jetzt realisierbar erschien, zu ihren Gunsten zu verbessern. Andernfalls wolle sie sich der erwarteten Kündigung stellen und dann im Wege einer Kündigungsschutzklage erreichen, dass der Arbeitgeber sie in ihrer bisherigen Position weiterbeschäftigte. Der Kläger erläuterte der beklagten Partei, dass ihre Haltung nur dann Sinn mache, wenn die klägerische Partei Rechtsargumente entwickeln könne, die es erlaubten, die von der beklagten Partei entwickelten Vorstellungen auch im Verhandlungswege durchzusetzen. Die beklagte Partei müsse sich vor Augen halten, dass man zwar viel fordern, aber nur wenig durchsetzen könne, wenn man keine juristischen Druckmittel besitze, insbesondere dann, wenn nicht gewiss sei, ob der Arbeitgeber ihr wirksam kündigen könne. In diesem Falle sei der Ausstieg für den Arbeitgeber aus den Verhandlungen wirtschaftlich günstiger, als die Fortsetzung der Gespräche, insbesondere die Erhöhung der Abfindung und/oder des zu vereinbarenden Frachtvolumens. Die beklagte Partei wollte naturgemäß wissen, worin der Kläger arbeitsrechtliche Schwachstellen identifizierte. Der Kläger erläuterte der beklagten Partei, dass er anhand der vorgelegten Verträge und der Schilderungen folgende Problemkreise sehe: ...

Nachdem diese Problemkreise in der weiteren Diskussion so besprochen werden konnten, dass sie sich nicht mehr als nennenswerte, arbeitsrechtliche Risiken für die beklagte Partei ergaben, konnten Grundfragen der Strategie behandelt werden.

4. Am Ende der Besprechung, in der noch eine Reihe weiterer Detailfragen geklärt wurden, stand der Auftrag der beklagten Partei an die klägerische Partei fest. Im Grundsatz war man sich einig, dass die Ideallösung der Beendigung des Arbeitsverhältnisses aus dem Gesamtpaket „Aufhebungsvertrag" und „Freier-Mitarbeiter-Vertrag" bestand. Über den Freien-Mitarbeiter-Vertrag hatte die beklagte Partei bereits eine verbindliche Zusage, über den Aufhebungsvertrag einen Vertragsentwurf. Die beklagte Partei beauftragte den Kläger, dieses Paket mit wirtschaftlichen Verbesserungen zu verhandeln und eine Kündigung des Arbeitsverhältnisses möglichst abzuwenden. In seinen handschriftlichen Aufzeichnungen fasste der Kläger den Mandatsauftrag, den

ihm die beklagte Partei erteilte, konkretisiert zusammen und betitelte diesen Auftrag als „Wunschliste des Mandanten". In den Aufzeichnungen heißt es: ...

Beweis: Vorlage der handschriftlichen Aufzeichnung – Anlage K ...

III. Der Mandatsverlauf

1. Zunächst ...

2. Schon eine Woche später, am ..., fand die entscheidende Verhandlung zwischen der beklagten Partei und dem Kläger auf der einen Seite und dem Geschäftsführer des Arbeitgebers auf der anderen Seite statt. Die Verhandlung dauerte mehrere Stunden und rankte sich um die vier Verhandlungspunkte, die die beklagte Partei zum Gegenstand des Mandats gemacht hatte. ...

IV. Anspruchsgrund und Anspruchshöhe

Der mit der vorliegenden Klage geltend gemachte Anspruch ergibt sich aus dem bürgerlich-rechtlichen Dienstvertrag zwischen dem Beklagten und der klägerischen Partei. Der Dienstvertrag vom ... hatte den Inhalt einer Geschäftsbesorgung (§§ 611, 625 BGB).

Da eine Berufsleistung des Rechtsanwalts in Anspruch genommen wird, gilt gem. § 612 Abs. 1 BGB als stillschweigend vereinbart, dass der Rechtsanwalt eine Vergütung für seine Tätigkeit fordern darf,

Mayer/Kroiß/*Teubel/Winkler*, RVG, § 34 Rn 10.

Für das Zustandekommen des Anwaltsvertrages gelten die allgemeinen bürgerlich-rechtlichen Regeln zum Vertragsschluss, insbesondere kann der Anwalt den Antrag auf Mandatsübernahme auch konkludent annehmen,

BGH 21.3.1991 – IX ZR 186/90, NJW 1991, 2084 f mwN.

Die klägerische Partei ist aktivlegitimiert. Als BGB-Gesellschaft kann sie nach neuerer Rechtsprechung aktiv klagen und verklagt werden,

BGH 29.1.2001 – II ZR 331/00, NJW 2001, 1056 = BGHZ 146, 341.

1. Ziel des Mandats und Auftragsinhalt

a) Nach ständiger Rechtsprechung bestimmt sich der Inhalt des dem Rechtsanwalt erteilten Auftrags aus den zwischen Mandant und Anwalt verabredeten Zielen, wobei die Ziele eines Mandats nicht nur durch die Vollmacht, sondern vor allem durch den der anwaltlichen Tätigkeit zu Grunde liegenden Geschäftsbesorgungsvertrages bestimmt werden,

BGH 19.4.1967 – VIII ZR 46/65, NJW 1967, 1567; OLG Düsseldorf 18.12.1986 – 8 U 209/85, MDR 1987, 497; BGH 13.7.1993 – III ZR 82/92, AnwBl 1994, 480; Feuerich/*Böhnlein*, BRAO, § 44 Rn 16.

Die Reichweite des Auftrags an einen Rechtsanwalt hat der BGH im Beschluss vom 13.7.1993 wie folgt definiert:

„Der Anwalt des Klägers darf und muss insbesondere alle außerprozessualen Handlungen vornehmen, die notwendig sind, um den Prozess siegreich zu beenden. Die Vollmacht reicht danach soweit, wie sich der Rechtsanwalt bei vernünftiger, wirtschaftlicher Betrachtungsweise nach dem Vorprozessualen zu einem Streitstoff angesichts des Zwecks, der mit seiner Beauftragung verfolgt wird, zu einer Rechtshandlung im Interesse seines Auftrag- und Vollmachtgebers als ermächtigt ansehen darf",

BGH 13.7.1993 – III ZR 82/92, AnwBl 1994, 480.

Zum Verhältnis zwischen Vollmacht und Mandatsauftrag im Rahmen des Geschäftsbesorgungsvertrages hat das OLG Düsseldorf ausgeführt, es spreche eine tatsächliche Vermutung dafür, dass der Beauftragte Rechtsanwalt auch im Innenverhältnis die Rechte und Pflichten habe, die sich aus der Prozessvollmacht ergeben,

OLG Düsseldorf 18.12.1986 – 8 U 209/85, MDR 1987, 497.

Danach gilt vorliegend Folgendes:

Diesem Auftragsinhalt entspricht für das Außenverhältnis auch die Blankovollmacht. Der Kläger hat keine Tätigkeit entfaltet, die über den verabredeten Auftragsinhalt hinausging. Die gesamte Tätigkeit des Klägers stand im Einklang mit § 12 BerufsO.

Der Kläger hielt sich somit an den Gegenstand der vom Beklagten erteilten unbeschränkten Vollmacht, soweit es dort heißt:

„Den Rechtsanwälten ... wird hiermit ... Vollmacht erteilt ... zur Begründung und Aufhebung von Vertragsverhältnissen ...."

Beweis: Vorlage der Vollmacht in Kopie – Anlage K 6.

Selbst wenn weder der Anwaltsvertrag den dargestellten Auftragsinhalt zum Gegenstand gehabt hätte noch eine unbeschränkte Vollmacht von der beklagten Partei erteilt worden wäre, so wäre der Kläger nach den Grundsätzen der Duldungsvollmacht beauftragt worden. Die etwa zweistündige Verhandlung am ... fand in Anwesenheit der beklagten Partei statt,

Beweis: Zeugnis ...

Während dieser Verhandlungen war der Beklagte zu allen Zeiten mit den Äußerungen der klägerischen Partei und den damit im Auftrag der beklagten Partei erhobenen Forderungen einverstanden. Selbst wenn der Wille der beklagten Partei gefehlt hätte, der klägerischen Partei insoweit Vollmacht zu erteilen, hätte eine Bevollmächtigung vorgelegen, weil das Verhalten der beklagten Partei im Wege der Auslegung vom Empfängerhorizont, also aus der Sicht des tätigen Anwalts, nur den Schluss zuließ, dass er in dem von ihm gewählten Sinne tätig werden sollte. Selbst eine Vollmachtsüberschreitung kann vom Vertretenen auf schlüssige Weise gebilligt werden, wenn sie ihm bekannt wird,

Staudinger/*Schilken*, § 167 BGB Rn 29; MüKo-BGB/*Schramm*, § 167 Rn 36.

Das bewusste Gewährenlassen lässt meist den objektiv berechtigten Schluss zu, dass der Vertreter zum Handeln in fremdem Namen befugt sein soll,

MüKo-BGB/*Schramm*, § 167 Rn 37.

b) Aus dem Anwaltsauftrag ergeben sich auch zugleich die vom Erklärungswillen des Mandanten getragenen Gebührentatbestände. Der außergerichtliche Verhandlungsauftrag beinhaltete den Gebührentatbestand „das Betreiben des Geschäfts einschließlich der Information und für die Mitwirkung bei der Gestaltung eines Vertrags" (Vorbemerkung 3 VV RVG).

Da das erklärte Verhandlungsziel der beklagten Partei in einem unterschriebenen Gesamtpaket aus Aufhebungsvertrag und Freien-Mitarbeiter-Vertrag bestand, um die Kündigung und ein sich etwaig anschließendes Kündigungsschutzverfahren abzuwenden, bestand der Auftrag der klägerischen Partei auch darin, eine im Wege des gegenseitigen Nachgebens zustande kommende Vereinbarung zu erreichen, mithin einen Vergleich iSv § 779 BGB, der den Gebührentatbestand der Nr. 1000 VV RVG auslöst.

Die in der Kostennote der klägerischen Partei enthaltenen Gebührentatbestände waren somit vom Auftrag der beklagten Partei erfasst.

2. Art des Verfahrens

a) In der zweiten Stufe einer Gebührenklage ist zu prüfen, welchem Rechtsgebiet das Verfahren zuzuordnen ist, das der Auftraggeber anstrebt, da das RVG für bestimmte Verfahren außerhalb und innerhalb der ZPO gesonderte Gebührenregelungen erhält, die Nr. 1000 ff VV RVG also nicht in jedem Verfahren uneingeschränkt anzuwenden sind.

Beck'sches Rechtsanwalts-Handbuch/*Enders*, M Rn 3 ff.

Vorliegend bestehen keine Besonderheiten. Es handelt sich nicht um ein Verfahren mit speziellen Gebührenvorschriften oder um ein Insolvenzverfahren. Der Freie-Mitarbeiter-Vertrag gehört zum Zivilrecht, ohne dass ein außerhalb der ZPO angesiedeltes, gesondertes Gebührenrecht besteht. Gleiches gilt für das Arbeitsrecht.

b) In dieser zweiten Prüfungsstufe ist ebenfalls zu untersuchen, ob für den außergerichtlichen Bereich gesonderte Bestimmungen außerhalb der ZPO und außerhalb des RVG maßgeblich sind. Der Gegenstandswert für den außergerichtlichen Bereich ergibt sich aus § 23 RVG. Nach § 23 Abs. 1 Satz 3 RVG gelten die Wertvorschriften des gerichtlichen Verfahrens sinngemäß auch für die Tätigkeit außerhalb eines gerichtlichen Verfahrens, wenn der Gegenstand der Tätigkeit auch Gegenstand eines gerichtlichen Verfahrens sein könnte.

Soweit es um die in der Kostennote aufgeführte, außergerichtliche Tätigkeit der klägerischen Partei geht, sind die Gebührentatbestände und die Gebührenhöhe zwischen den Parteien unstreitig. Auch die Bevollmächtigten des Beklagten räumen in ihrem Schriftsatz ein, dass 25 % des Gehalts für die Freistellungsdauer und ein Monatsgehalt wegen des Zeugnisses in der in der Kostennote aufgeführten Höhe zu berechnen sind.

Beweis: Schreiben der Bevollmächtigten der beklagten Partei – Anlage K ...

Außerdem besteht in Literatur und Rechtsprechung Einigkeit, dass beim Aushandeln eines arbeitsrechtlichen Aufhebungsvertrages gem. § 23 Abs. 1 RVG die gerichtlichen Wertvorschriften auch für den Bereich des außergerichtlichen Tätigwerdens des Anwalts gelten,

BAG 16.5.2000 – 9 AZR 279/99, NZA 2000, 1246; Gerold/Schmidt/*Müller-Rabe*, RVG, § 23 Rn 27.

§ 23 Abs. 1 Satz 3 RVG ist auch vorliegend maßgeblich zur Bestimmung des Wertes der Tätigkeit der klägerischen Partei im Zusammenhang mit dem Abschluss des Freien-Mitarbeiter-Vertrages. Nach § 23 Abs. 1 Satz 3 RVG gelten die Wertvorschriften des gerichtlichen Verfahrens, hier also § 3 ZPO, wenn der Gegenstand der Tätigkeit auch Gegenstand eines gerichtlichen Verfahrens hätte sein können.

Zur Erinnerung: Am ... sicherte der Geschäftsführer des Arbeitgebers der beklagten Partei zu, sie erhalte einen Freien-Mitarbeiter-Vertrag im Umfang von ... EUR zu den Bedingungen des zuletzt von ihr mit einem freien Mitarbeiter abgeschlossenen Vertrages, wenn sie wegen des Arbeitsverhältnisses einen Aufhebungsvertrag unterzeichnen würde. Hätte die beklagte Partei ihre Unterschrift unter den damals vorliegenden Aufhebungsvertragstext gesetzt, hätte sie einen einklagbaren Anspruch gegen den Arbeitgeber auf einen selbst in seinen detaillierten Konditionen feststehenden Freien-Mitarbeiter-Vertrag gehabt. Der vom Kläger verhandelte Freie-Mitarbeiter-Vertrag bildete somit eine Angelegenheit, die im Rahmen maßgeblicher materiellrechtlicher Betrachtung auch Gegenstand einer nachfolgenden gerichtlichen Auseinandersetzung hätte sein können, wenn die außergerichtlichen Verhandlungen nicht zum Erfolg geführt hätten und die beklagte Partei sich entschlossen hätte, den ihr vom Arbeitgeber vorgelegten Aufhebungsvertrag zu unterzeichnen.

Für anwaltliche Tätigkeiten, die einem gerichtlichen Verfahren vorausgehen, gelten gem. § 23 Abs. 1 Satz 3 RVG sinngemäß die Wertvorschriften, die in dem in Frage kommenden gerichtlichen Verfahren vorgesehen sind. Das wäre für den Bereich des Freien-Mitarbeiter-Vertrages § 3 ZPO. § 23 Abs. 1 Satz 3 RVG gilt, wenn ein denkbares gerichtliches Verfahren im Hintergrund steht. Dabei ist der Rahmen dieser Tätigkeit nicht eng zu ziehen,

Gerold/Schmidt/*Müller-Rabe*, RVG, § 23 Rn 17.

Den Wert der Tätigkeit, die einem gerichtlichen Verfahren vorausgeht, findet man durch eine ganz einfache Erwägung, wenn man sich nämlich fragt: „Wie lauten für den Fall der Klage die Anspruchsnorm und der Klageantrag?"

Mayer/Kroiß/*Mayer*, RVG, § 23 Rn 14.

c) Für die Gegenstandswerte aus dem Bereich des Arbeitsrechts sind gem. § 23 Abs. 1 RVG iVm § 42 Abs. 3 Satz 1 GKG und der zur Freistellung und zum Zeugnis ergangenen Rechtsprechung die gerichtlichen Wertvorschriften für die außergerichtliche Tätigkeit der klägerischen Partei maßgeblich. Zwischen den Parteien besteht insoweit kein Streit.

Für die verhandelte Freie-Mitarbeiter-Vereinbarung ist nach herrschender Meinung der Wert der geforderten Leistung ohne Abzug der Gegenleistung gem. § 23 Abs. 1 Satz 3 RVG, § 3 ZPO maßgeblich. Im gerichtlichen Verfahren würde der Wert nach freiem Ermessen vom Gericht festgesetzt. Maßgeblich ist, wenn es um eine Vertragserfüllung geht, der Wert der geforderten Leistung.

Zöller/*Herget*, § 3 Rn 16 – Stichwort „Vertragserfüllung".

Danach hätte die klägerische Partei angesichts der von der beklagten Partei erhobenen Forderung von ... EUR Auftragsvolumen grundsätzlich einen Gegenstandswert von ... EUR zugrunde legen können. Da sich die verabredete Vertragslaufzeit (5 Jahre) jedoch über den Zeitraum des § 9 ZPO hinaus erstreckte, hätte nach dem ZPO-Verständnis des Klägers eine Reduzierung auf den Zeitraum von 3,5 Jahren vorgenommen werden müssen.

d) Sollte die Auffassung richtig sein, die Tätigkeit der klägerischen Partei hätte nicht Gegenstand eines gerichtlichen Verfahrens sein können, bemisst sich der Gegenstandswert nach § 23 Abs. 3 RVG iVm § 39 Abs. 2 KostO bzw § 36 GNotKG. Nach den Wertungen des § 39 Abs. 2 KostO war bei Verträgen, die den Austausch von Leistungen zum Gegenstand haben, der Wert der Leistung des einen Teils und, wenn der Wert der Leistungen verschieden ist, der höhere maßgebend. Auch nach § 36 Abs. 1 GNotKG ist der Wert nach billigem Ermessen zu bestimmen, soweit sich der Geschäftswert in einer vermögensrechtlichen Angelegenheit nicht aus den Vorschriften dieses Gesetzes ergibt und er auch sonst nicht feststeht.

Der von dem Kläger für die beklagte Partei verhandelte Freie-Mitarbeiter-Vertrag hat als Dienstvertrag den Austausch von Leistungen zum Gegenstand. Der Wert der Leistungen entspricht dem zu zahlenden Entgelt von ... EUR. Eine Beschränkung des Gegenstandswertes auf das Dreieinhalbfache des Jahreswertes (vgl § 9 ZPO) sehen weder das GNotKG noch – für Altfälle – die KostO vor. Die Beschränkung der KostO setzte erst beim 25-fachen Jahreswert ein (§ 24 Abs. 1 Buchst. a KostO), das GNotKG enthält als Höchstwert nur die allgemeine Grenze von 30 Mio. EUR (§ 35 Abs. 2 GNotKG).

Nach Vorstehendem wäre der Gegenstandswert des Freien-Mitarbeiter-Vertrages gem. § 23 Abs. 3 RVG iVm § 36 Abs. 1 GNotKG mit ... EUR anzusetzen und ergäbe unter Einbeziehung der zwischen den Parteien unstreitigen Streitwerte folgende Gebühren:

Gegenstandswert: ... EUR	
Geschäftsgebühr, Nr. 2300 VV RVG	... EUR
Einigungsgebühr, Nr. 1000 VV RVG	... EUR
Post- und Telekommunikationsentgelte, Nr. 7002 VV RVG	20,00 EUR
Zwischensumme netto	... EUR
19 % Umsatzsteuer, Nr. 7008 VV RVG	... EUR
Zwischensumme brutto	... EUR
Vorschuss	... EUR
Gesamtbetrag	... EUR

3. Ursächlichkeit des Rechtsanwalts, Angemessenheit der Rahmengebühren

a) Die Prüfung der einzelnen Gebührentatbestände ergibt folgende Feststellungen:

Die in der Kostennote zugrunde gelegten Gebührentatbestände sind mit dem Willen der beklagten Partei tatsächlich angefallen. Die klägerische Partei hat mit dem Willen der beklagten Partei die Tätigkeit der Führung eines Geschäfts iSv Nr. 2300 VV RVG durch schriftsätzliches und mündliches Tätigwerden entfaltet. Durch die Telefonate und mündlichen Verhandlungen ist der Gebührentatbestand des Nr. 2300 VV RVG ausgelöst worden. Eine 1,5-Gebühr nach Nr. 1000 VV RVG entstand durch die Ursächlichkeit des der klägerischen Partei für die beiden Vergleiche, also für den Freien-Mitarbeiter-Vertrag ebenso wie für den Aufhebungsvertrag. Es kommt nicht darauf an, ob jede Formulierung eines Vergleichs vom Rechtsanwalt stammt oder ob die Parteien schließlich sogar von Vorschlägen des Rechtsanwalts bei dem letztendlich unterzeichneten Vergleichstext abgewichen sind,

    OLG Stuttgart 16.8.1974 – 8 W 214/74, AnwBl 1974, 355; AG Charlottenburg 7.7.1999 – 21 a C 6/99, JurBüro 2001, 86.

Gemäß Nr. 1000 VV RVG genügt die „Mitwirkung" beim Abschluss eines Vergleichs. Bei der Unterzeichnung muss der Rechtsanwalt nicht zugegen sein.

Auch ist es ohne Belang, dass der Freie-Mitarbeiter-Vertrag nicht mit der beklagten Partei persönlich, sondern mit einer sie als Gesellschafter und Geschäftsführer ausweisenden GmbH in Gründung geschlossen wurde. Maßgeblich für den Gebührenanspruch ist allein, dass die klägerische Partei ursächlich war. Mit wem schließlich auf Wunsch der beklagten Partei die Unterzeichnung des vom Rechtsanwalt verhandelten Vertrages erfolgte – ob mit der beklagten Partei persönlich oder mit einer Gesellschaft, in der die beklagte Partei tätig ist –, ist für den Verursachungsbeitrag des Rechtsanwalts an der vergleichsweisen Regelung ohne Belang. Überdies stand die Konstellation, dass die beklagte Partei mit Herrn ... zusammen eine Firma gründen wollte, in die der Freie-Mitarbeiter-Vertrag von der beklagten Partei eingebracht werden sollte, von vornherein fest. Allein der Name dieser Firma war während der Verhandlungen noch nicht gebildet oder zumindest dem Kläger noch nicht genannt worden.

Der Gebührenanspruch des Anwalts entfällt angesichts der Verursachung für den Vergleich nicht. Die Sachlage ist im Grunde ähnlich der beim Makler, der einem Kunden ein Grundstück vermittelt hat, das der Kunde schließlich nicht selbst erwirbt, sondern durch eine von ihm mit weiteren Gesellschaftern gegründete Firma erwerben lässt. Der BGH hat in ständiger Rechtsprechung entschieden: Wird das einer GmbH durch einen Makler nachgewiesene Grundstück durch eine andere GmbH erworben, die von denselben Gesellschaftern mit demselben Gesellschaftszweck später gegründet worden, so erwächst dem Makler daraus ein Provisionsanspruch gegen die erstgenannte GmbH,

    BGH 5.10.1995 – III ZR 10/95, NJW 1995, 3311.

Ebenso hat das LG Dresden entschieden: Weist ein Makler den Gesellschaftern einer BGB-Gesellschaft ... den Kauf eines Grundstücks nach, dann haben diese den Maklerlohn auch dann zu zahlen, wenn das Grundstück von einer von den Gesellschaftern gegründeten GmbH gekauft wird, denn die Gesellschafter haben es zu verantworten, dass sich die Tatbestandmerkmale der Norm für den Maklerlohnanspruch auf mehrere Personen verteilen,

    LG Dresden 24.2.1995 – 12 O 4141/94, NJW-RR 1996, 307.

b) Was die Höhe der Rahmengebühren gem. Nr. 2300 VV RVG anbelangt, so waren diese gem. § 14 RVG unter Berücksichtigung der Bedeutung der Angelegenheit, des Umfangs und der Schwierigkeit der anwaltlichen Tätigkeit sowie der Vermögens- und Einkommensverhältnisse die beklagte Partei nach billigem Ermessen festzusetzen. Sowohl der Aufhebungsvertrag als auch der im unmittelbaren Anschluss daran eine neue wirtschaftliche Existenz ermöglichende Freie-Mitarbeiter-Vertrag waren von elementarer beruflicher Bedeutung für die beklagte Partei.

Die Schwierigkeit der anwaltlichen Tätigkeit war ebenfalls recht hoch anzusetzen, da im Rahmen dieses Kriteriums von den durchschnittlichen Fähigkeiten eines Rechtsanwalts auszugehen ist. Bei dieser Sichtweise wird offenbar, dass zur Auftragserledigung im Sinne des Mandantenwunschs eine Reihe von Spezialkenntnissen und eine hohe berufliche Erfahrung erforderlich waren, so dass bereits nach zwei Kriterien eine über dem Durchschnitt der Rahmengebühr der Nr. 2300 VV RVG anzusiedelnde Vergütung angemessen war. Die durchschnittliche Gebühr der Nr. 2300 VV RVG ist die mittlere Gebühr, also die Gebühr zwischen 0,5 und 2,5, nach einer Auffassung eine 1,5-Gebühr, nach anderer Auffassung eine 1,9-Gebühr. Der Kläger hätte angesichts der hohen Spezialkenntnisse und Erfahrungen erfordernden Sachbearbeitung eine 2,5-Gebühr fordern können, sah hiervon aber aus Gefälligkeit ab. Da sich die klägerische Partei mit einer 1,9-Gebühr begnügte, erfolgte die Ermessensausübung auch nicht unbillig.

V. Die Einwendungen der beklagten Partei

...

VI. Sonstiges

1. Das angerufene Gericht ist örtlich zuständig. Nach heute vorherrschender Auffassung kann der Rechtsanwalt die ihm geschuldete Vergütung nur bei dem Gericht am Wohnsitz des Beklagten einklagen,

BGH 16.11.2006 – IX ZR 206/03, DStR 2007, 1099; BGH 4.3.2004 – IX ZR 101/03, NJW-RR 2004, 932; BGH 11.11.2003 – X ARZ 91/03, AnwBl 2004, 119 = BRAK-Mitt. 2004, 40.

Demnach ist das angerufene Gericht in der vorliegenden Gebührenklage zuständig, denn die Niederlassung der klägerischen Partei liegt im Bezirk des angerufenen Gerichts und an der Niederlassung wurde auch die anwaltliche Tätigkeit entfaltet.

2. Die klägerische Partei verstößt mit den in der vorliegenden Klage mitgeteilten Informationen aus dem Anwaltsverhältnis nicht gegen ihre anwaltliche Verschwiegenheit, § 2 Abs. 1 und 2 BerufsO, § 43a Abs. 2 BRAO. Es ist anerkannt, dass der Anwalt von seiner Verschwiegenheitspflicht befreit ist, wenn er eine Honorarforderung gerichtlich geltend macht,

BGH 15.5.1956 – 1 StR 55/56, NJW 1952, 151; BGH MDR 1956, 625; *Henssler*, NJW 1994, 1817.

Gerichtskosten in Höhe von ... EUR sowie Zustellkosten sind mittels Verrechnungsscheck beigefügt, für den sich die klägerische Partei persönlich stark sagt.

(Rechtsanwalt)

9. Muster: Antrag auf Zustellung eines Vergleichs nach § 278 Abs. 6 ZPO

Arbeitsgericht ...

Aktenzeichen: ...

Gegner: RAe ..., zwei Abschriften anbei

In Sachen

... ./. ...

übersenden wir anliegend einen Vergleichsvorschlag. Um im Wege des § 278 Abs. 6 ZPO einen Vergleich abschließen zu können, bitten wir nunmehr das Gericht, den schriftlichen Vergleichsvorschlag in dieser Form jeder Partei zuzustellen, damit die formalen Voraussetzungen erfüllt sind, um das Verfahren ohne weitere mündliche Verhandlung abschließen zu können.

Außerdem beantragen wir,

den Streitwert festzusetzen.

III. Schriftsätze in der zweiten Instanz

1. Muster: Anschlussberufung des Berufungsbeklagten

↓

Landesarbeitsgericht ...

Anschlussberufung

In der Berufungssache

...

– berufungsklägerische Partei –

Prozessbevollmächtigte: ...

gegen

...

– berufungsbeklagte Partei –

legen wir namens der Berufungsbeklagten gegen das ihr am ... zugestellte Urteil des Arbeitsgerichts ... vom ..., Aktenzeichen ...,

Anschlussberufung

ein.

Die beklagte Partei schließt sich der Berufung der klägerischen Partei gegen das Urteil des Arbeitsgerichts ... vom ..., Aktenzeichen ..., an.

Namens der beklagten Partei beantragen wir zu erkennen:

1. Die Berufung der klägerischen Partei gegen das Urteil des Arbeitsgerichts ... vom ..., Aktenzeichen ..., wird zurückgewiesen.
2. Auf die Anschlussberufung der beklagten Partei wird das Urteil des Arbeitsgerichts ... vom ..., Aktenzeichen ..., abgeändert.
3. ...
4. Die Kosten des Verfahrens trägt die klägerische Partei.

Gründe:

...

↑

2. Muster: Berufung des Klägers

↓

Landesarbeitsgericht ...

Berufung

...

– klägerische und berufungsklägerische Partei –

Prozessbevollmächtigte: ...

gegen

...

– beklagte und berufungsbeklagte Partei –

Prozessbevollmächtigte: ...

Wir bestellen uns zu Prozessbevollmächtigten der klägerischen und berufungsklägerischen Partei, in deren Namen und Auftrag wir

Berufung

gegen das Urteil des Arbeitsgerichts ... vom ..., zugestellt am ..., einlegen.

Wir beantragen:

1. das Urteil des Arbeitsgerichts ... vom ..., Aktenzeichen ..., abzuändern und nach den Schlussanträgen der klägerischen Partei erster Instanz zu erkennen;
2. die Kosten des Rechtsstreits der berufungsbeklagten Partei aufzuerlegen.

Die Berufungsbegründung bleibt einem gesonderten Schriftsatz vorbehalten.

3. Muster: Berufung des Beklagten

Landesarbeitsgericht ...

Berufung

...

– klägerische und berufungsbeklagte Partei –

Prozessbevollmächtigte: ...

gegen

...

– beklagte und berufungsklägerische Partei –

Prozessbevollmächtigte: ...

Wir bestellen uns zu Prozessbevollmächtigten der beklagten und berufungsklägerischen Partei, in deren Namen und Auftrag wir

Berufung

gegen das Urteil des Arbeitsgerichts ... vom ..., zugestellt am ..., einlegen.

Wir beantragen:

1. das Urteil des Arbeitsgerichts ... vom ..., Aktenzeichen ..., abzuändern und nach den Schlussanträgen der beklagten Partei in erster Instanz zu erkennen;
2. die Kosten des Rechtsstreits der berufungsbeklagten Partei aufzuerlegen.

Die Berufungsbegründung bleibt einem besonderen Schriftsatz vorbehalten.

4. Muster: Beschwerde gegen einen Beschluss des Arbeitsgerichts

Landesarbeitsgericht ...

Beschwerde

1. ...

– beschwerdeführende/beschwerdegegnerische Partei –

Prozessbevollmächtigte: ...

2. Betriebsrat: ...

– beschwerdeführende/beschwerdegegnerische Partei –

Prozessbevollmächtigte: ...

wegen: ...

legen wir namens und in Vollmacht der beschwerdeführenden Partei gegen den Beschluss des Arbeitsgerichts ... vom ..., Aktenzeichen ..., der Beteiligten zu ... zugestellt am ...,

Beschwerde

ein. Eine Kopie des Beschlusses des Arbeitsgerichts ... vom ... ist beigefügt.

Namens der beschwerdeführenden Partei beantragen wir zu erkennen:

1. Der Beschluss des Arbeitsgerichts ... vom ..., Aktenzeichen ..., wird abgeändert.
2. ...

Gründe:

...

↑

5. Muster: Bestellungsschreiben für Berufungsbeklagten

↓

Aktenzeichen: ...

Gegner: RAe ..., zwei Abschriften anbei

In dem Berufungsrechtsstreit

... ./. ...

bestellen wir uns für die berufungsbeklagte Partei.

Unter Hinweis auf §§ 9 Abs. 1, 66 Abs. 1 Satz 5 ArbGG bitten wir bereits jetzt, die Berufungsbegründungsfrist für die berufungsklägerische Partei nicht zu verlängern. Eine solche Verlängerung würde eine Verzögerung des Rechtsstreits bedeuten.

Die berufungsbeklagte Partei ist auf eine umgehende, rechtskräftige Entscheidung insbesondere deswegen angewiesen, weil hiervon erhebliche wirtschaftliche Dispositionen abhängen.

↑

6. Muster: Berufungsbegründungsfrist, Verlängerungsantrag am letzten Tag

↓

Die pauschale Begründung des Prozessvertreters, noch weitere Informationen vom Mandanten zu benötigen, rechtfertigt im Allgemeinen nicht die beantragte Verlängerung der Berufungsbegründungsfrist. Ein Berufungskläger, der seinen Antrag auf Verlängerung der Berufungsbegründungsfrist erst am letzten Tag der Frist per Telekopie stellt, ohne sich nach dessen Schicksal telefonisch zu erkundigen, kann nicht erwarten, dass ihm das Gericht telefonisch auf dessen Erfolglosigkeit hinweist.

   LAG Köln 10.6.1994 – 13 Sa 110/94, LAGE § 66 ArbGG 1979 Nr. 11; LAG Berlin 26.1.1990 – 6 Sa 91/89, LAGE § 66 ArbGG 1979 Nr. 8; LAG Düsseldorf 23.12.1993 – 12 (11) Sa 1657/93, LAGE § 66 ArbGG 1979 Nr. 10.

↑

7. Muster: Berufungsbegründungsfrist, Verlängerung wegen Arbeitsüberlastung

In dem Rechtsstreit

... ./. ...

beantragt die ...-Partei,

die Frist zur Begründung der Berufung um einen Monat zu verlängern.

Gründe:

Der Unterzeichner beantragt die Verlängerung der Berufungsbegründungsfrist wegen beruflicher Überlastung und insbesondere wegen starker Arbeitsüberlastung.

Rein vorsorglich wird darauf hingewiesen, dass der Hinweis auf die Arbeitsüberlastung ein ausreichender Grund iSv § 66 Abs. 1 Satz 5 ArbGG ist. Wie das BAG mit Beschluss vom 20.10.2004,

5 AZB 37/04 – NZA 2004, 1350 = NJW-Spezial 2004, 370,

ausgeführt hat, ist die von einem Prozessbevollmächtigten geltend gemachte berufliche Überlastung oder besonders starke Arbeitsbelastung des Prozessbevollmächtigten ein Grund iSv § 66 Abs. 1 Satz 5 ArbGG. Nur wenn Anhaltspunkte dafür vorliegen, dass die pauschal vorgebrachten Gründe in Wahrheit nicht gegeben sind, kann der Kammervorsitzende im Einzelfall eine weitere Substantiierung des Verlängerungsgesuchs verlangen. Schon deshalb, weil der Unterzeichner Anträge auf Verlängerung der Berufungsbegründungsfrist nicht regelmäßig stellt, kann das Gericht keinen Zweifel an der Begründetheit des Antrags haben.

8. Muster: Berufungsbegründungsfrist, Vertrauensschutz des Rechtsanwalts auf Verlängerung

Es entspricht der ständigen Rechtsprechung des BGH,

BGH 11.7.1985 – III ZB 13/85, VersR 1985, 972; BGH 14.2.1991 – VII ZB 8/90, NJW 1991, 2080,

dass der Anwalt regelmäßig erwarten kann, seinem ersten Antrag auf Verlängerung der Berufungsbegründungsfrist werde entsprochen, wenn einer der Gründe des § 520 Abs. 2 Satz 3 ZPO vorgebracht wird. Eine Praxis, die generell die im Verlängerungsgesuch vorgetragenen Gründe ohne Glaubhaftmachung für nicht ausreichend hält, bewegt sich nicht mehr im Rahmen zulässiger, am Einzelfall orientierter Ermessensausübung. Auf eine solche Praxis braucht sich der Anwalt grundsätzlich nicht einzustellen,

BGH 11.7.1985 – III ZB 13/85, VersR 1985, 972; BVerfG 28.2.1989 – 1 BvR 649/88, NJW 1989, 1147; BAG 4.2.1994 – 8 AZB 16/93, NZA 1994, 907.

Im arbeitsgerichtlichen Verfahren gilt nichts anderes. Wenn § 66 Abs. 1 Satz 4 ArbGG im Gegensatz zu § 519 Abs. 2 Satz 3 ZPO ausdrücklich die einmalige Verlängerung der Berufungsbegründungsfrist zulässt, dient dies dem im arbeitsgerichtlichen Verfahren vorherrschenden Grundsatz der Beschleunigung, der bei Berufungen in Kündigungsschutzprozessen gem. § 64 Abs. 8 ArbGG besonders hervorgehoben ist. Daraus lassen sich jedoch keine Schlüsse auf Anforderungen ziehen, die generell und abweichend von § 520 Abs. 2 Satz 3 ZPO an die Darlegung und Glaubhaftmachung erheblicher Gründe für die Fristverlängerung zu stellen wären. Das verdeutlicht bereits der insoweit gleiche Wortlaut beider Vorschriften.

Es entspricht deshalb heute auch der Rechtsprechung des BAG, dass ein Prozessbevollmächtigter solange auf eine positive Entscheidung über seinen Antrag auf Verlängerung einer Rechtsmittelbegründungsfrist beim LAG vertrauen darf, als im Vergleich zu einer höchstrichterlichen Rechtsprechung – wie des BGH – nicht eine deutlich restriktivere Praxis des LAG in dessen Bezirk bekannt geworden ist,

BAG 27.9.1994 – 2 AZB 18/94, NZA 1995, 189.

9. Muster: Erstattungspflicht der Prozessgebühr des Rechtsmittelbeklagten vor Begründung des nur zur Fristwahrung eingelegten Rechtsmittels

Landesarbeitsgericht ...

Aktenzeichen: ...

Gegner: RAe ..., zwei Abschriften anbei

In dem Rechtsstreit

... ./. ...

wird beantragt,

die Kosten des Prozessbevollmächtigten der berufungsbeklagten Partei nicht als erstattungsfähig anzuerkennen.

Gründe:

Die berufungsklägerische Partei hat mit Schriftsatz vom ... Berufung eingelegt. Sie hat mit Post vom gleichen Tage die Prozessbevollmächtigten der berufungsbeklagten Partei davon in Kenntnis gesetzt, dass die Berufung zunächst nur fristwahrend erfolgen solle. Die Prozessbevollmächtigten der berufungsbeklagten Partei wurden ausdrücklich gebeten, sich bis zur Begründung der Berufung nicht zu bestellen, da noch nicht sicher sei, ob das Berufungsverfahren durchgeführt werde. Derzeit würden zunächst noch die Erfolgschancen geprüft.

Beweis: Vorlage des Anwaltsschreibens in Kopie – Anlage ...

Die mit der fristwahrenden Berufungseinlegung verbundene Bitte an den Berufungsgegner, dieser möge zunächst von der Bestellung eines zweitinstanzlichen Prozessbevollmächtigten, jedenfalls aber von der Stellung eines Sachantrages, Abstand nehmen, bis feststehe, ob das Rechtsmittel durchgeführt werde, wird weder mit der, sei es auch mehrfachen, Verlängerung der Begründungsfrist noch mit der vorübergehenden Mandatsniederlegung durch den Anwalt des Berufungsführers hinfällig. Nicht ausgeräumte Unklarheiten über den Stand des Entscheidungsprozesses beim Berufungskläger sind nicht geeignet, unter Erstattungsgesichtspunkten eine vorzeitige Anwaltsbestellung für den Berufungsbeklagten zu rechtfertigen, erst recht nicht mit der Anbringung eines Sachantrages auf Zurückweisung der Berufung.

Kosten des Prozessbevollmächtigten des Berufungsbeklagten sind auch nicht insoweit erstattungsfähig, als dieser nach Rücknahme der Berufung einen Antrag gem. § 516 Abs. 3 ZPO stellt.

OLG Köln 13.7.1992 – 17 W 13/92, OLG Report 22/1992, S. 266,

jedenfalls maximal in Höhe einer halben Prozessgebühr,

BGH 17.12.2002 – X ZB 27/02, NJW 2003, 1324; BAG 16.7.2003 – 2 AZB 50/02, NZA 2003, 1293.

Es entspricht ständiger Rechtsprechung der Oberlandesgerichte und auch der Landesarbeitsgerichte, dass der Gegner bei einem erklärtermaßen nur zur Fristwahrung eingelegten Rechtsmittel unter Erstattungsgesichtspunkten im Regelfalle gehalten ist, von der Beauftragung eines Rechtsanwalts für das Rechtsmittelverfahren zunächst Abstand zu nehmen, wenn der Rechtsmittelkläger ihn hierum gebeten hat.

10. Muster: Gegenvorstellung bei Verweisung an ein offensichtlich örtlich unzuständiges Arbeitsgericht[114]

↓

Arbeitsgericht ...

Aktenzeichen ...

Gegner: RAe ..., Abschriften anbei

Gegenvorstellung

In dem Rechtsstreit

... ./. ...

beantragen wir, namens ... für Recht zu erkennen:

> Das örtlich unzuständige Arbeitsgericht ... ruft das BAG mit dem Antrag an, das örtlich zuständige Arbeitsgericht zu bestimmen.

Gründe:

Mit Beschluss vom ... hat die ... Kammer des Arbeitsgerichts ... sich für örtlich unzuständig erklärt und den Rechtsstreit an das nach Auffassung der Kammer örtlich zuständige Arbeitsgericht ... verwiesen.

Rechtskräftige Verweisungsbeschlüsse sind für das Gericht, an das der Rechtsstreit verwiesen worden ist, bindend. Dies ergibt sich aus § 48 Abs. 1 ArbG, § 17a Abs. 2 Satz 3 GVG. Auch fehlerhafte Verweisungsbeschlüsse sind grundsätzlich bindend,

> vgl BGH 9.4.2002 – X ARZ 24/02, NZA 2002, 813; BAG 19.3.2003 – 5 AS 1/03, NZA 2003, 683.

Jedoch ist anerkannt, dass eine offensichtlich gesetzwidrige Verweisung keine Bindungswirkung entfaltet. Offensichtlich gesetzwidrig ist ein Verweisungsbeschluss dann, wenn er jeder Gesetzesgrundlage entbehrt, willkürlich gefasst ist oder auf der Versagung rechtlichen Gehörs beruht,

> vgl BAG 19.3.2003 – 5 AS 1/03, NZA 2003, 683; LAG München 28.10.2008 – 1 SHa 27/08, NZA-RR 2009, 218.

Unter Anlegung dieser Maßstäbe erweist sich der Verweisungsbeschluss des Arbeitsgerichts ... als offensichtlich gesetzwidrig:

Das zu Unrecht von dem verweisenden Arbeitsgericht als örtlich zuständig angesehene Gericht hat daher gemäß der erwähnten BAG-Rechtsprechung die Möglichkeit, das BAG um eine abschließende Rechtswegentscheidung wegen offensichtlicher Gesetzwidrigkeit des Verweisungsbeschlusses zu bitten und sollte hiervon im Interesse der Rechtspflege Gebrauch machen.

↑

11. Muster: Nichtigkeitsklage wegen fehlerhafter Besetzung des Landesarbeitsgerichts

↓

Landesarbeitsgericht ...

Nichtigkeitsklage

...

– klägerische Partei –

Prozessbevollmächtigte: ...

---

[114] Der Rechtsbehelf ist bei dem Gericht, an das verwiesen wurde, anzubringen. Die bisher entschiedenen und im Schriftsatz erwähnten Fälle sehen eine Rechtswegentscheidung durch das BAG vor. Das offensichtlich örtlich unzuständige Arbeitsgericht ruft das BAG an, das über die örtliche Zuständigkeit verbindlich entscheidet.

gegen

...

– beklagte Partei –

Prozessbevollmächtigte: ...

wegen: Beseitigung eines Urteils

Wir bestellen uns zu Prozessbevollmächtigten der klägerischen Partei, in deren Namen und Auftrag wir beantragen zu erkennen:

1. Das Urteil des angerufenen Gerichts vom ..., Aktenzeichen ..., wird beseitigt.[115]
2. Es wird beantragt, nach den Schlussanträgen der klägerischen Partei erster Instanz zu entscheiden ....[116]

Gründe:

1. Zwischen den Parteien war unter dem angegebenen Aktenzeichen ein Rechtsstreit vor dem Landesarbeitsgericht anhängig, der aufgrund des Urteils vom ... von der Kammer zu Lasten der klägerischen Partei entschieden wurde.

Beweis: Beiziehung der Akten LAG ..., Aktenzeichen ....

Das Urteil wurde der klägerischen Partei am ..., der beklagten Partei am ... zugestellt. Das BAG wurde nicht angerufen. Die Einlegung einer Nichtzulassungsbeschwerde ist nicht erforderlich, wenn diese als aussichtslos erscheint,

LAG Hamm 25.9.2008 – 8 Sa 963/08, juris.

Die Rechtskraft des Urteils vom ... trat deshalb am ... ein. Die Nichtigkeitsklage wurde innerhalb eines Monats nach Kenntnis der maßgeblichen Gründe, in jedem Falle aber innerhalb von fünf Jahren nach Rechtskraft des arbeitsgerichtlichen Urteils erhoben, § 586 Abs. 1 und 2 ZPO.

Das Urteil vom ... wurde in folgender Besetzung erlassen: Vorsitzender: ...; ehrenamtliche Richter: .... Diese Besetzung war aus folgenden Gründen willkürlich und fehlerhaft:[117] Die Fehlerhaftigkeit der Besetzung bedeutete nicht nur eine Nichteinhaltung des Geschäftsverteilungsplans, sie verstieß auch gegen den Verfassungsgrundsatz des gesetzlichen Richters und war dadurch willkürlich. Art. 101 Abs. 1 Satz 2 GG verbietet die Entziehung des gesetzlichen Richters. Vorliegend hat das LAG nicht nur irrtümlich die Besetzungsregeln verkannt, sondern darüber hinaus auch bewusst die Ursache dafür gesetzt, dass völlig andere ehrenamtliche Richter zum Zuge kamen, als der Verteilungsplan vorsah. Nicht durch jede irrtümliche Verkennung der Besetzungsregelung wird man seinem gesetzlichen Richter entzogen, nicht jede Verkennung der Gesetzesregeln hebt die Verletzung einfachen Rechts stets auf die Ebene des Verfassungsrechts,

BVerfG 3.11.1992 – 1 BvR 137/92, BVerfGE 87, 282; BVerfG 30.6.1970 – 2 BvR 48/70, BVerfGE 29, 45; BAG 7.5.1998 – 2 AZR 344/97, BAGE 88, 344; BAG 21.6.2001 – 2 AZR 359/00, AP § 21 e GVG Nr. 5.

Erforderlich ist Willkür, die immer dann vorliegt, wenn sich die Maßnahme so weit vom Grundsatz des gesetzlichen Richters entfernt, dass sie nicht mehr verständlich erscheint und unhaltbar ist,

BVerfG 30.6.1970 – 2 BvR 48/70, BVerfGE 29, 49.

---

115 Diese ungewöhnliche Formulierung ergibt sich aus dem Wortlaut von § 588 Abs. 1 Nr. 3 ZPO.
116 Gemäß § 588 Abs. 1 Nr. 3 ZPO muss angegeben werden, in welchem Umfang das Urteil angefochten wird. Hier empfiehlt es sich, die Anträge exakt zu stellen, die der begehrten Sachentscheidung entsprechen.
117 Ein bloßer Fehler in der Besetzung hinsichtlich der ehrenamtlichen Richter reicht für den Erfolg einer Nichtigkeitsklage nicht aus. Der bloße Einwand, das Gericht sei nicht vorschriftsmäßig besetzt gewesen (§ 579 Abs. 1 Nr. 1 ZPO), muss darüber hinaus ergänzt werden um eine Darstellung, wonach die fehlerhafte Besetzung auch willkürlich war (BAG 21.6.2001 – 2 AZR 359/00, AP § 21 e GVG Nr. 5; BAG 30.1.1963 – 4 AZR 16/62, AP § 39 ArbGG 1953 Nr. 2).

Willkür und damit der Verstoß gegen den gesetzlichen Richter liegt nach der Rechtsprechung des Bundesverfassungsgerichts vor, wenn die Maßnahme auf unvertretbaren, mithin sachfremden Erwägungen beruht,

BVerfG 8.4.1997 – 1 PBvU 1/95, BVerfGE 95, 322.

Bei Anwendung dieser Grundsätze handelte das Landesarbeitsgericht willkürlich: ...

2. Die maßgeblichen Tatsachen sind dem Rechtsanwalt der klägerischen Partei bekannt geworden, als er am ... den Geschäftsverteilungsplan einsah.

Beweis: Anliegende anwaltliche Versicherung.[118]

Damit ist ein Nichtigkeitsgrund gegeben. Das angegriffene Urteil ist nach § 579 Abs. 1 Nr. 1 ZPO zu beseitigen. Zudem ist auch in der Hauptsache zu Gunsten der klägerischen Partei zu entscheiden: ...

12. Muster: Sofortige Beschwerde gegen einen Beschluss des Arbeitsgerichts

Landesarbeitsgericht ...

Sofortige Beschwerde

...

– Beschwerdeführer(in) –

Prozessbevollmächtigte: ...

gegen

...

– Beschwerdegegner(in) –

Prozessbevollmächtigte: ...

wegen: Zulässigkeit des Rechtswegs

Namens und in Vollmacht der beschwerdeführenden Partei legen wir gegen den Beschluss des Arbeitsgerichts ...

sofortige Beschwerde

ein. Es wird beantragt,

den Beschluss des Arbeitsgerichts ... vom ..., Aktenzeichen ..., aufzuheben.

Gründe:

...

13. Muster: Unterschrift des Rechtsanwalts bei Berufungsschriftsatz

Der Berufungsschriftsatz ist vom Prozessbevollmächtigten zu unterzeichnen, §§ 130 Nr. 6, 519 Abs. 4 ZPO. Findet sich am Ende eines Berufungsschriftsatzes ein Schriftzug, lässt dieser jedoch aufgrund seiner Kürze nicht die charakteristischen Merkmale einer Unterschrift mit vollem Namen erkennen, fehlt es an einer Unterschrift im Rechtssinne.

Der Namenszug muss für jedermann, dem er bekannt ist, aus dem Schriftzug herausgelesen werden können,

BAG 27.3.1996 – 5 AZR 576/94, NZA 1996, 1115; BGH 27.10.1987 – VI ZR 268/86, NJW 1988, 713.

---

118 Gemäß §§ 588 Abs. 1 Nr. 2, 589 Abs. 2, 586 Abs. 1 und Abs. 2 Satz 1 ZPO muss mit der Klageschrift glaubhaft gemacht werden, dass die Notfrist eingehalten ist.

Auch wenn sich unterhalb des Schriftzuges maschinenschriftlich der Vor- und Familienname des Prozessbevollmächtigten befindet, sind die Merkmale einer Unterschrift nicht entbehrlich. Zwar kann eine solche Verbindung von Schriftzug und Unterschriftsleiste bei großzügiger Betrachtung die Annahme einer Unterschriftsleistung erleichtern,

BGH 10.7.1997 – IX ZR 24/97, NJW 1997, 3380.

Eine solche Verbindung vermag jedoch nicht von den Mindestanforderungen an eine Unterschrift zu befreien,

BGH 28.9.1998 – II ZB 19/98, NJW 1999, 60.

Gleiches gilt, wenn die Autorenschaft gesichert ist, was zwar die Anlegung eines großzügigen Maßstabes gebietet,

BAG 30.8.2000 – 5 AZB 17/00, NZA 2000, 1248,

was jedoch nicht rechtfertigt, ein bloßes Namenskürzel als Unterschrift zu behandeln.

Schließlich ist auch der Wille eines Unterzeichners, seinen Schriftzug als Unterschrift im Rechtsverkehr zu verwenden, nur insoweit von Bedeutung, wie er darin seinen Ausdruck gefunden hat,

BGH 22.10.1993 – V ZR 112/92, NJW 1994, 55.

Der großgeschriebene Anfangsbuchstabe des aus fünf Buchstaben bestehenden Namens eines Rechtsanwalts kann auch bei großzügiger Betrachtung, die aufgrund eines maschinenschriftlichen Zusatzes seines Vor- und Familiennamens und seiner unzweifelhaften Urheberschaft geboten ist, nicht als Unterschrift im Rechtssinne angesehen werden, sondern stellt ein bloßes, den Anforderungen des § 130 Nr. 6 ZPO nicht genügendes Handzeichen dar,

LAG Berlin 12.10.2001 – 6 Sa 1727/01, NZA-RR 2002, 211.

139 14. Muster: Wiedereinsetzung in den vorigen Stand wegen fehlender Unterschrift des Berufungsschriftsatzes

Landesarbeitsgericht ...

Aktenzeichen: ...

Gegner: RAe ..., zwei Abschriften anbei

In dem Rechtsstreit

... ./. ...

beantragen wir

    Wiedereinsetzung in den vorigen Stand

und legen erneut

Berufung

ein.

Gründe:

1. Am ... ging unser Berufungsschriftsatz beim dem LAG per Telefax ein, drei Tage später das Original. Beide Schriftstücke enthielten keine Unterschriften. Lediglich die am ... mit dem Original eingereichte beglaubigte Abschrift der Berufungsschrift war von Rechtsanwalt ... mit vollem Namen unterzeichnet.

2. Es ist zwar zutreffend, dass die per Telefax übermittelte Berufung mangels anwaltlicher Unterschrift nicht formgerecht und die hiermit eingereichte Berufung nicht fristgerecht eingelegt worden ist. Wiedereinset-

zung ist jedoch zu gewähren, weil die Versäumung der Berufungsfristen auf einem Verschulden einer Rechtsanwaltsfachangestellten beruht. Wie aus der anliegenden eidesstattlichen Versicherung ersichtlich, ist das Original der Berufungsschrift von Rechtsanwalt ... unterschrieben worden. Daraufhin habe es allerdings bei der Rechtsanwaltsfachangestellten eine Verwechslung des unterschriebenen Originals mit einer nicht unterschriebenen einfachen Abschrift gegeben, als die einfache Abschrift noch nicht als „Abschrift" gestempelt gewesen war.

Glaubhaftmachung: 1. Anliegende eidesstattliche Versicherung der Rechtsanwaltsfachangestellten – Anlage K 1.
2. Anliegende anwaltliche Versicherung – Anlage K 2.

Wie das Bundesverfassungsgericht im Beschluss vom 14.12.2001 –

1 BvR 1009/01, NZA 2002, 922

entschieden hat, darf der Rechtsanwalt die Überprüfung bestimmender Schriftsätze auf die erforderliche Unterschriften seinem geschulten und zuverlässigen Personal zur selbständigen Erledigung übertragen. Zwar muss er durch eine allgemeine Anweisung Vorsorge dafür treffen, dass bei normalem Lauf der Dinge Fristversäumnisse wegen fehlender Unterschrift vermieden werden. Dagegen überspannt es die Sorgfaltsanforderungen, von einem Anwalt zu verlangen, neben der Ausgangskontrolle zusätzlich die Kennzeichnung der Originale und Abschriften zugleich nach dem Ausdruck veranlassen.

Der Rechtsanwalt darf einfache Verrichtungen, die keine juristischen Schulungen verlangen, seinem geschulten und zuverlässigen Büropersonal zur selbständigen Erledigung übertragen. Versehen dieses Personals, die nicht auf eigenes Verschulden des Rechtsanwalts zurückzuführen sind, hat die Partei nicht zu vertreten. Eine solch einfache Tätigkeit ist auch die Überprüfung bestimmender Schriftsätze auf die erforderliche Unterschrift,

BVerfG 14.12.2001 – 1 BvR 1009/01, NZA 2002, 922.

Gleiches gilt für das Absenden eines Telefaxes,

BGH 6.12.1995 – VIII ZR 12/95, NJW 1996, 998; BAG 12.1.1966 – 1 AZB 32/65, NJW 1966, 799; BAG 18.2.1974 – 5 AZR 578/73, AP § 233 ZPO Nr. 66.

15. Muster: Wiedereinsetzung in den vorigen Stand bei Verwendung einer falschen Empfänger-Faxnummer durch Kanzleimitarbeiter   140

Die Faxnummer des Gerichts gehört weder zur Adressierung der „vorab per Telefax" zu übermittelnden Rechtsmittelschrift noch sonst zu den notwendigen Angaben, die ein Rechtsanwalt oder ein sonstiger kundiger Prozessbevollmächtigter persönlich aus dem Faxverzeichnis oder anderen Unterlagen herauszusuchen oder zu überprüfen hätte, ehe er den Schriftsatz unterschreibt. Beim Heraussuchen und Eingeben der Faxnummer in das Faxgerät handelt es sich vielmehr um Hilfstätigkeiten, die in jedem Fall dem geschulten Kanzleipersonal eigenverantwortlich überlassen werden können,

BFH 24.4.2003 – VII R 47/02, NJW 2003, 2559.

Die Klageschrift ging erst einen Tag nach Ablauf der Klagefrist beim FG ein. Sie war rechtzeitig am letzten Tag der Frist abends per Fax abgesandt worden. Dabei wurde jedoch die Faxnummer des Landgerichts statt des FG gewählt. Von dort wurde die Klageschrift erst am nächsten Morgen – und damit nach Fristablauf – an das FG weitergeleitet.

Das FG lehnte die Wiedereinsetzung mit der Begründung ab, der Prozessbevollmächtigte habe die Fristversäumnis schuldhaft verursacht. Denn er habe die Klageschrift, auf der die Faxnummer nicht angegeben war, ohne weitere Prüfung unterschrieben und seinen Mitarbeitern zur weiteren Bearbeitung überlassen.

Der BFH vertritt einen großzügigeren Standpunkt. Der Prozessbevollmächtigte muss bei einer Rechtsmittelschrift jedenfalls prüfen, ob sie vollständig ist und an das richtige Gericht adressiert ist. Die Telefaxnummer gehört aber nicht zur richtigen Adressierung. Ihr Heraussuchen kann deshalb eigenverantwortlich dem (entsprechend geschulten) Büropersonal überlassen werden. Unterlaufen der Bürokraft dabei Fehler, ist dies dem Prozessbevollmächtigten nicht als Verschulden zuzurechnen. Unerheblich ist auch, ob die Nummer auf dem Schriftsatz vermerkt wird oder nicht.

Die Sache wurde zur erneuten Verhandlung an das FG zurückverwiesen. Dieses muss noch prüfen, ob in der Kanzlei klare und regelmäßig kontrollierte Organisationsanweisungen für das Heraussuchen von Faxnummern und das Verschicken von Faxen bestehen. Ergänzend hinzuweisen ist auf das BFH-Urteil vom 22.1.2003 – X R 41/98, BFH/NV 2003, 757, wonach beim Briefversand der Prozessbevollmächtigte in gleicher Weise nicht zu prüfen hat, ob neben der zutreffenden Angabe des Gerichts auch dessen richtige postalische Anschrift angegeben ist.

141 **16. Muster: Wiedereinsetzung in den vorigen Stand wegen zu Unrecht abgelehnter Verlängerung der Berufungsbegründungsfrist**

Trägt ein Prozessbevollmächtigter in einem Antrag auf Verlängerung der Berufungsbegründungsfrist gem. § 66 Abs. 1 Satz 4 ArbGG vor, eine ordnungsgemäße Bearbeitung der Sache sei aufgrund einer Vielzahl gleichzeitig ablaufender Fristen nicht möglich, darf der Vorsitzende, sofern nicht besondere Umstände vorliegen, ohne Gewährung rechtlichen Gehörs von einer Verlängerung der Begründungsfrist nicht mit der Begründung absehen, die Gründe seien nicht nach § 224 Abs. 2 ZPO glaubhaft gemacht,

    BAG 4.2.1994 – 8 AZB 16/93, NZA 1994, 907.

Dem Beschleunigungsgrundsatz nach § 9 Abs. 1 ArbGG ist dadurch genügt, dass die Frist nach § 66 Abs. 1 Satz 4 ArbGG nur einmal verlängert werden kann. Zudem ist der Vorsitzende nach Vornahme einer am Einzelfall orientierten Ermessensausübung nicht verpflichtet, die Monatsfrist voll auszuschöpfen,

    BAG 4.2.1994 – 8 AZB 16/93, NZA 1994, 907.

IV. Schriftsätze in der Revision

142 **1. Muster: Bestellungsschreiben gegen Nichtzulassungsbeschwerde**

Bundesarbeitsgericht

Hugo-Preuß-Platz 1

99084 Erfurt

Aktenzeichen: ...

Gegner: RAe ..., sechs Abschriften anbei

In dem Verfahren der Nichtzulassungsbeschwerde

– beschwerdeführende Partei –

Prozessbevollmächtigte: ...

gegen

– beschwerdegegnerische Partei –

Prozessbevollmächtigte: ...

bestellen wir uns zu Prozessbevollmächtigten der beschwerdegegnerischen Partei und beantragen,

    die Nichtzulassungsbeschwerde der beschwerdeführenden Partei vom ... gegen das Urteil des Landesarbeitsgerichts ... vom ..., Aktenzeichen ..., kostenpflichtig zurückzuweisen.

Die Begründung unseres Abweisungsantrags erfolgt fristgerecht.

2. Muster: Bestellungsschreiben für Revisionsbeklagten

Bundesarbeitsgericht

Hugo-Preuß-Platz 1

99084 Erfurt

Aktenzeichen: ...

Gegner: RAe ..., zwei Abschriften anbei

In dem Rechtsstreit

... ./. ...

bestellen wir uns zu Prozessbevollmächtigten des Revisionsbeklagten, in dessen Namen und Auftrag wir beantragen,

    die Revision gegen das Urteil des Landesarbeitsgerichts ... vom ..., Aktenzeichen ..., zurückzuweisen und nach unserem Schlussantrag zweiter Instanz zu entscheiden.

Außerdem beantragen wir,

    dem Revisionskläger die Kosten des Rechtsstreits aufzuerlegen.

Ausführlicher Vortrag bleibt nach Eingang der Revisionsbegründung vorbehalten.

Wir werden alle Schriftsätze in siebenfacher Ausfertigung einreichen.

3. Muster: Bestellungsschriftsatz des Rechtsbeschwerdegegners

Bundesarbeitsgericht

Hugo-Preuß-Platz 1

99084 Erfurt

In der Rechtsbeschwerdesache

mit den Beteiligten

1. ...

                                             – beschwerdeführende Partei –

Verfahrensbevollmächtigte: ...

und

2. ...

                                    – der Beschwerde entgegentretende Partei –

Verfahrensbevollmächtigte: ...

beantragen wir namens und in Vollmacht der der Rechtsbeschwerde entgegentretenden Partei, für Recht zu erkennen:

Die Rechtsbeschwerde des Beteiligten Ziff. ... gegen den Beschluss des Landesarbeitsgerichts ... vom ..., Aktenzeichen ..., wird zurückgewiesen.

Gründe:

145 4. Muster: Nichtzulassungsbeschwerde, Erwiderung bei Unzulässigkeit

Bundesarbeitsgericht
Hugo-Preuß-Platz 1
99084 Erfurt
In Sachen
...

– klägerische/beklagte Partei –

Prozessbevollmächtigte: ...

gegen

...

– klägerische/beklagte Partei –

Prozessbevollmächtigte zweiter Instanz: ...

Wir bestellen uns zu Prozessbevollmächtigten der ... Partei und beantragen, für Recht zu erkennen:

1. Die Nichtzulassungsbeschwerde der ... Partei gegen das Urteil des Landesarbeitsgerichts ... vom ..., Aktenzeichen ..., wird zurückgewiesen.
2. Die Kosten des Verfahrens trägt die ... Partei.

Gründe:

Die Nichtzulassungsbeschwerde gegen das Urteil des Landesarbeitsgerichts ... vom ..., Aktenzeichen ..., ist unzulässig. Ihre Begründung wird den Anforderungen von § 72a Abs. 1 und 3 Satz 2 iVm § 72 Abs. 2 Nr. 2 ArbGG nicht gerecht. Die Nichtzulassungsbeschwerde setzt sich zwar mit dem Urteil des Landesarbeitsgerichts ... umfänglich auseinander. In ihrer Begründung trägt die beschwerdeführende Partei jedoch nur vermeintliche Rechtsfehler in der Entscheidung des Landesarbeitsgerichts vor, die aus der Anwendung der §§ ... resultieren.

Eine sich an den Anforderungen des Gesetzes orientierende Begründung einer Nichtzulassungsbeschwerde erfordert den Nachweis, dass in dem angefochtenen Urteil des Landesarbeitsgerichts ein abstrakter Rechtssatz aufgestellt wird, den das Landesarbeitsgericht seinen das Urteil tragenden Erwägungen zugrunde gelegt hat und dass dieser Rechtssatz von einem abstrakten Rechtssatz, den das BAG in einer früheren Entscheidung aufgestellt hat, abweicht. Den gesetzlichen Anforderungen entspricht ebenfalls eine Nichtzulassungsbeschwerde, in der nachgewiesen wird, dass von einer Entscheidung einer anderen Kammer desselben Landesarbeitsgerichts oder eines anderen Landesarbeitsgerichts abgewichen worden ist und das BAG in dieser Rechtsfrage noch keine Entscheidung gefällt hat und die Entscheidung auf der Abweichung beruht. Ebenso wenig wird ein absoluter Revisionsgrund oder eine entscheidungserhebliche Verletzung des Anspruchs auf rechtliches Gehör dargelegt.

Mit diesen Anforderungen an eine Nichtzulassungsbeschwerde hat sich der gegnerische Schriftsatz nicht befasst, so dass die Nichtzulassungsbeschwerde unzulässig ist.

5. Muster: Nichtzulassungsbeschwerde, Erwiderung bei Unbegründetheit (keine Zulassung der Revision wegen Verfahrensmangels)

Bundesarbeitsgericht

Hugo-Preuß-Platz 1

99084 Erfurt

In Sachen

...

– klägerische/beklagte Partei –

Prozessbevollmächtigte: ...

gegen

...

– klägerische/beklagte Partei –

Prozessbevollmächtigte zweiter Instanz: ...

Wir bestellen uns zu Prozessbevollmächtigten der ... Partei und beantragen, für Recht zu erkennen:

1. Die Nichtzulassungsbeschwerde der ... Partei gegen das Urteil des Landesarbeitsgerichts ... vom ..., Aktenzeichen ..., wird zurückgewiesen.
2. Die Kosten des Verfahrens trägt die ... Partei.

Gründe:

Die Nichtzulassungsbeschwerde gegen das Urteil des Landesarbeitsgerichts ... vom ..., Aktenzeichen ..., ist unbegründet. Entgegen der Ansicht der Beschwerde kann im arbeitsgerichtlichen Verfahren die Zulassung der Revision nicht mit einem Verfahrensmangel gerechtfertigt werden. Das gilt aufgrund der eindeutigen gesetzlichen Regelung nach der ständigen Rechtsprechung des BAG selbst dann, wenn ein Verfahrensfehler offenkundig ist,

BAG 20.9.1993 – 9 AZN 400/93, NZA 1993, 1151; BAG 13.12.1995 – 4 AZN 576/95, NZA 1996, 554; BAG 26.6.2001 – 9 AZN 132/01, NJW 2001, 3142.

Diese Rechtsprechung hat das BVerfG nicht beanstandet,

BVerfG 26.3.2001 – 1 BvR 383/00, NZA 2001, 982 = NJW 2001, 2161.

Auch der Gesichtspunkt der greifbaren Gesetzeswidrigkeit kann nicht die Zulassung der Revision begründen. Eine Ausnahme ist lediglich für solche Verfahrensmängel anerkannt, die einen absoluten Revisionsgrund iSd § 547 Nr. 1–5 ZPO iVm § 72a ArbGG darstellen. Die Beschwerde verkennt, dass in Beschwerdeverfahren ausschließlich zu prüfen ist, ob Gründe für die Zulassung der Revision vorliegen (§§ 72 Abs. 2, 72a Abs. 1 ArbGG). Die Berücksichtigung von Verfahrensmängeln und Rechtsanwendungsfehlern ist dem Beschwerdegericht verwehrt. Ob das anzufechtende Berufungsurteil den Beschwerdeführer in seinen verfassungsrechtlichen Rechten verletzt, ist im Verfahren der Nichtzulassungsbeschwerde nicht zu entscheiden. Die Prüfungskompetenz des Gerichts ist nach § 72 Abs. 2 Nr. 2 ArbGG darauf beschränkt, bei dem Gesichtspunkt der greifbaren Gesetzeswidrigkeit eine von der Beschwerdeführerin aufgezeigte Rechtssatzdivergenz zu einer Entscheidung des Bundesverfassungsgerichts festzustellen,

BAG 22.1.1998 – 2 AZR 455/97, NZA 1998, 726.

147   6. Muster: Nichtzulassungsbeschwerde wegen grundsätzlicher Bedeutung

Bundesarbeitsgericht
Hugo-Preuß-Platz 1
99084 Erfurt

Nichtzulassungsbeschwerde

– klägerische/beklagte Partei –

Prozessbevollmächtigte: ...
gegen

– klägerische/beklagte Partei –

Prozessbevollmächtigte zweiter Instanz: ...
Namens und in Vollmacht der ... Partei legen wir wegen der Nichtzulassung der Revision in dem Urteil des Landesarbeitsgerichts ... vom ..., Aktenzeichen ...,

Nichtzulassungsbeschwerde

ein und beantragen zu erkennen:

Die Revision gegen das Urteil des Landesarbeitsgerichts ... vom ..., Aktenzeichen ..., wird zugelassen.

Eine auf uns lautende Vollmacht ist beigefügt.
Wir werden alle Schriftsätze in siebenfacher Ausfertigung überreichen.

Gründe:

1. Gegenstand des Rechtsstreits bildet ... Im Mittelpunkt des Rechtsstreits steht damit die Auslegung eines Tarifvertrages, der bundesweit angewendet wird. Das Landesarbeitsgericht hat die Revision nicht zugelassen.
2. Die Nichtzulassung der Revision erfolgte zu Unrecht. Nach § 72 a Abs. 3 Nr. 1 iVm § 72 Abs. 2 Nr. 1 ArbGG ist die Nichtzulassungsbeschwerde an das BAG zulässig, wenn die Rechtssache grundsätzliche Bedeutung hat und die Parteien über die Auslegung eines Tarifvertrages, dessen Geltungsbereich sich über den Bezirk des Landesarbeitsgerichts hinaus erstreckt, streiten. Diese Voraussetzungen sind vorliegend gegeben:
Der ... Tarifvertrag gilt über den Bezirk des Landesarbeitsgerichts ... hinaus.
Das Landesarbeitsgericht hat den Tarifvertrag so ausgelegt, dass ... .
Zu der vom Landesarbeitsgericht vorgenommenen Auslegung hat das BAG bislang noch keine Entscheidung gefällt. Damit hat die Rechtssache grundsätzliche Bedeutung.

148   7. Muster: Nichtzulassungsbeschwerde, Erläuterung negativer Prozesschancen für den Mandanten

In obiger Angelegenheit teilen wir Ihnen mit, dass wir nach eingehender Überprüfung der höchstrichterlichen Entscheidungen und der arbeitsrechtlichen Literatur zu dem Ergebnis gelangen, dass die von uns zunächst fristwahrend eingelegte Nichtzulassungsbeschwerde in der Sache voraussichtlich keinen Erfolg haben wird.

Voraussetzung für die Begründetheit der Nichtzulassungsbeschwerde gem. § 72 a ArbGG ist, dass das Landesarbeitsgericht die Revision nicht zugelassen hat, obwohl die Voraussetzungen des § 72 Abs. 2 ArbGG vorlagen.

Gemäß § 72 Abs. 2 ArbGG hat das Landesarbeitsgericht die Revision zuzulassen, wenn entweder 1. die Rechtssache grundsätzliche Bedeutung hat, 2. eine Divergenz oder 3. ein bestimmter, gravierender Verfahrensmangel vorliegt.

1. Die grundsätzliche Bedeutung einer Rechtssache setzt voraus, dass die Entscheidung über den Einzelfall hinaus von Bedeutung ist und es nicht lediglich um die Rechtsbeziehungen der konkreten Verfahrensparteien geht,

vgl BAG 26.5.1955 – 2 AZR 66/53, BAGE 2, 26, 28; BAG 4.7.1968 – 5 AZR 403/67, BAGE 21, 80, 82; BAG 15.10.2012 – 5 AZN 1958/12, NZA 2012, 1388.

In diesem Rahmen ist allerdings zu beachten, dass eine grundsätzliche Bedeutung nur dann gegeben sein kann, wenn sich die über den Einzelfall hinausreichende Wirkung des Urteils auf einen größeren Bezirk als den eines Landesarbeitsgerichts erstreckt. Andernfalls könnten die Unklarheiten durch das Landesarbeitsgericht selbst geklärt werden, ohne dass es hierzu der Einschaltung des BAG bedürfte. Weiterhin entfällt eine Entscheidungserheblichkeit der Rechtsfrage dann, wenn die Entscheidung im Ergebnis auch von einer anderen Begründung getragen wird.

Nach eingehender Überprüfung der Rechtslage konnte – ungeachtet der nicht zu verkennenden großen Bedeutung der Angelegenheit für Sie persönlich – von unserer Seite keine grundsätzliche Bedeutung des Rechtsstreits festgestellt werden, die zu einem Erfolg der Nichtzulassungsbeschwerde führen könnte. Die Urteilsbegründung des Landesarbeitsgerichts beruht unter anderem darauf, dass ....

Diese Begründung ist nur in Ihrem Falle entscheidungserheblich; eine Auswirkung dieser Gerichtsentscheidung über Ihren Fall hinaus auf die Allgemeinheit im Sinne einer Rechtsfortbildung ist nach strengen Rechtsprechungsmaßstäben nicht zu erkennen.

2. Bei der Divergenzrevision ist entscheidend, ob die Entscheidung des Landesarbeitsgerichts von einer Entscheidung des Gemeinsamen Senats der obersten Gerichtshöfe des Bundes, von einer Entscheidung des BAG oder, solange eine Entscheidung des BAG in der Rechtsfrage nicht ergangen ist, von einer Entscheidung einer anderen Kammer desselben Landesarbeitsgerichts oder eines anderen Landesarbeitsgerichts abweicht und die Entscheidung auf dieser Abweichung beruht.

Unsere Prüfung hat ergeben, dass die Voraussetzungen des § 72 Abs. 2 Nr. 2 ArbGG ebenfalls nicht vorliegen. Nach Überprüfung der höchstrichterlichen Rechtsprechung konnte eine Abweichung des landesarbeitsgerichtlichen Urteils von höchstrichterlichen Entscheidungen sowie anderer landesarbeitsgerichtlicher Entscheidungen nicht festgestellt werden.

3. Auch liegt kein sog. absoluter Revisionsgrund iSv § 547 Nr. 1–5 ZPO vor, ebenso wenig eine Verletzung des rechtlichen Gehörs.

Damit kommen wir insgesamt zu dem Ergebnis, dass von der Durchführung der Nichtzulassung zwecks Vermeidung weiterer Kosten abgesehen werden sollte.

Wir möchten Sie daher bitten, uns kurzfristig Ihre Entscheidung telefonisch mitzuteilen.

↑

8. Muster: Nichtzulassungsbeschwerde wegen Divergenz und Grundsatzbedeutung

↓

Bundesarbeitsgericht

– 3. Senat –

Hugo-Preuß-Platz 1

99084 Erfurt

In dem Rechtsstreit

... ./. ...

begründet der Kläger/... die fristgerecht eingelegte

Nichtzulassungsbeschwerde

vom ... innerhalb der am ... ablaufenden Begründungsfrist (§ 72a Abs. 3 ArbGG).

Gründe:

I. Rechtliche Voraussetzungen der Nichtzulassungsbeschwerde

Der Kläger und Beschwerdeführer stützt seinen Antrag auf Zulassung der Revision sowohl auf die grundsätzliche Bedeutung einer Rechtsfrage und deren Entscheidungserheblichkeit (§ 72a Abs. 3 Nr. 1 ArbGG) als auch auf eine Divergenz zur höchstrichterlichen Rechtsprechung (§ 72a Abs. 3 Nr. 2 ArbGG).

1. Grundsatzbeschwerde

Nach § 72a Abs. 3 Nr. 1 ArbGG kann eine Nichtzulassungsbeschwerde darauf gestützt werden, dass eine entscheidungserhebliche Rechtsfrage grundsätzliche Bedeutung hat. Das ist der Fall, wenn die Entscheidung des Rechtsstreits von einer klärungsfähigen und klärungsbedürftigen Rechtsfrage abhängt und die Klärung entweder von allgemeiner Bedeutung für die Rechtsordnung ist oder wegen ihrer tatsächlichen Auswirkungen die Interessen zumindest eines größeren Teils der Allgemeinheit berührt,

> BAG 14.4.2005 – 1 AZN 840/04, NZA 2005, 708; BAG 26.9.2000 – 3 AZN 181/00, BAGE 95, 372 (375); BAG 15.10.2012 – 5 AZN 1958/12, NZA 2012, 1388.

Klärungsfähig ist eine Rechtsfrage, wenn sie in der Rechtsbeschwerdeinstanz beantwortet werden kann. Klärungsbedürftig ist sie, wenn sie höchstrichterlich noch nicht entschieden und ihre Beantwortung nicht offenkundig ist,

> BAG 14.4.2005 – 1 AZN 840/04, NZA 2005, 708 mwN.

Entscheidungserheblich ist sie, wenn die Entscheidung des Landesarbeitsgerichts von ihr abhängt.

Gemäß § 72a Abs. 3 Satz 2 Nr. 1 ArbGG muss die Beschwerdebegründung die Darlegung der grundsätzlichen Bedeutung einer Rechtsfrage und ihre Entscheidungserheblichkeit enthalten. Danach ist es regelmäßig erforderlich, dass der Beschwerdeführer die durch die anzufechtende Entscheidung aufgeworfene Rechtsfrage konkret benennt und ihre Klärungsfähigkeit, Klärungsbedürftigkeit, Entscheidungserheblichkeit und allgemeine Bedeutung für die Rechtsordnung und ihre Auswirkung auf die Interessen jedenfalls eines größeren Teils der Allgemeinheit aufzeigt,

> BAG 14.4.2005 – 1 AZN 840/04, NZA 2005, 708; BGH 11.5.2004 – XI ZB 39/03, BGHZ 159, 135; BAG 15.10.2012 – 5 AZN 1958/12, NZA 2012, 1388.

An die Darlegung der Rechtsfrage sind nur dann keine besonderen Anforderungen zu stellen, wenn sie sich aus der Beschwerdebegründung zweifelsfrei ergibt.

Ein Rechtsgrund zur Zulassung der Revision besteht regelmäßig nur, wenn sich das Landesarbeitsgericht mit der Rechtsfrage befasst hat, sie also beantwortet hat,

> BAG 13.6.2006 – 9 AZN 226/06, NZA 2006, 1004.

In der Beschwerde ist aufzuführen, welche abstrakte Interpretation das Landesarbeitsgericht bei der Behandlung der Rechtsfrage vorgenommen hat und dass diese nach Auffassung des Beschwerdeführers fehlerhaft ist,

> BAG 15.2.2005 – 9 AZN 982/04, NZA 2005, 542; BAG 24.3.1993 – 4 AZN 5/93, BAGE 73, 4.

2. Divergenzbeschwerde

Zur ordnungsgemäßen Begründung einer auf Divergenz (§ 72a Abs. 3 Nr. 2, § 72 Abs. 2 Nr. 2 ArbGG) gestützten Nichtzulassungsbeschwerde gehört, dass der Beschwerdeführer einen abstrakten Rechtssatz aus der anzufechtenden Entscheidung sowie einen hiervon abweichenden abstrakten Rechtssatz aus einer Entscheidung des BAG oder eines anderen, der in § 72 Abs. 2 Nr. 2 ArbGG genannten Gerichte anführt und darlegt, dass das anzufechtende Urteil auf dieser Abweichung beruht,

> BAG 14.4.2005 – 1 AZN 840/04, NZA 2005, 708; BAG 6.12.1994 – 9 AZN 337/94, BAGE 78, 373 (375); BAG 15.10.2012 – 5 AZN 1958/12, NZA 2012, 1388.

Nach § 72a Abs. 3 Satz 2 ArbGG müssen diese Voraussetzungen in der Begründung der Beschwerde dargelegt und die Entscheidung, von der das Urteil abweicht, bezeichnet werden,

> BAG 28.4.1998 – 9 AZN 227/98, BAGE 88, 296 (297); BAG 15.10.2012 – 5 AZN 1958/12, NZA 2012, 1388.

Allein die Darlegung einer fehlerhaften Rechtsanwendung oder der fehlerhaften oder unterlassenen Anwendung der Rechtsprechung des BAG oder eines anderen, der im Gesetz genannten Gerichte reicht zur Begründung einer Divergenzbeschwerde nicht aus,

> BAG 23.7.1996 – 1 ABN 18/96, AP ArbGG 1979 § 72a Divergenz Nr. 33; BAG 15.10.2012 – 5 AZN 1958/12, NZA 2012, 1388.

Eine lediglich fehlerhafte oder den Grundsätzen der höchstrichterlichen Rechtsprechung nicht entsprechende Rechtsanwendung kann im Hinblick auf die begrenzte Aufgabe eines Revisionsgerichts und des Revisionsverfahrens, nämlich die Rechtseinheit zu wahren und der Rechtsfortbildung zu dienen, eine Divergenz nicht begründen,

> BAG 6.3.2003 – 2 AZN 446/02, n.v.; BAG 10.7.1984 – 2 AZN 337/84, AP ArbGG 1979 § 72a Divergenz Nr. 15.

Ein vom Landesarbeitsgericht gebildeter abstrakter Rechtssatz kann auch in scheinbar einzelfallbezogenen Ausführungen der Entscheidung liegen. Die auf eine Divergenz gestützte Nichtzulassungsbeschwerde muss dann aber darlegen, dass sich ein solcher Rechtssatz zwingend aus der Entscheidung ergibt, er aus ihr also unmittelbar und so deutlich abzulesen ist, dass kein Raum für Zweifel bleibt,

> BAG 6.3.2003 – 2 AZN 446/02, n.v.; BAG 15.10.2012 – 5 AZN 1958/12, NZA 2012, 1388.

Beruht das anzufechtende Urteil auf einer Mehrfachbegründung, ist die Revision nur dann zuzulassen, wenn mit der Nichtzulassungsbeschwerde jede der vom Landesarbeitsgericht gegebenen Begründung angegriffen wird und die Rügen gegen jede der gerügten Begründungen für sich betrachtet durchgreifen,

> BAG 10.3.1999 – 4 AZN 857/98, BAGE 91, 93; BAG 22.5.2012 – 1 ABN 27/12, EzA-SD 2012, Nr. 12, 20.

Die Nichtzulassungsbeschwerde bleibt daher bereits dann in der Sache erfolglos, wenn auch nur eine der mehreren vom Landesarbeitsgericht gegebenen Begründungen zu Unrecht gerügt wird,

> BAG 6.3.2003 – 2 AZN 446/02, n.v.

Dementsprechend hat der Beschwerdeführer im Einzelnen darzulegen, welche divergierenden abstrakten, also fallübergreifenden Rechtssätze das anzufechtende wie das herangezogene Urteil aufgestellt haben und dass jedenfalls das anzufechtende Urteil auf dem abweichenden Rechtssatz beruht,

BAG 15.9.2004 – 4 AZN 281/04, NZA 2004, 1292; BAG 9.12.1980 – 7 AZN 374/80, AP ArbGG 1979 § 72 a Divergenz Nr. 3.

Die Erfüllung der zuletzt genannten Anforderung ist grundsätzlich konkret, fallbezogen darzulegen,

BAG 10.7.1996 – 4 AZN 34/96, ZTR 1996, 420.

Dadurch soll der bloß formelhaften Behauptung, die anzufechtende Entscheidung beruhe auf der/den behaupteten Divergenz(en), entgegengewirkt und eine Beschränkung des Rechtsstoffs im Beschwerdeverfahren erreicht werden. Der Prozessbevollmächtigte des Beschwerdeführers soll mit dieser Anforderung einer ordnungsgemäßen Beschwerdebegründung dazu angehalten werden, das angefochtene Urteil genau zu durchdenken und nur solche Divergenzen zu rügen, die die anzufechtende Entscheidung tragen,

BAG 15.9.2004 – 4 AZN 281/04, NZA 2004, 1292.

Unter Beachtung der vorstehenden Rechtsgrundsätze des BAG erhebt der Beschwerdeführer vorliegend sowohl eine Grundsatz- als auch eine Divergenzbeschwerde.

II. Sachverhalt

Die Parteien streiten darüber, ob ….

III. Urteilsbegründungen

Das Arbeitsgericht hat ….

IV. Grundsatzbeschwerde

Das Landesarbeitsgericht hat die Revision zu Unrecht nicht zugelassen. Die Revision wird gestützt auf § 72 a Abs. 3 Nr. 1 ArbGG. …

V. Divergenzbeschwerde

Das Landesarbeitsgericht stellt den Rechtssatz auf, ….

Der vorstehende Rechtssatz weicht von der höchstrichterlichen Rechtsprechung des BAG ab. …

Das Landesarbeitsgericht verkürzt die vorstehenden Grundsätze des BAG um die maßgebliche Erkenntnis, dass ….

Das Urteil des Landesarbeitsgerichts beruht auf diesem fehlerhaften Rechtssatz. Hätte das Landesarbeitsgericht den Rechtssatz des BAG zutreffend angewandt, hätte es bei umfassender Würdigung der Umstände des Einzelfalles und der gegenläufigen Interessen zu … gelangen müssen.

Das Landesarbeitsgericht stellt des Weiteren den Rechtssatz auf, ….

Dieser Rechtssatz steht im Widerspruch zu den Grundsätzen des BAG, wonach ….

Des Weiteren steht der Rechtssatz des Landesarbeitsgerichts in Widerspruch zur aktuellen Entscheidung des BAG vom ….

In dieser Entscheidung führt der … Senat aus: …

Das anzufechtende Urteil des Landesarbeitsgerichts beruht auf dieser Divergenz. Das Urteilsergebnis des Landesarbeitsgerichts hätte anders ausfallen können, wenn das Urteil nicht auf diesen divergierenden Rechtssatz aufbauen würde, sondern auf dem Rechtssatz aus den zitierten Urteilen des BAG. Denn wäre das Landesarbeitsgericht der Rechtsprechung des BAG gefolgt, hätte es … feststellen müssen.

9. Muster: Nichtzulassungsbeschwerde wegen Divergenz

Bundesarbeitsgericht
Hugo-Preuß-Platz 1
99084 Erfurt

Nichtzulassungsbeschwerde

...

— klägerische/beklagte Partei —

Prozessbevollmächtigte: ...

gegen

...

— klägerische/beklagte Partei —

Prozessbevollmächtigte zweiter Instanz: ...

Namens und in Vollmacht der ... Partei legen wir wegen der Nichtzulassung der Revision in dem Urteil des Landesarbeitsgerichts ... vom ..., Aktenzeichen ...,

Nichtzulassungsbeschwerde

ein und beantragen zu erkennen:

Die Revision gegen das Urteil des Landesarbeitsgerichts ... vom ..., Aktenzeichen ..., wird zugelassen.

Eine auf uns lautende Vollmacht ist beigefügt.

Wir werden alle Schriftsätze in siebenfacher Ausfertigung überreichen.

Gründe:

I.

Die Parteien streiten darüber, ob ....

Das Arbeitsgericht hat wie folgt entschieden: ...

Das Landesarbeitsgericht hat wie folgt entschieden: ...

Das Landesarbeitsgericht hat die Revision nicht zugelassen. Die Nichtzulassung der Revision erfolgte zu Unrecht, da das Landesarbeitsgericht mit seinem Urteil von einem Rechtssatz des BAG abweicht, § 72 Abs. 2 Nr. 2 ArbGG. Die Nichtzulassungsbeschwerde ist durch diese Divergenz begründet.

II.

Das Landesarbeitsgericht hat in seinem Urteil bei der Darstellung seiner die Entscheidung tragenden Urteilsgründe Folgendes festgestellt: .... Schließlich hat es wörtlich Folgendes ausgeführt: ...

Mit dieser Formulierung hat das Landesarbeitsgericht einen abstrakten Rechtssatz aufgestellt, auf den es seine Entscheidung in dem angefochtenen Urteil gründet.

Der vom Landesarbeitsgericht in der angefochtenen Entscheidung aufgestellte abstrakte Rechtssatz weicht von dem Rechtssatz ab, den das BAG in seiner Entscheidung ... aufgestellt hat. In dieser Entscheidung formuliert das BAG wie folgt:

...

Das anzufechtende Urteil des Landesarbeitsgerichts beruht auf dieser Divergenz. Das Urteilsergebnis des Landesarbeitsgerichts hätte anders ausfallen können, wenn das Urteil nicht auf diesem divergierenden Rechtssatz aufbauen würde, sondern auf dem Rechtssatz aus dem zitierten Urteil des BAG.

Der Umstand, dass Rechtsgrundlage der tragenden Ausführungen des LAG eine Fundstelle aus der Literatur bildete, die die Kammer übernommen hat, hindert nicht an der Feststellung, dass das LAG damit einen eigenen Rechtssatz aufgestellt hat. Wenn das LAG Rechtserkenntnisse aus anderen Urteilen oder in der Wissenschaft vertretene Literaturmeinungen zustimmend wiedergibt, stellt es anerkanntermaßen „durch Übernahme" eigene Rechtssätze auf,

vgl AnwK-ArbR/*Düwell*, § 72 a ArbGG Rn 41.

10. Muster: Nichtzulassungsbeschwerde wegen Verletzung des Anspruchs auf rechtliches Gehör

Bundesarbeitsgericht
Hugo-Preuß-Platz 1
99084 Erfurt

Nichtzulassungsbeschwerde

...

– klägerische/beklagte Partei –

Prozessbevollmächtigte: ...

gegen

...

– klägerische/beklagte Partei –

Prozessbevollmächtigte zweiter Instanz: ...

Namens und in Vollmacht der ... Partei legen wir wegen der Nichtzulassung der Revision in dem Urteil des Landesarbeitsgerichts ... vom ..., Aktenzeichen ...,

Nichtzulassungsbeschwerde

ein und beantragen zu erkennen:

Die Revision gegen das Urteil des Landesarbeitsgerichts ... vom ..., Aktenzeichen ..., wird zugelassen.

Eine auf uns lautende Vollmacht ist beigefügt.

Wir werden alle Schriftsätze in siebenfacher Ausfertigung überreichen.

Gründe:

1. Gegenstand des Rechtsstreits bildet .... Im Mittelpunkt des Rechtsstreits steht damit .... Das Landesarbeitsgericht hat die Revision nicht zugelassen.

2. Die Nichtzulassung der Revision erfolgte zu Unrecht. Nach § 72 Abs. 2 Nr. 3 ArbGG ist die Nichtzulassungsbeschwerde an das BAG zulässig, wenn eine entscheidungserhebliche Verletzung des Anspruchs auf rechtliches Gehör geltend gemacht wird und vorliegt. Diese Voraussetzungen sind vorliegend gegeben:

Das LAG ... hat den Anspruch des Beschwerdeführers auf rechtliches Gehör verletzt, indem es folgenden nach § 139 Abs. 2 ZPO gebotenen Hinweis unterlassen hat:

Das LAG hätte den Beschwerdeführer darauf hinweisen müssen, dass ....

Wäre der Beschwerdeführer vom LAG darauf hingewiesen worden, hätte er sodann vorgebracht .... Aufgrund dieses Vorbringens wäre die Entscheidung des LAG sicherlich/möglicherweise anders entschieden worden.

Die Hinweispflicht nach § 139 ZPO erstreckt sich nicht nur auf Umstände rechtlicher, sondern auch auf solche tatsächlicher Art.

Die Hinweispflicht dient dazu, dass der Rechtsanwalt mit seiner Partei vor dem Termin die maßgeblichen Umstände erörtern und gegebenenfalls die nach Meinung des Gerichts erheblichen Umstände vortragen kann.

Verstößt das Gericht gegen die Hinweispflicht nach § 139 ZPO, ist zumindest ein neuer Termin anzuberaumen, bis zu dem unter Wahrung des Anspruchs auf rechtliches Gehör der betroffenen Partei Gelegenheit zu geben ist, zu den vom Gericht erheblichen Sachen vorzutragen.

Dementsprechend hat der 9. Senat des BAG in seinem Urteil vom 11.4.2006

9 AZN 892/05, NZA 2006, 750,

die Nichtzulassungsbeschwerde wegen Verletzung des Anspruchs auf rechtliches Gehör mit folgenden Erwägungen zugelassen:

„§ 139 Abs. 1 ZPO verlangt nicht, dass das Gericht eine Partei, die sich zur Begründung ihres geltend gemachten Anspruchs auf einen ganz bestimmen Lebenssachverhalt und eine sich daraus ergebende Anspruchsgrundlage stützt, darauf hinweist, bei verändertem Sachvortrag könnte auch eine andere Anspruchsgrundlage den geltend gemachten Anspruch rechtfertigen. Es ist nicht Aufgabe des Gerichts, eine Partei darauf hinzuweisen, dass sie ihr Klageziel dadurch erreichen könnte, indem sie sich zur Begründung ihres Klageanspruchs auf einen weiteren Lebenssachverhalt und damit eine neue Anspruchsgrundlage stützt."

Der 9. Senat ging davon aus, dass das betreffende LAG den Anspruch auf rechtliches Gehör dadurch verletzt, dass es in sein klageabweisendes Urteil einen, von der Klägerin bislang noch nicht vorgetragenen Lebenssachverhalt aufgenommen hat, ohne je zuvor Gelegenheit zu geben, diesen neuen Lebenssachverhalt durch Tatsachenvortrag zu konkretisieren. Eine solche Verfahrensweise verstößt gegen den Grundsatz des „fairen Verfahrens" (Fair-Trail-Grundsatz). Wenn das LAG eine Klageerweiterung in der Berufungsinstanz anregen und zulassen wollte, so hätte es der Klägerin in Anwendung des in § 139 Abs. 5 ZPO enthaltenen Rechtsgedankens die beantragte Frist zum substantiierten neuen Tatsachenvortrag für die Klageerweiterung einräumen müssen.

Demgegenüber begründet eine nur fehlerhafte Berücksichtigung des Parteivorbringens keine Verletzung des Anspruchs auf rechtliches Gehör,

vgl BAG 18.11.2008 – 9 AZN 836/08, NZA 2009, 223; BAG 15.10.2012 – 5 AZN 1958/12, NZA 2012, 1388.

11. Muster: Revision des Klägers

Bundesarbeitsgericht
Hugo-Preuß-Platz 1
99084 Erfurt

Revision

– Revisionskläger –

Prozessbevollmächtigte: ...

gegen

– Revisionsbeklagte –

Prozessbevollmächtigte: ...
Wir bestellen uns zu Prozessbevollmächtigten des Klägers und Revisionsklägers, in dessen Namen und Vollmacht wir

Revision

gegen das Urteil des Landesarbeitsgerichts ... vom ..., Aktenzeichen ..., einlegen.
Es wird die Verletzung materiellen und formellen Rechts gerügt.
Es wird bereits jetzt beantragt, wegen der Schwierigkeit der Vereinbarung eines frühzeitigen Besprechungstermins mit der klägerischen Partei die Revisionsbegründungsfrist zu verlängern.
Anträge und Revisionsbegründung bleiben einem gesonderten Schriftsatz vorbehalten.
Wir werden alle Schriftsätze in siebenfacher Ausfertigung einreichen.

153 **12. Muster: Revision des Beklagten**

Bundesarbeitsgericht
Hugo-Preuß-Platz 1
99084 Erfurt

Revision

– Revisionskläger –

Prozessbevollmächtigte: ...
gegen

– Revisionsbeklagte –

Prozessbevollmächtigte: ...
Wir bestellen uns zu Prozessbevollmächtigten des Beklagten und Revisionsklägers, in dessen Namen und Vollmacht wir

Revision

gegen das Urteil des Landesarbeitsgerichts ... vom ..., Aktenzeichen ..., einlegen.
Es wird die Verletzung materiellen und formellen Rechts gerügt.
Es wird bereits jetzt beantragt, wegen der Schwierigkeit der Vereinbarung eines frühzeitigen Besprechungstermins mit der klägerischen Partei die Revisionsbegründungsfrist zu verlängern.
Anträge und Revisionsbegründung bleiben einem gesonderten Schriftsatz vorbehalten.
Wir werden alle Schriftsätze in siebenfacher Ausfertigung einreichen,

13. Muster: Rechtsbeschwerde

Bundesarbeitsgericht
Hugo-Preuß-Platz 1
99084 Erfurt

**In der Rechtsbeschwerdesache
mit den Beteiligten**

1. ...

– beschwerdeführende Partei –

Verfahrensbevolllmächtigte: ...

und

2. ...

– der Beschwerde entgegentretende Partei –

Verfahrensbevollmächtigte: ...

wegen: ...

legen wir namens und in Vollmacht der beschwerdeführenden Partei gegen den Beschluss des Landesarbeitsgerichts ... vom ..., Aktenzeichen ..., den Prozessbevollmächtigten der beschwerdeführenden Partei zugestellt am ...,

Rechtsbeschwerde

ein. Eine Kopie des Beschlusses des Landesarbeitsgerichts ... vom ... fügen wir bei.
Namens der beschwerdeführenden Partei beantragen wir zu erkennen:

1. Der Beschluss des Landesarbeitsgerichts ... vom ..., Aktenzeichen ..., wird aufgehoben. Auf die Beschwerde wird unter Abänderung des Beschlusses des Arbeitsgerichts ... vom ... wie folgt entschieden: ...

Hilfsweise:

2. Unter Aufhebung des Beschlusses des Arbeitsgerichts ... vom ..., Aktenzeichen ..., wird die Sache zur anderweitigen Verhandlung und Entscheidung an das Landesarbeitsgericht ... zurückverwiesen.

Gründe:

...

V. Kostenfestsetzung und Zwangsvollstreckung

1. Muster: Arrestantrag wegen Gefahr der Vollstreckungsvereitelung oder Vollstreckungserschwerung

Arbeitsgericht ...

Antrag auf Erlass eines Arrestes

– antragstellende Partei –

Verfahrensbevollmächtigte: ...

gegen

...

– antragsgegnerische Partei –

Wir bestellen uns zu Verfahrensbevollmächtigten der antragstellenden Partei und beantragen wegen der Dringlichkeit des Falles ohne mündliche Verhandlung durch den Vorsitzenden allein den Erlass eines Arrestes.

1. Die antragstellende Partei beantragt, wegen einer Forderung der Antragstellerin gegen die Antragsgegnerin aus einer Fort- und Weiterbildungsvereinbarung in Höhe von ... EUR nebst Zinsen in Höhe von fünf Prozentpunkten über dem Basiszinssatz seit dem Tage der Klagezustellung in der Hauptsache, den dinglichen Arrest in das gesamte Vermögen der Antragsgegnerin anzuordnen.

2. Die Vollziehung des Arrestes wird durch Hinterlegung eines Betrags durch die Antragsgegnerin in Höhe von ... EUR gehemmt.

3. Mit Vollziehung des Arrestes werden folgende angebliche Forderungen der Antragsgegnerin gepfändet:

a) aus der bestehenden Geschäftsverbindung, insbesondere dem Kontokorrent- und dem Girovertrag der Anspruch auf

- Auszahlung des gegenwärtigen Guthabens (Verrechnung aller Debit- und Kreditposten) im Zeitpunkt der Zustellung (Zustellungssaldo),
- Auszahlung des künftigen Guthabens, welches sich bei Saldoabziehung des jeweiligen Rechnungsabschlusses ergibt (zukünftiges Saldo),
- fortlaufende Auszahlung der sich zwischen den Rechnungsabschlüssen ergebenden Guthaben (Tagessaldo),
- das Recht, über dieses Guthaben durch Überweisungsaufträge zu verfügen,
- der Anspruch auf Gutschrift aller künftigen Eingänge aus dem Girovertrag,
- die Auszahlung der Darlehenssumme für den Fall, dass der Schuldner den ihm gewährten Dispositionskredit abruft,
- alle gegenwärtigen und zukünftigen Ansprüche auf Auszahlung von Sparguthaben aus vermögenswirksamen Leistungen,

gegen die Sparkasse ..., vertreten durch den Direktor ..., Kontonummer ...

b) die angeblichen künftigen Ansprüche der Schuldnerin auf Altersruhegeld in Höhe der nach § 850 c ZPO pfändbaren Beträge

gegen die Deutsche Rentenversicherung Bund ..., Versicherungs-Nummer: ...

und die Versorgungsanstalt des Bundes und der Länder ..., Versicherungs-Nummer: ...

und den kommunalen Versorgungsverband ..., Versicherungs-Nummer: ...

als Drittschuldner zu 4.

c) die gegenwärtigen und künftigen angeblichen Ansprüche der Antragsgegnerin auf Rückzahlung der Mietkaution einschließlich deren Verzinsung nach Wegfall des Sicherungszweckes im Hinblick auf die Anmietung der Wohnung ...

gegen die Vermieterin Frau ...

d) die angebliche Forderung der Antragsgegnerin auf Einkommensteuer, Lohnsteuer und Kirchensteuererstattungsansprüche für die Jahre 2006 und 2007 sowie die angeblichen Ansprüche auf Gewährung und Auszahlung der Arbeitnehmersparzulage oder Wohnungsbauprämie

gegen das Finanzamt ...

als Drittschuldnerin zu 6.

e) das angebliche Recht auf Kündigung des Bausparvertrages
- der angebliche Anspruch auf Rückzahlung des Bausparguthabens
- der angebliche Anspruch auf Wohnungsbauprämie
- der angebliche Anspruch auf ein Zinsguthaben auf das Bausparguthaben und einen eventuellen Zinsbonus
- der angebliche Anspruch auf Herausgabe einer Kopie des Bausparvertrages

gegen Ostdeutsche Landesbausparkasse AG ..., Vertragsnummer: ...
als Drittschuldnerin zu 8.

4. Den Drittschuldnern wird verboten, an die Antragsgegnerin zu zahlen. Der Antragsgegnerin wird dagegen geboten, sich jeder Verfügung über die gepfändete Forderung, insbesondere der Einziehung, zu enthalten.

↑

2. Muster: Fotokopiekosten für Schriftsatzanlagen, Erstattungsfähigkeit

↓

Arbeitsgericht ...

Aktenzeichen: ...

Gegner: RAe ..., zwei Abschriften anbei

In dem Rechtsstreit

... ./. ...

wenden wir uns gegen die beabsichtigte Festsetzung der Fotokopiekosten. In den von der Gegenseite geltend gemachten Fotokopiekosten sind Kosten für solche Ablichtungen enthalten, die in umfangreichem Maße als Anlagen zu Schriftsätzen des Gegners für das Gericht und in einfacher Ausfertigung für unsere Partei gefertigt wurden. Im Einzelnen handelt es sich dabei um ... Fotokopien.

Eine Ersatzpflicht unserer Partei für diese Fotokopiekosten besteht nicht.

Nach Nr. 7000 Nr. 1 Buchst. b) VV RVG kann der Rechtsanwalt Ersatz der Kosten für die Anfertigung von Abschriften und Ablichtungen zur Zustellung oder Mitteilung an Gegner oder Beteiligte und Verfahrensbevollmächtigte aufgrund einer Rechtsvorschrift oder nach Aufforderung durch das Gericht, die Behörde oder die sonst das Verfahren führende Stelle verlangen, soweit hierfür mehr als 100 Seiten zu fertigen waren. Dies gilt gem. § 7 Abs. 2 RVG gleichermaßen für Abschriften und Ablichtungen zur notwendigen Unterrichtung von mehreren Auftraggebern.

Mangels Aufforderung durch Gericht, Rechtsvorschrift oder besonderer Absprachen kann der Auftraggeber erwarten, dass der Rechtsanwalt das Schreibwerk herstellt, das zur Prozessführung notwendig ist. Es ist daher auch nicht Sache des Auftraggebers, dem Rechtsanwalt Schriftsatzanlagen in der zur Prozessführung erforderlichen Anzahl zur Verfügung zu stellen.

Nach diesen Grundsätzen schuldet die gegnerische Partei ihren Prozessbevollmächtigten keinen Ersatz der Kosten für die Fotokopien, die dieser als Anlagen zu ihren eigenen Schriftsätzen gefertigt und bei Gericht eingereicht haben. Diese zählen zu den gem. Vorbemerkung 7 Abs. 1 VV RVG abgegoltenen allgemeinen Geschäftskosten.

Fotokopiekosten sind deshalb, vorbehaltlich der in Nr. 7000 VV RVG und § 7 Abs. 2 RVG geregelten Ausnahmen, grundsätzlich nicht erstattungsfähig,

BGH 5.12.2002 – I ZB 25/02, AnwBl 2003, 241; BGH 25.3.2003 – VI ZB 53/02, AGS 2003, 349.

↑

157 3. Muster: Gerichtsvollzieherpfändung wegen Geldforderungen, Antrag

↓

Gerichtsvollzieherverteilungsstelle

beim Amtsgericht in ...

In Sachen

... ./. ...

(Kurzrubrum)

überreichen wir die vollstreckbare Ausfertigung des Urteils des Arbeitsgerichts vom ..., Aktenzeichen ..., mit dem Auftrag, im Wege der Zwangsvollstreckung folgende Beträge beizutreiben:

- einen Teil der Hauptforderung laut Titel in Höhe von ... EUR
- Zinsen in Höhe von fünf Prozentpunkten über dem Basiszinssatz auf diesen Betrag ... EUR
  seit dem ...
- festgesetzte Kosten gemäß Kostenfestsetzungsbeschluss vom ... ... EUR

(Rechtsanwalt)

↑

158 4. Muster: Kostenfestsetzungsantrag unter Berücksichtigung fiktiver Reisekosten[119]

↓

Arbeitsgericht ...

Aktenzeichen: ...

In dem Rechtsstreit

... ./. ...

wird beantragt, die fiktiven Reisekosten der beklagten Partei zu berücksichtigen, die entstanden wären, wenn sie den Termin vom ... vor dem Arbeitsgericht ... selbst wahrgenommen hätte.

Die durch die Beauftragung eines Rechtsanwalts entstehenden Kosten sind im Rahmen hypothetisch berechneter Reisekosten, die der Partei sonst entstanden wären, erstattungsfähig,

vgl LAG Rheinland-Pfalz 23.8.2007 – 11 Ta 169/07, juris; *Germelmann u.a.*, ArbGG, § 12 a Rn 22.

§ 12 a Abs. 1 Satz 1 ArbGG will nur das Prozessrisiko für die unterliegende Partei begrenzen, es soll ihr aber nicht ein ungerechtfertigter Kostenvorteil verschafft werden. Im Rahmen der hypothetischen Kostenberechnung sind sämtliche Fahrt-, Unterkunfts- und sonstigen Kosten zu berücksichtigen, wobei die Grenzen des JVEG zu berücksichtigen sind. In der Höhe dieser Kosten können die durch die Beauftragung des Rechtsanwalts entstandenen Gebühren und Auslagen erstattet verlangt werden.

Zur zweckentsprechenden Rechtsverfolgung bzw Rechtsverteidigung durch die beklagte Partei wären notwendigerweise die nachfolgenden Kosten entstanden:

- Netto-Bahnkosten ... EUR
- Netto-Taxikosten ... EUR
- Netto-Unterkunft ... EUR
- Summe ... EUR

Durch die Anreise von Rechtsanwalt ... ersparte sich die Partei eigene Reisekosten, da der einzig sachkundig informierte Mitarbeiter aus ... nicht anreisen musste. Dass nur der Mitarbeiter aus ... über die erforderlichen Kenntnisse zur sachgerechten Führung des Prozesses verfügte, ergibt sich aus folgenden Gründen: ...

---

119 Zum Gegenantrag mit Begründung als sofortige Beschwerde s. Muster 6212 (§ 6 Rn 159).

Auf dieser Grundlage wird beantragt, die tatsächlich angefallenen Rechtsanwaltskosten in Höhe der ersparten fiktiven Nettoreisekosten in Höhe von insgesamt ... EUR als erstattungsfähig festzusetzen und auszusprechen, dass der festzusetzende Betrag mit fünf Prozentpunkten über dem Basiszinssatz zu verzinsen ist.

Tatsächlich sind folgende Rechtsanwaltsgebühren und Auslagen angefallen:

- Gegenstandswert: ... EUR
- 1,2-Terminsgebühr, Nr. ... VV RVG ... EUR
- 1,3-Verfahrensgebühr, Nr. ... VV RVG ... EUR
- Auslagenpauschale, Nr. 7002 VV RVG 20,00 EUR
- 19 % Umsatzsteuer, Nr. 7008 VV RVG ... EUR
- Summe ... EUR

Dementsprechend sind vorliegend ... EUR der angefallenen Gebühren und Auslagen als fiktiv ersparte Reisekosten erstattungsfähig.

5. Muster: Kostenfestsetzungsantrag, Sofortige Beschwerde unter Berücksichtigung fiktiver Reisekosten

Landesarbeitsgericht ...

Aktenzeichen: ...

In dem Rechtsstreit

... ./. ...

legen wir namens und im Auftrag der klägerischen Partei gegen den Kostenfestsetzungsbeschluss des ArbG ... vom ..., Aktenzeichen ...,

sofortige Beschwerde

ein.

Es wird beantragt,

1. den Kostenfestsetzungsbeschluss des ArbG ... vom ..., Aktenzeichen ..., aufzuheben und den Kostenfestsetzungsantrag der beklagten Partei/beschwerdegegnerischen Partei vom ... zurückzuweisen.
2. die Aussetzung der Vollziehung des Kostenfestsetzungsbeschlusses des ArbG ... vom ...,..., Aktenzeichen ..., anzuordnen.
3. Die beklagte Partei/beschwerdegegnerische Partei trägt die Kosten des Verfahrens.

Gründe:

Im vorstehend genannten Kostenfestsetzungsbeschluss sind Kosten der beklagten Partei als erstattungsfähig anerkannt worden, die nicht erstattungsfähig sind. So hat das ArbG ... ausweislich seines Beschlusses fiktiv ersparte Reisekosten in einer Höhe von ... EUR zur Erstattung festgesetzt.

Nach heute herrschender Meinung sind die durch die Beauftragung eines Rechtsanwalts entstehenden Kosten im Rahmen hypothetisch berechneter Reisekosten, die der Partei sonst entstanden wären, erstattungsfähig,

vgl LAG Rheinland-Pfalz 23.8.2007 – 11 Ta 169/07, juris; *Germelmann u.a.*, ArbGG, § 12 a Rn 22.

§ 12 a Abs. 1 Satz 1 ArbGG will nur das Prozessrisiko für die unterliegende Partei begrenzen, es soll ihr aber nicht ein ungerechtfertigter Kostenvorteil verschafft werden. In diese hypothetische Berechnung können daher nur solche Kosten einbezogen werden, die zur zweckentsprechenden Rechtsverfolgung oder -verteidigung notwendig gewesen wären. Es gilt, dass jede Partei die Kosten so gering wie möglich zu halten hat. Reisekosten, die nicht nötig waren, können daher nicht in die Berechnung eingestellt werden,

vgl *Germelmann u.a.*, ArbGG, § 12 a Rn 23.

Reisekosten, die einem Arbeitgeber dadurch entstehen, dass er am Gerichtsstand des Erfüllungsortes verklagt wird, sind nicht erstattungsfähig,

vgl LAG Düsseldorf 30.11.1989 – 7 Ta 386/89, LAGE Nr. 13 zu § 12 a ArbGG.

Dies ergibt sich aus dem im Arbeitsrecht zu beachtenden Verfahrensgrundsatz, wonach der Arbeitnehmer, der an einem bestimmten Ort Dienstleistungen für einen Arbeitgeber erbringt, darauf vertrauen können muss, dass er auch an dem für diesen Ort zuständigen Gericht Rechtsstreitigkeiten mit einem Arbeitgeber ohne das Risiko erhöhter Kosten austragen kann,

vgl LAG Düsseldorf 30.11.1989 – 7 Ta 386/89, LAGE Nr. 13 zu § 12 a ArbGG.

Hinzu kommt, dass gemäß dem Protokoll des Gütetermins vom ... bei Aufruf des Rechtsstreits für die beklagte Partei „Rechtsanwalt ... mit Prokurist ...." erschienen war.
Nach der Rechtsprechung des LAG Düsseldorf, Beschluss vom 15.5.1991 – 7 Ta 141/91, MDR 1991, 996, sind Kosten nicht erstattungsfähig, die dadurch entstehen, dass der Arbeitgeber den Rechtsstreit von dem Hauptsitz seiner Firma aus führt, obwohl der Arbeitnehmer den Arbeitgeber am Gerichtsstand des Erfüllungsortes verklagt hat. Nach dieser Rechtsprechung soll ein Kläger nur mit solchen Kosten belastet werden, die aus der Wahrnehmung der Termine beim Gericht des Erfüllungsortes erwachsen,

vgl LAG Schleswig-Holstein 18.3.2009 – 4 Ta 31/09, juris.

Folglich handelt es sich bei den geltend gemachten Reisekosten nicht um ersparte, notwendige Kosten. Dementsprechend sind diese Kosten auch nicht erstattungsfähig und der Kostenfestsetzungsbeschluss des Arbeitsgerichts ... vom ..., Aktenzeichen ..., aufzuheben und der Kostenfestsetzungsantrag zurückzuweisen.

6. Muster: Vollstreckbare Ausfertigung, abgekürzt

Arbeitsgericht ...
Aktenzeichen: ...
In Sachen
... ./. ...
(Kurzrubrum)
beantragen wir,

dem Kläger eine abgekürzte vollstreckbare Ausfertigung des am ... verkündeten Urteils des Arbeitsgerichts ..., Aktenzeichen ..., zu erteilen,

damit wir unverzüglich Zwangsvollstreckungsmaßnahmen einleiten können.
(Rechtsanwalt)

7. Muster: Vollstreckbare Ausfertigung, Antrag auf Erteilung eines weiteren Titels

Arbeitsgericht ...
Aktenzeichen: ...
In Sachen

... ./. ...
(Kurzrubrum)

beantragen wir,

dem Kläger eine vollstreckbare Ausfertigung des Vergleichs vom .../Urteils vom ... zu erteilen,

(alternativ, zB im Fall des Verlustes der erteilten vollstreckbaren Ausfertigung)

beantragen wir,

dem Kläger gem. § 733 ZPO eine weitere vollstreckbare Ausfertigung des Vergleichs vom .../des Urteils vom ... zu erteilen.

Die vom Vergleich vom .../Urteil vom ... erteilte vollstreckbare Ausfertigung ist verloren gegangen. Zumindest ist sie nicht mehr auffindbar, was ich in Kenntnis der Bedeutung einer eidesstattlichen Versicherung an Eides statt versichere.

(Rechtsanwalt)

8. Muster: Vollstreckbare Ausfertigung gegen den Rechtsnachfolger des Beklagten (§§ 727 ff ZPO)

Arbeitsgericht ...

Aktenzeichen: ...

In Sachen

... ./. ...

(Kurzrubrum)

beantragen wir,

gem. den §§ 727 ff ZPO die Vollstreckungsklausel gegen den Rechtsnachfolger des Beklagten umzuschreiben.

Begründung:

Der Beklagte ist nach Rechtskraft des Urteils am ... verstorben und von seiner Ehefrau beerbt worden.

Beweis: Vorlage des Erbscheins vom .../Vorlage der Nachlassakten des Amtsgerichts

Die vollstreckbare Ausfertigung des Urteils und der Erbschein liegen diesem Schreiben bei.

(Rechtsanwalt)

9. Muster: Vorläufige Vollstreckbarkeit, Ausschluss wegen eines nicht zu ersetzenden Nachteils (§ 62 Abs. 1 Satz 2 ArbGG)

Arbeitsgericht ...

Aktenzeichen: ...

In Sachen

... ./. ...

(Kurzrubrum)

beantragen wir:

1. Die Klage wird abgewiesen.

Hilfsweise:

2. Die vorläufige Vollstreckbarkeit wird im Fall des Unterliegens der Beklagten gem. § 62 Abs. 1 Satz 2 ArbGG ausgeschlossen.

Begründung:

Der Antrag zu Ziff. 2 rechtfertigt sich wie folgt:

Für den Fall, dass der Kläger mit seiner Klage durchdringt, würde die Vollstreckung des Klägers der Beklagten einen nicht zu ersetzenden Nachteil bringen. Durch die Vollstreckung würden vollendete, nicht mehr korrigierbare Tatsachen geschaffen. Aufgrund der schlechten Vermögenslage des Klägers kann nicht damit gerechnet werden, dass er die beigetriebene Leistung bei späterem Wegfall des Vollstreckungstitels mit Geld oder auf andere Weise ausgleichen könnte. Der Kläger hat ca. 50.000 EUR Schulden und hat den Offenbarungseid geleistet.

Glaubhaftmachung: Lohnpfändungen und eidesstattliche Versicherung des Mitarbeiters der Personalabteilung der Beklagten

Vor diesem Hintergrund besteht die konkrete Gefahr, dass Rückgriffsansprüche der Beklagten erheblich erschwert sind.

(Rechtsanwalt)

10. Muster: Vollstreckung zur Nachtzeit sowie an Sonn- und Feiertagen, Antrag auf Erteilung der Erlaubnis

Amtsgericht

Aktenzeichen: ...

In dem Vollstreckungsverfahren

... ./. ...

(Kurzrubrum)

beantragen wir,

gem. § 758a Abs. 4 ZPO anzuordnen, die Pfändung zur Nachtzeit sowie an Sonn- und Feiertagen vorzunehmen.

Begründung:

Trotz wiederholter Versuche konnte das Urteil des Arbeitsgerichts ... vom ..., Aktenzeichen ..., nicht vollstreckt werden, da der Schuldner tagsüber während der Woche in seiner Wohnung vom Gerichtsvollzieher nicht angetroffen wurde. Dies wird belegt durch .... Aus diesem Grund bedarf es der Anordnung nach § 758a Abs. 4 ZPO, damit die Vollstreckungshandlung des Gerichtsvollziehers zur Nachtzeit und an Sonn- und Feiertagen erfolgen kann.

11. Muster: Zwangsvollstreckung wegen vertretbarer Handlung (§ 887 ZPO), Antrag

Arbeitsgericht

Aktenzeichen: ...

In Sachen

... ./. ...
(Kurzrubrum)

überreichen wir die vollstreckbare Ausfertigung des Beschlusses des Arbeitsgerichts ... vom ..., Aktenzeichen ..., und beantragen:

1. Der Gläubiger (Antragsteller) wird ermächtigt, auf Kosten des Schuldners (Antragsgegners) den Kommentar von Däubler/Kittner/Klebe zum BetrVG, ISBN ..., zum Preis von ... EUR zu kaufen.
2. Der Schuldner wird verpflichtet, dem Gläubiger den Kaufpreis von ... EUR im Voraus zu zahlen.

Begründung:

Im Beschlussverfahren ist der Antragsgegner verurteilt worden, dem Antragsteller den Kommentar von Däubler/Kittner/Klebe in der aktuellen Auflage zur Verfügung zu stellen. Der Beschluss ist zwischenzeitlich rechtskräftig. Gleichwohl hat der Antragsgegner den Kommentar trotz mehrfacher schriftlicher Aufforderung seitens des Antragstellers nicht zur Verfügung gestellt.

Beweis: Vorlage der zwei Schreiben vom ... und ... in Kopie – Anlage ...

Eine vollstreckbare Ausfertigung des Beschlusses des Arbeitsgerichts ... vom ... ist dem Antragsgegner zugestellt worden. ...

(Rechtsanwalt)

12. Muster: Zustellung der vollstreckbaren Ausfertigung an den Gegner

Sehr geehrter Herr Kollege ...,

in Sachen ... ./. ... (Kurzrubrum mit Aktenzeichen des Gegners)

übersenden wir anliegend die von uns beglaubigte Abschrift der vollstreckbaren Ausfertigung des am ... verkündeten Urteils des Arbeitsgerichts ..., Aktenzeichen ... . Das gleichfalls beigefügte vorfrankierte Empfangsbekenntnis wollen Sie uns bitte umgehend zurücksenden (§ 195 Abs. 2 ZPO).

Mit kollegialen Grüßen

(Rechtsanwalt)

Kapitel 2: Schriftsätze für Arbeitnehmer

Literatur:

Ascheid, Urteils- und Beschlussverfahren im Arbeitsrecht, 2. Aufl. 1998; *Bader*, Das Gesetz zu Reformen am Arbeitsmarkt: Neues im Kündigungsschutzgesetz und im Befristungsrecht, NZA 2004, 65; *Bergwitz*, Die GmbH im Prozess gegen ihren Geschäftsführer, GmbHR 2008, 225; *Dunkl/Moeller/Bauer/Feudmeier*, Handbuch des vorläufigen Rechtsschutzes, 3. Aufl. 1999; *Düwell/Lipke*, ArbGG, Kommentar, 3. Aufl. 2012; *Gach/Pfüller*, Die Vertretung der GmbH gegenüber ihrem Geschäftsführer, GmbHR 1998, 64; *Germelmann/Matthes/Prütting*, ArbGG, 8. Aufl. 2013; *Holthausen*, Typische Fehler im Kündigungsschutzprozess, AnwBl 2006, 688; *Hümmerich*, Terminsverlegungsanträge, in: ArbG ArbR, FS zum 25-jährigen Bestehen, 2006, S. 345 ff; *Hümmerich/Spirolke/Boecken*, Das arbeitsrechtliche Mandat, 6. Aufl. 2011, § 14; *Reinhard/Kliemt*, Die Durchsetzung arbeitsrechtlicher Ansprüche im Eilverfahren, NZA 2005, 545; *Vetter*, Kündigungsprozesse richtig führen – häufige Fehler aus Sicht eines Instanzrichters, NZA Beil. 1/2005, 64; *Walker*, Der einstweilige Rechtsschutz im Urlaubsrecht, FS Leinemann, 2006, S. 641 ff; *Zimmerling*, Rechtsprobleme der arbeitsrechtlichen Konkurrentenklage, ZTR 2000, 489.

A. Erläuterungen

I. Vorbemerkungen

167 Die materiellrechtlichen Hintergründe der arbeitsgerichtlichen Schriftsätze sind zum Teil in den sonstigen Abschnitten dieses Buches erläutert. Häufig sind die Muster aus sich heraus verständlich und müssen vom anwaltlichen Berater nur noch um den spezifischen Sachverhalt ergänzt werden. Die gerichtlichen Schriftsätze sind meist so aufgebaut, dass der Bearbeiter, aber auch der Richter und Gegner über die Darstellung Einblick gewinnen kann in die materiellrechtlichen Hintergründe – ein Grundprinzip der Musterschriftsätze dieses Buches, das umfangreiche, erläuternde Fußnoten entbehrlich macht. Die typisierten Sachverhaltskonstellationen, bei denen die jeweiligen Schriftsätze zur Anwendung kommen, ergeben sich oft schon aus den Überschriften.

168 Jedem betroffenen Autor stellt sich die methodische Grundfrage, wie man Textbausteine für anwaltliche Schriftsätze gestalten soll. Wie abstrakt, wie konkret, wie vielseitig, wie einseitig? Diese Frage ergibt sich bei jedem Musterschriftsatz aufs Neue. Manche Textbausteine enthalten zahlreiche Sachverhaltsvarianten nebeneinander, beispielsweise das Muster 6620 (Klage wegen Betriebsübernahme[1]), und es sollte dem Benutzer klar sein, dass er diesen Textbaustein niemals vollständig verwenden kann. Es macht keinen Sinn, zugleich auf die Rechtsprechung zum Betriebsinhaberwechsel bei Reinigungsunternehmen hinzuweisen, während die betroffenen Arbeitnehmer in einer Kantine arbeiten. Teile von Textbausteinen sollten, je nach Anwendungsfall, gelöscht werden. Einige Textbausteine sind so formuliert, dass sie eine ganze Reihe von Sachverhalten aufführen, die auch auf den konkreten Fall voraussichtlich nicht anwendbar sind, die jedoch als Argumentationshilfen – auch für das Gericht – angeboten werden, um den maßgeblichen Sachverhalt in eine Einzelfall-Rechtsprechung einzupassen. Beispiel hierfür bildet die Musterklage bei treuwidriger Kündigung (Muster 6399).[2]

169 Das Kapitel 2 heißt zwar „Schriftsätze für Arbeitnehmer", es enthält jedoch zwei Klageschriften, die für Nichtarbeitnehmer gedacht sind. Beide Klagen sind vor der Kammer für Handelssachen beim Landgericht anhängig zu machen und betreffen gekündigte GmbH-Geschäftsführer (Muster 6573)[3] und gekündigte AG-Vorstände (Muster 6576).[4]

II. Kündigungsschutzklage

1. Aufnahmebogen für Klagen gegen Kündigungen und Änderungskündigungen

170 Zu den häufigsten vom Arbeitsrechtsanwalt zu fertigenden Klageschriften gehört die **Kündigungsschutzklage**. Die Arbeitsweise von Anwälten, die eine Kündigungsschutzklage formulieren, ist unterschiedlich. Die einen diktieren in Anwesenheit des Mandanten den Schriftsatz auf Band, indem sie den

---
1 § 6 Rn 333.
2 § 6 Rn 282.
3 § 6 Rn 322.
4 § 6 Rn 323.

Textbaustein zur Grundlage machen und um individuelle Elemente erweitern, die anderen bereiten eine Kündigungsschutzklage vor, indem sie die nötigen Informationen zunächst vom Mandanten aufnehmen und dann in Abwesenheit des Mandanten den Klagetext verfassen. Für diejenigen, die die Datenaufnahme anhand einer Checkliste vornehmen wollen, wird der nachfolgende Aufnahmebogen angeboten.

Aufnahmebogen für Klagen gegen Kündigungen und Änderungskündigungen 171

1. Zur Person

Name: Vorname(n):

Anschrift:

Telefon privat: Telefon dienstlich:

Handy:

E-Mail:

Geburtstag: Geburtsort:

Familienstand: verh./led./gesch./verw.

Zahl der Kinder: Alter der Kinder:

Namen der Kinder: Unterhaltspflicht: Ja/Nein

Berufstätigkeit des Ehepartners: Ja/Nein

- Bruttomonatsgehalt des Ehepartners:
- Arbeitgeber des Ehepartners:

Bankverbindung:

Bank: BLZ: Kto-Nr.:

2. Zum Arbeitgeber

Firma:

gesetzl. vertr. durch:

Anschrift:

Telefon:

Fax:

E-Mail:

Internet:

Anzahl der Arbeitnehmer:

Unmittelbarer Vorgesetzter:

Weitere Betriebsstätten:

Betriebsrat/Personalrat: Ja/Nein

- Anzahl der Mitglieder:
- Name des Vorsitzenden:
- Widerspruch: Ja/Nein

3. Zum Arbeitsverhältnis

Seit wann besteht das Arbeitsverhältnis?

Welche Tätigkeit wird ausgeübt?

Mauer 1733

Ausbildung:
Durchschnittliches Brutto-Monatsgehalt:
Zusammensetzung des Gehalts im Einzelnen:
Gibt es einen schriftlichen Arbeitsvertrag?
Gewerkschaftsmitglied?
Findet ein Tarifvertrag Anwendung?
Besteht eine Ausschlussfrist?

4. Zur Kündigung

Wann haben Sie die Kündigung erhalten (Zugang)?
In welcher Form wurde die Kündigung erklärt?
- mündlich/schriftlich (Kündigungsdatum)

Kündigungsgrund:
- betriebsbedingt
- verhaltensbedingt
- personenbedingt
- Sonstiges

Bei verhaltensbedingter Kündigung: Gab es Abmahnungen? Wenn ja, wann?
Art der Kündigung:
- ordentliche zum
- fristlose Kündigung
- Änderungskündigung

5. Ziel

Erhaltung des Arbeitsplatzes/Hohe Abfindung/Sonstiges:
Bei Abfindung: Höhe der angestrebten Abfindung?

6. Besonderheiten

Rechtsschutzversicherung: Ja/Nein
- Versicherungsgesellschaft:
- Versicherungsnummer:
- Versicherungsnehmer:
- Verhältnis Mandant zum Versicherungsnehmer:

Schwerbehindert/Gleichgestellt
Schwangerschaft/Elternzeit
BR-Mitglied/Wahlvorstand
Sonstiger besonderer Kündigungsschutz
Betriebsübergang/Anrechnung früherer Beschäftigungszeiten?
Örtlich zuständiges Gericht
Zurückweisung der Kündigung – Vollmacht/Unterschrift
Weitere Entlassungen von Kollegen innerhalb der letzten 30 Kalendertage
Hinweis gem. § 12 a Abs. 1 Satz 1 und 2 ArbGG

2. Grundsätzliches zur Kündigungsschutzklage

Kündigungsschutzklagen als Textbausteine helfen, den Mindestinhalt einer Kündigungsschutzklage beim anwaltlichen Diktat nicht zu vergessen. Der Mindestinhalt bestimmt sich zunächst nach § 253 Abs. 2 ZPO, wonach die Klage das angerufene Gericht bezeichnen muss, Kläger und Beklagter angegeben, beim Arbeitgeber deren gesetzliche Vertreter genannt werden müssen, wozu nicht notwendigerweise die namentliche Bezeichnung der Vorstände einer AG oder der Geschäftsführer der GmbH gehören.[5] Ein bestimmter Antrag muss gestellt werden, die Kündigungsschutzklage muss unterschrieben sein,[6] es muss der Klagegegenstand, also eine bestimmte Kündigung, angegeben sein, es muss der Klagegrund benannt werden, wozu gehört, dass Tatsachen vorgetragen werden, aus denen sich die Anwendbarkeit des Kündigungsschutzgesetzes ergibt. Damit muss zunächst einmal ein Arbeitsverhältnis vom Kläger behauptet werden, es muss sich um ein zusammenhängend, mehr als sechs Monate andauerndes Arbeitsverhältnis handeln (§ 1 Abs. 1 KSchG) und es muss zur Beschäftigtenzahl gem. § 23 KSchG vorgetragen werden.

172

Bei dem Vortragspunkt „**Sozialwidrigkeit der Kündigung**" reicht es aus, dass der Kläger äußert, die Kündigung sei weder aus betriebsbedingten noch aus personenbedingten noch aus verhaltensbedingten Gründen erfolgt. Dass dieser Vortrag ausreichend ist, rechtfertigt sich aus dem Umstand, dass die Kündigung nach § 1 Abs. 2 KSchG unwirksam ist, wenn sie nicht sozial gerechtfertigt ist und weil der Arbeitgeber darlegungs- und beweispflichtig dafür ist, dass die Kündigung nicht wegen Sozialwidrigkeit unwirksam ist.[7]

173

Es kann nur eindringlich geraten werden, Sorgfalt auf die Formulierung des **Rubrums der Beklagtenseite** zu verwenden. Fehler bei der Angabe des richtigen Arbeitgebers können wegen §§ 4, 7 KSchG bei Kündigungsschutzklagen fatal sein.[8] Zu Recht weist *Vetter*[9] darauf hin, dass es oft an der Sorgfalt bei der Fassung des Rubrums, insbesondere bei der Benennung des Klagegegners, fehlt. In Zweifelsfällen bietet es sich an, zunächst einmal alle in Betracht kommenden Personen zu verklagen, da das Gericht schon in der Güteverhandlung auf eine Klärung hinwirken wird, wer denn nun Arbeitgeber sei.[10] Besteht das Arbeitsverhältnis zu einem gemeinsamen Betrieb, sind beide Arbeitgeber zu verklagen. Bemerkt man, eventuell auf richterlichen Hinweis, dass man die **falsche Partei verklagt** hat, kann der Fehler wegen der dreiwöchigen Klageerhebungsfrist, wenn infolge **Auslegung** keine **Rubrumsänderung** möglich ist, nicht mehr geheilt werden. Die Schwierigkeit, die richtige Partei zu verklagen, tritt vermehrt auf, seit es durch diverse Betriebsübergänge, Betriebsaufspaltungen, Namensänderungen in der deutschen Wirtschaft zum Alltag zählt, dass der Arbeitgeber und die im Arbeitsvertrag angegebene Firma zum Zeitpunkt der Kündigung des Arbeitsverhältnisses nicht mehr übereinstimmen. Großzügig zeigt sich hingegen das BAG: Es lässt eine weite Auslegung zu und es ausreichen, wenn sich aus den gesamten Umständen – etwa dem der Klage beigefügten Kündigungsschreiben – ergibt, wer als beklagte Partei gemeint war.[11]

174

Die Angabe des **gesetzlichen Vertreters** auf der Beklagtenseite ist nicht zwingend erforderlich, allerdings empfehlenswert, da § 130 Nr. 1 ZPO die Angabe des gesetzlichen Vertreters bei juristischen Personen als Soll-Bestimmung vorsieht. Fehlt der gesetzliche Vertreter, wird die Klage nicht unzulässig, manchmal erfolgt aber eine telefonische Nachfrage durch das Gericht.

175

3. Passiv-Rubrum

a) GmbH

Verklagt der **Angestellte** – was häufig vorkommt – eine **GmbH**, wird diese gem. § 35 Abs. 1 GmbHG durch den oder die Geschäftsführer oder einen Geschäftsführer zusammen mit einem Prokuristen vertreten. Informationen über die Vertretungsberechtigten einer GmbH erhält der Anwalt meist vom Mandanten oder durch einen Blick auf das Briefpapier, auf dem die Kündigung geschrieben ist.

176

---

5 Zöller/*Greger*, ZPO, § 253 Rn 8.
6 BAG 26.1.1976 – 2 AZR 506/74, AP § 4 KSchG 1969 Nr. 1; nach BAG 26.6.1986 – 2 AZR 358/85, BAGE 52, 263 ist jedoch eine fristwahrende Heilung nach § 295 ZPO möglich.
7 KR/*Friedrich*, § 4 KSchG Rn 158.
8 LAG Schleswig-Holstein 11.1.2006 – 5 Ta 259/05, LAGE § 5 KSchG Nr. 114.
9 NZA Beil. 1/2005, 64.
10 *Vetter*, NZA-Beil. 1/2005, 64 (65).
11 BAG 28.8.2008 – 2 AZR 279/07, NZA 2009, 221.

177 Verklagt der Geschäftsführer vor dem Landgericht wegen einer Kündigung des Dienstvertrages die Gesellschaft,[12] gehört nicht der Geschäftsführer, sondern die Gesellschafterversammlung, vertreten durch ihren Vorsitzenden, in das Passiv-Rubrum, § 46 Nr. 8 GmbHG. Die Gesellschafterversammlung selbst ist nicht prozessfähig, sie muss sich ihrerseits durch eine natürliche Person vertreten lassen. Hat die GmbH einen solchen Vertreter noch nicht benannt oder kennt der ausgeschiedene Geschäftsführer diese Person nicht, so muss der Kläger im Rubrum die Gesellschafterversammlung als Vertreterin der GmbH bezeichnen, wobei diese dann durch die einzelnen Gesellschafter vertreten wird und die Gesellschafter namentlich aufzuführen sind.[13] Bei der GmbH mit einem fakultativen Aufsichtsrat richtet sich die Klage gegen den Aufsichtsrat nur dann, wenn die Satzung nichts anderes vorsieht.[14] Fehler im Passivrubrum sind gefährlich, aber heilbar.[15]

b) Aktiengesellschaft und Genossenschaft

178 Klagt der **Arbeitnehmer gegen eine Aktiengesellschaft**, wird diese gem. § 78 Abs. 1 AktG durch den Vorstand vertreten. Da nicht alle Vorstände Einzelvertretungsbefugnis haben, empfiehlt es sich, den Vorstandsvorsitzenden oder Vorstandssprecher und ein weiteres Vorstandsmitglied aufzuführen. In diesem Falle ist der gesetzliche Vertreter vollständig bezeichnet. Gleiches gilt für die Genossenschaft. Klagt ein **Vorstand gegen die Aktiengesellschaft**[16] oder gegen eine **Genossenschaft**, wird die Gesellschaft durch den Aufsichtsrat vertreten, § 112 AktG, § 39 GenG. Erfahrungsgemäß reicht es aus, wenn der Aufsichtsratsvorsitzende als Vertreter des Aufsichtsrats namentlich benannt wird. *Diller*[17] empfiehlt, sämtliche Aufsichtsratsmitglieder als Vertreter des Aufsichtsrats namentlich zu erwähnen.

179 Bei einer Klage des **Vorstands gegen den Aufsichtsrat**, vertreten durch den Aufsichtsratsvorsitzenden, stellt sich immer wieder das Problem, an welche Adresse die Klage zu richten ist. Es wird empfohlen, die Privatanschrift des Aufsichtsratsvorsitzenden zu wählen, da der Aufsichtsratsvorsitzende am Ort der Gesellschaft keine zustellungsfähigen Wohn- oder Geschäftssitz unterhält. Gerichtsstand bleibt gleichwohl der Sitz der Gesellschaft. Hat der Aufsichtsratsvorsitzende seinen Wohnsitz nicht in Deutschland, ist eine aufwendige Auslandszustellung vorzunehmen.

180 Klagt ein **ehemaliges Vorstandsmitglied**, das abberufen wurde, wegen eines vermeintlich nach der Abberufung wieder aufgelebten, ruhenden Arbeitsverhältnisses gegen die **Gesellschaft**, hat es die Klage ebenfalls gegen den Aufsichtsrat zu richten. Richtet es die Klage gegen die AG, vertreten durch den Vorstand, ist die Klage unzulässig.[18]

c) Eingetragener Verein

181 Der **eingetragene Verein** wird durch seinen Vorstand vertreten, § 50 Abs. 2 ZPO, § 26 BGB. Beim **nicht eingetragenen Verein** ist der Vorsitzende des Vorstands zu benennen. Auch Gewerkschaften sind traditionell nicht eingetragene Vereine. Fragen der Prozessfähigkeit des nicht eingetragenen Vereins spielen im arbeitsgerichtlichen Verfahren allerdings keine Rolle, denn § 10 ArbGG regelt ausdrücklich die Parteifähigkeit von Gewerkschaften und Arbeitgebervereinigungen. Um die vertretungsberechtigten Personen bei einer Klage gegen eine Gewerkschaft zu ermitteln, ist man häufig auf die Mitarbeit von Mandanten angewiesen. Es empfiehlt sich ferner, auf die Homepage der jeweiligen Gewerkschaft im Internet zuzugreifen. Dort werden häufig die Vertretungsverhältnisse auch unter Angaben von Vor- und Nachnamen der Bezirkssekretäre oder der Mitglieder des Hauptvorstands kenntlich gemacht.

d) BGB-Gesellschaft

182 Verklagt man eine **BGB-Gesellschaft**, musste man in der Vergangenheit die Namen aller Sozietätsmitglieder abschreiben, wenn man die Sozietät verklagen wollte.[19] Seit der BGH der BGB-Gesellschaft

---

12 Muster 6573 (§ 6 Rn 322).
13 *Gach/Pfüller*, GmbHR 1998, 64; *Bergwitz*, GmbHR 2008, 225.
14 § 52 Abs. 1 GmbHG iVm § 112 AktG; BGH 5.3.1990 – II ZR 86/89, GmbHR 1990, 297; BGH 24.11.2003 – II ZR 127/01, DB 2004, 245.
15 OLG Köln 23.5.2006 – 18 U 50/05, juris.
16 Muster 6576 (§ 6 Rn 323).
17 *Diller*, in: Bauer/Lingemann/Diller/Haußmann, Anwalts-Formularbuch Arbeitsrecht, Kap. 101, M 101.2 Fn 5.
18 BAG 4.7.2001 – 2 AZR 142/00, NZA 2002, 401.
19 LAG Berlin 15.8.1997 – 6 Sa 51/97, NZA-RR 1998, 279; aA LAG Bremen 5.12.1997 – 4 Sa 258/97, NZA 1998, 902.

Parteifähigkeit zuerkannte,[20] reicht eine Bezeichnung der BGB-Gesellschaft aus, durch die die Gesellschaft identifizierbar ist. Auch die **Partnerschaftsgesellschaft** kann unter ihrer Firma verklagt werden, § 7 Abs. 2 PartGG, § 124 HGB. Verklagt man eine BGB-Gesellschaft oder eine Partnerschaftsgesellschaft nur unter ihrer Firma, ist die Vollstreckung auf das Vermögen der Gesellschaft beschränkt. Erhebt man also eine Zahlungsklage im Rahmen einer Kündigungsschutzklage, mit der auch in das Vermögen der einzelnen Gesellschafter vollstreckt werden soll, empfiehlt es sich, nicht nur die Partnerschaftsgesellschaft oder die BGB-Gesellschaft als Partei zu verklagen, sondern weiterhin alle Gesellschafter, um im Vollstreckungsverfahren in das Privatvermögen jedes einzelnen Gesellschafters beispielsweise Arbeitsentgeltansprüche vollstrecken zu können. Die GbR-Gesellschafter haften entsprechend § 128 HGB „wie Gesamtschuldner" neben der GbR selbst.[21]

e) OHG, Einzelkaufmann, natürliche Personen

Gleichermaßen geht man gegen die **OHG** vor. Sie kann unter ihrer Firma verklagt werden. Sollen die Gesellschafter wegen ihrer Solidarhaftung gem. § 128 HGB mit verklagt werden, muss man sie als weitere Beklagte ins Rubrum aufnehmen. Eine bloße Nennung als gesetzliche Vertreter der OHG führt nicht dazu, dass die Gesellschafter selbst Partei des Verfahrens werden. Den **Einzelkaufmann** verklagt man wahlweise unter seinem Namen oder seiner Firma, § 17 Abs. 2 HGB. **Natürliche Personen** als Arbeitgeber verklagt man unter ihrem Vor- und Nachnamen.

f) Partnerschaftsgesellschaft

Eine **ungenaue** oder **erkennbar falsche Parteibezeichnung** in der Klageschrift ist **unschädlich** und kann jederzeit **von Amts wegen berichtigt** werden.[22] Ist eine Gesellschaft Arbeitgeberin des klagenden Arbeitnehmers, so ist bei einer Kündigungsschutzklage besonders sorgfältig zu prüfen, ob lediglich eine falsche Parteibezeichnung vorliegt, wenn der Arbeitnehmer nicht seine Arbeitgeberin, sondern deren Gesellschafter verklagt. Ergibt sich in einem Kündigungsrechtsstreit etwa aus dem der Klageschrift beigefügten Kündigungsschreiben, wer als beklagte Partei gemeint ist, so ist eine Berichtigung der Parteibezeichnung regelmäßig möglich.[23] Diese Grundsätze gelten auch, wenn der Arbeitnehmer bei einer **Partnerschaftsgesellschaft** nach dem PartGG beschäftigt ist und eine Kündigungsschutzklage gegen die einzelnen Partner richtet.[24]

g) GmbH & Co. KG

Bei der **GmbH & Co. KG** als Arbeitgeber fällt das Beklagtenrubrum stets recht umfangreich aus. Hier wird die GmbH & Co. KG verklagt, gesetzlich vertreten durch die Komplementärin, meist eine XY-Verwaltungs GmbH, diese vertreten durch den Geschäftsführer, der dann namentlich benannt werden sollte.

h) Behörde als Anstellungsträger

Eine Kündigungsschutzklage oder eine sonstige Klage aus dem Bereich des **öffentlichen Dienstes** ist häufig mit der Schwierigkeit verbunden, den Beklagten, meist den Bund, das Land, den Kreis oder die Gemeinde zutreffend zu bezeichnen. Besondere Probleme ergeben sich manchmal bei Kindergärten, Schulen, Kirchengemeinden oder Krankenhäusern, da mal eine solche Institution rechtlich selbständig ist, mal über einen dahinter stehenden Träger verfügt, der im arbeitsrechtlichen Sinne der Arbeitgeber ist. Hier heißt es für den Arbeitsrechtsanwalt zunächst einmal beim Mandanten sorgfältig nachzufragen, damit sich die richtige Partei bezeichnen lässt. Weitere Hilfen bieten die Bundes- oder Landesgesetze, aus denen sich die Behörden ergeben. Bei der Bundeswehr ist häufig die Wehrbereichsverwaltung die richtige Beklagte. Manchmal helfen Satzungen weiter, so beispielsweise bei Zweckverbänden. Man sollte sich nicht davor scheuen, den Mandanten das ergänzende Rechtsquellenmaterial beschaffen zu lassen.

---

20 BGH 29.1.2001 – II ZR 331/00, NJW 2001, 1056 = BGHZ 146, 341; BGH 18.2.2002 – II ZR 331/00, NJW 2002, 1207.
21 OLG Karlsruhe 20.1.2009 – 17 U 173/07, juris.
22 BAG 1.3.2007 – 2 AZR 525/05, NZA 2007, 1013.
23 BAG 1.3.2007 – 2 AZR 525/05, NZA 2007, 1013.
24 BAG 1.3.2007 – 2 AZR 525/05, NZA 2007, 1013.

i) Rechtsmittelgegner

187 Die Angabe der ladungsfähigen Bezeichnung des Rechtsmittelgegners und dessen Prozessbevollmächtigten ist nach der Rechtsprechung des BAG[25] nicht Zulässigkeitsvoraussetzung der Berufung. Es wird allerdings empfohlen, stets die ordnungsgemäße Partei zu wählen und damit ein vollständiges Rubrum aufzusetzen.

4. Kündigungsschutzklage bei ordentlicher Kündigung

188 Die Besonderheiten der in diesem Buch vorgeschlagenen Antragstellung bei einer Kündigungsschutzklage im Hinblick auf den **Weiterbeschäftigungsanspruch** nach der Rechtsprechung des BAG[26] sind in gebührenrechtlicher Hinsicht in Muster 8645[27] und Muster 8650[28] berücksichtigt. Erfahrungsgemäß haben die Rechtsschutzversicherungen, die um einen niedrigeren Streitwert durch Nichtberücksichtigung des Weiterbeschäftigungsantrags bemüht sind, den Antrag Ziff. 6 in der Kündigungsschutzklage[29] akzeptiert. Hartnäckige Sachbearbeiter zwingen den Anwalt allenfalls zu einem zweiten Anschreiben an die Versicherung.

189 Was den Anspruch auf **Zwischenzeugnis** und **Zeugnis** anbelangt, so wird zwar wiederholt noch von den Rechtsschutzversicherern der Deckungsschutz erschwert, beispielsweise mit der Frage, ob der Arbeitgeber jemals die Erstellung eines Zwischenzeugnisses abgelehnt hat und deshalb ein Rechtspflichtenverstoß des Arbeitgebers angezweifelt wird. In derartigen Fällen wird angeregt, auf das Muster 8675 zurückzugreifen.[30] Das Muster 8675 wird, je nach Fallgestaltung, durch die Muster 8720, 8775 und 8770 ergänzt.[31]

190 Bei den **betriebsbedingten Kündigungsschutzklagen** hat sich durch die Rechtsprechung zur freien Unternehmerentscheidung bei Leistungsverdichtung[32] eine für den Arbeitnehmer ungünstigere Rechtslage ergeben. Im Arbeitgeber-Schriftsatz[33] ist diese Rechtsprechung berücksichtigt. Arbeitnehmer können gegen die Verdichtungs-Rechtsprechung des BAG ein Urteil des ArbG Köln heranziehen, wonach die bloße Berufung auf einen notwendigen Stellenabbau nicht genügt.[34] Mit dem Gesetz über Reformen am Arbeitsmarkt wurden die sozialen Gesichtspunkte, die bei betriebsbedingten Gründen nur noch zu berücksichtigen sind, auf die vier Merkmale „Dauer der Betriebszugehörigkeit, Lebensalter, Unterhaltspflichten und Schwerbehinderung" in § 1 Abs. 3 Satz 1 KSchG festgeschrieben. Über § 1 Abs. 4 KSchG reduziert sich bei Auswahlrichtlinien die Prüfung auf „grobe Fehlerhaftigkeit" und bei Namenslisten als Anlagen eines Interessenausgleichs greift die Vermutung der Rechtmäßigkeit.

191 Bei der **Änderungskündigungsschutzklage**[35] wurde kein Weiterbeschäftigungsantrag vorgesehen, weil nach der BAG-Rechtsprechung eine Verurteilung zur vorläufigen Weiterbeschäftigung zu den bisherigen Arbeitsbedingungen nicht in Frage kommt.[36]

5. Kündigungsschutzklage bei außerordentlicher Kündigung

192 Mit Erhebung der Kündigungsschutzklage bei außerordentlicher Kündigung bedarf es noch keiner ausführlichen Schilderung des meist komplexen Sachverhalts, den der Arbeitgeber zum Anlass für die fristlose Kündigung genommen hat. Hier gilt es in der Regel abzuwarten, was der Arbeitgeber vorträgt, der für die Kündigungsgründe darlegungs- und beweisbelastet ist. Durch den Aufbau des Musters 6500[37] wird es dem Anwalt ermöglicht, das dem Arbeitnehmer mutmaßlich vorgeworfene Verhalten unter die Störungstatbestände des § 626 Abs. 1 BGB einzuordnen. Von eingehender Sachverhaltserörterung bereits mit der Klageerhebung wird aus prozesstaktischen Gründen abgeraten.

---

25 BAG GS 16.9.1986 – GS 4/85, NZA 1987, 136.
26 GS 27.2.1985 – GS 1/84, AP § 611 BGB Beschäftigungspflicht Nr. 14.
27 § 8 Rn 278.
28 § 8 Rn 279.
29 Muster 6387 (§ 6 Rn 278).
30 § 8 Rn 285.
31 § 8 Rn 292; § 8 Rn 300; § 8 Rn 299.
32 BAG 24.4.1997 – 2 AZR 352/96, NZA 1997, 1047; LAG Köln 1.8.1997 – 11 Sa 355/97, NZA-RR 1998, 160.
33 Muster 6836 (§ 6 Rn 465).
34 ArbG Köln 23.9.1997 – 17 Ca 1930/97, DB 1998, 626.
35 Muster 6495 (§ 6 Rn 306).
36 BAG 18.1.1990 – 2 AZR 183/89, NZA 1990, 734.
37 § 6 Rn 310.

6. Typische Fehler im Kündigungsschutzprozess

Holthausen[38] hat umfangreich dargestellt, welche typischen Fehler in Kündigungsschutzverfahren in der Praxis auftreten. Bei Unklarheiten über den Arbeitgeber geht das BAG davon aus, dass die Frist nach §§ 4 Satz 1, 13 Abs. 1 Satz 2 KSchG auch durch eine hilfsweise gegen den richtigen Arbeitgeber erhobene Kündigungsschutzklage gewahrt werden könne, obwohl eine eventuelle subjektive Klagehäufung grundsätzlich unzulässig ist.[39] Bei der **Umstellung** einer Kündigungsschutzklage auf eine andere (richtige) Partei entfällt die Rechtshängigkeit des ursprünglichen (fristgerechten) Klageantrags. Im Gegensatz zur bloßen **Rubrumsberichtigung** hat die Umstellung der Klage zur Folge, dass nur dann die Frist des § 4 Satz 1 KSchG gewahrt ist, wenn die Umstellung auf den neuen Beklagten noch innerhalb der Drei-Wochen-Frist erfolgt.[40]

193

Vetter[41] regt zur zusätzlichen Absicherung bei Zweifeln über den richtigen Klagegegner an, eine **Streitverkündung** gegenüber potentiell in Frage kommenden Arbeitgebern vorzunehmen. Unter diesen Voraussetzungen könne die nachträgliche Zulassung der Klage gegen einen Streitverkündeten und im Ergebnis sich als den richtigen erweisenden Arbeitgeber mit Erfolg nach § 5 KSchG beantragt werden.[42] Denn wenn sich aus dem Arbeitsvertrag nicht die Person des richtigen Arbeitgebers erschließe, liege stets ein Verstoß nach § 2 Abs. 1 Satz 2 Nr. 1 NachwG vor.[43] Auf diesen arbeitgeberseitigen Pflichtenverstoß könne die nachträgliche Klagezulassung gestützt werden.

194

Die Einreichung der Kündigungsschutzklage kann durch **Telefax** erfolgen, wie sich aus § 130 Nr. 6 ZPO ergibt.[44] Allerdings muss die Originalunterschrift bereits auf dem Telefax enthalten sein und man sollte niemals versäumen, bei Gericht nachzufragen, ob auch die Kündigungsschutzklage eingegangen ist. Ein entsprechender Vermerk in der Akte durch die Mitarbeiterin, die den Anruf getätigt hat, ist ausreichend, um späterhin den Zugang zu beweisen und notfalls einen erfolgreichen Antrag nach § 5 KSchG zu stellen.

195

Erhebt der Arbeitnehmer **ausschließlich Klage wegen Nichteinhaltung der ordentlichen Kündigungsfrist**, unterliegt eine solche Kündigungsschutzklage nicht der Präklusionsfrist des § 4 Satz 1 KSchG, wie das BAG zwischenzeitlich festgestellt hat.[45] Neben der Erhebung der Kündigungsschutzklage ist die Stellung eines sog. **Schleppnetzantrags** zulässig, also eines Antrags, über den im Wege der Feststellungsklage geklärt werden soll, dass auch keine weiteren Beendigungstatbestände auf den Fortbestand des Arbeitsverhältnisses einwirken. Allerdings muss der Feststellungsantrag nach § 4 Satz 1 KSchG klar vom Feststellungsantrag nach § 256 ZPO abgegrenzt werden.[46] Beim Schleppnetzantrag ist zumindest erforderlich, dass der klagende Arbeitnehmer durch Tatsachenvortrag weitere streitige Beendigungstatbestände in den Prozess einführt oder wenigstens deren Möglichkeit darstellt und belegt, warum der die Klage nach § 4 KSchG erweiternde Antrag zulässig sein soll, warum an der alsbaldigen Feststellung eine rechtliches Interesse besteht.[47]

196

Bei Erhebung einer Kündigungsschutzklage muss auch berücksichtigt werden, dass **Ausschlussfristen** bei nicht rechtzeitiger klageweiser Geltendmachung des Gehalts zu einem Anspruchsverlust führen können. Ist der Arbeitgeber zwar ausreichend von dem Willen des Arbeitnehmers unterrichtet, die durch die Kündigung bedrohten Einzelansprüche aus dem Arbeitsverhältnis aufrechtzuerhalten, müssen die Ansprüche gleichwohl in der nach den Regeln der Ausschlussklausel maßgeblichen Form geltend gemacht werden.[48] Richtet sich der geltend gemachte Anspruch auf Geld, ist die Kündigungsschutzklage allerdings nicht geeignet, eine Ausschlussfrist zu wahren, mit der die gerichtliche Geltendmachung von Ansprüchen verlangt wird. Die gerichtliche Verfolgung von Vergütungsansprüchen setzt die Einreichung einer Klage voraus, deren Streitgegenstand diese Ansprüche sind. Gegenstand einer

197

---

38 AnwBl 2006, 688.
39 BAG 31.3.1993 – 2 AZR 467/92, NZA 1994, 237.
40 LAG Hamm 28.6.2000 – 12 Ta 77/00, LAGE § 263 ZPO Nr. 1.
41 NZA-Beil. 1/2005, 64.
42 Ebenso *Holthausen*, AnwBl 2006, 688 (689).
43 *Vetter*, NZA-Beil. 1/2005, 64.
44 BAG 5.8.2009 – 10 AZR 692/08, juris.
45 BAG 15.12.2005 – 2 AZR 148/05, NZA 2006, 791.
46 *Holthausen*, AnwBl 2006, 688 (691).
47 BAG 27.1.1994 – 2 AZR 484/93, AP § 4 KSchG 1969 Nr. 28; BAG 16.3.1994 – 8 AZR 97/93, AP § 4 KSchG 1969 Nr. 29.
48 BAG 7.11.1991 – 2 AZR 34/91, AP § 4 TVG Ausschlussfristen Nr. 114; BAG 13.2.2003 – 8 AZR 236/02, AP § 613a BGB Nr. 244; BAG 10.7.2003 – 6 AZR 283/02, EzA § 4 TVG Ausschlussfristen Nr. 168.

Kündigungsschutzklage ist demgegenüber die Wirksamkeit einer Kündigung. Nach der neueren Rechtsprechung des BAG wahrt eine Kündigungsschutzklage auch die durch AGB-Klausel geforderte gerichtliche Geltendmachung von Zahlungsansprüchen, wenn diese vom Bestehen des Arbeitsverhältnisses abhängen.[49]

198 Übersieht der Anwalt, dass eine qualifizierte Ausschlussfrist besteht, und klagt er nicht das Gehalt rechtzeitig ein, haftet er nach der Rechtsprechung des BGH,[50] selbst wenn er nur mit der Erhebung der Kündigungsschutzklage mandatiert war. Durch die Aufgabe des Grundsatzes der Tarifeinheit durch das BAG mit Beschluss vom 23.6.2010[51] erhöht sich die Gefahr, einen anwendbaren Tarifvertrag zu übersehen, da seither nicht nur eine Tarifkonkurrenz für den Betrieb in Betracht kommt, sondern zudem eine Tarifpluralität.

199 Nach der Rechtsprechung des 9. Senats sind bei der Geltendmachung von **Urlaubsansprüchen** Besonderheiten zu beachten. In der Kündigungsschutzklage liegt nicht die Geltendmachung von Urlaubsansprüchen. Auch im gekündigten Arbeitsverhältnis obliege es dem Arbeitnehmer, die für die Festlegung des Urlaubs nach § 7 Abs. 1 Satz 1 BUrlG maßgeblichen Urlaubswünsche zu äußern.[52]

7. Anträge im Kündigungsschutzverfahren

200 Die Anträge der Kündigungsschutzklage haben sich am Wortlaut von § 4 Satz 1 KSchG zu orientieren. Deshalb lautet der **Grundantrag** einer Kündigungsschutzklage:

Es wird festgestellt, dass das Arbeitsverhältnis der Parteien durch die Kündigung der beklagten Partei vom ..., zugegangen am ..., nicht zum ... aufgelöst wurde.

201 Nach § 4 Satz 1 KSchG muss jede Kündigung gesondert, entweder im Wege einer selbständigen Klage oder durch Klageerweiterung mit einzelnen Klageanträgen verfolgt werden. Der **Antrag** wird nach der „punktuellen Streitgegenstandstheorie" behandelt.[53] Streitgegenstand der mit einem am Wortlaut von § 4 Satz 1 KSchG orientierten Antrag eingereichten Kündigungsschutzklage ist ausschließlich die Wirksamkeit der konkret angegriffenen Kündigung.

202 Der **allgemeine Feststellungsantrag** (sog. **Schleppnetzantrag**) wird üblicherweise wie folgt formuliert:

Es wird festgestellt, dass das Arbeitsverhältnis auch nicht durch andere Beendigungsgründe aufgelöst worden ist und über den ... hinaus ungekündigt fortbesteht.

203 Nach der Rechtsprechung des BAG ist es zulässig, im Wege der **Klagehäufung** mit der Kündigungsschutzklage einen allgemeinen Feststellungsantrag zu stellen, wenn sich aus dem Klagevortrag deutlich ablesen lässt, dass eine zusätzliche Klage iSv § 256 Abs. 1 ZPO gewollt ist (insoweit ist eine gesonderte Begründung erforderlich). Eine allgemein zum Ausdruck gebrachte Befürchtung weiterer Beendigungstatbestände genügt hingegen für die Zulässigkeit nach § 256 ZPO nicht. Der **allgemeine Feststellungsantrag** verfolgt den **Zweck**, im Laufe des Verfahrens eintretende oder bekannt werdende Beendigungstatbestände **„automatisch" in das Verfahren einzuführen** und damit gleichzeitig die allgemeine Feststellungsklage schlüssig zu machen. Sodann kann und muss der Kläger den allgemeinen Feststellungsantrag an das Erfordernis des § 4 Satz 1 KSchG anpassen.[54] Ergibt sich im Laufe des Rechtsstreits kein weiterer Beendigungstatbestand, sollte der Schleppnetzantrag im – letzten – Kammertermin nicht mehr gestellt werden, weil der Kläger andernfalls mangels Rechtsschutzinteresses mit der Zurückweisung dieses Antrags als unzulässig rechnen muss. Von der **Rücknahme des Schleppnetzantrags** bereits im Kammertermin erster Instanz ist hingegen abzuraten, da auch nach Abschluss des Kammertermins weitere Kündigungen folgen können und die Schleppnetzwirkung daher bis zum Ende der zweiten Instanz erforderlich ist. Demgegenüber wiegt das Risiko einer teilweisen Klageabweisung in erster Instanz weniger schwer. Die Rücknahme ist folgenlos, § 12a Abs. 1 Satz 2 ArbGG. Vom Schleppnetzantrag werden Kündigungen, die vor Ausspruch der Gegenstand des Kündigungsschutzantrags nach § 4 Satz 1

---

[49] BAG 19.5.2010 – 5 AZR 253/09, NZA 2010, 939; anders noch BAG 26.4.2006 – 5 AZR 403/05, AP § 4 TVG Ausschlussfristen Nr. 188.
[50] BGH 29.3.1983 – VI ZR 172/81, NJW 1983, 1665.
[51] BAG 23.6.2010 – 10 AS 2/10, NZA 2010, 778.
[52] BAG 21.9.1999 – 9 AZR 705/98, BAGE 92, 299.
[53] BAG 13.3.1997 – 2 AZR 512/96, NZA 1997, 844.
[54] BAG 13.3.1997 – 2 AZR 512/96, NZA 1997, 844.

KSchG bildenden Klage dem Arbeitnehmer zugegangen sind, dem Anwalt aber nicht mitgeteilt wurden, nicht erfasst.

Liegt ein **Betriebsübergang** vor und wird die Kündigungsschutzklage auf § 613a Abs. 4 Satz 1 BGB gestützt, bieten sich folgende Klageanträge an:

1. Es wird festgestellt, dass die Kündigung des Arbeitsverhältnisses durch die beklagte Partei zu 1. vom ... zum ... unwirksam ist.
2. Es wird festgestellt, dass das Arbeitsverhältnis der klägerischen Partei auf die beklagte Partei zu 2. übergegangen ist.

Damit festgestellt wird, dass das Arbeitsverhältnis nicht bereits auf den Betriebserwerber übergegangen ist, muss die Unwirksamkeit mit der Kündigungsschutzklage geltend gemacht werden. Es bietet sich an, die Klage sowohl gegen den bisherigen Inhaber als auch den Übernehmer zu erheben, was nach ständiger Rechtsprechung zulässig ist (**subjektive Klagehäufung**).[55]

Richtet sich die Kündigungsschutzklage gegen eine **Änderungskündigung**, muss man unterscheiden, ob der Arbeitnehmer eine **Vorbehaltsannahme** nach § 2 KSchG erklärt hat oder nicht. Fehlt eine Vorbehaltsannahme, ist der Antrag in gleicher Weise zu formulieren wie bei der Kündigungsschutzklage, denn in diesem Falle geht es ausschließlich um die Wirksamkeit einer Beendigungskündigung. Liegt eine fristgerechte Vorbehaltsannahme durch den Arbeitnehmer vor, kann der Antrag wie folgt lauten:

Es wird festgestellt, dass die Änderung der Arbeitsbedingungen durch die Änderungskündigung der beklagten Partei vom ... sozial ungerechtfertigt oder aus anderen Gründen rechtsunwirksam ist.

Dieser Antrag kann dann ebenfalls noch mit dem Schleppnetzantrag, also dem allgemeinen Feststellungsantrag nach § 256 ZPO, verbunden werden. Im Bereich des Rechtsschutzinteresses ergeben sich die gleichen Anforderungen wie bei einer gewöhnlichen Kündigungsschutzklage.

Der Schleppnetzantrag kann auch im Rahmen eines **Antrags auf Prozesskostenhilfe** mit Erfolg erhoben werden. Für die Feststellung der hinreichenden Erfolgsaussicht ist allerdings erforderlich, dass von einer der Parteien ein weiterer Beendigungstatbestand in den Prozess eingeführt wird.[56]

8. Anträge bei nachträglicher Zulassung der Kündigungsschutzklage

Das Verfahren auf nachträgliche Zulassung einer **verspätet** eingereichten Kündigungsschutzklage ist in § 5 KSchG geregelt.[57] Danach kann die Kündigungsschutzklage nachträglich nur zugelassen werden, wenn der Arbeitnehmer trotz Anwendung aller ihm nach Lage der Umstände zuzumutenden Sorgfalt verhindert war, die Klage innerhalb von drei Wochen nach Zugang der schriftlichen Kündigung zu erheben. Gleiches gilt gem. § 5 Abs. 1 Satz 2 KSchG, wenn eine Arbeitnehmerin von ihrer Schwangerschaft aus einem von ihr nicht zu vertretenden Grund erst nach Ablauf der Frist des § 4 Satz 1 KSchG Kenntnis erlangt hat. Soweit der Arbeitnehmer noch keine Kündigungsschutzklage erhoben hat, muss er diese mit dem Antrag auf nachträgliche Zulassung verbinden, § 5 Abs. 2 Satz 1 KSchG. Ansonsten muss der Antrag auf die bereits erhobene Klage Bezug nehmen. Der Antrag muss weiterhin die Tatsachen benennen und die Mittel für deren Glaubhaftmachung enthalten, die zur nachträglichen Zulassung führen sollen, § 5 Abs. 2 Satz 2 KSchG.

Das gegenwärtige Verfahren hat beim Antrag auf nachträgliche Zulassung einer Kündigungsschutzklage gem. § 5 KSchG[58] zur Folge, dass keine Beweisanträge mehr zulässig sind, sondern alleiniges Beweismittel für den Antrag auf Zulassung das Mittel der **Glaubhaftmachung**, nämlich die Stellung präsenter Zeugen im Termin und eidesstattliche Versicherungen sind (§ 294 ZPO).

Wenn ein Arbeitnehmer nach erfolgter Kündigung trotz Anwendung aller ihm nach Lage der Umstände zuzumutenden Sorgfalt verhindert war, die Kündigungsschutzklage fristgemäß zu erheben, ist auf seinen Antrag die Klage nach § 5 Abs. 1 KSchG nachträglich zuzulassen. Die Anforderungen an eine

---

[55] BAG 22.7.2004 – 8 AZR 350/03, AP § 613a BGB Nr. 274; LAG Köln 19.10.2007 – 11 Sa 698/07, LAGE § 613a BGB 2002 Nr. 17.
[56] LAG Hessen 1.8.2006 – 19 Ta 373/06, LAGE § 114 ZPO 2002 Nr. 6.
[57] *Bader*, NZA 2004, 65.
[58] Muster 6585 (§ 6 Rn 326).

nachträgliche Zulassung der Kündigungsschutzklage sind hoch. Den Arbeitnehmer darf kein Verschulden treffen. Er darf die ihm in seiner individuellen Situation und nach seinen persönlichen Fähigkeiten objektiv zuzumutende Sorgfalt nicht außer Acht gelassen haben.[59] Dem Arbeitnehmer wird auch fremdes Verschulden von gesetzlichen Vertretern nach § 51 Abs. 2 ZPO[60] und Prozessbevollmächtigten nach § 85 Abs. 2 ZPO **zugerechnet.**[61] Der richtige Antrag lautet:

1. Es wird festgestellt, dass das Arbeitsverhältnis der Parteien durch die Kündigung der beklagten Partei vom ... zum ... nicht aufgelöst wurde.

2. Die Kündigungsschutzklage wird gem. § 5 Abs. 1 KSchG nachträglich zugelassen.

212 Der Antrag kann nur innerhalb von **zwei Wochen** nach Behebung des Hindernisses der Klageerhebung rechtzeitig erhoben werden. Er kann nach Ablauf von sechs Monaten, vom Ende der versäumten Frist an gerechnet, nicht mehr gestellt werden, § 5 Abs. 3 KSchG.

9. Auflösungsantrag des Arbeitnehmers

213 Der Auflösungsantrag nach §§ 9, 10 KSchG führt zu einem **Gestaltungsurteil**, das das Arbeitsverhältnis beendet. Der Arbeitnehmer muss seinen Auflösungsantrag auf den Sachverhalt stützen, dass ihm die Fortsetzung des Arbeitsverhältnisses nicht mehr zugemutet werden kann. Genauso wie bei der Begründung des Arbeitgebers, eine den Betriebszwecken dienliche weitere Zusammenarbeit sei nicht mehr zu erwarten, stellt die Rechtsprechung hier hohe Anforderungen. Selbst die vom BAG gebilligten Instanzurteile, die eine Auflösung des Arbeitsverhältnisses durch den Arbeitgeber gebilligt haben, erfahren in letzter Zeit Kritik und Aufhebungsentscheidungen durch das BVerfG.[62] Der einfache Auflösungsantrag lautet:

Das Arbeitsverhältnis wird gegen Zahlung einer Abfindung in Höhe von ... zum ... aufgelöst.

214 Die Angabe eines **Abfindungsbetrags** ist nicht erforderlich. Allerdings können die Parteien auch die Auflösung des Arbeitsverhältnisses gegen Zahlung einer angemessenen Abfindung beantragen und dabei Mindest- bzw Höchstgrenzen benennen, die sie sich vorgestellt haben. In diesem Falle lautet der vom Arbeitnehmer gestellte Auflösungsantrag:

Das Arbeitsverhältnis wird gegen Zahlung einer angemessenen Abfindung, die ... EUR nicht unterschreiten soll, zum ... aufgelöst werden.[63]

Unterschreitet das Arbeitsgericht den vom Arbeitnehmer verlangten Mindestbetrag, ist das Auflösungsurteil berufungsfähig. Ist der Auflösungsantrag des Arbeitnehmers zurückgewiesen worden, erfolgt in der Regel eine Kostenteilung (§§ 91, 92 ZPO).[64]

10. Arbeitgeberwechsel kraft gesetzlicher Fiktion bei erlaubnispflichtiger Arbeitnehmerüberlassung nach § 10 Abs. 1 Satz 1 AÜG

215 Die Verschärfung des AÜG durch eine Erweiterung von der Gewinnerzielungsabsicht hin zu einer **Überlassung im Rahmen der wirtschaftlichen Tätigkeit** iSd § 1 Abs. 1 Satz 1 AÜG hat mit Wirkung ab dem 1.12.2011 weit reichende Folgen für solche in der Praxis verbreiteten Formen der wirtschaftlich neutralen Überlassung. Solche, nicht auf Gewinnerzielung abzielende Überlassungsformen sind im staatlichen Bereich, im kirchlichen Bereich und in Konzernen als den wichtigsten Feldern anzutreffen. Arbeitsrechtlich beratene Arbeitgeber und Unternehmen haben dies erkannt und die Weichen richtig gestellt. Die Übrigen – und dies sind nach wie vor zahlreiche Ver- und Entleiher – haben ihre Überlas-

---

59 LAG Köln 1.9.1993 – 10 Ta 118/93, LAGE § 5 KSchG Nr. 62; LAG Rheinland-Pfalz 15.1.2007 – 8 Ta 258/06, juris.
60 LAG Hessen 15.11.1988 – 7 Ta 347/88, LAGE § 5 KSchG Nr. 41; AnwK-ArbR/*Dreher/Schmitz-Scholemann*, § 5 KSchG Rn 19.
61 Ganz hM: LAG Berlin 28.8.1978 – 9 Ta 7/78, AP § 5 KSchG 1969 Nr. 2; LAG Düsseldorf 20.11.1995 – 1 Ta 291/95, ZIP 1996, 191; LAG Rheinland-Pfalz 28.5.1997 – 8 Ta 254/96, NZA 1998, 55; LAG Bremen 26.5.2003 – 2 Ta 4/03, NZA 2004, 228. AA LAG Hamm 11.12.1980 – 8 Ta 173/80, LAGE § 5 KSchG Nr. 8; keine Verschuldenszurechnung der Einzelgewerkschaft bei Prozessauftrag an DGB-Rechtsschutz: LAG Köln 13.6.2006 – 4 Ta 159/06, NZA-RR 2007, 33.
62 BVerfG 22.10.2004 – 1 BvR 1944/01, NZA 2005, 41; BVerfG 13.8.1991 – 1 BvR 128/87, juris; demgegenüber Bestätigung eines Auflösungsantrags auf Verdachtsbasis: BVerfG 15.12.2008 – 1 BvR 347/08, juris m. Anm. *Boemke*, jurisPR-ArbR 12/2009 Anm. 1.
63 Schaub/*Linck*, Arbeitsrechts-Handbuch, § 141 III.4. Rn 20.
64 BAG 26.6.1986 – 2 AZR 522/85, NZA 1987, 139.

sungsverträge einfach fortgeführt. Dies führt zunehmend zu Statusklagen, oftmals erst nach Ausspruch einer Kündigung durch den Vertragsarbeitgeber, der rechtlich aufgrund der Fiktion des § 10 Abs. 1 Satz 1 AÜG und der Rechtsfolge in § 9 Nr. 1 AÜG meist längst nicht mehr der Arbeitgeber ist. In diesem Fall geht die Kündigung freilich ins Leere, denn sie wird nicht im Namen dessen, den es angeht – also des Entleihers –, ausgesprochen, sondern im eigenen Namen. Der unfreiwillige rechtliche neue Arbeitgeber, der Entleiher, kündigt hingegen nicht.

Als Rechtsfolge tritt dann Folgendes ein: Die Kündigung durch einen Nicht-Arbeitgeber – hier durch den als Verleiher auftretenden **Vertragsarbeitgeber** – geht ins Leere, sie löst auch die Fiktion der §§ 4, 7 KSchG nicht aus, denn es besteht gar kein Arbeitsverhältnis, so dass die **Kündigung keine Wirkung** entfaltet.

Der Vertragsarbeitgeber, also der **Entleiher** nach § 10 Abs. 1 Satz 1 AÜG, hat hingegen nicht gekündigt, da er ansonsten die Arbeitgebereigenschaft anerkennen müsste, so dass zu ihm ein durch Feststellungsklage auszuurteilendes Arbeitsverhältnis besteht.

Um Unsicherheiten – vor allem über das Vorliegen einer Erlaubnis nach § 2 AÜG – für den Arbeitnehmer zu vermeiden, hilft in solchen Fällen nur eine Klage gegen beide potenzielle Arbeitgeber, die allerdings nicht Gesamtschuldner sind, sondern die in einem Ausschließlichkeitsverhältnis zueinander stehen (Muster 6450).[65]

Der Verleiher, dem die notwendige Erlaubnis fehlt, hat dem Arbeitnehmer den Schaden zu ersetzen, dass dieser auf die Wirksamkeit des Vertrages vertraut hat. Darunter kann u.a. die Forderung der Gerichtskasse in Bezug auf das Unterliegen gegen den Verleiher mit der Kündigungsschutzklage fallen. Um ein Mitverschulden diesbezüglich zu reduzieren, empfiehlt sich eine außergerichtliche Vorkorrespondenz zum Vorliegen oder Fehlen der Überlassungserlaubnis.

III. Zahlungsklage

Wegen der Einzelheiten zur Zahlungsklage wird auf die Ausführungen in § 6 Kapitel 1 (§ 6 Rn 10 ff) verwiesen. 216

IV. Sonstige Klagen

1. Unwirksamkeit eines Aufhebungsvertrages

Häufig werden Aufhebungsverträge unter Hinweis auf die Rechtsprechung des BAG angefochten, der Arbeitgeber habe vor Abschluss des Aufhebungsvertrages mit einer Kündigung gedroht. Die Drohung sei widerrechtlich gewesen, weil ein verständiger Arbeitgeber bei der gegebenen Sachlage eine Kündigung nicht ernsthaft habe in Erwägung ziehen dürfen.[66] In diesen Fällen bieten sich zwei Feststellungsanträge, die in Kombination gewählt werden können, an: 217

1. Es wird festgestellt, dass der Aufhebungsvertrag der Parteien vom ... unwirksam ist.
2. Es wird festgestellt, dass das Arbeitsverhältnis der Parteien nicht durch andere Beendigungsgründe aufgelöst wurde und über den ... hinaus fortbesteht.

2. Eingruppierungsklage

Die im öffentlichen Dienst verbreitete **Eingruppierungs- oder Höhergruppierungsklage** dient der Geltendmachung eines höheren Tarifentgelts. Zwar werden letztlich Leistungsansprüche behauptet. Nach der Rechtsprechung des BAG ist jedoch die Erhebung einer Feststellungsklage zulässig und zwar nicht nur im Bereich des öffentlichen Dienstes, sondern auch im Bereich der Privatwirtschaft, weil hierfür das erforderliche Rechtsschutzbedürfnis besteht.[67] Die Rechtsprechung geht davon aus, ein für den Arbeitnehmer positives Feststellungsurteil werde vom Arbeitgeber befolgt, so dass keine Leistungsklage erhoben werden müsse. Der Feststellungsantrag kann lauten: 218

---

65 § 6 Rn 297 c.
66 BAG 16.11.1979 – 2 AZR 1041/77, DB 1980, 1450.
67 BAG 25.9.1991 – 4 AZR 87/91, NZA 1992, 273.

§ 6 Schriftsätze im arbeitsgerichtlichen Urteilsverfahren

Es wird festgestellt, dass die beklagte Partei verpflichtet ist, der klägerischen Partei ab dem ... eine Vergütung nach der Vergütungsgruppe ... des Manteltarifvertrages ... zu zahlen und etwaige Bruttonachzahlungsbeträge, beginnend mit dem ..., ab dem jeweiligen Fälligkeitszeitpunkt mit fünf Prozentpunkten über dem Basiszinssatz pro Jahr zu verzinsen.

3. Abmahnungsklage

219 Wegen Abmahnungen sollte der Arbeitnehmer bei einer Entscheidung über eine etwaige Klageerhebung vorsichtig sein. Mancher Abmahnungsrechtsstreit mündet später in einen Kündigungsrechtsstreit, obwohl durch ein vorsichtiges Reagieren der Arbeitnehmer die Eskalation hätte vermeiden können. Da die Abmahnung auch noch im Wege einer Kündigungsschutzklage auf ihre Begründetheit überprüft werden kann,[68] sollte der **isolierte Abmahnungsprozess** vermieden werden. Allerdings sollte ein Arbeitnehmer auch auf eine Abmahnung, die er für unberechtigt hält, reagieren und nicht erst in einem späteren Kündigungsschutzprozess behaupten, dass die Abmahnung nicht berechtigt erfolgt sei. Es empfiehlt sich, ein Schreiben an den Arbeitgeber zu senden, in dem der Sachverhalt richtig gestellt oder die rechtliche Bewertung korrigiert wird. Man sollte verlangen, das Schreiben in die Personalakte aufzunehmen und zwar in räumlicher Nähe zu dem Abmahnungsschreiben.

220 Lässt sich der Abmahnungsrechtsstreit nicht vermeiden, so sollte man es nicht dabei bewenden lassen, nur die Aufhebung der Abmahnung zu fordern, sondern dieses Verlangen mit einem Antrag verbinden, der zur **Entfernung des Abmahnungsschreibens aus der Personalakte** führt. Denn hierauf hat der Arbeitnehmer einen Anspruch.[69] Der Wortlaut des richtigen Antrags ist umstritten. Während verschiedentlich der Antrag gestellt wird:

Die beklagte Partei wird verurteilt, die Abmahnung vom ... zurückzunehmen und aus der Personalakte der klägerischen Partei zu entfernen.

221 wird von anderer Seite gefordert:

Die beklagte Partei wird verurteilt, die mit Schreiben vom ... erklärte Abmahnung zu widerrufen und aus der Personalakte zu entfernen.

222 Das LAG Nürnberg[70] ist der Auffassung, dass ein Arbeitgeber nicht zur „Rücknahme" der Abmahnungserklärung verurteilt werden könne. Denkbar sei nur die Verpflichtung zum „Widerruf" oder der auf Feststellung gerichtete Antrag, dass die Vorwürfe unberechtigt sind. Einen Leistungsantrag auf Rücknahme hält das LAG Nürnberg unter Hinweis auf zwei weitere Urteile von Landesarbeitsgerichten[71] für unbestimmt. Auch den Anspruch auf „Widerruf" erkennt das LAG Nürnberg nur an, wenn die Abmahnung bzw die in ihr enthaltenen Vorwürfe auch Dritten gegenüber in ehrverletzender Form erhoben worden sind. Diese einschränkende Auslegung steht nicht ganz im Einklang mit der Rechtsprechung des BAG.[72] Das BAG hält einen Anspruch auf Rücknahme für gegeben, wenn durch die Behauptung des Arbeitgebers der Arbeitnehmer in seinem beruflichen Fortkommen oder seinem Persönlichkeitsrecht fortdauernd beeinträchtigt wird.

4. Urlaubsklage

223 Da die zeitliche Festlegung des Urlaubs entgegen einem weit verbreiteten Missverständnis durch den Arbeitgeber gegenüber dem Arbeitnehmer erfolgt, wobei der Arbeitgeber nur unter den in § 7 Abs. 1 Satz 1 Hs 2 BUrlG genannten Voraussetzungen den Urlaub auf einen anderen als den vom Arbeitnehmer beantragten Termin festlegen kann, er allerdings auch den Urlaub ganz oder teilweise verweigern kann,[73] kommt es verschiedentlich zu Streitigkeiten zwischen Arbeitgeber und Arbeitnehmer über die Urlaubsgewährung. Dem Arbeitnehmer steht **kein Recht zur Selbstbeurlaubung** zu. Hat der Arbeitgeber die Urlaubsgewährung unberechtigterweise abgelehnt, muss der Arbeitnehmer die Durchsetzung

---

[68] BAG 12.1.2006 – 2 AZR 21/05, NZA 2006, 917.
[69] BAG 14.9.1994 – 5 AZR 632/93, NJW 1995, 1236.
[70] LAG Nürnberg 14.6.2005 – 6 Sa 367/05, LAGE § 611 BGB 2002 Abmahnung Nr. 3.
[71] LAG Hamm 25.5.1993 – 4 Sa 11/93, juris; LAG Sachsen-Anhalt 19.12.2001 – 3 Sa 479/01, juris.
[72] BAG 15.4.1999 – 7 AZR 716/97, NZA 1999, 1037.
[73] BAG 18.12.1986 – 8 AZR 502/84, NZA 1987, 379.

seines Urlaubsanspruchs gerichtlich erzwingen, wobei meist die Hauptsacheklage schon aus Zeitgründen nicht mehr das geeignete Verfahrensmittel ist. Meist muss man sich der einstweiligen Verfügung bedienen.[74] Kann die Hauptsacheklage gewählt werden, weil beispielsweise ein in fünf Monaten geplanter Urlaub, der auch bereits gebucht ist, noch Zeit für eine streitige Auseinandersetzung vor dem Arbeitsgericht belässt, kann folgender Antrag gestellt werden:

Die beklagte Partei wird verurteilt, der klägerischen Partei vom ... bis ... Erholungsurlaub zu gewähren.

5. Zeugnisklage

Bei der Zeugnisklage muss man zwischen zwei Grundsachverhalten unterscheiden. Hat der Arbeitgeber sich geweigert, dem Arbeitnehmer ein nach § 109 GewO geschuldetes Zeugnis zu erteilen, geht der Antrag dahin, den Arbeitgeber zum **Ausstellen eines Zeugnisses** zu verurteilen:

224

Die beklagte Partei wird verurteilt, der klägerischen Partei ein Zeugnis zu erteilen, das sich auf Art und Dauer der Tätigkeit sowie Leistung und Verhalten der klägerischen Partei im Arbeitsverhältnis erstreckt.

In dem meisten Fällen geht der Rechtsstreit allerdings um den **konkreten Wortlaut** eines Zeugnisses. Hier besteht die Besonderheit, dass die Rechtsprechung verlangt, dass der Wortlaut, der gefordert wird, in den **Zeugnisberichtigungsantrag** aufzunehmen ist. Nur wenn der Entscheidungsausspruch bereits die dem Gericht zutreffend erscheinende Zeugnisformulierung enthält, wird verhindert, dass sich der Streit über den Inhalt des Zeugnisses vom Erkenntnis- in das Vollstreckungsverfahren verlagert.[75] Um dem Bestimmtheitsgebot des § 253 Abs. 2 Nr. 2 ZPO zu genügen, muss im Klageantrag genau die angestrebte Ergänzung oder Berichtigung aufgeführt werden. Der Arbeitnehmer muss also beim Berichtigungs- oder Ergänzungsverlangen Teile des Zeugnisses oder das gesamte Zeugnis selbst formulieren.[76] Der Berichtigungsantrag lautet daher wie folgt:

225

Die beklagte Partei wird verurteilt, der klägerischen Partei Zug um Zug gegen Rückgabe des unter dem Datum des ... erteilten Zeugnisses unter dem gleichen Datum ein Zeugnis mit folgendem Inhalt zu erteilen: ... (Es folgt der gesamte Wortlaut des zu ändernden oder zu ergänzenden Zeugnisses.)

6. Klage auf Arbeitszeitreduzierung

Große Bedeutung hat inzwischen die auf § 8 Abs. 1 TzBfG gestützte Klage auf Reduzierung der Arbeitszeit. Es handelt sich um eine der zahlreichen arbeitszeitrechtlichen Schnittstellen zum gesellschaftspolitisch hochaktuellen **Work-Life-Balance-Thema**. Die Dimensionen und Wechselwirkungen gehen jedoch – auch arbeitsrechtlich – über die reine Arbeitszeit-Thematik hinaus:

226

Eine Verringerung/Flexibilisierung der Arbeitszeit hat unmittelbare Auswirkungen auf die zeitlineare Vergütung, darüber hinaus aber auch auf laufende Zielvereinbarungen. Wird die zur Zielerreichung geplante Zeitmenge verändert, sind Zielanpassungen regelmäßig erforderlich.

Änderungen der ursprünglich vereinbarten Arbeitszeitmenge führen für den Arbeitgeber zu Planungs- und Änderungserfordernissen – ein tendenzieller Störfaktor.

Anpassungen der Arbeitszeit an die individuellen Bedürfnisse und Anforderungen der Arbeitnehmer haben aber auch positive Wechselwirkungen in den Bereichen Gesundheit (frühzeitige Gegenmaßnahmen bei Erkrankungen und psychischen Störungen wie „Burnout" oder „Boreout") und Motivation.[77] Der Sinn der Anpassung der Arbeitszeit an die individuellen Lebensumstände hat das Ziel einer Verbesserung dieser Umstände und damit tendenziell eine positive Wechselwirkung zur Einstellung gegenüber der Arbeit.

Der Arbeitgeber hat nach § 8 Abs. 3 Satz 1 TzBfG mit dem Arbeitnehmer die gewünschte Verringerung der Arbeitszeit sowie deren Verteilung vor einer Entscheidung über den Verringerungsantrag zu erörtern. Versäumt er die im Gesetz vorgesehene **Monatsfrist** oder lehnt er den Antrag des Arbeitnehmers nicht formgerecht ab, verringert sich die Arbeitszeit in dem vom Arbeitnehmer gewünschten Umfang

226a

---

74 *Walker*, Der einstweilige Rechtsschutz im Urlaubsrecht, FS Leinemann, S. 641.
75 BAG 14.3.2000 – 9 AZR 246/99, FA 2000, 286; Schaub/*Linck*, Arbeitsrechts-Handbuch, § 146 IV.3. Rn 32.
76 Düwell/Lipke/*Kloppenburg*, ArbGG, § 46 Rn 342.
77 Vgl die Stellungnahme des Europäischen Wirtschafts- und Sozialausschusses zum Thema „Europäisches Jahr der seelischen Gesundheit – bessere Arbeit, mehr Lebensqualität" (Initiativstellungnahme), ABl. C 44 vom 15.2.2013, S. 36–43.

kraft Gesetzes und die verteilte Arbeitszeit gilt entsprechend den Wünschen des Arbeitnehmers als festgelegt. Wenn allerdings der Arbeitgeber ohne vorherige Durchführung der gesetzlich vorgesehenen Erörterung den Teilzeitwunsch des Arbeitnehmers ablehnt, tritt nach Auffassung des BAG die gesetzliche Fiktion nicht ein.[78] Wird die gesetzliche Fiktion nach § 8 Abs. 5 TzBfG vom Arbeitnehmer in der Weise geltend gemacht, dass er über eine gerichtliche Entscheidung sicherstellen will, keine Arbeitsverweigerung zu begehen, wenn er nunmehr nur die verringerte Arbeitszeit erbringt, empfiehlt sich folgender Antrag:

Es wird festgestellt, dass sich das Arbeitsverhältnis der klägerischen Partei in ein Teilzeitarbeitsverhältnis mit dem Inhalt geändert hat, dass die klägerische Partei ab ... eine wöchentliche Arbeitsleistung von ... Stunden zu erbringen hat, wobei die geschuldeten Arbeitsstunden wie folgt verteilt werden: ...

227 Hat der Arbeitgeber die beantragte Arbeitszeitverkürzung ordnungsgemäß abgelehnt, entsteht die gesetzliche Fiktion nicht, eine Vertragsänderung findet somit zunächst nicht statt. Hält der Arbeitnehmer die Entscheidung des Arbeitgebers für unbegründet, muss er eine Klage auf Abgabe einer Willenserklärung erheben. Erst durch die vom Gericht ersetzte Willenserklärung des Arbeitgebers kommt dann eine Vertragsänderung über die Reduzierung der Arbeitszeit zustande. Der in diesem Fall zu stellende Antrag kann wie folgt lauten:

Die beklagte Partei wird verurteilt, der Reduzierung der wöchentlichen Arbeitszeit der klägerischen Partei von derzeit ... Wochenarbeitsstunden auf ... Wochenarbeitsstunden und der Verteilung der reduzierten Arbeitszeit auf die Tage ... ab dem ... zuzustimmen.

V. Einstweiliger Rechtsschutz

1. Allgemeines

228 Beim einstweiligen Rechtsschutz im arbeitsgerichtlichen Erkenntnisverfahren gelten nach § 62 Abs. 2 ArbGG die Vorschriften des 8. Buches der ZPO (§§ 916 ff) entsprechend. Einstweilige Verfügungen können nach § 940 ZPO zum Zweck der Regelung eines einstweiligen Zustands in Bezug auf ein streitiges Rechtsverhältnis beantragt werden, wenn die Regelung zur **Abwehr wesentlicher Nachteile** notwendig erscheint. Der Arrest spielt, anders als die einstweilige Verfügung, im arbeitsgerichtlichen Erkenntnisverfahren keine Rolle.

In der Praxis der Arbeitsgerichte werden **einstweilige Verfügungen** meist nur nach mündlicher Verhandlung erlassen. In dringenden Fällen entscheidet der Vorsitzende sowie dann, wenn der Verfügungsantrag zurückzuweisen ist, § 46 Abs. 2 ArbGG, §§ 937 Abs. 2, 944 ZPO. **Zuständig** für den Erlass der einstweiligen Verfügung ist das Gericht der Hauptsache, §§ 937 Abs. 1, 943 Abs. 1 ZPO. Die **Einlassungsfristen** im einstweiligen Verfügungsverfahren betragen nicht eine Woche (§ 47 ArbGG), sondern **drei Tage** (§ 217 ZPO) und können außerdem auch auf Antrag abgekürzt werden (§ 226 Abs. 1 ZPO).

229 Die Beweismittel im einstweiligen Verfügungsverfahren entsprechen nicht denen des Hauptsacheverfahrens. Beim einstweiligen Verfügungsverfahren sind die **Glaubhaftmachung** und das im Termin gestellte, **präsente Beweismittel** gefragt. Der Antragsteller muss den Verfügungsanspruch und die den Verfügungsgrund stützenden Tatsachen glaubhaft machen.

230 Wird eine einstweilige Verfügung ohne mündliche Verhandlung erlassen, kann der Antragsgegner **Widerspruch** einlegen. In diesem Falle findet eine mündliche Verhandlung statt und in der ersten Instanz wird abschließend durch Urteil entschieden, §§ 936, 924 ZPO. Gegen das Urteil erster Instanz in einer einstweiligen Verfügungssache ist Berufung zum LAG möglich. Eine Revision des LAG-Urteils ist ausgeschlossen, § 72 Abs. 4 ArbGG. Misslich ist, dass im einstweiligen Verfügungsverfahren zweiter Instanz die gleichen Ladungs- und Einlassungsfristen gelten wie im Hauptsacheverfahren. Drei Monate vor Zustellung des Urteils erster Instanz kann es nicht zu einer mündlichen Verhandlung über die Berufung kommen, denn für den Berufungskläger gilt die zweimonatige Frist zur Einlegung von Berufung und Berufungsbegründung; dem Berufungsbeklagten ist mindestens ein Monat Frist zur Erwiderung zu gewähren. Damit sind bereits drei Monate verstrichen, ohne dass eine mündliche Verhandlung stattge-

---

78 BAG 18.2.2003 – 9 AZR 356/02, NJW 2003, 2771.

funden hat. Wenn das Berufungsgericht straff terminiert, findet die mündliche Verhandlung meist erst einen oder zwei Monate später statt. Fünf Monate nach Zustellung des Urteils erster Instanz über ein Urteil im Verfahren der einstweiligen Verfügung zu entscheiden, ist ein zu langer Zeitraum, um dem Verfügungskläger noch zu seinem Recht zu verhelfen. Wenn man bedenkt, dass durch das Verfahren erster Instanz meist schon einige Monate ins Land gegangen sind, ist nach sieben oder acht Monaten nicht mehr damit zu rechnen, dass die Vereitelung eines Rechts des Antragstellers noch verhindert werden kann.

2. Herausgabe der Arbeitspapiere

Bei der einstweiligen Verfügung wegen **Herausgabe der Arbeitspapiere** wird darauf hingewiesen, dass im Antrag eine kleine Ungenauigkeit[79] bewusst gewählt wurde. Für die Herausgabe von Arbeitspapieren ist gem. § 2 Nr. 3 Buchst. e) ArbGG das Arbeitsgericht zuständig. Unzuständig ist das Arbeitsgericht, wenn es um die Berichtigung von Arbeitspapieren geht.[80] Die wenig befriedigende Rechtsprechung, wonach das Korrigieren einer falsch ausgefüllten Arbeitsbescheinigung (§ 312 SGB III) vor den Sozialgerichten anhängig zu machen ist, die Herausgabe und das Ausfüllen von Arbeitspapieren dagegen vor den Arbeitsgerichten, muss gleichwohl beachtet werden. Gelingt es dem Arbeitnehmer nicht, den Arbeitgeber zum kurzfristigen Ausfüllen und Herausgabe der Arbeitspapiere zu veranlassen, sollte der Anwalt seinen unter Zeitdruck stehenden Mandanten über eine weitere Sanktion für den Arbeitgeber informieren. § 404 Abs. 2 Nr. 19 SGB III belegt das Nichtausfüllen einer Arbeitsbescheinigung mit einer Ordnungswidrigkeit. Der Hinweis, dass die Agentur für Arbeit ein Ordnungswidrigkeiten-Verfahren einleiten wird, kann manchmal zur Folge haben, dass die Unterlagen vom Arbeitgeber schnellstens ausgefüllt werden. Der Antrag auf Herausgabe der Arbeitspapiere kann wie folgt lauten: 231

Die antragsgegnerische Partei wird verurteilt, an die antragstellende Partei deren Arbeitspapiere, bestehend aus einer Lohnbescheinigung für das Jahr _, der sozialversicherungsrechtlichen Abmeldebescheinigung und der Arbeitsbescheinigung, gem. § 312 SGB III herauszugeben.

3. Urlaubsgewährung

Das BAG geht bei der Hauptsacheklage und wohl auch bei der einstweiligen Verfügung[81] von der Zulässigkeit einer einstweiligen Leistungsverfügung aus.[82] *Reinhard/Kliemt*[83] geben zu bedenken, dass man bei der Urlaubsgenehmigung von der Annahme ausgehen kann, dass es sich um eine Willenserklärung des Arbeitgebers handelt, aber auch um eine unvertretbare Handlung. Bei der Formulierung des Antrags muss man deshalb berücksichtigen, dass unter der Annahme, es handele sich um eine Willenserklärung des Arbeitgebers, die Fiktionswirkung des § 894 ZPO erst mit Rechtskraft eintritt. Geht man von einer unvertretbaren Handlung aus, würde die Vollstreckung nach § 888 Abs. 1 ZPO in der Form der Erzwingung der Urlaubsgewährung durch Zwangsgeld oder Zwangshaft vorzunehmen sein. 232

Bei einem Rechtsstreit zwischen den Arbeitsvertragsparteien über die zeitliche Lage des Urlaubs kann dem Urlaubsinteresse des Arbeitnehmers zunächst hinreichend dadurch Rechnung getragen werden, dass ihm ein Fernbleiben von der Arbeit für den streitigen Zeitraum gestattet wird. Deshalb empfehlen *Reinhard/Kliemt*, den Antrag auf Urlaubsgewährung im Wege des einstweiligen Rechtsschutzes wie folgt zu formulieren: 233

Der antragstellenden Partei wird das Fernbleiben von der Arbeit im Zeitraum vom _ bis _ gestattet.

Rambach/Sartorius[84] propagieren demgegenüber folgenden Antrag:

Es wird beantragt, wegen Dringlichkeit ohne mündliche Verhandlung – hilfsweise nach Anberaumung eines Termins zur mündlichen Verhandlung unter Abkürzung der Ladungsfrist – der Erlass der folgenden einstweili-

---

79 Die Arbeitsbescheinigung ist nach § 312 SGB III ordnungsgemäß ausgefüllt herauszugeben.
80 BAG 15.1.1992 – 5 AZR 15/91, NZA 1992, 996; BAG 13.7.1988 – 5 AZR 467/87, NZA 1989, 321.
81 *Reinhard/Kliemt*, NZA 2005, 545 (550).
82 BAG 22.1.1998 – 2 ABR 19/97, NZA 1998, 708; BAG 16.3.2000 – 2 AZR 75/99, NZA 2000, 1332.
83 NZA 2005, 545 (550).
84 ZAP Fach 17, S. 829.

gen Verfügung: Der Antragsgegner wird verurteilt, dem Antragsteller von ... bis ... Erholungsurlaub zu gewähren.

4. Arbeitsbefreiung wegen Pflegezeit/Familienpflegezeit

234 Die Arbeitsbefreiung wegen Pflegezeit nach dem **Pflegezeitgesetz** (PflegeZG) kann in den Fällen der kurzfristig erforderlich gewordenen Pflege eines Angehörigen im Falle der Weigerung des Arbeitgebers nur im Wege des einstweiligen Rechtsschutzes erfolgen, wenn ansonsten Nachteile, zB eine angedrohte Kündigung, anstehen. Hierbei ist materiellrechtlich zwischen der Arbeitsverhinderung aufgrund einer kurzfristig erforderlich werdenden Pflege nach § 2 PflegeZG und der eigentlichen Pflegezeit nach § 3 PflegeZG zu unterscheiden. Auch bei der Pflegezeit nach § 3 PflegeZG kann je nach Ankündigungszeit für den Arbeitnehmer eine Klage im Urteilsverfahren der richtige Weg sein oder ein Antrag im Wege der Leistungsverfügung, der auf Freistellung durch den Arbeitgeber nach § 3 Abs. 1 PflegeZG gerichtet ist.

Noch ist die Rechtsprechung zu diesem neuen Gesetz sehr übersichtlich, dies wird sich aber in den nächsten Jahren voraussichtlich ändern.[85]

Die Vielfältigkeit der Bezugspunkte zum übergeordneten gesellschaftspolitischen **Work-Life-Balance-Thema** und die Aktualität dieser Thematik zeigen sich einerseits an den gesetzgeberischen Aktivitäten, die – wie so häufig – ihren Ursprung auf europäischer Ebene haben. Neben dem Teilzeit- und Befristungsgesetz gehören auch die noch jungen Gesetze zur **Pflegezeit** und zur **Familienpflegezeit** hierher, ebenso wie die gesetzlichen Regelungen zum betrieblichen Eingliederungsmanagement. Der europäische Gesetzgeber hat zudem weitere Maßnahmen in die Wege geleitet, um zu einer verbesserten Vereinbarkeit von Familie, Freizeit und Beruf zu gelangen.[86] Neben weiteren Maßnahmen des deutschen Gesetzgebers wirkt auch die **größere Gewichtung der Grundrechte**, insbesondere von Art. 6 GG, durch die Rechtsprechung zugunsten der breiteren Berücksichtigung privater Interessen im Vertragsverhältnis gegenüber dem Arbeitgeber: Früher noch belächelt oder abgetan, wirken private Lebensumstände über die Einfallstore der Grundrechte im Arbeitsverhältnis: **§ 241 Abs. 2 BGB**, **§ 242 BGB**, **§ 315 BGB iVm § 106 GewO**.

Es ist daher mit Streitigkeiten gerade in solchen Fällen zu rechnen, wo ein pflegebedürftiger Angehöriger immer wieder einmal vom Arbeitnehmer kurzzeitiger Pflege bedarf, zB aufgrund besonders ungünstiger medizinischer Umstände oder aufgrund des Ausfalls des Pflegepersonals, gerade wenn die Pflege dauerhaft von anderen Angehörigen zu gewährleisten ist, die selbst einmal krank werden oder eine Auszeit benötigen. Der „Verbrauch" der Pflegezeit nach § 3 PflegeZG durch die einmalige Inanspruchnahme führt dann zu einem notwendigen Ausweichen auf die Dringlichkeitsfälle nach § 2 PflegeZG, über deren Vorliegen man jedoch im Einzelfall trefflich streiten kann. Droht in einem solchen Fall der Arbeitgeber mit einer Kündigung wegen unentschuldigten Fehlens, kann die Beantragung einer einstweiligen Verfügung mit dem Ziel der Feststellung der Rechtmäßigkeit der Pflege notwendig werden, worauf das Muster 6719 abstellt.[87]

235 Demgegenüber können sich aus dem **Familienpflegezeitgesetz** (FPfZG) im einstweiligen Rechtsschutzverfahren regelmäßig keine Streitigkeiten ergeben, da es keinen Rechtsanspruch auf Familienpflegezeiten gibt. Die Familienpflegezeit ist von einer Einigung zwischen den Arbeitsvertragsparteien abhängig, § 2 FPfZG. Das von seiner Struktur her bürokratische Gesetz erleichtert die Anwendung in der Praxis nicht gerade. Dementsprechend gering ist seine Bedeutung – erst recht für die arbeitsrechtliche Praxis. Nach über einem Jahr des Inkrafttretens zum 1.1.2012 liegt keine einzige veröffentlichte Entscheidung in Juris zu diesem Gesetz vor.

---

[85] Vgl insb. LAG Stuttgart 31.3.2010 – 20 Sa 87/09, BB 2010, 1541 m. Anm. *Kossens*, jurisPR-ArbR 26/2010 Anm. 2 zur Frage der Teilbarkeit der Pflegezeit für einen Angehörigen.
[86] Vorschlag für eine Verordnung des Europäischen Parlaments und des Rates über ein Programm der Europäischen Union für sozialen Wandel und soziale Innovation. KOM(2011) 609 endg.
[87] § 6 Rn 360.

5. Wettbewerbsverbot

Der Verfügungsantrag beim Wettbewerbsverbot ist ein Unterlassensantrag, er muss präzise formuliert werden und die konkrete Verletzungsform enthalten.[88] Dem Arbeitnehmer kann nicht jede Verwertung der Arbeitskraft untersagt werden, sondern immer nur eine ganz konkrete Wettbewerbstätigkeit.[89] Es kann folgender Antrag gestellt werden:

236

Der antragsgegnerischen Partei wird untersagt, bis zum Ende des Arbeitsverhältnisses/zum ... eine Tätigkeit als ... bei der Firma ... auszuüben.

Dieser Antrag kann sowohl bei vertraglichen Wettbewerbsverstößen als auch bei nachvertraglichen Wettbewerbsverstößen verwendet werden. Bei der Bestimmung der zu unterlassenden Tätigkeit ist auf die Reichweite des einzelvertraglich vereinbarten, nachvertraglichen Wettbewerbsverbots abzustellen.[90]

237

6. Herausgabe von Firmenunterlagen und Firmengegenständen

Einen zunehmenden forensischen Raum nehmen einstweilige Verfügungen auf Herausgabe von Firmenunterlagen, insbesondere von Laptops, Handys oder Kalkulationslisten bei Vertriebsmitarbeitern ein. Der Herausgabeantrag kann lauten:

238

Die antragsgegnerische Partei wird verurteilt, das ihr überlassene Handy, Marke ... mit der Seriennummer ..., an die antragstellende Partei herauszugeben.

Trotz der befriedigenden Wirkung wird häufig eine einstweilige Verfügung auf Herausgabe von Arbeitsmitteln für zulässig erachtet.[91] Anspruchsgrundlage für die Herausgabe von Arbeitsmitteln des Arbeitgebers ist meist § 985 BGB. An den dem Arbeitnehmer im Rahmen des Arbeitsverhältnisses überlassenen Gegenständen ist der Arbeitnehmer meist Besitzdiener. Kommt er einem Herausgabeverlangen des Arbeitgebers nicht nach, begeht er meist eine verbotene Eigenmacht, § 858 BGB. Damit entsteht neben der Anspruchsnorm des § 985 BGB meist auch ein Herausgabeanspruch des Arbeitgebers aus possessorischen und petitorischen Besitzansprüchen, der dann auch aus besitzrechtlichen Gründen im Wege der einstweiligen Verfügung geltend gemacht werden kann.[92]

239

7. Arbeitszeitreduzierung

Da der Antrag auf Reduzierung der vertraglichen Arbeitszeit eine Leistungsverfügung beinhaltet, die nicht nur der Sicherung dient, sondern zu einer teilweisen oder völligen Befriedigung des streitigen Anspruchs führt (§ 894 ZPO), stellt die Rechtsprechung an die Darlegungs- und Glaubhaftmachung von Verfügungsanspruch und Verfügungsgrund hohe Anforderungen.[93] *Rambach/Sartorius*[94] schlagen folgenden Antrag vor:

240

Wir beantragen – wegen Dringlichkeit ohne mündliche Verhandlung – hilfsweise nach Anberaumung eines Termins zur mündlichen Verhandlung unter Abkürzung der Ladungsfrist – den Erlass folgender einstweiliger Verfügung: Der Antragsgegner wird verurteilt, dem Antrag des Antragstellers auf Reduzierung seiner vertraglichen Arbeitszeit auf ... Wochenstunden einstweilen bis zum Erlass einer erstinstanzlichen Entscheidung im Hauptsacheverfahren – ArbG ..., Az ... – zuzustimmen und den Antragsteller bis zur Entscheidung im vorgenannten Hauptsacheverfahren von ... bis ... als ... zu beschäftigen.

---

88 *Reinhard/Kliemt*, NZA 2005, 545 (551).
89 BAG 3.5.1983 – 3 AZR 62/81, NJW 1984, 886.
90 *Reinhard/Kliemt*, NZA 2005, 545.
91 LAG Berlin 3.12.2001 – 19 Ta 2126/01, EzA-SD 2002, Nr. 3, 16; LAG Düsseldorf 18.4.1966 – 10 Sa 83/66, BB 1967, 1207; *Reinhard/Kliemt*, NZA 2005, 545 (552).
92 LAG Berlin 26.5.1986 – 9 Sa 24/86, NJW 1986, 2528; ArbG Marburg 5.2.1969 – Ca 600/68, DB 1969, 2041; Hümmerich/Reufels/*Reufels*, Gestaltung von Arbeitsverträgen, § 1 Rn 2324 ff.
93 LAG Berlin 31.8.2006 – 14 Ta 1560/06, juris m. zust. Anm. *Sievers*, jurisPR-ArbR 49/2006 Anm. 5; LAG Rheinland-Pfalz 12.4.2002 – 3 Sa 161/02, NZA 2002, 856; LAG Berlin 20.2.2002 – 4 Sa 2243/01, NZA 2002, 858.
94 ZAP Fach 17, S. 829.

8. Konkurrentenklage

241 Auch das BAG geht in Anlehnung an die Rechtsprechung des BVerwG[95] von der **Zulässigkeit** der Konkurrentenklage von Arbeitnehmern, jedenfalls im öffentlichen Dienst aus.[96] Eines der Kernprobleme bei Konkurrentenklagen ist, dass der Anspruch auf ein öffentliches Amt nur geltend gemacht werden kann, wenn es noch ein öffentliches Amt gibt, das zu besetzen ist.[97] Deshalb besteht bei einer Konkurrentenklage im Hauptsacheverfahren regelmäßig die Gefahr, dass nach Klagezustellung das vom Konkurrenten begehrte Amt, im Beamtenrecht durch Ernennung des Beamten und Einweisung in die Planstelle, im Arbeitsrecht durch **Abschluss eines Änderungsvertrages** besetzt wird.

242 In Fällen der Konkurrentenklage kommt deshalb dem einstweiligen Rechtsschutz besondere Bedeutung zu. Mit Zustellung des Erlasses einer einstweiligen Verfügung ist der Arbeitgeber gehindert, das noch freie Amt zu besetzen, so dass der Konkurrent seine Chancen meist nur über eine einstweilige Verfügung wahrnehmen kann. Im Antrag auf Erlass einer einstweiligen Verfügung ist die zu besetzende **Stelle konkret zu bezeichnen**. Hat der Verfügungskläger glaubhaft gemacht, dass die vom Arbeitgeber getroffene Auswahlentscheidung unter Berücksichtigung der Grundsätze der **Bestenauslese** oder Landesgleichstellungsgesetze ermessensfehlerhaft war oder dass Verfahrensfehler oder Mängel bei allgemeingültigen Bewertungsmaßstäben vorgelegen haben, besitzt er auch einen Verfügungsanspruch. Die Rechtsprechung setzt die Anforderungen zur Verhinderung vollendeter Tatsachen nicht zu hoch.[98] Der Verfügungskläger muss nicht dartun, dass er zwingend auszuwählen gewesen wäre.[99] Der Antrag kann wie folgt formuliert werden:

Der antragsgegnerischen Partei wird untersagt, die Position des ... in der Abteilung ... bis zum Abschluss des Hauptsacheverfahrens mit einem anderen Bewerber als der antragstellenden Partei zu besetzen.

9. Beschäftigungsanspruch

243 Die Erfahrung bei den Instanzgerichten zeigt, dass Anträge auf Erlass einer einstweiligen Verfügung zur Beschäftigung, beispielsweise bei einem Gekündigten, aber wegen der Kündigungsfrist noch über mehrere Monate im Arbeitsverhältnis stehenden Angestellten in Abhängigkeit vom jeweiligen LAG-Bezirk Aussicht auf Erfolg haben. Ein Verfügungsanspruch besteht schon deshalb, weil der Große Senat des BAG mit seinem Beschluss vom 27.2.1985[100] und der 2. Senat mit seinem Urteil vom 10.11.1955[101] klargestellt haben, dass im bestehenden Arbeitsverhältnis aus persönlichkeitsrechtlichen Gründen der Anspruch des Arbeitnehmers auf Beschäftigung überwiegt. Der Verfügungsanspruch ergibt sich daher aus § 105 GewO (§§ 611, 242 BGB).

244 Die Arbeitsgerichte lassen die Sicherung des Beschäftigungsanspruchs im Wege der einstweiligen Verfügung noch überwiegend, jedoch mit abnehmender Tendenz, am **Verfügungsgrund** scheitern. Die bisher vorherrschende Rechtsprechung fordert, dass der Antragsteller vorträgt, dass die Nichtbeschäftigung einen schweren Nachteil für ihn bedeutet, der über das bloße Erfüllungsinteresse hinausgeht.[102] Nur dann, wenn für den Arbeitnehmer unerlässliche Kenntnisse und Praxiserfahrung wie bei einem Verkaufsleiter eines großen Logistikunternehmens wegen „Entfremdung aus dem Betrieb"[103] verloren gehen oder Spezialkenntnisse in der Versicherungsbranche,[104] wird ausnahmsweise von einem Verfügungsgrund ausgegangen. Die Meinung, die eine bloße Rechtsvereitelung bereits als ausreichenden

---

[95] BVerwG 20.1.2004 – 2 VR 3/03, Buchholz 310 § 123 VwGO Nr. 23.
[96] BAG 28.5.2002 – 9 AZR 751/00, NZA 2003, 324; BAG 2.12.1997 – 9 AZR 668/96, NZA 1998, 882; BAG 2.12.1997 – 9 AZR 445/96, NZA 1998, 884.
[97] BAG 2.12.1997 – 9 AZR 668/96, NZA 1998, 882; BAG 2.12.1997 – 9 AZR 445/96, NZA 1998, 884; BAG 14.11.2001 – 7 AZR 568/00, NZA 2002, 392.
[98] Reinhard/Kliemt, NZA 2005, 545 (546).
[99] Zimmerling, ZTR 2000, 489.
[100] BAG 27.2.1985 – GS 1/84, NJW 1985, 2968.
[101] BAG 10.11.1955 – 2 AZR 591/54, AP § 611 BGB Beschäftigungspflicht Nr. 2.
[102] LAG Baden-Württemberg 30.8.1993 – 15 Sa 35/93, NZA 1995, 683; LAG Düsseldorf 25.1.1993 – 19 Sa 1650/92, DB 1993, 1680; LAG Düsseldorf 1.6.2005 – 12 Sa 352/05, MDR 2005, 1419; LAG Bremen 9.3.1988 – 2 Sa 288/87, AuR 1989, 290; LAG Hamm 18.2.1988 – 3 Sa 297/98, LAGE § 611 BGB Beschäftigungspflicht Nr. 41; LAG Hessen 23.3.1987 – 1 SaGa 316/87, NZA 1988, 37; LAG Köln 31.7.1985 – 7 Sa 555/05, BB 1985, 2178; LAG Berlin 4.1.2005 – 17 Sa 2664/04, juris.
[103] ArbG Stuttgart 18.3.2005 – 26 Ga 4/05, EzA-SD 2005, Nr. 14, 8.
[104] LAG Köln 20.3.2001 – 6 Ta 46/01, MDR 2001, 1176.

Verfügungsgrund zur Durchsetzung von Beschäftigungsansprüchen ansieht, ist derzeit noch eine Mindermeinung.[105] Der Beschäftigungsantrag im Wege der einstweiligen Verfügung kann wie folgt lauten:

Der antragsgegnerischen Partei wird aufgegeben, die antragstellende Partei zu unveränderten arbeitsvertraglichen Bedingungen als ... in ... zu beschäftigen.

10. Weiterbeschäftigungsanspruch

Der Weiterbeschäftigungsanspruch existiert in zweierlei Gestalt. Er ist einmal als **betriebsverfassungsrechtlicher** Weiterbeschäftigungsanspruch ausgestaltet, der sich im Falle des Widerspruchs des Betriebsrats im Rahmen eines Anhörungsverfahrens nach § 102 BetrVG ergibt, § 102 Abs. 5 Satz 1 BetrVG. Er wird darüber hinaus **individualarbeitsrechtlich** geltend gemacht, wenn im Kündigungsschutzprozess kein Antrag auf Weiterbeschäftigung gestellt wurde und nach einem für den Arbeitnehmer obsiegenden Urteil im Kündigungsschutzprozess der Wunsch auf Weiterbeschäftigung besteht. Verfügungsgrund ist in allen Fällen, wie beim Beschäftigungsanspruch, der Anspruch auf Erfüllung einer Hauptleistungspflicht sowie die persönlichkeitsrechtliche Komponente, die der Große Senat des BAG mit der Entscheidung vom 27.2.1985 herausgestellt hat.[106] 245

Zum **Widerspruch** des Betriebsrats muss auch vorgetragen werden, inwieweit ein ordnungsgemäß getroffener Betriebsratsbeschluss vorliegt.[107] Hat der Betriebsrat widersprochen oder hat der Arbeitnehmer im Kündigungsschutzprozess obsiegt, kann er die Weiterbeschäftigung verlangen, wobei sich der Verfügungsgrund jeweils aus Gesetz bzw aus einem arbeitsgerichtlichen Urteil ergibt. Beim Verfügungsanspruch stellen sich für den Arbeitnehmer keine sonderlichen Hürden, denn mit dem Urteil erster Instanz im Hauptsacheverfahren besteht eine Richtigkeitsgewähr, die eine Interessenabwägung zugunsten des Arbeitnehmers ausfallen lässt. Beim betriebsverfassungsrechtlichen Weiterbeschäftigungsanspruch ergibt sich der Verfügungsanspruch bereits aus § 102 Abs. 5 Satz 1 BetrVG. 246

Beim Verfügungsgrund hat der Arbeitnehmer meist Erfolg, denn hat das Arbeitsgericht erster Instanz bereits entschieden, dass das Arbeitsverhältnis durch eine Kündigung nicht beendet wurde, steht der Arbeitnehmer aufgrund der gestaltenden Wirkung des Urteils in einem Arbeitsverhältnis und sein Interesse an der Weiterbeschäftigung überwiegt nach der Rechtsprechung des BAG damit wieder. Weil der Arbeitnehmer, wenn er den Antrag auf Weiterbeschäftigung mit dem Kündigungsschutzantrag in der Klage verbunden hätte, in der Hauptsache bereits einen Weiterbeschäftigungsanspruch erlangt hätte, weil das Obsiegen mit einem Kündigungsschutzantrag das Obsiegen eines Weiterbeschäftigungsanspruchs nach sich zieht, darf der Arbeitnehmer im Wege des einstweiligen Rechtsschutzes nicht schlechter gestellt werden, als er über die Hauptsache gestellt würde. In gleicher Weise ist die Sachlage beim betriebsverfassungsrechtlichen Weiterbeschäftigungsanspruch. Deshalb entfällt die Hürde, dass ein schwerer Nachteil bei fortdauernder Nichtbeschäftigung dargelegt werden muss. 247

Allerdings ist es manchmal nicht ganz einfach, den **richtigen Zeitpunkt** für einen betriebsverfassungsrechtlichen Weiterbeschäftigungsanspruch zu treffen. Wird der Antrag vor der Zeit, also vor Ende des Arbeitsverhältnisses, gestellt, fehlt der Verfügungsgrund, denn der betriebsverfassungsrechtliche Weiterbeschäftigungsanspruch knüpft an das durch Ablauf der Kündigungsfrist beendete Arbeitsverhältnis an. Lässt sich der Arbeitnehmer zu lange Zeit nach dem Ende der Kündigungsfrist, um dem betriebsverfassungsrechtlichen Weiterbeschäftigungsantrag zu stellen, können für das Gericht Zweifel aufkommen, ob der Verfügungsanspruch noch besteht, nachdem der Arbeitnehmer über einen gewissen Zeitraum mit der Geltendmachung des Anspruchs zugewartet hat. 248

Bei der Geltendmachung eines Weiterbeschäftigungsanspruchs im Wege des einstweiligen Rechtsschutzes kann wie folgt formuliert werden: 249

Die antragsgegnerische Partei wird verurteilt, die antragstellende Partei über den ... hinaus bis zum rechtskräftigen Abschluss des Kündigungsschutzverfahrens ArbG ..., Az ..., als ... in ... zu unveränderten arbeitsvertraglichen Bedingungen weiterzubeschäftigen.

---

105 LAG München 19.8.1992 – 5 Ta 185/92, NZA 1993, 1130; LAG Sachsen 8.3.1996 – 3 Sa 77/96, NZA-RR 1997, 4; LAG München 7.5.2003 – 5 Sa 344/03, LAGE § 611 BGB 2002 Beschäftigungspflicht Nr. 1; LAG Hamburg 18.10.2005 – 2 Sa 69/05, AE 2006, 115; LAG Hamm 6.11.2007 – 14 SaGa 39/07, EzA-SD 2008, Nr. 4, 11; *Hümmerich*, DB 1999, 1264.
106 BAG GS 27.2.1985 – GS 1/84, NJW 1985, 2968.
107 LAG Berlin 16.9.2004 – 10 Sa 1763/04, LAGE § 102 BetrVG 2001 Beschäftigungspflicht Nr. 3.

11. Zahlungsansprüche

250 Vergütungsansprüche aus dem Arbeitsvertrag im Wege des einstweiligen Rechtsschutzes geltend zu machen, obwohl sie eine Vorwegnahme der Hauptsache bedeuten, wird teilweise für zulässig gehalten.[108] An den Antrag sind keine besonderen Anforderungen zu stellen.[109]

251 Im ungekündigten Arbeitsverhältnis muss der Arbeitnehmer seinen Arbeitsvertrag vorlegen und er muss darlegen, dass er die Arbeitsleistung erbringt und ihm somit ein Gehaltsanspruch zusteht. Da die einstweilige Verfügung zur Befriedigung des wirtschaftlichen Notbedarfs des Arbeitnehmers dienen soll, dürfen nur Nettobeträge in den Antrag aufgenommen werden.

252 Schwierig gestaltet sich die Darlegung des Verfügungsgrundes, zumal der Arbeitnehmer auf die Inanspruchnahme von Krediten verwiesen werden kann. Einstweilige Verfügungen wegen ausstehender Lohnzahlungen haben nur Erfolg, wenn der Arbeitnehmer in der Lage ist, eine soziale Notlage darzustellen, die sich aus dem Ausbleiben seines Gehalts für ihn und/oder seiner Familie ergibt. In der Praxis ist es üblich, als Bemessungsgrundlage für die Höhe des Zahlungsanspruchs die Pfändungsfreigrenzen des § 850c ZPO heranzuziehen.[110] Der Antrag kann lauten:

Die antragsgegnerische Partei wird verurteilt, an die antragstellende Partei für den Monat ... einen Betrag in Höhe von ... EUR netto zu zahlen.[111]

B. Texte

I. Abmahnungsklagen

253 **1. Muster: Klage wegen Abmahnung und Entfernung eines Schreibens aus der Personalakte**[112]

Arbeitsgericht ...

Klage

– klägerische Partei –

Prozessbevollmächtigte: ...

gegen

– beklagte Partei –

wegen: Abmahnung und Entfernung eines Schreibens aus der Personalakte

Wir bestellen uns zu Prozessbevollmächtigten der klägerischen Partei, in deren Namen und Auftrag wir um kurzfristige Anberaumung eines Gütetermins bitten und beantragen werden zu erkennen:

1. Die beklagte Partei wird verurteilt, die der klägerischen Partei mit Schreiben vom ... erteilte Abmahnung zurückzunehmen und aus der Personalakte zu entfernen.
2. Die Berufung wird zugelassen.
3. Die beklagte Partei trägt die Kosten des Rechtsstreits.

---

108 LAG Bremen 5.12.1997 – 4 Sa 258/97, NZA 1998, 902; LG Köln 22.9.1961 – 3 Q 24/61, AP § 940 ZPO Nr. 4; LAG Hamburg 6.5.1986 – 1 Ta 7/86, DB 1986, 1629.
109 *Reinhard/Kliemt*, NZA 2005, 545 (551).
110 *Reinhard/Kliemt*, NZA 2005, 545 (552).
111 Muster 6741 (§ 6 Rn 369).
112 Zur Vollstreckung s. Muster 6769 (§ 6 Rn 387); zum fehlerhaften Zwangsvollstreckungsauftrag s. Muster 6989 (§ 6 Rn 539).

Gründe:

I.

Die klägerische Partei ist seit dem ... als ... bei der beklagten Partei in einem Arbeitsverhältnis beschäftigt.

Beweis: Vorlage des Arbeitsvertrages in Kopie – Anlage K 1.

Die beklagte Partei hat der klägerischen Partei eine missbilligende Äußerung mit Schreiben vom ... zukommen lassen.

Beweis: Vorlage des Schreibens der beklagten Partei in Kopie – Anlage K 2.

Dieses Schreiben ist im Sinne der Rechtsprechung des BAG als Abmahnung anzusehen. Die Abmahnung unterscheidet sich von der Verwarnung oder dem Verweis dadurch, dass der Vertragspartner vom Arbeitgeber aufgefordert wird, ein vertragswidriges Verhalten abzustellen und dass für die Zukunft Rechtsfolgen angedroht werden. Der klägerischen Partei wurde im Schreiben der beklagten Partei Folgendes mitgeteilt:

Wie die Formulierung des Arbeitgebers unmissverständlich zum Ausdruck bringt, soll das Verhalten der klägerischen Partei nicht nur eine Missbilligung erfahren, sondern auch im Zusammenhang mit dem Fortbestand des Arbeitsverhältnisses von Bedeutung sein und, falls weitere vom Arbeitgeber behauptete Rechtsverstöße hinzutreten, gegebenenfalls als unterstützender Kündigungsgrund herangezogen werden. In einem solchen Falle hat sich der Arbeitgeber einer Abmahnung im Rechtssinne bedient,

vgl BAG 30.1.1979 – 1 AZR 342/76, DB 1979, 1511.

II.

Der Arbeitnehmer kann die Beseitigung der durch die Abmahnung entstandenen Beeinträchtigung in folgenden Fällen verlangen:

1. Die Abmahnung ist formell nicht ordnungsgemäß zustande gekommen,

BAG 16.11.1989 – 6 AZR 64/88, NZA 1990, 477.

2. Die Abmahnung enthält unrichtige Tatsachenbehauptungen oder Ehrverletzungen, unsachliche Werturteile oder rechtsirrig angenommene Vertragsverstöße,

BAG 27.11.1985 – 5 AZR 101/84, NZA 1986, 227.

3. Der Grundsatz der Verhältnismäßigkeit wird verletzt,

BAG 31.8.1994 – 7 AZR 893/93, NZA 1995, 227.

4. Ein schutzwürdiges Interesse des Arbeitgebers am Verbleib der Abmahnung in der Personalakte besteht nicht mehr, die Beeinträchtigung des Arbeitnehmers in seiner beruflichen Sphäre wirkt dagegen fort,

BAG 14.12.1994 – 5 AZR 137/94, NZA 1995, 677.

Feste Tilgungsfristen wie in der Bundesdisziplinarordnung oder im Bereich des öffentlichen Dienstes, wonach innerhalb von zwei oder drei Jahren das Abmahnungsschreiben aus der Personalakte zu entfernen ist, hat die Rechtsprechung in dem Bereich der Privatwirtschaft abgelehnt und stellt stattdessen auf die Umstände des Einzelfalles ab,

BAG 21.5.1987 – 2 AZR 313/86, DB 1987, 2367.

III.

Die beklagte Partei hat in ihrem Abmahnungsschreiben den maßgeblichen Sachverhalt unrichtig dargestellt:

Bei diesem Sachverhalt hat die klägerische Partei keine Pflichtwidrigkeit, mithin auch kein vertragswidriges Verhalten begangen, das die beklagte Partei als Arbeitgeber zur Androhung von Rechtsfolgen für die Zukunft berechtigen würde. Demgemäß kann die klägerische Partei die Rücknahme der Äußerung des Arbeitgebers und Entfernung des Abmahnungsschreibens aus der Personalakte verlangen.

IV.

Es entspricht ständiger Rechtsprechung, dass der Arbeitnehmer die Rücknahme einer missbilligenden Äußerung des Arbeitgebers verlangen kann, wenn diese nach Form oder Inhalt geeignet ist, ihn in seiner Rechtsstellung zu beeinträchtigen. Hierzu gehören auch schriftliche Rügen und Verwarnungen, die zu den Personalakten genommen werden,

    BAG 25.2.1959 – 4 AZR 549/57, BAGE 7, 267 = AP § 611 BGB Fürsorgepflicht Nr. 6; BAG 19.7.1983 – 1 AZR 307/81, AP § 87 BetrVG 1972 Betriebsbuße Nr. 5.

Wie der 5. Senat des BAG in verschiedenen Entscheidungen der vergangenen Jahre hervorgehoben hat, besteht für den Arbeitnehmer auch eine Anspruchsgrundlage auf Rücknahme einer zu Unrecht ausgesprochenen Abmahnung. Der Arbeitgeber muss im Rahmen seiner Fürsorgepflicht dafür Sorge tragen, dass die Personalakten ein richtiges Bild des Arbeitnehmers in dienstlichen und persönlichen Beziehungen vermitteln. Die Fürsorgepflicht ist Ausfluss des in § 242 BGB niedergelegten Gedankens von Treu und Glauben, der den Inhalt der Schuldverhältnisse bestimmt. Auch in Ansehung des Beschlusses des Großen Senats des BAG vom 27.2.1985,

    GS 1/84, NZA 1985, 702,

gewinnen der verfassungsrechtliche Persönlichkeitsschutz für das Arbeitsverhältnis und die sich daraus ergebenden Rechte und Pflichten Bedeutung. Der Arbeitgeber hat daher das allgemeine Persönlichkeitsrecht in Bezug auf Ansehen, soziale Geltung und berufliches Fortkommen des Arbeitnehmers zu beachten,

    BAG 8.2.1984 – 5 AZR 501/81, BAGE 45, 111 = NZA 1984, 225.

Das Persönlichkeitsrecht des Arbeitnehmers wird durch unrichtige, sein berufliches Fortkommen berührende Tatsachenbehauptungen beeinträchtigt. In entsprechender Anwendung der §§ 242, 1004 BGB kann daher der Arbeitnehmer bei einem objektiv rechtswidrigen Eingriff in das Persönlichkeitsrecht des Arbeitnehmers in Form von unzutreffenden oder abwertenden Äußerungen deren Widerruf und Beseitigung verlangen,

    BAG 27.11.1985 – 5 AZR 101/84, NZA 1986, 227.

Bei dieser Sachlage kann die klägerische Partei verlangen, dass das Abmahnungsschreiben aus der Personalakte entfernt wird.

254   **2. Muster: Teilweise unrichtige Abmahnung**

Nicht alle in der Abmahnung enthaltenen Tatsachen sind vom Arbeitgeber richtig wiedergegeben. Unrichtig ist ... .

Da die Abmahnung damit jedenfalls nicht in allen Punkten gerechtfertigt ist, muss das Abmahnungsschreiben vom ... vollständig aus der Personalakte entfernt werden und kann auch nicht teilweise aufrechterhalten bleiben.

Dem Arbeitgeber ist es überlassen, ob er statt dessen eine auf zutreffende Pflichtverletzungen beschränkte Abmahnung aussprechen will; in jedem Falle ist das Abmahnungsschreiben in seiner Gesamtheit aus der Akte zu entfernen,

    BAG 13.3.1991 – 5 AZR 133/90, BAGE 67, 311; LAG Hamm 10.1.2006 – 19 Sa 1258/05, NZA-RR 2006, 290; LAG Köln 17.1.2007 – 7 Sa 526/06, PersV 2007, 409.

II. AGG-Klagen

1. Muster: Altersdiskriminierung – Klage auf Schadensersatz und angemessene Entschädigung

Arbeitsgericht ...

Klage

...

– klägerische Partei –

Prozessbevollmächtigte: ...

gegen

...

– beklagte Partei –

wegen: Schadensersatz und Entschädigung

Wir bestellen uns zu Prozessbevollmächtigten der klägerischen Partei, in deren Namen und Auftrag wir um kurzfristige Anberaumung eines Gütetermins bitten. Wir werden im Übrigen beantragen zu erkennen:

1. Die beklagte Partei wird verurteilt, an die klägerische Partei Schadensersatz in Höhe von monatlich ... EUR nebst Zinsen in Höhe von fünf Prozentpunkten[113] über dem Basiszinssatz jeweils ab dem 1. des Folgemonats zu zahlen.
2. Die beklagte Partei wird verurteilt, an die klägerische Partei eine Entschädigung nebst Zinsen in Höhe von fünf Prozentpunkten über dem Basiszinssatz seit dem ... zu zahlen. Die Höhe der Entschädigung wird in das Ermessen des Gerichts gestellt, sollte aber ... EUR brutto[114] nicht unterschreiten.
3. Die Berufung wird zugelassen.
4. Die Kosten des Rechtsstreits trägt die beklagte Partei.

Gründe:

1. Die klägerische Partei ist ... Jahre alt, verheiratet und seit ... bei der beklagten Partei als ... beschäftigt. Gemäß § ... des Arbeitsvertrages ist eine Höhergruppierung der Arbeitnehmer an das erfolgreiche Absolvieren eines sportlichen Leistungstests geknüpft.

   Beweis: Vorlage des Arbeitsvertrages in Kopie – Anlage K 1.

   Die klägerische Partei ist ... Jahre alt. Am ... nahm sie an dem Sporttest teil. Aufgrund ihrer für diese Altersgruppe üblichen körperlichen Konstitution erreichte sie jedoch die erforderliche Leistungsgrenze nicht. Daraufhin wurde die klägerische Partei seitens des Beklagten nicht höhergruppiert.

2. Der klägerischen Partei steht gegen die beklagte Partei ein Schadensersatzanspruch gem. § 15 Abs. 1 iVm §§ 7, 1 AGG zu.

---

[113] Da der Arbeitnehmer Verbraucher ist (sog. absoluter Verbraucherbegriff; BAG 25.5.2005 – 5 AZR 572/04, NZA 2005, 1111), bestimmt sich die Höhe der Verzugszinsen nach den §§ 288 Abs. 1, 247 BGB. Auch die Vertreter des abweichenden relativen Verbraucherbegriffs gelangen über eine richtlinienkonforme Auslegung der europäischen Zahlungsverzugsrichtlinie zu einem Zinssatz von 5 Prozentpunkten über dem Basiszinssatz, vgl *Bauer/Kock*, DB 2002, 42 (46).

[114] Die Klage ist auf die Zahlung des Bruttobetrags zu richten. Auch bei § 15 Abs. 2 AGG wird das monatliche Bruttogehalt zugrunde gelegt. Nach der Entscheidung des Großen Senats des BAG vom 7.3.2001 (GS 1/00, NZA 2001, 1195) kann der Arbeitnehmer auch die Verzugszinsen nach § 288 Abs. 1 BGB aus der in Geld geschuldeten Bruttovergütung verlangen. Spricht das Arbeitsgericht den Bruttobetrag zu, erfüllt der Arbeitgeber den Zahlungsanspruch des Arbeitnehmers dadurch, dass er den Nettobetrag an den Arbeitnehmer auszahlt und Steuern und Sozialabgaben an die Finanzbehörden bzw die Sozialversicherungsträger abführt. Vollstreckt der Arbeitnehmer trotz Erfüllung aus dem Titel auf den Bruttobetrag, kann der Arbeitgeber die Vollstreckung in Höhe der bereits abgeführten Abgaben durch Vollstreckungsgegenklage gem. § 767 ZPO (ggf iVm einem Eilantrag nach § 769 ZPO) verhindern.

Der persönliche und sachliche Anwendungsbereich des AGG ist eröffnet. Die klägerische Partei ist Arbeitnehmer iSd § 6 Abs. 1 Nr. 1 AGG und wird iSd § 2 Abs. 2 Nr. 2 AGG im Hinblick auf Beschäftigungs- und Arbeitsbedingungen bei ihrem beruflichen Aufstieg benachteiligt. Die Klage ist nicht verfristet, da sie innerhalb von drei Monaten, nachdem der Anspruch schriftlich geltend gemacht wurde, erhoben worden ist, § 61 b Abs. 1 ArbGG. Die Geltendmachung des Anspruchs erfolgte mit Schreiben vom ...

Die Voraussetzungen für eine mittelbare Diskriminierung iSd § 3 Abs. 2 AGG liegen vor. Nach § 3 Abs. 2 AGG ist eine mittelbare Benachteiligung gegeben, wenn dem Anschein nach neutrale Vorschriften, Kriterien oder Verfahren Personen wegen eines in § 1 AGG genannten Grundes gegenüber anderen Personen in besonderer Weise benachteiligen können.

Auf den ersten Blick handelt es sich bei § ... des Arbeitsvertrages um eine neutrale Vorschrift. Hintergründig werden damit jedoch ältere Arbeitnehmer benachteiligt, die aus Altersgründen nicht in der Lage sind, den Sporttest erfolgreich abzuschließen.

Nach der Rechtsprechung des EuGH gelten die Diskriminierungsverbote auch uneingeschränkt zwischen Privatrechtssubjekten. Es obliegt danach dem nationalen Gericht, in einem Rechtsstreit zwischen Privaten die Beachtung des Verbots der Diskriminierung wegen des Alters in seiner Konkretisierung durch die Richtlinie 2000/78/EG sicherzustellen, indem es erforderlichenfalls entgegenstehende Vorschriften des innerstaatlichen Rechts unangewendet lässt, unabhängig davon, ob es von seiner Befugnis Gebrauch macht, in den Fällen des Art. 267 Abs. 2 AEUV den Gerichtshof der Europäischen Union im Wege der Vorabentscheidung um Auslegung dieses Verbots zu ersuchen,

EuGH 19.1.2010 – Rs. C-555/07 (Kücükdeveci), NJW 2010, 427.

Für den Umfang des Schadensersatzanspruchs gelten die §§ 249 ff BGB. Grundlage für die Berechnung des Umfangs des Schadensersatzanspruchs ist die Differenzhypothese,

BGH 21.12.2004 – VI ZR 306/03, NJW-RR 2005, 611; BGH 29.4.1958 – VI ZR 82/57, NJW 1958, 1085.

Zu ersetzen ist das positive Interesse, dh, der benachteiligte Beschäftigte ist vom Arbeitgeber grundsätzlich so zu stellen, wie er stünde, wenn die verbotene Benachteiligung nicht begangen worden wäre,

Bauer/Göpfert/Krieger, § 15 AGG Rn 24.

Bei einer Höhergruppierung auf ... hätte die klägerische Partei einen monatlichen Bruttolohn von ... EUR erhalten. Die Differenz zum momentanen Gehalt beträgt ... EUR. Für den Zeitraum von ... bis ... beläuft sich der Differenzbetrag auf insgesamt ... EUR.

Auch wenn in der Literatur teilweise vertreten wird, dass der Arbeitgeber zum Ersatz des Verdienstausfalls nur bis zum Wirksamwerden einer hypothetischen ordentlichen (Änderungs-)Kündigung verpflichtet sei, um ein uneingeschränktes Ausufern des Schadensersatzes bei einer verbotenen Benachteiligung im Rahmen einer unterbliebenen Beförderung zu vermeiden,

Bauer/Evers, NZA 2006, 893, 895; *Bauer/Göpfert/Krieger*, § 15 AGG Rn 27; Staudinger/*Richardi/Fischinger*, § 611 BGB Rn 137,

sprechen gewichtige Gründe für einen in zeitlicher Hinsicht unbeschränkten Schadensersatzanspruch,

Däubler/Bertzbach/*Deinert*, § 15 AGG Rn 39 c.

Das LAG Berlin-Brandenburg hat daher einen zeitlich unbegrenzten Schadensersatzanspruch zugesprochen,

LAG Berlin-Brandenburg 26.11.2008 – 15 Sa 517/08, LAGE § 22 AGG Nr. 1 (aufgehoben und zurückverwiesen durch BAG 22.7.2010 – 8 AZR 1012/08, NZA 2011, 93).

Eine Änderungskündigung zur Degradierung wäre nicht möglich, auch eine Beendigungskündigung wäre beim Eingreifen des Kündigungsschutzgesetzes regelmäßig keine Option,

Thüsing, Arbeitsrechtlicher Diskriminierungsschutz, Rn 542.

Die beklagte Partei hat gem. § 15 Abs. 1 Satz 2 AGG den entstandenen Schaden zu vertreten. Sie hat die Klausel bewusst in den Arbeitsvertrag aufgenommen und somit zumindest grob fahrlässig gehandelt.

3. Der klägerischen Partei steht gegen die beklagte Partei auch ein Anspruch auf Entschädigung gem. § 15 Abs. 2 AGG zu. Bei der oben geschilderten Sachlage hat die beklagte Partei die klägerische Partei aus altersspezifischen Gründen in ihrem beruflichen Fortkommen benachteiligt iSv § 7 iVm § 1 AGG.

Gemäß § 15 Abs. 2 AGG kann die klägerische Partei daher verlangen, dass ihr eine angemessene Entschädigung in Geld gezahlt wird. Die konkrete Höhe der Entschädigung ist dabei – wie bei einem Anspruch auf Schmerzensgeld –

BGH 30.4.1996 – VI ZR 55/95, BGHZ 132, 341,

in das Ermessen des Gerichts gestellt. Es reicht vorliegend aus, wenn die Klage lediglich eine ungefähre Größenordnung nennt, anhand derer nach der Entscheidung des Gerichts insbesondere die Beschwer des Klägers festgestellt werden kann. Dazu müssen nur die tatsächlichen Grundlagen vorgetragen werden, die die Feststellung der Höhe des Klageanspruchs ermöglichen, um den Streitwert zu schätzen.

Mit dem Zahlungsantrag in Ziff. 2 wird die Grenze des § 15 Abs. 2 Satz 2 AGG beachtet. Die beantragte Mindestentschädigung überschreitet drei Monatsverdienste nicht, die die klägerische Partei verdient hätte, wenn eine benachteiligungsfreie Auswahl stattgefunden hätte.

2. Muster: Diskriminierung aufgrund sexueller Identität – Klage auf Schadensersatz

Arbeitsgericht ...

Klage

...

– klägerische Partei –

Prozessbevollmächtigte: ...

gegen

...

– beklagte Partei –

wegen: Schadensersatz

Wir bestellen uns zu Prozessbevollmächtigten der klägerischen Partei, in deren Namen und Auftrag wir um kurzfristige Anberaumung eines Gütetermins bitten. Wir werden im Übrigen beantragen zu erkennen:

1. Die beklagte Partei wird verurteilt, an die klägerische Partei Schadensersatz in Höhe von monatlich ... EUR brutto nebst Zinsen in Höhe von fünf Prozentpunkten[115] über dem Basiszinssatz jeweils ab dem 1. des Folgemonats zu zahlen.
2. Die Berufung wird zugelassen.
3. Die Kosten des Rechtsstreits trägt die beklagte Partei.

---

[115] Da der Arbeitnehmer Verbraucher ist (sog. absoluter Verbraucherbegriff; BAG 25.5.2005 – 5 AZR 572/04, NZA 2005, 1111), bestimmt sich die Höhe der Verzugszinsen nach den §§ 288 Abs. 1, 247 BGB. Auch die Vertreter des abweichenden relativen Verbraucherbegriffs gelangen über eine richtlinienkonforme Auslegung der europäischen Zahlungsverzugsrichtlinie zu einem Zinssatz von 5 Prozentpunkten über dem Basiszinssatz, vgl *Bauer/Kock*, DB 2002, 42 (46).

Gründe:

1. Die klägerische Partei ist seit ... bei der beklagten Partei als ... zu einem monatlichen Bruttoverdienst von zuletzt ... EUR beschäftigt. Die klägerische Partei lebt in einer eingetragenen Lebenspartnerschaft. Die beklagte Partei hat am ... folgende interne Stellenausschreibung veröffentlicht: ...

    Beweis: Vorlage der Stellenausschreibung in Kopie – Anlage K 1

Mit Schreiben vom ... bewarb sich die klägerische Partei auf diese Stelle, bei der das monatliche Bruttogehalt ... EUR beträgt und die für sie daher eine Höhergruppierung bedeutete. Die klägerische Partei erfüllte das Anforderungsprofil und war objektiv der bestqualifizierte Bewerber. ...

    Beweis:

Dennoch wurde seine Bewerbung mit Schreiben vom ... von der beklagten Partei abgelehnt und der verheiratete Kollege ... befördert.

2. Der klägerischen Partei steht gegen die beklagte Partei ein Anspruch auf Entschädigung gem. § 15 Abs. 2 iVm §§ 7, 1 AGG zu. Bei der geschilderten Sachlage hat die beklagte Partei die klägerische Partei aus Gründen der sexuellen Identität in ihrem beruflichen Fortkommen iSv § 7 iVm § 1 AGG benachteiligt.

Der persönliche und sachliche Anwendungsbereich des AGG ist eröffnet. Die klägerische Partei ist Arbeitnehmer iSd § 6 Abs. 1 Nr. 1 AGG und wird iSd § 2 Abs. 2 Nr. 2 AGG im Hinblick auf Beschäftigungs- und Arbeitsbedingungen bei ihrem beruflichen Aufstieg benachteiligt. Die Klage ist nicht verfristet, da sie innerhalb von drei Monaten, nachdem der Anspruch schriftlich geltend gemacht wurde, erhoben worden ist, § 61b Abs. 1 ArbGG. Die Geltendmachung des Anspruchs erfolgte mit Schreiben vom ...

Die Voraussetzungen für eine unmittelbare Diskriminierung iSd § 3 Abs. 1 AGG liegen vor. Nach § 3 Abs. 1 AGG ist eine unmittelbare Benachteiligung gegeben, wenn eine Person wegen eines in § 1 AGG genannten Grundes eine weniger günstige Behandlung erfährt, als eine andere Person in einer vergleichbaren Situation erfährt, erfahren hat oder erfahren würde. Ob eine Behandlung weniger günstig ist als eine andere, ist nach objektiven Kriterien zu beurteilen, nicht nach dem subjektiven Empfinden des Betroffenen. Vorliegend sind diese Kriterien gegeben:

...

Für den Umfang des Schadensersatzanspruchs gelten die §§ 249 ff BGB. Grundlage für die Berechnung des Umfangs des Schadensersatzanspruchs ist die Differenzhypothese,

    BGH 21.12.2004 – VI ZR 306/03, NJW-RR 2005, 611; BGH 29.4.1958 – VI ZR 82/57, NJW 1958, 1085.

Zu ersetzen ist das positive Interesse, dh, der benachteiligte Beschäftigte ist vom Arbeitgeber grundsätzlich so zu stellen, wie er stünde, wenn die verbotene Benachteiligung nicht begangen worden wäre,

    Bauer/Göpfert/Krieger, § 15 AGG Rn 24.

Bei einer Beförderung auf die ausgeschriebene Stelle hätte die klägerische Partei einen monatlichen Bruttolohn von ... EUR erhalten. Die Differenz zum momentanen Gehalt beträgt ... EUR. Für den Zeitraum von ... bis ... beläuft sich der Differenzbetrag auf insgesamt ... EUR.

Auch wenn in der Literatur teilweise vertreten wird, dass der Arbeitgeber zum Ersatz des Verdienstausfalls nur bis zum Wirksamwerden einer hypothetischen ordentlichen (Änderungs-)Kündigung verpflichtet sei, um ein uneingeschränktes Ausufern des Schadensersatzes bei einer verbotenen Benachteiligung im Rahmen einer unterbliebenen Beförderung zu vermeiden,

    Bauer/Evers, NZA 2006, 893, 895; *Bauer/Göpfert/Krieger*, § 15 AGG Rn 27; Staudinger/*Richardi/Fischinger*, § 611 BGB Rn 137,

sprechen gewichtige Gründe für einen in zeitlicher Hinsicht unbeschränkten Schadensersatzanspruch,

    Däubler/Bertzbach/*Deinert*, § 15 AGG Rn 39 c.

Das LAG Berlin-Brandenburg hat daher einen zeitlich unbegrenzten Schadensersatzanspruch zugesprochen,

LAG Berlin-Brandenburg 26.11.2008 – 15 Sa 517/08, LAGE § 22 AGG Nr. 1 (aufgehoben und zurückverwiesen durch BAG 22.7.2010 – 8 AZR 1012/08, NZA 2011, 93).

Eine Änderungskündigung zur Degradierung wäre dem Arbeitgeber verwehrt, auch eine Beendigungskündigung wäre beim Eingreifen des Kündigungsschutzgesetzes regelmäßig keine Option,

Thüsing, Arbeitsrechtlicher Diskriminierungsschutz, Rn 542.

Die beklagte Partei hat gem. § 15 Abs. 1 Satz 2 AGG den entstandenen Schaden zu vertreten. Sie hat die Beförderung der klägerischen Partei trotz ihrer objektiv besseren Eignung bewusst unterlassen und den heterosexuellen Mitarbeiter ... bevorzugt.

3. Muster: Geschlechtsdiskriminierung – Klage auf angemessene Entschädigung

Arbeitsgericht ...

Klage

– klägerische Partei –

Prozessbevollmächtigte: ...

gegen

– beklagte Partei –

wegen: Entschädigung

Wir bestellen uns zu Prozessbevollmächtigten der klägerischen Partei, in deren Namen und Auftrag wir um kurzfristige Anberaumung eines Gütetermins bitten. Wir werden im Übrigen beantragen zu erkennen:

1. Die beklagte Partei wird verurteilt, an die klägerische Partei eine Entschädigung nebst Zinsen in Höhe von fünf Prozentpunkten[116] über dem Basiszinssatz seit dem ... zu zahlen. Die Höhe der Entschädigung wird in das Ermessen des Gerichts gestellt, sollte aber ... EUR brutto[117] nicht unterschreiten.
2. Die Berufung wird zugelassen.
3. Die Kosten des Rechtsstreits trägt die beklagte Partei.

Gründe:

1. Die klägerische Partei hat sich bei der beklagten Partei um eine Stelle als ... beworben.

   Beweis: Vorlage des Bewerbungsschreibens in Kopie – Anlage K 1.

---

[116] Da der Arbeitnehmer Verbraucher ist (sog. absoluter Verbraucherbegriff; BAG 25.5.2005 – 5 AZR 572/04, NZA 2005, 1111), bestimmt sich die Höhe der Verzugszinsen nach den §§ 288 Abs. 1, 247 BGB. Auch die Vertreter des abweichenden relativen Verbraucherbegriffs gelangen über eine richtlinienkonforme Auslegung der europäischen Zahlungsverzugsrichtlinie zu einem Zinssatz von 5 Prozentpunkten, vgl *Bauer/Kock*, DB 2002, 42 (46).

[117] Die Klage ist auf die Zahlung des Bruttobetrags zu richten. Auch bei § 15 Abs. 2 AGG wird das monatliche Bruttogehalt zugrunde gelegt. Nach der Entscheidung des Großen Senats des BAG vom 7.3.2001 (GS 1/00, NZA 2001, 1195) kann der Arbeitnehmer auch die Verzugszinsen nach § 288 Abs. 1 BGB aus der in Geld geschuldeten Bruttovergütung verlangen. Spricht das Arbeitsgericht den Bruttobetrag zu, erfüllt der Arbeitgeber den Zahlungsanspruch des Arbeitnehmers dadurch, dass er den Nettobetrag an den Arbeitnehmer auszahlt und Steuern und Sozialabgaben an die Finanzbehörden bzw die Sozialversicherungsträger abführt. Vollstreckt der Arbeitnehmer trotz Erfüllung aus dem Titel auf den Bruttobetrag, kann der Arbeitgeber die Vollstreckung in Höhe der bereits abgeführten Abgaben durch Vollstreckungsgegenklage gem. § 767 ZPO (ggf iVm einem Eilantrag nach § 769 ZPO) verhindern.

Der Bewerbung der klägerischen Partei ist eine Stellenanzeige der beklagten Partei vorausgegangen, in der es u.a. heißt: ...

Beweis: Vorlage der Stellenausschreibung in Kopie – Anlage K 2.

Der klägerischen Partei ist bekannt geworden, dass eine Person eines anderen Geschlechts, nämlich der nachbenannte Zeuge ..., in der Position beschäftigt wird, auf die sich die klägerische Partei beworben hat.

Beweis: Zeugnis ...

Dabei sind der klägerischen Partei folgende Umstände bekannt geworden, die zur Nichtberücksichtigung ihrer Bewerbung und zur Berücksichtigung des Zeugen ... als Stelleninhaber geführt haben: ...

Die Beklagte äußert also sogar öffentlich, dass für die zu besetzende Stelle nur ... in Betracht kommen. Damit liegt eine klassische Diskriminierung bereits nachweislich im Vorfeld der Bewerbung vor, wie der EuGH im Fall „Feryn" entschieden hat,

EuGH 10.7.2008 – Rs. C-54/07 (Feryn), NJW 2008, 2767.

In der vorbenannten Entscheidung hat der EuGH geurteilt, dass die öffentliche Äußerung eines Arbeitgebers, er werde keine Arbeitnehmer einer bestimmten ethnischen Herkunft oder Rasse einstellen, eine unmittelbare Diskriminierung bei der Einstellung iSd Art. 2 Abs. 2 Buchst. a) der Richtlinie 2000/43/EG des Rates vom 29.6.2000 zur Anwendung des Gleichbehandlungsgrundsatzes ohne Unterschied der Rasse oder der ethnischen Herkunft begründet, da solche Äußerungen bestimmte Bewerber ernsthaft davon abhalten können, ihre Bewerbungen einzureichen, und damit ihren Zugang zum Arbeitsmarkt behindern.

2. Der klägerischen Partei steht gegen die beklagte Partei ein Anspruch auf Entschädigung gem. § 15 Abs. 2 iVm §§ 7, 1 AGG zu. Bei der oben geschilderten Sachlage hat die beklagte Partei die klägerische Partei aus geschlechtsspezifischen Gründen in ihrem beruflichen Fortkommen benachteiligt iSv § 7 iVm § 1 AGG.

Der persönliche und sachliche Anwendungsbereich des AGG ist eröffnet. Die klägerische Partei begehrt als Arbeitnehmer iSd § 6 Abs. 1 Nr. 1 AGG den Zugang zu einer unselbständigen Erwerbstätigkeit nach § 2 Abs. 1 Nr. 1 AGG. Die Klage ist nicht verfristet, da sie innerhalb von drei Monaten, nachdem der Anspruch schriftlich geltend gemacht wurde, erhoben worden ist, § 61b Abs. 1 ArbGG. Die Geltendmachung des Anspruchs erfolgte mit Schreiben vom ...

Die Voraussetzungen für eine unmittelbare Diskriminierung iSd § 3 Abs. 1 AGG liegen vor. Nach § 3 Abs. 1 AGG ist eine unmittelbare Benachteiligung gegeben, wenn eine Person wegen eines in § 1 AGG genannten Grundes eine weniger günstige Behandlung erfährt, als eine andere Person in einer vergleichbaren Situation erfährt, erfahren hat oder erfahren würde. Ob eine Behandlung weniger günstig ist als eine andere, ist nach objektiven Kriterien zu beurteilen, nicht nach dem subjektiven Empfinden des Betroffenen. Vorliegend sind diese Kriterien gegeben:

Gemäß § 15 Abs. 2 AGG kann die klägerische Partei daher verlangen, dass ihr eine angemessene Entschädigung in Geld gezahlt wird. Die konkrete Höhe der Entschädigung ist dabei – wie bei einem Anspruch auf Schmerzensgeld –

BGH 30.4.1996 – VI ZR 55/95, BGHZ 132, 341,

in das Ermessen des Gerichts gestellt. Es reicht vorliegend aus, wenn die Klage lediglich eine ungefähre Größenordnung nennt, anhand derer nach der Entscheidung des Gerichts insbesondere die Beschwer des Klägers festgestellt werden kann. Dazu müssen nur die tatsächlichen Grundlagen vorgetragen werden, die die Feststellung der Höhe des Klageanspruchs ermöglichen, um den Streitwert zu schätzen.

Mit dem Zahlungsantrag in Ziff. 1 wird die Grenze des § 15 Abs. 2 Satz 2 AGG beachtet. Die beantragte Mindestentschädigung überschreitet drei Monatsverdienste nicht, die die klägerische Partei verdient hätte, wenn eine benachteiligungsfreie Auswahl stattgefunden hätte.

4. Muster: Sexuelle Belästigung – Klage auf angemessene Entschädigung

Arbeitsgericht ...

Klage

...

– klägerische Partei –

Prozessbevollmächtigte: ...

gegen

...

– beklagte Partei –

wegen: Entschädigung

Wir bestellen uns zu Prozessbevollmächtigten der klägerischen Partei, in deren Namen und Auftrag wir um kurzfristige Anberaumung eines Gütetermins bitten. Wir werden im Übrigen beantragen zu erkennen:

1. Die beklagte Partei wird verurteilt, an die klägerische Partei eine Entschädigung nebst Zinsen in Höhe von fünf Prozentpunkten[118] über dem Basiszinssatz seit dem ... zu zahlen. Die Höhe der Entschädigung wird in das Ermessen des Gerichts gestellt, sollte aber ... EUR brutto[119] nicht unterschreiten.
2. Die Berufung wird zugelassen.
3. Die Kosten des Rechtsstreits trägt die beklagte Partei.

Gründe:

1. Die klägerische Partei ist seit ... bei der beklagten Partei als ... beschäftigt. Der Tätigkeitsbereich der klägerischen Partei umfasst insbesondere ... .

   Beweis: Vorlage des Arbeitsvertrages in Kopie – Anlage K 1.

Im Zuge ihrer Tätigkeiten hielt sich die klägerische Partei häufig in dem Büro der beklagten Partei auf, um dort ... .

Anfang ... begann die beklagte Partei damit, der klägerischen Partei während der internen Besprechungen auf den Schritt und das Gesäß zu starren. Am ... forderte die beklagte Partei die klägerische Partei auf, sie fände dies erregend und es würde ihren Arbeitsalltag „versüßen". Zudem äußerte sie Sätze wie ... . Nach Fehlzeiten aufgrund krankheitsbedingter Fehlzeiten sagte sie oftmals anzügliche Bemerkungen wie ... .

   Beweis: Vernehmung der klägerischen Partei als Partei

---

[118] Da der Arbeitnehmer Verbraucher ist (sog. absoluter Verbraucherbegriff; BAG 25.5.2005 – 5 AZR 572/04, NZA 2005, 1111), bestimmt sich die Höhe der Verzugszinsen nach den §§ 288 Abs. 1, 247 BGB. Auch die Vertreter des abweichenden relativen Verbraucherbegriffs gelangen über eine richtlinienkonforme Auslegung der europäischen Zahlungsverzugsrichtlinie zu einem Zinssatz von 5 Prozentpunkten, vgl *Bauer/Kock*, DB 2002, 42 (46).

[119] Die Klage ist auf die Zahlung des Bruttobetrags zu richten. Auch bei § 15 Abs. 2 AGG wird das monatliche Bruttogehalt zugrunde gelegt. Nach der Entscheidung des Großen Senats des BAG vom 7.3.2001 (GS 1/00, NZA 2001, 1195) kann der Arbeitnehmer auch die Verzugszinsen nach § 288 Abs. 1 BGB aus der in Geld geschuldeten Bruttovergütung verlangen. Spricht das Arbeitsgericht den Bruttobetrag zu, erfüllt der Arbeitgeber den Zahlungsanspruch des Arbeitnehmers dadurch, dass er den Nettobetrag an den Arbeitnehmer auszahlt und Steuern und Sozialabgaben an die Finanzbehörden bzw die Sozialversicherungsträger abführt. Vollstreckt der Arbeitnehmer trotz Erfüllung aus dem Titel auf den Bruttobetrag, kann der Arbeitgeber die Vollstreckung in Höhe der bereits abgeführten Abgaben durch Vollstreckungsgegenklage gem. § 767 ZPO (ggf iVm einem Eilantrag nach § 769 ZPO) verhindern.

Am ... fasste die Beklagte den Kläger ans Gesäß, zwickte ihn mehrfach in den Po und versuchte, ihn auf den Mund zu küssen. Zudem forderte sie ihn auf, folgende Handlungen an ihr vorzunehmen: ...

Beweis: Zeugnis des ...

2. Der klägerischen Partei steht gegen die beklagte Partei ein Anspruch auf Entschädigung gem. § 15 Abs. 2 iVm §§ 7, 1 AGG zu. Die Klage ist nicht verfristet, da sie innerhalb von drei Monaten, nachdem der Anspruch schriftlich geltend gemacht wurde, erhoben worden ist, § 61b Abs. 1 ArbGG. Die Geltendmachung des Anspruchs erfolgte mit Schreiben vom ... .

Der persönliche und sachliche Anwendungsbereich des AGG ist eröffnet, §§ 6 Abs. 1, 3 Abs. 4 AGG. Nach der Legaldefinition des § 3 Abs. 4 AGG ist eine sexuelle Belästigung eine Benachteiligung in Bezug auf § 2 Abs. 1 Nr. 1-4 AGG, wenn ein unerwünschtes, sexuell bestimmtes Verhalten, wozu auch unerwünschte sexuelle Handlungen und Aufforderungen zu diesen, sexuell bestimmte körperliche Berührungen, Bemerkungen sexuellen Inhalts sowie unerwünschtes Zeigen und sichtbares Anbringen von pornographischen Darstellungen gehören, bezweckt oder bewirkt, dass die Würde der betreffenden Person verletzt wird, insbesondere wenn ein von Einschüchterungen, Anfeindungen, Erniedrigungen, Entwürdigungen oder Beleidigungen gekennzeichnetes Umfeld geschaffen wird.

Bei der geschilderten Sachlage hat die beklagte Partei die klägerische Partei iSd § 3 Abs. 4 AGG sexuell belästigt. Sexuelle Handlungen, Berührungen und Aufforderungen zu diesen sind unabhängig von einer besonderen Schwere als sexuelle Belästigungen anzusehen,

BAG 9.1.1986 – 2 ABR 24/85, NZA 1986, 467; LAG Hamm 13.2.1997 – 17 Sa 1544/96, NZA-RR 1997, 250, 255.

Auch der einmalige „Klaps auf den Po" stellt eine sexuelle Belästigung dar,

LAG Köln 7.7.2005 – 7 Sa 508/04, NZA-RR 2006, 237.

Diese Kriterien sind im vorliegenden Fall erfüllt ... .

Insbesondere kann nicht davon ausgegangen werden, dass das Verhalten der beklagten Partei einvernehmlich und mit Billigung der klägerischen Partei geschah. Vielmehr hat die klägerische Partei die beklagte Partei mehrfach aufgefordert, das geschilderte Verhalten zu unterlassen. Nach der Rechtsprechung des BAG ist es nicht erforderlich, eine ausdrücklich formulierte Ablehnung kundzutun. Eine solche Ablehnung ist bereits erkennbar, wenn aus dem Verhalten des Betroffenen für einen neutralen Beobachter hinreichend deutlich geworden ist,

BAG 25.3.2004 – 2 AZR 341/03, NZA 2004, 1214.

Gemäß § 15 Abs. 2 AGG kann die klägerische Partei daher verlangen, dass ihr eine angemessene Entschädigung in Geld gezahlt wird. Die konkrete Höhe der Entschädigung ist dabei – wie bei einem Anspruch auf Schmerzensgeld –

BGH 30.4.1996 – VI ZR 55/95, BGHZ 132, 341,

in das Ermessen des Gerichts gestellt. Es reicht vorliegend aus, wenn die Klage lediglich eine ungefähre Größenordnung nennt, anhand derer nach der Entscheidung des Gerichts insbesondere die Beschwer des Klägers festgestellt werden kann. Dazu müssen nur die tatsächlichen Grundlagen vorgetragen werden, die die Feststellung der Höhe des Klageanspruchs ermöglichen, um den Streitwert zu schätzen.

Die beantragte Mindestentschädigung in Ziff. 1 beachtet ferner die Grenze des § 15 Abs. 2 Satz 2 AGG.

↑

III. Beschäftigungsklagen
1. Muster: Vertragsgemäße Beschäftigung

Arbeitsgericht ...

Klage

– klägerische Partei –

Prozessbevollmächtigte: ...

gegen

...

– beklagte Partei –

wegen: vertragsgemäßer Beschäftigung und rechtswidriger Versetzung

Wir bestellen uns zu Verfahrensbevollmächtigten der klägerischen Partei, in deren Namen und Auftrag wir um die kurzfristige Anberaumung eines Gütetermins bitten. Wir werden beantragen zu erkennen:

1. Die beklagte Partei wird verurteilt, die klägerische Partei gemäß Arbeitsvertrag vom ... als ... in ... zu beschäftigen.
2. Die beklagte Partei trägt die Kosten des Rechtsstreits.

Gründe:

I.

Die ...-jährige klägerische Partei ist seit dem Jahr ... zunächst in einem befristeten Arbeitsverhältnis und ab dem ... in einem unbefristeten Arbeitsverhältnis bei der beklagten Partei zu einem aktuellen Gehalt von monatlich ... EUR beschäftigt.

    Beweis: 1. Vorlage des Arbeitsvertragsschreibens vom ... in Kopie – Anlage K 1.
              2. Vorlage des Arbeitsvertragsschreibens vom ... in Kopie – Anlage K 2.

Seit über ... Jahren ist die klägerische Partei mit einer Wochenarbeitszeit von ... Stunden in der Abteilung ... der beklagten Partei in ... tätig, wobei ihr eine Vielzahl unterschiedlichster Aufgaben zur Ausführung übertragen sind.

    Beweis: Vorlage einer schriftlichen Zusammenstellung der Aufgabengebiete der klägerischen Partei in Kopie – Anlage K 3.

Unter anderem ist die klägerische Partei bisher mit der ... betraut. Einen umfassenden Eindruck über ihre bisherigen Aufgabengebiete gibt die als Anlage K 3 vorgelegte schriftliche Aufgabenbeschreibung.

    Beweis: Vorlage einer schriftlichen Zusammenstellung der Aufgabengebiete in Kopie – Anlage K 3.

Die klägerische Partei arbeitete aufgrund der mit ihrer Tätigkeit verbundenen Außenwirkung in direktem Kontakt mit der Geschäftsführung der beklagten Partei. Sie moderierte in den letzten 5 bis 7 Jahren regelmäßig Veranstaltungen mit bis zu 600 Besuchern und führte öffentliche Podiumsdiskussionen vor Kunden. Diese exponierte Tätigkeit der klägerischen Partei wird unter anderem durch ... belegt.

    Beweis: Vorlage des Schreibens vom ... in Kopie – Anlage K 4.

Mit Schreiben vom ... teilte der Geschäftsführer der beklagten Partei, Herr ..., der klägerischen Partei mit, sie werde ab dem ... als ... eingesetzt.

    Beweis: Vorlage des Schreibens vom ... in Kopie – Anlage K 5.

Als ... obliegt der klägerischen Partei im Vergleich zu ihrer vorherigen Tätigkeit eine rein ausführende Hilfstätigkeit mit einem eng umgrenzten Aufgabenbereich, die von jedermann mit einer geringen Einarbeitungszeit erledigt werden kann. In ihrer Funktion als ... obliegen der klägerischen Partei folgende Aufgaben: ...

Beweis: Vorlage der internen Stellenausschreibung in Kopie – Anlage K 6.

II.

Bewertet man den völlig geänderten, stark reduzierten aktuellen Aufgabenbereich der klägerischen Partei und vergleicht ihn mit ihren bisherigen Aufgaben in der ..., wird deutlich, dass die Versetzung durch die beklagte Partei zu einer Änderung des Aufgabenbereichs der klägerischen Partei im Sinne einer wesentlichen Herabstufung geführt hat.

Entgegen der Auffassung der beklagten Partei ist die Versetzung der klägerischen Partei nicht vom ihrem arbeitgeberseitigen Direktionsrecht gedeckt.

Das Direktions- oder Weisungsrecht erlaubt es dem Arbeitgeber zwar, die Einzelheiten der vom Arbeitnehmer zu erbringenden Arbeitsleistungen einseitig zu bestimmen, soweit diese nicht anderweitig geregelt sind, § 106 GewO. Sein Umfang bestimmt sich dabei vor allem nach dem Inhalt des Arbeitsvertrages,

vgl BAG 30.8.1995 – 1 AZR 47/95, NZA 1996, 440.

Durch das Direktionsrecht des Arbeitgebers ist aber nicht gedeckt, wenn der Arbeitnehmer auf einen geringwertigeren Arbeitsplatz versetzt wird. Ohne Einvernehmen mit dem Mitarbeiter ist dies nur unter Berücksichtigung der auch für eine Änderungskündigung vorausgesetzten Rechtfertigungsgründe (§ 2 KSchG) möglich,

vgl Hümmerich/Spirolke/*Holthausen*, Das arbeitsrechtliche Mandat, § 10 Rn 525.

Dies gilt auch für den Fall, dass die bisherige Vergütung weitergezahlt wird. Eine geringwertigere Arbeit ist immer dann gegeben, wenn sie nach dem Tätigkeits- oder Berufsbild in der Sozialanschauung geringer bewertet wird. In der Privatwirtschaft spricht für eine unterwertige Beschäftigung, wenn die Funktionen und die Vertretungsbefugnisse eingeschränkt werden,

vgl LAG Schleswig-Holstein 5.4.2001 – 4 Sa 497/00, FA 2002, 179; Schaub/*Linck*, Arbeitsrechts-Handbuch, § 45 IV.2. Rn 24.

Das BAG hat ausdrücklich festgestellt,

vgl BAG 30.8.1995 – 1 AZR 47/95, NZA 1996, 440,

dass die Art der Beschäftigung durch das allgemeine Direktionsrecht nicht unbegrenzt abgeändert werden kann. Zwar sei bei entsprechender Fassung des Arbeitsvertrages die Übertragung unterschiedlicher Tätigkeiten kraft Weisung zulässig. Voraussetzung für die Übertragung anderweitiger Tätigkeiten sei aber stets, dass diese als gleichwertig anzusehen sind. Dabei bestimmt sich die Gleichwertigkeit mangels anderer Anhaltspunkte grundsätzlich aus der auf den Betrieb abgestellten Verkehrsauffassung und dem sich daraus ergebenden Sozialbild. Das Arbeitsverhältnis genießt Bestandsschutz auch gegen eine inhaltliche Änderung der Tätigkeit. Der Arbeitgeber kann deshalb dem Arbeitnehmer nach Auffassung des BAG auch dann keine niedriger zu bewertende Tätigkeit zuweisen, wenn er die Vergütung zahlt, die der bisherigen Tätigkeit entspricht,

vgl BAG 30.8.1995 – 1 AZR 47/95, NZA 1996, 440.

Diese Zusammenhänge sind bei der Bestimmung der Grenzen des allgemeinen Direktionsrechts (§ 106 GewO) zu berücksichtigen und von der beklagten Partei im vorliegenden Fall missachtet worden. Die arbeitsrechtlichen Regelungen der GewO gelten nicht nur für Arbeiter, sondern finden gem. § 6 Abs. 2 GewO auf alle Arbeitnehmer Anwendung.

Versetzungsklauseln sind nicht am Maßstab des § 308 Nr. 4 BGB zu messen, da diese Vorschrift nur einseitige Bestimmungsrechte hinsichtlich der Leistung des Verwenders, mithin des Arbeitgebers erfasst. Wenn eine Versetzungsklausel materiell der Regelung des § 106 Satz 1 GewO nachgebildet ist, enthält die Versetzungsklausel nach Auffassung des 9. Senats gemäß Urteil vom 11.4.2006 keine unangemessene Benachteiligung des Arbeitnehmers nach § 307 Abs. 1 Satz 1 BGB,

BAG 11.4.2006 – 9 AZR 557/05, NZA 2006, 1149.

Etwas anderes gilt, wenn der Arbeitgeber unter Überschreitung seines Direktionsrechts nach § 106 Satz 1 GewO dem Arbeitnehmer eine in der Sozialanschauung geringerwertige Tätigkeit zuweist, die geringere oder andere Kenntnisse des Arbeitnehmers erfordert, als sie in der bisherigen Tätigkeit verlangt wurden. In einem solchen Fall ist das allgemeine Direktionsrecht nach § 106 GewO überschritten und es ist die Wirksamkeit einer derartigen Versetzungsmaßnahme nach den bisherigen Kriterien zu ermitteln.

Der klägerischen Partei sind wesentliche Verantwortungsbereiche entzogen worden, ihr Aufgabenbereich hat sich stark verkleinert und die ihr zur Ausführung zugewiesenen Aufgaben genießen in der Sozialanschauung einen deutlich niedrigeren Stellenwert. Dementsprechend ist mit der Versetzung eine beachtliche Abwertung der ihr zur Ausführung übertragenen Tätigkeiten verbunden. Die der klägerischen Partei nunmehr übertragenen Tätigkeiten sind im Verhältnis zu den ihr bisher übertragenen Tätigkeiten nicht gleichwertig. Die der klägerischen Partei als ... übertragenen Aufgaben stellen im Vergleich zur ihrer bisherigen Tätigkeit als ... eine in der Sozialanschauung deutlich niederwertigere Tätigkeit dar. Statt einer eigenverantwortlich planenden Sachbearbeitertätigkeit übt die klägerische Partei aktuell ... eine rein ausführende Hilfstätigkeit aus.

Im Einzelnen lässt sich die niedere Wertigkeit der Tätigkeit an folgenden Gesichtspunkten festmachen. Die bisherige Tätigkeit der klägerischen Partei war durch

- Kreativität,
- künstlerische Aspekte,
- Innovation und Erfindungsgeist,
- Abwechslungsreichtum,
- Eigenständigkeit und selbständige Leistungen,
- Verantwortung,
- Öffentlichkeits- bzw Außenbezug,
- Kontaktpflege in vielerlei Hinsicht und nicht zuletzt durch
- die direkte Zusammenarbeit mit der Geschäftsleitung

geprägt, wobei die Arbeiten die unterschiedlichsten Anforderungen an die klägerische Partei sowohl im künstlerischen als auch im organisatorischen Bereich stellten.

Alle vorgenannten prägenden Merkmale der Tätigkeit in der Werbeabteilung weist die neue Tätigkeit nicht auf.

Damit belegt der direkte Vergleich des neuen und alten Aufgabenbereichs das unterschiedliche Sozialprestige der beiden Stellen und die niedere Wertigkeit der der klägerischen Partei aktuell zugewiesenen Stelle.

Während der klägerischen Partei in ihrer alten Funktion im Bereich ... eine Vielzahl unterschiedlichster, von Kreativität und künstlerischer Qualifikation geprägter Aufgaben zur Erledigung zugewiesen waren, beschränkt sich der ihr nunmehr übertragene Aufgabenbereich auf schlichte Arbeiten bei der ... .

Auch ein Blick auf die Rechtsprechung, die in vielen Verfahren die Gleichwertigkeit von Tätigkeiten zu bewerten hatte, stützt das vorstehende Ergebnis.

Als gleichwertig wurden angesehen die Tätigkeit einer Buffetkraft mit der an einem Kuchenverkaufsstand (BAG 20.12.1983 – 1 AZR 380/82, juris) und die Funktion eines Kreditsachbearbeiters im Außendienst mit der im Innendienst (BAG 23.6.1993 – 5 AZR 337/92, NZA 1993, 1127). Ein Pförtner übt gleichwertige Aufgaben aus wie ein Nachtwächter (LAG Düsseldorf 11.3.1959 – 3 a Sa 2/59, BB 1959, 667).

Als ungleichwertig gelten die Tätigkeit eines Angestellten und eines Arbeiters (LAG Hamm 29.1.1988 – 5 Sa 897/87, ZTR 1988, 433; LAG Rheinland-Pfalz 19.8.1999 – 6 Sa 171/99, juris), eines Krankenpflegers und einer Bürokraft in einer Röntgenabteilung (BAG 15.5.1984 – 1 AZR 289/83, juris), eines Sachgebietsleiters mit und ohne Weisungsbefugnis (LAG Hamm 9.1.1997 – 17 Sa 1554/97, ZTR 1997, 279) oder einer Serviererin und eines Zimmermädchens (ArbG München 23.4.1998 – 2 b Ca 14200/97 H, AiB 1998, 600).

Zieht man die vorstehenden Beispiele als Maßstab und Auslegungshilfe heran, wird aufgrund des unterschiedlichen Gepräges der Tätigkeit der klägerischen Partei als ... und als ... die unterschiedliche Wertigkeit der Aufgaben deutlich. Insbesondere das Beispiel ... bzw ... weist Ähnlichkeiten zum Fall der klägerischen Partei auf und indiziert die unterschiedliche Wertigkeit der jeweiligen Aufgabe.

Aufgrund der unterschiedlichen Wertigkeit ist die Versetzung der klägerischen Partei unter Beachtung der vorstehend zitierten Rechtsprechung und Literaturmeinungen entgegen der Auffassung der beklagten Partei nicht durch deren arbeitgeberseitiges Direktionsrecht gedeckt. Die auf das Direktionsrecht gestützte Versetzung ist rechtswidrig.

Die klägerische Partei ist gemäß dem Klageantrag zu Ziff. 1 entsprechend ihrem bisherigen Aufgabenprofil vertragsgemäß als Mitarbeiterin ... zu beschäftigen.

Insoweit ist auch entscheidungserheblich, dass, wenn eine bestimmte Tätigkeit für einen lang andauernden Zeitraum zugewiesen ist, dies zur Konkretisierung der Arbeitspflicht für diese Tätigkeit führt. Dies gilt sowohl für die Art der Tätigkeit als auch für den Ort der Arbeitsleistung,

vgl LAG Rheinland-Pfalz 20.10.1993 – 10 Sa 843/93, AuR 1994, 311.

260   **2. Muster: Unveränderte Beschäftigung nach rechtswidriger Versetzung**

Arbeitsgericht ...

Klage

...

– klägerische Partei –

Prozessbevollmächtigte: ...

gegen

...

– beklagte Partei –

wegen: Beschäftigung

Wir bestellen uns zu Prozessbevollmächtigten der klägerischen Partei, in deren Namen und Auftrag wir um kurzfristige Anberaumung eines Gütetermins bitten. Wir werden im Übrigen beantragen zu erkennen:

1. Die beklagte Partei wird verurteilt, die klägerische Partei zu unveränderten Arbeitsbedingungen als ... in ... zu beschäftigen.
2. Es wird festgestellt, dass die mit Schreiben vom ... ausgesprochene Versetzung unwirksam ist.
3. Die beklagte Partei trägt die Kosten des Rechtsstreits.

Gründe:
I.
Die klägerische Partei ist seit dem ... bei der beklagten Partei beschäftigt.
   Beweis: Vorlage des Arbeitsvertrages in Kopie – Anlage K 1.

Zunächst war die klägerische Partei bei der Muttergesellschaft der beklagten Partei im Bereich ... tätig. ... wechselte sie zur beklagten Partei. Dort war sie zunächst als ... tätig, seit dem ... ist sie mit den Aufgaben eines ... betraut.

In dieser Eigenschaft hat die klägerische Partei folgende Aufgaben: ...

Beweis: Vorlage der aktuellen Stellenbeschreibung – Anlage K 2.

Im Zuge der verschiedenen Beförderungen erhöhte sich auch das Gehalt der klägerischen Partei. Aktuell verdient die klägerische Partei ... EUR brutto monatlich.

Beweis: Vorlage einer Verdienstbescheinigung – Anlage K 3.

Am ... versetzte die beklagte Partei die klägerische Partei mit sofortiger Wirkung auf die Position eines ....

Beweis: Vorlage des Versetzungsschreibens in Kopie – Anlage K 4.

Die klägerische Partei nahm die Versetzung mit Schreiben vom ... unter dem Vorbehalt an, die Wirksamkeit gerichtlich überprüfen zu lassen.

Beweis: Vorlage des Schreibens vom ... in Kopie – Anlage K 5.

Bei der beklagten Partei sind ca. ... Mitarbeiter beschäftigt und es ist ein Betriebsrat gebildet.

II.
Die Versetzungsanordnung vom ... ist unwirksam.

Die klägerische Partei hat aus §§ 611, 613 BGB iVm § 242 BGB einen Anspruch auf tatsächliche Beschäftigung nach Maßgabe des bestehenden Arbeitsvertrages,

BAG GS 27.2.1985 – GS 1/84, NZA 1985, 702.

Die klägerische Partei hat einen Anspruch, dass ihr Tätigkeitsbereich sowohl in fachlicher als auch in geographischer Hinsicht in der bisher wahrgenommenen Aufgabe als ... besteht.

Eine rechtswirksame Abänderung der einzelvertraglichen Bedingungen ist weder in Ausübung eines einseitigen Leistungsbestimmungsvorbehalts der beklagten Partei im Arbeitsvertrag noch im Wege einer wirksamen Ausübung des Direktionsrechts erfolgt. Schließlich handelt es sich bei der Neufestlegung des der klägerischen Partei zugewiesenen Arbeitsgebiets um eine mitbestimmungspflichtige Versetzung.

1. Eine arbeitsvertragliche Versetzung ist über den bloßen Sprachgebrauch hinaus jede Änderung des Aufgabenbereichs nach Art, Ort und Umfang der Tätigkeit. Auch der bloße Entzug bisher wahrgenommener Aufgaben stellt danach bereits eine Versetzung dar. Der Umfang des Versetzungsrechts im Verhältnis zum Arbeitnehmer bestimmt sich nach dem Inhalt des Arbeitsvertrages. Das allgemeine Weisungsrecht des Arbeitgebers erlaubt wesentliche Änderungen der Tätigkeit selbst bei Gleichwertigkeit der sonstigen Arbeitsbedingungen nicht. Der Arbeitgeber kann ohne entsprechenden arbeitsvertraglichen Vorbehalt dem Arbeitnehmer nicht eindeutig eine andere Tätigkeit zuweisen und damit die vertraglich vereinbarte Leistungspflicht ändern. Das Direktionsrecht beschränkt sich in einem solchen Fall darauf, die im Rahmen der vereinbarten Tätigkeit liegenden Verrichtungen zuzuweisen,

BAG 3.12.1980 – 5 AZR 477/78, DB 1981, 799.

Das allgemeine Weisungsrecht des Arbeitgebers hat stets nur eine Konkretisierungsfunktion im Hinblick auf die im Arbeitsvertrag enthaltenen Rahmenarbeitsbedingungen. Der Umfang der beiderseitigen Hauptleistungspflichten (Vergütungs- und Arbeitspflicht) unterliegt nicht dem allgemeinen Weisungsrecht des Arbeitgebers. Die Regelung der beiderseitigen Hauptleistungspflichten gehört zum Kernbereich des Arbeitsverhältnisses mit der Folge, dass diese Arbeitsbedingungen lediglich durch Gesetz, Kollektiv- oder Einzelarbeitsvertrag gestaltbar sind,

BAG 12.12.1984 – 7 AZR 509/83, NZA 1985, 321.

Ein arbeitsvertraglicher Versetzungsvorbehalt rechtfertigt eine Versetzung auf einen geringerwertigen Arbeitsplatz, also eine erhebliche qualitative Tätigkeitsänderung, selbst unter Beibehaltung der bisherigen Vergütung nicht. Insoweit besteht ein einseitiges Leistungsbestimmungsrecht des Arbeitgebers, das aber nur gem. § 315 BGB nach billigem Ermessen ausgeübt werden darf und entsprechende Maßnahmen nicht etwa in das freie Belieben des Arbeitgebers stellt,

Schaub/*Linck*, Arbeitsrechts-Handbuch, § 45 IV.9. Rn 34 ff.

Ist nach dem Inhalt des Arbeitsvertrages aufgrund des Weisungsrechts eine Versetzung nicht möglich, bedarf es zur Übertragung höher- oder geringwertiger Arbeit eines Änderungsvertrages. Einen solchen Änderungsvertrag haben die Parteien unstreitig nicht geschlossen.

Die beklagte Partei beruft sich zur Begründung der Wirksamkeit der Versetzung auf die im Arbeitsvertrag getroffene Regelung, wonach die klägerische Partei innerhalb der Firmengruppe eine andere, ihrer Vorbildung, ihren Fähigkeiten und Erfahrungen entsprechende Tätigkeit übertragen kann.

Richtig ist, dass Versetzungsklauseln eine Erweiterung der Versetzungsbefugnis des Arbeitgebers bedeuten können. Im Gegenteil zu Klauseln, die pauschal die Zumutbarkeit der Versetzungsmaßnahme vorsehen, stellen Klauseln, die zwar einerseits Direktionsrechtserweiterungen beinhalten, andererseits eine Versetzung inhaltlich in der Weise beschränken, dass die neue Arbeit den Fähigkeiten und Kenntnissen des Arbeitnehmers entsprechen muss, eine Einschränkung des Direktionsrechts dar. Die Zumutbarkeit der anderen Beschäftigung wird auf die Fähigkeiten, Kenntnisse und Vorbildung und damit auf eine Gleichwertigkeit der Tätigkeiten fixiert,

Preis/*Preis*, Der Arbeitsvertrag, II D 30 Rn 14 ff; BAG 27.3.1980 – 2 AZR 506/78, BAGE 33, 71.

Die Zuweisung geringwertiger Aufgaben oder eines geringwertigen Arbeitsplatzes wird nach der Rechtsprechung des BAG vom Direktionsrecht nicht gedeckt, sofern nicht ein entsprechender Vorbehalt im Arbeitsvertrag enthalten ist, selbst dann, wenn die bisherige Vergütung weiter gezahlt wird,

BAG 26.2.1976 – 3 AZR 166/75, EzA § 242 BGB Ruhegeld Nr. 50; BAG 28.2.1968 – 4 AZR 144/67, AP § 611 BGB Direktionsrecht Nr. 22.

Eine geringwertige Arbeit ist immer dann gegeben, wenn sie nach Tätigkeits- oder Berufsbild in der Sozialanschauung geringer bewertet wird. Die Frage der Arbeitswertigkeit ist hierbei durch einen wertenden Vergleich zu ermitteln. Zu berücksichtigen sind unter anderem Vor- und Nachteile, das Berufsbild, das Sozialprestige oder die verkehrsmäßige Einschätzung der Tätigkeit. Abänderungen einzelvertraglicher Bindungen, die eine geringwertige Arbeit zum Inhalt haben, stellen eine Änderungskündigung dar, die im Anwendungsbereich des Kündigungsschutzgesetzes wie jede gewöhnliche Kündigung durch personen-, verhaltens- oder betriebsbedingte Gründe motiviert und sozial gerechtfertigt sein muss.

Verliert ein Mitarbeiter sämtliche Kompetenzen im Bereich der Geschäftsführung, bedeutet dies den Wegfall der Position eines leitenden Angestellten in die eines gewöhnlichen Angestellten. Allein die Erteilung der Prokura führt nicht automatisch dazu, dass ein Angestellter leitender Angestellter iSd § 5 Abs. 3 Nr. 2 BetrVG ist. Erforderlich ist insoweit, dass der Prokurist erhebliche unternehmerische Leitungsaufgaben tatsächlich wahrnimmt,

BAG 11.1.1995 – 7 ABR 33/94, NZA 1995, 747.

Unabhängig von der arbeitsvertraglichen Zulässigkeit einer Versetzung ist der Betriebsrat im Rahmen des § 99 Abs. 1 BetrVG zu beteiligen, wenn dem Arbeitnehmer ein anderer Aufgabenbereich zugewiesen wird und dies voraussichtlich die Dauer von einem Monat überschreitet bzw mit einer erheblichen Änderung der Umstände verbunden ist, unter denen die Arbeit zu leisten ist, § 95 Abs. 3 Satz 1 BetrVG. Dieser besondere betriebsverfassungsrechtliche Versetzungsbegriff umfasst auch die individualrechtliche Zuweisung eines anderen Arbeitsortes oder einer anderen Tätigkeit, da unter „Arbeitsbereich" der konkrete Arbeitsplatz und seine

Beziehung zur betrieblichen Umgebung in räumlicher, technischer und organisatorischer Hinsicht zu verstehen ist,

    BAG 10.4.1984 – 1 ABR 67/82, AP § 95 BetrVG 1972 Nr. 4; BAG 3.12.1985 – 1 ABR 58/83, AP § 95 BetrVG 1972 Nr. 8.

Der andere Arbeitsbereich iSv § 95 Abs. 3 BetrVG kann auch durch die Umstände bestimmt werden, unter denen die Arbeit zu leisten ist,

    BAG 26.5.1988 – 1 ABR 18/87, NZA 1989, 438; BAG 17.6.2008 – 1 ABR 38/07, DB 2008, 2771.

Eine mitbestimmungspflichtige Versetzung iSd §§ 95 Abs. 3 Satz 1, 99 BetrVG liegt nach Ansicht des LAG Hessen auch bei der Zuordnung von Mitarbeitern zu einer neuen Führungskraft auch ohne eine Änderung von Arbeitsort und Arbeitsinhalt vor, wenn die Führungskräfte Disziplinaraufgaben gegenüber den ihnen nachgeordneten Arbeitnehmern besitzen und deren Leistungen zu beurteilen haben und dadurch eine spürbare Änderung des Arbeitsregimes bewirkt wird,

    LAG Hessen 10.4.2012 – 4 TaBV 172/11, juris m. Anm. *Greif*, jurisPR-ArbR 9/2013 Anm. 3 (nicht rechtskräftig, da Nichtzulassungsbeschwerde beim BAG erhoben wurde, Az: 7 ABN 99/12).

Die ordnungsgemäße Beteiligung des Betriebsrats ist Wirksamkeitsvoraussetzung für die tatsächliche Zuweisung eines neuen Arbeitsbereichs,

    Küttner/*Poeche*/*Reinecke*, Personalbuch, 439 (Versetzung) Rn 29.

Dies gilt sowohl für Versetzungen, die der Arbeitgeber individualrechtlich im Wege des Weisungsrechts anordnen kann,

    BAG 17.6.2008 – 1 ABR 38/07, DB 2008, 2771,

als auch wenn der Arbeitgeber eine Änderungskündigung zum Zweck der Versetzung ausspricht,

    BAG 30.9.1993 – 2 AZR 283/93, NZA 1994, 615; BAG 17.6.1998 – 2 AZR 336/97, NZA 1998, 1225.

2. Auch eine allgemeine Vorbehaltsklausel im Arbeitsvertrag rechtfertigt nicht, unter Überschreitung des Direktionsrechts dem Arbeitnehmer jedwede andere Tätigkeit zuzuweisen. Insbesondere im Hinblick auf das Transparenzgebot des § 307 Abs. 1 Satz 2 BGB bedarf eine Versetzungsklausel einer gesonderten Wirksamkeitsprüfung. Zwar hält das BAG in der Entscheidung vom 11.4.2006,

    BAG 11.4.2006 – 9 AZR 557/05, NZA 2006, 1149,

eine Versetzungsklausel für mit dem Transparenzprinzip vereinbar, wenn die Klausel nicht mehr als die Regelung in § 106 Satz 1 GewO nachbildet. Die meisten Versetzungsklauseln sind allerdings nicht auf eine bloße Wiedergabe oder Nachbildung des allgemeinen Direktionsrechts beschränkt. Sie enthalten meist auch einschränkende Befugnisse, so dass stets im Einzelfall geprüft werden muss, ob das Transparenzgebot des § 307 Abs. 1 Satz 2 BGB gewahrt ist oder nicht.

Allgemeine Leistungsvorbehalte, wenn sie an der Rechtsprechung des BAG zu Widerrufsvorbehalten zu messen sind, dürfen zu keiner finanziellen Veränderung über den Korridor von 25 % bis 30 % hinausgehen und müssen vertraglich bereits die Widerrufsgründe im Einzelnen genau benennen,

    BAG 12.1.2005 – 5 AZR 364/04, NZA 2005, 465; *Hümmerich*, NJW 2005, 1759.

3. Ausgehend von diesen Grundsätzen erweist sich die Versetzungsanweisung der beklagten Partei vom … als unwirksam: …

↑

3. Muster: Einstweilige Verfügung wegen Versetzung/Umsetzung

Arbeitsgericht ...

Antrag auf Erlass einer einstweiligen Verfügung

– antragstellende Partei –

Verfahrensbevollmächtigte: ...

gegen

– antragsgegnerische Partei –

Verfahrensbevollmächtigte: ...

Wir bestellen uns zu Verfahrensbevollmächtigten der antragstellenden Partei und beantragen, durch einstweilige Verfügung – wegen der Dringlichkeit ohne vorherige mündliche Verhandlung – wie folgt zu beschließen:

1. Der antragsgegnerischen Partei wird aufgegeben, bei Meidung eines vom Gericht festzusetzenden Zwangsgeldes bis zu 25.000 EUR gegen die gesetzlichen Vertreter der antragsgegnerischen Partei, die antragstellende Partei entgegen der Weisung der antragsgegnerischen Partei vom ... bis auf weiteres mit dem Aufgabenbereich als ... in ... einzusetzen und tätig werden zu lassen.
2. Die Berufung wird zugelassen.
3. Die antragsgegnerische Partei trägt die Kosten des Verfahrens.

Gründe:

I.

Die antragstellende Partei ist seit dem ... bei der antragsgegnerischen Partei beschäftigt und übte bei einem Bruttomonatsverdienst von ... EUR zuletzt die Tätigkeit einer ... aus.

Grundlage des bestehenden Arbeitsverhältnisses sind ...

Danach gilt: ...

Glaubhaftmachung: Vorlage der Vertragsunterlagen in Kopie – Anlagenkonvolut K 1.

Mit Schreiben vom ... hat die antragsgegnerische Partei der antragstellenden Partei das Aufgabengebiet einer ... mit der Begründung, dass ..., einseitig entzogen. Dem hat die antragstellende Partei durch Schreiben ihrer Verfahrensbevollmächtigten vom ... entschieden widersprochen.

Glaubhaftmachung: Vorlage der Schreiben in Kopie – Anlagen K 2 und K 3.

Der antragstellenden Partei oblagen vor allem folgende Aufgaben: ...

II.

Die antragstellende Partei hat aus §§ 611, 613 BGB iVm § 242 BGB einen Anspruch auf tatsächliche Beschäftigung nach Maßgabe des bestehenden Arbeitsvertrages,

vgl BAG GS 27.2.1985 – GS 1/84, AP § 611 BGB Beschäftigungspflicht Nr. 14.

Aus diesem ergibt sich der Tätigkeitsbereich der antragstellenden Partei sowohl in geographischer als auch in sachlicher Hinsicht. Vorliegend bedeutet dies, dass die antragstellende Partei einen Anspruch darauf hat, auch als (in) ... eingesetzt zu werden.

Eine rechtswirksame Abänderung der einzelvertraglichen Bedingungen ist weder in Ausübung eines einseitigen Leistungsbestimmungsvorbehalts der antragsgegnerischen Partei noch im Wege einer (sozial gerechtfertigten) Änderungskündigung erfolgt. Zudem handelt es sich bei der Neufestlegung des der antragstellenden Partei zugewiesenen Arbeitsgebiets um eine mitbestimmungspflichtige Versetzung.

Eine arbeitsvertragliche Versetzung ist über den bloßen Sprachgebrauch hinaus jede Änderung des Aufgabenbereichs nach Art, Ort und Umfang der Tätigkeit. Auch der bloße Entzug bisher wahrgenommener Aufgaben stellt danach bereits eine „Versetzung" dar. Der Umfang des Versetzungsrechts im Verhältnis zum Arbeitnehmer bestimmt sich nach dem Inhalt des Arbeitsvertrages. Das allgemeine Weisungsrecht des Arbeitgebers erlaubt wesentliche Änderungen der Tätigkeit selbst bei Gleichwertigkeit der sonstigen Arbeitsbedingungen nicht. Der Arbeitgeber kann (ohne entsprechenden arbeitsvertraglichen Vorbehalt) dem Arbeitnehmer nicht eine eindeutig andere Tätigkeit zuweisen und damit die vertraglich vereinbarte Leistungspflicht ändern. Das Direktionsrecht beschränkt sich in einem solchen Fall darauf, die im Rahmen der vereinbarten Tätigkeit liegenden Verrichtungen zuzuweisen,

BAG 3.12.1980 – 5 AZR 477/78, DB 1981, 799.

Das allgemeine Weisungsrecht des Arbeitgebers hat stets nur eine Konkretisierungsfunktion hinsichtlich der im Arbeitsvertrag enthaltenen Rahmenarbeitsbedingungen. Der Umfang der beiderseitigen Hauptleistungspflichten (Vergütungs- und Arbeitspflicht) unterliegt nicht dem allgemeinen Weisungsrecht des Arbeitgebers. Die Regelung der beiderseitigen Hauptleistungspflichten gehört zum Kernbereich des Arbeitsverhältnisses mit der Folge, dass diese Arbeitsbedingungen lediglich durch Gesetz, Kollektiv- oder Einzelarbeitsvertrag gestaltbar sind,

vgl BAG 23.6.2009 – 2 AZR 606/08, NJW 2009, 3115.

Ein arbeitsvertraglicher Versetzungsvorbehalt rechtfertigt eine Versetzung auf einen geringwertigeren Arbeitsplatz, also eine erhebliche qualitative Tätigkeitsänderung, selbst unter Beibehaltung der bisherigen Vergütung nicht. Insoweit besteht ein einseitiges Leistungsbestimmungsrecht, das gem. § 315 BGB nur nach billigem Ermessen ausgeübt werden darf und entsprechende Maßnahmen nicht etwa in das freie Belieben des Arbeitgebers stellt,

Schaub/*Linck*, Arbeitsrechts-Handbuch, § 45 IV.10. Rn 42.

Ist nach dem Inhalt des Arbeitsvertrages aufgrund des Weisungsrechts eine Versetzung nicht möglich, so bedarf es zur Übertragung höher- oder geringwertiger Arbeit eines Änderungsvertrages, der vorliegend unstreitig nicht geschlossen wurde. Eine geringwertige Arbeit ist immer dann gegeben, wenn sie nach Tätigkeits- oder Berufsbild in der Sozialanschauung geringer bewertet wird. Als geringwertig werden angesehen: Innendienst als Mahnbuchhalter gegenüber Außendienst als Kundenbesucher, Verkäuferin gegenüber Einkaufstätigkeit, Stenotypistin gegenüber Kanzleivorsteherin,

AR-Blattei SD/*Hunold*, D, Direktionsrecht Rn 245 ff.

Abänderungen einzelvertraglicher Bindungen, die eine geringwertige Arbeit zum Inhalt haben, stellen eine Änderungskündigung dar, die im Anwendungsbereich des Kündigungsschutzgesetzes wie jede gewöhnliche Kündigung durch personen-, verhaltens- oder betriebsbedingte Gründe motiviert und sozial gerechtfertigt sein muss.

Danach ist hier von Folgendem auszugehen:

III.

Der Verfügungsgrund der antragstellenden Partei ergibt sich daraus, dass vorliegend ein Abwarten eines noch mindestens 4 bis 6 Monate dauernden Hauptverfahrens zu nicht mehr rückgängig zu machenden wesentlichen Nachteilen für die antragstellende Partei führen würde. Schon die bloße Rechtsvereitelung stellt einen ausreichenden Verfügungsgrund zur Durchsetzung von Beschäftigungsansprüchen dar,

> LAG München 19.8.1992 – 5 Ta 185/92, NZA 1993, 1130; LAG München 7.5.2003 – 5 Sa 344/03, LAGE § 611 BGB 2002 Beschäftigungspflicht Nr. 1; LAG Sachsen 8.3.1996 – 3 Sa 77/96, NZA-RR 1997, 4; LAG Hamm 6.11.2007 – 14 SaGa 39/07, EzA-SD 2008, Nr. 4, 11; *Hümmerich*, DB 1999, 1264.

Aber auch die Entfremdung aus dem Betrieb,

> ArbG Stuttgart 18.3.2005 – 26 Ga 4/05, EzA-SD 2005, Nr. 14, 8.

und der Verlust von Spezialkenntnissen über einen mehrmonatigen Zeitraum,

> LAG Köln 20.3.2001 – 6 Ta 46/01, MDR 2001, 1176; LAG Hamburg 18.10.2005 – 2 Sa 69/05, AE 2006, 115,

stellen nach der Rechtsprechung einen Verfügungsgrund dar. Eine Abwägung zwischen den Interessen des Arbeitnehmers und dem Interesse des Arbeitgebers führt umso mehr zur Annahme eines Verfügungsgrundes, wenn die Versetzungsmaßnahme mit hoher Wahrscheinlichkeit oder offensichtlich rechtswidrig ist.

IV.

Verfügungsanspruch und Verfügungsgrund sind daher gegeben, §§ 935, 940 ZPO. Das angerufene Gericht ist als das Gericht der Hauptsache für den Erlass der einstweiligen Verfügung zuständig, da Gegenstand des Anspruchs eine bürgerliche Rechtsstreitigkeit zwischen Arbeitnehmer und Arbeitgeber aus einem im Gerichtsbezirk realisierten Arbeitsverhältnis bildet, § 937 ZPO, § 2 Abs. 1 Nr. 3 Buchst. a) ArbGG.

4. Muster: Einstweilige Verfügung wegen schleichender Versetzung

Antrag auf Erlass einer einstweiligen Verfügung

...

– antragstellende Partei –

Verfahrensbevollmächtigte: ...

gegen

...

– antragsgegnerische Partei –

Verfahrensbevollmächtigte: ...

Wir bestellen uns zu Verfahrensbevollmächtigten des Antragstellers und beantragen, durch einstweilige Verfügung – wegen Dringlichkeit ohne vorherige mündliche Verhandlung sowie unter Abkürzung etwaiger Ladungs- und Einlassungsfristen – wie folgt zu beschließen:

1. Der Antragsgegnerin wird bei Meidung eines vom Gericht festzusetzenden Zwangsgelds bis zu 25.000 EUR, ersatzweise Zwangshaft, zu vollziehen gegen die gesetzlichen Vertreter der Antragsgegnerin, untersagt, den Antragsteller als ... vom ... ausgehend einzusetzen.

Hilfsweise wird beantragt:

2. Der Antragsgegnerin wird bei Meidung eines vom Gericht festzusetzenden Zwangsgelds bis zu 25.000 EUR, ersatzweise Zwangshaft, zu vollziehen gegen die gesetzlichen Vertreter der Antragsgegnerin, untersagt, den Antragsteller als ... vom ... ausgehend einzusetzen, solange er nicht mit Zustimmung des Betriebsrats nach ... versetzt worden ist.
3. Die Antragsgegnerin trägt die Kosten des Verfahrens.

Gründe:

I.

Der Antragsteller ist seit dem ... bei der Antragsgegnerin beschäftigt. Er übt bei einem Bruttomonatsverdienst von ... EUR die Tätigkeit ... am ... aus.

Glaubhaftmachung: Vorlage der Arbeitsvertragsunterlagen in Kopie – Anlagenkonvolut AS 1.

Zum rechtswidrigen Einsatz des Antragstellers in ... ist Folgendes auszuführen: ...

Die rechtswidrige Versetzung belastete den Antragsteller psychisch und physisch erheblich: ...

Der Kläger hat sich wiederholt gegen seine arbeitsvertragswidrige Verwendung gewandt und auf mehreren Wegen versucht, wieder eine vertragsgemäße Beschäftigung zu erreichen: ...

Vor dem Hintergrund dieser gesundheitlichen Bedrohung ist eine Tätigkeit vom ... aus unzumutbar. Die Zuweisung zum Standort ... stellte eine für den Antragsteller aufgrund des gesundheitlichen Risikos nicht hinnehmbare Belastung dar.

II.

Der Einsatz des Antragstellers ab dem ... vom Standort ... aus ist offensichtlich unzulässig.

1. Arbeitsvertragswidrige Beschäftigung

Der Einsatz des Antragstellers ab dem ... vom Standort ... ist arbeitsvertraglich unzulässig. Es handelt sich bei dieser Anweisung um eine nicht vom Direktionsrecht der Antragsgegnerin gedeckte Weisung. Arbeitsvertraglicher Einsatzort des Antragstellers ist ausweislich des Schreibens der Antragsgegnerin vom ... und nicht ....

Glaubhaftmachung: Arbeitsvertragsunterlagen in Kopie – Anlage AS 1.

Bereits deswegen ist die Verwendung des Antragstellers in ... unzulässig.

Zwar mag es im Einzelfall möglich sein, Messfahrer vorübergehend an anderen Standorten einzusetzen. Der Antragsteller wird jedoch nicht vorübergehend vom Standort ... aus eingesetzt, sondern mittlerweile ununterbrochen seit einem halben Jahr.

2. Fehlende Beteiligung des Betriebsrats

Die Beschäftigung des Antragstellers vom Standort ... aus ist auch nicht als vorübergehende Änderung des Ausgangsarbeitsortes zulässig, weil jede über die Dauer eines Monats hinausgehende Veränderung des Ausgangsarbeitsortes eine Versetzung iSv § 95 Abs. 3 Satz 1 BetrVG ist, die der Zustimmung des Betriebsrats nach § 99 BetrVG bedarf.

Eine solche Zustimmung hat die Antragsgegnerin beim Betriebsrat unstreitig nicht eingeholt.

Die Anweisung des Antragsgegners, ab dem ... seine Tätigkeit wieder ausgehend vom Standort ... auszuüben, ist, nachdem er bereits seit ... nicht mehr an seiner Ausgangsstelle ..., sondern in ... eingesetzt wird, eine Versetzung iSd §§ 99, 95 Abs. 3 BetrVG. Die Zuweisung eines anderen Arbeitsortes ist für sich betrachtet immer eine Versetzung,

    BAG 18.2.1986 – 1 ABR 27/84, BAGE 51, 151;

insbesondere, wenn sie eine Entfernung zum vereinbarten Arbeitsort von über 600 Kilometer aufweist und der Arbeitnehmer infolge der Versetzung die ganze Woche über nicht zu Hause sein kann.

Da das Mitbestimmungsrecht des Betriebsrats bei der streitgegenständlichen Versetzung nach §§ 99, 95 Abs. 3 BetrVG nicht gewahrt wurde, ist die Versetzung individualrechtlich unwirksam,

    vgl BAG 5.4.2001 – 2 AZR 580/99, NZA 2001, 893.

Bei einer offensichtlich unwirksamen Versetzung kann der Arbeitnehmer seinen Anspruch auf Beschäftigung zu den bisherigen Bedingungen im Wege einer einstweiligen Verfügung durchsetzen,

    LAG Sachsen 8.3.1996 – 3 Sa 77/96, NZA-RR 1997, 4.

Zudem sei darauf hingewiesen, dass die Versetzung auch nicht von der arbeitsvertraglichen Versetzungsbefugnis der Antragsgegnerin gedeckt ist. Die Zuweisung eines über 600 Kilometer entfernten Arbeitsortes ist keine zumutbare Änderung des Einsatzortes.

3. Verfügungsgrund

Der Verfügungsgrund folgt aus der gesundheitlichen Gefährdung und Belastung des Antragstellers, da er bis auf weiteres im hohen Maße belastende Reisetätigkeit vornehmen muss. Die mit der Reisetätigkeit verbundene körperliche Anstrengung sowie die Trennung von seiner Familie gefährden die Gesundheit des Antragstellers, unter anderem durch einen erheblichen Anstieg seines Bluthochdrucks. Seine behandelnde Ärztin hat ihm untersagt, weiter wöchentlich zum Standort ... zu reisen. Nur durch Erlass einer einstweiligen Verfügung kann die gesundheitliche Gefährdung abgewendet werden. Vor dem Hintergrund dieser existentiellen Bedrohung ist dem Antragsteller nicht zuzumuten, die Entscheidung in der Hauptsache abzuwarten. Die weitere Beschäftigung von ... aus, verbunden mit der erheblichen Reisetätigkeit bis zur Entscheidung in der Hauptsache, hätte unvermeidlich eine starke gesundheitliche Gefährdung des Antragstellers zur Folge. Diese Gefährdung gebietet eine einstweilige Regelung.

Hinzu kommt, dass es dem Antragsteller nicht zuzumuten ist, bis zur Entscheidung in der Hauptsache abzuwarten, ob er den Einsatz vom Standort ... verweigern darf oder nicht. Verweigert der Antragsteller seinen Arbeitseinsatz vom Standort ... aus gesundheitlichen Gründen, trägt er das Risiko einer außerordentlichen Kündigung wegen Arbeitsverweigerung, solange das Gericht nicht entschieden hat, dass die Antragsgegnerin die streitgegenständliche Anweisung zu unterlassen hat. Es ist dem Antragsteller nicht zuzumuten, bis zum Abschluss der Hauptsache darauf zu vertrauen, „dass er schon im Recht ist". Andernfalls könnte der Arbeitgeber arbeitsvertraglich unzulässige Maßnahmen anordnen und der Arbeitnehmer trüge das Risiko ihrer Rechtmäßigkeit mit der Gefahr, seinen Arbeitsplatz zu verlieren.

Eine Abwägung zwischen dem durch u.a. starken Bluthochdruck gekennzeichneten Gesundheitszustand und dem Beschäftigungsinteresse der Antragsgegnerin ergibt, dass das Interesse an dem Erhalt der Gesundheit des Antragsgegners überwiegt, zumal die Antragsgegnerin seit einem halben Jahr Zeit gehabt hätte, die Stelle in ... zu besetzen und außerdem die Möglichkeit hätte, auch andere Fahrer – auch von einem anderen Standort – für die Tätigkeit in ... einzusetzen.

↑

5. Muster: Einstweilige Verfügung, allgemeiner Weiterbeschäftigungsanspruch

↓

Arbeitsgericht ...

Antrag auf Erlass einer einstweiligen Verfügung

– antragstellende Partei –

Verfahrensbevollmächtigte: ...

gegen

... .

– antragsgegnerische Partei –

wegen: Beschäftigung

Wir bestellen uns zu Verfahrensbevollmächtigten der antragstellenden Partei und beantragen wegen Dringlichkeit des Falls ohne mündliche Verhandlung durch den Vorsitzenden allein, hilfsweise unter Abkürzung der Ladungsfrist aufgrund einer unverzüglich anzuberaumenden mündlichen Verhandlung, den Erlass einer einstweiligen Verfügung mit folgendem Inhalt:

1. Die antragsgegnerische Partei wird verurteilt, die antragstellende Partei zu unveränderten Arbeitsbedingungen gemäß Arbeitsvertrag vom ... als ... bis zum ... zu beschäftigen.
2. Die Kosten des Rechtsstreits trägt die antragsgegnerische Partei.

Für den Fall des Obsiegens wird bereits jetzt beantragt,

3. dem Antragsteller eine vollstreckbare Kurzausfertigung der Entscheidung (ohne Tatbestand und Entscheidungsgründe) zu erteilen.

Gründe:

I.

Die antragstellende Partei ist bei der antragsgegnerischen Partei aufgrund Arbeitsvertrags vom ... seit dem ... als ... tätig.

Glaubhaftmachung: Vorlage des Arbeitsvertrages vom ... in Kopie – Anlage K 1.

Die antragstellende Partei bezog zuletzt ein Jahresgehalt in Höhe von ... EUR.

Glaubhaftmachung: Gehaltsbescheinigung – Anlage K 2.

Zum Tätigkeitsbereich der antragstellenden Partei gehören folgende Aufgaben: ...

In der Hierarchie fügt sich seine Tätigkeit wie folgt ein: ...

Glaubhaftmachung: Eidesstattliche Versicherung der antragstellenden Partei.

Die antragsgegnerische Partei hat das Arbeitsverhältnis mit der klägerischen Partei mit Schreiben vom ... gekündigt. Zugleich hat sie die antragstellende Partei von ihren sämtlichen Aufgaben freigestellt.

Glaubhaftmachung: Vorlage des Kündigungsschreibens in Kopie – Anlage K 3.

Der Arbeitsvertrag sieht eine Freistellung, auch im Falle des Ausspruchs einer Kündigung nicht vor.

Glaubhaftmachung: Vorlage des Arbeitsvertrages in Kopie – Anlage K 1.

Die antragstellende Partei hat der Freistellung mit Anwaltsschreiben widersprochen.

Glaubhaftmachung: Vorlage des Anwaltsschreibens in Kopie – Anlage K 4.

Die Kündigung hat die antragstellende Partei zum Anlass genommen, Kündigungsschutzklage vor dem erkennenden Gericht zu erheben.

Glaubhaftmachung: Vorlage der Kündigungsschutzklage in Kopie – Anlage K 5.

Das Kündigungsschutzverfahren ist unter dem Aktenzeichen ... anhängig.

II.

Die antragstellende Partei hat gegen die antragsgegnerische Partei einen Beschäftigungsanspruch. Der Arbeitnehmer besitzt nach der Entscheidung des Großen Senats,

27.2.1985 – GS 1/84, AP § 611 BGB Beschäftigungspflicht Nr. 1,

grundsätzlich einen Beschäftigungsanspruch, weil es für ihn nicht nur darauf ankommt, sein Gehalt zu erhalten, sondern auch darauf, sich im Arbeitsverhältnis entsprechend seinen Fähigkeiten und Leistungen fachlich und persönlich zu entfalten. Der Beschäftigungsanspruch des Arbeitnehmers ist nach der erwähnten Entscheidung des Großen Senats vom 27.2.1985 Teil des Allgemeinen Persönlichkeitsschutzes gem. Art. 1, 2 GG und somit ein grundgesetzlich geschützter Anspruch. Dieser grundrechtlich geschützte Anspruch kann durch einseitige Anordnung des Arbeitgebers nur eingeengt werden, wenn die Interessen des Arbeitgebers den Beschäftigungsanspruch des Arbeitnehmers überwiegen. Schutzwürdige Interessen der antragsgegnerischen Partei, die einer Weiterbeschäftigung der antragstellenden Partei in ihrem Arbeitsverhältnis entgegenstehen, liegen nicht vor. Der Verfügungsanspruch der antragstellenden Partei wird daher unmittelbar aus der Entscheidung des Großen Senats vom 27.2.1985 hergeleitet. Es ist heute herrschende Auffassung, dass der

Arbeitnehmer einen Beschäftigungsanspruch grundsätzlich hat, solange das Arbeitsverhältnis besteht. Das Arbeitsverhältnis besteht auch während des Laufs der Kündigungsfrist.

III.

Die antragstellende Partei hat auch einen Verfügungsgrund.

1. Folgt man der Auffassung des LAG München bzw des LAG Hamm,

> LAG München 19.8.1992 – 5 Ta 185/92, NZA 1993, 1132; LAG Hamm 6.11.2007 – 14 SaGa 39/07, EzA-SD 2008, Nr. 4, 11,

ist die dem Beschäftigungsanspruch des Arbeitnehmers entsprechende Beschäftigungspflicht des Arbeitgebers eine Fixschuld. Der Beschäftigungsanspruch des Arbeitnehmers wird deshalb zugleich mit der Nichterfüllung unmöglich und erlischt, weshalb der Arbeitnehmer nur durch einstweilige Verfügung wirksam vor der Vereitelung seines Beschäftigungsanspruchs geschützt werden kann.

2. Nach der in den meisten Landesarbeitsgerichtsbezirken vertretenen Auffassung handelt es sich bei der Beschäftigungsverfügung wegen ihrer Erfüllungswirkung um eine Leistungsverfügung. Für den Gläubiger soll der Weg der Leistungsverfügung nur eröffnet sein, wenn er in seiner Existenz akut bedroht ist bzw auf die sofortige Erfüllung dringend angewiesen ist,

> LAG Baden-Württemberg 30.8.1993 – 15 Sa 35/93, NZA 1995, 683; LAG Berlin 4.1.2005 – 17 Sa 2664/04, juris; LAG Bremen 9.3.1988 – 2 Sa 288/87, AuR 1989, 290; LAG Düsseldorf 25.1.1993 – 19 Sa 1650/92, DB 1993, 1680; LAG Düsseldorf 1.6.2005 – 12 Sa 352/05, MDR 2005, 1419; LAG Hamm 18.2.1988 – 3 Sa 297/98, LAGE § 611 BGB Beschäftigungspflicht Nr. 41; LAG Hessen 23.3.1987 – 1 SaGa 316/87, NZA 1988, 37; LAG Köln 31.7.1985 – 7 Sa 555/05, BB 1985, 2178; LAG Köln 9.2.1991 – 8 Sa 94/91, LAGE Nr. 3 § 935 ZPO; LAG Köln 6.8.1996 – 11 Ta 151/96, LAGE § 611 BGB Beschäftigungspflicht Nr. 40; LAG Rheinland-Pfalz 21.8.1986 – 1 Ta 140/86, LAGE § 611 Beschäftigungspflicht Nr. 19.

Nach der von den Landesarbeitsgerichten vertretenen Auffassung sind an den Nachweis des Verfügungsgrundes nach § 940 ZPO besonders strenge Anforderungen zu stellen. Danach kann eine einstweilige Verfügung nur erlassen werden, wenn dem Arbeitnehmer im Falle des Nichterlasses der Verlust von Fähigkeiten, wie beispielsweise bei operierenden Chefärzten, eine hohe Ansehensschädigung oder der Verlust von in einem Beruf wichtigen Informationen droht, wie beispielsweise beim Computerfachmann, wenn er zudem durch eine lange Kündigungsfrist durch die Nichtbeschäftigung aus seinem Beruf herausgebracht und durch erheblich verschlechterte Bewerbungschancen bei einem neuen Arbeitgeber in seiner beruflichen Existenz bedroht wird,

> LAG Brandenburg 28.1.1997 – 8 Sa 815/96, MedR 1997, 368; ArbG Leipzig 8.8.1996 – 18 Ga 37/96, BB 1997, 366.

3. Hinsichtlich der antragstellenden Partei liegen die Dinge wie folgt: ...

Die Eilbedürftigkeit ergibt sich aus dem Umstand, dass die Freistellung der antragstellenden Partei rechtsgrundlos erfolgte. Ein berechtigtes Interesse der antragsgegnerischen Partei an der Freistellung ist nicht ersichtlich.

6. Muster: Einstweilige Verfügung gem. § 102 Abs. 5 BetrVG

↓

Arbeitsgericht ...

Antrag auf Erlass einer einstweiligen Verfügung

...

– antragstellende Partei –

Verfahrensbevollmächtigte: ...

gegen

...

– antragsgegnerische Partei –

wegen: Weiterbeschäftigung

Wir bestellen uns zu Verfahrensbevollmächtigten der antragstellenden Partei und beantragen wegen Dringlichkeit des Falles ohne mündliche Verhandlung durch den Vorsitzenden allein, hilfsweise unter Abkürzung der Ladungsfrist aufgrund einer unverzüglich anzuberaumenden mündlichen Verhandlung den Erlass einer einstweiligen Verfügung mit folgendem Inhalt:

1. Die antragsgegnerische Partei wird verurteilt, die antragstellende Partei über den ... hinaus bis zum rechtskräftigen Abschluss des Kündigungsschutzprozesses zu unveränderten Arbeitsbedingungen gemäß Arbeitsvertrag vom ... als ... in ... weiter zu beschäftigen.[120]
2. Die antragsgegnerische Partei trägt die Kosten des Verfahrens.

Für den Fall des Obsiegens wird bereits jetzt beantragt,

3. der antragstellenden Partei eine vollstreckbare Kurzausfertigung der Entscheidung (ohne Tatbestand und Entscheidungsgründe) zu erteilen.

Gründe:

1. Die antragstellende Partei ist seit dem ... als ... bei der antragsgegnerischen Partei als ... zu einem monatlichen Bruttogehalt von ... beschäftigt.

   Glaubhaftmachung: Arbeitsvertrag vom ... – Anlage K 1.

Mit Schreiben vom ... kündigte die antragsgegnerische Partei das Arbeitsverhältnis ordentlich zum ... .

   Glaubhaftmachung: Kündigungsschreiben vom ... – Anlage K 2.

Die antragstellende Partei hat gegen die Kündigung Kündigungsschutzklage vor dem erkennenden Arbeitsgericht erhoben sowie die Weiterbeschäftigung über den Kündigungstermin hinaus zu unveränderten Arbeitsbedingungen beantragt.

   Glaubhaftmachung: 1. Klage der antragstellenden Partei vom ... – Anlage K 3.
   2. Beiziehung der Akten ArbG ..., Az ...

Die antragstellende Partei hat zwar einen Weiterbeschäftigungsanspruch geltend gemacht. Über den Anspruch wurde bislang noch nicht entschieden.

   Glaubhaftmachung: Anliegende eidesstattliche Versicherung der antragstellenden Partei – Anlage K 4.

---

[120] Der Weiterbeschäftigungsantrag muss so präzise wie möglich gefasst werden. Eine Vollstreckung aus dem Weiterbeschäftigungsantrag (§ 888 ZPO – unvertretbare Handlung) kann nur erfolgen, wenn der Weiterbeschäftigungstitel einen vollstreckungsfähigen Inhalt hat. Hieran fehlt es regelmäßig, wenn ein Urteil ergeht, wonach der Arbeitnehmer „zu den bisherigen Arbeitsbedingungen" oder „zu den Bedingungen des Arbeitsvertrages vom ..." zu beschäftigen ist (LAG Köln 24.10.1995 – 13 (5) Ta 245/95, NZA-RR 1996, 108; LAG Hessen 13.7.1987 – 1 Ta 151/87, NZA 1988, 175). Da sich aus dem Titel ergeben muss, welcher Pflicht der Arbeitgeber nachkommen soll, ist im Antrag die Art und in den Zweifelsfällen auch der Ort der Arbeitsleistung anzugeben.

2. Bei der antragsgegnerischen Partei besteht ein Betriebsrat. Der Betriebsrat wurde vor Ausspruch der Kündigung angehört. Er hat der Kündigung mit der Begründung ... widersprochen.

Glaubhaftmachung: Mitteilung des Betriebsrats an die antragsgegnerische Partei vom ... – Anlage K 5.

3. Die antragstellende Partei hat die ihr zur Verfügung stehenden prozessualen Möglichkeiten der Weiterbeschäftigung ausgeschöpft, da im Gütetermin kein Teilurteil nach § 301 ZPO ergangen ist, obwohl nach diesseitiger Auffassung die Voraussetzungen hierfür vorgelegen haben. Da unstreitig der Betriebsrat der Kündigung widersprochen hat, sind alle prozessualen Möglichkeiten ausgeschöpft.

Der Anspruch der antragstellenden Partei ist nur von den formellen Tatbestandsvoraussetzungen des § 102 Abs. 5 Satz 1 BetrVG abhängig. Der Widerspruch des Betriebsrats gegen eine ordentliche Kündigung ist schon dann ausreichend begründet und insofern ordnungsgemäß iSv § 102 Abs. 5 Satz 1 BetrVG, wenn dieser Widerspruch es möglich erscheinen lässt, dass einer der in § 102 Abs. 3 BetrVG abschließend genannten Widerspruchsgründe geltend gemacht wird.

Der Ausschluss eines Weiterbeschäftigungsanspruchs ist nur im Wege der Entbindung von der Weiterbeschäftigungspflicht gem. § 102 Abs. 5 Satz 2 BetrVG möglich. Eine einstweilige Verfügung zur Durchsetzung des Weiterbeschäftigungsanspruchs gem. § 102 Abs. 5 Satz 1 BetrVG ist eine Befriedigungsverfügung und setzt einen entsprechenden Verfügungsgrund voraus, für den die allgemeinen Grundsätze gelten,

LAG München 10.2.1994 – 5 Sa 969/93, NZA 1994, 997.

Angesichts des auf den ... anberaumten Kammertermins, von dem auch noch nicht gesagt werden kann, dass es der letzte Termin vor Erlass eines Urteils ist, ist es der antragstellenden Partei nicht zuzumuten, mit der Titulierung des Weiterbeschäftigungsanspruchs über einen noch längeren Zeitraum zuzuwarten, obwohl die Voraussetzungen bereits jetzt vorliegen. Zudem ist in der Rechtsprechung die Auffassung verbreitet, dass bei der Geltendmachung des Weiterbeschäftigungsanspruchs nach § 102 Abs. 5 Satz 1 BetrVG ein Verfügungsgrund vom Arbeitnehmer nicht dargelegt werden muss,

LAG München 19.8.1992 – 5 Ta 185/92, NZA 1993, 1130; LAG München 17.8.1994 – 5 Sa 679/94, LAGE Nr. 18 zu § 102 BetrVG 1972 Beschäftigungspflicht; LAG Hamburg 14.9.1992 – 2 Sa 50/92, NZA 1993, 140; LAG Hamburg 21.5.2008 – 4 SaGa 2/08, BB 2008, 2636; LAG Berlin 15.9.1980 – 12 Sa 42/80, DB 1980, 2449; ArbG Hamburg 12.6.2008 – 9 Ga 14/08, AiB Newsletter 2008, Nr. 10, 6; ArbG München 10.12.2008 – 39 Ga 245/08, AE 2009, 49.

Mit jedem Tag der Nichtbeschäftigung wird der Weiterbeschäftigungsanspruch unmöglich, die Forderung nach einem Verfügungsgrund stellt deshalb nach verbreiteter Auffassung eine rechtsstaatswidrige Rechtsschutzverweigerung dar.

7. Muster: Einstweilige Verfügung, Beschäftigung eines freigestellten Wahlvorstandes

Arbeitsgericht ...

Antrag auf Erlass einer einstweiligen Verfügung

...

– antragstellende Partei –

Prozessbevollmächtigte: ...

gegen

...

– antragsgegnerische Partei –

Wir bestellen uns zu Verfahrensbevollmächtigten der antragstellenden Partei und beantragen, durch einstweilige Verfügung – wegen der Dringlichkeit ohne vorherige mündliche Verhandlung – wie folgt zu beschließen:
1. Der antragsgegnerischen Partei wird aufgegeben, die antragstellende Partei nach Maßgabe des Anstellungsvertrages vom ... bis auf weiteres als ... zu beschäftigen und tätig werden zu lassen.
2. Die antragsgegnerische Partei trägt die Kosten des Verfahrens.

Gründe:
1. Die antragstellende Partei ist bei der antragsgegnerischen Partei aufgrund des Anstellungsvertrages vom ... als ... beschäftigt.
    Glaubhaftmachung: Beiziehung der Akte ArbG ...
Die antragstellende Partei hat mit Klage vom ... beantragt, eine von der antragsgegnerischen Partei ausgesprochene Abmahnung aufzuheben und aus der Personalakte zu entfernen.
    Glaubhaftmachung: Beiziehung der Akte ArbG ...
Die Klageerhebung in der Abmahnungsangelegenheit hat die antragsgegnerische Partei zum Anlass genommen, der antragstellenden Partei am ... ein Kündigungsschreiben zu übergeben.
    Glaubhaftmachung: 1. Beiziehung der Akte ...
                           2. Eidesstattliche Versicherung der antragstellenden Partei.
Ausweislich des Kündigungsschreibens wurde die antragstellende Partei mit sofortiger Wirkung freigestellt und es wurde ihr gegenüber ein Hausverbot ausgesprochen.
    Glaubhaftmachung: wie vor.
Eine Freistellungsvereinbarung enthält der Arbeitsvertrag nicht.
    Glaubhaftmachung: Eidesstattliche Versicherung der antragstellenden Partei.
2. Die antragstellende Partei ist in einer Betriebsversammlung am ... zum Mitglied des Wahlvorstandes gewählt worden.
    Glaubhaftmachung: Eidesstattliche Versicherung der antragstellenden Partei.
Zu der Betriebsversammlung hatten die Mitarbeiterinnen ... eingeladen.
    Glaubhaftmachung: Einladungsschreiben an alle Mitarbeiter – Anlage K 1.
Über die Betriebsversammlung wurde ein Protokoll gefertigt, das sich im Betrieb noch im Umlauf zwecks Unterschriftsleistung aller Teilnehmer der Betriebsversammlung befindet. In der Betriebsversammlung wurde die antragstellende Partei zum Mitglied des Wahlvorstandes gewählt, was auch ein am ... gefasster Beschluss belegt, in dem die antragstellende Partei ausdrücklich als Mitglied des Wahlvorstandes bezeichnet wird.
    Glaubhaftmachung: Vorlage des Beschlusses in Kopie – Anlage K 2.
3. Die antragstellende Partei hat gegen die antragsgegnerische Partei einen Beschäftigungsanspruch. Der Arbeitnehmer besitzt grundsätzlich einen Beschäftigungsanspruch, weil es für ihn nicht nur darauf ankommt, sein Gehalt zu erhalten, sondern auch darauf, sich im Arbeitsverhältnis entsprechend seinen Fähigkeiten und Leistungen fachlich und persönlich zu entfalten,
    BAG 27.2.1985 – GS 1/84, AP § 611 BGB Beschäftigungspflicht Nr. 1.
Dieser Beschäftigungsanspruch des Arbeitnehmers ist Teil des Allgemeinen Persönlichkeitsschutzes nach den Art. 1, 2 GG und somit ein grundrechtlich geschützter Anspruch. Dieser grundrechtlich geschützte Anspruch kann durch einseitige Anordnung des Arbeitgebers nur eingeengt werden, wenn die Interessen des Arbeitgebers den Anspruch des Arbeitnehmers deutlich überwiegen.

In der Person der antragstellenden Partei hat sich nichts ereignet, was eine Freistellung rechtfertigen würde. Die antragstellende Partei hat sich gegen eine rechtswidrige Abmahnung durch gerichtliche Feststellung der Unwirksamkeit gewehrt. Dieser Umstand rechtfertigt es nicht, der antragstellenden Partei das Beschäftigungsrecht zu entziehen. Andernfalls ließe sich jeglicher prozessualer Rechtsschutz im Arbeitsverhältnis durch Kündigung und Entzug des Beschäftigungsrechts umgehen, ein Ergebnis, das mit der Rechtsweggarantie des Grundgesetzes nicht in Einklang zu bringen wäre.

4. Der Verfügungsgrund ergibt sich aus der offensichtlichen Rechtswidrigkeit der ausgesprochenen Kündigung, wobei dahingestellt sein kann, ob die einstweilige Verfügung als Befriedigungs- und Erfüllungsverfügung,

    LAG Hamm 18.2.1998 – 3 Sa 297/98, MDR 1998, 1036,

oder als Leistungsverfügung,

    ArbG Stuttgart 5.6.1996 – 6 Ga 23/96, NZA-RR 1997, 260,

erlassen wird. Auch wenn man mit der Rechtsprechung des LAG Köln,

    6.8.1996 – 11 Ta 151/96, LAGE § 611 BGB Beschäftigungspflicht Nr. 40,

strenge Anforderungen an den Nachweis des Verfügungsgrundes stellt, so sind diese vorliegend gegeben: Die Kündigung der antragstellenden Partei ist offensichtlich rechtswidrig, § 15 Abs. 3 Satz 1 KSchG. Der antragstellenden Partei als Mitglied des Wahlvorstandes durfte gegenwärtig nicht gekündigt werden. Die Kündigung seines Arbeitsverhältnisses ist darüber hinaus sechs Monate nach Bekanntgabe des Wahlergebnisses weiterhin unzulässig. Bei offensichtlich unzulässigen Kündigungen von Mitgliedern des Wahlvorstandes ist im Interesse der Funktionsfähigkeit der Betriebsverfassung und des Kündigungsschutzes in den Betrieben auch bei Anlage strengster Anforderungen stets von einem überwiegenden arbeitnehmerseitigen Interesse an der Beschäftigung auszugehen. Teilt man diese Auffassung nicht, hätte dies zur Folge, dass die Funktionsfähigkeit der Betriebsverfassung in den Phasen der Gründung von Betriebsräten durch Kündigung und Freistellung des Wahlvorstandes und der Wahlbewerber erfolgreich ausgeschlossen werden könnte. Gerade Wahlvorstände, die den ordnungsgemäßen Ablauf der Wahl zum Betriebsrat sicherzustellen haben, müssen ungehindert ihrer Beschäftigung als Arbeitnehmer während und in dem begrenzten Zeitraum eines halben Jahres nach Durchführung der Wahl nachgehen können, ohne dass sie Repressionen, geschweige denn einer Bedrohung ihres Arbeitsverhältnisses ausgesetzt sind bzw auch nur durch Freistellung von der Möglichkeit der Erbringung der Arbeitsleistung abgehalten werden dürfen.

5. Die Zuständigkeit der angerufenen Kammer ergibt sich nach dem Geschäftsverteilungsplan des Arbeitsgerichts ... aus dem anhängigen Hauptsacheverfahren.

8. Muster: Beschäftigung als Arbeitnehmer nach Abberufung als Geschäftsführer

Arbeitsgericht ...

Klage

– klägerische Partei –

Prozessbevollmächtigte:

gegen

die GmbH ..., vertreten durch ...

– beklagte Partei –

wegen: Feststellung des Bestehens eines Arbeitsverhältnisses

Wir bestellen uns zu Prozessbevollmächtigten der klägerischen Partei, in deren Namen und Auftrag wir beantragen werden zu erkennen:
1. Es wird festgestellt, dass zwischen der klägerischen Partei und der beklagten Partei ein Arbeitsverhältnis besteht.
2. Die beklagte Partei trägt die Kosten des Rechtsstreits.

Gründe:
I.
Die klägerische Partei ist seit dem _ bei der beklagten Partei in _ angestellt.
   Beweis: Vorlage des Arbeitsvertrages vom _ in Kopie – Anlage K 1.
Sie ist im Bereich _ tätig. Zu ihren Aufgaben gehört _.
Die beklagte Partei war in der Zeit vom _ bis zum _ vertretungsbefugtes Organ der beklagten Partei, sie wurde aufgrund eines Beschlusses der Gesellschafterversammlung der beklagten Partei vom _ zum GmbH-Geschäftsführer bestellt und mit Beschluss vom _ abberufen.
   Beweis: 1. Anstellungsvertrag vom _ in Kopie – Anlage K 2.
   2. Bestellungsbeschluss vom _ in Kopie – Anlage K 3.
   3. Abberufungsbeschluss vom _ in Kopie – Anlage K 4.

Das Arbeitsverhältnis gemäß Arbeitsvertrag vom _ wurde zwischen den Parteien zu keiner Zeit schriftlich aufgelöst. Es wurde auch nicht von der beklagten Partei zu irgendeiner Zeit gekündigt, so dass schon in Ermangelung der ab dem 1.5.2000 bestehenden Formvorschrift des § 623 BGB das Arbeitsverhältnis nicht beendet und somit als ruhendes Rechtsverhältnis fortgeführt wurde.
Zwar enthielt der Anstellungsvertrag eine sog. integrierte Aufhebungsklausel. Diese Klausel hat nicht zur Beendigung des Arbeitsverhältnisses geführt. Der Anstellungsvertrag wurde für die Gesellschaft ausschließlich von dem nach § 35 Abs. 2 GmbHG nicht vertretungsbefugten Vorsitzenden der Gesellschafterversammlung unterzeichnet. Das Arbeitsverhältnis konnte daher nicht durch den Anstellungsvertrag wirksam aufgehoben werden,
   Hümmerich/Schmidt-Westphal, DB 2007, 222.
Der Dienstvertrag blieb hinsichtlich der integrierten Aufhebungsvereinbarung während der Ausübung der Geschäftsführertätigkeit durch die klägerische Partei schwebend unwirksam. Das schwebend unwirksame Rechtsgeschäft wurde zu keiner Zeit von einem vertretungsbefugten Organ der beklagten Partei genehmigt.
Mit Anwaltsschreiben vom _ haben die Prozessbevollmächtigten der klägerischen Partei die Willenserklärung der klägerischen Partei, die zum schwebend unwirksamen, integrierten Aufhebungsvertrag im Anstellungsvertrag geführt hat, nach § 178 BGB widerrufen.
   Beweis: Vorlage des Anwaltschreibens in Kopie – Anlage K 5.
Das Arbeitsverhältnis wurde somit auch nicht durch einen wirksam zustande gekommenen Aufhebungsvertrag aufgehoben.

II.
Nach der Kündigung des Dienstvertrages zwischen der klägerischen Partei und der beklagten Partei besteht das Arbeitsverhältnis fort. Seit dem Urteil vom 8.6.2000 vertritt das BAG zwar die Ansicht, dass bei Konstellationen, die mit einem Wechsel des Dienstgebers verbunden seien, keine Vermutung mehr für den Fortbestand des bisherigen Arbeitsverhältnisses spreche,
   BAG 8.6.2000 – 2 AZR 207/99, NZA 2000, 1013.

In der Folge hat das BAG den Grundsatz aufgestellt, dass im Zweifel der bisherige Arbeitsvertrag bei Wechsel des Mitarbeiters in die Position des Geschäftsführers konkludent aufgehoben sei, und diesen Grundsatz auch noch im Urteil vom 24.11.2005 wiederholt,

BAG 25.4.2002 – 2 AZR 352/01, NZA 2003, 272; BAG 24.11.2005 – 2 AZR 614/04, NZA 2006, 366.

Angesichts des eindeutigen Wortlautes des § 623 BGB führt kein Umstand an der Notwendigkeit eines dem Schriftformerfordernis entsprechenden Beendigungstatbestands vorbei, um ein Ruhen des Arbeitsverhältnisses auszuschließen. In seinem Urteil vom 24.11.2005 ließ das BAG ausdrücklich offen, welche Rechtsänderung sich aus § 623 BGB ergeben könne, da im zu entscheidenden Sachverhalt der Arbeitnehmer noch vor dem 1.5.2000 aus dem Arbeitsverhältnis in das Amt des Geschäftsführers gewechselt war. Das LAG Bremen hat allerdings bereits entschieden, dass bei einem Arbeitnehmer, mit dem zunächst ein schriftlicher Arbeitsvertrag geschlossen und nach einem Jahr Tätigkeit durch mündlichen Vertrag und Eintragung im Handelsregister die Tätigkeit als Geschäftsführer einer GmbH fortgesetzt wurde, der Arbeitsvertrag nach § 623 BGB nicht durch die Bestellung zum Geschäftsführer konkludent aufgehoben worden sei,

LAG Bremen 2.3.2006 – 3 Ta 9/06, NZA-RR 2006, 321.

Bei dieser Sachlage besteht das Arbeitsverhältnis mit der klägerischen Partei somit fort. Die klägerische Partei kann verlangen, als Arbeitnehmer bei der beklagten Partei weiter beschäftigt zu werden.

267 **9. Muster: Beschäftigung auf einem leidensgerechten Arbeitsplatz**

Arbeitsgericht ...

Klage

– klägerische Partei –

Prozessbevollmächtigte: ...

gegen

...

– beklagte Partei –

wegen: Anspruch auf Beschäftigung an einem leidensgerechten Arbeitsplatz

Wir bestellen uns zu Prozessbevollmächtigten der klägerischen Partei, in deren Namen und Auftrag wir um kurzfristige Anberaumung eines Gütetermins bitten und beantragen werden, zu erkennen:

1. Es wird festgestellt, dass die klägerische Partei in Zukunft aufgrund ihrer gesundheitlichen Verfassung und körperlichen Behinderung von der beklagten Partei nicht mehr zum Nacht-, sondern nur noch zum Tagesdienst eingesetzt wird.
2. Die Kosten des Rechtsstreits trägt die beklagte Partei.

Gründe:

I.

Die klägerische Partei ist seit dem ... als ... bei der beklagten Partei beschäftigt.

Beweis: 1. Vorlage des Arbeitsvertrages vom ... in Kopie – Anlage K 1.
2. Vorlage des Arbeitsvertrages vom ... in Kopie – Anlage K 2.

Die klägerische Partei bezieht aktuell ein monatliches Brutto-Gehalt von ... EUR.

Beweis: Vorlage der Gehaltsabrechnung ... in Kopie – Anlage K 3.

Ausweislich des Bescheids der Agentur für Arbeit ... vom ..., Az ..., ist die klägerische Partei seit dem ... einem schwerbehinderten Menschen gleichgestellt.

> **Beweis:** 1. Vorlage des Bescheides vom ... in Kopie – Anlage K 4.
> 2. Schreiben der Stadt ... vom ... in Kopie – Anlage K 5.

Die klägerische Partei leidet unter erheblichen Rückenschmerzen aufgrund eines Bandscheibenvorfalls sowie wegen Spondylosis und Osteochonderose der Wirbelsäule. Aus diesem Grund soll die klägerische Partei keine schweren Lasten heben, um eine weitere Verschlimmerung ihres Gesundheitszustandes zu verhindern. Darüber hinaus bestehen bei der Klägerin erhebliche Schlafstörungen bei vegetativen Dysregulationen nach limitierter Hyperthyreose. Aus den vorstehenden Gründen soll die Klägerin nicht zum Nachtdienst eingeteilt werden.

> **Beweis:** Vorlage des ärztlichen Attestes der Ärzte ... vom ... in Kopie – Anlage K 6.

Der vorstehende ärztliche, medizinische Befund wird gleichfalls durch ein ärztliches Attest des Orthopäden ... bestätigt. In seinem Attest bestätigt er der klägerischen Partei, dass es ihr wegen eines lumbalen Bandscheibenvorfalls L5/S1 und einer Bandscheibenprotrusion L4/5 und den damit verbundenen Dauerbeschwerden im Sinne von vertebragenen und pseudoradikulären Beschwerden sowie radikulären Reizerscheinungen auf Dauer nicht zumutbar ist, in ihrem Beruf als Krankenschwester zum Nachtdienst eingeteilt zu werden.

> **Beweis:** 1. Vorlage des ärztlichen Attestes des Arztes ... in Kopie – Anlage K 7.
> 2. Sachverständigengutachten

Im Gegensatz zum Tagdienst, in dem die klägerische Partei für ca. 10–15 Patienten zuständig ist, muss sie im Nachtdienst um die 40 Patienten versorgen und kann nicht sicher sein, eine Hilfestellung zu erhalten.

> **Beweis:** Sachverständigengutachten

Ein Einsatz im Nachtdienst stellt bereits für eine gesunde Mitarbeiterin eine Höchstbelastung für die Wirbelsäule und den Bewegungsapparat dar. Für eine Mitarbeiterin, wie die klägerische Partei, die unter den Folgen eines Bandscheibenvorfalles zu leiden hat, sind körperliche Anforderungen des Nachtdienstes schlicht unmöglich und gehen auf Kosten ihrer Gesundheit, selbst wenn ihr in der Nacht eine Hilfskraft zum Lagern und Heben von Patienten zur Verfügung steht.

> **Beweis:** 1. Vorlage des Gutachtens des Arztes ... in Kopie – Anlage K 7.
> 2. Sachverständigengutachten

Nach medizinischen Erfahrungswerten wird sich das durch intensive fachärztliche Behandlung leidlich kompensierte Beschwerdebild der klägerischen Partei mit Sicherheit verschlechtern und unter Umständen zur Notwendigkeit eines operativen Eingriffs führen, wenn sie im Nachtdienst eingesetzt wird.

> **Beweis:** 1. Vorlage des Gutachtens des Arztes ... in Kopie – Anlage K 7.
> 2. Sachverständigengutachten

Obwohl der beklagten Partei die Gleichstellung und die gesundheitliche Verfassung der klägerischen Partei bekannt ist, teilte sie die klägerische Partei gemäß Stationsplan am ... und am ... zur Nachtschicht ein.

> **Beweis:** Vorlage des Stationsplans für den Monat ... – Anlage K 8.

Daraufhin suchte die klägerische Partei am ... ihre jetzigen Prozessbevollmächtigten auf. Diese nahmen mit Schreiben vom ... Kontakt mit der beklagten Partei auf und legten dar, warum die klägerische Partei aus rechtlichen und tatsächlichen Gründen nicht im Nachtdienst, sondern nur im Tagdienst beschäftigt werden kann.

> **Beweis:** Vorlage des Schreibens der Prozessbevollmächtigten vom ... in Kopie – Anlage K 9.

Die Prozessbevollmächtigten forderten die beklagte Partei auf, der klägerischen Partei bis zum ... schriftlich mitzuteilen, dass sie zukünftig nur noch zum Tagesdienst eingesetzt wird und die im Dienstplan für den ... und ... angesetzten Nachtdienste gestrichen werden.

Beweis: Vorlage des Schreibens der Prozessbevollmächtigten vom ... in Kopie – Anlage K 9.

Auf das Schreiben hin erfolgte keine Reaktion der beklagten Partei. Auch eine telefonische Nachfrage des Bevollmächtigten der klägerischen Partei blieb im Ergebnis unbeantwortet.

Nachdem die klägerische Partei ihre Nachtdienste am ... und ... verrichtet hatte, traten erwartungsgemäß Beschwerden im Bereich der Wirbelsäule auf. Die Klägerin musste sich deshalb vom ärztlichen Notfalldienst des Krankenhauses behandeln lassen.

Beweis: Vorlage der Bescheinigung des ärztlichen Notfalldienstes vom ... in Kopie – Anlage K 10.

Durch die Belastung der klägerischen Partei im Tagesdienst wäre sie weiterhin in der Lage, ihren Beruf für die beklagte Partei beschwerdefrei auszuüben.

Beweis: 1. Vorlage des Gutachtens des Arztes ... in Kopie – Anlage K 7.
2. Sachverständigengutachten

Der problemlose Einsatz der klägerischen Partei im Tagesdienst wird dadurch objektiv belegt, dass die klägerische Partei seit Abschluss einer Rehabilitationsmaßnahme seit ... nicht mehr aufgrund ihres Rückenleidens bei der beklagten Partei krankheitsbedingt ausgefallen ist. Die klägerische Partei hat ihre Tagesdienste regelmäßig beschwerdefrei erfüllt.

Beweis: Vorlage der Personalakte der klägerischen Partei gem. § 142 Abs. 1 ZPO.

Die klägerische Partei hat damit auch dargetan, welche leidensgerechte Tätigkeit sie ausüben kann, und damit sogar mehr dargelegt, als ihr nach der vom BAG festgestellten Darlegungslast in solchen Fällen obliegt,

BAG 10.5.2005 – 9 AZR 230/04, NZA 2006, 155.

II.

Gemäß § 106 der Gewerbeordnung muss der Arbeitgeber, wenn er sein Weisungsrecht ausübt, auf Behinderungen von Mitarbeitern Rücksicht nehmen. Dementsprechend muss der Arbeitgeber darauf achten, dass er die Beschäftigten im Rahmen der vereinbarten Aufgaben entsprechend ihren Fähigkeiten einsetzt und sie nicht überfordert.

Gemäß § 81 Abs. 4 Nr. 4 SGB IX treffen die beklagte Partei besondere Pflichten beim Einsatz der klägerischen Partei. Diese hat gegenüber der beklagten Partei einen Anspruch auf behinderungsgerechte Einrichtungen und Unterhaltung der Arbeitsstätten einschließlich der Gestaltung der Arbeitszeit.

Dementsprechend muss die beklagte Partei bei der Festlegung der Arbeitszeit der klägerischen Partei im Rahmen ihres Direktionsrechts die Behinderung zwingend in dem Sinne berücksichtigen, dass die klägerische Partei leidensgerecht nur zu Tagesdiensten eingeteilt wird. Mit der Einteilung zum Nachtdienst überschreitet die beklagte Partei die Grenzen billigen im Ermessens gem. § 315 BGB und verletzt ihre arbeitgeberseitige Fürsorgepflicht gegenüber der Klägerin.

Beweis: 1. Vorlage des Gutachtens des Arztes ... in Kopie – Anlage K 7.
2. Sachverständigengutachten

Die beklagte Partei hat angekündigt, dass sie die klägerische Partei alle zwei Monate regelmäßig zum Nachtdienst einsetzen will. Von daher besteht Wiederholungsgefahr, die das für den Feststellungsantrag Ziff. 1 notwendige Feststellungsinteresse begründet.

In der Rechtsprechung ist anerkannt,

BAG 10.5.2005 – 9 AZR 230/04, NZA 2006, 155,

dass der Arbeitgeber, wenn der schwerbehinderte Arbeitnehmer aus gesundheitlichen Gründen zur Erledigung der zugewiesenen Aufgaben außer Stande ist, über die Grenzen der arbeitsvertraglichen Fürsorgepflicht hinaus verpflichtet ist (§ 81 Abs. 4 Nr. 4 SGB IX), den Arbeitnehmer auf einem leidensgerechten Arbeitsplatz einzusetzen. Dies gilt selbst dann, wenn ein geeigneter Platz nur durch innerbetriebliche Versetzung eines weniger schutzbedürftigen Arbeitnehmers freigemacht werden kann.

↑

10. Muster: Beschäftigung auf tabakrauchfreiem Arbeitsplatz 268

↓

Arbeitsgericht ...

Klage

– klägerische Partei –

Prozessbevollmächtigte: ...

gegen

...

– beklagte Partei –

wegen: tabakrauchfreiem Arbeitsplatz

Wir bestellen uns zu Prozessbevollmächtigten der klägerischen Partei, in deren Namen und Auftrag wir um kurzfristige Anberaumung eines Gütetermins bitten. Wir werden im Übrigen beantragen zu erkennen:

1. Die beklagte Partei wird verurteilt, der klägerischen Partei einen tabakrauchfreien Arbeitsplatz zur Verfügung zu stellen.
2. Die Berufung wird zugelassen.
3. Die Kosten des Rechtsstreits trägt die beklagte Partei.

Gründe:

I.

Die klägerische Partei ist am ... geboren und seit ... bei der beklagten Partei als ... mit einem Bruttomonatsgehalt von zuletzt ... EUR beschäftigt. Wegen chronischer Atemwegserkrankung wird sie seit Jahren ärztlich behandelt. Nachdem die klägerische Partei durch ärztliches Attest vom ... nachgewiesen hat, dass sie dringend auf einen Arbeitsplatz ohne Rauchbelastung der Atemluft angewiesen ist, wies ihr die beklagte Partei am ... einen Arbeitsplatz in einem Großraumbüro zu. Der Raum wird über Fenster be- und entlüftet. Die Arbeitsplätze in diesem Büro sind teilweise durch 1,70 m hohe Stellwände voneinander getrennt. Der Arbeitsplatz der klägerischen Partei liegt zwei bis drei Meter vom nächsten Fenster entfernt.

Um den Arbeitsplatz der klägerischen Partei sind im Abstand von 2–4 Metern mindestens 12 Arbeitnehmer beschäftigt, die regelmäßig während der Arbeitszeit etwa 10–20 Zigaretten pro Person pro Tag rauchen.

Auf Veranlassung der klägerischen Partei wurde ihr Arbeitsplatz durch die Gewerbeaufsicht überprüft. Die Gewerbeaufsicht hat festgestellt, dass infolge der Raumgröße und Raumgeometrie des Großraumbüros und der Bürolandschaften eine gesundheitlich zuträgliche Be- und Entlüftung über die vorhandenen Fenster nicht möglich sei.

Mit erneutem ärztlichen Attest hat die klägerische Partei der beklagten Partei vergeblich nachgewiesen, dass sie zur Ausheilung und Vermeidung einer Dauerschädigung der Schleimhäute, die bis zur Arbeitsunfähigkeit führen könne, an der Arbeitsstelle auf eine rauchfreie und möglichst ausreichend feuchte Luft angewiesen sei.

Beweis: Vorlage des ärztlichen Attestes in Kopie – Anlage K 1.

Die beklagte Partei hat sich bislang geweigert, der klägerischen Partei einen anderweitigen Arbeitsplatz zuzuweisen. Klage war daher geboten.

II.

1. Der Anspruch auf die Zuweisung eines tabakrauchfreien Arbeitsplatzes ist hinreichend bestimmt iSv § 253 Abs. 2 Nr. 2 ZPO. Dies hat bereits das BAG entschieden,

> BAG 17.2.1998 – 9 AZR 84/97, NZA 1998, 1231.

2. Die klägerische Partei hat auch einen Anspruch auf einen tabakrauchfreien Arbeitsplatz. Anspruchsgrundlage bildet § 618 Abs. 1 BGB.

Der Arbeitgeber hat Räume, die er zur Verrichtung der Dienste zu beschaffen hat, so einzurichten und zu unterhalten und Dienstleistungen, die unter seiner Anordnung oder Leitung vorzunehmen sind, so zu regeln, dass der Arbeitnehmer gegen Gefahr für Leben und Gesundheit soweit geschützt ist, als es die Dienstleistung gestattet. Gefährden die Arbeitsbedingungen die Gesundheit des Arbeitnehmers, ist der Arbeitgeber regelmäßig verpflichtet, für Abhilfe zu sorgen. Dabei ist es dem Arbeitgeber überlassen, welche Schutzmaßnahmen er zur Abwehr der Gesundheitsgefahr ergreift. Er genügt seiner Pflicht regelmäßig, wenn die Belastung der Atemluft durch Tabakrauch nicht über das sonst übliche Maß hinausgeht. Ob dies ausreichend ist, richtet sich nicht allein nach den öffentlich-rechtlichen Vorschriften wie beispielsweise § 5 ArbStättV, sondern auch nach den jeweiligen Verhältnissen des Einzelfalles. Der Inhalt der vertraglichen Schutzpflicht des Arbeitgebers wird durch die Umstände des einzelnen Arbeitsverhältnisses konkretisiert. Arbeitnehmer, die aufgrund ihrer gesundheitlichen Disposition gegen bestimmte Schadstoffe besonders anfällig sind, können daher im Einzelfall besondere Schutzmaßnahmen verlangen,

> BAG 8.5.1996 – 5 AZR 315/95, NZA 1997, 86.

Besteht die Gefährdung in der Belastung der Atemluft durch Tabakrauch, ist der Arbeitgeber im Rahmen des ihm Zumutbaren verpflichtet, die Arbeitsplätze durch geeignete Maßnahmen so zu gestalten, dass Gefährdungen der Gesundheit nicht entstehen,

> BVerwG 13.9.1984 – 2 C 33/82, NJW 1985, 876; BVerwG 16.8.1989 – 7 B 118/89, NVwZ 1990, 165.

3. Weitere Rechtsgrundlage neben § 618 BGB ist § 5 ArbStättV in der am 1.9.2007 in Kraft getretenen Fassung. § 5 ArbStättV hat folgenden Wortlaut: „(1) Der Arbeitgeber hat die erforderlichen Maßnahmen zu treffen, damit die nicht rauchenden Beschäftigten in Arbeitsstätten wirksam vor den Gesundheitsgefahren durch Tabakrauch geschützt sind. Soweit erforderlich, hat der Arbeitgeber ein allgemeines oder auf einzelne Bereiche der Arbeitsstätte beschränktes Rauchverbot zu erlassen. (2) In Arbeitsstätten mit Publikumsverkehr hat der Arbeitgeber Schutzmaßnahmen nach Absatz 1 insoweit zu treffen, als die Natur des Betriebes und die Art der Beschäftigung es zulassen."

Mit § 5 ArbStättV wollte die Bundesregierung nach der Begründung den in der Praxis als unzureichend empfundenen alten § 32 ArbStättV ersetzen; sie wollte außerdem die neuere Rechtsprechung zum Nichtraucherschutz am Arbeitsplatz festschreiben,

> siehe LAG Frankfurt 24.11.1994 – 5 Sa 732/94, AuR 1995, 285,

größere Rechtssicherheit schaffen und bundesweit ein einheitliches Schutzniveau festlegen,

> BR-Drucks. 301/02.

Außerdem wollte sie aufgrund der Transformationswirkung arbeitsrechtlicher Normen auf das privatrechtliche Arbeitsvertragsverhältnis den Individualrechtsschutz der nicht rauchenden Arbeitnehmer verbessern,

> siehe Begründung des Antrags des BT zu Nr. 1, BT-Drucks. 14/3231; *Lorenz*, DB 2003, 721.

Damit besteht heute nicht mehr nur noch in Ausnahmefällen, sondern generell ein Anspruch jedes Arbeitnehmers auf einen rauchfreien Arbeitsplatz,

> *Lorenz*, DB 2003, 721.

4. Außerdem ist die klägerische Partei aufgrund ihrer persönlichen Disposition gegen Tabakrauch besonders anfällig, so dass für sie ein tabakrauchfreier Arbeitsplatz unerlässlich und von der beklagten Partei zur Verfügung zu stellen ist,

> BAG 17.2.1998 – 9 AZR 84/97, NZA 1998, 1231.

11. Muster: Beschäftigung als Arbeitnehmer

Arbeitsgericht ...

Klage

... – klägerische Partei –

Prozessbevollmächtigte: ...

gegen

...

– beklagte Partei –

wegen: Feststellung von Arbeitnehmereigenschaft

Wir bestellen uns zu Prozessbevollmächtigten der klägerischen Partei, in deren Namen und Auftrag wir um kurzfristige Anberaumung eines Gütetermins bitten. Wir werden im Übrigen beantragen zu erkennen:

1. Die beklagte Partei wird verurteilt, die klägerische Partei als Arbeitnehmer mit dem Tätigkeitsbereich ... zu beschäftigen.
2. Die beklagte Partei wird verurteilt, an die klägerische Partei ... EUR brutto[121] Gehalt für die Monate ... nebst Zinsen in Höhe von fünf Prozentpunkten über dem Basiszinssatz aus einem Betrag von ... EUR brutto seit dem ... sowie ... aus einem Betrag von ... EUR brutto seit dem ... zu zahlen.
3. Die beklagte Partei trägt die Kosten des Rechtsstreits.

Gründe:

I.

Die klägerische[122] Partei[123] ist bei der beklagten Partei seit dem ... als ... tätig.

Beweis: ...

---

121 Die Klage ist auf die Zahlung des Bruttobetrags zu richten. Nach der Entscheidung des Großen Senats des BAG vom 7.3.2001 (GS 1/00, NZA 2001, 1195) kann der Arbeitnehmer auch die Verzugszinsen nach § 288 Abs. 1 BGB aus der in Geld geschuldeten Bruttovergütung verlangen. Spricht das Arbeitsgericht den Bruttobetrag zu, erfüllt der Arbeitgeber den Zahlungsanspruch des Arbeitnehmers dadurch, dass er den Nettobetrag an den Arbeitnehmer auszahlt und Steuern und Sozialabgaben an die Finanzbehörden bzw die Sozialversicherungsträger abführt. Vollstreckt der Arbeitnehmer trotz Erfüllung aus dem Titel auf den Bruttobetrag, kann der Arbeitgeber die Vollstreckung in Höhe der bereits abgeführten Abgaben durch Vollstreckungsgegenklage gem. § 767 ZPO (ggf iVm einem Eilantrag nach § 769 ZPO) verhindern.
122 Sieht man den Arbeitnehmer uneingeschränkt als Verbraucher an (sog. absoluter Verbraucherbegriff; vgl hierzu BAG 25.5.2005 – 5 AZR 572/04, NZA 2005, 1211; *Hümmerich/Holthausen*, NZA 2002, 173 ff und *Boemke*, BB 2002, 96 f), bestimmt sich die Höhe der Verzugszinsen nach den §§ 288 Abs. 1, 247 BGB. Auch die Vertreter des abweichenden relativen Verbraucherbegriffs gelangen über eine richtlinienkonforme Auslegung der europäischen Zahlungsverzugsrichtlinie zu einem Zinssatz von 5 Prozentpunkten über dem Basiszinssatz, vgl *Bauer/Kock*, DB 2002, 42 (46).
123 Eine dem Wortlaut des § 288 BGB entsprechende Antragstellung ist ausreichend. Somit muss sich der Anwalt nicht der Mühe unterziehen, den aktuellen Basiszinssatz zu ermitteln und dann einen konkret bezifferten Zinsantrag zu stellen.

Zwischen den Parteien besteht Streit darüber, welchen rechtlichen Status die klägerische Partei hat, ob zwischen ihr und der beklagten Partei ein Arbeitsverhältnis besteht oder nicht. Dabei steht zunächst außer Streit, dass die Parteien die zwischen ihnen bestehende Rechtsbeziehung zunächst nicht als Arbeitsverhältnis bezeichnet haben. Es war vielmehr von einem „freien Mitarbeiter-Verhältnis", auch von einem „Werkvertragsverhältnis" auf Seiten der beklagten Partei die Rede.

Die klägerische Partei hat nach einiger Zeit darum gebeten, dass die beklagte Partei das Rechtsverhältnis korrekt als Arbeitsverhältnis betrachten möge und dementsprechend auf der Grundlage der überreichten Lohnsteuerkarte die Lohnsteuer sowie im Bereich der Sozialversicherungsbeiträge ordnungsgemäß Renten-, Kranken-, Arbeitslosen- und berufsgenossenschaftliche Beiträge abführen möge. Die beklagte Partei weigerte sich unter Hinweis darauf, zwischen den Parteien bestehe kein Arbeitsverhältnis. Da die Rechtsbeziehungen zwischen der klägerischen Partei und der beklagten Partei bei materieller Betrachtung ein Arbeitsverhältnis beinhalten, hat die klägerische Partei ein berechtigtes und schützenswertes Interesse an der Feststellung des Bestehens dieses Arbeitsverhältnisses. Klage war daher geboten.

II.

Zwischen den Parteien besteht ein Arbeitsverhältnis, denn die klägerische Partei ist Arbeitnehmer. Nach gefestigter Auffassung in Rechtsprechung und Schrifttum ist Arbeitnehmer, wer aufgrund eines privatrechtlichen Vertrages im Dienste des Arbeitgebers zur Leistung fremdbestimmter Arbeit in persönlicher Abhängigkeit verpflichtet ist,

vgl BAG 28.2.1962 – 4 AZR 141/61, AP § 611 BGB Abhängigkeit Nr. 1; BAG 8.2.1962 – 2 AZR 252/60, AP § 611 BGB Erfinder Nr. 1; BAG 9.3.1977 – 5 AZR 110/76, AP § 611 BGB Abhängigkeit Nr. 21; BAG 29.8.2012 – 10 AZR 499/11, NZA 2012, 1433; ErfK/*Preis*, § 611 BGB Rn 35 ff.

In einer Vielzahl von Entscheidungen hat das BAG, insbesondere der 5. Senat, Abgrenzungskriterien entwickelt, über die sich objektiv herausarbeiten lässt, ob der Beschäftigte in persönlicher Abhängigkeit zum Arbeitgeber steht.

In der älteren Rechtsprechung entwickelte das BAG eine Reihe formaler Kriterien, anhand derer sich beurteilen lassen sollte, ob auf Seiten des Beschäftigten eine persönliche Abhängigkeit zum Arbeitgeber besteht. Zu diesen Kriterien gehören:

- Umfang der Weisungsgebundenheit,
- Unterordnung unter andere im Dienste des Geschäftsherrn stehende Personen,
- Bindung an feste Arbeitszeiten,
- Rechtspflicht zum regelmäßigen Erscheinen,
- Zulässigkeit von Nebentätigkeiten oder Pflicht, die gesamte Arbeitskraft dem Geschäftsherrn zur Verfügung zu stellen,
- Ort der Erledigung der Tätigkeit,
- Form der Vergütung,
- Frage der Abführung von Steuern und Sozialversicherungsbeiträgen,
- Gewährung von Urlaub,
- Bereitstellung von Arbeitsgeräten,
- Führung von Personalunterlagen,

vgl BAG 8.6.1967 – 5 AZR 461/66, AP § 611 BGB Abhängigkeit Nr. 6.

Die Schwäche dieser in der sog. Kameramann-Entscheidung des BAG begründeten Rechtsprechung zur Bestimmung des Merkmals „persönliche Abhängigkeit" besteht darin, dass auf äußere Merkmale abgehoben wird, wie beispielsweise den Gesichtspunkt, ob der Beschäftigte einen eigenen Schreibtisch in der Firma hat oder ob er im internen Telefonverzeichnis aufgeführt ist: Derartige äußere Merkmale unterliegen der Organisationsgewalt des Arbeitgebers, so dass der Arbeitgeber es in der Hand hat, durch zweckentsprechende Ausübung seiner Organisationsgewalt die formalen Kriterien persönlicher Abhängigkeit teilweise zu beseitigen,

vgl *Hümmerich*, NJW 1998, 2625 ff.

Nachdem insbesondere im Medienbereich Rundfunkanstalten und Tageszeitungen – wie zu erwarten – auf die Rechtsprechung des BAG reagiert hatten und zwar in der Weise, dass sie sicherstellten, dass die äußeren Merkmale in Fortfall gebracht wurden (so wurden beispielsweise bei den Rundfunkanstalten die Personalakten für freie Mitarbeiter abgeschafft), gewichtete die Rechtsprechung die inhaltlichen Aspekte persönlicher Abhängigkeit stärker. Seither stellt die Rechtsprechung des BAG vornehmlich auf den Umfang der Eingliederung in den betrieblichen Arbeitsablauf und den Umfang der Weisungsgebundenheit ab,

BAG 21.1.1998 – 5 AZR 50/97, NZA 1998, 594.

In einer Vielzahl von Entscheidungen hat das BAG seine Rechtsprechung verfestigt, wonach für die Statusbeurteilung die persönliche Abhängigkeit des Mitarbeiters weiterhin maßgebliches Kriterium ist. Arbeitnehmer ist danach derjenige, der seine Dienstleistung im Rahmen einer von Dritten bestimmten Arbeitsorganisation erbringt,

BAG 23.4.1980 – 5 AZR 426/79, AP § 611 BGB Abhängigkeit Nr. 34; BAG 9.5.1984 – 5 AZR 195/82, AP § 611 BGB Abhängigkeit Nr. 45.

Nach Auffassung des BAG enthält § 84 Abs. 1 Satz 2 HGB ein typisches Abgrenzungsmerkmal. Nach dieser Bestimmung ist selbständig, wer im Wesentlichen frei seine Tätigkeit gestalten und seine Arbeitszeit bestimmen kann. Unselbständig und deshalb persönlich abhängig ist dagegen der Mitarbeiter, dem dies nicht möglich ist. Zwar gilt diese Regelung unmittelbar nur für die Abgrenzung des selbständigen Handelsvertreters vom abhängig beschäftigten Handlungsgehilfen. Über diesen unmittelbaren Anwendungsbereich hinaus enthält die Vorschrift jedoch eine Allgemeine gesetzgeberische Wertung, die bei der Abgrenzung des Dienstvertrages vom Arbeitsvertrag zu beachten ist, zumal dies die einzige Norm ist, die hierfür Kriterien enthält. Unterliegt also der Beschäftigte hinsichtlich Zeit, Dauer und Ort der Ausführung der versprochenen Dienste einem umfassenden Weisungsrecht, liegt ein Arbeitsverhältnis vor. Kann er im Wesentlichen die Arbeitsbedingungen frei gestalten, ist er ein freier Mitarbeiter. Die das Rechtsverhältnis prägenden charakteristischen Merkmale sind zu beurteilen, wie sie sich aus dem Inhalt des Vertrages und der praktischen Durchführung und Gestaltung der Vertragsbeziehungen ergeben,

BAG 25.8.1982 – 5 AZR 7/81, AP § 611 BGB Lehrer, Dozenten Nr. 32; BAG 9.5.1984 – 5 AZR 195/82, AP § 611 BGB Abhängigkeit Nr. 45.

Wie es zu einer planmäßigen Einbindung des „freien Mitarbeiters" in die Arbeit beim Arbeitgeber kommt, ist unerheblich. Auch wenn ursprünglich nicht geplant war, einen „freien Mitarbeiter" in den betrieblichen Arbeitsablauf einzubinden und sich dies erst im Laufe der Zeit ergeben hat, kann der „freie Mitarbeiter" in Wahrheit Arbeitnehmer sein und die arbeitsrechtliche Stellung des Arbeitnehmers mit unbefristetem Arbeitsverhältnis beanspruchen,

BAG 9.3.1977 – 5 AZR 110/76, AP § 611 BGB Abhängigkeit Nr. 21.

Dass die Parteien die Rechtsbeziehungen als „freies Mitarbeiterverhältnis" bezeichnet haben, ist für die rechtliche Beurteilung ohne Bedeutung: Es kommt nach ständiger Rechtsprechung des BAG allein darauf an, wie die Parteien ihre Vertragsbeziehungen tatsächlich ausgestaltet haben,

BAG 3.10.1975 – 5 AZR 445/74, AP § 611 BGB Abhängigkeit Nr. 17.

III.

Bei dieser Sachlage verfügt die klägerische Partei über den Status eines Arbeitnehmers: ...

IV.

Klagt sich ein freier Mitarbeiter in ein Arbeitsverhältnis ein, so ist die bisher vereinbarte Vergütung die vertraglich geschuldete Bruttoarbeitsvergütung,

LAG Berlin 8.6.1993 – 15 Sa 31/92, NZA 1994, 512.

Will der Arbeitgeber in einem solchen Fall weniger zahlen, beispielsweise weil er seine Gesamtbelastung unter Einschluss des Arbeitgeberanteils zur Sozialversicherung auf dem bisherigen Niveau halten will oder weil die tarifliche Vergütung unter der vereinbarten Vergütung liegt, so kann er dies nur nach Ausspruch einer Änderungskündigung tun,

BAG 15.3.1991 – 2 AZR 582/90, NZA 1992, 120.

Nur teilweise wird die Ansicht vertreten, die Grundsätze über den Wegfall der subjektiven Geschäftsgrundlage führten zu einer automatischen Anpassung,

BAG 9.7.1986 – 5 AZR 44/85, NZA 1987, 16.

Die Veränderung des rechtlichen Status eines Mitarbeiters vom Selbständigen zum Arbeitnehmer führt nicht ohne weiteres zur Unwirksamkeit einer bestehenden Vergütungsvereinbarung, auch wenn diese Vergütungsvereinbarung unter der Annahme eines freien Mitarbeiter-Verhältnisses und nicht für den Fall des Bestehens eines Arbeitsverhältnisses getroffen wurde. Der Grundsatz des Fortbestehens der Vergütungsvereinbarung gilt nur dann, wenn der Arbeitgeber, wie insbesondere im öffentlichen Dienst, Selbständige und freie Mitarbeiter in unterschiedlicher Form (Stundenpauschale bzw Tarifgehalt) vergütet,

BAG 12.12.2001 – 5 AZR 257/00, NJW 2002, 2733.

Wegen einer Lehrerin an einer städtischen Volkshochschule entschied das BAG, dass die Vergütung nur für die Tätigkeit als freie Mitarbeiterin vereinbart ist, auch wenn sich späterhin herausstellt, dass ein Arbeitsverhältnis vorliegt, wenn die Lehrerin pauschal nach bestimmten Honorarsätzen je geleisteter Unterrichtseinheit vergütet wird. Erweist sich, dass ein Arbeitsverhältnis besteht, ist für dessen gesamte Dauer die Höhe der Vergütung nicht bestimmt. Sofern nicht eine tarifliche Vergütungsregelung unmittelbar gilt, wird die übliche Vergütung geschuldet,

BAG 21.11.2001 – 5 AZR 87/00, NZA 2002, 624.

Der 5. Senat vertrat im Urteil vom 21.11.2001 die Auffassung, dass dann, wenn sich aus Tarifrecht, Eingruppierungsrichtlinien oder sonstigen Umständen eine übliche Vergütung für Volkshochschullehrer nicht bestimmen lasse, ein Anspruch auf angemessene Vergütung nach den §§ 316, 315 BGB in Betracht komme.

Unproblematisch liegt der Fall, wenn sich nach einem erfolgreichen Statusprozess herausstellt, dass ein freier Mitarbeiter tatsächlich Arbeitnehmer ist und anschließend für Arbeitgeber und Arbeitnehmer wegen bestehender Tarifbindung eine tarifliche Vergütung gemäß Tarifvertrag besteht. In diesem Falle schuldet der Arbeitgeber unabhängig von einer früheren Vergütungsabrede unter der Annahme eines freien Mitarbeiter-Verhältnisses die tarifliche Vergütung,

BAG 29.5.2002 – 5 AZR 680/00, NZA 2002, 1328.

V.

Zu den Anträgen ist Folgendes auszuführen:

Der Antrag Ziff. 1 ergibt sich aus dem Umstand, dass die klägerische Partei Arbeitnehmer ist und sich aus der bisherigen Tätigkeit der Tätigkeitsbereich als ... ergibt. Anstelle des freien Mitarbeiter-Verhältnisses ist gegenüber der klägerischen Partei aufgrund der Definition des Arbeitsverhältnisses für die Ausübung der bisherigen Tätigkeit die Ausgestaltung als Arbeitsverhältnis zu wählen.

Der Antrag Ziff. 2 rechtfertigt sich aus den Ausführungen unter Ziff. 2 in Verbindung mit den bisherigen Zahlungen, die die klägerische Partei für ihre Tätigkeit erhalten hat.

↑

12. Muster: Weiterbeschäftigung eines Jugend- und Auszubildendenvertreters nach dem Ende des Ausbildungsverhältnisses

↓

Arbeitsgericht ...

Klage

...

– klägerische Partei –

Prozessbevollmächtigte: ...

gegen

– beklagte Partei –

wegen: Weiterbeschäftigung nach Beendigung des Ausbildungsverhältnisses

Wir bestellen uns zu Prozessbevollmächtigten der klägerischen Partei, in deren Namen und Auftrag wir um kurzfristige Anberaumung eines Gütetermins bitten. Wir werden im Übrigen beantragen zu erkennen:

1. Die beklagte Partei wird verurteilt, die klägerische Partei über die Beendigung des Ausbildungsverhältnisses hinaus am ... in einem Arbeitsverhältnis weiter zu beschäftigen.
2. Die beklagte Partei trägt die Kosten des Rechtsstreits.

Gründe:

Die Parteien haben am ... einen Ausbildungsvertrag über die Ausbildung der klägerischen Partei zum ... geschlossen.

    Beweis: Vorlage des Ausbildungsvertrages – Anlage K 1.

Gemäß dem Ausbildungsvertrag wird das Ausbildungsverhältnis voraussichtlich am ... sein Ende finden, vorausgesetzt, dass die klägerische Partei die Prüfungen besteht.

Am ... wurde die klägerische Partei in die Jugend- und Auszubildendenvertretung des Betriebs gewählt. Die beklagte Partei hat der klägerischen Partei mit Schreiben vom ... mitgeteilt, dass sie nach Beendigung des Ausbildungsverhältnisses keine Möglichkeit der Weiterbeschäftigung sehe.

    Beweis: Vorlage des Schreibens in Kopie – Anlage K 2.

Die klägerische Partei hat ihre Weiterbeschäftigung mit Schreiben vom ... verlangt.

    Beweis: Vorlage des Schreibens in Kopie – Anlage K 3.

Gemäß § 78 a Abs. 2 Satz 1 BetrVG ist damit ein Arbeitsverhältnis auf unbestimmte Zeit zustande gekommen. Einen Antrag der beklagten Partei, sie von der Weiterbeschäftigung zu entbinden, hat das Arbeitsgericht im Wege des Beschlussverfahrens zurückgewiesen.

    Beweis: Beiziehung der Akte ...

Trotzdem kommt die beklagte Partei ihrer Beschäftigungspflicht weiterhin nicht nach. Die klägerische Partei ist daher darauf angewiesen, ihren individualvertraglichen Anspruch im Klagewege geltend zu machen,

    BAG 22.9.1983 – 6 AZR 323/81, NZA 1984, 45.

IV. Bestandsschutzstreitigkeiten: Außergerichtliche ergänzende Korrespondenz

271 1. Muster: Anfechtung der Willenserklärung eines Aufhebungsvertrages wegen widerrechtlicher Drohung

↓

Sehr geehrte Damen und Herren,

hiermit zeigen wir an, dass wir die rechtlichen Interessen von ... vertreten. Eine auf uns lautende Vollmacht ist beigefügt.

Unserer Beauftragung liegt folgender Sachverhalt zugrunde:

Am ... wurde unsere Mandantin/unser Mandant in das Büro des unmittelbaren Vorgesetzten gerufen. Dort fand eine mehrstündige Besprechung statt, an der teilgenommen haben: ...

Im Zuge dieses Gesprächs wurde unser Mandant/unsere Mandantin aufgefordert, einen Aufhebungsvertrag zu schließen. Falls er den ihm vorgelegten, vorbereiteten Aufhebungsvertrag nicht unterzeichnen würde, wurde ihm angedroht, dass das Arbeitsverhältnis ordentlich/außerordentlich gekündigt würde.

Als Kündigungsgründe wurden unserem Mandanten/unserer Mandantin benannt: ...

Die behaupteten Kündigungsgründe tragen weder eine ordentliche noch eine außerordentliche Kündigung: ...

Aus diesem Grunde fechten wir die Willenserklärung unseres Mandanten/unserer Mandantin, die zum Abschluss des Aufhebungsvertrages geführt hat, namens und in Vollmacht der uns beauftragenden Partei nach § 123 BGB an. Die Androhung einer ordentlichen wie einer außerordentlichen Kündigung durch den Arbeitgeber ist stets widerrechtlich iSv § 123 Abs. 1 Alt. 2 BGB, wenn ein verständiger Arbeitgeber eine solche Kündigung nicht ernsthaft in Erwägung gezogen hätte,

> ständige Rechtsprechung seit BAG 30.3.1960 – 3 AZR 201/58, AP § 123 BGB Nr. 8; BAG 21.3.1996 – 2 AZR 543/95, NZA 1996, 1030.

Da das unserer Partei vorgeworfene Verhalten in ständiger Rechtsprechung weder eine außerordentliche noch eine ordentliche Kündigung trägt, würde kein vernünftiger Arbeitgeber unter den gegeben Umstände eine Kündigung ernsthaft in Erwägung gezogen haben. Aus diesem Grunde durfte unserem Mandanten auch nicht mit einer Kündigung gedroht werden. Die Drohung war widerrechtlich. Dementsprechend ist unsere Partei zur Anfechtung ihrer Willenserklärung, die zum Abschluss des Aufhebungsvertrages geführt hat, berechtigt.

Teilen Sie uns bitte mit, dass unser Mandant/unsere Mandantin die Tätigkeit unverzüglich wieder aufnehmen kann. Bitte lassen Sie uns wissen, zu welchem Datum und zu welcher Uhrzeit die Tätigkeit wieder von unserer Partei aufgenommen werden kann.

Nach unseren Feststellungen haben im Übrigen an dem Gespräch auf Seiten des Arbeitgebers Personen teilgenommen, die sämtlich nicht befugt waren, eine Kündigung gegenüber unserer Partei auszusprechen. Die Inaussichtstellung einer Kündigung durch Vorgesetzte kann einen Arbeitnehmer, der daraufhin einen Aufhebungsvertrag geschlossen hat, auch dann zur Anfechtung wegen widerrechtlicher Drohung berechtigen, wenn die Vorgesetzten ersichtlich nicht selbst kündigungsberechtigt waren,

> BAG 15.12.2005 – 6 AZR 197/05, NZA 2006, 841.

Damit ist unsere Mandantschaft auch noch aus einem weiteren Grund berechtigt, eine wirksame Anfechtung ihrer Willenserklärung auszusprechen. In jedem Falle sollten Sie daher unserer Partei umgehend wieder Gelegenheit geben, der bislang ausgeübten Tätigkeit nachzugehen, weil andernfalls Annahmeverzugslohnansprüche zu Ihren Lasten in beträchtlicher Höhe auflaufen werden.

Mit freundlichen Grüßen

↑

2. Muster: Annahmeerklärung der Änderungskündigung unter Vorbehalt[124]

↓

Betr.: Änderungskündigung vom …

Hiermit zeigen wir an, dass wir die rechtlichen Interessen von … vertreten. Eine auf uns lautende Vollmacht ist beigefügt.

Namens und in Vollmacht unserer Mandantschaft nehmen wir hiermit die Änderungskündigung unter dem Vorbehalt an, dass diese nicht sozial ungerechtfertigt ist.

Wir möchten allerdings deutlich zum Ausdruck bringen, dass wir die Änderungskündigung nicht für sozial gerechtfertigt halten. Aus diesem Grunde haben wir Kündigungsschutzklage vor dem Arbeitsgericht erhoben.

↑

3. Muster: Aufforderungsschreiben, Gründe einer außerordentlichen Kündigung mitzuteilen

↓

Sehr geehrte Damen und Herren,

hiermit zeigen wir an, dass wir die rechtlichen Interessen von … vertreten. Eine auf uns lautende Vollmacht ist beigefügt.

Unserer Beauftragung liegt folgender Sachverhalt zugrunde: …

Sie haben das Arbeitsverhältnis mit unserem Mandanten/unserer Mandantin durch Schreiben vom …, zugegangen am …, außerordentlich gekündigt. Nach § 626 Abs. 2 Satz 3 BGB sind Sie verpflichtet, dem Gekündigten auf Verlangen den Kündigungsgrund unverzüglich schriftlich mitzuteilen. Im Kündigungsschreiben waren die Kündigungsgründe nicht benannt. Wir fordern Sie deshalb auf, umgehend schriftlich die Kündigungsgründe uns gegenüber zu benennen. Weitergehende Ansprüche bleiben vorbehalten.

Mit freundlichen Grüßen

↑

4. Muster: Aufforderungsschreiben, Gründe einer ordentlichen Kündigung mitzuteilen

↓

Sehr geehrte Damen und Herren,

hiermit zeigen wir an, dass wir die rechtlichen Interessen von … vertreten. Eine auf uns lautende Vollmacht ist beigefügt.

Gegenstand des Mandats bildet folgender Sachverhalt: …

Sie haben unserer Mandantschaft mit Schreiben vom … gekündigt. Die Kündigungsgründe sind uns unbekannt. Um die Prozessaussichten prüfen zu können, müssen wir die Kündigungsgründe kennen. Gemäß § 4 KSchG besteht nur eine Frist von drei Wochen nach Zugang der Kündigung, innerhalb derer sich der Gekündigte entschieden haben muss, ob er die Hilfe des Arbeitsgerichts in Anspruch nehmen will oder nicht.

Bitte teilen Sie uns innerhalb von … Tagen nach Eingang dieses Schreibens mit, aus welchen Gründen die Kündigung erfolgte. Kommen wir zu dem Ergebnis, dass die Kündigung mit hoher Wahrscheinlichkeit wirksam war, wird unser Mandant auf die Erhebung einer Klage verzichten. Reichen uns Ihre Angaben nicht aus, um von einem klageweisen Vorgehen Abstand zu nehmen, werden wir Klage beim Arbeitsgericht einreichen.

Mit freundlichen Grüßen

↑

---

124 Anlage K 4 der Änderungskündigungsschutzklage Muster 6495 (§ 6 Rn 306).

5. Muster: Aufforderung, Gründe einer betriebsbedingten Kündigung mitzuteilen

Sehr geehrte Damen und Herren,

hiermit zeigen wir an, dass wir die rechtlichen Interessen von ... vertreten. Eine auf uns lautende Vollmacht ist beigefügt.

Unserer Beauftragung liegt folgender Sachverhalt zugrunde: ...

Sie haben der von uns vertretenen Partei mit Schreiben vom ... aus betriebsbedingten Gründen gekündigt. Nach § 1 Abs. 3 Satz 1 Hs 2 KSchG haben Sie auf Verlangen des Arbeitnehmers die Gründe anzugeben, die zu der getroffenen sozialen Auswahl geführt haben. Von diesem Recht macht unsere Mandantschaft hiermit Gebrauch. Sie werden hiermit aufgefordert, die Gründe mitzuteilen, die zu der getroffenen Sozialauswahl geführt haben.

Zwar ist im Gesetz nicht geregelt, innerhalb welcher Frist die Auskunft verlangt werden kann, wegen der Vergleichbarkeit der Interessenlage wird im Schrifttum die Ansicht vertreten, die in § 626 Abs. 2 Satz 3 BGB angeordnete, unverzügliche Mitteilung der Kündigungsgründe sei auf die Regelung des § 1 Abs. 3 Satz 1 KSchG zu übertragen,

> KR/*Griebeling*, § 1 KSchG Rn 680; Stahlhacke/Preis/Vossen/*Preis*, Kündigung und Kündigungsschutz im Arbeitsverhältnis, Rn 1148.

Über den Umfang der von Ihnen zu erteilenden Auskunft darf ich Sie bitten, sich selbst zu informieren.

Mit freundlichen Grüßen

6. Muster: Zurückweisung der Kündigung wegen fehlender Vollmacht

Sehr geehrte Damen und Herren,

hiermit zeigen wir an, dass wir die rechtlichen Interessen von ... vertreten. Eine auf uns lautende Vollmacht ist beigefügt.

Von Herrn/Frau ... wurde gegenüber unserer Mandantschaft mit Schreiben vom ... eine Kündigung ausgesprochen. Die Kündigungserklärung weisen wir gem. § 174 Satz 1 BGB zurück, da dem Kündigungsschreiben keine Vollmachtsurkunde beigefügt war und die Kündigung auch nicht von einem alleinvertretungsberechtigten gesetzlichen Vertreter unterzeichnet worden ist.

Mit freundlichen Grüßen

7. Muster: Vorlage des Widerspruchs des Betriebsrats gegen die Kündigung

Sehr geehrte Damen und Herren,

hiermit zeigen wir an, dass wir die rechtlichen Interessen von ... wahrnehmen. Eine auf uns lautende Vollmacht ist beigefügt.

Unser Mandant hat durch den Betriebsrat erfahren, dass gegen die Kündigung von Seiten des Betriebsrats Widerspruch erhoben wurde. Sie sind nach § 102 Abs. 4 BetrVG verpflichtet, unserem Mandanten eine Abschrift der Stellungnahme des Betriebsrats zuzuleiten. Wir mahnen hiermit die Übersendung einer Abschrift des Widerspruchs an. Wir haben uns eine Frist notiert bis zum ....

Da Sie nach § 102 Abs. 4 BetrVG verpflichtet waren, die Abschrift des Widerspruchs zusammen mit dem Kündigungsschreiben zu übergeben, haben Sie eine formelle Kündigungsvoraussetzung nicht erfüllt (*Düwell*, NZA 1988, 866). Weitergehende Ansprüche behalten wir uns ausdrücklich vor.

Mit freundlichen Grüßen

V. Bestandsschutzstreitigkeiten: Ordentliche Kündigung

1. Muster: Kündigungsschutzklage bei ordentlicher Kündigung

Arbeitsgericht ...

Klage

...

– klägerische Partei –

Prozessbevollmächtigte: ...

gegen

...

– beklagte Partei –

wegen: ordentlicher Kündigung eines Arbeitsverhältnisses

Wir bestellen uns zu Prozessbevollmächtigten der klägerischen Partei, in deren Namen und Auftrag wir um kurzfristige Anberaumung eines Gütetermins bitten. Wir werden im Übrigen beantragen zu erkennen:

1. Es wird festgestellt, dass das Arbeitsverhältnis der klägerischen Partei durch die schriftliche Kündigung der beklagten Partei vom ..., zugegangen am ..., zum ... nicht aufgelöst worden ist.
2. Es wird festgestellt, dass das Arbeitsverhältnis auch nicht durch andere Beendigungstatbestände endet, sondern zu unveränderten Bedingungen über den ... hinaus fortbesteht.
3. Die beklagte Partei wird verurteilt, der klägerischen Partei ein Zwischenzeugnis zu erteilen, das sich auf Verhalten und Leistung erstreckt.
4. Die beklagte Partei trägt die Kosten des Rechtsstreits.

Hilfsweise wird für den Fall, dass der Feststellungsantrag zu Ziff. 1 abgewiesen wird, folgender Antrag gestellt:

5. Die beklagte Partei wird verurteilt, der klägerischen Partei ein endgültiges Zeugnis zu erteilen, das sich auf Verhalten und Leistung erstreckt.

Sollte die beklagte Partei im Gütetermin nicht zu Protokoll des Gerichts erklären, dass sie die klägerische Partei weiterbeschäftigen wird, sofern ein der Klage stattgebendes Urteil ergeht, stellen wir folgenden weiteren Antrag:

6. Die beklagte Partei wird verurteilt, die klägerische Partei für den Fall des Obsiegens mit dem Feststellungsantrag zu Ziff. 1 zu den im Arbeitsvertrag vom ... geregelten Arbeitsbedingungen als ... in ... bis zu einer rechtskräftigen Entscheidung über den Feststellungsantrag weiterzubeschäftigen.[125]

---

[125] Der Weiterbeschäftigungsantrag muss so präzise wie möglich gefasst werden. Eine Vollstreckung aus dem Weiterbeschäftigungsantrag (§ 888 ZPO – unvertretbare Handlung) kann nur erfolgen, wenn der Weiterbeschäftigungstitel einen vollstreckungsfähigen Inhalt hat. Hieran fehlt es regelmäßig, wenn ein Urteil ergeht, wonach der Arbeitnehmer „zu den bisherigen Arbeitsbedingungen" oder „zu den Bedingungen des Arbeitsvertrages vom ..." zu beschäftigen ist (LAG Köln 24.10.1995 – 13 (5) Ta 245/95, NZA-RR 1996, 108; LAG Hessen 13.7.1987 – 1 Ta 151/87, NZA-1988, 175). Da sich aus dem Titel ergeben muss, welcher Pflicht der Arbeitgeber nachkommen soll, ist im Antrag die Art und in Zweifelsfällen auch der Ort der Arbeitsleistung anzugeben. Arbeitnehmer, die nicht tatsächlich weiterarbeiten wollen, haben die Möglichkeit, im Falle der Titulierung des Weiterbeschäftigungsantrags einen Entschädigungsantrag nach § 61 Abs. 2 ArbGG zu stellen, s. hierzu Muster 6411 (§ 6 Rn 286).

7. Kommt die beklagte Partei ihrer Verpflichtung zur Weiterbeschäftigung der klägerischen Partei nicht innerhalb einer Frist von einer Woche nach Zustellung der Entscheidung nach, wird sie verurteilt, an den Kläger eine Entschädigung in Höhe von ... EUR zu zahlen.[126]

Gründe:

I.

1. Die klägerische Partei ist am ... geboren, verheiratet und hat ... Kinder.

Die klägerische Partei wurde von der beklagten Partei auf unbestimmte Zeit als ... gegen ein vereinbartes monatliches Gehalt von zuletzt ... EUR brutto in einem Arbeitsverhältnis beschäftigt.

Beweis: Vorlage des Arbeitsvertrages in Kopie – Anlage K 1.

Am ... wurde das Arbeitsverhältnis durch die beklagte Partei zum ... gekündigt. Die Kündigung ist der klägerischen Partei am ... zugegangen.

Beweis: Vorlage des Kündigungsschreibens in Kopie – Anlage K 2.

Zum Zeitpunkt des Zugangs der Kündigung bestand das Arbeitsverhältnis länger als 6 Monate. Der Betrieb ist kein Kleinstbetrieb iSd § 23 KSchG in der ab 1.1.2004 geltenden Fassung (Doppelschwelle).[127] Die beklagte Partei beschäftigt ... Arbeitnehmer.

Alternative 1: Die klägerische Partei wurde vor dem 1.1.2004 bei der beklagten Partei eingestellt, so dass das Kündigungsschutzgesetz bei in der Regel mehr als fünf Arbeitnehmern anzuwenden ist.

Alternative 2: Die klägerische Partei wurde nach dem 31.12.2003 bei der beklagten Partei eingestellt, so dass das Kündigungsschutzgesetz bei in der Regel mehr als zehn Arbeitnehmern anzuwenden ist.

2. Die klägerische Partei ist bei der beklagten Partei seit ... Jahren beschäftigt. Zu Inhalt und Verlauf des Arbeitsverhältnisses ist weiterhin Folgendes anzumerken: ...

3. Alternative 1: Im Betrieb existiert kein Betriebsrat.

Alternative 2: Im Betrieb der beklagten Partei besteht ein Betriebsrat. Der Betriebsrat hat der Kündigung der klägerischen Partei widersprochen/der Betriebsrat wurde nicht angehört.[128]

II.

1. Die Kündigung ist unwirksam. Sie ist sozial ungerechtfertigt. Die beklagte Partei ist vor dem Hintergrund einer Entscheidung des Großen Senats des BAG,

27.2.1985 – GS 1/84, AP § 611 BGB Beschäftigungspflicht Nr. 14,

zur Weiterbeschäftigung der klägerischen Partei zu verurteilen.

---

126 Wenn man den unechten Hilfsantrag nach § 61 Abs. 2 ArbGG auf Entschädigung stellt, ist zu beachten, dass wegen § 61 Abs. 2 ArbGG nach einer Vollstreckung des Beschäftigungstitels der Entschädigungsanspruch nicht mehr verfolgt werden kann (LAG Berlin 12.3.1999 – 2 Sa 3/98, NZA-RR 2000, 43). Macht der Arbeitnehmer vom Entschädigungsanspruch Gebrauch, ist die Zwangsvollstreckung auf Weiterbeschäftigung ausgeschlossen – wer den Antrag Ziff. 7 nicht stellt, wozu im Regelfalle geraten wird, muss auch nicht den am Schluss der Klage unter III. 3. vorgesehenen Vortrag liefern.

127 Während in der Vergangenheit nur die Zahl der Beschäftigten ausschließlich der Auszubildenden maßgeblich für die Bestimmung der Anwendbarkeit des KSchG war, ist inzwischen zusätzlich darauf abzustellen, wann der Arbeitnehmer eingestellt wurde. Die Grundregel des § 23 Abs. 1 Satz 2 KSchG gilt unverändert für alle vor dem 1.1.2004 begründeten Arbeitsverhältnisse. Für die nach dem 31.12.2003 aufgenommenen Arbeitsverhältnisse gilt die Zahl von mehr als zehn Mitarbeitern als maßgeblicher Schwellenwert. Deshalb enthält der Textbaustein zwei Alternativen, von denen in der Klage immer nur eine verwendet werden soll, nämlich diejenige, die den Zeitpunkt des Beschäftigungsbeginns der jeweiligen klägerischen Partei richtig wieder gibt. Für die Darlegung der Mindestvoraussetzungen einer schlüssigen Kündigungsschutzklage wird deshalb angeregt, immer nähere Ausführungen zur Beschäftigtenzahl und zu den Zeitpunkten zu machen, an denen die Arbeitsverhältnisse begründet wurden – bei der Berechnung der Schwellenwertes ist der gekündigte Arbeitnehmer auch dann mit zu berücksichtigen, wenn unternehmerische Entscheidung ist, den betreffenden Arbeitsplatz nicht mehr neu zu besetzen (BAG 22.1.2004 – 2 AZR 237/03, NZA 2004, 479).

128 Hat der Arbeitgeber seiner Kündigungserklärung eine Kopie des an den Betriebsrat gerichteten Anhörungsschreibens beigefügt, ist es dem gekündigten Arbeitnehmer verwehrt, die Ordnungsgemäßheit der Betriebsratsanhörung im Prozess pauschal mit Nichtwissen zu bestreiten (BAG 23.6.2005 – 2 AZR 193/04, NZA 2005, 1233). Der häufigste Fall, dass der Betriebsrat in nicht ausreichendem Maße unterrichtet wurde, wird in einem gesonderten Textbaustein (Muster 6390, § 6 Rn 279) behandelt.

Nach der Rechtsprechung des Großen Senats steht dem Arbeitnehmer ein Anspruch auf Weiterbeschäftigung zu unveränderten Arbeitsbedingungen zu, wenn ein obsiegendes erstinstanzliches Urteil vorliegt. Das Weiterbeschäftigungsinteresse des Arbeitnehmers überwiegt sodann gegenüber dem Gegeninteresse des Arbeitgebers an der Nichtbeschäftigung des Arbeitnehmers.

Wenn sich der Arbeitgeber im Gütetermin nicht zum Weiterbeschäftigungsverlangen des Arbeitnehmers erklärt, besteht die Besorgnis, dass die beklagte Partei den Weiterbeschäftigungsanspruch der klägerischen Partei nicht freiwillig befolgt. Daher ist der Antrag geboten.

Die klägerische Partei bietet hiermit erneut der beklagten Partei ihre weitere Arbeitsleistung an.

Um ihrer Minderungspflicht nach § 615 Satz 2 BGB zu genügen, verlangt die klägerische Partei ein Zwischenzeugnis, damit sie sich bei anderen Arbeitgebern bewerben kann. Der Hilfsantrag auf Erteilung eines endgültigen Zeugnisses wird für den Fall gestellt, dass erstinstanzlich entschieden wird, dass das Arbeitsverhältnis der Parteien durch die Kündigung beendet worden ist.

2. Die Unwirksamkeit der Kündigung ergibt sich aus folgendem Grund: ...

3. Die Kündigung ist sozial nicht gerechtfertigt.

Die Kündigung ist weder durch Gründe, die in der Person oder im Verhalten des Klägers liegen, noch durch dringende betriebliche Erfordernisse, die einer Weiterbeschäftigung des Klägers im Betrieb der Beklagten entgegenstehen, bedingt.

Im Übrigen wird die nichtordnungsgemäße Durchführung der Sozialauswahl gem. § 1 Abs. 3 Satz 1 KSchG gerügt. Soweit die beklagte Partei behauptet, die streitgegenständliche Kündigung sei als betriebsbedingte Kündigung sozial gerechtfertigt, wird die beklagte Partei nach § 1 Abs. 3 Satz 1 Hs 2 KSchG aufgefordert, der klägerischen Partei die Gründe anzugeben, die zu der getroffenen sozialen Auswahl geführt haben.

III.

Zu den gestellten Anträgen wird erläuternd auf Folgendes hingewiesen:

1. Der Klageantrag zu Ziff. 2 beinhaltet eine selbständige allgemeine Feststellungsklage gem. § 256 ZPO. Dem Kläger sind zwar derzeit keine anderen möglichen Beendigungstatbestände außer der mit dem Klageantrag zu Ziff. 1 angegriffenen Kündigung vom ... bekannt. Es besteht jedoch die Gefahr, dass die Beklagte im Verlauf des Verfahrens weitere Kündigungen ausspricht. Es wird deshalb mit dem Klageantrag zu Ziff. 2 die Feststellung begehrt, dass das Arbeitsverhältnis auch durch solche weiteren Kündigungen nicht beendet wird. Für den Arbeitgeber wird damit erkennbar, dass die klägerische Partei jedwede Kündigung im vorliegenden Rechtsstreit angreift,

BAG 12.5.2005 – 2 AZR 426/04, NZA 2005, 1259.

In der Literatur wird deshalb der Klageantrag zu Ziff. 2 in der vorliegenden Form empfohlen,

Diller, NJW 1998, 663; *Ziemann*, BRAK-Mitt. 1997, 244.

Für den mit der Kündigungsschutzklage verbundenen Antrag auf Feststellung des Fortbestandes des Arbeitsverhältnisses gelten die allgemeinen Voraussetzungen des § 256 ZPO. Nach der BAG-Rechtsprechung muss von der klägerischen Partei ein Rechtsschutzinteresse an alsbaldiger Feststellung dargetan werden. Bei Unklarheiten, ob nicht nur ein unselbständiges Fortbestandsbegehren vorliegt, ist der Richter zur Aufklärung nach § 139 ZPO verpflichtet,

BAG 27.1.1994 – 2 AZR 484/93, NZA 1994, 812.

2. Bei den Zeugnisanträgen zu Ziff. 3 und Ziff. 5 stehen folgende Überlegungen im Vordergrund:

Nach der Rechtsprechung des BAG vom 27.2.1987,

5 AZR 710/85, AP § 630 BGB Nr. 16,

hat der Arbeitnehmer gegenüber dem Arbeitgeber bereits bei der Erhebung der Kündigungsschutzklage einen Anspruch auf Erteilung eines Endzeugnisses. Dennoch wird im Klageantrag ein Zwischenzeugnis verlangt und nur hilfsweise ein Endzeugnis. Hintergrund ist, dass bei einem Zwischenzeugnis nicht zum Ausdruck kommt, dass der Arbeitnehmer bereits gekündigt ist. Dadurch erhöhen sich die Bewerbungschancen des Arbeitnehmers.

Einen Anspruch auf Erteilung eines Zwischenzeugnisses hat der Arbeitnehmer immer dann, wenn ein berechtigtes Interesse besteht,

BAG 1.10.1998 – 6 AZR 176/97, NZA 1999, 894.

Die Kündigung des Arbeitsverhältnisses begründet ein berechtigtes Interesse,

BAG 27.2.1987 – 5 AZR 710/85, NZA 1987, 628.

Der Hilfsantrag auf Erteilung eines Endzeugnisses wird jedoch bereits mit Erhebung der Kündigungsschutzklage gestellt, damit für den Fall, dass die Kündigungsschutzklage rechtskräftig abgewiesen wird, der Arbeitnehmer einen Anspruch auf Rückdatierung des Endzeugnisses auf den Zeitpunkt der tatsächlichen Beendigung des Arbeitsverhältnisses hat.

Ein solcher Anspruch auf Rückdatierung wird nach dem Urteil des BAG

vom 9.9.1992 – 5 AZR 509/91, AP § 630 BGB Nr. 19,

gewährt, wenn der Arbeitnehmer zeitnah zum Ausscheiden ein Zeugnis verlangt hatte. Es ist jedoch fraglich, ob dieser Anspruch auf Rückdatierung auch dann besteht, wenn der Arbeitnehmer im gesamten Kündigungsschutzverfahren immer nur ein Zwischenzeugnis und kein endgültiges Zeugnis verlangt hat.

3. Der unechte Hilfsantrag auf Zahlung einer Entschädigung für den Fall, dass der Arbeitnehmer nicht innerhalb einer bestimmten Frist weiter beschäftigt wird, fußt auf § 61 Abs. 2 ArbGG.

2. Muster: Betriebsrat unvollständig informiert

IV.

Die unvollständige Unterrichtung des Betriebsrats steht der unterbliebenen Unterrichtung des Betriebsrats mit der Folge des § 102 Abs. 1 Satz 2 BetrVG gleich. Die Anhörung des Betriebsrats hat den Zweck, den Arbeitgeber in die Lage zu versetzen, im Rahmen seiner Trennungsentscheidung die Stellungnahme des Betriebsrats zu berücksichtigen. Dieses Anliegen gilt unabhängig davon, ob die Sicht auf Arbeitnehmerseite rechtliche Konsequenzen auslösen kann,

BAG 13.7.1978 – 2 AZR 798/77, NJW 1979, 1675; BAG 29.3.1984 – 2 AZR 429/83, NZA 1984, 169.

Die Sanktion der Unwirksamkeit verfolgt nach der Rechtsprechung des BAG den Zweck, den Arbeitgeber zu veranlassen, vor jeder Kündigung den Betriebsrat zu hören, will er nicht Gefahr laufen, dass die Kündigung von vornherein unwirksam ist,

BAG 22.9.1994 – 2 AZR 31/94, NZA 1995, 363.

Allerdings hebt die Betriebsratsanhörung nach § 102 BetrVG nicht darauf ab, die Wirksamkeit einer beabsichtigten Kündigung zu überprüfen, sondern beschränkt sich darauf, im Vorfeld der Kündigung dem Betriebsrat Gelegenheit zu geben, auf die Willensbildung des Arbeitgebers Einfluss zu nehmen. Deshalb hat der Arbeitgeber die Gründe seiner Kündigungsabsicht im Anhörungsverfahren so zu umschreiben, dass sich dem Betriebsrat der für die Kündigung maßgebliche Sachverhalt erschließt. Die Bezeichnung des Sachverhalts muss nach der BAG-Rechtsprechung so genau und umfassend sein, dass der Betriebsrat ohne eigene zusätzliche Nachforschungen in der Lage ist, die Stichhaltigkeit der Kündigungsgründe zu prüfen und sich ein Bild zu machen. Der Arbeitgeber genügt daher der ihm obliegenden Mitteilungspflicht nicht, wenn er den Kündigungssachverhalt nur pauschal, schlagwortartig oder stichwortartig umschreibt oder lediglich ein Werturteil abgibt, ohne die für seine Bewertung maßgeblichen Tatsachen mitzuteilen,

BAG 2.11.1983 – 7 AZR 65/82, AP § 102 BetrVG 1972 Nr. 29; BAG 22.9.1994 – 2 AZR 31/94, NZA 1995, 363.

Bei Verfahrensfehlern im Anhörungsverfahren nimmt die Rechtsprechung eine Sphärenzuordnung vor. Fallen Fehler in den Zuständigkeits- und Verantwortungsbereich des Arbeitgebers, lösen sie die Nichtigkeitsfolge nach § 102 Abs. 1 Satz 3 BetrVG aus,

BAG 4.8.1975 – 2 AZR 266/74, AP § 102 BetrVG 1972 Nr. 4 m. Anm. *Meisel*.

Selbst wenn der Arbeitgeber im Zeitpunkt der Kündigung weiß oder vermuten kann, dass die Verhandlung der Angelegenheit durch den Betriebsrat nicht fehlerfrei gewesen ist, wirken sich Fehler des Betriebsrats nicht auf die Ordnungsgemäßheit der Anhörung und damit auch nicht auf die Rechtswirksamkeit der Kündigung aus,

BAG 2.4.1976 – 2 AZR 513/75, AP § 102 BetrVG 1972 Nr. 9.

Lädt der Betriebsrat nicht ordnungsgemäß zu der fraglichen Betriebsratssitzung ein, stimmen Ersatzmitglieder trotz eines nicht gegebenen Verhinderungsfalles mit ab oder erfolgt die Abgabe einer Stellungnahme ohne vorangegangene Anhörung des Arbeitnehmers, ist die Kündigung nach § 102 Abs. 1 Satz 3 BetrVG aus diesem Grunde nicht unwirksam,

BAG 18.8.1982 – 7 AZR 437/80, BAGE 40, 42.

Selbst wenn die Anhörungsfrist von einer Woche bei der ordentlichen oder von drei Tagen bei der außerordentlichen Kündigung noch nicht abgelaufen ist, darf der Arbeitgeber kündigen, wenn der Betriebsrat in der Zwischenzeit eine abschließende Stellungnahme abgegeben hat,

BAG 13.11.1975 – 2 AZR 610/74, AP § 102 BetrVG 1972 Nr. 7.

Der Arbeitgeber kann den Betriebsrat mündlich wie schriftlich unterrichten,

BAG 26.1.1995 – 2 AZR 386/94, NZA 1995, 672.

Erklärt der zuständige Repräsentant des Betriebsrats dem Arbeitgeber, der Betriebsrat sei mit der Kündigung einverstanden, braucht der Arbeitgeber nicht nachzuforschen, ob die Erklärung durch einen Beschluss des Betriebsrats oder des zuständigen Betriebsratsausschusses gedeckt ist,

BAG 4.8.1975 – 2 AZR 266/74, AP § 102 BetrVG 1972 Nr. 4.

Selbst wenn sich später herausstellt, dass die Sachdarstellung des Arbeitgebers im Anhörungsschreiben an den Betriebsrat nicht vollständig richtig war, weil sich der Arbeitgeber die Darstellungen eines Kunden oder eines Mitarbeiters im Betrieb zu Eigen gemacht hat, führt dies nicht zur Nichtigkeit der Kündigung. Nur dann, wenn der Arbeitgeber bewusst fehlerhaft einen Sachverhalt dargestellt hat, tritt die Nichtigkeitsfolge nach § 102 Abs. 1 Satz 3 BetrVG ein,

BAG 22.9.1994 – 2 AZR 31/94, NZA 1995, 363; BAG 9.3.1995 – 2 AZR 461/94, NZA 1995, 678.

Der Arbeitgeber muss im Rahmen der Betriebsratsanhörung mitteilen, ob es sich um eine ordentliche oder außerordentliche Kündigung handeln soll,

BAG 29.8.1991 – 2 AZR 59/91, NZA 1992, 416.

Seine Mitteilung hat grundsätzlich auch die für den betroffenen Arbeitnehmer geltende Kündigungsfrist zu enthalten,

BAG 16.9.1993 – 2 AZR 267/93, NZA 1994, 311.

Die Unterrichtung ist aber nicht allein deshalb fehlerhaft, weil der Arbeitgeber eine unrichtige Kündigungsfrist oder einen unrichtigen Endtermin angegeben hat, zu dem die Kündigung wirksam werden kann,

BAG 29.1.1986 – 7 AZR 257/84, NZA 1987, 32.

Aus einer Reihe von Entscheidungen lässt sich ableiten, dass eine Mitteilungspflicht der Sozialdaten des Arbeitnehmers unter dem Vorbehalt der Maßgeblichkeit für den Kündigungsentschluss des Arbeitgebers steht,
> BAG 29.8.1991 – 2 AZR 59/91, NZA 1992, 416; BAG 15.12.1994 – 2 AZR 327/94, NZA 1995, 521; BAG 15.11.1995 – 2 AZR 974/94, NZA 1996, 419; BAG 25.4.1996 – 2 AZR 609/95, NZA 1996, 1197.

Im Urteil vom 15.11.1995 entschied das BAG, dass der Wirksamkeit einer Kündigung die fehlende Übermittlung von Sozialdaten nicht entgegenstehe, wenn es dem Arbeitgeber wegen der Schwere der Kündigungsvorwürfe (Schmiergeldzahlungen) auf die genauen Daten ersichtlich nicht ankomme, der Betriebsrat die ungefähren Daten kenne und er daher die Kündigungsabsicht des Arbeitgebers ausreichend beurteilen könne,
> BAG 15.11.1995 – 2 AZR 974/94, NZA 1996, 419.

Gefestigte Rechtsprechung ist es inzwischen, dass der Arbeitgeber im Anhörungsverfahren dem Betriebsrat die Beweismittel nicht vorlegen muss,
> BAG 22.9.1994 – 2 AZR 31/94, NZA 1995, 363; BAG 26.1.1995 – 2 AZR 386/94, NZA 1995, 672.

Versehentliche Fehlinformationen führen nicht zur Nichtigkeit einer Anhörung. Nur bei einer bewussten Täuschung des Betriebsrats ist eine Anhörung nichtig,
> BAG 22.9.1994 – 2 AZR 31/94, NZA 1995, 363.

In der Wartezeit reicht es nach der Rechtsprechung aus, wenn der Arbeitgeber im Anhörungsverfahren die beabsichtigte Kündigung auf ein Werturteil stützt,
> BAG 8.9.1988 – 2 AZR 103/88, NZA 1989, 852; BAG 11.7.1991 – 2 AZR 119/91, NZA 1992, 38; BAG 18.5.1994 – 2 AZR 920/93, NZA 1995, 24; BAG 3.12.1998 – 2 AZR 234/98, NZA 1999, 477.

Für den Fall, dass der Arbeitgeber keine Gründe für die Kündigung zu nennen vermag, muss der Arbeitgeber den Betriebsrat nur über seine subjektiven, nicht belegbaren Vorstellungen unterrichten,
> BAG 18.5.1994 – 2 AZR 920/93, NZA 1995, 24.

Verlangt der Betriebsrat vom Arbeitgeber, einem bestimmten Arbeitnehmer zu kündigen und entschließt sich der Arbeitgeber, dem Wunsch des Betriebsrats aus den vom Betriebsrat angegebenen Gründen zu entsprechen, ist eine erneute Beteiligung des Betriebsrats nach § 102 BetrVG nicht mehr erforderlich,
> BAG 15.5.1997 – 2 AZR 519/96, NZA 1997, 1106.

Im Streitfall hat der Arbeitgeber im Kündigungsschutzprozess zu beweisen, dass der Betriebsrat vor Ausspruch der Kündigung ordnungsgemäß iSv § 102 Abs. 1 BetrVG angehört wurde,
> BAG 19.8.1975 – 1 AZR 613/74, AP § 102 BetrVG 1972 Nr. 5.

Allerdings ist es Aufgabe des Arbeitnehmers, vorzutragen, dass ein funktionsfähiger Betriebsrat existiert, um überhaupt erst die Darlegungslast des Arbeitgebers auszulösen. Inwieweit der Arbeitnehmer sich auf ein Bestreiten mit Nichtwissen beschränken darf, ist streitig,
> dagegen LAG Köln 31.1.1994 – 3 Sa 1136/93, LAGE § 102 BetrVG 1972 Nr. 38; *Spitzweg/Lücke*, NZA 1995, 406; dafür KR/*Etzel*, § 102 BetrVG Rn 192 a.

Eine Erklärung mit Nichtwissen ist nach § 138 Abs. 4 ZPO nur über Tatsachen zulässig, die weder eigene Handlungen der Partei noch Gegenstand ihrer eigenen Wahrnehmung gewesen sind. Die Parteien haben nach § 138 Abs. 1 ZPO ihre Erklärungen über tatsächliche Umstände vollständig und der Wahrheit gemäß abzugeben. Jede Partei hat sich nach § 138 Abs. 2 ZPO über die von dem Gegner behaupteten Tatsachen zu erklären. Hinsichtlich der iSd § 102 BetrVG ordnungsgemäßen Anhörung des Betriebsrats gilt eine abgestufte Darlegungslast. Danach hat im Prozess der Arbeitnehmer zunächst einmal die für ihn günstige Tatsache vorzutragen, dass überhaupt ein Betriebsrat besteht und deshalb nach § 102 BetrVG vor Ausspruch einer Kündigung dessen Anhörung erforderlich war. Auf einen entsprechenden Sachvortrag des Arbeitnehmers obliegt es dem Arbeitgeber darzulegen, dass der Betriebsrat ordnungsgemäß angehört worden ist. Auf einen entsprechenden Prozessvortrag des Arbeitgebers hin darf sich der Arbeitnehmer dann nicht mehr darauf beschränken, die ordnungsgemäße Betriebsratsanhörung pauschal mit Nichtwissen zu bestreiten. Der Arbeitnehmer hat vielmehr im Einzelnen zu bezeichnen, ob er rügen will, der Betriebsrat sei entgegen der Behauptung des Arbeitgebers überhaupt nicht angehört worden oder in welchen einzelnen Punkten er die tatsächlichen Erklärungen des Arbeitgebers über die Betriebsratsanhörung für falsch oder die dem Betriebsrat mitgeteilten Tatsachen für unvollständig hält. Dieser Vortrag erfordert ggf einen ergänzenden Sachvortrag des Arbeitgebers und ermöglicht eine Beweiserhebung durch das Gericht über die tatsächlich streitigen Tatsachen,

BAG 23.6.2005 – 2 AZR 193/04, NZA 2005, 1233.

Hat der Arbeitgeber seiner Kündigungserklärung eine Kopie des an den Betriebsrat gerichteten Anhörungsschreibens beigefügt, ist es dem gekündigten Arbeitnehmer verwehrt, die Ordnungsgemäßheit der Betriebsratsanhörung im Prozess pauschal mit Nichtwissen zu bestreiten,

wie vor.

3. Muster: Kein Kleinstbetrieb wegen zusammenzurechnender Beschäftigtenzahl, § 23 KSchG

Maßgebend gem. § 23 KSchG ist die Zahl der in der Regel beschäftigten ständigen Arbeitnehmer. Die zufällige tatsächliche Beschäftigtenzahl zum Zeitpunkt des Kündigungszugangs ist unbeachtlich,

BAG 22.2.1983 – 1 AZR 260/81, BAGE 42, 1; BAG 31.1.1991 – 2 AZR 356/90, NZA 1991, 562.

Aushilfsarbeitnehmer sind dann nicht mitzuzählen, sofern sie nur vorübergehend aus Anlass eines vermehrten Arbeitsanfalls, zB wegen Inventur, Ausverkauf, Weihnachtsgeschäft, oder zur Vertretung von Stammpersonal in Fällen von Krankheit, Schwangerschaft oder Kur in einem Kleinbetrieb beschäftigt sind,

LAG Düsseldorf 26.9.1990 – 12 TaBV 74/90, DB 1991, 238.

Aushilfsarbeitnehmer sind aber dann und insoweit zu berücksichtigen, als eine bestimmte Anzahl derartiger Arbeitnehmer regelmäßig für einen Zeitraum von mindestens 6 Monaten im Jahr beschäftigt worden ist und auch mit einer derartigen Beschäftigung in Zukunft gerechnet werden kann,

BAG 12.10.1976 – 1 ABR 1/76, BAGE 28, 203.

Eine an Sinn und Zweck orientierte Auslegung des § 23 Abs. 1 Satz 3 KSchG gebietet ferner, dass bei der Berechnung der Betriebsgröße auch im Betrieb beschäftigte Leiharbeitnehmer zu berücksichtigen sind, wenn ihr Einsatz auf einem „in der Regel" vorhandenen Personalbedarf beruht,

BAG 24.1.2013 – 2 AZR 140/12.

Ruhende Arbeitsverhältnisse infolge Ableistung des Wehrdienstes oder aus Gründen der Mutterschaft sind bei der Feststellung der maßgeblichen Arbeitnehmerzahl zu berücksichtigen,

BAG 31.1.1991 – 2 AZR 356/90, NZA 1991, 562.

Sofern der Arbeitgeber eine Ersatzkraft für einen Arbeitnehmer in Elternzeit eingestellt hat, zählt nur eine Person, § 21 Abs. 7 BEEG. Dies gilt entsprechend für andere Formen ruhender Arbeitsverhältnisse,

AnwK-ArbR/*Eylert*, § 23 KSchG Rn 29.

Für die Frage, ob mehrere selbständige Betriebe oder nur ein unselbständiger Teil eines einheitlichen Betriebs vorliegt, ist nicht allein auf die räumliche Einheit der Betriebsstätten, sondern auch auf die Einheit der Organisation abzustellen. Diese Einheit ist zu bejahen, wenn ein einheitlicher Leitungsapparat vorhanden ist, der die Gesamtheit der für die Erreichung des arbeitstechnischen Gesamtzweckes eingesetzten Mittel lenkt,

BAG 26.8.1971 – 2 AZR 233/70, EzA § 23 KSchG Nr. 1; BAG 15.3.2001 – 2 AZR 151/00, NZA 2001, 831; KR/*Bader*, § 23 KSchG Rn 24 ff.

Selbst bei einer Mehrheit von Unternehmen kann ein einheitlicher Betrieb iSd § 23 Abs. 1 Satz 2 KSchG vorliegen. Zu den Voraussetzungen eines Betriebs bei mehreren Unternehmen hat sich das BAG in einer Reihe von Entscheidungen geäußert,

    vgl BAG 13.6.1985 – 2 AZR 452/84, NZA 1986, 600; BAG 3.6.2004 – 2 AZR 386/03, NZA 2004, 1380; BAG 11.2.2004 – 7 ABR 27/03, NZA 2004, 618.

Diese Rechtsprechung lässt sich wie folgt zusammenfassen: Ein Betrieb ist dann anzunehmen, wenn mehrere Unternehmer so eng miteinander zusammenarbeiten, dass sie gemeinsam einen einheitlichen Betrieb führen. Dabei ist zu beachten, dass zwei oder mehrere Unternehmer allein dadurch, dass sie eine betriebliche Tätigkeit in den gleichen Räumen und mit etwa den gleichen sachlichen Mitteln entwickeln, noch nicht notwendig einen gemeinsamen einheitlichen Betrieb führen. Betriebe bleiben auch unter diesen Umständen selbständig, wenn jedes der beteiligten Unternehmen seinen eigenen Betriebszweck unabhängig vom anderen verfolgt, wenn also keine gemeinsame Betriebsleitung zustande kommt. Nur dann, wenn die verschiedenen Unternehmen im Rahmen einer gemeinsamen Arbeitsorganisation unter einer einheitlichen Leitungsmacht identische oder auch verschiedene arbeitstechnische Arbeitszwecke fortgesetzt verfolgen, liegt in der Regel ein gemeinsamer Betrieb iSd § 23 Abs. 1 KSchG vor, so dass die Beschäftigten aus allen Unternehmen zusammengerechnet werden, mit der Folge, dass in jedem Unternehmen das Kündigungsschutzgesetz anwendbar ist, wenn in der Gesamtheit der Unternehmen die Schwellenwerte des § 23 KSchG überschritten werden. Eine Ausnahme von dem Grundsatz, dass der Kündigungsschutz in der Regel nicht arbeitgeberübergreifend ausgestaltet ist, besteht nur, wenn zwei oder mehr Unternehmen zur gemeinsamen Führung eines Betriebs rechtlich verbunden sind, so dass der Kern der Arbeitgeberfunktion im sozialen und personellen Bereich von derselben institutionellen Leitung ausgeübt wird,

    BAG 3.6.2004 – 2 AZR 386/03, NZA 2004, 1380.

Ausdrücklich entschieden wurde, dass es auf das Unternehmen in seiner Gesamtheit ankommt, wenn der Inhaber eines Kleinstbetriebs neben diesem Betrieb weitere Betriebe oder Betriebsteile unterhält und insgesamt mehr als die in § 23 Abs. 1 KSchG genannten Arbeitnehmer beschäftigt,

    ArbG Hamburg 10.3.1997 – 27 Ca 192/96, DB 1997, 2439.

4. Muster: Sittenwidrige Kündigung[129]

Arbeitsgericht ...

Klage

...

– klägerische Partei –

Prozessbevollmächtigte: ...

gegen

...

– beklagte Partei –

wegen: Kündigung

Wir bestellen uns zu Prozessbevollmächtigten der klägerischen Partei, in deren Namen und Auftrag wir um kurzfristige Anberaumung eines Gütetermins bitten. Wir werden im Übrigen beantragen zu erkennen:

---

[129] Nach §§ 7, 13 KSchG muss die Klage innerhalb von drei Wochen nach Zugang der schriftlichen Kündigung erhoben werden.

1. Es wird festgestellt, dass das Arbeitsverhältnis zwischen den Parteien durch die Kündigung vom ... zum ... nicht aufgelöst worden ist.
2. Es wird festgestellt, dass das Arbeitsverhältnis der Parteien über den ... hinaus ungekündigt fortbesteht.
3. Die beklagte Partei wird verurteilt, der klägerischen Partei ein Zwischenzeugnis zu erteilen, das sich auf Verhalten und Leistung erstreckt.
4. Die beklagte Partei trägt die Kosten des Rechtsstreits.

Hilfsweise wird für den Fall, dass der Feststellungsantrag zu Ziff. 1 abgewiesen wird, folgender Antrag gestellt:

5. Die beklagte Partei wird verurteilt, der klägerischen Partei ein endgültiges Zeugnis zu erteilen, das sich auf Verhalten und Leistung erstreckt.

Gründe:

I.

Die klägerische Partei ist am ... geboren, verheiratet und hat ... Kinder. Sie wurde von der beklagten Partei auf unbestimmte Zeit als ... gegen ein vereinbartes monatliches Gehalt von zuletzt ... EUR brutto in einem Arbeitsverhältnis beschäftigt.

Beweis: Vorlage des Arbeitsvertrages in Kopie – Anlage K 1.

Am ... ist das Arbeitsverhältnis durch die beklagte Partei gekündigt worden. Die Kündigung ist der klägerischen Partei am ... zugegangen.

Beweis: Vorlage des Kündigungsschreibens in Kopie – Anlage K 2.

Zum Zeitpunkt des Zugangs der Kündigung bestand das Arbeitsverhältnis noch keine sechs Monate (zwar sechs Monate, die beklagte Partei beschäftigt jedoch weniger Arbeitnehmer als zur Anwendbarkeit des KSchG nach der Doppelschwelle in § 23 KSchG erforderlich).

II.

Das Arbeitsverhältnis zwischen der klägerischen Partei und der beklagten Partei nahm folgenden Verlauf: ...

III.

Unabhängig von den Voraussetzungen der §§ 622, 626 BGB sowie den diese Vorschriften ergänzenden Bestimmungen und auch unabhängig von den gesetzlichen Voraussetzungen nach dem Kündigungsschutzgesetz kann eine Kündigung unwirksam sein, weil sie sittenwidrig ist, § 138 Abs. 1 BGB. Der Gesetzgeber hat diese Möglichkeit in § 13 Abs. 2 KSchG ausdrücklich anerkannt. Eine Kündigung ist sittenwidrig, wenn sie auf einem ausgesprochen verwerflichen Motiv beruht, insbesondere aus Rachsucht oder zur Vergeltung erklärt wird und damit dem Anstandsgefühl aller billig und gerecht Denkenden krass widerspricht,

BAG 28.12.1956 – 2 AZR 207/56, BAGE 3, 197; BAG 19.7.1973 – 2 AZR 464/72, DB 1973, 2307; BAG 2.4.1987 – 2 AZR 227/86, NZA 1988, 18; BAG 24.4.1997 – 2 AZR 268/96, NZA 1998, 145.

Nicht jede Kündigung, die im Falle der Anwendbarkeit des Kündigungsschutzgesetzes iSd § 1 KSchG als nicht sozial gerechtfertigt beurteilt werden müsste, ist deshalb schon sittenwidrig. Trotzdem kann schon nach der Rechtsprechung des BAG eine Kündigung, auch wenn das Arbeitsverhältnis noch keinen sechsmonatigen Bestand hat oder sie in einem Betrieb ausgesprochen wird, in dem regelmäßig weniger als fünf Personen beschäftigt sind, als sittenwidrige Willenserklärung unwirksam sein, wenn der Kündigende ein verwerfliches Motiv hatte oder Umstände vorliegen, aus denen sich bei Anlegung eines objektiven Wertmaßstabes Sittenwidrigkeit ergibt,

BAG 16.2.1989 – 2 AZR 347/88, NZA 1989, 962.

Darlegungs- und beweispflichtig für die tatsächlichen Voraussetzungen der Sittenwidrigkeit, insbesondere für die bei der beklagten Partei anzunehmenden inneren Motive, ist die klägerische Partei,

> BAG 14.12.2004 – 9 AZR 23/04, NZA 2005, 637.

Neben dieser bislang vom BAG entwickelten Rechtsprechung zur sittenwidrigen Kündigung ist jede Kündigung außerhalb des Anwendungsbereichs des Kündigungsschutzgesetzes neuerdings auch an der Rechtsprechung des Bundesverfassungsgerichts gemäß dem Beschluss zur Kleinbetriebsklausel zu messen,

> BVerfG 27.1.1998 – 1 BvL 15/87, NZA 1998, 470.

Das Bundesverfassungsgericht hat ausgeführt, dass der Arbeitnehmer dort, wo die Bestimmungen des KSchG nicht greifen, durch die zivilrechtlichen Generalklauseln vor einer sitten- oder treuwidrigen Ausübung des Kündigungsrechts durch den Arbeitgeber geschützt sei. Im Rahmen dieser Generalklauseln müsse auch der objektive Gehalt der Grundrechte beachtet werden, wobei sich die maßgebenden Grundsätze aus Art. 12 Abs. 1 GG ergäben.

Der verfassungsrechtlich gebotene Mindestschutz des Arbeitsplatzes vor Verlust durch private Disposition sei damit in jedem Fall gewährleistet. Andererseits dürfe der durch die Generalklauseln vermittelte Schutz nicht dazu führen, dass dem Kleinunternehmer praktisch die im Kündigungsschutzgesetz vorgesehenen Maßstäbe der Sozialwidrigkeit auferlegt werden. Auch in Kleinbetrieben sei der Arbeitnehmer durch die Generalklauseln vor auf willkürlichen oder auf sachfremden Motiven beruhenden Kündigungen geschützt.

> *Kittner*, NZA 1998, 731,

hat aus diesen Ausführungen des Bundesverfassungsgerichts geschlossen, dass der Arbeitgeber nunmehr einen auf das Arbeitsverhältnis bezogenen Grund für dessen Beendigung haben müsse, unabhängig von der Anwendbarkeit des Kündigungsschutzgesetzes. Das vom Bundesverfassungsgericht erwähnte „Vertrauen in den Fortbestand des Arbeitsverhältnisses" lege eine Art Interessenabwägung nahe, da der Arbeitgeber, ohne dass das Ultima-ratio-Prinzip des Kündigungsschutzgesetzes gelte, künftig besonders begründen müsse, warum ein langjährig beschäftigter Arbeitnehmer den Arbeitsplatz verlieren solle,

> so auch *Preis*, NZA 1997, 1256; *Oetker*, AuR 1997, 41; *Lakies*, DB 1997, 1078.

5. Muster: Treuwidrige Kündigung[130]

Arbeitsgericht ...

Klage

...

– klägerische Partei –

Prozessbevollmächtigte: ...

gegen

...

– beklagte Partei –

wegen: Kündigung

Wir bestellen uns zu Prozessbevollmächtigten der klägerischen Partei, in deren Namen und Auftrag wir um kurzfristige Anberaumung eines Gütetermins bitten. Wir werden im Übrigen beantragen zu erkennen:

---

130 Nach §§ 7, 13 KSchG muss die Klage innerhalb von drei Wochen nach Zugang der schriftlichen Kündigung erhoben werden.

1. Es wird festgestellt, dass das Arbeitsverhältnis zwischen den Parteien durch die Kündigung vom ... zum ... nicht aufgelöst worden ist.
2. Es wird festgestellt, dass das Arbeitsverhältnis der Parteien über den ... hinaus ungekündigt fortbesteht.
3. Die beklagte Partei wird verurteilt, der klägerischen Partei ein Zwischenzeugnis zu erteilen, das sich auf Verhalten und Leistung erstreckt.
4. Die beklagte Partei trägt die Kosten des Rechtsstreits.

Hilfsweise wird für den Fall, dass der Feststellungsantrag zu Ziff. 1 abgewiesen wird, folgender Antrag gestellt:

5. Die beklagte Partei wird verurteilt, der klägerischen Partei ein endgültiges Zeugnis zu erteilen, das sich auf Verhalten und Leistung erstreckt.

Gründe:

I.

Die klägerische Partei ist am ... geboren, verheiratet und hat ... Kinder. Sie wurde von der beklagten Partei auf unbestimmte Zeit als ... gegen ein vereinbartes monatliches Gehalt von zuletzt ... EUR brutto in einem Arbeitsverhältnis beschäftigt.

Beweis: Vorlage des Arbeitsvertrages in Kopie – Anlage K 1.

Am ... ist das Arbeitsverhältnis durch die beklagte Partei gekündigt worden. Die Kündigung ist der klägerischen Partei am ... zugegangen.

Beweis: Vorlage des Kündigungsschreibens in Kopie – Anlage K 2.

Zum Zeitpunkt des Zugangs der Kündigung bestand das Arbeitsverhältnis noch keine sechs Monate (zwar sechs Monate, die beklagte Partei beschäftigt jedoch weniger Arbeitnehmer als zur Anwendbarkeit des KSchG nach der Doppelschwelle in § 23 KSchG erforderlich).

II.

Das Arbeitsverhältnis zwischen der klägerischen Partei und der beklagten Partei hat folgenden Verlauf genommen: ...

III.

Eine gegen Treu und Glauben verstoßende Kündigung ist unwirksam. Nicht jeder Verstoß gegen Treu und Glauben ist zugleich ein Verstoß gegen die guten Sitten,

vgl nur LAG Berlin-Brandenburg 27.8.2010 – 13 Sa 988/10, juris.

Auch das BAG hat schon in einer älteren Entscheidung klargestellt, dass zwischen einer sittenwidrigen Kündigung nach § 138 BGB und einer Kündigung wegen Verstoßes gegen Treu und Glauben nach § 242 BGB unterschieden werden müsse,

BAG 14.5.1964 – 2 AZR 244/63, BAGE 16, 21.

Treuwidrige Kündigungen sind beispielsweise solche, mit denen sich der Arbeitgeber in Widerspruch zu seinem früheren Verhalten setzt und somit zu Recht beim Arbeitnehmer gewachsenes Vertrauen gröblich missachtet,

BAG 8.6.1972 – 2 AZR 336/71, BAGE 24, 292; BAG 23.9.1976 – 2 AZR 309/75, BAGE 28, 176.

Erklärt der Arbeitgeber dem Arbeitnehmer, dass er wegen einer vom Arbeitnehmer ausgesprochenen ordentlichen Kündigung davon absehe, einen bestimmten Sachverhalt selbst zum Anlass einer Kündigung zu nehmen, verstößt eine später gleichwohl erklärte fristlose Kündigung gegen sein früheres Verhalten, nämlich das Verzeihen des Kündigungsgrundes. Die fristlose Kündigung ist in diesem Falle wegen eines Verstoßes gegen Treu und Glauben unwirksam,

 LAG Baden-Württemberg (Tübingen) 12.4.1967 – 4 Sa 29/67, DB 1967, 999; ArbG Wuppertal 11.2.1981 – 3 Ca 4090/80, ARST 1981, 152.

Wird einem Arbeitnehmer nach 18-jähriger Beschäftigung in einem Kleinbetrieb und nur dreimonatiger erstmaliger Erkrankung in diesem Zeitraum gekündigt, ist die krankheitsbedingte Kündigung treuwidrig,

 ArbG Reutlingen 20.10.1998 – 1 Ca 397/86, NZA-RR 1999, 82.

Hat der Arbeitgeber trotz Vorliegens eines Kündigungsgrundes von einer Kündigung abgesehen, dadurch beim Arbeitnehmer das Vertrauen erweckt, die Kündigung werde unterbleiben und hat sich der Arbeitnehmer darauf eingerichtet, ist die Kündigung treuwidrig,

 BAG 25.11.1982 – 2 AZR 21/81, EzA § 9 KSchG nF Nr. 15; BAG 25.2.1988 – 2 AZR 500/87, RzK I 5c Nr. 26; ArbG Hamburg 11.5.1992 – 21 Ca 8/92, AiB 1993, 187.

Eine treuwidrige Kündigung kann vorliegen, wenn einem Arbeitnehmer vor Erfüllung der Wartefrist des § 1 Abs. 1 KSchG nur wegen seiner Homosexualität gekündigt wird,

 BAG 23.6.1994 – 2 AZR 617/93, NZA 1994, 1080.

Auch kann eine Kündigung gegen § 242 BGB verstoßen, wenn sie zur Unzeit erklärt wird. Treuwidrigkeit hat in diesem Zusammenhang das LAG Bremen angenommen, als einem Arbeitnehmer die Kündigung nach einem schweren Arbeitsunfall am gleichen Tag im Krankenhaus unmittelbar vor einer auf dem Unfall beruhenden Operation ausgehändigt wurde,

 LAG Bremen 29.10.1985 – 4 Sa 151/85, LAGE § 242 BGB Nr. 2.

Eine an den vorgenannten Maßstäben ausgerichtete Bewertung hat zur Folge, dass die gegenüber der klägerischen Partei ausgesprochene Kündigung als treuwidrig angesehen werden muss: ...

IV.

Zu den gestellten Anträgen wird erläuternd auf Folgendes hingewiesen:

1. Der Klageantrag zu Ziff. 2 beinhaltet eine selbständige allgemeine Feststellungsklage gem. § 256 ZPO. Dem Kläger sind zwar derzeit keine anderen möglichen Beendigungstatbestände außer der mit dem Klageantrag zu Ziff. 1 angegriffenen Kündigung vom ... bekannt. Es besteht jedoch die Gefahr, dass die Beklagte im Verlauf des Verfahrens weitere Kündigungen ausspricht. Es wird deshalb mit dem Klageantrag zu Ziff. 2 die Feststellung begehrt, dass das Arbeitsverhältnis auch durch solche weiteren Kündigungen nicht beendet wird.

In der Literatur wird deshalb der Klageantrag zu Ziff. 2 in der vorliegenden Form empfohlen,

 Diller, NJW 1998, 663; *Ziemann*, BRAK-Mitt. 1997, 244.

2. Bei den Zeugnisanträgen zu Ziff. 3 und Ziff. 5 stehen folgende Überlegungen im Vordergrund:

Nach der Rechtsprechung des BAG vom 27.2.1987,

 5 AZR 710/85, NZA 1987, 628,

hat der Arbeitnehmer gegenüber dem Arbeitgeber bereits bei der Erhebung der Kündigungsschutzklage einen Anspruch auf Erteilung eines Endzeugnisses. Dennoch wird im Klageantrag ein Zwischenzeugnis verlangt und nur hilfsweise ein Endzeugnis. Hintergrund ist, dass bei einem Zwischenzeugnis nicht zum Ausdruck kommt, dass der Arbeitnehmer bereits gekündigt ist.

Dies erhöht die Bewerbungschancen des Arbeitnehmers.

Einen Anspruch auf Erteilung eines Zwischenzeugnisses hat der Arbeitnehmer immer dann, wenn ein berechtigtes Interesse besteht,

 BAG 1.10.1998 – 6 AZR 176/97, NZA 1999, 894.

Die Kündigung des Arbeitsverhältnisses begründet ein berechtigtes Interesse,

BAG 27.2.1987 – 5 AZR 710/85, NZA 1987, 628.

Der Hilfsantrag auf Erteilung eines Endzeugnisses wird jedoch bereits mit Erhebung der Kündigungsschutzklage gestellt, damit für den Fall, dass die Kündigungsschutzklage rechtskräftig abgewiesen wird, der Arbeitnehmer einen Anspruch auf Rückdatierung des Endzeugnisses auf den Zeitpunkt der tatsächlichen Beendigung des Arbeitsverhältnisses hat.

Ein solcher Anspruch auf Rückdatierung wird nach dem Urteil des BAG

vom 9.9.1992 – 5 AZR 509/91, NZA 1993, 698,

gewährt, wenn der Arbeitnehmer zeitnah zum Ausscheiden ein Zeugnis verlangt hatte. Es ist jedoch fraglich, ob dieser Anspruch auf Rückdatierung auch dann besteht, wenn der Arbeitnehmer im gesamten Kündigungsschutzverfahren immer nur ein Zwischenzeugnis und kein endgültiges Zeugnis verlangt hat.

6. Muster: Kündigung unter Nichteinhaltung der Kündigungsfrist

Die Beklagte hat zu Unrecht eingewandt, die klägerische Partei habe die Rüge der zu kurz bemessenen Kündigungsfrist innerhalb der Klagefrist des § 4 Satz 1 KSchG geltend machen müssen. Richtig ist, dass die Nichteinhaltung der Kündigungsfrist nach der Rechtsprechung des BAG auch drei Wochen nach Zugang des Kündigungsschreibens noch im Wege der arbeitsgerichtlichen Klage geltend gemacht werden kann.

BAG 6.7.2006 – 2 AZR 215/05, NJW 2006, 3513,

dies jedenfalls dann, wenn die Auslegung der Kündigungserklärung ergibt, dass es sich bei der Angabe des Kündigungsendtermins um eine Wissenserklärung, nicht um eine – konstitutive – Willenserklärung handelt,

vgl *Ziemann*, jurisPR-ArbR 3/2011 Anm. 1.

7. Muster: Nichteinhaltung der Kündigungsfrist durch vorläufigen Insolvenzverwalter

Mit Beschluss vom ... hat das Amtsgericht ... das vorläufige Insolvenzverfahren über das Vermögen der Schuldnerin eröffnet und die beklagte Partei zum vorläufigen Insolvenzverwalter über das Vermögen der Schuldnerin bestellt. Der Schuldnerin wurde ein allgemeines Verfügungsverbot auferlegt. Die Verwaltungs- und Verfügungsbefugnis über das Vermögen der Schuldnerin ist auf den vorläufigen Insolvenzverwalter übergegangen, § 22 Abs. 1 Satz 1 InsO.

Beweis: Vorlage des Beschlusses des Amtsgerichts ... in Kopie – Anlage K 1.

Mit Schreiben vom ... wurde das Arbeitsverhältnis der klägerischen Partei durch die beklagte Partei zum ... gekündigt. Die Kündigung ist der klägerischen Partei am ... zugegangen.

Beweis: Vorlage des Kündigungsschreibens vom ... in Kopie – Anlage K 2.

Der beklagte vorläufige Insolvenzverwalter hat die Kündigung unter ausdrücklichem Hinweis auf § 113 Abs. 1 InsO unter Einhaltung einer dreimonatigen Frist gekündigt. § 113 Abs. 1 Satz 1 InsO bestimmt, dass das Dienstverhältnis durch den Insolvenzverwalter ohne Rücksicht auf die vereinbarte Vertragsdauer oder den vereinbarten Ausschluss des Rechts zur ordentlichen Kündigung gekündigt werden kann. Die Kündigungsfrist beträgt drei Monate zum Monatsende, wenn nicht eine kürzere Frist maßgeblich ist, § 113 Abs. 1 Satz 2 InsO.

Der beklagte vorläufige Insolvenzverwalter kann das Arbeitsverhältnis nicht mit der Kündigungsfrist nach § 113 Abs. 1 InsO kündigen. Denn die arbeitsrechtlichen Sonderregelungen der §§ 113, 120–128 InsO sind nur auf den endgültigen und nicht auch auf den vorläufigen Insolvenzverwalter anwendbar,

> LAG Hamm 7.7.2005 – 4 Sa 1559/04, juris; *Steindorf/Regh*, Arbeitsrecht in der Insolvenz, 2002, § 3 Rn 63 ff; *Lakies*, BB 1998, 2638 (2639 f); *Berscheid*, ZInsO 1998, 9 (13); aA MüKo-InsO/*Löwisch/Caspers*, Vor §§ 113–128 Rn 29 f.

In den §§ 113 ff InsO fehlt jeder Bezug auf die Vorschriften des vorläufigen Insolvenzverfahrens in §§ 21 ff InsO, wie auch in § 22 Abs. 1 InsO nicht auf die arbeitsrechtlichen Vorschriften der Insolvenzordnung verwiesen wird,

> *Düwell*, Kölner Schrift, S. 1433, 1441, Rn 22; *Lakies*, FA 1999, 40 (42); *Berscheid*, NZI 2000, 1 (4).

Unter Geltung dieser Rechtslage hat der vorläufige Insolvenzverwalter daher die verlängerten Kündigungsfristen des § 622 Abs. 2 Nr. 1–7 BGB bis hin zur Höchstkündigungsfrist von sieben Monaten zum Monatsende zu beachten.

285 **8. Muster: Beschwerde gegen Aussetzungsbeschluss bei Kündigungsschutzklage eines behinderten Menschen**

Arbeitsgericht ...

Aktenzeichen: ...

Gegner: RAe ..., zwei Abschriften anbei

In dem Rechtsstreit

... ./. ...

legen wir namens und in Vollmacht des Klägers gegen den Aussetzungsbeschluss vom ...

Beschwerde

ein.

Wir beantragen:

> Der Aussetzungsbeschluss vom ... wird aufgehoben.

Gründe:

Die Parteien streiten um die Wirksamkeit einer arbeitgeberseitigen Kündigung Die klägerische Partei ist zu 60 % behindert. Sie ist als behinderter Mensch gemäß Bescheid vom ... anerkannt. Die beklagte Partei hat vor Ausspruch der Kündigung die Zustimmung des Integrationsamts gem. §§ 87, 88 SGB IX eingeholt. Das Integrationsamt hat der Kündigung mit Bescheid vom ... zugestimmt. Die beklagte Partei hat gegen diesen Bescheid Widerspruch eingelegt, über den der Widerspruchsausschuss beim Landschaftsverband noch nicht entschieden hat.

Am ... hat die klägerische Partei in der Frist der §§ 4, 7 KSchG Kündigungsschutzklage beim Arbeitsgericht erhoben. Das Arbeitsgericht hat das Verfahren gem. § 148 ZPO im Hinblick auf das schwebende Widerspruchsverfahren beim Widerspruchsausschuss des Landschaftsverbandes ausgesetzt. Die Aussetzung endet mit dem rechtskräftigen Abschluss des Verwaltungsverfahrens.

Durch die Aussetzung bis zum rechtskräftigen Abschluss des Verwaltungsverfahrens bedeutet der Aussetzungsbeschluss, dass der vorliegende Rechtsstreit von fünf bis sieben Jahren ruht. Solange dauert es nach der gegenwärtigen Praxis, bis das Verwaltungsgericht in zweiter Instanz entschieden hat. Dieser Zeitraum ist für die klägerische Partei unzumutbar.

Das Arbeitsgericht hat bei seiner Aussetzungsentscheidung nach § 148 ZPO die Vor- und Nachteile einer Aussetzung abzuwägen. Gesichtspunkte der Prozessökonomie, die bei möglicher Vorgreiflichkeit für eine Aussetzung sprechen sind abzuwägen mit den Interessen der am Verfahren beteiligten, insbesondere des klägerischen Interesses an einer Verfahrensbeschleunigung, die in Form einer besonderen Prozessförderungspflicht des Gerichts in § 61a ArbGG für Kündigungsschutzklagen ihren besonderen Ausdruck gefunden hat. Dabei ist anerkannt, dass das Gericht auch zu berücksichtigen hat, inwieweit sich ein anderweitiges Verfahren tatsächlich auf das Kündigungsschutzverfahren auswirken wird.

Kommt das Arbeitsgericht zu dem Ergebnis, dass die Kündigung sozial nicht gerechtfertigt ist, ist es unschädlich, wenn im Verwaltungsverfahren rechtskräftig festgestellt werden sollte, dass die Zustimmung des Integrationsamts zu Recht erfolgte. In diesem Falle kann offen bleiben, welchen Ausgang das Verwaltungsverfahren nimmt. Erweist sich die Zustimmung des Integrationsamts als unwirksam, kann die Kündigung arbeitsrechtlich gleichwohl sozial nicht gerechtfertigt sein. Auf den Tenor des arbeitsgerichtlichen Urteils wirkt sich die verwaltungsgerichtliche Entscheidung insoweit nicht aus.

Wäre die Kündigung sozial gerechtfertigt, wirkt sich der Tenor des Urteils des Oberverwaltungsgerichts ebenfalls nicht aus, denn in diesem Falle spielt es im Ergebnis keine Rolle, ob das Integrationsamt der Kündigung zugestimmt hat oder nicht.

Ist die Kündigung aus anderen Gründen (§ 102 Abs. 1 Satz 3 BetrVG u.Ä.) nichtig, kommt es auf den Ausgang des verwaltungsrechtlichen Verfahrens ebenfalls nicht an. In diesem Fall kann die Kündigung keine Wirksamkeit erlangen, unbeschadet eines etwaigen Ausgangs des verwaltungsrechtlichen Verfahrens.

Selbst wenn man der hier vertretenen Auffassung nicht folgen sollte, so gilt der von Teilen der Rechtsprechung vertretene Grundsatz, dass die Aussetzung eines Kündigungsschutzverfahrens wegen eines anhängigen Verwaltungsverfahrens gem. §§ 87, 88 SGB IX allenfalls dann in Betracht kommt, wenn das Arbeitsgericht den Sachverhalt bereits soweit aufgeklärt hat, dass feststeht, dass die Kündigung an sich wirksam ist und nur noch an einer Aufhebung des Zustimmungsbescheids des Integrationsamts scheitern könnte,

> LAG Rheinland-Pfalz 16.6.1978 – 1 Ta 52/78, NJW 1978, 2263; ArbG Berlin 6.11.1990, LAG Hessen 15.3.1990 – 2 Ta 41/90, LAGE § 15 SchwbG 1986 Nr. 2; LAG Köln 17.3.1992 – 10 Ta 4/92, NZA 1992, 766.

Dem angerufenen Gericht ist damit Gelegenheit gegeben, seinen Aussetzungsbeschluss aufzuheben, andernfalls an das Landesarbeitsgericht weiterzuleiten. Die Notfrist für sofortige Beschwerden (§ 577 ZPO) wurde vorliegend gewahrt.

9. Muster: Entschädigung wegen unterbliebener Weiterbeschäftigung gem. § 61 Abs. 2 ArbGG[131]

Arbeitsgericht ...

Aktenzeichen: ...

Gegner: RAe ..., zwei Abschriften anbei

In dem Rechtsstreit

... ./. ...

beantragen wir zusätzlich:

---

[131] Den Entschädigungsantrag nach § 61 Abs. 2 ArbGG zu stellen, empfiehlt sich mit Blick auf den Weiterbeschäftigungsantrag regelmäßig nicht. Wegen § 61 Abs. 2 Satz 2 ArbGG ist in dem Fall, dass ein Entschädigungsanspruch festgesetzt wurde, die Zwangsvollstreckung gem. § 888 ZPO wegen des Weiterbeschäftigungsanspruchs ausgeschlossen. Zwar hat der Arbeitnehmer, wenn er den Hilfsantrag nach § 61 Abs. 2 gestellt hat, ein Wahlrecht. Er kann aus dem Weiterbeschäftigungsantrag vollstrecken, der Arbeitgeber wird allerdings, je nach Höhe der vom Gericht festgesetzten Entschädigung, angehalten, die Weiterbeschäftigung zu verweigern und den Arbeitnehmer auf den Entschädigungsfall zu verweisen.

Die beklagte Partei wird zur Zahlung einer angemessenen Entschädigung von täglich mindestens ... EUR für den Fall verurteilt, dass sie den in der Klageschrift unter Ziff. 6 gestellten Weiterbeschäftigungsantrag nicht innerhalb eines Monats nach Verkündung des Urteils des angerufenen Arbeitsgerichts voll umfänglich erfüllt.

Gründe:

Mit dem Klageantrag Ziff. 6 aus der Klageschrift hat die klägerische Partei Weiterbeschäftigung zu den im Arbeitsvertrag geregelten Arbeitsbedingungen als ... in ... bis zu einer rechtskräftigen Entscheidung über den Kündigungsschutzantrag begehrt, um den ihr nach dem Beschluss des Großen Senats vom 27.2.1985 – GS 1/84 – zustehenden Weiterbeschäftigungsanspruch zu sichern.

Die klägerische Partei befürchtet, dass die beklagte Partei sich auch im Falle ihrer Verurteilung weigern wird, den Weiterbeschäftigungsantrag zu erfüllen. Aus diesem Grunde macht die klägerische Partei von ihrem Schadensersatzanspruch Gebrauch für den Fall, dass sich die beklagte Partei beharrlich weigert, die Weiterbeschäftigung zu erfüllen. Der Schaden der klägerischen Partei besteht in dem Ansehensverlust und dem Verlust beruflicher Fertigkeiten, der ihr in dem Falle droht, dass die beklagte Partei ihren Weiterbeschäftigungsanspruch nicht erfüllt.

Zwar ist eine zahlenmäßige Festlegung der begehrten Entschädigung auf klägerische Seite nicht erforderlich, soweit der Kläger nach § 287 ZPO die Höhe des Schadensersatzes in das Ermessen des Gerichts stellt,

    Germelmann/*Germelmann*, ArbGG, § 61 Rn 31.

Die klägerische Partei hat sich von der Überlegung leiten lassen, dass der Wert in Höhe eines Drittels des Tagesverdienstes der klägerischen Partei anzusetzen ist.

Die Frist von einem Monat hat die klägerische Partei gewählt, um sie der Rechtsmittelfrist anzupassen. Eine kürzere Frist als ein Monat dürfte nach Auffassung des BAG unzulässig sein,

    BAG 5.6.1985 – 4 AZR 533/83, BAGE 48, 390.

10. Muster: Auflösungsantrag

Aktenzeichen: ...

Gegner: RAe ...

In dem Rechtsstreit

    ... ./. ...

wird beantragt,

    das Arbeitsverhältnis gegen Zahlung einer Abfindung, deren Höhe in das Ermessen des Gerichts gestellt wird, aber ... EUR nebst Zinsen in Höhe von fünf Prozentpunkten über dem Basiszinssatz seit dem Tag der Beendigung des Arbeitsverhältnisses[132] nicht unterschreitet, zu zahlen.[133]

Gründe:

Der klägerischen Partei wurde in Anwesenheit von ... vorgehalten, sie habe .... Diese Vorhaltungen, die unzutreffend sind, sind daraufhin einem weiten Kreis von Personen im Betrieb bekannt geworden.

    Beweis: Zeugnis ...

---

[132] Der Auflösungszeitpunkt wird vom Gericht gem. § 9 Abs. 2 KSchG festgesetzt. Der Anspruch auf Abfindung entsteht durch die richterliche Festsetzung im Urteil und wird bereits mit dieser Festsetzung im Urteil, frühestens jedoch zum Zeitpunkt des festgesetzten Endes des Arbeitsverhältnisses fällig (BAG 9.12.1987 – 4 AZR 561/87, NZA 1988, 329).

[133] Eine dem Wortlaut des § 288 BGB entsprechende Antragstellung ist nunmehr ausreichend. Somit muss sich der Anwalt nicht der Mühe unterziehen, den aktuellen Basiszinssatz zu ermitteln und dann einen konkret bezifferten Zinsantrag zu stellen.

Außerdem hat die beklagte Partei die ehrenrührigen Behauptungen über die klägerische Partei im Betrieb wie folgt bekannt gemacht: ...

Beweis: ...

Die der klägerischen Partei gemachten, unzutreffenden Vorhaltungen sind ehrenrührig und geeignet, sie jetzt und auch für die Zukunft im Ansehen herabzusetzen, eine Fortsetzung des Arbeitsverhältnisses ist infolge der Art und Weise der von der beklagten Partei vorgenommenen Kündigung der klägerischen Partei nicht mehr zuzumuten. Das Gericht hat daher gem. §§ 9, 10 KSchG das Arbeitsverhältnis aufzulösen.

Die Abfindung soll ... Monatsverdienste nicht unterschreiten. Es muss berücksichtigt werden, dass die Vorwürfe der beklagten Partei haltlos sind und das Fortkommen der klägerischen Partei in ganz erheblichem Umfange erschwert haben: ...

Die klägerische Partei hat zu gewärtigen, dass sie in Zukunft immer wieder auf diese Vorwürfe angesprochen wird.

Rein vorsorglich weisen wir darauf hin, dass nach der überwiegenden Rechtsprechung der Landesarbeitsgerichte die Berufung auch zulässig ist, wenn die Kammer bei der Bemessung der Abfindung erkennbar hinter den Erwartungen des Klägers zurückbleibt,

vgl die Nachweise aus der Rechtsprechung bei KR/*Spilger*, § 10 KSchG Rn 24 ff und 69 ff.

Es wird beantragt, für den Auflösungsantrag einen eigenen Streitwert festzusetzen. Der Auflösungsantrag bildet einen eigenen Streitgegenstand,

LAG Hamm 16.8.1989 – 2 Sa 308/89, NZA 1990, 328.

11. Muster: Auflösungsgründe für Arbeitnehmer, § 9 KSchG

Der vom Arbeitnehmer gestellte Auflösungsantrag ist begründet, wenn dem Arbeitnehmer die Fortsetzung des Arbeitsverhältnisses nicht zuzumuten ist. Bei dem Begriff der Unzumutbarkeit handelt es sich um einen unbestimmten Rechtsbegriff, dessen Anwendung in der Revisionsinstanz nur beschränkt überprüfbar ist. Das Revisionsgericht kann, wie auch bei anderen unbestimmten Rechtsbegriffen, nur nachprüfen, ob das Berufungsgericht die Voraussetzungen für einen vom Arbeitnehmer gestellten Auflösungsantrag verkannt hat und ob es bei der Prüfung der vom Arbeitnehmer vorgetragenen Auflösungsgründe alle wesentlichen Umstände vollständig und widerspruchsfrei berücksichtigt und gewürdigt hat. Wegen dieses beschränkten revisionsrechtlichen Prüfungsmaßstabes gehört es vornehmlich zur Aufgabe der Tatsachengerichte, im Einzelfall zu bestimmen, ob einem Arbeitnehmer die Fortsetzung des Arbeitsverhältnisses zumutbar ist oder nicht. Dabei haben die Tatsachengerichte keine Ermessensentscheidung zu treffen, es steht ihnen nicht frei, nach Zweckmäßigkeitsgesichtspunkten über die Fortsetzung des Arbeitsverhältnisses zu urteilen,

KR/*Spilger*, § 9 KSchG Rn 36 ff.

Nach der neueren Rechtsprechung des BAG gilt nicht mehr, dass der Begriff der Unzumutbarkeit in § 9 Abs. 1 Satz 1 KSchG ebenso auszulegen sei wie bei der arbeitnehmerseitigen außerordentlichen Kündigung nach § 626 Abs. 1 BGB. Nach der Rechtsprechung des BAG können auch solche Tatsachen die Fortsetzung des Arbeitsverhältnisses unzumutbar machen, die für eine fristlose Kündigung nicht ausreichen,

BAG 26.11.1981 – 2 AZR 509/79, NJW 1982, 2015.

Das Merkmal der Unzumutbarkeit bezieht sich nicht wie bei § 626 BGB auf einen zeitlich begrenzten Zeitraum, sondern auf die gesamte zukünftige Dauer des Arbeitsverhältnisses. Die Zumutbarkeitserwägungen sind daher im Rahmen einer langfristigen Prognose anzustellen. Die Anlegung desselben strengen Maßstabes wie bei § 626 BGB wäre im Übrigen nur dann gerechtfertigt, wenn die Bestimmungen des § 9 Abs. 1 Satz 1

KSchG auch den Arbeitgeber in gleichem Maße in den Schutzbereich einbeziehen würde. Dies ist aber nicht der Fall, da der Bestandsschutz des Arbeitsverhältnisses nicht in seinem Interesse geschaffen worden ist,

KR/*Spilger*, § 9 KSchG Rn 39.

Als Auflösungsgründe sind nur solche Umstände geeignet, die in einem inneren Zusammenhang zu der vom Arbeitgeber erklärten sozialwidrigen Kündigung stehen oder die im Laufe des Kündigungsrechtsstreits entstanden sind,

BAG 23.6.2005 – 2 AZR 256/04, NZA 2006, 363.

Nach der Regierungsbegründung ist dabei insbesondere an solche Fälle zu denken, in denen als Kündigungsgründe unzutreffende ehrverletzende Behauptungen über die Person oder das Verhalten des Arbeitnehmers leichtfertig aufgestellt worden sind oder das Vertrauensverhältnis im Verlaufe des Kündigungsrechtsstreits ohne wesentliches Verschulden des Arbeitnehmers zerrüttet worden ist,

Amtl. Regierungsbegründung, RdA 1951, 64.

Außerdem kommen solche Umstände in Betracht, die den Schluss nahe legen, dass der Arbeitgeber den Arbeitnehmer im Falle einer Rückkehr in den Betrieb gegenüber den übrigen Mitarbeitern benachteiligen oder sonst wie unkorrekt behandeln wird,

KR/*Spilger*, § 9 KSchG Rn 41.

Die tatsächliche Grundlage für eine derartige Annahme kann sowohl in einem prozessualen, beispielsweise durch mündliches oder schriftliches Vorbringen erkennbaren als auch in einem außerprozessualen Verhalten des Arbeitgebers (beispielsweise durch Erklärungen gegenüber Arbeitskollegen oder Vorgesetzten) liegen. Auch die durch Tatsachen begründete Befürchtung, dass der Arbeitnehmer im Falle einer Wiederaufnahme der Arbeit durch seine Arbeitskollegen nicht ordnungsgemäß behandelt werden wird, kann im Einzelfalle die Unzumutbarkeit der Weiterbeschäftigung begründen,

KR/*Spilger*, § 9 KSchG Rn 41.

Eine solche Annahme ist beispielsweise gerechtfertigt, wenn der Arbeitnehmer den Kündigungsrechtsstreit allein wegen eines Fehlers bei der sozialen Auswahl gewonnen hat und wenn aufgrund dessen die durch Tatsachen begründete Besorgnis besteht, dass dies im Falle einer Rückkehr in den Betrieb zu Spannungen mit den Arbeitskollegen führen wird,

LAG Hamm 23.5.1975 – 3 Sa 251/73, DB 1975, 1514; LAG Köln 2.2.1987 – 2 Sa 1265/86, RzK I 11b Nr. 4.

Das Verhalten von unbeteiligten Dritten kann die für eine weitere Zusammenarbeit notwendige Vertrauensgrundlage nur dann zerstören, wenn dieses Verhalten durch den Arbeitnehmer in irgendeiner Weise veranlasst worden ist,

BAG 14.5.1987 – 2 AZR 294/86, NZA 1988, 16.

289 **12. Muster: Bedeutungsverlust von Auflösungsgründen des Arbeitgebers durch Änderung der Umstände**

Arbeitsgericht ...
Aktenzeichen: ...
Gegner: RAe ..., zwei Abschriften anbei
In Sachen
... ./. ...

stellen wir namens und in Vollmacht der klägerischen Partei den Antrag,

den Auflösungsantrag des Arbeitgebers zurückzuweisen.

1. Es kann dahinstehen, ob aufgrund der Äußerungen des vormaligen Prozessbevollmächtigten der klägerischen Partei in der Vorinstanz ein Auflösungsgrund für die beklagte Partei bestand. Jedenfalls fehlt es im gegenwärtigen Zeitpunkt an einem hinreichenden Grund für die Auflösung des Arbeitsverhältnisses nach § 9 Abs. 1 Satz 2 KSchG.

2. Zur Auflösung eines Arbeitsverhältnisses auf Antrag des Arbeitgebers an sich geeignete Gründe können aufgrund der zeitlichen Entwicklung und damit verbundener veränderter tatsächlicher und rechtlicher Umstände ihr Gewicht verlieren,

BAG 7.3.2002 – 2 AZR 158/01, NZA 2003, 261.

a) Nach der Grundkonzeption des Kündigungsschutzgesetzes führt eine Sozialwidrigkeit der Kündigung zu deren Rechtsunwirksamkeit und zum Fortbestand des Arbeitsverhältnisses. Das Kündigungsschutzgesetz ist vorrangig ein Bestandsschutz- und kein Abfindungsgesetz,

BAG 30.9.1976 – 2 AZR 402/75, NJW 1977, 695; BAG 14.1.1993 – 2 AZR 343/92, NZA 1994, 309.

Dieser Grundsatz wird durch § 9 KSchG unter der Voraussetzung durchbrochen, dass, bezogen auf den Auflösungsantrag des Arbeitgebers, eine Vertrauensgrundlage für eine sinnvolle Fortsetzung des Arbeitsverhältnisses nicht mehr besteht,

KR/*Spilger*, § 9 KSchG Rn 9.

Da danach eine Auflösung des Arbeitsverhältnisses nur ausnahmsweise in Betracht kommt, sind an die Auflösungsgründe strenge Anforderungen zu stellen. Allerdings war die Erwägung, dass es insbesondere während eines Kündigungsschutzprozesses zu zusätzlichen Spannungen zwischen den Parteien kommen kann, die eine Fortsetzung des Arbeitsverhältnisses sinnlos erscheinen lassen, für die Schaffung der gesetzlichen Regelungen mitbestimmend,

BAG 25.11.1982 – 2 AZR 21/81, AP KSchG 1969 § 9 Nr. 10 m. Anm. *Herschel*; BAG 14.5.1987 – 2 AZR 294/86, NZA 1988, 16.

b) Maßgeblicher Zeitpunkt für die Beurteilung der Frage, ob eine den Betriebszwecken dienliche weitere Zusammenarbeit zwischen Arbeitgeber und Arbeitnehmer zu erwarten ist, ist der Zeitpunkt der letzten mündlichen Verhandlung in der Tatsacheninstanz,

BAG 29.3.1960 – 3 AZR 568/58, NJW 1960, 2022; BAG 30.4.1992 – 2 AZR 26/92, juris.

Der Auflösungsantrag ist trotz seiner nach § 9 Abs. 2 KSchG gesetzlich angeordneten Rückwirkung auf den Kündigungszeitpunkt in die Zukunft gerichtet. Das Gericht hat eine Vorausschau anzustellen. Im Zeitpunkt der Entscheidung über den Antrag ist zu fragen, ob aufgrund des Verhaltens des Arbeitnehmers in der Vergangenheit in Zukunft noch mit einer den Betriebszwecken dienenden weiteren Zusammenarbeit der Parteien zu rechnen ist,

BAG 30.9.1976 – 2 AZR 402/75, NJW 1977, 695; BAG 7.3.2002 – 2 AZR 158/01, NZA 2003, 261.

Hierin wird der Unterschied zwischen der Auflösung nach §§ 9, 10 KSchG gegenüber einer Überprüfung der Kündigung nach § 1 KSchG deutlich. Für die Frage der Rechtswirksamkeit der Kündigung nach § 1 KSchG ist entscheidend, ob Umstände vorliegen, die im Zeitpunkt des Zugangs der Kündigungserklärung die Kündigung als wirksam erscheinen lassen. Es ist eine rückschauende Bewertung dieser Gründe vorzunehmen, später eingetretene Umstände sind grundsätzlich nicht mehr einzubeziehen,

BAG 29.3.1960 – 3 AZR 568/58, NJW 1960, 2022.

§ 9 KSchG betrifft die künftige Gestaltung der Rechtsbeziehungen der Parteien. Es geht um die Würdigung, ob die zum Zeitpunkt der abschließenden Entscheidung in der Tatsacheninstanz gegeben Umstände eine zukünftige gedeihliche Zusammenarbeit noch erwarten lassen.

Wegen dieses zeitlichen Beurteilungsansatzes ist es denkbar, dass mögliche Auflösungsgründe ihr Gewicht wieder verlieren, weil die tatsächlichen oder rechtlichen Umstände sich im Zeitpunkt der abschließenden Entscheidung geändert haben. Hierin liegt kein ungerechtfertigter Nachteil, der den Auflösungsantrag stellenden Partei, die auf die Dauer eines Kündigungsschutzverfahrens nur begrenzt Einfluss hat. Soweit etwaige Auflösungsgründe das Gewicht eines Kündigungsgrundes erreichen, steht es auch dem Arbeitgeber frei, eine (weitere) Kündigung auszusprechen,

vgl KR/*Spilger*, § 9 KSchG Rn 52.

Diese Kündigung ist dann, unabhängig vom Zeitpunkt der gerichtlichen Entscheidung, wiederum (nur) nach den Verhältnissen zum Zeitpunkt des Zugangs der Kündigungserklärung zu beurteilen. Der Sinn der Auflösung nach § 9 Abs. 1 Satz 2 KSchG besteht eben nicht darin, dem Arbeitgeber eine weitere Kündigung zu ersparen,

KR/*Spilger*, § 9 KSchG Rn 53; *Keßler*, NZA-RR 2002, 1 (8).

Als Auflösungsgründe für den Arbeitgeber nach § 9 Abs. 1 Satz 2 KSchG kommen solche Umstände in Betracht, die das persönliche Verhältnis zum Arbeitnehmer, die Wertung seiner Persönlichkeit, seiner Leistung oder seiner Eignung für die ihm gestellten Aufgaben und sein Verhältnis zu den übrigen Mitarbeiter betreffen. Die Gründe, die einer dem Betriebszweck dienliche weitere Zusammenarbeit zwischen den Vertragspartnern nicht erwarten lassen, müssen allerdings nicht im Verhalten, insbesondere nicht im schuldhaften Verhalten des Arbeitnehmers liegen. Vielmehr kommt es darauf an, ob die objektive Lage beim Schluss der mündlichen Verhandlung in der Tatsacheninstanz beim Arbeitgeber die Besorgnis aufkommen lassen kann, dass die weitere Zusammenarbeit mit dem Arbeitnehmer gefährdet ist,

KR/*Spilger*, § 9 KSchG Rn 57; BAG 7.3.2002 – 2 AZR 158/01, NZA 2003, 261 (263).

Als Auflösungsgrund geeignet sind danach etwa Beleidigungen, sonstige ehrverletzende Äußerungen oder persönliche Angriffe des Arbeitnehmers gegen den Arbeitgeber, Vorgesetzte oder Kollegen,

BAG 30.6.1959 – 3 AZR 111/58, AP § 1 KSchG Nr. 56; *Keßler*, NZA-RR 2002, 1 (9).

Auch das Verhalten eines Prozessbevollmächtigten des Arbeitnehmers im Kündigungsschutzprozess kann die Auflösung des Arbeitsverhältnisses bedingen,

BAG 25.11.1982 – 2 AZR 21/81, AP § 9 KSchG 1969 Nr. 10; BAG 14.5.1987 – 2 AZR 294/86, NZA 1988, 16; einschränkend KR/*Spilger*, § 9 KSchG Rn 56.

Dies gilt auch für von dem Arbeitnehmer nicht veranlasste Erklärungen des Prozessbevollmächtigten jedenfalls dann, wenn der Arbeitnehmer sich diese zu Eigen macht und sich auch nachträglich nicht hiervon distanziert. Zu berücksichtigen ist allerdings, dass gerade Erklärungen im laufenden Kündigungsschutzverfahren durch ein berechtigtes Interesse des Arbeitnehmers gedeckt sein können. In Betracht kommt dies vor allem für Rechtsausführungen zur Unwirksamkeit einer Kündigung etwa wegen eines Verstoßes gegen Treu und Glauben und/oder Sittenwidrigkeit der Kündigung. Solche Ausführungen können jedenfalls nicht ohne weiteres als Auflösungsgrund herangezogen werden, selbst wenn sie rechtlich unzutreffend sind,

BAG 7.3.2002 – 2 AZR 158/01, NZA 2003, 261 (263).

Liegt ein Grund vor, der an sich zur Auflösung des Arbeitsverhältnisses geeignet erscheint, so muss in einem zweiten Schritt geprüft werden, ob in Anbetracht der konkreten betrieblichen Umstände noch eine dem Betriebszweck dienlichen Zusammenarbeit möglich ist,

APS/*Biebl*, Großkommentar KündR, § 9 KSchG Rn 50.

So kann ein zwischenzeitlich eingetretener Wandel der betrieblichen Verhältnisse, beispielsweise der Austausch von Vorgesetzten oder eine Veränderung in der Belegschaftsstruktur, Berücksichtigung finden,

 Keßler, NZA-RR 2002, 1 (8); BAG 7.3.2002 – 2 AZR 158/01, NZA 2003, 261 (263).

Dies folgt schon aus dem zukunftsbezogenen Zweck der Auflösung.

c) Einer Überprüfung nach diesen Grundsätzen hält der Antrag des Arbeitgebers nicht stand: ...

13. Muster: Beiderseitiger Auflösungsantrag

Stellen Arbeitgeber und Arbeitnehmer im Kündigungsschutzrechtsstreit beide den Antrag auf Auflösung des Arbeitsverhältnisses, so bedarf es keiner Sachprüfung mehr, ob die Fortsetzung des Arbeitsverhältnisses unzumutbar bzw den betrieblichen Zwecken dienlich ist. Das Arbeitsverhältnis ist ohne eine solche Sachprüfung aufzulösen,

 LAG Köln 23.4.1993 – 14 Sa 1065/92, n.v.; LAG Berlin 8.8.1967 – 5 Sa 54/67, BB 1968, 207; AnwK-ArbR/*Eylert*, § 9 KSchG Rn 43.

14. Muster: Berechnung des Monatsverdienstes, § 10 KSchG

Bemessungszeitraum für den Monatsverdienst iSv § 10 KSchG ist derjenige Monat, in dem das Arbeitsverhältnis nach § 9 KSchG endet. Bei einer ordentlichen Kündigung ist dies derjenige Monat, in dem das Ende der Kündigungsfrist liegt. Da das Arbeitsverhältnis im Falle einer unwirksamen außerordentlichen Kündigung nach der gesetzlichen Regelung in § 13 Abs. 1 Satz 4 KSchG zum Zeitpunkt der Kündigung aufzuheben ist,

 KR/*Friedrich*, § 13 KSchG Rn 70 ff,

ist in diesen Fällen derjenige Monat maßgeblich, in dem der Zugang der außerordentlichen Kündigung erfolgt ist. Sofern im Bemessungszeitraum Vergütungssteigerungen, beispielsweise durch Tariferhöhungen, erfolgen, ist von dem erhöhten Monatsverdienst auszugehen,

 KR/*Spilger*, § 10 KSchG Rn 31.

Zur Ermittlung des maßgeblichen Monatsverdienstes knüpft das Gesetz an diejenigen Geld- und Sachbezüge an, die dem Arbeitnehmer im Auflösungsmonat zustehen. Unter den Begriff der Geldbezüge fallen zunächst alle Grundvergütungen (Gehalt, Zeitlohn, Fixum etc.),

 KR/*Spilger*, § 10 KSchG Rn 33.

Erhält der Arbeitnehmer zu diesen Vergütungen weitere Zuwendungen mit Entgeltcharakter, beispielsweise ein 13. oder 14. Monatsgehalt, Tantiemen, Jahresabschlussvergütungen, Umsatzbeteiligungen, so sind diese Bezüge anteilig umzulegen,

 KR/*Spilger*, § 10 KSchG Rn 33.

Besteht die jedem Arbeitnehmer zustehende Grundvergütung in Akkordlohn, so ist unter Zugrundelegung der für ihn regelmäßigen Arbeitszeit zu ermitteln, welchen Betrag er im Auflösungsmonat vermutlich verdient hätte.

Als Geldbezüge iSd § 10 Abs. 3 KSchG sind weiterhin alle regelmäßig zu zahlenden Zulagen wie Gefahrenzulagen, Schichtzuschläge, Nachtarbeitszuschläge, Prämien oder Provisionen anzusehen. Hierzu zählen auch einzelvertraglich vereinbarte Wege- und Fahrgelder, sofern sie unabhängig von notwendigen Aufwendungen gezahlt werden,

BAG 11.2.1976 – 5 AZR 615/74, EzA § 2 LohnFG Nr. 8; BAG 4.10.1978 – 5 AZR 886/77, EzA § 63 HGB Nr. 30.

Nicht zu berücksichtigen sind Zuwendungen mit Aufwendungscharakter und Zuwendungen mit Gratifikationscharakter.

Eine anteilige Umlegung des Urlaubsgeldes hat nur dann zu erfolgen, wenn das Urlaubsgeld fest in das Vergütungsgefüge eingebaut ist und damit Entgeltcharakter hat. Wird das Urlaubsgeld dagegen als Gratifikation gewährt, so ist diese Leistung bei der Ermittlung des Monatsverdienstes nicht zu berücksichtigen,

KR/*Spilger*, § 10 KSchG Rn 33.

Der Wert der Sachbezüge ist mit dem Betrag anzusetzen, den der Arbeitnehmer zur Beschaffung der Naturalien auf dem freien Markt aufwenden müsste,

BAG 22.9.1960 – 2 AZR 507/59, AP § 616 BGB Nr. 27.

15. Muster: Rücknahme einer Kündigung kein Beendigungstatbestand

Aktenzeichen: ...

Gegner: RAe ..., zwei Abschriften anbei

In dem Rechtsstreit

... ./. ...

fällt ein weit verbreiteter Irrtum auf, wonach mit der Rücknahme einer Kündigung ein Beendigungstatbestand für einen Kündigungsrechtsstreit gesetzt sei. Die Beendigung des Rechtsstreits um eine Kündigung, die der Arbeitgeber nicht aufrechterhalten will, kann entgegen weit verbreiteter Fehlvorstellungen nicht durch einseitige Rücknahme einer Kündigung erfolgen. Ist eine Kündigung dem Erklärungsempfänger zugegangen, dann kann sie der Kündigende einseitig nicht mehr zurücknehmen,

BAG 21.2.1957 – 2 AZR 410/54, AP § 1 KSchG 1951 Nr. 22; BAG 29.1.1981 – 2 AZR 1055/78, AP § 9 KSchG 1969 Nr. 6; BAG 19.8.1982 – 2 AZR 230/80, AP § 9 KSchG Nr. 9.

Der Beklagten sei anheimgestellt, das Anerkenntnis zu erklären.

Ein ausdrückliches Einverständnis mit der Rücknahme der Kündigung wird der Kläger nicht erteilen.

16. Muster: Zuständiges Arbeitsgericht bei Außendienstmitarbeitern – Wohnsitz des Arbeitnehmers

Nach § 48 Abs. 1 a Satz 1 ArbGG ist für Streitigkeiten aus einem Arbeitsverhältnis auch das Arbeitsgericht zuständig, in dessen Bezirk der Arbeitnehmer seine Arbeit gewöhnlich verrichtet oder zuletzt gewöhnlich verrichtet hat. Ist ein Arbeitsort in diesem Sinne nicht feststellbar, ist nach § 48 Abs. 1 a Satz 2 ArbGG das Arbeitsgericht örtlich zuständig, von dessen Bezirk aus der Arbeitnehmer gewöhnlich seine Arbeit verrichtet oder zuletzt verrichtet hat. Nach der Gesetzesbegründung soll durch diese Regelung Arbeitnehmern durch Gewährleistung eines naheliegenden Gerichtsstands die Prozessführung erleichtert werden, die wie Außendienstmitarbeiter ihre Arbeitsleistung fern vom Sitz des Arbeitgebers oder von dem Ort einer Niederlassung des Arbeitgebers erbringen (BR-Drucks. 820/07, S. 13 f).

Dementsprechend ist der Wohnort eines Außendienstmitarbeiters jedenfalls dann der Ort, von dem aus er iSv § 48 Abs. 1 a Satz 2 ArbGG gewöhnlich seine Arbeit verrichtet, wenn er dort in gewissem Umfang Arbeitsleistungen erbringt. So genügt es, wenn Außendienstmitarbeiter in einem Home-Office ihre Geschäftsreisen vor- oder nachbereiten oder Berichte über diese verfassen,

   LAG Hessen 26.8.2008 – 4 Ta 308/08, ArbuR 2009, 62; LAG München 28.10.2008 – 1 SHa 27/08, NZA-RR 2009, 218; *Francken/Natter/Rieker*, NZA 2008, 377; *Bergwitz*, NZA 2008, 443.

Einen bestimmten Mindestumfang muss die am Wohnort verrichtete Tätigkeit weder in qualitativer noch in quantitativer Hinsicht haben. Bestreitet ein Arbeitnehmer von seinem Home-Office aus seine Arbeit und verfügt er über kein externes Büro für die Vor- und Nachbereitung und das Berichtswesen, spricht alles dafür, dass sich der Gerichtsstand von § 48 Abs. 1a Satz 2 ArbGG im Bezirk des Arbeitsgerichts des Home-Offices befindet. Außendiensttätigkeit bedarf regelmäßig der Vor- und Nachbereitung. Stehen dem Arbeitnehmer dafür nicht andere Räumlichkeiten zur Verfügung, liegt es mangels Alternativen auf der Hand, dass er diese an seinem Wohnort verrichten muss. In solchen Fällen genügt es daher in der Regel zur Darlegung des Gerichtsstands von § 48 Abs. 1a Satz 2 ArbGG, auf das Home-Office zu verweisen. Nähere Darlegungen werden regelmäßig erst nach einem substantiierten Bestreiten durch den Beklagten erforderlich.

↑

VI. Bestandsschutzstreitigkeiten: Betriebsbedingte Kündigung

1. Muster: Mangelhafte soziale Auswahl

Aktenzeichen: ...

Gegner: RAe ..., zwei Abschriften anbei

In dem Rechtsstreit

... ./. ...

weisen wir darauf hin, dass die Kündigung sozial nicht gerechtfertigt ist, da dringende betriebliche Erfordernisse fehlen und eine ordnungsgemäße Sozialauswahl nicht getroffen wurde, § 1 Abs. 2 Satz 1 KSchG.

Nach der ständigen Rechtsprechung des BAG unterliegt die Betriebsbedingtheit der Kündigung grundsätzlich der freien Unternehmerentscheidung, so dass es nicht Aufgabe der Gerichte für Arbeitssachen ist, unternehmerische Entscheidungen auf ihre Zweckmäßigkeit und Notwendigkeit hin zu überprüfen,

   vgl BAG 7.12.1978 – 2 AZR 155/77, EzA § 1 KSchG Betriebsbedingte Kündigung Nr. 10; BAG 30.4.1987 – 2 AZR 184/86, NZA 1987, 776; BAG 18.1.1990 – 2 AZR 183/89, NZA 1990, 734.

Es entspricht jedoch ebenso ständiger Rechtsprechung, dass es aufgrund des Wortlautes sowie nach dem Sinn und Zweck des § 1 Abs. 2 Satz 1 KSchG gerechtfertigt ist, das unternehmerische Gestaltungsermessen innerhalb bestimmter Grenzen gerichtlich zu überprüfen. Nach dem Wortlaut des Gesetzes müssen die betrieblichen Erfordernisse dringend sein. Im Merkmal der Dringlichkeit hat der das gesamte Kündigungsschutzrecht beherrschende Grundsatz der Verhältnismäßigkeit (ultima-ratio-Prinzip) eine gesetzliche Grundlage gefunden. Der gesetzlich anerkannte Grundsatz der Verhältnismäßigkeit gebietet es, die einer betriebsbedingten Kündigung zugrunde liegende Unternehmerentscheidung einer beschränkten Kontrolle zu unterwerfen.

Das Merkmal der Dringlichkeit bildet also eine Willkürschranke. In diesem Sinne unterliegen betriebsbedingte Kündigungen der tatrichterlichen Überprüfung. Nach ständiger Rechtsprechung darf der Arbeitgeber daher beispielsweise erst dann betriebsbedingte Kündigungen aussprechen, wenn er zuvor versucht hat, durch andere zumutbare technische, organisatorische oder wirtschaftliche Maßnahmen (zB durch Begründung von Teilzeitarbeitsverhältnissen, Abbau von Überstunden, Vorverlegung der Werksferien, Rationalisierungskündigungen) einen Personalabbau zu vermeiden,

   vgl BAG 20.2.1986 – 2 AZR 212/85, NZA 1986, 823; BAG 7.12.78 – 2 AZR 155/77, EzA § 1 KSchG Betriebsbedingte Kündigung Nr. 10.

An solchen Maßnahmen hat es die beklagte Partei vermissen lassen:

...

Außerdem ist nicht ersichtlich und von der beklagten Partei auch nicht substantiiert vorgetragen, dass ein Überhang an Arbeitskräften besteht:

...

Außerdem ist eine ordnungsgemäße Sozialauswahl iSv § 1 Abs. 3 KSchG unterblieben. Die Sozialauswahl soll sicherstellen, dass sozial schwächere Arbeitnehmer nur dann entlassen werden, wenn nicht eine Entlassung sozial stärkerer Arbeitnehmer an ihrer Stelle möglich ist. Die Durchführung der Sozialauswahl erfolgt anhand eines Vergleichs des wegfallenden Arbeitsplatzes mit denjenigen Arbeitsplätzen, die von der Rationalisierung nicht betroffen sind. In diesen Vergleich einbezogen werden jedoch nur Arbeitsplätze, die funktionell miteinander vergleichbar sind.

Der Vergleich erfolgt nach der ständigen Rechtsprechung in drei Ebenen:

1. Innerhalb der sog. horizontalen Ebene werden miteinander verglichen:
- die Berufsgruppen (Arbeiter/Angestellte),
- die verschiedenen Ausbildungsberufe (Kfz-Schlosser/Dreher) und
- die ausgeübten Tätigkeiten (bei Nichtausbildungsberufen bzw bei Tätigkeit außerhalb des erlernten Berufes).

2. Innerhalb der sog. vertikalen Ebene sind nur die Arbeitsplätze austauschbar, auf denen Arbeitnehmer derselben Hierarchie beschäftigt sind (Meisterin/Meister; Gesellin/Geselle).

3. Innerhalb der räumlichen Ebene sind sämtliche Arbeitsplätze des Betriebes und nicht nur der betroffenen Abteilungen in die Sozialauswahl mit einzubeziehen. Der Begriff „Betrieb" ist in diesem Zusammenhang weit auszulegen,

    BAG 3.12.1954 – 1 ABR 7/54, AP § 88 BetrVG Nr. 1.

Schließlich hat eine Auswahl nach sozialen Kriterien zu erfolgen, § 1 Abs. 3 Satz 1 KSchG. So sind in die Erwägungen des Arbeitgebers die Dauer der Betriebszugehörigkeit, das Lebensalter, die Unterhaltspflichten und die Schwerbehinderung einzustellen.

Eine an diesen Maßstäben vorzunehmende Auswahl kann nicht zur Kündigung der klägerischen Partei führen.

↑

2. Muster: Verstoß gegen den Grundsatz „Änderungskündigung vor Beendigungskündigung"

↓

Aktenzeichen: ...

Gegner: RAe ..., zwei Abschriften anbei

In dem Rechtsstreit

    ... ./. ...

ist die Kündigung sozial ungerechtfertigt, weil die beklagte Partei die Möglichkeit einer Änderungskündigung nicht geprüft und keine Änderungskündigung anstelle der Beendigungskündigung vorgenommen hat, § 1 Abs. 3 KSchG.

Mit der Umbruchrechtsprechung des BAG vom 27.9.1984,

    2 AZR 62/83, NZA 1985, 455,

wurde das Rechtsprinzip begründet, dass die Änderungskündigung Vorrang vor der Beendigungskündigung hat.

Um diesem Grundsatz zu genügen, muss der Arbeitgeber vor Ausspruch der Beendigungskündigung prüfen, ob nicht eine Weiterbeschäftigung des Arbeitnehmers auch zu geänderten Arbeitsbedingungen möglich ist. Verfügt der Arbeitgeber noch über einen freien Arbeitsplatz, so hat er die konkrete Weiterbeschäftigungsmöglichkeit dem Arbeitnehmer darzulegen und ihm eine Überlegungsfrist von einer Woche einzuräumen. Gleichzeitig ist vom Arbeitgeber deutlich zu machen, dass im Falle der Ablehnung eine Beendigungskündigung ausgesprochen wird. Der Arbeitnehmer hat dann die Möglichkeit, endgültig abzulehnen oder unter dem Vorbehalt von § 2 KSchG das Angebot anzunehmen.

Auch wenn alle Arbeitsplätze besetzt sind, ist dadurch die Möglichkeit einer Änderungskündigung nicht völlig ausgeschlossen. Vielmehr ist es eine Frage der sozialen Auswahl nach § 1 Abs. 3 KSchG, ob der zu kündigende Arbeitnehmer sozial schwächer ist und deshalb eher als andere Arbeitsplatzinhaber der Weiterbeschäftigung bedarf,

vgl KR/*Rost/Kreft*, § 2 KSchG Rn 103.

Unterlässt es der Arbeitgeber allerdings, ein zumutbares Änderungsangebot zu unterbreiten und macht der Arbeitnehmer im Kündigungsschutzprozess deutlich, dass er einem Angebot vorher zumindest unter dem Vorbehalt nach § 2 KSchG zugestimmt hätte, ist die Kündigung sozial ungerechtfertigt.

Wenn der Arbeitgeber über eine andere Beschäftigungsmöglichkeit verfügt, muss er nach der neueren Rechtsprechung des BAG zunächst eine Änderungskündigung aussprechen, bevor er zum Mittel der Beendigungskündigung greift,

BAG 21.4.2005 – 2 AZR 244/04, NZA 2005, 1294.

Die beklagte Partei hat es unterlassen, der klägerischen Partei gegenüber zunächst eine Änderungskündigung zu erklären. Schon aus diesem Grund liegt ein Verstoß gegen den Verhältnismäßigkeitsgrundsatz vor, nämlich dem Arbeitnehmer zunächst eine Weiterbeschäftigung über eine Änderung der Arbeitsbedingungen zu gestatten und erst, wenn sich der Arbeitnehmer nicht einverstanden erklärt, zum Mittel der Beendigungskündigung zu greifen.

Gegen diese Grundsätze hat die beklagte Partei verstoßen: ...

3. Muster: Keine Leistungsverdichtung

296

Die gegenüber dem Kläger ausgesprochene Kündigung ist sozial nicht gerechtfertigt. Die Kündigung ist nicht durch dringende betriebliche Erfordernisse bedingt, die einer Weiterbeschäftigung des Klägers im Betrieb des Beklagten entgegenstehen (§ 1 Abs. 2 Satz 1 KSchG).

Durch dringende betriebliche Erfordernisse bedingt ist eine Kündigung nur dann, wenn durch außerbetriebliche oder innerbetriebliche Gründe zum Zeitpunkt des Ablaufs der Kündigungsfrist ein Arbeitskräfteüberhang besteht, wodurch das Bedürfnis zur Weiterbeschäftigung des gekündigten Arbeitnehmers entfallen ist,

vgl BAG 30.5.1985 – 2 AZR 321/84, NZA 1986, 155; BAG 26.6.1997 – 2 AZR 494/96, NZA 1997, 1286; BAG 13.2.2008 – 2 AZR 1041/06, NZA 2008, 819.

Dies ist vorliegend nicht der Fall.

Zu den innerbetrieblichen Gründen zählen alle betrieblichen Maßnahmen auf technischem, organisatorischem oder wirtschaftlichem Gebiet, durch die der Arbeitgeber seine Entscheidung über die der Geschäftsführung zugrunde liegende Unternehmenspolitik im Hinblick auf den Markt oder hinsichtlich der unternehmensinternen Organisation des Betriebes und der Produktion verwirklicht und die sich auf die Beschäftigungsmöglichkeiten auswirken,

vgl KR/*Griebeling*, § 1 KSchG Rn 519 f.

Der Arbeitgeber trifft in diesen Fällen eine Unternehmerentscheidung, die zur Folge hat, dass ein Überhang von Arbeitskräften herbeigeführt wird und damit das Bedürfnis für die weitere Beschäftigung eines oder mehrerer Arbeitnehmer entfällt. Eine derartige Unternehmerentscheidung ist nicht auf ihre Zweckmäßigkeit und Notwendigkeit zu überprüfen, sondern nur daraufhin, ob sie offenbar unsachlich, unvernünftig oder willkürlich ist (sog. Willkürkontrolle),

vgl BAG 17.10.1980 – 7 AZR 675/78, AP § 1 KSchG 1969 Betriebsbedingte Kündigung Nr. 10; BAG 21.6.1995 – 2 ABR 28/94, NZA 1995, 1157.

Jedoch ist weder die einzelne Kündigung selbst noch der bloße Entschluss des Arbeitgebers, die Arbeitnehmerzahl zu reduzieren, eine bindende Unternehmerentscheidung,

vgl BAG 20.2.1986 – 2 AZR 212/85, NZA 1986, 823; BAG 20.3.1986 – 2 AZR 294/85, NZA 1986, 824.

Ansonsten könnte das KSchG keinen Bestandschutz gewähren. Vielmehr könnte der Arbeitgeber stets die ausgesprochene Kündigung damit verteidigen, die Kündigung selbst sei eine nicht zu überprüfende Unternehmerentscheidung und den gesetzlichen Kündigungsschutz damit außer Kraft setzen. Einem arbeitgeberseitigen Gestaltungsmissbrauch wäre Tür und Tor geöffnet,

vgl BAG 20.2.1986 – 2 AZR 212/85, NZA 1986, 823.

Wenn der Arbeitgeber sich auf eine Unternehmerentscheidung beruft, hat er substantiiert darzulegen, welche unternehmerischen Maßnahmen er getroffen hat und wie sich diese Maßnahmen betrieblich auswirken. Der Arbeitgeber darf sich nicht nur auf pauschale Ausführungen und Leerformeln beschränken. Die ihm obliegende Darlegungslast erfordert eine konkrete, substantiierte und insoweit gerichtlich objektiv nachprüfbare Schilderung, wie die Durch- und Umsetzung der unternehmerischen Organisationsmacht zu einem Wegfall der bisherigen Beschäftigungsmöglichkeiten führt,

vgl BAG 18.1.1990 – 2 AZR 183/89, NZA 1990, 734; LAG Hessen 30.8.2012 – 14 Sa 683/11, juris.

Es muss nachvollziehbar dargelegt werden, ob und wie sich durch die organisatorischen Maßnahme die Arbeitsmenge verändert hat und warum deshalb der oder die betreffenden Arbeitnehmer entbehrt werden können. Der Vortrag muss zu dem zwingenden Schluss führen, dass die Anzahl der Arbeitnehmer, die zur Erledigung bestimmter Aufgaben verpflichtet sind, größer ist, als die Menge der zu erledigenden Arbeit. Der bloße Wille, des Unternehmers rentabler zu arbeiten, oder der Umstand, dass Lohnkosten zu hoch sind und der Gewinn zu niedrig ist und der Arbeitgeber deshalb das Personal abbaut, rechtfertigen für sich keine betriebsbedingte Kündigung. Sie sind vielmehr kündigungsrechtlich ohne Bedeutung,

vgl *Ascheid*, DB 1987, 1144; *Preis*, NZA 1995, 241.

Die beklagte Partei führt aus, sie habe eine unternehmerische Leistungsverdichtungsentscheidung getroffen. Mit diesem Vortrag hat sie sich bezüglich der Begründung der von ihr gegenüber dem Kläger ausgesprochenen Kündigung gebunden. Die Kündigung der beklagten Partei ist infolgedessen an den stringenten Prüfungsmaßstäben des BAG,

vgl BAG 17.6.1999 – 2 AZR 141/99, NZA 1999, 1098; BAG 17.6.1999 – 2 AZR 522/98, NZA 1999, 1095; BAG 17.6.1999 – 2 AZR 456/98, NZA 1999, 1157; BAG 24.4.1997 – 2 AZR 352/96, AP § 1 KSchG Betriebsbedingte Kündigung Nr. 42,

zur Leistungsverdichtung zu messen.

Die aus dem Schriftsatz der beklagten Partei zu entnehmende Begründung steht in einem eklatanten Widerspruch zu den Anforderungen des BAG an eine leistungsverdichtende betriebsbedingte Kündigung. Soweit die beklagte Partei die Entscheidung des LAG Köln vom 7.11.1997 – 11 Sa 1110/96, LAGE § 1 KSchG Betriebsbedingte Kündigung Nr. 50, in Bezug nehmen will, gibt sie die verbindlichen, anerkannten Prüfungsgrundsätze des BAG zur Leistungsverdichtung aus prozesstaktischen Gründen lückenhaft wieder.

Zwar hat auch das BAG in seinen drei Grundlagenentscheidungen vom 17.6.1999,

> vgl BAG 17.6.1999 – 2 AZR 141/99, NZA 1999, 1098; BAG 17.6.1999 – 2 AZR 522/98, NZA 1999, 1095; BAG 17.6.1999 – 2 AZR 456/98, NZA 1999, 1157,

den Grundsatz aufgestellt, dass die Entscheidung des Arbeitgebers, den Personalbestand auf Dauer zu reduzieren, zu den sog. unternehmerischen Maßnahmen gehört, die zum Wegfall von Arbeitsplätzen führen und damit den entsprechenden Beschäftigungsbedarf entfallen lassen können.

Jedoch hat das BAG mit Blick auf die Nähe der Unternehmerentscheidung zur Kündigungsentscheidung zugleich ausdrücklich klargestellt, dass eine solche Unternehmerentscheidung hinsichtlich ihrer organisatorischen Durchführbarkeit und hinsichtlich des Begriffs „Dauer" zu verdeutlichen ist, damit das Gericht prüfen kann, ob die Entscheidung im Sinne der Rechtsprechung zur betriebsbedingten Kündigung nach § 1 Abs. 2 KSchG nicht offensichtlich unsachlich, unvernünftig oder willkürlich ist. Der Kernleitsatz der Rechtsprechung lautet:

„Je näher die eigentliche Organisationsentscheidung an den Kündigungsentschluss rückt, umso mehr muss der Arbeitgeber durch Tatsachenvortrag verdeutlichen, dass ein Beschäftigungsbedürfnis für den Arbeitnehmer entfallen ist."

> vgl BAG 17.6.1999 – 2 AZR 522/98, NZA 1999, 1095.

Dabei gelten nach der Rechtsprechung des BAG die Grundsätze der abgestuften Darlegungs- und Beweislast. Zunächst hat der Arbeitgeber darzulegen, dass und wie die vom ihm getroffene Maßnahme durchgeführt werden soll. Dann ist es Sache des Arbeitnehmers vorzutragen, warum die getroffene Maßnahme offensichtlich unsachlich unvernünftig oder willkürlich sein soll. Alsdann hat sich der Arbeitgeber auf den Vortrag des Arbeitnehmers weiter einzulassen,

> vgl BAG 17.6.1999 – 2 AZR 522/98, NZA 1999, 1095.

Unterzieht man den Vortrag der beklagten Partei einer tiefer gehenden, an den vorstehenden Maßstäben ausgerichteten Würdigung, wird deutlich, dass die beklagte Partei der sie treffenden Beweislast nicht nachgekommen ist. Ihr Vortrag bewegt sich durchgängig an der Oberfläche, besteht aus plakativen, letzten Endes inhaltsleeren Sätzen und lässt ein tragfähiges sachliches, gerichtlich nachprüfbares Unternehmerkonzept nicht erkennen. Der Beklagtenvortrag ist unsubstantiiert. Im Einzelnen:

4. Muster: Abfindungsanspruch nach § 1 a Abs. 2 KSchG

Arbeitsgericht ...

Klage

...

– klägerische Partei –

Prozessbevollmächtigte: ...

gegen

...

– beklagte Partei –

wegen: Abfindung

Wir bestellen uns zu Prozessbevollmächtigten der klägerischen Partei, in deren Namen und Auftrag wir um kurzfristige Anberaumung eines Gütetermins bitten und beantragen werden, zu erkennen:

1. Die beklagte Partei wird verurteilt, ... EUR Abfindung nebst Zinsen in Höhe von fünf Prozentpunkten über dem Basiszinssatz seit dem ... an die klägerische Partei zu zahlen.[134]
2. Sofern die beklagte Partei den Anspruch ganz oder teilweise anerkennt, wird beantragt, in Höhe des anerkannten Betrags ein Anerkenntnisurteil zu erlassen.
3. Die Berufung wird zugelassen.
4. Die Kosten des Rechtsstreits trägt die beklagte Partei.

Gründe:
I.
Zwischen den Parteien besteht seit dem ... ein Arbeitsverhältnis.
Beweis: Vorlage des Arbeitsvertrages in Kopie – Anlage K 1.
Mit Schreiben vom ... teilte die beklagte Partei dem Kläger mit, sie kündige das Arbeitsverhältnis gem. § 1a KSchG aus betriebsbedingten Gründen. Sie teilte ferner mit, dass die klägerische Partei eine Abfindung nach Maßgabe des § 1a Abs. 2 KSchG erhalte, wenn er keine Kündigungsschutzklage gegen die betriebsbedingte Kündigung erhebe.
Beweis: Vorlage des Schreibens in Kopie – Anlage K 2.
Die klägerische Partei unternahm daraufhin nichts. Sie erhob weder Klage noch gab es eine weitergehende Korrespondenz oder Absprachen zwischen den Parteien.
Am ... endete das Arbeitsverhältnis. Die klägerische Partei hat bis auf den heutigen Tag den Abfindungsbetrag nicht erhalten.

II.
Durch die Hinnahme der Kündigung von Seiten der klägerischen Partei wurde das Arbeitsverhältnis zum ... beendet. § 1a KSchG enthält den Beendigungstatbestand eines gesetzlichen Schuldverhältnisses. Nicht nur allein durch die gestaltende Kündigungserklärung wird das Arbeitsverhältnis beendet, sondern durch die zusätzlich angebotene Abfindung, auf die der Arbeitnehmer im Rahmen eines gesetzlichen Schuldverhältnisses einen Anspruch hat, sobald er die Bedingung, Nichterhebung einer Kündigungsschutzklage, erfüllt hat. § 1a KSchG beinhaltet damit den ungewöhnlichen Fall, dass der Erklärungsempfänger durch Schweigen die Entstehung eines gesetzlichen Schuldverhältnisses auslösen kann.
Da Abfindungen nach ständiger Rechtsprechung mit dem Beendigungszeitpunkt fällig werden, sofern die Parteien nicht einen früheren Fälligkeitszeitpunkt festgelegt haben,
> BAG 9.12.1987 – 4 AZR 561/87, NZA 1988, 329; LAG Düsseldorf 23.5.1989 – 16 Sa 475/89, NZA 1989, 850; LAG Köln 21.9.1983 – 9 Ta 148/83, DB 1984, 568,

wurde der Abfindungsbetrag zum ... fällig.
Das Rechtsschutzbedürfnis der klägerischen Partei wurde durch die Rechtsprechung insoweit verschärft, als der Abfindungsanspruch im Falle des Todes des anspruchsberechtigten Arbeitnehmers nur auf die Erben nach § 1922 Abs. 1 BGB übergeht, wenn der anspruchsberechtigte Arbeitnehmer das Ende des Arbeitsverhältnisses erlebt hat,
> BAG 10.5.2007 – 2 AZR 45/06, NZA 2007, 1043.

III.
Gemäß § 1a Abs. 2 KSchG errechnet sich der Abfindungsanspruch der klägerischen Partei wie folgt: ...
↑

---
[134] Zu den beim Zahlungsantrag zu beachtenden Rechtsfragen s. § 6 Rn 10 ff.

5. Muster: Anspruch auf Weiterbeschäftigung in anderem Konzernunternehmen

↓

Aktenzeichen: ...

Gegner: RAe ..., zwei Abschriften anbei

In dem Rechtsstreit

... ./. ...

ist die Kündigung sozial ungerechtfertigt, weil die beklagte Partei die Möglichkeit einer anderweitigen Beschäftigung im Konzern nicht berücksichtigt hat.

Die beklagte Partei hat mit der klägerischen Partei einen von ihr gestellten Arbeitsvertrag und damit einen Verbrauchervertrag iSv § 310 Abs. 3 BGB abgeschlossen. Dieser Vertrag enthält in Ziff. ... eine sog. Konzernversetzungsklausel. Demnach behält sich die beklagte Partei vor, die klägerische Partei „vorübergehend oder dauerhaft" bei einem anderen konzernzugehörigen Unternehmen mit mindestens gleichwertigen Aufgaben zu beschäftigen, auch wenn dies mit einem Ortswechsel verbunden sein wird. Wenn aber die beklagte Partei als Konzernobergesellschaft sich ein solches, das Direktionsrecht erweiterndes Einsatzrecht bei konzernzugehörigen Unternehmen vorbehält, dann kann die klägerische Partei von ihr erwarten, vor Ausspruch einer betriebsbedingten Kündigung alle weiteren Einsatzmöglichkeiten im Konzern zu berücksichtigen.

Gemäß der Intranet-Stellenbörse des Konzerns kamen im Zeitpunkt des Ausspruchs der Kündigung folgende Stellen in Betracht:

...

In Betracht kommen zudem solche ausgeschriebenen Stellen, die zwar nach Ausspruch der Kündigung, jedoch vor Ablauf der Kündigungsfrist dort eingestellt wurden. Von diesen Stellen ist anzunehmen, dass sie bereits im Zeitpunkt des Ausspruchs der Kündigung entstanden, aber erst nachfolgend ausgeschrieben wurden. Diese Stellen hätten daher ebenfalls bei Ausspruch der Kündigung in Betracht gezogen werden müssen. Es handelt sich um folgende Stellen:

...

Die Verpflichtung der beklagten Partei, vor Ausspruch einer betriebsbedingten Kündigung die vorgenannten Stellen zu berücksichtigen, folgt aus dem das Kündigungsschutzrecht beherrschenden Verhältnismäßigkeitsgrundsatz. Ist durch bloße Ausübung des Direktionsrechts eine vorübergehende oder dauerhafte Weiterbeschäftigung zu gleichwertigen Konditionen möglich, so schließt dies den Ausspruch einer betriebsbedingten Kündigung aus.

Davon geht auch die Rechtsprechung der Arbeitsgerichte aus. Nach ständiger Rechtsprechung des BAG ist danach zwar das KSchG nicht konzernbezogen. Der Arbeitgeber ist vor einer betriebsbedingten Kündigung daher grundsätzlich nicht verpflichtet zu versuchen, den Arbeitnehmer – analog § 1 Abs. 2 Satz 2 Nr. 1 Buchst. b) KSchG – in einem Betrieb eines anderen Unternehmens unterzubringen,

BAG 23.4.2006 – 2 AZR 162/05 (Rn 20 mwN), AP Nr. 13 zu KSchG 1969 § 1 Konzern; grundlegend: BAG 14.10.1982 – 2 AZR 568/80 (zu B II 3 der Gründe), BAGE 41, 72.

Eine solche Pflicht kann allerdings dann bestehen, wenn sich ein Konzernunternehmen zur Übernahme des Arbeitnehmers bereiterklärt hat oder sie sich unmittelbar aus dem Arbeitsvertrag, einer sonstigen vertraglichen Absprache oder aus der in der Vergangenheit geübten Praxis ergibt. Voraussetzung ist in der Regel ferner, dass der Vertragsarbeitgeber auf die in Rede stehende „Versetzung" einen bestimmenden Einfluss hat.

Die Entscheidung über eine Weiterbeschäftigung darf grundsätzlich nicht dem zur Übernahme bereiten Unternehmen vorbehalten sein,

>ständige Rechtsprechung, BAG 26.6.2008 – 2 AZR 1109/06 (Rn 34), AP Nr. 180 zu KSchG 1969 § 1 Betriebsbedingte Kündigung; BAG 23.4.2008 – 2 AZR 1110/06 (Rn 22), AP Nr. 177 zu KSchG 1969 § 1 Betriebsbedingte Kündigung.

Typischerweise reicht es für den erweiterten Kündigungsschutz aus, dass die Möglichkeit zur Einflussnahme jedenfalls faktisch besteht,

>BAG 24.5.2012 – 2 AZR 62/11, NZA 2013, 277; BAG 23.4.2008 – 2 AZR 1110/06, AP Nr. 177 zu KSchG 1969 § 1 Betriebsbedingte Kündigung.

Vorliegend ist die beklagte Partei als Konzernobergesellschaft gegenüber allen Konzerntochtergesellschaften weisungsbefugt. Es steht daher in der uneingeschränkten Macht der beklagten Partei, die klägerische Partei auf einer der oben bezeichneten Stellen bei einer der Konzerntöchter einzusetzen.

Entgegen der Auffassung der beklagten Partei liegt in einem solchen Einsatz auch keine unerlaubte Arbeitnehmerüberlassung. Denn nach § 1 Abs. 3 Nr. 2 AÜG ist das AÜG nicht anzuwenden zwischen Konzernunternehmen iSd § 18 AktG, wenn der Arbeitnehmer nicht zum Zweck der Überlassung eingestellt und beschäftigt wird. Die Voraussetzungen dieses gesetzlichen Ausnahmetatbestands liegen hier vor, denn die klägerische Partei wurde nicht eingestellt, um an ein anderes Unternehmen überlassen zu werden. Die beklagte Partei hat sich dies lediglich als eine von mehreren Einsatzoptionen im Vertrag offen gehalten. Tatsächlich wurde die klägerische Partei bislang von der beklagten Partei selbst in ihrem Hauptbetrieb eingesetzt. Zu einer unter das Konzernprivileg fallenden Überlassung iSv § 1 Abs. 3 Nr. 2 AÜG würde es daher erst durch Gebrauchmachen von der Konzernversetzungsklausel kommen.

Höchst vorsorglich könnte und müsste die beklagte Partei für diesen Fall eine Überlassungserlaubnis gem. § 2 AÜG bei der Agentur für Arbeit beantragen. Erst wenn die Erteilung der Erlaubnis scheitern würde, könnte sich die beklagte Partei auf die rechtliche Unmöglichkeit der Überlassung berufen.

↑

6. Muster: Kündigungsschutzklage bei Kündigung eines internationalen Entsendungsvertrages und Rückversetzung gegen den Willen des Arbeitnehmers

↓

Arbeitsgericht

Klage

– klägerische Partei –

Prozessbevollmächtigte: ...

gegen

...

– beklagte Partei –

wegen: Feststellung der Unwirksamkeit einer (Teil-)Kündigung und Rückversetzung

Wir bestellen uns zu Prozessbevollmächtigten der klägerischen Partei, in deren Namen und Auftrag wir um kurzfristige Anberaumung eines Gütetermins bitten und beantragen werden, zu erkennen:

1. Es wird festgestellt, dass das Arbeitsverhältnis zwischen der klägerischen Partei und der beklagten Partei nicht durch die Kündigung vom ... aufgelöst worden ist, sondern zu unveränderten Bedingungen über den ... hinaus fortbesteht.

2. Es wird festgestellt, dass die Kündigung des Auslandsentsendungsvertrages der Parteien rechtswidrig ist und ein „Auslandsentsendungsarbeitsverhältnis" der Parteien nicht durch die Kündigung aufgelöst worden ist, sondern zu unveränderten Bedingungen über den ... hinaus fortbesteht.
3. Es wird festgestellt, dass die seitens der Beklagten gegenüber der klägerischen Partei mit Schreiben vom ... mit Wirkung zum ... angeordnete Rückversetzung nach Deutschland in die Funktion eines ... rechtswidrig ist.
4. Die beklagte Partei wird verurteilt, die klägerische Partei mindestens bis zum ... in ... als ... weiterzubeschäftigen.
5. Die Berufung wird zugelassen.
6. Die Kosten des Rechtsstreits trägt die beklagte Partei.

Gründe:

I.

Die klägerische Partei ist am ... geboren und verheiratet. Unterhaltspflichtige Kinder sind nicht vorhanden.

Die klägerische Partei wurde von der beklagten Partei auf unbestimmte Zeit als Diplom-Ingenieurin (FH), zuletzt in der Funktion als „Head of ...", gegen ein vereinbartes jährliches Gehalt von zuletzt ca. ... EUR netto, dies entspricht in etwa ... EUR brutto (Bundesrepublik Deutschland), in einem Arbeitsverhältnis beschäftigt.

Beweis: Vorlage des Arbeitsvertrages in der Fassung vom ... in Kopie – Anlage K 1.

Die klägerische Partei durchlief danach weitere Positionen und wurde nach einem Betriebsübergang auf die Beklagte einvernehmlich ab dem Jahr ... in der Türkei eingesetzt. Hierzu besteht ein ins Deutsche übersetzter Vertrag, den wir als Anlage K 2 vorlegen.

Beweis: Vorlage des Vertrages vom ... in Kopie – Anlage K 2.

Am ... wurde der Entsendungsvertrag durch die beklagte Partei zum ... gekündigt. Das ausdrücklich im Betreff als „Kündigung" bezeichnete Schreiben ist der klägerischen Partei am ... zugegangen.

Beweis: Vorlage des Kündigungsschreibens in Kopie – Anlage K 3.

Zum Zeitpunkt des Zugangs der Kündigung bestand das Arbeitsverhältnis länger als 6 Monate. Der Betrieb ist kein Kleinstbetrieb iSd § 23 KSchG in der ab 1.1.2004 geltenden Fassung (Doppelschwelle). Die beklagte Partei beschäftigt mehr als 10 Arbeitnehmer. Die klägerische Partei ist bei der beklagten Partei seit dem ... beschäftigt.

II.

1. Die Kündigung ist unwirksam. Sie ist sozial ungerechtfertigt. Die beklagte Partei ist vor dem Hintergrund einer Entscheidung des Großen Senats des Bundesarbeitsgerichts,

BAG 27.2.1985 – GS 1/84, AP § 611 BGB Beschäftigungspflicht Nr. 14,

zudem zur Weiterbeschäftigung der klägerischen Partei verpflichtet. Nach der Rechtsprechung des Großen Senats steht dem Arbeitnehmer ein Anspruch auf Weiterbeschäftigung zu unveränderten Arbeitsbedingungen zu, wenn ein obsiegendes erstinstanzliches Urteil vorliegt. Das Weiterbeschäftigungsinteresse des Arbeitnehmers überwiegt sodann gegenüber dem Gegeninteresse des Arbeitgebers an der Nichtbeschäftigung des Arbeitnehmers. Wenn sich der Arbeitgeber im Gütetermin nicht zum Weiterbeschäftigungsverlangen des Arbeitnehmers erklärt, besteht die Besorgnis, dass die beklagte Partei den Weiterbeschäftigungsanspruch der klägerischen Partei nicht freiwillig befolgt.

Die klägerische Partei bietet hiermit erneut der beklagten Partei ihre weitere Arbeitsleistung an.

Um ihrer Minderungspflicht nach § 615 Satz 2 BGB zu genügen, verlangt die klägerische Partei ein Zwischenzeugnis, damit sie sich bei anderen Arbeitgebern bewerben kann. Der Hilfsantrag auf Erteilung eines endgültigen Zeugnisses wird für den Fall gestellt, dass erstinstanzlich entschieden wird, dass das Arbeitsverhältnis der Parteien durch die Kündigung beendet worden ist.

2. Die Unwirksamkeit der Kündigung ergibt sich daraus, dass Kündigungsgründe nach dem Kündigungsschutzgesetz nicht vorliegen und auch nicht mitgeteilt wurden.

3. Die Kündigung ist sozial nicht gerechtfertigt. Die Kündigung ist weder durch Gründe, die in der Person oder im Verhalten der klägerischen Partei liegen, noch durch dringende betriebliche Erfordernisse, die einer Weiterbeschäftigung der klägerischen Partei im Betrieb der beklagten Partei entgegenstehen, bedingt.

Im Übrigen wird die nicht ordnungsgemäße Durchführung der Sozialauswahl gem. § 1 Abs. 3 Satz 1 KSchG gerügt. Soweit die beklagte Partei behauptet, die streitgegenständliche Kündigung sei als betriebsbedingte Kündigung sozial gerechtfertigt, wird die beklagte Partei nach § 1 Abs. 3 Satz 1 Hs 2 KSchG aufgefordert, der klägerischen Partei die Gründe anzugeben, die zu der getroffenen sozialen Auswahl geführt haben. Die Beklagte hat auch einen Betriebsrat, der von der Kündigung erst von der Klägerin erfahren hat.

III.

1. Rechtswidrigkeit der Kündigung und der angeordneten Rückversetzung nach Deutschland

Die Parteien streiten zum einen über die Rechtmäßigkeit der Kündigung des Entsendungsvertrages und zudem auch über die Rechtmäßigkeit der Rückversetzung aus der Türkei nach Deutschland, schließlich über die Frage der Angemessenheit der nunmehr der klägerischen Partei in Deutschland zugewiesenen Arbeitsaufgabe. Weiterhin begehrt die klägerische Partei die fortgesetzte Vergütung, einschließlich der Sachbezüge, wie sie während des vereinbarten Einsatzes in der Türkei gezahlt worden sind.

Nach der Rechtsauffassung der klägerischen Partei stellt der sog. Internationale Arbeitsvertrag als Entsendungsvertrag nur eine Nebenabrede zum unbefristeten inländischen Arbeitsvertrag der Parteien dar. Mit dem als Anlage K 2 vorgelegten Vertrag haben die Arbeitsvertragsparteien einvernehmlich den Arbeitsort, die Arbeitsaufgabe und die Vergütung festgelegt.

Nach der Auffassung der klägerischen Partei ist dieser Vertrag über den Einsatz in der Türkei weder wirksam befristet worden noch wirksam gekündigt und auch nicht in anderer Weise abgeändert oder aufgehoben worden.

a) Befristung

aa) In dem Vertrag (Anlage K 2) ist Folgendes geregelt:

„2. Dauer und Bedingungen des Einsatzes

2.1 Dauer

Der Einsatz beginnt am ... und wird ca. 4 Jahre (Anfangszeitraum) dauern. Er wird ohne Ihre Zustimmung nicht für weitere 12 Monate nach dem Anfangszeitraum verlängert. Einzelheiten zur Verlängerung von Einsätzen lesen Sie bitte im „Expatriation Handbook" nach.

...

18. Beendigung des Einsatzes

18.1 Ihr Einsatz wird am ... enden bzw zu einem früheren Termin, den Ihnen die Heimat-Firma jedoch mindestens drei Monate schriftlich im Voraus mitteilen wird, sofern er von der Firma nicht gemäß Unterabsatz 2.1 oben um weitere 12 Monate verlängert wird oder beiderseits anderweitige Vereinbarungen getroffen werden. Sie können den Einsatz jederzeit mit einer Frist von mindestens drei Monaten schriftlich gegenüber der Heimat-Firma kündigen.

18.2 ...

18.3 Ungeachtet des vorstehenden Absatzes 18.1 kann die Heimat-Firma Ihren Einsatz unverzüglich per schriftlicher Mitteilung beenden, wenn eines der nachstehenden Ereignisse eingetreten ist:

i) wenn Sie sich eines schwerwiegenden Fehlverhaltens schuldig gemacht oder – nach erfolgter Abmahnung – die Erfüllung Ihrer Pflichten vernachlässigt bzw einen schwerwiegenden oder nachhaltigen Verstoß gegen

die Bedingungen Ihres Anstellungsvertrages begangen haben, bankrott gegangen oder zahlungsunfähig geworden sind bzw Absprachen mit Ihren Gläubigern getroffen haben;
ii) wenn Sie aus Krankheitsgründen länger als sechs Kalendermonate in einem beliebigen Zeitraum von zwölf Kalendermonaten (gerechnet ab dem Datum des Krankheitsbeginns) Ihren Pflichten nicht nachkommen können.

20. Recht
Für den vorliegenden Vertrag gilt das in Ihrem Heimatland anwendbare Arbeitsgesetz."

bb) Hierzu ist rechtlich Folgendes festzustellen:

(1) Die Klauseln in Bezug auf ein dem Arbeitgeber zustehendes Recht, den Einsatz in der Türkei einseitig und auch gegen den Willen der Klägerin zu beenden, sind insofern widersprüchlich und damit jedenfalls unklar, als in Ziffer 18.1 ein Rückrufrecht geregelt ist, das keine inhaltlichen Voraussetzungen aufstellt, während in Ziffer 18.3 das Rückrufrecht an bestimmte Ereignisse geknüpft ist. Diese Unklarheiten gehen gem. § 305c Abs. 2 BGB zu Lasten der beklagten Partei als Verwender der Klausel dieses Verbrauchervertrages iSv § 310 Abs. 3 BGB.

(2) Der Einsatz in der Türkei ist gegenüber einer gleichwertigen Tätigkeit in Deutschland dadurch gekennzeichnet, dass der Einsatz in der Türkei mindestens zwei zusätzliche Vergütungselemente auslöst: zum einen den Internationalen Ortszuschlag (Ziffer 5.3 des Vertrages), zum anderen einen Anspruch auf Tragung der Wohnungskosten, die sich tatsächlich während des Einsatzes in der Türkei auf monatlich ... US-$ belaufen haben.

(3) Selbst wenn der beklagten Partei ein grundloser Rückruf aus der Türkei in Bezug auf die Bestimmung von Zeit, Inhalt und Ort der Arbeitsleistung zustehen würde, wäre dieses Recht jedoch durch die vertraglichen Rechte der Klägerin (§ 106 GewO) begrenzt. Dieses vertragliche Recht beinhaltet jedoch auch die zusätzlichen Vergütungselemente für die Dauer des vereinbarten Einsatzes, so dass eine vorzeitige Beendigung des Einsatzes auch zu einem vorzeitigen Erlöschen dieser Vergütungselemente und damit zu deren einseitiger Beseitigung durch den Arbeitgeber führen würde. Ein solches Recht kann unter bestimmten Voraussetzungen des deutschen Arbeitsrechts gerechtfertigt werden, namentlich käme hier aufgrund des Synallagmas von Arbeitsleistung und Vergütung ein Widerrufsvorbehalt in Betracht. Dieser setzt jedoch nach ständiger Rechtsprechung des BAG,

BAG 12.1.2005 – 5 AZR 364/04, BAGE 113, 140; BAG 19.12.2006 – 9 AZR 294/06, DB 2007, 1253; BAG 11.2.2009 – 10 AZR 222/08, NZA 2009, 428,

die Umschreibung der Widerrufsgründe in der entsprechenden Klausel voraus, woran es im Fall der Ziffer 18.1 des Vertrages aber gerade fehlt.

(4) Auch die Befristung des Einsatzes in der Türkei selbst unterfällt den arbeitsrechtlichen Besonderheiten des deutschen Rechts, was die Parteien jedenfalls wirksam als Vertragsstatut subjektiv und zulässig gem. Art. 8 Abs. 1 Rom I-VO gewählt haben und an dem sich die Beklagte als Verwenderin des Vertragsformulars festhalten lassen muss. Danach ist zu berücksichtigen, dass der sog. Internationale Arbeitsvertrag als Entsendungsvertrag kein eigenständiger Vertrag ist, sondern eine Änderungsabrede zu dem fortbestehenden inländischen unbefristeten Arbeitsverhältnis, wie der Vertrag selbst zutreffend in Ziffer 1. festhält. Die in dem Vertrag vorgesehene Befristung unterfällt damit nicht den Bestimmungen des TzBfG, da dieses nach zutreffender Rechtsauffassung nur für die Befristung des Arbeitsvertrages als solchem gilt, nicht jedoch hinsichtlich der Befristung von einzelnen Vertragselementen; die Befristungskontrolle einzelner Vertragselemente richtet sich vielmehr nach den Kontrollmaßstäben der AGB-Kontrolle,

ständige Rechtsprechung des 7. Senates des BAG: Urt. v. 27.7.2005 – 7 AZR 486/04, BAGE 115, 274; Urt. v. 18.6.2008 – 7 AZR 245/07, juris; *Willemsen/Jansen*, RdA 2010, 1.

Abgesehen davon, dass die Angaben zum Befristungsende in dem Vertrag vorliegend widersprüchlich sind („ca. vier Jahre" einerseits, ... [Datum] andererseits) ersetzt die Angabe des Endbefristungsdatums nicht den auch für einzelne Vertragsbedingungen notwendigen Befristungsgrund. Ein solcher Grund fehlt hier jedoch mit der Folge, dass – bei Wirksamkeit der Vereinbarung im Übrigen – die unwirksame Befristungsklausel wegfällt, § 306 Abs. 1 BGB. Soweit sich die Beklagte auf sozialversicherungsrechtliche Vorschriften beruft, die einem längeren Einsatz in der Türkei entgegenstünden, kann dem nicht gefolgt werden: Ein Einsatz in der Türkei bei Geltung des türkischen Sozialversicherungsrechts in unproblematisch zulässig. Etwas anderes folgt weder aus dem Sozialversicherungsabkommen mit der Türkei noch aus deutschen Vorschriften. Insbesondere ist nach den §§ 4–6 SGB IV sozialrechtlich auch ein dauerhafter Einsatz im Ausland keineswegs rechtlich verboten. Ebenso wie das Steuerrecht regelt das Sozialversicherungsrecht nicht die vertragsrechtliche Frage, ob ein Einsatz im Ausland arbeitsrechtlich zulässig ist, sondern lediglich, welche sozialversicherungsrechtlichen Folgen dies hat. Die arbeitsrechtlich maßgebliche Vorschrift ist hier Art. 8 Rom I-VO, der einem Einsatz im Ausland – weder in befristeter noch in unbefristeter Form – entgegensteht. Dies wird auch nirgends rechtlich vertreten,

vgl nur für die allgemeine Auffassung: AnwK-ArbR/*Mauer*, Art. 8 Rom I-VO Rn 27 ff.

Der vereinbarte Einsatz in die Türkei wird rechtlich durch die Unwirksamkeit der Befristung zu einer Daueraufgabe für die Klägerin. Die Grenzen des Direktionsrechts enthält der Vertrag in Verbindung mit § 106 GewO, der aufgrund des Fehlens einer wirksamen Widerrufsklausel hinsichtlich der Vergütung einen Widerruf nur in den beiden ausdrücklich in Ziffer 18.3 genannten Fällen erlauben würde, die hier jedoch beide nicht vorliegen.

(5) Soweit sich die Beklagte auf betriebsbedingte Umstände – Schließung des Labors in der Türkei – beruft, kann dieser Umstand im Rahmen der §§ 1, 2 KSchG relevant werden. An einer hierauf gestützten Kündigung oder auch Änderungskündigung fehlt es jedoch bislang.

b) Kündigung, Änderungskündigung

Eine Änderungskündigung liegt nicht vor, wie die beklagte Partei im Begleitschreiben vom ... zur Rückversetzung mitteilt.

Beweis: Schreiben der beklagten Partei vom ... – Anlage K 4.

Die beklagte Partei will die Kündigung explizit auf den Entsendungsvertrag beschränken und beruft sich auf die dort vorgesehene Kündigungsmöglichkeit in Ziffer ... Da der Entsendungsvertrag jedoch nur eine vertragliche Nebenabrede zum Arbeitsvertrag darstellt, kann ein Entsendungsvertrag nicht separat gekündigt werden, jedenfalls nicht nach deutschem Recht. Es gilt vielmehr das Verbot der Teilkündigung.

Teilkündigungen, mit denen der Kündigende einzelne Vertragsbedingungen gegen den Willen der anderen Vertragspartei einseitig ändern will, sind grundsätzlich unzulässig. Sie stellen einen unzulässigen Eingriff in das ausgehandelte Äquivalenz- und Ordnungsgefüge des Vertrages dar,

ständige Rechtsprechung, vgl BAG 25.2.1988 – 2 AZR 346/87 (zu A. III. 3. c aa der Gründe), BAGE 57, 344; BAG 23.8.1989 – 5 AZR 569/88 (zu II. 2. der Gründe), AP BGB § 565 e Nr. 3; BAG 23.3.2011 – 10 AZR 562/09 (Rn 27), NZA 2011, 1036.

Nur ausnahmsweise können Teilkündigungen zulässig sein, wenn dem einen Vertragspartner das Recht hierzu eingeräumt wurde und kein zwingender Kündigungsschutz umgangen wird,

vgl BAG 6.11.2007 – 1 AZR 826/06 (Rn 25 ff), BAGE 124, 314; BAG 13.3.2007 – 9 AZR 612/05 (Rn 30), BAGE 121, 369.

An diesen Ausnahmevoraussetzungen fehlt es jedoch gerade vorliegend. Denn der Auslandseinsatz ist mit einschneidenden Änderungen der Arbeits- und Lebensumstände verknüpft, die einem einseitigen und grundlosen Änderungsrecht gerade entgegenstehen. Dies gilt zumal deswegen, weil die Auslandsentsendung im

Regelfall – und so auch vorliegend – mit zusätzlichen und synallagmatischen Entgeltbestandteilen verknüpft ist, die im Fall einer Teilkündigung ohne Abwehrrecht des davon betroffenen Arbeitnehmers entfielen.

c) Sonstige Abänderung, insbesondere Versetzung

Es liegt zeitgleich eine Versetzung gegen den Willen der Klägerin vor. Die Klägerin hat sich ihre Rechte hiergegen ausdrücklich mit Schreiben vom ... vorbehalten.

Beweis: Schreiben der Klägerin an die Beklagte – Anlage K 5.

Die Beklagte hat das Schreiben auch erhalten und hierauf erwidert.

Beweis: Schreiben der Beklagten vom ... – Anlage K 6.

Die Klägerin wehrt sich gegen die jetzige Position nicht nur des Geldes wegen, sondern insbesondere aufgrund einer faktischen Degradierung. Die Stelle in der Türkei war deutlich höherwertiger, was durch das beibehaltene Gehalt allerdings verschleiert wird. Die Klägerin hat gemeinsam mit dem Betriebsrat die bisherige und die derzeitige Position gegenübergestellt. Demnach steht fest, dass die Stellen nicht gleichwertig sind.

Beweis: Protokoll des Betriebsrates vom ... – Anlage K 7.

2. Rechtsfolgen

Die Beklagte befindet sich daher im Annahmeverzug in Bezug auf die weitere Tätigkeit der Klägerin in der Türkei. Die Beklagte schuldet daher auch weiterhin die gesamte Vergütung für die Tätigkeit in der Türkei.

7. Muster: Kündigungsschutzklage und Feststellungsklage gegen Entleiher

Arbeitsgericht ...

Klage

...

– klägerische Partei –

Prozessbevollmächtigte: ...

gegen

...

– beklagte Partei zu 1. –

...

– beklagte Partei zu 2. –

wegen: Feststellung eines Arbeitsverhältnisses und Kündigungsschutz

Wir bestellen uns zu Prozessbevollmächtigten der klägerischen Partei, in deren Namen und Auftrag wir um kurzfristige Anberaumung eines Gütetermins bitten und beantragen werden, zu erkennen:

1. Es wird festgestellt, dass das Arbeitsverhältnis zwischen der klägerischen Partei und der beklagten Partei zu 1. nicht durch die Kündigung vom ... aufgelöst worden ist, sondern zu unveränderten Bedingungen über den ... hinaus fortbesteht.
2. Es wird festgestellt, dass mit Wirkung ab dem ... ein Arbeitsverhältnis zwischen der klägerischen Partei und der beklagten Partei zu 2. gem. § 10 Abs. 1 Satz 1 AÜG zustande gekommen ist.
3. Die Berufung wird zugelassen.
4. Die Kosten des Rechtsstreits tragen die beklagten Parteien.

§ 6 Schriftsätze im arbeitsgerichtlichen Urteilsverfahren

Gründe:

I.

Zwischen der klägerischen Partei und der beklagten Partei zu 1. bestand seit dem ... ein Arbeitsverhältnis.

Beweis: Vorlage des Arbeitsvertrages in Kopie – Anlage K 1.

Die klägerische Partei war als ... eingestellt. Die beklagte Partei zu 1. ist als gemeinnützige Gesellschaft im Bereich der ... tätig. Die bei ihr beschäftigten Arbeitnehmer des Bereichs ... – darunter die klägerische Partei – werden nicht von der beklagten Partei zu 1. selbst beschäftigt, sondern von dieser an die beklagte Partei zu 2. auf Basis eines sog. „Rahmendienstvertrages" eingesetzt. Tatsächlich erbringt die beklagte Partei zu 1. jedoch gar keine Dienstleistung, die über die reine Überlassung ihrer Arbeitnehmer hinausginge. Alle Betriebsmittel gehören der beklagten Partei zu 2. Diese unterhält auch die rechtlichen Beziehungen zu den Kunden, mit denen die beklagte Partei zu 2. Verträge abschließt. Die beklagte Partei zu 2. zahlt an die beklagte Partei zu 1. eine Auftragspauschale, die sich aus den Lohnsummen der überlassenen Arbeitnehmer sowie einem Aufschlag für die Verwaltungskosten zusammensetzt.

Es liegt daher eine Arbeitnehmerüberlassung iSv § 1 Abs. 1 Satz 1 AÜG vor.

Ob die beklagte Partei zu 1. eine Überlassungserlaubnis besitzt, ist der klägerischen Partei nicht bekannt. Es ist jedoch vom Fehlen einer solchen Erlaubnis auszugehen, da andernfalls die Erlaubnis offengelegt worden wäre, wie es das Gesetz verlangt, § 11 Abs. 1–3 AÜG.

Mit Schreiben vom ... teilte die beklagte Partei zu 1. der klägerischen Partei mit, sie kündige das Arbeitsverhältnis gem. § 1 KSchG aus betriebsbedingten Gründen.

Beweis: Vorlage des Schreibens in Kopie – Anlage K 2.

Die klägerische Partei fragte daraufhin bei der beklagten Partei zu 1. nach, ob diese eine Überlassungserlaubnis habe. Eine Antwort hierauf erhielt die klägerische Partei nicht. Gegenüber der beklagten Partei zu 2. bot die klägerische Partei mit Telefax-Anschreiben vom ... ihre weitere Arbeitsleistung an und bat um Bestätigung, dass zu ihr – rückwirkend ab dem ... – ein Arbeitsverhältnis gem. § 10 Abs. 1 Satz 1 AÜG zustande gekommen sei. Auch hierauf erhielt die klägerische Partei keine Antwort.

Ab dem 1.12.2011 stellte sich die Personalgestellung der beklagten Partei zu 1. an die beklagte Partei zu 2., in deren Rahmen auch die klägerische Partei eingesetzt war, als unerlaubte Arbeitnehmerüberlassung dar. Seit Inkrafttreten der gesetzlichen Neuregelungen zum AÜG ist nicht lediglich die gewerbsmäßige Arbeitnehmerüberlassung erfasst, vielmehr reicht jetzt jede Überlassung von Arbeitnehmern durch Verleiher an Entleiher im Rahmen ihrer wirtschaftlichen Tätigkeit aus, um die Erlaubnispflicht des § 1 Abs. 1 Satz 1 AÜG nF und im Falle einer fehlenden Erlaubnis die gesetzlichen Folgen nach §§ 9 Nr. 1, 10 Abs. 1 Satz 1 AÜG auszulösen,

vgl. LAG Düsseldorf 26.7.2012 – 15 Sa 1452/11, BB 2012, 2112.

Nach der Zielrichtung des Europarechts, dem Willen des nationalen Gesetzgebers und der arbeitsrechtlichen Rechtsprechung ist der Begriff der „wirtschaftlichen Tätigkeit" weit zu verstehen. Der Gesetzgeber wollte mit dieser Änderung des Arbeitnehmerüberlassungsgesetzes bei § 1 Abs. 1 Satz 1 AÜG den Vorgaben der Richtlinie 2008/104/EG vom 19.11.2008 über Leiharbeit (ABl. EU vom 5.12.2008, L 327, S. 9) gerecht werden (vgl hierzu die Begründung des Gesetzentwurfes der Bundesregierung vom 2.9.2010, BT-Drucks. 17/4804, S. 1, 8). Dementsprechend ist der in § 1 Abs. 1 Satz 1 AÜG verwandte Begriff der wirtschaftlichen Tätigkeit europarechtskonform nach dem Verständnis der Richtlinie 2008/104/EG auszulegen.

Nach Art. 1 Abs. 2 der Richtlinie findet diese für öffentliche und private Unternehmen Anwendung, bei denen es sich um Leiharbeitsunternehmen oder entleihende Unternehmen handelt, die eine wirtschaftliche Tätigkeit ausüben, unabhängig davon, ob sie Erwerbszwecke verfolgen oder nicht. Damit werden nunmehr auch

Unternehmen vom Anwendungsbereich der Richtlinie sowie des Arbeitnehmerüberlassungsgesetzes erfasst, die Arbeitnehmerüberlassung gemeinnützig ohne Gewinnerzielungsabsicht betreiben,

> vgl ArbG Krefeld 16.5.2012 – 1 Ca 2551/11, juris, bestätigt durch LAG Düsseldorf 26.7.2012 – 15 Sa 1452/11, BB 2012, 2112.

Mit der innerhalb der Dreiwochenfrist erhobenen Kündigungsschutzklage wendet sich die klägerische Partei daher – vorsorglich, aber prozessual unbedingt – gegen die ausgesprochene Kündigung. Für den Fall, dass aus Sicht des Gerichts entweder keine Arbeitnehmerüberlassung vorliegt oder eine solche zwar vorliegt, jedoch unter einen der Privilegierungstatbestände des § 1 Abs. 3 AÜG fiele, ist die Klage gegen den Vertragsarbeitgeber insoweit in jedem Fall geboten, um die Fiktion der Wirksamkeit gem. den §§ 4, 7 KSchG nicht eintreten zu lassen.

Im Wege der subjektiven Klagehäufung wendet sich die klägerische Partei mit ihrem Feststellungsbegehren gegen die beklagte Partei zu 2. und beantragt festzustellen, dass aufgrund der gesetzlichen Fiktion in § 10 Abs. 1 Satz 1 AÜG ein Arbeitsverhältnis mit ihr als Entleiher zustande gekommen ist.

Da das Arbeitsverhältnis der klägerischen Partei unbefristet besteht und die beklagte Partei zu 2. keine Kündigung ausgesprochen hat, die beklagte Partei zu 1. ihrerseits die Kündigung ersichtlich nur im eigenen, nicht jedoch in fremden Namen abgegeben hat, liegt insoweit auch keine Stellvertretung beim Ausspruch der Kündigung vor. Soweit daher das Arbeitsverhältnis mangels Vorliegens der erforderlichen Erlaubnis als zwischen der klägerischen Partei und der beklagten Partei zu 2. zustande gekommen gilt, so ist dies durch Urteil festzustellen, da der Kläger hieran ein berechtigtes Interesse hat, was wiederum in dem Verzug der beklagten Partei zu 2. mit dem Anerkennen des Bestehens begründet ist.

Freilich ist die Klage entweder gegen die beklagte Partei zu 1. oder die beklagte Partei zu 2. unbegründet. Aufgrund der durch die Vertragsgestaltung und Durchführung seitens der beiden Beklagten verursachten Rechtsunsicherheit für die klägerische Partei verbleibt dieser keine andere Wahl, als beide Beklagte im Wege der subjektiven Klagehäufung in Anspruch zu nehmen. Die beklagte Partei zu 1. hat der klägerischen Partei jedoch den hierdurch entstehenden Schaden zu ersetzen, § 10 Abs. 2 Satz 1 AÜG.

VII. Bestandsschutzstreitigkeiten: Verhaltensbedingte Kündigung

1. Muster: Abmahnung vor verhaltensbedingter Kündigung 298

Vor Ausspruch einer verhaltensbedingten Kündigung ist nach ständiger Rechtsprechung des BAG gemäß dem Grundsatz der Verhältnismäßigkeit eine Abmahnung erforderlich,

> BAG 9.7.1964 – 2 AZR 419/63, AP § 626 BGB Nr. 52; BAG 29.7.1976 – 3 AZR 50/75, AP § 1 KSchG Verhaltensbedingte Kündigung Nr. 9; BAG 6.8.1981 – 6 AZR 1086/79, DB 1982, 758.

Wegen der Hinweis-, Warn- und Dokumentationsfunktion muss daher grundsätzlich einer verhaltensbedingten Kündigung eine Abmahnung vorausgehen, bevor der Arbeitgeber kündigen darf. Dabei hat das LAG Hamm entschieden, dass eine Kündigung 9 Tage nach Ausspruch der Abmahnung eine zu kurze Bewährungszeit sei,

> LAG Hamm 15.3.1983 – 11 (10) Sa 904/82, BB 1983, 1858.

Die Kündigung und das in der Abmahnung missbilligte Verhalten müssen den gleichen Unrechtsgehalt haben, Kündigungsgründe und Inhalt der Abmahnung müssen dem gleichen arbeitsrechtlichen Pflichtenkreis zugeordnet werden können,

> BAG 18.1.1980 – 7 AZR 75/78, AP § 1 KSchG 1969 Verhaltensbedingte Kündigung Nr. 3; BAG 15.8.1984 – 7 AZR 228/82, NJW 1985, 2158; BAG 27.2.1985 – 7 AZR 525/83, juris.

Die Abmahnung muss schließlich erfolglos gewesen sein. Der Arbeitnehmer muss durch ein erneutes einschlägiges Fehlverhalten deutlich gemacht haben, dass bei ihm die Warnung des Arbeitgebers, die in der Abmahnung zum Ausdruck kam, nicht gefruchtet hat, so dass auch in Zukunft mit weiteren vergleichbaren Fehlverhaltensweisen gerechnet werden muss.

Die Abmahnung muss nicht schriftlich, sie muss auch nicht allein dem betroffenen Arbeitnehmer gegenüber erklärt worden sein, sie kann auch mündlich ausgesprochen werden und sie kann auch am Schwarzen Brett für alle Arbeitnehmer ausgehängt werden, etwa in dem Sinne, dass die Arbeitnehmer darauf hingewiesen werden, Schutzhelme zu tragen, andernfalls mit einer ordentlichen Kündigung gerechnet werden müsse,

Schaub/*Linck*, Arbeitsrechts-Handbuch, § 132 II.2. Rn 9.

Ist der Vertragsverstoß allerdings so, dass aus der Sicht eines verständigen Arbeitnehmers die Grundlagen für eine weitere Zusammenarbeit nachhaltig beeinträchtigt sind, bedarf es zur Kündigungsrechtfertigung keiner weiteren Prognose mehr, was künftige Fehlverhaltensweisen angeht; die Abmahnung ist verzichtbar. Wer seinen Arbeitgeber oder einen Vorgesetzten schwerwiegend oder nachhaltig beleidigt, wer mit Abrechnungsaufgaben betraut ist und sie grob fahrlässig unsorgfältig mit erheblichen Vermögensgefahren für den Arbeitgeber schlecht erfüllt, oder wer Arbeitsunfähigkeit vortäuscht und Lohnfortzahlung in Anspruch nimmt, ohne krank zu sein, der beseitigt normalerweise ohne weiteres die Basis für die weitere Zusammenarbeit. Wer Vermögensinteressen des Arbeitgebers wahrzunehmen hat, diese bewusst mit Schaden für den Arbeitgeber vernachlässigt, wer Provisions- oder Spesenabrechnungen fälscht, dem kann wirksam gekündigt werden, ohne dass es einer vorangegangenen, abgemahnten Pflichtwidrigkeit im gleichen Pflichtenkreis bedarf,

BAG 29.7.1976 – 3 AZR 50/75, AP § 1 KSchG Verhaltensbedingte Kündigung Nr. 9; BAG 18.1.1980 – 7 AZR 75/78, AP § 1 KSchG 1969 Verhaltensbedingte Kündigung Nr. 3; BAG 18.11.1986 – 7 AZR 674/84, NZA 1987, 418; BAG 30.6.1983 – 2 AZR 524/81, NJW 1984, 1917.

Eine an diesen Grundsätzen ausgerichtete Abmahnung hat die beklagte Partei vor Ausspruch der verhaltensbedingten Kündigung nicht erteilt.

2. Muster: Darlegungslast beim Low-Performer

Zunächst ist bezüglich der sog. Low-Performer-Problematik von der neueren Rechtsprechung des BAG und der Instanzgerichte auszugehen:

vgl hierzu BAG 17.1.2008 – 2 AZR 536/06, BAGE 125, 257; BAG 27.11.2008 – 2 AZR 675/07, NZA 2009, 842 (Abmahnung wegen Minderleistung); LAG Rheinland-Pfalz, Teilurteil v. 22.1.2009 – 10 Sa 535/08, juris m. Anm. *Kohte/Weber*, jurisPR-ArbR 42/2009 Anm. 2; LAG Schleswig-Holstein 24.2.2010 – 6 Sa 399/09, NZA-RR 2010, 466 m. Anm. *Kohte/Weber*, jurisPR-ArbR 35/2010 Anm. 1.

Danach kann die verhaltensbedingte Kündigung gegenüber einem leistungsschwachen Arbeitnehmer nach § 1 Abs. 2 KSchG gerechtfertigt sein, wenn der Arbeitnehmer seine arbeitsvertraglichen Pflichten dadurch vorwerfbar verletzt, dass er fehlerhaft arbeitet. Ein Arbeitnehmer genügt – mangels anderer Vereinbarungen – hingegen seiner Vertragspflicht, wenn er unter angemessener Ausschöpfung seiner persönlichen Leistungsfähigkeit arbeitet. Er verstößt also gegen seine Arbeitspflicht nicht allein dadurch, dass er die durchschnittliche Fehlerhäufigkeit aller Arbeitnehmer überschreitet.

Beim sog. Low-Performer hat das BAG die Darlegungs- und Beweislast wie folgt verteilt:

Bei einer Kündigung wegen qualitativer Minderleistung des Arbeitnehmers ist es danach zunächst Sache des Arbeitgebers, zu den aufgetretenen Leistungsmängeln das vorzutragen, was er über die Fehlerzahl, die Art und Schwere sowie Folgen der fehlerhaften Arbeitsleistung des Arbeitnehmers wissen kann. Kann der Arbeitgeber darlegen, dass der Arbeitnehmer längerfristig die durchschnittliche Fehlerhäufigkeit aller mit vergleichbaren Arbeiten beschäftigter Arbeitnehmer erheblich überschreitet, so kann dies ein Anhaltspunkt dafür sein, dass der Arbeitnehmer vorwerfbar seine vertraglichen Pflichten verletzt.

Da jedoch der Vergleich durchschnittlicher Fehlerquoten für sich noch keinen hinreichenden Aufschluss darüber gibt, ob durch die fehlerhafte Arbeit des gekündigten Arbeitnehmers das Verhältnis von Leistung und Gegenleistung stark beeinträchtigt ist, muss der Arbeitgeber hier weitere Umstände darlegen. Anhand der tatsächlichen Fehlerzahl, der Art, Schwere und Folgen der fehlerhaften Arbeitsleistung des betreffenden Arbeitnehmers ist näher darzulegen, dass die längerfristige deutliche Überschreitung der durchschnittlichen Fehlerquoten nach den Gesamtumständen darauf hinweist, dass der Arbeitnehmer vorwerfbar seine vertraglichen Pflichten verletzt. Legt der Arbeitgeber dies im Prozess dar, so muss der Arbeitnehmer erläutern, warum er trotz erheblich unterdurchschnittlicher Leistungen seine Leistungsfähigkeit ausschöpft. Hierbei ist insbesondere darzulegen, welche betrieblichen Beeinträchtigungen durch die konkret darzulegenden Fehler verursacht werden und dass es sich insoweit nicht lediglich um Fehler handelt, die trotz einer gewissen Häufigkeit angesichts der konkreten Umstände der Arbeitsleistung vom Arbeitgeber hinzunehmen sind,

> BAG 17.1.2008 – 2 AZR 536/06, BAGE 125, 257; BAG 11.12.2003 – 2 AZR 667/02, NZA 2004, 784; BAG 3.6.2004 – 2 AZR 386/03, NZA 2004, 1380.

Liegen nach dem unstreitigen Parteivorbringen keine verhaltensbedingten Gründe für die Erfolglosigkeit des Arbeitnehmers vor, ist zu prüfen, ob die Erfolglosigkeit des Arbeitnehmers auf personenbedingten Gründen basiert, der Arbeitnehmer mithin nicht in der Lage ist, die von sonstigen Arbeitnehmern mühelos gezeigten Leistungen ebenfalls zu erbringen.

3. Muster: Kündigungsverzicht durch Abmahnung des gleichen Sachverhalts

Aktenzeichen: ...

Gegner: RAe ..., zwei Abschriften anbei

In dem Rechtsstreit

... ./. ...

tragen wir weiterhin vor, dass die Kündigung auch deshalb unwirksam ist, weil der gleiche, zum Gegenstand der Kündigung erhobene Sachverhalt bereits von der beklagten Partei durch eine Abmahnung sanktioniert wurde und damit zugleich nach ständiger Rechtsprechung ein Kündigungsverzicht für diesen Sachverhalt ausgesprochen wurde.

Die Rechtsprechung zum Verhältnis zwischen Abmahnung und Kündigung ist komplex, die Rechtslage stellt sich derzeit wie folgt dar:

1. Im individualrechtlichen Bereich kann der Arbeitgeber mit der Abmahnung die Voraussetzung für eine eventuelle spätere Kündigung schaffen wollen, indem er für die Zukunft vertragsgerechtes Verhalten fordert und für den Fall weiterer Vertragsverletzungen individualrechtliche Konsequenzen in Aussicht stellt (Warnfunktion),

> BAG 30.1.1979 – 1 AZR 342/76, AP § 87 BetrVG 1972 Betriebsbuße Nr. 2; BAG 18.1.1980 – 7 AZR 75/78, AP § 1 KSchG 1969 Verhaltensbedingte Kündigung Nr. 3; BAG 15.1.1986 – 5 AZR 70/84, NZA 1986, 421; KR/*Fischermeier*, § 626 BGB Rn 256; Stahlhacke/Preis/Vossen/*Preis*, Rn 6.

Durch das Erfordernis einer vergeblich gebliebenen Abmahnung vor Ausspruch einer verhaltensbedingten Kündigung, insbesondere bei Störungen im Leistungsbereich, soll der mögliche Einwand des Arbeitnehmers ausgeräumt werden, er habe die Pflichtwidrigkeit seines Verhaltens nicht gekannt oder jedenfalls damit rechnen müssen, der Arbeitgeber sehe dieses Verhalten als so schwerwiegend an, dass er zu kündigungsrechtlichen Konsequenzen greifen werde,

BAG 18.11.1986 – 7 AZR 674/84, NZA 1987, 418; KR/*Fischermeier*, § 626 BGB Rn 256 f; Stahlhacke/Preis/Vossen/*Preis*, Rn 1172 ff.

2. Hiervon zu unterscheiden ist die Wahrnehmung des dem Arbeitgeber zustehenden vertraglichen Rügerechts, mit dem ausdrücklich nur eine Gläubigerfunktion geltend gemacht werden soll,

vgl BAG 6.8.1981 – 6 AZR 1086/79, AP § 37 BetrVG 1972 Nr. 40.

Insoweit, als Vertragsrüge, dient die Abmahnung – auch ohne Androhung möglicher Konsequenzen – nicht vornehmlich der Vorbereitung einer Kündigung, sondern sie ist eine Sanktion auf ein vertragswidriges Verhalten. In der Entscheidung vom 30.1.1979,

BAG 30.1.1979 – 1 AZR 342/76, AP § 87 BetrVG 1972 Betriebsbuße Nr. 2,

wird insoweit ausgeführt, die Kündigung sei die stärkste individualrechtliche Maßnahme, die Abmahnung demgegenüber das mildere Mittel. Insofern geht die Abmahnung nach dem Grundsatz der Verhältnismäßigkeit der Kündigung vor, da die Kündigung nur erforderlich ist, wenn andere Mittel nicht mehr ausreichen,

BAG 18.1.1980 – 7 AZR 75/78, AP § 1 KSchG 1969 Verhaltensbedingte Kündigung Nr. 3; KR/*Fischermeier*, § 626 BGB Rn 257; Stahlhacke/Preis/Vossen/*Preis*, Rn 12.

3. Nach ständiger Rechtsprechung des BAG ist bei Störungen im Leistungsbereich regelmäßig vor Ausspruch einer Kündigung eine vergebliche Abmahnung mit ausreichender Warnfunktion erforderlich,

BAG 18.1.1980 – 7 AZR 75/78, AP § 1 KSchG 1969 Verhaltensbedingte Kündigung Nr. 3; BAG 9.8.1984 – 2 AZR 400/83, NZA 1985, 124; BAG 15.8.1984 – 7 AZR 228/82, NJW 1985, 2158,

was insbesondere auch für verhaltensbedingte Gründe mit Auswirkungen im Leistungsbereich gilt,

BAG 9.8.1984 – 2 AZR 400/83, NZA 1985, 124; KR/*Fischermeier*, § 626 BGB Rn 261; Stahlhacke/Preis/Vossen/*Preis*, Rn 12.

Auch bei einem Fehlverhalten im Vertrauensbereich bedarf es dann einer vorherigen erfolglosen Abmahnung, wenn der Arbeitnehmer mit vertretbaren Gründen annehmen konnte, sein Verhalten sei nicht vertragswidrig oder werde vom Arbeitgeber zumindest nicht als ein erhebliches, den Bestand des Arbeitsverhältnisses gefährdendes Fehlverhalten angesehen,

BAG 30.6.1983 – 2 AZR 524/81, NJW 1984, 1917.

4. Mahnt der Arbeitgeber den Arbeitnehmer wegen eines bestimmten Verhaltens ab, so schließt dies eine spätere Kündigung, die auf den gleichen, dem Arbeitgeber bereits zum Zeitpunkt der Erteilung der Abmahnung bekannten Sachverhalt gestützt wird, grundsätzlich aus und zwar unabhängig davon, ob sie als Sanktion gedacht war oder hierdurch die Warnfunktion erfüllt werden sollte. Dieser Grundsatz gilt ausnahmsweise nicht, wenn der Abmahnung nach dem Empfängerhorizont zu entnehmen ist, dass sich der Kündigungsberechtigte das Recht zur Kündigung wegen des gerügten Fehlverhaltens unter bestimmten Voraussetzungen doch noch vorbehält. In diesem Sinne entschied das LAG Schleswig-Holstein, dass sich allein aus der Abmahnung nach Androhung einer Krankschreibung wegen verweigerter Urlaubsverlängerung kein wirksamer Verzicht auf eine verhaltensbedingte Kündigung ergebe,

LAG Schleswig-Holstein 19.10.2004 – 5 Sa 279/04, NZA-RR 2005, 419.

a) Willenserklärungen des Arbeitgebers sind nach dem Empfängerhorizont auszulegen. Wer „letztmalig" abgemahnt wird, fasst das nach üblichem Sprachgebrauch nicht so auf, die Letztmaligkeit ergebe sich aus der kurz darauf nachfolgenden, auf den gleichen Grund gestützten und zu erwartenden Kündigung, sondern weil er annimmt, bei einem nochmaligen Verstoß würden andere Sanktionen folgen.

b) Der Kündigungsberechtigte kann sowohl bei der ordentlichen als auch bei der außerordentlichen Kündigung auf ein auf bestimmte Gründe gestütztes und konkret bestehendes Kündigungsrecht verzichten,

KR/*Fischermeier*, § 626 BGB Rn 61 ff; Staudinger/*Preis*, § 626 BGB Rn 70, 113.

Der Verzicht auf ein entstandenes Kündigungsrecht ist ausdrücklich oder konkludent durch eine empfangsbedürftige Willenserklärung des Kündigungsberechtigten möglich. Vor Ablauf der Ausschlussfrist des § 626 Abs. 2 BGB ist ein Verzicht nur dann anzunehmen, wenn der Kündigungsberechtigte eindeutig seine Bereitschaft zu erkennen gibt, das Arbeitsverhältnis fortzusetzen,

KR/*Fischermeier*, § 626 BGB Rn 61 ff.

Dagegen erlischt das Kündigungsrecht durch konkludenten Verzicht insgesamt, wenn der Kündigungsberechtigte wegen des ihm bekannten Kündigungssachverhalts eine Ermahnung oder Abmahnung ausspricht, sofern sich die für die Kündigung maßgebenden Umstände später nicht noch ändern,

so ausdrücklich schon BAG 31.7.1986 – 2 AZR 559/85, juris; Staudinger/*Preis*, § 626 BGB Rn 113; KR/*Fischermeier*, § 626 BGB Rn 61 ff.

c) Der Arbeitgeber gibt durch eine Abmahnung außerdem kund, er sehe das Arbeitsverhältnis noch nicht als so gestört an, dass ihm eine weitere Zusammenarbeit mit dem Arbeitnehmer nicht mehr möglich sei. Nach § 1 KSchG ist eine Kündigung nur dann gerechtfertigt, wenn Gründe vorliegen, die einer Weiterbeschäftigung des Arbeitnehmers entgegenstehen, was nach herrschender Auffassung bei allen Kündigungsgründen festzustellen ist,

vgl BAG 5.8.1976 – 3 AZR 110/75, AP § 1 KSchG 1969 Krankheit Nr. 1; BAG 27.9.1984 – 2 AZR 62/83, NZA 1985, 455.

Damit ist die negative Prognose Voraussetzung für die einseitige Auflösung des Arbeitsverhältnisses durch eine Kündigung, die eines rechtfertigenden Grundes bedarf,

vgl *Preis*, Prinzipien des Kündigungsrechts, S. 332; *Herschel*, FS Schnorr v. Carolsfeld, S. 202.

Die negative Prognose kann der Arbeitgeber nur mit dem Vortrag begründen, in Zukunft sei mit weiteren Störungen zu rechnen. Regelmäßig liegen diese Voraussetzungen nur dann vor, wenn der Arbeitnehmer nach einer vorangegangenen Abmahnung sein beanstandetes Verhalten weiter fortsetzt. Andererseits zeigt ein Arbeitgeber, der abmahnt, dass ihm eine abschließende negative Prognose noch nicht möglich ist. Hat er das aber selbst durch eine Abmahnung zu erkennen gegeben, dann kann er eine spätere negative Prognose nur durch neue Tatsachen belegen, und zwar auch durch solche, die bei der Abmahnung zwar schon vorlagen, ihm aber noch nicht bekannt waren. Die Abmahnung führt demgemäß nur hinsichtlich der zum Zeitpunkt ihrer Erteilung vorliegenden und bekannten Gründe zum Verzicht auf das Kündigungsrecht. Treten weitere Gründe hinzu oder werden sie erst nach der Abmahnung bekannt, dann kann zur Begründung der Kündigung auch unterstützend auf die abgemahnten Gründe zurückgegriffen werden, sofern und soweit sie auch ohne Abmahnung oder aufgrund einer früheren Abmahnung, die die Warnfunktion erfüllt, erheblich sind.

4. Muster: Ungenauigkeiten bei Spesen und Reisekosten 301

Will sich ein Arbeitgeber von einem Arbeitnehmer trennen, geschieht es häufig, dass in Ermangelung eines Kündigungsgrundes ein verhaltensbedingter Kündigungsgrund gesucht wird. Meist beauftragt die Unternehmensleitung oder die Personalabteilung die Revision, den Wirtschaftsprüfer oder einen Steuerberater, nach Ungenauigkeiten im Bereich der Reisekostenabrechnung oder der Spesenabrechnung zu suchen. Die bei solchen Gelegenheiten zutage geförderten Ungenauigkeiten, Unklarheiten oder Fehler bei der Abrechnung durch den Arbeitnehmer werden dann zum Anlass für eine verhaltensbedingte ordentliche Kündigung genommen. Grundsätzlich ist zwar in der Rechtsprechung anerkannt, dass der Arbeitnehmer seine Reisekosten-

und Spesenabrechnung stets korrekt beim Arbeitgeber einreichen muss. Alle Unregelmäßigkeiten im Zusammenhang mit der Zeiterfassung, Reisekostenabrechnung, das vorsätzliche falsche Ausstellen von Dokumentationen und Formularen können ebenso wie sonstige unrichtige Angaben an Tätigkeitsberichten grundsätzlich eine Kündigung rechtfertigen,

BAG 24.11.2005 – 2 AZR 39/05, NZA 2006, 484; ArbG Frankfurt 24.7.2001 – 5 Ca 6603/00, NZA-RR 2002, 133; LAG Schleswig-Holstein 9.6.2009 – 5 Sa 430/08, juris; anders jedoch LAG Schleswig-Holstein 16.5.2007 – 6 Sa 441/06, NZA-RR 2007, 402.

Allerdings besagt die neuere Rechtsprechung auch, dass bei zweifelhaften Spesen- und Reisekostenabrechnungen des Arbeitnehmers dem Arbeitgeber nicht stets ein Kündigungsgrund für eine verhaltensbedingte ordentliche Kündigung zur Seite steht. Auch die Gerichte haben erkannt, dass im Bereich der Spesenabrechnung häufig Kündigungsgründe gezielt gesucht werden, wenn dem Arbeitgeber keine Gründe zur Entlassung eines Arbeitnehmers zur Verfügung stehen. Der Schutz, der dem Arbeitnehmer durch die Regelung des Kündigungsschutzgesetzes zuteilwerden soll, wird in solchen Fällen umgangen.

Eine verhaltensbedingte ordentliche Kündigung ist gem. § 1 Abs. 2 KSchG sozial gerechtfertigt, wenn Vertragspflichtverletzungen des Arbeitnehmers vorliegen, die bei verständiger Würdigung unter Abwägung der Interessen beider Vertragsteile eine Beendigung des Arbeitsverhältnisses als billigenswert und angemessen erscheinen lassen,

BAG 21.5.1992 – 2 AZR 10/92, NZA 1993, 115.

Im Regelfall setzt eine verhaltensbedingte Kündigung nicht nur eine objektive und rechtswidrige Vertragspflichtverletzung, sondern darüber hinaus auch ein schuldhaftes vorwerfbares Verhalten des Arbeitnehmers voraus. Macht der Arbeitnehmer geltend, dass er von der Rechtmäßigkeit seines Verhaltens ausgegangen ist, kann verschuldensverneinend sein, weil ein nicht vermeidbarer Verbotsirrtum vorliegt,

BAG 14.2.1996 – 2 AZR 274/95, NZA 1996, 873.

Das LAG Niedersachsen,

15.6.2004 – 13 Sa 1681/03, NZA-RR 2004, 574,

stellte zwar klar, dass fehlerhafte Angaben zu Reisezeiten, die als Arbeitszeit gewertet werden, grundsätzlich einen Kündigungsgrund darstellen, weist aber zudem darauf hin, dass eine Abmahnung dann nicht entbehrlich sei, wenn es sich nur um eine fahrlässige Pflichtverletzung handele. Macht der Arbeitnehmer bei einer verhaltensbedingten Kündigung wegen falscher Abrechnung fiktiver Reisekosten geltend, dass er von der Rechtmäßigkeit seines Verhaltens ausgegangen ist, kann Verschulden zu verneinen sein, weil ein nicht vermeidbarer Verbotsirrtum vorliegt. War der Irrtum vermeidbar, ist Fahrlässigkeit und damit Verschulden gegeben. Irrtum und Grad der Fahrlässigkeit sind jedoch im Rahmen der Interessenabwägung zu berücksichtigen. Liegt nur eine fahrlässige Pflichtverletzung vor, kann auf das Erfordernis der Abmahnung nicht verzichtet werden,

LAG Niedersachsen 15.6.2004 – 13 Sa 1681/03, NZA-RR 2004, 574.

Schlussfolgerung aus der Entscheidung der 13. Kammer des LAG Niedersachsens,

LAG Niedersachsen 15.6.2004 – 13 Sa 1681/03, NZA-RR 2004, 574,

ist somit, dass ohne vorherige Abmahnung eine verhaltensbedingte Kündigung nicht auf einen Reisekosten- oder Spesenbetrug bzw eine fehlerhafte Abrechnung gestützt werden kann, wenn dem Arbeitnehmer eine lediglich fahrlässige Verhaltensweise vorzuwerfen ist.

↑

5. Muster: Verwertungsverbot von Informationen aus versteckt angebrachter Videokamera[135]

Die Aufzeichnung des Verhaltens von Arbeitnehmern mit einer versteckt installierten Videokamera stellt einen rechtswidrigen Eingriff in das grundrechtlich geschützte Persönlichkeitsrecht dar, Art. 1 Abs. 1, Art. 2 Abs. 1 GG. Dies führt dazu, dass dieses Beweismittel und alle anderen darauf basierenden Erkenntnisquellen im Rechtsstreit nicht verwertet werden dürfen,

BVerfG 19.12.1991 – 1 BvR 382/85, NJW 1992, 815.

Ob ein unzulässiger Eingriff in das Persönlichkeitsrecht vorliegt, ergibt sich aus einer Abwägung der widerstreitenden Interessen,

BAG 7.10.1987 – 5 AZR 116/86, NZA 1988, 92; BGH 25.4.1995 – VI ZR 272/94, AP § 611 BGB Persönlichkeitsrecht Nr. 25; BAG 21.6.2012 – 2 AZR 153/11, NZA 2012, 1025.

Nach dem Verhältnismäßigkeitsgrundsatz abzuwägen sind dabei das Eigentumsrecht auf der einen und das Persönlichkeitsrecht auf der anderen Seite. Das Interesse des Arbeitgebers rechtfertigt den Einsatz von verdeckten Kameras nur dann, wenn dies die einzige Möglichkeit ist, das legitime Eigentumsinteresse des Arbeitgebers zu wahren und weniger weit reichende Mittel nicht zur Verfügung stehen. Ein solches weniger weit reichendes Mittel ist das Aufstellen sichtbarer Kameras, denn mit dieser sichtbaren Aufstellung von Kameras ist der Eigentumsschutz effektiver zu erreichen. Diebstähle werden regelmäßig nur dann begangen, wenn die Chance besteht, unerkannt zu bleiben,

LAG Köln 30.8.1996 – 12 Sa 639/96, BB 1997, 476; BAG 21.6.2012 – 2 AZR 153/11, NZA 2012, 1025.

VIII. Bestandsschutzstreitigkeiten: Personenbedingte Kündigung

1. Muster: Kündigung bei Krankheit

Aktenzeichen: ...

Gegner: RAe ..., zwei Abschriften anbei

In dem Rechtsstreit

hat die beklagte Partei die Anforderungen, die in der Rechtsprechung an eine wirksame personenbedingte Kündigung wegen Krankheit gestellt werden, verkannt.

Die Sozialwidrigkeit einer wegen Krankheit ausgesprochenen ordentlichen Kündigung des Arbeitgebers ist in drei Stufen zu prüfen:

1. Zunächst ist eine negative Gesundheitsprognose erforderlich. Zum Zeitpunkt des Zugangs der Kündigung müssen objektive Tatsachen vorliegen, die die Besorgnis weiterer Erkrankungen im bisherigen Umfang rechtfertigen. Häufige Kurzerkrankungen in der Vergangenheit können für ein entsprechendes Erscheinungsbild in der Zukunft sprechen. Dann darf der Arbeitgeber sich zunächst darauf beschränken, die Indizwirkung entfaltenden Fehlzeiten in der Vergangenheit darzulegen. Daraufhin muss der Arbeitnehmer gem. § 138 Abs. 2 ZPO darlegen, weshalb mit einer baldigen Genesung zu rechnen sei. Dieser prozessualen Mitwirkungspflicht genügt er bei unzureichender ärztlicher Aufklärung oder Kenntnis von seinem Gesundheitszustand schon dann,

---

[135] Die entgegengesetzte Rechtsauffassung wird in Muster 6852 (§ 6 Rn 473) dargestellt.

wenn er die Behauptung des Arbeitgebers bestreitet und die ihn behandelnden Ärzte von der Schweigepflicht entbindet,

BAG 23.6.1983 – 2 AZR 15/82, BAGE 43, 129 = NJW 1984, 1836; BAG 7.11.1985 – 2 AZR 657/84, NZA 1986, 359; BAG 6.9.1989 – 2 AZR 118/89, NZA 1990, 305; kritisch KR/*Griebeling*, § 1 KSchG Rn 333.

2. Die prognostizierten Fehlzeiten sind nur dann geeignet, eine krankheitsbedingte Kündigung sozial zu rechtfertigen, wenn sie zu einer erheblichen Beeinträchtigung der betrieblichen Interessen führen. Diese Beeinträchtigung ist Teil des Kündigungsgrundes. Damit ist klargestellt, dass die unzumutbare Belastung des Betriebes nicht bereits zum Kündigungsgrund gehört,

BAG 7.11.1985 – 2 AZR 657/84, NZA 1986, 359.

Hierbei kommen zwei Arten von Beeinträchtigungen betrieblicher Interessen in Betracht:

a) Wiederholte kurzfristige Ausfallzeiten des Arbeitnehmers können zu schwerwiegenden Störungen im Produktionsprozess wie Stillstand von Maschinen, Rückgang der Produktion wegen kurzfristig eingesetzten, erst einzuarbeitenden Ersatzpersonals, Überlastung des verbliebenen Personals oder Abzug von an sich benötigten Arbeitskräften aus anderen Arbeitsbereichen führen (Betriebsablaufstörungen). Solche Störungen sind nur dann als Kündigungsgrund geeignet, wenn sie nicht durch mögliche Überbrückungsmaßnahmen vermieden werden können.

Hierzu gehören Maßnahmen, die anlässlich des konkreten Ausfalls eines Arbeitnehmers ergriffen werden, wie die Neueinstellung einer Aushilfskraft, aber auch der Einsatz eines Arbeitnehmers aus einer vorgehaltenen Personalreserve. Die Möglichkeit der Einstellung von Aushilfskräften ist bei Kurzerkrankungen gegenüber Langzeiterkrankungen eingeschränkt,

BAG 23.6.1983 – 2 AZR 15/82, BAGE 43, 129 = NJW 1984, 1836.

Können und werden auf diese Weise Ausfälle überbrückt, so liegt bereits objektiv keine erhebliche Betriebsablaufstörung und damit insoweit kein zu sozialer Rechtfertigung geeigneter Grund vor. Ist eine Betriebsablaufstörung mit den geschilderten Mitteln nicht zu vermeiden, so gehört zum Kündigungsgrund, dass die Störung erheblich ist. Ist dies der Fall, so ist in der dritten Stufe bei der Interessenabwägung zu prüfen, ob weitergehende Überbrückungsmaßnahmen zur Behebung der Störung dem Arbeitgeber zumutbar sind,

BAG 15.2.1984 – 2 AZR 573/82, BAGE 45, 146 = NZA 1984, 86; BAG 7.11.1985 – 2 AZR 657/84, NJW 1986, 2392 = NZA 1986, 359.

b) Ein zur sozialen Rechtfertigung einer Kündigung geeigneter Grund kann auch eine erhebliche wirtschaftliche Belastung des Arbeitgebers sein. Davon ist auszugehen, wenn mit immer neuen beträchtlichen krankheitsbedingten Fehlzeiten des Arbeitnehmers und entsprechenden Mehraufwendungen für die Beschäftigung von Aushilfskräften zu rechnen ist. Das gilt auch für außergewöhnlich hohe Lohnfortzahlungskosten, die für jährlich jeweils einen Zeitraum von mehr als 6 Wochen aufzuwenden sind. Dabei ist nur auf die Kosten des Arbeitsverhältnisses und nicht auf die Gesamtbelastung des Betriebes mit Lohnfortzahlungskosten abzustellen,

BAG 23.6.1983 – 2 AZR 15/82, BAGE 43, 129 = NJW 1984, 1836; BAG 15.2.1984 – 2 AZR 573/82, BAGE 45, 146 = NZA 1984, 86.

3. a) Liegt nach den vorstehenden Grundsätzen eine erhebliche betriebliche oder wirtschaftliche Beeinträchtigung betrieblicher Interessen vor, so ist in einer dritten Stufe im Rahmen der nach § 1 Abs. 2 Satz 1 KSchG gebotenen Interessenabwägung zu prüfen, ob diese Beeinträchtigungen aufgrund der Besonderheit des Einzelfalles vom Arbeitgeber noch hinzunehmen sind oder ein solches Ausmaß erreicht haben, dass sie ihm nicht mehr zuzumuten sind. Bei der Interessenabwägung ist allgemein zu berücksichtigen, ob die Erkrankun-

gen auf betriebliche Ursachen zurückzuführen sind, ob bzw wie lange das Arbeitsverhältnis zunächst ungestört verlaufen ist, ferner das Alter und der Familienstand des Arbeitnehmers,

>   BAG 23.6.1983 – 2 AZR 15/82, BAGE 43, 129 = NJW 1984, 1836; BAG 15.2.1984 – 2 AZR 573/82, BAGE 45, 146 = NZA 1984, 86.

b) In der dritten Stufe ist ferner zu prüfen, ob es dem Arbeitgeber zumutbar ist, die erheblichen betrieblichen Beeinträchtigungen durch an sich mögliche weitere Überbrückungsmaßnahmen zu verhindern.

aa) Dies gilt zunächst für die Betriebsablaufstörungen. Sie können insbesondere in kleinen Betrieben zu erheblichen Belastungen führen, wenn durch das wiederholte, nicht voraussehbare Fehlen eines Arbeitnehmers der Personaleinsatz kurzfristig verändert werden oder der Arbeitsplatz zeitweise unbesetzt bleiben muss. Hält der Arbeitgeber eine Personalreserve vor, durch die der konkrete Ausfall des Arbeitnehmers ohne Umsetzungen oder andere organisatorische Maßnahmen überbrückt werden kann, so fehlt es, wie bereits ausgeführt, an einer Betriebsablaufstörung und damit an einem Kündigungsgrund. Erst wenn die vorhandene Personalreserve nicht ausreicht, ist zu prüfen, ob etwa die Einstellung einer Aushilfskraft oder das Vorhalten einer größeren Personalreserve zumutbar ist. Vermeidet der Arbeitgeber bereits durch die vorgehaltene Personalreserve weitgehend Betriebsablaufstörungen, so sind von ihm weniger Überbrückungsmaßnahmen zu verlangen,

>   BAG 15.2.1984 – 2 AZR 573/82, BAGE 45, 146 = NZA 1984, 86; BAG 7.11.1985 – 2 AZR 657/84, NJW 1986, 2392 = NZA 1986, 359.

bb) Die Vorhaltung einer Personalreserve ist bei der Beurteilung der Zumutbarkeit der Belastung des Arbeitgebers mit erheblichen Lohnfortzahlungskosten ebenfalls zu seinen Gunsten zu berücksichtigen. Der zweite Senat hat in dem Urteil BAGE 45, 146 zunächst ausgeführt, ganz erheblich für die Frage, wann Lohnfortzahlungskosten eine Kündigung rechtfertigen, sei auch ein Vergleich mit Arbeitnehmern, die eine vergleichbare Arbeit unter ähnlichen Bedingungen verrichten. Sei auch bei den Kollegen die Quote der krankheitsbedingten Ausfälle besonders hoch, dann könne nur eine ganz erheblich höhere Ausfallquote eine Kündigung rechtfertigen, und dies auch nur, wenn Überbrückungsmaßnahmen nicht erfolgreich oder nicht zumutbar gewesen seien. Dies bedeutet jedoch nicht, dass stets neben den Lohnfortzahlungskosten als Voraussetzung für eine unzumutbare Belastung auch noch Betriebsablaufstörungen oder weitere belastende Auswirkungen vorliegen müssten. Wie sich aus den Ausführungen des 2. Senats im Urteil vom 16.2.1989 – 2 AZR 299/88, NJW 1989, 3300 ergibt, stellt im Bereich der wirtschaftlichen Beeinträchtigung die Aufwendung erheblicher Kosten, um eine bestimmte, auf Erfahrungsregeln beruhende krankheitsbedingte Fehlquote durch eine Personalreserve abzudecken, eine Maßnahme dar, die als zusätzlicher weiterer Umstand (im dortigen Fall kommen noch weitere Beeinträchtigungen hinzu: Freihaltung des Arbeitsplatzes über mehrere Jahre hinweg trotz von Anfang an aufgetretener Fehlzeiten, Ablehnung von Gesprächen zur Prüfung eines anderweitigen Einsatzes durch den Arbeitnehmer) die wirtschaftliche Belastung des Arbeitgebers mit weiteren Lohnfortzahlungskosten unzumutbar machen kann.

4. Die von der beklagten Partei ausgesprochene Kündigung wird den vorgenannten Anforderungen nicht gerecht: ...

2. Muster: Alkoholismus 304

Sofern sich der Alkoholsüchtige in einem Stadium befindet, in dem der Trunksucht ein medizinischer Krankheitswert zukommt, finden im Falle einer ordentlichen arbeitgeberseitigen Kündigung die Grundsätze über die krankheitsbedingte Kündigung Anwendung,

>   BAG 7.12.1972 – 5 AZR 350/72, BAGE 24, 477 = AP § 1 LohnFG Nr. 26; BAG 9.4.1987 – 2 AZR 210/86, NZA 1987, 811.

Dabei sind die Umstände, die zur Trunksucht geführt haben, im Rahmen der Interessenabwägung angemessen zu berücksichtigen. Es gibt keinen Erfahrungssatz, wonach die chronische Trunksucht in aller Regel eine selbstverschuldete Krankheit sei,

    BAG 1.6.1983 – 5 AZR 536/80, BAGE 43, 54 = NJW 1983, 2659.

Maßgebend ist die Beurteilung im Einzelfall.

Die Nichtoffenbarung einer Trunksucht bei der Einstellung stellt nur dann einen Anfechtungs- oder verhaltensbedingten Kündigungsgrund dar, wenn der Arbeitnehmer aufgrund der Trunksucht nicht in der Lage ist, die arbeitsvertraglich geschuldete Arbeitsleistung ordnungsgemäß zu erbringen; dies ist beispielsweise bei einem Berufskraftfahrer der Fall,

    ArbG Kiel 21.1.1982 – 2 c Ca 2062/81, BB 1982, 804.

Der Arbeitgeber ist bei Alkoholsucht wie Drogensucht in gleicher Weise nach dem Grundsatz der Verhältnismäßigkeit verpflichtet, dem Arbeitnehmer zunächst die Durchführung einer Entziehungskur zu ermöglichen,

    LAG Hamm 19.9.1986 – 16 Sa 833/86, NZA 1987, 669; LAG Frankfurt 26.6.1986 – 12 Sa 259/86, NZA 1987, 24.

Bei einer Weigerung des Arbeitnehmers, sich einer Entziehungskur zu unterziehen, ist eine ordentliche Kündigung in der Regel dann sozial gerechtfertigt, wenn durch die zu befürchtenden Ausfälle des Arbeitnehmers mit einer erheblichen Störung des Betriebsablaufs zu rechnen ist. Ist der Arbeitnehmer zum Zeitpunkt der Kündigung nicht therapiebereit, so rechtfertigt dies eine negative Gesundheitsprognose,

    BAG 9.4.1987 – 2 AZR 210/86, NZA 1987, 811; LAG Rheinland-Pfalz 29.1.2009 – 11 Sa 5/08, juris.

Eine nach Ausspruch der Kündigung durchgeführte Entziehungskur kann nicht zur Korrektur der Gesundheitsprognose herangezogen werden,

    KR/*Griebeling*, § 1 KSchG Rn 286.

3. Muster: Beweiswert ärztlicher Arbeitsunfähigkeitsbescheinigungen

Aktenzeichen: ...

Gegner: RAe ..., zwei Abschriften anbei

In dem Rechtsstreit

    ... ./. ...

verkennt die beklagte Partei die Anforderungen, die an den Beweiswert ärztlicher Arbeitsunfähigkeitsbescheinigungen von der Rechtsprechung gestellt werden.

Beruft sich ein Arbeitnehmer auf Arbeitsunfähigkeit infolge von Krankheit, hat er nach den allgemeinen Regeln der Beweislast das Vorliegen der anspruchsbegründenden Voraussetzungen von Arbeitsunfähigkeit nachzuweisen. Den ihm obliegenden Beweis führt der Arbeitnehmer in der Regel mit der Vorlage einer ärztlichen Arbeitsunfähigkeitsbescheinigung, die eine Privaturkunde iSd § 416 ZPO ist. Damit erbringt der Arbeitnehmer lediglich vollen Beweis dafür, dass die in dieser Bescheinigung enthaltene Erklärung vom ausstellenden Arzt abgegeben worden ist. Die inhaltliche Richtigkeit der ärztlichen Feststellung, also das Vorliegen von krankheitsbedingter Arbeitsunfähigkeit in einem bestimmten Zeitraum, wird von der gesetzlichen Beweisregel des § 416 ZPO nicht erfasst.

Hinsichtlich der Tatsachenbehauptung, aus gesundheitlichen Gründen an der Erbringung der Arbeitsleistung verhindert zu sein, kommt allein § 286 ZPO zum Zuge. Im Rahmen der hiernach vorzunehmenden freien richterlichen Beweiswürdigung löst die Vorlage einer ärztlichen Arbeitsunfähigkeitsbescheinigung nach heute herrschender Auffassung in Rechtsprechung und Schrifttum einen Anscheinsbeweis aus: die Bescheinigung hat die tatsächliche Vermutung ihrer inhaltlichen Richtigkeit für sich,

BAG 11.8.1976 – 5 AZR 422/75, BAGE 28, 144 = AP § 3 LohnFG Nr. 2; LAG Berlin 12.6.1978 – 9 Sa 9/78, EzA § 1 LohnFG Nr. 54; LAG Düsseldorf 16.12.1980 – 24 Sa 1230/80, DB 1981, 900; LAG Hamm 1.12.1981 – 7 Sa 723/81, NJW 1983, 2104; Schaub/*Linck*, Arbeitsrechts-Handbuch, § 98 VII.9. Rn 130 ff.

Der Anscheinsbeweis fußt auf dem Erfahrungssatz, dass im Normalfall davon auszugehen ist, dass der Arbeitnehmer beim ausstellenden Arzt war, von diesem untersucht wurde und anhand der subjektiven Beschwerden und/oder des objektiven, festgestellten Befundes tatsächlich arbeitsunfähig krank ist. Der von der herrschenden Meinung in Rechtsprechung und Rechtslehre einer Arbeitsunfähigkeitsbescheinigung zuerkannte hohe Beweiswert folgt somit nicht aus der Urkunde selbst, sondern vielmehr aus allgemeiner Lebenserfahrung.

Hat der Arbeitgeber Zweifel an der inhaltlichen Richtigkeit der Arbeitsunfähigkeitsbescheinigung, muss er die zur Erschütterung des Beweiswertes der Arbeitsunfähigkeitsbescheinigung geeigneten Umstände darlegen und gegebenenfalls unter Beweis stellen,

BAG 11.8.1976 – 5 AZR 422/75, BAGE 28, 144 = AP § 3 LohnFG Nr. 2.

Gelingt dem Arbeitgeber die Erschütterung des Beweiswerts der Arbeitsunfähigkeitsbescheinigung, greift der Anscheinsbeweis nicht mehr zu Gunsten des Arbeitnehmers ein und es hat eine umfassende und erschöpfende Würdigung aller von den Parteien in den Prozess eingebrachten Tatsachen, die für oder gegen das Vorliegen von Arbeitsunfähigkeit sprechen, stattzufinden.

Den diesen Maßstäben entsprechenden Beweis über das Bestehen von Arbeitsunfähigkeit hat die klägerische Partei geführt:

...

IX. Bestandsschutzstreitigkeiten: Änderungskündigung

1. Muster: Änderungskündigungsschutzklage

Arbeitsgericht ...

Klage

...

– klägerische Partei –

Prozessbevollmächtigte: ...

gegen

...

– beklagte Partei –

wegen: ordentliche Änderungskündigung eines Arbeitsverhältnisses

Wir bestellen uns zu Prozessbevollmächtigten der klägerischen Partei, in deren Namen und Auftrag wir um kurzfristige Anberaumung eines Gütetermins bitten. Wir werden im Übrigen beantragen zu erkennen:

1. Es wird festgestellt, dass die Änderung der Arbeitsbedingungen durch die Änderungskündigung vom ..., der klägerischen Partei am ... zugegangen, sozial ungerechtfertigt und unwirksam ist.
2. Es wird festgestellt, dass das Arbeitsverhältnis auch nicht durch andere Kündigungen geändert oder beendet wurde, sondern zu unveränderten Arbeitsbedingungen fortbesteht.

3. Die beklagte Partei wird verurteilt, der klägerischen Partei ein Zwischenzeugnis zu erteilen, das sich auf Verhalten und Leistung erstreckt.
4. Die beklagte Partei trägt die Kosten des Rechtsstreits.

Gründe:

I.

Die klägerische Partei wurde von der beklagten Partei auf unbestimmte Zeit als ... gegen ein vereinbartes monatliches Gehalt von zuletzt ... EUR brutto in einem Arbeitsverhältnis beschäftigt.

Beweis: 1. Vorlage des Arbeitsvertrages in Kopie – Anlage K 1.
2. Vorlage einer Verdienstbescheinigung – Anlage K 2.

Am ... ist durch die beklagte Partei zum ... eine Änderungskündigung ausgesprochen worden. Das Kündigungsschreiben ist der klägerischen Partei am ... übergeben worden.

Beweis: Vorlage des Kündigungsschreibens in Kopie – Anlage K 3.

Die klägerische Partei hat die Änderungskündigung durch Schreiben ihrer anwaltlichen Bevollmächtigten unter dem Vorbehalt, dass die Änderung der Arbeitsbedingungen nicht sozial ungerechtfertigt ist, angenommen.

Beweis: Anwaltsschreiben – Anlage K 4.

Zum Zeitpunkt des Zugangs der Kündigung bestand das Arbeitsverhältnis ... Jahre. Der Betrieb ist kein Kleinstbetrieb iSd § 23 KSchG in der ab 1.1.2004 geltenden Fassung (Doppelschwelle).[136] Die beklagte Partei beschäftigt ... Arbeitnehmer.

Alternative 1: Die klägerische Partei wurde vor dem 1.1.2004 bei der beklagten Partei eingestellt, so dass das Kündigungsschutzgesetz bei in der Regel mehr als fünf Arbeitnehmern anzuwenden ist.

Alternative 2: Die klägerische Partei wurde nach dem 31.12.2003 bei der beklagten Partei eingestellt, so dass das Kündigungsschutzgesetz bei in der Regel mehr als zehn Arbeitnehmern anzuwenden ist.

Von der Stellung eines Weiterbeschäftigungsantrages wurde abgesehen. Bei einer unter Vorbehalt angenommenen Änderungskündigung ist der Arbeitnehmer während des laufenden Änderungskündigungsschutzverfahrens verpflichtet, nach Ablauf der Kündigungsfrist zu den geänderten Bedingungen weiterzuarbeiten. Eine Verurteilung zur vorläufigen Weiterbeschäftigung zu den bisherigen Arbeitsbedingungen scheidet selbst dann aus, wenn das Arbeits- oder Landesarbeitsgericht festgestellt hat, dass die Änderung der Arbeitsbedingungen sozial ungerechtfertigt ist,

BAG 21.9.2006 – 2 AZR 120/06, BAGE 119, 332 = NZA 2007, 435; BAG 28.3.1985 – 2 AZR 548/83, NZA 1985, 709; BAG 18.1.1990 – 2 AZR 183/89, BAGE 64, 24 = NZA 1990, 734.

Lediglich in einem Ausnahmefall hat das LAG Köln,

30.5.1989 – 4 Sa 230/89, DB 1989, 2032,

erkannt, dass bereits vor Rechtskraft des Urteils über die Änderungskündigung ein Weiterbeschäftigungsanspruch zu den alten Arbeitsbedingungen bestehen kann, wenn das LAG die Änderungskündigung für unwirksam befunden und die Revision gegen das Berufungsurteil nicht zugelassen hat.

---

136 Während vor dem 1.1.2004 nur die Zahl der Beschäftigten ausschließlich der Auszubildenden maßgeblich für die Bestimmung der Anwendbarkeit des KSchG war, ist seither zusätzlich darauf abzustellen, wann der Arbeitnehmer eingestellt wurde. Die Grundregel des § 23 Abs. 1 Satz 2 KSchG gilt unverändert für alle vor dem 1.1.2004 begründeten Arbeitsverhältnisse. Für die nach dem 31.12.2003 aufgenommenen Arbeitsverhältnisse gilt die Zahl von mehr als zehn Mitarbeitern als maßgeblicher Schwellenwert. Deshalb enthält der Textbaustein zwei Alternativen, von denen in der Klage immer nur eine verwendet werden soll, nämlich diejenige, die den Zeitpunkt des Beschäftigungsbeginns der jeweiligen klägerischen Partei richtig wieder gibt. Für die Darlegung der Mindestvoraussetzungen einer schlüssigen Kündigungsschutzklage wird deshalb angeregt, immer nähere Ausführungen zur Beschäftigtenzahl und zu den Zeitpunkten zu machen, an denen die Arbeitsverhältnisse begründet wurden.

II.

Die Änderungskündigung ist sozial nicht gerechtfertigt.

Sozial ungerechtfertigt ist die Änderungskündigung, weil es weder aus betrieblichen, noch aus persönlichen, noch aus verhaltensbedingten Gründen einen Anlass für die Kündigung gibt, noch die geänderten Umstände von der klägerischen Partei billigerweise hingenommen werden müssen. Nach der Rechtsprechung des BAG wird die soziale Rechtfertigung einer Änderungskündigung in einem zweistufigen Schema überprüft. In der ersten Stufe wird festgestellt, ob die Kündigung iSv § 1 KSchG gerechtfertigt ist, ob also Gründe in der Person oder im Verhalten des Klägers oder Gründe betrieblicher Art vorhanden sind. In der zweiten Stufe ist zu prüfen, ob die Änderung der Bedingungen billigerweise vom Arbeitgeber hingenommen werden muss. Mit Urteil vom 19.5.1993 hat das BAG ausgeführt:

„Das Kündigungsschutzgesetz sieht als geschütztes Rechtsgut den Arbeitsplatz und die Betriebszugehörigkeit des Arbeitnehmers an, die die Grundlagen seiner sozialen und wirtschaftlichen Existenz bilden; es soll ihm diese Rechtsgüter in den Grenzen des sozial und wirtschaftlich Vertretbaren sichern. Insoweit greift es in die unternehmerische Freiheit ein und sucht einen Ausgleich der gegenläufigen Interessen von Arbeitgeber und Arbeitnehmer herbeizuführen. An diesem Normzweck hat der Senat in seiner bisherigen Rechtsprechung die Auslegung des Gesetzes ausgerichtet und als geschütztes Rechtsgut das Arbeitsverhältnis mit seinem im Zeitpunkt der Kündigung bestehenden Inhalt angesehen, das in § 1 KSchG gegen seine Beendigung und in § 2 KSchG gegen die Änderung seines Inhalts geschützt werden soll. Der in § 1 KSchG geregelte Bestandsschutz und der in § 2 geregelte Vertragsinhaltsschutz stehen gleichwertig nebeneinander."

BAG 19.5.1993 – 2 AZR 584/92, BAGE 73, 151 = AP § 2 KSchG 1969 Nr. 31.

Eine betriebsbedingte Änderungskündigung beurteilt sich also danach, ob dringende betriebliche Erfordernisse gem. § 1 Abs. 2 KSchG das Änderungsangebot bedingen und ob der Arbeitgeber sich bei einem an sich anerkennenswerten Anlass zur Änderungskündigung darauf beschränkt hat, nur solche Änderungen vorzuschlagen, die der Arbeitnehmer billigerweise hinnehmen muss,

BAG 24.4.1997 – 2 AZR 352/96, BAGE 85, 358 = NZA 1997, 1047; LAG Berlin 11.5.1998 – 9 Sa 14/98, NZA-RR 1998, 498; KR/*Rost*, § 2 KSchG Rn 98.

Legt man den Prüfungsmaßstab der BAG-Rechtsprechung zugrunde, so ist die Änderungskündigung vorliegend sozial nicht gerechtfertigt, denn ....

III.

Es wird bestritten, dass eine Beteiligung des Betriebsrats in der erforderlichen Form stattgefunden hat, denn die beklagte Partei beschäftigt im Betrieb mehr als 20 wahlberechtigte Arbeitnehmer, so dass mit der Zuweisung eines anderen Bereichs durch die Änderungsbedingungen auch ein Mitbestimmungsrecht des Betriebsrats nach § 99 BetrVG zu beachten war. Die Zustimmung des Betriebsrats nach § 99 BetrVG ist nach der BAG-Rechtsprechung Wirksamkeitsvoraussetzung nur für die tatsächliche Zuweisung des neuen Arbeitsbereichs nach Ablauf der Kündigungsfrist. Die Maßnahme ist damit nicht insgesamt unwirksam, sondern nur nicht durchsetzbar. Die beklagte Partei kann die geänderten Vertragsbedingungen nicht durchsetzen, solange das Verfahren nach § 99 BetrVG nicht ordnungsgemäß durchgeführt worden ist,

BAG 30.9.1993 – 2 AZR 283/93, BAGE 74, 291 = AP § 2 KSchG 1969 Nr. 33; BAG 17.6.1998 – 2 AZR 336/97, BAGE 89, 149 = NZA 1998, 1225.

IV.

Die klägerische Partei wendet sich gegen die Änderungskündigung mit einer Klage nach § 4 KSchG (Antrag Ziff. 1) und mit einer allgemeinen Feststellungsklage nach § 256 ZPO (Antrag Ziff. 2). Die klägerische Partei begehrt die Feststellung, dass der ungeänderte Fortbestand des Arbeitsverhältnisses mit den bisherigen Inhalten bis zum Zeitpunkt der letzten mündlichen Verhandlung ausgeurteilt wird. Hieran hat sie ein besonderes Feststellungsinteresse, weil ....

§ 4 KSchG mit seinen Sätzen 1 und 2 gilt als nach wie vor missglückt formuliert. Der Gesetzgeber wollte das KSchG mitsamt dem einzuhaltenden Kündigungsschutzverfahren den Bedürfnissen der Änderungskündigung anpassen, wie sie sich in der Rechtsprechung und der Lehre bis dahin herausgebildet hatten. Diese Anpassung verlangt keine Abweichung mehr dahin, das Änderungsschutzverfahren auf die Prüfung der Sozialwidrigkeit zu beschränken; im Gegenteil: Durch die Aufnahme des Wortlauts „oder aus anderen Gründen rechtsunwirksam ist" in den § 4 Satz 2 KSchG ist vorgegeben, auch diese anderen möglichen Gründe für die Unwirksamkeit geltend zu machen. § 6 Satz 1 KSchG schließt aus, andere Unwirksamkeitsgründe nachzuschieben, wenn diese nicht in erster Instanz angegriffen worden sind. Trotzdem wird in der Literatur eine ganze Reihe von Formulierungsvorschlägen für die Änderungsschutzklage unterbreitet,

Zirnbauer, NZA 1995, 1078; *Bader*, NZA 2004, 65; KR/*Friedrich*, § 4 KSchG Rn 237 ff; KR/*Rost/Kreft*, § 2 KSchG Rn 147; Spirolke/*Regh*, Die Änderungskündigung, S. 172.

Mit Antrag Ziff. 1 stellt die klägerische Partei daher einen Antrag gem. § 4 Satz 2 KSchG, mit dem Antrag Ziff. 2 eine allgemeine Feststellungsklage gem. § 4 Satz 1 KSchG, wobei dieser Antrag gleichzeitig einen Schleppnetzantrag beinhaltet, wie er nach allgemeiner Auffassung gestellt werden kann,

KR/*Friedrich*, § 4 KSchG Rn 237 ff; KR/*Rost/Kreft*, § 2 KSchG Rn 147.

V.

Der Zeugnisantrag (Ziff. 3) erfolgt im Hinblick auf die Rechtsprechung des BAG,

BAG 27.2.1987 – 5 AZR 710/85, NZA 1987, 628.

Danach hat der Arbeitnehmer gegenüber dem Arbeitgeber bereits bei der Erhebung der Kündigungsschutzklage, so auch der Änderungskündigungsschutzklage, einen Anspruch auf Erteilung eines Endzeugnisses. Dennoch wird im Klageantrag nur ein Zwischenzeugnis verlangt.

Einen Anspruch auf Erteilung eines Zwischenzeugnisses hat der Arbeitnehmer immer dann, wenn ein berechtigtes Interesse besteht,

BAG 1.10.1998 – 6 AZR 176/97, NZA 1999, 894.

Die Änderungskündigung eröffnet dem Arbeitnehmer wie jede Kündigung das berechtigte Interesse an einem Zwischenzeugnis,

BAG 27.2.1987 – 5 AZR 710/85, NZA 1987, 628.

2. Muster: Keine Änderungskündigung zur Vergütungsminderung

Spricht ein Arbeitgeber zum Zwecke der Herabsetzung von Arbeitsentgelten und Sozialleistungen eine Änderungskündigung aus, so liegt darin ebenso wenig wie bei einer Beendigungskündigung eine vom Arbeitsgericht nur beschränkt nachprüfbare unternehmerische Entscheidung,

LAG Berlin 30.6.1997 – 9 Sa 56/97, NZA-RR 1998, 257.

Das Recht zur Entgeltkürzung kommt nur in Betracht, wenn sonst der Betrieb stillgelegt oder die Belegschaft reduziert werden müsste,

BAG 11.10.1989 – 2 AZR 61/89, NZA 1990, 607; BAG 12.11.1998 – 2 AZR 91/98, BAGE 90, 182 = NZA 1999, 471; BAG 16.5.2002 – 2 AZR 292/01, NZA 2003, 147.

Soweit verschiedentlich die Auffassung vertreten wird, dass die Änderungskündigung zur Entgeltanpassung ein eigenes Instrument sei und bereits dann in Betracht komme, wenn sachliche Gründe vorliegen,

Löwisch, NZA 1988, 633, 637,

oder eine angemessene Rentabilität erreicht werden soll,

Löwisch/Bernards, Anm. zu BAG, EzA § 2 KSchG 1969 Nr. 6; *Preis*, NZA 1995, 241,

oder das Unternehmen mit Verlust arbeitet,

Stahlhacke/Preis/Vossen/Preis, Rn 1273,

wird dieser Ansicht in der Rechtsprechung nicht gefolgt. Der Unternehmer trägt zwar das Risiko am Markt. Er muss deshalb die Möglichkeit haben, das Unternehmen nach seinen Vorstellungen zu organisieren und Arbeitsverhältnisse entsprechend anzupassen. Die Änderungskündigung zur Lohnsenkung ist jedoch kein Primärinstrument, sondern lediglich Ausfluss des Grundsatzes der Verhältnismäßigkeit gegenüber der Beendigungskündigung. Sie ist deshalb nur gerechtfertigt, wenn sonst der Arbeitsplatz wegfiele. Es reicht jedenfalls nicht aus, dass das Unternehmen einmal Verluste gemacht hat, schon gar nicht, dass einzelne Abteilungen rote Zahlen schreiben,

BAG 16.5.2002 – 2 AZR 292/01, NZA 2003, 147.

Auf keinen Fall kommt die Entgeltsenkung lediglich in den Abteilungen in Betracht, die nicht rentabel arbeiten, es sei denn, dass diese Abteilungen sonst geschlossen und die Arbeitnehmer entlassen werden müssten,

LAG Berlin 30.6.1997 – 9 Sa 56/97, NZA-RR 1998, 257.

3. Muster: Einwand der fehlenden Zustimmung des Betriebsrats nach § 99 BetrVG

Änderungskündigungen stellen häufig zugleich eine Umgruppierung oder Versetzung iSd § 99 Abs. 1 BetrVG dar. Als Versetzung iSd § 95 Abs. 3 Satz 1 BetrVG anzusehen ist die Zuweisung eines anderen Arbeitsbereiches, die die voraussichtliche Dauer von einem Monat überschreitet oder die mit einer erheblichen Änderung der Umstände verbunden ist, unter denen die Arbeit zu leisten ist,

Fitting u.a., BetrVG, § 99 Rn 123.

Umgruppierung in diesem Sinne ist jede Einreihung in eine andere Tarifgruppe, wobei unerheblich ist, ob die Umgruppierung durch die Zuweisung einer anderen Tätigkeit veranlasst ist oder bei veränderter Tätigkeit zur Korrektur einer falschen Einstufung oder mit Rücksicht auf eine tarifliche Bewertung vorgenommen wird,

Fitting u.a., BetrVG, § 99 Rn 104.

Der Betriebsrat kann bekanntlich seine Zustimmung zu einer beabsichtigten Einstellung, Eingruppierung, Umgruppierung und Versetzung, über die er vom Arbeitgeber zu unterrichten ist, aus den in § 99 Abs. 2 Nr. 1–6 BetrVG abschließend aufgezählten Gründen verweigern. Ohne die Zustimmung des Betriebsrats kann die Maßnahme nicht durchgeführt werden. Der Arbeitgeber kann die Ersetzung der Zustimmung durch das Arbeitsgericht nach § 99 Abs. 4 BetrVG im arbeitsgerichtlichen Beschlussverfahren beantragen, er kann aber auch unter den in § 100 BetrVG genannten, eng umrissenen Voraussetzungen eine vorläufige Regelung treffen, wenn dies aus sachlichen Gründen dringend erforderlich ist.

Vorliegend stellte das Änderungsangebot der beklagten Partei an die klagende Partei zugleich eine Umgruppierung/Versetzung dar und zwar aus folgenden Gründen: ...

Die beklagte Partei hat den Antrag nach § 99 Abs. 1 BetrVG an den Betriebsrat nicht gestellt.

Beweis: ...

Es ist allerdings nicht gerechtfertigt, die Wirksamkeit der Änderungskündigung davon abhängig zu machen, ob zum Zeitpunkt der Kündigung oder letzten mündlichen Verhandlung eine Zustimmung nach § 99 BetrVG zu der geplanten Versetzung vorliegt bzw ersetzt ist. Schon der Gesetzeswortlaut lässt erkennen, dass die §§ 99 und 102 BetrVG ganz unterschiedliche Ebenen betreffen. Die Änderungskündigung, die der Arbeitgeber ausspricht, um eine Versetzung des Arbeitnehmers zu bewirken, hat deshalb den Zweck, die fehlende Zustimmung des Arbeitnehmers zu der Versetzung auf der einzelvertraglichen Ebene zu ersetzen. Die fehlende Zustimmung des Betriebsrats nach § 99 BetrVG ist daher kein Wirksamkeitskriterium für Änderungskündigungen,

BAG 30.9.1993 – 2 AZR 283/93, BAGE 74, 291 = NZA 1994, 615.

Will der Arbeitgeber mit einer fristgerechten Änderungskündigung eine Versetzung des Arbeitnehmers iSv § 95 Abs. 3 Satz 1 BetrVG bewirken, so ist die Zustimmung des Betriebsrats nach § 99 BetrVG Wirksamkeitsvoraussetzung nur für die tatsächliche Zuweisung des neuen Arbeitsbereichs nach Ablauf der Kündigungsfrist. Der Arbeitgeber kann die geänderten Vertragsbedingungen solange nicht durchsetzen, wie das Verfahren nach § 99 BetrVG nicht ordnungsgemäß durchgeführt wurde. Der Arbeitnehmer ist deshalb solange in dem alten Arbeitsbereich weiter zu beschäftigen, wie er ihm nicht auf der Mitbestimmungsebene des § 99 BetrVG oder im Rahmen eines gerichtlichen Zustimmungsersetzungsverfahrens entzogen worden ist.

↑

309 **4. Muster: Wirkung einer fehlenden Zustimmung nach § 99 BetrVG bei Änderungskündigungen**

↓

Will der Arbeitgeber mit einer fristgerechten Änderungskündigung eine Versetzung des Arbeitnehmers iSv § 95 Abs. 3 BetrVG bewirken, ist die Zustimmung des Betriebsrats nach § 99 BetrVG Wirksamkeitsvoraussetzung nur für die tatsächliche Zuweisung des neuen Arbeitsbereichs nach Ablauf der Kündigungsfrist. Ist die Zustimmung des Betriebsrats nach § 99 BetrVG nicht erteilt oder ersetzt, führt dies nicht zur – schwebenden – Unwirksamkeit der Änderungskündigung. Der Arbeitgeber kann nur die geänderten Vertragsbedingungen nicht durchsetzen, solange das Verfahren nach § 99 BetrVG nicht ordnungsgemäß durchgeführt ist. Der Arbeitnehmer ist dann in dem alten Arbeitsbereich weiterzubeschäftigen, der ihm nicht wirksam entzogen worden ist,

BAG 30.9.1993 – 2 AZR 283/93, BAGE 74, 291 = NZA 1994, 615.

Die fehlende Zustimmung des Betriebsrats nach § 99 BetrVG hindert den Arbeitgeber an der wirksamen Durchführung der Maßnahme, für die nach §§ 99, 95 Abs. 3 BetrVG die Zustimmung des Betriebsrats erforderlich ist, also der tatsächlichen Zuweisung eines anderen Arbeitsbereichs. Es handelt sich damit um ein oft nur vorübergehendes Hindernis. Wird die Zustimmung nachträglich erteilt oder in einem Zustimmungsersetzungsverfahren ersetzt, kann der Arbeitgeber die tatsächliche Versetzung vornehmen.

Die Änderungskündigung, mit der der Arbeitgeber sachlich nur die fehlende rechtsgeschäftliche Einverständniserklärung des Arbeitnehmers zu der Änderung der Arbeitsbedingungen erreichen will, ist auch bei Fehlen der Zustimmung des Betriebsrats nach § 99 BetrVG als wirksam und nicht nach § 134 BGB als nichtig anzusehen. Ist die Änderung der Arbeitsbedingungen sozial gerechtfertigt, steht dem Arbeitgeber im Ergebnis ein erweitertes Direktionsrecht zu. Ob er es auch ausnutzen kann, hängt u.a. von dem Mitbestimmungsrecht des Betriebsrats nach § 99 BetrVG ab. Ist bei Ablauf der Kündigungsfrist die Zustimmung des Betriebsrats erteilt oder ersetzt, steht auch mitbestimmungsrechtlich der Versetzung nichts im Wege.

Führt der Arbeitgeber die beabsichtigte Versetzung vorläufig ohne Zustimmung des Betriebsrats durch, so sind die Rechtsfolgen in §§ 100 f BetrVG geregelt. Liegt bei Ablauf der Kündigungsfrist weder eine Zustimmung des Betriebsrats vor oder macht der Arbeitgeber nicht von der Möglichkeit des § 100 BetrVG Gebrauch, so ist eine „Versetzungsverweisung" nicht möglich. Wird sie trotzdem erteilt, ist sie nach § 134 BGB nichtig. Der Arbeitnehmer kann eine entsprechende Feststellungsklage erheben,

BAG 4.5.1993 – 1 AZR 2/93, juris.

Der Arbeitnehmer bleibt nach wie vor zur Tätigkeit in dem alten Arbeitsbereich berechtigt und verpflichtet, der ihm ordnungsgemäß zugewiesen war, ohne dass eine wirksame andere Zuweisung vorläge. Auch der Entzug der bisherigen Tätigkeit ist unwirksam. Entzug und Zuweisung einer Tätigkeit stellen einen einheitlichen Vorgang dar, der auf rechtliche Zulässigkeit hin auch nur einheitlich beurteilt werden kann,

BAG 30.9.1993 – 2 AZR 283/93, BAGE 74, 291 = NZA 1994, 615.

Damit bleibt die bisher zugewiesene Tätigkeit die vertraglich geschuldete Arbeitsleistung. Liegen die Voraussetzungen einer Suspendierung nicht vor, hat der Arbeitnehmer Anspruch auf Beschäftigung mit seiner nach wie vor geschuldeten arbeitsvertraglichen Tätigkeit,

BAG 26.1.1988 – 1 AZR 531/86, BAGE 57, 242 = NZA 1988, 476.

Das BAG hat anerkannt, dass der Arbeitnehmer die neue Arbeit in diesem Falle verweigern kann, ohne sich einer Vertragspflichtverletzung schuldig zu machen,

BAG 30.9.1993 – 2 AZR 283/93, BAGE 74, 291 = NZA 1994, 615.

X. Bestandsschutzstreitigkeiten: Außerordentliche Kündigung

1. Muster: Kündigungsschutzklage bei außerordentlicher Kündigung

Arbeitsgericht ...

Klage

...

– klägerische Partei –

Prozessbevollmächtigte: ...

gegen

...

– beklagte Partei –

wegen: außerordentlicher Kündigung eines Arbeitsverhältnisses

Wir bestellen uns zu Prozessbevollmächtigten der klägerischen Partei, in deren Namen und Auftrag wir um kurzfristige Anberaumung eines Gütetermins bitten. Wir werden im Übrigen beantragen zu erkennen:

1.a) Es wird festgestellt, dass das Arbeitsverhältnis zwischen den Parteien durch die außerordentliche Kündigung vom ..., zugegangen am ..., nicht aufgelöst worden ist.

1.b) Es wird festgestellt, dass das Arbeitsverhältnis durch die hilfsweise ausgesprochene ordentliche Kündigung vom ..., zugegangen am ..., nicht aufgelöst worden ist.

2. Es wird festgestellt, dass das Arbeitsverhältnis auch nicht durch andere Beendigungstatbestände endet, sondern zu unveränderten Bedingungen über den ... hinaus fortbesteht.

3. Die beklagte Partei wird verurteilt, der klägerischen Partei ein Zwischenzeugnis zu erteilen, das sich auf Verhalten und Leistung erstreckt.

Hilfsweise wird für den Fall, dass der Feststellungsantrag zu Ziff. 1 abgewiesen wird, folgender Antrag angekündigt:

4. Die beklagte Partei wird verurteilt, der klägerischen Partei ein endgültiges Zeugnis, das sich auf Verhalten und Leistung erstreckt, zu erteilen.
5. Die beklagte Partei trägt die Kosten des Rechtsstreits.

Sollte die beklagte Partei im Gütetermin nicht zu Protokoll des Gerichts erklären, dass sie die klägerische Partei weiterbeschäftigen wird, sofern ein der Klage stattgebendes Urteil ergeht, stellen wir folgenden weiteren Antrag:

6. Die beklagte Partei wird verurteilt, die klägerische Partei für den Fall des Obsiegens mit dem Feststellungsantrag zu Ziff. 1 zu den im Arbeitsvertrag vom ... geregelten Arbeitsbedingungen als ... in ... bis zu einer rechtskräftigen Entscheidung über den Feststellungsantrag weiter zu beschäftigen.[137]
7. Kommt die beklagte Partei ihrer Verpflichtung zur Weiterbeschäftigung der klägerischen Partei nicht innerhalb einer Frist von einer Woche nach Zustellung der Entscheidung nach, wird sie verurteilt, an den Kläger eine Entschädigung in Höhe von ... EUR zu zahlen.[138]

Gründe:

I.

1. Die klägerische Partei ist seit dem ... bei der beklagten Partei als ... beschäftigt und hat ein monatliches Gehalt in Höhe von ... EUR brutto.

    Beweis: Vorlage des Arbeitsvertrages in Kopie – Anlage K 1.

Mit Schreiben vom ... wurde gegenüber der klägerischen Partei durch die beklagte Partei eine außerordentliche Kündigung ausgesprochen.

    Beweis: Vorlage des Kündigungsschreibens in Kopie – Anlage K 2.

Zum Zeitpunkt des Zugangs der Kündigung bestand das Arbeitsverhältnis länger als 6 Monate. Der Betrieb ist kein Kleinstbetrieb iSd § 23 KSchG in der ab 1.1.2004 geltenden Fassung (Doppelschwelle).[139] Die beklagte Partei beschäftigt ... Arbeitnehmer.

Alternative 1: Die klägerische Partei wurde vor dem 1.1.2004 bei der beklagten Partei eingestellt, so dass das Kündigungsschutzgesetz bei in der Regel mehr als fünf Arbeitnehmern anzuwenden ist.

Alternative 2: Die klägerische Partei wurde nach dem 31.12.2003 bei der beklagten Partei eingestellt, so dass das Kündigungsschutzgesetz bei in der Regel mehr als zehn Arbeitnehmern anzuwenden ist.

---

[137] Der Weiterbeschäftigungsantrag muss so präzise wie möglich gefasst werden. Eine Vollstreckung aus dem Weiterbeschäftigungsantrag (§ 888 ZPO – unvertretbare Handlung) kann nur erfolgen, wenn der Weiterbeschäftigungstitel einen vollstreckungsfähigen Inhalt hat. Hieran fehlt es regelmäßig, wenn ein Urteil ergeht, wonach der Arbeitnehmer „zu den bisherigen Arbeitsbedingungen" oder „zu den Bedingungen des Arbeitsvertrages vom ..." zu beschäftigen ist (LAG Köln 24.10.1995 – 13 (5) Ta 245/95, NZA-RR 1996, 108; LAG Hessen 13.7.1987 – 1 Ta 151/87, NZA-1988, 175). Da sich aus dem Titel ergeben muss, welcher Pflicht der Arbeitgeber nachkommen soll, ist im Antrag die Art und in den Zweifelsfällen auch der Ort der Arbeitsleistung anzugeben. Arbeitnehmer, die nicht tatsächlich weiterarbeiten wollen, haben die Möglichkeit, im Falle der Titulierung des Weiterbeschäftigungsantrags einen Entschädigungsantrag nach § 61 Abs. 2 ArbGG zu stellen, s. hierzu Muster 6411 (§ 6 Rn 286).

[138] Wenn man den unechten Hilfsantrag nach § 61 Abs. 2 ArbGG auf Entschädigung stellt, ist zu beachten, dass wegen § 61 Abs. 2 ArbGG nach einer vollstreckung des Beschäftigungstitels der Entschädigungsanspruch nicht mehr verfolgt werden kann (LAG Berlin 12.3.1999 – 2 Sa 3/98, NZA-RR 2000, 43). Macht der Arbeitnehmer vom Entschädigungsanspruch Gebrauch, ist die Zwangsvollstreckung auf Weiterbeschäftigung ausgeschlossen.

[139] Während in der Vergangenheit nur die Zahl der Beschäftigten ausschließlich der Auszubildenden maßgeblich für die Bestimmung der Anwendbarkeit des KSchG war, ist seit 1.1.2004 zusätzlich darauf abzustellen, wann der Arbeitnehmer eingestellt wurde. Die Grundregel des § 23 Abs. 1 Satz 2 KSchG gilt unverändert für alle vor dem 1.1.2004 begründeten Arbeitsverhältnisse. Für die nach dem 31.12.2003 aufgenommenen Arbeitsverhältnisse gilt die Zahl von mehr als zehn Mitarbeitern als maßgeblicher Schwellenwert. Deshalb enthält der Textbaustein zwei Alternativen, von denen in der Klage immer nur eine verwendet werden soll, nämlich diejenige, die den Zeitpunkt des Beschäftigungsbeginns der jeweiligen klägerischen Partei richtig wieder gibt. Für die Darlegung der Mindestvoraussetzungen einer schlüssigen Kündigungsschutzklage wird deshalb angeregt, in Grenzfällen auch nähere Ausführungen zur Beschäftigtenzahl und zu den Zeitpunkten zu machen, an denen die Arbeitsverhältnisse begründet wurden.

2. Die Kündigung ist unwirksam, ein wichtiger Grund zur Kündigung des Arbeitsverhältnisses iSv § 626 BGB besteht nicht. Schon nach dem Gesetzeswortlaut gelten als wichtiger Grund nur solche Tatsachen, aufgrund derer dem Kündigenden unter Berücksichtigung aller Umstände des Einzelfalles und unter Abwägung der Interessen beider Vertragsteile die Fortsetzung des Arbeitsverhältnisses bis zum Ablauf der Kündigungsfrist oder bis zu der vereinbarten Beendigung nicht zugemutet werden kann. Als wichtiger Grund kommen vor allem Vertragsverletzungen in Betracht.

Die Vertragsverpflichtungen im Arbeitsverhältnis sind nicht immer präzise umrissen. Vielmehr ergeben sich aus dem Arbeitsverhältnis zahlreiche Nebenverpflichtungen, die nach Treu und Glauben mitgeschuldet werden. Das BAG hat zur einheitlichen Feststellung, ob ein wichtiger Grund iSd § 626 Abs. 1 BGB vorliegt, eine Systematisierung vorgenommen und unterscheidet bei den Vertragsverletzungen, die den Arbeitgeber zur außerordentlichen Kündigung berechtigen, nach Störungen in verschiedenen Bereichen des Arbeitsverhältnisses. Namentlich kommen in Frage Störungen

- bei der Begründung des Arbeitsverhältnisses;
- im Leistungsbereich (zB Schlechtleistung);
- im Bereich der betrieblichen Verbundenheit aller Mitarbeiter (zB Verstöße gegen die Betriebsordnung, Beleidigung von Kollegen);
- im persönlichen Vertrauensbereich der Vertragspartner (zB Verdacht strafbarer Handlungen);
- aus der Person des Arbeitnehmers (zB bei Krankheit);
- im Unternehmensbereich (zB bei Druckkündigung).

Das BAG sieht im Allgemeinen eine außerordentliche Kündigung nur dann als gerechtfertigt an, wenn durch das Verhalten des Arbeitnehmers einer der aufgezählten Bereiche des Arbeitsverhältnisses gestört ist und nach umfassender Interessenabwägung die Fortsetzung des Arbeitsverhältnisses unzumutbar ist,

vgl BAG 6.2.1969 – 2 AZR 241/68, AP § 626 BGB Nr. 58.

Bei Störungen im Zusammenhang mit der Begründung des Arbeitsverhältnisses wird nur in Ausnahmefällen eine außerordentliche Kündigung in Betracht kommen, da der Arbeitgeber sich hinreichend durch die Vereinbarung einer Probezeit schützen kann. Bei Störungen im Leistungsbereich wird der Kündigung regelmäßig eine Abmahnung vorausgehen müssen,

BAG 8.8.1968 – 2 AZR 348/67, AP § 626 BGB Nr. 57.

Der Arbeitgeber ist für sämtliche Voraussetzungen des wichtigen Grundes darlegungs- und beweispflichtig,

BAG 12.8.1976 – 2 AZR 237/75, AP § 1 KSchG 1969 Nr. 3; BAG 24.11.1983 – 2 AZR 327/82, AP § 626 BGB Nr. 76.

Bei der Zumutbarkeitsprüfung sind alle Umstände des Einzelfalles gegeneinander abzuwägen, wobei auf die besondere Bedeutung einer längeren und störungsfreien Betriebszugehörigkeit nach der sog. Emmely-Entscheidung des BAG,

vgl BAG 10.6.2010 – 2 AZR 541/09, NZA 2010, 1227,

hingewiesen wird.

3. Die außerordentliche Kündigung der klägerischen Partei durch die beklagte Partei genügt diesen in der Rechtsprechung entwickelten Anforderungen nicht:

Die klägerische Partei bietet hiermit ihre Arbeitskraft an und macht alle noch etwa bestehenden Ansprüche aus dem Arbeitsverhältnis geltend.

II.

Zu den gestellten Anträgen wird erläuternd auf Folgendes hingewiesen:

1. Der Klageantrag zu Ziff. 2 beinhaltet eine selbständige allgemeine Feststellungsklage gem. § 256 ZPO. Dem Kläger sind zwar derzeit keine anderen möglichen Beendigungstatbestände außer der mit dem Klageantrag zu Ziff. 1 angegriffenen Kündigung vom ... bekannt. Es besteht jedoch die Gefahr, dass die Beklagte im Verlauf des Verfahrens weitere Kündigungen ausspricht. Es wird deshalb mit dem Klageantrag zu Ziff. 2 die Feststellung begehrt, dass das Arbeitsverhältnis auch durch solche weiteren Kündigungen nicht beendet wird.

In der Literatur wird deshalb der Klageantrag zu Ziff. 2 in der vorliegenden Form empfohlen,

Diller, NJW 1998, 663; *Ziemann*, BRAK-Mitt. 1997, 244.

2. Bei den Zeugnisanträgen zu Ziff. 3 und Ziff. 5 stehen folgende Überlegungen im Vordergrund:
Nach der Rechtsprechung des BAG vom 27.2.1987 –

5 AZR 710/85, NZA 1987, 628,

hat der Arbeitnehmer gegenüber dem Arbeitgeber bereits bei der Erhebung der Kündigungsschutzklage einen Anspruch auf Erteilung eines Endzeugnisses. Dennoch wird im Klageantrag ein Zwischenzeugnis verlangt und nur hilfsweise ein Endzeugnis. Hintergrund ist, dass bei einem Zwischenzeugnis nicht zum Ausdruck kommt, dass der Arbeitnehmer bereits gekündigt ist.

Dies erhöht die Bewerbungschancen des Arbeitnehmers.

Einen Anspruch auf Erteilung eines Zwischenzeugnisses hat der Arbeitnehmer immer dann, wenn ein berechtigtes Interesse besteht,

BAG 1.10.1998 – 6 AZR 176/97, NZA 1999, 894.

Die Kündigung des Arbeitsverhältnisses begründet ein berechtigtes Interesse,

BAG 27.2.1987 – 5 AZR 710/85, NZA 1987, 628.

Der Hilfsantrag auf Erteilung eines Endzeugnisses wird jedoch bereits mit Erhebung der Kündigungsschutzklage gestellt, damit für den Fall, dass die Kündigungsschutzklage rechtskräftig abgewiesen wird, der Arbeitnehmer einen Anspruch auf Rückdatierung des Endzeugnisses auf den Zeitpunkt der tatsächlichen Beendigung des Arbeitsverhältnisses hat.

Ein solcher Anspruch auf Rückdatierung wird nach dem Urteil des BAG

vom 9.9.1992 – 5 AZR 509/91, NZA 1993, 698,

gewährt, wenn der Arbeitnehmer zeitnah zum Ausscheiden ein Zeugnis verlangt hatte. Es ist jedoch fraglich, ob dieser Anspruch auf Rückdatierung auch dann besteht, wenn der Arbeitnehmer im gesamten Kündigungsschutzverfahren immer nur ein Zwischenzeugnis und kein endgültiges Zeugnis verlangt hat.

III.

Die Kündigung ist unwirksam. Die beklagte Partei ist auf dem Hintergrund einer Entscheidung des Großen Senats des BAG,

27.2.1985 – GS 1/84, BAGE 48, 122 = NZA 1985, 702,

zur Weiterbeschäftigung der klägerischen Partei zu verurteilen. Nach der oben genannten Rechtsprechung steht dem Arbeitnehmer ein Anspruch auf Weiterbeschäftigung zu unveränderten Arbeitsbedingungen zu, wenn ein obsiegendes erstinstanzliches Urteil vorliegt. Das Weiterbeschäftigungsinteresse des Arbeitnehmers überwiegt sodann nach der oben genannten Rechtsprechung des Gegeninteresses des Arbeitgebers und der Nichtbeschäftigung des Arbeitnehmers.

Wenn der Arbeitgeber im Gütetermin sich nicht zum Weiterbeschäftigungsverlangen des Arbeitnehmers erklärt, besteht die Besorgnis, dass die beklagte Partei den Weiterbeschäftigungsanspruch der klagenden Partei nicht freiwillig befolgt. Daher ist dem Antrag stattzugeben.

Der unechte Hilfsantrag auf Zahlung einer Entschädigung für den Fall, dass der Arbeitnehmer nicht innerhalb einer bestimmten Frist weiter beschäftigt wird, fußt auf § 61 Abs. 2 ArbGG.

2. Muster: Abmahnung bei außerordentlicher Kündigung im Vertrauensbereich

Aktenzeichen: ...

Gegner: RAe ..., zwei Abschriften anbei

Nach der bisherigen Rechtsprechung ist bei Störungen im Vertrauensbereich eine vorherige Abmahnung grundsätzlich entbehrlich,

BAG 2.6.1960 – 2 AZR 91/58, BAGE 9, 263 = AP § 626 BGB Nr. 42; BAG 30.11.1978 – 2 AZR 145/77, BAGE 31, 153 = NJW 1980, 255.

Das BAG hat diese Rechtsprechung zwischenzeitlich modifiziert. Bei Störungen im Vertrauensbereich ist eine Abmahnung jedenfalls dann nicht entbehrlich, wenn der Arbeitnehmer annehmen durfte, sein Verhalten sei nicht vertragswidrig bzw der Arbeitgeber werde es zumindest nicht als ein erhebliches, den Bestand des Arbeitsverhältnisses gefährdendes Fehlverhalten ansehen,

BAG 30.6.1983 – 2 AZR 524/81, NJW 1984, 1917; BAG 5.11.1992 – 2 AZR 147/92, NZA 1993, 308; BAG 14.2.1996 – 2 AZR 274/95, NZA 1996, 873.

Der zweite Senat hat nunmehr in zwei Urteilen,

BAG 26.1.1995 – 2 AZR 649/94, NZA 1995, 517; BAG 4.6.1997 – 2 AZR 526/96, BAGE 86, 95 = NZA 1997, 1281,

entschieden, dass auch bei Störungen im Vertrauensbereich jedenfalls dann vor der Kündigung eine Abmahnung erforderlich ist, wenn es um ein steuerbares Verhalten des Arbeitnehmers geht und eine Wiederherstellung des Vertrauens erwartet werden kann.

Der Kündigungszweck sei zukunftsbezogen ausgerichtet. Entscheidend sei, ob eine Wiederholungsgefahr bestehe und ob sich das vergangene Ereignis auch zukünftig belastend auswirke. Erst nach einer Abmahnung werde die erforderliche Wahrscheinlichkeit dafür bestehen, dass sich der Arbeitnehmer auch in Zukunft nicht vertragstreu verhalten werde. Eine Abmahnung ist nach dieser Rechtsprechung nur dann entbehrlich, wenn im Einzelfall besondere Umstände vorliegen, aufgrund derer die Abmahnung nicht als Erfolg versprechend angesehen werden kann.

Diese Rechtsprechung ist zwar für den Alkoholmissbrauch entwickelt, wird vom 2. Senat allerdings als grundsätzliche Änderung der Rechtslage bei außerordentlichen Kündigungen, insbesondere unter Aufgabe der bisherigen Rechtsprechung, ausgewiesen.

Diese Rechtsgrundsätze hat das BAG u.a. mit der sog. Emmely-Entscheidung fortentwickelt,

vgl BAG 10.6.2010 – 2 AZR 541/09, NZA 2010, 1227.

Der 2. Senat hat im Fall Emmely vertiefend herausgearbeitet, dass es für die Zumutbarkeit der Weiterbeschäftigung von erheblicher Bedeutung sein kann, ob der Arbeitnehmer bereits geraume Zeit in einer Vertrauensstellung beschäftigt war, ohne vergleichbare Pflichtverletzungen begangen zu haben. Das gilt nach diesem Urteil auch bei Pflichtverstößen im unmittelbaren Vermögensbereich. Demnach wird eine für lange Jahre ungestörte Vertrauensbeziehung zweier Vertragspartner nicht notwendig schon durch eine erstmalige Vertrauensenttäuschung vollständig und unwiederbringlich zerstört. In den Worten des BAG ist weiterhin entscheidend (im vorgenannten Urteil unter Rz. 47): Je länger eine Vertragsbeziehung ungestört bestanden hat, desto eher kann die Prognose berechtigt sein, dass der dadurch erarbeitete Vorrat an Vertrauen durch einen erstmaligen Vorfall nicht vollständig aufgezehrt wird. Dabei kommt es nicht auf die subjektive Befindlichkeit und Einschätzung des Arbeitgebers oder bestimmter für ihn handelnder Personen an. Entscheidend ist ein objektiver Maßstab. Maßgeblich ist nicht, ob der Arbeitgeber hinreichendes Vertrauen in den Arbeitnehmer tatsächlich noch hat. Maßgeblich ist, ob er es aus der Sicht eines objektiven Betrachters haben müsste. Im Arbeitsverhältnis geht es nicht um ein umfassendes wechselseitiges Vertrauen in die moralischen Qualitäten der je anderen Vertragspartei. Es geht allein um die von einem objektiven Standpunkt aus zu beantwortende Frage, ob mit einer korrekten Erfüllung der Vertragspflichten zu rechnen ist.

Vor dem Hintergrund dieser Rechtsprechung hätte die beklagte Partei der klägerischen Partei nicht ohne vorangegangene Abmahnung fristlos kündigen dürfen.

312 3. Muster: Ermittlungsverhalten des Kündigenden zur Wahrung der Zwei-Wochen-Frist

Aktenzeichen: ...

Gegner: RAe ..., zwei Abschriften anbei

Weder der Verdacht strafbarer Handlungen noch eine begangene Straftat stellen Dauerzustände dar, die es dem Arbeitgeber ermöglichen, bis zur strafrechtlichen Verurteilung des Arbeitnehmers zu irgendeinem beliebigen Zeitpunkt eine fristlose Kündigung auszusprechen.

Hält der Arbeitgeber einen bestimmten Kenntnisstand für ausreichend, eine fristlose Kündigung wegen Verdachts einer strafbaren Handlung oder wegen begangener Straftat auszusprechen, muss er nach § 626 Abs. 2 BGB binnen zwei Wochen kündigen, nachdem er diesen Kenntnisstand erlangt hat.

Entscheidet sich der Arbeitgeber, nachdem sich aufgrund konkreter Tatsachen bei ihm ein Anfangsverdacht entwickelt hat, selbst weitere Ermittlungen durchzuführen, muss er diese Ermittlungen zügig durchführen und binnen zwei Wochen nach Abschluss der Ermittlungen, die seinen Kündigungsentschluss stützen, die Kündigung gegenüber dem Arbeitnehmer aussprechen.

Es steht dem Kündigenden zwar grundsätzlich frei, anstatt eigener Ermittlungen den Ausgang eines Ermittlungs- bzw Strafverfahrens abzuwarten. Das bedeutet aber nicht, dass der Arbeitgeber trotz eines hinlänglich begründeten Anfangsverdachts zunächst von eigenen weiteren Ermittlungen absehen und den Verlauf des Ermittlungs- bzw Strafverfahrens abwarten darf, um dann spontan, ohne dass sich neue Tatsachen ergeben hätten, zu einem willkürlich gewählten Zeitpunkt Monate später selbständige Ermittlungen aufzunehmen und dann zwei Wochen nach Abschluss dieser Ermittlungen zu kündigen,

> BAG 29.7.1993 – 2 AZR 90/93, NZA 1994, 171.

§ 626 Abs. 2 BGB ist ein gesetzlich konkretisierter Verwirkungstatbestand. Ziel der Norm ist es, für den betroffenen Arbeitnehmer rasch Klarheit darüber zu schaffen, ob der Kündigungsberechtigte einen Sachverhalt zum Anlass für eine außerordentliche Kündigung nimmt. Deshalb beginnt die Ausschlussfrist des § 626 Abs. 2 BGB, wenn der Kündigungsberechtigte eine zuverlässige und möglichst vollständige positive Kenntnis der für die Kündigung maßgebenden Tatsachen hat. Hierzu gehören sowohl die für als auch gegen die Kündigung sprechenden Umstände sowie die Beschaffung und Sicherung möglicher Beweismittel über die ermittelte Pflichtverletzung,

> BAG 17.3.2005 – 2 AZR 245/04, NZA 2006, 101.

Die zeitliche Begrenzung in § 626 Abs. 2 BGB soll den Arbeitgeber nicht zu hektischer Eile bei der Kündigung antreiben oder ihn veranlassen, ohne genügende Vorprüfung des Sachverhalts oder hinreichender Beweismittel voreilig zu kündigen. Der Kündigungsberechtigte darf regelmäßig auch den Ausgang des Ermittlungs-

oder des Strafverfahrens abwarten. Entschließt er sich allerdings hierzu, kann er nicht zu einem beliebigen, willkürlich gewählten Zeitpunkt außerordentlich kündigen. Will er vor Abschluss des Strafverfahrens kündigen, muss ein sachlicher Grund bzw muss Kenntnis von neuen Tatsachen oder Beweismitteln vorliegen,

> BAG 17.3.2005 – 2 AZR 245/04, NZA 2006, 101.

4. Muster: Verfristete außerordentliche Kündigung

Aktenzeichen: ...

Gegner: RAe ..., zwei Abschriften anbei

Die außerordentliche Kündigung aus wichtigem Grund ist weiterhin unwirksam, weil sie verfristet erfolgte, § 626 Abs. 2 BGB. Die außerordentliche Kündigung kann wirksam nur innerhalb von zwei Wochen ausgesprochen werden. Die Frist beginnt mit dem Zeitpunkt, in dem der Kündigungsberechtigte von den für die Kündigung maßgeblichen Tatsachen Kenntnis erlangt, § 626 Abs. 2 Satz 2 BGB. Es ist eine positive und sichere Kenntnis der Tatsachen nötig, die den wichtigen Grund ergeben. Nicht nötig ist die Kenntnis aller mit dem Kündigungsgrund zusammenhängender tatsächlichen Umstände,

> BGH 24.11.1975 – II ZR 104/73, NJW 1976, 797; BGH 2.6.1997 – II ZR 101/96, DStR 1997, 1338; BAG 17.8.1972 – 2 AZR 359/71, BAGE 24, 383 = AP § 626 BGB Ausschlussfrist Nr. 4.

Es kommt auf die Kenntnis derjenigen Person an, der im konkreten Fall das Recht zur Kündigung zusteht,

> BAG 28.10.1971 – 2 AZR 32/71, BAGE 23, 475 = NJW 1972, 463.

Kenntnis hatte die beklagte Partei von den für ihre Kündigung wesentlichen Umständen spätestens seit dem ..., zugegangen ist die Kündigungserklärung der klägerischen Partei am .... Zwischen Kenntniserlangung und Kündigung lagen somit mehr als 2 Wochen.

5. Muster: Verfristete außerordentliche Kündigung bei Anhörung des Betriebsrats

Der Umstand, dass die beklagte Partei noch den Betriebsrat gem. § 102 BetrVG angehört hat, modifiziert die Frist des § 626 Abs. 2 Satz 1 BGB nicht. Es entspricht gefestigter Rechtsprechung des BAG, dass sich auf den Ablauf der Frist des § 626 Abs. 2 BGB der Zeitraum, der dem Betriebsrat für seine Entscheidung über den Zustimmungsantrag zur Verfügung steht, nicht auswirkt,

> BAG 18.8.1977 – 2 ABR 19/77, NJW 1978, 661; BAG 17.2.1994 – 2 AZR 673/93, juris.

6. Muster: Unterbliebene Anhörung bei Verdachtskündigung

Die Kündigung ist auch deshalb rechtswidrig, weil die klagende Partei vor Ausspruch der Kündigung nicht angehört wurde. Zwar besteht grundsätzlich keine Pflicht des Arbeitgebers, einen Arbeitnehmer vor Ausspruch einer fristlosen Kündigung anzuhören. Etwas anderes gilt jedoch bei der sog. Verdachtskündigung. Bei der Verdachtskündigung besteht die Verpflichtung des Arbeitgebers, alles ihm Zumutbare zur Aufklärung des Sachverhalts zu tun und dem verdächtigten Arbeitnehmer vor Ausspruch der Kündigung Gelegenheit zur

Stellungnahme zu geben. Die Anhörung des Arbeitnehmers vor Ausspruch der Kündigung ist also echtes Wirksamkeitserfordernis bei der Verdachtskündigung,

> BAG 4.6.1964 – 2 AZR 310/63, BAGE 16, 72 = EzA § 626 BGB Nr. 5; BAG 26.9.2002 – 2 AZR 424/01, AP § 626 BGB Verdacht strafbarer Handlung Nr. 37; LAG Berlin-Brandenburg 30.3.2012 – 10 Sa 2272/11, LAGE § 611 BGB 2002 Abmahnung Nr. 9 m. Anm. *Esch*, jurisPR-ArbR 46/2012 Anm. 4.

↑

7. Muster: Selbstbeurlaubung ausnahmsweise kein Kündigungsgrund

↓

Aktenzeichen: ...

Gegner: RAe ..., zwei Abschriften anbei

Tritt der Arbeitnehmer eigenmächtig einen vom Arbeitgeber nicht genehmigten Urlaub an, so verletzt er seine arbeitsvertraglichen Pflichten. Ein solches Verhalten ist an sich geeignet, einen wichtigen Grund zur fristlosen Kündigung darzustellen. Ein Recht des Arbeitnehmers, sich selbst zu beurlauben, ist angesichts des umfassenden Systems gerichtlichen Rechtsschutzes grundsätzlich abzulehnen,

> BAG 21.5.1992 – 2 AZR 10/92, BAGE 70, 262 = NZA 1993, 115.

Nimmt man bei einem eigenmächtigen Urlaubsantritt durch den Arbeitnehmer in jedem Fall eine Pflichtverletzung an, so erscheint es bei einer allseitigen Interessenabwägung vertretbar zu berücksichtigen, ob der Arbeitgeber dem Urlaubsverlangen des Arbeitnehmers hätte entsprechen müssen,

> BAG 20.1.1994 – 2 AZR 521/93, NZA 1994, 548 (550).

Es kann dahinstehen, ob der Arbeitnehmer ein Selbstbeurlaubungsrecht hat, wenn der Arbeitgeber zu Unrecht den Urlaubswünschen des Arbeitnehmers nicht entsprochen hat. Lehnt man in diesen Fällen ein Selbstbeurlaubungsrecht ab, ist eine solche unberechtigte Urlaubsverweigerung durch den Arbeitgeber jedenfalls im Falle einer Kündigung wegen eigenmächtigen Urlaubsantritts bei der Interessenabwägung zu Gunsten des Arbeitnehmers mit zu berücksichtigen.

↑

8. Muster: Verweigerung des Urlaubsabbruchs kein Kündigungsgrund

↓

Aktenzeichen: ...

Gegner: RAe ..., zwei Abschriften anbei

Einen Anspruch des Arbeitgebers gegen den Arbeitnehmer, seinen Urlaub abzubrechen oder zu unterbrechen, gibt es nach dem BUrlG nicht,

> ErfK/*Gallner*, § 7 BUrlG Rn 27; BAG 20.6.2000 – 9 AZR 405/99, BAGE 95, 104 = NZA 2001, 100.

Ob dennoch ein solcher Anspruch bei unvorhersehbaren und zwingenden Notwendigkeiten, die einen anderen Ausweg nicht zulassen,

> BAG 19.12.1991 – 2 AZR 367/91, RzK I 6 a Nr. 82; BAG 29.1.1960 – 1 AZR 200/58, BAGE 9, 1 = AP § 123 GewO Nr. 12,

besteht, kann solange dahinstehen, wie nicht Tatsachen vorgetragen sind, die eine Erörterung erzwingen, wonach ein solcher Anspruch bestehen könnte.

Eine Vertragsverletzung liegt auch dann nicht vor, wenn die klägerische Partei zugesagt haben sollte, wegen der im Betrieb bestehenden Schwierigkeiten werde er seine Tätigkeit wieder aufnehmen. Nach § 1 BUrlG schuldet der Arbeitgeber dem Arbeitnehmer Erholungsurlaub. Zur Erfüllung dieses gesetzlichen Anspruchs hat der Arbeitgeber den Arbeitnehmer von der Arbeit freizustellen. Dem Arbeitnehmer ist uneingeschränkt zu ermöglichen, anstelle der geschuldeten Arbeitsleistung die ihm aufgrund des Urlaubsanspruchs zustehende Freizeit selbstbestimmt zu nutzen. Dieses Recht des Arbeitnehmers ist dann nicht mehr gewährleistet, wenn der Arbeitnehmer trotz der Freistellung ständig damit rechnen muss, zur Arbeit abgerufen zu werden. Eine derartige Arbeitsbereitschaft lässt sich mit der Gewährung des gesetzlichen Erholungsurlaubs nicht vereinbaren. Der Anspruch des Arbeitnehmers wird in diesem Fall nicht erfüllt, daher ist eine solche Abrede gem. § 13 Abs. 1 Satz 3 BUrlG unwirksam,

BAG 20.6.2000 – 9 AZR 405/99, BAGE 95, 104 = NZA 2001, 100.

Ein Arbeitgeber muss sich daher vor der Urlaubserteilung entscheiden, ob er dem Arbeitnehmer den beantragten Urlaub gewährt oder den Urlaubsanspruch des Arbeitnehmers etwa wegen dringender betrieblicher Belange gem. § 7 Abs. 1 BUrlG ablehnt. Hat der Arbeitgeber den Arbeitnehmer freigestellt, also die Leistungszeit bestimmt, in der der Urlaubsanspruch des Arbeitnehmers iSv § 362 Abs. 1 BGB erfüllt werden soll, und dies dem Arbeitnehmer mitgeteilt, hat er als Schuldner des Urlaubs die für die Erfüllung dieses Anspruchs erforderliche Leistungs-/Erfüllungshandlung iSv § 7 Abs. 1 BUrlG vorgenommen,

BAG 9.8.1994 – 9 AZR 384/92, BAGE 77, 296 = NZA 1995, 174.

An diese Erklärung ist der Arbeitgeber gebunden und kann den Arbeitnehmer dann nicht mehr aus dem Urlaub zurückrufen.

Eine Vereinbarung, in der sich der Arbeitnehmer gleichwohl verpflichtet, den Urlaub abzubrechen und die Arbeit wieder aufzunehmen, verstößt gegen § 13 Abs. 1 BUrlG. Sie ist daher rechtsunwirksam. Danach kann von § 1 BUrlG weder durch die Tarifvertragsparteien noch durch eine einzelvertragliche Abrede zu Ungunsten des Arbeitnehmers abgewichen werden. Hierfür ist unerheblich, ob der Urlaub von vornherein im Einvernehmen mit dem Arbeitnehmer unter Vorbehalt gewährt wird oder ob er zunächst vorbehaltlos bewilligt wird und sich der Arbeitnehmer sich erst zeitlich später verpflichtet, dem Arbeitgeber auf dessen Verlangen zur Arbeitsleistung zur Verfügung zu stehen. In beiden Fällen bewirkt das vereinbarte Recht des Arbeitgebers zum Rückruf, dass der Arbeitnehmer für die Dauer der Freistellung entgegen § 1 BUrlG nicht uneingeschränkt von der Arbeitspflicht befreit wird,

BAG 20.6.2000 – 9 AZR 405/99, BAGE 95, 104 = NZA 2001, 100.

9. Muster: Surfen im Internet/private Internetnutzung

Eine Verletzung der arbeitsvertraglichen Leistungspflicht sowie anderer vertraglicher Nebenpflichten kann sich bei der privaten Nutzung des Internets aus verschiedenen Umständen ergeben, insbesondere durch eine Nutzung entgegen einem ausdrücklichen Verbot des Arbeitgebers, durch das Nichterbringen der arbeitsvertraglich geschuldeten Arbeitsleistung während des Surfens im Internet zu privaten Zwecken, durch das Herunterladen erheblicher Datenmengen aus dem Internet auf betriebliche Datensysteme (unbefugter Download), durch die mit der privaten Nutzung entstehenden zusätzlichen Kosten oder wegen einer Rufschädigung des Arbeitgebers, weil strafbare oder pornografische Darstellungen heruntergeladen werden,

BAG 7.7.2005 – 2 AZR 581/04, BAGE 115, 195 = NZA 2006, 98.

Bei einer vom Arbeitgeber nicht gestatteten privaten Internet-Nutzung während der Arbeitszeit verletzt der Arbeitnehmer grundsätzlich seine Hauptleistungspflicht zur Arbeit. Dabei wiegt eine Pflichtverletzung umso schwerer, je mehr der Arbeitnehmer bei der privaten Nutzung des Internets seine Arbeitspflicht in zeitlicher und inhaltlicher Hinsicht vernachlässigt.

Nur dann, wenn der Arbeitnehmer während seiner Arbeitszeit das Internet in erheblichem zeitlichem Umfang („ausschweifend") zu privaten Zwecken nutzt, kann er auch bei Fehlen eines ausdrücklichen Verbots der Internet-Nutzung durch den Arbeitgeber nicht darauf vertrauen, der Arbeitgeber werde sein Verhalten tolerieren,

>BAG 7.7.2005 – 2 AZR 581/04, BAGE 115, 195 = NZA 2006, 98.

319 **10. Muster: Ungenauigkeiten bei Spesen- oder Reisekostenabrechnung kein Grund zur fristlosen Kündigung**

Will sich ein Unternehmen von Führungskräften trennen, geschieht es häufig, dass in Ermangelung eines Kündigungsgrundes vor allem bei befristeten Anstellungs- und Arbeitsverhältnissen die fristlose Kündigung gem. § 626 BGB ausgesprochen wird. Meist beauftragt die Unternehmensleitung oder der Gesellschafter die Revision, den Wirtschaftsprüfer oder einen Steuerberater, nach Ungenauigkeiten im Bereich der Reisekostenabrechnungen oder Spesen zu suchen. Die bei solchen Gelegenheiten zutage geförderten Ungenauigkeiten, Unklarheiten oder Fehler bei der Abrechnung durch den Mitarbeiter werden dann zum Anlass für eine außerordentliche Kündigung genommen.

Der Arbeitnehmer muss seine Spesenabrechnungen stets korrekt beim Arbeitgeber einreichen, um nicht Gefahr zu laufen, den Vorwurf betrügerischen oder schädigenden Verhaltens entgegengehalten zu bekommen.

In der Rechtsprechung der Arbeitsgerichte ist anerkannt, dass grobe Vertrauensverstöße eines Arbeitnehmers, insbesondere im Zusammenhang mit strafbaren Handlungen, grundsätzlich eine außerordentliche Kündigung nach § 626 BGB rechtfertigen können,

>BAG 11.12.2003 – 2 AZR 36/03, NZA 2004, 486; BAG 8.6.2000 – 2 AZR 638/99, NZA 2000, 1282.

Insbesondere kann ein Spesenbetrug einen Grund für eine außerordentliche Kündigung darstellen. Verlangt ein Arbeitnehmer Arbeitsentgelt oder Spesen, die ihm nicht zustehen, kann dies ein Grund zur fristlosen Entlassung sein, selbst wenn es sich dabei um einen einmaligen Fall oder um einen geringfügigen Betrag handelt,

>BAG 22.11.1962 – 2 AZR 42/62, AP § 626 BGB Nr. 49; BAG 22.8.1974 – 2 ABR 17/74, AP § 103 BetrVG 1972 Nr. 1; LAG Frankfurt 5.7.1988 – 5 Sa 585/88, DB 1988, 2468; LAG Köln 14.12.1995 – 5 Sa 1350/94, NZA-RR 1996, 376; LAG Hamm 19.4.2012 – 15 Sa 248/12, juris.

Auch sonstige Unregelmäßigkeiten im Zusammenhang mit der Zeiterfassung, das vorsätzlich falsche Ausstellen von Dokumentationen und entsprechenden Formularen können ebenso wie sonstige unrichtige Angaben in Tätigkeitsberichten grundsätzlich eine Kündigung rechtfertigen,

>BAG 24.11.2005 – 2 AZR 39/05, NZA 2006, 484; LAG Hamm 3.1.1969 – 8 (2) Sa 592/68, BB 1969, 834; LAG Niedersachsen 18.10.1994 – 13 Sa 1222/94, LAGE § 1 KSchG 1969 Verhaltensbedingte Kündigung Nr. 44; ArbG Frankfurt 24.7.2001 – 5 Ca 6603/00, NZA-RR 2002, 133.

Allerdings besagt die neuere Rechtsprechung auch, dass bei zweifelhaften Spesen- bzw Reisekostenabrechnungen des Arbeitnehmers dem Arbeitgeber nicht stets ein wichtiger Grund iSv § 626 Abs. 1 BGB zur Seite steht. Auch den Gerichten ist bekannt, dass im Bereich der Spesenabrechnungen häufig Kündigungsgründe gezielt gesucht werden, wenn dem Arbeitgeber keine Gründe zur Entlassung eines Arbeitnehmers zur Verfügung stehen. Der Schutz, der dem Arbeitnehmer durch die Regelungen des Kündigungsschutzgesetzes zuteilwerden soll, wird in solchen Fällen umgangen.

Das LAG Hamm hat mit Urteil vom 13.10.2006,

>10 Sa 1044/06, AuA 2007, 51,

entschieden, dass ungenaue bzw falsche Kilometerangaben dem Arbeitnehmer nicht vorgeworfen werden können, wenn diesem ein genauer Fahrtweg seitens seines Arbeitgebers nicht vorgeschrieben wird. Auch die private Nutzung von betrieblichen Tankkarten, die für Dienstfahrten benutzt werden sollen, führt nicht ohne weiteres zu einem wichtigem Grund für eine fristlose Kündigung, insbesondere dann nicht, wenn der Arbeitnehmer nicht über die Durchführung von Privatfahrten täuscht. In dem von der 10. Kammer des LAG Hamm entschiedenen Fall benutzte der Arbeitnehmer die Tankkarte seines Arbeitgebers auch in Verbindung mit Privatreisen. Zwar war in seinem Arbeitsvertrag ausdrücklich geregelt, dass sämtliche Aufwendungen bei privaten Fahrten mit Ausnahme von Reparaturkosten zu Lasten des Arbeitnehmers gehen. Die westfälischen Richter sahen darin jedoch keinen Spesenbetrug. Es fehlte insoweit bereits an der erforderlichen Täuschungshandlung des Arbeitnehmers. Dieser hatte die Betriebs-Tankkarte zwar für Privatfahrten genutzt, jedoch seine Reisekostennachweise zutreffend ausgefüllt. In den Formularen war für den Arbeitgeber ersichtlich, dass der Arbeitnehmer die entstandenen Tankkosten in keinem Fall privat gezahlt hatte. Dennoch hatte der Arbeitgeber zu keinem Zeitpunkt gegenüber dem Kläger die Erstattung der Kosten für Privatfahrten mit dem Firmenfahrzeug geltend gemacht oder etwa die entstandenen Kosten mit dem Gehalt des Klägers verrechnet. Da das Verhalten von dem Arbeitgeber gebilligt wurde und aus der Reisekostenabrechnung die Benutzung der Tankkarte auch für Privatfahrten eindeutig ersichtlich war, konnte der Arbeitgeber diesen zwar formal gesehen vorliegenden Verstoß gegen den Arbeitsvertrag nicht als Kündigungsgrund heranziehen. Zudem wiesen die Richter darauf hin, dass der Arbeitnehmer auch nicht verpflichtet war, den Arbeitgeber ausdrücklich bei Abgabe der Reisekostennachweise darauf hinzuweisen, dass er die Tankkosten auch für die Privatfahrten über die ihm zur Verfügung gestellte Tankstellen-Kreditkarten bezahlt hatte. Auch darin wurde keine Täuschung durch Unterlassen seitens des Arbeitnehmers gesehen. Im Verschweigen von Tatsachen bzw im Unterlassen einer Aufklärung kann eine Täuschungshandlung nämlich nur dann liegen, wenn eine Offenbarungspflicht besteht, etwa weil das Verschweigen gegen Treu und Glauben verstößt und der Vertragspartner unter den gegebenen Umständen die Mitteilung der verschwiegenen Tatsachen hätten erwarten dürfen,

BAG 15.5.1997 – 2 AZR 43/96, BAGE 86, 7 = NZA 1998, 33.

Von einem Unterlassen konnte hier nicht die Rede sein, da sich aus den Reisekostennachweisen ergab, dass der Arbeitnehmer die Tankkosten für das ihm zur Verfügung gestellte Firmenfahrzeug ausschließlich über die Tankstellen-Kreditkarte gezahlt hatte.

Auch die Rechtsprechung der Zivilgerichtsbarkeit stemmt sich inzwischen gegen den Missbrauch der Spesenabrechnungen als wichtigen Grund. So hat das OLG Köln,

4.11.2002 – 19 U 38/02, NJW-RR 2003, 398,

entschieden, dass es keinen wichtigen Grund zur außerordentlichen Kündigung darstellt, wenn sich eine Gesellschaft nachträglich zur Rechtfertigung einer fristlosen Kündigung eines Organmitglieds auf die Manipulation von Reisekostenabrechnungen beruft.

Der BGH hat mit Urteil vom 28.10.2002 entschieden, dass ein wichtiger Grund für die fristlose Kündigung gegenüber dem Geschäftsführer einer GmbH nicht schon darin zu sehen ist, dass er sich von ihr offen ausgewiesene Spesen hat erstatten lassen, die die Alleingesellschafterin nach den einschlägigen Bestimmungen des Geschäftsführeranstellungsvertrages nicht für erstattungsfähig hält,

BGH 28.10.2002 – II ZR 353/00, NJW 2003, 431.

Im entschiedenen Fall war nach dem Wortlaut des Anstellungsvertrages nicht eindeutig, dass der Geschäftsführer nicht berechtigt war, potentielle Geschäftspartner im Beisein seiner Ehefrau auf Kosten der Gesellschaft zu bewirten. Heißt es im Anstellungs- oder Arbeitsvertrag einer Führungskraft, erstattungsfähig sind „angemessene Kosten, die bei der Wahrnehmung der Interessen der Gesellschaft entstanden sind", ist die Teilnahme der Ehefrau des Geschäftsführers bei einem Geschäftsessen nicht unvereinbar. Die Teilnahme der Ehefrau kann zur Kontakt- und Imagepflege des Unternehmens, insbesondere auch aus atmosphärischen Gründen, durchaus angemessen sein, zumal dann, wenn auch der Geschäftspartner mit seinem Ehegatten teilnimmt,

BGH 28.10.2002 – II ZR 353/00, NJW 2003, 431.

Im entschiedenen Fall hatte der Geschäftsführer eine entsprechende Verkehrssitte überdies durch Auskunft der örtlich zuständigen IHK unter Beweis gestellt.

320 11. Muster: Besonderer Kündigungsschutz des Datenschutzbeauftragten nach § 4f Abs. 3 BDSG

Der Kläger wurde mit Vertrag vom ... bei der Beklagten als EDV-Fachkraft eingestellt. Zu seinen vertraglichen Hauptaufgaben zählt u.a. die Betreuung und Wartung der Hard- und Software an den Servern im Hauptbetrieb ...

    Beweis: Vorlage des Arbeitsvertrages vom ... – Anlage K 1.

Zu den weiteren vertraglichen Aufgaben des Klägers gehört jedoch zudem, wie in Ziffer ... des Arbeitsvertrages niedergelegt ist, die Aufgabe des Datenschutzbeauftragten. Im Vertrag heißt es in Ziffer ...:

„Weiterhin üben Sie das Amt unseres Datenschutzbeauftragten aus. Eine gesonderte Vergütung ist hiermit nicht verbunden, da Sie die Tätigkeit als Datenschutzbeauftragter während der vertraglichen Arbeitszeit ausüben."

Zur Laufzeit und Kündbarkeit heißt es in Ziffer ... des Vertrages wie folgt:

„Dieser Vertrag wird auf unbestimmte Zeit abgeschlossen.

Während der Probezeit von sechs Monaten kann jede Partei diesen Vertrag ohne Angabe von Gründen mit der gesetzlichen Frist (zzt. 14 Kalendertage) kündigen. Nach Ablauf der Probezeit gelten die jeweiligen gesetzlichen Fristen, wobei die Kündigungsfrist für den Arbeitnehmer auf die für den Arbeitgeber geltende Frist verlängert wird."

Der Kläger nahm seine vertragliche Tätigkeit, wie vereinbart, am ... auf. Nachdem es bereits in den ersten Wochen Spannungen zwischen dem Abteilungsleiter EDV, Herrn ..., und dem Kläger gekommen war, entschloss sich die Beklagte offensichtlich am ... zur Kündigung des Klägers innerhalb der Probezeit.

Nach mündlicher Auskunft der Personalleiterin, Frau ..., wurde der Betriebsrat vor Ausspruch der Kündigung mündlich informiert. Der Betriebsrat teilte dem Kläger hierzu mit, dies stimme, über den Inhalt der Anhörung dürfe der Betriebsrat aber keine Auskunft erteilen. Der Betriebsrat teilte dem Kläger weiterhin mit, er habe die Anhörungsfrist von einer Woche ohne Stellungnahme verstreichen lassen.

Der Kläger bestreitet hiermit vorsorglich eine ordnungsgemäße Anhörung des Betriebsrates mit Nichtwissen, da ihm sowohl seitens des Betriebsrates als auch seitens der Beklagten jegliche Informationen zum Inhalt der behaupteten Anhörung vorenthalten werden.

Mit der im Klageantrag angefochtenen Kündigungserklärung mit Schreiben vom ..., das dem Kläger durch die Personalleiterin, Frau ..., am ... überreicht wurde, kündigt die Beklagte das Arbeitsverhältnis zum ... . Die Kündigung enthält folgenden Wortlaut:

„Sehr geehrter Herr ...,

hiermit kündigen wir Ihr Arbeitsverhältnis innerhalb der Probezeit zum ..., hilfsweise zum nächstmöglichen Zeitpunkt. Der Betriebsrat wurde vor Ausspruch der Kündigung angehört, hat hierzu jedoch keine Stellungnahme abgegeben. ..."

Aus Sicht des Klägers handelt es sich offensichtlich um eine ordentliche Kündigung, da die Beklagte keine Kündigungsgründe offenbart, jedoch die im Arbeitsvertrag für eine Probezeitkündigung vereinbarte Frist von 14 Kalendertagen einhält.

Die Kündigung ist unwirksam.

Der Kläger wurde bereits durch den Arbeitsvertrag zum Datenschutzbeauftragten nach § 4f BDSG „neue Fassung", also in der Fassung vom 1.9.2009 (BGBl. I S. 2814), bestellt. Insbesondere enthält der Arbeitsvertrag keine Formulierung, die den Schluss zuließe, dass er die Aufgabe des Datenschutzbeauftragten erst zu einem späteren Zeitpunkt übertragen bekommen sollte und dass dafür ein besonderer Bestellungsakt erforderlich sei und folgen werde. Der Vertrag, der als AGB-Regelung der Unklarheitenregelung nach § 305 c Abs. 2 BGB unterfällt, spricht vielmehr davon, dass der Kläger „das Amt unseres Datenschutzbeauftragten" ausübt. Dies kann bei verständiger Auslegung nur so verstanden werden, dass der Kläger diese Aufgabe als Teil seiner arbeitsvertraglichen Aufgabenstellung ab dem ersten Tag ausübt. Dies entspricht auch der Durchführung des Vertrages. Der Kläger hat von Anfang an ....

Damit aber unterfällt der Kläger dem besonderen Kündigungsschutz gem. § 4 f Abs. 3 Satz 5 und 6 BDSG. Seit der Geltung dieser neuen gesetzlichen Bestimmung mit Wirkung ab dem 1.9.2009,

vgl hierzu *Schwab/Ehrhard*, Sonderkündigungsschutz für Datenschutzbeauftragte – Gelten mit Inkrafttreten der BDSG-Novelle II neue Spielregeln?, NZA 2009, 1118,

ist die Kündigung des Arbeitsverhältnisses unzulässig, es sei denn, dass Tatsachen vorliegen, welche die verantwortliche Stelle zur Kündigung aus wichtigem Grund ohne Einhaltung einer Kündigungsfrist berechtigen. Dabei stellen weder die Entscheidung des Arbeitgebers, zukünftig die Aufgaben eines Beauftragten für den Datenschutz durch einen externen Dritten wahrnehmen zu lassen, noch die Mitgliedschaft im Betriebsrat einen solchen wichtigen Grund für den Widerruf dar,

vgl BAG 23.3.2011 – 10 AZR 562/09, NZA 2011, 1036.

Nach der Abberufung als Beauftragter für den Datenschutz ist die Kündigung innerhalb eines Jahres nach der Beendigung der Bestellung unzulässig, es sei denn, dass die verantwortliche Stelle zur Kündigung aus wichtigem Grund ohne Einhaltung einer Kündigungsfrist berechtigt ist.

Der Kläger ist nach wie vor Datenschutzbeauftragter der Beklagten. Insbesondere ist er zu keinem Zeitpunkt als solcher abberufen worden; es liegt zudem auch kein wichtiger Grund für eine Abberufung vor.

Der Kläger bietet daher weiterhin seine Arbeitskraft für alle vertraglich vereinbarten Aufgaben an.

12. Muster: Recht zur fristlosen Kündigung wegen verspäteter Gehaltszahlungen

Dem Arbeitnehmer steht ein Recht zur außerordentlichen Kündigung zu, wenn es über mehr als ein Jahr zu Verspätungen und zu Verzögerungen in der Zahlung der Gehälter gekommen ist. Dem steht nicht entgegen, dass der Arbeitnehmer als Vorsitzender des Betriebsrats beim Arbeitgeber an einer Vereinbarung mitgewirkt hat, wonach solche verspäteten Zahlungen durch den Betriebsrat ausdrücklich gebilligt werden. Ein solches Moratorium durch den Arbeitnehmer kann jederzeit beendet werden. Die Frist zur außerordentlichen Kündigung beginnt mit Ablauf der Fristsetzung aus dem ersten Abmahnungsschreiben des Arbeitnehmers. Sieht sich der Arbeitnehmer wegen lang anhaltender, verspäteter Lohnzahlung zur fristlosen Kündigung veranlasst, kann er außerdem Schadensersatz gem. § 628 Abs. 2 BGB verlangen,

LAG Nürnberg 4.7.2001 – 4 Sa 656/00, NZA-RR 2002, 128; LAG Hamm 29.9.1999 – 18 Sa 118/99, NZA-RR 2000, 242.

13. Muster: Fristlose Kündigung eines GmbH-Geschäftsführers

Landgericht ...
– Kammer für Handelssachen –

Klage

...

– klägerische Partei –

Prozessbevollmächtigte: ...

gegen

...

– beklagte Partei –

wegen: außerordentlicher Kündigung eines Dienstverhältnisses

Wir bestellen uns zu Prozessbevollmächtigten der klägerischen Partei, in deren Namen und Auftrag wir um kurzfristige Anberaumung eines Termins bitten. Wir werden beantragen zu erkennen:

1. Es wird festgestellt, dass das mit Vertrag vom ... begründete Anstellungsverhältnis zwischen der klägerischen Partei und der beklagten Partei durch die Kündigung vom ... nicht aufgelöst worden ist, sondern in ungekündigtem Zustand fortbesteht.
2. Die beklagte Partei wird verurteilt, an die klägerische Partei ... EUR brutto zzgl Zinsen in Höhe von fünf Prozentpunkten über dem Basiszinssatz hieraus seit dem ... zu zahlen.
3. Die beklagte Partei trägt die Kosten des Verfahrens.
   Für den Fall, dass das Gericht ein schriftliches Vorverfahren anordnen sollte, beantragen wir jetzt für den Fall der Säumnis oder des Anerkenntnisses, bei Vorliegen der gesetzlichen Voraussetzungen ein Versäumnis- oder Anerkenntnisurteil im schriftlichen Verfahren gem. § 331 Abs. 3 ZPO oder § 307 ZPO zu erlassen.

Weiter beantragen wir:

Der klägerischen Partei wird nachgelassen, eine zu bestellende Sicherheitsleistung auch durch eine schriftliche, selbstschuldnerische und unbefristete Bürgschaft einer europäischen Großbank oder öffentlich-rechtlichen Sparkasse zu erbringen.

Gründe:

I.

Die klägerische Partei wurde durch Beschluss der Gesellschafterversammlung vom ... zum Geschäftsführer der beklagten Partei bestellt.

Mit der Bestellung zum Geschäftsführer wurde zwischen der klägerischen und der beklagten Partei am ... ein Anstellungsvertrag für die Dauer von ... Jahren geschlossen.

Beweis: Dienstvertrag vom ... – Anlage K 1.

Als Vergütung wurde zwischen den Parteien in § ... des Anstellungsvertrages Folgendes vereinbart: ...

Am ... wurde der klägerischen Partei außerordentlich aus wichtigem Grund gekündigt. Das Kündigungsschreiben ging der klägerischen Partei am ... zu.

Beweis: Kündigungsschreiben vom ... in Kopie – Anlage K 2.

Die klägerische Partei widersprach der Kündigung unverzüglich mit Schreiben vom ... und bot der beklagten Partei ihre Arbeitsleistung an.

Beweis: Schreiben der klägerischen Partei vom ... – Anlage K 3.

II.

Die Kündigung vom ... ist unwirksam.

1. Unwirksamkeit aus formalen Gründen:

a) Die Gesellschafterversammlung hat zwar beschlossen, den Kläger abzuberufen. Ein förmlicher Kündigungsbeschluss wurde jedoch nicht gefasst. Für die Kündigung des Anstellungsvertrages durch die GmbH ist dasselbe Organ wie für den Abschluss zuständig. Bei mitbestimmungsfreien Gesellschaften ist dies die Gesellschafterversammlung,

BGH 18.11.1968 – II ZR 121/67, LM § 46 Nr. 9; BGH 1.12.1969 – II ZR 224/67, WM 1970, 249; BGH 29.1.1976 – II ZR 3/74, WM 1976, 380.

Fehlt ein wirksamer Gesellschafterbeschluss, so ist die Kündigung unwirksam,

OLG Köln 3.6.1993 – 1 U 71/92, GmbHR 1993, 734.

Eine rückwirkende Genehmigung durch die Gesellschafter ist nicht möglich,

OLG Köln 21.2.1990 – 13 U 195/89, GmbHR 1991, 156.

b) Die Kündigung wurde vom Vorsitzenden der Gesellschafterversammlung ausgesprochen, ohne dass dieser hierzu ermächtigt war.

Der Beschluss der Gesellschafterversammlung muss bestimmen, wer zum Ausspruch der Kündigung bevollmächtigt ist. Die Gesellschafterversammlung kann ein Mitglied der Gesellschafterversammlung, einen Geschäftsführer und einen Dritten, beispielsweise einen Rechtsanwalt, mit dem Ausspruch der Kündigung bevollmächtigen,

BGH 15.6.1998 – II ZR 318/96, BGHZ 139, 89 = NZA 1998, 1005; BGH 1.2.1968 – II ZR 212/65, WM 1968, 570; BGH 30.11.1967 – II ZR 68/65, BGHZ 49, 117.

Für eine wirksame Kündigung ist allerdings Voraussetzung, dass im Gesellschafterbeschluss ein besonders Bevollmächtigter bestimmt wurde. Hieran fehlt es vorliegend, so dass die Kündigung wegen Fehlens der Vollmacht des Kündigenden unwirksam ist.

2. Die Kündigung ist verfristet. Gemäß § 626 Abs. 2 Satz 1 BGB kann die Kündigung nur innerhalb von zwei Wochen erfolgen. Maßgeblich für den Beginn der Frist ist die Kenntnis des für die Kündigung zuständigen Organs. Das ist im Falle der Kündigung eines Geschäftsführers die Gesellschafterversammlung. Entscheidend ist also, wann der maßgebliche Sachverhalt der Gesellschafterversammlung bekannt geworden ist,

BGH 15.6.1998 – II ZR 318/96, BGHZ 139, 89 = NZA 1998, 1005.

Die Gesellschafter ... erhielten erstmalig Kenntnis von den Vorwürfen gegenüber dem Kläger am .... Zwischen dieser ersten Kenntnis und dem Ausspruch der Kündigung liegen insgesamt ... Monate.

Nach § 626 Abs. 2 Satz 2 BGB beginnt die Zwei-Wochen-Frist mit dem Zeitpunkt, in dem der Kündigungsberechtigte von den für die Kündigung maßgebenden Tatsachen Kenntnis erlangt. Die in der Rechtsprechung des BGH gestellten Anforderungen an eine sichere und umfassende positive Kenntnis der maßgeblichen Gründe sind noch nicht erfüllt, wenn tatsächliche Grundlagen des wichtigen Grundes noch aufklärungsbedürftig sind,

BGH 15.6.1998 – II ZR 318/96, BGHZ 139, 89 = NZA 1998, 1005; BGH 26.2.1996 – II ZR 114/95, NJW 1996, 1403; BAG 11.3.1998 – 2 AZR 287/97, GmbHR 1998, 931.

Dabei ist positive und sichere Kenntnis der Tatsachen erforderlich, die den wichtigen Grund ausmachen,

BGH 26.2.1996 – II ZR 114/95, NJW 1996, 1403.

Bloßes Kennenmüssen genügt nicht. Insbesondere reicht nicht bereits der Verdacht unlauterer Machenschaften. Der Gesellschafterversammlung muss der Kündigungssachverhalt bekannt sein, so dass ihr eine Entscheidung möglich ist, ob das Anstellungsverhältnis vorzeitig beendet werden soll,

ausführlich hierzu *Lüders*, BB 1990, 790; *Reiserer/Heß-Emmerich/Peters*, Der GmbH-Geschäftsführer, S. 87.

Dabei reicht nicht die Kenntnis einzelner Mitglieder der Gesellschafterversammlung aus oder die Kenntnis einer zur Einberufung der Gesellschaftersammlung berechtigten Minderheit von Gesellschaftern, sondern die Kenntnis aller Gesellschafter von den Kündigungstatsachen ist erforderlich,

BGH 15.6.1998 – II ZR 318/96, BGHZ 139, 89 = NZA 1998, 1005.

Auch brauchen sich die für die Kündigung des Anstellungsvertrages zuständigen Gesellschafter die Kenntnis eines Mitgeschäftsführers von dem Kündigungssachverhalt nicht zurechnen zu lassen,

BGH 15.6.1998 – II ZR 318/96, BGHZ 139, 89 = NZA 1998, 1005.

Die Kenntnis der einberufungsberechtigten Gesellschafter begründet die Pflicht zur Einberufung einer Gesellschafterversammlung. Mit dem Zusammentreten der Gesellschafterversammlung kann nicht beliebig oder bis zur nächsten ordentlichen Gesellschafterversammlung zugewartet werden. Ist der zu kündigende Geschäftsführer der einzige Geschäftsführer der Gesellschaft und verweigert er auf ein Einberufungsverlangen des einberufungsberechtigten Gesellschafters hin die Einberufung der Gesellschafterversammlung, so darf der einberufungsberechtigte Gesellschafter unabhängig von der Kündigungserklärungsfrist nach § 626 Abs. 2 BGB abwarten bis er unter den Voraussetzungen des § 50 Abs. 3 GmbHG selbst eine Gesellschafterversammlung einberufen darf,

Scholz/*Schneider/Sethe*, GmbHG, § 35 Rn 340.

Unter den Voraussetzungen des § 50 Abs. 3 GmbHG ist die eigene Einberufung einer Gesellschafterversammlung durch einen einberufungsberechtigten Gesellschafter nur zulässig, wenn der Geschäftsführer Gelegenheit hatte, innerhalb einer angemessenen Frist zu einer Gesellschafterversammlung einzuladen. Regelmäßig wird eine Frist von einem Monat als angemessen angesehen,

Lutter/Hommelhoff/*Bayer*, GmbHG, § 50 Rn 11.

Ausnahmsweise ist auch eine Reduzierung dieser Frist auf drei Wochen geboten, insbesondere wenn der Geschäftsführer zuvor bereits eine Einberufung verzögert hatte,

BGH 15.6.1998 – II ZR 318/96, BGHZ 139, 89 = NZA 1998, 1005.

Mit der Aufklärung des Sachverhalts und mit der Einberufung der Gesellschafterversammlung hat sich die Beklagte erkennbar zu viel Zeit gelassen, so dass die Frist verstrichen ist: ...

3. Die außerordentliche Kündigung ist unwirksam, da es an einem wichtigen Grund iSv § 626 BGB fehlt. Der wichtige Grund zur Abberufung gem. § 38 Abs. 2 GmbHG ist nicht notwendig auch ein wichtiger Grund für die außerordentliche Kündigung des Anstellungsvertrages,

BGH 9.2.1978 – II ZR 189/76, BB 1978, 520.

Vielmehr hat eine gerichtliche Entscheidung über die Wirksamkeit der sofortigen Abberufung aus wichtigem Grund auch dann keine Rechtskraftwirkung für die fristlose Kündigung des Anstellungsverhältnisses, wenn die Beendigung beider Rechtsverhältnisse gemeinsam ausgesprochen und auf demselben Grund gestützt wird,

BGH 28.5.1990 – II ZR 245/89, GmbHR 1990, 345.

Ein wichtiger Grund für die fristlose Kündigung des Geschäftsführerdienstvertrages setzt voraus, dass dem Geschäftsführer eine schwere Pflichtverletzung zur Last gelegt wird, und die Fortsetzung des Dienstverhältnisses bis zu einem ordentlichen Vertragsablauf für die Gesellschaft bei Abwägung aller Umstände, insbesondere auch der beiderseitigen Interessen und des eigenen Verhaltens des Dienstherrn, nicht mehr zugemutet werden kann,

BGH 21.4.1975 – II ZR 2/73, WM 1975, 761; BGH 19.10.1987 – II ZR 97/87, BB 1988, 88.

Das Vorliegen eines wichtigen Grundes gem. § 626 Abs. 1 BGB ist damit in zwei systematisch zu trennenden Abschnitten zu prüfen. Zum einen muss ein Grund vorliegen, der unabhängig von den Besonderheiten des Einzelfalles „an sich" geeignet ist, eine außerordentliche Kündigung zu rechtfertigen,

BAG 29.1.1997 – 2 AZR 292/96, BAGE 85, 114 = NZA 1997, 813; BGH 14.2.2000 – II ZR 218/98, BB 2000, 844.

Insoweit handelt es sich um einen Negativfilter, dh dass bestimmte Kündigungsgründe eine außerordentliche Kündigung von vornherein nicht rechtfertigen können,

LAG Rheinland-Pfalz 22.12.1997 – 9 TaBV 38/97, juris; APS/*Dörner/Vossen*, Großkommentar KündR, § 626 BGB Rn 29; H/S-*Holthausen*, Das arbeitsrechtliche Mandat, § 10 Rn 573.

In einem zweiten Abschnitt ist die Abwägung zwischen den Interessen des Geschäftsführers auf Weiterbeschäftigung und den Interessen der Gesellschaft auf sofortige Beendigung des Dienstverhältnisses vorzunehmen. Demnach ergibt sich folgendes Bild:

a) Als wichtige Gründe kommen grundsätzlich nur solche Umstände in Betracht, die in der Person des Geschäftsführers liegen. Dies sind meist Pflichtverletzungen des Geschäftsführers, wie Treuepflichtverletzungen oder strafbare Handlungen. Einer vorherigen Abmahnung des Geschäftsführers bedarf es nicht,

BGH 14.2.2000 – II ZR 218/98, BB 2000, 844.

In Einzelfällen können aber auch objektive Umstände, wie etwa die dauernde Arbeitsunfähigkeit des Geschäftsführers wegen Krankheit eine außerordentliche Kündigung rechtfertigen, ohne dass es hier eines Verschuldens des Geschäftsführers bedürfte,

vgl OLG Köln 6.12.1999 – 16 U 94/99, juris.

Dabei kann die fristlose Kündigung auch auf Vorkommnisse gestützt, die zeitlich nach dem Beschluss liegen, aber im Rahmen einer Gesamtbetrachtung die Fortsetzung der Geschäftsführertätigkeit als bereits im Zeitpunkt des Beschlusses unzumutbar erscheinen lassen,

OLG Stuttgart 30.3.1994 – 3 U 154/93, NJW-RR 1995, 295.

Betriebliche Gründe, wie etwa die Betriebsstilllegung, rechtfertigen dagegen nur ausnahmsweise eine fristlose Kündigung, wenn es wegen des wirtschaftlichen Niedergangs des Unternehmens für die Geschäftsführertätigkeit in der vereinbarten Form keinerlei Bedarf mehr gibt,

BGH 21.4.1975 – II ZR 2/73, WM 1975, 761.

Entscheidend sind aber auch hier immer die Gesamtumstände des Einzelfalles. Von der Rechtsprechung wurden bisher als wichtiger Grund „an sich" anerkannt:

- eigenmächtige Entnahme vom Konto der Gesellschaft zur Sicherung etwaiger künftiger Ansprüche gegen die Gesellschaft (BGH 26.6.1995 – II ZR 109/94, NJW 1995, 2850);
- Verletzung der Auskunftspflicht gegenüber Gesellschaftern (BGH 20.2.1995 – II ZR 9/94, BB 1995, 975; OLG Hamm 6.3.1996 – 8 U 154/93, GmbHR 1996, 939; OLG München 23.2.1994 – 7 U 5904/93, BB 1994, 735; OLG Frankfurt 24.11.1992 – 5 U 67/90, DB 1993, 2324);
- Verletzung der Pflicht zur Überwachung der wirtschaftlichen Entwicklung der Gesellschaft (BGH 20.2.1995 – II ZR 9/94, BB 1995, 975; OLG Bremen 20.3.1997 – 2 U 110/96, NJW-RR 1998, 468);
- unberechtigte Vorwürfe gegenüber Mitgeschäftsführern (BGH 9.3.1992 – II ZR 102/91, NJW-RR 1992, 992);

- beharrliche Nichtbefolgung von Gesellschafterweisungen (OLG Frankfurt 7.2.1997 – 24 U 88/95, GmbHR 1997, 346);
- tief greifendes, die weitere Zusammenarbeit unmöglich machendes, auch nach außen zum Ausdruck kommendes Zerwürfnis unter den Geschäftsführern, zu dem der Betroffene durch sein Verhalten mit beigetragen haben muss (BGH 17.10.1983 – II ZR 31/83, WM 1984, 29; OLG Naumburg 25.1.1996 – 2 U 31/95, GmbHR 1996, 934; LG Karlsruhe 29.4.1998 – O 120/96 KfH I, DB 1998, 1225);
- stetige Widersetzung gegen die Interessen der Gesellschaft (BGH 8.5.1967 – II ZR 126/65, BB 1967, 731);
- illoyales Verhalten gegenüber dem Alleingesellschafter (BGH 14.2.2000 – II ZR 218/98, BB 2000, 844);
- begründeter Verdacht, auf betrügerische Weise Subventionen erschlichen zu haben (BGH 2.7.1984 – II ZR 16/84, WM 1984, 1187);
- begründeter Verdacht einer (auch außerdienstlichen) strafbaren Handlung (BGH 9.1.1967 – II ZR 226/64, WM 1967, 251; LAG Berlin 30.6.1997 – 9 Sa 43/97, GmbHR 1997, 839);
- Überschreitung der Geschäftsführerbefugnis (OLG Stuttgart 27.2.1979 – 12 U 171/77, WM 1979, 1296; einschränkend BGH 25.2.1991 – II ZR 76/90, GmbHR 1991, 197);
- unberechtigte Amtsniederlegung (OLG Celle 31.8.1994 – 9 U 118/93, GmbHR 1995, 728);
- Verfolgung eigennütziger Interessen zum Nachteil der Gesellschaft (OLG Köln 28.6.1995 – 2 U 97/94, GmbHR 1996, 290);
- Wettbewerb zur Gesellschaft, Verschweigen von Eigengeschäften (OLG Karlsruhe 8.7.1988 – 10 U 157/87, GmbHR 1988, 484);
- Überschreitung der Kreditlinie (LG Düsseldorf 26.7.2005 – 7 O 293/04, juris; OLG Oldenburg 28.6.2001 – 1 U 132/00, juris);
- Veranlassung vorzeitiger Tantiemeauszahlung (OLG Hamm 24.6.1994 – 25 U 149/90, GmbHR 1995, 732).

Nicht als wichtiger Grund wurde von der Rechtsprechung bisher anerkannt:
- Vertrauensentzug durch die Gesellschafterversammlung, wenn dem Geschäftsführer nur Geringfügigkeiten und weder schuldhaftes Verhalten (vgl BGH 29.5.1989 – II ZR 220/88, WM 1989, 1246 – für den Vorstand einer AG; BGH 13.2.1995 – II ZR 225/93, BB 1995, 688) noch missbräuchliche Ausnutzung der Erwerbschancen der Gesellschaft (BGH 13.2.1995 – II ZR 225/93, BB 1995, 688) vorgeworfen werden kann;
- laufende gerichtliche Auseinandersetzung mit dem Bundeskartellamt wegen angeblicher Beteiligung an verbotenen Preisabsprachen, wenn das Anstellungsverhältnis wegen einer Befristung ohnehin bald ausläuft und die Gesellschaft keinen besonderen wirtschaftlichen Nachteil darlegen kann (BGH 27.10.1986 – II ZR 74/85, NJW 1987, 1889);
- der nicht verheimlichte Bezug eines zusätzlichen Bonus, der bisher zwar nicht durch Gesellschafterbeschluss bewilligt worden ist, dem Geschäftsführer aber auch im Vorjahr eingeräumt worden war (BGH 9.11.1992 – II ZR 234/91, WM 1992, 2142).

Berücksichtigt man die vorgenannten Beispielsfälle, ergibt sich hieraus, dass die klägerische Partei keine Pflichtverletzung begangen hat, die einen wichtigen Grund „an sich" trägt. Dabei ist zu berücksichtigen, dass die Beweislast für Tatsachen, aus denen sich ein wichtiger Grund ergeben soll, die Gesellschaft trägt. Beruft sich der Geschäftsführer auf Umstände, die sein Verhalten rechtfertigen sollen, hat die Gesellschaft diese zu widerlegen und hierfür den Beweis zu führen,

BGH 14.11.1994 – II ZR 160/93, WM 1995, 706.

Danach fehlt es vorliegend an einem wichtigen Grund für die außerordentliche Kündigung aus folgenden Gründen:

b) Spätestens die allgemeine Interessenabwägung führt zur Unwirksamkeit der Kündigung. Es ist abzuwägen zwischen den Interessen des Geschäftsführers auf Weiterbeschäftigung und den Interessen der Gesellschaft auf sofortige Beendigung des Dienstverhältnisses. Zugunsten des Geschäftsführers streiten sein bisheriges Verhalten und seine Solidarität gegenüber der Gesellschaft, während zu seinen Lasten die Schwere seiner Verfehlungen zu stellen ist,

Reiserer/Heß-Emmerich/Peters, Der GmbH-Geschäftsführer, S. 80.

Stützt sich die Kündigung auf eine Pflichtverletzung des Geschäftsführers und hat sich der Geschäftsführer bereits seit Jahren um die Gesellschaft verdient gemacht, so müssen die Maßstäbe an den Grad der Pflichtverletzung sowie des Verschuldens besonders streng gemessen werden. Das Gleiche gilt, wenn die fristlose Kündigung den Geschäftsführer wegen seines hohen Alters oder sonst aus sozialen Gründen besonders hart treffen würde,

vgl BGH 7.6.1962 – II ZR 131/61, WM 1962, 811 (für den Vorstand einer AG); BGH 14.7.1966 – II ZR 212/64, WM 1966, 968.

Ebenfalls sind besonders strenge Maßstäbe anzulegen, wenn das Anstellungsverhältnis ohnehin bald ausläuft und deshalb der Gesellschaft ein Verzicht auf die sofortige Beendigung des Anstellungsverhältnisses eher zugemutet werden kann,

BGH 11.7.1968 – II ZR 108/67, DB 1969, 39.

Im Fall des ohnehin baldigen Auslaufens des Dienstverhältnisses kann die Gesellschaft trotz Vorlage eines Kündigungsgrundes gehalten sein, das Dienstverhältnis bis zu dem vereinbarten Ablauf fortzusetzen,

BGH 26.3.1956 – II ZR 57/55, BGHZ 20, 239 (249).

Vorvertragliche Gründe, also Vorgänge, die der Gesellschafterversammlung bereits bei der Bestellung bzw bei Abschluss des Anstellungsvertrages bekannt waren, rechtfertigen dagegen grundsätzlich keine fristlose Kündigung. Das gilt selbst dann, wenn ein möglicherweise wegen Mehrheitsmissbrauchs rechtswidriger, aber nicht erfolgreich angefochtener Gesellschafterbeschluss über den Abschluss des Anstellungsvertrages vorliegt,

BGH 12.7.1993 – II ZR 65/92, BB 1993, 1681.

4. Die Zuständigkeit des angerufenen Gerichts ergibt sich aus § 95 Abs. 1 Nr. 4 Buchst. a) GVG. Die klägerische Partei macht Ansprüche aus dem Rechtsverhältnis zwischen den Vorstehern einer Handelsgesellschaft und der Gesellschaft geltend. Auch wenn der Geschäftsführer bzw das Vorstandsmitglied bereits ausgeschieden ist, handelt es sich um Ansprüche iSv § 95 Abs. 1 Nr. 4 Buchst. a) GVG,

MüKo-ZPO/*Zimmermann*, § 95 GVG Rn 12.

5. Die Gerichtskosten belaufen sich auf ... EUR und sind der Klageschrift per Scheck beigefügt. Wir sagen uns für den anliegenden Scheckbetrag stark. Der Streitwert errechnet sich wie folgt:[140]

Als Anhaltspunkt kann die in § 42 Abs. 1 Satz 1 GKG getroffene, der Regelung des § 9 ZPO vorgehende Bestimmung über die Wertberechnung bei Klagen von Arbeitnehmern auf wiederkehrende Leistungen mit dem dreifachen Jahresbetrag dieser Leistung dienen,

BGH 9.6.2005 – III ZR 21/04, NZA 2006, 287.

Einzubeziehen ist die bisherige Streitwert-Rechtsprechung des BGH, die noch auf § 17 Abs. 3 GKG fußte und ebenfalls den dreifachen Jahresbetrag der Leistungen für die Wertberechnung als maßgeblich ansah,

BGH 24.11.1980 – II ZR 183/80, NJW 1981, 2465.

Aus dieser Rechtsprechung ist weiterhin zu ersehen, dass der Gegenstandswert zu reduzieren ist, wenn die ohne Ausspruch der außerordentlichen Kündigung anstehende Restvertragslaufzeit kürzer gewesen wäre als

---

140 Siehe Muster 8303 (§ 8 Rn 207).

der Zeitraum, der bei dem Regelstreitwert anzunehmen wäre. Vorliegend hätte die Vertragslaufzeit noch ... Jahre betragen. Dementsprechend ist der Streitwert auf die denkbare Restvertragslaufzeit zu reduzieren und beträgt ... EUR.

Hieraus errechnet sich ein Gegenstandswert von ... EUR. Die Gerichtskosten belaufen sich somit auf ... EUR.

↑

323 **14. Muster: Klage des Vorstandes auf Vergütung nach außerordentlicher Kündigung im Urkundenprozess**

↓

Landgericht ...
– Kammer für Handelssachen –

Klage im Urkundenprozess

...

– klägerische Partei –

Prozessbevollmächtigte: ...

gegen

...

– beklagte Partei –

wegen: Vorstandsvergütung

Wir bestellen uns zu Prozessbevollmächtigten der klägerischen Partei, in deren Namen und Auftrag wir Klage im Urkundenprozess erheben und beantragen:

1. Die beklagte Partei wird verurteilt, ... EUR brutto nebst Zinsen in Höhe von fünf Prozentpunkten über dem Basiszinssatz seit dem ... an die klägerische Partei zu zahlen.
2. Die beklagte Partei wird verurteilt, monatlich ... EUR brutto, zahlbar jeweils zum ersten Tag des Folgemonats nebst Zinsen in Höhe von fünf Prozentpunkten über dem Basiszinssatz, berechnet jeweils ab dem Monatsersten des Folgemonats, für die Zeit vom ... bis zum ... zu zahlen.
3. Die beklagte Partei trägt die Kosten des Rechtsstreits.

Gründe:

I.

Die klägerische Partei verfolgt im Urkundenprozess ihre Vergütungsansprüche gegen die beklagte Partei, mit dem Antrag Ziff. 1 für die Monate ..., mit dem Antrag Ziff. 2 monatlich für die Zeit bis zur Beendigung des Anstellungsvertrages.

Die klägerische Partei steht mit Anstellung vom ... in einem Dienstverhältnis zu der beklagten Partei.

Beweis: Anstellungsvertrag vom ... – Anlage K 1.

Gemäß § ... wurde der Dienstvertrag für die Zeit vom ... bis zum ... geschlossen. In § ... des Anstellungsvertrages wurde der klägerischen Partei eine monatliche Grundvergütung in Höhe von ... EUR zugesagt.

Beweis: wie vor.

Die beklagte Partei hat mit Schreiben vom ..., der klägerischen Partei am ... zugegangen, den Anstellungsvertrag aus wichtigem Grund fristlos gekündigt und die klägerische Partei als Vorstand abberufen.

Beweis: Kündigungsschreiben der beklagten Partei vom ... – Anlage K 2.

II.

Die Klage im Urkundenprozess ist zulässig und begründet.

1. Der Anspruch der klägerischen Partei auf die eingeklagte Monatsvergütung für die Monate ... ergibt sich aus dem zwischen den Parteien bestehenden Anstellungsvertrag. Nach § 592 ZPO kann ein Anspruch, der die Zahlung einer bestimmten Geldsumme zum Gegenstand hat, im Urkundenprozess geltend gemacht werden, wenn alle zur Begründung des Anspruchs erforderlichen Tatsachen durch Urkunden bewiesen werden können. Der Beweis kann vorliegend durch Urkunden erbracht werden. Wir haben der Klageschrift eine Kopie des Anstellungsvertrages und des Kündigungsschreibens beigefügt. Die Originale werden wir gem. § 595 Abs. 3 ZPO im Termin vorliegen.

2. Im Zuge der Klageerhebung können nicht nur die bei Klageerhebung bzw im Termin zur mündlichen Verhandlung bereits fälligen, sondern auch bereits die künftigen Vergütungsansprüche bis hin zum nächsten ordentlichen Beendigungszeitpunkt des Anstellungsvertrages geltend gemacht werden. Gemäß § 259 ZPO kann nämlich bei Ansprüchen aller Art, mögen sie auch von einer Gegenleistung abhängig sein oder nicht, Klage auf künftige Leistungen erhoben werden, wenn nach den Umständen die Besorgnis gerechtfertigt ist, dass der Schuldner sich einer rechtzeitigen Leistung entziehen würde,

siehe *Pesch*, NZA 2002, 957.

§ 259 ZPO ist auch auf Vergütungsforderungen anwendbar,

BAG 23.2.1983 – 4 AZR 508/81, BAGE 42, 54; Zöller/*Greger*, § 259 ZPO Rn 1.

Eine Klage auf künftige Leistung gem. § 259 ZPO ist auch im Rahmen eines Urkundenprozesses möglich,

Zöller/*Greger*, Vor § 592 ZPO Rn 7.

Die Besorgnis der Nichterfüllung ist regelmäßig schon dann begründet, wenn der Schuldner den Anspruch ernstlich bestreitet,

BGH 17.4.1952 – III ZR 109/50, BGHZ 5, 342 (344); BGH 16.12.1964 – VIII ZR 47/63, BGHZ 43, 28 (31); BGH 14.12.1998 – II ZR 330/97, NJW 1999, 954 (955).

Das Bestreiten des Schuldners ergibt sich vorliegend aus der außerordentlichen Kündigung, die die beklagte Partei trotz eines Aufforderungsschreibens, diese rückgängig zu machen, das zugleich mit dem Angebot der Arbeitskraft der klägerischen Partei verbunden war, nicht zurückgenommen hat.

Beweis: Vorlage des Schreibens in Kopie – Anlage K 3.

Die beklagte Partei hat bislang an der Kündigung festgehalten, so dass sie als Schuldner den Vergütungsanspruch der klägerischen Partei bestreitet.

3. Die fristlose Kündigung ist unberechtigt. Wichtige Gründe iSd § 626 Abs. 1 BGB, die eine fristlose Kündigung rechtfertigen könnten, bestehen nicht. Selbst wenn wichtige Gründe für eine fristlose Kündigung vorlägen, könnte die Beklagte hiermit im vorliegenden Rechtsstreit nicht gehört werden, da ihre Einwendungen nicht durch Urkunden bewiesen werden können, § 598 ZPO.

Die beklagte Partei müsste das Vorliegen eines wichtigen Grundes iSd § 626 BGB im Urkundenprozess gem. § 598 ZPO durch Urkunden belegen,

OLG Celle 11.3.2009 – 9 U 138/08, GmbHR 2009, 825; KG 17.9.1996 – 5 U 3157/96, NJW-RR 1997, 1059; OLG Düsseldorf 20.10.1983 – 8 U 3/83, n.v.; LG Stendal 17.9.1998 – 31 O 182/97, n.v.

Mag es dem Kündigenden gelingen, Einzelaspekte von Kündigungsvorwürfen durch Vorlage von Urkunden zu belegen, lässt sich der gesamte Vorwurf dagegen in vollem Umfang nicht durch Urkunden nachweisen,

siehe nur *Pesch*, NZA 2002, 957; *Diller*, in: Bauer/Lingemann/Diller/Haußmann, Anwalts-Formularbuch Arbeitsrecht, Kap. 12, M 12.6 Fn 11.

Eine zusätzliche Schwierigkeit für den Kündigenden besteht darüber hinaus darin, dass er die für eine Interessenabwägung erforderlichen Umstände sämtlich durch Urkunden beweisen müsste und auch die Voraussetzungen des § 626 Abs. 2 BGB nicht nur darlegen, sondern auch im Bestreitensfall mit den Mitteln des Urkundenbeweises darzulegen hätte,

OLG Düsseldorf 20.10.1983 – 8 U 3/83, n.v.

4. Die beklagte Partei hat keine Zahlungen geleistet.

5. Die beklagte Partei befindet sich auch in Annahmeverzug, §§ 293, 615 BGB. Die Darlegungs- und Beweislast für den Annahmeverzug trifft nach den allgemeinen Grundsätzen den Anspruchsteller, also die klägerische Partei,

ErfK/*Preis*, § 615 BGB Rn 107.

Da die Kündigung als Ablehnungserklärung des Kündigenden zu werten ist,

BAG 10.7.1969 – 5 AZR 323/68, BAGE 22, 111 = NJW 1969, 1734,

ist die Ablehnungserklärung durch das Kündigungsschreiben (Anlage K 2) bewiesen. Es kann dahinstehen, ob im Fall einer unwirksamen Kündigung darüber hinaus ein wörtliches Angebot des Gekündigten nach § 295 BGB erforderlich ist oder ob ein solches wörtliches Angebot unter Rückgriff auf § 296 BGB unterbleiben kann. Dadurch, dass die klägerische Partei ihre Arbeitskraft nach der Kündigung in einem entsprechenden Schreiben (Anlage K 3) ausdrücklich wörtlich angeboten hat, hat die klägerische Partei ein wörtliches Angebot nach § 295 BGB unterbreitet.

Der Annahmeverzug wird durch die ausgesprochene fristlose Kündigung nicht gehindert. § 615 BGB lässt die allgemeine, aus § 626 BGB folgende Darlegungslast unberührt. Es würde deshalb zu einer im Gesetz nicht vorgesehenen Beweislastumkehr führen, wenn der Dienstverpflichtete im Rahmen von § 615 BGB die Unwirksamkeit der fristlosen Kündigung des Dienstberechtigten beweisen müsste,

OLG Düsseldorf 20.10.1983 – 8 U 3/83, n.v.; *Pesch*, NZA 2002, 957.

Dementsprechend hat nicht der Dienstpflichtige, der gem. § 615 BGB seinen Vergütungsanspruch fordert, das Fortbestehen des Dienstverhältnisses und damit die Unwirksamkeit der ausgesprochenen Kündigung zu beweisen, sondern der Dienstberechtigte.

6. Sollte die beklagte Partei in Erwägung ziehen, eine Aussetzung des Urkundenverfahrens nach § 148 ZPO zu beantragen im Hinblick auf einen parallel geführten Rechtsstreit über die Wirksamkeit der Kündigung, sei bereits vorab auf Folgendes hingewiesen: Zwar hat das Gericht nach § 148 ZPO die Möglichkeit der Aussetzung einer selbständigen Zahlungsklage nach pflichtgemäßem Ermessen, soweit der Annahmeverzugslohn vom Bestand des Dienstverhältnisses abhängig ist. Indes scheidet eine Aussetzung bei einem Urkundenverfahren als mit dem Urkundenprozesses unvereinbar im Regelfalle aus,

OLG Hamm 9.10.1975 – 10 U 140/75, JuS 1976, 333; OLG Karlsruhe 10.11.1993 – 6 U 124/93, GRUR 1995, 263; Zöller/*Greger*, § 148 ZPO Rn 4 und Vor § 592 ZPO Rn 3; *Pesch*, NZA 2002, 957.

III.

Die Urkundenklage auf Zahlung der Vergütung ist gem. § 708 Nr. 4 ZPO ohne Sicherheitsleistung für vorläufig vollstreckbar zu erklären. Das Gericht hat gem. § 711 ZPO auszusprechen, dass der Schuldner die Vollstreckung durch Sicherheitsleistung oder Hinterlegung abwenden kann, wenn nicht der Gläubiger vor der Vollstreckung Sicherheit leistet.

Da die Verteidigung der Beklagten im Rahmen des Urkundenverfahrens wegen § 598 ZPO ohne Aussicht auf Erfolg sein dürfte, wird angeregt, dass die beklagte Partei unter Kosten- und Beschleunigungsgesichtspunkten ein Anerkenntnis nur für den Urkundenprozess abgibt. Für diesen Fall beantragen wir den Erlass eines Anerkenntnis-Vorbehaltsurteils.

XI. Bestandsschutzstreitigkeiten: Spezielle Sachverhalte bei Beendigung von Arbeitsverhältnissen

1. Muster: Anfechtung einer Willenserklärung über Abschluss eines Aufhebungsvertrages

Arbeitsgericht ...

Klage

– klägerische Partei –

Prozessbevollmächtigte: ...

gegen

...

– beklagte Partei –

wegen: Anfechtung eines Aufhebungsvertrages, Kündigung eines Arbeitsverhältnisses und Forderung

Wir bestellen uns zu Prozessbevollmächtigten der klägerischen Partei, in deren Namen und Auftrag wir um kurzfristige Anberaumung eines Gütetermins bitten und beantragen werden zu erkennen:

1. Es wird festgestellt, dass das Arbeitsverhältnis durch den Aufhebungsvertrag vom ... nicht aufgelöst worden ist.
2. Das Arbeitsverhältnis wird gegen Zahlung einer Abfindung, die in das Ermessen des Gerichts gestellt wird, aber ... EUR nicht unterschreiten sollte, aufgelöst.
3. Ferner wird die beklagte Partei verurteilt,
    a) Urlaubs-, Weihnachts- und sonstiges Entgelt an die klägerische Partei in Höhe von ... EUR brutto[141] für die von ... bis ... nebst Zinsen in Höhe von fünf Prozentpunkten[142] über dem Basiszinssatz seit dem ... zu zahlen,[143]
    b) der klägerischen Partei ein qualifiziertes Zeugnis zu erteilen, das sich auf Verhalten und Leistung erstreckt.
4. Die Kosten des Rechtsstreits trägt die beklagte Partei.

---

141 Die Klage ist auf die Zahlung des Bruttobetrags zu richten. Nach der Entscheidung des Großen Senats des BAG vom 7.3.2001 (GS 1/00, DB 2001, 2196 = NZA 2001, 1195) kann der Arbeitnehmer auch die Verzugszinsen nach § 288 Abs. 1 BGB aus der in Geld geschuldeten Bruttovergütung verlangen. Spricht das Arbeitsgericht den Bruttobetrag zu, erfüllt der Arbeitgeber den Zahlungsanspruch des Arbeitnehmers dadurch, dass er den Nettobetrag an den Arbeitnehmer auszahlt und Steuern und Sozialabgaben an die Finanzbehörden bzw die Sozialversicherungsträger abführt. Vollstreckt der Arbeitnehmer trotz Erfüllung aus dem Titel auf den Bruttobetrag, kann der Arbeitgeber die Vollstreckung in Höhe der bereits abgeführten Abgaben durch Vollstreckungsgegenklage gem. § 767 ZPO (ggf iVm einem Eilantrag nach § 769 ZPO) verhindern. Siehe auch § 6 Rn 17 f.

142 Klassifiziert man den Arbeitnehmer uneingeschränkt als Verbraucher (sog. absoluter Verbraucherbegriff; vgl hierzu BAG 25.5.2005 – 5 AZR 572/04, NZA 2005, 1111; *Hümmerich/Holthausen*, NZA 2002, 173 ff und *Boemke*, BB 2002, 96 f), bestimmt sich die Höhe der Verzugszinsen nach den §§ 288 Abs. 1, 247 BGB. Auch die Vertreter des abweichenden relativen Verbraucherbegriffs gelangen über eine richtlinienkonforme Auslegung der europäischen Zahlungsverzugsrichtlinie zu einem Zinssatz von 5 Prozentpunkten über dem Basiszinssatz, vgl *Bauer/Kock*, DB 2002, 42 (46).

143 Eine dem Wortlaut des § 288 BGB entsprechende Antragstellung ist ausreichend. Somit muss sich der Anwalt nicht der Mühe unterziehen, den aktuellen Basiszinssatz zu ermitteln und dann einen konkret bezifferten Zinsantrag zu stellen.

Gründe:

Die Parteien streiten über die Wirksamkeit einer Vereinbarung eines Aufhebungsvertrages zur Abwendung einer arbeitgeberseitigen Kündigung.

I.

1. Bei der beklagten Partei handelt es sich um den Arbeitgeber der klägerischen Partei. Die klägerische Partei ist seit dem ... für die beklagte Partei als ... tätig.

Beweis: Vorlage des Arbeitsvertrages – Anlage K 1.

Das Arbeitsverhältnis besteht länger als 6 Monate. Der Betrieb ist kein Kleinstbetrieb iSd § 23 KSchG in der ab 1.1.2004 geltenden Fassung (Doppelschwelle).[144] Die beklagte Partei beschäftigt ... Arbeitnehmer.
Alternative 1: Die klägerische Partei wurde vor dem 1.1.2004 bei der beklagten Partei eingestellt, so dass das Kündigungsschutzgesetz bei in der Regel mehr als fünf Arbeitnehmern anzuwenden ist.
Alternative 2: Die klägerische Partei wurde nach dem 31.12.2003 bei der beklagten Partei eingestellt, so dass das Kündigungsschutzgesetz bei in der Regel mehr als zehn Arbeitnehmern anzuwenden ist.

2. Das jährliche Bruttogehalt der klägerischen Partei beläuft sich zurzeit auf ca. ... EUR. Die klägerische Partei ist nunmehr bei der beklagten Partei ... Jahre beschäftigt.

Während dieser Tätigkeit für die beklagte Partei hat die klägerische Partei immer durch außerordentliche Leistung zu überzeugen gewusst. Verfehlungen irgendwelcher Art hat sie sich nicht zuschulden kommen lassen. Insbesondere ist keine Abmahnung bis auf den heutigen Tag erfolgt.

II.

1. Am ... wurde die klägerische Partei zu dem Vorgesetzten, Herrn ..., in dessen Arbeitszimmer gerufen. Anwesend waren außerdem .... Dem Kläger war nicht zuvor eröffnet worden, zu welchem Zweck er sich bei dem Vorgesetzten einfinden sollte. Er wurde plötzlich mit den folgenden Vorwürfen konfrontiert: ...

Seiner Bitte, zunächst einen Anwalt konsultieren zu dürfen, wurde nicht entsprochen.

Stattdessen sprachen mehrere Personen fortlaufend auf die klägerische Partei ein, sie solle den vorbereiteten Aufhebungsvertrag unterzeichnen, weil ihr andernfalls (fristlos) gekündigt werde.

2. Der Arbeitnehmer, dem während einer Aufhebungsvertragsverhandlung mit einer Kündigung gedroht wurde, ist zur Anfechtung seiner Willenserklärung, die zum Abschluss eines Aufhebungsvertrages geführt hat, nach § 123 BGB berechtigt, wenn die Drohung widerrechtlich war.

Die Androhung einer ordentlichen oder außerordentlichen Kündigung ist stets widerrechtlich, wenn ein verständiger Arbeitgeber eine Kündigung nicht ernsthaft in Erwägung gezogen hätte,

> BAG 30.3.1960 – 3 AZR 201/58, AP § 123 BGB Nr. 8; BAG 20.11.1969 – 2 AZR 51/69, AP § 123 BGB Nr. 16; BAG 24.1.1985 – 2 AZR 317/84, NZA 1986, 25; BAG 9.3.1995 – 2 AZR 644/94, NZA 1996, 875; BAG 21.3.1996 – 2 AZR 543/95, NZA 1996, 1030; BAG 12.8.1999 – 2 AZR 832/98, NZA 2000, 27; BAG 5.12.2002 – 2 AZR 478/01, DB 2003, 1685.

---

144 Während in der Vergangenheit nur die Zahl der Beschäftigten ausschließlich der Auszubildenden maßgeblich für die Bestimmung der Anwendbarkeit des KSchG war, ist seit 1.1.2004 zusätzlich darauf abzustellen, wann der Arbeitnehmer eingestellt wurde. Die Grundregel des § 23 Abs. 1 Satz 2 KSchG gilt unverändert für alle vor dem 1.1.2004 begründeten Arbeitsverhältnisse. Für die nach dem 31.12.2003 aufgenommenen Arbeitsverhältnisse gilt die Zahl von mehr als zehn Mitarbeitern als maßgeblicher Schwellenwert. Deshalb enthält der Textbaustein zwei Alternativen, von denen in der Klage immer nur eine verwendet werden soll, nämlich diejenige, die den Zeitpunkt des Beschäftigungsbeginns der jeweiligen klägerischen Partei richtig wieder gibt. Für die Darlegung der Mindestvoraussetzungen einer schlüssigen Kündigungsschutzklage wird deshalb angeregt, in Grenzfällen auch nähere Ausführungen zur Beschäftigtenzahl und zu den Zeitpunkten zu machen, an denen die Arbeitsverhältnisse begründet wurden.

Einen Anfechtungsgrund bildet auch das In-Aussicht-Stellen eines guten Zeugnisses zzgl einer Abfindung durch den Arbeitgeber, wenn geäußert wird, ein gutes Zeugnis erhalte der Arbeitnehmer nur bei Abschluss eines Aufhebungsvertrages,
    LAG Brandenburg 16.10.1997 – 3 Sa 196/97, NZA-RR 1998, 248.

Eine widerrechtliche Drohung kann auch darin bestehen, dass das In-Aussicht-Stellen einer Kündigung durch ersichtlich selbst nicht kündigungsberechtigte Vorgesetzte erfolgte,
    BAG 15.12.2005 – 6 AZR 197/05, NZA 2006, 841.

3. Die klägerische Partei hat mit Anwaltsschreiben vom ... ihre Willenserklärung über den Abschluss eines Aufhebungsvertrages nach § 123 BGB angefochten.

    Beweis: 1. Vorlage des Aufhebungsvertrages in Kopie – Anlage K 2.
                2. Vorlage des Anwaltsschreibens in Kopie – Anlage K 3.

III.
Die Anfechtung erfolgte zu Recht.

Die Annahme eines Antrags auf Beendigung des Arbeitsverhältnisses kann wie jede andere Willenserklärung nach den Vorschriften des BGB angefochten werden.

Die klägerische Partei war zur Anfechtung ihrer Willenserklärung befugt, denn ...

IV.
Die wirksam erklärte Anfechtung hat in rechtlicher Hinsicht zur Folge, dass die Willenserklärung der klägerischen Partei gem. § 142 BGB nichtig ist.

Weitere Folge bildet, dass das Arbeitsverhältnis ungekündigt fortbesteht und die klägerische Partei, wie im Antrag Ziff. 3 a geschehen, für die Zeit vom ... bis zum Zeitpunkt der Klageeinreichung entstandene Entgeltansprüche geltend machen kann. Diese Ansprüche berechnen sich wie folgt: ...

V.
Als Folge des fortbestehenden Arbeitsverhältnisses ergeben sich die nachfolgend begründeten, klageweise geltend gemachten Ansprüche:

1. Die Fortsetzung des Arbeitsverhältnisses zwischen den Parteien ist für die klägerische Partei unzumutbar. Nachdem sich die klägerische Partei selbst mit ihrem Problem an die beklagte Partei gewandt hatte, fand sie dort weder Verständnis noch die Bereitschaft, das vorhandene Problem gemeinsam zu lösen; die klägerische Partei wurde von der beklagten Partei wie ein Rechtsbrecher behandelt und damit in unerträglicher Weise stigmatisiert.

Die klägerische Partei hat somit jegliches Vertrauen in die Firmenpolitik der beklagten Partei verloren.

Darüber hinaus ist der klägerischen Partei die Fortsetzung des Arbeitsverhältnisses unzumutbar, weil sie seitens der beklagten Partei durch widerrechtliche Drohungen unter Druck gesetzt wurde.

Das Arbeitsverhältnis ist deshalb auf den Antrag der klägerischen Partei hin aufzulösen. Gemäß § 9 KSchG steht der beklagten Partei eine Abfindung zu. Nach der geltenden Rechtsprechung beträgt die Abfindung für je zwei Jahre des Beschäftigungsverhältnisses ein Brutto-Monatsgehalt. Die klägerische Partei war bei der beklagten Partei ... Jahre lang beschäftigt. Das Einkommen belief sich auf durchschnittlich monatlich ... EUR. Damit beläuft sich der Mindestabfindungsbetrag auf ... EUR.

Dieser Betrag wird als Mindestbetrag geltend gemacht. Nach diesseitiger Auffassung sollte die auszuurteilende Abfindung diesen Betrag deutlich übersteigen, da es sich vorliegend bei dem Verhalten der beklagten Partei um einen besonderen Vertrauensbruch handelt, der zur Beendigung des Arbeitsverhältnisses führte.

2. Mit Beendigung des Arbeitsverhältnisses hat die klägerische Partei auch Anspruch auf Erteilung eines qualifizierten Zeugnisses, das sich auf Führung und Leistung erstreckt.

VI.

Die örtliche Zuständigkeit des angerufenen Arbeitsgerichts folgt aus § 46 Abs. 2 ArbGG iVm §§ 17, 21 ZPO.

325 2. Muster: Täuschung bei Ausfüllen des Personalfragebogens kein Kündigungsgrund

Ein Arbeitnehmer, der zu bestimmten Fragen eines Personalfragebogens keine Angaben macht, täuscht nicht iSv § 123 BGB. Wer eine Frage nicht beantwortet, gibt in aller Regel keine falsche Antwort, sondern eben keine Antwort. Etwas anderes gilt auch nicht dadurch, dass der Arbeitnehmer am Schluss des Personalfragebogens versichert, die vorstehenden Angaben vollständig und wahrheitsgemäß gemacht zu haben. Diese Versicherung bezieht sich nur auf tatsächlich beantwortete Fragen und auch tatsächlich geäußerte Angaben, nicht aber auf Angaben, die gar nicht abgegeben worden sind,

   Thüringer LAG 3.12.1996 – 5 Sa 140/95, ArbuR 1997, 210.

Selbst wenn ein Arbeitnehmer durch täuschende Angaben in ein Arbeitsverhältnis gelangt ist, hindert eine zutreffende Interessenabwägung am Ausspruch der Kündigung, wenn der Arbeitnehmer u.a. auch wegen langjähriger unbeanstandeter anderweitiger Tätigkeit eingestellt wurde und nach der Einstellung drei Jahre ohne nennenswerte Probleme oder Beanstandungen seine Arbeit geleistet hat. Wenn besondere Auswirkungen einer etwaigen, einmaligen Unehrlichkeit im Arbeitsverhältnis weder vorgetragen noch ersichtlich sind und sich der Arbeitnehmer in einem Alter befindet, in dem er mit Sicherheit keinen, schon gar keinen gleichwertigen Arbeitsplatz mehr finden wird, ergibt die abschließende Interessenabwägung, dass weder eine fristlose Kündigung gem. § 626 BGB, noch eine ordentliche Kündigung aus verhaltensbedingten Gründen sozial gerechtfertigt ist. Es entspricht einer seit vielen Jahren gefestigten Rechtsprechung des BAG, dass sich unzutreffende Angaben eines Bewerbers im Anbahnungsverhältnis – auch durch nicht ordnungsgemäßes Ausfüllen des Personalfragebogens – für das Arbeitsverhältnis noch im Einzelfalle wesentlich und zum Zeitpunkt der Kündigung noch von erheblicher Bedeutung sein müssen,

   BAG 15.1.1970 – 2 AZR 64/69, BB 1970, 803 m. Anm. *Gumpert*.

326 3. Muster: Antrag auf nachträgliche Zulassung der Kündigungsschutzklage

Arbeitsgericht ...

Antrag

...

– antragstellende Partei –

Verfahrensbevollmächtigte: ...

gegen

...

– antragsgegnerische Partei –

wegen: Kündigung eines Arbeitsverhältnisses
hier: Nachträgliche Zulassung einer verspäteten Klage nach § 5 KSchG

Wir bestellen uns zu Verfahrensbevollmächtigten der antragstellenden Partei, in deren Namen und Auftrag wir um kurzfristige Anberaumung eines Gütetermins bitten. Wir beantragen:

Die beigefügte, verspätete Klage wird nachträglich zugelassen.

Gründe:

1. Die antragstellende Partei befand sich in der Zeit vom ... bis zum ... im Urlaub.

    Glaubhaftmachung: 1. Eidesstattliche Versicherung der antragstellenden Partei.
                                  2. Flugscheine als Urkunden.
                                  3. Eidesstattliche Versicherung der Nachbarn ...

Am Abend nach der Rückkehr aus dem Urlaub sichtete die antragstellende Partei die eingegangene Post. Dabei entdeckte sie das Kündigungsschreiben vom ....

    Glaubhaftmachung: 1. Eidesstattliche Versicherung der antragstellenden Partei.
                                  2. Eidesstattliche Versicherung des Lebenspartners der antragstellenden Partei.

Der am ... abgestempelte Brief gilt am Tag nach seiner Abstempelung als in den Briefkasten der antragstellenden Partei eingeworfen und damit als zugegangen.

Die antragstellende Partei hat das Kündigungsschreiben dagegen tatsächlich am ... zur Kenntnis bekommen. Die Drei-Wochen-Frist des § 4 KSchG war somit am ... überschritten. Da die Frist des § 4 KSchG eine materiell-rechtliche Ausschlussfrist darstellt, kann die antragstellende Partei nur durch nachträgliche Zulassung im vorliegenden Verfahren ihre kündigungsschutzrechtlichen Ansprüche geltend machen.

2. Die antragstellende Partei war ohne ihr Verschulden daran gehindert, innerhalb der Klagefrist des § 4 KSchG Klage zu erheben. Tatsächlich Kenntnis erlangt von der Kündigung hat sie am .... Sie hat sofort den unterzeichnenden Verfahrensbevollmächtigten aufgesucht, der innerhalb von zwei Tagen die Kündigungsschutzklage und die vorliegende Antragsschrift gefertigt hat. Zwischen Kenntniserlangung von dem Kündigungsschreiben und Einreichung der Klageschrift mit Antrag auf nachträgliche Zulassung verstrichen keine zwei Wochen, § 5 Abs. 3 Satz 1 KSchG. Der Antragsteller bittet, dass die anliegende Kündigungsschutzklage trotz Fristversäumnis noch zugelassen wird,

    vgl BAG 2.3.1989 – 2 AZR 275/88, NZA 1989, 635.

Bei Ortsabwesenheit ist es in der Rechtsprechung anerkannt, dass ein an die Heimatanschrift des Arbeitnehmers gerichtetes Kündigungsschreiben diesem auch dann zugeht, wenn dem Absender bekannt ist, dass der Arbeitnehmer während des Urlaubs verreist oder sich in Auslieferungshaft im Ausland befindet,

    BAG 16.3.1988 – 7 AZR 587/87, BAGE 58, 9 = NZA 1988, 875; BAG 2.3.1989 – 2 AZR 275/88, NZA 1989, 635.

Geht die Klageschrift während des Urlaubs zu, ist nach der vorgenannten Rechtsprechung dem Arbeitnehmer ausdrücklich Gelegenheit zu geben, die verspätete Zulassung nach § 5 KSchG als Korrelat dieser Rechtsprechung erfolgreich zu beantragen. Urlaub und unentschuldigte Abwesenheit sind grundsätzlich gleich zu behandeln,

    LAG Köln 9.2.2004 – 3 Ta 430/03, NZA-RR 2005, 215.

3. Zur Begründung des Antrags nimmt die antragstellende Partei auf die anliegende, hiermit zugleich eingereichte Kündigungsschutzklage Bezug. Die antragstellende Partei wird außerdem die Nachbarin ... und den Lebenspartner ... als präsente Beweismittel zum Termin mitbringen. Die benannten Zeugen haben selbst Feststellungen zu der Tatsache getroffen, dass die antragstellende Partei bis wenige Tage vor Einreichung dieses Antrags ortsabwesend war und deshalb nicht in der Lage, gegen die Kündigung fristgerecht Kündigungsschutzklage zu erheben.

4. Muster: Klage gegen einen Sperrzeitbescheid

Sozialgericht ...

Klage

...

– klägerische Partei –

Prozessbevollmächtigte: ...

gegen

die Bundesagentur für Arbeit, vertreten durch den Direktor der Agentur für Arbeit ...

– beklagte Partei –

wegen: Sperrzeitbescheid

Wir bestellen uns zu Prozessbevollmächtigten der klägerischen Partei, in deren Namen und Auftrag wir beantragen werden zu erkennen:

1. Der Bescheid der beklagten Partei vom ..., in der Gestalt des Widerspruchsbescheides vom ..., wird aufgehoben und die beklagte Partei verpflichtet, der klägerischen Partei das beantragte Arbeitslosengeld zu gewähren.
2. Die beklagte Partei trägt die Kosten des Rechtsstreits.

Gründe:

Die klägerische Partei nimmt die beklagte Partei auf Zahlung von Arbeitslosengeld in Anspruch.

1. Die klägerische Partei beendete mit Aufhebungsvertrag vom ... das Arbeitsverhältnis mit der Firma ... einvernehmlich.

Beweis: Vorlage des Aufhebungsvertrages in Kopie – Anlage K 1.

Im Aufhebungsvertrag hielten die Parteien die für die klägerische Partei geltende Kündigungsfrist ein.

Die damals Kündigungsfrist ergibt sich aus Ziff. ... des Arbeitsvertrages.

Beweis: Vorlage des Arbeitsvertrages in Kopie – Anlage K 2.

Unverzüglich nach Abschluss des Aufhebungsvertrages meldete sich die klägerische Partei arbeitslos. Nachdem sie das Formular gem. § 312 SGB III ausgefüllt bei der Agentur für Arbeit eingereicht hatte und als Grund der Arbeitsaufgabe angegeben hatte, ihr sei die Kündigung rechtmäßig erschienen, erließ die Bundesagentur für Arbeit den Bescheid vom ..., mit dem eine Sperrzeit für die Dauer von zwölf Wochen und damit die Versagung von Arbeitslosengeld für diesen Zeitraum angeordnet wurde.

Beweis: Vorlage des Bescheids in Kopie – Anlage K 3.

Gegen diesen Bescheid erhob die klägerische Partei fristgerecht Widerspruch.

Beweis: Vorlage des Widerspruchs in Kopie – Anlage K 4.

Den Widerspruch beschied die Bundesagentur für Arbeit mit Verwaltungsakt vom ... .

Beweis: Vorlage des Widerspruchsbescheids in Kopie – Anlage K 5.

2. Bescheid wie Widerspruchsbescheid verletzen die klägerische Partei in ihren Rechten und sind deshalb aufzuheben.

Nach der Rechtsprechung des BSG gilt der Abschluss eines Aufhebungs- wie eines Abwicklungsvertrages als „Lösen" iSv § 159 Abs. 1 Satz 2 Nr. 1 SGB III (bis 31.12.2012: § 144 Abs. 1 Satz 2 Nr. 1 SGB III),

BSG 5.8.1999 – B 7 AL 14/99 R, BSGE 84, 225; BSG 25.10.1989 – 7 RAr 108/88, SozR 4100 § 117 Nr. 26; BSG 17.10.2002 – B 7 AL 92/01 R, juris; BSG 17.10.2002 – B 7 AL 136/01 R, SozSich 2003, 318;

BSG 17.10.2002 – B 7 AL 134/01 R, EzA-SD 2003, Nr. 4, 14–16; BSG 18.12.2003 – B 11 AL 35/03 R, NZA 2004, 661.

Ein wichtiger Grund iSv § 159 SGB III lässt demgegenüber die Anordnung einer Sperrzeit entfallen. Ein wichtiger Grund liegt vor, wenn die Abfindung im Aufhebungs- oder Abwicklungsvertrag die Zahlenwerte des § 1a Abs. 2 KSchG nicht überschreitet,

BSG 12.7.2006 – B 11a AL 47/05 R, NJW 2006, 3514.

Ein wichtiger Grund ist ebenfalls anzunehmen beim Aufhebungs- wie Abwicklungsvertrag, wenn der Arbeitnehmer auf einer Namensliste nach § 1 Abs. 5 KSchG zu einem Interessenausgleich geführt wird,

BSG 25.4.2002 – B 11 AL 65/01 R, NZA-RR 2003, 105,

oder der Arbeitnehmer ein leitender Angestellter iSv § 14 Abs. 2 Satz 1 KSchG ist, der sich gegen einen Auflösungsantrag des Arbeitgebers nach §§ 9 Abs. 1 Satz 2, 14 Abs. 2 Satz 2 KSchG nicht erfolgreich zu Wehr setzen könne,

BSG 17.11.2005 – B 11a/11 AL 69/04 R, NZA 2006, 422.

Bei Eigenkündigung des Arbeitnehmers nimmt das BSG einen wichtigen Grund an, wenn eine Erkrankung wegen Spannungen mit dem Vorgesetzten vorliegt,

BSG 21.10.2003 – B 7 AL 92/02 R, NZS 2004, 382.

Ein wichtiger Grund bei Eigenkündigung ist auch der Umzug zum künftigen Ehemann oder Partner,

BSG 17.10.2002 – B 7 AL 72/00 R, NZS 2003, 667; BSG 20.4.1977 – 7 RAr 112/75, BSGE 43, 269; BSG 17.11.2005 – B 11a/11 AL 49/04 R, AuR 2006, 39.

Als wichtiger Grund gilt ebenfalls, wenn einem Berufskraftfahrer von seinem Vorgesetzten wiederholt abverlangt wurde, die gesetzlichen Lenk- und Ruhezeiten zu verletzen,

BSG 6.2.2003 – B 7 AL 72/01 R, NZA-RR 2003, 662.

3. Eine sich an diesen Maßstäben orientierende Entscheidung hat die Agentur für Arbeit nicht gefällt, denn ...

Der Bescheid verletzt die klägerische Partei in ihren Rechten und ist daher aufzuheben. Darüber hinaus ist die beklagte Partei verpflichtet, der klägerischen Partei das beantragte Arbeitslosengeld zu zahlen.

4. Es wird die Beiziehung der über die klägerische Partei bei der Bundesagentur für Arbeit geführten Akte beantragt.

↑

XII. Betriebliche Altersversorgung

1. Muster: Anpassung des Ruhegeldes

↓

Arbeitsgericht ...

Klage

...

– klägerische Partei –

Prozessbevollmächtigte: ...

gegen

...

– beklagte Partei –

wegen: Anpassung des Ruhegeldes

Wir bestellen uns zu Prozessbevollmächtigten der klägerischen Partei, in deren Namen und Auftrag wir um kurzfristige Anberaumung eines Gütetermins bitten. Wir werden im Übrigen beantragen zu erkennen:

1. Es wird festgestellt, dass die beklagte Partei verpflichtet ist, vom ... bis ... eine Betriebsrente in Höhe von ... und für die Zeit ab ... eine Betriebsrente in Höhe von ... zu zahlen.
2. Die beklagte Partei wird verurteilt, ... EUR brutto nebst Zinsen in Höhe von fünf Prozentpunkten über dem Basiszinssatz[145] für den Zeitraum vom ... bis zum ... sowie ... brutto nebst Zinsen in Höhe von fünf Prozentpunkten über dem Basiszinssatz seit dem ... an die klägerische Partei zu zahlen.
3. Die Berufung wird zugelassen.
4. Die beklagte Partei trägt die Kosten des Rechtsstreits.

Gründe:

Die klägerische Partei war vom ... bis zum Bezug von Altersruhegeld bei der beklagten Partei beschäftigt.

    Beweis: Vorlage des Arbeitsvertrages in Kopie – Anlage K 1.

Die beklagte Partei hat der klägerischen Partei am ... eine Versorgungszusage erteilt, für die die Versorgungsordnung der beklagten Partei maßgeblich ist.

    Beweis: 1. Vorlage der Versorgungszusage in Kopie – Anlage K 2.
               2. Vorlage der Versorgungsordnung – Anlage K 3.

Seit dem Bezug vom Altersruhegeld erhält die klägerische Partei ein betriebliches Ruhegeld von monatlich ... EUR. Die Versorgungsbezüge werden seit ... Jahren unverändert gezahlt, obwohl nach § 16 BetrAVG eine Anpassung hätte erfolgen müssen. Alle drei Jahre hat der Arbeitgeber eine Anpassung der laufenden Leistungen der betrieblichen Altersversorgung zu prüfen und hierüber nach billigem Ermessen zu entscheiden. Dabei sind insbesondere die Belange der Versorgungsempfänger und die wirtschaftliche Lage des Arbeitgebers zu berücksichtigen. Seit 1.1.1999 gilt die Verpflichtung nach Abs. 1 als erfüllt, wenn die Anpassung nicht geringer ist als der Anstieg des Preisindexes für die Lebenshaltung von 4-Personen-Haushalten von Arbeitern und Angestellten mit mittlerem Einkommen oder der Nettolöhne vergleichbarer Arbeitnehmergruppen des Unternehmens im Prüfungszeitraum. Die Ausnahmevorschriften nach § 16 Abs. 1 BetrAVG sind vorliegend nicht erfüllt.

Danach gilt Folgendes: Die Nettolöhne vergleichbarer Arbeitnehmergruppen haben sich im Zeitraum von ... bis ... wie folgt entwickelt:

Der Preisindex für die Lebenshaltung eines 4-Personen-Haushaltes entwickelte sich im fraglichen Zeitraum wie folgt: ...

Nach beiden Faktoren ergibt sich, dass die Betriebsrente seit dem ... mindestens um ... % hätte angepasst werden müssen. Da die Anpassung unterblieben ist, kann die klägerische Partei die mit der vorliegenden Klage geltend gemachten Erhöhungsbeträge fordern.

2. Muster: Anrechnung von Vordienstzeiten

Arbeitsgericht ...

Klage

...

– klägerische Partei –

Prozessbevollmächtigte: ...

---

[145] Siehe § 6 Rn 13 ff.

gegen

1. Betriebliche Unterstützungskasse der Firma ...

— beklagte Partei zu 1. —

2. Firma ...

— beklagte Partei zu 2. —

wegen: Bestehens einer Versorgungsanwartschaft

Wir bestellen uns zu Prozessbevollmächtigten der klägerischen Partei, in deren Namen und Auftrag wir um kurzfristige Anberaumung eines Gütetermins bitten. Wir werden im Übrigen beantragen zu erkennen:

1. Es wird festgestellt, dass die beklagte Partei zu 1. bei Eintritt eines Versorgungsfalles Leistungen der betrieblichen Altersversorgung nach dem Leistungsplan ... zu erbringen hat.
2. Es wird festgestellt, dass die beklagte Partei zu 2. den Teil der Versorgungsleistungen zu erbringen hat, der auf der Anrechnung von Vordienstzeiten beruht.
3. Die Berufung wird zugelassen.
4. Die beklagten Parteien tragen die Kosten des Rechtsstreits.

Gründe:

Die am ... geborene klägerische Partei war vom ... bis zum ... bei der beklagten Partei zu 2. als ... beschäftigt. Die beklagte Partei zu 2. gewährt Leistungen der betrieblichen Alters- und Hinterbliebenenversorgung. Auch gegenüber der klägerischen Partei hatte sie eine Versorgungszusage ausgesprochen.

Beweis: Vorlage des Versorgungsvertrages in Kopie – Anlage K 1.

Die beklagte Partei zu 2. gehört dem ... Konzern an. Die beklagte Partei zu 1. ist die Unterstützungskasse für die Beklagte zu 2., aber auch für die mit ihr verbundenen Unternehmen.

Im Arbeitsvertrag mit der klägerischen Partei ist geregelt, dass die beklagte Partei zu 1. Vordienstzeiten der klägerischen Partei in einem mit der Beklagten zu 2. verbundenen Unternehmen anrechnen werde.

Beweis: Vorlage des Arbeitsvertrages in Kopie – Anlage K 2.

Die klägerische Partei hat vor einer Beschäftigung bei der beklagten Partei zu 2. in der mit der Beklagten zu 2. verbundenen Firma, für die auch die beklagte Partei zu 1. als Unterstützungskasse fungiert, in der Zeit vom ... bis zum ... gearbeitet.

Beweis: Vorlage des Arbeitsvertrages in Kopie – Anlage K 3.

Nachdem die beklagte Partei zu 1. ihre Ruhegeldordnung geändert hat,

Beweis: Vorlage der geänderten Fassung in Kopie – Anlage K 4,

stellt sie sich auf den Standpunkt, gemäß dem neuen Leistungsplan könne die klägerische Partei keinen Anspruch auf unverfallbare Versorgungsanwartschaft mehr erwerben.

Beweis: Vorlage des Schreibens vom ... in Kopie – Anlage K 5.

Diese Auskunft ist unzutreffend. Die klägerische Partei besitzt eine unverfallbare Versorgungsanwartschaft. Nach § 1 b Abs. 1 Satz 1 BetrAVG behält der Arbeitnehmer seine Versorgungsanwartschaft, wenn sein Arbeitsverhältnis vor Eintritt des Versorgungsfalles endet, sofern in diesem Zeitpunkt der Arbeitnehmer mindestens das 25. Lebensjahr vollendet hat und die Versorgungszusage für ihn mindestens 5 Jahre bestanden hat. Diese Voraussetzungen sind vorliegend erfüllt. ...

3. Muster: Klage auf Auskunft über unverfallbare Anwartschaften

Arbeitsgericht ...

Klage

...

– klägerische Partei –

Prozessbevollmächtigte: ...

gegen

...

– beklagte Partei –

wegen: Auskunft über eine unverfallbare Anwartschaft

Wir bestellen uns zu Prozessbevollmächtigten der klägerischen Partei, in deren Namen und Auftrag wir um kurzfristige Anberaumung eines Gütetermins bitten. Wir werden im Übrigen beantragen zu erkennen:

1. Die beklagte Partei wird verurteilt, der klägerischen Partei Auskunft zu erteilen, inwieweit für sie die Voraussetzungen einer unverfallbaren Anwartschaft auf Leistungen aus der betrieblichen Altersversorgung erfüllt sind und in welcher Höhe sie Versorgungsleistungen bei Erreichen der in der Versorgungsordnung vom ... vorgesehenen Altersgrenze beanspruchen kann.
2. Die Berufung wird zugelassen.
3. Die beklagte Partei trägt die Kosten des Rechtsstreits.

Gründe:

Die am ... geborene klägerische Partei war vom ... bis zum ... bei der beklagten Partei beschäftigt. Mit Schreiben vom ... sagte die beklagte Partei der klägerischen Partei eine betriebliche Altersversorgung zu.

    Beweis: 1. Vorlage der Versorgungszusage in Kopie – Anlage K 1.
               2. Vorlage der Versorgungsordnung in Kopie – Anlage K 2.

Einzelheiten der Versorgungsansprüche der klägerischen Partei ergeben sich aus der Versorgungsordnung.

Die klägerische Partei fragte mit Schreiben vom ... bei der beklagten Partei an, ob und in welcher Höhe sie eine unverfallbare Anwartschaft habe. Dieses Schreiben beantwortete die beklagte Partei nicht. Auch nach einer telefonischen Anfrage erhielt die beklagte Partei die Auskunft, da könne ja jeder kommen, als habe man bei der beklagten Partei nichts Besseres zu tun, als solche Anfragen zu beantworten.

Die klägerische Partei ist bei der beklagten Partei ausgeschieden. Sie möchte nunmehr Klarheit haben, in welchem Umfang ihr eine Altersversorgung zusteht.

Gemäß § 4a Abs. 1 Nr. 1 BetrAVG hat der Arbeitgeber oder der sonstige Versorgungsträger dem Arbeitnehmer Auskunft darüber zu erteilen, ob die Voraussetzungen einer unverfallbaren betrieblichen Altersversorgung erfüllt sind und in welcher Höhe er Versorgungsleistungen bei Erreichen der in der Versorgungsregelung vorgesehenen Altersgrenze beanspruchen kann.

Der Auskunftsanspruch entsteht mit dem Ausscheiden des Arbeitnehmers aus dem Betrieb,

    Hümmerich/Spirolke/Heither, Das arbeitsrechtliche Mandat, § 5 Rn 594.

Das Arbeitsgericht ist sachlich zuständig, da die klägerische Partei Arbeitnehmer ist, § 2 Abs. 1 Nr. 3 Buchst. a) ArbGG, und sich die Klage gegen den Arbeitgeber richtet. Für den Fall, dass sich die Versorgungsansprüche der klägerischen Partei durch eine Rechtsänderung bei der beklagten Partei nunmehr gegen eine

Pensions- oder Unterstützungskasse richten, wird um einen Hinweis der beklagten Partei gebeten. In diesem Falle ist die Pensions- oder Unterstützungskasse nach § 2 Abs. 1 Nr. 4 Buchst. b) ArbGG passivlegitimiert.

4. Muster: Feststellung einer Ruhegeldverpflichtung

Arbeitsgericht ...

Klage

...

– klägerische Partei –

Prozessbevollmächtigte: ...

gegen

...

– beklagte Partei –

wegen: Zahlung von Ruhegeld

Wir bestellen uns zu Prozessbevollmächtigten der klägerischen Partei, in deren Namen und Auftrag wir um kurzfristige Anberaumung eines Gütetermins bitten. Wir werden im Übrigen beantragen zu erkennen:

1. Es wird festgestellt, dass die beklagte Partei verpflichtet ist, der klägerischen Partei Ruhegehalt nach der Ruhegeldordnung vom ... in Höhe von ... ab dem ... zu zahlen.
2. Die Berufung wird zugelassen.
3. Die Kosten des Rechtsstreits trägt die beklagte Partei.

Gründe:

1. Die klägerische Partei ist bei der beklagten Partei vom ... bis zum ... als ... beschäftigt gewesen.

   Beweis: 1. Vorlage des Arbeitsvertrages in Kopie – Anlage K 1.
   2. Vorlage des Aufhebungsvertrages in Kopie – Anlage K 2.

Am ... hat die beklagte Partei der klägerischen Partei eine Ruhegelddirektzusage erteilt.

   Beweis: Vorlage der Zusage in Kopie – Anlage K 3.

Einzelheiten der Ruhegelddirektzusage ergeben sich aus der Ruhegeldordnung der Beklagten.

   Beweis: Vorlage der Ruhegeldordnung – Anlage K 4.

Gemäß der Ruhegeldordnung hat die beklagte Partei allen Mitarbeitern eine Ruhegeldzusage erteilt unter der Bedingung, dass sie 10 Jahre bei der beklagten Partei beschäftigt sind. Diese Voraussetzungen hat die klägerische Partei erfüllt. Am ... war sie 10 Jahre bei der beklagten Partei beschäftigt.

2. Die beklagte Partei wendet demgegenüber ein, durch die im Aufhebungsvertrag vereinbarte Erledigungsklausel sei der Anspruch auf Ruhegeld erloschen.

Die beklagte Partei übersieht, dass Ruhegehaltsleistungen, auf die eine Anwartschaft durch die klägerische Partei erworben wurde, nur dann durch den Aufhebungsvertrag erloschen sind, wenn die Parteien hierüber wirksam einen Tatsachenvergleich geschlossen haben,

   BAG 23.8.1994 – 3 AZR 825/93, DB 1995, 52.

Eine Ausgleichsquittung hebt keine bestehende Ruhegeldvereinbarung auf,

   BAG 9.11.1973 – 3 AZR 66/73, DB 1974, 487.

Aus einer bloßen Erledigungsklausel kann nicht entnommen werden, eine bestehende Ruhegeldzusage sei einvernehmlich aufgehoben worden, es sei denn, die Parteien haben vor Abschluss des Aufhebungsvertrages ausdrücklich erörtert, dass durch die Erledigungsklausel die Ruhegeldzusage beendet werden soll und der Arbeitnehmer hat dies akzeptiert,

LAG Hamm 30.10.1979 – 6 Sa 91/79, DB 1980, 113; LAG Hamm 15.1.1980 – 6 Sa 1166/79, DB 1980, 643.

Selbst wenn nach dem Willen des Arbeitgebers die Versorgungsanwartschaft durch einen Aufhebungsvertrag ausgeschlossen sein sollte, ist der Arbeitgeber zu einem Hinweis hierauf verpflichtet, wenn der Arbeitnehmer aufgrund besonderer Umstände darauf vertrauen durfte, der Arbeitgeber werde seine Interessen beachten und ihn vor unbedachten, nachteiligen Folgen seiner Entscheidung bewahren,

BAG 3.7.1990 – 3 AZR 382/89, DB 1990, 2431.

Unter Beachtung dieser Grundsätze gilt vorliegend Folgendes: ...

3. Der Ruhegeldfall ist zwischenzeitlich eingetreten. Die klägerische Partei hat die Altersgrenze erreicht. Es bedarf daher der Feststellung der Ruhegeldverpflichtung der beklagten Partei. Da die Beklagte sich außergerichtlich geweigert hat, Zahlungen zu leisten, war Klage geboten.

5. Muster: Unwirksamkeit des Widerrufs einer Versorgungszusage

Arbeitsgericht ...

Klage

...

– klägerische Partei –

Prozessbevollmächtigte: ...

gegen

...

– beklagte Partei –

wegen: Feststellung der Unwirksamkeit des Widerrufs einer Versorgungszusage

Wir bestellen uns zu Prozessbevollmächtigten der klägerischen Partei, in deren Namen und Auftrag wir um kurzfristige Anberaumung eines Gütetermins bitten. Wir werden im Übrigen beantragen zu erkennen:

1. Es wird festgestellt, dass die Ruhegeldansprüche der klägerischen Partei aufgrund der Versorgungsregelung 1988 dynamisch fortbestehen und durch den Widerruf vom ... nicht auf den Stand am ... begrenzt bleiben.
2. Die Berufung wird zugelassen.
3. Die beklagte Partei trägt die Kosten des Rechtsstreits.

Gründe:

I.

Die klägerische Partei ist bei der beklagten Partei seit dem ... zu einem monatlichen Bruttogehalt von zuletzt ... EUR beschäftigt.

    Beweis: 1. Vorlage des Arbeitsvertrages in Kopie – Anlage K 1.
                  2. Vorlage der Verdienstbescheinigung vom ... in Kopie ... – Anlage K 2.

Die klägerische Partei ist gegenwärtig ... Jahre alt, verheiratet und hat ... Kinder.

Zum Zeitpunkt der Einstellung der klägerischen Partei galt die Versorgungszusage 1988, die der klägerischen Partei auch zusammen mit dem Arbeitsvertrag ausgehändigt wurde. Diese Versorgungszusage wurde im Laufe der Zeit verschiedentlich geändert. Im Jahre 1995 beschloss die Unterstützungskasse eine komplette Neuordnung der Versorgungsregelung, die nunmehr als „Versorgungsordnung 1995" bezeichnet wird.

Beweis: Versorgungsordnung 1995 – Anlage K 3.

Die beklagte Partei schloss mit dem Gesamtbetriebsrat eine Vereinbarung über die Verteilung des von der beklagten Partei vorgegebenen Dotierungsrahmens gem. § 87 Abs. 1 Nr. 10 BetrVG.

Beweis: Vereinbarung mit dem Gesamtbetriebsrat – Anlage K 4.

Durch eine Informationsschrift des Gesamtbetriebsrats erfuhr die klägerische Partei, dass sie nunmehr bis zur Beendigung ihres Arbeitsverhältnisses nicht mehr bis zu 70 % ihrer bisherigen Vergütung aus der betrieblichen Altersversorgung, sondern nur noch 62,5 % erhalten würde.

Mit Schreiben vom ... widerrief die beklagte Partei die Zusage zur betrieblichen Altersversorgung. Danach sollten die bis zum ... erdienten Teilbeträge entsprechend § 2 Abs. 1 BetrAVG erhalten bleiben.

Beweis: Schreiben vom ... – Anlage K 5.

Mit Schreiben vom ... widersprach die klägerische Partei dem Widerruf der Zusage auf betriebliche Altersversorgung.

Beweis: Vorlage des Schreibens in Kopie – Anlage K 6.

Mit Schreiben vom ... teilte die beklagte Partei mit, dass sie am Widerruf der Versorgungszusage festhalte.

Beweis: Vorlage des Schreibens in Kopie – Anlage K 7.

Klage war daher geboten.

II.

Der Widerruf der Versorgungszusage vom ... ist unwirksam. Die klägerische Partei hat einen Anspruch auf Unterstützung nach Eintritt des Versorgungsfalls nach der Versorgungszusage 1988.

1. Bei der Rechtsgrundlage der Versorgungszusage handelt es sich um eine Gesamtzusage bzw um eine ausdrückliche vertragliche Einheitsregelung. Wird darin auf generelle Versorgungsgrundsätze verwiesen, so werden diese Bestandteil der Zusage und damit des Arbeitsvertrages, auch wenn sie der Arbeitnehmer nicht zur Kenntnis nimmt,

BAG 9.11.1978 – 3 AZR 784/77, AP § 242 BGB Ruhegehalt Nr. 179.

So verhält es sich hier. Die Unterstützungskassen-Richtlinien sind daher Bestandteil des Arbeitsvertrages geworden. Dabei handelt es sich um eine individualrechtliche Versorgungszusage mit kollektivem Bezug. Die betriebsverfassungsrechtlichen Mitbestimmungsrechte sind daher zu beachten.

Es handelt sich weiterhin um eine mittelbare Versorgungszusage in Form der Unterstützungskassenzusage. Dabei ist der Rechtsanspruch formal ausgeschlossen. Dies ist aufsichtsrechtlich bedingt,

vgl hierzu *Höfer/Reiners/Wüst*, Gesetz zur Verbesserung der betrieblichen Altersversorgung, Rn 192 ff.

Daraus ergibt sich jedoch grundsätzlich nicht, dass die Rechtsposition des Arbeitnehmers, dem eine betriebliche Altersversorgung im Durchführungsweg der Unterstützungskasse zugesagt wurde, geringer schutzwürdig ist als die Rechtsposition derjenigen Arbeitnehmer, denen eine betriebliche Altersversorgung über einen anderen Durchführungsweg gewährt wird. Das Bundesverfassungsgericht hat insoweit die Rechtsprechung des BAG grundsätzlich bestätigt, indem es ausgeführt hat:

„Nach der verfassungsrechtlich unbedenklichen Rechtsprechung des BAG besitzen auch die vom Arbeitgeber in Aussicht gestellten Versorgungsleistungen durch eine Unterstützungskasse Rechtsanspruchscharakter. Hieran hat der Gesetzgeber angeknüpft und im Betriebsrentengesetz die Leistungen der betrieblichen Altersversorgung, welche über Unterstützungskassen gewährt werden, in ihrer arbeitsrechtlichen Behandlung den unmittelbaren Versorgungszusagen des Arbeitgebers (Direktzusagen) gleichgestellt."

BVerfG 14.1.1987 – 1 BvR 1052/79, BVerfGE 74, 129 = AP § 1 BetrAVG Unterstützungskassen Nr. 11.

2. Nach der Grundsatzentscheidung des Großen Senats des BAG vom 16.9.1986 – GS 1/82, BAGE 53, 42 = NZA 1987, 168, können individualrechtliche Versorgungszusagen mit kollektivem Bezug, also insbesondere die Gesamtzusage und die ausdrückliche vertragliche Einheitsregelung, von einer umstrukturierenden Betriebsvereinbarung abgelöst werden, wenn der Arbeitgeber seinen Dotierungsrahmen für Sozialleistungen insgesamt wahrt. Im Gegensatz zur umstrukturierenden Betriebsvereinbarung wahrt die verschlechternde (verbösernde) Betriebsvereinbarung nicht mindestens den Dotierungsrahmen. Bei ihr wird der Gesamtaufwand des Arbeitgebers gekürzt. Individualrechtliche Versorgungszusagen mit kollektivem Bezug können nur dann durch eine verschlechternde Betriebsvereinbarung abgelöst werden, wenn sie betriebsvereinbarungsoffen sind, dh unter dem ausdrücklichen oder stillschweigenden Vorbehalt einer Änderung durch nachfolgende Betriebsvereinbarungen stehen,

BAG 16.9.1986 – GS 1/82, BAGE 53, 42 = NZA 1987, 168.

Eine solche Betriebsvereinbarungsoffenheit besteht vorliegend nicht. Davon sind auch die Betriebspartner ausgegangen, da der Gesamtbetriebsrat darauf hingewiesen hat, dass es sich bei dem vereinbarten Leistungsplan um keine ablösende Betriebsvereinbarung handelt und der Beklagte das Änderungsmittel des Widerrufs eingesetzt hat.

Dementsprechend handelt es sich bei der Versorgungszusage 1988 um die Ausfüllung des Mitbestimmungsrechts aus § 87 Abs. 1 Nr. 10 BetrVG, ohne dass mit dieser Vereinbarung über die Verteilung des vom Beklagten vorgegebenen Dotierungsrahmens in die individualrechtlichen Ansprüche der klägerischen Partei eingegriffen wurde.

3. In die Ansprüche der klägerischen Partei aus der Versorgungszusage konnte daher nur im Wege einer Änderungskündigung oder eines Widerrufs eingegriffen werden. Die beklagte Partei hat das einseitige Gestaltungsmittel des Widerrufs gewählt. Dieser Widerruf der Versorgungszusage ist jedoch unwirksam.

a) Das Recht, eine Versorgungszusage ganz oder teilweise widerrufen zu dürfen, kann sich aus ausdrücklich vereinbarten Widerrufsvorbehalten oder allgemeinen Rechtsgrundsätzen, nämlich dem aus § 242 BGB entwickelten Rechtsinstitut des Wegfalls der Geschäftsgrundlage, Gesichtspunkten der Zumutbarkeit und des Rechtsmissbrauchs ergeben. Die Rechtswirksamkeit des Widerrufs hängt davon ab, ob beim Arbeitgeber hinreichende Gründe vorliegen. Es sind die Maßstäbe der Rechtsprechung zu beachten, die für die verschiedenen Widerrufsfälle aus den Grundsätzen von Treu und Glauben, der Billigkeit und der Angemessenheit entwickelt wurden. Das Vorliegen solcher Gründe muss der Arbeitgeber nachweisen,

Höfer/Reiners/Wüst, Gesetz zur Verbesserung der betrieblichen Altersversorgung, Rn 362 ff mwN.

Als ausdrückliche Vorbehalte sind hier insbesondere zu nennen:

- „Allgemeiner Vorbehalt" über die nachhaltige und wesentliche Veränderung der bei Erteilung der Versorgungszusage maßgebenden Verhältnisse,
- „Wegfall der Geschäftsgrundlage",
- der „Notlagen-Vorbehalt" über die nachhaltige und wesentliche Verschlechterung der wirtschaftlichen Lage des Unternehmens,
- der „Sozialversicherungs-Vorbehalt" über eine wesentliche Änderung der Bemessungsgrößen in der gesetzlichen Rentenversicherung,
- der „Rechts-Vorbehalt" über eine wesentliche Veränderung der rechtlichen, insbesondere steuerrechtlichen Voraussetzungen der Versorgungszusage und
- der „Treuepflichtvorbehalt" über die grobe Treuepflichtverletzung des von der Versorgungszusage begünstigten Arbeitnehmers.

Diese ausdrücklichen Vorbehalte drücken jedoch in der Regel nur klarstellend aus, was nach ständiger Rechtsprechung des BAG aufgrund von § 242 BGB auch dort Geltung beansprucht, wo ein solcher Vorbehalt nicht ausdrücklich in dem Versorgungsversprechen enthalten ist,

vgl BAG 8.7.1972 – 3 AZR 481/71, AP § 242 BGB Ruhegeld Nr. 157; BAG 2.8.1983 – 3 AZR 241/81, BB 1984, 137.

Für eine Unterstützungskasse hat das BAG entschieden, dass im Bereich der betrieblichen Altersversorgung der „Ausschluss des Rechtsanspruchs" ein Widerrufsrecht begründet, das an Treu und Glauben, dh an billiges Ermessen und damit an sachliche Gründe gebunden ist. Das BAG begründet seine Entscheidung ausdrücklich mit der besonderen Bedeutung des Vertrauensschutzes,

BAG 17.5.1973 – 3 AZR 381/72, BAGE 25, 194 = AP § 242 BGB Ruhegehalt-Unterstützungskassen Nr. 6; BAG 18.4.1989 – 3 AZR 299/87, BAGE 61, 273 = AP § 1 BetrAVG Unterstützungskassen Nr. 23; BAG 11.9.1990 – 3 AZR 380/89, BAGE 66, 39 = AP § 1 BetrAVG Besitzstand Nr. 8.

Die sachlichen Gründe, die zum Widerruf der unter Ausschluss des Rechtsanspruchs erteilten Versorgungszusage berechtigen, entsprechen denen, unter denen auch eine rechtsverbindliche vorbehaltlose Versorgungszusage widerrufen werden kann,

Höfer/Reiners/Wüst, Gesetz zur Verbesserung der betrieblichen Altersversorgung, Rn 400.

Eine besondere Fallgestaltung des allgemeinen Instituts des Wegfalls der Geschäftsgrundlage stellte früher die „Notlagen-Indikation" dar, die einen Widerruf der Versorgungszusage wegen wirtschaftlicher Notlage ermöglichte,

BAG 26.11.1985 – 3 AZR 105/84, AP § 7 BetrAVG Widerruf Nr. 8; BAG 26.4.1988 – 3 AZR 277/87, AP § 1 BetrAVG Geschäftsgrundlage Nr. 3.

Wegen Wegfalls der Geschäftsgrundlage konnte nach früherer Rechtsprechung und Gesetzeslage unter ganz engen Voraussetzungen die Zahlung eines versprochenen Ruhegeldes aus Gründen einer wirtschaftlichen Notlage verweigert werden, wenn und solange bei ungekürzter Weiterzahlung der Bestand des Unternehmens gefährdet war. Seit der Insolvenzschutz für Betriebsrenten für den Fall des Widerrufs wegen wirtschaftlicher Notlage im Betriebsrentengesetz ersatzlos gestrichen wurde, ist damit auch dieses von der Rechtsprechung entwickelte Widerrufsrecht entfallen. Das haben das BAG und der BGH in mehreren Urteilen entschieden (BAG 17.6.2003 – 3 AZR 396/02, AP § 7 BetrAVG Widerruf Nr. 24; BAG 31.7.2007 – 3 AZR 372/06, NZA 2008, 320; BGH 13.7.2006 – IX ZR 90/05, NJW 2006, 3638).

Das BAG hatte – entgegen dem allgemeinen Rechtsgrundsatz, wonach fehlende wirtschaftliche Leistungsfähigkeit im Allgemeinen Ansprüche nicht entfallen lässt – die Möglichkeit des Widerrufs einer Versorgungszusage wegen wirtschaftlicher Notlage anerkannt. Der Gesetzgeber hatte darauf reagiert, indem er in § 7 Abs. 1 Satz 3 Nr. 5 BetrAVG (aF) bei Kürzung oder Einstellung von Versorgungsleistungen wegen wirtschaftlicher Notlage Versicherungsschutz durch den Pensions-Sicherungs-Verein gewährleistete. Seit diese Bestimmung mit Wirkung zum 1.1.1999 durch Art. 91 des Einführungsgesetzes zur Insolvenzordnung vom 5.10.1994 (BGBl. I S. 2911) aufgehoben worden ist, besteht kein Versicherungsschutz mehr bei einem Widerruf wegen wirtschaftlicher Notlage. Es entspricht der bereits mit dem Inkrafttreten des Betriebsrentengesetzes zum Ausdruck gekommenen, vom Gesetzgeber gewollten Verknüpfung von Widerrufsrecht und Insolvenzschutz, dass mit dem Wegfall des Insolvenzschutzes für den Fall eines Widerrufs wegen wirtschaftlicher Notlage auch ein solches Widerrufsrecht weggefallen ist. Im Betriebsrentenrecht gilt wieder allgemein der Grundsatz, wonach fehlende Leistungsfähigkeit in aller Regel kein Grund ist, sich von übernommenen Zahlungspflichten lösen zu können,

BAG 17.6.2003 – 3 AZR 396/02, AP § 7 BetrAVG Widerruf Nr. 24; BAG 31.7.2007 – 3 AZR 372/06, NZA 2008, 320; BGH 13.7.2006 – IX ZR 90/05, NJW 2006, 3638; vgl auch LAG Hessen 4.3.2009 – 8 Sa 968/08, ZInsO 2009, 2063.

b) Die Versorgung wurde der klägerischen Partei mit dem Abschluss des Arbeitsvertrages zugesagt. Die allgemeine Aussage der beklagten Partei, dass der Arbeitgeber eine Versorgungszusage unter erleichterten Bedingungen widerrufen kann, wenn diese über eine Unterstützungskasse zugesagt ist, ist nach dem oben gesagten jedenfalls bezogen auf die klägerische Partei unzutreffend. Vielmehr ist die Beklagte verpflichtet, die Leistungen so wie zugesagt zu erbringen.

XIII. Betriebsübernahme

1. Muster: Klage wegen Betriebsübernahme

Arbeitsgericht ...

Klage

– klägerische Partei –

Prozessbevollmächtigte: ...

gegen

...

– beklagte Partei –

wegen: Betriebsübernahme

Wir bestellen uns zu Prozessbevollmächtigten der klägerischen Partei, in deren Namen und Auftrag wir beantragen zu erkennen:

1. Die beklagte Partei wird verurteilt, die klägerische Partei zu den Bedingungen des Arbeitsvertrages vom ... mit der Firma ... und dem derzeitigen Gehalt von ... EUR brutto ab dem ... zu beschäftigen.

Hilfsweise:

2. Es wird festgestellt, dass das Arbeitsverhältnis der klägerischen Partei seit dem ... auf die beklagte Partei übergegangen ist und mit dieser zu unveränderten Arbeitsbedingungen fortbesteht.
3. Die Kosten des Rechtsstreits trägt die beklagte Partei.

Gründe:

I.

Die klägerische Partei ist seit dem ... bei der Firma ... als ... beschäftigt.

Beweis: Vorlage des Arbeitsvertrages in Kopie – Anlage K 1.

Die Firma ... wird von der beklagten Partei seit dem ... fortgeführt.

Beweis: ...

II.

Damit ist das Arbeitsverhältnis der klägerischen Partei, das mit der Firma ... bestand, auf die beklagte Partei übergegangen. Ein Betriebsübergang liegt immer dann vor, wenn ein Betrieb oder Betriebsteil durch Rechtsgeschäft auf einen anderen Inhaber übergeht, § 613a Abs. 1 BGB.

Als Rechtsgeschäft wird heute jeder Übergang der tatsächlichen Nutzungs- und Verfügungsgewalt über die materiellen und immateriellen Betriebsmittel angesehen,

Spirolke, Der Betriebsübergang nach § 613a BGB im neuen Umwandlungsgesetz, S. 7–35 mwN.

Während früher das Tatbestandsmerkmal Rechtsgeschäft als Abgrenzung zu den Fällen der Gesamtrechtsnachfolge verstanden wurde,

BAG 8.11.1988 – 3 AZR 85/87, BAGE 60, 118 = NZA 1989, 679,

erklärt § 324 UmwG nunmehr die Anwendbarkeit von § 613a Abs. 1 und 4 BGB im Wege der Rechtsgrundverweisung.
Nach der neueren BAG-Rechtsprechung kommt es auf die tatsächliche Fortführung des Betriebes, nicht mehr nur auf die bloße Möglichkeit einer unveränderten Fortsetzung an,

BAG 12.11.1998 – 8 AZR 282/97, NZA 1999, 310; BAG 18.3.1999 – 8 AZR 159/98, NZA 1999, 704; EuGH 10.12.1998 – Rs. C-173/96, NZA 1999, 189; EuGH 10.12.1998 – Rs. C-127/96, NZA 1999, 253; BAG 27.9.2012 – 8 AZR 826/11, AiB 2012, 752; BAG 10.5.2012 – 8 AZR 639/10, 8 AZR 434/11, NZA 2012, 1161.

Die Auslegungskriterien der BAG-Rechtsprechung zum Betriebsinhaberwechsel differenzieren zunächst nach Produktions- und Dienstleistungsbetrieben,

BAG 18.10.1990 – 2 AZR 172/90, AP § 613a BGB Nr. 88; BAG 27.9.2012 – 8 AZR 826/11, AiB 2012, 752.

Das Substrat des Betriebes bei Produktionsbetrieben wird in erster Linie in materiellen Betriebsmitteln, wie Gebäuden, Maschinen und Werkzeugen gesehen, in der Dienstleistungsbranche vorwiegend in immateriellen Betriebsmitteln, wie Kundenstamm, Geschäftsbeziehungen zu Dritten, „Know-how" und „Goodwill".
Bei dem Übergang eines betriebsmittelgeprägten Betriebes kommt dem Übergang der Nutzungsmöglichkeit der Betriebsmittel im Rahmen der erforderlichen Gesamtabwägung wesentliches Gewicht zu,

BAG 27.9.2012 – 8 AZR 826/11, AiB 2012, 752.

Bei Reinigungsbetrieben gilt seit dem Urteil des EuGH vom 11.3.1997,

Rs. C-13/95 (Ayse Süzen), AP EWG-Richtlinie Nr. 77/187 Nr. 14 = NZA 1997, 433,

dass die bloße Funktionsnachfolge für die Erfüllung des Merkmals des Betriebes oder Betriebsteils nicht ausreichend ist, wie es noch in der Christel-Schmidt-Entscheidung vom EuGH angenommen worden war,

EuGH 14.4.1994 – Rs. C-392/92, NZA 1994, 545 = AP § 613a BGB Nr. 106.

Seit Ayse Süzen und einem Urteil des BAG vom 13.11.1997,

8 AZR 295/95, NZA 1998, 251,

gilt, dass in Branchen, in denen es im Wesentlichen auf die menschliche Arbeitskraft ankommt, die Übernahme einer organisierten Gesamtheit von Arbeitnehmern einen Betriebs- bzw Betriebsteilübergang darstellt, wenn der neue Auftragnehmer aufgrund eigenen Willensentschlusses die durch ihre gemeinsame Tätigkeit verbundenen Arbeitnehmer übernommen hat, weil sie in der Lage sind, den Neuauftrag wie bisher auszuführen,

so auch BAG 22.5.1997 – 8 AZR 101/96, NZA 1997, 1050; BAG 11.12.1997 – 8 AZR 156/95, NZA 1999, 486; BAG 11.12.97 – 8 AZR 729/96, NZA 1998, 534; BAG 10.5.2012 – 8 AZR 639/10, 8 AZR 434/11, NZA 2012, 1161.

Während das BAG in der Entscheidung vom 11.12.1997 die Übernahme von 85 % der Belegschaft bei einfachen Tätigkeiten als ausreichend erachtete,

NZA 1998, 534,

ließ es im Urteil vom 10.12.1998 – 8 AZR 676/97 einen Anteil von 75 % nicht mehr genügen,

NZA 1999, 420.

Daraus folgt, dass im Reinigungsgewerbe nicht allein die Prozentzahl der übernommenen Arbeitnehmer Rückschlüsse auf den Fortbestand der Arbeitsorganisation zulässt, sondern auch der Arbeitnehmer vortragen muss, worin die Eigentümlichkeit der Arbeitsorganisation des bisherigen Arbeitgebers bestand und dass der neue Auftraggeber sich mit der Übernahme der Belegschaft genau diese Arbeitsorganisation zunutze macht und fortführt.

Bei einem Leiharbeitsunternehmen zählen zu einem funktionsfähigen Betriebsteil nicht nur die dort angestellten Leiharbeitnehmer, sondern notwendigerweise auch das den jeweiligen Einsatz der Leiharbeitnehmer steuernde Verwaltungspersonal. Ein Betriebsübergang kommt bei Verleihunternehmen daher nur in Betracht, wenn sämtliches Personal – Leiharbeitnehmer und Verwaltungsmitarbeiter – übernommen wird. Die Leiharbeitnehmer für sich bilden, auch in ihrer Gesamtheit, keine wirtschaftliche Einheit. Ein Betriebsteilübergang setzt daher voraus, dass eine der Anzahl der übernommenen Leiharbeitnehmer verhältnismäßig entsprechende Anzahl von Verwaltungsmitarbeitern übernommen wird,

LAG Schleswig-Holstein 19.4.2012 – 5 Sa 436/11 m. Anm. *Hamann*, jurisPR-ArbR 5/2013 Anm. 6.

Im Bewachungsgewerbe ist maßgebliches Unterscheidungskriterium die Art der vom Auftragnehmer angebotenen Leistung. Handelt es sich um eine Tätigkeit, für die regelmäßig Maschinen, Werkzeuge, sonstige Geräte oder Räume innerhalb eigener Verfügungsmacht und aufgrund eigener Kalkulation eingesetzt werden müssen, sind auch nur die zur Nutzung überlassenen Arbeitsmittel dem Betrieb oder dem Betriebsteil des Auftragnehmers zuzurechnen. Ob diese Betriebsmittel für die Identität des Betriebes wesentlich sind, ist Gegenstand einer gesonderten Bewertung. Wird dagegen vom Auftragnehmer eine Leistung angeboten, die er an den jeweiligen Einrichtungen des Auftraggebers zu erbringen bereit ist, ohne dass er typischerweise über Art und Umfang ihres Einsatzes bestimmen könnte, gehören diese Einrichtungen nicht zu den Betriebsmitteln des Auftragnehmers. Bewachungsleistungen werden üblicherweise nur unter Einsatz einfacher Arbeitsmittel, wie Handys, Stechuhren, Taschenlampen, Uniformen, eventuell auch Waffen und Hunden angeboten. Komplizierte und teurere Sicherheitssysteme werden dagegen vom Auftraggeber vorgegeben und unterhalten. Sie gehören daher nicht zu den Betriebsmitteln des Auftragnehmers,

BAG 22.1.1998 – 8 AZR 775/96, NZA 1998, 638.

Die Einschränkung der Tätigkeit auf ca. 58 % nach der Neuvergabe eines Bewachungsauftrags stellt eine erhebliche Änderung der wirtschaftlichen Tätigkeit dar. Es liegt in einem solchen Fall, unabhängig von einer etwa erforderlichen Neuorganisation, schon aufgrund der stark reduzierten Arbeitsmenge nicht mehr im Wesentlichen dieselbe oder eine ähnliche Arbeitsaufgabe vor,

BAG 14.5.1998 – 8 AZR 418/96, NZA 1999, 483.

Bei Übernahme eines gastronomischen Betriebs kommt es weniger auf die übernommenen Arbeitsmittel, als auf den Koch als Know-how-Träger und die sich aus der Spezialität der Gerichte ergebende Kundschaft an. Wird in einem Restaurant statt bislang „gutbürgerlich deutsche Küche" eine arabische Küche in einer exotischen Atmosphäre angeboten, zieht das Restaurant nach dem Betriebsinhaberwechsel Gäste mit anderem Geschmack und anderen Interessen an. Der neue Betriebsinhaber kann sich dadurch den Kundenstamm nicht erhalten. Eine Betriebsübernahme nach § 613 a BGB scheidet aus,

BAG 11.9.1997 – 8 AZR 555/95, NZA 1998, 31.

Bei einem Catering-Unternehmen, bei dem nach einem Betriebsinhaberwechsel die gleichen, vom Auftraggeber gestellten Arbeitsmittel, insbesondere die Einrichtung, genutzt werden, sind die gleichen Kriterien anzuwenden wie im Bewachungsgewerbe,

BAG 11.12.1997 – 8 AZR 426/94, NZA 1998, 532.

Hier kommt es entscheidend darauf an, wie viele Arbeitnehmer unter Aufrechterhaltung der bisherigen Betriebsorganisation übernommen werden.

Für den Bereich des Einzelhandels gilt seit der Entscheidung des BAG vom 22.5.1997,

8 AZR 101/96, NJW 1997, 3188 = AP § 613 a BGB Nr. 154 m. Anm. *Franzen*,

dass eine vorherige Stilllegung eines Betriebes den Betriebsübergang ausschließt. Bei der Prüfung, ob eine wirtschaftliche Einheit im Sinne der EuGH-Rechtsprechung übergegangen ist, ist die Dauer einer eventuellen Unterbrechung der betrieblichen Tätigkeit zu berücksichtigen. Im Bekleidungseinzelhandel ist jedenfalls eine neun Monate währende, tatsächliche Einstellung jeder Verkaufstätigkeit eine wirtschaftlich erhebliche Zeitspanne, die der Annahme eines Betriebsübergangs entgegensteht.

Der Übernahme des Personals kommt gemäß der vorgenannten Entscheidung ein gleichwertiger Rang neben den anderen möglichen Kriterien eines Betriebsübergangs zu. Insbesondere in Branchen, in denen es im Wesentlichen auf die menschliche Arbeitskraft ankommt, kann eine Gesamtheit von Arbeitnehmern, die durch ihre gemeinsame Tätigkeit dauerhaft verbunden ist, eine wirtschaftliche Einheit darstellen.

Allein die Anmietung eines von Bodenbelägen und Deckenverkleidung befreiten Geschäftshauses sowie des damit verbundenen immateriellen Vorteils der für ein Einzelhandelsunternehmen günstigen Geschäftslage reicht für die Annahme eines Betriebsübergangs nicht aus.

Unabhängig von den hier dargestellten Produktions- und Dienstleistungsfällen lässt sich heute eine übereinstimmende Rechtsprechung des EuGH und des BAG feststellen, die den Betriebsübergang nach sieben Punkten prüft:

1. Art des (bisherigen) Betriebs/Unternehmens
2. Etwaiger Übergang der materiellen Betriebsmittel (Gebäude, bewegliche Güter)
3. Wert der immateriellen Aktiva im Zeitpunkt des Übergangs
4. Etwaige Übernahme der Hauptbelegschaft durch den neuen Inhaber
5. Etwaiger Übergang der Kundschaft
6. Grad der Ähnlichkeit zwischen den vor und nach dem Übergang verrichteten Tätigkeiten
7. Dauer einer eventuellen Unterbrechung der Tätigkeit.

III.

Nach diesen von der Rechtsprechung aufgestellten Grundsätzen ist das Arbeitsverhältnis der klägerischen Partei mit der Firma ... auf die beklagte Partei übergegangen: ...

2. Muster: Unwirksame Änderungs- und Aufhebungsverträge bei Betriebsübergang

Durch § 613a Abs. 1 Satz 1 BGB soll erreicht werden, dass das Arbeitsverhältnis zu den bisherigen Bedingungen zwischen dem Arbeitnehmer und dem Betriebserwerber fortbesteht. Die Vorschrift enthält zum Schutz der betroffenen Arbeitnehmer zwingendes Recht,

BAG 29.10.1985 – 3 AZR 485/83, BAGE 50, 62; BAG 29.10.1975 – 5 AZR 444/74, BAGE 27, 291.

Daraus folgt unmittelbar, dass der Eintritt des Erwerbers in die Rechte und Pflichten aus den betroffenen Arbeitsverhältnissen nicht durch Vertrag zwischen dem Betriebsveräußerer und dem Betriebserwerber ausgeschlossen werden kann,

BAG 29.10.1985 – 3 AZR 485/83, BAGE 50, 62 (72).

Aus dem zu Gunsten der Arbeitnehmer zwingenden Schutzzweck des § 613a Abs. 1 Satz 1 BGB folgt aber auch, dass die Regelungsbefugnis des Betriebsveräußerers und der betroffenen Arbeitnehmer beschränkt ist. Es macht, gemessen am Schutzzweck der Norm, keinen Unterschied, ob die bisher geltenden Arbeitsbedingungen aufgrund einer Abrede zwischen Veräußerer und Erwerber des Betriebs negativ verändert werden oder ob der Veräußerer mit seinen Arbeitnehmern Regelungen trifft, die dem Erwerber einen von den sog. Altlasten freien Betriebserwerb erlauben sollen,

BAG 12.5.1992 – 3 AZR 247/91, BAGE 70, 209 = NZA 1992, 1080.

§ 613a BGB will auf jeden Fall, ungeachtet der im Einzelfall gewählten Regelungsmodalität, verhindern, dass die Betriebsveräußerung zum Anlass eines Sozialabbaus der Belegschaft des Veräußererbetriebs genommen wird. Das BAG hat daher selbst Eigenkündigungen der Arbeitnehmer und Aufhebungsverträge im Hinblick auf eine geplante Betriebsveräußerung als Umgehung des § 613a Abs. 4 Satz 1 BGB und, soweit unverfallbare Versorgungsanwartschaften betroffen waren, als Umgehung des damaligen § 4 Abs. 1 Satz 2 BetrAVG angesehen und solche Vereinbarungen als unwirksam beurteilt,

BAG 28.4.1987 – 3 AZR 75/86, BAGE 55, 228 = NZA 1988, 198.

Wirksam ist ein Aufhebungsvertrag, wenn die mit ihm einhergehenden Verschlechterungen der Arbeitsbedingungen sachlich berechtigt sind. Diese Voraussetzungen nimmt das BAG bei Abschluss eines dreiseitigen Vertrages unter Einschaltung einer Beschäftigungs- und Qualifizierungsgesellschaft zur Vermeidung der Insolvenz an,

BAG 18.8.2005 – 8 AZR 523/04, BAGE 115, 340 = NZA 2006, 145.

Die Wirksamkeit einer solchen Vereinbarung liegt auch vor, wenn der Aufhebungsvertrag im Zusammenhang mit dem Betriebsübergang und Eintritt eine Transfergesellschaft mit dem Ziel des endgültigen Ausscheidens geschlossen wird,

BAG 23.11.2006 – 8 AZR 349/06, NZA 2007, 866.

3. Muster: Kündigungsschutzklage wegen betriebsbedingter Kündigung bei verdeckter Betriebsübernahme

Arbeitsgericht …

Klage

…

– klägerische Partei –

Prozessbevollmächtigte: …

gegen

…

– beklagte Partei –

wegen: ordentlicher Kündigung eines Arbeitsverhältnisses

Wir bestellen uns zu Prozessbevollmächtigten der klägerischen Partei, in deren Namen und Auftrag wir um kurzfristige Anberaumung eines Gütetermins bitten. Wir werden im Übrigen beantragen zu erkennen:

1. Es wird festgestellt, dass das Arbeitsverhältnis der klägerischen Partei durch die schriftliche Kündigung der beklagten Partei vom … – zugegangen am … – nicht aufgelöst worden ist.
2. Es wird festgestellt, dass das Arbeitsverhältnis auch nicht durch andere Beendigungstatbestände endet, sondern zu unveränderten Bedingungen über den … hinaus fortbesteht.
3. Die beklagte Partei wird verurteilt, der klägerischen Partei ein Zwischenzeugnis zu erteilen, das sich auf Verhalten und Leistung erstreckt.
4. Die beklagte Partei trägt die Kosten des Rechtsstreits.

Sollte die beklagte Partei im Gütetermin nicht zu Protokoll des Gerichts erklären, dass sie die klägerische Partei weiterbeschäftigen wird, sofern ein der Klage stattgebendes Urteil ergeht, kündigen wir folgenden weiteren Antrag an:

5. Die beklagte Partei wird verurteilt, die klägerische Partei für den Fall des Obsiegens mit dem Feststellungsantrag zu Ziff. 1 zu den im Arbeitsvertrag vom ... geregelten Arbeitsbedingungen als ... in ... bis zu einer rechtskräftigen Entscheidung über den Feststellungsantrag weiter zu beschäftigen.[146]
6. Kommt die beklagte Partei ihrer Verpflichtung zur Weiterbeschäftigung der klägerischen Partei nicht innerhalb einer Frist von einer Woche nach Zustellung der Entscheidung nach, wird sie verurteilt, an den Kläger eine Entschädigung in Höhe von ... EUR zu zahlen.[147]

Gründe:

I.

1. Die beklagte Partei ist eine ... . Die klägerische Partei ist bei der beklagten Partei seit dem ... als Arbeitnehmer beschäftigt.

Beweis: Zeugnis des Personalleiters ..., zu laden über die beklagte Partei.

Das durchschnittliche monatliche Bruttoentgelt der klägerischen Partei beträgt ... EUR.

Beweis: Zeugnis Lohnbuchhalterin ..., zu laden über die beklagte Partei.

Im Rahmen einer Massenentlassung kündigte die beklagte Partei mit einem Formularschreiben vom ... das Arbeitsverhältnis der klägerischen Partei zum ... .

Beweis: Vorlage des Kündigungsschreibens in Kopie – Anlage K 1.

In dem gleich lautenden Kündigungsschreiben heißt es u.a.:

„..."

Beweis: Vorlage des Kündigungsschreibens.

Das Kündigungsschreiben vom ... ist am ... zugegangen.

Mit Schreiben vom ... hat die beklagte Partei den Präsidenten der Regionaldirektion ... und den Direktor der Agentur für Arbeit ... über sämtliche Entlassungen unterrichtet. In diesem Schreiben führt die beklagte Partei u.a. aus:

„..."

Beweis: Vorlage des Schreibens in Kopie – Anlage K 2.

2. Zum Zeitpunkt des Zugangs der Kündigung bestand das Arbeitsverhältnis 6 Monate. Der Betrieb ist kein Kleinstbetrieb iSd § 23 KSchG in der ab 1.1.2004 geltenden Fassung (Doppelschwelle).[148] Die beklagte Partei beschäftigt ... Arbeitnehmer.

---

[146] Der Weiterbeschäftigungsantrag muss so präzise wie möglich gefasst werden. Eine Vollstreckung aus dem Weiterbeschäftigungsantrag (§ 888 ZPO – unvertretbare Handlung) kann nur erfolgen, wenn der Weiterbeschäftigungstitel einen vollstreckungsfähigen Inhalt hat. Hieran fehlt es regelmäßig, wenn ein Urteil ergeht, wonach der Arbeitnehmer „zu den bisherigen Arbeitsbedingungen" oder „zu den Bedingungen des Arbeitsvertrages vom ..." zu beschäftigen ist (LAG Köln 24.10.1995 – 13 (5) Ta 245/95, NZA-RR 1996, 108; LAG Hessen 13.7.1987 – 1 Ta 151/87, NZA 1988, 175). Da sich aus dem Titel ergeben muss, welcher Pflicht der Arbeitgeber nachkommen soll, ist im Antrag die Art und in den Zweifelsfällen auch der Ort der Arbeitsleistung anzugeben. Arbeitnehmer, die nicht tatsächlich weiterarbeiten wollen, haben die Möglichkeit, im Falle der Titulierung des Weiterbeschäftigungsantrags einen Entschädigungsantrag nach § 61 Abs. 2 ArbGG zu stellen, s. hierzu Muster 6411 (§ 6 Rn 286).

[147] Wenn man den unechten Hilfsantrag nach § 61 Abs. 2 ArbGG auf Entschädigung stellt, ist zu beachten, dass wegen § 61 Abs. 2 ArbGG nach einer Vollstreckung des Beschäftigungstitels der Entschädigungsanspruch nicht mehr verfolgt werden kann (LAG Berlin 12.3.1999 – 2 Sa 3/98, NZA-RR 2000, 43). Macht der Arbeitnehmer vom Entschädigungsanspruch Gebrauch, ist die Zwangsvollstreckung auf Weiterbeschäftigung ausgeschlossen.

[148] Während in der Vergangenheit nur die Zahl der Beschäftigten ausschließlich der Auszubildenden maßgeblich für die Bestimmung der Anwendbarkeit des KSchG war, ist seit 1.1.2004 zusätzlich darauf abzustellen, wann der Arbeitnehmer eingestellt wurde. Die Grundregel des § 23 Abs. 1 Satz 2 KSchG gilt unverändert für alle vor dem 1.1.2004 begründeten Arbeitsverhältnisse. Für die nach dem 31.12.2003 aufgenommenen Arbeitsverhältnisse gilt die Zahl von mehr als zehn Mitarbeitern als maßgeblicher Schwellenwert. Deshalb enthält der Textbaustein zwei Alternativen, von denen in der Klage immer nur die eine verwendet werden soll, nämlich diejenige, die den Zeitpunkt des Beschäftigungsbeginns der jeweiligen klägerischen Partei richtig wieder gibt. Für die Darlegung der Mindestvoraussetzungen einer schlüssigen Kündigungsschutzklage wird deshalb für die Zukunft angeregt, immer nähere Ausführungen zur Beschäftigtenzahl und zu den Zeitpunkten zu machen, an denen die Arbeitsverhältnisse begründet wurden.

Alternative 1: Die klägerische Partei wurde vor dem 1.1.2004 bei der beklagten Partei eingestellt, so dass das Kündigungsschutzgesetz bei in der Regel mehr als fünf Arbeitnehmern anzuwenden ist.

Alternative 2: Die klägerische Partei wurde nach dem 31.12.2003 bei der beklagten Partei eingestellt, so dass das Kündigungsschutzgesetz bei in der Regel mehr als zehn Arbeitnehmern anzuwenden ist.

Die klägerische Partei bietet mit der vorliegenden Klage erneut der beklagten Partei ihre weitere Arbeitsleistung an. Um ihrer Minderungspflicht nach § 615 Satz 2 BGB zu genügen, verlangt die klägerische Partei ein Zwischenzeugnis, damit sie sich bei anderen Arbeitgebern bewerben kann.

II.

1. Die Kündigung ist unwirksam. Die Unwirksamkeitsgründe ergeben sich aus der geschäftlichen Entwicklung der beklagten Partei, ihren Unternehmenszielen, der Geschäftspolitik sowie einigen betriebswirtschaftlichen und steuerlichen Fakten, weshalb eine Darstellung des Status der beklagten Partei im Abriss vorausgeschickt werden muss:

2. Nachdem sich aus den dargestellten Gründen Verluste abzeichneten, unternahm die Geschäftsführung der beklagten Partei trotz vielfältiger Vorschläge aus dem Bereich der verschiedenen Führungsebenen keine Gegenmaßnahmen. ...

3. Die beklagte Partei ist in Wahrheit wirtschaftlich nicht so notleidend, wie es ihre Gesellschafterin darzustellen versucht. ...

Beweis: Gutachten eines Bilanzsachverständigen

Vorwerfbar ist in diesem Zusammenhang der beklagten Partei, dass sie trotz entsprechender Hinweise und Vorschläge aus dem Bereich des Betriebs keinerlei Rationalisierungsmaßnahmen vorgenommen hat, die es fraglos ermöglicht hätten, den Bestand des gewachsenen und über vielfältige Kundenbeziehung verfügenden Unternehmens zu sichern

4. Die beklagte Partei betreibt, entgegen ihrer Mitteilung im Kündigungsschreiben, keine Betriebsstilllegung. In Wahrheit findet eine Betriebsübernahme statt. ...

Die Gesellschafterin der beklagten Partei erhält für dieses Rechtsgeschäft einen Kaufpreis in Höhe von ca. ... EUR.

Beweis:

III.

1. Die Kündigung ist sozial ungerechtfertigt, weil sie nicht durch dringende betriebliche Erfordernisse, die einer Weiterbeschäftigung der klägerischen Partei im Betrieb der beklagten Partei entgegenstehen, bedingt ist, § 1 Abs. 2 Satz 1 KSchG.

Die unternehmerische Entscheidung der Gesellschafterin der beklagten Partei unterliegt zwar nach ständiger Rechtsprechung des BAG dem Grundsatz der freien Unternehmerentscheidung, so dass es nicht Aufgabe der Gerichte für Arbeitssachen ist, unternehmerische Entscheidungen auf ihre Zweckmäßigkeit und Notwendigkeit hin zu überprüfen,

> vgl BAG 7.12.1978 – 2 AZR 155/77, BAGE 31, 157 = NJW 1979, 1902; BAG 30.4.1987 – 2 AZR 184/86, BAGE 55, 262 = NZA 1987, 776.

Es entspricht hingegen ständiger Rechtsprechung des BAG, dass es aufgrund des Wortlautes sowie nach dem Sinn und Zweck des § 1 Abs. 2 Satz 1 KSchG gerechtfertigt ist, das unternehmerische Gestaltungsermessen innerhalb bestimmter Grenzen gerichtlich zu überprüfen. Nach dem Wortlaut des Gesetzes müssen die betrieblichen Erfordernisse dringend sein. Im Merkmal der Dringlichkeit hat der das gesamte Kündigungsschutzrecht beherrschende Grundsatz der Verhältnismäßigkeit (ultima-ratio-Prinzip) eine gesetzliche Grundlage gefunden. Der gesetzlich anerkannte Grundsatz der Verhältnismäßigkeit gebietet es, die einer betriebsbedingten Kündigung zugrunde liegende Unternehmerentscheidung einer beschränkten justiziellen Kontrolle zu unterwerfen. Nach der ständigen Rechtsprechung des BAG darf der Arbeitgeber erst dann betriebsbedingte Kündigungen aussprechen, wenn er zuvor versucht hat, durch andere zumutbare technische, organisatorische oder wirtschaftliche Maßnahmen (zB durch Begründung von Teilzeitarbeitsverhältnissen, Abbau von Überstunden, Vorverlegung der Werksferien, Rationalisierungskündigungen etc.) einen Personalabbau zu vermeiden,

vgl BAG 20.2.1986 – 2 AZR 212/85, NZA 1986, 823; BAG 7.12.1978 – 2 AZR 155/77, BAGE 31, 157 = NJW 1979, 1902.

Die beklagte Partei hat vor Ausspruch der vorliegenden Kündigung im Zusammenhang mit den Massenentlassungen nicht eine Maßnahme ergriffen, um durch andere zumutbare technische, organisatorische oder wirtschaftliche Maßnahmen den weitgehend vollständigen Personalabbau zu vermeiden.

Beweis: Zeugnis ...

Es wurden weder Änderungskündigungen ausgesprochen, die gegenüber betriebsbedingten Beendigungskündigungen vorrangig sind,

vgl BAG 27.9.1984 – 2 AZR 62/83, BAGE 47, 26 = NZA 1985, 455,

noch wurden alternative Maßnahmen ergriffen wie ... .

2. Die Kündigung ist weiterhin gem. § 1 Abs. 2 Satz 1 KSchG als Betriebsstilllegungskündigung nicht gerechtfertigt, weil eine vollständige Betriebsstilllegung in Wahrheit nicht stattfinden wird (a), zum Zeitpunkt des Zugangs der Kündigung das rechtliche und wirtschaftliche Schicksal des Betriebs der beklagten Partei nur in einer äußerst globalen Weise vorbereitet, aber noch keine detailliert greifbare Formen angenommen hatte (b) und im Falle einer Teilbetriebsstilllegung die Sozialauswahl nicht ordnungsgemäß durchgeführt wurde (c).

a) Es ist eine gerichtsbekannte Tatsache, dass kein vernünftiger Kaufmann diesen Firmenmantel der beklagten Partei wirtschaftlich ungenutzt lässt, es sei denn, die Firma würde liquidiert. Fest steht, dass die beklagte Partei nicht liquidiert wird.

Beweis: Zeugnis ...

Zwingend findet damit die Firma der beklagten Partei weitere Verwendung.

Damit steht weiterhin fest, dass die beklagte Partei auf ihrem Handelssektor weiterhin tätig sein wird. Hierzu bedarf sie einer personellen Mindestausstattung, denn, würde die beklagte Partei ohne geschäftliche Aktivitäten (was aus den bekannten steuerlichen Gründen keinen Sinn ergeben würde) fortbestehen und auch keine Arbeitnehmer beschäftigen, wäre sie gem. § 18 Abs. 2 HGB wegen des Täuschungsverbots bei nachträglicher Veränderung der tatsächlichen Verhältnisse unzulässig im registerrechtlichen Sinne und dementsprechend durch das Registergericht von Amts wegen zur Unterlassung nach § 37 Abs. 1 HGB anzuhalten. Wird die Firma der beklagten Partei aber vernünftigerweise nicht gelöscht, bzw stillgelegt, besteht sie fort und bedarf zu ihrer geschäftlichen Tätigkeit eines Mindestarbeitnehmer-Stamms. Die Voraussetzungen einer Betriebsstilllegung, die im Einzelfall eine betriebsbedingte Kündigung rechtfertigen können, sofern die sonstigen Voraussetzungen der Dringlichkeit bzw der Verhältnismäßigkeit erfüllt sind, können bei dieser Sachlage von der beklagten Partei nicht überzeugend vorgetragen werden.

b) Wie die Fortführung des Betriebs der beklagten Partei vorgenommen werden soll, stand zum Zeitpunkt des Zugangs der Kündigung noch nicht fest. Dass eine Betriebsübernahme stattfinden wird, ist zwischenzeitlich bekannt.

In einem solchen Falle kann zum Zeitpunkt des Zugangs der Kündigung noch nicht davon gesprochen werden, dass die auf eine Betriebsstilllegung (die letztlich ohnehin nicht beabsichtigt und geplant ist) gerichtete unternehmerische Entscheidung zum Zeitpunkt des Zugangs der Kündigung bereits greifbare Formen angenommen hatte,

vgl BAG 23.3.1984 – 7 AZR 409/82, ZIP 1984, 1524; BAG 22.5.1986 – 2 AZR 612/85, NZA 1987, 125.

An einer betriebsbedingten Betriebsstilllegungskündigung fehlt es, wenn der Arbeitgeber zum Zeitpunkt des Zugangs der Kündigung noch in Verhandlungen über eine Veräußerung des Betriebes steht und deswegen nur vorsorglich mit der Begründung kündigt, der Betrieb solle zu einem bestimmten Zeitpunkt stillgelegt werden,

vgl BAG 27.9.1984 – 2 AZR 62/83, BAGE 47, 26 = NZA 1985, 455.

c) Hat die beklagte Partei nur eine Teilbetriebsstilllegung und nur einen Teilbetriebsübergang beabsichtigt, so war die Sozialauswahl fehlerhaft. Sie hätte bezogen auf den gesamten Betrieb, einschließlich des später übergehenden Betriebsteils, durchgeführt werden müssen,

BAG 28.10.2004 – 8 AZR 391/03, BAGE 112, 273 = NZA 2005, 285.

3. Die Kündigung ist auch deshalb unwirksam, weil sie gegen das Kündigungsverbot gem. § 613 a Abs. 4 Satz 1 BGB verstößt.

Ein Betrieb geht über iSd § 613 a BGB, wenn dem neuen Inhaber die sächlichen und immateriellen Betriebsmittel überlassen werden und er mit ihnen und mit Hilfe von Arbeitnehmern bestimmte arbeitstechnische Zwecke verfolgen kann,

vgl BAG 28.4.1988 – 2 AZR 623/87, NZA 1989, 265.

Das BAG sieht die Essenz eines Großhandels (wie den Betrieb der beklagten Partei) in den Betriebsräumen, im Warensortiment, in den Verträgen mit den Lieferanten und den Kunden (Einzelhändler einschl. SB-Märkte) sowie eventuell in den gewerblichen Schutzrechten. Ein Betriebsübergang liegt daher nach Auffassung des BAG im Großhandelsbereich immer dann vor, wenn von dem Betrieb des Veräußerers die Lieferverträge und die Rechtsbeziehungen zu den Einzelhändlern auf den Käufer übergehen. Unbeachtlich sei, ob die Betriebsräume weiter genutzt werden,

vgl BAG 30.10.1986 – 2 AZR 696/85, BAGE 53, 267 = NZA 1987, 382.

Im Licht des EuGH-Urteils vom 12.2.2009, Rs. C-466/07 (Klarenberg), ist nach Art. 1 Abs. 1 lit. b der Richtlinie 2001/23/EG notwendig, aber auch ausreichend, dass der Erwerber einen Betriebsteil des Veräußererbetriebs dergestalt in seinen Betrieb integriert, dass dessen operative und funktionelle Ressourcen beibehalten und diese innerbetrieblich gleichartig, wenn auch womöglich zu einem anderen unternehmerischem Geschäftsziel, wirtschaftlich genutzt werden. Der Betriebsteilübergang scheitert nicht ohne weiteres daran, dass der Erwerber ein anderes Wertschöpfungsziel verfolgt und seine „Nachfolge" mit einem anderen Betriebskonzept bzw Betriebszweck einhergeht,

LAG Düsseldorf 25.8.2010 – 12 Sa 703/10, juris; BAG 13.10.2011 – 8 AZR 455/10, ZInsO 2012, 444.

Nach der vorgenannten Entscheidung des LAG Düsseldorf ist weiterhin zu beachten, dass § 613 a Abs. 4 Satz 1 BGB nicht voraussetzt, dass die Betriebsveräußerung der tragende Beweggrund für die Kündigung gewesen ist. Vielmehr ist die „Betriebsaufgabe"-Kündigung des Veräußerers gegenüber dem Erwerber (relativ) unwirksam, wenn es objektiv und (regelmäßig) bis zum Kündigungstermin zu einem Betriebsübergang gekommen ist.

Diese Voraussetzungen sind vorliegend erfüllt.

Damit sind die Voraussetzungen eines Betriebsübergangs erfüllt. Die beklagte Partei ist daher gem. § 613 a Abs. 4 Satz 1 BGB nicht befugt, der klägerischen Partei zu kündigen. Die den Gegenstand des vorliegenden Rechtsstreits bildende Klage ist auch eine Klage gem. § 613 a BGB.

Auch soweit die beklagte Partei bzw ihre Gesellschafterin mit der übernehmenden Firma ausschließlich eine Nutzung des Betriebs der beklagten Partei vereinbart hat, sei es in Form von Franchising-Verträgen, sei es in

Form der Verpachtung oder sonstigen Nutzung von Verträgen, Warensortiment, sonstigen sächlichen Betriebsmitteln, liegt eine Betriebsübernahme vor. Auch die Betriebsverpachtung mit dem Nutzungsübergang vom Verpächter auf den Pächter stellt einen rechtsgeschäftlichen Betriebsübergang dar,

vgl BAG 15.11.1978 – 5 AZR 199/77, EzA § 613 a BGB Nr. 21; BAG 26.2.1987 – 2 AZR 768/85, NZA 1987, 419,

ebenso die Kündigung des Pachtvertrages mit dem früheren Pächter und die sich daran anschließende Fortführung eines Hotelbetriebs durch den Zwangsverwalter des Grundstücks, da § 613 a Abs. 1 Satz 1 BGB nicht voraussetzt, dass zwischen Veräußerer und Erwerber unmittelbare vertragliche Beziehungen bestehen,

BAG 18.8.2011 – 8 AZR 230/10, ZInsO 2011, 2083.

Unter Verwahrung gegen die Beweislast wird außerdem angeregt, dass das Gericht eine Anordnung gem. § 425 ZPO erlässt, wonach folgende Verträge, folgender Schriftwechsel und folgende weitere Urkunden durch die beklagte Partei vorzulegen sind: ...

Mit diesen Urkunden kann der Nachweis geführt werden, dass die beklagte Partei (abgesehen von den bereits erwähnten, hiervon ausgenommenen Betriebsräumen sowie der gesamten Arbeitnehmerschaft) einen Übergang des Betriebs der Beklagten vereinbart hat.

Die Kündigung ist ferner sozial nicht gerechtfertigt, weil die beklagte Partei bei der Auswahl der klägerischen Partei soziale Gesichtspunkte nicht bzw nicht ausreichend berücksichtigt hat, § 1 Abs. 3 Satz 1 Hs 1 KSchG. Ausgehend von der Prämisse, dass letztlich nicht alle Arbeitnehmer entlassen werden können, weil die Firma, um nicht von Amts wegen gelöscht zu werden, weitergeführt werden muss, kann die beklagte Partei nur fortbestehen, wenn entweder einzelne Arbeitnehmer weiterbeschäftigt werden oder neue Arbeitnehmer eingestellt werden. Unter diesen Umständen hat die beklagte Partei keine Sozialauswahl getroffen, weder in der Form eines horizontalen Berufsgruppenvergleichs, noch auf der vertikalen Ebene durch Vergleich der Austauschbarkeit von Arbeitnehmern derselben Hierarchie. Auch wurde die Schutzbedürftigkeit einzelner Arbeitnehmer, so auch der klägerischen Partei, nicht unter Berücksichtigung der Dauer der Betriebszugehörigkeit, aus dem Gesichtspunkt des Lebensalters, des Umfangs der Unterhaltsverpflichtung oder einer bestehenden Schwerbehinderung in Erwägungen einer sozialen Auswahl eingestellt.

IV.

Zu den gestellten Anträgen wird erläuternd auf Folgendes hingewiesen:

1. Der Klageantrag zu Ziff. 2 beinhaltet eine selbständige allgemeine Feststellungsklage gem. § 256 ZPO. Dem Kläger sind zwar derzeit keine anderen möglichen Beendigungstatbestände außer der mit dem Klageantrag zu Ziff. 1 angegriffenen Kündigung vom ... bekannt. Es besteht jedoch die Gefahr, dass die Beklagte im Verlauf des Verfahrens weitere Kündigungen ausspricht. Es wird deshalb mit dem Klageantrag zu Ziff. 2 die Feststellung begehrt, dass das Arbeitsverhältnis auch durch solche weiteren Kündigungen nicht beendet wird.

In der Literatur wird deshalb der Klageantrag zu Ziff. 2 in der vorliegenden Form empfohlen,

Diller, NJW 1998, 663; *Ziemann*, BRAK-Mitt. 1997, 244.

2. Bei den Zeugnisanträgen zu Ziff. 3 und Ziff. 5 stehen folgende Überlegungen im Vordergrund:

Nach der Rechtsprechung des BAG vom 27.2.1987,

5 AZR 710/85, NZA 1987, 628,

hat der Arbeitnehmer gegenüber dem Arbeitgeber bereits bei der Erhebung der Kündigungsschutzklage einen Anspruch auf Erteilung eines Endzeugnisses. Dennoch wird im Klageantrag ein Zwischenzeugnis verlangt und nur hilfsweise ein Endzeugnis. Hintergrund ist, dass bei einem Zwischenzeugnis nicht zum Ausdruck kommt, dass der Arbeitnehmer bereits gekündigt ist.

Dies erhöht die Bewerbungschancen des Arbeitnehmers.

Einen Anspruch auf Erteilung eines Zwischenzeugnisses hat der Arbeitnehmer immer dann, wenn ein berechtigtes Interesse besteht,

BAG 1.10.1998 – 6 AZR 176/97, NZA 1999, 894.

Die Kündigung des Arbeitsverhältnisses begründet ein berechtigtes Interesse,

BAG 27.2.1987 – 5 AZR 710/85, NZA 1987, 628.

Der Hilfsantrag auf Erteilung eines Endzeugnisses wird jedoch bereits mit Erhebung der Kündigungsschutzklage gestellt, damit für den Fall, dass die Kündigungsschutzklage rechtskräftig abgewiesen wird, der Arbeitnehmer einen Anspruch auf Rückdatierung des Endzeugnisses auf den Zeitpunkt der tatsächlichen Beendigung des Arbeitsverhältnisses hat.

Ein solcher Anspruch auf Rückdatierung wird nach dem Urteil des BAG

BAG 9.9.1992 – 5 AZR 509/91, NZA 1993, 698,

gewährt, wenn der Arbeitnehmer zeitnah zum Ausscheiden ein Zeugnis verlangt hatte. Es ist jedoch fraglich, ob dieser Anspruch auf Rückdatierung auch dann besteht, wenn der Arbeitnehmer im gesamten Kündigungsschutzverfahren immer nur ein Zwischenzeugnis und kein endgültiges Zeugnis verlangt hat.

3. Der unechte Hilfsantrag auf Zahlung einer Entschädigung für den Fall, dass der Arbeitnehmer nicht innerhalb einer bestimmten Frist weiter beschäftigt wird, fußt auf § 61 Abs. 2 ArbGG.

↑

XIV. Entfristung, Teilzeit und Altersteilzeit

1. Muster: Entfristungsklage

↓

Arbeitsgericht ...

Klage

...

– klägerische Partei –

Prozessbevollmächtigte: ...

gegen

...

– beklagte Partei –

Prozessbevollmächtigte: ...

wegen: Feststellung eines unbefristeten Arbeitsverhältnisses

Wir bestellen uns zu Prozessbevollmächtigten der klägerischen Partei, in deren Namen und Auftrag wir beantragen zu erkennen:

1. Es wird festgestellt, dass das Arbeitsverhältnis zwischen der klägerischen und der beklagten Partei nicht auf Grund der Befristung zum ... beendet ist, sondern als unbefristetes Arbeitsverhältnis über den ... hinaus fortbesteht.[149]
2. Die Kosten des Rechtsstreits trägt die beklagte Partei.

---

149 Der Wortlaut des Antrags ist durch das Urteil des BAG vom 16.4.2003 (7 AZR 119/02, BAGE 106, 72 = NZA 2004, 283) vorgegeben, *Groeger*, ArbRB 2003, 382 (384).

Gründe:

I.

1. Die klägerische Partei ist seit dem ... bei der beklagten Partei als ... zu einem monatlichen Bruttogehalt von ... EUR in einem formal befristeten Arbeitsverhältnis, das am ... enden sollte, beschäftigt.

Beweis: Vorlage der Arbeitsverträge – Anlagen K 1–K 5.

Das Arbeitsverhältnis zwischen der klägerischen und der beklagten Partei kam wie folgt zustande: ...

2. Arbeitsvertraglich nahmen die Rechtsbeziehungen zwischen der klägerischen und der beklagten Partei folgenden Verlauf: ...

Die klägerische Partei ist damit „befristet Beschäftigte" iSv § 3 Abs. 1 TzBfG, da sie einen auf bestimmte Zeit geschlossenen Arbeitsvertrag hat. Ein befristeter Arbeitsvertrag liegt vor, wenn seine Dauer kalendermäßig bestimmt ist („kalendermäßig befristeter Arbeitsvertrag") oder sich aus der Art, Zweck oder Beschaffenheit der Arbeitsleistung ergibt („zweckbefristeter Arbeitsvertrag").

II.

Der zwischen den Parteien geschlossene befristete Arbeitsvertrag ist hinsichtlich der Befristung unwirksam, da die Befristung nicht durch einen sachlichen Grund gerechtfertigt ist. Weder fällt das Arbeitsverhältnis unter eines der Regelbeispiele gem. § 14 Abs. 1 Satz 2 TzBfG, noch liegt ein sonstiger Sachgrund vor, der sich aus der bisherigen BAG-Rechtsprechung ergibt und durch das Wort „insbesondere" nach § 14 Abs. 1 Satz 2 TzBfG weiterhin als Befristungsgrund gelten kann. Auch ein Befristungsgrund gem. § 14 Abs. 2 TzBfG („ohne Vorliegen eines sachlichen Grundes") liegt nicht vor.

Mehrere hintereinander geschaltete Zeitverträge, unabhängig davon, ob sie als selbständige Arbeitsverträge oder als bloße Vertragsveränderungen ausgestaltet sind, bedürfen jeweils selbständig des sachlichen Grundes für die Befristung und deren Dauer,

BAG 30.9.1981 – 7 AZR 602/79, AP § 620 BGB Befristeter Arbeitsvertrag Nr. 63.

Nach neuerer Rechtsprechung des BAG besteht jedoch die Möglichkeit, ein Arbeitsverhältnis nach § 14 Abs. 2 Satz 1 TzBfG auch ohne Sachgrund bis zu zwei Jahre zu befristen, wenn ein früheres Arbeitsverhältnis des Arbeitnehmers mit demselben Arbeitgeber zwar bestanden hat, dessen Ende aber mehr als drei Jahre zurückliegt. In diesem Fall soll § 14 Abs. 2 Satz 2 TzBfG nicht entgegenstehen,

BAG 6.4.2011 – 7 AZR 716/09, BAGE 137, 275 = EzA-SD 2011, Nr. 16, 6–9.

Spätestens die letzte, in der Vertragsverlängerung vom ... vorgenommene Befristung war bei Anlegung dieser Grundsätze nicht (mehr) gerechtfertigt.

Für die gerichtliche Wirksamkeitskontrolle ist allein die zuletzt vorgenommene Befristung entscheidend. Ob vorangegangene Befristungen wirksam waren oder nicht, ist unerheblich. Durch den Neuabschluss bzw die Verlängerung eines befristeten Arbeitsvertrages stellen die Parteien ihr Arbeitsverhältnis auf eine neue Rechtsgrundlage, die fortan für ihre Rechtsbeziehungen allein maßgeblich sein soll,

BAG 21.1.1987 – 7 AZR 265/85, NZA 1988, 280; BAG 30.10.1987 – 7 AZR 115/87, BAGE 57, 13 = NZA 1988, 734.

1. Die Befristung des Arbeitsverhältnisses zwischen den Parteien ist nicht durch Sachgründe, die in § 14 Abs. 1 TzBfG aufgeführt werden, gerechtfertigt. Nicht gegeben sind die Sachgründe:

- Bestehen eines nur vorübergehenden betrieblichen Bedarfs an der Arbeitsleistung (§ 1 Nr. 1 TzBfG);
- Befristung im Anschluss an eine Ausbildung oder ein Studium, um den Übergang des Arbeitnehmers in eine Anschlussbeschäftigung zu erleichtern (§ 14 Abs. 1 Nr. 2 TzBfG);
- Beschäftigung des Arbeitnehmers zur Vertretung eines anderen Arbeitnehmers (§ 14 Abs. 1 Nr. 3 TzBfG);
- Rechtfertigung der Befristung durch die Eigenart der Arbeitsleistung (§ 14 Abs. 1 Nr. 4 TzBfG);

- Befristung zur Erprobung (§ 14 Abs. 1 Nr. 5 TzBfG);
- Rechtfertigung der Befristung durch in der Person des Arbeitnehmers liegende Gründe (§ 14 Abs. 1 Nr. 6 TzBfG);
- Vergütung des Arbeitnehmers aus Haushaltsmitteln, die haushaltsrechtlich für eine befristete Beschäftigung bestimmt sind und Vorliegen einer entsprechenden Beschäftigung (§ 14 Abs. 1 Nr. 7 TzBfG);
- Beruhen der Befristung auf einem gerichtlichen Vergleich (§ 14 Abs. 1 Nr. 8 TzBfG).

2. Auch liegt keine kalendermäßige Befristung eines Arbeitsvertrages ohne Vorliegen eines sachlichen Grundes bis zur Dauer von zwei Jahren iSv § 14 Abs. 2 TzBfG vor.

3. Es besteht ebenfalls nicht der Sachgrund des Alters. Die klägerische Partei ist noch keine 52 Jahre alt, so dass der Sachgrund gem. § 14 Abs. 3 TzBfG ausscheidet.

4. Auch ist keiner der sonstigen Befristungsgründe, wie sie in der Arbeitsrechtsprechung entwickelt wurden, vorliegend erfüllt.[150]

III.

Die Folgen liegen damit auf der Hand.

1. Da die Befristung rechtsunwirksam ist, gilt der befristete Arbeitsvertrag als auf unbestimmte Zeit geschlossen, § 16 TzBfG.

2. Die klägerische Partei hat auch innerhalb der Drei-Wochen-Frist nach dem vereinbarten Ende des befristeten Arbeitsvertrages Klage beim Arbeitsgericht erhoben, § 17 TzBfG.

2. Muster: Entfristungs- und Weiterbeschäftigungsklage

Arbeitsgericht ...

Klage

...

– klägerische Partei –

Prozessbevollmächtigte: ...

gegen

...

– beklagte Partei –

wegen: Feststellung eines unbefristeten Arbeitsverhältnisses und Weiterbeschäftigung

Wir bestellen uns zu Prozessbevollmächtigten der klägerischen Partei, in deren Namen und Auftrag wir beantragen zu erkennen:

1. Es wird festgestellt, dass das Arbeitsverhältnis zwischen der klägerischen Partei und der beklagten Partei nicht aufgrund der Befristung zum ... beendet ist, sondern als unbefristetes Arbeitsverhältnis über den ... hinaus fortbesteht.
2. Die beklagte Partei wird verurteilt, die klägerische Partei über den Ablauf des ... hinaus zu unveränderten Arbeitsbedingungen weiterzubeschäftigen.
3. Die Kosten des Rechtsstreits trägt die beklagte Partei.

---

150 Ebenso wie bei den Befristungsgründen gem. § 14 Abs. 1 Nr. 1 bis 8 TzBfG wird in diesem Prüfungsabschnitt einer Klage angeregt, die einzelnen Befristungsgründe genauestens zu überprüfen.

Gründe:

I.

Die klägerische Partei ist seit dem ... bei der beklagten Partei als Diplom-Sozialpädagogin in der Abteilung Schulpsychologischer Dienst zu einem monatlichen Bruttogehalt von ... EUR in einem unwirksam befristeten Arbeitsverhältnis, das am ... enden sollte, beschäftigt.

Beweis: 1. Arbeitsvertrag vom ... – Anlage K 1.
2. Vorlage einer aktuellen Gehaltsbescheinigung – Anlage K 1 a.

Die klägerische Partei schloss zunächst am ... einen Praktikantenvertrag mit der beklagten Partei, der für die Dauer vom ... bis zum ... zustande kam. Mit Vertrag vom ... schlossen die Parteien einen befristeten Vertrag ohne Sachgrund gem. § 14 Abs. 2 TzBfG für den Zeitraum vom ... bis zum ....

Beweis: 1. Praktikantenvertrag vom ... – Anlage K 2.
2. Arbeitsvertrag vom ... – Anlage K 3.

Schließlich wurde am ... ein weiterer befristeter Vertrag, dieses Mal mit Sachgrund, für die Dauer vom ... bis zum ... zwischen den Parteien geschlossen. Als Sachgrund wird in dem Vertrag angeführt:

„Zur Aufrechterhaltung des Projektes zur Förderung von Schülerinnen und Schülern mit Lese-Rechtschreib-Schwierigkeiten im Bereich der schulpsychologischen Beratung."

Beweis: Arbeitsvertrag vom ... – Anlage K 1.

Die klägerische Partei wurde damit „befristet Beschäftigte" iSv § 3 Abs. 1 TzBfG, da der Arbeitsvertrag auf bestimmte Zeit geschlossen wurde.

Mit Schreiben der beklagten Partei vom ... wurde die klägerische Partei darüber informiert, dass eine Weiterbeschäftigung über den ... hinaus nicht möglich sei.

Beweis: Schreiben der beklagten Partei vom ... – Anlage K 4.

Die klägerische Partei wurde während ihrer gesamten Tätigkeit als Diplom-Sozialpädagogin im Schulpsychologischen Dienst der beklagten Partei mit der Förderung von lese- und schreibschwachen Schülern betraut. Zu ihren Aufgaben gehörten u.a. die Auswahl der zu fördernden Kinder, die Planung und Vorbereitung sowie die Teilnahme an der Durchführung der Förderungsmaßnahmen und die Mitgestaltung von Elternabenden. Daneben übernahm sie Aufgaben in der schulpsychologischen Einzelfallberatung. Sie übernahm in Zusammenarbeit mit einzelnen Fachkräften der Beratungsstelle zunächst unter Anleitung, später dann selbständig einzelne Beratungsfälle.

II.

Der zwischen den Parteien geschlossene befristete Arbeitsvertrag ist hinsichtlich der Befristung unwirksam, da die Befristung nicht durch einen sachlichen Grund gerechtfertigt ist. Die Voraussetzungen keines der in § 14 Abs. 1 TzBfG aufgeführten Regelbeispiele liegen vor. Insbesondere ist es unzutreffend, dass es sich bei der Tätigkeit, die die klägerische Partei als Diplom-Sozialpädagogin im Schulpsychologischen Dienst der beklagten Partei wahrnahm, um ein abgeschlossenes Projekt handelt, für das iSv § 14 Abs. 1 Nr. 1 TzBfG nur vorübergehender betrieblicher Bedarf an der Arbeitsleistung bestand. Das ergibt sich bereits aus dem Wortlaut des in dem Vertrag vom ... (Anlage K 1) aufgeführten Sachgrundes für die Befristung, der von einer „Aufrechterhaltung" und nicht von einem Abschluss des Projektes spricht. Diese Wortwahl macht deutlich, dass das Projekt nicht nur bis Ende ... bestehen sollte, sondern in der Zukunft unbefristet fortgeführt werden soll.

Beweis: ...

Es besteht weiterhin Arbeitskräftebedarf in der schulpsychologischen Beratung der beklagten Partei, exakt in dem Tätigkeitsbereich der klägerischen Partei, den sie durchgehend vom ... bis zum Ende ihres Vertrages am ... ausübte.

Beweis: ...

Aufgrund der guten Erfolge der von der klägerischen Partei betreuten „Lernwerkstatt" werden auch weiterhin Schüler mit ausgeprägter Lese- und Schreibschwäche in dem Schulpsychologischen Dienst der beklagten Partei gefördert. Das Projekt „Lernwerkstatt" soll weitergeführt werden.

Beweis: 1. Schreiben des Personalrats an den Landrat der beklagten Partei vom ... – Anlage K 5.
2. Zeitungsartikel – Anlage K 6.

Auch diese Unterlagen belegen den weiterhin bestehenden Bedarf an Arbeitskräften in diesem Bereich.
Weiterhin ist keiner der sonstigen Befristungsgründe des § 14 TzBfG oder ein anderer in der Arbeitsrechtsprechung entwickelter Befristungsgrund vorliegend erfüllt. Die Befristung des Arbeitsvertrages vom ... ist unwirksam.

III.

Da die Befristung rechtsunwirksam ist, gilt der befristete Arbeitsvertrag als auf unbestimmte Zeit geschlossen, § 16 TzBfG.
Die Drei-Wochen-Frist nach dem vereinbarten Ende des letzten befristeten Arbeitsvertrages, § 17 TzBfG, ist eingehalten. Die Frist läuft am ... ab.

IV.

Ein Arbeitnehmer hat Anspruch auf Weiterbeschäftigung für die Dauer des Rechtsstreits, sofern erstinstanzlich festgestellt wurde, dass das Arbeitsverhältnis durch eine Kündigung nicht beendet wurde. Diese Grundsätze gelten auch im Rechtsstreit um die Wirksamkeit einer Befristung,

vgl. LAG Sachsen 14.1.2000 – 7 Sa 579/99, juris; LAG Köln 3.7.1992 – 13 Sa 130/92, LAGE § 611 BGB Beschäftigungspflicht Nr. 31.

3. Muster: Klage auf Teilzeit nach § 8 TzBfG[151]

Arbeitsgericht ...

Klage

– klägerische Partei –

Prozessbevollmächtigte: ...

gegen

..., vertreten durch ...

– beklagte Partei –

wegen: Arbeitszeitverringerung

Wir bestellen uns zu Prozessbevollmächtigten der klägerischen Partei, in deren Namen und Auftrag wir um kurzfristige Anberaumung eines Gütetermins bitten und beantragen werden zu erkennen:

---

151 Siehe auch § 3 Rn 132 f; s. ferner § 3 Rn 195–199 (Muster); § 6 Rn 226 ff.

1. Es wird festgestellt, dass sich das Arbeitsverhältnis der klägerischen Partei in ein Teilzeitarbeitsverhältnis mit dem Inhalt geändert hat, dass die klägerische Partei ab ... bei einer regelmäßigen täglichen Arbeitszeit von 5,5 Stunden von Montag bis Freitag, beginnend ab 8.00 Uhr, wöchentlich 27,5 Stunden zu erbringen hat.

Hilfsweise:

2. Die beklagte Partei wird verurteilt, der Reduzierung der wöchentlichen Arbeitszeit der klägerischen Partei von derzeit 37,5 Wochenarbeitsstunden auf 27,5 Stunden und der Verteilung der reduzierten Arbeitszeit auf die Tage Montag bis Freitag mit jeweils 5,5 Stunden, beginnend ab jeweils 8.00 Uhr, ab dem ... zuzustimmen.
3. Die beklagte Partei trägt die Kosten des Rechtsstreits.

Gründe:

Die klägerische Partei ist im Betrieb der beklagten Partei in der Produktionsüberwachung, dort im Rahmen der Endkontrolle tätig. Das letzte Bruttomonatsgehalt der klägerischen Partei betrug (nach Abrechnung von Überstundenzuschlägen und Zusatzleistungen) ... EUR brutto.

Beweis: Lohnabrechnung für ..., als Anlage K 1 in Kopie anbei.

Unter dem ... stellte die klägerische Partei einen Antrag auf Reduzierung ihrer wöchentlichen Arbeitszeit von vertraglich vereinbarten 37,5 Stunden auf nunmehr 27,5 Stunden und begehrte gleichzeitig, den regelmäßigen Arbeitsbeginn täglich auf 8.00, hilfsweise auch 9.00 oder 10.00 Uhr festzulegen.

Beweis: Teilzeitantrag vom ..., als Anlage K 2 in Kopie anbei.

Die Beklagte lehnte diesen Antrag mit Schreiben vom ... ab.

Beweis: Schreiben der beklagten Partei vom ..., als Anlage K 3 in Kopie anbei.

Diese Ablehnung erweist sich nach diesseitiger Auffassung als ungerechtfertigt. Die klägerische Partei hat gem. § 8 TzBfG einen Anspruch auf Reduzierung ihrer Arbeitszeit.

Das Arbeitsverhältnis der Parteien besteht seit mehr als 6 Monaten, § 8 Abs. 1 TzBfG, und die beklagte Partei beschäftigt in der Regel mehr als 15 Arbeitnehmer, § 8 Abs. 7 TzBfG. Sie hätte den Antrag daher nur für den Fall zurückweisen dürfen, dass betriebliche Gründe iSd § 8 Abs. 4 Satz 1 TzBfG vorgelegen hätten. Dies jedoch ist nicht der Fall.

Für das Vorliegen „betrieblicher Gründe" ist der Arbeitgeber darlegungs- und beweisbelastet,

ArbG Mönchengladbach 30.5.2001 – 5 Ca 1157/01, NZA 2001, 970, 972; *Kliemt*, NZA 2001, 63, 65; *Beckschulze*, DB 2000, 2598, 2599.

Dieser Verpflichtung ist die beklagte Partei vorprozessual in keiner Weise nachgekommen.

Im TzBfG findet sich keine Definition der „betrieblichen Gründe". Es finden sich jedoch einige, nicht abschließende Beispiele in § 8 Abs. 4 Satz 2 TzBfG. Angesichts der Tatsache, dass dort „wesentliche" Beeinträchtigungen oder „unverhältnismäßige" Kosten gefordert sind, kann nicht zweifelhaft sein, dass betriebliche Gründe im Sinne der Norm nur solche von einigem Gewicht sein können. Nur so wird die Auslegung des § 8 TzBfG letztlich der gesetzlich festgelegten Zielsetzung des § 1 TzBfG gerecht, wonach die ausdrückliche Förderung von Teilzeitarbeit – heute unter dem Oberbegriff einer Verbesserung der sog. Work-Life-Balance – intendiert ist. Dementsprechend wird teilweise vertreten, in der Sache handele es sich – in Entsprechung zum seinerzeit noch so gefassten Referentenentwurf – in Wahrheit um „dringende" betriebliche Gründe,

BAG 18.2.2003 – 9 AZR 356/02, BAGE 105, 133 = NJW 2003, 2771; *Däubler*, ZIP 2000, 1961.

Auch wenn diese sehr weit gehende Auslegung verfassungsrechtlich nicht unbedenklich erscheint, besteht im Wesentlichen Einigkeit, dass zumindest nicht *jeder* Grund ausreichen kann,

Kliemt, NZA 2001, 63, 65; *Straub*, NZA 2001, 919, 923.

Die Beeinträchtigung muss vielmehr wesentlich sein und „einen nicht unerheblichen Schweregrad" erreichen. Weniger wesentliche Beeinträchtigungen müssen dementsprechend hingenommen werden,

BAG 18.2.2003 – 9 AZR 356/02, BAGE 105, 133 = NJW 2003, 2771.

Das BAG hat zur Abgrenzung eine Drei-Stufen-Prüfung entwickelt:

Zunächst ist das vom Arbeitgeber aufgestellte und durchgeführte Organisationskonzept festzustellen, das der vom Arbeitgeber als betrieblich erforderlich angesehenen Arbeitszeitregelung zugrunde liegt. In einem zweiten Schritt ist zu prüfen, ob die vom Organisationskonzept bedingte Arbeitszeitregelung tatsächlich der gewünschten Änderung der Arbeitszeit entgegensteht. Schließlich ist festzustellen, ob das Gewicht der entgegenstehenden betrieblichen Gründe so erheblich ist, dass die Erfüllung des Arbeitszeitwunsches des Arbeitnehmers zu einer wesentlichen Beeinträchtigung der Arbeitsorganisation, des Arbeitsablaufs, der Sicherung des Betriebs oder zu einer unverhältnismäßigen wirtschaftlichen Belastung des Betriebs führen würde,

BAG 18.2.2003 – 9 AZR 164/02, BAGE 105, 107 = NZA 2003, 1392.

Mit Schreiben vom ... erklärte die beklagte Partei, die Arbeitszeitverringerung würde insbesondere die betriebliche Organisation und den Arbeitsablauf ganz erheblich und wesentlich beeinträchtigen. Dies werde daran deutlich, dass die klägerische Partei bislang in Früh- und Spätschicht tätig sei. Die angestrebte neue tägliche Arbeitszeit von 5,5 Stunden sei betriebsunüblich und könne im Übrigen nicht in die bestehenden Schichtpläne integriert werden.

Beweis: Schreiben der beklagten Partei vom ..., als Anlage K 4 in Kopie anbei.

Diese Ausführungen zeigen, dass sich die beklagte Partei mit dem Anliegen der klägerischen Partei nicht ausreichend befasst hat.

Die genannten Passagen treffen auf jedes Beschäftigungsverhältnis zu, das bis zum Teilzeitantrag im regulären Schichtbetrieb abgewickelt wurde, und gehen weder auf den streitbefangenen Sachverhalt noch auf die tatsächlichen Schichten der klägerischen Partei ein. Die genannten „Gründe" erweisen sich demnach als austauschbar und willkürlich. Eine solche Pauschalisierung für das Vorliegen eines betrieblichen Grundes jedoch verbietet sich von vorneherein, da stets der individuelle Einzelfall gewürdigt werden muss,

Beckschulze, DB 2000, 2598.

Hinzu kommt, dass sich die beklagte Partei im Wesentlichen darauf beruft, dass die klägerische Partei bislang im flexiblen Schichtdienst zu betriebsüblichen Zeiten tätig war. Sie macht damit genau den Umstand geltend, den die Klägerin abzuändern begehrt. Es kann jedoch offenkundig keinen betrieblichen Grund darstellen, wenn die Auskunft sich in der Sache darauf beschränkt, dass man nichts ändern werde. Ein tatsächlich bestehender betrieblicher Grund von „nicht unerheblichem Schweregrad",

BAG 30.9.2003 – 9 AZR 665/02, BAGE 108, 47 = NZA 2004, 382,

ist damit nicht ansatzweise substantiiert dargetan.

Sofern die beklagte Partei vorträgt, das Unternehmen habe sich entschieden, dass im Bereich der Produktionsüberwachung Teilzeitarbeitsplätze nicht eingeführt werden, da sie in das Organisationskonzept dieses Unternehmensteiles nicht hineinpassen und zu erheblichen Störungen führen würden, so ist auch dieser Aussage entgegenzuhalten, dass es an tatsächlicher Einzelfallbegründung mangelt. In der Sache handelt es sich um ein schlichtes Postulat. Worin zum Beispiel die angeblich zu erwartenden Störungen bestehen sollten, ist nicht dargelegt.

Angesichts des mangelnden Vortrags erheblicher Gründe kann die Beklagte in diesem Zusammenhang auch nicht geltend machen, sie berufe sich auf ihre unternehmerische Freiheit. Wie das BAG festgestellt hat, ist § 8 TzBfG unter den dort näher bestimmten Voraussetzungen mit Art. 12 GG vereinbar,

BAG 18.2.2003 – 9 AZR 164/02, BAGE 105, 107 = NZA 2003, 1392.

Zwar besteht insoweit Konsens, als ein uneingeschränkter Kontrahierungszwang nicht entstehen und der Unternehmer angesichts Art. 14 GG nicht seiner Organisationshoheit beraubt werden darf. Es dürfte aber auch offensichtlich sein, dass allein die unternehmerische Entscheidung des Arbeitgebers, generell oder mit bestimmten Tätigkeiten keine Teilzeitkräfte zu beschäftigen, als betrieblicher Grund iSd § 8 Abs. 4 Satz 2 TzBfG nicht ausreichen kann; dann nämlich liefe der gesetzlich kreierte Teilzeitanspruch im Ergebnis leer,

Kliemt, NZA 2001, 63, 65.

Für diese Auffassung streitet insbesondere die erklärte Ratio des Gesetzes (vgl § 1 TzBfG), wonach der nationale Gesetzgeber mit dem TzBfG in Übereinstimmung mit der EG-Richtlinie 97/81 und der Rahmenvereinbarung der europäischen Sozialpartner gesellschaftlichen Entwicklungen hat Rechnung tragen und beschäftigungspolitische Effekte hat auslösen wollen,

ArbG Bonn 20.6.2001 – 2 Ca 1414/01 EU, NZA 2001, 973 (974).

Der Arbeitgeber verliert damit trotz der Grundrechtsrelevanz die Freiheit, nach Belieben darüber zu entscheiden, ob er Vollzeit- oder Teilzeitarbeitsplätze einrichtet,

Hromadka, NJW 2001, 400, 402.

Das bedeutet im Ergebnis, dass der Arbeitgeber bei einer grundsätzlichen Ablehnung von Teilzeitarbeit „ein nachvollziehbares, mit betriebswirtschaftlichen, unternehmenspolitischen und betriebsorganisatorischen Gründen untermauertes und in sich schlüssiges Konzept darlegen können" muss,

Straub, NZA 2001, 919, 924.

Ein derartiges „Konzept" hat die beklagte Partei jedoch – wie bereits oben moniert – gerade nicht vorgelegt. Im Übrigen ist darauf hinzuweisen, dass das Vorbringen der beklagten Partei sich inhaltlich nur auf die bisherige Tätigkeit der klägerischen Partei im Bereich der Produktionsüberwachung beschränkt.

Die klägerische Partei hat jedoch bereits mehrfach der beklagten Partei vorgeschlagen, auch in anderen Bereichen des Unternehmens eine Teilzeitbeschäftigung aufzunehmen. Sie nannte in diesem Zusammenhang insbesondere den Arbeitsplatz des Herrn _ oder eine Tätigkeit in der Abteilung Qualitätssicherung.

Beweis: Schriftsatz der Unterzeichner vom _, als Anlage K 5 in Kopie anbei.

Herr _ ist seit nunmehr einem Jahr erkrankt und es steht fest, dass er an seinen Arbeitsplatz nicht mehr zurückkehren wird. Auf seinem Arbeitsplatz wird seit einem Jahr eine Leiharbeiterin beschäftigt. Auf diesem Platz könnte die klägerische Partei ohne weiteres entsprechend dem Klageantrag eingesetzt werden, insbesondere da diese Funktion nicht maschinenlaufzeitgebunden ist.

In der Qualitätssicherung, der die klägerische Partei laut Lohnabrechnung ohnehin zugeordnet ist, hat eine Arbeitnehmerin zum _ gekündigt. Die Stelle ist seitdem vakant. Es handelt sich um einen Arbeitsplatz in reiner Tagschichtarbeit, der gleichfalls nicht von Maschinenlaufzeiten abhängig ist und somit von der klägerischen Partei übernommen werden könnte.

Beide Vorschläge hat die beklagte Partei mit ihrem Schreiben vom _ (Anlage K 4) abgelehnt, ohne dafür – auch nur pauschalisierte – Gründe zu nennen. Zwar behauptet sie dort, solche Gründe lägen vor, jedoch beschränkt sich die Ablehnungsbegründung einzig auf den Hinweis, § 8 TzBfG sei nicht betriebs-, sondern lediglich arbeitsplatzbezogen. Die beklagte Partei schließt dies einzig aus der Tatsache, dass dem TzBfG eine Formulierung entsprechend § 1 Abs. 2 KSchG, wonach eine Beschäftigung im Betrieb gesucht werden muss, fehle.

Diese Schlussfolgerung erweist sich im Ergebnis als unzutreffend. Sie lässt nämlich die unzweideutige Regelungsanordnung des § 7 Abs. 2 TzBfG außer Betracht. Danach hat der Arbeitgeber den teilzeitbeantragenden Arbeitnehmer über entsprechende Arbeitsplätze nicht nur im Betrieb, sondern sogar im gesamten Unternehmen ausdrücklich zu informieren. Daraus lässt sich nur schlussfolgern, dass die Um- oder Versetzung auch auf andere Arbeitsplätze bei der Anwendung des TzBfG ausdrücklich gewollt ist. Auch dies entspricht der bereits dargestellten Zielsetzung des Gesetzgebers, Teilzeitarbeit tatsächlich und effektiv zu fördern. Dementsprechend muss der Arbeitgeber, wenn sogar eine aktive Informationspflicht besteht, auch verpflichtet sein, andere Arbeitsplätze jedenfalls grundsätzlich in seine Erwägungen zu Teilzeitanträgen einzubeziehen.

Auch im Hinblick auf Arbeitsplatzalternativen hat die beklagte Partei demnach keine ordnungsgemäßen Abwägungen getroffen. Betriebliche Gründe gegen eine Teilzeitarbeit der klägerischen Partei liegen demnach im Ergebnis nicht vor. Der Anspruch der klägerischen Partei aus § 8 Abs. 4 TzBfG besteht.

Der angegebene Streitwert resultiert aus § 42 Abs. 1 GKG. Nicht anwendbar ist § 42 Abs. 2 GKG, wonach eine Begrenzung auf den Betrag des für die Dauer eines Vierteljahres zu leistenden Arbeitsentgelts vorzunehmen wäre. Es handelt sich hier nämlich nicht um einen Streit um das Bestehen, Nichtbestehen oder die Kündigung eines Arbeitsverhältnisses. Gestritten wird einzig darum, in welcher Höhe bzw in welchem Umfang wiederkehrende Leistungen – Arbeit bzw Lohn – zu erbringen sind. Der Streitwert beträgt demnach das 36-fache der Differenz zwischen Vollzeit- und Teilzeitvergütung,

Kliemt, NZA 2001, 63, 68; *Straub*, NZA 2001, 919, 925.

Ausweislich der vorgelegten Lohnabrechnung (Anlage K 1) betrug das Bruttoentgelt der Klägerin ... EUR. Dividiert man diese Summe durch 37,5 (alte Wochenstundenzahl) und multipliziert mit 27,5 (neuer Stundenwert), so errechnet sich ein Wert von ... EUR. Dies bedeutet eine Differenz von ... EUR pro Monat und somit einen „dreijährigen Bezug" iSd § 42 Abs. 1 GKG.

4. Muster: Einstweilige Verfügung auf Teilzeit nach § 8 TzBfG

Arbeitsgericht ...

– vorab per Telefax –

Antrag auf Erlass einer einstweiligen Verfügung

...

– antragstellende Partei –

Verfahrensbevollmächtigte: ...

gegen

..., vertreten durch ...

– antragsgegnerische Partei –

wegen: Arbeitszeitverringerung

Wir bestellen uns zu Verfahrensbevollmächtigten der antragstellenden Partei und beantragen, wegen Dringlichkeit des Falles ohne mündliche Verhandlung durch den Vorsitzenden allein, hilfsweise unter Abkürzung der Ladungsfrist aufgrund einer unverzüglich anzuberaumenden mündlichen Verhandlung, den Erlass einer einstweiligen Verfügung mit folgendem Inhalt:

1. Die antragsgegnerische Partei wird verurteilt, dem Antrag der antragstellenden Partei auf Reduzierung der vertraglichen Arbeitszeit auf 27,5 Wochenstunden einstweilen bis zum Erlass einer erstinstanzlichen Entscheidung im Hauptsacheverfahren – ArbG ..., Az ... – zuzustimmen und die antragstellende Partei bis zur Entscheidung im vorgenannten Hauptsacheverfahren von ... bis ... als ... zu beschäftigen.

Hilfsweise:

2. Der antragsgegnerischen Partei wird aufgegeben, die antragstellende Partei mit einer Wochenarbeitszeit von 27,5 Stunden und einer regelmäßigen täglichen Arbeitszeit von 5,5 Stunden ab 8.00 Uhr von Mon-

tag bis Freitag bis zu einem den Antrag der antragstellenden Partei abweisenden Urteil im Hauptsacheverfahren zu beschäftigen.
3. Die antragsgegnerische Partei hat die Kosten des Verfahrens zu tragen.

Gründe:

I.

Die antragstellende Partei ist im Betrieb der antragsgegnerischen Partei beschäftigt. Das durchschnittliche Bruttomonatsgehalt der antragstellenden Partei beträgt ... EUR.

Glaubhaftmachung: Lohnabrechnung für ... in Kopie – Anlage K 1.

Unter dem ... stellte die antragstellende Partei einen Antrag auf Reduzierung ihrer wöchentlichen Arbeitszeit von vertraglich vereinbarten 37,5 auf nunmehr 27,5 Stunden und begehrte gleichzeitig den regelmäßigen Arbeitsbeginn täglich auf 8.00 Uhr, hilfsweise auf 9.00 Uhr oder 10.00 Uhr festzulegen.

Glaubhaftmachung: Teilzeitantrag vom ... in Kopie – Anlage K 2.

Die antragsgegnerische Partei lehnte diesen Antrag mit Schreiben vom ... ab.

Glaubhaftmachung: Schreiben der antragsgegnerischen Partei vom ... in Kopie – Anlage K 3.

Mit Klageschrift vom ... hat die antragstellende Partei das Hauptsacheverfahren beim Arbeitsgericht ... anhängig gemacht. Das Verfahren wird beim Arbeitsgericht ... unter dem Aktenzeichen ... geführt. Am ... ist durch das Arbeitsgericht in der ersten Instanz im Hauptsacheverfahren eine Entscheidung verkündet worden. Die antragsgegnerische Partei wurde danach verurteilt, einer Verringerung der Wochenarbeitszeit der antragstellenden Partei von bislang 37,5 auf künftig 27,5 Stunden bei einer regelmäßigen täglichen Arbeitszeit von 5,5 Stunden ab 8.00 Uhr von Montag bis Freitag zuzustimmen.

Glaubhaftmachung: Beiziehung der Akte des Arbeitsgerichts ..., Az ....

Am ... hat die antragstellende Partei mit dem Betriebsleiter, Herrn ..., eine Besprechung geführt. Hintergrund dieser Besprechung war, dass die antragstellende Partei seit Beginn des Jahres ausschließlich in der Frühschicht von 6.00 Uhr bis 13.30 Uhr von der antragsgegnerischen Partei eingesetzt wurde. Die antragstellende Partei hat Herrn ... von dem Ausgang des Verfahrens erster Instanz unterrichtet und ihn gebeten, ihre Einteilung zur Arbeit danach auszurichten. Im äußersten Kompromissfalle hat die antragstellende Partei gebeten, sie zumindest bis zur Rechtskraft der Entscheidung ausschließlich in der Frühschicht einzusetzen. Beides hat Herr ... abgelehnt und lediglich darauf verwiesen, dass „ihm die Hände gebunden seien".

Glaubhaftmachung: Eidesstattliche Versicherung der antragstellenden Partei – Anlage K 4.

II.

Die einstweilige Verfügung ist zulässig. Im vorliegenden Fall geht es um eine Befriedigungsverfügung nach § 940 ZPO, da die Arbeitsleistung in bestimmtem Umfang und zu bestimmten Tageszeiten nach Ablauf des Zeitraums, für den die Verfügung beantragt ist, für diesen Zeitraum nicht mehr geändert oder Arbeit nachgeholt werden kann.

Verfügungsgründe in diesem Sinne können auch dann bestehen, wenn im Hauptsacheverfahren um die Erteilung einer rechtsgeschäftlichen Zustimmung eines Arbeitgebers iSv § 894 ZPO gestritten wird. So handelt es sich nach der herrschenden Auffassung bei der zeitlichen Festlegung des Urlaubsanspruchs des Arbeitnehmers gem. § 7 Abs. 1 Satz 1 BUrlG durch den Arbeitgeber um eine rechtsgeschäftliche Willenserklärung. Die herrschende Meinung in Literatur und Rechtsprechung lässt hier eine Regelung im einstweiligen Verfügungsverfahren zu. Dementsprechend ist auch bei einem Anspruch des Arbeitnehmers gegen den Arbeitgeber auf Zustimmung zur Arbeitszeitverringerung und Arbeitszeitlage nach § 8 TzBfG eine einstweilige Verfügung zulässig,

LAG Berlin 20.2.2002 – 4 Sa 2243/01, NZA 2002, 858; *Grobys/Bram*, NZA 2001, 1175 (1181).

Nach Auffassung des Arbeitsgerichts Berlin ist dem Arbeitgeber mit der einstweiligen Verfügung die Beschäftigung des Arbeitnehmers entsprechend seinem Teilzeit- und Verteilungswunsch aufzugeben. Um den vorläufigen Charakter einer einstweiligen Verfügung zu dokumentieren, müssten die Eingriffe in die Vertragsstruktur deshalb auf das notwendige Minimum beschränkt werden. Dies bedeute für den zu regelnden Gegenstand, dass die Möglichkeit bestehen muss, dem Arbeitgeber im Rahmen von § 888 ZPO ggf gerichtlich aufzugeben, eine vorläufige Regelung des Teilzeit- und Verteilungsanspruchs des Arbeitnehmers nach Maßgabe der gerichtlichen Entscheidung durchzuführen, wobei diese Entscheidung des Gerichts bezüglich der Reduzierung der Arbeitszeit rechtsgestaltend und bezüglich des Verteilungswunsches des Arbeitnehmers ggf „nur" anordnende Wirkung habe.

Diese Antragsgestaltung ist darüber hinaus auch deswegen notwendig, weil teilweise vertreten wird, dass die Wirkung des § 894 ZPO auch im einstweiligen Verfügungsverfahren erst dann eintrete, wenn ein Rechtsbehelf gegen die Entscheidung nicht mehr möglich ist, so etwa bei einstweiliger Verfügung auf Urlaubsgewährung,

Corts, NZA 1998, 357.

Zutreffend wird jedoch dagegen darauf verwiesen, dass derartige Verzögerungen dem Sinn des Eilverfahrens entgegenstehen. Nach zutreffender Auffassung soll deshalb die Vollstreckungswirkung im Verfügungsverfahren bereits mit Zustellung der Verfügung eintreten,

so etwa *Sievers*, jurisPR-ArbR 49/2006 Anm. 5.

Bei der Verurteilung im einstweiligen Verfügungsverfahren zur tatsächlichen Beschäftigung entsprechend dem Teilzeit- und Verteilungswunsch entsprechend der Auffassung des Arbeitsgerichts Berlin bestehen diese Probleme hingegen nicht.

Folgt man der Auffassung des LAG Hamm,

6.5.2002 – 8 Sa 641/02, NZA-RR 2003, 178,

handelt es sich bei dem Anspruch des Arbeitnehmers auf Verringerung seiner Arbeitszeit gem. § 8 Abs. 1 TzBfG um eine Leistungsverfügung, deren Erlass zu einer gerichtlichen Interimsregelung führt. Wahrt der Teilzeitantrag des Arbeitnehmers nicht die Dreimonatsfrist des § 8 Abs. 2 TzBfG, führt dies nicht zur Unwirksamkeit des Antrags, sondern allein zu einer zeitlichen Hinauszögerung der Antragswirkung.

III.

Der antragstellenden Partei steht ein Verfügungsanspruch zur Seite. Die antragstellende Partei hat einen Anspruch auf antragsgemäße Beschäftigung gem. § 8 TzBfG.

Wir fügen in der Anlage die Klageschrift sowie unseren Schriftsatz vom ... in dem Verfahren ... bei und machen den Inhalt voll gegenständlich zum Vortrag dieses einstweiligen Verfügungsverfahrens.

Ergänzend ist Folgendes auszuführen:

In der mündlichen Kammerverhandlung am ... hat die antragsgegnerische Partei ausgeführt, dass sie die Produktionsgruppe I momentan reduziere, weil zwei bis drei Maschinen derzeit stillgelegt würden. Die antragstellende Partei selbst ist zurzeit in der Produktionsgruppe IV tätig. Die Beklagte hat in der Kammerverhandlung weiter ausgeführt, dass dadurch in der Produktionsgruppe I ein Überhang bestehe. Ein Personalkonzept liege indessen nicht vor, obwohl bereits am ... die erste Maschine abtransportiert worden sein soll. Die antragsgegnerische Partei hat durch ihren Betriebsleiter, Herrn ..., in der Kammerverhandlung vortragen lassen, der noch nicht definierte Personalüberhang solle teilweise in der Produktionsgruppe IV eingesetzt werden, um dort Leiharbeitnehmer einzusparen, weiterhin sollen Arbeitnehmer aus der Produktionsgruppe I in der Verpackung eingesetzt werden.

Die antragstellende Partei hatte während des gesamten Verfahrens einen Arbeitsplatz in der Verpackung, der unproblematisch in Teilzeit abgeleistet werden kann, für sich reklamiert. Die antragsgegnerische Partei hatte zunächst vorgetragen, dass in den Bereich Verpackung Arbeitskräfte in der Produktionsgruppe I umgesetzt werden sollten. Auf Vorhalt des Gerichts, dass dann doch aus der Produktionsgruppe I jemand an die Stelle der Klägerin in der Produktionsgruppe IV treten könne und die antragstellende Partei in der Verpackung eingesetzt werden könne, hat die antragsgegnerische Partei dann in Widerspruch zu ihrem anfänglichen Vortrag im Kammertermin gesagt, dass doch in der Verpackung Arbeitsplätze eingespart werden sollten. Diesen Widerspruch hat die antragsgegnerische Partei nicht vermocht aufzuklären. Die Tatsachen bestätigen die Annahme der in der Hauptsache entscheidenden Kammer, dass tatsächlich die Möglichkeit der Zuweisung von Verpackungstätigkeit an die antragstellende Partei besteht. Seit dem ..., dem Tag, an dem die erste Maschine demontiert wurde, ist Herr ..., vormals Mitarbeiter in der Produktionsgruppe I, in der Verpackung eingesetzt worden.

Glaubhaftmachung: Eidesstattliche Versicherung der antragstellenden Partei – Anlage K 4.

Die antragstellende Partei hat in der Kammerverhandlung zusätzlich ein Schreiben der Personalabteilung vom ... vorgelegt, mit dem sie durch Ausübung des Direktionsrechts in die Abteilung Endkontrolle versetzt wurde.

Glaubhaftmachung: Schreiben vom ... in Kopie – Anlage K 5.

Hieraus ist ersichtlich, dass es auch für die Zuweisung einer Tätigkeit in dem Bereich Verpackung keiner Arbeitsvertragsänderung bedarf.

Die antragstellende Partei kann mithin ohne weiteres in den Bereich Verpackung eingesetzt werden und dort zu den Arbeitszeiten gemäß ihrem Antrag beschäftigt werden. Betriebliche Gründe stehen hier nicht entgegen.

IV.

Der antragstellenden Partei steht auch ein Verfügungsgrund gem. § 940 ZPO zur Seite.

Die antragstellende Partei ist dringend auf die Beschäftigung zu den beantragten Zeiten angewiesen. Sie befindet sich aufgrund ihrer familiären Situation in einer Notlage. Die antragstellende Partei hat einen Sohn im Alter von acht Jahren, der die Grundschule in ... besucht. Dieses Kind bedarf der Betreuung. Der Ehemann der antragstellenden Partei, der bislang sehr in die Betreuung einbezogen war, vermag dies nicht mehr zu leisten. Der Ehemann ist häufig berufsbedingt im Ausland, so zuletzt ... . Wenn der Ehemann bei seiner Firma vor Ort arbeitet, bringt er das gemeinsame Kind morgens zur Schule. Das Kind hat einen Hausschlüssel und kommt selbständig nach Hause. Es wartet dann ca. eine Stunde bis zur Rückkehr der antragstellenden Partei.

Derzeit arbeitet die antragstellende Partei ausschließlich in Frühschicht. Wenn die antragstellende Partei in Spätschicht arbeitet, kommt sie jedoch erst um 22.30 Uhr nach Hause. Der achtjährige Sohn kann unmöglich so lange unbeaufsichtigt bleiben. Eine anderweitige Sicherstellung der Betreuung ist weder über familiäre Mithilfe anderer Familienmitglieder möglich, noch vermag dies der Ehemann der antragstellenden Partei in seiner neuen Arbeitsstelle zu leisten. In Abwesenheitszeiten des Ehemannes muss die verfügungsklägerische Partei ihren Sohn selbst in die Schule bringen und kann daher nicht um 6.00 Uhr mit der Arbeit beginnen. Derzeit hat sie teilweise Überstunden abgefeiert, was jedoch zukünftig nicht mehr möglich ist. Im Übrigen hat dies eine entfernte Bekannte übernommen, die sich jedoch nur mit einem Besuchervisum in der Bundesrepublik Deutschland aufhält.

Nach Mitteilung des Arbeitgebers des Ehemanns der antragstellenden Partei umfasst der Aufgabenbereich bei seinem Arbeitgeber die produktionstechnische Kundenberatung, die Schulungen und Einsätze beim Kunden vor Ort im In- und Ausland.

Glaubhaftmachung: Schreiben der Firma ... in Kopie – Anlage K 6.

Die antragstellende Partei hat am ... die bereits eingangs erwähnte Besprechung mit dem Betriebsleiter, Herrn ..., geführt. In deren Verlauf eröffnete Herr ... der antragstellenden Partei, dass „ihm die Hände gebunden seien". Gleiches bedeutete der Meister der antragstellenden Partei, der für die Dienstplaneinteilung verantwortlich ist. Die antragstellende Partei hat danach ab dem ... wieder 37,5 Stunden wöchentlich, dann in Spätschicht zu leisten. Wenn die antragstellende Partei diese Arbeit ab dem ... ausüben muss, ist die Betreuung ihres achtjährigen Sohnes in keiner Weise sichergestellt. Der Sohn ist dann allein zu Hause. Dies ist bei einem achtjährigen Kind über den ganzen Nachmittag bis in den Abend nicht verantwortbar.

Glaubhaftmachung: Eidesstattliche Versicherung der antragstellenden Partei – Anlage K 4.

Dient die begehrte Verringerung der Arbeitszeit dem Ziel der Betreuung eines Kindergartenkindes im Wechsel mit dem ebenfalls berufstätigen Ehegatten, kann die antragstellende Partei im Rahmen der Prüfung des Verfügungsgrundes nicht auf eine Fremdbetreuung durch eine Kindertagesstätte oder eine vergleichbare Einrichtung verwiesen werden,

LAG Hamm 6.5.2002 – 8 Sa 641/02, NZA-RR 2003, 178.

Damit ist die antragstellende Partei den hohen Anforderungen, die in der Rechtsprechung an die Darlegung und Glaubhaftmachung von Verfügungsanspruch und Verfügungsgrund gestellt werden,

LAG Rheinland-Pfalz 12.4.2002 – 3 Sa 161/02, NZA 2002, 856; LAG Berlin 20.2.2002 – 4 Sa 2243/01, NZA 2002, 858,

gerecht geworden.

340 **5. Muster: Klage eines Teilzeitbeschäftigten auf Gleichbehandlung**

Arbeitsgericht ...

Klage

– klägerische Partei –

Prozessbevollmächtigte: ...

gegen

...

– beklagte Partei –

wegen:

Wir bestellen uns zu Prozessbevollmächtigten der klägerischen Partei, in deren Namen und Auftrag wir um kurzfristige Anberaumung eines Gütetermins bitten. Wir werden im Übrigen beantragen zu erkennen:

1. Die beklagte Partei wird verurteilt, an die klägerische Partei ... EUR brutto[152] nebst Zinsen in Höhe von fünf Prozentpunkten[153] über dem Basiszinssatz seit dem ... zu zahlen.[154]

---

152 Die Klage ist auf die Zahlung des Bruttobetrags zu richten. Nach der Entscheidung des Großen Senats des BAG vom 7.3.2001 (GS 1/00, DB 2001, 2196 = NZA 2001, 1195) kann der Arbeitnehmer auch die Verzugszinsen nach § 288 Abs. 1 BGB aus der in Geld geschuldeten Bruttovergütung verlangen. Spricht das Arbeitsgericht den Bruttobetrag zu, erfüllt der Arbeitgeber den Zahlungsanspruch des Arbeitnehmers dadurch, dass er den Nettobetrag an den Arbeitnehmer auszahlt und Steuern und Sozialabgaben an die Finanzbehörden bzw die Sozialversicherungsträger abführt. Vollstreckt der Arbeitnehmer trotz Erfüllung aus dem Titel auf den Bruttobetrag, kann der Arbeitgeber die Vollstreckung in Höhe der bereits abgeführten Abgaben durch Vollstreckungsgegenklage gem. § 767 ZPO (ggf iVm einem Eilantrag nach § 769 ZPO) verhindern.

153 Sieht man den Arbeitnehmer uneingeschränkt als Verbraucher an (sog. absoluter Verbraucherbegriff; vgl hierzu BAG 25.5.2005 – 5 AZR 572/04, NZA 2005, 1111; *Hümmerich/Holthausen*, NZA 2002, 173 ff; *Boemke*, BB 2002, 96 f), bestimmt sich die Höhe der Verzugszinsen nach den §§ 288 Abs. 1, 247 BGB. Auch die Vertreter des abweichenden relativen Verbraucherbegriffs gelangen über eine richtlinienkonforme Auslegung der europäischen Zahlungsverzugsrichtlinie zu einem Zinssatz von 5 %, vgl *Bauer/Kock*, DB 2002, 42 (46).

154 Eine dem Wortlaut des § 288 BGB entsprechende Antragstellung ist ausreichend. Somit muss sich der Anwalt nicht der Mühe unterziehen, den aktuellen Basiszinssatz zu ermitteln und dann einen konkret bezifferten Zinsantrag zu stellen.

2. Die Berufung wird zugelassen.
3. Die Kosten des Rechtsstreits trägt die beklagte Partei.

Gründe:

Zwischen den Parteien besteht seit dem ... ein Arbeitsverhältnis. Die klägerische Partei ist als ... bei einem monatlichen Bruttoentgelt von ... mit einer regelmäßigen wöchentlichen Arbeitszeit von ... Stunden für die beklagte Partei tätig. Das Gehalt ist zahlbar zum ....

    Beweis: Arbeitsvertrag vom ... – Anlage K 1.

Neben der klägerischen Partei sind bei der beklagten Partei vollzeitbeschäftigte Arbeitnehmer tätig und zwar ....

    Beweis: Zeugnis ...

Die vorgenannten vollzeitbeschäftigten Arbeitnehmer üben die gleiche Tätigkeit aus wie die klägerische Partei. Sie arbeiten ebenfalls bei der beklagten Partei als .... Im Gegensatz zur klägerischen Partei erhalten sie jedoch einen monatlichen Bruttolohn in Höhe von ....

    Beweis: Zeugnis ...

Die geringere Vergütung der klägerischen Partei stellt einen Verstoß gegen § 4 Abs. 1 TzBfG, §§ 3 Abs. 2, 1 AGG dar. Danach ist eine Benachteiligung allein wegen der Teilzeittätigkeit nicht zulässig. Die klägerische Partei hat deshalb ebenfalls Anspruch auf ... EUR im Monat. Unter Zugrundelegung dieses Betrags ergibt sich für den Zeitraum vom ... bis zum ... ein der klägerischen Partei vorenthaltenes Entgelt in Höhe von insgesamt ... EUR.

Die beklagte Partei zahlt außerdem an alle vollzeitbeschäftigten Mitarbeiter eine Jahresprämie in Höhe von ....

    Beweis: Zeugnis ...

Nur die klägerische Partei ist von der Zahlung dieser Jahresprämie, soweit bekannt, ausgeschlossen. Nach Auffassung der klägerischen Partei steht auch ihr aufgrund des Gleichbehandlungsgrundsatzes diese Prämie zu. Der Gleichbehandlungsgrundsatz verbietet die willkürliche Schlechterstellung einzelner Arbeitnehmer. Er enthält das Verbot der sachfremden Differenzierung zwischen vergleichbaren Arbeitnehmern in einer bestimmten Ordnung,

    BAG 8.12.1977 – 3 AZR 530/76, AP § 242 BGB Ruhegehalt Nr. 176; BAG 17.5.1978 – 5 AZR 132/77, NJW 1979, 181; BAG 5.3.1980 – 5 AZR 881/78, BAGE 33, 57 = NJW 1980, 2374; BAG 6.8.1985 – 3 AZR 393/82, BAGE 49, 235 = NZA 1986, 748.

Ein Verstoß gegen den Gleichbehandlungsgrundsatz liegt immer vor, wenn der Arbeitgeber eine bestimmte Ordnung in der Reihe oder in der Zeit (Stichtage) geschaffen hat, wenn ein Einzelner oder einzelne Arbeitnehmer von dieser Ordnung ausgenommen werden und für die Ausnahme kein sachlicher Grund besteht.

Es kann dahinstehen, ob es gerechtfertigt ist, die Jahresprämie bei der klägerischen Partei anteilmäßig unter Berücksichtigung der von ihr geleisteten Arbeitszeit zu kürzen. Für einen völligen Ausschluss eines teilzeitbeschäftigten Mitarbeiters besteht jedoch kein sachlicher Grund.

Die beklagte Partei wurde außergerichtlich mit Schreiben vom ... zur Zahlung aufgefordert.

    Beweis: Schreiben vom ... – Anlage K 2.

Die beklagte Partei verstößt mit der Schlechterstellung der klägerischen Partei zugleich gegen §§ 1, 3 Abs. 2 AGG. Mehr als 90 % der Teilzeitarbeiter sind Frauen,

    Art. 157 AEUV (ex-Art. 141 EG) iVm Lohngleichheitsrichtlinie vom 10.2.1975, 75/117; Gleichbehandlungsrichtlinie vom 9.2.1976, 76/207.

Als einzige im Betrieb Betroffene wird die klägerische Partei somit auch aufgrund ihres Geschlechts durch die finanzielle Schlechterstellung im Rahmen des Teilzeitarbeitsverhältnisses benachteiligt. Sie hat damit gem. § 21 Abs. 1 AGG einen Anspruch auf Beseitigung der Beeinträchtigung. Dieser Anspruch ist mit dem im Antrag der Klageschrift geltend gemachten Zahlungsanspruch identisch.

Die beklagte Partei weigert sich, die mit Anwaltsschreiben erhobene Forderung zu erfüllen. Klage war daher geboten.

6. Muster: Klage eines Altersteilzeitbeschäftigten im Blockmodell auf Absicherung seines Wertguthabens gegen Zahlungsunfähigkeit des Arbeitgebers

Arbeitsgericht ...

Klage

...

– klägerische Partei –

Prozessbevollmächtigte: ...

gegen

– beklagte Partei –

wegen: ...

Wir bestellen uns zu Prozessbevollmächtigten der klägerischen Partei, in deren Namen und Auftrag wir um kurzfristige Anberaumung eines Gütetermins bitten. Wir werden im Übrigen beantragen zu erkennen:

1. Die beklagte Partei wird verurteilt, Sicherheit in Höhe des bestehenden Wertguthabens des Klägers einschließlich des darauf entfallenden Arbeitgeberanteils am Gesamtsozialversicherungsbeitrag – dies sind mit Stand des Wertguthabens am ... (Datum) ... EUR – zu leisten, wobei die Sicherheitsleistung nur durch Stellung eines tauglichen Bürgen oder Hinterlegung von Geld oder solchen Wertpapieren, die nach § 234 Abs. 1 und 3 BGB zur Sicherheitsleistung geeignet sind, erfolgen kann.
2. Die Kosten des Rechtsstreits trägt die beklagte Partei.

Gründe:

Zwischen den Parteien besteht seit dem ... ein Arbeitsverhältnis. Mit Wirkung ab dem ... ist die klägerische Partei bei einem monatlichen Bruttoentgelt von ... EUR mit einer regelmäßigen wöchentlichen Arbeitszeit von ... Stunden für die beklagte Partei im Rahmen des Blockmodells in der mit Wirkung zum ... vereinbarten Altersteilzeit tätig. Die Blockzeit dauert noch bis zum ..., dann schließt sich die Freistellungsphase für den Zeitraum bis zum ... an. Das Regelarbeitsentgelt des Klägers beläuft sich auf ... EUR. Der Kläger arbeitet während der Blockzeit in Vollzeit, dies sind ... Stunden wöchentlich, während er in der Freistellungsphase komplett unter Zahlung des Regelarbeitsentgelts freigestellt ist.

Beweis: 1. Arbeitsvertrag vom ... – Anlage K 1
2. Altersteilzeitvertrag vom ... – Anlage K 2

Durch das von den Parteien gewählte Blockmodell geht der Kläger hinsichtlich der Arbeitsleistung zu einem erheblichen Teil in Vorleistung, da durch das Regelarbeitsentgelt die geschuldete Gegenleistung, auch unter Berücksichtigung der Aufstockungsbeträge gemäß dem Altersteilzeitvertrag in Höhe von ... Prozent des bisherigen Bruttoentgelts, erst später, in der Freistellungsphase, vergütet wird. Aufgrund dieser Verzögerung kommt es zu einem Insolvenzrisiko hinsichtlich der (Teil-)Vergütung der bereits erbrachten Arbeitsleistung, die erst in der Freistellungsphase fällig wird. Das Altersteilzeitgesetz kennt dieses Risiko und regelt es in

§ 8 a AltTZG dahin gehend, dass der Arbeitgeber für den Fall, dass das aufgebaute Wertguthaben den dreifachen Betrag des Regelarbeitsentgelts übersteigt, den Gesamtbetrag, einschließlich des darauf entfallenden Arbeitgeberanteils am Gesamtsozialversicherungsbeitrag, in einer dem Gesetz entsprechenden Form abzusichern hat. Diese gesetzliche Regelung bestand bereits vor der Novellierung des AltTZG mit Wirkung zum 1.1.2009 (durch Gesetz vom 21.12.2008, BGBl. I S. 2940) und wurde insoweit bis auf die Einfügung von Abs. 1 Hs 2 unverändert seit der Einführung zum 1.7.2004 fortgeführt.

Selbst wenn der Arbeitgeber dieser gesetzlichen Verpflichtung nicht freiwillig nachkommt, sind Arbeitnehmer in Blockaltersteilzeit während der Geltung des § 8 a AltTZG im Störfall der Insolvenz nicht schutzlos gestellt. Der Schadensersatzanspruch gegen den Arbeitgeber wegen Verletzung der Insolvenzsicherungspflicht ist in der Insolvenz zwar wirtschaftlich ebenso wertlos wie der Anspruch auf Arbeitsentgelt,

vgl ErfK/*Rolfs*, § 8 a AltTZG Rn 7; *Zwanziger*, RdA 2005, 226, 240.

Arbeitnehmer in Blockaltersteilzeit haben aber vor Eröffnung des Insolvenzverfahrens nach § 8 a Abs. 4 Satz 1 AltTZG nach der Rechtsprechung des BAG einen klagbaren Anspruch auf Sicherheitsleistung in Höhe des bestehenden Wertguthabens gegenüber ihrem Arbeitgeber,

vgl auch BT-Drucks. 15/1515, S. 135; BAG 23.2.2010 – 9 AZR 71/09, BB 2010, 2698.

Sie haben außerdem das Recht, ihre Arbeitsleistung nach § 273 Abs. 1 BGB zurückzuhalten und den Arbeitgeber damit in Annahmeverzug zu setzen, §§ 611 Abs. 1, 615 Satz 1, 298 BGB,

vgl BAG 23.2.2010 – 9 AZR 71/09, BB 2010, 2698; ErfK/*Rolfs*, § 8 a AltTZG Rn 7.

Vorliegend übersteigt das Wertguthaben des Klägers seit dem ... das Dreifache des Regelarbeitsentgelts iSd § 6 AltTZG. Gemäß § 8 a Abs. 4 AltTZG gilt Folgendes: Kommt der Arbeitgeber seiner Verpflichtung nach Abs. 3 nicht nach oder sind die nachgewiesenen Maßnahmen nicht geeignet und weist er auf schriftliche Aufforderung des Arbeitnehmers nicht innerhalb eines Monats eine geeignete Insolvenzsicherung des bestehenden Wertguthabens in Textform nach, kann der Arbeitnehmer verlangen, dass Sicherheit in Höhe des bestehenden Wertguthabens geleistet wird. Die Sicherheitsleistung kann nur erfolgen durch Stellung eines tauglichen Bürgen oder Hinterlegung von Geld oder solchen Wertpapieren, die nach § 234 Abs. 1 und 3 BGB zur Sicherheitsleistung geeignet sind.

Diese Voraussetzungen sind vorliegend erfüllt: Der Kläger hat die Beklagte mit Schreiben vom ... aufgefordert, die Durchführung der Absicherung seines Wertguthabens nachzuweisen. Hierauf hat der Arbeitgeber erwidert, ... Da sich inzwischen bis zu dem im Klageantrag genannten Stichtag das Wertguthaben einschließlich der Arbeitgeberanteile zum Gesamtsozialversicherungsbeitrag auf ... EUR erhöht hat, liegt das Wertguthaben oberhalb des dreifachen Regelarbeitsentgelts, so dass der Kläger einen Sicherungsanspruch gegen die Beklagte als Arbeitgeberin hat. Solange die Beklagte die Sicherungsmaßnahme nicht nachweist, wird der Kläger auch ab sofort seine Arbeitskraft zurückhalten, wozu er nach der Rechtsprechung des BAG ausdrücklich befugt ist,

vgl BAG 23.2.2010 – 9 AZR 71/09, BB 2010, 2698.

XV. Geschäftswagen-Streitigkeiten

342 1. Muster: Einstweilige Verfügung wegen Unterlassens eines Herausgabeverlangens

Arbeitsgericht ...

Antrag auf Erlass einer Einstweiligen Verfügung

...

– antragstellende Partei –

Verfahrensbevollmächtigte: ...

gegen

...

– antragsgegnerische Partei –

wegen: Überlassung eines Dienstfahrzeugs

Wir bestellen uns zu Verfahrensbevollmächtigten der antragstellenden Partei und beantragen, wegen der Dringlichkeit des Falles ohne mündliche Verhandlung durch den Vorsitzenden allein, hilfsweise unter Abkürzung der Ladungsfrist aufgrund einer unverzüglich anzuberaumenden mündlichen Verhandlung den Erlass einer einstweiligen Verfügung mit folgendem Inhalt:

1. Die antragsgegnerische Partei wird verurteilt, es zu unterlassen, der antragstellenden Partei bis zur Beendigung des Arbeitsverhältnisses das Dienstfahrzeug der Marke ... mit dem amtlichen Kennzeichen ... wegzunehmen oder wegnehmen zu lassen, ohne ihr ein gleichwertiges Fahrzeug der Marke ... zur Verfügung zu stellen.
2. Die antragsgegnerische Partei trägt die Kosten des Verfahrens.

Hilfsweise wird beantragt:

3. Die antragsgegnerische Partei wird verurteilt, der antragstellenden Partei bis zur Beendigung des Arbeitsverhältnisses ein Dienstfahrzeug der Marke ... zur dienstlichen und privaten Nutzung zur Verfügung zu stellen.

Für den Fall des Obsiegens wird bereits jetzt beantragt,

4. der antragstellenden Partei eine vollstreckbare Kurzausfertigung der Entscheidung (ohne Tatbestand und Entscheidungsgründe) zu erteilen.

Gründe:

I.

1. Die antragstellende Partei ist seit dem ... bei der antragsgegnerischen Partei als ... beschäftigt. Arbeitsort ist ausweislich des § ... des Arbeitsvertrages vom ....

Glaubhaftmachung: Vorlage des Arbeitsvertrages vom ... in Kopie – Anlage K 1.

Die antragstellende Partei kündigte das Arbeitsverhältnis mit Schreiben vom ... gegenüber der Antragsgegnerin fristgemäß zum .... Die antragstellende Partei hat nach dem Wortlaut des Kfz-Überlassungsvertrages Anspruch auf das Fahrzeug bis zur Beendigung des Arbeitsverhältnisses.

Glaubhaftmachung: Vorlage des Kfz-Überlassungsvertrages vom ... in Kopie – Anlage K 2.

2. Die antragstellende Partei hat Anspruch auf die Überlassung eines Dienstfahrzeugs der Marke ... zur dienstlichen und privaten Nutzung. Eine entsprechende Vereinbarung wurde zwischen der antragstellenden Partei und der antragsgegnerischen Partei in Form des Kfz-Überlassungsvertrages vereinbart. Zwischen den Parteien wurde außerdem geregelt, dass die antragstellende Partei das Fahrzeug auch zur privaten Nutzung

erhielt. Dementsprechend wurde der antragstellenden Partei seither auch der geldwerte Vorteil in Höhe von monatlich ... EUR vom Gehalt in Abzug gebracht.

Glaubhaftmachung: Vorlage des Kfz-Überlassungsvertrages vom ... in Kopie – Anlage K 2.

Der antragstellenden Partei wurde am ... als Erfüllung der Dienstwagenvereinbarung das Dienstfahrzeug ... mit dem amtlichen Kennzeichen ... von der antragsgegnerischen Partei zur Verfügung gestellt.

Die Überlassung des Fahrzeugs wurde von den Parteien auch tatsächlich als steuerpflichtiges Entgelt behandelt.

Glaubhaftmachung: Vorlage einer Verdienstbescheinigung (als Beispiel) für die Behandlung als steuerpflichtiges Entgelt in Kopie – Anlage K 3.

Aus der praktischen Handhabung der Dienstwagenvereinbarung und auch aus der gewählten Methode, den geldwerten Vorteil vom Gehalt einzubehalten und als Entgelt zu versteuern, ergibt sich, dass das Fahrzeug dem Antragsteller auch zur privaten Nutzung überlassen wurde. Denn nur die Nutzung des Dienstwagens für private Fahrten stellt einen geldwerten Vorteil in Form eines Sachbezugs und damit einen Vergütungsbestandteil dar, der auch zu versteuern ist, §§ 8 Abs. 2 Satz 2, 6 Abs. 1 Nr. 4 Satz 2 EStG.

Der Antragsteller besitzt kein Auto zur privaten Nutzung. Auf seinen Namen ist zwar ein Auto angemeldet. Dieses wird jedoch von seiner Ehefrau für Fahrten von und zu ihrer Arbeitsstelle benutzt.

Glaubhaftmachung: Eidesstattliche Versicherung der antragstellenden Partei – Anlage K 4.

3. In einem Gespräch am ... wurden zwischen dem Prozessbevollmächtigten der antragstellenden Partei und dem Beauftragten der Antragsgegnerin, Herrn ..., Modalitäten einer einvernehmlichen Auflösung des Arbeitsverhältnisses erörtert und verhandelt.

Der Geschäftsführer der Antragsgegnerin, Herr ..., kündigte in diesem Gespräch gegenüber dem Prozessbevollmächtigten der antragstellenden Partei an, nachdem die Vorstellungen der beiden deutlich auseinander lagen, er werde von der antragstellenden Partei die Rückgabe des Dienstwagens fordern. Auf den Einwand des Prozessbevollmächtigten, das Fahrzeug sei der antragstellenden Partei auch zur privaten Nutzung überlassen, lächelte der Geschäftsführer Herr .... Er schilderte, dass er das Leasingunternehmen anrufen werde, er brauche ja nur die Leasingraten nicht weiter zu zahlen oder dies nur anzukündigen, dann würde das Leasingunternehmen das Fahrzeug sofort abholen. Er habe Erfahrungen mit solchen Dingen.

Glaubhaftmachung: Eidesstattliche Versicherung des Bevollmächtigten der antragstellenden Partei – Anlage K 5.

Tatsächlich ging der antragstellenden Partei kurz danach ein von dem Geschäftsführer unterzeichnetes Schreiben der Antragsgegnerin zu, er solle das Dienstfahrzeug am ... zurückgeben.

Glaubhaftmachung: Vorlage des Schreibens der Antragsgegnerin vom ... in Kopie – Anlage K 6.

Die antragstellende Partei ist dem Rückgabeverlangen der Antragsgegnerin bislang nicht nachgekommen.

Im Übrigen wird auf die beiden eidesstattlichen Versicherungen inhaltlich vollumfänglich Bezug genommen. Die darin gemachten Angaben sind wahrheitsgemäß und werden ausdrücklich zum Vortrag dieses Schriftsatzes gemacht.

II.

1. Der Verfügungsanspruch gem. §§ 935, 940 ZPO ist gegeben. Die Überlassung eines Dienstwagens zur privaten Nutzung stellt einen geldwerten Vorteil in Form eines Sachbezuges und damit einen Vergütungsbestandteil dar. Sie kann nicht einseitig widerrufen, sondern nur durch Änderungskündigung oder -vereinbarung beseitigt werden. Das Recht zur privaten Nutzung besteht solange weiter, wie der Arbeitgeber das Arbeitsentgelt fortzahlen muss,

vgl Küttner/*Griese*, Personalbuch, 142 (Dienstwagen) Rn 3.

Der Arbeitgeber darf den Dienstwagen daher bis zum Zeitpunkt der Beendigung des Arbeitsverhältnisses dem Arbeitnehmer nicht entziehen, ohne ihm einen adäquaten Ersatz zur Verfügung zu stellen. Ein entsprechender Unterlassungsanspruch des Arbeitnehmers ergibt sich damit bereits aus dieser arbeitsvertraglichen Regelung.

Darüber hinaus ergibt sich der Unterlassungsanspruch auch aus den Regelungen des Besitzschutzes. Der Entzug des Dienstwagens gegen den Willen des Arbeitnehmers stellt eine verbotene Eigenmacht iSv § 858 BGB dar. Nach § 858 BGB handelt widerrechtlich, wer dem Besitzer ohne dessen Willen den Besitz entzieht oder ihn im Besitz stört, sofern nicht das Gesetz die Entziehung oder die Störung gestattet. Dabei kommt es nicht einmal darauf an, ob der Antragsteller während der Dauer des Arbeitsverhältnisses einen Anspruch auf Überlassung des Dienstwagens hat, denn die Besitzbeeinträchtigung ohne den Willen des Besitzers ist grundsätzlich widerrechtlich, unabhängig davon, ob der Besitzer ein Recht zum Besitz hat oder nicht,

> vgl BGH 21.1.1981 – VIII ZR 41/80, NJW 1981, 865; MüKo-BGB/*Joost*, § 858 Rn 11.

So hat das LAG Düsseldorf auch entschieden, dass selbst die Wegnahme eines dem Arbeitnehmer überlassenen Dienstwagens durch den Arbeitgeber nach Beendigung des Arbeitsverhältnisses verbotene Eigenmacht darstellt,

> LAG Düsseldorf 4.7.1975 – 11 Sa 689/75, DB 1975, 1849.

Die Möglichkeiten des Besitzers, sich gegen die verbotene Eigenmacht zu wehren, sind in den §§ 859 ff BGB speziell geregelt. Insbesondere besteht das Recht des Besitzers zur Selbsthilfe gem. § 859 BGB. Danach darf sich der Besitzer gegen verbotene Eigenmacht auch mit Gewalt wehren. Außerdem darf er die Sache dem wegnehmenden Täter wieder abnehmen, wenn er ihn auf frischer Tat betroffen oder verfolgt hat. Hinter all diesen Vorschriften steht der Anspruch des Besitzers auf Unterlassung von Eingriffen in seinen Besitz, die ohne seinen Willen vorgenommen werden.

Der Unterlassungsanspruch kann auch im Wege des vorbeugenden Rechtsschutzes geltend gemacht werden. Als Grundlage der gesetzlich normierten Abwehransprüche, wie zB die §§ 1004 und 12 BGB, § 37 Abs. 2 HGB, wird seit RG 5.1.1905 – VI 38/04, RGZ 60, 6 eine allgemeine Regel des vorbeugenden Rechtsschutzes gesehen. Diese Regel besagt, dass Rechte und Rechtsgüter nicht nur nach vollendeter Verletzung durch Schadensersatzansprüche geschützt werden sollen, sondern schon präventiv gegen drohende Verletzung durch Unterlassungsansprüche. Dies ist anerkannt für alle durch § 823 Abs. 1 BGB geschützten Rechte,

> vgl MüKo-BGB/*Baldus*, § 1004 Rn 9.

Der – hier bedrohte – Besitz ist allgemein als Recht iSd § 823 Abs. 1 BGB anerkannt,

> vgl Palandt/*Sprau*, § 823 BGB Rn 13.

Voraussetzung des vorbeugenden Unterlassungsanspruchs ist, dass eine Beeinträchtigung des bedrohten Rechtsgutes hinreichend nahe bevorsteht. Dass eine Beeinträchtigung bereits stattgefunden hat, ist nicht erforderlich,

> vgl BGH 19.6.1951 – I ZR 77/50, BGHZ 2, 394; BayOLG 23.4.1987 – BReg 2 Z 134/86, NJW-RR 1987, 1040, 1041; MüKo-BGB/*Baldus*, § 1004 Rn 103.

Im vorliegenden Fall hat der Geschäftsführer angedroht, er werde die Leasingraten nicht weiterzahlen und damit veranlassen, dass das Fahrzeug dem Antragsteller weggenommen wird. Zum Beweis, dass er diese Androhung wirklich ernst meint, hat er den Antragsteller dazu aufgefordert, den Dienstwagen bis zum ... zurückzugeben. Da der Antragsteller das Fahrzeug nicht zurückgab, muss er nun jederzeit damit rechnen, dass der Geschäftsführer seine Ankündigung wahr macht und der Leasingunternehmer oder ein Mitarbeiter der Antragsgegnerin bei ihm vorbeikommt und das Fahrzeug mitnimmt. Erfahrungsgemäß besitzen der Arbeitgeber oder die Leasingfirma einen Drittschlüssel. Die Beeinträchtigung des Besitzes der antragstellenden Partei steht damit auf jeden Fall hinreichend nahe bevor.

2. Damit ist auch ein Verfügungsgrund gegeben. Grundsätzlich ist allgemein anerkannt, dass der Besitzschutz auch im Wege der einstweiligen Verfügung durchgesetzt werden kann,

vgl MüKo-BGB/*Joost*, § 861 Rn 15 f.

An den Verfügungsgrund werden über den Tatbestand der verbotenen Eigenmacht hinaus keine zusätzlichen hohen Anforderungen gestellt,

vgl AG Bruchsal 11.2.1981 – 3 C 36/81, NJW 1981, 1674, 1675; OLG Frankfurt 11.11.1980 – 8 U 119/80, BB 1981, 148; MüKo-BGB/*Joost*, § 861 Rn 16.

Im vorliegenden Fall haben die Antragsgegner der antragstellenden Partei den Dienstwagen noch nicht endgültig entzogen. Sie haben die antragstellende Partei allerdings bereits zur Rückgabe des Dienstwagens aufgefordert und unmissverständlich ihre Absicht erklärt, ihr den Dienstwagen in nächster Zeit wegzunehmen bzw wegnehmen zu lassen, wenn sie ihn nicht freiwillig zurückgibt.

Auch in diesem Fall ist ein Verfügungsgrund für eine einstweilige Verfügung gegeben. Mit dem Verhalten der Antragsgegner ist der erste Schritt zur Besitzstörung bereits eingeleitet. Es ist der antragstellenden Partei nicht zuzumuten, erst abzuwarten, bis ihr der Dienstwagen abgenommen wird. Zwar hätte sie dann nach § 859 BGB ein Recht zur gewaltsamen Gegenwehr. So weit will es die antragstellende Partei aber gar nicht erst kommen lassen, zumal ihr die etwaigen kündigungsrechtlichen Weiterungen nicht zuzumuten sind. Ein Arbeitnehmer, der gegen seinen Arbeitgeber mit Gewalt vorgeht, muss damit rechnen, dass dieser ihm die außerordentliche Kündigung erklärt. Auch wenn der Arbeitnehmer rechtmäßig gehandelt hat, ist er dann gezwungen, gegen die Kündigung gerichtlich vorzugehen.

Wie bereits dargelegt, entspricht es dem Grundgedanken des vorbeugenden Rechtsschutzes, dass der Inhaber eines Rechts gerade nicht abwarten muss, bis sein Rechtsgut definitiv verletzt worden ist, bevor er sich dagegen zur Wehr setzt. Die einzige Möglichkeit des Antragstellers, sich in der derzeitigen Situation zur Wehr zu setzen, besteht in der Beantragung in einer einstweiligen Verfügung.

Dagegen kann auch nicht eingewandt werden, dass durch das Verbot der Wegnahme des Dienstwagens eine Vorwegnahme der Hauptsache eintritt. Eine solche tritt in jedem Fall der einstweiligen Verfügung wegen verbotener Eigenmacht ein, weil dort immer die (vorläufige) Rückgabe der entzogenen Sache angeordnet wird. Dennoch ist die einstweilige Verfügung in diesen Fällen zulässig und in allen Zweigen der Gerichtsbarkeit weit verbreitet. Der Grund hierfür liegt darin, dass die Regelungen der §§ 858 ff BGB, also das Verbot der eigenmächtigen Besitzentziehung, ausschließlich der Sicherung des Rechtsfriedens dienen. Dementsprechend bezweckt eine einstweilige Verfügung, die sich gegen eine bevorstehende verbotene Eigenmacht wendet, die Sicherung des Rechtsfriedens. Die Erfüllung des Anspruchs auf Herausgabe der Sache bzw auf Unterlassung der Wegnahme der Sache im vorbeugenden Rechtsschutz ist lediglich ein zwangsläufig eintretender Nebeneffekt, der aber in diesen Fällen nicht zur Unzulässigkeit der einstweiligen Verfügung führt.

Würde man es ablehnen, im Wege des vorläufigen Rechtsschutzes die Vornahme verbotener Eigenmacht zu verhindern, so würde man gerade denjenigen begünstigen, der auf besonders unbekümmerte Weise den Rechtsfrieden bricht und sich nicht an die Regel hält, sich zur Durchsetzung von Rechtsansprüchen der hierfür geschaffenen Gerichte zu bedienen,

vgl zur Zulässigkeit nur OLG Koblenz 29.5.2009 – 10 U 1519/08, juris.

Die Gründe, die im Normalfall gegen die Vorwegnahme der Hauptsache sprechen und nur eine Sicherung der Vollstreckbarkeit des Individualanspruchs zulassen, kommen hier nicht zum Tragen. Der Grund für das Verbot der Vorwegnahme der Hauptsache besteht darin, einen unbilligen Schaden des Schuldners durch den Zwang zur vorweggenommenen Erfüllung zu verhindern. Wer sich aber den Besitz an einer Sache durch verbotene Eigenmacht verschaffen will, kann keinen unbilligen Nachteil erleiden, wenn er an diesem rechtswidrigen Handeln gehindert wird.

Darüber hinaus sei auch auf die Regelung des § 945 ZPO verwiesen. Dort erhält der Antragsgegner einen verschuldensunabhängigen Schadensersatzanspruch gegen den Antragsteller für den Fall, dass sich die einstweilige Verfügung in einem späteren Verfahren als rechtswidrig erweisen sollte. Auch von daher droht den Antragsgegnern kein unabwendbarer Schaden.

2. Muster: Keine Herausgabe eines Dienstfahrzeugs durch einstweilige Verfügung

Aktenzeichen: ...
Gegner: RAe ..., zwei Abschriften anbei
Der Antrag des Antragstellers auf Erlass einer einstweiligen Verfügung ist nicht begründet.
Der Verfügungsanspruch ist nicht glaubhaft gemacht und es fehlt an einem Verfügungsgrund.

Eine auf Herausgabe eines Dienstwagens gerichtete einstweilige Verfügung verfolgt die Erfüllung eines Anspruchs. An eine Leistungsverfügung sind nach der Rechtsprechung strenge Anforderungen zu stellen, da es grundsätzlich nicht Aufgabe der einstweiligen Verfügung ist, durch Befriedigung des Anspruchstellers das Hauptverfahren vorwegzunehmen.

In der Rechtsprechung ist die Leistungsverfügung unter engen Voraussetzungen sowohl bei Zahlungsansprüchen als auch bei Ansprüchen auf Herausgabe einer Sache anerkannt. Die aus der Rechtsprechung bekannten Fälle beziehen sich in erster Linie auf Besitzschutzansprüche, wenn also der Besitz durch verbotene Eigenmacht (§ 858 BGB) entzogen worden oder gestört ist. Bei der Herausgabe eines Dienstfahrzeugs geht es aber nicht um die Geltendmachung von Besitzschutzansprüchen, sondern um Herausgabeansprüche aus Eigentum und Vertrag. Solche Ansprüche können grundsätzlich nicht auf dem Wege der Leistungsverfügung realisiert werden,

vgl LAG Berlin-Brandenburg 31.3.2008 – 13 Ta 519/08, LAGE § 861 BGB 2002 Nr. 1.

Eine Leistungsverfügung auf Herausgabe der Sache kann ausnahmsweise nur dann in Betracht kommen, wenn der Anspruchsteller auf den Gegenstand dringend angewiesen ist. Eine derartige Dringlichkeit hat die antragstellende Partei nicht dargetan. Soweit die antragstellende Partei geltend macht, das Fahrzeug werde für einen anderen Mitarbeiter benötigt, wurde dieser Sachverhalt nicht hinreichend glaubhaft gemacht. Soweit die antragstellende Partei vorträgt, das Fahrzeug verliere ständig an Wert, trägt sie einen Umstand vor, der sowohl bei Nutzung als auch bei Nichtbenutzung eintritt und der deshalb ebenfalls nur im Hauptverfahren geltend zu machen wäre.

Schließlich kann dahingestellt bleiben, ob ein Verfügungsanspruch nach §§ 936, 916, 935, 940 ZPO gegeben ist. In jedem Falle fehlt es an dem behaupteten Verfügungsgrund. Kraftwagen können vom Arbeitgeber in allen Variationen bei Autovermietern angemietet werden, so dass es an der Eilbedürftigkeit des Herausgabeverlangens fehlt. Eine andere Frage ist, ob sich der Arbeitnehmer Schadensersatzansprüchen aussetzt, wenn er den Dienstwagen nicht herausgibt. Diese Frage ist aber im vorliegenden summarischen Verfahren nicht zu entscheiden.

Der Antrag ist daher mit der Kostenfolge aus § 91 ZPO zurückzuweisen.

XVI. Herausgabeklagen

1. Muster: Einstweilige Verfügung wegen Herausgabe der Arbeitspapiere

↓

Arbeitsgericht ...

Antrag auf Erlass einer einstweiligen Verfügung

...

– antragstellende Partei –

Verfahrensbevollmächtigte: ...

gegen

...

– antragsgegnerische Partei –

wegen: Herausgabe der Arbeitspapiere

Wir bestellen uns zu Verfahrensbevollmächtigten der antragstellenden Partei und beantragen, durch einstweilige Verfügung wegen der Dringlichkeit ohne vorherige mündliche Verhandlung wie folgt zu beschließen:

1. Die antragsgegnerische Partei wird verurteilt, an die antragstellende Partei deren Arbeitspapiere, bestehend aus der Lohnsteuerbescheinigung für das Jahr ...,[155] der sozialversicherungsrechtlichen Abmeldebescheinigung[156] und der Arbeitsbescheinigung gem. § 312 SGB III,[157] herauszugeben, mit der Maßgabe, für die elektronische Lohnsteuerbescheinigung einen nach amtlich vorgeschriebenem Muster gefertigten Ausdruck der elektronischen Lohnsteuerbescheinigung mit Angabe des lohnsteuerlichen Ordnungsmerkmals auszuhändigen oder diesen elektronisch bereitzustellen.
2. Die antragsgegnerische Partei wird verurteilt, der antragstellenden Partei eine Urlaubsbescheinigung zu erteilen.[158]
3. Die antragsgegnerische Partei trägt die Kosten des Verfahrens.

---

[155] Das frühere Lohnsteuerkartenverfahren ist seit dem 1.1.2013 durch Elektronische LohnSteuerAbzugsMerkmale (ELStAM) ersetzt. Bei den ELStAM handelt es sich um die Angaben, die bislang auf der Vorderseite der Lohnsteuerkarte eingetragen waren (zB Steuerklasse, Zahl der Kinderfreibeträge, Freibetrag, Kirchensteuerabzugsmerkmal). Der Arbeitgeber hat bei Beendigung des Arbeitsverhältnisses sowie nach Ende jeden Kalenderjahres eine elektronische Lohnsteuerbescheinigung zu erstellen und dem Arbeitnehmer bis spätestens 28.2. des Folgejahres einen Ausdruck hiervon auszuhändigen oder elektronisch bereitzustellen, § 41b Abs. 1 Satz 3 EStG. Werden Lohnsteuerkarte oder Lohnsteuerbescheinigung falsch oder unvollständig ausgefüllt, ist der Rechtsweg für eine Klage des Arbeitnehmers umstritten. Das BAG hat einen solchen Fall an die Finanzgerichte verwiesen (BAG 11.6.2003 – 5 AZB 1/03, NZA 2003, 877), das FG München verweist derartige Streitfälle an die Arbeitsgerichte (FG München 9.6.2004 – 1 K 1234/04, NZA 2005, 512; wohl auch BFH 14.10.2005 – VI S 17/05, BFH/NV 2006, 329).
[156] Der Arbeitgeber hat dem Arbeitnehmer mindestens einmal jährlich bis zum 30.4. eines Jahres, bei Auflösung des Arbeitsverhältnisses unverzüglich nach Abgabe der letzten Meldung, über alle im Vorjahr durch Datenübermittlung erstatteten Meldungen eine maschinell erstellte Bescheinigung zu übergeben, die inhaltlich getrennt alle gemeldeten Daten wiedergeben muss (vgl § 25 Abs. 1 Datenerfassungs- und -übermittlungsverordnung – DEÜV). Zum Umfang der Meldepflicht s. § 28a SGB IV.
[157] Gemäß § 312 Abs. 1 Satz 1 SGB III hat der Arbeitgeber bei Beendigung eines Beschäftigungsverhältnisses alle Tatsachen zu bescheinigen, die für die Entscheidung über den Anspruch auf Arbeitslosengeld, Arbeitslosenhilfe, Unterhaltsgeld oder Übergangsgeld erheblich sein können. Dabei hat der Arbeitgeber den von der Bundesagentur vorgesehenen Vordruck zu benutzen, der im Internet unter http://www.arbeitsagentur.de (dort: Arbeitnehmer → Informationen → Geldleistungen → Arbeitslosengeld → Link und Dateiliste) abgerufen werden kann.
[158] Um Doppelurlaubsansprüche bei dem alten und dem neuen Arbeitgeber auszuschließen, hat der Arbeitgeber bei Beendigung des Arbeitsverhältnisses dem Arbeitnehmer eine Bescheinigung über gewährten oder abgegoltenen Urlaub auszuhändigen (§ 6 Abs. 2 BUrlG). Die Urlaubsbescheinigung muss die Identität des Arbeitnehmers, die Dauer des Arbeitsverhältnisses im laufenden Kalenderjahr sowie den im Kalenderjahr gewährten oder abgegoltenen Urlaub enthalten. Dabei ist nicht auf den gesetzlichen Mindesturlaub, sondern auf den tatsächlichen Urlaubsanspruch aufgrund Einzelarbeits- oder Tarifvertrag abzustellen.

Mauer

Begründung:

I.

Die antragstellende Partei war bei der antragsgegnerischen Partei in dem Zeitraum ... bis zum ... als ... beschäftigt.

Glaubhaftmachung: Vorlage des Arbeitsvertrages in beglaubigter Kopie – Anlage K 1.

Mit Schreiben vom ... kündigte die antragsgegnerische Partei der antragstellenden Partei zum ... .

Glaubhaftmachung: Vorlage des Kündigungsschreibens in beglaubigter Kopie – Anlage K 2.

Bei dem Ausscheiden der antragstellenden Partei am ... hat die antragsgegnerische Partei die oben genannten Arbeitspapiere bzw Nachweise nicht ausgehändigt.

Der Antragsteller hat sein Herausgabeverlangen an ... mehrfach ohne Erfolg gerichtet.

II.

Der Anspruch auf Herausgabe der Arbeitspapiere ist mit der tatsächlichen Beendigung des Arbeitsverhältnisses fällig. Dies ergibt sich für die Aushändigung der Arbeitsbescheinigung aus § 312 SGB III.

Gemäß § 25 Abs. 1 Datenerfassungs- und -übermittlungsverordnung (DEÜV) hat der Arbeitgeber dem Arbeitnehmer bei Auflösung des Arbeitsverhältnisses unverzüglich nach Abgabe der letzten Meldung eine maschinell erstellte Bescheinigung zu übergeben, die inhaltlich getrennt alle gemeldeten Daten wiedergeben muss.

Der Arbeitgeber hat bei Beendigung des Arbeitsverhältnisses sowie nach Ende jeden Kalenderjahres eine elektronische Lohnsteuerbescheinigung zu erstellen und dem Arbeitnehmer bis spätestens 28.2. des Folgejahres einen Ausdruck hiervon auszuhändigen oder elektronisch bereitzustellen, § 41 b Abs. 1 Satz 3 EStG.

(Bei Bauarbeitern ist der Tarifvertrag Sozialkassenverfahren (VTV) vom 12.11.1986, allgemeinverbindlich ab dem 1.1.1996, zu beachten: Nach § 6 Abs. 1 Tarifvertrag über das Sozialkassenverfahren im Baugewerbe (VTV) ist der Arbeitgeber verpflichtet, bei Beendigung des Arbeitsverhältnisses in eine Lohnnachweiskarte Beschäftigungsdauer, Beschäftigungstage, den erzielten Bruttolohn, den Prozentsatz der Urlaubsvergütung, den Anspruch auf Urlaubsvergütung und die gewährten Jahres- und Zusatzurlaubstage und die gewährte Urlaubsvergütung zu bescheinigen. Nach § 6 Abs. 4 VTV hat der Arbeitgeber dem Arbeitnehmer bei Beendigung des Arbeitsverhältnisses die Lohnnachweiskarte nach Vornahme der erforderlichen Eintragungen auszuhändigen.)

Die genannten Papiere stehen im Eigentum des Arbeitnehmers und müssen vom Arbeitgeber vervollständigt und herausgegeben werden. Die Arbeitspapiere sind im Falle der Kündigung des Arbeitsverhältnisses im Zeitpunkt der tatsächlichen rechtlichen Beendigung herauszugeben. Die antragsgegnerische Partei weigert sich daher zu Unrecht, diese herauszugeben. Insbesondere besteht kein Zurückbehaltungsrecht an den oben genannten Arbeitspapieren, da der Arbeitnehmer diese zur Vorlage bei einem neuen Arbeitgeber oder der Agentur für Arbeit benötigt. Die Voraussetzungen des Zurückbehaltungsrechtes nach § 273 Abs. 1 BGB liegen nicht vor.

III.

Der Verfügungsgrund ist ebenfalls gegeben:

Der Antragsteller benötigt dringend die Arbeitsbescheinigung nach § 312 SGB III, da die Agentur für Arbeit die Bearbeitung des Antrages auf Gewährung von Arbeitslosengeld von der Vorlage der Arbeitsbescheinigung abhängig macht. Ohne den Besitz der Lohnsteuerkarte und des Sozialversicherungsnachweisheftes kann der Antragsteller kein neues Arbeitsverhältnis beginnen.

Glaubhaftmachung: Für das gesamte Vorstehende: Vorlage der eidesstattlichen Versicherung in Kopie – Anlage K 3

IV.

Die Zuständigkeit des angerufenen Gerichts ergibt sich aus der Neufassung von § 2 Abs. 1 Nr. 3 e ArbGG. Auch wenn sich die Verpflichtung des Arbeitgebers, Lohnsteuerkarte, Versicherungskarte und Arbeitsbescheinigung dem Antragsteller auszuhändigen, nach § 312 SGB III aus öffentlich-rechtlichen Vorschriften ergibt, ändert dies nichts an der Zuständigkeit des angerufenen Gerichts. Die öffentlich-rechtlichen Vorschriften sind zugleich Schutzvorschriften zu Gunsten des Arbeitnehmers,

> BAG 21.3.1984 – 5 AZR 320/82, BAGE 45, 228 = AP § 2 ArbGG 1979 Nr. 1.

Diese Vorschriften konkretisieren auch die Rechte und Pflichten der Arbeitsvertragsparteien aus dem Arbeitsverhältnis,

> BAG 9.12.1976 – 3 AZR 371/75, AP § 611 BGB Erstattung Nr. 1.

Damit handelt es sich bei Klagen auf Herausgabe, Erteilung und Berichtigung von Arbeitspapieren und sonstigen Bescheinigungen um Rechtsstreitigkeiten aus dem Arbeitsverhältnis und damit um bürgerliche Rechtsstreitigkeiten, für die die Zuständigkeit der Arbeitsgerichte gegeben ist,

> LAG Köln 19.7.1988 – 2 Ta 126/88, DB 1988, 1960; LAG Hamm 20.2.1976 – 3 Sa 1443/75, DB 1976, 923; LAG Schleswig-Holstein 9.10.1986, MDR 1987, 168.

Mit dem vorliegenden Antrag wird keine Berichtigung von Arbeitspapieren geltend gemacht, für die nach bisheriger Rechtsprechung des BAG die Arbeitsgerichte nicht zuständig sind,

> BAG 13.7.1988 – 5 AZR 467/87, BAGE 59, 169 = NZA 1989, 321; BAG 15.1.1992 – 5 AZR 15/91, BAGE 69, 204 = NZA 1992, 996.

Mit dem vorliegenden Antrag wird nicht geltend gemacht, dass die Arbeitspapiere mit einem bestimmten Inhalt ausgestellt werden, weil derartige Anträge unzulässig wären,

> LAG Berlin 20.7.1987 – 9 Sa 47/87, DB 1987, 2662; LAG Düsseldorf 16.1.1971 – 11 Sa 405/71, DB 1972, 1076.

Nach alledem ist dem Antrag ohne vorherige mündliche Verhandlung stattzugeben.

2. Muster: Herausgabe einer Versicherungspolice und Umschreibung

Arbeitsgericht ...

Klage

...

– klägerische Partei –

Prozessbevollmächtigte: ...

gegen

...

– beklagte Partei –

Wir bestellen uns zu Prozessbevollmächtigten der klägerischen Partei, in deren Namen und Auftrag wir um kurzfristige Anberaumung eines Gütetermins bitten. Im Übrigen beantragen wir:

1. Die beklagte Partei wird verurteilt, ihre Rechte aus der Direktlebensversicherung der ... Lebensversicherung AG, Nr. ... an die klägerische Partei abzutreten, die auf sie lautende Direktlebensversicherungspolice mit der Nr. ... an die klägerische Partei herauszugeben und der Übertragung der Versicherungsnehmereigenschaft (Umschreibung) auf die klägerische Partei zuzustimmen.

2. Eine angemessene Frist ist zu bestimmen, innerhalb der die beklagte Partei ihre Rechte aus der vorgenannten Direktlebensversicherung an die klägerische Partei abzutreten, die Herausgabe der Direktlebensversicherungspolice mit der Vertragsnummer an die klägerische Partei zu bewirken und der Übertragung der Versicherungsnehmereigenschaft (Umschreibung) auf die klägerische Partei zuzustimmen hat.
3. Die beklagte Partei wird für den Fall, dass die Abtretung, Herausgabe und Übertragung der Versicherungsnehmereigenschaft gegenüber der klägerischen Partei nicht fristgerecht erfolgen, zur Zahlung von ... EUR an die klägerische Partei verurteilt.

Hilfsweise:

4. Die beklagte Partei wird verurteilt, an die klägerische Partei ... EUR nebst Zinsen in Höhe von fünf Prozentpunkten über dem Basiszinssatz ab dem Tag, der auf die Rechtshängigkeit folgt, zu zahlen.

Hilfsweise:

5. Die beklagte Partei wird verurteilt, der klägerischen Partei ein sofortiges unwiderrufliches Bezugsrecht an der Direktlebensversicherung mit der Nr. ... einzuräumen.
6. Die beklagte Partei trägt die Kosten des Rechtsstreits.

Gründe:
I.
Die Parteien streiten um die Beendigung des zwischen ihnen geschlossenen Arbeitsverhältnisses, um Gehaltsansprüche der klägerischen Partei und eine zu Gunsten der klägerischen Partei abgeschlossene Direktlebensversicherung.

Unter den Az ... erhob die klägerische Partei Kündigungsschutz- und Zahlungsklage gegen die beklagte Partei vor dem Arbeitsgericht ... . Zwischenzeitlich konnte die klägerische Partei zwei Urteile erstreiten, gegen die von der beklagten Partei unter Az ... Berufung bei dem Landesarbeitsgericht eingelegt wurde.

Mit der vorstehenden Klage verfolgt die klägerische Partei ihr zustehende Ansprüche aus der Direktlebensversicherung der beklagten Partei mit der Vertragsnummer ... bei der ... Lebensversicherung AG.

Die am ... geborene klägerische Partei stand seit dem ... in den Diensten der beklagten Partei. Nach § 5 des Vertrages war als Arbeitsort ... vereinbart.

Beweis: Vorlage des Arbeitsvertrages vom ... – Anlage K 1.

Mit Überleitungsvertrag vom ... trat die mit der beklagten Partei in einem Firmenverbund stehende ... als Arbeitgeber der klägerischen Partei an die Stelle der beklagten Partei.

Beweis: Vorlage des Überleitungsvertrages vom ... – Anlage K 2.

Mit Überleitungsvertrag vom ... wurde dieser Arbeitgeberwechsel wieder rückgängig gemacht. Mit Wirkung vom ... trat die beklagte Partei als Arbeitgeber wieder mit allen Rechten und Pflichten in den Arbeitsvertrag mit der klägerischen Partei ein.

Beweis: Vorlage des Überleitungsvertrages vom ... – Anlage K 3.

Die klägerische Partei kündigte das zwischen ihr und der beklagten Partei bestehende Arbeitsverhältnis fristgerecht zum ... mit Schreiben vom ... .

Beweis: Vorlage des Schreibens der klägerischen Partei vom ... – Anlage K 4.

Aufgrund des von der klägerischen Partei unterzeichneten Änderungsantrages und der „Ergänzenden Erklärung vom ..." wurde die bis dahin auf die klägerische Partei lautende Lebensversicherung der ... Lebensversicherung AG mit der Vertragsnummer ... auf eine arbeitgeberfinanzierte Direktversicherung umgestellt und die Rechte und Ansprüche aus dem Vertrag wurden auf die beklagte Partei übertragen.

Beweis: 1. Vorlage des Schreibens vom ... – Anlage K 5.
2. Vorlage des Änderungsantrags vom ... – Anlage K 6.
3. Vorlage der Ergänzenden Erklärung vom ... – Anlage K 7.

Ausweislich der Gehaltsabrechnungen der klägerischen Partei betrug die monatliche Beitragszahlung im Zusammenhang mit der Direktlebensversicherung ... EUR.

Beweis: Vorlage der Gehaltsabrechnung für ... – Anlage K 8.

Der Rückvergütungswert der gemäß Änderungsantrag vom ... umgeschriebenen Lebensversicherung der ... Lebensversicherung AG mit der Nr. ... betrug zum ... einschließlich der Gewinnanteile ... EUR. Bei der Ermittlung des Gesamtwertes ist die bis zu diesem Zeitpunkt fällige Kapitalertragsteuer in Höhe von ... EUR mit zu berücksichtigen.

Beweis: Vorlage des Telefax-Schreibens der ... vom ... – Anlage K 9.

Bei Addition beider Werte ergibt sich der eingeklagte Betrag in Höhe von ... EUR.

Zur Rückübertragung der Versicherung auf die klägerische Partei ist die Zustimmung der beklagten Partei erforderlich. Ohne entsprechende Zustimmung lehnt die Versicherung eine Umschreibung der Police auf die klägerische Partei ab.

Beweis: Vorlage des Schreibens der Versicherung ... vom ... – Anlage K 5.

Die beklagte Partei verweigert eine Umschreibung der Versicherung auf die klägerische Partei. Deshalb ist Klage geboten.

II.

Die klägerische Partei stützt ihre geltend gemachten Ansprüche vorrangig auf eine ergänzende Auslegung der zwischen ihr und der beklagten Partei geschlossenen vertraglichen Vereinbarung.

Eine Auslegung der vertraglichen Vereinbarung anhand der §§ 133, 157 BGB ergibt, dass die Parteien vorliegend den Fall nicht bedacht haben, wie im Fall der vorzeitigen Beendigung des Arbeitsverhältnisses mit der Direktlebensversicherung zu verfahren ist.

Fest steht, dass die klägerische Partei die beklagte Partei nicht um ihre bis zum ... bereits angesparten Versicherungsanteile bereichern wollte. Hierfür bestand kein rechtlicher Grund. Eine Schenkungsvereinbarung zwischen der klägerischen Partei und der beklagten Partei wurde nicht getroffen. Nach der Rechtsprechung des BGH,

vgl BGH 25.9.1980 – VII ZR 301/79, WM 1980, 1285,

genügt für die Annahme einer Schenkungsabrede nicht, dass den Vertragsparteien das Fehlen einer Gegenleistung bekannt war. Die klägerische Partei wollte die beklagte Partei nicht unentgeltlich durch eine Zuwendung aus ihrem Vermögen bereichern. Sie hat der beklagten Partei ihre Vermögensposition vorliegend nur treuhänderisch übertragen, was einer Schenkung entgegensteht,

vgl MüKo-BGB/*Koch*, § 516 Rn 8 ff; RG 6.2.1905 – III 273/05, RGZ 62, 386, 390.

Ungeachtet dessen wäre die beklagte Partei für das Vorliegen einer Schenkungsabrede beweispflichtig.

Bei sachgerechter Abwägung der Interessen der Parteien nach den Grundsätzen von Treu und Glauben (§ 242 BGB) steht fest, dass die beklagte Partei der klägerischen Partei eine zusätzliche betriebliche Alterssicherung zukommen lassen wollte und hierzu die Lebensversicherung der klägerischen Partei genutzt werden sollte. Eine Bereicherung der beklagten Partei war hierdurch von keiner der Parteien bezweckt. Die Bereicherung sollte vielmehr ausschließlich in der Person der klägerischen Partei durch die Zahlung der monatlichen Versicherungsprämie in Höhe von ... EUR ab dem ... erfolgen.

Auch wenn die Parteien kein sofortiges unwiderrufliches Bezugsrecht bzw eine unverfallbare Anwartschaft der klägerischen Partei vereinbarten, folgt hieraus nicht, dass die klägerische Partei in Bezug auf ihre bereits angesparten Versicherungsanteile zu Gunsten der beklagten Partei einen Rechtsverlust erleiden sollte. Vielmehr belegt dies, dass die Parteien die rechtlichen Feinheiten der von ihnen gewählten Konstruktion und die aus ihr folgenden rechtlichen Konsequenzen im Zeitpunkt der Umschreibung der Versicherung am nicht durchschaut und folglich auch nicht geregelt haben. Die zwischen den Parteien geschlossene Vereinbarung weist insoweit eine planwidrige Regelungslücke auf, die im Wege der ergänzenden Vertragsauslegung zu schließen ist. Die vertragliche Regelung ist entsprechend dem hypothetischen Parteiwillen zu ergänzen,

vgl hierzu BGH 30.9.1952 – I ZR 31/52, BGHZ 7, 235; BGH 22.4.1953 – II ZR 143/52, BGHZ 9, 278; Palandt/*Ellenberger*, § 157 BGB Rn 3 und 7.

Dabei ist darauf abzustellen, was die Parteien bei einer angemessenen Abwägung ihrer Interessen nach Treu und Glauben als redliche Vertragsparteien vereinbart hätten, wenn sie den nicht geregelten Fall bedacht hätten,

vgl BGH 29.4.1982 – III ZR 154/80, BGHZ 84, 7; BGH 1.2.1984 – VIII ZR 54/83, BGHZ 90, 77.

Eine Anwendung dieser Auslegungsgrundsätze führt vorliegend zu folgendem Ergebnis: Der Arbeitnehmer, der – wie die klägerische Partei – seine aus eigenen finanziellen Mitteln angesparte, seiner Alterssicherung dienende Lebensversicherung in eine arbeitgeberseitige Direktlebensversicherung umwandeln lässt, um die Vorteile der günstigen Besteuerung künftiger Arbeitgeberleistungen im Bereich der betrieblichen Altersversorgung zu erhalten, verliert hierdurch unter Beachtung der Grundsätze von Treu und Glauben (§ 242 BGB) nicht seine ihm im Zeitpunkt der Übertragung zustehenden, anteiligen Ansprüche. Anderenfalls würde der Arbeitnehmer in sinnwidriger Weise, ohne dass dies eine der Vertragsparteien gewollt hätte, ohne Rechtsgrund eine vermögensrechtliche Position verlieren.

Die klägerische Partei darf im Zeitpunkt der Beendigung des Arbeitsverhältnisses jedenfalls nicht schlechter stehen, als sie vor dem Zeitpunkt der Nutzung des Steuermodells stand.

Nach § 40 b Abs. 1 EStG bot früher der Abschluss einer arbeitgeberseitigen Direktversicherung ein erhebliches Steuersparpotenzial, da im laufenden Arbeitsverhältnis die Aufwendungen des Arbeitgebers für die Direktversicherung des Arbeitnehmers in den Grenzen des § 40 b Abs. 1 EStG mit einem Pauschalsteuersatz von 20 % besteuert werden konnten, was allerdings nur noch bis für zum 31.12.2004 abgeschlossene Verträge gilt,

vgl Küttner/*Seidel*, Personalbuch, 291 (Lohnsteuerpauschalierung) Rn 41.

Hieraus ergibt sich für solche „Altzusagen" eine deutliche Steuerbegünstigung im Verhältnis zur normalen Lohnversteuerung. Für Neuverträge gilt grundsätzlich § 3 Nr. 63 EStG. Hiernach sind Beiträge bis zu 4 % der Beitragsbemessungsgrenze in der allgemeinen Rentenversicherung steuer- und sozialversicherungsfrei. Nach Ausschöpfung können 1.800 EUR zusätzlich steuerfrei eingezahlt werden.

Diesen Vorteil hatten die Parteien bei der Nutzung der Lebensversicherung der klägerischen Partei im Blick. Gegenstand der Vereinbarung zwischen den Parteien war somit ausschließlich eine Steuerersparnis und eine Begünstigung der klägerischen Partei und eben nicht eine wie auch immer geartete Vermögensverschiebung zu Gunsten der beklagten Partei.

Hätten die Parteien bedacht, dass die Übertragung der Lebensversicherung nur vorübergehend erfolgen sollte, hätten sie eine vertragliche Vereinbarung getroffen, wonach die Versicherung spätestens im Zeitpunkt der Beendigung des Arbeitsverhältnisses auf die klägerische Partei rückzuübertragen ist, gegebenenfalls unter Abzug der vom Arbeitgeber geleisteten Zahlungen, soweit diesbezüglich noch keine Unverfallbarkeit eingetreten ist. Schützenswerte Interessen der beklagten Partei, die für eine einseitige Risikozuweisung zu Lasten der klägerischen Partei sprechen könnten, existieren nicht. Ein Verlust der aus eigenen finanziellen Mitteln aufgebauten vermögensrechtlichen Position der klägerischen Partei in Höhe von ... EUR wäre weder mit Blick auf § 242 BGB noch mit Blick auf die nachwirkende arbeitgeberseitige Fürsorgepflicht zu rechtfertigen. Gleichermaßen kann die klägerische Partei ihre Ansprüche auf § 812 Abs. 1 Satz 1 Alt. 1 BGB stützen. Ihr stehen gegen die beklagte Partei ein Anspruch auf Übertragung der Rechte aus der Direktlebensversicherung mit der Vertragsnummer ... sowie ein Anspruch auf Herausgabe und Umschreibung der Police auf ihre Person zu. Durch die Umschreibung der Lebensversicherung auf die beklagte Partei und die Umwandlung in eine arbeitgeberseitige Direktlebensversicherung ohne unwiderrufliches Bezugsrecht zu Gunsten der klägerischen Partei hat die beklagte Partei durch die Leistung der klägerischen Partei einen Vermögensvorteil erlangt, ohne dass für diese Vermögensverschiebung ein rechtlicher Grund bestand. Es sind keine Anhaltspunkte ersichtlich, die die eingetretene Vermögensverschiebung zu Gunsten der beklagten Partei rechtfertigen könnten. Weder bestand eine schuldrechtliche Verpflichtung der klägerischen Partei zur Übertragung ihrer Rechtsposition auf die beklagte Partei noch bestehen Anhaltspunkte, die einen Verzicht beziehungsweise eine Schenkung zu Gunsten der beklagten Partei in Betracht kommen ließen.

Die unter Ziff. 2 und Ziff. 3 gestellten unechten Hilfsanträge beruhen auf den §§ 255 Abs. 1, 283 BGB. Kommt die beklagte Partei dem Verlangen der klägerischen Partei auf Herausgabe der Police, Übertragung und Umschreibung nicht nach, womit aufgrund der bisherigen Erfahrungen der klägerischen Partei in den bereits anhängigen Rechtsstreiten zu rechnen ist, kann die klägerische Partei nach Ablauf der vom Gericht zu bestimmenden angemessenen Frist die Leistung entsprechend dem Antrag Ziff. 1 ablehnen und Schadensersatz in Höhe von ... EUR verlangen. Dieser Betrag entspricht dem Gesamtwert per ... der am ... von der klägerischen Partei auf die beklagte Partei überschriebenen Lebensversicherung der ... mit der Nr. ... und stellt somit die Untergrenze des der klägerischen Partei entstandenen Schadens dar.

Der Hilfsantrag Ziff. 4 wird für den Fall gestellt, dass das Gericht den auf Herausgabe, Übertragung und Umschreibung gerichteten Hauptantrag verneint. Für diesen Fall steht fest, dass der klägerischen Partei gegenüber der beklagten Partei ein Anspruch auf Zahlung von ... EUR zusteht. Der Anspruch folgt aus den §§ 812 Abs. 1 Satz 1 Alt. 1, 818 Abs. 2 BGB. Die beklagte Partei ist der klägerischen Partei zum Ersatz des Wertes des rechtsgrundlos Erlangten verpflichtet. Als Wert ist vorliegend der Gesamtwert der Versicherung per ... in Höhe von ... EUR anzusetzen.

Rein vorsorglich für den Fall der Abweisung der Anträge Ziff. 1–4 wird der Antrag zu Ziff. 5 gestellt.

XVII. Schadensersatzklagen

1. Muster: Schadensersatz wegen zur Eigenkündigung führenden Arbeitgeberverhaltens

Arbeitsgericht ...

Klage

– klägerische Partei –

Prozessbevollmächtigte: ...

gegen

– beklagte Partei –

Prozessbevollmächtigte: ...

wegen: Schadensersatz

Wir bestellen uns zu Prozessbevollmächtigten der klägerischen Partei, in deren Namen und Auftrag wir beantragen zu erkennen:

1. Die beklagte Partei wird verurteilt, an die klägerische Partei ... EUR Schadensersatz nebst Zinsen in Höhe von fünf Prozentpunkten über dem Basiszinssatz ab dem Tag, der auf die Rechtshängigkeit folgt, zu zahlen.

Hilfsweise:

2. Die beklagte Partei wird verurteilt, an die klägerische Partei Schadensersatz in einer von dem Gericht zu bestimmenden Höhe nebst Zinsen in Höhe von fünf Prozentpunkten über dem Basiszinssatz ab dem Tag, der auf die Rechtshängigkeit folgt, zu zahlen.
3. Die Berufung wird zugelassen.
4. Die Kosten des Rechtsstreits trägt die beklagte Partei.

Gründe:

I.

Die klägerische Partei ist bei der beklagten Partei als ... seit dem ... zu einem monatlichen Bruttogehalt von ... EUR beschäftigt.

Beweis: Vorlage des Arbeitsvertrages in Kopie – Anlage K 1.

Die klägerische Partei hat das Arbeitsverhältnis mit Schreiben vom ... gekündigt.

Beweis: Vorlage des Kündigungsschreibens in Kopie – Anlage K 2.

Zu der Kündigung ist es aufgrund folgenden schuldhaften, vertragswidrigen Arbeitgeberverhaltens gekommen: ...

Die klägerische Partei sah daher keine anderen Möglichkeiten mehr, als das Arbeitsverhältnis zu kündigen. Das Verhalten der beklagten Partei stellt ein vertragswidriges, schuldhaftes Verhalten dar: ...

II.

Grundlage eines Zahlungsanspruchs des Arbeitnehmers, der das Arbeitsverhältnis fristlos kündigt, weil er keine andere Möglichkeit mehr sieht, angesichts des vertragswidrigen, schuldhaften Verhaltens des Arbeitgebers das Arbeitsverhältnis fortzuführen, bildet § 628 Abs. 2 BGB. Danach ist in Fällen, in denen die Kündigung durch vertragswidriges Verhalten des anderen Teils veranlasst wird, der andere Teil zum Ersatz des durch die Aufhebung des Dienstverhältnisses entstehenden Schadens verpflichtet.

1. Die Schadensersatzpflicht nach § 628 Abs. 2 BGB kann bei jeder Vertragsbeendigung, für die der andere Vertragsteil durch ein vertragswidriges schuldhaftes Verhalten den Anlass gegeben hat, entstehen,

BAG 11.2.1981 – 7 AZR 12/79, AP § 4 KSchG 1969 Nr. 8.

Dabei muss das für den Schadensersatz erforderliche „Auflösungsverschulden" des Vertragspartners das Gewicht eines wichtigen Grundes iSd § 626 BGB haben. Nur derjenige kann Schadensersatz nach § 628 BGB fordern, der auch wirksam hätte fristlos kündigen können, denn aus dem Zusammenhang der Abs. 1 und 2 in § 628 BGB ergibt sich die gesetzliche Wertung, dass nicht jede geringfügige schuldhafte Vertragsverletzung, die Anlass für die Beendigung des Arbeitsverhältnisses gewesen ist, die schwerwiegende Folge des § 628 Abs. 2 BGB nach sich zieht,

BAG 11.2.1981 – 7 AZR 12/79, AP § 4 KSchG 1969 Nr. 8.

a) Zunächst ist daher zu prüfen, ob das Verhalten des Arbeitgebers einen Kündigungsgrund „an sich" darstellt. ...

b) Die abschließende Interessenabwägung ergibt ebenfalls, dass die außerordentliche Kündigung wirksam war, denn ....

c) Der Schadensersatzanspruch nach § 628 Abs. 2 BGB setzt weiter die Wahrung der Zwei-Wochen-Frist des § 626 Abs. 2 BGB voraus,

BAG 22.6.1989 – 8 AZR 164/88, NZA 1990, 106.

Die Frist war vorliegend gewahrt, denn ....

2. Bei der Berechnung des Auflösungsschadens ist zu berücksichtigen, dass der Anspruchsberechtigte so zu stellen ist, wie er bei Fortbestand des Arbeitsverhältnisses stehen würde (§§ 249 ff BGB), denn der Anspruch aus § 628 BGB geht auf das volle Erfüllungsinteresse,

KR/*Weigand*, § 628 BGB Rn 32; MüKo-BGB/*Henssler*, § 628 Rn 70.

Einigkeit besteht, dass der Arbeitnehmer bis zum Ablauf der ordentlichen Kündigungsfrist den entgangenen Verdienst als Schadensposten beanspruchen kann. Umstritten ist, ob der Schadensersatzanspruch darüber hinausgeht.

a) Der BGH geht in ständiger Rechtsprechung sowohl für den insoweit gleich lautenden § 89 a Abs. 2 HGB als auch für § 628 Abs. 2 BGB davon aus, dass der Schadensersatzanspruch zeitlich bis zum Ablauf, zu dem der andere Vertragspartner ordentlich kündigen könnte, bzw bis zu dem vereinbarten Vertragsende begrenzt ist,

BGH 3.3.1993 – VIII ZR 101/92, BGHZ 122, 9 = NJW 1993, 1386.

Die zeitliche Begrenzung der Schadensersatzpflicht sei durch den Schutzzweck der Norm geboten. Entsprechend hat das BAG in der Vergangenheit zumindest in den Fällen einer durch den Arbeitnehmer verschuldet veranlassten Kündigung des Arbeitgebers eine Beschränkung der Schadensersatzpflichten nach § 628 Abs. 2 BGB vorgenommen,

BAG 27.1.1972 – 2 AZR 172/71, NJW 1972, 1437; BAG 9.5.1975 – 3 AZR 352/74, BAGE 27, 137 = AP § 628 BGB Nr. 8.

b) Nach der vor allem in der Literatur vertretenen Ansicht wird eine zeitlich unbeschränkte Schadensersatzpflicht für den Anspruch des Arbeitnehmers im Hinblick auf die Vorschriften des Kündigungsschutzgesetzes differenzierend zumindest dann vertreten, wenn bei einem unbefristeten Arbeitsverhältnis für den Geschädigten Kündigungsschutz besteht,

KR/*Weigand*, § 628 BGB Rn 35; Stahlhacke/Preis/Vossen/*Preis*, Rn 859.

Der Arbeitgeber soll später einen Grund der sozialen Rechtfertigung einer ordentlichen Kündigung nach § 1 Abs. 1 Satz 1 KSchG geltend machen können,

MüKo-BGB/*Henssler*, § 628 Rn 72.

c) Im Hinblick auf die zuvor dargestellten Bedenken wird weiterhin vertreten, der Arbeitnehmer verzichte durch die von ihm ausgesprochene außerordentliche Kündigung selbst auf den Bestand des Arbeitsverhältnisses und damit auf den Schutz des Kündigungsschutzgesetzes. Der Arbeitnehmer begebe sich damit in die gleiche Situation wie ein Arbeitnehmer, der nach Ausspruch einer unwirksamen außerordentlichen Kündigung des Arbeitgebers im deswegen geführten Kündigungsschutzprozess einen Auflösungsantrag nach § 13 Abs. 1 Satz 3 KSchG stelle. Dementsprechend sei der Schadensersatzanspruch zwar einerseits zu Gunsten des Arbeitgebers beschränkt. Dieser dürfe aber andererseits nicht dadurch besser gestellt werden, dass er anstatt eine unberechtigte außerordentliche Kündigung auszusprechen und damit ggf abfindungspflichtig nach §§ 13 Abs. 1 Satz 3, 9, 10 KSchG zu werden, durch vertragswidriges Verhalten den Arbeitnehmer zur außerordentlichen Auflösung des Arbeitsverhältnisses veranlasst,

ErfK/*Müller-Glöge*, § 628 BGB Rn 28.

d) Der zuletzt genannten Auffassung hat sich das BAG angeschlossen,

BAG 26.7.2001 – 8 AZR 739/00, BAGE 98, 275 = NJW 2002, 1593.

Die Zuerkennung eines Endlosschadens entspreche weder dem Wortlaut der Norm, noch ihrer Entstehungsgeschichte. Die auf den reinen „Verfügungsschaden" reduzierte Schadensersatzpflicht entspreche andererseits nicht den gesetzlichen Wertungen zum Kündigungsschutz.

Der Schadensersatzanspruch setzt sich demnach aus dem Gehalt, das bis zum Ablauf der ordentlichen Kündigungsfrist zu zahlen gewesen wäre und einem Abfindungsbetrag, wie er gem. §§ 13 Abs. 1 Satz 3, 9, 10 KSchG zu bestimmen wäre, zusammen.

3. Unter Berücksichtigung dieser Grundsätze errechnet sich der Auflösungsschaden der klägerischen Partei wie folgt: ...

2. Muster: Schadensersatz wegen Entzugs eines Geschäftswagens

Arbeitsgericht ...

Klage

...

– klägerische Partei –

gegen

...

– beklagte Partei –

wegen: Nutzungsausfallentschädigung Geschäftswagen

Wir bestellen uns zu Prozessbevollmächtigten der klägerischen Partei, in deren Namen und Auftrag wir beantragen zu erkennen:

1. Die beklagte Partei wird verurteilt, an den Kläger Nutzungsausfallentschädigung in Höhe von kalendertäglich ... EUR brutto für den Zeitraum vom ... bis zum ..., insgesamt somit ... EUR brutto nebst ... Zinsen in Höhe von fünf Prozentpunkten über dem Basiszinssatz
   aus ... EUR ab dem ...,
   aus ... EUR ab dem ...,
   usw.
   zu zahlen.

2. Die beklagte Partei trägt die Kosten des Rechtsstreits.

Gründe:

I.

1. Die klägerische Partei war bei der Beklagten seit dem ... als ... in einem Arbeitsverhältnis beschäftigt. Arbeitsort war die Hauptniederlassung der Beklagten in ... Die einfache Entfernung zwischen der Wohnung der klägerischen Partei und der Hauptniederlassung beläuft sich auf abgerundet 32 km.

2. Nachdem die Beklagte zunächst am ... eine ordentliche verhaltensbedingte Kündigung ausgesprochen hatte, wurde die klägerische Partei zeitgleich freigestellt und die klägerische Partei zur Herausgabe des Dienstwagens aufgefordert. Der Dienstwagen wurde daraufhin freiwillig herausgegeben. Die Beklagte zahlte während der Kündigungsfrist das Gehalt weiter, nicht jedoch eine Entschädigung für den Entzug des Dienstwagens. Die Kündigungsschutzklage des Klägers war in erster Instanz erfolgreich. Die Berufung der Beklagten gegen das obsiegende Urteil des Arbeitsgerichts ... vom ... wurde am ... und damit gut sechs Monate nach Auslaufen der Kündigungsfrist rechtskräftig zurückgewiesen.

Beweis: Beiziehung der Verfahrensakte des Berufungsgerichts: LAG ..., Az ...

3. Trotz rechtskräftig festgestelltem Fortbestand des Arbeitsverhältnisses über den ... hinaus hat die Beklagte freiwillig nur das Gehalt des Klägers nachgezahlt. Zwar stand dem Kläger aufgrund des zwischen den Parteien parallel zum Arbeitsvertrag abgeschlossenen Kfz-Nutzungsüberlassungsvertrages vom ... die auch private Nutzung des Dienstwagens uneingeschränkt zu. Die Zahlung der von der klägerischen Partei mit Anwaltsschreiben vom ... geltend gemachten Nutzungsausfallentschädigung, zunächst für den Zeitraum ab dem Entzug des Dienstwagens bis zum ..., verweigert die Beklagte jedoch unter Hinweis auf die Widerrufsklausel (§ ...) im Kfz-Nutzungsüberlassungsvertrag. Danach sei ein entschädigungsloser Entzug des Dienstwagens im Falle der Kündigung bereits mit Ausspruch der Kündigung und unabhängig von deren Wirksamkeit gestattet. Dementsprechend stehe dem Kläger auch keine Entschädigung zu, da er bereits für den hier streitigen Zeitraum keinen Anspruch auf den Dienstwagen selbst mehr gehabt habe.

> **Beweis:** 1. Vorlage des Forderungsschreibens der jetzigen Prozessbevollmächtigten der klägerischen Partei vom ... als Anlage K 1.
> 2. Vorlage des Schreibens der Beklagten vom ... als Anlage K 2.
> 3. Vorlage des Kfz-Nutzungsüberlassungsvertrages der Parteien als Anlage K 3.

4. Zwischen den Parteien dürfte im Übrigen unstreitig sein, dass die klägerische Partei in der streiterheblichen Zeitspanne nicht über ein gleichwertiges eigenes anderes Fahrzeug verfügt hat. Teilweise war die klägerische Partei ohne Fahrzeug, und zwar bis zum ... . Ab dem ... nutze die klägerische Partei einen 11 Jahre alten VW Polo, den sie zum Preis von 500 EUR erworben hatte. Mit dem überlassenen Dienstwagen, einem zum Zeitpunkt des Entzugs des Fahrzeugs 18 Monate alten BMW 320i im Neuwert von 30.850 EUR inklusive Umsatzsteuer, ist das Ersatzfahrzeug wirtschaftlich nicht vergleichbar.

5. Die klägerische Partei hat den Nutzungsausfall auf Basis des steuerlichen Nutzungswerts errechnet und sich dabei an den Wertangaben in den Gehaltsabrechnungen der Beklagten für die klägerische Partei orientiert. Daraus ergibt sich ein geldwerter Vorteil in Höhe von monatlich 604,66 EUR, dies entspricht kalendertäglich bei 30 Kalendertagen im Monat einem Betrag von 20,16 EUR.

Dieser setzt sich wie folgt zusammen:

- geldwerter Vorteil für die Privatfahrten: = 308,50 EUR
  zurzeit 1 % des Bruttolistenpreises (30.850 EUR × 1 %)
- geldwerter Vorteil für die Fahrten Wohnung – Arbeitsstätte: = 296,16 EUR
  zurzeit 0,03 % des Bruttolistenpreises je Entfernungskilometer
  (30.850 EUR × 0,03 % × 32 km)

    604,66 EUR

> **Beweis:** Vorlage der Gehaltsabrechnung des Monats ... als Anlage K 4.

II.

1. Der klägerischen Partei steht die geltend gemachte Nutzungsausfallentschädigung dem Grunde nach zu.

Nach ständiger Rechtsprechung ist die vom Arbeitgeber eingeräumte Möglichkeit, einen Dienstwagen – auch – privat zu nutzen, eine Naturalleistung, die Entgeltbestandteil ist und eine zusätzliche Gegenleistung für die vom Arbeitnehmer zu erbringende Arbeitsleistung darstellt,

> vgl nur BAG 16.11.1995 – 8 AZR 240/95, BAGE 81, 294 = NZA 1996, 415; BAG 2.12.1999 – 8 AZR 849/98, juris; BAG 5.9.2002 – 8 AZR 702/01, NZA 2003, 973.

Ein entschädigungsloser Entzug des Dienstwagens ist im bestehenden Arbeitsverhältnis nicht im Wege der Ausübung des Direktionsrechts zulässig. Ausnahmen hiervon ließ die ältere Rechtsprechung in engen Grenzen zu, soweit sich der Arbeitgeber den Widerruf des privaten Nutzungsrechts ausdrücklich für bestimmte Fälle vorbehalten hatte und der Entzug des Nutzungswertes in Relation zum Gehalt nur geringfügig war. Als noch geringfügig hat das BAG eine Grenze von 15 % vom Gehalt angesehen. Ob dies aufgrund der AGB-Klauselkontrolle noch Geltung beanspruchen kann, ist mehr als fraglich. Dies kann jedoch letztlich hier dahinstehen, da die 15 %-Grenze vorliegend überschritten ist:

Ein entschädigungsloser Entzug des Dienstwagens für den streitigen Zeitraum war daher nicht zulässig. Folglich steht der klägerischen Partei dem Grunde nach eine Nutzungsausfallentschädigung zu. Ob es sich dabei um einen Annahmeverzugsanspruch, einen Schadensersatzanspruch oder eine Kombination beider Ansprüche handelt, hat das BAG zuletzt,

> BAG 5.9.2002 – 8 AZR 702/01, NZA 2003, 973,

ausdrücklich offen gelassen und kann auch hier dahinstehen.

2. Der Anspruch besteht auch in der geltend gemachten Höhe.

Nach der aktuellen Rechtsprechung der Arbeitsgerichte[159] ist – jedenfalls derzeit – die Höhe der Nutzungsausfallentschädigung im Fall des Entzugs des Dienstwagens anhand des geldwerten Vorteils zu bemessen,

> vgl BAG 27.5.1999 – 8 AZR 415/98; BAGE 91, 379 = NZA 1999, 1038; BAG 2.12.1999 – 8 AZR 849/98, juris.

Auf eine ausschließlich konkrete Schadensberechnungsmöglichkeit kann der Arbeitgeber nur dann verweisen – und damit dem Arbeitnehmer die abstrakte Schadensberechnungsmöglichkeit verwehren –, wenn dem Arbeitnehmer im streitgegenständlichen Zeitraum tatsächlich ein gleichwertiges Fahrzeug zur Verfügung stand. Eine Obliegenheit des Arbeitnehmers zur Ersatzbeschaffung eines Fahrzeugs, geschweige denn eines gleichwertigen Fahrzeugs wie dem entzogenen Dienstwagen, besteht hingegen nicht,

> vgl BAG 2.12.1999 – 8 AZR 849/98, juris.

Die klägerische Partei kann daher nach den vom BAG aufgestellten Grundsätzen den Schaden anhand des konkreten steuerlichen geldwerten Vorteils berechnen. Das BAG formuliert den abstrakten Berechnungsmodus zwar dahin gehend, dass der Wert der privaten Nutzung eines Kraftfahrzeugs für jeden Kalendermonat

---

159 Der steuerliche Vorteil bei Dienstwagen steht ständig in der rechtspolitischen Diskussion. Da deshalb nicht gesagt werden kann, ob die aktuelle Rechtsprechung zur Berechnung der Schadenshöhe bestehen bleibt, wird rein vorsorglich auf abweichende und frühere Schadensberechnungsmodelle verwiesen. Die Schadenshöhe wurde teilweise nach der jährlich erscheinenden PKW-Kostentabelle des ADAC berechnet (LAG Hamm 13.7.1992 – 17 Sa 1824/91, LAGE § 249 BGB Nr. 5), teilweise nach der Tabelle von *Sanden/Danner/Küppersbusch* (LAG Rheinland-Pfalz 23.3.1990 – 6 Sa 32/90, LAGE § 249 BGB Nr. 4; BAG 27.5.1999 – 8 AZR 415/98, NZA 1999, 1038). – Außerdem wurde vom BAG eine konkrete Schadensberechnung vorgenommen (BAG 16.11.1995 – 8 AZR 240/95, NZA 1996, 415). In seinem Urteil vom 16.11.1995 stellte der Senat folgende Grundsätze auf:
1. Der Arbeitnehmer kann nur dann die Nutzungsentschädigung abstrakt berechnen, wenn ein Nutzungsausfall eingetreten ist. Dies ist immer dann nicht der Fall, wenn der Arbeitnehmer über einen gleichwertigen Pkw verfügt.
2. Verfügt der Arbeitnehmer über einen eigenen Pkw und hat er daher keinen Nutzungsausfall erlitten, muss der Arbeitnehmer den Schaden konkret berechnen. Als Schadensposition kommen in Betracht: Wertverlust, Steuern, Versicherungen, Kosten notwendiger und nützlicher Reparaturen, Wartungsarbeiten, Treibstoff.
3. Eine abstrakte Berechnung der Nutzungsentschädigung nach der Tabelle Sanden/Danner/Küppersbusch kommt nicht in Betracht.
4. Wurde das Fahrzeug nicht nur privat, sondern auch dienstlich genutzt, gehören die im Zusammenhang mit der dienstlichen Nutzung anfallenden Kosten zu den von § 670 BGB erfassten Aufwendungen. Diese Aufwendungen mindern den Schadensersatzanspruch des Arbeitnehmers.
Hieraus ergibt sich die Konsequenz, dass bei einer abstrakten Schadensberechnung anhand der bereinigten ADAC-Kostentabelle der Arbeitnehmer nur anteilig Schadensersatz in Verhältnis von privater und dienstlicher Nutzung verlangen kann. – Andererseits entschied das BAG in seinem Urteil vom 27.5.1999 (8 AZR 415/98, BAGE 91, 379 = NZA 1999, 1038), dass aus Gründen der Rechtseinheit dem Arbeitnehmer wegen unberechtigten Entzugs eines auch zur privaten Nutzung überlassenen Dienstfahrzeugs nicht jede abstrakte Schadensberechnung abgeschnitten werden soll. Danach entsprach es ständiger Übung, die steuer- und sozialversicherungsrechtlichen maßgeblichen Bewertungsfaktoren heranzuziehen, wenn eine Naturalvergütung wegen Zeitablaufs nicht mehr geleistet werden kann und deshalb vom Arbeitnehmer Wertersatz zu leisten ist. Wird darüber hinaus berücksichtigt, dass der Gesetzgeber durch die Einführung von § 6 Abs. 1 Nr. 4 EStG eine gesetzliche Grundlage für die steuerliche Bewertung der privaten Nutzung eines Kraftfahrzeugs mit Wirkung ab dem Veranlagungsjahr 1996 geschaffen und damit die früheren Regelungen (vgl Abschnitt 31 VII Lohnsteuerrichtlinien) bestätigt hat, lag es nach dieser Rechtsprechung des BAG zunächst nur im Rahmen des richterlichen Ermessens, den Wert der privaten Nutzung eines Kraftfahrzeugs für jeden Kalendermonat mit 1 % des inländischen Listenpreises im Zeitpunkt der Erstzulassung zuzüglich der Kosten für Sonderausstattungen einschließlich Umsatzsteuer anzusetzen.

mit 1 % des inländischen Listenpreises im Zeitpunkt der Erstzulassung zuzüglich der Kosten für Sonderausstattung einschließlich Umsatzsteuer anzusetzen sei,

vgl BAG 2.12.1999 – 8 AZR 849/98, juris (unter II.3.b. der Urteilsgründe); BAG 27.5.1999 – 8 AZR 415/98, BAGE 91, 379 = NZA 1999, 1038 (unter III.2. der Urteilsgründe).

Damit hat das BAG offensichtlich den vollen geldwerten Vorteil gemeint. Dieser umfasst nicht nur den Anteil für die sog. reinen Privatfahrten, sondern auch den Anteil, der auf die Fahrten Wohnung – Arbeitsstätte entfällt. In den Urteilsgründen der beiden BAG-Entscheidungen wird jeweils auf „die steuerliche Bewertung der privaten Nutzung eines Kraftfahrzeugs" abgestellt. Eine Differenzierung in die sog. reinen Privatfahrten und die Fahrten zwischen Wohnung und Arbeitsstätte nimmt das BAG nicht nur nicht vor, sondern erwähnt diese steuerliche Differenzierung noch nicht einmal. Aus der Höhe der zugesprochenen Schadenssummen durch das BAG ergibt sich jedoch, dass das BAG selbst nicht nur den 1 %-Wert in Ansatz gebracht hat, sondern die Summe aus 1 % des Bruttolistenpreises und dem Wert, der sich aus der Entfernungspauschale (0,03 % des Bruttolistenpreises für den einfachen Entfernungskilometer) ergibt. In der Entscheidung des BAG vom 2.12.1999 folgt dies aus dem monatlichen geldwerten Vorteil in Höhe von 1.221,63 DM für einen BMW 520i Baujahr 1995. Dieser Wert kann sich, was sich rechnerisch und aus den vorinstanzlichen Urteilen ergibt, nur aus der Summe der beiden geldwerten Positionen bestehen. Denn der Neupreis eines BMW 520i Baujahr 1995 lag – ohne Extras – im Jahr 1995 mit den in der LAG-Entscheidung genannten Extras bei ca. 50.000 DM, nicht jedoch bei 122.163 DM, also dem 100 %-Wert des genannten geldwerten Vorteils.

3. Die von der klägerischen Partei als Tageswert angesetzte Nutzungsausfallentschädigung ist 1/30 aus dem monatlich ausgewiesenen geldwerten Vorteil. Die Summe der geltend gemachten Nutzungsausfallentschädigung ist der Tagessatz multipliziert mit den Tagen des streitigen Zeitraums, also vom ... bis einschließlich zum ... .

4. Der Zinsanspruch ergibt sich aus .... Die Zinsen sind fällig und zahlbar ab dem Tag der Fälligkeit und damit des Verzugs mit dem Entgeltanspruch. Dies ist gem. § ... des Arbeitsvertrages/§ ... BGB der ... des Folgemonats.

↑

3. Muster: Schadensersatz wegen unterlassener Beteiligung eines Arztes an Privatliquidationen

↓

Arbeitsgericht ...

Klage

...

– klägerische Partei –

Prozessbevollmächtigte: ...

gegen

...

– beklagte Partei –

Beteiligte: ...

– Streitverkündete Partei zu 1. –

wegen: Schadensersatz

Wir bestellen uns zu Prozessbevollmächtigten der klägerischen Partei, in deren Namen und Auftrag wir beantragen zu erkennen:

1. Die beklagte Partei wird verurteilt, an die klägerische Partei ... EUR nebst Zinsen in Höhe von fünf Prozentpunkten über dem Basiszinssatz seit dem ... wegen unterlassener Beteiligung an Liquidationseinnahmen aus Wahlleistungen zu zahlen.
2. Die Kosten des Rechtsstreits trägt die beklagte Partei.

Gründe:

I.

Die klägerische Partei ist bei der beklagten Partei (einem Krankenhaus) gemäß Arbeitsvertrag vom ... angestellt.

    Beweis: Vorlage des Arbeitsvertrages in Kopie – Anlage K 1.

Bestandteil des Arbeitsvertrages bildet die schriftliche Nebenabrede, wonach die klägerische Partei an Erlösen aus so genannten Wahlleistungen beteiligt ist. Der Chefarzt und die klägerische Partei (Oberarzt) haben sich, wie in der Nebenabrede mit der beklagten Partei festgehalten, darauf geeinigt, dass die klägerische Partei 3 % der Wahlleistungen als Zusatzeinnahme erhält.

    Beweis: Vorlage der Nebenabrede in Kopie – Anlage K 2.

II.

Dem Chefarzt wurde aufgrund neuerer Vorschriften die Möglichkeit der Privatliquidation entzogen. Damit entfielen die Zusatzeinnahmen des Oberarztes, die an einen prozentualen Anteil an den Wahlleistungen geknüpft waren. Mit der vorliegenden Klage macht die klägerische Partei eine Zusatzvergütung in durchschnittlicher bisheriger Höhe geltend.

Soweit die beklagte Partei bislang die Auffassung vertreten hat, die Nebeneinkünfte der klägerischen Partei hätten unter einer Bedingung gestanden, die nunmehr in Fortfall gekommen sei, kann ihr nicht gefolgt werden. Der Prozentsatz an den Wahlleistungen wurde nicht nur zwischen der klägerischen Partei und dem Chefarzt, sondern ausdrücklich in der Nebenabrede schriftlich zwischen der beklagten Partei und der klägerischen Partei vereinbart. Die zugesagten Zahlungen sind daher Gegenstand der arbeitsvertraglichen Entgeltforderung der klägerischen Partei. Lediglich die Fixierung der jeweiligen Höhe war vom Umfang der liquidierten Wahlleistungen abhängig.

Daneben besteht ein Anspruch nach allgemeinen schadensersatzrechtlichen Vorschriften, weil die in der Nebenabrede festgehaltenen Entgeltansprüche eine Beteiligung an freiberuflichen Einnahmen des Chefarztes beinhalten. Werden derartige Zusagen erteilt, entsteht eine Verpflichtung der Klinik, den Rahmen und die tatsächlichen Voraussetzungen für die Erzielung solcher Einnahmen zu schaffen und aufrecht zu erhalten,

    LAG Rheinland-Pfalz 9.11.2005 – 10 Sa 212/05, DB 2006, 842; BAG 20.7.2004 – 9 AZR 570/03, NZA 2005, 952.

Die beklagte Partei ist daher antragsgemäß zu verurteilen, zumal sie zwischenzeitlich selbst die privaten Leistungen den Patienten in Rechnung stellt und somit auch selbst in der Lage ist, den Anteil, der aus diesen Einnahmen der klägerischen Partei zufließen sollte, aus von Dritten erbrachten Mitteln zu vergüten.

4. Muster: Schadensersatz und Unterlassen wegen Mobbing

↓

Arbeitsgericht ...

Klage

– klägerische Partei –

Prozessbevollmächtigte: ...

gegen

– beklagte Partei –

Beteiligte:

– streitverkündete Partei zu 1. –

– streitverkündete Partei zu 2. –

wegen: Mobbing

Wir bestellen uns zu Prozessbevollmächtigten der klägerischen Partei, in deren Namen und Auftrag wir beantragen zu erkennen:

1. Die beklagte Partei wird verurteilt, Mobbing-Handlungen gegen die klägerische Partei zu unterlassen, insbesondere ....
2. Die beklagte Partei wird verurteilt, an die klägerische Partei ein Schmerzensgeld, dessen Höhe in das Ermessen des Gerichts gestellt wird, nebst Zinsen in Höhe von fünf Prozentpunkten über dem Basiszinssatz seit dem ... zu zahlen.
3. Die Berufung wird zugelassen.
4. Die beklagte Partei trägt die Kosten des Rechtsstreits.

Gründe:

I.

1. Die klägerische Partei ist seit dem ... bei der beklagten Partei als ... zu einem monatlichen Bruttogehalt von ... EUR beschäftigt.

   Beweis: 1. Vorlage des Arbeitsvertrages in Kopie – Anlage K 1.
   2. Vorlage einer Gehaltsbescheinigung – Anlage K 2.

Die beklagte Partei ist auf dem Gebiet des ... tätig. Sie beschäftigt ... Mitarbeiter. Der Arbeitsbereich der klägerischen Partei sieht wie folgt aus: ...

Die klägerische Partei ist verheiratet/ledig und hat ... Kinder im Alter von ... Jahren.

Das Arbeitsverhältnis zwischen den Parteien verlief in der Zeit vom ... bis zum ... unauffällig. Die klägerische Partei wurde insgesamt ... mal befördert, das Aufgabengebiet änderte sich im Laufe der Jahre wie folgt: ...

2. Etwa seit dem ... ist die klägerische Partei Mobbing-Handlungen ausgesetzt. Unter Mobbing versteht man das systematische Herabwürdigen eines Arbeitnehmers/einer Arbeitnehmerin am Arbeitsplatz,

   LAG Thüringen 10.4.2001 – 5 Sa 403/2000, NZA-RR 2001, 347.

Das BAG hat unter Mobbing das systematische Anfeinden, Schikanieren oder Diskriminieren von Arbeitnehmern untereinander oder durch Vorgesetzte definiert,

BAG 15.1.1997 – 7 ABR 14/96, NZA 1997, 781.

Auch wenn es in dem vom BAG entschiedenen Fall nicht um die unmittelbare Sanktionierung eines Mobbing-Sachverhalts ging, da Gegenstand des Verfahrens die Erstattung der Kosten einer Betriebsratsschulung zum Thema Mobbing war, hat es doch eine für die arbeitsrechtliche Praxis verbindliche Definitionsbasis festgelegt.

Beim Mobbing handelt es sich nicht um eine isoliert zu betrachtende, konkrete und zeitlich eng begrenzte Konfrontation unter Mitarbeitern oder unter Einschluss des Vorgesetzten, wobei man in dem letztgenannten Fall von „Bossing" spricht, sondern um beeinträchtigende Verhaltensweisen über einen Zeitraum hinweg, wodurch das Mobbing-Opfer gleichsam stetig zermürbt wird,

Rieble/Klumpp, Die Mobbing-Klage, FA 2002, 307.

Das schikanöse Verhalten ist durch einen Fortsetzungszusammenhang gekennzeichnet. Neun Vorfälle in 3,5 Jahren reichen dazu nicht,

LAG Bremen 17.10.2002 – 3 Sa 78/02, NZA-RR 2003, 234.

Die Zermürbung beeinträchtigt das Opfer. Die Wirkungen reichen von dem schlichten Gefühl, bloßgestellt und herabgewürdigt zu werden, über gesundheitliche Schädigungen bis hin zur Gefahr und Verwirklichung von Selbstmord. Die Gestaltungsarten sind vielfältig. Kommunikationsmöglichkeiten des Betroffenen werden eingeschränkt. Die soziale Unterstützung wird entzogen, das soziale Ansehen wird demontiert, die berufliche Stellung wird untergraben oder das Mobbing-Opfer wird sogar körperlich angegriffen,

zu den einzelnen Fallgruppen siehe *Brinkmann*, Mobbing, Bullying, Bossing, S. 34 ff; *Reiserer/Lemke*, MDR 2002, 249; *Wolmerath/Esser*, AiB 2000, 388.

Die klägerische Partei ist bei Anwendung des dargestellten Mobbing-Begriffs fortlaufend Mobbing-Handlungen ausgesetzt. Grob zusammengefasst bestehen die Handlungen in Folgendem: ...

Beweis: 1. Vorlage eines Mobbing-Tagebuches in Kopie – Anlage K 3.
2. Vernehmung der klägerischen Partei als Partei.
3. Vorlage verschiedener Schreiben – Anlagenkonvolut K 4.
4. Vernehmung der Zeugen ... .

Es entspricht inzwischen herrschender Auffassung in Rechtsprechung und Schrifttum, dass beim Mobbing nicht die einzelnen Handlungen des Mobbenden zu beurteilen sind, da diese isoliert betrachtet rechtlich bedeutungslos sein können, sondern vielmehr mehrere solcher Handlungen über einen gewissen Zeitraum hinweg ein Bild vom Mobbing erzeugen. Nach einer Auffassung besteht die besondere Problematik von Mobbing darin, dass rechtlich nicht angreifbare einzelne Handlungen bei systematischer Wiederholung dennoch zu einem rechtswidrigen Gesamtverhalten führen können,

LAG Thüringen 10.4.2001 – 5 Sa 403/2000, NZA-RR 2001, 347; LAG Baden-Württemberg 5.3.2001 – 15 Sa 106/00, AP § 611 BGB Mobbing Nr. 2; ArbG München 25.9.2001 – 8 Ca 1562/01, NZA-RR 2002, 123; LAG Schleswig-Holstein 19.3.2002 – 3 Sa 1/02, NZA-RR 2002, 475; LAG Rheinland-Pfalz 16.8.2001 – 6 Sa 415/01, FA 2001, 379; LAG Rheinland-Pfalz 9.8.2012 – 11 Sa 731/11, PflR 2013, 14 m. Anm. *Wolmerath*, jurisPR-ArbR 7/2013 Anm. 5.

Eine andere Auffassung hebt darauf ab, dass in jedem Einzelfall die klagebegründenden Tatsachen, insbesondere die jeweilige Überschreitung des Direktionsrechts durch den Vorgesetzten vorgetragen werden müssen,

LAG Berlin 15.7.2004 – 16 Sa 2280/03, NZA-RR 2005, 13; LAG Bremen 17.10.2002 – 3 Sa 78/02, NZA-RR 2003, 234; LAG Köln 21.4.2006 – 12 (7) Sa 64/06; *Wolmerath*, jurisPR-ArbR 36/2006 Anm. 6.

Danach muss der Arbeitnehmer die beanstandeten Verhaltensweisen so konkret darlegen und beweisen, dass in jedem Einzelfall beurteilt werden kann, ob diese Verhaltensweisen rechtswidrige und schuldhafte Überschreitungen des Direktionsrechts gewesen sind und ob der Handelnde damit zu rechnen hatte, dass sein Verhalten eine Erkrankung bei dem Arbeitnehmer verursachen könnte. Nach Auffassung des LAG Bremen muss der wegen Mobbing klagende Arbeitnehmer nach der Substantiierungstheorie so vortragen, dass es dem Arbeitgeber möglich ist, zu erkennen, auf welche konkreten, nach Zeit und Ort identifizierbaren Tatsachen sich der Anspruchssteller bezieht.

Eine Mindestlaufzeit zur Feststellung von Mobbing ist nicht notwendig. Der vom LAG Thüringen vorgeschlagene Orientierungswert von einem halben Jahr kann auch deutlich unterschritten werden,

    LAG Thüringen 15.2.2001 – 5 Sa 102/2000, NZA-RR 2001, 577; aA LAG Hamm 25.6.2002 – 18 (11) Sa 1295/01, NZA-RR 2003, 8.

Dem Urteil des LAG Thüringen vom 15.2.2001 lagen – allerdings sehr massive – Handlungen in einem Zeitraum von weniger als einem Monat zugrunde. Wesentlich ist weniger der Zeitraum als das systematische Vorgehen,

    Rieble/Klumpp, FA 2002, 308.

Es bedarf daher der Subsumtion, ob ein als Mobbing bezeichnetes Verhalten einen Anspruch auslöst oder nicht.

Die Verletzung des allgemeinen Persönlichkeitsrechts ist die Eintrittsschwelle und Durchlaufstation für weitere mobbingtypische Rechtsverletzung, die weitergehende Voraussetzungen haben. So ist festzustellen, ob die beklagte Partei ebenfalls mobbingtypische Verletzungen der Gesundheit und der Ehre der klägerischen Partei, aber auch Verletzungen der vom allgemeinen Persönlichkeitsrecht umfassten Menschenwürde begangen hat. Da die Beteiligten ebenfalls solche Verletzungshandlungen begangen haben, wurde ihnen der Streit verkündet.

Das allgemeine Persönlichkeitsrecht stellt im Rahmen der Rechtsprüfung die rote Linie dar, deren Überschreitung das im Umgang mit anderen Personen wiederholte Verhalten zu rechtsrelevantem Mobbing werden lässt,

    Winckler, DB 2002, 477 (481).

Nach *Winckler*,

    DB 2002, 481,

liegt der Schwerpunkt der Rechtprüfung in Mobbingschutzprozessen regelmäßig bei der Frage, ob die rote Linie einer Verletzung des allgemeinen Persönlichkeitsrechts überschritten ist oder nicht. *Winckler* betont, dass es zwar jedem Betroffenen selbstverständlich unbenommen sei, aus dem Bereich der den Mobbing-Komplex bildenden Verhaltensweisen eine bestimmte Handlung herauszugreifen und dem zuständigen Gericht im Rahmen einer auf seine Interessen zugeschnittenen Klage zur Überprüfung und ohne die Mitteilung des diese Handlung betreffenden Verhaltenskontexts vorzulegen. Hierbei handele es sich aber dann um einen unechten Mobbingschutzprozess, weil dieses Gerichtsverfahren sich nicht von einem solchen unterscheidet, das eine in der Beschäftigungszeit vereinzelt gebliebene Verletzung des allgemeinen Persönlichkeitsrechts durch ein einmaliges Angriffsverhalten betrifft.

Bei den echten Mobbingschutzprozessen wird dem Gericht zur Rechtfertigung eines bestimmten Klagebegehrens von dem Mobbing-Opfer der vollständige, eine Verhaltensverkettung umfassender Sachverhaltskomplex zur rechtlichen Prüfung vorgelegt. Den unmittelbaren Anknüpfungspunkt für das Klagebegehren bildet dabei in der Regel dasjenige Verhalten des Mobbing-Täters, das die Grenzen der Unrechtserduldungstoleranz seines Opfers überschreitet. Wenn es dabei für die begehrte Rechtsfolge auf die Gesamtheit des vorgebrachten

Mobbing-Verhaltens ankommt, muss diese Verhaltensgesamtheit vom Gericht zur Rechtsfindung in vollem Umfang auch herangezogen werden,

Winckler, DB 2002, 477.

Die rote Linie zur Verletzung des allgemeinen Persönlichkeitsrechts ist nach *Winckler* überschritten, wenn die rechtliche Prüfung ergibt, dass das den unmittelbaren Anknüpfungspunkt für das Klagebegehren bildende Verhalten gegenüber der den Mobbing-Rechtsschutz in Anspruch nehmen Partei Bestandteil einer Kette von systematischen Anfeindungen, Schikanen oder Diskriminierungen war und deshalb auch bei vordergründiger Wahrnehmung berechtigter Interessen, wie Ausübung des Direktionsrechts hinsichtlich Ort, Inhalt und Zeit der Arbeitsleistung, Abmahnung, Versetzung, Kündigung keine Gründe vorliegen, die den in diesem Verhalten liegenden Eingriff rechtfertigen. Ein Eingriff in das allgemeine Persönlichkeitsrecht kann nach herrschender Auffassung zum Mobbing-Schutz grundsätzlich zwar durch die Wahrnehmung überwiegender, schutzwürdiger Interessen gerechtfertigt sein. Dabei ist aber stets zu beachten, dass auch die Wahrnehmung schutzwürdiger Interessen nicht durch die Anwendung schutzunwürdiger Methoden, wie systematischen Angriffen auf die psychische Stabilität anderer rechtfertigt. Insoweit besteht im Ergebnis kein Beurteilungsunterschied bei lediglich vorgeschobenen oder tatsächlich bestehenden Schutzinteressen Dritter.

Bei der Abgrenzung zu der bloß vorgeschobenen Inanspruchnahme schutzwürdiger rechtlicher Interessen aus dem Arbeitsvertrag bei belastenden Rechtsakten oder bei der Abgrenzung zu dem bloß vorgeschobenen Recht der persönlichen Freiheit bei der Gestaltung von gesellschaftlichen Kommunikations- und Umgangsformen im Rahmen sozialer Adäquanz durch mobbende Arbeitgeber, Vorgesetzte oder Mitarbeiter und Mitarbeiterinnen kann der hypothetische Vergleich mit einem intakten Arbeits- oder Mitarbeiterverhältnis aufschlussreich sein, in dem nicht die Person, sondern das Problem eliminiert werden soll. Dabei hat sich der Richter im Zweifel zu fragen, wie sich in der konkreten Lage ein verständig denkender, auf die Aufrechterhaltung und Förderung der Arbeitsvertragsbeziehung Wert legender und an der Lösung von Sachproblemen orientiert rechtstreu handelnder und von entsprechenden Motiven geleiteter Arbeitgeber verhalten würde,

siehe *Aigner*, BB 2001, 1354, die vom „abgestuften Konfliktmanagement" spricht,

oder wie sich verständig denkende Arbeitnehmer unter Beachtung der für die betriebliche Aufgabenerfüllung, Zusammenarbeit und Verbundenheit notwendigen Mindestfordernisse der Kommunikation im Umgang mit Arbeitskollegen und Arbeitskolleginnen verhalten würden. Dabei sind naturgemäß vereinzelt auftretende Konflikte am Arbeitsplatz noch kein Mobbing. Je öfter und beharrlicher allerdings bei belastenden Rechtsakten gegenüber derselben Person – gemessen an der vorgebrachten Begründung oder gemessen an dem Umgang mit anderen Mitarbeitern – arbeitgeberseitige Überreaktion bzw Sonderbehandlung oder gar eine Ignoranz bereits vorhandener gegenläufiger gerichtlicher Entscheidungen festzustellen ist oder je intensiver das Ausmaß der Inadäquanz einer rechtlichen Reaktion ist, umso mehr spricht dafür, dass eine Mobbing-Problematik vorliegt.

Fehlerhafte Weisungen des Vorgesetzten, in welcher Weise die Arbeitsleistung zu erbringen ist, stellen keine Pflichtwidrigkeiten dar. Der Arbeitgeber ist auch nicht aus Gründen der Fürsorgepflicht gegenüber dem Arbeitnehmer gehalten, die sachliche Richtigkeit der Weisungen des Vorgesetzten zu überprüfen. Nimmt sich der Arbeitnehmer die fehlerhaften Weisungen so zu Herzen, dass er hiervon arbeitsunfähig wird, bestehen keine Schadensersatzansprüche gegen den Arbeitgeber,

LAG Nürnberg 2.7.2002 – 6 (3) Sa 154/01, NZA-RR 2003, 121.

Demgemäß hat das Gericht zu prüfen,

- ob in das allgemeine Persönlichkeitsrecht durch das den unmittelbaren Anknüpfungspunkt für das Klagebegehren bildende Verhalten eingegriffen wurde,
- ob der Eingriff rechtswidrig ist, weil ein Fall von Mobbing vorliegt, durch eine den gesamten zur Begründung des Mobbings im Einzelfall herangezogenen Verhaltenskomplex erfassende Beurteilung, ob also das

den unmittelbaren Anknüpfungspunkt für das Rechtsbegehren bildende Verhalten als Bestandteil einer Kette von in einem systematischen Zusammenhangsverhältnis stehenden Anfeindungen, Schikanen oder Diskriminierungen anzusehen ist oder
- ob es sich nicht um Mobbing handelt, sondern um ein vereinzelt gebliebenes oder zufällig aufgetretenes Fehlverhalten, durch Sichtung der für oder gegen eine systematische Verbundenheit sprechenden Kriterien oder ob es sich nicht um den Bestandteil eines Mobbing-Komplexes, sondern um ein im Bereich des gesellschaftlichen Umgangs im Allgemeinen übliches oder rechtlich erlaubtes und deshalb hinzunehmendes Verhalten handelt.

Unter Beachtung dieser Grundsätze wurde die klägerische Partei gemobbt: ...
Sowohl der Gesamtzusammenhang eines Mobbing-Komplexes als auch einzelne rechtswidrige Maßnahmen, für die es keine Erklärung sozialadäquaten Verhaltens gibt, und schließlich auch eine nachhaltige Gesundheitsbeeinträchtigung sind damit gegeben.

II.

Aus dem Bestehen eines Mobbingtatbestands erwächst der klägerischen Partei ein Unterlassungsanspruch angesichts weiterer drohender und bereits eingetretener Rechtsgutverletzungen gem. § 1004 BGB analog. Sind Arbeitgeber und Mobber identisch, greifen Unterlassungsansprüche unmittelbar aus dem Arbeitsvertrag, wie das LAG Thüringen vom 10.4.2001,

5 Sa 403/2000, NZA-RR 2001, 347,

den Antrag auf Erlass einer einstweiligen Verfügung beschieden hat, es zu unterlassen, dem Betroffenen eine unterwertige Tätigkeit zuzuweisen.
Anders als im vom LAG Thüringen am 10.4.2001 entschiedenen Fall im einstweiligen Rechtsschutz, in dem die Entscheidung auf die Vertragsgrenzen des Direktionsrechts gestützt wurde, wird der Unterlassungsanspruch vorliegend auch auf das allgemeine Persönlichkeitsrecht gestützt. Mobbt der Vorgesetzte oder der Arbeitgeber selbst, ergibt sich der Unterlassungsanspruch aus § 280 Abs. 1 BGB, hinsichtlich von Mitarbeitern aus §§ 280 Abs. 1, 278 BGB. Der Arbeitgeber verletzt seine Fürsorgepflicht. Auch dann, wenn er es unterlässt, Vorkehrungen zu treffen, die die Mitarbeiter an der Durchführung von Mobbing hindern, liegt ein Verstoß gegen die Fürsorgepflicht vor. Das Verschulden eines Vorgesetzten kann dem Arbeitgeber zugerechnet werden. Im Falle der Verletzung der Fürsorgepflicht lässt sich das Merkmal der Begehung einer Pflichtverletzung im Rahmen der Vertragserfüllung nur in extremen Fällen verneinen,

Rieble/Klumpp, FA 2002, 309.

III.

1. Der Klageantrag Ziff. 2 ist auf die Leistung von Schadensersatz für in Vergangenheit und Gegenwart erlittene Persönlichkeitsrechtsverletzungen gerichtet. Anspruchsgrundlage bilden die §§ 823 f BGB, wobei die in verschiedenen Einzelakten durch Mitarbeiter der klägerische Partei vorgenommenen Mobbing-Handlungen in die Haftungskette einbezogen sind, hinsichtlich der unerlaubten Handlungen sind die Kolleginnen und Kollegen der klägerischen Partei Erfüllungsgehilfen, § 831 BGB. Zwar steht damit dem Arbeitgeber der Entlastungsbeweis offen.
Der Schadensersatzanspruch wird deshalb zusätzlich auf einen Verstoß gem. §§ 280 Abs. 1, 278 BGB gestützt. Mobbing ist angesichts der bestehenden Fürsorgepflicht des Arbeitgebers, der auch für das Verschulden seiner Mitarbeiter haftet, ein Fürsorgepflichtenverstoß.

2. Die beklagte Partei hat der klägerischen Partei den aus der Rechtsgutsverletzung entstandenen Schaden zu ersetzen. Bei der Gesundheitsbeeinträchtigung sind dies zunächst die durch Behandlung entstandenen Kosten, bei der Verletzung des allgemeinen Persönlichkeitsrechts kann dies auch der Widerruf einer ehrverletzenden Äußerung sein. Liegt eine gesundheitliche Beeinträchtigung vor, so hat der Schädiger auch Ent-

schädigung für immaterielle Schäden zu leisten, mithin als Schmerzensgeld. Anspruchsgrundlage für den Schmerzensgeldanspruch bilden nach der Neuregelung schadensersatzrechtlicher Vorschriften die §§ 280, 823, 253 Abs. 2 BGB. Soweit es durch das Mobbing allein zu einer Verletzung des allgemeinen Persönlichkeitsrechts gekommen ist, scheidet ein Ersatz des immateriellen Schadens, allein auf die deliktische Anspruchsgrundlage gestützt, aus. Das allgemeine Persönlichkeitsrecht ist nicht in den Rechtsgüterkanon des § 253 Abs. 2 BGB mit der Neuregelung aufgenommen worden. § 847 BGB wurde gestrichen.

Es kann schließlich dahingestellt bleiben, ob der immaterielle Schaden zu seiner Berechnung an das Nettomonatsgehalt des Geschädigten gekoppelt werden kann. Das Arbeitsgericht Ludwigshafen hat in einem Beschluss,

> ArbG Ludwigshafen 6.11.2000 – 1 Ca 2136/00, DB 2001, 1096,

die Zahl der Monate, in denen der Geschädigte gemobbt wurde, mit dem Nettomonatseinkommen multipliziert und hieraus die Höhe des zu leistenden Schmerzensgelds entwickelt. Die klägerische Partei stellt die Höhe des Schmerzensgelds in das Ermessen des Gerichts.

350 **5. Muster: Kündigung vor Arbeitsantritt und Zurückweisung von Schadensersatzansprüchen wegen nicht angetretener Stelle**

Hiermit zeigen wir an, dass wir die rechtlichen Interessen von ... vertreten. Eine auf uns lautende Vollmacht ist beigefügt. Unserer Beauftragung liegt folgender Sachverhalt zugrunde:

Unser Mandant hat am ... mit Ihnen einen Arbeitsvertrag geschlossen. Das Arbeitsverhältnis sollte am ... beginnen.

Mit Schreiben vom ... hat unser Mandant Ihnen mitgeteilt, dass er aus persönlichen Gründen das Arbeitsverhältnis nicht antreten kann. Sie sollen unserem Mandanten am Telefon Vorhaltungen gemacht und Schadensersatzforderungen geltend gemacht haben. Rein vorsorglich

kündigen

wir hiermit das Arbeitsverhältnis zum frühestmöglichen Zeitpunkt, also mit einer Frist von zwei Wochen ab Zugang dieses Schreibens gem. § 622 Abs. 3 BGB.

Wir kündigen das Arbeitsverhältnis namens und in Vollmacht des Mandanten darüber hinaus auch bereits zum jetzigen Zeitpunkt.

Bezüglich der Rechtslage machen wir Sie auf Folgendes aufmerksam: Nach der Rechtsprechung des BAG,

> BAG 26.3.1981 – 3 AZR 485/78, BAGE 35, 179 = NJW 1981, 2430; BAG 23.3.1984 – 7 AZR 37/81, NZA 1984, 122,

kann der Arbeitnehmer, wenn er die Arbeit nicht antritt, wegen Schadensersatzansprüchen des Arbeitgebers auf ein rechtmäßiges Alternativverhalten verweisen. Dies hat zur Folge, dass der Arbeitgeber Inseratskosten und Ähnliches als Schadensersatz nur verlangen kann, wenn diese Kosten bei einer ordentlichen Kündigung des Arbeitnehmers zum nächstzulässigen Kündigungstermin nicht entstanden wären, also bei fristgemäßer Kündigung vermeidbar gewesen wären.

In der Sache ist damit der Schadensersatzanspruch des Arbeitgebers wertlos geworden,

> MüKo-BGB/*Henssler*, § 628 Rn 83.

Der Nachweis, dass die Einhaltung einer kurzfristigen Kündigungsfrist Inseratskosten entbehrlich gemacht hätte, kann praktisch nicht gelingen.

So misslich die Situation für Sie sein mag, was sowohl unser Mandant als auch der Unterzeichner durchaus verstehen können, so wenig löst Ihre Ankündigung von Schadensersatzforderungen Irritationen bei unserem Mandanten aus.

6. Muster: Kein Anspruch des Arbeitgebers auf Vertragsstrafe

Die klägerische Partei hat keinen Anspruch auf Zahlung einer Vertragsstrafe durch die beklagte Partei.

I.

Zwar hat das BAG entschieden, dass Vertragsstrafenklauseln, auch soweit sie unter § 309 Nr. 6 BGB subsumiert werden können, als eine im Arbeitsrecht geltende Besonderheit wirksam vereinbart werden können,

BAG 4.3.2004 – 8 AZR 196/03, BAGE 110, 8 = NZA 2004, 727.

Insbesondere in Fällen, in denen der andere Vertragsteil dem Verwender für den Fall der Nichtabnahme oder verspäteten Abnahme der Leistung, des Zahlungsverzugs oder für den Fall, dass er sich vom Vertrag löst, die Zahlung einer Vertragsstrafe versprochen wird, steht § 309 Nr. 6 BGB der Wirksamkeit eines Vertragsstrafeversprechens nicht generell entgegen.

Auch hat das BAG entschieden, dass ein Vertragsstrafeversprechen, das nicht unter die Tatbestände des § 309 Nr. 6 BGB falle, grundsätzlich wirksam sei. Allerdings müsse die Pflichtverletzung des Arbeitnehmers in der Vertragsstrafenabrede so konkret bezeichnet sein, dass sich der Versprechende in seinem Verhalten darauf einstellen könne,

BAG 21.4.2005 – 8 AZR 425/04, NZA 2005, 1053.

In einem weiteren Urteil hat das BAG entschieden, dass Vertragsstrafeversprechen bestimmt formuliert sein müssen und dass es nicht dem Arbeitgeber überlassen sein dürfe, selbst zu befinden, wann ein gravierender Vertragsverstoß vorliege und wann nicht,

BAG 18.8.2005 – 8 AZR 65/05, NZA 2006, 34.

II.

Diesen Anforderungen genügt die mit der beklagten Partei im Arbeitsvertrag vom ... vereinbarte Vertragsstrafenregelung nicht. Die Vereinbarung erfüllt weder die Anforderungen an die Bestimmtheit nach § 307 Abs. 1 Satz 2 BGB, noch stellt sie sich angesichts ihrer Höhe als noch wirksam iSv § 307 Abs. 2 Nr. 1 BGB dar. ...

III.

Da die Vertragsstrafe zu unbestimmt formuliert und ihrer Höhe falsch bemessen wurde, wurde zwischen den Parteien keine wirksame Vertragsstrafenabrede geschlossen. Angesichts der Rechtsfolge des § 306 BGB entfällt eine Anpassung der Vertragsstrafe durch Herabsetzung nach § 343 BGB.

XVIII. Schwerbehinderung

1. Muster: Behinderungsgerechte Beschäftigung

Arbeitsgericht ...

Klage

– klägerische Partei –

Prozessbevollmächtigte: ...

gegen

– beklagte Partei –

wegen: Behinderungsgerechter Beschäftigung

Wir bestellen uns zu Prozessbevollmächtigten der klägerischen Partei, in deren Namen und Auftrag wir beantragen zu erkennen:

1. Die beklagte Partei wird verurteilt, die klägerische Partei ggf nach entsprechender Vertragsänderung, vorbehaltlich der Zustimmung des Betriebsrats und ggf nach Durchführung des Zustimmungsersetzungsverfahrens, in einem Arbeitsbereich einzusetzen, bei dem die klägerische Partei noch leichte körperliche Tätigkeiten, bevorzugt im Sitzen, in geschlossenen und temperierten Räumen ausüben kann.

Hilfsweise:

2. Die beklagte Partei wird verurteilt, die klägerische Partei ggf nach entsprechender Vertragsänderung, vorbehaltlich der Zustimmung des Betriebsrats und ggf nach Durchführung eines Zustimmungsersetzungsverfahrens als ..., ... zu beschäftigen.
3. Die Berufung wird zugelassen.
4. Die beklagte Partei trägt die Kosten des Rechtsstreits.

Gründe:

I.

1. Die klägerische Partei ist seit dem ... bei der beklagten Partei als ... zu einem monatlichen Bruttogehalt von ... EUR beschäftigt.

   Beweis: 1. Vorlage des Arbeitsvertrages in Kopie – Anlage K 1.
   2. Vorlage einer Gehaltsbescheinigung – Anlage K 2.

Die beklagte Partei ist auf dem Gebiet des ... tätig. Sie beschäftigt ... Mitarbeiter. Der Arbeitsbereich der klägerischen Partei hat Folgendes zum Gegenstand: ...

2. Die klägerische Partei ist schwerbehindert. Die Anerkennung als schwerbehinderter Mensch erhielt die klägerische Partei mit Bescheid des Integrationsamts vom .... Außerdem erließ die Deutsche Rentenversicherung einen Bescheid vom ..., in dem der klägerischen Partei eine Rente wegen verminderter Erwerbsfähigkeit auf Zeit gewährt wurde.

   Beweis: 1. Vorlage des Schwerbehindertenausweises in Kopie – Anlage K 3.
   2. Vorlage des Bescheids des Rentenversicherungsträgers in Kopie – Anlage K 4.

Mit ärztlichem Attest vom ... wurde der klägerischen Partei bescheinigt, dass bei ihr eine Minderbelastbarkeit bestehe. Überkopfarbeiten, Arbeiten auf Leitern und Gerüsten, Heben und Tragen schwerer Gegenstände und andauernde Zwangshaltungen seien ihr nicht zumutbar.

Beweis: Vorlage des Attestes – Anlage K 5.

Ausweislich einer fachärztlichen Bescheinigung vom ... kann die klägerische Partei leichte körperliche Tätigkeiten ohne hohe Laufbelastungen, bevorzugt im Sitzen in geschlossenen und temperierten Räumen, verrichten.

Beweis: Vorlage der Bescheinigung – Anlage K 6.

II.
Der Anspruch der klägerischen Partei ergibt sich aus § 81 Abs. 4 Satz 1 Nr. 1, 4 und 5 SGB IX. Die klägerische Partei hat Anspruch auf behinderungsgerechte Beschäftigung. In diesem Zusammenhang trägt die klägerische Partei vor, dass sie auf folgenden Stellen (Arbeitsplätzen) bei der beklagten Partei beschäftigt werden könnte: ...

Nach der Rechtsprechung des BAG,

BAG 10.5.2005 – 9 AZR 230/04, BAGE 114, 299 = NZA 2006, 155,

muss sich die beklagte Partei auf den Vortrag der klägerischen Partei substantiiert einlassen und Tatsachen vortragen, aus denen sich ergibt, dass solche behinderungsgerechte Beschäftigungsmöglichkeiten nicht bestehen oder deren Zuweisung ihr unzumutbar ist.

Zumindest über den Hilfsantrag wird den Anforderungen des § 253 Abs. 2 Nr. 2 ZPO genügt, denn das Schwerbehindertenrecht räumt grundsätzlich keinen Anspruch auf einen selbstbestimmten Arbeitsplatz ein. Es ist Sache des Arbeitgebers, die Unzumutbarkeit der Beschäftigung des Arbeitnehmers auf einem Arbeitsplatz darzulegen und zu beweisen.

2. Muster: Nachträgliche Mitteilung eines Kündigungsverbots

Die Kündigung der klägerischen Partei verstößt gegen § 85 SGB IX. Das Integrationsamt hat der Kündigung der klägerischen Partei nicht zugestimmt. Die klägerische Partei teilt hiermit ausdrücklich mit, dass sie ein schwerbehinderter Mensch ist.

1. a) § 90 Abs. 2a SGB IX ist nicht in dem Sinne zu verstehen, dass die Schwerbehinderung erst nachgewiesen ist, wenn der Arbeitgeber zum Zeitpunkt der Kündigung von dem Feststellungsbescheid Kenntnis hatte. § 90 Abs. 2a SGB IX ist in der 1. Alternative nach herrschender Meinung so zu verstehen, dass der Nachweis erbracht ist, wenn ein entsprechender Feststellungsbescheid vorliegt, unabhängig davon, ob der Arbeitgeber zum Zeitpunkt der Kündigung Kenntnis hiervon hatte oder nicht,

ArbG Kassel 19.11.2004 – 3 Ca 323/04, ArbRB 2005, 9; ArbG Bonn 25.11.2004 – 7 Ca 2459/04, NZA-RR 2005, 193; ArbG Düsseldorf 29.10.2004 – 13 Ca 5326/04, NZA-RR 2005, 138 m. Anm. *Düwell*, jurisPR-ArbR 25/2005 Anm. 5; *Düwell*, BB 2004, 2811; *Moderegger*, ArbRB 2004, 248.

Wird durch Bescheid des Versorgungsamts vor Zugang der Kündigungserklärung beim Arbeitnehmer ein Grad seiner Behinderung von unter 50 und erst nach Zugang der Kündigungserklärung im Rechtsmittelverfahren ein solcher von wenigstens 50 festgestellt, besteht Sonderkündigungsschutz auch dann nicht, wenn im letzteren Falle festgestellt wurde, der Grad der Behinderung von wenigstens 50 habe bereits vor Zugang der Kündigungserklärung bestanden,

LAG Düsseldorf 22.3.2005 – 6 Sa 1938/04, LAGE § 90 SGB IX Nr. 1; *Düwell*, BB 2004, 2811; *Grimm/Brock/Windeln*, DB 2005, 283; OVG Rheinland-Pfalz 7.3.2006 – 7 A 11298/05, NZA 2006, 1108.

Die Vorlage eines Schwerbehindertenausweises beim Arbeitgeber vor dessen Kündigungserklärung ist nicht erforderlich, damit Sonderkündigungsschutz besteht. Jedoch ist dem Gesetzeswortlaut mit der hierfür vom Bundestagsausschuss für Gesundheit und soziale Sicherung gegebenen Begründung deutlich zu entnehmen, dass nach der 1. Alternative des § 90 Abs. 2 a SGB IX Sonderkündigungsschutz nur dann besteht, wenn im Zeitpunkt des Zugangs der Kündigung bereits die Eigenschaft als schwerbehinderter Mensch positiv festgestellt wurde. Die weitergehende Frage, ob diese Feststellung auch dem Arbeitgeber vorgelegt worden sein muss, wird in der Literatur überwiegend verneint,

Griebeling, NZA 2005, 494; *Grimm/Brock/Windeln*, DB 2005, 285.

1. b) Bei der 2. Alternative des § 90 Abs. 2 a SGB IX ist der Arbeitgeber darlegungs- und beweispflichtig dafür, dass die Drei-Wochen-Frist für eine Entscheidung durch das Versorgungsamt gem. §§ 69 Abs. 2 Satz, 14 Abs. 2 Satz 2 SGB IX verstrichen ist, weil der behinderte Mensch pflichtwidrig nicht mitgewirkt hat und deshalb die Entscheidung des Versorgungsamts verzögert wurde. Nach den Grundsätzen der abgestuften Darlegungs- und Beweislast ist jedoch zu verlangen, dass der Arbeitnehmer sich nach § 138 Abs. 2 ZPO substantiiert zur Erfüllung seiner Mitwirkungspflichten erklärt, wenn der Arbeitgeber bei feststehender Fristüberschreitung pauschal die Verletzung von Mitwirkungspflichten behauptet,

LAG Düsseldorf 22.3.2005 – 6 Sa 1938/04, LAGE § 90 SGB IX Nr. 1.

Entgegen der Auffassung des OVG Rheinland-Pfalz,

OVG Rheinland-Pfalz 7.3.2006 – 7 A 11298/05, NZA 2006, 1108,

gilt der besondere Kündigungsschutz nach § 85 SGB IX auch dann, wenn das Versorgungsamt die Schwerbehinderteneigenschaft erst auf einen Widerspruch des behinderten Menschen in einem Abhilfebescheid nach Zugang der Kündigung feststellt und eine fehlende Mitwirkung des behinderten Menschen nicht feststellbar ist,

LAG Düsseldorf 22.3.2005 – 6 Sa 1938/04, LAGE § 90 SGB IX Nr. 1.

2. Unter Beachtung der dargestellten Grundsätze hätte die beklagte Partei die Kündigung der klägerischen Partei nicht ohne Zustimmung des Integrationsamts aussprechen dürfen: ...

3. Muster: Verwaltungsgerichtliche Klage des Arbeitnehmers gegen Zustimmung zur Kündigung gem. § 85 SGB IX

Verwaltungsgericht ...

Anfechtungsklage

des/der ...

– klägerische Partei –

Prozessbevollmächtigte: RAe ...

gegen

das Integrationsamt[160]

– beklagte Partei –

beizuladen: ... (Arbeitgeber)

wegen: rechtswidriger Zustimmung zur Kündigung eines Schwerbehinderten

---

160 In jedem Bundesland sind Integrationsämter eingerichtet, in NRW zB beim Landschaftsverband Westfalen-Lippe und beim LVR.

Namens und in Vollmacht des Klägers erheben wir Klage vor dem Verwaltungsgericht ... mit dem Antrag,

1. den Zustimmungsbescheid der Beklagten vom ... in der Gestalt des Widerspruchsbescheids vom ... aufzuheben,
2. der Beklagten die Kosten des Verfahrens aufzuerlegen,
3. unsere Hinzuziehung im Vorverfahren für notwendig zu erklären,
4. das Urteil wegen der Kosten für vorläufig vollstreckbar zu erklären,
5. dem Kläger zu gestatten, eine zulässige oder erforderliche Sicherheit auch durch Bankbürgschaft zu erbringen.

Begründung:

I.

Die im Jahre ... geborene klägerische Partei ist schwerbehinderter Mensch mit einem Grad der Behinderung (GdB) von .... Sie ist verheiratet und hat ... unterhaltsberechtigte Kinder. Seit dem ... war sie bei dem/der Beigeladenen ... als ... in einem unbefristeten Arbeitsverhältnis beschäftigt.
Sie war im ... tätig. Ihr Tätigkeitsschwerpunkt war .... Im Rahmen ihrer Tätigkeit hatte sie ....
Der beizuladende Arbeitgeber der klägerischen Partei verfügt über insgesamt ca. ... Arbeitsplätze und beschäftigt bei ... Pflichtplätzen ... schwerbehinderte Arbeitnehmer.
Im Zeitraum ... kam es zu .... Unter Bezugnahme auf den oben stehenden Sachverhalt beantragte der Arbeitgeber der klägerischen Partei mit am ... bei der beklagten Partei eingegangenem Antrag die Zustimmung zur außerordentlichen fristlosen Kündigung, hilfsweise zur ordentlichen fristgerechten Kündigung der klägerischen Partei. Zur Begründung führt er aus, dass die Fortsetzung des Arbeitsverhältnisses zwischen dem Arbeitgeber und der klägerischen Partei unzumutbar sei. Der Umstand, dass die klägerische Partei seit ... während der Arbeitszeit ... habe, stelle eine schwerwiegende Verletzung der arbeitsvertraglichen Pflichten dar.
Am ... beantragte der Arbeitgeber bei der beklagten Partei die Zustimmung zur Kündigung des Arbeitsverhältnisses der klägerischen Partei. Mit Bescheid vom ... erteilte die beklagte Partei die Zustimmung zur Kündigung. Die klägerische Partei legte am ... Widerspruch gegen den Bescheid der beklagten Partei vom ... ein. Dieser wurde mit Widerspruchsbescheid vom ... abschlägig beschieden.

II.

Der Zustimmungsbescheid der beklagten Partei vom ... ist rechtswidrig und daher aufzuheben. Die beklagte Partei hat die Zustimmung nicht nach pflichtgemäßen Ermessen gem. §§ 85, 88 SGB IX erteilt. Die beklagte Partei hat bei seiner Entscheidung eine an der Zielsetzung des Schwerbehindertengesetzes (SGB IX) orientierte Interessenabwägungen vorzunehmen,

> BayVGH 10.3.2006 – 9 ZB 05.2600, juris.

Vorliegend hat die beklagte Partei ihre Ermessensentscheidung auf eine unzureichend ermittelte Tatsachengrundlage gestützt. Es liegt daher ein Fall von Ermessensfehlgebrauch vor. Die fehlerhafte Ermessensentscheidung der beklagten Partei ist aufzuheben.
Die Zustimmung zur Kündigung eines schwerbehinderten Arbeitnehmers, der in einem Integrationsbetrieb iSd § 132 Abs. 1 SGB IX beschäftigt ist, erfordert eine besonders sorgfältige Aufklärung des Sachverhalts,

> VG Frankfurt 23.2.2005 – 7 E 1771/04, juris.

Diese Grundsätze gelten auch für die Beschäftigung des Arbeitnehmers in Betrieben, die nicht als Integrationsprojekte geführt werden. Bei der Entscheidung des Integrationsamts ist immer zu beachten, dass das Integrationsamt die Sachverhaltsdarstellung des Arbeitgebers nicht ungeprüft übernehmen darf, sondern verpflichtet ist, den Sachverhalt, soweit es diesen seiner Entscheidung zugrunde legt, selbst aufzuklären,

> BVerwG 6.2.1995 – 5 B 75/94, *Buchholz* 436.61 § 15 SchwbG Nr. 9.

Das Integrationsamt hat im Zustimmungsverfahren, um eine Ermessensentscheidung in sachgerechter Weise treffen zu können, anknüpfend an den Antrag auf Zustimmung zur Kündigung und von ihm ausgehend von Amts wegen all das zu ermitteln und dann auch zu berücksichtigen, was erforderlich ist, um die gegensätzlichen Interessen der Schwerbehinderten und seines Arbeitgebers gegeneinander abwägen zu können,

BVerwG 2.7.1992 – 5 C 51.90, BVerwGE 90, 287.

Das Integrationsamt ist nicht der Pflicht enthoben, sich von der Richtigkeit der für ihre Entscheidung wesentlichen Behauptung eine eigene Überzeugung zu verschaffen; gründet es dem entgegen seine Entscheidung auf unrichtige Behauptungen, dann begeht es einen Ermessensfehler,

BVerwG 6.2.1995 – 5 B 75/94, *Buchholz* 436.61 § 15 SchwbG Nr. 9.

III.

Bei der Entscheidung über die Zustimmung zur Kündigung hat die beklagte Partei den wesentlichen Grundgedanken der gesetzlichen Regelung im SGB IX vernachlässigt, was ebenfalls zur Rechtswidrigkeit der Ermessensentscheidung führt. Die Integrationsämter müssen bei der materiellen Prüfung berücksichtigen, dass das Gesetz ein Fürsorgegesetz ist und deshalb dem schwerbehinderten Menschen den Arbeitsplatz erhalten und ihn vor Kündigungen aus Gründen der Schädigung schützen soll,

Neumann/Pahlen/Majerski-Pahlen/*Neumann*, SGB IX, § 85 Rn 69.

Das daraus sich ergebende pflichtgemäße Ermessen schränkt deshalb den Ermessensspielraum erheblich ein,

BVerwG 15.4.1964 – V C 203.62, BVerwGE 18, 213, 216; BVerwG 27.10.1971 – V C 78.70, BVerwGE 39, 36.

Im Rahmen der Entscheidung nach § 85 SGB IX hat das Integrationsamt die widerstreitenden Interessen des Schwerbehinderten und die des Arbeitgebers unter Berücksichtigung des fürsorgerischen Schutzzweckes des Gesetzes gegeneinander abzuwägen. Dabei sind zum einen das Interesse des Arbeitgebers an der Erhaltung seiner Gestaltungsmöglichkeiten und zum anderen das Interesse des behinderten Arbeitnehmers an der Erhaltung seines Arbeitsplatzes zu berücksichtigen. Der Schwerbehindertenschutz gewinnt an Gewicht, wenn die Kündigung des Arbeitsverhältnisses auf Gründe gestützt wird, die in der Behinderung selbst ihre Ursache haben. In diesen Fällen sind an die Zumutbarkeitsgrenze für den Arbeitgeber besonders hohe Anforderungen zu stellen, um den im Schwerbehindertenrecht zum Ausdruck gekommenen Schutzgedanken der Rehabilitation verwirklichen zu können,

VG Münster 25.7.2006 – 5 K 1808/05, juris; VG Würzburg 17.7.2012 – W 3 K 12.102, ArbRB 2013, 13 m. Anm. *Beyer*, jurisPR-ArbR 47/2012 Anm. 4.

Das Integrationsamt muss vor der Zustimmungsentscheidung überprüfen, ob der schwerbehinderte Mensch nicht aufgrund seiner sich durch die Behinderung ergebenden Benachteiligung in diskriminierender Art und Weise aus Gründen entlassen werden soll, die mit dem Fürsorge- und Schutzcharakter des SGB IX nicht in Einklang stehen.

Im vorliegenden Fall hat die beklagte Partei insbesondere übersehen, dass .... Nur aufgrund der körperlichen Einschränkungen, die durch die Behinderung der klägerischen Partei bedingt sind, konnte die klägerische Partei Arbeiten im Bereich ... nicht schneller ausführen. Die Minderleistungsfähigkeit im Zusammenhang mit der Behinderung ist für sich allein aber kein Kündigungsgrund,

Kaiser, Behindertenrecht, 1999, S. 81; *Siegler*, DB 1977, 1947.

Die Zustimmung soll aber nur dann erteilt werden, wenn der Kündigungsgrund nicht im Zusammenhang mit der Behinderung steht,

VG Arnsberg 11.2.1976 – 5 K 821/75, DB 1976, 1532.

Nur wenn die Kündigungsgründe auf Umständen beruhen, die nicht mit der Behinderung in Zusammenhang stehen, kann der Behindertenschutz in den Hintergrund treten. Im Bereich der verhaltensbedingten Kündigung kann das beispielsweise der Fall sein, wenn der schwerbehinderte Mensch während der Arbeitszeit privat das Internet nutzt,

VG Münster 25.7.2006 – 5 K 1808/05, juris.

Die klägerische Partei hat jedoch im Rahmen ihrer körperlichen Leistungsfähigkeit stets einwandfrei und zuverlässig ihre Arbeitsleistung erbracht.

IV.

Die Ermessensentscheidung ist insbesondere auch dann fehlerhaft, wenn das Integrationsamt nicht überprüft hat, ob ein anderer Arbeitsplatz zur Verfügung steht,

BVerwG 28.2.1968 – V C 33.66, BVerwGE 29, 140.

Im Betrieb des Arbeitgebers ist der Arbeitsplatz des/der ... frei und könnte von der klägerischen Partei besetzt werden. Die klägerische Partei verfügt über die notwendigen Fähigkeiten und Kenntnisse in diesem Bereich. Insbesondere ....

Auch in dieser Hinsicht ist die Zustimmungsentscheidung der beklagten Partei rechtswidrig und damit aufzuheben.

V.

Der Streitwert ist entsprechend § 42 Abs. 2 GKG zu bemessen. Jedenfalls dann, wenn der zu kündigende Arbeitnehmer die Zustimmung des Integrationsamts zur Kündigung bekämpft, führt dies unmittelbar dazu, dass die Kündigung des Arbeitsverhältnisses des schwerbehinderten Menschen unwirksam wird bzw nicht erklärt werden kann. Die Bedeutung des Verfahrens für den Arbeitnehmer ist deshalb ebenso zu bewerten wie die einer Kündigungsschutzklage vor dem Arbeitsgericht.

XIX. Urlaub

1. Muster: Urlaubserteilung

Arbeitsgericht ...

Klage

– klägerische Partei –

Prozessbevollmächtigte: ...

gegen

– beklagte Partei –

Prozessbevollmächtigte: ...

wegen: Urlaub

Wir bestellen uns zu Prozessbevollmächtigten der klägerischen Partei, in deren Namen und Vollmacht wir um Anberaumung eines möglichst frühen Gütetermins bitten. Sollte die Güteverhandlung ergebnislos bleiben, werden wir beantragen:

1. Die beklagte Partei wird verpflichtet, der klägerischen Partei in der Zeit vom ... bis ... für ... Wochen Erholungsurlaub zu gewähren.
2. Die Berufung wird zugelassen.
3. Die Kosten des Rechtsstreits trägt die beklagte Partei.

Gründe:

I.

Die klägerische Partei ist seit dem ... bei der beklagten Partei als ... zu einem monatlichen Bruttogehalt von ca. ... EUR beschäftigt.

Beweis: Vorlage der Verdienstabrechnungen für die Monate ... und ... in Kopie – Anlage K 1.

Die klägerische Partei beantragte bereits am ... ihren Jahresurlaub für ... und teilte mit, dass sie ihren Jahresurlaub für ... Wochen in die Zeit vom ... bis ... legen wollte. Die klägerische Partei hat schulpflichtige Kinder und beabsichtigt, in dieser Zeit in ihr Heimatland zu verreisen. Die beklagte Partei lehnte mit Schreiben vom ... unter Bezugnahme auf mehrere Gespräche die Urlaubsgewährung in diesem Zeitraum ab.

Beweis: Vorlage des Schreibens vom ... in Kopie – Anlage K 2.

Die beklagte Partei wurde mit außergerichtlichem Schreiben der Prozessbevollmächtigten der klägerischen Partei vom ... nochmals aufgefordert, die betrieblichen Gründe mitzuteilen, die einer Urlaubsgewährung in der Zeit vom ... bis ... entgegenstehen.

Beweis: Vorlage des Schriftsatzes der klägerischen Partei vom ... in Kopie – Anlage K 3.

Die beklagte Partei hat solche betrieblichen Gründe nicht mitgeteilt und lehnte mit Schreiben ihrer Bevollmächtigten vom ... die beantragte Urlaubsgewährung endgültig ab.

Beweis: Vorlage des Schreibens der beklagten Partei vom ... in Kopie – Anlage K 4.

II.

Die klägerische Partei hat Anspruch auf Erteilung des Jahresurlaubs wie beantragt für die Zeit vom ... bis ....

Zur Festlegung des Urlaubs bedarf es einer Erfüllungshandlung des Arbeitgebers. Da der Arbeitgeber einseitig seine Leistungspflicht konkretisiert, hat die Festlegung gem. § 315 BGB nach billigem Ermessen zu erfolgen,

so BAG 12.10.1961 – 5 AZR 423/60, BAGE 11, 318 = AP § 611 BGB Urlaubsrecht Nr. 84; BAG 4.12.1970 – 5 AZR 242/70, AP § 7 BUrlG Nr. 5.

Im Rahmen der Abwägung der wechselseitigen Interessen hat der Arbeitgeber die Urlaubswünsche des Arbeitnehmers zu berücksichtigen (§ 7 Abs. 1 BUrlG). Der Arbeitgeber darf sich über die Urlaubswünsche nur dann hinwegsetzen, wenn von ihm darzulegende oder zu beweisende dringende betriebliche Belange oder Urlaubswünsche anderer Arbeitnehmer, die unter sozialen Gründen den Vorrang verdienen, wie etwa Berücksichtigung der Schulferien bei Arbeitnehmern mit schulpflichtigen Kindern, entgegenstehen,

vgl BAG 4.12.1970 – 5 AZR 242/70, AP § 7 BUrlG Nr. 5.

Entspricht die Festlegung des Urlaubszeitpunktes nicht der Billigkeit, so ist sie für den Arbeitnehmer nicht verbindlich (§ 315 Abs. 1 Satz 1 BGB), vielmehr erfolgt sie dann durch Urteil (§ 315 Abs. 3 Satz 2 BGB).

Entgegenstehende dringende betriebliche Belange sind trotz der Aufforderung im Schriftsatz vom ... seitens der beklagten Partei nicht vorgetragen worden.

Da entgegenstehende betriebliche Belange oder Urlaubswünsche anderer Arbeitnehmer nicht erkennbar sind, hat die klägerische Partei Anspruch auf Gewährung des von ihr gewünschten Urlaubs in der Zeit vom ... bis ....

Im Übrigen wird noch auf die bei der beklagten Partei geltende Betriebsordnung hingewiesen, die zwischen der beklagten Partei und dem Betriebsrat vereinbart worden ist. Dort ist geregelt, dass mindestens 3 Wochen Urlaub zusammenhängend genommen werden müssen, um den Urlaubszweck zu erreichen. Ferner ist festgelegt, dass der Urlaub während der Schulferien nach Möglichkeit den Betriebsangehörigen mit schulpflichtigen Kindern vorbehalten bleiben soll.

Beweis: Vorlage der Betriebsordnung in Kopie – Anlage K 5.

Da die beklagte Partei es außergerichtlich abgelehnt hat, den beantragten Urlaub zu gewähren, war Klage geboten.

2. Muster: Einstweilige Verfügung wegen Urlaubserteilung

Arbeitsgericht ...

Antrag auf Erlass einer einstweiligen Verfügung

...

– antragstellende Partei –

Verfahrensbevollmächtigte: ...

und

...

– antragsgegnerische Partei –

Verfahrensbevollmächtigte: ...

wegen: Gestattung, der Arbeit fernzubleiben

Wir bestellen uns zu Verfahrensbevollmächtigten der antragstellenden Partei, in deren Namen und Auftrag wir im Wege der einstweilige Verfügung – wegen der Dringlichkeit ohne mündliche Verhandlung, ansonsten unter Abkürzung der Ladungs- und Einlassungsfristen auf das gesetzlich zulässige Mindestmaß – beantragen:

1. Der antragstellenden Partei wird das Fernbleiben von der Arbeit in der Zeit vom ... bis zum ... gestattet.[161]
2. Die Kosten des Verfahrens trägt die antragsgegnerische Partei.

Gründe:

1. Die antragstellende Partei ist bei der antragsgegnerischen Partei gemäß Arbeitsvertrag vom ... zu einem monatlichen Gehalt von ... EUR als Reisekauffrau beschäftigt.

Glaubhaftmachung: Vorlage des Arbeitsvertrages in Kopie – Anlage K 1.

Unstreitig stehen der antragstellenden Partei im Kalenderjahr ... noch ... Tage Erholungsurlaub zu.

2. Die antragstellende Partei hat am ... Erholungsurlaub für den Zeitraum vom ... bis ... schriftlich beantragt.

Glaubhaftmachung: Vorlage des Urlaubsantrags in Kopie – Anlage K 2.

Den Urlaubsantrag hat die Geschäftsführerin am ... abgezeichnet.

Glaubhaftmachung: Vorlage des Urlaubsantrags in Kopie – Anlage K 2.

---

161 Zwar geht es dem Arbeitnehmer der Sache nach bei der hier vorliegenden Antragstellung um die Gewährung von Erholungsurlaub. Um sich jedoch nicht der Gefahr auszusetzen, dass der Verfügungsgrund wegen einer Vorwegnahme in der Hauptsache vom Gericht verneint wird, wird empfohlen, den unterhalb der Urlaubsgewährung angesiedelten Freistellungsanspruch („Fernbleiben von der Arbeit"), bei dem auch offen bleibt, ob eine Vergütungspflicht für diesen Zeitraum besteht, zu wählen. Die Arbeitsgerichte zögern häufig, die Hauptsache vorwegzunehmen, insbesondere dann, wenn es um Sachverhaltsfragen geht, die aus der Sicht des Richters ohne Beweisaufnahme nicht mit der gebotenen Gewissheit beantwortet werden können. Auch die arbeitsverfahrensrechtliche Literatur regt an, statt der Erfüllung des streitigen Urlaubsanspruchs den Weg der Gestattung eines Fernbleibens von der Arbeit zu wählen (s. nur *Germelmann u.a.*, ArbGG, § 62 Rn 101).

Bei der antragsgegnerischen Partei bedeutet die Abzeichnung der Vorgesetzten, dass der Urlaubsantrag genehmigt ist.

Glaubhaftmachung: Eidesstattliche Versicherung der antragstellenden Partei – Anlage K 3.

Nach der Gegenzeichnung eines Urlaubsantrags wird dieser in eine Urlaubsdatei eingetragen.

Glaubhaftmachung: Vorlage eines aktuellen Ausdrucks der Urlaubsdatei – Anlage K 4.

Die Abzeichnung eines Urlaubsantrags durch den Vorgesetzten bedeutet im Betrieb der antragsgegnerischen Partei die Genehmigung des Urlaubs, die vom Vorgesetzten veranlasste Eintragung in die Urlaubsdatei bedeutet die Dokumentation der Genehmigung des beantragten Erholungsurlaubs.

Glaubhaftmachung: Eidesstattliche Versicherung der antragstellenden Partei – Anlage K 2.

3. Die antragstellende Partei hat nach der Genehmigung ihres Urlaubsantrags eine Reise für ihre Familie (vier Personen) in die Karibik gebucht.

Glaubhaftmachung: Vorlage der Reisedokumente – Anlage K 5.

4. Am ... teilte der antragstellenden Partei die Geschäftsführerin der antragsgegnerischen Partei mit, der Urlaub sei gestrichen.

Glaubhaftmachung: Eidesstattliche Versicherung der antragstellenden Partei – Anlage K 2.

Hintergrund bildete der Umstand, dass ein neues Computerprogramm eingeführt werde, dass das Software-Haus zwingend die Schulung aller Mitarbeiter in dem Zeitraum durchführen müsse, in dem die antragstellende Partei habe in Urlaub fahren wollen.

Glaubhaftmachung: Wie vor.

5. Die antragsgegnerische Partei ist nicht befugt, die zugesagte Leistung von Erholungsurlaub nach § 7 Abs. 1 BUrlG zu verweigern. Ist die Urlaubserteilung erfolgt, kann der Arbeitgeber ebenso wenig wie der Arbeitnehmer die Urlaubserteilung einseitig widerrufen,

BAG 29.1.1960 – 1 AZR 200/58, BAGE 9, 1 = AP § 123 GewO Nr. 12.

Die Festsetzung des Urlaubstermins ist eine Willenserklärung und mit ihrem Zugang wirksam geworden. Ein Widerruf ist nach den allgemeinen Regeln nicht möglich, lediglich kommt eine Anfechtung unter den Voraussetzungen der §§ 119, 123 BGB in Betracht, wenn der Urlaub noch nicht angetreten wurde,

AnwK-ArbR/*Düwell*, § 7 BUrlG Rn 45 ff.

Nur Ausnahmsweise, in echten Notfallsituationen, ist dem Arbeitgeber das Festhalten an der Urlaubserteilung nicht zuzumuten. Solche Notfälle liegen vor, wenn unvorhergesehene und unabwendbare Umstände vorliegen, die die Anwesenheit des Arbeitnehmers dringend erforderlich machen, da andernfalls dem Arbeitgeber Nachteile drohen,

vgl *Lepke*, DB 1990, 1131 mwN.

Ein solcher Notfall ist vorliegend nicht gegeben. Die Informationen über die Änderungen in der Software kann sich die antragstellende Partei auch nach Urlaubsrückkehr verschaffen. Für die Installation der Software auf dem Rechner der antragstellenden Partei ist die Anwesenheit der antragstellenden Partei nicht erforderlich. Der Supervisor verfügt über die Möglichkeit des jederzeitigen Zugangs zum Arbeitsplatz-Rechner der antragstellenden Partei.

6. Der Anspruch auf Urlaub kann auch gem. §§ 935, 940 ZPO anerkanntermaßen im Wege der einstweiligen Verfügung durchgesetzt werden,

BAG 22.1.1998 – 2 ABR 19/97, NZA 1998, 708; BAG 16.3.2000 – 2 AZR 75/99, NZA 2000, 1332.

Im Urlaubsrecht kann auch eine einstweilige Verfügung auf Urlaubsbewilligung für einen bestimmten Zeitraum beantragt und erlassen werden,

LAG Rheinland-Pfalz 7.3.2002 – 7 Ta 226/02, NZA-RR 2003, 130.

Einer entsprechenden einstweiligen Verfügung steht nicht entgegen, dass durch sie bereits eine Befriedigung des Urlaubsanspruchs herbeigeführt wird, wenn die geschuldete Willenserklärung vom Arbeitgeber so kurzfristig erstritten werden muss, dass die Erwirkung des Titels im Urteilsverfahren nicht möglich ist,

LAG Rheinland-Pfalz 7.3.2002 – 7 Ta 226/02, NZA-RR 2003, 130.

Mit dem vorliegenden Antrag wird, obwohl dies nach der Rechtsprechung möglich wäre, nicht die Erfüllung des streitigen Urlaubsanspruchsanspruchs geltend gemacht, sondern eine Regelungs- und Sicherungsverfügung, die der antragstellenden Partei ermöglicht, für den ursprünglich genehmigten Urlaubszeitraum von der Arbeit fernzubleiben. Damit tritt auch keine Vorwegnahme in der Hauptsache ein. Der Einwand, dass bekanntermaßen eine Rückabwicklung im Falle einer für den Arbeitnehmer negativen Entscheidung in der Hauptsache nicht mehr möglich ist, wenn im einstweiligen Verfügungsverfahren der Urlaub gewährt wurde, entfällt.

Es bleibt daher dem Hauptsacheverfahren vorbehalten, sowohl eine Entscheidung darüber zu fällen, ob dem Arbeitnehmer der Urlaubsanspruch zustand und ggf dann auch eine Entscheidung darüber zu fällen, ob der Zeitraum, während dessen die antragstellende Partei der Arbeit ferngeblieben ist, von der antragsgegnerischen Partei gemäß dem monatlichen Bruttoentgelt durch Urlaubsentgelt zu vergüten ist.

Es kann deshalb dahingestellt bleiben, ob die mit dem vorliegenden Antrag geltend gemachte Freizeit Erholungsurlaub ist oder nicht, ob Urlaubsentgelt zu zahlen ist oder nicht. Soweit streitig, können diese Ansprüche im Hauptsacheverfahren entschieden werden.

Die Dringlichkeit der geltend beantragten Entscheidung ergibt sich zwanglos aus dem Umstand, dass in der Zeit bis zum Beginn der Urlaubsreise (in ... Tagen) eine Hauptsacheentscheidung nicht mehr herbeigeführt werden kann und die Freistellung der antragstellenden Partei nur noch im Wege einer einstweiligen Verfügung sichergestellt werden kann.

3. Muster: Klage auf Urlaubsabgeltung bei Freistellung

Arbeitsgericht ...

Klage

...

– klägerische Partei –

Prozessbevollmächtigte: ...

gegen

...

– beklagte Partei –

Prozessbevollmächtigte: ...

wegen: Urlaubsabgeltung

Wir bestellen uns zu Prozessbevollmächtigten der klägerischen Partei, in deren Namen und Auftrag wir um kurzfristige Anberaumung eines Gütetermins bitten und beantragen werden zu erkennen:

1. Die beklagte Partei wird verurteilt, der klägerischen Partei ... EUR brutto nebst Zinsen in Höhe von fünf Prozentpunkten über dem Basiszinssatz seit dem ... zu zahlen.[162]
2. Die Kosten des Rechtsstreits trägt die beklagte Partei.

Gründe:

1. Die klägerische Partei war bei der beklagten Partei in der Zeit vom ... bis zum ... als ... beschäftigt. Das monatliche Bruttogehalt betrug ... EUR. Für die klägerische Partei galt eine Fünf-Tage-Woche.

Beweis: Vorlage des Arbeitsvertrages in Kopie – Anlage K 1.

Die beklagte Partei hat der klägerischen Partei mit Schreiben vom ... gekündigt und sie gleichzeitig bis zum Ablauf der Kündigungsfrist von der Arbeitsleistung freigestellt.

Beweis: Kündigungsschreiben in Kopie – Anlage K 2.

2. Nach dem Arbeitsvertrag hat die klägerische Partei Anspruch auf Urlaub in Höhe von ... Arbeitstagen pro Jahr. Die klägerische Partei hatte während des Beschäftigungsverhältnisses vom ... bis ... im letzten Kalenderjahr Urlaub genommen. Ihr steht somit noch ein Urlaub in Höhe von ... Arbeitstagen zu. Die anteilige Kürzung erfolgt gem. § 5 Abs. 1 Buchst. c) BUrlG.

Da die antragstellende Partei keine Gelegenheit hatte, den ihr noch zustehenden Resturlaub in Höhe von ... Tagen bis zur Beendigung des Arbeitsverhältnisses zu nehmen, hat sich ihr Urlaubsanspruch gem. § 7 Abs. 4 BUrlG in einen Abgeltungsanspruch umgewandelt. Dass die klägerische Partei für mehrere Wochen nach der Kündigung bis zur Beendigung des Arbeitsverhältnisses von der beklagten Partei freigestellt wurde, ändert an der Entstehung des Abgeltungsanspruchs nicht. Vereinbaren die Parteien des Arbeitsverhältnisses bei einer vom Arbeitgeber ausgesprochenen Freistellung nicht, dass in der Zeit der Freistellung der noch bestehende Resturlaub genommen wird, bleibt der Urlaubsanspruch erhalten,

ständige Rechtsprechung: BAG 9.6.1998 – 9 AZR 43/97, BAGE 89, 91 = NZA 1999, 80; LAG Köln 16.3.2000 – 10 (11) Sa 1280/99, NZA-RR 2001, 310.

Zwischen den Parteien wurde keine Vereinbarung getroffen, wonach die Freistellung gleichzeitig auch Urlaub bedeuten sollte. Damit verbleibt es bei dem Abgeltungsanspruch gem. § 7 Abs. 4 BUrlG.

3. Der Urlaubsabgeltungsanspruch berechnet sich nach folgender Formel: Der dreifache Bruttomonatsverdienst der klägerischen Partei wird durch 65 Tage dividiert. Dies ergibt das arbeitstägliche Bruttoentgelt, das mit der Anzahl der Urlaubstage (hier: ...) zu multiplizieren ist. Damit errechnet sich ein Urlaubsabgeltungsanspruch der klägerischen Partei in Höhe von ... EUR wie folgt: ...

Mit Urteil vom 19.6.2012 hat das Bundesarbeitsgericht seine Rechtsprechung zum Charakter des Abgeltungsanspruchs als Surrogat des Urlaubsanspruchs insgesamt aufgegeben. Es betrachtet den Abgeltungsanspruch als Geldanspruch, dessen Erfüllbarkeit nicht von der Arbeitsfähigkeit des Arbeitnehmers abhängt und der nicht dem Fristenregime des BUrlG unterliegt,

BAG 19.6.2012 – 9 AZR 652/10, DB 2012, 2288.

---

[162] Eine dem Wortlaut des § 288 BGB entsprechende Antragstellung ist ausreichend. Somit muss sich der Anwalt nicht der Mühe unterziehen, den aktuellen Basiszinssatz zu ermitteln und dann einen konkret bezifferten Zinsantrag zu stellen.

4. Muster: Klage auf Urlaubsabgeltung bei langwährender Krankheit

↓

Arbeitsgericht ...

Klage

– klägerische Partei –

Prozessbevollmächtigte: ...

gegen

...

– beklagte Partei –

Prozessbevollmächtigte: ...

wegen: Urlaubsabgeltung

Wir bestellen uns zu Prozessbevollmächtigten der klägerischen Partei, in deren Namen und Auftrag wir um kurzfristige Anberaumung eines Gütetermins bitten und beantragen werden zu erkennen:

1. Die beklagte Partei wird verurteilt, der klägerischen Partei ... EUR brutto nebst Zinsen in Höhe von fünf Prozentpunkten über dem Basiszinssatz seit dem ... zu zahlen.
2. Die Kosten des Rechtsstreits trägt die beklagte Partei.

Gründe:

1. Die klägerische Partei war bei der beklagten Partei in der Zeit vom ... bis zum ... als ... beschäftigt. Das monatliche Bruttogehalt betrug ... EUR. Für die klägerische Partei galt eine Fünf-Tage-Woche.

   Beweis: Vorlage des Arbeitsvertrages in Kopie – Anlage K 1.

Seit dem ... leidet die klägerische Partei an den Folgen der ...-Krankheit, die eine durchgängige Arbeitsunfähigkeit seit dem ..., damit mittlerweile seit ... Monaten, zur Folge hat. Die Ärzte, die die klägerische Partei behandeln, haben ihr aufgrund der negativen Prognose zur Beendigung der bisher ausgeübten Tätigkeit geraten und eine berufliche komplette Neuorientierung nahe gelegt, soweit dies mit den substantiellen Beeinträchtigungen aufgrund der Erkrankung überhaupt noch möglich sein wird. Die klägerische Partei hat daher gegenüber der Beklagten mit Schreiben vom ... zum ... gekündigt.

   Beweis: Kündigungsschreiben in Kopie – Anlage K 2.

2. Nach dem Arbeitsvertrag hat die klägerische Partei Anspruch auf Urlaub in Höhe von ... Arbeitstagen pro Jahr. Die klägerische Partei hatte während des Beschäftigungsverhältnisses vom ... bis ... im letzten Kalenderjahr Urlaub genommen. Ihr steht somit noch ein Urlaub von ... Arbeitstagen für das Jahr ... zu. Für das Folgejahr hat die klägerische Partei noch gar keinen Urlaub nehmen können. Aufgrund der Beendigung zum ... und damit in der zweiten Jahreshälfte, tritt nach § 5 Abs. 1 Buchst. c) BUrlG keine Kürzung des Urlaubsanspruchs ein.

Da die antragstellende Partei keine Gelegenheit hatte, den ihr noch zustehenden Resturlaub in Höhe von ... Tagen bis zur Beendigung des Arbeitsverhältnisses zu nehmen, hat sich ihr Urlaubsanspruch gem. § 7 Abs. 4 BUrlG in einen Abgeltungsanspruch umgewandelt. Der EuGH hat in der sog. KHS-Entscheidung vom 22.11.2011 seine Rechtsprechung bezüglich des zeitlich unbegrenzten Ansammelns von Urlaubsansprüchen arbeitsunfähiger Arbeitnehmer (Rechtssache „Schultz-Hoff", EuGH 20.1.2009 – Rs. C-350/06 und C-520/06, AP Richtlinie 2003/88/EG Nr. 1 = EzA EG-Vertrag 1999 Richtlinie 2003/88 Nr. 1) geändert und den Verfall des Urlaubs gem. § 7 Abs. 3 Satz 3 BUrlG 15 Monate nach Ablauf des Urlaubsjahres nicht beanstandet,

EuGH 22.11.2011 – Rs. C-214/10 (KHS-Entscheidung), EzA-SD 2011, Nr. 24, 4–6.

§ 7 Abs. 3 Satz 3 BUrlG ist unionsrechtskonform so auszulegen, dass gesetzliche Urlaubsansprüche vor Ablauf eines Zeitraums von 15 Monaten nach dem Ende des Urlaubsjahres nicht erlöschen, wenn der Arbeitnehmer aus gesundheitlichen Gründen an seiner Arbeitsleistung gehindert war. Sie gehen jedoch mit Ablauf des 31.3. des zweiten Folgejahres unter. Dies gilt auch bei fortdauernder Arbeitsunfähigkeit. Die Länge des Übertragungszeitraums von 15 Monaten ergibt sich allerdings nicht zwingend aus dem Unionsrecht. Der Gesetzgeber wäre nicht gehindert, einen anderen Übertragungszeitraum festzusetzen, der lediglich deutlich länger sein müsste als der Bezugszeitraum. Ein solches Tätigwerden des Gesetzgebers ist in der Literatur vielfach gefordert worden (vgl *Bauer/von Medem*, NZA 2012, 113, 116 f; *Düwell*, jurisPR-ArbR 16/2012 Anm. 3; *Franzen*, NZA 2011, 1403, 1404 f) – bislang jedoch ohne Erfolg,

BAG 7.8.2012 – 9 AZR 353/10, DB 2012, 2462.

Nach der Rechtsprechung des Bundesgerichtshofs gebietet der Grundsatz der unionsrechtskonformen Auslegung eine weitgehende Rückkehr zum Auslegungsergebnis der früheren Rechtsprechung zu § 7 Abs. 3 Satz 3 BUrlG,

BAG 7.8.2012 – 9 AZR 353/10, DB 2012, 2462.

Danach verfällt der Urlaubsanspruch nicht, wenn der Arbeitnehmer infolge lang andauernder Arbeitsunfähigkeit gehindert war, den Urlaub vor Ablauf des Kalenderjahres bzw des Übertragungszeitraums zu nehmen. Vielmehr wird § 7 Abs. 3 Satz 3 BUrlG so ausgelegt, dass der Urlaub im Falle der Unmöglichkeit der Urlaubsverwirklichung im Kalenderjahr infolge lang andauernder Arbeitsunfähigkeit auf das folgende Kalenderjahr ohne Beschränkung auf die Dreimonatsfrist des § 7 Abs. 3 Satz 3 BUrlG übergeht,

BAG 13.11.1969 – 5 AZR 82/69, BAGE 22, 211,

Zum Urlaubsanspruch gehört nicht nur der jeweils neueste, am 1.1. eines jeden Kalenderjahres entstehende Anspruch, sondern auch der infolge der Übertragung hinzutretende, noch zu erfüllende Anspruch aus dem Vorjahr. Auf diese kumulierende Weise wächst der Urlaubsanspruch an. Nach § 7 Abs. 3 Satz 3 BUrlG besteht nur die Besonderheit, dass der Arbeitgeber im Interesse einer zeitnahen Erholung den Anteil des Urlaubsanspruchs, der vor dem laufenden Urlaubsjahr entstanden ist, innerhalb des ersten Quartals gewähren muss. Geht der aus dem Vorjahr übertragene Urlaubsanspruch trotz Ablaufs des Übertragungszeitraums – etwa wegen andauernder krankheitsbedingter Arbeitsunfähigkeit des Arbeitnehmers – nicht unter, ist dieser Teil des Urlaubsanspruchs gegenüber dem Teil, den der Arbeitnehmer zu Beginn des aktuellen Urlaubsjahres erworben hat, nicht privilegiert. Er unterliegt dem Fristenregime des § 7 Abs. 3 BUrlG,

BAG 9.8.2011 – 9 AZR 425/10, EzA BUrlG § 7 Nr. 125.

Soweit in der Vergangenheit offen gelassen wurde, ob der übertragene Urlaubsanspruch am Ende des Jahres im Falle fortbestehender Arbeitsunfähigkeit untergeht (zB BAG 13.11.1969 – 5 AZR 82/69, BAGE 22, 211; BAG 9.8.2011 – 9 AZR 425/10, EzA BUrlG § 7 Nr. 125; BAG 9.8.2011 – 9 AZR 365/10, EzA BUrlG § 7 Abgeltung Nr. 18; BAG 13.12.2011 – 9 AZR 399/10, EzA BUrlG § 7 Abgeltung Nr. 20), ist diese Frage zu verneinen. Dies ergibt sich zum einen bereits aus der Anwendbarkeit des § 7 Abs. 3 BUrlG – insbesondere des Satzes 2 – auf den übertragenen Urlaub (vgl *Bauer/von Medem*, NZA 2012, 113, 116 unter Hinweis auf § 7 Abs. 3 Satz 4 BUrlG). Wegen des (weiterhin) vorliegenden Grundes in der Person des Arbeitnehmers wird der Urlaubsanspruch (erneut) übertragen, diesmal in das – vom Urlaubsjahr aus betrachtet – übernächste Kalenderjahr. Zum anderen steht einem Untergang des in das Folgejahr übertragenen Urlaubsanspruchs der Grundsatz der unionsrechtskonformen Auslegung entgegen. Nach der sog. KHS-Entscheidung des Europäischen Gerichtshofs (Rs. C-214/10, EzA-SD 2011, Nr. 24, 4–6) folgt aus Art. 7 Abs. 1 der Arbeitszeitrichtlinie, dass ein Übertragungszeitraum die Dauer des Bezugszeitraums, für den er gewährt wird, deutlich überschreiten muss. Der Bezugszeitraum ist nach dem BUrlG das Kalenderjahr. Würde der übertragene Urlaub bereits am Ende des Folgejahres verfallen, würde der Übertragungszeitraum nur dem Bezugszeitraum entsprechen, diesen aber nicht deutlich überschreiten,

BAG 7.8.2012 – 9 AZR 353/10, DB 2012, 2462.

Nach der neuen Rechtsprechung des BAG gilt für den über den gesetzlichen Mindesturlaubsanspruch hinausgehenden Urlaubsanspruch Folgendes:

Die Vertragsparteien können Urlaubs- und Urlaubsabgeltungsansprüche, die den von Art. 7 Abs. 1 der Arbeitszeitrichtlinie gewährleisteten und von §§ 1, 3 Abs. 1 BUrlG begründeten Anspruch auf Mindestjahresurlaub von vier Wochen übersteigen, frei regeln. Ihre Regelungsmacht ist nicht durch die für gesetzliche Urlaubsansprüche erforderliche richtlinienkonforme Fortbildung des § 7 Abs. 3 und 4 BUrlG beschränkt. Einem tariflich angeordneten Verfall des übergesetzlichen Urlaubsanspruchs und seiner Abgeltung steht nach dem klaren Richtlinienrecht und der gesicherten Rechtsprechung des EuGH kein Unionsrecht entgegen,

vgl näher BAG 24.3.2009 – 9 AZR 983/07 (Rn 81 ff mwN), AP BUrlG § 7 Nr. 39 = EzA BUrlG § 7 Abgeltung Nr. 15; zur Regelungsbefugnis der Tarifvertragsparteien BAG 23.3.2010 – 9 AZR 128/09 (Rn 19 ff), NZA 2010, 810; BAG 22.5.2012 – 9 AZR 575/10, NZA-RR 2013, 48; BAG 22.5.2012 – 9 AZR 618/10, NZA 2012, 987.

Für außertarifliche Urlaubsansprüche gilt hingegen, dass für einen Regelungswillen der Parteien des Einzelarbeitsvertrages, der zwischen gesetzlichen und übergesetzlichen vertraglichen Ansprüchen unterscheidet, im Rahmen der Auslegung nach §§ 133, 157 BGB deutliche Anhaltspunkte bestehen müssen. Regel ist der „Gleichlauf" der Ansprüche. Ausnahme ist ihr unterschiedliches rechtliches Schicksal. Das gilt auch für Arbeitsverträge, die vor der Entscheidung des EuGH in der Sache Schultz-Hoff vom 20.1.2009,

Rs. C-350/06 und C-520/06, AP Richtlinie 2003/88/EG Nr. 1 = EzA EG-Vertrag 1999 Richtlinie 2003/88 Nr. 1,

geschlossen wurden,

vgl BAG 24.3.2009 – 9 AZR 983/07 (Rn 84 f), AP BUrlG § 7 Nr. 39 = EzA BUrlG § 7 Abgeltung Nr. 15; vgl zu der Auseinandersetzung mit der Kritik an dieser Rechtsprechung im Zusammenhang mit der Auslegung eines Tarifvertrages ausführlich BAG 23.3.2010 – 9 AZR 128/09 (Rn 34 ff), NZA 2010, 810; BAG 4.5.2010 – 9 AZR 183/09, NZA 2010, 1011.

Da vorliegend der Arbeitsvertrag lediglich einen Gesamturlaubsanspruch von ... Tagen benennt, ohne zwischen gesetzlichem Mindestanspruch und vertraglichem Mehranspruch zu differenzieren, liegen keinerlei Anhaltspunkte dafür vor, dass der übergesetzliche Anspruch im Falle der Urlaubsabgeltung nach § 7 Abs. 4 BUrlG ein anderes Schicksal erfahren soll als der gesetzliche Mindesturlaub.

3. Der Urlaubsabgeltungsanspruch berechnet sich nach folgender Formel: Der dreifache Bruttomonatsverdienst der klägerischen Partei wird durch 65 Tage dividiert. Dies ergibt das arbeitstägliche Bruttoentgelt, das mit der Anzahl der Urlaubstage (hier: ...) zu multiplizieren ist. Damit errechnet sich ein Urlaubsabgeltungsanspruch der klägerischen Partei in Höhe von ... EUR wie folgt: ...

Mit Urteil vom 19.6.2012 hat das Bundesarbeitsgericht seine Rechtsprechung zum Charakter des Abgeltungsanspruchs als Surrogat des Urlaubsanspruchs insgesamt aufgegeben. Es betrachtet den Abgeltungsanspruch als Geldanspruch, dessen Erfüllbarkeit nicht von der Arbeitsfähigkeit des Arbeitnehmers abhängt und der nicht dem Fristenregime des BUrlG unterliegt,

BAG 19.6.2012 – 9 AZR 652/10, DB 2012, 2288.

↑

5. Muster: Einstweilige Verfügung wegen Bildungsurlaub

Arbeitsgericht ...

Antrag auf Erlass einer einstweiligen Verfügung

– antragstellende Partei –

Verfahrensbevollmächtigte: ...

und

...

– antragsgegnerische Partei –

Verfahrensbevollmächtigte: ...

wegen: Bildungsurlaub

Wir bestellen uns zu Verfahrensbevollmächtigten der antragstellenden Partei und beantragen, durch einstweilige Verfügung – wegen der Dringlichkeit ohne vorherige mündliche Verhandlung – andernfalls unter Abkürzung der Ladungs- und Einlassungsfristen auf das gesetzlich zulässige Mindestmaß, wie folgt zu erkennen:

1. Der antragsgegnerischen Partei wird im Wege der einstweiligen Verfügung aufgegeben, der antragstellenden Partei für die Zeit vom ... bis zum ... Bildungsurlaub für die Teilnahme an der Maßnahme ... unter Fortzahlung der Vergütung zu gewähren.
2. Die Kosten des Verfahrens trägt die antragsgegnerische Partei.

Gründe:

1. Die antragstellende Partei ist bei der antragsgegnerischen Partei seit dem ... als ... auf der Grundlage des Arbeitsvertrages vom ... beschäftigt. Das monatliche Bruttogehalt beträgt ... EUR.

   Glaubhaftmachung: Vorlage des Arbeitsvertrages in Kopie – Anlage K 1.

Die antragstellende Partei hat somit die Wartezeit erfüllt, die nach allen Bildungsurlaubsgesetzen der Länder sechs Monate beträgt, mit Ausnahme des Landes Rheinland-Pfalz, das eine Wartezeit von zwei Jahren vorschreibt.

2. Mit Schreiben vom ... beantragte die antragstellende Partei bei der Personalabteilung der antragsgegnerischen Partei erstmalig Bildungsurlaub für die Maßnahme ...

   Glaubhaftmachung: Schreiben vom ... in Kopie – Anlage K 2.

Bei der Maßnahme ... handelt es sich um eine anerkannte Bildungsveranstaltung des Bildungsträgers ... . Die antragstellende Partei hat sich zu dieser Bildungsmaßnahme auch bereits angemeldet.

   Glaubhaftmachung: Vorlage des Schreibens vom ... in Kopie – Anlage K 3.

In der Bildungsmaßnahme werden Kenntnisse vermittelt, die dem Weiterbildungszweck entsprechen: ...[163]

3. Die antragsgegnerische Partei bestreitet die Geeignetheit der Bildungsmaßnahme und erklärte der antragstellenden Partei mündlich, in ihrem Betrieb habe noch nie jemand Bildungsurlaub genommen. Das sei bei

---

[163] In zwölf Bundesländern bestehen Gesetze zum Bildungsurlaub, so in Berlin (Berliner Bildungsurlaubsgesetz vom 24.10.1990, GVBl 2209; Ausführungsbestimmungen über das Anerkennungsverfahren vom 3.9.1991, ABl 1965); in Brandenburg (Brandenburgisches Weiterbildungsgesetz vom 15.12.1993, GVBl I 498; Verordnung über das Anerkennungsverfahren vom 22.11.1995), in Bremen (Bremisches Bildungsurlaubsgesetz vom 18.12.1974, idF v. 18.6.1996, GVBl 127), in Hamburg (Hamburgisches Bildungsurlaubsgesetz vom 21.1.1974, idF v. 16.4.1991, GVBl 113), in Hessen (Hessisches Gesetz über den Anspruch auf Bildungsurlaub vom 16.10.1984, GVBl 261), in Mecklenburg-Vorpommern (Bildungsfreistellungsgesetz vom 7.5.2001, GVBl. 112), in Niedersachsen (Niedersächsisches Gesetz über den Bildungsurlaub für Arbeitnehmerinnen und Arbeitnehmer v. 25.1.1991, idF v. 16.12.1992, GVBl 1991, 29; 1992, 448), in Nordrhein-Westfalen (Arbeitnehmerweiterbildungsgesetz v. 22.3.2000, GV NRW

der antragsgegnerischen Partei unüblich. Im Übrigen könne dem Antrag nicht stattgegeben werden, weil sich noch zwei Mitarbeiter aus der gleichen Abteilung zu dem von der antragstellenden Partei geltend gemachten Zeitraum im Erholungsurlaub befänden.

Glaubhaftmachung: Eidesstattliche Versicherung der antragstellenden Partei – Anlage K 4.

4. Die antragstellende Parte hat Anspruch auf Erteilung des Bildungsurlaubs. Sie erfüllt sämtliche Anspruchsvoraussetzungen. Auch liegen keine dringenden betrieblichen Belange vor, die einer Erteilung entgegenstehen könnten. Die antragsgegnerische Partei erteilt regelmäßig in der Abteilung der antragstellenden Partei auch mehr als zwei Mitarbeitern gleichzeitig Urlaub.

Glaubhaftmachung: Eidesstattliche Versicherung der antragstellenden Partei – Anlage K 4.

Damit entfällt das Argument, zwingende betriebliche Gründe stünden der Bewilligung von Bildungsurlaub entgegen. Durch die Freistellung der antragstellenden Partei für den beantragten Zeitraum werden damit keine betrieblichen Belange beeinträchtigt.

Da der Bildungsurlaub bereits in zwei Wochen beginnt, kann die antragstellende Partei nicht länger zuwarten und auch nicht auf das Hauptsacheverfahren verwiesen werden. In Fällen, in denen der Bildungsurlaub bei Durchführung des Erkenntnisverfahrens verstrichen wäre, wird nach allgemeiner Ansicht der Weg der einstweiligen Verfügung als zulässig angesehen,

BAG 18.12.1986 – 8 AZR 502/84, BAGE 54, 63 = AP § 7 BUrlG Nr. 10.

Die Eilbedürftigkeit darf allein nicht durch treuwidriges Zuwarten verursacht worden sein. Hiervon kann allerdings nicht die Rede sein, wenn für den Arbeitnehmer keine Chance bestand, rechtzeitig ein erstinstanzliches Urteil zu erhalten,

LAG Frankfurt 22.10.1998 – 15 Ta 577/98, NZA-RR 1999, 606.

---

678), in Rheinland-Pfalz (Bildungsfreistellungsgesetz idF v. 17.11.1995, GVBl 1993, 157; 1995, 454), im Saarland (Saarländisches Weiterbildungs- und Bildungsurlaubsgesetz vom 17.1.1990 idF v. 15.9.1994, ABl 1359), in Sachsen-Anhalt (Bildungsfreistellungsgesetz v. 4.3.1998 idF v. 16.7.2003, GVBl 1998, 92) und in Schleswig-Holstein (Bildungsfreistellungs- und Qualifizierungsgesetz v. 7.6.1990 idF v. 24.10.1996, GVOBl 1990, 364; 1996, 655). Die Anspruchsvoraussetzungen sind unterschiedlich. Zunächst einmal haben Anspruch nach allen Gesetzen die Arbeitnehmerinnen und Arbeitnehmer. Mit Ausnahme von Nordrhein-Westfalen besteht der Anspruch auch für Auszubildende. Mit Ausnahme von Hamburg und Berlin haben auch die in Heimarbeit Beschäftigten sowie die diesen Gleichgestellten und sonstige arbeitnehmerähnliche Personen einen Anspruch auf Bildungsurlaub. Die Anerkennungsvoraussetzungen sind sorgfältig geregelt. Mitteilungen über die Bescheide, in denen die anerkannte Bildungsveranstaltung und der anerkannte Bildungsträger benannt sind, sind meist über die Bildungsträger zu erhalten. Die Anerkennungsverfahren erfolgen entweder als Einzelanerkennung oder eine gesetzliche Geltungsanordnung, die nicht bindend ist für die Anerkennung durch die Arbeitsgerichte. Mit dieser Begründung hat das BVerfG auch die Verfassungsmäßigkeit des Hessischen und des Nordrhein-Westfälischen Bildungsurlaubsgesetzes bestätigt. Es obliege den Fachgerichten, bei thematisch umstrittenen Bildungsveranstaltungen zu erkennen, ob diese inhaltlich den gesetzlichen Zielvorgaben entsprechen (BVerfG 15.12.1987 – 1 BvR 563/85, 1 BvR 582/85, 974/86, 1 BvL 3/86, BVerfGE 77, 308 = AP Art. 12 GG Nr. 62).Die Weiterbildungszwecke sind nach den Bildungsurlaubsgesetzen nicht einheitlich. Deshalb muss die Subsumtion bei der Darstellung, welche Weiterbildungszwecke mit der beantragten Teilnahme des Arbeitnehmers erfüllt werden, auf den Wortlaut und die recht unterschiedlichen Definitionen der einzelnen Bildungsurlaubsgesetze abstellen. Nach allen Gesetzen wird Bildungsurlaub bei Maßnahmen der beruflichen Weiterbildung gewährt. In einigen Bundesländern werden auch Maßnahmen der politischen Weiterbildung für förderungswürdig erklärt, wie in Berlin, Hamburg, Hessen, Schleswig-Holstein oder Rheinland-Pfalz. Andere Bildungsurlaubsgesetze sehen Bildungsurlaub entweder allein (Brandenburg, Niedersachsen, Saarland, Sachsen-Anhalt) oder zusätzlich zu der politischen und beruflichen Weiterbildung (Bremen, Schleswig-Holstein) für den Zweck der allgemeinen Weiterbildung vor. Der den Textbaustein ausfüllende Verfasser des Antrags auf Erlass einer einstweiligen Verfügung muss deshalb unter Zuhilfenahme des Landesgesetzes, einer etwaig ausgesprochenen Anerkennung der Bildungsmaßnahme oder im Rahmen einer gesetzlichen Geltungsanordnung den Wortlaut des maßgeblichen Bildungsurlaubsgesetzes zugrunde legen und den Inhalt der beantragten Weiterbildungsmaßnahme zur Definition des landesgesetzlichen Weiterbildungszweck in Beziehung setzen.

XX. Pflegezeit

1. Muster: Einstweilige Verfügung wegen Arbeitsbefreiung aus Gründen einer Akutpflege nach § 2 PflegeZG

Arbeitsgericht ...

Antrag auf Erlass einer einstweiligen Verfügung

...

– antragstellende Partei –

Verfahrensbevollmächtigte: ...
und

...

– antragsgegnerische Partei –

Verfahrensbevollmächtigte: ...

wegen: Feststellung der Berechtigung zur Pflege einer angehörigen Person bei gleichzeitiger Arbeitsbefreiung nach § 2 PflegeZG

Wir bestellen uns zu Verfahrensbevollmächtigten der antragstellenden Partei und beantragen, durch einstweilige Verfügung – wegen der Dringlichkeit ohne vorherige mündliche Verhandlung – andernfalls unter Abkürzung der Ladungs- und Einlassungsfristen auf das gesetzlich zulässige Mindestmaß, wie folgt zu erkennen:

1. Es wird festgestellt, dass die antragstellende Partei berechtigt ist, ab dem ..., längstens jedoch bis zum ..., zwecks Pflege ihrer angehörigen Person Frau/Herr ... von der Arbeit fern zu bleiben.
2. Die Kosten des Verfahrens trägt die antragsgegnerische Partei.

Gründe:

1. Die antragstellende Partei ist bei der antragsgegnerischen Partei seit dem ... als ... auf der Grundlage des Arbeitsvertrages vom ... beschäftigt. Das monatliche Bruttogehalt beträgt ... EUR.

   Glaubhaftmachung: Vorlage des Arbeitsvertrages vom ... in Kopie – Anlage K 1.

2. Mit Schreiben vom ... beantragte die antragstellende Partei bei der Personalabteilung der antragsgegnerischen Partei eine unbezahlte Pflegezeit für den Zeitraum vom ... bis zum ... .

   Glaubhaftmachung: Schreiben vom ... in Kopie – Anlage K 2.

Diesem Antrag entsprach die antragsgegnerische Partei mit Schreiben vom ..., in dem sie darauf hinwies, dass damit der Anspruch auf Arbeitsfreistellung nach dem PflegeZG in Bezug auf diese angehörige Person „ein für allemal erledigt" sei.

   Glaubhaftmachung: Vorlage des Schreibens vom ... in Kopie – Anlage K 3.

Die Pflegezeit wurde wie beantragt in Anspruch genommen.

3. Im Folgenden konnte die angehörige Person unter Einschaltung der Hilfe u.a. der Schwester der antragstellenden Partei sowie zeitweise unter Einschaltung eines Pflegedienstes betreut und deren Leben außerhalb eines Heimes bewerkstelligt werden. Die beantragte Einstufung für eine Pflegestufe läuft zurzeit. Nunmehr ist es zu einer massiven Verschlechterung des Gesundheitszustandes gekommen. Nach der Entlassung aus dem Krankenhaus, die am ... ansteht, ist eine akute Betreuung jedenfalls für den Zeitraum ... bis zum ... notwendig; dies sind genau 14 Kalendertage. Da ein Pflegedienst kurzfristig nicht zur Verfügung steht und die angehörige Person auch nicht über die notwendigen Mittel verfügt, eine solche private Pflege aus eige-

ner Tasche zu bezahlen, zudem durch die Verhinderung anderer Angehöriger, kann nur die antragstellende Partei persönlich die angehörige Person pflegen.

Glaubhaftmachung: Eidesstattliche Versicherung der antragstellenden Partei – Anlage K 4.

Diesen Sachverhalt teilte die antragstellende Partei der Personalabteilung der antragsgegnerischen Partei am ... mit und wies auf die am nächsten Wochenende bevorstehende Entlassung der angehörigen Person aus dem Krankenhaus hin. Die antragsgegnerische Partei teilte daraufhin mit, eine „erneute Pflegezeit" käme „egal nach welcher Vorschrift" nicht mehr in Betracht. Da auch der Jahresurlaub bereits verbraucht sei, müsse die antragstellende Partei zur Arbeit erscheinen, andernfalls drohten arbeitsrechtliche Schritte bis hin zur Kündigung.

Glaubhaftmachung: Eidesstattliche Versicherung der antragstellenden Partei – Anlage K 4.

4. Die antragstellende Partei hat Anspruch auf unbezahlte Arbeitsbefreiung, ohne dass es hierzu einer Genehmigung der antragsgegnerischen Partei bedürfte. Der Anspruch auf Arbeitsbefreiung ergibt sich im Fall der Akutpflege vielmehr objektiv aus dem Gesetz, § 2 Abs. 1 PflegeZG. Der Anspruch auf Akut- bzw Kurzzeitpflege besteht unabhängig von dem Anspruch auf Langzeitpflege nach § 4 PflegeZG und ist an andere, strengere Voraussetzungen geknüpft,

vgl BAG 15.11.2011 – 9 AZR 348/10, 2012, 323.

Obgleich dies so ist, droht die antragsgegnerische Partei mit massiven arbeitsrechtlichen Sanktionen, so dass die antragstellende Partei ein dringendes Rechtsschutzbedürfnis für die Feststellung der Rechtmäßigkeit dieser Arbeitsbefreiung hat.

Glaubhaftmachung: Eidesstattliche Versicherung der antragstellenden Partei – Anlage K 4.

5. Nicht vollstreckungs- und damit auch nicht vollziehungsfähige Feststellungsbeschlüsse sind durch die Wirkungen ihrer Rechtskraft bloße Grundlage anderer Ansprüche, die der Zwangsvollstreckung zugänglich sind. Daher ist die Zulässigkeit einer einstweiligen Verfügung für einen feststellenden Ausspruch nur in besonderen Ausnahmefällen anzuerkennen, wenn auf andere Weise das Gebot der Sicherung effektiven Rechtsschutzes nach Art. 19 Abs. 4 GG nicht gewährleistet werden kann. Eine solche Konstellation ist zB anzunehmen, wenn grundrechtlich geschützte Rechtspositionen des Antragstellers sonst endgültig nicht mehr durchgesetzt werden könnten,

Germelmann, in: Germelmann/Matthes/Prütting, ArbGG, 8. Aufl., § 62 Rn 94 mwN.

In den übrigen Konstellationen ist eine feststellende Verfügung angesichts der Vorläufigkeit des Eilverfahrens nicht geeignet, die Rechtsunsicherheit zu beseitigen. Nur wenn der Gegner von vornherein erklärt hat, sich einer feststellenden Verfügung „beugen" zu wollen, kann ein allgemeines Rechtsschutzbedürfnis angenommen werden,

vgl mwN LAG Baden-Württemberg 6.3.2006 – 13 TaBV 4/06, AiB 2007, 294.

Ein solches dringendes Feststellungsbedürfnis ist vorliegend jedoch gegeben. Aufgrund der ernsthaften Androhung einer Kündigung für den Fall, dass die antragstellende Partei ihr Recht aus § 2 Abs. 1 PflegeZG in Anspruch nimmt, ist die Wahrnehmung dieses gesetzlichen Anspruchs gefährdet, denn es ist der klägerischen Partei nicht zumutbar, ohne die mögliche gerichtliche Feststellung der Zulässigkeit des Fernbleibens von der Arbeit eine Kündigung „auszulösen", gegen die sie dann vorgehen muss. Abgesehen von den Kostenfolgen des Fehlens eines Kostenerstattungsanspruchs für das Hauptsacheverfahren in Bezug auf die eigenen Anwaltskosten, sind die Folgen eines Kündigungsschutzprozesses nicht absehbar. Zudem wird die antragstellende Partei erhebliche Nachteile zu gewärtigen haben, insbesondere die sofortige Einstellung der Lohnzahlung nach der Kündigung, die Verhängung einer Sperrfrist durch die Agentur für Arbeit und Probleme, wieder in den Betrieb der kündigenden Partei reintegriert zu werden, selbst wenn die Unwirksamkeit der Kündigung festgestellt werden würde.

XXI. Wettbewerb

1. Muster: Karenzanspruch bei unverbindlichem Wettbewerbsverbot

Arbeitsgericht ...

Klage

...

– klägerische Partei –

Prozessbevollmächtigte: ...

gegen

...

– beklagte Partei –

wegen: Karenzentschädigung

Wir bestellen uns zu Prozessbevollmächtigten der klägerischen Partei, in deren Namen und Auftrag wir um kurzfristige Anberaumung eines Gütetermins bitten. Wir werden im Übrigen beantragen zu erkennen:

1. Die beklagte Partei wird verurteilt, ... EUR brutto nebst Zinsen in Höhe von fünf Prozentpunkten über dem Basiszinssatz für den Zeitraum vom ... bis zum ... sowie Zinsen in Höhe von fünf Prozentpunkten über dem Basiszinssatz ab dem ... an die klägerische Partei zu zahlen.
2. Die Berufung wird zugelassen.
3. Die beklagte Partei trägt die Kosten des Rechtsstreits.

Gründe:

1. Zwischen den Parteien bestand vom ... bis ... ein Arbeitsverhältnis. Die klägerische Partei war als ... bei einem monatlichen Bruttoverdienst von ... bei der beklagten Partei tätig.

Beweis: Vorlage des Arbeitsvertrages in Kopie – Anlage K 1.

Neben dem Arbeitsvertrag haben die Parteien eine Wettbewerbsabrede mit folgendem Inhalt getroffen:

Beweis: Vorlage der Wettbewerbsvereinbarung in Kopie – Anlage K 2.

Zwischen den Parteien wurde das Arbeitsverhältnis durch Kündigung beendet.

Beweis: Vorlage der Kündigungserklärung in Kopie – Anlage K 3.

In der Wettbewerbsvereinbarung hat sich die beklagte Partei verpflichtet, dem Kläger für die Dauer des Verbots eine Entschädigung zu zahlen, die für jedes Jahr des Verbots mindestens die Hälfte der von ihm zuletzt bezogenen vertragsmäßigen Leistungen erreicht. Diese Vereinbarung entspricht den Anforderungen aus § 74 Abs. 2 HGB. Sie ist zwar unverbindlich, weil sie zu niedrig ist. Die klägerische Partei wird durch die Wettbewerbsabrede derart in ihrem Recht auf Berufsausübung gem. Art. 12 GG eingeschränkt, dass eine nur 50 %ige Karenzentschädigung nicht der gesetzlich vorgeschriebenen Höhe entspricht.

2. Gleichwohl kann die klägerische Partei nur die in der Wettbewerbsvereinbarung vereinbarte Vergütung verlangen.

Mit seinem Urteil vom 9.1.1990 hat das BAG zwar zu erkennen gegeben, dass der Arbeitnehmer bei einer zu niedrigen Karenzentschädigung eine Karenzentschädigung in der gesetzlichen Höhe verlangen könne,

BAG 9.1.1990 – 3 AZR 110/88, BAGE 64, 1 = AP § 74 HGB Nr. 59; ebenso *Bauer/Diller*, Wettbewerbsverbote, Rn 78 und 313.

Als angemessene Karenzentschädigung kann jedoch nach neuerer Rechtsprechung des BAG nur diejenige Karenzentschädigung verlangt werden, die Gegenstand der Wettbewerbsabrede bildet. Das BAG vertritt in ständiger Rechtsprechung die Ansicht, bei einem wegen zu niedriger Karenzentschädigung unverbindlichen Wettbewerbsverbot könne der Arbeitnehmer die Karenzentschädigung allenfalls in der zugesagten Höhe verlangen, nicht aber in der gesetzlich vorgeschriebenen,

siehe BAG 18.1.2000 – 9 AZR 929/98, juris; BAG 3.5.1994 – 9 AZR 606/92, NZA 1995, 72.

Die Pflicht des Arbeitnehmers zur Karenz wandelt sich beim unverbindlichen Wettbewerbsverbot in eine Obliegenheit um, bei deren Verletzung der Entschädigungsanspruch entfällt. Den Entschädigungsanspruch verliert der Arbeitnehmer also nur dann, wenn er konkrete Wettbewerbshandlungen vornimmt. Folglich behält er den Entschädigungsanspruch nicht nur, wenn er konkurrenzfreie Tätigkeit aufnimmt (so im Fall des BAG, Urt. v. 22.5.1990 – 3 AZR 647/88, AP § 74 HGB Nr. 60), sondern auch, wenn er sich arbeitslos meldet. Die Klage auf Karenzentschädigung bildet eine ausreichende Ausübung des Wahlrechts des Arbeitnehmers,

ArbG Siegburg 18.12.1996 – 1 Ca 956/96, n.v.

Wenn der Arbeitnehmer über sein nachfolgendes Verhalten zum Ausdruck bringt, er werde keine konkreten Wettbewerbshandlungen vornehmen, sondern seinen Entschädigungsanspruch geltend machen, folgt daraus der Anspruch des Arbeitnehmers auf die Entschädigung,

so seit der 3. Aufl. *Bauer/Diller*, Wettbewerbsverbote, Rn 76 ff (80).

3. Bei dieser Sachlage ergibt sich zu Gunsten der klägerischen Partei Folgendes: Die klägerische Partei hat sich an das Wettbewerbsverbot gehalten und seit ihrem Ausscheiden keine Wettbewerbstätigkeit ausgeübt. Sie ist gegenwärtig arbeitslos.

Die beklagte Partei wurde mehrfach aufgefordert, eine Karenzentschädigung in der mit der vorliegenden Klage geltend gemachten Höhe zu zahlen.

Beweis: Vorlage des Anwaltsschreibens in Kopie – Anlage K 4.

Die beklagte Partei lehnte jedwede Zahlungen einer Karenzentschädigung ab.

Beweis: Vorlage des Schreibens der beklagten Partei vom ... in Kopie – Anlage K 5.

Bei dieser Sachlage war Klage geboten.

2. Muster: Unwirksamkeit eines Wettbewerbsverbots

Arbeitsgericht

Klage

– klägerische Partei –

Prozessbevollmächtigte: ...

gegen

– beklagte Partei –

Prozessbevollmächtigte: ...

wegen: Aufnahme anderweitiger Tätigkeit
Streitwert (vorläufig): ...
Wir bestellen uns zu Prozessbevollmächtigten der klägerischen Partei, in deren Namen und Auftrag wir beantragen zu erkennen:
1. Es wird festgestellt, dass die klägerische Partei nicht verpflichtet ist, es zu unterlassen, bei der Firma ... ab ... als ... tätig zu werden.
2. Es wird festgestellt, dass das Wettbewerbsverbot im Arbeitsvertrag zwischen der klägerischen Partei und der beklagten Partei vom ... nichtig ist.
3. Es wird festgestellt, dass das Wettbewerbsverbot im Arbeitsvertrag zwischen der klägerischen Partei und der beklagten Partei vom ... unverbindlich ist.
4. Die Berufung wird zugelassen.
5. Die Kosten des Rechtsstreits trägt die beklagte Partei.

Gründe:
I.
Die klägerische Partei nahm bei der beklagten Partei mit Wirkung vom ... ein Arbeitsverhältnis als ... auf.
   Beweis: Vorlage des Arbeitsvertrages in Kopie – Anlage K 1.
Die klägerische Partei hat dieses Arbeitsverhältnis durch fristgerechte Kündigung beendet.
   Beweis: Vorlage des Kündigungsschreibens in Kopie – Anlage K 2.
Mit Schreiben vom ... machte die beklagte Partei die klägerische Partei darauf aufmerksam, dass sie der Meinung ist, dass die künftige Tätigkeit bei der Firma ... gegen das im Arbeitsvertrag enthaltene Wettbewerbsverbot verstoße.
   Beweis: Schreiben der beklagten Partei vom ... in Kopie – Anlage K 3.
Mit Anwaltsschreiben vom ... trat die klägerische Partei dieser Auffassung entgegen.
   Beweis: Schreiben vom ... in Kopie – Anlage K 4.
Bei dieser Sachlage besteht für die klägerische Partei Feststellungsbedarf, ob die Aufnahme der Tätigkeit bei der Firma ... gegen die Wettbewerbsabrede verstößt.

II.
1. Die klägerische Partei wird bei der Firma ... ab ... als ... tätig. Die Firma ... ist ...
   Beweis: Sachverständigengutachten; Amtliche Auskunft der Industrie- und Handelskammer ...
Die Firma ... hat bis auf den heutigen Tag nicht ein einziges Konkurrenzprodukt vertrieben oder produziert.
   Beweis: Wie vor.
Die beklagte Partei ist ...
   Beweis: Wie vor.
Gemäß dem im Anstellungsvertrag formulierten Wettbewerbsverbot hat sich die klägerische Partei nur verpflichtet, nach Beendigung des Arbeitsverhältnisses für die Dauer ... nicht für eine Konkurrenzfirma tätig zu sein. Da die Firma ... nicht mit der gleichen Ware handelt und auch nicht auf dem gleichen Markt tätig ist, ist sie kein Konkurrenzunternehmen im Sinne der Wettbewerbsabrede. Die klägerische Partei ist daher nicht dazu verpflichtet, der Aufforderung der beklagten Partei nachzukommen, die Tätigkeit bei der Firma ... zu unterlassen.
2. Das im Arbeitsvertrag vereinbarte Wettbewerbsverbot ist nichtig gem. § 74a Abs. 1 Satz 2 HGB. Durch ein Wettbewerbsverbot darf der Arbeitnehmer nicht unbillig in seinem beruflichen Fortkommen gehindert wer-

den. Bis auf wenige Ausnahmen stellt die örtliche Ausdehnung eines Wettbewerbsverbots auf das gesamte Gebiet der Bundesrepublik Deutschland eine unbillige und damit nichtige Wettbewerbsabrede dar, Gleiches gilt hinsichtlich des Verbots jeglicher Tätigkeit in einem branchengleichen Unternehmen,

Winterstein, NJW 1989, 1463.

Da das Wettbewerbsverbot im Arbeitsvertrag mit der beklagten Partei ohne räumliche Begrenzung vereinbart wurde, die Bundesrepublik Deutschland, ja genau genommen Europa und den gesamten Erdball umfasst, gleichzeitig die Tätigkeit der klägerischen Partei bei jeglichem Hersteller einschließt, handelt es sich um eine nichtige Abrede, an die die klägerische Partei selbst dann, wenn ihr neuer Arbeitgeber ein Konkurrenzunternehmen im Sinne des Arbeitsvertrages wäre, nicht gebunden ist,

vgl BAG 18.2.1967 – 3 AZR 290/66, BAGE 19, 267 = AP § 133 f GewO Nr. 19.

Die klägerische Partei hat ... Jahre lang im Bereich des Vertriebs von ... gearbeitet. Ihre gesamten beruflichen Fähigkeiten sowie Erfahrungen, Kenntnisse und Geschäftsbeziehungen sind auf diesen Bereich beschränkt. Die beklagte Partei betont selbst, dass ihr Wettbewerbsverbot für alle Konkurrenzunternehmen gelten soll, die auf demselben Markt tätig sind wie sie selbst. Da die beklagte Partei im gesamten deutschen Raum Handel mit ... betreibt, bedeutet das Wettbewerbsverbot im Arbeitsvertrag, dass es sich räumlich auf das gesamte Gebiet der Bundesrepublik Deutschland erstreckt. Das aber bedeutet, dass die klägerische Partei letztlich in Deutschland auf ihrem beruflichen Gebiet nicht mehr arbeiten kann.

Angesichts einer Entschädigung von nur 50 % der Mindestkarenzentschädigung im Sinne der Rechtsprechung wird die klägerische Partei in ihrem Fortkommen unangemessen beeinträchtigt. Nach der inzwischen gefestigten Rechtsprechung führt eine Wettbewerbsabrede, die für die Karenz des Arbeitnehmers keine Entschädigung durch den Arbeitgeber vorsieht, zu deren Nichtigkeit, so dass weder der Arbeitnehmer noch der Arbeitgeber aus einer solchen Abrede Rechte herleiten können,

BAG 3.5.1994 – 9 AZR 606/92, AP § 74 HGB Nr. 65.

Nach §§ 74 ff HGB wird kein gesetzlicher Karenzentschädigungsanspruch begründet. Gemäß § 74 Abs. 2 HGB führt die Wettbewerbsabrede mit einer Entschädigung, die nicht die Hälfte der vom Arbeitnehmer zuletzt bezogenen vertragsgemäßen Leistungen erreicht, nur zu deren Unverbindlichkeit. Der Arbeitgeber kann nicht beanspruchen, dass der Arbeitnehmer Wettbewerb unterlässt (§ 75 d HGB). Rechte aus unverbindlichen Wettbewerbsabreden kann nur der Arbeitnehmer herleiten. Er hat also ein Wahlrecht, ob er sich vom Wettbewerbsverbot löst oder ob er an ihm und damit auch an der vereinbarten Entschädigung festhält. Entscheidet er sich für die Wettbewerbsenthaltung, beschränkt sich sein Zahlungsanspruch auf die vom Arbeitgeber versprochene Gegenleistung,

vgl BAG 9.1.1990 – 3 AZR 110/88, BAGE 64, 1 = NJW 1990, 1870; LAG Niedersachsen 9.1.2013 – 16 Sa 563/12, juris.

Haben die Arbeitsvertragsparteien überhaupt keine Karenzentschädigung vereinbart, hat die in § 74 Abs. 2 HGB bestimmte Rechtsfolge eines Wahlrechts des Arbeitnehmers wirtschaftlich keinen Sinn. Der Arbeitnehmer hätte auch dann keinen Entschädigungsanspruch, wenn er das Wettbewerbsverbot beachtete. Die Unverbindlichkeit der Wettbewerbsvereinbarung steht in diesem Fall folglich der Nichtigkeit gleich,

BAG 18.1.2000 – 9 AZR 929/98.

3. Das Wettbewerbsverbot ist gem. § 74 a Abs. 1 Satz 2 HGB unverbindlich. Es wurde in jedem Fall für den gesamten Bereich der Bundesrepublik Deutschland geschlossen. Daraus ergibt sich, dass die Mindestkarenzentschädigung nicht ausreichend ist, der klägerischen Partei müsste allein für die Bundesrepublik Deutschland eine Karenzentschädigung in Höhe von mindestens 100 % zugebilligt werden. Nach den Schreiben der anwaltlichen Bevollmächtigten der beklagten Partei vom ... besteht jedoch nicht die Bereitschaft, eine höhe-

re Karenzentschädigung zu zahlen, so dass für die klägerische Partei das Wettbewerbsverbot unverbindlich geblieben ist.

↑

3. Muster: Schutzschrift gegen Unterlassungsverfügung
↓

Arbeitsgericht ...

Schutzschrift

in Sachen

...

– mögliche antragstellende Partei –

Verfahrensbevollmächtigte: ...

gegen

...

– mögliche antragsgegnerische Partei –

Verfahrensbevollmächtigte: ...

wegen: Abwehr einer einstweiligen Verfügung

Wir bestellen uns zu Verfahrensbevollmächtigten der möglichen antragsgegnerischen Partei und beantragen namens und im Auftrag des Antragsgegners:

1. Ein möglicher Antrag der antragstellenden Partei, der antragsgegnerischen Partei eine Tätigkeit für die Firma ... zu untersagen, wird zurückgewiesen.
2. Die antragstellende Partei trägt die Kosten des Verfahrens.

Gründe:

1. Die antragsgegnerische Partei war bei der antragstellenden Partei als Vertriebsmitarbeiter beschäftigt. Zwischen den Parteien bestand ein Arbeitsverhältnis, das im Arbeitsvertrag vom ... geregelt war. Der Arbeitsvertrag vom ... beinhaltete ein Wettbewerbsverbot.

Glaubhaftmachung: Anstellungsvertrag vom ....

Als Entschädigung für das Wettbewerbsverbot ist vereinbart, dass die Antragstellerin eine Entschädigung in Höhe von 50 % des Grundgehalts unter Ausschluss aller sonstigen Leistungen des Arbeitgebers zu zahlen hatte.

Glaubhaftmachung: Wie vor.

Die Antragstellerin gewährte der antragsgegnerischen Partei folgende freiwilligen sozialen Leistungen: ...

Glaubhaftmachung: Gehaltsbescheinigungen.

Die antragsgegnerische Partei hat am ... das Arbeitsverhältnis gekündigt und wird ein neues Arbeitsverhältnis ab ... bei der Firma ... beginnen.

2. Das Wettbewerbsverbot aus dem Arbeitsvertrag ist unverbindlich. Die zugesagte Karenzentschädigung entspricht nicht § 74 Abs. 2 HGB. Nach ständiger Rechtsprechung muss eine Karenzentschädigung mindestens 50 % aller Bezüge betragen, wobei freiwillige Leistungen mit einzurechnen sind,

BAG 9.1.1990 – 3 AZR 110/88, BAGE 64, 1 = NJW 1990, 1870.

Selbst der Wert des Dienstwagens, der zur privaten Nutzung überlassen ist, ist mit zu berücksichtigen,

Küttner/*Reinecke*, Personalbuch, 460 (Wettbewerbsverbot) Rn 31.

Unstreitig sind Urlaubs- und Weihnachtsgeld, Jubiläumszuwendungen, Leistungszulagen und Sachbezüge bei der Höhe der Karenzentschädigung mit zu berücksichtigen.

Ein Wettbewerbsverbot, wie das vorliegende, das freiwillige Leistungen nicht mit berücksichtigt, genügt den Anforderungen von § 74 Abs. 2 HGB nicht und ist daher unverbindlich. Der Arbeitnehmer hat ein Wahlrecht, ob er das Wettbewerbsverbot einhält und die zugesagte Karenzentschädigung geltend macht oder ob er sich vom Wettbewerbsverbot löst. Die antragsgegnerische Partei hat deshalb der Antragstellerin mitgeteilt, dass sie sich nicht an das Wettbewerbsverbot halten wird.

Glaubhaftmachung: Vorlage des Schreibens vom ... in Kopie – Anlage ... .

Das Wettbewerbsverbot ist damit weggefallen, für eine mögliche einstweilige Verfügung, beantragt von der Antragstellerin, besteht daher kein Raum.

Die Schutzschrift wird rein vorsorglich dem angerufenen Gericht vorgelegt.

XXII. Wiedereinstellung

1. Muster: Wiedereinstellung wegen veränderter Umstände während der Kündigungsfrist

Arbeitsgericht ...

Klage

– klägerische Partei –

Prozessbevollmächtigte: ...

gegen

...

– beklagte Partei –

wegen: Wiedereinstellung

Wir bestellen uns zu Prozessbevollmächtigten der klägerischen Partei, in deren Namen und Auftrag wir beantragen zu erkennen:

Die beklagte Partei wird verurteilt, die klägerische Partei als Dreher im Betriebsteil ... in ... zu einem monatlichen Bruttoentgelt von ... EUR einzustellen.[164]

Gründe:

1. Die beklagte Partei ist ein Zulieferunternehmen der Automobilindustrie. Im Betriebsteil ... in ... wurden in der Vergangenheit Achsenelemente für hochwertige Fahrzeuge (Porsche, Ferrari, Bentley) hergestellt. In den vergangenen Jahren nahmen die Aufträge nach und nach ab, zum Schluss belieferte die beklagte Partei nur noch die Firma Porsche, die zum ... sämtliche Aufträge strich. Daraufhin wurde von der Geschäftsleitung be-

---

[164] Als Leistungsantrag ist die Klage auf Einstellung zulässig (BAG 6.8.1997 – 7 AZR 557/96, EzA § 1 KSchG Wiedereinstellungsanspruch Nr. 2). Der Antrag ist auf die Abgabe einer Willenserklärung des Arbeitgebers gerichtet, also so auszulegen, dass die beklagte Arbeitgeberseite zur Annahme eines in der Klage enthaltenen Angebots des Klägers auf Abschluss eines Arbeitsvertrages verurteilt werden soll (vgl hierzu etwa BAG 15.7.1982 – 2 AZR 887/79, BAGE 39, 180 = AP Art. 33 Abs. 2 GG Nr. 20, zu A der Gründe; BAG 6.8.1997 – 7 AZR 557/96, BAGE 86, 194 ff = AP § 1 KSchG 1969 Wiedereinstellung Nr. 2, zu I der Gründe; BAG 23.2.2000 – 7 AZR 891/98, NZA 2000, 894). Mit Rechtskraft des stattgebenden Urteils gilt die Willenserklärung des Arbeitgebers nach § 894 Abs. 1 Satz 1 ZPO als erteilt. Dadurch kommt ein Arbeitsvertrag zustande. Noch unklar ist, ob statt der Klage auf Einstellung die Klage sogleich auf die Rechtsfolgen des begehrten Arbeitsverhältnisses, nämlich Beschäftigung und Gehaltszahlung, gerichtet werden kann (dafür BAG 27.2.1997 – 2 AZR 160/96, BAGE 85, 194; offen gelassen in BAG 6.8.1997 – 7 AZR 557/96, BAGE 86, 194).

schlossen, den Betriebsteil ... in ... zu schließen und sämtliche Arbeitnehmer zu entlassen. Da der Betriebsteil nur noch 18 Mitarbeiter beschäftigte, waren weder ein Interessenausgleich noch ein Sozialplan erforderlich.

2. Über ein Betriebsratsmitglied der Muttergesellschaft erfuhr die klägerische Partei, dass wieder ein großer Auftrag von Bentley hereingekommen sei. Die klägerische Partei fragte bei der beklagten Partei an, ob sie unter diesen Umständen nicht mehr beschäftigt werden könne. Schließlich sei die klägerische Partei gegenwärtig noch freigestellt und erst in zwei Monaten laufe ihre Kündigungsfrist ab.

Der Personalchef erklärte in einem Telefonat am ..., „gekündigt ist gekündigt". Die klägerische Partei habe keine Kündigungsschutzklage erhoben. Damit sei die Kündigung bestandskräftig. Die beklagte Partei werde die Produktion mit zu günstigeren Bedingungen arbeitenden Leiharbeitnehmern fahren.

3. Die Kündigungsfrist der klägerischen Partei ist noch nicht abgelaufen. Damit hat sie nach der Rechtsprechung des BAG,

> BAG 27.2.1997 – 2 AZR 160/96, BAGE 85, 194 = NZA 1997, 757,

einen Anspruch auf Wiedereinstellung. Dieser Anspruch besteht, auch wenn keine ausdrückliche Wiedereinstellungszusage mit der Kündigung erteilt wurde, wenn sich die für die Wirksamkeit der Kündigung maßgebenden Umstände während des Laufs der Kündigungsfrist verändert haben. Dies ist vorliegend der Fall. Die wegen des Auslaufens der Zulieferaufträge beschlossene Schließung des Betriebsteils wurde wegen anderweitiger, zwischenzeitlich eingegangener Aufträge wieder aufgehoben. Auch erfolgte diese Maßnahme noch während des Laufs der Kündigungsfrist.

Der Wiedereinstellungsanspruch ist auch nicht ausgeschlossen, denn er wird nicht darauf gestützt, dass ein nach Ablauf der Kündigungsfrist eingetretener Umstand noch während des Laufs des Kündigungsschutzverfahrens eingetreten sei. In derartigen Fällen besteht kein Wiedereinstellungsanspruch mehr,

> BAG 6.8.1997 – 7 AZR 557/96, BAGE 86, 194 = NZA 1998, 254.

365 2. Muster: Wiedereinstellung wegen Wegfalls des betriebsbedingten Grundes während der Kündigungsfrist

Arbeitsgericht ...

Klage

...

– klägerische Partei –

Prozessbevollmächtigte: ...

gegen

– beklagte Partei –

wegen: Wiedereinstellung

Wir bestellen uns zu Prozessbevollmächtigten der klägerischen Partei, in deren Namen und Auftrag wir um kurzfristige Anberaumung eines Gütetermins bitten. Wir werden im Übrigen beantragen zu erkennen:

1. Die beklagte Partei wird verurteilt, das Angebot der klägerischen Partei auf Wiedereinstellung ab ... zu den Arbeitsbedingungen des bisherigen Arbeitsvertrages vom ... als ... bei Anrechnung bisheriger Betriebszugehörigkeit seit dem ..., Zug um Zug gegen Rückzahlung einer Abfindung in Höhe von ... EUR, anzunehmen.

2. Die beklagte Partei wird verurteilt, die klägerische Partei über den ... hinaus zu den Bedingungen im Klageantrag Ziff. 1 weiter zu beschäftigen.
3. Die Berufung wird zugelassen.
4. Die beklagte Partei trägt die Kosten des Rechtsstreits.

Gründe:

Die klägerische Partei war bei der beklagten Partei als ... vom ... bis zum ... zu einem monatlichen Bruttogehalt von ... beschäftigt. Die beklagte Partei hat das Arbeitsverhältnis unter Einhaltung der ordentlichen Kündigungsfrist zum ... gekündigt.

    Beweis: 1. Vorlage des Arbeitsvertrages in Kopie – Anlage K 1.
                   2. Vorlage des Kündigungsschreibens in Kopie – Anlage K 2.

Die klägerische Partei hat daraufhin Kündigungsschutzklage erhoben. Der Rechtsstreit war vor dem erkennenden Gericht unter dem Aktenzeichen ... anhängig.

    Beweis: Beiziehung der Akten ArbG ... – Az ...

Im Gütetermin am ... haben die Parteien einen Abwicklungsvertrag geschlossen, wonach zwischen den Parteien Einigkeit besteht, dass das Arbeitsverhältnis durch die ordentliche Kündigung beendet wurde und die beklagte Partei eine Abfindung in Höhe von ... zu zahlen hat.

    Beweis: Wie vor.

Der Kündigungsgrund bestand darin, dass die beklagte Partei erklärt hatte, sie werde die aus fünf Arbeitnehmern bestehende Betriebsabteilung, in der die klägerische Partei tätig war, ersatzlos schließen. Ein anderer freier Arbeitsplatz sei im Betrieb nicht vorhanden. Vergleichbare Arbeitnehmer würden im Betrieb nicht beschäftigt, eine Sozialauswahl sei daher nicht geboten.

    Beweis: Wie vor.

Zwischenzeitlich wurde bekannt, dass durch einen unvorhergesehenen Großauftrag die Geschäftsleitung der beklagten Partei sich umentschieden hat. Die Betriebsabteilung wird nicht geschlossen, sondern fortgeführt.

    Beweis: Zeugnis des Betriebsleiters ...

Nachdem die klägerische Partei hiervon gehört hat, hat sie sich an den Geschäftsführer der beklagten Partei gewandt und nachgefragt, ob sie unter diesen Umständen nicht weiter beschäftigt werden könne. Der Geschäftsführer hat das Angebot auf Wiedereinstellung mit dem Bemerken zurückgewiesen, Vertrag sei Vertrag. Das Arbeitsverhältnis werde noch bis zum Ablauf der Kündigungsfrist abgewickelt, danach sei Schluss.

    Beweis: Zeugnis ..., zu laden über die beklagte Partei.

Die beklagte Partei ist nach einer Reihe von Entscheidungen des BAG verpflichtet, die klägerische Partei wieder zu beschäftigen. Nach Maßgabe der Urteile des BAG,

    BAG 27.2.1997 – 2 AZR 160/96, BAGE 85, 194 = NZA 1997, 757; BAG 6.8.1997 – 7 AZR 557/96, BAGE 86, 194 = NZA 1998, 254; BAG 13.11.1997 – 8 AZR 295/95, BAGE 87, 115 – NZA 1998, 251; BAG 4.12.1997 – 2 AZR 140/97, BAGE 87, 221 = NZA 1998, 701,

besteht ein Wiedereinstellungsanspruch unter folgenden Voraussetzungen:

- Der Arbeitgeber verhält sich rechtsmissbräuchlich, wenn er bei Wegfall des betriebsbedingten Kündigungsgrundes noch während der Kündigungsfrist den veränderten Umständen nicht Rechnung trägt und dem Arbeitnehmer die Fortsetzung des Arbeitsverhältnisses anbietet; § 242 BGB kann dabei ausnahmsweise anspruchsbegründende Wirkung entfalten;
- rechtsmissbräuchlich verhält sich der Arbeitgeber nur, wenn er mit Rücksicht auf die Wirksamkeit der Kündigung noch keine Disposition getroffen hat und ihm daher die unveränderte Fortsetzung des Arbeitsverhältnisses nicht unzumutbar ist;

- ein Wiedereinstellungsanspruch besteht nur, soweit die geänderten Umstände noch innerhalb der Kündigungsfrist eintreten; Veränderungen nach deren Ablauf sind unbeachtlich.

Ausgehend von diesen Grundsätzen kann die klägerische Partei verlangen, wieder eingestellt zu werden. Die Kündigungsfrist ist noch nicht abgelaufen, die beklagte Partei hat noch keine anderweitigen Dispositionen getroffen.

↑

XXIII. Zahlungs- und Auskunftsklagen

1. Muster: Arbeitsvergütung (Bruttoklage)[165]

↓

Arbeitsgericht ...

Klage

– klägerische Partei –

Prozessbevollmächtigte: ...

gegen

...

– beklagte Partei –

wegen: Arbeitsvergütung

Wir bestellen uns zu Prozessbevollmächtigten der klägerischen Partei, in deren Namen und Auftrag wir um kurzfristige Anberaumung eines Gütetermins bitten und beantragen werden zu erkennen:

1. Die beklagte Partei wird verurteilt, ... EUR brutto[166] nebst Zinsen in Höhe von fünf Prozentpunkten über dem Basiszinssatz[167] hieraus seit dem ...[168] an die klägerische Partei zu zahlen.[169]
2. Sofern die beklagte Partei den Anspruch ganz oder teilweise anerkennt, wird beantragt, in Höhe des anerkannten Betrags ein Anerkenntnisurteil zu erlassen.
3. Die Berufung wird zugelassen.
4. Die Kosten des Rechtsstreits trägt die beklagte Partei.

---

165 Die Vollstreckung des Bruttolohnurteils erfolgt gemäß einem Antrag an das Arbeitsgericht, s. hierzu Muster 6205 (§ 6 Rn 157).
166 Wurden vom Arbeitgeber gegenüber dem Arbeitnehmer Teilbeträge auf die geschuldete Bruttovergütung erbracht, ist die Klage auf den Bruttobetrag abzüglich des geleisteten, konkret im geänderten Klagantrag aufzuführenden Nettobetrag abzuändern (BAG 15.11.1978 – 5 AZR 199/77, AP § 613 a BGB Nr. 14 = DB 1979, 702; Schaub/*Linck*, Arbeitsrechts-Handbuch, § 71 I.4. Rn 4). Unzulässig ist ein Zahlungsantrag, der auf einen bestimmten Bruttobetrag abzüglich eines nicht bezifferten Betrags an Arbeitslosengeld (BAG 15.11.1978 – 5 AZR 199/77, AP § 613 a BGB Nr. 14 = DB 1979, 702) oder auf einen nicht näher bezifferten pfändbaren Nettobetrag an einen Dritten lautet (LAG Niedersachsen 18.2.1992 – 14 Ta 340/91, NZA 1992, 713).
167 §§ 247, 288 Abs. 1 BGB.
168 Hat der Arbeitnehmer Arbeitslosengeld bezogen, ist im Antrag konkret die Abzugsposition wie folgt einzufügen: „Die beklagte Partei wird verurteilt, an die klägerische Partei ... EUR brutto abzüglich ... EUR erhaltenen Arbeitslosengeldes nebst Zinsen in Höhe von fünf Prozentpunkten über dem Basiszinssatz aus dem Differenzbetrag seit dem ... zu zahlen." – Hat der Arbeitnehmer Arbeitslosengeld bezogen, ist das bezogene Arbeitslosengeld vom eingeklagten Bruttobetrag in Abzug zu bringen. Nach § 115 Abs. 1 SGB X geht der Anspruch des Arbeitnehmers gegenüber dem Arbeitgeber auf Arbeitsentgelt auf den Sozialversicherungsträger in Höhe der erbrachten Leistungen über, womit der Arbeitnehmer insoweit seine Aktivlegitimation verliert. Der in der Praxis verbreitete Antrag auf Zahlung einer Bruttovergütung abzüglich „gezahlten Arbeitslosengeldes etc." ist aufgrund fehlender Bestimmtheit unzulässig (vgl BAG 15.11.1978 – 5 AZR 199/77, AP § 613 a BGB Nr. 14).
169 Alternativ bei mehreren ausstehenden Gehältern: „1. Die beklagte Partei wird verurteilt, für die Monate ... bis ... die vertraglich geschuldete Vergütung in einer Gesamthöhe von ... EUR brutto, nebst Zinsen in Höhe von fünf Prozentpunkten über dem Basiszinssatz aus einem Betrag von ... EUR seit dem ... und aus einem Betrag von ... seit dem ... an die klägerische Partei zu zahlen."

Gründe:

I.

Zwischen den Parteien besteht seit dem ... ein Arbeitsverhältnis.

    Beweis: Vorlage des Arbeitsvertrages in Kopie – Anlage K 1.

Die klägerische Partei ist als ... zu einem monatlichen Bruttoentgelt von ... EUR mit einer regelmäßigen wöchentlichen Arbeitszeit von ... Stunden bei der beklagten Partei beschäftigt. Das Gehalt ist zahlbar zum ... Die klägerische Partei ist am ... geboren, verheiratet und hat ... Kinder.

    Beweis: 1. Vorlage des Arbeitsvertrages in Kopie – Anlage K 1.
                2. Vorlage der Abrechnungen in Kopie – Anlagenkonvolut K 2.

Die beklagte Partei rechnete gegenüber der klägerischen Partei die Gehaltsansprüche zuletzt wie folgt ab: ...

    Beweis: Vorlage der Abrechnungen in Kopie – Anlagenkonvolut K 2.

Für die Zeit vom ... bis zum ... fehlt eine Abrechnung. Darüber hinaus sind Gehaltszahlungen für die Zeit vom ... bis zum ... unterblieben. Die klägerische Partei hat ihre Gehaltsansprüche mit Schreiben vom ... gegenüber der beklagten Partei geltend gemacht.

    Beweis: Vorlage des Schreibens vom ... in Kopie – Anlage K 3.

Der beklagten Partei wurde eine Zahlungsfrist bis zum ... gesetzt.

    Beweis: Vorlage des Schreibens vom ... in Kopie – Anlage K 3.

Die beklagte Partei hat diese Zahlungsfrist untätig verstreichen lassen.

Nach Fälligkeit der Vergütung am ... bzw. ... befindet sich die beklagte Partei in Verzug. Die Höhe der Verzugszinsen von fünf Prozentpunkten über dem Basiszinssatz folgt aus den §§ 247 und 288 Abs. 1 BGB.

Da sich die beklagte Partei beharrlich weigert, ihren Zahlungsverpflichtungen nachzukommen, war Klage geboten.

II.

Nach den sich jeweils für den einzelnen Sozialversicherungsbereich ergebenden Bestimmungen hat der versicherungspflichtig Beschäftigte die nach seinem Arbeitsentgelt zu bemessenden Beiträge zu tragen (Krankenversicherung: § 249 Abs. 1 SGB V; Rentenversicherung: § 168 Abs. 1 SGB VI; Arbeitslosenversicherung: § 346 Abs. 1 SGB III; Pflegeversicherung: § 58 Abs. 1 SGB XI).

Der Arbeitnehmer ist damit Schuldner des Arbeitnehmeranteils an den Sozialversicherungsbeiträgen. Nach § 28 e Abs. 1 SGB IV hat lediglich der Arbeitgeber den Gesamtsozialversicherungsbeitrag, also den vom Arbeitnehmer geschuldeten Beitrag und den selbst geschuldeten Beitrag zu bezahlen,

    BAG 11.8.1998 – 9 AZR 122/95 (A), NZA 1999, 85.

Im Außenverhältnis haftet der Arbeitgeber allein für den gesamten Sozialversicherungsbeitrag. Eine Ausnahme von der Beschränkung des Arbeitgebers auf das Lohnabzugsverfahren für die Durchsetzung seines Anspruchs auf Erstattung der geleisteten Arbeitnehmeranteile ist gem. § 28 g Satz 4 SGB IV nur für den Fall und hier auch nur im Innenverhältnis zum Arbeitnehmer vorgesehen, dass der Arbeitnehmer seinen Auskunfts- und Vorlagepflichten gem. § 28 o SGB IV vorsätzlich oder grob fahrlässig nicht nachgekommen ist. In diesem Fall kann der Arbeitgeber seinen Anspruch gegen den Arbeitnehmer auf den Arbeitnehmeranteil in jeder ihm geeignet erscheinenden Weise, also auch durch Klage, geltend machen,

    LAG München 25.3.2009 – 11 Sa 987/08, juris.

Gemäß § 38 Abs. 2 Satz 1 EStG ist der Arbeitnehmer Schuldner der als Lohnsteuer bezeichneten Einkommensteuer. Nach § 38 Abs. 3 Satz 1 EStG hat der Arbeitgeber die Lohnsteuer des Arbeitnehmers bei jeder Lohnzahlung vom Arbeitslohn einzubehalten. Die öffentlich-rechtliche Vorschrift des § 38 Abs. 3 EStG bestimmt also auch hier lediglich eine Haftung des Arbeitgebers im Außenverhältnis. Die Art der Steuererhebung lässt den Zahlungsanspruch des Arbeitnehmers gegen den Arbeitgeber unberührt,

> BAG 11.8.1998 – 9 AZR 122/95 (A), NZA 1999, 85.

Da der Arbeitnehmer sowohl Schuldner der Lohnsteuer als auch Schuldner der Sozialversicherungsbeiträge ist, bilden Lohnsteuer und Sozialversicherungsbeiträge zusammen mit dem Nettoentgelt Gegenstand der Hauptschuld des Arbeitgebers gegenüber dem Arbeitnehmer. Da der Arbeitgeber grundsätzlich einen Bruttobetrag schuldet, ist eine Lohnklage folglich auf den Bruttobetrag zu richten,[170]

> vgl Schaub/*Linck*, Arbeitsrechts-Handbuch, § 71 I.4. Rn 4.

Ein Zahlungsantrag ist nach § 253 Abs. 2 Nr. 2 ZPO nur dann zulässig, wenn er beziffert oder wenigstens aus dem Titel heraus bezifferbar ist,

> MüKo-ZPO/*Becker-Eberhard*, § 253 Rn 95, 117 ff; HK-ZPO/*Saenger*, § 253 Rn 15 f.

Das Bestimmtheitserfordernis gilt auch für den Zinsantrag. Diesen gesetzlichen Vorgaben trägt der Zahlungsantrag der klägerischen Partei Rechnung.

Ob die Zinsen bezogen auf den Brutto- oder Nettobetrag geltend zu machen sind, wurde in der Rechtsprechung und im Schrifttum in der Vergangenheit nicht einheitlich beurteilt.

In Übereinstimmung mit dem Beschluss des 9. Senats vom 11.8.1998,

> BAG 11.8.1998 – 9 AZR 122/95 (A), NZA 1999, 85,

hat der Große Senat des BAG in seinem Beschluss vom 7.3.2001,

> BAG 7.3.2001 – GS 1/00, BAGE 97, 150 = NZA 2001, 1195,

entschieden, dass der Arbeitnehmer die Verzugszinsen nach § 288 Abs. 1 Satz 1 BGB aus der in Geld geschuldeten Bruttovergütung verlangen kann. Zur Begründung führt der Große Senat u.a. wie folgt aus:

„§ 288 Abs. 1 Satz 1 BGB ist nicht im Hinblick auf die Besonderheiten des Bruttolohnanspruchs einschränkend auszulegen. Bei Geldschulden räumt § 288 Abs. 1 Satz 1 BGB dem Gläubiger demgegenüber unabhängig von den konkreten Umständen einen Anspruch auf die in dieser Vorschrift vorgesehene Verzinsung ein. Ihr ist nach dem Wortlaut des § 288 Abs. 1 Satz 1 BGB die gesamte Geldschuld zugrunde zu legen, mit der sich der Schuldner in Verzug befindet. § 288 Abs. 1 Satz 2 und Abs. 2 BGB behalten lediglich dem Gläubiger die Geltendmachung höherer Zinsen und weiterer Schäden vor. Dem Schuldner wird es dagegen nicht ermöglicht, den Nachweis zu führen, dass dem Gläubiger nur ein geringerer Schaden entstanden sei. § 288 Abs. 1 Satz 1 BGB enthält eine gesetzliche Schadensfiktion. Sie beruht auf einer typisierenden Betrachtungsweise. Auf die Höhe des tatsächlich entstehenden Zinsschadens kommt es nicht an. Dadurch soll die Durchsetzung von Verzugsschäden vereinfacht und erleichtert werden. Eine Aufspaltung der Vergütung in den Nettoanteil und die gesetzlichen Abzüge widerspräche diesem Ziel."

---

[170] Der Arbeitgeber erfüllt den titulierten Bruttoanspruch in der Praxis üblicherweise dadurch, dass er den Nettobetrag an den Arbeitnehmer auszahlt und die Abzüge (Steuern, Sozialversicherungsbeiträge) an die Finanzbehörden bzw die Sozialversicherungsträger abführt. Betreibt der Arbeitnehmer gleichwohl die Vollstreckung in Höhe des vollen ausgeurteilten Bruttobetrags abzüglich der Nettozahlungen, kann sich der Arbeitgeber im Wege der Vollstreckungsgegenklage nach § 767 ZPO (ggf iVm einem Eilantrag nach § 769 ZPO) unter Hinweis auf die von ihm ordnungsgemäß abgeführten Steuern und Beiträge gegen die Vollstreckung wenden.

2. Muster: Überstunden, ausdrücklich angeordnet

Die regelmäßige Arbeitszeit der klägerischen Partei betrug wöchentlich 40 Stunden in der 5-Tage-Woche. Die Arbeitszeit war von montags bis freitags jeweils von ... bis ... Uhr verteilt, mit einer Mittagspause von ... Minuten von ... bis ... Uhr. Die klägerische Partei hat wöchentlich ... Überstunden geleistet. Diese Überstunden sind von der beklagten Partei ausdrücklich angeordnet worden.

    Beweis: Zeugnis ...

Mithin kann die klägerische Partei verlangen, dass die wöchentlichen Überstunden gemäß folgender Berechnung vergütet werden: ...

3. Muster: Überstunden, geduldet

Arbeitsgericht ...

Klage

– klägerische Partei –

Prozessbevollmächtigte: ...

gegen

...

– beklagte Partei –

wegen: Überstundenvergütung

Wir bestellen uns zu Prozessbevollmächtigten der klägerischen Partei, in deren Namen und Auftrag wir um kurzfristige Anberaumung eines Gütetermins bitten. Wir werden im Übrigen beantragen zu erkennen:

1. Die beklagte Partei wird verurteilt, an die klägerische Partei ... EUR brutto[171] nebst[172] Zinsen in Höhe von fünf Prozentpunkten über dem Basiszinssatz ab dem Tag, der auf die Rechtshängigkeit folgt, zu zahlen.
2. Die Berufung wird zugelassen.
3. Die beklagte Partei trägt die Kosten des Rechtsstreits.

Gründe:

I.

1. Zwischen den Parteien besteht seit dem ... ein Arbeitsverhältnis. Die klägerische Partei ist als ... bei einem monatlichen Bruttoentgelt von ... EUR mit einer regelmäßigen wöchentlichen Arbeitszeit von ... Stunden tätig.

    Beweis: Vorlage des Arbeitsvertrages in Kopie – Anlage K 1.

---

[171] Die Klage ist auf die Zahlung des Bruttobetrags zu richten. Nach der Entscheidung des Großen Senats des BAG vom 7.3.2001 (GS 1/00, BAGE 97, 150 = NZA 2001, 1195) kann der Arbeitnehmer auch die Verzugszinsen nach § 288 Abs. 1 BGB aus der in Geld geschuldeten Bruttovergütung verlangen. Spricht das Arbeitsgericht den Bruttobetrag zu, erfüllt der Arbeitgeber den Zahlungsanspruch des Arbeitnehmers dadurch, dass er den Nettobetrag an den Arbeitnehmer auszahlt und Steuern und Sozialabgaben an die Finanzbehörden bzw die Sozialversicherungsträger abführt. Vollstreckt der Arbeitnehmer trotz Erfüllung aus dem Titel auf den Bruttobetrag, kann der Arbeitgeber die Vollstreckung in Höhe der bereits abgeführten Abgaben durch Vollstreckungsgegenklage gem. § 767 ZPO (ggf iVm einem Eilantrag nach § 769 ZPO) verhindern.
[172] Der Arbeitnehmer ist Verbraucher; daher ergibt sich der Zinssatz aus §§ 288 Abs. 1, 247 BGB (BAG 25.5.2005 – 5 AZR 572/04, BAGE 115, 19 = NZA 2005, 1111).

In der Zeit von ... bis ... hat die klägerische Partei Überstunden geleistet. Die Überstunden wurden zwar von der beklagten Partei nicht förmlich angeordnet, die beklagte Partei hatte jedoch die Arbeitsaufgaben angewiesen, die die klägerische Partei in der Zeit der Überstunden erledigt hat. Im Einzelnen: ...

2. Der Arbeitnehmer, der die Vergütung oder den Ausgleich von Mehrarbeit fordert, muss im Einzelnen darlegen, an welchen Tagen und zu welchen Zeiten er über die übliche Arbeitszeit hinaus gearbeitet hat. Er muss vortragen, von welcher Normalarbeitszeit er ausgeht, dass er tatsächlich gearbeitet und welche Tätigkeit er ausgeführt hat. Der Anspruch auf Überstundenvergütung setzt ferner voraus, dass die Mehrarbeit vom Arbeitgeber angeordnet, gebilligt oder geduldet oder jedenfalls zur Erledigung der geschuldeten Arbeit erforderlich war,

> BAG 3.11.2004 – 5 AZR 648/03, NZA 2005, 895; LAG Sachsen-Anhalt 5.10.2010 – 6 Sa 63/10, juris.

Diesen Anforderungen wird der klägerische Vortrag gerecht, denn ....

Ein pauschales Bestreiten der Mehrarbeit durch den Arbeitgeber genügt nicht. Dem Arbeitgeber ist es zumutbar, anhand seiner Unterlagen die Arbeitszeit des Arbeitnehmers nachzuvollziehen,

> LAG Niedersachsen 22.8.2003 – 16 Sa 100/03, AuA 2004, Nr. 1, 57; LAG Sachsen-Anhalt 5.10.2010 – 6 Sa 63/10, juris.

Eine stillschweigende Anordnung ist immer dann gegeben, wenn sich die Überstundenanordnung mittelbar aus der Übertragung bestimmter Arbeitsaufgaben ergibt. Wenn also ein Vorgesetzter einen bestimmten Auftrag erteilt, der nur an diesem Tage erledigt werden kann, weil sich am Folgetag zu Arbeitsbeginn zwingend bestimmte Nachfolgearbeiten anschließen, liegt immer eine stillschweigende Anordnung von Überstunden vor.

II.

1. Die beklagte Partei hat die benannten Überstunden aus folgenden Gründen gebilligt bzw geduldet: ...

Auch die Erledigung übertragener Aufgaben, die notwendig waren, kann einen Anspruch auf Zahlung einer Überstundenvergütung auslösen,

> BAG 25.11.1993 – 2 AZR 517/93, BAGE 75, 153 = NZA 1994, 837.

Überstunden sind vom Arbeitgeber gebilligt, wenn er sie genehmigt hat. Von einer Genehmigung ist immer auszugehen, wenn der Arbeitgeber die Überstunden seinen Kunden in Rechnung stellt,

> ArbG Limburg 5.8.2002 – 1 Ca 1159/01, DB 2003, 778.

Der Anspruch des Arbeitnehmers auf Überstundenvergütung ist nicht ausgeschlossen, wenn arbeitsvertraglich Überstunden durch Arbeitsbefreiung auszugleichen sind, der Arbeitnehmer jedoch keinen Freizeitausgleich erhalten hat. Ist eine Gewährung des Freizeitausgleichs wegen Beendigung des Arbeitsverhältnisses unmöglich, kann der Arbeitnehmer die Überstundenvergütung als Schadensersatz wegen Nichterfüllung verlangen,

> ArbG Limburg 5.8.2002 – 1 Ca 1159/01, DB 2003, 778.

2. Die Klageforderung errechnet sich daher wie folgt:

a) Wert der Arbeitszeit: Bruttogehalt dividiert durch 21 dividiert durch tägliche Arbeitszeit.

Der Wert der einzelnen Arbeitsstunde ergibt, multipliziert mit der Zahl der geleisteten Überstunden, den Betrag von: ...

b) Die Nebenforderung errechnet sich wie folgt: ...

↑

4. Muster: Zahlungsansprüche im Wege einstweiliger Verfügung

↓

Arbeitsgericht ...

Antrag auf Erlass einer Einstweiligen Verfügung

...

– antragstellende Partei –

Verfahrensbevollmächtigte: ...

gegen

...

– antragsgegnerische Partei –

wegen: Zahlung

Wir bestellen uns zu Verfahrensbevollmächtigten der antragstellenden Partei und beantragen wegen der Dringlichkeit des Falles ohne mündliche Verhandlung durch den Vorsitzenden allein, hilfsweise unter Abkürzung der Ladungsfrist aufgrund einer unverzüglich anzuberaumenden mündlichen Verhandlung den Erlass einer einstweiligen Verfügung mit folgendem Inhalt:

1. Die antragsgegnerische Partei wird verurteilt, an die antragstellende Partei ... EUR netto[173] als Arbeitsentgelt für die Monate ... nebst Zinsen in Höhe von fünf Prozentpunkten über dem Basiszinssatz seit dem ... zu zahlen.[174]
2. Die Berufung wird zugelassen.
3. Die antragsgegnerische Partei hat die Kosten des Verfahrens zu tragen.

Für den Fall des Obsiegens wird bereits jetzt beantragt,

4. der antragstellenden Partei eine vollstreckbare Kurzausfertigung der Entscheidung (ohne Tatbestand und Entscheidungsgründe) zu erteilen.

Gründe:

I.

Die antragstellende Partei ist bei der antragsgegnerischen Partei als ... zu einem Stundenlohn von ... EUR brutto vollzeitig beschäftigt. Ihr durchschnittlicher Bruttomonatslohn beläuft sich auf ... EUR, je nach Zahl der geleisteten Arbeitsstunden. Ein schriftlicher Arbeitsvertrag existiert nicht.

Die antragsgegnerische Partei zahlt die ausstehenden Löhne teilweise erst mit einer gewissen Verzögerung aus. Der Lohn ist fällig jeweils zum ersten Werktag des Monats, der auf den Monat der Ableistung der Arbeit folgt. Der Lohn für den Monat ... war daher fällig am ... . Der Nettolohn für den Monat ... beläuft sich auf ... EUR. Dies ergibt sich sowohl aus der Berechnung, die die antragstellende Partei selber aufgestellt hat, wie

---

[173] Grundsätzlich gilt, dass die Klage auf die Zahlung des Bruttobetrags zu richten ist (s. § 6 Rn 7 ff). Nach der Entscheidung des Großen Senats des BAG vom 7.3.2001 (GS 1/00, BAGE 97, 150 = NZA 2001, 1195) kann der Arbeitnehmer auch die Verzugszinsen nach § 288 Abs. 1 BGB aus der in Geld geschuldeten Bruttovergütung verlangen. Spricht das Arbeitsgericht den Bruttobetrag zu, erfüllt der Arbeitgeber den Zahlungsanspruch des Arbeitnehmers dadurch, dass er den Nettobetrag an den Arbeitnehmer auszahlt und Steuern und Sozialabgaben an die Finanzbehörden bzw die Sozialversicherungsträger abführt. Vollstreckt der Arbeitnehmer trotz Erfüllung aus dem Titel auf den Bruttobetrag, kann der Arbeitgeber die Vollstreckung in Höhe der bereits abgeführten Abgaben durch Vollstreckungsgegenklage gem. § 767 ZPO (ggf iVm einem Eilantrag nach § 769 ZPO) verhindern. Anders liegt dagegen der Fall, dass zur Beseitigung einer wirtschaftlichen Notlage der Arbeitnehmer, was auch nur ausnahmsweise von den Gerichten zugebilligt wird, Gehalt im Wege des einstweiligen Rechtsschutzes geltend macht. Da der Haupteinwand auf Seiten des Arbeitgebers lautet, die Hauptsache werde vorweggenommen, muss die Anspruchshöhe im Verfahren der einstweiligen Verfügung auf ein Minimum – in diesem Falle der Nettobetrag – reduziert werden.

[174] Eine dem Wortlaut des § 288 BGB entsprechende Antragstellung ist ausreichend. Somit muss sich der Anwalt nicht der Mühe unterziehen, den aktuellen Basiszinssatz zu ermitteln und dann einen konkret bezifferten Zinsantrag zu stellen.

auch aus den telefonischen Angaben der antragsgegnerischen Partei gegenüber der antragstellenden Partei sowie aus einem weiteren Telefonat gegenüber ihrer Ehefrau.

Glaubhaftmachung:
1. Vorlage der eidesstattlichen Versicherung der antragstellenden Partei – Anlage K 1.
2. Vorlage der eidesstattlichen Versicherung der Ehefrau der antragstellenden Partei, Frau ..., vom ... – Anlage K 2.
3. Vorlage der Bankmitteilung der Bank der antragstellenden Partei vom ... in Kopie – Anlage K 3.

Die antragstellende Partei und ihre Familie befinden sich in finanziellen Nöten. Sie sind auf eine pünktliche Zahlung des Lohnes dringend angewiesen. Ansonsten besteht die Gefahr, dass ihnen seitens der Bank keine weiteren Kredite gewährt werden. Die kurzfristige Besorgung von finanziellen Mitteln im Wege der Sozialhilfe ist ebenfalls nicht möglich und gegenüber der Lohnzahlung durch den Arbeitgeber im Übrigen nachrangig. Durch eine verspätete Zahlung der Miete besteht die Gefahr, dass die antragstellende Partei und ihre Familie ihre Wohnung verlieren, weil der Vermieter das Mietverhältnis kündigt.

Im Übrigen wird auf die beiden eidesstattlichen Versicherungen inhaltlich vollumfänglich Bezug genommen. Die darin gemachten Angaben sind wahrheitsgemäß und werden ausdrücklich zum Vortrag dieses Schriftsatzes gemacht.

Die antragsgegnerische Partei verweigert die Auszahlung des Lohns für den Monat ... mit der Begründung, die antragstellende Partei bekomme das Geld erst dann, wenn sie ihre Arbeit wieder aufnehme. Die Arbeitsunfähigkeitsbescheinigung für laufende Arbeitsunfähigkeit hat die antragstellende Partei an die antragsgegnerische Partei verschickt und zwar mit Einschreiben gegen Rückschein. Die Arbeitsunfähigkeitsbescheinigung ist bei der antragsgegnerischen Partei auch angekommen.

Glaubhaftmachung:
1. Vorlage der eidesstattlichen Versicherung der antragstellenden Partei – Anlage K 1.
2. Vorlage der eidesstattlichen Versicherung der Ehefrau der antragstellenden Partei, Frau ..., vom ... – Anlage K 2.

II.

Der Anspruch auf Zahlung des Arbeitslohns ist fällig seit dem ... Auf das Arbeitsverhältnis der Parteien findet im Übrigen der für allgemeinverbindlich erklärte Rahmentarifvertrag ... Anwendung. Gemäß § ... des Tarifvertrages ist der Lohn spätestens zu Mitte des Monats fällig, der auf den Monat folgt, für den er zu zahlen ist. Hieraus ergibt sich, dass spätestens seit dem ... der volle Lohn für den Monat ... fällig und zu zahlen war.

Eine Lohnabrechnung hat die antragstellende Partei für den Monat ... bislang nicht erhalten. Die Ansprüche der antragstellenden Partei berechnen sich wie folgt: ...

Mit Anwaltsschreiben vom ... wurde die antragsgegnerische Partei unter Nachfristsetzung auf den ... zur Zahlung aufgefordert. Die Zahlung erfolgte nicht.

Glaubhaftmachung: Vorlage des Forderungsschreibens vom ... als Kopie – Anlage K 4.

III.

Auch der erforderliche Verfügungsgrund ist aufgrund nachfolgender Erwägungen gegeben.

Die antragstellende Partei benötigt den Restlohn für den Monat ... Der Rahmen des ihr bei ihrer Bank eingeräumten Dispositionskredits ist ausgeschöpft. Weitere Zahlungen sind von Seiten der antragsgegnerischen Partei nicht zu erwarten. Die antragsgegnerische Partei hat vielmehr angekündigt, keine weiteren Zahlungen zu leisten, solange die antragstellende Partei nicht wieder arbeiten komme. Da die Arbeitsunfähigkeit jedoch seit dem ... besteht, läuft noch der gesetzliche Entgeltfortzahlungszeitraum. Somit kann die antragstellende Partei auch kein Krankengeld kurzfristig beantragen oder beziehen. Auch der Bezug von Arbeitslosengeld II ist schon aus zeitlichen Gründen gegenwärtig nicht geeignet, die antragstellende Partei aus ihrer wirtschaftlich schwierigen Situation zu befreien. Zudem ist Arbeitslosengeld II hinter den arbeitsrechtlichen Durchsetzungsansprüchen der antragstellenden Partei nachrangig.

Der Umstand einer eingetretenen Arbeitsunfähigkeit berechtigt die antragsgegnerische Partei nicht zur Zurückbehaltung von Gehalt. Hierbei handelt es sich darüber hinaus um eine Maßregelung iSd § 612a BGB, die die antragstellende Partei nicht, und zwar auch nicht bis zum Verhandlungstermin in einem ggf ohnehin anhängig zu machenden Hauptsacheverfahren hinzunehmen braucht.

Dass im Wege der einstweiligen Verfügung bei Bestehen einer wirtschaftlichen Notlage der Arbeitnehmer seinen Entgeltanspruch in Höhe des Nettogehalts im Wege der einstweiligen Verfügung geltend machen kann, ist in der Rechtsprechung anerkannt,

> ArbG Bonn 28.5.1998 – 2 Ga 22/98, n.v.; LAG Hessen 9.7.1995 – 13 Ta 242/95, DB 1996, 48; *Korinth*, ArbRB 2004, 94.

5. Muster: Feststellung zur Insolvenztabelle

Arbeitsgericht ...

Klage

– klägerische Partei –

Prozessbevollmächtigte: ...

gegen

Herrn Rechtsanwalt ... als Insolvenzverwalter über das Vermögen der ...

– beklagte Partei –

wegen: Arbeitsvergütung

Wir bestellen uns zu Prozessbevollmächtigten der klägerischen Partei, in deren Namen und Auftrag wir um kurzfristige Anberaumung eines Gütetermins bitten und beantragen werden zu erkennen:

1. Die von der klägerischen Partei angemeldete Forderung in Höhe von ... wird zur Insolvenztabelle festgestellt.
2. Die Kosten des Rechtsstreits trägt die beklagte Partei.

Gründe:

I.

Mit Beschluss vom ... eröffnete das Amtsgericht ... das Insolvenzverfahren über das Vermögen der Schuldnerin und bestellte die beklagte Partei zum Insolvenzverwalter über das Vermögen der Schuldnerin.

Beweis: Vorlage des Beschlusses des Amtsgerichts ... in Kopie – Anlage K 1.

Zwischen der klägerischen Partei und der Schuldnerin wurde unter dem ... ein Arbeitsverhältnis begründet. Die klägerische Partei ist seither bei einem monatlichen Bruttoentgelt von ... EUR als ... beschäftigt.

Aus dem Arbeitsverhältnis bestehen zu Gunsten der Klägerin noch Gehaltsansprüche gegen die beklagte Partei. Die Gehaltsansprüche resultieren aus der Zeit vor Eröffnung des Insolvenzverfahrens. Sämtliche Forderungen auf rückständiges Arbeitsentgelt aus der Zeit vor Insolvenzeröffnung sind einfache Insolvenzforderungen iSd § 38 InsO. Die Forderungen sind zur Insolvenztabelle anzumelden. Im Einzelnen ergibt sich folgende Insolvenzforderung der klägerischen Partei: ...

Die Forderung wurde rechtzeitig bei dem Beklagten zur Insolvenztabelle angemeldet.

Beweis: Vorlage der Forderungsanmeldung nebst Anlagen in Kopie – Anlage K 2.

Im Prüfungstermin am ... wurde die Forderung vom beklagten Insolvenzverwalter in voller Höhe bestritten. Der klägerischen Partei wurde dies durch Übersendung des Tabellenauszugs mitgeteilt.

Beweis: Vorlage des Tabellenauszugs in Kopie – Anlage K 3.

II.

Das Bestreiten der Forderung erfolgte zu Unrecht. Der klägerischen Partei steht der Anspruch in voller Höhe zu. ...

6. Muster: Arbeitsvergütung bei Masseunzulänglichkeit

Arbeitsgericht ...

Klage

...

– klägerische Partei –

Prozessbevollmächtigte: ...

gegen

Herrn Rechtsanwalt ... als Insolvenzverwalter über das Vermögen der ...

– beklagte Partei –

wegen: Arbeitsvergütung

Wir bestellen uns zu Prozessbevollmächtigten der klägerischen Partei, in deren Namen und Auftrag wir um kurzfristige Anberaumung eines Gütetermins bitten und beantragen werden zu erkennen:

1. Die beklagte Partei wird verurteilt, ... EUR brutto nebst jeweils Zinsen in Höhe von fünf Prozentpunkten über dem Basiszinssatz hieraus seit dem ... an die klägerische Partei zu zahlen.
2. Die Kosten des Rechtsstreits trägt die beklagte Partei.

Hilfsweise, im Falle der Abweisung des Antrags zu Ziffer 1 wird beantragt:

3. Es wird festgestellt, dass der klägerischen Partei Masseansprüche in Höhe von ... EUR brutto nebst Zinsen in Höhe von fünf Prozentpunkten über dem Basiszinssatz hieraus seit dem ... zustehen.

Gründe:

I.

Mit Beschluss vom ... eröffnete das Amtsgericht ... das Insolvenzverfahren über das Vermögen der Schuldnerin und bestellte die beklagte Partei zum Insolvenzverwalter über das Vermögen der Schuldnerin.

Beweis: Vorlage des Beschlusses des Amtsgerichts ... in Kopie – Anlage 1.

Zwischen der klägerischen Partei und der Schuldnerin wurde unter dem ... ein Arbeitsverhältnis begründet. Die klägerische Partei ist seither bei einem monatlichen Bruttoentgelt von ... EUR als ... beschäftigt.

Aus dem Arbeitsverhältnis bestehen zugunsten der klägerischen Partei noch Gehaltsansprüche gegen die beklagte Partei. Die Gehaltsansprüche resultieren aus der Zeit nach Eröffnung des Insolvenzverfahrens. Nach Eröffnung des Insolvenzverfahrens sind die Arbeitsentgeltansprüche Masseverbindlichkeiten nach § 55 Abs. 1

Nr. 2 InsO. Hierbei kommt es nicht darauf an, ob der Insolvenzverwalter die Arbeitsleistung auch tatsächlich in Anspruch genommen hat,

>BAG 11.12.2001 – 9 AZR 459/00, NZA 2002, 975; BAG 11.12.2001 – 9 AZR 80/01, NZA 2002, 902; BAG 31.1.1979 – 5 AZR 749/77, BAGE 31, 288.

Der Insolvenzverwalter schuldet dann die Vergütung aus Annahmeverzug. Im Einzelnen ergibt sich folgende Masseforderung der klägerischen Partei:

Die Zahlungsansprüche wurden bereits außergerichtlich geltend gemacht.

Beweis: Vorlage des Mahnschreibens in Kopie – Anlage K 1.

Der beklagte Insolvenzverwalter hat die Ansprüche zwar dem Grunde nach nicht bestritten, er beruft sich jedoch auf Masseunzulänglichkeit. Ob Masseunzulänglichkeit angezeigt wurde, entzieht sich der Kenntnis der klägerischen Partei.

II.

Der Hilfsantrag zu Ziffer 3 trägt bereits jetzt der Rechtsprechung des BAG Rechnung, dass nach Anzeige der Masseunzulänglichkeit gem. § 208 Abs. 1 InsO Forderungen nicht mehr mit der Leistungsklage verfolgt werden können,

>BAG 11.12.2001 – 9 AZR 459/00, NZA 2002, 975; BAG 11.12.2001 – 9 AZR 80/01, NZA 2002, 902; BAG 31.1.1979 – 5 AZR 749/77, BAGE 31, 288.

Da die öffentliche Bekanntmachung der Masseunzulänglichkeit im Passivprozess des Verwalters gegen den Massegläubiger nicht die Darlegung und den Beweis der Massearmut ersetzt, trifft den beklagten Insolvenzverwalter vorliegend die Darlegungs- und Beweislast zu der Masseunzulänglichkeit,

>BAG 11.12.2001 – 9 AZR 80/01, NZA 2002, 902; BAG 31.1.1979 – 5 AZR 749/77, BAGE 31, 288.

Insofern hat der beklagte Insolvenzverwalter die eingetretene oder jedenfalls drohende Unzulänglichkeit der Masse darzulegen. Mit Nichtwissen wird die Unzulänglichkeit der Masse im vorstehenden Insolvenzverfahren bestritten.

7. Muster: Klage auf Auskunft und Provision

Arbeitsgericht ...

Klage

...

– klägerische Partei –

Prozessbevollmächtigte: ...

gegen

...

– beklagte Partei –

wegen: Auskunft und Provisionszahlung

Wir bestellen uns zu Prozessbevollmächtigten der klägerischen Partei, in deren Namen und Auftrag wir um kurzfristige Anberaumung eines Gütetermins bitten und beantragen werden zu erkennen:

1. Die beklagte Partei wird verurteilt, über die in der Zeit vom ... bis ... verdiente Provision der klägerischen Partei Auskunft zu erteilen.

2. Die beklagte Partei wird verurteilt, über die in der Zeit vom ... bis ... verdiente Provision einen Buchauszug zu erteilen.
3. Die beklagte Partei wird verurteilt, die Richtigkeit ihrer Abrechnung und des Buchauszuges an Eides statt zu versichern.
4. Die beklagte Partei wird verurteilt, den sich aus dem Buchauszug zu Gunsten der klägerischen Partei ergebenden Bruttobetrag[175] nebst Zinsen in Höhe von fünf Prozentpunkten über dem Basiszinssatz ab dem Tag, der auf die Rechtshängigkeit folgt, zu zahlen.[176]
5. Die beklagte Partei wird zur Zahlung einer angemessenen Entschädigung, die 8.000 EUR nicht unterschreiten sollte, für den Fall verurteilt, dass sie den unter Ziff. 1 eingeklagten Auskunftsanspruch nicht binnen eines Monats nach Verkündung der Entscheidung des Arbeitsgerichts vollumfänglich erfüllt.
6. Die Berufung wird zugelassen.
7. Die Kosten des Rechtsstreits trägt die beklagte Partei.

Gründe:

Die klägerische Partei war bei der beklagten Partei vom ... bis ... als Verkaufsreisender beschäftigt. Sie verdiente ein Fixum und erhielt außerdem eine Provision.

Beweis: Vorlage des Arbeitsvertrages in Kopie – Anlage K 1.

Wegen der weiteren Einzelheiten wird auf den als Anlage K 1 beigefügten Arbeitsvertrag Bezug genommen.

Die beklagte Partei hat seit dem ... Provisionen nicht mehr abgerechnet. Gleichwohl hat die klägerische Partei noch provisionspflichtige Geschäfte vermittelt, denn beispielsweise die Kunden ... haben noch Bestellungen aufgegeben.

Beweis: Zeugnis ...

Die beklagte Partei ist daher gem. §§ 65, 87 c HGB verpflichtet, Abrechnungen zu erteilen.

Nach §§ 65, 87 c Abs. 2 HGB hat die beklagte Partei einen Buchauszug zu erstellen. Da zu gewärtigen ist, dass die beklagte Partei ihre Auskunft nicht wahrheitsgemäß erteilt, wenn sie nicht unter dem Zwang der eidesstattlichen Versicherung steht, muss die beklagte Partei angehalten werden, die Richtigkeit an Eides statt zu versichern.

Schließlich ist zur Vermeidung des tariflichen Verfalls der Forderung im Wege der Stufenklage schon jetzt die Auszahlung des Provisionsbetrags zu begehren.

Mit dem Antrag Ziff. 1 hat die klägerische Partei Auskunft über Provisionen begehrt. Die für die Auskunftserteilung erforderlichen Daten über Umsatz und Gewinn verweigert die beklagte Partei schon seit längerer Zeit hartnäckig. Die beklagte Partei unternimmt seit Jahren manches, um ihre Umsatzzahlen sowohl vor der Konkurrenz als auch vor den eigenen Mitarbeitern zu verheimlichen.

Aus diesem Grunde war es geboten, vorsorglich einen Entschädigungsantrag nach § 61 Abs. 2 ArbGG zu stellen.

---

[175] Die Klage ist auf die Zahlung des Bruttobetrags zu richten. Nach der Entscheidung des Großen Senats des BAG vom 7.3.2001 (GS 1/00, BAGE 97, 15 = NZA 2001, 1195) kann der Arbeitnehmer auch die Verzugszinsen nach § 288 Abs. 1 BGB aus der in Geld geschuldeten Bruttovergütung verlangen. Spricht das Arbeitsgericht den Bruttobetrag zu, erfüllt der Arbeitgeber den Zahlungsanspruch des Arbeitnehmers dadurch, dass er den Nettobetrag an den Arbeitnehmer auszahlt und Steuern und Sozialabgaben an die Finanzbehörden bzw die Sozialversicherungsträger abführt. Vollstreckt der Arbeitnehmer trotz Erfüllung aus dem Titel auf den Bruttobetrag, kann der Arbeitgeber die Vollstreckung in Höhe der bereits abgeführten Abgaben durch Vollstreckungsgegenklage gem. § 767 ZPO (ggf iVm einem Eilantrag nach § 769 ZPO) verhindern.

[176] Eine dem Wortlaut des § 288 BGB entsprechende Antragstellung ist ausreichend. Somit muss sich der Anwalt nicht der Mühe unterziehen, den aktuellen Basiszinssatz zu ermitteln und dann einen konkret bezifferten Zinsantrag zu stellen.

8. Muster: Zahlungsklage wegen Vorstellungskosten

↓

Arbeitsgericht ...

Klage

– klägerische Partei –

Prozessbevollmächtigte: ...

gegen

...

– beklagte Partei –

wegen: Karenzentschädigung

Wir bestellen uns zu Prozessbevollmächtigten der klägerischen Partei, in deren Namen und Auftrag wir um kurzfristige Anberaumung eines Gütetermins bitten. Wir werden im Übrigen beantragen zu erkennen:

1. Die beklagte Partei wird verurteilt, an die klägerische Partei ... EUR brutto nebst Zinsen in Höhe von fünf Prozentpunkten über dem Basiszinssatz ab dem Tag, der auf die Rechtshängigkeit folgt, zu zahlen.
2. Die Berufung wird zugelassen.
3. Die beklagte Partei trägt die Kosten des Rechtsstreits.

Gründe:

1. Die beklagte Partei verlangt die Erstattung an Vorstellungskosten. Am ... hat die beklagte Partei in der Zeitung folgende Stellenanzeige veröffentlicht: ... . Hierauf hat sich die klägerische Partei mit Schreiben vom ... beworben.

   Beweis: 1. Vorlage der Stellenanzeige vom ... in Kopie – Anlage K 1.
   2. Vorlage des Bewerbungsschreibens der klägerischen Partei vom ... – Anlage K 2.

   Am ... erhielt die klägerische Partei eine Einladung zu einem Vorstellungsgespräch, das am ... in ... stattfand.

   Beweis: Vorlage des Einladungsschreibens – Anlage K 3.

   Die beklagte Partei teilte am ... mit, dass sie die ausgeschriebene Stelle anderweitig besetzen werde. Zu einer Einstellung kam es nicht.

   Der klägerischen Partei sind durch das Vorstellungsgespräch folgende Kosten entstanden: Fahrtkosten in Höhe von ... .

   Beweis: 1. Vorlage des Fahrscheins in Kopie – Anlage K 4.
   2. Übernachtungskosten – Anlage K 5.

   Die beklagte Partei wurde mit Schreiben vom ... zur Erstattung der Vorstellungskosten aufgefordert.

   Beweis: Vorlage des Schreibens in Kopie – Anlage K 6.

   Die beklagte Partei weigert sich, die Vorstellungskosten zu zahlen.

2. Die klägerische Partei hat einen Anspruch auf Erstattung der ihr entstandenen Vorstellungskosten gem. § 670 BGB. Grundsätzlich muss der Arbeitgeber dann, wenn er den Bewerber zur Vorstellung auffordert, ihm sämtliche Aufwendungen ersetzen, die er den Umständen nach für erforderlich halten durfte. Diese Kosten umfassen Fahrtaufwendungen, Mehraufwendungen für Verpflegung und/oder notwendige Übernachtungskosten. Etwas anderes gilt nur dann, wenn eine abweichende Vereinbarung getroffen wurde,

   BAG 29.6.1988 – 5 AZR 433/87, NZA 1989, 468; BAG 14.2.1977 – 5 AZR 171/76, AP § 196 BGB Nr. 8; LAG Nürnberg 25.7.1995 – 2 Sa 73/94, LAGE § 670 BGB Nr. 12.

Die Auffassung, Vorstellungskosten seien nur erstattungsfähig, wenn die Erstattung ausdrücklich mit dem Arbeitgeber vereinbart sei,

ArbG Kempten 12.4.1994, BB 1994, 1504; bis zur 4. Aufl.: MüKo-BGB/*Schwerdtner*, § 629 Rn 19; *Sieber/ Wagner*, NZA 2003, 1312,

stellt eine Mindermeinung dar, die sich nicht durchgesetzt hat.

Flugkosten sind erstattungsfähig, wenn der Arbeitgeber die Übernahme vorher zugesagt hat,

ArbG Hamburg 2.11.1994 – 13 Ca 24/94, NZA 1995, 428.

Der Arbeitgeber ist auch dann zum Ersatz der Vorstellungskosten verpflichtet, wenn er einen Unternehmensberater eingeschaltet hat und dieser zu dem Vorstellungsgespräch eingeladen hat,

BAG 29.6.1988 – 5 AZR 433/87, NZA 1989, 468.

Der Erstattungsanspruch unterliegt gem. § 195 BGB der regelmäßigen Verjährung von drei Jahren. Das gilt auch dann, wenn eine Einstellung nicht erfolgt ist,

BAG 14.2.1977 – 5 AZR 171/76, AP § 196 BGB Nr. 8.

Gerichtsstand für einen Prozess gegen den Arbeitgeber im Zusammenhang einer erfolglosen Bewerbung ist stets der Sitz des Arbeitgebers,

ArbG Hanau 21.12.1995 – 2 Ca 699/95, NZA-RR 1996, 186.

Da sich die beklagte Partei beharrlich weigert, die Vorstellungskosten zu erstatten, war Klage geboten.

9. Muster: Zahlungsklage wegen Annahmeverzug nach unwirksamer Arbeitgeberkündigung

Arbeitsgericht ...

Klage

...

– klägerische Partei –

Prozessbevollmächtigte: ...

gegen

...

– beklagte Partei –

wegen: Annahmeverzug

Wir bestellen uns zu Prozessbevollmächtigten der klägerischen Partei, in deren Namen und Vollmacht wir um Anberaumung eines frühestmöglichen Gütetermins bitten. Im Übrigen werden wir beantragen zu erkennen:

1. Die beklagte Partei wird verurteilt, an die klägerische Partei ... EUR brutto[177] abzüglich ... EUR erhaltenen Arbeitslosengeldes[178] nebst Zinsen in Höhe von fünf Prozentpunkten über dem Basiszinssatz aus einem Betrag von ... EUR brutto seit dem ... sowie ... aus einem Betrag von ... EUR brutto seit dem ... zu zahlen.

---

[177] Die Klage ist auf die Zahlung des Bruttobetrags zu richten. Nach der Entscheidung des Großen Senats des BAG vom 7.3.2001 (GS 1/00, BAGE 97, 15 = NZA 2001, 1195) kann der Arbeitnehmer auch die Verzugszinsen nach § 288 Abs. 1 BGB aus der in Geld geschuldeten Bruttovergütung verlangen. Spricht das Arbeitsgericht den Bruttobetrag zu, erfüllt der Arbeitgeber den Zahlungsanspruch des Arbeitnehmers dadurch, dass er den Nettobetrag an den Arbeitnehmer auszahlt und Steuern und Sozialabgaben an die Finanzbehörden bzw die Sozialversicherungsträger abführt. Vollstreckt der Arbeitnehmer trotz Erfüllung aus dem Titel auf den Bruttobetrag, kann der Arbeitgeber die Vollstreckung in Höhe der bereits abgeführten Abgaben durch Vollstreckungsgegenklage gem. § 767 ZPO (ggf iVm einem Eilantrag nach § 769 ZPO) verhindern.

[178] Hat der Arbeitnehmer Arbeitslosengeld bezogen, ist das bezogene Arbeitslosengeld vom eingeklagten Bruttobetrag in Abzug zu bringen. Nach § 115 Abs. 1 SGB X geht der Anspruch des Arbeitnehmers gegen den Arbeitgeber auf den Sozialversicherungsträger in Höhe der erbrachten Leistungen über, womit der Arbeitnehmer insoweit seine Aktivlegitimation verliert. Der in der Praxis ver-

2. Die Berufung wird zugelassen.
3. Die beklagte Partei trägt die Kosten des Rechtsstreits.

Gründe:

Zwischen den Parteien besteht seit dem ... ein Arbeitsverhältnis. Die klägerische Partei ist bei einem monatlichen Bruttoentgelt von ... mit einer regelmäßigen wöchentlichen Arbeitszeit von ... Stunden tätig. Das Gehalt ist zahlbar zum ....

Beweis: Vorlage des Arbeitsvertrages in Kopie – Anlage K 1.

Die beklagte Partei hat der klägerischen Partei mit Schreiben vom ... gekündigt.

Beweis: Vorlage des Kündigungsschreibens in Kopie – Anlage K 2.

Die klägerische Partei hat daraufhin Kündigungsschutzklage vor dem Arbeitsgericht ... erhoben. Der Rechtsstreit war unter dem Aktenzeichen ... anhängig. Mit Urteil vom ... wurde festgestellt, dass die Kündigung sozial nicht gerechtfertigt war.

Beweis: Vorlage des Urteils des Arbeitsgerichts ... vom ..., Az ... in Kopie – Anlage K 3.

Seit dem ... ist die klägerische Partei arbeitslos. Durch das Urteil vom ... besteht das Arbeitsverhältnis ungekündigt fort.

Am ... meldete sich die beklagte Partei telefonisch bei der klägerischen Partei und forderte diese auf, wieder am ... zur Arbeit zu erscheinen, was die klägerische Partei auch getan hat. In der Zeit der nicht angenommenen Arbeit vom ... bis zum ... wäre die klägerische Partei in der Lage gewesen, die vertragsgemäße Arbeitsleistung zu erbringen. Die beklagte Partei hat ihre Arbeitskraft jedoch nicht abgefordert. Die klägerische Partei war nicht verpflichtet, ihre Arbeitsleistung anzubieten. Nach § 296 BGB ist ein Angebot des Arbeitnehmers überflüssig, da dem Arbeitgeber die nach dem Kalender bestimmte Mitwirkungshandlung obliegt, dem Arbeitnehmer für jeden Tag einen funktionsfähigen Arbeitsplatz zur Verfügung zu stellen und Arbeit zuzuweisen. Verweigert er dies, weil er unrechtmäßig gekündigt hat, steht fest, dass die Mitwirkungshandlung nicht erbracht wurde, so dass ein Angebot des Arbeitnehmers gem. § 296 BGB überflüssig ist,

vgl BAG 9.8.1984 – 2 AZR 374/83, BAGE 46, 234 = NZA 1985, 119; BAG 19.1.1999 – 9 AZR 679/97, BAGE 90, 329 = NZA 1999, 925.

Demgemäß ist die beklagte Partei verpflichtet, das für diese Zeit angefallene Gehalt zu zahlen. Das Gehalt berechnet sich im Einzelnen wie folgt: ...

10. Muster: Annahmeverzug des Arbeitgebers nach unwirksamer Arbeitgeberkündigung

Der Arbeitgeber gerät im Falle einer unwirksamen Kündigung in Annahmeverzug, wenn er den Arbeitnehmer nicht – im Falle der ordentlichen Kündigung für die Zeit nach Ablauf der Kündigungsfrist – aufgefordert hat, die Arbeit wieder aufzunehmen,

BAG 9.8.1984 – 2 AZR 374/83, BAGE 46, 234 = NZA 1985, 119; BAG 19.1.1999 – 9 AZR 679/97, BAGE 90, 329 = NZA 1999, 925.

War der Arbeitnehmer zum Kündigungstermin infolge Krankheit befristet arbeitsunfähig, so treten die Verzugsfolgen mit Eintritt der Arbeitsfähigkeit jedenfalls dann unabhängig von der Anzeige der Arbeitsfähigkeit

---

breitere Antrag auf Zahlung einer Bruttovergütung abzüglich „gezahlten Arbeitslosengeldes etc." ist aufgrund fehlender Bestimmtheit unzulässig (vgl BAG 15.11.1978 – 5 AZR 199/77, AP § 613a BGB Nr. 14).

ein, wenn der Arbeitnehmer dem Arbeitgeber durch Erhebung einer Kündigungsschutzklage oder sonstigen Widerspruch gegen die Kündigung seine weitere Leistungsbereitschaft deutlich gemacht hat,

BAG 19.4.1990 – 2 AZR 591/89, BAGE 65, 98 = NZA 1991, 228.

Im Übrigen ist, soweit keine besonderen Umstände vorliegen, als Normalfall davon auszugehen, dass das einmal gemachte Angebot fortdauern soll,

so schon *Lotmar*, Der Arbeitsvertrag II, S. 284, 301.

Zu diesem Zeitpunkt (ab ...) war die klagende Partei auch nicht (mehr) gem. § 297 BGB objektiv an der Leistungserbringung durch Krankheit verhindert, was den Gläubigerverzug vorübergehend entfallen ließ. Auf das fortdauernde Arbeitsangebot der klagenden Partei hätte daher die beklagte Partei mit einer Arbeitszuweisung reagieren müssen,

BAGE 9.8.1984 – 2 AZR 374/83, BAGE 46, 234 = NZA 1985, 119; BAG 19.1.1999 – 9 AZR 679/97, BAGE 90, 329 = NZA 1999, 925.

Diese Rechtsprechung, wonach der Arbeitgeber zur Vermeidung der Verzugsfolgen dem Arbeitnehmer von sich aus, sogar ohne dessen erneutes Angebot, gem. § 296 BGB Arbeit zuweisen muss, hat das BAG,

BAG 19.4.1990 – 2 AZR 591/89, BAGE 65, 98 = NZA 1991, 228; BAG 19.1.1999 – 9 AZR 679/97, BAGE 90, 329 = NZA 1999, 925,

wiederholt bestätigt. Trotz früher teilweise in der Literatur bestrittener Auffassung hat auch das BAG,

BAG 19.4.1990 – 2 AZR 591/89, BAGE 65, 98 = NZA 1991, 228,

daran festgehalten, der Arbeitnehmer müsse – unabhängig von der Anzeige der Arbeitsfähigkeit – durch Erhebung einer Kündigungsschutzklage oder sonstigen Widerspruchs gegen die Kündigung seine Leistungsbereitschaft deutlich machen. Auch nach dieser Rechtsprechung kommt ein Verzugslohnanspruch – im oder ohne Zusammenhang mit Arbeitsunfähigkeit – nicht in Betracht, wenn der Arbeitnehmer nicht gegen die Kündigung „protestiert", wenn er sie also hingenommen hat.

In Fortführung der Rechtsprechung des BAG,

BAG 19.4.1990 – 2 AZR 591/89, BAGE 65, 98 = NZA 1991, 228,

kann auch bei mehrfach befristet festgestellter Arbeitsunfähigkeit nicht (mehr) auf die früher für erforderlich gehaltene besondere Anzeige der Arbeitsfähigkeit abgestellt werden. Die für diese Rechtsprechung im Falle einer einmalig befristeten Arbeitsunfähigkeit angeführten Gründe gelten auch im vorliegenden Streitfall.

Anders ist der Fall zu beurteilen, wenn der Arbeitnehmer Annahmeverzuglohn nach mehrjährigem Kündigungsrechtsstreit geltend macht und der Arbeitgeber Indiztatsachen dafür vorträgt, der Arbeitnehmer sei in der Zeit des Kündigungsrechtsstreits gesundheitlich nicht in der Lage gewesen, die vertragsgemäße Leistung zu erbringen. In diesem Fall muss sich der Arbeitnehmer substantiiert einlassen und gegebenenfalls die behandelnden Ärzte von ihrer Schweigepflicht entbinden.

BAG 5.11.2003 – 5 AZR 562/02, AP § 615 BGB Nr. 106.

11. Muster: Annahmeverzug des Arbeitgebers bei unwirksamer Kündigung und Arbeitsunfähigkeit des Arbeitnehmers

Das BAG hat im Urteil vom 19.4.1990 entschieden, der Arbeitgeber gerate im Falle einer unwirksamen Kündigung in Annahmeverzug, wenn er den Arbeitnehmer nicht – im Falle der ordentlichen Kündigung für die Zeit nach Ablauf der Kündigungsfrist – aufgefordert habe, die Arbeit wieder aufzunehmen. Sei der Arbeitnehmer zum Kündigungstermin befristet arbeitsunfähig krank, so treten die Verzugsfolgen mit Eintritt der Arbeitsfähigkeit jedenfalls dann unabhängig von der Anzeige der Arbeitsfähigkeit ein, wenn der Arbeitnehmer dem Arbeitgeber durch Erhebung einer Kündigungsschutzklage oder sonstigen Widerspruchs gegen die Kündigung seine weitere Leistungsbereitschaft deutlich gemacht habe,

BAG 19.4.1990 – 2 AZR 591/89, BAGE 65, 98 = NZA 1991, 228.

In Fortführung dieser Rechtsprechung hat das BAG mit Urteil vom 24.10.1991 entschieden, auch bei mehrfach befristet festgestellter Arbeitsunfähigkeit sei nicht mehr auf die früher für erforderlich gehaltene besondere Anzeige der Arbeitsfähigkeit abzustellen. Die für die neuere Rechtsprechung im Falle einer einmalig befristeten Arbeitsunfähigkeit angeführten Gründe würden auch in jenem Streitfall gelten; schließlich hat die Rechtsprechung vom 19.4.1990 zumindest hinsichtlich des Ergebnisses bisher nur Zustimmung erfahren,

BAG 24.10.1991 – 2 AZR 112/91, NZA 1992, 403.

Nunmehr vertritt das BAG zusätzlich die Auffassung, dass selbst dann, wenn eine Arbeitsunfähigkeit auf unabsehbare Zeit angezeigt war, und gerade in diesem Fall daran zu denken wäre, vom Arbeitnehmer die Anzeige der Arbeitsfähigkeit zu verlangen, um dem Arbeitgeber im Rahmen seiner Mitwirkungspflicht nach § 296 BGB eine Dispositionsmöglichkeit zu eröffnen, der Arbeitgeber gleichwohl gehalten ist, von sich aus den Arbeitnehmer zur Wiederaufnahme der Arbeit aufzufordern, wenn er die Folgen des Annahmeverzuges nach § 615 BGB vermeiden will,

BAG 21.1.1993 – 2 AZR 309/92, NZA 1993, 550.

12. Muster: Einwand der Entreicherung bei Rückzahlungsklage des Arbeitgebers

Das Bereicherungsrecht wird unterschiedlich angewendet bei Gehaltsüberzahlungen im öffentlichen Dienst und in der Privatwirtschaft. In Übereinstimmung mit den Richtlinien der öffentlichen Arbeitgeber, nach denen bei einer Überzahlung von nicht mehr als 10 % der jeweiligen Bezüge prima facie vom Wegfall der Bereicherung ausgegangen wird, vertritt auch das BAG für den Bereich des öffentlichen Dienstes die Auffassung, dass es der konkreten Darlegung des Arbeitnehmers über die Verwendung der zu Unrecht erhaltenen Vergütung nicht bedürfe, wenn die monatliche Überzahlung geringfügig war, der betreffende Arbeitnehmer den unteren und mittleren Einkommensgruppen zuzurechnen sei und der Arbeitgeber durch Richtlinien zu erkennen gegeben habe, dass er unter diesen Umständen den Wegfall der Bereicherung unterstelle,

BAG 18.9.1986 – 6 AZR 517/83, BAGE 53, 77 = NZA 1987, 380.

Zwar vertritt das LAG Hamm die Auffassung, diese Rechtsgrundsätze hätten auch in der Privatwirtschaft zu gelten,

LAG Hamm 27.3.1974 – 3 Sa 51/74, BB 1975, 230.

Überwiegend wird jedoch folgende Auffassung vertreten:

Will sich der Empfänger rechtsgrundlos erhaltener Lohn- und Gehaltsbezüge auf Entreicherung berufen, muss er im Einzelnen Tatsachen darlegen und ggf beweisen, aus denen sich ergibt, dass die Bereicherung weggefallen ist und keine notwendigerweise angefallenen Ausgaben erspart worden sind. Nur wenn die Überzahlung für außergewöhnliche Dinge verwendet wird (Luxusausgaben), die der Empfänger sich sonst nicht verschafft hätte, ist die Bereicherung weggefallen,

BAG 17.7.1985 – 5 AZR 131/84, juris.

Die Besonderheiten der Eigenbindung aufgrund von Richtlinien können auf den Bereich der Privatwirtschaft nicht übertragen werden, wenn und soweit der Arbeitgeber der Privatwirtschaft nicht selbst durch entsprechende Richtlinien bzw eine betriebliche Übung zu erkennen gegeben hat, dass er bei geringfügigen Einkommen den Wegfall der Bereicherung unterstelle. Die Rückzahlung einer Leistung, die im Rahmen eines Arbeitsvertrages erbracht wurde, ohne dass hierauf ein Anspruch des Vertragspartners bestand, erweist sich nämlich als eine Selbstverständlichkeit. Wenn der Arbeitnehmer einwendet, er habe das zu viel erhaltene Geld für seinen Lebensunterhalt verbraucht, hat er sich damit den Rückgriff auf anderweitiges Einkommen oder Vermögen erspart. Dies gilt für einen Arbeitnehmer der unteren und mittleren Einkommensgruppe ebenso wie für denjenigen mit höherem Einkommen,

BAG 18.1.1995 – 5 AZR 817/93, BAGE 79, 115 = NZA 1996, 27.

13. Muster: Gleichbehandlung bei Gehaltserhöhungen

Arbeitsgericht ...

Klage

– klägerische Partei –

Prozessbevollmächtigte: ...

gegen

...

– beklagte Partei –

wegen: Gleichbehandlung bei Gehaltserhöhung außertariflicher Angestellter

Wir bestellen uns zu Prozessbevollmächtigten der klägerischen Partei, in deren Namen und Auftrag wir beantragen zu erkennen:

1. Die beklagte Partei wird verurteilt, der klägerischen Partei Auskunft über die bei außertariflichen Angestellten in den Jahren ... bis ... erfolgten Gehaltserhöhungen auf allgemeiner und auf leistungsbezogener Basis zu erteilen.
2. Die beklagte Partei wird verurteilt, das Gehalt der klägerischen Partei nach Maßgabe der unter Ziff. 1 erteilten Auskünfte in gleicher Weise zu erhöhen.
3. Die Berufung wird zugelassen.
4. Die beklagte Partei trägt die Kosten des Rechtsstreits.

Gründe:

I.

1. Mit der vorliegenden Klage macht die klägerische Partei einen Anspruch auf Gleichbehandlung mit allen außertariflichen Angestellten der beklagten Partei geltend. Die klägerische Partei ist ebenfalls außertariflicher Angestellter.

Beweis: Vorlage des Arbeitsvertrages in Kopie – Anlage K 1.

In den Jahren ... bis ... fanden bei der beklagten Partei mehrere Gehaltserhöhungen bei den außertariflichen Angestellten statt. Die Gehaltserhöhungen wurden zum Teil als allgemeine Gehaltserhöhungen, also unabhängig von spezifischen Leistungen der Arbeitnehmerinnen und Arbeitnehmer vorgenommen, zum Teil wurden sie auf spezielle Leistungen der betroffenen Arbeitnehmerinnen und Arbeitnehmer gestützt.

2. Die klägerische Partei arbeitet in einem sehr erfolgreichen Projekt einer speziellen Verfahrensentwicklung. Die klägerische Partei hat bereits mehrere international anerkannte Veröffentlichungen zu dem Thema her-

ausgegeben. Es ist damit zu rechnen, dass im Laufe der Jahre aufgrund der Arbeiten der klägerischen Partei ein neues, wegweisendes Produkt von der beklagten Partei auf den Markt gebracht werden kann.

Beweis: Zeugnis des Vorgesetzten.

3. Während alle anderen außertariflichen Angestellten in den Jahren ... bis ... entweder allgemeine oder aufgrund besonderer Leistungen veranlasste Gehaltserhöhungen erhalten haben, wurde bei dem Kläger das Gehalt seit dem ... nicht erhöht.

Beweis: 1. Vorlage einer Verdienstbescheinigung vom ... – Anlage K 2.
2. Vorlage einer Verdienstbescheinigung vom ... – Anlage K 3.

II.

1. Der Antrag der klägerischen Partei, im Wege einer Stufenklage Auskunft über die vorgenommenen Gehaltserhöhungen bei außertariflichen Angestellten in einem bestimmten Zeitraum zu erhalten, ist zulässig. Die Bezifferung des Zahlungsanspruchs aus Gleichbehandlungsgründen ist der klägerischen Partei nicht möglich. Die verlangte Auskunft dient dem Zweck, einen bestimmten Leistungsantrag zu erheben. Damit liegt eine zulässige Stufenklage nach § 254 ZPO vor,

BAG 1.12.2004 – 5 AZR 664/03, BAGE 113, 55 = NZA 2005, 289.

2. Der Auskunftsanspruch der klägerischen Partei ist auch begründet. Rechtsgrundlage bildet eine Nebenpflicht aus dem Arbeitsvertrag, § 242 BGB. Gewohnheitsrechtlich ist anerkannt, dass Auskunftsansprüche nach Treu und Glauben bestehen können, wenn es die Rechtsbeziehungen zwischen den Parteien mit sich bringen, dass der Berechtigte in entschuldbarer Weise über Bestehen um Umfang seines Rechts im Ungewissen ist und der Verpflichtete die zur Beseitigung der Ungewissheit erforderliche Auskunft unschwer geben kann,

BAG 21.11.2000 – 9 AZR 665/99, BAGE 96, 274 = NZA 2001, 1093; BAG 7.9.1995 – 8 AZR 828/93, BAGE 81, 15 = NZA 1996, 637.

Im Arbeitsverhältnis wird der Inhalt dieser Nebenpflicht durch eine besondere persönliche Bindung der Vertragspartner geprägt. Aus dem Arbeitsverhältnis ergeben sich spezifische Pflichten zur Rücksichtnahme. Besteht ein billigenswertes Interesse an einer Auskunft, weil sie zur Geltendmachung eines Leistungsanspruchs erforderlich ist, kann sie verlangt werden, soweit die Verpflichtung keine übermäßige Belastung des Vertragspartners darstellt und die gesetzliche Verteilung der Darlegungs- und Beweislast im Prozess berücksichtigt bleibt. Die Darlegungs- und Beweissituation darf nicht durch die Gewährung materiellrechtlicher Auskunftsansprüche unzulässig verändert werden.

Bei Anwendung dieser Grundsätze steht der klägerischen Partei die begehrte Auskunft zu. Die klägerische Partei bedarf der Auskunft, um einen bezifferten Zahlungsanspruch aus Gleichbehandlungsgründen geltend zu machen. Die klägerische Partei kann sich die Informationen, die zur Geltendmachung des Gehaltserhöhungsanspruchs aus Gleichbehandlungsgründen erforderlich sind, nicht auf andere zumutbare Weise verschaffen. Er befindet sich in entschuldbarer Unkenntnis. Die beklagte Partei, die die maßgeblichen Regeln zur Gehaltserhöhung selbst setzt, kann mühelos Auskunft erteilen.

Der Gleichbehandlungsgrundsatz bietet dem Arbeitgeber, seiner Arbeitnehmer oder Gruppen seiner Arbeitnehmer, die sich in vergleichbarer Lage befinden, bei Anwendung einer selbst gegebenen Regelung gleich zu behandeln. Er verbietet nicht nur die willkürliche Schlechterstellung einzelner Arbeitnehmer innerhalb einer Gruppe, sondern auch eine sachfremde Gruppenbildung,

BAG 21.6.2000 – 5 AZR 806/98, NZA 2000, 1050; BAG 13.2.2002 – 5 AZR 713/00, NZA 2003, 215; BAG 29.9.2004 – 5 AZR 43/04, NZA 2005, 183.

Auch im Bereich der Vergütung ist der Gleichbehandlungsgrundsatz trotz des Vorrangs der Vertragsfreiheit anwendbar, wenn der Arbeitgeber die Leistung nach einem allgemeinen Prinzip gewährt, indem er bestimmte Voraussetzungen oder Zwecke festlegt. Alleine die Begünstigung einzelner Arbeitnehmer erlaubt allerdings noch nicht den Schluss, diese Arbeitnehmer bildeten eine Gruppe. Eine Gruppenbildung liegt vielmehr nur dann vor, wenn die Besserstellung nach einem oder mehreren Kriterien vorgenommen wird, die bei allen Begünstigten vorliegen. Der Gleichbehandlungsgrundsatz kommt deshalb nicht zur Anwendung, wenn es sich um individuell vereinbarte Löhne und Gehälter handelt,

BAG 19.8.1992 – 5 AZR 513/91, NZA 1993, 171; BAG 13.2.2002 – 5 AZR 713/00, NZA 2003, 215.

Das Gebot der Gleichbehandlung greift immer dann ein, wenn der Arbeitgeber Leistungen nach einem erkennbar generalisierenden Prinzip aufgrund einer abstrakten Regelung gewährt. Von einer solchen Regelung darf der Arbeitnehmer nur aus sachlichen Gründen ausschließen,

BAG 21.3.2002 – 6 AZR 144/01, NZA 2002, 1304.

In unterschiedlichen, nach Leistungsgesichtspunkten bemessenen Lohn- und Gehaltserhöhungen kann angesichts eines Anstiegs der Preise und der Tarifgehälter eine lineare Komponente enthalten sein. Von einem derartigen Grundbetrag darf der Arbeitnehmer nur unter Beachtung des arbeitsrechtlichen Gleichbehandlungsgrundsatzes ausgeschlossen werden,

BAG 9.11.1972 – 5 AZR 224/72, DB 1973, 432; BAG 15.11.1994 – 5 AZR 682/93, BAGE 78, 272 = NZA 1995, 939.

3. Der Auskunftsanspruch der klägerischen Partei verschiebt die Darlegungs- und Beweislast nicht in unzulässiger Weise zu Lasten der beklagten Partei. Im Gleichbehandlungsprozess gilt eine abgestufte Darlegungs- und Beweislast. Vergütet ein Arbeitgeber Arbeitnehmer mit ähnlicher Tätigkeit unterschiedlich, hat der Arbeitgeber darzulegen, wie groß der begünstigte Personenkreis ist, wie er sich zusammensetzt, wie er abgegrenzt ist und warum der klagende Arbeitnehmer nicht dazugehört,

BAG 1.12.2004 – 5 AZR 664/03, NZA 2005, 289.

Die klägerische Partei hat die beklagte Partei außergerichtlich aufgefordert, Auskunft über die Regeln zu erteilen, nach denen den anderen außertariflichen Angestellten in Jahren ... Gehaltserhöhungen gewährt wurden.

Beweis: Vorlage des Schreibens in Kopie – Anlage K 4.

Die beklagte Partei hat eine Auskunftserteilung abgelehnt. Sie hat nicht behauptet, jeweils individuelle Vereinbarungen geschlossen zu haben. Die Berücksichtigung der individuellen Leistungen steht der Regelhaftigkeit nicht entgegen. Unstreitig hat eine Vielzahl von AT-Angestellten Gehaltserhöhungen erhalten. Mehr muss die klägerische Partei in einer Stufenklage zur Gleichbehandlung bei Gehaltserhöhungen nicht darlegen,

BAG 1.12.2004 – 5 AZR 664/03, BAGE 113, 55 = NZA 2005, 289.

14. Muster: Unwirksamer Widerruf einer Leistung

Arbeitsgericht ...

Klage

– klägerische Partei –

Prozessbevollmächtigte: ...

gegen

– beklagte Partei –

wegen: Widerruf einer zugesagten Leistung

Wir bestellen uns zu Prozessbevollmächtigten der klägerischen Partei, in deren Namen und Vollmacht wir um Anberaumung eines frühestmöglichen Gütetermins bitten. Im Übrigen werden wir beantragen zu erkennen:

1. Die beklagte Partei wird verurteilt, an die klägerische Partei _ EUR brutto nebst Zinsen in Höhe von fünf Prozentpunkten über dem Basiszinssatz aus einem Betrag von _ EUR brutto seit dem _ zu zahlen.
2. Die Berufung wird zugelassen.
3. Die beklagte Partei trägt die Kosten des Rechtsstreits.

Gründe:

I.

1. Zwischen den Parteien besteht seit dem _ ein Arbeitsverhältnis. Die klägerische Partei hat mit der beklagten Partei im Arbeitsvertrag Folgendes vereinbart: _

   Beweis: Vorlage des Arbeitsvertrages in Kopie – Anlage K 1.

2. Mit Schreiben vom _ teilte die beklagte Partei mit, dass sie die jährliche Sonderzulage in Höhe von _ nicht mehr zahlen wird. Die beklagte Partei wies zur weiteren Begründung darauf hin, dass es im Arbeitsvertrag heißt, es stehe dem Arbeitgeber frei, die zugesagte jährliche Sondervergütung jederzeit zu widerrufen.

II.

1. Der von der beklagten Partei ausgesprochene Widerruf ist nicht wirksam erfolgt. Wie das BAG im Urteil vom 12.1.2005 festgestellt hat, sind Widerrufsvorbehalte über finanzielle Leistungen in Arbeitsverträgen an zwei Kriterien zu messen. Widerrufsvorbehalte müssen zum einen dem Maßstab des § 308 Nr. 4 BGB entsprechen, sie müssen zum anderen die Anforderungen einer hinreichend bestimmten Klausel nach § 307 BGB erfüllen,

   BAG 12.1.2005 – 5 AZR 364/04, BAGE 113, 140 = NZA 2005, 465; BAG 20.4.2011 – 5 AZR 191/10, BAGE 137, 383 = NJW 2011, 2153.

Die Voraussetzungen des § 308 Nr. 4 BGB sind erfüllt, wenn der Umfang der Leistungskürzung 25 bis 30 % nicht überschreitet. § 307 BGB ist nur dann erfüllt, wenn die Widerrufsgründe im Arbeitsvertrag hinreichend präzise benannt sind.

2. Diesen Anforderungen, die das BAG mit dem Urteil vom 12.1.2005 gesetzt hat, genügen die Widerrufsvereinbarung im Arbeitsvertrag und damit der von der beklagten Partei ausgesprochene Widerruf nicht. Es sind keine Widerrufsgründe benannt. _ Auf die wirtschaftlichen Auswirkungen des Widerrufs kommt es damit nicht mehr an.

III.

1. Da die Vereinbarung des Widerrufs der Sondervergütung in einem sog. Altvertrag vorgenommen wurde, also in einem Vertrag, den die Parteien vor dem 1.1.2003 geschlossen haben, muss gesondert geprüft werden, welche Auswirkungen sich aus dem Fehlen einer der Rechtsprechung des BAG entsprechenden Widerrufsvorbehaltsregelung ergeben. Das BAG hat, abweichend von § 306 BGB, entschieden, eine Milderung der Eingriffsintensität bei Altverträgen über eine ergänzende Vertragsauslegung vorzunehmen,

   BAG 12.1.2005 – 5 AZR 364/04, NZA 2005, 465; BAG 20.4.2011 – 5 AZR 191/10, BAGE 137, 383 = NJW 2011, 2153.

Das BAG verweist darauf, dass die Unwirksamkeit eines Widerrufsvorbehalts in einem Altvertrag allein auf neuen förmlichen Anforderungen beruhe, die die Parteien bei Vertragsschluss nicht hätten kennen können. Wolle man in solchen Fällen an der Unwirksamkeitsfolge festhalten, würde eine Bindung des Arbeitgebers an die vereinbarte Leistung ohne Widerrufsmöglichkeit unverhältnismäßig in die Privatautonomie eingreifen. Deshalb sei die entstandene Lücke durch ergänzende Vertragsauslegung zu schließen.

2. Ausgehend von dieser Rechtsprechung ist vorliegend zu fragen, was die Parteien vereinbart hätten, wenn sie gewusst hätten, dass an den Widerruf andere Voraussetzungen zu stellen sind, als sie zum Zeitpunkt des Vertragsschlusses gestellt wurden. Dabei stellt sich insbesondere die Frage, welche Regelung die Parteien anstelle des pauschalen Widerrufvorbehalts getroffen haben würden und ob sie nicht eine gleichartige Regelung getroffen haben würden, wie sie im Urteil vom 12.1.2005 zu den Widerrufsgründen aufgestellt wurden.

XXIV. Zeugnisklagen

1. Muster: Klage auf Zeugnis (mit Zusatz Zeugniserstellungsverpflichtung wegen Insolvenz)[179]

Arbeitsgericht ...

Klage

– klägerische Partei –

Prozessbevollmächtigte: ...

gegen

...

– beklagte Partei –

wegen: Zeugniserteilung

Wir bestellen uns zu Prozessbevollmächtigten der klägerischen Partei, in deren Namen und Auftrag wir um kurzfristige Anberaumung eines Gütetermins bitten und beantragen werden zu erkennen:

1. Die beklagte Partei wird verurteilt, der klägerischen Partei ein Zeugnis zu erteilen, das sich auf Art und Dauer sowie Verhalten und Leistung während des Arbeitsverhältnisses erstreckt.
2. Die Berufung wird zugelassen.
3. Die Kosten des Rechtsstreits trägt die beklagte Partei.

Gründe:

I.

Die klägerische Partei war bei der beklagten Partei als Arbeitnehmer in der Zeit vom ... bis zum ... beschäftigt.

Beweis: Vorlage des Arbeitsvertrages in Kopie – Anlage K 1.

Die klägerische Partei begehrt für diesen Zeitraum ein ihre Leistungen und Fähigkeiten hinreichend vollständig und wahrheitsgemäß dokumentierendes Zeugnis.

II.

1. Gemäß § 109 GewO ist das Zeugnis bei Beendigung des Arbeitsverhältnisses zu erteilen.

Der Arbeitnehmer ist berechtigt, das Arbeitszeugnis bereits bei absehbarer Beendigung des Arbeitsverhältnisses von dem Arbeitgeber zu verlangen (zB Befristungsablauf, fristgerechte Kündigung, Aufhebungsvertrag).

Bei fristloser Kündigung ist das Zeugnis vom Arbeitgeber unverzüglich iSd § 121 BGB zu erteilen. Streitigkeiten der Parteien über die rechtliche Beendigung des Arbeitsverhältnisses entbinden den Arbeitgeber nicht von der Pflicht, das Zeugnis zu erstellen.

---

[179] Wegen der Ankündigung einer Vollstreckung nach erfolgreichem Rechtsstreit zu Gunsten des Arbeitnehmers s. Muster 6761 (§ 6 Rn 382); wegen des Antrags auf Zwangsvollstreckung zur Zeugniserteilung s. Muster 6762 (§ 6 Rn 383).

So hat der Arbeitgeber auch bei der Erhebung einer Kündigungsschutzklage durch den Arbeitnehmer zunächst ein Endzeugnis auszustellen,

BAG 27.2.1987 – 5 AZR 710/85, NZA 1987, 628.

2. Erfüllungsort für die Herausgabe des Zeugnisses ist der Ort der Betriebsstätte (Holschuld gem. § 269 Abs. 2 BGB). Das rechtzeitig verlangte Zeugnis muss der Arbeitgeber zusammen mit den Arbeitspapieren bis spätestens zum letzten Tag des Ablaufs der Kündigungsfrist bereithalten. Kann die Herausgabe aus Gründen, die vom Arbeitnehmer zu vertreten sind, nicht erfolgen, so bleibt der Erfüllungsort weiterhin die Betriebsstätte,

BAG 8.3.1995 – 5 AZR 848/93, BAGE 79, 258 = NZA 1995, 671.

Liegen dagegen die Gründe in der Sphäre des Arbeitgebers, ist dem Arbeitnehmer das Zeugnis zu übersenden (Schickschuld).

Das gilt auch nach dem Grundsatz von Treu und Glauben, wenn dem Arbeitnehmer nicht zuzumuten ist, das Arbeitszeugnis abzuholen (zB wegen eines weit entfernten Wohnsitzes),

vgl hierzu BAG 8.3.1995 – 5 AZR 848/93, BAGE 79, 258 = NZA 1995, 671.

Die klägerische Partei hat am ... gegenüber der beklagten Partei die Erstellung eines qualifizierten Arbeitszeugnisses verlangt. Die beklagte Partei ist dieser Verpflichtung bislang nicht nachgekommen.

3. Der Arbeitnehmer kann gem. § 109 Abs. 1 Satz 3 GewO verlangen, dass ihm ein auf Leistung und Verhalten erstrecktes Zeugnis erteilt wird. Das Zeugnis besitzt eine Doppelfunktion, indem es einerseits dem Arbeitnehmer als Bewerbungsunterlage dient, andererseits zur Information des zukünftigen Arbeitgebers gedacht ist, der sich anhand des Zeugnisses ein genaues Bild über die Eigenschaften des Arbeitnehmers, seine frühere Beschäftigung und seine Verwendungsmöglichkeiten machen können soll,

AnwK-ArbR/*Boecken*, § 109 GewO Rn 15.

Wegen dieser Doppelfunktion muss das Zeugnis genaue und zuverlässige Angaben über die vom Arbeitnehmer tatsächlich verrichtete Tätigkeit enthalten und durch eine wahrheitsgemäße, nach sachlichen Maßstäben ausgerichtete und nachprüfbare Gesamtbewertung die Leistung des Arbeitnehmers beschreiben, es darf nichts Falsches enthalten und nichts auslassen, was der Leser eines Zeugnisses erwartet,

vgl BAG 29.7.1971 – 2 AZR 250/70, BB 1971, 1280; BAG 23.9.1992 – 5 AZR 573/91, EzA § 630 BGB Nr. 16; BAG 14.10.2003 – 9 AZR 12/03, BAGE 108, 86 = NZA 2004, 843.

Auch die Gesamtwürdigung muss wahr sein und soll, da das Zeugnis das Fortkommen des Arbeitnehmers nicht unnötig erschweren soll, von verständigem Wohlwollen getragen sein,

so grundlegend BAG 3.3.1993 – 5 AZR 182/92, NZA 1993, 219.

III.

Da der klägerischen Partei trotz wiederholter Bitte kein Zeugnis erteilt worden ist, befindet sich die beklagte Partei mit ihrer Pflicht gem. § 109 GewO in Verzug. Klage war daher geboten.

IV.

Im Falle der Insolvenz hat der Insolvenzverwalter das Zeugnis zu erteilen, soweit dieser den Betrieb fortgeführt und den Arbeitnehmer weiterbeschäftigt hat. Die Beurteilung ist dann auch auf die Zeit vor der Eröffnung des Insolvenzverfahrens zu erstrecken,

so für das Konkursverfahren BAG 30.1.1991 – 5 AZR 32/90, BAGE 67, 112 = NZA 1991, 599.

Ist der Arbeitnehmer bereits vor der Eröffnung des Insolvenzverfahrens ausgeschieden, so hat er den Rechtsstreit gegen den Gemeinschuldner zu führen, Der Insolvenzverwalter muss sich die notwendigen Informationen für die Beurteilung bei dem ihm auskunftspflichtigen Gemeinschuldner beschaffen.

2. Muster: Klage auf Berichtigung eines Zeugnisses

Arbeitsgericht ...

Klage

– klägerische Partei –

Prozessbevollmächtigte: ...

gegen

...

– beklagte Partei –

wegen: Zeugniserteilung

Wir bestellen uns zu Prozessbevollmächtigten der klägerischen Partei, in deren Namen und Auftrag wir um kurzfristige Anberaumung eines Gütetermins bitten und beantragen werden zu erkennen:

1. Die beklagte Partei wird verurteilt, der klägerischen Partei das am ... erteilte Zeugnis wie folgt zu ändern:
 „..."
2. Die Berufung wird zugelassen.
3. Die Kosten des Rechtsstreits trägt die beklagte Partei.

Gründe:

I.

Die klägerische Partei war bei der beklagten Partei als Arbeitnehmer in der Zeit vom ... bis zum ... beschäftigt.

 Beweis: Vorlage des Arbeitsvertrages in Kopie – Anlage K 1.

Die klägerische Partei begehrt für diesen Zeitraum ein ihre Leistungen und Fähigkeiten hinreichend vollständig und wahrheitsgemäß dokumentierendes Zeugnis.

II.

1. Gemäß § 109 GewO ist das Zeugnis bei Beendigung des Arbeitsverhältnisses zu erteilen.

Der Arbeitnehmer ist berechtigt, das Arbeitszeugnis bereits bei absehbarer Beendigung des Arbeitsverhältnisses von dem Arbeitgeber zu verlangen (zB Befristungsablauf, fristgerechte Kündigung, Aufhebungsvertrag).

Bei fristloser Kündigung ist das Zeugnis vom Arbeitgeber unverzüglich iSd § 121 BGB zu erteilen. Streitigkeiten der Parteien über die rechtliche Beendigung des Arbeitsverhältnisses entbinden den Arbeitgeber nicht von der Pflicht, das Zeugnis zu erstellen.

So hat der Arbeitgeber auch bei der Erhebung einer Kündigungsschutzklage durch den Arbeitnehmer zunächst ein Endzeugnis auszustellen,

 BAG 27.2.1987 – 5 AZR 710/85, NZA 1987, 628.

2. Erfüllungsort für die Herausgabe des Zeugnisses ist der Ort der Betriebsstätte (Holschuld gem. § 269 Abs. 2 BGB). Das rechtzeitig verlangte Zeugnis muss der Arbeitgeber zusammen mit den Arbeitspapieren bis

spätestens zum letzten Tag des Ablaufs der Kündigungsfrist bereithalten. Kann die Herausgabe aus Gründen, die vom Arbeitnehmer zu vertreten sind, nicht erfolgen, so bleibt der Erfüllungsort weiterhin die Betriebsstätte,

BAG 8.3.1995 – 5 AZR 848/93, BAGE 79, 258 = NZA 1995, 671.

Liegen dagegen die Gründe in der Sphäre des Arbeitgebers, ist dem Arbeitnehmer das Zeugnis zu übersenden (Schickschuld).

Das gilt auch nach dem Grundsatz von Treu und Glauben, wenn dem Arbeitnehmer nicht zuzumuten ist, das Arbeitszeugnis abzuholen (zB wegen eines weit entfernten Wohnsitzes),

vgl hierzu BAG 8.3.1995 – 5 AZR 848/93, BAGE 79, 258 = NZA 1995, 671.

Die klägerische Partei hat am ... gegenüber der beklagten Partei die Erstellung eines qualifizierten Arbeitszeugnisses verlangt. Die beklagte Partei ist dieser Verpflichtung bislang nicht nachgekommen.

3. Der Arbeitnehmer kann gem. § 109 Abs. 2 GewO verlangen, dass ihm ein auf Leistung und Verhalten erstrecktes Zeugnis erteilt wird. Das Zeugnis besitzt eine Doppelfunktion, indem es einerseits dem Arbeitnehmer als Bewerbungsunterlage dient, andererseits zur Information des zukünftigen Arbeitgebers gedacht ist, der sich anhand des Zeugnisses ein genaues Bild über die Eigenschaften des Arbeitnehmers, seine frühere Beschäftigung und seine Verwendungsmöglichkeiten machen können soll,

AnwK-ArbR/*Boecken*, § 109 GewO Rn 15.

Wegen dieser Doppelfunktion muss das Zeugnis genaue und zuverlässige Angaben über die vom Arbeitnehmer tatsächlich verrichtete Tätigkeit enthalten und durch eine wahrheitsgemäße, nach sachlichen Maßstäben ausgerichtete und nachprüfbare Gesamtbewertung die Leistung des Arbeitnehmers beschreiben, es darf nichts Falsches enthalten und nichts auslassen, was der Leser eines Zeugnisses erwartet,

vgl BAG 29.7.1971 – 2 AZR 250/70, BB 1971, 1280; BAG 23.9.1992 – 5 AZR 573/91, EzA § 630 BGB Nr. 16; BAG 14.10.2003 – 9 AZR 12/03, BAGE 108, 86 = NZA 2004, 843.

Auch die Gesamtwürdigung muss wahr sein und soll, da das Zeugnis das Fortkommen des Arbeitnehmers nicht unnötig erschweren soll, von verständigem Wohlwollen getragen sein,

so grundlegend BAG vom 3.3.1993 – 5 AZR 182/92, NZA 1993, 219.

Nachteilig zu bewertende Tatsachen müssen nicht verschwiegen werden, wenn sie für die Beurteilung der Leistung des Arbeitnehmers von Bedeutung sind (Strafverfahren wegen sittlicher Verfehlung bei einem Heimerzieher),

BAG 5.8.1976 – 3 AZR 491/75, BB 1977, 297.

Wird branchenüblich die Erwähnung einer bestimmten Eigenschaft erwartet, so muss der Arbeitgeber zu dieser Stellung nehmen.

Ehrlichkeit ist einem Arbeitnehmer zu bescheinigen, der einer Berufsgruppe angehört, die eine besondere Vertrauensstellung voraussetzt (zB eine Kassiererin),

BAG 29.7.1971 – 2 AZR 250/70, BB 1971, 1280.

Das Zeugnis muss in sich schlüssig sein. Die einzelnen Abschnitte müssen aufeinander abgestimmt sein und dürfen keine Widersprüche enthalten. Die einzelnen Beurteilungen müssen sich daher mit der Schlussnote decken,

BAG 23.9.1992 – 5 AZR 573/91, EzA § 630 BGB Nr. 16.

4. Grund und Art der Beendigung sind nicht ohne den Willen des Arbeitnehmers in das Zeugnis aufzunehmen.

Die klägerische Partei verlangt, dass Grund und Art der Beendigung des Arbeitsverhältnisses, nämlich ..., in das Zeugnis aufgenommen wird.

Mauer

5. Ist der Arbeitnehmer mit einer vom Arbeitgeber in das Zeugnis aufgenommenen Schlussformel nicht einverstanden, hat er keinen Anspruch auf Ergänzung oder Umformulierung der Schlussformel, sondern nur Anspruch auf die Erteilung eines Zeugnisses ohne Schlussformel. Aussagen über persönliche Empfindungen des Arbeitgebers in einer Schlussformel, zB Dank für die Zusammenarbeit, gehören nicht zum erforderlichen Inhalt eines Arbeitszeugnisses,

    BAG 11.12.2012 – 9 AZR 227/11 (anders zuletzt ArbG München 22.3.2012 – 23 Ca 8191/11 = NJW-Spezial 2012, 596) m. Anm. *Dahl*, jurisPR-ArbR 8/2013 Anm. 2.

Die klägerische Partei war ....

6. Schließlich ist das Zeugnis in verkehrsüblicher Form zu erstellen, dh maschinenschriftlich und auf dem für Geschäftskorrespondenz üblichen Firmenpapier mit dem entsprechenden Briefkopf,

    BAG 3.3.1993 – 5 AZR 182/92, NZA 1993, 219.

Der Arbeitnehmer ist mit seinem gesamten Namen zu bezeichnen.

Stets ist ein Datum anzugeben. Dies ist regelmäßig das Ausstellungsdatum.

Liegt zwischen der Beendigung des Arbeitsverhältnisses und der Zeugniserteilung ein längerer Zeitraum aus Gründen, die der Arbeitgeber zu vertreten hat, so ist das Zeugnis auf den Zeitpunkt der Beendigung des Arbeitsverhältnisses zurückzudatieren,

    BAG 9.9.1992 – 5 AZR 509/91, NZA 1993, 698.

Darin liegt kein Verstoß gegen die Wahrheitspflicht. Vielmehr folgt dies aus der nachwirkenden Fürsorgepflicht des Arbeitgebers.

Schließlich endet jedes Zeugnis mit der eigenhändigen Unterschrift des Arbeitgebers oder des für ihn handelnden Vertreters,

    LAG Bremen 23.6.1989 – 4 Sa 320/88, BB 1989, 1825.

Bei dem Vertreter des Arbeitgebers muss es sich jedoch um einen dem Arbeitnehmer übergeordneten Betriebsangehörigen handeln,

    LAG Köln 14.7.1994 – 4 Sa 579/94, NZA 1995, 685.

Die Zeugniserteilung durch einen Außenstehenden oder durch einen Rechtsanwalt ist unzulässig,

    LAG Hamm 2.11.1966 – 3 Ta 72/66, DB 1966, 1815.

7. Schließlich muss der Arbeitgeber eine Leistungsbeurteilung des Arbeitnehmers in das Zeugnis aufnehmen. Es ist üblich, eine Gesamtbeurteilung mit folgendem Wortlaut in das Zeugnis aufzunehmen:

Er/Sie hat die ihm/ihr übertragenen Aufgaben

a. stets zu unserer vollsten Zufriedenheit erledigt/zu unserer vollen Zufriedenheit erledigt und unseren Erwartungen in jeder Hinsicht entsprochen,

bescheinigt eine durchweg sehr gute Leistung;

b. stets zu unserer vollen Zufriedenheit erledigt,

bescheinigt eine gute Leistung;

    LAG Düsseldorf 26.2.1985 – 8 Sa 1873/84, DB 1985, 2692;

c. zu unserer vollen Zufriedenheit erledigt,

bescheinigt eine Durchschnittsleistung;

    ArbG Passau 14.1.1991 – 2 Ca 235/90 D, BB 1991, 554;

d. zu unserer Zufriedenheit erledigt,

bescheinigt eine unterdurchschnittliche, noch ausreichende Leistung;

> LAG Frankfurt 10.9.1987 – 12/13 Sa 1766/86, DB 1988, 1071; aA BAG 12.8.1976 – 3 AZR 720/75, DB 1976, 2211, das BAG hält dies für eine befriedigende Leistung;

e. im Großen und Ganzen zu unserer Zufriedenheit erledigt,

bringt eine mangelhafte Leistung zum Ausdruck;

f. Er/Sie hat sich bemüht, die übertragene Arbeit zu unserer Zufriedenheit zu erledigen/führte die übertragene Aufgabe mit großem Fleiß und Interesse durch,

bescheinigt völlig ungenügende Leistungen;

> BAG 24.3.1977 – 3 AZR 232/76, AP § 630 BGB Nr. 12.

8. Im Zeugnisrechtsstreit besteht folgende abgestufte Darlegungs- und Beweislast: Der Arbeitnehmer hat Anspruch auf eine gute überdurchschnittliche Bewertung, wenn der Arbeitgeber Defizite des Arbeitnehmers nicht substantiiert darlegt und notfalls beweist,

> vgl LAG Köln 26.4.1996 – 11 (13) Sa 1231/95, NZA-RR 1997, 84; aA LAG Hamm 13.2.1992 – 4 Sa 1077/91, LAGE § 630 BGB Nr. 16; LAG Frankfurt 6.9.1991 – 13 Sa 250/91, LAGE § 630 BGB Nr. 14.

Fordert der Arbeitnehmer Bewertungen, die weit über das übliche Maß hinausgehen (zB hoher Einsatz, großes Engagement), so ist der Arbeitnehmer darlegungs- und gegebenenfalls beweispflichtig,

> LAG Köln 26.4.1996 – 11 (13) Sa 1231/95, NZA-RR 1997, 84; LAG Hamm 13.2.1992 – 4 Sa 1077/91, LAGE § 630 BGB Nr. 16; LAG Frankfurt 6.9.1991 – 13 Sa 250/91, LAGE § 630 BGB Nr. 14.

III.

Die beklagte Partei hat dem Kläger vor diesem Hintergrund nach folgenden Maßstäben ein Zeugnis zu erteilen: ...

IV.

Möchte der Arbeitnehmer nur in Teilen eine Ergänzung oder Berichtigung des erteilten Zeugnisses, dann ist im Klageantrag im Einzelnen anzugeben, in welchen Punkten und wie das Zeugnis geändert bzw ergänzt werden soll,

> LAG Düsseldorf 21.8.1973 – 8 Sa 258/73, DB 1973, 1853.

Hat der Arbeitgeber im Arbeitszeugnis eine befriedigende (durchschnittliche) Leistung oder ein befriedigendes Verhalten bescheinigt, meint der Arbeitnehmer aber in einem Zeugnisrechtsstreit, dass er besser zu beurteilen wäre, so hat nach der bisherigen Rechtsprechung des BAG der Arbeitnehmer die Tatsachen vorzutragen und zu beweisen, die eine bessere Schlussbeurteilung rechtfertigen sollen,

> BAG 14.10.2003 – 9 AZR 12/03, NZA 2004, 843.

Angesichts aktueller empirischer Erkenntnisse, wonach mittlerweile in 86,6 v.H. der erteilten Arbeitszeugnisse „gute" oder bessere Leistungen bescheinigt werden (siehe dazu *Düwell/Dahl*, NZA 2011, 958), kann dem Arbeitnehmer jedoch nicht länger der Nachweis dafür auferlegt werden, er sei in die Gruppe der schwächsten 13,4 v.H. aller Beschäftigten zu Unrecht eingereiht worden. Will der Arbeitnehmer anstelle des unter Verwendung der sog. Notenskala als „befriedigend" erteilten Zeugnisses eine „gute" Gesamtbewertung erreichen, so obliegt es im Rechtsstreit dem Arbeitgeber, diejenigen Tatsachen beizubringen, die dem entgegenstehen (sollen).

> ArbG Berlin 26.10.2012 – 28 Ca 18230/11, EzA-SD 2012, Nr. 24, 24.

↑

XXV. Zwangsvollstreckung und Kosten

382 1. Muster: Vollstreckung eines Zeugnisanspruchs

↓

Wie wir feststellen mussten, ist bis heute der im Urteil des Arbeitsgerichts ... vom ... (Az ...) vollstreckbar titulierte Anspruch unserer Mandantschaft auf ein Zeugnis noch nicht erfüllt worden.

Wir merken uns für die Erledigung dieses Anspruchs eine letzte Frist bis zum

...

vor.

Sollte bis zu diesem Zeitpunkt der Eingang eines Zeugnisses nicht feststellbar sein, werden wir ohne weitere Mahnung dem uns bereits vorliegenden Zwangsvollstreckungsauftrag nachkommen.

Die Vollstreckung eines Titels auf Erteilung eines Zeugnisses erfolgt nach § 888 ZPO. Es handelt sich hier um eine nicht vertretbare Handlung,

> LAG Frankfurt 25.6.1980 – 8 Ta 75/80, DB 1981, 534 f.

Sollte das Zeugnis nicht innerhalb der vorgenannten Frist bei uns eingehen, werden wir die Festsetzung eines Zwangsgeldes und, falls dies nicht zum Erfolg führt, die Anordnung von Zwangshaft beantragen. Nachstehend berechnen wir die Kosten dieser Vollstreckungsandrohung, die ebenfalls durch Sie auszugleichen sind,

> vgl OLG Düsseldorf 20.3.1986 – 18 W 21/86, JurBüro 1986, 1043; ArbG Bonn 3.4.1990 – 3 Ca 1978/89, n.v.

383 2. Muster: Unvertretbare Handlung – Zeugniserteilung

↓

Arbeitsgericht ...

Az ...

In Sachen

... ./. ...

(Kurzrubrum)

übersenden wir die vollstreckbare Ausfertigung des Urteils des Arbeitsgerichts ... vom ..., Az ..., und beantragen,

1. den Schuldner durch Festsetzung eines Zwangsgeldes, dessen Höhe in das Ermessen des Gerichts gestellt wird, ersatzweise Zwangshaft (zu vollstrecken an ...) dazu anzuhalten, dem Gläubiger ein Zeugnis zu erteilen, das sich auf Art und Dauer sowie Führung und Leistung im Arbeitsverhältnis erstreckt und die Leistungsbeurteilung „stets zu unserer vollsten Zufriedenheit" ausweist;
2. dem Gläubiger wird zum Zwecke der Zwangsvollstreckung eine vollstreckbare Ausfertigung des Festsetzungsbeschlusses gem. Ziffer 1 erteilt.

Begründung:

Der Schuldner ist durch zwischenzeitlich rechtskräftiges Urteil des Arbeitsgerichts ... vom ..., Az ..., zur Erteilung eines qualifizierten Arbeitszeugnisses mit der Leistungsbeurteilung „stets zu unserer vollsten Zufriedenheit" verurteilt worden. Dieser Verpflichtung ist der Schuldner nicht nachgekommen.

Diesem Schreiben beigefügt sind die vollstreckbare Ausfertigung des Urteils sowie der Nachweis ihrer Zustellung an den Schuldner.

3. Muster: Unvertretbare Handlung – Ausfüllen von Arbeitspapieren

↓

Arbeitsgericht ...

Az ...

In Sachen

... ./. ...

(Kurzrubrum)

wird beantragt, gegen den Schuldner wegen des Nichtausfüllens der Arbeitspapiere des Gläubigers entsprechend dem Tenor des Urteils des Arbeitsgericht ..., Az ..., ein Zwangsgeld festzusetzen und für den Fall, dass dieses nicht beigetreiben werden kann, Zwangshaft anzuordnen.

Begründung:

Im vorbenannten Urteil ist der Schuldner zur Ausfüllung der Arbeitspapiere des Gläubigers verurteilt worden.

Beweis: Vollstreckbare Ausfertigung des Urteils des Arbeitsgerichts ... vom ..., Az ..., in Kopie – Anlage ...

Trotz ordnungsgemäßer Zustellung des Titels und schriftlicher Aufforderung hat der Schuldner die Arbeitspapiere bis zum heutigen Tag nicht ausgefüllt.

Beweis: Empfangsbekenntnis des Verfahrensbevollmächtigten des Schuldners in Kopie – Anlage ... und Aufforderungsschreiben vom ... – Anlage ...

Insoweit ist die Festsetzung eines empfindlichen Zwangsgeldes geboten.

↑

4. Muster: Unvertretbare Handlung – Weiterbeschäftigung bei noch bestehendem Arbeitsplatz

↓

Arbeitsgericht ...

Az ...

In Sachen

... ./. ...

(Kurzrubrum)

übersenden wir die vollstreckbare Ausfertigung des Urteils des Arbeitsgericht ... vom ..., Az ..., und beantragen:

1. Gegen die Schuldnerin wird wegen der Nichtvornahme der arbeitsvertragsgemäßen Weiterbeschäftigung des Gläubigers als ... gem. Ziffer ... des Urteils des Arbeitsgerichts ... vom ..., Az ..., ein Zwangsgeld festgesetzt, dessen Höhe in das Ermessen des Gerichts gestellt wird, jedoch einen Betrag von 15.000 EUR nicht unterschreiten sollte, ersatzweise Zwangshaft, zu vollstrecken an den Vorständen/Geschäftsführern der beklagten Partei.
2. Dem Gläubiger wird zum Zwecke der Zwangsvollstreckung eine vollstreckbare Ausfertigung des Festsetzungsbeschlusses gem. Ziffer 1 erteilt.

Begründung:

In seinem Urteil vom ..., Az ..., hat das Arbeitsgericht ... die Kündigung der klägerischen Partei (Gläubigers) durch die beklagte Partei (Schuldnerin) vom ... für unwirksam erklärt. Zugleich wurde die beklagte Partei gem. Ziffer ... des Urteils zur Weiterbeschäftigung der klägerischen Partei als ... zu den zwischen den Parteien laut Arbeitsvertrag vom ... geltenden Arbeitsbedingungen verurteilt. Eine beglaubigte Kopie der vollstreckbaren Ausfertigung des Urteils wurde der beklagten Partei zugestellt.

Beweis: Vollstreckbare Ausfertigung des Urteils des Arbeitsgerichts ..., vom ..., Az ..., nebst unterschriebenem Empfangsbekenntnis des Prozessbevollmächtigten des Klägers im Original.

Trotz mehrfacher Aufforderung weigert sich die beklagte Partei unverändert, die klägerische Partei vertragsgemäß weiterzubeschäftigen.

Beweis: Vorlage der Aufforderungsschreiben vom ... und vom ...

Dementsprechend ist vorliegend die Zwangsvollstreckung geboten.

Die Mindesthöhe des beantragten Zwangsgeldes von 15.000 EUR rechtfertigt sich mit Blick darauf, dass die beklagte Partei gegenüber der klägerischen Partei erklärt hat, „das Urteil sei auch nicht mehr als ein Stück Papier und sie wisse die Weiterbeschäftigung des Klägers schon zu verhindern". Insoweit ist eine Durchsetzung des Urteils mit Zwangsmitteln zur Sicherung der Rechtsordnung geboten.

5. Muster: Unvertretbare Handlung – Weiterbeschäftigung bei neuer Kündigung

Arbeitsgericht ...

Az ...

In Sachen

... ./. ...

(Kurzrubrum)

übersenden wir die vollstreckbare Ausfertigung des Urteils des Arbeitsgerichts ... vom ..., Az ..., und beantragen:

1. Gegen die Schuldnerin wird wegen der Nichtvornahme der arbeitsvertragsgemäßen Weiterbeschäftigung des Gläubigers als ... gem. Ziff. ... des Urteils des Arbeitsgerichts ... vom ..., Az ..., ein Zwangsgeld festgesetzt, dessen Höhe in das Ermessen des Gerichts gestellt wird, jedoch einen Betrag von 15.000 EUR nicht unterschreiten sollte, ersatzweise Zwangshaft, zu vollstrecken an den Vorständen/Geschäftsführern der beklagten Partei.
2. Dem Gläubiger wird zum Zwecke der Zwangsvollstreckung eine vollstreckbare Ausfertigung des Festsetzungsbeschlusses gem. Ziff. 1 erteilt.

Gründe:

In seinem Urteil vom ..., Az ..., hat das Arbeitsgericht ... die Kündigung der klägerischen Partei (Gläubigers) durch die beklagte Partei (Schuldnerin) vom ... für unwirksam erklärt. Zugleich wurde die beklagte Partei gem. Ziff. ... des Urteils zur Weiterbeschäftigung der klägerischen Partei als ... zu den zwischen den Parteien laut Arbeitsvertrag vom ... geltenden Arbeitsbedingungen verurteilt. Eine beglaubigte Kopie der vollstreckbaren Ausfertigung des Urteils wurde der beklagten Partei zugestellt.

Beweis: Vollstreckbare Ausfertigung des Urteils des Arbeitsgerichts ... vom ..., Az ..., nebst unterschriebenem Empfangsbekenntnis des Prozessbevollmächtigten der klägerischen Partei im Original.

Trotz mehrfacher Aufforderung weigert sich die beklagte Partei unverändert, die klägerische Partei vertragsgemäß weiterzubeschäftigen.

Beweis: Vorlage der Aufforderungsschreiben vom ... und vom ...

Dementsprechend ist vorliegend die Zwangsvollstreckung geboten.

Die klägerische Partei erschien darüber hinaus am ... im Betrieb der beklagten Partei. Eine Arbeit wurde ihr an diesem Tag nicht zugewiesen. Am nächsten Vormittag nahm die klägerische Partei zunächst einen Arzttermin wahr und kam dann in den Betrieb der beklagten Partei. Arbeit wurde ihr erneut nicht zugewiesen. Am Nachmittag verließ die klägerische Partei den Betrieb.

Mit Schreiben vom ... kündigte die beklagte Partei der klägerischen Partei außerordentlich mit der Begründung, dass sie seit dem ... unentschuldigt fehle.

Der Zwangsvollstreckung gem. § 888 Abs. 1 ZPO steht nichts entgegen, dass die beklagte Partei der klägerischen Partei am ... erneut und zwar außerordentlich gekündigt hat. Dabei kann dahinstehen, ob diese Kündigung offensichtlich unwirksam ist, wofür angesichts des Fehlens einer Abmahnung hinsichtlich des behaupteten unentschuldigten Fehlens vieles spricht.

Jedenfalls berührt die von der beklagten Partei nach der Verurteilung zur Weiterbeschäftigung ausgesprochene außerordentliche Kündigung nicht die Vollstreckbarkeit des Titels. Ein Anspruch auf Beschäftigung kann aufgrund einer Kündigung entfallen. Es berührt aber grundsätzlich nicht den Bestand und Vollstreckbarkeit eines Titels, wenn der titulierte Anspruch nicht oder nicht mehr besteht. Erst wenn ein Titel vor einem Arbeitsgericht aufgehoben oder abgeändert worden ist oder ein Gericht die Einstellung der Zwangsvollstreckung anordnet, kann aus ihm nicht mehr vollstreckt werden. Das gehört zu den Grundlagen der Zwangsvollstreckungsrechts. Bei der Zwangsvollstreckung wird nicht geprüft, ob der dem Titel zugrunde liegende Anspruch bestanden hat oder noch besteht,

> LAG Hessen 23.2.2002 – 8 Ta 504/01, ARST 2002, 231.

Die Mindesthöhe des beantragten Zwangsgeldes von 15.000 EUR rechtfertigt sich mit Blick darauf, dass die beklagte Partei gegenüber der klägerischen Partei erklärt hat, sie werde schon wissen, wie sie seinen weiteren Aufenthalt in der Firma verhindere.

6. Muster: Unvertretbare Handlung – Vollstreckung wegen Entfernung eines Schreibens aus der Personalakte[180]

In Sachen

... ./. ...

beantragen wir namens und in Vollmacht des Gläubigers zu beschließen:

> Gegen den Schuldner wird wegen Nichtentfernung des Schreibens vom ... aus der Personalakte des Gläubigers gemäß gerichtlichem Vergleich des Arbeitsgerichts ... vom ..., Az ..., ein Zwangsgeld festgesetzt, dessen Höhe in das Ermessen des Gerichts gestellt wird, ersatzweise Zwangshaft für den Fall, dass das Zwangsgeld nicht beigetrieben werden kann.

Gründe:

In dem oben benannten Vergleich, dessen vollstreckbare zugestellte Ausfertigung wir in der Anlage beifügen, hat sich der Schuldner unter Ziffer ... des Vergleichs verpflichtet, das streitgegenständliche Schreiben vom ... aus der Personalakte des Gläubigers herauszunehmen. Trotz Zustellung des Titels und trotz zusätzlicher Aufforderung vom ... wurde das Schreiben bis heute nicht aus der Personalakte entfernt. Die Festsetzung eines empfindlichen Zwangsgeldes ist daher geboten.

Die vollstreckbare Ausfertigung des Urteils sowie der Nachweis ihrer Zustellung an den Schuldner und unser Aufforderungsschreiben vom ... nebst Zustellbescheinigung fügen wir bei.

---

180 Fehlerhaft ist die Zwangsvollstreckung über die Wegnahme durch einen Gerichtsvollzieher, s. Muster 6989 (§ 6 Rn 539).

Kapitel 3: Schriftsätze für Arbeitgeber

A. Erläuterungen

I. Vorbemerkung

388 Mancher Rechtsstreit eines Arbeitgebers gegen einen Arbeitnehmer geht verloren, nicht etwa weil Arbeitsrichter nach einer weit verbreiteten Auffassung generell Arbeitgebern gegenüber eine ablehnende Haltung einnehmen, sondern weil Arbeitgeber in Fragen der Personalführung und des Arbeitsrechts nicht immer die aus arbeitsrichterlicher Sicht gebotene Sorgfalt walten lassen. Der häufigste Fehler bei Arbeitgebern und Personalverantwortlichen besteht darin, dass von ihren Prozessbevollmächtigten Ereignisse nicht hinreichend substantiiert vorgetragen werden können, weil es an schriftlichen Aufzeichnungen zur Vorbereitung anwaltlicher Schriftsätze fehlt. Die Folge ist, dass der Arbeitgeber zwar der Sache nach im Recht sein mag, die für einen Tatsachenvortrag gebotene Substantiierung aber nicht erfolgen kann. Die meist erst nach Erhebung einer Klage des Arbeitnehmers beauftragten Prozessbevollmächtigten sind oft nicht in der Lage, den Mangel einer genauen Dokumentation von Ereignissen unter Angabe von Beweismitteln in den Rechtsstreit zu überwinden. Vieles hat sich mündlich zugetragen, vieles wird aus der Erinnerung heraus berichtet, Orts- und Zeitangaben sind häufig unvollständig.

389 Der **Mangel an einer guten Dokumentation** steht meist im Zusammenhang mit einem zweiten Phänomen, das vor allem bei mittelständischen oder kleineren Unternehmen zu beobachten ist. Der Firmeninhaber, aber auch mancher GmbH-Geschäftsführer betrachtet Personalangelegenheiten als Macht- und Kommunikationsthema, das über Durchsetzungsvermögen gelöst wird. Derartiges Verhalten ist auch verschiedentlich gegenüber Betriebsräten zu beobachten. In vielen Fällen gelingt es den Entscheidern im Unternehmen, über erprobte Strategien zu dem gewünschten Ziel zu gelangen. Immer wieder geschieht aber auch, dass Situationen auftreten, in denen die Durchsetzung eines Anliegens misslingt. In diesen Fällen hat sich das späterhin juristisch aufzuarbeitende Geschehen bereits ereignet, seine Dynamik ist unumkehrbar in eine Eskalation übergegangen und der Rat des Rechtsanwalts muss auf einem **abgeschlossenen Sachverhalt** aufsetzen.

390 Dem Prozessanwalt, dem keine Gelegenheit zur Vorfeldberatung gegeben wurde, hat deshalb vor allem mit zwei Phänomen in der arbeitsgerichtlichen Auseinandersetzung zu kämpfen, einem nicht ausreichend dokumentierten und einem bereits abgeschlossenen Sachverhalt, der häufig mehr unter Beziehungs- als unter rein arbeitsrechtlichen Gesichtspunkten zwischen den Beteiligten gestaltet wurde. Wenn man andererseits bedenkt, dass die beiden „Stellschrauben" der Gerichte die Substantiierung und die Darlegungs- und Beweislast sind, darf es nicht verwundern, dass der einen Arbeitgeber vertretende Arbeitsrechtsanwalt manchmal unter erschwerten Bedingungen seiner Dienstleistung nachgehen muss.

II. Abwehr von Kündigungsschutzklagen

1. Substantiierter Vortrag

391 Der Sachvortrag bei der Abwehr von Kündigungsschutzklagen muss den Anforderungen an einen substantiierten Vortrag genügen. Es müssen zwar nicht immer das genaue Datum und der genaue Ort eines Gesprächs wiedergegeben werden.[1] Lässt sich der Anlass individualisieren, sind die Behauptungen nicht „aufs Geratewohl" und „ins Blaue hinein" aufgestellt.[2] Nicht substantiiert ist ein Vortrag, wenn er darauf abzielt, bei Gelegenheit einer beantragten Beweisaufnahme Tatsachen erst in Erfahrung zu bringen.[3] Der beratende Anwalt muss sich Mühe geben, bei dem Auftraggeber den Sachverhalt in Erfahrung zu bringen. Eine Beweisaufnahme zu einem bestrittenen erheblichen Vorbringen darf nicht abgelehnt werden, wenn die Behauptung konkret genug ist, um eine Stellungnahme des Gegners zu ermöglichen und die Erheblichkeit des Vorbringens zu beurteilen.[4]

---

1 LAG Nürnberg 2.4.2004 – 6 Sa 846/01, juris.
2 Zöller/*Greger*, ZPO, Vor § 284 Rn 5.
3 Musielak/*Foerste*, ZPO, § 284 Rn 15, 17.
4 BGH 20.9.2002 – V ZR 170/01, NJW-RR 2003, 69.

Wenig beachtet wird, dass die Prozessbeteiligten nach § 160 Abs. 4 ZPO das Recht haben, Vorgänge oder Äußerungen in das **Protokoll** aufnehmen zu lassen. Weigert sich ein Richter mit der Begründung, auf die Äußerung des Klägers im Termin komme es nicht an, kann der Antrag zwar durch unanfechtbaren Beschluss zurückgewiesen werden. Allein durch die Antragstellung wird dasjenige, was der Kläger erklärt, selbst bei einer **Zurückweisung durch Beschluss**, Bestandteil des Protokolls. Das Gericht wird also letztlich die mit dem abweisenden Beschluss nicht förmlich zu Protokoll genommene Erklärung des Klägers bei seiner Urteilsfindung berücksichtigen müssen. Das Gericht kann nicht auf der einen Seite einen Beschluss mit der Begründung, auf die Äußerung komme es nicht an, zurückweisen und späterhin aus der Äußerung irgendwelche Schlussfolgerungen aus ihr ziehen. Über den abweisenden wie über den stattgebenden Beschluss wird der Vorgang für die nächste Instanz nachvollziehbar. 392

Auch wird von dem Instrument, sich **hilfsweise** den **Vortrag der anderen Partei zu eigen zu machen**, zu selten Gebrauch gemacht. Junge Anwältinnen und Anwälte wissen oft nicht, wie sie den Vorteil, den sie in einem bestimmten Vortrag für das Anliegen ihrer Partei erkennen, prozessual nutzen können. Die Schriftsätze erfahrener Prozessanwälte, die den Beklagten vertreten, wimmeln nur so von der Erklärung, dass Tatsachen bestritten werden. Erfahrene Beklagtenvertreter bestreiten – leider auch manchmal, ohne hinreichend die Wahrheitspflicht nach § 138 Abs. 1 ZPO zu beachten. Sie bewirken damit, dass über nahezu jede Tatsachenbehauptung des Klägers, die bestritten ist, Beweis erhoben werden muss. Fehlen ausreichende Beweisangebote im klägerischen Schriftsatz, wird die Klage abgewiesen. 393

Bei Kündigungsschutzklagen kann der Arbeitgeber wegen der im Arbeitsgerichtsverfahren bestehenden **gestuften Darlegungs- und Beweislast** nicht in gleicher Weise verfahren. Es ist Sache des Arbeitgeber-Anwalts, eine vom Arbeitnehmer-Anwalt vorgetragene, den klägerischen Sachvortrag stützende Behauptung zu entkräften. Der Beklagte hat dabei die volle Darlegungs- und Beweislast. Insofern reicht ein bloßes Bestreiten in vielen Fällen nicht aus, es muss substantiiert ein den Sachvortrag des Klägers widerlegender Sachverhalt vom Beklagten-Anwalt geschildert werden. 394

Allerdings hat der Arbeitgeber-Anwalt die Möglichkeit, sich ein Vorbringen, das ihm günstig erscheint, hilfsweise zu eigen zu machen. Kommt es auf das Arbeitnehmer-Vorbringen zugunsten des Arbeitgebers an und kann der Arbeitgeber seinen Hauptvortrag weder in hinreichend individualisierter Form vortragen, noch den gebotenen Beweis antreten, wird eine für ihn günstige Tatsache dadurch unstreitig, dass er sie sich hilfsweise zu Eigen gemacht hat. Wenig hilfreich ist es, wenn Arbeitgeber- wie Arbeitnehmer-Anwälte in ihren Schriftsätzen immer wieder um richterliche Hinweise bitten. Erfolgreich sind sie mit diesem Instrument nur dann, wenn sie im Termin nachfragen, ob der Sachvortrag ausreichend ist, um entsprechenden Hinweis bitten und die Erklärungen des Gerichts hierzu zu Protokoll nehmen lassen. Weigert sich der Richter, ist das Verfahren nach § 160 Abs. 4 Satz 3 ZPO zu wählen.[5] 395

2. Alternativstrategien

Häufig wird von Anwälten versäumt, Alternativstrategien zu entwickeln, für den Fall, dass sich bei der **Kündigung formale Mängel** herausstellen. Hat der Arbeitnehmer die Kündigung mangels Vollmachtsvorlage über seine Rechtsanwälte nach § 174 Satz 1 BGB zurückgewiesen, sollte der Arbeitgeber-Anwalt alsbald vorsorglich eine weitere Kündigung durch den Arbeitgeber erklären lassen. Bestreitet der Arbeitnehmer den Erhalt eines im Original zugegangenen Kündigungsschreibens und wurde bei der Zustellung nicht hinreichend Vorsorge getroffen, den Beweis des Zugangs im Rechtsstreit erbringen zu können, bietet es sich an, in der Güteverhandlung ein erneutes Original des Kündigungsschreibens in Anwesenheit des Gerichts zu übergeben und diesen Vorgang nach § 160 Abs. 4 Satz 1 ZPO protokollieren zu lassen. Wird die ordnungsgemäße Anhörung des Betriebsrats nach § 102 BetrVG vom Arbeitnehmer bestritten, gehört es zu den Obliegenheiten des Arbeitgeber-Anwalts, bei seiner Partei zu veranlassen, dass eine erneute Kündigung ausgesprochen wird, der ein ordnungsgemäßes Anhörungsverfahren nach § 102 BetrVG vorausgeht. Der Arbeitgeber-Anwalt sollte in diesem Falle das Schreiben, mit dem der Betriebsrat angehört wird, selbst auf seine Vollständigkeit überprüfen. 396

Vetter[6] listet eine Reihe **typischer Versäumnisse von Arbeitgeber-Anwälten** auf, denen eine Nichtentwicklung von Alternativstrategien gemeinsam ist. Beruft sich der gekündigte Arbeitnehmer darauf, dass einem sozial stärkeren Arbeitnehmer im Rahmen der **Sozialauswahl** zu kündigen gewesen wäre 397

---
5 *Vetter*, NZA Beil. 1/2005, 64, 69.
6 NZA Beil. 1/2005, 64, 70.

und stellt sich heraus, dass diesem Mitarbeiter ebenfalls längst gekündigt wurde, ist es ein Kunstfehler, wenn nicht rein vorsorglich eine zweite betriebsbedingte Kündigung gegenüber dem klagenden Arbeitnehmer ausgesprochen wird, um eine eventuell zum damaligen Zeitpunkt unwirksame betriebsbedingte Kündigung nunmehr durch eine wirksame betriebsbedingte Kündigung zu ersetzen. Ähnlich ist die Sachlage bei **krankheitsbedingten Kündigungen** wegen langanhaltender Krankheit. Fehlt der Arbeitnehmer während eines acht Monate dauernden Kündigungsrechtsstreits ununterbrochen, kann, wenn die Gesundheitsprognose zum Zeitpunkt des Ausspruchs der Kündigung noch günstig war, meist mit Erfolg eine weitere personenbedingte Kündigung ausgesprochen werden, nachdem sich über einen so langen Zeitraum erwiesen hat, dass nunmehr eine ungünstige Gesundheitsprognose anzustellen ist.

398 Ein Kunstfehler ist es, wenn bei einem **Betriebsübergang** nicht beide, der Betriebsveräußerer und der Betriebsübernehmer, verklagt werden.[7]

3. Fehler bei betriebsbedingten Kündigungen

a) Unternehmerentscheidung

399 Vermeidbare Prozessniederlagen des Arbeitgeber-Anwalts rühren verschiedentlich daher, dass die Unternehmerentscheidung bei betriebsbedingten Kündigungen nicht erläutert wurde. Insbesondere scheint manchen Anwälten nicht bekannt zu sein, dass das BAG in ständiger Rechtsprechung zwischen innerbetrieblichen und außerbetrieblichen Ursachen unterscheidet. Bei **außerbetrieblichen Kündigungsgründen**, wie Auftragsmangel und Umsatzrückgang, besteht eine erhöhte Darlegungslast für den Arbeitgeber.[8]

400 Der erfahrene Anwalt begründet eine betriebsbedingte Kündigung deshalb regelmäßig mit **innerbetrieblichen Gründen**, also Willensentscheidungen des Arbeitgebers, bei denen immer wieder der Fehler auftritt, dass nicht ausgeführt wird, wie die Unternehmerentscheidung zur Kündigung des betroffenen Arbeitnehmers geführt hat.[9]

401 Der Arbeitgeber muss zunächst die Unternehmerentscheidung darstellen, insbesondere auch, wann er sie getroffen hat. Nützlich sind beispielsweise Protokolle einer Gesellschafterversammlung, in der eine Unternehmerentscheidung von den Gesellschaftern gefasst wurde. Derartige Unterlagen sind für die Gerichte hilfreich, weil hieraus zu ersehen ist, dass und wann es die Unternehmerentscheidung gegeben hat. Derartige Unterlagen sind zwar nicht erforderlich, stellen aber, mit einem Schriftsatz eingereicht, die Unternehmerentscheidung alsbald unstreitig.[10] Spätestens dann, wenn der Arbeitnehmer nach § 138 Abs. 4 ZPO mit Nichtwissen bestreitet, dass eine Unternehmerentscheidung getroffen wurde, muss der Arbeitgeber unter Beweisantritt konkret darlegen, wann und durch wen eine Unternehmerentscheidung gefällt wurde.

402 Von der Begründung einer betriebsbedingten Kündigung mit außerbetrieblichen Gründen wird abgeraten. Sämtliche der außerbetrieblichen Gründe müssen unter **Beweis** gestellt werden. Sie können von den Arbeitsgerichten uneingeschränkt überprüft werden. Die Arbeitsgerichte machen hiervon auch rege Gebrauch. Spätestens wenn es darum geht, dass aus einem **Umsatzrückgang** der Wegfall eines konkreten Arbeitsplatzes nachgewiesen werden muss, stößt der Arbeitgeber an die Grenzen seiner Darlegungsmöglichkeiten. Manche Gerichte akzeptieren keine liquiditätsorientierte Betrachtung. Ist der Umsatz zurückgegangen, machen sie das Vorliegen außerbetrieblicher Gründe von den Aussagen eines Bilanzsachverständigen abhängig, ein Verfahren, das ein schnelles Handeln des Arbeitgebers ausschließt, darüber hinaus zeit- und kostenintensiv und von ungewissem Ausgang ist. Spätestens wenn die Prognose anzustellen ist, dass der Wegfall von Aufträgen oder Umsatz über die Kündigungsfrist des gekündigten Arbeitnehmers hinaus von Dauer ist, ergeben sich weitere Schwierigkeiten für den Arbeitgeber. Zum Sachvortrag des Arbeitgebers gehört, dass der bei der Unternehmerentscheidung prognostizierte Wegfall des Beschäftigungsbedarfs auch bei Auftragsrückgang noch im Zeitpunkt des Ablaufs der Kündigungsfrist zu erwarten war. *Vetter*[11] zeigt anhand einiger Beispiele auf, welcher Vortrag regelmäßig bei der Prognose angesichts eines **festgestellten Rückgangs von Umsatz oder Arbeitsmenge**

---

7 KR/*Friedrich*, § 4 KSchG Rn 96 ff; APS/*Hesse*, § 4 KSchG Rn 48 ff.
8 APS/*Kiel*, § 1 KSchG Rn 475; KR/*Griebeling*, § 1 KSchG Rn 517 ff.
9 *Vetter*, NZA-Beil. 1/2005, 64, 71.
10 BAG 5.4.2001 – 2 AZR 696/99, EzA § 1 KSchG Betriebsbedingte Kündigung Nr. 110.
11 NZA-Beil. 1/2005, 64, 73.

von Arbeitgeber-Anwälten vergessen wird. Trifft der Arbeitgeber im Vorfeld einer Kündigung seine Entscheidungen ohne anwaltliche Beratung, steht zu befürchten, dass Differenzierungskriterien wie außerbetriebliche und innerbetriebliche Gründe bei der Unternehmerentscheidung keine Berücksichtigung gefunden haben.

Aber auch bei **innerbetrieblichen Gründen** gelingt es Arbeitgebern verschiedentlich nicht, das Konzept schlüssig zu machen. Kann der Arbeitnehmer anhand eines Zwischenzeugnisses nachweisen, dass er nur in zeitlich geringem Umfang auf dem Tätigkeitsfeld gearbeitet hat, das aufgrund einer Organisationsänderung wegfallen soll, läuft die betriebsbedingte Kündigung ins Leere. Wird die Kündigung zu einem früheren Zeitpunkt ausgesprochen als dem Datum, zu dem der Betrieb geschlossen wird, ist die betriebsbedingte Kündigung unwirksam, weil es an einem schlüssigen Konzept zu einer vorzeitigen Beendigung des Arbeitsverhältnisses fehlt.

b) Anderweitige Beschäftigung

Zum Vortrag des Arbeitgeber-Anwalts bei betriebsbedingten Kündigungen gehört, dass neben den dringenden betrieblichen Erfordernissen die Voraussetzungen einer **ordnungsgemäßen Sozialauswahl** vorlagen und **keine anderweitige Beschäftigung** für den Arbeitnehmer im Betrieb besteht.[12] Während es Sache des Arbeitnehmers ist, anderweitige Tätigkeiten zu benennen, in denen er noch beschäftigt werden könnte, ist es Sache des Arbeitgebers, auf den die Darlegungs- und Beweislast fällt, substantiiert vorzutragen, warum eine Beschäftigung auf der vom Arbeitnehmer benannten Stelle nicht möglich ist. Häufig vergessen Arbeitgeber-Anwälte, diesen Umstand auch unter Beweis zu stellen.[13]

Nach der Rechtsprechung des BAG[14] muss der Arbeitgeber, wenn er über eine andere Beschäftigungsmöglichkeit verfügt, zunächst eine Änderungskündigung aussprechen, bevor er zum Mittel der Beendigungskündigung greift. Wer vorträgt, man habe dem Arbeitnehmer eine Stelle angeboten, der Arbeitnehmer habe diese Beschäftigung aber nicht gewollt, muss sich auf eine Prozessniederlage einstellen, weil die betrieblichen Gründe bekanntlich die Kündigung nach § 1 Abs. 2 KSchG bedingen müssen, der Arbeitgeber also die Tätigkeit auf den Kläger vor Ausspruch einer Beendigungskündigung hätte übertragen müssen.

c) Sozialauswahl

Nach der gesetzlichen Regelung in § 1 Abs. 3 Satz 3 KSchG ist der Arbeitnehmer für die Fehlerhaftigkeit der Sozialauswahl darlegungs- und beweispflichtig. Er schuldet daher einen individualisierten Vortrag, über den andere Arbeitnehmer namentlich benannt werden, die sozial stärker sind oder fälschlich nicht in die Sozialauswahl einbezogen wurden. In der Praxis reicht es auch aus, wenn der Arbeitnehmer vorträgt, andere Arbeitnehmer oder Arbeitnehmergruppen müssten in die Sozialauswahl einbezogen werden, er kenne aber die Sozialdaten der einzelnen Arbeitnehmer nicht und fordere den Arbeitgeber hiermit auf, diese zu benennen.[15]

d) Konzernsachverhalte

Das deutsche KSchG ist nach ständiger Rechtsprechung des BAG unternehmensbezogen, nicht konzernbezogen.[16] Daher ist der Arbeitgeber vor Ausspruch einer betriebsbedingten Kündigung auch **grundsätzlich** nicht verpflichtet, den Arbeitnehmer in dem Betrieb eines anderen Unternehmens unterzubringen. Das ergibt sich schon daraus, dass Vertragspartner des Arbeitnehmers das vertragsschließende Unternehmen, der Arbeitgeber, ist. Die Weiterbeschäftigung durch ein anderes Unternehmen führt – so das BAG – zwangsläufig zu einem Vertragspartnerwechsel.[17] Diese Begründung ist schlüssig und dogmatisch einwandfrei. Allerdings sind die in der Praxis vorzufindenden Sachverhalte teilweise komplexer, vor allem im grenzüberschreitenden Kontext. Probleme, die zu einer gespaltenen Arbeitgeberstellung führen können, werden von der einfachen Begründung also bereits nicht erfasst. Die funktionale Zentralisierung der Personalhoheit, insbesondere für Führungskräfte, in einer Kon-

---

12 BAG 15.8.2002 – 2 AZR 195/01, BAGE 102, 197 = NZA 2003, 430.
13 BAG 15.8.2002 – 2 AZR 195/01, BAGE 102, 197 = NZA 2003, 430.
14 BAG 21.4.2005 – 2 AZR 244/04, NZA 2005, 1294.
15 *Vetter*, NZA Beil. 1/2005, 64, 77.
16 BAG 18.10.2012 – 6 AZR 41/11, NZI 2013, 151.
17 BAG 23.4.2008 – 2 AZR 1110/06 (Rn 22), AP KSchG 1969 § 1 Betriebsbedingte Kündigung Nr. 177.

zernabteilung kann zu Unklarheiten und Verwässerungen dahin gehend führen, dass nicht (mehr) klar ist, wer bei wechselnden Einsatzstellen im Konzern überhaupt der oder die Arbeitgeber ist bzw. sind. Typische Praxisfehler sind unklare Vertretungsregelungen, diffus eingesetzte Konzernzentrale-Briefbögen und vom Arbeitsvertrag abweichende Durchführungen. Wer – ohne angeblich Arbeitgeber zu sein – das Weisungsrecht ausübt, Entgeltänderungen anordnet, die Hin- oder Rückversetzung im Konzern frei bestimmt oder sich vorbehält, disziplinarische Hoheit auszuüben, ist im Zweifel (Mit-)Arbeitgeber.[18]

Auch nach der Rechtsprechung des BAG kann eine konzernbezogene Weiterbeschäftigungspflicht **ausnahmsweise** bestehen, wenn sich ein anderes Konzernunternehmen ausdrücklich zur Übernahme des Arbeitnehmers bereiterklärt hat. Entsprechendes gilt, wenn sich eine Unterbringungsverpflichtung unmittelbar aus dem Arbeitsvertrag, einer sonstigen vertraglichen Absprache oder aus der in der Vergangenheit geübten Praxis ergibt.[19] In solchen Fallgestaltungen kann der Arbeitnehmer einen vertraglichen Anspruch gegen seinen Arbeitgeber auf Verschaffung eines Arbeitsvertrages haben, soweit denn der Arbeitgeber einen bestimmenden Einfluss auf die erwünschte „Versetzung" hat.[20]

Der **Konzern** gilt nach deutschem Recht nach wie vor **nicht** als **Arbeitgeber**. Gruppen von Unternehmen aus einem Konzern können hingegen sehr wohl arbeitsrechtliche Bindungen und Verpflichtungen begründen, sei es über Konzernbetriebsvereinbarungen, sei es über sonstige verklammernde Fakten oder rechtliche Zusagen, sei es über Konzern-Vergütungskomponenten für Leitende.

Demgegenüber werden die allgemeinen Instrumente zur Partizipation und Abwehr – also der Gleichbehandlungsanspruch[21] zur Teilhabe, das Verbot der Diskriminierung zur Abwehr – noch restriktiv gehandhabt, Letzteres sogar durch den EuGH, der die Nichtberücksichtigung von Konzern-Betriebszugehörigkeiten ausdrücklich in der Rechtssache Tyrolean Airways gebilligt und eine Diskriminierung wegen des Alters verneint hat.[22]

4. Fehler bei personen- und verhaltensbedingten Kündigungen

408 Ein Mangel im Arbeitgeber-Vortrag liegt vor, wenn bei der personenbedingten Kündigung die zu erwartenden betrieblichen Störungen nicht aufgezeigt werden. Zwar reichen für einen Betrachtungszeitraum von einem Jahr sechs Wochen Entgeltfortzahlungskosten als hinreichende Störung aus.[23] Die Instanzgerichte[24] halten sich aber nicht immer streng an die Rechtsprechung des BAG, so dass es hilfreich ist, wenn sonstige Störungen im Betriebsablauf dargestellt werden. Derartige Störungen können in ständigen Vertretungen durch andere Mitarbeiter, aufgetretenen Fertigungsverzögerungen mit der Folge von Konventionalstrafen, Beschwerden von Kunden etc. sein. Hier ist ein detaillierter Vortrag jedenfalls immer dann, wenn der Entgeltfortzahlungszeitraum unterschritten wurde, erforderlich, in anderen Fällen wünschenswert.

408 Vetter[25] empfiehlt, im Prozessverlauf, wenn eine neue, ungünstigere Prognose angestellt werden kann, nochmals dem Arbeitnehmer zu kündigen. Solche **zusätzlichen personenbedingten Kündigungen** kommen in Betracht, wenn dem Betriebsrat die Auswirkungen der Fehlzeiten des Arbeitnehmers nicht ausführlich dargestellt wurden, aber auch dann, wenn der Arbeitnehmer, was häufig geschieht, während des Rechtsstreits erneut erkrankt. Eine negative Gesundheitsprognose bestätigt sich, je länger der Arbeitnehmer seiner Arbeit nicht nachkommt. Eine länger andauernde Erkrankung während des Rechtsstreits rechtfertigt häufig eine neue Prognose, die eine noch deutlichere Indizwirkung zu Lasten des Arbeitnehmers entfaltet.[26]

409 Bei der **verhaltensbedingten Kündigung** erweisen sich die Folgen der gestuften Darlegungs- und Beweislast für Arbeitgeber häufig als besonders nachteilig. Hat der Arbeitnehmer ein **Fehlverhalten** be-

---

18 So instruktiv der Konzernsachverhalt im Fall ArbG Düsseldorf 13.4.2011 – 8 Ca 4040/10, AE 2012, 24.
19 BAG 23.4.2008 – 2 AZR 1110/06 (Rn 22) mwN, AP KSchG 1969 § 1 Betriebsbedingte Kündigung Nr. 177.
20 BAG 23.4.2008 – 2 AZR 1110/06 (Rn 22) mwN, AP KSchG 1969 § 1 Betriebsbedingte Kündigung Nr. 177.
21 BAG 21.11.2006 – 3 AZR 309/05, AP § 1 b BetrAVG Nr. 7.
22 EuGH 7.6.2012 – Rs. C-132/11 (Tyrolean Airways), NZA 2012, 742 m. Anm. *Przeslowska*, EuZA 2013, 96.
23 BAG 13.8.1992 – 2 AZN 231/92, EzA § 1 KSchG Krankheit Nr. 36; BAG 23.9.1992 – 2 AZR 63/92, EzA § 1 KSchG Krankheit Nr. 37; BAG 29.7.1993 – 2 AZR 155/93, NZA 1994, 67.
24 Siehe LAG Hamm 6.5.2004 – 8 (2) Sa 1615/03, juris.
25 NZA Beil. 1/2005, 64, 78.
26 *Vetter*, NZA Beil. 1/2005, 64, 78.

gangen, das „an sich" geeignet ist, eine Kündigung zu rechtfertigen, genügt er seiner Beweislast nicht allein dadurch, dass er das pflichtwidrige Verhalten des Arbeitnehmers nachweist. Führt der Arbeitnehmer einen Entschuldigungsgrund in den Rechtsstreit ein, muss der Arbeitgeber auch beweisen, dass der Rechtfertigungs- oder Entschuldigungsgrund nicht besteht.[27] Deshalb ist es misslich, wenn derartige Entschuldigungsgründe zur Überraschung des Arbeitgebers im Rechtsstreit vorgetragen werden. Arbeitgeber-Anwälte sollten darauf achten, wenn sie an der **Vorfeldberatung** einer verhaltensbedingten Kündigung beteiligt sind, dass vor Ausspruch der Arbeitnehmer nach etwaigen Entschuldigungsgründen befragt wird, auch wenn nicht eine anhörungspflichtige Verdachtskündigung in Rede steht. Über eine derartige Befragung sollte der Arbeitgeber ein Protokoll aufnehmen. Kann er nachweisen, dass der Arbeitnehmer im Vorfeld einer Kündigung keine ihn entlastenden Tatsachen behauptet hat, liegen die Unglaubwürdigkeit des Arbeitnehmers und eine Schutzbehauptung nahe.[28]

5. Auflösungsanträge des Arbeitgebers

Die Auflösung des Arbeitsverhältnisses nach § 9 KSchG kann der Arbeitgeber nur verlangen, wenn Gegenstand des Rechtsstreits eine nach § 1 KSchG sozialwidrige Kündigung ist und keine anderen Unwirksamkeitsgründe vorliegen. Bei sonstigen Unwirksamkeitsgründen wie Treuwidrigkeit, Sittenwidrigkeit, Verstoß gegen ein gesetzliches Gebot u.Ä. scheidet eine Auflösung des Arbeitsverhältnisses auf Antrag des Arbeitgebers aus.[29] Bei leitenden Angestellten, die zur selbständigen Einstellung oder Entlassung von Arbeitnehmern berechtigt sind, bedarf der Auflösungsantrag keiner näheren Begründung, § 14 Abs. 2 KSchG. Auch wird verschiedentlich übersehen, dass der Auflösungsantrag des Arbeitgebers im Falle einer außerordentlichen Kündigung ausgeschlossen ist, § 13 Abs. 1 Satz 3 KSchG. Umso mehr empfiehlt es sich aus Arbeitgebersicht, außerordentliche Kündigungen immer mit dem **hilfsweisen Ausspruch einer ordentlichen Kündigung** zu verbinden. Im Kündigungsrechtsstreit kann der Auflösungsantrag ggf auf die hilfsweise ausgesprochene Arbeitgeber-Kündigung und einen zusätzlichen Sachverhalt gestützt werden.

Das BVerfG hat mit seiner Entscheidung vom 22.10.2004[30] noch einmal grundlegend die Anforderungen an **wirksame Auflösungsanträge des Arbeitgebers** präzisiert. Die Kammer hat festgestellt, dass die Auflösung des Arbeitsverhältnisses auf Arbeitgeberantrag nicht darauf hinauslaufen darf, dass die Darlegungs- und Beweislast darüber, ob eine weitere gedeihliche Zusammenarbeit der Arbeitsvertragsparteien noch zu erwarten ist, beim Arbeitnehmer liegt. Vielmehr ist es Sache der Fachgerichte, die wechselseitigen Grundrechtspositionen der betroffenen Arbeitgebers und Arbeitnehmers zu berücksichtigen und miteinander abzuwägen. Sache eines Arbeitnehmers ist es nicht darzulegen, dass eine anderweitige Weiterbeschäftigungsmöglichkeit besteht, um zur Annahme einer weiteren gedeihlichen Zusammenarbeit zu gelangen. Weiterhin hat die Kammer entschieden, dass es nicht gerechtfertigt ist, Auflösungsanträge auf Sachverhalte zu stützen, die für die Kündigung des Arbeitsverhältnisses nicht ausgereicht haben.

Die Entscheidung des BVerfG vom 22.10.2004 liegt auf der Linie früherer Rechtsprechung des BVerfG, insbesondere dem Kammerbeschluss vom 13.8.1991.[31] In seiner Entscheidung vom 13.8.1991 wies die 2. Kammer des 1. Senats darauf hin, dass strenge Anforderungen an die Auflösungsgründe zu stellen seien. Es sei unzulässig, Sachverhalte wie die Störung des Betriebsfriedens durch Erstattung einer Strafanzeige, die nicht Gegenstand der Erörterungen in der mündlichen Verhandlung waren, von Seiten des Gerichts als Auflösungsgrund zu bestimmen.

Auflösungsanträge, die in der Praxis verschiedentlich von Arbeitgebern gestellt werden, weil die Kündigungsgründe nicht ausreichend vorgetragen werden können, führen nicht zum Erfolg. Auflösungsurteile werden im süddeutschen Raum häufiger gefällt als in anderen Regionen. Der **Auflösungsantrag des Arbeitgebers** kann wie folgt lauten:

1. Die Klage wird abgewiesen.

---

27 BAG 18.10.1990 – 2 AZR 204/90, RzK I 10 h Nr. 30.
28 *Vetter*, NZA Beil. 1/2005, 64, 78.
29 BAG 10.11.1994 – 2 AZR 207/94, NJW 1995, 1981; *Hertzfeld*, NZA 2004, 298; *Keßler*, NZA-RR 2002, 1.
30 BVerfG 22.10.2004 – 1 BvR 1944/01, NZA 2005, 41.
31 BVerfG 13.8.1991 – 1 BvR 128/87, juris.

2. Für den Fall des Unterliegens wird das Arbeitsverhältnis gegen Zahlung einer Abfindung, die in das Ermessen des Gerichts gestellt wird, aber ... EUR nicht überschreiten soll, aufgelöst.

414 Die Vorstellung über die Höchstabfindung aus Sicht des Arbeitgebers sollte in den Antrag aufgenommen werden, weil auf diese Weise sowohl die Berufungsfähigkeit des Auflösungsurteils als auch die für die Feststellung der Zulässigkeit einer Berufung erforderliche Beschwer rechnerisch ermittelt werden kann.

6. Prozessbeschäftigung

415 Die Rechtsprechung unterscheidet zwischen vereinbarter Weiterbeschäftigung und einer Prozessbeschäftigung. Die **vereinbarte Weiterbeschäftigung** erfolgt bei streitigem Fortbestehen aufgrund eines Angebots des Arbeitgebers, bevor ein Urteil auf Weiterbeschäftigung ergangen ist. Arbeitgeber und Arbeitnehmer schließen bei vereinbarter Weiterbeschäftigung einen zweckbefristeten Vertrag gem. §§ 3 Abs. 1 Satz 2 2. Alt., 14 Abs. 4 TzBfG, der dem Schriftformerfordernis unterliegt. Die **Prozessbeschäftigung** ist kein auflösend bedingter oder zweckbefristeter Arbeitsvertrag, sondern ein gesetzliches Schuldverhältnis, das allein nach bereicherungsrechtlichen Grundsätzen abgewickelt wird.[32]

416 Aus Gründen der Klarheit und Rechtssicherheit ist dem Arbeitgeber zu empfehlen, spätestens nach Erhalt der Sitzungsniederschrift mit Urteilstenor den Arbeitnehmer anzuschreiben, darauf zu verweisen, dass eine Verurteilung zur Weiterbeschäftigung erfolgt sei, man sich der Verurteilung zur vorläufigen Weiterbeschäftigung beugen werde und zur Vermeidung von Zwangsvollstreckungsmaßnahmen zum Arbeitsantritt auffordere. Als Beispiel dient das Muster 6803.[33]

417 Der Arbeitnehmer verliert seinen **Annahmeverzugslohnanspruch**, wenn er ein **vertragliches Angebot** zur Weiterbeschäftigung nicht annimmt. Das BAG hat entschieden, dass der Annahmeverzug des Arbeitgebers ausgeschlossen ist, wenn der Arbeitnehmer nicht leistungsfähig oder nicht leistungswillig ist.[34] Wer ein Weiterbeschäftigungsangebot nicht annimmt, hat damit zum Ausdruck gebracht, dass er nicht leistungswillig ist. Für den Fall, dass ein Weiterbeschäftigungsantrag des Arbeitnehmers positiv beschieden wurde, entschied das LAG Niedersachsen,[35] dass eine **Prozessbeschäftigung** dann vorliegt, wenn der Arbeitnehmer unter Hinweis auf ein obsiegendes Urteil die Weiterbeschäftigung verlangt. In diesem Falle begründe der Arbeitnehmer im Verhältnis zum Arbeitgeber nicht ein auflösend bedingtes Arbeitsverhältnis, mit der Folge, dass für dieses Arbeitsverhältnis auch nicht das TzBfG gilt. Das für Prozessbeschäftigungen in diesem Buch angebotene Muster ist gedacht zur Vereinbarung einer Weiterbeschäftigung vor Erlass eines der Kündigungsschutzklage stattgebenden Urteils nach Ablauf der Kündigungsfrist. Der Textbaustein ist ebenfalls verwendbar zu Klarstellungszwecken im Rahmen einer echten Prozessbeschäftigung. Die Aufforderung zur Prozessbeschäftigung kann nach dem Muster 6802[36] erfolgen.

7. Drittschuldnerklage

418 Zu den mühseligen Verfahren aus Arbeitgebersicht gehört die Drittschuldnerklage. Die Zuständigkeit für Drittschuldnerklagen richtet sich nach dem Inhalt der Forderung. Bei einer Zahlungsklage aus einem Pfändungs- und Überweisungsbeschluss wegen Arbeitseinkommens ist das Arbeitsgericht zuständig.[37] Der Antrag des Klägers gegen den Drittschuldner ist ein **Zahlungsantrag**, der sich wie folgt formulieren lässt.

Die beklagte Partei wird verurteilt, an die klägerische Partei ... EUR nebst Zinsen in Höhe von ..., hieraus seit ..., zu zahlen.

419 Nach § 841 ZPO ist dem Schuldner (Arbeitnehmer) der **Streit** zu **verkünden**. Wenn der Arbeitgeber dem Gläubiger keine Auskunft über die Entgeltansprüche des Arbeitnehmers erteilt, obwohl er nach

---

[32] LAG Niedersachsen 27.9.2005 – 13 Sa 275/05, NZA-RR 2006, 179.
[33] § 6 Rn 449.
[34] BAG 13.7.2005 – 5 AZR 578/04, BAGE 115, 216 = NZA 2005, 1348.
[35] LAG Niedersachsen 27.9.2005 – 13 Sa 275/05, NZA-RR 2006, 179; LAG Niedersachsen 30.9.2003 – 13 Sa 570/03, NZA-RR 2004, 194.
[36] § 6 Rn 448.
[37] OLG Stuttgart 8.4.1999 – 9 W 90/98, OLGR Stuttgart 1999, 242.

§ 836 Abs. 3 ZPO hierzu verpflichtet ist, beschränkt sich der Anspruch des Gläubigers auf Schadensersatz nach § 840 Abs. 2 Satz 2 ZPO. Zu dem Schaden gehören dann allerdings auch die Kosten eines anwaltlichen Bevollmächtigten zur Beitreibung der gepfändeten Forderung.[38] Nach herrschender Meinung hat der Gläubiger keinen einklagbaren Anspruch gegen den schweigenden Drittschuldner auf Erteilung der Auskunft des § 840 Abs. 1 ZPO.[39]

8. Einstweiliger Rechtsschutz

a) Entbindung von der Weiterbeschäftigungspflicht nach § 102 Abs. 5 Satz 2 BetrVG

Der Arbeitgeber hat die Möglichkeit, sich im Eilverfahren nach § 102 Abs. 5 Satz 2 BetrVG von der Verpflichtung zur Weiterbeschäftigung des Arbeitnehmers entbinden zu lassen. Dabei ergibt sich der **Verfügungsantrag** aus dem Gesetz:

Die verfügungsklägerische Partei wird von der Verpflichtung zur Weiterbeschäftigung der verfügungsbeklagten Partei entbunden.

Als Verfügungsanspruch muss der Arbeitgeber vortragen, dass eine Kündigungsschutzklage des Arbeitnehmers keine hinreichende Aussicht auf Erfolg bietet oder mutwillig ist (§ 102 Abs. 5 Satz 2 Nr. 1 BetrVG), dass die Weiterbeschäftigung des Arbeitnehmers zu einer unzumutbaren wirtschaftlichen Belastung führt (§ 102 Abs. 5 Satz 2 Nr. 2 BetrVG) oder der Widerspruch des Betriebsrats offensichtlich unbegründet ist (§ 102 Abs. 5 Satz 2 Nr. 3 BetrVG).

Auch aus Arbeitgebersicht ist es schwierig, den **richtigen Zeitpunkt** zu finden, zu dem der Antrag auf Erlass einer einstweiligen Verfügung gestellt wird. Gleiches gilt für den Arbeitnehmer bei seinem Weiterbeschäftigungsantrag.[40] Von der Weiterbeschäftigungspflicht kann nur entbunden werden, wenn diese vom Arbeitnehmer auch tatsächlich begehrt wird. So muss beispielsweise der Widerspruch des Betriebsrats vorliegen und der Arbeitnehmer darauf gestützt bereits eine Weiterbeschäftigung nach Ablauf der Kündigungsfrist geltend gemacht haben.[41] Eine einstweilige Verfügung „auf Vorrat" wird nicht erlassen.[42] Zu lange darf der Arbeitgeber-Anwalt nicht warten. Beim Verfügungsgrund bedarf es keiner sonderlichen Darlegung, weil sich für diese Eilverfügung die Voraussetzungen aus dem BetrVG, einer gesetzlichen Sonderregelung, ergeben. Eine Interessenabwägung im Einzelfall ist nicht zusätzlich erforderlich, weil der Gesetzgeber durch die Bestimmungen der Anspruchsvoraussetzungen in § 102 Abs. 5 Satz 2 BetrVG bereits abstrakt diese Abwägung vorgenommen hat.

b) Wettbewerbsverbot

Effektiver Rechtsschutz bei Wettbewerbsverboten kann nur im Wege von **Unterlassungsverfügungen**, also im Wege des einstweiligen Rechtsschutzes, erreicht werden. Die Verfahrensdauer in Hauptsacheverfahren umfasst einen zu langen Zeitraum, als dass ein Urteil Wettbewerbsverstöße wirksam verhindert. Sowohl beim vertraglichen als auch beim nachvertraglichen Wettbewerbsverbot ist ein effektiver Rechtsschutz daher nur im Wege der **einstweiligen Verfügung** zu erlangen.

Beim Antrag des Arbeitgebers gegen den zu Unrecht Wettbewerb ausübenden Arbeitnehmer ist darauf zu achten, dass nicht jede Verwertung der Arbeitskraft untersagt werden kann, sondern nur die **konkrete Wettbewerbstätigkeit**.[43] *Reinhard/Kliemt* weisen darauf hin, dass es eine Frage der Antragsbegründung ist, ob bei einem zu weitgehenden Antrag unter Abweisung im Übrigen eine Unterlassungsverfügung bezogen auf die konkrete Tätigkeit ergehen kann. Dem Antrag muss das Gericht entnehmen können, welche konkrete Wettbewerbstätigkeit bei welchem Arbeitgeber untersagt werden soll. Die Autorinnen empfehlen deshalb sinngemäß den folgenden Antrag:

Der verfügungsbeklagten Partei wird untersagt, bis zum ... eine Tätigkeit als ... bei der Firma ... auszuüben.

---

38 BAG 16.5.1990 – 4 AZR 56/90, BAGE 65, 139 = NZA 1991, 27.
39 BGH 17.4.1984 – IX ZR 153/83, BGHZ 91, 126 = NJW 1984, 1901; Zöller/*Stöber*, ZPO, § 840 Rn 15.
40 Siehe § 6 Rn 248.
41 *Reinhard/Kliemt*, NZA 2005, 545 (549).
42 AA *Walker*, Der einstweilige Rechtsschutz in zivil- und arbeitsgerichtlichen Verfahren, § 12 Rn 694.
43 BAG 3.5.1983 – 3 AZR 62/81, BAGE 42, 329 = NJW 1984, 886.

425 Dieser Antrag kann sowohl für nachvertragliche als auch für vertragliche Wettbewerbsverbote als Unterlassungsantrag gestellt werden.

426 Während einstweilige Verfügungen aufgrund eines Verstoßes gegen ein vertragliches Wettbewerbsverbot auf § 60 Abs. 1 HGB gestützt werden, da das BAG aus der allgemeinen vertraglichen Treuepflicht das Verbot ableitet, sich im Wettbewerbsbereich des Arbeitgebers analog § 60 Abs. 1 HGB zu betätigen,[44] ergibt sich der Verfügungsanspruch bei einer nachvertraglichen Konkurrenztätigkeit aus einem zwischen dem Arbeitgeber und Arbeitnehmer vereinbarten arbeitsvertraglichen Wettbewerbsverbot, § 110 GewO. Der Verfügungsgrund muss vom Arbeitgeber auf Umstände wie eine **Erstbegehungs- oder Wiederholungsgefahr** gestützt werden. Selbst wenn ein rechtswidriger Eingriff noch nicht stattgefunden hat, jedoch ernsthaft zu besorgen ist, kann ein Verfügungsgrund bestehen.[45] Allerdings zeigt sich hier die Sorgfalt des einen Schriftsatz entwickelnden Arbeitgeber-Anwalts. Im Gespräch mit dem oder den Zeugen ist zu ermitteln, inwieweit Tatsachen glaubhaft gemacht und damit zum Gegenstand einer eidesstattlichen Versicherung erhoben werden können, aus denen sich ergibt, dass die vorbeschriebene Gefahr zu besorgen ist. Im Zweifel sind Zeugen als präsente Beweismittel im Gerichtstermin zu stellen (§§ 936, 920, 294 ZPO, § 62 Abs. 2 ArbGG).

c) Arbeitskampf

427 Im Zuge von Arbeitskämpfen ist es verschiedentlich für Arbeitgeber geboten, einstweiligen Rechtsschutz in Anspruch zu nehmen, um Überschreitungen und durch die Tarifautonomie nicht gerechtfertigte Schäden bei Arbeitgebern zu vermeiden oder zu verringern. Auch der Arbeitskampf ist nur innerhalb gesetzlicher Grenzen und innerhalb der Rechtsordnung zulässig.[46] Bei Unterlassungsverfügungen im Arbeitskampf besteht die Gefahr, dass aufgrund des kritischen Zeitmoments die Hauptsache endgültig vorweggenommen wird und der Arbeitskampf uU scheitert.[47] Andererseits kann es die Rechtsordnung nicht zulassen, dass die Arbeitsgerichte, die sich generell im Arbeitskampf in Zurückhaltung üben, tatenlos zuschauen, wie durch rechtswidrige Eingriffe in den eingerichteten und ausgeübten Gewerbebetrieb beträchtliche Schäden durch unzulässige Arbeitskampfmaßnahmen entstehen. Zwischen diesen beiden Polen – Gefahr der Vorwegnahme der Hauptsache und Schwächung des Arbeitskampfes einerseits, große wirtschaftliche Schäden zu Lasten des Arbeitgebers andererseits – bewegt sich der Entscheidungsspielraum der Arbeitsgerichte, wenn sie über den Erlass einstweiliger Verfügungen im Rahmen eines Arbeitskampfes zu befinden haben.

428 Als Verfügungsantrag empfehlen *Reinhard/Kliemt*:[48]

Der verfügungsbeklagten Partei wird aufgegeben, es zu unterlassen, im Rahmen des von ihr ausgerufenen Streiks im Zusammenhang mit den Verhandlungen über einen neuen _ Tarifvertrag für die _-Industrie

a) Arbeitnehmer der verfügungsklägerischen Partei, die das Betriebsgelände der verfügungsklägerischen Partei an der _ Straße in _ betreten oder verlassen wollen, körperlich anzugreifen, anzuspucken, anzuschreien oder festzuhalten,

b) Fahrzeuge bei der Ein- oder Ausfahrt zum und vom Betriebsgelände der verfügungsklägerischen Partei an der _ Straße in _ anzuhalten, zu kontrollieren, zu beschädigen oder zu behindern.

429 Bei einstweiligen Verfügungen im Zusammenhang mit Arbeitskämpfen lässt sich der **Verfügungsanspruch** nicht generell festlegen, er entspringt meist dem verfassungsrechtlichen Anspruch auf **Schutz des Gewerbebetriebs** und der **Eigentumsrechte des Arbeitgebers**. Rechtsgrundlage kann auch die Verletzung von Persönlichkeitsrechten der am Streik nicht teilnehmenden Arbeitnehmer sein. Gut herausgearbeitet werden muss in einer einstweiligen Verfügung gegen einzelne Arbeitskampfmaßnahmen, inwieweit die Gewerkschaft oder einzelne Mitglieder die Grenzen ihres Streikrechts überschritten haben und inwieweit aufgrund des bisherigen Verhaltens mit weiteren rechtswidrigen Eingriffen zu rechnen ist. Sache des Arbeitgebers ist es in diesen Fällen, aufgrund eidesstattlicher Versicherungen verschiede-

---

[44] BAG 25.4.1991 – 2 AZR 624/90, NZA 1992, 212; BAG 16.8.1990 – 2 AZR 113/90, NZA 1991, 141.
[45] LAG Niedersachsen 8.12.2005 – 7 Sa 1871/05, NZA-RR 2006, 426.
[46] BAG 12.3.1985 – 1 AZR 636/82, BAGE 48, 195 = NZA 1985, 537.
[47] *Reinhard/Kliemt*, NZA 2005, 545 (553).
[48] *Reinhard/Kliemt*, NZA 2005, 545 (553).

ner Zeugen glaubhaft zu machen, dass Übergriffe vorgekommen, ggf auf Anweisung der Gewerkschaft vorgenommen und weitere, gewichtige Rechtsverletzungen zu befürchten sind.

Der **Verfügungsgrund** befasst sich mit der Frage, inwieweit die Eilentscheidung zur Abwehr wesentlicher Nachteile nötig ist. Insofern sind meist auch verfassungsrechtliche, vor allem aber tarifvertragliche Themen darzulegen und in einer Gesamtbewertung die mit der Streikmaßnahme verbundenen Nachteile für den Arbeitgeber und ggf nicht streikende Arbeitnehmer gegen die Schwere des Eingriffs in das Streikrecht unter Beachtung der Unwiederholbarkeit der aktuellen arbeitskampfrechtlichen Situation abzuwägen.[49] *Reinhard/Kliemt*[50] halten derart strenge Anforderungen, wie sie das LAG Hessen aufgestellt hat, für überzogen. Ein solcher Rechtssatz stünde der Gewährung effektiven Rechtsschutzes entgegen. Sie plädieren dafür, im Einzelfall die beschriebene Interessenabwägung vorzunehmen und vor Gericht bei Rechtsfragen zu prüfen, ob die Rechtswidrigkeit einer Maßnahme gegeben ist.

Generell ist der Hinweis gerechtfertigt, dass komplizierte tarifrechtliche Fragen zum Arbeitskampfrecht im Antrag auf Erlass einer einstweiligen Verfügung keinen Platz haben. Man darf nicht vergessen, dass das Verfahren des einstweiligen Rechtsschutzes ein summarisches Verfahren ist, das komplexere Abwägungen und auch Erörterungen zu den Grenzen der Tarifautonomie nicht zulässt. Je umfangreicher die Begründung des Verfügungsgrundes ausfällt, desto geringer sind die Chancen für den Arbeitgeber, eine einstweilige Verfügung zu erlangen.

B. Texte

I. Abmahnungsklagen

1. Muster: Erwiderung auf Abmahnungsklage

↓

Arbeitsgericht ...

Aktenzeichen: ...

Gegner: RAe ..., zwei Abschriften anbei

In Sachen

... ./. ...

beantragen wir:

1. Die Klage wird abgewiesen.
2. Die Kosten des Rechtsstreits trägt die klägerische Partei.

Gründe:

1. Die Abmahnung erfolgte zu Recht. Der Arbeitgeber ist vor einer verhaltensbedingten Kündigung – von Ausnahmefällen abgesehen – verpflichtet, den Arbeitnehmer vor einer Kündigung abzumahnen, § 281 Abs. 3 BGB,

BAG 28.10.1971 – 2 AZR 15/71, DB 1972, 489.

Die Abmahnung ist auszusprechen, wenn ein objektiver Verstoß gegen arbeitsvertragliche Pflichten vorliegt,

BAG 7.9.1988 – 5 AZR 625/87, NZA 1989, 272.

1. Der im Abmahnungsschreiben gerügte Sachverhalt ist zutreffend wiedergegeben: ...

   Beweis: 1. Zeugnis ...

   2. Vorlage der Schriftstücke ... – Anlage B 1.

---

49 LAG Hessen 5.6.1984 – 5 SaGa 677/84, NZA 1984, 128.
50 NZA 2005, 545 (554).

2. Bei den im Abmahnungsschreiben gerügten Sachverhalten handelt es sich auch um Pflichtverletzungen der klägerischen Partei im Leistungsbereich. Das gerügte Fehlverhalten der klägerischen Partei betraf die Arbeitspflicht. Im Einzelnen: ...

3. Die klägerische Partei handelte auch schuldhaft. Ihr war bekannt, dass ....

4. Die Abmahnung war auch nicht verfristet, denn sie wurde in einem zeitlichen Zusammenhang mit dem Fehlverhalten der klägerischen Partei ausgesprochen.

Im Abmahnungsschreiben wurde der klägerischen Partei auch eine angemessene Besserungsfrist von bis zu vier Wochen eingeräumt.

5. Schließlich erfüllte das Abmahnungsschreiben auch in der gebotenen Form die Hinweis- und Warnfunktion. Der klägerischen Partei wurde durch die Formulierung, dass die arbeitsrechtlichen Schritte bis hin zu einer Kündigung reichen können, deutlich gemacht, dass es sich bei dem Abmahnungsschreiben um eine Vorstufe der Kündigung handeln kann.

433 2. Muster: Formal unwirksame Abmahnung, Warnfunktion

Ist mit einem Abmahnungsschreiben gegenüber dem Arbeitnehmer unmissverständlich klargemacht worden, er habe bei mangelnder Leistungssteigerung mit arbeitsrechtlichen Konsequenzen zu rechnen, die auch zur Kündigung führen könnten, ist der Arbeitnehmer hinreichend gewarnt,

   BAG 9.8.1984 – 2 AZR 400/83, NZA 1985, 124.

Der Arbeitgeber muss in einer für den Arbeitnehmer hinreichend deutlich erkennbaren Art und Weise seine Beanstandungen vorbringen und damit deutlich – wenn auch nicht expressis verbis – den Hinweis verbinden, im Wiederholungsfall sei der Inhalt oder der Bestand des Arbeitsverhältnisses gefährdet. Die Androhung „arbeitsrechtlicher Schritte" ist zur Erfüllung der Warnfunktion ausreichend,

   BAG 19.4.2012 – 2 AZR 258/11, DB 2012, 2404.

Ist die Abmahnung formell unwirksam, beispielsweise weil sie unter Verstoß gegen § 13 BAT zu den Personalakten gelangt ist, hat der Arbeitnehmer aber nicht zum Ausdruck gebracht, dass er aus den formellen Gründen annahm, das Abmahnschreiben sei unbeachtlich, büßt die Abmahnung ihre kündigungsrechtliche Warnfunktion nicht dadurch ein, dass sie formell unwirksam war,

   BAG 21.5.1992 – 2 AZR 551/91, NZA 1992, 1028.

434 3. Muster: Gleichartige Pflichtverletzungen

Eine zusammenfassende Betrachtung mehrerer abgemahnter Pflichtverstöße kann eine verhaltensbedingte Kündigung rechtfertigen, wenn die Pflichtverstöße gleichartig sind. Die Pflichtverstöße müssen nicht unbedingt identisch sein.

Als gleichartig sind Pflichtverletzungen anzusehen, die zu vergleichbaren Störungen des Arbeitsverhältnisses führen und als übereinstimmender Ausdruck einer spezifischen Unzuverlässigkeit des Arbeitnehmers angesehen werden können. In diesem Sinne sind unberechtigtes Fehlen und berechtigtes, aber nicht angezeigtes Fernbleiben von der Arbeit gleichartige Pflichtverletzungen,

   LAG Berlin 5.12.1995 – 12 Sa 111/95, LAGE § 1 KSchG Verhaltensbedingte Kündigung Nr. 52.

4. Muster: Nachschieben von Abmahnungsgründen

Verlangt ein Arbeitnehmer vom Arbeitgeber die Entfernung einer Abmahnung aus seinen Personalakten, weil sie angeblich unrichtige Tatsachenbehauptungen enthält, so können unter denselben Voraussetzungen wie beim Nachschieben von Kündigungsgründen weitere Abmahnungsgründe nachgeschoben werden,

LAG Berlin 21.8.1989 – 9 Sa 45/89, NZA 1989, 964.

II. AGG-Klagen

1. Muster: „AGG-Hopper" – Erwiderungsschriftsatz

Die Klage ist unbegründet. Der auf § 15 Abs. 2 AGG gestützte Anspruch auf angemessene Geldentschädigung wegen unzulässiger Geschlechtsdiskriminierung besteht nicht.

Soweit die klägerische Partei geltend macht, sie sei beim Stellenbesetzungsverfahren im Betrieb der beklagten Partei aufgrund ihres Geschlechts benachteiligt worden, so muss diesem Vorbringen entgegengehalten werden, dass die klägerische Partei sich nicht ernsthaft um diese Stelle beworben hat.

Nach der Rechtsprechung kann im Stellenbesetzungsverfahren nur derjenige benachteiligt werden, der sich subjektiv ernsthaft beworben hat und objektiv für die zu besetzende Stelle in Betracht kommt,

LAG Berlin 14.7.2004 – 15 Sa 417/04, NZA-RR 2005, 124.

An der Ernsthaftigkeit der Bewerbung fehlt es im vorliegenden Fall. Es ist davon auszugehen, dass sich die klägerische Partei auf die von der beklagten Partei ausgeschriebene Stelle als ... bei ... nicht ernsthaft beworben hat. Vielmehr ist anzunehmen, dass die klägerische Partei die Anzeige der beklagten Partei zum Anlass nahm, die Ablehnung der beklagten Partei als „Quelle einer Geldeinnahme" zu nutzen. Dafür spricht vor allem die Tatsache, dass die klägerische Partei bereits in mehreren Gerichtsverfahren versucht hat, Entschädigungsansprüche auf der Grundlage von § 15 Abs. 2 AGG geltend zu machen, nachdem sie sich bei zahlreichen Arbeitgebern auf deren Stellenausschreibungen beworben hatte.

Die klägerische Partei ist namentlich im sog. „AGG-Archiv" erfasst. Dieses Archiv, das von einer Anwaltskanzlei bundesweit seit August 2006 frei zugänglich errichtet worden ist, dient Arbeitgebern und deren Anwälten als Fallsammlung, um sich gegen missbräuchliche Diskriminierungsklagen von Arbeitnehmern zu verteidigen. Erfasst werden alle Arbeitnehmer, die mehrfach versucht haben, mittels einer Diskriminierungsklage Entschädigung von dem die Bewerbung ablehnenden Arbeitgeber zu erlangen,

Diller, BB 2006, 1968; *ders.*, AE 2006, 228.

Das vorangegangene Verhalten der klägerischen Partei lässt darauf schließen, dass diese von vornherein nicht die Absicht hatte, tatsächlich die Stelle als ... bei der beklagten Partei auszuüben. Sie bewarb sich dort lediglich, um nach der zu erwartenden Ablehnung eine Benachteiligung geltend machen zu können. Wer sich aber von vornherein nur mit dem Ziel bewirbt, eine Entschädigung zu kassieren, aber die Stelle gar nicht antreten will, verliert wegen Rechtsmissbrauchs seine Entschädigungsansprüche,

ArbG Köln 13.6.1996 – 14 Ca 7934/95, ZIP 1997, 804; LAG Hamm 22.11.1996 – 10 Sa 1069/96, NZA-RR 1997, 203; BAG 13.10.2011 – 8 AZR 608/10, EzA § 15 AGG Nr 16.

Die bereits zu Zeiten der Geltung des § 611a BGB ergangene Rechtsprechung hat an ihrer Aktualität nichts eingebüßt. Das BAG hat schon vor einiger Zeit serienmäßig vorgehenden Scheinbewerbern einen Riegel vorgeschoben,

BAG 12.11.1998 – 8 AZR 365/97, BAGE 90, 170 = NZA 1999, 371.

Mangels Ernsthaftigkeit der eingegangenen Bewerbung liegt ein offensichtlicher Fall von Rechtsmissbrauch vor, so dass die Klage als unbegründet abzuweisen ist.

437 **2. Muster: Schadensersatz nach § 15 AGG – Erwiderungsschriftsatz**

Die klägerische Partei macht wohl, ohne die Anspruchsgrundlage und die Anspruchsvoraussetzungen konkret zu benennen, einen Schadensersatzanspruch nach § 15 Abs. 1 AGG geltend. Nach § 15 Abs. 1 AGG ist der Arbeitgeber bei einem Verstoß gegen das Benachteiligungsverbot verpflichtet, den hierdurch entstandenen Schaden zu ersetzen. Der klägerischen Partei steht unter keinem Gesichtspunkt ein Schadensersatzanspruch nach § 15 Abs. 1 AGG in der von ihr geltend gemachten Höhe von ... EUR zu.

I.

Das AGG findet auf den von der klägerischen Partei dargelegten Sachverhalt keine Anwendung.

Die klägerische Partei stützt ihre vermeintliche Benachteiligung auf die Tatsache, dass sie nach ihrem Ausscheiden im Jahre 1996 nicht wieder von der beklagten Partei beschäftigt wurde. Das AGG gilt nach § 33 Abs. 1 AGG nur für Benachteiligungen nach Inkrafttreten des AGG. So ist explizit in der Gesetzesbegründung ausgeführt, dass auf Benachteiligungen, die zeitlich vor dem Inkrafttreten des AGG stattfanden, die alte Rechtslage Anwendung findet,

BT-Drucks. 16/1780, S. 53.

Die vor Inkrafttreten des AGG geltende Rechtslage gewährt mit Ausnahme des § 611a BGB, der hier nicht einschlägig ist, keinen Schadensersatzanspruch wegen etwaiger Benachteiligung.

Die klägerische Partei kann sich wegen angeblicher Benachteiligungen, die vor dem ... stattfanden, nicht auf Regelungen des AGG berufen. Bereits aus diesem Grund ist der von der klägerischen Partei geltend gemachte Antrag zu Ziff. ... und Ziff. ... abzuweisen.

II.

Selbst wenn man – was nicht zutreffend ist – von einer Anwendung des AGG auf den streitgegenständlichen Sachverhalt ausginge, lägen die Tatbestandsvoraussetzungen des § 15 Abs. 1 AGG nicht vor.

Die beklagte Partei hat zu keinem Zeitpunkt gegen ein Benachteiligungsverbot verstoßen. Nach § 7 Abs. 1 AGG dürfen Beschäftigte nicht wegen eines in § 1 AGG genannten Grundes benachteiligt werden. Als Beschäftigte iSd AGG gelten auch Personen, deren Beschäftigungsverhältnis beendet ist, § 6 Abs. 1 AGG.

Die Tatbestandsvoraussetzungen des § 2 Abs. 1 Nr. 1 AGG, auf den sich die klägerische Partei wohl stützt, sind vorliegend nicht erfüllt. Nach § 2 Abs. 1 Nr. 1 AGG sind Benachteiligungen aus einem in § 1 AGG genannten Grund nach Maßgabe dieses Gesetzes unzulässig in Bezug auf die Bedingungen, einschließlich Auswahlkriterien und Einstellungsbedingungen, für den Zugang zu unselbständiger und selbständiger Erwerbstätigkeit, unabhängig vom Tätigkeitsfeld und beruflicher Position, sowie für den beruflichen Aufstieg.

Die – unspezifischen und unkonkreten – „Bewerbungen" der klägerischen Partei hat die beklagte Partei abgelehnt, weil bei ihr kein für die klägerische Partei geeigneter Arbeitsplatz zur Verfügung stand und steht. Die beklagte Partei hatte keinen Bedarf an der Arbeitsleistung der klägerischen Partei, wie sie ihr auch wiederholt mitteilte.

Beweis: Zeugnis ...

In dem Zusammenhang ist zu berücksichtigen, dass die klägerische Partei sich nicht auf einen ausgeschriebenen Arbeitsplatz bei der beklagten Partei bewarb, sondern unspezifisch ohne Anlass ihre Arbeitsleistung der beklagten Partei anbot. Hinzu kommt, dass ...

Vor diesem Hintergrund hat die Beklagte zu keinem Zeitpunkt gegen ein Benachteiligungsverbot nach § 7 Abs. 1 AGG verstoßen.

III.

Ein Anspruch nach § 15 Abs. 1 AGG begründet unter keinem erdenklichen Gesichtspunkt den von der klägerischen Partei begehrten Schadensersatz in Höhe von ... EUR.

Die von der klägerischen Partei geltend gemachten Schadenssummen in Höhe von ... EUR wegen Verdienstausfalls sowie in Höhe von ... EUR wegen verauslagter Werbungskosten für ... Jahre entbehren jeglicher Substantiierung und Rechtsgrundlage.

Zudem übersieht die klägerische Partei, dass ein Anspruch nach § 15 Abs. 1 AGG wegen des Anspruchs auf Ersatz des entstandenen Verdienstausfalls durch eine Obergrenze gedeckt ist. Eine Obergrenze ist bereits deswegen erforderlich, weil die dem AGG zugrunde liegenden Richtlinien den deutschen Gesetzgeber verpflichten, einerseits zwar wirksame und abschreckende, andererseits aber auch verhältnismäßige Sanktionen bei Verstößen gegen das Benachteiligungsverbot zu schaffen (vgl. Art. 15 der Richtlinie 2000/43 EG). Von einer verhältnismäßigen Sanktion kann jedoch nicht mehr ausgegangen werden, wenn der Arbeitgeber unbegrenzt haftet,

Bauer/Göpfert/Krieger, § 15 AGG Rn 26.

Zur Begrenzung des Schadensersatzanspruchs eines abgelehnten Bewerbers, der bei benachteiligungsfreier Auswahl eingestellt worden wäre, liegt es nahe, eine einheitliche Obergrenze anzusetzen. Dazu bietet sich der Zeitpunkt an, zu dem der Arbeitgeber das Beschäftigungsverhältnis frühestens wieder hätte kündigen können,

Bauer/Göpfert/Krieger, § 15 AGG Rn 27.

Aufgrund der Deckelungen des Schadensersatzanspruchs ist die Geltendmachung von Verdienstausfall und Werbungskosten für ... Jahre ungerechtfertigt.

III. Arbeitskampf

1. Muster: Einzelne Streikmaßnahmen

Arbeitsgericht ...

Antrag auf Erlass einer einstweiligen Verfügung

...

– antragstellende Partei –

Verfahrensbevollmächtigte: ...

gegen

1. Gewerkschaft ..., vertreten durch ...

– antragsgegnerische Partei zu 1. –

2. Herrn ..., Bezirksleiter ...

– antragsgegnerische Partei zu 2. –

3. Herrn ..., betrieblicher Streikleiter der ...

– antragsgegnerische Partei zu 3. –

Wir bestellen uns zu Verfahrensbevollmächtigten der antragstellenden Partei. Namens und im Auftrag der antragstellenden Partei beantragen wir, im Wege der einstweiligen Verfügung, wegen der Dringlichkeit ohne mündliche Verhandlung durch den Vorsitzenden allein, zu erkennen:

1. Die Antragsgegner werden verpflichtet, es zu unterlassen, im Rahmen des von der antragsgegnerischen Partei zu 1. ausgerufenen Streiks
   a) Arbeitnehmer der antragstellenden Partei am Betreten des Firmengeländes zu hindern,
   b) Arbeitnehmern, die das Firmengelände betreten wollen, eine Plakette mit der Aufschrift „ich bin ein Streikbrecher" auf Jacken, Mänteln oder sonstige Kleidungsstücke aufzukleben,
   c) Fahrzeuge bei der Ein- oder Ausfahrt aus dem Werkstor in der ... Straße anzuhalten oder zu kontrollieren,
   d) Mitarbeiter der antragstellenden Partei, die das Werksgelände betreten oder verlassen wollen, körperlich anzugreifen, anzuschreien oder festzuhalten.
2. Die Antragsgegner werden verpflichtet, auf die den Betrieb der antragstellenden Partei bestreikenden Arbeitnehmer sowie auf die dort aufgestellten Streikposten so einzuwirken, dass diese von den unter Ziff. 1 a)–d) erwähnten Maßnahmen ablassen.

In prozessualer Hinsicht wird beantragt:

1. Den Antragsgegnern wird für jeden Fall der Zuwiderhandlung ein Ordnungsgeld, dessen Höhe in das Ermessen des Gerichts gestellt wird, angedroht, ersatzweise Ordnungshaft;
2. der antragstellenden Partei bleibt vorbehalten, die Zustellung von Entscheidungen des angerufenen Gerichts auch zur Nachtzeit und an Sonn- und Feiertagen vorzunehmen;
3. Hilfsweise: Die beantragte einstweilige Verfügung wird nach mündlicher Verhandlung und Verkürzung der Ladungs- und Einlassungsfristen auf einen Tag erlassen.

Gründe:
I.
Es ist gerichtsbekannt, dass die antragsgegnerische Partei zu 1. mit den Arbeitgeberverbänden der ...-Industrie gegenwärtig einen neuen Lohn- und Gehaltstarifvertrag verhandelt. Die Friedenspflicht der Koalitionen ist abgelaufen. Die antragsgegnerische Partei zu 1. hat zum Streik aufgerufen. Wichtigstes Streikziel ist eine Erhöhung des Lohn- und Gehaltsniveaus um 4,3 %. Nachdem die Tarifverhandlungen gescheitert waren, hat am ... die antragsgegnerische Partei zu 1. die Arbeitnehmer der antragstellenden Partei zum Streik aufgerufen.
    Glaubhaftmachung: Streikaufruf vom ... – Anlage K 1.
Am ersten Streiktag ist es am Werkstor der antragstellenden Partei zu den in den Anträgen Ziff. 1 a)–d) dargestellten Übergriffen gekommen.
    Glaubhaftmachung: 1. Eidesstattliche Versicherung des Betriebsleiters ...
                              2. Eidesstattliche Versicherung des Leiters des Werkschutzes ...
                              3. Eidesstattliche Versicherung des Pförtners ...
                              4. Inaugenscheinnahme eines Fotobands – Anlage K 2.
Aus den vorgelegten Fotografien gehen die einzelnen Übergriffe lokaler Streikposten und Streikleiter hervor. Auf den Fotos sind das Datum und die Uhrzeit, an dem die Aufnahme gefertigt wurde, vermerkt. Im Einzelnen belegen die Fotos folgende rechtswidrige Maßnahmen aus dem Kreis der Streikenden: ...
Die Antragstellerin bestreitet nicht die Rechtmäßigkeit des Streiks. Sie kann es aber nicht hinnehmen, rechtswidrige Ausschreitungen und Übergriffe während des Streiks zu dulden.

II.

Die Anträge sind zulässig.

1. Zwar soll es auch zulässig sein, die streikenden Arbeitnehmer bei Anträgen der vorliegenden Art gruppenmäßig zu identifizieren, also beispielsweise den Antrag gegen sämtliche Personen, die sich zum Zeitpunkt der Zustellung des Verfügungsgesuchs auf dem Betriebsgelände der antragstellenden Partei aufhalten, zu richten,

Raeschke-Kessler, NJW 1981, 663.

Da die praktische Umsetzung dieser Rechtsauffassung spätestens im Bereich der Vollstreckung auf Schwierigkeiten stößt, wird im vorliegenden Antragsschriftsatz der Rechtsprechung des BAG gefolgt, wonach die Gewerkschaft und ihre betrieblichen, örtlichen oder regionalen Streikleitungen zur Unterlassung rechtswidriger Streikmaßnahmen verpflichtet sind, wenn sie die Arbeitskampfmaßnahmen veranlasst oder zumindest unterstützt haben,

BAG 21.6.1988 – 1 AZR 651/86, BAGE 58, 364 = NZA 1988, 846; BAG 8.11.1988 – 1 AZR 417/86, BAGE 60, 101 = NZA 1989, 475.

Die lokalen Streikposten und Streikleiter sind außerdem schon dann unterlassungsverpflichtet, wenn sie die unzulässigen Handlungen der streikenden Arbeitnehmer geduldet haben, ohne einzuschreiten. Aufgrund eines solchen Verhaltens sind rechtswidrige Streikmaßnahmen als Teil des von den Streikleitern und Streikposten geführten Arbeitskampfes anzusehen,

BAG 21.6.1988 – 1 AZR 651/86, BAGE 58, 364 = NZA 1988, 846.

2. Einwirkungsanträge, wie sie hier gestellt sind, können nach der Rechtsprechung des BAG angebracht werden,

BAG 21.6.1988 – 1 AZR 651/86, BAGE 58, 364 = NZA 1988, 846.

Dass vorliegend nur abstrakt die Einwirkung von den Verantwortlichen beantragt wird und keine konkreten Einwirkungsmaßnahmen benannt werden, ist zulässig,

BAG 18.2.1998 – 4 AZR 363/96, BAGE 88, 81 = NZA 1998, 1008; BAG 29.4.1992 – 4 AZR 432/91, BAGE 70, 165 = NZA 1992, 846.

III.

1. Der Verfügungsanspruch ergibt sich aus dem deliktischen Eingriff in den eingerichteten und ausgeübten Gewerbebetrieb der antragstellenden Partei, §§ 823, 1004 BGB.

2. Der Verfügungsgrund ergibt sich hinsichtlich der Antragsgegner Ziff. 2 und Ziff. 3 aus dem Umstand, dass diese Verfahrensbeteiligten an den rechtswidrigen Aktionen vom ... unmittelbar teilgenommen haben. Dies beweisen die vorgelegten Fotoalben. Auf einzelnen Fotos ist zu sehen, wie die Antragsgegner Ziff. 2 und Ziff. 3 rechtswidrige Aktionen ausführen. Damit besteht jederzeitige Wiederholungsgefahr.

Der Unterlassungsanspruch hinsichtlich der Anträge Ziff. 1 a)–d) besteht auch gegenüber der antragsgegnerischen Partei zu 1. Diese trägt die rechtswidrigen Arbeitskampfmaßnahmen erkennbar mit. Wie sich aus den eidesstattlichen Versicherungen ergibt, wurden eine Beschwerde des Betriebsleiters ebenso wie des Leiters des Werkschutzes vom stellvertretenden Vorsitzenden der Gewerkschaft (antragsgegnerische Partei zu 1.) mit den Worten zurückgewiesen: „Sie sind doch ein echter Nassauer. Sie kriegen hinterher die Gehaltserhöhung, die wir durchgesetzt haben und machen sich jetzt bei Ihrem Vorstand beliebt, weil Sie gegen uns vorgehen wollen. Wir werden Ihnen nicht helfen, sondern weitermachen."

Glaubhaftmachung: Eidesstattliche Versicherung – Anlage K 3.

3. Wegen des Antrags Ziff. 2 ergeben sich Verfügungsanspruch und Verfügungsgrund schon dadurch, dass alle antragsgegnerischen Parteien den Streik gemeinsam geplant, organisiert haben und verschiedene Einwirkungsmöglichkeiten gegenüber den Streikenden haben.

2. Muster: Rechtswidriger Streik

Arbeitsgericht ...

Antrag auf Erlass einer einstweiligen Verfügung

– antragstellende Partei –

Verfahrensbevollmächtigte: ...

gegen

1. Gewerkschaft ..., vertreten durch ...

– antragsgegnerische Partei zu 1. –

2. Herrn ..., Bezirksleiter ...

– antragsgegnerische Partei zu 2. –

3. Herrn ..., betrieblicher Streikleiter der ...

– antragsgegnerische Partei zu 3. –

Wir bestellen uns zu Verfahrensbevollmächtigten der antragstellenden Partei. Namens und im Auftrag der antragstellenden Partei beantragen wir, im Wege der einstweiligen Verfügung, wegen der Dringlichkeit ohne mündliche Verhandlung durch den Vorsitzenden allein, zu erkennen:

1. Den antragsgegnerischen Parteien wird untersagt, für die Zeit bis zum ... die Arbeitnehmer der antragstellenden Partei zu Streikmaßnahmen jedweder Art aufzurufen.
2. Den antragsgegnerischen Parteien wird für jeden Fall der Zuwiderhandlung ein Ordnungsgeld, dessen Höhe in das Ermessen des Gerichts gestellt wird, angedroht, ersatzweise Ordnungshaft.
3. Der antragstellenden Partei bleibt vorbehalten, die Zustellung von Entscheidungen auch zur Nachtzeit und an Sonn- und Feiertagen vorzunehmen.
4. Hilfsweise: Die beantragte einstweilige Verfügung wird nach mündlicher Verhandlung und Verkürzung der Ladungs- und Einlassungsfristen auf einen Tag erlassen.

Gründe:

I.

Zwischen der antragstellenden Partei und der antragsgegnerischen Partei zu 1. bestehen mehrere Haustarifverträge, so die Tarifverträge ... . Zu den Haustarifverträgen gehört auch ein Lohn- und Gehaltstarifvertrag, der für die Zeit bis zum ... von keiner Tarifpartei gekündigt werden kann.

Glaubhaftmachung: 1. Haustarifvertrag vom ... – Anlage K 1.
2. Lohn- und Gehaltstarifvertrag vom ... – Anlage K 2.

Angesichts der vom Bundestag am ... beschlossenen Steuererhöhungen sowie wiederholt von der antragstellenden Partei durchgeführter Kurzarbeit vertritt die antragsgegnerische Partei zu 1. die Auffassung, die Geschäftsgrundlage für den Lohn- und Gehaltstarifvertrag sei weggefallen. In einem Schreiben an die antragstellende Partei kündigte die antragsgegnerische Partei zu 1. mit sofortiger Wirkung den Lohn- und Gehaltstarifvertrag.

Glaubhaftmachung: Vorlage des Schreibens in Kopie – Anlage K 3.

Außerdem rief die antragsgegnerische Partei zu 1. vorgestern in einem Rundschreiben die Belegschaft der antragstellenden Partei zu zwei Warnstreiks in der nächsten Woche auf.

Glaubhaftmachung: Kopie des Streikaufrufs – Anlage K 4.

Nach Bekanntwerden des Streikaufrufs wandte sich der Leiter der Rechtsabteilung der antragstellenden Partei an den Bezirksleiter, die antragsgegnerische Partei zu 2., und verlangte, dass die Maßnahmen sofort rückgängig gemacht werden. Die antragsgegnerische Partei zu 2. lehnte dies ab.

Ein weiterer Anruf des Leiters der Rechtsabteilung bei dem Vorsitzenden der antragsgegnerischen Partei zu 1. erbrachte das gleiche Ergebnis. Eine Bereitschaft zur Rücknahme des Streikaufrufs bestand nicht.

Glaubhaftmachung: Eidesstattliche Versicherung des Leiters der Rechtsabteilung – Anlage K 5.

Sowohl der Gesprächspartner der antragstellenden Partei bei der antragsgegnerischen Partei zu 2. als auch der Vorsitzenden der antragsgegnerischen Partei zu 1. haben erklärt, dass in der nächsten Woche die Streikmaßnahmen durchgeführt werden und dass die antragsgegnerische Partei zu 1. und zu 2. nicht bereit seien, hierüber zu verhandeln.

Glaubhaftmachung: Wie vor.

II.

Der Antrag ist zulässig.

1. Der Umstand, dass zwischen der antragstellenden Partei und der antragsgegnerischen Partei zu 1. ein Schlichtungsabkommen besteht, hindert nicht am Erlass einer einstweiligen Verfügung. Selbst bei Bestehen einer Schiedsabrede sind nach ständiger Rechtsprechung die staatlichen Gerichte für den Erlass einstweiliger Verfügungen zuständig,

BGH 28.10.1993 – III ZR 175/92, NJW 1994, 136; Zöller/*Vollkommer*, vor § 916 ZPO Rn 4; siehe auch §§ 1033, 1041 Abs. 1 ZPO.

2. Auf die teilweise vertretene Auffassung, bei Streikaufrufen mit politischem Inhalt seien wegen eines geltend gemachten Unterlassungsanspruchs die ordentlichen Gerichte zuständig (BGH 29.9.1954 – VI ZR 232/53, BGHZ 14, 347 = AP § 2 ArbGG 1953 Nr. 2), kommt es vorliegend nicht an. Zunächst einmal wird der älteren Auffassung des BGH im Schrifttum entgegengetreten und auch bei Streik mit politischem Inhalt die Zuständigkeit der Arbeitsgerichte angenommen,

Löwisch, Arbeitskampf- und Schlichtungsrecht, E Rn 410; *Germelmann u.a.*, ArbGG, § 2 Rn 36.

Der Streikaufruf der antragsgegnerischen Partei richtet sich gegen die Änderung von Arbeitsbedingungen und hat somit keinen politischen Inhalt.

3. Das angerufene Gericht ist örtlich zuständig.

Geht es, wie vorliegend, um die Verletzung der Friedenspflicht, ist der Antrag gem. §§ 12, 17 ZPO am Sitz der zuständigen Bezirksleitung oder, soweit die Bezirksleitung Tarifverträge nur namens und in Vollmacht der Gesamtgewerkschaft abschließt, am Sitz der Gewerkschaft selbst anzubringen,

BAG 26.2.1964 – 5 AR 66/64, AP § 36 ZPO Nr. 5; LAG München 27.3.1987 – 4 Sa 264/87, NZA 1988, Beil. 2, 23.

Bei der Abwehr rechtswidriger Streikmaßnahmen ist der Antrag dort gem. § 32 ZPO anzubringen, wo rechtswidrige Streiks oder Streikmaßnahmen einen deliktischen Eingriff in den eingerichteten und ausgeübten Gewerbebetrieb darstellen. Der Gerichtsstand der unerlaubten Handlung besteht auch bei vorbeugenden Unterlassungsklagen,

ArbG Nürnberg 8.12.1987 – 12 Ca 5805/87, juris.

4. Der vorbeugende Unterlassungsanspruch ist nicht im Beschlussverfahren, sondern im Urteilsverfahren geltend zu machen, § 2 Abs. 1 Nr. 2, 3, 9 ArbGG.

5. Die antragstellende Partei ist wie jeder Arbeitgeberverband aktivlegitimiert, da sie Vertragspartner des Haustarifvertrages ist,

BAG 12.9.1984 – 1 AZR 342/83, BAGE 46, 322 = AP Art. 9 GG Arbeitskampf Nr. 81; LAG Niedersachsen 25.3.1987 – 4 Sa 398/87, NZA 1988, Beil. 2, 35.

6. Die antragsgegnerischen Parteien sind passivlegitimiert. Die nach § 10 ArbGG parteifähige Gewerkschaft (antragsgegnerische Partei zu 1.) ist passivlegitimiert wegen eines Verstoßes gegen die tarifliche Friedenspflicht. Bei den antragsgegnerischen Parteien zu 2. bis zu 4. handelt es sich um Störer, deren rechtswidrige Arbeitskampfmaßnahmen abgewehrt werden sollen. Störer in diesem Sinne ist jede Person, die kausal an einer drohenden, rechtswidrigen Beeinträchtigung des Gewerbebetriebs der antragstellenden Partei mitwirkt. Deshalb ist es auch anerkannt, dass die betrieblichen, örtlichen oder regionalen Streikleitungen in Anspruch genommen werden können,

BAG 21.6.1988 – 1 AZR 651/86, BAGE 58, 364 = NZA 1988, 846; BAG 8.11.1988 – 1 AZR 417/86, BAGE 60, 101 = NZA 1989, 475.

Auch die Untergliederungen von Gewerkschaften können in Anspruch genommen werden, wenn beispielsweise Bezirksleitungen im Rahmen einer zentral gegliederten Gesamtorganisation über eine eigene korporative Verfassung verfügen und eigene Entscheidungsbefugnis besitzen,

BAG 26.2.1964 – 5 AR 66/64, AP § 36 ZPO Nr. 5; LAG München 27.3.1987 – 4 Sa 264/87, NZA 1988, Beil. 2, 23 (25); BGH 21.3.1972 – VI ZR 157/70, DB 1972, 928.

7. Die Zulässigkeit des Hilfsantrags ergibt sich aus § 224 Abs. 2 ZPO.

8. Einstweilige Verfügungen im Arbeitskampf sind nach der Rechtsprechung zulässig,

BAG 21.3.1978 – 1 AZR 11/76, BAGE 30, 189 = AP Art. 9 GG Arbeitskampf Nr. 62; LAG Hamm 31.1.1991 – 16 Sa 119/91, DB 1991, 1126; LAG Rheinland-Pfalz 5.3.1986 – 1 Ta 50/86, NZA 1986, 264; LAG Düsseldorf 31.7.1985 – 13 Sa 1082/85, DB 1986, 807.

III.

1. Die antragstellende Partei hat einen Verfügungsanspruch. Der Streikaufruf ist rechtswidrig, die Kündigung des Lohn- und Gehaltstarifvertrages aus wichtigem Grund unwirksam. Änderungen in der Steuergesetzgebung und/oder durchgeführte Kurzarbeit bilden keine Geschäftsgrundlage, die Eingang in die Tarifsystematik oder die Höhe der Entgelte gefunden haben. Andernfalls stünden alle Gehaltstarifverträge unter dem Vorbehalt der jeweiligen Steuergesetzgebung und wären aus wichtigem Grund kündbar, sobald der Gesetzgeber oder die Rechtsprechung des BFH Änderungen erlassen. Derartige Veränderungen, wenn sie sich nicht im zweistelligen Prozentbereich auf das Nettoeinkommen des Arbeitnehmers auswirken, können die Bindungswirkung von Tarifverträgen zwischen den Parteien nicht beseitigen. Übliche Änderungen durch Gesetzgebung, Rechtsprechung oder Auftragslagen gehören zum allgemeinen Lebensrisiko.

Angesichts der Unwirksamkeit der Kündigung des Lohn- und Gehaltstarifvertrages besteht dieser bis zum unverändert fort. Bis dahin gilt somit auch die tarifliche Friedenspflicht. Da die tarifliche Friedenspflicht Arbeitskampfmaßnahmen ausschließt, ist der Streikaufruf der antragsgegnerischen Partei zu 1. offensichtlich rechtswidrig. Eine Untersagung hat auch nicht deshalb zu unterbleiben, weil die Rechtswidrigkeit der Maßnahme nicht eindeutig wäre. Eine gewerkschaftliche Streikmaßnahme kann im einstweiligen Verfügungsverfahren nur dann untersagt werden, wenn sie eindeutig rechtswidrig ist und dies glaubhaft gemacht ist. Ein gewerkschaftlicher Streik ist einem vorläufigen arbeitsgerichtlichen Verbot nur zugänglich, wenn die streitgegenständlichen Streikmaßnahmen offensichtlich rechtswidrig sind,

ArbG Hamburg 30.6.2009 – 7 Ga 2/09, juris; LAG Baden-Württemberg 8.8.73 – 4 Sa 29/73, AuR 74, 316.

2. Die antragstellende Partei hat auch einen Verfügungsgrund. Ist eine angegriffene Arbeitskampfmaßnahme offensichtlich rechtswidrig, ist die Unterlassungsverfügung stets zu erlassen, auch wenn den Mitgliedern des Arbeitgeberverbands oder, wie beim Haustarifvertrag, dem Arbeitgeber keine nennenswerten Nachteile drohen.

Ruft die Gewerkschaft zu Warnstreiks auf, soll nach einer Mindermeinung in der Regel eine einstweilige Unterlassungsverfügung des Arbeitgebers oder der Koalition, der er angehört, nicht in Betracht kommen, weil die Lästigkeit solcher Arbeitskampfmittel in keinem Verhältnis zu den Nachteilen stünden, die der Gewerkschaft durch Eingriffe in ihre Mobilisierungs- und Kampfstrategie drohten,

LAG Hamburg 24.3.1987 – 8 Sa 25/87, NZA 1988, Beil. 2, 27 (28).

Diese Auffassung ist abzulehnen. Bei rechtswidrigen Maßnahmen muss die Gewerkschaft den Nachteil hinnehmen, der ihr dadurch entsteht, dass sie rechtswidrige Maßnahmen ergreift. Art. 9 Abs. 3 GG schützt nicht vor den Folgen rechtswidriger Arbeitskampfmittel. Gerade im Interesse eines ausgeglichenen Arbeitskampfrechts ist es erforderlich, diejenige Partei, die im Arbeitskampf die Spielregeln beachtet, vor Regelverstößen der gegnerischen Partei zu schützen.

Würde die beantragte einstweilige Verfügung nicht erlassen, entstünde der antragstellenden Partei ein nicht wieder gut zu machender Schaden in Millionenhöhe. In der nächsten Woche sollen folgende Großaufträge abgewickelt werden, wobei die Erfüllung des Zeitplans an beträchtliche Konventionalstrafen geknüpft ist, die mit den Kunden vereinbart wurden. ...

IV. Auflösung und Abfindung

1. Muster: Auflösungsantrag bei leitendem Angestellten

Aktenzeichen: ...

Gegner: RAe ..., zwei Abschriften anbei

In dem Rechtsstreit

beantragen wir nunmehr zusätzlich noch, was folgt:

> Das Arbeitsverhältnis wird gegen Zahlung einer Abfindung, deren Höhe in das Ermessen des Gerichts gestellt wird, die aber ... EUR nebst Zinsen in Höhe von fünf Prozentpunkten über dem Basiszinssatz ab dem Tag der Auflösung nicht überschreiten sollte, aufgelöst.

Die klägerische Partei ist Angestellte in leitender Stellung iSd § 14 KSchG. Sie ist bekanntlich bei der beklagten Partei als ... beschäftigt. Die klägerische Partei gehört damit zur Gruppe der Geschäftsführer, Betriebsleiter und ähnlichen leitenden Angestellten iSv § 14 Abs. 2 KSchG. Nach dieser Vorschrift findet § 9 Abs. 1 Satz 2 KSchG mit der Maßgabe Anwendung, dass der Antrag des Arbeitgebers auf Auflösung des Arbeitsverhältnisses keiner Begründung bedarf.

Es wird rein vorsorglich darauf hingewiesen, dass nach der überwiegenden Rechtsprechung der Landesarbeitsgerichte die Berufung zulässig ist, wenn die Kammer bei der Bemessung der Abfindung erkennbar hinter den im Antrag geäußerten Erwartungen der antragstellenden Partei zurückbleibt,

vgl die Übersicht bei Schaub/*Linck*, Arbeitsrechts-Handbuch, § 141 VIII.2. Rn 45 ff.

2. Muster: Auflösungsantrag des Arbeitgebers

Aktenzeichen: ...

Gegner: RAe ..., zwei Abschriften anbei

In dem Rechtsstreit

... ./. ...

beantragen wir nunmehr zusätzlich noch, was folgt:

> Das Arbeitsverhältnis wird gegen Zahlung einer Abfindung, deren Höhe in das Ermessen des Gerichts gestellt wird, die aber ... EUR nebst Zinsen in Höhe von fünf Prozentpunkten über dem Basiszinssatz ab dem Tag der Auflösung nicht überschreiten sollte, aufgelöst.

Der beklagten Partei ist es nicht zuzumuten, das Arbeitsverhältnis fortzusetzen. Die Umstände, die überwiegend unstreitig sind und auch von der klägerischen Partei eingeräumt werden, haben jedenfalls auf Seiten der beklagten Partei einen nachhaltigen Verlust des Vertrauensverhältnisses bewirkt. Das fehlende Vertrauen macht es dem Arbeitgeber nicht mehr zumutbar, einen Arbeitnehmer mit der Wahrnehmung seiner Vermögensinteressen zu beauftragen, so dass das Arbeitsverhältnis in jedem Falle wegen Verlustes des Vertrauensverhältnisses aufzulösen ist.

Es wird rein vorsorglich darauf hingewiesen, dass nach der überwiegenden Rechtsprechung der Landesarbeitsgerichte die Berufung zulässig ist, wenn die Kammer bei der Bemessung der Abfindung erkennbar hinter den im Antrag geäußerten Erwartungen der antragstellenden Partei zurückbleibt,

> vgl die Übersicht bei Schaub/*Linck*, Arbeitsrechts-Handbuch, § 141 VIII.2. Rn 45 ff.

3. Muster: Auflösungsgründe für den Arbeitgeber

Das Arbeitsverhältnis ist auf Antrag des Arbeitgebers aufzulösen, wenn Gründe vorliegen, die eine den Betriebszwecken dienliche weitere Zusammenarbeit zwischen Arbeitgeber und Arbeitnehmer nicht erwarten lassen, § 9 Abs. 1 Satz 2 KSchG.

Bei dieser Formulierung handelt es sich um einen unbestimmten Rechtsbegriff. Die Wertung, ob im Einzelfall derartige Gründe vorliegen, ist in erster Linie Sache der Tatsachengerichte. Das Revisionsgericht kann, wie auch bei anderen unbestimmten Rechtsbegriffen, lediglich nachprüfen, ob das Berufungsgericht die Voraussetzungen für einen vom Arbeitgeber gestellten Auflösungsantrag verkannt hat und ob es bei der Prüfung der vom Arbeitgeber vorgetragenen Auflösungsgründe alle wesentlichen Umstände vollständig und widerspruchsfrei berücksichtigt und gewürdigt hat.

Wie im Fall des § 9 Abs. 1 Satz 1 KSchG handelt es sich bei der auf Antrag des Arbeitgebers erfolgenden Auflösung des Arbeitsverhältnisses nicht um eine Ermessensentscheidung des Gerichts. Unter Beachtung der primären Zielsetzung des Kündigungsschutzgesetzes, den Arbeitnehmer im Interesse eines wirksamen Bestandsschutzes des Arbeitsverhältnisses vor einem Verlust des Arbeitsplatzes durch sozialwidrige Kündigungen zu bewahren, ist es gerechtfertigt, an den Auflösungsantrag des Arbeitgebers strenge Anforderungen zu stellen,

> BAG 5.11.1964 – 2 AZR 15/64, BAGE 16, 285 = EzA § 7 KSchG Nr. 1; BAG 16.5.1984 – 7 AZR 280/82, BAGE 46, 42 = NZA 1985, 60.

Das Erfordernis eines strengen Prüfungsmaßstabs besagt jedoch nicht, dass damit für den Arbeitgeber nur solche Umstände als Auflösungsgründe in Betracht kommen, die dazu geeignet sind, eine außerordentliche Kündigung zu rechtfertigen,
    KR/*Spilger*, § 9 KSchG Rn 52.
Für den Arbeitgeber bedeutet § 9 Abs. 1 Satz 2 KSchG eine zusätzliche Lösungsmöglichkeit neben dem sonstigen kündigungsrechtlichen Instrumentarium. Der Ausnahmecharakter der Bestimmung zeigt sich insbesondere darin, dass dem Arbeitgeber die Möglichkeit eingeräumt wird, trotz Vorliegens einer sozialwidrigen Kündigung sich vom Arbeitnehmer zu trennen,
    KR/*Spilger*, § 9 KSchG Rn 53.
Die Regelung des § 9 KSchG ist verfassungsrechtlich auch nicht zu beanstanden,
    BVerfG 22.10.2004 – 1 BvR 1944/01, NZA 2005, 41, 42.
Maßgeblicher Zeitpunkt für die Beurteilung der Frage, ob eine den Betriebszwecken dienliche weitere Zusammenarbeit zwischen Arbeitgeber und Arbeitnehmer zu erwarten ist, ist der Zeitpunkt der Entscheidung über den Auflösungsantrag,
    BAG 30.9.1976 – 2 AZR 402/75, BAGE 28, 196 = NJW 1977, 695; KR/*Spilger*, § 9 KSchG Rn 54.
Als Gründe, die eine den Betriebszwecken dienliche weitere Zusammenarbeit zwischen den Parteien nicht erwarten lassen, kommen nur Umstände in Betracht, die das persönliche Verhältnis zum Arbeitgeber, den Wert und die Persönlichkeit des Arbeitnehmers, seine Leistung oder seine Eignung für die ihm gestellten Aufgaben etwa als Vorgesetzter, und sein Verhältnis zu den übrigen Mitarbeitern betreffen,
    BAG 14.10.1954 – 2 AZR 34/53, BAGE 1, 152 = AP § 3 KSchG Nr. 6.
Dagegen reichen wirtschaftliche oder betriebliche Gründe grundsätzlich nicht aus, um eine gerichtliche Auflösung des Arbeitsverhältnisses auf Antrag des Arbeitgebers zu rechtfertigen. Nach Auffassung des BAG sind wirtschaftliche oder betriebliche Gründe ausnahmsweise zur Begründung eines vom Arbeitgeber gestellten Auflösungsantrags geeignet, wenn sie zu einer Zerrüttung des Vertrauensverhältnisses führen können.
Die betrieblichen Gegebenheiten sind von Bedeutung, soweit diese eine wichtige Rolle bei der vom Gericht anzustellenden Vorausschau spielen. So können ein zwischenzeitlich eingetretener Wandel der betrieblichen Verhältnisse, Austausch von Vorgesetzten, Beseitigung von Organisationsmängeln oder sonstige organisatorische Änderungen, Veränderungen in der Belegschaftsstruktur, durchaus wichtige Gesichtspunkte im Rahmen der Prognose sein. Als eigenständiger Auflösungsgrund kommen dagegen die betrieblichen Verhältnisse nicht in Betracht. Es ist stets erforderlich, dass die Zerrüttung des Arbeitsverhältnisses in dem Verhalten oder der Person des Arbeitnehmers ihren Grund hat. Dabei kann es sich sowohl um das prozessuale (zB Beleidigungen oder sonstige ehrverletzende Äußerungen gegenüber dem Arbeitgeber oder sonstigen Vorgesetzten) als auch um das außerprozessuale Verhalten des Arbeitnehmers handeln (beispielsweise Beeinflussung von Zeugen, Drohungen gegenüber dem Arbeitgeber). Unzutreffende Rechtsausführungen in Schriftsätzen sind durch die Wahrnehmung berechtigter Interessen gedeckt; unzutreffende Tatsachenbehauptungen und zwar insbesondere dann, wenn sie den Tatbestand einer üblen Nachrede oder gar Verleumdung erfüllen, sind grundsätzlich dazu geeignet, das Auflösungsbegehren des Arbeitgebers zu rechtfertigen,
    LAG Köln 29.9.1982 – 5 Sa 514/82, DB 1983, 124.
Dies gilt allerdings nur dann uneingeschränkt, wenn es sich um ein eigenes außerprozessuales oder prozessuales Verhalten des gekündigten Arbeitnehmers handelt. Das außerprozessuale oder prozessuale Verhalten des Prozessbevollmächtigten kommt dagegen als Auflösungsgrund nur dann in Betracht, wenn der Arbeitnehmer es veranlasst hat,
    BAG 30.6.1959 – 3 AZR 111/58, AP § 1 KSchG Nr. 56; BAG 3.11.1983 – 2 AZR 204/82, juris.

Es ist nicht erforderlich, dass die Auflösungsgründe vom Arbeitnehmer schuldhaft herbeigeführt worden sind,

BAG 30.6.1959 – 3 AZR 111/58, AP § 1 KSchG Nr. 56.

Als Auflösungsgründe können solche Tatsachen herangezogen werden, die sich entweder vor oder nach der Kündigung ereignet haben. Als Auflösungstatsachen können auch solche Umstände in Frage kommen, die die Kündigung selbst nicht rechtfertigen,

BAG 16.5.1984 – 7 AZR 280/82, BAGE 46, 42 = NZA 1985, 60.

Als Auflösungsgrund geeignet sind danach etwa Beleidigungen, sonstige ehrverletzende Änderungen oder persönliche Angriffe des Arbeitnehmers gegen den Arbeitgeber, Vorgesetzte oder Kollegen,

KR/*Spilger*, § 9 KSchG Rn 56; *Keßler*, NZA-RR 2002, 1 (9).

Auch das Verhalten eines Prozessbevollmächtigten des Arbeitnehmers im Kündigungsschutzprozess kann die Auflösung des Arbeitsverhältnisses bedingen,

BAG 14.5.1987 – 2 AZR 294/86, NZA 1988, 16; BAG 7.3.2002 – 2 AZR 158/01, NZA 2003, 261.

Dies gilt auch für von dem Arbeitnehmer nicht veranlasste Erklärungen des Prozessbevollmächtigten jedenfalls dann, wenn der Arbeitnehmer sich diese zu eigen macht und sich auch nachträglich nicht hiervon distanziert. Zu berücksichtigen ist allerdings, dass gerade Erklärungen im laufenden Kündigungsschutzverfahren durch ein berechtigtes Interesse des Arbeitnehmers gedeckt sein können. In Betracht kommt dies vor allem für Rechtsausführungen zur Unwirksamkeit einer Kündigung etwa wegen eines Verstoßes gegen Treu und Glauben und/oder Sittenwidrigkeit der Kündigung. Solche Ausführungen können jedenfalls nicht ohne weiteres als Auflösungsgrund herangezogen werden, selbst wenn sie rechtlich unzutreffend sind,

KR/*Spilger*, § 9 KSchG Rn 56; *Keßler*, NZA-RR 2002, 1 (9); BAG 7.3.2002 – 2 AZR 158/01, NZA 2003, 261.

Liegt ein Grund vor, der an sich zur Auflösung des Arbeitsverhältnisses geeignet erscheint, so muss in einem zweiten Schritt geprüft werden, ob in Anbetracht der konkreten betrieblichen Umstände noch eine dem Betriebszweck dienliche Zusammenarbeit möglich ist,

BAG 7.3.2002 – 2 AZR 158/01, NZA 2003, 261 (263).

Ein zwischenzeitlich eingetretener Wandel der betrieblichen Verhältnisse, beispielsweise der Austausch von Vorgesetzten oder eine Veränderung in der Belegschaftsstruktur, kann Berücksichtigung finden. Dies folgt schon aus dem zukunftsbezogenen Zweck der Auflösung.

4. Muster: Fälligkeit der Abfindung – Vertragsende

Die in einem gerichtlichen oder außergerichtlichen Vergleich festgelegten Abfindungsbeträge entstehen mit dem Abschluss oder mit dem Wirksamwerden der vergleichsweisen Regelung,

ErfK/*Kiel*, § 10 KSchG Rn 13.

Der Eintritt der Fälligkeit hängt von der inhaltlichen Ausgestaltung des Vergleichs ab. Ist in dem Vergleich ein späterer Auflösungszeitpunkt für das Arbeitsverhältnis vorgesehen, so wird die Abfindung erst zu dem vertraglich vereinbarten Beendigungszeitpunkt fällig, es sei denn, die Parteien haben einen früheren Fälligkeitszeitpunkt im Vergleich festgelegt,

BAG 9.12.1987 – 4 AZR 561/87, BAGE 57, 120 = NZA 1988, 329; LAG München 11.10.2001 – 2 Ta 326/01, juris; LAG Düsseldorf 23.5.1989 – 16 Sa 475/89, NZA 1989, 850; LAG Köln 21.9.1983 – 9 Ta 148/83, DB 1984, 568; KR/*Spilger*, § 10 KSchG Rn 19 a; *Klar*, NZA 2003, 543.

5. Muster: Fälligkeit der Abfindung – sofort

Die Frage nach der Fälligkeit der Abfindung iSd §§ 9, 10 KSchG stellt sich nicht nur im Vergleichsfall, sondern auch bei gerichtlicher Auflösung des Arbeitsverhältnisses gegen Abfindungsfestsetzung. Vereinzelt ist geltend gemacht worden, dass die gerichtlich festgesetzte Abfindung nicht beigetrieben werden könne, bevor das Auflösungsurteil Rechtskraft erlangt habe,

LAG Berlin 17.2.1986 – 9 Sa 110/85, LAGE § 9 KSchG Nr. 1.

Dieser Auffassung ist jedoch zu Recht entgegengehalten worden, dass die vorläufige Vollstreckbarkeit des Auflösungsurteils eine hinreichende Grundlage für die Durchsetzung des Abfindungsanspruchs im Wege der Zwangsvollstreckung bildet,

BAG 9.12.1987 – 4 AZR 561/87, BAGE 57, 120 = NZA 1988, 329; LAG Bremen 31.8.1983 – 2 Ta 72/83, NJW 1984, 447; LAG Frankfurt 14.8.1986 – 3 Ta 178/86, NZA 1987, 211.

Herrschende Meinung ist heute, dass der in einem arbeitsgerichtlichen Vergleich titulierte Abfindungsanspruch iS der §§ 9, 10 KSchG mangels anderweitiger Festlegung auch dann sofort zur Zahlung fällig ist, wenn das Arbeitsverhältnis im Zeitpunkt des Vergleichsabschlusses noch nicht beendet ist, sondern gemäß der ausgehandelten Vergleichsregelung noch gewisse Zeit – etwa bis zum Auslauf der ordentlichen Kündigungsfrist – fortdauert. Die Erstattungsfähigkeit entstandener Vollstreckungskosten scheitert nicht daran, dass die Vollstreckungsmaßnahme vor der Beendigung des Arbeitsverhältnisses eingeleitet worden ist,

so zuletzt LAG Hamm 16.5.1991 – 8 Ta 181/91, NZA 1991, 940.

V. Bestandsschutzstreitigkeiten: Außergerichtliche ergänzende Korrespondenz

1. Muster: Anfechtung eines Aufhebungsvertrages

Sehr geehrte/r Frau/Herr ...,

meine Willenserklärungen, die auf den Abschluss des Aufhebungsvertrages mit Ihnen vom ... gerichtet waren, fechte ich hiermit nach § 123 BGB an.

Bevor wir den Aufhebungsvertrag geschlossen haben, habe ich Sie ausdrücklich gefragt, ob Sie bereits ein Anschlussarbeitsverhältnis vereinbart haben. Sie haben darauf geantwortet, Sie hätten noch keine Anschlussbeschäftigung, eine solche Beschäftigung sei auch gegenwärtig nicht in Sicht.

Zufällig haben wir aber zwischenzeitlich herausgefunden, dass Ihre Angabe falsch war. Sie sind nämlich seit dem ... bei der Firma ... beschäftigt. Den Arbeitsvertrag mit der Firma ... haben Sie bereits vor Abschluss des Aufhebungsvertrages mit uns unterzeichnet. Sie haben mich damit über einen wesentlichen Umstand getäuscht, der mich zum Abschluss des Aufhebungsvertrages und zur Zusage einer Abfindung in Höhe von ... EUR veranlasst hat. Nur aufgrund Ihrer Mitteilung, dass Sie noch kein Anschlussarbeitsverhältnis haben, war ich bereit, den Aufhebungsvertrag mit der darin zugesagten Abfindung zu schließen.

Gleichzeitig kündige ich das durch meine Anfechtungserklärung wieder auflebende Arbeitsverhältnis mit Ihnen aus wichtigem Grund fristlos und hilfsweise fristgemäß zum nächstmöglichen Zeitpunkt.

Sie werden hiermit aufgefordert, die von uns gezahlte Abfindung in Höhe von ... EUR bis zum ... auf unser Konto Nr. ... bei der ...-Bank (BLZ ...) zu zahlen. Sollte der vorgenannte Betrag nicht innerhalb von 14 Tagen bei uns eingehen, werden wir ohne weitere Aufforderung Klage beim Arbeitsgericht erheben.

2. Muster: Anfechtungsmöglichkeit wegen Zeitdrucks

Ein Anfechtungsrecht des Arbeitnehmers besteht auch nicht wegen Zeitdrucks. Ein etwaiger Zeitdruck, unter dem ein Arbeitnehmer einen Aufhebungsvertrag schließt, eröffnet diesem nicht die Anfechtungsmöglichkeit nach § 123 Abs. 1 BGB. Der Zeitdruck stellt keine „Drohung" iSv § 123 Abs. 1 BGB dar,

> LAG Düsseldorf 26.1.1993 – 16 Sa 1037/92, NZA 1993, 702.

Nach gefestigter Rechtsprechung des BAG, insbesondere unter Berücksichtigung der neuen gesetzlichen Schutzbestimmungen für Verbraucher nach § 312 BGB, lehnt das BAG ein freies Rücktrittsrecht des Arbeitnehmers ab, ebenso die Notwendigkeit der Einräumung einer Bedenkzeit,

> vgl BAG 30.9.1993 – 2 AZR 268/93, BAGE 74, 281 = NZA 1994, 209; BAG 14.2.1996 – 2 AZR 234/95, NZA 1996, 811; BAG 3.6.2004 – 2 AZR 427/03, juris.

3. Muster: Anzeige von Vergleichsbereitschaft

Sehr geehrte Damen und Herren Kollegen,

mit Klageschrift vom ... haben Sie für Ihren Mandanten/für Ihre Mandantin ... Kündigungsschutzklage erhoben. Wir zeigen hiermit an, dass wir in dieser Angelegenheit die rechtlichen Interessen der Beklagten vertreten. Unsere Bevollmächtigung versichern wir hiermit anwaltlich.

Wir haben in der Zwischenzeit mit unserer Mandantschaft Rücksprache nehmen können und sind zu dem Ergebnis gekommen, dass es im Sinne beider Parteien wäre, wenn man sich auf eine gütliche Erledigung der Angelegenheit verständigen würde.

Zu diesem Zweck wird sich der Unterzeichner mit Ihnen in den nächsten Tagen telefonisch in Verbindung setzen. Eventuell können wir die Angelegenheit telefonisch erörtern, ggf auch einen Besprechungstermin vereinbaren.

Mit freundlichen Grüßen

4. Muster: Aufforderung zur Arbeitsaufnahme zur Vermeidung von Annahmeverzugslohn bei anhängigem Kündigungsrechtsstreit

Rechtsanwälte ...

.../.

Ihr Aktenzeichen: ...

Sehr geehrter Herr Kollege ...,

unter dem Az ... haben Sie vor dem Arbeitsgericht ... für Ihren Mandanten Kündigungsschutzklage erhoben. Wie Sie dem Kündigungsschreiben vom ..., Ihrem Mandanten am ... zugegangen, entnehmen können, endet das Arbeitsverhältnis zwischen den Parteien aufgrund der ordentlichen Kündigung am ....

In der Klageschrift hat Ihr Mandant unter Ziff. ... beantragt:

„Die beklagte Partei wird verurteilt, die klägerische Partei für den Fall des Obsiegens mit dem Feststellungsantrag zu Ziff. 1 zu den im Arbeitsvertrag vom ... geregelten Arbeitsbedingungen als ... bis zu einer rechtskräftigen Entscheidung über den Feststellungsantrag weiter zu beschäftigen."

Mit der Stellung des Weiterbeschäftigungsantrags hat Ihr Mandant zu erkennen gegeben, dass er die tatsächliche Weiterbeschäftigung vor rechtskräftigem Abschluss des Kündigungsschutzverfahrens nach Ausspruch der Kündigung für zumutbar hält; zum Erklärungsgehalt des Weiterbeschäftigungsantrags vgl *Spirolke*, NZA 2001, 707 (710).

Angesichts dieser Sachverhaltslage bieten wir Ihrem Mandanten eine durch die rechtskräftige Feststellung der Wirksamkeit der Kündigung auflösend bedingte Fortsetzung seines Arbeitsverhältnisses zu den bisherigen Bedingungen bzw einen für die Dauer des Kündigungsrechtsstreits befristeten neuen Arbeitsvertrag zu den bisherigen Bedingungen an. Im Rahmen dieses auflösend bedingten/befristeten Arbeitsverhältnisses fordern wir Ihren Mandanten auf, seine Arbeit auch nach Ablauf der Kündigungsfrist weiter anzubieten. Wir weisen darauf hin, dass nach aktueller BAG-Rechtsprechung ein Annahmeverzug des Arbeitgebers dann ausgeschlossen ist, wenn der Arbeitnehmer nicht leistungswillig ist.

Wir weisen darauf hin, dass die Ablehnung des vorstehenden Angebots ein böswilliges Unterlassen anderweitigen Erwerbs iSd § 615 Satz 2 BGB darstellt,

> vgl hierzu BAG 14.11.1985 – 2 AZR 98/84, BAGE 50, 164 = NZA 1986, 637; *Spirolke*, NZA 2001, 707 (709).

Gemäß § 615 BGB gilt: Kommt der Arbeitgeber mit der Annahme der Dienste in Verzug, so kann der Arbeitnehmer für die infolge des Verzugs nicht geleisteten Dienste die vereinbarte Vergütung verlangen, ohne zur Nachleistung verpflichtet zu sein. Er muss sich jedoch den Wert desjenigen anrechnen lassen, was er infolge des Unterbleibens der Dienstleistung erspart oder durch anderweitige Verwendung seiner Dienste erwirbt oder zu erwerben böswillig unterlässt.

Ein Arbeitnehmer kann nicht einerseits die vorläufige Weiterbeschäftigung zu den bisherigen Arbeitsbedingungen verlangen, andererseits aber das entsprechende Angebot des Arbeitgebers auf befristete Weiterbeschäftigung ablehnen. Der Arbeitnehmer handelt in diesem Fall treuwidrig,

> vgl *Spirolke*, NZA 2001, 707 (710).

Wie das BAG entschieden hat, ist der Arbeitnehmer verpflichtet, der Aufforderung des Arbeitgebers nach einer zumutbaren Prozessbeschäftigung bis zum rechtskräftigen Abschluss des Kündigungsrechtsstreits nachzukommen. Andernfalls muss er sich bei einer Zahlungsklage den Einwand des böswilligen Unterlassens einer zumutbaren Arbeit entgegen halten lassen,

> BAG 24.9.2003 – 5 AZR 500/02, BAGE 108, 27 = NZA 2004, 90.

Sollte Ihr Mandant das Angebot unserer Mandantschaft ablehnen, müsste er sich folglich den Wert desjenigen anrechnen lassen, was er durch die Verwendung seiner Dienste zu erwerben böswillig unterlässt.

Vor diesem Hintergrund fordern wir Ihren Mandanten auf, bis zum ... schriftlich verbindlich zu erklären, dass er mit der vorstehenden auflösend bedingten respektive befristeten Fortsetzung des Arbeitsverhältnisses über den ... hinaus einverstanden ist.

Mit freundlichen Grüßen

5. Muster: Vertrag über Prozessbeschäftigung[51]

1. Die Arbeitgeberin/Firma weist den Arbeitnehmer an, am ... zur Arbeit zu erscheinen und seine bisherige vertraglich geschuldete Tätigkeit aufzunehmen.

2. Die Parteien vereinbaren im Hinblick auf dem vor dem Arbeitsgericht ... anhängigen Rechtsstreits mit Blick auf die Entscheidung Aktenzeichen ... Folgendes: Das Arbeitsgericht ... hat mit Urteil vom ..., verkündet am ..., die Arbeitgeberin verpflichtet, den Arbeitnehmer weiter zu beschäftigen. Zur Abwendung der Zwangsvollstreckung aus diesem Urteil und zur Erfüllung dieser Weiterbeschäftigungspflicht verpflichtet sich der Arbeitge-

---

51 Zu Einzelheiten s. § 6 Rn 415 ff.

ber, den Arbeitnehmer als ... (Tätigkeitsbereich) solange weiter zu beschäftigen, bis eine entgegenstehende Entscheidung einer höheren Instanz oder kein anderer Beendigungstatbestand vorliegt.

3. Falls der anhängige Rechtsstreit zu Gunsten des Arbeitnehmers entschieden wird, endet die vorliegende Vereinbarung und der Arbeitnehmer wird ausschließlich auf der Grundlage des alten Vertrages vom ... weiterbeschäftigt.

4. Im Übrigen findet die Beschäftigung des Arbeitnehmers während der Prozessbeschäftigung mit dem Inhalt des Arbeitsvertrages vom ... statt.

5. Die Arbeitgeberin hält an der Wirksamkeit der ausgesprochenen Kündigung(en) fest und begibt sich mit dieser Vereinbarung keinerlei Rechte.

↑

VI. Bestandsschutzstreitigkeiten: Ordentliche Kündigung

1. Muster: Anhörung des Betriebsrats ordnungsgemäß

↓

Aktenzeichen: ...

Gegner: RAe ..., zwei Abschriften anbei

In dem Rechtsstreit

... ./. ...

ist die ordentliche Kündigung vom ... nicht gem. § 102 Abs. 1 Satz 3 BetrVG nichtig. Die beklagte Partei hat den Betriebsrat der klägerischen Partei ordnungsgemäß vor Ausspruch der Kündigung angehört. Da die Betriebsratsanhörung nach § 102 BetrVG nicht darauf abzielt, die Wirksamkeit einer beabsichtigten Kündigung zu überprüfen, sondern sich darauf beschränkt, im Vorfeld der Kündigung auf die Willensbildung des Arbeitgebers Einfluss nehmen zu können, sind an die Mitteilungspflicht des Arbeitgebers im Anhörungsschreiben nicht die gleichen Anforderungen zu stellen, wie an die Darlegungslast im Kündigungsschutzprozess,

BAG 8.9.1988 – 2 AZR 103/88, BAGE 59, 295 = NZA 1989, 852; BAG 22.9.1994 – 2 AZR 31/94, BAGE 78, 39 = NZA 1995, 363.

Das BAG hat deshalb aus § 102 BetrVG den Grundsatz der subjektiven Determinierung entwickelt. Der Betriebsrat ist immer dann ordnungsgemäß angehört worden, wenn der Arbeitgeber die ihm aus seiner Sicht tragenden Umstände unterbreitet hat,

BAG 11.7.1991 – 2 AZR 119/91, NZA 1992, 38.

Teilt der Arbeitgeber dem Betriebsrat objektiv kündigungsrechtlich erhebliche Tatsachen nicht mit, weil er die Kündigung darauf zunächst nicht stützen wollte oder weil er sie bei seinem Kündigungsentschluss für unerheblich oder entbehrlich gehalten hat, ist die Anhörung trotzdem ordnungsgemäß,

BAG 11.7.1991 – 2 AZR 119/91, NZA 1992, 38.

Die in objektiver Hinsicht unvollständige Unterrichtung hat lediglich mittelbar die Unwirksamkeit der Kündigung zur Folge, wenn der mitgeteilte Sachverhalt zur sozialen Rechtfertigung der Kündigung nicht ausreicht, weil es dem Arbeitgeber verwehrt ist, Gründe nachzuschieben, die nicht Gegenstand der Betriebsratsanhörung waren,

BAG 22.9.1994 – 2 AZR 31/94, BAGE 78, 39 = NZA 1995, 363; LAG Hessen 30.8.2012 – 14 Sa 683/11, juris m. Anm. *Mittag*, jurisPR-ArbR 4/2013 Anm. 1.

In seiner neueren Rechtsprechung,

vgl *Hümmerich/Mauer*, DB 1997, 165; *Hümmerich*, RdA 2000, 345 ff, hat das BAG mit einer Reihe von Urteilen die Anforderungen an eine ordnungsgemäße Anhörung gem. § 102 BetrVG deutlich gesenkt.

Mit Urteil vom 18.5.1994 hat das BAG seine Rechtsprechung bestätigt, wonach der Arbeitgeber seiner Anhörungspflicht gegenüber dem Betriebsrat genügt, wenn er in der Wartezeit eine beabsichtigte Kündigung auf ein Werturteil stützt. Selbst dann, wenn der Arbeitgeber keine Gründe hat, oder sein Kündigungsentschluss allein von subjektiven, durch Tatsachen nicht belegbaren Vorstellungen bestimmt wird, so reicht bei einer Probezeit-/Wartezeitkündigung die Unterrichtung über diese Vorstellungen aus. Ein personenbezogenes Werturteil lässt sich in vielen Fällen durch Tatsachen nicht mehr belegen,

BAG 18.5.1994 – 2 AZR 920/93, BAGE 77, 13 = NZA 1995, 24.

Bei einer bewussten Täuschung des Betriebsrats durch den Arbeitgeber mit Fehlinformationen ist die Anhörung nichtig, wobei als bewusste Täuschung die Fälle der gewollt unrichtigen sowie Fälle der bewusst unvollständigen Mitteilung der Kündigungsgründe vom BAG definiert werden,

BAG 31.8.1989 – 2 AZR 453/88, DB 1990, 1928.

Zwischenzeitlich hat das BAG auch zu der Frage Stellung genommen, ob eine unbewusste Falschmitteilung bzw Fehlinformation des Betriebsrats anhörungsschädlich sei. Der 2. Senat hält am Grundsatz der subjektiven Determinierung fest. Dieser Grundsatz verbiete, die Analogie zu § 102 BetrVG auf die Fälle einer vermeidbaren oder unbewussten Fehlinformation zu erweitern,

BAG 22.9.1994 – 2 AZR 31/94, BAGE 78, 39 = NZA 1995, 363.

Um einen arbeitgeberseitigen Missbrauch durch die Berufung auf eine unschädliche unbewusste Fehlmitteilung auszuschließen, wird der Arbeitgeberseite die Darlegungs- und Beweislast für die nichtbewusste Irreführung auferlegt. Darlegung zur nichtbewussten Irreführung schuldet der Arbeitgeber allerdings nur dann im Prozess, wenn eine Abweichung zwischen den mitgeteilten und den objektiven Daten über den Arbeitnehmer feststellbar ist und eine entsprechende Rüge durch den Arbeitnehmer im Prozess erhoben wurde,

vgl BAG 22.9.1994 – 2 AZR 31/94, BAGE 78, 39 = NZA 1995, 363.

Die Rüge der nicht ordnungsgemäßen Anhörung nach § 102 BetrVG ist damit kein Fall des § 139 ZPO.

Das BAG hat nunmehr auch entschieden, dass zur Mitteilung der Kündigungsgründe nach § 102 Abs. 1 Satz 2 BetrVG nicht die Vorlage von Beweismitteln gehört. Etwas anderes ergibt sich auch nicht aus § 80 Abs. 2 BetrVG,

BAG 26.1.1995 – 2 AZR 386/94, NZA 1995, 672.

Solange es bei der Vollständigkeit der Informationen auf die subjektive Determination beim Arbeitgeber ankommt, hat der Betriebsrat nicht die Aufgabe, die Berechtigung des Kündigungsentschlusses anhand von Beweismitteln zu überprüfen.

Wie der 2. Senat hervorgehoben hat, sind an ein aus dem kaufmännischen Geschäftsverkehr stammendes Anhörungsschreiben, das nicht an einen Volljuristen gerichtet ist, keine übertriebenen Anforderungen zu stellen,

BAG 22.9.1994 – 2 AZR 31/94, BAGE 78, 39 = NZA 1995, 363.

Auf dem Hintergrund der neueren Rechtsprechung des BAG wird die von der beklagten Partei durchgeführte Anhörung des Betriebsrats den durch § 102 Abs. 1 Satz 2 BetrVG gestellten Anforderungen gerecht:

↑

451 2. Muster: Anhörungsverfahren – Vorzeitiger Abschluss

↓

Das Anhörungsverfahren nach § 102 BetrVG ist abgeschlossen, wenn der Betriebsrat dem Arbeitgeber mitteilt, dass er beschlossen hat, die Anhörungsfrist verstreichen zu lassen,

  LAG Hessen 18.6.1997 – 8 Sa 977/96, LAGE § 626 BGB Nr. 114; BAG 12.3.1987 – 2 AZR 176/86, NZA 1988, 137.

Auf das Anhörungsverfahren nach § 102 Abs. 1 BetrVG wirken sich Mängel, die in den Zuständigkeits- und Verantwortungsbereich des Betriebsrats fallen, grundsätzlich selbst dann nicht aus, wenn der Arbeitgeber im Zeitpunkt der Kündigung weiß oder nach den Umständen vermuten kann, dass die Behandlung der Angelegenheit durch den Betriebsrat nicht fehlerfrei erfolgt ist,

  BAG 16.1.2003 – 2 AZR 707/01, NZA 2003, 927.

↑

452 3. Muster: Bestellungsschreiben

↓

Aktenzeichen: …

Gegner: RAe …, zwei Abschriften anbei

Verteidigungsanzeige

…

– klägerische Partei –

Prozessbevollmächtigte: …

gegen

…

– beklagte Partei –

Prozessbevollmächtigte: …

Wir bestellen uns zu Prozessbevollmächtigten der beklagten Partei und teilen mit, dass wir uns gegen die Klage verteidigen werden. Der anberaumte Gütetermin ist notiert.

Weiterer Vortrag bleibt vorbehalten.

↑

453 4. Muster: Bestellungsschreiben mit Ankündigung der Vergleichsbereitschaft

↓

Aktenzeichen: …

Gegner: RAe …, zwei Abschriften anbei

Verteidigungsanzeige

…

– klägerische Partei –

Prozessbevollmächtigte: …

gegen

…

– beklagte Partei –

Prozessbevollmächtigte: …

Wir bestellen uns zu Prozessbevollmächtigten der beklagten Partei und teilen mit, dass wir uns gegen die Klage verteidigen werden. Der anberaumte Gütertermin ist notiert.

Aufgrund von Gesprächen, die zwischen den Beteiligten in der Vergangenheit bereits geführt wurden, erscheint es möglich, zu vergleichsweisen Regelungen zu finden. Dieserhalb soll der Gütertermin genutzt werden. Scheitern die Vergleichsbemühungen im Gütertermin, werden wir ausführlich vortragen. Rein vorsorglich beantragen wir daher bereits jetzt:

1. Die Klage wird abgewiesen.
2. Die Kosten des Rechtsstreits trägt die klägerische Partei.

5. Muster: Bestellungsschreiben mit Klageabweisungsantrag

Aktenzeichen: ...
Gegner: RAe ..., zwei Abschriften anbei

Verteidigungsanzeige

...

– klägerische Partei –

Prozessbevollmächtigte: ...
gegen

...

– beklagte Partei –

Prozessbevollmächtigte: ......

Wir bestellen uns zu Prozessbevollmächtigten der beklagten Partei und teilen mit, dass wir uns gegen die Klage verteidigen werden. Der anberaumte Gütertermin ist notiert.

Wir werden beantragen:
1. Die Klage wird abgewiesen.
2. Die Kosten des Rechtsstreits trägt die klägerische Partei.

Eingehender Sachvortrag bleibt ausdrücklich vorbehalten.

6. Muster: Fehlende Arbeitnehmereigenschaft – Klageerwiderung

Arbeitsgericht ...

Verteidigungsanzeige in Sachen

...

– klägerische Partei –

gegen

...

– beklagte Partei –

Prozessbevollmächtigte: ...

Wir bestellen uns zu Prozessbevollmächtigten der beklagten Partei, in deren Namen und Auftrag wir beantragen werden zu erkennen:
1. Die Klage wird abgewiesen.
2. Die klägerische Partei trägt die Kosten des Rechtsstreits.

Gründe:

I.

Die klägerische und die beklagte Partei stehen seit dem ... in privatrechtlichen Rechtsbeziehungen. Aufgrund dieser Rechtsbeziehungen wurde zwischen den Parteien jedoch kein Arbeitsrechtsverhältnis begründet, so dass das angerufene Gericht sachlich nicht zuständig ist, § 2 ArbGG. Die Klage ist überdies nicht begründet.

II.

Die Tätigkeit der klägerischen Partei ist derart überwiegend von einer selbständigen Aufgabenerledigung geprägt, dass nicht, entsprechend der gängigen Definition des Arbeitsverhältnisses, von der Leistung fremdbestimmter Arbeit in persönlicher Abhängigkeit im Dienste eines Arbeitgebers die Rede sein kann. Nach gefestigter Auffassung in Rechtsprechung und Schrifttum ist Arbeitnehmer, wer aufgrund eines privatrechtlichen Vertrages im Dienste des Arbeitgebers zur Leistung fremdbestimmter Arbeit in persönlicher Abhängigkeit verpflichtet ist,

> vgl BAG 28.2.1962 – 4 AZR 141/61, BAGE 12, 303 = AP § 611 BGB Abhängigkeit Nr. 1; BAG 8.2.1962 – 2 AZR 252/60, BAGE 12, 254 = AP § 611 BGB Erfinder Nr. 1; BAG 9.3.1977 – 5 AZR 110/76, AP § 611 BGB Abhängigkeit Nr. 21; BAG 29.8.2012 – 10 AZR 499/11, NZA 2012, 1433; ErfK/*Preis*, § 611 BGB Rn 35 ff.

In einer Vielzahl von Entscheidungen hat das BAG, insbesondere der 5. Senat, Abgrenzungskriterien zu entwickeln unternommen, über die sich objektiv herausarbeiten lässt, ob der Beschäftigte in persönlicher Abhängigkeit zum Arbeitgeber steht.

In der älteren Rechtsprechung entwickelte das BAG eine Reihe formaler Kriterien, anhand derer sich beurteilen lassen sollte, ob auf Seiten des Beschäftigten eine persönliche Abhängigkeit zum Arbeitgeber besteht. Zu diesen Kriterien gehören:

- Umfang der Weisungsgebundenheit
- Unterordnung unter andere im Dienste des Geschäftsherrn stehende Personen
- Bindung an feste Arbeitszeiten
- Rechtspflicht zum regelmäßigen Erscheinen
- Zulässigkeit von Nebentätigkeiten oder Pflicht, die gesamte Arbeitskraft dem Geschäftsherrn zur Verfügung zu stellen
- Ort der Erledigung der Tätigkeit
- Form der Vergütung
- Frage der Abführung von Steuern und Sozialversicherungsbeiträgen
- Gewährung von Urlaub
- Bereitstellung von Arbeitsgeräten
- Führung von Personalunterlagen,

> vgl BAG 8.6.1967 – 5 AZR 461/66, BAGE 19, 324 = AP § 611 BGB Abhängigkeit Nr. 6.

In einer Vielzahl von Entscheidungen hat das BAG seine Rechtsprechung verfestigt, wonach für die Statusbeurteilung die persönliche Abhängigkeit des Mitarbeiters weiterhin maßgebliches Kriterium ist. Arbeitnehmer ist danach derjenige, der seine Dienstleistung im Rahmen einer von Dritten bestimmten Arbeitsorganisation erbringt,

    BAG 23.4.1980 – 5 AZR 426/79, 7.5.1980 – 5 AZR 293/78, 7.5.1980 – 5 AZR 593/78, 9.5.1984 – 5 AZR 195/82, AP § 611 BGB Abhängigkeit Nr. 34, 35, 36, 45.

Nach Auffassung des BAG enthält § 84 Abs. 1 Satz 2 HGB ein typisches Abgrenzungsmerkmal. Nach dieser Bestimmung ist selbständig, wer im Wesentlichen frei seine Tätigkeit gestalten und seine Arbeitszeit bestimmen kann. Unselbständig und deshalb persönlich abhängig ist dagegen der Mitarbeiter, dem dies nicht möglich ist. Zwar gilt diese Regelung unmittelbar nur für die Abgrenzung des selbständigen Handelsvertreters vom abhängig beschäftigten Handlungsgehilfen. Über diesen unmittelbaren Anwendungsbereich hinaus enthält die Vorschrift jedoch eine allgemeine gesetzgeberische Wertung, die bei der Abgrenzung des Dienstvertrages vom Arbeitsvertrag zu beachten ist, zumal dies die einzige Norm ist, die hierfür Kriterien enthält. Unterliegt also der Beschäftigte hinsichtlich Zeit, Dauer und Ort der Ausführung der versprochenen Dienste einem umfassenden Weisungsrecht, liegt ein Arbeitsverhältnis vor. Kann er im Wesentlichen die Arbeitsbedingungen frei gestalten, ist er ein freier Mitarbeiter. Die das Rechtsverhältnis prägenden charakteristischen Merkmale sind zu beurteilen, wie sie sich aus dem Inhalt des Vertrages und der praktischen Durchführung und Gestaltung der Vertragsbeziehungen ergeben,

    BAG 25.8.1982 – 5 AZR 7/81, BAGE 39, 329 = AP § 611 BGB Lehrer, Dozenten Nr. 32; BAG 9.5.1984 – 5 AZR 195/82, AP § 611 BGB Abhängigkeit Nr. 45.

Wie es zu einer planmäßigen Einbindung des „freien Mitarbeiters" in die Arbeit beim Arbeitgeber kommt, ist unerheblich. Auch wenn ursprünglich nicht geplant war, einen „freien Mitarbeiter" in den betrieblichen Arbeitsablauf einzubinden und sich dies erst im Laufe der Zeit ergeben hat, kann der „freie Mitarbeiter" in Wahrheit Arbeitnehmer sein und die arbeitsrechtliche Stellung des Arbeitnehmers mit unbefristetem Arbeitsverhältnis beanspruchen,

    BAG 9.3.1977 – 5 AZR 110/76, AP § 611 BGB Abhängigkeit Nr. 21.

Dass die Parteien die Rechtsbeziehungen als „freies Mitarbeiterverhältnis" bezeichnet haben, ist für die rechtliche Beurteilung ohne Bedeutung: Es kommt nach ständiger Rechtsprechung des BAG allein darauf an, wie die Parteien ihre Vertragsbeziehungen tatsächlich ausgestaltet haben,

    BAG 3.10.1975 – 5 AZR 445/74, AP § 611 BGB Abhängigkeit Nr. 17.

III.

Unter Berücksichtigung der gefestigten Rechtsprechung des BAG hat die klägerische Partei bei dieser Sachlage nicht den Status eines Arbeitnehmers:

…

7. Muster: Kündigung mit unzureichender Frist

Ist der Zeitraum, der zwischen dem Zugang der Kündigung und dem vom Kündigenden bestimmten Kündigungstermin liegt, geringer als die gesetzliche, tarifliche oder vertragliche Kündigungsfrist, ist die Kündigung nicht absolut unwirksam. In diesem Falle wirkt die Kündigung, wie auch bei der verspätet zugegangenen Erklärung, im Zweifel zu dem nächsten zulässigen Kündigungstermin,

    BAG 18.4.1985 – 2 AZR 197/84, NZA 1986, 229; ErfK/*Müller-Glöge*, § 622 BGB Rn 12.

Weiterhin gilt sogar nach der neuen Rechtsprechung des 5. Senats des BAG, dass eine nicht innerhalb der Drei-Wochen-Frist des § 4 KSchG angegriffene Kündigung mit „zu kurzer Frist" aufgrund der umfassenden Wirksamkeitsfiktion nach § 7 KSchG nunmehr als wirksam zu behandeln ist,

    BAG 1.9.2010 – 5 AZR 700/09, NZA 2010, 1409.

Dies gilt jedenfalls dann, wenn sich nicht durch Auslegung ermitteln lässt, dass eine fristwahrende Kündigung ausgesprochen werden sollte,

    Abgrenzung zu BAG 15.12.2005 – 2 AZR 148/05, BAGE 116, 336.

457 8. Muster: Nachträgliche Zulassung der Kündigungsschutzklage – Erwiderungsschriftsatz

Arbeitsgericht ...

In dem Rechtsstreit

...

    – antragstellende Partei –

Prozessbevollmächtigte: ...

gegen

...

    – antragsgegnerische Partei –

wegen: nachträglicher Zulassung einer Kündigungsschutzklage

Wir bestellen uns zu Verfahrensbevollmächtigten der antragsgegnerischen Partei, in deren Namen und Auftrag wir beantragen zu erkennen:

    Der Antrag auf Zulassung der verspäteten Kündigungsschutzklage wird zurückgewiesen.

Gründe:

1. Nach dem Vorbringen der antragstellenden Partei wurde die Kündigungsschutzklage verspätet erhoben, weil es der Prozessbevollmächtigte der klägerischen Partei versäumt hat, die Klage rechtzeitig einzureichen. Nach dem Vorbringen der antragstellenden Partei hat sie selbst erst ihren Verfahrensbevollmächtigten darauf aufmerksam gemacht, dass ihr nach Ablauf von drei Wochen keine Kopie der Kündigungsschutzklage vorgelegen habe. Sie habe daraufhin bei ihrem Verfahrensbevollmächtigten angerufen. Dieser habe dann festgestellt, dass eine Mitarbeiterin die Kündigung zusammen mit anderem Schriftverkehr in einer nicht hierfür bestimmten Akte abgelegt habe, so dass er es schließlich versäumt habe, die Kündigungsschutzklage fristgerecht zu erheben.

2. Dieser Vortrag gestattet dem Gericht keine nachträgliche Zulassung der Kündigungsschutzklage. Grundsätzlich muss sich der Arbeitnehmer im Verfahren der nachträglichen Zulassung der Kündigungsschutzklage nach § 5 KSchG das Verschulden seines Prozessbevollmächtigten wie sein eigenes Verschulden zurechnen lassen. Mit Urteil vom 11.12.2008 hat der 2. Senat des BAG entschieden, dass der Arbeitnehmer sich ein Verschulden seiner Prozessbevollmächtigten an der Versäumung der Klagefrist nach § 85 Abs. 2 ZPO zurechnen lassen muss,

    BAG 11.12.2008 – 2 AZR 472/08, NZA 2009, 692.

Nichts anderes gilt nach der Rechtsprechung des BAG, wenn eine Fachgewerkschaft den Klageauftrag eines Mitglieds empfängt und die Prozessführung später an die DGB Rechtsschutz GmbH abgibt,

    BAG 28.5.2009 – 2 AZR 548/08, NZA 2009, 1052.

Ein Rechtsanwalt handelt stets dann nachlässig, wenn er einer Anwaltsgehilfin die Überprüfung überlässt, ob ein Schriftstück, das einen Mandanten betrifft, als selbständige Kündigung zu bewerten ist. Der Anwalt darf eine Anwaltsgehilfin mit dieser, eine rechtliche Bewertung erfordernden Fragestellung nicht beauftragen, wenn von dem Ergebnis der Prüfung eine fristgebundene Klageerhebung abhängig ist. Jedenfalls, so das LAG Schleswig-Holstein, darf der Anwalt einer Anwaltsgehilfin dann diese Aufgabe nicht überantworten, wenn dieselbe Anwaltsgehilfin erst sechs Monate zuvor durch eine gleichartige Fehlentscheidung die Verfristung einer anderen Kündigungsschutzklage verursacht hatte,

LAG Schleswig-Holstein 16.4.1998 – 4 Ta 188/97, AnwBl 1998, 664.

Grundsätzlich muss sich ein Arbeitnehmer, der die dreiwöchige Frist zur Erhebung einer Kündigungsschutzklage nicht kennt, diese Kenntnis alsbald nach Zugang der Kündigungserklärung bei einer zuverlässigen Stelle beschaffen,

KR/*Friedrich*, § 5 KSchG Rn 48 ff mwN.

Dabei wird die Frage, welche Stellen oder Personen als zuverlässig anzuerkennen sind, nicht immer einheitlich beantwortet. Gleiches gilt für die Frage, ob die Beanspruchung einer objektiv zur Rechtsauskunft ungeeigneten Stelle oder Person von vornherein einer nachträglichen Zulassung der Kündigungsschutzklage entgegensteht,

so *Mühlhausen*, NZA 1992, 877.

Gemessen an diesen Grundsätzen ist ein Richter am Landgericht beispielsweise nicht als zuverlässige Stelle für die Erteilung von Auskünften in arbeitsrechtlichen Fragen anzusehen,

LAG Düsseldorf 25.7.2002 – 15 Ta 306/02, NZA-RR 2003, 101.

Eine Erkrankung nach Zugang der Kündigung führt nur dann zu einer nachträglichen Zulassung der verspätet erhobenen Kündigungsschutzklage, wenn sie den Arbeitnehmer tatsächlich an der rechtzeitigen Klageerhebung gehindert hat. Solange Krankheitsverlauf oder Behandlungsmethode nicht entgegenstehen, besteht kein durchschlagender Grund, den Krankenhauspatienten von der Anforderung freizustellen, sich nötigenfalls telefonisch beraten zu lassen, ggf telefonisch einen Rechtsanwalt zu beauftragen, eine Kündigungsschutzklage zu erheben,

LAG Düsseldorf 19.9.2002 – 15 Ta 343/02, NZA-RR 2003, 78; LAG Köln 1.3.2006 – 3 Ta 23/06, NZA-RR 2006, 492; LAG Schleswig-Holstein 5.2.2008 – 6 Ta 22/08, LAGE § 5 KSchG Nr. 118.

9. Muster: Umdeutung einer außerordentlichen in eine ordentliche Kündigung

Die Umdeutung nach § 140 BGB macht es möglich, den mit dem ursprünglich gewollten, aber nichtigen Rechtsgeschäft bezweckten Erfolg auf einem anderen Wege ganz oder teilweise zu erreichen, ohne dass es einer erneuten Vornahme des Rechtsgeschäfts bedarf. Umgedeutet werden können nur Rechtsgeschäfte, grundsätzlich aber alle Rechtsgeschäfte, dh nicht nur Verträge, sondern auch einseitige Rechtsgeschäfte wie die Kündigung. Es kann sowohl die Kündigungserklärung des Arbeitgebers als auch die Kündigungserklärung des Arbeitnehmers umgedeutet werden. In dem nichtigen oder unwirksamen Rechtsgeschäft müssen die objektiven Bestandteile eines anderen Rechtsgeschäfts enthalten sein. In einer Kündigungserklärung als einseitigem Rechtsgeschäft kann immer nur ein anderes einseitiges Rechtsgeschäft oder eine geschäftsähnliche Handlung enthalten sein. Die Kündigungserklärung, die als außerordentliche Kündigung abgegeben wird, kann eine ordentliche Kündigung enthalten. In der außerordentlichen oder ordentlichen Kündigung kann auch ein Vertragsangebot zum Abschluss eines Aufhebungsvertrages enthalten sein,

BAG 15.11.2001 – 2 AZR 310/00, NJW 2002, 2972; BAG 13.4.1972 – 2 AZR 243/71, AP § 626 BGB Nr. 64.

In der Kündigungserklärung kann auch eine Anfechtungserklärung enthalten sein, bei der ordentlichen Kündigung scheitert die Umdeutung in eine Anfechtungserklärung jedoch daran, dass diese wegen ihrer sofortigen Wirkung weitergehende Folgen nach sich zieht. Eine Umdeutung ist nur zulässig, wenn das neue Rechtsgeschäft gleiche oder weniger weit reichende Folgen nach sich zieht. Deshalb kann eine ordentliche Kündigung nicht umgedeutet werden in eine außerordentliche Kündigung oder in eine Anfechtung wegen Irrtums oder arglistiger Täuschung, weil diese zur sofortigen Auflösung des Arbeitsverhältnisses führen,

> BAG 14.10.1975 – 2 AZR 365/74, NJW 1976, 592.

Eine Umdeutung ist möglich, wenn eine außerordentliche Kündigung in eine ordentliche Kündigung umgedeutet wird, weil diese weniger weit reichende Folgen nach sich zieht. Auch wenn die materiellrechtlichen Voraussetzungen für die Umdeutung in eine ordentliche Kündigung erfüllt sind, ist eine Prüfung des § 140 BGB im Prozess nicht von Amts wegen vorzunehmen,

> Küttner/*Eisemann*, Personalbuch, 257 (Kündigung, außerordentliche) Rn 74 f; KR/*Fischermeier*, § 626 BGB Rn 366.

Eine ordentliche oder außerordentliche Kündigung kann in ein Angebot zum Abschluss eines Aufhebungsvertrages umgedeutet werden, weil dieses Angebot nicht von selbst, sondern erst nach Zustimmung des anderen Teils durch Annahme des Angebots zur Vertragsbeendigung führt und deshalb weniger weit reichende Folgen hat. Neben den objektiven Voraussetzungen erfordert die Umdeutung als subjektive Voraussetzung, dass der mutmaßliche Wille das neue Rechtsgeschäft umfasst hätte, falls die Nichtigkeit des ursprünglichen Rechtsgeschäfts bekannt gewesen wäre. Die in § 11 KSchG aF enthaltene Vermutung gegen einen Umdeutungswillen ist ersatzlos entfallen. Eine Umdeutung ist daher dann möglich, wenn diese dem Willen des kündigenden Arbeitgebers entspricht und dieser Wille dem Arbeitnehmer erkennbar geworden ist,

> BAG 20.9.1984 – 2 AZR 633/82, NZA 1985, 286.

Zur Ermittlung des hypothetischen Parteiwillens ist nach den wirtschaftlichen Folgen zu forschen, die mit der nichtigen Erklärung bezweckt waren. Es ist auf die objektive Interessenlage und auf die Vorstellungen und die Willensrichtung des Erklärenden abzustellen,

> BAG 13.4.1972 – 2 AZR 243/71, AP § 626 BGB Nr. 64.

Lassen sich die gewollten wirtschaftlichen Folgen mit dem neuen umgedeuteten Rechtsgeschäft ganz oder teilweise ebenfalls erreichen, so kann angenommen werden, dass das neue Rechtsgeschäft gewollt gewesen wäre,

> KR/*Fischermeier*, § 626 BGB Rn 365 f.

Bei der Kündigung sind allein die vom Erklärenden gewollten wirtschaftlichen Folgen von Bedeutung, die allerdings dem Erklärungsempfänger als gewollt erkennbar sein müssen,

> BAG 31.5.1979 – 2 AZR 473/77, AP § 256 ZPO Nr. 50.

Einer Umdeutung bedarf es nicht, wenn der Kündigende die ordentliche Kündigung vorsorglich für den Fall erklärt, dass die außerordentliche Kündigung unwirksam ist.

Sind die Voraussetzungen der Umdeutung erfüllt, tritt das umgedeutete neue Rechtsgeschäft an die Stelle des alten unwirksamen Rechtsgeschäfts, ohne dass es einer erneuten Vornahme bedarf.

↑

10. Muster: Wiederholte Zustellung der Kündigung – keine erneute Anhörung

Ist eine Kündigung zunächst nicht zugegangen, weil der Arbeitnehmer vor der Absendung des Kündigungsschreibens seine bisherige Wohnung aufgegeben hat, und übersendet der Arbeitgeber, nachdem das Kündigungsschreiben an ihn zurückgelangt ist, das Kündigungsschreiben an die neue Wohnanschrift des Arbeitnehmers, so bedarf es keiner erneuten Anhörung des Betriebsrats, wenn der Betriebsrat mitgeteilt hat, gegen die beabsichtigte Kündigung seien keine Widersprüche erkennbar,

BAG 7.5.1998 – 2 AZR 285/97, FA 1998, 315.

VII. Bestandsschutzstreitigkeiten: Betriebsbedingte Kündigung

1. Muster: Arbeitsmangel nach Umorganisation

1. Am Arbeitsplatz der klägerischen Partei ist die Arbeit zu ... % weggefallen. Diese Entwicklung trat wie folgt ein: ...
2. Die Kündigung ist damit durch dringende betriebliche Erfordernisse bedingt. Organisatorische und technische Rationalisierungsmaßnahmen haben zu einem Arbeitsmangel, gezielt am Arbeitsplatz der klägerischen Partei, geführt. Damit haben die innerbetrieblichen organisatorischen Maßnahmen im Sinne der Rechtsprechung des BAG,

BAG 8.11.1956 – 2 AZR 302/54, AP § 1 KSchG Nr. 19; BAG 24.10.1979 – 2 AZR 940/77, BAGE 32, 150 = NJW 1981, 301,

bereits greifbare Formen angenommen. Zum Zeitpunkt der Kündigung stand aufgrund betriebswirtschaftlicher Erkenntnismethoden vorhersehbar fest, dass für die Beschäftigung der klägerischen Partei schon jetzt, aber spätestens bei Ablauf der Kündigungsfrist, kein Bedürfnis mehr besteht, so dass die Kündigung auf gesicherten Erkenntnissen und nicht etwa auf Prognoseüberlegungen basiert,

vgl LAG Hamm 25.2.1977 – 3 Sa 1301/77, DB 1977, 1055.

Bei der gegebenen Sachlage ist weder durch Arbeitsstreckung noch durch sonstige Methoden die Möglichkeit eröffnet, den Arbeitsmangel an dem Arbeitsplatz der klägerischen Partei zu beseitigen oder zu mildern, da es nur einen Arbeitsplatz ... bei der beklagten Partei gibt und nur eine Mitarbeiterin diese allumfassende Vertrauensstellung mit den entsprechenden Kompetenzen wahrnimmt. Sonstige ... werden bei der beklagten Partei nicht beschäftigt, so dass auch nicht durch die Herübernahme anderweitiger Arbeiten in anderen vergleichbaren administrativen Bereichen eine höhere Auslastung der klägerischen Partei erreicht werden könnte. Entsprechende anderweitige, auf die klägerische Partei übertragbare Arbeiten bei der beklagten Partei gibt es nicht.

Da die klägerische Partei auf entsprechendes Befragen durch ... erklärt hat, dass sie an keinerlei Teilzeitarbeitsverhältnis bei der beklagten Partei interessiert sei und dies ablehne, bedurfte es auch keiner Änderungskündigung mit dem Ziel, der klägerischen Partei die Weiterbeschäftigung in Form eines Teilzeitarbeitsverhältnisses anzubieten,

vgl LAG Düsseldorf 6.5.1977 – 16 Sa 173/77, DB 1977, 1370.

Eine anderweitige Beschäftigung im Betrieb der beklagten Partei ist nicht möglich. Es gibt keinen Arbeitsplatz ..., es ist auch kein Arbeitsplatz ... vakant.

Die Sozialauswahl nach § 1 Abs. 3 KSchG führt zu folgendem Ergebnis: ...

Die beklagte Partei hat damit dargelegt und unter Beweis gestellt, dass wegen Wegfalls des bisherigen Arbeitsplatzes die Kündigung durch dringende betriebliche Erfordernisse bedingt ist. Eine anderweitige Beschäftigung im Betrieb ist nicht möglich. Für die Tätigkeit einer ... fehlt es der klägerischen Partei an der erforderlichen Ausbildung. Wegen der aufgezeigten betrieblichen Notwendigkeit ist eine Weiterbeschäftigung der klägerischen Partei zu gleichen Arbeitsbedingungen nicht möglich.

Sollte die klägerische Partei anderer Auffassung sein, ist es ihre Sache, unter Beweisantritt darzustellen, wie sie sich eine anderweitige Beschäftigung bei der beklagten Partei vorstellt.

↑

461 **2. Muster: Außerbetriebliche Gründe**

↓

Aktenzeichen: ...

Gegner: RAe ..., zwei Abschriften anbei

In dem Rechtsstreit

... ./. ...

bestellen wir uns zu Prozessbevollmächtigten der beklagten Partei, in deren Namen und Auftrag wir beantragen:
1. Die Klage wird abgewiesen.
2. Die Kosten des Rechtsstreits trägt die klägerische Partei.

Gründe:

Die klägerische Partei hat zutreffend vorgetragen, dass ihr mit Schreiben vom ... gekündigt worden ist. Die Klage kann keinen Erfolg haben. Die Kündigung ist aus dringenden betrieblichen Gründen gerechtfertigt. Die beklagte Partei leidet unter erheblichem Auftragsmangel.

    Beweis: Gutachten des Steuerberaters ...

Die beklagte Partei beschäftigt ... Arbeitnehmer. Sie stellt ... her. Bis zum ... waren in der Herstellung ... Arbeitnehmer in ... Schichten beschäftigt. Im Jahre ... hatte sie für die Herstellung von ... Aufträge mit einem Auftragswert von ... EUR. Diese Aufträge sind weitgehend abgebaut. Zurzeit verfügt die beklagte Partei nur noch über Aufträge mit einem Herstellungswert von ... EUR.

    Beweis: Wie vor.

Sie hat aus diesem Grunde die Arbeit auf eine Schicht verteilen müssen und auch innerhalb dieser Schicht nicht mehr alle Arbeitsplätze besetzen können. Infolgedessen ist der Arbeitsplatz der klägerischen Partei weggefallen. Dies hängt damit zusammen, dass ...

Maßnahmen der Arbeitsstreckung kommen nicht in Betracht, weil ...

Andere Arbeitsplätze stehen auch nicht zur Verfügung, so dass der klägerischen Partei auch nicht ein anderer Arbeitsplatz im Betrieb angeboten werden kann.

↑

462 **3. Muster: Betriebsstilllegung – wirksame Beendigungskündigung**

↓

Entschließt sich der Arbeitgeber beispielsweise wegen Alters- oder aus wirtschaftlichen Gründen, seinen Betrieb stillzulegen, so stellt dies eine Unternehmerentscheidung dar, die nicht auf ihre Zweckmäßigkeit nachzuprüfen ist,

    BAG 22.5.1986 – 2 AZR 612/85, NZA 1987, 125.

Eine Betriebsstilllegung setzt den ernstlichen und endgültigen Entschluss des Unternehmers voraus, die Betriebs- und Produktionsgemeinschaft zwischen Arbeitgeber und Arbeitnehmer für einen seiner Dauer nach unbestimmten, wirtschaftlich nicht unerheblichen Zeitraum aufzuheben,

BAG 27.9.1984 – 2 AZR 309/83, BAGE 47, 13 = NZA 1985, 493; BAG 26.2.1987 – 7 AZR 652/85, BAGE 54, 215 = NZA 1987, 700.

Die Stilllegung des gesamten Betriebes stellt ein dringliches betriebliches Erfordernis iSd § 1 Abs. 2 Satz 1 KSchG dar,

BAG 27.2.1987 – 7 AZR 652/85, BAGE 54, 215 = NZA 1987, 700; BAG 23.3.1984 – 7 AZR 409/82, AP § 1 KSchG 1969 Betriebsbedingte Kündigung Nr. 38; BAG 7.6.1984 – 2 AZR 602/82, BAGE 46, 206 = NZA 1985, 121.

Eine wegen Betriebsstilllegung erklärte ordentliche Kündigung ist nur dann sozial gerechtfertigt, wenn die auf eine Betriebsstilllegung gerichtete unternehmerische Entscheidung zum Zeitpunkt des Zugangs der Kündigung bereits greifbare Formen angenommen hatte,

BAG 23.3.1984 – 7 AZR 409/82, AP § 1 KSchG 1969 Betriebsbedingte Kündigung Nr. 38.

Daran fehlt es, wenn der Arbeitgeber zum Zeitpunkt der Kündigung noch in Verhandlungen über eine Veräußerung des Betriebes steht und deswegen nur vorsorglich mit der Begründung kündigt, der Betrieb solle zu einem bestimmten Zeitpunkt stillgelegt werden, falls eine Veräußerung scheitere. Die unternehmerische Entscheidung zur Betriebsstilllegung kann auch durch einen Pächter erfolgen,

BAG 26.2.1987 – 7 AZR 652/85, BAGE 54, 215 = NZA 1987, 700; BAG 17.3.1987 – 1 ABR 47/85, NZA 1987, 523.

↑

4. Muster: Betriebsverlagerung – wirksame Beendigungskündigung

↓

Nach § 1 Abs. 2 Satz 2 Nr. 1 KSchG ist eine Kündigung unter anderem sozial ungerechtfertigt, wenn sie nicht durch dringende betriebliche Erfordernisse, die einer Weiterbeschäftigung des Arbeitnehmers in diesem Betrieb entgegenstehen, bedingt ist. Ein solcher Grund liegt dann vor, wenn zum Zeitpunkt des Ausspruchs der Kündigung feststeht, dass zum Zeitpunkt des Kündigungstermins keine Beschäftigungsmöglichkeit mehr vorhanden ist,

BAG 30.5.1985 – 2 AZR 321/84, NZA 1986, 155.

Im Rahmen eines bestehenden Arbeitsverhältnisses beantwortet sich die Frage der Beschäftigungsmöglichkeit zunächst nach dem Inhalt des Arbeitsvertrages. Ob der Arbeitgeber bei einer Betriebsverlagerung die Leistung im Wege der Ausübung des Direktionsrechts auch an einem anderen Ort verlangen kann, richtet sich danach, ob der Verlagerung des Betriebssitzes unter Zugrundelegung des Arbeitsvertrages eine erhebliche Bedeutung zukommt und ob die Arbeitsvertragsparteien hierüber eine Regelung getroffen haben.

Wird der Betrieb innerhalb eines Ortes verlegt oder handelt es sich um eine nur geringfügige Ortsverlagerung, so wird der Arbeitgeber in der Regel im Wege der Ausübung des Direktionsrechts die Beschäftigung des Arbeitnehmers an dem neuen Arbeitsort verlangen können, so beispielsweise, wenn der neue Arbeitsplatz im Bereich der Verwaltung liegt, in deren Diensten der Arbeitnehmer steht,

BAG 24.9.2003 – 5 AZR 500/02, BAGE 108, 27 = NZA 2004, 90.

Wird hingegen durch eine Betriebsverlagerung der Leistungsort wesentlich verändert, so insbesondere durch eine Verlegung in eine andere Stadt im Inland oder Ausland, so kann der Arbeitgeber im Wege des Direktionsrechts die Leistungserfüllung an diesem anderen Ort nicht verlangen. Bleibt trotz einer Verlagerung die

Betriebsidentität erhalten, so ist eine Weiterbeschäftigung nur dann möglich, wenn der Arbeitnehmer mit der Änderung des Leistungsortes einverstanden ist, was auch konkludent geschehen kann.

Eine Beendigungskündigung ist bei einer solchen Betriebsverlagerung nur dann möglich, wenn der Arbeitnehmer nicht bereit ist, die Leistung am neuen Ort des Betriebssitzes zu erbringen und wenn der Arbeitgeber ihm am ursprünglichen Leistungsort keine Arbeit mehr anbieten kann,

> BAG 20.4.1989 – 2 AZR 431/88, BAGE 61, 369 = NZA 1990, 33.

Auf eine Weiterbeschäftigungsmöglichkeit in einem im Ausland gelegenen Betrieb des Arbeitgebers kann sich ein gekündigter Arbeitnehmer nicht berufen,

> LAG Düsseldorf 5.7.2012 – 15 Sa 485/12, ArbRB 2012, 333 m. Anm. *Gravenhorst*, jurisPR-ArbR 41/2012 Anm. 4; LAG Berlin-Brandenburg 5.5.2011 – 5 Sa 220/11, juris,

da als „Betrieb" iSd § 1 KSchG nur die in der Bundesrepublik Deutschland liegenden organisatorischen Einheiten bzw Teile eines Unternehmens angesehen werden können, nicht aber auch außerhalb der Bundesrepublik Deutschland gelegene organisatorische Einheiten bzw Betriebe, da der erste Abschnitt des Kündigungsschutzgesetzes nur auf in Deutschland gelegene Betriebe anzuwenden ist,

> BAG 26.3.2009 – 2 AZR 883/07, EzA-SD 2009, Nr. 13, 5–6.

Ist der Arbeitnehmer nicht bereit, in der neuen Betriebsstätte seine Leistung zu erbringen und besteht an der bisherigen Betriebsstätte oder bei dem bisherigen Arbeitgeber keine Möglichkeit, den Arbeitnehmer weiterzubeschäftigen, ist die Beendigungskündigung sozial gerechtfertigt,

> BAG 27.9.1984 – 2 AZR 309/83, BAGE 47, 26 = NZA 1985, 493; BAG 20.4.1989 – 2 AZR 431/88, BAGE 61, 369 = NZA 1990, 33.

Eine Beendigungskündigung ist unter diesen Umständen selbst dann wirksam, wenn der Betrieb oder ein Teil des Betriebs auf einen anderen übergegangen ist und es aus diesem Grunde zu einer Änderung des Leistungsortes gekommen ist. Ist der Arbeitnehmer nicht bereit, trotz eines entsprechenden Angebots, die Arbeit am neuen Betriebsort fortzusetzen, ist die Beendigungskündigung wirksam, in derart gelagerten Fällen kann der Betriebsveräußerer, ohne § 613 a Abs. 4 BGB zu umgehen, wirksam kündigen. Ist mit einer Betriebsveräußerung nämlich eine solche Verlagerung verbunden, dass die Arbeitsleistung nur mit notwendiger Änderung des Arbeitsvertrages erfolgen kann, so ist der leistungsunwillige Arbeitnehmer demjenigen gleichzusetzen, der dem Übergang seines Arbeitsverhältnisses widerspricht,

> BAG 2.10.1974 – 5 AZR 504/73, BAGE 26, 301 = NJW 1975, 1378; BAG 15.2.1984 – 5 AZR 123/82, BAGE 45, 140 = NZA 1984, 32; BAG 20.4.1989 – 2 AZR 431/88, BAGE 61, 369 = NZA 1990, 33.

5. Muster: Innerbetriebliche Gründe – Darlegungslast

Aktenzeichen: ...

Gegner: RAe ..., zwei Abschriften anbei

In dem Rechtsstreit

... ./. ...

tragen wir Folgendes vor:

I.

Die Beklagte hat im Geschäftsjahr ... einen gravierenden Umsatzrückgang erlitten. ...

Aus diesem Anlass sah sich die Beklagte gezwungen, sowohl in technischer als auch in personeller Hinsicht Änderungen vorzunehmen. ...

Darüber hinaus verlangte die schlechte wirtschaftliche Lage des Unternehmens eine personelle Umstrukturierung. Überflüssige und unproduktive Arbeitsplätze und Arbeitskräfte mussten eingespart werden.

Ferner sei nochmals darauf hingewiesen, dass die Beklagte den Kläger in ihrem Betrieb nicht anderweitig beschäftigen kann.

Beweis: Zeugnis ...

Dafür spricht ebenfalls, dass der Betriebsrat der Kündigung des Klägers nicht widersprochen hat.

II.

Die Ansicht, es fehle der Nachweis der Beklagten, dass der Arbeitsplatz des Klägers fortgefallen sei und zum anderen fehle der Gegenbeweis für die Behauptung des Klägers, an seinem Arbeitsplatz sei weiterhin Arbeit, verkennt die höchstrichterliche Rechtsprechung zur Darlegungslast des Arbeitgebers bei einer betriebsbedingten Kündigung,

BAG 7.12.1978 – 2 AZR 155/77, BAGE 31, 157 = NJW 1979, 1902; BAG 24.10.1979 – 2 AZR 940/77, BAGE 32, 150 = NJW 1981, 301; BAG 11.9.1986 – 2 AZR 564/85, EzA § 1 KSchG Betriebsbedingte Kündigung Nr. 54.

Nach der Rechtsprechung hängt der Umfang der Darlegungslast davon ab, ob der Kündigung außer- oder innerbetriebliche Gründe zugrunde liegen.

Außerbetriebliche Gründe sind zB Auftragsmangel und Umsatzrückgang. Eine auf diesen Gründen basierende Kündigung ist nur dann gerechtfertigt, wenn der Arbeitgeber Umsatzzahlen oder die Entwicklung der Auftragslage sowie deren unmittelbare Auswirkung auf den Arbeitsplatz im Einzelnen darlegt,

BAG 24.10.1979 – 2 AZR 940/77, BAGE 32, 150 = NJW 1981, 301.

Innerbetrieblich begründete Kündigungsgründe liegen dagegen dann vor, wenn der Arbeitgeber die Ertragslage zum Anlass nimmt, zur Kostenersparnis oder zur Verbesserung des Betriebsergebnisses durch technische oder organisatorische Maßnahmen die Zahl der Arbeitsplätze zu verringern.

In diesem Fall muss der Arbeitgeber darlegen, welche organisatorischen oder technischen Maßnahmen er angeordnet hat und wie sie sich auf den Arbeitsplatz des gekündigten Arbeitnehmers auswirken,

BAG 24.10.1979 – 2 AZR 940/77, BAGE 32, 150 = NJW 1981, 301.

Ist ein Verlust im Geschäftsjahr nur der Anlass für die Umorganisation, so muss der Arbeitgeber nicht zur Begründung der innerbetrieblichen Erfordernisse die Entwicklung des Geschäftsergebnisses und den Anteil der Personalausgaben mit weiteren Angaben und Zahlen belegen,

BAG 24.10.1979 – 2 AZR 940/77, BAGE 32, 150 = NJW 1981, 303 linke Spalte oben.

Mit dieser Rechtsprechung befindet sich die Darlegung der Beklagten in der ersten Instanz im Einklang.

Eine rückläufige Auftragslage und zurückgehende Gewinne haben die Beklagte dazu veranlasst, ihren Betrieb im Personalbereich zu rationalisieren. Dieser wirtschaftliche Hintergrund für die innerbetriebliche Umstrukturierung des Unternehmens der Beklagten ist im Interessenausgleich im Einverständnis mit dem Betriebsrat der Beklagten dokumentiert.

Beweis: Vorlage des Interessenausgleichs in Kopie – Anlage B 1.

Hätte die Beklagte dem Kläger allein unter Hinweis auf die rückläufige Auftragslage gekündigt, so hätte der Gegner vielleicht weiteres Zahlenmaterial für erforderlich halten können, um den unmittelbaren Zusammenhang zwischen Auftragsrückgang und Wegfall des Arbeitsplatzes zu veranschaulichen,

vgl Darlegungslast bei außerbetrieblichen Gründen, BAG 24.10.1979 – 2 AZR 940/77, BAGE 32, 150 = NJW 1981, 301.

Da es sich hier aber um einen innerbetrieblich motivierten Kündigungsgrund handelt, besteht kein Anspruch auf weiteren Vortrag, zumal sich der Name der klägerischen Partei auf einer Liste in der Anlage zum Interessenausgleich vom ... befindet.

Beweis: Vorlage der Liste in Kopie – Anlage B 2.

Die Beklagte hat die schlechte Auftragslage nur zum Anlass genommen, ihre Betriebsorganisation zu ändern. Die Entlassung von ... Mitarbeitern zur Reduzierung der Personalkosten um ... EUR war dringend erforderlich, nachdem mittels technischer Umorganisation keine weiteren Umsatzverbesserungen mehr zu erzielen waren. Diese Einschätzung wurde auch vom Betriebsrat der Beklagten geteilt. ...

Ist der festgestellte Verlust in einem Geschäftsjahr nur ausschlaggebendes Moment für die Umorganisation, so braucht der Arbeitgeber keine weiteren Zahlenangaben über das Geschäftsergebnis und den Anteil der Personalausgaben zu machen. Eine solche Darlegungspflicht des Arbeitgebers besteht nicht, weil das Gericht auf innerbetrieblichen Maßnahmen beruhende betriebsbedingte Kündigungsgründe nicht auf ihre Notwendigkeit und Zweckmäßigkeit überprüfen darf. Vielmehr hat das Gericht die freie Unternehmerentscheidung zu respektieren,

BAG 24.10.1979 – 2 AZR 940/77, BAGE 32, 150 = NJW 1981, 392.

Ergreift der Arbeitgeber zur Verbesserung seines Betriebsergebnisses technische oder organisatorische Maßnahmen, die die Zahl der Arbeitsplätze verringern, so können die Kündigungen aus innerbetrieblichen Gründen gerechtfertigt sein,

BAG 24.10.1979 – 2 AZR 940/77, BAGE 32, 150 = NJW 1981, 301.

Bei solchen Kündigungen aus innerbetrieblichen Gründen muss der Arbeitgeber darlegen, welche organisatorischen oder technischen Maßnahmen er durchführt und wie sie sich auf den Arbeitsplatz des gekündigten Arbeitnehmers auswirken,

BAG 24.10.1979 – 2 AZR 940/77, BAGE 32, 150 = NJW 1981, 301.

Diesen Anforderungen entspricht unser Vortrag.

Der Kläger hat behauptet, dass auf seinem Arbeitsplatz noch Arbeit anfalle. Außerdem sei seine Tätigkeit noch notwendig.

Diese Argumentation wäre aber nur dann erheblich, wenn die Beklagte hätte darlegen und beweisen müssen, dass der Arbeitsplatz des Klägers weggefallen sei. Gerade eine solche Darlegungs- und Beweislast des Arbeitgebers besteht bei innerbetrieblich betriebsbedingten Kündigungen, die auf Arbeitskräfteüberhang beruhen, nicht,

BAG 11.9.1986 – 2 AZR 564/85, EzA § 1 KSchG 1969 Betriebsbedingte Kündigung Nr. 54.

Vielmehr ist es ausreichend, wenn der Arbeitgeber darlegt und bei Bestreiten beweist, „dass durch einen außerbetrieblichen Grund ein Überhang an Arbeitskräften entstanden ist, durch den unmittelbar oder mittelbar das Bedürfnis zur Weiterbeschäftigung eines oder mehrerer (vergleichbarer) Arbeitnehmer entfallen ist",

BAG 11.9.1986 – 2 AZR 564/85, EzA § 1 KSchG 1969 Betriebsbedingte Kündigung Nr. 54.

Unter Respektierung der Unternehmerentscheidung genügt es ferner, wenn das Bedürfnis nach Weiterbeschäftigung eines Arbeitnehmers innerhalb einer Gruppe von Arbeitnehmern gesunken ist,

BAG 30.5.1985 – 2 AZR 321/84, NZA 1986, 155; BAG 11.9.1986 – 2 AZR 564/85, EzA § 1 KSchG Nr. 54.

Vor diesem Hintergrund hat die Beklagte ihrer Darlegungs- und Beweislast genügt.

Es stellt eine freie, vom Gericht zu respektierende Unternehmerentscheidung dar, wenn der Unternehmer, nachdem er einen Arbeitskräfteüberhang festgestellt hat, seinen Betrieb personalmäßig rationalisiert,

BAG 30.5.1985 – 2 AZR 321/84, NZA 1986, 155 – Gründe II 1.

Diese Unternehmerentscheidung ist nur dann nicht bindend, wenn sie offenbar unsachlich, unvernünftig oder willkürlich ist,

BAG 24.10.1979 – 2 AZR 940/77, BAGE 32, 150 = NJW 1981, 301; BAG 27.1.2011 – 2 AZR 9/10 = AP Nr. 187 zu § 1 KSchG 1969 Betriebsbedingte Kündigung.

Für eine beschlossene und tatsächlich durchgeführte Betriebsänderung spricht die Vermutung, dass sie aus sachlichen Gründen erfolgt ist,

BAG 24.10.1979 – 2 AZR 940/77, BAGE 32, 150 = NJW 1981, 301; BAG 27.1.2011 – 2 AZR 9/10 = AP Nr. 187 zu § 1 KSchG 1969 Betriebsbedingte Kündigung.

Ferner sprechen Sozialplan und Interessenausgleich für die soziale Rechtfertigung der Kündigung,

BAG 20.12.1983 – 1 AZR 442/82, BAGE 44, 364 = NZA 1984, 53.

6. Muster: Leistungsverdichtung

Aktenzeichen: ...
Gegner: zwei Abschriften anbei
In dem Rechtsstreit

... ./. ...

verkennt die klägerische Partei, dass die beklagte Partei keine innerbetrieblichen Gründe darzulegen hat, nachdem sie sich entschlossen hat, die Anzahl der Arbeitnehmer zu reduzieren, um die vorhandene Arbeit auf „weniger Schultern zu verteilen".

Wie das BAG entschieden hat,

BAG 24.4.1997 – 2 AZR 352/96, BAGE 85, 358 = NZA 1997, 1047,

gehört zur Organisation und Gestaltung des Betriebes, neben der Anschaffung von Maschinen, Gerätschaften sowie Vorrichtungen und der Gestaltung der Arbeitsabläufe, die Stärke der Belegschaft, mit der das Betriebsziel erreicht werden soll. Dazu gehört auch die Entscheidung über die Kapazität an Arbeitskräften und an Arbeitszeit und wie diese Kapazität verteilt werden soll. Dabei kann die Unternehmerentscheidung auch darin liegen, künftig auf Dauer mit weniger Personal zu arbeiten. Soweit dadurch eine Leistungsverdichtung eintritt, wird sie als Konzept gewollt und dadurch notwendig werdende Änderungen werden in Kauf genommen. Der rationelle Einsatz des Personals ist Sache der Unternehmerentscheidung,

BAG 24.4.1997 – 2 AZR 352/96, BAGE 85, 358 = NZA 1997, 1047.

Die beklagte Partei hat am ... beschlossen, Personal im Umfang von ... Mitarbeitern zu reduzieren und die vorhandene Arbeit mit weniger Arbeitskräften zu bewältigen. *Fischermeier* vertritt ebenso die Auffassung, dass die Entscheidung des Arbeitgebers, die von ihrem Volumen her unveränderte Arbeit auf weniger Schultern zu verteilen, als arbeitsgerichtlich grundsätzlich nicht überprüfbar hingenommen werden müsse,

Fischermeier, Die betriebsbedingte Kündigung nach den Änderungen durch das Arbeitsrechtliche Beschäftigungsförderungsgesetz, NZA 1997, 1089.

Die beklagte Partei ist deshalb nach der Entscheidung des BAG vom 24.4.1997 nicht mehr gehalten, unter Angabe weiterer, innerbetrieblicher Gründe, außer denen der Leistungsverdichtung, ihre freie Unternehmerentscheidung darzulegen.

Auch hat die beklagte Partei das Urteil des BAG vom 17.6.1999 beachtet,

BAG 17.6.1999 – 2 AZR 141/99, BAGE 92, 71 = NZA 1999, 1098.

Der 2. Senat hat in dem vorerwähnten Urteil ausgeführt, je näher sich die eigentliche Organisationsentscheidung und die Kündigung als solches seien, desto mehr müsse der Arbeitgeber im Prozess durch Tatsachenvortrag verdeutlichen, dass ein Bedürfnis für die Beschäftigung des Arbeitnehmers entfallen sei. Die Kündigung mehrerer Mitarbeiter aufgrund einer Unternehmerentscheidung zur dauerhaften Personalreduzierung sei selbst keine freie Unternehmerentscheidung. Die Kündigung als Unternehmerentscheidung besage nur, dass ein bestimmter Arbeitsplatz freigemacht werden solle. Sie sage nichts darüber aus, ob der Arbeitsplatz nach der Kündigung wieder besetzt werden solle.

Die Entscheidung des Arbeitgebers, den Personalbestand auf Dauer zu reduzieren, sei zwar eine Entscheidung, die zum Wegfall von Arbeitsplätzen führen und damit den entsprechenden Beschäftigungsbedarf entfallen lassen könne. Diese Unternehmerentscheidung sei aber hinsichtlich ihrer organisatorischen Durchführbarkeit und hinsichtlich des Begriffs „Dauer" zu verdeutlichen, damit das Gericht überhaupt prüfen könne, ob sie nicht offensichtlich unsachlich, unvernünftig oder willkürlich ist. Reduziere sich die Organisationsentscheidung zur Personalreduzierung auf die Kündigung als solche, seien diese beiden Unternehmerentscheidungen ohne nähere Konkretisierung nicht voneinander zu unterscheiden.

Unter Berücksichtigung der vorgenannten Grundsätze ergibt sich folgendes Bild:

Die Kündigung ist daher sozial gerechtfertigt. Die beklagte Partei hat die Kriterien Dauer der Betriebszugehörigkeit, Lebensalter und Unterhaltspflichten gem. § 1 Abs. 3 Satz 1 KSchG bei der Sozialauswahl hinreichend beachtet und angewendet.

466 **7. Muster: Weiterbeschäftigung zu verschlechterten Arbeitsbedingungen**

Das BAG hat im Urteil vom 7.12.1978,

    2 AZR 155/77, BAGE 31, 157 = NJW 1979, 1902,

die Grundsätze zusammengefasst, die für den Prüfungsmaßstab des Gerichts bei einer auf dringende betriebliche Erfordernisse gestützten Kündigung gelten. Danach können sich die betrieblichen Erfordernisse für eine Kündigung aus innerbetrieblichen Umständen (beispielsweise Rationalisierungsmaßnahmen, Umstellung oder Einschränkung der Produktion) oder durch außerbetriebliche Gründe (beispielsweise Auftragsmangel oder Umsatzrückgang) ergeben. Diese betrieblichen Erfordernisse müssen „dringend" sein und eine Kündigung im Interesse des Betriebes unvermeidbar machen. Diese weitere Voraussetzung ist erfüllt, wenn es dem Arbeitgeber nicht möglich ist, der betrieblichen Lage durch andere Maßnahmen auf technischem, organisatorischem oder wirtschaftlichem Gebiet als durch Kündigung zu entsprechen. Ein Umsatzrückgang kann dann eine betriebsbedingte Kündigung rechtfertigen, wenn dadurch der Arbeitsanfall so zurückgeht, dass für einen oder mehrere Arbeitnehmer das Bedürfnis zur Weiterbeschäftigung entfällt.

Auch wenn durch außer- oder innerbetriebliche Gründe der bisherige Arbeitsplatz des Arbeitnehmers wegfällt, ist eine Kündigung nur dann durch dringende betriebliche Erfordernisse bedingt, wenn dem Arbeitnehmer eine andere Beschäftigung nicht möglich oder nicht zumutbar ist. Bei außerbetrieblichen Gründen ist darüber hinaus zu prüfen, ob Kündigungen nicht durch innerbetriebliche Maßnahmen (insbesondere Arbeitsstreckung) vermieden werden können. Die organisatorischen Maßnahmen, die der Arbeitgeber trifft, um seinen Betrieb dem Umsatzrückgang oder der verschlechterten Ertragslage anzupassen, sind nicht auf ihre Notwendigkeit und Zweckmäßigkeit, wohl aber daraufhin zu überprüfen, ob sie offenbar unsachlich, unvernünftig oder willkürlich sind.

Die soziale Auswahl nach § 1 Abs. 3 Satz 1 KSchG erstreckt sich innerhalb des Betriebes nur auf Arbeitnehmer, die miteinander verglichen werden können. Vergleichbar sind solche Arbeitnehmer, die austauschbar sind,

    BAG 4.12.1959 – 1 AZR 382/57, AP § 1 KSchG Betriebsbedingte Kündigung Nr. 2.

Die Vergleichbarkeit der in die soziale Auswahl einzubeziehenden Arbeitnehmer richtet sich in erster Linie nach arbeitsplatzbezogenen Merkmalen und somit nach der ausgeübten Tätigkeit. Es ist zu prüfen, ob der Arbeitnehmer, dessen Arbeitsplatz weggefallen ist, die Funktion der anderen Arbeitnehmer wahrnehmen kann. Das ist nicht nur bei Identität des Arbeitsplatzes, sondern auch dann der Fall, wenn der Arbeitnehmer aufgrund seiner Fähigkeiten und Ausbildung eine andersartige, aber gleichwertige Tätigkeit ausführen kann. Der Vergleich vollzieht sich insoweit auf derselben Ebene der Betriebshierarchie (sog. horizontale Vergleichbarkeit),

BAG 7.2.1985 – 2 AZR 91/84, NZA 1986, 260.

Das BAG hat im Urteil vom 4.12.1959,

1 AZR 382/57, AP § 1 KSchG Betriebsbedingte Kündigung Nr. 2,

die Ansicht vertreten, der Arbeitgeber verletze die Pflicht zur sozialen Auswahl nicht, wenn er nicht von sich aus an einen sozial schlechter gestellten Arbeitnehmer herantritt, um ihn zu einer Vertragsänderung zu bewegen, damit für ihn dann durch die Entlassung eines sozial besser gestellten Arbeitnehmers dessen Stelle freigemacht werden kann. Es hat offen gelassen, ob der Arbeitgeber nicht auch bei einem solchen Sachverhalt das Arbeitsverhältnis unter geänderten Bedingungen dann fortsetzen muss, wenn der Arbeitnehmer selbst an ihn mit einem entsprechenden Angebot herangetreten ist. Die in diesem Urteil erwogene Einbeziehung von Arbeitnehmern in die soziale Auswahl erstreckt sich auf verschiedene Ebenen der Betriebshierarchie und wird als vertikale Vergleichbarkeit bezeichnet.

Das BAG hat im Urteil vom 13.9.1973,

2 AZR 601/72, BAGE 25, 278 = AP § 1 KSchG 1969 Nr. 2,

die hiervon zu unterscheidende, die Betriebsbedingtheit der Kündigung nach § 1 Abs. 2 Satz 1 KSchG betreffende Frage entschieden, ob der Arbeitgeber den Arbeitnehmer auf einem anderen freien Arbeitsplatz unter verschlechterten Arbeitsbedingungen weiterbeschäftigen muss.

Das BAG vertritt heute die Auffassung, dass der Arbeitgeber im Rahmen der sozialen Auswahl nach § 1 Abs. 3 Satz 1 KSchG jedenfalls nicht verpflichtet ist, von sich aus an den für eine Kündigung in Betracht kommenden Arbeitnehmer wegen einer Weiterbeschäftigung zu geänderten Arbeitsbedingungen heranzutreten,

BAG 19.4.1979 – 2 AZR 425/77, EzA § 1 KSchG Betriebsbedingte Kündigung Nr. 11; BAG 7.2.1985 – 2 AZR 91/84, NZA 1986, 260.

8. Muster: Weiterbeschäftigung im Konzern

466a

1. Das BAG vertritt in ständiger Rechtsprechung die Auffassung, dass der Kündigungsschutz nach dem KSchG nicht konzern-, sondern lediglich unternehmensbezogen ist,

BAG 18.10.2012 – 6 AZR 41/11, NZI 2013, 151.

Das Kündigungsschutzgesetz ist nicht konzernbezogen. Der Arbeitgeber ist vor Ausspruch einer betriebsbedingten Kündigung grundsätzlich nicht verpflichtet, den Arbeitnehmer in dem Betrieb eines anderen Unternehmens unterzubringen. Das ergibt sich schon daraus, dass Vertragspartner des Arbeitnehmers das vertragsschließende Unternehmen, der Arbeitgeber, ist. Die Weiterbeschäftigung durch ein anderes Unternehmen führt zwangsläufig zu einem Vertragspartnerwechsel,

ständige Rechtsprechung, vgl nur BAG 23.4.2008 – 2 AZR 1110/06 (Rn 22), AP KSchG 1969 § 1 Betriebsbedingte Kündigung Nr. 177; BAG 23.3.2006 – 2 AZR 162/05 (Rn 20), AP KSchG 1969 § 1 Konzern Nr. 13.

Eine konzernbezogene Weiterbeschäftigungspflicht kann ausnahmsweise bestehen, wenn sich ein anderes Konzernunternehmen ausdrücklich zur Übernahme des Arbeitnehmers bereiterklärt hat. Entsprechendes gilt, wenn sich eine Unterbringungsverpflichtung unmittelbar aus dem Arbeitsvertrag, einer sonstigen vertraglichen Absprache oder aus der in der Vergangenheit geübten Praxis ergibt. In solchen Fallgestaltungen kann der Arbeitnehmer einen vertraglichen Anspruch gegen seinen Arbeitgeber auf Verschaffung eines Arbeitsvertrages haben.

Weitere Voraussetzung einer unternehmensübergreifenden Weiterbeschäftigungspflicht ist ein bestimmender Einfluss des vertragsschließenden Unternehmens auf die „Versetzung",

> vgl BAG 23.4.2008 – 2 AZR 1110/06, NZA 2008, 939; BAG 23.11.2004 – 2 AZR 24/04, NZA 2005, 929.

Beruft sich der Arbeitnehmer auf konzernweiten Kündigungsschutz, muss er konkret aufzeigen, aus welchen vertraglichen Regelungen sich die konzernweite Weiterbeschäftigungspflicht ableitet und wie er sich eine anderweitige Beschäftigung vorstellt,

> vgl BAG 10.5.2007 – 2 AZR 626/05 (Rn 46), BAGE 122, 264.

2. Es liegt auch – unabhängig vom fehlenden Konzernkündigungsschutz – kein Gemeinschaftsunternehmen der Beklagten mit der ...-Gesellschaft vor, aus dem gegebenenfalls ein Kündigungsschutz über die Grenzen des Unternehmens der beklagten Partei hinaus abgeleitet werden könnte,

> dazu BAG 18.10.2012 – 6 AZR 41/11, NZI 2013, 151.

VIII. Bestandsschutzstreitigkeiten: Verhaltensbedingte Kündigung

1. Muster: Begünstigung von Arbeitnehmern – Kündigung einer Personalleiterin

Einer Personalleiterin, die mit dem Ziel, eine mit dem Betriebsrat geschlossene Betriebsvereinbarung über Mehrarbeit zu umgehen, toleriert, dass ein Mitarbeiter der Personalabteilung die Stempeluhr zum üblichen Arbeitsschluss bedient, dann aber weiterarbeitet, und die, um einem Arbeitnehmer Nachteile bei Zahlung des Arbeitslosengeldes zu ersparen, nach Abschluss des Aufhebungsvertrages den Arbeitsvertrag des ausscheidenden Arbeitnehmers bezüglich der Kündigungsfrist ändert, kann gem. § 626 BGB fristlos ohne vorherige Abmahnung gekündigt werden. Wägt man allerdings das Interesse eines Arbeitgebers, sich von einer Personalleiterin zu trennen, die Betriebsvereinbarungen offensichtlich nicht ernst nimmt, mit dem Interesse der Personalleiterin, an ihrem Arbeitsplatz festhalten zu dürfen, weil sie ohne konkrete Schädigungsabsicht zu Lasten des Arbeitgebers oder eines einzelnen Arbeitnehmers gehandelt hat, ab, überwiegt das Interesse der Personalleiterin an der Fortsetzung Ihres Arbeitsverhältnisses zumindest bis zum Ende der Kündigungsfrist. Eine Abmahnung muss einer solchen Kündigung nicht vorausgehen, denn die Personalleiterin kann nicht damit rechnen, dass der Arbeitgeber ihr Verhalten tolerieren würde. Das Verhalten der Personalleiterin betrifft den Vertrauensbereich,

> LAG Bremen 31.1.1997 – 4 Sa 85/96, LAGE § 626 BGB Nr. 107.

2. Muster: Betriebsablaufstörung bei Verstoß gegen Meldepflicht

Nach der Rechtsprechung des BAG ist neben der schuldhaften Verletzung einer Nebenpflicht nicht stets auch eine konkrete Störung des Arbeitsablaufs oder der Arbeitsorganisation Voraussetzung für einen verhaltensbedingten Kündigungsgrund,

> BAG 16.8.1991 – 2 AZR 604/90, NZA 1993, 17.

Eine konkrete Beeinträchtigung des Arbeitsverhältnisses liegt bereits in der Nichterbringung der vertraglich geschuldeten Leistung, in der Nichterfüllung der Pflicht zur Leistung der vereinbarten Dienste (§ 611 Abs. 1 BGB) durch Fernbleiben von der Arbeit. Kommt der Arbeitnehmer seiner Arbeitspflicht im vertraglichen Umfang nicht nach, wirkt sich das unmittelbar auf die Störung des Arbeitsverhältnisses im Leistungsbereich und als Beeinträchtigung des Verhältnisses von Leistung und Gegenleistung (Äquivalenzstörung) aus. Ob die Fehlzeiten des Arbeitnehmers sich über diese Störung hinaus auch noch konkret nachteilig auf den Betriebsablauf oder den Betriebsfrieden ausgewirkt haben, ist nicht für die Eignung als Kündigungsgrund, sondern nur für die im Rahmen der Interessenabwägung wesentlichen weiteren Auswirkungen der Pflichtverletzung erheblich. Solche konkreten Störungen sind somit nicht unabdingbare Voraussetzungen für die soziale Rechtfertigung der Kündigung, ihnen kommt vielmehr nur ein neben dem Vertragsverstoß zusätzlich belastendes Gewicht zu. Danach kann nach den Umständen des Einzelfalles bereits die Nichterfüllung der Vertragspflicht, also beispielsweise der Arbeitspflicht, eine Kündigung sozial rechtfertigen. Das gilt im Grundsatz ebenso für die Verletzung vertraglicher Nebenpflichten, deren Eignung als verhaltensbedingter Grund nicht davon abhängt, ob konkrete Störungen des Betriebsablaufs vorliegen, sondern davon, ob sie die Interessen des Vertragspartners beeinträchtigen oder ob sie für die Abwicklung des Arbeitsverhältnisses belanglos sind,

BAG 16.8.1991 – 2 AZR 604/90, NZA 1993, 17.

Schon der schuldhafte Verstoß gegen die vertragliche Meldepflicht stellt regelmäßig eine Störung des Arbeitsverhältnisses im Leistungsbereich dar. Ob noch zusätzlich Betriebsablaufstörungen verursacht worden sind, ist nur ein für die Interessenabwägung erheblicher Umstand. Im Rahmen der Interessenabwägung gilt für den Bereich der verhaltensbedingten Kündigung das Prognoseprinzip. Der Kündigungszweck ist zukunftsbezogen ausgerichtet, weil mit der verhaltensbedingten Kündigung das Risiko weiterer Vertragsverletzungen ausgeschlossen werden soll. Entscheidend ist, ob eine Wiederholungsgefahr besteht oder ob das vergangene Ereignis sich auch künftig weiter belastend auswirkt,

BAG 10.11.1988 – 2 AZR 215/88, NZA 1989, 633.

Abzuheben ist deshalb auf das Maß des Verschuldens, das zur Verletzung der Meldepflicht geführt hat. Abzustellen ist ferner auf die Tatsache, wie oft der Arbeitnehmer seiner Meldepflicht nicht nachgekommen ist. Hat der Arbeitnehmer zweimal seine Meldepflicht verletzt, spricht dies für eine Beharrlichkeit, dieser Pflicht auch in Zukunft nicht nachzukommen und damit eher für eine Wiederholungsgefahr.

3. Muster: Betriebsablaufstörung bei wiederholtem unentschuldigtem Fehlen

Wiederholtes, schuldhaft verspätetes Erscheinen eines Arbeitnehmers im Betrieb ist als Verletzung der Arbeitspflicht nach vorheriger Abmahnung grundsätzlich dazu geeignet, eine ordentliche Kündigung aus verhaltensbedingten Gründen sozial zu rechtfertigen. Die verhaltensbedingte Kündigung eines Gabelstaplerfahrers, der innerhalb von 15 Monaten an 52 Tagen zwischen 1 und 59 Minuten verspätet zur Arbeit erschien und dreimal abgemahnt worden war, ist sozial gerechtfertigt,

LAG Hamm 8.10.1997 – 18 Sa 539/97, BB 1998, 275.

Ein unentschuldigtes Fehlen zu Beginn der betrieblichen Arbeitszeit musste bei einem Gabelstapler zu Betriebsablaufstörungen führen. Dem Kläger musste dies auch bekannt gewesen sein. Auch aus Gründen der Betriebs- und Arbeitsdisziplin konnte der Arbeitgeber weitere Verstöße des Gabelstaplerfahrers gegen seine Verpflichtung, die Arbeit pünktlich aufzunehmen, nicht hinnehmen. Nur dann, wenn der gekündigte Mitarbeiter im Prozess vorträgt und zumindest glaubhaft macht, dass Betriebsablaufstörungen nicht eingetreten sind, kann der Arbeitgeber im Rahmen der Interessenabwägung gehalten sein, Konkretes vorzutragen, woraus sich tatsächlich Betriebsablaufstörungen ergeben haben,

LAG Hamm 8.10.1997 – 18 Sa 539/97, BB 1998, 275.

Kündigt der Arbeitgeber wegen wiederholten Zuspätkommens zur Arbeit, so kann er sich im Prozess auf betriebstypische Störungen des Betriebsablaufs auch dann berufen, wenn er diese Störungen dem Betriebsrat im Anhörungsverfahren nicht ausdrücklich mitgeteilt hat. Derartige Verspätungsfolgen sind dem Betriebsrat im Allgemeinen bekannt,

BAG 27.2.1997 – 2 AZR 302/96, NZA 1997, 761; LAG Schleswig-Holstein 28.11.2006 – 5 Sa 271/06, NZA-RR 2007, 129.

↑

4. Muster: Klageerwiderung bei verhaltensbedingter Kündigung

↓

Aktenzeichen: ...

Gegner: RAe ..., zwei Abschriften anbei

In dem Rechtsstreit

... ./. ...

bestellen wir uns zu Prozessbevollmächtigten der beklagten Partei, in deren Namen und Auftrag wir beantragen zu erkennen:

1. Die Klage wird abgewiesen.
2. Die Kosten des Rechtsstreits trägt die klägerische Partei.

Gründe:

Die Kündigung vom ... ist sozial gerechtfertigt, da sie durch Gründe im Verhalten der klägerischen Partei bedingt ist, § 1 Abs. 2 Satz 1 KSchG.

I.

1. Nach der Rechtsprechung des BAG rechtfertigen im Verhalten des Arbeitnehmers liegende Umstände dann eine Kündigung, wenn diese bei verständiger Würdigung die Kündigung als billigenswert und angemessen erscheinen lassen,

BAG 13.3.1987 – 7 AZR 601/85, NZA 1987, 518; BAG 22.7.1982 – 2 AZR 30/81, NJW 1983, 700.

Mit *Griebeling*,

KR/*Griebeling*, § 1 KSchG Rn 399,

lassen sich die Gründe für verhaltensbedingte Kündigungen in vier Fallgruppen einteilen:

- in die Pflichtwidrigkeiten im Leistungsbereich wie Schlecht- oder Fehlleistungen,
- in Verstöße gegen die betriebliche Ordnung (wozu auch Verstöße gegen ein Rauch- oder Alkoholverbot gehören),
- in Störungen im personalen Vertrauensbereich (bspw Vollmachtsmissbrauch, Annahme von Schmiergeldern) und
- schließlich in die Verletzung von arbeitsvertraglichen Nebenpflichten, wie zB Verstöße gegen die Gehorsams-, Treue- und Geheimhaltungspflicht.

Die gegen die klägerische Partei ausgesprochene Kündigung gehört zur Gruppe der ....

2. Aus dem Verhältnismäßigkeitsgrundsatz folgt, dass einer sozial gerechtfertigten verhaltensbedingten Kündigung im Regelfalle eine Abmahnung vorauszugehen hat,

    BAG 17.2.1994 – 2 AZR 616/93, BAGE 76, 35 = NZA 1994, 656; BAG 21.11.1985 – 2 AZR 21/85, NZA 1986, 713.

Ausnahme von diesem Grundsatz bildete in der Vergangenheit, dass bei Störungen im Vertrauensbereich eine Abmahnung im Allgemeinen entbehrlich war. Mit zwei Entscheidungen hat das BAG das Abmahnungserfordernis auch bei Störungen im Vertrauensbereich zwischenzeitlich bejaht, wenn ein steuerbares Verhalten des Arbeitnehmers vorliege und das Vertrauen wieder herstellbar erscheine,

    BAG 4.6.1997 – 2 AZR 526/96, BAGE 86, 95 = NJW 1998, 554; BAG 26.1.1995 – 2 AZR 649/94, BAGE 79, 176 = NZA 1995, 517.

Zwischenzeitlich hat das BAG mit Urteil vom 10.2.1999,

    BAG 10.2.1999 – 2 ABR 31/98, BAGE 91, 30 = NZA 1999, 708,

klargestellt, dass eine Abmahnung jedenfalls dann entbehrlich sei, wenn es um eine schwere Pflichtverletzung gehe, deren Rechtswidrigkeit für den Arbeitnehmer ohne weiteres erkennbar und bei der eine Hinnahme des Verhaltens durch den Arbeitgeber offensichtlich ausgeschlossen sei.

Die klägerische Partei wurde mit Schreiben vom ... abgemahnt.

    Beweis: Vorlage des Schreibens in Kopie – Anlage B 1.

II.

1. Die klägerische Partei hat einen Pflichtenverstoß begangen, der, wie vergleichbare Entscheidungen in der Rechtsprechung zeigen, zur ordentlichen, verhaltensbedingten Kündigung berechtigt: ...

2. Die klägerische Partei handelte auch schuldhaft: ...

III.

Nach der Rechtsprechung des BAG ist, wenn ein bestimmter Kündigungsgrund „an sich" geeignet ist, eine außerordentliche Kündigung zu rechtfertigen, nach § 626 Abs. 1 BGB weiterhin in eine Prüfung einzutreten, ob die Fortsetzung des Arbeitsverhältnisses unter Berücksichtigung der konkreten Umstände des Einzelfalles und der Abwägung der Interessen beider Vertragspartner zumutbar ist oder nicht,

    BAG 13.12.1984 – 2 AZR 454/83, NZA 1985, 288.

Diese Prüfung wird in der Praxis als „zweite Stufe" bezeichnet, in der alle vernünftigerweise in Betracht kommenden konkreten Umstände des Einzelfalles, die für oder gegen eine außerordentliche Kündigung sprechen, miteinander abgewogen werden, insbesondere unter dem Gesichtspunkt, ob diese Umstände die Fortsetzung des Arbeitsverhältnisses bis zum Ablauf der ordentlichen Kündigungsfrist unzumutbar machen oder nicht.

Wenn mehrere verschiedenartige Umstände als Kündigungsgründe in Betracht kommen, muss jeder einzelne Kündigungsgrund zunächst separat betrachtet werden, und wenn jeder dieser Gründe nicht als ausreichend angesehen wird oder aus Vorsichtsgründen ein weiterer argumentativer Weg eingeschlagen werden soll, sind die einzelnen Sachverhalte in eine Gesamtbetrachtung einzustellen,

    BAG 17.3.1988 – 2 AZR 576/87, BAGE 58, 37 = NZA 1989, 261.

Im Rahmen der Interessenabwägung sind auf Arbeitgeberseite das objektive Arbeitgeberinteresse an der Auflösung und das arbeitnehmerseitige Interesse an der Erhaltung des Beschäftigungsverhältnisses einander gegenüberzustellen.

Auf Arbeitgeberseite sind Art und Umfang der betrieblichen Störungen und Schäden, generalpräventive Aspekte (Betriebsdisziplin), die Gefährdung anderer Arbeitnehmer oder Dritter, der Verschuldensgrad und die

Wiederholungsgefahr zu betrachten. Auf Arbeitnehmerseite schlagen die Ursache des Vertragsverstoßes, der Umfang des Verschuldens, die Dauer der Betriebszugehörigkeit, etwa vorangehend unbeanstandetes Verhalten, das Lebensalter, die Arbeitsmarktsituation und die persönlichen wirtschaftlichen Folgen für den Arbeitnehmer zu Buche.

Eine an diesen Kriterien ausgerichtete Interessenabwägung führt zu folgendem Ergebnis:

5. Muster: Verdachtskündigung – Tatkündigung (Abgrenzung)

Nach ständiger Rechtsprechung des BAG kann nicht nur eine erwiesene Vertragsverletzung, sondern auch schon der Verdacht einer strafbaren Handlung oder einer sonstigen Verfehlung ein wichtiger Grund zur außerordentlichen Kündigung gegenüber dem verdächtigen Arbeitnehmer sein. Eine Verdachtskündigung liegt aber nur dann vor, wenn und soweit der Arbeitgeber seine Kündigung damit begründet, gerade der Verdacht eines (nicht erwiesenen) strafbaren bzw vertragswidrigen Verhaltens habe das für die Fortsetzung des Arbeitsverhältnisses erforderliche Vertrauen zerstört,

BAG 4.6.1964 – 2 AZR 310/63, BAGE 16, 72 = AP § 626 BGB Verdacht strafbarer Handlungen Nr. 13.

Der Verdacht einer strafbaren Handlung stellt gegenüber dem Vorwurf, der Arbeitnehmer habe die Tat begangen, einen eigenständigen Kündigungsgrund dar, der in dem Tatvorwurf nicht enthalten ist. Bei der Tatkündigung ist für den Kündigungsentschluss maßgebend, dass der Arbeitnehmer nach der Überzeugung des Arbeitgebers die strafbare Handlung tatsächlich begangen hat und dem Arbeitgeber aus diesem Grunde die Fortsetzung des Arbeitsverhältnisses unzumutbar ist,

KR/*Fischermeier*, § 626 BGB Rn 114, 210 ff; MüKo-BGB/*Henssler*, § 626 Rn 241.

Kündigt der Arbeitgeber nach rechtskräftiger Verurteilung des Arbeitnehmers mit der Begründung, der Arbeitnehmer habe die ihm vorgeworfene Straftat tatsächlich begangen, dann ist die Wirksamkeit der Kündigung in der Regel nicht nach den Grundsätzen der Verdachtskündigung zu beurteilen,

BAG 26.3.1992 – 2 AZR 519/91, NJW 1993, 83.

Bestreitet der Arbeitnehmer trotz rechtskräftiger Verurteilung weiterhin die Tatbegehung, hat das Arbeitsgericht ohne Bindung an das strafgerichtliche Urteil die erforderlichen Feststellungen selbst zu treffen. Die Ergebnisse des Strafverfahrens können dabei nach den allgemeinen Beweisregeln verwertet werden,

BAG 26.3.1992 – 2 AZR 519/91, NJW 1993, 83.

6. Muster: Verspätete Krankmeldung des Arbeitnehmers

Nach § 1 Abs. 2 KSchG ist die Kündigung u.a. sozial ungerechtfertigt, wenn sie nicht durch Gründe, die in dem Verhalten des Arbeitnehmers liegen, bedingt ist. Die unverzügliche Anzeige der Arbeitsunfähigkeit und deren voraussichtliche Dauer durch den Arbeitnehmer nach § 5 EntgeltFZG stellt eine arbeitsvertragliche Nebenpflicht dar. Ein Verstoß gegen diese Pflicht ist jedenfalls nach vorheriger Abmahnung geeignet, eine ordentliche Kündigung sozial zu rechtfertigen,

vgl BAG 7.12.1988 – 7 AZR 122/88, AP § 1 KSchG 1969 Verhaltensbedingte Kündigung Nr. 26; KR/*Griebeling*, § 1 KSchG Rn 475.

Gemäß § 5 Abs. 1 EntgeltFZG ist der Arbeitnehmer verpflichtet, dem Arbeitgeber die Arbeitsunfähigkeit anzuzeigen und vor Ablauf des dritten Kalendertages nach Beginn der Arbeitsunfähigkeit eine ärztliche Bescheinigung über die Arbeitsunfähigkeit sowie deren voraussichtliche Dauer nachzureichen.

Nach § 5 EntgeltFZG ist zu unterscheiden zwischen der Anzeige- und der Nachweispflicht. Die Arbeitsunfähigkeit und deren voraussichtliche Dauer sind unverzüglich anzuzeigen. Der Begriff „unverzüglich" ist im Sinne des allgemeinen Rechtsverständnisses als „ohne schuldhaftes Zögern",

vgl Legaldefinition in § 121 BGB,

zu verstehen, wobei besondere Vorschriften über Form und Inhalt der Anzeige nicht bestehen, insbesondere verlangt das Gesetz nicht eine Unterrichtung durch den Arbeitnehmer selbst,

AnwK-ArbR/*Sievers*, § 5 EFZG Rn 13.

Die unverzügliche Anzeige soll es dem Arbeitgeber ermöglichen, sich auf das Fehlen des Arbeitnehmers einstellen zu können,

AnwK-ArbR/*Sievers*, § 5 EFZG Rn 2.

Die – spätere – Nachweispflicht steht daher hinter der Anzeigepflicht zurück. Wegen der Auswirkungen auf den Betriebsablauf hat der Arbeitgeber in aller Regel ein größeres Interesse an einer Schnellunterrichtung über die Arbeitsunfähigkeit als an einem ärztlichen Nachweis darüber, ob die Behauptungen seines Arbeitnehmers zutreffen,

so zutreffend bereits BAG 15.1.1986 – 7 AZR 128/83, NZA 1987, 93.

Es wird daher zu Recht verlangt, es müsse sichergestellt sein, dass der Arbeitgeber jedenfalls am ersten Tage unterrichtet werde, und zwar durch Zugang der Anzeige, so dass das bloße Absenden einer Erklärung nicht genügt,

vgl AnwK-ArbR/*Sievers*, § 5 EFZG Rn 12.

Zur Abgabe der Krankmeldung ist ein vorheriger Arztbesuch nicht notwendig. Es ist nämlich in diesem ersten Stadium der Anzeigepflicht nicht erforderlich, dass der Arbeitnehmer die Art der Erkrankung beschreibt,

AnwK-ArbR/*Sievers*, § 5 EFZG Rn 9.

Das Gesetz trägt dem auch in seiner Formulierung Rechnung. Es verlangt hinsichtlich des Nachweises der voraussichtlichen Dauer der Arbeitsunfähigkeit nicht den Beweis der Richtigkeit der früher erfolgten Anzeige des Arbeitnehmers, sondern fordert eine eigenständige – ärztliche – Bescheinigung der voraussichtlichen Dauer an sich. Wenn aus der Verpflichtung der Anzeige der „voraussichtlichen" Dauer der Arbeitsunfähigkeit gefolgert wird, der Arbeitnehmer könne mit der Anzeige bis zur ärztlichen Diagnose zuwarten, wird der Regelungsgehalt der Vorschrift verkannt. Mit der „Anzeige" verlangt das Gesetz vom Arbeitnehmer nicht eine ärztlich gesicherte Diagnose, sondern eine Selbstdiagnose. Der Arbeitgeber soll sich, da der Nachweis durch Attest ohnehin binnen drei Tagen zu erfolgen hat, darauf einstellen können, ob der Arbeitnehmer demnächst wieder am Arbeitsplatz erscheint oder nicht.

Gemäß § 5 Abs. 1 Satz 3 EFZG ist der Arbeitgeber jedoch berechtigt, die Vorlage der ärztlichen Bescheinigung früher zu verlangen. Die Ausübung des Rechts, vom Arbeitnehmer die Vorlage einer ärztlichen Bescheinigung über das Bestehen der Arbeitsunfähigkeit und deren voraussichtliche Dauer schon von dem ersten Tag der Erkrankung an zu verlangen, steht nicht im an besondere Voraussetzungen gebundenen Ermessen des Arbeitgebers. Insbesondere ist es nicht erforderlich, dass gegen den Arbeitnehmer ein begründeter Verdacht besteht, er habe in der Vergangenheit eine Erkrankung nur vorgetäuscht. Eine tarifliche Regelung steht dem nur entgegen, wenn sie das Recht des Arbeitgebers aus § 5 Abs. 1 Satz 3 EFZG ausdrücklich ausschließt,

BAG 14.11.2012 – 5 AZR 886/11, NZA 2013, 322.

7. Muster: Videoüberwachung bei Verdacht der Unterschlagung[52]

Zwar stellt die heimliche Überwachung mit Videokameras einen Eingriff in das durch Art. 2 Abs. 1 GG geschützte Persönlichkeitsrecht des Betroffenen dar. Beweise, die durch solche Eingriffe erlangt werden, können einem Verwertungsverbot unterliegen. Das Gericht darf ein solches Beweismittel nur dann berücksichtigen, wenn besondere Umstände, zB eine notwehrähnliche Lage, den Eingriff rechtfertigen. Dabei ist der Grundsatz der Verhältnismäßigkeit zu wahren.

Dient der Eingriff dem Beweis vermuteter, von einer Arbeitnehmerin heimlich begangener strafbarer Handlungen, kann der Grundsatz der Verhältnismäßigkeit gewahrt sein,

> BAG 27.3.2003 – 2 AZR 51/02, NZA 2003, 1193; BAG 21.6.2012 – 2 AZR 153/11, NZA 2012, 1025; LAG Hamm 15.7.2011 – 10 Sa 1781/10, ZD 2012, 141 m. Anm. *Brink*, jurisPR-ArbR 47/2012 Anm. 1.

Die Arbeitgeberin darf deshalb unter den vorgenannten Voraussetzungen einer Arbeitnehmerin mit Videokameras verdeckt überwachen, sobald ein hinreichend konkreter Verdacht besteht, der nicht oder nur schwer mit anderen, das Persönlichkeitsrecht der Arbeitnehmerin wahrenden Mitteln geklärt werden kann. Die Kündigung ist auch nicht bereits deswegen unwirksam, weil der Betriebsrat vor der Installation einer Videokamera nicht beteiligt wurde. Zwar hat der Betriebsrat ein Mitbestimmungsrecht bei der Installation technischer Einrichtungen, mit denen das Verhalten der Arbeitnehmer überwacht werden soll, § 87 Abs. 1 Nr. 6 BetrVG. Die Verletzung dieses Rechts führt aber jedenfalls dann nicht zu einem Verwertungsverbot im Kündigungsschutzprozess, wenn der Betriebsrat der Kündigung in Kenntnis des durch die Überwachung gewonnenen Beweismittels zugestimmt hat,

> BAG 27.3.2003 – 2 AZR 51/02, NZA 2003, 1193; vgl auch LAG Köln 26.2.1999 – 11 Sa 795/98, juris; LAG Hamm 15.7.2011 – 10 Sa 1781/10, ZD 2012, 141 m. Anm. *Brink*, jurisPR-ArbR 47/2012 Anm. 1.

8. Muster: Wiederholtes unentschuldigtes Fehlen (Kurzfassung)

Aktenzeichen: ...

Gegner: RAe ..., zwei Abschriften anbei

In dem Rechtsstreit

... ./. ...

bestellen wir uns zu Prozessbevollmächtigten der beklagten Partei, eine auf uns lautende Bevollmächtigung versichernd. Namens und in Vollmacht der beklagten Partei beantragen wir:

1. Die Klage wird abgewiesen.
2. Die Kosten des Rechtsstreits trägt die klägerische Partei.

Gründe:

Die Klage kann keinen Erfolg haben. Die klägerische Partei hat wiederholt unentschuldigt gefehlt, eine Weiterbeschäftigung ist mit einem ordnungsgemäßen Betriebsablauf nicht mehr in Einklang zu bringen.

Wegen ihrer häufigen Fehlschichten ist die klägerische Partei wiederholt ermahnt und abgemahnt worden:

> **Beweis:** 1. Zeugnis ...
> 2. Vorlage des Abmahnungsschreibens in Kopie – Anlage B 1.

---

52 Die gegenteilige Auffassung wird durch das Muster 6459 (§ 6 Rn 302) zum Ausdruck gebracht.

Die Ermahnungen und Abmahnungen haben nichts genutzt. Die klägerische Partei hat auch am ... wiederum unentschuldigt gefehlt.

Beweis: 1. Personalkarte in Kopie – Anlage B 2.
2. Zeugnis des ...

Die beklagte Partei musste daher das Arbeitsverhältnis kündigen, zumal die übrige Belegschaft schon erklärt hat, die klägerische Partei dürfe sich bei der beklagten Partei offensichtlich einfach alles herausnehmen.

Beweis: Zeugnis ...

Der Betriebsrat ist gem. § 102 Betriebsverfassungsgesetz gehört worden und hat der Kündigung zugestimmt.

Beweis: Schreiben des Betriebsrats in Kopie – Anlage B 3.

9. Muster: Wiederholtes unentschuldigtes Fehlen (Langfassung)

Das BAG hat in ständiger Rechtsprechung,

BAG 6.2.1969 – 2 AZR 241/68, AP § 626 BGB Nr. 58; BAG 15.11.1984 – 2 AZR 613/83, NZA 1985, 661; BAG 20.9.1984 – 2 AZR 633/82, NZA 1985, 286,

die Auffassung vertreten, es liege ein die Kündigung rechtfertigender Grund vor, wenn es um das Verhalten eines Arbeitnehmers gehe, durch das das Arbeitsverhältnis konkret beeinträchtigt werde; solch eine Beeinträchtigung könne sich u.a. auf den Leistungsbereich beziehen.

Der 2. Senat des BAG hat dann im Urteil vom 17.3.1988,

BAG 17.3.1988 – 2 AZR 576/87, BAGE 58, 37 = NZA 1989, 261,

verdeutlicht, wenn ein Arbeitnehmer ohne rechtfertigenden Grund nicht (oder verspätet) zur Arbeit erscheine, dann erbringe er die von ihm geschuldete Arbeitsleistung nicht, was einen Verstoß gegen die arbeitsvertragliche Verpflichtung zur Erbringung der von ihm geschuldeten Arbeitsleistung darstelle. Soweit der Arbeitnehmer seiner Arbeitspflicht im vertraglichen Umfang nicht nachgekommen sei, wirke sich dies unmittelbar als Störung des Arbeitsverhältnisses im Leistungsbereich und als Beeinträchtigung des Verhältnisses von Leistung und Gegenleistung (Äquivalenzstörung) aus. Ob die Fehlzeiten des Arbeitnehmers sich über die Störung im Leistungsbereich hinaus auch noch konkret nachteilig auf den Betriebsablauf oder den Betriebsfrieden ausgewirkt hätten, sei nicht für die Eignung als Kündigungsgrund, sondern für die im Rahmen der Interessenabwägung wesentlichen weiteren Auswirkungen der Pflichtverletzung erheblich.

Was die vom Arbeitgeber anzustellende Prognose anbelangt, so müssen nicht schon jetzt die Auswirkungen auf das betriebliche Geschehen für hypothetisch in der Zukunft zu unterstellende Fehlzeiten dargestellt werden, man würde insoweit vom Arbeitgeber etwas Unmögliches verlangen,

BAG 17.1.1991 – 2 AZR 375/90, BAGE 67, 75 = NJW 1991, 1907.

Bei der anzustellenden Prognose geht es nur um die zu besorgende Einhaltung der Vertragspflichten durch den Arbeitnehmer. Insoweit hat der Arbeitgeber seiner Darlegungslast genügt, wenn er auf die Vertragsverstöße in der Vergangenheit, die dazu ausgesprochenen Abmahnungen und erneuten Vertragsverstöße des Arbeitnehmers hinweist. Daraus ergibt sich bereits die begründete Befürchtung, der Arbeitnehmer werde auch in Zukunft seiner Arbeitspflicht nicht arbeitstäglich genügen. Denn wer in der Vergangenheit wiederholt und trotz mehrerer Abmahnungen unter Kündigungsandrohung unentschuldigt gefehlt hat, bei dem besteht die Besorgnis, er werde es auch in Zukunft mit seinen Arbeitspflichten nicht so genau nehmen.

Wiederholtes unentschuldigtes Fehlen eines Arbeitnehmers nach Abmahnung ist deshalb geeignet, eine verhaltensbedingte Kündigung (§ 1 Abs. 2 KSchG) zu rechtfertigen. In diesem Falle ist es nicht für die Eignung als verhaltensbedingter Kündigungsgrund erheblich, sondern im Rahmen der abschließenden Interessenabwägung zusätzlich für den Arbeitnehmer belastend, wenn es neben der Störung im Leistungsbereich außerdem noch zu nachteiligen Auswirkungen im Rahmen der betrieblichen Verbundenheit (Betriebsablaufstörungen, Betriebsordnung, Betriebsfrieden) gekommen ist,

> BAG 17.3.1988 – 2 AZR 576/87, BAGE 58, 37 = NZA 1989, 261; BAG 17.1.1991 – 2 AZR 375/90, BAGE 67, 75 = NJW 1991, 1906.

Zwar werden bei der krankheitsbedingten Kündigung die Betriebsablaufstörungen unter dem Gesichtspunkt einer erheblichen Beeinträchtigung der betrieblichen Interessen bereits im Rahmen des eigentlichen personenbedingten Kündigungsgrundes geprüft,

> vgl BAG 16.2.1989 – 2 AZR 299/88, BAGE 61, 131 = NZA 1989, 923.

Aber auch hier finden die betrieblichen Auswirkungen außerdem ihre Berücksichtigung bei der abschließenden Interessenabwägung. Bei krankheitsbedingten Kündigungen liegt es nahe, bereits beim Kündigungsgrund auch die in der Person des Arbeitnehmers liegenden Beweggründe für die Kündigung in Relation zu den betrieblichen Interessen zu setzen. Bei der verhaltensbedingten Kündigung tritt die Leistungsstörung aber bereits dann ein, wenn der Arbeitnehmer seine Arbeitskraft unberechtigt zurückgehalten und vorwerfbar (und damit ihm zurechenbar) gegen seine Vertragspflichten verstoßen hat. Dann kommt etwa dadurch ausgelösten Betriebsablaufstörungen neben dem Vertragsverstoß im Rahmen der Interessenabwägung zusätzlich belastendes Gewicht zu. Das Vorliegen derartiger konkreter Störungen ist aber nicht unabdingbare Voraussetzung für eine Kündigung.

Mit seinem Urteil vom 17.1.1991 hat das BAG noch einmal ausdrücklich klargestellt, dass Betriebsablaufstörungen als Folge unentschuldigten Fehlens eines Arbeitnehmers nicht für die Eignung als Kündigungsgrund, sondern nur zusätzlich im Rahmen der Interessenabwägung erheblich sind, und zwar im Sinne einer Belastung des Arbeitnehmers,

> BAG 17.1.1991 – 2 AZR 375/90, BAGE 67, 75 = NJW 1991, 1906.

↑

IX. Bestandsschutzstreitigkeiten: Personenbedingte Kündigung

1. Muster: Beweiswert ärztlicher Arbeitsunfähigkeitsbescheinigungen (LAG München)

↓

Angesichts der Großherzigkeit, mit der manche Ärzte Arbeitsunfähigkeitsbescheinigungen ausstellen, meist ohne die jeweils am Arbeitsplatz zu erbringende Arbeitsleistung ihres Patienten überhaupt zu kennen, kann vernünftigerweise heute nicht mehr davon gesprochen werden, dass einer Arbeitsunfähigkeitsbescheinigung eines Arztes der ihr zuerkannte Beweiswert zukommt. Es ist eine gerichtsbekannte Tatsache, dass missbräuchlich Arbeitsunfähigkeitsbescheinigungen erschlichen oder ausgestellt werden. In manchen Betrieben spricht man spöttisch nicht mehr von der ärztlichen Arbeitsunfähigkeitsbescheinigung, sondern vom „gelben Urlaubsschein". Es muss doch zu denken geben, dass fast immer dann, wenn arbeitsrechtliche Konfliktsituationen aufbrechen, also beispielsweise Kündigungsschutz- oder Abmahnungsprozesse vor den Arbeitsgerichten geführt werden, der betroffene Arbeitnehmer zurzeit aufgrund einer ärztlich festgestellten Arbeitsunfähigkeit seine Arbeitsleistung nicht erbringt, gleichzeitig aber ohne jede Einschränkung als Partei am Güte- oder Kammertermin teilnehmen kann. Nach allgemeiner Lebenserfahrung wird in diesem Falle die ärztliche Arbeitsunfähigkeit als Flucht vor weiteren sozialen Kontakten mit dem Arbeitgeber in einer konkreten Konfliktlage genutzt, so dass es in derartigen Fällen eine allgemeine Lebenserfahrung, die den Beweiswert der ärztlichen Arbeitsunfähigkeitsbescheinigung rechtfertigt, nicht gibt. Der volkswirtschaftliche Schaden, der durch nicht gerechtfertigte ärztliche Attestierung von Arbeitsunfähigkeit entsteht, wird in Fachkreisen mit ca. 36 Mio. EUR jährlich in Ansatz gebracht. Dieser Schaden entsteht zu Lasten der Versichertengemeinschaft, ist also von den übrigen Arbeitnehmern teilweise mitzutragen, da er in die Höhe der Krankenversicherungsbeiträge Eingang findet. Es besteht ein legitimes Interesse der Allgemeinheit, dass Missbrauch durch die Inanspruchnahme von Rechten nicht betrieben wird, § 242 BGB. Der Rechtsprechung ist das Wächteramt zur Einhaltung der Gesetze in konkreten Einzelfällen übertragen, wobei man heute feststellen muss, dass die Arbeitsgerichte allgemein bei Vorlage ärztlicher Arbeitsunfähigkeitsbescheinigungen einem weiten Krankheitsbegriff zugänglich waren und nicht mit der ihnen ansonsten eigenen hohen Kritikfähigkeit ärztlichen Arbeitsunfähigkeitsbescheinigungen und deren missbräuchlicher Erstellung und Verwendung entgegentreten. Dies mag außerrechtliche Gründe im Bereich eines die persönliche Abhängigkeit des Arbeitnehmers besonders würdigenden sozialen Mitempfindens haben; dies mag sicherlich auch historisch bedingt sein angesichts einer früher auch in der Rechtsprechung generell verbreiteten Tabuisierung ärztlichen Handelns.

Die Rechtsprechung des LAG München hat diese Fehlentwicklung in einem wegweisenden Urteil vom 9.11.1988 beendet,

LAG München 9.11.1988 – 5 Sa 292/88, NZA 1989, 597.

Die Kammer ist der Auffassung, dass einer ärztlichen Arbeitsunfähigkeitsbescheinigung ein nennenswerter Beweiswert für das tatsächliche Bestehen von krankheitsbedingter Arbeitsunfähigkeit nicht zukomme. Das Landesarbeitsgericht hat die Auffassung aufgegeben, es bestehe eine allgemeine Lebenserfahrung, die besage, dass derjenige, der eine Arbeitsunfähigkeitsbescheinigung vorlege, auch tatsächlich arbeitsunfähig erkrankt sei. Zur Begründung weist das Landesarbeitsgericht darauf hin, dass der die Bescheinigung ausstellende Arzt in weiten Teilen ausschließlich auf die Angaben seines Patienten, der an dem Inhalt der ärztlichen Beurteilung ein höchstpersönliches Interesse habe, angewiesen sei. Da Ärzte einerseits keine „Übermenschen" seien, andererseits wegen des Vertrauensverhältnisses zu ihren Patienten von deren Hilfsbedürftigkeit ausgehen dürften, bestehen nach Auffassung der Kammer schlechte Aussichten dafür, dass der Arzt unwahre Angaben des Patienten durchschaue,

vgl *Meisel*, SAE 1983, 181 (184).

Prozessual hat dies zur Folge, dass der Arbeitgeber das Vorliegen von Arbeitsunfähigkeit mit Nichtwissen gem. § 138 Abs. 4 ZPO bestreiten kann, ohne darüber hinaus nähere Umstände darlegen zu müssen, die ernsthafte Zweifel an der Arbeitsunfähigkeit zu rechtfertigen vermögen,

LAG München 9.11.1988 – 5 Sa 292/88, NZA 1989, 597 (598).

Bei bestrittener Arbeitsunfähigkeit muss der Arbeitnehmer somit immer vollen Beweis für das Vorliegen einer die Arbeitsunfähigkeit bewirkenden Erkrankung antreten. Dabei hat der Arbeitnehmer die Möglichkeit, den behandelnden Arzt als Zeugen unter Entbindung von der ärztlichen Schweigepflicht zu benennen oder durch Vorlage eines ärztlichen Attestes, in dem die behauptete Erkrankung offenbart wird, Beweis zu führen, so dass das Gericht sich selbst ein Urteil über die Arbeitsunfähigkeit bilden kann,

Hunold, BB 1989, 845.

Gegebenenfalls muss dann ein Sachverständigengutachten eingeholt werden.

2. Muster: Erhebliche Fehlzeiten bei negativer Gesundheitsprognose

Aktenzeichen: ...

Gegner: RAe ..., zwei Abschriften anbei

In dem Rechtsstreit

... ./. ...

beantragen wir,

    die Klage abzuweisen.

Die Kündigung vom ... ist aus personenbedingten Gründen sozial gerechtfertigt:

I. Fehlzeiten

Die klägerische Partei ist seit dem ... bei der beklagten Partei beschäftigt.

Nach zunächst knapp überdurchschnittlichen Ausfallzeiten der klägerischen Partei infolge Erkrankung stiegen diese jährlich kontinuierlich wie folgt an:

2005 = ... Tage	2006 = ... Tage
2007 = ... Tage	2008 = ... Tage
2009 = ... Tage	2010 = ... Tage

Ab 2011 wurden krankheitsbedingte Ausfallzeiten wie nachstehend erreicht:

2011:

vom ... bis ... = ... Tage
vom ... bis ... = ... Tage
vom ... bis ... = ... Tage
vom ... bis ... = ... Tage
vom ... bis ... = ... Tage   ... Tage

2012:

vom ... bis ... = ... Tage
vom ... bis ... = ... Tage
vom ... bis ... = ... Tage
vom ... bis ... = ... Tage   ... Tage

2013:

vom ... bis ... = ... Tage
vom ... bis ... = ... Tage
vom ... bis ... = ... Tage
vom ... bis ... = ... Tage   ... Tage

Die aus den häufigen Erkrankungen resultierenden Lohnfortzahlungskosten belaufen sich nach aktueller Feststellung für die Zeit vom ... bis zum ... auf ... EUR.

Aufgrund sukzessive ansteigender krankheitsbedingter Ausfallzeiten wurde die klägerische Partei von dem Leiter ... zu einem Personalgespräch am ... unter Beteiligung des Betriebsrats gebeten, um Auskunft über die weitere berufliche Dispositionsmöglichkeit sowie über die voraussichtliche Dauer der Arbeitsunfähigkeit zu erhalten. Die klägerische Partei sagte diesen Termin ab. Es wurde ein weiterer Termin am ... vereinbart.

In diesem Gespräch erklärte die klägerische Partei: ...

Die beklagte Partei bot durch ... der klägerischen Partei eine Stelle als ... an. Die klägerische Partei lehnte jedoch dieses Angebot ab und erklärte, an ihrem bisherigen Arbeitsplatz weiter arbeiten zu wollen.

Der Vorgesetzte widersprach den Ausführungen der klägerischen Partei, vor 2013 kaum nennenswerte Ausfallzeiten aufzuweisen. Es gehe nicht an, Fehlzeiten im Umfang von ... in der Zeit zwischen ... und ... als unwesentlich zu bezeichnen, nur weil die Fehlzeiten in den Folgejahren noch höher geworden seien.

II. Arbeitsrechtliche Würdigung

Beurteilung aus Gründen in der Person:

Nach ständiger Rechtsprechung des BAG ist die Frage einer etwaigen Sozialwidrigkeit einer wegen häufiger Erkrankungen ausgesprochenen Kündigung in drei Stufen zu prüfen.

1. In der ersten Stufe kommt es darauf an, ob eine negative Gesundheitsprognose vorliegt. Es müssen im Zeitpunkt der Kündigung objektive Tatsachen vorliegen, die die Besorgnis des Arbeitgebers rechtfertigen, dass weiterhin mit überdurchschnittlich hohen krankheitsbedingten Ausfallzeiten zu rechnen ist. Nachdem zum jetzigen Zeitpunkt feststeht, dass die von der klägerischen Partei am ... als unmittelbar bevorstehend bezeichnete OP nicht stattfand und sie trotz Aufforderung nicht erklärte, ob und wann diese OP erfolgen wird, muss die beklagte Partei weitere lang andauernde Ausfallzeiten befürchten.

Auch allein unter Betrachtung der Tatsache, dass die klägerische Partei arbeitsunfähigkeitsbedingte Ausfallzeiten bis zu ... Tage jährlich als unwesentlich betrachtet, muss der Arbeitgeber auch und insbesondere nach einer eventuellen OP weiterhin mit gleichen oder ähnlich hohen Ausfallzeiten infolge Erkrankung rechnen. Die negative Gesundheitsprognose ist eindeutig und unstreitig.

Da keine Erkenntnisse zu einer Verbesserung der Fähigkeit zur Verrichtung der arbeitsvertraglich geschuldeten Arbeiten vorliegen, die klägerische Partei darüber hinaus Tätigkeiten mit verändertem Profil mit den geringstmöglichen körperlichen Anforderungen selbst abgelehnt hatte, lässt sich ein Rückgang der bisherigen Krankheitsausfallzeiten in der Zukunft nicht mehr nachvollziehbar erwarten. Die arbeitgeberseitige Befürchtung weiterer, gleich hoch zu erwartender Ausfälle wegen Krankheit ist somit berechtigt.

Bei häufigen Erkrankungen muss ein Arbeitnehmer nachvollziehbar darlegen, dass künftig mit einem Rückgang seiner Fehlzeiten zu rechnen ist. Bei einer negativen Indizwirkung hat der Arbeitnehmer gem. § 138 Abs. 2 ZPO darzulegen, weshalb mit einer baldigen Genesung zu rechnen ist, wobei er seiner prozessualen Mitwirkungspflicht schon dann genügt, wenn er die Behauptungen des Arbeitgebers nicht nur bestreitet, sondern seinerseits vorträgt, die ihn behandelnden Ärzte hätten die gesundheitliche Entwicklung positiv beurteilt, und wenn er die ihn behandelnden Ärzte von der Schweigepflicht entbindet. Alsdann ist es Sache des Arbeitgebers, den Beweis für das Vorliegen einer negativen Gesundheitsprognose zu führen,

BAG 10.11.2005 – 2 AZR 44/05, NZA 2006, 655.

Die statistische Ausführung der Fehlzeiten der klägerischen Partei kann nicht zu der Auffassung führen, dass künftig mit deutlich geringeren und nur noch durchschnittlichen Ausfallzeiten gerechnet werden kann.

Soweit die klägerische Partei vorträgt, es habe sich nunmehr, nach Ausspruch der Kündigung, eine Verbesserung ihres Gesundheitszustandes ergeben und es könne eine positive Prognose über ihre weitere gesundheitliche Entwicklung gestellt werden, verfängt dieser Einwand der klägerischen Partei nicht. Die vom BAG in seiner früheren Rechtsprechung vertretene Auffassung, die spätere Entwicklung einer Krankheit nach Ausspruch einer Kündigung könne zur Bestätigung oder Korrektur der Prognose verwertet werden,

BAG 10.11.1983 – 2 AZR 291/82, NJW 1984, 1417,

ist überholt. Der 2. Senat hat im Urteil vom 29.4.1999 betont, für die Beurteilung einer krankheitsbedingten Kündigung sei allein auf den Kündigungszeitpunkt abzustellen.

BAG 29.4.1999 – 2 AZR 431/98, BAGE 91, 271 = NZA 1999, 978.

Zum Kündigungszeitpunkt ergab sich vorliegend eine negative Gesundheitsprognose.

2. In der zweiten Stufe ist zu prüfen, ob die zu erwartenden Fehlzeiten zu einer erheblichen Beeinträchtigung der betrieblichen Belange und Interessen führen und somit eine krankheitsbedingte Kündigung gerechtfertigt ist.

Die Beeinträchtigung der betrieblichen Interessen durch die Fehlzeiten der klägerischen Partei ist erheblich.

Die klägerische Partei verrichtet Tätigkeiten, die in einem Arbeitsbereich mit einer knapp kalkulierten Anzahl von Mitarbeiterinnen anfallen.

Alle Personalausfälle, insbesondere die, die während des Entgeltfortzahlungszeitraumes ständig zu Lasten des vorhandenen Personals ohne Ersatzgestellmöglichkeiten von Aushilfen erfolgen müssen, sind besonders schwer zu kompensieren. Die Miterledigung der Arbeiten kann jedoch von dem übrigen vorhandenen Personal nicht weiter in dem bisherigen Umfang abverlangt werden.

Die laufenden Arbeiten werden den Funktionen der Mitarbeiter entsprechend verrichtet und müssen zeitlich ineinander greifend erfolgen.

Im Hinblick auf die von der klägerischen Partei geschuldeten Aufgaben sind diese Arbeiten termingebunden und daher weder verschiebbar noch zeitlich streckbar. In Anbetracht der Aufgabenerfüllung mit dem vorhandenen Personal führt der umfangreiche und häufige Ausfall einer Mitarbeiterin zwangsläufig zu ganz erheblichen Betriebsablaufstörungen. Zudem führt die ständige Kompensierung der von der klägerischen Partei zu verrichtenden Arbeiten durch andere Mitarbeiterinnen zu lautem Unmut unter diesen Beschäftigten.

Hinzu kommen die bisher angefallenen, außergewöhnlich hohen Lohnfortzahlungskosten. Diese zusätzlichen Kosten, die im Falle des Fortbestandes des Arbeitsverhältnisses der klägerischen Partei auch in Zukunft in großer Höhe erwartet werden müssen, stellen zusätzlich eine ganz erhebliche wirtschaftliche Belastung dar.

3. Die vorstehend aufgeführten Beeinträchtigungen betrieblicher Interessen brauchen von der beklagten Partei billigerweise auch nicht mehr hingenommen werden, insbesondere unter Berücksichtigung der Tatsache, dass das Arbeitsverhältnis aufgrund der sukzessiven angestiegenen Ausfallzeiten fast durchgehend belastet war.

Es bedarf keiner weiteren Ausführungen, dass derartige Fehlzeiten sowohl für die Arbeitskolleginnen als auch für den Arbeitgeber absolut unzumutbar sind. Derartige Beeinträchtigungen brauchen unter keinen Umständen hingenommen zu werden, so dass auch die Anforderungen der dritten Stufe des vom BAG aufgestellten Prüfungsschemas erfüllt sind.

Hinzu tritt, dass bei krankheitsbedingter dauernder Leistungsunfähigkeit in aller Regel ohne weiteres von einer erheblichen Beeinträchtigung der betrieblichen Interessen auszugehen ist,

> BAG 28.2.1990 – 2 AZR 401/89, NZA 1990, 727; bestätigt durch BAG 29.4.1999 – 2 AZR 431/98, BAGE 91, 271 = NZA 1999, 978.

4. Alternative Beschäftigung

Die Frage einer alternativen Beschäftigung stellt sich nicht, zumal der klägerischen Partei eine andere Tätigkeit in Aussicht gestellt wurde, sie jedoch erklärte, ausschließlich als ... eingesetzt werden zu wollen.

5. Betriebliches Eingliederungsmanagement

Die beklagte Partei trifft vorliegend insoweit nicht deshalb eine erhöhte Darlegungslast, weil sie vor der Kündigung kein betriebliches Eingliederungsmanagement (bEM) nach § 84 Abs. 2 SGB IX durchgeführt hat. Diese Verpflichtung, deren Missachtung zu einer Erweiterung der Darlegungslast des Arbeitgebers hinsichtlich des Fehlens anderer Einsatzmöglichkeiten führen kann,

> vgl dazu BAG 12.7.2007 – 2 AZR 716/06 (Rn 44), BAGE 123, 234,

betrifft nach § 84 Abs. 2 Satz 1 SGB IX Beschäftigte, die innerhalb eines Jahres länger als sechs Wochen ununterbrochen oder wiederholt arbeitsunfähig sind. Zwar liegen die Voraussetzungen für die Durchführung eines bEM damit vor, obwohl bei der beklagten Partei keine Interessenvertretung iSd § 84 Abs. 2 SGB IX besteht. Der Kläger hat jedoch ein solches Verfahren ausdrücklich mit Erklärung vom ... abgelehnt, obwohl die beklagte Partei ihm das Aufklärungsmerkblatt zum bEM eine Woche zuvor ausgehändigt hatte. Ohne Zustimmung des betroffenen Arbeitnehmers kann das bEM nicht durchgeführt werden.

6. Lohnfortzahlungskosten

Mit Entscheidung des BAG vom 29.7.1993

> 2 AZR 155/93, NZA 1994, 67,

wurde einer arbeitgeberseitigen Kündigung des Arbeitsverhältnisses einer seit 17 Jahren bei einem Arbeitgeber beschäftigten Mitarbeiterin stattgegeben, weil diese während der letzten drei Jahre an durchschnittlich

55 Tagen wegen Arbeitsunfähigkeit fehlte und dem Arbeitgeber 9.049,86 EUR an Lohnfortzahlungskosten entstanden waren,

vgl hierzu auch BAG 13.12.1990 – 2 AZR 342/90, juris, mit zusätzlicher Feststellung zur Entlassung nach häufiger Krankheit; BAG 10.3.1977 – 2 AZR 79/76, BAGE 29, 49 = NJW 1977, 2132 und BAG 5.7.1990 – 2 AZR 154/90, NZA 1991, 185.

Die Lohnfortzahlungskosten im Krankheitsfalle betrugen innerhalb der letzten 3 Jahre ... EUR.

3. Muster: Häufige Kurzerkrankungen

Nach der Rechtsprechung des BAG,

BAG 28.2.1990 – 2 AZR 401/89, NZA 1990, 727; BAG 13.12.1990 – 2 AZR 342/90, juris,

kann die krankheitsbedingte dauernde Unfähigkeit, die vertraglich geschuldete Arbeitsleistung zu erbringen, als personenbedingter Grund zur ordentlichen Kündigung berechtigen. Steht bei einem Arbeitsverhältnis fest, dass der Arbeitnehmer in Zukunft die geschuldete Arbeitsleistung überhaupt nicht mehr erbringen kann, ist schon aus diesem Grund das Arbeitsverhältnis auf Dauer ganz erheblich gestört. Die unzumutbare betriebliche Beeinträchtigung besteht darin, dass der Arbeitgeber damit rechnen muss, dass der Arbeitnehmer auf Dauer außerstande sei, die von ihm geschuldete Leistung zu erbringen. Auch in einem solchen Falle liegt dann kein Kündigungsgrund vor, wenn der Arbeitnehmer trotz seines Leidens auf einem anderen Arbeitsplatz weiterbeschäftigt werden könnte. Denn der Arbeitgeber muss nach dem Grundsatz der Verhältnismäßigkeit vor jeder ordentlichen Beendigungskündigung von sich aus eine beiden Parteien zumutbare Weiterbeschäftigung auf einem freien Arbeitsplatz, auch zu geänderten Bedingungen, anbieten,

BAG 28.2.1990 – 2 AZR 401/89, NZA 1990, 727.

Ein freier Arbeitsplatz, der dem Arbeitnehmer hätte angeboten werden können, steht nicht zur Verfügung.

Nach der ständigen Rechtsprechung des BAG,

zuletzt BAG 16.2.1989 – 2 AZR 299/88, BAGE 61, 131 = NZA 1989, 923; BAG 6.9.1989 – 2 AZR 19/89, NZA 1990, 307,

ist die Sozialwidrigkeit einer wegen häufiger Erkrankungen ausgesprochenen ordentlichen Kündigung des Arbeitgebers in drei Stufen zu prüfen. Zunächst ist eine negative Prognose hinsichtlich des voraussichtlichen Krankheitszustandes erforderlich. Die entstandenen und prognostizierten Fehlzeiten müssen zu einer erheblichen Beeinträchtigung der betrieblichen Interessen führen. In der dritten Stufe, bei der Interessenabwägung, ist dann zu prüfen, ob die erhebliche Beeinträchtigung der betrieblichen Interessen zu einer unzumutbaren Belastung des Arbeitgebers führt.

Die Häufigkeit von in der Vergangenheit aufgetretenen Erkrankungen des Arbeitnehmers rechtfertigt eine negative Gesundheitsprognose,

BAG 6.9.1989 – 2 AZR 19/89, NZA 1990, 307.

Es ist Sache des Arbeitnehmers, die aus den vergangenheitsbezogenen Fehlzeiten berechtigterweise vom Arbeitgeber entwickelte Gesundheitsprognose dadurch zu entkräften, dass er substantiiert Umstände vorträgt, aufgrund derer keine Besorgnis weiterer Erkrankungen bestehe,

BAG 6.9.1989 – 2 AZR 19/89, NZA 1990, 307.

Maßgebender Zeitpunkt für die Beurteilung der sozialen Rechtfertigung der Kündigung ist ihr Zugang beim Gekündigten. Dies gilt grundsätzlich auch für die bei einer krankheitsbedingten Kündigung anzustellende Gesundheitsprognose. Soweit das BAG ausnahmsweise in seinem Urteil vom 10.11.1983,

2 AZR 291/82, NJW 1984, 1417,

eine Bestätigung oder Korrektur der Gesundheitsprognose durch die tatsächliche spätere Entwicklung einer Krankheit erwogen hat, gilt dies grundsätzlich nur für den Fall, dass der Arbeitnehmer nach dem Ende der Kündigungsfrist zu den bisherigen Bedingungen weitergearbeitet hat.

Außerdem hat das BAG in verschiedenen Urteilen,

> BAG 9.4.1987 – 2 AZR 210/86, NZA 1987, 811; BAG 6.9.1989 – 2 AZR 118/89, NZA 1990, 305; BAG 5.7.1990 – 2 AZR 154/90, NZA 1991, 185,

klargestellt, dass die tatsächliche Entwicklung nach Kündigungsausspruch dann nicht berücksichtigt werden kann, wenn sie auf einem neuen Kausalverlauf beruht, der erst nach dem Kündigungszeitpunkt eingetreten ist. Der neue Kausalverlauf kann durch subjektiv vom Arbeitnehmer beeinflussbare Umstände ausgelöst werden, wie beispielsweise durch eine nach Kündigungsausspruch durchgeführte und zuvor vom Arbeitnehmer abgelehnte Operation oder Therapie sowie durch eine Änderung der bisherigen Lebensführung, oder durch außerhalb seines Einflussbereiches liegende Umstände, wie zB durch die Anwendung eines vom behandelnden Arzt bisher nicht erwogenen Heilmittels.

Allein die entstandenen und künftig zu erwartenden Lohnfortzahlungskosten, die jedoch jeweils für einen Zeitraum von mehr als sechs Wochen aufzuwenden sind, stellen eine erhebliche Beeinträchtigung betrieblicher Interessen bei der Beurteilung der sozialen Rechtfertigung der Kündigung dar. Dies gilt auch dann, wenn der Arbeitgeber Betriebsablaufstörungen nicht dargelegt und eine Personalreserve nicht vorhält,

> BAG 29.7.1993 – 2 AZR 155/93, NZA 1994, 67; BAG 5.7.1990 – 2 AZR 154/90, NZA 1991, 185.

Bei Anwendung dieser Grundsätze ist Folgendes festzustellen:

...

Nach der Rechtsprechung des BAG ist die erhebliche Beeinträchtigung der betrieblichen Interessen (2. Prüfungsabschnitt) Teil des Kündigungsgrundes. Als Beeinträchtigungen kommen schwerwiegende Störungen im Produktionsprozess (Betriebsablaufstörungen) und zum anderen eine erhebliche wirtschaftliche Belastung des Arbeitgebers in Betracht,

> BAG 16.2.1989 – 2 AZR 299/88, BAGE 61, 139 = NZA 1989, 923.

Die zu erwartende wirtschaftliche Belastung des Arbeitgebers mit außergewöhnlich hohen Entgeltfortzahlungskosten, die für jährlich jeweils einen Zeitraum von mehr als 6 Wochen aufzuwenden sind, stellt für sich allein einen zur sozialen Rechtfertigung der Kündigung geeigneten Grund dar. Dabei ist nur auf die Kosten des Arbeitsverhältnisses abzustellen,

> BAG 16.2.1989 – 2 AZR 299/88, BAGE 61, 139 = NZA 1989, 923; BAG 13.12.1990 – 2 AZR 342/90, juris.

Bei Anwendung dieser Grundsätze sind sowohl schwerwiegende Störungen im Betriebsablauf als auch außergewöhnlich hohe Entgeltfortzahlungskosten, die zur personenbedingten Kündigung berechtigen, festzustellen:

...

Im Rahmen der Interessenabwägung ist zu prüfen, inwieweit die Entgeltfortzahlungskosten die Mindestgrenze von 6 Wochen übersteigen. Dabei ist es nicht verwehrt, aus dem Gesamtbetrag der angefallenen Lohnfortzahlungskosten den zu berücksichtigenden Anteil zu ermitteln. Allerdings verbietet sich dabei jede quantifizierende Betrachtungsweise,

> BAG 25.11.1982 – 2 AZR 140/81, BAGE 40, 361 = AP § 1 KSchG 1969 Krankheit Nr. 7, BAG 16.2.1989 – 2 AZR 299/88, BAGE 61, 139 = NZA 1989, 923.

Deshalb bildet die voraussichtliche Kostenbelastung, prognostiziert auf der Grundlage der bisherigen Belastung, auch nur einen von mehreren Gesichtspunkten, die bei der Interessenabwägung zu berücksichtigen sind. Im Rahmen der Interessenabwägung ist aber zu prüfen, welche Kostenbelastung der Arbeitgeber in der Zukunft zu besorgen hat. Deshalb können für diese Wertung auch nur die Lohnfortzahlungskosten berücksichtigt werden, die auf die im Rahmen der negativen Gesundheitsprognose ermittelten Ausfallzeiten entfallen. Bei dieser Betrachtungsweise wird auf das Erfordernis konkret vorliegender und erheblicher Beeinträchtigungen betrieblicher Interessen nicht verzichtet. Ist nämlich anhand der in der Vergangenheit vorgekommenen Fehlzeiten zu prüfen, ob mit erheblichen und unzumutbaren Belastungen zu rechnen ist, und wird diese Frage bejaht, dann liegt auch stets eine konkrete Beeinträchtigung betrieblicher Interessen vor,

BAG 13.12.1990 – 2 AZR 342/90, juris.

Nach der Rechtsprechung des BAG sind die Lohnfortzahlungskosten bereits dann erheblich, wenn sie die für die Entgeltfortzahlung im Krankheitsfall geltende Mindestgrenze von 6 Wochen übersteigen. Der 2. Senat des BAG hat dies in ständiger Rechtsprechung dargelegt,

BAG 16.2.1989 – 2 AZR 299/88, BAGE 61, 139 = NZA 1989, 923; BAG 6.9.1989 – 2 AZR 19/89, NZA 1990, 307; BAG 6.9.1989 – 2 AZR 224/89, NZA 1990, 434; BAG 5.7.1990 – 2 AZR 154/90, NZA 1991, 185.

In den vorerwähnten Entscheidungen hat das BAG stets darauf hingewiesen, dass zu erwartende Entgeltfortzahlungskosten bereits dann erheblich und damit geeignet sind, einen Kündigungsgrund abzugeben, wenn sie im Jahr jeweils für mehr als 6 Wochen aufgewendet werden. Alle anderen Umstände, zu denen auch die Höhe der diese Grenze übersteigenden Kosten gehört, dürfen im 3. Prüfungsabschnitt berücksichtigt werden.

Das BAG hat in seinem Urteil vom 6.9.1989 eine die Mindestgrenze um 50 % übersteigende Belastung des Arbeitgebers mit Entgeltfortzahlungskosten weder als Regelwert noch als festen Grenzwert angesehen. Es hat darüber hinaus alle Vorschläge abgelehnt, die für die Sozialwidrigkeit einer krankheitsbedingten Kündigung an generelle Regeln anknüpfen.

BAG 6.9.1989 – 2 AZR 19/89, NZA 1990, 307.

Bei Beachtung dieser Grundsätze des BAG ergibt die Interessenabwägung folgendes Ergebnis:

...

4. Muster: Klageerwiderung bei ordentlicher Kündigung aus personenbedingten Gründen

Aktenzeichen: ...
Gegner: RAe ..., zwei Abschriften anbei
In dem Rechtsstreit

... ./. ...

bestellen wir uns zu Prozessbevollmächtigten der beklagten Partei, eine auf uns lautende Bevollmächtigung versichernd, und beantragen:

1. Die Klage wird abgewiesen.
2. Die Kosten des Rechtsstreits trägt die klägerische Partei.

Gründe:

Die klägerische Partei hat zutreffend vorgetragen, dass sie als ... eingestellt wurde. Richtig ist auch, dass die beklagte Partei ... Arbeitnehmer beschäftigt und der klägerischen Partei mit Schreiben vom ... gekündigt hat. Die Kündigung ist sozial gerechtfertigt. Sie erfolgte aus personenbedingten Gründen. Die klägerische Partei leidet an einer ... und ist daher schon seit mehreren Jahren häufig längere Zeit arbeitsunfähig krank. Wegen der früheren Erkrankungen wird insoweit auf die in Fotokopie beigefügte Personalkarte der klägerischen Partei verwiesen.

Beweis: Vorlage der Personalunterlagen in Kopie – Anlage B 1

Im vergangenen Jahr hatte die klägerische Partei folgende Arbeitsunfähigkeits-Fehlzeiten: ...
Seit dem ... ist die klägerische Partei erneut fortlaufend krank.

Wann die klägerische Partei wieder arbeitsfähig sein wird, ist nicht abzusehen. Die klägerische Partei hat am ... nach entsprechender Anfrage erklärt, ihr behandelnder Arzt könne noch nicht beurteilen, wann sie wieder arbeiten könne. Sie müsse aber zunächst noch ein Heilverfahren durchführen, das beantragt, allerdings noch nicht bewilligt sei. Im Übrigen habe ihr Arzt ihr geraten, sich umschulen zu lassen.

    Beweis: 1. Zeugnis Arzt Dr. ...
                    2. Parteivernehmung der klägerischen Partei

Die beklagte Partei ist nicht in der Lage, die klägerische Partei weiterzubeschäftigen. Die beklagte Partei unterhält nur ein kleines Unternehmen und beschäftigt die klägerische Partei als einzige ... Während des Urlaubs oder etwaiger Erkrankungen der klägerischen Partei ist die beklagte Partei genötigt, die im Betrieb anfallenden Arbeiten durch fremde Unternehmen ausführen zu lassen. Die hierdurch erwachsenden Kosten vermag die beklagte Partei nicht mehr zu tragen.

    Beweis: Zeugnis des Steuerberaters ...

Auch ein Einsatz auf einem anderen Arbeitsplatz ist nicht möglich.

Die Klage muss daher abgewiesen werden.

Der Betriebsrat ist zur Kündigung gehört worden. Er hat der Kündigung nicht widersprochen und sich, wie aus der beigefügten Stellungnahme ersichtlich, geäußert.

    Beweis: Stellungnahme des Betriebsrats – Anlage B 2

5. Muster: Krankheit

Die Überprüfung einer krankheitsbedingten Kündigung hat nach drei Stufen zu erfolgen,

    BAG 7.11.1985 – 2 AZR 657/84, NZA 1986, 359.

Zunächst bedarf es einer negativen Prognose hinsichtlich des weiteren Gesundheitszustands des zu kündigenden Arbeitnehmers. Sodann ist zu prüfen, ob die entstandenen und prognostizierten Fehlzeiten zu einer erheblichen Beeinträchtigung der betrieblichen Interessen führen. In einer dritten Stufe wird im Rahmen einer Interessenabwägung geprüft, ob die erhebliche Beeinträchtigung der betrieblichen Interessen zu einer unzumutbaren Belastung des Arbeitgebers führt. Das Merkmal der Unzumutbarkeit bezieht sich nicht auf die Weiterbeschäftigung des zu kündigenden Arbeitnehmers, sondern auf die mit den krankheitsbedingten Fehlzeiten verbundenen betrieblichen und wirtschaftlichen Folgen,

    BAG 7.11.1985 – 2 AZR 657/84, NZA 1986, 359.

Eine krankheitsbedingte Kündigung ist nur dann aus personenbedingten Gründen sozial gerechtfertigt, wenn sich für den Arbeitgeber aufgrund einer einzelfallbezogenen Interessenabwägung eine unzumutbare betriebliche oder wirtschaftliche Belastung ergibt.

X. Bestandsschutzstreitigkeiten: Änderungskündigung
1. Muster: Änderungskündigung und Umgruppierung

↓

I.

Die beklagte Partei hat folgende organisatorischen Änderungen vorgenommen, die aus den nachfolgend dargestellten Gründen erforderlich waren:

1. ...

   Beweis: Vorlage des Schreibens der beklagten Partei an den Betriebsrat vom ... – Anlage B 1.

2. Der Betriebsrat der beklagten Partei stimmte der geplanten Änderungskündigung sowohl nach § 102 Abs. 1 BetrVG als auch nach § 99 Abs. 1 BetrVG zu.

   Beweis: Schreiben des Betriebsrats der beklagten Partei vom ... – Anlage B 2.

Die Anhörung des Betriebsrats gem. § 102 Abs. 1 BetrVG und die Unterrichtung nach § 99 Abs. 1 BetrVG können bekanntlich miteinander verbunden werden,

BAG 3.11.1977 – 2 AZR 277/76, AP § 75 BPersVG Nr. 1; KR/*Rost/Kreft*, § 2 KSchG Rn 131.

Die klägerische Partei hat das Änderungsangebot nicht, auch nicht unter Vorbehalt, angenommen, da auch in der Kündigungsschutzklage keine Vorbehaltsannahme enthalten ist, und ein nachträglicher Vorbehalt, der nicht spätestens mit Erhebung der Kündigungsschutzklage erklärt wird, ausgeschlossen ist,

KR/*Rost/Kreft*, § 2 KSchG Rn 74.

II.

1. Die Kündigungsschutzklage ist nach § 4 Satz 1 KSchG abzuweisen. Eine Fortsetzung des Arbeitsverhältnisses zu den bisherigen Bedingungen, gemessen an den Kriterien des § 1 Abs. 2 KSchG, ist, da die Kündigung als betriebsbedingte Kündigung sozial gerechtfertigt ist, nicht mehr möglich. Die unstreitig und nachweisbar einzige Möglichkeit der Weiterbeschäftigung für die klägerische Partei ist diejenige, die die beklagte Partei angeboten und die klägerische Partei abgelehnt hat. Eine Prüfung des Angebots an die klägerische Partei, sie als ... zu beschäftigen, findet mangels Erklärung eines Vorbehalts der klägerischen Partei nicht statt.

Bei einem Gewinnverfall ist der Arbeitgeber grundsätzlich dazu berechtigt, geeignete wirtschaftliche oder organisatorische Maßnahmen auf der Betriebs- oder Unternehmensebene durchzuführen. Im Falle einer Unrentabilität braucht er nicht so lange abzuwarten, bis der Zusammenbruch des Betriebes oder des Unternehmens droht. Ein betriebsbedingter Personalabbau ist in diesen Fällen vielmehr bereits dann gerechtfertigt, wenn dies aus Gründen der Kostenersparnis erforderlich ist und für den Arbeitgeber keine anderen zumutbaren Maßnahmen zur Senkung der Kosten bestehen,

BAG 24.10.1979 – 2 AZR 940/77, BAGE 32, 150 = NJW 1981, 301; BAG 12.12.1968 – 1 AZR 102/68, BAGE 21, 248 = AP § 1 KSchG Betriebsbedingte Kündigung Nr. 20.

Wegen der nur in beschränktem Umfang gerichtlich nachprüfbaren Unternehmensentscheidung ist der Arbeitgeber grundsätzlich nicht dazu verpflichtet, die hierfür maßgeblichen Erwägungen, zB die nach betriebswirtschaftlichen Prognosemethoden angestellten Kalkulationen, offen zu legen. Nach Auffassung des BAG hat der Arbeitnehmer im Kündigungsschutzprozess die Umstände darzulegen und im Streitfalle zu beweisen, aus denen sich ergeben soll, dass eine innerbetriebliche Maßnahme offenbar unsachlich, unvernünftig oder willkürlich ist,

BAG 17.10.1980 – 7 AZR 675/78, NJW 1981, 1686; BAG 24.10.1979 – 2 AZR 940/77, BAGE 32, 150 = NJW 1981, 301; BAG 7.12.1978 – 2 AZR 155/77, BAGE 31, 157 = NJW 1979, 1902; BAG 22.11.1973 – 2 AZR 543/72, AP § 1 KSchG Betriebsbedingte Kündigung Nr. 22.

Wegen der im Einzelnen vorgetragenen betrieblichen Notwendigkeit, Kosten zu senken, die Organisationsstruktur zu ändern und zu vermeiden, dass ..., ist eine Weiterbeschäftigung der klägerischen Partei zu den bisherigen Arbeitsbedingungen nicht möglich. Die Aufgaben der klägerischen Partei sind fortgefallen, die einzige Möglichkeit der Weiterbeschäftigung ist diejenige, die die beklagte Partei angeboten hat. ...

Würde der klägerischen Partei das bisherige Gehalt, ohne dass sie die Tätigkeitsmerkmale einer ... noch erfüllt, weitergezahlt, läge hierin eine rechtsgrundlose Gehaltszahlung, soweit das Gehalt die tariflichen Ansprüche gemäß Gehaltsgruppe ... übersteigt. Eine in Verkennung tariflicher Bestimmungen rechtsgrundlos gezahlte tarifliche Vergütung kann nach der Rechtsprechung des BAG neuerdings ohne weiteres berichtigt werden, sofern nicht zugleich ein einzelvertraglicher Vergütungsanspruch besteht,

> BAG 21.4.1982 – 4 AZR 671/79, BAGE 38, 291 = AP § 1 TVG Tarifverträge Bundesbahn Nr. 5; BAG 23.4.1986 – 4 AZR 90/85, AP §§ 22, 23 BAT 1975 Nr. 118.

Nach Auffassung des LAG Niedersachsen ist eine Änderungskündigung dann zulässig, wenn durch Änderung der tatsächlichen Verhältnisse die bisherige tarifliche Eingruppierung nicht mehr zutrifft und eine anderweitige Beschäftigungsmöglichkeit im Rahmen der bisherigen Tätigkeitsmerkmale nicht besteht,

> LAG Niedersachsen 13.3.1981 – 3 Sa 126/80, juris.

Die Befugnis zur Änderungskündigung zum Zweck der richtigen Einstufung ist stets gegeben, wenn die Tätigkeitsmerkmale der bisherigen Einstufung nicht mehr gegeben sind und keine andere Möglichkeit zur Beschäftigung im Rahmen der bisherigen Tätigkeitsmerkmale besteht,

> LAG München 29.4.1959 – 543/59 II, AblBayerArbMin 1961, C 18.

2. Die wirtschaftlichen Auswirkungen der Eingruppierung in eine niedrigere Gehaltsgruppe sind auch nicht so dramatisch, wie sie die klägerische Partei darstellen lässt:

3. Der Umstand, dass der Betriebsrat der Änderungskündigung und der Versetzung der klägerischen Partei zugestimmt hat, hat nach ständiger Rechtsprechung indizielle Bedeutung.

2. Muster: Annahmeverzug nach Änderungskündigung – Anrechnung von unterlassenem Erwerb

Der von der klägerischen Partei geltend gemachte Anspruch auf Annahmeverzugslohn in Höhe von ... EUR besteht nicht. Die beklagte Partei hat es böswillig unterlassen, eine ihr zumutbare Arbeit anzunehmen. Gemäß § 11 Satz 1 Nr. 2 KSchG muss sich der Arbeitnehmer das anrechnen lassen, was er hätte verdienen können, wenn er es nicht böswillig unterlassen hätte, eine ihm zumutbare Arbeit anzunehmen. Eine Unzumutbarkeit kann sich beispielsweise etwa aus der Art der Arbeit, den sonstigen Arbeitsbedingungen oder der Person des Arbeitgebers ergeben und ist unter Berücksichtigung aller Umstände nach Treu und Glauben zu bestimmen,

> BAG 24.9.2003 – 5 AZR 500/02, BAGE 108, 27 = NZA 2004, 90; BAG 19.3.1998 – 8 AZR 139/97, BAGE 88, 196 = NZA 1998, 750; BAG 22.2.2000 – 9 AZR 194/99, NZA 2000, 817; BAG 16.5.2000 – 9 AZR 203/99, BAGE 94, 343 = NZA 2001, 26.

Im vorliegenden Fall war die durch Änderungskündigung vom ... angebotene Tätigkeit keineswegs unzumutbar. In der jüngeren BAG-Rechtsprechung wird insbesondere der flexible Maßstab der Zumutbarkeit betont,

> BAG 24.9.2003 – 5 AZR 500/02, BAGE 108, 27 = NZA 2004, 90; LAG Rheinland-Pfalz 4.7.2002 – 4 Sa 311/02, LAGE § 615 BGB Nr. 65.

Lehnt der Arbeitnehmer ein Änderungsangebot im Zusammenhang mit einer Änderungskündigung ab, handelt er dann böswillig iSv § 11 Satz 1 Nr. 2 KSchG, wenn das Änderungsangebot für ihn nach den Umständen des Einzelfalles zumutbar war,

> BAG 16.6.2004 – 5 AZR 508/03, BAGE 111, 123 = NZA 2004, 1155.

Die beklagte Partei hat der klägerischen Partei die befristete Weiterbeschäftigung während des Kündigungsrechtsstreits zu den bisherigen Arbeitsbedingungen („Prozessbeschäftigung") angeboten. In einem solchen Fall bestimmen sich die Kriterien der Zumutbarkeit für den Arbeitnehmer in erster Linie nach der Art der Kündigung und ihrer Begründung sowie dem Verhalten des Arbeitgebers im Kündigungsprozess,

Tschöpe, DB 2004, 434, 436.

Die klägerische Partei hat sich gegenüber der beklagten Partei stets korrekt verhalten. Bei Ausspruch der Änderungskündigung wurden der klägerischen Partei ausführlich die wirtschaftliche Situation des Unternehmens sowie die dem Kündigungsentschluss zugrunde liegende Unternehmerentscheidung erläutert. Das Verhältnis zwischen den Parteien war stets harmonisch. Die vorläufige Weiterbeschäftigung war der klägerischen Partei somit zumutbar.

↑

3. Muster: Betriebsbedingte Änderungskündigung zur Kostensenkung

↓

Änderungskündigungen, die ein Arbeitgeber ausspricht, um seine Personalkosten zu senken, können nicht nur dann sozial gerechtfertigt sein, wenn durch sie „die Stilllegung" des Betriebes oder die Reduzierung der Belegschaft verhindert werden kann,

BAG 20.3.1986 – 2 AZR 294/85, NZA 1986, 824.

Sie können auch dann sozial gerechtfertigt sein, wenn betriebliche Interessen von einigem Gewicht diese Maßnahme, ggf im Rahmen eines Paketes weiterer Schritte zur Kostensenkung, erforderlich machen.

Der Arbeitgeber hat diese betrieblichen Interessen im Änderungsschutzprozess durch substantiierten Tatsachenvortrag darzustellen. Es genügt nicht, wenn er sich allgemein auf die schlechte wirtschaftliche Lage des Konzerns, zu dem er gehört, beruft, ohne diese und besonders die seines eigenen Unternehmens und des betroffenen Betriebes im Hinblick auf die vorauszusehende künftige Entwicklung konkret und betriebswirtschaftlich nachvollziehbar zu schildern. Er muss darlegen, welche Bedeutung der durch die Änderungskündigungen angestrebten Kostenersparnis für die wirtschaftliche Sicherstellung des Betriebes, auch im Verhältnis zu etwa darüber hinaus durchgeführten weiteren Kostensenkungsmaßnahmen, zukommt,

LAG Baden-Württemberg 20.3.1997 – 11 Sa 91/96, BB 1997, 1903.

XI. Bestandsschutzstreitigkeiten: Außerordentliche Kündigung

1. Muster: Abmahnung bei steuerbarem Verhalten im Vertrauensbereich entbehrlich

↓

Den Grundsatz, dass bei Störungen im Vertrauensbereich die Abmahnung des Mitarbeiters entbehrlich ist, hat das BAG mit dem Urteil vom 4.6.1997,

2 AZR 526/96, BAGE 86, 95 = NZA 1997, 1281,

durchbrochen. Der Entscheidung lag folgender Sachverhalt zugrunde: Ein 27 Jahre alter Mitarbeiter der Berliner Verkehrsgesellschaft, als Zugführer der U-Bahn eingesetzt, hatte mit seinem privaten Kraftfahrzeug einen Verkehrsunfall. Anlässlich dieses Ereignisses wurde bei ihm eine Blutalkoholkonzentration von 2,73 Promille spätnachmittags um 17.43 Uhr festgestellt. Dem Mitarbeiter wurde der Führerschein eingezogen und für die Erteilung einer neuen Fahrerlaubnis eine Sperrfrist von zehn Monaten verhängt. Am Tag nach dem Unfall erschien der Mitarbeiter um 10.00 Uhr zum Dienst: Er war als Reserve für die Zeit von 10.00 Uhr bis 17.00 Uhr eingeteilt und hatte bei Arbeitsbeginn nach den Feststellungen des Landesarbeitsgerichts noch eine restliche Blutalkoholkonzentration von 0,1 Promille. Die Berliner Verkehrsbetriebe kündigten daraufhin dem Zugführer, weil ihnen das Vertrauen abhanden gekommen war, der Zugführer besitze das notwendige Verantwortungsbewusstsein eines U-Bahn-Zugfahrers.

Mit dieser Entscheidung stellte der 2. Senat den Grundsatz auf, dass es zwar generell dabei verbleibe, dass Störungen, die im Vertrauensbereich ihren Grund haben, generell eine Abmahnung entbehrlich mache, dass aber dann, wenn es sich um ein steuerbares Verhalten des Mitarbeiters handele und unter der weiteren Voraussetzungen, dass sich das vergangene Fehlverhalten des Mitarbeiters nicht wiederholt, das Vertrauen des Arbeitgebers in dem konkreten Punkt wieder herstellbar sei, der Arbeitgeber zunächst eine Abmahnung aussprechen müsse,

> BAG 4.6.1997 – 2 AZR 526/96, BAGE 86, 95 = NZA 1997, 1281; so auch jüngst LAG Schleswig-Holstein 10.1.2006 – 5 Sa 306/05, NZA-RR 2006, 240; LAG Mecklenburg-Vorpommern 18.7.2006 – 3 Sa 474/05, juris.

Diese Ausnahmerechtsprechung ist nur unter den beiden genannten Voraussetzungen anzuwenden. Dem Senat ist zuzugeben, dass gestörtes Vertrauen wieder herstellbar ist. Eine Abmahnung ist vor Ausspruch einer verhaltensbedingten Kündigung deshalb nur dann entbehrlich, wenn eine Wiederherstellung des Vertrauens nicht zu erwarten ist,

> ArbG Hamburg 21.9.1998 – 21 Ca 154/98, AiB 1999, 177.

Dabei ist es Sache des Arbeitgebers, die Wiederholungsgefahr darzulegen, wobei ohne vorherige Abmahnung eine endgültige Zerstörung des für das Arbeitsverhältnis erforderlichen Vertrauensverhältnisses nicht spekulativ unterstellt werden darf,

> ArbG Hamburg 2.10.2000 – 21 Ca 233/00, NZA-RR 2001, 416.

Um möglichst objektive Grundlagen für seine Beurteilung zu gewinnen, empfiehlt *Hunold* vor Ausspruch außerordentlicher Kündigungen den Arbeitnehmer, obwohl dies in der Privatwirtschaft außer bei Verdachtskündigungen nicht geboten sei, anzuhören,

> *Hunold*, NZA-RR 2003, 57 (58).

Die negative Zukunftsprognose lasse sich bei der verhaltensbedingten ordentlichen oder außerordentlichen Kündigung aus der Beharrlichkeit vergangener Pflichtverletzungen und der Höhe des Verschuldens des Arbeitnehmers ableiten, so auch das LAG Hamm,

> LAG Hamm 30.5.1996 – 4 Sa 2342/95, NZA 1997, 1056; *Hunold*, NZA-RR 2003, 57 (58).

Die jüngste Rechtsprechung des Landesarbeitsgerichts Mecklenburg-Vorpommern betont, dass der vorherige Ausspruch einer Abmahnung ausnahmsweise dann entbehrlich ist, wenn auf Grund der Intensität der Verhaltensweise des Arbeitnehmers das notwendige Vertrauensverhältnis zwischen den Arbeitsvertragsparteien für die Zukunft irreparabel beeinträchtigt ist,

> LAG Mecklenburg-Vorpommern 18.7.2006 – 3 Sa 474/05, juris.

Unter Beachtung der erläuterten Grundsätze war eine Abmahnung der klägerischen Partei vor Ausspruch einer außerordentlichen Kündigung entbehrlich, denn ....

↑

2. Muster: „Androhung" einer künftigen Erkrankung durch den Arbeitnehmer

Erklärt der Arbeitnehmer, er werde krank, wenn der Arbeitgeber ihm den im bisherigen Umfang bewilligten Urlaub nicht verlängere, obwohl er im Zeitpunkt dieser Ankündigung nicht krank war und sich aufgrund bestimmter Beschwerden auch noch nicht krank fühlen konnte, so ist ein solches Verhalten ohne Rücksicht darauf, ob der Arbeitnehmer später tatsächlich erkrankt, an sich geeignet, einen wichtigen Grund zur außerordentlichen Kündigung abzugeben,

BAG 5.11.1992 – 2 AZR 147/92, NZA 1993, 308.

3. Muster: Annahme von Schmiergeld

Wer sich als Arbeitnehmer bei der Ausführung von vertraglichen Aufgaben Vorteile versprechen lässt oder entgegennimmt, die dazu bestimmt oder geeignet sind, ihn in seinem geschäftlichen Verhalten zu Gunsten Dritter und zum Nachteil seines Arbeitgebers zu beeinflussen und damit gegen das sog. Schmiergeldverbot verstößt, handelt den Interessen seines Arbeitgebers zuwider und gibt diesem damit in der Regel einen fristlosen Kündigungsgrund,

LAG Schleswig-Holstein 10.10.2000 – 3 Sa 285/00, juris.

Dabei ist nicht von ausschlaggebender Bedeutung, ob der Arbeitnehmer aufgrund der erhaltenen Vorteile pflichtwidrig gehandelt hat. Auch wenn der Arbeitnehmer korrekt handelt, darf er von Lieferanten seines Arbeitgebers keine Zuwendungen annehmen. Die eigentliche Ursache dafür, dass ein solches Verhalten die außerordentliche Kündigung rechtfertigen kann, liegt nicht so sehr in der Verletzung vertraglicher Pflichten, sondern in der damit zu Tage tretenden Einstellung des Arbeitnehmers, unbedenklich eigene Vorteile bei der Erfüllung von Aufgaben wahrnehmen zu wollen, obwohl er sie allein im Interesse des Arbeitgebers durchzuführen hat.

Bei verhaltensbedingten Kündigungen mit derart schwerwiegenden Vorwürfen können sich Angaben über das Alter und die Beschäftigungszeit, also Umstände, die nicht die generelle Eignung als Kündigungsgrund betreffen, aus der Sicht des Arbeitgebers nicht mehr entscheidend zu Gunsten des Arbeitnehmers auswirken. Aus der nicht erfolgten Mitteilung der genauen Sozialdaten an den Betriebsrat kann deshalb nicht der Schluss gezogen werden, dass dem Betriebsrat Angaben über die persönlichen Umstände des Arbeitnehmers vorenthalten werden sollten, also diese bewusst nicht mitgeteilt worden sind,

LAG Köln 5.10.1994 – 8 (2) Sa 221/94, LAGE § 102 BetrVG 1972 Nr. 44.

4. Muster: Arbeitsunfähigkeitsbescheinigung ohne Beweiswert

Nicht jede Krankheit führt zur Arbeitsunfähigkeit des Arbeitnehmers. Krankheit ist jeder regelwidrige Gesundheitszustand,

BAG 26.7.1989 – 5 AZR 301/88, NZA 1990, 140.

Arbeitsunfähigkeit infolge Krankheit kann auf zweierlei Weise eintreten: Der Arbeitnehmer kann außerstande sein, die geschuldete Arbeit überhaupt zu leisten oder es kann ihm auf Dauer vernünftigerweise unzumutbar sein, die vertraglich geschuldete Arbeit auszuführen,

BAG 1.6.1983 – 5 AZR 468/80, BAGE 43, 46 = AP § 1 LohnFG Nr. 54.

Das kann beispielsweise der Fall sein, wenn der Arbeitnehmer die geschuldete Arbeit nur unter großen Schmerzen verrichten kann,

BAG 1.6.1983 – 5 AZR 468/80, BAGE 43, 46 = AP § 1 LohnFG Nr. 54.

Ob Arbeitsunfähigkeit vorliegt, muss unter Berücksichtigung der vertraglich geschuldeten Arbeitsleistung des Angestellten festgestellt werden. Maßgebend ist die von dem Arzt nach objektiven medizinischen Kriterien vorzunehmende Bewertung,

BAG 26.7.1989 – 5 AZR 301/88, NZA 1990, 140.

Diese setzt wiederum voraus, dass der Arzt sich nach dem Ergebnis seiner Diagnose mit der Frage auseinander gesetzt hat, wie sich die Krankheit des Arbeitnehmers auf seine Arbeitsleistung auswirkt,

BAG 25.6.1981 – 6 AZR 940/78, AP § 616 BGB Nr. 52.

Kündigt der Arbeitgeber dem Arbeitnehmer wegen „unentschuldigten Fehlens" und behauptet der Arbeitnehmer, er sei arbeitsunfähig krank gewesen, kann eine ärztliche Arbeitsunfähigkeitsbescheinigung ohne Beweiswert sein, wenn sich der Arzt ersichtlich nicht mit den Auswirkungen der Krankheit auf die von dem Arbeitnehmer zu leistende Arbeit auseinander gesetzt hat und der Arbeitgeber Tatsachen vorträgt, die die Behauptung des Arbeitnehmers erschüttern,

LAG Hessen 11.6.1993 – 9 Sa 123/93, NZA 1994, 886.

488 5. Muster: Beharrliche Arbeitsverweigerung

Eine beharrliche Arbeitsverweigerung des Arbeitnehmers kann den Arbeitgeber zum Ausspruch einer außerordentlichen fristlosen Kündigung berechtigen. Von einer beharrlichen Arbeitsverweigerung kann nur gesprochen werden, wenn der Arbeitnehmer nachhaltig seine Pflichten verletzt. Der Arbeitnehmer muss die ihm übertragene Arbeit bewusst und nachhaltig nicht leisten wollen, obwohl er nach dem Inhalt des Arbeitsvertrages dazu verpflichtet wäre. Es genügt nicht, dass der Arbeitnehmer eine Weisung seines Vorgesetzten unbeachtet lässt, sondern die beharrliche Arbeitsverweigerung setzt voraus, dass eine intensive Weigerung des Arbeitnehmers vorliegt. Beharrlichkeit ist nicht nur dann gegeben, wenn die Willensrichtung des Arbeitnehmers erkennbar wird, zulässige Anweisungen des Arbeitgebers nicht befolgen zu wollen. Das Moment der Beharrlichkeit kann auch darin zu sehen sein, dass in einem einmaligen Falle der Arbeitnehmer nach wiederholter Ermahnung sich weigert, die Arbeitsanweisung zu erfüllen. Wenn in einer solchen Situation sich der Arbeitnehmer nach ein- oder mehrmaliger Ermahnung immer noch weigert, die berechtigte Anordnung des Arbeitgebers auszuführen, so kann und muss auf eine beharrliche, dh intensive nachhaltige Weigerung geschlossen werden. Irrt sich der Arbeitnehmer über die Berechtigung seiner Arbeitsverweigerung, so ist dies nur dann entschuldbar, wenn der Arbeitnehmer nach sorgfältiger Erkundigung und Prüfung der Rechtslage die Überzeugung gewinnen durfte, zur Arbeit nicht verpflichtet zu sein. Der Arbeitnehmer muss, wenn er sich auf einen unverschuldeten Rechtsirrtum berufen will, nachweisen, dass er sich besonders sorgfältig über die Rechtslage hinsichtlich der Berechtigung des von ihm eingenommenen Rechtstandpunktes informiert hat und kann nicht einfach damit gehört werden, er habe sich zur Ablehnung der von ihm geforderten Arbeit für befugt erachtet. Unverschuldet handelt ein Arbeitnehmer nicht allein deswegen, weil wenn er sich auf eine unrichtige Auskunft seiner Gewerkschaft verlässt,

LAG Berlin 17.5.1993 – 9 Sa 141/92, LAGE § 626 BGB Nr. 72.

6. Muster: Eigenmächtiger Urlaubsantritt

Bei einem eigenmächtigen Urlaubsantritt oder bei einer eigenmächtigen Urlaubsverlängerung ist der Arbeitgeber grundsätzlich zu einer ordentlichen Kündigung, in schwerwiegenden Fällen zu einer außerordentlichen Kündigung berechtigt,

BAG 22.1.1998 – 2 ABR 19/97, NZA 1998, 708; LAG Hamm 27.8.2007 – 6 Sa 751/07, ArbuR 2008, 117.

Dabei wird eine ordentliche Kündigung beispielsweise bei kurzfristigen eigenmächtigen Freizeitgewährungen in Betracht kommen oder in solchen Fällen, in denen der Arbeitnehmer zu Unrecht von einem Selbstbeurlaubungsrecht ausgegangen ist. Gewährt sich der Arbeitnehmer hingegen selbst einen Erholungsurlaub von einer oder mehreren Wochen, besteht grundsätzlich ein Grund zur fristlosen Kündigung nach § 626 BGB,

BAG 20.1.1994 – 2 AZR 521/93, NZA 1994, 548.

7. Muster: Entbehrlichkeit der Abmahnung

Sowohl bei der außerordentlichen als auch bei der verhaltensbedingten ordentlichen Kündigung gilt der vom BAG aufgestellte Grundsatz, dass vor Ausspruch einer Kündigung der Arbeitnehmer im gleichen Pflichtenkreis nach dem Grundsatz der Verhältnismäßigkeit abgemahnt worden sein muss,

BAG 21.5.1992 – 2 AZR 551/91, NZA 1992, 1028; LAG Schleswig-Holstein 10.1.2006 – 5 Sa 306/05, NZA-RR 2006, 240; LAG Mecklenburg-Vorpommern 18.7.2006 – 3 Sa 474/05, juris; LAG Hamm 12.7.2007 – 17 Sa 64/07, AuA 2008, 505.

Für die außerordentliche Kündigung gilt, dass eine Abmahnung als Teil des Kündigungsgrundes nur dann erforderlich ist, wenn der Arbeitnehmer mit vertretbaren Gründen annehmen konnte, sein Verhalten sei nicht vertragswidrig oder werde vom Arbeitgeber zumindest als ein nicht erhebliches, den Bestand des Arbeitsverhältnisses gefährdendes Fehlverhalten angesehen,

BAG 21.5.1992 – 2 AZR 551/91, NZA 1992, 1028.

Bei der arbeitsrechtlichen Reaktion auf verhaltensbedingte Vertragsstörungen wird üblicherweise zwischen den Störbereichen

- Leistungsbereich (schlechte Arbeit, Unpünktlichkeit u.a.);
- Betriebsbereich (zB Tätlichkeit gegenüber anderen Beschäftigten) und
- Vertrauensbereich (Diebstahl, Entgeltfortzahlungsbetrug u.Ä.)

unterschieden. Die Praxis hat sich deshalb darauf eingestellt, dass bei Störungen im Leistungsbereich immer vor etwaigen Kündigungen der Mitarbeiter ein- oder mehrmals angemahnt werden muss, während dies bei Störungen im Vertrauensbereich regelmäßig entbehrlich ist,

LAG Berlin 1.11.2000 – 13 Sa 1746/00, NZA-RR 2001, 470; LAG Schleswig-Holstein 3.11.1997 – 2 Sa 373/97, juris; LAG Bremen 15.2.1985 – 1 Sa 196/84, ARST 1985, 88.

Der Vertrauensbereich, bei dessen Störung eine Abmahnung vor einer verhaltensbedingten Kündigung entbehrlich sein kann, betrifft nicht das „Vertrauen" des Arbeitgebers in die Leistungsfähigkeit des Arbeitnehmers oder in dessen Vermögen und Willen zur korrekten Arbeitsausführungen, sondern den Glauben an die Gutwilligkeit, Loyalität und Redlichkeit des Arbeitnehmers, den Glauben daran, dass sich der Arbeitnehmer nicht unlauter gegen die Interessen des Arbeitgebers stellt. In erster Linie ist damit die charakterliche Seite des Arbeitnehmers und nicht seine Qualifikation angesprochen,

LAG Köln 10.6.1994 – 13 Sa 228/94, LAGE § 611 BGB Abmahnung Nr. 37.

Unter Beachtung dieser Grundsätze war eine Abmahnung des Verhaltens der klägerischen Partei vor Ausspruch einer fristlosen Kündigung entbehrlich, denn ...

↑

8. Muster: Internetnutzung mit pornographischem Inhalt

↓

Aktenzeichen: ...

Gegner: RAe ..., zwei Abschriften anbei

In dem Rechtsstreit

... ./. ...

begründen wir den Klageabweisungsantrag vom ... in Erwiderung auf die Klageschrift vom ... wie folgt:

Die klägerische Partei hat durch ihr Verhalten einen wichtigen Grund für eine außerordentliche Kündigung iSv § 626 BGB gesetzt.

I.

1. Die Darlegung der klägerischen Partei zu dem gekündigten Arbeitsverhältnis zwischen ihr und der beklagten Partei sind zutreffend.

2. Die beklagte Partei stellt ihren Mitarbeitern als Arbeitsmittel eine EDV-Umgebung zur Verfügung. Die EDV-Systeme sind mit einem Internet-Zugang versehen. Um die Nutzung der EDV-Systeme zu regeln, haben die beklagte Partei und der bei ihr bestehende Betriebsrat eine Betriebsvereinbarung abgeschlossen. Gemäß Ziff. 9 der Betriebsvereinbarung werden die EDV-Systeme ausschließlich zur dienstlichen Nutzung zur Verfügung gestellt. Weiterhin enthält Ziff. 9 der Betriebsvereinbarung den Hinweis, dass für die Gewährleistung der ausschließlich dienstlichen Nutzung technische und organisatorische Maßnahmen ergriffen werden. Zu der Dienstvereinbarung ist eine Anlage für die „Kontrollmaßnahmen Internet" vereinbart worden. Als missbräuchliche Nutzung sind ausdrücklich Seiten mit pornographischem Inhalt zwischen den Betriebspartnern festgelegt.

Beweis: Dienstvereinbarung mit Stand vom ... – Anlage B 1.

Die Betriebsvereinbarungen werden im Intranet bei der beklagten Partei der Betriebsöffentlichkeit zugänglich gemacht. Im Intranet hat die beklagte Partei eine Art „Schwarzes Brett" eingerichtet, so dass sich alle Mitarbeiter über die gültigen Betriebsvereinbarungen informieren können.

Jedem Computer-Terminal ist eine Nummer zugewiesen. Weiterhin ist jedem Mitarbeiter eine Benutzer-Nummer zugewiesen. Das für die klägerische Partei eingerichtete Terminal hat die Nr. ... Die Benutzer-Nummer der klägerischen Partei lautet ...

3. Am ... wurde der Bereich Revision der beklagten Partei darüber informiert, dass über das Virenschutz-Programm ein Virus identifiziert wurde, der aus dem Internet in das Netz der beklagten Partei gelangte. Erste Recherchen ergaben, dass an einem PC des Bereiches ..., in dem auch die klägerische Partei arbeitet, Internet-Seiten mit pornographischem Inhalt aufgerufen wurden. Der Bereich Revision erstreckte daraufhin die Recherchen auf den Zeitraum vom ... bis ... Es wurden sämtliche Internet-Aufrufe, die an diesem PC in dem fraglichen Zeitraum erfolgten, ausgedruckt. Hierbei handelte es sich um ... DIN-A-4-Seiten, die zunächst gesichtet werden mussten. Im nächsten Schritt erfolgte die Identifizierung der Benutzer anhand der bereits erwähnten Benutzer-Nummern. Auf diese Art und Weise ergab sich, dass die klägerische Partei im Zeitraum vom ... bis einschließlich ... ... Minuten das Internet genutzt hat. Dies entspricht ... Stunden. Im Einzelnen sind die Zeiten exakt nach Datum und Uhrzeit aufgelistet in der Anlage B 2, auf die Bezug genommen wird.

Die auf die klägerische Partei entfallenden Interneteinträge im Zeitraum ergeben einen Umfang von ... DIN-A-4-Seiten. Der Ordner wird zunächst in der Güteverhandlung vorgelegt werden. Alsdann werden die Anlagen zu einem späteren Zeitpunkt in Kopie nachgereicht werden.

Bei der Kontrolle der aufgerufenen Internet-Seiten hat sich ergeben, dass es sich im Wesentlichen um Seiten mit pornographischem Inhalt handelt. Die Inhalte reichen von Akt-Fotografie bis zu pornographischen Hardcore-Seiten. Genannt seien hier beispielsweise

www.wahreliebe.de

www.pornozugang.com

www.dildofestival.com

www.interplaymate.com

www.hardcorezugang.com

www.lolitafree.de

www.scharfsex.com.

Die Liste kann endlos fortgesetzt werden. Hiervon soll an dieser Stelle Abstand genommen werden.

Die klägerische Partei hat morgens stets sehr früh ihren Dienst begonnen. Sie hat dann zwischen 6.00 Uhr und 8.00 Uhr, zwischen ein und zwei Stunden im Internet die beispielhaft genannten Seiten mit pornographischen Inhalten aufgerufen.

4. In dem Zeitraum zwischen dem ... und ... kann die Zugriffsberechtigung wegen nicht mehr vorhandener Dokumentation nicht mehr exakt nachvollzogen werden. Aufgrund des Dienstbeginns der klägerischen Partei und gleichzeitiger Anmeldung des PCs und dem weitere ... Seiten umfassenden Ausdruck mit genau demselben Schema des Aufrufs der Internet-Seiten liegt jedoch nahe, dass die klägerische Partei auch in diesem Zeitraum jeweils ca. ... Minuten morgens im Internet diese Seiten aufgerufen hat.

Es bedarf keiner weiteren Erläuterung, dass die genannten Seiten nicht nur keinerlei Bezug zur dienstlichen Tätigkeit der klägerischen Partei aufweisen, sondern im Gegenteil von der beklagten Partei ausdrücklich als unerwünscht bezeichnet wurden. Dies muss auch für jeden Arbeitnehmer unmittelbar selbstverständlich sein.

5. Die genannten Zeiten, in denen die klägerische Partei sich im Internet die genannten Seiten angesehen hat, waren in vollem Umfang Dienstzeiten. Die klägerische Partei hat entsprechend diese Zeiten als Dienstzeiten über das Zeiterfassungssystem erfasst und sich als Arbeitszeit gutschreiben und damit bezahlen lassen. Hinzu kommt, dass sich die klägerische Partei für die fraglichen Tage auch noch Mehrarbeit hat aufschreiben lassen, so beispielsweise am ... insgesamt ... Minuten, am ... insgesamt ... Minuten, am ... und am ... exakt ... Minuten.

Beweis: Auszug aus der Zeiterfassung – Anlage B 3.

II.

Der hier zu beurteilende Sachverhalt liegt auf der Linie der Entscheidung des

BAG 27.4.2006 – 2 AZR 386/05, BAGE 118, 104 = NZA 2006, 977

und der Entscheidungen

ArbG Hannover 1.12.2000 – 1 Ca 504/00 B, NZA 2001, 1022; ArbG Düsseldorf 1.8.2001 – 4 Ca 3437/01, NZA 2001, 1386.

In beiden Entscheidungen haben sich die dortigen Kläger zu einem erheblichen Anteil ihrer Arbeitszeit pornographische Seiten aus dem Internet angesehen. In dem Fall, den das BAG entschieden hat, handelte es sich um täglich 15 Minuten bis zu drei Stunden. Das BAG betonte, dass der Arbeitnehmer bei einer privaten Internetnutzung während der Arbeitszeit grundsätzlich seine (Hauptleistungs-)Pflicht zur Arbeit verletzte. Die private Nutzung des Internets dürfe die Erbringung der arbeitsvertraglich geschuldeten Arbeitsleistung nicht erheblich beeinträchtigen. Die Pflichtverletzung wiege dabei umso schwerer, je mehr der Arbeitnehmer bei der privaten Nutzung des Internets seine Arbeitspflicht in zeitlicher und inhaltlicher Hinsicht vernachlässige,

 BAG 27.4.2006 – 2 AZR 386/05, BAGE 118, 104 = NZA 2006, 977; BAG 7.7.2005 – 2 AZR 581/04, BAGE 115, 195 = NZA 2006, 98.

In dem von Arbeitsgericht Düsseldorf entschiedenen Fall betrug die Internetnutzung monatlich 10 Stunden. Das Arbeitsgericht Düsseldorf hat darauf hingewiesen, dass es sich um eine Störung im Vertrauensbereich handelt und bei Störungen im Vertrauensbereich eine Abmahnung entbehrlich ist, wenn es sich um eine schwere Pflichtverletzung handelt, deren Rechtswidrigkeit der Arbeitnehmer ohne weiteres erkennen konnte und dessen Hinnahme durch den Arbeitgeber offensichtlich ausgeschlossen ist.

So lag der Fall auch hier. Zunächst ist in der auch für die klägerische Partei geltenden Betriebsvereinbarung ausdrücklich geregelt, dass das Internet nur für geschäftliche Zwecke genutzt werden darf.

Dem Kläger war ohne weiteres erkennbar, dass dies von der beklagten Partei nicht geduldet werden würde. Zurecht weist das Arbeitsgericht Hannover in der angegebenen Entscheidung darauf hin, dass jede Nutzung des Internets eine Spur hinterlässt und es sachkundigen Dritten möglich ist, festzustellen, von welchem Internet-Zugang aus auf eine bestimmte Homepage zugegriffen wird. Zu Recht weist das Arbeitsgericht Hannover weiter darauf hin, dass durch das Aufrufen bestimmter Web-Pages das Ansehen desjenigen, der den Internetzugang zur Verfügung und von dessen Internet-Zugang aus der Zugriff erfolgt, erheblich leiden kann (unter Verweis auf *Kronisch*, AuA 1999, 550). Die beklagte Partei als ein Unternehmen der ... Branche kann nicht zulassen, dass ihr Leumund in Gefahr gerät, indem sie in den Ruf gerät, dass ihre Angestellten mit ihren Arbeitsmitteln geduldet sich mit pornografischen Internet-Seiten befassen, zudem noch während der Arbeitszeit.

Hinzukommt, dass gerade von diesen Seiten eine erhebliche Gefahr hinsichtlich der Einschleppung von Computerviren ausgeht. Diese Gefahr hat sich im vorliegenden Fall realisiert. Über diese Seiten ist ein entsprechender Virus eingeschleppt worden. Es ist allein der guten technischen Ausstattung der beklagten Partei zu verdanken, dass dieser Virus von dem Virenschutzprogramm erkannt und unschädlich gemacht wurde.

Die klägerische Partei hat also unter keinen Umständen damit rechnen können, dass die beklagte Partei ihr Verhalten tolerieren würde. Hinzukommt, dass die klägerische Partei einen erheblichen Anteil der Arbeitszeit mit der privaten Nutzung des Internets verbracht hat. In einem Monat beläuft sich dies auf ... Stunden. Dies beinhaltet einen Betrug, da die klägerische Partei die beklagte Partei in dem Glauben gelassen hat, dass sie ihre Arbeitszeit für dienstliche Tätigkeit verwenden würde. Die klägerische Partei kann auch nicht einwenden, dass sie nicht genug dienstliche Tätigkeit gehabt hätte. Dem steht entgegen, dass sie sich sogar nicht gescheut hat, an den betreffenden Tagen auch noch Mehrarbeit in die Zeiterfassung durch Betätigung der Zeiterfassungsgeräte aufnehmen zu lassen. Dementsprechend liegt ein wichtiger Grund vor, der die streitbefangene außerordentliche Kündigung rechtfertigt.

Eine Interessenabwägung kann nicht den Ausschlag zu Gunsten der klägerischen Partei geben. Wenn die klägerische Partei auf ihre lange Betriebszugehörigkeit verweist, übersieht sie, dass sie der klägerischen Partei gerade aufgrund der langen Betriebszugehörigkeit ein erhebliches Vertrauen entgegenbrachte. Dieses Vertrauen hat jedoch die klägerische Partei über einen erheblichen Zeitraum und in erheblichem Umfang missbraucht. Vor diesem Hintergrund wirkt sich die lange Betriebszugehörigkeit nicht zu Gunsten der klägerischen Partei aus. Das Gleiche gilt für das Lebensalter. Gerade in dem Lebensalter der klägerischen Partei hätte die beklagte Partei nicht vermutet, dass ein Angestellter auf diese Art und Weise ihr Vertrauen missbrauchen würde. Die klägerische Partei musste aufgrund ihrer Lebenserfahrung einsichtig sein, dass sie sich nicht auf diese Art und Weise privaten, untersagten Tätigkeiten unter Einsatz der Arbeitsmittel der beklagten Partei, die ausschließlich zu dienstlichen Zwecken zur Verfügung standen, bedienen und das Ansehen der beklagten Partei schädigen durfte.

III.

Die Kündigung ist der klägerischen Partei am ... zugegangen. Damit ist die 2-Wochen-Frist des § 626 Abs. 2 BGB eingehalten. Die 2-Wochen-Frist beginnt nach ständiger Rechtsprechung zu laufen, wenn der Arbeitgeber zügig alle Tatsachen ermittelt hat, die er zu Beurteilung des Sachverhalts benötigt. Erstmals hat die technische Abteilung der Beklagten am ... den Virus festgestellt und festgestellt, dass dieser auf eine pornografische Internet-Seite zurückzuführen sei. Zu diesem Zeitpunkt hatte die Beklagte aber von den Aktivitäten des Klägers noch keine Kenntnisse. Es mussten erst die technischen Ermittlungen vorgenommen werden, die im Laufe der ... KW stattfanden.

9. Muster: Gründe der Generalprävention

Eine fristlose Kündigung kann grundsätzlich dann gerechtfertigt sein, wenn ein Außendienstmitarbeiter für über eine Stunde seine Arbeit aus eindeutig nicht dienstlichen Gründen unterbricht. Bei der Interessenabwägung ist dem Arbeitgeber auch nicht verwehrt, die Maßnahme der Kündigung aus Gründen der Generalprävention zu ergreifen, um, für alle anderen Mitarbeiter deutlich sichtbar, Präzedenzfälle dieser oder vergleichbarer Art zu verhindern. Eine Generalprävention gegenüber anderen Mitarbeitern ist zwar für das Kündigungsrecht im Allgemeinen und für die Interessenabwägung im Besonderen ein nur begrenzt tragfähiger Gesichtspunkt, kann jedoch gleichwohl bei der Interessenabwägung mit berücksichtigt werden,

BAG 16.12.2004 – 2 ABR 7/04, AP § 626 BGB Nr. 191.

10. Muster: Nebentätigkeit während angeblicher Arbeitsunfähigkeit (1)

Der Beweiswert einer Arbeitsunfähigkeitsbescheinigung ist erschüttert, wenn ein Arbeiter, der wegen eines Tennisarmsyndroms arbeitsunfähig krankgeschrieben ist, während der Zeit der attestierten Arbeitsunfähigkeit nicht nur gelegentlich schwere Gartenarbeit verrichtet. Wer Arbeitsunfähigkeit vortäuscht, um Lohnfortzahlung zu erhalten, begeht eine strafbare Handlung zum Nachteil des Arbeitgebers. Ein solches Verhalten ist grundsätzlich geeignet, eine fristlose Kündigung zu rechtfertigen. Eine vorherige Abmahnung ist nicht erforderlich,

LAG Mecklenburg-Vorpommern 19.7.2006 – 2 Sa 40/06, juris.

11. Muster: Nebentätigkeit während angeblicher Arbeitsunfähigkeit (2)

Ist ein Arbeitnehmer während einer ärztlich attestierten Arbeitsunfähigkeit schichtweise einer Nebenbeschäftigung bei einem anderen Arbeitgeber nachgegangen, so kann je nach den Umständen auch eine fristlose Kündigung ohne vorherige Abmahnung gerechtfertigt sein.

Ist in derartigen Fällen der Beweiswert des ärztlichen Attestes erschüttert oder entkräftet, so hat der Arbeitnehmer konkret darzulegen, weshalb er krankheitsbedingt gefehlt hat und trotzdem der Nebenbeschäftigung nachgehen konnte,

BAG 26.8.1993 – 2 AZR 154/93, BAGE 74, 127 = NZA 1994, 63.

12. Muster: Tätlichkeiten am Arbeitsplatz

Die aktive Beteiligung an einer tätlichen Auseinandersetzung, die während der Arbeitszeit im Betrieb stattfindet, ist in aller Regel auch ohne vorherige Abmahnung geeignet, ein wichtiger Grund zur fristlosen Kündigung zu sein. Bei Abwägung der beiderseitigen Interessen kann in einem solchen Fall nur ausnahmsweise eine Abmahnung oder Versetzung als besser geeignete oder angemessene Maßnahme angesehen werden,

LAG Köln 18.3.1993 – 10 (9) Sa 1014/92, DStR 1993, 1602.

Die Beteiligung an einer tätlichen Auseinandersetzung unter Arbeitskollegen ist kein absoluter Kündigungsgrund, vielmehr entscheiden die Umstände des Einzelfalles. Zu den dabei zu Gunsten des Arbeitnehmers zu berücksichtigenden Umständen zählen zB: mangelnde Gefährlichkeit und Heftigkeit der Kontakte, keine Schmerzhaftigkeit, keine sichtbaren oder unsichtbaren Folgen, kurze Dauer der Auseinandersetzung, ihre alsbaldige Beendigung aus eigener Initiative, bevor ein Eingreifen Dritter erforderlich wird, schlichtes Niveau des Umfeldes, bisher keine einschlägige Abmahnung,

LAG Köln 25.6.1993 – 13 Sa 290/93, DStR 1993, 1833.

13. Muster: Replik bei außerordentlicher Kündigung

Aktenzeichen: ...

Gegner: RAe ..., zwei Abschriften anbei

In dem Rechtsstreit

... ./. ...

bestellen wir uns zu Prozessbevollmächtigten der beklagten Partei. Namens und in Vollmacht der beklagten Partei werden wir beantragen zu erkennen:

1. Die Klage wird abgewiesen.
2. Die Kosten des Rechtsstreits trägt die klägerische Partei.

Gründe:

I.

Der den Gegenstand der Kündigung vom ... bildende Sachverhalt ist „an sich" geeignet, einen wichtigen Grund zur fristlosen Kündigung zu ergeben,

BAG 2.3.1989 – 2 AZR 280/88, NZA 1989, 755; BAG 17.5.1984 – 2 AZR 3/83, NZA 1985, 91.

Der Kündigungsgrund „an sich" dient der Antwort auf die Frage, ob ein bestimmter Grund generell eine außerordentliche Kündigung zu rechtfertigen vermag. Das BAG hat sich an gesetzlichen Vorschriften wie den §§ 123, 124 GewO, § 72 HGB in ihrem damaligen Wortlaut orientiert und hieraus Hinweise darauf abgeleitet, was als wichtiger Grund „an sich" anzusehen sei. Diese Kündigungsgründe sollen nicht als absolute Gründe angesehen werden, weil das BAG bekanntlich Gründe einer Kündigung für nicht verabsolutierbar hält,

BAG 30.5.1978 – 2 AZR 630/76, BAGE 30, 309 = NJW 1979, 332; BAG 6.3.2003 – 2 AZR 232/02, EzA § 626 BGB 2002 Nr. 2.

Kündigungsgründe „an sich" iSv § 626 BGB haben Pflichtverletzungen von einer gewissen Schwere zum Inhalt. Der den Gegenstand der Kündigung vom ... bildende Sachverhalt genügt diesen Anforderungen: ...

II.

Zum Teil in der ersten, zum Teil in der zweiten Prüfungsstufe angesiedelt, hat die Rechtsprechung ihr zweistufiges Prüfungssystem durch vier weitere Aspekte bereichert, die teilweise auch im Rahmen der zweiten Prüfungsstufe, also im Rahmen der Interessenabwägung, zu berücksichtigen sind:

- Das Fehlverhalten des Arbeitnehmers muss sich konkret auf das Arbeitsverhältnis ausgewirkt haben (BAG 17.3.1988 – 2 AZR 576/87, BAGE 58, 37 = NJW 1989, 546).
- Im Grundsatz hat jeder fristlosen Kündigung wie auch jeder verhaltensbedingten ordentlichen Kündigung eine Abmahnung des Arbeitnehmers im gleichen Pflichtenkreis vorauszugehen.
- Es ist eine negative Prognose erforderlich (BAG 4.10.1990 – 2 AZR 201/90, NZA 1991, 468). Dabei ist eine objektive Prognose im Hinblick auf künftige Belastungen vorzunehmen, wobei bisherige Störungen ein gewichtiges Indiz für weitere künftige Belastungen darstellen (BAG 9.3.1995 – 2 AZR 497/94, NZA 1995, 777).
- Das Ultima-ratio-Prinzip muss gewahrt sein (BAG 17.2.1994 – 2 AZR 616/93, BAGE 76, 35 = NZA 1994, 656). Kommt statt der fristlosen Kündigung die Zuweisung eines anderen Arbeitsplatzes kraft Direktionsrechts oder im Wege der Änderungskündigung (BAG 27.9.1984 – 2 AZR 62/83, BAGE 47, 26 = NZA 1985, 455) in Betracht, hat die außerordentliche Kündigung keinen Bestand.

Auch unter Berücksichtigung des 4-Punkte-Katalogs ist die außerordentliche Kündigung der klägerischen Partei sozial gerechtfertigt: ...

III.

Nach der Rechtsprechung des BAG ist, wenn ein bestimmter Kündigungsgrund „an sich" geeignet ist, eine außerordentliche Kündigung zu rechtfertigen, nach § 626 Abs. 1 BGB weiterhin in eine Prüfung einzutreten, ob die Fortsetzung des Arbeitsverhältnisses unter Berücksichtigung der konkreten Umstände des Einzelfalles und der Abwägung der Interessen beider Vertragspartner zumutbar ist oder nicht,

BAG 13.12.1984 – 2 AZR 454/83, NZA 1985, 288.

Diese Prüfung wird in der Praxis als „zweite Stufe" bezeichnet, in der alle vernünftigerweise in Betracht kommenden konkreten Umstände des Einzelfalles, die für oder gegen eine außerordentliche Kündigung sprechen, miteinander abgewogen werden, insbesondere unter dem Gesichtspunkt, ob diese Umstände die Fortsetzung des Arbeitsverhältnisses bis zum Ablauf der ordentlichen Kündigungsfrist unzumutbar machen oder nicht.

Wenn mehrere verschiedenartige Umstände als Kündigungsgründe in Betracht kommen, muss jeder einzelne Kündigungsgrund zunächst separat betrachtet werden, und wenn jeder dieser Gründe nicht als ausreichend angesehen wird oder aus Vorsichtsgründen ein weiterer argumentativer Weg eingeschlagen werden soll, sind die einzelnen Sachverhalte in eine Gesamtbetrachtung einzustellen,

BAG 17.3.1988 – 2 AZR 576/87, BAGE 58, 37 = NJW 1989, 546.

Im Rahmen der Interessenabwägung sind auf Arbeitgeberseite das objektive Arbeitgeberinteresse an der Auflösung und das arbeitnehmerseitige Interesse an der Erhaltung des Beschäftigungsverhältnisses einander gegenüberzustellen.

Auf Arbeitgeberseite sind Art und Umfang der betrieblichen Störungen und Schäden, generalpräventiver Aspekte (Betriebsdisziplin), die Gefährdung anderer Arbeitnehmer oder Dritter, der Verschuldensgrad und die Wiederholungsgefahr zu betrachten. Auf Arbeitnehmerseite schlagen die Ursache des Vertragsverstoßes, der Umfang des Verschuldens, die Dauer der Betriebszugehörigkeit, etwa vorangehend unbeanstandetes Verhalten, das Lebensalter, die Arbeitsmarktsituation und die persönlichen wirtschaftlichen Folgen für den Arbeitnehmer zu Buche.

Eine an diesen Kriterien ausgerichtete Interessenabwägung führt zu folgendem Ergebnis: ...

↑

14. Muster: Unkündbarkeit nach § 55 BAT/§ 34 TVöD

§ 55 Abs. 1 BAT steht einer außerordentlichen betriebsbedingten Kündigung aus wichtigem Grund unter Beachtung einer sozialen Auslauffrist im Umfang der ordentlichen Kündigungsfrist nicht entgegen. Die Regelung des § 55 Abs. 2 BAT findet ihren Niederschlag nunmehr in § 34 Abs. 2 TVöD-AT. Der besondere tarifvertragliche Kündigungsschutz ist nunmehr einheitlich für die Arbeiter und Angestellten in § 34 Abs. 2 TVöD geregelt. Soweit Beschäftigte bereits nach BAT unkündbar waren, verbleibt es dabei,

Bepler/Böhle/Meerkamp/Stöhr/*Eylert*, TVöD, § 34 TVöD-AT Rn 22.

Vom Grundsatz her besteht die Möglichkeit des Ausschlusses einer ordentlichen Arbeitgeberkündigung. Rechtsprechung und Literatur gehen aber einheitlich davon aus, dass das Recht des Arbeitgebers zum Ausspruch einer außerordentlichen Kündigung nur begrenzt eingeschränkt werden kann. Das Recht zur außerordentlichen Kündigung ist für beide Vertragsteile unabdingbar,

BAG 17.5.1984 – 2 AZR 3/83, NZA 1985, 91.

Das Recht zur außerordentlichen Kündigung kann weder durch einzelvertragliche, noch durch kollektivrechtliche Vereinbarungen von vorne herein ausgeschlossen werden,

APS/*Kiel*, § 626 BGB Rn 318 a; KR/*Fischermeier*, § 626 BGB Rn 57.

Nicht nur ein Ausschluss, sondern auch eine für den kündigenden Vertragspartner unzumutbare Erschwerung seines Rechts zur außerordentlichen Kündigung ist unzulässig,

BAG 18.12.1961 – 5 AZR 104/61, AP § 626 BGB Kündigungserschwerung Nr. 1.

Unkündbarkeitsklauseln können daher lediglich im Hinblick auf die ordentliche Kündigung Wirksamkeit entfalten, da der Grundsatz, dass Dauerschuldverhältnisse aus wichtigem Grund gekündigt werden können, zu den unverzichtbaren, verfassungsrechtlich durch Art. 12 GG abgesicherten und deshalb zwingenden Prinzipien des Privatrechts zählt,

Wiedemann/*Thüsing*, TVG, § 1 Rn 688; *Mauer/Schüßler*, BB 2001, 466.

Gesetzlichen Niederschlag hat dieser Grundsatz in § 624 BGB gefunden. Gemäß dieser Vorschrift kann ein Dienstverhältnis, das für die Lebenszeit einer Person oder für längere Zeit als fünf Jahre eingegangen ist, von dem Verpflichteten nach dem Ablauf von fünf Jahren unter Einhaltung einer sechsmonatigen Kündigungsfrist gekündigt werden.

Dem Arbeitgeber muss es möglich sein, sich durch Ausspruch einer Kündigung aus einem Dauerrechtsverhältnis zu lösen, wenn ihm das Festhalten daran unzumutbar geworden ist. Das einprägsame Beispiel des Heizers auf der E-Lok zeigt, dass in den Fällen eines Ausschlusses der ordentlichen Kündigung die Zumutbarkeitsgrenze für ein Festhalten des Arbeitgebers an dem mit seinem Arbeitnehmer geschlossenen Vertrag dann erreicht ist, wenn der Arbeitgeber den „unkündbaren" Arbeitnehmer aus betriebsbedingten Gründen nicht mehr sinnvoll weiterbeschäftigen kann,

BAG 18.5.2006 – 2 AZR 207/05, NZA-RR 2007, 272.

Unter Anwendung schuldrechtlicher Grundsätze kann vom Arbeitgeber nicht verlangt werden, das Arbeitsverhältnis trotz der Unmöglichkeit, Arbeit anzubieten, über Jahre hinweg fortzusetzen,

BAG 6.10.2005 – 2 AZR 362/04, NZA-RR 2006, 416.

Der Arbeitgeber wäre anderenfalls gezwungen, seinem Arbeitnehmer bis zum Erreichen der Altersgrenze das vereinbarte Entgelt zu zahlen, ohne hierfür eine angemessene Gegenleistung zu erhalten. Entsprechend dem § 1 Abs. 2 KSchG zugrunde liegenden Leitgedanken werden diese Überlegungen durch verfassungsrechtliche Grundwertungen getragen. Wie das BAG ausführt, gehörte zu den Freiheitsrechten privatautonomen Handelns das der Berufsfreiheit des Art. 12 Abs. 1 GG immanente Grundrecht des Arbeitgebers, Arbeitsverhältnisse privatautonom zu begründen, aber auch zu beenden,

BAG 5.2.1998 – 2 AZR 227/97, BAGE 88, 10 = NZA 1998, 771.

Da der Arbeitgeber prinzipiell die Möglichkeit haben muss, sein Unternehmen aufzugeben, muss er gleichermaßen wirksam kündigen können. Er darf autonom entscheiden, welche Größenordnung sein Unternehmen haben soll, Kündigungsbeschränkungen, die diese Entscheidungsfreiheit beseitigen, sind verfassungsrechtlich angreifbar,

KR/*Fischermeier*, § 626 BGB Rn 158.

Art. 12 Abs. 1 GG schließt es gleichfalls aus, vom Arbeitgeber zu verlangen, ein unzumutbares Arbeitsverhältnis aufrecht zu erhalten. Unverzichtbar sind Beendigungsmöglichkeiten, die der Anpassung des Arbeitnehmerbestandes an die Entwicklung des Unternehmens dienen,

APS/*Kiel*, § 1 KSchG Rn 805.

Das BAG erkennt das Recht des Arbeitgebers zur außerordentlichen betriebsbedingten Kündigung ausdrücklich an,

BAG 5.2.1998 – 2 AZR 227/97, BAGE 88, 10 = NZA 1998, 771; BAG 17.9.1998 – 2 AZR 419/97, NZA 1999, 258.

Im erstgenannten Fall war eine von zwei Geschäftsführerstellen aufgrund der Umsetzung einer auf innerbetrieblichen Gründen fußenden Unternehmerentscheidung abgeschafft worden. Die dem ausscheidenden Geschäftsführer zugeordnete Sekretärin hatte daraufhin keine Aufgaben mehr zu erledigen. Andere Sekretärinnen waren aufgrund ihrer Sozialdaten schützenswerter und alternative zumutbare Beschäftigungsmöglichkeiten bestanden nicht. Die betroffene Sekretärin war nach dem Kraft vertraglicher Bezugnahme geltenden Tarifvertrag „unkündbar".

Im zweiten vom BAG entschiedenen Fall wandte sich der tariflich „unkündbare" Kläger gegen die ihm gegenüber ausgesprochene außerordentliche Kündigung seines Arbeitsverhältnisses, nachdem sämtliche EDV-Arbeiten an eine Konzerntochter übertragen worden waren. In den Entscheidungsgründen zu den beiden vorgenannten Entscheidungen führt das BAG u.a. aus, dass die außerordentliche Kündigung gegenüber einem tariflich unkündbaren Arbeitnehmer aus betriebsbedingten Gründen ausnahmsweise unter Einhaltung der ordentlichen Kündigungsfrist zulässig sein kann, wenn der Arbeitsplatz des Arbeitnehmers weggefallen ist. Das BAG hat diese Rechtsprechung jüngst wieder bestätigt,

BAG 18.5.2006 – 2 AZR 207/05, NZA-RR 2007, 272; BAG 12.8.1999 – 2 AZR 748/98, NZA 1999, 1267; ausdrücklich für den Bereich des öffentlichen Dienstes: BAG 27.6.2002 – 2 AZR 367/01, BAGE 102, 40 = AP § 55 BAT Nr. 4.

Die erläuterten Grundsätze gelten auch im öffentlichen Dienst,

Hanau/Ossenbühl, Kündigungsschutz und Wissenschaftsfreiheit, S. 44.

Die §§ 54, 55 BAT können nur die nach § 626 BGB geltende Rechtslage übernehmen,

Wiedemann/*Thüsing*, TVG, § 1 Rn 688.

Dasselbe gilt auch für die Nachfolgerregelung des § 34 Abs. 2 TVöD. Erschwerungen des Rechts zur außerordentlichen Kündigung, wie etwa die Konkretisierung des Kündigungsgrundes in § 55 BAT, sind angesichts des § 626 BGB bestimmenden Rechtsgedankens der Unzumutbarkeit nur insoweit als zulässig zu bewerten, wie sie selbst die Grenzen der Unzumutbarkeit beachten. Dementsprechend muss eine außerordentliche Beendigungskündigung im Bereich des öffentlichen Dienstes trotz der Regelung in § 55 BAT möglich sein, wenn die von den Parteien der Vorschrift zugrunde gelegte Geschäftsgrundlage nicht mehr besteht. Eine unzumutbare Erschwerung ist schon dann anzunehmen, wenn für sog. unkündbare Arbeitnehmer das Recht zur außerordentlichen Beendigungskündigung auf Gründe beschränkt wird, die in der Person oder im Verhalten des Arbeitnehmers liegen, und für andere wichtige Gründe, insbesondere dringende betriebliche Erfordernisse, nur eine außerordentliche Änderungskündigung zugelassen wird,

KR/*Fischermeier*, § 626 BGB Rn 66; ErfK/*Müller-Glöge*, § 626 BGB Rn 196.

Auch im öffentlichen Dienst sind die grundlegenden Organisationsentscheidungen des Arbeitgebers grundsätzlich nicht auf Notwendigkeit und Zweckmäßigkeit zu überprüfen,

BAG 26.1.1995 – 2 AZR 371/94, BAGE 79, 159 = NZA 1995, 626.

Diese Auffassung hat auch in der Instanzrechtsprechung inzwischen ihren Niederschlag gefunden. So hat das LAG Köln ausdrücklich festgestellt, dass eine Verweisung in einem Anstellungsvertrag von Parteien auf die Kündigungsvorschriften des BAT ihrem Wortlaut nach zwar alle Kündigungsvorschriften des BAT umfasse und damit auch die Bestimmungen des § 53 Abs. 3 BAT über die Unkündbarkeit nach 15 Beschäftigungsjahren. Es könne aber gleichwohl nicht angenommen werden, dass die Verweisung uneingeschränkt gelten soll und insbesondere nicht, dass sie auch für den Fall gelten soll, dass die Beschäftigung eines Arbeitnehmers für den öffentlichen Arbeitgeber aus betrieblichen Gründen unmöglich wurde,

LAG Köln 5.9.2000 – 7 (13) Sa 168/00, ARST 2001, 93.

Das LAG Baden-Württemberg hat für den Bereich des öffentlichen Dienstes entschieden, dass § 55 Abs. 2 BAT die außerordentliche Beendigungskündigung nicht in jedem Falle ausschließe. Auch im Bereich des öffentlichen Dienstes können dringende betriebliche Gründe einer Weiterbeschäftigung entgegenstehen. Das LAG hat dies für den Fall angenommen, dass eine Musikschule zukünftig nur noch mit freiberuflich tätigen Lehrern betrieben wird, was einer Weiterbeschäftigung der Lehrkräfte als Arbeitnehmer entgegenstand. Das LAG hat weiterhin festgestellt, dass § 55 BAT eine betriebsbedingte Beendigungskündigung mit Auslauffrist nicht ausschließt, weil der Ausschluss höherrangigem Recht widerspräche,

LAG Baden-Württemberg 22.11.1999 – 15 Sa 69/99, EzBAT § 54 BAT Unkündbare Angestellte Nr. 10.

Auch das ArbG Hamm hält § 55 BAT für verfassungswidrig,

ArbG Hamm 19.6.2001 – 4 Ca 1414/01, NZA-RR 2001, 612.

Das Arbeitsgericht führt aus, Art. 12 Abs. 1 GG gewähre dem Arbeitgeber das Recht, ein Unternehmen zu gründen, die Größenordnung seines Unternehmens zu bestimmen und schließlich sein Unternehmen wieder aufzugeben. Damit einhergehe das Recht, Arbeitsverhältnisse privatautonom zu begründen und zu beenden. Habe der Arbeitgeber sich entschlossen, seinen Betrieb zu verkleinern oder stillzulegen, könne er nicht gezwungen werden, an einem sinnentleerten Arbeitsverhältnis festzuhalten. Nehme man ihm die Möglichkeit zur ordentlichen und zur außerordentlichen Kündigung, müsste er den geschützten Arbeitnehmer bis zur Pensionierung weiter entlohnen, ohne dafür eine Gegenleistung zu erhalten, da ihm die Beschäftigungsmöglichkeit fehle. Dieses Ergebnis einer unzumutbaren Ewigkeitsbindung sei unerträglich. Beendigungsmöglichkeiten, die der Anpassung des Arbeitnehmerbestandes an die Entwicklung des Unternehmens dienten, seien daher unverzichtbar.

Auch das BAG hat diese verfassungsrechtlichen Bedenken in seiner Rechtsprechung aufgenommen. Im sog. Rechenzentrumsfall führt es unter Ziff. II.4.b. der Entscheidungsgründe aus: „Ein wegen der Grundrechte des Arbeitgebers verfassungsrechtlich bedenklicher genereller Ausschluss des Rechts zur außerordentlichen Kündigung aus betriebsbedingten Gründen folgt auch nicht aus § 41 Abs. 3 Satz 3 MTV",

BAG 17.9.1998 – 2 AZR 419/97, NZA 1999, 258.

Für den Bereich des öffentlichen Dienstes hat der 2. Senat nunmehr seine Rechtsprechung präzisiert. Er hat ausgeführt, die Möglichkeit zur außerordentlichen Kündigung aus wichtigem Grund könne in einem Dauerschuldverhältnis nicht völlig beseitigt werden. Es seien Extremfälle denkbar, in denen auch im Rahmen des § 55 BAT eine außerordentliche betriebsbedingte Kündigung mit notwendiger Auslauffrist in Betracht kommen könne. Dies bedeute jedoch nicht, dass jede Umorganisation oder Schließung einer Teileinrichtung mit dem Wegfall von Arbeitsplätzen im öffentlichen Dienst zu einer außerordentlichen Kündigung führen könne. Habe der Arbeitgeber vor Ausspruch der Kündigung nicht alle Möglichkeiten ausgeschöpft, eine Weiterbeschäftigung des betroffenen Arbeitnehmers in der eigenen – entsprechend dem Grundsatz der Einheit des öffentlichen Dienstes – oder auch in einer fremden Verwaltung zu versuchen, so ist eine Kündigung ausgeschlossen. Dies gilt erst recht, wenn der Arbeitgeber nicht einmal die Maßnahmen zur Vermeidung einer Beendigungskündigung ergriffen hat, zu denen er in dem vergleichbaren Fall von Rationalisierungsmaßnahmen tarifvertraglich verpflichtet ist,

BAG 18.5.2006 – 2 AZR 207/05, NZA-RR 2007, 272; BAG 27.6.2002 – 2 AZR 367/01, BAGE 102, 40 = AP § 55 BAT Nr. 4.

Zunächst ist festzuhalten, dass es nach ... keinen Arbeitsplatz für den Kläger mehr gibt: ...
Vorliegend hat der Arbeitgeber seither sämtliche Möglichkeiten, die ihm zur Verfügung standen, für den Kläger, einen anderen Arbeitsplatz zu finden, ausgeschöpft.
Als Weiterbeschäftigungsmöglichkeiten kamen für den Kläger nur folgende Tätigkeiten oder Stellen bei folgenden Behörden in Betracht: ... Wie sich aus dem beigefügten Anlagenkonvolut ergibt, hat der Arbeitgeber bei all seinen Bemühungen innerhalb und außerhalb der Dienststelle nur Absagen erhalten.

Beweis: ...

Alle Versuche, eine Weiterbeschäftigungsmöglichkeit für den Kläger zu vermitteln, sind damit fehlgeschlagen. Weitergehende Beschäftigungsmöglichkeiten bestehen nicht. Damit ist der Extremfall vorliegend gegeben, dass eine außerordentliche betriebsbedingte Kündigung im Bereich des öffentlichen Dienstes mit Auslauffrist wirksam ist.

15. Muster: Wettbewerbstätigkeit einer Krankenschwester

Ein wichtiger Grund für eine außerordentliche Kündigung ist gegeben, wenn eine in einer Klinik beschäftigte Krankenschwester, die nebenberuflich ohne Kenntnis ihres Arbeitgebers eine Heilpraktikerpraxis betreibt, anlässlich eines dienstlichen Kontakts einem Patienten eine Visitenkarte mit der Anschrift ihrer Heilpraktikerpraxis überreicht und diesem im Rahmen einer sich anschließenden Behandlung in ihrer Praxis empfiehlt, die in der Kardiologischen Abteilung der Klinik ihres Arbeitgebers verordneten Medikamente abzusetzen und einen Operationstermin zu verschieben. Es kommt nicht darauf an, ob sich der Gesundheitszustand des Patienten hierdurch verschlechtert hat,

LAG Köln 11.9.1996 – 8 Sa 292/96, LAGE § 626 BGB Nr. 103.

16. Muster: Beleidigung des Arbeitgebers auf Facebook

Grobe Beleidigungen des Arbeitgebers oder seiner Vertreter oder Repräsentanten oder von Arbeitskollegen, die nach Form und Inhalt eine erhebliche Ehrverletzung für den Betroffenen bedeuten, stellen einen erheblichen Verstoß eines Arbeitnehmers gegen seine Pflichten aus dem Arbeitsverhältnis dar und sind an sich geeignet, eine außerordentliche fristlose Kündigung des Arbeitsverhältnisses zu rechtfertigen. Dabei schützt das Grundrecht der Meinungsfreiheit weder Formalbeleidigungen und bloße Schmähungen noch bewusst unwahre Tatsachenbehauptungen. Arbeitnehmer sind zwar berechtigt, unternehmensöffentlich auch Kritik am Arbeitgeber und den betrieblichen Verhältnissen zu äußern, unter Umständen auch in überspitzter oder polemischer Form; in groben Maße unsachliche Angriffe, die beispielsweise u.a. zur Untergrabung der Position eines Vorgesetzten führen können, muss der Arbeitgeber demgegenüber nicht hinnehmen,

BAG 7.7.2011 – 2 AZR 355/10, NZA 2011, 1412; LAG Hamm 10.10.2012 – 3 Sa 644/12, RDV 2013, 47 m. Anm. *Ehmann*, jurisPR-ArbR 16/2013 Anm. 1.

Dabei kann auch eine einmalige Ehrverletzung kündigungsrelevant sein und ist umso schwerwiegender zu bewerten, je unverhältnismäßiger und überlegter sie erfolgte,

BAG 10.10.2002 – 2 AZR 418/01, DB 2003, 1797.

Dabei ist es für die Eignung zum Ausspruch einer außerordentlichen Kündigung auch ohne Bedeutung, dass der Kläger die ehrverletzenden Äußerungen nicht in verbaler Form getätigt hat. Die Lesbarkeit im Netz sowohl für den Beklagten selbst, aber auch für Dritte hat – mindestens – die gleiche Wertigkeit wie eine entsprechende verbale Äußerung,

LAG Hamm 10.10.2012 – 3 Sa 644/12, RDV 2013, 47 m. Anm. *Ehmann*, jurisPR-ArbR 16/2013 Anm. 1; *Bauer/Günther*, NZA 2013, 67.

Dies gilt vorliegend deswegen, weil der Kläger seine Chronik als „öffentlich" eingestellt hat. Sie ist damit für jedermann im Internet ohne Zugangshürde einsehbar. Mindestens zwei Arbeitskollegen haben den Eintrag „geliked", also mit dem Daumen-hoch-Symbol als positiv gekennzeichnet. Diese sind inzwischen deswegen abgemahnt worden.

Hiernach stellen die Eintragungen des Klägers bezüglich seines Arbeitgebers auf seiner Facebook-Seite massiv ehrverletzende Äußerungen dar, die zum Ausspruch einer außerordentlichen Kündigung des Arbeitsverhältnisses geeignet sind. Der Kläger hat den Geschäftsführer der Beklagten in seiner Facebook-Chronik als „Flachpfeife, der mich mal am Arsch lecken kann" bezeichnet und die von seinem Vorgesetzten kurz vor dem Eintrag auf der Facebook-Seite auf einer Belegschaftsversammlung verkündete strategische Neuausrichtung als „Monkey-Business aus der Klamottenkiste" tituliert. Seinen Vorgesetzten bezeichnet er in dem Eintrag als „ideenfreien Plagiator, der sich für ein Genie hält, aber nur zum tragikomischen Clown taugt". Dass diese Äußerungen in Bezug auf den Arbeitgeber, dessen Geschäftsführer und den Vorgesetzten des Klägers massiv beleidigend sind und keine wahre Tatsachenäußerung darstellen, muss nicht weiter begründet werden, sondern ist aus sich heraus eindeutig.

Der Kläger streitet auch die Urheberschaft des Eintrags nicht ab. Der Beklagte hat den Kläger vor Ausspruch der Kündigung hierzu vorsorglich angehört und ihm eine Frist zur Stellungnahme von 3 Tagen gesetzt. Diese Frist hat der Kläger ungenutzt verstreichen lassen. Der Beklagte konnte also zu Recht davon ausgehen, dass der Kläger selbst in seinem Facebook-Account den Eintrag in seiner Chronik vorgenommen hat.

Der Kläger kann sich dabei nicht auf sein Recht zur freien Meinungsäußerung berufen, da dieses Schmähungen und Formalbeleidigungen nicht deckt, zudem seine Grenze in den berechtigten Interessen Dritter hat,

LAG Hamm 10.10.2012 – 3 Sa 644/12, RDV 2013, 47 m. Anm. *Ehmann*, jurisPR-ArbR 16/2013 Anm. 1.

Ob sich die Äußerungen des Klägers dabei als Beleidigung im strafrechtlichen Sinne darstellen, ist für die Bewertung des Verhaltens nicht von Bedeutung. Bei einer außerordentlichen Kündigung kommt es nicht auf die strafrechtliche Wertung eines Verhaltens, sondern darauf an, ob dem Arbeitgeber aufgrund des Verhaltens des Arbeitnehmers nach dem gesamten Sachverhalt die Fortsetzung des Arbeitsverhältnisses noch zuzumuten ist,

BAG 25.11.2010 – 2 AZR 801/09, NZA-RR 2012, 222.

Auf eine spontane und unüberlegte Unmutsäußerung kann sich der Kläger ebenfalls nicht mit Erfolg berufen. Solche Äußerungen mögen zwar umso eher verzeihlich sein, wenn sie im Rahmen einer verbalen Auseinandersetzung oder in beiderseits aufgeheizter Stimmung erfolgen. Hier befand sich die Darstellung zum „Arbeitgeber" aber jedenfalls unstreitig über mehrere Wochen auf der maßgeblichen Seite, was bereits anhand der Daten der Kommentare zu dem Chronik-Eintrag ersichtlich wird, so dass sie nicht mehr den Charakter einer augenblicklichen, wenn auch heftig überzogenen Unmutsäußerung genießt. Wer eine solche Bezeichnung über längere Zeit aufrechterhält, will gerade, dass sie zur Kenntnis genommen und der „Arbeitgeber" in der dargestellten Eigenschaft gesehen wird,

LAG Hamm 10.10.2012 – 3 Sa 644/12, RDV 2013, 47 m. Anm. *Ehmann*, jurisPR-ArbR 16/2013 Anm. 1.

Aufgrund der Schwere des Pflichtverstoßes bedurfte es auch keiner Abmahnung vor Ausspruch der Kündigung.

17. Muster: Kündigung wegen Whistleblowing

Nach ständiger Rechtsprechung des Bundesarbeitsgerichts kann eine vom Arbeitnehmer gegen den Arbeitgeber erstattete Anzeige einen wichtigen Grund iSd § 626 Abs. 1 BGB darstellen, welcher zur außerordentlichen Kündigung des Arbeitsverhältnisses berechtigt,

vgl BAG 5.2.1959 – 2 AZR 60/56, NJW 1961, 44; BAG 4.7.1991 – 2 AZR 80/91, juris; BAG vom 3.7.2003 – 2 AZR 235/02, BAGE 107, 36.

Nach der Rechtsprechung des Bundesverfassungsgerichts gilt es in diesem Zusammenhang zu beachten, dass der Arbeitnehmer mit Erstattung einer Strafanzeige ein grundrechtliches Freiheitsrecht (Art. 2 Abs. 1 GG in Verbindung mit dem Rechtsstaatsprinzip) ausübt, das ihm die Rechtsordnung ausdrücklich gewährt; es entspricht allgemeinem Interesse des Rechtsstaates an der Erhaltung des Rechtsfriedens und an der Aufklärung von Straftaten, dass auch der Arbeitnehmer zur Aufklärung von Straftaten beitragen darf und dies in besonderen Fällen sogar muss, selbst wenn diese vom Arbeitgeber begangen wurden; haltlose Vorwürfe aus verwerflichen Motiven können demgegenüber einen wichtigen Grund iSd § 626 BGB darstellen,

vgl BVerfG 2.7.2001 – 1 BVR 2049/00, NZA 2001, 888.

Es kommt maßgeblich darauf an, ob die Strafanzeige des Arbeitnehmers nicht auf wissentlich unwahrem Vortrag beruht oder leichtfertig erfolgt, weil im Rahmen des Interessenausgleichs zwischen den Grundrechten der Vertragsparteien die Berufsfreiheit des Arbeitgebers sein Interesse schützt, nur mit solchen Arbeitnehmern zusammenzuarbeiten, die die Ziele des Unternehmens fördern und es vor Schäden bewahren,

vgl BAG 3.7.2003 – 2 AZR 235/02, BAGE 107, 36.

Die Strafanzeige darf zudem nicht als unverhältnismäßige Reaktion des Arbeitnehmers zu qualifizieren sein,

vgl BAG 7.12.2006 – 2 AZR 400/05, NZA 2007, 502.

In seiner Entscheidung vom 21.7.2011 hat der Europäische Gerichtshof für Menschenrechte,

EGMR 21.7.2010 – 28274/08 (Fall Heinisch), NZA 2011, 1269,

klargestellt, dass Strafanzeigen von Arbeitnehmern gegen ihren Arbeitgeber mit dem Ziel, Missstände in ihren Unternehmen offen zu legen, dem Geltungsbereich des Art. 10 EMRK unterliegen und mittels der Strafanzeige vom Recht auf freie Meinungsäußerung iSd Art. 10 Abs. 1 Satz 1 EMRK Gebrauch gemacht wird.

Im zugrunde liegenden Fall der Strafanzeige einer Altenpflegerin wegen Missständen hinsichtlich der Dokumentation der Pflegeleistungen hätten die deutschen Gerichte keinen angemessenen Ausgleich zwischen der Notwendigkeit, den Ruf des Arbeitgebers zu schützen einerseits, und derjenigen, das Recht auf Freiheit der Meinungsäußerung zu schützen andererseits, herbeigeführt. Im Rahmen dieser Abwägung sind nach Ansicht des EGMR folgende Aspekte von Bedeutung:

In erster Linie gebiete die Loyalitätspflicht des Arbeitnehmers, zunächst eine interne Klärung zu versuchen, um dann als ultima ratio die Öffentlichkeit zu informieren,

EGMR 21.7.2010 – 28274/08, NZA 2011, 1269 (Rn 65 der Entscheidungsgründe).

Darüber hinaus habe jede Person, die Informationen offen legen wolle, sorgfältig zu prüfen, ob die Information zutreffend und zuverlässig sei,

EGMR 21.7.2010 – 28274/08, NZA 2011, 1269 (Rn 67 der Entscheidungsgründe).

Auf der anderen Seite sei auch der Schaden von Bedeutung, der dem Arbeitgeber durch die in Rede stehende Veröffentlichung entstanden sei,

EGMR 21.7.2010 – 28274/08, NZA 2011, 1269 (Rn 68 der Entscheidungsgründe).

Wesentlich sei außerdem, ob die Person die Offenlegung in gutem Glauben und in der Überzeugung vorgenommen hat, dass die Information wahr sei, dass sie im öffentlichen Interesse liege und dass keine anderen, diskreteren Mittel existierten, um gegen den angeprangerten Missstand vorzugehen,

EGMR 21.7.2010 – 28274/08, NZA 2011, 1269 (Rn 69 der Entscheidungsgründe).

Diese Rechtsprechung des EGMR ist im Rahmen des anwendbaren Rechts, zu dem wegen seiner wertsetzenden Bedeutung auch die EMRK gehört, auch im Streitfall zu berücksichtigen,

LAG Köln 2.2.2012 – 6 Sa 304/11, NZA-RR 2012, 298 m. Anm. *Zimmermann/Pfeiffer*, jurisPR-ArbR 51/2012 Anm. 5.

Der durch die EMRK geforderte und durch die Entscheidungen des Europäischen Gerichtshofs für Menschenrechte konkretisierte Schutzmaßstab darf nicht unterschritten werden,

vgl hierzu *Forst*, NJW 2011, 3477 (3480 mwN).

Eine Rechtfertigung der Strafanzeige kann sich insbesondere aus dem öffentlichen Interesse einer Aufklärung der Vorwürfe ergeben. Wenn der EGMR in besonderem Maße Allgemeininteressen in die Abwägung der gegenläufigen Interessen von Arbeitgeber und Arbeitnehmer einbezieht, dann steht dies den von Bundesverfassungsgericht und Bundesarbeitsgericht entwickelten Kriterien nicht entgegen, sondern kann als ergänzende Fortentwicklung angesehen werden. Mit den vom Europäischen Gerichtshof für Menschenrechte betonten Aspekten werden die bereits von den deutschen Gerichten herausgearbeiteten Grundsätze weiter präzisiert,

LAG Köln 2.2.2012 – 6 Sa 304/11, NZA-RR 2012, 298 m. Anm. *Zimmermann/Pfeiffer*, jurisPR-ArbR 51/2012 Anm. 5; *Forst*, NJW 2011, 3477 (3480 ff); *Becker*, DB 2011, 2202 (2203).

Letztlich entscheidend ist eine durch die Grundrechte der Beteiligten geprägte umfassende Interessenabwägung unter besonderer Berücksichtigung von Interessen der Allgemeinheit.

Unter Abwägung dieser Grundsätze ist die Kündigung des Klägers vorliegend – auch als fristlose – nach § 626 BGB gerechtfertigt. Der Kläger hat zwar teilweise zutreffende Missstände bei dem Beklagten in seiner Anzeige gegenüber der Staatsanwaltschaft geschildert. Er hat diese Anzeige jedoch gleichzeitig an die Redaktion der Bild-Zeitung übermittelt, die sodann auch über den Fall so berichtete, dass die Leser ohne übermäßige Anstrengung den Arbeitgeber identifizieren konnten. Weiterhin hat der Kläger nicht vor Erstattung der Anzeige eine innerbetriebliche Klärung versucht, wozu er jedoch nach der Rechtsprechung des EGMR sowie aller innerstaatlichen Gericht angehalten gewesen wäre. Es lag auch kein Notfall vor, der keinen Aufschub mehr erlaubt hätte, und ebenfalls keine offenkundige Aussichtslosigkeit eines Versuchs einer innerbetrieblichen Kündigung. Demnach ist in Übereinstimmung mit der oben zitierten Rechtsprechung die Rechtmäßigkeit der Kündigung festzustellen.

XII. Bestandsschutzstreitigkeiten: Spezielle Sachverhalte bei Beendigung von Arbeitsverhältnissen

1. Muster: Anfechtung eines Aufhebungsvertrages

↓

Aktenzeichen: ...

Gegner: RAe ..., zwei Abschriften anbei

In dem Rechtsstreit

... ./. ...

bestellen wir uns zu Prozessbevollmächtigten der beklagten Partei und beantragen:
1. Die Klage wird abgewiesen.
2. Die Kosten des Rechtsstreits trägt die klägerische Partei.

Gründe:

Zwischen der beklagten und der klägerischen Partei wurde am ... ein Aufhebungsvertrag geschlossen (Anlage K ... a). Mit Schriftsatz ihrer Bevollmächtigten vom ... erklärte die klägerische Partei die Anfechtung des Aufhebungsvertrages wegen angeblich widerrechtlicher Drohung (Anlage K ... b). Der Antrag der klägerischen Partei auf Feststellung der Unwirksamkeit des Aufhebungsvertrages ist nicht begründet.

I.

Nach nunmehr gefestigter Rechtsprechung ist die Ankündigung, aus wichtigem Grunde das Arbeitsverhältnis zu kündigen, dann keine widerrechtliche Drohung iSv § 123 Abs. 1 BGB, wenn ein verständiger Arbeitgeber eine außerordentliche Kündigung ernsthaft in Erwägung gezogen hätte; dagegen kommt es nicht darauf an, ob sich die Arbeitgeberkündigung, wenn sie ausgesprochen worden wäre, im Gerichtsverfahren als rechtsbeständig erwiesen hätte,

> BAG 16.11.1979 – 2 AZR 1041/77, BAGE 32, 194 = AP § 123 BGB Nr. 21; BAG 20.11.1969 – 2 AZR 51/69, NJW 1970, 775; Schaub/*Linck*, Arbeitsrechts-Handbuch, § 122 III.3. Rn 28.

Ob ein verständiger Arbeitgeber die fristlose Kündigung ernsthaft erwogen hätte, richtet sich nicht nur nach dem tatsächlichen subjektiven Wissensstand eines bestimmten Arbeitgebers. Zu berücksichtigen sind auch die – zB erst im Prozess gewonnenen – Ergebnisse weiterer Ermittlungen, die ein verständiger Arbeitgeber zur Aufklärung des Sachverhalts angestellt hätte. Maßgeblich ist der objektiv mögliche und damit hypothetische Wissensstand des Arbeitgebers.

Ungerechtfertigt ist die Anfechtung eines Aufhebungsvertrages, wenn der Streit über die Berechtigung einer außerordentlichen Kündigung abgekürzt werden soll oder wenn ein verständiger Arbeitgeber nach sorgfältiger Prüfung der Lage eine außerordentliche Kündigung in Aussicht stellt und der Arbeitnehmer vorsorglich in die Auflösung einwilligt, um dem Makel einer fristlosen Kündigung, der Einleitung eines Strafverfahrens usw zu entgehen,

> LAG Baden-Württemberg 6.12.1973 – 7 Sa 63/73, DB 1974, 195, 185; Schaub/*Linck*, Arbeitsrechts-Handbuch, § 122 III.3. Rn 29.

Auf dem Hintergrund dieser Rechtsprechung ist zu prüfen, ob die der klägerischen Partei eingeräumte Möglichkeit, anstelle der fristlosen Kündigung einen Aufhebungsvertrag zu schließen, als widerrechtliche Drohung verstanden werden kann. Um es kurz zu machen: Die Vorhaltungen der klägerischen Partei sind abwegig, die Klage ist unschlüssig. Jeder verständige Arbeitgeber hätte nach den bis zu diesem Zeitpunkt aufgelaufenen und bekannt gewordenen Pflichtverletzungen der klägerischen Partei eine fristlose Kündigung des Arbeitsvertrages ernsthaft in Erwägung ziehen müssen. Im Einzelnen:

II.

Bei dieser Sachlage durfte jeder verständige Arbeitgeber eine außerordentliche Kündigung ernsthaft in Erwägung ziehen:

1. Einmalige und geringfügige Vollmachtsüberschreitungen können eine außerordentliche Kündigung in der Regel nicht rechtfertigen. Bei wiederholten Verstößen ist jedoch eine ordentliche und bei eigenmächtigen Verstößen eines Arbeitnehmers, namentlich eines leitenden Angestellten, eine außerordentliche Kündigung berechtigt,

>BAG 26.11.1964 – 2 AZR 211/63, AP § 626 BGB Nr. 53.

2. Mit ihrer Arbeitsbummelei sowie ständigen Unpünktlichkeit und unentschuldigtem Fernbleiben von der Arbeit war die beklagte Partei nach wiederholten zwecklosen Ermahnungen befugt, das Arbeitsverhältnis zu kündigen,

>vgl die umfangreichen Rechtsprechungsnachweise in KR/*Fischermeier*, § 626 BGB Rn 409.

Auch ein weit entfernt von seinem Arbeitsort wohnender Arbeitnehmer muss dafür sorgen, dass er pünktlich zur Arbeit erscheint und zwar selbst dann, wenn die Anfahrt besondere Kosten verursacht. Kommt er trotz Ermahnung wiederholt zu spät, dann kann ihm fristlos gekündigt werden,

>LAG Düsseldorf 15.3.1967 – 3 Sa 40/67, BB 1967, 799.

Die beklagte Partei war daher zur fristlosen Kündigung gem. § 626 BGB berechtigt auch wegen der nachhaltigen, ständigen Unpünktlichkeit. Zumindest aber im Sinne eines unterstützenden Kündigungsgrundes kann dieser Sachverhalt herangezogen werden.

3. Ein Arbeitnehmer, der in einer besonderen Vertrauensstellung steht und beispielsweise Spesen abrechnet, die ihm nicht entstanden sind, kann selbst dann fristlos entlassen werden, wenn es sich nur um einen geringen Betrag, wie beispielsweise 13,80 EUR handelt,

>BAG 2.6.1960 – 2 AZR 91/58, BAGE 9, 263 = AP § 626 BGB Nr. 42.

Hat ein Arbeitnehmer Vermögensbetreuungsinteressen des Arbeitgebers selbständig wahrzunehmen, so berechtigt schon die einmalige Verletzung dieser Interessen zur fristlosen Kündigung.

Die klägerische Partei hat vorliegend den Straftatbestand der Untreue verwirklicht. Angesichts der Vermögensbetreuungsinteressen, die die klägerische Partei wahrzunehmen hatte und angesichts des gebotenen besonderen Vertrauensverhältnisses war eine fristlose Kündigung nicht nur bei erwiesener strafbarer Handlung bzw erwiesener Vertragsverletzung der klägerischen Partei, sondern auch schon aufgrund des Verdachts einer strafbaren Handlung bzw Pflichtverletzung als wichtiger Grund für eine außerordentliche Kündigung ausreichend,

>BAG 4.6.1964 – 2 AZR 310/63, BAGE 16, 72 = NJW 1964, 1918; BAG 10.2.1977 – 2 ABR 80/76, BAGE 29, 7 = NJW 1977, 1413.

Wenn schon die Unterschlagung von zwei Pfandbons im Wert von zusammen 1,30 EUR durch eine Verkäuferin eine fristlose Entlassung rechtfertigt,

>LAG Berlin-Brandenburg 24.2.2009 – 7 Sa 2017/08, NZA-RR 2009, 188,

so rechtfertigt die Anrichtung eines Schadens in Höhe von ... EUR erst recht eine Kündigung aus wichtigem Grund.

Die wahrheitswidrige Beantwortung von Fragen, zu deren Offenbarung der Arbeitnehmer verpflichtet ist, berechtigt jedenfalls nur dann zur fristlosen Kündigung, wenn die wahrheitswidrigen Auskünfte dazu dienen, vorangegangene Eigenmächtigkeiten, Handlungen zum wirtschaftlichen Nachteil des Arbeitgebers oder vergleichbare Pflichtwidrigkeiten zu verdecken. Darüber hinaus rechtfertigen die Pflichtwidrigkeiten selbst die fristlose Kündigung gem. § 626 BGB.

Auch als Verdachtskündigung wäre die Kündigung der klägerischen Partei gerechtfertigt gewesen, denn die Verdachtskündigung ist nicht auf besondere Vertrauensverhältnisse, sondern auf solche Tatbestände bezogen, in denen wegen des Verdachts das für die vereinbarte Arbeitsleistung vorausgesetzte und erforderliche Vertrauen zerstört wird. Diese Auswirkung des Verdachts ist nicht nur bei Arbeitnehmern möglich, die in einer besonderen Vertrauensposition beschäftigt werden, sie ist vielmehr auch bei Angestellten oder gewerblichen Arbeitern kündigungsrechtlich erheblich, die bei der Verwaltung von Geld- oder Sachmitteln des Arbeitgebers oder der Betätigung von Kontrolleinrichtungen nicht ständig überwacht werden können und denen deswegen notwendigerweise ein gewisses Vertrauen entgegengebracht werden muss,

KR/*Etzel*, § 1 KSchG Rn 393 a ff; MüKo-BGB/*Henssler*, § 626 Rn 243.

Dieses Vertrauen wurde von der klägerischen Partei tief greifend durch die Verletzung von Vermögensinteressen, durch wahrheitswidrige Auskünfte, durch Bereicherung und eigenmächtige Entscheidungen zerstört. Die fristlose Kündigung wäre auch aus diesem Grunde rechtsbeständig gewesen.

4. Schließlich sei angemerkt, dass sich die bislang zu § 123 BGB und der Anfechtung von Aufhebungsverträgen entwickelte Rechtsprechung nicht mit dem Fall befasst hat, dass dem Arbeitnehmer im Aufhebungsvertrag noch ein Freistellungsanspruch über mehr als ... Monate unter Fortzahlung des Gehalts zugebilligt und außerdem eine Abfindung in Höhe von ... EUR sowie ein weiterer wirtschaftlicher Nachlass in Höhe von ... EUR sowie der Verzicht auf die Geltendmachung von Schadensersatzansprüchen, die vorliegend in beträchtlicher Höhe gerechtfertigt wären, eingeräumt wurde. Der Kläger hat sich durch den Abschluss des Aufhebungsvertrages Straffreiheit für die von ihm begangenen mutmaßlichen Straftatbestände wie Untreue etc. verschafft. Und schließlich ist in den vorliegend zur Bewertung der Rechtslage herangezogenen Vergleichs-Entscheidungen des BAG nie davon die Rede gewesen, dass ein Aufhebungsvertrag geschlossen wurde, der eine abschließende Ausgleichsklausel enthält. Im Aufhebungsvertrag vom ... heißt es:

„Mit der Erfüllung dieses Vergleichs sind die zwischen den Parteien bestehenden Rechte und Pflichten vollständig ausgeglichen, seien sie bekannt oder unbekannt."

In keiner der von der Rechtsprechung bisher beurteilten Aufhebungsvereinbarungen war eine solche abschließende Ausgleichsvereinbarung, die auch die Anfechtung der Willenserklärung einer Vertragspartei ausschließt, enthalten, so dass es denkbar erscheint, dass die herangezogene BAG-Rechtsprechung angesichts des Inhalts des zwischen den Parteien geschlossenen Vergleichs nicht einschlägig ist. Die Erledigungsklausel des Aufhebungsvertrages diente der abschließenden Herbeiführung von Rechtsfrieden und ist in dieser Form auch bei den Arbeitsgerichten üblich, wenn eine spätere Anfechtung von Willenserklärungen, die im Rahmen eines arbeitsgerichtlichen Vergleichs abgegeben werden, ausgeschlossen sein soll.

Auch wurde darauf hingewiesen, dass die klägerische Partei an dieser Klausel ein weitaus höheres Interesse hatte als die beklagte Partei, denn mit Hilfe dieser Klausel konnte sich die klägerische Partei vor Schadensersatzansprüchen und (im Zuge von anschließenden Wirtschaftsprüfungen etwa bekannt werdenden) neuen Tatsachen, die sie zur Haftung verpflichtet hätten, schützen. Diese Schutzfunktion, die der Aufhebungsvertrag erfüllt und die auf ausdrücklichen Wunsch der klägerischen Partei in den Aufhebungsvertrag aufgenommen wurde, entspricht nicht nur der klassischen Funktion des Vergleichs, nämlich gegenseitigem Nachgeben, sie hindert im Lichte der Rechtsprechung an einer Anfechtung des geschlossenen Aufhebungsvertrages. Ungerechtfertigt ist nämlich, wie unter Hinweis auf die einschlägige Rechtsprechung dargestellt wurde, die Anfechtung eines Aufhebungsvertrages, wenn der Streit über die Berechtigung einer außerordentlichen Kündigung abgekürzt werden soll oder wenn ein verständiger Arbeitgeber nach sorgfältiger Prüfung der Lage eine außerordentliche Kündigung in Aussicht stellt und der Arbeitnehmer vorsorglich in die Auflösung einwilligt, um dem Makel einer fristlosen Kündigung, der Einleitung eines Strafverfahrens oder etwaiger Schadensersatzansprüche entgehen möchte.

Diese Funktion hat die Ausgleichsklausel des Vergleichs auch erfüllt, denn ...

2. Muster: Annahmeverweigerung einer Kündigung durch Empfangsboten

Nach § 130 Abs. 1 BGB wird eine unter Abwesenden abgegebene empfangsbedürftige Willenserklärung in dem Zeitpunkt wirksam, in dem sie dem Empfänger zugeht. Eine schriftliche Willenserklärung ist danach zugegangen, sobald sie in verkehrsüblicher Weise in die tatsächliche Verfügungsgewalt des Empfängers bzw. eines empfangsberechtigten Dritten gelangt ist und für den Empfänger unter gewöhnlichen Verhältnissen die Möglichkeit besteht, von dem Inhalt des Schreibens Kenntnis zu nehmen. Wenn für den Empfänger diese Möglichkeit besteht, ist es unerheblich, wann er die Erklärung tatsächlich zur Kenntnis genommen hat oder ob er daran durch Krankheit, zeitweilige Abwesenheit oder andere besondere Umstände zunächst gehindert war. Dabei genügt es, wenn der Brief an eine Person ausgehändigt wird, die nach der Verkehrsauffassung als ermächtigt anzusehen ist, den Empfänger in der Empfangnahme zu vertreten. Es ist nicht erforderlich, dass dem Dritten, der die schriftliche Willenserklärung für den Empfänger entgegennimmt, eine besondere Vollmacht oder Ermächtigung erteilt worden ist. Abzustellen ist auf die Verkehrssitte, so dass die Grundsätze über die sog. Duldungsvollmacht nicht herangezogen zu werden brauchen,

    BAG 16.1.1976 – 2 AZR 619/74, AP § 130 BGB Nr. 7; BAG 9.6.2011 – 6 AZR 687/09, BAGE 138, 127 = DB 2011, 1696.

Lehnt der Empfänger, der dem gleichen Lebenskreis wie der Adressat angehört, grundlos die Annahme einer Willenserklärung ab, so muss er sich allerdings nach Treu und Glauben gem. § 242 BGB so behandeln lassen, als sei ihm das Schreiben im Zeitpunkt der Ablehnung zugegangen, wenn er im Rahmen vertraglicher Beziehungen mit rechtserheblichen Mitteilungen rechnen muss. Verhindert jedoch ein nur als Empfangsbote in Betracht kommender Dritter durch Annahmeverweigerung den Zugang der Willenserklärung, so kann dies dem Adressaten nicht zugerechnet werden, wenn er hierauf keinen Einfluss hat. Er muss die Erklärung in diesem Fall nur dann als zugegangen gegen sich gelten lassen, wenn der Dritte im Einvernehmen mit ihm bewusst die Entgegennahme verweigert und damit den Zugang vereitelt,

    so ausdrücklich BAG 11.11.1992 – 2 AZR 328/92, NZA 1993, 259 unter Bezugnahme auf RAG, Urt. v. 4.2.1941 – RAG 157/40 = DR 1941, 1796.

Lehnt ein als Empfangsbote anzusehender Familienangehöriger des abwesenden Arbeitnehmers die Annahme eines Kündigungsschreibens des Arbeitgebers ab, so muss der Arbeitnehmer die Kündigung nur dann als zugegangen gegen sich gelten lassen, wenn er auf die Annahmeverweigerung, etwa durch vorherige Absprache mit dem Angehörigen, Einfluss genommen hat,

    BAG 11.11.1992 – 2 AZR 328/92, NZA 1993, 259; BAG 9.6.2011 – 6 AZR 687/09, BAGE 138, 127 = DB 2011, 1696.

3. Muster: Annahmeverzugslohn – Widerklage auf Auskunft

Arbeitsgericht ...

Aktenzeichen: ...

Widerklage

– klägerische und widerbeklagte Partei –

Prozessbevollmächtigte: ...

gegen

– beklagte und widerklagende Partei –

Prozessbevollmächtigte: ...

Im Wege der Widerklage beantragen wir, wie folgt zu erkennen:

Die klägerische und widerbeklagte Partei wird verurteilt, Auskunft über ihr im Zeitraum vom ... bis ... erzieltes Einkommen zu erteilen.

Hilfsweise:

Die klägerische und widerbeklagte Partei wird verurteilt, zu Protokoll an Eides statt zu versichern, dass sie ihre Einnahme für den Zeitraum vom ... bis ... im außergerichtlichen Schreiben ihres Prozessbevollmächtigten vom ... vollständig angegeben hat.

Gründe:

1. Die Voraussetzungen des Annahmeverzugs und die Höhe des Verzugslohns hat der Arbeitnehmer darzulegen und zu beweisen. Der Arbeitgeber ist darlegungs- und beweispflichtig für die Behauptung, der Verzugslohn sei unter Anwendung des § 615 Satz 2 BGB zu mindern,

BAG 19.7.1978 – 5 AZR 748/77, AP § 242 BGB Auskunftspflicht Nr. 16; BAG 29.7.1993 – 2 AZR 110/93, BAGE 74, 28 = NZA 1994, 116.

2. Macht der Arbeitnehmer gegen den Arbeitgeber einen Anspruch auf Annahmeverzugslohn geltend, so ist er dem Arbeitgeber zur Auskunft über die Höhe seines anderweitigen Verdienstes im Verzugszeitraum verpflichtet,

BAG 19.7.1978 – 5 AZR 748/77, NJW 1979, 285; BAG 29.7.1993 – 2 AZR 110/93, BAGE 74, 28 = NZA 1994, 116.

Der Arbeitgeber kann Auskunft über die Höhe des anderweitigen Verdienstes nur aus denjenigen Zeitabschnitten verlangen, für die der Arbeitnehmer fortlaufend seit Beginn des Annahmeverzuges klageweise Vergütung geltend macht. Es besteht keine Auskunftspflicht über den Zwischenverdienst in Bezug auf solche Zeiträume, für die der Arbeitnehmer noch keine Klage auf Zahlung des Annahmeverzugslohns erhoben hat,

BAG 24.8.1999 – 9 AZR 804/98, NZA 2000, 818.

Der Hilfsantrag rechtfertigt sich daraus, dass immer dann, wenn Grund zu der Annahme besteht, dass die Angaben des Arbeitnehmers über die Höhe seines Zwischenverdienstes unvollständig sind, der Anspruch des Arbeitgebers gegen den Arbeitnehmer auf die Abgabe einer eidesstattlichen Versicherung besteht. Der Arbeitgeber hat ein Leistungsverweigerungsrecht, soweit von einer Nichterfüllung der Auskunftspflicht auszugehen ist. Ist die erteilte Auskunft lediglich in einzelnen Punkten unvollständig, kommt eine Verpflichtung des Arbeitnehmers zur Ableistung einer eidesstattlichen Versicherung in Betracht,

BAG 29.7.1993 – 2 AZR 110/93, BAGE 74, 28 = NZA 1994, 116.

3. Unter Berücksichtigung dieser Grundsätze ergeben sich vorliegend folgende Ansprüche der widerklagenden Partei: ...

↑

4. Muster: Antrag auf Entbindung von der Weiterbeschäftigungspflicht nach § 102 Abs. 5 Satz 2 BetrVG

Arbeitsgericht ...

In dem Verfahren des einstweiligen Rechtsschutzes

...

– antragstellende Partei –

Verfahrensbevollmächtigte: ...

gegen

...

– antragsgegnerische Partei –

Verfahrensbevollmächtigte: ...

bestellen wir uns zu Verfahrensbevollmächtigten der antragstellenden Partei, in deren Namen und auf Auftrag wir beantragen zu erkennen:

Die antragstellende Partei wird im Wege der einstweiligen Verfügung, wegen der Dringlichkeit ohne mündliche Verhandlung und allein durch den Vorsitzenden, von der Verpflichtung zur Weiterbeschäftigung der antragsgegnerischen Partei entbunden.

Gründe:

1. Zum Verfahren:

§ 102 Abs. 5 Satz 2 BetrVG ist nach einhelliger Auffassung abschließend, so dass nur die Geltendmachung des Entbindungsanspruchs im Wege der einstweiligen Verfügung in Betracht kommt,

BAG 31.8.1978 – 3 AZR 989/77, AP § 102 BetrVG Weiterbeschäftigung Nr. 1.

2. In der Sache:

Die antragstellende Partei ist ein Unternehmen auf dem Gebiet ... . Aufgrund rückläufiger Nachfrage hat sie den Betrieb in ... geschlossen. Der Betriebsrat wurde angehört. Allen ... Mitarbeitern wurde gekündigt. Im Unternehmen besteht keinerlei Weiterbeschäftigungsmöglichkeit mehr, in verschiedenen Sitzungen wurde dem Betriebsrat erläutert, weshalb keine einzige Stelle mehr im Gesamtunternehmen verfügbar ist.

Mit Fax vom ... widersprach der Betriebsrat pauschal und mit gleich bleibender Begründung allen Kündigungen, obwohl ihm eindringlich erläutert worden war, dass eine Weiterbeschäftigungsmöglichkeit für keinen der betroffenen Arbeitnehmer besteht.

a) Der Entbindungsantrag nach § 102 Abs. 5 Satz 2 BetrVG ist schon allein deshalb begründet, weil der Widerspruch des Betriebsrats nicht ordnungsgemäß war. Widerspricht der Betriebsrat in nicht ordnungsgemäßer Form, etwa weil er die Schriftform nicht einhält oder die Wochenfrist aus § 102 Abs. 2 Satz 1 BetrVG überschritten hat, führt der Entbindungsantrag ohne weitere materiellrechtliche Prüfung zum Erfolg,

LAG Baden-Württemberg 15.5.1974 – 6 Sa 35/74, BB 1975, 43; LAG Düsseldorf 15.3.1978 – 12 Sa 316/78, DB 1978, 1282; LAG Hamm 31.1.1979 – 8 Sa 1578/78, DB 1979, 1232.

Die Gegenmeinung,

LAG Hessen 2.11.1984 – 13 Ta 309/84, NZA 1985, 163,

übersieht, dass schon allein aufgrund praktischer betrieblicher Bedürfnisse das Rechtsschutzbedürfnis am Entbindungsantrag gegeben ist.

b) Da die Betriebsstilllegung grundsätzlich ein hinreichender Grund für einen betriebsbedingte Kündigung ist und vorliegend auch kein anderer Arbeitsplatz im gesamten Betrieb zur Verfügung steht, sind die Kündigungen offensichtlich sozial gerechtfertigt, weshalb der Widerspruch des Betriebsrats offensichtlich unbegründet ist. Die Weiterbeschäftigung nach § 102 Abs. 5 BetrVG macht aber dann keinen Sinn, wenn keine Arbeit verfügbar ist, die vom weiterbeschäftigten Arbeitnehmer verrichtet werden könnte.

Die Weiterbeschäftigung der antragsgegnerischen Partei würde im Unternehmen zu einer unzumutbaren wirtschaftlichen Belastung führen.

Da erfahrungsgemäß Kündigungsschutzverfahren bis zu zwei Jahren dauern, wäre in einem gleich hohen Zeitraum von der Antragstellerin das Gehalt an die antragsgegnerische Partei zu zahlen. Angesichts eines rückläufigen Auftragsbestandes mit einem zu erwartenden erheblich verringerten Gewinn im laufenden Jahr in Höhe von nur noch ... EUR (Vorjahr ... EUR),

Glaubhaftmachung: Eidesstattliche Versicherung des Steuerberaters ...,

würde die Lohnkostensumme bei Weiterbeschäftigung des Antragsgegners um ... % überschritten. In Zahlen würde dies bedeuten, dass der Betrieb ... EUR Lohnkosten zahlen müsste, die für ihn unzumutbar wären und die andererseits dringend für Investitionen benötigt werden.

Glaubhaftmachung: Eidesstattliche Versicherung des Personalleiters ...

3. Eine einstweilige Verfügung, mit der ein Entbindungsantrag nach § 102 Abs. 5 Satz 2 BetrVG geltend gemacht wird, bedarf keines Verfügungsgrundes,

LAG Düsseldorf 15.3.1978 – 12 Sa 316/78, DB 1978, 1282; *Germelmann u.a.*, ArbGG, § 62 Rn 110.

5. Muster: Ausbildungskosten – Rückzahlungsklausel im Arbeitsvertrag

Nach der Rechtsprechung des BAG wird in das Grundrecht des Arbeitnehmers auf freie Arbeitsplatzwahl nicht unzulässig eingegriffen, wenn eine zeitlich befristete Arbeitsplatzbindung des Arbeitnehmers einem schutzwürdigen Interesse des Arbeitgebers entspricht,

BAG 24.7.1991 – 5 AZR 443/90, BAGE 68, 178 = NZA 1992, 405; BAG 11.4.1990 – 5 AZR 308/89, NZA 1991, 178.

Rückzahlungsklauseln sind danach zulässig, wenn sie bei Abwägung aller Einzelumstände dem Arbeitnehmer nach Treu und Glauben zumutbar sind und vom Standpunkt eines verständigen Beobachters einem begründeten und zu billigenden Interesse des Arbeitgebers entsprechen. Die für den Arbeitnehmer ertragbaren Bindungen müssen im Rahmen einer Interessen- und Güterabwägung unter Berücksichtigung des Verhältnismäßigkeitsgrundsatzes und aller Umstände des Einzelfalles, für die der Arbeitgeber darlegungs- und beweispflichtig ist, gefunden werden,

BAG 23.4.1986 – 5 AZR 159/85, NZA 1986, 741; BAG 19.1.2011 – 3 AZR 621/08, BAGE 137, 1 = DB 2011, 1338 m. Anm. *Bieder*, jurisPR-ArbR 30/2011 Anm. 4.

Der Arbeitnehmer muss eine angemessene Gegenleistung für die Rückzahlungsverpflichtung erhalten haben. Weitere Billigkeitsgesichtspunkte sind die Dauer der Bindung, der Umfang der Arbeitgeberleistung, die Höhe des Rückzahlungsbetrags und dessen Abwicklung,

BAG 11.4.1984 – 5 AZR 430/82, NZA 1984, 288; BAG 19.1.2011 – 3 AZR 621/08, BAGE 137, 1 = DB 2011, 1338 m. Anm. *Bieder*, jurisPR-ArbR 30/2011 Anm. 4.

In die Interessenabwägung müssen demnach der geldwerte Vorteil, den der Arbeitnehmer erhalten hat, und die Interessen des Arbeitgebers an der gewährten Ausbildungsleistung sowie die Länge des Bindungszeitraumes und die Höhe der Rückzahlungssumme eingestellt werden. Handelt es sich um eine spezifische Ausbildung, dh eine auf den Arbeitgeber ausgerichtete Ausbildung, so hat der Arbeitgeber darzulegen und zu beweisen, dass außerhalb seines eigenen Betriebes Bedarf nach in der Art ausgebildeten Arbeitskräften besteht,

>BAG 24.7.1991 – 5 AZR 443/90, BAGE 68, 178 = NZA 1992, 405; BAG 19.1.2011 – 3 AZR 621/08, BAGE 137, 1 = DB 2011, 1338 m. Anm. *Bieder*, jurisPR-ArbR 30/2011 Anm. 4.

Nach Ansicht des LAG Hamm ist eine nach den obigen Maßstäben grundsätzlich zulässige Rückzahlungsklausel jedoch dann unangemessen benachteiligend iSd § 307 Abs. 1 BGB, wenn sie bei einer Rückforderungssumme, die das Bruttomonatseinkommen des fortgebildeten Arbeitnehmers um ein Vielfaches übersteigt, bei einer dreijährigen Bindungsdauer nur eine grobe, jährlich gestaffelte Minderung der Rückzahlungsverpflichtung vorsieht, ohne auf eine ausdifferenzierte, etwa monatliche Staffelung abzustellen,

>LAG Hamm 9.3.2012 – 7 Sa 1500/11, LAGE § 611 BGB 2002 m. Anm. *Klenter*, jurisPR-ArbR 9/2013 Anm. 4 (nicht rechtskräftig, Revision beim BAG anhängig unter Az: 9 AZR 442/12).

Die Frage, ob in einer Fortbildungsvereinbarung, die unter bestimmten Voraussetzungen die Erstattung der Fortbildungskosten vorsieht, die Kosten der Fortbildung zumindest der Größenordnung nach anzugeben sind, damit die Klausel den Anforderungen an die Transparenz entspricht, hatte das BAG bisher offen gelassen,

>zuletzt BAG 15.9.2009 – 3 AZR 173/08, AP § 611 BGB Ausbildungsbeihilfe Nr. 42 = EzA BGB 2002 § 611 Ausbildungsbeihilfe Nr. 13.

Mit Urteil vom 21.8.2012 hat das BAG nun festgestellt, dass dem Transparenzgebot gem. § 307 Abs. 1 Satz 2 BGB nur genügt ist, wenn die ggf zu erstattenden Kosten dem Grunde und der Höhe nach im Rahmen des Möglichen angegeben sind. Der Verwender der Klausel ist zwar nicht verpflichtet, die Kosten der Ausbildung bei Abschluss der Rückzahlungsvereinbarung exakt der Höhe nach zu beziffern; im Sinne eines Ausgleichs der widerstreitenden Interessen von Klauselverwender und Vertragspartner sind jedoch zumindest Art und Berechnungsgrundlagen der ggf zu erstattenden Kosten anzugeben, damit der Vertragspartner sein Rückzahlungsrisiko abschätzen kann,

>BAG 21.8.2012 – 3 AZR 698/10, DB 2012, 2894 m. Anm. *Alles/Klein*, jurisPR-ArbR 48/2012 Anm. 5.

Daher ergibt sich für den vorliegenden Fall Folgendes:

Aus allgemeinen Vertragsrichtlinien kann jedoch kein originärer Rückzahlungsanspruch erwachsen; dazu bedarf es zusätzlich einer bezogen auf die konkrete Ausbildungsmaßnahme abgeschlossenen schriftlichen Individualvereinbarung,

>LAG Köln 8.5.2006 – 14 (4) Sa 48/06, NZA-RR 2006, 570.

Eine solche Individualvereinbarung lag hier vor.

Die Rückzahlungsklausel ist ferner unwirksam, wenn sie die Wirkung einer unterschiedlich langen Kündigungsfrist für Arbeitgeber und Arbeitnehmer entfaltet und damit nach den §§ 622 Abs. 5, 134 BGB unwirksam ist. Das BAG setzt Kündigungserschwernisse mit unterschiedlich langen Kündigungsfristen gleich.

>BAG 9.3.1972 – 5 AZR 246/71, AP § 622 BGB Nr. 12.

Die Rückzahlungsklausel verstößt nur dann nicht gegen das Gebot gleicher Kündigungsfristen gem. § 622 Abs. 5 BGB, wenn die Rückzahlungsklausel sachlich gerechtfertigt ist,

>BGH 5.6.1984 – VI ZR 279/82, AP § 611 BGB Ausbildungsbeihilfe Nr. 11.

Die Rückzahlungsklausel ist nur dann sachlich gerechtfertigt, wenn sie dem sachgerechten Ausgleich zwischen den Interessen beider Parteien dient.

6. Muster: Direktionsrecht – keine Einschränkung selbst nach langjähriger Tätigkeit

↓

Kraft seines Direktionsrechts bestimmt der Arbeitgeber die näheren Einzelheiten der Erbringung der geschuldeten Arbeitsleistung, vor allem deren Ort, Zeit und näheren Inhalt. Das Direktionsrecht kann durch Gesetz, Tarifvertrag, Betriebsvereinbarungen oder Einzelarbeitsvertrag eingeschränkt sein. Soweit hiernach das Direktionsrecht ausgeübt werden kann, muss der Arbeitgeber die Grenzen des billigen Ermessens iSv § 315 Abs. 3 BGB einhalten,

BAG 23.6.1993 – 5 AZR 337/92, NZA 1993, 1127 mwN.

Die Wahrung billigen Ermessens setzt voraus, dass die wesentlichen Umstände des Falles abgewogen werden. Ob dies geschehen ist, unterliegt der gerichtlichen Kontrolle, die in der Revisionsinstanz uneingeschränkt nachgeprüft wird,

BAG 23.1.1992 – 6 AZR 87/90, NZA 1992, 795.

Setzt ein Krankenhaus die Leiterin einer Station selbst nach 26jähriger Tätigkeit auf eine andere Station um und gibt ihr dort die gleiche Funktion, bewegt sich der Arbeitgeber in den Grenzen seines Direktionsrechts,

BAG 24.4.1996 – 5 AZR 1031/94, NZA 1996, 1088.

Das Direktionsrecht des Arbeitgebers wird nicht dadurch eingeschränkt, dass sich die Arbeitspflicht einer Mitarbeiterin auf die Leitung einer bestimmten Station eines Kreiskrankenhauses konkretisiert hätte.

Selbst eine Umsetzung einer Stationsleiterin zur Behebung von Leistungsmängeln überschreitet nicht die Grenzen billigen Ermessens (§ 315 Abs. 3 BGB). Der Arbeitgeber muss auch nicht bei Ausübung seines Direktionsrechts zur Behebung von Leistungsmängeln die Abmahnung als vermeintlich mildestes Mittel anwenden. Die Erteilung einer Abmahnung belastet in aller Regel den Arbeitnehmer stärker als eine bloße Umsetzung, denn mit einer Abmahnung rügt der Arbeitgeber Leistungsmängel und bezeichnet sie auch als solche, während durch die Umsetzung in Ausübung des Direktionsrechts kein vertragswidriges Verhalten förmlich gerügt wird,

BAG 24.4.1996 – 5 AZR 1031/94, NZA 1996, 1088.

Es ist Sache des Arbeitgebers zu entscheiden, wie er auf Konfliktlagen reagieren will. Der Arbeitgeber ist nicht gehalten, in solchen Situationen anstelle einer Umsetzung eine Abmahnung auszusprechen; außerdem bewirkt eine Abmahnung nicht immer die vom Arbeitgeber angestrebte Verbesserung der Arbeitsleistung. Wenn eine Tätigkeit von ein und derselben Person über einen langen Zeitraum eingenommen worden ist, kann eine Umsetzung, die manchmal eher eine Leistungssteigerung zur Folge hat, damit im beiderseitigen Interesse liegen,

BAG 24.4.1996 – 5 AZR 1031/94, NZA 1996, 1088.

Auf dem Hintergrund dieser Rechtsprechungsgrundsätze hat sich die beklagte Partei mit ihrer Ausübung des Direktionsrechts in den von der Rechtsprechung aufgestellten Grenzen gehalten: ...

7. Muster: Freistellung im einstweiligen Rechtsschutz

Arbeitsgericht ...

In dem Verfahren des einstweiligen Rechtsschutzes

...

– antragstellende Partei –

Verfahrensbevollmächtigte: ...

gegen

...

– antragsgegnerische Partei –

Verfahrensbevollmächtigte: ...

bestellen wir uns zu Verfahrensbevollmächtigten der antragsgegnerischen Partei, in deren Namen und Auftrag wir beantragen zu erkennen:

1. Der Antrag wird zurückgewiesen.
2. Die Berufung wird zugelassen.
3. Die Kosten des Verfahrens trägt die antragstellende Partei.

Gründe:

Mit ihrem Antrag wendet sich die antragstellende Partei gegen eine Freistellungserklärung, die die antragsgegnerische Partei am ... abgegeben hat. Im Arbeitsvertrag der Parteien befindet sich unter Ziff. ... die Klausel, dass die antragsgegnerische Partei befugt ist, ab Ausspruch einer Kündigung die antragstellende Partei von ihrer Verpflichtung zur Arbeitsleistung freizustellen.

Glaubhaftmachung: Arbeitsvertrag in Kopie – Anlage B 1.

Von dieser Befugnis hat die antragsgegnerische Partei Gebrauch gemacht.

1. Ein Verfügungsanspruch besteht nicht. Nach der Entscheidung des Großen Senats,

BAG 27.2.1985 – GS 1/84, BAGE 48, 122 = NZA 1985, 702,

besteht das Beschäftigungsinteresse des Arbeitnehmers im gekündigten Arbeitsverhältnis grundsätzlich nur bei offensichtlich unwirksamen Kündigungen. Von einer offensichtlich unwirksamen Kündigung kann nur dann die Rede sein, wenn sich schon aus dem eigenen Vortrag des Arbeitgebers ohne Beweiserhebung und ohne dass ein Beurteilungsspielraum gegeben wäre, jedem Kundigen die Unwirksamkeit der Kündigung geradezu aufdrängt. Die Unwirksamkeit der Kündigung, so das BAG, müsse ohne jeden vernünftigen Zweifel in rechtlicher und in tatsächlicher Hinsicht offen zu Tage liegen,

BAG 27.2.1985 – GS 1/84, BAGE 48, 122 = NZA 1985, 702.

Die antragsgegnerische Partei bestreitet folgende Behauptungen der antragstellenden Partei: ...

Von einer offensichtlich unwirksamen Kündigung kann daher wahrlich nicht die Rede sein.

2. Soweit die antragstellende Partei die Unwirksamkeit der Kündigung auf eine mangelnde Bevollmächtigung des kündigenden Herrn ... stützt, ist die Kündigung ebenfalls nicht offensichtlich unwirksam. Wie den anwaltlich Bevollmächtigten in der Vorkorrespondenz bereits mitgeteilt wurde, verfügt Herr ... als Personalchef, Senior Manager Human Resources, über eine Generalvollmacht.

Glaubhaftmachung: Vorlage der Generalvollmacht in Kopie – Anlage B 2.

Außerdem gilt der Grundsatz, dass es bei der Kündigung durch den Leiter einer Personalabteilung nicht der Vorlage einer Vollmachtsurkunde bedarf. Dieser Grundsatz gilt auch dann, wenn die Vollmacht des Abteilungsleiters (Personalchef) nur im Innenverhältnis, beispielsweise aufgrund einer internen Geschäftsordnung, eingeschränkt ist,

BAG 29.10.1992 – 2 AZR 460/92, NZA 1993, 307; BAG 30.5.1972 – 2 AZR 298/71, BAGE, 24, 273 = NJW 1972, 1877; BAG 30.5.1978 – 2 AZR 633/76, AP § 174 BGB Nr. 2.

Ein Verfügungsanspruch im Sinne einer offensichtlichen Unwirksamkeit der Kündigung mangels Bevollmächtigung des Kündigenden ist daher ebenfalls nicht gegeben.

3. Auch fehlt nach ständiger Rechtsprechung der meisten Landesarbeitsgerichte vorliegend ein Verfügungsgrund. Es entspricht der Rechtsprechung der meisten Landesarbeitsgerichte, dass eine einstweilige Verfügung auf Beschäftigung nach Ausspruch einer ordentlichen Kündigung als Leistungsverfügung,

ArbG Stuttgart 5.6.1996 – 6 Ga 23/96, NZA-RR 1997, 260,

oder als Befriedigungs- und Erfüllungsverfügung,

LAG Hamm 18.2.1998 – 3 Sa 297/98, MDR 1998, 1036,

über die der Arbeitnehmer die vorläufige Erfüllung des Beschäftigungs- bzw Weiterbeschäftigungsanspruchs begehrt, eine bestehende Notlage iSv § 940 ZPO erfordert. An den Nachweis eines Notfalls sind besonders strenge Anforderungen zu stellen,

LAG Hamm 18.2.1998 – 3 Sa 297/98, MDR 1998, 1036; ArbG Köln 9.5.1996 – 8 Ga 80/96, NZA-RR 1997, 186; LAG Köln 6.8.1996 – 11 Ta 151/96, LAGE § 611 BGB Beschäftigungspflicht Nr. 40; LAG Rheinland-Pfalz 21.8.1986 – 1 Ta 140/86, LAGE § 611 BGB Beschäftigungspflicht Nr. 19; LAG Frankfurt 23.3.1987 – 1 SaGa 316/87, NZA 1988, 37.

Aus der Zweckrichtung der einstweiligen Verfügung, dass in der Regel nur Sicherungsverfügungen gem. § 935 ZPO und Regelungsverfügungen gem. § 940 ZPO zulässig sind, folgt, dass die einmal vorgenommene Beschäftigung naturgemäß nicht mehr rückabwickelbar ist. Damit würden die von der antragstellenden Partei begehrte Verpflichtung und deren Durchsetzung für die Zeitdauer ihrer Wirksamkeit zu einer umfassenden Befriedigung des vermeintlichen Anspruchs des Antragstellers führen. Eine solche gesetzwidrige Befriedigung als ultima ratio kann nur bei Vorliegen einer außergewöhnlichen Interessenlage gerechtfertigt sein.

Die antragstellende Partei hat vorliegend nicht dargetan, worin bei ihr eine außergewöhnliche Interessenlage vorliegen soll.

Damit ist der Antrag zurückzuweisen.

8. Muster: Fristlose Kündigung eines Auszubildenden

Hiermit zeigen wir an, dass wir die rechtlichen Interessen der nachfolgend benannten Mandantschaft

vertreten. Eine auf uns lautende Vollmacht ist beigefügt. Namens und in Vollmacht unserer Mandantschaft

kündigen

wir das mit Ihnen bestehende Ausbildungsverhältnis gem. § 22 Abs. 2 Nr. 1 BBiG aus wichtigem Grund

fristlos.

I.

Nach § 22 Abs. 2 Nr. 1 BBiG kann ein Berufsausbildungsverhältnis nach Ablauf der Probezeit vom Ausbildenden nur aus wichtigem Grund gekündigt werden. Dazu müssen Tatsachen vorliegen, aufgrund derer dem Kündigenden unter Berücksichtigung aller Umstände des Einzelfalles und unter Abwägung der Interessen beider

Vertragsteile die Fortsetzung des Berufsausbildungsverhältnisses bis zur vereinbarten Beendigung nicht zugemutet werden kann,

LAG Rheinland-Pfalz 9.11.2005 – 10 Sa 686/05, juris.

Zur schriftlichen Begründung der Kündigung gem. § 22 Abs. 3 BBiG möchten wir Ihnen zunächst einen kleinen Überblick über die für Einzelfälle in der Rechtsprechung entwickelten Grundsätze vermitteln und Ihnen alsdann erläutern, weshalb Ihr Verhalten die fristlose Kündigung rechtfertigt.

Wenn ein Auszubildender, während er krankgeschrieben ist, Fahrunterricht nimmt, gibt er damit einen Grund zur fristlosen Kündigung seines Ausbildungsverhältnisses,

ArbG Stade 16.10.1970 – Ca 531/70, EzB BBiG § 15 Abs. 2 Nr. 1 Nr. 25.

Der Verkauf einer LSD-Tablette an einen anderen Auszubildenden im Betrieb und die mögliche Abhängigkeit von Rauschgift stellen im Allgemeinen einen schweren Verstoß gegen die Pflichten aus dem Ausbildungsvertrag dar, der zur fristlosen Kündigung berechtigt,

LAG Berlin 17.12.1970 – 5 Sa 88/70, EzB BBiG § 15 Abs. 2 Nr. 1 Nr. 31.

Die fristlose Kündigung eines Auszubildenden wegen Diebstahls ist zulässig, wenn der Ausbildende im Interesse seiner Kunden auf unbedingte Ehrlichkeit seiner Mitarbeiter besonderen Wert legt,

LAG Düsseldorf 6.11.1973 – 11 Sa 561/73, DB 1974, 928.

Ein Grund zur fristlosen Kündigung besteht auch dann, wenn Tatsachen vorliegen, aus denen zu schließen ist, dass der Auszubildende wegen eines fortgesetzten, pflichtwidrigen Verhaltens das Ausbildungsziel nicht erreichen wird und auch nicht zu erwarten ist, dass er sich zukünftig in die betriebliche Ordnung einfügt,

ArbG Aachen 28.6.1974 – 2 Ca 343/74, BB 1976, 744.

Ebenso rechtfertigt eine grobe Beleidigung des Ausbildenden durch den Auszubildenden eine fristlose Kündigung,

ArbG Göttingen 13.4.1976 – 1 Ca 1/76, EzB BBiG § 15 Abs. 2 Nr. 1 Nr. 29.

Diebstahl gegenüber dem Arbeitgeber oder den Kollegen ist in aller Regel ein Grund, das Ausbildungsverhältnis fristlos zu kündigen,

LAG Düsseldorf 29.4.1977 – 16 Sa 1070/76, EzB BBiG § 15 Abs. 2 Nr. 1 Nr. 18; ArbG Reutlingen 20.5.1977 – 1 Ca 8/77, AP § 15 BBiG Nr. 5.

Häufige Unpünktlichkeit des Auszubildenden erweist seine Unzuverlässigkeit und die mangelnde Bereitschaft, sich in die betriebliche Ordnung einzugliedern. Dem Ausbildenden ist es daher nicht zuzumuten, das Berufsausbildungsverhältnis fortzusetzen. Er ist zur fristlosen Kündigung berechtigt,

LAG Hamm 7.11.1978 – 6 Sa 1096/78, DB 1979, 606; LAG München 14.3.1978 – 4 Sa 95/78, EzB BBiG § 15 Abs. 2 Nr. 1, Nr. 34.

Auch eine Kette von Ereignissen, die in einem inneren Zusammenhang stehen, kann in ihrer Gesamtheit eine fristlose Kündigung rechtfertigen,

LAG Berlin 22.8.1977 – 9 Sa 50/76, DB 1978, 259.

II.

Wenn Sie sich diese Beispielsfälle vergegenwärtigen, stellt Ihr Verhalten einen wichtigen Grund iSv § 22 Abs. 2 Nr. 1 BBiG dar: …

III.

Wir weisen darauf hin, dass Sie gem. § 111 Abs. 2 ArbGG die Möglichkeit haben, den zuständigen Schlichtungsausschuss anzurufen.

Unsere Mandantschaft bedauert, dass das Ausbildungsverhältnis eine derartige Entwicklung genommen hat, verweist aber mit Recht darauf, dass Sie für diese Entwicklung selbst verantwortlich sind und es auch selbst in der Hand hatten, die vorzeitige Beendigung des Ausbildungsverhältnisses zu verhindern.

Die Ihnen ggf noch fehlenden Arbeitspapiere und Unterlagen können bei der Mandantschaft abgeholt werden.

9. Muster: Geschäftsunfähigkeits-Einwand

1. Die klägerische Partei behauptet durch ihren Prozessbevollmächtigten, sie sei nicht geschäftsfähig. Die Geschäftsunfähigkeit sei jedoch zwischenzeitlich aufgrund durchgeführter Therapien der klägerischen Partei entfallen. Dabei hat die klägerische Partei folgende Gesundheitsdiagnose der sie behandelnden Ärzte bekannt gegeben:

2. Für die Zeiträume, in denen das Bestehen einer Geschäftsunfähigkeit der klägerischen Partei behauptet und von der beklagten Partei bestritten wird, ist die klägerische Partei beweispflichtig. Denn derjenige, der sich im Fall des § 104 Nr. 2 BGB auf die Nichtigkeit eines Rechtsgeschäfts oder einer Willenserklärung beruft, trägt die Darlegungs- und Beweislast für das Vorliegen einer zur Geschäftsunfähigkeit führenden Geisteskrankheit im Zeitpunkt der Vornahme des Rechtsgeschäfts,

BGH 22.12.1982 – V ZR 89/80, BGHZ 86, 184 (189); MüKo-ZPO/*Lindacher*, §§ 51, 52 Rn 46; Zöller/*Vollkommer*, § 56 ZPO Rn 9.

Der Nachweis eines allgemeinen Zustands der geistigen Erkrankung reicht dafür nicht aus, da aus einem solchen Zustand nicht generell gefolgert werden kann, dass er auch im Zeitpunkt des Abschlusses des Rechtsgeschäfts bestand. Ferner ist zu beachten, dass eine Geisteskrankheit im psychiatrischen Sinne vorliegen kann, ohne dass deshalb eine die freie Willensbildung ausschließende Störung der Geistestätigkeit gegeben sein muss,

Staudinger/*Knothe*, § 104 BGB Rn 16; RGRK-BGB/*Krüger-Nieland*, § 104 Rn 23.

Rein vorsorglich tritt die beklagte Partei hiermit Beweis an für die Geschäftsfähigkeit des Klägers in den maßgeblichen Zeiträumen durch

Einholung eines Gutachtens eines medizinischen Sachverständigen.

3. Soweit Zweifel an der Geschäftsfähigkeit des Klägers bestehen, ist nach § 56 Abs. 1 ZPO auch von Amts wegen Beweis über die Prozessfähigkeit der klägerischen Partei zu erheben,

BGH 9.1.1996 – VI ZR 94/95, NJW 1996, 1059.

Ergibt sich im Anschluss an eine medizinische Begutachtung eine dauerhafte Prozessunfähigkeit des Klägers, also für den Zeitraum ab der Bevollmächtigung der ursprünglichen Prozessbevollmächtigten bis zur Gegenwart, so ist die Klage als unzulässig abzuweisen. Dies gilt auch dann, wenn Zweifel an der Prozessfähigkeit der klägerischen Partei verbleiben, denn diese Zweifel gehen zu Lasten der klägerischen Partei,

BGH 9.1.1996 – VI ZR 94/95, NJW 1996, 1060; Zöller/*Vollkommer*, § 56 ZPO Rn 9.

War die klägerische Partei zum Zeitpunkt der Vollmachtserteilung an die Prozessbevollmächtigten prozessfähig, jedoch später prozessunfähig geworden und bis in die Gegenwart geblieben, findet § 246 Abs. 1 ZPO, wonach das Verfahren nicht unterbrochen wird, keine Anwendung. Denn maßgeblich für die Fortsetzung des Verfahrens im jetzigen Stadium ist die Prozessfähigkeit des Klägers im Zeitpunkt der Vollmachtserteilung an seine Prozessbevollmächtigten. Bestand die Prozessfähigkeit zu dieser Zeit nicht und ist sie bis in die Gegenwart nicht wieder eingetreten, ist die Klage analog § 56 ZPO ebenfalls unzulässig abzuweisen.

Besteht hingegen mittlerweile die Prozessfähigkeit wieder, kann die klägerische Partei die gesamte Prozessführung rückwirkend genehmigen, allerdings nur ungeteilt,

> BGH 19.7.1984 – X ZB 20/83, BGHZ 92, 137 (140 ff); Zöller/*Vollkommer*, § 56 ZPO Rn 12.

Für den Fall, dass die klägerische Partei im Zeitpunkt des Zugangs der Kündigung geschäftsfähig gewesen ist, und dieser Zeitpunkt ist zwischenzeitlich mehr als sechs Monate her, wäre die Klage insgesamt als unbegründet abzuweisen, da die prozessualen Notfristen der §§ 4, 5, 7 KSchG inzwischen verstrichen sind. Nach § 5 Abs. 3 Satz 2 KSchG kann nach Ablauf von sechs Monaten, vom Ende der versäumten Frist an gerechnet, der Antrag auf Zulassung der verspäteten Klage unabhängig von einem Parteiverschulden nicht mehr gestellt werden,

> siehe auch KR/*Friedrich*, § 5 KSchG Rn 160.

Die Rückwirkung durch Genehmigung findet ihre Schranken in den prozessualen Not- und Ausschlussfristen,

> Zöller/*Vollkommer*, § 52 ZPO Rn 14.

10. Muster: Kündigung durch den Insolvenzverwalter

Für die Kündigung durch den Insolvenzverwalter gilt die Klagefrist nach § 113 InsO. Nach § 4 Satz 1 KSchG muss ein Arbeitnehmer, der geltend machen will, dass die Kündigung seines Arbeitsverhältnisses durch den Insolvenzverwalter unwirksam ist, auch dann innerhalb von drei Wochen nach Zugang der Kündigung Klage beim Arbeitsgericht erheben, wenn er sich für die Unwirksamkeit der Kündigung auf andere als die in § 1 Abs. 2 und 3 KSchG bezeichneten Gründe beruft. Der Arbeitnehmer muss daher auch dann die Drei-Wochen-Frist wahren, wenn er sich auf andere Unwirksamkeitsgründe iSd § 13 Abs. 3 KSchG berufen will, zB § 102 BetrVG, § 15 KSchG, § 9 MuSchG, § 18 BEEG, §§ 85, 91 SGB IX, § 613a Abs. 4 BGB, § 623 BGB, § 11 TzBfG, § 13 Abs. 3 TzBfG, einen Verstoß gegen Treu und Glauben, § 242 BGB, oder bei Sittenwidrigkeit der Kündigung,

> BAG 21.9.2006 – 2 AZR 573/05, NZA 2007, 404.

Die Klagefrist gilt auch für solche Arbeitsverhältnisse, die nicht unter den Geltungsbereich des Kündigungsschutzgesetzes fallen,

> AnwK-ArbR/*Dreher/Schmitz-Scholemann*, § 4 KSchG Rn 1.

Keiner Einhaltung der Klagefrist bedarf es nur dann, wenn der Arbeitnehmer lediglich die Nichteinhaltung der Kündigungsfrist geltend macht,

> *Steindorf/Regh*, Arbeitsrecht in der Insolvenz, 2002, § 3 Rn 358.

In diesem Fall ist nicht die Kündigung unwirksam, sondern gilt zum nächstzulässigen Kündigungstermin.

11. Muster: Versetzung – kein einstweiliger Rechtsschutz

Der Arbeitnehmer hat keinen Anspruch auf einstweiligen Rechtsschutz gegen eine auf dem Direktionsrecht beruhende Versetzung, soweit der Arbeitnehmer eine Tätigkeit mit geringerem beruflichem Ansehen ausübt und das Hauptsacheverfahren eingeleitet hat. In der bis zum Falle des Obsiegens des Arbeitnehmers im Hauptsacheverfahren erfolgenden Beschäftigung mit geringwertigen Aufgaben besteht auch dann kein schwerwiegender Nachteil, wenn der Arbeitnehmer seine beruflichen Fertigkeiten nicht in der bisherigen Weise entfalten kann und diese Tätigkeit mit geringerem beruflichen Ansehen verbunden ist,

> LAG Köln 26.8.1992 – 2 Sa 624/92, LAGE § 940 ZPO Nr. 1.

12. Muster: Wiedereinstellungsanspruch bei Wegfall des Kündigungsgrundes nach Ablauf der Kündigungsfrist

↓

Entscheidet sich der Arbeitgeber, eine Betriebsabteilung stillzulegen und kündigt deshalb den dort beschäftigten Arbeitnehmern, so kann er zur Wiedereinstellung entlassener Arbeitnehmer nur verpflichtet sein, wenn er sich noch während der Kündigungsfrist entschließt, die Betriebsabteilungen mit einer geringeren Anzahl von Arbeitnehmern doch fortzuführen. Hat er einen Vergleich mit einem gekündigten Arbeitnehmer geschlossen und entschließt er sich, zeitlich nach Ablauf der Kündigungsfrist des Mitarbeiters, die Produktion mit einem geänderten Produktionsverfahren doch fortzusetzen, hat der durch den Vergleich ausgeschiedene Mitarbeiter keinen Anspruch auf Wiedereinstellung gegen Rückzahlung der Abfindung,

BAG 27.2.1992 – 2 AZR 160/96, BAGE 85, 194 = NJW 1997, 2257.

13. Muster: Zugang einer Kündigung im Urlaub

↓

Eine schriftliche Willenserklärung ist nach § 130 Abs. 1 BGB zugegangen, sobald sie in verkehrsüblicher Weise in die tatsächliche Verfügungsgewalt des Empfängers bzw eines empfangsberechtigten Dritten gelangt ist und für den Empfänger unter gewöhnlichen Verhältnissen die Möglichkeit besteht, von dem Inhalt des Schreibens Kenntnis zu nehmen,

vgl RG 29.3.1905 – V 445/04, RGZ 60, 334; BGH 3.11.1976 – VIII ZR 140/75, BGHZ 67, 271; BAG 16.1.1976 – 2 AZR 619/74, AP § 130 BGB Nr. 7.

Wenn für den Empfänger diese Möglichkeit unter gewöhnlichen Verhältnissen besteht, ist es unerheblich, wann er die Erklärung tatsächlich zur Kenntnis genommen hat oder ob er daran durch Krankheit, zeitweilige Abwesenheit oder andere besondere Umstände zunächst gehindert war,

BAG 16.1.1976 – 2 AZR 619/74, AP § 130 BGB Nr. 7; Staudinger/*Neumann*, Vorbem. § 620 BGB Rn 44 f.

Uneinigkeit besteht aber darüber, unter welchen Voraussetzungen der Empfänger diese „Möglichkeit der Kenntnisnahme unter gewöhnlichen Verhältnissen" hat, wenn er sich urlaubsbedingt nicht in seiner Wohnung aufhält,

BAG 16.3.1988 – 7 AZR 587/87, BAGE 58, 9 = NZA 1988, 875.

Das BAG hat zunächst in einem unveröffentlichten Urteil vom

25.8.1978 – 2 AZR 693/76, juris,

das einem Familienangehörigen des Arbeitnehmers ausgehändigte Kündigungsschreiben als dem Arbeitnehmer zugegangen angesehen, obwohl dieser urlaubsbedingt ortsabwesend war. Es hat dies damit begründet, eine zufällige vorübergehende Abwesenheit des Empfängers spiele für die Frage des Zugangs keine Rolle, solange die Erklärung nur in seinen Machtbereich gelangt sei, sei es durch Einwurf in eine technische Empfangsvorrichtung (Hausbriefkasten, Postfach etc.) oder durch Übergabe an einen empfangsberechtigten Dritten. Dies soll auch dann gelten, wenn der Arbeitgeber gewusst hat, dass der Arbeitnehmer während seines Urlaubs verreisen wollte, jedenfalls wenn ihm dieser seine Urlaubsanschrift nicht mitgeteilt hat.

Von einzelnen Instanzgerichten und einem Teil der Literatur,

ArbG Rheine 24.10.1966 – 1 Ca 653/66, DB 1966, 1975; LAG München 20.3.1974 – 4 Sa 60/74, AMBl. BY 1975, C 14; *Corts*, DB 1979, 2081 ff; Staudinger/*Neumann*, Vorbem. § 620 BGB Rn 45,

ist dagegen der Standpunkt vertreten worden, der Zugang einer schriftlichen Kündigung trete im Falle einer dem Arbeitgeber bekannten urlaubsbedingten Abwesenheit des Arbeitnehmers erst mit dessen Rückkehr aus dem Urlaub ein. Begründet wird dies insbesondere damit, dass der Arbeitgeber in diesem Fall grundsätzlich nicht erwarten könne, ein an die Heimatadresse gerichtetes Kündigungsschreiben werde dem Arbeitnehmer vor Ablauf des Urlaubs zugehen. Dies gelte auch dann, wenn dem Arbeitgeber die Urlaubsanschrift des Arbeitnehmers nicht bekannt sei. Das Interesse des Arbeitgebers an einer Kündigung auch während der Urlaubsabwesenheit des Arbeitnehmers müsse grundsätzlich hinter dessen Interesse zurücktreten, nicht während seiner Abwesenheit von einer auf die Beendigung seines Arbeitsverhältnisses zielenden Willenserklärung des Arbeitgebers überrascht zu werden. Vielmehr dürfe der Arbeitnehmer mangels gegenteiliger Anhaltspunkte darauf vertrauen, dass sich während seiner dem Arbeitgeber bekannten Urlaubsreise an dem Arbeitsverhältnis nichts ändern werde. Der Arbeitgeber habe den Status des Urlaubs zu respektieren.

Das BAG hat im Urteil vom 16.12.1980,

> 7 AZR 1148/78, BAGE 34, 305, 308 = NJW 1981, 1470,

die Zugangsdefinition von *Corts* übernommen und den Zugang des Kündigungsschreibens erst nach Rückkehr des Arbeitnehmers aus dem Urlaub bejaht. Es hat dies im Wesentlichen damit begründet, der Arbeitgeber, dem im Zeitpunkt der Abgabe der Kündigungserklärung bekannt gewesen sei, dass der Arbeitnehmer im Urlaub verreist ist, könne im Regelfall nicht erwarten, diesem werde ein an die Heimatanschrift gerichtetes Kündigungsschreiben vor Ablauf des Urlaubs bzw Rückkehr von der Urlaubsreise zugehen. Umgekehrt dürfe der Arbeitnehmer mangels gegenteiliger Anhaltspunkte darauf vertrauen, dass sich während seiner dem Arbeitgeber bekannten Urlaubsreise an dem Arbeitsverhältnis nichts ändern werde.

Diese bisherige Rechtsauffassung hat das BAG mit Urteil vom 16.3.1988

> 7 AZR 587/87, BAGE 58, 9 = NZA 1988, 875,

aufgegeben, insbesondere gibt der Senat das zusätzliche Zugangserfordernis „wenn und sobald der Erklärende die Kenntnisnahme des Adressaten vom Erklärungsinhalt berechtigterweise erwarten kann" auf. Denn entgegen der Ansicht von *Corts* handelt es sich hierbei nicht „lediglich um eine Umformulierung" der bisherigen Zugangsdefinitionen, sondern um die zusätzliche Berücksichtigung konkreter Erwartungen des Erklärenden, die nach Auffassung des 2. Senats weder der Rechtsklarheit dient noch wegen der Interessenlage des Erklärungsempfängers geboten ist.

Zur Erreichung einer sachgerechten, den Interessen beider Beteiligten gerecht werdenden Verteilung des Transportrisikos des Erklärenden und des Kenntnisnahmerisikos des Empfängers, wie sie der Empfangstheorie und der traditionellen Zugangsdefinition zugrunde liegt, ist vielmehr davon auszugehen, dass grundsätzlich auch bei Kenntnis des Arbeitgebers von der urlaubsbedingten Ortsabwesenheit des Arbeitnehmers diesem ein an die Heimatanschrift gerichtetes Kündigungsschreiben wirksam zugehen kann. Dies gilt in aller Regel selbst dann, wenn der Arbeitnehmer seine Urlaubsanschrift dem Arbeitgeber mitgeteilt hat; lediglich bei besonderen Umständen des Einzelfalles kann sich aus § 242 BGB eine abweichende Wirkung ergeben.

Hierfür spricht zum einen die mit den Bedürfnissen des rechtsgeschäftlichen Verkehrs schwer zu vereinbarende Unsicherheit einer konkreten Erwartung des Erklärenden von der Kenntnisnahme durch den Empfänger. Es gibt keine allgemein gültigen Erfahrungswerte über das konkrete Urlaubsverhalten der Arbeitnehmer. Auch ist der Arbeitnehmer im Regelfall nicht verpflichtet, dem Arbeitgeber mitzuteilen, ob und wohin er während des Urlaubs verreist,

> vgl BAG 16.12.1980 – 7 AZR 1148/78, BAGE 34, 305, 308 = NJW 1981, 1470.

Andererseits kann der Arbeitgeber nicht gehalten sein, sich über das individuelle Urlaubsverhalten seiner Arbeitnehmer Kenntnis zu verschaffen. Berücksichtigt man zudem die Möglichkeit einer späteren Veränderung der Umstände, wie zB den Nichtantritt der Urlaubsreise wegen Erkrankung einer Begleitperson,

> BAG 16.3.1988 – 7 AZR 587/87, BAGE 58, 9 = NZA 1988, 875,

einen Hotelwechsel wegen mangelnder Leistungserbringung seitens des Reiseveranstalters, eine kurzfristige Änderung der Urlaubspläne wegen des Wetters oder aus sonstigen persönlichen Gründen, so wird die mit dem subjektiven Zugangserfordernis der Erwartungen des Erklärenden verbundene Unsicherheit vollends deutlich. Bei irrigen Vorstellungen des Erklärenden würde das Abstellen auf seine konkrete Erwartung zu nicht sachgerechten Lösungen führen. Hinzu kommt die mit den subjektiven Vorstellungen einer Partei stets verbundene Darlegungs- und Beweisschwierigkeit im Prozess.

Es besteht auch keine rechtliche Notwendigkeit, dem Urlaub des Arbeitnehmers allein in der Rechtsbeziehung zum Arbeitgeber eine zugangshemmende Wirkung zukommen zu lassen, während dies in seinem sonstigen Rechtsverkehr nicht der Fall ist,

> vgl BVerfG 2.4.1974 – 2 BvR 784/73, BVerfGE 37, 100, 102; BVerfG 10.6.1975 – 2 BvR 1018/74, BVerfGE 40, 88, 91; BVerfG 8.7.1975 – 2 BvR 1099/74, BVerfGE 40, 182, 186; BVerfG 11.2.1976 – 2 BvR 849/75, BVerfGE 41, 332, 336; BGH 25.3.1982 – VII ZB 23/81, VersR 1982, 652, 653; BGH 19.10.1983 – VIII ZB 30/83, VersR 1984, 81, 82.

Dies gilt insbesondere angesichts der Möglichkeit einer Zulassung verspäteter Klagen gem. § 5 KSchG. Eine nachträgliche Zulassung der Kündigungsschutzklage wegen urlaubsbedingter Abwesenheit ist schon im Hinblick auf die Rechtsprechung des BVerfG zur Frage der Wiedereinsetzung in den vorigen Stand in aller Regel geboten,

> vgl BVerfG 21.1.1969 – 2 BvR 724/67, BVerfGE 25, 158, 166 = AP Art. 103 GG Nr. 26; BVerfG 9.7.1969 – 2 BvR 753/68, BVerfGE 26, 315, 319; BVerfG 16.11.1972 – 2 BvR 21/72, BVerfGE 34, 154, 156 f = AP Art. 103 GG Nr. 28; BVerfG 2.4.1974 – 2 BvR 784/73, BVerfGE 37, 100, 102; BVerfG 8.7.1975 – 2 BvR 1099/74, BVerfGE 40, 182, 186; BVerfG 11.2.1976 – 2 BvR 849/75, BVerfGE 41, 332, 336.

Danach braucht, wer eine ständige Wohnung hat und diese nur vorübergehend während des Urlaubs nicht benutzt, für diese Zeit keine besonderen Vorkehrungen hinsichtlich möglicher Zustellung zu treffen. Vielmehr darf der Bürger damit rechnen, Wiedereinsetzung in den vorigen Stand zu erhalten, falls ihm während seiner Urlaubszeit ein Schriftstück zuging und er hieran anknüpfende Fristen versäumt hat. Dies gilt grundsätzlich selbst dann, wenn die Zuleitung einer Willenserklärung bzw eines Bescheides zu erwarten war. Etwas anderes kann allerdings dann gelten, wenn dem Empfänger ein sonstiges Verschulden zur Last gelegt werden kann, er also zB die Abholung vernachlässigt hat oder sich einer erwarteten Zustellung vorsätzlich entziehen sollte,

> vgl hierzu auch LAG Hamm 23.3.1972 – 8 Ta 13/72, BB 1972, 711 und LAG Hamm 30.7.1981 – 8 Ta 87/81, MDR 1981, 965; LAG Berlin 11.3.1982 – 3 Ta 1/82, ZIP 1982, 614; hinsichtlich prozessualer Fristen vgl BGH 25.3.1982 – VII ZB 23/81, VersR 1982, 652 (653); BGH 19.10.1983 – VIII ZB 30/83, VersR 1984, 81 (82).

Deshalb gilt nunmehr im Arbeitsrecht der Grundsatz, dass ein an die Heimatanschrift des Arbeitnehmers gerichtetes Kündigungsschreiben diesem grundsätzlich auch dann zugeht, wenn dem Arbeitgeber bekannt ist, dass der Arbeitnehmer während seines Urlaubs verreist ist.

14. Muster: Zugang einer Schriftsatzkündigung während des Kündigungsschutzprozesses 512

Die klägerische Partei kann sich nicht darauf berufen, die Schriftsatzkündigung vom _ stelle keine der klägerischen Partei zugegangene Kündigung dar.

1. Die vom Prozessbevollmächtigten der klägerischen Partei vorgelegten Prozessvollmachten gehen über den gesetzlichen Umfang nach § 81 ZPO hinaus. Hierbei handelt es sich um eine Muster-Vollmacht der Soldan Stiftung, in der es u.a. unter Ziffer 1 heißt, dass ausdrücklich die Prozessführung „unter anderem nach den §§ 81 ff ZPO" erteilt werde. Damit reichen die Vollmachten des Prozessbevollmächtigten der klägerischen Partei schon von ihrem Wortlaut her über die reine Prozessvollmacht nach § 81 ZPO hinaus, wie die Formulierung „unter anderem" erkennen lässt.

2. Die Beschränkungen des § 81 ZPO sind damit vorliegend nicht einschlägig. Vielmehr ist anhand des Wortlauts der vorgelegten Vollmachten gem. § 133 BGB durch Auslegung zu ermitteln, welchen Umfang die Vollmacht hat. Dabei ist nicht etwa auf den Willen des Vollmachtgebers abzustellen, sondern vielmehr vom Empfängerhorizont aus eine Betrachtung vorzunehmen,

BAG 31.8.1979 – 7 AZR 674/77, AP § 174 BGB Nr. 3.

Das Vollmachts-Muster der Soldan Stiftung nimmt ausdrücklich auch Bezug auf die „Entgegennahme von Zustellungen". Daraus kann nicht der Schluss gezogen werden, dass nur die Bevollmächtigung zur Entgegennahme förmlicher Zustellungen im Rahmen des Prozesses gemeint ist. Vielmehr erfasst die Prozessvollmacht neben den Prozesshandlungen auch die Befugnis, materiellrechtliche Rechtsgeschäfte, wie beispielsweise eine Kündigung, vorzunehmen,

MüKo-ZPO/*Toussaint*, § 81 Rn 8.

Die Befugnis, Kündigungen auszusprechen wie entgegenzunehmen, ergibt sich aus den §§ 164 ff BGB, die der Vollmacht allgemein zugrunde liegen. Materiellrechtliche Rechtsgeschäfte können auch außerhalb des Prozesses vorgenommen werden,

MüKo-ZPO/*Toussaint*, § 81 Rn 10.

Eine Auslegung der Vollmacht, dass Zustellungen nur im förmlichen prozessualen Bereich entgegengenommen werden können, wäre im Ergebnis so zu verstehen, dass die Vollmacht lediglich rein deklaratorisch den Wortlaut des Gesetzes wiederholt. Denn im Rahmen von Prozessen müssen Zustellungen gem. § 146 ZPO ohnehin an den Anwalt erfolgen. Würde man den Wortlaut auf die Formulierung „Entgegennahme von Zustellungen" reduzieren, hätten die Formulierungen keine eigenständige Bedeutung.

Die Vollmacht des Prozessbevollmächtigten der klägerischen Partei umfasst ausdrücklich die Abgabe von Kündigungen. Mangels anderweitiger Vereinbarungen gilt der Grundsatz, dass die passive Vertretungsmacht als Spiegelbild der aktiven begriffen wird,

MüKo-ZPO/*Toussaint*, § 81 Rn 9.

Dies hat auch aus Gründen des Schutzes des Empfängerhorizonts zu gelten. Denn insbesondere bei einseitigen Willenserklärungen, die Dritte ohne eigene Gestaltungsmöglichkeit gegen sich gelten lassen müssen, ist es von besonderer Bedeutung, dass diese eindeutig formuliert werden,

BAG 31.8.1979 – 7 AZR 674/77, AP § 174 BGB Nr. 3.

3. Selbst aber wenn man der Auffassung wäre, das Vollmachts-Muster überschreite nicht die Vollmachten des Prozessbevollmächtigten gem. § 81 ZPO, lag eine Bevollmächtigung nach der Streitgegenstandslehre in Verbindung mit dem von der klägerischen Seite gestellten Weiterbeschäftigungsantrag vor. Die Prozessvollmacht bestimmt sich grundsätzlich durch den Streitgegenstand. Umfasst sind alle zur Rechtsverfolgung oder Rechtsverteidigung im jeweiligen Rechtsstreit notwendigen Prozesshandlungen,

Schaub/*Linck*, Arbeitsrechts-Handbuch, § 123 II.4. Rn 17; BAG 10.8.1977 – 5 AZR 394/76, DB 1978, 167.

In diesem Zusammenhang ist zu beachten, dass die klägerische Partei im Kammertermin einen Weiterbeschäftigungsantrag gestellt hat. Dieser Weiterbeschäftigungsantrag setzt zwingend voraus, dass das Arbeitsverhältnis zum Zeitpunkt der letzten mündlichen Verhandlung noch fortbesteht,

BAG 24.4.1996 – 5 AZB 25/95, BAGE 83, 40 = NZA 1996, 1005.

Das erkennende Gericht hat dementsprechend inzident zu prüfen, ob das Arbeitsverhältnis neben der ausdrücklich angegriffenen Kündigung nicht etwa durch weitere Beendigungstatbestände beendet wurde. Bei einer erneuten Kündigung handelt es sich somit um einen für den Weiterbeschäftigungsantrag relevanten Sachverhalt. Denn mit dieser neuen Kündigung beabsichtigt die beklagte Partei die prozessuale Abwehr des

Weiterbeschäftigungsanspruchs. Somit steht die Kündigung im engen Zusammenhang mit dem konkreten Streitgegenstand.

Auch wenn man die weitgehend übertragbare Argumentation der Rechtsprechung zum Streitgegenstand beim Schleppnetzantrag hinzuzieht, ist mit der Stellung des Weiterbeschäftigungsantrags die Entgegennahme der Schriftsatzkündigung von der Vollmacht des Prozessbevollmächtigten der klägerischen Partei erfasst. Vorfrage des Fortbestehens des Arbeitsverhältnisses ist über den Schleppnetzantrag das Fehlen weiterer Beendigungstatbestände. Liegen solche Beendigungstatbestände vor, so sind sie durch den Schleppnetzantrag Streitgegenstand des Verfahrens; statt vieler

BAG 27.1.1994 – 2 AZR 484/93, NZA 1994, 812.

Es mag dahingestellt bleiben, ob auch beim Weiterbeschäftigungsantrag weitere Kündigungen tatsächlich ohne Weiteres Streitgegenstand des Verfahrens werden wie beim Schleppnetzantrag. In jedem Falle stehen sie aber mit dem Weiterbeschäftigungsantrag aus den genannten Gründen in einem derart engen Sachzusammenhang, dass Ihre Entgegennahme von der Prozessvollmacht zwingend umfasst ist,

ebenso *Weidemann*, Die Schriftsatzkündigung während des Kündigungsschutzprozesses, NZA 1989, 246 (247).

15. Muster: Zurückbehaltungsanspruch des Arbeitnehmers an Betriebsgegenständen des Arbeitgebers

Der Anspruch des Arbeitgebers auf Herausgabe von Arbeitsmitteln und Betriebsgegenständen gegen den Arbeitnehmer folgt aus dem Eigentümer-Besitzerverhältnis, §§ 987 ff BGB. Die Regelungen über das Eigentümer-Besitzerverhältnis enthalten nach allgemeiner Meinung eine erschöpfende, andere Ansprüche ausschließende Sonderregelung.

Ein Recht zum Besitz hat der Arbeitnehmer, der noch Lohnforderungen im Verhältnis zum Arbeitgeber besitzt, an Betriebsgegenständen des Arbeitgebers nicht. Der Arbeitnehmer hat grundsätzlich die ihm überlassenen Werkzeuge, Geschäftsunterlagen u.Ä. nach Beendigung des Arbeitsverhältnisses an den Arbeitgeber herauszugeben. Gegenüber diesem Herausgabeanspruch besteht kein Zurückbehaltungsrecht,

LAG Düsseldorf 4.7.1975 – 9 Sa 334/75, DB 1975, 2040.

Allerdings kann gegenüber dem Nutzungsentschädigungsanspruch aus §§ 987 f BGB nach Maßgabe der §§ 387 f BGB vom Arbeitnehmer mit eigenen Lohnforderungen gegen den Arbeitgeber die Aufrechnung erklärt werden,

LAG Düsseldorf 4.7.1975 – 9 Sa 334/75, DB 1975, 2040.

XIII. Betriebsübernahme

1. Muster: Haftungsbeschränkung des Betriebserwerbers in der Insolvenz

Geht ein Betrieb oder Betriebsteil durch Rechtsgeschäft auf einen anderen Inhaber über, so tritt dieser gem. § 613a Abs. 1 Satz 1 BGB in die Rechte und Pflichten aus den im Zeitpunkt des Übergangs bestehenden Arbeitsverhältnissen ein. Zu den Rechten und Pflichten aus einem Arbeitsverhältnis gehören auch Anwartschaften auf eine betriebliche Altersversorgung. Das gilt namentlich, wenn der Arbeitgeber die Altersversorgung über eine rechtlich selbständige Unterstützungskasse erbringen will,

BAG 5.5.1977 – 3 ABR 34/76, AP § 613a BGB Nr. 7; BAG 15.3.1979 – 3 AZR 859/77, NJW 1979, 2533; BAG 14.2.1989 – 3 AZR 269/87, NZA 1989, 679; BAG 23.7.1991 – 3 AZR 366/90, BAGE 68, 160 = NZA 1992, 217.

Wird ein Betrieb im Rahmen eines Insolvenzverfahrens veräußert, ist § 613a BGB insoweit nicht anwendbar, wie diese Vorschrift die Haftung des Betriebserwerbers für schon entstandene Ansprüche vorsieht. Insoweit haben die Verteilungsgrundsätze des Insolvenzverfahrens Vorrang. Das bedeutet für Versorgungsansprüche, dass der Betriebserwerber nur den Teil der Leistung schuldet, den der Arbeitnehmer bei ihm erdient hat. Für die ihm beim Veräußerer bis zum Insolvenzverfall erdienten unverfallbaren Anwartschaften haftet der Träger der gesetzlichen Insolvenzversicherung,

BAG 11.2.1992 – 3 AZR 117/91, NZA 1993, 20.

Diese durch die Eröffnung eines Insolvenzverfahrens eingetretene Haftungsbeschränkung des Betriebserwerbers wird durch die spätere Einstellung des Insolvenzverfahrens mangels einer die Kosten des Verfahrens deckenden Masse nicht berührt,

BAG 11.2.1992 – 3 AZR 117/91, NZA 1993, 20.

Für die Beurteilung der Frage, ob ein Betrieb im Rahmen eines Insolvenzverfahrens oder außerhalb des Insolvenzverfahrens übergeht, kommt es auf den Zeitpunkt der Eröffnung des Insolvenzverfahrens und der Betriebsübernahme an. Wird der Betrieb vor Eröffnung des Insolvenzverfahrens auf einen Erwerber übertragen, so treten die Rechtsfolgen des § 613a BGB ohne eine Haftungsbegrenzung ein. Der Erwerber und nicht der Pensionssicherungsverein haftet dann für die beim Betriebsveräußerer erdienten Anwartschaften. Das gilt auch in den Fällen der Übernahme eines schon insolvenzreifen Betriebs,

BAG 15.11.1978 – 5 AZR 199/77, NJW 1979, 2634.

Die Haftungserleichterung tritt auch nicht ein, wenn eine Insolvenzeröffnung mangels Masse abgelehnt wurde,

BAG 20.11.1984 – 3 AZR 584/83, BAGE 47, 206 = NZA 1985, 393.

Maßgeblich für die Feststellung des Betriebsübergangs ist der Zeitpunkt, in dem der Erwerber die Leitungsmacht im Betrieb im Einvernehmen mit dem Betriebsveräußerer ausüben kann,

BAG 23.7.1991 – 3 AZR 366/90, BAGE 68, 160 = NZA 1992, 217.

XIV. Geschäftswagen-Streitigkeiten

1. Muster: Herausgabe eines Dienstfahrzeugs – Einstweilige Verfügung

Arbeitsgericht ...

Antrag auf Erlass einer einstweiligen Verfügung

...

– antragstellende Partei –

Verfahrensbevollmächtigte: ...

gegen

...

– antragsgegnerische Partei –

wegen: Herausgabe eines Dienstfahrzeugs

Wir bestellen uns zu Verfahrensbevollmächtigten der antragstellenden Partei und beantragen, durch einstweilige Verfügung – wegen der Dringlichkeit ohne vorherige mündliche Verhandlung – wie folgt zu beschließen:

1. Der antragsgegnerischen Partei wird aufgegeben, bei Meidung eines vom Gericht festzusetzenden Zwangsgeldes bis zu 25.000 EUR bzw Zwangshaft gegen die gesetzlichen Vertreter der antragsgegnerischen Partei, den Dienstwagen ..., Kfz-Nummer ..., Fahrzeugnummer ..., herauszugeben.
2. Die Berufung wird zugelassen.
3. Die antragsgegnerische Partei hat die Kosten des Verfahrens zu tragen.

Gründe:

1. Die antragsgegnerische Partei war bei der antragstellenden Partei als ... beschäftigt. Die antragsgegnerische Partei arbeitet seit dem ... bei der antragstellenden Partei nicht mehr.

Glaubhaftmachung: anliegende eidesstattliche Versicherung.

Die antragsgegnerische Partei wurde aufgefordert, den Dienstwagen herauszugeben sowie die Fahrzeugschlüssel und Fahrzeugpapiere zu übergeben.

Glaubhaftmachung: anliegende eidesstattliche Versicherung.

Die antragsgegnerische Partei kam dieser Aufforderung nicht nach.

Glaubhaftmachung: wie vor.

Ausweislich des Arbeitsvertrages ist die antragsgegnerische Partei befugt, den im Antrag bezeichneten Dienstwagen zu dienstlichen und privaten Zwecken zu nutzen.

Glaubhaftmachung: wie vor.

Die antragstellende Partei hat, obwohl die antragsgegnerische Partei aktiv aus dem Arbeitsverhältnis ausgeschieden ist und nunmehr im Wege der Kündigungsschutzklage ihre Rechte geltend macht, gegenwärtig keine Möglichkeit, das Fahrzeug zu nutzen.

Glaubhaftmachung: wie vor.

2. Verfügungsanspruch und Verfügungsgrund gem. §§ 935, 940 ZPO sind gegeben. Die Rechtsprechung hat die Leistungsverfügung unter engen Voraussetzungen sowohl bei Zahlungsansprüchen als auch bei Ansprüchen auf Herausgabe einer Sache anerkannt. Es besteht ein Anspruch auf Herausgabe im Wege einer einstweiligen Verfügung dann, wenn der Besitz durch verbotene Eigenmacht entzogen worden oder gestört ist. Diese Voraussetzungen sind vorliegend erfüllt:

Eine verbotene Eigenmacht begeht die antragsgegnerische Partei dadurch, dass sie das Fahrzeug nicht zur Verfügung stellt, obwohl sie sich hierzu ... verpflichtet hatte. Der antragstellenden Partei wird damit widerrechtlich der Besitz entzogen, sie kann gem. §§ 861, 858 BGB unverzügliche Herausgabe verlangen.

Der Herausgabeanspruch ergibt sich darüber hinaus aus Vertrag, nämlich ... . Schließlich ergibt sich auch ein Herausgabeanspruch aus § 985 BGB, da die antragstellende Partei Eigentümerin des streitbefangenen Fahrzeugs ist. Stützt die antragstellende Partei ihr Herausgabeverlangen materiell auf § 861 BGB, ist sie nicht gehindert, ihr Rechtsfolgebegehren gleichzeitig mit petitorischen Ansprüchen zu begründen,

BGH 16.6.1978 – V ZR 73/77, NJW 1978, 2157.

Ein nach dem Arbeitsvertrag privat nutzbarer Dienstwagen ist trotz eines Streites über die Wirksamkeit der Kündigung herauszugeben, solange die Kündigung nicht offensichtlich unwirksam ist und kein Urteil erster Instanz vorliegt, dass das Arbeitsverhältnis durch die Kündigung nicht beendet wurde,

LAG München 11.9.2002 – 9 Sa 315/02, NZA-RR 2002, 636.

Nach überwiegender Auffassung folgt die Herausgabe eines Dienstwagens den allgemeinen Regeln des Weiterbeschäftigungsanspruchs,

ArbG Hamburg 23.6.1995 – 13 Ga 8/95, juris; ErfK/*Preis*, § 611 BGB Rn 523; AnwK-ArbR/*Hümmerich*, § 611 BGB Rn 1084.

Die Rechtsgrundlage für die private Nutzung des Dienstwagens besteht nur, solange das Arbeitsverhältnis besteht. Damit kann auch die Erörterung des Streits dahingestellt bleiben, ob der Arbeitnehmer, dem das Dienstfahrzeug auch zur privaten Nutzung überlassen wird, Besitzer oder Besitzdiener ist, denn das Recht zum Besitz würde jedenfalls mit der Beendigung des Arbeitsverhältnisses wegfallen. Die Möglichkeit zur privaten Nutzung des Dienstwagens ist Vergütungsbestandteil in einer Art „Naturalvergütung",

LAG München 11.9.2002 – 9 Sa 315/02, NZA-RR 2002, 636.

Verlangt ein Arbeitnehmer nach dem Ablauf des Kündigungstermins dennoch seinen Lohn weiter und ist die Beendigung des Arbeitsverhältnisses zwischen den Parteien streitig, so hat der Arbeitnehmer gem. § 615 Satz 1 BGB nur Anspruch auf die Vergütung, wenn er im Prozess darlegen und beweisen kann, dass das Arbeitsverhältnis noch besteht, also durch die ausgesprochene Kündigung nicht beendet wurde,

ErfK/*Preis*, § 615 BGB Rn 107.

Da es bei der Nutzungsmöglichkeit nicht nur um Geld geht, das nachbezahlt werden, sondern die Nutzungsmöglichkeit als solche mit dem Zeitablauf untergeht, erscheint es mit der herrschenden Meinung durchaus gerechtfertigt, hier auch zu Gunsten des Arbeitnehmers die Interessenabwägung vorzunehmen, die das BAG beim allgemeinen Weiterbeschäftigungsanspruch vorgenommen hat,

BAG 27.2.1985 – GS 1/84, BAGE 48, 122 = NZA 1985, 702.

Danach besteht während eines laufenden Kündigungsschutzprozesses in erster Instanz kein allgemeiner Weiterbeschäftigungsanspruch und somit hat der Arbeitnehmer auch das überlassene Dienstfahrzeug herauszugeben.

3. Die antragstellende Partei ist auf das Dienstfahrzeug dringend angewiesen, weil sie es für einen anderen Mitarbeiter benötigt.

Glaubhaftmachung: anliegende eidesstattliche Versicherung.

Die Eilbedürftigkeit der Herausgabe des Dienstwagens, insbesondere auch zur Sicherstellung, ist deshalb gegeben, weil die antragsgegnerische Partei das Fahrzeug übermäßig benutzt und eine wesentliche Verschlechterung, gegebenenfalls der Untergang der Sache, droht:

Die antragsgegnerische Partei hat daher den Dienstwagen gem. § 986 BGB herauszugeben, da ihr kein Recht zum Besitz zusteht und die antragstellende Partei einen Herausgabeanspruch gem. § 985 BGB als Eigentümerin hat.

↑

XV. Schadensersatzklagen

1. Muster: Detektivkosten

Arbeitsgericht ...

Klage

– klägerische Partei –

Prozessbevollmächtigte: ...

gegen

– beklagte Partei –

wegen: Schadensersatz

Wir bestellen uns zu Prozessbevollmächtigten der klägerischen Partei, in deren Namen und Vollmacht wir um Anberaumung eines frühestmöglichen Gütetermins bitten. Im Übrigen werden wir beantragen zu erkennen:

1. Die beklagte Partei wird verurteilt, an die klägerische Partei ... EUR brutto[53] nebst Zinsen in Höhe von fünf Prozentpunkten[54] über dem Basiszinssatz seit dem ... zu zahlen.[55]
2. Die Kosten des Rechtsstreits trägt die beklagte Partei.

Gründe:

1. Die beklagte Partei stand zur klägerischen Partei in einem Arbeitsverhältnis. Das Arbeitsverhältnis wurde durch verhaltensbedingte Kündigung der klägerischen Partei beendet. In dem von der beklagten Partei angestrengten Kündigungsschutzprozess obsiegte die klägerische Partei.

    Beweis: Beiziehung der Akte ArbG ..., Az ...

2. Die klägerische Partei hat die Kündigung auf ein vertragswidriges Verhalten der beklagten Partei gestützt. Die klägerische Partei hatte Anzeichen dafür, dass die beklagte Partei während einer vermeintlichen Arbeitsunfähigkeit einer Beschäftigung in einer anderen Firma nachging. Um den Sachverhalt näher zu ermitteln, beauftragte die klägerische Partei ein Detektivbüro. Die Kosten des Detektivbüros betragen ... EUR.

    Beweis: Vorlage der Rechnung in Kopie – Anlage K 1.

Die klägerische Partei hat außerdem in dem Zeitraum zwischen Krankmeldung durch die beklagte Partei und Kündigung durch die klägerische Partei Entgeltfortzahlung an die beklagte Partei in Höhe von ... EUR geleistet.

    Beweis: Vorlage eines Nachweises über Entgeltfortzahlung – Anlage K 2.

Mit der vorliegenden Klage werden die für die Beauftragung des Detektivbüros und die durch die von der beklagten Partei zu Unrecht bezogene Entgeltfortzahlung entstandenen Aufwendungen geltend gemacht. Beide Beträge ergeben zusammen die Klageforderung.

3. Die durch das Tätigwerden des Detektivs entstandenen Kosten waren notwendig, um die beklagte Partei einer vorsätzlichen Vertragsverletzung zu überführen.

Überträgt der Arbeitgeber anlässlich eines konkreten Tatverdachts gegen den Arbeitnehmer einem Detektiv die Überwachung des Arbeitnehmers und überführt er auf diese Weise den Arbeitnehmer einer vorsätzlichen vertragswidrigen Handlung, hat der Arbeitnehmer dem Arbeitgeber die durch das Tätigwerden des Detektivs entstandenen notwendigen Kosten zu ersetzen,

    BAG 17.9.1998 – 8 AZR 5/97, BAGE 90, 1 = NZA 1998, 1334.

---

53 Die Klage ist auf die Zahlung des Bruttobetrags zu richten. Nach der Entscheidung des Großen Senats des BAG vom 7.3.2001 (BAGE 97, 15 = NZA 2001, 1195) kann der Arbeitnehmer auch die Verzugszinsen nach § 288 Abs. 1 BGB aus der in Geld geschuldeten Bruttovergütung verlangen. Spricht das Arbeitsgericht den Bruttobetrag zu, erfüllt der Arbeitgeber den Zahlungsanspruch des Arbeitnehmers dadurch, dass er den Nettobetrag an den Arbeitnehmer auszahlt und Steuern und Sozialabgaben an die Finanzbehörden bzw die Sozialversicherungsträger abführt. Vollstreckt der Arbeitnehmer trotz Erfüllung aus dem Titel auf den Bruttobetrag, kann der Arbeitgeber die Vollstreckung in Höhe der bereits abgeführten Abgaben durch Vollstreckungsgegenklage gem. § 767 ZPO (ggf iVm einem Eilantrag nach § 769 ZPO) verhindern.

54 Sieht man den Arbeitnehmer uneingeschränkt als Verbraucher an (sog. absoluter Verbraucherbegriff; vgl hierzu *Hümmerich/Holthausen*, NZA 2002, 173 ff und *Boemke*, BB 2002, 96 f), bestimmt sich die Höhe der Verzugszinsen nach den §§ 288 Abs. 1, 247 BGB. Auch die Vertreter des abweichenden relativen Verbraucherbegriffs gelangen über eine richtlinienkonforme Auslegung der europäischen Zahlungsverzugsrichtlinie zu einem Zinssatz von fünf Prozentpunkten über dem Basiszinssatz, vgl *Bauer/Kock*, DB 2002, 42 (46).

55 Eine dem Wortlaut des § 288 BGB entsprechende Antragstellung ist ausreichend. Somit muss sich der Anwalt nicht der Mühe unterziehen, den aktuellen Basiszinssatz zu ermitteln und dann einen konkret bezifferten Zinsantrag zu stellen.

2. Muster: Schlechtleistung

Arbeitsgericht ...

Klage

...

– klägerische Partei –

Prozessbevollmächtigte: ...

gegen

...

– beklagte Partei –

wegen: Schadensersatz

Wir bestellen uns zu Prozessbevollmächtigten der klägerischen Partei, in deren Namen und Vollmacht wir um Anberaumung eines frühestmöglichen Gütetermins bitten. Im Übrigen werden wir beantragen zu erkennen:

1. Die beklagte Partei wird verurteilt, an die klägerische Partei ... EUR nebst Zinsen in Höhe von fünf Prozentpunkten[56] über dem Basiszinssatz seit dem ... zu zahlen.[57]
2. Die Berufung wird zugelassen.
3. Die Kosten des Rechtsstreits trägt die beklagte Partei.

Gründe:

Die klägerische Partei betreibt ein Bauunternehmen. Die beklagte Partei ist bei der klägerischen Partei als Baggerfahrer beschäftigt. Das Bruttomonatsgehalt der klägerischen Partei beläuft sich auf ... EUR.

Die klägerische Partei war von der Firma ... beauftragt, ein Gebäude zu errichten. Zunächst mussten Ausschachtungsarbeiten durchgeführt werden, die von der beklagten Partei als Baggerführer im Wesentlichen übernommen wurden.

Der Bauleiter hatte am ... der beklagten Partei die Pläne übergeben und dabei ausdrücklich auf eine Gasleitung und ihren Verlauf hingewiesen.

Beweis: Zeugnis Bauleiter ...

Der beklagten Partei waren allen Höhen- und Tiefenmaße mitgeteilt worden. Nachdem der erste Aushub von etwa einem Meter erfolgt war, hatte der Bauleiter zusätzlich noch einmal veranlasst, dass durch weiße Kreide die etwaige Lage der Gasleitung für die beklagte Partei sichtbar gemacht wurde.

Beweis: 1. Wie vor.
2. Zeugnis ...

Trotzdem scherte sich die beklagte Partei um die ihr mitgeteilten Angaben nicht. Im Zuge der Abräumarbeiten ließ sie mit voller Wucht die Baggerschaufel auf die Gasleitung fallen, so dass durch die Funkenbildung

---

[56] Sieht man den Arbeitnehmer uneingeschränkt als Verbraucher an (sog. absoluter Verbraucherbegriff; vgl hierzu *Hümmerich/Holthausen*, NZA 2002, 173 ff und *Boemke*, BB 2002, 96 f), bestimmt sich die Höhe der Verzugszinsen nach den §§ 288 Abs. 1, 247 BGB. Es kommt nach § 288 Abs. 2 BGB nicht darauf an, ob der Anspruchsteller Verbraucher oder Unternehmer ist. Sobald ein Rechtsgeschäft zugrunde liegt, an dem ein Verbraucher beteiligt ist, mindert sich der Zinsanspruch von 8 % auf 5 %-Punkte über dem Basiszinssatz. Auch die Vertreter des abweichenden relativen Verbraucherbegriffs gelangen über eine richtlinienkonforme Auslegung der europäischen Zahlungsverzugsrichtlinie zu einem Zinssatz von fünf Prozentpunkte über dem Basiszinssatz, vgl *Bauer/Kock*, DB 2002, 42 (46).

[57] Eine dem Wortlaut des § 288 BGB entsprechende Antragstellung ist ausreichend. Somit muss sich der Anwalt nicht der Mühe unterziehen, den aktuellen Basiszinssatz zu ermitteln und dann einen konkret bezifferten Zinsantrag zu stellen.

anschließend eine Explosion entstand. Die Explosion ist ausschließlich auf das grob fahrlässige Verhalten der beklagten Partei zurückzuführen.

Beweis: Sachverständigengutachten.

Der klägerischen Partei sind durch die Explosion folgende Schäden entstanden: ...

Der Gesamtschadensbetrag entspricht dem Klageantrag Ziff. 1. Die beklagte Partei haftet für den gesamten Schaden, weil sie sich grob fahrlässig verhalten hat.

Bei grober Fahrlässigkeit findet keine Haftungsteilung statt, sondern der Arbeitnehmer hat den Schaden dem Arbeitgeber vollständig zu ersetzen,

> BAG 27.9.1994 – GS 1/89 (A), BAGE 78, 56 = NZA 1994, 1083; BAG 23.1.1997 – 8 AZR 893/95, NZA 1998, 140; BAG 22.5.1997 – 8 AZR 562/95, NZA 1997, 1279.

Ein Mitverschulden der klägerischen Partei besteht nicht. Der Bauleiter hat die beklagte Partei unter Übergabe und anhand der Pläne über die Existenz und den Standort der Gasleitung unterrichtet. Er hat darüber hinaus durch Kreise und Markierungen dem Baggerführer visuelle Hilfen gegeben und ihn gleichzeitig erinnert, dass er die Risiken aus der Gasleitung zu beachten habe. Der Schaden ist daher nicht zu quoteln,

> BAG 3.11.1970 – 1 AZR 228/70, AP § 611 BGB Haftung des Arbeitnehmers Nr. 61; BAG 19.2.1998 – 8 AZR 645/96, BAGE 88, 101 = NZA 1998, 1051.

3. Muster: Schmerzensgeld wegen Mobbing – Erwiderungsschriftsatz

Der geltend gemachte Anspruch des Klägers auf Schmerzensgeld wegen Mobbing besteht nicht. Der Kläger ist bisher weder seiner Darlegungs- noch seiner Beweispflicht nachgekommen. Die Darstellung der angeblichen Vorkommnisse im Betrieb im Zeitraum ... ist völlig unsubstantiiert.

Jede Anspruchsgrundlage setzt einzelne, konkrete Tathandlungen des Schädigers voraus, mit denen dieser rechtswidrig und schuldhaft in den geschützten Rechtskreis des Mobbingopfers eingegriffen hat,

> LAG Schleswig-Holstein 28.3.2006 – 5 Sa 595/05, NZA-RR 2006, 402; LAG Köln 19.9.2005 – 2 Sa 106/05, n.v.

Macht ein Arbeitnehmer unter Berufung auf Mobbing einen Schmerzensgeldanspruch geltend, so trägt er im Prozess die Darlegungs- und Beweislast für die begangene Rechtsgutverletzung einschließlich des erforderlichen Verschuldens und der daraus resultierenden Schäden,

> BAG 24.4.2008 – 8 AZR 347/07, NZA 2009, 38; BAG 16.5.2007 – 8 AZR 709/06, BAGE 122, 304 = NZA 2007, 1154; LAG Mecklenburg-Vorpommern 29.3.2007 – 1 Sa 187/06, juris; LAG Schleswig-Holstein 28.3.2006 – 5 Sa 595/05, NZA-RR 2006, 402; LAG Sachsen 17.2.2005 – 2 Sa 751/03, BB 2005, 1576; LAG Hamm 21.12.2004 – 13 (5) Sa 659/04, juris; LAG Berlin 15.7.2004 – 16 Sa 2280/03, NZA-RR 2005, 13; LAG Schleswig-Holstein 1.4.2004 – 3 Sa 542/03, NZA-RR 2005, 15.

Der Kläger hat die erhobenen Vorwürfe weder in zeitlicher noch in quantitativer Hinsicht näher spezifiziert und vorgetragen. Die Rechtsprechung fordert jedoch, dass bei Mobbing-Vorwürfen die einzelnen Vorwürfe nach Zeitpunkt, Intensität und Häufigkeit detailliert vorgetragen werden,

> LAG Rheinland-Pfalz 5.10.2005 – 9 Sa 199/05, juris; LAG Bremen 17.10.2002 – 3 Sa 78/02, 3 Sa 232/02, 3 Sa 78/02, 3 Sa 232/02, NZA-RR 2003, 234; LAG Berlin 7.11.2002 – 16 Sa 938/02, AiB 2004, 108; ArbG München 25.9.2001 – 8 Ca 1562/01, NZA-RR 2002, 123.

Mit pauschalen Behauptungen von Klägerseite, wie etwa, er sei „angebrüllt worden", können die Tatsachen entsprechend der Substantiierungstheorie nicht vorgetragen werden.

Auch pauschale Behauptungen von Auseinandersetzungen und abfälligen Äußerungen gegenüber Dritten reichen nicht, um einen Mobbingfall darzutun,

LAG Baden-Württemberg 5.3.2001 – 15 Sa 106/00, AP § 611 BGB Mobbing Nr. 2.

Erforderlich ist der Vortrag konkreter Vorkommnisse bezüglich deren Inhalts und des Anlasses der Auseinandersetzung,

LAG Sachsen 17.2.2005 – 2 Sa 751/03, BB 2005, 1576; LAG Bremen 17.10.2002 – 3 Sa 78/02, 3 Sa 232/02, 3 Sa 78/02, 3 Sa 232/02, NZA-RR 2003, 234; LAG Hamm 25.6.2002 – 18 (11) Sa 1295/01, NZA-RR 2003, 8.

Auch der Vortrag in der Klageschrift, der Beklagte habe den Kläger Anfang des Jahres ... „persönlich angefeindet und in seiner persönlichen Ehre gekränkt", genügt nicht den Anforderungen an einen substantiierten Vortrag. Aus diesem Sachvortrag wird nicht deutlich, welche konkrete Erklärung die beklagte Partei gegenüber der klägerischen Partei abgegeben haben soll. Eine genaue Konkretisierung der vorgeworfenen Äußerung oder Verhaltensweisen ist jedoch unumstößliche Voraussetzung für die Substantiierung eines Mobbingfalles,

LAG Rheinland-Pfalz 5.10.2005 – 9 Sa 199/05, juris.

4. Muster: Verkehrsunfall des Arbeitnehmers

Arbeitsgericht ...

Klage

...

– klägerische Partei –

Prozessbevollmächtigte: ...

gegen

...

– beklagte Partei –

wegen: Schadensersatz

Wir bestellen uns zu Prozessbevollmächtigten der klägerischen Partei, in deren Namen und Vollmacht wir um Anberaumung eines frühestmöglichen Gütetermins bitten. Im Übrigen werden wir beantragen zu erkennen:

1. Die beklagte Partei wird verurteilt, an die klägerische Partei ... EUR nebst Zinsen in Höhe von fünf Prozentpunkten[58] über dem Basiszinssatz seit dem ... zu zahlen.[59]
2. Die Berufung ist zugelassen.
3. Die Kosten des Rechtsstreits trägt die beklagte Partei.

---

58 Sieht man den Arbeitnehmer uneingeschränkt als Verbraucher an (sog. absoluter Verbraucherbegriff; vgl hierzu *Hümmerich/Holthausen*, NZA 2002, 173 ff und *Boemke*, BB 2002, 96 f), bestimmt sich die Höhe der Verzugszinsen nach den §§ 288 Abs. 1, 247 BGB. Auch die Vertreter des abweichenden relativen Verbraucherbegriffs gelangen über eine richtlinienkonforme Auslegung der europäischen Zahlungsverzugsrichtlinie zu einem Zinssatz von fünf Prozentpunkten über dem Basiszinssatz, vgl *Bauer/Kock*, DB 2002, 42 (46).
59 Eine dem Wortlaut des § 288 BGB entsprechende Antragstellung ist ausreichend. Somit muss sich der Anwalt nicht der Mühe unterziehen, den aktuellen Basiszinssatz zu ermitteln und dann einen konkret bezifferten Zinsantrag zu stellen.

Gründe:

Die beklagte Partei ist bei der klägerischen Partei als Vertriebsmitarbeiterin seit dem ... zu einem durchschnittlichen monatlichen Bruttogehalt von ... EUR tätig.

Beweis: Vorlage des Arbeitsvertrages in Kopie – Anlage K 1.

Die klägerische Partei hat der beklagten Partei einen Dienstwagen zur Verfügung gestellt, der monatlich mit 1 % seines Anschaffungswertes der beklagten Partei als geldwerter Vorteil berechnet wird.

Beweis: Vorlage einer Gehaltsbescheinigung – Anlage K 2.

Am ... suchte die beklagte Partei einen Kunden auf. Auf der Fahrt von ... nach ... verursachte sie in ... an der Kreuzung ...-straße/...-straße einen Verkehrsunfall. Der Verkehrsunfall wurde von der nächstgelegenen Polizeidienststelle aufgenommen. Das Protokoll hierüber weist als Verursachung des Verkehrsunfalls die beklagte Partei aus. Der Verkehrsunfall geschah wie folgt: ...

Beweis: Zeugnis ...

Bewertet man die Entstehung des Verkehrsunfalls, so hat die beklagte Partei den Schaden mit mittlerer Fahrlässigkeit verursacht. Bei mittlerer Fahrlässigkeit findet eine Schadensteilung zwischen Arbeitgeber und Arbeitnehmer statt,

BAG 27.9.1994 – GS 1/89 (A), BAGE 78, 56 = NZA 1994, 1083; BAG 22.6.2011 – 8 AZR 102/10, DB 2011, 2382.

wobei die Umstände des Einzelfalls unter Abwägung nach Billigkeits- und Zumutbarkeitsgesichtspunkten über die Höhe des von jeder Partei zu tragenden Schadens entscheiden.

Die klägerische Partei hat unter Berücksichtigung des Gesichtspunkts der Vorhersehbarkeit des Schadenseintritts sowie der Art und Schwierigkeit der Tätigkeit eine Schadensteilung im Verhältnis von 50 % zu 50 % vorgenommen. Mit der vorliegenden Klage wird 50 % des entstandenen Schadens geltend gemacht. Die klägerische Partei hat keine Kaskoversicherung für das Fahrzeug abgeschlossen. Das Fahrzeug ist auch nicht geleast, sondern steht im Eigentum der klägerischen Partei.

5. Muster: Vertragsbruch bei nicht angetretener Stelle

Arbeitsgericht ...

Klage

...

– klägerische Partei –

Prozessbevollmächtigte: ...

gegen

...

– beklagte Partei –

Prozessbevollmächtigte: ...

wegen: Schadensersatz

Wir bestellen uns zu Prozessbevollmächtigten der klägerischen Partei, in deren Namen und Auftrag wir beantragen zu erkennen:

1. Die beklagte Partei wird verurteilt, an die klägerische Partei ... EUR nebst Zinsen in Höhe von fünf Prozentpunkten über dem Basiszinssatz seit dem ... zu zahlen.

2. Die Berufung wird zugelassen.
3. Die Kosten des Rechtsstreits trägt die beklagte Partei.

Gründe:

1. Die klägerische Partei betreibt ein ... Unternehmen. Die bei ihr vakante Stelle eines ... wurde mit Zeitungsanzeige ausgeschrieben. Die beklagte Partei bewarb sich neben ... anderen Bewerbern um diese Stelle. Nach Durchführung eines zeitaufwendigen Auswahlverfahrens entschied sich die klägerische Partei für die beklagte Partei und schloss mit ihr den Arbeitsvertrag vom ....

    Beweis: Vorlage des Arbeitsvertrages in Kopie – Anlage K 1 a.

Die klägerische Partei schrieb daraufhin alle anderen Stellenbewerbern ab.

    Beweis: Zeugnis ...

Die beklagte Partei teilte schließlich vor dem im Arbeitsvertrag vorgesehenen Arbeitsantritt mit, dass sie es sich anders überlegt habe und die Stelle nicht antreten wolle.

    Beweis: Vorlage des Schreibens der beklagten Partei in Kopie – Anlage K 2 b.

2. Das Verhalten der beklagten Partei stellt einen Vertragsbruch dar; die der klägerischen Partei hierdurch erwachsenen Schäden sind nach Maßgabe folgender, in der Rechtsprechung entwickelter Grundsätze von der beklagten Partei zu ersetzen:

a) Ersatz des entgangenen Gewinns, wenn Arbeiten nicht oder nur verspätet ausgeführt werden konnten,

    vgl *Gumpert*, BB 1963, 397; *Klein*, Schadenshaftung im Arbeitsverhältnis, 1964, S. 100.

Nach § 252 Satz 2 BGB gilt als entgangen der Gewinn, der nach dem gewöhnlichen Lauf der Dinge oder nach den besonderen Umständen, insbesondere nach den getroffenen Anstalten und Vorkehrungen mit Wahrscheinlichkeit erwartet werden konnte,

    BAG 27.1.1972 – 2 AZR 172/71, AP § 252 BGB Nr. 2.

Hat ein Arbeitgeber eine Ersatzkraft nicht gefunden und die anfallende Mehrarbeit selbst erledigt, so besteht der dann zu ersetzende Schaden in der Einkommensminderung, die er infolge des Vertragsbruches ohne eine schadensabwendende Tätigkeit erlitten hätte,

    BGH 16.2.1971 – VI ZR 147/69, BGHZ 55, 329; BAG 24.8.1967 – 5 AZR 59/67, BAGE 20, 48 = AP § 249 BGB Nr. 7.

b) Mehrvergütungen

Mehrvergütungen an Arbeitnehmer, die durch Überstunden den Ausfall des vertragsbrüchigen Arbeitnehmers ausgleichen, sind ebenfalls vom vertragsbrüchigen Arbeitnehmer zu erstatten,

    LAG Baden-Württemberg 21.12.1960 – 4 Sa 60/60, BB 1961, 529.

c) Zu erstatten ist schließlich die Differenz zwischen dem Entgelt des vertragsbrüchigen Arbeitnehmers und einem eventuellen höheren Entgelt einer Ersatzkraft,

    LAG Baden-Württemberg 21.12.1960 – 4 Sa 60/60 BB 1961, 529; LAG Schleswig-Holstein 13.4.1972 – 3 Sa 76/72, BB 1972, 1229.

d) Inseratskosten werden im Hinblick auf BAG 26.3.1981 – 3 AZR 485/78, BAGE 35, 179 = NJW 1981, 2430 nicht geltend gemacht.

3. Aus den nach der Rechtsprechung in Frage kommenden Schadenspositionen kommen folgende Ansprüche der klägerischen Partei zur Anwendung: ...

↑

6. Muster: Vertragsstrafe[60]

↓

Arbeitsgericht ...

Klage

– klägerische Partei –

Prozessbevollmächtigte: ...

gegen

...

– beklagte Partei –

Prozessbevollmächtigte: ...

wegen: Vertragsstrafe

Wir bestellen uns zu Prozessbevollmächtigten der klägerischen Partei, in deren Namen und Auftrag wir beantragen zu erkennen:

1. Die beklagte Partei wird verurteilt, an die klägerische Partei ... EUR nebst Zinsen in Höhe von fünf Prozentpunkten[61] über dem Basiszinssatz ab dem Tag, der auf die Rechtshängigkeit folgt, zu zahlen.[62]
2. Die Berufung wird zugelassen.
3. Die Kosten des Rechtsstreits trägt die beklagte Partei.

Gründe:

I.

Die beklagte Partei war bei der klägerischen Partei vom ... bis zum ... beschäftigt.

Beweis: Vorlage des Arbeitsvertrages in Kopie – Anlage K 1.

Am ... hat die beklagte Partei ihre Arbeit verlassen und ist bislang nicht mehr zurückgekehrt. Sie hat auf Nachfrage und Anmahnung erklärt, sie habe inzwischen eine bessere Stelle gefunden.

Beweis: ...

In dem zwischen den Parteien geschlossenen Arbeitsvertrag ist für den Fall des Vertragsbruchs („dauerhaftes Fernbleiben von der Arbeit ohne Kündigung, Krankheit oder Erwerbsunfähigkeit") der beklagten Partei eine Vertragsstrafe in Höhe von ... EUR vereinbart.

Beweis: Vorlage des Arbeitsvertrages in Kopie – Anlage K 1.

II.

Die zwischen den Parteien getroffene Vereinbarung, wonach der Arbeitnehmer bei Vertragsbruch dem Arbeitgeber eine Vertragsstrafe im Umfang eines Brutto-Monatsgehalts zu zahlen hat, ist wirksam.

---

60 Ob derartige Klagen noch Aussicht auf Erfolg bieten, ist davon abhängig, ob eine Vertragsstrafe jeweils der Inhaltskontrolle standhält (s. § 1 Rn 97 ff, 131); s. ausf. auch Hümmerich/Reufels/*Schiefer*, Gestaltung von Arbeitsverträgen, § 1 Rn 3383 ff (Vertragsstrafenklauseln).

61 Da der Arbeitnehmer Verbraucher ist (sog. absoluter Verbraucherbegriff; BAG 25.5.2005 – 5 AZR 572/04, NZA 2005, 1111), bestimmt sich die Höhe der Verzugszinsen nach den §§ 288 Abs. 1, 247 BGB. Es kommt nach § 288 Abs. 2 BGB nicht darauf an, ob der Anspruchsteller Verbraucher oder Unternehmer ist. Sobald ein Rechtsgeschäft zugrunde liegt, an dem ein Verbraucher beteiligt ist, mindert sich der Zinsanspruch von 8 %- auf 5 %-Punkten über dem Basiszinssatz. Auch die Vertreter des abweichenden relativen Verbraucherbegriffs gelangen über eine richtlinienkonforme Auslegung der europäischen Zahlungsverzugsrichtlinie zu einem Zinssatz von 5 %, vgl *Bauer/Kock*, DB 2002, 42 (46).

62 Eine dem Wortlaut des § 288 BGB entsprechende Antragstellung ist ausreichend. Somit muss sich der Anwalt nicht der Mühe unterziehen, den aktuellen Basiszinssatz zu ermitteln und dann einen konkret bezifferten Zinsantrag zu stellen.

Mit Urteil vom 4.3.2004 hat das BAG entschieden, dass auf die formularmäßige Vereinbarung von Vertragsstrafen in Arbeitsverträgen die §§ 305–309 BGB anwendbar seien,

> BAG 4.3.2004 – 8 AZR 196/03, BAGE 110, 8 = NZA 2004, 727.

In einem weiteren Urteil bekräftigte der 8. Senat, dass Vertragsstrafeversprechen im Arbeitsverhältnis wegen § 309 Nr. 6 BGB, auch soweit sie den dort genannten Tatbeständen unterfielen, nicht unwirksam seien, weil Vertragsstrafen im Arbeitsverhältnis eine „eine im Arbeitsrecht geltende Besonderheit" iSv § 310 Abs. 4 Satz 2 BGB seien,

> BAG 21.4.2005 – 8 AZR 425/04, NZA 2005, 1053; vgl auch BAG 18.12.2008 – 8 AZR 81/08, NZA-RR 2009, 519, dazu *Ebeling*, jurisPR-ArbR 39/2009 Anm. 1; BAG 14.8.2007 – 8 AZR 973/06 – NJW 2008, 458, dazu *Bissels*, jurisPR-ArbR 4/2008 Anm. 1.

In einem weiteren Urteil entschied das BAG, dass eine Vertragsstrafenabrede in einem Formulararbeitsvertrag, die „im Falle eines gravierenden Vertragsverstoßes" eine Vertragsstrafe in Höhe des ein- bis dreifachen Monatsgehalts vorsieht, wobei die genaue Höhe vom Arbeitgeber nach der Schwere des Verstoßes festgelegt wird, wegen unangemessener Benachteiligung nach § 307 Abs. 1 BGB unwirksam sei,

> BAG 18.8.2005 – 8 AZR 65/05, NZA 2006, 34.

In der Entscheidung vom 18.8.2005 führte das BAG außerdem aus, dass die vereinbarte Vertragsstrafe nicht nur die zu leistende Strafe, sondern auch die sie auslösende Pflichtverletzung so klar bezeichnen müsse, dass sich der Versprechende in seinem Verhalten darauf einstellen könne.

Eine Formulierung, wonach eine Vertragsstrafe durch „schuldhaft vertragswidriges Verhalten des Arbeitnehmers, das den Arbeitgeber zur fristlosen Kündigung des Arbeitsverhältnisses veranlasse", verwirkt sei, hielt das BAG mangels Bestimmtheit für unangemessen iSv § 307 Abs. 1 Satz 2 BGB,

> BAG 21.4.2005 – 8 AZR 425/04, NZA 2005, 1053.

Zur neueren BAG-Rechtsprechung kann daher zusammengefasst werden, dass Vertragsstrafenklauseln bei Vertragsbruch einer Inhaltskontrolle standhalten, wenn der Tatbestand, der die Vertragsstrafe auslösen soll, im Arbeitsvertrag klar gekennzeichnet ist.

Diesen Anforderungen wird die zwischen den Parteien vereinbarte Vertragsstrafenklausel gerecht. Die beklagte Partei hat sich in dem Vertragsstrafeversprechen des Arbeitsvertrages unter dort präzise benannten Voraussetzungen verpflichtet, eine Vertragsstrafe bei Vertragsbruch zu leisten. Dabei ist der Vertragsbruch definiert als dauerhaftes Fernbleiben von der Arbeit, ohne dass eine Kündigung ausgesprochen wurde, eine Erkrankung oder Erwerbsunfähigkeit vorliegt. Die Ausnahmetatbestände der Erkrankung, der Kündigung oder der Erwerbsunfähigkeit sind bei der beklagten Partei nicht gegeben. Die beklagte Partei ist der Arbeit unter gleichzeitigem Vertragsbruch ferngeblieben. Der Vertragsbruch ist im Arbeitsvertrag präzise bestimmt, so dass die Vertragsklausel einer Inhaltskontrolle standhält. Auch wenn § 309 Nr. 6 BGB das Versprechen einer Vertragsstrafe für unwirksam hält, wenn es an den Tatbestand geknüpft ist, dass sich der andere Teil vom Vertrag löst, so ist die Klausel wegen einer im Arbeitsrecht geltenden Besonderheit nach § 310 Abs. 4 Satz 2 BGB wirksam.

III.

Das Vertragsstrafeversprechen ist auch nicht aufgrund der vereinbarten Höhe unwirksam. Im ersten Vertragsstrafenurteil hatte das BAG angenommen, dass der Nichtantritt der Stelle nicht mit einer höheren Vertragsstrafe belegt werden dürfe als der Verdienst betrage, den der Arbeitnehmer bei einem vertragskonformen Verhalten durch zulässige Kündigung während der Probezeit verdienen würde. Bei einer Vertragsstrafe, die wegen Nichtantritts der Arbeit bei gleichzeitiger Probezeitkündigung von 14 Tagen vereinbart werde, dürfe die Vertragsstrafe nach § 307 Abs. 1 Satz 1 BGB den Umfang eines halben Bruttomonatsgehalts nicht überschreiten,

BAG 4.3.2004 – 8 AZR 196/03, BAGE 110, 8 = NZA 2004, 727.

Da die beklagte Partei vorliegend nicht während der Probezeit der Arbeit ferngeblieben ist, sondern während eines unbefristeten Arbeitsverhältnisses, für das eine Kündigungsfrist von vier Wochen zum 15. oder zum Ende eines Kalendermonats nach § 622 Abs. 1 BGB besteht, ist die vereinbarte Höhe im nahezu deckungsgleichen Umfang eines Bruttomonatsgehalts nicht unangemessen hoch nach § 307 Abs. 1 Satz 1 BGB.

Die beklagte Partei ist daher verpflichtet, das mit der Klage geltend gemachte Bruttomonatsgehalt zu zahlen.

XVI. Schwerbehinderung

1. Muster: Verstoß gegen Treu und Glauben bei bestrittener Schwerbehinderteneigenschaft

Die klägerische Partei kann sich trotz des Sonderkündigungsschutzes nach § 85 SGB IX nicht auf die Unwirksamkeit der Kündigung wegen unterlassener Beteiligung und Zustimmung des Integrationsamts berufen.

Die klägerische Partei hat über ihre Schwerbehinderteneigenschaft getäuscht. Im Fragebogen vom _ hat sie mitgeteilt, sie sei nicht schwerbehindert. Tatsächlich lag bei ihr, wie zwischenzeitlich unstreitig ist, zu diesem Zeitpunkt ein Grad der Behinderung von 60 % vor.

Gleichwohl ist die Kündigung nicht nach § 134 BGB nichtig. Sie bedurfte zwar an sich der vorherigen Zustimmung des Integrationsamts gem. § 85 SGB IX, an der es hier fehlt. Die klägerische Partei hat sich auch innerhalb von drei Wochen und damit innerhalb einer angemessenen Frist auf den im Zeitpunkt der Kündigungserklärung bereits bestehenden Schwerbehindertenschutz berufen, so dass dieser Schutz nicht verwirkt ist,

ständige Rechtsprechung, BAG 9.6.2011 – 2 AZR 703/09 (Rn 22), EzA SGB IX § 85 Nr. 7.

Der klägerischen Partei ist es dennoch unter dem Gesichtspunkt von Treu und Glauben (§ 242 BGB) verwehrt, sich auf den Sonderkündigungsschutz als Schwerbehinderter zu berufen,

BAG 6.2.2012 – 6 AZR 553/10, NZA 2012, 555.

Das Berufen auf diesen Schutz nach Erklärung der Kündigung trotz Verneinung der ihr im Vorfeld eben dieser Kündigung rechtmäßig gestellten Frage nach der Schwerbehinderung ist als widersprüchliches Verhalten unbeachtlich.

Zwar kann ein generelles Fragerecht des Arbeitgebers nach der Schwerbehinderung oder der Schwerbehinderteneigenschaft des Bewerbers unter der Geltung der §§ 1, 7 AGG nicht mehr anerkannt werden.

In Betracht kommt jedoch zum einen ein Fragerecht des Arbeitgebers im Rahmen von § 5 AGG, beispielsweise wenn Ziel der Frage die Eingliederung des schwerbehinderten Menschen oder eine Steigerung der Beschäftigungsquote schwerbehinderter Menschen durch den Arbeitgeber ist,

ArbG Berlin 7.10.2008 – 8 Ca 12611/08 u.a., AE 2009, 47; *Schleusener/Suckow/Voigt*, AGG, 2. Aufl. 2008, § 3 Rn 31.

Darüber hinaus ist ein Fragerecht des Arbeitgebers anzuerkennen hinsichtlich gesundheitlicher, seelischer oder ähnlicher Beeinträchtigungen des Bewerbers, durch die er zur Verrichtung der beabsichtigten vertraglichen Tätigkeit ungeeignet ist,

Schleusener/Suckow/Voigt, AGG, § 3 Rn 32; vgl ArbG Herne 31.3.2006 – 1 Ca 2452/05, juris; LAG Hamm 19.10.2006 – 15 Sa 740/06, juris.

Die Frage nach einer Schwerbehinderung im bestehenden Arbeitsverhältnis ist jedenfalls nach Ablauf der Frist des § 90 Abs. 1 Nr. 1 SGB IX zuzulassen, um dem Arbeitgeber ein rechtstreues Verhalten zu ermöglichen. Der Arbeitgeber muss deshalb den konkreten Anlass seiner Frage dem Arbeitnehmer nicht mitteilen,

> BAG 6.2.2012 – 6 AZR 553/10, NZA 2012, 555.

523 **2. Muster: Überprüfungskompetenz des Integrationsamts bei krankheitsbedingter Kündigung**
↓

Rechtsgrundlage für die Entscheidung über den Antrag eines Arbeitgebers auf Zustimmung zur Kündigung des Arbeitsverhältnisses mit einem Schwerbehinderten sind die §§ 85 ff SGB IX. Danach trifft das Integrationsamt seine Entscheidung grundsätzlich nach pflichtgemäßem Ermessen; lediglich in den Fällen des § 89 SGB IX und des § 91 Abs. 4 SGB IX findet eine Einschränkung dieses Ermessens zu Gunsten des Arbeitgebers statt.

Bei der Entscheidung, ob das Integrationsamt die Zustimmung zur Kündigung nach pflichtgemäßem Ermessen erteilt hat, darf das Verwaltungsgericht lediglich prüfen, ob die Behörde die gesetzlichen Grenzen des Ermessens überschritten und von dem Ermessen in einer den Zweck der Ermächtigung nicht entsprechenden Weise Gebrauch gemacht hat. Innerhalb dieses Rahmens ist namentlich zu prüfen, ob die Behörde alle entscheidungsrelevanten Tatsachen und Gesichtspunkte ermittelt und als Entscheidungsmaterial in ihre Ermessenserwägungen einbezogen hat, ob sie dabei von einem richtigen Sachverhalt ausgegangen ist, ob die vorgenommene Gewichtung der widerstreitenden Interessen sachgerecht ist und ob schließlich die auf der Gewichtung basierende Abwägung im engeren Sinne eine vertretbare Konfliktlösung ergeben hat,

> VG Köln 7.4.2009 – 26 K 5528/08, juris.

Der Einwand, ein Präventionsverfahren nach § 84 Abs. 1 SGB IX sei nicht durchgeführt worden, verkennt, dass die Durchführung eines solchen keine Rechtmäßigkeitsvoraussetzung für die Zustimmungsentscheidung des Integrationsamts nach §§ 85 ff SGB IX ist,

> OVG Münster 5.3.2009 – 12 A 122/09, BehindertenR 2010, 104.

524 **3. Muster: Überprüfungskompetenz des Integrationsamts bei außerordentlicher Kündigung**
↓

Das Integrationsamt hat die Wirksamkeit einer außerordentlichen Kündigung grundsätzlich nicht zu prüfen. § 91 Abs. 4 SGB IX ist als „Soll"-Vorschrift im verwaltungsrechtlichen Sinne ausgestaltet. Im Regelfall bedeutet das „Soll" ein Muss zur Zustimmungserteilung,

> BVerwG 2.7.1992 – 5 C 39/90, BVerwGE 90, 275 = MDR 1992, 1156.

Nur bei atypischen Fällen darf die Behörde anders verfahren als im Gesetz vorgesehen, wobei die Frage, wann ein atypischer Fall vorliegt, als Rechtsvoraussetzung von den Gerichten zu überprüfen und zu entscheiden ist. Dem Wortlaut des § 91 Abs. 4 SGB IX ist die gesetzliche Wertung zu entnehmen, dass die Nachteile und Gefahren, die der Gruppe der Schwerbehinderten durch eine außerordentliche Kündigung allgemein für ihre Eingliederung in Arbeit, Beruf und Gesellschaft entstehen, die Annahme eines atypischen Falles allein nicht begründen können. Die außerordentliche Kündigung muss vielmehr den Schwerbehinderten in einer die Schutzzwecke des Schwerbehindertengesetzes berührenden Weise besonders hart treffen, ihm im Vergleich zu den der Gruppe der Schwerbehinderten im Falle außerordentlicher Kündigung allgemein zugemuteten Belastungen ein Sonderopfer abverlangen,

> BVerwG 2.7.1992 – 5 C 39/90, BVerwGE 90, 275 = MDR 1992, 1156.

Zweifel an der arbeitsrechtlichen Wirksamkeit der Kündigung stellen keinen Grund zur Zustimmungsverweigerung dar. § 91 Abs. 4 SGB IX erlaubt dem Integrationsamt nicht die Prüfung, ob die Kündigung aus wichtigem Grunde erfolgt, sondern allein die Prüfung, ob die Kündigung im Zusammenhang mit der Schwerbehinderung erfolgt sei. Es ist nicht Aufgabe des Sonderkündigungsschutzes, den von den Arbeitsgerichten zu gewährenden arbeitsrechtlichen Kündigungsschutz zu ersetzen oder gar überflüssig zu machen. Es ist auch nicht Sinn des Sonderkündigungsschutzes, dem Schwerbehinderten die Belastung eines Kündigungsrechtsstreits mit dem Arbeitgeber abzunehmen, da derartige Lasten alle Arbeitnehmer treffen könnten und der Schwerbehinderte insofern nicht gegenüber anderen Arbeitnehmern bevorzugt werden darf. Es ist auch nicht Aufgabe des Integrationsamts, den Schwerbehinderten vor vorgetäuschten Kündigungsgründen zu schützen. Dieser Gefahr ist der Schwerbehinderte nicht mehr wie jeder andere Arbeitnehmer auch ausgesetzt, weshalb es gerechtfertigt ist, auch den Schwerbehinderten auf den repressiven Rechtsschutz durch die Arbeitsgerichte zu verweisen.

↑

4. Muster: Verwaltungsgerichtliche Klage des Arbeitgebers wegen Zustimmungsverweigerung zur Kündigung gem. § 85 SGB IX

↓

Verwaltungsgericht ...

Verpflichtungsklage

des/der ...

– klägerische Partei –

Prozessbevollmächtigte: RAe ...

gegen

das Integrationsamt[63] ...

– beklagte Partei –

beizuladen: ... (schwerbehinderter Arbeitnehmer)

wegen: rechtswidriger Zustimmungsverweigerung zur Kündigung eines Schwerbehinderten

Namens und in Vollmacht der klägerischen Partei erheben wir Klage vor dem Verwaltungsgericht ... mit dem Antrag,

1. die beklagte Partei unter Aufhebung des Bescheids des Integrationsamts vom ... in der Gestalt des Widerspruchsbescheids vom ... zu verpflichten, der klägerischen Partei die beantragte Zustimmung zur Beendigung des mit der Beigeladenen bestehenden Arbeitsverhältnisses zu erteilen,
2. der beklagten Partei die Kosten des Verfahrens aufzuerlegen,
3. unsere Hinzuziehung im Vorverfahren für notwendig zu erklären,
4. das Urteil wegen der Kosten für vorläufig vollstreckbar zu erklären,
5. der klägerischen Partei zu gestatten, eine zulässige oder erforderliche Sicherheit auch durch Bankbürgschaft zu erbringen.

Gründe:

I.

Die klägerische Partei ist ein mittelständisches Unternehmen und beschäftigt ... Arbeitnehmer. Davon sind ... schwerbehinderte Menschen. Der Beigeladene ist seit ... bei der klägerischen Partei als ... beschäftigt. Sein

---

[63] In jedem Bundesland wurden eigene Integrationsämter eingerichtet, in NRW zB beim Landschaftsverband Westfalen-Lippe und beim LVR.

Grad der Behinderung (GdB) beträgt ... Der Beigeladene ist im Bereich ... tätig. Sein Tätigkeitsschwerpunkt war ... Im Rahmen seiner Tätigkeit hatte er ...

Im Zeitraum von ... bis ... kam es zu ... Aufgrund dessen sah sich die klägerische Partei gezwungen, mit Schreiben vom ..., der beklagten Partei zugegangen am ..., die Zustimmung zur außerordentlichen Kündigung des Beigeladenen zu beantragen. Zur Begründung des Antrags wurde von der klägerischen Partei ausgeführt, dass der Beigeladene während der Arbeitszeit ... habe. Dieses Verhalten stellt eine schwerwiegende Verletzung der arbeitsvertraglichen Pflichten des Beigeladenen dar.

Mit ablehnendem Bescheid vom ... erteilte die beklagte Partei die Zustimmung zur Kündigung nicht. Die klägerische Partei legte am ... Widerspruch gegen den Bescheid der beklagten Partei vom ... ein. Dieser wurde mit Widerspruchsbescheid vom ... abschlägig beschieden.

II.

Der ablehnende Bescheid der beklagten Partei vom ... ist rechtswidrig und daher aufzuheben; gleichzeitig ist die beklagte Partei nach pflichtgemäßen Ermessen gem. §§ 85, 88 SGB IX verpflichtet, die Zustimmung zur Kündigung zu erteilen. Die Klage ist daher als sog. Versagungsgegenklage zulässig,

VG Augsburg 12.5.2009 – Au 3 K 08.294, juris.

Die beklagte Partei hat bei ihrer Entscheidung eine an der Zielsetzung des Schwerbehindertengesetzes orientierte Interessenabwägung vorzunehmen,

BayVGH 10.3.2006 – 9 ZB 05.2600, juris.

Die beklagte Partei muss ihre Entscheidung nach freiem, pflichtgemäßem Ermessen treffen. Die beklagte Partei muss sich jedoch bei der Beurteilung eines jeden Falles immer von sachlichen Motiven leiten lassen, andernfalls missbraucht sie ihr Ermessen,

Neumann/Pahlen/Majerski/*Neumann*, § 85 SGB IX Rn 69.

Dabei ist eine umfassende Berücksichtigung aller relevanten Gesichtspunkte notwendig,

VGH Mannheim 18.4.1994 – 7 S 1830/92, BehindertenR 1995, 196.

Im Rahmen der Entscheidung nach § 85 SGB IX hat das Integrationsamt zwar die widerstreitenden Interessen des Schwerbehinderten und die des Arbeitgebers unter Berücksichtigung des fürsorgerischen Schutzzwecks des Gesetzes gegeneinander abzuwägen. Dabei sind zum einen das Interesse des Arbeitgebers an der Erhaltung seiner Gestaltungsmöglichkeiten und zum anderen das Interesse des behinderten Arbeitnehmers an der Erhaltung seines Arbeitsplatzes zu berücksichtigen. Beruhen die Kündigungsgründe auf Umständen, die in keinem Zusammenhang mit der Behinderung stehen, tritt der Behindertenschutz in den Hintergrund,

VG Münster 25.7.2006, 5 K 1808/05, juris; VG Würzburg 17.7.2012 – W 3 K 12.102, ArbRB 2013, 13 m. Anm. *Beyer*, jurisPR-ArbR 47/2012 Anm. 4.

Im vorliegenden Fall beruht die Entscheidung der klägerischen Partei auf der schweren Pflichtverletzung des Beigeladenen und steht in keinem Zusammenhang mit seiner Behinderung.

Stehen die Pflichtverletzung und die Schwerbehinderung nicht in einem unmittelbaren oder zumindest mittelbaren Zusammenhang, ist die Zustimmung durch das Integrationsamt grundsätzlich zu erteilen,

APS/*Vossen*, Kündigungsrecht SGB IX, § 89 Rn 2 a.

Diese Grundsätze gelten gem. § 91 Abs. 1 SGB IX auch bei einer außerordentlichen Kündigung, soweit sich aus den Bestimmungen des § 91 SGB IX nichts anderes ergibt. Dabei soll das Integrationsamt nach § 91 Abs. 4 SGB IX die Zustimmung erteilen, wenn die Kündigung aus einem Grund erfolgt, der nicht im Zusammenhang mit der Behinderung steht.

Trotz ausführlicher Darlegung des oben geschilderten Sachverhaltes wurde die Zustimmung verweigert. Es liegt daher eine Ermessenfehlentscheidung vor. Die fehlerhafte Ermessensentscheidung der beklagten Partei ist rechtswidrig und damit aufzuheben.

...

XVII. Wettbewerb

1. Muster: Anrechnung anderweitigen Arbeitseinkommens auf Karenzentschädigung

1. Das hier zwischen den Parteien vereinbarte Wettbewerbsverbot ist verbindlich und wirksam.

Die gem. §§ 74 ff HGB, § 126 BGB erforderliche Schriftform ist eingehalten worden.

In die Vertragsurkunde wurden auch sämtliche Abreden, insbesondere der Fall der Entschädigungspflicht, aufgenommen.

2. Bei der Wettbewerbsvereinbarung selbst handelt es sich um einen gegenseitigen Vertrag iSd §§ 320 ff BGB. Die Verpflichtung des Arbeitnehmers geht dahin, sich des Wettbewerbs zu enthalten. Demgegenüber steht die Verpflichtung des Arbeitgebers, dem Arbeitnehmer eine Karenzentschädigung zu zahlen.

Gemäß § 74 Abs. 2 HGB hat der Arbeitgeber für jedes Jahr des Wettbewerbsverbots mindestens die Hälfte der von dem Arbeitnehmer zuletzt bezogenen vertraglichen Leistungen zu erbringen. Die vom Arbeitgeber zu zahlende Karenzentschädigung ist in ihrer Höhe jedoch davon abhängig, wie viel der Arbeitnehmer in einem Folgearbeitsverhältnis verdient.

Gemäß § 74 c HGB hat sich der Arbeitnehmer auf die Karenzentschädigung das anrechnen zu lassen, was er durch die anderweitige Verwertung seiner Arbeitskraft erhält.

Anzurechnen ist hierbei jedes anderweitige Einkommen aus selbständiger oder unselbständiger Tätigkeit,

    vgl Schaub/*Schaub*, Arbeitsrechts-Handbuch, § 58 V.4. Rn 77.

Die Anrechnung anderweitigen Erwerbseinkommens soll nach Vorstellung des Gesetzgebers verhindern, dass durch die Vereinbarung eines Wettbewerbsverbots ein Anreiz dafür geschaffen werde, eine Arbeitsstelle aufzugeben, um sodann, ohne arbeiten zu müssen, von der Karenzentschädigung zu leben oder um eine neue Stelle anzutreten und gleichsam als Prämie für den Stellenwechsel zusätzlich zum Arbeitsentgelt die Karenzentschädigung zu erhalten,

    vgl BAG 25.6.1985 – 3 AZR 305/83, BAGE 49, 109 = NZA 1986, 194.

3. Die Karenzentschädigung soll dem Arbeitnehmer jedoch erhalten bleiben, soweit sie zusammen mit dem Arbeitseinkommen nicht 110 % des früheren Einkommens übersteigt,

    vgl BAG 25.6.1985 – 3 AZR 305/83, BAGE 49, 109 = NZA 1986, 194; BAG 17.5.1988 – 3 AZR 482/86, NJW 1988, 3173.

Im Falle eines notwendig werdenden Wohnsitzwechsels steigt die Anrechnungsgrenze auf 125 %, § 74 c Abs. 1 Satz 2 HGB,

    vgl BAG 23.2.1999 – 9 AZR 739/97, BAGE 91, 56 = NZA 1999, 936.

Das letzte Arbeitseinkommen des Arbeitnehmers betrug monatlich ... EUR. Die anrechnungsfreie Grenze von 110 % beläuft sich mithin auf ... EUR. Das im Anspruchszeitraum vom Arbeitnehmer bezogene monatliche Arbeitsentgelt beträgt derzeit ... EUR. Die vereinbarte Karenzentschädigung von ... EUR und das derzeitige monatliche Arbeitseinkommen von ... EUR ergeben zusammen monatlich ... EUR.

2. Muster: Einstweilige Verfügung auf Unterlassung von Wettbewerb im bestehenden Arbeitsverhältnis

Arbeitsgericht ...

Antrag auf Erlass einer einstweiligen Verfügung

...

– antragstellende Partei –

Verfahrensbevollmächtigte: ...

gegen

...

– antragsgegnerische Partei –

wegen: Unterlassung von Wettbewerb

Wir bestellen uns zu Prozessbevollmächtigten der klägerischen Partei und beantragen, wegen Dringlichkeit des Falles ohne mündliche Verhandlung durch den Vorsitzenden allein, hilfsweise unter Abkürzung der Ladungsfrist aufgrund einer unverzüglich anzuberaumenden mündlichen Verhandlung den Erlass einer einstweiligen Verfügung mit folgendem Inhalt:

1. Der antragsgegnerischen Partei wird es geboten, bis zur wirksamen Beendigung des Arbeitsverhältnisses am ... jegliche Konkurrenztätigkeit zum Nachteil der klägerischen Partei zu unterlassen, insbesondere im eigenen Namen und für eigene Rechnung ... .
2. Der antragsgegnerischen Partei wird für jeden Fall der Zuwiderhandlung die Festsetzung eines Ordnungsgeldes bis zur Höhe von 250.000 EUR oder Ordnungshaft bis zu sechs Monaten angedroht.
3. Die Berufung wird zugelassen.
4. Die Kosten des Rechtsstreits trägt die antragsgegnerische Partei.

Für den Fall des Obsiegens wird bereits jetzt beantragt,

5. der antragstellenden Partei eine vollstreckbare Kurzausfertigung der Entscheidung (ohne Tatbestand und Entscheidungsgründe) zu erteilen.

Gründe:

Die antragsgegnerische Partei ist bei der antragstellenden Partei seit dem ... als ... tätig.

    Beweis: Vorlage des Arbeitsvertrages in Kopie – Anlage K 1.

Die antragsgegnerische Partei hat das Arbeitsverhältnis zum ... gekündigt.

    Beweis: Vorlage des Kündigungsschreibens in Kopie – Anlage K 2.

Die antragsgegnerische Partei ist somit noch ... Monate bei der antragstellenden Partei tätig. Der antragstellenden Partei ist nunmehr zu Ohren gekommen, dass die antragsgegnerische Partei den Aufbau eines eigenen Handelsgewerbes betreibt. Die antragsgegnerische Partei hat Abwerbungsgespräche mit folgenden Mitarbeiterinnen und Mitarbeitern der antragstellenden Partei geführt: ...

    Beweis: Zeugnis ...

Wie die antragstellende Partei durch eine Anfrage beim Gewerbeamt der Stadt ... in Erfahrung bringen konnte, ist die antragsgegnerische Partei zwischenzeitlich Inhaber eines Gewerbescheins. Sie hat am ... im Geschäftsbereich der antragstellenden Partei ein Gewerbe angemeldet.

    Beweis: Zeugnis ...

Ausweislich des Arbeitsvertrages ist es der antragsgegnerischen Partei ohne Zustimmung der antragstellenden Partei nicht gestattet, eine Nebentätigkeit auszuüben, wie sich aus Ziff. ... des Arbeitsvertrages ergibt.

Beweis: Vorlage des Arbeitsvertrages in Kopie – Anlage K 1.

Die antragstellende Partei hat die antragsgegnerische Partei mit Schreiben vom ... aufgefordert, jeglichen Wettbewerb zu unterlassen, solange sie noch in einem Arbeitsverhältnis zu der antragstellenden Partei steht und durch das Tätigwerden der antragsgegnerischen Partei Geschäftsinteressen der antragstellenden Partei berührt sind.

Beweis: Vorlage des Schreibens in Kopie – Anlage K 3.

Die antragsgegnerische Partei hüllt sich in Schweigen, setzt jedoch ungeniert ihre Aktivitäten zur eigenen Geschäftsgründung fort.

Die antragstellende Partei hat einen Verfügungsanspruch, der sich aus dem Verbot jeglicher Konkurrenztätigkeit zum Nachteil des Arbeitgebers während des Bestehens eines Arbeitsverhältnisses ergibt, selbst dann, wenn der Einzelarbeitsvertrag keine ausdrückliche Regelung enthält,

BAG 16.8.1990 – 2 AZR 113/90, NZA 1991, 141; BAG 6.8.1987 – 2 AZR 226/87, NJW 1988, 438; LAG Rheinland-Pfalz 24.8.2012 – 9 Sa 80/12, DStR 2013, 159 m. Anm. *Henssen*, jurisPR-ArbR 8/2013 Anm. 3.

Während eines bestehenden Arbeitsverhältnisses, in dem der Arbeitnehmer noch seine Bezüge erhält, muss der Arbeitgeber nicht hinnehmen, dass ihm von seinem Arbeitnehmer auch nur teilweise Konkurrenz gemacht wird. Die Rechtsprechung zum nachvertraglichen Wettbewerbsverbot, wonach eine nicht unerhebliche Übereinstimmung des Fertigungsprogramms des Konkurrenzunternehmens vorliegen muss, ist auf den Fall des Wettbewerbs während eines bestehenden Arbeitsverhältnisses nicht zu übertragen,

LAG Köln 8.12.1995 – 13 Sa 1153/95, AP § 60 HGB Nr. 11.

Die antragsgegnerische Partei kann sich zu ihrer Entlastung auch nicht auf eine Freistellung berufen. Wettbewerbsverbote entfallen nicht durch eine Freistellung,

BAG 30.5.1978 – 2 AZR 598/76, NJW 1979, 335; LAG Köln 8.12.1995 – 13 Sa 1153/95, AP § 60 HGB Nr. 11.

Der Verfügungsgrund ergibt sich aus dem Umstand, dass der antragstellenden Partei nicht zugemutet werden kann, ein Urteil im Hauptsacheverfahren abzuwarten. Das Hauptsacheverfahren nimmt zwischen drei und sechs Monaten in Anspruch. Das Arbeitsverhältnis besteht nur noch ... Monate, so dass vor Ablauf des Arbeitsverhältnisses die antragstellende Partei über keinerlei Rechtsschutz verfügen würde. Der Schaden realisiert sich gegenwärtig während des bestehenden Arbeitsverhältnisses. Die antragstellende Partei kann daher nicht auf das Hauptsacheverfahren verwiesen werden.

3. Muster: Einstweilige Verfügung auf Unterlassung von nachvertraglichem Wettbewerb

Arbeitsgericht ...

Antrag auf Erlass einer einstweiligen Verfügung

...

– antragstellende Partei –

Verfahrensbevollmächtigte: ...

gegen

– antragsgegnerische Partei –

Verfahrensbevollmächtigte: ...

§ 6 Schriftsätze im arbeitsgerichtlichen Urteilsverfahren

wegen: nachvertraglichem Wettbewerb

Wir bestellen uns zu Verfahrensbevollmächtigten der antragstellenden Partei, in deren Namen und Auftrag wir beantragen zu erkennen:

1. Der antragsgegnerischen Partei wird im Wege der einstweiligen Verfügung, wegen der Dringlichkeit ohne mündliche Verhandlung und durch den Vorsitzenden allein, bei Meidung eines Ordnungsgeldes in Höhe von 250.000 EUR/bzw Zwangshaft für jeden Fall der Zuwiderhandlung untersagt, in der Zeit bis zur Entscheidung in der Hauptsache für Unternehmen tätig zu werden, die ... herstellen und mit der antragstellenden Partei in Konkurrenz stehen, insbesondere bei der Firma ... tätig zu sein.
2. Die Berufung wird zugelassen.
3. Die Kosten des Verfahrens trägt die antragsgegnerische Partei.

Gründe:

1. Die antragstellende Partei ist Herstellerin von ... . Wir überreichen als Anlage K1 einen Firmenprospekt über die Antragstellerin, aus dem die Produkte hervorgehen.

Die antragsgegnerische Partei war zuletzt als Leiter des Vertriebs bei der Antragstellerin tätig. Grundlage bildete der Arbeitsvertrag vom ... .

Glaubhaftmachung: Arbeitsvertrag vom ... – Anlage K2.

In Ziff. ... des Arbeitsvertrages heißt es: ...

Glaubhaftmachung: Wie vor.

Durch das Wettbewerbsverbot ist es der antragsgegnerischen Partei untersagt, für ein Konkurrenzunternehmen der antragstellenden Partei tätig zu werden.

2. Der bei der Antragstellerin durch Kündigung vom ... ausgeschiedene Antragsgegner hat nunmehr einen Arbeitsvertrag bei der Firma ... unterzeichnet. Dort soll er als Leiter des Vertriebs für den Produktbereich ... tätig werden. Die Firma ... ist eine Konkurrentin der antragstellenden Partei. Während die antragstellende Partei etwa ... % des Marktes in Deutschland bedient, ist die Firma ... mit etwa ... % im gleichen Segment auf dem deutschen Markt tätig.

Gegen die Wirksamkeit des Wettbewerbsverbots bestehen keine Bedenken. Die Einhaltung des Wettbewerbsverbots durch die antragsgegnerische Partei ist zum Schutz der berechtigten geschäftlichen Interessen der antragstellenden Partei erforderlich. Die antragsgegnerische Partei kennt alle Absprachen, die auf einer Vertriebsmitarbeitertagung am ... getroffen wurde, sie kennt damit die gesamte Marketingstrategie der antragstellenden Partei und könnte sie bei der Konkurrenzfirma vollständig unterlaufen.

Glaubhaftmachung: Eidesstattliche Versicherung des stellvertretenden Vertriebsleiters ...

3. Der Verfügungsgrund der Eilbedürftigkeit besteht. Die durchschnittliche Verfahrensdauer der ersten Instanz bei einem Arbeitsgericht beträgt regelmäßig sechs Monate und mehr. Würde die antragstellende Partei auf ein Hauptsacheverfahren verwiesen, bedeutete dies, dass die antragsgegnerische Partei zunächst über einen längeren Zeitraum ihr Wettbewerb machen und die wesentlichen Geschäftsgeheimnisse der Firma übermitteln könnte. Das vereinbarte Wettbewerbsverbot würde damit wertlos.

4. Muster: Klage auf Unterlassung von nachvertraglichem Wettbewerb

↓

Arbeitsgericht ...

Klage

...

– klägerische Partei –

Prozessbevollmächtigte: ...

gegen

...

– beklagte Partei –

Prozessbevollmächtigte: ...

wegen: Unterlassung von Wettbewerb

Wir bestellen uns zu Prozessbevollmächtigten der klägerischen Partei, in deren Namen und Auftrag wir beantragen zu erkennen:

1. Die beklagte Partei wird verurteilt, Wettbewerb zum Nachteil der klägerischen Partei, insbesondere den Vertrieb nachfolgender Gegenstände ... im Bezirk ... zu unterlassen.
2. Die beklagte Partei wird verurteilt, ihre Tätigkeit bei der Firma ... einzustellen.
3. Die beklagte Partei wird verurteilt, an die klägerische Partei ... EUR nebst Zinsen in Höhe von fünf Prozentpunkten[64] über dem Basiszinssatz seit dem ... zu zahlen.[65]
4. Die Berufung wird zugelassen.
5. Die Kosten des Rechtsstreits trägt die beklagte Partei.

Gründe:

Die beklagte Partei war bei der klägerischen Partei vom ... bis zum ... im Vertrieb beschäftigt.

    Beweis: Vorlage des Arbeitsvertrages in Kopie – Anlage K 1 a.

Die beklagte Partei ist zum ... bei der klägerischen Partei ausgeschieden.

Im Arbeitsvertrag ist ein Wettbewerbsverbot vereinbart, das folgenden Wortlaut hat:

"..."

    Beweis: Wie vor.

Außerdem haben die Parteien eine Vertragsstrafe für den Fall des Verstoßes gegen das Wettbewerbsverbot vereinbart.

    Beweis: Wie vor.

Wie die klägerische Partei nunmehr in Erfahrung bringen konnte, ist die beklagte Partei seit dem ... bei der Firma ... als ... beschäftigt. Damit tritt die beklagte Partei unmittelbar in Wettbewerb zu der klägerischen Partei, denn ....

---

[64] Sieht man den Arbeitnehmer uneingeschränkt als Verbraucher an (sog. absoluter Verbraucherbegriff; BAG 25.5.2005 – 5 AZR 572/04, NZA 2005, 1111; *Hümmerich/Holthausen*, NZA 2002, 173 ff und *Boemke*, BB 2002, 96 f), bestimmt sich die Höhe der Verzugszinsen nach den §§ 288 Abs. 1, 247 BGB. Für den Zinssatz kommt es nicht darauf an, ob der Unternehmer oder der Arbeitnehmer einen Anspruch stellt. Aus dem Umkehrschluss zu § 288 Abs. 2 BGB ergibt sich, dass ein Verbraucher am zugrunde liegenden Rechtsgeschäft beteiligt gewesen sein muss. Auch die Vertreter des abweichenden relativen Verbraucherbegriffs gelangen über eine richtlinienkonforme Auslegung der europäischen Zahlungsverzugsrichtlinie zu einem Zinssatz von fünf Prozentpunkten über dem Basiszinssatz, vgl *Bauer/Kock*, DB 2002, 42 (46).
[65] Eine dem Wortlaut des § 288 BGB entsprechende Antragstellung ist ausreichend. Somit muss sich der Anwalt nicht der Mühe unterziehen, den aktuellen Basiszinssatz zu ermitteln und dann einen konkret bezifferten Zinsantrag zu stellen.

Der Wettbewerb wird auch im räumlichen Geltungsbereich des vereinbarten Wettbewerbsverbots ausgeübt. Die beklagte Partei ist daher antragsgemäß zu verurteilen.

↑

XVIII. Wiedereinstellung

530   1. Muster: Wiedereinstellungsanspruch bei Wegfall der Kündigungsgründe nach Ablauf der Kündigungsfrist

↓

Ändern sich bei einer betriebsbedingten Kündigung die kündigungsbegründeten Umstände nach Ablauf der Kündigungsfrist, steht dem Arbeitnehmer kein Wiedereinstellungsanspruch aufgrund nachwirkender Fürsorgepflicht zu,

>BAG 28.6.2000 – 7 AZR 904/98, BAGE 95, 171 = NZA 2000, 1097; BAG 4.12.1997 – 2 AZR 140/97, BAGE 87, 221 = NZA 1998, 701; BAG 6.8.1997 – 7 AZR 557/96, BAGE 86, 194 = NZA 1998, 254; LAG Köln 13.11.2006 – 2 Sa 671/06, AuA 2007, 241.

↑

531   2. Muster: Wiedereinstellungsverlangen bei Verdachtskündigung

↓

Aktenzeichen: ...

Gegner: RAe ..., zwei Abschriften

In dem Rechtsstreit

... ./. ...

bestellen wir uns zu Prozessbevollmächtigten der beklagten Partei, eine auf uns lautende Vollmacht versichernd, und beantragen:

1. Die Klage wird abgewiesen.
2. Die Berufung wird zugelassen.
3. Die Kosten des Rechtsstreits trägt die klägerische Partei.

Gründe:

Die klägerische Partei macht unter Hinweis auf ein gegen sie eingestelltes Ermittlungsverfahren geltend, ihr sei seinerzeit zu Unrecht gekündigt worden. Ihre Kündigungsschutzklage bildete Gegenstand eines Verfahrens vor dem erkennenden Gericht.

>**Beweis:** Beiziehung der Akte ArbG ..., Aktenzeichen ...

Zutreffend ist, dass der dem Ermittlungsverfahren zugrunde liegende Tatkomplex Gegenstand einer Verdachtskündigung der beklagten Partei gegen die klägerische Partei bildete. Durch die Einstellung des Ermittlungsverfahrens nach § 170 Abs. 2 Satz 1 StPO wurde jedoch weder der Verdacht gegen die klägerische Partei ausgeräumt, noch stellt die Einstellung des Ermittlungsverfahrens einen Restitutionsgrund dar.

Wie das BAG bereits entschieden hat,

>BAG 22.1.1998 – 2 AZR 455/97, NZA 1998, 726,

hätten Urkunden aus dem Strafverfahren, selbst wenn sie in der Zeit des Kündigungsschutzprozesses errichtet und vorgelegt worden wären, eine für die klägerische Partei günstigere Entscheidung jedenfalls nicht mit Gewissheit gewährleistet, denn die Arbeitsgerichte müssen alle relevanten Verdachtsumstände eigenständig würdigen, ohne an die Entscheidungen im Strafverfahren gebunden zu sein. Die Einstellung eines staatsanwaltlichen Ermittlungsverfahrens nach § 170 Abs. 2 Satz 1 StPO steht der Wirksamkeit einer Verdachtskündigung darüber hinaus nicht entgegen. Sie begründet keine, erst recht keine im arbeitsgerichtlichen Verfahren unwiderlegbare Vermutung für die Unschuld des Arbeitnehmers. Ein Vertrauensschutz auf den Bestand der Einstellungsverfügung besteht nicht. Geht die Staatsanwaltschaft bei einem bestimmten Verfahrensstand davon aus, die Straftat sei dem verdächtigen Arbeitnehmer jedenfalls nicht beweisbar, so hindert dies den Arbeitgeber nicht, im Arbeitsgerichtsverfahren den Beweis für eine vollendete Straftat oder zumindest einen entsprechenden Tatverdacht zu führen.

Zwar kann ein Anspruch des Arbeitnehmers auf Wiedereinstellung in Betracht kommen, wenn dem Arbeitnehmer wegen Verdachts einer strafbaren Handlung gekündigt worden ist und sich später seine völlige Unschuld herausstellt oder zumindest nachträglich Umstände bekannt werden, die den bestehenden Verdacht vollständig beseitigen,

BAG 14.12.1956 – 1 AZR 29/55, BAGE 3, 332; BAG 27.2.1997 – 2 AZR 160/96, BAGE 85, 194 = NZA 1997, 757.

Die bloße Einstellung des staatsanwaltlichen Ermittlungsverfahrens nach § 170 Abs. 2 Satz 1 StPO begründet jedoch keinen Wiedereinstellungsanspruch,

BAG 20.8.1997 – 2 AZR 620/96, NZA 1997, 1340.

Ist die Kündigungsschutzklage eines Erziehers rechtskräftig abgewiesen worden, da gegen den Kläger der schwerwiegende Verdacht des sexuellen Missbrauchs von Kindern bestand, scheidet ein Wiederaufnahmeverfahren aus, auch wenn eine Strafkammer die Eröffnung des Hauptverfahrens wegen mangelnden Tatverdachts abgelehnt hat,

BAG 22.11.1998 – 2 AZR 455/97, NZA 1998, 726.

Weder ein Protokoll über eine Zeugenvernehmung noch ein die Eröffnung des Hauptverfahrens ablehnender Beschluss eines Landgerichts stellen Urkunden iSv § 580 Nr. 7 Buchst. b) ZPO dar, die eine Restitution begründen könnten. Dies folgt daraus, dass diese Urkunden erst nach der Abweisung der Kündigungsschutzklage errichtet wurden und ebenso wenig wie ein nachträglicher Strafbefehl oder Freispruch die Arbeitsgerichte binden.

XIX. Zahlungs- und Auskunftsklagen

1. Muster: Rückzahlung überzahlten Arbeitsentgelts

Arbeitsgericht ...

Klage

– klägerische Partei –

Prozessbevollmächtigte: ...

gegen

...

– beklagte Partei –

wegen: Rückforderung

Wir bestellen uns zu Prozessbevollmächtigten der klägerischen Partei, in deren Namen und Vollmacht wir um Anberaumung eines frühestmöglichen Gütetermins bitten. Im Übrigen werden wir beantragen zu erkennen:

1. Die beklagte Partei wird verurteilt, an die klägerische Partei ... EUR nebst Zinsen in Höhe von fünf Prozentpunkten[66] über dem Basiszinssatz seit dem ... zu zahlen.[67]
2. Die Berufung wird zugelassen.
3. Die Kosten des Rechtsstreits trägt die beklagte Partei.

Gründe:

Die beklagte Partei ist seit dem ... bei der klägerischen Partei als ... beschäftigt. Ihr monatliches Bruttogehalt beläuft sich auf ... EUR.

    Beweis: Vorlage des Arbeitsvertrages in Kopie – Anlage K 1.

Durch einen Fehler in der Lohnbuchhaltung hat die beklagte Parte das 13. Monatsgehalt im Jahre ... zweimal erhalten, und zwar sowohl mit der November-Überweisung als auch mit der Dezember-Überweisung.

    Beweis: 1. Vorlage des Überweisungsträgers für November – Anlage K 2.
              2. Vorlage des Überweisungsträgers für Dezember – Anlage K 3.

Im Zuge der Revision wurde ein halbes Jahr später festgestellt, dass bei der beklagten Partei eine Überzahlung eingetreten ist. Nach dem Arbeitsvertrag schuldet die klägerische Partei das 13. Monatsgehalt jährlich nur einmal.

    Beweis: Vorlage des Arbeitsvertrages in Kopie – Anlage K 1.

Die klägerische Partei hat mit Schreiben vom ... die beklagte Partei zur Rückzahlung eines der beiden „13. Monatsgehälter" aufgefordert. Sie hat dabei gleichzeitig der beklagten Partei Ratenzahlung eingeräumt.

    Beweis: Vorlage des Schreibens in Kopie – Anlage K 4.

Die beklagte Partei hat bislang keine Zahlung erbracht. In einem Gespräch mit der Personalabteilung berief sie sich darauf, sie habe Luxusaufwendungen in Höhe einer der geleisteten Überweisungen aufgewandt und sei heute nicht mehr bereichert.

    Beweis: Zeugnis Personalsachbearbeiter ...

Die Beklagte ist ungerechtfertigt bereichert iSv § 812 Abs. 1 Satz 1 Alt. 1 BGB. Sie hatte von vornherein keinen Anspruch auf die zweimalige Zahlung des 13. Monatsgehalts. Mit Eingang der Dezember-Zahlung hätte für die beklagte Partei klar sein müssen, dass es sich um ein Versehen der Lohnbuchhaltung handelt. Die beklagte Partei hätte zumindest nachfragen müssen, wie es zu dieser Überzahlung gekommen ist. Spätestens dann wäre der Irrtum aufgedeckt worden und die beklagte Partei hätte die angeblichen Luxusaufwendungen, die bis heute nicht nachgewiesen sind und bestritten werden, nicht getätigt.

Die beklagte Partei kann bis heute keine plausible Erklärung dafür anbieten, warum sie ein weiteres 13. Monatsgehalt im Dezember beziehen sollte. Der Einwand des Wegfalls der Bereicherung gem. § 818 Abs. 3 BGB kann daher von der beklagten Partei nicht erfolgreich erhoben werden. Auch handelt es sich nicht nur um eine nur geringfügige Überzahlung, bei der darauf geschlossen werden kann, dass die beklagte Partei sie als laufende Kosten der Lebenshaltung eingesetzt hat. Die Grenze besteht heute im Hinblick auf wiederkehrende Leistungen bei 10 % aller für den Zeitraum zustehenden Bezüge, höchstens jedoch monatlich 102,25 EUR,

    BAG 18.1.1995 – 5 AZR 817/93, BAGE 79, 115 = NJW 1996, 411.

---

[66] Sieht man den Arbeitnehmer uneingeschränkt als Verbraucher an (sog. absoluter Verbraucherbegriff; BAG 25.5.2005 – 5 AZR 572/05, NZA 2005, 1111; *Hümmerich/Holthausen*, NZA 2002, 173 ff und *Boemke*, BB 2002, 96 f), bestimmt sich die Höhe der Verzugszinsen nach den §§ 288 Abs. 1, 247 BGB. Für den Zinssatz kommt es nicht darauf an, ob der Unternehmer oder der Arbeitnehmer einen Anspruch stellt. Aus dem Umkehrschluss zu § 288 Abs. 2 BGB ergibt sich, dass ein Verbraucher am zugrunde liegenden Rechtsgeschäft beteiligt gewesen sein muss. Auch die Vertreter des abweichenden relativen Verbraucherbegriffs gelangen über eine richtlinienkonforme Auslegung der europäischen Zahlungsverzugrichtlinie zu einem Zinssatz von fünf Prozentpunkten über dem Basiszinssatz, vgl. *Bauer/Kock*, DB 2002, 42 (46).
[67] Eine dem Wortlaut des § 288 BGB entsprechende Antragstellung ist ausreichend. Somit muss sich der Anwalt nicht der Mühe unterziehen, den aktuellen Basiszinssatz zu ermitteln und dann einen konkret bezifferten Zinsantrag zu stellen.

Diese Erleichterungen der Darlegungs- und Beweislast kommen der beklagten Partei schon deshalb nicht zugute, weil sie zu den Besserverdienenden gehört,

>BAG 12.1.1994 – 5 AZR 597/92, NZA 1994, 658.

Die klägerische Partei hat die Rückzahlung als Nettoforderung geltend gemacht,

>so *Groß*, ZIP 1987, 5; ähnlich BFH 27.3.1992 – VI R 35/89, BFHE 167, 414 = BB 1992, 1272.

XX. Zeugnisklagen

1. Muster: Klageerwiderung bei Zeugnisklage

Aktenzeichen: ...
Gegner: RAe ..., zwei Abschriften anbei
In dem Rechtsstreit

    ... ./. ...

begründen wir den Klageabweisungsantrag wie folgt:

I.

Die beklagte Partei hat der klägerischen Partei ein Zeugnis erteilt, das den Anforderungen der Rechtsprechung genügt.

    Beweis: Vorlage des Zeugnisses in Kopie – Anlage B 1.

Der Wortlaut des Zeugnisses steht im Ermessen des Arbeitgebers, auf eine bestimmte Formulierung hat der Arbeitnehmer keinen Anspruch,

>vgl BAG 29.7.1971 – 2 AZR 250/70, AP § 630 BGB Nr. 6; BAG 23.9.1992 – 5 AZR 573/91, EzA § 630 BGB Nr. 16; BAG 14.10.2003 – 9 AZR 12/03, BAGE 108, 86 = NZA 2004, 843; BAG 15.11.2011 – 9 AZR 386/10, DB 2012, 636.

Weiterhin muss ein Zeugnis der Wahrheit entsprechen. Auch wenn der Arbeitgeber die Arbeitsleistung während des Arbeitsverhältnisses nicht beanstandet hat, bedeutet dies noch nicht, dass die Arbeitsleistung dann bereits überdurchschnittlich bewertet werden muss,

>vgl LAG Düsseldorf 26.2.1985 – 8 Sa 1873/84, DB 1985, 2692.

Zwar muss die im Zeugnis enthaltene Würdigung die eines wohlwollenden und verständigen Arbeitgebers sein, auch darf dem Arbeitnehmer das Fortkommen nicht unnötig erschwert werden, dies bedeutet jedoch nicht, dass Ungünstiges nicht gesagt werden dürfe,

>vgl BAG 23.6.1960 – 5 AZR 560/58, BAGE 9, 289 = AP § 73 HGB Nr. 1; BAG 29.7.1971 – 2 AZR 250/70, AP § 630 BGB Nr. 6.

Deshalb gehören in eine Beurteilung auch Mängel der Arbeitsleistung,

>vgl ArbG Darmstadt 6.4.1967 – 2 Ca 1/67, DB 1967, 734.

Aufgabe der Rechtsprechung im Zeugnisrechtsstreit kann es deshalb nur sein, einem Arbeitszeugnis etwaige „Spitzen" zu nehmen.

II.

Unter Würdigung dieser Umstände ist das der klägerischen Partei erteilte Zeugnis nicht zu beanstanden.

XXI. Zuständigkeit, Zwangsvollstreckung und Kosten

534   1. Muster: Klage auf verschleiertes Arbeitseinkommen nach vorangegangenen vergeblichen Vollstreckungsversuchen

↓

Arbeitsgericht ...

Klage

...

– klägerische Partei –

Prozessbevollmächtigte: ...

gegen

...

– beklagte Partei –

Prozessbevollmächtigte: ...

wegen: Forderung

Streitwert (vorläufig): ... EUR

Wir bestellen uns zu Prozessbevollmächtigten der klägerischen Partei, in deren Namen und Auftrag wir beantragen werden zu erkennen:

1. Die beklagte Partei wird verurteilt, an die klägerische Partei ... EUR nebst Zinsen in Höhe von fünf Prozentpunkten[68] über dem Basiszinssatz seit dem ... zu zahlen.[69]
2. Die Berufung wird zugelassen.
3. Die Kosten des Rechtsstreits werden der beklagten Partei auferlegt.

Gründe:

1. Der Klage liegt folgende Forderung zugrunde:

Die klägerische Partei macht im Wege des Einziehungsprozesses Ansprüche gegen den Arbeitgeber von ... geltend. Die klägerische Partei erwirkte am ... einen Titel gegen ... Dieser wurde zur Zahlung von ... EUR nebst ... % seit dem ... sowie zur Kostentragung in Höhe von ... % verurteilt. Bei der Klageforderung des vorliegenden Rechtsstreits handelt es sich um einen Teilbetrag der titulierten Forderung.

Der Titel wurde dem Schuldner am ... zugestellt. Der klägerischen Partei wurde am ... die vollstreckbare Ausfertigung erteilt.

   Beweis: Vollstreckbare Ausfertigung des Urteils des ... vom ... – Anlage K 1.

Am ... ist die vollstreckbare Ausfertigung anlässlich eines fruchtlos verlaufenden Sachpfändungsversuches durch den Obergerichtsvollzieher ... zugestellt worden.

   Beweis: Zeugnis des Obergerichtsvollziehers ..., Vollstreckungsprotokoll vom ... – Anlage K 2.

Aus diesem Protokoll ergibt sich ebenfalls, dass der Schuldner die eidesstattliche Versicherung abgegeben hat und über pfändbare Sachwerte angeblich nicht verfügt.

---

[68] Sieht man den Arbeitnehmer uneingeschränkt als Verbraucher an (sog. absoluter Verbraucherbegriff; BAG 25.5.2005 – 5 AZR 572/05, NZA 2005, 1111; *Hümmerich/Holthausen*, NZA 2002, 173 ff und *Boemke*, BB 2002, 96 f), bestimmt sich die Höhe der Verzugszinsen nach den §§ 288 Abs. 1, 247 BGB. Für den Zinssatz kommt es nicht darauf an, ob der Unternehmer oder der Arbeitnehmer einen Anspruch stellt. Aus dem Umkehrschluss zu § 288 Abs. 2 BGB ergibt sich, dass ein Verbraucher am zugrunde liegenden Rechtsgeschäft beteiligt gewesen sein muss. Auch die Vertreter des abweichenden relativen Verbraucherbegriffs gelangen über eine richtlinienkonforme Auslegung der europäischen Zahlungsverzugsrichtlinie zu einem Zinssatz von fünf Prozentpunkten über dem Basiszinssatz, vgl *Bauer/Kock*, DB 2002, 42 (46).

[69] Eine dem Wortlaut des § 288 BGB entsprechende Antragstellung ist ausreichend. Somit muss sich der Anwalt nicht der Mühe unterziehen, den aktuellen Basiszinssatz zu ermitteln und dann einen konkret bezifferten Zinsantrag zu stellen.

Die klägerische Partei erwirkte daher am ... einen Pfändungs- und Überweisungsbeschluss. Gepfändet und überwiesen wurden hierin unter der Rubrik A Ansprüche auf Zahlung des gesamten gegenwärtigen und künftigen Arbeitseinkommens. Drittschuldnerin des Beschlusses ist die jetzige Beklagte, die Arbeitgeberin und Ehefrau des Schuldners, handelnd als Geschäftsführerin der Firma ...

Beweis: Pfändungs- und Überweisungsbeschluss vom ... – Anlage K 3.

Dieser Beschluss ist der beklagten Partei am ... zugestellt worden.

Beweis: Zustellungsurkunde vom ... – Anlage K 4.

Auf dieser Urkunde gab die Beklagte die Drittschuldnererklärung gem. § 840 ZPO ab. Sie erklärte, dass ihr Mann von ihr mit ... EUR pro Monat entlohnt werde.

Beweis: Wie vor.

Die beklagte Partei ist am ... in das Gewerberegister der Stadt ... eingetragen worden. Ihre Tätigkeit hat sie am ... aufgenommen. Das Unternehmen, das vom Schuldner ... betrieben wurde, ist für den gleichen Tag abgemeldet worden. Als Tätigkeit wurde für ... unter der Geschäftsführung der beklagten Partei ... angemeldet.

Beweis: Zeugnis des Mitarbeiters der Stadt ..., Auskunftsschreiben der Stadt ... vom ... – Anlage K 5.

Der Vollstreckungsschuldner steht in einem Arbeitsverhältnis bei der Beklagten, für deren Verbindlichkeiten jedoch die Beklagte als in deren Namen handelnd gem. § 11 Abs. 2 GmbHG haftet. Die Beklagte ist damit Drittschuldnerin des gepfändeten Arbeitseinkommens. Sofern der Schuldner tatsächlich, anders als in der Drittschuldnererklärung der Beklagten behauptet, mehr als ... EUR pro Monat als Arbeitseinkommen erhält, steht dieser Betrag aufgrund des Pfändungs- und Überweisungsbeschlusses unter Berücksichtigung der Pfändungsfreigrenze ohne weiteres der klägerischen Partei zu.

Dies gilt jedoch nach § 850 h Abs. 2 ZPO auch für einen etwaigen Differenzbetrag zwischen dem tatsächlich gezahlten Monatslohn und einer angemessenen Vergütung (verschleiertes Arbeitseinkommen).

Der Schuldner leistet der Beklagten ständig Dienste. Ein solches Dienstverhältnis ergibt sich bereits aus der Drittschuldnererklärung der Beklagten. Es ergibt sich aber auch daraus, dass die Beklagte keinen weiteren Mitarbeiter mit der Ausbildung eines ... in ihrer Firma beschäftigt. Auch die Beklagte selbst besitzt keine Ausbildung, die sie befähigen würde, die dem Geschäftsgegenstand und der Ausbildung des ... entsprechende Tätigkeit zu erbringen. Die Erbringung von ... ist jedoch der Geschäftszweck der ... . Auch der Name der Firma ist auf eine ständige Mitarbeit des Schuldners zugeschnitten. Die Firma hat ihre Tätigkeit auch bereits aufgenommen.

Die Tätigkeit eines ... erfolgt üblicherweise nur gegen Vergütung.

Eine Vergütung von ... EUR pro Monat ist unverhältnismäßig gering. Dies ergibt sich aus einem Vergleich mit derjenigen Vergütung, die als angemessen zu betrachten ist. Als angemessen iSd § 850 h Abs. 2 ZPO gilt dabei der Tariflohn, der für die zu beurteilende Tätigkeit zu zahlen ist,

BAG 24.5.1965 – 3 AZR 287/64, BAGE 17, 172 = MDR 1965, 944; Zöller/*Stöber*, § 850 h ZPO Rn 3.

Gemäß § ... des Rahmentarifvertrages für die ... ist der Schuldner in die Gehaltsgruppe ... einzustufen. Für diese Gruppe ergibt sich aus § ... ein monatliches Bruttogehalt in Höhe von ... EUR.

Beweis: Tarifvertrag vom ... – Anlage K 6.

Der Vollstreckungsschuldner ist seit vielen Jahren als ... tätig.

Verglichen mit einem Betrag von ... EUR ist eine Vergütung von ... EUR pro Monat als unverhältnismäßig gering iSv § 850 h Abs. 2 ZPO anzusehen. Es gilt daher die angemessene monatliche Vergütung von ... EUR gegenüber der klägerischen Partei als durch die Beklagte geschuldet.

Dieser, möglicherweise fiktive, Arbeitslohn ist auch von dem Pfändungs- und Überweisungsbeschluss erfasst. Der Pfändungs- und Überweisungsbeschluss erfasst nach seinem Wortlaut das gesamte Arbeitseinkommen des Schuldners. Hierunter fällt nach allgemeiner Auffassung auch das verschleierte Arbeitseinkommen nach § 850 h Abs. 2 ZPO,

> vgl Stein/Jonas/*Brehm*, § 850 h ZPO Rn 41; MüKo-ZPO/*Smid*, § 850 h Rn 10.

Aufgrund des Brutto-Gehaltes ist somit zu berechnen, in welcher Höhe die Bezüge des Schuldners pfändbar sind.

Ausgehend von einer Eingruppierung des Schuldners in die Lohnsteuerklasse V ergeben sich folgende abzugsfähige monatliche Belastungen des Einkommens des Schuldners:

Krankenversicherungsbeiträge:	... EUR
Rentenversicherungsbeiträge:	... EUR
Beiträge zur Arbeitslosenversicherung:	... EUR
Lohnsteuerklasse IV:	... EUR
Kirchensteuer:	... EUR
Solidaritätszuschlag:	... EUR
Abzüge gesamt:	... EUR
Es verbleibt dem Schuldner daher ein Nettoeinkommen von	... EUR

Der Schuldner ist im Erwerbsgeschäft seiner Ehefrau tätig. Er kann daher weitere Abzüge im Sinne eines Freibetrags für seine Ehefrau oder seine Kinder nicht geltend machen,

> *Stöber*, Forderungspfändung, Rn 1224.

Nach der Anlage 2 zu § 850 c ZPO ist damit ein Betrag von ... EUR monatlich pfändbar, der nach dem Pfändungs- und Überweisungsbeschluss des Amtsgerichts ... vom ... zu Gunsten der Kläger auch gepfändet und zur Einziehung überwiesen wurde. Aus diesem Einziehungsrecht geht die klägerische Partei nunmehr vor. Von der Pfändung erfasst ist das Gehalt des Schuldners ab ... . Die Klageforderung setzt sich aus dem pfändbaren Einkommen des Schuldners für die Monate ... bis ... zusammen. Die Erweiterung der Klage um während des Verfahrens fällig werdende weitere Monatseinkommen behalten wir uns ebenso vor, wie die Geltendmachung solcher Bezüge, die später fällig werden.

2. Der geltend gemachte Zinsanspruch rechtfertigt sich als Anspruch auf Prozesszinsen aus §§ 288 Abs. 1, 291 BGB.

↑

2. Muster: Rüge der örtlichen Unzuständigkeit

↓

Arbeitsgericht ...
Aktenzeichen: ...
Gegner: RAe ..., zwei Abschriften anbei
In dem Rechtsstreit

...

– klägerische Partei –

Prozessbevollmächtigte: ...
gegen

...

– beklagte Partei –

Prozessbevollmächtigte: ...
bestellen wir uns zu Prozessbevollmächtigten der beklagten Partei, in deren Namen und Auftrag wir beantragen zu erkennen:

1. Die Klage wird abgewiesen.
2. Die Kosten des Rechtsstreits trägt die klägerische Partei.

In prozessualer Hinsicht beantragen wir:

Die Sache wird an das zuständige Arbeitsgericht ... verwiesen.

Gründe:

In der Sache werden wir gesondert vortragen. Zunächst ist jedoch das Verfahren an das zuständige Arbeitsgericht ... zu verweisen.

Anders als die klägerische Partei glauben machen will, hat die klägerische Partei nicht im Bezirk des hiesigen Arbeitsgerichts gearbeitet, sondern in ..., so dass sich gem. § 17 ZPO, § 48 Abs. 1a ArbGG als Gerichtsstand der Sitz des Arbeitsgerichts ... ergibt.

Einer Belehrung unserer Partei gem. § 504 ZPO über die Unzuständigkeit des Gerichts und die Folgen einer rügelosen Einlassung bedarf es nicht. Wir haben deshalb vorab unsere Rüge erhoben, bevor in der Sache vorgetragen haben. Ohnehin kommt es ausschließlich auf das rügelosen Verhandeln zur Hauptsache im Kammertermin und nicht bereits im Gütetermin an, § 54 Abs. 2 Satz 3 ArbGG, § 39 ZPO. Am Abschluss einer nachträglichen Gerichtsstandsvereinbarung gem. § 38 Abs. 3 Nr. 1 ZPO,

siehe *Germelmann u.a.*, ArbGG, § 2 Rn 169,

sind wir nicht interessiert.

Auch wenn gem. § 17a Abs. 2 Satz 1 GVG ein Verweisungsantrag nicht mehr erforderlich ist, haben wir ihn aus Gründen der Klarstellung gestellt, um der Abweisung der Klage als unzulässig zu entgegnen. Die beklagte Partei hat keine Einwände, wenn die Kammer einen Beschluss nach § 17a Abs. 2 und 3 GVG ohne mündliche Verhandlung erlässt (§ 17a Abs. 4 Satz 1 GVG), wobei dieser Beschluss allerdings nicht durch den Vorsitzenden allein, sondern durch die Kammer zu fassen ist (§ 48 Abs. 1 Nr. 2 ArbGG).

Zu den von der klägerischen Partei ausgeübten Tätigkeiten sei im Einzelnen noch Folgendes ausgeführt:

3. Muster: Rüge der Unzulässigkeit des Rechtsweges

Arbeitsgericht ...

Aktenzeichen:

Gegner: RAe ..., zwei Abschriften anbei

In dem Rechtsstreit

— klägerische Partei —

Prozessbevollmächtigte: ...

gegen

...

— beklagte Partei —

Prozessbevollmächtigte: ...

bestellen wir uns zu Prozessbevollmächtigten der beklagten Partei, in deren Namen und Auftrag wir beantragen zu erkennen:

1. Die Klage wird abgewiesen.
2. Die Kosten des Rechtsstreits trägt die klägerische Partei.

In prozessualer Hinsicht beantragen wir,

den Rechtsstreit an das zuständige Landgericht ..., Kammer für Handelssachen, zu verweisen.

Gründe:

Die beklagte Partei wird in der Sache noch gesondert Stellung nehmen. Vorab wird die Unzuständigkeit des Arbeitsgerichts gerügt. Zuständig ist das Landgericht, Kammer für Handelssachen, denn die klägerische Partei war Geschäftsführer der beklagten Partei.

Beweis: 1. Vorlage des Dienstvertrages in Kopie – Anlage B 1.
2. Vorlage des Handelsregisterauszugs – Anlage B 2.

Gemäß § 5 Abs. 1 Satz 3 ArbGG gelten die Mitglieder des Vertretungsorgans einer juristischen Person nicht als Arbeitnehmer, so dass die Arbeitsgerichte nach § 2 ArbGG unzuständig sind.

Vorliegend besteht kein Streit, der im Rahmen der Begründetheit zu entscheiden wäre, wonach der Erfolg der Klage mit der Feststellung, ob die klägerische Partei Arbeitnehmer ist, steht oder fällt. In Rechtsstreitigkeiten, in denen die Arbeitnehmereigenschaft eine doppelrelevante Tatsache ist, die für die Begründetheit und für die Rechtswegzuständigkeit zu beurteilen ist und zwischen den Parteien in Streit steht, reicht die bloße Rechtsansicht der klägerischen Partei aus, sie sei Arbeitnehmer, um zu einer arbeitsgerichtlichen Zuständigkeit zu gelangen,

BAG 10.12.1996 – 5 AZB 20/96, BAGE 84, 377 = NZA 1997, 674; BAG 18.12.1996 – 5 AZB 25/96, BAGE 85, 46 = NZA 1997, 509 (sog. Sic-non-Fall); BAG 6.5.1999 – 5 AZB 22/98, NZA 1999, 839; BAG 23.8.2001 – 5 AZB 9/01, NZA 2002, 52.

Der Sonderfall eines „ruhenden Arbeitsverhältnisses" eines GmbH-Geschäftsführers, der in der Vergangenheit Angestellter im Unternehmen war, steht nicht zur Entscheidung an. Der Kläger hat ausschließlich als GmbH-Geschäftsführer für die Beklagte gearbeitet, so dass allein die ordentliche Gerichtsbarkeit zuständig ist. Das BAG hat ausdrücklich entschieden, dass für die Klagen des Geschäftsführers einer GmbH gegen die Kündigung seines Anstellungsvertrages die Arbeitsgerichte nicht zuständig sind. Die gelte auch dann, wenn der Geschäftsführer geltend mache, er sei wegen seiner eingeschränkten Kompetenz in Wirklichkeit Arbeitnehmer gewesen,

BAG 6.5.1999 – 5 AZB 22/98, NZA 1999, 839.

Die Kammer für Handelssachen ist beim Landgericht zuständig, weil Ansprüche aus dem Rechtsverhältnis eines Vorstehers einer Handelsgesellschaft geltend gemacht werden, § 95 Abs. 1 Nr. 4 Buchst. a) GVG.

Es wird um Verweisung an die Kammer für Handelssachen gebeten, da andernfalls das Verfahren erst bei einer anderen Kammer des Landgerichts eingehen und dort nach Prüfung der Zuständigkeit mit manchmal mehrmonatiger Verspätung erst an die Kammer für Handelssachen abgegeben wird. Um eine Verzögerung des Rechtsstreits zu vermeiden, wird die Verweisung unmittelbar an die Kammer für Handelssachen gebeten.

Die beklagte Partei geht davon aus, dass das angerufene Gericht durch den Vorsitzenden allein, außerhalb der Kammersitzung, den Beschluss fassen kann. Gegen den Beschluss findet bekanntlich gem. § 17 a Abs. 4 Satz 3 GVG, § 78 ArbGG, § 577 ZPO die sofortige Beschwerde zum LAG statt. Über die sofortige Beschwerde entscheidet das LAG außerhalb der mündlichen Verhandlung durch den Vorsitzenden allein,

BAG 10.12.1992 – 8 AZB 6/92, BAGE 72, 84 = NZA 1993, 619.

Wir gehen davon aus, dass deshalb auch im Ausgangsverfahren der Vorsitzende allein den Verweisungsbeschluss erlassen kann und bitten den Vorsitzenden aus Gründen der Verfahrensbeschleunigung, hiervon Gebrauch zu machen.

↑

4. Muster: Zurückweisung der Zwangsvollstreckung wegen unvertretbarer Handlung (§ 888 ZPO) – Weiterbeschäftigung bei nicht mehr bestehendem Arbeitsplatz

↓

Arbeitsgericht ...

Aktenzeichen: ...

Gegner: RAe ..., zwei Abschriften anbei

In Sachen

... ./. ...

beantragen wir,

1. der Antrag auf Zwangsvollstreckung aus dem Weiterbeschäftigungstitel wird zurückgewiesen,
2. die Kosten der Zwangsvollstreckung werden insoweit der klägerischen Partei auferlegt.

Gründe:

Der Arbeitsplatz der klägerischen Partei existiert nicht mehr. Durch Umorganisation wurde der Arbeitsplatz bereits während des anhängigen Kündigungsrechtsstreits aufgelöst.

    Beweis: 1. Vorlage der Umorganisationsentscheidung – Anlage B 1.
                 2. Geändertes Organigramm, Stand ... – Anlage B 2.

Ausweislich des Wortlauts des Weiterbeschäftigungstitels soll die klägerische Partei zu unveränderten Arbeitsbedingungen, mithin also auch auf dem gleichen Arbeitsplatz, weiter beschäftigt werden. Mit diesem Inhalt ist der Urteilstenor Grundlage einer Zwangsvollstreckungsmaßnahme. Da die Stelle, die früher die klägerische Partei innehatte, nicht mehr existiert, ist eine Weiterbeschäftigung der klägerischen Partei auf dieser Stelle der beklagten Partei unmöglich.

Es ist auch nicht so, als habe sich lediglich die Bezeichnung der bisherigen Stelle geändert oder als seien bisherige Aufgaben nur zum Teil entzogen und andere hinzugefügt worden, so dass die bisherige Stelle überwiegend noch existiert. Vielmehr sind die Aufgaben der klägerischen Partei komplett umverteilt worden und eine Organisationseinheit, die in ihrer Identität der früheren Tätigkeit der klägerischen Partei entspricht, existiert nicht mehr.

Da somit Unmöglichkeit der Leistungserbringung für die beklagte Partei besteht, ist in dieser Situation dem Arbeitgeber als Schuldner der ausgeurteilten Beschäftigungspflicht die Leistung nicht mehr möglich,

    LAG Hamm 22.1.2008 – 7 Ta 10/08, juris; LAG Hamm 15.2.1991 – 7 Ta 28/91, LAGE § 888 ZPO Nr. 22.

Dass die Zwangsvollstreckung aus einem auf unveränderte Weiterbeschäftigung gerichteten Titel wegen Unmöglichkeit der Leistung nicht in Betracht kommt, wenn der entsprechende Arbeitsplatz ersatzlos weggefallen ist, entspricht ganz herrschender Meinung,

    LAG Hamm 29.11.1985 – 1 Ta 322/85, LAGE § 888 ZPO Nr. 5; LAG Berlin 6.6.1986 – 9 Ta 6/86, LAGE § 888 ZPO Nr. 7; LAG Köln 24.10.1995 – 13 (5) Ta 245/95, NZA-RR 1996, 108; LAG München 14.2.2006 – 10 Ta 493/05, AuA 2006, 228 m. Anm. *Berzbach*, jurisPR-ArbR 13/2006 Anm. 2.

Da die Beklagte auch nicht den Einwand rechtsmissbräuchlichen Verhaltens erheben kann, weil die beklagte Partei sich einer titulierten Verpflichtung zur Weiterbeschäftigung nicht gezielt durch eine gerade dadurch motivierte Umorganisation und die Umorganisation auch im Einzelnen substantiiert belegt wurde, ist der Antrag auf Zwangsvollstreckung zurückzuweisen.

↑

538 **5. Muster: Zurückweisung eines Zwangsgeldantrags wegen Zeugniserteilung**

↓

Arbeitsgericht ...

Aktenzeichen: ...

Gegner: RAe ..., zwei Abschriften anbei

In dem Zwangsvollstreckungsverfahren

... ./. ...

beantragen wir:

1. Der Antrag auf Festsetzung eines Zwangsgeldes wird zurückgewiesen.
2. Die Kosten des Verfahrens trägt die klägerische Partei.

Gründe:

1. Aufgrund des Urteils vom ... wurde die beklagte Partei als Schuldner verpflichtet, der klägerischen Partei als Gläubiger ein Zeugnis auszustellen. Das Urteil wurde am ... zugestellt. Mit Antrag vom ... beantragte der Gläubiger die Festsetzung eines Zwangsgeldes unter Hinweis darauf, dass der Schuldner das Zeugnis bislang nicht erteilt habe. Eine vollstreckbare Ausfertigung des Urteils legte der Gläubiger ebenfalls vor.

2. Der Gläubiger versäumte es allerdings, dem erkennenden Gericht mitzuteilen, dass der Schuldner das Zeugnis bereits erteilt hat.

Am ... sandte der Schuldner per Einschreiben mit Rückschein in einem kartonierten Umschlag das Zeugnis an den Gläubiger.

    Beweis: 1. Kopie des Zeugnisses vom ...
                2. Kopie des Rückscheins.

Damit hat der Schuldner den titulierten Anspruchs des Gläubigers erfüllt. Unter diesen Umständen ist die Verhängung von Zwangsmitteln gegen den Schuldner ausgeschlossen.

Will die klägerische Partei einwenden, das erteilte Zeugnis sei inhaltlich nicht richtig, wäre dieser Einwand einem neuen Erkenntnisverfahren vorbehalten.

Die Kostenentscheidung ist gem. § 91 ZPO analog zu Lasten des Gläubigers zu fällen.

↑

539 **6. Muster: Entfernung von Abmahnungen aus der Personalakte durch Wegnahme**

↓

Arbeitsgericht ...

Aktenzeichen: ...

Gegner: RAe ..., zwei Abschriften anbei

In Sachen

... ./. ...

beantragen wir:

1. Der Antrag auf Zwangsvollstreckung aus dem Urteil des Arbeitsgerichts ... vom ... (Az ...) wird zurückgewiesen.
2. Die Kosten der Zwangsvollstreckung werden insoweit der klägerischen Partei auferlegt.

Gründe:

Die klägerische Partei, die mit dem Antrag auf Entfernung von Abmahnungen aus der Personalakte gemäß Urteil vom ... obsiegte, machte mit ihrem Antrag vom ... die Einschaltung eines Gerichtsvollziehers zwecks Entfernung von Abmahnungen aus der Personalakte durch Wegnahme von Unterlagen („Ersatzvornahme") geltend. Dieser an eine Herausgabevollstreckung angelehnte Zwangsvollstreckungsantrag ist unzulässig. Die Vollstreckung eines titulierten Anspruchs auf Entfernung von Abmahnungsunterlagen richtet sich bei allein vom Schuldner befugt zu führenden Personalakten ausschließlich nach den Grundsätzen über die Vollstreckung bei unvertretbaren Handlungen, § 888 ZPO,

LAG Hessen 9.6.1993 – 12 Ta 82/93, NZA 1994, 288.

Vollstreckungsmaßnahmen nach § 888 ZPO sind nur solange zulässig, als der zu vollstreckende Anspruch noch nicht erfüllt ist. Die Einwände, die Leistung sei dem Schuldner unmöglich oder der Schuldner habe erfüllt, sind mithin auch im Vollstreckungsverfahren beachtlich,

LAG Hessen 9.6.1993 – 12 Ta 82/93, NZA 1994, 288.

§ 7 Schriftsätze im arbeitsgerichtlichen Beschlussverfahren

Literatur:

Ascheid, Urteils- und Beschlussverfahren im Arbeitsrecht, 2. Aufl. 1998; *Ascheid/Preis/Schmidt*, Kündigungsrecht, Großkommentar zum gesamten Recht der Beendigung von Arbeitsverhältnissen 4. Aufl. 2012; *Battis/Ilbertz*, Personalvertretungsrecht, 1992; *Bauer/Lingemann/Diller/Haußmann*, Anwalts-Formularbuch Arbeitsrecht, 4. Aufl. 2011; *Däubler/Kittner/Klebe/Wedde*, Betriebsverfassungsgesetz – mit Wahlordnung und EBR-Gesetz, Kommentar, 13. Aufl. 2012; *Fitting/Engels/Schmidt/Trebinger/Linsenmaier*, BetrVG – mit Wahlordnung, Kommentar, 26. Aufl. 2012; *Friese*, Das kollektive Kündigungsschutzverfahren in der Insolvenz nach § 126 InsO, ZInsO 2001, 350; *Kübler/Prütting* (Hrsg.), Kommentar zur Insolvenzordnung, Loseblatt, Stand 2012; *Lakies*, Das Beschlussverfahren zum Kündigungsschutz nach § 126 InsO, NZI 2000, 345; *Lansnicker* (Hrsg.), Prozesse in Arbeitssachen – Vertretung, Verfahren, Vollstreckung, 3. Aufl. 2013; *Münchener Kommentar zur Insolvenzordnung*, 2. Aufl. 2008; *Münchener Prozessformularbuch Arbeitsrecht*, Band 6: Arbeitsrecht, 4. Aufl. 2012; *Oetker/Friese*, Der Interessenausgleich in der Insolvenz (I), DZWiR 2001, 133; *Schwab/Weth*, ArbGG, Kommentar, 3. Aufl. 2011; *Söllner/Reinert*, Personalvertretungsrecht, 2. Aufl. 1993; *Steindorf/Regh*, Arbeitsrecht in der Insolvenz, 2002; *Tretow*, Die Betriebsveräußerung in der Insolvenz, ZInsO 2000, 309; *Bader/Dörner/Mikosch/Schleusener/Schütz/Vossen* (Hrsg.), Gemeinschaftskommentar zum Arbeitsgerichtsgesetz (GK-ArbGG), Loseblatt, Stand: 03/2013; *Wimmer*, Frankfurter Kommentar zur Insolvenzordnung (FK-InsO), 7. Aufl. 2013.

Kapitel 1: Parteienunabhängige Schriftsätze

A. Erläuterungen

I. Abgrenzung zwischen Einigungsstellen- und Beschlussverfahren

Die zahlreichen prozessualen und materiellrechtlichen Fragen des Beschlussverfahrens können hier nicht erläutert werden. Insofern wird auf die Darstellungen in den einschlägigen betriebsverfassungsrechtlichen und arbeitsgerichtlichen Kommentaren verwiesen. 1

Seine Rechte bzw die Rechte der Mitarbeiter macht der Betriebsrat in zwei verschiedenen Verfahren geltend: Im arbeitsgerichtlichen **Beschlussverfahren**, das in den §§ 80–98 ArbGG geregelt ist, und im außergerichtlichen **Verfahren vor der Einigungsstelle**, das in den §§ 76 und 76 a BetrVG rudimentär ausgestaltet ist. Die Einigungsstelle wird auf Antrag des Betriebsrats entweder **fakultativ**, durch Vereinbarung mit dem Arbeitgeber, oder **obligatorisch** zuständig, wenn innerbetriebliche Verhandlungen im Bereich der erzwingbaren Mitbestimmung gescheitert sind. 2

Nicht im arbeitsgerichtlichen Beschlussverfahren zu behandeln sind demnach folgende, der **Einigungsstelle** zugewiesene Sachverhalte: 3

- Streit über die Berücksichtigung betrieblicher Notwendigkeiten wegen der Freistellung von Mitgliedern des Betriebsrats und der Jugend- und Auszubildendenvertretung für Schulungs- und Bildungsveranstaltungen (§§ 37 Abs. 6 und 7, 65 Abs. 1 BetrVG);
- Meinungsverschiedenheiten über die pauschale Freistellung von Betriebsratsmitgliedern (§ 38 Abs. 2 BetrVG);
- Meinungsverschiedenheiten über die Einrichtung von Sprechstunden für den Betriebsrat und die Jugend- und Auszubildendenvertretung (§§ 39 Abs. 1, 69 BetrVG);
- Meinungsverschiedenheiten über die Festlegung der Zahl der Mitglieder des Gesamtbetriebsrats und der Gesamtjugend- und Auszubildendenvertretung sowie des Konzernbetriebsrats (§§ 47 Abs. 6, 72 Abs. 6, 55 Abs. 4 BetrVG);
- Behandlung von Beschwerden eines Arbeitnehmers (§ 85 Abs. 2 BetrVG);
- Ausgleichsmaßnahmen wegen Änderungen von Arbeitsablauf oder Arbeitsumgebung (§ 91 Satz 2 BetrVG);
- Meinungsverschiedenheiten über Personalfragebögen, persönliche Angaben in Formularverträgen oder Beurteilungsgrundsätze (§ 94 Abs. 1 und 2 BetrVG);
- Uneinigkeit über den Inhalt von Auswahlrichtlinien für Einstellungen, Versetzungen, Umgruppierungen und Kündigungen (§ 95 Abs. 1 und 2 BetrVG);

- Einführung betrieblicher Berufsbildungsmaßnahmen (§ 97 Abs. 2 BetrVG);
- Meinungsverschiedenheiten bei der Durchführung betrieblicher Bildungsmaßnahmen (§ 98 Abs. 3 und 4 BetrVG);
- Zustimmung des Betriebsrats bei vereinbarter, erweiterter Mitbestimmung gem. § 102 Abs. 6 BetrVG;
- Auskunftserteilung an den Wirtschaftsausschuss, den Betriebsrat und den Gesamtbetriebsrat gem. §§ 109, 109a BetrVG;
- Versuch eines Interessenausgleichs und Vereinbarung eines Sozialplans bei Betriebsänderungen (§§ 112 Abs. 2–4, 112a BetrVG);
- Maßnahmen im Bereich der Seeschifffahrt (§ 116 Abs. 3 Nr. 2, 4 und 8 BetrVG);
- Bestellung und Abberufung der Betriebsärzte und Fachkräfte für Arbeitssicherheit, Erweiterung und Beschränkung ihrer Aufgaben (§ 9 Abs. 3 ASiG);
- in Tarifverträgen gesondert geregelte Zuständigkeit.

4 Neben diesen, zum Teil im Betriebsverfassungsgesetz verstreut angesiedelten Zuständigkeiten gehören generell in die Zuständigkeit der Einigungsstelle alle **sozialen Angelegenheiten**, die in § 87 Abs. 1 Nr. 1–13 BetrVG enumerativ aufgeführt sind, § 87 Abs. 2 BetrVG.

5 Das arbeitsgerichtliche **Beschlussverfahren** ist einzuleiten, wenn es sich um eine Angelegenheit handelt, die unter § 2a ArbGG fällt. Der häufigste Anwendungsfall sind Maßnahmen aus dem Bereich des **Betriebsverfassungsgesetzes** und, erheblich seltener, Angelegenheiten aus dem **Sprecherausschussgesetz**. Außerdem sollen immer dann, wenn die durch das BetrVG geregelte Ordnung des Betriebes und die gegenseitigen Rechte und Pflichten der Betriebspartner als Träger dieser Ordnung im Streit sind, die Arbeitsgerichte im Beschlussverfahren als einer dafür gesondert geschaffenen Verfahrensart entscheiden.[1] Eine Sonderstellung in den Verfahrensarten bildet der Fall der **Bestimmung des Vorsitzenden einer Einigungsstelle**. Gemäß § 76 Abs. 2 Satz 2 BetrVG bestellt das Arbeitsgericht den Vorsitzenden der Einigungsstelle, wenn sich die Parteien nicht einigen können. Hierzu besteht ein Verfahren gem. § 98 ArbGG, das ähnlich dem arbeitsgerichtlichen Beschlussverfahren organisiert ist. Allerdings entscheidet nach gegenwärtiger Rechtslage wieder über die Besetzung der Einigungsstelle allein der Vorsitzende (§ 98 Abs. 1 Satz 1 ArbGG), nicht also die Kammer, wie im gewöhnlichen Beschlussverfahren.

II. Einzelbeispiele für Streitigkeiten im Beschlussverfahren

6 In einer Vielzahl von Entscheidungen hat das BAG festgelegt, wann eine **betriebsverfassungsrechtliche Streitigkeit** iSv § 2a ArbGG vorliegt. Zunächst einmal gehören Streitigkeiten über die Errichtung von Betriebsverfassungsorganen zu den betriebsverfassungsrechtlichen Streitigkeiten, beispielsweise die Bildung eines verkleinerten Gesamtbetriebsrats nach § 47 Abs. 5 BetrVG[2] oder der Streit zwischen Arbeitgeber und Betriebsrat über die Bildung des Wirtschaftsausschusses.[3] Im Beschlussverfahren muss ebenfalls geklärt werden, ob räumlich nicht getrennte Unternehmensteile einen oder mehrere Betriebe iSv § 18 Abs. 2 BetrVG bilden[4] oder ob mehrere Unternehmen einen einheitlichen Betrieb darstellen.[5] Will der Betriebsrat feststellen lassen, ob bestimmte im Betrieb tätige Gruppen von Mitarbeitern als Arbeitnehmer iSv § 5 BetrVG anzusehen sind, ist das betriebsverfassungsrechtliche Beschlussverfahren die richtige Verfahrensart.[6] Gemäß § 23 Abs. 1 BetrVG gehören ebenfalls Streitigkeiten über die Auflösung des Betriebsrats oder den Ausschluss eines Betriebsratsmitglieds in das Beschlussverfahren.

7 Auch **Wahlstreitigkeiten** wie Verfahren über die Anfechtung einer Betriebsratswahl gem. § 19 BetrVG[7] oder der Feststellungsantrag über die Nichtigkeit einer Betriebsratswahl[8] gehören, wenn eine Beteiligtenstellung von Arbeitgeber und Betriebsrat gewollt ist, in das Beschlussverfahren. Auch Streitigkeiten über rechtlich selbständige Teilakte des Wahlverfahrens oder Maßnahmen des Wahlvorstandes schon

---

1 BAG 26.5.1992 – 10 ABR 63/91, BAGE 70, 281 = NZA 1992, 1135.
2 BAG 15.8.1978 – 6 ABR 56/77, BAGE 31, 58 = AP § 47 BetrVG 1972 Nr. 3.
3 BAG 1.10.1974 – 1 ABR 77/73, BAGE 26, 286 = AP § 106 BetrVG 1972 Nr. 1.
4 BAG 23.9.1982 – 6 ABR 42/81, BAGE 40, 163 = AP § 4 BetrVG 1972 Nr. 3.
5 BAG 7.8.1986 – 6 ABR 57/85, BAGE 52, 325 = NZA 1987, 131.
6 BAG 10.2.1981 – 6 ABR 86/78, BAGE 35, 59 = AP § 5 BetrVG 1972 Nr. 25.
7 BAG 12.10.1976 – 1 ABR 14/76, BAGE 28, 212 = AP § 19 BetrVG 1972 Nr. 5.
8 BAG 4.10.1977 – 1 ABR 37/77, AP § 18 BetrVG 1972 Nr. 2.

vor Abschluss der Betriebsratswahl werden im Beschlussverfahren entschieden.[9] Gleiches gilt für die Wirksamkeit einer Wahl des Wahlvorstandes[10] oder für das aktive und passive Wahlrecht der Arbeitnehmer oder bestimmter Arbeitnehmergruppen.[11] Auch Streitigkeiten über den Zeitpunkt einer Betriebsratswahl oder die Pflicht des Arbeitgebers zur Unterstützung des Wahlvorstandes sind im arbeitsgerichtlichen Beschlussverfahren zu behandeln.[12]

Im Beschlussverfahren werden auch **Organstreitigkeiten** zwischen einzelnen Betriebsverfassungsmitgliedern oder zwischen Betriebsverfassungsmitgliedern und dem Betriebsrat entschieden. Bei Streitigkeiten über die Freistellung eines Betriebsratsmitglieds oder seines Vorsitzenden,[13] bei Meinungsverschiedenheiten über die Zuweisung von Aufgaben,[14] bei Streit über Einsichtsrechte von Betriebsratsmitgliedern in Unterlagen[15] oder dann, wenn die Herausgabe von Betriebsratsakten von einzelnen Betriebsratsmitgliedern verlangt wird,[16] ist das Beschlussverfahren die richtige Verfahrensart.

Im Beschlussverfahren werden Streitigkeiten über **Entsendungs- und Vorschlagsrechte** der einzelnen Gruppen in Ausschüssen[17] behandelt, aber auch Fragen der **Zutrittsrechte** für Betriebsratsmitglieder zum Betrieb.[18]

Einen breiten Raum nehmen betriebsverfassungsrechtliche Streitigkeiten über die **Kosten der Betriebsratstätigkeit**[19] ein. Hierzu gehören beispielsweise Meinungsverschiedenheiten über die Kostentragungspflicht des Arbeitgebers bei einer auswärts stattfindenden Betriebsratssitzung,[20] Rechtsanwaltskosten,[21] Tragung der Kosten einer Informationsschrift des Betriebsrats,[22] zur Verfügung zu stellende Sachmittel wie Räume, Bürobedarf oder Fachliteratur, Kosten eines PC.[23] Auch der Ersatz des Schadens eines Betriebsratsmitglieds, der in der Ausübung einer Betriebsratstätigkeit entstanden ist, ist im Beschlussverfahren zu verhandeln.[24]

Zu den ebenfalls leidigen Verfahren nach § 2a ArbGG gehören Streitigkeiten um den **Honoraranspruch** des Vorsitzenden einer Einigungsstelle[25] oder um den Honoraranspruch der Beisitzer.[26] Aus dem Bereich der Einigungsstelle sind ebenfalls die Kostenerstattung eines Beisitzers für die gerichtliche Durchsetzung seines Honoraranspruchs gegen den Arbeitgeber[27] und die durch eine vom Betriebsrat veranlasste Beauftragung eines Rechtsanwalts entstandenen Kosten[28] zu erwähnen.

Auch die Anfechtung eines Spruchs einer Einigungsstelle nach § 76 Abs. 5 Satz 4 BetrVG wegen Ermessensüberschreitung sowie sonstige Streitigkeiten über die **Wirksamkeit eines Einigungsstellenspruchs**[29] gehören in das Beschlussverfahren. Dabei können Arbeitgeber und Betriebsrat die Wirksamkeit des Einigungsstellenspruchs zur Disposition des Arbeitsgerichts stellen (Muster 7050[30]). Der Antrag ist auf die „Feststellung der Unwirksamkeit des Einigungsstellenspruchs" gerichtet.[31]

Die Anerkennung von Schulungsveranstaltungen nach § 37 Abs. 7 BetrVG hat der Betriebsrat, wenn Streit hierüber mit dem Arbeitgeber besteht, im Beschlussverfahren zu beantragen.[32] Die **Statusfrage**,

---

9 BAG 15.12.1972 – 1 ABR 8/72, BAGE 24, 480 = AP § 14 BetrVG 1972 Nr. 1.
10 BAG 3.6.1975 – 1 ABR 98/74, BAGE 27, 163 = AP § 5 BetrVG 1972 Nr. 1 Rotes Kreuz.
11 BVerwG 18.10.1978 – 6 P 7/78, BVerwGE 56, 330.
12 LAG Hamm 27.5.1977 – 3 TaBV 35/77, DB 1977, 1269.
13 BAG 11.3.1992 – 7 ABR 50/91, BAGE 70, 53 = NZA 1992, 946.
14 BAG 13.11.1991 – 7 ABR 8/91, BAGE 69, 41 = NZA 1992, 944.
15 BAG 27.5.1982 – 6 ABR 66/79, AP § 34 BetrVG 1972 Nr. 1.
16 BAG 3.4.1957 – 1 AZR 289/55, BAGE 4, 46 = AP § 2 ArbGG 1953 Nr. 46.
17 BAG 1.6.1976 – 1 ABR 99/74, AP § 28 BetrVG 1972 Nr. 1; BAG 7.10.1980 – 6 ABR 56/79, AP § 27 BetrVG 1972 Nr. 1.
18 BAG 21.9.1989 – 1 ABR 32/89, NZA 1990, 314.
19 BAG 31.10.1972 – 1 ABR 7/72, BAGE 24, 459 = AP § 40 BetrVG 1972 Nr. 2.
20 BAG 10.10.1969 – 1 AZR 5/69, BAGE 22, 156 = AP § 8 ArbGG 1953 Nr. 1.
21 BAG 3.10.1978 – 6 ABR 102/76, BAGE 31, 93 = AP § 40 BetrVG 1972 Nr. 14.
22 BAG 21.11.1978 – 6 ABR 85/76, AP § 40 BetrVG 1972 Nr. 15.
23 BAG 21.4.1983 – 6 ABR 70/82, BAGE 42, 259 = AP § 40 BetrVG 1972 Nr. 20; BAG 12.5.1999 – 7 ABR 36/97, BAGE 91, 325 = NZA 1999, 1290.
24 BAG 3.3.1983 – 6 ABR 4/80, BAGE 42, 71 = AP § 20 BetrVG 1972 Nr. 8.
25 BAG 15.12.1978 – 6 ABR 64/77, AP § 76 BetrVG 1972 Nr. 5.
26 BAG 6.4.1973 – 1 ABR 20/72, BAGE 25, 174 = AP § 76 BetrVG 1972 Nr. 1.
27 BAG 26.7.1989 – 7 ABR 72/88, AP § 2a ArbGG 1979 Nr. 4.
28 BAG 5.11.1981 – 6 ABR 24/78, BAGE 36, 315 = AP § 76 BetrVG 1972 Nr. 9.
29 BAG 28.2.1984 – 1 ABR 37/82, NZA 1984, 230.
30 § 7 Rn 39.
31 BAG 6.5.2003 – 1 ABR 11/02, BAGE 106, 95 = NZA 2004, 108.
32 BAG 18.12.1973 – 1 ABR 35/73, BAGE 25, 452 = AP § 37 BetrVG 1972 Nr. 7.

… ob ein Arbeitnehmer leitender Angestellter ist nach § 5 Abs. 3 BetrVG, ist im Streit zwischen Arbeitgeber und Arbeitnehmer im Urteilsverfahren, bei Streit im Verhältnis zwischen Betriebsrat und Arbeitgeber im Beschlussverfahren auszutragen.[33] Auch das Verfahren, in dem das Arbeitsgericht die Zustimmung des Betriebsrats zu einem Kündigungsentschluss des Arbeitgebers nach § 103 BetrVG ersetzen soll, fällt unter § 2 a ArbGG.[34] Besteht Streit über die Befugnis der Verbände, ist das Beschlussverfahren zu wählen. Streitet der Arbeitgeber über ein Zutrittsrecht von Gewerkschaftsbeauftragten zum Betrieb bei einer Betriebsversammlung, ist eine Entscheidung im Beschlussverfahren herbeizuführen.[35] Gleiches gilt für die Teilnahme von Gewerkschaftsbeauftragten an einer Sitzung des Wirtschaftsausschusses.[36]

III. Besonderheiten des Beschlussverfahrens

14 Das Beschlussverfahren ist nicht nur in **betriebsverfassungsrechtlichen** Angelegenheiten, die nicht der Einigungsstelle vorbehalten sind, sondern auch in **personalvertretungsrechtlichen** Angelegenheiten maßgeblich (§ 83 Abs. 2 BPersVG, § 187 Abs. 2 VwGO). Bei den Verwaltungsgerichten sind deshalb entsprechende Fachkammern (beim Bundesverwaltungsgericht ein Fachsenat mit fünf Berufsrichtern) gebildet worden, in denen das arbeitsgerichtliche Beschlussverfahren in personalvertretungsrechtlichen Angelegenheiten gemäß der Ermächtigungsgrundlage in § 187 Abs. 2 VwGO angewendet wird. Bei den Verwaltungsgerichten sind die Spruchkörper, wie auch beim Arbeitsgericht, mit einem Berufsrichter und mit zwei ehrenamtlichen Richtern besetzt, wobei der eine ehrenamtliche Richter aus Kreisen der Arbeitnehmer, der andere aus Kreisen der Arbeitgeber des öffentlichen Dienstes stammt.

15 Das arbeitsgerichtliche Beschlussverfahren kennt nicht die Dialektik des kontradiktorischen Verfahrens. Optisch sichtbar wird dies am **Aufbau** der Antragsschrift bzw des gerichtlichen Beschlusses oder des Schriftsatzes des Arbeitgebers. Die Parteien sind nicht Kläger oder Beklagte, sondern werden üblicherweise als „Beteiligte" bezeichnet. Gebräuchlich ist daneben der Begriff „Antragsteller" (§ 83 a Abs. 3 ArbGG). Einen Antragsgegner kennt das Beschlussverfahren nicht.[37] Antragsteller sind meist entweder der Betriebsrat oder der Arbeitgeber.

16 Neben diesen Beteiligten sind alle Personen oder Stellen, die durch die vom Antragsteller begehrte Entscheidung – und sei es auch nur über einen Hilfsantrag[38] – in ihrer betriebsverfassungsrechtlichen/ personalvertretungsrechtlichen Rechtsstellung unmittelbar betroffen sind, ebenfalls Beteiligte des Beschlussverfahrens.[39] Die materielle Betroffenheit einer Person oder Stelle, die sich im Laufe eines Verfahrens ändern kann, kann auch einen **Wechsel in der Person** oder Stellung als Beteiligter zur Folge haben, so dass der Vorsitzende in jeder Lage des Verfahrens den Beteiligtenstatus prüfen und ggf den Betreffenden zum Beschlussverfahren beiladen muss.[40] Das bloße rechtliche Interesse einer Person oder Stelle begründet die Beteiligtenstellung noch nicht. Beim Verfahren der Zustimmungsersetzung nach § 99 BetrVG ist der betroffene Arbeitnehmer nicht Beteiligter.[41] Dies hat zur Folge, dass der betroffene Arbeitnehmer im Verfahren kein eigenes Antragsrecht hat.[42] Anderer Ansicht ist *Hanau*,[43] der ein Rechtsschutzinteresse des Arbeitnehmers nur verneint, wenn dieser unmittelbar gegen den Arbeitgeber klagen kann.

17 Das Beschlussverfahren richtet sich, wie auch das Arbeitsgerichtsverfahren, in weiten Bereichen nach der **ZPO**. In einem wichtigen Bereich unterscheidet es sich grundlegend vom Arbeitsgerichtsverfahren und von der ZPO: Die für das Gericht maßgeblichen Tatsachen sind nicht nur durch die Parteien nach

---

33 BAG 23.1.1986 – 6 ABR 22/82, BAGE 51, 19 = NZA 1986, 487.
34 BAG 22.8.1974 – 2 ABR 17/74, BAGE 26, 219 = AP § 103 BetrVG 1972 Nr. 1.
35 BAG 8.2.1957 – 1 ABR 11/55, BAGE 3, 288 = AP § 82 BetrVG Nr. 1.
36 BAG 18.11.1980 – 1 ABR 31/78, BAGE 34, 260 = AP § 108 BetrVG 1972 Nr. 2.
37 BAG 20.7.1982 – 1 ABR 19/81, AP § 76 BetrVG Nr. 26.
38 BAG 12.10.1976 – 1 ABR 1/76, BAGE 28, 203 = AP § 8 BetrVG 1972 Nr. 1.
39 BAG 13.3.1984 – 1 ABR 49/82, NZA 1984, 172; BAG 29.8.1985 – 6 ABR 63/82, BAGE 49, 267 = NZA 1986, 400; BAG 19.9.1985 – 6 ABR 4/85, BAGE 50, 1 = NZA 1986, 368; BAG 25.9.1986 – 6 ABR 68/84, BAGE 53, 119 = NZA 1987, 708.
40 BAG 28.9.1988 – 1 ABR 37/87, BAGE 59, 371 = NZA 1989, 188; BAG 18.10.1988 – 1 ABR 31/87, BAGE 60, 48 = NZA 1989, 396.
41 BAG 27.5.1982 – 6 ABR 105/79, BAGE 39, 102 = AP § 80 ArbGG 1979 Nr. 3; BAG 22.3.1983 – 1 ABR 48/81, juris; BAG 31.5.1983 – 1 ABR 57/80, BAGE 43, 35 = AP § 118 BetrVG 1972 Nr. 27; BAG 17.5.1983 – 1 ABR 5/80, BAGE 42, 386 = AP § 99 BetrVG 1972 Nr. 18.
42 *Boemke*, ZfA 1992, 473, 490 ff; *Matthes*, DB 1974, 2007; *Richardi/Thüsing*, BetrVG, § 99 Rn 278.
43 RdA 1973, 281.

dem sog. Beibringungsgrundsatz, sondern gem. § 83 Abs. 1 ArbGG von Amts wegen zu erforschen. Der **Amtsermittlungsgrundsatz** des Beschlussverfahrens beinhaltet keine Pflicht der Kammer zur Durchführung eines Ausforschungsbeweises.[44] Das Gericht hat dagegen solche Tatsachen von Amts wegen zu ermitteln, die erst den Anspruch begründen könnten, also die Antragsbegründung konkretisieren und vervollständigen, wenn hierzu Anhaltspunkte in den Schriftsätzen der Parteien enthalten sind.[45] Generell kann man sagen, dass zunächst einmal das Beschlussverfahren gemäß den von der Parteimaxime beherrschten Verfahrensarten verläuft, allerdings hat das Gericht, wenn es über die Schriftsätze oder Erklärungen der Parteien oder Zeugen im Verfahren auf maßgebliche Beweistatsachen stößt, diese zu berücksichtigen und ggf über Auflagen um zusätzliche Erkenntnisse zu erweitern.[46]

Im Übrigen bestehen keine herausragenden Besonderheiten im Beschlussverfahren. Das Verfahren wird anstelle eines Urteils durch **Beschluss** beendet (§ 84 ArbGG). Darüber hinaus können die Parteien das Verfahren durch Vergleich beenden; das Gericht stellt das Verfahren ein, wenn die Beteiligten es für erledigt erklärt haben (§ 83 a ArbGG).

Gemäß § 80 Abs. 2 Satz 2 ArbGG kann der Vorsitzende ein **Güteverfahren** ansetzen. Die für das Urteilsverfahren des ersten Rechtszugs maßgebenden Vorschriften gelten entsprechend. Macht also der Vorsitzende von der Möglichkeit der Anberaumung einer Güteverhandlung Gebrauch, sind hierauf die Regelungen der zwingenden Güteverhandlung im Urteilsverfahren (§ 54 ArbGG) anwendbar.

Ob ein Gütetermin stattfinden soll, steht im Ermessen des Vorsitzenden. Eine Güteverhandlung empfiehlt sich in Verfahren, in denen sich die Beteiligten über die streitige Angelegenheit vergleichen können oder in denen eine umfassende Erörterung eines komplizierten Sachverhalts notwendig erscheint.[47]

Das Verfahren kann in beschleunigter Weise anstelle des üblichen Beschlussverfahrens durch **einstweilige Verfügung** mit oder ohne mündliche Verhandlung geführt werden (§ 85 Abs. 2 ArbGG). Es können **Leistungsanträge** und **Feststellungsanträge** im ordentlichen Beschlussverfahren gestellt werden. Der Arbeitgeber kann seit der Entscheidung des BAG vom 17.3.2010[48] grundsätzlich nur noch Feststellungsanträge stellen; Unterlassungsansprüche stehen ihm nicht mehr zu. Die Zwangsvollstreckung aus Beschlüssen ergibt sich aus § 85 Abs. 1 ArbGG.

Gegen Beschlüsse des erstinstanzlichen Verfahrens findet die **Beschwerde** an das Landesarbeitsgericht statt (§ 87 Abs. 1 ArbGG) und im dritten Rechtszug besteht die Möglichkeit der **Rechtsbeschwerde** (§ 92 ArbGG).

Im arbeitsgerichtlichen Beschlussverfahren wird der Betriebsrat durch seinen Vorsitzenden gem. § 26 Abs. 2 BetrVG im Rahmen der vom Betriebsrat gefassten Beschlüsse vertreten. Aus diesem Grunde muss der Betriebsratsvorsitzende, wenn er entweder selbst einen Antragsschriftsatz im arbeitsgerichtlichen Beschlussverfahren verfasst oder einen Rechtsanwalt oder den DGB mit der Interessenwahrnehmung beauftragt, zwei Voraussetzungen beachten: Zum einen setzt die Einleitung des Gerichtsverfahrens einen entsprechenden, eindeutigen **Betriebsratsbeschluss** voraus, der allerdings auch noch notfalls im Laufe eines arbeitsgerichtlichen Beschlussverfahrens gefasst werden kann.[49] Deshalb muss der Betriebsratsvorsitzende auch, um dem Amtsermittlungsbedürfnis der Kammer zu genügen, das Protokollbuch oder einen hieraus gefertigten, beglaubigten Auszug zum Gerichtstermin mitbringen, damit die Kammer sich vom Bestehen eines entsprechenden Beschlusses überzeugen kann.

Wird ein **Rechtsanwalt** als **Verfahrensbevollmächtigter** beauftragt, muss der Betriebsrat ebenfalls einen entsprechenden Beschluss fassen und sollte den protokollierten Beschluss rein vorsorglich zum Kammertermin zur Verfügung haben.

IV. Beschlussverfahren zur Tariffähigkeit und Tarifzuständigkeit einer Vereinigung

Besteht Streit in der Frage, ob eine Arbeitnehmer- oder eine Arbeitgebervereinigung tariffähig iSv § 2 TVG ist, überlässt es der Gesetzgeber einer räumlich und sachlich zuständigen Vereinigung von Arbeitnehmern oder Arbeitgebern sowie der obersten Arbeitsbehörde des Bundes und der obersten Arbeits-

---

44 BAG 21.10.1980 – 6 ABR 41/78, BAGE 34, 230 = AP § 54 BetrVG 1972 Nr. 1.
45 BAG 21.10.1980 – 6 ABR 41/78, BAGE 34, 230 = AP § 54 BetrVG 1972 Nr. 1.
46 BAG 3.6.1969 – 1 ABR 3/69, BAGE 22, 38 = AP § 18 BetrVG Nr. 17.
47 Germelmann/Matthes/Prütting/*Matthes*, ArbGG, § 80 Rn 54; krit. *Germelmann*, NZA 2000, 1017.
48 BAG 17.3.2010 – 7 ABR 95/08, BAGE 133, 342.
49 BAG 11.3.1992 – 7 ABR 50/91, BAGE 70, 53 = NZA 1992, 946.

behörde eines Landes, in einem Beschlussverfahren in besonderen Fällen nach § 97 ArbGG die **Tariffähigkeit** feststellen zu lassen. Häufig wird das Verfahren nach § 97 ArbGG eingeleitet, während ein anderes Verfahren ausgesetzt wurde, um eine Entscheidung der Frage der Tariffähigkeit und Tarifzuständigkeit herbeizuführen. Dabei ist es gleichgültig, in welchem Verfahren sich die Frage der Tariffähigkeit oder Tarifzuständigkeit als Vorfrage stellt.[50]

26 Neben Gewerkschaften und Arbeitgeberkoalitionen können auch Innungen und Innungsverbände Parteien im Verfahren des § 97 Abs. 5 ArbGG sein.[51] Neben den im Gesetz aufgeführten Verfahrensbeteiligten kommen als Antragsteller auch die Beteiligten eines ausgesetzten Verfahrens in Betracht. Ist in einem solchen Verfahren die Frage der Tariffähigkeit oder Tarifzuständigkeit vorgreiflich, sind für das Verfahren nach § 97 ArbGG diese Parteien auch beteiligtenfähig im Verfahren des § 97 ArbGG.[52] Abgesehen von den Besonderheiten, die sich bei den Beteiligten und der Antragstellungsbefugnis ergeben, handelt es sich bei dem Verfahren des § 97 ArbGG um ein normales Beschlussverfahren.[53]

27 **Rechtsmittel** gegen einen Beschluss nach § 97 ArbGG ist die Beschwerde an das Landesarbeitsgericht. Gegen die Entscheidung des Landesarbeitsgerichts ist die Rechtsbeschwerde nur gegeben, wenn sie entweder vom Landesarbeitsgericht zugelassen worden ist oder auf eine Nichtzulassungsbeschwerde hin vom Bundesarbeitsgericht zugelassen wurde.[54]

28 Da es neben den DGB-Gewerkschaften zunehmend kleinere Vereinigungen von Arbeitnehmern gibt, wie die UFO-Entscheidung des BAG[55] über die Flugbegleitervereinigung oder die CGM-Entscheidung des BAG[56] belegen, besteht uU zunehmend ein Bedarf an der Feststellung, ob kleinere, sich nunmehr bildende Arbeitnehmer-Koalitionen eine tariffähige Vereinigung iSv § 2 TVG sind. Einer solchen Feststellung dient das Muster 7055.[57] Wird eine solche Vereinigung im Verfahren des § 97 ArbGG verklagt, besteht eine örtliche Zuständigkeit desjenigen Arbeitsgerichts, in dessen Bezirk die Vereinigung ihren Sitz hat.[58] Die Bedeutung der Tariffähigkeit solcher „kleiner" Gewerkschaften ist angesichts der **Aufgabe des Grundsatzes der Tarifeinheit** durch das BAG noch erheblich gestiegen. Der 10. Senat hat sich mit Beschluss vom 23.6.2010[59] der Auffassung des 4. Senats angeschlossen, dass die Rechtsnormen eines Tarifvertrages, die den Inhalt, den Abschluss und die Beendigung von Arbeitsverhältnissen ordnen, nach §§ 3 Abs. 1, 4 Abs. 1 TVG in den jeweiligen Arbeitsverhältnissen eines Betriebes unmittelbar gelten und diese durch das TVG vorgesehene Geltung nicht dadurch verdrängt wird, dass für den Betrieb kraft Tarifbindung des Arbeitgebers nach § 3 Abs. 1 TVG mehr als ein Tarifvertrag gilt, für Arbeitsverhältnisse derselben Art im Falle einer Tarifbindung eines oder mehrerer Arbeitnehmer allerdings jeweils nur ein Tarifvertrag („**Tarifpluralität**").

29 Bei den nachfolgenden Mustern können die Schriftsatzmasken für Arbeitgeber und Betriebsrat ausgetauscht werden. Es ist also gleichgültig, ob Antragsteller der Arbeitgeber oder der Betriebsrat ist.

---

50 Germelmann/Matthes/Prütting/*Matthes/Schlewing*, ArbGG, § 97 Rn 11.
51 Germelmann/Matthes/Prütting/*Matthes/Schlewing*, ArbGG, § 97 Rn 17.
52 Germelmann/Matthes/Prütting/*Matthes/Schlewing*, ArbGG, § 97 Rn 16.
53 Germelmann/Matthes/Prütting/*Matthes/Schlewing*, ArbGG, § 97 Rn 27.
54 Germelmann/Matthes/Prütting/*Matthes/Schlewing*, ArbGG, § 97 Rn 27.
55 BAG 14.12.2004 – 1 ABR 51/03, BAGE 113, 82 = NZA 2005, 697.
56 BAG 28.3.2006 – 1 ABR 58/04, BAGE 117, 308 = NZA 2006, 1112.
57 § 7 Rn 40.
58 Germelmann/Matthes/Prütting/*Matthes*, ArbGG, § 82 Rn 20; GK-ArbGG/*Dörner*, § 82 Rn 18; *Schwab/Weth*, ArbGG, § 82 Rn 21.
59 BAG 23.6.2010 – 10 AS 2/10, NZA 2010, 778.

B. Texte

1. Muster: Anfechtung einer Betriebsratswahl

1. Die Betriebsratswahl vom ... wird für unwirksam erklärt.
2. Der Streitwert wird festgesetzt.

Gründe

1. Der Antrag ist zulässig, da er binnen zwei Wochen nach Bekanntgabe des Wahlergebnisses gestellt ist, § 19 Abs. 2 BetrVG.

Die Antragsteller sind auch antragsbefugt, denn die Antragsbefugnis liegt bei einer im Betrieb vertretenen Gewerkschaft, beim Arbeitgeber oder bei mindestens drei wahlberechtigten Arbeitnehmern, § 19 Abs. 2 BetrVG.

2. Am ... fand die Betriebsratswahl statt. Das Wahlergebnis wurde am ... durch den Wahlvorstand bekanntgegeben. Das Wahlergebnis wurde falsch ermittelt: ...

2. Muster: Beschwerde

...

Gegen den Beschluss des Arbeitsgerichts ... vom ..., Aktenzeichen ..., zugestellt am ..., legen wir

Beschwerde

ein.

Rubrum und Tenor des angefochtenen Beschlusses fügen wir in Abschrift bei.

Wir werden beantragen:

1. Der Beschluss des Arbeitsgerichts ... vom ..., Aktenzeichen ..., wird abgeändert.
2. Es wird beantragt, nach dem Schlussantrag im Anhörungstermin zu entscheiden.

Die Begründung erfolgt in einem gesonderten Schriftsatz.

3. Muster: Beschwerde gegen Zwischenentscheidung[60]

In Sachen ... ./. ...

(Kurzrubrum)

legen wir namens und im Auftrag der Beteiligten ... gegen den Beschluss des Arbeitsgerichts vom ...

Beschwerde

ein und beantragen:

1. Der Aussetzungsbeschluss vom ... wird aufgehoben.
2. Das Verfahren wird fortgesetzt.

---

60 Im Beschlussverfahren wird der Begriff „Beschwerde" für zwei verschiedene Verfahrensarten einheitlich verwendet. Als Beschwerde wird einmal die mit der Berufung vergleichbare Beschwerde gem. § 87 Abs. 1 ArbGG gegen verfahrensbeendende Beschlüsse bezeichnet (s. hierzu die Muster 7120 und 7130). Die Beschwerde wird außerdem eingelegt gem. § 83 Abs. 5 ArbGG gegen verfahrensleitende Beschlüsse und Verfügungen des Arbeitsgerichts oder seines Vorsitzenden. Die Beschwerde nach § 83 Abs. 5 ArbGG entspricht gem. § 78 Abs. 1 Satz 1 ArbGG der Beschwerde gem. § 567 ZPO. Beispiel einer Beschwerde im Urteilsverfahren nach § 567 ZPO bildet das Muster 6119 (§ 6 Rn 129).

Gründe

Das Arbeitsgericht hat in dem Verfahren gem. § 23 Abs. 1 Satz 1 BetrVG zu Unrecht eine Aussetzung gem. § 149 ZPO bis zum Abschluss des Strafverfahrens beschlossen. Wie der Beteiligte erst jetzt erfahren hat, ist das Mitglied des Betriebsrats entgegen seinen Erklärungen im vorliegenden Verfahrens bereits wegen Diebstahls und Urkundenfälschung, bezogen auf die dem Verfahren des § 23 Abs. 1 Satz 1 BetrVG Anlass bildenden Verstöße, rechtskräftig verurteilt worden. Das Strafverfahren war zwar vorgreiflich, ist aber bereits abgeschlossen, so dass das Beschlussverfahren wieder aufgenommen werden muss.

4. Muster: Bestellung eines Einigungsstellenvorsitzenden und Antrag auf Errichtung einer Einigungsstelle

Wir bestellen uns zu Prozessbevollmächtigten der Antragstellerin, in deren Namen und Auftrag wir um kurzfristige Anberaumung eines Termins bitten. Wir werden beantragen:

1. Der Richter am Arbeitsgericht ... wird zum Vorsitzenden der Einigungsstelle, die über ... entscheiden soll, bestellt.
2. Die Zahl der von jeder Seite zu benennenden Beisitzer wird auf zwei festgesetzt.
3. Der Streitwert wird festgesetzt.

Gründe

Die Firma ist ein auf dem Gebiet des ... tätiges Unternehmen mit ... Mitarbeitern an den Standorten ... . Die Parteien sind sich nicht einig über ... . Der Sachverhalt bedarf nach § 87 Abs. 1 Nr. ... BetrVG der Mitbestimmung des Beteiligten zu 2.

In der Zeit vom ... haben Gespräche und Verhandlungen zwischen den Beteiligten stattgefunden. Nach der letzten Verhandlungsrunde erklärte der Beteiligte zu 2., dass sich eine Einigung nicht mehr auf innerbetrieblichem Wege herbeiführen lasse. Beide Seiten haben daraufhin die Verhandlungen für gescheitert erklärt. Die/der Beteiligte ... hat mit Schreiben vom ...[61] den Beteiligten ... gebeten, sich mit der Bestellung des Richters am Arbeitsgerichts ... einverstanden zu erklären und damit die Zahl der Beisitzer auf je zwei pro Seite festzulegen. Dem Beteiligten zu 2. wurde eine Äußerungsfrist von drei Tagen eingeräumt. Der/die Beteiligte ... hat diese Frist ohne jegliche Stellungnahme verstreichen lassen. Die Einleitung des gerichtlichen Bestellungsverfahrens nach § 98 ArbGG ist deshalb geboten.

Soweit der/die Beteiligte zu ... in den Verhandlungen die Auffassung vertreten hat, die Einigungsstelle sei im vorliegenden Fall ohnehin nicht zuständig, liegt die Rechtsauffassung neben der Sache. Offensichtlich rechtswidrig ist die von der Antragstellerin vorgeschlagene Neuregelung nicht, denn ... .

Nur bei ganz offensichtlicher Unzuständigkeit der Einigungsstelle kann der Antrag abgelehnt werden, § 98 Abs. 1 Satz 2 ArbGG.

Aus den dargestellten Gründen kommt eine offensichtliche Unzuständigkeit der Einigungsstelle nicht in Betracht.

Der vorgeschlagene Richter am Arbeitsgericht ist ein erfahrener Einigungsstellenvorsitzender und zweifellos unparteiisch. Die Antragstellerin möchte nicht in eine Diskussion über die Person des vorgeschlagenen Richters oder anderer Arbeitsrichter eintreten. Zwar ist das Arbeitsgericht an die Person des vorgeschlagenen Vorsitzenden der Einigungsstelle bekanntlich nicht gebunden. Auch ist sicherlich die Auffassung nicht rich-

---

[61] Beispiel eines solchen Schreibens: Muster 7425 (§ 7 Rn 146).

tig, das Gericht dürfe von der im Antrag genannten Person nur dann abweichen, wenn gegen sie Gründe sprechen, die die Ausschließung und Ablehnung von Richtern nach §§ 41 ff ZPO rechtfertigen würden,

so *Herbst/Reiter/Schindele*, Handbuch zum arbeitsgerichtlichen Beschlussverfahren, Rn 1217, S. 387.

Träfe diese Auffassung zu, würden sich beide Betriebspartner nur darum bemühen müssen, als Erster den Antrag auf Errichtung einer Einigungsstelle zu stellen, um den ihnen genehm erscheinenden Vorsitzenden durchzusetzen. Nach richtiger Auffassung soll der Vorgeschlagene bestellt werden, wenn er nicht offensichtlich ungeeignet ist und die Gegenseite keine Einwände erhebt. Erhebt der Beteiligte zu 2. Einwände, ist es Sache des Gerichts, darüber zu befinden, ob diesen Einwänden, beispielsweise angesichts reiner Subjektivität, nachgegeben und ein weder von der einen noch von der anderen Seite vorgeschlagener Vorsitzender bestellt wird oder ob unter dem Gesichtspunkt der Beschleunigung ein nachweislich zur sofortigen Übernahme des Amtes bereite Einigungsstellenvorsitzender bestellt wird.

5. Muster: Bestellungsschriftsatz im Beschwerdeverfahren   34

7025

...

zeigen wir an, dass wir den Beteiligten zu 2. und Beschwerdegegner auch in der Beschwerdeinstanz vertreten.

Wir werden beantragen:

    Der Beschluss des Arbeitsgerichts ..., vom ..., Aktenzeichen ..., bleibt aufrechterhalten.

Die Begründung erfolgt in einem gesonderten Schriftsatz.

6. Muster: Bestellungsschriftsatz im Verfahren der Rechtsbeschwerde   35

7030

...

zeigen wir an, dass wir den Beteiligten zu 2. und Rechtsbeschwerdegegner auch in der Rechtsbeschwerdeinstanz vertreten.

Die Durchschriften dieses Schriftsatzes werden in siebenfacher Ausfertigung beigefügt.

Wir werden beantragen:

    Der Beschluss des Landesarbeitsgerichts ... vom ..., Aktenzeichen ..., wird bestätigt.

Die Begründung bleibt einem gesonderten Schriftsatz vorbehalten.

7. Muster: Bestimmung des Vorsitzenden einer Einigungsstelle[62]   36

7035

In dem Beschlussverfahren

mit den Beteiligten

1. Firma ...

                                       – Antragstellerin und Beteiligte zu 1. –

Verfahrensbevollmächtigte: Rechtsanwälte ...

---

[62] Der vorliegende Antrag betrifft die Bestimmung eines Vorsitzenden der Einigungsstelle im Verfahren über den Abschluss eines Interessenausgleichs. Je nachdem, um welchen Gegenstand es sich beim Einigungsstellenverfahren handelt (zum Überblick s. § 7 Rn 3), kann der Wortlaut des Antrags modifiziert werden.

und

2. Betriebsrat der Firma ...

– Beteiligter zu 2. –

Wir bestellen uns zu Verfahrensbevollmächtigten der Antragstellerin, in deren Namen und Auftrag wir beantragen, wie folgt zu erkennen:

1. Es wird beantragt, einen an Arbeitsgerichten ... tätigen Richter zum Vorsitzenden einer Einigungsstelle zu bestellen.
2. Es wird beantragt, die Zahl der von jeder Seite zu benennenden Beisitzer für die im Antrag Ziffer 1 erwähnte Einigungsstelle auf zwei Mitglieder zu begrenzen.

Gründe

1. Der Beteiligte zu 2. ist der gewählte Betriebsrat bei der Antragstellerin, Betriebsteil ... Die Antragstellerin beabsichtigt, eine Betriebsänderung gem. § 111 BetrVG durchzuführen und den Betriebsteil zu schließen. Der Vorstand der Antragstellerin hat einen entsprechenden Beschluss gefasst. Die Mitarbeiter wurden hierüber in einer Betriebsversammlung am ... informiert. Seither hat sich die Geschäftsleitung in Verhandlungen mit dem Betriebsrat um den Abschluss eines Interessenausgleichs bemüht. Diese Verhandlungen waren erfolglos. Im Einzelnen: ...

2. Da ein Einvernehmen über einen Kandidaten nicht erzielt werden konnte, wird angeregt, den Einigungsstellenvorsitzenden wie in § 98 Abs. 1 ArbGG, § 76 Abs. 2 Satz 2 BetrVG vorgesehen, im vorliegenden Verfahren zu bestellen.

Wir halten es für eine Stilfrage, sich nicht an einer Diskussion über die Vor- und Nachteile einzelner Richterpersönlichkeiten zu beteiligen. Eine weitergehende Begründung des Antrags Ziffer 1 muss damit nach unserer Auffassung nicht erfolgen.

37

8. Muster: Betriebsratsfähige Organisationseinheit – Antrag auf Feststellung

...

Wir bestellen uns zu Verfahrensbevollmächtigten des Antragstellers und beantragen, wie folgt zu beschließen:

1. Bei dem Werk II der Firma ... handelt es sich um eine betriebsratsfähige Organisationseinheit.
2. Der Streitwert wird festgesetzt.

Gründe

1. Die Firma ... besteht aus drei Werken. Das eine Werk befindet sich in ..., das andere in ... und das Werk III schließlich in ... Bislang haben die wahlberechtigten Arbeitnehmer für die Werke I und II einen gemeinsamen Betriebsrat gewählt, für das 300 Kilometer entfernt gelegene Werk wurde stets ein eigener Betriebsrat gebildet. Die seit Jahren andauernde Diskussion, ob es rechtmäßig sei, dass für die Werke I und II jeweils ein einheitlicher Betriebsrats gewählt wurde, soll mit dem vorliegenden Antrag durch gerichtliche Entscheidung abschließend geklärt werden.

2. Der Antrag ist zulässig. Gemäß § 18 Abs. 2 BetrVG kann der Arbeitgeber, der Betriebsrat, aber auch der Wahlvorstand die Entscheidung darüber herbeiführen, ob eine betriebsratsfähige Organisationseinheit vorliegt.

3. In den Werken I und II werden im Wesentlichen gleichartige Aufgaben wahrgenommen. Im Werk I arbeiten ... Arbeitnehmer, im Werk II ... Arbeitnehmer. Die Entfernung zwischen beiden Werken beträgt 60 km. Un-

ter Einsatz öffentlicher Verkehrsmittel beträgt die Entfernung zwischen beiden Werken meist ca. 1,5–1,75 Stunden Fahrtzeit.

Zwar werden beide Werke von der Geschäftsleitung, deren Büroräume sich in Werk I befinden, geleitet. Auch liegt ein arbeitstechnisch einheitlicher Zweck vor. Die Betriebe bilden aber keine räumliche Einheit. Gerade wegen der Entfernung zwischen den Werken I und II und angesichts der Tatsache, dass jeder Arbeitnehmer zu dem von ihm gewählten Betriebsrat einen persönlichen Kontakt pflegen können muss, dieser aber für Arbeitnehmer des Werks I im Hinblick auf Mitglieder des Betriebsrats aus Werk II und für Arbeitnehmer aus dem Werk II im Hinblick auf Mitglieder des Betriebsrats aus Werk I nicht gewährleistet ist, ist von zwei unterschiedlichen Betrieben auszugehen. Die räumliche Entfernung von über eineinhalb Stunden schließt einen persönlichen Kontakt bei der Wahrnehmung von Interessen der Arbeitnehmer durch die Mitglieder des Betriebsrats aus. Die weite räumliche Entfernung allein reicht völlig aus, um die Werke I und II als eigenständige Betriebe iSv § 1 BetrVG anzusehen. Dass eine gleiche Leitungsmacht und gleichartige arbeitstechnische Zwecke verfolgt werden, ändert an diesem Umstand nichts.

4. Die Meinungsverschiedenheiten zwischen Geschäftsführung, Belegschaft und Betriebsrat über den Betriebsbegriff können in jedem Falle im Beschlussverfahren geltend gemacht werden, §§ 2a Abs. 1 Nr. 1, Abs. 2, 80ff ArbGG. Darüber hinaus ist dem Wahlvorstand eine besondere Feststellungsbefugnis – ebenfalls im Beschlussverfahren – über § 18 Abs. 2 BetrVG eingeräumt. Eine gerichtliche Entscheidung im Verfahren nach § 18 Abs. 2 BetrVG hat präjudizielle Bindungswirkung für nachfolgende Urteilsverfahren,

BAG 9.4.1991 – 1 AZR 488/90, BAGE 68, 1 = NZA 1991, 812.

9. Muster: Rechtsbeschwerde

...

Gegen den Beschluss des Landesarbeitsgerichts ... vom ..., Aktenzeichen ..., zugestellt am ..., legen wir

Rechtsbeschwerde

ein.

Rubrum und Tenor des angefochtenen Beschlusses werden, wie auch die Durchschriften dieses Schriftsatzes, in siebenfacher Ausfertigung beigefügt.

Wir werden beantragen:

1. Der Beschluss des Landesarbeitsgerichts ... vom ..., Aktenzeichen ..., wird abgeändert.
2. Es wird beantragt, nach den Schlussanträgen zweiter Instanz zu entscheiden.

Die Begründung bleibt einem gesonderten Schriftsatz vorbehalten.

10. Muster: Sozialplan – Ermessensfehler bei undifferenzierter Festsetzung von Abfindungen durch Spruch einer Einigungsstelle

...

1. Der Beschluss der Einigungsstelle vom ... über den Sozialplan ... ist unwirksam.
2. Der Streitwert wird festgesetzt.

Gründe

1. Nachdem sich die Beteiligten nicht über den Wortlaut eines Sozialplans im Rahmen von Sozialplanverhandlungen einigen konnten, wurde eine Einigungsstelle gebildet. Die Einigungsstelle tagte am ... und am ....

Am ... wurde ein Sozialplan beschlossen.
Beweis: ...
2. Der verabschiedete Sozialplan sieht unter Ziffer ... vor, dass bei jedem Arbeitnehmer, dessen Arbeitsverhältnis wegen der Rationalisierungsmaßnahme aufgelöst wurde bzw aufgelöst wird, eine Abfindung iHv ... % des Bruttomonatsgehalts pro Beschäftigungsjahr gezahlt wird.
Beweis: Vorlage des Sozialplans.
Der Beschluss der Einigungsstelle über den Sozialplan ist unwirksam, weil sich die Einigungsstelle nicht innerhalb der Ermessensgrenzen bewegt hat.
Zwar ist die Einigungsstelle grundsätzlich in den Grenzen von Recht und Billigkeit frei, darüber zu entscheiden, ob und welche Nachteile der Arbeitnehmer, die der Verlust des Arbeitsplatzes infolge einer sozialplanpflichtigen Betriebsänderung mit sich bringt, durch eine Abfindung ausgeglichen oder gemildert werden soll,
BAG, Beschl. v. 28.9.1988 – 1 ABR 23/87, BAGE 59, 359 = NZA 1989, 186.
Mit dem durch das Beschäftigungsförderungsgesetz ab 1.5.1985 eingeführten § 112 Abs. 5 BetrVG sind der Einigungsstelle jedoch Leitlinien für die Ermessensentscheidung vorgegeben worden, deren Nichtbeachtung den von der Einigungsstelle beschlossenen Sozialplan ermessensfehlerhaft macht. Die Einigungsstelle hat demnach nicht nur die sozialen Belange der betroffenen Arbeitnehmer zu berücksichtigen und auch die wirtschaftliche Vertretbarkeit ihrer Entscheidung für das Unternehmen zu achten, sondern insbesondere den Gegebenheiten des konkreten Einzelfalls Rechnung zu tragen, die Aussichten der betroffenen Arbeitnehmer auf dem Arbeitsmarkt zu berücksichtigen und diejenigen Arbeitnehmer, die eine zumutbare Weiterbeschäftigung ablehnen, von Leistungen aus dem Sozialplan auszuschließen (§ 112 Abs. 5 Nr. 2 BetrVG) sowie bei der Bemessung des Gesamtbetrags der Sozialplanleistungen darauf zu achten, dass der Fortbestand des Unternehmens oder die nach Durchführung der Betriebsänderung verbleibenden Arbeitsplätze nicht gefährdet werden (§ 112 Abs. 5 Nr. 3 BetrVG).
Diesen Anforderungen entspricht der von der Einigungsstelle beschlossene Sozialplan nicht. Die Einigungsstelle muss sich darum bemühen, den Ausgleich feststellbarer oder zu erwartender materieller Einbußen des Arbeitnehmers im Einzelfall zu berücksichtigen und sie darf deshalb keine allein generell pauschalen Abfindungssummen festsetzen,
BT-Drucks. 10/2102, S. 17.
Es stellt deshalb eine Ermessensüberschreitung dar, wenn unabhängig von den individuellen Gegebenheiten der Arbeitnehmer Pauschalabfindungen festgesetzt werden,
BAG, Beschl. v. 14.9.1994 – 10 ABR 7/94, BAGE 78, 30 = NZA 1995, 440; BAG, Beschl. v. 26.5.1988 – 1 ABR 11/87, NZA 1989, 26.
Bei der Bemessung von Abfindungsbeträgen dürfen die Betriebspartner auch auf die Dauer der bisherigen Beschäftigung abstellen, obwohl die Überbrückungsfunktion eines Sozialplans auf die Zukunft gerichtet ist. Die Gründe für eine Berücksichtigung der Beschäftigungsdauer rechtfertigen es aber nicht, von dieser die Zeiten von Erziehungsurlaub (Elternzeit) auszunehmen. Insoweit ist der Gestaltungsspielraum der Betriebsparteien eingeschränkt, weil der Schutzbereich des Art. 6 Abs. 1 und 2 GG (Ehe und Familie, Pflege und Erziehung der Kinder) berührt ist,
BAG, Urt. v. 12.11.2002 – 1 AZR 58/02, BAGE 103, 321 = NZA 2003, 1287.

11. Muster: Tariffähige Vereinigung – Antrag nach § 97 ArbGG

↓

Antrag

Im Beschlussverfahren in besonderen Fällen

zwischen

1. ...

– Antragstellerin und Beteiligte zu 1. –

und

2. ...

– Beteiligter zu 2. –

bestellen wir uns zu Verfahrensbevollmächtigten der Antragstellerin und beantragen, im Verfahren gem. §§ 97, 2 a Abs. 1 Nr. 4 ArbGG wie folgt zu beschließen:

> Der Beteiligte zu 2. ist keine tariffähige Gewerkschaft iSv § 2 Abs. 1 TVG.

Gründe

I. Sachverhalt und Verfahren

1. Die Antragstellerin ist ein Unternehmen auf dem Gebiet des .... Sie ist Arbeitgeberin von ....

2. Die Antragstellerin beschäftigt als Arbeitnehmer .... Der Beteiligte zu 2. ist eine Vereinigung, die von sich behauptet, eine Gewerkschaft zu sein, in der sich ... zusammengeschlossen hätten. Erster Vorsitzender des Beteiligten zu 2. ist ....

Der Beteiligte zu 2. wurde nach einer Information der Zeitung ... am ... gegründet. Ihm sollen ... Mitglieder angehören.

> **Beweis:** Artikel in ... – Anlage K 1.

Dass der Verein tatsächlich ... Mitglieder hat, wird bestritten. Niemand hat überprüft, ob die Zahlenangaben gegenüber der Zeitung zutreffend sind. Aus Kreisen der vermeintlichen Mitglieder war zu hören, dass der Beteiligte zu 2. in Wahrheit nur ... Mitglieder hat. Mitglieder im Sinne des Rechts der Koalitionen, des Parteiengesetzes oder des Vereinsrechts sind nur solche, die förmlich aufgenommen worden sind und einen Mitgliedsbeitrag leisten. Es wird bestritten, dass die in Privatinitiative des ersten Vorsitzenden des Beteiligten zu 2. gegründete Vereinigung mehr als ... Beiträge entrichtende Mitglieder hat.

3. Der Antragsteller wurde mit Anwaltsschreiben vom ... aufgefordert, dem ersten Vorsitzenden des Beteiligten zu 2. Zutritt zu den betrieblichen Räumlichkeiten zu gewähren. Er machte geltend, der Beteiligte zu 2. verfüge über ein Zugangsrecht nach § 2 Abs. 2 BetrVG.

> **Beweis:** Vorlage des Anwaltsschreibens in Kopie – Anlage K 2.

Der Beteiligte zu 2. hat kein Zugangsrecht zum Betrieb der Antragstellerin gem. § 2 Abs. 2 BetrVG, da er keine Gewerkschaft ist.

Der Beteiligte zu 2. forderte außerdem die Antragstellerin auf, mit ihr wegen eines Haustarifvertrages in Tarifverhandlungen einzutreten.

> **Beweis:** Vorlage des Schreibens in Kopie – Anlage K 3.

Auch in diesem Schreiben wird behauptet, der Beteiligte zu 2. sei eine tariffähige Gewerkschaft, er sei tariffähig iSd § 2 TVG. Er erkenne das staatliche Tarif-, Schlichtungs- und Arbeitskampfrecht für sich an und sei tarifwillig. Aufgrund seines Organisationsgrades bestehe auch die soziale Mächtigkeit, da der Beteiligte zu 2. über ausreichende Leistungs- und Durchsetzungsfähigkeit verfüge.

> **Beweis:** Wie vor.

4. Angesichts des geltend gemachten Zutrittsrechts nach § 2 Abs. 2 BetrVG und der behaupteten Tariffähigkeit des Beteiligten zu 2. iSv § 2 TVG hat die Antragstellerin ein berechtigtes Interesse an der Feststellung, dass der Beteiligte zu 2. keine tariffähige Vereinigung ist. Für diese Feststellung hat der Gesetzgeber ein eigenständiges Beschlussverfahren gem. §§ 97, 2 a Abs. 1 Nr. 4 ArbGG vorgesehen.

Die örtliche Zuständigkeit des angerufenen Gerichts ergibt sich aus §§ 17, 29 ZPO. Im Bezirk des angerufenen Gerichts hat der Beteiligte zu 2. seinen Sitz. Daher ist das angerufene Arbeitsgericht örtlich zuständig, weil der Grundsatz gilt, dass dasjenige Arbeitsgericht zuständig ist, in dessen Bezirk die Vereinigung ihren Sitz hat, deren Tariffähigkeit streitig ist,

Germelmann/Matthes/Prütting/*Matthes*, ArbGG, § 82 Rn 20.

5. Eine Besonderheit im Verfahren des § 97 ArbGG besteht darin, dass grundsätzlich auch alle Arbeitnehmer- und Arbeitgebervereinigungen, deren örtliche und sachliche Zuständigkeit mit der Zuständigkeit der Vereinigung, deren Tariffähigkeit oder Tarifzuständigkeit umstritten ist, konkurriert, als Beteiligte zu laden sind.

Germelmann/Matthes/Prütting/*Matthes/Schlewing*, ArbGG, § 97 Rn 23.

Auch sind nach der Rechtsprechung des Bundesarbeitsgerichts die Spitzenverbände, wie der Deutsche Gewerkschaftsbund oder die Bundesvereinigung der Deutschen Arbeitgeberverbände, zu beteiligen,

BAG 10.2.2009 – 1 ABR 36/08, BAGE 129, 322; BAG 25.11.1986 – 1 ABR 22/85, BAGE 53, 347 = AP § 2 TVG Nr. 36; AnwK-ArbR/*Treber*, § 97 ArbGG Rn 5.

Auch die oberste Arbeitsbehörde des Landes wie des Bundes können Beteiligte sein,

BAG 10.2.2009 – 1 ABR 36/08, BAGE 129, 322; BAG 25.11.1986 – 1 ABR 22/85, BAGE 53, 347 = AP § 2 TVG Nr. 36.

Inwieweit diese Grundsätze im vorliegenden Fall anzuwenden sind, erscheint zweifelhaft, denn von der vorliegenden Rechtsfrage sind nur ... Arbeitnehmer betroffen. Dass eine Allgemeinverbindlicherklärung von Tarifverträgen insoweit in Betracht käme und daher die obersten Arbeitsbehörden als Beteiligte einzubeziehen wären, ist ausgeschlossen. Es bleibt dem angerufenen Gericht vorbehalten, darüber zu befinden, ob weitere Beteiligte in das Verfahren einzubeziehen sind.

II. Merkmale einer tariffähigen Gewerkschaft

1. Die Begriffe „Gewerkschaft" und „tariffähige Vereinigung"

Mit den Gewerkschaften in § 2 Abs. 2 BetrVG sind solche Arbeitnehmervereinigungen gemeint, die tariffähig sind,

BAG 25.11.1986 – 1 ABR 22/85, BAGE 53, 347 = AP § 2 TVG Nr. 36; BAG 25.9.1990 – 3 AZR 266/89, BAGE 66, 71 = NZA 1991, 314; *Fitting u.a.*, BetrVG, § 2 Rn 33.

In § 2 Abs. 1 TVG bilden die Gewerkschaften einen Unterfall der Tarifvertragsparteien. In § 97 ArbGG ist von der Tariffähigkeit und Tarifzuständigkeit einer Vereinigung, wörtlich in gleicher Weise ist in § 2 a Abs. 1 Nr. 4 ArbGG von „einer Vereinigung" die Rede. Ein Unterschied zwischen dem Begriff der „tariffähigen Vereinigung" und dem Begriff „Gewerkschaft" besteht nur insoweit, als auch eine Arbeitgebervereinigung oder ein Arbeitgeber (beim Haustarifvertrag) tariffähige Vereinigung sein können. Wer keine tariffähige Vereinigung ist, kann auch keine Gewerkschaft sein. Eine Gewerkschaft ist jedoch immer eine „tariffähige Vereinigung".

„Tariffähige Vereinigung" ist mithin der Oberbegriff für Gewerkschaften und Arbeitgebervereinigungen. Inhaltliche Unterschiede ergeben sich – von der Funktion des Begriffs der tariffähigen Vereinigung für die Arbeitgeber- und die Arbeitnehmerseite abgesehen – zum Gewerkschaftsbegriff nicht. Da der Beteiligte zu 2. in seinem Anschreiben Rechte einer Gewerkschaft geltend macht, muss er die Voraussetzungen einer tariffähigen Vereinigung erfüllen. Da es dem Beteiligten zu 2. an mehreren Voraussetzungen zur Erfüllung des Gewerkschaftsbegriffs fehlt, hat die Antragstellerin im vorliegenden Beschlussverfahren ein berechtigtes Interesse an der Feststellung mangelnder Tariffähigkeit des Beteiligten zu 2.

2. Normative Grundlagen der Tariffähigkeit

a) Verfassungsrechtliche Grundlagen

Aus der in Art. 9 Abs. 3 GG garantierten Koalitionsfreiheit folgt neben der Freiheit des Einzelnen, zur Wahrung und Förderung der Arbeits- und Wirtschaftsbedingungen Vereinigungen zu gründen, ihnen beizutreten oder fernzubleiben, der Schutz der Koalitionen selbst in ihrem Bestand und ihrer organisatorischen Ausgestaltung. Über den Wortlaut der verfassungsrechtlichen Regelung hinaus sind im Sinne einer Betätigungsgarantie solche Aktivitäten der Koalitionen geschützt, die darauf gerichtet sind, die Arbeits- und Wirtschaftsbedingungen zu wahren und zu fördern,

BVerfG 14.11.1995 – 1 BvR 601/92, BVerfGE 93, 352 = NZA 1996, 381 (unter expliziter Aufgabe der früher vertretenen „Kernbereichslehre").

Im Zentrum der Betätigungsfreiheit der Koalitionen steht die Tarifautonomie,

BVerfG 26.6.1991 – 1 BvR 779/85, BVerfGE 84, 212 = NZA 1991, 809,

als Befugnis der Arbeitgeber und Arbeitgeberverbände sowie von Gewerkschaften, die Arbeits- und Wirtschaftsbedingungen ihrer Mitglieder in kollektiven Verträgen mit zwingender Wirkung selbständig und selbstverantwortlich zu regeln,

Wiedemann/*Wiedemann*, TVG, Einl. Rn 1.

Da in der den Tarifvertragsparteien übertragenen Normsetzungsbefugnis eine Delegation staatlicher Regelungsmacht zu sehen ist, obliegt es dem Staat zu entscheiden, wem diese Befugnisse zukommen sollen,

BVerfG 18.11.1954 – 1 BvR 629/52, BVerfGE 4, 96 = AP Art. 9 GG Nr. 1.

Aus der Koalitionseigenschaft folgt daher nicht, dass jede Koalition zum Tarifabschluss ermächtigt ist,

BVerfG 18.11.1954 – 1 BvR 629/52, BVerfGE 4, 96 = AP Art. 9 GG Nr. 1.

Vielmehr können nur die im Sinne des Tarifrechts tariffähigen Personen und Vereinigungen wirksame Tarifverträge schließen. Die Tariffähigkeit der vertragsschließenden Partei ist damit Wirksamkeitsvoraussetzung jedes Tarifvertrages. Ihr Fehlen kann nicht geheilt werden,

Wiedemann/*Oetker*, § 2 TVG Rn 15 mwN.

b) Definition durch den Staatsvertrag vom 18.5.1990

Das Bundesarbeitsgericht hat in seinem Beschluss vom 6.6.2000 angenommen, dass aufgrund des Staatsvertrages und des gemeinsamen Protokolls über die Leitsätze A III Nr. 2 iVm dem Zustimmungsgesetz des Deutschen Bundestages vom 25.6.1990 eine wesentliche Änderung der Qualität der Kriterien für die Annahme einer Gewerkschaft eingetreten sei, die einer Gesetzesänderung gleichzusetzen sei,

BAG 6.6.2000 – 1 ABR 21/99, BAGE 95, 47 = NZA 2001, 156.

Zumindest sei dadurch eine von den Gesetzgebungsorganen getragene Willensbekundung gegeben, die für § 2 Abs. 1 TVG den Charakter einer nachträglichen Erläuterung habe und bei der Auslegung der Vorschrift zu berücksichtigen sei. Ob man diese Auffassung teilt oder nicht, zum Begriff der tariffähigen Vereinbarung bildet Grundlage die bisherige Rechtsprechung, die nach hier vertretener Auffassung mit dem Zustimmungsgesetz des Deutschen Bundestages vom 25.6.1990 keine näher feststellbare Veränderung gefunden hat. Als Grundlage der Bestimmung von Tariffähigkeit hat demnach die bisherige Rechtsprechung oder das sie präzisierende Zustimmungsgesetz des Deutschen Bundestages vom 25.6.1990 entsprechend dem Beschluss des Bundesarbeitsgerichts vom 6.6.2000 zu gelten.

§ 7 Schriftsätze im arbeitsgerichtlichen Beschlussverfahren

3. Tariffähigkeit nach der Rechtsprechung und nach dem Zustimmungsgesetz vom 25.6.1990

a) Aus dem Koalitionsbegriff des Art. 9 Abs. 3 GG wird gefolgert, dass unter einer Gewerkschaft iSd § 2 Abs. 1 TVG

- freiwillige Vereinigungen von Arbeitnehmern zu verstehen sind,
- deren satzungsmäßige Aufgabe die Wahrnehmung der Interessen ihrer Mitglieder in ihrer Eigenschaft als Arbeitnehmer ist,
- die gegnerfrei und -unabhängig,
- tarifwillig,
- auf Dauer angelegt,
- auf überbetrieblicher Grundlage organisiert ist sowie
- das geltende Tarifrecht als verbindlich anerkennt.

Diese Kriterien sind in Schrifttum und Rechtsprechung einheitlich anerkannt,

> BAG 9.7.1968 – 1 ABR 2/67, BAGE 21, 98 = AP § 2 TVG Nr. 25; BAG 6.6.2000 – 1 ABR 10/99, BAGE 95, 36 = NZA 2001, 160; BAG 14.2.1978 – 1 AZR 76/76, BAGE 30, 50 = AP Art. 9 GG Nr. 58; LAG Berlin-Brandenburg 9.1.2012 – 24 TaBV 1285/11 u.a., LAGE § 2 TVG Nr. 10; HWK/*Henssler*, § 2 TVG Rn 5 ff; Wiedemann/*Oetker*, § 2 TVG Rn 224 ff; Däubler/*Däubler*, TVG, Einl. Rn 86 ff; *Löwisch/Rieble*, § 2 TVG Rn 9 ff.

b) Zusätzlich wird die Handlungsfähigkeit durch Organe sowie die Unabhängigkeit des Zusammenschlusses vom Wechsel der Mitglieder gefordert, also ein korporativer Charakter,

> Schaub/*Koch*, Arbeitsrechts-Handbuch, § 187 II.3. Rn 8.

Das Bundesverfassungsgericht fordert zusätzlich eine organisierte Willensbildung, wobei demokratische Grundsätze einzuhalten sind,

> BVerfG 6.5.1964 – 1 BvR 79/62, BVerfGE 18, 18 = AP § 2 TVG Nr. 15.

c) Das Bundesarbeitsgericht hatte zunächst die Arbeitskampfwilligkeit als weitere Voraussetzung des Gewerkschaftsbegriffs iSv § 2 TVG verlangt. Nachdem das Bundesverfassungsgericht in dieser Rechtsprechung einen Verfassungsverstoß gesehen hatte,

> BVerfG 6.5.1964 – 1 BvR 79/62, BVerfGE 18, 18 = AP § 2 TVG Nr. 15,

fordert das Bundesarbeitsgericht im Interesse einer sachgerechten Aufgabenerfüllung nunmehr, dass eine Arbeitnehmervereinigung einerseits über Durchsetzungskraft gegenüber dem sozialen Gegenspieler und andererseits über eine gewisse Leistungsfähigkeit der Organisation verfügen müsse,

> BAG 25.11.1986 – 1 ABR 22/85, BAGE 53, 347 = NZA 1987, 492; BAG 6.6.2000 – 1 ABR 10/99, BAGE 95, 36 = NZA 2001, 160; BAG 14.12.2004 – 1 ABR 51/03, BAGE 113, 82 = NZA 2005, 697.

Bundesverfassungsgericht und Bundesarbeitsgericht gehen gemeinsam davon aus, dass beide Kriterien, also eine gewisse Durchsetzungskraft gegenüber dem sozialen Gegenspieler und Leistungsfähigkeit der Organisation, bei einer tariffähigen Gewerkschaft kumulativ vorliegen müssen,

> BVerfG 16.9.1991 – 1 BvR 453/90, juris; LAG Berlin 21.6.1996 – 6 TaBV 2/96, AP § 2 TVG Nr. 48.

Durchsetzungskraft und soziale Mächtigkeit sind nach Meinung des Bundesarbeitsgerichts notwendig, um sicherzustellen, dass der soziale Gegenspieler Verhandlungsangebote nicht übergehen kann. Ein angemessener Interessenausgleich, der sozialen Frieden stifte, könne nur zustande kommen, wenn die Arbeitnehmervereinigung dazu in der Lage sei, zumindest soviel Druck auszuüben, dass sich die Arbeitgeberseite veranlasst sehe, Verhandlungen über eine tarifliche Regelung von Arbeitsbedingungen aufzunehmen,

> BAG 20.11.1990 – 1 ABR 62/89, BAGE 66, 258 = NZA 1991, 428.

Im Zusammenhang mit dem Kriterium der sozialen Mächtigkeit fordert das BAG, dass die Arbeitnehmervereinigung von ihrem sozialen Gegenspieler ernst genommen werden müsse, so dass die Regelung der Arbeitsbedingungen nicht einem Diktat der Arbeitgeberseite entspringe, sondern tatsächlich ausgehandelt werde. Organisatorische Leistungsfähigkeit sei einerseits zur Vorbereitung von Tarifabschlüssen erforderlich. So seien die konjunkturellen Entwicklungen und sonstigen Rahmenbedingungen zu beobachten und zu prognostizieren, um daraus Tarifforderungen zu entwickeln. Zum anderen müsse auch die tatsächliche Durchführung eines Tarifvertrages überwacht und abgesichert werden,

BAG 25.11.1986 – 1 ABR 22/85, BAGE 53, 347 = NZA 1987, 492; BAG 6.6.2000 – 1 ABR 10/99, BAGE 95, 36 = NZA 2001, 160.

aa) Zur Ermittlung des Kriteriums der sozialen Mächtigkeit bedient sich die BAG-Rechtsprechung einiger Indizien. So ist die Mitgliederzahl von grundlegender Bedeutung. Vereinigungen, denen nur eine zahlenmäßig unbedeutende Gruppe von Arbeitnehmern angehört, seien in der Regel nicht tariffähig. Ausschlaggebend sei die gegenwärtige Mitgliederzahl, nicht die zu erwartende Zahl von Mitgliedern, die die Arbeitnehmervereinigung für sich zu werben erhofft. Das BAG setzt die Mitgliederzahl gewöhnlich in Relation zur Zahl der in der betreffenden Branche, dem betreffenden Tarifbereich oder dem Unternehmen beschäftigten Arbeitnehmer, um sodann diesem, als Organisationsgrad bezeichneten Verhältnis entscheidende Bedeutung beizumessen,

BAG 16.11.1982 – 1 ABR 22/78, AP § 2 TVG Nr. 32.

Ferner hebt das BAG darauf ab, ob aufgrund der vorgetragenen Tatsachen eine aktive Beteiligung der Mitglieder an Aktionen des Verbandes zu erwarten ist.

bb) Zweites Indiz für soziale Mächtigkeit ist nach Auffassung des Bundesarbeitsgerichts die Zahl der abgeschlossenen Tarifverträge. Eine Arbeitnehmervereinigung, der es gelungen sei, die Arbeits- und Wirtschaftsbedingungen ihrer Mitglieder durch Tarifverträge zu ordnen, habe damit ihre Durchsetzungskraft gezeigt. Auch bei geringer Mitgliederzahl beweise der Tarifabschluss die Autorität des Verbandes gegenüber seinem tarifpolitischen Gegenspieler. Gleichzeitig sei dadurch seine Autorität gegenüber den Mitgliedern akzeptiert worden. Dies gelte jedenfalls, solange es sich nicht nur um gelegentliche, sondern um kontinuierliche, wenn auch regional beschränkte, Tarifabschlüsse handele und die Tarifverträge auch in der Praxis beachtet würden,

BAG 10.9.1985 – 1 ABR 32/83, BAGE 49, 322 = NZA 1986, 332.

Auch der Abschluss von Anschlusstarifverträgen wird als Indiz für die Durchsetzungskraft des Verbandes anerkannt,

BAG 25.11.1986 – 1 ABR 22/85, BAGE 53, 347 = NZA 1987, 492; BAG 16.1.1990 – 1 ABR 10/89, BAGE 64, 16 = NZA 1990, 623; BAG 14.12.2004 – 1 ABR 51/03, BAGE 113, 82 = NZA 2005, 697.

cc) Als drittes Indiz für soziale Mächtigkeit erwähnt das Bundesarbeitsgericht die Verhandlungsfähigkeit. Nach Auffassung des Bundesarbeitsgerichts kann die erforderliche Mächtigkeit auch dann vorliegen, wenn eine Arbeitnehmervereinigung noch keine Tarifverträge geschlossen hat,

BAG 16.11.1982 – 1 ABR 22/78, AP § 2 TVG Nr. 32; BAG 16.1.1990 – ABR 10/89, BAGE 64, 16 = NZA 1990, 623.

Die Durchsetzungskraft einer Arbeitnehmervereinigung könne sich ebenso darin zeigen, dass diese durch ernsthafte Verhandlungen über den Inhalt von Tarifverträgen aktiv in den Prozess der tariflichen Regelung eingegriffen habe. Insoweit könne auch eine Prognose ausreichen. Eine Arbeitnehmervereinigung sei als tariffähige Gewerkschaft anzuerkennen, wenn aufgrund ihrer Organisationsstärke die Aufnahme von Tarifverhandlungen ernsthaft zu erwarten sei,

BAG 25.11.1986 – 1 ABR 22/85, BAGE 53, 347 = NZA 1987, 492.

Bedeutung komme insoweit der Fähigkeit zur Selbstdarstellung, der Überzeugungskraft in der Vertretung ihres Programms und dem Einsatz der Mitglieder zu,

BAG 14.3.1978 – 1 ABR 2/76, AP § 2 TVG Nr. 30.

dd) Die Frage, ob eine Arbeitnehmervereinigung ausreichende finanzielle Mittel zur Durchführung eines Streiks zur Verfügung hat, ist nach Ansicht des BAG nicht entscheidend,

BAG 14.3.1978 – 1 ABR 2/76, AP § 2 TVG Nr. 30.

Irrelevant sei auch, ob die Arbeitnehmervereinigung im Falle eines von ihr ausgerufenen Streiks mit der Unterstützung durch ihr nicht angehörende Beschäftigte rechnen könne,

BAG 9.7.1968 – 1 ABR 2/67, AP § 2 TVG Nr. 25.

Der Anerkennung, die einer Arbeitnehmervereinigung außerhalb des Kreises der sozialen Gegenspieler und der Gruppe ihrer Mitglieder zukommt, wird regelmäßig keine Indizwirkung beigemessen. So soll etwa die Mitgliedschaft in internationalen Organisationen keine Anhaltspunkte für die Druckausübungsfähigkeit bieten,

BVerfG 20.10.1981 – 1 BvR 404/78, BVerfGE 58, 233 = AP § 2 TVG Nr. 31; BAG 14.3.1978 – 1 ABR 2/76, AP § 2 TVG Nr. 30.

ee) Von Bedeutung ist allerdings die Leistungsfähigkeit der Organisation, die in erster Linie nach den sachlichen und personellen Mitteln der Arbeitnehmervereinigung beurteilt wird. Bei der Bewertung der sachlichen Ausstattung kann beispielsweise auf die Größe der als Arbeitsraum zur Verfügung stehenden Räumlichkeiten abgestellt werden,

BAG 14.3.1978 – 1 ABR 2/76, AP § 2 TVG Nr. 30; BAG 6.6.2000 – 1 ABR 10/99, BAGE 95, 36 = NZA 2001, 160.

Bei der von der Rechtsprechung in den Vordergrund ihrer Bewertung gerückten personellen Ausstattung soll es neben der Zahl der hauptamtlichen Beschäftigten einerseits und der ehrenamtlichen Mitarbeiter andererseits auf eine fachkundige Besetzung der Gewerkschaftsverwaltung ankommen,

LAG Hamm 16.10.1975 – 1 TaBV 5/75, EzA § 2 TVG Nr. 10.

Daneben ist der Umfang der zur Verfügung stehenden finanziellen Mittel bedeutsam,

BAG 15.3.1977 – 1 ABR 16/75, BAGE 29, 72 = AP Art. 9 GG Nr. 24 (*Wiedemann*).

Auch hier seien maßgeblich die Umstände des Einzelfalls. Entscheidend sei, ob die Organisation ihre Aufgaben in dem selbst bestimmten Zuständigkeitsbereich erfüllen könne,

BAG 14.12.2004 – 1 ABR 51/03, BAGE 113, 82 = NZA 2005, 697.

Die Rechtsprechung des Bundesarbeitsgerichts ist vom Bundesverfassungsgericht bereits in früherer Zeit im Grundsatz gebilligt worden,

BVerfG 20.10.1981 – 1 BvR 404/78, BVerfGE 58, 233 = NJW 1982, 815.

III. Fehlen wesentlicher Merkmale einer tariffähigen Vereinigung bei dem Beteiligten zu 2.

1. Es wird nicht bestritten, dass es sich bei dem Beteiligten zu 2. um eine freiwillige Vereinigung von Arbeitnehmern handelt.

2. Die Satzung des Beteiligten zu 2. ist der Antragstellerin unbekannt. Insofern kann die Antragstellerin keine Angaben darüber machen, inwieweit die satzungsmäßige Aufgabe in der Wahrnehmung der Interessen von Mitgliedern besteht.

3. Ob Gegnerfreiheit und Gegnerunabhängigkeit besteht, ist nicht bekannt und wird rein vorsorglich bestritten. Nach dem gegenwärtigen Kenntnisstand kann nicht angenommen werden, dass der Beteiligte zu 2. ausfinanziert ist und über eine solche finanzielle Ausstattung verfügt, dass er seine Vorstellungen frei entwickeln kann.

4. Die Tarifwilligkeit des Beteiligten zu 2. soll grundsätzlich nicht in Zweifel gezogen werden.

5. Angesichts der geringen Mitgliederzahl kann nicht davon ausgegangen werden, dass der Beteiligte zu 2. eine auf Dauer angelegte Vereinigung ist. ...

6. Es wird weiterhin bestritten, dass der Beteiligte zu 2. auf überbetrieblicher Grundlage organisiert ist. ...

7. Es wird bestritten, dass ein weiteres, zwingend erforderliches Merkmal, nämlich das geltende Tarifrecht als verbindlich anzuerkennen, bei dem Beteiligten zu 2. gegeben ist. ...

8. Gegenwärtig kann nicht davon ausgegangen werden, dass der Beteiligte zu 2. über die erforderliche soziale Mächtigkeit verfügt.

a) Die Mitgliederzahl repräsentiert eine zahlenmäßig so unbedeutende Gruppe von Arbeitnehmern, dass sich hieraus kein Indiz für soziale Mächtigkeit ableiten lässt.

b) Auch das zweite Indiz für soziale Mächtigkeit, die Zahl der abgeschlossenen Tarifverträge, ist nicht erfüllt. Der Beteiligte zu 2. hat noch keinen Tarifvertrag geschlossen.

c) Verhandlungsfähigkeit und Durchsetzungsfähigkeit können dem Beteiligten zu 2. ebenfalls nicht attestiert werden. Es wird bestritten, dass der Beteiligte zu 2. die für die Tariffähigkeit gebotene Autorität gegenüber seinen Mitgliedern besitzt. Der Beteiligte zu 2. hat auch nicht nachgewiesen, dass seine gegenüber der Antragstellerin erhobenen Forderungen auf der Grundlage von Beschlüssen seiner Mitglieder beruhen. Es wird bestritten, dass Mitgliederversammlungen des Beteiligten zu 2. stattgefunden haben.

d) Der Beteiligte zu 2. verfügt auch über kein tarifpolitisches Programm. Es liegt kein Beschluss einer Tarifkommission des Beteiligten zu 2. vor, die über die tarifpolitischen Vorstellungen des Beteiligten zu 2. Auskunft geben könnte und Grundlage für Tarifverhandlungen bilden würde. Es wird bestritten, dass bei dem Beteiligten zu 2. eine Tarifkommission gebildet wurde, die Tarifforderungen aufgestellt hat.

12. Muster: Verweisung an ein offensichtlich örtlich unzuständiges Arbeitsgericht[63] – Gegenvorstellung

Gegenvorstellung

In dem Rechtsstreit ... ./. ...

beantragen wir, namens ... für Recht zu erkennen:

> Das örtlich unzuständige Arbeitsgericht ... ruft das Bundesarbeitsgericht mit dem Antrag an, das örtlich zuständige Arbeitsgericht zu bestimmen.

Gründe

Mit Beschluss vom ... hat die ... Kammer des Arbeitsgerichts ... sich für örtlich unzuständig erklärt und den Rechtsstreit an das nach Auffassung der Kammer örtlich zuständige Arbeitsgericht ... verwiesen. Rechtskräftige Verweisungsbeschlüsse sind für das Gericht, an das der Rechtsstreit verwiesen worden ist, bindend. Dies ergibt sich aus § 48 Abs. 1 ArbGG, § 17a Abs. 2 Satz 3 GVG. Auch fehlerhafte Verweisungsbeschlüsse sind grundsätzlich bindend,

> vgl BAG 14.1.1994 – 5 AS 22/93, NZA 1994, 478; BAG 3.11.1993 – 5 AS 20/93, NZA 1994, 479; BAG 31.1.1994 – 5 AS 23/93, NZA 1994, 959.

---

[63] Der Rechtsbehelf ist bei dem Gericht, an das verwiesen wurde, anzubringen. Die bisher entschiedenen und im Schriftsatz erwähnten Fälle sehen eine Rechtswegentscheidung durch das BAG vor. Das offensichtlich örtlich unzuständige Arbeitsgericht ruft das BAG an, das über die örtliche Zuständigkeit verbindlich entscheidet.

Jedoch ist anerkannt, dass eine offensichtlich gesetzwidrige Verweisung keine Bindungswirkung entfaltet. Offensichtlich gesetzwidrig ist ein Verweisungsbeschluss dann, wenn er jeder Gesetzgrundlage entbehrt oder willkürlich gefasst ist,

> vgl BAG 14.1.1994 – 5 AS 22/93, NZA 1994, 478; BAG 3.11.1993 – 5 AS 20/93, NZA 1994, 479; BAG 31.1.1994 – 5 AS 23/93, NZA 1994, 959.

Unter Anlegung dieser Maßstäbe erweist sich der Verweisungsbeschluss des Arbeitsgerichts ... als offensichtlich gesetzwidrig: ...

Das zu Unrecht von dem verweisenden Arbeitsgericht als örtlich zuständig angesehene Gericht hat daher gemäß der erwähnten BAG-Rechtsprechung die Möglichkeit, das Bundesarbeitsgericht um eine abschließende Rechtswegentscheidung wegen offensichtlicher Gesetzeswidrigkeit des Verweisungsbeschlusses zu bitten und sollte hiervon im Interesse der Rechtspflege Gebrauch machen.

13. Muster: Zwangsvollstreckung wegen einer unvertretbaren Handlung

In dem Rechtsstreit ... ./. ...
wegen: Vornahme einer Handlung
übersenden wir die vollstreckbare Ausfertigung des Beschlusses/Vergleichs des Arbeitsgerichts ... vom ..., Aktenzeichen ...,
und beantragen,

> gegen den Schuldner ein Zwangsgeld, ersatzweise Zwangshaft festzusetzen.

Zum Zwecke der Zwangsvollstreckung bitten wir, uns eine vollstreckbare Ausfertigung des Festsetzungsbeschlusses zuzusenden.

Gründe

Der Schuldner ist durch Beschluss/Vergleich des Arbeitsgerichts vom ... vor dem Arbeitsgericht ... verpflichtet worden, ...

Dieser Verpflichtung ist der Schuldner bis auf den heutigen Tag nicht nachgekommen.

Eine Ausfertigung des Beschlusses/Vergleichs ist dem Schuldner zugestellt worden. Den Zustellungsnachweis haben wir beigefügt.

Nach Zustellung wurde der Schuldner unter Fristsetzung aufgefordert, der Verpflichtung aus dem Beschluss/Vergleich nachzukommen. Eine Kopie des Schreibens vom ... liegt bei. Auch diese Aufforderung ist vom Schuldner unbeachtet geblieben.

Wir schlagen ein Zwangsgeld iHv ... EUR vor, das angemessen, aber auch angesichts der beharrlichen Weigerung des Schuldners erforderlich ist.

Kapitel 2: Vertretung von Betriebsräten im Beschlussverfahren

A. Erläuterungen

I. Bestimmtheit des Antrags

In Schriftsätzen für Betriebsräte ergibt sich bei der Prozessführung häufig das Problem, einen Antrag hinreichend bestimmt genug zu formulieren. Vor allem bei **Unterlassensanträgen**, in denen sich der Betriebsrat gegen **Verletzung seiner Mitbestimmungsrechte** wendet und für die Zukunft, verbunden mit einer Ordnungsgeldandrohung, sicherstellen möchte, dass seine Mitbestimmungsrechte gewahrt werden, muss sorgfältig geprüft werden, ob nicht in Wahrheit ein **unzulässiger Globalantrag** gestellt wurde.

43

Hinsichtlich der Bestimmtheit eines Antrags im Beschlussverfahren gelten nach Ansicht des BAG[1] bei einem Leistungsbegehren nicht die gleichen Anforderungen wie bei einem Feststellungsbegehren. Die Bestimmtheit eines **Leistungsantrags** ist darauf zu überprüfen, ob die erstrebte Entscheidung die Möglichkeit einer Vollstreckung eröffnet. Demgegenüber verlangt die erforderliche Bestimmtheit eines **Feststellungsantrags** nur, dass diejenigen Maßnahmen bzw betrieblichen Vorgänge, bei denen der Betriebsrat ein Beteiligungsrecht geltend macht, so genau bezeichnet sind, dass mit der Entscheidung feststeht, für welche Maßnahme bzw für welchen Vorgang das Mitbestimmungsrecht angenommen wird.[2] Bei der Verpflichtung zu einer Handlung lässt sich die Grenze zwischen bestimmtem und unbestimmtem Klageantrag nur von Fall zu Fall ziehen, wobei dem Gesichtspunkt der Vollstreckungsfähigkeit besondere Bedeutung zukommt.[3]

44

Ein unbestimmter Antrag ist unzulässig, § 253 Abs. 2 Nr. 2 ZPO. Wenn das Begehren des Antragstellers nicht eindeutig bestimmt ist, muss zunächst geprüft werden, ob der Antrag **auslegungsfähig** ist.[4]

45

Die **Rechtsprechung** zur Bestimmtheit von Anträgen im Beschlussverfahren ist nicht eindeutig. So ist der nachfolgende Antrag mangels Bestimmtheit unzulässig:[5] „Dem Beteiligten zu 2. wird aufgegeben, die Mitwirkungs-, Mitbestimmungs- und Informationsrechte des Beteiligten zu 1. nach dem BetrVG zu wahren, insbesondere gem. § 99 BetrVG den Beteiligten zu 1. vor jeder Einstellung, Eingruppierung, Umgruppierung und Versetzung zu unterrichten, ihm die erforderlichen Bewerbungsunterlagen vorzulegen und Auskunft über die Person der Beteiligten zu geben sowie dem Antragsteller unter Vorlage der erforderlichen Unterlagen Auskünfte über die Auswirkung der geplanten Maßnahmen zu geben und die Zustimmung des Beteiligten zu 1. zu der geplanten Maßnahme einzuholen."

46

Der Antrag festzustellen, „dass das Besserstellungsverbot des § 8 Abs. 2 BHG den Arbeitgeber in betriebsverfassungs- und arbeitsrechtlichen Beziehungen nicht bindet", wurde als zu unbestimmt angesehen.[6] Ebenfalls als zu unbestimmt befand das BAG einen Unterlassungsantrag, der darauf gerichtet ist, dem Arbeitgeber die „Anwendung" von Vertragsklauseln zu untersagen, nach deren Inhalt die von den Arbeitnehmern geleisteten Mehrarbeitsstunden mit dem vereinbarten Jahresgehalt pauschal abgegolten sind. Er lasse nicht erkennen, wie sich der Arbeitgeber verhalten muss, wenn Arbeitnehmer eine Arbeitsleistung erbringen, die entweder über ihre vertraglich vereinbarte oder über die im Betrieb geltende regelmäßige Arbeitszeit hinausgeht.[7]

47

Auch ein Antrag, der nur den Gesetzeswortlaut wiedergibt, ist nach der BAG-Rechtsprechung zu unbestimmt. Als unzulässig zurückgewiesen hat das BAG folgenden Antrag: „Es wird festgestellt, dass der Beteiligte zu 2. verpflichtet ist, den im Unternehmen gebildeten Wirtschaftsausschuss rechtzeitig und umfassend über die wirtschaftlichen Angelegenheiten des Unternehmens unter Vorlage der erforderlichen Unterlagen zu unterrichten, soweit dadurch nicht die Betriebs- und Geschäftsgeheimnisse des Un-

48

---

1 BAG 29.4.1992 – 4 AZR 432/91, BAGE 70, 165 = NZA 1992, 846.
2 BAG 19.2.1991 – 1 ABR 36/90, BAGE 67, 236 = NZA 1991, 565.
3 BAG 29.4.1992 – 4 AZR 432/91, BAGE 70, 165 = NZA 1992, 846.
4 BAG 13.9.1977 – 1 ABR 67/75, BAGE 29, 281 = AP § 42 BetrVG 1972 Nr. 1.
5 BAG 17.3.1987 – 1 ABR 65/85, NZA 1987, 786.
6 BAG 3.5.2006 – 1 ABR 63/04, NZA 2007, 285.
7 BAG 14.9.2010 – 1 ABR 32/09, NZA 2011, 364.

49 Dagegen hält das BAG folgenden Antrag für hinreichend bestimmt: „Dem Beteiligten zu 2. wird aufgegeben, Mitarbeiterversammlungen zu unterlassen, in denen Themen zur Sprache kommen, die zum Aufgabenbereich des Beteiligten zu 1. gehören."[9] Hier bestehen Zweifel, ob sich aus einer so weiten Formulierung noch ein vollstreckbarer Ordnungsgeldanspruch bei Verstößen ohne Durchführung eines neuen Erkenntnisverfahrens durchsetzen lässt.

50 Für ausreichend bestimmt hielt das BAG außerdem den Feststellungsantrag über ein Mitbestimmungsrecht „bei den Zielvorgaben des Jahreszieleinkommens und den Bestimmungsgrößen der Bandbreiten bei der Festlegung der ergebnisabhängigen Bezahlung der Abteilungsleiter im Verkauf".[10]

51 Als zu unbestimmt hat das BAG dagegen den Antrag eines Betriebsrats zurückgewiesen, „dem Arbeitgeber aufzugeben, ihn künftig rechtzeitig vor Informations- und Bildungsveranstaltungen, zu denen nicht leitende Angestellte eingeladen werden, über Inhalt, vorgesehene Referenten und vorgesehenen Teilnehmerkreis zu informieren".[11]

52 Es fällt schwer, in der Rechtsprechung des BAG zur Bestimmtheit von Anträgen im Beschlussverfahren eine einheitliche Linie festzumachen. Die nachfolgenden Muster enthalten solche Anträge, die, soweit bekannt, bislang noch nicht als unbestimmt zurückgewiesen wurden.

II. Vollstreckungsfähigkeit eines Vergleichs

53 Mit Beschluss vom 25.8.2004[12] hat das BAG festgestellt, dass aus einem Verfahren nach § 23 Abs. 3 BetrVG oder einem Verfahren über einen zu einem allgemeinen Unterlassungsanspruch des Betriebsrats geschlossenen Vergleich die Zwangsvollstreckung nach den allgemeinen Vorschriften stattfindet. Die Vollstreckungsfähigkeit des Vergleichs setzt allerdings voraus, dass der Schuldner zuverlässig erkennt, welche Handlungen er zu unterlassen hat. In dem für das BAG zur Entscheidung anstehenden Sachverhalt ging es um wiederholte Anordnung von Überstunden durch den Arbeitgeber ohne Zustimmung des Betriebsrats. Vor dem Arbeitsgericht schlossen im vom Betriebsrat eingeleiteten Beschlussverfahren daraufhin Arbeitgeber und Betriebsrat einen Vergleich mit folgendem Wortlaut: „Die Antragsgegnerin verpflichtet sich, es zu unterlassen, für Arbeitnehmer im Betrieb in ... Mehrarbeit anzuordnen oder duldend entgegenzunehmen, ohne den Betriebsrat ordnungsgemäß zu beteiligen gem. § 87 Abs. 1 Nr. 3 BetrVG." Nach Erteilung einer vollstreckbaren Ausfertigung und Zustellung eines Vergleichs sowie einer Androhung eines Ordnungsgeldes durch das Arbeitsgericht kam es erneut zu einer Reihe von Verstößen gegen das Mitbestimmungsrecht des Betriebsrats. Nach Festsetzung eines Ordnungsgeldes legte der Arbeitgeber sofortige Beschwerde ein, die vom Landesarbeitsgericht und vom BAG zurückgewiesen wurde. Das BAG stellte fest, dass auch aus einem Vergleich die Festsetzung eines Ordnungsgeldes erfolgen könne, wenn der Vergleich einen vollstreckungsfähigen Inhalt habe. Der Schuldner müsse zuverlässig erkennen können, welche Handlungen er zu unterlassen habe. Im konkreten Fall genügte nach Auffassung des BAG der Vergleichswortlaut diesen Bestimmtheitsanforderungen. Weder der Begriff „ordnungsgemäß" noch der Begriff „Mehrarbeit" waren nach Auffassung des BAG unbestimmt.

54 Die Rechtsprechung des BAG ist nicht einheitlich, denn im Beschluss vom 28.2.2003[13] hatte das BAG bei einem ähnlichen Sachverhalt den Vergleich für unwirksam gehalten und zwar im Hinblick darauf, dass von der Verpflichtung Fälle ausgenommen werden sollten, die in einer Betriebsvereinbarung gesondert geregelt waren. In dem Beschluss vom 28.2.2003 verlangte das BAG, dass die Fälle aus dem Vollstreckungstitel ersichtlich sein müssten, in denen die Verpflichtung zur Unterlassung bestehen sollte. Vielleicht ging es auch dem BAG mehr darum, dass sämtliche vom Inhalt eines Vollstreckungstitels erfassten Sachverhalte unmittelbar aus dem Titel selbst hervorgehen sollen und das Bestimmtheitser-

---

8 BAG 29.6.1988 – 7 ABR 15/87, BAGE 59, 120 = NZA 1989, 431.
9 BAG 27.6.1989 – 1 ABR 28/88, BAGE 62, 192 = NZA 1990, 113.
10 BAG 31.1.1989 – 1 ABR 60/87, NZA 1989, 606.
11 BAG 17.5.1983 – 1 ABR 21/80, BAGE 42, 366 = AP § 80 BetrVG 1972 Nr. 19.
12 BAG 25.8.2004 – 1 AZB 41/03, AP § 23 BetrVG 1972 Nr. 41.
13 BAG 28.2.2003 – 1 AZB 53/02, BAGE 105, 195 = NZA 2003, 516.

fordernis nicht mehr erfüllt ist, wenn sich erst aus zusätzlichen Unterlagen außerhalb des Vollstreckungstitels ein Verstoß gegen den Wortlaut des Vergleichs ergibt.

III. Einstweilige Verfügung auf Unterlassen von Personalabbaumaßnahmen

Seit Jahren kontrovers diskutiert wird die Frage, ob der Betriebsrat ein Unterlassen von Personalabbaumaßnahmen verlangen kann, solange noch nicht ein Interessenausgleich versucht wurde. In Literatur und Rechtsprechung ist die Frage nach dem Bestehen eines Unterlassungsanspruchs gleichgewichtig umstritten. Einige Landesarbeitsgerichte erkennen den Unterlassungsanspruch unter Zustimmung von Teilen der Literatur an,[14] andere Landesarbeitsgerichte[15] und Teile der Literatur[16] sehen den Unterlassungsanspruch als nicht gegeben an. Kernargument der Gegner des Unterlassungsanspruchs ist, dass der Gesetzgeber in Fällen, in denen der Interessenausgleich nicht versucht wurde, als Sanktion den Nachteilsausgleich gem. § 113 BetrVG vorgesehen hat. Daraus wird gefolgert, dass nur eine Schadensersatzpflicht des Arbeitgebers, hingegen keine Primärpflicht auf Unterlassen einer Personalabbaumaßnahme bestehen soll.

Neben der Frage, ob ein **Verfügungsanspruch** besteht, ist weiterhin umstritten, ob der für die Durchsetzung im Wege des einstweiligen Rechtsschutzes erforderliche **Verfügungsgrund** angenommen werden kann. *Schmädicke*[17] vertritt die Ansicht, an den Verfügungsgrund seien besonders strenge Anforderungen deshalb zu stellen, weil es sich bei einer einstweiligen Verfügung auf Unterlassen der Durchführung einer Betriebsänderung um eine Verfügung mit dem Ziel einer vollständigen Befriedigung der Rechte des Betriebsrats gehe. Generell sei bei einem auf Unterlassen gerichteten Anspruch im Wege der einstweiligen Verfügung, der die vollständige Befriedigung zur Folge habe, größte Zurückhaltung geboten. Dieses Gebot werde dadurch verstärkt, dass das Risiko des Schadensersatzes, den der Antragsteller nach § 945 ZPO im Falle einer zu Unrecht erlangten einstweiligen Verfügung trage, beim Betriebsrat wegen seiner von Gesetzes wegen vorgesehenen Vermögenslosigkeit[18] nicht bestehe. Unabhängig von der Frage, ob materiellrechtlich ein allgemeiner Unterlassungsanspruch als Verfügungsanspruch bestehe, sei der Antrag auf Erlass einer einstweiligen Verfügung generell zurückzuweisen, weil es an einem Verfügungsgrund fehle.[19] Das Muster 7255[20] bietet von dem von *Schmädicke* eingenommenen Standpunkt aus keine Aussicht auf Erfolg. Gleiches gilt für das Muster 7260.[21]

---

14 LAG Hamburg 13.11.1981 – 6 TaBV 9/81, DB 1982, 1522; LAG Hamburg 5.2.1986 – 4 TaBV 12/85, LAGE § 23 BetrVG 1972 Nr. 5; LAG Hamburg 26.6.1997 – 6 TaBV 5/97, NZA-RR 1997, 296 und 27.6.1997 – 5 TaBV 5/97, AuR 1998, 87; LAG Berlin 7.9.1995 – 10 TaBV 5/95 und 10 TaBV 9/95, NZA 1996, 1284; LAG Frankfurt 27.6.2007 – 4 TaBVGa 137/07, ArbuR 2008, 267; LAG Hamm 23.3.1983 – 12 TaBV 15/83, AuR 1984, 54; LAG Hamm 6.2.2007 – 10 TaBVGa 3/07, NZA-RR 2007, 469; LAG Thüringen 26.9.2000 – 1 TaBV 14/2000, LAGE § 111 BetrVG 1972 Nr. 17; LAG Schleswig-Holstein 20.7.2007 – 3 TaBVGa 1/07, NZA-RR 2008, 244; LAG Niedersachsen 4.5.2007 – 17 TaBVGa 57/07, LAGE § 111 BetrVG 2001 Nr. 7; LAG München 22.12.2008 – 6 TaBVGa 6/08, BB 2010, 896; Däubler/Kittner/Klebe/*Däubler*, BetrVG, 13. Aufl. 2012, §§ 112, 112 a Rn 52 ff; *Kohte/Schulze-Doll*, jurisPR-ArbR 14/2006 Anm. 3; *Fitting u.a.*, BetrVG, § 111 Rn 132; vermittelnd: *Gruber*, NZA 2011, 1011.
15 LAG Düsseldorf 19.11.1996 – 8 TaBV 80/96, NZA-RR 1997, 297; LAG Düsseldorf 14.12.2005 – 12 TaBV 60/05, LAGE § 111 BetrVG 2001 Nr. 4; LAG Hamm 1.4.1997 – 13 TaBV 34/97, NZA-RR 1997, 343; LAG Köln 27.5.2009 – 2 TaBVGa 7/09, juris; LAG Köln 30.4.2004 – 5 Ta 166/04, NZA-RR 2005, 199; LAG Baden-Württemberg 21.10.2009 – 20 TaBVGa 1/09, juris; LAG Niedersachsen 5.6.1987 – 12 TaBV 17/87, LAGE § 23 BetrVG Nr. 11; LAG Schleswig-Holstein 13.1.1992 – 4 TaBV 54/91, LAGE § 111 BetrVG 1972 Nr. 11; LAG München 24.9.2003 – 5 TaBV 48/03, NZA-RR 2004, 536 und 28.6.2005 – 5 TaBV 46/05, ArbRB 2006, 78; LAG Nürnberg 9.3.2009 – 6 TaBVGa 2/09, ZTR 2009, 554; LAG Sachsen-Anhalt 30.11.2004 – 11 TaBV 18/04, juris; LAG Rheinland-Pfalz 30.3.2006 – 11 TaBV 53/05, juris.
16 Richardi/*Annuß*, BetrVG, § 111 Rn 166 f; ErfK/*Kania*, § 111 Rn 27.
17 NZA 2004, 296.
18 *Fitting u.a.*, BetrVG, § 1 Rn 209, 217.
19 *Schmädicke*, NZA 2004, 295, 298.
20 § 7 Rn 86.
21 § 7 Rn 87.

B. Texte

1. Muster: Anfechtung eines Einigungsstellenspruchs

Wir bestellen uns zu Verfahrensbevollmächtigten des Beteiligten zu 1., in dessen Namen und Auftrag wir um kurzfristige Anberaumung eines Termins bitten.

Wir werden beantragen:

1. Es wird festgestellt, dass der Spruch der Einigungsstelle vom ... unwirksam ist.
2. Der Beteiligten zu 2. wird untersagt, den Spruch der Einigungsstelle vom ... durchzuführen.
3. Der Streitwert wird festgesetzt.

Gründe

I.

Zwischen den Beteiligten gibt es seit längerem Auffassungsunterschiede über die nachfolgend erläuterten Mitbestimmungsangelegenheiten: ...

Da sich die Beteiligten nicht über die zu treffenden Regelungen einigen konnten, wurde eine Einigungsstelle unter dem Vorsitz von ... gebildet. Die Einigungsstelle hat mehrheitlich folgenden Spruch gefasst: ...

Beweis: Spruch der Einigungsstelle vom ... in Kopie – Anlage K 1.

Der Einigungsstellenspruch wurde dem Antragsteller am ... zugestellt.

Beweis: Vorlage des Zustellnachweises in Kopie – Anlage K 2.

II.

Der Einigungsstellenspruch verstößt gegen die von der Rechtsprechung entwickelten Grundsätze und ist daher unwirksam.

1. Die Unwirksamkeit des Einigungsstellenspruchs ergibt sich aus einer Ermessensüberschreitung der Einigungsstelle. Im Einzelnen: ...

2. Außerdem leidet der Einigungsstellenspruch an folgenden Rechtsmängeln: ...

3. Der Antragsteller ist daher befugt, die Feststellung der Unwirksamkeit des Spruchs der Einigungsstelle zu verlangen,

   BAG, Beschl. v. 27.10.1992 – 1 ABR 4/92, BAGE 71, 259 = NZA 1993, 607.

Ob eine Gesamtunwirksamkeit des Spruchs der Einigungsstelle oder nur eine Teilunwirksamkeit vorliegt, bemisst sich danach, ob der verbleibende Teil auch ohne die unwirksame Bestimmung eine sinnvolle und in sich geschlossene Regelung enthält,

   BAG, Beschl. v. 30.8.1995 – 1 ABR 4/95, BAGE 80, 366 = NZA 1996, 218 (221); BAG 11.1.2011 – 1 ABR 104/09, BAGE 136, 353 = NZA 2011, 651 m. Anm. *Kohte*, jurisPR-ArbR 48/2011 Anm. 4; BAG 8.11.2011 – 1 ABR 42/10, DB 2012, 1213.

4. Die zweiwöchige Anfechtungsfrist ab Zustellung des Einigungsstellenspruchs ist mit dem vorliegenden Antrag eingehalten.

2. Muster: Anwaltsgebühren – Erstattung durch Arbeitgeber

Wir bestellen uns zu Verfahrensbevollmächtigten des Antragstellers und beantragen, einen möglichst frühen Anhörungstermin anzuberaumen, in dem wir beantragen zu erkennen:

1. Die Beteiligte zu 2. wird verurteilt, an den Beteiligten zu 3. ... EUR nebst Zinsen iHv 5 Prozentpunkten über dem Basiszinssatz seit Zustellung der Antragsschrift zu zahlen.
2. Der Beschluss ist vorläufig vollstreckbar.
3. Der Streitwert wird festgesetzt.

Gründe

I.

Der Antragsteller ist der Betriebsrat im Betrieb des Beteiligten zu 2. Der Beteiligte zu 3. ist Rechtsanwalt und hat den Betriebsrat in dem arbeitsgerichtlichen Beschlussverfahren (Hauptsacheverfahren) mit dem Aktenzeichen ... anwaltlich vertreten.

> **Beweis:** Beiziehung der Akte ..., Aktenzeichen ...

Außerdem hat der Beteiligte zu 3. den Beteiligten zu 1. in dem parallel hierzu anhängig gemachten einstweiligen Verfügungsverfahren vor dem Arbeitsgericht ... mit dem Aktenzeichen ... vertreten.

> **Beweis:** Beiziehung der Akte ..., Aktenzeichen ...

Mit Abschluss der Angelegenheit stellte der Beteiligte zu 3. dem Beteiligten zu 1. die Anwaltsgebühren für das einstweilige Verfügungsverfahren und das Hauptsacheverfahren in Rechnung. Die Rechnung über das Hauptsacheverfahren, über deren Erstattung die Parteien vorliegend alleine noch streiten, ergibt sich aus der Kostennote vom ... .

> **Beweis:** Vorlage der Rechnung in Kopie – Anlage K 1.

Die Beteiligte zu 2. lehnte den Ausgleich der vom Betriebsrat vorgelegten Kostennote mit der Begründung ab, es handele sich nicht um notwendige Kosten iSv § 40 BetrVG. Nachdem der Beteiligte zu 1. im einstweiligen Verfügungsverfahren bereits erfolgreich war, hätte es der Durchführung eines Hauptsacheverfahrens nicht mehr bedurft. Schließlich habe die Beteiligte zu 2. den Beschluss aus dem einstweiligen Verfügungsverfahren befolgt, so dass die im Hauptsacheverfahren angefallenen Anwaltskosten unverhältnismäßige und vermeidbare, somit also keine notwendigen Kosten iSv § 40 BetrVG gewesen seien.

> **Beweis:** Vorlage des Schreibens der Verfahrensbevollmächtigten der Beteiligten zu 2. in Kopie – Anlage K 2.

II.

1. Die Anwaltsgebühren können von dem Beteiligten zu 1. entweder, wie vorliegend, geltend gemacht werden, indem die Zahlung an den Rechtsanwalt gefordert wird, oder dadurch, dass sich der Rechtsanwalt den Kostenfreistellungsanspruch gegenüber dem Arbeitgeber abtreten lässt.

> BAG, Beschl. v. 13.5.1998 – 7 ABR 65/96, NZA 1998, 900; *Fitting u.a.*, BetrVG, § 40 Rn 146.

2. Der Anspruch des Beteiligten zu 1. auf Erstattung der Anwaltsgebühren aus dem Hauptsacheverfahren besteht dem Grunde wie der Höhe nach. Entgegen der Rechtsauffassung der Beteiligten zu 2. entsprach die gleichzeitige Anhängigmachung von einstweiligem Verfügungs- und Hauptsachverfahren der Üblichkeit eines prozessualen Vorgehens. Zum Zeitpunkt der Einreichung der Schriftsätze konnte der Beteiligte zu 1. nicht sicher wissen, dass dem Antrag auf Erlass einer einstweiligen Verfügung im Beschlussverfahren stattgegeben werden würde.

Hätten der Beteiligte zu 1. und der Beteiligte zu 3. nach Anhängigmachung eines einstweiligen Verfügungsverfahrens im Beschlussverfahren das Hauptsacheverfahren noch nicht beim Arbeitsgericht anhängig gemacht, wäre es Sache des Arbeitsgerichts gewesen, im Regelfall auf Antrag, binnen einer zu bestimmenden Frist anzuordnen, das Hauptsacheverfahren anhängig zu machen. Andernfalls wird die einstweilige Verfügung nämlich gem. §§ 926, 936 ZPO aufgehoben. Zwar bestimmen die vorgenannten Vorschriften nur, dass bei dem Antrag der jeweiligen antragsgegnerischen Partei das Gericht dies zwingend anzuordnen hat. Im Umkehrschluss folgt hieraus jedoch, dass die vorherige oder parallele Anhängigmachung des Hauptsacheverfahrens zu einem einstweiligen Verfügungsverfahren den Regelfall des prozessualen Vorgehens darstellt,

vgl *Fitting u.a.*, BetrVG, nach § 1 Rn 73.

Somit hatte ursprünglich die Beteiligte zu 2. die hierdurch verursachten Kosten des Betriebsrats gem. § 40 Abs. 1 BetrVG durch Erfüllung des Freistellungsanspruchs zu erfüllen. Der Antrag ist damit begründet.

Zur Höhe der angefallenen Gebühren werden von Seiten der Beteiligten zu 2. keine Einwände erhoben. Die geltend gemachten Gebühren entsprechen den Vorschriften des RVG.

3. Die vorläufige Vollstreckbarkeit ergibt sich daraus, dass es sich bei dem geltend gemachten Anspruch um eine geldwerte Leistung handelt. In vermögensrechtlichen Streitigkeiten sind Beschlüsse der Arbeitsgerichte vorläufig vollstreckbar, §§ 85 Abs. 1 Satz 2 Hs 1, 87 Abs. 2 Satz 1 ArbGG. Nach der Rechtsprechung des BAG liegt eine vermögensrechtliche Streitigkeit dann vor, wenn über Ansprüche entschieden werden soll, die auf Geld oder eine geldwerte Leistung zielen, die auf vermögensrechtlichen Beziehungen beruhen oder wenn mit dem Verfahren in erheblichem Umfang wirtschaftliche Zwecke verfolgt werden,

BAG, Beschl. v. 22.5.1984 – 2 AZB 25/82, AP § 12 ArbGG 1979 Nr. 7.

Deshalb wird die Auffassung vertreten, dass Angelegenheiten aus dem betriebsverbandlichen Bereich generell als vermögensrechtliche zu werten sind, weil die Betriebsverfassung durchweg keine rein ideelle, sondern auch vorrangig wirtschaftliche Bedeutung hat. Nicht vermögensrechtlich sind somit im Wesentlichen nur Persönlichkeitsrechte,

Rudolf, NZA 1988, 420; *Dütz*, DB 1980, 1120.

3. Muster: Arbeitnehmereigenschaft – Feststellungsantrag

...

Wir bestellen uns zu Verfahrensbevollmächtigten des Antragstellers und beantragen, einen möglichst frühen Anhörungstermin anzuberaumen, in dem wir beantragen zu erkennen:

1. Es wird festgestellt, dass der Beteiligte zu 3. Arbeitnehmer iSd § 5 Abs. 1 BetrVG ist.
2. Der Streitwert wird festgesetzt.

Gründe

I.

Der Antragsteller ist der Betriebsrat im Betrieb des Beteiligten zu 2. Der Beteiligte zu 3. ist im Betrieb des Beteiligten zu 2. als _ beschäftigt.

Der Beteiligte zu 2. hat mit dem Beteiligten zu 3. eine Vereinbarung geschlossen, wonach der Beteiligte zu 3. freier Mitarbeiter sein soll.

Beweis: Vorlage des Vertrages, vorzulegen durch die Beteiligten zu 2. und zu 3.

Die Rechtsbeziehungen zwischen den Beteiligten zu 2. und zu 3. beinhalten bei materieller Betrachtung ein Arbeitsverhältnis. Der Beteiligte zu 1. hat an dieser Feststellung ein berechtigtes und schützenswertes Interesse, da von der Arbeitnehmereigenschaft gem. § 5 BetrVG die Anwendbarkeit des Betriebsverfassungsgesetzes abhängig ist. Ob der Beteiligte zu 3. über das aktive Wahlrecht bei einer Betriebsratswahl verfügt oder ob der Beteiligte zu 1. die Interessen des Beteiligten zu 3. im Betrieb wahrzunehmen berechtigt ist, beispielsweise bei personellen Einzelmaßnahmen, hängt von der Feststellung der Arbeitnehmereigenschaft des Beteiligten zu 3. ab. Der Beteiligte zu 1. ist daher antragsbefugt,

    Däubler/Kittner/Klebe/Wedde/*Trümner*, BetrVG, § 5 Rn 300; *Fitting u.a.*, BetrVG, § 5 Rn 463; BAG, Beschl. v. 23.1.1986 – 6 ABR 22/82, AP § 5 BetrVG 1972 Nr. 30.

II.

Der Beteiligte zu 3. ist Arbeitnehmer. Als Arbeitnehmer gilt, wer auf privatrechtlicher Grundlage im Dienste eines anderen zu fremdbestimmter Arbeit in persönlicher Abhängigkeit verpflichtet ist,

    BAG, Urt. v. 6.7.1995 – 5 AZB 9/93, BAGE 80, 256 = NZA 1996, 33; BAG, Urt. v. 29.8.2012 – 10 AZR 499/11, NZA 2012, 1433; s. auch *Hromadka*, NZA 1997, 569; *Hümmerich*, NJW 1998, 2625.

Wann persönliche Abhängigkeit besteht, entscheidet sich anhand einer Reihe von in der Rechtsprechung aufgestellten Kriterien. So kommt es auf den Umfang der Weisungsgebundenheit, die Unterordnung unter andere im Dienste des Arbeitgebers stehende Personen, auf die Bindung an feste Arbeitszeiten, auf eine Rechtspflicht zum regelmäßigen Erscheinen, auf die Zulässigkeit von Nebentätigkeiten oder die Pflicht, die gesamte Arbeitskraft dem Arbeitgeber zur Verfügung zu stellen, an. Indiziell wirken aber auch der Ort der Erledigung der Tätigkeit, die Form der Vergütung, der Umstand, dass Urlaub gewährt wird, Personalunterlagen geführt und Arbeitsgeräte bereitgestellt werden,

    vgl *Hümmerich*, BlStSozArbR 1975, 81 f.

Unter Zugrundelegung der Kriterien der Rechtsprechung handelt es sich bei dem Beteiligten zu 3. in Wahrheit nicht um einen freien Mitarbeiter, denn ...

III.

Der Beteiligte zu 3. ist auch als betroffener Arbeitnehmer Beteiligter dieses Beschlussverfahrens,

    BAG, Beschl. v. 25.10.1989 – 7 ABR 60/88, BAGE 63, 200 = NZA 1990, 820; BAG, Beschl. v. 27.4.1988 – 7 ABR 5/87, BAGE 58, 203 = NZA 1988, 809.

4. Muster: Aufsichtsrat: Zusammensetzung – Gerichtliche Entscheidung

Landgericht
– Zivilkammer –

Antrag

in Sachen

des Gesamtbetriebsrats der ... AG, vertreten durch den Betriebsratsvorsitzenden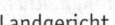

                                                              – Antragsteller –

Verfahrensbevollmächtigte: ...

gegen

die ... AG, vertreten durch die Vorstände ...

                                                             – Antragsgegnerin –

wegen: Statusverfahren nach § 98 AktG

§ 7 Schriftsätze im arbeitsgerichtlichen Beschlussverfahren

Wir bestellen uns zu Verfahrensbevollmächtigten der antragstellenden Partei, in deren Namen und Auftrag wir beantragen, durch Beschluss zu erkennen:

Der Aufsichtsrat der ... AG ist gem. § 1 Abs. 1 Nr. 1 DrittelbG zusammenzusetzen.

Gründe

Die ... AG wurde im Jahre ... errichtet. Nach einer Beschäftigtenzahl von ... im Jahre ... und einer Beschäftigtenzahl von ... in den Jahren ... bis ... erreichte die Gesellschaft bis zum Jahre ... eine Mitarbeiterzahl von ...

Beweis: Zeugnis Geschäftsberichte – Anlagen K 1–K 4.

Seit die ... AG eine Mitarbeiterzahl von 500 erreichte, wurde bei ihr ein Aufsichtsrat gem. § 1 Abs. 1 Nr. 1 DrittelbG mit einem Drittel durch Arbeitnehmervertreter besetzt. Neben einen Vertreter der leitenden Angestellten gehörten die übrigen Aufsichtsratsmitglieder den Betriebsräten der verschiedenen Gesellschaften der AG an.

In einem Schreiben vom ... teilte der Vorstand den Arbeitnehmervertretern im Aufsichtsrat und dem Betriebsrat mit, durch kontinuierlichen Personalabbau sei die Belegschaftszahl in diesem Jahr auf unter 500 gesunken, so dass der Aufsichtsrat künftig nicht mehr mit Arbeitnehmervertretern zu besetzen sei.

Beweis: Vorlage des Schreibens des Vorstands – Anlage K 5.

Dem Antragsteller ist bekannt, dass der Vorstand mit drei verschiedenen Unternehmen gegenwärtig in Kaufverhandlungen steht. Wird auch nur eines der Unternehmen in Kürze erworben, wobei bei diesem Unternehmen, der Firma ..., bereits eine Due Diligence vereinbart wurde, klettert die Mitarbeiterzahl sofort wieder auf mindestens 525. Der Vertrag über den Erwerb dieses Unternehmens soll in den nächsten Wochen unterzeichnet werden.

Beweis: Zeugnis des Geschäftsführers der Firma ...

Bei der zu erwerbenden Firma werden gegenwärtig ... Mitarbeiter beschäftigt, wie der Betriebsratsvorsitzende den Antragstellern bei einem Telefonanruf mitgeteilt hat. Den Inhalt des Gesprächs hat der Betriebsratsvorsitzende anschließend bestätigt.

Beweis: Vorlage des Schreibens in Kopie – Anlage K 6.

Bei den beiden übrigen Unternehmen handelt es sich um die Firma ... mit einer Mitarbeiterzahl von ... sowie die Firma ... mit einer Mitarbeiterzahl von ...

Soweit die Beteiligung der Arbeitnehmer von der Beschäftigung von mindestens 500 Arbeitnehmern abhängt, kommt es nicht darauf an, dass alle Stellen jederzeit besetzt sind,

so zwar BAG, Beschl. v. 1.12.1961 – 1 ABR 15/60, AP § 77 BetrVG Nr. 1; aA AnwK-ArbR/*Heither/v. Morgen*, § 1 MitbestG Rn 10.

Selbst Mitarbeiter, die in einem vom Unternehmen mit einem anderen Unternehmen geführten Gemeinschaftsbetrieb tätig sind, sind bei der maßgebenden Grenzzahl der Beschäftigten zu berücksichtigen,

LG Hamburg 21.10.2008 – 417 O 171/07, ZIP 2008, 2364; *Hanau*, ZfA 1990, 127; *Hjort*, NZA 2001, 696.

Leiharbeitnehmer sind demgegenüber nicht bei den regelmäßig Beschäftigten mitzuzählen, da sie betriebsverfassungsrechtlich, von den Regelungen des § 14 Abs. 2 und 3 AÜG und § 7 Satz 2 BetrVG abgesehen, nicht dem entleihenden Betrieb zuzuordnen sind. Infolge des Gleichlaufs zwischen DrittelbG und BetrVG, wie er in § 3 DrittelbG zum Ausdruck kommt, sind Leiharbeitnehmer oder aufgrund eines Gestellungsvertrages eingesetzte Arbeitnehmer daher auch nicht bei der Ermittlung des Schwellenwertes betreffend die Notwendigkeit der Bildung eines Aufsichtsrats zu berücksichtigen,

Hanseatisches Oberlandesgericht Hamburg 29.10.2007 – 11 W 27/07, DB 2007, 2762.

Das Gesetz stellt in § 1 DrittelbG auf die regelmäßig Beschäftigten ab. Allein auf das vorliegende Jahr bezogen wird die Gesellschaft daher zu keiner Zeit weniger als 500 Mitarbeiter im Durchschnitt beschäftigen, so dass es rechtswidrig wäre, wenn die Vertreter der Arbeitnehmer im Aufsichtsrat gemäß den Vorstellungen des Vorstands ihr Amt aufgeben müssten.

Das Landgericht hat über den Antrag gem. § 99 Abs. 3 Satz 1 AktG durch Beschluss zu entscheiden. Gerichtskosten wurden nicht eingezahlt, da Schuldnerin der Gerichtskosten die Gesellschaft ist, weil sie an der gerichtlichen Feststellung ein Interesse hat, § 99 Abs. 6 Satz 7, Abs. 6 Satz 9 AktG.

Die Antragsbefugnis der antragstellenden Partei ergibt sich aus § 98 Abs. 2 Nr. 4 AktG.

5. Muster: Bestellung eines Einigungsstellenvorsitzenden durch Betriebsrat wegen mitbestimmungspflichtiger Maßnahmen

...

Wir bestellen uns zu Verfahrensbevollmächtigten des Antragstellers. Namens und in Vollmacht des Antragstellers beantragen wir,

1. einen Vorsitzenden der Einigungsstelle gem. § 76 BetrVG zu bestellen. Die Einigungsstelle soll über ... entscheiden.
2. Der Streitwert wird festgesetzt.

Gründe

I.

Bei der Beteiligten zu 2. handelt es sich um eine Firma auf dem Gebiet ... . Der Antragsteller ist der Betriebsrat der Beteiligten zu 2. Die Beteiligte zu 2. plant folgende mitbestimmungspflichtige Maßnahmen:

Der Antragsteller hat mit der Beteiligten zu 2. Gespräche am ... geführt. Diese Gespräche sind ergebnislos verlaufen.

Beweis: ...

Bei dieser Sachlage ist die Einigungsstelle anzurufen und ein Einigungsstellenverfahren gem. § 76 BetrVG durchzuführen.

II.

In den Vorgesprächen haben sich der Antragsteller und die Beteiligte zu 2. darüber unterhalten, wer den Vorsitz in der Einigungsstelle übernehmen soll. Eine Einigung konnte nicht erzielt werden. Deshalb muss zur Besetzung der Einigungsstelle gem. § 98 ArbGG gerichtliche Hilfe in Anspruch genommen werden.

6. Muster: Betriebsänderung – Unterrichtung durch einstweilige Verfügung

...

Wir bestellen uns zu Verfahrensbevollmächtigten des Antragstellers und beantragen, durch einstweilige Verfügung – wegen der Dringlichkeit ohne vorherige mündliche Verhandlung – wie folgt zu beschließen:

1. Die Beteiligte zu 2. wird verpflichtet, dem Antragsteller das vollständige und gesamte Gutachten ..., insgesamt ca. ... Seiten, im Original oder in Kopie auszuhändigen.
2. Hilfsweise wird beantragt:
   Die Beteiligte zu 2. wird verpflichtet, dem Antragsteller das vollständige und gesamte Gutachten ..., insgesamt ca. ... Seiten, für die Dauer von mindestens einem Monat, hilfsweise von 14 Tagen, zur Verfügung zu stellen.
3. Der Streitwert wird festgesetzt.

Gründe

1. Die Beteiligte zu 2. ist ein Unternehmen auf dem Gebiet der .... Der Antragsteller ist der Betriebsrat der Beteiligten zu 2. Im vergangenen Jahr waren bei der Beteiligten zu 2. durchschnittlich ... Arbeitnehmer beschäftigt. Inzwischen ist die Zahl auf ... abgesunken. Der Antragsteller erfuhr über verschiedene Mitarbeiter, dass ein weiterer Personalabbau geplant sei.

Glaubhaftmachung: Eidesstattliche Versicherung des Betriebsratsvorsitzenden.

Außerdem wurde dem Antragsteller bekannt, dass die Geschäftsleitung eine Wirtschaftsprüfungsgesellschaft mit einer umfassenden Studie zur wirtschaftlichen Situation und künftigen Entwicklung des Unternehmens beauftragt hat.

Seit mehreren Monaten waren mehrere Mitarbeiter der Wirtschaftsprüfungsgesellschaft und eines ihr angeschlossenen Beratungsunternehmens in der Firma, um Recherchen und Untersuchungen vor Ort durchzuführen. Die Wirtschaftsprüfer haben einen Abschlussbericht gefertigt, der einen Umfang von ca. ... Seiten haben soll und eine globale Bestandsaufnahme beinhaltet, aus der Entscheidungsvorschläge für die zukünftige Entwicklung des Unternehmens abgeleitet werden.

Glaubhaftmachung: Wie vor.

Der Antragsteller hat darüber hinaus festgestellt, dass zunehmend Mitarbeiter im Betrieb darauf angesprochen werden, ob sie durch Aufhebungsvertrag ausscheiden wollen. Begründet werden diese Gespräche von der Personalabteilung stets mit anstehenden erheblichen Umstrukturierungsmaßnahmen.

Glaubhaftmachung: ...

Alle Anfragen des Antragstellers bei der Geschäftsleitung, was an den Gerüchten über geplante Umstrukturierungen und Betriebsänderungen wahr sei, wurden bislang nicht beantwortet. Der Antragsteller hat bislang keine Auskunft über die geplanten Umstrukturierungen, Änderungen von Betriebsabläufen, Einschränkungen oder den etwaigen Fortfall ganzer Betriebsteile erhalten.

2. Nach § 85 Abs. 2 ArbGG ist auch im Beschlussverfahren der Erlass einer einstweiligen Verfügung zulässig. Der Verfügungsanspruch ergibt sich vorliegend aus §§ 111, 80 Abs. 2 BetrVG. Nach § 111 Satz 1 BetrVG hat der Arbeitgeber über geplante Betriebsänderungen rechtzeitig und umfassend zu unterrichten. § 80 Abs. 2 Satz 2 BetrVG ist die allgemeine Vorschrift zu § 111 Satz 1 BetrVG. Die Unterrichtung ist danach gem. § 80 Abs. 2 Satz 2 BetrVG vorzunehmen,

Fitting u.a., BetrVG, § 111 Rn 113; ErfK/*Kania*, BetrVG, § 111 Rn 23.

Damit ist die Beteiligte zu 2. verpflichtet, die Unterlagen dem Betriebsrat „zur Verfügung zu stellen". Auch wenn der Antragsteller Anspruch auf das Original des Gutachtens hat, das ihm zur Verfügung zu stellen ist, würde er sich auch mit einer Kopie begnügen. In jedem Falle ist der Antragsteller umfassend und rechtzeitig zu unterrichten.

Immer dann, wenn bereits im Betrieb Entscheidungsträger über Entscheidungsgrundlagen verfügen, die eine Betriebsänderung zum Inhalt haben, hat eine Aushändigung der maßgeblichen Unterlagen auch gegenüber dem Betriebsrat zu erfolgen.

Sollte die Beteiligte zu 2. einwenden, im Gutachten seien Betriebsgeheimnisse enthalten, ist der Betriebsrat gerade wegen der Regelung in § 79 Abs. 1 BetrVG von der Kenntniserlangung nicht ausgeschlossen.

3. Auch der Verfügungsgrund ist gegeben. Offensichtlich befindet sich die Beteiligte zu 2. in der Entscheidungsphase. Gemäß § 90 Abs. 2 BetrVG sollen Informationen an den Betriebsrat so rechtzeitig durch den Arbeitgeber vorgenommen werden, dass Vorschläge und Bedenken des Betriebsrats auch noch in der Planung berücksichtigt werden können.

Dementsprechend ist anerkannt, dass die Informationspflicht nach § 111 BetrVG auch mit einer einstweiligen Verfügung durchgesetzt werden kann.

Däubler/Kittner/Klebe/Wedde/*Däubler*, BetrVG, 13. Aufl. 2012, § 111 Rn 190; *Fitting u.a.*, BetrVG, § 111 Rn 130.

7. Muster: Betriebsratstätigkeit – Abgeltung und Freizeitausgleich

Arbeitsgericht ...
In dem Beschlussverfahren
mit den Beteiligten
1. Betriebsrat ...

– Antragsteller und Beteiligter zu 1. –

2. Beteiligter: Mitglied des Betriebsrats ...

– Beteiligter zu 2. –

Verfahrensbevollmächtigte: ...
und
3. ...

– Beteiligte zu 3. –

Verfahrensbevollmächtigte: ...

Wir bestellen uns zu Verfahrensbevollmächtigten des Antragstellers und beantragen, einen möglichst frühen Anhörungstermin anzuberaumen, in dem wir beantragen zu erkennen:

1. Die Beteiligte zu 3. hat dem Beteiligten zu 2. für Betriebsratstätigkeit Freizeitausgleich im Umfang von ... Stunden zu gewähren.
2. Für jeden Tag der Zuwiderhandlung gegen die Verpflichtung aus Ziffer 1 wird der Beteiligten zu 3. ein Ordnungsgeld bis zu 250.000 EUR angedroht.
3. Der Streitwert wird festgesetzt.

Gründe

Gemäß § 37 Abs. 2 BetrVG sind nicht freigestellte Mitglieder des Betriebsrats von ihrer beruflichen Tätigkeit ohne Minderung des Arbeitsentgelts zu befreien, wenn und soweit es nach Umfang und Art des Betriebs zur ordnungsgemäßen Durchführung ihrer Aufgaben erforderlich ist. Daraus ergibt sich, dass die zur Betriebsratsarbeit notwendige Arbeitsversäumnis den Arbeitgeber nicht zur Minderung des Arbeitsentgelts berechtigt,

Richardi/*Thüsing*, BetrVG, § 37 Rn 30 ff.

Voraussetzung für die Befreiung von beruflicher Tätigkeit ist, dass Geschäfte wahrgenommen werden, die zu den Amtsobliegenheiten eines Betriebsratsmitglieds gehören. Wenn der Betriebsrat oder das Betriebsratsmitglied sich mit Angelegenheiten befassen, die nicht in den gesetzlich zugewiesenen Aufgabenbereich fallen, besteht kein Anspruch auf Arbeitsbefreiung. Zu den Aufgaben eines Betriebsratsmitglieds gehört vor allem die Teilnahme an den Sitzungen des Betriebsrats, des Betriebsausschusses und der sonstigen Ausschüsse des Betriebsrats sowie an Betriebs- und Abteilungsversammlungen.

Liegen die Voraussetzungen des § 37 Abs. 2 BetrVG vor, so besteht ein Rechtsanspruch auf Arbeitsbefreiung. Für die Zeit der Arbeitsversäumnis hat das Betriebsratsmitglied den Anspruch auf Fortzahlung seines Arbeitsentgelts, und zwar sind die Bezüge zu zahlen, die es erhalten hätte, wenn es während dieser Zeit gearbeitet hätte. Bei Angestellten mit festem Monatsgehalt ist das volle Gehalt einschließlich aller Zulagen, auch soweit diese auf die Erbringung der Arbeitsleistung abstellen, weiterzuzahlen.

Zum Ausgleich für Betriebsratstätigkeit, die aus betriebsbedingten Gründen außerhalb der Arbeitszeit durchzuführen ist, hat das Betriebsratsmitglied gem. § 37 Abs. 3 BetrVG Anspruch auf entsprechende Arbeitsbefreiung unter Fortzahlung des Arbeitsentgelts. Die Arbeitsbefreiung ist vor Ablauf eines Monats zu gewähren. Ist dies aus betriebsbedingten Gründen nicht möglich, so ist die aufgewendete Zeit wie Mehrarbeit zu vergüten.

Bei der Tätigkeit, die ein Betriebsratsmitglied außerhalb seiner Arbeitszeit durchführt, muss es sich wie bei § 37 Abs. 2 BetrVG um die Erfüllung einer Amtsobliegenheit handeln. Weitere Voraussetzung ist, dass die Betriebsratstätigkeit aus betriebsbedingten Gründen außerhalb der Arbeitszeit durchgeführt werden muss. Betriebsbedingte Gründe liegen vor, wenn wegen der Eigenart des Betriebs oder der Gestaltung des Arbeitsablaufs das Betriebsratsmitglied gezwungen ist, Amtsobliegenheiten außerhalb seiner Arbeitszeit zu erfüllen, zB weil es in Wechselschicht beschäftigt wird und daher Freizeit opfern muss, um an den außerhalb der Schichtzeit liegenden Betriebsratssitzungen teilzunehmen,

>Richardi/*Thüsing*, BetrVG, § 37 Rn 38 ff mwN.

Die Ursache für die erforderliche Betriebsratsmehrarbeit muss also in Umständen liegen, die vom Arbeitgeber veranlasst werden und damit dem Arbeitgeberbereich zuzuordnen sind,

>BAG, Beschl. v. 9.10.1973 – 1 ABR 6/73, BAGE 25, 325 = AP § 37 BetrVG 1972 Nr. 4; Richardi/*Thüsing*, BetrVG, § 37 Rn 38 ff mwN.

Der Anspruch besteht daher nicht, wenn lediglich die Gestaltung der Betriebsratsarbeit erfordert, dass ein Betriebsratsmitglied Freizeit opfert, um sein Amt auszuüben,

>BAG, Beschl. v. 9.10.1973 – 1 ABR 6/73, BAGE 25, 325 = AP § 37 BetrVG 1972 Nr. 4; GK-BetrVG/*Wiese*, § 37 Rn 20.

Eine weitere Einschränkung ergibt sich aus dem Gesichtspunkt, dass durch die Freizeitgewährung nur Nachteile ausgeglichen werden sollen, die ein Betriebsratsmitglied deshalb erleidet, weil es aus betriebsbedingten Gründen seine Aufgaben nicht während, sondern außerhalb der Arbeitszeit durchführen muss. Daher besteht der Anspruch auf Freizeitausgleich nur, wenn das Betriebsratsmitglied für eine Tätigkeit während der Arbeitszeit nach § 37 Abs. 2 BetrVG (wie oben dargestellt) von seiner Arbeit zu befreien wäre. Es muss sich also um eine Betriebsratstätigkeit handeln, für deren ordnungsgemäße Durchführung nach Umfang und Art des Betriebs Versäumnis von Arbeit notwendig wäre, wenn das Betriebsratsmitglied nicht aus betriebsbedingten Gründen dazu gezwungen wäre, sie außerhalb der Arbeitszeit zu erledigen,

>Richardi/*Thüsing*, BetrVG, § 37 Rn 40.

Gemäß § 37 Abs. 3 BetrVG hat das Betriebsratsmitglied bei Vorliegen der genannten Voraussetzungen Anspruch auf entsprechende Arbeitsbefreiung unter Fortzahlung des Arbeitsentgelts, wobei die Arbeitsbefreiung den gleichen Umfang haben muss, wie Freizeit aufgewendet wurde, um die Betriebsratsaufgaben außerhalb der Arbeitszeit zu erfüllen. Für die Zeit der Arbeitsbefreiung hat das Betriebsratsmitglied den Anspruch auf Fortzahlung seines Arbeitsentgelts; es gilt wie bei einer Arbeitsversäumnis nach § 37 Abs. 2 BetrVG das Lohnausfallprinzip. Das Betriebsratsmitglied erhält also nicht die außerhalb seiner Arbeitszeit durchgeführte Betriebsratstätigkeit als Mehrarbeit vergütet, denn ein derartiger Anspruch besteht nur, wenn ein Freizeitausgleich aus betriebsbedingten Gründen nicht möglich ist. Das Betriebsratsmitglied hat dem Arbeitgeber, sofern dieser davon keine Kenntnis hat, mitzuteilen, wann und wie lange es außerhalb der Arbeitszeit Betriebsratsaufgaben durchgeführt hat. Die Arbeitsbefreiung ist dann vom Arbeitgeber vor Ablauf eines Monats zu gewähren (§ 37 Abs. 3 Satz 3 BetrVG).

Ist aus betriebsbedingten Gründen eine Arbeitsbefreiung innerhalb eines Monats nicht möglich, so ist die für Betriebsratstätigkeit aufgewendete Zeit gem. § 37 Abs. 3 Satz 3 Hs 2 BetrVG wie Mehrarbeit zu vergüten.

Eine Abgeltung kommt also nur dann in Betracht, wenn betriebsbedingte Gründe einer Befreiung von der Arbeitstätigkeit entgegenstehen. Das Betriebsratsmitglied kann somit nicht statt des Freizeitausgleichs die Abgeltung verlangen, und auch der Arbeitgeber kann nicht statt des Freizeitausgleichs die Abgeltung gewähren,

Richardi/*Thüsing*, BetrVG, § 37 Rn 57.

Wenn aber ein Freizeitausgleich nicht innerhalb eines Monats erfolgt ist, kann das Betriebsratsmitglied davon ausgehen, dass betriebsbedingte Gründe entgegenstehen und seinerseits Abgeltung verlangen. Der Arbeitgeber würde gegen Treu und Glauben verstoßen, wenn er diesem Begehren entgegenhalten würde, dass ein Freizeitausgleich möglich sei, denn er handelt pflichtwidrig, wenn er nicht innerhalb eines Monats Freizeitausgleich gewährt, obwohl betriebsbedingte Gründe nicht entgegenstehen. Voraussetzung ist allerdings, dass er von der Betriebsratstätigkeit Kenntnis hat.

Sind die Voraussetzungen für eine Abgeltung gegeben, so ist die für die Betriebsratszugehörigkeit aufgewendete Zeit wie Mehrarbeit zu vergüten. Der Anspruch auf Abgeltung durch Zahlung eines Mehrarbeitszuschlags besteht nur, wenn die Teilnahme an Betriebs- oder Abteilungsversammlungen durch die Betriebsratstätigkeit veranlasst ist, es sich also nicht um eine Versammlung handelt, der das Betriebsratsmitglied als Arbeitnehmer angehört,

Richardi/*Thüsing*, BetrVG, § 37 Rn 46.

Wie Mehrarbeit sind auch die Zeiten zu vergüten, die aus betriebsbedingten Gründen für die Durchführung der Betriebsratstätigkeit außerhalb der Arbeitszeit notwendig sind. Für die Mehrarbeitsvergütung war vor Inkrafttreten des Arbeitszeitgesetzes in der aktuellen Fassung § 15 Abs. 2 AZO maßgebend. Als angemessene Vergütung war ein Zuschlag von 25 % anzusehen, wenn nicht die Beteiligten eine andere Regelung vereinbaren, also insbesondere durch Tarifvertrag oder Betriebsvereinbarung etwas anderes bestimmt war,

Richardi/*Thüsing*, BetrVG, § 37 Rn 58.

Mangels anderweitiger Regelung ist sich auch heute noch daran zu orientieren.

8. Muster: EDV-Programm – Antrag auf Untersagung der Anwendung

Wir bestellen uns zu Verfahrensbevollmächtigten des Antragstellers und beantragen, durch einstweilige Verfügung – wegen der Dringlichkeit ohne vorherige mündliche Verhandlung – wie folgt zu beschließen:

1. Der Beteiligten zu 2. wird die Einführung und Anwendung des EDV-Systems SAP-HR-TIM im Betrieb untersagt, solange hierüber keine Betriebsvereinbarung geschlossen wurde oder sich eine Einigungsstelle zu diesem Regelungsbereich gebildet hat.
2. Der Beteiligten zu 2. wird für jeden Fall der Zuwiderhandlung gegen die Verpflichtung aus Ziffer 1 ein Ordnungsgeld iHv bis zu 250.000 EUR angedroht.
3. Der Streitwert wird festgesetzt.

Für den Fall des Obsiegens wird weiter beantragt,

eine abgekürzte Beschlussausfertigung gem. § 317 Abs. 2 Satz 2 ZPO zu erteilen.

Gründe

I.

Die Beteiligte zu 2. betreibt ein Unternehmen auf dem Gebiet des _. Wie dem Betriebsrat angehörende Mitglieder des Wirtschaftsausschusses beiläufig während einer Sitzung des Wirtschaftsausschusses am _ erfuhren, hat die Geschäftsleitung die Nutzungsrechte am SAP-System HR-TIM erworben.

Glaubhaftmachung: Eidesstattliche Versicherungen der Mitglieder des Betriebsrats ... – Anlagenkonvolut K 1.

Die IT-Abteilung beabsichtigt in Zusammenarbeit mit der Zentralabteilung, dieses Programm in den nächsten Wochen einzuführen. Ein entsprechender Projektplan soll existieren, liegt aber dem Antragsteller nicht vor.

II.

Das System SAP-HR-TIM ist ein System zur Unterstützung der Personalarbeit. Es dient der Erfassung und Auswertung der An- und Abwesenheitszeiten, der Unterstützung der betrieblichen Personaldisposition und der administrativen Ablauforganisation, der Ermittlung von entgeltrelevanten Daten für die Verdienstabrechnung, der Durchführung der gleitenden Arbeitszeit und der Führung von Ausgleichszeitkonten.

Glaubhaftmachung: Vorlage eines SAP-Prospekts – Anlage K 2.

Der Beteilige zu 1. hat sich in der Zwischenzeit den vorgelegten Firmenprospekt von SAP besorgt, um Kenntnisse über die Bedeutung dieses EDV-Systems zu erlangen. Dabei hat sich gezeigt, dass es sich bei dem System SAP-HR-TIM um ein der Mitbestimmung gem. § 87 Abs. 1 Nr. 6 BetrVG unterliegendes Personalinformationssystem handelt.

Zwar ist im Einzelnen umstritten, wann die Überwachungseignung von EDV-Anlagen gegeben ist. Bei Personalinformationssystemen, über die verhaltens- oder leistungsrelevante Daten des Arbeitnehmers mittels einer technischen Einrichtung erhoben werden, besteht ein Mitbestimmungsrecht,

BAG, Beschl. v. 11.3.1986 – 1 ABR 12/84, BAGE 51, 217 = AP § 87 BetrVG 1972 Überwachung Nr. 14; BAG, Beschl. v. 29.6.2004 – 1 ABR 21/03, BAGE 111, 173 = AP § 87 BetrVG 1972 Überwachung Nr. 41.

III.

Mit der beabsichtigten Einführung des neuen EDV-Systems verletzt die Beteiligte zu 2. das Mitbestimmungsrecht des Antragstellers. Daher steht dem Antragsteller bereits ein allgemeiner Unterlassungsanspruch gem. § 23 Abs. 3 BetrVG zur Verfügung. Der Antragsteller hat daher einen Verfügungsanspruch.

IV.

Der Antragsteller verfügt auch über einen Verfügungsgrund. Für den Arbeitgeber beteiligungspflichtige Maßnahmen ohne Beachtung des Betriebsrats ist die Abwehr dieses Zustandes grundsätzlich eilbedürftig, weil sonst Mitbestimmungsrechte nicht zum Tragen kommen. Der begehrten einstweiligen Verfügung steht auch nicht der Einwand einer Vorwegnahme der Hauptsache entgegen. Bei einer Regelungsverfügung kommt es allein darauf an, ob eine sofortige Regelung nach Abwägung aller Umstände des Sachverhalts und unter Berücksichtigung der beiderseitigen berechtigten Interessen zur Abwendung wesentlicher Nachteile erforderlich ist,

LAG Düsseldorf, Beschl. v. 9.11.1983 – 5 TaBV 82/83, AuR 1984, 191; LAG Hamm, Beschl. v. 15.3.1994 – 13 TaBV 16/94, LAGE § 80 BetrVG 1972 Nr. 12; LAG Hamm, Beschl. v. 22.2.2008 – 10 TaBVGa 3/08, juris.

Dabei ist auch zu berücksichtigen, dass die Beteiligte zu 2. die betrieblichen Erfordernisse wie Gehaltsdatenverarbeitung, Arbeitszeitkontenverwaltung etc. uneingeschränkt durchführen kann und zwar mit der bisher hierzu existierenden EDV. Durch den Erlass einer einstweiligen Verfügung wird daher die Beteiligte zu 2. nicht in ihrer bisherigen unternehmerischen Tätigkeit eingeschränkt.

Zur Begrenzung des Antrags Ziffer 1 auf die etwaige Etablierung einer Einigungsstelle ist anzumerken, dass diese Einschränkung im Hinblick darauf erfolgt, dass der Antragsteller die Möglichkeit hat, in der ersten Sitzung der Einigungsstelle einen Antrag auf eine vorläufige Regelung zu stellen,

LAG Köln, Beschl. v. 31.10.1996 – 5 Ta BV 69/96, juris; LAG Düsseldorf, Beschl. v. 16.5.1990 – 12 TaBV 9/90, NZA 1991, 29.

9. Muster: Eingruppierung – Unterlassen ohne Zustimmung des Betriebsrats

Wir bestellen uns zu Verfahrensbevollmächtigten des Antragstellers und beantragen, einen möglichst frühen Anhörungstermin anzuberaumen, in dem wir beantragen zu erkennen:

1. Dem Beteiligten zu 2. wird untersagt, die Eingruppierung der Mitarbeiterin ... aufrechtzuerhalten, ohne die Zustimmung des Betriebsrats durch das Arbeitsgericht ersetzen zu lassen.
2. Der Streitwert wird festgesetzt.

Gründe

I.

Die Beteiligten streiten über die Mitbestimmungspflichtigkeit der Umgruppierung der Mitarbeiterin von Tarifgruppe ... in Tarifgruppe ...

Mit Schreiben vom ... teilte die Beteiligte zu 2. dem Antragsteller zunächst mit, dass die Mitarbeiterin ... ab dem ... in die Abteilung ... versetzt werden solle und bat um Zustimmung zu dieser personellen Maßnahme. Aus diesem Zustimmungsantrag ergab sich des Weiteren, dass eine Höhergruppierung der Mitarbeiterin ..., die zu diesem Zeitpunkt in Tarifgruppe ... eingruppiert war, nicht erfolgen sollte. Im Schreiben heißt es wörtlich „Bezüge: bleiben".

Beweis: Vorlage des Schreibens der Antragsgegnerin vom ... in Kopie – Anlage K 1.

Mit einem Zustimmungsantrag vom ... teilte die Beteiligte zu 2. dem Antragsteller nunmehr mit, dass für die Mitarbeiterin ... eine Umgruppierung von Tarifgruppe ..., mit einem monatlichen Bruttogehalt von ..., in Tarifgruppe ..., mit einem Bruttogehalt von ... EUR erfolgen sollte und bat um Zustimmung des Antragstellers. Dieses Schreiben ging am ... beim Antragsteller ein.

Beweis: Vorlage des Schreibens der Antragsgegnerin vom ... in Kopie – Anlage K 2.

Mit Schreiben vom ... widersprach der Antragsteller dieser Umgruppierung ausdrücklich gem. § 99 Abs. 2 Nr. 3 BetrVG und verweigerte somit seine Zustimmung. Dies geschah, weil ihm keinerlei Informationen, wie beispielsweise die der Stelle zugrunde liegende Bandbreitenbestimmung, vorlagen, die eine Höhergruppierung der Mitarbeiterin ... rechtfertigen könnten und im Falle einer Umgruppierung daher Nachteile für andere im Betrieb beschäftigte Arbeitnehmer zu befürchten waren.

Beweis: Vorlage des Schreibens des Antragstellers vom ... in Kopie – Anlage K 3.

Daraufhin bat die Beteiligte zu 2. mit Schreiben vom ..., eingegangen am ..., erneut um Zustimmung zur Höhergruppierung der Mitarbeiterin ... In diesem Schreiben teilte die Beteiligte zu 2. lediglich mit, dass nach ihrer Beurteilung der neue Arbeitsplatz von Frau ... gemäß Tarifvertrag mit mindestens der Tarifgruppe ... zu bewerten sei. Eine Bandbreitenbestimmung für diese Stelle sei jedoch erst für ... vorgesehen.

Beweis: Vorlage des Schreibens der Antragsgegnerin vom ... in Kopie – Anlage K 4.

Mit Schreiben vom ... widersprach der Antragsteller erneut der Umgruppierung der Mitarbeiterin ... Der Antragsteller teilte der Beteiligten zu 2. in diesem Schreiben mit, dass er ihre Beurteilung, der neue Arbeitsplatz von Frau ... sei gemäß Tarifvertrag mit mindestens der Tarifgruppe ... zu bewerten, nicht teile.

Beweis: Vorlage des Schreibens des Antragstellers vom ... in Kopie – Anlage K 5.

Bei der Durchsicht der Gehaltsliste vom ... stellte der Antragsteller fest, dass die Mitarbeiterin ... ohne seine Zustimmung seit ... in die Tarifgruppe ... umgruppiert wurde. Dies teilte er der Beteiligten zu 2. mit Schreiben vom ... mit und bat um deren Stellungnahme bis zum ...

Beweis: Vorlage des Schreibens des Antragstellers vom ... in Kopie – Anlage K 6.

Daraufhin äußerte sich die Beteiligte zu 2. gegenüber dem Antragsteller durch Schreiben vom ... dahin gehend, dass sie diesen im vorangegangen Schriftverkehr um dessen Mitbeurteilung nach § 99 BetrVG gebeten habe. Die für die Richtigkeitskontrolle erforderlichen Unterlagen lägen dem Antragsteller in Form des Tarifvertrages, der Gehaltslisten und der Tätigkeitsbeschreibung vor. Dem Schreiben vom ... war eine Stellenbeschreibung für Frau ... beigefügt.

Beweis: Vorlage des Schreibens der Antragsgegnerin vom ... in Kopie – Anlage K 7.

Daraufhin hat der Betriebsrat den Beschluss gefasst, die unter Missachtung der Rechte des Betriebsrats nach § 99 BetrVG erfolgte Umgruppierung der Frau ... im Beschlussverfahren anzufechten.

II.

In der Umgruppierung der Frau ... liegt eine mitbestimmungspflichtige personelle Einzelmaßnahme iSv § 99 Abs. 1 Satz 1, 3. Fall BetrVG vor.

Eine Umgruppierung liegt vor, wenn die Einordnung des Arbeitnehmers in das kollektive Entgeltschema geändert wird,

vgl *Fitting u.a.*, BetrVG, § 99 Rn 104.

Die geänderte Einordnung der Mitarbeiterin ... von Tarifgruppe ... in Tarifgruppe ... ist somit eine Umgruppierung iSd § 99 Abs. 1 Satz 1, 3. Fall BetrVG.

Die Umgruppierung eines Arbeitnehmers ergibt sich aus der ausgeübten bzw auszuübenden Tätigkeit. Die Mitbestimmung des Betriebsrats dient daher der Mitbeurteilung der gegebenen Rechtslage und ist daher eine Richtigkeitskontrolle,

vgl BAG, Urt. v. 15.4.1986 – 1 ABR 55/84, BAGE 51, 345 = EzA § 99 BetrVG 1972 Nr. 49.

Aufgrund der ihm zur Verfügung stehenden Beurteilungsgrundlagen ist der Antragsteller der Auffassung, dass alle von der Mitarbeiterin ... auszuführenden Tätigkeiten allenfalls von der Tarifgruppe ... erfasst werden. Da eine gleichwohl durchgeführte Umgruppierung dem geltenden Tarifvertrag widersprechen würde und des weiteren Nachteile für andere Arbeitnehmer im Hinblick auf den Gleichbehandlungsgrundsatz zu befürchten waren, hat der Antragsteller seine Zustimmung innerhalb der Wochenfrist des § 99 Abs. 3 BetrVG verweigert und der Umgruppierung der Mitarbeiterin ... gem. § 99 Abs. 2 Nr. 1, 3 BetrVG ausdrücklich widersprochen.

III.

Nach der Rechtsprechung des BAG ist die Eingruppierung oder Umgruppierung in eine bestimmte Lohn- oder Gehaltsgruppe keine rechtsgestaltende Handlung, sondern nur Rechtsanwendung, nämlich die Entscheidung, dass die Tätigkeit des Arbeitnehmers bestimmten Tätigkeitsmerkmalen entspricht und der Arbeitnehmer deshalb Anspruch auf das Arbeitsentgelt einer bestimmten Lohn- oder Gehaltsgruppe hat,

BAG, Urt. v. 22.3.1983 – 1 ABR 49/81, BAGE 42, 121 = AP § 101 BetrVG 1972 Nr. 6.

Der Betriebsrat kann daher der Ein- oder Umgruppierung nur mit der Begründung widersprechen, die Tätigkeit entspreche nicht der vom Arbeitgeber vorgesehenen Lohn- oder Gehaltsgruppe,

BAG, Beschl. v. 28.1.1986 – 1 ABR 8/84, BAGE 51, 34 = AP § 99 BetrVG 1972 Nr. 32,

oder die vom Arbeitgeber angemahnte Vergütungsgruppe dürfe nicht angewandt werden,

BAG, Beschl. v. 27.1.1987 – 1 ABR 66/85, BAGE 54, 147 = AP § 99 BetrVG 1972 Nr. 42.

Deshalb kann der Betriebsrat nach der Rechtsprechung des BAG in einem Beschlussverfahren nicht beantragen, die Eingruppierung oder Umgruppierung aufzuheben. Der vorliegend gestellte Antrag entspricht der Rechtsprechung des BAG,

vgl BAG, Beschl. v. 27.1.1987 – 1 ABR 66/85, BAGE 54, 147 = AP § 99 BetrVG 1972 Nr. 42.

10. Muster: Einigungsstelle – Bestellung eines Vorsitzenden wegen Mitarbeiter-Beschwerden

Wir bestellen uns zu Verfahrensbevollmächtigten des Antragstellers, in dessen Namen und Auftrag wir um kurzfristige Anberaumung eines Termins bitten. Wir werden beantragen:

1. Der Richter am Arbeitsgericht ... wird zum Vorsitzenden der Einigungsstelle zur Behandlung der Beschwerden der Mitarbeiter vom ... bestellt.
2. Die Zahl der von jeder Seite zu benennenden Beisitzer wird auf zwei festgesetzt.
3. Der Streitwert wird festgesetzt.

Gründe

I.

Die Beteiligte zu 2. ist ein Unternehmen auf dem Gebiet .... Der Beteiligte zu 1. ist der Betriebsrat der Beteiligten zu 2.

Die Beteiligten streiten über die Berechtigung der von den im Antrag zu 1. genannten Mitarbeitern erhobenen schriftlichen Beschwerden vom .... Sämtliche Mitarbeiter gehören dem Arbeitsbereich ... an. Sie hatten sich beim Betriebsrat über ... und die damit verbundene, nicht mehr zumutbare Arbeitsbelastung beschwert.

Beweis: Vorlage der Beschwerdeschreiben vom ... – Anlage K 1.

Mit Schreiben vom ... hat der Beteiligte zu 1. die Beschwerden unterstützt und die Beteiligte zu 2. aufgefordert, auf Abhilfe hinzuwirken.

Beweis: Vorlage des Schreibens vom ... in Kopie – Anlage K 2.

Am ... und am ... haben daraufhin zwei Besprechungen zwischen den betroffenen Mitarbeitern, dem Beteiligten zu 1. und der Beteiligten zu 2. stattgefunden.

In diesen Besprechungen wurde zwar .... Abhilfe im Hinblick auf die den Gegenstand der Beschwerde der einzelnen Mitarbeiter bildenden Umstände wurde jedoch nicht geschaffen. Den Beschwerden der Mitarbeiter wurde nicht in einem Falle abgeholfen. Der Beteiligte zu 1. hat in seiner Sitzung am ... noch einmal festgestellt, dass die Beschwerden der Mitarbeiter zu Recht bestehen. Er hat außerdem beschlossen, die Beschwerden weiterzuverfolgen. Dies hat er der Beteiligten zu 2. auch mit Schreiben vom ... mitgeteilt.

Beweis: Vorlage des Schreibens vom ... in Kopie – Anlage K 3.

Weiterhin hat der Beteiligte zu 1. den Unterzeichner beauftragt, das Einigungsstellenverfahren einzuleiten. Mit Schriftsatz des Unterzeichners vom ... ist die Einigungsstelle angerufen und Richter am Arbeitsgericht ... als Vorsitzender der Einigungsstelle vorgeschlagen worden.

Beweis: Vorlage des Schreibens vom ... in Kopie – Anlage K 4.

Unter dem ... lehnte die Beteiligte zu 2. die Bildung einer Einigungsstelle ab.

Beweis: Vorlage des Schreibens vom ... in Kopie – Anlage K 5.

II.

Mit vorliegendem Antrag begehrt der Beteiligte zu 1. die Bestellung des Vorsitzenden der Einigungsstelle und die Festsetzung der Zahl der Beisitzer für die nach § 85 Abs. 2 Satz 1 BetrVG zuständige Einigungsstelle.

Gemäß § 98 Abs. 1 Satz 1 ArbGG können Anträge auf Bestimmung des Vorsitzenden und der Anzahl der Beisitzer wegen fehlender Zuständigkeit zurückgewiesen werden, wenn die Einigungsstelle offensichtlich unzuständig ist.

Offensichtlich unzuständig ist die Einigungsstelle dann, wenn sich die zu regelnde Frage rechtlich nicht in den Zuständigkeitsbereich einordnen lässt; die beizulegende Streitigkeit zwischen Arbeitgeber und Betriebs-

Mauer

rat darf sich bei fachkundiger Beurteilung durch das Gericht sofort erkennbar nicht unter einen mitbestimmungspflichtigen Tatbestand des Betriebsverfassungsgesetzes subsumieren lassen,

> LAG Hamm, Beschl. v. 5.10.2009 – 10 TaBV 63/09, dbr 2010, Nr. 1, 8; LAG Berlin-Brandenburg, Beschl. v. 22.1.2010 – 10 TaBV 2829/09, juris; LAG Niedersachsen, Beschl. v. 3.11.2009 – 1 TaBV 63/09, juris; LAG Köln, Beschl. v. 28.6.2012 – 4 TaBV 17/12, juris; Natter/Gross/*Gross*, ArbGG, § 98 Rn 5.

Das ist der Fall, wenn eine Beschwerde iSd § 85 BetrVG nicht vorliegt. Das ist auch der Fall, wenn es sich bei dem Gegenstand der Beschwerde um einen Rechtsanspruch iSd § 85 Abs. 2 Satz 3 BetrVG handelt.

Der Begriff der Beschwerde setzt voraus, dass der Beschwerdeführer eine Beeinträchtigung aus dem Arbeitsverhältnis mitteilt, hierzu Tatsachen angibt und Abhilfe begehrt. Der Beschwerdeführer muss geltend machen, in seiner individuellen Position beeinträchtigt zu sein. Er kann nicht geltend machen, dass Arbeitskollegen benachteiligt oder ungerecht behandelt werden, oder sich allgemein über Missstände im Betrieb beschweren, da ein Recht zur Popularbeschwerde nicht besteht,

> BAG, Beschl. v. 22.11.2005 – 1 ABR 50/04, BAGE 116, 235 = NZA 2006, 803; LAG Schleswig-Holstein, Beschl. v. 21.12.1989 – 4 TaBV 42/89, NZA 1990, 703; Richardi/*Thüsing*, BetrVG, § 84 Rn 4.

Nach diesen Grundsätzen ist die hier angerufene Einigungsstelle nicht offensichtlich unzuständig iSd § 98 Abs. 1 Satz 2 ArbGG, weil Beschwerden iSd §§ 84, 85 BetrVG vorliegen, über deren Berechtigung die Einigungsstelle zu entscheiden hat.

11. Muster: Einigungsstellenmitglied – Antrag auf Zahlung des Beisitzerhonorars

...

Wir bestellen uns zu Verfahrensbevollmächtigten des Beteiligten zu 1., in dessen Namen und Auftrag wir um kurzfristige Anberaumung eines Termins bitten. Wir werden beantragen:

1. Die Beteiligte zu 2. wird verurteilt, an den Antragsteller ... EUR zzgl Zinsen iHv fünf Prozentpunkten über dem Basiszinssatz seit Rechtshängigkeit zu zahlen.
2. Der Streitwert wird festgesetzt.

Gründe

I.

Der Antragsteller war Beisitzer für den Betriebsrat der Beteiligten zu 2. in der zwischen dem Betriebsrat und der Antragsgegnerin errichteten Einigungsstelle zu dem Thema ... .

Die Einigungsstelle wurde zwischen dem Betriebsrat und dem Arbeitgeber einvernehmlich errichtet. Den Vorsitz hatte ... .

Mit Beschluss des Betriebsrats vom ... wurde der Antragsteller als externer Beisitzer für den Betriebsrat in die Einigungsstelle entsandt.

> **Beweis:** Beschluss des Betriebsrats vom ... in Kopie – Anlage K 1.

Der Antragsteller hat an allen Sitzungen der Einigungsstelle teilgenommen.

> **Beweis:** Vorlage des Protokolls der Sitzungen der Einigungsstelle – Anlage K 2.

II.

Nach Abschluss der Verhandlungen vor der Einigungsstelle hat der Vorsitzende für seine Tätigkeit ein Honorar iHv ... EUR in Rechnung gestellt.

> **Beweis:** Vorlage der Kostennote des Einigungsstellenvorsitzenden in Kopie – Anlage K 3.

Dem Vernehmen nach soll die Honorarforderung des Einigungsstellenvorsitzenden durch den Beteiligten zu 2. ausgeglichen worden sein.

III.

Ausgehend vom Honorar des angestellten Vorsitzenden berechnete der Antragsteller für seine Tätigkeit als Beisitzer ein Honorar iHv 7/10 des Honorars des angestellten Vorsitzenden. Das Honorar beträgt somit ... EUR. Hinzu kommt noch die Mehrwertsteuer, so dass sich die Gesamtforderung des Antragstellers auf ... EUR beläuft.

Fahrtkosten macht der Antragsteller nicht geltend.

Mit Schreiben vom ... hat der Antragsteller den Beteiligten aufgefordert, ihm das vorerläuterte Honorar zu überweisen.

Beweis: Vorlage des Schreibens in Kopie – Anlage K 4.

Die Beteiligte zu 2. hat dieses Schreiben bis heute nicht beantwortet. Eine telefonische Anfrage wurde nicht entgegengenommen. Dem Antragsteller schien es, dass sich der zuständige Personalchef verleugnen ließ.

Bei dieser Sachlage war Stellung eines Antrags geboten.

IV.

Sollte der Beteiligte zu 2. bestreiten, dass dem Antragsteller das geltend gemachte Honorar zusteht, sei bereits jetzt bereits vorab auf Folgendes hingewiesen:

1. Auch ein als Beisitzer bestellter hauptamtlicher Gewerkschaftsfunktionär hat Anspruch auf die Beisitzervergütung,

BAG, Beschl. v. 14.2.1996 – 7 ABR 24/95, NZA 1996, 1225.

2. Solange die in § 76 a Abs. 4 BetrVG vorgesehene Verordnung des Bundesministers für Arbeit über Höchstsätze für die Einigungsstellenmitglieder nicht erlassen wurde, entspricht es nach allgemeiner Auffassung billigem Ermessen, das Honorar des externen Beisitzers iHv 7/10 des Vorsitzendenhonorars festzusetzen,

BAG, Beschl. v. 12.2.1992 – 7 ABR 20/91, BAGE 69, 331 = NZA 1993, 605; BAG, Beschl. 14.2.1996 – 7 ABR 24/95, NZA 1996, 1225.

Beim Gewerkschaftssekretär kann auch kein Abschlag vom Honorar deswegen verlangt werden, weil kein Verdienstausfall vorliegt und das Arbeitsentgelt während der Tätigkeit in der Einigungsstelle weiterbezogen wird,

BAG, Beschl. v. 14.2.1996 – 7 ABR 24/95, NZA 1996, 1225.

3. Seit der Neuregelung des Vergütungsanspruchs für außerbetriebliche Einigungsstellenmitglieder in § 76 a BetrVG bedarf es für die Geltendmachung von Mehrwertsteuer nicht mehr einer vorherigen Vereinbarung mit dem Arbeitgeber bzw einer entsprechenden Beschlussfassung des Betriebsrats,

BAG, Beschl. v. 14.2.1996 – 7 ABR 24/95, NZA 1996, 1225.

12. Muster: Erforderliche Kosten – anwaltliche Vertretung des Betriebsrats

Gemäß § 40 BetrVG 1972 hat der Arbeitgeber die durch die Tätigkeit des Betriebsrats entstehenden Kosten zu tragen. Dazu zählen sowohl die sachlichen als auch die persönlichen Kosten der Tätigkeit des Betriebsrats und seiner Mitglieder.

Bei den sachlichen Kosten des Betriebsrats handelt es sich in erster Linie um die sog. Geschäftsführungskosten. Zu den Geschäftsführungskosten des Betriebsrats gehören auch Kosten, die der gerichtlichen Verfolgung oder Verteidigung von Rechten des Betriebsrats oder seiner Mitglieder dienen. Der Betriebsrat kann deshalb betriebsverfassungsrechtliche Streitfragen auf Kosten des Arbeitgebers gerichtlich klären lassen. Gleichgültig ist, zwischen wem das arbeitsgerichtliche Streitverfahren schwebt, ob zwischen dem Betriebsrat und dem Arbeitgeber, zwischen dem Betriebsrat oder einem anderen betriebsverfassungsrechtlichen Organ (zB Gesamtbetriebsrat oder Konzernbetriebsrat), zwischen dem Betriebsrat und einer im Betrieb vertretenen Gewerkschaft (zB bei einer Wahlanfechtung oder bei einem Antrag auf Auflösung des Betriebsrats) oder zwischen dem Betriebsrat und einem seiner Mitglieder,

vgl *Fitting u.a.*, BetrVG, § 40 Rn 21.

Der Arbeitgeber hat in allen oben genannten Fällen die Kosten zu tragen, die dem Betriebsrat durch seine Beteiligung an einem derartigen gerichtlichen Verfahren entstehen, und zwar unabhängig davon, ob der Betriebsrat in dem Gerichtsverfahren obsiegt oder nicht. Nur wenn die Einleitung eines gerichtlichen Verfahrens durch den Betriebsrat zur Klärung der Streitfrage nicht erforderlich ist, etwa weil eine anderweitige Klärung möglich ist (zB einvernehmliches Abwarten eines Parallelverfahrens oder eines Musterprozesses), oder weil die Rechtsverfolgung oder Verteidigung von vornherein offensichtlich aussichtslos oder mutwillig ist, trifft den Arbeitgeber entsprechend dem allgemeinen Grundsatz, dass er nur die notwendigen Kosten des Betriebsrats zu tragen hat, keine Kostentragungspflicht,

BAG, Beschl. v. 3.10.1978 – 6 ABR 102/76, BAGE 31, 93 = AP § 40 BetrVG 1972 Nr. 14; *Fitting u.a.*, BetrVG, § 40 Rn 22 mwN.

Zu den vom Arbeitgeber im Rahmen von Rechtsstreitigkeiten zu tragenden Auslagen des Betriebsrats zählen auch die Kosten einer Prozessvertretung des Betriebsrats durch einen Rechtsanwalt, wenn der Betriebsrat bei pflichtgemäßer und verständiger Würdigung aller Umstände die Interessenwahrnehmung durch einen Rechtsanwalt für notwendig halten konnte,

BAG, Beschl. v. 3.10.1978 – 6 ABR 102/76, BAGE 31, 93 = AP § 40 BetrVG 1972 Nr. 14; BAG, Beschl. v. 4.12.1979 – 6 ABR 37/76, AP § 40 BetrVG 1972 Nr. 18; BAG, Beschl. v. 18.7.2012 – 7 ABR 23/11, DB 2012, 2524 m. Anm. *Wolmerath*, jurisPR-ArbR 48/2012 Anm. 2; *Fitting u.a.*, BetrVG, § 40 Rn 24 mwN.

Notwendig ist die Hinzuziehung eines Rechtsanwalts stets in der Rechtsbeschwerdeinstanz, da im Rechtsbeschwerdeverfahren die Vertretung durch einen Rechtsanwalt zwingend vorgeschrieben ist. Darüber hinaus ist die Hinzuziehung eines Rechtsanwalts auch dann notwendig, wenn der Betriebsrat sie aus seiner Sicht aus sachlichen, in der Natur des Rechtsstreits liegenden Gründen für erforderlich halten darf, etwa wegen der wahrscheinlich bestehenden Schwierigkeit der Sach- oder Rechtslage oder wenn zur Beurteilung der Sach- oder Rechtslage bestimmte, dem Rechtsanwalt in besonderem Maße bekannte Verhältnisse von Bedeutung sind.

Bei der Beurteilung der Frage, ob die Sach- oder Rechtslage Schwierigkeiten aufweist, ist zu berücksichtigen, dass sich dies nicht selten erst im Laufe des Prozesses herausstellt und sich deshalb einer exakten vorausschauenden Beurteilung des juristisch oft nicht oder nur wenig geschulten Betriebsrats entzieht. Für die Berechtigung des Betriebsrats, auf Kosten des Arbeitgebers einen Rechtsanwalt hinzuzuziehen, muss eine bestehende Unsicherheit des Betriebsrats hinsichtlich der Beurteilung der Schwierigkeiten der Sach- oder Rechtslage ausreichen, da dies auch sonst ein wesentlicher Gesichtspunkt für die Beauftragung eines Rechtsanwalts ist,

vgl BAG, Beschl. v. 3.10.1978 – 6 ABR 102/76, BAGE 31, 93 = AP § 40 BetrVG 1972 Nr. 14; BAG, Beschl. v. 18.7.2012 – 7 ABR 23/11, DB 2012, 2524 m. Anm. *Wolmerath*, jurisPR-ArbR 48/2012 Anm. 2.

Die Hinzuziehung eines Rechtsanwalts erfordert einen ordnungsgemäßen Beschluss des Betriebsrats, und zwar gesondert für jede Instanz,

LAG Schleswig-Holstein, Beschl. v. 19.4.1983 – 1 TaBV 19/82, BB 1984, 533; LAG Berlin, Beschl. v. 26.1.1987 – 9 TaBV 7/86, AP § 40 BetrVG 1972 Nr. 25.

Liegen die Voraussetzungen dafür vor, darf also die Prozessvertretung durch einen Rechtsanwalt als erforderlich erscheinen, so ist der Betriebsrat auch berechtigt, bereits in der ersten Instanz einen Rechtsanwalt auf Kosten des Arbeitgebers hinzuzuziehen, obwohl in dieser Instanz nach § 11 ArbGG auch eine Vertretung durch einen Gewerkschaftsvertreter möglich ist,

BAG, Beschl. v. 3.10.1978 – 6 ABR 102/76, BAGE 31, 93 = AP § 40 BetrVG 1972 Nr. 14; BAG, Beschl. v. 4.12.1979 – 6 ABR 37/76, AP § 40 BetrVG 1972 Nr. 18.

Denn in der Wahl seines Prozessvertreters ist der Betriebsrat grundsätzlich frei. Er kann denjenigen Verfahrensvertreter wählen, zu dem er im Hinblick auf die zu vertretende Angelegenheit das größte Vertrauen hat,

vgl *Fitting u.a.*, BetrVG, § 40 Rn 27; *Richardi/Thüsing*, BetrVG, § 40 Rn 24 mwN.

Da der Betriebsrat weder rechts- noch vermögensfähig ist, muss er bei Streitigkeiten über Geschäftsführungskosten seinen Antrag auf die Verpflichtung des Arbeitgebers richten, die Kosten zu übernehmen oder, sofern eine Verbindlichkeit gegenüber einem Dritten bereits entstanden ist, den Betriebsrat von dieser Verbindlichkeit freizustellen,

LAG Berlin, Beschl. v. 26.1.1987 – 9 TaBV 7/86, AP § 40 BetrVG 1972 Nr. 25.

Rechtsgrund für den Anspruch des Betriebsrats gegen den Arbeitgeber, von Honoraransprüchen eines Rechtsanwalts freigestellt zu werden, die dem Betriebsrat aus Anlass eines Beschlussverfahrens entstehen, ist allein § 40 Abs. 1 BetrVG,

BAG, Beschl. v. 3.10.1978 – 6 ABR 102/76, BAGE 31, 93 = AP § 40 BetrVG 1972 Nr. 14; BAG, Beschl. v. 4.12.1979 – 6 ABR 37/76, AP § 40 BetrVG 1972 Nr. 18; BAG, Beschl. v. 18.7.2012 – 7 ABR 23/11, DB 2012, 2524 m. Anm. *Wolmerath*, jurisPR-ArbR 48/2012 Anm. 2.

Über das Leistungsbegehren des Betriebsrats hat das Gericht im arbeitsgerichtlichen Beschlussverfahren zu entscheiden (§ 80 Abs. 1 iVm § 2a Abs. 1 Nr. 1 und Abs. 2 ArbGG), da es sich zwischen dem Betriebsrat einerseits und dem Arbeitgeber andererseits um eine Streitigkeit handelt, ob dem Betriebsrat ein Kostenfreistellungsanspruch zusteht oder nicht.

13. Muster: Gewerkschaft – Zutritt zu Betriebsversammlungen

In dem

Beschlussverfahren

mit den Beteiligten

1. Gewerkschaft ...

– Antragstellerin und Beteiligte zu 1. –

Verfahrensbevollmächtigte: ...

2. Betriebsrat der Firma ...

– Beteiligter zu 2. –

3. Firma ...

– Beteiligte zu 3. –

Verfahrensbevollmächtigte: ...

Wir bestellen uns zu Verfahrensbevollmächtigten der Antragstellerin und beantragen, einen möglichst frühen Anhörungstermin anzuberaumen, in dem wir beantragen zu erkennen:

1. Der Antragstellerin wird der Zutritt zu Betriebs- oder Abteilungsversammlungen der Beteiligten zu 3. als einer im Betrieb vertretenen Gewerkschaft gestattet.

2. Für jeden Fall der Zuwiderhandlung gegen das Zutrittsrecht der Antragstellerin wird dem Beteiligten zu 3. – bezogen auf jeden Tag und jeden Arbeitnehmer – ein Ordnungsgeld, dessen Höhe in das Ermessen des Gerichts gestellt wird, angedroht.
3. Der Streitwert wird festgesetzt.

Gründe

1. Der Gewerkschaftssekretär ... begab sich am ... zu einer Betriebsversammlung der Beteiligten zu 2. Beim Eintreffen in die Kantine stellte sich ihm der Prokurist ... in die Quere und erklärte, er möge sofort das Betriebsgelände verlassen. Ein Vertreter der Gewerkschaft habe bei dem Beteiligten zu 3. nichts zu suchen.

Beweis: 1. Zeugnis Gewerkschaftssekretär ...
2. Zeugnis Betriebsratsvorsitzender ...

Der Betriebsratsvorsitzende intervenierte daraufhin und bat den Prokuristen, den Gewerkschaftssekretär an der Betriebsversammlung teilnehmen zu lassen.

Beweis: Wie vor.

Der Betriebsratsvorsitzende wies noch darauf hin, dass er gemäß einer Entscheidung des BAG (Beschl. v. 13.9.1977 – 1 ABR 67/75, BAGE 29, 281 = AP § 42 BetrVG 1972 Nr. 1) für die Dauer der Betriebsversammlung das Hausrecht über den Versammlungsraum ausübe. Der Prokurist ließ sich auf keine Diskussion ein und drohte, handgreiflich zu werden. Daraufhin verließ der Gewerkschaftssekretär ... das Betriebsgelände.

2. Der Anspruch der Antragstellerin auf Teilnahme an Betriebs- und Abteilungsversammlungen bei dem Beteiligten zu 3. ergibt sich aus § 46 Abs. 1 Satz 1 BetrVG.

3. Die Antragstellerin ist eine im Betrieb des Beteiligten zu 3. vertretene Gewerkschaft. Zum Beweis legt die Antragstellerin eine Erklärung des Notars ... vor.

Beweis: Vorlage der notariellen Bestätigung – Anlage K 1.

Die Antragstellerin ist nicht verpflichtet, die Namen ihrer Mitglieder, die im Betrieb tätig sind, preiszugeben. Nach dem Beschluss des BAG ist eine notarielle Bestätigung ausreichend, damit die im Betrieb von der Gewerkschaft vertretenen Mitarbeiter keinen Repressalien ausgesetzt sind,

BAG, Beschl. v. 25.3.1992 – 7 ABR 65/90, BAGE 70, 85 = AP § 2 BetrVG Nr. 4.

Dafür, dass fünf Mitarbeiter des Beteiligten zu 3. Mitglied der Antragstellerin sind, treten wir außerdem **Beweis** an durch

Vernehmung des Gewerkschaftssekretärs, zu laden über die Antragstellerin.

14. Muster: Information des Betriebsrats über Konzernstruktur

Wir bestellen uns zu Verfahrensbevollmächtigten des Antragstellers und beantragen, einen möglichst frühen Anhörungstermin anzuberaumen, in dem wir beantragen zu erkennen:

1. Die Beteiligte zu 2. wird verpflichtet, den Antragsteller durch Aushändigung und Vorlage schriftlicher Unterlagen darüber zu unterrichten, wie viele Arbeitnehmer durchschnittlich in den einzelnen Konzernunternehmen beschäftigt werden, in welcher Rechtsform die Konzernunternehmen betrieben werden, wo sie ihren Firmensitz haben, welches Registergericht zuständig ist, unter welcher Rechtsordnung die zum Konzern gehörenden Unternehmen geführt werden, durch wen die zum Konzern gehörenden Gesellschaf-

ten vertreten werden und welche Aufsichtsorgane in den Konzernunternehmen bestehen sowie wer diese Aufsichtsorgane bestellt hat.
2. Der Streitwert wird festgesetzt.

Gründe

1. Der Antragsteller ist der Betriebsrat im Betrieb ... die Beteiligten zu 2. Die Beteiligte zu 2. ist ein in mehreren europäischen Ländern tätiges Konzernunternehmen. Der Betriebsrat hat zunächst mit Schreiben vom ... und späterhin mit Schreiben seiner anwaltlichen Bevollmächtigten vom ... die im Antrag Ziffer 1 beschriebenen Auskünfte außergerichtlich geltend gemacht.

Beweis: 1. Vorlage des Schreibens des Betriebsrats vom ... in Kopie – Anlage K 1.
2. Vorlage des Anwaltsschreibens vom ... in Kopie – Anlage K 2.

Die Geschäftsleitung des Beteiligten zu 2. hat es abgelehnt, dem Betriebsrat die erbetenen Auskünfte zu erteilen. Schriftliche Antworten sind beim Antragsteller bis heute nicht eingegangen. Mündlich erklärte am ... Herr ....

Beweis: Zeugnis des Herrn ...

2. Der Antragsteller hat einen Informationsanspruch über die Konzernstruktur und die Beschäftigtenzahlen in den einzelnen Konzernunternehmen.

Durch die Information soll der Betriebsrat in die Lage versetzt werden, zu prüfen, ob die Voraussetzungen für die Einrichtung eines besonderen Verhandlungsgremiums gegeben sind. Im Rahmen dieses Informationsanspruchs ist der Betriebsrat darüber zu unterrichten, ob das Unternehmen mit anderen Unternehmen des Konzerns in dem Sinne verbunden ist, dass das Unternehmen selbst oder die Gesellschaft des Unternehmens direkt oder indirekt Anteile daran halten. Erforderlich, aber auch ausreichend ist eine gewisse tatsächliche Wahrscheinlichkeit dafür, dass die Voraussetzungen des EBRG erfüllt sind.

Die Unternehmensleitung ist zur Erfüllung des Informationsanspruchs verpflichtet,

BAG, Beschl. v. 30.3.2004 – 1 ABR 61/01, BAGE 110, 100 = NZA 2004, 863.

15. Muster: Internetanschluss für Betriebsrat

Wir bestellen uns zu Verfahrensbevollmächtigten des Beteiligten zu 1., in dessen Namen und Auftrag wir um kurzfristige Anberaumung eines Anhörungstermins bitten. Wir werden beantragen:

1. Der Beteiligte zu 2. hat dem Antragsteller einen Internetanschluss mit eigener E-Mail-Adresse zur Verfügung zu stellen.
2. Der Streitwert wird festgesetzt.

Gründe

1. Der Antragsteller ist der Betriebsrat des Beteiligten zu 2. Im Betrieb sind ... Mitarbeiter beschäftigt. Gegenstand des Betriebs bildet .... Der Jahresumsatz beläuft sich auf .... Der Betrieb ist generell äußerst modern ausgestattet. Jeder Mitarbeiter in der Administration verfügt über einen eigenen PC sowie einen Intranet- und Internetanschluss. Die Kommunikation zwischen den Mitarbeitern, Kunden und Lieferanten findet heute zu einem überwiegenden Teil über E-Mail und über das Internet statt. Innerhalb des Betriebes benutzen die Mitarbeiterinnen und Mitarbeiter überwiegend das Intranet ... als Kommunikationsmittel.

2. Der Antragsteller benötigt zur Bewältigung seiner täglichen Arbeit die Ausstattung des Betriebsrats-PC mit einem Internetanschluss. In der Praxis hat sich gezeigt, dass der Internetanschluss, der zugleich einen Zugang zum Intranet bedeutet, folgende Vorteile bietet: ...

3. Zur sachgerechten Aufgabenerfüllung des Antragstellers bedarf es im Streitfall eines Internetanschlusses und einer eigenen E-Mail-Adresse. Nach ständiger Rechtsprechung des BAG bestimmt sich die Erforderlichkeit des Umfangs der vom Arbeitgeber zur Verfügung zu stellenden Sachmittel unter Berücksichtigung aller Umstände des Einzelfalls nach Inhalt und Umfang der vom Betriebsrat wahrzunehmenden Aufgaben anhand der konkreten betrieblichen Verhältnisse. Dabei genügt es für die Erforderlichkeit eines Sachmittels nicht, dass durch seinen Einsatz die Geschäftsführung des Betriebsrats lediglich erleichtert wird, bzw sich rationeller gestalten lässt. Das Gesetz sieht geringere Anforderungen als die Erforderlichkeit nicht vor. Aus Gründen der Effektivität der Betriebsratsarbeit wird daher ein Sachmittel erst dann erforderlich, wenn ohne seinen Einsatz die Wahrnehmung der Rechte und Pflichten des Betriebsrats vernachlässigt werden müsste,

> BAG, Beschl. v. 11.11.1998 – 7 ABR 57/97, NZA 1999, 945; LAG Baden-Württemberg 29.1.2010 – 7 TaBV 8/09, juris.

Der Betriebsrat kann im Rahmen des § 40 Abs. 2 BetrVG einen Internetzugang zum Zwecke der Informationsbeschaffung im Zusammenhang mit der Erledigung der ihm nach § 80 Abs. 1 Nr. 1 BetrVG obliegenden Überwachungspflichten verlangen, wenn dies aufgrund konkreter betrieblicher Gegebenheiten erforderlich ist – etwa weil der Arbeitgeber regelmäßig den Betrieb betreffende Änderungen der Rechtslage missachtet oder nur zögerlich beachtet,

> BAG, Beschl. v. 23.8.2006 – 7 ABR 55/05, NZA 2007, 337 m. Anm. *Wolmerath*, jurisPR-ArbR 8/2007 Anm. 3; BAG 18.7.2012 – 7 ABR 23/11, DB 2012, 2524 m. Anm. *Wolmerath*, jurisPR-ArbR 48/2012 Anm. 2.

a) Die Notwendigkeit des Internetanschlusses und der E-Mail-Adresse für den Antragsteller ergibt sich aus folgenden Gründen: ...

Für die restriktive Rechtsauffassung des ArbG Frankfurt,

> Beschl. v. 13.11.2001 – 8 BV 633/00, NZA-RR 2002, 252,

ist kein Raum.

b) Die meisten Informationen, derer der Betriebsrat heute zur Unterstützung seiner Arbeit durch die zuständige Gewerkschaft bedarf, sind im Internet abrufbar. Von Musterbetriebsvereinbarungen angefangen über Muster von Tarifverträgen, von Arbeitshilfen bis hin zu den neuesten Urteilen des Bundesarbeitsgerichts – sämtliche für die Betriebsratsarbeit erforderlichen Informationen befinden sich heute im Internet. Da im Unternehmen generell die EDV benutzt wird und jeder Arbeitnehmer im Bereich der Administration über einen Internetanschluss verfügt, die hiermit verbundenen Kosten gering sind, das Unternehmen über eine ausreichende Ertragskraft verfügt, handelt es sich auch bei dem Internetanschluss um erforderliche Kosten im Sinne der BAG-Rechtsprechung. Nach der Rechtsauffassung des LAG Hessen ist ein Anspruch auf einen Internetanschluss sogar generell für den Betriebsrat gegeben,

> LAG Hessen, Beschl. v. 9.7.2009 – 9 TaBV 258/08, juris m. Anm. *Wolmerath*, jurisPR-ArbR 10/2010 Anm. 1.

16. Muster: Kommunikationsmittel für Betriebsrat

...

Wir bestellen uns zu Verfahrensbevollmächtigten des Beteiligten zu 1., in dessen Namen und Auftrag wir um kurzfristige Anberaumung eines Anhörungstermins bitten. Wir werden beantragen:

1. Der Beteiligte zu 2. hat dem Antragsteller folgende Kommunikationsmittel zur Verfügung zu stellen: PC, Telefax, Handy und Zugang zu Intranet und Internet.
2. Der Streitwert wird festgesetzt.

Gründe

1. Der Antragsteller ist der Betriebsrat des Beteiligten zu 2. Im Betrieb sind ... Mitarbeiter beschäftigt. Gegenstand des Betriebs bildet ... . Der Jahresumsatz beläuft sich auf ... . Der Betrieb ist generell äußerst modern ausgestattet. Jeder Mitarbeiter, mit Ausnahme ..., hat einen PC sowie einen Intranet- und Internetanschluss. Der zunehmend häufigere Kommunikationsweg zwischen den Mitarbeitern, den Kunden, den Lieferanten und zwischenzeitlich auch einigen Behörden ist die E-Mail.
Die Ausstattung des Betriebsrats besteht aus ... .

2. Der Antragsteller benötigt zur Bewältigung seiner täglichen Arbeit die Ausstattung mit einem PC, einem Pentium-Rechner, einem Drucker sowie einem Scanner, und es muss gewährleistet sein, dass der Rechner des Betriebsrats an Internet und Intranet angeschlossen ist. Für den Betriebsratsvorsitzenden wird darüber hinaus die Anschaffung eines Handys geltend gemacht, damit der Betriebsratsvorsitzende sowohl für die Personalabteilung als auch für die Belegschaft erreichbar ist, wenn er sich nicht im Betriebsratsbüro, sondern an seinem Arbeitsplatz oder außerhalb des Betriebes aufhält.

3. Der Antragsteller hat einen Anspruch auf Anschaffung von PC, Telefax, Handy und Zugang zu Intranet und Internet.

a) Nachdem in der älteren Rechtsprechung die Überlassung eines PC für den Betriebsrat meist generell abgelehnt wurde,

> LAG Hannover, Beschl. v. 13.12.1988 – 1 TaBV 60/88, NZA 1989, 442; ArbG Göttingen, Beschl. v. 16.5.1988 – 1 BV 4/87, DB 1988, 2056,

hat das BAG in seiner neueren Rechtsprechung klargestellt, dass ein Anspruch des Betriebsrats auf Bereitstellung eines PC mit entsprechendem Zubehör (Drucker und Software) auf Kosten des Arbeitgebers besteht, wenn vom Betriebsrat die Erforderlichkeit nachgewiesen werden kann,

> BAG, Beschl. v. 12.5.1999 – 7 ABR 36/97, BAGE 91, 325 = NZA 1999, 1290; BAG, Beschl. v. 16.5.2007 – 7 ABR 45/06, BAGE 122, 293 = NZA 2007, 1117 m. Anm. *Weyand*, jurisPR-ArbR 41/2007 Anm. 2.

Sache des Betriebsrats ist es, darzulegen und zu beweisen, dass er mit herkömmlichen Mitteln seine Arbeit nicht mehr sachgerecht erledigen kann,

> BAG, Beschl. v. 16.5.2007 – 7 ABR 45/06, BAGE 122, 293 = NZA 2007, 1117 m. Anm. *Weyand*, jurisPR-ArbR 41/2007 Anm. 2; LAG Baden-Württemberg, Beschl. v. 29.1.2010 – 7 TaBV 8/09, juris.

Nicht ausreichend ist lediglich der Hinweis auf eine Rationalisierung der Betriebsratsarbeit. Es müssen vielmehr die Aufgaben der laufenden Geschäftsführung quantitativ und qualitativ so angewachsen sein, dass sie mit den bisherigen Sachmitteln nur unter Vernachlässigung anderer Rechte und Pflichten nach dem BetrVG bewältigt werden können. Der Betriebsrat kann zur Begründung der Erforderlichkeit auch auf geplante Aufgaben in der Zukunft zurückgreifen, wie beispielsweise die Bewältigung anstehender Mitbestimmungsrechte, die zum Abschluss einer Betriebsvereinbarung führen.
Nach der Rechtsprechung des BAG zu § 40 Abs. 2 BetrVG bestimmt sich bei der Geltendmachung von Kosten für moderne Kommunikationsmittel der Umfang der erforderlichen Sachmittel nicht ausschließlich, aber auch nach dem entsprechenden Ausstattungsniveau des Arbeitgebers. Die Größe des Betriebes und damit der Umfang der Betriebsratstätigkeit sowie die technische Ausstattung des Betriebes bieten wichtige Anhaltspunkte.
Mit dem vorliegenden Antrag wird auch keine Bereitstellung eines mobilen Computers (Laptop/Notebook) geltend gemacht, wie er vom LAG Köln, trotz bestehender Reisetätigkeit des Betriebsrats, verworfen wurde,

> LAG Köln, Beschl. v. 17.10.1997 – 11 TaBV 15/97, NZA-RR 1998, 163.

Unter Berücksichtigung der zuvor dargestellten Rechtsgrundsätze ergibt sich der Anspruch des Beteiligten zu 1. wie folgt:

b) Der Anspruch des Beteiligten zu 1. auf Internet-, Intranet- und E-Mail-Anschluss ergibt sich aus § 40 Abs. 2 BetrVG. Zwar hat das BAG in älteren Entscheidungen den Anspruch eines Betriebsrats auf ein internes Kommunikationsmittel nicht anerkannt,

> BAG, Beschl. v. 17.2.1993 – 7 ABR 19/92, BAGE 72, 274 = NZA 1993, 854; BAG, Beschl. v. 11.3.1998 – 7 ABR 59/96, BAGE 88, 188 = NZA 1998, 953.

In der sog. Mailbox-Entscheidung hat das BAG einen Anspruch auf Beteiligung des Betriebsrats am Intranet verneint und ausgeführt, allein daraus, dass der Arbeitgeber seine Arbeitnehmer durch ein elektronisches Kommunikationssystem mit Mailbox unter Benutzung eines sonst gesperrten Schlüssels „an alle" informiere, folge nicht, dass es iSv § 40 Abs. 2 BetrVG erforderlich wäre, dem Betriebsrat dasselbe Informationssystem mit demselben Schlüssel uneingeschränkt zur Verfügung zu stellen. Ein solcher Anspruch ergebe sich auch nicht aus § 2 Abs. 1 BetrVG. Der Betriebsrat könne nicht verlangen, die gleiche technische Ausstattung zur Verfügung gestellt zu erhalten, wie sie der Arbeitgeber benutze. Auch aus dem Benachteiligungsverbot des § 78 BetrVG ergibt sich nach Auffassung des BAG im Beschluss vom 11.3.1998 nichts anderes,

> BAG, Beschl. v. 11.3.1998 – 7 ABR 59/96, BAGE 88, 188 = NZA 1998, 953.

Inzwischen hat sich aber eine hiervon abweichende, modernere und auf dem Vormarsch begriffene Rechtsprechung entwickelt. So hat das ArbG Paderborn mit Beschluss vom 29.1.1998,

> 1 BV 35/97, DB 1998, 678 = MMR 1998, 377 m. Anm. *Henninge*,

entschieden, dass der Arbeitgeber nach § 40 Abs. 2 BetrVG verpflichtet sei, dem Betriebsrat eine eigene Homepage im unternehmenseigenen Datenkommunikationssystem (Intranet) zur Verfügung zu stellen. Das ArbG Paderborn hat sich auf den konkreten Einzelfall bezogen und berücksichtigt, dass es sich in dem zu entscheidenden Fall um ein innovatives High-Tech-Unternehmen der Elektronikbranche handelte, bei dem der Großteil des Schriftverkehrs elektronisch abgewickelt wird und das E-Mail-System im Unternehmen stark verbreitet ist. Die Homepage im Intranet wäre daher als erforderliches Kommunikationsmittel mit dem sog. „Schwarzen Brett" vergleichbar, das das BAG dem Betriebsrat stets zugebilligt hat,

> BAG, Beschl. v. 21.11.1978 – 6 ABR 85/76, DB 1979, 751.

Auch das LAG Baden-Württemberg hat dem Betriebsrat einen Anspruch auf Nutzung des bereits seit Jahren eingerichteten betriebsinternen E-Mail-Systems nach § 40 Abs. 2 BetrVG gestattet,

> LAG Baden-Württemberg, Beschl. v. 26.9.1997 – 5 TaBV 1/97, DB 1998, 887.

In dem vom LAG Baden-Württemberg entschiedenen Fall war von den Mitarbeitern bereits seit vier Jahren das E-Mail-System genutzt worden, und die Mitarbeiter waren auch seit vier Jahren gewohnt, Mitteilungen des Betriebsrats über E-Mail zu empfangen.

c) Auch der Anspruch des Betriebsrats auf Zurverfügungstellung eigener Telefaxgeräte folgt aus § 40 Abs. 1 BetrVG. Zwar gibt es eine Rechtsprechung, die besagt, dass immer dann, wenn Telefax und Kopierer vom Betriebsrat mühelos mitbenutzt werden können, ein Anspruch auf eigene Geräte entfällt,

> LAG Rheinland-Pfalz, Beschl. v. 2.2.1996 – 3 TaBV 37/95, BB 1996, 2465; LAG Rheinland-Pfalz, Beschl. v. 8.10.1997 – 8 TaBV 17/97, NZA-RR 1998, 403; LAG Düsseldorf, Beschl. v. 24.6.1993 – 8 TaBV 33/93, NZA 1993, 1143; LAG Hamm, Beschl. v. 14.5.1997 – 3 TaBV 2/97, BB 1997, 2052.

Vorliegend beträgt die Entfernung zwischen dem nächstmöglichen Fax-Gerät und dem Betriebsratsbüro aber ... Meter, so dass eine Mitbenutzung unter organisatorischen Gesichtspunkten, insbesondere unter Gewährung eines ordnungsgemäßen administrativen Ablaufs der Betriebsratstätigkeit, ausscheidet. Hinzu tritt, dass die Mitbenutzung des Fax-Geräts in der ...-Abteilung bedeuten würde, dass auch sämtliche eingehenden Faxe mit vertraulichstem Inhalt – sei es durch Mitarbeiter, sei es durch die Gewerkschaften, sei es durch

Mitglieder des Betriebsrats – den in der Abteilung ... tätigen Mitarbeitern jederzeit offen stehen würde. Der Grundsatz der Vertraulichkeit der Betriebsratstätigkeit wäre somit nicht mehr gewahrt. In einem solchen Falle ist es auch nach Auffassung des LAG Hamm erforderlich, dass dem Betriebsrat ein eigener Telefax-Anschluss mit Telefax-Gerät zur Verfügung gestellt wird,

    LAG Hamm, Beschl. v. 14.5.1997 – 3 TaBV 2/97, BB 1997, 2052; LAG Hamm, Beschl. v. 6.6.2001 – 10 TaBV 85/00, juris.

d) Zwar wird die Mitbenutzungsrechtsprechung im Allgemeinen auch im Hinblick auf die Telefonbenutzung vertreten, dh bei Betriebsräten, die einen Telefonanschluss mitbenutzen können, ist die Begründung eines eigenen Amtsanschlusses nicht erforderlich,

    LAG Frankfurt, Beschl. v. 18.3.1986 – 5 TaBV 108/85, NZA 1986, 650.

Bei der Telefonbenutzung des Betriebsrats muss aber sichergestellt werden, dass der Betriebsrat ungestört und ohne zumutbare zeitliche Einschränkung telefonieren kann,

    Besgen, NZA 2006, 959, 960.

Ein Anspruch eines Betriebsrats auf Bereitstellung eines Mobilfunktelefons (Handy) ist jedoch zwischenzeitlich in der Rechtsprechung anerkannt,

    ArbG Frankfurt aM, Beschl. v. 12.8.1997 – 18 BV 103/97, AiB 1998, 223,

wenn der Betriebsrat weit auseinander liegende Betriebsstätten ohne eigene Betriebsratsbüros zu betreuen hat und es andernfalls zu Mitbestimmungslücken kommen könnte,

    vgl LAG München, Beschl. v. 20.12.2005 – 8 TaBV 57/05, juris m. Anm. *Wolmerath*, jurisPR-ArbR 35/2006 Anm. 5.

So liegt der Fall auch hier: ...
↑

17. Muster: Leitender Angestellter – Statusfeststellung
↓

In dem

Beschlussverfahren

mit den Beteiligten

1. Betriebsrat ...

– Antragsteller und Beteiligter zu 1. –

Verfahrensbevollmächtigte: ...

und

2. ...

– Beteiligte zu 2. –

und

3. Betriebsleiter ..., private Anschrift

– Beteiligte zu 3. –

Wir bestellen uns zu Verfahrensbevollmächtigten des Antragstellers und beantragen, einen möglichst frühen Anhörungstermin anzuberaumen, in dem wir beantragen zu erkennen:

1. Es wird festgestellt, dass der Beteiligte zu 3. kein leitender Angestellter iSd § 5 Abs. 3 BetrVG ist.
2. Der Streitwert wird festgesetzt.

Gründe

1. Der Beteiligte zu 2. ist ein Unternehmen auf dem Gebiet des .... Er beschäftigt ... Arbeitnehmer. Die Produktionsstätte befindet sich in .... Der dortige Betriebsleiter ist der Beteiligte zu 3.

2. Bei dem Beteiligten zu 2. existiert eine Betriebsvereinbarung über „Mitbestimmungsrechte des Betriebsrats bei der Erbringung von Überstunden".

Beweis: Vorlage der Betriebsvereinbarung in Kopie – Anlage K 1.

Die Betriebsvereinbarung sieht vor, dass kein Arbeitnehmer mehr als zehn Überstunden pro Woche leisten darf. Bei einer Zahl von sechs Überstunden pro Woche ist zusätzlich die Zustimmung des Betriebsrats erforderlich.

Beweis: Wie vor.

Der Beteiligte zu 3. ist auf dem Betriebsgelände täglich durchschnittlich zwölf Stunden anwesend. Einzelheiten sind der elektronischen Arbeitszeiterfassung des Arbeitgebers zu entnehmen. Der Arbeitgeber wird aufgefordert, die Arbeitszeiterfassung über den Beteiligten zu 3. für die Monate ... im Rahmen des Amtsermittlungsgrundsatzes im Beschlussverfahren vorzulegen.

Die Geschäftsleitung hat sich wiederholt in Monatsgesprächen, in denen die übermäßige, nicht vom Betriebsrat genehmigte Tätigkeit des Betriebsleiters beanstandet wurde, zu der Auffassung bekannt, bei dem Betriebsleiter handele es sich um einen leitenden Angestellten iSv § 5 Abs. 3 BetrVG. Tatsache ist jedoch, dass die Merkmale des leitenden Angestellten durch den Betriebsleiter nicht erfüllt werden: ....

Da der Betriebsrat ein Mitbestimmungsrecht nach § 87 Abs. 1 Nr. 3 BetrVG bei der Anordnung von Überstunden hat, dieses Recht sich auch auf den Betriebsleiter erstreckt, da er Arbeitnehmer und nicht leitender Angestellter ist, hat der Betriebsrat ein berechtigtes Interesse an der Feststellung zum Status des Beteiligten zu 3.

18. Muster: Notwendige Kosten des Betriebsrats – Freistellung

Wir bestellen uns zu Verfahrensbevollmächtigten des Antragstellers und beantragen, einen möglichst frühen Anhörungstermin anzuberaumen, in dem wir beantragen zu erkennen:

1. Die Beteiligte zu 2. wird verpflichtet, den Antragsteller von seiner Verpflichtung für die von ihm beschafften Hilfsmittel ... iHv ... EUR gegenüber der Firma ... freizustellen.
2. Der Beschluss ist vorläufig vollstreckbar.
3. Der Streitwert wird festgesetzt.

Gründe

1. Der Antragsteller ist der Betriebsrat im Betrieb des Beteiligten zu 2. Der Betriebsrat bedarf zur Durchführung seiner Aufgaben des Hilfsmaterials ....

Am ... fasste der Betriebsrat den Beschluss, das oben erläuterte Hilfsmaterial anzuschaffen.

Mit Schreiben vom ... teilte er dies dem Beteiligten zu 2. mit und bat ihn, das näher bezeichnete Hilfsmaterial dem Betriebsrat zur Verfügung zu stellen. Rein vorsorglich verband der Beteiligte zu 1. die Bitte um Überlassung des Hilfsmaterials mit einer Frist zum ....

Beweis: Vorlage des Schreibens in Kopie – Anlage K 1.

Der Beteiligte zu 2. stellte jedoch die erbetenen Hilfsmittel nicht zur Verfügung. Nach Ablauf der gesetzten Frist bestellte der Beteiligte zu 1. die Hilfsmittel bei der Firma ...

Beweis: Vorlage des Bestellschreibens in Kopie – Anlage K 2.

2. Der Betriebsrat benötigt die erwähnten Hilfsmittel aus folgenden Gründen: ...

3. Der Beteiligte zu 2. ist gem. § 40 BetrVG verpflichtet, die Kosten des Hilfsmaterials zu tragen. Die angefallenen Kosten sind auch nicht unverhältnismäßig: ...

4. Die vorläufige Vollstreckbarkeit ergibt sich daraus, dass es sich bei dem geltend gemachten Anspruch um eine geldwerte Leistung handelt. In vermögensrechtlichen Streitigkeiten sind Beschlüsse der Arbeitsgerichte vorläufig vollstreckbar, §§ 85 Abs. 2 Satz 2 Hs 1, 87 Abs. 2 Satz 1 ArbGG. Nach der Rechtsprechung des BAG liegt eine vermögensrechtliche Streitigkeit dann vor, wenn über Ansprüche entschieden werden soll, die auf Geld oder eine geldwerte Leistung zielen, die auf vermögensrechtlichen Beziehungen beruhen oder wenn mit dem Verfahren in erheblichem Umfang wirtschaftliche Zwecke verfolgt werden,

BAG, Beschl. v. 22.5.1984 – 2 AZB 25/82, AP § 12 ArbGG 1979 Nr. 7.

Deshalb wird die Auffassung vertreten, dass Angelegenheiten aus dem betriebsverbandlichen Bereich generell als vermögensrechtliche Angelegenheiten zu werten sind, weil die Betriebsverfassung durchweg keine rein ideelle, sondern auch vorrangig wirtschaftliche Bedeutung hat. Nicht vermögensrechtlich sind somit im Wesentlichen nur Persönlichkeitsrechte,

Rudolf, NZA 1988, 420; *Dütz*, DB 1980, 1120.

19. Muster: Personelle Maßnahme – Unterlassen auf Antrag des Betriebsrats

...

Wir bestellen uns zu Verfahrensbevollmächtigten des Antragstellers und beantragen, einen möglichst frühen Anhörungstermin anzuberaumen, in dem wir beantragen zu erkennen:

1. Dem Beteiligten zu 2. wird aufgegeben, es zu unterlassen, Einstellungen oder Versetzungen vorzunehmen, sofern der Antragsteller die Zustimmung nicht erteilt hat oder im Verweigerungsfall die fehlende Zustimmung im arbeitsgerichtlichen Beschlussverfahren ersetzt worden ist.
2. Für jeden Fall der Zuwiderhandlung gegen die Verpflichtung aus Ziffer 1 wird dem Beteiligten zu 2. – bezogen auf jeden Tag und jeden Arbeitnehmer – ein Ordnungsgeld, dessen Höhe in das Ermessen des Gerichts gestellt wird, angedroht.
3. Der Streitwert wird festgesetzt.

Gründe

Der Antragsteller ist der Betriebsrat bei dem Beteiligten zu 2. Der Antragsgegner hat im Bereich der personellen Mitbestimmung gegen seine Verpflichtungen aus dem Betriebsverfassungsgesetz verstoßen. Im Einzelnen: ...

Dieser Verstoß ist sogar ein grober Verstoß,

vgl die Beispiele bei *Fitting u.a.*, BetrVG, § 23 Rn 66,

weshalb sich der Antrag in Ziffer 1 aus § 23 Abs. 3 BetrVG ergibt. Der Antrag wird nicht nur wegen eines Verstoßes, sondern wegen eines groben Verstoßes geltend gemacht. Der Anspruch wird nicht auf den allgemeinen Unterlassungsanspruch, sondern auf den Anspruch aus § 23 Abs. 3 BetrVG gestützt. Ziffer 2 enthält einen Antrag auf Ordnungshaft.

§ 7 Schriftsätze im arbeitsgerichtlichen Beschlussverfahren

76 **20. Muster: Personelle Maßnahme – Aufhebung**

 ↓

Wir bestellen uns zu Verfahrensbevollmächtigten des Antragstellers und beantragen, einen möglichst frühen Anhörungstermin anzuberaumen, in dem wir beantragen zu erkennen:
1. Der Beteiligten zu 2. wird untersagt, die Einstellung/Versetzung des Herrn ... aufrechtzuerhalten.
2. Für jeden Tag der Zuwiderhandlung gegen die Verpflichtung aus Ziffer 1 wird der Beteiligten zu 2. ein Ordnungsgeld von bis zu 250 EUR angedroht.
3. Der Streitwert wird festgesetzt.

Gründe

Der Antragsteller ist der Betriebsrat im Betrieb der Beteiligten zu 2. Die Beteiligte zu 2. teilte dem Antragsteller am ... mit, sie beabsichtige, den Arbeitnehmer ... einzustellen/nach ... zu versetzen.

    Beweis:

Der Antragsteller hat am ... seine Zustimmung nach § 99 BetrVG verweigert und dies der Beteiligten zu 2. noch am ... schriftlich mitgeteilt.

    Beweis:

Die Beteiligte zu 2. hat kein Zustimmungsersetzungsverfahren eingeleitet.

    Beweis: Amtliche Auskunft des Direktors des hiesigen Arbeitsgerichts.

Die Beteiligte zu 2. hat die personelle Maßnahme durchgeführt bzw. aufrechterhalten. Hiermit hat sie einen mitbestimmungswidrigen Zustand herbeigeführt, so dass der Antragsteller mit dem vorliegenden Schriftsatz ein Verfahren nach § 101 Satz 1 BetrVG einleitet.

Der Antragsteller macht nicht von der Möglichkeit Gebrauch, nach § 101 BetrVG der Beteiligten zu 2. aufzugeben, die personelle Maßnahme aufzuheben. Hebt nämlich der Arbeitgeber entgegen einer rechtskräftigen gerichtlichen Entscheidung die personelle Maßnahme nicht auf, ist er auf Antrag des Betriebsrats hierzu durch Zwangsgeld anzuhalten. Diese Regelung des § 101 BetrVG entspricht der Zwangsvollstreckung aus einem Titel zur Vornahme einer unvertretbaren Handlung iSv § 888 ZPO. Nach dieser Regelung entfällt jedoch die Beitreibung des Zwangsgeldes, wenn der Schuldner bis zur Beitreibung die aufgegebene Handlung vornimmt. Um Probleme in der Zwangsvollstreckung zu vermeiden, wird der vorliegende Antrag deshalb als Unterlassungsantrag formuliert.

Die Androhung des Ordnungsgeldes bereits im Erkenntnisverfahren ist zulässig,

    BAG, Beschl. v. 6.12.1988 – 1 ABR 42/87, juris; LAG Bremen, Beschl. v. 18.7.1986 – 4 TaBV 3/86, AP § 23 BetrVG 1972 Nr. 6; LAG Frankfurt, Beschl. v. 3.6.1988 – 12 TaBV 154/87, DB 1989, 536.

Die Rechtsprechung verlangt allein, dass im Antrag genau definiert sein muss, was als „Fall der Zuwiderhandlung" anzusehen ist.

 ↑

77 **21. Muster: Sachverständiger – Hinzuziehung durch einstweilige Verfügung**

  ↓

Wir bestellen uns zu Verfahrensbevollmächtigten des Antragstellers und beantragen, durch einstweilige Verfügung – wegen der Dringlichkeit ohne vorherige mündliche Verhandlung – wie folgt zu beschließen:
1. Der Beteiligten zu 2. wird aufgegeben, mit dem Antragsteller folgende Vereinbarung zu schließen: „Im Einverständnis der Beteiligten zu 2. beauftragt der Antragsteller Herrn ... mit der gutachterlichen Bera-

tung des Antragstellers zu den im Zusammenhang mit ... stehenden Fragen .... Dem beauftragten Sachverständigen wird eine angemessene Vergütung zugesagt."
2. Der Streitwert wird festgesetzt.

Gründe

1. Der Antragsteller ist der Betriebsrat im Betrieb der Beteiligten zu 2. Er besteht aus ... Mitgliedern, von denen keines über eine Sachkunde auf dem hier maßgeblichen Gebiet verfügt. Im Betrieb sind etwa ... Arbeitnehmer beschäftigt.

Folgende Maßnahmen sind im Betrieb der Beteiligten zu 2. geplant: ...

Der Antragsteller sieht sich nicht in der Lage, die Vielzahl der anstehenden Fragestellungen zu beurteilen und auch vor dem Hintergrund dieser komplexen Materie seine Rechte als Betriebsrat ohne die erforderlichen Fachkenntnisse auszuüben. Er ist deshalb auf die Hinzuziehung eines Sachverständigen angewiesen. Er hat auch versucht, sich mit der Beteiligten zu 2. über die Hinzuziehung eines Sachverständigen zu dem im Antrag genannten Gutachtenauftrag zu verständigen.

Glaubhaftmachung: ...

Die Beteiligte zu 2. hat es jedoch abgelehnt, dass der Antragsteller eine dritte Person einschaltet.

Glaubhaftmachung: ...

Der vom Antragsteller vorgeschlagene Sachverständige hat erklärt, dass er wegen des Kostenrisikos nicht bereit sei, ohne Zustimmung der Beteiligten zu 2. seine Tätigkeit aufzunehmen.

Glaubhaftmachung: Eidesstattliche Versicherung des Betriebsratsvorsitzenden.

2. Gemäß § 85 Abs. 2 ArbGG ist auch im Beschlussverfahren der Erlass einer einstweiligen Verfügung zulässig.

Der Verfügungsanspruch ergibt sich aus § 80 Abs. 3 BetrVG, wonach der Antragsteller Anspruch auf Hinzuziehung eines Sachverständigen hat. Die Erforderlichkeit ist gegeben, wenn der Betriebsrat angesichts der Materie eine in seine Zuständigkeit fallende Aufgabe nicht ordnungsgemäß wahrnehmen kann, insbesondere wenn sich der Betriebsrat die notwendige Kenntnis nicht auf andere Weise rechtzeitig beschaffen oder aneignen kann.

Der Verfügungsgrund ergibt sich daraus, dass die Beteiligungsrechte des Antragstellers entwertet werden, wenn eine die Instanz beendende Entscheidung oder gar die Rechtskraft eines Hauptsacheverfahrens abgewartet werden müsste. Die Eilbedürftigkeit ergibt sich auch aus der Rechtsprechung des BAG, wonach der Betriebsrat einen Sachverständigen nur nach vorheriger Zustimmung des Arbeitgebers hinzuziehen darf,

BAG, Beschl. v. 25.7.1989 – 1 ABR 41/88, AP § 80 BetrVG 1972 Nr. 38.

Der Antragsteller kann seine gesetzlichen Pflichten aber nur erfüllen, wenn er frühzeitig informiert ist und bereits im Planungsstadium gestaltenden Einfluss auf die mitbestimmungspflichtige Materie nehmen kann.

Deshalb kann die Zustimmung zur Hinzuziehung eines Sachverständigen durch einstweilige Verfügung ersetzt werden,

LAG Hamm, Beschl. v. 22.2.2008 – 10 TaBVGa 3/08, juris; LAG Hamm, Beschl. v. 15.3.1994 – 13 TaBV 16/94, LAGE § 80 BetrVG 1972 Nr. 12; LAG Köln, Beschl. v. 5.3.1986 – 5 TaBV 4/86, LAGE § 80 BetrVG 1972 Nr. 5.

Dem Erlass der einstweiligen Verfügung steht nicht entgegen, dass dem Antragsteller damit vollständige Befriedigung seines Anspruchs zuteil wird. Im Rahmen der gerichtlichen Beurteilung ist eine Abwägung der schutzwürdigen Interessen beider Seiten vorzunehmen. Die Regelungsverfügung kann deshalb nach § 940 ZPO erlassen werden, wenn sie zur Abwendung wesentlicher Nachteile nötig ist. Derartige Nachteile wurden vorstehend im Einzelnen vorgetragen.

3. Für den Fall, dass das Gericht meint, dem Antrag in der gestellten Form nicht entsprechen zu können, wird die Kammer gem. § 938 ZPO gebeten, nach freiem Ermessen zu bestimmen, welche Anordnungen zur Erreichung des mit der einstweiligen Verfügung verfolgten Zwecks erforderlich sind.

22. Muster: Schulungskosten – Erstattung

…

Wir bestellen uns zu Verfahrensbevollmächtigten des Antragstellers und beantragen, einen möglichst frühen Anhörungstermin anzuberaumen, in dem wir beantragen zu erkennen:

1. Der Beteiligte zu 2. wird verpflichtet, an den Antragsteller … EUR nebst Zinsen iHv fünf Prozentpunkten über dem Basiszinssatz seit Einleitung des Beschlussverfahrens zu zahlen.
2. Der Beschluss ist vorläufig vollstreckbar.
3. Der Streitwert wird festgesetzt.

Gründe

Der Antragsteller ist der Betriebsrat im Betrieb des Beteiligten zu 2. Der Beteiligte zu 3. ist Mitglied des Betriebsrats.

Der Antragsteller fasste am … den Beschluss, dass der Beteiligte 3. an einer Bildungsveranstaltung des Veranstalters … mit folgendem Inhalt … teilnehmen soll.

Beweis: Vorlage des Beschlusses in Kopie – Anlage K 1.

Im Betrieb des Beteiligten zu 2. sind etwa … Arbeitnehmer beschäftigt. Der Betriebsrat besteht aus … Mitgliedern.

Die Bildungsveranstaltung umfasst folgenden Themenkatalog:

Der Beschluss des Betriebsrats wurde dem Beteiligten zu 2. in der Sitzung am … mitgeteilt. Der Beteiligte zu 2. erhob keine Einwände wegen des Zeitpunkts der Bildungsveranstaltung, bestreitet jedoch die Notwendigkeit der Schulung und verweigerte die Übernahme der Schulungskosten.

Beweis:

Der Beteiligte zu 3. hat an der Veranstaltung teilgenommen. Gleichwohl weigert sich der Beteiligte zu 2. weiterhin, die Schulungskosten zu tragen.

Die Schulungskosten sind nach § 40 Abs. 1 BetrVG von dem Beteiligten zu 2. zu tragen. Nach § 37 Abs. 6 BetrVG hat ein Betriebsratsmitglied Anspruch auf die Teilnahme an Schulungs- und Bildungsveranstaltungen, in denen Kenntnisse vermittelt werden, die für die Arbeit des Betriebsrats erforderlich sind. Unbeachtlich ist in diesem Zusammenhang, ob die Schulungs- oder Bildungsveranstaltung nach § 37 Abs. 7 BetrVG von der zuständigen Behörde als geeignet anerkannt ist,

Fitting u.a., BetrVG, § 40 Rn 69.

Nach der Rechtsprechung gelten die vermittelten Kenntnisse dann als erforderlich, wenn sie unter Berücksichtigung der konkreten Situation im Betrieb und im Betriebsrat benötigt werden, damit Betriebsratsmitglieder ihre derzeitigen oder demnächst anfallenden Aufgaben erfüllen können. Es muss deshalb für die Schulung ein konkreter, betriebsbezogener Anlass vorhanden sein, der eine Vermittlung von Kenntnissen für bestimmte Aufgaben des Betriebsrats notwendig macht,

Fitting u.a, BetrVG, § 37 Rn 149 mit zahlreichen Nachweisen aus der Rechtsprechung.

Vorliegend sind unter Berücksichtigung des dem Betriebsrat zustehenden Ermessensspielraums die Voraussetzungen einer die Anforderungen des § 37 Abs. 6 BetrVG erfüllenden Schulungsveranstaltung gegeben. Im Einzelnen:

Die Schulung vom ... bezieht sich nach dem Themenplan auf Aufgaben des Betriebsrats. Die Schulungsveranstaltung war nach den Verhältnissen des Betriebsrats aktuell notwendig, denn ....

Das Betriebsratsmitglied war schulungsbedürftig und es war ihm auch nicht zuzumuten, sich bei anderen Betriebsratsmitgliedern oder aus allgemein zugänglichen Quellen zu informieren, da .... Die Dauer der Schulungsveranstaltung war unter Berücksichtigung des zu vermittelnden Wissens angemessen.

Die Höhe der Schulungskosten beträgt ... EUR. Die Schulungskosten setzen sich aus folgenden Einzelpositionen zusammen: ...

Beweis:

Der Beteiligte zu 2. ist daher verpflichtet, die Schulungskosten für den Beteiligten zu 3. zu tragen.

Die vorläufige Vollstreckbarkeit des mit dem Antrag Ziffer 1 geltend gemachten Anspruchs ergibt sich daraus, dass es sich um eine vermögensrechtliche Streitigkeit handelt. In diesem Falle sind Beschlüsse vom Arbeitsgericht für vorläufig vollstreckbar zu erklären, §§ 85 Abs. 1 Satz 2 Hs 1, 87 Abs. 2 Satz 1 ArbGG.

23. Muster: Schutzschrift zur Abwehr eines arbeitgeberseitigen Antrags auf Erlass einer einstweiligen Verfügung zum Abbruch einer Betriebsratswahl

Schutzschrift

In dem möglichen

einstweiligen Verfügungsverfahren

in dem Beschlussverfahren

mit den Beteiligten

1. Firma ...

– möglicher Antragsteller und Beteiligter zu 1. –
– im Folgenden: Antragsteller –

und

2. dem Wahlvorstand in der Firma ...

– möglicher Antragsgegner und Beteiligter zu 2. –
– im Folgenden: Antragsgegner –

Verfahrensbevollmächtigte ...

wegen: Abwehr einer einstweiligen Verfügung auf Abbruch einer Betriebsratswahl

bestellen wir uns zu Verfahrensbevollmächtigten des Beteiligten zu 2. und beantragen,

> über einen möglichen Antrag des möglichen Antragstellers auf Erlass einer einstweiligen Verfügung durch Zurückweisung zu entscheiden,

hilfsweise,

> über einen möglichen Antrag des Antragstellers auf Erlass einer einstweiligen Verfügung nicht ohne mündliche Verhandlung zu entscheiden.

Gründe

Der Antragsteller hat den in der Zentrale des Antragstellers gebildeten Betriebsrat mit Schreiben vom ... aufgefordert, bis zum ... mitzuteilen, dass ein Betriebsrat in der Zentrale des Antragstellers nicht gewählt wird, und angedroht, gerichtliche Hilfe in Anspruch zu nehmen. In einem Gespräch am ... hat der Antragsteller mitgeteilt, dass er beabsichtigt, eine einstweilige Verfügung gegen den Antragsgegner auf Abbruch der mit Wahlausschreiben vom ... eingeleiteten Betriebsratswahl zu beantragen.

I. Zum Sachverhalt

Der Antragsteller ist eine Firma, die auf dem Gebiet ... tätig ist. Der Antragsteller hat insgesamt über ... hauptamtliche Mitarbeiter. Bundesweit betreibt der Antragsteller ... Geschäftsstellen.

Die Geschäftsstellen waren zunächst in sechs, nach der Wiedervereinigung in acht Bereiche gegliedert.

Einen eigenständigen Betrieb bildet die Zentrale in ... Die Geschäftsstellen betreuen ... unmittelbar. Die Zentrale hingegen nimmt Steuer- und Verwaltungsfunktionen wahr und unterstützt ...

Im Zuge einer Umstrukturierung im Jahre ... entfielen die Bereiche, die sich an den Ländergrenzen orientierten, wobei mehrere Länder zusammengefasst waren. Zur Bewahrung der bis dahin bestehenden Betriebsstruktur schlossen der Gesamtbetriebsrat und der Antragsteller unter dem ... eine Gesamtbetriebsvereinbarung, nach der nach Ziffer 1 die ... Geschäftsstellen in sieben betriebsratsfähige Einheiten mit der Bezeichnung „regionaler Betriebsrat" zusammengefasst wurden. Unter Ziffer 2 dieser Gesamtbetriebsvereinbarung wurde als eigenständige Vertretung folgend dem Betriebsbegriff der §§ 1, 4 BetrVG der Betriebsrat in der Zentrale genannt.

    Mittel der Glaubhaftmachung: Vorlage der Gesamtbetriebsvereinbarung vom ..., Anlage B 1.

Nach einer erneuten Umstrukturierung im Jahre ... wurde erneut eine Umstrukturierung der betriebsratsfähigen Einheiten vorgenommen. Die ... Geschäftsstellen wurden nach § 2 einer unter dem ... neu abgeschlossenen Gesamtbetriebsvereinbarung nunmehr in lediglich vier Bereichen zusammengefasst, in denen jeweils ein Betriebsrat zu wählen ist. Keine Erwähnung findet mehr der Betriebsrat in der Zentrale.

    Mittel der Glaubhaftmachung: Vorlage der Gesamtbetriebsvereinbarung vom ..., Anlage B 2.

Nach der Vorstellung des Gesamtbetriebsrats und des Antragstellers soll die Vertretung der Arbeitnehmer der Zentrale des Antragstellers durch den regionalen Betriebsrat Bereich II erfolgen.

Die verbandsinternen Umstrukturierungen haben allesamt lediglich in der Fläche stattgefunden. Die Zentrale war von diesen Umstrukturierungen nicht betroffen. In einer Betriebsversammlung hat sich die Mehrzahl der Arbeitnehmer in der Zentrale dafür ausgesprochen, dass die Zentrale als eigenständiger Betrieb auch bei einem Neuabschluss einer entsprechenden Gesamtbetriebsvereinbarung bestehen bleiben muss. Dies wurde dem Antragsteller und dem Gesamtbetriebsrat mit Schreiben vom ... mitgeteilt.

    Mittel der Glaubhaftmachung: Schreiben vom ..., Anlage B 3.

Auf der Gesamtbetriebsratssitzung vom ... wurde über die als Anlage B 2 vorgelegte Gesamtbetriebsvereinbarung ein Beschluss gefasst. Die Mitglieder im Gesamtbetriebsrat, die die Arbeitnehmer in der Zentrale repräsentieren, haben der Gesamtbetriebsvereinbarung nicht zugestimmt.

    Mittel der Glaubhaftmachung: Beschlussprotokoll vom ..., Anlage B 4.

Die Amtszeit des für den Betrieb der Zentrale gebildeten Betriebsrats endet am ... Der Betriebsrat hat mit Beschluss vom ... seiner Verpflichtung nach § 16 Abs. 1 BetrVG entsprechend einen Wahlvorstand, den Antragsgegner, bestellt.

    Mittel der Glaubhaftmachung: Bestellungsschreiben des Betriebsrats vom ..., Anlage B 5.

Der Antragsgegner hat unter dem ... ein Wahlausschreiben zur Wahl eines Betriebsrats der Zentrale des Antragstellers erlassen.

Mittel der Glaubhaftmachung: Wahlausschreiben vom ..., Anlage B 6.

Mit Schreiben vom ... hat sich der Antragsteller an den Betriebsrat der Zentrale gewandt und diesen aufgefordert, bis zum ... zur Vermeidung gerichtlicher Schritte zu erklären, dass ein eigenständiger Betriebsrat in der Zentrale nicht gewählt wird.

Mittel der Glaubhaftmachung: Schreiben des Antragstellers vom ..., Anlage B 7.

Unabhängig davon, dass der Betriebsrat eine solche Erklärung nicht abgeben kann, da allein der Antragsgegner über die Einleitung der Betriebsratswahl zu entscheiden hat, konnte der Betriebsrat auch inhaltlich eine Erklärung wie vom Antragsteller gewünscht nicht abgeben, weil er die abgeschlossene Gesamtbetriebsvereinbarung vom ... für unwirksam erachtet und somit in der Zentrale des Antragstellers sowohl nach §§ 1, 4 BetrVG, als auch nach der Gesamtbetriebsvereinbarung vom ... ein Betriebsrat zu wählen ist. Der Betriebsrat im Generalsekretariat hat sich hierzu eine gutachterliche Stellungnahme eingeholt.

Mittel der Glaubhaftmachung: Gutachterliche Stellungnahme vom ..., Anlage B 8.

In einem Gespräch am ... hat daraufhin der Antragsteller angekündigt, dass er gegen den Antragsgegner eine einstweilige Verfügung gerichtet auf den Abbruch der mit Wahlausschreiben vom ... eingeleiteten Betriebsratswahl beantragen werde.

II. Rechtliche Würdigung

Eine solche einstweilige Verfügung wäre unbegründet.

1. Nach ständiger Rechtsprechung insbesondere des LAG Köln, aber auch anderer Landesarbeitsgerichte kann durch einstweilige Verfügung in ein laufendes Wahlverfahren nur unter besonderen Voraussetzungen, nämlich nur dann eingegriffen werden, falls ohne die einstweilige Verfügung die Nichtigkeit der Betriebsratswahl droht. Dies gilt insbesondere für eine einstweilige Verfügung, mit der der Abbruch der Betriebsratswahl erreicht werden soll. Denn durch eine durch einstweilige Verfügung durchgesetzte Verhinderung einer Betriebsratswahl im Fall von Wahlverstößen, die nur zu einer Anfechtbarkeit führen würden, würde dem Antragsteller mehr gegeben, als er mit der gesetzlich vorgesehenen Wahlanfechtung erreichen könnte. Eine erfolgreiche Wahlanfechtung nach § 19 Abs. 1 BetrVG hat keine rückwirkende Kraft, sondern wirkt nur für die Zukunft. Würde man dagegen bereits bei voraussichtlicher Anfechtbarkeit der bestehenden Wahl deren Abbruch zulassen, so würde das vom Betriebsverfassungsgesetz ersichtlich vorgesehene vorläufige Zustandekommen eines Betriebsrats von vornherein verhindert. Ferner würde mit dem Abbruch einer gegebenenfalls anfechtbaren Betriebsratswahl die Möglichkeit einer Heilung von Mängeln der Wahl innerhalb der Zwei-Wochen-Frist des § 19 Abs. 2 BetrVG ausgeschlossen. Unter Berücksichtigung dieser Überlegungen ist deshalb nur bei mit Sicherheit drohender oder feststehender Nichtigkeit der bevorstehenden Wahl ein Verfügungsanspruch auf Abbruch der Wahl gegeben,

> LAG Köln 29.3.2001 – 5 TaBV 22/01, AiB 2001, 602; LAG Köln 17.4.1998 – 5 TaBV 20/98, LAGE § 19 BetrVG 1972 Nr. 16; LAG Köln 27.12.1989 – 10 TaBV 70/89, LAGE § 19 BetrVG 1972 Nr. 10; LAG München 3.8.1988 – 6 TaBV 41/88, LAGE § 19 BetrVG 1972 Nr. 7.

Eine nichtige Betriebsratswahl ist nur in besonderen Ausnahmefällen anzunehmen, in denen gegen wesentliche Grundsätze des Wahlrechts in einem so hohen Maße verstoßen worden ist, dass nicht einmal der Anschein einer dem Gesetz entsprechenden Wahl mehr vorliegt. Erforderlich ist ein grober und offensichtlicher Verstoß gegen wesentliche gesetzliche Wahlregeln. Die Häufung von Verstößen gegen wesentliche Wahlvorschriften, von denen jeder für sich allein betrachtet lediglich eine Anfechtung der Betriebsratswahl rechtfertigt, führt nach der neueren Rechtsprechung des Bundesarbeitsgerichts nicht zur Nichtigkeit der Wahl, weder durch eine Addition der Summe der Fehler, noch durch eine Gesamtwürdigung der einzelnen Verstöße,

BAG 19.11.2003 – 7 ABR 24/03, BAGE 108, 375 = NZA 2004, 395.

2. Diese Voraussetzungen für den Erlass einer einstweiligen Verfügung auf Abbruch der mit Wahlausschreiben vom ... eingeleiteten Betriebsratswahl liegen nicht vor.

Die einstweilige Verfügung wäre schon deshalb unbegründet, weil die Verkennung des Betriebsbegriffs ohnehin nicht die Nichtigkeit der Wahl zur Folge hat. Dies hat das LAG München in der vorgenannten Entscheidung vom 3.8.1988 ausdrücklich unter Verweis auf die Rechtsprechung des Bundesarbeitsgerichts entschieden. Weiterhin hat das Bundesarbeitsgericht in einem aktuellen Beschluss entschieden, dass eine Betriebsratswahl, die unter Verkennung des Betriebsbegriffs durchgeführt wurde, grundsätzlich nicht nichtig ist. Die veröffentlichten Orientierungssätze 1 und 2 lauten:

„1. Eine Betriebsratswahl ist nur nichtig bei groben und offensichtlichen Verstößen gegen wesentliche Grundsätze des gesetzlichen Wahlrechts, die so schwerwiegend sind, dass auch der Anschein einer dem Gesetz entsprechenden Wahl nicht mehr besteht.

2. Die Verkennung des Betriebsbegriffs führt ebenso wenig zur Nichtigkeit der Betriebsratswahl wie die Wahl eines Wahlvorstands durch die Belegschaft in einer Betriebsstätte, obwohl bereits der gemeinsame Wahlvorstand für eine einheitliche Betriebsratswahl im Gemeinschaftsbetrieb bestellt war."

BAG 19.11.2003 – 7 ABR 25/03, BAGE 108, 375 = NZA 2004, 395.

Ebenso hat das LAG Köln in einem jüngeren Beschluss entschieden, dass die Wahl eines Betriebsrats in einem Betriebsteil in Verkennung des Betriebszwecks nicht zur Nichtigkeit der Wahl, sondern lediglich zur Anfechtbarkeit führt,

LAG Köln 17.11.2003 – 2 TaBV 44/03, juris.

Selbst wenn also vorliegend der Antragsgegner verkannt hätte, dass nicht der Betriebsbegriff nach §§ 1, 4 BetrVG der Betriebsratswahl zugrunde zu legen wäre, sondern die durch die Gesamtbetriebsvereinbarung vom ... geschaffene Struktur, die sich auch auf den Betrieb der Zentrale des Antragstellers beziehe, würde dies nicht die Nichtigkeit der eingeleiteten Betriebsratswahl zur Folge haben, so dass bereits aus diesem Gesichtspunkt der Abbruch der Wahl im Wege der einstweiligen Verfügung nicht begründet ist.

3. Im Übrigen liegt aber auch eine Verkennung des Betriebsgriffs nicht vor, weil die Zentrale des Antragstellers einen Betrieb iSv §§ 1, 4 BetrVG bildet und die Gesamtbetriebsvereinbarung vom ... hieran nichts geändert hat, da diese Gesamtbetriebsvereinbarung unwirksam ist. Sie kann daher keine von §§ 1, 4 BetrVG abweichende Betriebsstrukturen nach § 3 BetrVG schaffen.

a) Der Betriebsrat in der Zentrale ist nicht nur – wie in der Betriebsvereinbarung vom ... vorgesehen – ein Spartenbetriebsrat. Er ist selbst ein gesetzlich vorgesehener Betriebsrat, denn die Zentrale stellt einen eigenen Betrieb iSv §§ 1, 4 BetrVG dar.

Betrieb im Sinne des Betriebsverfassungsgesetzes ist eine organisatorische Einheit, innerhalb derer der Unternehmer zusammen mit von ihm beschäftigten Arbeitnehmern bestimmte arbeitstechnische Zwecke fortgesetzt verfolgt. Dabei müssen die an der Betriebsstelle vorhandenen materiellen und immateriellen Betriebsmittel für den oder die verfolgten arbeitstechnischen Zwecke zusammengefasst, geordnet und gezielt eingesetzt und die menschliche Arbeitskraft von einem einheitlichen Leitungsapparat gesteuert werden,

BAG 29.5.1991 – 7 ABR 54/90, BAGE 68, 67 = NZA 1992, 74; BAG 19.2.2002 – 1 ABR 26/01, NZA 2002, 1300.

Nach § 4 BetrVG gelten Betriebsteile als selbständige Betriebe, wenn sie die Voraussetzungen des § 1 Abs. 1 Satz 1 BetrVG erfüllen, dh in der Regel mindestens fünf ständig wahlberechtigte Arbeitnehmer haben, von denen drei wählbar sind, und räumlich weit vom Hauptbetrieb entfernt oder durch Aufgabenbereich und Organisation eigenständig sind. Sowohl § 4 Abs. 1 BetrVG als auch § 4 Abs. 2 BetrVG (Kleinstbetriebe) setzen einen Hauptbetrieb voraus. Dies ist regelmäßig der Betrieb, in dem die Leitungsaufgaben auch für den Betriebsteil (Abs. 1) oder den Kleinstbetrieb (Abs. 2) wahrgenommen werden. Maßgeblich sind insoweit die Leitungsfunktionen in den personellen und sozialen Angelegenheiten. Dies entspricht dem Grundsatz, dass die Interessenvertretung dort gebildet wird, wo die mitwirkungspflichtigen Arbeitgeberentscheidungen getroffen werden,

Fitting u.a., BetrVG, § 4 Rn 10.

Auf Antragstellerseite werden für die Mitarbeiter in der Zentrale die mitwirkungspflichtigen Entscheidungen getroffen. Das wird auch durch § 3 der streitbefangenen Gesamtbetriebsvereinbarung vom ... bestätigt, die ausdrücklich bestimmt, dass Ansprechpartner der Betriebsräte grundsätzlich Geschäftsführer ... ist. Die Aufgabenstellungen unterscheiden sich auch grundlegend von denen der Mitarbeiter in den Bereichen bzw in der Fläche. Die Zentrale ist daher als Hauptbetrieb anzusehen. Zweifelhaft mag angesichts der eingeschränkten Entscheidungskompetenzen der Bereichsorganisationsleiter allenfalls sein, ob die Geschäftsstellen, gegebenenfalls die Bereichsgeschäftsstellen gemeinsam mit den ihnen angegliederten Geschäftsstellen selbständige Betriebe bilden oder Betriebsteile, die ggf nach § 4 Abs. 1 BetrVG als selbständige Betriebe gelten. Für die Frage aber, ob beim Hauptbetrieb Zentrale ein gesetzlicher Betriebsrat zu bilden ist, ist diese auf die Geschäftsstellen bezogene Fragestellung irrelevant. Im Hauptbetrieb ist in jedem Fall nach § 1 BetrVG ein Betriebsrat zu wählen.

b) Durch die Gesamtbetriebsvereinbarung vom ... ist keine abweichende Betriebsstruktur geschaffen worden, weil die Gesamtbetriebsvereinbarung unwirksam ist.

aa) Grundsätzlich ist es möglich, wie durch die vorliegenden Gesamtbetriebsvereinbarungen geschehen, im Hinblick auf die Errichtung von Betriebsräten abweichende Regelungen durch Betriebsvereinbarungen zu treffen. Das ist gem. § 3 Abs. 2 BetrVG dann der Fall, wenn keine tarifliche Regelung getroffen ist und auch kein anderer Tarifvertrag gilt. Insoweit besteht ein doppelter Zulässigkeitsvorbehalt.

Vorliegend wurde unter dem ... eine Betriebsvereinbarung zwischen dem Antragsteller und dem Gesamtbetriebsrat geschlossen, durch die für die Arbeitsverhältnisse der Beschäftigten der TVöD und weitere tarifvertragliche Regelungen Anwendung finden.

Fraglich ist, ob eine Nichtgeltung anderer Tarifverträge auch dann angenommen werden kann, wenn zwar keine originäre Tarifbindung vorliegt, einschlägige Tarifverträge aber durch anderweitige Einbeziehungsabreden in Bezug genommen werden. Teilweise wird vertreten, dass ein Tarifvertrag nur dann „gilt", wenn er normativ, also unmittelbar und zwingend iSv § 4 Abs. 1 TVG gilt, was Tarifbindung des Arbeitgebers voraussetze,

Fitting u.a., BetrVG, § 3 Rn 68.

Nach zutreffender Auffassung kommt es nicht auf den rechtstechnischen Geltungsgrund eines Tarifvertrages an, sondern neben der durch Tarifbindung vermittelten löst auch die durch Einbeziehungsabrede herbeigeführte Geltung eines anderen Tarifvertrages bereits die Sperrwirkung für Betriebsvereinbarungen aus,

Däubler/Kittner/Klebe/Wedde/*Trümner*, BetrVG, § 3 Rn 165.

Im Rahmen der Sperrklausel des § 77 Abs. 3 BetrVG genügt die einzelvertraglich vereinbarte Tarifvertragsgeltung nicht,

Fitting u.a., BetrVG, § 77 Rn 82,

allerdings verlangt der Gesetzeswortlaut dort auch – anders als hier in § 3 Abs. 2 BetrVG – dass die Arbeitsbedingungen „durch Tarifvertrag" geregelt sind, um die Sperrwirkung für Betriebsvereinbarungen zu begründen. Die gleiche Formel findet sich auch in § 613a Abs. 1 Satz 3 BGB, wonach beim Betriebsübergang die Ablösung bisher tarifvertraglich geregelter Arbeitsbedingungen durch die Tarifverträge des Betriebserwerbers nur dann eintritt, wenn die Rechte und Pflichten bei dem neuen Inhaber durch Rechtsnormen eines anderen

Tarifvertrages geregelt werden. „Geregelt werden" bedeutet allerdings, dass es nicht ausreicht, wenn nur der neue Arbeitgeber an diese Tarifverträge gebunden ist; auch der Arbeitnehmer muss kraft Mitgliedschaft in der tarifschließenden Gewerkschaft an den betreffenden Tarifvertrag gebunden sein,

BAG 21.2.2001 – 4 AZR 18/00, BAGE 97, 107 = NZA 2001, 1318.

§ 3 Abs. 2 BetrVG verlangt demgegenüber nur, dass kein anderer Tarifvertrag „gilt", lässt aber den Geltungsgrund im Vagen. Diese begrifflichen Differenzen lassen den Rückschluss zu, dass es hier gerade nicht ausschließlich auf den rechtstechnischen Geltungsgrund des Tarifvertrages ankommt. Im Betrieb Zentrale sind auch auf beiden Seiten Tarifparteien vorhanden – Arbeitgeber und die Gewerkschaft ver.di –, so dass sogar rechtstechnisch eine Tarifbindung möglich wäre.

Auch im Bereich des § 77 Abs. 3 BetrVG ist die Tarifbindung des Arbeitgebers hingegen keine Voraussetzung für die Sperrwirkung. Maßgeblich ist allein der Umstand, dass eine Tarifregelung besteht, in deren Geltungsbereich der Betrieb bei Tarifbindung fallen würde,

BAG 20.11.2001 – 1 AZR 12/01, EzA § 77 BetrVG 1972 Nr. 70.

Aufgrund der Geltung des TVöD muss vorliegend eine Sperrwirkung angenommen werden. Eine Gesamtbetriebsvereinbarung dieses Inhalts hätte nicht geschlossen werden dürfen. Die Gesamtbetriebsvereinbarung ist bereits wegen der Sperrwirkung des § 3 Abs. 2 BetrVG unwirksam.

bb) Als zuständiges Betriebsratsgremium kommt bei den Gestaltungsoptionen nach § 3 Abs. 1 Nr. 1 BetrVG nicht der Einzelbetriebsrat in Betracht. Zuständiges Betriebsratsgremium ist der Gesamtbetriebsrat, dessen originäre Zuständigkeit sich aus der rechtlichen Unmöglichkeit, eine Zusammenfassung durch Betriebsvereinbarung der einzelnen Betriebsräte erwirken zu können, ergibt,

Däubler/Kittner/Klebe/Wedde/*Trümner*, BetrVG, § 3 Rn 170.

Der Gesamtbetriebsrat ist daher vorbehaltlich der Sperrwirkung des § 3 Abs. 2 BetrVG dasjenige Betriebsratsgremium, das legitimiert ist, eine entsprechende Regelung zu treffen.

Unter dem Gesichtspunkt der Regelungszuständigkeit zum Abschluss einer solchen Betriebsvereinbarung erscheint es problematisch, wenn eine Betriebsvereinbarung zur Abschaffung eines bestehenden Betriebsrats gegen dessen Willen führt. Mit der sich aus dem Gesetz ergebenden Zuständigkeit ist nicht beantwortet, ob ein Gesamtbetriebsrat legitimiert ist, eine Regelung zu treffen, die dazu führt, dass ein Betrieb – möglicherweise gegen den Willen seiner Belegschaft – die gesetzlich vorgesehene Repräsentation durch den Betriebsrat verliert. Insoweit handelt es sich um eine offene Regelungslücke im Gesetz. Aus diesem Grund wird man verlangen müssen, dass zur Betriebsersetzung die Zustimmung eines bestehenden Betriebsrats erforderlich ist,

Richardi/*Richardi*, BetrVG, § 3 Rn 80.

Wie bereits ausgeführt, handelt es sich beim Generalsekretariat um einen Betrieb, in dem gesetzlich ein Betriebsrat zu bilden ist und in dem seit jeher ein Betriebsrat besteht. Seine Zustimmung hat der Betriebsrat in der Zentrale nicht erteilt. Unterstützt von der Belegschaft wurde vielmehr mit Schreiben vom ... eine Resolution der Betriebsversammlung gegen die Abschaffung des Betriebsrats in der Zentrale verfasst. Die Vertreter der Arbeitnehmer der Zentrale im Gesamtbetriebsrat haben in der Sitzung am ... gegen den Abschluss der Gesamtbetriebsvereinbarung vom ... gestimmt.

cc) Gemäß § 3 Abs. 1 Nr. 1 Buchst. b) BetrVG, in dessen Anwendung durch die Gesamtbetriebsvereinbarung vom ... die Zusammenfassung der regionalen Betriebsräte einschließlich des Wegfalls des Betriebsrats in der Zentrale erfolgte, kann durch Betriebsvereinbarungen für Unternehmen mit mehreren Betrieben die Zusammenfassung von Betrieben bestimmt werden, wenn dies die Bildung von Betriebsräten erleichtert oder einer sachgerechten Wahrnehmung der Interessen der Arbeitnehmer dient.

(1) Die Bildung von Betriebsräten wird immer dann erleichtert, wenn für Unternehmensbereiche, in denen bisher kein Betriebsrat gebildet wurde und die Belegschaft dort deswegen außerhalb des Schutzes durch das Betriebsverfassungsgesetz stand, nunmehr ein Betriebsrat gebildet werden kann.

Bei dem Antragsteller gab es seit jeher einen Betriebsrat. Seit Mitte ... war die Aufteilung kraft Gesamtbetriebsvereinbarung so festgelegt, dass es insgesamt acht Betriebsräte gab – sieben regionale Betriebsräte und den Betriebsrat in der Zentrale, bezeichnet als Spartenbetriebsrat, letztlich aber als gesetzlicher Betriebsrat des Hauptbetriebes nach §§ 1, 4 BetrVG. Durch diese Betriebsräte war die gesamte Belegschaft vertreten und jeder Mitarbeiter fiel unter den Schutz des Betriebsverfassungsgesetzes.

Es ist daher in Frage zu stellen, ob im Falle des § 3 Abs. 1 Nr. 1 Buchst. b) BetrVG der Voraussetzung „erleichterte Betriebsratsbildung" genügt wird, wenn durch die Zusammenlegung kein erweiterter Schutz geschaffen, sondern der bestehende Schutz verringert wird.

Nach zutreffender Auffassung in der Literatur ist es zweifelhaft, wenn ein bereits länger bestehender Betriebsrat, der problemlos seinen Aufgaben nachgegangen ist, durch den Kollektivvertrag aufgrund einer anderweitigen Wahlkreisbildung (zB der Bildung von Regionalbetriebsräten) „untergeht" und die dortige Belegschaft nunmehr mit anderen Belegschaftsteilen zu einem größeren Wahlkreis zusammengefasst wird,

> Däubler/Kittner/Klebe/Wedde/*Trümner*, BetrVG, § 3 Rn 53.

In der Praxis sind solche Fälle bekannt, wenn beispielsweise bisher eigenständige – etwa einzelkaufmännisch geführte – Unternehmen mit Einzelbetrieben und womöglich seit Jahrzehnten eingespieltem Betriebsrat im Wege eines Betriebsübergangs in ein Erwerberunternehmen mit weit verzweigter Filialstruktur eingegliedert werden. Zu einem solchen Sachverhalt hat das LAG Düsseldorf am 11.11.1999,

> 5 TaBV 55/99, LAGE § 3 BetrVG 1972 Nr. 4,

entschieden, dass die Amtszeit der Betriebsräte der zusammengefassten Betriebe ende, wenn anlässlich einer Umstrukturierung, die auf einen Tarifvertrag nach § 3 Abs. 1 Nr. 3 BetrVG zurückgeht, bisher selbständige Betriebe zusammengefasst werden und dadurch ein neuer selbständiger Betriebsrat entstehe. Da § 3 Abs. 1 Nr. 3 BetrVG (aF) eine „Erleichterung" der Bildung von Vertretungen der Arbeitnehmer vorsehe, sei zwar zuvorderst an Fallkonstellationen gedacht, in denen Unternehmen über mehrere kleine Betriebsteile verfügen, die als selbständige Betriebe gelten, wo erfahrungsgemäß die Bildung von Betriebsräten erschwert oder wegen zu geringer Beschäftigungszahlen gar unmöglich sei. Aber auch eine „Verbesserung" der Möglichkeiten reiche aus. Die Tarifvertragsparteien hätten das Recht, betriebsverfassungsrechtliche Organisationseinheiten zu schaffen, die aus ihrer Sicht eine optimale Wahrnehmung der Beteiligungsrechte des Betriebsrats und eine größtmögliche Betreuung der Arbeitnehmer ermögliche, wobei den Tarifvertragsparteien aufgrund ihrer Sachnähe und der grundsätzlich garantierten Tarifautonomie ein gewisser Beurteilungsspielraum zukomme. Das LAG Düsseldorf hielt fest, dass aus dem dargestellten Verhalten ersichtlich sei, dass die Tarifvertragsparteien insgesamt eine Erleichterung der Bildung von Arbeitnehmervertretung im Sinn hatten, ohne hierbei auf die Eigenarten der ursprünglichen Betriebe oder Betriebsteile einzugehen. Deshalb erscheine das Vorgehen nicht nur sinnvoll und praktikabel, sondern entspreche auch noch dem Rechtsgedanken des § 3 BetrVG. Wenn die Konzentration der Wahrnehmung von Betriebsverfassungsrechten auf regional zuständige Betriebsräte zwar im Einzelfall dazu führe, dass in den einzelnen Warenhäusern kein Betriebsrat mehr als unmittelbarer Ansprechpartner vorhanden sei, würde die geringere Ortsnähe auf der anderen Seite dadurch kompensiert, dass Freistellungen nach § 38 BetrVG möglich würden oder die Zahl freigestellter Betriebsratsmitglieder zunehme. Hinzu komme, dass ein größerer Betriebsrat regelmäßig größere Kompetenzen als Verhandlungspartner aufweise und damit die Durchsetzung von Arbeitnehmerrechten und Ansprüchen verbessert werde. In dem zu entscheidenden Fall sei deshalb nicht erkennbar, dass in Unternehmen der Arbeitgeberin durch die Neuorganisation der Betriebsteile und deren Zuordnung die Rechte der Arbeitnehmervertretung nicht ausreichend beachtet worden seien. Im Gegenteil: Die Bildung von Regionalbetriebsräten dort, wo auch die betriebsverfassungsrechtlich relevanten Entscheidungen getroffen würden, führe dazu, dass die

Stellung der Arbeitnehmer insgesamt verbessert werde und die Möglichkeit bestehe, eine effektive Interessenvertretung zu gewährleisten.

Im Rahmen des von der Norm geforderten „Erleichterungseffekts" steht den Vertragspartnern ein Beurteilungsspielraum zu. Allerdings wird in derlei Fällen durchaus seitens der Literatur vertreten, dass gewachsene Vertretungsstrukturen durch einen Kollektivvertrag unangetastet bleiben sollen,

    Däubler/Kittner/Klebe/Wedde/*Trümner*, BetrVG, § 3 Rn 53.

(2) Die alternative Voraussetzung der „Dienlichkeit zur sachgerechten Wahrnehmung der Arbeitnehmerinteressen" liegt vor allem dann vor, wenn die Zusammenfassung von Betrieben die Bildung von Betriebsratsgremien in einer Größenordnung erlaubt, die ein Mindestmaß an Professionalität durch Aufgabenteilung, Spezialisierung usw (gegebenenfalls auch Freistellung gem. § 38 BetrVG – dazu explizit auch LAG Düsseldorf vom 11.11.1999 – 5 TaBV 55/99, LAGE § 3 BetrVG, 1972 Nr. 4, S. 5) ermöglicht. Denn erst wenn der Betriebsrat selbst seine Arbeit effektiv wahrnehmen kann, wird auch eine sachgerechte Wahrnehmung der Arbeitnehmerinteressen möglich,

    Däubler/Kittner/Klebe/Wedde/*Trümner*, BetrVG, § 3 Rn 55.

Dagegen wird die Zielrichtung einer bloßen Erleichterung der Betriebsratsarbeit – sofern nur nach innen gerichtet und nicht auf die Arbeitnehmerinteressen bezogen – ebenso wenig zu einer abweichenden kollektivvertraglichen Regelung berechtigen wie das Interesse des Unternehmers an einer Kosteneinsparung durch Verringerung von Betriebsratsgremien und Betriebsratsmitgliedern,

    Däubler/Kittner/Klebe/Wedde/*Trümner*, BetrVG, § 3 Rn 55.

Einer sachgerechten Wahrnehmung der Interessen der Arbeitnehmer ist Schwerwiegendes entgegenzusetzen. Als Grund für die Veränderung der Betriebsratsstrukturen wird die Umstrukturierung auf Verbandsebene vorgetragen. Der Verband werde in vier Bereiche eingeteilt, deshalb seien nunmehr auch eine Anpassung der Betriebsratsstruktur und eine Aufteilung in vier Betriebe notwendig. Gegen die Zusammenlegung des Betriebsrats in der Zentrale mit dem Betriebsrat II und dem Betriebsrat III betreffend eine Außenstelle in … mit 1 Mitarbeiter der Zentrale spricht Folgendes: Die zunächst unter den regionalen Betriebsräten und nunmehr unter den Bereichen I bis IV zusammengefassten Geschäftsstellen haben ganz andere Aufgaben als die Zentrale: …

Nicht in Abrede zu stellen ist, dass ein größerer Betriebsrat regelmäßig größere Kompetenzen als Verhandlungspartner aufweist und damit die Durchsetzung von Arbeitnehmerrechten und Ansprüchen grundsätzlich verbessert werden können. Die Arbeitnehmerrechte werden vorliegend optimal vertreten. Die sich für die Belegschaft der Zentrale anfallenden Schwierigkeiten können am besten vor Ort gewahrt werden, denn in der Zentrale werden die die Mitarbeiter betreffenden Entscheidungen gefasst. Die Arbeitnehmerrechte und Ansprüche sind nur so gewahrt. Die übrigen Arbeitnehmer, die im Bereich II in Geschäftsstellen beschäftigt werden, verfolgen völlig andere Interessen. Der Betriebsrat des Bereichs II führt daher eine andersartig gestaltete Interessenwahrnehmung. Bei der Zusammenlegung fände keine Verbesserung der Interessenwahrnehmung der Mitarbeiter des Generalsekretariats statt, sondern eine Verschlechterung.

Zweck der gesetzlichen Ermächtigung, durch Tarifvertrag oder Betriebsvereinbarung eine von der gesetzlichen Regelung abweichende Zuordnung von Betriebsteilen oder Nebenbetrieben (nach § 3 BetrVG aF) vornehmen zu können, ist es, betriebsverfassungsrechtliche Organisationseinheiten zu schaffen, die eine optimale Wahrnehmung der Beteiligungsrechte des Betriebsrats und eine größtmögliche Betreuung der Arbeitnehmer ermöglichen. Betriebliche Mitwirkung und Mitbestimmung der Betriebsräte im Sinne des Betriebsverfassungsgesetzes müssen dort ansetzen, wo die wesentliche betriebliche Leitungsmacht – insbesondere im sozialen, personellen und wirtschaftlichen Bereich – konkret entfaltet und ausgeübt wird und damit tatsächlich für die Arbeitnehmer relevante, insbesondere mitbestimmungspflichtige Entscheidungen des Arbeitgebers getroffen werden,

BAG 24.1.2001 – 4 ABR 4/00, BAGE 97, 31 = NZA 2001, 1149 für einen Zuordnungstarifvertrag.

Auch das LAG Düsseldorf (aaO) führt aus, dass die Bildung von Regionalbetriebsräten dort, wo auch die betriebsverfassungsrechtlich relevanten Entscheidungen getroffen würden, dazu führe, dass die Stellung der Arbeitnehmer insgesamt verbessert werde und die Möglichkeit bestehe, eine effektive Interessenvertretung zu gewährleisten. Da vorliegend die für die Arbeitnehmer der Zentrale betriebsverfassungsrechtlich relevanten Fragen gerade nicht auf Regionalebene, sondern in der Zentrale selbst getroffen werden, spricht dieses Argument klar dafür, dass der Betriebsrat in der Zentrale fortbestehen muss. Ansprechpartner der betriebsrätlichen Vertretung in der Zentrale ist und bleibt der Geschäftsführer. Die Interessenvertretung wird durch Abschaffung des Betriebsrats in der Zentrale nicht gestärkt, sondern geschwächt. Auch wenn die sonstige Umstrukturierungsmaßnahme notwendig und sinnvoll erscheint, eine grundlegende Änderung für die Zentrale liegt nicht vor. Die Änderung der Vertretungsstrukturen für die dort tätigen Arbeitnehmer ist nicht dienlich.

Im Hinblick auf die Rechtsprechung ist für den vorliegenden Fall Folgendes festzuhalten: Die vorliegende Konstellation unterscheidet sich insoweit, als dass hier kein Betrieb von einem Unternehmen übernommen und eingegliedert wurde, so dass ein Interesse einer unternehmensweit einheitlichen Handhabung besteht, sondern es bestand im gleichen Unternehmen bereits eine anerkannte Handhabung, die zudem allen Arbeitnehmern den Schutz des Betriebsverfassungsrechts zugute kommen ließ. Eine Abänderung der Vertretungsstrukturen lässt sich zwar insoweit nachvollziehen, als dass im Verband eine Umstrukturierung stattfand, im Zuge dessen vier Geschäftsbereiche eingeführt wurden und insoweit eine Zusammenfassung der zuvor sieben regionalen Betriebsräte in vier erfolgt. Den vier Bereichen sind Bereichsorganisationsleiter auf der regionalen Ebene vorgeschaltet; einen Bereichsorganisationsleiter für die Zentrale gibt es hingegen nicht, da hier unmittelbar der Geschäftsführer angesiedelt ist.

Mittel der Glaubhaftmachung: Organigramm vom ..., Anlage B 9.

Warum aber zuvor der seit jeher bestehende Betriebsrat in der Zentrale neben den sieben Regionalbetriebsräten kraft Gesamtbetriebsvereinbarung bestand und nunmehr neben den vier Regionalbetriebsräten nicht mehr bestehen soll, ohne dass sich an der Struktur der Zentrale selbst etwas geändert hat und das Bedürfnis für einen Betriebsrat weggefallen ist, ist nicht nachvollziehbar. Von sachgerechter Interessenwahrnehmung der Arbeitnehmer kann vorliegend nicht die Rede sein. Die Voraussetzung ist damit nicht erfüllt.

24. Muster: Tariflohnerhöhungen – Mitbestimmung bei Anrechnung auf Zulagen

Wir bestellen uns zu Verfahrensbevollmächtigten des Antragstellers und beantragen, einen möglichst frühen Anhörungstermin anzuberaumen, in dem wir beantragen zu erkennen:

1. Der Beteiligten zu 2. wird aufgegeben, es zu unterlassen, die Anrechnung von Tariflohnerhöhungen auf übertarifliche Zulagen bei den Gehältern der Mitarbeiterinnen und Mitarbeiter vorzunehmen.
2. Der Beteiligten zu 2. wird für jeden Fall der Zuwiderhandlung gegen eine Entscheidung entsprechend dem Antrag zu 1. ein Ordnungsgeld angedroht, dessen Höhe in das Ermessen des Gerichts gestellt wird.
3. Der Streitwert wird festgesetzt.

Gründe

In mehreren neueren Beschlüssen hat das Bundesarbeitsgericht festgestellt, dass die Anrechnung von Tariflohnerhöhungen auf übertarifliche Zulagen generell der Mitbestimmung des Betriebsrats nach § 87 Abs. 1 Nr. 10 BetrVG unterliegt.

So liegt ein das Mitbestimmungsrecht des Betriebsrats gem. § 87 Abs. 1 Nr. 10 BetrVG bei der Anrechnung von Tariflohnerhöhungen auf übertarifliche Zulagen begründender kollektiver Tatbestand in der Regel vor, wenn die Anrechnung aus Leistungsgründen, wegen der Kürze der Betriebszugehörigkeit bzw der absehbaren Beendigung des Arbeitsverhältnisses oder wegen einer zuvor stattgefundenen Gehaltsanhebung erfolgt. Kein kollektiver Tatbestand ist hingegen anzunehmen, wenn die Anrechnung auf Wunsch eines Arbeitnehmers zur Vermeidung steuerlicher Nachteile vorgenommen wird,

BAG, Beschl. v. 27.10.1992 – 1 ABR 17/92, NZA 1993, 561.

Der Betriebsrat hat bei der Anhebung der Gehälter von AT-Angestellten gem. § 87 Abs. 1 Nr. 10 BetrVG ebenfalls ein Mitbestimmungsrecht, solange ein mitbestimmtes Gehaltsgruppensystem noch nicht besteht,

BAG, Beschl. v. 27.10.1992 – 1 ABR 17/92, NZA 1993, 561.

Das Mitbestimmungsrecht des Betriebsrats bei der Anrechnung von Tariflohnerhöhungen auf übertarifliche Zulagen erstreckt sich immer nur auf kollektive Tatbestände,

BAG, Beschl. v. 3.12.1991 – GS 2/90, BAGE 69, 134 = NZA 1992, 749.

Wird die Tariflohnerhöhung gegenüber einzelnen Arbeitnehmern aus Leistungsgründen angerechnet, während sie an andere voll weitergegeben wird, ist regelmäßig von einem kollektiven Tatbestand auszugehen, weil die Leistungen der einzelnen Arbeitnehmer notwendigerweise zueinander in ein Verhältnis gesetzt werden müssen,

BAG, Beschl. v. 22.9.1992 – 1 AZR 459/90, NZA 1993, 566.

Wird die Tariflohnerhöhung gegenüber einem Teil der Arbeitnehmer angerechnet, weil sie nach Auffassung des Arbeitgebers zu viele Tage infolge Krankheit gefehlt haben, ist regelmäßig von einem kollektiven Tatbestand auszugehen, weil die Leistungen der einzelnen Arbeitnehmer notwendigerweise zueinander in ein Verhältnis gesetzt werden müssen,

BAG, Beschl. v. 22.9.1992 – 1 AZR 459/90, NZA 1993, 566.

Wird die Tariflohnerhöhung gegenüber einem einzelnen Arbeitnehmer mit Rücksicht darauf angerechnet, dass dieser trotz Umsetzung auf einen tariflich niedriger bewerteten Arbeitsplatz unverändert die bisherige Vergütung erhält, handelt es sich dabei in der Regel nicht um einen der Mitbestimmung unterliegenden kollektiven Tatbestand,

BAG, Beschl. v. 22.9.1992 – 1 AZR 459/90, NZA 1993, 566.

Der Betriebsrat hat allerdings mitzubestimmen bei der Anrechnung einer in einer Betriebsvereinbarung vereinbarten Prämienlohnerhöhung auf übertarifliche Leistungen,

BAG, Beschl. v. 22.9.1992 – 1 AZR 459/90, NZA 1993, 566.

Beabsichtigt der Arbeitgeber, eine Tariferhöhung auf übertarifliche Zulagen teilweise anzurechnen, so hat der Betriebsrat bei den Verteilungsgrundsätzen ein Mitbestimmungsrecht nach § 87 Abs. 1 Nr. 10 BetrVG. Dieses Mitbestimmungsrecht sowie der Grundsatz vertrauensvoller Zusammenarbeit (§ 2 Abs. 1 BetrVG) werden verletzt, wenn der Arbeitgeber eigene Verteilungsgrundsätze vorgibt, über die er keine Verhandlungen zulässt, sondern für den Fall abweichender Vorstellungen des Betriebsrats von vornherein eine mitbestimmungsfreie Vollanrechnung vorsieht. Widerspricht der Betriebsrat hingegen in einem solchen Fall nicht der Verteilung, sondern der Kürzung des Leistungsvolumens, so überschreitet er sein Mitbestimmungsrecht nach

§ 87 Abs. 1 Nr. 10 BetrVG. Reagiert der Arbeitgeber darauf mit einer vollständigen Anrechnung, um einer Blockade seiner Maßnahmen auszuweichen, so ist das nicht zu beanstanden,

>   BAG, Urt. v. 26.5.1998 – 1 AZR 704/97, BAGE 89, 31 = NZA 1998, 1292.

25. Muster: Überstunden – Unterlassen der Anordnung durch einstweilige Verfügung

Wir bestellen uns zu Verfahrensbevollmächtigten des Antragstellers und beantragen, durch einstweilige Verfügung – wegen der Dringlichkeit ohne vorherige mündliche Verhandlung – wie folgt zu beschließen:

1. Dem Beteiligten zu 2. wird aufgegeben, es zu unterlassen, Überstunden ohne Beachtung des Mitbestimmungsrechts des Antragstellers anzuordnen oder zu dulden.
2. Für jeden Fall der Zuwiderhandlung gegen die Verpflichtung aus Ziffer 1 wird dem Beteiligten zu 2. – bezogen auf jeden Tag und jeden Arbeitnehmer – ein Ordnungsgeld, dessen Höhe in das Ermessen des Gerichts gestellt wird, ersatzweise Ordnungshaft, angedroht.
3. Der Streitwert wird festgesetzt.

Gründe

1. Der Antragsteller ist der Betriebsrat im Betrieb des Beteiligten zu 2. Es besteht die unmittelbare Gefahr, dass der Beteiligte zu 2. gegen seine Verpflichtungen aus dem Betriebsverfassungsgesetz verstößt. Im Betrieb des Beteiligten zu 2. sollen Überstunden ohne Zustimmung des Antragstellers durchgeführt werden. Die fehlende Zustimmung wurde auch nicht durch einen Einigungsstellenspruch ersetzt.

>   **Glaubhaftmachung:** Eidesstattliche Versicherung des Betriebsratsvorsitzenden – Anlage K 1.

Bei dem von dem Beteiligten zu 2. vorgesehenen Umfang von Überstunden ohne jegliche Zustimmung des Antragstellers handelt es sich um einen groben Verstoß iSv § 23 Abs. 3 BetrVG. Die Anordnung von Überstunden ohne Zustimmung des Betriebsrats oder ohne den Betriebsrat zu fragen,

>   BAG, Beschl. v. 27.11.1990 – 1 ABR 77/89, NZA 1991, 382; BAG 7.2.2012 – 1 ABR 77/10, EzA-SD 2012, Nr. 12, 18–19 m. Anm. *Fischer*, jurisPR-ArbR 45/2012 Anm. 1,

und auch das mehrfache Übergehen der Mitbestimmungsrechte des Betriebsrats bei der Anordnung von Überstunden,

>   BAG, Beschl. v. 18.4.1985 – 6 ABR 19/84, BAGE 48, 246 = NZA 1985, 783,

stellt eine grobe Pflichtverletzung iSv § 23 Abs. 3 BetrVG dar.

2. Gemäß § 85 Abs. 2 ArbGG ist auch im Beschlussverfahren der Erlass einer einstweiligen Verfügung zulässig. Dies gilt auch, soweit die in § 23 Abs. 3 BetrVG geregelten Ansprüche des Betriebsrats durchgesetzt werden,

>   BAG, Beschl. v. 18.4.1985 – 6 ABR 19/84, BAGE 48, 246 = NZA 1985, 783; LAG Düsseldorf, Beschl. v. 16.5.1990 – 12 TaBV 9/90, NZA 1991, 29; LAG Schleswig-Holstein, Beschl. v. 15.11.1984 – 2 TaBV 26/84, BB 1985, 997; LAG Köln, Beschl. v. 22.4.1985 – 6 TaBV 5/85, NZA 1985, 634; ArbG Bamberg, Beschl. v. 30.11.1984 – 3 BVGa 3/84, NZA 1985, 259.

3. Dem Antragsteller steht ein allgemeiner Unterlassungsanspruch zu,

>   BAG, Beschl. v. 18.4.1985 – 6 ABR 19/84, BAGE 48, 246 = NZA 1985, 783; BAG 16.7.1991 – 1 ABR 69/90, NZA 1992, 70; BAG 23.7.1996 – 1 ABR 13/96, NZA 1997, 274.

Der Verfügungsanspruch ergibt sich weiterhin aus § 87 Abs. 1 Nr. 3 BetrVG, wonach ohne Beachtung des Mitbestimmungsrechts angeordnete Überstunden zu unterlassen sind und deren Ableistung auch nicht geduldet werden darf,

BAG, Beschl. v. 27.11.1990 – 1 ABR 77/89, NZA 1991, 382.

Der Hauptantrag findet seinen Rechtsgrund in § 23 Abs. 3 BetrVG, da die vorliegende Sachlage leicht überschaubar und rechtlich eindeutig ist und der Beteiligte zu 2. entgegen der ausdrücklichen Zustimmungsverweigerung durch den Betriebsrat und außergerichtlichen Abmahnung durch die Verfahrensbevollmächtigten nachhaltig gegen das Mitbestimmungsrecht nach § 87 Abs. 1 Nr. 3 BetrVG verstößt. Angesichts des kollektivrechtlichen Abmahnungsanspruchs ist weder die Darlegung einer Wiederholungsgefahr noch ein Verschulden des Beteiligten zu 2. erforderlich,

BAG, Beschl. v. 18.4.1985 – 6 ABR 19/84, BAGE 48, 246 = NZA 1985, 783.

4. Der Betriebsrat hat unabhängig vom Bestehen eines allgemeinen Anspruchs auf Unterlassung mitbestimmungswidrigen Verhaltens Anspruch darauf, dass Verstöße gegen eine Betriebsvereinbarung unterlassen werden. Ein Unterlassungsantrag nach § 87 BetrVG ist nicht schon deshalb unbestimmt, weil er die „Notfälle" und Sachverhalte ohne kollektiven Bezug nicht ausdrücklich ausklammert, wenn die Beteiligten um die zutreffende Subsumtion bestimmter Fallgestaltungen unter den Begriff des Notfalls und des kollektiven Bezugs nicht streiten,

LAG Köln, Beschl. v. 15.2.2001 – 10 TaBV 74/00, NZA-RR 2002, 140.

5. Der Verfügungsgrund ergibt sich außerdem aus dem Umstand, dass die Beteiligungsrechte des Antragstellers entwertet werden, wenn die Rechtskraft eines Hauptsacheverfahrens abgewartet werden müsste,

LAG Frankfurt, Beschl. v. 19.4.1988 – 5 TaBVGa 52/88, BB 1988, 2464; LAG Berlin, Beschl. v. 8.11.1990 – 14 TaBV 5/90, AiB 1991, 110; LAG Bremen, Beschl. v. 25.7.1986 – 2 TaBV 50/86, LAGE § 23 BetrVG 1972 Nr. 7.

Die besondere Eilbedürftigkeit folgt aus dem Umstand, dass die Einflussmöglichkeiten des Antragstellers, die dieser im Rahmen seines Mitbestimmungsrechts zu Gunsten der Arbeitnehmer auszuüben hat, täglich unwiederbringlich verloren gehen, solange es dem Betriebsrat nicht möglich ist, gegen den Arbeitgeber ein Zwangsmittel einzusetzen. Sollte der Vorsitzende gleichwohl eine mündliche Verhandlung für erforderlich halten, wird beantragt, die Ladungsfrist auf drei Tage zu verkürzen.

26. Muster: Unterlassungsanspruch im Rahmen betriebsöffentlicher Auseinandersetzungen[22]

Wir bestellen uns zu Verfahrensbevollmächtigten des Antragstellers, in dessen Namen und Auftrag wir um kurzfristige Anberaumung eines Termins bitten. Wir werden beantragen, der Beteiligten zu 2. aufzugeben, es zu unterlassen,

1. Arbeitnehmerinnen und Arbeitnehmer des Betriebs die Kosten der Betriebsratstätigkeit per Aushang mitzuteilen;
2. per Aushang zu behaupten, der Betriebsratsvorsitzende ... und die stellvertretende Betriebsratsvorsitzende ... wollten das gesamte Unternehmen lahm legen;
3. per Aushang zu behaupten, dem Betriebsratsvorsitzenden und der stellvertretenden Betriebsratsvorsitzenden scheine eine aktive Mitarbeit fremd zu sein;

---

22 Antrag der Entscheidung des LAG Niedersachsen (6.4.2004 – 1 TaBV 64/03, NZA-RR 2005, 78) nachgebildet.

4. der Belegschaft öffentlich per Aushang mitzuteilen, der Betriebsrat habe sich „auf unsere und auf Ihre Kosten externe Berater sozusagen gekauft";
5. dem Betriebsrat gegenüber der Belegschaft vorzuwerfen, er habe grob fahrlässig und geschäftsschädigend gehandelt;
6. dem Betriebsrat gegenüber der Belegschaft zu unterstellen, er handele nicht im Interesse der Mitarbeiter.

Gründe

1. Der Unterlassungsanspruch des Antragstellers ergibt sich aus § 78 Satz 1 BetrVG iVm § 2 Abs. 1 BetrVG. § 78 BetrVG soll die Unabhängigkeit der Amtsausübung des Betriebsrats und seiner Mitglieder sichern. Dieser Sicherungszweck kann nur erfüllt werden, wenn Arbeitgeber und Betriebsrat das in § 2 Abs. 1 BetrVG herausgestellte Gebot der vertrauensvollen Zusammenarbeit hinreichend beachten. Zur vertrauensvollen Zusammenarbeit gehört der ehrliche und offene, aber auch respektvolle Umgang der Betriebspartner miteinander,

LAG Niedersachsen 6.4.2004 – 1 TaBV 64/03, NZA-RR 2005, 78.

An diesen Grundlagen dürfen weder Betriebsrat noch Arbeitgeber rütteln. Diese Grundlage wird gestört, wenn nicht nur sachlich falsche, sondern böswillig abwertende Behauptungen aufgestellt werden, die geeignet sind, einen der Betriebspartner in den Augen der Belegschaft herabzusetzen,

Däubler/Kittner/Klebe/Wedde/*Berg*, BetrVG § 2 Rn 6.

Die schriftlichen und mündlichen Äußerungen des Beteiligten zu 2. sind mit diesen Grundsätzen nicht in Einklang zu bringen. ...

2. Der Beteiligte zu 2. kann demgegenüber nicht mit Erfolg das Recht auf freie Meinungsäußerung nach Art. 5 Abs. 1 GG ins Feld führen. Art. 5 Abs. 1 GG ist ein Abwehrrecht gegenüber staatlicher Gewalt. Die Meinungsfreiheit ist in Art. 5 Abs. 2 GG dem allgemeinen Gesetzesvorbehalt unterstellt. Daher ist es zwar im Ansatz richtig, wenn ein Arbeitgeber erwartet, dass sich der Betriebsrat in Auseinandersetzungen nicht „mimosenhaft" aufführt,

LAG Niedersachsen 6.4.2004 – 1 TaBV 64/03, NZA-RR 2005, 78.

Es ist deshalb auch nicht unzulässig, die Meinungsverschiedenheiten öffentlich mit harten Bandagen zu führen, soweit sie nicht verletzend und in der Form unangemessen sind,

LAG Niedersachsen 6.4.2004 – 1 TaBV 64/03, NZA-RR 2005, 78.

Anders als bei den Tarifvertragsparteien im Arbeitskampf sind die Betriebspartner nach § 2 BetrVG stets zur vertrauensvollen Zusammenarbeit verpflichtet. So wenig wie sie nach § 74 Abs. 2 BetrVG einen Arbeitskampf gegeneinander führen dürfen, dürfen sie die Grundsätze der vertrauensvollen Zusammenarbeit, unter denen die Meinungsfreiheit als Vorbehalt steht, verletzen.

Die nach benannten Äußerungen haben verletzenden Inhalt und sind mit dem Grundsatz der vertrauensvollen Zusammenarbeit nicht in Einklang zu bringen: ...

↑

27. Muster: Unterlassen betrieblicher Bildungsmaßnahmen ohne Information des Betriebsrats mit Ordnungsgeldandrohung

Wir bestellen uns zu Verfahrensbevollmächtigten des Antragstellers, bitten um Anberaumung eines zeitnahen Termins, in dem wir beantragen werden:

1. Der Beteiligten zu 2. wird aufgegeben, es zu unterlassen, innerbetriebliche Bildungsmaßnahmen ohne vorherige Information und Zustimmung bzw einen die Zustimmung ersetzenden Spruch einer Einigungsstelle durchzuführen.
2. Der Beteiligten zu 2. wird es untersagt, außerbetriebliche Bildungsmaßnahmen durchzuführen, ohne den Antragsteller zuvor über die Teilnehmer zu informieren und ihm Gelegenheit zur Stellungnahme hierzu zu geben.
3. Der Beteiligten zu 2. wird für jeden Fall der Zuwiderhandlung gegen eine Entscheidung entsprechend den Anträgen zu 1. und 2. ein Ordnungsgeld angedroht, dessen Höhe in das Ermessen des Gerichts gestellt wird.
4. Der Streitwert wird festgesetzt.

Gründe

1. Der Antragsteller ist der Betriebsrat im Betrieb der Beteiligten zu 2.

Mit Schreiben vom ... erinnerte der Antragsteller die Beteiligte zu 2. an die Beachtung seines Mitbestimmungsrechts gem. den §§ 96–98 BetrVG.

Der Antragsteller macht geltend, dass seit ... zahlreiche inner- und außerbetriebliche Bildungsmaßnahmen ohne Information, geschweige denn Bitte um Zustimmung des Antragstellers gem. § 98 BetrVG durchgeführt worden sind. Dem Antragsteller sind auch nicht die Teilnehmer der jeweiligen Bildungsmaßnahme rechtzeitig mitgeteilt worden, so dass er von seinem Vorschlagsrecht gem. § 98 Abs. 3 Alt. 2 BetrVG nicht Gebrauch machen konnte. Im Einzelnen: ...

2. Mit vorliegendem Antrag begehrt der Antragsteller, dass der Beteiligten zu 2. untersagt wird, künftig innerbetriebliche Bildungsmaßnahmen gem. § 98 Abs. 1 BetrVG ohne vorherige Zustimmung des Antragstellers durchzuführen bzw außerbetriebliche Bildungsmaßnahmen ohne vorherige Information über die ausgewählten Teilnehmer durchzuführen. Insofern hat der Antragsteller das Recht, alternative Vorschläge zu machen. Die Wahrnehmung dieses Rechts setzt jedoch voraus, dass ihm die von der Beteiligten zu 2. ausgewählten Teilnehmer zuvor mitgeteilt werden.

Wie der 1. Senat des Bundesarbeitsgerichts in seinen Entscheidungen vom 3.5.1994 (1 ABR 24/93, BAGE 76, 364 = NZA 1995, 40) sowie vom 6.12.1994 (1 ABR 30/94, BAGE 78, 379 = NZA 1995, 488) festgestellt hat, steht dem Betriebsrat bei Verletzung seiner Mitbestimmungsrechte ein Anspruch auf Unterlassung der mitbestimmungswidrigen Maßnahme zu. Dieser Anspruch setzt keine grobe Pflichtverletzung des Arbeitgebers iSv § 23 Abs. 3 BetrVG voraus. Insoweit hat der Senat seine entgegenstehende frühere Rechtsprechung aufgegeben.

Die Durchführung innerbetrieblicher Bildungsmaßnahmen ist mitbestimmungspflichtig; dies ergibt sich aus dem klaren Wortlaut des § 98 Abs. 1 BetrVG. Der Betriebsrat kann verlangen, dass dem Arbeitgeber die mitbestimmungswidrige Durchführung derartiger Bildungsmaßnahmen untersagt wird.

Im Hinblick auf außerbetriebliche Bildungsmaßnahmen hat der Betriebsrat das Recht, alternative Vorschläge zu machen. Insoweit hat er natürlich im Hinblick auf die Auswahl des Arbeitgebers ein Informationsrecht, um sein Vorschlagsrecht ausüben zu können. Dieses Vorschlagsrecht würde leer laufen, wenn der Betriebsrat nicht auch hier einen Anspruch darauf hätte, dass der Arbeitgeber außerbetriebliche Bildungsmaßnahmen ohne entsprechende Information an ihn unterlässt.

Die Anträge sind demnach begründet.

28. Muster: Unterlassen der Beschäftigung eines eingestellten Mitarbeiters ohne Zustimmung des Betriebsrats 84

wegen: Beschäftigung eines Arbeitnehmers trotz fehlender Zustimmung nach § 99 BetrVG

Wir bestellen uns zu Verfahrensbevollmächtigten des Antragstellers und beantragen, durch einstweilige Verfügung – wegen der Dringlichkeit ohne vorherige mündliche Verhandlung – wie folgt zu beschließen:

1. Der Beteiligten zu 2. wird untersagt, bei Meidung eines vom Gericht festzusetzenden Zwangsgeldes bis zu 250 EUR je Tag der Zuwiderhandlung oder Zwangshaft gegen die gesetzlichen Vertreter der Beteiligten zu 2., den Beteiligten zu 3. im Betrieb der Beteiligten zu 2. zu beschäftigen und tätig werden zu lassen, solange die Zustimmung zu seiner Einstellung nicht vom Antragsteller erteilt wurde oder die fehlende Zustimmung zur Einstellung gerichtlich ersetzt wurde.
2. Der Streitwert wird festgesetzt.

Gründe

I.

Der Beteiligte zu 3. hat sich bei der Beteiligten zu 2. blind beworben. Später wurde seine Bewerbung der Stellenausschreibung ... von der Personalabteilung zugeordnet und mit Schreiben vom ... dem Antragsteller mit der Bitte um Zustimmung zur Einstellung nach § 99 BetrVG vorgelegt.

Glaubhaftmachung: Vorlage des Einstellungsantrags mit Anlagen – Anlage K 1.

Der Antragsteller teilte der Beteiligten zu 2. mit, dass er noch nicht ausreichend informiert sei und erbat ergänzende Unterlagen, so dass die Sieben-Tage-Frist des § 99 BetrVG noch nicht in Lauf gesetzt wurde.

Glaubhaftmachung: Schreiben des Antragstellers – Anlage K 2.

Darauf antwortete die Personalabteilung der Beteiligten zu 2. wie folgt: ...

Glaubhaftmachung: Schreiben vom ... – Anlage K 3.

Der Antragsteller erbat mit Schreiben vom ... erneut Informationen.

Glaubhaftmachung: Schreiben des Antragstellers vom ... – Anlage K 4.

Daraufhin antwortete die Beteiligte zu 2. nicht mehr, sondern ließ den Beteiligten zu 3. die Arbeit am ... im Betrieb aufnehmen.

Glaubhaftmachung: Eidesstattliche Versicherung des ... – Anlage K 5.

II.

Zwischen den Beteiligten zu 1. und zu 2. besteht eine Betriebsvereinbarung über innerbetriebliche Stellenausschreibung.

Glaubhaftmachung: Vorlage der Betriebsvereinbarung über innerbetrieblichen Stellenausschreibungen in Kopie – Anlage K 6.

Die Fragen des Antragstellers beziehen sich damit auf den Verweigerungsgrund des § 99 Abs. 2 Nr. 1 BetrVG. Für den Antragsteller ist von Bedeutung, dass die Antragsgegnerin Blindbewerbungen, also solche Bewerbungen, die nicht auf Stellenausschreibungen erfolgen, nunmehr, wenn derzeit aus Sicht der Personalabteilung keine Stelle vakant ist, der sie zugeordnet werden können, zurückschickt, ohne dass der Antragsteller hiervon Kenntnis erlangt.

Glaubhaftmachung: Eidesstattliche Versicherung des Betriebsratsvorsitzenden – Anlage K 7.

Damit werden dem Antragsteller nicht die Unterlagen aller Bewerber vorgelegt, zu einem großen Teil erhält der Antragsteller überhaupt keine Kenntnis von den Bewerbungen, die bei der Beteiligten zu 2. eingehen.

Nach unumstrittener Rechtsprechung hat der Betriebsrat einen Anspruch darauf, dass ihm unter Vorlage der erforderlichen Bewerbungsunterlagen Auskunft auch über die Bewerber gegeben wird, die vom Arbeitgeber nicht berücksichtigt werden,

BAG, Beschl. v. 6.4.1973 – 1 ABR 13/72, AP Nr. 1 zu § 99 BetrVG 1972.

In der erwähnten Entscheidung hat das Bundesarbeitsgericht unter Bezugnahme auf die Begründung zum Regierungsentwurf grundsätzlich ausgeführt, dass unter Vorlage der erforderlichen Bewerbungsunterlagen bei Einstellungen die Unterlagen aller Bewerber verstanden werden müssen. Die Unterrichtungspflicht des Arbeitgebers hinsichtlich aller Bewerber für einen Arbeitsplatz in einem Betrieb besteht auch unabhängig davon, ob dem Betriebsrat im Einzelfall ein Zustimmungsverweigerungsrecht aus einem der Gründe des § 99 Abs. 2 BetrVG 1972 zusteht oder jedenfalls zustehen könnte.

Die Beteiligte zu 2. hat durch ihr Verhalten zum Ausdruck gebracht, dass sie sich über das System des Betriebsverfassungsgesetzes grundlegend hinwegsetzt. Nach § 99 Abs. 3 BetrVG besteht im Falle einer verweigerten Zustimmung des Betriebsrats kein eigenes, das Ermessen des Betriebsrats ersetzendes Prüfungsrecht der Beteiligten zu 2. Vielmehr hätte die Beteiligte zu 2. die Zustimmung, sofern möglich, durch das Arbeitsgericht ersetzen lassen müssen. Im Übrigen ist es so, dass durch die nicht ausreichende Information des Antragstellers die Wochenfrist des § 99 BetrVG noch nicht in Lauf gesetzt worden ist. Die Beteiligte zu 2. hat auch keine vorläufige Maßnahme nach § 100 BetrVG beantragt.

Der Verfügungsgrund ergibt sich vorliegend daraus, dass dem Antragsteller ein weiteres Zuwarten nicht zugemutet werden kann. Mit jedem Tag, an dem der Beteiligte zu 3. seiner Arbeitstätigkeit nachgeht, verdichtet sich dessen Rechtsposition und es kann deshalb die Beschränkung auf das Hauptsacheverfahren, bei dem vielleicht erst in mehreren Monaten angesichts der Belastung der Arbeitsgerichte ein Termin durchgeführt werden kann, nicht zugemutet werden. Es ist auch im Interesse des Beteiligten zu 3., dass er frühzeitig über die seiner Beschäftigung entgegenstehenden betriebsverfassungsrechtlichen Hinderungsgründe erfährt.

85 **29. Muster: Unterlassen der Durchführung einer geplanten Betriebsänderung durch einstweilige Verfügung**

wegen: Unterlassung der Durchführung der geplanten Betriebsänderung

Wir bestellen uns zu Verfahrensbevollmächtigten des Antragstellers und beantragen, durch einstweilige Verfügung – wegen der Dringlichkeit ohne vorherige mündliche Verhandlung – wie folgt zu beschließen:

1. Der Beteiligten zu 2. wird untersagt, bei Meidung eines vom Gericht festzusetzenden Zwangsgeldes bis zu 25.000 EUR bzw Zwangshaft gegen die gesetzlichen Vertreter der Antragsgegnerin, die Auslagerung des Betriebsteils … von … nach … so lange nicht vorzunehmen, bis ein Interessenausgleich abgeschlossen oder durch Spruch der Einigungsstelle das Scheitern der Verhandlungen über den Abschluss eines Interessenausgleichs festgestellt wurde.
2. Der Streitwert wird festgesetzt.

Gründe

I.

Die Beteiligte zu 2. ist ein Unternehmen innerhalb der Konzerngruppe ... . Der Hauptbetriebssitz ist in ... .

In dem Hauptbetrieb existiert unter anderem der Betriebsteil ... . Die Beteiligte zu 2. beabsichtigt, diesen Betriebsteil ... von ... nach ... zur Konzernmuttergesellschaft nach ... zu verlagern. Nach dem nunmehrigen Informationsstand des Antragstellers ist die konkrete Umsetzung der Maßnahme für ... geplant, ohne dass die Rechte des Betriebsrats gewahrt werden sollen.

Bei der Maßnahme handelt es sich um den Abbau von ... . Von dieser Maßnahme werden ... Arbeitnehmer betroffen, deren Stellen durch den Vollzug dieser Maßnahme in Wegfall geraten. Verantwortlich für diese Maßnahme zeichnet Herr ... .

Bereits am ... schlossen die Verfahrensbeteiligten einen Interessenausgleich und einen Sozialplan.

Glaubhaftmachung: ...

Die jetzt eingeleiteten bzw beabsichtigten Maßnahmen sind nicht durch den Interessenausgleich gedeckt.

Im Hinblick auf die o.g. Maßnahme ist es bisher zu keinerlei Verhandlungen, geschweige denn zu Vereinbarungen zwischen den verfahrensbeteiligten Parteien gekommen.

Glaubhaftmachung: Vorlage der eidesstattlichen Versicherung des Betriebsratsvorsitzenden ... .

Dass die konkrete Planung und Umsetzung der Maßnahme vollzogen werden sollte, erfuhr der Betriebsrat und Antragsteller erst ab etwa ... durch sporadische mündliche und teilweise schriftliche Informationen. Am ... wandte sich der Betriebsrat an den Geschäftsführer und forderte diesen auf, die beabsichtigte Maßnahme sofort zu stoppen. Der Kenntnisstand des Antragstellers beruhte zum damaligen Zeitpunkt lediglich auf mündlichen Informationen. Eine Antwort auf dieses Schreiben erhielt der Antragsteller nicht.

Glaubhaftmachung: Vorlage des Schreibens des Betriebsrats an die Geschäftsführung vom ... .

Erneut wandte sich der Betriebsrat schriftlich an die Geschäftsleitung.

Glaubhaftmachung: Vorlage des Schreibens des Betriebsrats an die Geschäftsführung vom ... .

Hierauf erwiderte die Geschäftsleitung mit einer kurzen Mitteilung, wonach bisher keine entsprechenden Entscheidungen getroffen worden seien.

Glaubhaftmachung: Vorlage des Antwortschreibens vom ... .

Die Antwort war jedoch für den Betriebsrat ebenso unvollständig wie unkonkret und konnte nur als weitere Hinhaltetaktik der Beteiligten zu 2. interpretiert werden.

Schließlich erfuhr der Betriebsrat noch Folgendes: ...

II.

Aufgrund dieser Sachlage ist der Erlass einer einstweiligen Verfügung geboten.

1. Der Antragsteller leitet seinen Verfügungsanspruch aus dem bestehenden Interessenausgleich vom ... ab. Von der Rechtsprechung des Bundesarbeitsgerichts ist in ständiger Rechtsprechung anerkannt, dass der Betriebsrat vom Arbeitgeber die Durchführung bzw Einhaltung einer Betriebsvereinbarung und die Unterlassung entgegenstehender Handlungen verlangen kann. Dieser Anspruch besteht unabhängig von der Streitfrage eines allgemeinen Unterlassungsanspruchs des Betriebsrats,

> vgl BAG, Urt. v. 24.2.1987 – 1 ABR 18/85, BAGE 54, 191 = NZA 1987, 639 sowie v. 10.11.1987 – 1 ABR 55/86, BAGE 56, 313 = NZA 1988, 255.

Die zwischen den Parteien abgeschlossene Betriebsvereinbarung ist Anspruchsgrundlage für den vorliegend geltend gemachten Unterlassungsanspruch in Verbindung mit § 77 Abs. 1 Satz 1 BetrVG.

Die Beteiligte zu 2. hat sich im vorliegenden Fall im Interessenausgleich vom _ verpflichtet, nur die im Interessenausgleich vereinbarten Betriebsänderungen durchzuführen.

Darüber hinaus geltende Betriebsänderungen dürfen nur durchgeführt werden, wenn hierüber der Versuch eines Interessenausgleichs vom Arbeitgeber unternommen wurde, wofür ein Zeitraum von bis zu 3 Monaten für Verhandlungen und Einigungsstelle zur Verfügung steht, § 113 Abs. 3 BetrVG.

2. Der Verfügungsgrund ergibt sich daraus, dass die Beteiligungsrechte des Betriebsrats und die Einwirkungsmöglichkeiten auf einen Interessenausgleich unmöglich gemacht werden, wenn die geplanten Maßnahmen bereits am _ durchgeführt werden. Die Ansprüche der Arbeitnehmer auf Nachteilsausgleich nach § 113 BetrVG stellen keine ausreichenden Sanktionen dar, die die Beteiligte zu 2. veranlassen könnten, die Beteiligungsrechte des Betriebsrats zu beachten.

Parallel zur Antragstellung im einstweiligen Verfügungsverfahren wird das Hauptsacheverfahren in einem gesonderten Schriftsatz anhängig gemacht.

30. Muster: Unterlassen des arbeitgeberseitigen Angebots von Aufhebungsverträgen vor Abschluss eines Interessenausgleichsversuchs durch einstweilige Verfügung[23]

Wir bestellen uns zu Verfahrensbevollmächtigten des Antragstellers und beantragen, durch einstweilige Verfügung – wegen der Dringlichkeit ohne vorherige mündliche Verhandlung – wie folgt zu beschließen:

1. Die Beteiligte zu 2. wird verpflichtet, es zu unterlassen, mit Mitarbeitern der Beteiligten zu 2. Aufhebungsverträge über die Beendigung ihrer Arbeitsverhältnisse abzuschließen, bis das Verfahren über einen Interessenausgleich nach §§ 111 ff BetrVG entweder durch Abschluss eines Interessenausgleichs oder durch Feststellung des Scheiterns der Verhandlungen über einen Interessenausgleich durch den Einigungsstellenvorsitzenden abgeschlossen ist.

Hilfsweise:

Die Beteiligte zu 2. wird verpflichtet, es bis zum _ zu unterlassen, mit Mitarbeitern der Beteiligten zu 2. Aufhebungsverträge über die Beendigung ihrer Arbeitsverhältnisse abzuschließen.

2. Der Beteiligten zu 2. wird für jeden Fall der Zuwiderhandlung gegen eine Entscheidung entsprechend dem Antrag zu 1. ein Ordnungsgeld, dessen Höhe in das Ermessen des Gerichts gestellt wird, angedroht.
3. Der Streitwert wird festgesetzt.

Gründe

1. Der Beteiligte zu 1. ist der gewählte Betriebsrat der Beteiligten zu 2. Geschäftszweck der Beteiligten zu 2. ist _.

2. Die Beteiligte zu 2. hat in einer Betriebsversammlung am _ und in einer Monatsbesprechung mit dem Antragsteller erklärt, dass ihr Betrieb am _ auf die Firma _ übergehen werde. Der Betriebserwerber habe allerdings verlangt, dass eine wesentlich schlankere Personalstruktur angestrebt werde und die Beteiligte zu 2. in diesem Zusammenhang gebeten, auch vor Betriebsübergang bereits in ausreichendem Umfange Maßnahmen zum Personalabbau zu ergreifen.

Glaubhaftmachung: Eidesstattliche Versicherung des Betriebsratsvorsitzenden _

---

23 Zur Rechtslage s. § 7 Rn 55 f.

In der Zwischenzeit hat die Beteiligte zu 2. in einer Monatsbesprechung dem Antragsteller 40 Mitarbeiter namentlich benannt, mit denen Gespräche über Aufhebungsvereinbarungen geführt werden sollen.

Glaubhaftmachung: Eidesstattliche Versicherung des Betriebsratsvorsitzenden ...

Nachdem die Beteiligte zu 2. dem Antragsteller im Einzelnen erläutert hat, welche Änderungen in den Verfahrensabläufen und der Produkt- und Vertriebsstrategie neben dem Betriebsübergang anstehen, steht fest, dass nicht nur ein Betriebsübergang, sondern auch eine Betriebsänderung iSv § 111 BetrVG vorgenommen werden soll. Im Einzelnen: ...

3. Die Beteiligte zu 2. ist danach verpflichtet, über die gesamte Betriebsänderung mit dem Antragsteller zu verhandeln. Denn insoweit ist die geplante Betriebsänderung nicht teilbar. Gemäß den vorliegenden Unterlagen und den Erklärungen der Geschäftsleitung sollen generell schlankere Strukturen geschaffen werden. Dies beinhaltet eine Reduzierung des Personals, die unter anderem durch den Abschluss der Aufhebungsverträge erreicht werden soll. Die Reduzierung des Personals unter Aufrechterhaltung der bisherigen Leistungsfähigkeit kann nur durch Leistungsverdichtung und Abbau von Hierarchieebenen sowie eine Angleichung des Vergütungsgefüges erreicht werden.

Entscheidend für die Frage der Teilbarkeit von Betriebsänderungen ist der Inhalt der Planungsentscheidung. Beruhen selbst zeitversetzt durchgeführte gleichartige Maßnahmen auf einer einheitlichen Planungsentscheidung des Unternehmens, so bleiben sie wirtschaftlich-sozial eine einheitliche Maßnahme, die nur insgesamt einheitlich beurteilt werden kann,

BAG, Urt. v. 22.5.1979 – 1 AZR 848/76, AP § 111 BetrVG 1972 Nr. 3; BAG, Urt. v. 26.10.1982 – 1 ABR 11/81, BAGE 41, 92 = AP § 111 BetrVG 1972 Nr. 10.

Selbst bei verschiedenartigen Maßnahmen ist eine Zusammenrechnung vorzunehmen, wenn zwischen den verschiedenen Maßnahmen ein derartiger Zusammenhang besteht, dass letztlich materiell eine einheitliche Planungsentscheidung vorliegt. Ein solcher Zusammenhang ist gegeben, wenn betriebswirtschaftlich-organisatorisch die Maßnahmen so eng zusammenhängen, dass über sie nur einheitlich entschieden werden kann,

vgl zum Ganzen *Baeck/Diller*, NZA 1997, 689.

Vorliegend kann nur von einer einheitlichen Planungsentscheidung ausgegangen werden. Dies ergibt sich aus sämtlichen Erklärungen der Geschäftsleitung. Eine Personalreduzierung in dem vorgesehenen Umfang ist nach den Planungen nur möglich, wenn Synergieeffekte genutzt und durch eine entsprechende Reorganisation der bisherigen Strukturen umgesetzt werden können. Beide Maßnahmen bilden mithin eine Einheit.

An diesem Ergebnis ändert sich nichts dadurch, dass zusätzlich zur Betriebsänderung ein Betriebsübergang nach § 613a BGB geplant ist. Beginnt der Betriebsveräußerer mit der Umsetzung einer einheitlichen Betriebsänderung, wird diese nicht dadurch teilbar, dass der Erwerber während des Verlaufes der Betriebsänderung im Wege der Einzelrechtsnachfolge in die Rechte und Pflichten des Betriebsveräußerers eintritt. Zielsetzung des § 613a BGB, der durch das Betriebsverfassungsgesetz 1972 (vom 15.1.1972, BGBl. I S. 13) eingefügt worden ist, war erklärtermaßen, dass sich die Betriebsveräußerung auf den Fortbestand der betriebsverfassungsrechtlichen Organe nicht auswirken sollte,

vgl *Richardi*, RdA 1976, 56, 57; *Wiedemann/Willemsen*, RdA 1979, 419, 420.

Der Gesetzgeber ist davon ausgegangen, dass durch den Eintritt des Betriebserwerbers in die Rechtsstellung des Betriebsveräußerers allein weder die betriebliche Identität beeinträchtigt wird, noch die Kontinuität der Arbeit des Betriebsrats unterbrochen wird. Dementsprechend hat der Betriebsveräußerer, wenn er mit der Umsetzung einer einheitlichen Betriebsänderung beginnt, hierüber auch in vollem Umfang die Interessenausgleichsverhandlungen zu führen.

Dem Beteiligten zu 1. steht mithin ein Verhandlungsanspruch über den Interessenausgleich gem. §§ 111 ff BetrVG zu. Die Beteiligte zu 2. beabsichtigt, mit dem Abschluss der Aufhebungsverträge vollendete Tatsachen zu schaffen und mithin den Verhandlungsanspruch des Beteiligten zu 1. zu unterlaufen. Sind die Aufhebungsverträge erst abgeschlossen, steht dem Beteiligten zu 1. darüber ein Verhandlungsanspruch innerhalb von Interessenausgleichsverhandlungen nicht mehr zu. Ein Rechtsschutzbedürfnis des Betriebsrats auf Verhandlung über einen Interessenausgleich wird nach Umsetzung der geplanten Maßnahmen verneint.

Mit der eingeleiteten Umsetzung der Betriebsänderung unterläuft die Beteiligte zu 2. aber nicht nur den Verhandlungsanspruch des Beteiligten zu 1., vielmehr hindert die Beteiligte zu 2. den Beteiligten zu 1. auch daran, seine Aufgaben gem. § 80 Abs. 1 Nr. 1 BetrVG im Interesse der Arbeitnehmer wahrzunehmen. Die Beteiligte zu 2. hat die Planungsentscheidung getroffen, einen erheblichen Personalabbau vorzunehmen. Bei einem Abbau des Personals aus betriebsbedingten Gründen hat gem. § 1 Abs. 3 Satz 1 KSchG eine Sozialauswahl zu erfolgen, bei der die Sozialdaten Betriebszugehörigkeit, Lebensalter und Unterhaltspflichten zu berücksichtigen sind. Mit dem Abschluss von Aufhebungsverträgen will die Beteiligte zu 2. diese gesetzlich vorgeschriebene Sozialauswahl vermeiden. Gerade in diesem sensiblen Bereich, in dem durch den Abschluss von Aufhebungsverträgen die Mechanismen des Kündigungsschutzgesetzes gezielt umgangen werden sollen, ist es dringend erforderlich, dass zumindest der Beteiligte zu 1. in die Konzeption einbezogen wird und der Steuerungsfunktion des Interessenausgleichs gerecht werden kann.

In der Rechtsprechung der Instanzgerichte ist das Bestehen eines Unterlassungsanspruchs, der im Wege einer einstweiligen Verfügung durchgesetzt werden kann, umstritten. Für das Bestehen eines solchen Unterlassungsanspruchs sprechen die folgenden Erwägungen:

Das Verfahren von Interessenausgleich und Sozialplan einschließlich des Versuchs eines Interessenausgleichs muss noch in einem Zeitraum umgesetzt werden, in dem die geplante Betriebsänderung noch nicht, auch nicht teilweise, verwirklicht worden ist. Wenn der Betriebsrat einen Anspruch auf Aufnahme von Verhandlungen über den Abschluss eines Interessenausgleichs hat, wenn er inhaltliche Beratung über die Frage, ob, wann und wie die geplante Betriebsänderung durchgeführt werde, bis hin zur Einsetzung einer Einigungsstelle fordern kann, dann gebietet der Grundsatz der vertrauensvollen Zusammenarbeit, dass der Unternehmer grundsätzlich vor Durchführung von Einzelmaßnahmen aus einer geplanten Betriebsänderung so lange zu warten hat, bis das Verfahren über einen möglichen Interessenausgleich abgeschlossen ist.

Würden die Maßnahmen vom Unternehmer vorher durchgeführt, so ist ein Interessenausgleich nicht mehr möglich und die Rechte des Betriebsrats werden zur Makulatur. Ein die Mitbestimmungsrechte übergehendes Unternehmerverhalten widerspricht dem Grundsatz und dem Gebot der vertrauensvollen Zusammenarbeit nach § 2 Abs. 1 BetrVG. Das Zusammenarbeitsgebot ist gerichtet auf das Wohl der Arbeitnehmer und des Betriebs.

Im Einzelfall hat deswegen eine Abwägung mit den Interessen des Betriebsrats als des Vertreters der Belegschaft stattzufinden, um etwa unverhältnismäßig große Schäden für den Betrieb zu vermeiden. Nach § 85 Abs. 2 Satz 2 ArbGG iVm § 938 Abs. 1 ZPO ist es in das freie Ermessen des Gerichts gestellt, welche Anordnungen zu Erreichung des mit der einstweiligen Verfügung verfolgten Zwecks für erforderlich gehalten und getroffen werden. Deshalb können einzelne Maßnahmen untersagt werden, wie beispielsweise der Ausspruch betriebsbedingter Kündigungen, wobei eine zeitliche Begrenzung zu dem Zweck einer nur vorläufigen Sicherung nach § 2 BetrVG erfolgen kann. Nach § 940 ZPO ist jede Regelung zulässig, sofern sie zur Abwendung wesentlicher Nachteile oder aus anderen Gründen nötig erscheint,

> LAG Hamburg 13.11.1981 – 6 TaBV 9/81, DB 1982, 1522; LAG Hamburg 5.2.1986 – 4 TaBV 12/85, LAGE § 23 BetrVG 1972 Nr. 5; LAG Hamburg 26.6.1997 – 6 TaBV 5/97, NZA-RR 1997, 296 und 27.6.1997 – 5 TaBV 5/97, AuR 1998, 87; LAG Berlin 7.9.1995 – 10 TaBV 5/95 und 10 TaBV 9/95, NZA 1996, 1284; LAG Frankfurt 27.6.2007 – 4 TaBVGa 137/07, ArbuR 2008, 267; LAG Hamm 23.3.1983 – 12 TaBV 15/83, AuR 1984, 54; LAG Hamm 6.2.2007 – 10 TaBVGa 3/07, NZA-RR 2007, 469; LAG Thüringen 26.9.2000 – 1 TaBV 14/2000, LAGE § 111 BetrVG 1972 Nr. 17; LAG Schleswig-Holstein 20.7.2007 – 3 TaBVGa 1/07, NZA-RR 2008, 244; LAG Niedersachsen 4.5.2007 – 17 TaBVGa 57/07, LAGE § 111 BetrVG 2001 Nr. 7; LAG

München 22.12.2008 – 6 TaBVGa 6/08, BB 2010, 896; Däubler/Kittner/Klebe/Wedde/*Däubler*, BetrVG, 13. Aufl. 2012, §§ 112, 112 a Rn 23; *Fitting u.a.*, BetrVG, § 111 Rn 138.

Die gegenteilige Ansicht wird im Wesentlichen darauf gestützt, dass es sich bei dem Interessenausgleich lediglich um eine Naturalobligation ohne kollektivrechtlichen Durchsetzungsanspruch handelt,

vgl hierzu *Richardi*, NZA 1995, 8; *Walker*, DB 1995, 1961, 1965; *Konzen*, NZA 1995, 865, 872; *Hümmerich/Spirolke*, BB 1996, 1986.

Bislang wurde aus der Systematik der §§ 111 ff BetrVG insbesondere im Hinblick auf die Sanktion des Nachteilsausgleichs in § 113 BetrVG gefolgert, dass der Gesetzgeber eben an den Interessenausgleich bzw das Unterlassen des Versuchs eines Interessenausgleichs keine Wirksamkeitsfolgen für eine unter Verstoß gegen den Verhandlungsanspruch des Betriebsrats ausgesprochene Kündigung geknüpft hat. Aus den neueren gesetzlichen Vorschriften ergibt sich unterdessen, dass der Gesetzgeber die Funktion des Interessenausgleichs insoweit aufgewertet hat, als er nunmehr individualrechtliche Folgewirkungen an den Interessenausgleich knüpft.

Rein vorsorglich stellt der Beteiligte zu 1. die Hilfsanträge.

Abschließend ist darauf hinzuweisen, dass der Beteiligten zu 2. durch Erlass der begehrten einstweiligen Verfügung kein unverhältnismäßiger Schaden droht.

31. Muster: Unterlassen von Kündigungen vor Abschluss des Interessenausgleichsversuchs durch einstweilige Verfügung[24]

Wir bestellen uns zu Verfahrensbevollmächtigten des Antragstellers und beantragen, durch einstweilige Verfügung – wegen der Dringlichkeit ohne vorherige mündliche Verhandlung – wie folgt zu beschließen:

1. Der Beteiligten zu 2. wird untersagt, personelle Maßnahmen, seien es Kündigungen, Änderungskündigungen oder Versetzungen, vorzunehmen, bis die Verhandlungen über einen Interessenausgleich entsprechend § 112 Abs. 1 und 2 BetrVG abgeschlossen oder gescheitert sind.
2. Für jeden Fall der Zuwiderhandlung gegen die Verpflichtung aus Ziffer 1 wird der Beteiligten zu 2. ein Ordnungsgeld bis zu 250.000 EUR, ersatzweise Ordnungshaft, angedroht.
3. Der Streitwert wird festgesetzt.

Gründe

1. Der Antragsteller ist der Betriebsrat im Betrieb der Beteiligten zu 2.

Am ... führte die Beteiligte zu 2. eine Informationsveranstaltung für alle Mitarbeiter im Betrieb durch, wobei durch die Geschäftsleitung erklärt wurde, aufgrund Auftragsrückgangs und zu hoher Personalkosten sei ein erheblicher Personalabbau erforderlich. Bis zum heutigen Tage hat die Beteiligte zu 2. keine Verhandlungen zum Abschluss eines Interessenausgleichs mit dem Antragsteller aufgenommen.

Glaubhaftmachung: Eidesstattliche Versicherung des Betriebsratsvorsitzenden ...

Der Antragsteller hat einen Anspruch auf Erlass einer einstweiligen Verfügung gem. §§ 111 Satz 1 und 112 Abs. 1 und Abs. 2 Satz 1 und 2 BetrVG.

Spätestens seit dem Datum, ab dem die Beteiligte zu 2. den in der Informationsveranstaltung bekannt gegebenen massiven Personalabbau plant, steht fest, dass Beendigungskündigungen in über die nach der Recht-

---

24 Zur Rechtslage s. § 7 Rn 55.

sprechung des BAG erforderlichen Prozentsätze hinausgehendem Umfang ausgesprochen werden müssen, um den von der Geschäftsleitung angestrebten Personalabbau umzusetzen. Nach § 111 BetrVG ist die Beteiligte zu 2. daher verpflichtet, den Antragsteller über eine geplante Betriebsänderung zu unterrichten und dies mit ihm zu beraten. Der Betriebsrat hat einen entsprechenden Anspruch,

LAG Frankfurt, Beschl. v. 21.9.1982 – 4 TaBVGa 94/82, DB 1983, 613.

Zur Sicherung dieser betriebsverfassungsrechtlichen Ansprüche auf Unterrichtung und Beratung ist der Beteiligten zu 2. zu untersagen, einzelne Maßnahmen im Rahmen der Durchführung der Betriebsänderung vorzunehmen.

Nach der gesetzlichen Regelung in den §§ 111, 112 und 113 Abs. 3 BetrVG ist die Beteiligte zu 2. auch verpflichtet, vor Durchführung einer Betriebsänderung mit dem Betriebsrat hierüber zu verhandeln und den Versuch eines nicht erzwingbaren Interessenausgleichs durch Gespräche mit dem Betriebsrat zu unternehmen. Der Gesetzgeber hat damit über ein bloßes Informations- und Beratungsrecht hinaus ein Verfahren festgelegt, das dem Ziel dient, einen Interessenausgleich zu erreichen.

Der Beteiligten zu 2. ist daher die Durchführung der Betriebsänderung bis zum Abschluss des Verfahrens zum Versuch eines Interessenausgleichs einschließlich der Einigungsstellenverhandlungen zu untersagen.

Die Verletzung des Mitbestimmungsrechts des Antragstellers gibt diesem einen Unterlassungsanspruch, der im Wesentlichen auf die Entscheidung des BAG vom 18.4.1985 gestützt wird. Das BAG führt u.a. aus:

„Daraus ergibt sich zugleich, dass beide Seiten jeweils diejenigen Handlungen zu unterlassen haben, die geeignet sind, die gemeinsam auszuübenden Normsetzungsbefugnisse inhaltlich auszuschließen oder ihre Wahrnehmung unmöglich zu machen. Damit kommen nach § 87 Abs. 1 BetrVG nicht nur Unterlassungsansprüche des Betriebsrats, sondern auch des Arbeitgebers in Betracht ... . Damit ist eine positive gesetzliche Regelung von Unterlassungsansprüchen in § 87 Abs. 1 BetrVG nicht notwendig. Ihr könnte nur deklaratorische Bedeutung zukommen."

BAG, Beschl. v. 18.4.1985 – 6 ABR 19/84, BAGE 48, 246 = AP § 23 BetrVG 1972 Nr. 5.

Ein Unterlassungsanspruch während der Verhandlungen über einen Interessenausgleich wird weitgehend in der Rechtsprechung angenommen:

LAG Frankfurt, Beschl. v. 30.8.1984 – 4 TaBVGa 113/84, BB 1985, 659; LAG Hamburg, Beschl. v. 8.6.1983 – 6 TaBV 9/83, DB 1983, 2369; LAG Frankfurt, Beschl. v. 21.9.1982 – 4 TaBVGa 94/82, DB 1983, 613; ArbG Eisenach, Beschl. v. 1.2.1994 – 3 Ta 148/93, AuR 1994, 35; ArbG Bamberg, Beschl. v. 30.11.1984 – 3 BVGa 3/84, NZA 1985, 259.

Der Verfügungsgrund ergibt sich daraus, dass die Beteiligungsrechte des Antragstellers entwertet werden, wenn die Rechtskraft eines Hauptsacheverfahrens abgewartet werden müsste. Hierzu im Einzelnen:

Dütz, Unterlassungs- und Beseitigungsansprüche des Betriebsrats gegen den Arbeitgeber, S. 64 ff; *Pahle*, NZA 1990, 51.

Um die Rechte des Antragstellers zu wahren, ist es erforderlich, den Beginn der Durchführung der Betriebsänderung solange zu untersagen, bis der Interessenausgleich ausreichend verhandelt worden ist. Hierzu gehören auch die Verhandlungen vor der Einigungsstelle. Das Mitbestimmungsrecht des Betriebsrats verpflichtet den Arbeitgeber, zunächst den Interessenausgleich mit dem Betriebsrat zu versuchen. Führt dies nicht zum Erfolg, ist die Einigungsstelle anzurufen.

Mit der vorliegenden einstweiligen Verfügung begehrt der Antragsteller keine Regelungsverfügung. Der Antragsteller macht allein eine vorläufige und zeitlich begrenzte, aber keine endgültige Regelung geltend.

↑

32. Muster: Unterlassungsverpflichtung – Festsetzung von Ordnungsgeld wegen Zuwiderhandlung[25]

überreichen wir die vollstreckbare Ausfertigung des Beschlusses des Arbeitsgerichts ... vom ..., Aktenzeichen ..., und beantragen:

1. Gegen die Beteiligte zu 2. wird ein Ordnungsgeld festgesetzt, dessen Höhe in das Ermessen des Gerichts gestellt wird, jedoch 10.000 EUR nicht unterschreiten sollte, ersatzweise Ordnungshaft, zu vollstrecken an dem Geschäftsführer der Beteiligten zu 2.
2. Dem Antragsteller wird zum Zwecke der Zwangsvollstreckung eine vollstreckbare Ausfertigung des Festsetzungsbeschlusses gem. Ziffer 1 erteilt.

Gründe

Der Beteiligten zu 2. ist mit Beschluss vom ... ein Ordnungsgeld von bis zu ... EUR für den Fall angedroht worden, dass sie gegen die titulierte Verpflichtung verstößt, es zu unterlassen, Überstunden ohne Zustimmung des Antragstellers anzuordnen. Der Beteiligten zu 2. wurde die Ausfertigung des Beschlusses am ... zugestellt.

Beweis: Zustellnachweis ...

Am ... hat die Beteiligte zu 2. erneut den folgenden Mitarbeiterinnen und Mitarbeitern wie folgt Überstunden am ... und am ... angeordnet. Die Übersicht ergibt folgende Überstundenanordnung:

Name	Zahl der angeordneten Überstunden	Beweismittel

Die Beweismittel, die nachfolgenden E-Mails, Schreiben sowie ein Aushang vom ..., werden als Anlagenkonvolut K 1 überreicht.

Die Missachtung der Mitbestimmungsrechte des Antragstellers erfolgte vorsätzlich. Der Beteiligten ist durch das Betriebsverfassungsgesetz, aber insbesondere durch den Beschluss des Arbeitsgerichts ... vom ... positiv bekannt, dass Überstunden nur angeordnet werden dürfen, wenn der Betriebsrat mitbestimmt hat. Der Antragsteller wurde noch nicht einmal informiert, geschweige denn um Zustimmung zu den vorgenannten Überstunden gebeten.

Damit das grob rechtswidrige Verhalten der Beteiligten zu 2. ein Ende findet, ist ein nachhaltiges Ordnungsgeld erforderlich. Ordnungsgeld oder Ordnungshaft scheinen die einzigen Mittel zu sein, durch die die Beteiligte zu 2. zu einer Verhaltensänderung bewegt werden kann.

---

[25] Dieses Muster ist für den Fall anzuwenden, dass im Beschlussverfahren oder einstweiligen Verfügungsverfahren im Beschlussverfahren das Ordnungsgeld bereits festgesetzt wurde. Wegen eines Zwangsvollstreckungsantrags nach § 890 ZPO, sofern das Ordnungsgeld nicht bereits im Erkenntnisverfahren beantragt wurde, s. Muster 7270, insbesondere die Erläuterungen zu diesem Muster. Der Antrag auf Festsetzung von Ordnungsgeld wegen Zuwiderhandlung gegen Unterlassungsverpflichtung kann nur auf solche Sachverhalte gestützt werden, die nach Zustellung der Zwangsmittelandrohung erfolgten (Zöller/*Stöber*, ZPO, § 890 Rn 4). Zu beachten ist, dass das Zwangsgeld nach § 888 ZPO, das zu Beugezwecken verhängt wird, nicht die gleiche Funktion hat wie das Ordnungsgeld nach § 890 ZPO. Das Ordnungsgeld nach § 890 ZPO hat strafähnlichen Charakter und darf daher nur festgesetzt werden, wenn der Schuldner gegen die Unterlassungsverpflichtung schuldhaft verstoßen hat (BVerfG 23.4.1991 – 1 BvR 1443/87, BVerfGE 84, 82 = NJW 1991, 3139). Der Verstoß gegen die Unterlassungsverpflichtung muss substantiiert dargelegt werden; bloße Glaubhaftmachung reicht nicht aus (Zöller/*Stöber*, ZPO, § 890 Rn 13).

33. Muster: Unterlassungsverpflichtung – Vollstreckungsantrag[26]

überreichen wir die vollstreckbare Ausfertigung des Beschlusses des Arbeitsgerichts ... vom ..., Az: ...

Wir beantragen:

1. Der Beteiligten zu 2. wird für jeden Verstoß gegen die Unterlassungsverpflichtung gem. Ziffer ... des Beschlusses des Arbeitsgerichts ... vom ..., Az ..., ein Ordnungsgeld von mindestens 5.000 EUR angedroht, ersatzweise Ordnungshaft, die an dem Geschäftsführer der Beteiligten zu 2. zu vollstrecken ist.
2. Dem Antragsteller wird zum Zwecke der Zwangsvollstreckung eine vollstreckbare Ausfertigung des Festsetzungsbeschlusses erteilt.
3. Der Streitwert wird festgesetzt.

Gründe

Durch den vollstreckbaren Beschluss des Arbeitsgerichts ist die Beteiligte zu 2. (Arbeitgeberin) verpflichtet worden, es zu unterlassen, bei den Mitarbeitern Überstunden ohne Mitbestimmung des Antragstellers anzuordnen oder zu dulden. Die Beteiligte zu 2. hat trotz des vorerwähnten Beschlusses am ... erneut für die Mitarbeiter ... folgende Überstunden angeordnet und dabei den Antragsteller weder zuvor angehört, informiert, noch um Zustimmung gebeten.

Glaubhaftmachung: 1. Eidesstattliche Versicherung ...
2. E-Mail des Mitarbeiters ...
3. Schreiben der Beteiligten zu 2. vom ...

Wegen des Verstoßes gegen die Unterlassungsverpflichtung aus dem Beschluss des Arbeitsgerichts ist daher die Zwangsvollstreckung dringend geboten. Das zu verhängende Ordnungsgeld sollte mindestens 5.000 EUR betragen. Angesichts der Nachhaltigkeit, mit der sich die Beteiligte zu 2. weigert, die gesetzlichen Rechte des Antragstellers zu respektieren, ist ein Ordnungsgeld in dieser Höhe mindestens erforderlich, um eine nachhaltige pädagogische Wirkung zu entfalten.

Der Beschluss des Arbeitsgerichts vom ... wurde am ... zugestellt.

Glaubhaftmachung: Anliegende Zustellbescheinigung

---

[26] Das Muster 7270 behandelt den Fall, dass die Zwangsmittelandrohung nicht bereits im vorausgegangenen Beschlussverfahren beantragt wurde. Im Regelfall (s. Muster 7230 Antrag Ziffer 2) stellt man diesen Antrag bereits im Erkenntnisverfahren. Das gilt sowohl dann, wenn der Antrag im Wege der einstweiligen Verfügung (wie im Muster 7230) oder im Wege eines gewöhnlichen Beschlussverfahrens gestellt wird. Empfohlen wird, die Zwangsmittelandrohung bereits in der Hauptsache vorzunehmen, weil andernfalls ein aufwendiges und zeitraubendes, zwei weitere Verfahren erforderndes Vollstreckungsverfahrens nach § 890 ZPO notwendig wird. Nach dem Beschlussverfahren wird dann noch die Zwangsmittelandrohung und die Zwangsmittelfestsetzung erforderlich – Verfahrensabschnitte, in denen jeweils dem Gegner noch einmal rechtliches Gehör gewährt wird. Der Antrag nach § 890 ZPO ist beim Prozessgericht I. Instanz zu stellen, selbst wenn das Hauptsacheverfahren bereits beim LAG oder beim BAG anhängig ist, § 85 Abs. 1 Satz 3 ArbGG, § 890 Abs. 1 ZPO. Das Zwangsgeld ist im Moment des Erlasses des arbeitsgerichtlichen Beschlusses noch nicht endgültig verwirkt. Der Schuldner kann die Beitreibung des Zwangsgeldes zu Gunsten der Staatskasse jederzeit durch Erfüllung abwenden, solange das Zwangsgeld noch nicht beigetrieben wurde (Zöller/*Stöber*, ZPO, § 888 Rn 13). Erfahrungsgemäß hat der Schuldner dabei noch mehrere Wochen Zeit, nach Eingang des Beschlusses die Vollstreckung des Zwangsgeldes durch Erfüllung abzuwenden. Die Beitreibung des Zwangsgeldes erfolgt nach den allgemeinen Vorschriften über die Pfändung von Geldforderungen. Der Gerichtsvollzieher pfändet das Zwangsgeld allerdings nicht zu Gunsten des Gläubigers, sondern zu Gunsten der Staatskasse (BGH 2.3.1983 – IVb ARZ 49/82, NJW 1983, 1859; LAG Hamburg 9.1.1985 – 6 Ta 37/84, NZA 1985, 373). Die Meinungen darüber, ob der hier vorgesehene Antrag Ziffer 2 einer Vollstreckungsklausel bedarf oder nicht, gehen auseinander (so zB Zöller/*Stöber*, ZPO, § 888 Rn 13 m. Nachw. zum Streitstand). Vorsorglich sollte man daher diesen Antrag stellen. Wird ein Vollstreckungsantrag nach § 890 ZPO nicht im Erkenntnisverfahren, sondern wie vorliegend im Muster 7270 gestellt, erhält der Rechtsanwalt eine 0,3-Gebühr nach Nr. 3309, 3310 VV RVG, die aber mit einem eventuell später nachfolgenden Antrag auf Festsetzung des Ordnungsgeldes nach § 890 ZPO eine einheitliche Angelegenheit bildet und damit abgegolten ist.

34. Muster: Vergleich – Ordnungsgeldantrag

überreichen wir in der Anlage die zugestellte und vollstreckbare Ausfertigung des vor dem Arbeitsgericht ... (Aktenzeichen ...) geschlossenen Vergleichs vom ... und beantragen,

gegenüber der Beteiligten zu 2. wegen Verstoßes gegen ihre Verpflichtung aus der Ziffer ... des Vergleichs ein Ordnungsgeld, dessen Höhe in das Ermessen des Gerichts gesetzt wird, entsprechend dem Androhungsbeschluss vom ... festzusetzen.

Gründe

1. Im Vergleich vom ... hat die Beteiligte zu 2. sich verpflichtet zu unterlassen, ...
2. Gegen diese Vereinbarung im Vergleich vom ... hat die Beteiligte zu 2. aus folgendem Grund verstoßen:

35. Muster: Videoüberwachung am Arbeitsplatz – Anfechtung eines Einigungsstellenspruchs

Wir bestellen uns zu Verfahrensbevollmächtigten des Beteiligten zu 1., in dessen Namen und Auftrag wir um kurzfristige Anberaumung eines Termins bitten. Wir werden beantragen:

1. Es wird festgestellt, dass der Spruch der Einigungsstelle vom ... unwirksam ist.
2. Der Beteiligten zu 2. wird untersagt, den Spruch der Einigungsstelle vom ... durchzuführen.
3. Der Streitwert wird festgesetzt.

Gründe

1. Zwischen den Betriebsparteien bestehen Meinungsunterschiede darüber, ob die Arbeitnehmer über eine Videoüberwachungsanlage am Arbeitsplatz überwacht werden dürfen. Nachdem die Verhandlungen zwischen Arbeitgeber und dem Betriebsrat gescheitert waren, trat die Einigungsstelle zusammen, die unter dem Vorsitz des Richters am Arbeitsgericht ... folgenden Spruch fällte:

Beweis: Spruch der Einigungsstelle vom ... in Kopie – Anlage K 1.

Der Einigungsstellenspruch wurde dem Antragsteller am ... zugestellt,

Beweis: Vorlage des Zustellungsnachweises in Kopie – Anlage K 2.

Der Einigungsstellenspruch verstößt gegen die von der Rechtsprechung entwickelten Grundsätze und ist daher unwirksam. Die Betriebsparteien und die Einigungsstelle haben höherrangiges Recht zu beachten. So haben sie nach § 75 Abs. 2 Satz 1 BetrVG die Pflicht, die freie Entfaltung der Persönlichkeit der im Betrieb beschäftigten Arbeitnehmer zu schützen und zu fördern. Diese Verpflichtung stellt eine Schranke für die Regelungsbefugnis der Betriebsparteien und den Inhalt der von ihnen getroffenen Regelung dar,

BAG 21.8.1990 – 1 AZR 567/89, AP § 87 BetrVG 1972 Ordnung des Betriebes Nr. 17.

§ 75 Abs. 2 Satz 1 BetrVG verpflichtet die Betriebsparteien zur Wahrung der grundrechtlich geschützten Freiheitsrechte,

BAG 19.1.1999 – 1 AZR 499/98, BAGE 90, 316 = NZA 1999, 546.

Die Betriebsparteien haben insbesondere auch das in Art. 2 Abs. 1 iVm Art. 1 Abs. 1 GG gewährleistete allgemeine Persönlichkeitsrecht zu beachten. Das allgemeine Persönlichkeitsrecht enthält nicht nur wie alle Freiheitsrechte ein subjektives Abwehrrecht gegenüber den Staatsorganen. Es fördert außerdem den Schutz der Bürger durch den Staat,

ErfK/*Schmidt*, Art. 2 GG Rn 37, 67.

2. Das allgemeine Persönlichkeitsrecht umfasst neben dem Recht am gesprochenen Wort auch das Recht am eigenen Bild,

BVerfG 9.10.2002 – 1 BVR 1611/96, BVerfGE 106, 28 = NJW 2002, 3619.

Ebenso wie beim gesprochenen Wort gehört es zum Selbstbestimmungsrecht jedes Menschen, darüber zu entscheiden, ob Filmaufnahmen von ihm gemacht und möglicherweise gegen ihn verwendet werden dürfen,

BAG 29.6.2004 – 1 ABR 21/03, BAGE 111, 173 = NZA 2004, 1278.

3. Die den Betriebsparteien durch § 75 Abs. 2 Satz 1 BetrVG auferlegte Pflicht, die freie Entfaltung der Persönlichkeit des Arbeitnehmers zu schützen, verbietet nicht jede Betriebsvereinbarung, die zu einer Einschränkung des allgemeinen Persönlichkeitsrechts führt,

BAG 21.8.1990 – 1 AZR 567/89, AP § 87 BetrVG 1972 Ordnung des Betriebes Nr. 17.

Der Eingriff muss aber, sofern er nicht durch eine ausdrückliche gesetzliche Regelung gestattet ist, durch schutzwürdige Belange anderer Grundrechtsträger, beispielsweise des Arbeitgebers, gerechtfertigt sein,

BAG 29.6.2004 – 1 ABR 21/03, BAGE 111, 173 = NZA 2004, 1278.

Bei einer Kollision des allgemeinen Persönlichkeitsrechts mit den schutzwürdigen Interessen des Arbeitgebers ist eine Güterabwägung unter Berücksichtigung der Umstände des Einzelfalls erforderlich,

BAG 27.3.2003 – 2 AZR 51/02, BAGE 105, 356 = NZA 2003, 1193.

Das zulässige Maß einer Beschränkung des allgemeinen Persönlichkeitsrechts bestimmt sich nach dem Grundsatz der Verhältnismäßigkeit. Dieser Grundsatz konkretisiert auch die den Betriebsparteien gem. § 75 Abs. 2 BetrVG auferlegte Verpflichtung,

BAG 19.1.1999 – 1 AZR 499/98, BAGE 90, 316 = NZA 1999, 546; BAG 29.6.2004 – 1 ABR 21/03, BAGE 111, 173 = NZA 2004, 1278.

4. Die im Einigungsstellenspruch vorgesehene Videoüberwachung stellt einen schwerwiegenden Eingriff in das Persönlichkeitsrecht aller betroffenen Arbeitnehmer dar. Dieser Eingriff ist weder durch ausdrückliche gesetzliche Regelungen noch durch schützenswerte Interessen der Arbeitgeberin gerechtfertigt.

a) Durch die Videoüberwachung wird in das allgemeine Persönlichkeitsrecht der Arbeitnehmer eingegriffen. Diese werden einem ständigen Überwachungsdruck ausgesetzt. Sie müssen stets damit rechnen, gerade gefilmt zu werden. Zwar sind die Videokameras sichtbar angebracht. Wann sie in Betrieb sind, ist aber für den Arbeitnehmer nicht erkennbar. Da der Einigungsstellenspruch Videoaufzeichnungen im Umfang von ... auch ohne Vorliegen eines konkreten Verdachts gestattet, haben die Arbeitnehmer während ihrer gesamten Arbeitszeit davon auszugehen, dass jederzeit ihre Verhaltensweisen gerade aufgezeichnet werden und später anhand der Aufzeichnungen rekonstruiert und kontrolliert werden können. Der Anpassungsdruck der Arbeitnehmer wird nicht dadurch gemildert, dass die Videoanlage „ausschließlich zur Vorbeugung und Aufklärung von Straftaten betrieben" werden darf, wie es im Einigungsstellenspruch heißt. Der eingeschränkte Verwendungszweck führt nicht dazu, dass lediglich Straftaten gefilmt werden. Im Gegenteil, es werden jedwede andere Aufzeichnungen vorgenommen und der späteren Beobachtung durch Dritte zugänglich gemacht, so dass überwiegend Personen in einem Verhalten betroffen sind, das nicht Gegenstand einer strafbaren Handlung ist.

b) Eine Einwilligung der Arbeitnehmer in die zeitlich unbegrenzte Videoüberwachung liegt nicht vor. Im Übrigen wären die Betriebsparteien und die Einigungsstelle selbst bei Einwilligung der Arbeitnehmer nicht von ihrer Verpflichtung zur Wahrung der Persönlichkeitsrechte entbunden. Durch die Mitbestimmung des Betriebsrats nach § 87 Abs. 1 Nr. 6 BetrVG soll gerade auch der Gefahr begegnet werden, dass der Arbeitnehmer zum Objekt einer Überwachungstechnik wird und sein Wissen darum zu erhöhter Abhängigkeit und zur Behinderung der freien Entfaltung seiner Persönlichkeit führt,

BAG 29.6.2004 – 1 ABR 21/03, BAGE 111, 173 = NZA 2004, 1278.

c) Die Videoüberwachung ist nicht ausdrücklich vom Gesetz gestattet. Eine Rechtfertigung folgt insbesondere nicht aus § 6 b Abs. 1 BDSG. ...

d) Die Videoüberwachung ist auch nicht durch eine Notwehrsituation gerechtfertigt, weil sich die Arbeitgeberin nicht in einer Notwehrsituation oder einer notwehrähnlichen Lage befindet. ...

e) Auch das Hausrecht rechtfertigt die Videoüberwachung nicht.

5. Die in dem Einigungsstellenspruch vorgesehene Videoüberwachung dient der Prävention von Diebstählen und der Ergreifung und Überführung etwaiger Täter. Diese Ziele können mit der Videoüberwachung jedenfalls gefördert werden. Eine den Arbeitnehmern bekannte Videoüberwachungsanlage kann dazu beitragen, sie von Übergriffen abzuhalten. Auch kann sie bei gleichwohl vorkommenden Diebstählen die Feststellung und Überführung der Täter erleichtern.

a) Zugunsten der Arbeitgeberin mag unterstellt werden, dass die Überwachung auch erforderlich ist. Es erscheint allerdings keineswegs ausgeschlossen, dass auch andere, das Persönlichkeitsrecht des Arbeitnehmers weniger einschränkende Mittel allein oder auch kombiniert in zumindest ähnlicher Weise zur Vermeidung und Verfolgung von Diebstählen geeignet sind. Dabei wäre zu denken an intensive Beobachtung durch Mitarbeiter, durch arbeitsorganisatorische Maßnahmen, durch Ausgangskontrollen u.Ä. Die Videoüberwachung ist deshalb nicht das einzige Mittel, um die Arbeitgeberin vor Diebstählen zu schützen.

b) Die Abwägung zwischen dem allgemeinen Persönlichkeitsrecht auf der einen Seite und den berechtigten Interessen der Arbeitgeberin auf der anderen Seite ergibt, dass das Gewicht der Gründe für einen Eingriff in das allgemeine Persönlichkeitsrecht der Arbeitnehmer nicht so hoch ist, dass die Möglichkeit weniger einschneidender Maßnahmen unberücksichtigt zu bleiben hat. ...

c) Dabei ist auch zu bedenken, dass für die Arbeitnehmer durch die Videoüberwachungsanlage ein ständiger Überwachungsdruck entsteht und die Videoüberwachung tief in das Persönlichkeitsrecht der Arbeitnehmer eingreift. ... Die Intensität des Eingriffs in die Persönlichkeitsrechte der Arbeitnehmer ist vor allem deshalb besonders groß, weil viele Arbeitnehmer einer dauernden Überwachung unterzogen sind, ohne dafür einen Anlass gegeben zu haben. In einem solchen Falle führt die Gesamtabwägung dazu, dass der von der Einigungsstelle getroffene Spruch zur Videoüberwachung am Arbeitsplatz unwirksam ist,

BAG 29.6.2004 – 1 ABR 21/03, BAGE 111, 173 = NZA 2004, 1278.

36. Muster: Vorläufige personelle Maßnahme nach §§ 99, 100 BetrVG – Gegenantrag

Wir bestellen uns zu Verfahrensbevollmächtigten des Beteiligten zu 2. und beantragen, einen möglichst frühen Anhörungstermin anzuberaumen, in dem wir beantragen zu erkennen:

1. Die Anträge werden abgewiesen.
2. Es wird festgestellt, dass die am ... vorgenommene Einstellung des Herrn ... offensichtlich aus sachlichen Gründen nicht dringend war.
3. Dem Beteiligten zu 1. wird ein Zwangsgeld iHv bis zu 250 EUR für jeden Tag der Zuwiderhandlung angedroht, falls er die personelle Maßnahme mit Ablauf von zwei Wochen nach Rechtskraft der Entscheidung noch aufrechterhält.
4. Der Streitwert wird festgesetzt.

Gründe

1. Der Beteiligte zu 2. hat die Zustimmung zur personellen Einzelmaßnahme bei Herrn ... mit folgender Begründung verweigert: ...

Der im Verweigerungsschreiben enthaltene Sachverhalt berechtigt den Beteiligten zu 2. zur Zustimmungsverweigerung gem. § 99 Abs. 2 Nr. 1–6 BetrVG, denn ....

2. Auch die Voraussetzungen für eine vorläufige personelle Maßnahme nach § 100 BetrVG sind nicht gegeben. Der Beteiligte zu 2. hat mit Schreiben vom ... bestritten, dass die Maßnahme aus sachlichen Gründen dringend erforderlich ist.

Beweis: ...

Zwar hat der Beteiligte zu 1. daraufhin innerhalb von drei Tagen sowohl den Zustimmungsersetzungsantrag als auch den Feststellungsantrag gestellt (hätte er nur den Feststellungsantrag gestellt, wäre dieser unzulässig: BAG, Beschl. v. 18.10.1988 – 1 ABR 33/87, BAGE 60, 57 = NZA 1989, 355).

Die Anträge des Arbeitgebers sind dennoch abzuweisen, weil die Maßnahme offensichtlich nicht dringend erforderlich war,

BAG, Beschl. v. 7.11.1977 – 1 ABR 55/75, BAGE 29, 345 = AP § 100 BetrVG 1972 Nr. 1.

Ob Offensichtlichkeit vorliegt, hat das Arbeitsgericht von Amts wegen zu prüfen und ggf in der Beschlussformel zum Ausdruck zu bringen, weil sich Absatz 2 und Absatz 3 in § 100 BetrVG inhaltlich nicht decken,

BAG, Beschl. v. 18.10.1988 – 1 ABR 36/87, BAGE 60, 66 = NZA 1989, 183.

Das Merkmal der Offensichtlichkeit erfordert eine grobe, ohne weiteres ersichtliche Verkennung der sachlich-betrieblichen Notwendigkeiten für eine alsbaldige Durchführung der Maßnahme, wobei von dem Zeitpunkt der Entscheidung des Arbeitgebers, nicht von der nachträglichen Beurteilung der Situation auszugehen ist,

BAG, Beschl. v. 7.11.1977 – 1 ABR 55/75, BAGE 29, 345 = AP § 100 BetrVG 1972 Nr. 1.

Bei dieser Sachlage fehlte es offensichtlich an einer dringenden Erforderlichkeit der Durchführung der personellen Maßnahme, denn ....

Wegen der Dringlichkeit des Falles wird angeregt, vorab durch Teilbeschluss über den Feststellungsantrag des Arbeitgebers, dass die vorläufige Einstellung aus sachlichen Gründen dringend erforderlich war, zu entscheiden.

37. Muster: Wahlanfechtung wegen Freistellung eines Betriebsratsmitglieds

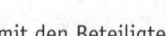

Antrag im Beschlussverfahren

mit den Beteiligten

1. Mitglied des Betriebsrats ...

– Antragsteller und Beteiligter zu 1. –

Verfahrensbevollmächtigte: ...

und

2. Betriebsrat der Firma ...

– Beteiligter zu 2. –

und

3. Firma ...[27]

— Beteiligte zu 3. —

4. Mitglied des Betriebsrats ..., private Anschrift

— Beteiligter zu 4. —

Verfahrensbevollmächtigte: ...

Wir bestellen uns zu Verfahrensbevollmächtigten des Antragstellers und beantragen, einen möglichst frühen Anhörungstermin anzuberaumen, in dem wir beantragen zu erkennen:

1. Die Wahl des Beteiligten zu 4. zum freigestellten Betriebsratsmitglied am ... ist unwirksam.
2. Der Streitwert wird festgesetzt.

Gründe

1. Der Antragsteller ist Mitglied des Beteiligten zu 2. Am ... lud nach der Neuwahl des Betriebsrats der Betriebsratsvorsitzende zu einer Sitzung am ... um ... Uhr ein. Wegen der Anlieferung einer großen Zahl von Elektromotoren musste der Betriebsratsvorsitzende als Gabelstaplerfahrer bei der Anlieferung zugegen sein. Der Betriebsratsvorsitzende versuchte daraufhin, die sechs sonstigen Mitglieder des Betriebsrats einen Tag vor der geplanten Betriebsratssitzung telefonisch zu erreichen und teilte die Vorverlegung der Sitzung um einen Tag mit. Der Betriebsratsvorsitzende erreichte den Antragsteller und das Mitglied des Betriebsrats ... nicht, da der Kollege ... und der Antragsteller einen Außentermin bei einem Kunden wahrzunehmen hatten und zu diesem Zeitpunkt ohne Telefonkontakt waren. Bei der einen Tag früher durchgeführten Betriebsratssitzung fiel die Wahl zum freigestellten Betriebsratsmitglied auf den Beteiligten zu 4. und zwar mit drei zu zwei Stimmen.

2. Die Sitzungen des Betriebsrats werden vom Vorsitzenden nach § 29 Abs. 2 BetrVG einberufen. Der Vorsitzende hat die Mitglieder des Betriebsrats zu den Sitzungen rechtzeitig unter Mitteilung der Tagesordnung zu laden. Eine Form und eine Frist sind durch § 29 BetrVG nicht vorgegeben. Der Betriebsratsvorsitzende kann telefonisch laden und er kann auch mit einer kurzen Frist die Ladung aussprechen,

Fitting u.a., BetrVG, § 29 Rn 44.

Allerdings muss jedes Mitglied des Betriebsrats auch tatsächlich geladen sein und von dem Termin der Betriebsratssitzung Kenntnis haben,

LAG Hamm 12.2.1992 – 3 TaBV 174/91, BB 1992, 1562.

Ohne Ladung durch den Vorsitzenden des Betriebsrats kann eine Sitzung, auf der wirksame Beschlüsse gefasst werden können, nur durchgeführt werden, wenn alle Betriebsratsmitglieder einschließlich etwaiger Ersatzmitglieder mit Zeit und Ort der Sitzung einverstanden sind,

LAG Saarland 11.11.1964 – Sa 141/63, AP § 29 BetrVG Nr. 2; LAG Düsseldorf 7.3.1975 – 16 Sa 690/74, DB 1975, 743; *Fitting u.a.*, BetrVG, § 29 Rn 45.

Der Antragsteller und der benannte Kollege sind nicht zu der vorverlegten Sitzung geladen worden. Auch wurden die übrigen Mitglieder des Betriebsrats nicht etwa um ihre Zustimmung gebeten, eine Wahl durchzuführen, ohne dass der Antragsteller und das übrige Betriebsratsmitglied nicht geladen waren.

3. Die Wahl ist daher unwirksam. Da der Beteiligte zu 4. nur mit einem Stimmenverhältnis von drei zu zwei gewählt wurde, hätte die Anwesenheit der beiden nicht geladenen Betriebsratsmitglieder zu einem entgegen

---

27 Ist der Arbeitgeber mit der Wahl eines freigestellten Betriebsratsmitglieds nicht einverstanden, hat er innerhalb von zwei Wochen nach Bekanntgabe der Wahl die Einigungsstelle anzurufen (§ 38 Abs. 2 Satz 4 BetrVG). Bei Nichtäußerung des Arbeitgebers gilt die Wahl als vom Arbeitgeber genehmigt. Dem Arbeitgeber steht daher das Beschlussverfahren, in dem die Wirksamkeit der Wahl überprüft wird, nicht zur Verfügung; er muss seine Bedenken in einem Einigungsstellenverfahren vortragen. Das Beschlussverfahren ist nur eröffnet, wenn der Arbeitgeber den Spruch der Einigungsstelle nach § 76 Abs. 5 BetrVG auf seine sachliche Vertretbarkeit überprüfen lassen will.

gesetzten Ergebnis, nämlich der Ablehnung einer Freistellung des Beteiligten zu 4., führen können und es hätte ein anderes Mitglied des Betriebsrats gewählt werden können. Die Nichtladung der beiden Mitglieder des Betriebsrats konnte sich somit auch auf das Wahlergebnis auswirken.

94 38. Muster: Wahlvorstand – Bestellung zur Betriebsratswahl

...

Wir bestellen uns zu Verfahrensbevollmächtigten des Antragstellers und beantragen, einen möglichst frühen Anhörungstermin anzuberaumen, in dem wir beantragen zu erkennen:

1. Das Arbeitsgericht bestellt einen aus drei Personen bestehenden Wahlvorstand zur Durchführung der Betriebsratswahl, bestehend aus
    1. ... als Vorsitzende(r) sowie
    2. Angestellte(r) ... und
    3. Arbeiter(in) ... als Beisitzende.
2. Der Streitwert wird festgesetzt.

Gründe

Der Beteiligte zu 2. beschäftigt ... Arbeitnehmer. Er ist daher gem. § 1 BetrVG betriebsratspflichtig. Ein Betriebsrat besteht nicht.

Der Antragsteller hat am ... zu einer Betriebsversammlung eingeladen. Die Betriebsversammlung hat keinen Wahlvorstand gewählt.

Beweis: ...

Gemäß § 17 BetrVG hat daher das Arbeitsgericht einen Wahlvorstand zu bestellen. Die Vorgeschlagenen sind zur Übernahme des Amtes bereit.

Beweis: Anliegende Erklärungen – Anlagen K 1–K 3.

95 39. Muster: Wahlvorstand – Einstweilige Verfügung wegen Namensliste

...

wegen: Herausgabe von Unterlagen zur Erstellung einer Wählerliste

Wir bestellen uns zu Verfahrensbevollmächtigten des Antragstellers und beantragen, durch einstweilige Verfügung – wegen der Dringlichkeit ohne vorherige mündliche Verhandlung – wie folgt zu beschließen:

1. Der Beteiligten zu 2. wird aufgegeben, bei Meidung eines vom Gericht festzusetzenden Zwangsgeldes iHv bis zu 25.000 EUR oder Zwangshaft gegen die gesetzlichen Vertreter der Beteiligten zu 2. die Namensliste der Arbeitnehmer des zum Gemeinschaftsbetrieb gehörenden Unternehmens ... herauszugeben.
2. Der Streitwert wird festgesetzt.

Gründe

I.

1. Die Beteiligte zu 3. ist ein zum Gemeinschaftsunternehmen der ...-Gruppe gehörender Betrieb, dessen Zugehörigkeit zum Gemeinschaftsbetrieb in einem Beschlussverfahren (Betriebsabgrenzungsverfahren nach § 18 Abs. 2 BetrVG) vor dem ArbG ..., Aktenzeichen ..., festgestellt wurde. Die Geschäftsleitung der Beteiligten

zu 3. weigert sich, wie aus dem Schreiben vom ... hervorgeht, die Namensliste der Mitarbeiter an den Antragsteller herauszugeben.

Glaubhaftmachung: Vorlage des Antwortschreibens der Beteiligten zu 3. vom ... – Anlage K 1.

Der Wahlvorstand ist zur Durchführung einer Betriebsratswahl unter Einbeziehung des Betriebs der Beteiligten zu 3. auf die Wahlunterlagen, insbesondere auf die Namensliste, dringend angewiesen.

Glaubhaftmachung: Eidesstattliche Versicherung des Vorsitzenden des Wahlvorstands – Anlage K 2.

2. Die Beteiligte zu 2. ist nicht befugt, der Antragstellerin die Namensliste zu verweigern. Sowohl die Bildung des Wahlvorstands als auch die korrekte Betriebsabgrenzung sind ordnungsgemäß erfolgt. Die Beteiligte zu 3. ist daher nicht berechtigt, im Wege der Selbsthilfe die Pflicht des § 2 Abs. 2 WO beiseite zu schieben. Ein solches Verhalten ist nach Auffassung des LAG Hamm nur dann dem Arbeitgeber gestattet, wenn das Verhalten des Wahlvorstands offenkundig und eindeutig rechtswidrig ist,

LAG Hamm 29.3.2006 – 13 TaBV 26/06, juris m. Anm. *Kohte*, jurisPR-ArbR 31/2006 Anm. 6; LAG Hamm 14.3.2005 – 10 TaBV 31/05, NZA-RR 2005, 373.

Die Antragstellerin hat daher gegen die Beteiligten zu 3. einen Anspruch auf Unterstützung nach § 2 Abs. 2 WO.

II.

Soweit der Antragstellerin bekannt ist, hat es in der Zusammensetzung der Angestellten der Beteiligten zu 3. seit Durchführung des Betriebsabgrenzungsverfahrens keine nennenswerten Veränderungen ergeben, weder im Hinblick auf die dortige Produktion, noch im Hinblick auf den Standort, noch im Hinblick auf die Betriebszwecke. Auch die Zahl der Mitarbeiter ist nach dem Wissen der Antragstellerin im Wesentlichen gleich geblieben.

Glaubhaftmachung: Eidesstattliche Versicherung des Vorsitzenden des Wahlvorstands – Anlage K 2.

Der Beteiligten zu 2. ist daher verwehrt, veränderte Umstände iSd Rechtsprechung des BAG anzuführen,

BAG 19.11.2003 – 7 ABR 25/03, AP § 19 BetrVG 1972 Nr. 55.

Wenn auf der einen Seite durch das BAG angemahnt wird, die Beteiligten sollten rechtzeitig auf eine Korrektur von Fehlern bei der Bestimmung des Betriebsbegriffs im Vorfeld von Betriebsratswahlen hinwirken,

BAG 16.11.2005 – 7 ABR 12/05, BAGE 116, 192 = NZA 2006, 553,

besteht auch eine Pflicht der Arbeitsgerichte, im Wege der einstweiligen Verfügung dem Wahlvorstand zu ermöglichen, eine ordnungsgemäße Wahl unter Einbeziehung aller Betriebsteile durchzuführen.

40. Muster: Zustimmungsersetzungsantrag – Zurückweisung bei personeller Maßnahme wegen unzureichender Information durch den Arbeitgeber

Wir bestellen uns zu Verfahrensbevollmächtigten der Beteiligten zu 2. und beantragen, einen möglichst frühen Anhörungstermin anzuberaumen, in dem wir beantragen zu erkennen:

1. Der Antrag auf Ersetzung der Zustimmung ... wird zurückgewiesen.
2. Der Streitwert wird festgesetzt.

Gründe

1. Die Antragstellerin ist der Arbeitgeber, der Beteiligte zu 2. der bei der Arbeitgeberin gebildete Betriebsrat. Die Antragstellerin hat beantragt, die Zustimmung zu einer personellen Maßnahme nach § 99 Abs. 4 BetrVG zu ersetzen. Der Beteiligte zu 2. verweigert die Zustimmung nach wie vor, weil er nicht in ausrei-

chendem Umfang gem. § 99 Abs. 1 Satz 1 BetrVG unterrichtet wurde. Den Arbeitgeber trifft eine umfassende Unterrichtungspflicht, die der 1. Senat des BAG im Beschluss vom 14.12.2004 (1 ABR 55/03, BAGE 113, 109 = NZA 2005, 827) noch einmal zusammengefasst hat. Auf die Rechtsausführungen des 1. Senats nehmen wir nachfolgend Bezug.

2. Die vom Betriebsrat verweigerte Zustimmung darf, unabhängig von den für die Verweigerung vorgebrachten Gründen, von den Gerichten nur ersetzt werden, wenn die Frist des § 99 Abs. 3 BetrVG in Gang gesetzt wurde. Die Frist beginnt erst zu laufen, wenn der Arbeitgeber die Anforderungen des § 99 Abs. 1 Satz 1 BetrVG erfüllt hat. Vor jeder Einstellung und Versetzung hat danach der Arbeitgeber den Betriebsrat zu unterrichten, ihm die erforderlichen Bewerbungsunterlagen vorzulegen und Auskunft sowohl über die Person der Beteiligten als auch unter Vorlage der erforderlichen Unterlagen die Auswirkungen der geplanten Maßnahme zu geben,

BAG 14.12.2004 – 1 ABR 55/03, BAGE 113, 109 = NZA 2005, 827.

a) Bewerbungsunterlagen iSv § 99 Abs. 1 Satz 1 BetrVG sind zunächst alle im Zusammenhang mit der Bewerbung von den Bewerbern eingereichten Unterlagen. Dazu zählen Bewerbungsschreiben, Zeugnisse, Teilnahmebestätigungen, Lebenslauf, Lichtbild, Angaben über den Gesundheitszustand und Ähnliches. Der Arbeitgeber muss die Unterlagen vorlegen, soweit sie erforderlich sind. Daraus können sich zwar im Einzelfall Einschränkungen ergeben. So müssen nicht umfangreiche Anlagen beigefügt werden, aus denen sich lediglich Bestätigungen von Daten in Lebensläufen ergeben. Die Übergabe aller Unterlagen ist auch entbehrlich, wenn die Daten vom Arbeitgeber in einer Übersicht über die Bewerber zu Vergleichszwecken eingetragen wurden,

BAG 14.12.2004 – 1 ABR 55/03, BAGE 113, 109 = NZA 2005, 827.

b) Die Unterlagen sind nicht nur hinsichtlich der zur Einstellung oder Versetzung vorgesehenen Bewerber, sondern bezüglich aller Stellenbewerber, auch der abgelehnten, vorzulegen. Vorlage bedeutet in diesem Zusammenhang, dass der Arbeitgeber dem Betriebsrat die Unterlagen für die Dauer der gesetzlichen Entscheidungsfrist tatsächlich zur Verfügung zu stellen und zu überlassen und damit dem Zustimmungsantrag in der Regel beizufügen hat.

c) Eine Vorlagepflicht besteht auch im Hinblick auf die vom Arbeitgeber selbst im Zuge des Auswahlverfahrens erstellten Unterlagen, wie etwa Personalfragebogen, Testergebnisse oder Einstellungsprüfungen. Aufzeichnungen sind wegen eines nicht auszuschließenden Einflusses auf die Auswahlentscheidung immer dann vorzulegen, wenn sie bis zum Abschluss des Auswahlverfahrens aufbewahrt wurden. Dieser Grundsatz beruht auf dem Umstand, dass der Betriebsrat auch außerhalb der Widerspruchsgründe des § 99 Abs. 2 BetrVG die Möglichkeit hat, Anregungen für die Auswahl unter den Bewerbern zu geben.

BAG 14.12.2004 – 1 ABR 55/03, BAGE 113, 109 = NZA 2005, 827.

d) Beteiligte iSd § 99 Abs. 1 Satz 1 BetrVG sind sämtliche inner- und außerbetrieblichen Bewerber um den zu besetzenden Arbeitsplatz. Die Auskünfte über ihre Person haben sich nicht nur auf die Namen und die Personalia im engeren Sinne, sondern auch auf die fachlichen und persönlichen Voraussetzungen für den in Aussicht genommenen Arbeitsplatz zu erstrecken. Zur vollständigen Unterrichtung iSv § 99 Abs. 1 Satz 1 BetrVG gehört deshalb auch die Auskunft über Test- und Übungsergebnisse, die der Arbeitgeber selbst erhoben hat. Soweit sich die entsprechenden Daten aus Unterlagen ergeben, kommt der Arbeitgeber seiner Auskunftspflicht durch deren Vorlage nach.

3. Durfte der Arbeitgeber berechtigterweise davon ausgehen, er habe den Betriebsrat nach § 99 Abs. 1 Satz 1 BetrVG vollständig unterrichtet, muss dieser den Arbeitgeber innerhalb einer Woche um weitergehende Unterrichtung bitten, wenn er sich gleichwohl für nicht ausreichend informiert hält. Durch eine offensichtlich unvollständige Unterrichtung des Betriebsrats wird die Wochenfrist des § 99 Abs. 3 BetrVG dagegen auch

dann nicht in Gang gesetzt, wenn dieser sich auf ein Zustimmungsersuchen des Arbeitgebers mit Widerspruchsgründen nach § 99 Abs. 2 BetrVG einlässt.

4. Unter Berücksichtigung der vorgenannten Grundsätze vertritt der Beteiligte zu 2. mit Recht die Auffassung, dass die Wochenfrist des § 99 Abs. 3 BetrVG noch nicht in Gang gesetzt wurde, denn ...

41. Muster: Zustimmungsersetzungsverfahren nach § 99 BetrVG – Gegenantrag wegen unzureichender Unterrichtung des Betriebsrats[28]

Wir bestellen uns zu Verfahrensbevollmächtigten des Beteiligten zu 2. und beantragen, einen möglichst frühen Anhörungstermin anzuberaumen, in dem wir beantragen zu erkennen:

1. Die Anträge werden abgewiesen.
2. Der Streitwert wird festgesetzt.

Gründe

1. Der Antrag des Antragstellers, die verweigerte Zustimmung zu ersetzen, ist nicht begründet. Die Wochenfrist des § 99 Abs. 3 BetrVG wurde nicht in Lauf gesetzt, weil der Beteiligte zu 2. den Antragsteller nicht hinreichend unterrichtet hat.

2. Als erforderliche Bewerbungsunterlagen sind neben den von den Stellenbewerbern selbst eingereichten auch solche Unterlagen anzusehen, die erst der Arbeitgeber anlässlich der Bewerbung über die Person des Bewerbers erstellt hat. Dazu zählen etwa Personalfragebögen, schriftliche Auskünfte von dritter Seite und Ergebnisse von Tests oder Einstellungsprüfungen,

BAG 3.12.1985 – 1 ABR 72/83, BAGE 50, 236 = NZA 1986, 335; BAG 14.12.2004 – 1 ABR 55/03, BAGE 113, 109 = NZA 2005, 827.

Die Unterrichtungs- und Vorlagepflicht nach § 99 Abs. 1 Satz 1 BetrVG dient dazu, dem Betriebsrat die Informationen zu verschaffen, die er benötigt, um sein Recht zur Stellungnahme nach § 99 Abs. 2 BetrVG sachgerecht ausüben zu können. Der Arbeitgeber muss dem Betriebsrat so unterrichten, dass dieser aufgrund der mitgeteilten Tatsachen in die Lage versetzt wird zu prüfen, ob einer der in § 99 Abs. 2 BetrVG genannten Zustimmungsverweigerungsgründe vorliegt,

BAG 3.10.1989 – 1 ABR 73/88, NZA 1990, 231.

Außerdem hat der Betriebsrat im Rahmen des Verfahrens nach § 99 BetrVG die Möglichkeit, Anregungen für die Auswahl der Bewerber zu geben und Gesichtspunkte vorzubringen, die aus seiner Sicht für die Berücksichtigung eines anderen als des vom Arbeitgeber ausgewählten Stellenbewerbers sprechen,

BAG 19.5.1981 – 1 ABR 109/78, BAGE 35, 278 = NJW 1982, 124.

Danach war im Streitfall der Beteiligte zu 2. verpflichtet, dem Antragsteller schriftlich dokumentierte Protokolle der von ihm mit den Bewerbern durchgeführten Vorstellungsgespräche vorzulegen. Zwar ist der private Arbeitgeber gesetzlich nicht verpflichtet, schriftliche Aufzeichnungen über die Vorstellungsgespräche anzufertigen,

BAG 28.6.2005 – 1 ABR 26/04, BAGE 115, 173 = NZA 2006, 111.

---

28 Fall nachgebildet BAG 28.6.2005 – 1 ABR 26/04, BAGE 115, 173 = NZA 2006, 111.

§ 7 Schriftsätze im arbeitsgerichtlichen Beschlussverfahren

Wenn dagegen der Arbeitgeber derartige Unterlagen erstellt und sich aus diesen Unterlagen Auswahlkriterien ergeben, sind diese dem Betriebsrat zur Verfügung zu stellen. Solange der Betriebsrat nicht vollständig unterrichtet ist, wird die Wochenfrist des § 99 Abs. 3 BetrVG nicht in Lauf gesetzt,

BAG 28.6.2005 – 1 ABR 26/04, BAGE 115, 173 = NZA 2006, 111.

Zwar muss der Betriebsrat den Arbeitgeber unter bestimmten Umständen innerhalb einer Woche um Vervollständigung der erteilten Auskünfte bitten, wenn er diese für nicht ausreichend hält,

BAG 14.3.1989 – 1 ABR 80/87, BAGE 61, 189 = NZA 1989, 639.

Voraussetzung ist jedoch, dass der Arbeitgeber davon ausgehen durfte, er seinerseits habe den Betriebsrat iSv § 99 Abs. 1 Satz 1 BetrVG vollständig unterrichtet. Vollständig ist diese Unterrichtung nur, wenn der Arbeitgeber zu den in § 99 Abs. 1 BetrVG genannten Aspekten der geplanten Maßnahme jedenfalls unverzichtbare Angaben bereits gemacht hat,

BAG 14.3.1989 – 1 ABR 80/87, BAGE 61, 189 = NZA 1989, 639.

Gewinnt der Arbeitgeber Erkenntnisse über die Person von Stellenbewerbern, die für seine Auswahlentscheidung maßgeblich sind, aus Vorstellungsgesprächen, hat er den Betriebsrat über den für seine Entscheidung bedeutsamen Inhalt seiner Gespräche zu unterrichten. Andernfalls kann der Betriebsrat zur getroffenen Bewerberauswahl nicht sachangemessen Stellung nehmen.

98 **42. Muster: Zustimmungspflichtigkeit einer Maßnahme – Feststellung**

...

Wir bestellen uns zu Verfahrensbevollmächtigten des Antragstellers und beantragen, einen möglichst frühen Anhörungstermin anzuberaumen, in dem wir beantragen zu erkennen:

1. Es wird festgestellt, dass die Einstellung/Versetzung/Eingruppierung/Umgruppierung des Herrn ... der Zustimmung des Betriebsrats bedarf.
2. Der Streitwert wird festgesetzt.

Gründe

Es hat sich folgender Sachverhalt zugetragen: ...

Mit Schreiben vom ... forderte der Antragsteller die Beteiligte zu 2. auf, bei dieser personellen Maßnahme das Mitbestimmungsrecht des Antragstellers zu beachten und die Zustimmung des Antragstellers einzuholen. Die Beteiligte zu 2. bestreitet, dass bei dieser Sachlage ein Mitbestimmungsrecht des Antragstellers besteht. Die Auffassung der Beteiligten zu 2. ist unzutreffend, denn ...

99 **43. Muster: Zustimmungsverweigerung – Replik wegen zu hoher Eingruppierung**

...

Wir bestellen uns zu Verfahrensbevollmächtigten des Beteiligten zu 2. und beantragen, wie folgt zu erkennen:

1. Der Antrag wird abgewiesen.
2. Der Streitwert wird festgesetzt.

Gründe

1. Der Beteiligte zu 2. ist der Betriebsrat im Betrieb der Antragstellerin. Es ist zutreffend, dass dem Beteiligten zu 2. mit Schreiben vom ... ein Antrag der Antragstellerin vorgelegt wurde, die Zustimmung zur Eingruppierung des Beteiligten zu 3. zu erteilen. Der Beteiligte zu 2. kam in seiner Sitzung am ... zu dem Ergebnis, dass die von der Personalabteilung vorgesehene Eingruppierung des Beteiligten zu 3. höher war, als sie laut Tarifvertrag vorzunehmen gewesen wäre.

Beweis: Auszug aus dem Protokoll der Betriebsratssitzung vom ... – Anlage B 1.

Der Beteiligte zu 2. hat daraufhin noch innerhalb der Wochenfrist der Antragstellerin mitgeteilt, dass die vorgesehene Vergütungsgruppe nicht zutreffend sei, und der Beschlusslage entsprechend die Zustimmung zur Eingruppierung des Beteiligten zu 3. verweigert.

2. Die für den Beteiligten zu 3. vorgesehene Vergütung ist nicht tarifgerecht und fällt zu hoch aus, weil ...

3. Soweit die Antragstellerin vorträgt, das Ablehnungsschreiben des Beteiligten zu 2. habe bloß den lapidaren Hinweis auf § 99 Abs. 2 Nr. 1 BetrVG enthalten, wonach die Zustimmung zu einer Eingruppierung verweigert werde, weil eine niedrigere als die vorgesehene Vergütungsgruppe zutreffend sei, führt dies nicht zu einer unwirksamen bzw unbeachtlichen Zustimmungsverweigerung.

Nur in Fällen, in denen die Begründung offensichtlich auf keinen der Verweigerungsgründe des § 99 Abs. 2 BetrVG Bezug nimmt, ist sie für den Arbeitgeber unbeachtlich, mit der Folge, dass die Zustimmung des Betriebsrats als erteilt gilt,

BAG, Urt. v. 26.1.1988 – 1 AZR 531/86, BAGE 57, 242 = NZA 1988, 476.

Teilt der Betriebsrat dagegen fristgerecht mit, auf welchen rechtlichen Tatbestand er die Zustimmungsverweigerung stützt, kann er auch noch nach Ablauf der Wochenfrist des § 99 Abs. 3 Satz 1 BetrVG seine Zustimmungsverweigerung ergänzend auf rechtliche Argumente stützen, die er im Verweigerungsschreiben noch nicht angeführt hatte,

BAG, Urt. v. 28.4.1998 – 1 ABR 50/97, BAGE 88, 309 = NZA 1999, 52.

Dem Betriebsrat ist es auch nicht verwehrt, einer Eingruppierung mit der Begründung zu widersprechen, sie sei deshalb unzutreffend, weil der Arbeitnehmer geringerwertige Tätigkeiten ausübe,

BAG, Urt. v. 12.1.1993 – 1 ABR 42/92, BAGE 72, 123 = AP § 99 BetrVG 1972 Nr. 101; BAG, Urt. v. 31.10.1995 – 1 ABR 5/95, NZA 1996, 890.

4. Dem Arbeitgeber ist es unbenommen, über das Tarifgehalt hinaus ein zusätzliches Entgelt zu zahlen, beispielsweise in der Form einer freiwilligen Zulage. Das aber bedeutet nicht, dass eine über die tarifliche Eingruppierung hinausgehende Eingruppierung durch den Arbeitgeber willkürlich vorgenommen werden kann. Dass ggf bei der Gewährung einer außertariflichen Zulage ein Mitbestimmungsrecht des Betriebsrats nach § 87 Abs. 1 Nr. 10 BetrVG besteht, ist ohne Auswirkung auf die Befugnisse des Betriebsrats im Falle einer fehlerhaften tariflichen Eingruppierung,

BAG, Urt. v. 14.6.1994 – 1 ABR 63/93, BAGE 77, 86 = NZA 1995, 543.

44. Muster: Zwangsgeld wegen Nichtaufhebung einer personellen Maßnahme – Antrag auf Festsetzung

Arbeitsgericht ...

In dem Beschlussverfahren

mit den Beteiligten

1. Betriebsrat der Firma ...

– Antragsteller und Beteiligter zu 1. –

Verfahrensbevollmächtigte: ...

und

2. Firma ...

– Antragsgegnerin und Beteiligte zu 2. –

Verfahrensbevollmächtigte: ...

3. Arbeitnehmer ...

– Beteiligter zu 3. –

wegen: Festsetzung eines Zwangsgeldes

Namens und in Vollmacht des Antragstellers bestellen wir uns zu Verfahrensbevollmächtigten und beantragen die Einleitung eines Vollstreckungsverfahrens im Beschlussverfahren. Wir stellen folgende Anträge:

1. Der Antragsgegnerin wird aufgegeben, den Beteiligten zu 3. bei Meidung eines Zwangsgeldes, dessen Höhe in das Ermessen des Gerichts gestellt wird, aus dem Betrieb zu entlassen.
2. Der Streitwert wird festgesetzt.

Gründe

Die Antragsgegnerin hat den Beteiligten zu 3. am ... eingestellt. Der Antragsteller hat seine Zustimmung zur Einstellung verweigert. Das Arbeitsgericht hat den Antrag der Antragsgegnerin auf Ersetzung der Zustimmung des Antragstellers mit Beschluss vom ... zurückgewiesen und auf Antrag des Antragstellers die Antragsgegnerin zur Aufhebung der Einstellung verurteilt.

Beweis: Beschluss vom ..., ... BV .../..., dessen Beiziehung beantragt wird.

Der Beschluss ist seit dem ... rechtskräftig. Obwohl die Antragsgegnerin gehalten ist, die Einstellung rückgängig zu machen, beschäftigt sie den Beteiligten zu 3. weiter. Es bedarf daher der Festsetzung eines Zwangsgeldes, dessen Höhe in das Ermessen des Gerichts gestellt wird, § 101 Satz 2 BetrVG.

Kapitel 3: Vertretung von Arbeitgebern

A. Erläuterungen

I. Gewöhnliches Beschlussverfahren

Bei der Vertretung von Arbeitgebern im Beschlussverfahren gehört zu den häufigsten Fällen der Antrag auf **Ersetzung der Zustimmung** nach § 99 BetrVG bzw der beschleunigte Antrag bei **personellen Eilverfahren** gem. § 100 Abs. 2 Satz 3 BetrVG. Beispiele enthalten die Muster 7470 und 7475.[1] Nicht nur der Antrag auf Ersetzung der Zustimmung zur personellen Maßnahme gehört nach § 99 Abs. 4 BetrVG ins Beschlussverfahren, sondern auch der hilfsweise Feststellungsantrag, dass die Zustimmung des Betriebsrats nach ordnungsgemäßer Unterrichtung wegen Fristablaufs als erteilt gilt.[2] Das Zustimmungsersetzungsverfahren kann schon eingeleitet werden, wenn der neu zu besetzende Arbeitsplatz noch nicht frei ist.[3] Eine Frist zur Einleitung des Zustimmungsersetzungsverfahrens enthält § 99 Abs. 4 BetrVG nicht.[4]

101

Ein weiterer häufiger Anwendungsfall des Beschlussverfahrens für den Arbeitgeber entsteht bei Streitigkeiten mit einem **Auszubildenden** darüber, ob ein Arbeitsverhältnis besteht (§ 78a BetrVG). Über den Antrag des Arbeitgebers, nach § 78a Abs. 4 BetrVG festzustellen, dass ein Arbeitsverhältnis mit einem Auszubildenden nicht begründet wird, oder über den Antrag, ein solches Arbeitsverhältnis aufzulösen, ist im Beschlussverfahren zu entscheiden.[5] Das Beschlussverfahren ist die richtige Verfahrensart auch dann, wenn der Arbeitgeber geltend macht, dass die Voraussetzungen des § 78a Abs. 2 BetrVG für ein **Weiterbeschäftigungsverlangen** nicht gegeben sind.[6] Die ältere Rechtsprechung, über die Anträge des Arbeitgebers im Urteilsverfahren zu entscheiden,[7] wurde vom BAG aufgegeben.

102

Wenn allerdings der Auszubildende feststellen lassen will, dass ein Arbeitsverhältnis nach § 78a Abs. 2 BetrVG zustande gekommen ist, hat er nicht im Beschlussverfahren, sondern durch Feststellungsklage im Urteilsverfahren eine Entscheidung zu beantragen.[8]

103

II. Besondere Beschlussverfahren der Insolvenzordnung

1. Allgemeines

Die Insolvenzordnung enthält in den §§ 113, 120–128 arbeitsrechtliche Sonderbestimmungen für Kündigungen von Arbeitsverträgen und von Betriebsvereinbarungen sowie für die betriebsverfassungsrechtlichen Rechte und Pflichten bei Betriebsänderungen in Abweichung von den §§ 111 ff BetrVG. Die Vorschriften der §§ 121, 122 und 126 InsO regeln zwei arbeitsgerichtliche Beschlussverfahren, die dem Insolvenzverwalter die zügige Durchführung von Betriebsänderungen und daraus resultierenden Kündigungen ermöglichen, um dadurch Sanierungschancen in der Insolvenz zu erhöhen.[9]

104

Die geringe Anzahl arbeitsgerichtlicher Streitigkeiten zu den §§ 121, 122 und 126 InsO zeigt, dass die besonderen Beschlussverfahren von den Insolvenzverwaltern nur zurückhaltend angenommen wurden. Dies mag zum einen an der aufwendigen Ausgestaltung der Verfahren liegen. Zum anderen dürfte in der Praxis nur eine geringe Zuversicht bestehen, durch ein arbeitsgerichtliches Beschlussverfahren einen echten Zeitvorteil zu erzielen.

105

---

1 § 7 Rn 155; § 7 Rn 156.
2 BAG 28.1.1986 – 1 ABR 10/84, BAGE 51, 42 = AP § 99 BetrVG 1972 Nr. 34.
3 BAG 15.9.1987 – 1 ABR 29/86, BAGE 56, 99 = AP § 99 BetrVG 1972 Nr. 45.
4 BAG 15.9.1987 – 1 ABR 44/86, BAGE 56, 108 = AP § 99 BetrVG 1972 Nr. 46.
5 BAG 5.4.1984 – 6 AZR 70/83, BAGE 45, 305 = AP § 78a BetrVG 1972 Nr. 13.
6 BAG 13.3.1986 – 6 AZR 424/85, juris.
7 BAG 3.2.1976 – 1 ABR 59/75, BAGE 28, 8 = AP § 78a BetrVG 1972 Nr. 2; BAG 23.3.1976 – 1 ABR 7/76, AP § 78a BetrVG 1972 Nr. 3.
8 BAG 22.9.1983 – 6 AZR 323/81, BAGE 44, 154 = AP § 78a BetrVG 1972 Nr. 11.
9 Zu § 122 InsO vgl *Schmädicke/Fackler*, NZA 2012, 1199; zum Verfahren nach § 126 InsO vgl *Rieble*, NZA 2007, 1393.

2. Gerichtliche Zustimmung zur Durchführung einer Betriebsänderung, § 122 InsO

a) Besondere Verfahrensvoraussetzungen des Antrags nach § 122 InsO

106 § 122 InsO sieht ein gerichtliches Beschlussverfahren vor, mit dem der Insolvenzverwalter die Zustimmung des Arbeitsgerichts zur Betriebsänderung vor Abschluss des Interessenausgleichsverfahrens, also ohne vorherige Durchführung des Einigungsstellenverfahrens nach § 112 Abs. 2 BetrVG, beantragen kann. Der **Antrag** setzt voraus, dass trotz rechtzeitiger und umfassender Unterrichtung des Betriebsrats innerhalb von drei Wochen nach tatsächlichem Verhandlungsbeginn oder schriftlicher Aufforderung zur Aufnahme von Verhandlungen kein Interessenausgleich nach § 112 BetrVG zustande gekommen ist.

107 Die **Frist** nach § 122 Abs. 1 InsO beginnt mit der Aufnahme der Interessenausgleichsverhandlungen bzw der schriftlichen Aufforderung zur Aufnahme von Verhandlungen, frühestens jedoch mit der vollständigen Unterrichtung des Betriebsrats.[10] Für die Berechnung der Frist ist maßgeblich, welcher Zeitpunkt früher liegt.[11] Der Ablauf der **Drei-Wochen-Frist** muss erst im Zeitpunkt der mündlichen Anhörung vor dem Arbeitsgericht eingetreten sein. Der Antrag im Beschlussverfahren braucht daher nicht erst nach Ablauf der Drei-Wochen-Frist, sondern kann aus Beschleunigungsgründen bereits vorher gestellt werden, sofern zwischen der Unterrichtung und dem Schluss der mündlichen Verhandlung noch mindestens drei Wochen liegen und nach der Unterrichtung ernsthafte Verhandlungen über den Abschluss eines Interessenausgleiches durchgeführt wurden.[12]

108 An die **rechtzeitige und umfassende Unterrichtung** des Betriebsrats durch den Insolvenzverwalter sind die gleichen Anforderungen zu stellen, die an die Unterrichtung des Betriebsrats durch den Unternehmer gem. § 111 Satz 1 BetrVG zu stellen sind.[13] Die **Darlegungslast** für die ordnungsgemäße Unterrichtung des Betriebsrats trägt der Insolvenzverwalter.[14] Die Unterrichtung des Betriebsrats sollte sogleich mit der schriftlichen Aufforderung zu Verhandlungsaufnahme verbunden werden, um die Drei-Wochen-Frist in Gang zu setzen.[15]

109 Der Insolvenzverwalter kann auch an eine vor Verfahrenseröffnung vom Schuldner oder vom vorläufigen Insolvenzverwalter vorgenommene Unterrichtung des Betriebsrats anknüpfen.[16] Haben die bisherigen Betriebspartner bereits länger als drei Wochen über die Betriebsänderung beraten, kann der Insolvenzverwalter den Antrag auf Zustimmung nach § 122 InsO beim Arbeitsgericht sofort stellen.[17]

b) Begründetheit des Antrags nach § 122 InsO

110 Aus dem Gesetzeswortlaut folgt ein **zweistufiges Prüfungsschema**. Zunächst hat das Arbeitsgericht zu prüfen, ob die wirtschaftliche Lage des Unternehmens es erforderlich macht, die Betriebsänderung ohne das vorherige Verfahren nach § 112 BetrVG durchzuführen.[18] Es geht hierbei um die Prüfung der Eilbedürftigkeit. In einem zweiten Schritt ist das Bedürfnis an einer sofortigen Durchführung der Betriebsänderung mit den sozialen Belangen der betroffenen Arbeitnehmer abzuwägen. Auf die sozialen Belange der Arbeitnehmer kommt es daher nicht mehr an, wenn die wirtschaftliche Lage des Unternehmens keine sofortige Betriebsänderung erfordert.[19]

111 Das Arbeitsgericht entscheidet nur darüber, ob die wirtschaftliche Lage des Unternehmens es erfordert, dass die Betriebsänderung ohne vorheriges Verfahren nach § 112 Abs. 2 BetrVG durchgeführt wird. Ob die geplante Maßnahme dagegen wirtschaftlich sinnvoll ist, entscheidet nicht das Arbeitsgericht, sondern der Insolvenzverwalter.[20] Die sachliche Rechtfertigung der Betriebsänderung ist nicht Prü-

---

10 ArbG Gelsenkirchen 17.5.2006 – 2 BV 15/06, juris.
11 ArbG Lingen 9.7.1999 – 2 BV 4/99, ZIP 1999, 1892 (1895); Nerlich/Römermann/*Hamacher*, InsO, § 122 Rn 21.
12 ArbG Lingen 9.7.1999 – 2 BV 4/99, ZIP 1999, 1892 (1895); Kübler/Prütting/Bork/*Moll*, § 122 Rn 25.
13 ArbG Lingen 9.7.1999 – 2 BV 4/99, ZIP 1999, 1892 (1895); einschränkend *Annuß*, NZI 1999, 344 (346).
14 Steindorf/*Regh*, Arbeitsrecht in der Insolvenz, § 3 Rn 502; Oetker/Friese, DZWiR 2001, 133 (135).
15 Nerlich/Römermann/*Hamacher*, InsO, § 122 Rn 19.
16 *Annuß*, NZI 1999 344 (346); FK-InsO/*Eisenbeis*, § 122 Rn 13.
17 Steindorf/*Regh*, § 3 Rn 509; aA *Arend*, ZInsO 1998, 303 (304).
18 ArbG Lingen 9.7.1999 – 2 BV 4/99, ZIP 1999, 1892 (1895); *Schaub*, DB 1999, 217 (226); Oetker/Friese, DZWiR 2001, 133 (137); *Arend*, ZInsO 1998, 303 (304).
19 *Schaub*, DB 1999, 217 (226).
20 *Lakies*, RdA 1997, 145 (149); *Müller*, DZWiR 1999, 221 (224).

fungsgegenstand des Beschlussverfahrens.²¹ Das Arbeitsgericht erteilt auch nicht die Zustimmung zu der geplanten Betriebsänderung. Vielmehr geht es allein um die Eilbedürftigkeit und den Zeitpunkt des Beginns der Betriebsänderung.²²

Im Rahmen der Prüfung der Eibedürftigkeit geht es darum, ob mit der zügigen Durchführung der Betriebsänderung weitere Verluste vermieden werden können,²³ um somit die Insolvenzmasse nicht weiter zu belasten. Abzustellen ist daher auf die Interessen der Insolvenzgläubiger an der Erhaltung der Insolvenzmasse.²⁴ Wenn die Fortführung des Betriebs ohne Betriebsänderung bis zur Durchführung des Verfahrens nach § 112 Abs. 2 BetrVG zu einer nicht unerheblichen Schmälerung der Masse führt, erfordert die wirtschaftliche Lage des Unternehmens eine vorzeitige Betriebsänderung, so dass die Zustimmung durch das Arbeitsgericht zu erteilen ist.²⁵ Dem Insolvenzverwalter obliegt daher die Darlegung, welche künftigen Massebelastungen bei Durchführung des Interessenausgleichsverfahrens entstehen. Dazu muss er vortragen, welche Kosten entstehen und in welcher Relation diese zur Masse stehen. Weiterhin sind die Ersparnisse bei einer vorzeitigen Durchführung der in Aussicht genommenen Betriebsänderung unter substantiierter Beschreibung der geplanten Maßnahme mitzuteilen.²⁶ Die erwarteten Belastungen der Insolvenzmasse sind diesen Ersparnissen gegenüberzustellen.

112

Das Arbeitsgericht wird eine Eilbedürftigkeit insbesondere annehmen, wenn der betroffene Betrieb seine laufenden Kosten nicht mehr aus den Einnahmen decken kann.²⁷ Eine Eilbedürftigkeit ist ferner dann anzunehmen, wenn Masseunzulänglichkeit oder die Einstellung des Verfahrens mangels Masse droht.²⁸

113

Stellt das Arbeitsgericht die Eilbedürftigkeit der Betriebsänderung fest, so ist zu prüfen, ob die sozialen Belange der Arbeitnehmer dennoch die Durchführung des Einigungsstellenverfahrens erfordern.²⁹ Nicht ausreichend ist das Verzögerungsinteresse der Arbeitnehmer. Vielmehr muss der Betriebsrat darlegen, dass durch Vermittlung der Einigungsstelle sozial verträglichere Lösungen gefunden werden können.³⁰

114

c) Verfahrensrechtliche Besonderheiten des Beschlussverfahrens nach § 122 InsO

Gemäß § 122 Abs. 2 InsO gelten für das Zustimmungsverfahren die Vorschriften der §§ 80 ff ArbGG über das Beschlussverfahren entsprechend. Der Antrag des Insolvenzverwalters im Verfahren nach § 122 Abs. 1 InsO muss darauf gerichtet sein, die Zustimmung zu einer bestimmten Betriebsänderung zu erteilen, ohne zuvor ein Einigungsverfahren über einen Interessenausgleich nach § 112 Abs. 2 BetrVG durchzuführen.³¹ Die beabsichtigte Betriebsänderung muss im Antrag konkret bezeichnet werden. Antragsbefugt ist nur der Insolvenzverwalter, nicht schon der vorläufige Insolvenzverwalter. Die von der Betriebsänderung betroffenen Arbeitnehmer sind anders als im Verfahren nach § 126 InsO nicht zu beteiligen.

115

3. Beschlussverfahren zum Kündigungsschutz, §§ 126, 127 InsO

a) Besondere Verfahrensvoraussetzungen des Antrags nach § 126 InsO

Die Vorschrift des § 126 InsO ist eine arbeitsrechtliche Neuerung. An die Stelle des individuellen Kündigungsschutzes tritt ein kollektives Beschlussverfahren zum Kündigungsschutz. § 126 InsO ergänzt die Vorschrift des § 125 InsO zum Interessenausgleich mit Namensliste und räumt dem Insolvenzverwalter

116

---

21 *Annuß*, NZI 1999, 344 (346).
22 *Eisenbeis*, FA 1999, 74 (75); *Annuß*, NZI 1999, 344 (346); H/S-*Regh*, Das arbeitsrechtliche Mandat, § 18 Rn 191.
23 Ähnlich Nerlich/Römermann/*Hamacher*, InsO, § 122 Rn 57; *Annuß*, NZI 1999, 344.
24 *Arend*, ZInsO 1998, 303 (304); *Annuß*, NZI 1999, 344 (347) für den Fall der Betriebsstilllegung. Im Falle der Unternehmensfortführung durch denselben Rechtsträger ist nicht auf die Gläubigerinteressen, sondern allein auf die wirtschaftliche Situation des Unternehmens abzustellen und zu fragen, ob dessen Fortführung durch die Einhaltung des Interessenausgleichsverfahrens zusätzlich gefährdet wird, was in den meisten Fällen zu bejahen ist.
25 ArbG Lingen 9.7.1999 – 2 BV 4/99, ZIP 1999, 1892 (1896); *Oetker/Friese*, DZWiR 2001, 134 (137).
26 ArbG Lingen 9.7.1999 – 2 BV 4/99, ZIP 1999, 1892 (1896).
27 ArbG Lingen 9.7.1999 – 2 BV 4/99, ZIP 1999, 1892 (1896); Kübler/Prütting/Bork/*Moll*, § 122 Rn 33; *Annuß*, NZI 1999, 344 (347); *Oetker/Friese*, DZWiR 2001, 133 (137).
28 *Oetker/Friese*, DZWiR 2001, 133 (137); *Arend*, ZInsO 1998, 303 (304).
29 *Oetker/Friese*, DZWiR 2001, 133 (138).
30 ArbG Lingen 9.7.1999 – 2 BV 4/99, ZIP 1999, 1892 (1896); Nerlich/Römermann/*Hamacher*, InsO, § 122 Rn 59.
31 Kübler/Prütting/Bork/*Moll*, § 122 Rn 23.

die Möglichkeit ein, in einem Sammelverfahren die soziale Rechtfertigung betriebsbedingter Kündigungen feststellen zu lassen, um so langwierige Kündigungsschutzverfahren zu vermeiden.[32] Rechtsfolge des Beschlusses ist, dass die Entscheidung des Arbeitsgerichts im Kündigungsschutzprozess eines betroffenen Arbeitnehmers gem. § 127 InsO präjudizielle Wirkung hat. Dabei erfasst § 126 InsO sowohl Beendigungs- als auch Änderungskündigungen.[33] In zeitlicher Hinsicht ist der Insolvenzverwalter nicht darauf verwiesen, zunächst den Antrag präventiv für geplante Kündigungen zu stellen. Vielmehr kann er auch sofort Kündigungen aussprechen und danach das Beschlussverfahren nach § 126 InsO einleiten.[34]

117 Der **Antrag** nach § 126 Abs. 1 InsO setzt voraus, dass entweder der Betrieb keinen Betriebsrat hat oder aus anderen Gründen innerhalb von drei Wochen nach Verhandlungsbeginn oder schriftlicher Aufforderung zur Aufnahme von Verhandlungen ein Interessenausgleich nach § 125 Abs. 1 InsO nicht zustande gekommen ist, obwohl der Betriebsrat rechtzeitig und umfassend unterrichtet wurde. Die Darlegungs- und Beweislast für die Antragsvoraussetzungen trägt der Insolvenzverwalter.[35] Die Vorschrift ist nicht ganz geglückt, da es auch Betriebe mit Betriebsrat gibt, in denen eine Interessenausgleichspflicht ausscheidet, da sie zu klein oder Tendenzunternehmen sind.[36]

118 Ist das Kündigungsschutzgesetz im Betrieb nach Maßgabe des § 23 KSchG nicht anwendbar, kommt ein Verfahren nach § 126 InsO von vornherein nicht in Betracht. Die Bindungswirkung des Beschlusses bezieht sich auf dringende betriebliche Erfordernisse und die soziale Rechtfertigung der Kündigung und setzt damit die Anwendbarkeit des Kündigungsschutzgesetzes voraus.[37]

119 Ist kein Betriebsrat vorhanden, kann der Insolvenzverwalter den Antrag nach § 126 InsO sofort stellen,[38] auch wenn im Betrieb weniger als 21 Arbeitnehmer beschäftigt sind und damit bei Bestehen eines Betriebsrats kein Interessenausgleich abzuschließen wäre.[39] Der Insolvenzverwalter ist auch nicht verpflichtet, statt mit dem Betriebsrat, zunächst mit den betroffenen Arbeitnehmern Gespräche über ein freiwilliges Ausscheiden zu führen.

120 Bei vorhandenem Betriebsrat kann der Insolvenzverwalter den Antrag nur stellen, wenn kein Interessenausgleich iSd § 125 InsO zustande kommt. § 126 InsO hat insoweit eine Auffangfunktion gegenüber der Möglichkeit nach § 125 InsO einen Interessenausgleich mit Namensliste zu schließen. Kommt es vor dem gerichtlichen Anhörungstermin zum Abschluss eines Interessenausgleichs mit Namensliste, wird der Antrag unzulässig.

121 Nach sehr umstrittener Auffassung soll der Insolvenzverwalter den Antrag nach § 126 InsO im Betrieb mit Betriebsrat auch bei einer Belegschaftsstärke von weniger als 21 Arbeitnehmern stellen können, da andernfalls Wertungswidersprüche eintreten, wenn dem Insolvenzverwalter in betriebsratslosen Betrieben in diesem Fall das Verfahren nach § 126 InsO zur Verfügung steht.[40]

122 Die **Drei-Wochen-Frist** beginnt zu laufen, wenn der Betriebsrat rechtzeitig und umfassend unterrichtet wurde. Die Voraussetzungen entsprechen denjenigen des § 122 Abs. 1 InsO.[41] Der Insolvenzverwalter muss den Betriebsrat aber ausdrücklich zum Abschluss eines Interessenausgleichs mit Namensliste iSd § 125 InsO auffordern.[42] Ausreichend ist es auch hier, wenn die Drei-Wochen-Frist im Zeitpunkt der mündlichen Anhörung vor dem Arbeitsgericht abgelaufen ist. Aus Beschleunigungsgründen kann der Antrag daher bereits vor Ablauf der Drei-Wochen-Frist gestellt werden.[43]

---

32 Nerlich/Römermann/*Hamacher*, InsO, § 126 Rn 1.
33 *Lakies*, NZI 2000, 345; Nerlich/Römermann/*Hamacher*, InsO, § 126 Rn 3.
34 BAG 29.6.2000 – 8 ABR 44/99, BAGE 95, 197 = NZA 2000, 1180; ErfK/*Gallner*, § 127 InsO Rn 3.
35 Nerlich/Römermann/*Hamacher*, InsO, § 126 Rn 48.
36 Vgl *Rieble*, NZA 2007, 1393.
37 *Heinze* NZI 1999, 57 (61); *Steindorf/Regh*, Arbeitsrecht in der Insolvenz, § 3 Rn 675; aA *Lakies*, NZI 2000, 345; ErfK/*Gallner*, § 126 InsO Rn 1.
38 BAG 29.6.2000 – 8 ABR 44/99, BAGE 95, 197 = NZA 2000, 1180.
39 *Lakies*, NZI 2000, 345; ErfK/*Gallner*, § 126 InsO Rn 1; *Steindorf/Regh*, Arbeitsrecht in der Insolvenz, § 3 Rn 676; offengelassen von BAG 29.6.2000 – 8 ABR 44/99, BAGE 95, 197 = NZA 2000, 1180; aA Nerlich/Römermann/*Hamacher*, InsO, § 126 Rn 3; ähnl. *Friese*, ZInsO 2001, 350, die aber eine entsprechende Anwendung von § 126 InsO vorschlägt.
40 ErfK/*Gallner*, § 126 InsO Rn 1; *Steindorf/Regh*, Arbeitsrecht in der Insolvenz, § 3 Rn 678; MüKo-InsO/*Löwisch/Caspers*, § 126 Rn 6.
41 Auf die Ausführungen zu § 122 InsO wird verwiesen.
42 Nerlich/Römermann/*Hamacher*, InsO, § 125 Rn 14.
43 *Friese*, ZInsO 2001, 350 (351); Kübler/Prütting/Bork/*Moll*, § 126 Rn 18; aA wohl Nerlich/Römermann/*Hamacher*, InsO, § 125 Rn 12.

b) Begründetheit des Antrags nach § 126 Abs. 1 InsO

Nach § 126 Abs. 1 Satz 1 InsO bezieht sich die Feststellung des Arbeitsgerichts trotz des ungenauen Wortlauts sowohl auf das Vorliegen dringender betrieblicher Erfordernisse als auch auf die Sozialauswahl. Maßgeblicher **Beurteilungszeitpunkt** der Rechtmäßigkeit geplanter Kündigungen ist der letzte mündliche Anhörungstermin.[44] Sind bereits ausgesprochene Kündigungen Gegenstand des Beschlussverfahrens, ist für die Beurteilung der sozialen Rechtfertigung der Kündigungen auf den Zeitpunkt des Zugangs der Kündigungen abzustellen.[45]

Das Arbeitsgericht prüft, ob die Kündigungen der im Antrag bezeichneten Arbeitnehmer durch dringende betriebliche Erfordernisse gerechtfertigt sind. Es gelten die allgemeinen Anforderungen an das Vorliegen eines betriebsbedingten Kündigungsgrundes. Eine § 125 Abs. 1 Satz 1 InsO entsprechende gesetzliche Vermutung der Betriebsbedingtheit besteht nicht.[46]

Einschränkungen ergeben sich aber bei der Prüfung der **Sozialauswahl**. Gemäß § 126 Abs. 1 Satz 2 InsO kann die Sozialauswahl nur im Hinblick auf die Dauer der Betriebszugehörigkeit, das Lebensalter und die Unterhaltspflichten geprüft werden. Im Gegensatz zu § 125 Abs. 1 Satz 1 Nr. 2 InsO ist die Prüfung der Sozialauswahl aber nicht auf grobe Fehlerhaftigkeit beschränkt.[47] Auch die Schaffung einer ausgewogenen Personalstruktur kann anders als im Rahmen von § 125 Abs. 1 InsO zur Rechtfertigung nicht herangezogen werden.[48]

Sonstige Unwirksamkeitsgründe, zB die fehlerhafte Beteiligung des Betriebsrats nach § 102 BetrVG, die Nichtbeachtung des Sonderkündigungsschutzes oder die Verletzung von Formvorschriften, dürfen im Beschlussverfahren nicht geprüft werden;[49] etwas anderes gilt lediglich für die Frage der Kündigungsberechtigung des Kündigenden.[50]

c) Verfahrensrechtliche Besonderheiten des Beschlussverfahrens

Nach § 126 Abs. 2 InsO gelten die Vorschriften des Arbeitsgerichtsgesetzes über das Beschlussverfahren entsprechend. Das Verfahren ist ebenso konzipiert wie das Verfahren der gerichtlichen Zustimmung zur Durchführung einer Betriebsänderung nach § 122 InsO. Gemäß § 126 Abs. 2 Satz 2 InsO gilt § 122 Abs. 2 Satz 3, Abs. 3 InsO entsprechend.

Beteiligte im Beschlussverfahren sind gem. § 126 Abs. 2 Satz 1 InsO der Insolvenzverwalter, der Betriebsrat und die im Antrag bezeichneten Arbeitnehmer, soweit sie mit der Beendigung ihres Arbeitsverhältnisses oder mit den geänderten Arbeitsbedingungen nicht einverstanden sind. Jeder Arbeitnehmer muss namentlich so hinreichend bestimmt sein, dass das Gericht ihn als Beteiligten zum Verfahren hinzuziehen kann. Wird die Betriebsänderung erst nach einer Betriebsveräußerung durchgeführt, ist auch der Erwerber zu beteiligen, § 128 Abs. 1 Satz 2 InsO. Die Beteiligtenstellung muss im Zeitpunkt der letzten mündlichen Verhandlung vorliegen.[51]

Im Beschlussverfahren nach § 126 Abs. 1 Satz 1 InsO ist allein der Insolvenzverwalter **antragsbefugt**, nicht hingegen der vorläufige Insolvenzverwalter. Der Antrag muss nach den Vorgaben des § 126 Abs. 1 Satz 1 InsO darauf gerichtet sein, festzustellen, dass die Kündigung der Arbeitsverhältnisse bestimmter, im Antrag bezeichneter Arbeitnehmer durch dringende betriebliche Erfordernisse bedingt und sozial gerechtfertigt ist.

Verlässt ein nicht im Antrag aufgeführter Arbeitnehmer den Betrieb und enthält der Antrag **keine Rangziffern** hinsichtlich der betroffenen Arbeitnehmer, muss der Insolvenzverwalter in diesem Fall eine Sozialauswahl unter denjenigen, denen ursprünglich gekündigt werden sollte, treffen, um feststellen zu können, welcher Arbeitnehmer auf dem anderweitig freigewordenen Arbeitsplatz weiterbeschäftigt werden kann. Hinsichtlich des nunmehr weiterzubeschäftigenden Arbeitnehmers kann der Insolvenz-

---

44 Nerlich/Römermann/*Hamacher*, InsO, § 126 Rn 49; *Friese*, ZInsO 2001, 350 (353).
45 BAG 29.6.2000 – 8 ABR 44/99, BAGE 95, 197 = NZA 2000, 1180; H/S-*Regh*, Das arbeitsrechtliche Mandat, § 18 Rn 132.
46 *Lakies*, NZI 2000, 345 (346).
47 ErfK/*Gallner*, § 126 InsO Rn 5; *Lakies*, NZI 2000, 345 (346).
48 *Lakies*, NZI 2000, 345 (346); aA *Ennemann*, Kölner Schriften, S. 1473, 1507 Rn 88; vgl auch *Berkowsky*, NZI 1999, 129, 135.
49 ErfK/*Gallner*, § 126 InsO Rn 6; *Steindorf/Regh*, Arbeitsrecht in der Insolvenz, § 3 Rn 690.
50 BAG 29.6.2000 – 8 ABR 44/99, BAGE 95, 197 = NZA 2000, 1180.
51 Nerlich/Römermann/*Hamacher*, InsO, § 128 Rn 73.

verwalter den Antrag zurücknehmen.[52] Um hier Risiken zu vermeiden wird im Hinblick auf die Antragstellung vorgeschlagen, einen gestaffelten Antrag zu stellen, in dem die Reihenfolge der zu kündigenden Arbeitnehmer festlegt wird oder entsprechende Vergleichsgruppen gebildet werden.[53] Ferner können auch Hilfsanträge mit anderen Gruppenbildungen oder Ranglisten gestellt und darin Arbeitnehmer bezeichnet werden, denen im Falle der – auch teilweisen – Abweisung des Hauptantrags gekündigt werden soll.[54] Dies empfiehlt sich, da das Arbeitsgericht häufig bestimmte Auswahlkriterien anders bewerten oder eine andere Gruppenbildung zugrunde legen wird.

d) Klage des Arbeitnehmers, § 127 InsO

131 § 127 Abs. 1 InsO bestimmt, dass der Entscheidung des Arbeitsgerichts im Beschlussverfahren nach § 126 Abs. 1 InsO im anschließenden individuellen Kündigungsschutzverfahren Bindungswirkung zukommt. Wird dem Antrag des Insolvenzverwalters stattgegeben, hat dies zur Folge, dass die Frage, ob dringende betriebliche Erfordernisse iSd § 1 Abs. 2 Satz 1 KSchG bei der Kündigung vorlagen und die Sozialauswahl mit § 1 Abs. 3 KSchG vereinbar ist, im Kündigungsschutzprozess nicht mehr geprüft wird. Der Beschluss des Arbeitsgerichts nach § 126 Abs. 1 InsO stellt aber nicht die Rechtmäßigkeit der Kündigung insgesamt oder die Auflösung des Arbeitsverhältnisses durch die Kündigung fest.

132 Die **Bindungswirkung** tritt auch ein, wenn der Antrag des Insolvenzverwalters als unbegründet abgewiesen wird, mit der Folge, dass der Kündigungsschutzklage stattzugeben ist.[55] Anders ist die Rechtslage, wenn der Antrag als unzulässig zurückgewiesen wird. Dann entfaltet der Beschluss keine Bindungswirkung.[56]

133 Nach § 127 Abs. 1 Satz 2 InsO hat der Beschluss keine Bindungswirkung, wenn sich die Sachlage nach dem Schluss des letzten mündlichen Anhörungstermins im Beschlussverfahren nach § 126 Abs. 1 InsO wesentlich geändert hat. Die Vorschrift entspricht der Regelung des § 125 Abs. 1 Satz 1 InsO. Die Darlegungs- und Beweislast trägt der Arbeitnehmer. Die Bindungswirkung wegen Änderung der Sachlage entfällt aber nur dann, wenn die Kündigungen nach Schluss des letzten Anhörungstermins ausgesprochen werden. Sind bei Änderung der Sachlage die Kündigungen bereits zugegangen, dann bleibt es bei der Bindungswirkung des Beschlusses.[57] Dem Arbeitnehmer kann aber ein Wiedereinstellungsanspruch zustehen. Entfällt die Bindungswirkung, weil sich die Sachlage wesentlich geändert hat, entfaltet auch der Beschluss keine Rechtskraft mehr. Der Insolvenzverwalter kann ein neues Beschlussverfahren nach § 126 InsO durchführen.[58]

134 Im Falle eines Betriebsübergangs erstreckt sich gem. § 128 Abs. 2 InsO die gerichtliche Feststellung nach § 126 Abs. 1 Satz 1 InsO auch darauf, dass die Kündigung der Arbeitsverhältnisse nicht wegen des Betriebsübergangs erfolgt.[59] Hat das Arbeitsgericht im Verfahren nach § 126 InsO festgestellt, dass die Kündigung sozial gerechtfertigt ist, steht damit zugleich fest, dass die Kündigung nicht gegen das Kündigungsverbot des § 613a Abs. 4 BGB verstößt, § 128 Abs. 2 Alt. 2 InsO. Die Bindungswirkung entfällt auch hier nur, wenn sich die Sachlage nach dem Schluss des letzten mündlichen Anhörungstermins wesentlich geändert hat. In diesem Fall kann sich der Betriebserwerber nicht auf den Feststellungsbeschluss berufen.[60] Eine wesentliche Änderung der Sachlage ist etwa dann anzunehmen, wenn der Erwerber das der Betriebsänderung zugrunde liegende Konzept des Insolvenzverwalters nicht umsetzt und eine andere als die ursprünglich geplante Betriebsänderung durchführt.[61]

135 Hat der Arbeitnehmer bereits Kündigungsschutzklage erhoben, ist auf Antrag des Insolvenzverwalters nach § 127 Abs. 2 InsO die Verhandlung über die Klage bis zur Entscheidung im Beschlussverfahren

---

[52] Nerlich/Römermann/*Hamacher*, InsO, § 126 Rn 32.
[53] Nerlich/Römermann/*Hamacher*, InsO, § 126 Rn 33; aA MüKo-InsO/*Löwisch*/*Caspers*, § 126 Rn 16 f.
[54] *Grunsky*, in: FS Lüke, S. 197; Nerlich/Römermann/*Hamacher*, InsO, § 126 Rn 34.
[55] ErfK/*Gallner*, § 127 InsO Rn 2; *Lakies*, NZI 2000, 345 (351); *Steindorf/Regh*, Arbeitsrecht in der Insolvenz, § 3 Rn 720; aA *Schrader*, NZA 1997, 70 (77); *Grunsky*, in: FS Lüke, S. 191 (195).
[56] Nerlich/Römermann/*Hamacher*, InsO, § 127 Rn 5.
[57] FK-InsO/*Eisenbeis*, § 127 Rn 6; Nerlich/Römermann/*Hamacher*, InsO, § 127 Rn 11; *Friese*, ZInsO 2001, 350 (355).
[58] Nerlich/Römermann/*Hamacher*, InsO, § 127 Rn 13.
[59] Der Antrag muss auf die Feststellung gerichtet sein, dass die Kündigung nicht wegen des Betriebsübergangs erfolgt ist, vgl *Tretow*, ZInsO 2000, 309 (311); *Müller*, DZWiR 1999, 221 (230), der darauf hinweist, dass der Erwerber im Antrag zu bezeichnen ist, da der Antrag ansonsten zu unbestimmt sei.
[60] *Friese*, ZInsO 2001, 350 (359).
[61] *Friese*, ZInsO 2001, 350 (359); Kübler/Prütting/Bork/*Moll*, § 128 Rn 35.

auszusetzen. Dadurch wird verfahrensrechtlich gesichert, dass nicht zwei sich widersprechende Entscheidungen zustande kommen. Stellt der Verwalter keinen Antrag auf Aussetzung des Verfahrens, so kann nach umstrittener Ansicht das Arbeitsgericht die Aussetzung nicht beschließen.[62] Gegen den Beschluss des Arbeitsgerichts ist die sofortige Beschwerde nach § 46 Abs. 2 ArbGG, § 252 ZPO zulässig.

4. Rechtsmittel im Beschlussverfahren

Nach § 122 Abs. 2 Satz 1 InsO ist die **Rechtsbeschwerde** zum Bundesarbeitsgericht statthaft, wenn sie in dem Beschluss des Arbeitsgerichts zugelassen wird. Die Rechtsbeschwerde ist gem. § 122 Abs. 3 Satz 2 InsO, § 72 Abs. 2 ArbGG zuzulassen, wenn die Rechtssache grundsätzliche Bedeutung hat oder bei einer Divergenz. Die Rechtsbeschwerde ist gem. § 122 Abs. 3 Satz 3 InsO innerhalb eines Monats nach der Zustellung der in vollständiger Form abgefassten Entscheidung des Arbeitsgerichts beim Bundesarbeitsgericht einzulegen und zu begründen. Eine Verlängerung der Begründungsfrist ist unzulässig.

136

Das Arbeitsgericht wird die Rechtsbeschwerde nur in Ausnahmefällen zulassen, da es letztlich eine Tatfrage ist, ob in einem Insolvenzverfahren genügend Zeit für das Einigungsstellenverfahren vorhanden ist oder einzelne Kündigungen sozial gerechtfertigt sind. Fragen grundsätzlicher Bedeutung dürften kaum berührt sein. Für das Vorliegen einer Divergenz muss auf die Rechtsprechung anderer Arbeitsgerichte abgestellt werden,[63] wenn es um spezifische Rechtsfragen der Anwendung der §§ 122, 126 InsO geht.[64] Bei anderen Rechtsfragen, die in anderen Verfahren entscheidend sein können, ist hingegen auf Entscheidungen des Landesarbeitsgerichts abzustellen.[65] § 122 Abs. 3 Satz 1 InsO verweist weder auf § 92a ArbGG noch auf § 72a ArbGG und stellt damit klar, dass eine Nichtzulassungsbeschwerde ausgeschlossen ist. Die Nichtzulassung der Rechtsbeschwerde kann daher nicht mittels Nichtzulassungsbeschwerde gem. § 92a ArbGG erstritten werden.[66]

137

Nach § 126 Abs. 2 Satz 2 InsO gilt § 122 Abs. 2 Satz 3, Abs. 3 InsO entsprechend, so dass die vorstehenden Ausführungen auch für das Beschlussverfahren nach § 126 InsO gelten. Hat das Arbeitsgericht die Rechtsbeschwerde zugelassen, kann jeder der Beteiligten diese selbständig einlegen. Neben dem Insolvenzverwalter und den Arbeitnehmern kann auch der Betriebserwerber, der gem. § 128 Abs. 1 Satz 2 InsO beteiligt wurde, selbständig Beschwerde einlegen. Die Rechtsbeschwerde eines einzelnen Arbeitnehmers hat gegenüber den anderen Arbeitnehmern keine Wirkung.[67]

138

5. Kosten und Streitwert

Die erforderlichen Kosten der Betriebsratstätigkeit hat der Insolvenzverwalter gem. § 40 BetrVG zu tragen, wobei die Hinzuziehung eines Rechtsanwalts aufgrund der Bedeutung der Entscheidung und Komplexität der Angelegenheit stets erforderlich sein dürfte.[68] Der Kostenerstattungs- und Freistellungsanspruch nach § 40 BetrVG ist Masseverbindlichkeit nach § 55 InsO.[69]

139

Die Kostenerstattung im Beschlussverfahren nach § 126 InsO richtet sich im Übrigen nach § 12a Abs. 1 Satz 1 und 2 ArbGG. Danach findet eine Erstattung der außergerichtlichen Kosten für das erstinstanzliche Verfahren vor dem Arbeitsgericht nicht statt. Im Rechtsbeschwerdeverfahren vor dem Bundesarbeitsgericht gelten hingegen die Vorschriften der ZPO über die Erstattung der Kosten des Rechtsstreits entsprechend, § 126 Abs. 3 Satz 2 InsO. Für die Berechnung der Gebühren des Rechtsanwalts ist § 12a Abs. 1 ArbGG entsprechend anzuwenden.[70] Der für den Insolvenzverwalter geltende Wert berechnet sich nach der Summe der einzelnen Arbeitnehmerwerte.[71] Hinsichtlich der Gerichtskosten bleibt es bei § 42 Abs. 3 ArbGG.[72]

140

---

62 *Lakies*, NZI 2000, 345 (351); *Steindorf/Regh*, Arbeitsrecht in der Insolvenz, § 3 Rn 727; aA Nerlich/Römermann/*Hamacher*, InsO, § 127 Rn 15; FK-InsO/*Eisenbeis*, § 127 Rn 7.
63 *Oetker/Friese*, DZWiR 2001, 134 (139); aA *Rummel*, DB 1997, 774 (775), der eine Divergenz zu einer Entscheidung eines anderen Arbeitsgerichts nicht für ausreichend erachtet.
64 Nerlich/Römermann/*Hamacher*, InsO, § 122 Rn 71; *Oetker/Friese*, DZWiR 2001, 134 (139).
65 Nerlich/Römermann/*Hamacher*, InsO, § 122 Rn 71.
66 BAG 14.8.2001 – 2 ABN 20/01, AP § 72 a ArbGG 1979 Divergenz Nr. 44.
67 BAG 29.6.2000 – 8 ABR 44/99, BAGE 95, 197 = NZA 2000, 1180.
68 *Lakies*, NZI 2000, 345 (349); *Müller*, DZWiR 1999, 221 (228); Kübler/Prütting/Bork/*Moll*, § 126 Rn 52.
69 Kübler/Prütting/Bork/*Moll*, § 126 Rn 52; FK-InsO/*Eisenbeis*, § 126 Rn 13.
70 Nerlich/Römermann/*Hamacher*, InsO, § 126 Rn 58; *Rieble*, NZA 2007, 1393 (1399); aA *Müller*, DZWiR 1999, 221 (229), der die Anwendung von § 8 Abs. 2 Satz 2 BRAGO (jetzt: § 23 Abs. 2 RVG) befürwortet.
71 *Steindorf/Regh*, Arbeitsrecht in der Insolvenz, § 3 Rn 711; aA *Müller*, DZWiR 1999, 221 (229).
72 *Müller*, DZWiR 1999, 221 (228); *Lakies*, NZI 2000, 345 (349); krit. *Ennemann*, Kölner Schriften, S. 1473, 1509 Rn 93.

B. Texte

1. Muster: Abbruch einer Betriebsratswahl – Antrag

Arbeitsgericht ...

Antrag auf Erlass einer einstweiligen Verfügung

In dem Beschlussverfahren

mit den Beteiligten

1. Firma ...

— Antragstellerin und Beteiligte zu 1. —

Verfahrensbevollmächtigte: ...

und

2. Wahlvorstand zur Durchführung einer Betriebsratswahl

a) ... als Vorsitzender

b) ...

c) ...

Anschrift ...

— Antragsgegner und Beteiligter zu 2. bzw Beteiligte zu 2.a.–2.c. —

zeigen wir an, dass wir den Antragsteller vertreten. Namens und im Auftrag des Antragstellers leiten wir das vorliegende Verfahren ein und beantragen wegen der Dringlichkeit der Sache ohne mündliche Anhörung der Beteiligten, hilfsweise unter Abkürzung der Ladungs- und Einlassungsfristen auf das gesetzliche Mindestmaß aufgrund eines kurzfristigen Anhörungstermins den Erlass nachstehender einstweiliger Verfügung:

1. Dem Beteiligten zu 2. bzw den Beteiligten zu 2.a.–2.c. wird untersagt, die eingeleitete Betriebsratswahl durch- bzw fortzuführen.
2. Der Streitwert wird festgesetzt.

Gründe

I.

Der Antragsteller ist gem. Art. 2 Abs. 2 seiner Satzung ein unabhängiger und überparteilicher Verband.

Zur Durchführung seiner Aufgaben, die aus Mitteln des Bundeshaushalts finanziert werden, unterhält er flächendeckend auf dem Gebiet der Bundesrepublik Deutschland Geschäftsstellen, darunter, insbesondere zur Unterstützung seines Präsidiums, das Generalsekretariat, in dem derzeit, neben dem Generalsekretär als Leitendem Angestellten u.a. mit umfassender Personalverantwortung, 39 Mitarbeiterinnen und Mitarbeiter tätig sind.

Glaubhaftmachung: Eidesstattliche Versicherung des Generalsekretärs.

Im Generalsekretariat besteht derzeit noch ein Betriebsrat, bestehend aus den Arbeitnehmern ..., als Vorsitzender ... und ....

Im Zuge der derzeitigen Umstrukturierung wurde auch dem Vorstand zur Auflage gemacht, seine Struktur anzupassen. Als erster Anpassungsschritt wurde hierzu mit Wirkung zum ... nach entsprechender Befassung der zuständigen Organe des Verbandes und Beratung mit bzw Zustimmung des Gesamtbetriebsrats zu einer derartigen Umstrukturierung eine Gliederung in vier Verbandsbereiche eingenommen.

Glaubhaftmachung: Eidesstattliche Versicherung des Generalsekretärs.

Die bisherige betriebsverfassungsrechtliche Struktur beim Arbeitgeber ergab sich aus der Gesamtbetriebsvereinbarung vom ..., die seinerzeit im Hinblick auf die Novellierung des Betriebsverfassungsgesetzes und hier insbesondere die grundlegende Neuregelung in § 3 BetrVG getroffen wurde.

Glaubhaftmachung: Gesamtbetriebsvereinbarung vom ...

Im Hinblick auf die einzunehmende Struktur ab dem ... kündigte der Generalsekretär des Verbandes mit Schreiben vom ... an die Vorsitzende des Gesamtbetriebsrats die Gesamtbetriebsvereinbarung vom ....

Glaubhaftmachung: Kündigungsschreiben des Arbeitgebers vom ...

In der Folge der Kündigung kam es zu Verhandlungen des Arbeitgebers mit dem Gesamtbetriebsrat, in dem – dies nur der Vollständigkeit halber – der bestehende Betriebsrat des Generalsekretariats ebenfalls vertreten ist.

In diesen Verhandlungen zeigte sich dabei schnell, dass der Gesamtbetriebsrat in der Fläche ebenfalls eine den vier Verbandsbereichen entsprechende Betriebsratsstruktur als sinnvoll ansah, so dass insoweit kein Dissens zwischen Arbeitgeber und Gesamtbetriebsrat bestand.

Allerdings war der Arbeitgeber im Vorfeld der Verhandlungen durch den bestehenden Betriebsrat im Generalsekretariat gebeten worden, in diesen darauf zu dringen, die Eigenständigkeit eines Betriebes „Generalsekretariat" zu wahren und diesem einen Betriebsrat zuzugestehen. Seitens des Betriebsrats wurde dies damit begründet, das Generalsekretariat sei eine besondere Geschäftsstelle, quasi eine Organisationseinheit sui generis, die mit einer „normalen" Geschäftsstelle nicht vergleichbar sei.

Dieser Bitte hat der Arbeitgeber in den Verhandlungen entsprochen, wobei diese einerseits zwischen Generalsekretär und Gesamtbetriebsrat unmittelbar und andererseits durch die beiderseitigen Rechtsvertreter geführt wurden. In beiden Verhandlungszweigen zeigte sich aber recht schnell, dass es nicht im Interesse des Gesamtbetriebsrats lag, dem Generalsekretariat die „sui-generis-Stellung" zuzubilligen. Vielmehr wurde hier mit der Gleichheit aller Mitarbeiter des Arbeitgebers argumentiert, die es nicht gebiete, das Generalsekretariat außerhalb des normalen Betriebsgefüges des Verbandes zu stellen.

Glaubhaftmachung: Eidesstattliche Versicherung des Generalsekretärs.

Ergebnis der Verhandlungen bildete eine Gesamtbetriebsvereinbarung.

Glaubhaftmachung: Gesamtbetriebsvereinbarung vom ...

Die Gesamtbetriebsvereinbarung hat sich insoweit die Vorgaben des § 21 b iVm § 21 a Abs. 2 Satz 1 BetrVG zu eigen gemacht.

Größter Betrieb im neu gefassten Verbandsbereich II war seinerzeit der die Geschäftsstellen im Lande ... umfassende Betrieb. Damit ergab sich eine Zuständigkeit des regionalen Betriebsrats ... zur Benennung des Wahlvorstands zur Wahl eines Betriebsrats in dem neu zugeschnittenen Betrieb ....

Dem kam der regionale Betriebsrat ... am ... nach, indem ein Wahlvorstand, bestehend aus ..., gebildet wurde.

Glaubhaftmachung: Sitzungsprotokoll ...

II.

Unter dem ... verfasste der noch bestehende Betriebsrat des Generalsekretariats eine Mitteilung, dass für den bestehenden Betriebsrat im Generalsekretariat ein neuer Betriebsrat zu wählen sei. Zur Durchführung einer solchen Wahl sei ein Wahlvorstand gebildet worden, bestehend aus den Beteiligten zu 2.a.–2.c. dieses Verfahrens.

Glaubhaftmachung: Mitteilung des Betriebsrats des Generalsekretariats vom ...

Diese Mitteilung kam in der Folgezeit zum Aushang am „Schwarzen Brett" des Betriebsrats im Generalsekretariat.

Am ... erließ der Beteiligte zu 2. das anliegend in Kopie beigefügte Wahlausschreiben und hängte dieses samt Wählerliste im Generalsekretariat aus.

Glaubhaftmachung: Wahlausschreiben vom ... nebst Wählerliste.

Mit Schreiben des Unterzeichners ebenfalls vom ... wandte sich der Arbeitgeber im Hinblick auf das Schreiben vom ... an den Betriebsrat des Generalsekretariats und forderte ihn auf, die Bestellung des Wahlvorstandes in Anbetracht der Eindeutigkeit der Gesamtbetriebsvereinbarung vom ... für gegenstandslos zu erklären.

Glaubhaftmachung: Kopie des Schreibens des Unterzeichners vom ...

Am heutigen Vormittag kam es dann zu einem Gespräch zwischen dem Betriebsratsvorsitzenden und dem Betriebsratsmitglied ... einerseits und dem Generalsekretär sowie dem Unterzeichner andererseits.

In diesem Gespräch erklärte die Betriebsratsseite, derzeit gäbe es noch keine Notwendigkeit, von der Wahl abzusehen. Man habe im Übrigen dem Wahlvorstand gegenüber ausdrücklich offen gelassen, ob dieser einen Betriebsrat für den gesamten Verbandsbereich II oder nur für das Generalsekretariat wählen lassen wolle.

III.

Der Antrag auf Erlass einer einstweiligen Verfügung ist sowohl zulässig als auch begründet.

Sowohl in Rechtsprechung als auch in der Lehre ist anerkannt, dass auch bei Streitigkeiten und Meinungsverschiedenheiten schwerwiegender Art im Rahmen eines Wahlverfahrens zur Wahl eines Betriebsrats einstweilige Verfügungen gem. § 85 Abs. 2 ArbGG in Form der sog. Stopp-Verfügung in Betracht kommen, so zB bereits BAG 15.12.1972 – 1 ABR 5/72, AP § 80 ArbGG 1953 Nr. 5.

Der Verfügungsanspruch ergibt sich daraus, dass die Bildung des Wahlvorstands unter einem derart schwerwiegenden Mangel leidet, der unmittelbar zur Nichtigkeit einer hiernach durchzuführenden Betriebsratswahl führen würde.

Vorliegend haben Gesamtbetriebsrat und Arbeitgeber eine abschließende Regelung über die betriebsverfassungsrechtliche Struktur des Verbandes getroffen. Der Gesamtbetriebsrat war hierzu auch befugt. Vorliegend ist ein Fall des § 3 Abs. 2 BetrVG gegeben. Einen einschlägigen Tarifvertrag für den Arbeitgeber gibt es nicht, so dass die entsprechende Regelung durch Betriebsvereinbarung getroffen werden kann.

Für den Abschluss einer solchen ist der Gesamtbetriebsrat originär zuständig. Insoweit wird verwiesen auf die Kommentierung bei *Fitting u.a.*, § 3 BetrVG Rn 72 bzw Richardi/*Richardi*, § 3 BetrVG Rn 79.

Der Betriebsrat des Generalsekretärs hat damit keine Befugnis mehr, einen Wahlvorstand für die betriebsverfassungsmäßig nicht mehr selbständige Betriebseinheit „Generalsekretariat" zu bestellen, da eine Wahl alleine für diese Einheit nicht mehr durchzuführen ist.

Darüber hinaus sagt der Betriebsrat in dem heutigen Gespräch selbst, dem Wahlvorstand habe es offen gestanden, für wen er einen Betriebsrat wählen lassen will. Die Bestellungshandlung des Betriebsrats ist allein hieraus aber schon so unbestimmt, dass sich der Beschluss nicht unmittelbar auf das Generalsekretariat konkretisieren lässt.

Damit ist bereits fraglich, ob hier allgemein und unabhängig von den Vorgaben der Gesamtbetriebsvereinbarung überhaupt ein Wahlvorstand im Sinne des Gesetzes bestellt wurde. ...

↑

2. Muster: Ausschluss eines Betriebsratsmitglieds gem. § 23 Abs. 1 BetrVG

↓

7405

...

wegen: Ausschluss aus dem Betriebsrat

Wir bestellen uns zu Verfahrensbevollmächtigten der Antragstellerin, in deren Namen und Auftrag wir beantragen, wie folgt zu erkennen:

1. Der Beteiligte zu 2. wird aus dem bei dem Antragsteller gebildeten Betriebsrat ausgeschlossen.
2. Der Streitwert wird festgesetzt.

Gründe

I.

Die Antragstellerin ist auf dem Gebiet des ... tätig. Der Beteiligte zu 2. ist Mitglied des bei der Antragstellerin bestehenden Betriebsrats. Auch bei Zugrundelegung strenger Maßstäbe ist eine weitere ordnungsgemäße Zusammenarbeit mit dem Beteiligten zu 2. auch nur vorübergehend nicht mehr möglich. Im Interesse des Betriebsfriedens und des ordnungsgemäßen Arbeitsablaufs bei dem Antragsteller, auch in der Zusammenarbeit mit dem Beteiligten zu 2., ist es unabdingbar, dass dem Beteiligten zu 2. die weitere Amtsausübung untersagt und der Beteiligte zu 2. aus dem Betriebsrat ausgeschlossen wird.

II.

Jegliche konstruktive Zusammenarbeit mit dem Beteiligten zu 2. ist aufgrund des Verhaltens des Beteiligten zu 2. seit einiger Zeit deutlich erschwert worden. Dabei geht es dem Antragsteller nicht darum, dass der Beteiligte zu 2. als Mitglied des Betriebsrats Mitbestimmungsrechte, uU auch intensiv, wahrnimmt. Der Beteiligte zu 2. hat jedoch gegenüber dem Antragsteller und gegenüber den Mitarbeitern beim Antragsteller einen derart unerträglichen Konfrontationskurs eingeschlagen, dass einzelne Verhaltensweisen, aber auch das Verhalten des Beteiligten zu 2. in seiner Gesamtheit, mit dem Leitbild der Zusammenarbeitsgrundsätze in § 2 BetrVG nicht mehr in Einklang zu bringen sind. Dabei hat der Beteiligte zu 2. auch seine Befugnisse als Mitglied des Betriebsrats eklatant überschritten. Der Betriebsfrieden bei dem Antragsteller ist schwer gestört.

Auslösendes Ereignis für den nunmehrigen Antrag bildet folgender Sachverhalt: ...

Darüber hinaus hat der Beteiligte zu 2. in der Vergangenheit bereits folgendes Verhalten an den Tag gelegt: ...

III.

Das Verhalten des Beteiligten zu 2. in seiner Gesamtheit begründet den Vorwurf grober Pflichtverletzung iSv § 23 Abs. 3 BetrVG.

In der Rechtsprechung ist als grobe Pflichtverletzung anerkannt die Verletzung der Schweigepflicht, wenn sie wiederholt auftritt oder schwerwiegende Folgen hat,

> BAG, Beschl. v. 5.9.1967 – 1 ABR 1/67, BAGE 20, 56 = AP § 23 BetrVG Nr. 8.

Die rücksichtslose Preisgabe vertraulicher, unter Ausnutzung oder doch aufgrund der Betriebsratseigenschaft erlangter Informationen an den Arbeitgeber kann eine grobe Pflichtverletzung sein,

> LAG München, Beschl. v. 15.11.1977 – 5 TaBV 34/77, DB 1978, 895.

Ebenso bildet die Weitergabe von Gehaltslisten an außerbetriebliche Stellen (beispielsweise an die Gewerkschaft zur Überprüfung der Beitragsehrlichkeit) eine grobe Pflichtverletzung,

> BAG, Beschl. v. 22.5.1959 – 1 ABR 2/59, AP § 23 BetrVG Nr. 3.

Mauer

Die ungerechtfertigte, gehässige Diffamierung von Betriebsratsmitgliedern, aber auch der Aufruf zu einem wilden Streik oder das Aufwiegeln zur Rebellion sind grobe Pflichtverletzungen,

LAG Düsseldorf, Beschl. v. 19.8.1977 – 3 TaBV 8/77, DB 1977, 2191.

Der grobe Missbrauch des Betriebsratsamtes zum Schaden des Betriebes und seiner Arbeitnehmer oder zur Bekämpfung der demokratisch gebildeten Gewerkschaften,

Fitting u.a., BetrVG, § 23 Rn 19,

gehört zu den groben Pflichtverletzungen ebenso wie die wiederholte parteipolitische Agitation im Betrieb,

BAG, Beschl. v. 21.2.1978 – 1 ABR 54/76, AP § 74 BetrVG 1972 Nr. 1,

oder die Entgegennahme von besonderen, nur dem betreffenden Betriebsratsmitglied zugewandten Vorteilen zum Zwecke der Beeinflussung der Amtsführung oder zur Belohnung einer vorausgegangenen pflichtwidrigen Amtsführung,

LAG München, Beschl. v. 15.11.1977 – 5 TaBV 34/77, DB 1978, 895.

Legt man diese von der Rechtsprechung entschiedenen Sachverhalte zur Grundlage, nimmt man sie als Maßstab für die Bewertung eines Verhaltens, das als grobe Pflichtverletzung iSv § 23 Abs. 3 BetrVG anzusehen ist, kommt man bei dem vorliegenden Sachverhalt zu folgendem Ergebnis:

Der Anspruch der Antragstellerin auf Beendigung des Betriebsratsmandats des Beteiligten zu 2. folgt bei dieser Sachlage zwingend aus § 23 Abs. 3 BetrVG.

3. Muster: Betriebsänderung – Gerichtliche Zustimmung zur Durchführung, § 122 InsO

...

Wir bestellen uns zu Verfahrensbevollmächtigten des Antragstellers und Beteiligten zu 1. Namens und in Vollmacht des Antragstellers bitten wir Anberaumung eines möglichst früheren Anhörungstermins, in dem wir folgenden Antrag stellen werden:

1. Der Stilllegung des Bereichs ... der ...-GmbH in ... zum ... ohne vorherige Durchführung des Verfahrens nach § 112 Abs. 2 BetrVG wird zugestimmt.[73]
2. Der Streitwert wird festgesetzt.

Gründe

I.

Mit dem vorliegenden Beschlussverfahren begehrt der Beteiligte zu 1. die Erteilung der Zustimmung zur Durchführung einer Betriebsänderung nach § 122 InsO ohne vorheriges Verfahren nach § 112 BetrVG.

Gegenstand des Betriebes der Schuldnerin ist die Produktion von Foliendruckmaschinen sowie die Instandsetzung und der Vertrieb von gebrauchten Foliendruckmaschinen der Schuldnerin. Sie beschäftigt insgesamt 300 Arbeitnehmer. Der Beteiligte zu 2. ist der im Betrieb der Schuldnerin gebildete Betriebsrat.

---

[73] Ausführlich zur Antragstellung *Steindorf/Regh*, Arbeitsrecht in der Insolvenz, § 3 Rn 526, dort wird auch folgende Antragstellung vorschlagen: „Dem Antragsteller wird gestattet, die Schließung des Betriebes ... in ... der ...-GmbH ohne Durchführung/Einhaltung des Verfahrens nach § 112 Abs. 2 BetrVG zum ... durchzuführen." In der Literatur werden folgende Antragsvarianten angeregt: *Manske/Witt*, in: Münchener Prozessformularbuch Arbeitsrecht, Kap. 2 B. XI 5. S. 474: „Die Zustimmung zur (Durchführung der) Stilllegung des Bereichs ... (ohne vorheriges Verfahren nach § 112 Abs. 2 BetrVG) wird erteilt."; *Steindorf/Regh*, aaO, weisen in Bezug auf die beiden letztgenannten Antragsvarianten auf Bedenken hin, da im Verfahren nach § 122 InsO nicht die Zustimmung des Betriebsrats zur Betriebsänderung ersetzt wird, sondern das Arbeitsgericht lediglich die Zustimmung zur Durchführung der Betriebsänderung ohne vorheriges Verfahren nach § 112 Abs. 2 BetrVG erteilt.

Mit Beschluss vom ... eröffnete das Amtsgericht ... das Insolvenzverfahren über das Vermögen der Schuldnerin und bestellte den Beteiligten zu 1. zum Insolvenzverwalter über das Vermögen der Schuldnerin.

Beweis: Vorlage des Beschlusses des Amtsgerichts ... in Kopie – Anlage 1.

Zum Zwecke der Unternehmensveräußerung wandte sich der Beteiligte zu 1. an mehrere Unternehmen. Ein Interessent, der den Betrieb hätte vollständig erwerben oder weiterführen wollen, wurde nicht gefunden. Jedoch steht der Beteiligte zu 1. in Verhandlungen mit einer Interessentin, die bereit ist, den Betrieb mit dem Produktionsbereich Foliendruckmaschinen zum Preise von ... EUR zu erwerben. Voraussetzung ist jedoch, dass der Bereich Gebrauchtmaschinen vor der Veräußerung stillgelegt wird. Nach einem Gutachten der Wirtschaftsprüfungsgesellschaft ... vom ... arbeitet dieser Bereich seit Jahren erheblich defizitär. Das unterbreitete Angebot ist bis zum ... verbindlich. Weitere Übernahmeangebote liegen nicht vor. Kaufinteressenten für den Bereich Gebrauchtmaschinen haben sich trotz weiterer Bemühungen nicht gefunden.

Mit Schreiben vom ... unterrichtete der Beteiligte zu 1. den Beteiligten zu 2. über die Verkaufsverhandlungen und teilte dem Beteiligten zu 2. auch die Absicht mit, den Betrieb im Übrigen stillzulegen. Er hat den Beteiligten unter Vorlage umfangreicher Unterlagen umfassend über die geplante Veräußerung des Bereichs Büromöbel nebst der Verwaltung und die Schließung des Bereichs Einrichtungsmöbel informiert und gleichzeitig alle maßgebenden Vorgänge in Kopie überlassen (wird ausgeführt).

Beweis: Vorlage mehrerer Schreiben in Kopie – Anlagekonvolut 2.

Zugleich forderte er den Beteiligten zu 2. schriftlich auf, in Verhandlungen über einen Interessenausgleich einzutreten. Unter anderem wies er darauf hin, dass die Veräußerung zum ... erfolgen solle und die Betriebsstilllegung zum ... beabsichtigt sei. Die Beteiligten kamen überein, dass der Beteiligte zu 1. einen Interessenausgleich und Sozialplan vorlegen sollte, was am ... geschah. Mit Schreiben vom ... beantwortete er noch verschiedene Fragen des Betriebsrats.

Beweis: Vorlage mehrerer Schreiben in Kopie – Anlagekonvolut 3.

In einem Gespräch am ... erklärte der Beteiligte zu 2. ohne nähere Begründung, er könne nicht in Verhandlungen eintreten, da er über den Entwurf des Interessenausgleichs und Sozialplans nicht abschließend beraten habe. Ein Interessenausgleich ist bis zum heutigen Tage, länger als drei Wochen nach Verhandlungsbeginn und schriftlicher Aufforderung zur Aufnahme von Verhandlungen, nicht zustande gekommen. Die beabsichtigte Betriebsänderung ist aber umgehend, spätestens bis ... durchzuführen, weil sonst die Kaufinteressentin von ihrem Angebot zurücktritt. Dies würde zu einer kurzfristigen Schließung des gesamten Betriebes führen.

II.

1. Der Antrag ist zulässig. Zwischen dem Beteiligten zu 1. und dem Beteiligten zu 2. ist innerhalb von drei Wochen nach Verhandlungsbeginn bzw schriftlicher Aufforderung zur Aufnahme von Verhandlungen und umfassender Unterrichtung des Beteiligten 2. kein Interessenausgleich über die geplante Betriebsänderung zustande gekommen.

2. Der Antrag ist auch begründet. Die wirtschaftliche Lage des Unternehmens erfordert auch unter Berücksichtigung der sozialen Belange der Arbeitnehmer, dass die Betriebsänderung ohne vorheriges Durchlaufen des Interessenausgleichsverfahrens nach § 112 Abs. 2 BetrVG durchgeführt wird.

Das Arbeitsgericht entscheidet nur darüber, ob die wirtschaftliche Lage des Unternehmens es erfordert, dass die Betriebsänderung ohne vorheriges Verfahren nach § 112 Abs. 2 BetrVG durchgeführt wird. Ob die geplante Maßnahme dagegen wirtschaftlich sinnvoll ist, entscheidet nicht das Arbeitsgericht, sondern der Insolvenzverwalter.

Lakies, RdA 1997, 145 (149); *Müller*, DZWiR 1999, 221 (224).

Aus dem Gesetzeswortlaut folgt dabei ein zweistufiges Prüfungsschema. Zunächst ist zu prüfen, ob die wirtschaftliche Lage des Unternehmens es erforderlich macht, die Betriebsänderung ohne das vorherige Verfahren nach § 112 BetrVG durchzuführen. Hierbei geht es um die Prüfung der Eilbedürftigkeit. In einem zweiten Schritt ist das Bedürfnis an einer sofortigen Durchführung der Betriebsänderung mit den sozialen Belangen der betroffenen Arbeitnehmer abzuwägen,

> ArbG Lingen, Beschl. v. 9.7.1999 – 2 BV 4/99, ZIP 1999, 1892 (1895); *Oetker/Friese*, DZWiR 2001, 133 (137); *Schaub*, DB 1999, 217 (226); *Steindorf/Regh*, Arbeitsrecht in der Insolvenz, § 3 Rn 514 ff.

Das Arbeitsgericht hat eine Prognoseentscheidung darüber zu treffen, ob die von dem Insolvenzverwalter darzulegende wirtschaftliche Lage auch unter Berücksichtigung der sozialen Belange der Arbeitnehmer es zulässt, dass mit der Durchführung der Betriebsänderung noch länger zugewartet wird.

Die sofortige Durchführung der Stilllegung des Bereichs Gebrauchtmaschinen ist erforderlich, da andernfalls der Betriebserwerber nicht zur Übernahme bereit ist. Eine Fortführung des Betriebes scheidet aus, da der Betrieb nicht produktiv genug ist, seine laufenden Kosten einschließlich Personalkosten aus laufenden Einnahmen zu decken (wird ausgeführt). Bereits daraus ergibt sich die Eilbedürftigkeit. Ausweislich der vorgelegten Ergebnisplanung würden bei Aufrechterhaltung des Betriebs erhebliche Verluste von mehreren hunderttausend Euro pro Monat entstehen. Selbst bei kurzfristiger Einstellung der Betriebstätigkeit würden bis zur Durchführung des Einigungsstellenverfahrens nach § 112 Abs. 2 BetrVG bis zur Beendigung Verfahrens zumindest mehrere hunderttausend Euro, wenn nicht gar mehrere Millionen Euro Verlust hinzukommen (wird ausgeführt).

Soziale Belange der Arbeitnehmer erfordern die Durchführung des Einigungsstellenverfahrens nicht. Der Beteiligte zu 2. hat während der bisherigen Interessenausgleichsverhandlungen keine Alternativkonzepte zu der geplanten Betriebsänderung vorgetragen, die die sozialen Belange der Arbeitnehmer besser berücksichtigen, ohne die wirtschaftliche Lage des Unternehmens unangemessen mehr zu strapazieren. Allein das Interesse der Arbeitnehmer an eine Verzögerung der Realisierung der Betriebsänderung, um die Kündigungstermine hinauszuschieben ist nicht ausreichend,

> ArbG Lingen, Beschl. v. 9.7.1999 – 2 BV 4/99, ZIP 1999, 1892, 1896; Kübler/Prütting/Bork/*Moll*, § 122 InsO Rn 35; *Steindorf/Regh*, Arbeitsrecht in der Insolvenz, § 3 Rn 520.

3. Auf § 122 Abs. 2 Satz 3 InsO iVm § 61a Abs. 3–6 ArbGG (beschleunigte Erledigung, besondere Prozessförderung) wird hingewiesen.

4. Muster: Betriebsratswahl – Abbruch durch einstweilige Verfügung wegen fehlerhafter Besetzung des Wahlvorstands

Wir bestellen uns zu Verfahrensbevollmächtigten der Antragstellerin und beantragen, durch einstweilige Verfügung – wegen der Dringlichkeit ohne vorherige mündliche Verhandlung – wie folgt zu beschließen:

1. Es wird festgestellt, dass der Beschluss des Betriebsrats vom … über die Einsetzung eines neunköpfigen Wahlvorstands unwirksam ist.
2. Der Streitwert wird festgesetzt.

Gründe

I.

1. Die Antragstellerin ist ein Betrieb, der in insgesamt neun Abteilungen aufgeteilt ist. Auf dem Betriebsgelände befinden sich mehrere Hallen, in denen knapp 250 Arbeitnehmer beschäftigt sind. Die Hallen liegen zum Teil bis zu 20 Meter auseinander. Der Beteiligte zu 2. ist der aus neun Köpfen bestehende Wahlvorstand, den der Beteiligte zu 3. durch Beschluss vom ... eingesetzt hat. Der Beteiligte zu 2. besteht aus den Arbeitnehmern ... und hat mit den Vorbereitungen der Durchführung einer Betriebsratswahl begonnen.

2. Der bei der Antragstellerin eingerichtete Betriebsrat wählte am ... einen aus neun Mitgliedern bestehenden Wahlvorstand zur Durchführung der Betriebsratswahl. Die Antragstellerin, die hierüber am selben Tag unterrichtet wurde, forderte den Beteiligten zu 3. mit Schreiben vom ... auf, einen dreiköpfigen Wahlvorstand zu bestellen.

Glaubhaftmachung: Vorlage des Schreibens in Kopie – Anlage K 1.

Nachdem der Beteiligte zu 3. die Aufforderung der Antragstellerin zurückgewiesen hatte, war die Durchführung eines Beschlussverfahrens geboten. Nach Auffassung der Antragstellerin ist ein neunköpfiger Betriebsrat nicht erforderlich. Die Voraussetzungen einer Erhöhung der Zahl der Wahlvorstandsmitglieder nach § 16 Abs. 1 Satz 2 BetrVG ist nicht gegeben.

Der Beteiligte zu 3. vertritt demgegenüber die Ansicht, er sei bei der Bestellung des Wahlvorstandes der Vorstellung gefolgt, dass jede Abteilung im Wahlvorstand präsent sein solle. Der Betrieb der Antragstellerin habe insgesamt neun Abteilungen. Die Durchführung der Betriebsratswahl steht kurz bevor, sie ist noch nicht erfolgt.

II.

Die Antragstellerin hat einen Anspruch auf Erlass einer einstweiligen Verfügung. Wenn der Betriebsrat eines Betriebes ohne Außenstellen einen neunköpfigen Wahlvorstand mit der Begründung bestellt, er wolle, dass sämtliche Abteilungen im Wahlvorstand vertreten sein, ist dieser Beschluss unwirksam,

LAG Nürnberg 30.3.2006 – 6 TaBV 19/06, juris m. Anm. *Wolmerath*, jurisPR-ArbR 32/2006 Anm. 3.

Der Arbeitgeber kann die gerichtliche Feststellung beantragen, dass der Beschluss des Betriebsrats über die Einsetzung des Wahlvorstands unwirksam ist. Diese Feststellung kann nach Auffassung des LAG Nürnberg auch im Verfahren einer einstweiligen Verfügung getroffen werden. Effektive Rechtsschutzgewährung gebiete in derartigen Fällen, in denen kein anderer Weg zur Verfügung stehe, den Erlass einer entsprechenden Feststellungsverfügung,

LAG Nürnberg 30.3.2006 – 6 TaBV 19/06, juris m. Anm. *Wolmerath*, jurisPR-ArbR 32/2006 Anm. 3.

Die gerichtliche Feststellungsverfügung ist notwendig und geeignet, um für die Beteiligten in effektiver Weise für klare Verhältnisse zu sorgen. Die Feststellung, dass der Wahlvorstand nicht wirksam eingesetzt ist, ist wegen der anstehenden Betriebsratswahl höchst eilbedürftig. Andere vergleichbare effektive Rechtsschutzmöglichkeiten (zB Anfechtung des Betriebsratsbeschlusses) stehen nicht zur Verfügung.

Deshalb kommt eine solche Feststellung nach Auffassung des LAG Nürnberg nicht nur dann in Betracht, wenn der Fehler so gravierend ist, dass die nachfolgende Wahl als nichtig anzusehen ist. Vieles spricht dafür, dass es wegen des Legitimationsdefizits eines fehlerhaft gewählten Betriebsrats hinnehmbar ist, die Wahl abzubrechen und eine Neuwahl auch dann anzuordnen, wenn der im Wahlverfahren vorhandene Fehler nur zu einer Anfechtung der Betriebsratswahl führen würde. Nach Auffassung des LAG Nürnberg gilt dieser Grundsatz zumindest dann, wenn der Erfolg einer Anfechtung überwiegend wahrscheinlich ist.

Ob im Hinblick auf eine Vermeidung betriebsratsloser Zeiten weitere Einschränkungen hinzunehmen sind, kann in einer Fallkonstellation wie der vorliegenden nach Meinung des LAG Nürnberg dahinstehen. Denn aufgrund der vorliegenden Fallgestaltung ist eine betriebsratslose Zeit nicht zu befürchten. Daher gibt es auch keine Rechtfertigung, den präventiven Rechtsschutz auszuschließen. Soweit keine Nachteile den Beschäftigten drohen, ist die Installierung eines fehlerhaft gewählten Betriebsrats für die Dauer eines Wahlanfechtungsverfahrens hinzunehmen. Der Anfechtungsgrund ist darin zu erblicken, dass der Wahlvorstand fehlerhaft besetzt ist,

LAG Nürnberg 30.3.2006 – 6 TaBV 19/06, juris m. Anm. *Wolmerath*, jurisPR-ArbR 32/2006 Anm. 3.

Eine Erhöhung der gesetzlich vorgegebenen Regelzahl von drei Mitgliedern des Wahlvorstands kommt nur dann in Betracht, wenn die Erhöhung gem. § 16 Abs. 1 Satz 2 BetrVG erforderlich ist. Die Erforderlichkeit ergibt sich beispielsweise, wenn mehrere Wahllokale eingerichtet werden müssen, in denen notwendigerweise mindestens ein Wahlvorstandsmitglied durchgehend anwesend sein muss. Verfügt der Betrieb beispielsweise über Filialen oder Niederlassungen in einer größeren Zahl als drei an anderen Orten, kann es wegen der an den unterschiedlichen Arbeitsstellen aufzustellenden Wahlurnen und der Bewachung des Wahlvorgangs erforderlich sein, eine größere Mitgliederzahl als drei für den Wahlvorstand vorzusehen. Derartiges ist im Betrieb der Antragstellerin allerdings nicht erforderlich, da sich alle Abteilungen und Betriebsstätten auf einem Grundstück befinden und der Vorsitzende des Betriebsrats in einem persönlichen Gespräch mit dem Personalchef bereits eingeräumt hat, dass die Aufstellung nur einer Wahlurne im Vorraum der Kantine vorgesehen sei.

Nach Auffassung des LAG Nürnberg ist es nicht erforderlich, im Verfahren des einstweiligen Rechtsschutzes nachzuweisen, dass sich die Bestellung eines neunköpfigen Wahlvorstands nachteilig auf das Wahlergebnis auswirkt. Denn es kann nie ausgeschlossen werden, dass ein anders besetzter Wahlvorstand zu anderen Überlegungen und Entscheidungen gekommen wäre als der vom Betriebsrat in gesetzlich nicht zulässiger Größe bestellte Wahlvorstand,

LAG Nürnberg 30.3.2006 – 6 TaBV 19/06, juris m. Anm. *Wolmerath*, jurisPR-ArbR 32/2006 Anm. 3.

5. Muster: Betriebsversammlung – Antrag auf einstweilige Verfügung im Planungsstadium

Wir bestellen uns zu Verfahrensbevollmächtigten der Antragstellerin und beantragen – wegen der Dringlichkeit ohne vorherige mündliche Verhandlung –, wie folgt zu beschließen:

1. Dem Beteiligten zu 2. wird untersagt, in der Zeit vom ... bis ... am ... in ... eine Betriebsversammlung abzuhalten und dazu einzuladen.
2. Dem Beteiligten zu 2. wird untersagt, Betriebsversammlungen an anderen Tagen während des Weihnachtsgeschäfts bis zum 24.12. ..., 16.00 Uhr, in ... abzuhalten und dazu einzuladen.
3. Für jeden Fall der Zuwiderhandlung gegen die Verpflichtung aus den Ziffern 1 und 2 wird dem Beteiligten zu 2. – bezogen auf jeden Fall des Verstoßes – ein Ordnungsgeld, dessen Höhe in das Ermessen des Gerichts gestellt wird, ersatzweise Ordnungshaft, angedroht.
4. Der Streitwert wird festgesetzt.

Gründe

Die Antragstellerin ist ein bundesweit tätiger Einzelhandelskonzern, der in ... ein Kaufhaus betreibt. Der Beteiligte zu 2. ist der gewählte Betriebsrat der Betriebsstätte, die aus dem Kaufhaus in ... besteht. Der Beteiligte zu 2. hat im Monatsgespräch am ... angekündigt, dass er wenige Tage vor Weihnachten, am ... in der Zeit von ... bis ..., eine vierteljährliche Betriebsversammlung abhalten will. Die Geschäftsleitung hat in der

Sitzung gegen die Ankündigung des Betriebsratsvorsitzenden protestiert. Der Betriebsratsvorsitzende erklärte, der Betriebsrat werde an seiner Entscheidung festhalten.

Glaubhaftmachung: Eidesstattliche Versicherung des Geschäftsführers.

Bei der Betriebsversammlung handelt es sich um eine vierteljährliche Versammlung, wie sie nach § 43 Abs. 1 Satz 1 BetrVG vorgesehen ist. Die letzte Betriebsversammlung fand im Oktober statt. Bei dieser Sachlage besteht kein Anspruch des Betriebsrats auf Durchführung der Betriebsversammlung.

Zwar haben Betriebsversammlungen grundsätzlich während der Arbeitszeit stattzufinden, § 44 Abs. 1 BetrVG. Bei Warenhäusern und Ladengeschäften ist es dagegen anerkannt, dass es nicht tragbar ist, dass die Betriebsversammlungen während des Weihnachts- oder Ostergeschäfts oder der Schlussverkäufe durchgeführt werden,

> BAG 9.3.1976 – 1 ABR 74/74, AP § 44 BetrVG 1972 Nr. 3; LAG Berlin 26.10.1962 – 3 TaBV 2/62, DB 1963, 1327; ArbG Wuppertal 23.1.1975 – 1 BVGa 1/75, DB 1975, 1084; BAG 31.8.1982 – 1 ABR 27/80, BAGE 40, 107 = AP § 87 BetrVG 1972 Arbeitszeit Nr. 8; *Fitting u.a.*, BetrVG, § 44 Rn 18.

Da der von dem Beteiligten zu 2. vorgesehene Termin exakt in die Hauptfrequentierungszeit der Betriebsstätte während des Weihnachtsgeschäfts fällt, ist wegen der andernfalls erforderlichen Schließung des Kaufhauses dem Antragsteller die Betriebsversammlung zu diesem Zeitpunkt nicht zuzumuten.

Darüber hinaus fand erst im Oktober ... eine reguläre Betriebsversammlung statt, so dass ohnehin noch kein zwingender Bedarf für eine weitere Betriebsversammlung besteht. Der Beteiligte zu 2. hat deshalb ausnahmsweise die Betriebsversammlung nach § 44 Abs. 2 BetrVG außerhalb der Arbeitszeit zu legen oder einen Zeitpunkt im Januar ... zu wählen, damit es nicht zu den gewaltigen Umsatzeinbußen bei dem Antragsteller kommt.

Fände die Betriebsversammlung zu dem vom Betriebsratsvorsitzenden bekannt gegebenen Zeitpunkt statt, hätte diese Maßnahme Umsatzeinbußen in einer Größenordnung von ... Mio. EUR zur Folge.

Glaubhaftmachung: Eidesstattliche Versicherung des Geschäftsführers.

Angesichts der rückläufigen Entwicklung im Einzelhandel und der ohnehin wirtschaftlich schwierig gewordenen Situation bei den Filialkaufhäusern könnte die Betriebsstätte einen solchen Umsatzeinbruch nicht verkraften, ohne damit rechnen zu müssen, dass die Konzernleitung die Schließung des Standorts und damit den Verlust aller Arbeitsplätze verfügt.

Glaubhaftmachung: Eidesstattliche Versicherung des Geschäftsführers.

Sollte das Gericht der Meinung sein, dass keine Entscheidung im Wege der einstweiligen Verfügung ohne mündliche Verhandlung ergehen kann, wird um höchstmögliche Abkürzung der Ladungsfristen gebeten, damit in der Belegschaft nicht noch mehr Unruhe und Verwirrung als ohnehin bereits entstanden aufkommen.

6. Muster: Einigungsstellenvorsitzender – Schreiben des Arbeitgebers an Betriebsrat, der Bestellung zuzustimmen

Sehr geehrte Damen und Herren,

schon seit einiger Zeit ist unsere Auftragslage starken Schwankungen unterworfen. Insbesondere in den Monaten ... können die eingehenden Aufträge nur durch Überstunden und Sonderschichten bewältigt werden. Sie wissen, dass in anderen Monaten, so beispielsweise in den Monaten ..., die Auftragslage schwach ist, so dass wir die Schwankungen in unserer Auftragslage nicht durch die Einstellung zusätzlicher Mitarbeiterinnen und Mitarbeiter auffangen können. Die Vereinbarung einer ausreichenden Zahl von Überstunden ist daher zwingend geboten.

Die Namen der betroffenen Arbeitnehmer, die in der Zeit vom ... bis ... ihr Einverständnis erklärt haben, Überstunden und Sonderschichten zu leisten, hatten wir Ihnen übergeben. Wir haben in zwei Besprechungen Sie um Ihre Zustimmung gem. § 87 Abs. 1 Nr. 3 BetrVG gebeten. Unsere letzte Sitzung am ... dauerte ... Stunden. Es ist uns nicht gelungen, Sie von der Notwendigkeit der Überstunden zu überzeugen. Sie haben zum Abschluss der Verhandlung erklärt, Sie würden Ihre Zustimmung weder zu einzelnen Überstunden noch zu Sonderschichten erteilen. Unsere Verhandlungen sind damit gescheitert.

Wir rufen deshalb die Einigungsstelle an und bitten Sie um Ihre Zustimmung zu folgender Besetzung: Den Vorsitz soll ein Richter der Arbeitsgerichtsbarkeit haben, jede Seite soll zwei Beisitzer stellen. Auf Ihrer Seite sollte eine Mitglied des Betriebsrats und entweder ein Vertreter Ihrer Gewerkschaft oder Ihr Rechtsanwalt Beisitzer sein, auf unserer Seite soll als Beisitzer der Unterzeichner und unser Hausanwalt bestellt werden. Als Vorsitzenden der Einigungsstelle schlagen wir Herrn Richter am Arbeitsgericht ... vor, der nicht unserem Gerichtsbezirk tätig ist und nach Auskunft des Direktors des für uns zuständigen Arbeitsgerichts ... sowohl über die erforderliche Nebentätigkeitsgenehmigung verfügt als auch bereit wäre, kurzfristig zur Verfügung zu stehen. Bitte teilen Sie uns umgehend, spätestens innerhalb von drei Tagen mit, ob Sie mit diesem Vorschlag einverstanden sind, ansonsten müssten wir umgehend einen Antrag beim Arbeitsgericht nach § 98 ArbGG beantragen, die Einigungsstelle durch das Arbeitsgericht einsetzen zu lassen.

7. Muster: Einigungsstellenvorsitzender – Bestellung und Bestellung der Beisitzer für Versuch eines Interessenausgleichs

Wir bestellen uns zu Verfahrensbevollmächtigten der Antragstellerin, in deren Namen und Auftrag wir beantragen, wie folgt zu erkennen:

1. Es wird beantragt, Herrn Richter ... zum Vorsitzenden einer Einigungsstelle zu bestellen.
2. Es wird beantragt, die Zahl der von jeder Seite zu benennenden Beisitzer für die im Antrag Ziffer 1 erwähnte Einigungsstelle auf zwei Mitglieder zu begrenzen.
3. Der Streitwert wird festgesetzt.

Gründe

I.

Der Beteiligte zu 2. ist der gewählte Betriebsrat bei der Antragstellerin. Die Antragstellerin beabsichtigt, eine Betriebsänderung gem. § 111 BetrVG durchzuführen. Zu diesem Zweck hat sie seit zwei Monaten Verhandlungen mit dem Beteiligten über einen Interessenausgleich geführt. Diese Verhandlungen haben keinen Erfolg gehabt.

Beweis: ...

Nunmehr unternimmt die Antragstellerin gem. § 113 Abs. 3 BetrVG den Versuch eines Interessenausgleichs im Rahmen einer Einigungsstelle.

II.

In den Vorgesprächen konnten sich die Parteien nicht auf die Person des Einigungsstellenvorsitzenden einigen. Die Antragstellerin hatte Herrn Richter am Arbeitsgericht ... vorgeschlagen. Der Betriebsrat war mit der Person dieses Richters nicht einverstanden und schlug stattdessen Herrn Richter am Arbeitsgericht ... vor. Einvernehmen zwischen den Parteien konnte über beide Kandidaten nicht erzielt werden.

Wir halten es für eine Stilfrage, uns nicht an einer Diskussion über die Vor- und Nachteile der einzelnen Richterpersönlichkeiten zu beteiligen. Eine Begründung des Antrags Ziffer 1 muss damit unserer Auffassung nach entfallen.

Aus den Vorgesprächen wissen wir, dass der Beteiligte zu 2. eine Besetzung der Einigungsstelle mit dem Betriebsratsvorsitzenden, dem Rechtsanwalt des Betriebsrats und einem Gewerkschaftssekretär wünscht. Wir halten diese Besetzung schon allein aus Kostengründen für überzogen. Der Arbeitgeber müsste in diesem Falle die Kosten sowohl des nicht betriebsangehörigen Gewerkschaftssekretärs als auch des Rechtsanwalts als Mitglied der Einigungsstelle tragen. Hierzu besteht keine Notwendigkeit, insbesondere im Hinblick auf einen Interessenausgleich, den der Arbeitgeber gem. § 112 Abs. 2 Satz 2 BetrVG nur zu versuchen hat, können angesichts der gegenwärtigen Ertragslage der Antragstellerin, die die Betriebsänderung erforderlich macht, keine überflüssigen Kosten übernommen werden. Die Kosten zweier, nicht betriebsangehöriger Mitglieder einer Einigungsstelle sind solche überflüssigen Kosten, weshalb die Beschränkung auf zwei Beisitzer mit dem Antrag Ziffer 2 begehrt wird.

III.

Das Gericht wird um Verkürzung der Ladungsfristen auf das mindestmögliche Maß gebeten. Die Angelegenheit ist, wie dargelegt, in hohem Maße eilbedürftig, wie die meisten Verfahren der vorliegenden Art. Die Beantragung des Erlasses einer einstweiligen Verfügung ist im Besetzungsverfahren nach § 98 ArbGG ausgeschlossen,

> ArbG Siegburg, Beschl. v. 15.11.2001 – 5 BV Ga 6/01, DB 2002, 278; ArbG Ludwigshafen, Beschl. v. 20.11.1996 – 3 GaBV 3062/96, NZA 1997, 172; ArbG Düsseldorf, Beschl. v. 24.6.1992 – 4 BVGa 14/92, BB 1992, 1791; LAG Hessen, Beschl. v. 24.10.1989 – 5 TABVGa 155/89, DB 1990, 2126; Germelmann/Matthes/Prütting/*Matthes/Schlewing*, ArbGG, § 98 Rn 18.

Ist der Ausschluss von einstweiligen Verfügungen im Einigungsstellenbesetzungsverfahren gerechtfertigt, ergibt sich diese Folge nur dann, wenn das Bestellungsverfahren selbst nach § 98 ArbGG als Beschlussverfahren in besonderen Fällen bereits als eine Art Eilverfahren ausgestaltet wird. Hierzu ist die kurzfristige Anberaumung eines Termins erforderlich.

8. Muster: Einigungsstellenvorsitzender – Zurückweisung des Antrags auf Bestellung wegen mangelnden Rechtsschutzbedürfnisses

...

Wir bestellen uns zu Verfahrensbevollmächtigten der Beteiligten zu 2. und beantragen, einen möglichst frühen Anhörungstermin anzuberaumen, in dem wir beantragen zu erkennen:

1. Der Antrag wird zurückgewiesen.
2. Hilfsweise: Das Verfahren wird ausgesetzt, um den Beteiligten Gelegenheit zu geben, den fehlenden Einigungsversuch nachzuholen.
3. Der Streitwert wird festgesetzt.

Gründe

Der Antragsteller verfügt nicht über das für die Geltendmachung im Beschlussverfahren erforderliche Rechtsschutzbedürfnis. Der Antragsteller hat dem Beteiligten zu 2. am ... den Entwurf einer Betriebsvereinbarung zu dem Thema ... übersandt und ihn unter Fristsetzung von ... Tagen aufgefordert, die Zustimmung zu diesem Betriebsvereinbarungsentwurf zu erteilen.

Der Antragsteller hat sich bislang weder bereit erklärt, auf Gegenvorstellungen des Beteiligten zu 2. einzugehen, noch in Verhandlungen über den Inhalt des Regelungsgegenstands der Betriebsvereinbarung einzutreten. Der Beteiligte zu 2. hat den Antragsteller schriftlich ausführlich aufgefordert, Verhandlungstermine abzustimmen.

Beweis: Vorlage des Schreibens in Kopie – Anlage B 1.

Stattdessen hat der Antragsteller unmittelbar das Verfahren nach § 98 BetrVG auf Bestellung eines Einigungsstellenvorsitzenden eingeleitet. So lange es noch keine internen Verhandlungen gegeben hat, fehlt dem Antragsteller das Rechtsschutzbedürfnis.

Aus § 74 Abs. 1 Satz 2 BetrVG ergibt sich ein gegenseitiger Anspruch der Betriebsparteien auf innerbetriebliche Verhandlungen. Ruft eine Betriebspartei die Einigungsstelle an, ohne auf dem Verhandlungsweg mit dem Gegner eine Einigung zu sämtlichen gewünschten Regelungen versucht zu haben, fehlt dem Antrag das erforderliche Rechtsschutzbedürfnis,

LAG Baden-Württemberg, Beschl. v. 4.10.1984 – 11 TaBV 4/84, NZA 1985, 163; LAG Frankfurt, Beschl. v. 12.11.1991 – 4 TaBV 148/91, NZA 1992, 853; LAG Hamm 19.9.2011 – 13 TaBV 62/11, juris; LAG Rheinland-Pfalz 8.3.2012 – 11 TaBV 12/12, juris.

149 9. Muster: Ersetzung der Zustimmung des Betriebsrats zur Kündigung – Antrag im Beschlussverfahren

wegen: Ersetzung der Zustimmung des Betriebsrats zur Kündigung eines Betriebsratsmitglieds

Wir bestellen uns zu Verfahrensbevollmächtigten der Antragstellerin und beantragen namens und in Vollmacht des Antragstellers:

1. Die Zustimmung des Betriebsrats zur Kündigung des Betriebsratsmitglieds … wird ersetzt.
2. Der Streitwert wird festgesetzt.

Gründe

Die Antragstellerin ist ein Unternehmen für …. Sie beschäftigt rd. … Arbeitnehmer. Der Antragsgegner ist der Betriebsrat der Antragstellerin.

Die Antragstellerin beabsichtigt, dem Beteiligten außerordentlich zu kündigen. Dieser ist seit dem … bei der Antragstellerin als … beschäftigt. Er ist … Jahre alt, verheiratet und hat … Kinder. Seit dem … gehört er dem Betriebsrat an.

Die Antragstellerin hat mit Schreiben vom … bei dem Antragsgegner um Zustimmung zur außerordentlichen Kündigung gebeten. Der Antragsgegner hat in der Sitzung vom … beschlossen, die Zustimmung nicht zu erteilen und dies der Antragstellerin mit Schreiben vom … mitgeteilt.

Der Antragsgegner hat die Zustimmung zu Unrecht verweigert; für die außerordentliche Kündigung besteht ein wichtiger Grund (§ 626 BGB). …

10. Muster: Ersetzung der Zustimmung eines Mitglieds des Betriebsrats – Antrag im Beschlussverfahren

…

wegen: Zustimmungsersetzung gem. § 103 Abs. 2 BetrVG

vertreten wir die Antragstellerin und Beteiligte zu 1. (nachfolgend „Antragstellerin"). Namens und in ihrem Auftrag leiten wir ein Beschlussverfahren ein und beantragen:

1. Die Zustimmung des Antragsgegners und Beteiligten zu 2. zur Versetzung des Beteiligten zu 3. an den neuen Standort der Antragstellerin in … wird ersetzt.
2. Die Zustimmung des Antragsgegners und Beteiligten zu 2. zur vorsorglichen außerordentlichen Änderungskündigung des Beteiligten zu 3. und – für den Fall der Ablehnung des Änderungsangebots – zu der außerordentlichen Beendigungskündigung wird ersetzt.

Gründe

A. Sachverhalt

Dem Beschlussverfahren liegt folgender Sachverhalt zugrunde:

I. Die Beteiligten

1. Die Antragstellerin

Die Antragstellerin betreibt ….

    Beweis: … – Anlage K 1.

Die Antragstellerin unterhält gegenwärtig drei Betriebe an den Standorten …. Am Standort … waren bislang regelmäßig … Mitarbeiter beschäftigt.

Für die Betriebe an den Standorten … und … besteht jeweils ein Betriebsrat. Ferner besteht für das Unternehmen der Antragstellerin ein Gesamtbetriebsrat.

2. Antragsgegner

Der Antragsgegner ist der für den Betrieb der Antragstellerin an dem Standort … gewählte Betriebsrat, der aus sieben Mitgliedern besteht.

3. Beteiligter zu 3.

Der Beteiligte zu 3. ist Mitglied des am Standort … bestehenden Betriebsrats. Er ist … Jahre alt, verheiratet und hat … Kind.

Der Beteiligte zu 3. ist bei der Antragstellerin seit …, zuletzt als … beschäftigt. In Ziffer 1 des Arbeitsvertrages des Beteiligten zu 3. heißt es: …

Gemäß Ziffer … des Arbeitsvertrages beträgt die ordentliche Kündigungsfrist drei Monate zum Monatsende.

    Beweis: Arbeitsvertrag vom … – Anlage K 2.

II. Betriebsänderung

1. Verändertes Standortkonzept der Antragstellerin

Ab … konzentriert die Antragstellerin ihre Tätigkeit an einem neuen Standort in …. Dazu werden der Betrieb an dem Standort … und der Betrieb am Standort … bis spätestens … nach … verlegt. An dem in der Region … anzusiedelnden Standort der Antragstellerin werden nur Mitarbeiter beschäftigt, die aufgrund ihres Arbeitsvertrages als … tätig sind und deren arbeitsvertragliche Aufgaben – dies sind im Wesentlichen … – mit den arbeitsvertraglichen Aufgaben des Beteiligten zu 3. nicht vergleichbar sind.

Die Verlegung des Standorts ... beginnt am ..., der Standort ... wird ab ... nach ... verlegt. Die zu verlegenden Betriebsteile aus ... und ... werden mit dem Betrieb am Standort ... zu einem neuen Betrieb zusammengeschlossen.

Mit der Verlegung fällt die Möglichkeit, den Beteiligten zu 3. am Standort ... zu beschäftigen, ab ... weg. Die vom Beteiligten zu 3. zu erledigenden Arbeitsaufgaben werden künftig ausschließlich vom neuen Standort ... aus erfüllt.

2. Interessenausgleich

Über das Standortkonzept und die zu seiner Umsetzung notwendigen Maßnahmen schlossen die Antragstellerin und der Gesamtbetriebsrat am ... einen Interessenausgleich.

In § 3.2 des Interessenausgleichs heißt es:

„Der Arbeitgeber wird allen Arbeitnehmern den bisher innegehabten Arbeitsplatz ... an dem neuen Standort zur Weiterbeschäftigung schriftlich zuweisen („Versetzung"). Der Arbeitgeber wird bei der Zuweisung des neuen Tätigkeitsortes eine Ankündigungsfrist einhalten, die mindestens der vertraglich vereinbarten oder der gesetzlichen Kündigungsfrist entspricht, je nachdem, welche Frist länger ist."

In § 3.4 des Interessenausgleichs heißt es:

„Widersprechen Arbeitnehmer der Versetzung oder äußern sie sich nicht innerhalb der Erklärungsfrist nach § 3.3 [2 Wochen nach Zugang der schriftlichen Zuweisung], kann der Arbeitgeber unter Wahrung der gesetzlichen und vertraglichen Kündigungsfrist vorsorglich Änderungskündigungen mit dem Ziel der Weiterbeschäftigung an dem neuen Standort aussprechen."

Beweis: Interessenausgleich vom ... – Anlage K 3.

Die Antragstellerin und der Gesamtbetriebsrat verständigten sich außerdem auf eine Namensliste, in der sie die Mitarbeiter namentlich bezeichneten, denen gegenüber die Antragstellerin eine (vorsorgliche) Änderungskündigung mit dem Ziel der Weiterbeschäftigung in ... aussprechen kann, wenn eine einvernehmliche Regelung über den neuen Tätigkeitsort nicht erzielt werden kann. Der Beteiligte zu 3. ist in der Namensliste zum Interessenausgleich benannt.

Beweis: Interessenausgleich nebst Namensliste vom ... – Anlage K 4.

3. Sozialplan

Über den Ausgleich etwaiger sozialer und wirtschaftlicher Nachteile der von der Verlegung des Standorts ... betroffenen Arbeitnehmer schlossen die Antragstellerin und der Antragsgegner am ... einen Sozialplan.

Beweis: Sozialplan vom ... – Anlage K 4.

Danach gewährt die Antragstellerin den von der Verlegung betroffenen Mitarbeitern des bisherigen Standorts ... verschiedene Leistungen, um die wirtschaftlichen Nachteile eines möglichen Umzugs nach ... oder auch einer vorübergehenden doppelten Haushaltsführung aufzufangen.

III. Umsetzung des Standortkonzepts

1. Zuweisung des neuen Standortkonzepts

...

2. Keine Zustimmung des Beteiligten zu 3.

Der Beteiligte zu 3. stimmte seiner Versetzung an den neuen Standort ... nicht zu.

3. Vorsorglicher Antrag auf Zustimmung zur Versetzung und zur vorsorglichen Änderungskündigung

Die Antragstellerin beantragte deshalb bei dem Antragsgegner vorsorglich mit Schreiben vom ..., das dem Antragsgegner am ... zuging, die Zustimmung zur Versetzung des Beteiligten zu 3. Gleichzeitig beantragte die Antragstellerin bei dem Antragsgegner, die Zustimmung zu einer vorsorglichen außerordentlichen betriebsbedingten Änderungskündigung mit Auslauffrist zu erteilen,

Beweis: Schreiben der Antragstellerin vom ... – Anlage K 5.

Der Antragsgegner stimmte weder der Versetzung des Beteiligten zu 3. nach ... noch der vorsorglichen außerordentlichen Änderungskündigung und – für den Fall der Ablehnung des Änderungsangebots – der außerordentlichen Beendigungskündigung zu. Er erklärte vielmehr mit E-Mail vom ..., er werde keine Stellungnahme abgeben.

Beweis: E-Mail des Antragsgegners vom ... – Anlage K 6.

Hinsichtlich der 25 Nichtbetriebsratsmitglieder und zweier Ersatzmitglieder, die ebenfalls von der Verlegung betroffen sind und die ihrer Versetzung nicht zustimmten, ließ der Antragsgegner die Wochenfrist nach § 102 Abs. 1 BetrVG verstreichen, ohne Bedenken gegen die vorsorglichen Änderungskündigungen geltend zu machen oder diesen zu widersprechen.

4. Vorsorgliche Änderungskündigungen gegenüber Nichtbetriebsratsmitgliedern

Die Antragstellerin sprach gegenüber allen von der Verlegung betroffenen Mitarbeitern des Standorts ..., die nicht dem Antragsgegner angehören und die sich mit der Versetzung nach ... nicht einverstanden erklärten, eine vorsorgliche Änderungskündigung zum ... aus. Hiervon ausgenommen sind zwei in Elternzeit befindliche Mitarbeiterinnen, für die noch die Zustimmung der Bezirksregierung ... nach § 18 BEEG aussteht.

Mangels Zustimmung des Antragsgegners konnte die Antragstellerin gegenüber dem Beteiligten zu 3. – sowie gegenüber drei weiteren Betriebsratsmitgliedern – weder die Versetzung noch die vorsorgliche Änderungskündigung erklären.

B. Rechtslage

Die Anträge sind zulässig und begründet.

I. Rechtsweg

Gemäß § 2a Abs. 1 Nr. 1 ArbGG iVm § 103 Abs. 2 BetrVG entscheidet das Arbeitsgericht im Beschlussverfahren über die Ersetzung der Zustimmung des Betriebsrats zu Versetzungen und zu außerordentlichen Kündigungen.

II. Antrag auf Ersetzung der Zustimmung zur Versetzung

Der Antrag, die Zustimmung des Antragsgegners zur Versetzung des Beteiligten zu 3. an den neuen Standort zu ersetzen, ist begründet. Die Zustimmung ist zu ersetzen, wenn sie der Betriebsrat zu Unrecht verweigert. Dies ist vorliegend der Fall. Denn der Antragsgegner verweigert seine Zustimmung, obwohl die Versetzung des Beteiligten zu 3. aus dringenden betrieblichen Gründen notwendig ist (hierzu unter 1.) und die Antragstellerin dem Beteiligten zu 3. den neuen Arbeitsort im Wege ihres Direktionsrechts zuweisen kann (hierzu unter 2.).

Im Einzelnen:

1. Dringende betriebliche Gründe

Die Versetzung des Beteiligten zu 3. ist aufgrund dringender betrieblicher Gründe notwendig. Dringende betriebliche Gründe iSv § 103 Abs. 3 BetrVG liegen immer dann vor, wenn keine zumutbaren betrieblichen Alternativen bestehen bzw wenn es keine gleich geeigneten und für die Kontinuität der Amtsführung des Betriebsrats weniger einschneidenden Maßnahmen gibt,

vgl *Fitting u.a.*, BetrVG, § 103 Rn 74.

Diese Voraussetzungen sind vorliegend erfüllt. Denn die Versetzung nach ... stellt für die Antragstellerin die einzige Möglichkeit dar, den Beteiligten zu 3. überhaupt weiterzubeschäftigen:

1.1 Wegfall der Beschäftigungsmöglichkeit in ...

Aufgrund der Verlegung der wesentlichen Betriebsteile des bisherigen Standorts ... nach ... kann der Beteiligte zu 3. über den ... hinaus in ... nicht weiterbeschäftigt werden. Denn die Aufgaben des Beteiligten zu 3. als ... werden nach der unternehmerischen Entscheidung der Antragstellerin ab dem ... nur noch von ... aus erfüllt werden.

Auf eine Weiterbeschäftigung an dem in der Region ... verbleibenden Standort der Antragstellerin konnte und musste die Antragstellerin den Beteiligten zu 3. nicht verweisen, weil die am Standort zu erfüllenden Aufgaben nicht zu den arbeitsvertraglichen Aufgaben des Beteiligten zu 3. gehören.

1.2 Unternehmerische Entscheidung

Die Entscheidung, ihre Standorte in ... zusammenzulegen, stand der Antragstellerin vor dem Hintergrund ihrer Grundrechte aus Art. 12 und 14 GG frei. Dabei hielt sich die Antragstellerin im Rahmen der bestehenden betriebsverfassungsrechtlichen Schranken, insbesondere schloss sie einen Interessenausgleich und einen Sozialplan.

§ 103 Abs. 3 BetrVG beschränkt den Unternehmer in seiner Entscheidung, wo er seine Tätigkeit entfaltet, nicht. § 103 Abs. 3 BetrVG bezweckt nicht, dass der Arbeitgeber unternehmerische Entscheidungen deshalb nicht umsetzen kann, weil Betriebsratsmitglieder nicht versetzt werden können. Denn es besteht kein Bedürfnis, den Betriebsrat an einem von übrigen Arbeitnehmern entleerten Standort aufrechtzuerhalten. Der Betriebsrat verletzte sogar seine Amtspflichten, wenn er die Zustimmung verweigert, nur um im Wege eines Zustimmungsersetzungsverfahrens eine Bevorzugung der Betriebsratsmitglieder gegenüber den übrigen Arbeitnehmern des Betriebsrats zu erreichen,

> vgl BAG 7.10.2004 – 2 AZR 81/04, BAGE 112, 148 = NZA 2005, 156.

Resultieren mithin aus der unternehmerischen Entscheidung betriebliche Gründe, die eine Versetzung – auch der Betriebsratsmitglieder – erforderlich machen, ist der Arbeitgeber wegen § 103 Abs. 3 BetrVG gerade nicht veranlasst, zugunsten des Bestands des Betriebsrats sein unternehmerisches Konzept aufzugeben oder abzuändern.

2. Zuweisung des neuen Tätigkeitsortes im Wege des Direktionsrechts

Die Antragstellerin kann dem Beteiligten zu 3. den neuen Tätigkeitsort im Wege ihres Direktionsrechts zuweisen:

2.1 Erweiterung des Direktionsrechts durch Versetzungsvorbehalt

Der Wirksamkeit der Versetzung per Weisungsrecht steht zunächst nicht entgegen, dass der Beteiligte zu 3. nach seinem Arbeitsvertrag in ... zu beschäftigen ist. Die Antragstellerin behielt sich in Ziffer 1. des Arbeitsvertrages ausdrücklich das Recht vor, dem Beteiligten zu 3. einen anderen zumutbaren Tätigkeitsort zuzuweisen.

2.2 Zumutbarkeit der Versetzung

Die Zuweisung des neuen Tätigkeitsortes hält sich im Rahmen des vertraglich vereinbarten Versetzungsvorbehalts.

2.2.1 Keine Berücksichtigung persönlicher Umstände

Die Antragstellerin ist insbesondere nicht gehalten, die Auswirkungen der Versetzung auf die private Lebensführung des Beteiligten zu 3. zu berücksichtigen. Denn bei der Frage, ob sich die Zuweisung eines anderen Tätigkeitsortes im Rahmen des Direktionsrechts des Arbeitgebers hält, sind persönliche Umstände des Arbeitnehmers nur zu berücksichtigen, wenn überhaupt eine Möglichkeit besteht, den Betroffenen in einem anderen Betrieb in der Umgebung des bisherigen Standorts zu beschäftigen,

> vgl LAG Köln, Urt. v. 30.1.1995 – 3 Sa 1200/94, PersR 1995, 311, 312 (für eine Versetzung aus Nordrhein-Westfalen nach Brandenburg).

Wie bereits ausgeführt, besteht aber vorliegend neben der Versetzung an den neuen Standort keine Möglichkeit, den Beteiligten zu 3. über den ... hinaus weiterzubeschäftigen. Die Antragstellerin kann dem Beteiligten zu 3. den neuen Beschäftigungsort deshalb im Rahmen ihres Direktionsrechts zuweisen, ohne dass es hierbei auf die persönlichen Belange des Beteiligten zu 3. ankommt. Insbesondere ist eine Versetzung an den im Raum ... anzusiedelnden Standort schon deshalb nicht möglich, weil dort die arbeitsvertraglichen Aufgaben des Beteiligten zu 3. nicht erfüllt werden können.

2.2.2 Keine Entfernungsbegrenzung aus Billigkeit

Es kommt auch nicht darauf an, ob die neue Arbeitsstätte erheblich weiter vom Wohnort des Arbeitnehmers entfernt liegt.

In der neueren Rechtsprechung wird einhellig anerkannt, dass die Zuweisung eines Arbeitsortes, der mehrere Hundert Kilometer von der bisherigen Arbeitsstätte entfernt ist, billigem Ermessen entspricht,

> vgl LAG Köln, Urt. v. 30.1.1995 – 3 Sa 1200/94, PersR 1995, 311 (zur Verlagerung einer Dienststelle von Nordrhein-Westfalen nach Brandenburg); LAG Berlin, Urt. v. 14.12.1998 – 9 Sa 95/98, ZTR 1999, 223 (für eine Verlegung der Dienststelle von Berlin nach Jena).

2.3 Rechtzeitige Ankündigung

Der Zumutbarkeit der Versetzung lässt sich schließlich nicht entgegen halten, diese käme für den Beteiligten zu 3. überraschend. Denn ungeachtet der Tatsache, dass die Antragstellerin den Antragsgegner (und damit auch den Beteiligten zu 3.) frühzeitig in die Umsetzung des Standortkonzepts einbezog und über die damit einhergehenden Maßnahmen unterrichtete, wies sie dem Beteiligten zu 3. den neuen Tätigkeitsort bereits mit Schreiben vom ..., also mit einer Ankündigungsfrist von mehr als fünf Monaten, zu.

3. Anwendbarkeit des § 103 Abs. 3 BetrVG

Sollte das Gericht der Ansicht zuneigen, eine Versetzung iSv §§ 103 Abs. 3, 95 Abs. 3 BetrVG liege im Falle der Verlegung eines gesamten Betriebs und der Zuweisung des ursprünglichen Arbeitsplatzes am neuen Betriebsstandort nicht vor,

> so LAG Köln, Urt. v. 30.1.1995 – 3 Sa 1200/94, PersR 1995, 311 (zur Verlagerung einer Dienststelle von Nordrhein-Westfalen nach Brandenburg); LAG Berlin, Urt. v. 14.12.1998 – 9 Sa 95/98, 3 Sa 1200/94; LAG Berlin, Beschl. v. 22.11.1991 – 6 TaBV 3/91, NZA 1992, 854,

oder sollte es nach Ansicht des Gerichts an dem in § 103 Abs. 3 BetrVG vorausgesetzten „Verlust des Amtes", also am Ausscheiden des Beteiligten zu 3. aus dem Betriebsrat aufgrund der Versetzung, fehlen,

> vgl *Fitting u.a.*, BetrVG, § 103 Rn 66,

und deshalb § 103 Abs. 3 BetrVG nicht einschlägig und die ausdrückliche Zustimmung des Antragsgegners nicht erforderlich sein, bitten wir höflich um einen entsprechenden Hinweis.

III. Ersetzung der Zustimmung zur außerordentliche Änderungskündigung

Auch der Antrag, die Zustimmung des Antragsgegners zu der vorsorglichen außerordentlichen Änderungskündigung zu ersetzen, ist begründet. Weil sich die Antragstellerin für die beabsichtigte – vorsorgliche – Änderungskündigung auf einen wichtigen Grund iSv § 626 Abs. 1 BGB stützen kann, verweigert der Antragsgegner die Zustimmung zu dieser Kündigung zu Unrecht.

Im Einzelnen:

1. Wichtiger Kündigungsgrund

Die bereits dargestellten dringenden betriebsbedingten Gründe rechtfertigen eine außerordentliche Änderungskündigung mit Auslauffrist. Denn die Standortverlegung stellt einen wichtigen Grund iSv § 15 Abs. 1 KSchG, § 103 Abs. 2 BetrVG dar (hierzu unter 1.1). Darüber hinaus ist die beabsichtigte Änderung der Arbeitsbedingungen für die Antragstellerin unabweislich (hierzu unter 1.2) und das Änderungsangebot für den Beteiligten zu 3. zumutbar (hierzu unter 1.3).

1.1 Eignung als wichtiger Grund

1.1.1 Betriebsbedingte Gründe

Nach § 103 Abs. 2 Satz 1 BetrVG ist die vom Betriebsrat verweigerte Zustimmung zur Kündigung eines Betriebsratsmitglieds zu ersetzen, wenn die außerordentliche Kündigung unter Berücksichtigung aller Umstände gerechtfertigt ist. Nach § 15 Abs. 1 Satz 1 KSchG ist die Kündigung eines Betriebsratsmitglieds zulässig, wenn Tatsachen vorliegen, die den Arbeitgeber zur Kündigung aus wichtigem Grund ohne Einhaltung einer Kündigungsfrist berechtigen.

Nach BAG können auch betriebsbedingte Gründe geeignet sein, einen wichtigen Grund zur außerordentlichen Kündigung gegenüber einem Mandatsträger darzustellen,

> vgl BAG 7.10.2004 – 2 AZR 81/04, BAGE 112, 148 = NZA 2005, 156; BAG 21.6.1995 – 2 ABR 28/94, BAGE 80, 185 = NZA 1995, 1157, 1158.

Ein solcher betriebsbedingter Grund liegt vorliegend in der unternehmerischen Entscheidung der Antragstellerin, ihre Tätigkeit am Standort ... aufzugeben und künftig in ... fortzusetzen. Eine Möglichkeit, den Beteiligten zu 3. in ... weiterzubeschäftigen, fällt damit weg. Dem steht – wie bereits ausgeführt – die betriebsverfassungsrechtliche Stellung des Beteiligten zu 3. nicht entgegen. Denn kein Unternehmer muss sein Unternehmen nur deshalb fortsetzen, weil bei ihm ein Betriebsrat besteht.

1.1.2 Vermutung nach § 1 Abs. 5 KSchG

Im Übrigen besteht hinsichtlich der dringenden betrieblichen Erfordernisse auch die gesetzliche Vermutung des § 1 Abs. 5 KSchG. Denn die Antragstellerin und der Gesamtbetriebsrat verständigten sich anlässlich der Verhandlungen über den Interessenausgleich auf eine Namensliste. Der Beteiligte zu 3. ist darin als Arbeitnehmer bezeichnet, dem gegenüber die Antragstellerin eine vorsorgliche Änderungskündigung mit dem Ziel der Weiterbeschäftigung am neuen Standort ... aussprechen kann.

1.2 Unabweislichkeit der Änderung der Arbeitsbedingungen

Die beabsichtigte Änderung der Arbeitsbedingungen des Beteiligten zu 3. ist für die Antragstellerin unabweislich. Denn eine Weiterbeschäftigungsmöglichkeit besteht für den Beteiligten zu 3. in ... ab dem ... nicht mehr,

> vgl BAG 7.10.2004 – 2 AZR 81/04, BAGE 112, 148 = NZA 2005, 156.

1.3 Zumutbarkeit des Änderungsangebots

Schließlich ist dem Beteiligten zu 3. die angestrebte Änderung der Arbeitsbedingungen auch zumutbar.

Zunächst kommt es in den Fällen, in denen – wie hier – die Weiterbeschäftigung zu geänderten Arbeitsbedingungen für den Arbeitgeber die einzige Möglichkeit darstellt, den Arbeitnehmer überhaupt weiterzubeschäftigen, auf die Zumutbarkeit der geänderten Arbeitsbedingungen für den Arbeitnehmer nur eingeschränkt an,

> vgl BAG, Urt. v. 27.9.2001 – 2 AZR 487/00, EzA § 15 KSchG nF Nr. 54.

Es sind im Übrigen keine Gründe dafür ersichtlich, die es für den Beteiligten zu 3. als unzumutbar erscheinen ließen, seine Arbeitsleistung künftig in ... zu erbringen und auch seinen Wohnort dorthin zu verlagern. Der Beteiligte zu 3. hat sich gegenüber der Antragstellerin auch nicht auf eine Unzumutbarkeit des Änderungsangebots berufen. Nicht zuletzt wird ihm die Übergangsphase durch die im Sozialplan vereinbarten Leistungen erleichtert.

2. Zwei-Wochen-Frist

Im vorliegenden Verfahren ist die Einhaltung der Zwei-Wochen-Frist nach § 626 Abs. 2 BGB unerheblich. Denn die unternehmerische Entscheidung, den Betrieb nach ... zu verlegen, führt ab dem ... zum Wegfall einer

Beschäftigungsmöglichkeit des Beteiligten zu 3. in .... Damit liegt ein Dauertatbestand vor, bei dem § 626 Abs. 2 BGB nicht greift,

vgl BAG, Beschl. v. 17.3.2005 – 2 ABR 2/04, NZA 2005, 949.

Im Übrigen würde die Erklärungsfrist frühestens im Zeitpunkt des Wegfalls der Beschäftigungsmöglichkeit am Standort ..., also am ..., beginnen,

vgl BAG, Beschl. v. 21.6.1995 – 2 ABR 28/94, BAGE 80, 185 = NZA 1995, 1157, 115.

3. Ordnungsgemäße Beteiligung des Antragsgegners

Die Antragstellerin hat den Antragsgegner ordnungsgemäß beteiligt.

4. Beendigungskündigung

Ist nach alledem die Zustimmung des Antragsgegners zu der beabsichtigten außerordentlichen Änderungskündigung zu ersetzen, gilt dies auch für die Beendigungskündigung, die vorliegt, sollte der Beteiligte zu 3. das Änderungsangebot der Antragstellerin nicht – auch nicht unter Vorbehalt – annehmen.

5. Kumulation der Anträge

Die Antragstellerin kann neben der Zustimmung zur Versetzung auch die Zustimmung zur vorsorglichen Änderungskündigung verlangen, weil in einem über die Wirksamkeit der Versetzung geführten Rechtsstreit jedenfalls nicht ganz auszuschließen ist, dass das dann befasste Gericht eine bloße Versetzung für unzureichend hält. Sollte allerdings nach Ansicht des Gerichts die antragsgemäße Ersetzung der Zustimmung des Antragsgegners zur Versetzung auch für den Beteiligten zu 3. rechtsverbindlich sein und im Rahmen eines Individualrechtsstreits über die Wirksamkeit der Versetzung Präjudizwirkung entfalten,

so BAG, Urt. v. 15.8.2002 – 2 AZR 214/01, BAGE 102, 190 = NZA 2003, 432,

bitten wir höflich um einen entsprechenden Hinweis.

11. Muster: Globalantrag – Zurückweisung

...

Wir bestellen uns zu Verfahrensbevollmächtigten der Beteiligten zu 2. und beantragen, einen möglichst frühen Anhörungstermin anzuberaumen, in dem wir beantragen zu erkennen:

1. Der Antrag wird zurückgewiesen.
2. Der Streitwert wird festgesetzt.

Gründe

Der Antrag im Schriftsatz des Antragstellers ist unzulässig. Es handelt sich um einen zu weit gefassten Antrag, der Fallgestaltungen einschließt, bei denen das vom Beteiligten zu 1. in Anspruch genommene Recht nicht besteht. In derartigen Fällen handelt es sich um einen unzulässigen Globalantrag und der Antrag ist zurückzuweisen,

BAG, Beschl. v. 10.3.1992 – 1 ABR 31/91, AP § 77 BetrVG 1972 Regelungsabrede Nr. 1.

Beim unbegründeten Globalantrag geht es um den qualitativen Umfang des Streitgegenstandes, der Antrag ist zu weit gefasst. Dem Betriebsrat würden im Obsiegensfalle Rechtspositionen eingeräumt, die zu seinen Gunsten nach dem Wortlaut des Gesetzes nicht bestehen. Solange der Antragsteller keine Einschränkungen beim Globalantrag vornimmt,

s. hierzu *Matthes*, DB 1984, 453,

bleibt sein Antrag unzulässig. Globalanträge wie zu unbestimmte Anträge lassen sich nicht ohne Durchführung eines weiteren Erkenntnisverfahrens vollstrecken.

12. Muster: Kündigungsschutz, §§ 126, 127 InsO – Beschlussverfahren

Arbeitsgericht ...
In dem Beschlussverfahren
mit den Beteiligten
1. Rechtsanwalt ... als Insolvenzverwalter über das Vermögen der Firma ...

– Antragsteller und Beteiligter zu 1. –

Verfahrensbevollmächtigte: ...
und
2. Betriebsrat ...

– Beteiligter zu 2. –

3. Herrn ...

– Beteiligter zu 3. –

4. Frau ...

– Beteiligte zu 4. –

5. ... (usw)

wegen: Feststellung der sozialen Rechtfertigung betriebsbedingter Kündigungen

Wir bestellen uns zu Verfahrensbevollmächtigten des Antragstellers und Beteiligten zu 1. Namens und im Auftrag des Antragstellers bitten wir Anberaumung eines möglichst frühen Anhörungstermins, in dem wir folgenden Antrag stellen werden:

1. Es wird festgestellt, dass die Kündigung der Arbeitsverhältnisse der Beteiligten zu 3. bis 58. durch dringende betriebliche Erfordernisse bedingt und sozial gerechtfertigt ist.[74]
2. Der Streitwert wird festgesetzt.

Gründe

I.

Mit dem vorliegenden Beschlussverfahren begehrt der Beteiligte zu 1. gem. § 126 Abs. 1 InsO die Feststellung, dass die Kündigung der Arbeitsverhältnisse der Beteiligten zu 3. bis 58. durch dringende betriebliche Erfordernisse bedingt und sozial gerechtfertigt ist.

Gegenstand des Betriebes der Schuldnerin ist die Herstellung und der Vertrieb von Foliendruckmaschinen. Sie beschäftigt insgesamt 56 Arbeitnehmer. Der Beteiligte zu 2. ist der im Betrieb der Schuldnerin gebildete Betriebsrat.

Mit Beschluss vom ... eröffnete das Amtsgericht ... das Insolvenzverfahren über das Vermögen der Schuldnerin und bestellte den Beteiligten zu 1. zum Insolvenzverwalter über das Vermögen der Schuldnerin.

Beweis: Vorlage des Beschlusses des Amtsgerichts ... in Kopie – Anlage 1.

Zum Zwecke der Unternehmensveräußerung wandte sich der Beteiligte zu 1. an mehrere Unternehmen. Ein Interessent, der den Betrieb hätte erwerben oder weiterführen wollen, wurde nicht gefunden. Mit Schreiben

---

[74] Die beteiligten Arbeitnehmer sollten bereits im Rubrum namentlich genau bezeichnet werden, damit eine Zustellung durch das Arbeitsgericht erfolgen kann. Im Antrag können sie dann mit den entsprechenden Ziffern benannt werden.

vom ... unterrichtete der Beteiligte zu 1. den Beteiligten zu 2. über die vergeblichen Verkaufsbemühungen und teilte dem Beteiligten zu 2. die Absicht mit, den Betrieb stillzulegen. Er hat dem Beteiligten zu 2. sämtliche maßgebenden Vorgänge in Fotokopie überlassen (wird ausgeführt).

Beweis: Vorlage mehrerer Schreiben in Kopie – Anlagekonvolut 2.

Zugleich forderte er den Beteiligten zu 2. schriftlich auf, in Verhandlungen über einen Interessenausgleich einzutreten. Unter anderem wies er darauf hin, dass die Betriebsstilllegung zum ... beabsichtigt sei und zu diesem Zeitpunkt alle Arbeitsverhältnisse unter Einhaltung der maßgeblichen Kündigungsfrist gekündigt werden sollen. Die Beteiligten kamen überein, dass der Beteiligte zu 1. einen Interessenausgleich vorlegen sollte, was am ... geschah. Der Interessenausgleich enthielt eine Namensliste, in der alle von der Kündigung betroffen Arbeitnehmer, die nunmehr im Antrag benannt sind, aufgeführt waren. Mit Schreiben vom ... beantwortete der Beteiligte zu 1. noch verschiedene Fragen des Beteiligten zu 2.

Beweis: Vorlage mehrerer Schreiben in Kopie – Anlagekonvolut 3.

In einem Gespräch am ... erklärte der Beteiligte zu 2. ohne nähere Begründung, er könne nicht in Verhandlungen eintreten, da er über den Entwurf des Interessenausgleichs nicht abschließend beraten habe. Ein Interessenausgleich ist bis zum heutigen Tage, länger als drei Wochen nach Verhandlungsbeginn und schriftlicher Aufforderung zur Aufnahme von Verhandlungen, nicht zustande gekommen.

Die beabsichtigte Betriebsänderung ist möglichst umgehend, spätestens bis ... durchzuführen. Zu diesem Zeitpunkt sind die Mietverträge gekündigt worden. Zurzeit steht der Beteiligte zu 1. in Gesprächen über die Veräußerung eines Teiles der Maschinen an eine ausländische Firma, die die Maschinen für ihre Produktionsstätte in ... erwerben will.

Beweis: Vorlage mehrerer Schreiben in Kopie – Anlagekonvolut 4.

Die Produktion wird für einen noch abzuwickelnden Auftrag bis zum ... aufrechterhalten, danach werden keine Arbeiten mehr auszuführen sein.

II.

1. Der Antrag ist zulässig. Der Antrag nach § 126 Abs. 1 InsO setzt bei Bestehen eines Betriebsrats im Betrieb voraus, dass innerhalb von drei Wochen nach Verhandlungsbeginn oder schriftlicher Aufforderung zur Aufnahme von Verhandlungen ein Interessenausgleich nach § 125 Abs. 1 InsO nicht zustande gekommen ist, obwohl der Insolvenzverwalter den Betriebsrat rechtzeitig und umfassend unterrichtet hat.

Die Verhandlungen über den Abschluss eines Interessenausgleichs iSd § 125 InsO, in dem die Arbeitnehmer deren Arbeitsverhältnisse aufgrund der Betriebsschließung gekündigt werden sollen namentlich benannt sind, sind gescheitert.

2. Der Antrag ist auch begründet. Das Arbeitsgericht prüft nur, ob die Kündigungen der im Antrag bezeichneten Arbeitnehmer durch dringende betriebliche Erfordernisse gerechtfertigt sind. Es gelten die allgemeinen Anforderungen an das Vorliegen eines betriebsbedingten Kündigungsgrundes. Sonstige Unwirksamkeitsgründe, zB die fehlerhafte Beteiligung des Betriebsrats nach § 102 BetrVG, die Nichtbeachtung des Sonderkündigungsschutzes oder die Verletzung von Formvorschriften, dürfen im Beschlussverfahren nicht geprüft werden,

ErfK/*Gallner*, § 126 InsO Rn 6; *Steindorf/Regh*, Arbeitsrecht in der Insolvenz, § 3 Rn 690.

Gemessen an diesen Voraussetzungen sind die beabsichtigten Kündigungen auch sozial gerechtfertigt, weil dringende betriebliche Erfordernisse die Kündigungen bedingen. Der Betrieb wird vollständig und endgültig stillgelegt und die Betriebstätigkeit zum ... eingestellt. Zu diesem Zeitpunkt werden alle Arbeitsverhältnisse gekündigt, so dass eine Sozialauswahl nicht durchzuführen ist.

Nach ständiger Rechtsprechung des BAG rechtfertigt eine Betriebsstilllegung eine betriebsbedingte Kündigung. Eine Sozialauswahl ist in diesen Fällen nicht durchzuführen. Die Stilllegung erfolgt zu einem bereits jetzt feststehenden Endzeitpunkt, am .... Eine etappenweise Stilllegung ist nicht beabsichtigt.

3. Auf §§ 126 Abs. 2 Satz 2, 122 Abs. 2 Satz 3 InsO iVm § 61a Abs. 3–6 ArbGG (beschleunigte Erledigung, besondere Prozessförderung) wird hingewiesen.

13. Muster: Mitbestimmungsrecht – Feststellung des Nichtbestehens

Wir bestellen uns zu Verfahrensbevollmächtigten des Antragstellers und beantragen, wie folgt zu beschließen:

1. Es wird festgestellt, dass dem Beteiligten zu 2. bei dem Regelungsthema ... kein Mitbestimmungsrecht zusteht.
2. Der Streitwert wird festgesetzt.

Gründe

1. Im Betrieb der Antragstellerin sind ... Mitarbeiter am Standort ... beschäftigt. Die Antragstellerin ist tätig auf dem Gebiet .... Bei Ihr besteht ein Betriebsrat mit ... Mitgliedern.

2. Zwischen den Beteiligten besteht Streit über die Frage, ob dem Beteiligten zu 2. ein Mitbestimmungsrecht zu folgendem Regelungsthema zusteht: ...

3. Die Antragstellerin beabsichtigt, die sich aus vorstehend geschildertem Diskussionsthema zwischen den Parteien geschilderten Maßnahmen durchzuführen und vertritt die Auffassung, dass insoweit kein Mitbestimmungsrecht des Beteiligten zu 2. besteht.
Der Beteiligte zu 2. ist dagegen der Auffassung, über ein Mitbestimmungsrecht zu verfügen und beabsichtigt, ein Verfahren über die Bestellung eines Einigungsstellenvorsitzenden sowie die Festsetzung der Zahl der Beisitzer nach § 98 ArbGG einzuleiten.

4. Dem Antragsteller ist es nicht zuzumuten, das Verfahren nach § 98 ArbGG abzuwarten. Im Verfahren nach § 98 ArbGG hat die Kammer nicht die Aufgabe, die Zuständigkeit der Einigungsstelle abschließend zu prüfen und positiv oder negativ festzustellen. Nur bei ganz offensichtlicher Unzuständigkeit hat die Kammer den Antrag auf Bestellung eines Einigungsstellenvorsitzenden zurückzuweisen,

ErfK/*Koch*, § 98 ArbGG Rn 3; Germelmann/Matthes/Prütting/*Matthes/Schlewing*, ArbGG, § 98 Rn 22.

Selbst wenn in Rechtsprechung oder Schrifttum umstritten ist, ob in dem streitigen Regelungsgegenstand ein Mitbestimmungsrecht besteht, benennt die Kammer einen Einigungsstellenvorsitzenden,

LAG Niedersachsen, Beschl. v. 11.11.1993 – 1 TaBV 59/93, LAGE § 98 ArbGG 1979 Nr. 27; LAG Schleswig-Holstein, Beschl. v. 19.12.2006 – 6 TaBV 14/06, AiB 2007, 425.

Wegen der begrenzten Regelungskompetenz bei Bestellung von Einigungsstellenvorsitzenden gem. § 98 Abs. 1 Satz 1 ArbGG hat der Antragsteller daher ein Rechtsschutzinteresse an der Feststellung, dass ein Mitbestimmungsrecht des Betriebsrats nicht besteht.

14. Muster: PC-Schulung von Betriebsräten – keine notwendigen Kosten bei fehlendem aktuellem Anlass

Nach ständiger Rechtsprechung des BAG ist die Vermittlung von Kenntnissen und Fähigkeiten nur dann für die Betriebsratsarbeit erforderlich, wenn der Betriebsrat sie unter Berücksichtigung der konkreten betrieblichen Situation benötigt, um seine derzeitigen oder demnächst anfallenden Arbeiten sachgerecht wahrnehmen zu können. Dazu bedarf es der Darlegung eines aktuellen oder absehbaren betrieblichen oder betriebsratsbezogenen Anlasses, aus dem sich der Schulungsbedarf ergibt. Lediglich bei erstmals gewählten Betriebsratsmitgliedern wird auf eine nähere Darlegung der Schulungsbedürftigkeit verzichtet, wenn es sich um die Vermittlung von Grundkenntnissen im Betriebsverfassungsrecht oder im allgemeinen Arbeitsrecht handelt.

In diesem Sinne sind Kosten für eine Betriebsratsschulung am PC zur Erledigung von Betriebsratsaufgaben ohne aktuellen oder absehbaren betriebsratsbezogenen Anlass nicht vom Arbeitgeber gem. § 40 Abs. 1 BetrVG zu tragen,

BAG, Beschl. v. 19.7.1995 – 7 ABR 49/94, NZA 1996, 442.

15. Muster: Personelle Maßnahme gem. § 99 Abs. 1 BetrVG – Ersetzung der Zustimmung

wegen: Antrag gem. § 99 Abs. 4 BetrVG

Wir bestellen uns zu Verfahrensbevollmächtigten der Antragstellerin, in deren Namen und Auftrag wir beantragen, wie folgt zu erkennen:

1. Die vom Beteiligten zu 2. verweigerte Zustimmung zur Einstellung/Eingruppierung/Umgruppierung des Herrn ... wird ersetzt.
2. Der Streitwert wird festgesetzt.

Gründe

1. Der Beteiligte zu 2. ist der Betriebsrat bei der Antragstellerin. Die Parteien streiten über die Zulässigkeit der Einstellung von Herrn ... .

2. Mit Schreiben vom ... hat die Antragstellerin den Beteiligten zu 2. um Zustimmung zur Einstellung des Herrn ... gebeten.

   Beweis: Vorlage des Schreibens in Kopie.

Der Beteiligte zu 2. hat innerhalb der Wochenfrist der Antragstellerin mitgeteilt, die Einstellung des Herrn ... verstoße gegen § 99 Abs. 2 Nr. ... BetrVG.

   Beweis: Vorlage des Schreibens in Kopie.

Damit ist die Antragstellerin gehalten, einen Antrag gem. § 99 Abs. 4 BetrVG zu stellen.

3. Der Beteiligte zu 2. hat die Zustimmung zur Einstellung zu Unrecht verweigert. Gemäß § 99 Abs. 2 Nr. ... BetrVG gilt als Verweigerungsgrund nur ... .

Diese Voraussetzungen sind vorliegend nicht erfüllt, denn ... .

16. Muster: Personelle Maßnahme gem. §§ 99 Abs. 4, 100 BetrVG – Zustimmungsersetzung bei Eilbedürftigkeit

↓

wegen: Antrag gem. §§ 99 Abs. 4, 100 BetrVG

Wir bestellen uns zu Verfahrensbevollmächtigten der Antragstellerin, in deren Namen und Auftrag wir beantragen, wie folgt zu erkennen:

1. Die vom Beteiligten zu 2. verweigerte Zustimmung zur Einstellung/Eingruppierung/Umgruppierung des Herrn ... vom ... wird ersetzt.
2. Es wird festgestellt, dass die am ... vorgenommene vorläufige Einstellung aus sachlichen Gründen dringend erforderlich war.

Gründe

1. Die Antragstellerin hat den Beteiligten zu 2. am ... über die beabsichtigte Einstellung/Eingruppierung/Umgruppierung unterrichtet. Der Beteiligte zu 2. hat mit Schreiben vom ... seine Zustimmung zu der personellen Maßnahme verweigert.

   Beweis: Schreiben des Beteiligten zu 2. vom ...

Die vom Beteiligten zu 2. angegebenen Gründe zur Verweigerung der Zustimmung sind nicht gerechtfertigt.

Im Einzelnen: ...

2. Die Antragstellerin hat den betroffenen Arbeitnehmer am ... vorläufig eingestellt bzw eingruppiert. Sie hat dies dem Beteiligten zu 2. unverzüglich mitgeteilt. Der Beteiligte zu 2. hat mit Schreiben vom ... bestritten, dass die vorläufige Maßnahme dringend erforderlich war. Die von dem Beteiligten zu 2. vertretene Auffassung ist jedoch unzutreffend. Nur dann, wenn die Maßnahme offensichtlich nicht dringend war, darf sie nach der ständigen Rechtsprechung nicht durchgeführt werden,

   BAG, Beschl. v. 18.10.1988 – 1 ABR 36/87, BAGE 60, 66 = NZA 1989, 183; BAG, Beschl. v. 7.11.1977 – 1 ABR 55/75, BAGE 29, 345 = AP § 100 BetrVG 1972 Nr. 1.

Wie auch immer man zu der Entscheidung der Antragstellerin stehen mag, am Merkmal der Offensichtlichkeit fehlt es in jedem Falle.

↑

17. Muster: Sachverständigenkosten für AGB-Kontrolle von Arbeitsverträgen – keine Übernahme

↓

...

wegen: Antrag des Betriebsrats auf Hinzuziehung eines Sachverständigen

Wir bestellen uns zu Verfahrensbevollmächtigten des Beteiligten zu 2., in dessen Namen und Auftrag wir beantragen, wie folgt zu erkennen:

1. Der Antrag wird zurückgewiesen.
2. Der Streitwert wird festgesetzt.

Gründe

I.

Die Prüfung von Formulararbeitsverträgen auf ihre Übereinstimmung mit dem Nachweisgesetz sowie den §§ 305 c–310 BGB kann zwar eine gesetzliche Aufgabe des Betriebsrats darstellen. Die Übernahme der Kosten eines Sachverständigen durch den Beteiligten zu 2. ist aber nicht erforderlich iSv § 80 Abs. 3 BetrVG. Nach dieser Vorschrift kann der Betriebsrat bei der Durchführung seiner Aufgaben – nach näherer Vereinbarung mit dem Arbeitgeber – einen Sachverständigen hinzuziehen, soweit dies zur ordnungsgemäßen Erfüllung seiner Aufgaben erforderlich ist.

Die Kontrolle der in Formulararbeitsverträgen enthaltenen Bestimmungen auf ihre Vereinbarkeit mit dem Vorgaben des Nachweisgesetzes sowie dem Recht der Allgemeinen Geschäftsbedingungen zählt zu den gesetzlichen Aufgaben des Betriebsrats nach § 80 Abs. 1 Nr. 1 BetrVG. Der Betriebsrat hat nach § 80 Abs. 1 Nr. 1 BetrVG darüber zu wachen, dass die zugunsten der Arbeitnehmer geltenden Gesetze durchgeführt werden. Diese allgemeine Aufgabe des Betriebsrats ist nicht vom Vorliegen bestimmter konkreter Mitwirkungs- oder Mitbestimmungsrechte abhängig. Vielmehr hat der Betriebsrat die Einhaltung und Durchführung sämtlicher Vorschriften zugunsten der Arbeitnehmer zu überwachen,

BAG 19.10.1999 – 1 ABR 75/98, AP § 80 BetrVG 1972 Nr. 58.

Bei dem Nachweisgesetz und den §§ 305 c–310 BGB handelt es sich um Rechtsvorschriften, die zugunsten der Arbeitnehmer gelten,

BAG 16.11.2005 – 7 ABR 12/05, BAGE 116, 192 = NZA 2006, 553.

II.

Wie das BAG im Beschluss vom 16.11.2005 festgestellt hat, ist das aus § 80 Abs. 1 Nr. 1 BetrVG ergebende Überwachungsrecht des Betriebsrats hinsichtlich des Inhalts von Formulararbeitsverträgen auf eine Rechtskontrolle des Vertragsinhalts beschränkt. Aus der gesetzlichen Aufgabe, die Einhaltung von Gesetzen im Betrieb zu überwachen, folge kein Recht des Betriebsrats, vom Arbeitgeber die Durchführung der zur Einhaltung erforderlichen Maßnahme zu verlangen. Der Betriebsrat ist darauf beschränkt, eine Nichtbeachtung der gesetzlichen Vorschriften beim Arbeitgeber zu beanstanden und auf Abhilfe zu drängen,

BAG 9.12.2003 – 1 ABR 44/02, BAGE 109, 61 = NZA 2004, 746; BAG 5.5.1992 – 1 ABR 69/91, EzA § 87 BetrVG 1972 Nr. 19.

Es ist nicht Gegenstand des sich aus § 80 Abs. 1 Nr. 1 BetrVG ergebenden Überwachungsrechts, weitere Ansätze und Meinungen zu den einzelnen Vertragsklauseln zu prüfen und selbst zu entwickeln. Die Entwicklung alternativer Vertragsinhalte ist nicht vom Beteiligungsrecht des Betriebsrats gedeckt,

BAG 16.11.2005 – 7 ABR 12/05, BAGE 116, 192 = NZA 2006, 553.

III.

Außerdem ist die Hinzuziehung eines Rechtsanwalts als Sachverständiger nach § 80 Abs. 3 BetrVG für die Prüfung der Musterarbeitsverträge und ihrer Vereinbarkeit mit den Vorgaben des Nachweisgesetzes sowie der §§ 305 c–310 BGB nicht erforderlich.

1. Bei einem vom Betriebsrat vorgeschlagenen Rechtsanwalt handelt es sich um eine Person, die als Sachverständiger iSd § 80 Abs. 3 BetrVG tätig werden kann. Als Sachverständiger im Sinne dieser Vorschrift kommen Personen in Betracht, die dem Betriebsrat fehlende Fachkenntnisse zur Beantwortung konkreter aktueller Fragen vermitteln, damit der Betriebsrat die ihm obliegende betriebsverfassungsrechtliche Aufgabe im Einzelfall sachgerecht erfüllen kann,

BAG 19.4.1989 – 7 ABR 87/87, BAGE 61, 333 = NZA 1989, 936.

2. Die Hinzuziehung eines Sachverständigen durch den Betriebsrat setzt nach Auffassung des BAG voraus, dass der Sachverständige dem Betriebsrat fehlende Kenntnisse vermitteln soll, die er zur Wahrnehmung einer konkreten Aufgabe nach dem Betriebsverfassungsgesetz benötigt. Aufgabe des Sachverständigen ist es nicht, dem Betriebsrat fehlende Kenntnisse in bestimmten Angelegenheiten generell oder auf Vorrat zu vermitteln,

BAG 16.11.2005 – 7 ABR 12/05, BAGE 116, 192 = NZA 2006, 553.

Dem Erwerb solcher erforderlicher oder geeigneter Erkenntnisse für die Tätigkeit des Betriebsrats dienen die Schulungsansprüche des Betriebsrats und der Betriebsratsmitglieder nach § 37 Abs. 6 oder 7 BetrVG. Zur Erteilung seiner Zustimmung zur Heranziehung eines Sachverständigen nach § 80 Abs. 3 BetrVG darf der Arbeitgeber nur verpflichtet werden, wenn die Heranziehung des Sachverständigen in der konkreten Situation, an der der Betriebsrat seine Aufgaben zu erfüllen hat, als erforderlich anzusehen ist,

BAG 26.2.1992 – 7 ABR 51/90, BAGE 70, 1 = NZA 1993, 86; BAG 16.11.2005 – 7 ABR 12/05, BAGE 116, 192 = NZA 2006, 553.

Nach dem Grundsatz der vertrauensvollen Zusammenarbeit ist der Betriebsrat verpflichtet, sich zum Erwerb des notwendigen Fachwissens zunächst die innerbetrieblichen Erkenntnisquellen zu erschließen, ehe die mit Kosten verbundene Beauftragung eines Sachverständigen als erforderlich angesehen werden kann,

BAG 4.6.1987 – 6 ABR 63/85, AP § 80 BetrVG 1972 Nr. 30.

Die Mitglieder des Betriebsrats haben sich insbesondere um die selbständige Aneignung der notwendigen Kenntnisse zu bemühen und ggf weitere, ihnen vom Arbeitgeber gebotene Möglichkeiten der Unterrichtung durch sachkundige Arbeitnehmer des Betriebes oder Unternehmens zu nutzen. Der Betriebsrat kann die Hinzuziehung eines Sachverständigen erst verlangen, wenn das Verfahren nach § 80 Abs. 2 BetrVG erfolglos durchgeführt wurde. Der Antragsteller hat von der Möglichkeit, sich bei der Beteiligten zu 2. nach § 80 Abs. 2 BetrVG zu informieren, oder von der Teilnahme an einer Schulungsveranstaltung keinen Gebrauch gemacht,

Beweis: Zeugnis ...

Damit ist die Hinzuziehung eines Sachverständigen nicht erforderlich und der Antrag des Antragstellers zurückzuweisen.

↑

18. Muster: Unterlassungsanspruch des Betriebsrats bei Verstoß gegen Unterrichtspflicht bei Bildungsmaßnahmen

Wir werden beantragen,
1. die Anträge zurückzuweisen.
2. den Gegenstandswert festzusetzen.

Gründe

I.

Der Antragsteller schildert den Sachverhalt im Wesentlichen zutreffend.

Der Beteiligte zu 2. hat sich immer bereit erklärt, den Antragsteller über alle inner- und außerbetrieblichen Maßnahmen iSd §§ 96–98 BetrVG ordnungsgemäß zu unterrichten.

Der Beteiligte zu 2. unterrichtet den Antragsteller über langfristig geplante inner- und außerbetriebliche Bildungsmaßnahmen frühzeitig, dh zu Jahresbeginn, wenn zu diesem Zeitpunkt bereits die Bildungsmaßnahmen bekannt sind. Über die übrigen, dh kurzfristiger geplanten Bildungsmaßnahmen berichtet der Antragsgegner dem Antragsteller jeweils in den Monatsgesprächen vorab. Dies entspricht den gesetzlichen Anforderungen, die das Betriebsverfassungsgesetz an die Unterrichtungspflicht des Arbeitgebers gegenüber dem Betriebsrat stellt,

vgl BAG, Beschl. v. 28.1.1992 – 1 ABR 41/91, NZA 1992, 707.

II.

Die Unterlassungsanträge des Beteiligten zu 1. sind unbegründet und dementsprechend auch der Antrag auf Androhung eines Ordnungsgeldes.

1. Der Antragsteller beantragt, dem Beteiligten zu 2. aufzugeben, es zu unterlassen, innerbetriebliche Bildungsmaßnahmen gem. § 98 Abs. 1, Abs. 6 BetrVG ohne vorherige Information und Zustimmung bzw einen die Zustimmung ersetzenden Spruch der Einigungsstelle durchzuführen. Zwar steht dem Antragsteller bezüglich innerbetrieblicher Bildungsmaßnahmen gem. § 98 Abs. 1, Abs. 6 BetrVG ein Mitbestimmungsrecht zu, hieraus folgt jedoch kein Anspruch des Antragstellers auf Unterlassung mitbestimmungswidriger Maßnahmen.

Einen allgemeinen Unterlassungsanspruch des Betriebsrats im Sinne eines negatorischen Rechtsschutzes sieht das Betriebsverfassungsgesetz nicht vor. Ein Unterlassungsanspruch ist nach dem Betriebsverfassungsgesetz gem. § 23 Abs. 3 Satz 1 BetrVG vielmehr nur in den Fällen begründet, in denen grobe Verstöße des Arbeitgebers gegen seine Verpflichtungen aus dem Betriebsverfassungsgesetz gegeben sind. Hieraus folgt im Umkehrschluss, dass ein allgemeiner Unterlassungsanspruch, dh auch ohne grobe Verstöße des Arbeitgebers iSv § 23 Abs. 3 Satz 1 BetrVG, nicht existiert.

Ein allgemeiner Unterlassungsanspruch des Betriebsrats, der im vorliegenden Fall erforderlich wäre, wird auch nicht durch die neue Rechtsprechung des ersten Senats des Bundesarbeitsgerichts anerkannt. In den Beschlüssen des 1. Senats vom 6.12.1994 sowie vom 3.5.1994 hat das BAG lediglich für einzelne Fallkonstellationen innerhalb des § 87 BetrVG einen außerhalb des § 23 Abs. 3 BetrVG existierenden Unterlassungsanspruch des Betriebsrats anerkannt. Einen allgemeinen, dh für alle Fälle der Verletzung des Mitbestimmungsrechts existierenden Unterlassungsanspruch hat das BAG bisher nicht anerkannt. Bereits im Beschluss des 1. Senats vom 3.5.1994 – 1 ABR 24/93, BAGE 76, 364 = NZA 1995, 40 heißt es:

> „Es ist daher nicht widersprüchlich, einen Unterlassungsanspruch bei Verstößen gegen § 87 BetrVG zu bejahen, ihn aber im Zusammenhang mit der Mitbestimmung bei personellen Einzelmaßnahmen oder in wirtschaftlichen Angelegenheiten zu verneinen."

Diese Negation eines allgemeinen Unterlassungsanspruchs bestätigt die weitere Entscheidung des 1. Senats vom 6.12.1994 – 1 ABR 30/94, BAGE 78, 379 = NZA 1995, 488 (488). Der 1. Senat führt in dieser Entscheidung aus (aaO, S. 488, rechte Spalte):

> „Aus den für die Annahme eines Unterlassungsanspruchs des Betriebsrats im Bereich des § 87 BetrVG maßgeblichen Gründen ergibt sich nicht zwingend ein allgemeiner Unterlassungsanspruch, der auch gegen die Verletzung anderer Mitbestimmungsrechte geltend gemacht werden kann."

Ein außerhalb von § 23 Abs. 3 BetrVG existierender allgemeiner Unterlassungsanspruch ist nach der Rechtsprechung des BAG also nur in besonderen Ausnahmefällen anerkannt worden. Als solche Ausnahmefälle hat das BAG bisher nur Unterfälle des § 87 BetrVG anerkannt.

2. Der Antrag des Antragstellers, wonach es dem Antragsgegner untersagt werden soll, außerbetriebliche Bildungsmaßnahmen durchzuführen, ohne den Antragsteller zuvor über die Teilnehmer zu informieren und ihm Gelegenheit zur Stellungnahme hierzu zu geben, ist ebenfalls unbegründet.

Unabhängig davon, dass ein allgemeiner Unterlassungsanspruch des Betriebsrats nach wie vor nicht existiert, ist dieser jedenfalls nach der Rechtsprechung des BAG auf die Fälle beschränkt, in denen dem Betriebsrat ein Mitbestimmungsrecht zusteht. Dies ist bezüglich der außerbetrieblichen Bildungsmaßnahmen bereits nach dem Vortrag des Antragstellers nicht der Fall. Bezüglich der außerbetrieblichen Bildungsmaßnahmen hat der Arbeitgeber mit dem Betriebsrat lediglich über die Teilnahme an außerbetrieblichen Bildungsmaßnahmen zu beraten, § 97 BetrVG. Ein erzwingbares Mitbestimmungsrecht steht dem Antragsteller vorliegend diesbezüglich also nicht zu. Die Verletzung eines erzwingbaren Mitbestimmungsrechts des Betriebsrats ist jedoch nach der Rechtsprechung des BAG Voraussetzung für die Anerkennung des „allgemeinen Unterlassungsanspruchs",

vgl BAG 3.5.1994 – 1 ABR 24/93, BAGE 76, 364 = NZA 1995, 40.

19. Muster: Unterlassungsverfügung gegen Betriebsratswahl

Wir bestellen uns zu Verfahrensbevollmächtigten des Antragstellers und beantragen – wegen der Dringlichkeit ohne vorherige mündliche Verhandlung –, wie folgt zu beschließen:
1. Dem Beteiligten zu 2. wird aufgegeben, es zu unterlassen, die Wahl zu einem Betriebsrat in der Firma des Antragstellers fortzuführen.
2. Für jeden Fall der Zuwiderhandlung gegen die Verpflichtung aus Ziffer 1 wird dem Beteiligten zu 2. – bezogen auf jeden Tag der Fortsetzung des Wahlverfahrens – ein Ordnungsgeld, dessen Höhe in das Ermessen des Gerichts gestellt wird, ersatzweise Ordnungshaft, angedroht.
3. Der Streitwert wird festgesetzt.

Gründe

I.

1. Der Beteiligte zu 2. ist der gegenwärtig bei dem Antragsteller bestehende Wahlvorstand, der gemäß Schreiben vom ... die Wahl zum Betriebsrat eingeleitet hat.

Glaubhaftmachung: Schreiben vom ...

Das Betriebsrats-Wahlverfahren läuft gegenwärtig und ist noch nicht zum Abschluss gekommen.

Glaubhaftmachung: ...

2. Das Wahlverfahren leidet an mehreren schwerwiegenden Mängeln: ...

Es besteht daher ein Verfügungsanspruch des Antragstellers auf Unterlassung der Fortsetzung der an schwerwiegenden Mängeln leidenden Betriebsratswahl.

II.

Der Antragsteller hat auch einen Verfügungsgrund.

Im Allgemeinen wird die Auffassung vertreten, auch wenn mögliche Anfechtungsgründe bestehen, solle in ein laufendes Betriebsratswahlverfahren nicht durch den Erlass einer einstweiligen Verfügung eingegriffen werden,

LAG München, Beschl. v. 14.4.1987 – 2 TaBV 14/87, LAGE § 18 BetrVG 1972 Nr. 2; LAG Baden-Württemberg, Beschl. v. 13.4.1994 – 9 TaBV 4/94, AiB 1994, 420.

Dagegen wird die Auffassung vertreten, dass eine Abwägung vorzunehmen sei zwischen dem Gebot der Gewährung effektiven Rechtsschutzes einerseits und dem Verbot des Eingriffs in betriebsverfassungsrechtliche Rechte von Arbeitnehmern andererseits. Weist das Wahlverfahren einen Mangel auf, der zur Nichtigkeit der Wahl führen würde, hält es eine Reihe von Landesarbeitsgerichten für vertretbar, durch einstweilige Verfügung die Wahl vorläufig zu unterbinden und damit auch einen vorübergehend betriebsratslosen Zustand herbeizuführen,

LAG Köln, Beschl. v. 5.6.1987 – 6 TaBV 28/87, DB 1987, 1996; LAG Köln, Beschl. v. 27.12.1989 – 10 TaBV 70/89, AiB 1990, 421; LAG Hessen, Beschl. v. 12.3.1998 – 12 TaBVGa 27/98, NZA-RR 1998, 544.

Auch das BAG räumt dem Arbeitgeber im Fall der absehbaren Nichtigkeit der Betriebsratswahl einen Unterlassungsanspruch ein,

BAG 27.7.2011 – 7 ABR 61/10, BAGE 138, 377.

Nach überwiegender Auffassung besteht daher ein Verfügungsgrund, wenn aufgrund der Wahlnichtigkeit ein Betriebsrat als von Anfang an nicht existent angesehen würde.

Das Hessische LAG macht noch eine Einschränkung, die sich auf die Existenz eines noch bestehenden Betriebsrats bezieht. Immer dann, wenn kein betriebsratsloser Zustand durch den Erlass einer einstweiligen Verfügung droht, besteht ein Verfügungsanspruch auf Seiten des Arbeitgebers.

20. Muster: Weiterbeschäftigungspflicht – Antrag auf Entbindung bei Auszubildenden

Arbeitsgericht ...
In dem Beschlussverfahren
mit den Beteiligten
1. Firma ..., gesetzlich vertreten durch ...

– Antragstellerin und Beteiligte zu 1. –

Verfahrensbevollmächtigte: ...
und
2. Auszubildende(n) ..., gesetzlich vertreten durch ...

– Beteiligte(r) zu 2. –

Verfahrensbevollmächtigte: ...
3. Betriebsrat der Firma ..., vertreten durch den/die Betriebsratsvorsitzende(n) ...,
zu laden bei der Firma ...

– Beteiligter zu 3. –

4. Jugend- und Auszubildendenvertretung der Firma ..., vertreten durch den/die Vorsitzende(n) der Jugend- und Auszubildendenvertretung ...,
zu laden bei der Firma ...

– Beteiligter zu 4. –

wegen: Beendigung eines Ausbildungsverhältnisses
Namens und in Vollmacht des Antragstellers beantragen wir im Beschlussverfahren was folgt:
1. Es wird festgestellt, dass ein Arbeitsverhältnis zwischen der Antragstellerin und dem/der Antragsgegner(in) nach Ablauf der Ausbildungszeit am ... nicht begründet wird.
2. Der Streitwert wird festgesetzt.

Gründe
1. Die Antragstellerin ist tätig auf dem Gebiet des ... . Sie beschäftigt ... Arbeitnehmer, darunter ... Auszubildende. Bei ihr besteht ein Betriebsrat. Dieser hat ... Mitglieder. Betriebsratsvorsitzende(r) ist ... . Die Jugend- und Auszubildendenvertretung hat ... Mitglieder. Deren Vorsitzende(r) ist ... .
Die Antragstellerin hat mit dem/der Antragsgegner(in) einen Ausbildungsvertrag über die Ausbildung zum ... abgeschlossen.
Es war eine Ausbildungszeit vom ... bis ... vorgesehen. Das Ausbildungsverhältnis endet mithin voraussichtlich am ... . Der Prüfungstermin ist am ... .

Der/Die Antragsgegner(in) ist seit dem ... Mitglied der Jugend- und Auszubildendenvertretung. Die Antragstellerin hat dem/der Antragsgegner(in) bereits am ... mitgeteilt, dass sie nicht beabsichtigt, mit ihm/ihr ein Arbeitsverhältnis einzugehen. Der/Die Antragsgegner(in) hat mit Schreiben vom ... seine/ihre Weiterbeschäftigung verlangt.

Der Antragstellerin kann unter Berücksichtigung aller Umstände die Weiterbeschäftigung des Antragsgegners/der Antragsgegnerin nicht zugemutet werden.

2. Der Betrieb der Antragstellerin hat in jüngster Zeit folgende Entwicklung genommen ... . In letzter Zeit hat sich der Stellenplan wie folgt entwickelt ... . Personell besteht damit gegenwärtig ein Überhang und eine frei werdende Stelle ist nicht absehbar.

21. Muster: Zustimmung zur außerordentlichen Kündigung eines Betriebsratsmitglieds nach § 103 BetrVG – Antrag

Wir vertreten den Antragsteller. Namens und im Auftrag des Antragstellers beantragen wir, im Beschlussverfahren zu erkennen:

1. Die Zustimmung des Beteiligten zu 2. zur außerordentlichen Kündigung des Beteiligten zu 3. wird gem. § 103 BetrVG ersetzt.
2. Der Streitwert wird festgesetzt.

Gründe

I.

Der Beteiligte zu 3. ist ein freigestelltes Betriebsratsmitglied des im Betrieb der Antragstellerin gebildeten Betriebsrats. Sitz des Betriebes ist ... . Dort sind die Geschäftsleitung und der Beteiligte zu 3. ansässig.

Gegenstand der Geschäftstätigkeit der Antragstellerin ist ... .

Die Antragstellerin beabsichtigt, das Arbeitsverhältnis mit dem Beteiligten zu 3. außerordentlich zu kündigen, da ihr nach § 626 Abs. 1 BGB nicht länger zugemutet werden kann, den Ablauf der ordentlichen Kündigungsfrist abzuwarten. Der Kündigungsabsicht der Antragstellerin liegt folgender Sachverhalt zugrunde:

II.

1. Am ... stellte der Beteiligte zu 3. in das Intranet der Antragstellerin einen Hinweis mit folgendem Wortlaut: „Soeben hat uns ein Mitarbeiter darauf aufmerksam gemacht, dass jeder Einblick nehmen kann in unser Personalinformationssystem. Man muss nur die Zugangsdaten ... und das Kennwort ... eingeben, dann soll man über jeden Kollegen und jede Kollegin sämtliche persönlichen Daten aus dem Personalinformationssystem erhalten. Ich habe es noch nicht ausprobiert, aber wenn der Tipp stimmt, ist das der ‚Hammer'."

Beweis: Vorlage des Hinweises des Beteiligten zu 3. im Intranet – Anlage K 1.

Damit steht unstreitig fest, dass der Beteiligte zu 3. in dem Newsletter Informationen weitergegeben hat, wie man über die Eingabe von Webadressen Einsicht in vertraulichste Personaldaten der Arbeitnehmer der Antragstellerin erhalten kann. Bei den zur Ausspähung freigegebenen Daten handelt es sich um personenbezogene Daten, die dem Grundsatz der Vertraulichkeit unterliegen,

BVerwG 19.8.1964 – VI B 15.62, BVerwGE 19, 179; BVerwG 4.6.1970 – II C 5.68, BVerwGE 35, 225; OLG Hamm 4.12.1970 – 11 U 168/70, NJW 1971, 468; BVerfG 15.1.1970 – 1 BvR 13/68, BVerfGE 27, 344.

So konnte man Lebensläufe, Bewerbungsunterlagen, Krankmeldungen von Arbeitnehmern, Zeugnisse und sonstige Bewerberdaten auf dem vom Beteiligten zu 3. aufgezeigten Weg über jeden Mitarbeiter erhalten.

Beweis: Zeugnis des Leiters der Abteilung IT ...

Der Beteiligte zu 3. wusste, welchen gewaltigen Schaden er durch sein Handeln und durch die Preisgabe der Informationen über das Sicherheitsleck im EDV-System der Antragstellerin verursachen würde.

Nachweislich haben auch zahlreiche Personen, die den Newsletter gelesen hatten, von der Möglichkeit Gebrauch gemacht, sich personenbezogene Daten über Kolleginnen und Kollegen zu beschaffen.

Beweis: Auszug aus den Antworten auf den Newsletter – Anlage K 2.

Nachdem das Personalwesen und die IT-Abteilung von dem Newsletter erfahren hatten, wurde sofort das EDV-System komplett heruntergefahren. Das Sicherheitsleck wurde behoben und die EDV konnte erst 27 Stunden später wieder hochgefahren werden. Diese Maßnahme hatte zur Folge, dass über 27 Stunden die Personalabteilung und alle Fachabteilungen einschließlich der IT-Abteilung, die auf das Personalinformationssystem angewiesen sind, ihre Arbeit niederlegen mussten.

2. Das Verhalten des Beteiligten zu 3. stellt einen wichtigen Grund iSv § 626 BGB dar. Wohl wissend, dass einem unbekannten Adressatenkreis unter Verstoß gegen das Bundesdatenschutzgesetz und die arbeitsrechtlichen Grundsätze des Personaldatenschutzes sowie des Allgemeinen Persönlichkeitsrechts vertrauliche Informationen aus dem Privatleben von Angestellten durch den Hinweis/Newsletter ermöglicht wurden, informierte der Beteiligte zu 3. die Belegschaft über das Sicherheitsleck, ohne zunächst der Personalabteilung oder der IT-Abteilung Gelegenheit zu geben, den ihm bekannt gewordenen Fehler zu beseitigen. Mit seiner Verbreitung des Datenlecks im EDV-System verletzte der Beteiligte zu 3. die arbeitsrechtliche Treuepflicht als Nebenpflicht des Arbeitsverhältnisses. Zur Treuepflicht gehört die Pflicht jedes Arbeitnehmers, Schäden vom Betrieb oder von seinen Mitarbeitern abzuwenden,

BAG 18.6.1970 – 1 AZR 520/69, BAGE 22, 375 = NJW 1970, 1861; BAG 28.9.1972 – 2 AZR 469/71, BAGE 24, 438 = NJW 1973, 77.

Der Beteiligte zu 3. verstieß nicht nur gegen seine Treuepflicht, er missachtete auch seine Verschwiegenheitsverpflichtung, denn von der Verschwiegenheitspflicht sind auch die sog. Betriebs- und Geschäftsgeheimnisse und damit auch solche Informationen erfasst, die die Person des Arbeitgebers oder eines Mitarbeiters betreffen,

Schaub/*Linck*, Arbeitsrechts-Handbuch, § 55 Rn 51; Küttner/*Kania*, Personalbuch, 438 (Verschwiegenheitspflicht) Rn 6.

Der Beteiligte zu 3. stiftete außerdem zur Schädigung anderer in ihrer Persönlichkeitssphäre gem. § 44 Abs. 1 BDSG, § 26 StGB an. Der Schutz der Persönlichkeitssphäre, der dem Recht auf individuelle Selbstbestimmung aus Art. 2 Abs. 1 iVm Art. 1 Abs. 1 GG entstammt, garantiert jedem Einzelnen, grundsätzlich selbst darüber zu entscheiden, wann und innerhalb welcher Grenzen persönliche Lebenssachverhalte offenbart werden. Das Bundesverfassungsgericht hat im Volkszählungsurteil,

BVerfG 15.12.1983 – 1 BvR 209/83, BVerfGE 65, 1 = NJW 1984, 419,

herausgearbeitet, dass in der modernen Datenverarbeitungswelt das Recht auf individuelle Selbstbestimmung den Schutz des Einzelnen gegen unbegrenzte Erhebung, Speicherung, Verwendung und vor allem Weitergabe seiner persönlichen Daten voraussetzt. Dieses Recht steht auch den Arbeitnehmern zu, die ihre personenbezogenen und oft äußerst sensiblen Daten dem Arbeitgeber anvertraut haben.

In der Absicht, den Betreiber des EDV-Systems betriebsinterner Kritik auszusetzen und den betroffenen Arbeitnehmern die informationelle Selbstbestimmung dabei zu nehmen, gab der Beteiligte zu 3. das damalige Systemleck in der EDV der Betriebsöffentlichkeit bekannt.

Insgesamt hat der Beteiligte zu 3. also mit seiner Maßnahme drei schwerwiegende Pflichtverletzungen begangen: einen Verstoß gegen die Treuepflicht, einen strafbewährten Verstoß gegen das Bundesdatenschutzgesetz und einen Verstoß gegen seine Verschwiegenheitspflicht als Arbeitnehmer und Betriebsrat. Damit liegt ein Kündigungsgrund „an sich" vor.

III.

Soweit sich der Beteiligte zu 3. in seiner Anhörung vor der beantragten Zustimmung des Betriebsrats zur außerordentlichen Kündigung eingelassen hat, er selbst sei nicht Betreiber des Netzes gewesen, sondern die Antragstellerin, verfängt diese Ausrede nicht. Ähnlich dem Arbeitnehmer, der auf dem Fließband einige Nägel sichtet und weiß, wenn er jetzt nichts unternimmt, werden das Fließband und die Maschinen schwer beschädigt, entsteht eine Handlungspflicht beim Arbeitnehmer immer dann, wenn er durch geringen Aufwand Schaden vom Betrieb und von der Belegschaft abwenden kann. Das ist das Wesen des Treuepflichtverstoßes, dass eine Pflicht zum Handeln besteht, obwohl man die Ursache für das schadensstiftende Ereignis selbst nicht gesetzt hat. Der Beteiligte zu 3. handelte vorsätzlich, er wusste, was er tat, und es ging gerade darum, durch seinen Hinweis/Newsletter zuerst die Belegschaft zu informieren, um ihr Gelegenheit zu geben, Rechtsverstöße begehen zu können, und erst danach die Information bei denjenigen Stellen landen zu lassen, die von vornherein den Mangel hätten beseitigen können, ohne dass es zu den Rechtsverstößen gekommen wäre.

Die Gesamtinteressenabwägung ergibt, dass der Antragstellerin nicht länger zugemutet werden kann, dass der Beteiligte zu 3. auch nur noch einen Tag in der Firma angestellt bleibt. Gerade als Betriebsratsmitglied durfte der Beteiligte zu 3. sich nicht in der dargestellten Weise gehen lassen. Für ihn bestand eine gesteigerte Handlungspflicht aus dem Grundsatz der vertrauensvollen Zusammenarbeit, § 2 BetrVG. Aus dem Gebot der vertrauensvollen Zusammenarbeit folgt für die Betriebsräte nicht nur die Obliegenheit, passiv alles zu unterlassen, was die Arbeitgeberin schädigt, sondern auch, aktiv Schaden von der Arbeitgeberin abzuwenden,

> BAG 21.2.1978 – 1 ABR 54/76, DB 1978, 1547; *Fitting u.a.*, BetrVG, § 2 Rn 27; Richardi/*Richardi*, BetrVG, § 2 Rn 13.

Der Beteiligte zu 3. kann sich auch nicht unter Berufung auf die Koalitionsfreiheit gem. Art. 9 Abs. 3 GG oder die Meinungsfreiheit gem. Art. 5 Abs. 1 GG von dem Vorwurf der schweren Treuepflichtverletzung entlasten. Dem Beteiligten zu 3. bleibt und blieb es jederzeit unbenommen, Koalitionen einzugehen und die sich hieraus ergebenden Rechte im Rahmen von Art. 9 Abs. 3 GG wahrzunehmen. Die Schädigung von Arbeitnehmern in ihrer informationellen Selbstbestimmung und die Schädigung des Arbeitgebers als Betriebsratsmitglied mit dem Ziel, die Leistungen der EDV-Verantwortlichen zu desavouieren, wird nicht über das Recht der Koalitionsbetätigung geschützt. Ebenso verhält es sich mit dem Recht auf Meinungsfreiheit. Innerhalb eines Arbeitsverhältnisses besteht zwar grundsätzlich das Recht auf Meinungsfreiheit. Die Meinungsfreiheit findet jedoch ihre Schranken in den Vorschriften der allgemeinen Gesetze. Unter dem Begriff der allgemeinen Gesetze fallen auch die anerkannten Grundsätze des Arbeitsrechts zur Vertraulichkeit von Personaldaten und die Vorschriften des BDSG.

Die Bewertung des gravierenden Fehlverhaltens des Beteiligten zu 3. steht auch im Einklang mit den hierzu ergangenen Urteilen bei vergleichbaren Sachverhaltskonstellationen. So hat das LAG Hamm (4.2.2004 – 9 Sa 502/03, LAGReport 2004, 300) entschieden, dass das Abspeichern von Hacker-Dateien, mit deren Hilfe Passwörter entschlüsselt werden können, unter den eigenen Dateien selbst dann zur fristlosen Kündigung berechtigt, wenn noch gar keine Passwörter mit Hilfe der Hacker-Datei entschlüsselt wurden und der Arbeitnehmer schon 24 Jahre seine Arbeitsleistung unbeanstandet erbracht hat. Das LAG Hessen (13.5.2002 – 13 Sa 1268/01, CR 2003, 329) hat entschieden, dass die eigenmächtige Veränderung des Hauptpassworts am Computer des Arbeitgebers in der Weise, dass der Arbeitgeber nicht mehr auf das Computersystem zugreifen kann, zur fristlosen Kündigung berechtigt. Das ArbG Osnabrück (19.3.1997 – 1 Ca 639/96, RDV 1998, 118) hat entschieden, dass die rechtswidrige und nach BDSG strafbare Einsichtnahme in Dateien mit vertraulichen Beurteilungsdaten selbst dann zumindest zur ordentlichen Kündigung ohne vorherige Abmahnung berechtigt, wenn dem Arbeitnehmer die Supervisor-Rechte am EDV-System zustanden und er seit weit mehr als 30 Jahren im Betrieb beschäftigt ist. Das LAG Sachsen (14.7.1999 – 2 Sa 34/99, MDR 2000, 710) hat entschieden, dass das unberechtigte Kopieren von Dateien selbst dann einen wichtigen Grund für eine fristlose Kündigung darstellt, wenn es sich bei den Daten nicht um Daten mit Personenbezug oder mit Betriebsgeheimnissen, sondern um belanglose Daten handelt. Schließlich hat das ArbG Bonn (13.4.2005 – 2 BV 104/04, n.v.) in einem mit dem vorliegenden Sachverhalt vergleichbaren Fall entschieden, dass die Bekanntgabe eines Datenlecks durch ein Betriebsratsmitglied, ohne zuvor die Geschäftsleitung zu informieren, eine so gravierende Pflichtverletzung darstellt, dass die Weiterbeschäftigung des Betriebsratsmitglieds der Firma nicht mehr zuzumuten sei.

IV.
Der Zustimmungsersetzungsantrag ist auch zulässig. Anders als der Beteiligte zu 3. zu erkennen gegeben hat, ist die Frist von drei Tagen eingehalten. Im Anschreiben an den Betriebsrat vom _ waren sämtliche relevanten Daten, Umstände und Gründe für die geplante fristlose Kündigung entsprechend dem Grundsatz der subjektiven Determination enthalten. Zwei Tage danach, im Anschluss an die Betriebsratssitzung, teilte der Vorsitzende des Betriebsrats der Geschäftsleitung mit, dass der Betriebsrat keinen Beschluss fassen werde.

    Beweis: Zeugnis Personalsachbearbeiterin _

Die Antragstellerin durfte daher in Kenntnis des Umstands, dass der Betriebsrat keinen Beschluss zum Antrag fassen würde, am darauf folgenden Tag das Kündigungsschreiben verfassen und dem Beteiligten zu 3. aushändigen.

Verfahrensrechtlich war die Angelegenheit der Mitbestimmung des Betriebsrats ab der Mitteilung des Betriebsratsvorsitzenden abgeschlossen. Denn das BAG hat im Urteil vom 12.3.1987 entschieden, dass der Arbeitgeber eine Kündigung auch dann vor Ablauf der dem Betriebsrat eingeräumten Äußerungsfristen des § 102 Abs. 2 BetrVG aussprechen darf, wenn der Betriebsrat, ohne sachlich zu der Kündigungsabsicht Stellung zu nehmen, lediglich erklärt hat, er werde sich zu der Kündigung nicht äußern und darin eine abschließende Stellungnahme liegt,

    BAG 12.3.1987 – 2 AZR 176/86, NZA 1988, 137.

Was im Hinblick auf § 102 BetrVG gilt, gilt auch im Hinblick auf § 103 BetrVG.

§ 8 Gebühren und Rechtsschutz im Arbeitsrecht

Kapitel 1: Vergütungsvereinbarungen

Literatur:

Blattner, Die output-basierte Vergütung – worauf es beim Erfolgshonorar ankommt, AnwBl 2012, 562; *Burhoff*, Änderungen im Recht der Vergütungsvereinbarung und neues Erfolgshonorar, VRR 2008, 254; *Enders*, RVG für Anfänger, 15. Aufl. 2012; *Fölsch*, Auswirkungen des „Erfolgshonorargesetzes" auf die Vergütungsvereinbarung, MDR 2008, 728; *Gerold/Schmidt/v. Eicken/Madert/Müller-Rabe*, Rechtsanwaltsvergütungsgesetz, 20. Aufl. 2012; *Harbauer*, Rechtsschutzversicherung, 8. Aufl. 2010; *Hartmann*, Kostengesetze, 42. Aufl. 2012; *Hellwig*, Die Rechnungen und Vereinbarungen der Großen, AnwBl 1998, 623; *Henssler*, Arbeitsrecht und Anwaltsrecht, RdA 1999, 38; *Henssler/Deckenbrock*, Der (Teil-)Vergütungsanspruch des Rechtsanwalts im Falle vorzeitiger Mandatsbeendigung im Normgefüge des § 628 BGB, NJW 2005, 1; *dies.*, Vergütungsrechtliche Folgen der vorzeitigen Beendigung von Anwaltsverträgen, ZAP Fach 24, 877; *Henssler/Prütting*, Bundesrechtsanwaltsordnung, 3. Aufl. 2010; *Hinne/Klees/Teubel/Winkler*, Vereinbarungen mit Mandanten, 2. Aufl. 2008; *Hommerich/Kilian*, Vergütungsvereinbarungen deutscher Rechtsanwälte, 2006; *dies.*, Die Praxis der Vergütungsvereinbarung deutscher Rechtsanwältinnen und Rechtsanwälte – Zentrale Ergebnisse des Vergütungsbarometers 2009 des Soldan-Instituts, BRAK-Mitt. 2009, 223; *Hümmerich*, Steuerliche Abzugsfähigkeit der Kostennote eines Arbeitsrechtsanwalts, FA 2000, 2; *ders.*, Arbeitsrecht und Rechtsschutzversicherung, AnwBl 1995, 321; *Hümmerich/Bieszk*, § 34 Abs. 1 RVG – Wann ist ein Mandant Verbraucher?, AnwBl 2006, 749; *Kilian*, Erfolgshonorare im Internationalen Privatrecht, AnwBl 2003, 452; *ders.*, Vergütungsvereinbarungen: Chancen und Risiken durch das reformierte RVG, BB 2006, 225; *ders.*, Das Gesetz zur Neuregelung des Verbots der Vereinbarung von Erfolgshonoraren, NJW 2008, 1905; *ders.*, Die richterliche Kontrolle der Angemessenheit von Vereinbarungen über die Vergütung von Rechtsanwälten, BB 2009, 2098; *Krämer*, Akzeptanz unterschiedlicher Honorargestaltungen bei Rechtsanwälten, AnwBl 1998, 371; *Krämer/Mauer/Kilian*, Vergütungsvereinbarungen, 2005; *Madert/Schons*, Die Honorarvereinbarung des Rechtsanwalts, 3. Aufl. 2006; *Mayer*, Das neue Gebührenrecht in der anwaltlichen Praxis, 2013; *ders.*, Die Gebühren- und Vergütungsvereinbarung im Arbeitsrecht, NZA 2006, 753; *ders.*, Vertragsrecht und Vergütung, AnwBl 2006, 160; *Mayer/Kroiß* (Hrsg.), Rechtsanwaltsvergütungsgesetz, Handkommentar, 6. Aufl. 2013; *Rick*, Wirksamkeit einer Anwaltsvergütung bei Versendung durch Telefax, AGS 2006, 15; *Schäder*, Die Vergütungsvereinbarung im Arbeitsrecht, ArbRB 2008, 283; *Schneider*, Wegfall der Beratungsgebühren zum 1.7.2006, NJW 2006, 1905; *Schneider/Volpert/Fölsch*, NomosKommentar Gesamtes Kostenrecht, 1. Aufl. 2014 (in Vorb.); *Schneider/Wolf* (Hrsg.), AnwaltKommentar RVG, 6. Aufl. 2012; *v. Seltmann*, Erfolgshonorar und andere Änderungen des RVG, NJW-Spezial 2008, 350.

A. Erläuterungen

I. Anwendungsfälle und Begriff der Vergütungsvereinbarung

Hauptanwendungsfälle von Vergütungsvereinbarungen im Arbeitsrecht sind das Aushandeln einer **Trennungsvereinbarung** (Abwicklungs- oder Aufhebungsvertrag) **für Führungskräfte** oder für Unternehmen mit Führungskräften. Auch werden Vergütungsvereinbarungen bei **Umstrukturierungsmaßnahmen** eines Unternehmens geschlossen. In diesen Fällen ist der Anwalt häufig eingeschaltet, um einen Interessenausgleich und Sozialplan entweder auf Arbeitgeber- oder auf Betriebsratsseite auszuarbeiten und mit zu verhandeln. Schließlich werden in allen Bereichen des Arbeitsrechts, je nach Sachverhalt und finanziellen Möglichkeiten des Auftraggebers, Vergütungsvereinbarungen getroffen und zwar vor allem in der Form der **Stundensatzvereinbarung** (*billable hours*) oder der **Pauschalregelung** (Festbetrag). Die nachfolgenden Ausführungen zur Vergütungsvereinbarung betreffen gesonderte Absprachen sowohl über Gebühren als auch Auslagen (vgl § 1 Abs. 1 Satz 1 RVG). 1

Mit dem **Begriff** „Vergütungsvereinbarung" wird der Vertrag zwischen Auftraggeber und Anwalt umschrieben, in dem ein von der gesetzlichen Regelung abweichendes Honorar vereinbart wird. Andere Bezeichnungen, wie zB **Honorarvereinbarung**, können verwendet werden, soweit mit hinreichender Klarheit der Abschluss einer dem vorgenannten Zweck dienenden Abrede verfolgt wird. 2

II. Verbrauchereigenschaft des Auftraggebers?

3 § 34 RVG sieht vor, dass der Anwalt für seine außergerichtliche Tätigkeit wie Beratung oder Gutachtenerstellung oder für eine Tätigkeit als Mediator mit seinem Mandanten die **Vergütung verhandelt**; die gesetzlichen Gebühren des RVG für Beratung und Gutachten sind zum 1.7.2006 entfallen. Allein aus Vorsichtsgründen sollte der zunächst beratend oder gutachterlich tätige Anwalt größte Sorgfalt darauf verwenden, eine Vergütungsvereinbarung mit dem Mandanten abzuschließen, um einen sachgerechten Vergütungsanspruch zu erhalten. Andernfalls drohen unnötige Streitigkeiten, ob die Grenze zwischen Beratung und Geschäftsbesorgung überschritten ist, um die in der Höhe eventuell angemessenere Geschäftsgebühr beanspruchen zu können.

4 Wird **keine Vergütungsvereinbarung** geschlossen, bestimmt § 34 Abs. 1 Satz 2 RVG die Geltung der Regeln des Bürgerlichen Gesetzbuches. Dann gilt gem. § 612 Abs. 2 BGB bei Ermanglung einer „Taxe" die „übliche Vergütung" als geschuldet. Ist der Mandant kein Unternehmer, sondern **Verbraucher** iSv § 13 BGB, wird der Rechtsanwalt bei fehlender Vergütungsvereinbarung durch § 34 Abs. 1 Satz 3 RVG auf einen **Höchstbetrag von 250 EUR** beschränkt. Handelt es sich um eine **Erstberatung**, beträgt die Gebühr sogar nur maximal **190 EUR**. Eine Erstberatung findet dann statt, wenn der Ratsuchende sich wegen des Gegenstandes das erste Mal an den Rechtsanwalt wendet und umfasst lediglich das Gespräch mit dem Anwalt, nicht weitere Tätigkeiten wie Telefonate oder Bestätigungsschreiben.[1] Setzt sich die Tätigkeit des Anwalts später fort oder sucht der Auftraggeber den Rechtsanwalt wegen Zusatzfragen auf, ist der Bereich der Erstberatung verlassen.[2] Eine Vergütungsvereinbarung für die anwaltliche Erstberatung, die diese gesetzlichen Vorgaben aufgreift, findet sich in Muster 8010.[3]

5 Durch die Regelung des § 34 Abs. 1 Satz 3 RVG sieht sich der Rechtsanwalt mit der Frage konfrontiert, ob sein **Auftraggeber** als **Verbraucher** oder **Unternehmer** einzuordnen ist. Dabei stellt sich die Frage, ob sich die Verbrauchereigenschaft des Auftraggebers nach dem Verhältnis Rechtsanwalt – Auftraggeber beurteilt oder ob das dem an den Rechtsanwalt herangetragenen Fall zugrunde liegende Rechtsverhältnis zwischen Auftraggeber und bspw dessen Arbeitgeber für die Bestimmung der Verbrauchereigenschaft entscheidend ist. Nach der gesetzlichen Definition des § 13 BGB ist Verbraucher jede natürliche Person, die ein Rechtsgeschäft zu einem Zweck abschließt, der weder ihrer gewerblichen noch ihrer selbständigen beruflichen Tätigkeit zugerechnet werden kann. **Abzugrenzen** ist der Verbraucherbegriff vom Unternehmer iSv § 14 BGB. Unternehmer ist eine natürliche oder juristische Person oder eine rechtsfähige Personengesellschaft, die bei Abschluss eines Rechtsgeschäfts in Ausübung ihrer gewerblichen oder selbständigen beruflichen Tätigkeit handelt. Führt man sich die gesetzlichen Definitionen vor Augen, wird deutlich, dass die Verbrauchereigenschaft des Auftraggebers nur durch ein Zusammenspiel zwischen Mandatsverhältnis und dem zugrunde liegenden Fall bestimmt werden kann. Unter „Rechtsgeschäft" iSd § 13 BGB kann nur der **Anwaltsvertrag** zu verstehen sein.[4] Denn Gebührenschuldner des Rechtsanwalts ist ausschließlich der Auftraggeber aufgrund des geschlossenen Geschäftsbesorgungs-, Dienst-[5] oder Werkvertrages[6] (§§ 675, 611, 631 BGB), so dass die Gebührenkappungsgrenze des § 34 Abs. 1 Satz 3 RVG sich auch nur darauf beziehen kann. Der Rechtsanwalt ist als Freiberufler auch unter dem Unternehmerbegriff des § 14 BGB zu subsumieren, da er am Markt planmäßig und dauerhaft Leistungen gegen ein Entgelt anbietet. Aufgrund des europarechtlich geprägten, geltenden funktionalen Verbraucherbegriffs kommt es im Rahmen dieser Mandatsbeziehung zur Bestimmung der Verbrauchereigenschaft des Auftraggebers entscheidend darauf an, in welcher Funktion der Auftraggeber den Rechtsanwalt mit seiner rechtlichen Interessenwahrnehmung beauftragt.

6 So wird der Arbeitgeber-Mandant, der sich bspw mit einem Kündigungsverlangen an den Rechtsanwalt richtet, grundsätzlich in Ausübung seiner gewerblichen oder selbständigen beruflichen Tätigkeit handeln. Im Gegensatz dazu wird der Arbeitnehmer, der Beratungsbedarf sieht, weder einer gewerblichen noch einer selbständigen beruflichen Tätigkeit nachgehen. Der Arbeitnehmer-Mandant ist im

---

[1] AnwK-RVG/*Onderka*, § 34 Rn 111.
[2] AnwK-RVG/*Onderka*, § 34 Rn 111.
[3] § 8 Rn 91.
[4] Zust. AnwK-RVG/*Onderka*, § 34 Rn 101.
[5] Bei Dauerberatungsmandaten: Palandt/*Weidenkaff*, Einf. v. § 611 BGB Rn 21.
[6] Bei Gutachtenerstellung: Palandt/*Weidenkaff*, Einf. v. § 611 BGB Rn 21.

Verhältnis zu seinem Arbeitgeber stets Verbraucher.[7] Entscheidend ist lediglich, dass der Arbeitnehmer-Mandant den Rechtsanwalt nicht zu einem Zweck beauftragt, der einer etwaigen gewerblichen oder selbständigen beruflichen Tätigkeit des Mandanten zugerechnet werden kann.[8] Diese Fallkonstellation ist aufgrund der Definition des Verbraucherbegriffs nach § 13 BGB ausgeschlossen. Deshalb ist der Arbeitnehmer-Mandant als Prototyp des „Unselbständigen"[9] immer Verbraucher iSd § 34 Abs. 1 Satz 3 RVG.

Nach § 34 Abs. 2 RVG wird die vereinbarte Vergütung bei einer späteren Tätigkeit, die mit der Beratung zusammenhängt, **angerechnet**. Die gesetzlich vorgesehene Anrechnung kann durch Parteivereinbarung abbedungen werden.[10] Eine vollständige oder teilweise Anrechnung sehen die Muster 8053[11] und 8056[12] für die Erstberatung sowie Muster 8059[13] vor.

III. Inhalt und Gestaltung der Vergütungsvereinbarung

Mit § 3a RVG hat der Gesetzgeber eine Regelung erlassen, die Vorgaben für alle Vergütungsvereinbarungen enthält, etwa für eine erfolgsunabhängige Vergütung (§ 4 RVG), Erfolgshonorare (§ 4a RVG) oder Vereinbarungen gem. § 34 RVG.[14]

1. Form der Vergütungsvereinbarung

Vergütungsvereinbarungen bedürfen der **Textform** (§ 3a Abs. 1 Satz 1 RVG). Das Erfordernis der Textform ersetzt das zuvor in § 4 RVG aF vorgeschriebene Schriftformerfordernis. Die geänderte Formvorschrift wirkt sich erst auf Vereinbarungen aus, die ab dem 1.7.2008 getroffen wurden.[15] Abweichend von der vorherigen Regelung sind neben Vereinbarungen über die die gesetzliche Vergütung überschreitenden Honorare seitdem auch Abreden über untergesetzliche Gebühren betroffen.[16] Des Weiteren bedurfte nach altem Recht lediglich das Honorarversprechen des Mandanten der Schriftform, während jetzt die **gesamte Vereinbarung** der Textform genügen muss. Durch § 3a Abs. 1 Satz 4 RVG hat der Gesetzgeber schließlich klargestellt, dass für Vereinbarungen gem. § 34 RVG, dh insbesondere für **Erstberatungsvereinbarungen**, weder eine bestimmte Form eingehalten werden muss, noch eine optische Abgrenzung von anderen Erklärungen notwendig ist.

Die Textform ist gem. § 126b BGB dann gewahrt, wenn die Erklärung in einer Urkunde oder auf andere zur dauerhaften Wiedergabe in Schriftzeichen geeignete Weise abgegeben, die Person des Erklärenden genannt und der Abschluss der Erklärung durch Nachbildung der Namensunterschrift oder anders erkennbar gemacht wird.[17] Während nach dem bis zum 30.6.2008 geltenden Schriftformerfordernis eine Vergütungsvereinbarung nicht durch **Faxmitteilungen** wirksam getroffen werden konnte,[18] kann nunmehr auf diese Weise dem Textformerfordernis genügt werden. Darüber hinaus sind auch über elektronische Medien – etwa per **CD, E-Mail oder SMS** – übermittelte Erklärungen zur Erfüllung der Textform geeignet, wenn sie bei dem Adressaten gespeichert und von ihm am Bildschirm und/oder durch Ausdruck lesbar gemacht werden können.[19]

Auf der Erklärung muss weiter die **Person** genannt werden, die die Erklärung abgibt. Dabei ist keine ausdrückliche Namensnennung erforderlich; vielmehr reicht es aus, wenn die Identität des Erklärenden zweifelsfrei zugeordnet werden kann.[20] Der Abschluss der Erklärung soll durch eine Nachbildung der **Unterschrift des Erklärenden** erfolgen, kann aber auch durch andere Formulierungen kenntlich gemacht werden.[21] Der notwendige räumliche Abschluss der Erklärung wird nicht hinreichend deutlich,

---

7 BAG 25.5.2005 – 5 AZR 572/04, NZA 2005, 1111, st. Rspr.
8 *Hümmerich/Bieszk*, AnwBl 2006, 749.
9 ErfK/*Preis*, § 611 BGB Rn 208.
10 AnwK-RVG/*Onderka*, § 34 Rn 122.
11 § 8 Rn 107.
12 § 8 Rn 108.
13 § 8 Rn 109.
14 AnwK-RVG/*Onderka*, § 3a Rn 1.
15 OLG Düsseldorf 11.11.2008 – I-24 U 36/08, MDR 2009, 654.
16 AnwK-RVG/*Onderka*, § 3a Rn 35.
17 BGH 3.11.2011 – IX ZR 47/11, MDR 2011, 1460.
18 OLG Düsseldorf 11.11.2008 – I-24 U 36/08, MDR 2009, 654.
19 LG Görlitz 1.3.2013 – 1 S 51/12, VRR 2013, 198; AnwK-ArbR/*Mestwerdt*, §§ 125–127 BGB Rn 35.
20 AnwK-RVG/*Onderka*, § 3a Rn 35.
21 AnwK-RVG/*Onderka*, § 3a Rn 35.

soweit unterhalb einer Unterschrift handschriftlich Vertragsnachträge eingefügt werden.[22] Der Gesetzgeber hat das Zustandekommen von Vergütungsvereinbarungen durch die Erleichterung des Formerfordernisses vordergründig vereinfacht, jedoch empfiehlt es sich aus Beweisgründen, die Originalunterschrift des Mandanten grundsätzlich einzuholen.[23]

12 Um den gesetzlichen Anforderungen des § 3a RVG gerecht zu werden, muss die Vergütungsvereinbarung zudem auch als solche oder in vergleichbarer Weise, etwa als Honorarvereinbarung, eindeutig **bezeichnet** sein. Die Bezeichnung muss in dem in Textform abgegebenen Angebot zum Abschluss der Vergütungsvereinbarung enthalten sein, da die gesetzliche Regelung weiterhin darauf abzielt, den Auftraggeber über den Charakter der Abrede zu informieren.

13 Die Vergütungsvereinbarung muss von anderen Vereinbarungen mit Ausnahme der Auftragserteilung **deutlich abgesetzt** sein und darf **nicht in der Vollmacht** enthalten sein (§ 3a Abs. 1 Satz 2 RVG). Ein deutliches Absetzen liegt dann vor, wenn die Vergütungsvereinbarung sich optisch durch eine Zäsur von den übrigen Erklärungen abhebt.[24] Dem Mandanten muss bereits auf den ersten Blick erkennbar sein, eine gesonderte Vereinbarung abzuschließen.[25] Eine Verknüpfung mit der **Auftragserteilung** ohne eine solche Trennung lässt die Vorschrift jedoch zu. Sind dagegen **Vergütungsvereinbarung und Vollmacht** in einer Urkunde zusammengefasst, ist die Vergütungsvereinbarung in jedem Falle fehlerhaft und eine höhere als die gesetzliche Gebühr kann gem. § 4b RVG nicht gefordert werden.[26] Grundsätzlich sollten Vergütungsvereinbarungen in einer **separaten Urkunde** fixiert werden, um Abgrenzungsschwierigkeiten zu vermeiden. Will bspw der Rechtsanwalt mit seinem Mandanten eine Vergütungsvereinbarung treffen, so sollte schon in dem der Mandatserteilung zugrunde liegenden Anwaltsvertrag ein Hinweis auf eine gesonderte Vergütungsvereinbarung enthalten sein.[27] Verwendet der Rechtsanwalt Allgemeine Mandatsbedingungen, empfiehlt es sich, auch dort anzumerken, dass eine höhere als die gesetzliche Vergütung nur bei Vorliegen einer eigenen Vergütungsvereinbarung gefordert werden kann, die dem Texterfordernis genügt.[28] Der Umfang der Vergütungsvereinbarung kann aber auch als Sondertextbaustein der Vereinbarung selbst näher festgelegt werden.[29]

14 Es besteht die Pflicht, in der Vergütungsvereinbarung einen **Hinweis** darauf zu geben, dass die gegnerische Partei, ein Verfahrensbeteiligter oder die Staatskasse im Falle der Kostenerstattung regelmäßig **nicht mehr als die gesetzliche Vergütung** erstatten muss. Dem Mandanten soll vor Augen geführt werden, dass er auch im Falle des Obsiegens einen Kostenteil selbst zu tragen haben kann.[30] In arbeitsrechtlichen Angelegenheiten kommt zusätzlich der Regelung des **§ 12a ArbGG** eine besondere Bedeutung zu. Nach dieser Vorschrift findet in Streitigkeiten, für die das arbeitsgerichtliche Urteilsverfahren einschlägig ist, im ersten Rechtszug ohnehin **keine Kostenerstattung** statt. Gemäß § 12a Abs. 1 Satz 2 ArbGG trifft den Rechtsanwalt aber auch bezüglich des Ausschlusses eines Kostenerstattungsanspruchs eine Hinweispflicht. Bei der Hinweispflicht handelt es sich nicht um eine Formvorschrift iSd § 125 BGB, sondern um eine eigenständige Nebenpflicht. Bei schuldhafter Verletzung kann den Rechtsanwalt eine Schadensersatzforderung treffen, deren Höhe der Differenz der gesetzlichen Gebühren zur vereinbarten Vergütungshöhe entspricht.[31]

2. Rechtsfolgen bei Formverstößen

15 Wird eine Vergütungsvereinbarung, die eine höhere als die gesetzliche Vergütung nach dem RVG vorsieht, getroffen, führt die Missachtung der Formvorschriften des § 3a Abs. 1 Satz 1 und 2 RVG nicht zum Entfallen eines Vergütungsanspruchs. Rechtsfolge ist gem. § 4b Satz 1 RVG lediglich, dass der Anwalt eine höhere als die gesetzliche Vergütung nicht geltend machen kann.[32] Hat der Mandant bereits einen über den gesetzlichen Gebühren liegenden Teil gezahlt, so kann er die überzahlte Vergütung

---

22 BGH 3.11.2011 – IX ZR 47/11, MDR 2011, 1460.
23 Zu weiteren Fragen des Textformerfordernisses vgl Mayer/Kroiß/*Teubel*, RVG, § 3a Rn 29 ff.
24 Mayer/Kroiß/*Teubel*, RVG, § 3a Rn 46.
25 AnwK-RVG/*Onderka*, § 3a Rn 40.
26 AnwK-RVG/*Onderka*, § 3a Rn 44.
27 Muster 8000 (§ 2), § 8 Rn 89.
28 Muster 8005 (§ 6 Abs. 3), § 8 Rn 90.
29 Muster 8044, § 8 Rn 104.
30 OLG München 3.5.2012 – 24 U 646/10, NJW-RR 2012, 1469.
31 Für die Anwendbarkeit: AnwK-RVG/*Onderka*, § 3a Rn 48.
32 BGH 26.10.1955 – VI ZR 145/54, BGHZ 18, 340.

nach den Regeln der ungerechtfertigten Bereicherung herausverlangen (§ 4 b Satz 2 RVG). Leistet der Auftraggeber freiwillig und ohne Vorbehalt, so sah § 4 Abs. 1 Satz 3 RVG bis zum 30.6.2008 noch den Ausschluss eines Rückzahlungsanspruchs des Mandanten vor. Diese Regelung wurde von dem Gesetzgeber bewusst gestrichen.[33] Dem Herausgabeanspruch kann gem. § 814 BGB nur dann begegnet werden kann, wenn der Mandant positiv gewusst hat, nicht zu der Leistung verpflichtet zu sein.[34] Auf den Wegfall der Bereicherung gem. § 818 Abs. 3 BGB wird sich der Rechtsanwalt als Organ der Rechtspflege regelmäßig nicht berufen können.[35]

IV. Vergütungsvereinbarungsmodelle

1. Allgemeines

Die Variationsmöglichkeiten bei Abschluss einer Vergütungsvereinbarung sind mannigfaltig. Der Rechtsanwalt kann mit seinem Mandanten ein Pauschalhonorar,[36] eine Abrechnung auf Stundenbasis,[37] Mischformen aus beiden,[38] eine Erhöhung des Gegenstandswerts,[39] eine Pauschalvergütung in Form einer Drittfinanzierung,[40] eine Vergütung auf Stundenbasis mit Kappungsgrenze,[41] ein Zeithonorar mit Feiertags- und Nachtzuschlag,[42] eine Vereinbarung der doppelten gesetzlichen Vergütung,[43] ein Zeithonorar mit Pauschalhonorarangebot[44] oder auch die Abrechnung nach ausländischem Gebührenrecht vereinbaren.[45]

16

Unabhängig davon, welches dieser Modelle der Rechtsanwalt für die Vergütungsvereinbarung wählt, ist bei Entgegennahme des Mandats darauf zu achten, den **Gegenstand der anwaltlichen Leistung** genau im Mandatsauftrag zu fixieren.

Lässt sich ein **Betriebsrat** in einem arbeitsgerichtlichen Beschlussverfahren durch einen Rechtsanwalt vertreten, so besteht gem. § 40 Abs. 1 BetrVG gegenüber dem Arbeitgeber ein Anspruch auf Erstattung der erforderlichen Kosten der Rechtsvertretung, die sich regelmäßig auf die gesetzlichen Gebühren beschränken.[46]

17

2. Zeithonorar

Eine andere als die gesetzliche Vergütung kann in Form einer Abrechnung auf **Stundenbasis** vereinbart werden. In Musterprozessen, die bei kleinem Streitwert mit erheblichem Aufwand geführt werden, wird häufig, auch bis zum BAG, eine höhere als die gesetzliche Vergütung veranschlagt, weil sich andernfalls der zeitliche und auch fachliche Aufwand nicht lohnen würde, die Bedeutung der Sache aber für den Auftraggeber weit über den unmittelbaren Streitwert hinausgeht. In einem solchen Fall ist es sinnvoll, dass der Rechtsanwalt sich seine **Mehrarbeit pro Stunde** vergüten lässt. In der Vergütungsvereinbarung ist eine deutliche Fixierung des jeweiligen Stunden- oder Tagessatzes notwendig. Sollen die erfassten Stunden jeweils bspw **auf volle 15 Minuten aufgerundet** werden, so muss dies ebenfalls ausdrücklich vereinbart werden.[47]

18

Diese in der Praxis bisher häufig formulierte Vereinbarung birgt für den Rechtsanwalt Probleme, insbesondere dann, wenn es sich um eine formularmäßige Vereinbarung mit dem Mandanten handelt. Das OLG Düsseldorf hat mit seinen Entscheidungen vom 8.6.2006[48] und 18.2.2010[49] vorformulierte

19

---

33 BT-Drucks. 16/8384, S. 12.
34 BGH 3.11.2011 – IX ZR 47/11, MDR 2011, 1460.
35 AnwK-RVG/*Onderka*, § 4 b Rn 24.
36 Muster 8015, § 8 Rn 92.
37 Muster 8018, § 8 Rn 93.
38 Muster 8021, § 8 Rn 94.
39 Muster 8023, § 8 Rn 95.
40 Muster 8026, § 8 Rn 96.
41 Muster 8029, § 8 Rn 97.
42 Muster 8038, § 8 Rn 100.
43 Muster 8032, § 8 Rn 98.
44 Muster 8041, § 8 Rn 103.
45 Muster 8035, § 8 Rn 99.
46 BAG 20.10.1999 – 7 ABR 25/98, DB 2000, 524; LAG Schleswig-Holstein 31.3.1998 – 1 TaBV 43/97, DB 1999, 540; aA *Henssler*, RdA 1999, 38 (44).
47 Muster 8018, § 8 Rn 93.
48 OLG Düsseldorf 8.6.2006 – 24 U 196/04, AGS 2006, 530.
49 OLG Düsseldorf 18.2.2010 – 24 U 183/05, IBR 2010, 1158.

Klauseln, die eine anteilige Abrechnung von Stundenhonoraren in einem Zeittakt von **15-Minuten-Abschnitten** vorsahen, wegen Verstoßes gegen § 307 Abs. 1 Satz 1, Abs. 2 Nr. 1 BGB die Wirksamkeit versagt. Das Gericht vertritt die Auffassung, dass eine solche Zeittaktklausel strukturell geeignet ist, das Prinzip der Gleichwertigkeit von Leistung und Gegenleistung empfindlich zu verletzen, wodurch der Mandant unangemessen benachteiligt wird. So könnten nach Beispiel des OLG Düsseldorf vier kurze Ferngespräche mit einer durchschnittlichen Dauer von 15 Sekunden bereits zur Erwirtschaftung eines vollen Stundenhonorars genügen, obwohl der Vergütung lediglich 1/60 der damit abzugeltenden Arbeitsleistung gegenübersteht. Dagegen hält das OLG Schleswig entsprechend seines Urteils vom 19.2.2009[50] 15-Minuten-Zeittakte mit dem AGB-Recht für vereinbar. So sehe § 13 StBGebVO sogar eine Zeittaktung von 30 Minuten vor. Dem Ausnutzen einer solchen Klausel sei im Wege der Missbrauchskontrolle zu begegnen. Der BGH, der das Urteil des OLG Düsseldorf in der Revision weitgehend aufhob,[51] ging auf diese für die Anwaltschaft wichtige Frage nicht ein, da nach dem tatsächlichen Vorbringen eine Auf- oder Abrundung der abgerechneten Tätigkeitszeiten nicht behauptet worden sei, sondern es sich um einen nachgewiesenen Zeitaufwand gehandelt habe. Aus Vorsichtsgründen muss in der Zwischenzeit jedoch empfohlen werden, Zeithonorarvereinbarungen mit einer **minutengenauen Abrechnungstaktung** abzuschließen.[52]

20 So mathematisch einfach das Zeithonorar auf den ersten Blick ist, birgt es doch für den Mandanten Risiken, die sich aus der Natur von Rechtsberatung und juristischer Interessenwahrnehmung ergeben. Man kann jeden Fall zeitaufwendig und mit hohem Personalaufwand bearbeiten, man kann vielen zunächst abgelegenen und abwegig erscheinenden Aspekten Aufmerksamkeit und eine genauere Untersuchung zukommen lassen mit manchmal frappierenden Ergebnissen, häufig aber in der Erkenntnis, dass nur „Sackgassen" in dem Bemühen, einen Fall weiterzutreiben, dabei herauskommen. Eine ausgelastete Anwaltskanzlei hat wenig Interesse, in dem dargestellten Sinne Zeit zu schinden und wird in vielen Fällen den dem Auftraggeber angemessen erscheinenden Preis der Dienstleistung fordern, wenn über Zeithonorar abgerechnet wird. Unerfahrene Anwälte dagegen lassen sich ihre Unerfahrenheit, die einen erhöhten Zeitaufwand bei der Sachbearbeitung erfordert, über das Zeithonorar mitvergüten. Derartigen Missbrauch reguliert der Markt. Kein Mandant wird sich **übertriebene Einarbeitungszeiten** auf Dauer in Rechnung stellen lassen.

21 Nach dem Vergütungsbarometer 2009 des Soldan-Instituts für Anwaltsmanagement lag der abgerechnete Stundensatz bundesweit durchschnittlich bei 182 EUR.[53] Der Großteil der Anwaltschaft bewegt sich bei Zeithonoraren innerhalb einer Spanne von 110 bis 260 EUR. In Spezial- oder Großkanzleien wird je nach Mandat und Umfang der Tätigkeit auch häufig ein wesentlich höherer Stundensatz vereinbart. Eine Übersicht im Manager Magazin aus 2006[54] ergab einen von 25 führenden Arbeitsrechtsanwälten mitgeteilten persönlichen Stundensatz zwischen 280 EUR und 450 EUR.

22 **Parameter** solcher Stundensätze sind **betriebswirtschaftliche Zusammenhänge**, insbesondere die Kostenstruktur der jeweiligen Kanzlei,[55] aber auch **Wettbewerbsaspekte**, insbesondere bei Großkanzleien im Kampf um das Mandat, manchmal auch im Kampf um das Bemühen, ein Mandat zu gewinnen, weil es besonders prestigeträchtig ist oder den Eintritt in einen bestimmten Beratungsmarkt eröffnet. Die Stundensätze differieren zwischen Partnern und Mitarbeitern, manchmal wird auch innerhalb dieser beiden Gruppen nach Alter und Erfahrung abgestuft. Die Arbeitszeit von Sekretärinnen und sonstigen Hilfskräften wird in der Anwaltschaft heute nach wie vor – anders als bei manchen WP-Gesellschaften und bei Anwälten in den USA – nicht gesondert in Rechnung gestellt, sondern als Teil der Gemeinkosten behandelt.

23 Aufgrund des Umstands, dass dem Mandanten eine tatsächliche Kontrolle der aufgewendeten Arbeitszeit kaum möglich ist, stellt die Rechtsprechung gesteigerte Anforderungen an die schlüssige Darlegung der geltend gemachten Arbeitsstunden.[56] Um Streitigkeiten zu vermeiden, bedarf es deshalb einer sehr **sorgfältigen Dokumentation**. Der Anwalt muss in verständlicher Weise niederlegen, welche Tätigkeit

---

50 OLG Schleswig 19.2.2009 – 11 U 151/07, AGS 2009, 209.
51 BGH 21.10.2010 – IX ZR 37/10, MDR 2011, 72.
52 So auch *Hansens*, RVGreport 2009, 164.
53 *Hommerich/Kilian*, BRAK-Mitt. 2009, 223.
54 Manager magazin 3/2006, S. 144 f.
55 *Schönbrunn*, JZ 1993, 1152.
56 BGH 4.2.2010 – IX ZR 18/09, WM 2010, 673.

er innerhalb eines bestimmten Zeitraums verrichtet hat. So hat er anzugeben, welche Akten und Schriftstücke einer Durchsicht unterzogen, welcher Schriftsatz vorbereitet oder verfasst wurde, zu welcher Rechts- oder Tatfrage welche Literaturrecherchen angestellt oder zu welchem Thema mit welchem Gesprächspartner wann eine fernmündliche Unterredung geführt wurde. Nach dem BGH reicht es nicht aus, allgemeine Hinweise über Aktenbearbeitung, Recherche und Telefongespräche zu geben, weil sie jedenfalls bei wiederholter Verwendung inhaltsleer sind und ohne die Möglichkeit einer wirklichen Kontrolle geradezu beliebig ausgeweitet werden können.[57]

Es ist auch zulässig, das Zeithonorar auf **Fahrt- und Wartezeiten** zu erstrecken.[58] Will der Rechtsanwalt Fahrt- und Wartezeiten in die Zeitvergütung einbeziehen, muss er sie ausdrücklich vereinbaren.[59] Anderenfalls können die Fahrt- und Wartezeiten – jedenfalls bei formularmäßiger Vereinbarung – wegen § 305 c Abs. 1 und 2 BGB nicht abgerechnet werden.

3. Pauschalhonorar

Die Vereinbarung einer Pauschalvergütung bietet sich dann an, wenn der Umfang der Tätigkeit sowie die Dauer des Mandats überschaubar und damit prognostizierbar sind. Wenn Verhandlungen, eine Vielzahl vorzubereitender Vertragsentwürfe oder Abstimmungsentscheidungen in Gremien oder die Erledigung eines Auftrags völlig außerhalb des Steuerungsbereichs des Anwalts liegen, ist zu empfehlen, ein Stundenhonorar zu vereinbaren. Der Mandant wird grundsätzlich einer Pauschalvereinbarung aufgeschlossen gegenüberstehen, da er sich im Vorhinein darauf einstellen kann, welche Vergütung er an den Rechtsanwalt zahlen muss. Die im Voraus feststehende Kalkulation gibt dem Mandanten eine sichere Planungsgrundlage, da er schon zu Beginn des Mandats weiß, welchen Betrag er an den Anwalt zu zahlen haben wird, unabhängig davon, welcher zeitliche Aufwand letztlich erforderlich wird. Für den Rechtsanwalt ist der Vorteil einer Pauschalvereinbarung darin zu sehen, dass die Abrechnung unkompliziert und ohne größeren Zeitaufwand durchgeführt werden kann. Auch eine uU schwierige Bestimmung des Gegenstandswerts und eine daran angelehnte Abrechnung entfallen bei der Pauschalvergütung.

Probleme können sich bei einer **vorzeitigen Beendigung des Mandates** ergeben. Daher sollte der Rechtsanwalt stets darauf achten, auch bei Pauschalvereinbarungen eine Klausel in den Vertrag mit aufzunehmen, mit der sichergestellt wird, dass sich auch bei Kündigung des Mandats durch den Mandanten oder den Rechtsanwalt die Höhe der vereinbarten Vergütung nicht ändert.[60] Kommt es zu einer vorzeitigen Erledigung des Mandats, kann die Pauschale ansonsten gem. § 628 Abs. 1 BGB[61] oder ggf nach Maßgabe des § 3a Abs. 2 RVG herabzusetzen sein, wenn keine abweichende Regelung besteht und sie nicht im Einzelfall bei vorzeitiger Erledigung überhöht ist.

Manche Anwälte gehen dazu über, von vornherein ein Pauschalhonorar in einem angemessenen Verhältnis zur erwarteten Höhe der Abfindung zu vereinbaren und von sich aus, falls der erwartete wirtschaftliche Erfolg nicht eintritt, die Honorarvereinbarung mit dem Mandanten **nachträglich einvernehmlich abzuändern**. Eine solche Praxis dürfte rechtmäßig sein; je nach Qualität der Mandatsbeziehung wird aber der misstrauische Mandant vom Abschluss einer Vergütungsvereinbarung absehen, solange nicht sichergestellt ist, dass eine Abfindung erzielt wird.

Der Nachteil einer Pauschalvereinbarung vor Beginn der Tätigkeit ist, dass es für beide Seiten oft gleichermaßen mit Unwägbarkeiten verbunden ist, die Schwierigkeit eines Mandats und vor allem den Zeitaufwand hinreichend genau einzuschätzen.[62] Eine Pauschalkalkulation wird von der Wirklichkeit überholt, wenn der maßgebliche Sachverhalt nicht, wie erwartet und vielleicht auch vereinbart, dem Anwalt vom Mandanten geliefert wird, sondern vom Anwalt erst in mühsamer Arbeit beim Mandanten oder bei Dritten zusammengetragen werden muss. Es ist kaum durchsetzbar, dass ein Anwalt mit einer Führungskraft ein Pauschalhonorar über 20.000 EUR vereinbart, weil der Mandant aus einem befristeten Arbeitsverhältnis mit einer Abfindungserwartung von 250.000 EUR unter Einschluss der Kapitalisierung seiner Restvertragslaufzeit ausscheiden will, aber ungewiss ist, ob der Anwalt mit dem

---

[57] BGH 4.2.2010 – IX ZR 18/09, NJW 2010, 1364.
[58] LG Düsseldorf 22.3.1990 – 3 O 358/89, AGS 1993, 38; LG München I 6.11.1974 – 15 S 177/74, NJW 1975, 937.
[59] Muster 8015 (Ziff. 3), § 8 Rn 92.
[60] Muster 8015 (Ziff. 4), § 8 Rn 92.
[61] OLG Düsseldorf 23.7.2009 – I-24 U 200/08, n.v.
[62] *Hellwig*, AnwBl 1998, 624.

Wunschergebnis des Mandanten einen Aufhebungsvertrag aushandeln kann. Erhält der Mandant eine Abfindung von 200.000 EUR, wird er das Pauschalhonorar von 20.000 EUR akzeptieren, zumal er die Kostennote des Anwalts als Werbungskosten gegenüber dem Finanzamt geltend machen kann[63] und bei einem Spitzenverdiener bis zur Hälfte das Anwaltshonorar aus ersparter Einkommensteuer besteht (§ 9 EStG). Misslingt dagegen die eingeschlagene Strategie und muss der Mandant noch die nächsten Jahre sein Arbeitsverhältnis fortsetzen, wird er die einmal abgeschlossene Pauschalhonorarvereinbarung als unangemessen empfinden. Zu einem Zeitpunkt, zu dem die Entwicklung des Mandats in einer Trennungsberatung überhaupt nicht feststeht, eignet sich die Vereinbarung eines Pauschalhonorars im Allgemeinen nicht als angemessene Vergütungsmethode.

29 Rechtsanwälte dürfen in einer schriftlichen Vergütungsvereinbarung in arbeitsrechtlichen Streitigkeiten auch einen **Gegenstandswert** vereinbaren, der sich an dem **dreifachen Jahresgehalt** und nicht an dem ansonsten üblichen Vierteljahresentgelt (§ 42 Abs. 2 Satz 1 GKG) orientiert.[64] Auch die Vereinbarung eines Stundensatzes führt zu keiner unwirksamen Vereinbarung nach den Vorschriften der §§ 305 ff BGB, auch wenn der Stundensatz aufgrund des angesetzten Gegenstandswerts idR nicht zur Anwendung kommt.[65]

30 Ein **Betriebsrat** kann nicht mit der Folge der Erstattungspflicht nach § 40 Abs. 1 BetrVG ohne Zustimmung des Arbeitgebers eine höhere als die gesetzliche Vergütung mit einem Rechtsanwalt vereinbaren, der den Betriebsrat in einem arbeitsgerichtlichen Beschlussverfahren vertritt.[66] Allerdings darf der Betriebsrat einem Anwalt für die Teilnahme an einer Einigungsstelle das Honorar eines betriebsfremden Beisitzers versprechen.[67] Eine Verpflichtung des Arbeitgebers zur Freistellung des Betriebsrats von Kosten, die diesem durch die Inanspruchnahme eines Rechtsanwalts entstanden sind, besteht grundsätzlich nur dann, wenn der Betriebsrat bei pflichtgemäßer Berücksichtigung der objektiven Gegebenheiten und Würdigung aller Umstände, insbesondere auch der Rechtslage, die Führung eines Prozesses und die Beauftragung eines Rechtsanwalts für erforderlich halten durfte.[68] Honoraransprüche entstehen für einen Rechtsanwalt als Sachverständigem nur, wenn vom Betriebsrat ein Beschluss nach § 80 Abs. 3 BetrVG gefasst und über die Vergütung mit dem Arbeitgeber vor Aufnahme der Tätigkeit des Sachverständigen eine Vereinbarung geschlossen wurde.[69]

4. Mischformen und abweichende Vereinbarungen

31 Ziel abweichender Vergütungsvereinbarungen ist eine angemessene Relation zwischen dem Honorar und dem Wert der Dienstleistung des Rechtsanwalts. Aus Mandanten- wie aus Anwaltssicht wird in Einzelfällen das Gegenstandswerthonorar nach dem Rechtsanwaltsvergütungsgesetz als nicht sachgerecht angesehen.

32 § 42 Abs. 2 Satz 1 GKG[70] bestimmt bspw, dass für Rechtsstreitigkeiten über Arbeitsverhältnisse iSd § 2 Abs. 1 Nr. 3 ArbGG vor den Gerichten für Arbeitssachen bei der Wertberechnung höchstens der Betrag des für die Dauer eines Vierteljahres zu leistenden Arbeitsentgelts maßgebend ist. Diese Einschränkung gilt nach der Gesetzessystematik nicht für Verfahren vor den ordentlichen Gerichten über andere Dienstverhältnisse.[71] Folge dieser Unterscheidung ist, dass bei Streitigkeiten über den Bestand eines privatrechtlichen dauernden Dienstverhältnisses vor den ordentlichen Gerichten sich der Gebührenstreitwert nach dem dreifachen Jahresbetrag der Vergütung richtet.[72] Handelt es sich hingegen um ein Arbeitsverhältnis iSd § 2 Abs. 1 Nr. 3 ArbGG, ist bei der Wertberechnung die Vierteljahresbeschränkung des § 42 Abs. 2 Satz 1 GKG zu beachten. Der Arbeitsaufwand eines Mandats ist bei einem Arbeitsver-

---

63 *Hümmerich*, FA 2000, 2.
64 LG Köln 14.4.1999 – 28 O 244/98, AnwBl 1999, 703 = AGS 1999, 179.
65 LG Köln 14.4.1999 – 28 O 244/98, AnwBl 1999, 703 = AGS 1999, 179.
66 BAG 20.10.1999 – 7 ABR 25/98, NZA 2000, 556 = DB 2000, 524; LAG Schleswig-Holstein 31.3.1998 – 1 TaBV 43/97, DB 1999, 540.
67 BAG 21.6.1989 – 7 ABR 78/87, DB 1989, 2436.
68 BAG 19.3.2003 – 7 ABR 15/02, NZA 2003, 870; BAG 24.10.2001 – 7 ABR 20/00, BAGE 99, 208.
69 BAG 25.7.1989 – 1 ABR 41/88, NZA 1990, 33.
70 Durch das Zweite Gesetz zur Modernisierung des Kostenrechts (2. Kostenrechtsmodernisierungsgesetz – 2. KostRMoG) vom 23.7.2013 (BGBl. I S. 2586) wurde mit Wirkung zum 1.8.2013 in § 42 GKG der Absatz 1 gestrichen und die früheren Absätze 2–4 zu den neuen Absätzen 1–3; die bisher in § 42 Abs. 3 GKG (aF) enthaltene Begrenzung auf ein Vierteljahresgehalt findet sich textlich unverändert nun in Abs. 2 (nF) wieder.
71 BGH 9.6.2005 – III ZR 21/04, NZA 2006, 287.
72 BGH 9.6.2005 – III ZR 21/04, NZA 2006, 287.

hältnis nicht anders als bei einem Dienstverhältnis. Gebührenrechtlich macht es jedoch einen großen Unterschied, ob der Gegenstandswertberechnung die dreifache Bruttojahresvergütung zugrunde gelegt wird oder nur das Vierteljahresgehalt.

Vertretbar ist deshalb die **Vereinbarung einer Gegenstandswerterhöhung** in der Vergütungsvereinbarung.[73] Möglich und sinnvoll ist auch eine Vergütungsvereinbarung in Form eines **Zeithonorars mit Pauschalhonorarangebot**.[74] Sollte die Interessenwahrnehmung durch den Anwalt dazu führen, dass der Arbeitgeber an den Auftraggeber eine Abfindung zahlt, wird der Rechtsanwalt dem Auftraggeber gegenüber ein Angebot auf Vereinbarung eines zusätzlichen Pauschalhonorars abgeben. Der zufriedene Auftraggeber, dem aufgrund der Arbeit des Rechtsanwalts eine großzügige Abfindung zugesprochen wird, wird dieses Pauschalhonorarangebot annehmen.

33

Auch wenn der Anwalt Schriftsätze von vielleicht 50 Seiten oder mehr in einer hoch komplizierten betriebsverfassungsrechtlichen Angelegenheit für den Betriebsrat verfasst,[75] der Arbeitsrichter mit Rücksicht auf die Tatsache, dass das Unternehmen beide Anwälte – den des Unternehmens und den des Betriebsrats – gem. § 40 BetrVG vergüten muss, aber nur den Regelstreitwert von 5.000 EUR zugrunde legt, treibt der Richter einen den Betriebsrat beratenden Anwalt in wirtschaftliche Schwierigkeiten. Angesichts bestehender Fixkosten, die über die Zeit, in der der Anwalt die Dienstleistung erbringt, erwirtschaftet werden müssen (*„billable time"*), und angesichts des in dieser Zeit ebenfalls zu erwirtschaftenden persönlichen Gewinns, von dem der Rechtsanwalt seine Existenz bestreitet, besteht auch in **betriebsverfassungsrechtlichen Angelegenheiten** für den einen Betriebsrat vertretenden Anwalt ein Bedürfnis nach Vereinbarung einer abweichenden, angemessenen Vergütung. Hilfreich ist dabei bspw schon die Vereinbarung einer doppelten gesetzlichen Vergütung wie in Muster 8032.[76] Einen Freistellungsanspruch erwirbt der Betriebsrat gegen den Arbeitgeber aber nur, wenn der Arbeitgeber der Vergütungsvereinbarung zugestimmt hat. Wird der Anwalt von einem Mandanten in einer dringenden Angelegenheit beauftragt, in der er gezwungen ist, auch an Feiertagen und nachts zu arbeiten, empfiehlt sich die Vereinbarung eines Zeithonorars mit Feiertags- und Nachtzuschlag (Muster 8038).[77]

34

Steht dem Betriebsrat ein Freistellungsanspruch gegen den Arbeitgeber zu, wandelt dieser sich mit der ordnungsgemäß beschlossenen Abtretung an den Anwalt in einen Zahlungsanspruch.[78] Der Zahlungsanspruch kann dann von dem Rechtsanwalt im Beschlussverfahren gegenüber dem Arbeitgeber geltend gemacht werden.[79]

35

Sucht ein Vorstandsvorsitzender, der jährlich 800.000 EUR verdient, den Anwalt auf, weil er abberufen und bereits ein vom Aufsichtsrat erwogener Aufhebungsvertrag ausgehandelt werden soll, der eine Abfindung von 2,5 Mio. EUR vorsieht, würde sich das gesetzliche Honorar schnell auf einen hohen fünfstelligen Betrag belaufen. Denn in Ermangelung spezieller Normen ist der Gebührenstreitwert im Zivilprozess gem. § 12 Abs. 1 GKG iVm § 3 ZPO nach freiem Ermessen festzusetzen. Maßgebend ist das vom Gericht zu schätzende Interesse des Klägers an der begehrten Feststellung über den Bestand des Dienstverhältnisses. Anhaltspunkt hierfür kann die in § 42 Abs. 2 GKG getroffene, der Regelung des § 9 ZPO vorgehende Bestimmung über die Wertberechnung bei Klagen von Arbeitnehmern auf wiederkehrende Leistung mit dem dreifachen Jahresbetrag dieser Leistung dienen.[80] Ausgehend vom dreifachen Jahresbetrag zzgl der Abfindung und zzgl des Vereinbarungsinhalts der betrieblichen Altersversorgung würde sich der Streitwert rasch auf einen Betrag von ca. 5 Mio. EUR belaufen. Dauert das Beratungsgespräch, in dem der Anwalt den Vertragsentwurf des Aufsichtsrats durchsieht und keinen Grund zur Beanstandung findet, 1,5 Stunden, so besteht bei objektiver Betrachtung kein Bedürfnis, eine 1,3-fache Gebühr nach Nr. 2300 VV RVG aus einem Streitwert von 5 Mio. EUR abzurechnen. Verfehlt wäre es bei wirtschaftlicher Betrachtung aber sicherlich auch – schon angesichts der Haftungsrisiken, die der beratende Anwalt übernimmt –, nur auf Basis einer Erstberatungsgebühr von 190 EUR das Mandat zu vergüten. Ein Bedürfnis für eine abweichende Vereinbarung besteht deshalb sowohl un-

36

---

73 Muster 8023, § 8 Rn 95.
74 Muster 8041, § 8 Rn 103.
75 Zur Problematik s. H/S-*Hümmerich/Notz*, Das arbeitsrechtliche Mandat, § 19 Rn 136 ff.
76 § 8 Rn 98.
77 § 8 Rn 100.
78 BAG 13.5.1998 – 7 ABR 65/96, NZA 1998, 900.
79 BAG 13.5.1998 – 7 ABR 65/96, NZA 1998, 900; BAG 11.11.2009 – 7 ABR 26/08, BB 2010, 632.
80 BGH 9.6.2005 – III ZR 21/04, NZA 2006, 287.

ter Verlassen des RVG-Gegenstandswerts im Einzelfall nach unten wie nach oben. Auch für das Verlassen der RVG-Berechnungsstruktur, die oftmals durch ein Stundenhonorar ersetzt wird, besteht vielfach eine praktische Veranlassung.

37 Eine vom **gesetzlichen Leitbild**, das den Auftraggeber als grundsätzlichen Gebührenschuldner des Anwalts ansieht, abweichende Vergütungsvereinbarung kann sich auch dann empfehlen, wenn der Arbeitgeber des Auftraggebers ein Interesse an der Klärung der Rechtslage hat und bereit ist, die Gebührenschuld seines Arbeitnehmers zu übernehmen. So kann eine Pauschalvergütung in Form einer **Drittfinanzierung** vereinbart werden. Als Vergütungsschuldner verpflichtet sich dann der Arbeitgeber des Auftraggebers, die Pauschalvergütung zu zahlen.[81] Die Erfahrung in der Praxis zeigt jedoch, dass sich der Arbeitgeber selten dazu bereit erklärt; eher sind vermögende Angehörige bereit, die Rolle des Gebührenschuldners einzunehmen.

38 Um einen verunsicherten Mandanten, der einer Vergütung auf Stundenbasis eher skeptisch gegenübersteht, da er eine zu hohe Kostenbelastung fürchtet, für eine Stundensatz-Vergütung zu gewinnen, kann die Vereinbarung einer **Vergütung auf Stundenbasis mit Kappungsgrenze** angeboten werden. Dabei wird der voraussichtliche Zeitumfang für die anwaltliche Tätigkeit vom Anwalt geschätzt. Aufgrund des geschätzten Zeitumfanges vereinbaren die Parteien eine Kappungsgrenze, die nicht überschritten werden darf.[82] Diese Form der Vergütungsvereinbarung wird zunehmend von der Mandantschaft gewünscht. Derartige Honorare kommen Pauschalhonoraren nahe, beinhalten andererseits die Chance, dass das Honorar niedriger ausfällt als ein Pauschalhonorar, wenn die Kappungsgrenze nicht erreicht wird.

39 Unscheinbar und doch für Anwälte äußerst lukrativ erscheint die Vereinbarung in Muster 8023 mit **Gegenstandswerterhöhung**,[83] die einen mittleren Stundensatz für die Zeitabrechnung vorsieht, jedoch unter Ziff. 2 beim Aushandeln von Aufhebungs- und Abwicklungsverträgen mit dem Dreifachen des Jahresbruttogehalts knapp unter der nur für Vorstände und GmbH-Geschäftsführer geltenden Grenze des § 9 ZPO beim Arbeitnehmer aufwartet.

40 Mit einer **Mischform aus Zeit- und Pauschalvereinbarung** hatte es das BVerfG[84] zu tun, als es das Urteil des OLG Koblenz in einem Gebührenrechtsstreit gegen einen Rechtsanwalt als verfassungswidrig verwarf. Im Ausgangsverfahren verlangte die Anwaltskanzlei aus einer Honorarvereinbarung ein Resthonorar. Die Honorarvereinbarung bestand aus einem Pauschalhonorar, einem zusätzlichen Stundenhonorar und einer Vereinbarung über etwaige Kopierkosten und **Spesen**. Die Kombination (Mischform) aus Zeithonorar und Pauschalhonorar beanstandete das OLG Koblenz nicht.[85] Die Regelung über die zusätzlich geschuldeten Spesen dagegen missfiel dem Senat. Der Senat meinte, es handele sich hierbei um Auslagen, die bei der Ausführung des Auftrags anfielen, ohne dass im Einzelnen eingegrenzt werde, welche Auslagen erfasst seien. Darin liege ein Kostenrisiko in nicht abschätzbarer Höhe, das durch die Vereinbarung in keiner Weise bestimmt und begrenzt werde. Da eine Obergrenze nicht vereinbart worden sei, sei die Honorarvereinbarung nichtig.

41 Das BVerfG hob das Urteil des OLG Koblenz auf. Der **Spesenanspruch** sei nur ein **Annex** zur vereinbarten Vergütung und umfasse im Interesse des Mandanten für notwendig erachtete, gerichtlich jederzeit auf die Erforderlichkeit überprüfbare Auslagen. Das BVerfG beanstandete schließlich, dass in dem angegriffenen Urteil des OLG Koblenz unverständlicherweise nicht erörtert worden sei, weshalb ein nicht relevant gewordener Teil der Vereinbarung (die Anwaltskanzlei hatte keine Spesen geltend gemacht) die Nichtigkeit des gesamten Vertrages zur Folge haben solle. Es nahm glücklicherweise die Verfassungsbeschwerde zur Entscheidung an und erläuterte, dass die Anwaltskanzlei mit der Auslegung und Anwendung von § 3 Abs. 1 Satz 1 BRAGO aF durch das OLG Koblenz in Verbindung mit der Vergütungsvereinbarung in ihrer Berufsausübungsfreiheit verletzt sei.

42 Das Urteil des OLG Koblenz zeigt ein an die Grenze der Willkür reichendes Verständnis vieler Richter auf, die in Gebührenrechtsstreitigkeiten oft die gebotene Unparteilichkeit vermissen lassen. Der Anwalt sollte daraus lernen, dass er sich nicht von richterlichen Entscheidungen in Gebührenfragen abhängig

---

[81] Muster 8026, § 8 Rn 96.
[82] Muster 8029, § 8 Rn 97.
[83] § 8 Rn 95.
[84] BVerfG 12.8.2002 – 1 BvR 328/02, AnwBl 2002, 612 = BRAK-Mitt. 2002, 222 m. Anm. *v. Seltmann*.
[85] OLG Koblenz 25.2.2002 – 10 U 143/01, AGS 2002, 200.

macht. Abfindungssummen sollte man sich als Arbeitnehmer-Anwalt überweisen und hieraus im Einvernehmen mit dem Mandanten seine Gebührenforderungen bestreiten. Um Unklarheiten zu vermeiden, wird empfohlen, statt des Begriffs „Spesen" den dem RVG entstammenden Begriff **„Auslagen"** zu wählen. Die Mischform Pauschal- und Zeithonorar wird von den Gerichten nicht beanstandet.

5. Niedrigere als die gesetzliche Vergütung

Nach § 49b Abs. 1 BRAO ist es unzulässig, geringere Gebühren und Auslagen zu vereinbaren oder zu fordern, als es das Rechtsanwaltsvergütungsgesetz vorsieht, soweit dieses nichts anderes bestimmt. Nur im Einzelfall soll die Ermäßigung oder der Erlass von Gebühren oder Auslagen nach Erledigung des Auftrags unter engen Voraussetzungen möglich sein. Telos des § 49b Abs. 1 BRAO ist die Verhinderung eines Preiswettbewerbs der Rechtsanwälte durch gegenseitiges Unterbieten.[86] Verstöße gegen das Verbot des § 49b Abs. 1 BRAO führen zum einen zur Nichtigkeit der Vereinbarung, können aber insbesondere wettbewerbsrechtliche und standesrechtliche Folgen nach sich ziehen.[87] Es besteht Einigkeit, dass die Vereinbarung eines Pauschal- oder Zeithonorars anstelle der gesetzlichen Gebühr kein Fall des Erlasses iSv § 49b Abs. 1 BRAO ist.[88] Auch die Vereinbarung einer niedrigeren als der gesetzlichen Gebühr bedarf gem. § 3a Abs. 1 RVG der Textform.

43

Das RVG lässt es zunächst in **außergerichtlichen Angelegenheiten** zu, eine niedrigere als die gesetzliche Vergütung zu vereinbaren (§ 4 Abs. 1 RVG). Bei hohen und höchsten Gegenstandswerten ist die Vereinbarung einer niedrigeren als der gesetzlichen Vergütung im außergerichtlichen Bereich, insbesondere durch Zeithonorar, zwischenzeitlich üblich geworden. Daneben sind auch Erfolgshonorarvereinbarungen, durch die eine Vergütung oder ihre Höhe vom Ausgang der Sache oder vom Erfolg der anwaltlichen Tätigkeit abhängig gemacht wird oder nach denen der Rechtsanwalt einen Teil des erstrittenen Betrags als Honorar erhält, unter den Voraussetzungen des § 4a RVG inzwischen möglich.

44

Vom Verbot, eine niedrigere als die gesetzliche Vergütung nach dem RVG zu vereinbaren, umfasst ist grundsätzlich auch die Konstellation, dass ein Rechtsanwalt einem Kollegen ein **Terminsvertretungsmandat** zu niedrigeren als den gesetzlichen Gebühren anbietet. Der mit der Terminsvertretung beauftragte Rechtsanwalt erhält die Gebühren nach Nr. 3401, 3402 VV RVG entsprechend dem Wortlaut der Vorschriften nur, wenn ihm die Partei oder mit deren Einverständnis der Prozessbevollmächtigte die Vertretung oder die Ausführung der Parteirechte übertragen hat.[89] Erteilt dagegen der Prozessbevollmächtigte einem Terminsvertreter im eigenen Namen den Auftrag zur Terminswahrnehmung, so wird kein Vertragsverhältnis zwischen der Partei und dem Terminsvertreter begründet. In einem solchen Fall richtet die Pflicht zur Entschädigung des Terminsvertreters nach der internen Vereinbarung zwischen dem Terminsvertreter und dem Prozessbevollmächtigten.[90] Die berufsrechtlichen Bestimmungen über Mindestpreise nach der BRAO und dem RVG sind Vorschriften, denen eine auf die Lauterkeit des Wettbewerbs bezogene Schutzfunktion zukommt. Sie sollen einen Preiswettbewerb um Mandate und die mittelbare Vereinbarung von Erfolgshonoraren im gerichtlichen Verfahren verhindern.[91] Die Verletzung dieser Bestimmungen ist wettbewerbswidrig iSv §§ 3, 4 Nr. 1 UWG.[92] Eine Unterschreitung der gesetzlichen Gebührenansprüche ist nach Auffassung des 1. Senats bei Beauftragung eines Kollegen mit einem Mandat im eigenen Namen demzufolge nicht wettbewerbswidrig und auch gebührenrechtlich zulässig.[93]

45

Es ist Rechtsanwälten auch grundsätzlich nicht gestattet, mit sog. **Dumping-Preisen** zu werben. Nach § 4 Abs. 1 Satz 2 RVG müssen die Gebühren des Rechtsanwalts in einem angemessenen Verhältnis zu Leistung, Verantwortung und Haftungsrisiko des Rechtsanwalts stehen. Die Regelung bezieht sich jedoch nur auf den Fall, dass eine gesetzliche Gebühr alternativ entstehen würde. Im deregulierten Be-

46

---

86 *Mayer*, AnwBl 2006, 160, 166.
87 AnwK-RVG/*N. Schneider*, § 3a Rn 22.
88 *Hellwig*, AnwBl 1998, 623.
89 BGH 1.6.2006 – I ZR 268/03, NJW 2006, 3569.
90 BGH 1.6.2006 – I ZR 268/03, NJW 2006, 3569.
91 Begr. RegE, BT-Drucks. 12/4993, S. 31 (zu § 49b BRAO).
92 BGH 30.9.2004 – I ZR 261/02, GRUR 2005, 433 = WRP 2005, 598; BGH 30.9.2004 – I ZR 135/02, FamRZ 2005, 1086; BGH 15.5.2003 – I ZR 292/00, GRUR 2003, 969.
93 BGH 30.9.2004 – I ZR 261/02, GRUR 2005, 433 = WRP 2005, 598.

reich des § 34 RVG findet jedoch keine Angemessenheitskontrolle im Sinne dieser Vorschrift statt, so dass auch die Werbung mit **Erstberatungsgebühren** von 20 EUR nicht unzulässig ist.[94]

6. Zulässigkeit des Erfolgshonorars

47 Im Hinblick auf den Beschluss des BVerfG vom 12.12.2006[95] hat der Gesetzgeber durch das Gesetz zur Neuregelung des Verbots der Vereinbarung von Erfolgshonoraren vom 12.6.2008[96] in der Vorschrift des § 4a RVG die Voraussetzungen definiert, unter denen Rechtsanwälte Erfolgshonorare vereinbaren können.

49 Ein Erfolgshonorar darf nur für den Einzelfall und nur dann vereinbart werden, wenn der Auftraggeber aufgrund seiner wirtschaftlichen Verhältnisse bei verständiger Betrachtung ohne die Vereinbarung eines Erfolgshonorars von der Rechtsverfolgung abgehalten würde (§ 4a Abs. 1 Satz 1 RVG). Die **Abgrenzung** zwischen einem **Erfolgshonorar** und einer **quota litis-Abrede** wurde aufgegeben; Letztere ist als Erfolgshonorarvereinbarung einzuordnen. Die Vorschrift stellt klar, dass das Erfolgshonorar nur ausnahmsweise und im Einzelfall vereinbart werden darf. Unzulässig ist es, ein Erfolgshonorar als Allgemeine Mandatsbedingung gegenüber allen Mandanten oder innerhalb eines Rahmenvertrages für alle Fälle eines Mandanten durchzusetzen.[97] Es muss jeweils eine **Einzelfallprüfung** vorgenommen werden.[98]

50 Das Gesetz knüpft weiter an die Relation der **wirtschaftlichen Verhältnisse des Mandanten** zu den (wirtschaftlichen) Risiken der Rechtsverfolgung an. Der Abschluss von Erfolgshonorarvereinbarungen ist dabei nicht allein Personen vorbehalten, die nach ihren wirtschaftlichen Verhältnissen zum Kreis der Prozesskostenhilfeberechtigten iSd §§ 114ff ZPO zählen. Selbst nicht bedürftige oder sogar vermögende Auftraggeber können Erfolgshonorarvereinbarungen nach § 4a RVG abschließen.[99] Den Rechtsanwalt trifft dabei die Obliegenheit, sich nach den wirtschaftlichen Verhältnissen des Mandanten zu erkundigen.[100] Der Mandant muss auch **wahrheitsgemäß Auskunft** erteilen. Der Rechtsanwalt unterliegt jedoch keiner weitergehenden Prüfungspflicht, ebenso wenig muss der Mandant einer eigenen Nachweispflicht nachkommen. Den wirtschaftlichen Verhältnissen sind zunächst die **wirtschaftlichen Risiken der Rechtsverfolgung** gegenüberzustellen, insbesondere die ansonsten zu zahlende gesetzliche Rechtsanwaltsvergütung. Daneben können aber auch subjektive, höchstpersönliche Umstände in den Abwägungsprozess einfließen. Die Bewertung der einzelnen Faktoren erfolgt schließlich aus Sicht eines vernünftig denkenden Dritten in der Situation des Mandanten.[101] Es erscheint fraglich, ob eine sachgerechte Abgrenzung zulässiger Erfolgshonorarvereinbarungen anhand dieses völlig unbestimmten Kriteriums vorgenommen werden kann.

51 Gemäß § 4a Abs. 1 Satz 2 RVG darf in einem gerichtlichen Verfahren für den Fall des Misserfolgs vereinbart werden, dass keine oder eine geringere als die gesetzliche Vergütung zu zahlen ist, wenn für den Erfolgsfall ein **angemessener Zuschlag** auf die gesetzliche Vergütung vereinbart wird. Um nicht in Widerspruch zu § 49b BRAO zu geraten, stellt die Vorschrift damit klar, dass dem Rechtsanwalt je nach Ergebnis des gerichtlichen Verfahrens lediglich eine untergesetzliche Vergütung zustehen kann. Für den außergerichtlichen Bereich wird bereits durch § 4 Abs. 1 RVG deutlich gemacht, dass eine niedrigere als die gesetzliche Vergütung vereinbart werden kann. Dem Vergütungsrisiko des Anwalts muss allerdings eine angemessene Erwerbschance gegenüberstehen, im Erfolgsfall mehr als die gesetzliche Vergütung zu verdienen. Unbestimmt bleibt, wie hoch der angemessene Zuschlag auszufallen hat. Aufgrund der Verschiedenheit der Einzelfälle können abstrakt keine Prozentzahlen oder absoluten Beträge als allgemeine Untergrenze der Angemessenheit benannt werden. Die Beurteilung der Angemessenheit erfolgt aus Sicht der Vertragspartner zum Zeitpunkt des Vertragsschlusses.[102] Eine Begrenzung **unangemessen hoher Erfolgshonorare** ergibt sich aus der Vorschrift des § 3a Abs. 2 RVG.

---

94 OLG Stuttgart 28.12.2006 – 2 U 134/06, NJW 2007, 924.
95 BVerfG 12.12.2006 – 1 BvR 2576/04, NJW 2007, 979.
96 BGBl. I S. 1000.
97 AnwK-RVG/*Onderka*, § 4a Rn 13.
98 LG Berlin 2.12.2010 – 10 O 238/10, AnwBl 2011, 150.
99 BT-Drucks. 16/8384, S. 11; AnwK-RVG/*Onderka*, § 4a Rn 17.
100 LG Berlin 2.12.2010 – 10 O 238/10, AnwBl 2011, 150.
101 AnwK-RVG/*Onderka*, § 4a Rn 22.
102 BT-Drucks. 16/8384, S. 11.

Auch für eine Erfolgshonorarvereinbarung gilt das **Textformerfordernis** des § 3a Abs. 1 Satz 1 RVG. **Inhaltlich** muss die Vereinbarung gem. § 4a Abs. 2 RVG folgende Punkte enthalten: 52
- die voraussichtliche gesetzliche Vergütung und gegebenenfalls die erfolgsunabhängige vertragliche Vergütung, zu der der Rechtsanwalt bereit wäre, den Auftrag zu übernehmen (Nr. 1), sowie
- die Angabe, welche Vergütung bei Eintritt welcher Bedingungen verdient sein soll (Nr. 2).

Mit dieser Regelung soll dem Mandanten einerseits vor Augen geführt werden, welches Vergütungsrisiko ihn bei der Rechtsverfolgung ohne Abschluss eines Erfolgshonorars treffen würde. Zum anderen soll aus der Vereinbarung unmittelbar und ohne Auslegungsschwierigkeiten hervorgehen, für welchen Fall welches Honorar zu zahlen ist. Den Rechtsanwalt treffen hierdurch besondere Sorgfaltspflichten bei der Ausformulierung der Vereinbarung, da bei **Verstoß** gegen die Regelungen des § 4a Abs. 1 und 2 RVG nach § 4b Satz 1 RVG aus der Vergütungsvereinbarung **keine höhere als die gesetzliche Vergütung** gefordert werden kann. 53

Bereits die Bestimmung der **voraussichtlichen gesetzlichen Vergütung** kann mit erheblichen Schwierigkeiten verbunden sein. Da der Rechtsanwalt eine **Prognose** abzugeben hat, kann von ihm auch nur gefordert werden, die voraussichtlichen gesetzlichen Gebühren auf einer **nachvollziehbaren Grundlage** berechnet zu haben. Der Umfang der Angaben sollte sich regelmäßig danach richten, welche Gebühren und Auslagen im Rahmen des mandatierten Aufgabenbereichs bei störungsfreiem Ablauf bis zur Beendigung des Rechtsstreits durch gerichtliche Entscheidung oder einvernehmliche Einigung anfallen würden. Offensichtliche Schreib- und Rechenfehler sollten die Rechtsfolge des § 4b RVG dabei nicht auslösen können. Würde der Rechtsanwalt in einem vergleichbaren Fall eine **erfolgsunabhängige vertragliche Vergütung**, etwa in Form eines Stundensatzes oder eines Pauschalhonorars, gem. § 4 RVG vereinbaren, ist diese ansonsten zu zahlende Vergütung ebenfalls anzugeben. 54

Die Kernpunkte der Erfolgshonorarvereinbarung sind die Bedingungen, unter denen die **Vergütung dem Grunde und der Höhe nach** entstehen soll. Diese Fragen sollen möglichst klar und eindeutig im Vertragstext niedergelegt sein. Die Abrede muss folglich den Erfolgsfall und die in diesem Fall beanspruchbaren Gebühren definieren. Soweit der Erfolg bspw in einer Geldzahlung bestehen soll, ist mitzuregeln, ob der Erfolg in der Titulierung des Anspruchs oder in der tatsächlichen Geldzahlung bestehen soll und ob und inwieweit Nebenforderungen bei der Feststellung des Erfolges zu berücksichtigen sind. Ein weiterer Regelungsbereich betrifft die Bedingungen, unter denen ggf ein Teilerfolg angenommen werden soll und welche Rechtsfolgen bei vorzeitiger Beendigung des Mandatsverhältnisses eintreten. Die Höhe der Vergütung muss ebenfalls bestimmt sein, etwa indem sie prozentual an eine zuerkannte Geldleistung gekoppelt oder in einem Pauschalbetrag beziffert wird. 55

Nach § 4a Abs. 3 Satz 1 RVG sind in der Vereinbarung die **wesentlichen Gründe** anzugeben, die für die **Bemessung des Erfolgshonorars** bestimmend sind. Schließlich ist ein Hinweis aufzunehmen, dass die Vereinbarung keinen Einfluss auf die gegebenenfalls vom Auftraggeber zu zahlenden Gerichtskosten, Verwaltungskosten und die von ihm zu erstattenden Kosten anderer Beteiligter hat (§ 4a Abs. 3 Satz 1 RVG). Als bestimmende Gründe sind solche anzusehen, die die Geschäftsgrundlage der Vereinbarung bilden. Die Geschäftsgrundlage des vereinbarten Erfolgshonorars bilden regelmäßig der vom Mandanten geschilderte Sachverhalt sowie die darauf prognostizierten Prozessrisiken. Zum Schutze des Anwalts sollte insbesondere der zugrunde gelegte Sachverhalt möglichst präzise zusammengefasst werden, um ggf Ansprüche gegen den Mandanten geltend machen zu können, wenn dieser schuldhaft eine falsche Darstellung geliefert hat. Die Angaben des Rechtsanwalts zu den Prozessrisiken müssen nicht einem Gutachten gleichen, vielmehr reichen kurze Hinweise auf die erkannten Problemfelder aus.[103] Zum Schutze des Mandanten ist dieser darauf hinzuweisen, dass mit der Vereinbarung des Erfolgshonorars das Prozesskostenrisiko nur in Bezug auf die eigenen Anwaltskosten beeinflusst wird. Rechtsfolge bei einem **Verstoß** gegen § 4a Abs. 3 RVG ist nicht die Beschränkung des Vergütungsanspruchs auf die gesetzlichen Gebühren gem. § 4b RVG, sondern das Entstehen von möglichen **Schadensersatzansprüchen** nach § 280 Abs. 1 BGB.[104] 56

Die Muster zu den Erfolgshonorarvereinbarungen betreffen zum einen eine Vergütungsvereinbarung im Zuge eines Rechtsstreits (Muster 8039[105]), zum anderen eine Erfolgsbeteiligung des Anwalts im au- 57

---

103 BT-Drucks. 16/8384, S. 12.
104 BT-Drucks. 16/8384, S. 12.
105 § 8 Rn 101.

ßergerichtlichen Bereich der Interessenwahrnehmung (Muster 8040[106]). Die gerichtliche Vergütungsvereinbarung enthält zwei Alternativen, zum einen den Fall, dass der Rechtsanwalt kein Honorar erhält, wenn seine Partei im Rechtsstreit nicht obsiegt (*no win, no fee*). Bei der zweiten Alternative wird der Rechtsanwalt geringer vergütet, wenn er nicht obsiegt (*no win, less fee*). Das Muster 8040 enthält eine klassische *quota-litis*-Vereinbarung, wonach der Rechtsanwalt einen Teil der erstrittenen Summe erhält. Diese außergerichtliche *quota-litis*-Vereinbarung eignet sich für Fälle, in denen der Rechtsanwalt für seinen Mandanten eine Abfindung erstreitet und ihm ein prozentualer Anteil an der Abfindung als Honorar versprochen wird.

7. Angemessen und unangemessen hohes Honorar

58 Nach § 3a Abs. 2 RVG können vereinbarte Vergütungen – gleich, ob erfolgsunabhängig oder erfolgsabhängig – oder von dem Vorstand der Rechtsanwaltskammer nach § 4 Abs. 3 Satz 1 RVG festgesetzte Vergütungen in einem Rechtsstreit auf einen angemessenen Betrag herabgesetzt werden, wenn sie unter Berücksichtigung aller Umstände unangemessen hoch sind.

59 Die Frage der Angemessenheit einer Vergütungshöhe bedarf zunächst der **Abgrenzung** zur **Sittenwidrigkeit** einer Honorarvereinbarung gem. § 138 BGB. Die Unterscheidung zwischen Sittenwidrigkeit und Unangemessenheit iSd § 3a Abs. 2 RVG hat insoweit Bedeutung, als die Sittenwidrigkeit einer Vergütungsvereinbarung deren Unwirksamkeit gem. § 138 BGB zur Folge hat – der Anspruch auf die gesetzlichen Gebühren oder im außergerichtlichen Bereich die übliche Vergütung bleibt bestehen[107] –, während eine „lediglich" unangemessene Vergütungshöhe zur Herabsetzung auf ein angemessenes Maß führt. In Anbetracht der Rechtsprechung des BGH, nach der eine unangemessene Vergütung dann vorliegt, wenn ein krasses, evidentes, vom Willen des Mandanten offenkundig nicht mehr abgedecktes Missverhältnis der anwaltlichen Leistungen zu ihrer Vergütung vorliegt,[108] zeigt sich, dass Raum für das schwerer wiegende Verdikt der Sittenwidrigkeit idR nur verbleibt, wenn sich der Unwert aus den Umständen des Vertragsschlusses ergibt. Die für die Sittenwidrigkeit erforderliche **verwerfliche Gesinnung** kann sich in dem Ausnützen einer Notlage oder einer Unterlegenheit einer geschäftsunerfahrenen Person zeigen.[109] Nur in seltensten Ausnahmefällen dürfte allein die Höhe der Vergütung eine Sittenwidrigkeit vermuten lassen. Eine Honorarvereinbarung kann dann nicht sittenwidrig sein, wenn sie zu einem aufwandsangemessenen Honorar führt. Das mehrfache Überschreiten der gesetzlichen Gebühren gestattet ohne Berücksichtigung des tatsächlichen Aufwands nicht schon für sich genommen die Schlussfolgerung auf eine sittenwidrige Abrede. Die Entscheidung des BGH vom 24.7.2003,[110] nach der eine Stundensatzvereinbarung in einem Rechtsanwaltsvertrag sittenwidrig sei, wenn sie zu einer Honorarforderung führe, die die gesetzlichen Gebühren um mehr als das 17-Fache übersteige, beruht im Wesentlichen nicht auf der isoliert betrachteten Vergütungshöhe, sondern auf den Umständen, unter denen es zu dieser Vergütungshöhe gekommen war.

60 Entsprechend dem Rechtsgedanken des § 3a Abs. 2 RVG, § 242 BGB ist bei der Beurteilung der **Angemessenheit** nicht darauf abzustellen, welches Honorar im gegebenen Fall als angemessen zu erachten ist, sondern darauf, ob die zwischen den Parteien getroffene Honorarvereinbarung nach Sachlage als unangemessen hoch einzustufen ist. Ziel ist die Beschneidung von Auswüchsen bei vertraglichen Vergütungsregelungen.[111] Für eine Herabsetzung ist danach nur Raum, wenn es unter Berücksichtigung aller Umstände unerträglich und mit den Grundsätzen des § 242 BGB unvereinbar wäre, den Mandanten an seinem Untatsversprechen festzuhalten. Es muss also ein **krasses, evidentes, vom Willen des Mandanten offenkundig nicht mehr abgedecktes Missverhältnis** der anwaltlichen Leistungen zu ihrer Vergütung gegeben sein.[112]

61 Nach der Rechtsprechung des BGH besteht bei einer vereinbarten Vergütung für eine Strafverteidigung, die mehr als das Fünffache der gesetzlichen Höchstgebühren beträgt, eine tatsächliche Vermutung, dass sie unangemessen hoch ist. Diese tatsächliche Vermutung konnte nach früherer Rechtspre-

---

106 § 8 Rn 102.
107 AnwK-RVG/*Onderka*, § 3a Rn 102.
108 BGH 4.2.2010 – IX ZR 18/09, WM 2010, 673.
109 BGH 4.2.2010 – IX ZR 18/09, WM 2010, 673.
110 BGH 24.7.2003 – IX ZR 131/00, NJW 2003, 3486.
111 BGH 4.2.2010 – IX ZR 18/09, WM 2010, 673; BGH 21.10.2010 – IX ZR 37/10, MDR 2011, 73.
112 BGH 4.2.2010 – IX ZR 18/09, WM 2010, 673; BGH 21.10.2010 – IX ZR 37/10, MDR 2011, 73.

chung des BGH nur entkräftet werden, wenn der Rechtsanwalt ganz ungewöhnliche, geradezu extreme einzelfallbezogene Umstände darlegte, die es möglich erscheinen ließen, bei Abwägung aller für die Herabsetzungsentscheidung maßgeblichen Gesichtspunkte die Vergütung nicht als unangemessen hoch anzusehen.[113] Das BVerfG ordnete in seinem Beschluss vom 15.6.2009[114] diese Anforderungen zur Widerlegung der tatsächlichen Vermutung als überzogen und nicht mit Art. 12 GG vereinbar ein. Mit Urteil vom 4.2.2010[115] hat der BGH daraufhin seine bisherige Rechtsprechung aufgegeben. Für den **Nachweis einer angemessenen Vergütung** kommt es nunmehr im Wesentlichen auf die **Umstände des Einzelfalles** an. Dabei sind insbesondere die Schwierigkeit und der Umfang der Sache, ihre Bedeutung für den Auftraggeber und das Ziel, das der Auftraggeber mit dem Auftrag angestrebt hat, einzubeziehen. Weiter zu berücksichtigen ist, in welchem Umfang dieses Ziel durch die Tätigkeit des Rechtsanwalts erreicht worden ist, die Stellung des Rechtsanwalts, die Vermögensverhältnisse des Auftraggebers sowie der Verlauf des Mandatsverhältnisses.[116]

Der fünffache Satz ist keine starre Obergrenze, sondern ein Beispiel, das für den Fall von Mandanten im Strafrecht entschieden worden ist und nicht uneingeschränkt auf andere Rechtsgebiete wie das Arbeitsrecht übertragen werden kann. Die zitierte Rechtsprechung zeigt einmal mehr, dass die Rechtsprechung nicht vorurteilsfrei mit der Höhe von Anwaltshonoraren umgeht. Auch auf dem Anwaltsmarkt gelten Marktgesetze. Wer als Anwalt besonders hervorragende Leistungen erbringt, muss nicht unbedingt beim Fünffachen des gesetzlichen Honorars passen, vor allem dann, wenn seine Leistung dem Auftraggeber deshalb mehr wert ist. Empfehlenswert ist, dass der Anwalt im Falle einer gerichtlichen Vergütungsauseinandersetzung mit dem Auftraggeber stets einzelfallbezogene Umstände durch seine Aktenführung darlegen kann, die die besonders hohe Vergütung als angemessen erscheinen lassen.

Erfolgt die Vergütung nach einem **Stundenhonorar**, liegt keine Unangemessenheit vor, wenn diese Honorarform sachgerecht erscheint sowie Bearbeitungsaufwand und Stundensatz angemessen sind. Es ist regelmäßig aus dem Wesen des Mandatsvertrages als Dienstverhältnis sachlich gerechtfertigt, die Vergütung eines Rechtsanwalts anhand der aufgewendeten Arbeitszeit und des Stundenlohnes zu messen. Zur Prüfung der Angemessenheit des Arbeitsaufwands legt der BGH gesteigerte Maßstäbe an die **substantiierte Darlegung der aufgewendeten Arbeitsstunden** an. Der Rechtsanwalt hat in verständlicher Weise niederzulegen, welche konkreten Tätigkeiten er innerhalb eines bestimmten Zeitraumes verrichtet hat. So hat er anzugeben, welche Akten und Schriftstücke einer Durchsicht unterzogen wurden, welcher Schriftsatz vorbereitet oder verfasst wurde, zu welcher Rechts- oder Tatfrage welche Literaturrecherchen angestellt wurden oder zu welchem Thema mit welchem Gesprächspartner wann eine fernmündliche Unterredung geführt wurde. Nach dem BGH reicht es nicht aus, allgemeine Hinweise über Aktenbearbeitung, Recherche und Telefongespräche zu geben, weil sie jedenfalls bei wiederholter Verwendung inhaltsleer sind und ohne die Möglichkeit einer wirklichen Kontrolle geradezu beliebig ausgeweitet werden können.[117]

Kriterien für die Angemessenheit eines Stundenhonorars dürften an sich die besonderen Fachkenntnisse, die Erfahrung und die Reputation eines Anwalts sein, wobei prinzipiell der zwischen den Parteien vereinbarte Stundensatz als „gerechter Preis" hinzunehmen ist. Die Stundensätze innerhalb der Anwaltschaft schwanken erheblich und unterscheiden sich vor allem je nach Kanzleigröße. Es gibt aber keinen Erfahrungssatz, dass die Anwaltstunde in kleinen und mittleren Kanzleien auch nur „weniger wert" sein darf als in Großkanzleien.

Ein **Gebührengutachten der Rechtsanwaltskammer** nach § 3 a Abs. 2 Satz 2 RVG muss vom Gericht nur eingeholt werden, wenn die Herabsetzung der vereinbarten Vergütung nach § 3 a Abs. 2 Satz 1 RVG beabsichtigt ist. Der Schaden eines unangemessen hohen Honorars liegt – sieht man von dem Imageaspekt einmal ab – aus Anwaltssicht nur in der Herabsetzung der einmal vereinbarten Vergütung.

Letztlich bleibt es jedem Rechtsanwalt selbst überlassen, in welcher Höhe er sich seine anwaltliche Beratungstätigkeit vergüten lässt. Beachtenswert ist dabei, dass der 9. Senat des BGH davon ausgeht, dass der Honoraranspruch des Rechtsanwalts nicht davon abhängig ist, wie leicht oder wie schwer

---

113 BGH 27.1.2005 – IX ZR 273/02, BGHZ 162, 98 = NJW 2005, 2142.
114 BVerfG 15.6.2009 – 1 BvR 1342/07, NJW-RR 2010, 259.
115 BGH 4.2.2010 – IX ZR 18/09, WM 2010, 673.
116 BGH 4.2.2010 – IX ZR 18/09, WM 2010, 673; BGH 21.10.2010 – IX ZR 37/10, MDR 2011, 73.
117 BGH 4.2.2010 – IX ZR 18/09, WM 2010, 673.

ihm die Erbringung der Leistung falle und ob er seinerseits dafür etwas aufwenden müsse.[118] Deshalb ist es unerheblich, ob der Rechtsanwalt seine Leistung anhand von Mustertexten erbracht hat, die ihm von Dritten zur Verfügung gestellt wurden, oder ob er diese selbst verfasst und erstellt hat. Der Anwalt sollte seinen Mandanten richtig einschätzen und durchaus bei Abschluss einer Vergütungsvereinbarung den juristischen Schwierigkeitsgrad und den Zeitpunkt berücksichtigen.

V. Vereinbarungszeitpunkt

67 Immer wieder bewegt den Anwalt die Frage, wann er in einem arbeitsrechtlichen Mandat die aus seiner Sicht gebotene Notwendigkeit einer abweichenden Vereinbarung im Gespräch mit dem Mandanten ins Spiel bringen soll, zu **Beginn** oder **nach Abschluss des Mandats**. Nach hier vertretener Ansicht ist der richtige Zeitpunkt das Erstgespräch.

68 *Hellwig*[119] berichtete von einer zunehmenden Praxis, die man auch aus den USA kenne, in Europa bei größeren Transaktionen wie Kauf und Verkauf von Unternehmen, Umwandlungen, Börsengängen, aber auch durch die EG-Kommission, Mandate größeren Umfangs im Wege der **Ausschreibung** zu vergeben. Diese Praxis hat an Aktualität nichts eingebüßt. Besteht ein Wettbewerb um ein Mandat, steht zwangsläufig der Inhalt der Vereinbarung in der Form eines Angebots am Anfang. Die Muster 8100[120] und 8120[121] für den Fall einer Betriebsänderung oder Betriebsstilllegung können als Checkliste eines solchen Angebots im Arbeitsrecht verwendet werden, wenn ein Unternehmen eine Anwaltskanzlei beauftragt, einen „Kostenvoranschlag" über die Beratung im Zusammenhang mit der Durchführung der Betriebsänderung abzugeben.

69 Im Arbeitsrecht besteht oftmals die Schwierigkeit, dass der wirtschaftliche Erfolg für den Mandanten nicht von vornherein feststeht und sogar, je nach Fallentwicklung, in seiner Dimension extrem unterschiedlich ausfallen kann. Je nach Fallkonstellation kann die Abfindung bspw zwischen 150.000 EUR und 700.000 EUR liegen; zahlreiche Faktoren im außerjustitiablen Bereich tragen verschiedentlich dazu bei, dass das wirtschaftliche Ergebnis in die eine oder andere Richtung ausfällt. Eine unmittelbare Kausalität zwischen der anwaltlichen Dienstleistung und dem wirtschaftlichen Erfolg besteht nicht immer.

70 In diesen Fällen tut sich der Anwalt schwer, zu Beginn eines Mandats ein höheres Honorar, sei es über die Vereinbarung eines deutlich erhöhten Gegenstandswerts,[122] sei es durch Pauschalhonorar, sei es durch Vereinbarung eines hohen Stundensatzes, vorzuschlagen. Manchmal lässt sich bei Abfindungsverhandlungen auch das **Anwaltshonorar** des Mitarbeiters **in die Aufhebungsvereinbarung aufnehmen** und es wird auf diese Weise vom Arbeitgeber erstattet.[123] Eine Möglichkeit besteht deshalb darin, zunächst auf Basis des gesetzlichen Honorars zu arbeiten und mit dem Mandanten zu vereinbaren, nach Beendigung des Mandats den Abschluss einer Vergütungsvereinbarung anzubieten.[124] Der Nachteil dieser Regelung besteht darin, dass der Mandant dieses Angebot späterhin ablehnen kann, eine Reaktion, vor der der Anwalt selbst bei einem mit dem wirtschaftlichen Ergebnis zufriedenen Mandanten nicht gefeit ist.

71 Die Frage, wann man mit dem Mandanten eine Vergütungsvereinbarung schließt, ist nicht nur unter dem Blickwinkel der Abschätzbarkeit des Mandatsaufwands und des wirtschaftlichen Erfolgs der anwaltlichen Tätigkeit für den Mandanten zu beantworten, sondern hat auch rechtsgeschäftliche Qualität, insbesondere unter dem Gesichtspunkt des **sittenwidrigen Verhaltens** und der Anfechtbarkeit einer Vergütungsvereinbarung. Problematisch kann sein, wenn der Anwalt mit einer **Mandatskündigung droht**, falls eine Vergütungsvereinbarung nicht geschlossen wird. Nach § 138 Abs. 1 BGB ist eine unter der Androhung einer Mandatskündigung zustande gekommene Vergütungsvereinbarung dann nichtig, wenn besondere Umstände hinzukommen, die das Geschäft nach seinem Gesamtcharakter als sitten-

---

118 BGH 22.4.2004 – IX ZR 58/01, RVGreport 2004, 479.
119 *Hellwig*, AnwBl 1998, 623.
120 § 8 Rn 114.
121 § 8 Rn 115.
122 Muster 8023, § 8 Rn 95.
123 Muster 4680 (§ 12 Abs. 1), § 4 Rn 676.
124 Muster 8041 (Ziff. 2), § 8 Rn 103.

widrig erscheinen lassen.[125] Bei der Beurteilung der Frage, ob die Ankündigung einer Mandatsniederlegung zur **Anfechtung nach § 123 BGB**[126] berechtigt, ist ganz wesentlich darauf abzustellen, ob der vom Anwalt angestrebte Zweck, ein die gesetzlichen Gebühren übersteigendes Honorar zu erreichen, mit der Rechtsordnung in Einklang steht oder nicht. Die Ankündigung der Mandatsniederlegung in einem Fall, in dem erst drei Monate nach Aufnahme des Mandats der Abschluss einer Vergütungsvereinbarung erreicht werden sollte, während die Verhandlungen über die Sanierung eines Unternehmens in vollem Gange waren und sich der zeitliche Umfang des Mandats ausdehnte, berechtigen den Mandanten noch nicht zur Anfechtung nach § 123 BGB.[127] Da das Gesetz unter den Voraussetzungen des § 4 RVG Gebührenvereinbarungen zulässt, ist auch das vom Anwalt eingesetzte Mittel, die Androhung der Kündigung des Vertragsverhältnisses, nicht ohne weiteres rechtswidrig. Eine Kündigung des Anwaltsvertrages ist nach §§ 627 Abs. 2, 628 BGB jederzeit möglich. Dieses **weite Kündigungsrecht** findet seine Rechtfertigung in dem besonderen Vertrauen, von dem die in § 627 BGB genannten Vertragsbeziehungen geprägt sind.[128] Eine **Kündigung zur Unzeit** wird durch den in § 627 Abs. 2 Satz 2 BGB vorgesehenen Schadensersatzanspruch des Mandanten kompensiert.[129] Ob eine Drohung in einem solchen Fall rechtswidrig ist, hängt von dem Verhältnis zwischen dem verfolgten Zweck und dem dazu eingesetzten Mittel ab; entscheidend ist, ob der Drohende an der Erreichung des Zwecks ein berechtigtes Interesse hat und die Drohung nach Treu und Glauben als ein angemessenes Mittel zur Erreichung dieses Zwecks anzusehen ist.[130] Auch in arbeitsrechtlichen Angelegenheiten kann sich im Laufe der Bearbeitung herausstellen, dass die Verhandlungen, sei es bei einem Sozialplan, sei es über einen Aufhebungsvertrag, zeitlich weitaus höhere Ausmaße annehmen als vom Anwalt ursprünglich angenommen. In diesen Fällen ist es dem Anwalt unbenommen, eine Honorarvereinbarung zu fordern und, wenn keine verwerflichen Umstände hinzutreten, mit Mandatskündigung zu drohen, falls es nicht zum Abschluss einer angemessenen Honorarvereinbarung kommt.

Zu beachten ist, dass im Fall der **vorzeitigen Mandatsbeendigung** grundsätzlich zwar die Regelung des § 15 Abs. 4 RVG gilt, wonach es auf bereits entstandene Gebühren ohne Einfluss ist, wenn sich die Angelegenheit vorzeitig erledigt oder der Auftrag endet, bevor die Angelegenheit erledigt ist. Hat der Rechtsanwalt mit seinem Auftraggeber jedoch eine Vergütungsvereinbarung getroffen, die über die gesetzlichen Gebühren hinausgeht, gilt bei vorzeitigem Ende des Auftrags nicht § 15 Abs. 4 RVG, sondern § 628 Abs. 1 Satz 1 BGB. Dem Anwalt steht bei vertragswidrigem Verhalten des Auftraggebers zwar dem Grunde nach ein Schadensersatzanspruch wegen entgangener Vergütung nach § 628 Abs. 2 BGB zu. Die Höhe des Anspruchs wird jedoch zeitlich bis zu dem Zeitpunkt begrenzt, zu dem der Auftraggeber als Schädiger das Dienstverhältnis selbst ohne die Auflösung von Ersatzansprüchen hätte beenden können.[131] Ein ersatzfähiger Schaden wird daher nur gegeben sein, wenn das Kündigungsrecht des § 627 Abs. 1 BGB von den Parteien ausgeschlossen wurde.[132]

Vom Grundsatz her ist es deshalb auch gestattet, den Mandanten in einem ersten Gespräch darauf hinzuweisen, dass der Umfang der Mandatsvereinbarung nicht abgeschätzt werden könne, und deshalb anzukündigen, erst zu einem Zeitpunkt, zu dem Inhalt und Umfang des Mandatsauftrags näher abgeschätzt werden können, Verhandlungen über eine Vergütungsvereinbarung zu führen.

VI. AGB-Kontrolle von Vergütungsvereinbarungen

Wie alle anderen Vereinbarungen unterliegen auch Vergütungsvereinbarungen, wenn sie formularmäßig verwendet werden, der Inhaltskontrolle nach den §§ 307 ff BGB. Für die Eröffnung des Anwendungsbereichs der AGB-Kontrolle verlangt § 305 Abs. 1 Satz 1 BGB, dass es sich bei den Vereinbarungen um für eine Vielzahl von Verträgen vorformulierte Vertragsbedingungen handelt, die eine Vertragspartei (Verwender) der anderen Vertragspartei bei Abschluss eines Vertrages stellt.

---

125 BGH 7.6.1988 – IX ZR 245/86, WM 1988, 1156; BGH 23.2.1995 – IX ZR 29/94, WM 1995, 1064; BGH 26.9.1995 – XI ZR 159/94, WM 1995, 1950.
126 BGH 7.2.2013 – IX ZR 138/11, WM 2013, 942.
127 BGH 4.7.2002 – IX ZR 153/01, NJW 2002, 2774.
128 *Henssler/Deckenbrock*, ZAP Fach 24, 877.
129 BGH 12.1.1978 – III ZR 53/73, LM § 123 BGB Nr. 49; BGH 4.7.2002 – IX ZR 153/01, NJW 2002, 2774 = AnwBl 2002, 660.
130 BGH 4.11.1982 – VII ZR 11/82, WM 1983, 90; BGH 4.7.2002 – IX ZR 153/01, NJW 2002, 2774 = AnwBl 2002, 660; BGH 7.2.2013 – IX ZR 138/11, WM 2013, 942.
131 *Henssler/Deckenbrock*, ZAP Fach 24, 877.
132 *Henssler/Deckenbrock*, NJW 2005, 1, 5.

75 Grundsätzlich wird bei einer Vergütungsvereinbarung davon auszugehen sein, dass der Anwalt diese bereits vorformuliert dem Auftraggeber vorlegt. Eine Erweiterung des Anwendungsbereichs der AGB-Kontrolle ergibt sich über § 310 Abs. 3 Nr. 1 und 2 BGB, wenn der Auftraggeber als Verbraucher iSd § 13 BGB und der Rechtsanwalt als Unternehmer iSd § 14 BGB anzusehen ist. Nach § 310 Abs. 1 Nr. 1 BGB gelten bei Verbrauchergeschäften Allgemeine Geschäftsbedingungen kraft gesetzlicher Fiktion als vom Unternehmer gestellt, es sei denn, die Geschäftsbedingungen werden durch den Verbraucher eingeführt. Selbst wenn die vom Unternehmer gestellten vorformulierten Bedingungen nicht für eine Vielzahl von Verträgen, sondern nur zur einmaligen Verwendung bestimmt sind, der Verbraucher aufgrund der Vorformulierung aber auf den Inhalt keinen Einfluss nehmen konnte, unterliegt die Vereinbarung der Inhaltskontrolle nach § 305c Abs. 2 BGB und §§ 307–309 BGB. Schließlich sind bei Verbraucherverträgen zur Beurteilung einer unangemessenen Benachteiligung nach § 307 Abs. 1 und 2 BGB auch die Vertragsschluss begleitenden Umstände zu berücksichtigen.

76 Eine wirksame Einbeziehung der formularmäßigen Vergütungsvereinbarung erfolgt über § 3a RVG. Soweit ein Formfehler nach § 3a Abs. 1 Satz 1 RVG vorliegt, ist die Vergütungsvereinbarung gem. § 4b RVG nicht verbindlich. Auf die §§ 305 ff BGB kommt es bei mangelhafter Einbeziehung nicht an.

77 Zweifel bei der Auslegung mehrdeutiger Klauseln in Allgemeinen Geschäftsbedingungen gehen nach Maßgabe des § 305c Abs. 2 BGB zu Lasten des Verwenders. Zugunsten des Auftraggebers ist die mehrdeutige Klausel in einer Vergütungsvereinbarung jedoch nicht unwirksam. Es ist vielmehr diejenige Auslegung zu wählen, die für den Auftraggeber am Günstigsten ist.

78 Wird die Geltung ausländischen Gebührenrechts vereinbart,[133] müssen die Vorschriften der Art. 29a, 29e EGBGB, § 310 Abs. 3 Nr. 2 BGB beachtet werden. Danach können in Verbraucherverträgen durch Wahl eines ausländischen Rechts die zwingenden Vorschriften des RVG und der §§ 305 ff BGB nicht umgangen werden. Die Abrechnung nach einer ausländischen Gebührenordnung ist demzufolge insoweit nicht zu beanstanden, als sie zwingende RVG-Vorschriften oder die Regelungen der BRAO und die Vorschriften der §§ 305 ff BGB zur AGB-Kontrolle nicht außer Kraft setzt.

79 Für die Wirksamkeit einer Vergütungsvereinbarung ist es erforderlich, dass sie genügend **bestimmt** ist.[134] Für Vergütungsvereinbarungen in Form Allgemeiner Geschäftsbedingungen ergibt sich das Bestimmtheitserfordernis schon aus der gesetzlichen Regelung in § 307 Abs. 1 Satz 2 BGB. Sind Klauseln in AGB nicht klar und verständlich, stellen sie eine unangemessene Benachteiligung des Auftraggebers dar und sind folglich unwirksam. Maßstab zur Auslegung der hinreichenden Bestimmtheit ist, dass eine ziffernmäßige Bezeichnung der Vergütung ohne Schwierigkeiten möglich ist.[135] In der bereits erwähnten Entscheidung des BGH vom 27.1.2005[136] nahm der 9. Senat die hinreichende Bestimmtheit einer Vergütungsvereinbarung in Form einer Kombination von Pauschal- und Zeithonorar an. Die Berechnung der Vergütung auf der Grundlage der im Streitfall getroffenen Vergütungsvereinbarung ist ohne Schwierigkeiten möglich. Für das Pauschalhonorar liegt das ohne weiteres auf der Hand. Das Gleiche gilt für die Stundensatzvereinbarung. Zwar ist das Ausmaß der zeitlichen Beanspruchung bei Abschluss der Honorarvereinbarung noch offen. Dadurch wird die Leistung jedoch nicht unbestimmt. Vielmehr reicht es aus, wenn die Leistung bestimmbar ist.[137] Das ist bei einem aufwandsbezogenen Stundenhonorar der Fall, da der Zeitaufwand für den Auftraggeber nachprüfbar darzulegen ist und demgemäß objektiv ermittelt werden kann. Gegen das **Transparenzgebot** gem. § 307 Abs. 1 Satz 2 BGB verstößt eine Honorarklausel, wenn mit ihr für eine Tätigkeit (im konkreten Fall eine Beratung) der irrige Eindruck erweckt wird, lediglich gesetzliche Gebühren in Ansatz zu bringen, obwohl aus dem RVG eine solche Gebühr nicht herzuleiten ist („Für eine weitere Tätigkeit werden die anwaltlichen Gebühren nach dem deutschen Recht gemäß der RVG-Tabelle (1,8-Gebühren) berechnet").[138]

80 Der Anwalt darf in der Vergütungsvereinbarung **keine Vertragsstrafe** vereinbaren, die für den Fall der Nichtbegleichung der Kostennote vorgesehen ist. Dem steht die klare Wertung des § 309 Nr. 6 BGB entgegen. Ebenso ist es unzulässig, eine Beweislastumkehr zu vereinbaren (§ 309 Nr. 12 BGB). Vor-

---

133 Muster 8035, § 8 Rn 99.
134 BGH 12.1.1978 – III ZR 53/76, AnwBl 1978, 227; OLG Hamm 28.1.1986 – 28 U 201/85, JurBüro 1986, 1878.
135 BGH 25.2.1965 – VII ZR 112/63, MDR 1965, 570 = BB 1965, 438.
136 NJW 2005, 2142.
137 LG München I 6.11.1974 – 15 S 177/74, NJW 1975, 937.
138 OLG Frankfurt/Main 26.6.2009 – 19 W 36/09, MDR 2010, 176.

schussklauseln, wie in Muster 8018 (Ziff. 1)[139] vorgesehen, sind, soweit sie inhaltlich § 9 RVG entsprechen, unbedenklich und mit § 307 Abs. 2 Nr. 1 BGB vereinbar.[140]

VII. Aufklärungs- und Hinweispflichten des Rechtsanwalts

Eigenständige Hinweispflichten für Vergütungsvereinbarungen finden sich zunächst in den §§ 3 a und 4 a RVG. So muss die Vergütungsvereinbarung als solche oder in vergleichbarer Weise bezeichnet und von anderen Vereinbarungen – mit Ausnahme der Auftragserteilung – deutlich abgesetzt werden. Der Verstoß gegen diese Pflicht führt gem. § 4 b RVG zur Reduzierung des Vergütungsanspruchs auf die gesetzliche Vergütung. Weiter muss in der Vergütungsvereinbarung der Hinweis aufgenommen werden, dass die gegnerische Partei, ein Verfahrensbeteiligter oder die Staatskasse im Falle der Kostenerstattung regelmäßig nicht mehr als die gesetzliche Vergütung erstatten muss (§ 3 a Abs. 1 Satz 3 RVG). Ein Verstoß gegen diese Hinweispflicht berührt zwar nicht die Wirksamkeit der Vereinbarung, kann aber gem. § 280 Abs. 1 BGB zum Entstehen eines Schadensersatzanspruchs führen und auf diesem Weg zur Reduzierung auf die gesetzliche Vergütung.[141]

81

In **Erfolgshonorarvereinbarungen** sind gem. § 4 a Abs. 2 RVG die voraussichtliche gesetzliche Vergütung und ggf die erfolgsunabhängige Vergütung, zu der der Rechtsanwalt bereit wäre, den Auftrag zu übernehmen, sowie die Angaben, welche Vergütung bei Eintritt welcher Bedingungen verdient werden soll, anzugeben. Die Nichtbeachtung dieser notwendigen Angaben führt zur Unwirksamkeit der Vereinbarung, soweit im Erfolgsfall eine höhere als die gesetzliche Vergütung verlangt werden könnte.[142] Weiter ist in der Erfolgshonorarvereinbarung der Hinweis aufzunehmen, dass die Vereinbarung keinen Einfluss auf die gegebenenfalls vom Auftraggeber zu zahlenden Gerichtskosten, Verwaltungskosten und die von ihm zu erstattenden Kosten anderer Beteiligter hat (§ 4 a Abs. 3 Satz 2 RVG). Der Verstoß gegen diese Hinweispflicht kann zu Schadensersatzansprüchen gegen den Rechtsanwalt führen. Schließlich sind gem. § 4 a Abs. 3 Satz 1 RVG die wesentlichen Gründe darzulegen, die für die Bemessung des Erfolghonorars bestimmend waren. Ein Verstoß führt nicht zur Unwirksamkeit der Vereinbarung gem. § 4 b RVG, kann aber ggf Schadensersatzansprüche auslösen.[143]

82

In arbeitsgerichtlichen Mandaten ergibt sich darüber hinaus aus § 12 a Abs. 1 Satz 2 ArbGG, dass der Rechtsanwalt den Mandanten darüber aufklären muss, dass im Urteil des ersten Rechtszugs **kein Anspruch der obsiegenden Partei auf Erstattung der Kosten** für die Zuziehung eines Prozessbevollmächtigten gegen die unterlegene Partei besteht. Im Sondertextbaustein in Muster 8065[144] findet sich eine solche Belehrung gem. § 12 a Abs. 1 Satz 2 ArbGG. Kommt der Rechtsanwalt dieser Verpflichtung nicht nach, steht dem Mandanten gegen ihn ein Schadensersatzanspruch gem. § 311 Abs. 2 Nr. 2 BGB (Verschulden im Anbahnungsverhältnis) zu.[145] *Koch*[146] geht allerdings zu Unrecht davon aus, dass der Anspruch auf das negative Interesse gerichtet sei. Negatives Interesse bedeutet, der Gläubiger ist so zu stellen, wie er stehen würde, wenn er nicht auf die Gültigkeit des Geschäfts vertraut hätte.[147] Bei einer Verletzung vertraglicher Aufklärungs- und Beratungspflichten ist der Geschädigte nach § 249 Abs. 1 BGB deshalb so zu stellen, wie er stünde, wenn der Schädiger den Vertragspartner von Anfang an ordnungsgemäß aufgeklärt und beraten hätte.[148] Richtigerweise richtet sich der Schadensersatzanspruch des Mandanten also auf den Betrag, der nicht erwachsen wäre, wenn rechtzeitig belehrt worden wäre, also auf das **positive Interesse**.

83

Die spezifische Aufklärungspflicht des Rechtsanwalts für Arbeitsgerichtsprozesse wird weiter ergänzt durch die **Pflicht gem. § 49 b Abs. 5 BRAO**, nach der der Rechtsanwalt vor Übernahme des Auftrages einen Hinweis darauf zu geben hat, wenn sich die **Gebühren nach dem Gegenstandswert** richten. Der

84

---

139 § 8 Rn 93.
140 *Mayer*, AnwBl 2006, 168, 170; *N. Schneider*, Vergütungsvereinbarung, Rn 721.
141 AnwK-RVG/*Onderka*, § 3 a Rn 48.
142 AnwK-RVG/*Onderka*, § 4 b Rn 10.
143 Mayer/Kroiß/*Teubel*, RVG, § 4 a Rn 61.
144 § 8 Rn 110.
145 *Weimar*, AuR 2003, 172.
146 ErfK/*Koch*, § 12 a ArbGG Rn 6.
147 BGH 9.10.1989 – II ZR 257/88, BB 1990, 12; BGH 14.10.1971 – VII ZR 313/69, BGHZ 57, 137.
148 BGH 6.6.1991 – III ZR 116/90, ZIP 1991, 107; BGH 5.11.1984 – II ZR 38/84, DB 1985, 331; OLG Düsseldorf 24.8.1995 – 6 U 138/94, WM 1996, 1082.

§ 8 Gebühren und Rechtsschutz im Arbeitsrecht

BGH hat in seiner Entscheidung vom 24.5.2007[149] den Streit darüber entschieden, ob die Hinweispflicht des § 49b Abs. 5 BRAO rein berufsrechtliche oder auch zivilrechtliche Konsequenzen hat. Nach Ansicht des BGH kann der Verstoß gegen die Vorschrift einen **Schadensersatzanspruch** gem. § 280 Abs. 1 BGB begründen. Grundsätzlich ist der Rechtsanwalt nicht verpflichtet, den Mandanten vorab über die Gebührenhöhe zu unterrichten, und ein Mandant kann auch ein unentgeltliches Tätigwerden nicht erwarten. Nur in Ausnahmefällen besteht nach Treu und Glauben eine **Verpflichtung des Rechtsanwalts**, den Mandanten von sich aus über die **Gebührenhöhe** zu belehren. Der BGH nimmt dabei in drei Fallgruppen eine Aufklärungspflicht über die Höhe der zu erwartenden Gebühren an, nämlich einmal, wenn der Rechtsanwalt beauftragt wird, einen Vertragsentwurf zu fertigen, der später noch zwingend von einem Notar beglaubigt werden muss. In diesem Fall hat der Rechtsanwalt den Mandanten darüber aufzuklären, dass neben seinen eigenen Gebühren, ohne dass er diese erläutern muss, auch noch Notargebühren anfallen werden.[150] Eine Aufklärungspflicht besteht für den Rechtsanwalt immer dann, wenn erkennbar ist, dass die Durchsetzung der Interessen des Mandanten augenscheinlich unwirtschaftlich ist. In diesem Fall hat der Rechtsanwalt dem Mandanten über die für seine Tätigkeit voraussichtlich anfallenden Gebühren zu unterrichten.[151] Schließlich muss der Rechtsanwalt in all den Fällen, in denen er Anhaltspunkte dafür hat, dass dem Mandanten Prozesskosten- und/oder Beratungshilfe zustehen könnte, seinen Mandanten über diese Möglichkeit aufklären.[152] Vor Übernahme des Mandats hat der Rechtsanwalt gem. § 49b Abs. 5 BRAO darüber zu informieren, wenn sich die Gebühren nach dem Gegenstandswert richten. Unterlässt der Rechtsanwalt einen solchen Hinweis, so wird der Anwaltsvertrag zwar nicht unwirksam und der Anwalt kann auch die gesetzliche Gebühr verlangen. Diesem Vergütungsanspruch kann jedoch der Mandant mit einem Schadensersatzanspruch entgegentreten, wenn ihm der Nachweis gelingt, dass ihm ein Schaden durch die Hinweispflichtverletzung entstanden ist.[153] Das Muster 8140[154] enthält eine Belehrung gem. § 49b Abs. 5 BRAO über das Anfallen von gesetzlichen Gebühren nach dem Gegenstandswert.

85 **Transparenz** sollte bei der **Preiskommunikation** zwischen Rechtsanwalt und Mandant immer an vorderster Stelle stehen. Daher sollte der Rechtsanwalt den Mandanten auch auf Dinge hinweisen, zu denen er nicht zwingend gesetzlich verpflichtet ist. Es bietet sich bspw an, dem Mandanten zu erläutern, dass die Abrechnung auf Basis der vereinbarten Vergütung unabhängig davon geschuldet ist, ob und in welchem Umfang seine **Rechtsschutzversicherung** die Kosten übernimmt. So können Kommunikationsmissverständnisse zwischen Rechtsanwalt und Auftraggeber vermieden werden, die dadurch entstehen, dass der rechtsschutzversicherte Mandant davon ausgeht, seine Rechtsschutzversicherung sei (wie die gesetzliche Krankenversicherung) Gebührenschuldner und über die von der Rechtsschutzversicherung getragenen Gebühren hinaus fielen keine weiteren Gebühren an. Der Sondertextbaustein in Muster 8050[155] sieht einen solchen Zusatz bei rechtsschutzversicherten Mandanten vor, der in jede Vergütungsvereinbarung mit aufgenommen werden sollte.

86 Bei rechtsschutzversicherten Mandanten empfiehlt sich zudem ein Hinweis auf die gängigen **Ausschlusstatbestände** nach den Allgemeinen Bedingungen für Rechtsschutzversicherungen (ARB). Die Rechtsschutzversicherer erteilen bei Angelegenheiten aus Anstellungsverträgen eines **gesetzlichen Vertreters einer juristischen Person** (GmbH-Geschäftsführer, AG-Vorstand) grundsätzlich keinen Deckungsschutz. Die Organstellung führt zum Ausschlussgrund des Pkt. 3.2.5 ARB 2012. Nach der Rechtsprechung gilt der Ausschlusstatbestand selbst dann, wenn sich die Angelegenheit auf das Aushandeln von Abfindungsansprüchen beschränkt, die nicht im Anstellungsvertrag selbst, sondern in einer gesonderten Vereinbarung enthalten sind.[156] Einen solchen Hinweis sieht das Muster 8070[157] vor.

87 Deckungsschutz wird von den Rechtsschutzversicherern dann verweigert, wenn der Schadensfall **vorsätzlich und rechtswidrig verursacht** wurde (Pkt. 3.2.21 ARB 2012). In diesen Fällen wird sich die Rechtsschutzversicherung dann auf den Standpunkt stellen, dass der Auftraggeber als Versicherungs-

---

149 BGH 24.5.2007 – IX ZR 89/06, NJW 2007, 2332.
150 BGH 18.9.1997 – IX ZR 49/97, AnwBl 1997, 673.
151 BGH 16.1.1969 – VII ZR 66/66, NJW 1969, 932.
152 OLG Düsseldorf 17.5.1984 – 8 U 53/83, AnwBl 1984, 444.
153 OLG Hamm 16.6.2009 – 28 U 1/09, AGS 2009, 428.
154 § 8 Rn 116.
155 § 8 Rn 106.
156 LG Coburg 16.4.2002 – 11 O 60/02, r+s 2002, 463.
157 § 8 Rn 111.

nehmer durch sein Verhalten das Schadensereignis vorsätzlich und rechtswidrig verursacht hat. Verschiedentlich machen die Rechtsschutzversicherer von dem Ausschlussgrund Gebrauch, wenn dem Arbeitnehmer wegen eines vorsätzlichen Pflichtenverstoßes, der zu einem Vermögensschaden des Arbeitgebers geführt hat, fristlos oder fristgerecht gekündigt wurde. Hier ist die Kunst des Anwalts gefragt, dem Versicherer klarzumachen, dass – selbst wenn eine Pflichtverletzung begangen wurde – die Voraussetzungen einer Vorsatztat nicht vorliegen. Ein Hinweis auf diesen Ausschlusstatbestand gegenüber dem Mandanten findet sich in Muster 8080.[158]

Umstritten ist der Deckungsschutz beim **Aushandeln eines Aufhebungsvertrages**. Die Meinungen der Instanzgerichte divergieren stark. Nach Ansicht eines Teils der Rechtsprechung ist beim Aushandeln eines Aufhebungsvertrages kein Versicherungsfall gegeben, weil das Angebot des Arbeitgebers zum Abschluss eines Aufhebungsvertrages noch keinen Verstoß gegen Rechtspflichten aus dem Arbeitsvertrag bedeutet.[159] Der BGH hat inzwischen für den Fall der arbeitgeberseitigen Androhung einer Kündigung bei Nichtabschluss eines Aufhebungsvertrages entschieden, dass in diesem Verhalten ein den Deckungsschutz auslösender Rechtspflichtenverstoß erkannt werden kann, so dass die Gebühren des Rechtsanwalts beim Aushandeln eines Aufhebungsvertrages von der Rechtsschutzversicherung zu tragen sind.[160]

B. Texte

1. Muster: Anwaltsvertrag mit Hinweis auf gesonderte Vergütungsvereinbarung

↓

Anwaltsvertrag	**Agreement for Legal Service**
zwischen	between
...	...
– im Folgenden „Partnerschaft" genannt –	– hereinafter referred to as the "Partnership" –
und	and
...	...
– im Folgenden „Auftraggeber" genannt –	– hereinafter referred to as the "Client" –

§ 1 Mandatserteilung

Die Partnerschaft verpflichtet sich, den Auftraggeber außergerichtlich und ggf auch gerichtlich in der Angelegenheit ... mit allen sich daraus ergebenden Folgesachen sowie sämtlichen damit in Zusammenhang stehenden Angelegenheiten zu vertreten, insbesondere in dem ... vor dem .... Grundsätzlicher Ansprechpartner für diese Angelegenheit ist .... Darüber hinaus stehen dem Auftraggeber ergänzend sämtliche übrigen Berufsträger der Partnerschaft zur Verfügung.

Der Auftraggeber entbindet die Partnerschaft und die jeweils sachbearbeitenden Rechtsanwälte, soweit

§ 1 Representation Agreement

The Partnership agrees to represent the Client extrajudicially and, if necessary, before the courts in the matter of ... and all resulting supplementary proceedings and matters associated therewith, particularly in the ... before the .... The principal contact person in this matter will be .... In addition, all the partners of the Partnership will be at the Client's disposal in a supplementary capacity.

To the extent necessary for the proper performance of the assignment, the Client releases the Partner-

---

158 § 8 Rn 112.
159 AG Hannover 12.1.1998 – 558 C 14783/97, r+s 1998, 336; OLG Nürnberg 21.2.1991 – 8 U 2332/90, zfs 1991, 200; AG Hamburg 30.4.1990 – 4 C 29/90, zfs 1991, 53; OLG Hamm 1.2.1992 – 20 U 283/91, JurBüro 1992, 413; AG Rheine 25.11.1997 – 14 C 303/97, r+s 1998, 335.
160 BGH 19.11.2008 – IV ZR 305/07, NJW 2009, 365; AG Köln 5.7.2001 – 117 C 12/01, AnwBl 2002, 184; AG München 16.9.1985 – 10 C 11462/85, n.v.; LG Göttingen 10.2.1983 – 6 S 209/82, AnwBl 1983, 335; AG Buxtehude 10.11.1997 – 33 C 1324/96, zfs 1998, 351 = r+s 1998, 246; LG Hannover 3.12.1996 – 1 S 73/96, n.v.

dies für die sachgerechte Wahrnehmung des Auftrages erforderlich ist, gegenüber Sachverständigen oder ansonsten einzuschaltenden Hilfspersonen von der Verpflichtung zur Verschwiegenheit.

§ 2 Vergütung

Die Vergütung der Partnerschaft durch die Auftraggeber erfolgt auf Basis einer gesonderten schriftlichen Vergütungsvereinbarung. Kommt eine solche Vergütungsvereinbarung nicht zustande, gelten die jeweiligen gesetzlichen Vorschriften, derzeit also insbesondere das Rechtsanwaltsvergütungsgesetz (RVG).

§ 3 Haftung

Die Haftung der Partnerschaft und ihrer Partner für Vermögensschäden aufgrund von Berufsversehen ist begrenzt. In Fällen einfacher Fahrlässigkeit ist die Haftung der Partnerschaft in jedem Mandatsverhältnis auf einen Betrag in Höhe von 1.000.000 EUR (in Worten: eine Million Euro) beschränkt. Die Haftung der Partner neben der Partnerschaftsgesellschaft richtet sich nach den jeweiligen gesetzlichen Bestimmungen (§ 8 Abs. 2 PartGG). In Fällen einfacher Fahrlässigkeit ist die Haftung der Partner neben der Partnergesellschaft in jedem Mandatsverhältnis auf einen Betrag in Höhe von 1.000.000 EUR (in Worten: eine Million Euro) beschränkt. Sollte aus Sicht des Auftraggebers eine über 1.000.000 EUR hinausgehende Haftung abgesichert werden, so besteht die Möglichkeit einer Zusatzversicherung, die auf Wunsch und Kosten des Auftraggebers abgeschlossen werden kann. Sollte der Auftraggeber den Abschluss einer Zusatzversicherung wünschen, werden die Parteien hierüber eine gesonderte schriftliche Vereinbarung treffen. Die Haftung für den Auftrag erstreckt sich ausschließlich auf die Anwendung deutschen Rechts.

§ 4 Dauer des Mandats, Kündbarkeit

Der Anwaltsvertrag ist von den Auftraggebern jederzeit, von der Partnerschaft unter Einhaltung einer Frist von einem Monat zum Monatsende kündbar. Das Recht zur fristlosen Kündigung aus wichtigem Grund bleibt unberührt. Die Kündigung bedarf der Schriftform. Mitteilungen per Telefax genügen der Schriftform, Mitteilungen per E-Mail nicht.

ship from the duty of confidentiality with respect to experts or other auxiliary staff that might be called in.

§ 2 Compensation

The Client shall compensate the Partnership in accordance with a separate written Compensation Agreement. If no such Compensation Agreement is entered into, the provisions of law shall apply, particularly the Attorney Compensation Act (Rechtsanwaltsvergütungsgesetz – in the following „RVG").

§ 3 Liability

The liability of the Partnership and its partners for monetary damages for professional negligence is limited. In cases of simple negligence, the Partnership's liability in each attorney/client relationship is limited to the amount of 1.000.000 EUR (one million Euros). The liability of the partners in addition to that of the Partnership shall be based on the provisions of law (§ 8 (2) of the Partnership Act – PartGG). In cases of simple negligence, the liability of the partners in addition to that of the Partnership shall be limited to 1.000.000 EUR (one million Euros) in each attorney/client relationship. If, in the Client's opinion, liability in excess of 1.000.000 EUR must be covered, additional insurance can be taken out at the request and expense of the Client. If the Client wants additional insurance taken out, the Parties shall enter into a separate, written agreement with respect to this. Liability for the assignment shall extend exclusively to the application of German law.

§ 4 Duration of the Representation Agreement, Terminability

The Agreement for Legal Services may be terminated by the Client at any time and by the Partnership by giving one month's notice as of the end of any month. The right to terminate the Agreement for good cause without a notice period remains unaffected. The notice of termination must be in writing. Notices by fax satisfy the requirement of written form. Notices by E-Mail do not.

§ 5 Allgemeine Mandatsbedingungen

Im Übrigen gelten die Allgemeinen Mandatsbedingungen der ..., die diesem Anwaltsvertrag beigeheftet sind.

2. Muster: Allgemeine Mandatsbedingungen

Allgemeine Mandatsbedingungen

§ 1 Geltungsbereich

1. Diese Allgemeinen Mandatsbedingungen (Stand 1.1.2013) gelten für alle Verträge, deren Gegenstand die Erteilung von Rat und Auskünften durch die Partnerschaft und ihre Partner (nachfolgend gemeinschaftlich kurz „Partnerschaft" genannt) an den Mandanten einschließlich etwaiger Geschäftsbesorgung und Prozessführung ist.

Der Geltungsbereich erstreckt sich auch auf alle künftigen Geschäftsbeziehungen.

2. Geschäftsbedingungen der Mandanten finden nur Anwendung, wenn dies ausdrücklich schriftlich vereinbart wurde.

§ 2 Vertragsgegenstand/Leistungsumfang

1. Der Auftrag wird grundsätzlich der Partnerschaft erteilt, soweit nicht die Vertretung durch einen einzelnen Partner vorgeschrieben ist (zB Strafsachen und Ordnungswidrigkeiten).

2. Gegenstand des Auftrags ist die vereinbarte Tätigkeit, nicht die Erzielung eines bestimmten rechtlichen oder wirtschaftlichen Erfolges.

3. Die Zuordnung der jeweiligen Sachbearbeitung erfolgt durch die Partnerschaft entsprechend der nach Sachgebieten ausgerichteten, partnerschaftsinternen Organisation. In allen Fällen steht die Vergütung ausschließlich der Partnerschaft zu.

4. Die Partnerschaft führt alle Aufträge mit größter Sorgfalt unter Beachtung der für sie geltenden Berufsordnungen und Standesrichtlinien und stets auf die individuelle Situation und die Bedürfnisse des Mandanten bezogen durch.

§ 5 Standard Terms and Conditions of the Representation Agreement

In other respects, the Standard Representation Terms and Conditions of ..., which are attached to this Agreement for Legal Services, shall apply.

Standard Terms for Clients

§ 1 Area of Applicability

1. These Standard Terms for Clients (as of January 1st, 2013) shall apply to all contracts that relate to the furnishing of counsel and information to Clients by the Partnership and its partners (hereinafter collectively referred to as the „Partnership"), including any provision of business services and case handling services.

They shall be applicable to all future business relations.

2. The Client's Standard Terms and Conditions shall apply only if expressly agreed in writing.

§ 2 Subject Matter of the Agreement/Scope of Services

1. The assignment is generally made to the Partnership, to the extent representation by an individual Partner is not prescribed (e.g. criminal matters, administrative offenses).

2. The assignment relates to the agreed-upon activities, and not the attainment of any particular legal or economic success.

3. Handling of the case shall be assigned by the Partnership in accordance with the Partnership's internal organization, which is subject-matter oriented. In all cases, compensation shall be owed solely to the Partnership.

4. The Partnership shall carry out all assignments with the greatest of care, observe all applicable professional regulations and codes of ethics, and always concern itself with the individual situation and the needs of the Client.

5. Die Partnerschaft ist verpflichtet, im Rahmen ihrer Auftragsdurchführung die tatsächliche, wirtschaftliche und rechtliche Situation des Mandanten richtig und im notwendigen Umfang wiederzugeben. Dabei ist sie berechtigt, die von dem Mandanten genannten Tatsachen, insbesondere Zahlenangaben, als richtig zugrunde zu legen. Von Dritten oder von dem Mandanten gelieferte Daten werden nur auf Plausibilität überprüft. Die Partnerschaft wird jedoch auf von ihr festgestellte Unrichtigkeiten hinweisen. Die Tätigkeit der Partnerschaft erfolgt nach bestem Wissen und orientiert sich an Gesetz, Rechtsprechung und der jeweiligen berufsbezogenen Fachwissenschaft.

6. Die Partnerschaft arbeitet im Rahmen der Auftragsdurchführung – soweit notwendig – mit Sachverständigen zusammen. Diese sind dem Mandanten gegenüber stets selbst verpflichtet. Im Übrigen setzt die Partnerschaft ausgebildetes und mit den nötigen Fachkenntnissen versehenes Personal ein.

§ 3 Leistungsänderungen

1. Die Partnerschaft ist verpflichtet, Änderungsverlangen des Mandanten in Bezug auf die Auftragsdurchführung Rechnung zu tragen, sofern der Partnerschaft dies im Rahmen ihrer betrieblichen Kapazitäten, insbesondere hinsichtlich des Aufwandes und der Zeitplanung, zumutbar ist. Im Rahmen der konkreten Auftragsdurchführung stimmt sich die Partnerschaft mit dem Mandanten bezüglich der angestrebten Zielsetzungen ab, wobei sie berechtigt ist, von Weisungen des Mandanten abzuweichen, wenn sie den Umständen nach annehmen darf, dass der Mandant bei Kenntnis der Sachlage die Abweichung billigen würde.

2. Soweit sich die Prüfung der Änderungsmöglichkeiten oder die Realisierung der gewünschten Änderungen auf die Vertragsbedingungen auswirken, insbesondere auf den Aufwand der Partnerschaft oder den Zeitplan, vereinbaren die Parteien eine angemessene Anpassung der Vertragsbedingungen, insbesondere bezüglich Vergütung und Terminierung. Soweit nichts anderes vereinbart ist, führt die Partnerschaft in diesem Fall bis zur Vertragsanpassung ihre Tätigkeit unter Wahrung der Interessen des Mandanten im ursprünglichen Umfang fort.

5. In carrying out its assignments, the Partnership shall disclose the Client's factual, economic, and legal situation accurately and to the necessary extent. In so doing, it shall be entitled to assume that the facts provided by the Client, particularly with respect to numbers, are accurate and to base its statements on them. Data supplied by third parties or by the Client is reviewed only for plausibility. However, the Partnership shall point out any inaccuracies it may discover. The Partnership performs its tasks to the best of its knowledge and is guided by the law, legal precedent, and its professional expertise.

6. In carrying out is assignments, the Partnership collaborates with experts to the extent necessary. These experts are always under obligation to the Client itself. In other respects, the Partnership utilizes trained personnel with the necessary specialized knowledge.

§ 3 Changes in Services

1. The Partnership shall take into account any change requests made by the Client with respect to carrying out the assignment to the extent it is reasonable for the Partnership to do so interms of its operational capacity, particularly with respect to expenses and scheduling. The Partnership shall agree with the Client as to the objectives to be pursued in performing its assignment. The Partnership shall be entitled to deviate from the Client's instructions if it believes, based on the circumstances, that the Client would approve of the change if it had knowledge of the fact situation.

2. To the extent the review of possible changes or the implementation of desired changes affects the terms of the Agreement, particularly the Partnership's expenses or the schedule, the Parties shall agree on a reasonable adjustment to the terms of the Agreement, particularly with respect to compensation and scheduling. Unless otherwise agreed, the Partnership shall, in this case, continue its activities as originally agreed – while safeguarding the interests of the Client – until the Agreement is adjusted.

3. Änderungen oder Ergänzungen des Auftrags bedürfen in der Regel zu ihrer Wirksamkeit der Schriftform, soweit auch der Auftrag schriftlich erteilt wurde.

§ 4 Schweigepflicht, Datenschutz

1. Die Mitglieder der Partnerschaft sind zeitlich unbegrenzt verpflichtet, über alle Informationen oder Geschäfts- und Betriebsgeheimnisse des Mandanten, die ihnen im Zusammenhang mit dem Auftrag bekannt werden, Stillschweigen zu wahren. Die Weitergabe an nicht mit der Durchführung des Auftrags beschäftigte Dritte darf nur mit Einwilligung des Mandanten erfolgen.

2. Die Partnerschaft übernimmt es, alle von ihr zur Durchführung des Auftrags eingesetzten Personen auf die Einhaltung dieser Vorschrift zu verpflichten.

3. Die Partnerschaft ist befugt, im Rahmen der Zweckbestimmung des Auftrags die ihr anvertrauten personenbezogenen Daten des Mandanten unter Beachtung der Datenschutzbestimmungen zu verarbeiten oder durch Dritte verarbeiten zu lassen.

§ 5 Mitwirkungspflichten des Mandanten

Der Mandant ist verpflichtet, die Partnerschaft nach Kräften zu unterstützen und in seiner Sphäre alle zur ordnungsgemäßen Auftragsausführung notwendigen Voraussetzungen zu schaffen; insbesondere hat der Mandant alle für die Auftragsdurchführung notwendigen oder bedeutsamen Informationen rechtzeitig, ggf auf Verlangen der Partnerschaft auch schriftlich, zur Verfügung zu stellen.

§ 6 Vergütung und Auslagen/Zahlungsbedingungen/Aufrechnung

1. Die Vergütung der Partnerschaft richtet sich nach den für sie geltenden Gebührenordnungen in der jeweils gültigen Fassung, sofern nicht schriftlich eine abweichende Vereinbarung (Beratungsvertrag, Vergütungsvereinbarung) getroffen wird. Sofern nicht anders vereinbart, hat die Partnerschaft neben der Honorarforderung Anspruch auf Ersatz der Auslagen und der gesetzlichen Mehrwertsteuer. Einzelheiten der Zahlungsweise ergeben sich aus den Gebühren-

3. Amendments or supplements to the assignment must generally be in written form to be effective if the assignment has also been made in writing.

§ 4 Duty of Confidentiality, Data Protection

1. The members of the Partnership must maintain confidentiality for an unlimited period of time with respect to all information or business and trade secrets relating to the Client of which they become aware in connection with the assignment. Such information may be disclosed to third parties not involved in carrying out the assignment only with the consent of the Client.

2. The Partnership agrees to require all persons it employs to carry out the assignment to comply with this provision.

3. The Partnership shall be entitled to process or have third parties process the personal data entrusted to it by the Client for the intended purposes of the assignment, while observing all data protection provisions.

§ 5 Client's Duty to Cooperate

The Client shall make every effort to support the Partnership and create all the necessary conditions for properly carrying out the assignment in its area of responsibility. In particular, the Client shall provide all the information necessary or expedient to carrying out the assignment in due time – in writing, if necessary, should the Partnership so request.

§ 6 Compensation and Expenses/Payment Terms/Set-Off

1. The Partnership's compensation shall be governed by the applicable fee regulations as currently amended, unless some other agreement has been entered into in writing (Consultation Agreement, Compensation Agreement). Unless otherwise agreed, the Partnership shall have the right to reimbursement of expenses and the statutory value-added tax in addition to its claim to a fee. Details of the method of payment may be found in the fee regulations or the individual agreement.

ordnungen oder der individuell abgeschlossenen Vereinbarung.

2. Der Auftraggeber hat die Kosten für Abschriften und Ablichtungen, deren Anfertigung sachdienlich war, auch dann zu erstatten, wenn es sich nicht um zusätzliche Abschriften und Ablichtungen im Sinne des Gesetzes handelt.

3. Es wird darauf hingewiesen, dass die Abrechnung auf Basis des Gegenstandswerts erfolgt, soweit nichts anderes schriftlich vereinbart ist.

4. Wenn in der Angelegenheit eine Rechtsschutzversicherung eintrittspflichtig ist und dies durch eine schriftliche Deckungszusage bestätigt wird, verzichtet die Partnerschaft ab Zugang der Deckungszusage in der Regel auf die Erhebung von weiteren Vorschussleistungen gegenüber dem Mandanten, mit Ausnahme einer eventuellen Selbstbeteiligung.

5. Alle Vergütungsforderungen werden mit Rechnungsstellung fällig und sind sofort ohne Abzüge zahlbar. Auf Vergütungsforderungen der Partnerschaft sind Leistungen an Erfüllung Statt und erfüllungshalber ausgeschlossen. Ausgenommen hiervon sind die Hingabe von Schecks und Wechseln sowie Zahlungen durch elektronische (Kredit-)Kartensysteme, soweit vorhanden.

6. Mehrere Mandanten (natürliche und/oder juristische Personen) haften gesamtschuldnerisch auf Zahlung der gesetzlichen oder vereinbarten Vergütung und Auslagen der Partnerschaft.

7. Eine Aufrechnung gegen Forderungen der Partnerschaft (Vergütung und Auslagen) ist nur mit unbestrittenen oder rechtskräftig festgestellten Forderungen zulässig.

8. Die Tätigkeit juristischer, nichtanwaltlicher Mitarbeiter mit erstem juristischem Staatsexamen wird nach dem Rechtsanwaltsvergütungsgesetz vergütet, soweit nichts Abweichendes vereinbart ist.

9. Abreden, die Leistung an Erfüllung statt oder anderweitige Leistungen erfüllungshalber zulassen, sowie Abreden, nach denen eine entstandene Vergütung gemindert werden soll oder einem einzelnen Partner zustehen soll, werden wirksam nur schriftlich getroffen. Die schriftliche Vereinbarung bedarf sei-

2. The Client shall reimburse the costs of useful copies and photocopies even if they are not „additional" copies and photocopies within the meaning of the statute.

3. It should be noted that billing is based on the amount involved, unless otherwise agreed in writing.

4. If a legal services insurance carrier is obliged to provide coverage and this has been confirmed by a written certificate of insurance, the Partnership shall generally refrain from collecting further advance payments from the Client after receipt of the insurance certificate, except for any deductibles.

5. All claims for compensation shall be due upon receipt of the invoice and shall be paid in full immediately. Substituted performance and conditional substituted performance are excluded with respect to the Partnership's payment claims. Writing checks and issuing bills of exchange and payment by an electronic (credit) card system, if available, are excepted.

6. Multiple Clients (natural persons and/or legal entities) shall be jointly and severally liable for payment of the statutory or contractually agreed-upon compensation and expenses of the Partnership.

7. Only uncontested claims or claims that have been adjudged final and absolute may be set off against the Partnership's claims for payment of compensation and expenses.

8. The activities of non-attorney employees who have passed the first state legal examination shall be compensated in accordance with the Attorney Compensation Act, unless otherwise agreed.

9. Agreements permitting substituted performance or other conditional substituted performance and agreements permitting earned compensation to be reduced or owed to an individual Partner shall be effective only if in writing. The written agreement must be signed by two Partners on behalf of the Partnership.

tens der Partnerschaft der Unterschrift von zwei Partnern.

§ 7 Haftung

1. Die Haftung der Partnerschaft und ihrer Partner für Vermögensschäden aufgrund von Berufsversehen ist begrenzt.

2. In Fällen einfacher Fahrlässigkeit ist die Haftung der Partnerschaft in jedem Mandatsverhältnis auf einen Betrag in Höhe von 1.000.000 EUR (in Worten: eine Million Euro) beschränkt.

3. Die Haftung der Partner neben der Partnerschaftsgesellschaft richtet sich nach den gesetzlichen Bestimmungen (§ 8 Abs. 2 PartGG). In Fällen einfacher Fahrlässigkeit ist die Haftung der Partner neben der Partnerschaft in jedem Mandatsverhältnis auf einen Betrag in Höhe von 1.000.000 EUR (in Worten: eine Million Euro) beschränkt.

4. Sollte aus Sicht des Mandanten eine über 1.000.000 EUR hinausgehende Haftung abgesichert werden, so besteht für jeden Einzelfall die Möglichkeit einer Zusatzversicherung, die auf Wunsch und Kosten des Mandanten abgeschlossen werden kann.

5. Die Haftung für den Auftrag erstreckt sich ausschließlich auf die Anwendung deutschen Rechts.

§ 8 Treuepflicht

Die Parteien verpflichten sich zur gegenseitigen Loyalität. Sie informieren sich unverzüglich wechselseitig über alle Umstände, die im Verlauf der Auftragsdurchführung auftreten und die Bearbeitung beeinflussen können.

§ 9 Kündigung

1. Soweit nichts anderes vereinbart ist, kann das Vertragsverhältnis von dem Mandanten jederzeit gekündigt werden.

2. Das Kündigungsrecht steht auch der Partnerschaft zu, wobei eine Beendigung des Mandats nicht zur Unzeit erfolgen darf, es sei denn, das für die Bearbeitung des übertragenen Mandats notwendige Vertrauensverhältnis ist nachhaltig gestört.

§ 7 Liability

1. The liability of the Partnership and its Partners for pecuniary losses due to professional malpractice is limited.

2. In cases of simple negligence, the Partnership's liability is limited to 1.000.000 EUR (one million euros) per Client relationship.

3. The Partner's liability – in addition to that of the Partnership – is governed by the provisions of law (§ 8 (2) of the Partnership Act – PartGG). In cases of simple negligence, the Partner's liability is limited to 1.000.000 EUR (one million euros) per Client relationship.

4. If, in the Client's opinion, liability in excess of 1.000.000 EUR should be covered by insurance, additional insurance can be purchased in each individual case at the request and expense of the Client.

5. Liability for the assignment shall extend solely to the application of German law.

§ 8 Duty of Loyalty

The Parties pledge themselves to mutual loyalty. They shall promptly inform each other of all circumstances that arise in the course of carrying out the assignment that could influence how it is handled.

§ 9 Termination

1. Unless otherwise agreed, the Client can terminate the contractual relationship at any time.

2. The Partnership shall also be entitled to terminate the agreement. However, the attorney/client relationship may not be terminated at an inopportune moment, unless the relationship of trust necessary to carry out the assignment has been permanently disrupted.

3. Noch nicht abgerechnete Leistungen werden unverzüglich abgerechnet und sind nach Erhalt der Rechnung sofort fällig, sofern dort nichts anderes vermerkt ist.

4. Das Recht zur außerordentlichen Kündigung aus wichtigem Grund bleibt unberührt.

5. Scheidet der das Mandat bearbeitende Partner aus der Partnerschaft aus, verbleibt das Mandat grundsätzlich bei der Partnerschaft. Überträgt der Mandant die Fortführung des Mandats dem ausgeschiedenen Partner, ist die Partnerschaft berechtigt, die bis zu diesem Zeitpunkt entstandene Vergütung unverzüglich abzurechnen.

§ 10 Zurückbehaltungsrecht/Aufbewahrung von Unterlagen

1. Bis zum vollständigen Ausgleich ihrer Vergütungsforderung und Auslagen hat die Partnerschaft an den ihr überlassenen Unterlagen gegenüber dem Mandanten ein Zurückbehaltungsrecht. Dies gilt nicht, soweit die Zurückbehaltung nach den Umständen unangemessen wäre.

2. Nach Ausgleich ihrer Ansprüche aus dem Vertrag hat die Partnerschaft alle Unterlagen, die der Mandant oder ein Dritter ihr aus Anlass der Auftragsausführung überlassen hat, nur herauszugeben, soweit dies von dem Mandanten ausdrücklich gewünscht wird. Die Herausgabe erstreckt sich nicht auf den Briefwechsel zwischen den Parteien und auf Schriftstücke, die der Mandant bereits in Ur- oder Abschrift erhalten hat.

3. Die Pflicht der Partnerschaft zur Aufbewahrung der von dem Mandanten überlassenen Unterlagen erlischt fünf Jahre nach Beendigung des Auftrages.

4. Titel (Urteile, Kostenfestsetzungsbeschlüsse, Vollstreckungsbescheide u.Ä.) werden bei Beendigung der Tätigkeit der Partnerschaft an den Mandanten zurückgegeben. Wünscht der Mandant eine Aufbewahrung dieser Titel bei der Partnerschaft, erfolgt dies nur gegen Vergütung.

§ 11 Erstattungsansprüche des Mandanten

Der Mandant tritt alle ihm im Zusammenhang mit der Tätigkeit der Partnerschaft entstehenden Erstat-

3. Services that have not yet been invoiced shall be promptly invoiced and shall be due immediately after receipt of the invoice, unless otherwise noted on the invoice.

4. The right to terminate the Agreement for good cause remains the same.

5. If the Partner handling the case leaves the Partnership, the case shall generally remain with the Partnership. If the Client transfers the case to the departed Partner for further action, the Partnership shall be entitled to promptly present an invoice for the compensation earned up until that time.

§ 10 Right to Withhold/Storage of Documents

1. The Partnership shall have the right to withhold the documents furnished to it by the Client until its claim for payment of compensation and expenses has been fully satisfied. This shall not apply if withholding such documents would be unreasonable under the circumstances.

2. After its claims under the Agreement have been satisfied, the Partnership shall return all the documents furnished by the Client or by third parties only if the Client expressly requests this. The Partnership need not return correspondence between the Parties and documents the Client has already received in the original or as a copy.

3. The Partnership's duty to store the documents furnished by the Client shall lapse five years after the close of the assignment.

4. Decisions (judgments, awards of costs, enforcement orders and the like) shall be returned to the Client at the end of the Partnership's activities. If the Client would like the Partnership to store these decisions, it will do so only for a fee.

§ 11 Client's Claims for Reimbursement

The Client shall assign all claims for reimbursement against the opposing party or the public treasury

tungsansprüche gegen den Gegner oder die Staatskasse an die Partnerschaft in Höhe der Vergütungsforderung sicherungshalber ab. Die Partnerschaft wird den Erstattungsanspruch nicht einziehen, solange der Mandant seinen Zahlungsverpflichtungen nachkommt, insbesondere nicht die Zahlung verweigert, in Zahlungsverzug gerät oder Antrag auf Eröffnung eines Insolvenzverfahrens über sein Vermögen gestellt ist.

§ 12 Sonstiges

1. Rechte aus dem Vertragsverhältnis mit der Partnerschaft dürfen nur nach vorheriger schriftlicher Zustimmung abgetreten werden.

2. Für alle vertraglichen Beziehungen zwischen den Parteien gilt ausschließlich das Recht der Bundesrepublik Deutschland.

3. Änderungen oder Ergänzungen dieser Bedingungen bedürfen der Schriftform. Dies gilt auch für diese Regelung.

that may arise in connection with the activities of the Partnership to the Partnership as security to the extent necessary to cover the Partnership's claim for compensation. The Partnership will not enforce the claim for reimbursement as long as the Client meets its payment obligations, i.e. does not refuse payment or default on its payments, and no petition to open insolvency proceedings is filed against its assets.

§ 12 Miscellaneous

1. Rights arising from the contractual relationship with the Partnership may be assigned only with prior written consent.

2. All contractual relationships between the Parties shall be subject solely to the laws of the Federal Republic of Germany.

3. Amendments or supplements to these Terms must be in written form. This shall also apply to this provision.

3. Muster: Vergütungsvereinbarung über eine anwaltliche Erstberatung

Vergütungsvereinbarung über eine anwaltliche Erstberatung
Zwischen

– im Folgenden „Partnerschaft" genannt –
und

– im Folgenden „Mandant" genannt –
wird folgende Vergütungsvereinbarung über eine Erstberatung nach § 4 RVG geschlossen:

1. Pauschalvergütung für Erstberatung
Die Partnerschaft erhält für die mündliche Erstberatung in der Angelegenheit ... eine Pauschalvergütung in Höhe von **190 EUR netto zzgl. MwSt. (insgesamt 226,10 EUR)**. Dauert das Beratungsgespräch oder die Tätigkeit des Anwalts im Zusammenhang mit dem Erstberatungsgespräch länger als **45 Minuten**, so beläuft sich die Pauschalvergütung für jede

Compensation Agreement for an Initial Legal Consultation
Between

– hereinafter referred to as the "Partnership" –
and

– hereinafter referred to as the "Client" –
hereby enter into the following Compensation Agreement for an Initial Legal Consultation in accordance with § 4 of the Attorney Compensation Act (Rechtsanwaltsvergütungsgesetz – hereinafter „RVG"):

1. Flat-rate fee for an initial consultation
For the initial verbal consultation in the matter of ..., the Partnership shall receive a flat-rate fee of **190,00 EUR plus value-added tax**, in the following „VAT", **(currently 226,10 EUR in all)**. If the consultation or the attorney's activities in connection with the initial consultation should last longer than **45 minutes**, the flat-rate fee for each additional 5

weiteren angefangenen 5 Minuten auf 20,00 EUR netto zzgl. MwSt. (derzeit insgesamt 23,80 EUR).

2. Umfang der Erstberatung

Die Erstberatung umfasst ein **mündliches Beratungsgespräch** mit einem Rechtsanwalt. Die Beratung findet üblicherweise in der Kanzlei statt; auf Wunsch des Mandanten kann die Beratung auch telefonisch erfolgen. Nicht umfasst sind Vorbereitungsarbeiten, wie insbesondere das Sichten von vorab übersandten Unterlagen des Mandanten, oder Nachbereitungstätigkeiten, wie Telefonate oder das Erstellen eines Beratungsberichtes.

3. Bearbeitungsgebühren

Die Bearbeitungsgebühren für den Forderungseinzug belaufen sich auf **15,00 EUR** (inklusive USt.; netto = 12,15 EUR). Die Bearbeitungsgebühr fällt nicht an, wenn der Mandant die volle Erstberatungs-Vergütung vor oder unmittelbar nach der Beratung in der Kanzlei in bar (keine Schecks oder Fremdwährungen) zahlt.

4. Weitere Tätigkeiten der Anwälte

Fallen vorbereitende Tätigkeiten, zB das Sichten von Mandantenunterlagen, an oder wird das Mandat nach der Erstberatung fortgesetzt, so wird über diese weiteren Tätigkeiten eine gesonderte, schriftliche Vergütungsvereinbarung abgeschlossen. Kommt keine Vereinbarung zustande, so gelten die Regelungen des RVG.

5. Rechtsschutzversicherung

Eventuelle Zahlungen der Rechtsschutzversicherung des Mandanten an die Partnerschaft werden auf die vom Mandanten geschuldete Vergütung angerechnet. Die von der Rechtsschutzversicherung geschuldete Vergütung ist auf die gesetzliche Vergütung nach dem RVG begrenzt. Die vorliegend vereinbarte Vergütung kann darüber hinausgehen, so dass der die gesetzliche Vergütung übersteigende Betrag nicht von der Rechtsschutzversicherung getragen wird. Ob und inwieweit die Rechtsschutzversicherung Zahlungen leistet, ist rechtlich und tatsächlich das Risiko des Mandanten.

minutes shall be 20,00 EUR plus VAT (currently 23,80 EUR in all).

2. Scope of the initial consultation

The initial consultation is a **counselling interview** with an attorney. The consultation generally takes place in the law office. At the Client's request, the consultation can also be provided by telephone. Preparatory work, such as examining documents sent by the Client in advance, or subsequent assessments, such as telephone conversations or preparation of a consultation report, are not included.

3. Processing fee

The processing fee for debt collection is **12,15 EUR plus VAT (currently 15,00 EUR in all)**. No processing fee shall accrue if the Client pays the full fee for the initial consultation in cash at the law office – before or directly after the consultation (no cheques or foreign currencies).

4. Additional activities on the part of the Attorney

If preparatory activities, such as examination of the Client's documents, are necessary, or if the Client continues the attorney/client relationship after the initial consultation, a separate, written compensation agreement shall be entered into with respect to these activities. If no agreement is entered into, the provisions of the Attorney Compensation Act (RVG) shall apply.

5. Legal expenses insurance

Any payments made to the Partnership by the Client's legal expenses insurance shall be credited against the compensation owed by the Client. The payment of the legal expenses insurance is limited to the statutory compensation provided under the RVG. The compensation agreed upon here may exceed this amount. Any amount exceeding the compensation provided by statute will not be covered by the legal expenses insurance. Whether and to what extent payment is made by the legal expenses insurance is legally and effectively the Client's risk.

4. Muster: Allgemeine arbeitsrechtliche Vergütungsvereinbarung – Pauschalvereinbarung

Vergütungsvereinbarung

Zwischen

...

– im Folgenden „Rechtsanwälte" genannt –

und

...

– im Folgenden „Auftraggeber" genannt –

wird folgende Vergütungsvereinbarung nach § 3 a RVG geschlossen:

1. Die Rechtsanwälte erhalten für die außergerichtliche Tätigkeit in der Angelegenheit eine pauschale Vergütung von ... EUR zuzüglich Mehrwertsteuer.

2. Eventuelle Zahlungen der Rechtsschutzversicherung des Mandanten an die Rechtsanwälte werden auf die vom Mandanten geschuldete Vergütung angerechnet. Ob und inwieweit die Rechtsschutzversicherung Zahlung leistet, ist rechtlich und tatsächlich Risiko des Mandanten. Auslagen, Fahrtkosten, Kostenansprüche Dritter und Ähnliches werden nur einfach bzw so – und zwar gegenüber der Rechtsschutzversicherung, soweit diese eintrittspflichtig ist – abgerechnet, wie sie entstanden sind.

3. Auslagen (insb. Portokosten), Fahrtkosten und sonstige Reisekosten (Bahn 1. Klasse, Flüge Business-Class, Hotel gehobene Kategorie) sind in der Pauschale nicht enthalten und werden in der entstandenen Höhe erstattet. Bei Nutzung eines eigenen Autos hat der Mandant 1,00 EUR je gefahrenen Kilometer zu erstatten. Sonstige Aufwendungen der Kanzlei im Zusammenhang mit dem Mandat, zB Beauftragung eines Übersetzers, eines Detektivbüros, eines Sachverständigen, von Auskunfteien (zB Creditreform) und ähnliche Drittleistungen, werden nach dem entstandenen Aufwand erstattet. Kopierkosten innerhalb der Kanzlei werden mit 0,50 EUR je Seite vom Mandanten erstattet. Auf sämtliche Auslagen ist die anfallende Umsatzsteuer ebenfalls zu erstatten.

4. Mit der Kündigung des Mandats durch den Mandanten oder die Rechtsanwälte ändert sich die Höhe der vereinbarten Vergütung nicht.

5. Notwendiger Hinweis gem. § 3 a Abs. 1 RVG: Der Auftraggeber wird darauf hingewiesen, dass eine gegnerische Partei, ein Verfahrensbeteiligter oder die Staatskasse im Falle der Kostenerstattung regelmäßig nicht mehr als die gesetzliche Vergütung erstatten muss.

5. Muster: Allgemeine arbeitsrechtliche Vergütungsvereinbarung – Zeithonorar

Vergütungsvereinbarung

zwischen

Herrn/Frau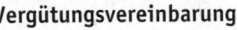

– nachfolgend „Auftraggeber" genannt –

und

...

– nachfolgend „Partnerschaft" genannt –

1. Die Parteien vereinbaren für die Sachbearbeitung in allen Angelegenheiten, die die Auseinandersetzung zwischen dem Auftraggeber und ... betreffen, ein Honorar auf Basis von Stundensätzen für jegliche anwaltliche Dienstleistung. Die erfasste Zeit wird jeweils auf volle 5 Minuten aufgerundet. Der vereinbarte Stunden-

satz beträgt ... EUR (in Worten: ... Euro), zuzüglich der jeweils gültigen gesetzlichen Mehrwertsteuer, derzeit 19 %.

Mit der Unterzeichnung dieser Vereinbarung wird gemäß anliegender Vorschusskostennote ein Vorschuss iHv ... EUR (in Worten: ... Euro) zuzüglich der gesetzlichen Mehrwertsteuer, derzeit 19 %, fällig, über den bei Beendigung des Auftragsverhältnisses abgerechnet wird.

2. Die Rechnungslegung erfolgt in der Regel monatlich und differenziert nach dem Gegenstand der jeweils erbrachten Dienstleistung sowie erforderlichenfalls dem Sachbearbeiter. Die Honorarforderung ist sofort fällig und innerhalb der auf der Abrechnung vermerkten Frist zahlbar.

Der Partnerschaft bleibt es unbenommen, jederzeit angemessene Vorschüsse für die voraussichtlich entstehenden Honorare und Auslagen zu fordern.

3. Auslagen und erforderliche Sachkosten, wie etwa EDV-Recherchen, werden gesondert erhoben. Kopierkosten werden mit 0,50 EUR pro Kopie und Telekommunikationsentgelte mit 25,00 EUR pro Abrechnung, jeweils zzgl der gesetzlichen Mehrwertsteuer, in Rechnung gestellt.

4. Reisen außerhalb des Sitzes der Anwaltskanzlei werden durch die Partnerschaft mit dem unter Ziff. 1 vereinbarten Stundensatz berechnet. Reiseaufwendungen werden in Höhe der Flug- und Bahnkosten bzw, soweit ein eigener Pkw benutzt wurde, mit einer Kilometerpauschale iHv 1,00 EUR je gefahrenen Kilometer zusätzlich erstattet. Bahnkosten werden auf der Basis 1. Klasse, Flugkosten auf der Basis der Business-Class abgerechnet.

5. Notwendiger Hinweis gem. § 3a Abs. 1 RVG: Der Auftraggeber wird darauf hingewiesen, dass das im Rahmen der Vergütungsabrede vereinbarte Honorar möglicherweise über die gesetzlichen Gebühren hinausgeht. Eine gegnerische Partei, ein Verfahrensbeteiligter oder die Staatskasse muss im Falle der Kostenerstattung regelmäßig nicht mehr als die gesetzliche Vergütung erstatten.

94 **6. Muster: Pauschalzusatz bei vereinbartem Zeithonorar – Sondertextbaustein**[161]

Die Partnerschaft vereinbart mit dem Auftraggeber ein Mindesthonorar von ... EUR (in Worten: ... Euro), zzgl der jeweils gültigen gesetzlichen Mehrwertsteuer, derzeit 19 %. Das nach Stundensätzen abgerechnete Honorar wird auf das Pauschalhonorar angerechnet. Dabei gehen die Parteien davon aus, dass es zum Abschluss eines den Vorstellungen des Auftraggebers entsprechenden Aufhebungsvertrages kommt. Die Höhe des Pauschalhonorars bemisst sich an den Kriterien Umfang und Schwierigkeit der anwaltlichen Tätigkeit, Bedeutung der Angelegenheit sowie Einkommens- und Vermögensverhältnisse des Auftraggebers. Auch werden die Grundsätze billigen Ermessens und bei Bedarf ein besonderes Haftungsrisiko der Partnerschaft bei der Bemessung herangezogen. Erscheint einer der Parteien das vereinbarte pauschale Mindesthonorar wegen des jetzt noch nicht vorhersehbaren Verlaufs des Mandats als unangemessen, ist die Pauschalvergütung entsprechend den vorgenannten Kriterien anzupassen.

---

161 Sondertextbausteine können in Vergütungsmuster integriert werden. Der Sondertextbaustein 8021 lässt sich in die Muster 8015 und 8018 einfügen.

7. Muster: Zeithonorar mit Mindestbetragsvereinbarung und Gegenstandswerterhöhung – Sondertextbaustein[162]

1. Die Rechtsanwälte erhalten für gerichtliche und außergerichtliche Vertretung und Beratung ein Stundenhonorar iHv ... EUR zzgl gesetzlicher Mehrwertsteuer, mindestens jedoch die Gebühren nach Rechtsanwaltsvergütungsgesetz (RVG) einschließlich Vergütungsverzeichnis (VV) unter Berücksichtigung der Streitwertregelung gem. Ziff. 2. Grundlage der Stundenabrechnung ist der gesamte Zeitaufwand. Hierzu gehören Terminswahrnehmungen, die Durchführung von Besprechungen, die Aktenbearbeitung einschließlich der Überprüfung von Rechtsprechung und Literatur. Die erfasste Zeit wird jeweils auf volle 5 Minuten aufgerundet. Über die Zeitabrechnung erhält der Mandant ein Zeit-Sheet, aus dem die Tätigkeit nach Datum und Uhrzeit hervorgeht.

2. Übernehmen die Rechtsanwälte die Beratung und/oder Vertretung bei Verhandlungen über die einvernehmliche Beendigung von Dienst- oder Arbeitsverhältnissen, besteht Einvernehmen darüber, dass als Gegenstandswert bei Berechnung nach dem RVG das 3,5-Fache der Bruttovergütung des Mandanten in dem letzten, der anwaltlichen Tätigkeit vorangegangenen Kalenderjahr zugrunde zu legen ist. Diese Streitwertregelung gilt auch, wenn während der Trennungsverhandlungen oder vor deren Aufnahme eine Kündigung des Vertragsverhältnisses ausgesprochen worden ist. Bei der Begründung von Dienst- oder Arbeitsverhältnissen gilt das Dreifache der jährlichen Bruttovergütung des Mandanten in dem künftigen Dienst- oder Arbeitsverhältnis als Gegenstandswert.

3. Zusätzlich übernimmt der Mandant Nebenkosten nach den Vorschriften des Rechtsanwaltsvergütungsgesetzes. Pkw-Benutzungskosten werden zu den doppelten Sätzen des RVG (Nr. 7003 VV RVG) abgerechnet.

8. Muster: Pauschalvergütung in Form von Drittfinanzierung – Sondertextbaustein[163]

2. Die von dem Rechtsanwalt in Ansatz gebrachte Vergütung orientiert sich maßgeblich an dem Zeitaufwand, der wirtschaftlichen Bedeutung der Sache sowie der Spezialität der Rechtsmaterie.

a) Die Vergütung des Rechtsanwalts beträgt pauschal ... EUR, zuzüglich Mehrwertsteuer.

b) Als Vergütungsschuldner verpflichtet sich die Firma ..., als Arbeitgeber des Auftraggebers die Pauschalvergütung zu zahlen.

3. Die Pauschalvergütung umfasst alle gerichtlichen und außergerichtlichen Tätigkeiten des Rechtsanwalts im Zusammenhang mit dem oben bezeichneten Mandat.

4. Auslagen, wie Schreibauslagen, Porto, Vergütung für Hilfskräfte und Reisekosten der Rechtsanwälte, werden gesondert abgerechnet und dem Vergütungsschuldner in Rechnung gestellt. Auslagen und Sachkosten, wie etwa EDV-Recherchen, Auskünfte bei Creditreform u.Ä., werden ebenfalls gesondert, ggf zzgl gesetzlicher Mehrwertsteuer, berechnet. Kopierkosten werden mit 0,70 EUR pro Kopie, Telefoneinheiten mit 0,40 EUR pro Einheit und Faxkosten mit 0,50 EUR pro Seite in Rechnung gestellt und zzgl der gesetzlichen Mehrwertsteuer im Rechnungsbetrag ausgewiesen.

5. Diese Vereinbarung kann bei Vorliegen eines wichtigen Grundes von beiden Parteien mit sofortiger Wirkung gekündigt werden, von dem Rechtsanwalt jedoch nicht zur Unzeit. Für den Fall, dass der Auftraggeber

---

162 Sondertextbausteine können in Vergütungsmuster integriert werden. Der Sondertextbaustein 8023 lässt sich in die Muster 8015 und 8018 einfügen.
163 Sondertextbausteine können in Vergütungsmuster integriert werden. Der Sondertextbaustein 8026 lässt sich in die Muster 8015 und 8018 einfügen.

kündigt, werden ausstehende Leistungsentgelte sofort fällig. Eine Rückerstattung von bereits durch den Vergütungsschuldner geleisteter Honorare kann nicht erfolgen.

9. Muster: Vergütung auf Stundenbasis mit Kappungsgrenze – Sondertextbaustein[164]

1. Das Mandat umfasst die arbeitsrechtliche Beratung, die außergerichtliche und ggf gerichtliche Interessenwahrnehmung im Zusammenhang mit dem befristeten Arbeitsverhältnis zwischen dem Auftraggeber und der … GmbH.

2. Die Parteien vereinbaren, dass die Rechtsanwälte zunächst einmal Konzepte und Lösungsmöglichkeiten erarbeiten, die sich mit den arbeitsrechtlichen Auswirkungen der vom Auftraggeber geplanten Maßnahmen befassen.

3. Für die umfassende arbeitsrechtliche Beratung des Auftraggebers erhalten die Rechtsanwälte eine Vergütung auf Basis von Stundensätzen für jegliche anwaltliche Dienstleistung. Der vereinbarte Stundensatz beträgt … EUR (in Worten: … Euro). Die erfasste Zeit wird jeweils auf volle 5 Minuten aufgerundet.

4. Der geschätzte Zeitumfang für die Erstellung der Konzepte und Lösungsmöglichkeiten in der Angelegenheit umfasst voraussichtlich 3 Arbeitsstunden der Rechtsanwälte.

10. Muster: Vereinbarung der doppelten gesetzlichen Vergütung – Sondertextbaustein[165]

Die Parteien vereinbaren für die gerichtliche Interessenwahrnehmung im oben bezeichneten Rechtsstreit die doppelte Vergütung nach dem Rechtsanwaltsvergütungsgesetz (RVG).

11. Muster: Vereinbarung ausländischen Gebührenrechts – Sondertextbaustein

Die Parteien vereinbaren für die Sachbearbeitung in allen Angelegenheiten, die die Auseinandersetzung zwischen dem Auftraggeber und … betreffen, die Vergütung nach den Vorschriften über die Rechtsanwaltsvergütung des Landes ….

12. Muster: Zeithonorar mit Feiertags- und Nachtzuschlag – Sondertextbaustein[166]

1. Die Parteien vereinbaren für die Sachbearbeitung in allen Angelegenheiten, die die Auseinandersetzung zwischen dem Auftraggeber und … betreffen, ein Honorar auf Basis von Stundensätzen für jegliche anwaltliche Dienstleistung. Die erfasste Zeit wird jeweils auf volle 5 Minuten aufgerundet. Der vereinbarte Stundensatz beträgt … EUR (in Worten: … Euro), zuzüglich der jeweils gültigen gesetzlichen Mehrwertsteuer, derzeit 19 %.

2. Alle Tätigkeiten des Rechtsanwalts, die vor 6:00 Uhr oder nach 22:00 Uhr notwendig sind, sowie das Tätigwerden an Sonn- und Feiertagen werden mit einem Aufschlag von 20 % abgerechnet.

---

164 Sondertextbausteine können in Vergütungsmuster integriert werden. Der Sondertextbaustein 8029 lässt sich in die Muster 8015 und 8018 einfügen.
165 Sondertextbausteine können in Vergütungsmuster integriert werden. Der Sondertextbaustein 8032 lässt sich in die Muster 8015 und 8018 einfügen.
166 Sondertextbausteine können in Vergütungsmuster integriert werden. Der Sondertextbaustein 8038 lässt sich in die Muster 8015 und 8018 einfügen.

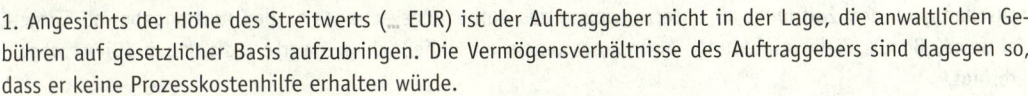

13. Muster: Erfolgshonorar bei prozessualer Interessenvertretung

↓

1. Angesichts der Höhe des Streitwerts (_ EUR) ist der Auftraggeber nicht in der Lage, die anwaltlichen Gebühren auf gesetzlicher Basis aufzubringen. Die Vermögensverhältnisse des Auftraggebers sind dagegen so, dass er keine Prozesskostenhilfe erhalten würde.

Der Vereinbarung liegt im Wesentlichen folgender Sachverhalt zugrunde: _

Aufgrund dieses Sachverhalts ergeben sich im Wesentlichen folgende tatsächlichen und rechtlichen Schwierigkeiten: _

2. Die voraussichtliche gesetzlichen Vergütung beträgt bei einem angenommenen Streitwert von _ EUR

- 1. Instanz: _ EUR; bei Einigung: _ EUR
- 2. Instanz: _ EUR; bei Einigung: _ EUR
- 3. Instanz: _ EUR; bei Einigung: _ EUR

Der Rechtsanwalt wäre erfolgsunabhängig bereit, den Auftrag zu einem Stundensatz von _ EUR zu übernehmen.

3. Alternative 1: Die Vergütung des Rechtsanwalts beläuft sich im Falle der Klageabweisung auf _ EUR. Wird die Klageforderung in voller Höhe zuerkannt, so beläuft sich die Vergütung auf _ EUR. Soweit die Klageforderung nur teilweise zuerkannt wird, erhöht sich die Vergütung im Rahmen der Eckvergütungen anteilig entsprechend der Erfolgsquote.

Alternative 2: Gelingt es dem Rechtsanwalt nicht, ein für den Auftraggeber obsiegendes Urteil über die Forderung iHv _ Mio. EUR zu erlangen, erhält er keine Gebühren. Ist die Klage dagegen erfolgreich, erhält der Rechtsanwalt 30 % brutto der titulierten Klageforderung.

Alternative 3: Gelingt es dem Rechtsanwalt, für den Auftraggeber die Forderung über _ Mio. EUR ganz oder teilweise durch Urteil zu titulieren, erhält er 25 % brutto als Honorar. Wird die Klage rechtskräftig abgewiesen, erhält der Rechtsanwalt 25 % der gesetzlichen Gebühren.

4. Der Auftraggeber wird darauf hingewiesen, dass die Vereinbarung keinen Einfluss auf die gegebenenfalls vom Auftraggeber zu zahlenden Gerichtskosten, Verwaltungskosten und die von ihm zu erstattenden Kosten anderer Beteiligter hat. Eine gegnerische Partei, ein Verfahrensbeteiligter oder die Staatskasse muss im Falle der Kostenerstattung an den Auftraggeber regelmäßig nicht mehr als die gesetzliche Vergütung erstatten.

↑

14. Muster: Erfolgshonorar bei außergerichtlicher Interessenvertretung

↓

1. Der Auftraggeber sieht sich aufgrund seiner aktuellen wirtschaftlichen Situation nicht in der Lage, die Kosten eines seinen Aufhebungsvertrag verhandelnden Rechtsanwalts zu tragen.

Der Vereinbarung liegt im Wesentlichen folgender Sachverhalt zugrunde: _

Aufgrund dieses Sachverhalts ergeben sich im Wesentlichen folgende tatsächlichen und rechtlichen Schwierigkeiten: _

2. Die voraussichtliche gesetzlichen Vergütung beträgt bei einem angenommenen Streitwert von _ EUR

- für die außergerichtliche Tätigkeit: _ EUR
- bei Einigung: _ EUR

Der Rechtsanwalt wäre erfolgsunabhängig bereit, den Auftrag zu einem Stundensatz von _ EUR zu übernehmen.

3. Als abschließendes Honorar für die Tätigkeit des Rechtsanwalts beim Aushandeln eines Aufhebungsvertrages zwischen dem Auftraggeber und seinem Arbeitgeber (die Gesellschaft) vereinbaren die Parteien, dass der

Rechtsanwalt 6,5 % netto vom Abfindungsbetrag erhält, der in der Aufhebungsvereinbarung niedergelegt ist. Als Abfindungsbetrag im Sinne dieser Vereinbarung gelten sämtliche Zahlungen, die der Arbeitgeber (die Gesellschaft) von dem Zeitpunkt ab Unterzeichnung des Aufhebungsvertrages an den Auftraggeber als Entgelt, Tantieme, Bonus, Zielvereinbarung, Abfindungssumme einschließlich geldwerter Leistungen (Dienstwagen) erbringt.

4. Der Auftraggeber wird darauf hingewiesen, dass die Vereinbarung keinen Einfluss auf die gegebenenfalls vom Auftraggeber zu zahlenden Gerichtskosten, Verwaltungskosten und die von ihm zu erstattenden Kosten anderer Beteiligter hat. Eine gegnerische Partei, ein Verfahrensbeteiligter oder die Staatskasse muss im Falle der Kostenerstattung an den Auftraggeber regelmäßig nicht mehr als die gesetzliche Vergütung erstatten.

103 15. Muster: Zeithonorar mit Pauschalhonorarangebot – Sondertextbaustein[167]

1. Für die außergerichtliche sowie ggf gerichtliche Interessenwahrnehmung im Zusammenhang mit der Beendigung des Arbeitsverhältnisses bei der Firma ... vereinbaren die Parteien für alle in diesem Zusammenhang anfallenden Tätigkeiten der Rechtsanwälte ein Pauschalhonorar iHv ... EUR.
2. Sollte die Interessenwahrnehmung durch die Rechtsanwälte dazu führen, dass der Arbeitgeber an den Auftraggeber eine Abfindung zahlt, die den Betrag von ... EUR übersteigt, werden die Rechtsanwälte ein Angebot abgeben auf Vereinbarung eines zusätzlichen Honorars iHv ... EUR.
3. Eine ggf erforderlich werdende gerichtliche Interessenwahrnehmung erfolgt auf Basis der gesetzlichen Gebühren, die nach dem Gegenstandswert abgerechnet werden. Eine Anrechnung des frei vereinbarten Honorars auf die gesetzlichen Gebühren findet nicht statt.

104 16. Muster: Umfang der Vergütungsvereinbarung bei außergerichtlicher Tätigkeit – Sondertextbaustein[168]

Die vorstehend vereinbarte Vergütung bezieht sich ausschließlich auf die außergerichtliche beratende Tätigkeit unabhängig von den Gebühren nach dem Rechtsanwaltsvergütungsgesetz in der jeweils geltenden Fassung. Sollte eine Interessenwahrnehmung vor Gericht notwendig sein, gilt das Rechtsanwaltsvergütungsgesetz, bei dem die Vergütung nach dem Gegenstandswert abgerechnet wird. Sämtliche gegebenenfalls erwachsende Kostenerstattungsansprüche gegenüber einer dritten Partei sind bei einer Vollmachtserteilung an den bevollmächtigten Rechtsanwalt abgetreten mit der Ermächtigung, diese Abtretung dem Gegner anzuzeigen.

105 17. Muster: Fälligkeitsklausel

1. Für die außergerichtliche sowie gegebenenfalls gerichtliche Interessenwahrnehmung im Zusammenhang mit der Beendigung des Arbeitsverhältnisses bei der Firma ... vereinbaren die Parteien für alle in diesem Zusammenhang anfallenden Tätigkeiten der Rechtsanwälte ein Pauschalhonorar iHv ... EUR.

---

[167] Sondertextbausteine können in Vergütungsmuster integriert werden. Der Sondertextbaustein 8041 lässt sich in die Muster 8015 und 8018 einfügen.
[168] Sondertextbausteine können in Vergütungsmuster integriert werden. Der Sondertextbaustein 8044 lässt sich in die Muster 8015 und 8018 einfügen.

2. Die Fälligkeit der unter Ziff. 1 vereinbarten Vergütung bestimmt sich wie folgt:

a) Eine Vorschussleistung iHv ... EUR ist fällig bis zum ... .

b) Darüber hinaus steht es den Rechtsanwälten offen, weitere Vorschüsse gem. § 9 RVG jederzeit zu fordern.

c) Mit der Beendigung der Tätigkeit der Rechtsanwälte, gleich aus welchem Grund, ist der Restbetrag des Gesamthonorars fällig.

Auslagen, wie Schreibauslagen, Porto, Vergütung von Hilfskräften und Reisekosten, werden mit Aufforderung durch die Rechtsanwälte fällig.

18. Muster: Zusatz bei rechtsschutzversicherten Mandanten – Sondertextbaustein[169]

Der Mandant wird hiermit auf Abweichungen in dieser Vergütungsvereinbarung vom Rechtsanwaltsvergütungsgesetz (RVG) hingewiesen.

Zusatz bei rechtsschutzversicherten Mandanten: Die Abrechnung auf Basis der vereinbarten Vergütung ist unabhängig davon, ob und in welchem Umfang die Rechtsschutzversicherung des Mandanten die Kosten übernimmt.

19. Muster: Teilanrechnung bei späterer Tätigkeit nach Erstberatung – Sondertextbaustein[170]

Die Erstberatungsgebühr iHv 226,10 EUR (einschließlich Umsatzsteuer) wird auf die nachfolgende Tätigkeit des Rechtsanwalts lediglich zu 50 % angerechnet. § 34 Abs. 2 RVG wird insoweit übereinstimmend durch die Parteien abbedungen.

20. Muster: Anrechnungsausschluss bei späterer Tätigkeit nach Erstberatung – Sondertextbaustein[171]

Eine Anrechnung der Gebühr für die Erstberatung auf die nachfolgende Tätigkeit des Rechtsanwalts findet nicht statt. § 34 Abs. 2 RVG wird insoweit übereinstimmend durch die Parteien abbedungen.

21. Muster: Allgemeiner Anrechnungsausschluss bei außergerichtlicher Tätigkeit – Sondertextbaustein[172]

Die vorstehende Vergütungsvereinbarung wird auf etwaige später anfallende gerichtliche Anwaltsgebühren nicht angerechnet.

---

[169] Sondertextbausteine können in Vergütungsmuster integriert werden. Der Sondertextbaustein 8050 lässt sich in die Muster 8010, 8015 und 8018 einfügen.

[170] Sondertextbausteine können in Vergütungsmuster integriert werden. Der Sondertextbaustein 8053 lässt sich in die Muster 8010, 8015 und 8018 einfügen.

[171] Sondertextbausteine können in Vergütungsmuster integriert werden. Der Sondertextbaustein 8056 lässt sich in die Muster 8010, 8015 und 8018 einfügen.

[172] Sondertextbausteine können in Vergütungsmuster integriert werden. Der Sondertextbaustein 8059 lässt sich in die Muster 8010, 8015 und 8018 einfügen.

22. Muster: Belehrung gem. § 12 a Abs. 1 ArbGG – Sondertextbaustein[173]

8065

Als Mandant der Rechtsanwaltskanzlei ... erkläre ich, dass ich vor Erteilung des Mandats in der arbeitsrechtlichen Angelegenheit ..., Az ..., darauf hingewiesen worden bin, dass im arbeitsgerichtlichen Verfahren gesonderte Gebühren und Kostenverteilungsregelungen gelten. Bei Arbeitsrechtsstreitigkeiten besteht weder ein Anspruch gegen den Gegner auf Erstattung vorprozessualer Anwaltskosten noch ein Anspruch auf Erstattung der Verfahrenskosten erster Instanz gegenüber dem Gegner, auch dann, wenn man vollumfänglich den Rechtsstreit gewinnt.

23. Muster: Hinweis auf Ausschluss gem. Pkt. 3.2.5 ARB 2012 bei Organen von juristischen Personen – Sondertextbaustein[174]

8070

Der Auftraggeber wird darauf hingewiesen, dass es sich nicht auf die von ihm zu zahlenden Gebühren auswirkt, ob und in welcher Höhe seine Rechtsschutzversicherung Deckungsschutz zusagt. Bei vollständigem Deckungsschutz trifft den Auftraggeber eine Vergütungspflicht iHv ... EUR. Erteilt die Rechtsschutzversicherung keine Deckungszusage, beläuft sich die vereinbarte Vergütung auf ... EUR. Soweit die Rechtsschutzversicherung nur Teilleistungen erbringt, ist das von der Rechtsschutzversicherung nicht gezahlte Honorar vom Auftraggeber auszugleichen.

Der Auftraggeber wird darauf hingewiesen, dass die Rechtsanwälte nicht damit rechnen, dass die Rechtsschutzversicherung die Vergütung der Rechtsanwälte ganz oder teilweise übernimmt. Den Gegenstand des Mandats bildet eine Angelegenheit aus dem Anstellungsvertrag eines gesetzlichen Vertreters einer juristischen Person. In derartigen Fällen besteht der Ausschlussgrund des Pkt. 3.2.5 ARB 2012. Der Ausschluss nach Pkt. 3.2.5 ARB 2012 kann auch beim Aushandeln von Abfindungsansprüchen gelten, die nicht im Anstellungsvertrag selbst, sondern in einer gesonderten Vereinbarung enthalten sind (LG Coburg 16.4.2002 – 11 O 60/02, r+s 2002, 463).

24. Muster: Hinweis auf Ausschluss gem. Pkt. 3.2.21 ARB 2012 bei vorsätzlich und rechtswidrig herbeigeführtem Versicherungsfall – Sondertextbaustein[175]

Der Auftraggeber wird darauf hingewiesen, dass es sich nicht auf die von ihm zu zahlenden Gebühren auswirkt, ob und in welcher Höhe seine Rechtsschutzversicherung Deckungsschutz zusagt. Bei vollständigem Deckungsschutz trifft den Auftraggeber eine Vergütungspflicht iHv ... EUR. Erteilt die Rechtsschutzversicherung keine Deckungszusage, beläuft sich die vereinbarte Vergütung auf ... EUR. Soweit die Rechtsschutzversicherung nur Teilleistungen erbringt, ist das von der Rechtsschutzversicherung nicht gezahlte Honorar vom Auftraggeber auszugleichen.

Gegenstand des Mandats bildet eine verhaltensbedingte Kündigung, bei der dem Auftraggeber eine vorsätzliche und rechtswidrige Pflichtverletzung vorgeworfen wird. Aufgrund des vom Arbeitgeber behaupteten Verhaltens könnte die Rechtsschutzversicherung einwenden, dass ein Ausschluss der Leistungspflicht vorliegt

---

[173] Sondertextbausteine können in Vergütungsmuster integriert werden. Der Sondertextbaustein 8065 lässt sich in die Muster 8015 und 8018 einfügen.

[174] Sondertextbausteine können in Vergütungsmuster integriert werden. Der Sondertextbaustein 8070 lässt sich in die Muster 8015 und 8018 einfügen.

[175] Sondertextbausteine können in Vergütungsmuster integriert werden. Der Sondertextbaustein 8080 lässt sich in die Muster 8015 und 8018 einfügen.

(Pkt. 3.2.21 ARB 2012). Der Auftraggeber wird darauf hingewiesen, dass er in jedem Fall der alleinige Gebührenschuldner des Rechtsanwalts ist.

↑

25. Muster: Zweifelhafter Deckungsschutz durch die Rechtsschutzversicherung beim Aushandeln eines Aufhebungsvertrages – Sondertextbaustein[176]

↓

Der Auftraggeber wird darauf hingewiesen, dass es sich nicht auf die von ihm zu zahlenden Gebühren auswirkt, ob und in welcher Höhe seine Rechtsschutzversicherung Deckungsschutz zusagt. Bei vollständigem Deckungsschutz trifft den Auftraggeber eine Vergütungspflicht iHv ... EUR. Erteilt die Rechtsschutzversicherung keine Deckungszusage, beläuft sich die vereinbarte Vergütung auf ... EUR. Soweit die Rechtsschutzversicherung nur Teilleistungen erbringt, ist das von der Rechtsschutzversicherung nicht gezahlte Honorar vom Auftraggeber auszugleichen.

Die Übernahme der Kosten durch die Rechtsschutzversicherung des Auftraggebers ist ungewiss, da Gegenstand des Mandats das Aushandeln eines Aufhebungsvertrages bildet. Nach Ansicht eines Teils der Rechtsprechung liegt allein in dem Angebot des Arbeitgebers zum Abschluss eines Aufhebungsvertrages noch kein Verstoß gegen Rechtspflichten aus dem Arbeitsvertrag, der eine Leistungspflicht der Rechtsschutzversicherung begründet (AG Hannover 12.1.1998 – 558 C 14783/97, r+s 1998, 336; OLG Nürnberg 21.2.1991 – 8 U 2332/90, zfs 1991, 200; AG Hamburg 30.4.1990 – 4 C 29/90, zfs 1991, 53; OLG Hamm 1.2.1992 – 20 U 283/91, JurBüro 1992, 413; AG Rheine 25.11.1997 – 14 C 303/97, r+s 1998, 335).

Der Bundesgerichtshof hat aber jedenfalls für den Fall, dass mit einer Kündigung bei Nichtabschluss einer Aufhebungsvereinbarung gedroht wird, entschieden, dass ein solches Verhalten einen Rechtspflichtenverstoß darstellen und zur Leistungspflicht der Rechtsschutzversicherung führen kann (BGH 19.11.2008 – IV ZR 305/07, NJW 2009, 365; so zuvor auch OLG Saarbrücken 19.7.2006 – 5 U 719/05, n.v.; AG Köln 5.7.2001 – 117 C 12/01, AnwBl 2002, 184; AG München 16.9.1985 – 10 C 11462/85, n.v.; LG Göttingen 10.2.1983 – 6 S 209/82, AnwBl 1983, 335; AG Buxtehude 10.11.1997 – 33 C 1324/96, zfs 1998, 351 = r+s 1998, 246; LG Hannover 3.12.1996 – 1 S 73/96, n.v.).

↑

26. Muster: Bestimmung der Leistungsphasen bei Betriebsänderung oder Betriebsstilllegung – Sondertextbaustein

↓

1. Gegenstand des Mandats bildet die arbeitsrechtliche Beratung, außergerichtliche und gegebenenfalls gerichtliche Interessenwahrnehmung im Zusammenhang mit der Übernahme oder Kündigung von Mitarbeitern aus dem Bereich der Firma ....

2. Zwischen den Parteien ist vereinbart, dass die Rechtsanwälte zunächst einmal Konzepte erarbeiten und späterhin Handlungsvarianten darstellen sollen, die sich mit den arbeitsrechtlichen Auswirkungen des gemeinsamen Ziels des Auftraggebers und der Firma ... befassen. Die Rechtsanwälte haben im Einzelnen darauf hingewiesen, dass unterschiedliche Konzepte zu unterschiedlichen finanziellen Belastungen führen. ... Sie haben weiterhin darauf hingewiesen, dass es aus anwaltlicher Sicht nicht zu einer Interessenkollision kommen darf.

3. Bei der vergütungsrelevanten Tätigkeit der Rechtsanwälte wird nach drei Leistungsphasen unterschieden:

a) Planungsphase: Sämtliche Leistungen der Rechtsanwälte bis zur Unterrichtung des Betriebsrats;

---

[176] Sondertextbausteine können in Vergütungsmuster integriert werden. Der Sondertextbaustein 8090 lässt sich in die Muster 8015 und 8018 einfügen.

b) Umsetzungsphase: Sämtliche Tätigkeiten nach der Planungsphase bis zur Kündigung einzelner Arbeitnehmer;

c) Durchführungsphase: Sämtliche Tätigkeiten der Rechtsanwälte im Bereich der Kündigung, des Abschlusses von Aufhebungsverträgen oder Durchführung von Kündigungsschutzprozessen von den Arbeitsgerichten erster Instanz.

4. Für die anwaltliche Beratung der in Ziffer 1. dargestellten Angelegenheiten einschließlich der Führung von Geschäften und der Durchführung von Besprechungen sowie den Abschluss von vergleichsweisen Regelungen zahlt der Auftraggeber an die Rechtsanwälte anstelle der gesetzlichen Gebühren für jede Leistungsphase ein gesondertes Honorar.

a) Das Gesamthonorar in der Planungsphase beträgt ... EUR
b) Das Gesamthonorar in der Umsetzungsphase beträgt ... EUR
c) Das Gesamthonorar in der Durchführungsphase beträgt ... EUR

5. Spesen und Reisekosten werden entsprechend vorgelegter Quittungen ersetzt. Die Pkw-Kilometer werden mit 0,70 EUR abgerechnet.

27. Muster: Kostenvoranschlag bei Betriebsänderung

Kostenvoranschlag

über Beratung, Interessenvertretung und ggf Teilnahme an Einigungsstellensitzungen im Zusammenhang mit dem beabsichtigten Betriebsübergang der Firma ... auf die Firma ...

1. Entwurf einer Strategie für die Interessenausgleichsverhandlungen

a) ... Sitzungen mit dem Betriebsrat
  ... Besprechungsstunden
  ... Rechtsanwälte à ... EUR .... EUR
b) Entwurf eines Interessenausgleichs
  ... Stunden à ... EUR .... EUR
c) Entwurf eines Strategiepapiers
  ... Stunden à ... EUR .... EUR

2. Entwurf einer Strategie für die Sozialplanverhandlungen

a) ... Sitzungen mit dem Betriebsrat
  ... Besprechungsstunden
  ... Rechtsanwälte à ... EUR .... EUR
b) Entwurf eines Sozialplans
  ... Stunden à ... EUR .... EUR
c) Entwurf eines Strategiepapiers
  ... Stunden à ... EUR .... EUR

3. Verhandlungen mit dem Arbeitgeber über Interessenausgleich und Sozialplan

a) Verhandlungszeit, Dauer unbekannt
b) Zwischenberatungen mit dem Betriebsrat, Dauer unbekannt

4. Einigungsstellenverfahren

a) Einigungsstelle Interessenausgleich, Dauer unbekannt
b) Einigungsstelle Sozialplan, Dauer unbekannt

Für die vorgenannten Honorare gelten die allgemeinen Mandatsbedingungen und die Bedingungen gemäß Vergütungsvereinbarung vom ... fort. Zu den Stundensätzen ist die gesetzliche Mehrwertsteuer hinzuzurechnen.

28. Muster: Belehrung bei Anfall von gesetzlichen Gebühren nach dem Gegenstandswert

Belehrung gem. § 49 b Abs. 5 BRAO

Der Auftraggeber wurde im Rahmen der Auftragserteilung darauf hingewiesen, dass sich die zu erhebenden Gebühren nach dem Gegenstandswert richten. Der Auftraggeber ist sich somit bewusst, dass – soweit nichts anderes vereinbart wird – weder Betragsrahmen- noch Festgebühren der Berechnung der Anwaltsvergütung zugrunde gelegt werden.

Kapitel 2: Gegenstandswerte im Arbeitsrecht

Literatur:

Bader/Jörchel, Vereinheitlichung der arbeitsgerichtlichen Streitwerte, NZA 2013, 809; *Becker/Glaremin*, Streitwertaddition beim mit uneigentlichem Hilfsantrag geltend gemachten Weiterbeschäftigungsanspruch?, NZA 1989, 207; *Bertelsmann*, Gegenstandswerte in arbeitsgerichtlichen Beschlussverfahren, FA 2001, 194; *ders.*, Grundlagen für Gegenstandswerte in Beschlussverfahren, FA 2001, 141; *Düwell/Lipke*, AnwaltKommentar ArbGG, 3. Aufl. 2012; *Hartmann*, Kostengesetze, 42. Aufl. 2012; *Hecker*, Streitwerte im Individual-Arbeitsrecht, AnwBl 1984, 116; *Hümmerich*, Die Streitwertrechtsprechung der Arbeitsgerichte im Urteilsverfahren, NZA-RR 2000, 225; *ders.*, Arbeitsrecht und Rechtsschutzversicherung, AnwBl 1995, 321; *Madert*, Der Gegenstandswert in bürgerlichen Rechtsangelegenheiten, 4. Aufl. 1998; *Mayer/Kroiß* (Hrsg.), Rechtsanwaltsvergütungsgesetz, Handkommentar, 6. Aufl. 2013; *Meier/Becker*, Streitwerte im Arbeitsrecht, 3. Aufl. 2012; *Popp*, Zum Streitwert im arbeitsgerichtlichen Bestandsschutzprozess, DB 1990, 481; *Schäder*, Streitwert-Lexikon Arbeitsrecht, 2000; *ders.*, Gegenstandswerte im Arbeitsrecht, ArbRB 2008, 177; *Schaefer/Kiemstedt*, Anwaltsgebühren im Arbeitsrecht, 3. Aufl. 2011; *Schneider*, Bloßes Verhandeln über nicht anhängige Gegenstände, NJW-Spezial 2008, 699; *Tschöpe/Ziemann/Altenburg*, Streitwert und Kosten im Arbeitsrecht, 2013; *Worzalla*, Entscheidungen zum Gebühren- und Streitwertrecht, FA 1999, 9; *ders.*, Neues zum Gebühren- und Streitwertrecht, FA 1999, 355.

A. Erläuterungen

I. Die gesetzliche Vergütung nach dem RVG

1. Überblick über die Änderungen durch das 2. KostRMoG

117 Ohne gesonderte Vereinbarung steht dem Rechtsanwalt unter Berücksichtigung der Fälle des § 34 Abs. 1 RVG die **gesetzliche Vergütung** nach dem Rechtsanwaltsvergütungsgesetz (RVG) zu, das zum 1.7.2004 in Kraft trat und die bis zu diesem Zeitpunkt geltende BRAGO ablöste. Aktuell wurden durch das Zweite Gesetz zur Modernisierung des Kostenrechts (2. Kostenrechtsmodernisierungsgesetz – 2. KostRMoG) vom 23.7.2013[1] u.a. Änderungen des RVG und des Gerichtskostengesetzes (GKG) mit Wirkung zum **1.8.2013** vorgenommen. Ein zentraler Punkt der Änderungen betrifft die Anhebung der Gebührentabelle gem. § 13 RVG. In Bezug auf das arbeitsrechtliche Mandat erscheint die Anhebung des **Hilfswerts des § 23 Abs. 3 Satz 2 RVG** von 4.000 EUR auf 5.000 EUR zudem von größerer Bedeutung. Der Bereich der nichtvermögensrechtlichen Streitigkeiten, in denen der Hilfswert des § 23 Abs. 3 Satz 2 RVG zum Maßstab genommen wird, ist gerade in kollektivrechtlichen Streitigkeiten besonders ausgeprägt. Neu eingeführt wurde eine Zusatzgebühr bei besonders umfangreichen Beweisaufnahmen (Nr. 1010 VV RVG), die mit einer 0,3-Gebühr entsteht, wenn mindestens drei gerichtliche Termine stattfinden, in denen Sachverständige oder Zeugen vernommen werden – ein Fall, der in arbeitsrechtlichen Streitigkeiten höchst selten anzutreffen ist.

Im Wesentlichen formaler Natur ist dagegen die Änderung des **§ 42 GKG**, dessen bisheriger Absatz 1 gestrichen wurde, sodass die bisherigen Absätze 2–4 die neuen Absätze 1–3 bilden. Die bisher in § 42 Abs. 3 GKG enthaltene Grenze auf ein **Vierteljahresgehalt** bei Streitigkeiten über den Bestand eines Arbeitsverhältnisses findet sich nunmehr in **§ 42 Abs. 2 GKG** wieder.

2. Geschäftsgebühr

a) Entstehen der Gebühr

118 Für die außergerichtliche Vertretung ohne Klageauftrag fällt die Geschäftsgebühr Nr. 2300 VV RVG an, deren Gebührenrahmen von 0,5 bis 2,5 reicht. Die Geschäftsgebühr **entsteht** sowohl für die Mitwirkung bei einer Vertragsgestaltung als auch für das Betreiben eines Geschäfts für den Auftraggeber einschließlich der dazugehörigen Information.

119 Der gesetzlich vorgesehene **Gebührenrahmen** für die Geschäftsgebühr Nr. 2300 VV RVG liegt zwischen 0,5 und 2,5. Nach der amtlichen Begründung des Regierungsentwurfs kann auch ohne Besprechungen oder Beweisaufnahme bei großem Umfang und bei erheblicher Schwierigkeit einer Sache der

---

[1] BGBl. I S. 2586.

obere Rahmen der Gebühr bis zum Höchstsatz von 2,5 erreicht werden.[2] Ein höherer Gebührenwert ist auch möglich, wenn neben – nur leicht – erhöhtem Umfang oder Schwierigkeit der Angelegenheit weitere der in § 14 Abs. 1 RVG genannten Kriterien hinzutreten (s. Rn 123 ff). In durchschnittlichen Angelegenheiten ist grundsätzlich von einer Mittelgebühr von 1,5 auszugehen, so dass diese – rein rechnerisch betrachtet – die Regelgebühr für durchschnittlich gelagerte Angelegenheiten darstellt. Eine Gebühr von mehr als 1,3 kann allerdings nur dann gefordert werden, wenn die Tätigkeit umfangreich oder schwierig war.[3] Damit ist gemeint, dass Umfang oder Schwierigkeit der anwaltlichen Tätigkeit über dem Durchschnitt liegen. Wann das der Fall ist, entscheidet die Rechtsprechung nach Lage des Einzelfalles. In allen übrigen Fällen wird daher die **Schwellengebühr** von 1,3 zur Regelgebühr. Die Frage, ob die Angelegenheit über den Wert von 1,3 erhöht werden darf, unterliegt der richterlichen Überprüfung.[4]

Bei der Bestimmung, ob eine Tätigkeit „umfangreich oder schwierig" im Sinne der Anmerkung zu Nr. 2300 VV RVG ist, sind dieselben Bemessungskriterien zum Umfang und der Schwierigkeit der anwaltlichen Tätigkeit wie in § 14 Abs. 1 RVG zugrunde zu legen.[5]

b) Umfang der anwaltlichen Tätigkeit

Bei der Bestimmung des Umfangs der anwaltlichen Tätigkeit sind Merkmale wie zB Besprechungen mit dem Auftraggeber,[6] ausführliche Telefonate mit der Gegenseite,[7] die Vorbereitung eines Plädoyers,[8] die Vorbereitung der mündlichen Verhandlung,[9] Wartezeiten vor Beginn der Hauptverhandlung,[10] Studium von Rechtsprechung und Literatur sowie Zeitaufwand für Termine, Vorarbeiten, Wartezeiten und Ortsbesichtigungen[11] zu berücksichtigen. Bei der Festlegung des Umfangs der anwaltlichen Tätigkeit ist mithin primär der tatsächliche Arbeitsaufwand des Rechtsanwalts zu berücksichtigen.[12]

c) Schwierigkeit der anwaltlichen Tätigkeit

Die Schwierigkeit der anwaltlichen Tätigkeit hingegen beurteilt sich nach einem **generellen, objektiven Maßstab**.[13] Sie ist einerseits aus den erhöhten Anforderungen abzuleiten, die eine im Einzelfall auftretende Rechtsfrage an den Rechtsanwalt stellt, insbesondere soweit diese für die Rechtspraxis noch nicht höchstrichterlich geklärt ist.[14] Zum anderen kann die Schwierigkeit einer Angelegenheit auch daraus resultieren, dass ein entlegenes Spezialgebiet, das im Allgemeinen komplizierte Rechtsfragen aufwirft, betroffen ist, ohne dass es dabei darauf ankommt, ob der vorliegende Streitfall tatsächlich zur Prüfung schwieriger Rechtsfragen nötigt.[15]

Bei der Beurteilung der Schwierigkeit ist auf das Wissen und die Sicht eines Allgemeinanwalts abzustellen.[16] Eine Materie, die einem spezialisierten Fachanwalt leicht fällt, kann für einen allgemein tätigen Rechtsanwalt durchaus einen sehr großen Bearbeitungs- und Rechercheaufwand bedeuten. Daher kommt es entscheidend darauf an, ob es sich allgemein um eine schwierige Materie handelt.[17]

---

2 BT-Drucks. 15/1971 vom 11.11.2003.
3 BGH 11.7.2012 – VIII ZR 323/11, MDR 2012, 1127; BGH 5.2.2013 – VI ZR 195/12, AnwBl 2013, 295.
4 BGH 5.2.2013 – VI ZR 195/12, AnwBl 2013, 295 unter ausdrücklicher Klarstellung, dass eine Erhöhung auch nicht unter dem Gesichtspunkt der Toleranzrechtsprechung des BGH 13.11.2011 – IX ZR 110/10, MDR 2011, 454 der richterlichen Kontrolle entzogen ist.
5 AnwK-RVG/*Onderka*, VV 2300 Rn 3.
6 AnwK-RVG/*Onderka*, VV 2300 Rn 11.
7 AnwK-RVG/*Onderka*, VV 2300 Rn 11.
8 LG Wuppertal 20.9.1984 – 24 QS 114/84, DAR 1985, 94.
9 *Burhoff*, RVGreport 2005, 361, 363.
10 OLG Hamm 26.5.1998 – 2 Ws 168/98, JurBüro 1998, 588 = AnwBl 1999, 124.
11 *Henke*, AnwBl 2004, 579; AnwK-RVG/*Rick*, § 14 Rn 33.
12 LG Bochum 17.6.2005 – 5 S 33/05; AnwK-RVG/*Rick*, § 14 Rn 32.
13 *Enders*, JurBüro 2004, 459.
14 OLG Thüringen 2.2.2005 – 9 Verg 6/04, RGS 2005, 201 = JurBüro 2005, 303.
15 AnwK-RVG/*Rick*, § 14 Rn 37.
16 Mayer/Kroiß/*Winkler*, § 14 RVG Rn 22; LG Köln 26.4.1977 – 112 C 3172/75, AnwBl 1978, 63.
17 AnwK-RVG/*Rick*, § 14 Rn 36.

d) Weitere Bemessungskriterien

123 Nach § 14 Abs. 1 RVG bestimmt der Rechtsanwalt die Höhe von Rahmengebühren nach billigem Ermessen. Der Rechtsanwalt hat bei seiner Ermessensausübung zunächst den **Umfang und die Schwierigkeit** der anwaltlichen Tätigkeit, danach die **Bedeutung der Angelegenheit**, als drittes die **Einkommens- und Vermögensverhältnisse** des Auftraggebers zu berücksichtigen. Als viertes Kriterium hat der Gesetzgeber in § 14 Abs. 1 RVG ein **„besonderes Haftungsrisiko"** als zusätzliches Bemessungskriterium eingeführt. Hier wird eine Anhebung des Gebührensatzes vor allem in Fällen in Betracht kommen, in denen sich das erhöhte Haftungsrisiko des Rechtsanwalts nicht im Gegenstandswert niederschlägt, etwa dann, wenn die Wertvorschriften Begrenzungen enthalten, wie etwa § 42 Abs. 2 GKG mit der Beschränkung des Gegenstandswerts auf ein Quartalsgehalt in arbeitsrechtlichen Bestandsschutzstreitigkeiten.[18] Bei wertunabhängigen Betragsrahmengebühren oder auch bei der Mediation und bei der angemessenen Gebühr für ein Gutachten ist das Kriterium des besonderen Haftungsrisikos stets zu berücksichtigen.[19] Dem Arbeitsrechtler erschließt sich mit diesem Kriterium ein gewichtiges Gebührenbestimmungsinstrument, denn in weiten Bereichen des Arbeitsrechts, bspw des Kündigungsschutzrechts, ist die Rechtsprechung einzelfallorientiert, so dass jede generalisierende Aussage den Keim eines Haftungstatbestands in sich trägt.

124 Bei der Bemessung der Rahmengebühr nach den Kriterien des § 14 Abs. 1 RVG darf und muss der Rechtsanwalt im Rahmen der Ermessensausübung auch **alle weiteren Umstände des Einzelfalles** berücksichtigen.[20] Otto[21] schlägt als nicht ausdrücklich genannte Bemessenskriterien zur Bestimmung der angemessenen Rahmengebühr gem. § 14 RVG folgende **weitere Kriterien** vor: vom Mandanten gewünschte oder sachlich notwendige Tätigkeiten in der Nachtzeit, an Wochenenden und an Feiertagen, Spezialkenntnisse des Rechtsanwalts in rechtlicher oder tatsächlicher Hinsicht sowie Sprachkenntnisse, die den Einsatz eines Dolmetschers ersparen. Ihm ist darin zuzustimmen, dass auch diese – zwar nicht ausdrücklich vom Gesetzeswortlaut erfassten – Kriterien im Einzelfall ein überragendes Gewicht bei der Bemessung der Gebühr haben können. Im Übrigen ist die vorstehende Aufzählung gewiss nicht abschließend und lässt sich durch weitere im Einzelfall hinzutretende, besondere Umstände ergänzen.

125 Zusammenfassend lässt sich festhalten, dass der Umfang und die Schwierigkeit der anwaltlichen Tätigkeit die wesentlichen Kriterien bei der Bestimmung der Rahmengebühr sind; sonstige Kriterien dienen als Korrektiv.[22] Dennoch kommt auch den in § 14 Abs. 1 RVG genannten weiteren Bemessungskriterien sowohl bei der Problematik, ob bei unterdurchschnittlichem Umfang und Schwierigkeit der Sache die Regelgebühr von 1,3 erreicht wird, wie auch dann, wenn sich bei – nur leicht – überdurchschnittlichem Umfang oder Bedeutung der Sache die Frage stellt, ob die Geschäftsgebühr im oberen Bereich des Gebührensatzes anzusiedeln bzw gar mit dem Höchstsatz von 2,5 abzurechnen ist, nicht unwesentliche Bedeutung zu.

126 Ist ein Mandant infolge wiederholt verspäteter Zahlung seines Arbeitslohnes in erhebliche Zahlungsschwierigkeiten bei seinen laufenden Verbindlichkeiten (insbesondere bei Mietzinszahlungen und Bedienung sonstiger Daueraufträge) geraten, ist für eine anwaltliche Mahnung des Arbeitgebers zur pünktlichen Gehaltszahlung der Ansatz einer 1,3 Geschäftsgebühr gerechtfertigt. Zumindest aufgrund des dem Anwalt zuzubilligenden Toleranzbereichs bewegt sich die Abrechnung selbst unter Zugrundelegung einer einfachen Anwaltstätigkeit noch in einem Bereich, in dem von einem Ermessensmissbrauch nicht ausgegangen werden kann.[23]

127 Fertigt ein Rechtsanwalt nach einem Beratungsgespräch ein vierseitiges Schreiben an den Arbeitgeber des Mandanten, in dem er die Entfernung einer Abmahnung aus der Personalakte verlangt, kann er gegenüber der Rechtsschutzversicherung des Mandanten immer eine 1,3-Geschäftsgebühr nach Nr. 2300 VV RVG abrechnen.[24]

---

18 Mayer/Kroiß/*Winkler*, RVG, § 14 Rn 34.
19 Mayer/Kroiß/*Winkler*, RVG, § 14 Rn 37.
20 LSG Niedersachsen-Bremen 24.4.2006 – L 4 B 4/05 KR SF, n.v.
21 NJW 2006, 1472, 1477.
22 *Otto*, NJW 2006, 1472, 1477.
23 AG Lingen 23.5.2005 – 12 C 193/05 (X), 12 C 193/05, AGS 2005, 337.
24 AG Stuttgart 6.4.2005 – 1 C 7002/04, NJW 2005, 1956.

e) Anrechnung

Eine Anrechnung der vorgerichtlichen Tätigkeit des Anwalts auf die in der gleichen Angelegenheit entstandene Verfahrensgebühr findet nur noch zur Hälfte, maximal iHv 0,75, statt (Vorbemerkung 3 Abs. 4 VV RVG). Durch § 15 a RVG wird dabei klargestellt, dass es nicht maßgeblich sein soll, welche der miteinander zu verrechnenden Gebühr sich konkret durch die Anrechnung vermindert, sondern dass der Gesamtbetrag der beiden Gebühren korrekt berechnet sein muss. Dementsprechend kann im Verfahren gem. § 11 RVG die volle Verfahrensgebühr gerichtlich tituliert werden und nicht lediglich die um eine anteilige Geschäftsgebühr verminderte Verfahrensgebühr.[25]

128

Die dem Anwalt erwachsende Geschäftsgebühr ist idR nicht im Verfahren nach § 11 RVG festsetzbar,[26] weil die Tätigkeiten des Rechtsanwalts außerhalb des Prozessgeschehens nicht in dem für eine Überprüfung erforderlichen Maße aus Prozessakten ersichtlich sind.[27] Da seit dem Inkrafttreten des RVG die Geschäftsgebühr nur noch teilweise auf die Verfahrensgebühr des gerichtlichen Verfahrens angerechnet wird, hat der Rechtsanwalt zwar ein erheblich gestiegenes Interesse an einer vereinfachten Titulierungsmöglichkeit für den nicht anzurechnenden Teil der Geschäftsgebühr, was jedoch nichts daran ändert, dass die Geschäftsgebühr im Regelfall für eine Tätigkeit entsteht, die zunächst und primär der Prozessvermeidung dient. Daher fehlt die für eine Festsetzung im gerichtlichen Verfahren erforderliche Prozessbezogenheit.[28] Der nicht anzurechnende Teil der Geschäftsgebühr ist daher gesondert oder als weiterer Hauptanspruch einzuklagen.

129

f) Anwaltsgebühren bei Entwurf eines Arbeitsvertrages

Entwirft der Rechtsanwalt einen Arbeitsvertrag für seinen Mandanten, so stellt sich die Frage, wie seine Tätigkeit in gebührenmäßiger Hinsicht abzugelten ist. Dabei muss zum einen eine Vorschrift herangezogen werden, aus der sich der Gegenstandswert ergibt, der Grundlage für die Gebühr ist. Zum anderen muss eine Norm herangezogen werden, aus der sich der Gebührentatbestand und damit letztlich die Gebührenhöhe ermitteln lässt.

130

Als Anknüpfungspunkt für den Gegenstandswert scheidet § 42 Abs. 2 Satz 1 GKG aus, da Gegenstand bei einem Vertragsentwurf nicht der Bestand oder Nichtbestand oder die Kündigung eines Arbeitsverhältnisses in Rede steht. § 42 Abs. 2 Satz 1 GKG scheidet damit als Norm zur Bestimmung des Gegenstandswerts bei dem Entwurf von Arbeitsverträgen aus. In Betracht kommt dagegen § 42 Abs. 1 Satz 1 GKG, wobei hier die Alternative „Ansprüche von Arbeitnehmern auf wiederkehrende Leistungen" gemeint ist. Zwar regelt § 42 GKG nur den Gegenstandswert in gerichtlichen Verfahren. In § 23 Abs. 1 Satz 3 RVG ist jedoch ausgeführt, dass sich der Gegenstandswert für die Berechnung der Gebühren des Rechtsanwalts für seine außergerichtliche Tätigkeit nach den für die Gerichtsgebühren geltenden Vorschriften richtet. Da Gegenstand eines Arbeitsvertrages die Regelung von Ansprüchen des Arbeitnehmers auf wiederkehrenden Leistungen (Gehalt) bilden, ermittelt sich der Gegenstandswert gem. § 42 Abs. 1 Satz 1 GKG, § 23 Abs. 1 Satz 3 RVG aus dem dreifachen Jahresbetrag der wiederkehrenden Leistungen. **Drei Jahresgehälter** bilden damit den Gegenstandswert des Entwurfs einer Arbeitsvertragsgestaltung.

131

Die Höhe der Gebühr errechnet sich aus Nr. 2300 VV RVG und bewegt sich in dem Gebührenrahmen zwischen 0,5 und 2,5. Eine Gebühr von mehr als 1,3 kann nur gefordert werden, wenn die Tätigkeit umfangreich oder schwierig war. Die Arbeitsvertragsgestaltung ist sicherlich schwierig, da eine Vielzahl von Urteilen der Arbeitsgerichte, aber auch von arbeitsrechtlichen Gesetzen zu beachten ist. Wie umfangreich die Tätigkeit ausfällt, hängt davon ab, mit welchen Anforderungen des Auftraggebers der Rechtsanwalt konfrontiert wird.

132

Die Mitwirkung an der Gestaltung eines Vertrages beliebiger Art gehört gem. Abs. 3 der Vorbemerkung 2.3 VV RVG zu den Tatbeständen der Geschäftsgebühr nach Nr. 2300 VV RVG.

133

Soweit sich der Gestalter eines Arbeitsvertrages an Formulartexten orientiert, erscheint der Gegenstandswert von drei Jahresbruttogehältern im Einzelfall recht hoch. Verdient der Arbeitnehmer bspw

134

---

25 Zum klarstellenden Charakter des § 15 a RVG: BGH 7.7.2011 – V ZB 260/10, n.v.; BGH 3.2.2010 – XII ZB 177/09, IMR 2010, 1032; BGH 9.12.2009 – XII ZB 175/07, AnwBl 2010, 295.
26 Muster 8365, § 8 Rn 219.
27 BGH 20.10.2005 – I ZB 21/05, JurBüro 2006, 140; LAG Hamburg 29.6.2006 – 5 Ta 11/06, n.v.
28 LAG Hamburg 29.6.2006 – 5 Ta 11/06, n.v.

60.000 EUR brutto, beläuft sich der Gegenstandswert auf 180.000 EUR. Es wird empfohlen, in derartigen Fällen mit dem Mandanten eine Honorarvereinbarung zu treffen. Gerade dann, wenn Formulartexte oder Textbausteine aus Arbeitsvertragsformularen verwendet werden, ist der Anteil der kreativ-geistigen Tätigkeit eines Beraters nicht so hoch anzusetzen, dass Gebühren der genannten Art gerechtfertigt wären.

3. Einigungsgebühr

135 Wird ein Streit oder die Ungewissheit über ein Rechtsverhältnis der beteiligten Parteien durch eine gütliche Vereinbarung bereinigt, bringt das für den Rechtsanwalt oftmals eine zusätzliche Arbeitsbelastung mit sich. Im Falle der gütlichen Einigung sieht das RVG für diesen Fall daher das Entstehen einer Einigungsgebühr vor. Gemäß Nr. 1000 VV RVG beträgt die Gebühr für die außergerichtliche Einigung idR 1,5. Ist jedoch über den Gegenstand der Einigung bereits ein anderes gerichtliches Verfahren als ein Beweisverfahren anhängig, ermäßigt sich der Gebührensatz gem. Nr. 1003 VV RVG auf 1,0. Sie kann sich jedoch – wenn die Einigung im Berufungs- oder Revisionsverfahren zustande kommt – gem. Nr. 1004 VV RVG auch auf 1,3 erhöhen. Die Einigungsgebühr ist als eine **Erfolgsgebühr** ausgestaltet.[29]

136 Verständigt sich der Betriebsrat mit dem Arbeitgeber über einen **Interessenausgleich** und schließt einen **Sozialplan** ab, so handelt es sich dabei nicht um einen Vertrag iSd Nr. 1000 VV RVG. Dem vom Betriebsrat für die Verhandlungen hinzugezogenen Rechtsanwalt steht keine Einigungsgebühr zu.[30] Weder Sozialplan noch Interessenausgleich stellen einen Vertrag dar, mit dem ein Streit über ein Rechtsverhältnis beseitigt wird; vielmehr begründen beide Regelungswerke erst Rechte und Pflichten der Parteien.[31] Das Muster 8330[32] beinhaltet einen Musterschriftsatz für den Fall, dass von der Gegenseite eine Einigungsgebühr dennoch geltend gemacht wird.

137 Eine unter Mitwirkung eines Rechtsanwalts gefundene Regelung zwischen den Prozessparteien eines Verfahrens, die den Streit oder die Ungewissheit über die Wirksamkeit einer Kündigung und das Bestehen des Arbeitsverhältnisses beseitigt, erfüllt den Tatbestand der Einigungsgebühr nach Nr. 1003, 1000 Anm. Abs. 1 Satz 1 Nr. 1 VV RVG.[33] Eine Einigungsgebühr iSd Nr. 1000 VV RVG entsteht auch dann, wenn sich die Parteien eines Kündigungsrechtsstreits auf eine Fortsetzung ihres Arbeitsverhältnisses einigen und der Arbeitnehmer daraufhin die Klage zurücknimmt.[34] Ebenso entsteht die Einigungsgebühr, wenn sich die Parteien nach Erhebung der Kündigungsschutzklage lediglich auf ein ungekündigtes Fortbestehen des Arbeitsverhältnisses verständigen.[35] Hierin liegt kein bloßes Anerkenntnis.[36] Die Gebühr entsteht auch dann, wenn zwar der geltend gemachte Anspruch in voller Höhe anerkannt wird, aber in die vertragliche Vereinbarung hierüber auch weitere Elemente aufgenommen werden, die die Abwicklung oder prozessuale Behandlung des Rechtsstreits oder sonstige Begleitregelungen betreffen. Ein Nachgeben mindestens in Bezug auf eine Nebenforderung ist nicht mehr erforderlich.[37]

138 Eine Einigungsgebühr fällt auch dann an, wenn zur Kündigung eines Berufsausbildungsverhältnisses nach Anrufung des Schlichtungsausschusses bei der Industrie- und Handelskammer bereits ein Schlichtungsspruch vorliegt.[38] Nach Ansicht des AG Koblenz ist durch die Anrufung des Schlichtungsausschusses der IHK mit der anschließenden Zustimmung beider Parteien zu diesem Schlichtungsspruch ein Streit über die Wirksamkeit der Kündigung tatsächlich vermieden worden.

---

29 Mayer/Kroiß/*Klees*, RVG, Nr. 1000 VV Rn 24.
30 ArbG Berlin 15.3.2006 – 9 BV 21646/05, NZA-RR 2006, 543; so auch schon im Rahmen des § 23 BRAGO: BAG 13.5.1998 – 7 ABR 65/96, NZA 1998, 900.
31 BAG 13.5.1998 – 7 ABR 65/96, NZA 1998, 900.
32 § 8 Rn 212.
33 BAG 29.3.2006 – 3 AZB 369/05, NZA 2006, 693 = NJW 2006, 1997.
34 LAG Düsseldorf 6.6.2006 – 16 Ta 307/06, MDR 2007, 59; LAG Rheinland-Pfalz 17.3.2010 – 8 Ta 40/10, n.v.
35 Muster 8335, § 8 Rn 213.
36 LAG Schleswig-Holstein 15.2.2006 – 1 Ta 252/05, NZA-RR 2006, 381.
37 LAG Baden-Württemberg 6.9.2005 – 3 Ta 135/05, RVGreport 2006, 149.
38 AG Koblenz 20.1.2006 – 40 UR II a 860/05, NZA-RR 2006, 544.

4. Terminsgebühr

Als weitere gesetzliche Gebühr sieht das RVG die Terminsgebühr vor (Nr. 3104 VV RVG), die sich erstinstanzlich wie zweitinstanzlich auf einen Gebührensatz von 1,2 beläuft (Nr. 3104, 3202 VV RVG). In der Revision berechnet sich die Terminsgebühr nach dem Faktor 1,5 (Nr. 3210 VV RVG). 139

Ist der Anwalt mit einem **unbedingten Prozessauftrag** durch den Mandanten versehen, **entsteht** die Terminsgebühr gem. Vorbemerkung 3 Abs. 1 Satz 1 VV RVG generell im Rahmen der Vertretung des Mandanten in einem Verhandlungs-, Erörterungs- oder Beweisaufnahmetermin. 140

Weiterhin entsteht sie bei der **außergerichtlichen Wahrnehmung** eines von einem gerichtlich bestellten Sachverständigen anberaumten Termins (Vorbemerkung 3 Abs. 3 Satz 3 Nr. 1 VV RVG) oder wenn Besprechungen ohne Beteiligung des Gerichts mit dem Gegner geführt werden, die auf die Vermeidung oder Erledigung eines Rechtsstreits gerichtet sind (Vorbemerkung 3 Abs. 3 Satz 3 Nr. 2 Hs 1 VV RVG).

Die Terminsgebühr entsteht außerdem in einem Verfahren, für das eine mündliche Verhandlung zwar vorgeschrieben ist, im Einverständnis mit den Parteien oder gem. § 307 Abs. 2 oder § 495a ZPO jedoch ohne mündliche Verhandlung entschieden wird (Nr. 3104 Nr. 1, 1. Alt. VV RVG). Die Terminsgebühr ist dabei nicht an eine erfolgreiche Beilegung der Auseinandersetzung geknüpft; es genügt ein Tätigwerden mit dem Ziel der Erledigung des Verfahrens durch den hierfür beauftragten Rechtsanwalt. Ein Erfolg ist gebührenrechtlich nicht geschuldet. Nimmt der Anwalt jedoch ausschließlich einen gerichtlichen Termin zur Verkündung der Entscheidung wahr, löst diese Tätigkeit ebenso wenig eine Terminsgebühr aus (Vorbemerkung 3 Abs. 3 Satz 2 VV RVG) wie eine außergerichtliche Besprechung mit dem Auftraggeber (Vorbemerkung 3 Abs. 3 Satz 3 Nr. 2 Hs 2 VV RVG).

Eine Terminsgebühr entsteht, wenn die Parteien vor dem Arbeitsgericht einen schriftlichen Vergleich nach § 278 Abs. 6 ZPO abschließen auch dann, wenn der Vergleichsschluss ohne Mitwirkung des Gerichts geschieht.[39] Mit der Terminsgebühr wird nicht nur die Teilnahme an der mündlichen Verhandlung, sondern auch die Erörterung honoriert, ebenfalls die Teilnahme an sonstigen Terminen. Sie fällt außerdem dann an, wenn Besprechungen außerhalb des Gerichts mit dem Gegner geführt werden, um eine Erledigung des Rechtsstreits herbeizuführen.[40] Für das arbeitsgerichtliche Verfahren hat diese Regelung zur Folge, dass die Terminsgebühr im Gütetermin anfällt und auch durch die häufig im Verlaufe eines Rechtsstreits geführten, außergerichtlichen Verhandlungen zwischen den Parteien zur Erzielung eines Vergleichs. 141

Nach der Vorbemerkung 3 Abs. 3 Satz 3 Nr. 2 VV RVG entsteht die Terminsgebühr u.a. für die Mitwirkung an Besprechungen, die auf die Vermeidung oder Erledigung des Verfahrens gerichtet sind, auch ohne Beteiligung des Gerichts; dies gilt nicht für Besprechungen mit dem Auftraggeber. Hat der Rechtsanwalt als Prozessbevollmächtigter nicht nur mit seiner Partei, sondern darüber hinaus mit der Gegenseite außergerichtliche Erörterungen zur Beilegung des Rechtsstreits geführt, reichen diese Verhandlungen für die Entstehung der Terminsgebühr aus.[41] Die Terminsgebühr knüpft nicht an eine erfolgreiche Einigung an. Es genügt ein Tätigwerden mit der bloßen Zielrichtung der Erledigung des Verfahrens durch den hierfür beauftragten Rechtsanwalt. Ein Erfolg ist gebührenrechtlich nicht geschuldet. Eine Terminsgebühr entsteht auch für solche Streitgegenstände, die noch nicht rechtshängig waren, in den im Termin geschlossenen Vergleich aber mit einbezogen wurden.[42] Wird ein solcher **Mehrvergleich** geschlossen, so bestimmt sich auch der Gegenstandswert der Terminsgebühr regelmäßig nach dem Gegenstandswert des Vergleichs, da angenommen wird, dass der Mehrwert Gegenstand der Besprechung war.[43] 142

Der BGH hat klargestellt,[44] dass die Terminsgebühr nicht nur für die Vertretung des Mandanten in einem Gerichtstermin entsteht, sondern auch für die Mitwirkung an einer auf Vermeidung oder Erledi- 143

---

39 OLG Saarbrücken 11.11.2009 – 9 W 340/09-33, NJW-Spezial 2010, 188; LAG Hessen 22.10.2007 – 13 Ta 400/07, n.v.; LAG Schleswig-Holstein 13.1.2006 – 2 Ta 2/06, NZA-RR 2006, 268; LAG Düsseldorf 10.1.2006 – 16 Ta 668/05, n.v.; LAG Niedersachsen 10.10.2005 – 10 Ta 282/05, MDR 2006, 717; aA LAG Rheinland-Pfalz 21.11.2005 – 8 Ta 255/05, n.v.
40 BGH 20.11.2006 – II ZB 9/06, NJW-RR 2007, 286; BGH 21.1.2010 – I ZB 14/09, n.v.
41 LAG Düsseldorf 10.1.2006 – 16 Ta 668/05, MDR 2006, 898 = LAGE § 278 ZPO 2002 Nr. 2.
42 AG Daun 26.7.2006 – 3 C 217/06, n.v.; Muster 8450, § 8 Rn 235.
43 OLG Hamm 6.2.2007 – 23 W 274/06, JurBüro 2007, 482; OLG Saarbrücken 11.11.2009 – 9 W 340/09-33, NJW-Spezial 2010, 188.
44 BGH 8.2.2007 – IX ZR 215/05, NJW-RR 2007, 720.

gung des Verfahrens gerichteten Besprechung ohne Beteiligung des Gerichts. Dieser Gebührentatbestand setzt nach Auffassung des BGH insbesondere nicht voraus, dass der Rechtsstreit bereits anhängig ist. Vielmehr reicht es aus, dass der Anwalt nach einem **unbedingten Klageauftrag** tätig wird.[45]

144 Der Anwalt erhält die Terminsgebühr auch für Besprechungen mit dem Gegner während eines laufenden gerichtlichen Verfahrens außerhalb des Gerichts.[46] Sie wird auch bei der Wahrnehmung eines von einem gerichtlich bestellten Sachverständigen anberaumten Termins gewährt (Vorbemerkung 3 Abs. 3 Satz 3 Nr. 1 VV RVG). Auch bei einer Entscheidung ohne mündliche Verhandlung fällt sie gem. Anmerkung Abs. 1 Nr. 1, 1. Alt. zu Nr. 3104 VV RVG an. Die 1,2-Terminsgebühr entsteht außerdem in einem Verfahren, für das eine mündliche Verhandlung zwar vorgeschrieben ist, im Einverständnis mit den Parteien oder gem. § 307 Abs. 2 ZPO oder § 495a ZPO jedoch ohne mündliche Verhandlung entschieden wird (Anmerkung Abs. 1 Nr. 1, 1. Alt. zu Nr. 3104 VV RVG). Zu einer Mitwirkung an einer auf die Erledigung des Verfahrens gerichteten Besprechung im Sinne der Vorbemerkung 3 Abs. 3 VV RVG reicht es aus, wenn der zur Berufungsrücknahme entschlossene Berufungskläger **telefonisch** versucht, den Berufungsbeklagten zu einem Verzicht auf die Kostenerstattung zu bewegen.[47] Auch die Entgegennahme einer auf eine Erledigung des Verfahrens gerichteten Erklärung zwecks Prüfung und Weiterleitung an die eigene Partei stellt eine Besprechung in diesem Sinne dar.[48] Nicht ausreichend ist aber ein allgemeines Gespräch über die grundsätzliche Bereitschaft oder abstrakte Möglichkeit einer außergerichtlichen Erledigung.[49] Eine Besprechung setzt die mündliche oder fernmündliche Kommunikation voraus; der Austausch von Schriftzeichen per **Brief, Telefax, SMS oder E-Mail** genügt nicht.[50]

145 Im Falle eines **Versäumnisurteils** entsteht nur eine 0,5-Gebühr. Voraussetzung für die reduzierte Versäumnisurteils-Gebühr ist, dass der Gegner nicht erschienen oder nicht ordnungsgemäß vertreten ist. Erklärt der Gegner dagegen, nicht auftreten zu wollen, fällt die volle 1,2-Terminsgebühr an.[51] Gleiches gilt, wenn der Gegner zwar nicht erscheint, die Sache aber einseitig mit dem Gericht erörtert wird.[52] Grundsätzlich reduziert sich die Terminsgebühr aus Nr. 3104 VV RVG vom 1,2fachen Gebührensatz gem. Nr. 3105 VV RVG auf 0,5, wenn der Anwalt einen Termin wahrnimmt, in dem nur ein Versäumnisurteil erlassen wird. Nach dem Wortlaut von Nr. 3105 VV RVG gilt die Gebührenabsenkung nur für den Fall, wenn lediglich ein Antrag auf Versäumnisurteil oder zu Prozess- oder Sachleitung gestellt wird. Mit der Gebührenreduzierung soll dem verminderten Aufwand des Rechtsanwalts bei dieser Fallkonstellation Rechnung getragen werden.[53] Nach der gesetzgeberischen Wertung soll die Reduktion der Terminsgebühr auf 0,5 allerdings nur dann erfolgen, wenn der Rechtsanwalt im Termin tatsächlich keine weiteren Tätigkeiten als das Stellen eines Antrags auf Erlass eines Versäumnisurteils ausübt oder Anträge zur Prozess- oder Sachleitung stellt.[54] Liegt Säumnis der gegnerischen Partei vor oder ist der Gegner nicht ordnungsgemäß vertreten, findet aber vor Erlass eines Versäumnisurteils eine einseitige Erörterung des erschienenen Rechtsanwalts mit dem Gericht statt, fällt die volle Terminsgebühr mit dem Satz von 1,2 an.[55] Schriftsatzmuster zum Einfordern der Terminsgebühr im Falle eines Versäumnisurteils finden sich in den Mustern 8440,[56] 8445[57] sowie 8450.[58]

5. Verfahrensgebühr

146 Nach Nr. 3100 VV RVG erhält der Rechtsanwalt, der durch einen unbedingten Auftrag zur Prozess- oder Verfahrensvertretung ausgestattet ist, in allen gerichtlichen Verfahren erster Instanz, auf die Teil 3 VV RVG anzuwenden ist, also in einem der in der Überschrift von Teil 3 VV RVG genannten

---

45 BGH 8.2.2007 – IX ZR 215/05, NJW-RR 2007, 720.
46 LAG Berlin-Brandenburg 26.4.2011 – 7 Ta (Kost) 6030/11, DB 2011, 1344.
47 LAG Hessen 1.3.2006 – 13 Ta 81/06, NZA-RR 2007, 37.
48 BGH 20.11.2006 – II ZB 9/06, NJW-RR 2007, 286.
49 BGH 27.2.2007 – XI ZB 38/05, NJW 2007, 2858.
50 BGH 21.10.2009 – IV ZB 27/09, NJW 2010, 381.
51 OLG Köln 2.5.2008 – 17 W 92/08, AGS 2008, 439.
52 *N. Schneider*, AnwBl 2004, 129 (138).
53 *Mayer/Kroiß/Mayer*, RVG, Nr. 3105 VV Rn 1.
54 BT-Drucks. 15/1971, S. 265.
55 LAG Hessen 14.12.2005 – 13 Ta 481/05, RVG-Letter 2006, 51.
56 § 8 Rn 233.
57 § 8 Rn 234.
58 § 8 Rn 235.

Verfahren, eine 1,3-Verfahrensgebühr. Eine Besonderheit besteht für arbeitsgerichtliche Verfahren, wenn sich die Tätigkeit auf eine richterliche Entscheidung über die nach § 102 Abs. 3 ArbGG bezieht. Diese Regelung kommt den an den Arbeitsgerichten bundesweit tätigen Rechtsanwälten zugute, da bei den Arbeitsgerichten ohnehin kein Postulationszwang besteht, gleichwohl die Festsetzung außergerichtlicher Kosten von den Rechtspflegern der Arbeitsgerichtsbarkeit nur vorsichtig gewährt wurde, wenn beträchtliche Reisekosten in die Antragstellung einbezogen waren.

Eine Partei darf sich grundsätzlich durch einen an ihrem Sitz oder Wohnsitz ansässigen Anwalt auch vor einem auswärtigen Gericht vertreten lassen, so dass die **Reisekosten** des Anwalts erstattungsfähig sind. Eine Ausnahme gilt nur dann, wenn die Kosten eines Terminsvertreters ersichtlich geringer gewesen wären.[59] Als weitere Ausnahme gilt nach der Rechtsprechung, wenn die Partei über eine eigene Rechtsabteilung verfügt und es sich um ein Routinegeschäft handelt. In diesen Fällen ist es der Partei zuzumuten, in einem Rechtsstreit vor dem auswärtigen Gericht einen Prozessbevollmächtigten dort zu bestellen und diesen telefonisch oder mündlich zu unterrichten.[60] Hat die Partei ihren Sitz oder Wohnsitz am Ort des Gerichts, sind die Kosten eines auswärtigen Rechtsanwalts grundsätzlich nicht zu erstatten.[61]

Die Verfahrensgebühr des Rechtsanwalts reduziert sich auf 0,8, wenn der Auftrag endigt, bevor der Rechtsanwalt die Klage, den ein Verfahren einleitenden Antrag oder einen Schriftsatz, der Sachanträge, Sachvortrag, die Zurücknahme der Klage oder die Zurücknahme des Antrags enthält, eingereicht oder bevor er einen gerichtlichen Termin wahrgenommen hat (Nr. 3101 Nr. 1 VV RVG). Ebenfalls mit einem Wert von 0,8 entsteht die Verfahrensgebühr, soweit lediglich beantragt ist, eine Einigung der Parteien oder der Beteiligten oder mit Dritten über in diesem Verfahren nicht rechtshängige Ansprüche zu Protokoll zu nehmen oder festzustellen (§ 278 Abs. 6 ZPO) oder soweit lediglich Verhandlungen vor Gericht zur Einigung über solche Ansprüche geführt werden (Nr. 3101 Nr. 2 VV RVG).

6. Gutachtengebühren

In arbeitsrechtlichen Angelegenheiten werden verschiedentlich für Arbeitgeber, Verbände oder Behörden Gutachten erstellt. Für den Fall der Gutachtenerstellung kennt das RVG die angemessene Gebühr in Nr. 2103 VV RVG. Der Anwalt bestimmt diese Gebühr nach § 14 Abs. 1 RVG, die weder als Mindest- noch als Höchstgebühr, weder als Satzrahmen- noch als Betragsrahmen- oder Festgebühr ausgestaltet ist. Es ist damit Sache des Rechtsanwalts, wenn er nicht über eine Vergütungsvereinbarung von vornherein ein Honorar für das Gutachten festgelegt hat, nach § 14 Abs. 1 RVG die Höhe der Gebühr als angemessene Gebühr verantwortlich selbst zu bestimmen.

7. Tätigkeit vor dem Integrationsamt

Für die Tätigkeit vor dem Integrationsamt gelten Nr. 2300 VV RVG und Nr. 2301 VV RVG. Solange der Rechtsanwalt den Arbeitnehmer vor dem Integrationsamt aufgrund eines Antrags des Arbeitgebers nach § 85 SGB IX vertritt, gilt die Geschäftsgebühr gem. Nr. 2300 VV RVG. Ist der Bescheid erlassen, reduziert sich die Gebühr des Anwalts gem. Nr. 2301 VV RVG auf den Rahmen von 0,5 bis 1,3. Die Begründung wurde in Nr. 2301 VV RVG vom Gesetzgeber mitgeliefert. Man geht davon aus, dass der Umfang der Tätigkeit infolge der bereits im Vorerlass des Verwaltungsakts liegenden Verwaltungsverfahren nicht so umfangreich ausfällt. Diese Behauptung würdigt den Regelfall des Verfahrens vor dem Integrationsamt nicht ausreichend.

Bei der Bemessung des Gegenstandswerts für eine Tätigkeit des Rechtsanwalts vor dem Integrationsamt wurde früher vertreten, dass in diesem Fall die Regelungen des § 42 Abs. 3 Satz 1 GKG aF (jetzt: § 42 Abs. 2 Satz 1 GKG) gelten, also der Vierteljahresbezug des Bruttomonatsgehalts des Arbeitnehmers bei der Gegenstandswertberechnung zugrunde zu legen sei.[62] Seit einer Grundsatzentscheidung des Bundesverwaltungsgerichts vom 14.7.1991[63] wurde in derartigen Fällen jedoch grundsätzlich von einem Auffangwert von 4.000 EUR ausgegangen. Nach der Neuregelung des § 52 Abs. 2 GKG, der zu

---

[59] BGH 16.10.2002 – VIII ZB 30/02, AGS 2003, 97 m. Anm. *Madert*.
[60] BGH 16.10.2002 – VIII ZB 30/02, AGS 2003, 97 m. Anm. *Madert*.
[61] BGH 12.12.2002 – I ZB 29/02, AGS 2003, 368.
[62] VGH Hessen 23.12.1987 – 9 TE 3288/86, ZfSH/SGB 1988, 321 = AnwBl 1988, 488.
[63] BVerwG 14.7.1991 – 5 C 39/89, MDR 1993, 584.

einer Erhöhung des Auffangwerts auf 5.000 EUR geführt hat, ist bei Tätigkeiten vor dem Integrationsamt nunmehr von einem höheren Vergütungsanspruch des Rechtsanwalts auszugehen.[64] Das Muster 8375[65] beinhaltet einen Schriftsatz zur Geltendmachung dieses erhöhten Gegenstandswerts bei Verfahren auf Zustimmung zur Kündigung vor dem Integrationsamt.

8. Erhöhungsgebühr

153 Der Rechtsanwalt erhält in derselben Angelegenheit, wenn er für mehrere Auftraggeber tätig ist, die Gebühren nur einmal (§ 7 Abs. 1 RVG). Nach Nr. 1008 VV RVG erhöht sich die Verfahrens- oder Geschäftsgebühr für jede weitere Person um den Faktor 0,3, der im Sinne einer Kappungsgrenze den Gebührensatz 2,0 nicht übersteigen darf. Für Festgebühren und Betragsrahmengebühren sind Sonderregelungen geschaffen.

154 In § 7 Abs. 2 RVG regelt der Gesetzgeber, dass jeder der Auftraggeber die Gebühren und Auslagen schuldet, so dass bei mehreren Auftraggebern jeder Einzelne für eine volle Gebühr haftet.

II. Gerichtskosten

155 In Streitigkeiten vor den Gerichten für Arbeitssachen richten sich die **Gerichtskosten** nach dem Gerichtskostengesetz (§ 1 Abs. 2 Nr. 4 GKG).

156 Von den Gerichtskosten **befreit** sind dabei gem. § 2 Abs. 2 GKG insbesondere Beschlussverfahren gem. § 2a ArbGG, nicht jedoch Urteilsverfahren. Kommt es im Urteilsverfahren – wie häufig – zu einem den Rechtsstreit beendenden gerichtlichen Vergleich, entfallen die in diesem Rechtszug angefallenen Gebühren wieder (Vorbemerkung 8 KV GKG).

157 In der ersten Instanz beträgt die **Verfahrensgebühr** 2,0 (Nr. 8210 KV GKG), im Berufungsverfahren 3,2 (Nr. 8220 KV GKG) und in der Revision 4,0 (Nr. 8230 KV GKG). Die Verfahrensgebühr ermäßigt sich allerdings in der ersten Instanz bei Klagerücknahme, Anerkenntnisurteil oder Erledigungserklärung auf 0,4 (Nr. 8211 KV GKG), unter den gleichen Voraussetzungen im Berufungsverfahren auf 1,6 (Nr. 8222 KV GKG) und im Revisionsverfahren, je nach vorzeitigem Beendigungstatbestand, auf 0,8 oder 2,4 (Nr. 8231 KV GKG und Nr. 8232 KV GKG).

III. Grundsätze für die Bemessung des Gegenstandswerts

1. Urteilsstreitwert

158 Das Arbeitsgericht setzt gem. § 61 Abs. 1 ArbGG den Wert des Streitgegenstandes im Urteil fest. Diesen Gegenstandswert bezeichnet man auch als „Rechtsmittelstreitwert". Durch diesen Gegenstandswert wird die Obergrenze der möglichen Beschwer festgelegt.[66] Der für die Berechnung des Urteilsstreitwerts maßgebliche **Zeitpunkt** ist der Schluss der mündlichen Verhandlung.[67] Erledigt sich ein Teil des Streitgegenstandes vor der mündlichen Verhandlung durch Klagerücknahme, Teilvergleich oder teilweise Erledigung der Hauptsache, so ist dieser Teil bei der Berechnung des Urteilsstreitwerts nicht mehr mit zu berücksichtigen.[68]

159 Die Gegenstandswertfestsetzung im Urteil ist **unanfechtbar**. Eine Beschwerde nach § 25 Abs. 3 GKG ist ausgeschlossen. Das Arbeitsgericht ist aufgrund der Bindungswirkung des § 318 ZPO gehindert, die getroffene Gegenstandswertfestsetzung abzuändern.[69] Die Bindungswirkung der Gegenstandswertfestsetzung wirkt auch im Verhältnis zum Landesarbeitsgericht, das eine Abänderung von der Festsetzung grundsätzlich nicht vornehmen kann.

160 Die Wertfestsetzung im arbeitsgerichtlichen Urteilsverfahren ist in § 63 GKG geregelt. Eine Wertfestsetzung für die Zuständigkeit des Prozessgerichts oder die Zulässigkeit des Rechtsmittels scheidet im arbeitsgerichtlichen Verfahren nach wie vor gem. § 62 Satz 2 GKG aus.[70]

---

64 *Hennemann*, ArbRB 2005, 22.
65 § 8 Rn 221.
66 *Heuwerth*, FA 1998, 341.
67 BAG 16.5.2007 – 2 AZB 53/06, NZA 2007, 829.
68 *Grunsky*, § 61 ArbGG Rn 4.
69 BAG 16.5.2007 – 2 AZB 53/06, NZA 2007, 829.
70 *Natter*, NZA 2004, 688.

2. Wert des Gegenstandes der anwaltlichen Tätigkeit; Streitwertkatalog für die Arbeitsgerichtsbarkeit

Die gesetzlichen Gebühren des Rechtsanwalts werden gem. § 2 Abs. 1 RVG nach dem Wert berechnet, den der Gegenstand seiner Tätigkeit hat. Unter dem „**Gegenstand**" ist das Recht oder Rechtsverhältnis (auch Streitgegenstand oder Streitverhältnis genannt) zu verstehen, auf das sich die Tätigkeit des Rechtsanwalts nach dem Inhalt des erteilten Auftrags bezieht.[71] Umfasst die Angelegenheit mehrere Gegenstände, sind die Werte gem. § 22 Abs. 1 RVG zu addieren. Der Wert des Gegenstandes richtet sich gem. § 23 Abs. 1 Satz 1 RVG nach den für die Gerichtsgebühren geltenden Wertvorschriften. Das gilt gem. § 23 Abs. 1 Satz 2 RVG auch für die außergerichtliche Tätigkeit des Rechtsanwalts, wenn der Gegenstand der außergerichtlichen Tätigkeit auch Gegenstand einer gerichtlichen Tätigkeit sein könnte.[72]

161

Wenn der Gegenstand der anwaltlichen und der gerichtlichen Tätigkeit übereinstimmen, entspricht der Wert der anwaltlichen Tätigkeit dem Gerichtsgebührenstreitwert, § 23 Abs. 1 RVG. Stimmen die beiden Werte nicht überein oder ergeht eine gerichtliche Entscheidung über den Gerichtsgebührenstreitwert nur deshalb nicht, weil das Verfahren wie das Beschlussverfahren gebührenfrei ist,[73] kann der Rechtsanwalt nach § 11 Abs. 1 RVG die gesonderte Festsetzung des Gegenstandswerts seiner Tätigkeit beantragen. Der Antrag darf erst gestellt werden, wenn die Vergütung fällig ist, § 11 Abs. 2 Satz 1 RVG.

162

Zur Vereinheitlichung der Streitwertbemessung wurde im Mai 2013 der Konferenz der Präsidentinnen und Präsidenten der Landesarbeitsgerichte Deutschlands ein von einer gemeinsamen Streitwertkommission erarbeiteter „**Streitwertkatalog für die Arbeitsgerichtsbarkeit**" vorgestellt.[74] Dieser Streitwertkatalog soll – obwohl nicht bindend – in der Arbeitsgerichtsbarkeit möglichst einheitlich angewendet werden,[75] sodass dessen Bedeutung für die Zukunft der Rechtsanwaltsvergütung nicht überschätzt werden kann. Der Katalog ist unterteilt in Urteilsverfahren (A) und Beschlussverfahren (B); das Urteilsverfahren (A) ist wiederum unterteilt in Verfahrenswert (I) und Vergleichs(mehr)wert (II). Eine nähere Darstellung des Streitwertkatalogs samt Erläuterungen ist in dem Aufsatz von *Bader/Lörchel*, Vereinheitlichung der arbeitsgerichtlichen Streitwerte, NZA 2013, 809–864 nachzulesen.

162a

3. Nichtanrechnung der Abfindung beim Gegenstandswert

Eine arbeitsrechtliche Besonderheit – die markante Ausnahme vom Grundsatz der Gegenstandswertaddition – besteht darin, dass in Kündigungsstreitigkeiten gem. § 42 Abs. 2 Satz 1 Hs 2 GKG eine Abfindung auf den Gegenstandswert nicht hinzugerechnet wird.

163

Um das Verbot der Gegenstandswertaddition bei Abfindungen rankt sich eine Reihe von Unklarheiten, die der Gesetzgeber bislang nicht beseitigt hat. Vielfach ist unbekannt, dass die Ausnahmebestimmung der Nichtanrechnung einer Abfindung auf den Gegenstandswert nur für den Fall geschaffen wurde, dass das Gericht auf Antrag einer Partei das Arbeitsverhältnis gem. §§ 9, 10 KSchG gegen Zahlung einer Abfindung aufgelöst hat. Es entspricht allgemeiner Auffassung, dass die Abfindung selbst dann bei der Gegenstandswertberechnung nicht hinzuzurechnen ist, wenn der Arbeitnehmer den Auflösungsantrag selbst gestellt und den Abfindungsbetrag beziffert hat.[76] § 42 Abs. 2 Satz 1 Hs 2 GKG kommt jedoch nicht zur Anwendung, wenn die Abfindung auf einer eigenen Anspruchsgrundlage – etwa Sozialplan, Nachteilsausgleich oder Rationalisierungsschutzabkommen – beruht, die nicht vom Ausgang des Kündigungsschutzrechtsstreits abhängig ist.[77] In diesem Falle handelt es sich um verschiedene Streitgegenstände, so dass eine Gegenstandswertaddition zu erfolgen hat.

164

---

71 BGH 5.4.1976 – III ZR 95/74, LM § 7 BRAGO Nr. 2 = MDR 1976, 742.
72 OLG Düsseldorf 29.6.2006 – I 24 U 196/04, NJW-RR 2007, 129; OLG Düsseldorf 23.5.2005 – 24 W 24/05, AGS 2005, 398 = MDR 2005, 1078; BGH 17.10.1996 – IX ZR 37/96, NJW 1997, 188 = AnwBl 1997, 349.
73 §§ 2 a, 80 ff. ArbGG.
74 Abrufbar auf der Homepage des LAG Frankfurt, Unterpunkt: Service, Unterpunkt: Wertfestsetzung.
75 LAG Nürnberg 21.6.2013 – 7 TA 41/13, n.v.
76 LAG Hamm 21.10.1982 – 8 Ta 275/82, MDR 1983, 170; ArbG Nürnberg 30.5.2006 – 15 Ca 8895/00, n.v.; LAG Düsseldorf 17.1.1985 – 7 Ta 267/84, n.v.
77 LAG Hamm 15.10.1981 – 8 Ta 137/81, EzA § 12 ArbGG 1979 Streitwert Nr. 8; LAG Hamburg 15.2.1984 – 2 Ta 3/84, n.v.; LAG Berlin 17.3.1995 – 1 Ta 6/95, NZA 1995, 1072; LG Frankfurt 15.12.1995 – 2/17 S 202/95, JurBüro 1996, 365; LAG Köln 14.9.2001 – 13 Ta 214/01, AnwBl 2002, 185; LAG Hamburg 19.9.2003 – 4 Ta 16/03, LAGE § 12 ArbGG 1979 Streitwert Nr. 131.

165 Das BAG hat in seiner Entscheidung vom 16.5.2000[78] den Grundsatz aufgestellt, dass auch im außergerichtlichen Bereich generell die Wertvorschrift des § 42 Abs. 2 Satz 1 Hs 2 GKG anzuwenden sei. Auch bei außergerichtlichen Verhandlungen, wenn durch die anwaltliche Tätigkeit ein Aufhebungsvertrag mit einer Abfindungsvereinbarung zustande komme, ohne dass ein gerichtliches Verfahren eingeleitet werde, sei der Gegenstandswert unter Anwendung der gerichtlichen Wertvorschriften des § 42 Abs. 2 GKG zu bestimmen.

166 Das Urteil des BAG wirkt angesichts der in der Kommentarliteratur einhellig geäußerten Auffassung nicht ausreichend durchdacht. Übersehen wird, dass § 42 Abs. 2 Satz 1 Hs 2 GKG ein Sondertatbestand ist, der den sozial schwachen Arbeitnehmer schützen soll, ein Tatbestand, der verhindern will, dass dem sein Arbeitsverhältnis verlierenden Arbeitnehmer seine wirtschaftliche Lage nicht auch noch dadurch erschwert werden soll, dass sich durch die Auflösungsentscheidung des Gerichts nach § 9 KSchG der für die Anwaltsgebühren maßgebliche Streitwert erhöht. § 42 Abs. 2 GKG liegt der Gedanke zugrunde, dass der Rechtsstreit bereits einen Streitwert hat, nämlich den Vierteljahresbezug, § 42 Abs. 2 Satz 1 Hs 1 GKG. Durch die mit der Auflösung anstelle des Bestandsschutzziels der Kündigungsschutzklage tretende Abfindung soll nach dem Willen des Gesetzgebers keine andere, streitwerterhöhende Position treten. Allein auf diesen Sachverhalt ist die Regelung zugeschnitten, auf keine andere Fallkonstellation sonst.

167 Im außergerichtlichen Bereich ist die Sachlage eine andere. Hier spricht nicht der Richter, ggf gegen den Willen des Arbeitnehmers, eine Auflösung des Arbeitsverhältnisses aus, hier wird entweder einvernehmlich das Arbeitsverhältnis beendet (Aufhebungsvertrag) oder nach Kündigung des Arbeitgebers ein Vertrag über die Modalitäten der Beendigung des Arbeitsverhältnisses geschlossen (Abwicklungsvertrag) oder eine betriebsbedingte Kündigung des Arbeitsverhältnisses entsprechend den Vorgaben des § 1 a KSchG vom Arbeitnehmer hingenommen.

168 Schafft der Gesetzgeber eine Ausnahmevorschrift, besteht zunächst die Vermutung dafür, dass diese Vorschrift auf andere Sachverhalte nicht übertragen werden kann. Dem Rechtsanwalt ist es auch verwehrt, Vorschriften in Gebührenangelegenheiten heranzuziehen, die nicht den konkreten Sachverhalt betreffen, sondern nach Maßgabe einer subjektiven Analogie als vergleichbar gewertet werden. Gerade das Fehlen eines Gebührentatbestands für eine anwaltliche Dienstleistung belegt, dass die Dienstleistung nicht abrechenbar ist bzw nicht abrechenbar sein soll. Umgekehrt bedeutet eine gesetzgeberische Einschränkung, von dem generellen Grundsatz der Streitwertaddition abzuweichen, dass der Ausnahmetatbestand nicht auf andere, unbenannte Sachverhaltskonstellationen übertragen werden darf.

169 In diesem Sinne ist eine Analogie der Ausnahmevorschrift des § 42 Abs. 2 GKG auf das außergerichtliche Tätigwerden eines Rechtsanwalts bei Abschluss eines Aufhebungs- oder Abwicklungsvertrages nicht gerechtfertigt. Konsequent zu Ende gedacht hätte das Urteil des BAG vom 16.5.2000[79] zur Folge, dass die Interessenwahrnehmung des Anwalts im Falle einer Kündigung durch den Arbeitgeber nach § 1a KSchG, wenn der Anwalt den Arbeitnehmer nur im Bereich der Höhe der Abfindung berät, unentgeltlich zu erfolgen hätte. § 42 Abs. 2 GKG, also der Vierteljahresbezug als Streitwert, könnte nicht in Ansatz gebracht werden, weil der Anwalt hinsichtlich der Kündigung, die mit dem Vierteljahresgehalt zu berücksichtigen wäre, nicht tätig geworden ist. Seine Interessenwahrnehmung wegen der Höhe der Abfindung könnte, wäre das Urteil des BAG vom 16.5.2000 zutreffend, nach § 42 Abs. 2 GKG nicht hinzugerechnet werden. Ergebnis wäre: Die Tätigkeit des Anwalts hätte keinen Streitwert.

170 An diesem Beispiel kann man verständlich machen, weshalb für eine Analogie, wie sie das BAG gewählt hat, kein Raum ist. § 42 Abs. 2 Satz 1 Hs 2 GKG ist daher ausschließlich auf das **Auflösungsurteil** gem. § 9 KSchG zugeschnitten. Es wäre wünschenswert, wenn die Rechtsprechung diesen Umstand zur Kenntnis nehmen würde. *Hansens* bezeichnet die Regelung in § 42 Abs. 2 Satz 1 Hs 2 GKG nicht ohne Grund als eine „nicht praxisgerechte Bestimmung".[80] Bedauerlicherweise gibt es gegenwärtig keinen gesetzlich definierten Begriff der **Abfindung**. Es ist anerkannt, dass bei § 158 SGB III der gleiche Abfindungsbegriff zugrunde liegt wie im Arbeits- oder im Steuerrecht.[81] Im Lohnsteuerrecht ist der Begriff der Abfindung definiert.[82] Danach sind Abfindungen Leistungen, die der Arbeitnehmer als Aus-

---

78 BAG 16.5.2000 – 9 AZR 279/99, BAGE 94, 336 = NZA 2000, 1246 = MDR 2001, 174.
79 BAG 16.5.2000 – 9 AZR 279/99, BAGE 94, 336 = NZA 2000, 1246.
80 AnwBl 2004, 142 (147).
81 *Niesel*, § 143 a SGB III Rn 7 ff.
82 R 9 der Lohnsteuerrichtlinien zu § 9 Nr. 3 EStG.

gleich für die mit der Auflösung des Dienstverhältnisses verbundenen Nachteile, insbesondere für den Verlust des Arbeitsplatzes, erhält. Nicht zu den Abfindungen gehören andere Bezüge, die lediglich aus Anlass der Auflösung eines Dienstverhältnisses bezahlt werden.

In der steuerrechtlichen Literatur wird die Abgrenzung der Abfindung nach § 3 Nr. 9 EStG zur sonstigen Entschädigungszahlung wie folgt vorgenommen: „Entscheidend bei der Abfindung sind nur zwei Dinge, die Zahlung darf nicht aus einem neuen Rechtsgrund vereinbart werden, der Arbeitnehmer darf nicht bereits einen Rechtsanspruch auf die Leistung erworben haben."[83]

Rechtsschutzversicherungen halten die Analogie, die das BAG im außergerichtlichen Bereich bei Beendigung eines Arbeitsverhältnisses gegen Zahlung einer Abfindung vornimmt, selbstredend aus ökonomischem Eigeninteresse für zutreffend. Der Versuch, die Streitwerte aus der Beendigung des Arbeitsverhältnisses und einer erzielten Abfindung im Rahmen außergerichtlicher Vergleichsverhandlungen aufzuaddieren, findet bei ihnen regelmäßigen keine Zustimmung. Die Streitwertdifferenz ist regelmäßig zu niedrig, um sich dem Aufwand eines nicht hinreichend vergüteten Musterrechtsstreits hinzugeben.

Inzwischen ist in der Rechtsprechung eine Tendenz zu beobachten, aus der Ausnahmevorschrift des § 42 Abs. 2 Satz 1 GKG eine grundsätzliche Kappungsgrenze für alle Regelungen zu machen, die der Abwicklung des Arbeitsverhältnisses bei dessen Beendigung dienen. So soll nach dem LAG Köln in einem Abfindungsvergleich kein Mehrwert für die weitere Vereinbarung einer Freistellung des Arbeitnehmers, der Zulässigkeit einer Nebentätigkeit während der Freistellung, der Rückgabepflicht des Firmenwagens sowie der Option zur vorzeitigen Beendigung durch den Arbeitnehmer unter voller oder teilweiser Erhöhung der Abfindung um die ersparte Vergütung („**Turboprämie**") anzusetzen sein.[84] Anders als vom LAG Köln angenommen, dienen Regelungen über die Freistellung von der Arbeitsleistungen oder die Rückgabe des Firmenwagens regelmäßig nicht der Entschädigung für den Verlust des Arbeitsplatzes, sondern – ähnlich den Regelungen über die Zeugniserteilung – der Abwicklung der bei feststehender Beendigung potenziell noch streitanfälligen Bereiche. Durch die Einbeziehung in einen Vergleich wollen die Parteien gerade vor dem Hintergrund der Gewissheit der Beendigung des Arbeitsverhältnisses die Situation so behandeln, als sei Streit über die weiteren Pflichten bei der Abwicklung des Arbeitsverhältnisses eingetreten, der durch die vergleichsweise Regelung beigelegt wird. Abgesehen davon, dass das LAG Köln sich mit seiner Auslegung weder an den Wortlaut, noch an den historischen Hintergrund, noch an die Systematik und auch nicht an den Sinn und Zweck der einschränkend auszulegenden Ausnahmevorschrift hält, kann es kaum im Interesse der Rechtspflege sein, von der Anwaltschaft zusätzlichen streitvermeidenden Einsatz unentgeltlich abzuverlangen.

4. Die Angelegenheit gem. § 15 RVG

Nach § 15 Abs. 1 RVG entgelten die Gebühren des Rechtsanwalts die gesamte Tätigkeit vom Beginn des Auftrags bis zur Erledigung der Angelegenheit. Die gebührenrechtliche Gretchenfrage lautet, was unter einer **Angelegenheit** iSv § 15 RVG zu verstehen ist. Die Erläuterungsbeispiele, mit denen in den §§ 16–18 RVG dieselben Angelegenheiten (§ 16 RVG), verschiedene Angelegenheiten (§ 17 RVG) oder besondere Angelegenheiten (§ 18 RVG) benannt werden, sind für das Arbeitsrecht nicht einschlägig. Drei Kriterien sind zur Bestimmung des Begriffs der gesonderten Angelegenheit maßgebend: Der Tätigkeit des Anwalts muss

- ein einheitlicher Auftrag zugrunde liegen,
- sie muss sich im gleichen Rahmen halten und
- zwischen den einzelnen Handlungen und/oder Gegenständen der anwaltlichen Tätigkeit muss ein innerer Zusammenhang bestehen.[85]

Beauftragt ein Arbeitgeber einen Rechtsanwalt, einem Arbeitnehmer zu kündigen, ist dieser Auftrag eine gesonderte Angelegenheit iSv § 15 Abs. 1 RVG. Erhebt der Mitarbeiter anschließend Kündigungsschutzklage und beauftragt der Arbeitgeber den Rechtsanwalt, der bereits die Kündigung vorbereitet und, vom Arbeitgeber bevollmächtigt, ausgesprochen hat, handelt es sich um eine erneute Angelegenheit iSv § 15 RVG. Der Arbeitgeber hat bei dieser Fallkonstellation zwei unterschiedliche Aufträge erteilt. Mit Erteilung des ersten Auftrags konnte er noch nicht einmal wissen, ob der Arbeitnehmer Kün-

---

83 Schmidt/*Heinicke*, § 3 – ABC der steuerfreien Einnahmen.
84 LAG Köln 3.3.2009 – 4 Ta 467/08, NZA-RR 2009, 503.
85 AnwK-RVG/*N. Schneider*, § 15 Rn 23 ff.

digungsschutzklage erheben würde. Die Abwehr der Kündigungsschutzklage stellt daher einen eigenständigen Auftrag iSv § 15 Abs. 1 RVG dar.

176 Beauftragt der Arbeitgeber den Anwalt, vor Ausspruch einer Kündigung die **Zustimmung des Integrationsamts** einzuholen, da der Arbeitnehmer mit einem Grad von 80 % behindert ist, handelt es sich um eine gesonderte Angelegenheit iSv § 15 RVG (Verwaltungsverfahren gem. Nr. 2300 VV RVG). Die Kündigung eines Arbeitnehmers als arbeitsrechtliche Gestaltungserklärung bewegt sich nicht im gleichen Rahmen wie das verwaltungsrechtliche Verfahren auf Erteilung einer Zustimmung nach § 85 SGB IX. Beauftragte der Arbeitgeber den Rechtsanwalt zunächst ausschließlich mit der Prüfung der Voraussetzungen einer wirksamen Kündigung, handelt es sich ebenfalls um eine gesonderte Angelegenheit, so dass eine Anrechnung der dabei anfallenden Geschäftsgebühr nach Nr. 2300 VV RVG auf die Gebühr gem. Nr. 3100 VV RVG im gerichtlichen Verfahren, wenn der Arbeitgeber späterhin den Auftrag erteilt, ihn im Kündigungsschutzprozess gegen den Arbeitnehmer zu vertreten, nicht möglich ist.[86] Hilfreich für die Entscheidung, ob es sich um die **gleiche Angelegenheit** oder um **andere Angelegenheit** handelt, ist die Kontrollüberlegung, ob die verschiedenen Gegenstände im Falle gerichtlicher Geltendmachung in einem Verfahren verfolgt werden können.[87] Die Tätigkeit in einem verwaltungsrechtlichen Verfahren wie der Herbeiführung der Zustimmung des Integrationsamts zur Kündigung eines Arbeitnehmers findet ihre Überprüfung im Widerspruchsverfahren und im anschließenden verwaltungsgerichtlichen Prozess statt. Die Tätigkeit des Anwalts im Zusammenhang mit einer Kündigung kann nur Gegenstand eines arbeitsgerichtlichen Verfahrens bilden. Hier fehlt also der innere Zusammenhang. Auch die Tätigkeit im außergerichtlichen Bereich, also bspw die Fertigung eines Kündigungsschreibens oder die Entwicklung einer Kündigungsstrategie, wird nicht im Verhältnis zwischen Auftraggeber und Mandant im arbeitsgerichtlichen Verfahren überprüft, sondern für den Fall, dass der Anwalt eine mangelhafte Beratungsleistung erbracht hat, im zivilgerichtlichen Haftungsprozess, den der Arbeitgeber gegen seinen Anwalt vor dem Landgericht anstrengen würde.

177 Häufig wird nicht bedacht, dass sich unterschiedliche Lebenssachverhalte aus einem einheitlichen, dem Anwalt erteilten Mandat ergeben. Bezieht sich der einheitliche Auftrag auf unterschiedliche Gegenstände, erstreckt sich der Auftrag auf unterschiedliche Angelegenheiten im gebührenrechtlichen Sinne und der Anwalt kann auch nicht die Streitgegenstände aufaddieren und dem Mandanten eine Rechnung zukommen lassen. Nur in derselben Angelegenheit werden die Werte mehrerer Gegenstände zusammengerechnet (§ 22 Abs. 1 RVG).

178 Im Arbeitsrecht wird verschiedentlich übersehen, dass die Tätigkeit des Rechtsanwalts aus einer ganzen Reihe von Mandaten einschließlich Folgemandaten besteht. Dass sich die Aufträge auf ein einziges Arbeitsverhältnis zwischen den gleichen Parteien wiederholt erstrecken, führt nicht dazu, dass es sich stets auch um eine gebührenrechtliche Angelegenheit iSv § 15 RVG handelt. Diesen Umstand dürfte der BGH in seiner Grundsatzentscheidung vom 29.3.1983[88] übersehen haben.

179 Das Urteil des BGH vom 29.3.1983 zwingt den Anwalt in Folgeprozesse.[89] Der in einer Kündigungssache mit der Prozessführung beauftragte Rechtsanwalt muss durch Befragung ermitteln, ob der Arbeitnehmer auch ein Interesse an der Geltendmachung von Vergütungsansprüchen schon während des Kündigungsschutzprozesses hat. Da der Rechtsanwalt für seinen Mandanten den sichersten Weg zu wählen hat,[90] muss er stets auch auf die sich durch Ausschlussfristen ergebenden Nachteile verspäteter Zahlungsklagen hinweisen. Rechtsschutzversicherungen regen bei kombinierten Kündigungsschutz- und Zahlungsklagen regelmäßig an, unter Hinweis auf Pkt. 4.1.1.4 ARB 2012 die **Zahlungsklagen zurückzustellen**. Der Anwalt sollte in diesen Fällen auf die sich aus der Nichterhebung der Zahlungsklage ergebenden Risiken hinweisen. Erfahrungsgemäß erteilen Rechtsschutzversicherer den Deckungsschutz für die Zahlungsklage, wenn man sie vor die Alternative stellt, das wirtschaftliche Risiko der Nichterhebung einer Zahlungsklage zu übernehmen.

180 Kommt es nach Abschluss eines Vergleichs in einer Kündigungsschutzsache zu einer erneuten Kündigung oder zahlt der Arbeitgeber die vertragliche Vergütung während der Kündigungsfrist nicht, handelt es sich um eine erneute arbeitsrechtliche Angelegenheit iSv § 15 Abs. 1 RVG, soweit der Arbeit-

---

86 Ebenso nach früherer Rechtslage: *Schiffer*, FA 1997, 4 (5).
87 Mayer/Kroiß/*Winkler*, RVG, § 15 Rn 20; OLG Frankfurt/Main 7.5.2009 – 3 U 200/08, NJW-RR 2010, 175.
88 BGH 29.3.1983 – VI ZR 172/81, NJW 1983, 1665.
89 *Gans/Schrader*, NZA 1999, 570.
90 LG Mannheim 11.4.1997 – 1 S 386/96, NZA-RR 1997, 443; *Küttner*, NZA 1996, 462.

nehmer den Anwalt auch insoweit beauftragt. Zahlt der Arbeitgeber eine vereinbarte Abfindung nicht zum vereinbarten Zeitpunkt und beauftragt der Arbeitnehmer den Anwalt mit der Durchsetzung seines Abfindungsanspruchs, handelt es sich erneut um eine gesonderte Angelegenheit iSv § 15 Abs. 1 RVG.

Bei arbeitsrechtlichen Mandaten kann es vorkommen, dass der Arbeitnehmeranwalt aufgesucht wird, um einen Aufhebungsvertrag auszuhandeln und gleichzeitig Aufträge mit dem Arbeitgeber für den Arbeitnehmer über einen gewissen Zeitraum zu vereinbaren, damit der Arbeitnehmer eine Existenzgrundlage als Selbständiger begründen kann. In diesen Fällen handelt es sich nicht um eine Angelegenheit, sondern um zwei Angelegenheiten. Die Unterschiedlichkeit der Angelegenheiten ergibt sich daraus, dass kein gleicher Rahmen iSd § 15 RVG besteht, weil es meist bereits an der Parteiidentität fehlt. Der Arbeitgeber ist zwar meist die gleiche Rechtspersönlichkeit wie der spätere Auftraggeber. Der ausscheidende Arbeitnehmer wird als Auftragnehmer oft in einer GmbH oder OHG oder Partnerschaft eine gesellschaftsrechtliche Stellung einnehmen.

In jedem Falle fehlt es bei dieser Konstellation an einem inneren Zusammenhang iSd § 15 RVG. Aufträge des (früheren) Arbeitgebers unterliegen, anders als das Arbeitsentgelt, der Mehrwertsteuerpflicht. Es handelt sich um zivilrechtliche und nicht um arbeitsrechtliche Ansprüche. Damit ein innerer Zusammenhang besteht, muss die Angelegenheit zumindest dem gleichen Rechtsgebiet angehören. Selbst wenn das gleiche Rechtsgebiet vorliegt, fehlt es an einem inneren Zusammenhang, wenn sich die Anspruchsziele voneinander unterscheiden, so bspw wenn der Anwalt beauftragt wird, ein Mietverhältnis wegen Zahlungsverzugs zu kündigen und anschließend die Räumung durchzusetzen; es handelt sich um unterschiedliche Angelegenheiten.[91] Selbst die anwaltliche Unfallschadenregulierung und die jährliche Neuberechnung einer Unterhaltsrente bilden verschiedene Angelegenheiten.[92] Jedes über den Aufhebungsvertrag hinausgehende Verhandlungsthema ist eine andere Angelegenheit, die gesondert gebührenmäßig in Rechnung zu stellen ist.[93]

Unzutreffend ist die Auffassung des OLG Düsseldorf vom 12.4.2005, das behauptet, Aufträge, die an den Anwalt im Zusammenhang mit einem Aufhebungsvertrag erteilt worden seien, seien stets eine Angelegenheit. Insbesondere bei der hier dargestellten Fallkonstellation sei der zivilrechtliche Rahmenvertrag über existenzsichernde Aufträge an den ausscheidenden Arbeitnehmer Teil der Abfindung und daher nach § 42 Abs. 2 Satz 1 Hs 2 GKG gebührenrechtlich nicht in Ansatz zu bringen.[94]

5. Verwiesene Verfahren

Ist ein Rechtsstreit vom Landgericht an das Arbeitsgericht verwiesen worden, kann der Beklagte abweichend von § 12a Abs. 1 Satz 1 ArbGG nach Satz 3 dieser Bestimmung die Erstattung seiner vor dem Landgericht entstandenen Anwaltskosten beanspruchen.[95] Dies gilt nicht, wenn die Parteien später vor dem Arbeitsgericht einen Vergleich schließen und im Vergleich keine gesonderte Kostenregelung treffen. In diesen Fällen gilt § 98 ZPO. Die Kosten vor dem Landgericht werden gem. § 17b Abs. 2 Satz 1 GVG als Teil der Kosten behandelt, die bei dem Arbeitsgericht erwachsen sind. Sie sind nach § 98 Satz 2 ZPO als gegeneinander aufgehoben anzusehen.[96]

---

91 LG Köln 4.11.1998 – 20 O 343/98, MDR 2000, 730.
92 LG Kleve 7.10.1981 – 5 S 17/81, AnwBl 1981, 509.
93 LG Bonn 4.3.2004 – 6 S 171/03, n.v.
94 OLG Düsseldorf 12.4.2005 – I-24 U 66/04, n.v.
95 BAG 1.11.2004 – 3 AZB 10/04, NJW 2005, 1301; LAG Düsseldorf 15.8.2006 – 16 Ta 392/06, NZA-RR 2006, 658.
96 LAG Düsseldorf 15.8.2006 – 16 Ta 392/06, NZA-RR 2006, 658.

B. Texte

I. Rechtsprechung (alphabetisch nach Stichworten)

1. Muster: Abfindung

Eine Abfindung iSd §§ 9, 10 KSchG bleibt grundsätzlich bei der Wertberechnung einer Kündigungsschutzklage nach § 42 Abs. 2 GKG unberücksichtigt. Ob eine Abfindung den Wert des Kündigungsschutzprozesses erheblich überschreitet, ist ohne Bedeutung. Auch ein beziffertes Abfindungsverlangen rechtfertigt nicht, einen Wertansatz entgegen dem Wortlaut von § 42 Abs. 2 GKG vorzunehmen,

> LAG Nürnberg 29.8.2005 – 2 Ta 109/05, NZA-RR 2006, 44 = JurBüro 2006, 82; LAG Baden-Württemberg 22.9.2004 – 3 Ta 136/04, LAGE § 9 KSchG Nr. 37.

2. Muster: Abfindung, außergerichtlich

Die Abfindung muss hier zum Gegenstandswert hinzugerechnet werden. Die Ausnahmebestimmung der Nichtanrechnung einer Abfindung auf den Gegenstandswert wurde nur für den Fall geschaffen, dass das Gericht auf Antrag einer Partei das Arbeitsverhältnis gem. §§ 9, 10 KSchG gegen Zahlung einer Abfindung aufgelöst hat. Entgegen der Entscheidung des BAG vom 16.5.2000

> 9 AZR 279/99, BAGE 94, 336 = NZA 2000, 1246 = MDR 2001, 174,

ist im außergerichtlichen Bereich die Wertvorschrift des § 42 Abs. 2 Satz 1 GKG nicht anzuwenden. Der 9. Senat missachtet, dass § 42 Abs. 2 Satz 1 GKG ein Sondertatbestand ist, der den sozial schwachen Arbeitnehmer schützen soll. Dem sein Arbeitsverhältnis verlierenden Arbeitnehmer soll seine wirtschaftliche Lage nicht auch noch dadurch erschwert werden, dass sich durch die Auflösungsentscheidung des Gerichts nach § 9 KSchG der für die Anwaltsgebühren maßgebliche Streitwert erhöht. § 42 Abs. 2 Satz 1 GKG liegt der Gedanke zugrunde, dass der Rechtsstreit bereits einen Streitwert hat, nämlich den Vierteljahresbezug. Durch die mit der Auflösung anstelle des Bestandsschutzziels der Kündigungsschutzklage tretende Abfindung soll nach dem Willen des Gesetzgebers keine andere, streitwerterhöhende Position treten. Die Regelung in § 42 Abs. 2 Satz 1 Hs 2 GKG ist allein auf diesen Sachverhalt zugeschnitten und auf andere Fallkonstellation nicht anwendbar.

Im außergerichtlichen Bereich stellt sich die Sachlage ganz anders dar. Hier wird entweder einvernehmlich das Arbeitsverhältnis beendet (Aufhebungsvertrag) oder nach Kündigung des Arbeitgebers ein Vertrag über die Modalitäten der Beendigung des Arbeitsverhältnisses geschlossen (Abwicklungsvertrag) oder eine betriebsbedingte Kündigung des Arbeitsverhältnisses entsprechend den Vorgaben des § 1a KSchG vom Arbeitnehmer hingenommen. Die Situation im Prozess ist eine andere. Hier spricht der Richter, ggf gegen den Willen des Arbeitnehmers, eine Auflösung des Arbeitsverhältnisses aus.

Eine analoge Anwendung von Ausnahmevorschriften ist grundsätzlich nicht möglich. Es besteht eine Vermutung dafür, dass diese Vorschrift auf andere Sachverhalte nicht übertragen werden kann. Die Grundvoraussetzung für jede Analogie – eine Regelungslücke – liegt bei der Schaffung einer Ausnahmevorschrift durch den Gesetzgeber gerade nicht vor. Dem Anwalt ist es auch verwehrt, Vorschriften in Gebührenangelegenheiten heranzuziehen, die nicht den konkreten Sachverhalt betreffen, sondern nach Maßgabe einer subjektiven Analogie als vergleichbar gewertet werden. Gerade das Fehlen eines Gebührentatbestands für eine anwaltliche Dienstleistung belegt, dass die Dienstleistung nicht abrechenbar ist bzw nicht abrechenbar sein soll. Umgekehrt bedeutet eine gesetzgeberische Einschränkung, von dem generellen Grundsatz der Streitwertaddition abzuweichen, dass der Ausnahmetatbestand nicht auf andere, unbenannte Sachverhaltskonstellationen übertragen werden darf.

Demzufolge ist eine analoge Anwendung der Ausnahmevorschrift des § 42 Abs. 2 Satz 1 Hs 2 GKG auf das außergerichtliche Tätigwerden eines Rechtsanwalts bei Abschluss eines Aufhebungs- oder Abwicklungsvertrages nicht gerechtfertigt.

3. Muster: Abfindung als eigenständig geltend gemachter Anspruch

Nach § 42 Abs. 2 Satz 1 GKG ist eine Abfindung dem Streitwert grundsätzlich nicht hinzuzurechnen. Die Streitwerte des Feststellungsantrags und des Antrags auf Zahlung der Abfindung sind aber dann zu addieren, wenn der Abfindungsanspruch im Rahmen eines geltend gemachten Zahlungsanspruchs, etwa aus einem Sozialplan oder einem Rationalisierungsabkommen, entschieden wird,

>LAG Hamburg 22.1.2013 – 5 Ta 33/12, RVGreport 2013, 157; LAG Köln 16.10.2007 – 9 Ta 298/07, NZA-RR 2008, 380.

Eine Abfindung nach § 113 Abs. 3 BetrVG (Nachteilsausgleich) ist bei der Streitwertfestsetzung gesondert zu bewerten,

>LAG Hamburg 22.1.2013 – 5 Ta 33/12, RVGreport 2013, 157; LAG Düsseldorf 8.5.2007 – 6 Ta 99/07, EzA-SD 2007, 16.

Der Auflösungsantrag ist, wenn er isoliert in zweiter Instanz weiterverfolgt wird, streitwertmäßig mit zwei Dritteln des Werts des Feststellungsantrags zu bestimmen,

>LAG Hamm 16.8.1989 – 2 Sa 308/89, NZA 1990, 328.

Wenn Gegenstand der Angelegenheit ein Streit über die Vererblichkeit eines Abfindungsanspruchs ist, ist die Höhe der in Streit stehenden Abfindung für die Bemessung des Streitwerts maßgeblich,

>LAG Hamm 8.11.2005 – 19 Sa 1491/05, LAGE § 1 a KSchG Nr. 3.

4. Muster: Abmahnung

Der Arbeitnehmer hat einen Anspruch auf Entfernung einer Abmahnung aus der Personalakte geltend gemacht. Dieser Anspruch hat einen Gegenstandswert, der nach der Rechtsprechung regelmäßig mit einem Monatsgehalt in Ansatz gebracht wird,

>Streitwertkatalog für die Arbeitsgerichtsbarkeit A. I. Nr. 2.1; LAG Sachsen-Anhalt 18.1.2013 – 1 Ta 169/12, n.v.; LAG Schleswig-Holstein 20.3.2009 – 3 Ta 42/09, n.v.; LAG Rheinland-Pfalz 15.12.2009 – 1 Ta 284/09, n.v.

Mehrere Abmahnungen werden – unabhängig davon, ob sie in einem oder in unterschiedlichen Verfahren geltend gemacht werden – mit einem Drittel einer Monatsvergütung für jede folgende Abmahnung bewertet. Jedoch findet eine Deckelung auf maximal die Vergütung für ein Vierteljahr statt. Im Einzelfall kann auch, zB bei der völligen Gleichartigkeit der Abmahnungsvorwürfe, von der 1/3-Monatsvergütung nach unten abgewichen werden,

>Streitwertkatalog für die Arbeitsgerichtsbarkeit A. I. Nr. 2.2.

Liegt ein Zeitraum von mindestens drei Monaten zwischen den Abmahnungen, so ist der Streitwert auf ein Monatseinkommen festzusetzen, bei einem unter drei Monaten liegenden Zeitraum ist der Wert auf ein Drittel des auf diesen Zeitraum entfallenden Einkommens zu bestimmen,

>LAG Düsseldorf 4.9.1995 – 7 Ta 245/95, NZA-RR 1996, 391.

Macht der Anspruchsteller nicht nur die Entfernung einer Abmahnung aus der Personalakte geltend, sondern auch deren Widerruf, so ist pro Abmahnung ein Wert von zwei Gehältern festzusetzen,

ArbG Düsseldorf 29.8.1997 – 8 Ca 5441/96, AnwBl 1998, 111.

↑

189 5. Muster: Abmahnungen, mehrere

↓

Bei mehreren kurzfristig aufeinander folgenden Abmahnungen sind regelmäßig die beiden ersten Abmahnungen mit einem Bruttomonatsverdienst und die Folgeabmahnungen mit einem Drittel des Betrags eines Monatsverdienstes zu bewerten. Auf die zeitlichen Zwischenräume zwischen den Abmahnungen kommt es nicht an. Es spielt keine Rolle, ob mehrere Abmahnungen an einem Tage ausgesprochen werden.

LAG Köln 11.9.2003 – 3 Ta 228/03, AR-Blattei ES 160.13 Nr. 252; LAG Hessen 24.5.2000 – 15 Ta 16/00, NZA-RR 2000, 438.

Es wird auch vertreten, dass sich der Gegenstandswert bei mehreren Abmahnungen aus einem Bruttomonatsgehalt errechnet, multipliziert mit der Anzahl der Abmahnungen,

LAG Hamm 5.7.1984, LAGE § 12 ArbGG Nr. 29; LAG Frankfurt, Beschl. v. 1.3.1988, LAGE § 12 ArbGG Nr. 72.

Das LAG Rheinland-Pfalz geht davon aus, dass für zwei kurz aufeinander folgende Abmahnungen für die erste Abmahnung ein Bruttomonatsgehalt und für die nachfolgende Abmahnung ein Drittel des Bruttomonatsgehalts als Gegenstandswert in Ansatz zu bringen ist,

LAG Rheinland-Pfalz 6.7.2010 – 1 Ta 135/10, n.v.; LAG Rheinland-Pfalz 23.4.2009 – 1 Ta 87/09, n.v.

Eine Erhöhung für eine nachfolgende Abmahnung soll dann nicht erfolgen, wenn zwischen den einzelnen Abmahnungen ein enger zeitlicher, wirtschaftlicher und tatsächlicher Zusammenhang besteht, etwa wenn sie auf einen einheitlichen Lebenssachverhalt gestützt werden,

LAG Sachsen-Anhalt 18.1.2013 – 1 Ta 169/12, n.v.; LAG Rheinland-Pfalz 6.7.2010 – 1 Ta 135/10, n.v.

Mehrere Abmahnungen werden – unabhängig davon, ob sie in einem oder in unterschiedlichen Verfahren geltend gemacht werden – mit einem Drittel einer Monatsvergütung für jede folgende Abmahnung bewertet. Jedoch findet eine Deckelung auf maximal die Vergütung für ein Vierteljahr statt. Im Einzelfall kann auch, zB bei der völligen Gleichartigkeit der Abmahnungsvorwürfe, von der 1/3-Monatsvergütung nach unten abgewichen werden,

Streitwertkatalog für die Arbeitsgerichtsbarkeit A. I. Nr. 2.2.

↑

190 6. Muster: Akteneinsicht

↓

Wird das Recht auf Akteneinsicht geltend gemacht, so ist der Streitwert so zu bestimmen wie beim Anspruch auf Auskunftserteilung, dh der Wert des Hauptziels ist maßgeblich,

LAG Frankfurt 23.1.1996 – 9 Sa 1680/95, n.v.

↑

7. Muster: Altersteilzeit

Entsprechend dem Gegenstandswert bei Teilzeitarbeitsverhältnissen sind Altersteilzeitregelungen bei der Bestimmung des Gegenstandswerts entweder mit dem 36-fachen der monatlichen Differenz des Gehalts zu berücksichtigen, wobei jedoch das für die Bewertung von Bestandsstreitigkeiten maßgebende Vierteljahresentgelt (§ 42 Abs. 2 Satz 1 GKG) nicht überschritten werden darf,

> LAG Berlin 26.9.2005 – 17 Ta (Kost) 6059/05, AE 2006, 63; LAG Köln 28.1.2009 – 2 Sa 875/08, AGS 2009, 291; LAG Köln 29.8.2001 – 11 Ta 200/01, AuR 2002, 119,

oder aber der Gegenstandswert entspricht zwei Monatseinkommen im Altersteilzeitverhältnis,

> LAG Düsseldorf 12.11.2001 – 7 Ta 375/01, NZA-RR 2002, 103.

8. Muster: Altersteilzeitverlangen

Die Parteien streiten über eine Verpflichtung des beklagten Arbeitgebers, einen Altersteilzeitvertrag mit einem Arbeitnehmer zu schließen. Die Klage, die eine solche Verpflichtung zum Gegenstand hat, ist in gleicher Weise wie ein Änderungsschutzverfahren zu bewerten. Der Streitwert bestimmt sich nach dem Wert der dreijährigen Vergütungsdifferenz, wobei jedoch das für die Bewertung von Bestandsstreitigkeiten maßgebende Vierteljahresentgelt gem. § 42 Abs. 2 Satz 1 GKG nicht überschritten werden darf,

> Streitwertkatalog für die Arbeitsgerichtsbarkeit A. I. Nr. 5; LAG Köln 28.1.2009 – 2 Sa 875/08, AGS 2009, 197; LAG Berlin 3.4.2001 – 17 Ta (Kost) 6051/01, n.v.; LAG Berlin 26.9.2005 – 17 Ta (Kost) 6059/05, AE 2006, 64.

9. Muster: Altersversorgung

Der Streitwert für Ansprüche aus betrieblicher Altersversorgung ist nach § 42 Abs. 1 Satz 1 GKG mit dem dreifachen Jahresbetrag der wiederkehrenden Leistung festzusetzen,

> BAG 10.12.2002 – 3 AZR 197/02 (A), NZA 2003, 456; LAG Köln 18.10.2005 – 9 (6) Sa 589/05, n.v.; LAG Köln 18.10.2005 – 9 Sa 215/05, n.v.

Rückstände dürfen nach § 42 Abs. 1 Satz 1 Hs 2 GKG nicht hinzugerechnet werden,

> LAG Köln 18.10.2005 – 9 (6) Sa 589/05, n.v.; LAG Köln 18.10.2005 – 9 Sa 215/05, n.v.

Die Begrenzung des § 42 Abs. 1 Satz 1 GKG gilt auch, wenn nur rückständige Versorgungsleistungen eingeklagt werden,

> BAG 10.12.2002 – 3 AZR 197/02 (A), NZA 2003, 456.

Die gesetzliche Regelung gilt auch für Klagen gegen Unterstützungskassen,

> LAG Baden-Württemberg 2.12.1980 – 1 Ta 134/80, AP Nr. 1 zu § 12 ArbGG 1979.

Wird nur auf Feststellung geklagt, so ist ein Abschlag von 20 % vorzunehmen,

> BAG 18.12.1961 – 3 AZR 313/59, AP Nr. 6 zu § 3 ZPO.

Geht es nur um Zahlungsmodalitäten, so ist das wirtschaftliche Interesse des Klägers maßgeblich,

> LAG Rheinland-Pfalz 28.11.1984 – 1 Ta 232/84, n.v.

194 **10. Muster: Änderungskündigung**

Hat der Arbeitnehmer das Angebot auf Abschluss eines neuen Arbeitsvertrages nicht unter dem Vorbehalt gerichtlicher Überprüfung angenommen, steht der Bestand des Arbeitsverhältnisses in seiner Gesamtheit zur Entscheidung. In diesem Fall ist der Streitwert wie bei einer gewöhnlichen Kündigungsschutzklage aus § 42 Abs. 2 GKG zu entnehmen, beträgt also ein Viertel des Jahreseinkommens.

Nimmt der Arbeitnehmer das geänderte Arbeitsvertragsangebot des Arbeitgebers nach § 2 KSchG unter dem Vorbehalt an, dass die Änderung der Arbeitsbedingungen nicht sozial ungerechtfertigt ist, wird das Arbeitsverhältnis in jedem Falle fortgesetzt und die Änderungskündigungsschutzklage ist auf die Frage der sozialen Rechtfertigung beschränkt.

In diesem Falle nimmt ein Teil der Rechtsprechung einen Gegenstandswert in Höhe des dreifachen Jahresbetrags des Werts der Änderung an. Höchstgrenze seien jedoch die Regelungen des § 42 Abs. 2 Sätze 1 und 2 GKG, so dass der Gebührenstreitwert keine der beiden dort genannten Grenzen überschreiten dürfe, sondern die niedrigere von beiden maßgeblich sei,

> BAG 23.3.1989 – 7 AZR 527/85 (B), DB 1989, 1880.

Resultiert aus der Änderungskündigung eine Vergütungsabsenkung, beziffert sich der Streitwert auf die 36-fache Monatsdifferenz, maximal die Vergütung für ein Vierteljahr,

> Streitwertkatalog für die Arbeitsgerichtsbarkeit A. I. Nr. 4.1.

Bleibt bei der Änderungskündigung der Vergütungsanspruch unberührt, so beträgt der Streitwert in der Regel eine Monatsvergütung; bei besonders schwerwiegenden Belastungen für den Arbeitnehmer kann sich der Streitwert auf max. 2 Monatsvergütungen erhöhen,

> Streitwertkatalog für die Arbeitsgerichtsbarkeit A. I. Nr. 4.2.

195 **11. Muster: Anfechtung des Arbeitsvertrages**

Bei der Anfechtung eines Arbeitsverhältnisses geht es um das Bestehen oder Nichtbestehen eines Arbeitsverhältnisses, so dass sich bereits aus dem Wortlaut von § 42 Abs. 2 Satz 1 GKG ergibt, dass der Gegenstandswert dem für die Dauer eines Vierteljahrs zu leistenden Arbeitsentgelt entspricht.

Auch bei der Anfechtung eines Aufhebungsvertrages geht es um das Bestehen bzw Nichtbestehen eines Arbeitsverhältnisses, so dass auch hier der Vierteljahresbezug des Arbeitsentgelts maßgebend ist.

196 **12. Muster: Arbeitsbescheinigung nach § 312 SGB III**

Die vom Arbeitgeber gem. § 312 SGB III auszufüllenden Arbeitsbescheinigungen werden wertmäßig in der Rechtsprechung mit einem Betrag von 250 bis 300 EUR,

> LAG Rheinland-Pfalz 2.6.2009 – 1 Ta 98/09, n.v.; LAG Düsseldorf 8.5.2007 – 6 Ta 99/07, EzA-SD 2007, 16; LAG Rheinland-Pfalz 10.6.2005 – 6 Ta 131/05, n.v.,

teilweise mit einem Betrag von 150 EUR,

> LAG Düsseldorf 11.4.1984 – 7 Ta 115/85, LAGE § 3 ZPO Nr. 2,

in Ansatz gebracht.

13. Muster: Arbeitspapiere

Der Anspruch auf Herausgabe der Arbeitspapiere, womit das Ausfüllen und die Herausgabe von Lohnsteuerkarte, die Abrechnung des Versicherungsnachwissheftes sowie die Arbeitsbescheinigung nach § 312 SGB III gemeint sind, wird in der Rechtsprechung generell mit 250 bis 300 EUR bewertet,

> LAG Rheinland-Pfalz 2.6.2009 – 1 Ta 98/09, n.v.; LAG Düsseldorf 8.5.2007 – 6 Ta 99/07, EzA-SD 2007, 16; LAG Rheinland-Pfalz 18.11.2005 – 6 Ta 253/05, n.v.; LAG Köln 16.6.2003 – 2 Ta 157/03, n.v.

Die Ausstellung einer Lohnbescheinigung ist gewöhnlich mit einem Streitwert von 100 EUR zu berücksichtigen. In ungeordneten Arbeitsverhältnissen kann einer solchen Vergütungsabrechnung aber ein besonderes Gewicht zukommen, gerade wenn es darum geht, erstmals die Höhe des zustehenden Gehalts überhaupt bescheinigt zu bekommen. In diesem Fall kann der Wert auch mit 300 EUR pro Lohnabrechnung angesetzt werden,

> LAG Rheinland-Pfalz 2.6.2009 – 1 Ta 98/09, n.v.

Handelt es sich um reine Bescheinigungen, zB hinsichtlich sozialversicherungsrechtlicher Vorgänge, Urlaub oder Lohnsteuer, bemisst sich der Streitwert pro Arbeitspapier auf 10 % einer Monatsvergütung,

> Streitwertkatalog für die Arbeitsgerichtsbarkeit A. I. Nr. 7.1.

14. Muster: Arbeitszeitverringerung, Antrag nach § 8 TzBfG

Gegenstand der Angelegenheit bildet eine Arbeitszeitreduzierung gem. § 8 Abs. 1 TzBfG. Wie der Gegenstandswert einer solchen Sache zu bemessen ist, ist in der Rechtsprechung und Literatur umstritten.

Teilweise wird angenommen, dass die Streitwertfestsetzung in einem solchen Fall nach § 3 ZPO vorzunehmen sei. Dabei gehen verschiedene Gerichte von einem Streitwert von drei Bruttomonatsgehältern aus,

> LAG Baden-Württemberg 24.6.2009 – 5 Ta 10/09, JurBüro 2009, 533; LAG Berlin 4.9.2001 – 17 Ta (Kost) 6121/01, NZA-RR 2002, 104 = LAGE § 3 ZPO Nr. 13.

In anderen Fällen werden zwei Monatsgehälter festgesetzt,

> LAG Düsseldorf 12.11.2001 – 7 Ta 375/01, NZA-RR 2002, 103 = MDR 2002, 177 = LAGE § 3 ZPO Nr. 14; ArbG Mönchengladbach 30.5.2001 – 5 Ca 1157/01, EzA-SD 14/2001, 15; LAG Berlin 24.11.2000 – 7 Ta 6057/00 (Kost), MDR 2001, 636 = FA 2001, 184 = JurBüro 2001, 252.

Teilweise wird ein Gegenstandswert von 1,5 Monatsgehältern angenommen,

> LAG Rheinland-Pfalz 26.10.2007 – 1 Ta 242/07, n.v.

Der Antrag auf Arbeitszeitreduzierung ist nach anderer Auffassung gemäß der BAG-Rechtsprechung zur Streitwertbemessung bei der Änderungskündigungsschutzklage zu bewerten. Bei einer Arbeitszeitreduzierung ist daher § 42 Abs. 2 GKG entsprechend anzuwenden mit der sich aus § 42 Abs. 2 Satz 1 GKG ergebenden Höchstgrenze,

> LAG Rheinland-Pfalz 30.5.2005 – 7 Ta 71/05, MDR 2006, 57 = AE 2006, 145; LAG Hessen 28.11.2001 – 15 Ta 361/01, NZA-RR 2002, 327; ArbG Bonn 20.6.2001 – 2 Ca 1414/01 EU, NZA 2001, 973; LAG Hamburg 8.11.2001 – 6 Ta 24/01, NZA-RR 2002, 589 = MDR 2002, 589; ArbG Hannover 31.1.2002 – 10 Ca 419/01, NZA-RR 2002, 294; ArbG Stuttgart 23.11.2001 – 26 Ca 1324/01, NZA-RR 2002, 183; *Kliemt*, NZA 2001, 63, 68; *Straub*, NZA 2001, 919, 925; *Ennemann*, NZA 2001, 1190.

Nach der Streitwertkommission soll bei wirtschaftlicher Messbarkeit des Rechtsschutzinteresses die 36-fache Monatsdifferenz, maximal die Vergütung für ein Vierteljahr anzusetzen sein. Bei Fehlen einer wirtschaftlichen Messbarkeit soll der Streitwert regelmäßig ein Monatsgehalt, bei besonders schwerwiegenden Belastungen bis zu zwei Monatsgehältern betragen,

>Streitwertkatalog für die Arbeitsgerichtsbarkeit A. I. Nr. 7.1.

15. Muster: Auflösungsantrag nach §§ 9, 10 KSchG

Wie sich bereits aus § 42 Abs. 2 Satz 1 Hs 2 GKG ergibt, wird eine Abfindung bei der Wertberechnung nicht hinzugerechnet. Damit verursacht der Auflösungsantrag gem. §§ 9, 10 KSchG keine Erhöhung des Gegenstandswerts,

>Streitwertkatalog für die Arbeitsgerichtsbarkeit A. I. Nr. 9; LAG Hamburg 1.4.2011 – 5 Ta 8/11, n.v.; LAG Nürnberg 29.8.2005 – 2 Ta 109/05, AE 2006, 144; LAG Sachsen 9.6.2005 – 4 Ta 390/04; LAG Baden-Württemberg 22.9.2004 – 3 Ta 136/04, n.v.; LAG Brandenburg 17.4.2003 – 6 Ta 63/03, n.v.; LAG München 14.9.2001 – 4 Ta 200/01, NZA-RR 2002, 493; LAG Köln 29.12.2000 – 8 Ta 230/00, NZA-RR 2001, 324; BAG 25.1.1960 – 2 AZR 519/57, BB 1960, 249.

Der Auflösungsantrag nach § 9 KSchG ist nicht streitwertmäßig gesondert zu berücksichtigen.

Die Abfindung wirkt auch dann nicht streitwerterhöhend, wenn der Arbeitnehmer eine bezifferte Abfindung fordert, statt den Betrag in das Ermessen des Gerichts zu stellen,

>ArbG Nürnberg 30.5.2001 – 15 Ca 8895/00, n.v.; LAG Berlin 30.11.1987 – 9 Sa 102/87, AnwBl 1988, 486.

Das LAG Berlin setzt den Streitwert für den Auflösungsantrag des Arbeitnehmers auf den Betrag einer Bruttomonatsvergütung fest,

>LAG Berlin 30.12.1999 – 7 Ta 6121/99, LAGE § 12 ArbGG 1979 Streitwert Nr. 119 b = MDR 2000, 526.

Nach Auffassung des LAG Hamm soll allerdings dann, wenn in zweiter Instanz Streitgegenstand nur noch der Auflösungsantrag ist, von zwei Drittel des Werts des Feststellungsantrags auszugehen sein,

>LAG Hamm, Beschl. v. 16.8.1989 – 2 Sa 308/88, NZA 1990, 328.

16. Muster: Berechnung des Monatsentgelts

Das Monatsentgelt entspricht dem Jahresbruttogehalt, dividiert durch den Faktor 12. Maßgeblich für die Berechnung ist das Jahresbruttogehalt auf Basis des vom Arbeitnehmer in den letzten drei Monaten bezogenen Arbeitsentgelts,

>BAG 19.7.1973, EzA § 12 ArbGG Nr. 1.

Beruht die Vergütung wesentlich auf Provisionen oder anderen variablen Entgelten, kann auch der monatliche Durchschnittswert des vorherigen Kalenderjahres eine sachgerechte, feststehende Größe darstellen, die klar zu ermitteln ist,

>LAG Baden-Württemberg 28.9.2009 – 5 Ta 87/09, n.v.

Mit zu berücksichtigen sind Anwesenheits- oder Verkaufsprämien, Nacht-, Schicht-, Gefahr- und Leistungszulagen, Sachbezüge wie Kost, Unterkunft und Deputate entsprechend den steuer- und sozialversicherungsrechtlich anzuwendenden Vorschriften.

Fahrtkostenpauschalen, wenn diese auch im Urlaub gezahlt werden, und sonstiger Aufwendungsersatz, wie Trennungsentschädigungen, sind nach verbreiteter Ansicht in das Jahresbruttogehalt einzustellen,

LAG Frankfurt 12.4.1966, AP Nr. 14 zu § 12 ArbGG 1953; LAG Baden-Württemberg 16.8.1984, AuR 1985, 197.

Nicht einheitlich beantwortet wird die Frage, ob Sonderleistungen, wie Weihnachts- und Urlaubsgratifikationen, zu berücksichtigen sind. Zum Teil wird die Einbeziehung derartiger Sonderleistungen wegen des fehlenden „reinen" Entgeltcharakters abgelehnt,

LAG Schleswig-Holstein 20.1.2009 – 1 Ta 197/08, n.v.; LAG Saarland 9.4.1985, JurBüro 1985, 592.

Überwiegend wird vertreten, dass das 13. Monatsgehalt dann bei der Ermittlung des Monatsentgelts zu berücksichtigen ist, wenn es vertraglich oder tarifvertraglich geschuldet ist und nicht bspw eine freiwillige, jederzeit widerrufliche Leistung des Arbeitgebers darstellt,

LAG Berlin 16.10.1985, LAGE § 12 ArbGG 1979 Streitwert Nr. 44; LAG Frankfurt 23.11.1985, JurBüro 1986, 756; aA LAG Rheinland-Pfalz 29.8.1986, NZA 1986, 34.

Im Kündigungsschutzprozess eines Chefarztes sind nicht nur das effektive Gehalt, sondern auch die Einräumung von Nebenbeschäftigungsmöglichkeiten und der Einsatz von Personal und Ausstattung des Krankenhauses und die sich hieraus für den Chefarzt ergebenden Erträge angemessen zu berücksichtigen,

LAG Hamm AnwBl 1976, 166.

17. Muster: Berechnung des Vierteljahresbezugs

Nach § 42 Abs. 2 Satz 1 Hs 1 GKG ist für die Wertberechnung bei Rechtsstreitigkeiten über das Bestehen, das Nichtbestehen oder die Kündigung eines Arbeitsverhältnisses höchstens der Betrag des für die Dauer eines Vierteljahres zu leistenden Arbeitsentgelts maßgebend.

Bei § 42 Abs. 3 Satz 1 Hs 1 GKG handelt es sich nicht um einen Regelstreitwert, wonach jeweils das genannte Vierteljahreseinkommen als Streitwert anzunehmen, sondern um die Obergrenze für das nach § 3 ZPO auszuübende Ermessen des Gerichts,

LAG Rheinland-Pfalz 18.11.2005 – 6 Ta 253/05, n.v.

In der gerichtlichen Praxis findet sich demgegenüber immer wieder der Begriff des Monatsgehalts. Davon geht das Gesetz ausdrücklich nicht aus. Es stellt vielmehr auf die Bezüge für die Dauer eines Vierteljahres ab. Maßgebend ist also das Entgelt, das der Arbeitnehmer für die ersten drei Monate nach dem streitigen Beendigungszeitpunkt beansprucht oder beanspruchen könnte,

BAG 19.7.1973 – 2 AZR 93/72, AP Nr. 20 zu § 12 ArbGG 1953 = EzA § 12 ArbGG Nr. 1.

Der Berechnung des Vierteljahresbezugs ist zunächst das Monatseinkommen zugrunde zu legen,

LAG Rheinland-Pfalz 30.5.2006 – 9 Ta 86/06, n.v.

Dazu gehören Grundgehalt, Provisionen, regelmäßig zu zahlende Prämien, Nacht-, Schicht-, Gefahren- und Leistungszulagen sowie vermögenswirksame Leistungen,

LAG Schleswig-Holstein 27.7.2010 – 6 Ta 110/10, n.v.; LAG Baden-Württemberg 15.5.1990 – 8 Ta 51/90, JurBüro 1990, 1268.

Hinzuzurechnen sind auch Sachleistungen wie Lebensmittel- und Kohledeputate, Haustrunk, freie Unterkunft und Verpflegung und unentgeltliche Nutzung einer Hausmeisterwohnung,

KR/*Becker*, § 10 KSchG Rn 34.

Ist das Gehalt in weitem Umfang von variablen Entgelten, wie Provisionen, abhängig, so ist es nicht zu beanstanden, wenn das durchschnittliche Monatseinkommen des letzten Jahres als Bemessungsgrundlage herangezogen wird, da es sich hierbei um eine feststehende und klar ermittelbare Bezugsgröße handelt,

LAG Baden-Württemberg 28.9.2009 – 5 Ta 87/09, n.v.

Bei angestellten Ärzten, auch Chefärzten, sind nicht nur effektive Gehälter zuzüglich etwaiger Bereitschaftsdienstpauschalen, sondern auch zusätzliche Nebeneinnahmen, die durch das Dienstverhältnis mit dem Krankenhaus ermöglicht werden, zu berücksichtigen,

LAG Hamm 29.1.1976 – 8 TaBV 74/75, BB 1976, 746.

Auch der Wert eines von dem Arbeitgeber gestellten Pkw ist in der Form des geldwerten Vorteils im Rahmen des § 42 Abs. 2 GKG zu berücksichtigen. Der Nutzungsvorteil kann dabei in Höhe des steuerlichen Sachwertbezugs bewertet werden, wenn dieser 1 % des Bruttolistenpreises des jeweiligen Kfz beträgt,

LAG Rheinland-Pfalz 8.5.2008 – 1 Ta 49/08, n.v.

Bei Sonderleistungen wie Weihnachts- und Urlaubsgratifikationen ist die Frage der Einbeziehung umstritten. Nach der überwiegenden Meinung ist maßgeblich, dass es darauf ankommt, ob die Leistung den Charakter einer Gratifikation hat. Besteht ein vertraglicher oder tarifvertraglicher Anspruch oder ergibt sich, dass bei vorzeitigem Ausscheiden das 13. Monatsgehalt anteilig zu zahlen wäre, soll das 13. Monatsgehalt berücksichtigt werden,

LAG Berlin 16.10.1985 – 2 Ta 97/85 (Kost), LAGE § 12 ArbGG 1979 Streitwert Nr. 44; LAG Köln 17.11.1995 – 5 Ta 288/95, NZA-RR 1996, 392; aA LAG Rheinland-Pfalz 25.4.1985 – 1 Ta 76/84, NZA 1986, 34.

↑

202 18. Muster: Berufsausbildungsverhältnis – Bestehen, Nichtbestehen, Kündigung

↓

Bei Streitigkeiten über den Bestand eines Berufsausbildungsverhältnisses ist nach § 42 Abs. 2 Satz 1 GKG der dreifache Betrag der monatlichen Ausbildungsvergütung als Gegenstandswert anzusetzen,

BAG 22.5.1984 – 2 AZB 25/82, EzA § 64 ArbGG 1979 Nr. 14 = DB 1985, 136 = NZA 1984, 332; LAG Baden-Württemberg 4.8.2011 – 5 Ta 90/11, RVGreport 2012, 78; LAG Rheinland-Pfalz 25.7.2008 – 1 Ta 140/08, AGS 2009, 186.

Der Streitwert bei Praktikantenverhältnissen wird wie bei Ausbildungsverhältnissen durch den dreifachen Betrag der monatlichen Bezüge ermittelt,

LAG Frankfurt 20.6.1984 – 6 Ta 156/84, AnwBl 1985, 100.

↑

203 19. Muster: Berufsausbildungsverhältnis – Weiterbeschäftigung eines Auszubildenden

↓

Nach Ansicht des LAG Köln ist es angemessen, den Streit über die Weiterbeschäftigungspflicht nach § 78a BetrVG mit dem zweifachen Betrag der monatlichen Ausbildungsvergütung als Gegenstandswert zu bewerten,

LAG Köln 20.2.2006 – 2 Ta 468/05, NZA-RR 2006, 434; ArbG Bonn 10.11.2005 – 7 BV 60/05, n.v.

Für Beschäftigungsansprüche hat sich eine Rechtsprechung gebildet, wonach bei tatsächlichem Streit über die Inhalte und die Verpflichtung zum Einsatz eines Arbeitnehmers zwei Bruttomonatsgehälter als angemessen angesehen werden,

BAG 18.1.1996 – 8 AZR 440/94, NZA 1996, 1175; LAG Köln 4.7.1995 – 10 Ta 80/95, MDR 1995, 1150.

Bei Geltendmachung des Weiterbeschäftigungsanspruchs als Anhängsel zur Kündigungsschutzklage wird zum Teil ein Bruttomonatsgehalt,

> LAG Niedersachsen 11.7.1997 – 12 Ta 273/97, AE 1997, 65; LAG München 28.2.1990 – 10 (9) Ta 85/89, JurBüro 1990, 1609; LAG Mecklenburg-Vorpommern 17.10.1997 – 2 Ta 62/97, AE 1997, 102,

teilweise werden 1,5 Bruttomonatsgehälter in Ansatz gebracht,

> LAG Hamm 7.12.1979 – 8 Sa 627/79, EzA § 12 ArbGG 1979 Streitwert Nr. 1; LAG Hessen 23.4.1999 – 15 (6) Ta 28/98, BB 1999, 1607.

Ausgehend davon, dass in dem Verfahren um den Weiterbeschäftigungsanspruch eines Auszubildenden durch die besondere gesetzgeberische Ausgestaltung des § 78 a BetrVG letztlich über die Beendigung einer Beschäftigungspflicht gestritten wird, erscheint es aus Gründen der Rechtssicherheit und Klarheit sachgerecht, den Gegenstandswert an § 42 Abs. 2 GKG anzulehnen und auf drei Monatsgehälter festzusetzen,

> LAG Baden-Württemberg 4.8.2011 – 5 Ta 90/11, n.v.; LAG Hamburg 26.10.2006 – 7 Ta 18/06, NZA-RR 2007, 154.

20. Muster: Beschäftigung, tatsächliche   204

Richtet sich das Ziel des Klägers oder Verhandlungsführers auf tatsächliche Beschäftigung, hält die Rechtsprechung der Landesarbeitsgerichte keine einheitliche Formel zur Berechnung des Gegenstandswerts bereit. Eine auf tatsächliche Beschäftigung gerichtete Klage wird teilweise mit einem Monatsentgelt bewertet,

> Streitwertkatalog für die Arbeitsgerichtsbarkeit A. I. Nr. 12; LAG Rheinland-Pfalz 24.5.2006 – 8 Ta 94/06, n.v.; LAG Rheinland-Pfalz 15.3.2006 – 2 Ta 51/06, EzA-SD 2006, Nr. 12, 13; ArbG Mainz 21.2.2006 – 6 Ca 1684/05, n.v.

1,5 Monatsbezüge werden für Beschäftigungs- und Weiterbeschäftigungsklagen als Gegenstandswert angesetzt durch

> LAG Saarland 12.12.1989 – 1 Ta 37/89, LAGE § 19 GKG Nr. 9; LAG Rheinland-Pfalz 23.7.1982 – 1 Ta 121/82, AnwBl 1983, 36.

Im Rheinland und in Westfalen bewerten die Arbeitsgerichte den Anspruch des Arbeitnehmers auf Beschäftigung mit zwei Monatsbezügen,

> LAG Düsseldorf 8.5.2007 – 6 Ta 99/07, EzA-SD 2007, 16; LAG Düsseldorf 20.5.1997 – 8 Sa 1591/96, SAE 1997, 102; LAG Hamm 27.7.2007 – 6 Ta 357/07, n.v.

Das LAG München bewertet den Anspruch auf Beschäftigung bis zum Ablauf der Kündigungsfrist und den Weiterbeschäftigungsanspruch nach Ablauf der Kündigungsfrist mit zusammen zwei Monatsgehältern,

> LAG München 19.10.2009 – 2 Ta 305/09, ArbRB 2009, 369.

21. Muster: Bestellung von Personen für einen Wahlvorstand, Abbruch und Anfechtung einer Betriebsratswahl   205

Im vorliegenden Fall streiten die Beteiligten um die Bestellung von ... namentlich benannten wahlberechtigten Personen zum Wahlvorstand zur Durchführung einer Betriebsratswahl. Dabei handelt es sich um eine nichtvermögensrechtliche Streitigkeit, bei der der Wert in Anwendung von § 23 Abs. 3 Satz 2 RVG nach billigem Ermessen festzusetzen ist. Bei nicht genügenden tatsächlichen Anhaltspunkten für eine Schätzung ist von 5.000 EUR auszugehen, nach Lage des Falles aber der Gegenstandswert auch niedriger oder höher anzusetzen, wobei insbesondere auf die Bedeutung der Sache für die Beteiligten sowie den Umfang und die Schwierigkeit der anwaltlichen Tätigkeit abzustellen ist,

> LAG Köln 31.7.2003 – 3 Ta 180/03, n.v.; LAG Köln 10.6.2005 – 9 Ta 34/05, NZA-RR 2006, 383; ArbG Köln 16.12.2004 – 1 BV 130/04, n.v.

Bei einem Streit darüber, welche Personen für einen Wahlvorstand bei der Betriebsratswahl zu bestellen sind, entspricht es billigem Ermessen, den Gebührenstreitwert auf 5.000 EUR festzusetzen,

> zum früheren Regelstreitwert von 4.000 EUR: LAG Köln 10.6.2005 – 9 Ta 34/05, NZA-RR 2006, 383; LAG Köln 11.11.2009 – 2 Ta 356/09, n.v.

Der Gegenstandswert in Verfahren bezüglich des Abbruchs oder der Anfechtung von Betriebsratswahlen bemisst sich regelmäßig nach der Größe des Betriebsrats. Bezugspunkte sind dabei einerseits die Staffelung des § 9 BetrVG sowie der Hilfswert des § 23 Abs. 3 Satz 2 RVG. Grundsätzlich ist von dem zweifachen Hilfswert bei einem Betriebsratsmitglied auszugehen, der mit jedem Sprung der Betriebsratsgröße um den Hilfswert von 2.500 EUR ansteigt,

> zum früheren Hilfswert von 4.000 EUR: LAG Hamburg 30.11.2011 – 8 Ta 11/11, NZA-RR 2011, 488; LAG Köln 14.10.2010 – 7 Ta 249/10, AuR 2010, 528; für eine Erhöhung mit jedem Sprung der Betriebsratsgröße um 4.000 EUR LAG Hamm 2.7.2012 – 13 Ta 234/12, n.v.

Der im einstweiligen Verfügungsverfahren geltend gemachte Abbruch führt wegen der endgültigen Wirkung nicht zu einer Verringerung des Gegenstandswerts,

> LAG Baden-Württemberg 17.6.2009 – 5 TaBVGa 1/09, n.v.; LAG Hamm 13.8.2009 – 10 Ta 425/09, n.v.

206 22. Muster: Darlehen

Ist zwischen den Parteien ein Darlehen im Streit, richtet sich der Gegenstandswert nach der Höhe des Darlehensbetrags,

> BGH 18.6.1959 – VII ZR 155/58, NJW 1959, 1493.

Kosten und Zinsen werden nicht berücksichtigt.

207 23. Muster: Dienstverhältnis, Streit über Fortbestand

Die Parteien streiten über den Bestand eines privatrechtlichen dauernden Dienstverhältnisses vor den ordentlichen Gerichten. Bei der Festsetzung des Gebührenstreitwerts kann nicht auf § 42 Abs. 2 Satz 1 Hs 1 GKG zurückgegriffen werden, der bestimmt, dass für Rechtsstreitigkeiten über Arbeitsverhältnisse iSd § 2 Abs. 1 Nr. 3 ArbGG vor den Gerichten für Arbeitssachen bei der Wertberechnung höchstens der Betrag des für die Dauer eines Vierteljahres zu leistenden Arbeitsentgelts maßgeblich ist. Diese Streitwertvorschrift gilt nach der Gesetzessystematik nicht für Verfahren vor den ordentlichen Gerichten über andere Dienstverhältnisse,

> BGH 9.6.2005 – III ZR 21/04, NZA 2006, 287.

In Ermangelung spezieller Norm ist der Gebührenstreitwert im Zivilprozess gem. § 12 Abs. 1 GKG iVm § 3 ZPO nach freiem Ermessen festzusetzen. Maßgebend ist das vom Gericht zu schätzende Interesse des Klägers an der begehrten Feststellung. Als Anhaltspunkt hierfür kann die in § 42 Abs. 1 GKG getroffene, der Regelung des § 9 ZPO vorgehende Bestimmung über die Wertberechnung bei Klagen von Arbeitnehmern auf wiederkehrende Leistungen mit dem dreifachen Jahresbetrag dieser Leistung dienen,

BGH 9.6.2005 – III ZR 21/04, NZA 2006, 287.

Das Interesse des Dienstnehmers an dem Fortbestehen seines Dienstverhältnisses und der daraus resultierenden Wahrung der vereinbarten Vergütung entspricht dem Wert einer alternativ möglichen Klage auf Feststellung, dass der Dienstberechtigte zur Fortzahlung der Vergütung über den Kündigungszeitpunkt hinaus verpflichtet sei,

BGH 13.2.1986 – IX ZR 114/85, NJW-RR 1986, 676 = MDR 1986, 669 = JurBüro 1986, 713.

Die gleiche Rechtslage gilt bei Organmitgliedern von Handelsgesellschaften oder juristischen Personen,

BGH 24.11.1980 – 2 ZR 183/80, DB 1981, 1232 = ZIP 1981, 663 = NJW 1981, 2465; LG Hamburg 14.1.2002 – 303 O 353/01, NZS 2002, 336; OLG Frankfurt/Main 14.8.1995 – 19 W 22/95, OLGR Frankfurt 1995, 238.

Eine Ausnahme ist nur dann zuzulassen, wenn der andere Vertragsteil vor Ablauf von drei Jahren zu einer ordentlichen Kündigung des Dienstverhältnisses befugt gewesen wäre oder ein befristetes Dienstverhältnis nur noch eine geringere Laufzeit als drei Jahre hat,

OLG Köln 8.9.1994 – 19 W 31/94, NJW-RR 1995, 318 = JurBüro 1995, 255 = OLGR Köln 1994, 268; OLG München 1.9.1987 – 5 W 2184/87, NJW-RR 1988, 190.

24. Muster: Direktionsrecht

Bei Maßnahmen des Direktionsrechts ist der Streitwert nach § 48 Abs. 1 GKG iVm § 3 ZPO festzusetzen. Ein Rückgriff auf § 42 Abs. 2 Satz 1 GKG, der eine Begrenzung des Streitwerts auf ein Vierteljahresgehalt in Bestandsschutzstreitigkeiten vorsieht, kommt weder unmittelbar noch mittelbar in Betracht. Zulässiger Maßstab ist das Bruttomonatsgehalt. Zwar bildet regelmäßig ein Bruttomonatsgehalt den Wert der Streitigkeit ab, er kann aber je nach den Umständen des Einzelfalles auch ein Vielfaches betragen,

LAG Baden-Württemberg 28.9.2009 – 5 Ta 87/09, n.v.; LAG Schleswig-Holstein 23.9.2009 – 5 Ta 157/09, n.v.

Gewöhnlich bildet eine Gegenstandswertfestsetzung von einem Monatsgehalt bei einfachen Maßnahmen des Direktionsrechts bis zu drei Bruttomonatsgehältern bei schwerwiegenderen Eingriffen die Bedeutung der Sache zutreffend ab,

LAG Nürnberg 27.12.1994 – 8 Ta 150/94, ARST 1995, 142; LAG Hamm 24.7.1986 – 8 Ta 174/86, DB 1986, 1932.

Der Streitwert bei Streitigkeiten über die Zulässigkeit von Versetzungen kraft Direktionsrechts beläuft sich regelmäßig auf ein Monatsgehalt, bei besonders schwerwiegenden Belastungen für den Arbeitnehmer auf bis zu max. zwei Monatsvergütungen.

Streitwertkatalog für die Arbeitsgerichtsbarkeit A. I. Nr. 14.

§ 8 Gebühren und Rechtsschutz im Arbeitsrecht

25. Muster: Ehrverletzung

↓

Geht es um Ehrverletzungen, so ist zu berücksichtigen, unter welchen Umständen die beleidigende Äußerung gefallen ist, ob Dritte Kenntnis erlangt haben, ob wirtschaftliche Interessen oder das soziale Ansehen berührt sind. Da vorliegend auch Ehrverletzungen Gegenstand des Mandats bildeten, ist hierfür ein gesonderter Streitwert festzusetzen,

> LAG Köln 21.12.2005 – 9 Ta 409/05, n.v.; LAG Köln 28.5.1985 – Ta 87/85, n.v.; LAG Köln 20.6.1987 – 5 Ta 73/87, n.v.

Bei Ehrverletzungen handelt es sich um eine nichtvermögensrechtliche Streitigkeit, bei der der Gegenstandswert gem. § 48 Abs. 2 GKG zu schätzen ist.

Sind keine besonderen Anhaltspunkte ersichtlich, so sind ehrkränkende Äußerungen im Rahmen eines Arbeitsverhältnisses mit einem Regelwert (gegenwärtig zwischen 3.000 und 5.000 EUR) in Ansatz zu bringen, der nach den Umständen des Einzelfalles erhöht oder verringert werden kann,

> vgl LAG Rheinland-Pfalz 10.9.2007 – 1 Ta 209/07, n.v.; LAG Baden-Württemberg 6.3.2008 – 3 Ta 45/08, n.v. (Gegenstandswert: 10.000 EUR).

Bei Verfolgung eines zusätzlichen wirtschaftlichen Interesses ist nach § 3 ZPO ein höherer Wert festzusetzen,

> BAG 2.3.1998 – 9 AZR 61/96 (A), EzA § 12 GKG Nr. 1.

Wird über den Unterlassungsantrag hinaus auch ein Widerrufsantrag gestellt, so sind gesonderte Streitwerte anzusetzen und gem. § 5 ZPO im Wert zusammenzurechnen,

> LAG Köln 20.6.1987 – 5 Ca 73/87, n.v.; OLG Düsseldorf 16.5.1980 – 15 W 34/80, AnwBl 1980, 358.

↑

26. Muster: Eingruppierung, Zustimmungsersetzung

↓

Die Festsetzung des Streitwerts für die Eingruppierung richtet sich nach der Auffangvorschrift des § 23 Abs. 3 RVG. Bei der Wertfestsetzung sind alle Umstände des Einzelfalles, insbesondere der Umfang und die Bedeutung der Sache zu berücksichtigen,

> LAG Schleswig-Holstein 27.7.2006 – 4 Ta 1000/06, n.v.; LAG Schleswig-Holstein 28.5.2004 – 2 Ta 95/04, AGS 2004, 346 = JurBüro 2004, 541.

Dabei kommt zur Bestimmung des wirtschaftlichen Werts eine Anlehnung an § 42 Abs. 1 GKG in Betracht, sodass der dreifache Jahresbetrag der Entgeltdifferenz den Gegenstandswert abbildet, der bei einem Feststellungsantrag um 20 % vermindert wird, auf den ein weiterer Abschlag von 25 % für die eingeschränkte Rechtskraftwirkung eines Beschlusses erfolgt (Minderung insgesamt 40 %),

> LAG Düsseldorf 28.2.2011 – 2 Ta 81/11, n.v.; LAG Hamm 24.9.2007 – 10 Ta 523/07, n.v.

Andere Landesarbeitsgerichte stellen darauf ab, dass bei Zustimmungsersetzungsverfahren die Wahrung der Mitwirkungsrechte des Betriebsrats im Vordergrund steht und aus diesem Grund der Hilfswert des § 23 Abs. 3 Satz 2 RVG den Ausgangspunkt der Gegenstandswertfestsetzung bildet,

> LAG Schleswig-Holstein 2.2.2012 – 6 Ta 24/12, n.v.; LAG Baden-Württemberg 29.9.2011 – 5 Ta 104/11, n.v.

↑

27. Muster: Eingruppierung, Zustimmungsersetzung bei mehreren Arbeitnehmern

Streitgegenstand ist die Durchführung eines Zustimmungsersetzungsverfahrens, das die Eingruppierung von mehreren Arbeitnehmern betrifft. Bei einem solchen Beschlussverfahren im Rahmen des § 101 BetrVG handelt es sich um eine nichtvermögensrechtliche Streitigkeit iSv § 23 Abs. 3 Satz 2 RVG und die gebührenrechtliche Bewertung ist in einem solchen Fall nach dieser Vorschrift vorzunehmen,

LAG Nürnberg 27.7.2006 – 4 Ta 100/06, n.v.

Geht es um die Eingruppierung in mehreren Fällen, ist es legitim, nur einen Fall mit dem vollem Hilfswert des § 23 Abs. 3 Satz 2 RVG von 5.000 EUR und zu bewerten und für jeden weiteren Einzelfall nur einen Bruchteil dieses Werts, jeweils ein Drittel, anzunehmen,

zum früheren Hilfswert von 4.000 EUR: LAG Baden-Württemberg 29.9.2011 – 5 Ta 104/11, n.v.; LAG Nürnberg 27.7.2006 – 4 Ta 100/06, n.v.; LAG Nürnberg 21.7.2005 – 9 Ta 137/05, LAGE § 23 RVG Nr. 1.

Bei einem Beschlussverfahren, das mehrere personelle Einzelmaßnahmen betrifft, die wiederum auf einer einheitlichen unternehmerischen Vorgehensweise beruhen und im Rahmen eines gemeinsam durchgeführten Mitbestimmungsverfahrens vom Betriebsrat behandelt worden sind, kann eine angemessene Herabsetzung des Werts für jede einzelne personelle Maßnahme geboten sein. Allein durch die Bündelung der Verfahren und die gleich gelagerte Argumentation im Hinblick auf die einheitliche unternehmerische Vorgehensweise tritt ein Synergieeffekt im Rahmen der Prozessführung auf, der schon für sich eine erhebliche Reduzierung des Hilfswerts für jeden Einzelfall rechtfertigt,

LAG Baden-Württemberg 29.9.2011 – 5 Ta 104/11, n.v.; LAG Nürnberg 27.7.2006 – 4 Ta 100/06, n.v.

28. Muster: Einigungsgebühr, Interessenausgleich und Sozialplan

Die Beteiligten verhandelten unter Beteiligung eines Rechtsanwalts über Inhalt und Umfang des Interessenausgleichs und Sozialplans. Der Betriebsrat verlangt nun vom Arbeitgeber die Erstattung seiner durch die Betriebsratstätigkeit entstandenen Kosten.

Nach § 40 Abs. 1 BetrVG hat der Arbeitgeber die durch die Betriebsratstätigkeit entstehenden Kosten, soweit sie erforderlich sind, zu tragen. Zu diesen Kosten gehören auch die Kosten eines vom Betriebsrat auf der Grundlage von § 80 Abs. 3 BetrVG hinzugezogenen Sachverständigen,

BAG 26.2.1992 – 1 ABR 51/90, AP Nr. 48 zu § 80 BetrVG 1972.

Die Kostentragungspflicht des Arbeitgebers nach § 40 Abs. 1 BetrVG umfasst nur die tatsächlich im Zusammenhang mit dem Tätigwerden des Rechtsanwalts nach dem RVG entstandenen Gebühren,

ArbG Berlin 15.3.2006 – 9 BV 21646/05, n.v.

Verständigt sich der Betriebsrat mit dem Arbeitgeber über einen Interessenausgleich und schließt einen Sozialplan ab, so handelt es sich dabei nicht um einen Vertrag iSv Nr. 1000 VV RVG, daher steht dem vom Betriebsrat für die Verhandlungen hinzugezogenen Rechtsanwalt – wie schon im Rahmen des früheren § 23 BRAGO –,

BAG 13.5.1998 – 7 ABR 65/96, NZA 1998, 900 = ARST 1998, 198 = DB 1998, 1670,

keine Einigungsgebühr zu,

ArbG Berlin 15.3.2006 – 9 BV 21646/05, n.v.

Die Einigungsgebühr entsteht jedoch, wenn der Streit über die Interessenausgleichs- und Sozialplanpflicht der Maßnahme an sich beigelegt wird,

LAG Hessen 29.8.2011 – 16 TaBV 94/11, ArbRB 2012, 211.

213 29. Muster: Einigungsgebühr, Einigung auf ungekündigtes Fortbestehen des Arbeitsverhältnisses

Die Parteien haben sich in der mündlichen Verhandlung vom ... dahin gehend vergleichsweise geeinigt, dass das zwischen ihnen bestehende Arbeitsverhältnis nicht durch die Kündigung der Beklagten vom ... enden wird, sondern über diesen Zeitpunkt hinaus zu unveränderten Vertragsbedingungen fortbesteht. Durch diesen Vergleich sind die tatbestandlichen Voraussetzungen für die Einigungsgebühr erfüllt.

Einigen sich die Parteien nach Erhebung der Kündigungsschutzklage lediglich auf ein ungekündigtes Fortbestehen des Arbeitsverhältnisses, löst schon diese Einigung eine Einigungsgebühr iSv Nr. 1000 VV RVG aus, da hierin kein bloßes Anerkenntnis zu sehen ist. Denn die Parteien haben mit ihrer Vereinbarung über den Fortbestand und die Fortsetzung des Arbeitsverhältnisses mehr geregelt, als es der Beklagten einseitig, etwa durch Anerkenntnis, möglich gewesen wäre, indem sie bspw die Kündigung als rechtsunwirksam anerkannt und zurückgenommen hätte,

LAG Schleswig-Holstein 15.2.2006 – 1 Ta 252/05, NZA-RR 2006, 381; LAG Köln 2.9.2005 – 5 Ta 134/05, NZA-RR 2006, 44 = LAGE § 11 RVG Nr. 1; LAG Düsseldorf 30.7.2005 – 16 Ta 452/05, n.v.; LAG Niedersachsen 18.2.2005 – 10 Ta 129/05, AGS 2005, 281 = LAGE § 11 RVG Nr. 1; LAG Berlin 8.6.2005 – 17 Ta (Kost) 6023/05, NZA-RR 2005, 488 = MDR 2005, 1379.

Für das Entstehen der Einigungsgebühr ist es nicht erforderlich, dass die Parteien einen Vergleich iSd § 779 BGB abgeschlossen haben, solange sich der Vertrag nicht auf ein Anerkenntnis oder einen Verzicht beschränkt,

LAG Berlin 8.6.2005 – 17 Ta (Kost) 6023/05, NZA-RR 2005, 488 = MDR 2005, 1379.

214 30. Muster: Einstweilige Verfügung

Einstweilige Verfügungen haben keinen eigenständigen Gegenstandswert. § 53 Abs. 1 GKG verweist wegen der Bewertung des Verfahrens über einen Antrag auf Anordnung, Abänderung oder Aufhebung einer einstweiligen Verfügung auf § 3 ZPO. Damit ist der Gegenstandswert nach freiem Ermessen zu bestimmen.

Bei Vorwegnahme der Hauptsache beträgt der Streitwert 100 % des allgemeinen Werts,

Streitwertkatalog für die Arbeitsgerichtsbarkeit A. I. Nr. 16.1.

Im Übrigen kann je nach Einzelfall ein Abschlag bis zu 50 % des Hauptsachestreitwerts vorgenommen werden,

Streitwertkatalog für die Arbeitsgerichtsbarkeit A. I. Nr. 16.2.

215 31. Muster: Entfristungsklage

Für die Entfristungsklage, mit der der Arbeitnehmer geltend macht, sein formal befristetes Arbeitsverhältnis sei in Wahrheit wegen Umgehung des Kündigungsschutzes ein unbefristetes Arbeitsverhältnis, gilt bei der Streitwertbestimmung § 42 Abs. 2 GKG. Auch bei der Entfristungsklage geht es um das Bestehen (in diesem

Falle eines unbefristeten) Arbeitsverhältnisses, so dass die Grundsätze zur Wertberechnung bei Bestandsstreitigkeiten anzuwenden sind,

> LAG Sachsen 19.5.2011 – 4 Ta 91/11 (3), ArbRB 2011, 271; LAG Rheinland-Pfalz 21.1.2008 – 1 Ta 284/07, NZA-RR 2008, 429; ArbG Kiel 28.10.2004 – ö.D. 1 Ca 1705c/04, NZA-RR 2005, 129.

32. Muster: Erledigungsgebühr, Entstehung nach einem erledigenden Ereignis

Die Erledigungsgebühr nach Nr. 1002, 1003 VV RVG entsteht auch dann, wenn ein Rechtsanwalt erst nach Eintritt eines erledigenden Ereignisses aktiv an einer tatsächlichen Verständigung zwischen den Parteien in der Zeit bis zur Abgabe der Erledigungserklärung mitwirkt,

> VGH Baden-Württemberg 6.4.2006 – 6 S 834/05, AnwBl 2006, 497.

Wägt einer der Beteiligten, bevor er eine Erledigungserklärung abgibt, seine Reaktion sorgfältig ab und führt noch Verhandlungen mit der Gegenseite, bei denen ein Rechtsanwalt mitwirkt, bedeuten diese Umstände aus Sicht des Vergütungsrechts, dass regelmäßig der Gebührentatbestand der Erledigungsgebühr gegeben ist. Entscheidend ist, dass der Rechtsanwalt einen nicht völlig unerheblichen oder untauglichen Beitrag an der Erledigung der Streitigkeit hat,

> VGH Bayern 19.1.2007 – 24 C 06/2426, AGS 2007, 622.

33. Muster: Freistellung

Eine Regelung über die unwiderrufliche Freistellung des Arbeitnehmers unter Fortzahlung seiner Bezüge ist ein selbständiger Gegenstand, der neben dem Streitgegenstand der Beendigung des Arbeitsverhältnisses einen eigenen Streitwert besitzt, auch wenn die Freistellung in einem Verfahren der Beendigung des Arbeitsverhältnisses geregelt wird,

> LAG Baden-Württemberg 12.3.1981 – 23 W 662/80, AnwBl 1982; LAG Köln 17.4.1985 – 7 Ta 219/84, AnwBl 1986, 205.

Der Wert des Streitgegenstandes der Freistellung ist entsprechend § 5 ZPO dem Wert der Feststellung der Beendigung des Arbeitsverhältnisses hinzuzurechnen. Es handelt sich um verschiedene Streitgegenstände.

Wie eine Freistellung des Arbeitnehmers wertmäßig zu berücksichtigen ist, wird in der Rechtsprechung nicht einheitlich beurteilt. Folgende Rechtsauffassungen werden derzeit vertreten:

Der Wert der Freistellung ist mit 25 % des im Freistellungszeitraum anfallenden Bruttomonatsgehalts anzusetzen,

> LAG Schleswig-Holstein 30.7.2012 – 5 Ta 122/12, n.v.; LAG Düsseldorf 8.3.2007 – 6 Ta 67/07, n.v.; LAG Berlin 13.3.2003 – 17 Ta (Kost) 6013/03, AE 2003, 142; *Hümmerich*, AnwBl 1995, 321.

Das LAG Hamburg bewertet die Freistellung eines Arbeitnehmers, die länger als einen Monat dauert, pauschalierend mit einem Monatsgehalt des Arbeitnehmers,

> LAG Hamburg 7.12.2011 – 7 Ta 31/11, n.v.; LAG Hamburg 7.3.2002 – 1 Ta 1/02, NZA-RR 2004, 657; LAG Hamburg 5.12.1994 – 2 Ta 20/94, n.v.

Die Freistellung des Arbeitnehmers von seiner Verpflichtung zur Arbeitsleistung wird lediglich mit 10 % des Verdienstes im Freistellungszeitraum bewertet,

> LAG Schleswig-Holstein 20.5.1998, LAGE § 12 ArbGG 1979 Streitwert Nr. 113; LAG Düsseldorf 22.5.1995 – 7 Ta 166/95, n.v.; LAG Berlin 11.3.1986 – 7 Ta 6/96, n.v.

Die Freistellung ist mit dem Betrag der Vergütung zu bewerten, die im Freistellungszeitraum für den Mitarbeiter anfällt,

>LAG Köln 27.7.1995 – 13 Ta 144/95, AR-Blattei, Streitwert und Kost. Nr. 199; LAG Sachsen-Anhalt 22.11.2000 – 1 Ta 133/00, AnwBl 2001, 632.

Das LAG Rheinland-Pfalz setzt den Gegenstandswert mit regelmäßig 10 % des auf den Freistellungszeitraum entfallenden Bruttoentgeltes an, der sich aber erhöhen kann, wenn weitere Faktoren hinzutreten, wie eine besondere Bedeutung der tatsächlichen Beschäftigung bzw Freistellung oder die Vereinbarung der Anrechnung anderweitigen Erwerbs gem. § 615 Satz 2 BGB,

>LAG Rheinland-Pfalz 8.5.2008 – 1 Ta 49/08, n.v.

Wird dem Arbeitnehmer die Möglichkeit mittels eines Sonderkündigungsrechts eingeräumt, das Arbeitsverhältnis vor Ablauf der Freistellungszeit unter Erhöhung des Abfindungsanspruchs um das ersparte Entgelt zu beenden („Turboprämie"), so führt diese Regelung nicht zu einer Erhöhung des Streitwerts,

>LAG Rheinland-Pfalz 21.10.2008 – 1 Ta 176/08, n.v.; LAG Köln 3.3.2009 – 4 Ta 467/08, NZA-RR 2009, 503.

Das LAG Köln sieht inzwischen eine Freistellungsvereinbarung in einem Vergleich als nicht streitwerterhöhend an, wenn sie eine Gegenleistung für die Beendigung des Arbeitsplatzes sei,

>LAG Köln 3.3. 2009 – 4 Ta 467/08, NZA-RR 2009, 503; LAG Köln 12.12.2007 – 11 Ta 358/07, AuR 2008, 232; LAG Köln 23.2.2010 – 5 Ta 16/10, n.v.

34. Muster: Freistellung wegen Schulungsteilnahme

Die Parteien streiten über die Freistellungsverpflichtung des Arbeitgebers gegenüber einem Personalratsmitglied zur Teilnahme an einer Schulungsveranstaltung.

Nach der Rechtsprechung des Fachsenats für Personalvertretungssachen des Bundes ist bei einem auf die Feststellung der Verpflichtung des Dienstherrn zur Freistellung eines Mitglieds des Personalrats für die Teilnahme an einer Schulungsveranstaltung unter Fortbezahlung der Bezüge und Erstattung der Kosten gerichteten Begehren der Auffangwert gem. § 23 Abs. 3 Satz 2 RVG zugrunde zu legen,

>VGH Hessen 18.10.2005 – 21 TE 2540/05, AE 2006, 67; VGH Hessen 11.12.2002 – 21 TE 633/02, n.v.

Verschiedene Landesarbeitsgerichte sehen in dem Antrag auf Freistellung eines Betriebsratsmitglieds zur Teilnahme an einer Schulungsveranstaltung eine vermögensrechtliche Streitigkeit, bei der sich der Gegenstandswert nach der Höhe der während der Freistellung beanspruchbaren Vergütung bemisst,

>LAG Hamm 26.11.2007 – 10 Ta 693/07, RVGreport 2008, 277; LAG Köln 26.6.2007 – 7 Ta 75/07, n.v.

35. Muster: Geschäftsgebühr, Vergütungsfestsetzungsverfahren

Im Vergütungsfestsetzungsverfahren nach § 11 RVG ist die dem Rechtsanwalt erwachsende Geschäftsgebühr grundsätzlich nicht festsetzbar, weil die Tätigkeiten des Anwalts außerhalb des Prozessgeschehens nicht in dem für eine Überprüfung erforderlichen Maße aus den Prozessakten ersichtlich sind,

>LAG Hamburg 29.6.2006 – 5 Ta 11/06, n.v.; BGH 20.10.2005 – I ZB 21/05, JurBüro 2006, 140.

Das Kostenfestsetzungsverfahren ist auf eine zügige, nach vereinfachten und klaren Grundsätzen zu treffende Entscheidung über die Entstehung und die Erstattungsfähigkeit der geltend gemachten Kosten ausgerichtet, daher lässt sich in diesem Verfahren nicht klären, inwieweit eine außergerichtliche Tätigkeit des Rechtsanwalts für die Rechtsverfolgung bzw Rechtsverteidigung seines Mandanten notwendig gewesen ist,

BGH 22.12.2004 – VII ZB 94/04, JurBüro 2005, 261.

Diese Erwägung spricht auch nach neuem Recht gegen eine Einbeziehung der Geschäftsgebühr in das Kostenfestsetzungsverfahren,

OLG Frankfurt 24.1.2005 – 6 W 9/05, GRUR 2005, 360; LAG Hamburg 29.6.2006 – 5 Ta 11/06, n.v.

Durch den neu eingeführten § 15 a RVG ist klargestellt, dass dem Rechtsanwalt das Wahlrecht zusteht, ob die Geschäftsgebühr auf die Verfahrensgebühr angerechnet werden soll oder ob die Geschäftsgebühr um die Verfahrensgebühr zu mindern ist, soweit der zu fordernde Gesamtbetrag nicht überschritten wird,

BGH 3.2.2010 – XII ZB 177/09, IMR 2010, 1032; BGH 9.12.2009 – XII ZB 175/07, AnwBl 2010, 295.

Damit kann der Rechtsanwalt folglich auch im Festsetzungsverfahren nach § 11 RVG die volle Verfahrensgebühr tituliert verlangen, die dann die nicht titulierte Geschäftsgebühr reduziert.

36. Muster: Herausgabeansprüche

Macht der Arbeitgeber die Herausgabe zurückgelassener Sachen des Arbeitnehmers, wie Radio, Kassettenrekorder etc., oder die Rückgabe von Arbeitgebereigentum, wie Werkzeug, Arbeitsunterlagen oder Kraftfahrzeug, geltend, ist die Wertbestimmung nach § 6 ZPO vorzunehmen. Maßgeblich ist der Verkehrswert, der gem. § 3 ZPO nach freiem Ermessen zu schätzen ist.

Wird die Herausgabe des Kfz verlangt, ist die Hälfte des Werts des Kraftfahrzeugs als Gegenstandswert in Ansatz zu bringen,

LAG Köln 5.6.1985 – 8 Ta 38/82, n.v.

Wird lediglich der Kraftfahrzeugbrief verlangt, richtet sich der Streitwert nach dem Interesse an der Verfügungsgewalt über den Kraftfahrzeugbrief,

LAG Berlin 14.6.1982 – 9 Sa 97/82, BB 1982, 1428.

37. Muster: Integrationsamt, Verfahren bei Zustimmung zur Kündigung

Bei einer Tätigkeit vor dem Integrationsamt ist gem. § 52 Abs. 2 GKG von einem Gegenstandswert von 5.000 EUR auszugehen,

VGH München 11.5.2010 – 12 C 10.1026, AGS 2010, 349.

38. Muster: Konzernbetriebsrat, Zusammensetzung

Ist zwischen den Parteien die Zusammensetzung des Konzernbetriebsrats und die von ihm abgeschlossene Konzernbetriebsvereinbarung im Streit, ist der Gegenstandswert nach Maßgabe des § 23 Abs. 3 Satz 2 RVG festzusetzen.

Die Wertbemessung des Streits über die Rechtmäßigkeit der Zusammensetzung eines Konzernbetriebsrats kann sich dabei an der Größe des Gremiums in Anlehnung an die Staffel des § 9 BetrVG orientieren mit der sich aus § 55 Abs. 4 iVm § 47 Abs. 5 BetrVG einzuhaltenden Obergrenze von 40 Konzernbetriebsratsmitgliedern.

Denn die Größe des Betriebs bzw des Konzerns und die Zahl der Mitglieder des Gremiums bei der Festsetzung des Gegenstandswerts können nicht unberücksichtigt bleiben,

LAG Köln 22.6.2005 – 10 (5) Ta 144/04, NZA-RR 2006, 269.

Ebenso wie im Fall der Wahl eines Betriebsrats erscheint es gerechtfertigt, im Interesse gleichförmiger Rechtsanwendung nach Fallgruppen zu typisieren und sich bei Streitigkeiten über die Rechtmäßigkeit von Wahlen an der Zahl der Mitglieder des Gremiums zu orientieren. Bei Betriebsratswahlen ist für einen einköpfigen Betriebsrat im Ausgangspunkt vom Hilfswert des § 23 Abs. 3 RVG, dh von 5.000 EUR, auszugehen, der für jede weitere Staffel des § 9 BetrVG um den halben Ausgangswert, dh um 2.500 EUR, zu erhöhen ist,

zum früheren Hilfswert von 4.000 EUR: LAG Hamburg 7.1.2009 – 4 Ta 22/08, n.v.; LAG Köln 19.5.2005 – 10 Ta 79/04, AR-Blattei ES 160.13 Nr. 266 = MDR 2005, 342; LAG Köln 22.6.2005 – 10 (5) 144/04, NZA-RR 2006, 269.

39. Muster: Kündigungsfrist, Verlängerung im Kündigungsschutzverfahren

Die Parteien haben im Vergleich vom ... vereinbart, die gesetzliche Kündigungsfrist zu verlängern. Zwar wirkt eine Verlängerung der Kündigungsfrist grundsätzlich nicht werterhöhend. Für den Fall, dass die Verlängerung der Kündigungsfrist jedoch primär der Sicherstellung der Unverfallbarkeit der betrieblichen Altersversorgung dient, ist dieses besondere wirtschaftliche Interesse gesondert zu berücksichtigen,

LAG Hessen 5.9.2005 – 15 Ta 280/05, AE 2006, 66.

40. Muster: Kündigungsschutzklage, Feststellungsantrag gem. § 4 KSchG und allgemeiner Feststellungsantrag

Vorliegend wurde neben dem Antrag gem. § 4 KSchG zusätzlich noch der allgemeine Feststellungsantrag gem. § 256 ZPO gestellt. Dem allgemeinen Feststellungsantrag nach § 256 ZPO ist in einem solchen Fall kein eigener Gegenstandswert zuzuordnen,

Streitwertkatalog für die Arbeitsgerichtsbarkeit A. I. Nr. 17; LAG Sachsen 21.6.2007 – 4 Ta 10/07, EzA-SD 2008, 16; LAG Hamburg 30.6.2005 – 8 Ta 5/05, LAGReport 2005, 352; LAG Hamm 3.2.2003 – 9 Ta 520/02, NZA-RR 2003, 321; LAG Hamburg 3.6.2002 – 7 Ta 11/02, n.v.; LAG Bremen 29.3.2000 – 4 Ta 15/00, JurBüro 2000, 418; LAG Nürnberg 26.6.2001 – 6 Ta 104/01, NZA-RR 2002, 274; LAG Nürnberg 2.12.2003 – 9 Ta 190/03, NZA-RR 2004, 660; BAG 6.12.1984 – 2 AZR 754/79, NZA 1985, 296.

Eine Erhöhung des Gegenstandswerts für den Antrag nach § 256 ZPO um ein Bruttomonatsgehalt nimmt derzeit nur das LAG Hessen vor,

LAG Hessen 7.1.2005 – 15 Ta 688/04, n.v.

Diese aktuelle Auffassung des LAG Hessen kann – wie das LAG Hamburg zutreffend ausführt – nicht überzeugen. Sie beruht allein auf dem Argument, der Antrag gem. § 256 ZPO müsse deshalb den Gegenstandswert erhöhen, weil er auch in einem gesonderten Verfahren isoliert verfolgt werden könnte und ein solches Verfahren einen Gegenstandswert haben müsste. Werden aber unterschiedliche Streitgegenstände verfolgt, die wirtschaftlich ganz oder teilweise identisch sind, fließt die wirtschaftliche Identität in die Bemessung des Gegenstandswerts regelmäßig nur dann ein, wenn die Streitgegenstände in einem Verfahren verfolgt werden,

LAG Hamburg 30.6.2005 – 8 Ta 5/05, n.v.

So ist bspw unstreitig, dass auch ein Auflösungsantrag nach § 9 KSchG den Gegenstandswert eines Kündigungsrechtsstreits nicht erhöht,

LAG Hamburg 3.9.2003 – 4 Ta 11/03, LAGE § 12 ArbGG 1979 Streitwert Nr. 13; LAG Brandenburg 17.4.2003 – 6 Ta 62/03, RzK I. 10 l Nr. 124; LAG Berlin 13.3.2001 – 17 Ta 6026/01 (Kost), NZA-RR 2001, 436; LAG München 14.9.2001 – 4 Ta 200/01, NZA-RR 2002, 493; LAG Hamburg 26.6.2001 – 7 Ta 12/02, n.v.; BAG 25.1.1960 – 2 AZR 519/57, BAGE 8, 240.

41. Muster: Kündigungsschutzklage, kurzes Arbeitsverhältnis

Auch in Arbeitsverhältnissen mit kurzer Dauer bemisst sich der Streitwert nach § 42 Abs. 2 GKG auf ein Vierteljahresgehalt. Die bisherige kurze Dauer der Beschäftigung verändert nicht das wirtschaftliche Interesse des Arbeitnehmers an der Fortsetzung des Arbeitsverhältnisses,

LAG Baden-Württemberg 26.8.2009 – 5 Ta 81/09, n.v.

Nach der Auffassung der Streitwertkommission soll bei kurzen Arbeitsverhältnissen (unter sechs Monaten) der Streitwert im Regelfall eine Monatsvergütung betragen,

Streitwertkatalog für die Arbeitsgerichtsbarkeit A. I. Nr. 18.1.

42. Muster: Personelle Maßnahme, Beschlussverfahren

Es handelt sich um die Aufhebung einer personellen Maßnahme auf Antrag des Betriebsrats. In einem betriebsverfassungsrechtlichen Beschlussverfahren ist der Aufhebungsantrag nach § 101 BetrVG und der Unterlassungsantrag nach § 23 BetrVG nach Ansicht des Sächsischen Landesarbeitsgerichtes mit jeweils 4.000 EUR festzusetzen,

LAG Sachsen 9.11.2005 – 1 Ta 282/05, AE 2006, 144.

43. Muster: Rauchverbot im Betrieb, Mitbestimmungsrecht des Betriebsrats

Verfolgt der Betriebsrat im Wege der einstweiligen Verfügung einen Unterlassungsanspruch gegen den Arbeitgeber, da dieser ein innerbetriebliches Rauchverbot erlassen hat, ohne die notwendigen Mitbestimmungsrechte des Betriebsrats zu wahren, handelt es sich dabei um eine nichtvermögensrechtliche Streitigkeit,

LAG Hamm 9.11.2005 – 13 TaBV 148/05, NZA-RR 2006, 96 = NZA 2006, 288.

In einem solchen Fall ist bei der Bemessung des Gegenstandswerts nach § 23 Abs. 3 Satz 2 Hs 2 RVG zu verfahren. Danach ist der Gegenstandswert auf 5.000 EUR, je nach Lage des Falles aber auch niedriger oder höher bis zu 500.000 EUR anzunehmen, sofern es sich um nichtvermögensrechtliche Gegenstände handelt. Hiervon ist im arbeitsgerichtlichen Beschlussverfahren immer dann auszugehen, wenn um das Bestehen und die Beachtung betriebsverfassungsrechtlicher Beteiligungsrechte gestritten wird, weil die Begehren weder auf Geld noch auf eine geldwerte Leistung gerichtet sind und auch nicht ihre Grundlage in einem Verhältnis haben, dem ein Vermögenswert zukommt,

zum früheren Hilfswert von 4.000 EUR: BAG 9.11.2004 – 1 ABR 11/02 (A), NZA 2005, 70 = AGS 2005, 72 = AR-Blattei ES 160.13 Nr. 270; LAG Hamm 12.6.2001 – 10 TaBV 50/01, LAGE § 8 BRAGO Nr. 50 = NZA-RR 2002, 472.

Ein Unterlassungsantrag des Betriebsrats, mitbestimmungswidrig Rauchverbote auszusprechen, von dem mindestens zehn Beschäftigte betroffen sind, ist mit dem Hilfswert des § 23 Abs. 3 Satz 2 Hs 2 RVG iHv 5.000 EUR zu bemessen,

zum früheren Hilfswert von 4.000 EUR: LAG Hamm 9.11.2005 – 13 TaBV 148/05, NZA-RR 2006, 96 = NZA 2006, 288.

44. Muster: Rechtsweg, Gebührenklage

Für die Klage eines Prozessbevollmächtigten gegen seinen Mandanten wegen Gebühren und Auslagen im Zusammenhang mit einem Rechtsstreit vor dem Arbeitsgericht ist der Rechtsweg zu den ordentlichen Gerichten und nicht zu den Gerichten für Arbeitssachen gegeben,

BAG, Beschl. v. 28.10.1997 – 9 AZB 35/97, AGS 1998, 54.

45. Muster: Sozialplan, Volumen

In Streit steht das Volumen eines angefochtenen Sozialplans. Das vom Arbeitgeber mit der gerichtlichen Anfechtung verfolgte Interesse ist die Beseitigung einer Mehrbelastung iHv ... Mio. EUR. Ist zwischen den Betriebsparteien das Volumen eines Sozialplans umstritten und streiten sie ausschließlich über dieses, errechnet sich der Wert des Gegenstandes der anwaltlichen Tätigkeit nach der Differenz der vorgeschlagenen Volumina,

BAG 9.11.2004 – 1 ABR 11/02 (A), NZA 2005, 70 = AGS 2005, 72; BAG 14.2.1996 – 7 ABR 25/95, AP § 76 a BetrVG 1972 Nr. 5 = EzA § 40 BetrVG 1972 Nr. 76.

Die Kappungsgrenze des § 23 Abs. 3 Satz 2 Hs 2 RVG greift nicht ein. Bei vermögensrechtlichen Gegenständen greift sie allenfalls ein, wenn deren Wert nicht feststeht,

BAG 9.11.2004 – 1 ABR 11/02 (A), NZA 2005, 70 = AGS 2005, 72.

46. Muster: Terminsgebühr, Mediation

Der Unterzeichner hat am ... an einem Mediationstermin vor dem ... Gericht teilgenommen. Dadurch wurde die Terminsgebühr nach Nr. 3104 VV RVG ausgelöst,

OLG Hamm 29.12.2005 – 23 W 246/05, AnwBl 2006, 287.

In Vorbemerkung 3 Abs. 3 VV RVG ist ausdrücklich geregelt, dass die Terminsgebühr auch bei Besprechungen ohne Beteiligung des Gerichts anfällt, wenn diese der Erledigung des Verfahrens dienen. Das kann bei einer Mediation nicht zweifelhaft sein,

OLG Koblenz 29.4.2005 – 14 W 257/05, NJW 2005, 2162 = AnwBl 2005, 586 = AGS 2005, 278; OLG Hamm 29.12.2005 – 23 W 246/05, AnwBl 2006, 287.

47. Muster: Terminsgebühr, Sachstandsanfragen

Telefoniert der Prozessbevollmächtigte des Klägers mit dem Prozessbevollmächtigten des Beklagten, da es beim Zahlungseingang des ausgeurteilten Betrags zu Verzögerungen gekommen ist, und nimmt jener deshalb

Kontakt mit seiner Mandantschaft auf, wobei sich herausstellt, dass das Geld wegen eines internen Fehlers von dort aus bis zu diesem Zeitpunkt noch nicht zur Anweisung gelangt war, löst ein solches Telefonat keine Terminsgebühr aus.

Eine bloße Sachstandsanfrage führt noch nicht zur Terminsgebühr nach Nr. 3104 VV RVG iVm Vorbemerkung 3 Abs. 3 VV RVG,

    OLG Köln 14.11.2005 – 17 W 233/05, AGS 2006, 226 = NJW-RR 2006, 720 = JurBüro 2006, 251; OLG Köln 15.5.2009 – 17 W 81/09, MDR 2009, 1364.

Eine Terminsgebühr nach Nr. 3104 VV RVG fällt ausweislich der Vorbemerkung 3 Abs. 3 Satz 3 Nr. 2 VV RVG auch dann an, wenn die anwaltlichen Vertreter der Parteien ohne Beteiligung des Gerichts an einer auf die Erledigung des Verfahrens gerichteten Besprechung teilnehmen. Mit der Regelung soll das ernsthafte Bemühen der Prozessbevollmächtigten um einen Abschluss des Verfahrens ohne Beteiligung des Gerichts honoriert und damit zugleich die außergerichtliche Streitbeilegung gefördert werden. Danach ist bspw schon dann von einer Besprechung im Sinn dieser Vorschrift auszugehen, wenn der Gegner eine auf die Erledigung des Verfahrens gerichtete Erklärung zwecks Prüfung und Weiterleitung an die eigene Partei entgegennimmt,

    BGH 20.11.2006 – II ZB 9/06, NJW-RR 2007, 286.

48. Muster: Terminsgebühr, Versäumnisurteil

Wird in einem Gütetermin vor dem Arbeitsgericht nicht nur der Erlass eines Versäumnisurteils beantragt, sondern zuvor noch über die Präzisierung des Klageantrags und über materiellrechtliche Fragen zur Schlüssigkeit des Klagebegehrens gesprochen, erwächst dem Rechtsanwalt die volle Terminsgebühr aus Nr. 3104 VV RVG. Eine Reduzierung auf 0,5 gem. Nr. 3105 VV RVG ist nicht vorzunehmen,

    LAG Hessen 14.12.2005 – 13 Ta 481/05, RVG-Letter 2006, 51.

Grundsätzlich reduziert sich die Terminsgebühr aus Nr. 3104 VV RVG vom 1,2-fachen Gebührensatz gem. Nr. 3105 VV RVG auf 0,5, wenn der Anwalt einen Termin wahrnimmt, in dem nur ein Versäumnisurteil erlassen wird. Nach dem Wortlaut von Nr. 3105 VV RVG gilt die Gebührenabsenkung nur für den Fall, wenn lediglich ein Antrag auf Versäumnisurteil oder zur Prozess- oder Sachleitung gestellt wird. Erscheint der gegnerische Anwalt jedoch und erklärt, er werde in der Sache selbst weder verhandeln noch erörtern, so ist die Vorschrift der Nr. 3105 VV RVG nicht einschlägig,

    OLG Köln 2.5.2008 – 17 W 92/08, AGS 2008, 439.

Die Verminderung der Terminsgebühr auf 0,5 soll nur dann erfolgen, wenn der Rechtsanwalt im Termin tatsächlich keine weiteren Tätigkeiten als das Stellen eines Antrags auf Erlass eines Versäumnisurteils ausübt oder Anträge zur Prozess- oder Sachleitung stellt,

    BT-Drucks. 15/1971, S. 265.

Liegt Säumnis der gegnerischen Partei vor oder ist der Gegner nicht ordnungsgemäß vertreten, findet aber vor Erlass eines Versäumnisurteils eine einseitige Erörterung des erschienen Rechtsanwalt mit dem Gericht statt, fällt die volle Terminsgebühr mit dem Satz von 1,2 an,

    LAG Hessen 14.12.2005 – 13 Ta 481/05, RVG-Letter 2006, 51; Gerold/Schmidt/*Müller-Rabe*, RVG, Nr. 3105 VV Rn 16; Mayer/Kroiß/*Mayer*, RVG, Nr. 3105 VV Rn 5.

49. Muster: Terminsgebühr, keine Ermäßigung für zweites Versäumnisurteil

↓

Der Ermäßigungstatbestand der Nr. 3105 VV RVG findet auf den Fall eines zweiten Versäumnisurteils keine Anwendung, wenn derselbe Prozessbevollmächtigte bereits das erste Versäumnisurteil erwirkt hat,

BGH 7.6.2006 – VIII ZB 108/05, AGS 2006, 366 = FamRZ 2006, 1273; BGH 18.7.2006 – XI ZB 41/05, BB 2006, 1879; OLG Celle 24.2.2005 – 2 W 36/05, NJW 2005, 1283 = AE 2006, 69.

Hat der Rechtsanwalt als Prozessbevollmächtigter des Klägers sowohl ein erstes als auch ein zweites Versäumnisurteil beantragt, steht ihm gegen den Beklagten gem. § 2 Abs. 2 RVG iVm Nr. 3104 VV RVG eine Terminsgebühr von 1,2 zu. Der Rechtsanwalt war nämlich entgegen den Tatbestandsvoraussetzungen der Nr. 3105 VV RVG nicht mit der „Wahrnehmung nur eines Termins" befasst, sondern mit der Wahrnehmung zweier Termine,

LG Aachen 19.12.2005 – 5 T 264/05, AE 2006, 69; OLG Celle 24.2.2005 – 2 W 36/05, NJW 2005, 1283 = AGS 2005, 188.

Das Wort „ein" vor „Termin" ist Zahlwort, nicht unbestimmter Artikel,

BGH 18.7.2006 – XI ZB 41/05, BB 2006, 1879.

Dieses Verständnis entspricht auch der Gesetzesbegründung. Anliegen des Gesetzgebers war es, in Fällen, in denen nur ein Termin zur Verhandlung stattfindet und in dem das Verfahren mit einem Versäumnisurteil endet, gesondert zu regeln, da der Aufwand des Anwalts für solche Fälle geringer ist als bei der Wahrnehmung von zwei Terminen,

BT-Drucks. 15/1971, S. 212.

↑

50. Muster: Terminsgebühr bei schriftlichem Vergleich ohne Mitwirkung des Gerichts (§ 278 Abs. 6 ZPO)

↓

Eine Terminsgebühr entsteht, wenn die Parteien vor dem Arbeitsgericht einen schriftlichen Vergleich abschließen, auch dann, wenn dies ohne Mitwirkung des Gerichts geschieht,

LAG Hessen 22.10.2007 – 13 Ta 400/07, n.v.; LAG Düsseldorf 10.1.2006 – 16 Ta 668/05, MDR 2006, 898.

Die Terminsgebühr ist zu erstatten, obwohl eine mündliche Verhandlung nicht stattgefunden hat. Nr. 3104 VV RVG sieht eine Terminsgebühr in Höhe einer 1,2-Gebühr vor. Diese Gebühr entsteht auch, wenn in einem Verfahren, für das die mündliche Verhandlung vorgeschrieben ist, im Einverständnis mit den Parteien oder gem. § 307 Abs. 2 oder des § 495a ZPO ohne mündliche Verhandlung entschieden oder in einem solchen Verfahren ein schriftlicher Vergleich geschlossen wird.

Vorliegend ist ein schriftlicher Vergleich gem. § 278 Abs. 6 ZPO geschlossen worden. Auch im Fall eines schriftlichen gerichtlichen Vergleichsabschlusses entsteht eine Terminsgebühr,

BGH 3.7.2006 – II ZB 31/05, NJW-RR 2006, 1507; LAG Schleswig-Holstein 13.1.2006 – 2 Ta 2/06, NZA-RR 268; LAG Niedersachsen 10.10.2005 – 10 Ta 282/05, AE 2006, 147 = MDR 2006, 717; BGH 27.10.2005 – III ZB 42/05, BB 2005, 2600 = NJW 2006, 157.

↑

51. Muster: Terminsgebühr bei Vergleich über noch nicht rechtshängige Streitgegenstände

Eine Terminsgebühr nach dem RVG entsteht auch für solche Streitgegenstände, die noch nicht rechtshängig waren, in den im Termin oder schriftlich gem. § 278 Abs. 6 ZPO geschlossenen Vergleich aber mit einbezogen wurden. Die Terminsgebühr berechnet sich bei dieser Fallkonstellation aus dem Gesamtstreitwert und nicht lediglich aus dem Streitwert der anhängigen Sache,

OLG Saarbrücken 11.11.2009 – 9 W 340/09-33, NJW-Spezial 2010, 188; OLG Hamm 6.2.2007 – 23 W 274/06, JurBüro 2007, 482; AG Daun 26.7.2006 – 3 C 217/06, n.v.

52. Muster: Terminsgebühr bei Besprechung über noch nicht anhängigen Rechtsstreit

Die Terminsgebühr entsteht gem. § 2 Abs. 2 RVG iVm Nr. 3104 VV RVG durch die Mitwirkung an einer auf die Vermeidung oder Erledigung des Verfahrens gerichteten Besprechung ohne Beteiligung des Gerichts. Dieser Vergütungstatbestand setzt nicht voraus, dass der Anspruch, der Gegenstand der Besprechung ist, bereits bei Gericht anhängig gemacht worden ist. Vielmehr reicht es für die Entstehung einer Terminsgebühr aus, dass der Anwalt bereits einen unbedingten Klageauftrag erhalten hat, auch wenn der Rechtsstreit oder das Verfahren noch nicht anhängig ist,

BGH 8.2.2007 – IX ZR 215/05, NJW-RR 2007, 720.

Der BGH hat damit ausdrücklich klargestellt, dass Voraussetzung der Terminsgebühr nur der unbedingte Klageauftrag ist, nicht jedoch die Einreichung der Klage. Diese zutreffende Auffassung findet ihre Verankerung auch in der Begründung des Regierungsentwurfes zu Abs. 3 der Vorbemerkung zu Teil 3 des Vergütungsverzeichnisses,

BT-Drucks. 15/1971, S. 209.

Danach soll der Anwalt „nach seiner Bestellung zum Verfahrens- oder Prozessbevollmächtigten in jeder Phase des Verfahrens zu einer möglichst frühen, der Sach- und Rechtslage entsprechenden Beendigung des Verfahrens beitragen".

53. Muster: Terminsgebühr bei Vergleichsfeststellung nach § 278 Abs. 6 ZPO im arbeitsgerichtlichen Urteilsverfahren[97]

Wird in einem Urteilsverfahren vor den Arbeitsgerichten ein Vergleich geschlossen, so fällt immer eine Terminsgebühr an. Anmerkung Abs. 1 Nr. 1 zu Nr. 3104 VV RVG stellt ab auf den Vergleichsabschluss in einem Verfahren, für das die mündliche Verhandlung vorgeschrieben ist. Unerheblich ist, ob der Vergleich in mündlicher Verhandlung protokolliert oder schriftlich nach § 278 Abs. 6 ZPO festgestellt wird. Im Urteilsverfahren vor den Arbeitsgerichten ist die mündliche Verhandlung gem. § 46 Abs. 2 Satz 1 ArbGG iVm § 128 Abs. 1 ZPO vorgeschrieben. Die Vorschriften über den frühen ersten Termin zur mündlichen Verhandlung und das schriftliche Vorverfahren (§§ 257–277 ZPO) und über die Entscheidung ohne mündliche Verhandlung finden keine Anwendung (§ 46 Abs. 2 Satz 2 ArbGG). Die mündliche Verhandlung beginnt nach Maßgabe des § 54 Abs. 1 Satz 1 ArbGG mit der Güteverhandlung. Der Wortlaut von Anmerkung Abs. 1 Nr. 1 zu Nr. 3104 VV RVG legt die Auslegung nahe, dass der in Variante 4 geregelte Abschluss eines schriftlichen Vergleichs für all die Verfahren gilt, in denen eine mündliche Verhandlung vorgeschrieben ist,

BGH 27.10.2005 – III ZB 42/05, NJW 2006, 157 = BB 2005, 2600.

---

97 Dieser Sondertextbaustein kann sowohl als Zusatz zu dem Muster 8445 eingesetzt als auch alternativ verwendet werden.

Nach der amtlichen Begründung soll Teil 3 VV RVG für alle bürgerlichen Rechtsstreitigkeiten einschließlich der Verfahren vor den Gerichten für Arbeitssachen sowie für die Verfahren vor den Gerichten der Verwaltungs-, Finanz- und Sozialgerichtsbarkeit gelten,

> BT-Drucks. 15/1971, S. 208.

Die amtliche Begründung spricht daher gegen die Annahme, Anmerkung Abs. 1 Nr. 1 zu Nr. 3104 VV RVG sei nur dann in Betracht zu ziehen, wenn mit Einverständnis der Parteien in einem schriftlichen Verfahren nach § 128 Abs. 2 ZPO entschieden werde. Eben diese Verfahrensmöglichkeit schließt das Arbeitsgerichtsgesetz aus,

> BAG 20.6.2006 – 3 AZB 78/05, NZA 2006, 1060.

In den arbeitsgerichtlichen Verfahren, in denen ein schriftlicher Vergleich nach § 278 Abs. 6 ZPO geschlossen wird, fällt daher immer eine Terminsgebühr nach Anmerkung Abs. 1 Nr. 1 Variante 4 zu Nr. 3104 VV RVG an.

54. Muster: Terminsgebühr bei Vergleichsschluss auf schriftlichen Vorschlag des Gerichts vor einem Gütetermin

Schließen die Parteien nach Anberaumung eines Termins zur Güteverhandlung mit eventuell anschließendem Haupttermin auf einen Einigungsvorschlag des Gerichts einen Vergleich gem. § 278 Abs. 6 ZPO und wird daraufhin der Termin aufgehoben, ist jedenfalls dann die Terminsgebühr des Nr. 3104 VV RVG entstanden, wenn dem Vergleichsschluss telefonische Besprechungen zwischen den Verfahrensbevollmächtigten und dem Abteilungsrichter vorausgegangen sind,

> LG Bonn 29.4.2005 – 8 T 39/05, NJW-RR 2005, 1734 = AGS 2005, 288.

55. Muster: Unterbevollmächtigung eines Rechtsanwalts durch eine Gewerkschaft

Beauftragt eine im Bezirk des Landesarbeitsgerichts vertretene Gewerkschaft, die vom Arbeitnehmer mit der Verteidigung gegen die Berufung des Arbeitgebers bevollmächtigt war, zur Terminswahrnehmung einen am Gerichtssitz ansässigen Rechtsanwalt als Unterbevollmächtigten, so sind die dadurch entstehenden Mehrkosten in der Regel nicht erstattungsfähig,

> LAG Schleswig-Holstein 25.7.2000 – 1 Ta 78a/00, AnwBl 2001, 310.

56. Muster: Vollmachtserteilung

Wird auf Erteilung einer Vollmacht geklagt, richtet sich der Streitwert nach § 3 ZPO. Maßgebend ist das Interesse des Vollmachtnehmers an der von ihm in Anspruch genommenen Vertretungsbefugnis,

> *Schneider/Herget*, Streitwert-Kommentar, Rn 6055.

Das Arbeitsgericht Bonn bewertet sowohl den Anspruch auf Erteilung einer Prokura als auch den Anspruch auf Erteilung einer Bankvollmacht mit jeweils einem halben Bruttomonatsgehalt,

> ArbG Bonn 14.10.2001 – 4 Ca 2145/01, n.v.

57. Muster: Wertfestsetzungsbeschluss, Beschwerde

Beschwerde gegen eine nach § 33 RVG ergangene Wertfestsetzung kann nur derjenige einlegen, der die Wertfestsetzung beantragt hat. Im Unterschied zum Verfahren nach § 32 RVG, bei dem im öffentlichen Interesse für die Liquidierung der an die Staatskasse zu entrichtenden Gebühren eine zutreffende und für alle Beteiligten verbindliche Wertfestsetzung erfolgt, findet nach dem hier maßgeblichen § 33 RVG wegen der Gerichtskostenfreiheit des Beschlussverfahrens eine Festsetzung des Gegenstandswerts nur auf Antrag der in § 33 Abs. 3 Satz 2 RVG genannten Personen und Stellen ausschließlich in deren Interesse statt, beschränkt sich also bei Rechtsanwälten auf die Gebührenansprüche desjenigen Rechtsanwalts, der das Festsetzungsverfahren beantragt hat,

LAG Hamm 23.1.2006 – 13 TaBV 167/05, NZA-RR 2006, 267.

58. Muster: Wettbewerbsverbot

Da Gegenstand der Auseinandersetzung zwischen den Parteien ein Wettbewerbsverbot und der hieraus erwachsende Anspruch auf Karenzentschädigung ist, sind dem Gegenstandswert hinzuzurechnen der Wert der Karenzentschädigung, auch soweit auf ihre Geltendmachung verzichtet wurde. Ist Streitgegenstand eine Geldforderung, so bestimmt ihr Betrag den Streitwert ohne Rücksicht auf ihre Einbringlichkeit. Unerheblich ist, ob es sich um eine Brutto- oder Nettoforderung, eine bedingte oder betagte Forderung handelt, ihre Geltendmachung im Prozess zulässig ist oder nicht,

BAG 23.3.1989 – 7 AZR 527/85 (B), AP Nr. 1 zu § 17 GKG; LAG Schleswig-Holstein 31.5.2012 – 6 Ta 86/12, n.v.

Auch wenn zwischen den Parteien im Vergleichswege bestimmt wird, dass eine Karenzentschädigung nicht gezahlt werden soll, ist der Wert dieses Verzichts in die Gegenstandswertberechnung einzubeziehen, denn der Gegenstandswert richtet sich nicht nur nach der geltend gemachten Höhe einer Geldforderung, sondern auch nach dem Wert der Befreiung von einer Zahlungsverpflichtung,

BAG 4.4.1960 – 2 AZR 448/59, AP Nr. 5 zu § 3 ZPO = NJW 1960, 1173.

Handelt es sich um ein Wettbewerbsverbot mit einer festen Laufzeit, etwa von sechs Monaten, dann ist nach Auffassung des LAG Rheinland-Pfalz die Bewertung des Gegenstandswerts mit sechs Bruttomonatsbezügen gerechtfertigt,

LAG Rheinland-Pfalz 9.12.2004 – 7 Ta 238/04, n.v.; ArbG Koblenz 10.8.2004 – 9 Ca 1227/04, n.v.

59. Muster: Zeugnis

Der von uns geltend gemachte Anspruch auf Erteilung eines Zeugnisses ist bei der Wertbestimmung nach ständiger Rechtsprechung als vermögensrechtlicher Anspruch mit der Höhe des letzten Monatsverdienstes gleichzusetzen,

Streitwertkatalog für die Arbeitsgerichtsbarkeit A. I. Nr. 24.2 (qualifiziertes Zeugnis); LAG Rheinland-Pfalz 16.8.2012 – 1 Ta 157/12, n.v.; LAG Rheinland-Pfalz 12.6.2007 – 1 Ta 135/07, n.v.; LAG Köln 5.3.2011 – 10 Ta 368/10, n.v.; LAG Köln 29.12.2000 – 8 Ta 299/00, NZA 2001, 856.

Eine Festsetzung in Höhe eines vollen Monatsgehalts ist auch angemessen, wenn im Prozess nur als einzige Änderung im Zeugnis eine Leistungsbewertung von „Zufriedenheit" in „volle Zufriedenheit" begehrt wird,

LAG Rheinland-Pfalz 31.7.1991 – Ta 138/91, NZA 1992, 524.

Die Bewertung des Anspruchs des Arbeitnehmers auf Erteilung oder auf Berichtigung/Ergänzung eines Arbeitszeugnisses mit einem Streitwert von einem Monatslohn geschieht dabei ohne Rücksicht auf den Umfang der vom Arbeitnehmer verlangten Änderung,

> BAG 20.2.2001 – 9 AZR 44/00, MDR 2001, 1063 = NZA 2001, 843 = BB 2001, 1957; LAG Rheinland-Pfalz 23.4.2009 – 1 Ta 87/09, n.v.; LAG Köln 29.12.2000 – 8 Ta 299/00, NZA-RR 2001, 324 = MDR 2001, 717; LAG Chemnitz 3.8.2000 – 4 Ta 117/00, MDR 2001, 282.

Besteht zwischen den Parteien kein Streit über die Erteilung eines Zeugnisses oder des Inhalts, so besteht in der Regel kein Anlass, bei Abschluss eines Vergleichs, mit dem das Arbeitsverhältnis beendet wird, die Zeugniserteilung gebührenmäßig über das reine Titulierungsinteresse, das sich regelmäßig bei 200 EUR bewegt, zu bewerten,

> LAG Schleswig-Holstein 20.1.2009 – 1 Ta 197/08, n.v.; LAG Hamburg 21.12.2012 – 8 Ta 23/12, n.v. (Titulierungsinteresse iHv 500 EUR).

Wird Erteilung oder Berichtigung eines einfachen Zeugnisses begeht, so beträgt nach Auffassung der Streitwertkommission der Wert 10 % einer Monatsvergütung,

> Streitwertkatalog für die Arbeitsgerichtsbarkeit A. I. Nr. 24.1.

60. Muster: Zwischenzeugnis

Streitgegenstand ist die Erteilung eines Zwischenzeugnisses. Für ein Zwischenzeugnis wird ein halbes Monatsgehalt als angemessen angesehen,

> Streitwertkatalog für die Arbeitsgerichtsbarkeit A. I. Nr. 24.3; LAG Rheinland-Pfalz 2.8.2008 – 1 Ta 155/08, DB 2008, 2260; LAG Köln 10.12.2006 – 4 (5) Ta 437/06, n.v.; LAG Hamburg 4.7.2003 – 4 Ta 7/03, n.v.; LAG Rheinland-Pfalz 18.1.2002 – 9 Ta 1472/01, MDR 2002, 954; LAG Chemnitz 19.10.2001 – 9 Ta 173/00, MDR 2001, 823; LAG Köln, Beschl. v. 12.7.1996, Bibliothek BAG (juris); LAG Hamm, Beschl. v. 23.2.1989, AnwBl 1989, 621.

Soll zunächst ein Zwischenzeugnis erteilt werden, auf das ein inhaltsgleiches Endzeugnis folgen soll, so ist für beide Zeugnisse insgesamt ein Bruttomonatsgehalt anzusetzen,

> LAG Köln 18.7.2007 – 9 Ta 164/07, NZA-RR 2008, 92; LAG Rheinland-Pfalz 21.10.2008 – 1 Ta 176/08, n.v.

Wird ein Zwischen- und ein Endzeugnis (kumulativ oder hilfsweise) im Verfahren verlangt, so setzt die Streitwertkommission insgesamt eine Monatsvergütung an,

> Streitwertkatalog für die Arbeitsgerichtsbarkeit A. I. Nr. 24.3.

Das LAG Hamburg und das LAG Hessen setzten bei einem Antrag auf Erteilung eines Zwischenzeugnisses den Gegenstandswert pauschal auf 500 EUR fest, sofern keine Regelung zum Inhalt des Zeugnisses begehrt wird,

> LAG Hamburg 30.6.2005 – 8 Ta 5/05; LAG Hamburg 4.7.2003 – 4 Ta 7/03, n.v.; LAG Hessen 9.7.2003 – 15 Ta 123/03, NZA-RR 2003, 660.

Andere Gerichte gehen von einem Bruttomonatsgehalt aus,

> LAG Berlin 14.11.2002 – 16 Sa 970/02, NZA-RR 2003, 523; LAG Köln 28.4.1999 – 13 Ta 96/99, MDR 1999, 1366; LAG Köln 27.7.1995 – 13 Ta 144/95, AR-Blattei ES 160.13 Nr. 199.

61. Muster: Zuschlagsgebühr, Berücksichtigung von Pausen

Bei der Feststellung der für die Zuschlagsgebühr nach Nr. 4110 VV RVG maßgeblichen Verhandlungsdauer werden Pausen in der Regel nicht abgezogen,

> OLG Koblenz 16.2.2006 – 1 Ws 61/06, AGS 2006, 285.

II. Schnellübersicht: Gegenstandswerte von A–Z im arbeitsgerichtlichen Beschluss- und Urteilsverfahren (Auswahl)

Abfindung

Grundsätzlich keine Addition zum Wert des Feststellungsantrags, vgl § 42 Abs. 2 Satz 1 Hs 2 GKG,

> Streitwertkatalog für die Arbeitsgerichtsbarkeit A. I. Nr. 1; BAG 26.6.1986 – 2 AZR 522/85, NZA 1987, 139 = BB 1986, 2420 = EzA § 10 KSchG Nr. 1; LAG Köln 3.3.2009 – 4 Ta 467/08, NZA-RR 2009, 503; LAG Nürnberg 29.8.2005 – 2 Ta 109/05, NZA-RR 2006, 44 = JurBüro 2006, 82; LAG Baden-Württemberg 22.9.2004 – 3 Ta 136/04, LAGE § 9 KSchG Nr. 37; LAG Berlin 13.3.2001 – 17 Ta 6026/01 (Kost); NZA-RR 2001, 436 = LAGE § 12 ArbGG 1979 Streitwert Nr. 121.

Ausnahmsweise Streitwertaddition aufgrund objektiver Klagehäufung bei Abfindung aus Sozialplan (§ 113 BetrVG), Rationalisierungsschutzabkommen oder aus Nachteilsausgleich neben dem Kündigungsschutzprozess,

> LAG Hamburg 22.1.2013 – 5 Ta 33/12, RVGreport 2013, 157; LAG Köln 16.10.2007 – 9 Ta 298/07, NZA-RR 2008, 380; LAG Düsseldorf 8.5.2007 – 6 Ta 99/07, EzA-SD 2007, 16.

Abmahnung

Die Festsetzung des Streitwerts für eine Klage auf Entfernung einer Abmahnung aus der Personalakte wird von der Rechtsprechung differenziert betrachtet.

Regelmäßig ein Bruttomonatsgehalt,

> Streitwertkatalog für die Arbeitsgerichtsbarkeit A. I. Nr. 2.1; LAG Sachsen-Anhalt 18.1.2013 – 1 Ta 169/12, n.v.; LAG Schleswig-Holstein 20.3.2009 – 3 Ta 42/09, n.v.; LAG Rheinland-Pfalz 15.12.2009 – 1 Ta 284/09, n.v.; LAG Rheinland-Pfalz 17.1.2006 – 9 Ta 305/05, n.v.; LAG München 8.11.2006 – 11 Ta 340/06, jurisPR-ArbR 23/2007 Nr. 6.

Zwei Bruttomonatsgehälter,

> LAG Düsseldorf 5.1.1989 – 7 Ta 400/88, JurBüro 1989, 954; ArbG Düsseldorf 29.8.1997 – 8 Ca 5441/96, AnwBl 1998, 111.

Ein halbes Bruttomonatsgehalt,

> LAG Schleswig-Holstein 13.12.2000 – 6 Ta 168/00, NZA-RR 2001, 496; LAG Schleswig-Holstein 12.3.1997 – 6 Ta 44/97, n.v.; LAG Rheinland-Pfalz 15.7.1986 – 1 Ta 84/86, LAGE § 12 ArbGG 1979 Streitwert Nr. 16 = RzK I 1 Nr. 12.

1/3 des Streitwerts eines fiktiven Kündigungsrechtsstreits,

> LAG Schleswig-Holstein 7.6.1995 – 1 Ta 63/95, LAGE § 12 ArbGG 1979 Streitwert Nr. 103 = RzK I 10 L Nr. 69.

Bewertung anhand des Klageinteresses gem. § 3 ZPO,

> LAG Baden-Württemberg 25.6.2001 – 3 Ta 75/01, n.v.

Abmahnungen, mehrere

Bruttomonatsgehalt, multipliziert mit der Anzahl der Abmahnungen,

LAG Berlin 28.4.2003 – 17 Ta 6024/03, AE 3/2003, 142; LAG Hessen 26.2.1999 – 15/6 Ta 181/98, n.v.; LAG Hessen 1.3.1988 – 6 Ta 60/88, LAGE § 12 ArbGG 1979 Streitwert Nr. 72.

Je ein Bruttomonatseinkommen pro Abmahnung,

LAG Rheinland-Pfalz 17.1.2006 – 9 Ta 305/05, n.v.

Ein Bruttomonatsgehalt für erste Abmahnung, ein Drittel Bruttomonatsgehalt für nachfolgende Abmahnung,

Streitwertkatalog für die Arbeitsgerichtsbarkeit A. I. Nr. 2.2; LAG Rheinland-Pfalz 23.4.2009 – 1 Ta 87/09, n.v.

Erste und zweite Abmahnung jeweils mit dem Betrag eines Bruttomonatsgehalts, weitere Abmahnung innerhalb eines Zeitraums von sechs Monaten ab dem Ausspruch/Zugang der ersten Abmahnung werden jeweils mit 1/3 des Bruttomonatsgehalts angesetzt,

LAG Hessen 24.5.2000 – 15 Ta 16/00, NZA-RR 2000, 438 = MDR 2000, 1278.

Entfernung von drei Abmahnungen ist mit zwei Monatsentgelten zu bewerten,

LAG Berlin 8.1.1993 – 1 Ta 104/92.

Zwei Bruttomonatsgehälter pro Abmahnung,

ArbG Düsseldorf 29.8.1997 – 8 Ca 5441/96, AnwBl 1998, 111.

Akteneinsicht

Bewertung wie bei Auskunftserteilung, Wert des Hauptziels maßgeblich,

LAG Hessen 23.1.1996 – 9 Sa 1680/95, n.v.

Altersversorgung

Dreifacher Jahresbezug gem. § 42 Abs. 1 Satz 1 GKG,

BAG 10.12.2002 – 3 AZR 197/02 (A), NZA 2003, 456; LAG Köln 18.10.2005 – 9 (6) Sa 589/05, n.v.; LAG Köln 18.10.2005 – 9 Sa 215/05, n.v.

Altersversorgung vertretungsberechtigter Organmitglieder

Dreifacher Jahresbezug,

BGH 24.11.1980 – II ZR 183/80, LM § 9 ZPO Nr. 20 = NJW 1981, 2465 = DB 1981, 1232.

Änderungskündigung

Dreijähriger Unterschiedsbetrag gem. § 42 Abs. 1 GKG, § 23 Abs. 1 Satz 1 RVG, mit Kappungsgrenze des § 42 Abs. 2 Satz 1 GKG entsprechend,

Streitwertkatalog für die Arbeitsgerichtsbarkeit A. I. Nr. 4.1; BAG 23.3.1989 – 7 AZR 527/85, DB 1989, 1880 = BB 1989, 1340; BAG 31.1.1989 – 1 AZB 67/87, AP § 17 GKG 1975 Nr. 1; LAG Köln 12.5.2005 – 7 Ta 32/05, AE 2006, 145; LAG Köln NZA-RR 2006, 47; BAG 23.3.1989 – 7 AZR 527/85, DB 1989, 1880 = BB 1989, 1340; LAG Köln 27.10.1999 – 6 Ta 257/99, AE 2000, 73.

Zwei Bruttomonatsvergütungen,

LAG Düsseldorf 16.10.2006 – 6 Ta 491/05, n.v.; LAG Sachsen 23.5.2012 – 4 Ta 103/12, n.v.

Eine Bruttomonatsvergütung,

ArbG Frankfurt 25.2.2005 – 9 Ca 4742/04, n.v.

Klageantrag nach § 4 Satz 1 KSchG, Streitwert wie bei einer gewöhnlichen Kündigungsschutzklage gem. § 42 Abs. 2 Satz 1 GKG,

>LAG München 16.1.1984 – 7 Ta 701/82, EzA § 12 ArbGG 1979 Streitwert Nr. 28; LAG Stuttgart 19.4.1985 – 1 Ta 53/85, AnwBl 1986, 160.

Kürzung auf 1,5 Bruttomonatsgehälter bei Annahme unter Vorbehalt,

>LAG Rheinland-Pfalz 25.7.2007 – 1 Ta 179/07, NZA-RR 2007, 604.

Erhöhung der ermittelten dreimonatigen Vergütungsdifferenz für den Fall, dass zusätzliche immaterielle Interessen des Arbeitnehmers (Prestige, Rehabilitation) in Frage stehen,

>LAG Hamm 19.10.1989 – 8 Ta 385/89, MDR 1990, 186; LAG Hamm 21.11.1985 – 8 Ta 360/85, DB 1986, 186; LAG Schleswig-Holstein 18.1.1994 – 6 Ta 132/93, n.v.; LAG Berlin 3.8.1982 – 2 Ta 49/82, AuR 1983, 124.

Änderungsvereinbarung, Feststellungsverfahren

Rechtsstreit über die Wirksamkeit einer getroffenen Änderungsvereinbarung, Wertbemessung nach dem Vierteljahresverdienst gem. § 42 Abs. 2 Satz 1, Abs. 3 und Abs. 4 Satz 1 GKG,

>LAG Nürnberg 19.12.2005 – 9 Ta 247/05, AE 2006, 146.

Anfechtung des Arbeitsvertrages

Gegenstandswert bemisst sich nach § 42 Abs. 2 Satz 1 GKG.

Arbeitsbescheinigung nach § 312 SGB III

10 % einer Monatsvergütung,

>Streitwertkatalog für die Arbeitsgerichtsbarkeit A. I. Nr. 7.1.

250 EUR,

>LAG Rheinland-Pfalz 10.6.2005 – 6 Ta 131/05, n.v.; LAG Schleswig-Holstein 8.12.1988 – 6 Ta 166/88, n.v.; LAG Baden-Württemberg 9.2.1984 – 1 Ta 10/84, DB 1984, 676; LAG Hamm 18.4.1985 – 8 Ta 92/85, DB 1985, 1897.

150 EUR,

>LAG Düsseldorf 11.4.1984 – 7 Ta 115/85, LAGE § 3 ZPO Nr. 2.

Arbeitspapiere

10 % einer Monatsvergütung,

>Streitwertkatalog für die Arbeitsgerichtsbarkeit A. I. Nr. 7.1.

250 bis 300 EUR,

>LAG Düsseldorf 8.5.2007 – 6 Ta 99/07, EzA-SD 2007, 16; LAG Rheinland-Pfalz 18.11.2005 – 6 Ta 253/05, n.v.; LAG Köln 16.6.2003 – 2 Ta 157/03, n.v.

150 EUR je Arbeitspapier,

>LAG Hamm 7.9.2005 – 9 Ta 77/05, AE 2006, 68.

Herausgabe eines Berichtsheftes,

>LAG Sachsen 14.2.2001 – 2 Sa 10/01, MDR 2001, 960.

Aufhebungsvertrag

Drei Bruttomonatsgehälter nach § 42 Abs. 2 Satz 1 GKG,

>BAG 16.5.2000 – 9 AZR 279/99, BAGE 94, 336 = NZA 2000, 1246.

Auflösungsantrag

Erhöhung des Gegenstandswerts um eine Bruttomonatsvergütung,

> LAG Berlin 30.12.2000 – 7 Ta 6121/99 (Kost), MDR 2000, 526 = LAGE § 12 ArbGG 1979 Streitwert Nr. 119 b; ArbG Würzburg 5.6.2000 – 6 Ca 118/99 A, NZA-RR 2001, 107; LAG Berlin 30.12.1999 – 7 Ta 6121/99, AE 2000, 71 = MDR 2000, 526; ArbG Kiel 1.7.1999 – 1 Ca 2633c/98, NZA-RR 1999, 670 = PersR 1999, 546.

Erhöhung um zwei Bruttomonatsvergütungen,

> LAG Hamm 16.8.1989 – 2 Sa 308/80, NZA 1990, 328 = BB 1989, 2048.

Außerhalb des Kündigungsschutzprozesses drei Monatsgehälter,

> LAG Düsseldorf 8.1.2001 – 7 Ta 533/00, MDR 2001, 598 = NZA 2001, 856.

Keine Erhöhung des Gegenstandswerts,

> Streitwertkatalog für die Arbeitsgerichtsbarkeit A. I. Nr. 9; LAG Hamburg 1.4.2011 – 5 Ta 8/11, n.v.; LAG Nürnberg 29.8.2005 – 2 Ta 109/05; LAG Sachsen 9.6.2005 – 4 Ta 390/04, n.v.

Ausgleichsklausel

Bewertung nach Höhe des eingetretenen und zu besorgenden Schadens, Risiko der tatsächlichen Inanspruchnahme,

> LAG Hamm 27.7.2007 – 6 Ta 357/07, n.v.

Auskunftsanspruch

Wertschätzung gem. § 23 a Abs. 1 Satz 2 RVG, § 48 Abs. 1 GKG, § 3 ZPO, wobei das Interesse des Auskunftsberechtigten an der Erteilung der Auskunft, zB nach dem wirtschaftlichen Interesse an der Vorlage von Bilanzen, ermittelt wird,

> OLG Düsseldorf 29.6.2006 – I-24 U 196/04, n.v.

Grundsätzlich Schätzung nach § 3 ZPO, wobei ein Wert von 10 bis 50 % der erstrebten Leistung zugrunde gelegt wird,

> Streitwertkatalog für die Arbeitsgerichtsbarkeit A. I. Nr. 10.1; LAG Rheinland-Pfalz 18.1.1988 – 1 Ta 7/88, n.v.

Kein Abschlag von der erstrebten Leistung,

> LAG Hessen 25.11.1995 – 6 Ta 443/95, n.v.

Bei einer Antragstellung gem. § 61 Abs. 2 ArbGG ist der Wert des Betrags maßgebend, der aufgewandt werden müssten, wenn die geforderten Unterlagen anderweitig beschafft werden müssten,

> BAG 4.8.1971 – 4 AZR 358/70, AR-Blattei Arbeitsgerichtsbarkeit XIII Entscheidung 57; LAG Hessen 11.3.1968 – 1 Ta 84/67, AP Nr. 9 zu § 3 ZPO = DB 1968, 1764.

Auskunftsansprüche im Rahmen des Kündigungsschutzprozesses zur Sicherung des Prozesserfolges bleiben mit Rücksicht auf den sozialen Schutzzweck des § 42 Abs. 2 Satz 1 GKG unberücksichtigt,

> LAG Hamburg 13.1.1987 – 5 Ta 35/86, JurBüro 1988, 1158.

Auslandsbezug, Tätigkeit als Korrespondenzanwalt

Streitwertfestsetzung in analoger Anwendung des inländischen Gebührenrechts, auch wenn die Tätigkeit des Rechtsanwalts auf ein Vollstreckungsverfahren im Ausland gerichtet ist,

> OLG Düsseldorf 29.6.2006 – I-24 U 196/04, n.v.; OLG München 6.3.1985 – 11 W 983/85, AnwBl 1985, 270.

Außerordentliche Kündigung

Siehe Kündigung, außerordentliche

Befristetes Arbeitsverhältnis

Dreifacher Bruttomonatsverdienst nach § 42 Abs. 2 Satz 1 GKG,

Streitwertkatalog für die Arbeitsgerichtsbarkeit A. I. Nr. 11; LAG Sachsen 19.5.2011 – 4 Ta 91/11 (3), ArbRB 2011, 271; LAG Rheinland-Pfalz 21.1.2008 – 1 Ta 284/07, NZA-RR 2008, 429; ArbG Bochum 29.12.2005 – 3 Ta 2833/05, n.v.

Berufsausbildungsverhältnis

Dreifacher Betrag der monatlichen Ausbildungsvergütung,

BAG 22.5.1985 – 2 AZB 25/85, EzA § 64 ArbGG 1979 Nr. 14 = DB 1985, 136; LAG Düsseldorf 12.4.1984 – 7 Ta 92/84, EzA § 12 ArbGG 1979 Streitwert Nr. 30; LAG Hamm 17.11.1986 – 8 Ta 222/86, LAGE § 12 ArbGG 1979 Streitwert Nr. 57.

Praktikantenverhältnisse: dreifacher Betrag der monatlichen Bezüge,

LAG Frankfurt 20.6.1984 – 6 Ta 156/84, AnwBl 1985, 100.

Berufsausbildungsverhältnis, Auflösungsantrag

Dreifacher Bruttomonatsverdienst nach § 42 Abs. 2 Satz 1 GKG,

LAG Hamburg 26.10.2006 – 7 Ta 18/06, NZA-RR 2007, 154.

Berufsausbildungsverhältnis, Weiterbeschäftigung eines Auszubildenden

Weiterbeschäftigungspflicht nach § 78a BetrVG, zweifacher Betrag der monatlichen Ausbildungsvergütung,

LAG Baden-Württemberg 4.8.2011 – 5 Ta 90/11, RVGreport 2012, 78; LAG Köln 20.2.2006 – 2 Ta 468/05, NZA-RR 2006, 434; ArbG Bonn 10.11.2005 – 7 BV 60/05, n.v.

Beschäftigung, tatsächliche

Ein Monatsgehalt,

Streitwertkatalog für die Arbeitsgerichtsbarkeit A. I. Nr. 12; LAG Niedersachsen 17.4.2001 – 3 Ta 118/01, NZA-RR 2001, 459; LAG Berlin 13.3.2001 – 17 Ta 6026/01 (Kost), NZA-RR 2001, 436.

Eineinhalb Monatsbezüge,

LAG Saarland 12.12.1989 – 1 Ta 37/89, LAGE § 19 GKG aF Nr. 9; LAG München 28.3.1984 – 2 WF 80/84, JurBüro 1984, 1399; LAG Mainz 23.7.1982 – 1 Ta 121/82, AnwBl 1983, 36.

Zwei Monatsbezüge,

LAG Düsseldorf 20.5.1997 – 8 Sa 1591/96, SAE 1997, 102; LAG Hamm 15.10.1981 – 8 Ta 137/81, EzA § 12 ArbGG 1979 Streitwert Nr. 7; LAG Köln 19.4.1982 – 1 Ta 41/82, EzA § 12 ArbGG 1979 Streitwert Nr. 12; LAG Niedersachsen 27.8.1985 – 3 Ss 89/86, NdsRpfl. 1986, 219.

Bestandsschutzstreitigkeiten beim Dienstvertrag

Dreifacher Jahresbetrag der Vergütung,

BGH 9.6.2005 – III ZR 21/04, NZA 2006, 287; OLG Köln 9.9.1994 – 19 W 31/94, AnwBl 1995, 317.

Betriebliche Altersversorgung

Dreijähriger Bezugswert gem. § 42 Abs. 2 Satz 2 GKG,

LAG Hamm 23.6.1984 – 1 Ta 232/84, n.v.; LAG Hamm 29.10.1981 – 8 Ta 207/81, MDR 1982, 260; LAG Hamm 23.6.1983 – 8 Ta 142/83, MDR 1983, 874.

Bei Zahlungsmodalitäten nur entsprechend dem wirtschaftlichen Interesse des Klägers,
> LAG Rheinland-Pfalz 28.11.1984 – 1 Ta 232/84.

Betriebsrat, Unterlassen mitbestimmungswidrigen Verhaltens
Regelstreitwert nach § 23 Abs. 3 RVG, bei besonders hartnäckigen Verstößen (18 mal in 3 Monaten) 12.000 EUR,
> LAG Köln 31.10.2006 – 3 (5) Ta 293/06, NZA-RR 2007, 152.

Betriebsratswahl, Bestellung von Personen für den Wahlvorstand
Bei der Bestellung von wahlberechtigten Personen zum Wahlvorstand zur Durchführung einer Betriebsratswahl handelt es sich um eine nichtvermögensrechtliche Streitigkeit, bei der der Wert nach § 23 Abs. 3 Satz 2 RVG nach billigem Ermessen festzusetzen ist. In Ermangelung genügender tatsächlicher Anhaltspunkte ist von 5.000 EUR auszugehen, wobei die Lage des Einzelfalles aber zu beachten ist,
> zum früheren Hilfswert von 4.000 EUR: LAG Köln 31.7.2003 – 3 Ta 180/03, n.v.; LAG Köln 10.6.2005 – 9 Ta 34/05, NZA-RR 2006, 383; ArbG Köln 16.12.2004 – 1 BV 130/04, n.v.

Betriebsübergang
Siehe Kündigung, Mehrheit von Arbeitgebern

Betriebsverfassungswidrige Arbeitgeberhandlungen
Regelwert von 5.000 EUR,
> zum früheren Hilfswert von 4.000 EUR: LAG Hamm 14.12.2006 – 10 Ta 724/06, jurisPR-ArbR 9/2007 Nr. 6.

Dienstverhältnis, Streit über Fortbestand
Festsetzung des Gebührenstreitwerts bei privatrechtlichem dauernden Dienstverhältnis in Anlehnung an § 42 Abs. 1 GKG, also dreifacher Jahresbetrag,
> BGH 9.6.2005 – III ZR 21/04, NZA 2006, 287.

Dienstwagen, Herausgabe
Fahrzeugwert als Gegenstandswert,
> LAG Düsseldorf 6.3.2003 – 17 Ta 42/03, AE 2003, 141.

Wert des Nutzungsvorteils, multipliziert mit der beabsichtigten Nutzungsdauer,
> BAG 27.5.1999 – 8 AZR 415/98, NZA 1999, 1038.

Betrag maßgebend, den der Arbeitnehmer an eigenen Aufwendungen durch die Überlassung des Fahrzeugs erspart,
> LAG Köln 4.3.1994 – 3 Ta 38/94, MDR 1994, 843.

Dienstwagen, Zurverfügungstellung
36facher monatlicher Sachbezugswert (monatlich zu versteuernder geldwerter Vorteil) gem. § 42 Abs. 1 Satz 1 GKG,
> LAG Berlin 27.11.2000 – 7 Ta 6017/00, AE 2001, 44.

Direktionsrecht
Ein Monatsgehalt, bei schwerwiegenden Belastungen bis zu zwei Monatsvergütungen,
> Streitwertkatalog für die Arbeitsgerichtsbarkeit A. I. Nr. 14.

Ein Monatsgehalt,

LAG Baden-Württemberg 28.9.2009 – 5 Ta 87/09, n.v.; LAG Schleswig-Holstein 23.9.2009 – 5 Ta 157/09, n.v.; LAG Chemnitz 31.3.1999 – 2 Sa 1384/97, LAGE § 12 ArbGG 1979 Streitwert Nr. 118; LAG Nürnberg 27.12.1994 – 8 Ta 150/94, ARST 1995, 142.

Dreifacher Jahresbetrag des Werts der Veränderung,

Streitwertkatalog für die Arbeitsgerichtsbarkeit A. I. Nr. 11; LAG Sachsen 5.3.1997 – 9 Ta 17/97, LAGE § 12 ArbGG 1979 Streitwert Nr. 109.

Ehrverletzungen im Rahmen eines Arbeitsverhältnisses

Regelwert von 5.000 EUR bei fehlenden Besonderheiten, bis zu 10.000 EUR,

zum früheren Hilfswert von 4.000 EUR: LAG Rheinland-Pfalz 10.9.2007 – 1 Ta 209/07, n.v.; LAG Baden-Württemberg 6.3.2008 – 3 Ta 45/08, n.v. (Gegenstandswert: 10.000 EUR); ArbG Bonn 22.6.1989 – 3 Ca 245/89, n.v.

Streitwerterhöhend bei Widerrufsantrag,

OLG Düsseldorf 16.5.1980 – 15 W 34/80, AnwBl 1980, 358.

Eingruppierung, Zustimmungsersetzung

Streitwertfestsetzung nach § 23 Abs. 3 RVG, 5.000 EUR,

zum früheren Hilfswert von 4.000 EUR: LAG Schleswig-Holstein 2.2.2012 – 6 Ta 24/12, n.v.; LAG Baden-Württemberg 29.9.2011 – 5 Ta 104/11, n.v.; LAG Nürnberg 27.7.2006 – 4 Ta 100/06, n.v.; LAG Nürnberg 30.5.2006 – 4 Ta 73/06, n.v.; LAG Schleswig-Holstein 28.5.2004 – 2 Ta 95/04, AGS 2004, 346 = JurBüro 2004, 541; LAG Sachsen 31.3.2004 – 4 Ta 34/04 (1), LAGE § 101 BetrVG 2001 Nr. 1; LAG Nürnberg 21.7.2005 – 9 Ta 137/05, LAGE § 23 RVG Nr. 1; LAG Berlin 18.3.2003 – 17 Ta (Kost) 6009/03, NZA 2004, 342; LAG Berlin 21.10.2002 – 17 Ta (Kost) 6085/02, NZA-RR 2003, 383.

Orientierung an § 42 Abs. 2 GKG nebst Abschlag von 40 %,

LAG Düsseldorf 28.2.2011 – 2 Ta 81/11, n.v.; LAG Hamm 24.9.2007 – 10 Ta 523/07, n.v.

Freistellung

25 % des im Freistellungszeitraum anfallenden Bruttomonatsgehalts,

LAG Schleswig-Holstein 30.7.2012 – 5 Ta 122/12, n.v.; LAG Düsseldorf 8.3.2007 – 6 Ta 67/07, n.v.; LAG Berlin 13.3.2003 – 17 Ta (Kost) 6013/03, AE 2003, 142; LAG Berlin 1.10.2001 – 17 Ta (Kost) 6136/01, NZA 2002, 406.

10 % des Verdienstes im Freistellungszeitraum,

LAG Rheinland-Pfalz 6.6.2007 – 1 Ta 105/07, n.v.; LAG Berlin 1.10.2001 – 17 Ta (Kost) 6136/01, MDR 2002, 59; LAG Düsseldorf 29.8.1997 – VII Ta 191/97, n.v.

10 % des Verdienstes im Freistellungszeitraum zuzüglich „Zuschlag" bei besonderen Umständen, wie gesteigertem Interesse an tatsächlicher Beschäftigung bzw Freistellung oder Vereinbarung der Anrechnung anderweitigen Erwerbs,

LAG Rheinland-Pfalz 8.5.2008 – 1 Ta 49/08, n.v.

50 % des für den Freistellungszeitraum geschuldeten Entgelts bei besonderem Beschäftigungsinteresse,

LAG Berlin 1.10.2001 – 17 Ta (Kost) 6136/01, MDR 2002, 59.

Vergütungsbetrag im Freistellungszeitraum,

LAG Sachsen-Anhalt 22.11.2000 – 1 Ta 133/00, NZA-RR 2001, 435; LAG Köln 27.7.1995 – 13 Ta 144/95, AR-Blattei ES 160.13 Nr. 199.

Keine Erhöhung des Gegenstandswerts bei Sonderkündigungsrecht unter Erhöhung der Abfindung um ersparte Arbeitsvergütung,
> LAG Rheinland-Pfalz 21.10.2008 – 1 Ta 176/08, n.v.; LAG Düsseldorf 8.5.2007 – 6 Ta 99/07, EzA-SD 2007, 16.

Keine Erhöhung des Gegenstandswerts, wenn Freistellung gleich einer Abfindung als Gegenleistung für die Beendigung des Arbeitsverhältnisses einzuordnen ist,
> LAG Köln 12.12.2007 – 11 Ta 358/07, AuR 2008, 232.

Freistellung eines Personalratsmitglieds, Teilnahme an Schulungsveranstaltung

Auffangwert von 5.000 EUR gem. § 23 Abs. 3 Satz 2 RVG,
> zum früheren Hilfswert von 4.000 EUR: VGH Hessen 18.10.2005 – 21 TE 2540/05, AE 2006, 67; VGH Hessen 11.12.2002 – 21 TE 633/02, n.v.

Höhe der fortzuzahlenden Vergütung,
> LAG Hamm 27.11.2007 – 10 Ta 693/07, RVGreport 2008, 277; LAG Köln 26.6.2007 – 7 Ta 75/07, n.v.

Gehaltsansprüche

Addition mit dem sonstigen Streitwert,
> LAG Berlin 22.3.1995 – 2 Ta 11/95, n.v.; LAG Hamm 16.11.1998 – 9 Ta 551/98, n.v.; LAG Hamm 6.5.1982 – 8 Ta 102/82, n.v.

Herausgabeansprüche

Wertbestimmung nach § 6 ZPO

Insolvenzforderung

Streitwertbemessung nach der zu erwartenden Befriedigungsquote,
> LAG Berlin 28.8.2001 – 17 Ta (Kost) 6089/01, NZA-RR 2002, 175; LAG Hamm 6.9.2001 – 4 Sa 466/01, ZInsO 2001, 1072.

Integrationsamt

Auffangwert von 5.000 EUR gem. § 52 Abs. 2 GKG,
> VGH München 11.5.2010 – 12 C 10.1026, AGS 2010, 349.

Konzernbetriebsrat, Zusammensetzung

Festsetzung des Gegenstandswerts nach Maßgabe des § 23 Abs. 3 Satz 2 RVG bei 50.000 EUR festzusetzen. Die Größe des Gremiums in Anlehnung an die Staffelung des § 9 BetrVG dient dabei als Maßstab. Ausgangspunkt ist der Hilfswert von 5.000 EUR, der für jede weitere Staffel des § 9 BetrVG um den halben Auffangwert, dh um 2.500 EUR, zu erhöhen ist,
> zum früheren Hilfswert von 4.000 EUR: LAG Köln 22.6.2005 – 10 (5) Ta 144/04, NZA-RR 2006, 269 = AR-Blattei ES 160.13 Nr. 280.

Kündigung, außerordentliche

Zwei Bruttomonatsgehälter,
> LAG Rheinland-Pfalz 18.11.2005 – 6 Ta 253/05, n.v.

Vierteljahresbezug gem. § 42 Abs. 2 Satz 1 GKG,
> LAG Hamm 15.12.2005 – 4 Sa 1328/05, n.v.

„Makelzuschlag", wenn es sich bei einer von mehreren Kündigungen um eine fristlose handelt,
  LAG Düsseldorf 16.2.1989 – 7 Ta 47/89, JurBüro 1989, 955.

Keine Streitwerterhöhung zur ordentlichen Kündigung,
  Streitwertkatalog für die Arbeitsgerichtsbarkeit A. I. Nr. 19.1; LAG Hessen 21.1.1999 – 15/6 Ta 630/98, NZA-RR 1999, 156.

Kündigung, mehrere

Streitwertbemessung nach § 42 Abs. 2 Satz 1 GKG, wenn die Kündigungen in einem nahen zeitlichen Zusammenhang ausgesprochen werden und ihnen ein identischer Kündigungssachverhalt zugrunde liegt,
  LAG Rheinland-Pfalz 6.6.2007 – 1 Ta 105/07, n.v.; LAG Kiel 23.8.1984 – 4 Ta 89/84, AnwBl 1985, 99; LAG Hamburg 8.2.1994 – 4 Ta 20/93, NZA 1995, 495.

Dreimonatiges Arbeitsentgelt als Höchstgrenze bei zeitgleichem Ausspruch einer hilfsweise ordentlichen Kündigung,
  LAG Berlin 25.4.2003 – 17 Ta (Kost) 6023/03, AE 2003, 142; BAG 6.12.1984 – 2 AZR 754/79, 2 AZR 754/79 (B), NZA 1985, 296; LAG Berlin 24.2.1997 – 7 Ta 134/96, n.v.; LAG Niedersachsen 21.1.1994 – 10 Ta 16/94, n.v.

Gesonderter Streitwert für jede Kündigung anzusetzen, wenn mit der vorangegangenen Kündigung kein enger tatsächlicher oder wirtschaftlicher Zusammenhang besteht,
  LAG Niedersachsen 17.4.2001 – 3 Ta 118/01, NZA-RR 2001, 495.

Letzter Beendigungstatbestand wird mit Vierteljahresverdienst bemessen, bei vorherigen Kündigungen Differenzbetrag, der sich aus der Differenz des Monatsgehalts ermittelt, das der Arbeitnehmer zwischen zwei Kündigungen bezogen hat/hätte, begrenzt jeweils durch § 42 Abs. 2 Satz 1 GKG,
  LAG Schleswig-Holstein 11.1.2010 – 3 Ta 196/09, n.v.

Bewertung des ersten Beendigungstatbestandes mit Vierteljahresentgelt, Wert der Klage gegen weitere Beendigungstatbestände entsprechend der Zeitdifferenz der Beendigungszeitpunkte bis jeweils zur Grenze des § 42 Abs. 2 Satz 1 GKG,
  Streitwertkatalog für die Arbeitsgerichtsbarkeit A. I. Nr. 19.3; LAG Köln 16.10.2007 – 9 Ta 298/07, NZA-RR 2008, 380.

Bewertung weiterer Kündigungen, die innerhalb von sechs Monaten nach Zugang der ersten Kündigung ausgesprochen werden, mit einem Bruttomonatsverdienst,
  LAG Hessen 21.1.1999 – 15/6 Ta 630/98, NZA-RR 1999, 156.

Bewertung nach § 42 Abs. 2 Satz 1 GKG für jede nachfolgende Kündigung, wenn unterschiedliche Sachverhalte den Kündigungen zugrunde liegen,
  LAG Hessen 16.5.1998 – 6 Ta 430/97, n.v.; LAG Rheinland-Pfalz 7.4.1987 – 1 Ta 68/87, n.v.; LAG Thüringen 14.11.2000 – 8 Ta 134/2000, MDR 2001, 538.

Bewertung mehrerer in einem zeitlichen Zusammenhang ausgesprochener, aber ohne unmittelbaren Bezug zueinander stehender Kündigungen mit verschiedenen Beendigungszeitpunkten in der Weise, dass die erste Kündigung bis zu einem Vierteljahresverdienst, die nachfolgenden Kündigungen maximal mit einem Monatsverdienst,
  LAG Rheinland-Pfalz 6.6.2007 – 1 Ta 105/07, n.v.

§ 8 Gebühren und Rechtsschutz im Arbeitsrecht

Kündigung, Mehrheit von Arbeitgebern
Berechnung jedes Feststellungsantrags mit Vierteljahresbezug,
> LAG Köln, 16.12.1993 – 12 Ta 204/93, ARST 1994, 57; LAG Hamm 9.1.1985 – 12 Ta 204/93, MDR 1985, 348.

Begrenzung auf drei Monatsbezüge,
> LAG Hessen 15.9.1995 – 6 Ta 427/95, n.v.

Kündigung, ordentliche
§ 42 Abs. 2 Satz 1 GKG als Regelstreitwert,
> LAG Hamm 24.2.2006 – 10 Sa 1956/05, n.v.; LAG Nürnberg 29.8.2005 – 2 Ta 109/05, NZA-RR 2006, 44.

Herabsetzung bei Arbeitsverhältnis von bisheriger kurzer Dauer,
> LAG Rheinland-Pfalz 18.11.2005 – 6 Ta 253/05, n.v.; BAG 30.11.1984 – 2 AZN 527/82, AP Nr. 22 zu § 12 ArbGG 1953 = NZA 1985, 369; LAG Berlin 13.3.2001 – 17 Ta 6026/01 (Kost), NZA-RR 2001, 436; LAG Berlin 4.6.1985 – 2 Ta 46/85, JurBüro 1985, 1707; LAG Nürnberg 5.6.1987 – 6 Ta 10/87, JurBüro 1987, 1384.

Keine Herabsetzung bei Arbeitsverhältnis von bisheriger kurzer Dauer,
> LAG Baden-Württemberg 26.8.2009 – 5 Ta 81/09, n.v.; LAG Berlin 5.1.1996 – 7 Ta 120/95, n.v.; LAG Niedersachsen 27.4.1995 – 9 Ta 141/95, n.v.

Staffelung der Obergrenze nach bisheriger Dauer: bis 6 Monate = 1 Bruttomonatsgehalt, 6 bis 12 Monate = 2 Bruttomonatsgehälter, über 12 Monate = 3 Bruttomonatsgehälter,
> LAG Rheinland-Pfalz 8.12.2009 – 1 Ta 264/09, n.v.; LAG Rheinland-Pfalz 6.6.2007 – 1 Ta 105/07, n.v.; LAG Schleswig-Holstein 19.11.2002 – 2 Ta 185/02, AE 2003, 87.

Kündigungsschutzklage, Feststellungsantrag gem. § 4 KSchG und allgemeiner Feststellungsantrag
Kein eigener Gegenstandswert des allgemeinen Feststellungsantrags gem. § 256 ZPO neben dem Antrag gem. § 4 KSchG,
> Streitwertkatalog für die Arbeitsgerichtsbarkeit A. I. Nr. 17; LAG Köln 16.10.2007 – 9 Ta 298/07, NZA 2008, 380; LAG Düsseldorf 8.5.2007 – 6 Ta 99/07, EzA-SD 2007, 16; LAG Schleswig-Holstein 20.1.2009 – 1 Ta 197/08, n.v.; LAG Hamburg 30.6.2005 – 8 Ta 5/05, LAGReport 2005, 352; LAG Hamm 27.7.2007 – 6 Ta 357/07, n.v.; LAG Hamm 3.2.2003 – 9 Ta 520/02, NZA-RR 2003, 321 (abweichende Ansicht des LAG Hamm vom 2.11.1998 – 9 Ta 9/02, n.v., wurde ausdrücklich aufgegeben); LAG Rheinland-Pfalz 8.12.2009 – 1 Ta 264/09, n.v.; LAG Hamburg 3.6.2002 – 7 Ta 11/02, n.v.; LAG Bremen 29.3.2000 – 4 Ta 15/00, JurBüro 2000, 418; LAG Nürnberg 26.6.2001 – 6 Sa 408/01, NZA-RR 2002, 274; LAG Nürnberg 2.12.2003 – 9 Ta 190/03, NZA-RR 2004, 660; BAG 6.12.1984 – 2 AZR 754/79, NZA 1985, 296.

Kündigungsschutzklage und Annahmeverzugsantrag
§ 45 Abs. 5 Satz 1 Hs 2 GKG bezieht sich nicht auf Annahmeverzugsansprüche, daher Streitwertaddition,
> LAG Bremen 25.8.2005 – 3 Ta 39/05, LAGE § 42 GKG 2004 Nr. 5 = FA 2005, 356.

Kündigungsschutzklage und Weiterbeschäftigungsanspruch
Kein zusätzlicher Streitwert,
> LAG Düsseldorf 27.7.2000 – 7 Ta 249/00, NZA-RR 2000, 613; LAG Baden-Württemberg 19.4.1985 – 1 Ta 53/85, AnwBl 1986, 160; ArbG Mainz 2.1.1986 – 4 Ca 2211/85, DB 1986, 1184.

Ein Monatsgehalt,

> Streitwertkatalog für die Arbeitsgerichtsbarkeit A. I. Nr. 23 (bei Weiterbeschäftigungsantrag inkl. Anspruch nach § 102 Abs. 5 BetrVG); LAG Köln 17.5.2001 – 13 Ta 303/01, 3 Ta 317/01, n.v.; LAG Berlin 13.3.2001 – 17 Ta 6026/01 (Kost), NZA-RR 2001, 436; LAG Nürnberg 24.8.1999 – 6 Ta 166/99, JurBüro 2000, 82; LAG Thüringen 27.2.1996 – 8 Ta 19/96, AuA 1996, 250.

Zwei Monatsbezüge,

> LAG Brandenburg 28.10.1997 – 6 Ta 129/97, n.v.; LAG Düsseldorf 20.5.1997 – 7 Ta 120/97, n.v.; LAG Köln 31.7.1995 – 13 Ta 114/95, NZA 1996, 840; LAG Hamm 11.9.1986 – 8 Ta 218/86, MDR 1987, 85.

Mitbestimmungsrecht des Betriebsrats, Aufhebung der Einstellung von Leiharbeitnehmern

Hilfswert von 5.000 EUR, § 23 Abs. 3 RVG,

> Streitwertkatalog für die Arbeitsgerichtsbarkeit B. Nr. 13.2.1; zum früheren Hilfswert von 4.000 EUR: LAG Nürnberg 20.6.2006 – 6 Ta 81/06, NZA-RR 2006, 491.

Mitbestimmungsrecht des Betriebsrats, Ausspruch eines Rauchverbots im Betrieb

Nichtvermögensrechtliche Streitigkeit, Bemessung des Gegenstandswerts nach § 23 Abs. 3 Satz 2 Hs 2 RVG, Gegenstandswert 5.000 EUR, je nach Lage des Falles aber auch niedriger oder höher bis 500.000 EUR anzunehmen,

> zum früheren Hilfswert von 4.000 EUR: LAG Hamm 9.11.2005 – 13 TaBV 148/05, NZA-RR 2006, 96 = NZA 2006, 288.

Mitbestimmungsrecht des Betriebsrats, personelle Maßnahme

Aufhebungsantrag nach § 101 BetrVG, 4.000 EUR,

> LAG Sachsen 9.11.2005 – 1 Ta 282/05, AE 2006, 144.

Nachweis nach dem Nachweisgesetz

10 % einer Monatsvergütung,

> Streitwertkatalog für die Arbeitsgerichtsbarkeit A. I. Nr. 7.2.

Orientierung am Bruttomonatsgehalt,

> LAG Baden-Württemberg 18.12.2009 – 5 Ta 131/09 (wegen Umstände des Einzelfalles 1/3 des Monatsgehalts); ArbG Düsseldorf 16.12.1998 – 3 Ca 7703/98, n.v.

Nichtzulassungsbeschwerde, Verfahrensgebühr

Nr. 3506 VV RVG, nicht Nr. 3500 VV RVG

> LAG Hessen 5.5.2006 – 13 Ta 127/06, NZA-RR 2006, 600.

Pflegezeit, Freistellung

Orientierung am Bruttomonatsgehalt,

> LAG Baden-Württemberg 14.9.2010 – 5 Ta 180/10, ArbRB 2011, 48 (konkret: 2 Monatsgehälter).

Schleppnetzantrag

Keine besondere Berücksichtigung bei Gegenstandswertfestsetzung,

> LAG Rheinland-Pfalz 11.9.2006 – 3 Ta 159/06, NZA-RR 2006, 656.

Sozialplan, Anfechtung

Bei Streit um Volumen eines Sozialplans, Festsetzung des Gegenstandswerts nach der Differenz der vorgeschlagenen Volumina,

> BAG 9.11.2004 – 1 ABR 11/02 (A), NZA 2005, 70, AGS 2005, 72; BAG 14.2.1996 – 7 ABR 25/95, AP Nr. 5 zu § 76a BetrVG 1972 = EzA § 40 BetrVG 1972 Nr. 76.

Wird ein Sozialplan jedoch wegen zu geringer finanzieller Ausstattung angefochten, fehlt es an einer feststehenden äußeren Grenze des Werts der anwaltlichen Tätigkeit. In solchen Fällen ist der Gegenstandswert nach § 23 RVG nach billigem Ermessen zu bestimmen,

> BAG 20.7.2005 – 1 ABR 23/03 (A), DB 2005, 2086.

Sozialplanabfindung, hilfsweise Geltendmachung

Hinzuaddition zum Streitwert, wenn Anspruch in einem Vergleich mitgeregelt worden ist,

> LAG München 12.12.2006 – 7 Ta 378/06, ArbRB 2007, 44; LAG Köln 12.5.2005 – 3 Ta 142/05, ArbRB 2006, 334.

Statusfeststellung, leitender Angestellter iSd § 5 Abs. 3 BetrVG

5.000 EUR gem. § 23 Abs. 3 RVG,

> zum früheren Hilfswert von 4.000 EUR: LAG Hamm 27.7.2006 – 10 Ta 402/06, n.v.

Teilzeitanspruch

Orientierung am Monatsverdienst, regelmäßig drei Monatsgehälter,

> LAG Baden-Württemberg 4.1.2008 – 3 Ta 259/07, n.v.

Begrenzung auf 3 Monatsgehälter gem. § 42 Abs. 2 GKG,

> Streitwertkatalog für die Arbeitsgerichtsbarkeit A. I. Nr. 8.1; LAG Köln 7.4.2010 – 6 Ta 96/10, n.v.

Umgruppierung, Informationsanspruch des Betriebsrats

Regelstreitwert nach § 23 Abs. 3 RVG,

> LAG Köln 26.5.2006 – 14 Ta 123/06, NZA-RR 2007, 599.

Versetzung

Bemessung des Streitwerts bei Streit über die Wirksamkeit einer Versetzung steht gem. § 23 Abs. 1 RVG, § 48 Abs. 1 GKG, § 3 ZPO im freien Ermessen des Gerichts. Regelmäßig wird der Wert in Höhe einer Bruttomonatsvergütung festgesetzt,

> Streitwertkatalog für die Arbeitsgerichtsbarkeit A. I. Nr. 14; LAG Baden-Württemberg 28.9.2009 – 5 Ta 87/09, n.v.; LAG Schleswig-Holstein 23.9.2009 – 5 Ta 157/09, n.v.; LAG Berlin 2.11.2005 – 17 Ta (Kost) 6070/05, AE 2006, 67; LAG Berlin 9.5.2001 – 16 Ta (Kost) 6076/01, n.v.

Beurteilung nach § 42 Abs. 2 Satz 1 GKG, abgestellt wird auf Verdiensteinbußen und/oder Prestigeverlust, bei mangelnden Anhaltspunkten pro Arbeitnehmer 500 EUR,

> LAG Hamm 11.10.2006 – 10 Ta 561/06, jurisPR-ArbR 7/2007 Nr. 6; LAG Hamm 7.7.1994 – 8 TaBV 80/94, JurBüro 1995, 590.

Beurteilung nach § 42 Abs. 1 Satz 1 GKG, 36facher Differenzbetrag,

> LAG Rheinland-Pfalz 31.8.2000 – 3 Ta 918/00, NZA-RR 2001, 325.

Wahlvorstand, Zugangsrecht

Zugangsrecht des Wahlvorstandes zu den Beschäftigten, um die anstehende Betriebsratswahl vorzubereiten, Regelstreitwert von 5.000 EUR nach § 23 Abs. 3 Satz 2 RVG,

zum früheren Hilfswert von 4.000 EUR: ArbG Leipzig 13.2.2006 – 16 BVGa 77/05, AE 2006, 143, 144.

Weiterbeschäftigung

Ein Monatsgehalt,

Streitwertkatalog für die Arbeitsgerichtsbarkeit A. I. Nr. 23; LAG Köln 16.10.2007 – 9 Ta 298/07, NZA-RR 2008, 380; LAG Hamburg 30.6.2005 – 8 Ta 5/05, LAGReport 2005, 352; ArbG Hamburg 1.2.2005 – 1 Ta 590/04, n.v.; LAG Berlin 18.11.2003 – 17 Ta 6116/03 (Kost), MDR 2004, 598; LAG Berlin 23.9.2002 – 6 Ta 1705/02, n.v.; LAG Köln 21.6.2002 – 7 Ta 59/05, MDR 2002, 1441; LAG Hessen 16.5.2003 – 16 Ta 158/03, n.v.; LAG Hessen 23.4.1999 – 15/6 Ta 28/98, NZA-RR 1999, 434; LAG Hamburg 4.6.2003 – 4 Ta 7/03, n.v.; LAG Hamburg 5.8.2003 – 6 Ta 13/03, n.v.; LAG Hamburg 2.9.2002 – 7 Ta 21/02, MDR 2003, 178; LAG Hamburg 10.5.2004 – 8 Ta 5/04, n.v.; LAG Hamburg 29.7.2004 – 8 Ta 11/04, n.v.

Zwei Monatsgehälter,

LAG Hamm 27.7.2007 – 6 Ta 357/07; LAG Hamm 4.12.2003 – 4 Sa 900/03, NZA-RR 2004, 189.

Wiederkehrende Leistungen in einer Betriebsvereinbarung

Dreifacher Jahresbetrag der Leistungen abzüglich 20 % für den ersten betroffenen Arbeitnehmer, Anlehnung an § 42 Abs. 1 Satz 1 GKG,

LAG Hamm 17.8.2006 – 13 Ta 179/06, NZA-RR 2006, 595.

Ab dem zweiten Arbeitnehmer Staffelung in Anlehnung an § 9 BetrVG,

Arbeitnehmer 2–20 = jeweils 25 % des Ausgangswerts,

Arbeitnehmer 21–50 = jeweils 12,5 % des Ausgangswerts,

Arbeitnehmer 51–100 = jeweils 10 % des Ausgangswerts,

LAG Hamm 17.8.2006 – 13 Ta 179/06, NZA-RR 2006, 595.

Zutrittsrecht der Gewerkschaft zu einer Baustelle

Regelwert nach § 23 Abs. 3 RVG, bei vorläufigen Rechtsschutz Hälfte des Regelwerts,

ArbG Frankfurt 3.11.2004 – 9 Ga 287/04, AiB 2005, 118.

Zutrittsrecht Gewerkschaftsangehöriger zum Betrieb

Regelwert nach § 23 Abs. 3 RVG,

ArbG Mönchengladbach 22.7.2002 – 2 Ga 21/02, NZA-RR 2003, 146; LAG Hamm 27.10.2006 – 10 Ta 675/06, NZA-RR 2007, 153.

Zutrittsrecht zum Zwecke der Wahlwerbung für Betriebsratswahl

2.000 EUR gem. § 23 Abs. 3 RVG nach billigem Ermessen,

LAG Mainz 1.8.2006 – 2 Ta 128/06, n.v.

Zwangsvollstreckung

Streitwertfestsetzung gem. § 63 Abs. 2 GKG, abzustellen ist auf das Interesse des Beschwerdeführers daran, dass die Zwangsvollstreckung nicht einstweilen eingestellt werde,

LAG Rheinland-Pfalz 23.9.2005 – 5 Ta 187/02, n.v.

Zwischenzeugnis, Inhalt

Ein Bruttomonatsgehalt,

> LAG Berlin 14.11.2002 – 16 Sa 970/02, NZA-RR 2003, 523; LAG Köln 28.4.1999 – 13 Ta 96/99, MDR 1999, 1366; LAG Köln 27.7.1995 – 13 Ta 144/95, AR-Blattei ES 160.13 Nr. 199.

Ein halbes Bruttomonatsgehalt,

> Streitwertkatalog für die Arbeitsgerichtsbarkeit A. I. Nr. 24.3; LAG Hamburg 4.7.2003 – 4 Ta 7/03, n.v.; LAG Rheinland-Pfalz 2.9.2008 – 1 Ta 155/08, DB 2008, 2260; LAG Rheinland-Pfalz 18.1.2002 – 9 Ta 1472/01, MDR 2002, 954.

Zwischenzeugnis, keine Bestimmung über Inhalt

Halbes Bruttomonatsgehalt,

> LAG Köln 26.2.2004 – 7 Ta 43/04, MDR 2004, 1067; LAG Rheinland-Pfalz 2.6.2004 – 2 Ta 113/04, n.v.; LAG Hessen 19.11.2001 – 15 Ta 85/01, NZA-RR 2002, 384; LAG Sachsen 19.10.2000 – 9 Ta 173/00, LAGE § 3 ZPO Nr. 12.

Pauschalbetrag von 500 EUR,

> LAG Hamburg 4.7.2003 – 4 Ta 7/03, n.v.; LAG Hessen 9.7.2003 – 15 Ta 123/03, NZA-RR 2003, 660.

250 EUR,

> LAG Thüringen 14.11.2000 – 18 Ta 134/00, MDR 2001, 538.

Kapitel 3: Korrespondenz mit Rechtsschutzversicherungen

Literatur:

Bauer, Rechtsentwicklung bei den Allgemeinen Bedingungen für die Rechtsschutzversicherung bis Anfang 2006, NJW 2006, 1484; *ders.*, Rechtsentwicklung bei den Allgemeinen Bedingungen für die Rechtsschutzversicherung bis Anfang 2005, NJW 2005 1472; *ders.*, Allgemeine Bedingungen für die Rechtsschutzversicherung (ARB 12), VersR 2013, 661; *Cornelius-Winkler*, Regulierungsprobleme im Arbeitsrechtsschutz, ZAP Fach 10, 2009, 351; *Ennemann*, Anwaltschaft und Rechtsschutzversicherung – ein Spannungsverhältnis?, NZA 1999, 628; *Fischer*, Prozessstaktik des Arbeitnehmeranwalts im Lichte der Kostenvermeidungspflicht nach ARB, FA 1999, 178; *Hansens*, Deckungsschutz auch für außergerichtliche Vertretung bei Kündigung des Arbeitsverhältnisses, RVGreport 2009, 321; *Harbauer*, Rechtsschutzversicherung, 8. Aufl. 2010; *Heimann*, Der Anspruch des rechtsschutzversicherten Arbeitnehmers auf Versicherungsschutz für die außergerichtliche Tätigkeit seines Rechtsanwalts in Kündigungsschutzsachen, AE 2006, 9; *Hümmerich*, Arbeitsrecht und Rechtsschutzversicherung, AnwBl 1995, 321; *Hümmerich/Bieszk*, § 34 Abs. 3 S. 1 RVG – Wann ist ein Mandant Verbraucher?, AnwBl 2006, 749; *Küttner*, Rechtsschutzversicherung und Arbeitsrecht, NZA 1996, 453; *Schäder*, Aktuelle Rechtsprechung zur Eintrittspflicht von Rechtsschutzversicherungen, ArbRB 2012, 219; *van Bühren*, Aktuelle Probleme der Rechtsschutzversicherung, ZAP Fach 10, 2008, 341.

A. Erläuterungen

Die Korrespondenz mit den Rechtsschutzversicherungen wird für den Anwalt vermehrt dadurch erschwert, dass in immer kürzeren Abständen, dh inzwischen jährlich, selbst die vom Gesamtverband der Deutschen Versicherungswirtschaft e.V. (GDV) herausgegebenen Musterbedingungen für Rechtsschutzversicherungen überarbeitet werden. Damit wird der Aufwand für die häufig unentgeltlich übernommene Korrespondenz ob der Vielzahl unterschiedlicher Regelungen künftig weiter ansteigen. 247

Im Folgenden werden die „Allgemeinen Bedingungen für die Rechtsschutzversicherung – **ARB 2012**" (GDV-Musterbedingungen; Stand: Oktober 2012) der Bearbeitung zugrunde gelegt. 248

I. Rechtspflichtenverstöße im Arbeitsverhältnis

Soweit der Berufsrechtsschutz in der Rechtsschutzversicherung abgedeckt ist, wird regelmäßig Deckungsschutz in arbeitsrechtlichen Angelegenheiten gewährt. Wichtig ist, dass sich der den Arbeitnehmer (in selteneren Fällen auch den Arbeitgeber) beratende Rechtsanwalt bewusst macht, dass Voraussetzung für einen Deckungsschutz die **Versicherungsfall-Definition** in Pkt. 2.4.3 ARB 2012 ist. 249

Zunächst einmal muss der Rechtsanwalt aus den Beanstandungen seines Mandanten **Rechtspflichtenverstöße** im Arbeitsverhältnis herausfiltern, die einen Deckungsschutz nach der vorgenannten Regelung auslösen. Die Verstöße können Schikanen des Arbeitgebers,[1] aber auch die Nichtzahlung des Gehalts[2] oder die bloße Kündigung durch den Arbeitgeber[3] sein. 250

1. Einwand der Vorvertraglichkeit

Von besonderer Bedeutung für das Bestehen des Deckungsschutzes durch die Rechtsschutzversicherung ist der **Zeitpunkt** des Rechtspflichtenverstoßes: Der Rechtsschutzversicherer kann den Einwand der Vorvertraglichkeit nach Pkt. 3.1 ARB 2012 im Hinblick auf vom Arbeitgeber behauptete Rechtspflichtenverstöße erheben. Die Rechtspflichtenverstöße müssen nicht zutreffen; liegen die vom Arbeitgeber behaupteten Verstöße in einer Zeit vor Beginn des Versicherungsschutzes, wird sich die Rechtsschutzversicherung auf diesen Deckungsausschluss berufen. 251

Vom unkundigen Anwalt kann durch zu ausführliche Schilderungen in einem Schreiben an die Versicherung der Deckungsausschluss ungewollt veranlasst werden. Hilfreich ist in solchen Fällen allenfalls der Hinweis auf die Kolorit-Rechtsprechung in Muster 8680.[4] 252

---

1 Muster 8625, § 8 Rn 274.
2 Muster 8685, § 8 Rn 287.
3 Muster 8630, § 8 Rn 275.
4 § 8 Rn 286.

2. Risikoausschluss wegen Vorsatzhandlung/vorsätzlich begangener Straftat

253   Gemäß Pkt. 3.2.21 ARB 2012 ist der Versicherer berechtigt, den Deckungsschutz zu verneinen, wenn der Versicherungsfall durch den Versicherungsnehmer **vorsätzlich und rechtswidrig** herbeigeführt wurde. Dieser Ausschlussgrund wird von Versicherern insbesondere dann geltend gemacht, wenn **verhaltensbedingte Kündigungen** ausgesprochen werden, bei denen die vorgeworfenen Pflichtverletzungen auf einem vorsätzlichen Verhalten beruhen könnten. Der Versicherungsschutz soll selbst dann verweigert werden können, wenn sich herausstellt, dass eine nachgewiesene Straftat nicht zum Ausspruch der Kündigung berechtigt.[5] Dem Rechtsanwalt muss es deshalb nicht nur daran gelegen sein, den Vorwurf einer Vorsatztat zu entkräften.

3. Umfang des Deckungsschutzes

254   Behilft sich der einen Deckungsschutzantrag stellende Versicherungsnehmer oder sein Anwalt zunächst mit dem Hinweis auf Rechtspflichtverstöße des Arbeitgebers im Bereich von Schikanen, muss mit dem laufenden Mandat, sobald die Interessenwahrnehmung über die im Deckungsantrag aufgeführten Sachverhalte hinausgeht, **zusätzlicher Deckungsschutz** beantragt werden. Meist gewähren die Rechtsschutzversicherer allerdings Deckungsschutz im Rahmen der „außergerichtlichen Interessenwahrnehmung in einer arbeitsrechtlichen Angelegenheit", so dass in einem solchen Falle auch Verhandlungen über die Beendigung des Arbeitsverhältnisses mit erfasst werden. Es kommt auf den Wortlaut der Deckungszusage an.

II. Deckungszusagen bei außergerichtlicher Tätigkeit

255   Wird der Rechtsanwalt **vor Erhebung einer Kündigungsschutzklage** im Vorfeld **außergerichtlich** tätig und sucht eine Einigung mit dem Gegner, verweigern viele Rechtsschutzversicherer in einem solchen Fall den Deckungsschutz. Zur Begründung wird angeführt, dass die außergerichtliche Interessenvertretung wegen der eventuellen Nichtanrechenbarkeit eines Teils der Geschäftsgebühr auf die Prozessgebühr zu einer unnötigen Kostenerhöhung führe, die bei einer sofortigen Einreichung der Kündigungsschutzklage bei Gericht nicht entstehen würde. Dabei verweisen die Rechtsschutzversicherungen auf die Entscheidungen des AG Düsseldorf[6] sowie des LG München I.[7]

256   Diese Rechtsansicht der Versicherer ist rechtsfehlerhaft und überholt. So hat das AG Cham[8] entschieden, dass der Rechtsanwalt, der vor Erhebung einer Kündigungsschutzklage erst außergerichtlich tätig wird und eine Einigung mit dem Gegner sucht, keine unnötigen Kosten verursacht, auch wenn er dies erst wenige Tage vor Ablauf der Frist für die Erhebung der Kündigungsschutzklage macht. Ein Rechtsschutzversicherer ist in einem solchen Fall verpflichtet, auch für diese außergerichtliche Interessenwahrnehmung Deckung zu gewähren. Auch das AG Essen-Steele[9] geht davon aus, dass in einem solchen Fall Deckungsschutz gewährt werden muss. Der Rechtsanwalt sei verpflichtet, für das von dem Mandanten erstrebte Ziel zunächst den kostengünstigsten Weg zu wählen.[10]

257   In einem Revisionsverfahren vor dem BGH,[11] in dem der Versicherer im Fall eines Rechtsstreits über die Wirksamkeit einer Kündigung die Übernahme von außergerichtlichen Kosten unter Hinweis auf die Obliegenheit des Versicherten verweigerte, alles zu vermeiden, was eine unnötige Erhöhung der Kosten verursache, entzog sich der Versicherer schließlich einer gerichtlichen Entscheidung, indem er den Anspruch des Versicherten anerkannte.[12] Bemerkenswert an diesem Verfahren war bereits der Hinweis des Gerichts in der Terminsnachricht, dass die streitgegenständliche Klausel des § 17 Abs. 5 Buchst. c) cc) ARB 2000 möglicherweise wegen **Verstoßes gegen das Transparenzgebot** und das Leitbild der §§ 28, 82 VVG nach § 307 BGB unwirksam ist. Auch dürfte dem Versicherungsnehmer ein Anwaltsverschulden unter keinem Gesichtspunkt zuzurechnen sein, soweit es um einen Verstoß gegen diese

---

5   AG Düsseldorf 13.10.2009 – 33 C 8632/09, n.v.
6   AG Düsseldorf 9.3.2004 – 58 C 12960/03, JurBüro 2004, 426.
7   LG München I 4.11.2004 – 34 S 4791/04, AGS 2005, 365.
8   AG Cham 22.12.2005 – 1 C 323/05, AnwBl 2006, 287.
9   AG Essen-Steele 22.6.2005 – 8 C 89/05, AGS 2005, 468 = JurBüro 2005, 585.
10 AG Essen-Steele 22.6.2005 – 8 C 89/05, AGS 2005, 468 = JurBüro 2005, 585.
11 Az IV ZR 352/07, Dokumente zum Verfahrensgang abrufbar unter www.anwvs.de.
12 *Hansens*, RVGreport 2009, 321.

Obliegenheit geht.[13] Die ARB 2012 enthalten nunmehr die Regelung des Pkt. 4.1.6, nach der der Versicherungsnehmer bei Eintritt des Versicherungsfalles – soweit möglich – dafür zu sorgen hat, dass Schäden vermieden bzw verringert werden. Gleichzeitig enthält Pkt. 4.1.6 ARB 2012 die Vorgabe, dass der Versicherungsnehmer sich bei der Erfüllung seiner Obliegenheiten die Kenntnis und das Verhalten des von ihm beauftragten Rechtsanwalts zurechnen lassen muss, sofern dieser die Abwicklung des Rechtsschutzfalles gegenüber dem Versicherer übernimmt.

Nohr[14] ist darin zuzustimmen, dass die Einführung des RVG praktisch von allen Rechtsschutzversicherungen zum Anlass genommen wurde, noch stärker als früher und zum Teil in rechtswidriger Weise Einfluss auf Rechtsanwaltsgebühren zu nehmen. Die Rechtsschutzversicherer argumentieren häufig, der Mandant müsse sofort Klageauftrag erteilen. Der Anwalt könne dann immer noch im Rahmen des Prozessmandats Vergleichsverhandlungen führen, was letztlich kostengünstiger wäre als ein zunächst erteilter außergerichtlicher Auftrag mit anschließendem Prozessauftrag.[15] Dieser Argumentation kann durch Verwendung des Musters 8750,[16] das die aktuelle Rechtsprechung aufgreift, entgegengetreten werden.

258

III. Aushandeln eines Aufhebungsvertrages

Oftmals erteilten Rechtsschutzversicherer keine Deckungszusage, wenn der ratsuchende Mandant sich an den Anwalt wandte, weil ihm von seinem Arbeitgeber das Angebot eines Aufhebungsvertrages gemacht und für den Fall des Nichtzustandekommens eines Aufhebungsvertrages der Ausspruch einer Kündigung in Aussicht gestellt wurde. Zur Begründung wurde angeführt, dass allein das Bestreben, einen Vertrag zu beenden, nicht als Verstoß gegen eine rechtlich gebotene Verhaltensregel zu werten sei, so dass ein **Versicherungsfall iSd Pkt. 2.4.3 ARB 2012** nicht vorläge. Unter Berufung auf die ältere Rechtsprechung[17] wurde deshalb der Deckungsschutz verweigert. Die Literatur und Instanzrechtsprechung war in dieser Frage sehr geteilt.[18] So ging etwa das OLG Saarbrücken davon aus, dass ein den Rechtsschutzversicherungsfall auslösender Verstoß gegen Rechtspflichten auch schon dann vorliegt, wenn der Arbeitgeber mit dem Angebot eines Aufhebungsvertrages an seinen Arbeitnehmer zum Ausdruck bringt, das Vertragsverhältnis in jedem Fall beenden zu wollen.[19]

259

Der BGH hat mit Urteil vom 19.11.2008 entschieden, dass bereits die **Androhung einer Kündigung** für den Fall, ein unterbreitetes Angebot zum Abschluss eines Aufhebungsvertrages nicht zu unterschreiben, einen Rechtsschutzfall auslösen kann.[20] Maßgeblich für die Beurteilung der Einstandspflicht der Rechtsschutzversicherung ist allein die vom Versicherungsnehmer behauptete Pflichtverletzung. Der Vortrag muss die Beurteilung erlauben, ob der beschriebene Vorgang den Konflikt jedenfalls mit ausgelöst hat, also geeignet gewesen ist, den Keim für eine (zukünftige) rechtliche Auseinandersetzung zu legen. Das Vorbringen muss einen objektiven Tatsachenkern – im Gegensatz zu einem bloßen Werturteil – enthalten, mit dem der Vorwurf eines Rechtsverstoßes verbunden ist, auf den seine Interessenverfolgung gestützt wird. Auf die Schlüssigkeit, Substantiiertheit und Entscheidungserheblichkeit der Behauptung kommt es dagegen nicht an.[21] Maßgeblich ist, ob eine behauptete Pflichtverletzung zur Grundlage einer rechtlichen Streitigkeit gemacht wird. Das ist der Fall, wenn eine der streitenden Parteien den angeblichen Verstoß der Gegenseite zur Stützung seiner Position heranzieht.[22]

260

Ein weiteres Problem bei der arbeitsrechtlichen Interessenwahrnehmung ist aus Sicht des Rechtsschutzversicherers die **Höhe der Gegenstandswerte**, die beim Aushandeln eines **Aufhebungsvertrages** anfallen können. Handelt der Rechtsanwalt den Aufhebungsvertrag bspw gemäß Muster 4500[23] aus, wird man regelmäßig auf einen Gegenstandswert zwischen 102.250 EUR und 256.000 EUR gelangen, weil vom

261

---

13 *Hansens*, RVGreport 2009, 321.
14 *Nohr*, AnwBl 2005, 655.
15 *Nohr*, AnwBl 2005, 655.
16 § 8 Rn 295.
17 AG Hannover 12.1.1998 – 558 C 14783/97, r+s 1998, 336; AG München 25.1.1996 – 281 C 26689/95, NZA-RR 1997, 151; AG Köln 1.6.1994 – 123 C 242/94, r+s 1995, 68.
18 Zu den verschiedenen Ansichten BGH 19.11.2008 – IV ZR 305/07, NJW 2009, 365.
19 OLG Saarbrücken 19.7.2006 – 5 U 719/05, AnwBl 2006, 764.
20 BGH 19.11.2008 – IV ZR 305/07, NJW 2009, 365.
21 BGH 19.11.2008 – IV ZR 305/07, NJW 2009, 365.
22 BGH 19.11.2008 – IV ZR 305/07, NJW 2009, 365.
23 § 4 Rn 666.

Vierteljahresbezug des Gehalts über die Bewertung von Betriebsrenten, des Dienstfahrzeugs, der Lebensversicherung, des Wettbewerbsverbots (regelmäßig der zweijährige Bezug der Karenzentschädigung) eine solche Zahl von Gegenstandswerten zu addieren ist, dass die Gewährung von Deckungsschutz durch den Rechtsschutzversicherer vorsichtig und zögerlich gehandhabt wird. Schon das bloße Aushandeln des **Zeugniswortlauts**, und sei es auch nur die Änderung einer Textzeile, wird gewöhnlich mit einem Bruttomonatsgehalt streitwertmäßig berechnet.[24] Werden Aufhebungsverträge für Organmitglieder einer Gesellschaft, also für AG-Vorstände oder GmbH-Geschäftsführer, ausgehandelt, so entfällt zwar der Deckungsschutz gem. Pkt. 3.2.5 ARB 2012. In diesen Fällen erreichen die Gegenstandswerte aber eine noch deutlichere Höhe, weil in diesen Fällen das dreifache Jahresgehalt des Gehalts an die Stelle von § 42 Abs. 2 Satz 1 GKG tritt.

262 Das Muster 8635[25] sieht ein auf die aktuelle Rechtsprechung des BGH verweisendes Schreiben an die Rechtsschutzversicherung für den Fall vor, dass die Deckungszusage verweigert wird.

IV. Informationspflicht gegenüber Rechtsschutzversicherung

263 Zu bedenken ist, dass zwischen anwaltlicher Sachbearbeitung und Sachbearbeitung durch die Rechtsschutzversicherung in arbeitsrechtlichen Angelegenheiten oft eine zeitliche Lücke klafft. Beim arbeitsrechtlichen Outplacement ist häufig Eile geboten, es muss die Gunst der Stunde erkannt und in Handlungsstrategien umgesetzt werden. Für beide Beteiligte, für Arbeitgeber wie Arbeitnehmer, stellt die letzte Phase vor Ausspruch einer Kündigung stets auch eine emotional eingefärbte Belastungssituation dar, die sich mit Abschluss eines Abwicklungs- oder Aufhebungsvertrages auflöst, in der Arbeitgeber zu Abfindungszahlungen bereit sind, die über der Regel von einem Bruttomonatsgehalt für zwei Beschäftigungsjahre liegen. Der Anwalt muss in manchen Fällen auf die beteiligten Parteien zugehen, um die Auflösungslage zu schaffen. Bis der Deckungsantrag beim Rechtsschutzversicherer beschieden ist, sind regelmäßig Wochen vergangen, in denen manchmal der arbeitsrechtliche Konflikt längst beseitigt wurde. Eine strenge Auslegung von Pkt. 4.1 ARB 2012 würde in diesen Fällen vom Versicherten verlangen, den Versicherer noch vor Gewährung einer Deckungszusage über das Ergebnis der Interessenwahrnehmung zu unterrichten. Derartige Informationen könnten den Rechtsschutzversicherer beim Ausspruch einer Deckungszusage noch zögerlicher werden lassen.

264 Ein Anspruch des Rechtsschutzversicherers auf **zeitgleiche Information** kann nur dann bestehen, wenn der Versicherer ebenfalls zeitgleich Deckungsanträge bearbeitet. Rechtsschutzversicherer muten dem Versicherten regelmäßig eine Antwortzeit zwischen einer Woche und sieben Wochen zu. Dem Versicherungsnehmer muss es gestattet sein, unter diesen Umständen zunächst einmal den Deckungsantrag abzuwarten und erst nach Eingang des Bescheids den Rechtsschutzversicherer über das Ergebnis der anwaltlichen Bemühungen zu unterrichten, auch dann, wenn zum Zeitpunkt des Eingangs der Deckungszusage der Versicherungsfall bereits durch Aufhebungsvertrag abgeschlossen wurde.

V. Situation des beratenden Rechtsanwalts

265 Arbeitsrechtliche Auseinandersetzungen werden manchmal vom Rechtsschutzversicherer nicht hinreichend unter ökonomischen und an den wirklichen Interessen des Versicherten orientierten Gesichtspunkten gesehen. So erleichtert es die Gewährung von Deckungsschutz ungemein, wenn eine Kündigung des Arbeitsverhältnisses im Raum steht, obwohl für das weitere berufliche Fortkommen des Versicherungsnehmers in Einzelfällen eine einvernehmliche Aufhebung des Arbeitsvertrages wesentlich vorteilhafter wäre. Rechtssicherheit hat immerhin die Entscheidung des BGH vom 14.9.2005 in den Fällen gebracht, in denen im Rahmen eines Vergleichsschlusses durch **Mehrvergleich** weitere Gegenstände einbezogen werden, über die noch kein Rechtsstreit bestand.[26] Der BGH erstreckt den Versicherungsschutz – ggf im Umfang der Misserfolgsquote – auch auf solche Streitpunkte, die mit dem unmittelbaren Gegenstand des Rechtsstreits in rechtlichem Zusammenhang stehen und für die der Versicherer im Streitfall ggf deckungspflichtig wäre. Die einverständliche Regelung solcher Punkte zielt gerade

---

24 LAG Berlin 14.11.2002 – 16 Sa 970/02, NZA-RR 2003, 523; LAG Köln 28.4.1999 – 13 Ta 96/99, MDR 1999, 1366; LAG Köln 27.7.1995 – 13 Ta 144/95, AR-Blattei ES 160.13 Nr. 199.
25 § 8 Rn 276.
26 BGH 14.9.2005 – IV ZR 145/04, NJW 2006, 513.

darauf, einen weiteren Verstoß und damit einen weiteren Rechtsschutzfall eintreten zu lassen.[27] In derartigen Fällen sollte in einem nachfassenden Schreiben dem Rechtsschutzversicherer über das Muster 8720[28] die ökonomische und berufliche Tragweite der Interessenwahrnehmung durch den Rechtsanwalt für den Versicherungsnehmer dargestellt werden.

Gift/Baur[29] machen darauf aufmerksam, dass der Rechtsanwalt, der in der Praxis für den Versicherungsnehmer ohne Honorierung den Verkehr mit der Rechtsschutzversicherung abwickelt, selbst die Obliegenheiten des Pkt. 4.1 ARB 2012 infolge seiner Dienstleistung zu erfüllen hat. Bei vorsätzlicher oder grob fahrlässiger Verletzung treffen den Versicherungsnehmer etwaige Nachteile, weil die Rechtsprechung den Anwalt als Repräsentanten des Versicherungsnehmers ansieht.[30]

Das Auseinanderklaffen von Lebenswirklichkeit und kodifiziertem Recht zeigt sich deutlich an der Tätigkeit des Rechtsanwalts in arbeitsrechtlichen Angelegenheiten für den Mandanten im Verhältnis zum Rechtsschutzversicherer: Der Anwalt erhält für diese Tätigkeit kein Honorar und es treffen ihn außerdem alle **Haftungsrisiken** des Versicherten. Insgesamt wäre wünschenswert, die im Spannungsfeld zwischen Arbeitsrecht, Rechtsschutzversicherung und Versicherungsnehmer angesiedelten Fragestellungen durch eine wirklichkeitsgerechtere Kodifizierung der ARB zu lösen. Im Übrigen sei empfohlen, mit dem Mandanten **Honorarvereinbarungen** zu treffen, die von einem eine Outplacementberatung wünschenden Angestellten unaufgefordert thematisiert werden. Wenn eine Abfindung in einer Größenordnung von mehr als 50.000 EUR in Frage steht, ist der Mandant regelmäßig gerne bereit, eine Honorarvereinbarung zu treffen, auch neben etwaigem Deckungsschutz durch den Rechtsschutzversicherer, weil er angesichts des durch die Tätigkeit des Rechtsanwalts bei ihm eintretenden wirtschaftlichen Werts in der Honorarvereinbarung einen angemessenen Ausgleich zwischen Leistung und Gegenleistung sieht. Das ökonomische Denken ist bei den Betroffenen oft stärker ausgeprägt, als es das durch Standesrecht geprägte Berufsbild des Rechtsanwalts gestattet. Mögliche Vereinbarungen mit dem Mandanten können gemäß den Mustern 8015[31] und 8018[32] geschlossen werden. Ist es dem Rechtsanwalt bekannt, dass der Mandant rechtsschutzversichert ist, muss er dabei den Mandanten ungefragt über nicht von der Rechtsschutzversicherung gedeckte Honoraransprüche aufklären.[33]

Schließlich sollte der Rechtsanwalt immer darauf achten, dass inzwischen verschiedene Fassungen von **ARB-Regelungen** in Kraft sind: die traditionellen ARB 75, die noch kurz vor einer Marktfreigabe des Versicherungsrechts vom Bundesaufsichtsamt genehmigten ARB 94, ferner die ARB 2000 sowie die inzwischen seit 2008 jährlich überarbeiteten ARB, zuletzt die ARB 2012 (GDV-Musterbedingungen; Stand: Oktober 2012). Die einzelnen ARB weichen in nicht unerheblichem Maße voneinander ab, sodass in Bezug auf ältere Allgemeine Rechtsschutzbedingungen auf frühere Auflagen dieses Werkes verwiesen werden muss.

---

27 BGH 14.9.2005 – IV ZR 145/04, NJW 2006, 513.
28 § 8 Rn 292.
29 Das Urteilsverfahren vor den Gerichten für Arbeitssachen, D 369.
30 OLG Hamm 13.5.1983 – 20 W 90/82, VersR 1984, 31; OLG Köln 23.6.1983 – 5 U 9/83, zfs 1984, 48; OLG Nürnberg 26.11.1981 – 8 U 1354/81, VersR 1982, 695.
31 § 8 Rn 92.
32 § 8 Rn 93.
33 OLG Düsseldorf 8.5.2008 – I-24 U 211/07, AGS 2008, 629.

B. Texte

I. Deckungsschutz

1. Muster: Deckungsantrag bei eiliger Kündigungsschutzklage

Hiermit zeigen wir an, dass uns Ihr Versicherungsnehmer ... mit der Wahrnehmung seiner rechtlichen Interessen in einer arbeitsgerichtlichen Angelegenheit beauftragt hat. Eine Kopie unserer Klageschrift fügen wir bei. Der Rechtspflichtenverstoß des Arbeitgebers gem. Pkt. 2.4.3 ARB 2012 ist aus dem Tatbestand der Klageschrift ersichtlich.

Angesichts der Ausschlussfrist des § 4 KSchG und da es zu unseren anwaltlichen Obliegenheiten gehört, gesetzliche Fristen einzuhalten, mussten wir die Klage vor Eingang Ihrer Deckungszusage einreichen. Wir bitten um Deckungszusage für die gerichtliche Interessenwahrnehmung in einer arbeitsrechtlichen Angelegenheit.

2. Muster: Deckungsantrag für gerichtliche Tätigkeit nach erfolglosem außergerichtlichem Verhandeln

In der Ihnen bekannten Angelegenheit hat unsere außergerichtliche Interessenwahrnehmung nicht zu dem erstrebten Erfolg geführt. Wie aus dem beiliegenden Antwortschreiben des Gegners ersichtlich, besteht keine Bereitschaft, die von uns geltend gemachten Ansprüche freiwillig zu erfüllen. Bei dieser Sachlage ist Klage geboten.

Wir erbitten deshalb nunmehr Deckungszusage für die gerichtliche Interessenwahrnehmung.

3. Muster: Deckungsantrag bei außergerichtlicher Interessenwahrnehmung durch Schriftsatzbezug

Hiermit zeigen wir an, dass uns Ihr Versicherungsnehmer ... mit der Wahrnehmung seiner rechtlichen Interessen aus einem Arbeitsverhältnis beauftragt hat.

Die Gründe, weshalb uns Ihr Versicherungsnehmer aufgesucht hat, entnehmen Sie bitte unserem beigefügten Schriftsatz. Das Verhalten des Gegners Ihres Versicherungsnehmers beinhaltet, wie Sie im Einzelnen dem anliegenden Schriftsatz entnehmen können, in mehrfacher Hinsicht Rechtspflichtverstöße gem. Pkt. 2.4.3 ARB 2012.

Der Versicherungsfall ist gem. Pkt. 2.4.3 ARB 2012 aber auch deshalb eingetreten, weil behauptete Rechtsverstöße vorliegen, die zur Folge haben, dass sich die Rechtsposition Ihres Versicherungsnehmers ohne rechtliche Maßnahmen verschlechtern könnte. Eine ernsthafte Behauptung eines Rechtsverstoßes ist nach ständiger Rechtsprechung ein Vorgang, der nach der Lebenserfahrung die Gefahr einer rechtlichen Auseinandersetzung so nahe rückt, dass sie nicht mehr als zukünftiges ungewisses Ereignis, sondern als durch den Versicherungsvertrag mitversichertes Ereignis anzusehen ist,

> BGH 14.3.1984 – IVa ZR 24/82, VersR 1984, 530; BGH 16.6.1982 – IVa ZR 270/80, VersR 1982, 841; OLG Frankfurt 12.7.1978 – 7 U 151/77, VersR 1979, 566; OLG Hamm 24.10.1979 – 20 U 24/78, VersR 1980, 669; OLG München 23.12.1981 – 3 U 2622/81, VersR 1982, 1094.

Wir bitten daher um Deckungszusage für die Wahrnehmung der rechtlichen Interessen Ihres Versicherungsnehmers aus einem Arbeitsverhältnis.

4. Muster: Deckungsantrag bei außergerichtlicher Interessenwahrnehmung durch Sachverhaltsschilderung

↓

Hiermit zeigen wir an, dass uns Ihr Versicherungsnehmer ... mit der Wahrnehmung seiner rechtlichen Interessen aus einem Arbeitsverhältnis beauftragt hat.

Ausgangspunkt der Mandatierung durch Ihren Versicherungsnehmer bildet folgender Sachverhalt: ...

Bei dieser Sachlage liegt ein Rechtspflichtenverstoß iSv Pkt. 2.4.3 ARB 2012 vor.

Es wird um Deckungszusage für die Wahrnehmung der rechtlichen Interessen Ihres Versicherungsnehmers aus einem Arbeitsverhältnis gebeten.

↑

5. Muster: Deckungsantrag bei außergerichtlicher Interessenwahrnehmung und Beschränkung auf Gegenstandswert gem. § 42 Abs. 2 Satz 1 GKG

Unter Hinweis auf unsere ständige Praxis in der Zusammenarbeit mit Ihnen, den Gegenstandswert in der vorliegenden Angelegenheit auf den Vierteljahresbezug zu beschränken, bitten wir um Rechtsschutzgewährung für die Wahrnehmung der rechtlichen Interessen in einer arbeitsrechtlichen Angelegenheit Ihres Versicherungsnehmers ...

Im Hintergrund der Auseinandersetzung zwischen Ihrem Versicherungsnehmer und dem Arbeitgeber steht eine drohende Kündigung. Vorgefallen ist derzeit Folgendes: ...

↑

6. Muster: Deckungsantrag bei außergerichtlicher Interessenwahrnehmung wegen Schikanen

Hiermit zeigen wir an, dass uns Ihr Versicherungsnehmer ... mit der Wahrnehmung seiner rechtlichen Interessen aus einem Arbeitsverhältnis beauftragt hat. Eine Kopie des Arbeitsvertrages fügen wir in Ablichtung bei.

Ihr Versicherungsnehmer erlebte in letzter Zeit an seinem Arbeitsplatz wiederholt Schikanen. Schließlich bedeutete man ihm, er solle nach einer anderen Arbeitsstelle Ausschau halten. Außerdem wurde ihm erklärt, ...

Die Schikanen und Äußerungen des Arbeitgebers stellen Rechtspflichtverstöße iSv Pkt. 2.4.3 ARB 2012 dar. Der Arbeitgeber verstößt durch sein Verhalten gegen seine Fürsorgepflicht, indem er ein durch Einschüchterungen und Anfeindungen die Würde des Versicherungsnehmers verletzendes Umfeld schafft.

Wir dürfen daher um Deckungszusage zunächst für die außergerichtliche Interessenwahrnehmung in einer arbeitsrechtlichen Angelegenheit bitten.

↑

7. Muster: Deckungsantrag wegen Kündigung

Der Arbeitgeber Ihres Versicherungsnehmers, die Firma ..., hat eine Kündigung des Arbeitsverhältnisses ausgesprochen. Aus diesem Grunde sind wir von Ihrem Versicherungsnehmer ... beauftragt worden, seine rechtlichen Interessen aus einem Arbeitsverhältnis wahrzunehmen.

Die Kündigung stellt einen Rechtspflichtenverstoß iSv Pkt. 2.4.3 ARB 2012 dar. Wir bitten um Deckungszusage für die Wahrnehmung rechtlicher Interessen in einer arbeitsrechtlichen Angelegenheit.

↑

8. Muster: Deckungsantrag wegen angedrohter Kündigung und Angebot eines Aufhebungsvertrages

Soweit von Ihrer Seite geltend gemacht wird, dass die Voraussetzungen des Pkt. 2.4.3 ARB 2012 deshalb nicht vorlägen, weil dem Arbeitgeber unseres Mandanten ein Verstoß gegen Rechtspflichten nicht vorzuwerfen sei, ist diese Ansicht rechtsfehlerhaft.

Ein den Rechtsschutzversicherungsfall auslösender Verstoß gegen Rechtspflichten liegt vor, weil der Arbeitgeber mit dem Angebot eines Aufhebungsvertrages an seinen Arbeitnehmer zum Ausdruck gebracht hat, das Vertragsverhältnis in jedem Fall bei Nichtabschluss des Aufhebungsvertrages durch Kündigung beenden zu wollen. Gründe, die eine Kündigung rechtfertigen könnten, liegen aber nicht vor. Mit seinem Verhalten verstößt der Arbeitgeber gegen seine Fürsorgepflicht, dem Arbeitnehmer keine unberechtigten Kündigungen ernsthaft in Aussicht zu stellen,

> BGH 19.11.2008 – IV ZR 305/07, NJW 2009, 365.

Wir bitten daher um Deckungszusage für die Wahrnehmung der rechtlichen Interessen Ihres Versicherungsnehmers aus dem Arbeitsverhältnis.

9. Muster: Deckungsantrag bei Entfristungsklage

Macht der Arbeitnehmer, mit dem mehrere befristete Arbeitsverträge geschlossen wurden, geltend, die Befristung seines Arbeitsverhältnisses stelle eine Umgehung des Kündigungsschutzes dar, ist der Versicherungsfall gem. Pkt. 2.4.3 ARB 2012 in dem Zeitpunkt eingetreten, in dem der Rechtsverstoß begonnen haben soll. Dies ist nicht der Zeitpunkt, in dem die Weiterbeschäftigung enden sollte, sondern der Zeitpunkt der letzten Zusatzvereinbarung zur Verlängerung des Arbeitsverhältnisses des Arbeitnehmers,

> AG Bochum 26.3.1985 – 63 C 395/84, n.v.; AG Freiburg i.Br. 25.4.1985 – 3 C 627/84, n.v.

10. Muster: Keine Obliegenheitsverletzung beim Weiterbeschäftigungsantrag

Ihr Schreiben, in dem Sie Deckungsschutz für die Kündigungsschutzklage bestätigen, haben wir erhalten. Soweit Sie für den Weiterbeschäftigungsantrag keinen Deckungsschutz erteilt haben, müssen wir Sie auf Folgendes aufmerksam machen:

Die Stellung des Weiterbeschäftigungsantrags bedeutet keine Obliegenheitsverletzung des Versicherungsnehmers gem. Pkt. 4.1.1.4 ARB 2012.

> *Schäder*, ArbRB 2012, 219; AG Nürnberg 28.3.1988 – 15 C 43/88, NZA 1988, 706; AG Ahlen 17.11.1987 – 3 C 554/87, r+s 1988, 140.

11. Muster: Keine Obliegenheitsverletzung beim Weiterbeschäftigungsantrag als Eventual-Hilfsantrag

Soweit Sie Deckungsschutz für die Stellung des Weiterbeschäftigungsantrags unter Hinweis auf Pkt. 4.1.1.4 ARB 2012 verweigern, da dieser Antrag in der aktuellen Situation nicht notwendig war, ist dem zu widersprechen. Die Geltendmachung des Weiterbeschäftigungsanspruchs mit Erhebung der Kündigungsschutzklage führt nicht zu einem Obliegenheitsverstoß,

> s. *Schäder*, ArbRB 2012, 219.

In jedem Falle aber ist Deckungsschutz zu gewähren für Weiterbeschäftigungsanträge im Zusammenhang mit Kündigungsschutzklagen, wenn dieser Antrag nach der Güteverhandlung gestellt wird,

> AG Ahaus 25.1.1989 – 5 C 699/88, zfs 1990, 19; AG Berlin-Charlottenburg 28.6.1990 – 6 C 565/90, zfs 1991, 272; AG Geldern 23.10.1990 – 3 C 417/90, r+s 1991, 311; AG Grevenbroich 17.10.1988 – 11 C 26/88, VersR 1989, 1043; AG Lübeck 13.7.1990 – 26 C 1729/90, zfs 1992, 66; AG München 17.2.1987 – 15 C 24046/86, JurBüro 1987, 1102; LG München I 2.3.1988 – 31 S 12936/87, zfs 1988, 144; LG Münster 20.4.1989 – 8 S 546/88, zfs 1990, 17.

Da wir den Weiterbeschäftigungsantrag als Eventual-Hilfsantrag formuliert haben, ist selbst nach der zitierten, restriktiven Rechtsprechung ausgeschlossen, dass der Antrag vor Durchführung der Güteverhandlung gestellt wird, so dass wir um ergänzenden Deckungsschutz hinsichtlich des Weiterbeschäftigungsantrags bitten müssen.

Durch die Ausgestaltung als Eventual-Hilfsantrag wird erreicht, dass nur für den Fall des Obsiegens mit dem Kündigungsschutzantrag die mit dem Weiterbeschäftigungsantrag verbundenen zusätzlichen Kosten ausgelöst werden. Für den Fall des Obsiegens mit der Kündigungsschutzklage muss es unserem Mandanten möglich sein, die verweigerte tatsächliche Beschäftigung unmittelbar durchsetzen zu können. Er braucht sich nicht auf ein mögliches einstweiliges Verfügungsverfahren verweisen zu lassen.

12. Muster: Verweigerung von Deckungsschutz wegen fehlender Erfolgsaussicht ohne Begründung

In Ihrem Schreiben vom ... haben Sie unserem Mandanten und Ihrem Versicherungsnehmer die Deckungszusage für die Kündigungsschutzklage mit der Begründung verweigert, für die Kündigungsschutzklage bestünde keinerlei Erfolgsaussicht. In Ihrem Schreiben geben Sie weder Gründe an, die eine Ablehnung des Versicherungsschutzes rechtfertigen, noch wurde auf das Stichentscheids- oder Schiedsgutachterverfahren hingewiesen. Bitte gestatten Sie mir den Hinweis, dass Sie als Rechtsschutzversicherer dadurch gegen § 128 VVG verstoßen haben. Aufgrund des fehlenden Hinweises gilt das Rechtsschutzbedürfnis des Versicherungsnehmers als anerkannt.

Wir bitten Sie, die anliegende Kostennote vollumfänglich zu begleichen.

13. Muster: Verweigerung von Deckungsschutz wegen fehlender Erfolgsaussicht

Sie haben in der o.g. Angelegenheit die Erteilung einer Deckungszusage abgelehnt, da es Ihrer Meinung nach an hinreichenden Erfolgsaussichten für die Rechtsverfolgung fehlt. Zunächst einmal weise ich darauf hin, dass es allein Sache des Rechtsanwalts ist, die Erfolgsaussichten zu beurteilen. Ihrer Ansicht vermögen wir uns nicht anzuschließen. Wir sind gerne bereit, Ihnen unser Urteil zur Erfolgsaussicht gem. Pkt. 3.4.1 ARB 2012 in einem Stichentscheid zu erläutern. Wir bitten um Mitteilung, ob ein derartiges Gutachten erstellt werden soll.

Andernfalls erwarten wir den Eingang einer Deckungszusage binnen 14 Tagen.

14. Muster: Verweigerung von Deckungsschutz wegen Ausschlusses nach Pkt. 3.2.21 ARB 2012

Entgegen Ihrer Auffassung handelt es sich im oben genannten Fall nicht um einen Anwendungsfall von Punkt 3.2.21 ARB 2012. Soweit unserem Mandanten überhaupt die bestrittene Pflichtverletzung vorgeworfen werden könnte, so berechtigt diese nicht zur Annahme einer vorsätzlichen Tat. Vielmehr fehlt es bereits an einer wissentlichen und willentlichen Verwirklichung der Pflichtverletzung. Der fehlende Vorsatz ergibt sich aus folgenden Umständen: ...

Aufgrund dieser Sachlage bitten wir Sie, umgehend eine Deckungszusage zu erteilen.

15. Muster: Zusage, Weiterbeschäftigungsantrag erst im Kammertermin zu stellen

Bedauerlicherweise wurde Deckungsschutz für den Weiterbeschäftigungsantrag verweigert. Wir bitten erneut, einen entsprechenden Deckungsschutz zu erteilen.

Es ist ein Irrtum, wenn angenommen wird, Ihr Versicherungsnehmer begehe eine Obliegenheitsverletzung nach Pkt. 4.1.1.4 ARB 2012, wenn er einen Weiterbeschäftigungsantrag stelle. Insbesondere der Hinweis darauf, nach erfolgreicher Kündigungsschutzklage könne der Versicherungsnehmer immer noch eine einstweilige Verfügung beantragen, wenn der Arbeitgeber die Weiterbeschäftigung versage, ist kein anzuerkennendes Argument. Gerade angesichts der Entscheidung des Großen Senats vom 27.2.1985,

> GS 1/84, NZA 1985, 702,

wird man den Arbeitnehmer, der im Kündigungsschutzprozess den Weiterbeschäftigungsantrag nicht stellt, entgegenhalten können, es fehle ihm für eine einstweilige Verfügung bereits am Verfügungsgrund,

> *Feichtinger*, DB 1983, 939; *Küttner*, NZA 1996, 461.

Das Unterlassen des Weiterbeschäftigungsantrags ist regelmäßig ein anwaltlicher Haftpflichtfall,

> *Küttner/Sobolebski*, AnwBl 1985, 492.

Da im Gütetermin ohnehin keine Anträge gestellt werden, kann der Weiterbeschäftigungsantrag erst im Kammertermin gestellt werden. Die Streitwertaddition greift deshalb erst nach durchgeführtem Gütetermin.

Teilen Sie uns deshalb bitte freundlicherweise mit, dass unter Berücksichtigung unseres heutigen Schreibens Deckungsschutz auch für den Weiterbeschäftigungsantrag erteilt wird.

16. Muster: Deckungsantrag bei Betriebsstilllegung

Hiermit zeigen wir an, dass uns Ihr Versicherungsnehmer ... mit der Wahrnehmung seiner rechtlichen Interessen in einer arbeitsrechtlichen Angelegenheit beauftragt hat. Gegenstand des Mandats bildet folgender Sachverhalt:

Der Arbeitgeber Ihres Versicherungsnehmers beabsichtigt, den Betrieb bzw einen Betriebsteil aufzugeben und möchte sich deshalb von den Mitarbeitern trennen, u.a. von Ihrem Versicherungsnehmer. Entsprechende Unterlagen über Interessenausgleich, Sozialplan etc. fügen wir in Ablichtung bei.

Außerdem wird der Versuch von Seiten des Arbeitgebers unternommen, den Ihrem Versicherungsnehmer zustehenden Kündigungsschutz nach dem Kündigungsschutzgesetz zu umgehen, indem von Ihrem Versicherungsnehmer verlangt wird, den in der Anlage ebenfalls beigefügten Aufhebungsvertrag zu unterzeichnen.

Das Verhalten des Arbeitgebers stellt in mehrfacher Hinsicht Rechtspflichtverstöße gem. Pkt. 2.4.3 ARB 2012 dar: Es bedeutet einen Pflichtenverstoß, dass der Arbeitgeber versucht, Ihren Versicherungsnehmer in Einzelgesprächen unter Androhung einer ansonsten auszusprechenden Kündigung unter Druck zu setzen und ihn zu veranlassen, einen Aufhebungsvertrag zu unterzeichnen, durch den er sich wesentlicher Rechte begibt,

BGH 19.11.2008 – IV ZR 305/07, NJW 2009, 365.

Bei dieser Sachlage ist Ihr Versicherungsnehmer auf die Interessenwahrnehmung durch einen Rechtsanwalt angewiesen. Die Rechtsposition Ihres Versicherungsnehmers würde sich, würde er anwaltliche Hilfe nicht in Anspruch nehmen, bereits wesentlich verschlechtern. Eine ernsthafte Behauptung eines Rechtsverstoßes ist aber nach ständiger Rechtsprechung ebenfalls ein Vorgang, der nach der Lebenserfahrung die Gefahr einer rechtlichen Auseinandersetzung so nahe rückt, dass sie sich nicht mehr als zukünftiges ungewisses Ereignis, sondern als durch den Versicherungsvertrag mitversichertes Ereignis anzusehen ist,

BGH 19.11.2008 – IV ZR 305/07, NJW 2009, 365.

Wir bitten daher um Deckungszusage für die Wahrnehmung der rechtlichen Interessen Ihres Versicherungsnehmers aus einem Arbeitsverhältnis.

17. Muster: Rechtspflichtenverstoß wegen fehlenden Zwischenzeugnisses

Mit der Kündigungsschutzklage wurde ein Antrag auf Erteilung eines Zwischenzeugnisses angekündigt. Dass der Arbeitgeber bislang noch nicht verbindlich erklärt hat, er würde kein Zwischenzeugnis erteilen, bedeutet nicht, dass der angekündigte Antrag auf Zwischenzeugnis zu einer Obliegenheitsverletzung iSv Pkt. 4.1.1.4 ARB 2012 führt.

Spätestens dann, wenn der Arbeitgeber nach Kenntnisnahme von dem in der Kündigungsschutzklage angekündigten Antrag auf Erteilung eines Zwischenzeugnisses Kenntnis hat und er nicht innerhalb einer Woche das Zwischenzeugnis ausstellt, befindet er sich mit seiner Leistungsverpflichtung in Verzug. Der Arbeitnehmer kann vom Arbeitgeber die Erteilung eines Zwischenzeugnisses verlangen, wenn ein berechtigtes Interesse vorliegt. Dies wird allgemein aus der aus § 242 BGB folgenden Fürsorgepflicht gefolgert.

Ein berechtigtes Interesse besteht insbesondere dann, wenn vom Arbeitgeber eine Kündigung in Aussicht gestellt wurde oder die Beendigung des Arbeitsverhältnisses auch in seinem Interesse liegt.

Erst recht besteht ein berechtigtes Interesse des Arbeitnehmers, wenn der Arbeitgeber dem Arbeitnehmer eine Kündigung ausgesprochen hat,

vgl BAG 21.1.1993 – 6 AZR 171/92, NZA 1993, 1031.

Sollte der Arbeitgeber also bis zum Gütetermin kein Zwischenzeugnis ausgestellt haben, liegt in jedem Fall ein Rechtspflichtenverstoß nach Pkt. 2.4.3 ARB 2012 vor, weil sich der Arbeitgeber mit seiner Zeugniserteilungspflicht in Verzug befindet, § 286 BGB.

18. Muster: Anforderungen an einen vorvertraglichen Pflichtenverstoß bei fristloser Kündigung

Die Rechtsprechung bezieht manchmal vom Arbeitgeber vorgetragene, länger zurückliegende, behauptete Vertragsverletzungen als maßgeblichen Zeitpunkt für den Eintritt des Versicherungsfalles ein,

LG Berlin 29.5.1990 – 7 S 71/89, r+s 1991, 95.

Manchmal werden sogar behauptete Vertragsverletzungen, auf die der Arbeitgeber die Kündigung gar nicht stützt, die aber in einem sachlichen Zusammenhang mit ihr stehen, als vorvertragliche Rechtsverstöße angesehen, von denen der erste adäquat kausale Verstoß gem. Pkt. 2.4.5 ARB 2012 maßgebend ist,

OLG Hamm 24.2.1988 – 20 U 123/87, zfs 1988, 317.

Um den sich damit anbietenden Missbrauch für Rechtsschutzversicherer aus dem Versicherungsausschluss gem. Pkt. 3.1.1 ARB 2012 entgegenzuwirken, verlangt die Rechtsprechung deshalb substantiierte Behauptungen des Arbeitgebers, des Unternehmers, aus denen ein Tatsachenkern eines Pflichtenverstoßes bzw belegte Tatsachen erkennbar werden,

BGH 20.3.1985 – IVa ZR 186/83, VersR 1985, 540.

Voraussetzung des behaupteten Rechtspflichtenverstoßes ist nach der vorgenannten Entscheidung, dass das behauptete Fehlverhalten für den vom Versicherungsnehmer in Anspruch genommenen Rechtsschutz ursächlich geworden ist und darüber hinaus ein Ursachenzusammenhang zwischen dem behaupteten Verstoß und der Wahrnehmung rechtlicher Interessen im konkreten Rechtsstreit besteht.

Als adäquat kausale Ursachen, die zur Bestimmung des Versicherungsfalles zu berücksichtigen sind, können bei fristlosen Kündigungen nur solche Ereignisse angesehen werden, die innerhalb der Frist des § 626 Abs. 2 BGB stattgefunden haben,

LG Heidelberg 27.1.1993 – 8 S 71/92, VersR 1993, 1395; *Küttner*, NZA 1996, 457.

Ereignisse, die nicht innerhalb der Zwei-Wochen-Frist liegen, sind bei einer fristlosen Kündigung rechtsschutzversicherungsrechtlich irrelevant.

287 19. Muster: Zahlungsklage neben Kündigungsschutzklage

8685

Es ist zutreffend, dass sich aus der Kündigungsschutzklage nicht zugleich ein Deckungsschutz für eine ergänzende Lohn- und Gehaltsklage ergibt,

AG Karlsruhe 15.12.1988 – 5 C 518/88, zfs 1990, 20; AG Bremen 26.10.1988 – 18 C 276/88, zfs 1990, 20; AG Simmern 26.5.1986 – 3 C 149/86, zfs 1986, 305; AG Brilon 29.4.1986 – 2 C 72/86, zfs 1986, 180; LG Krefeld 26.5.1986 – 3 C 149/86, zfs 1986, 180.

Der Rechtsschutzversicherer hat allerdings Deckungsschutz zu erteilen, wenn der Arbeitgeber nach Ausspruch einer offensichtlich unwirksamen fristlosen Kündigung oder einer ordentlichen Kündigung sofort ab Zugang der Kündigung dem Arbeitnehmer nicht mehr das ihm zustehende Gehalt zahlt. Es gehört zu den Obliegenheiten des Anwalts, die Gehälter bis zum Ablauf der ordentlichen Kündigung sofort einzuklagen,

BGH 29.3.1983 – VI ZR 172/81, NJW 1983, 1665; *Küttner*, NZA 1996, 462.

Für den Arbeitnehmer besteht, wenn ihm kein Gehalt gezahlt wird, immer ein Insolvenzrisiko, so dass er ohne Obliegenheitsverletzung berechtigt ist, durch schnellstmögliche Erhebung einer Zahlungsklage seine Forderungen durchzusetzen. Für den Arbeitnehmer ergibt sich außerdem stets das Risiko, dass aufgrund tariflicher oder vertraglicher Ausschlussfristen ein Zahlungsanspruch nicht mehr durchgesetzt werden kann.

Nur soweit auf Zahlung zukünftiger Gehälter geklagt wird, die nach Ablauf der ordentlichen Kündigungsfrist fällig werden, kann dem Versicherungsnehmer, wenn keine Verjährung, Verwirkung oder Ausschluss aufgrund einer Ausschlussfrist droht, zugemutet werden, zunächst den Bestand des Arbeitsverhältnisses zu klären. Hat der Arbeitnehmer Anzeichen, dass der Arbeitgeber seiner Zahlungsverpflichtung nicht nachkommen wird, ist der Arbeitnehmer dagegen jederzeit berechtigt, ohne Obliegenheitsverletzung Zahlungsklagen neben der Kündigungsschutzklage einzureichen.

Kapitel 3: Korrespondenz mit Rechtsschutzversicherungen

20. Muster: Keine Erläuterung des gerichtlichen Streitwertbeschlusses

Sie haben mich gebeten, Ihnen das Zustandekommen des gerichtlichen Streitwertbeschlusses zu erläutern. Ich gestatte mir den Hinweis, dass ich als Rechtsanwalt Ihres Versicherungsnehmers hierzu nicht verpflichtet bin. Der Streitwertbeschluss ist jedoch aus folgenden Gründen zu unserer Überzeugung sachgerecht: ...

Sollten Sie wünschen, dass der Streitwertbeschluss noch einmal gerichtlich überprüft wird, teilen Sie uns bitte freundlicherweise Ihre Sachargumente mit, die dem Gericht vorzutragen sind. Wenn Sie uns in diesem Falle auch förmlich beauftragen, werden wir Streitwertbeschwerde erheben oder das vorgesehene Rechtsmittel einlegen. Verbinden Sie bitte Ihre Beauftragung mit einer Übernahmeerklärung für die Kosten des Verfahrens.

21. Muster: Kein Deckungsausschluss bei Kündigung wegen vorsätzlicher Herbeiführung des Versicherungsfalls

Soweit die Gründe des Arbeitgebers von Ihnen als Rechtsschutzversicherer zum Anlass genommen worden sind, dass Deckungsschutz unter Hinweis auf Pkt. 3.2.21 ARB 2012 verweigert werden soll, weil Ihr Versicherungsnehmer den Versicherungsfall im Zusammenhang mit einer vorsätzlich begangenen Straftat verursacht haben soll, können wir Ihre Auffassung nicht teilen. Zum einen wird das Vorliegen einer Pflichtverletzung bestritten. Selbst wenn jedoch eine Pflichtverletzung anzunehmen sein sollte, so werden bereits die objektiven Tatbestandsvoraussetzungen des § ... StGB noch längst nicht erfüllt, was sich aus Folgendem ergibt: ...

Des Weiteren mangelt es an dem Vorsatz in Bezug auf die Verwirklichung der vorgeworfenen Pflichtverletzung, was sich aus folgenden Umständen ergibt: ...

Sie werden gebeten, Deckungsschutz in dieser Angelegenheit zu gewähren und die beigefügte Kostennote auszugleichen.

22. Muster: Kein Deckungsausschluss bei Verfahren vor dem Integrationsamt

Sie haben eingewandt, bei dem Verfahren vor dem Integrationsamt gem. §§ 85 ff SGB IX handele es sich um ein Verwaltungsverfahren, für das kein Deckungsschutz bestehe. Diese Ansicht ist fehlerhaft. Bei dem Verfahren vor dem Integrationsamt, in dem der Arbeitgeber die Zustimmung zur Kündigung des Arbeitsverhältnisses eines Schwerbehinderten beantragt, handelt es sich um eine Angelegenheit aus dem Bereich des Arbeitsrechts, da der Arbeitgeber bekannt gibt, das Arbeitsverhältnis über eine Kündigung lösen zu wollen,

BGH 2.6.2010 – IV ZR 241/09, VersR 2010, 1211.

23. Muster: Deckungsschutz bei Kündigung und Abwicklungsvertrag

Mit Schreiben vom ... wurde Ihrem Versicherungsnehmer seitens seines Arbeitgebers die ordentliche/außerordentliche Kündigung ausgesprochen. Gründe, die die Kündigung rechtfertigen können, sind nicht ersichtlich. Sie werden gebeten, Deckungsschutz für die außergerichtliche und gerichtliche Wahrnehmung der Interessen Ihres Versicherungsnehmers zu gewähren. Es sind keine Anhaltspunkte erkennbar, die einer außergerichtlichen Interessenwahrnehmung entgegenstehen, die vor Erhebung einer Kündigungsschutzklage unternommen werden soll.

24. Muster: Deckungszusage bei Mehrvergleich

↓

Mit Schreiben vom ... verweigern Sie unserem Mandanten Rechtsschutz mit der Begründung, dass bisher nicht streitige Gegenstände in den mit der Gegenseite vor dem Arbeitsgericht ... geschlossenen Vergleich vom ... mit einbezogen worden seien. Ihre Auffassung, Sie seien zur Zahlung von den Mehrkosten bezüglich der Einigungsgebühr, soweit sie durch den höheren Streitwert des Vergleichs entstanden ist, nicht verpflichtet, ist unzutreffend.

Endet ein mit Rechtsschutz geführter Rechtsstreit durch Vergleich, hat der Versicherer dessen Kosten in Höhe der Misserfolgsquote des Versicherungsnehmers auch insoweit zu tragen, als in den Vergleich weitere, bisher nicht streitige Gegenstände einbezogen worden sind, wenn der Versicherer auch für sie Rechtsschutz zu gewähren hat und sie rechtlich mit dem Gegenstand des Ausgangsrechtsstreits zusammenhängen,

> BGH 14.9.2005 – IV ZR 145/04, NZA 2006, 229.

Im vorliegenden Fall wurden weitere Punkte wie Zeugnis und Urlaubsansprüche mitverglichen, die im Falle eines Streites sowieso von Ihnen hätten abgedeckt werden müssen. Bei der einverständlichen Erledigung eines Rechtsstreits durch einen Vergleich ist aber dessen Ausdehnung auf nicht rechtshängige Streitgegenstände häufig sachdienlich und allgemein üblich,

> BGH 16.6.1977 – IV ZR 97/76, MDR 1977, 1006 = BB 1977, 1225.

Der Versicherungsnehmer kann nicht davon ausgehen, dass der Versicherer die Kosten der vergleichsweisen Erledigung anderer Streitpunkte selbst dann nicht tragen will, wenn solche Streitpunkte mit dem unmittelbaren Gegenstand des Rechtsstreits in rechtlichem Zusammenhang stehen und für die der Versicherer im Streitfalle auch deckungspflichtig wäre.

Unter Berücksichtigung dieser aktuellen und deutlichen Rechtsprechung des BGH bitten wir Sie deshalb, unsere Kostennoten vollumfänglich auszugleichen und würden es bedauern, wenn der gute Eindruck, den wir durch eine zügige Bearbeitung der Rechtsschutzangelegenheit hatten, getrübt würde.

25. Muster: Schadensersatz bei vertragswidriger Verweigerung der Deckungszusage

↓

Sehr geehrte Damen und Herren,

hiermit machen wir im oben genannten Fall einen Schadensersatz iHv ... EUR geltend, der unserer Mandantschaft dadurch entstanden ist, dass in Ermangelung einer Deckungszusage Ihrerseits der Rechtsstreit aus finanziellen Gründen nicht geführt werden konnte.

Nach höchstrichterlicher aktueller Rechtsprechung haftet ein Rechtsschutzversicherer aus positiver Vertragsverletzung grundsätzlich auch für den Schaden, den der Versicherungsnehmer dadurch erleidet, dass er infolge einer vertragswidrigen Verweigerung der Deckungszusage einen beabsichtigten Rechtsstreit nicht führen kann,

> BGH 15.3.2006 – IV ZR 4/05, NJW 2006, 2548 = r+s 2006, 239.

Die Ablehnung des Deckungsschutzes auch für das Berufungsverfahren im oben genannten Fall wegen angeblicher mangelnder Erfolgsaussichten war vertragswidrig, so dass Sie sich schadensersatzpflichtig gemacht haben. Einzig aufgrund der fehlenden Deckungszusage war unsere Mandantschaft gezwungen, die Berufungseinlegung zu unterlassen.

26. Muster: Einwendungsausschluss bei Deckungszusage

Sehr geehrte Damen und Herren,

entgegen Ihrer Auffassung sind Sie an die bereits erteilte Deckungszusage vom ... gebunden. Eine Deckungszusage stellt ein deklaratorisches Schuldanerkenntnis dar, an das der Rechtsschutzversicherer gebunden ist,

> Bauer, NJW 2005, 1472.

Soweit von Ihrer Seite eingewandt wird, die Deckungszusage müsse teilweise zurückgenommen werden, da ..., sind Sie mit dieser Einwendung ausgeschlossen. Nach der Rechtsprechung ist eine Rechtsschutzversicherung mit Einwendungen ausgeschlossen, die sie zum Zeitpunkt der Abgabe der Deckungszusage erheben konnte oder die sie zumindest aufgrund der vorliegenden Schilderung des Sachverhalts hätte kennen müssen,

> OLG Köln 17.8.2004 – 9 U 6/04, r+s 2005, 105.

Wir bitten Sie daher um eine Bestätigung der vollumfänglichen Deckung.

II. Gebühren bei außergerichtlicher Interessenwahrnehmung

1. Muster: Außergerichtliche Tätigkeit vor Erhebung der Kündigungsschutzklage

Zu Ihrem Einwand, außergerichtliche Verhandlungen mit der Gegenseite seien erfahrungsgemäß in rund 80 % der Fälle innerhalb der dreiwöchigen Klagefrist zur Erhebung einer Kündigungsschutzklage nicht von Erfolg gekrönt, so dass die Kostenbelastung für den Mandanten auf jeden Fall höher sei als im Falle eines sofortigen unbedingten Klageauftrags, führen wir Folgendes aus:

Der Rechtsanwalt, der vor Erhebung einer Kündigungsschutzklage erst außergerichtlich tätig wird und eine Einigung mit dem Gegner sucht, verursacht keine unnötigen Kosten, auch wenn er dies erst wenige Tage vor Ablauf der Frist für die Erhebung der Kündigungsschutzklage unternimmt. Eine Rechtsschutzversicherung ist nach der Rechtsprechung in einem solchen Fall verpflichtet, auch für diese außergerichtliche Interessenwahrnehmung Deckung zu gewähren,

> AG Cham 22.12.2005 – 1 C 323/05, AnwBl 2006, 287; AG Essen-Steele 22.6.2005 – 8 C 89/05, AGS 2005, 468 = JurBüro 2005, 585.

Ein Rechtsanwalt ist nicht verpflichtet, sich für die außergerichtlichen Verhandlungen bei einer Kündigung sofort einen Prozessauftrag erteilen zu lassen bzw den Mandanten darauf hinzuweisen. Bei außergerichtlichen Verhandlungen entsteht somit eine Geschäftsgebühr,

> AG Büdingen 8.6.2006 – 2 C 50/06 (22), ArbRB 2006, 362.

Im Übrigen halten wir die von Ihnen noch verwendete Klausel des § 17 Abs. 5 c) cc) ARB 94/2000/2009 entsprechend des Hinweises des BGH im Verfahren IV ZR 352/07 gem. § 307 BGB für unwirksam.

Wir bitten Sie daher um eine Bestätigung der vollumfänglichen Deckung.

2. Muster: Geschäftsgebühr mehr als 1,3 (Checkliste)

Die Angelegenheit war umfangreich und schwierig, weil

- komplexe gesellschaftsrechtliche Zusammenhänge (Schwierigkeit der Darlegung durch Arbeitnehmer bei Betriebsübergang oder Umstrukturierung);
- Ermittlung und Darstellung eines komplexen Sachverhalts;

- auf vielfältigen Überlegungen basierende rechtliche Subsumtion unter einen komplexen Sachverhalt;
- Interessenausgleich mit Namensliste (höchste Anforderungen an Widerlegung der gesetzlichen Vermutung in § 1 Abs. 5 KSchG);
- Anrechnung von Vorbeschäftigungszeiten bei anderem Arbeitgeber bei komplexen gesellschaftsrechtlichen Strukturen, hohe Ermittlungs- und Darlegungsaufwand;
- Bezüge zum europäischen Gemeinschaftsrecht;
- noch nicht gefestigte Rechtsprechung des BAG;
- Berücksichtigung angrenzender Rechtsgebiete, insbesondere Arbeitsförderungsrecht (§§ 144, 143 a, 147 a SGB III);
- Einbeziehung steuerrechtlicher Vorschriften in das arbeitsrechtliche Verhandlungskonzept (§§ 3 Nr. 9, 34, 24 EStG und die hierzu ergangene BFH-Rechtsprechung);
- Berücksichtigung der neusten Gesetzgebung;
- Aufwendige mathematische Berechnungen zur Ermittlung von Aufstockungsbeträgen bei Altersteilzeit;
- komplexe Berechnungen bei betrieblicher Altersversorgung;
- Erarbeitung einer intransparenten Rechtsprechung bei betrieblicher Altersversorgung;
- Unklarheiten über tarifliche Zuständigkeit;
- Berücksichtigung komplexer Fragestellungen aus einem angrenzenden Rechtsgebiet (zB Insolvenzrecht);
- umfangreiche Recherchen zur Ermittlung des abzugrenzenden Rechtskreises (Internationales Arbeitsrecht);
- komplexer Sachverhalt (bei verhaltensbedingter Kündigung, Zahl der Seiten von Schriftsätzen, Umfang der Seitenzahl von zu berücksichtigenden Dokumenten und Zeugenaussagen);
- personenbedingte Kündigung (komplexe medizinische Zusammenhänge, Fehlzeitenberechnungen über zahlreiche Jahre, umfangreiche Interessenabwägung laut BAG-Rechtsprechung);
- mehrere Telefonate und Gespräche mit dem Gegner am ..., damit Tätigkeit umfangreich, so dass Rahmen von 1,3 verlassen wird.[34]

3. Muster: Geschäftsgebühr durch Telefonat

In oben genannter Angelegenheit haben wir unseren Mandanten außergerichtlich vertreten, so dass eine Geschäftsgebühr gem. Nr. 2300 VV RVG angefallen ist. Wir dürfen insbesondere auf den ausführlichen telefonischen Kontakt verweisen, den wir mit dem Gegner im Auftrag unseres Mandanten hatten. Zum Beleg weisen wir auf das beigefügte Schreiben hin. Die Geschäftsgebühr entsteht sowohl für die Mitwirkung bei einer Vertragsgestaltung als auch für das Betreiben eines Geschäfts für den Auftraggeber einschließlich der dazugehörigen Informationen. Dazu zählt auch der ausführliche telefonische Kontakt mit der Mandantschaft.

4. Muster: Verdeckte Geschäftsbesorgung

Wir weisen darauf hin, dass wir zunächst im Verhältnis zum Arbeitgeber nach außen nicht in Erscheinung treten werden. Wie die forensische Erfahrung lehrt, lassen sich für einen Arbeitnehmer, dessen Arbeitsverhältnis gefährdet ist, außergerichtlich günstigere Auflösungsmodalitäten erreichen, wenn dem Arbeitgeber unbekannt bleibt, dass die Strategie des Arbeitnehmers von einem Rechtsanwalt entwickelt und begleitet wird.

---

[34] Mayer/Kroiß/*Winkler*, RVG, § 14 Rn 14 ff.

Das nach außen erkennbare, schriftsätzliche Tätigwerden eines Rechtsanwalts bringt manchmal die Gefahr mit sich, dass eine überflüssige Verhärtung der Fronten zwischen den Parteien entsteht. Die verdeckte anwaltliche Rechtsbesorgung vermeidet demgegenüber die unmittelbare Konfrontation. Durch Rückfragen kann und konnte Ihr Versicherungsnehmer auch von seiner Arbeitsstelle aus telefonisch jederzeit weitere Verhaltensvorschläge des Unterzeichners einholen.

5. Muster: Streitwertaddition bei Vergleich

Vereinzelt wurde die Auffassung vertreten, dass der Vergleichswert nicht durch Vergleichsregelungen erhöht werden könne, da es bei der Klarstellung unstreitiger Ansprüche an einem Vergleich iSv § 779 BGB fehle,

    LAG Rheinland-Pfalz 3.4.1984 – 1 Ta 43/84, NZA 1984, 99; LAG Baden-Württemberg 6.6.1983 – 1 Ta 109/83, DB 1984, 784.

Diese Auffassung ist unrichtig. Sobald die Parteien in der Form des Vergleichs unstreitige Rechtsverhältnisse regeln und gestalten, geben sie zu erkennen, dass sie unstreitige Beziehungen wie streitige Rechtsbeziehungen behandelt wissen wollen, woraus sich zwangsläufig die Bildung eines besonderen Werts rechtfertigt. Zu bewerten ist das sog. Titulierungsinteresse, da es den wirtschaftlichen Wert des Regelungspunktes ausdrückt,

    OLG Hamm 27.3.1985 – 5 WF 373/87, JurBüro 1985, 1360.

Deshalb ist die Einbeziehung eines Zeugnisses in einen Vergleich über die Aufhebung oder Abwicklung eines Arbeitsverhältnisses gebührenmäßig zu berücksichtigen,

    LAG Düsseldorf 23.8.1985 – 7 Ta 269/95, JurBüro 1985, 1710.

Demgemäß sind die im Vergleich getroffenen Regelungen, über den Wert der Bestandsstreitigkeit hinaus, wie folgt zu berücksichtigen: ...

6. Muster: Streitwerterhöhende Einbeziehung von Regelungen über Altersversorgung und Zeugnis im Vergleich

Bei der Wahrnehmung der Interessen Ihres Versicherungsnehmers bezüglich der ausgesprochenen Kündigung vom ... wurden im Rahmen des Vergleichs auch Regelungen zum qualifizierten Endzeugnis sowie zu Anwartschaften auf die betriebliche Altersversorgung getroffen, die zu einer Erhöhung des Gegenstandswerts geführt haben. Dabei wird auf das Urteil des BGH vom 14.9.2005 – IV ZR 145/04, NJW 2006, 513 – verwiesen, nach dem der Rechtsschutzversicherer die Kosten eines Vergleichs (ggf im Rahmen der Misserfolgsquote) auch insoweit zu tragen hat, als weitere, bisher nicht streitige Gegenstände einbezogen worden sind, wenn der Versicherer für sie Rechtsschutz zu gewähren hat und sie rechtlich mit dem Gegenstand des Ausgangsrechtsstreits zusammenhängen.

Bei den mitverglichenen, streitwerterhöhenden Punkten handelt es sich um Ansprüche aus dem Arbeitsverhältnis, deren vergleichsweise Regelung dazu beigetragen hat, einen gesonderten Rechtsstreit zu vermeiden.

III. Gebühren bei gerichtlicher Interessenwahrnehmung

1. Muster: Einigungsgebühr

↓

Sehr geehrte Damen und Herren,

zu Ihrem Einwand, eine Einigungsgebühr sei nicht angefallen, erwidern wir Folgendes:

Die Einigungsgebühr ist angefallen, da wir uns in der mündlichen Verhandlung vom ... mit der Gegenseite unmittelbar dahin gehend vergleichsweise geeinigt haben, dass das zwischen unserer Mandantschaft und der Gegenseite bestehende Arbeitsverhältnis nicht durch die Kündigung der Gegenseite vom ... enden wird, sondern über diesen Zeitpunkt hinaus zu unveränderten Vertragsbedingungen fortbesteht. Durch diesen Vergleich sind die tatbestandlichen Voraussetzungen für die Einigungsgebühr erfüllt.

Einigen sich die Parteien nach Erhebung der Kündigungsschutzklage lediglich auf ein ungekündigtes Fortbestehen des Arbeitsverhältnisses, löst schon diese Einigung eine Einigungsgebühr iSv Nr. 1000 VV RVG aus, da hierin kein bloßes Anerkenntnis zu sehen ist,

> LAG Schleswig-Holstein 15.2.2006 – 1 Ta 252/05, NZA-RR 2006, 381; LAG Köln 2.9.2005 – 5 Ta 134/05, NZA-RR 2006, 44 = LAGE § 11 RVG Nr. 1.

Denn mit unserer Vereinbarung über den Fortbestand und die Fortsetzung des Arbeitsverhältnisses haben wir mehr geregelt, als es der Gegenseite einseitig, etwa durch Anerkenntnis, möglich gewesen wäre, indem sie bspw die Kündigung als rechtsunwirksam anerkannt und zurückgenommen hätte,

> LAG Schleswig-Holstein 15.2.2006 – 1 Ta 252/05, NZA-RR 2006, 381; LAG Düsseldorf 30.7.2005 – 16 Ta 452/05, n.v.; LAG Niedersachsen 18.2.2005 – 10 Ta 129/05, AGS 2005, 281; LAG Berlin 8.6.2005 – 17 Ta (Kost) 6023/05, NZA-RR 2005, 488 = MDR 2005, 1379.

Für das Entstehen der Einigungsgebühr nach Vorbemerkung 1 vor Nr. 1000 VV RVG ist es nicht erforderlich, dass die Parteien einen Vergleich iSd § 779 BGB abgeschlossen haben, solange sich der Vertrag nicht auf ein Anerkenntnis oder einen Verzicht beschränkt,

> LAG Berlin 8.6.2005 – 17 Ta (Kost) 6023/05, NZA-RR 2005, 488 = MDR 2005, 1379.

2. Muster: Einigungsgebühr bei Teilvergleich

↓

Sehr geehrte Damen und Herren,

zu Ihrem Einwand, der Teilvergleich beziehe sich ausdrücklich nur auf den kündigungsrechtlichen Teil des Rechtsstreits, so dass eine Abrechnung nach dem Gesamtstreitwert nicht erfolgen könne, und zu Ihrem Einwand, der Ansatz der Einigungsgebühr könne nicht nachvollzogen werden, da das Arbeitsverhältnis ungekündigt fortbestehe und dies ein Anerkenntnis darstelle, führen wir Folgendes aus:

In der Angelegenheit hat das Arbeitsgericht ... den Streitwert auf ... EUR festgelegt, da insoweit die Angelegenheit rechtshängig war und sowohl über die Kündigung als auch über den geltend gemachten Anspruch auf Weihnachtsgeld verhandelt wurde.

Der Teilvergleich wurde abgeschlossen, nachdem die Rechtsanwälte sowohl über die Kündigung als auch über den Weihnachtsgeldanspruch verhandelt hatten. Die Einigung lag darin, dass das Arbeitsverhältnis fortbesteht und über die Geltendmachung des Weihnachtsgeldes noch einmal Rücksprache mit Ihrem Versicherungsnehmer gehalten wird.

Nach Nr. 1000 VV RVG wird nicht mehr auf einen förmlichen Vergleich iSd § 779 BGB abgestellt. Daher kann die Einigungsgebühr jetzt auch entstehen, wenn, ohne dass ein gegenseitiges Nachgeben vorliegt, der Anwalt mitwirkt beim Abschluss eines Vertrages, durch den der Streit oder die Ungewissheit der Parteien über ein Rechtsverhältnis beseitigt wird.

Vorliegend ist es durch die Mitwirkung der Anwälte zum einen zu dem Vergleich gekommen, dass das Arbeitsverhältnis fortgesetzt wird. Zum anderen ist durch die Verhandlung der Anwälte im Zuge dessen von der weiteren Geltendmachung des Weihnachtsgeldes abgesehen worden.

In Anbetracht dieser Situation bitten wir um zeitnahe Begleichung der Ihnen vorliegenden Rechnung.

↑

3. Muster: Fahrtkosten und Abwesenheit

↓

Sehr geehrte Damen und Herren,

hinsichtlich der Erstattung von Fahrtkosten und Abwesenheitsgeld, deren Übernahme Sie mit Schreiben vom ... verweigern, gestatten Sie mir folgenden Hinweis:

Gewährt der Rechtsschutzversicherer eine Deckungszusage, obwohl ersichtlich ist, dass das Verfahren vor einem auswärtigen Gericht stattfinden wird, ist er zur Übernahme von Reisekosten und Abwesenheitsgeld verpflichtet,

> AG Düsseldorf 7.11.1989 – 51 C 10625/89, r+s 1990, 343; AG Lemgo 1.6.1989 – 18 C 189/89, zfs 1990, 20.

Bei Erteilung Ihrer Deckungszusage stand bereits fest, dass das Verfahren vor dem auswärtigen Gericht durchgeführt werden würde. Sie haben in Kenntnis dieses Umstandes volle Deckung zugesagt. Eine nachträgliche Reduzierung des Deckungsumfanges wäre treuwidrig.

Ich darf Sie daher bitten, die anliegende Kostennote vollumfänglich zu begleichen.

↑

4. Muster: Terminsgebühr bei Vergleichsschluss ohne Mitwirkung des Gerichts

↓

In oben genannter Angelegenheit ist die Terminsgebühr entgegen Ihrer Auffassung im Schreiben vom ... hier zu erstatten, obwohl eine mündliche Verhandlung nicht stattgefunden hat. Wir haben uns mit der Gegenseite geeinigt, indem ein schriftlicher Vergleich nach Maßgabe des § 278 Abs. 6 ZPO geschlossen wurde. Im Fall eines schriftlichen gerichtlichen Vergleichsabschlusses entsteht eine Terminsgebühr auch dann, wenn eine mündliche Verhandlung nicht stattgefunden hat,

> BGH 3.7.2006 – II ZB 31/05, NJW-RR 2006, 1507; LAG Schleswig-Holstein 13.1.2006 – 2 Ta 2/06, NZA-RR 2006, 268; LAG Niedersachsen 10.10.2005 – 10 Ta 282/05, AE 2006, 147; BGH 27.10.2005 – III ZB 42/05, NJW 2006, 157.

In Anbetracht dieser Situation bitten wir um zeitnahe Begleichung der Ihnen vorliegenden Rechnung.

↑

5. Muster: Terminsgebühr bei Vergleichsschluss nach § 278 Abs. 6 ZPO

↓

Entgegen Ihrer Auffassung im Schreiben vom ... fällt immer eine Terminsgebühr an, wenn in einem Urteilsverfahren vor den Arbeitsgerichten ein Vergleich geschlossen wird. Anmerkung Abs. 1 Nr. 1 zu Nr. 3104 VV RVG stellt auf den Vergleichsschluss in einem Verfahren ab, für das die mündliche Verhandlung vorgeschrieben ist. Unerheblich ist, ob der Vergleich in mündlicher Verhandlung protokolliert oder schriftlich nach § 278 Abs. 6 ZPO festgestellt wird. Im Urteilsverfahren vor den Arbeitsgerichten ist die mündliche Verhandlung nach § 46 Abs. 2 Satz 1 ArbGG iVm § 128 Abs. 1 ZPO vorgeschrieben.

Nach der amtlichen Begründung soll Teil 3 VV RVG, der Nr. 3104 VV RVG beinhaltet, für alle bürgerlichen Rechtsstreitigkeiten einschließlich der Verfahren von den Gerichten für Arbeitssachen sowie für die Verfahren vor den Gerichten der Verwaltungs-, Finanz- und Sozialgerichtsbarkeit gelten,

> BT-Drucks. 15/1971, S. 208.

Die amtliche Begründung spricht gegen die Annahme, Anmerkung Abs. 1 Nr. 1 zu Nr. 3104 VV RVG sei nur dann in Betracht zu ziehen, wenn mit Einverständnis der Parteien in einem schriftlichen Verfahren nach § 128 Abs. 2 ZPO entschieden werde. Eben diese Verfahrensmöglichkeit schließt das Arbeitsgerichtsgesetz aus,

> BAG 20.6.2006 – 3 AZB 78/05, n.v.

Der Wortlaut der Anmerkung Abs. 1 Nr. 1 zu Nr. 3104 VV RVG ist vielmehr dahin gehend auszulegen, dass der in Variante 4 geregelte Abschluss eines schriftlichen Vergleichs für all die Verfahren gilt, in denen eine mündliche Verhandlung vorgeschrieben ist,

> BGH 27.10.2005 – III ZB 42/05, NJW 2006, 157.

Daraus folgt, dass im arbeitsgerichtlichen Verfahren, in denen ein schriftlicher Vergleich nach § 278 Abs. 6 ZPO geschlossen wird, eine Terminsgebühr nach Anmerkung Abs. 1 Nr. 1 Variante 4 zu Nr. 3104 VV RVG anfällt.

Wir bitten Sie daher um zeitnahe Begleichung der Ihnen vorliegenden Rechnung.

6. Muster: Terminsgebühr, zweites Versäumnisurteil

Der Unterzeichner hat in der mündlichen Verhandlung vom _ ein zweites Versäumnisurteil beantragt. Zuvor hatte er am _ auch das erste Versäumnisurteil aufgrund des Fehlens der Gegenseite beantragt.

Entgegen Ihrer im Schreiben vom _ geäußerten Auffassung findet der Ermäßigungstatbestand Nr. 3105 VV RVG hier keine Anwendung. Nr. 3105 VV RVG findet auf den Fall eines zweiten Versäumnisurteils keine Anwendung, wenn derselbe Prozessbevollmächtigte bereits das erste Versäumnisurteil erwirkt hat,

> BGH 7.6.2006 – VIII ZB 108/05, AGS 2006, 366; BGH 18.7.2006 – XI ZB 41/05, BB 2006, 1879; OLG Celle 24.2.2005 – 2 W 36/05, NJW 2005, 1283.

Dem Unterzeichner steht demzufolge eine volle Terminsgebühr von 1,2 gem. § 2 Abs. 2 RVG iVm Nr. 3104 VV RVG zu. Der Unterzeichner war nämlich entgegen den Tatbestandsvoraussetzungen der Nr. 3105 VV RVG nicht mit der „Wahrnehmung nur eines Termins" befasst, sondern mit der Wahrnehmung zweier Termine,

> LG Aachen 19.12.2005 – 5 T 264/05, AE 2006, 69; OLG Celle 24.2.2005 – 2 W 36/05, NJW 2005, 1283.

Das Wort „ein" vor „Termin" ist Zahlwort, nicht unbestimmter Artikel,

> BGH 18.7.2006 – XI ZB 41/05, BB 2006, 1879.

Daher bitte ich Sie, die Terminsgebühr in voller Höhe von 1,2 zu berücksichtigen und die Ihnen übersandte Rechnung zu begleichen.

7. Muster: Prozessvertretung durch Rechtsreferendar

Nach § 11 ArbGG können die Parteien vor den Arbeitsgerichten den Rechtsstreit selbst führen oder sich vertreten lassen. Nach § 11 Abs. 3 ArbGG sind mit Ausnahme der Rechtsanwälte Personen, die die Besorgung fremder Rechtsangelegenheiten vor Gericht geschäftsmäßig betreiben, als Bevollmächtigte und Beistände in der mündlichen Verhandlung ausgeschlossen, wobei § 157 Abs. 1 Satz 2 und Abs. 2 ZPO entsprechend anzuwenden sind. Entsprechend der Rechtsprechung des BAG vom 22.2.1990 – 2 AZR 122/89, NZA 1990, 665 – ist eine Partei vor dem Arbeitsgericht gem. § 11 ArbGG auch durch einen Rechtsreferendar ordnungsgemäß vertreten, der bei einem von der Partei bevollmächtigten Rechtsanwalt beschäftigt ist und dem von diesem Rechtsanwalt Untervollmacht zum Auftreten vor dem Arbeitsgericht erteilt ist.

8. Muster: Vollstreckungskosten im arbeitsgerichtlichen Verfahren

Für die Vollstreckungskosten gilt § 788 ZPO, dh die notwendigen Kosten sind vom Schuldner zu tragen und zusammen mit der Hauptsacheforderung beizutreiben. Notwendige Vollstreckungskosten sind im selben Umfang wie in der ordentlichen Gerichtsbarkeit grundsätzlich auch die Anwaltskosten. Der Ausschluss ihrer Ersatzfähigkeit nach § 12 a Abs. 1 Satz 1 ArbGG bezieht sich nur auf das Erkenntnisverfahren und nicht auf die Zwangsvollstreckung. Für das Zwangsvollstreckungsverfahren gilt § 12 a Abs. 1 Satz 1 ArbGG nicht,

LAG Berlin 17.2.1986 – 9 Sa 110/85, LAGE § 9 KSchG Nr. 1.

Da notwendige Vollstreckungskosten nach § 788 Abs. 1 ZPO dem Schuldner zur Last fallen, ist der Ersatz durch die Rechtsschutzversicherung ausgeschlossen, soweit keine Erstattungsansprüche (wegen Leistung eines Vorschusses) auf den Versicherer übergegangen sind oder der Versicherungsnehmer nicht nachweist, dass er den Dritten vergeblich schriftlich zur Zahlung aufgefordert hat.

9. Muster: Rechtsanwalt im Einigungsstellenverfahren und anschließende Prozessvertretung

Die Tätigkeit eines Rechtsanwalts im Einigungsstellenverfahren ist eine andere als die Prozessvertretung in der späteren Anfechtung des Einigungsstellenspruchs und damit ein neuer Gebührentatbestand iSv § 15 Abs. 1 RVG,

LAG Rheinland-Pfalz 6.8.1992 – 9 Ta 163/92, NZA 1993, 93.

Stichwortverzeichnis

Fette Zahlen verweisen auf Paragraphen, magere auf Randnummern. Der Zusatz M vor einer mageren Zahl bezeichnet ein Muster unter der entsprechenden Randnummer.

Abberufung
- AG-Vorstand, Rechtsschutz gegen 1 486 ff
- Fremdgeschäftsführer 1 390
- GmbH-Geschäftsführer/AG-Vorstand, Rechtsstellung nach Abberufung 1 390 ff
- GmbH-Geschäftsführer/AG-Vorstand, Voraussetzungen 1 385 ff

Abfindung
- AG-Vorstand 1 504
- Ausschlussfrist 4 399
- Berechnung der Steuerermäßigung/Fünftelungs-Regelung 4 209 ff
- betriebsbedingte Kündigung mit Abfindung 4 M 157
- Brutto-/Netto-Abfindung 4 369 ff
- Definition 4 330 ff
- Entstehung 4 375 ff
- Fälligkeit 4 373 f; 6 M 443 f
- Familienrecht 4 386 ff
- Funktion 4 329 ff
- Insolvenz 4 389 ff
- konzernweite Versetzungs- und Rückrufklausel ins Ausland 4 194
- Nichtanrechnung beim Gegenstandswert 8 163 ff
- Prozessvergleich 4 346 ff
- Rücktritt wegen Nichtzahlung 4 654 ff
- Rückzahlungsklausel 4 400 f
- Ruhen des Anspruchs auf Arbeitslosengeld bei Entlassungsentschädigung 4 277 ff
- Sozialplan 5 203, 215 ff
- Sozialversicherungsrecht 4 219 f
- Steuerermäßigung 4 187 ff
- Steuerrecht 4 357 ff
- Steuerrisiko 4 366 f
- Streitwert 8 163 ff, M 185 ff, 246
- Vererbbarkeitsklausel 4 375 ff, 634 ff
- Verfall 4 399
- Verjährung 4 398
- Verlustklausel 4 402
- vorfristige Zahlung (Zahlung vor Fälligkeit) 4 364
- Zusammenballung von Einkünften in einem Veranlagungszeitraum, Ausnahmen 4 201 ff
- Zusammenballung von Einkünften in einem Veranlagungszeitraum, Grundsatz 4 198 ff
- Zwangsvollstreckung 4 383 ff

Abfindung nach § 1a KSchG 4 403 ff; 6 M 297

Abfindungsanspruch aus Sozialplan siehe Sozialplanabfindung

Abfindungshöhe 4 335 ff

Abfindungsklauseln 4 329 ff

Abfindungsklauseln, GmbH-Geschäftsführer
- Dienstvertrag mit Abfindungsklausel 1 M 523

Abgeltungsbereich der Gebühren
- Angelegenheit 8 174 ff

Abgeltungsvereinbarung, pauschale
- Transparenzgebot 1 43

Abgrenzung
- AG-Vorstand als Arbeitnehmer? 1 362 ff
- Arbeitnehmer/freie Mitarbeit 1 304 ff
- GmbH-Geschäftsführer als Arbeitnehmer? 1 362 ff

Ablösungsentschädigung
- Schadensersatz, Pauschalierung 1 96

Abmahnung
- Abmahnungsberechtigung 3 102
- Abmahnungsformular 3 M 186
- Alkoholverbot 3 M 188
- Anhörung Arbeitnehmer 3 105
- außerordentliche Kündigung, Vertrauensbereich 6 M 311
- Betriebsrat 3 104
- Checkliste 3 106
- Checkliste Konfliktanalyse 3 M 185
- Entbehrlichkeit 6 M 490
- Entfernung aus Personalakte 3 104; 6 M 539
- Form 3 101
- formal unwirksame 6 M 433
- Gegendarstellung 3 104
- Gehaltszahlungen, verspätete 3 M 194; 6 M 321
- gleicher Sachverhalt, Kündigungsverzicht 6 M 300
- Kündigung des Dienstverhältnisses von GmbH-Geschäftsführer/AG-Vorstand 1 386
- Leistungsbereich 3 92 ff
- mehrere Sachverhalte 3 103
- Nachschieben von Abmahnungsgründen 6 M 435
- Rahmentext Abmahnungsschreiben 3 M 187
- Rauchverbot 3 M 191
- Sammelabmahnungen 3 100
- Störung des Betriebsfriedens 3 M 193
- Streitwert 8 M 188 f, 246
- unentschuldigtes Fehlen 3 M 189
- verhaltensbedingte Kündigung, Grundsatz 6 M 298
- Verhältnismäßigkeitsgrundsatz 3 94
- Verspätung 3 M 190
- Vertrauensbereich 3 98; 6 M 484
- Verwirkung 3 107
- Wesen 3 86 ff

Abmahnungsklage
- Antrag 6 219 ff, M 432
- Erwiderung auf 6 M 432
- mit Entfernung eines Schreibens aus Personalakte 6 M 253
- teilweise unrichtige Abmahnung 6 M 254

Abnahmefiktionen
- AGB-Inhaltskontrolle 1 85

Abrechnungsklage
- Antrag 6 32 f

Absageschreiben 3 44

Abschlagszahlung
- Begriff 2 203 f

Abstraktes Schuldanerkenntnis 1 118

Stichwortverzeichnis

Abwerbung von Mitarbeitern 3 110 ff
Abwesenheitsgeld Anwalt
- Kostenerstattung 8 M 303

Abwicklungsvertrag
- Abgrenzung zum Aufhebungsvertrag 4 183 ff
- AG-Vorstand 4 308 ff
- als Anschreiben 4 M 681
- Announcement-Klauseln 4 420 ff, M 687
- Anspruchsübergang nach § 115 SGB X auf Bundesagentur für Arbeit 4 290 ff
- Aufklärungsklauseln 4 437 ff
- Ausgleichsklauseln 4 460 ff
- Auslandsentsendung 4 M 684
- Beendigungsbegründungsklauseln 4 481 ff
- betriebsbedingte Kündigung mit Angebot eines 4 M 158
- Betriebsgeheimnisklauseln 4 512 ff
- Brutto-/Netto-Abfindung 4 369 ff
- Deckungsschutz bei Kündigung und Abwicklungsvertrag 8 M 291
- Dienstwagenklauseln 4 519 ff
- Freistellungsklauseln 4 544 ff
- GmbH-Geschäftsführer 4 M 668, M 670
- Inhaltskontrolle 4 321 ff
- mit Arbeitnehmer 4 M 682
- mit Rückkehrperspektive 4 410 ff
- nach Erhebung der Kündigungsschutzklage 4 M 679
- Outplacement-Klauseln 4 583 ff
- Prozessprotokollierungsvereinbarung 4 595 ff
- Rückgabevereinbarungen 4 600 ff
- Rücktrittsklausel 4 653 ff
- Salvatorische Klausel 4 606 f
- Sperrzeit wegen Arbeitsaufgabe 4 241, 253 ff, 274
- Stock Options 4 619 ff
- Tantiemeregelungen 4 625 f
- Urlaubsabgeltungsklauseln 4 627 ff
- Urlaubsklauseln 4 627 ff
- Vererbbarkeitsklauseln 4 634 ff
- Versorgungsanwartschaften 4 444
- Versprechen ordnungsgemäßer Abwicklung 4 641 ff
- Vertragsstrafeversprechen 4 515
- vor Erhebung der Kündigungsschutzklage 4 M 678
- Wettbewerbsverbotsklausel 4 649 ff
- Widerrufsklausel 4 653 ff
- Zeugnisklauseln 4 657 ff

Account Supervisor
- Arbeitsvertrag 1 M 246

AGB, Arbeitsvertrag siehe Allgemeine Geschäftsbedingungen (AGB), Arbeitsvertrag

AGB-Inhaltskontrolle
- Abwicklungsvertrag 4 321 ff
- Arbeitsvertrag 1 7 ff
- Aufhebungsvertrag 4 321 ff
- Folgen der Nichteinbeziehung 1 125 f
- Folgen der Unwirksamkeit 1 127 f
- Maßstäbe 1 19 ff, 33 ff, 65 ff, 74 ff
- Verbot der geltungserhaltenden Reduktion 1 127 ff

AGB-Kontrolle
- drucktechnische Hervorhebung 1 20
- Hinweis des Arbeitgebers 1 20

AGB-Unklarheitenregel 1 27 ff

AGG siehe Allgemeines Gleichbehandlungsgesetz (AGG)
AGG-Archiv 6 M 436
AGG-Hopper 6 M 436
AGG-Klagen
- „AGG-Hopper" 6 M 436
- Altersdiskriminierung 6 M 255
- Geschlechtsdiskriminierung 6 M 257
- sexuelle Belästigung 6 M 258
- sexuelle Identität 6 M 256
- Teilzeitbeschäftigter 6 M 340

AG-Vorstand siehe auch Compliance
- Abberufung 1 385
- Abberufung, Rechtsschutz gegen 1 486 ff
- Abberufung, Rechtsstellung nach 1 390 ff
- Abberufungsbeschluss, Protokoll 1 M 539
- Abfindung 4 311
- Abfindungsregelung bei Nicht-Wiederbestellung 1 504
- Amtsniederlegung 1 390 ff, 466
- Amtsniederlegung wegen systematisch vorenthaltener Information 1 419
- Amtszeit 1 380 ff
- Anrechnung von Zwischenverdienst bei Freistellung 4 563
- Arbeitnehmereigenschaft? 1 362 ff
- Aufgaben 1 472 f
- Aufhebungs- und Abwicklungsvertrag 4 308 ff
- Aufhebungsvertrag 4 M 671 f
- Aufsichtsratsbeschluss wegen Herabsetzung der Vergütung und Ruhegehaltsansprüche 1 M 541
- Berichtspflicht 1 387, 473
- Bestellung 1 459 ff
- Change of Control 1 498 ff, M 534
- Compliance 1 412 ff
- Compliance-Klausel 1 M 534
- Danosa-Entscheidung 1 378
- Dauer Anstellungsverhältnis 1 380 ff
- Delegation von Aufgaben innerhalb mehrköpfigen Vorstands 1 419 f
- Deutscher Corporate Governance Kodex 1 456 f
- Dienstwagen 2 172 f
- Drittanstellung 1 389, 408
- drohende feindliche Übernahme 1 467
- Entgeltfortzahlung bei Krankheit 1 476
- Fahrer für Dienstwagen 2 143, 153
- Freistellung 1 401, 490
- Freistellungsvereinbarung 1 M 540
- gegenseitige Überwachungspflicht 1 474
- Geschäftsordnung 1 M 538
- Gesellschafterwechsel 1 467 ff
- Golden Parachute-Regelungen 1 467 f
- Haftung bei mehreren Vorstandsmitgliedern 1 419
- Haftung gegenüber Dritten (Außenhaftung) 1 423 f
- Haftung gegenüber Gesellschaft (Innenhaftung) 1 422
- Herabsetzungsschreiben gem. § 87 Abs. 2 AktG 1 M 542
- Herabsetzung von Ruhegehältern 1 482
- Herabsetzung von Übergangsgeldern 1 482
- im Konzern, Weisungsgebundenheit 1 388 f
- Informationspflicht 1 473
- Informationsrecht 1 419

- Insolvenzschutzklauseln zur Pensionssicherung 4 574 ff
- Klage, Passiv-Rubrum AG 6 179 f
- Klage auf Vergütung nach außerordentlicher Kündigung im Urkundenprozess 6 M 323
- Koppelungsklauseln 1 361, 383 f, 466, M 531
- Krankheit 1 476
- Kreditgewährung 1 502
- Kündigung 1 386
- Kündigung, Rechtsschutz gegen 1 486 ff
- Kündigungsbeschluss, Protokoll 1 M 539
- Leitung der AG 1 387
- Mannesmann-Klausel 1 483, M 534
- Pensionszahlung 1 516
- Publizierungspflicht der Vorstandbezüge 1 485
- Rechtsschutz gegen Widerruf der Bestellung 1 398
- Rechtsschutzversicherung, Ausschluss 8 86, M 111
- Rechtsstellung 1 360
- Rechtsstellung bei Fusion 1 405
- Rechtsstellung bei Verschmelzung 1 406 ff
- Rechtswegbestimmung 1 364
- Ressortverteilung 1 419
- Ressortzuordnung 1 472, 474
- risikoreiche Geschäfte 1 421
- ruhendes Arbeitsverhältnis 1 378 f
- Say on Pay-Regelung 1 459
- Sic-non-Fall und Rechtswegbestimmung 1 364
- Sorgfaltspflichten bei Unternehmensführung 1 409 ff
- Sozialversicherungspflicht 1 368 ff
- Sozialversicherungsrecht 1 475; 4 225
- Spesenabrechnung 1 492
- steuerrechtliche Haftung 1 424
- Tantiemeregelungen 4 625 f
- Trennungsprinzip 1 361
- Übergangsgelder 1 517
- Vergütungsregelungen 1 475 ff
- Verhalten in Finanzkrise 1 425
- Vertragsklauseln 1 456 ff
- Wechsel vom Arbeitsverhältnis in das Vorstandsamt 1 378 f
- Wettbewerbsklauseln/Karenzentschädigung 2 45
- Wettbewerbsverbot 1 493 ff; 2 6
- Wiederbestellung 1 402 f

AG-Vorstand, Anstellungsvertrag
- Altersversorgungsregelungen 1 505 ff
- Angemessenheit der Bezüge 1 468, 478 ff
- Befristung 1 464
- Bezüge 1 475 ff
- Dienstvertrag mit Compliance-Klausel 1 M 534
- Dienstvertrag mit nachhaltiger variabler Vergütung, „Mannesmann"- und Change-of-Control-Klausel 1 M 534
- Entgeltfortzahlung bei Krankheit 1 476
- Form 1 463
- Formzwang für Änderungen/Ergänzungen 1 503
- Holding-Vorstand mit ausschließlich variabler Vergütung 1 M 533
- Kündigung 1 466, 484
- Mängel 1 470 f
- mit Pensions- und Darlehensvertrag 1 M 536
- mit Pensionsvertrag und Anschlussarbeitsverhältnis 1 M 532
- mit zielbezogener Bonusregelung 1 M 537

- Pensionszusage 1 M 535
- Probezeit 1 466
- Verdienstobergrenze 1 459
- Vorstandsvertrag (einfach) mit Erläuterungstext für Vorstandsmitglied 1 M 530
- Vorstandsvertrag mit Koppelungsklausel 1 M 531
- Zuständigkeit des Aufsichtsrats 1 459 ff

Aids-Erkrankung
- Fragerecht des Arbeitgebers 3 21

Akteneinsicht
- Streitwert 8 M 190, 246

Aktien
- Share Matching Pläne 2 272 ff
- virtuelle A. (Stock Appreciation Rights) 2 298 ff

Aktiengesellschaft
- Change of Control 1 498 ff, M 534
- Passiv-Rubrum 6 178 ff

Aktienkursorientierte Vergütung
- Beteiligungsmodelle 2 263 f
- Sachbezug 2 265

Aktienoptionen
- Angemessenheit der Bezüge 1 481
- arbeitsrechtliche Grundlagen 2 282 ff
- Ausgleichsklauseln 4 467
- Ausübungszeitraum 2 287
- Begriff und Bedeutung 2 276 f
- Bindungs- und Verfallklausel 2 287
- Entscheidung über Auflegung 2 278
- Fehlzeiten 2 287
- Freiwilligkeitsvorbehalt 2 288 ff
- gesellschaftsrechtliche Grundlagen 2 279 ff
- Gleichbehandlungsgrundsatz 2 286
- Mitbestimmungsrecht des Betriebsrats 2 291
- Optionsgewährungsvertrag 2 278
- sozialversicherungsrechtliche Behandlung 2 297
- steuerrechtliche Behandlung 2 293 ff
- Teilnahme am Aktienoptionsprogramm der Gesellschaft 2 M 311 f
- Teilnahme am Aktienoptionsprogramm einer ausländischen Konzernmutter 2 284 f, M 315 f
- Teilnahme am künftigen Aktienoptionsprogramm der Gesellschaft 2 M 313 f
- Vertragsergänzung 1 M 157
- virtuelle A. (Phantom Stocks) 2 298 ff
- Wartezeit 1 481; 2 287
- Zeichnungsvertrag 2 278

Aktivlegitimation 6 2 ff

Akutpflege 6 234, M 360

Alkoholabhängigkeit
- Offenbarungspflicht des Arbeitnehmers 3 21 f

Alkoholismus
- personenbedingte Kündigung 6 M 304
- Vergleich nach Kündigung wegen Alkoholerkrankung 4 M 683

Alkoholmissbrauch
- Betriebsvereinbarung 5 M 114

Alkoholverbot
- Abmahnung 3 M 188

Allgemeine Arbeitsordnung
- Betriebsvereinbarung 5 M 115

Stichwortverzeichnis

Allgemeine Arbeitsvertragsbedingungen
- Arbeitsvertrag mit Allgemeinen Arbeitsvertragsbedingungen und Zielvereinbarung 1 M 169

Allgemeine Geschäftsbedingungen (AGB), Arbeitsvertrag
- Aushöhlungsverbot (§ 307 Abs. 2 Nr. 2 BGB) 1 59 ff
- Benachteiligungsverbot (§ 307 Abs. 2 Nr. 1 BGB) 1 50 ff
- Definition 1 7 ff
- Einbeziehungsnorm 1 11 ff
- ergänzende Vertragsauslegung 1 130a
- Gesamtunwirksamkeit der Vertrages 1 132
- Inhaltskontrolle 1 19 ff
- Prüfungsschema 1 17 f
- Rechtsfolgen der Nichteinbeziehung 1 125 f
- Rechtsfolgen der Unwirksamkeit 1 127 ff
- Transparenzgebot 1 39 ff
- überraschende Klauseln 1 20 ff
- Unklarheitenregel 1 27 ff
- Verbot der geltungserhaltenden Reduktion 1 127 ff

Allgemeine Mandantenschutzklausel 2 70

Allgemeine Mandatsbedingungen 8 M 90

Allgemeiner Feststellungsantrag
- Kündigungsschutzklage 6 202

Allgemeines Gleichbehandlungsgesetz (AGG) siehe auch AGG-Klagen
- Alter, Benachteiligung im Sozialplan wegen 5 217
- Alter, Fragerecht des Arbeitgebers 3 7
- Arbeitserlaubnis 3 32
- Arbeitszeiten, Staffelung nach dem Lebensalter 5 4
- Aufenthaltserlaubnis 3 32
- Behinderung 3 18 ff
- Berufserfahrung 3 7
- Betriebsvereinbarung 5 3 ff
- Entgelt, Staffelung nach dem Lebensalter 5 4
- geschlechtsneutrale Formulierung in Betriebsvereinbarungen 5 3 ff
- kollektivvertragliche Regelungen 5 3 ff
- Krankheit 3 18 ff
- Merkblatt AGG 1 5, M 162
- Prüfmuster für mittelbare Benachteiligung 5 5 f
- Raucher 3 30
- Rechtsfolge bei Verstoß (Schadensersatz) 5 7
- Sprachtest 5 6
- Stellenanzeige 3 7
- Stellenausschreibung 3 46 ff
- Urlaubsdauer, Staffelung nach dem Lebensalter 5 4
- Verbotsadressat 5 3

Altenpflegerin
- Arbeitsvertrag, Privatklinik 1 M 231

Alter
- Betriebsvereinbarung 5 3
- Mindest-/Höchstalter, Fragerecht des Arbeitgebers 3 7
- Sozialplan, Benachteiligung wegen eines bestimmten Alters 5 217 ff

Alternierende Telearbeit
- Checkliste 3 M 155
- Telearbeitsvertrag (als Anschreiben) mit Merkblatt zu Arbeitssicherheit sowie Hinweisen zu Datenschutz und Informationssicherheit 3 M 153
- Widerruf des Telearbeitsvertrages 3 M 154

Altersdiskriminierung
- AGG 3 24
- AGG-Klage 6 M 255
- Altersgrenzenregelung in Betriebsvereinbarung für Bestand des Arbeitsverhältnisses 5 42
- Bildung von Altersgruppen bei Interessenausgleich 5 193
- Sozialauswahl 5 160 ff, 191
- Sozialplan 5 217 ff
- Staffelung von Arbeitszeiten in Tarifvertrag/Betriebsvereinbarung 5 4
- Staffelung von Entgelten in Tarifvertrag/Betriebsvereinbarung 5 4
- Staffelung von Urlaubsdauer in Tarifvertrag/Betriebsvereinbarung 5 4

Altersgrenzenregelung
- Betriebsvereinbarung 5 42
- überraschende Klauseln 1 21

Altersgruppen
- Bildung von A. bei Interessenausgleich 5 193

Altersteilzeit
- arbeitgeberbezogene Voraussetzungen 4 704 ff
- arbeitnehmerbezogene Voraussetzungen 4 701 ff
- Arbeitslosengeld 4 739
- Aufstockungsleistungen 4 709 ff
- Betriebsvereinbarung 5 M 85
- Blockmodell 6 M 341
- Dienstwagen 2 139 f
- Ehrenämter, Verlust von 4 763
- Entgeltersatzleistungen anderer Leistungsträger 4 740 ff
- Ersatzeinstellung 4 725 ff
- Erstattungsleistungen der Bundesagentur für Arbeit 4 688, 698 f, 731 ff, 739
- Haftung des GmbH-Geschäftsführers bei unterlassener Insolvenzsicherung 4 761
- Insolvenz 4 757 ff, M 768
- Insolvenzsicherung 6 M 341
- Klage eines Altersteilzeitbeschäftigten im Blockmodell auf Absicherung seines Wertguthabens 6 M 341
- Krankengeld 4 740 ff
- Kündigung 4 752 ff
- Regelarbeitsentgelt 4 712 ff
- Rentenrecht 4 689
- Rentenversicherung 4 720 ff
- schwerbehinderter Mensch 4 753
- Sperrzeit 4 762
- Streitwert 8 M 191 f
- Tarifvertrag 4 764
- Übergangsgeld 4 740 ff
- vorzeitige Beendigung 4 752 ff
- Wertguthaben 6 M 341
- Wiederbesetzung 4 725 ff
- zeitlicher Geltungsbereich der Förderung 4 688, 698 f

Altersteilzeitmodelle
- Blockmodell 4 695 ff
- kontinuierliche Verringerung der Altersteilzeit 4 693 f
- Work-Life-Balance 4 692 ff

Altersteilzeitvereinbarung
- Arbeitsunfähigkeit während Altersteilzeit 4 742 ff
- Auslegung 4 691
- Dienstwagen 4 750 f
- Grundmuster (Rechtslage ab 1.1.2010) 4 M 766
- Grundmuster (Rechtslage bis 31.12.2009) 4 M 765
- Rückdatierung 4 707
- Sicherung des Arbeitszeitwertguthabens durch Treuhandregelung 4 M 767 f
- Sperrzeit wegen Arbeitsaufgabe 4 252, 271
- Urlaub 4 748 f
- Zeitpunkt 4 690, 707

Altersversorgung siehe auch Betriebliche Altersversorgung
- AGB-Inhaltskontrolle 1 71
- GmbH-Geschäftsführer/AG-Vorstand 1 505 ff
- Handelsvertretervertrag 1 298
- Streitwert 8 M 193, 246
- streitwerterhöhende Einbeziehung von Regelungen über Altersversorgung und Zeugnis in Vergleich 8 M 300

Amtsausübung des Betriebsrats
- betriebsöffentliche Auseinandersetzungen 7 M 82

Amtsermittlungsgrundsatz
- Beschlussverfahren 7 17

Amtsniederlegung
- AG-Vorstand 1 390 ff, 419, 466
- GmbH-Geschäftsführer 1 390 ff, 419

Änderungskündigung
- Anhörung des Betriebsrats 4 84 ff, 119
- Annahme unter Vorbehalt 6 M 272
- Annahmeverzug, Anrechnung von unterlassenem Erwerb 6 M 482
- außerordentliche 4 M 166
- betriebsbedingte Ä. zur Kostensenkung 6 M 483
- Entgeltkürzung 6 M 307
- Grundsatz „Änderungskündigung vor Beendigungskündigung" 4 83; 6 M 295
- Kündigungsschutzklage, Antrag 6 206
- Mitbestimmungsrecht Betriebsrat 3 77
- ordentliche 4 M 164
- ordentliche Ä. wegen Organisationsänderung 4 M 165
- Potestativbedingung 4 13
- Rechtsnatur 4 80 ff
- Schriftform 4 3
- Streitwert 8 M 194, 246
- Umgruppierung 6 M 308, M 481
- Zustimmung Betriebsrat 6 M 308 f

Änderungskündigungsschutzklage
- Aufnahmebogen 6 170 f
- Grundmuster 6 M 306
- ohne Weiterbeschäftigungsantrag 6 191

Änderungsvertrag
- Betriebsübergang 6 M 334

Änderungsvorbehalt
- Inhaltskontrolle nach § 308 BGB 1 76 ff
- und Jeweiligkeitsklausel 1 80a, 135

Anerkenntnisurteil 6 51

Anfechtung
- Arbeitsvertrag, Streitwert 8 M 195, 246

- Aufhebungsvertrag 6 M 271, M 324, M 445 f, M 499
- Betriebsvereinbarung 5 31

Anfechtung Aufhebungsvertrag
- Verletzung von Hinweispflichten 4 457

Anfechtung Betriebsratswahl
- Beschlussverfahren 7 7, M 30
- Unwirksamkeit der Wahl 7 M 93

Anfechtung Einigungsstellenspruch 7 M 57

Anfrageverfahren zur Statusklärung 1 322

Angestelltenversicherungskarte
- Zwangsvollstreckung, Herausgabe 6 97

Anhörung des Betriebsrats vor Kündigung
- Abschluss des Anhörungsverfahrens 4 95 f; 6 M 451
- Änderungskündigung 4 119
- Anhörungsverfahren 4 91 ff
- Anwendungsbereich 4 84, 88
- außerordentliche Kündigung 4 117
- Äußerungsfrist 4 85, 94
- Bedenken des Betriebsrats 4 123
- Berufsausbildungsverhältnis 4 489
- betriebsbedingte Kündigung 4 106 ff
- Beweislast 4 120 f
- fehlende bzw fehlerhafte Anhörung 4 86 f, 97 f
- Form 4 90
- Inhalt und Umfang der Unterrichtung 4 100 ff
- personenbedingte Kündigung 4 109 ff
- Reaktionen des Betriebsrats 4 122 ff
- subjektive Determination 4 104
- Verdachtskündigung 4 118
- verhaltensbedingte Kündigung 4 112 ff
- vor außerordentlicher Änderungskündigung 4 M 177
- vor außerordentlicher Kündigung 4 M 176
- vor ordentlicher Kündigung 4 M 175; 6 M 450
- vorzeitiger Abschluss des Anhörungsverfahrens 4 494
- Widerspruch des Betriebsrats 4 124 ff

Anhörung des Sprecherausschusses 4 M 178

Anhörungsrüge 6 52 ff, M 101

Anlage
- Betriebsvereinbarung 5 25

Anlageberater
- Arbeitsvertrag 1 M 245

Annahmefiktionen
- AGB-Inhaltskontrolle 1 85

Annahmeverweigerung Kündigung 6 M 500

Annahmeverzug
- Aufforderung zur Arbeitsaufnahme zur Vermeidung von Annahmeverzugslohn bei anhängigem Kündigungsrechtsstreit 6 M 448
- des AG bei unwirksamer AG-Kündigung und Arbeitsunfähigkeit des AN 6 M 376
- des AG nach unwirksamer AG-Kündigung 6 M 375
- nach Änderungskündigung, Anrechnung von unterlassenem Erwerb 6 M 482
- Zahlungsklage wegen Annahmeverzug nach unwirksamer AG-Kündigung 6 M 374

Stichwortverzeichnis

Annahmeverzugslohn
– Widerklage auf Auskunft 6 M 501
Announcement-Klauseln 4 420 ff, M 687
Anrechnung, Anwaltsgebühren
– allgemeiner Anrechnungsausschluss bei
  außergerichtlicher Tätigkeit 8 M 109
– Anrechnungsausschluss bei späterer Tätigkeit nach
  Erstberatung 8 M 108
– Geschäftsgebühr 8 128 f
– Teilanrechnung bei späterer Tätigkeit nach
  Erstberatung 8 7, M 107
Anrechnung bei Freistellung
– Urlaub 4 564 ff
– Zwischenverdienst 4 555 ff
Anrechnungsvorbehaltsklausel
– AGB-Inhaltskontrolle 1 78
Anschlussberufung 6 64, M 126
Anschlussrevision 6 78
Anstellungsvertrag
– ausländische Tochtergesellschaft 1 M 257
– Dauer, GmbH-Geschäftsführer/AG-Vorstand
  1 380 ff
– Rechtsstellung, GmbH-Geschäftsführer/AG-
  Vorstand 1 360 ff
Antrag
– Abmahnungsklage 6 219 ff, M 432
– Abrechnungsklage 6 32 f
– Arbeitszeitreduzierung 6 240
– Arrest 6 M 155
– Aufhebungsvertrag, Unwirksamkeit 6 217
– Auflösung des Arbeitsverhältnisses 6 213 ff,
  M 287, 410 ff, M 440 ff
– Auskunftsklage 6 26 f
– Bestimmtheitserfordernis 6 19
– Eingruppierungsklage 6 218
– einstweilige Verfügung, Abweisung (Grundmuster)
  6 M 121
– einstweilige Verfügung, Erlass (Grundmuster)
  6 M 120
– Feststellungsklage 6 29 ff
– Fristverlängerung 6 37 ff
– Fristverlängerung Berufungsbegründung
  6 M 131 f
– Gerichtsterminsverlegung 6 39 ff, M 111 ff
– Güteverhandlung 6 9
– Höhergruppierungsklage 6 218
– Kündigungsschutzklage, Grundantrag 6 200
– Kündigungsschutzverfahren 6 200 ff
– Stufenklage 6 26 ff
– Urlaubsklage 6 223, 355
– Zahlungsklage 6 10 ff, M 366
– Zeugnisklage 6 224 f, M 380
– Zustellung eines Vergleichs nach § 278 Abs. 2 ZPO
  6 M 125
Antrag im Beschlussverfahren
– Bestimmtheit 7 43 ff
Anwaltsvergleich
– Vollstreckbarkeit 4 647 f
Anwaltsvergütung *siehe auch* Anrechnung,
  Anwaltsgebühren; *siehe auch* Erfolgshonorar; *siehe*

auch Rechtsschutzversicherung; *siehe auch*
Vergütungsvereinbarung; *siehe auch* Zeithonorar
– Abgeltungsbereich 8 174 ff
– Abwesenheitsgeld, Deckungszusage 8 M 303
– angemessenes/unangemessenes Honorar 8 58 ff
– Aufklärungs-/Hinweispflichten des Anwalts 8 81 ff
– außergerichtliche Tätigkeit vor Erhebung der
  Kündigungsschutzklage 8 M 295
– Belehrung gem. § 49b Abs. 5 BRAO (Vergütung
  nach Gegenstandswert) 8 84, M 116
– Belehrung nach § 12a Abs. 1 ArbGG 8 M 110
– Einigungsgebühr 8 135 ff, M 301 f
– Erfolgshonorar 8 47 ff
– Erhöhungsgebühr 8 153 f
– Fahrkostenerstattung, Deckungszusage 8 M 303
– Gebührenklage, Streitwert 8 M 228
– Geschäftsgebühr 8 118 ff
– Geschäftsgebühr mehr als 1,3 (Checkliste)
  8 M 296
– Gutachten der Rechtsanwaltskammer 8 65
– Gutachtengebühr 8 150
– Integrationsamt, Tätigkeit vor 8 151 f, M 221
– Quota-litis-Vereinbarung 8 49
– Rechtsschutzversicherung 8 85 ff
– Reisekosten 8 148
– Sittenwidrigkeit 8 59
– Terminsgebühr 8 139 ff
– Verfahrensgebühr 8 146 ff
– Versäumnisurteil 8 145
– verwiesene Verfahren, Erstattung 8 184
Anwaltsvertrag
– Allgemeine Mandatsbedingungen 8 M 90
– mit Hinweis auf gesonderte Vergütungsvereinbarung
  8 M 89
Anwesenheitsprämie
– Betriebsvereinbarung 5 39
Arbeit an Wochenenden und Feiertagen
– Betriebsvereinbarung 5 M 102
Arbeit auf Abruf
– Rahmenvereinbarung 1 M 146
– Transparenzgebot 1 49
– unangemessene Benachteiligung iSv § 307 Abs. 1
  Satz 1 BGB 1 38
Arbeiter *siehe* Arbeitsvertrag mit Arbeiter
Arbeitgeber
– Konzern 6 407, M 466a
Arbeitgeberdarlehen
– Abgrenzung zu sonstigen finanziellen Leistungen
  2 203 ff
– AGB-Kontrolle 2 215 f
– Arbeitgeberdarlehensvertrag 2 M 303
– Ausgleichsklauseln 4 468
– Ausschlussfrist 2 212
– Gesamtfälligkeitsklausel 2 209
– mit Sicherungsabtretung 2 M 305
– mit Sicherungsübereignung Pkw 2 M 304
– Pfändungsfreigrenzen 2 208
– Rechtsgrund 2 212
– Rückzahlungsklauseln 2 217 ff
– Rückzahlungsraten 2 208
– Streitwert 8 M 206
– Verbraucherkreditvertrag 2 214
– Verfallklausel 2 209

- Zinsanpassungsklausel 2 219
- Zinsen 2 210 f

Arbeitgeberhaftung
- Haftungsausschluss, AGB 1 106 ff
- Personenschaden Kfz-Nutzung 2 168

Arbeitgeberwechsel
- kraft gesetzlicher Fiktion des § 10 AÜG 6 215, M 297c

Arbeitnehmer
- Abgrenzung freie Mitarbeit 1 301, 304 ff
- Compliance 1 136 ff
- Freistellung, Anwaltsgebühren 8 173
- Freistellung, Streitwert 8 M 217, 246
- Klage auf Beschäftigung als 6 M 269
- Merkmal 1 263 f, 304 ff

Arbeitnehmerähnliche Personen
- Begriff 1 263
- Kündigungsfrist 4 57
- Rundfunk und Presse 1 267
- Wettbewerbsverbot 2 5

Arbeitnehmerähnlich Selbständiger
- Begriff 1 315

Arbeitnehmereigenschaft
- AG-Vorstand 1 362 ff
- Beschäftigungsklage 6 M 269
- Feststellungsantrag 7 M 59
- GmbH-Geschäftsführer 1 362 ff
- Klageerwiderung, fehlende Arbeitnehmereigenschaft 6 M 455
- Sozialversicherungsrecht 4 295 ff

Arbeitnehmererfindervergütung
- Ausgleichsklauseln 4 470

Arbeitnehmererfindungen siehe Diensterfindungen

Arbeitnehmerhaftung
- Grundsätze Kfz-Nutzung 2 163 ff
- Haftungsausschluss, AGB 1 106 ff

Arbeitnehmer iSv § 5 Abs. 1 BetrVG
- Feststellungsantrag 7 M 59

Arbeitnehmerüberlassung
- Aufstellung der zu überlassenden Arbeitnehmer 1 M 254
- AÜG 1 112
- Erlaubnispflicht 6 215, M 297c
- Konzernprivileg 6 M 297a
- Schadensersatzpflicht des Verleihers 6 215, M 297c

Arbeitnehmerüberlassungsvertrag 1 M 253

Arbeitsablauf
- Einigungsstellenzuständigkeit für Ausgleichsmaßnahmen wegen Änderungen von 7 3

Arbeitsanweisung für Verkäufer 1 M 218

Arbeitsaufnahme
- Kündigung vor 6 M 350

Arbeitsbefreiung wegen Pflegezeit
- einstweiliger Rechtsschutz 6 234, M 360

Arbeitsbescheinigung nach § 312 SGB III siehe auch Arbeitspapiere
- Streitwert 8 M 196, 246

Arbeitsentgelt siehe auch Gehalt
- Änderungskündigung 6 M 307

- Klage auf verschleiertes Arbeitseinkommen nach vorangegangenen vergeblichen Vollstreckungsversuchen 6 M 534
- Masseunzulänglichkeit 6 M 371
- Rückzahlungsklage des Arbeitgebers wegen überzahlten 6 M 532
- Staffelung in Betriebsvereinbarung nach Lebensalter (Altersdiskriminierung) 5 4
- verspätete Zahlung, fristlose Kündigung 6 M 321
- verstecktes 4 289

Arbeitserlaubnis
- Fragerecht des Arbeitgebers 3 32

Arbeitsfreistellung Betriebsratsmitglied siehe Freistellung Betriebsratsmitglied

Arbeitsfreistellung wegen Pflegezeit siehe Freistellung wegen Pflegezeit

Arbeitsgerichtliches Beschlussverfahren siehe Beschlussverfahren

Arbeitsgerichtsprozess
- Beweisführung 6 M 106

Arbeitsgruppe
- Betriebsvereinbarung 5 27

Arbeitskampf
- einstweilige Verfügung, Antrag 6 427 ff, M 438 f

Arbeitskleidung
- Kostentragungspflicht 5 33

Arbeitslosengeld
- Altersteilzeit 4 739
- Anrechnung von Nebenverdienst 4 287
- Anspruchsübergang nach § 115 SGB X auf Bundesagentur für Arbeit 4 288 ff
- Anspruchsvoraussetzungen 4 221 ff
- Bemessungsrahmen 4 224
- Bezugsdauer 4 222, 275
- Ruhen des Anspruchs auf Arbeitslosengeld bei Entlassungsentschädigung 4 277 ff
- Sperrzeit wegen Arbeitsaufgabe 4 226 ff

Arbeitsmangel nach Umorganisation
- betriebsbedingte Kündigung 6 M 460

Arbeitsort
- AGB-Inhaltskontrolle 1 71
- Änderungsvorbehalt 1 77

Arbeitspapiere
- Ausfüllen, Vollstreckung 6 M 384
- Ausgleichsklauseln 4 467 f
- Bestätigung des Erhalts 4 M 179
- Herausgabe 6 231, M 344
- Streitwert 8 M 197, 246

Arbeitsplatz
- leidensgerechter 3 M 178; 6 M 267
- nicht angetretene Stelle, Schadensersatz 6 M 350
- Ordnung am A., Betriebsvereinbarung über Verhalten der Mitarbeiter im Betrieb 5 M 122
- tabakrauchfreier 6 M 268
- Tätlichkeiten 6 M 495

Arbeitsrecht
- AGB-Kontrolle 1 13 ff

Arbeitsstätte
- außerbetriebliche, Betriebsvereinbarung 5 M 143

Arbeitsüberlastung des Anwalts
- Fristverlängerung 6 37 ff, M 132

Stichwortverzeichnis

Arbeitsumgebung
- Einigungsstellenzuständigkeit für Ausgleichsmaßnahmen wegen Änderungen von 7 3

Arbeitsunfähigkeit *siehe auch* Krankheit
- angebliche 6 M 493 f
- während Altersteilzeit 4 742 ff

Arbeitsunfähigkeitsbescheinigung
- Beweiswert 6 M 305, M 476, M 487, M 493 f

Arbeitsverhältnis
- Aufhebungsvereinbarung beim Wechsel vom Arbeitsverhältnis in die Position des Geschäftsführers 1 M 519
- Nichtantritt der Stelle 6 M 520
- rückwirkende Aufhebung 4 430
- Ruhensvereinbarung beim Wechsel vom Arbeitsverhältnis in die Position des Geschäftsführers 1 M 520

Arbeitsverhältnis, befristetes
- einfacher befristeter Arbeitsvertrag 1 M 150
- Rahmenvereinbarung 1 M 145

Arbeitsvertrag *siehe auch* Allgemeine Geschäftsbedingungen (AGB), Arbeitsvertrag; *siehe auch* Arbeitsvertrag mit geringfügig Beschäftigten; *siehe auch* Arbeitsvertrag mit leitendem Angestelltem; *siehe auch* Arbeitsvertrag mit Tarifbindung; *siehe auch* Befristeter Arbeitsvertrag
- Account Supervisor 1 M 246
- Aktienoptionen (über Wandelschuldverschreibungen), Vertragsergänzung 1 M 157
- Altenpflegerin in Privatklinik 1 M 231
- Anlageberater 1 M 245
- Anwaltsgebühren bei Entwurf von 8 130 ff
- Arzthelferin 1 M 232
- Aushilfskraft im Einzelhandel 1 M 218
- ausländischer Arbeiter, mit Tarifbindung 1 M 258
- Auslandsentsendung, Monteur 1 M 172
- Außendienstmitarbeiter 1 M 210, M 212
- Bankangestellter mit Tarifbindung 1 M 233
- Betriebsvereinbarung, Verhältnis zu 5 12
- Bewachungspersonal, mit Tarifbezug 1 M 221
- Call-Center mit Telefonakquisiteur 1 M 248
- Chefarztverträge 1 M 193 ff
- Chefredakteur 1 M 206
- Chemische Industrie, mit Tarifbindung 1 M 235 f
- Compliance Officer 1 M 208a
- Compliance-Klausel 1 M 169, M 173
- Detektiv, mit Tarifbindung 1 M 222
- Einzelhandel 1 M 216
- Einzelhandel, Aushilfskraft 1 M 218
- Einzelhandel, Teilzeitarbeitsvertrag 1 M 217
- Elektromeister 1 M 234
- Elektro- und Metallindustrie, mit Tarifbindung 1 M 240
- erfolgsabhängige Vergütung, Vertragsergänzung 1 M 158
- Fachberater, mit Zusatzvereinbarung ohne Tarifbezug 1 M 215
- Financial Consultant einer internationalen Gesellschaft (mit Stock Options) 1 M 247
- Fußballspieler, Nicht-Amateure ohne Lizenz 1 M 249
- Fußballtrainer 1 M 250
- gewerblicher Arbeitnehmer mit Tarifbezug 1 M 164
- gewerblicher Arbeitnehmer ohne Tarifbezug 1 M 163
- Gratifikationsvereinbarung mit Freiwilligkeitsvorbehalt 1 M 160
- Groß- und Außenhandel, mit Tarifbindung 1 M 237
- Günstigkeitsprinzip 5 12
- Inhaltskontrolle 1 7 ff
- Job-Sharing-Vertrag 1 M 154
- kaufmännische Angestellte 1 M 225
- Kellnerin, mit Tarifbindung 1 M 219
- Krankenschwester in Privatklinik mit Gewinnbeteiligung 1 M 230
- Lagerist (Brauerei) mit Haustarifvertrag 1 M 170
- Lehrkraft an Privatschule 1 M 229
- Leiharbeitnehmer 1 M 251 f
- Leiter Merchandising/Verkaufsförderung (außertariflich) 1 M 214
- Lkw-Fahrer 1 M 223
- Merkblatt AGG 1 5, M 162
- mit Allgemeinen Arbeitsbedingungen und Zielvereinbarung 1 M 169
- mit Bundesrepublik Deutschland, befristet 1 M 178
- mit Bundesrepublik Deutschland, Bereich Kommunale Arbeitgeberverbände, befristet 1 M 180
- mit Bundesrepublik Deutschland, Bereich Kommunale Arbeitgeberverbände, unbefristet 1 M 179
- mit Bundesrepublik Deutschland, unbefristet 1 M 177
- mit Eheleuten (Hausmeister und Wirtschafterin einer betrieblichen Schulungsstätte) 1 M 153
- Monteur, Auslandsentsendung 1 M 172
- Niederlassungsleiter Beratungsunternehmen 1 M 228
- Paketabfertigung 1 M 244
- Programmierer 1 M 226
- Projektmanager, mit Merkblätter zu Datenschutz und Diensterfindungen 1 M 238
- prozentuale Gehaltsanpassung bei Unterschreitung des geplanten Rohertrags, Vertragsergänzung 1 M 156
- Rechtsgrundlage 1 1
- Reisevertreter, unselbständiger 1 M 209
- Sachbearbeiterin, mit Tarifbindung 1 M 243
- Sekretärin 1 M 224
- steuerfreie Zuschläge, Vertragsergänzung 1 M 159
- Telearbeit in Heimarbeitsverhältnis 1 M 155
- Touristik, mit Tarifbindung 1 M 239
- Unternehmensberater 1 M 241
- Verbandsgeschäftsführer 1 M 227
- Verkaufsleiter/Fachberater 1 M 213
- Vermögensmanager 1 M 245
- Vertriebsmitarbeiter für EDV-Produkte und EDV-Dienstleistungen 1 M 211
- Verwaltungskraft 1 M 242
- Whistleblower-Klausel 1 M 173

Arbeitsvertrag in englischer Sprache
- Bereichsleiter 1 M 262
- leitender Angestellter 1 M 261

- Mustervertrag   1 M 259 f
Arbeitsvertrag mit Angestelltem
- als Anschreiben mit Organisationsanweisungen (Guideline)   1 M 174
- Compliance-Klausel   1 M 169, M 173
- im mittelständischen Unternehmen mit Betriebsrat, ohne Tarifbezug   1 M 181
- mit Bundesrepublik Deutschland, befristet   1 M 178
- mit Bundesrepublik Deutschland, Bereich Kommunale Arbeitgeberverbände, befristet   1 M 180
- mit Bundesrepublik Deutschland, Bereich Kommunale Arbeitgeberverbände, unbefristet   1 M 179
- mit Bundesrepublik Deutschland, unbefristet   1 M 177
- mit Einrichtung der ev. Kirche unter Einbeziehung der Dienstvertragsordnung   1 M 176
- mit Einrichtung der kath. Kirche unter Einbeziehung der AVR   1 M 175
- ohne Tarifbindung   1 M 173
- Whistleblower-Klausel   1 M 173
Arbeitsvertrag mit Arbeiter
- befristet mit Rufbereitschaft und Tarifbindung   1 M 168
- einfacher, mit Tarifbezug   1 M 164
- Groß- und Außenhandel   1 M 171
- mit potentieller Tarifbindung   1 M 167
- mit teilweiser Übernahme tariflicher Bestimmungen   1 M 166
- ohne Tarifbezug, mit Einbindung Betriebsvereinbarung   1 M 163
- ohne Tarifbindung, mit Sechs-Tage-Woche   1 M 165
Arbeitsvertrag mit geringfügig Beschäftigten
- Arbeitsvertrag für geringfügig entlohnte Beschäftigung   1 M 184
- Arbeitsvertrag über kurzfristige Beschäftigung, befristet   1 M 185
- Beschäftigung in Privathaushalt   1 M 189
- Leiharbeitnehmer   1 M 191
- Merkblatt zu Mini-Jobs und zur Gleitzonenregelung   1 M 183
- Verzichtserklärung auf Beitragsermäßigung   1 M 190
Arbeitsvertrag mit leitendem Angestelltem
- Anstellungsvertrag mit Prokurist   1 M 192
- Chefarzt-Dienstvertrag (vorteilhaft für Chefarzt)   1 M 194
- Chefarzt-Dienstvertrag (vorteilhaft für Krankenhaus)   1 M 195
- Chefarzt-Dienstvertrag mit Nebentätigkeitsabrede (ausgewogen)   1 M 193
- Chefredakteur   1 M 206
- Generalbevollmächtigter (Anschreiben)   1 M 208
- Leiter Finanzabteilung   1 M 196
- Leiter Forschung und Entwicklung   1 M 204
- Leiter Gesamtvertrieb mit Gesamtprokura   1 M 201
- Leiter Konstruktion, mit Wohnortwechsel, Pensionszusage und Wettbewerbsverbot   1 M 200
- Leiter Merchandising/Verkaufsförderung (außertariflich)   1 M 214
- Leiter Produktmanagement (Anschreiben)   1 M 203
- Leiter Warenhaus   1 M 199
- Niederlassungsleiter Bauunternehmen   1 M 202
- Niederlassungsleiter Beratungsunternehmen   1 M 228
- oberer Führungskreis   1 M 207
- Personalchef Europa, mit Pensionszusage   1 M 197
- Teamleiter Organisation und Informatik   1 M 198
- technischer Leiter   1 M 205
Arbeitsvertrag mit Tarifbindung
- Arbeitsvertrag mit Arbeiter mit potentieller Tarifbindung   1 M 167
- Arbeitsvertrag mit Arbeiter mit teilweiser Übernahme tariflicher Bestimmungen   1 M 166
- ausländischer Arbeiter   1 M 258
- Bankangestellter   1 M 233
- befristet mit Rufbereitschaft   1 M 168
- Bewachungspersonal   1 M 221
- Chemische Industrie   1 M 235 f
- Detektiv   1 M 222
- einfacher Arbeitsvertrag mit Tarifbindung   1 M 164
- Elektro- und Metallindustrie   1 M 240
- Groß- und Außenhandel   1 M 237
- Kellnerin   1 M 219
- Sachbearbeiterin   1 M 243
- Touristik   1 M 239
Arbeitsvertragsentwurf
- Anwaltsgebühren   8 130 ff
Arbeitsvertragsgestaltung (Rahmenrichtlinien)
- Betriebsvereinbarung   5 M 116
Arbeitsverweigerung, beharrliche
- außerordentliche Kündigung   6 M 488
Arbeitszeit   siehe auch Work-Life-Balance
- Arztbesuch während, Betriebsvereinbarung   5 M 117
- Berechnung und Erfassung, Betriebsvereinbarung   5 M 104
- Flexibilisierung, Betriebsvereinbarung   5 M 105
- gleitende, Betriebsvereinbarung   5 M 106 f
- Sabbatical-Klausel   1 M 169, M 226, M 227
- Sollzeit-Regelung, Betriebsvereinbarung   5 M 103
- Staffelung in Betriebsvereinbarung nach Lebensalter (Altersdiskriminierung)   5 4
- variable, Betriebsvereinbarung   5 M 110 f
- Work-Life-Balance   1 141; 5 94 f, M 112, M 113; 6 226
- Work-Life-Balance, Anpassungsklausel   1 M 203
- Work-Life-Balance, „Dauererreichbarkeit" via Handy etc.   1 M 226
Arbeitszeit, flexible
- Rahmenvereinbarung über Arbeit auf Abruf   1 M 146
- Work-Life-Balance   1 141; 5 94 f
Arbeitszeitänderung
- Kombination Interessenausgleich/Sozialplan   5 M 303
Arbeitszeitkonto
- Betriebsvereinbarung   5 M 112
- Insolvenzsicherung, Betriebsvereinbarung über Lebensarbeitszeitkonten   5 M 112
- Mitbestimmungsrecht Betriebsrat   5 94 f, M 112

- Übertragung auf neuen Arbeitgeber, Betriebsvereinbarung über Lebensarbeitszeitkonten 5 M 112
- Wertguthabensicherung, Betriebsvereinbarung über Lebensarbeitszeitkonten 5 M 112
- Work-Life-Balance 5 94 f, M 112

Arbeitszeitverringerung, Antrag nach § 8 TzBfG
- Antrag 3 132 f; 6 226 f, 240
- Streitwert 8 M 198

Arbeitszeitwertguthaben
- Sicherung des Arbeitszeitwertguthabens durch Treuhandregelung 4 M 767

Arbeitszimmer
- Steuerrecht/freier Mitarbeiter 1 328

ARB-Regelungen siehe Rechtsschutzversicherung

Arrest
- Antrag 6 M 155

Arzt siehe auch Chefarztvertrag
- Schadensersatzklage wegen unterlassener Beteiligung an Privatliquidation 6 M 348

Arztbesuch während Arbeitszeit
- Betriebsvereinbarung 5 M 117

Arzthelferin
- Arbeitsvertrag 1 M 232

Ärztliche Untersuchung
- Einwilligung 3 M 175

Assessment-Center 3 41

Aufenthaltserlaubnis
- Fragerecht des Arbeitgebers 3 32

Aufhebungsvertrag
- Abgrenzung zum Abwicklungsvertrag 4 183 ff
- AG-Vorstand 4 M 671 f
- als Anwaltsvergleich 4 648
- Anfechtung 6 M 271, M 324, M 445 f, M 499
- Anfechtung wegen arglistiger Täuschung 4 457
- Anfechtung wegen Irrtums 4 457
- Announcement-Klauseln 4 420 ff, M 687
- Anspruchsübergang nach § 115 SGB X auf Bundesagentur für Arbeit 4 290 ff
- Arbeitnehmer 4 M 673 ff
- Aufhebungsklauseln 4 426 ff
- Aufklärungsklauseln 4 437 ff
- Aufklärungspflichten des Arbeitgebers bei Verkürzung der Kündigungsfrist 4 442 f
- Aufklärungspflichten des Arbeitgebers über steuer- und sozialversicherungsrechtliche Folgen 4 440
- Ausgleichsklauseln 4 460 ff
- Auslauffristen 4 479 f
- Beendigungsbegründungsklauseln 4 481 ff
- Berufsausbildungsverhältnis 4 487
- Betriebsgeheimnisklauseln 4 512 ff
- Betriebsübergang 4 432 f; 6 M 334
- Brutto-/Netto-Abfindung 4 369 ff
- Bürgschaftsklausel 4 511
- Diensterfindungsklauseln 4 516 ff
- Dienstwagenklauseln 4 519 ff
- Direktzusage 4 492 ff, 495 ff
- Entgeltumwandlung 4 509 f
- Freistellungsklauseln 4 544 ff
- GmbH-Geschäftsführer 4 308 ff, M 666 ff
- Ingenieur 4 M 676
- Inhaltskontrolle 4 321 ff
- Insolvenzschutzklauseln 4 511, 574 ff
- Lohnsteueranrufungsauskunft 4 217 f, M 686
- mit freiem Mitarbeiter 4 M 685
- Outplacement-Klauseln 4 583 ff
- Pensionsfonds 4 503 ff
- Pensionskasse 4 500 ff
- Probezeitverlängerungsklausel 4 589 ff
- Provisionsregelungen 4 593 f
- Rechtsschutzversicherung beim Aushandeln von 8 88, M 113
- Rechtsschutzversicherung beim Aushandeln von A. bei gleichzeitiger Androhung der Kündigung für den Fall des Nichtzustandekommens 8 259 ff, M 276
- Rückdatierung 4 429, 431
- Rückdeckungsversicherung 4 492, 511, 578
- Rückgabevereinbarungen 4 600 ff
- Rücktritt 4 654 ff
- Rücktrittsklausel 4 653 ff
- Salvatorische Klausel 4 606 f
- Schuldanerkenntnis-Klauseln 4 608 ff
- Sperrzeit wegen Arbeitsaufgabe 4 240 f, 253 ff, 272
- Stock Options 4 619 ff
- Streitwert 8 246, 261
- Tantiemeregelungen 4 625 f
- Umgehung der Rechtsfolgen des § 613a BGB 4 432 f
- Unterlassen des arbeitgeberseitigen Angebots von Aufhebungsverträgen vor Abschluss eines Interessenausgleichsversuchs 7 M 86
- unter Mitwirkung des Integrationsamts 4 M 677
- Unterstützungskasse 4 506 f
- Unwirksamkeit, Antrag 6 217
- Urlaubsabgeltungsklauseln 4 627 ff
- Urlaubsklauseln 4 627 ff
- Vererbbarkeitsklauseln 4 634 ff
- Versorgungsanwartschaften 4 444
- Versprechen ordnungsgemäßer Abwicklung 4 641 ff
- Vertragsstrafeversprechen 4 515
- Wettbewerbsverbotsklausel 4 649 ff
- Widerrufsklausel 4 653 ff
- Zeugnisklauseln 4 657 ff

Aufklärungsklauseln
- Aufhebungs- und Abwicklungsvertrag 4 437 ff

Aufklärungspflichten des Arbeitgebers
- Ankündigung eines künftigen Sozialplans 4 441
- Aufhebungs- und Abwicklungsvertrag 4 437 ff
- Beendigungsinitiative 4 437 ff
- bei Verkürzung der Kündigungsfrist 4 442 f
- Eigenkündigung 4 451
- Rechtsfolgen bei Verletzung 4 452 ff
- steuer- und sozialversicherungsrechtliche Folgen eines Aufhebungsvertrages 4 440
- über Sonderkündigungsschutz 4 450
- über Versorgungsanwartschaften 4 444 ff
- über Zeitpunkt der Erwerbsunfähigkeitsrente 4 449

Auflösung des Arbeitsverhältnisses
- Auflösungsantrag des Arbeitgebers 6 410 ff, M 440 f
- Auflösungsantrag des Arbeitnehmers 6 213 ff, M 287 f

Auflösung des Betriebsrats
- Beschlussverfahren 7 6

Auflösungsantrag
- Streitwert 8 M 199, 246

Auflösungsvertrag
- Schriftform 4 1

Aufnahmebogen für Klagen gegen Kündigungen und Änderungskündigungen 6 170 f

Aufrechnungsverbot
- AGB-Inhaltskontrolle 1 93

Aufsichtsrat
- Zusammensetzung 7 M 60

Aufstockungsleistungen
- Altersteilzeit 4 709 ff

Auftragsrückgang
- betriebsbedingte Kündigung 4 M 153; 6 399 ff

Aufwendungsersatz, Pauschalierung
- AGB-Inhaltskontrolle 1 90

Ausbildung *siehe* Berufsausbildungsverhältnis

Ausbildungsbeihilfe
- Rückzahlungsklausel 2 258

Ausbildungskosten
- Rückzahlung Handelsvertretervertrag 1 299
- Rückzahlungsklausel 1 47; 6 M 503

Ausbildungsverhältnis
- Ausbildungsvertrag im Rahmen von „Studiengängen mit vertiefter Praxis" 2 255 f, M 309
- Befristung 4 485

Ausbildungsvertrag
- Begriff 2 220
- Grundmuster 1 M 148
- Rückzahlungsklauseln (Entschädigungszahlungen für Ausbildungskosten) 2 223

Ausgleichsanspruch nach § 89b HGB
- Handelsvertreterrecht 1 295 ff

Ausgleichsklauseln
- Aufhebungs- und Abwicklungsvertrag 4 460 ff
- Streitwert 8 246

Ausgleichsmaßnahmen
- Einigungsstellenzuständigkeit 7 3

Ausgleichsquittung 4 M 179
- Ausgleichsklauseln 4 467, 476 ff

Ausgleichsquittungsklausel
- Inhaltskontrolle nach § 307 Abs. 3 BGB 1 71
- Transparenzgebot 1 41
- überraschende Klauseln 1 23
- Unklarheitenregel 1 29

Aushilfsarbeitsverhältnis
- Kündigungsfrist 4 63

Aushöhlungsverbot (§ 307 Abs. 2 Nr. 2 BGB)
- Beispielsfälle 1 62 ff
- Grundsätze 1 59 ff

Auskunft des Arbeitgebers
- betriebliche Altersversorgung 3 108 f
- Offenbarungspflicht Bewerbung 3 35

Auskunftsanspruch
- Streitwert 8 246

Auskunftsklage
- Anwartschaften, betriebliche Altersversorgung 6 M 330
- mit Provisionszahlung 6 M 372

Auskunfts- und Stufenklage
- Antrag 6 26 ff

Ausländischer Arbeitnehmer
- Arbeitsvertrag mit Tarifbindung 1 M 258
- Ausgleichsklauseln 4 478
- Diskriminierungsschutz, Betriebsvereinbarung 5 M 73
- richtige Partei bei Klage 6 4

Ausländisches Gebührenrecht
- Vergütungsvereinbarung 8 M 99

Ausländische Tochtergesellschaft
- Anstellungsvertrag mit 1 M 257

Auslandsarbeitsvertrag
- mit Stiftung 1 M 255

Auslandsbezug
- Tätigkeit als Korrespondenzanwalt, Streitwert 8 246

Auslandsentsendung
- Abwicklungsvertrag 4 M 684
- betriebsbedingte Kündigung 6 M 297b
- Rückversetzung 6 M 297b

Auslandsentsendungsvertrag
- Monteur 1 M 172
- Vertragsergänzung 1 M 256

Auslauffristen
- Aufhebungsvertrag 4 479 f

Auslegung
- Altersteilzeitvereinbarung 4 691
- Antrag im Beschlussverfahren 7 45 ff
- Betriebsvereinbarung 5 18
- nachvertragliches Wettbewerbsverbot 2 14 f
- Provisionsvereinbarung Handelsvertreter 1 297
- richtige Partei bei Klage 6 5, 174
- Sozialplan 5 211, 257

Ausschluss eines Betriebsratsmitglieds
- Beschlussverfahren 7 6
- Pflichtverletzung 7 M 142

Ausschlussfrist
- Abfindung 4 399
- als Haftungsbegrenzung iSv § 309 Nr. 7 BGB? 1 109a
- Arbeitgeberdarlehen 2 212
- Aushöhlungsverbot (§ 307 Abs. 2 Nr. 2 BGB) 1 63
- Haftung wegen Vorsatzes 1 123
- Kündigungsschutzklage 6 197 f

Ausschlussfristen, zweistufige
- AGB, Form nach § 309 Nr. 13 BGB 1 121 ff

Ausschlussfristenklausel
- Transparenzgebot 1 41
- überraschende Klauseln 1 22

Ausschlussklausel
- Aushöhlungsverbot (§ 307 Abs. 2 Nr. 2 BGB) 1 63

Ausschuss
- Streitigkeiten Entsendungs- und Vorschlagsrecht 7 9

Außendienstmitarbeiter
- Arbeitsvertrag 1 M 210, M 212

Stichwortverzeichnis

- Ausschluss aus betrieblicher Altersversorgung 5 20
- Berechnung und Erfassung der Arbeits- und Reisezeit, Betriebsvereinbarung 5 M 104
- Gerichtsstand 6 M 293

Äußeres Erscheinungsbild der Mitarbeiter
- Betriebsvereinbarung über Verhalten der Mitarbeiter im Betrieb 5 M 122

Außergerichtliche Tätigkeit
- Deckungszusage 8 255 ff

Außerordentliche Änderungskündigung 4 M 166

Außerordentliche Kündigung siehe Kündigung, außerordentliche

Aus- und Fortbildungsvertrag
- Ausbildungsvertrag 1 M 148; 2 220
- Rückzahlungsklauseln 2 224 ff

Auswahlrichtlinien
- bei Kündigungen 5 M 146
- gem. § 95 BetrVG, Betriebsvereinbarung 5 M 144
- Mitbestimmungsrecht Betriebsrat 5 97
- personelle Maßnahmen, Betriebsvereinbarung 5 M 145

Auswahlrichtlinien für Einstellungen, Versetzungen, Umgruppierungen
- Einigungsstellenzuständigkeit bei Uneinigkeit über Inhalt 7 3

Auszubildender siehe auch Berufsausbildungsverhältnis
- Ausbildungsvertrag 1 M 148; 2 220
- Bestehen eines Arbeitsverhältnisses, Streit 7 102 f, M 160
- fristlose Kündigung 6 M 506
- Kündigung 4 488 ff
- Weiterbeschäftigung, Streitwert 8 M 203, 246

Autotelefon 2 159 ff

Bankangestellter
- Arbeitsvertrag, mit Tarifbindung 1 233

Bankbürgschaft 4 580 ff

Basiszinssatz 6 13 ff, 34 ff

Bearbeitungsgebühr von Pfändungen/Abtretungen 1 95

Bedenken des Betriebsrats
- gegen beabsichtigte Kündigung 4 123

Bedingtes Wettbewerbsverbot 2 54, 79 ff

Beendigung des Arbeitsverhältnisses
- Auflösungsantrag des Arbeitgebers 6 410 ff, M 441
- Auflösungsantrag des Arbeitnehmers 6 213 ff, M 287
- Auflösungsantrag des leitenden Angestellten 6 M 440
- Schriftform 4 1 ff
- Streitwert 8 246

Beendigungsbegründungsklauseln 4 481 ff

Beendigungskündigung
- Betriebsstilllegung 6 M 462
- Betriebsverlagerung 6 M 463
- Grundsatz „Änderungskündigung vor Beendigungskündigung" 4 83; 6 M 295

Befangenheitsgesuch 6 M 102

Befristeter Arbeitsvertrag
- Arbeitsvertrag über kurzfristige Beschäftigung 1 M 185
- einfacher 1 M 150
- Leiharbeitnehmer/Verleiher 1 M 251
- mit Bundesrepublik Deutschland 1 M 178
- mit Bundesrepublik Deutschland, Bereich Kommunale Arbeitgeberverbände 1 M 180
- mit Rufbereitschaft und Tarifbindung 1 M 168
- Mitteilung der Zweckerreichung 3 M 150
- Rahmenvereinbarung 1 M 145
- Streitwert 8 246
- Vertragsschluss 3 55 f

Befristung
- Berufsausbildungsverhältnis 4 485
- Probezeitbefristung 1 26a

Begründung
- Kündigung 4 4 ff

Behinderung
- Begriff 3 18

Behörde als Anstellungsträger
- Passiv-Rubrum 6 186

Beisitzer der Einigungsstelle
- Honoraranspruch, Streitigkeiten 7 11, M 67

Bekanntmachung
- Betriebsvereinbarung 5 22

Belegschaftsaktien
- Begriff 2 266
- rechtliche Grundlagen 2 267 ff
- steuerrechtliche Behandlung 2 270 f
- Wartefrist 2 267

Beleidigung
- des Arbeitgebers auf Facebook 6 M 498a

bEM (betriebliches Eingliederungsmanagement)
- erhebliche Fehlzeiten bei negativer Gesundheitsprognose, personenbedingte Kündigung 6 M 477

Benachteiligung siehe AGG-Klagen; siehe Allgemeines Gleichbehandlungsgesetz (AGG); siehe Diskriminierung

Benachteiligung, unangemessene (§ 307 Abs. 1 Satz 1 BGB)
- Grundsatz 1 34

Benachteiligungsverbot (§ 307 Abs. 2 Nr. 1 BGB)
- Beispielsfälle 1 52 ff
- Grundsätze 1 50 f

Beratervertrag
- allgemein 1 M 339
- Einzelauftragsvereinbarung (Projektvertrag) 1 M 344
- kein Arbeitsverhältnis 1 303
- personalwirtschaftliche Beratung 1 M 340
- Projektvertrag über freie Mitarbeit Unternehmensberater 1 M 350
- Rahmenvertrag über freie Mitarbeit IT-Consulting 1 M 343
- Rahmenvertrag über freie Mitarbeit Unternehmensberater 1 M 349
- Rechtsanwalt 1 M 351

Beratungsdienstleistungen siehe Beratervertrag

Stichwortverzeichnis

Berufsausbildungsverhältnis
- Aufhebungsvertrag 4 487
- Auflösungsantrag, Streitwert 8 246
- Ausbildungsvertrag 1 M 148; 2 220
- Beendigung 4 485 ff
- Befristung 4 485
- Bestandsstreitigkeiten, Streitwert 8 M 202, 246
- Kostenbeteiligung Arbeitnehmer 2 260 f
- Kündigung 4 488 ff
- Rückzahlungsklauseln 2 223
- Schlichtungsverfahren 4 491
- Weiterbeschäftigung, Streitwert 8 M 203, 246

Berufserfahrung
- AGG 3 7

Berufung
- Anschlussberufung 6 64, M 126
- Berufungsbegründungsfrist 6 60, M 131 ff , M 141
- Berufungseinlegung 6 65
- berufungsfähige Urteile 6 57
- Berufungsfrist 6 58 f
- Berufungsgründe 6 62
- Berufungsschrift 6 66 f
- Berufungsschriftsatz, Unterschrift 6 M 138 f
- Berufungsurteil, Inhalt 6 61
- Bestellungsschreiben für Berufungsbeklagten 6 M 130
- des Beklagten 6 M 128
- des Klägers 6 M 127
- Rücknahme 6 63
- Zwangsvollstreckung 6 89 ff

Berufungsbegründungsfrist 6 60, M 131 ff , M 141

Berufungsrücknahme 6 63

Berufungsschriftsatz, Unterschrift 6 M 138 f

Beschäftigtenzahl (§ 23 KSchG) 6 M 280

Beschäftigter
- Begriff 1 263

Beschäftigung
- Antrag des Betriebsrats auf Unterlassen der Beschäftigung eines eingestellten Mitarbeiters 7 M 84

Beschäftigung, tatsächliche
- Streitwert 8 M 204, 246

Beschäftigungsanspruch
- einstweiliger Rechtsschutz, Antrag 6 243 f

Beschäftigungsklage
- als Arbeitnehmer 6 M 269
- Beschäftigung als Arbeitnehmer nach Abberufung als Geschäftsführer 6 M 266
- leidensgerechter Arbeitsplatz 6 M 267
- tabakrauchfreier Arbeitsplatz 6 M 268
- unveränderte Beschäftigung nach rechtswidriger Versetzung 6 M 260
- vertragsgemäße Beschäftigung 6 M 259
- Weiterbeschäftigung eines Jugend- und Auszubildendenvertreters nach Ende des Ausbildungsverhältnisses 6 M 270

Beschäftigungs- und Qualifizierungsgesellschaft 4 434

Beschlussverfahren
- Abgrenzung zu Einigungsstellenverfahren 7 1 ff
- Amtsermittlungsgrundsatz 7 17
- Antragsschrift Aufbau 7 15
- Antragsteller 7 15
- Beispiele für Streitigkeiten 7 6 ff
- Bestimmtheit des Antrags 7 43 ff
- Beteiligte 7 15 f
- Betriebsratsvorsitzender als Vertreter des Betriebsrats 7 23
- Einigungsstellenverfahren, Abgrenzung 7 1 ff
- einstweilige Verfügung 7 21
- Feststellungsantrag 7 44
- Güteverfahren 7 19 f
- Leistungsantrag 7 44
- Parteibezeichnung 7 15
- personalvertretungsrechtliche Angelegenheiten 7 14
- Rechtsgrundlagen 7 2
- Rechtsmittel 7 22, 27
- verfahrensbeendende Entscheidung 7 18
- Verfahrensordnung 7 17
- Vertretung von Betriebsräten 7 43 ff
- Zuständigkeit 7 5

Beschlussverfahren nach InsO
- gerichtliche Zustimmung zur Betriebsänderung (§ 122 InsO) 7 106 ff, M 143
- Kostenerstattung 7 140
- Kostentragung der Betriebsratstätigkeit 7 139
- Kündigungsschutz (§§ 126, 127 InsO) 7 116 ff, M 152
- Rechtsmittel 7 136 ff
- Streitwert 7 140

Beschränkte Mandantenschutzklausel 2 71

Beschwerde gegen Beschluss des ArbG
- Beschlussverfahren 6 M 129; 7 22, 27, M 31

Beschwerde gegen Zwischenentscheidung 7 M 32

Beschwerden eines Arbeitnehmers
- Bestellung Einigungsstellenvorsitzender 7 M 66
- Einigungsstellenzuständigkeit 7 3

Beschwerdeverfahren
- Bestellungsschriftsatz 7 M 34

Besetzung des Gerichts
- fehlerhafte, Nichtigkeitsklage 6 M 136

Bestätigungen 1 117 ff

Bestellung
- AG-Vorstand 1 459 ff
- GmbH-Geschäftsführer 1 426 ff

Bestellungsschreiben
- des Rechtsbeschwerdegegners 6 M 144
- für Berufungsbeklagten 6 M 130
- für Revisionsbeklagten 6 M 143
- in der Revision gegen Nichtzulassungsbeschwerde 6 M 142
- Verteidigungsanzeige Klage 6 M 452 ff

Bestellungsschriftsatz
- Beschwerdeverfahren 7 M 34
- Rechtsbeschwerdeverfahren 7 M 35

Bestimmtheit des Antrags
- im Beschlussverfahren 7 43 ff
- Zahlungsklage 6 19

Bestimmtheitsgrundsatz
- Kündigungserklärung 4 11

Betreuer
- Zugang Kündigungserklärung 4 44

Stichwortverzeichnis

Betrieb, einheitlicher
- Betriebsvereinbarung   5 M 83

Betrieb iSv § 18 Abs. 2 Satz 2 BetrVG
- Beschlussverfahren   7 6

Betriebliche Altersversorgung
- Abfindungsangebot nach § 3 BetrAVG   4 M 180
- Änderungsvorbehalt und Jeweiligkeitsklausel   1 80a
- Ausgleichsklauseln   4 470
- Auskunft   3 108 f
- Ausschluss von Außendienstmitarbeiter   5 20
- Begriff   1 518
- Betriebsvereinbarung   5 M 86
- Direktversicherung   4 495 ff
- Direktzusage   4 492 ff
- Entgeltumwandlung   4 508 ff
- Kündigung einer Betriebsvereinbarung über betriebliche Altersversorgung   5 48
- Pensionsfonds   4 503 ff
- Pensionskasse   4 500 ff
- Pensionszusage Konzernvorstand   1 M 535
- Ruhegeld, Anpassung   6 M 328
- Streitwert   8 246
- Unklarheitenregel   1 30
- Unterstützungskasse   4 506 f
- unverfallbare Anwartschaften, Auskunftsklage   6 M 330
- Vordienstzeiten, Anrechnung   6 M 329

Betriebliche Bildungsmaßnahmen
- Einigungsstellenzuständigkeit bei Meinungsverschiedenheiten   7 3

Betriebliche Bündnisse für Arbeit   5 56 ff

Betriebliche Einigungsstelle
- Betriebsvereinbarung   5 M 81

Betriebliche Gesundheitsvorsorge
- Work-Life-Balance   1 141

Betriebliche Kinderbetreuung
- Work-Life-Balance   1 141

Betriebliches Eingliederungsmanagement (bEM)
- erhebliche Fehlzeiten bei negativer Gesundheitsprognose, personenbedingte Kündigung   6 M 477

Betriebliche Übung
- ablösende Betriebsvereinbarung   5 47
- fingierte Erklärungen (§ 308 Nr. 5 BGB)   1 87a

Betriebsänderung   siehe auch Interessenausgleich
- Anwaltsvergütung, Bestimmung der Leistungsphasen   8 M 114
- Anwaltsvergütung, Kostenvoranschlag   8 M 115
- Begriff   5 156 ff
- Beschlussverfahren nach InsO   7 106 ff, M 143
- Darlegungs- und Beweislast   5 160 ff
- Einigungsstellenzuständigkeit bei Versuch von Interessenausgleich/Vereinbarung von Sozialplan   7 3
- einstweilige Unterlassungsverfügung   5 188 f
- Gesamtbetriebsrat   5 185 ff
- Nachteilsausgleich   5 185 ff
- Namensliste   5 159
- Sozialplan   5 201, 215 ff
- Unterlassung der Durchführung einer geplanten   7 M 85

- Unterrichtung des Betriebsrats, einstweilige Verfügung   7 M 62
- Zahlenstaffel   5 165

Betriebsarzt
- Bestellung und Abberufung, Streit über   7 3

Betriebsausweis
- Betriebsvereinbarung über Verhalten der Mitarbeiter im Betrieb   5 M 122

Betriebsbedingte Kündigung
- Abfindungsanspruch nach § 1a Abs. 2 KSchG   4 403 ff; 6 M 297
- „Änderungskündigung vor Beendigungskündigung"   6 M 295
- Anhörung des Betriebsrats   4 106 ff
- Arbeitsmangel nach Umorganisation   6 M 460
- Auftragsrückgang   4 M 153
- Auslandsentsendung   6 M 297b
- außerbetriebliche Gründe   6 M 461
- Betriebsteilstilllegung   4 M 156
- Betriebsübernahme, verdeckte   6 M 335
- Darlegungs- und Beweislast   6 399 ff
- des Verleihers   6 M 297c
- Endsendungsvertrag   6 M 297b
- Fehler bei   6 399 ff
- innerbetriebliche Gründe, Darlegungslast   6 M 464
- Leistungsverdichtung   4 M 154; 6 M 296, M 465
- mit Abfindungsanspruch   4 M 157
- mit Angebot eines Abwicklungsvertrages   4 M 158
- Mitteilung der Kündigungsgründe, Aufforderungsschreiben   6 M 275
- Mitteilung der Kündigungsgründe, Aufforderungsschreiben des Arbeitnehmers   4 M 167
- Produktionsrückgang   4 M 155
- Sozialauswahl, mangelhafte   6 M 294
- Sperrzeit wegen Arbeitsaufgabe   4 232, 252
- Stilllegungsbeschluss der Gesellschafter einer GmbH zur Vorbereitung einer   4 M 159
- Teilkündigung bei Auslandentsendung   6 M 297b
- Umsatzrückgang   4 M 153
- Weiterbeschäftigungsanspruch im Konzern   6 M 297a

Betriebsfeier
- Betriebsvereinbarung   5 41

Betriebsgegenstände   siehe Firmengegenstände

Betriebsgeheimnis
- Verpflichtung zur Wahrung   3 M 170

Betriebsgeheimnisklauseln
- Aufhebungs- und Abwicklungsvertrag   4 512 ff

Betriebsjubiläum
- Betriebsvereinbarung   5 M 72

Betriebsöffentliche Auseinandersetzungen
- Unterlassungsanspruch   7 M 82

Betriebsordnung
- Betriebsvereinbarung (Kurzfassung)   5 M 118
- Betriebsvereinbarung (Langfassung)   5 M 119

Betriebsorganisatorisch eigenständige Einheit (beE)   5 266, 272

Betriebsrat   siehe auch Interessenausgleich; siehe auch Unterrichtung des Betriebsrats
- Abmahnung   3 104
- Änderungskündigung   3 77

Stichwortverzeichnis

- Änderung von Arbeitsbedingungen 3 77 ff
- Anhörung vor Kündigung 4 M 175 ff
- Auflösung, Streitigkeit über 7 6
- Beurteilungsgrundsätze 3 36 ff, 76
- Bewerbungsunterlagen 3 4
- Checkliste für Zustimmungsprüfung bei Versetzung/Umgruppierung 4 M 181
- Compliance 1 417
- Dienstwagenregelung 2 144
- DV-Systeme, Beteiligung vor Einführung 5 M 126
- Einigungsstellenzuständigkeit bei Auskunftserteilung an 7 3
- Einstellung, Mitbestimmung bei 3 M 71 ff
- Einstellung, Zusammenarbeit mit 3 50 ff
- Interessenausgleich in der Insolvenz 5 197
- Kostenerstattung der Rechtsvertretung 8 17, 30
- Kündigung 4 74 ff, 84 ff
- Personalfragebogen 3 36 ff
- Sonderkündigungsschutz 4 128 ff
- Sprechstunden, Streit über Einrichtung 7 3
- Teilzeitarbeit 3 77
- Unterlassen mitbestimmungswidrigen Verhaltens, Streitwert 8 246
- Unterrichtung bei Kündigung 6 M 279, M 450 f
- Unterrichtung durch einstweilige Verfügung (Betriebsänderung) 7 M 62
- Versetzung 3 77
- wiederholte Zustellung der Kündigung, keine erneute BR-Anhörung 6 M 459
- Zustimmung Änderungskündigung 6 M 308 f

Betriebsratsfähige Organisationseinheit
- Antrag auf Feststellung 7 M 37

Betriebsratsmitglied
- Ausschluss, Streitigkeit über 7 6
- Ausschluss wegen Pflichtverletzung 7 M 142
- Erstattung Schulungskosten 7 M 78
- Freistellung für Schulungs- und Bildungsveranstaltungen, Streit über 7 3
- Freistellung pauschal, Streit über 7 3
- Kündigung 4 132 ff
- Kündigung, Zustimmungsersetzung 7 M 149, M 161
- Sonderkündigungsschutz 4 128 ff, 132

Betriebsratstätigkeit siehe auch Kosten Betriebsratstätigkeit
- Abgeltung 7 M 63
- Beschlussverfahren nach InsO, Kostentragung 7 139
- Freizeitausgleich 7 M 63
- Sachverständigenkosten, keine Übernahme 7 M 157
- Sachverständiger, Hinzuziehung durch einstweilige Verfügung 7 M 77

Betriebsratsvorsitzender
- Freistellung, Streitigkeiten 7 8

Betriebsratswahl
- Abbruch, Antrag des Arbeitgebers 7 M 141
- Abbruch, Schutzschrift zur Abwehr eines arbeitgeberseitigen Antrags auf Erlass einer einstweiligen Verfügung zum A. 7 M 79
- Abbruch und Anfechtung, Streitwert 8 M 205
- Abbruch wegen fehlerhafter Besetzung des Wahlvorstands 7 M 144
- Anfechtung 7 7, M 30, M 93
- Bestellung des Wahlvorstands 7 M 94
- Nichtigkeit 7 7
- Streitigkeit über Zeitpunkt 7 7
- Unterlassungsverfügung 7 M 159

Betriebsrente
- Betriebsvereinbarung 5 M 86

Betriebsstilllegung
- Anwaltsvergütung, Bestimmung der Leistungsphasen 8 M 114
- Beendigungskündigung 6 M 462
- Deckungsantrag 8 M 284
- Interessenausgleich, Betriebsstilllegung im Konzern 5 M 274
- Sozialplan 5 238
- Sozialplan, Betriebsstilllegung im Konzern 5 M 287
- Sozialplan, Einigungsstellenspruch 5 M 288
- Stilllegungsbeschluss der Gesellschafter einer GmbH zur Vorbereitung einer 4 M 159

Betriebsteilstilllegung
- betriebsbedingte Kündigung 4 M 156

Betriebsteilübergang
- Abfindung, Steuerermäßigung 4 195

Betriebsübergang
- Abfindung, Steuerermäßigung 4 195
- Absicherung Arbeitgeberwechsel 3 M 138
- Änderungs- und Aufhebungsverträge 6 M 334
- Aufhebungsvertrag 4 432 f
- Information des Arbeitgebers und Zustimmung des Mitarbeiters 3 M 141
- Interessenausgleich, Betriebsübergang und Sitzverlegung einer Versicherungsgesellschaft 5 M 275
- keine Betriebsänderung 5 171
- kollektiver Widerspruch 3 122
- Kündigungsschutzklage, Klageanträge 6 204 f
- richtiger Beklagter 6 398
- Schwerbehinderteneigenschaft 4 140
- Sozialplan, Betriebsübergang und Sitzverlegung einer Versicherungsgesellschaft 5 M 289
- Streitwert 8 246
- Unterrichtungspflicht 3 115 ff
- Widerspruch 3 118 ff, M 142
- Widerspruch, Verwirkungsschutz 3 M 143

Betriebsübernahme
- Haftungsbeschränkung des Erwerbers in Insolvenz 6 M 514
- Klage wegen, Grundmuster 6 M 333

Betriebsvereinbarung
- Abänderung 5 11
- Abgrenzung zur Regelungsabsprache 5 15, 47
- AGG 5 3 ff
- Alter (AGG) 5 3
- Altersgrenzenregelung für Bestand des Arbeitsverhältnisses 5 42
- Anfechtung 5 31
- Anlage 5 25
- Anwesenheitsprämie 5 39
- Arbeitsgruppe 5 27
- Arbeitsvertrag, Verhältnis zu 5 12
- Arbeitsvertrag mit Arbeiter ohne Tarifbezug, mit Einbeziehung Betriebsvereinbarung 1 M 163

Stichwortverzeichnis

- Arbeitsvertragsgestaltung 1 3, 6
- Arbeitszeit, Staffelung nach Lebensalter (Altersdiskriminierung) 5 4
- Aufhebung 5 11, 47
- Auslegung 5 18
- Begriff 5 10
- Bekanntmachung 5 22
- Benachteiligungsverbot wegen Geschlechts (AGG) 5 9, 33
- Betriebsfeier 5 41
- Betriebsratsbeschluss 5 26
- Billigkeitskontrolle 5 19
- Entgelt, Staffelung nach Lebensalter (Altersdiskriminierung) 5 4
- erzwingbare 5 14
- freiwillige 5 14, 63 ff, 68 ff
- Geltungsdauer 5 47
- Gesamtbetriebsrat 5 27
- Grenzen der Regelungsbefugnis 5 32 ff
- Günstigkeitsprinzip 5 11 f
- innerbetriebliche Stellenausschreibung 5 M 76; 7 M 84
- keine AGB-Inhaltskontrolle 1 133
- Konzernbetriebsrat 5 27
- Kündigung 5 48 ff
- Leitung des Betriebes 5 40
- Lohngleichheitsgebot 5 33
- Lohnverwendungsabreden 5 41
- Nachwirkung 5 52 ff
- Nichtigkeit 5 31
- Normwirkung 5 11
- Öffnungsklauseln 5 11, 34 ff
- persönlicher Geltungsbereich 5 45
- Pünktlichkeitsprämie 5 39
- räumlicher Geltungsbereich 5 44
- Rechtsnatur 5 13
- Regelungsgegenstand, Grenzen 5 32 ff
- Rückwirkung 5 46
- Schriftform 5 23 f
- Sozialplan 5 202 ff
- Tarifvorbehalt 5 34 ff
- teilmitbestimmungspflichtige 5 67
- Umdeutung 5 31
- Unterzeichnung 5 23 f
- Urlaubsdauer, Staffelung nach Lebensalter (Altersdiskriminierung) 5 4
- Verhältnis zu Gruppenvereinbarung 5 17
- Verpflichteter 5 43
- Vertragspartner 5 27 ff
- Vertragsstrafenregelung 1 105
- Verweisung in B. auf anderen Regelungstext 5 25
- Widerrufsvorbehalte, keine AGB-Kontrolle 1 57, 133
- Work-Life-Balance (Arbeitszeitgestaltung) 5 M 110 ff
- zeitlicher Geltungsbereich 5 46 ff
- Zustandekommen 5 21 ff
- Zweckerreichung 5 47

Betriebsvereinbarung, erzwingbare
- Arbeit an Wochenenden und Feiertagen 5 M 102
- Arbeitsordnung, allgemeine 5 M 115
- Arbeitsstätte, außerbetriebliche 5 M 143
- Arbeits- und Reisezeit (Berechnung und Erfassung) 5 M 104

- Arbeitsvertragsgestaltung (Rahmenrichtlinien) 5 M 116
- Arbeitszeit, Freizeitruhe-Garantie (Verbot digitaler Freizeitstörung) 5 M 113
- Arbeitszeit, gleitende 5 M 106
- Arbeitszeit, Lebensarbeitszeitkonten 5 M 112
- Arbeitszeit, variable 5 M 110 f
- Arbeitszeitregelung zur Sollzeit 5 M 103
- Auswahlrichtlinie gem. § 95 BetrVG 5 M 144
- Auswahlrichtlinien bei Kündigung 5 M 146
- Auswahlrichtlinien bei personellen Maßnahmen 5 M 145
- Begriff 5 14, 89 f
- Betriebsordnung (Kurzfassung) 5 M 118
- Betriebsordnung (Langfassung) 5 M 119
- Betriebsratsbeteiligung vor Einführung neuer DV-Systeme 5 M 126
- Bildschirmarbeit 5 M 124
- Compliance 5 92 f
- Compliance Datenschutz 5 M 121
- Compliance Korruptionsbekämpfung 5 M 120
- DV-/IT-Systeme, Einführung 5 M 127 f
- elektronische Kommunikationssysteme und informationstechnische Infrastruktur 5 M 129
- E-Mail 5 M 125, M 129 f
- Entgeltordnung 5 M 137
- Flexibilisierung der Arbeitszeit 5 M 105
- Gegenstand 5 91 f
- Gratifikation, freiwillige 5 M 138
- Grenzen 5 101
- Gruppenarbeit 5 M 149
- Handy, betriebliches 5 M 135 f
- Internetnutzung 5 M 125, M 129 f
- KAPOVAZ-Abrede 5 M 108
- keine AGB-Inhaltskontrolle 1 133
- Kurzarbeit 5 M 150
- Nachwirkung 5 100
- Personaleinkauf 5 M 151
- Personalinformationssystem (PAISY) 5 M 131 f
- Prämiensystem für Mitarbeiter im Verkauf 5 M 139
- Rufbereitschaft, projektbezogene 5 M 109
- Telearbeit, alternierende 5 M 142
- Telefonanlage, Einsatz 5 M 133 f
- Unfallschutz 5 M 152
- Unterlassungsanspruch des Betriebsrats 5 89
- Urlaubgewährung 5 M 154
- Urlaubrahmenplanung 5 M 153
- Vergütung, leistungsorientierte 5 M 140
- Verhalten im Betrieb 5 M 122
- Video- und Kameraüberwachung 5 M 136
- Vorschlagswesen 5 M 147 f
- Werksparkplatz 5 M 123
- Work-Life-Balance (Arbeitszeitgestaltung) 5 M 110 ff
- Zeiterfassung, elektronische 5 M 107

Betriebsvereinbarung, freiwillige
- Alkoholmissbrauch 5 M 114
- Altersteilzeit (Bereich Chemie) 5 M 85
- Arbeitsfreistellung/Vergütung Betriebsratsmitglied 5 M 80
- Arztbesuch während Arbeitszeit 5 M 117
- Begriff 5 14
- Betrieb, einheitlicher 5 M 83

- Betriebsjubiläum 5 M 72
- Betriebsrente 5 M 86
- Betriebsversammlung 5 M 82
- Diskriminierung/Mobbing 5 M 74
- Diskriminierung/sexuelle Belästigung 5 M 74
- Diskriminierungsschutz ausländischer Arbeitnehmer 5 M 73
- Einigungsstelle, betriebliche 5 M 81
- Europäischer Betriebsrat 5 M 84
- Frauenförderung 5 M 75
- Gegenstand 5 63 ff
- Geltungsumfang 5 68 ff
- keine AGB-Inhaltskontrolle 1 133
- Mitarbeiterbeschwerden, Behandlung von 5 M 77
- Mitarbeitergespräch, Rahmenvereinbarung über Behandlung 5 M 78
- Mobbing 5 M 74
- Nachwirkung 5 63
- Personalplanung 5 M 79
- Rechtsgrundlage 5 63
- Stellenausschreibung, innerbetriebliche 5 M 76
- Suchtprobleme 5 66, M 87
- Umweltschutz 5 M 88
- Zulagen, übertarifliche 5 M 141

Betriebsvereinbarung, Kündigung der
- betriebsratsloser Betrieb 5 50
- Form 5 48
- fristlose Kündigung aus wichtigem Grund 5 50
- Kündigungsfrist 5 48
- Rechtsfolgen 5 48
- Teilkündigung 5 50
- über betriebliche Altersversorgung 5 48
- über freiwillige Leistung 5 49

Betriebsverfassungsrechtliche Streitigkeit iSv § 2a ArbGG
- Beispiele 7 6 ff

Betriebsverlagerung
- Beendigungskündigung 6 M 463
- Interessenausgleich 5 M 276, M 283
- Sozialplan 5 239, M 290, M 294
- Tendenzbetrieb 5 M 297

Betriebsversammlung
- Antrag auf Untersagung der Durchführung 7 M 145
- Betriebsvereinbarung über Durchführung 5 M 82
- Zutrittsrecht Gewerkschaftsbeauftragter 7 13, M 69

Beurteilungsgespräch 3 75 ff

Beurteilungsgrundsätze
- Einigungsstellenzuständigkeit bei Meinungsverschiedenheiten 7 3
- Mitbestimmungsrecht Betriebsrat 3 36 ff, 76

Bewachungspersonal
- Arbeitsvertrag 1 M 221

Beweisführung im Arbeitsgerichtsprozess 6 M 106

Beweislastveränderungen 1 114 ff

Beweismittel
- Verwertung einer Zeugenaussage bei mitgehörtem Telefonat 6 M 116

Beweisverwertung
- Betriebsvereinbarung über Compliance 5 M 121

Bewerberauswahl
- Allgemeines 3 39 ff
- Textmuster für 3 M 57 ff

Bewerberbeurteilung 3 M 57

Bewerbung
- Absage 3 M 65
- Bewerbungskosten 3 2 ff
- Fragenbogen an Bewerber 3 M 58 f
- Fragenkatalog 3 34
- Fragenkatalog zum Bewerbungsgespräch 3 M 60
- Fragerecht des Arbeitgebers 3 5 ff
- Offenbarungspflicht des Arbeitgebers 3 35
- Offenbarungspflicht des Arbeitnehmers 3 11 ff
- Zusage 3 M 64
- Zwischennachricht 3 M 61

Bewerbungskosten 3 2 ff
- Einladung zum Vorstellungsgespräch mit/ohne Kostenübernahme 3 M 62 f
- Zahlungsklage 6 M 373

Bewerbungsunterlagen
- Betriebsrat 3 4
- Rücksendung/Verwahrung 3 2, 42 f
- Speicherung elektronischer Unterlagen 3 2

Bezirksänderungsklausel, Vertriebsmitarbeiter
- Transparenzgebot 1 46

Bezirksrecht
- Handelsvertreter 1 277 ff

Bezugnahmeklauseln 1 134 ff

BGB-Gesellschaft
- Parteibezeichnung in Klageschrift 6 6 ff
- Passiv-Rubrum 6 182
- Rechtsfähigkeit 6 6

Bildschirmarbeit
- Betriebsvereinbarung 5 M 124

Bild- und Tonübertragung
- Gerichtsverhandlung 6 44

Bildungsmaßnahmen
- Einigungsstellenzuständigkeit bei Meinungsverschiedenheiten 7 3
- keine Kostentragung für Betriebsratsmitglieder 2 260 f

Bildungsurlaub
- einstweilige Verfügung 6 M 359

Bildungsveranstaltung siehe auch Fortbildungsveranstaltung
- Freistellung Betriebsratsmitglied, Streit über 7 3
- Freistellung Jugend- und Auszubildendenvertretung, Streit über 7 3
- Freistellung Personalratsmitglied, Streitwert 8 M 218, 246
- Kostenbeteiligung Arbeitnehmer 2 260 f
- Kostentragung Arbeitgeber 7 M 78, M 154
- vorherige Unterrichtung des Betriebsrats 7 M 83, M 158

Billigkeitskontrolle
- Betriebsvereinbarung 5 19

Blindbewerbung 3 43

Blockmodell 4 695 ff; 6 M 341

Blue-pencil-Test 1 126

Stichwortverzeichnis

Bonusbank
- Dienstvertrag mit nachhaltiger variabler Vergütung 1 M 534

Bonusmeilenklausel
- Aushöhlungsverbot (§ 307 Abs. 2 Nr. 2 BGB) 1 64

Bordvertretung
- Sonderkündigungsschutz 4 128

Boreout
- Teilzeitarbeit gegen 6 226

Brutto-Abfindung 4 369 ff

Brutto-Klage 6 17 ff, M 366

Bundesagentur für Arbeit
- Anspruchsübergang nach § 115 SGB X 4 288 ff

Burda-Entscheidung 5 58

Bürgschaft
- Bürgschaftsklausel 4 511

Bürgschaftserklärung
- Prozessvergleich 4 346 f

Burnout
- Teilzeitarbeit gegen 6 226

Call-Center
- Arbeitsvertrag mit Telefonakquisiteur 1 M 248

Car-Allowance-Regelung 2 M 198

Change of Control
- Aktiengesellschaft 1 498 ff, M 534

Chefarztvertrag
- Änderungsvorbehalt 1 77, 82
- Entwicklungsklausel, Benachteiligungsverbot (§ 307 Abs. 1 Nr. 1 BGB) 1 53
- mit Nebentätigkeitsabrede (ausgewogen) 1 M 193
- vorteilhaft für Chefarzt 1 M 194
- vorteilhaft für Krankenhaus 1 M 195

Chefredakteur
- Arbeitsvertrag 1 M 206

Chemische Industrie
- Arbeitsvertrag, mit Tarifbindung 1 M 235 f

Compliance
- Arbeitsvertrag mit Angestelltem 1 M 169, M 173
- Begriff 1 136 ff, 412 f
- Betriebsrat 1 417
- Betriebsvereinbarung, erzwingbare 5 92 f
- Betriebsvereinbarung Datenschutz 5 M 121
- Betriebsvereinbarung Korruptionsbekämpfung 5 M 120
- Dienstvertrag eines AG-Vorstands mit Compliance-Klausel 1 M 534
- Dienstvertrag eines GmbH-Geschäftsführers mit Compliance-Klausel 1 M 523
- Ethik-Kodex 3 M 174
- Kündigung wegen Verstoßes gegen Compliance-Richtlinie 4 115
- Mitbestimmungsrecht Betriebsrat 5 92 f
- Vertragsbeendigung wegen Straftaten/Schmiergeld/Schwarzgeld etc. 4 469
- Vertragsgestaltung bei Arbeitnehmern 1 140
- Vertragsgestaltung bei GmbH-Geschäftsführern/AG-Vorständen 1 418

Compliance Officer
- Arbeitsvertrag 1 M 208a
- Betriebsvereinbarung über Compliance 5 M 120
- Ernennung/Aufgaben 1 138, 416
- Mitbestimmungsrecht Betriebsrat 5 93

Compliance-Organisation
- Compliance Officer 1 138, M 208a, 416
- inhaltliche Ausgestaltung 1 137, 415
- Pflicht zur Schaffung von 1 414

Compliance-Richtlinie
- Kündigung wegen Verstoßes gegen 4 115

Creativ-Consultant in Werbebranche
- freier Mitarbeitervertrag 1 M 348

Cutter (Rundfunk/Film/Fernsehen etc.)
- Rechtsstellung 1 309

D&O-Versicherung
- unbefristeter Dienstvertrag eines Fremdgeschäftsführers mit Haftungsbegrenzung und D&O-Versicherung 1 M 522

Dankes-/Bedauerns-Formel 3 M 266

Danosa-Entscheidung 1 363, 378

Darlehen siehe Arbeitgeberdarlehen

Datengeheimnis siehe auch Datenschutz
- Merkblatt 3 M 171

Datenschutz
- Betriebsvereinbarung über Compliance 5 M 121
- Betriebsvereinbarung über Verhalten der Mitarbeiter im Betrieb 5 M 122
- Merkblatt 1 M 238
- Verpflichtungserklärung 3 M 169

Datenschutzbeauftragter
- besonderer Kündigungsschutz 6 M 320
- Geschäftsbesorgungsvertrag zur Bestellung eines externen 1 M 355

Datenverarbeitungsklausel
- Einwilligungsklausel 1 36

Dauererreichbarkeit (Handy etc.)
- Arbeitsvertrag mit Work-Life-Balance-Klausel 1 M 226
- Betriebsvereinbarung Freizeitruhe-Garantie (Verbot digitaler Freizeitstörung) 5 M 113
- Work-Life-Balance 1 141 f; 5 96

Deckungsschutz siehe auch Rechtsschutzversicherung
- Anforderungen an einen vorvertraglichen Pflichtenverstoß bei fristloser Kündigung 8 M 286
- bei Kündigung und Abwicklungsvertrag 8 M 291
- Deckungsantrag bei außergerichtlicher Interessenwahrnehmung durch Sachverhaltsschilderung 8 M 272
- Deckungsantrag bei außergerichtlicher Interessenwahrnehmung durch Schriftsatzbezug 8 M 271
- Deckungsantrag bei außergerichtlicher Interessenwahrnehmung und Beschränkung auf Gegenstandswert gem. § 42 Abs. 2 Satz 1 GKG 8 M 273
- Deckungsantrag bei außergerichtlicher Interessenwahrnehmung wegen Schikanen 8 M 274
- Deckungsantrag bei Betriebsstilllegung 8 M 284
- Deckungsantrag bei eiliger Kündigungsschutzklage 8 M 269
- Deckungsantrag bei Entfristungsklage 8 M 277

Stichwortverzeichnis

- Deckungsantrag für gerichtliche Tätigkeit nach erfolglosem außergerichtlichem Verhandeln 8 M 270
- Deckungsantrag wegen Kündigung 8 M 275 f
- kein Deckungsausschluss bei Kündigung wegen angeblich vorsätzlich begangener Straftat 8 M 289
- kein Deckungsausschluss bei Verfahren vor Integrationsamt 8 M 290
- keine Erläuterung des gerichtlichen Streitwertbeschlusses 8 M 288
- Mehrvergleich 8 265, M 292
- Rechtspflichtenverstoß wegen fehlenden Zwischenzeugnisses 8 M 285
- Umfang 8 254
- Verweigerung wegen fehlender Erfolgsaussicht 8 M 280 f
- Verweigerung wegen vorsätzlich begangener Straftat 8 M 282
- Weiterbeschäftigung 8 M 283
- Weiterbeschäftigungsantrag 8 M 278 f
- Zahlungsklage neben Kündigungsschutzklage 8 M 287
- Zwischenzeugnis 8 M 285

Deckungszusage
- Abwesenheitsgeld 8 M 303
- außergerichtliche Tätigkeit 8 255 ff
- Einwendungsausschluss 8 M 294
- Fahrkostenerstattung 8 M 303
- Schadensersatz bei vertragswidriger Verweigerung 8 M 293

Delkredere-Vereinbarung
- Begriff 1 273
- Provisionshöhe 1 289

Detektiv
- Arbeitsvertrag mit Tarifbindung 1 M 222

Detektivkosten
- Schadensersatzklage 6 M 516

Deutscher Corporate Governance Kodex 1 456 f; 2 277

Diensterfindungen
- Meldung 3 M 182
- Merkblatt 1 M 238
- Vergütungsvereinbarung 3 M 184

Diensterfindungsklauseln 4 516 ff

Dienstfahrzeug siehe Dienstwagen; siehe auch Leasingfahrzeug

Dienstreiseantrag 3 M 152

Dienstvertrag
- Altersteilzeit 4 750 f
- Arbeitsvertrag mit kfm. Angestellten 1 M 225
- befristeter Dienstvertrag, Fremdgeschäftsführer 1 M 521
- Streit über Fortbestand, Streitwert 8 M 207, 246
- unbefristeter Dienstvertrag, Fremdgeschäftsführer (mit Haftungsbegrenzung und D&O-Versicherung) 1 M 522

Dienstwagen siehe auch Leasingfahrzeug
- 1%-Regelung/Nutzungspauschale 2 149 ff
- Altersteilzeit 2 139 f
- Aufforderung zur Rückgabe 2 M 202
- Ausgleichsklausel 4 534
- Ausgleichsklauseln 4 467
- Autotelefon 2 159 ff
- betriebliche Nutzung 2 126
- Elternzeit 2 136 f
- Erlaubnis der Benutzung eines arbeitnehmereigenen Kfz für Dienstfahrten 2 M 199
- Ersetzungsbefugnis 2 138
- Fahrer für Dienstwagen 2 143, 153
- Fahrtenbuch (Einzelnachweis) 2 148
- Fernsprechanlagen 2 159 ff
- freier Mitarbeiter und Privatnutzung 1 332
- Freistellung 2 170 ff; 4 531
- GmbH-Geschäftsführer 1 430
- haftungsrechtliche Einzelfragen 2 163 ff
- Haftungsverzichtserklärung eines Arbeitskollegen 2 M 200
- Herausgabe, einstweilige Verfügung 2 174 ff; 6 M 342, M 515
- Herausgabe, Streitwert 8 246
- Kaskoversicherung 2 127
- Kostenbeteiligung des Arbeitnehmers 2 185 ff
- Krankheit 4 531
- Leasingfahrzeug 2 178, 183 f, 186 ff
- mehrere Arbeitnehmer 2 146, 156
- Mitbestimmung des Betriebsrats 2 144
- Mitnahme von Arbeitskollegen 2 141 f, 168
- Mutterschutz 2 136 f
- Naturalvergütung 2 125, 128 ff; 4 531
- Nutzungsentgelte/Zuzahlungen des Arbeitnehmers 2 141 f
- Nutzungsentschädigung 4 534
- Nutzungsumfang 2 125 ff
- Personenschaden Arbeitgeberhaftung 2 168
- private Nutzung 2 128 ff; 4 467, 529 ff
- Rückgabeprotokoll 4 542
- Rückstufungsschaden 2 167
- Schadensersatzklage wegen Entzugs 6 M 347
- Schadensfreiheitsrabatt 4 541
- Sonderausstattung, Kostenbeteiligung des Arbeitnehmers 2 185
- steuerrechtliche Behandlung privater Nutzung 2 145 ff; 4 536
- Unfallmeldung 2 M 201
- Urlaub 4 531
- Vertragsgestaltung 2 124, 137
- Vorenthaltung des Fahrzeugs 2 170 ff; 4 532 ff
- Wertersatz, Ermittlung 2 181 ff
- Widerruf der Nutzung 1 82a; 2 131 ff; 4 531
- Zurverfügungstellung, Streitwert 8 246

Dienstwagenklauseln
- Arbeitsvertragsklausel mit Verweis auf Dienstwagen-Richtlinie 2 M 197
- Betriebs-Kfz für Dienst- und Privatfahrten (Abrechnung nach Einzelnachweis) mit Widerrufsklausel 2 M 190
- Car-Allowance-Regelung 2 M 198
- Erwerb des Pkw durch Arbeitnehmer 4 521 ff
- frei widerrufliche Kfz-Überlassungsvereinbarung (ohne Privatnutzung) 2 M 192
- Kaufpreis 4 522 f
- Leasingfahrzeug 4 537 ff
- mit Nutzungspauschale für Privatfahrten 2 M 189
- mit Nutzungspauschale für Privatfahrten (Arbeitsvertragsergänzung) 2 M 191
- Nutzungsarten 4 529 ff

- Privat-Pkw, Zurverfügungstellen durch Mitarbeiter 2 M 198
- Rückgabe des Pkw 4 541 ff
- Rückgabeort 4 519 f
- Rückgabeprotokoll 4 542
- Schadensfreiheitsrabatt 4 541
- Transparenzgebot 1 48
- umfangreiche Vereinbarung mit Privatnutzungsanspruch und steuerlicher Nutzungspauschale 2 M 193

Direktionsrecht
- keine Einschränkung selbst nach langjähriger Tätigkeit 6 M 504
- Streitwert 8 M 208, 246

Direktversicherung
- Aufhebungsvertrag 4 495 ff

Direktzusage
- Aufhebungsvertrag 4 492 ff

Diskriminierung
- Alter 5 4
- Alter, EuGH-Rechtsprechung 6 M 255
- Betriebsvereinbarung 5 M 74
- Geschlecht 5 9; 6 M 257
- Gleichbehandlung bei Gehaltserhöhungen 6 M 378
- Konzern 6 407
- sexuelle Belästigung 6 M 258
- sexuelle Identität 6 M 256
- Teilzeitbeschäftigter 6 M 340

Diskriminierungsschutz ausländischer Arbeitnehmer
- freiwillige Betriebsvereinbarung 5 M 73

Diskriminierungsverbot *siehe* Allgemeines Gleichbehandlungsgesetz (AGG)

Dispositives Recht 1 130

Divergenz
- Nichtzulassungsbeschwerde 6 M 149 f

Domainname 4 603

Drittanstellung 1 389, 408

Drittschuldnerklage 6 418 ff

Drogenabhängigkeit
- Fragerecht des Arbeitgebers 3 22

Dualer Studiengang
- Merkmale 2 221 f
- Praxisphasenvertrag 2 221 f
- Praxisphasenvertrag mit Rückzahlungsverpflichtung 2 255 f, M 310
- Studiengebühren 2 223

EDV-Produkte/EDV-Dienstleistungen
- Arbeitsvertrag Vertriebsmitarbeiter 1 M 211

EDV-Systeme *siehe auch* E-Mail; *siehe auch* Internet
- Betriebsratsbeteiligung vor Einführung, Betriebsvereinbarung 5 M 126
- DV- und Orga-Projekte, Rationalisierung – Kombination Interessenausgleich/Sozialplan 5 M 299
- Einführung, Betriebsvereinbarung 5 M 127
- elektronische Kommunikationssysteme und informationstechnische Infrastruktur, Betriebsvereinbarung 5 M 129
- Mitbestimmungsrecht des Betriebsrats, Antrag auf Untersagung der Anwendung 7 M 64

- Personalinformationssystem (PAISY), Betriebsvereinbarung 5 M 131 f
- SAP-HR-TIM, Einführung 5 M 128

Ehrenamtlicher Richter
- Amtsenthebung, Streitwert 8 246

Ehrverletzung im Rahmen von Arbeitsverhältnis
- als Kündigungsgrund 6 M 498a
- Streitwert 8 M 209, 246

Eidesstattliche Versicherung
- einstweilige Verfügung 6 M 103

Eigenkündigung
- Abgrenzung zum Abwicklungsvertrag 4 185
- Anfechtung wegen Drohung 4 M 170
- Aufklärungspflichten des Arbeitgebers 4 451
- Schadensersatz wegen zur Eigenkündigung führenden Arbeitgeberverhaltens 6 M 346
- Sozialplanabfindung 5 209
- Sperrzeit wegen Arbeitsaufgabe 4 237 f, 244 ff, 272

Eigenmächtiger Urlaubsantritt 6 M 316, M 489

Eignungsuntersuchungen
- Personalauswahl 3 41

Einarbeitungsvertrag nach längerer Krankheit 1 M 151

Einfaches Zeugnis 3 221 ff

Eingetragener Verein
- Passiv-Rubrum 6 181

Eingruppierung *siehe auch* Personelle Maßnahmen
- Auswahlrichtlinien, Betriebsvereinbarung 5 M 145
- Mitbestimmungspflichtigkeit, Streit 7 M 65
- Zustimmungsersetzung, Streitwert 8 M 210 f, 246

Eingruppierungsklage
- Antrag 6 218

Einigungsgebühr
- Betriebsratstätigkeit, Rechtsanwaltskosten 8 M 212
- Einigung auf ungekündigtes Fortbestehen des Arbeitsverhältnisses 8 M 213
- Gebührentatbestand 8 135 ff, M 301 f

Einigungsstelle *siehe auch* Einigungsstellenverfahren
- Bestellung eines Vorsitzenden wegen Mitarbeiterbeschwerden 7 M 66
- Bestimmung Vorsitzender 7 5, M 61
- betriebliche, Betriebsvereinbarung 5 M 81
- Errichtung, Antrag 7 M 33
- Honoraranspruch Mitglieder 7 11, M 67
- Sozialplan 5 244 ff
- Zuständigkeit 7 3 f

Einigungsstellenspruch
- Anfechtung 7 M 57
- Insolvenzsozialplan 5 M 292
- Sozialplan, Betriebsstilllegung 5 M 288
- Wirksamkeit, Streitigkeiten 7 12

Einigungsstellenverfahren
- Abgrenzung zu Beschlussverfahren 7 1 ff
- Anwalt im Einigungsstellenverfahren und anschließende Prozessvertretung 8 M 309
- Rechtsgrundlagen 7 2

Einigungsstellenvorsitzender
- Bestellung 7 M 33, M 147

- Bestellung durch Betriebsrat wegen mitbestimmungspflichtiger Maßnahmen 7 M 61
- Bestimmung 7 M 36
- Honoraranspruch, Streitigkeiten 7 11
- Mitarbeiterbeschwerden, Bestellung wegen 7 M 66
- Schreiben des Arbeitgebers an Betriebsrat zur Zustimmung der Bestellung 7 M 146
- Verfahren zur Bestimmung 7 5
- Zurückweisung des Antrags auf Bestellung wegen mangelnden Rechtsschutzbedürfnis 7 M 148

Ein-Prozent-Regelung Kfz-Nutzung 2 149 ff

Einschreiben
- Zugang Kündigungserklärung 4 33 ff

Einschreiben mit Rückschein
- Zugang Kündigungserklärung 4 35

Einsichtsrecht Betriebsratsmitglied
- Streitigkeiten, Beschlussverfahren 7 8

Einspruch gegen Versäumnisurteil
- Grundmuster 6 M 119

Einstellungen siehe auch Beschäftigung; siehe auch Personelle Maßnahmen
- Antrag des Betriebsrats auf Aufhebung 7 M 76
- Antrag des Betriebsrats auf Unterlassen 7 M 75
- Auswahlrichtlinien, Betriebsvereinbarung 5 M 145
- Einigungsstellenzuständigkeit bei Uneinigkeit über Inhalt von Auswahlrichtlinien 7 3
- Mitbestimmung des Betriebsrats 3 M 71 ff
- vorläufige personelle Maßnahmen nach §§ 99, 100 BetrVG, Gegenantrag 7 M 92
- Zusammenarbeit mit Betriebsrat 3 50 ff

Einstellungszusage 4 484

Einstweiliger Rechtsschutz
- Anträge 6 231 ff
- Verfahren 6 228 ff

Einstweilige Verfügung
- Antrag auf Abweisung, Grundmuster 6 M 121
- Antrag auf Erlass, Grundmuster 6 M 120
- Beschlussverfahren 7 21
- eidesstattliche Versicherung 6 M 103
- Erforderlichkeit der Vollziehung 6 M 122
- Herausgabe Dienstwagen 2 174 ff; 6 M 342 f, M 515
- Streitwert 8 M 214
- Unterlassung Personalabbaumaßnahmen 7 55 f

Einwurf-Einschreiben
- Zugang Kündigungserklärung 4 33

Einzelhandel
- Arbeitsvertrag 1 M 216
- Arbeitsvertrag für Aushilfskraft 1 M 218
- Teilzeitarbeitsvertrag 1 M 217

Einzelkaufmann
- Passiv-Rubrum 6 183

Einzelnachweis Kfz-Nutzung
- steuerrechtliche Behandlung privater Dienstwagennutzung 2 148

Elektromeister
- Arbeitsvertrag 1 M 234

Elektronische Akte 6 45

Elektronische Lohnsteuerbescheinigung 6 M 344

Elektronische Zeiterfassung
- gleitende Arbeitszeit, Betriebsvereinbarung 5 M 107

Elektro- und Metallindustrie
- Arbeitsvertrag, mit Tarifbindung 1 M 240

Elternzeit
- Ablehnung Teilzeittätigkeit 3 M 166
- Antrag 3 124
- Antrag Teilzeittätigkeit 3 M 164
- Antrag vollständige Freistellung 3 M 163
- Arbeitgeberschreiben nach Geltendmachung 3 M 165
- Arbeitgeberschreiben vor Niederkunft 3 M 161
- Checkliste 3 M 167
- Dienstwagennutzung 2 136 f
- Kündigung 4 M 174
- Verfahren 3 127
- Work-Life-Balance 1 141; 3 123

E-Mail
- Arbeitsvertrag mit Work-Life-Balance-Klausel („Dauererreichbarkeit") 1 M 226
- Betriebsvereinbarung 5 M 125, M 129 f
- Betriebsvereinbarung Freizeitruhe-Garantie (Verbot digitaler Freizeitstörung) 5 M 113
- „Dauererreichbarkeit" und Work-Life-Balance 1 141 f; 5 96
- Kündigung 4 8
- Vergütungsvereinbarung 8 10

E-Mail-Adresse Betriebsrat 7 M 72

Empfangsbekenntnis 1 118 f

Empfangsbestätigung 1 118

Empfangsbevollmächtigter
- Zugang Kündigungserklärung 4 41 f

Endzeugnis 3 202
- Fälligkeit 3 215

Englischsprachiger Arbeitsvertrag
- Bereichsleiter 1 M 262
- leitender Angestellter 1 M 261
- Mustervertrag 1 M 259 f

Entfristungsklage
- Deckungsantrag 8 M 277
- Grundmuster 6 M 336
- mit Weiterbeschäftigungsklage 6 M 337
- Streitwert 8 M 215

Entgelt siehe Arbeitsentgelt

Entgeltkürzung
- Änderungskündigung 6 M 307

Entgeltordnung
- Betriebsvereinbarung 5 M 137

Entgeltumwandlung
- Aufhebungsvertrag 4 509 f

Entleiher
- als Arbeitgeber kraft Fiktion 6 215, M 297c

Entschädigungen
- Ruhen des Anspruchs auf Arbeitslosengeld bei Entlassungsentschädigung 4 277
- Steuerermäßigung 4 187 ff, 357

Entschädigungsantrag nach § 61 Abs. 2 ArbGG 6 M 286

Stichwortverzeichnis

Entsendungsrecht in Ausschüsse
- Streitigkeiten, Beschlussverfahren 7 9

Entsendungsvertrag
- Verbot der Teilkündigung 6 M 297b

Entwicklungsklausel (Chefarztvertrag)
- Änderungsvorbehalt 1 77, 82
- Benachteiligungsverbot (§ 307 Abs. 2 Nr. 1 BGB) 1 53

Erfolgsabhängige Vergütung
- Vertragsergänzung 1 M 158

Erfolgshonorar
- bei außergerichtlicher Interessenvertretung 8 M 102
- bei prozessualer Interessenvertretung 8 M 101
- Hinweispflichten des Anwalts 8 82
- Inhalt 8 52 f
- Textform 8 52
- Zulässigkeit 8 47 ff

Ergänzende Vertragsauslegung 1 130a

Erhöhungsgebühr 8 153 f

Erledigungsgebühr
- Entstehung nach erledigendem Ereignis 8 M 216

Erledigungsklauseln
- Aufhebungs- und Abwicklungsvertrag 4 460 ff

Ermahnung
- Umgang mit offenem Feuer 3 M 192

Erreichbarkeit, ständige (Handy etc.)
- Arbeitsvertrag mit Work-Life-Balance-Klausel 1 M 226
- Betriebsvereinbarung Freizeitruhe-Garantie (Verbot digitaler Freizeitstörung) 5 M 113
- Work-Life-Balance 1 141 f; 5 96

Ersatzmitglied
- Kündigung 4 131

Erscheinungsbild der Mitarbeiter
- Betriebsvereinbarung über Verhalten der Mitarbeiter im Betrieb 5 M 122

Ersetzung der Zustimmung nach § 99 BetrVG
- Beschlussverfahren 7 101, M 155 f

Erstberatung
- Anrechnungsausschluss bei späterer Tätigkeit nach Erstberatung 8 M 108
- Dumping-Preise 8 46
- Form der Vereinbarung 8 9
- gesetzliche Gebühr (RVG) 8 4
- Teilanrechnung bei späterer Tätigkeit nach 8 7, M 107
- Vergütungsvereinbarung 8 M 91

Erwerbsunfähigkeitsrente
- Aufklärungspflichten des Arbeitgebers 4 449

Erzwingbare Betriebsvereinbarung *siehe* Betriebsvereinbarung, erzwingbare

Ethik-Kodex 3 M 174

Ethikrichtlinie *siehe* Compliance
- „Honeywell"-Entscheidung 1 417

EuGH
- Verfahren nach Art. 267 AEUV 6 79 ff, M 104

Europäischer Betriebsrat
- Betriebsvereinbarung 5 M 84

Facebook
- Beleidigung des Arbeitgebers als Kündigungsgrund 6 M 498a

Fachkraft für Arbeitssicherheit
- Bestellung und Abberufung, Streit über 7 3

Fachliteratur für Betriebsratstätigkeit
- Kostentragung, Streitigkeiten 7 10

Fahrtenbuch
- steuerrechtliche Behandlung privater Dienstwagennutzung 2 148

Fahrtkosten Anwalt
- Kostenerstattung 8 M 303

Fälligkeit
- Abfindung 4 373 f; 6 M 443 f
- Zeugnisanspruch 3 215
- Zinsanspruch 6 34 ff

Fälligkeitsklausel
- Vergütungsvereinbarung 8 M 105

Familienpflegezeit
- Arbeitsbefreiung, einstweiliger Rechtsschutz 6 235
- Work-Life-Balance 1 141; 3 126; 6 234

Familienrecht
- Abfindung 4 386 f

Fax
- AGB, Form nach § 309 Nr. 13 BGB 1 120
- falsche Fax-Nummer, Wiedereinsetzung in vorigen Stand 6 M 140
- „OK-Vermerk"/Sendebericht 6 M 105
- Vergütungsvereinbarung 8 10

Fehlzeiten
- erhebliche Fehlzeiten bei negativer Gesundheitsprognose, personenbedingte Kündigung 6 M 477
- unentschuldigtes Fehlen, Abmahnung 3 M 189
- unentschuldigtes Fehlen, wiederholtes 6 M 469, M 474 f

Feiertagsarbeit
- Betriebsvereinbarung 5 M 102

Feindliche Übernahme 1 467 f

Fernsprechanlagen
- Dienstwagennutzung 2 159 ff

Feststellungsantrag
- Beschlussverfahren 7 44

Feststellungsklage
- Antrag 6 29 ff

Fiktion des Zugangs
- AGB-Inhaltskontrolle 1 88 f

Fingierte Erklärungen
- AGB-Inhaltskontrolle 1 85 ff

Firmen-Ethik-Kodex 3 M 174

Firmengegenstände
- Herausgabe, einstweiliger Rechtsschutz, Antrag 6 238 f
- Zurückbehaltungsrecht des Arbeitnehmers 6 M 513

Firmentarifvertrag 5 2

Firmenunterlagen *siehe* Firmengegenstände

Flexible Arbeitszeit
- Betriebsvereinbarung 5 M 105, 110 f
- Rahmenvereinbarung 1 M 146

- Work-Life-Balance 1 141; 5 94 f
Formularverträge
- Einigungsstellenzuständigkeit bei Meinungsverschiedenheiten 7 3
Fortbildungsdarlehen
- Abgrenzung von Rückzahlungsklauseln iRv Fortbildungsverträgen 2 224
Fortbildungskosten
- Rückzahlungsklausel 1 47
Fortbildungsveranstaltung siehe auch Bildungsveranstaltung
- Rückzahlungsklauseln 1 72; 2 224 ff
Fortbildungsvertrag
- Begriff 2 220
- Mustertexte 2 M 306 ff
- Rückzahlungsklauseln 2 224 ff
Fotokopiekosten
- Schriftsatzanlagen, Erstattungsfähigkeit 6 M 156
Fragerecht des Arbeitgebers
- Bewerbung 3 5 ff
- Schwerbehinderteneigenschaft 6 M 522
Frauenförderung
- Betriebsvereinbarung 5 M 75
Freie Mitarbeit
- Abgrenzung Arbeitnehmer 1 301, 304 ff
- Abgrenzung Scheinselbständigkeit 1 263 ff
- Arbeitszimmer im eigenen Haus/Steuerrecht 1 328
- Aufhebungsvertrag 4 M 685
- Bezeichnung 1 301 f
- Dienstwagen zur privaten Nutzung 1 332
- Einräumung von Nutzungsrechten, Vertragsanhang 1 M 353
- Einzelauftragsvereinbarung (Projektvertrag) 1 M 344
- Gerichtsstandsvereinbarung 1 327
- Honorarvertrag für Referententätigkeit 1 M 341
- programmgestaltender Rundfunkmitarbeiter 1 M 352
- Rahmenvertrag (ausführlich), IT-Consulting 1 M 343
- Rahmenvertrag (kurz) 1 M 342
- Rechtsanwalt 1 M 351
- Rechtsstellung/Merkmale 1 263 ff
- Sozialversicherungsrecht 1 320, 322; 4 296 ff
- steuerliche Aspekte 1 324, 328 ff
- Telearbeit 1 326
- Unternehmensberater, Projektvertrag 1 M 350
- Unternehmensberater, Rahmenvertrag 1 M 349
- Unterrichtung des Betriebsrats 1 323
- Vergütung 1 312, 324
- Verhältnis zu Gesellschaft/Gesellschafter als Auftraggeber 1 321
- Vertraulichkeitsvereinbarung 1 M 346
- Werbeagentur 1 M 347 f
- Wettbewerbsverbot 1 325; 2 5
Freistellung
- AG-Vorstand 1 401, 484, 490
- Arbeitnehmer, Anwaltsgebühren 8 173
- Arbeitnehmer, Streitwert 8 M 217, 246
- Dienstwagennutzung 2 170 ff
- einstweiliger Rechtsschutz 6 M 505
- Freistellungsvereinbarung mit einem Vorstandsmitglied 1 M 540
- GmbH-Geschäftsführer 1 400
Freistellung Betriebsratsmitglied
- Beschlussverfahren, Streitigkeiten 7 8
- Betriebsvereinbarung 5 M 80
- Einigungsstellenverfahren, Streitigkeiten 7 3
Freistellung Betriebsratsvorsitzender
- Beschlussverfahren, Streitigkeiten 7 8
Freistellung Jugend- und Auszubildendenvertretungsmitglied
- Einigungsstellenverfahren, Streitigkeiten 7 3
Freistellungsklausel, anlassfreie
- Aushöhlungsverbot (§ 307 Abs. 2 Nr. 2 BGB) 1 62
Freistellungsklauseln
- Inhaltskontrolle 4 544 ff
- Krankheit 4 573
- Sperrzeit wegen Arbeitsaufgabe 4 572
- Überstunden, Abfeiern 4 571
- unwiderrufliche Freistellung 4 548 ff
- Urlaubsanrechnung 4 564 ff
- widerrufliche Freistellung 4 552 ff
- Zwischenverdienst 4 555 ff
Freistellung wegen Pflegezeit 3 126, M 168; 6 234, M 360
Freiwillige Betriebsvereinbarung siehe Betriebsvereinbarung, freiwillige
Freiwilligkeitsvorbehalt
- Aktienoptionen 2 288 ff
- Unklarheitenregel 1 32a
- Verknüpfung von Freiwilligkeits- und Widerrufsvorbehalt 1 83
Freiwilligkeitsvorbehaltsklausel
- Inhaltskontrolle nach § 308 BGB 1 77
Freizeit
- Betriebsvereinbarung Freizeitruhe-Garantie (Verbot digitaler Freizeitstörung), Work-Life-Balance 5 M 113
Freizeitausgleich
- Betriebsratstätigkeit 7 M 63
Freizeitruhe-Garantie siehe Work-Life-Balance; siehe Erreichbarkeit, ständige (Handy etc.)
Fremdausschreibung 3 47
Fremdgeschäftsführer
- Abberufung 1 390
- Dienstvertrag, befristeter 1 M 521
- Dienstvertrag, unbefristeter 1 M 522
- nachvertragliches Wettbewerbsverbot 1 442
Fristen im Urteilsverfahren 6 M 123
Fristsetzung
- AGB, Form nach § 309 Nr. 13 BGB 1 119 ff
Fristverlängerung
- Antrag 6 37 ff
- Arbeitsüberlastung des Anwalts 6 37 ff, M 132
- Vertrauensschutz des Anwalts auf Verlängerung der Berufungsbegründungsfrist 6 M 133
Fristwahrung
- Erstattungspflicht der Prozessgebühr des Rechtsmittelbeklagten vor Begründung des nur zur Fristwahrung eingelegten Rechtsmittels 6 M 134

Fünftelungs-Regelung
- Berechnung der Steuerermäßigung bei Anfindungen 4 209 ff
- Steuerermäßigung bei Abfindungen 4 187 ff

Fusion
- Interessenausgleich 5 M 277 f
- Rechtsstellung GmbH-Geschäftsführer/AG-Vorstand 1 405
- Sozialplan 5 239, M 291

Fußballspieler, Nicht-Amateure ohne Lizenz
- Arbeitsvertrag 1 M 249

Fußballtrainer
- Arbeitsvertrag 1 M 250

GbR als Arbeitgeber
- Parteibezeichnung in Klageschrift 6 6 ff
- Rechtsfähigkeit 6 6

Gebühren Anwaltstätigkeit
- Aufklärungs-/Hinweispflichten des Anwalts 8 81 ff
- Erstberatung 8 4
- Teilanrechnung bei späterer Tätigkeit nach Erstberatung 8 7
- Vergütungsvereinbarung 8 1 ff

Gebührenklage 6 M 124
- Streitwert 8 M 228

Gebührenvereinbarung siehe Vergütungsvereinbarung

Gegenbeweis
- Ausschluss bei Schadenspauschalierung 1 95

Gegendarstellung bei unrichtiger Abmahnung 3 104

Gegenstandswert
- Abgeltungsbereich 8 174 ff
- anwaltliche Tätigkeit 8 161 ff
- Festsetzung des Rechtsmittelstreitwerts 8 158 ff
- Festsetzung des Urteilsstreitwerts 8 158 ff
- Hinweispflicht des Anwalts bzgl Vergütung nach 8 84, M 116
- im Arbeitsrecht (alphabetische Reihenfolge) 8 246
- Nichtanrechnung der Abfindung beim Gegenstandswert 8 163 ff
- Streitwertkatalog für die Arbeitsgerichtsbarkeit 8 162a

Gegenstandswerterhöhung
- Vergütungsvereinbarung 8 33 ff
- Zeithonorar 8 M 95

Gehalt siehe auch Arbeitsentgelt
- Berechnung Monatsentgelt, Streitwert 8 M 200
- Berechnung Vierteljahresbezug, Streitwert 8 M 201

Gehalts-/Lohnpfändungen
- Bearbeitungsgebühr 1 95

Gehaltsanpassung
- prozentuale Anpassung bei Unterschreitung des geplanten Rohertrags, Vertragsergänzung 1 M 156

Gehaltsanpassungsklausel
- GmbH-Geschäftsführer 1 436 f

Gehaltsanspruch
- Streitwert 8 246

Gehaltserhöhung
- Ausgleichsklauseln 4 470
- Gleichbehandlung 6 M 378

Gehaltskürzung
- Änderungskündigung 6 M 307

Gehaltskürzungsklausel
- Änderungsvorbehalt 1 82

Gehaltsrückstand
- Abmahnung 3 M 194
- außerordentliche Kündigung durch Arbeitnehmer 4 M 171; 6 M 321

Gehörsrüge 6 52 ff, M 101

Geltungserhaltende Reduktion, Verbot der 1 127 ff

Genossenschaft
- Passiv-Rubrum 6 178

Gerichtlicher Vergleich 6 51

Gerichtskosten 8 155 ff

Gerichtsstand
- bei Außendienstmitarbeitern 6 M 293
- Rüge 6 M 535

Gerichtsstandsvereinbarung
- freie Mitarbeit 1 327

Gerichtstermin
- Terminsverlegung 6 39 ff
- Vertagung und Antrag auf Frist zur Rückäußerung 6 M 114
- Vertagung wegen Erkrankung 6 M 111
- Vertagung wegen Terminkollision 6 M 112
- Vertagung wegen Terminkollision bei Sozietät 6 M 113

Gerichts- und Verwaltungspostfach (EGVP) 6 69

Gerichtsverhandlung
- Bild- und Tonübertragung (Videoübertragung) 6 44

Gerichtsvollzieherpfändung
- wegen Geldforderung, Antrag 6 M 157

Geringfügige Beschäftigung siehe auch Arbeitsvertrag mit geringfügig Beschäftigten
- Erklärungsbogen für Beschäftigte in der Gleitzone 1 M 187
- Erklärungsbogen für geringfügig Beschäftigte 1 M 186
- Fragebogen für geringfügig Beschäftigte 1 M 188
- Merkblatt für Arbeitnehmer 1 M 183
- Verzichtserklärung auf Beitragsermäßigung 1 M 190

Gesamtbetriebsrat
- Betriebsänderung 5 185 ff
- Betriebsvereinbarung 5 27
- Einigungsstellenzuständigkeit bei Auskunftserteilung an 7 3
- Mitgliederzahl, Meinungsverschiedenheiten über 7 3

Gesamtbetriebsvereinbarung
- Interessenausgleich bei Neuorganisation eines Consulting-Unternehmens 5 M 279
- keine AGB-Inhaltskontrolle 1 133

Gesamtjugend- und Auszubildendenvertretung
- Mitgliederzahl, Meinungsverschiedenheiten über 7 3

Gesamtprokura
- Arbeitsvertrag mit Leiter Gesamtvertrieb 1 M 201

Geschäftsanweisung der Bundesagentur für Arbeit
- Sperrzeit wegen Arbeitsaufgabe 4 229

Geschäftsführer siehe GmbH-Geschäftsführer

Stichwortverzeichnis

Geschäftsgebühr
- Anrechnung   8 128 f
- Arbeitsvertragsentwurf   8 130 ff
- Entstehung   8 118 ff
- mehr als 1,3 (Checkliste)   8 M 296
- Telefonat   8 M 297
- Vergütungsfestsetzungsverfahren   8 M 219

Geschäftsgeheimnis
- Verpflichtung zur Wahrung   3 M 170

Geschäftsgeheimnisklauseln
- Aufhebungs- und Abwicklungsvertrag   4 512 ff

Geschäftsordnung
- AG-Vorstand   1 M 538

Geschäftsunfähigkeits-Einwand   6 M 507

Geschäftsverteilung
- Beschluss der Gesellschafterversammlung über   1 M 528

Geschäftswagen   siehe Dienstwagen; siehe Leasingfahrzeug

Geschenke, Fordern/Annehmen/Gewähren
- Betriebsvereinbarung über Compliance   5 M 120

Geschlechterdiskriminierung   siehe auch Allgemeines Gleichstellungsgesetz (AGG)
- AGG-Klage/Klage auf angemessene Entschädigung, EuGH-Rechtsprechung   6 M 257
- geschlechtsneutrale Formulierung in Betriebsvereinbarungen   5 9

Gesellschafter-Geschäftsführer
- Dienstvertrag eines beherrschenden Gesellschafter-Geschäftsführers (Kurzfassung)   1 M 524
- Dienstvertrag mit Abfindungsklausel   1 M 523

Gesellschafterversammlung
- Abberufung und Kündigung, Protokoll   1 M 529
- Beschluss über Geschäftsverteilung   1 M 528
- Bestellung des GmbH-Geschäftsführers   1 426 ff

Gesundheitsvorsorge, betriebliche
- Work-Life-Balance   1 141

Gewerbebetrieb
- Definition   1 328

Gewerbliche Arbeitnehmer, Vertragsmuster   1 M 163 ff

Gewerkschaft
- Begriff   7 M 40

Gewerkschaftsbeauftragter
- Sitzungsteilnahme, Streitigkeiten   7 13
- Zutrittsrecht, Streitigkeiten   7 13, M 69

Gewerkschaftszugehörigkeit
- Fragerecht des Arbeitgebers   3 28

Gewinnabführungsvereinbarung
- Begriff   2 72 ff

Gleichbehandlung
- Gehaltserhöhung   6 M 378
- Konzern   6 407
- Teilzeitbeschäftigter, Klage   6 M 340

Gleichbehandlungsgrundsatz
- Aktienoptionen   2 286

Gleichstellungsabrede
- einfacher Arbeitsvertrag mit Tarifbindung   1 M 164
- in Arbeitsverträgen   5 62
- Unklarheitenregel   1 29

Gleitende Arbeitszeit
- Arbeitsvertrag mit Verwaltungskraft   1 M 242
- Betriebsvereinbarung   5 M 106 f
- Work-Life-Balance   1 141

Gleitzone
- Erklärungsbogen   1 M 187
- Merkblatt für Arbeitnehmer   1 M 183

GmbH
- Passiv-Rubrum   6 176 f

GmbH & Co. KG
- Anstellungsvertrag   1 427 f
- Parteibezeichnung in Klageschrift   6 5, 185
- Sozialversicherungsrecht   1 450

GmbH-Geschäftsführer   siehe auch Compliance
- Abberufung   1 385
- Abberufung, Protokoll   1 M 529
- Abberufung, Rechtsstellung nach   1 390 ff
- Abgrenzung zum Arbeitsverhältnis   1 362 ff
- Abwicklungsvertrag   4 M 668, M 670
- Altersteilzeit und Haftung bei unterlassener Insolvenzsicherung   4 761
- Amtsniederlegung   1 390 ff
- Amtsniederlegung wegen systematisch vorenthaltener Information   1 419
- Amtszeit   1 380 ff
- Anrechnung von Zwischenverdienst bei Freistellung   4 563
- Arbeitnehmereigenschaft?   1 362 ff
- Aufhebungs- und Abwicklungsvertrag   4 308 ff
- Aufhebungsvertrag   4 M 666 ff
- Beschäftigung als Arbeitnehmer nach Abberufung   6 M 266
- Beschluss der Gesellschafterversammlung über die Geschäftsverteilung   1 M 528
- Bestellung   1 426 ff
- Compliance   1 412 ff
- Compliance-Klausel   1 M 523
- Danosa-Entscheidung   1 363
- Dauer Anstellungsverhältnis   1 380 ff
- Delegation von Aufgaben innerhalb mehrköpfiger Geschäftsführung   1 419 f
- Dienstwagen   1 430
- Drittanstellung   1 389, 408
- Entgeltfortzahlung bei Krankheit   1 451
- Freistellung   1 400
- fristlose Kündigung   6 M 322
- Gehaltsanpassungsklauseln   1 436 f
- Gehaltserhöhung   1 437
- Gehaltsreduzierung   1 438
- Haftung bei mehreren Geschäftsführern   1 419
- Haftung gegenüber Dritten (Außenhaftung)   1 423 f
- Haftung gegenüber Gesellschaft (Innenhaftung)   1 422
- Handelsregistereintragung   1 428
- im Konzern, Weisungsgebundenheit   1 388 f
- Informationsrecht   1 419
- Insolvenzschutzklauseln zur Pensionssicherung   4 574 ff
- Koppelungsklauseln   1 361, 383 f
- Krankheit   1 451
- Kündigung   1 386
- Kündigung, Protokoll   1 M 529
- Kündigungsfrist Dienstverhältnis   4 57
- Pensionszahlung   1 505 ff

Stichwortverzeichnis

- Pensionszusage 1 430, 452
- Rechtsschutz gegen Widerruf der Bestellung 1 399
- Rechtsschutzversicherung, Ausschluss 8 86, M 111
- Rechtsstellung 1 360
- Rechtsstellung bei Fusion 1 405
- Rechtsstellung bei Verschmelzung 1 406 ff
- Rechtswegbestimmung 1 364
- Ressortverteilung 1 419
- risikoreiche Geschäfte 1 421
- Ruhegeldvereinbarungen 1 452, 505 ff
- ruhendes Arbeitsverhältnis 1 376 f
- Ruhensvereinbarung 3 M 151
- Sic-non-Fall und Rechtswegbestimmung 1 364
- Sorgfaltspflichten bei Unternehmensführung 1 409 ff
- Sozialversicherungpflicht 1 368 ff
- Sozialversicherungsrecht 1 449; 4 225
- Spesenabrechnung 1 492
- steuerrechtliche Haftung 1 424
- Tantiemeregelungen 1 430, 433 ff; 4 625 f
- Trennungsprinzip 1 361
- Überversorgung 1 454
- Urlaub 1 439
- verdeckte Gewinnausschüttung 1 454
- Vergütungsregelungen 1 430 ff
- Verhalten in Finanzkrise 1 425
- vorläufige Amtsenthebung 1 400
- Wechsel eines leitenden Angestellten in die Position des Geschäftsführers 1 376 f
- Weisungsrecht der Gesellschafter 1 387
- Wettbewerbsklauseln/Karenzentschädigung 2 45
- Wettbewerbsverbot 1 440 ff; 2 6
- Wiederbestellung 1 402 f

GmbH-Geschäftsführervertrag
- Aufhebungsvereinbarung beim Wechsel vom Arbeitsverhältnis in die Position des Geschäftsführers 1 M 519
- Dienstvertrag eines beherrschenden Gesellschafter-Geschäftsführers (Kurzfassung) 1 M 524
- Dienstvertrag Fremdgeschäftsführer, befristeter 1 M 521
- Dienstvertrag Fremdgeschäftsführer, unbefristeter 1 M 522
- Dienstvertrag mit Abfindungsklausel 1 M 523
- Dienstvertrag mit Compliance-Klausel 1 M 523
- Konzerntochter 1 M 525 f
- Ruhegeldvereinbarung 1 M 527
- Ruhensvereinbarung beim Wechsel vom Arbeitsverhältnis in die Position des Geschäftsführers 1 M 520

GmbH-Gesellschafter
- Klage, Passiv-Rubrum GmbH 6 177

Golden Parachute-Regelungen 1 467 f

Grafik- und Layout-Mitarbeiter Werbeagentur
- freier Mitarbeitervertrag 1 M 347

Gratifikation
- Betriebsvereinbarung 5 M 138
- mit Freiwilligkeitsvorbehalt 1 M 160
- Transparenzgebot 1 47

Großelternzeit 3 125

Groß- und Außenhandel
- Arbeitsvertrag, mit Tarifbindung 1 M 237

Grundsatz der vertrauensvollen Zusammenarbeit Betriebsrat und Arbeitgeber
- betriebsöffentliche Auseinandersetzungen 7 M 82

Gruppenarbeit
- Betriebsvereinbarung 5 M 149

Gruppenvereinbarung
- Begriff 5 14
- Regelungsgegenstand 5 16
- Verhältnis zu Betriebsvereinbarung 5 17

Guideline
- Arbeitsvertrag mit Angestelltem, mit Organisationsanweisungen 1 M 174

Günstigkeitsprinzip
- Betriebsvereinbarung 5 11 f

Gutachtengebühr 8 150

Güteverfahren
- Beschlussverfahren 7 19 f

Güteverhandlung
- keine Antragstellung 6 9

Haftpflichtversicherung
- Rückstufungsschaden 2 167

Haftstrafe
- Offenbarungspflicht des Arbeitnehmers 3 12

Haftung siehe auch Arbeitgeberhaftung; siehe auch Arbeitnehmerhaftung
- Haftungsbeschränkung des Betriebserwerbers in Insolvenz 6 M 514
- Sicherheitsbeauftragter, Haftungsfreistellung 3 M 180

Haftungsausschlussklausel
- bei Verletzung von Leben, Körper, Gesundheit und grobem Verschulden 1 106 f
- sonstige 1 110

Handelsregistereintragung
- GmbH-Geschäftsführer 1 428

Handelsvertreter
- Abgrenzung Scheinselbständigkeit 1 263 ff
- Kaufmannseigenschaft 1 268 ff
- keine persönliche Leistungserbringung 1 283
- Konkurrenzschutz 1 282 ff
- Mitteilungspflicht 1 281
- Pflichtverletzung 1 293
- Rechtsstellung/Merkmale 1 263 ff
- Überlassungspflicht des Unternehmers 1 284

Handelsvertreterrecht
- Stammkundenanteil 1 296

Handelsvertretervertrag
- Altersversorgung 1 298
- Ausgleichsanspruch nach § 89b HGB 1 295 ff
- Auslegung Provisionsvereinbarung 1 297
- Dauerschuldverhältnis 1 270
- Delkredere-Vereinbarung 1 273, 289
- Einfirmenvertreter mit Vertriebsgebiet 1 M 335
- Form 1 273
- Inhaltskontrolle 1 276
- Klauselinhalte 1 268 ff
- Kündigung 1 292 ff
- Mehrfirmenvertreter mit Vertriebsgebiet 1 M 334
- mit Fixum und Vertragsstrafe 1 M 336
- ohne Gebietsschutz 1 M 333

- Provisionsabrechnung 1 291
- Provisionsanspruch 1 285 ff
- Provisionshöhe 1 289 ff
- Provisionskollisionen 1 288
- Rückzahlung Ausbildungskosten 1 299
- Topfvereinbarung 1 290
- Vermittlungsagent für Anzeigen und Adressverzeichnisse 1 M 337
- Vertragsgebiet 1 277 ff
- Vertragsgegenstand 1 271 ff
- Vertretung 1 277 ff
- weltweiter zweisprachiger Vertragshändlervertrag nach deutschem Recht 1 M 338
- Wettbewerbsverbot, nachvertragliches 1 294
- zwingende Regelungen 1 274 ff

Handlungsvollmacht
- Kurzfassung 3 M 145
- Langfassung 3 M 146

Handy
- Arbeitsvertrag mit Work-Life-Balance-Klausel („Dauererreichbarkeit") 1 M 226
- Betriebsvereinbarung Freizeitruhe-Garantie (Verbot digitaler Freizeitstörung) 5 M 113
- „Dauererreichbarkeit" und Work-Life-Balance 1 141 f; 5 96
- Telefonieren mit betrieblichem Handy, Betriebsvereinbarung 5 M 135

Hausmeister
- Arbeitsvertrag mit Eheleuten (Hausmeister und Wirtschafterin einer betrieblichen Schulungsstätte) 1 M 153

Haustarifvertrag 5 2
- Arbeitsvertrag eines Lageristen (Brauerei) 1 M 170

Headhunter 3 47
- Abwerbung 3 112 ff

Heimarbeitsvertrag
- Tele-Heimarbeitsvertrag 1 M 155

Heimliche Überwachung
- Betriebsvereinbarung über Compliance 5 M 121

„Heinisch"
- EGMR (Whistleblowing) 6 M 498b

Herausgabe
- Angestelltenversicherungskarte, Zwangsvollstreckung 6 97
- Arbeitspapiere 6 M 344
- Dienstwagen 2 174 ff; 6 M 342 f, M 515
- Domainname 4 603
- Lohnsteuerkarte, Zwangsvollstreckung 6 97
- Versicherungspolice und Umschreibung 6 M 345

Herausgabeanspruch
- Streitwert 8 M 220, 246

Herausgabeklauseln 4 600 ff

Hilfsmittel für Betriebsratstätigkeit
- Kostentragung des Arbeitgebers 7 M 74

Hinweispflicht des Gerichts nach § 139 ZPO 6 46 ff

Hinweispflichten des Arbeitgebers
- Aufhebungs- und Abwicklungsvertrag 4 437 ff

Höhergruppierungsklage
- Antrag 6 218

Home-office *siehe auch* Telearbeit
- Work-Life-Balance 1 141

Honorarabführungsvereinbarung
- Begriff 2 72 ff

Honorarvereinbarung (RVG)
- Begriff 8 2

Information des Betriebsrats *siehe* Unterrichtung des Betriebsrats

Ingenieur
- Aufhebungsvertrag 4 M 676

Inhaltskontrolle, AGB *siehe* AGB-Inhaltskontrolle

Inhaltskontrolle von Arbeitsverträgen *siehe* Allgemeine Geschäftsbedingungen (AGB), Arbeitsvertrag

Initiativbewerbung
- Verwahrung bzw Speicherung elektronischer Unterlagen 3 2

Insolvenz
- Abfindung 4 389 ff
- Altersteilzeit 4 757 ff, M 768
- Arbeitsvergütung bei Masseunzulänglichkeit 6 M 371
- Interessenausgleich 5 196 ff
- Kündigung durch Insolvenzverwalter 6 M 508
- Parteibezeichnung in Klageschrift 6 5
- Sozialplanabfindung 4 391
- Zeugnis 3 208 ff

Insolvenzforderung
- Streitwert 8 246

Insolvenznaher Sozialplan
- Abfindung 4 392

Insolvenzordnung (InsO)
- Beschlussverfahren, gerichtliche Zustimmung zur Betriebsänderung (§ 122 InsO) 7 104 ff
- Beschlussverfahren, Kündigungsschutz (§§ 126, 127 InsO) 7 116 ff, M 152
- Rechtsmittel im Beschlussverfahren 7 136 ff

Insolvenzschutzklauseln zur Pensionssicherung 4 511, 574 ff

Insolvenzsicherung
- Betriebsvereinbarung über Lebensarbeitszeitkonten 5 M 112
- Klage eines Altersteilzeitbeschäftigten im Blockmodell auf Absicherung seines Wertguthabens 6 M 341

Insolvenzsozialplan
- Einigungsstellenspruch 5 M 292

Insolvenztabelle
- Feststellung zur 6 M 370

Insolvenzverwalter
- Nichteinhaltung der Kündigungsfrist durch vorläufigen Insolvenzverwalter 6 M 284

Instituts-Vergütungsverordnung 2 263 f

Integrationsamt
- Angelegenheit gem. § 15 RVG 8 176
- Anwaltsvergütung für Tätigkeit vor 8 151 f
- Aufhebungsvertrag unter Mitwirkung des Integrationsamts 4 M 677
- kein Deckungsausschluss bei Verfahren vor 8 M 290
- Klage des AG wegen Zustimmungsverweigerung zur Kündigung 6 M 525

Stichwortverzeichnis

- Klage des AN gegen Zustimmung zur Kündigung 6 M 354
- Kündigung 4 74 ff
- Streitwert 8 M 221, 246
- Überprüfungskompetenz bei außerordentlicher Kündigung 6 M 524
- Überprüfungskompetenz bei krankheitsbedingter Kündigung 6 M 523
- Zustimmung nach § 85 SGB IX 4 135 ff, M 172

Interessenausgleich
- Altersgruppen, Bildung von 5 193
- Arbeitszeitänderung – Kombination mit Sozialplan 5 M 303
- Bestellung Einigungsstellenvorsitzender und Beisitzer 7 M 147
- Betriebsänderung 5 159 ff
- Betriebsstilllegung im Konzern 5 M 274
- Betriebsübergang und Sitzverlegung einer Versicherungsgesellschaft 5 M 275
- Betriebsverlagerung 5 M 276, M 283
- DV- und Orga-Projekte, Rationalisierung – Kombination mit Sozialplan 5 M 299
- Einigungsstellenzuständigkeit 7 3
- Formvoraussetzungen 5 164
- Fusion 5 M 277 f
- Gesamtbetriebsvereinbarung zur Neuorganisation eines Consulting-Unternehmens 5 M 279
- Hierarchie, Einführung einer verflachten 5 M 285
- Inhalt 5 175, 190 ff
- Insolvenz 5 196 ff
- kombiniert mit Sozialplan 5 213 f, M 299 ff
- Leistungsmanagement, Verbesserung 5 M 285
- Namensliste 5 159
- Outsourcing von Handwerkern einer Wohnungsbaugesellschaft 5 M 280
- Personalabbau – Kombination mit Sozialplan 5 M 300
- Punkteschema 5 192
- Rechtsnatur 5 164
- Restrukturierung – Kombination mit Sozialplan 5 M 301
- Sanktionenkatalog 5 180
- Schwellenwert 5 155
- Teilbetriebsveräußerung 5 M 283
- Tendenzbetrieb 5 181
- TQM-Einführung 5 M 285
- Umwandlung von Vertriebsbüros in Technische Büros 5 M 284
- Unterlassen des arbeitgeberseitigen Angebots von Aufhebungsverträgen vor Abschluss eines Interessenausgleichsversuchs 7 M 86
- Unterlassen von Kündigungen vor Abschluss des Interessenausgleichsversuchs 7 M 87
- Verbandsverlagerung – Kombination mit Sozialplan 5 M 302
- Verfahren 5 176 ff
- Verschmelzung 5 M 283
- Versuch 5 176 ff
- Vertriebskonzeptänderung – Kombination mit Sozialplan 5 M 303
- Vertriebsumstrukturierung – Kombination mit Sozialplan 5 M 304
- Zusammenführung von Betriebsteilen (Bankgewerbe) 5 M 286

Interessenausgleich mit Namensliste
- Betriebsratsanhörung 5 199

Internet
- Benutzerrichtlinien 3 M 172
- Betriebsvereinbarung 5 M 125, M 129 f
- Surfen im, Kündigungsgrund 6 M 318, M 491

Internetanschluss für Betriebsrat 7 M 71 f
Intranetanschluss für Betriebsrat 7 M 72
IT-Consulting
- Rahmenvertrag über freie Mitarbeit 1 M 343

Jahressonderleistungen
- Änderungsvorbehalt 1 83

Jeweiligkeitsklausel
- und Änderungsvorbehalt 1 80a, 135

Job-Sharing
- Work-Life-Balance 1 141

Job-Sharing-Vertrag 1 M 154
Jubiläum *siehe* Betriebsjubiläum
Jubiläumszulage
- Widerrufsvorbehalt 1 77

Jugend- und Auszubildendenvertreter
- Klage auf Weiterbeschäftigung nach Ende des Ausbildungsverhältnisses 6 M 270

Jugend- und Auszubildendenvertretung
- Freistellung für Schulungs- und Bildungsveranstaltungen, Streit über 7 3
- Sprechstunden, Streit über Einrichtung 7 3

KAPOVAZ-Abrede
- Betriebsvereinbarung 5 M 108

Karenzentschädigung
- Ablehnungsandrohung durch Arbeitnehmer bei Karenzzahlungsverzug 2 M 120
- AG-Vorstand 2 45
- Angebot einer erhöhten 2 M 119
- Aufforderung zur Auskunft über anderweitigen Erwerb 2 M 115
- bei unverbindlichem Wettbewerbsverbot 6 M 361
- GmbH-Geschäftsführer 2 45
- Höhe 2 53, 93 ff
- rentennaher Arbeitnehmer 2 41
- Steuerermäßigung 4 197
- Streitwert 8 M 242
- und Kündigungsschutzprozess 2 44
- Unklarheitenregel 1 32
- Verbüßung einer Freiheitsstrafe 2 40
- Verdienstanrechnung 2 93 ff, 98 ff; 6 M 526
- Zahlungsaufforderungsschreiben mit anrechenbaren Einkünften 2 M 122
- Zahlungsaufforderungsschreiben ohne anrechenbare Einkünfte 2 M 121

Karenzgrundsatz
- Ausnahmen 2 40, 42 ff
- Grundsatz 2 35 ff
- Höhe der Karenzentschädigung 2 93 ff

Kaskoversicherung
- Dienstwagen 2 127

Kaufmann
- Begriff 1 268

Kaufmännische Angestellte
- Arbeitsvertrag, mit Dienstwagen   1 M 225

Kellnerin
- Arbeitsvertrag mit Tarifbindung   1 M 219

Kfz-Nutzung   *siehe* Dienstwagen

Kfz-Vollkaskoversicherung   2 127

Kinderbetreuung, betriebliche
- Work-Life-Balance   1 141

Kirche als Arbeitgeber
- AGB-Kontrolle   1 14
- Arbeitsvertrag mit Einrichtung der ev. Kirche unter Einbeziehung der Dienstvertragsordnung   1 M 176
- Arbeitsvertrag mit Einrichtung der kath. Kirche unter Einbeziehung der AVR   1 M 175

Klage, arbeitsgerichtliche   *siehe auch* Antrag
- Abrechnungsklage   6 32 f
- Auskunfts- und Stufenklage   6 26 ff
- Feststellungsklage   6 29 ff
- Fristverlängerung   6 37 ff
- GbR als Arbeitgeber   6 6 ff
- Gehörsrüge   6 52 ff
- Gerichtsterminsverlegung   6 39 ff, M 111 ff
- Grundmuster   6 M 117
- Hinweispflicht des Gerichts nach § 139 ZPO   6 46 ff
- Klageerwiderung   6 M 118
- Klagerücknahme   6 51
- Kostenentscheidung, sofortige Beschwerde gegen   6 42 f
- Parteibezeichnung   6 2 ff, 176 ff
- Umstellung auf richtige Partei   6 4
- Urkundenanordnung   6 49 f
- Zahlungsklage   6 10 ff, M 366
- Zinsfälligkeit   6 34 f
- Zwangsvollstreckung   6 89 ff

Klageantrag   *siehe* Antrag

Klage auf zukünftige Leistung
- Zulässigkeit   6 23

Klageerwiderung
- Grundmuster   6 M 118

Klagehäufung
- Kündigungsschutzklage   6 203
- subjektive   6 205, M 297c

Klagerücknahme   6 51

Kleinstbetrieb (§ 23 KSchG)   6 M 280

Kleinunternehmerregelung   1 331

Kollektivvertragliche Regelungen
- AGG   5 3 ff

Kombinationsregelungen Interessenausgleich/Sozialplan   5 213 f, M 299 ff

Kommissarische Übertragung
- Widerruf   1 84

Kommunikationsendgeräte (Handy etc.)
- Arbeitsvertrag mit Work-Life-Balance-Klausel („Dauererreichbarkeit")   1 M 226
- Betriebsvereinbarung Freizeitruhe-Garantie (Verbot digitaler Freizeitstörung)   5 M 113
- „Dauererreichbarkeit" und Work-Life-Balance   1 141 f; 5 96
- Überwachung des Arbeitnehmers   5 96

Kommunikationsmittel für Betriebsrat   7 M 72

Konkurrentenklage
- einstweiliger Rechtsschutz, Antrag   6 241 f

Konkurrenzschutz
- Handelsvertreter   1 282 ff

Kontrolle   *siehe* Überwachung im Betrieb

Konzern
- Arbeitgeber   6 407, M 466a
- Arbeitnehmerüberlassung im   6 M 297a
- Diskriminierungsschutz   6 407
- Gleichbehandlung   6 407
- Interessenausgleich, Betriebsstilllegung   5 M 274
- Kündigungsschutz im   6 M 297a, 407, M 466a
- Vereinbarung zur Übernahme eines Arbeitsverhältnisses innerhalb des Konzerns   3 M 137
- Weiterbeschäftigung im   6 M 466a
- Weiterbeschäftigung im K.   6 407

Konzernabhängige Gesellschaften
- Drittanstellung   1 389, 408
- Weisungsgebundenheit von GmbH-Geschäftsführer/AG-Vorstand   1 388 f

Konzernbetriebsrat
- Betriebsänderung   5 185 ff
- Betriebsvereinbarung   5 27
- Mitgliederzahl, Meinungsverschiedenheiten über   7 3
- Zusammensetzung, Streitwert   8 M 222, 246

Konzernbetriebsvereinbarung
- keine AGB-Inhaltskontrolle   1 133

Konzerngesellschaften
- Einbeziehung von Konzernunternehmen in nachvertragliches Wettbewerbsverbot   2 25 ff

Konzernstruktur
- Unterrichtung des Betriebsrats   7 M 70

Konzernversetzungsklausel
- erweiterter Kündigungsschutz   6 M 297a
- Transparenzgebot   1 42
- Vertragspartnerwechsel (§ 309 Nr. 10 BGB)   1 113

Konzernweite Versetzungs- und Rückrufklausel ins Ausland
- Abfindung, Steuerermäßigung   4 194

Koppelungsklauseln
- Rechtsstellung GmbH-Geschäftsführer/AG-Vorstand   1 361, 383 f

Korruption
- Betriebsvereinbarung über Compliance   5 M 120
- Compliance und Vertragsbeendigung   4 469
- Verhaltensregeln zur Verhinderung   3 M 173

Kosten Betriebsratstätigkeit
- Betriebsratssitzung   7 10
- Bürobedarf, Streitigkeiten   7 10
- Fachliteratur   7 10
- Hilfsmittel, Kostentragung des Arbeitgebers   7 10
- PC, Streitigkeiten   7 10
- Rechtsanwaltskosten   7 10, M 58, M 68; 8 M 212
- Schulungsveranstaltung, Teilnahme an   7 M 78
- Streitigkeiten, Beschlussverfahren   7 10

Kostenentscheidung
- sofortige Beschwerde   6 42 f

Stichwortverzeichnis

Kostenerstattung
- Hinweispflicht des Anwalts 8 14, 81

Kostenfestsetzungsantrag 6 M 158 f

Kostenfestsetzungsverfahren 8 M 219

Kostenpauschalen
- AGB-Inhaltskontrolle 1 95

Kostensenkung
- betriebsbedingte Änderungskündigung 6 M 483

Krankengeld
- Altersteilzeit 4 740 ff

Krankenschwester
- Arbeitsvertrag, Privatklinik mit Gewinnbeteiligung 1 M 230
- Wettbewerbstätigkeit 6 M 498

Krankheit
- AGG 3 18 ff
- „Androhung" von künftiger Erkrankung durch Arbeitnehmer 6 M 485
- Arbeitsunfähigkeitsbescheinigung, Beweiswert 6 M 487
- Dienstwagennutzung 2 126
- Einarbeitungsvertrag nach längerer Krankheit 1 M 151
- erhebliche Fehlzeiten bei negativer Gesundheitsprognose, personenbedingte Kündigung 6 M 477
- Freistellung 4 573
- häufige Kurzerkrankungen 6 M 478
- Offenbarungspflicht und Fragerecht des Arbeitnehmers 3 18 ff, 23
- personenbedingte Kündigung 4 M 161; 6 M 303, M 480
- Urlaubsabgeltung bei langwährender Krankheit, Klage 6 M 358
- Vergleich nach Kündigung wegen Alkoholerkrankung 4 M 683
- während Altersteilzeit 4 742 ff
- Widerruf Kfz-Nutzung 2 128 ff

Krankmeldung
- verspätete 6 M 472

Kreditgewährung an AG-Vorstand 1 502

Kritik am Arbeitgeber/Arbeitskollegen
- als Kündigungsgrund 6 M 498a

Kündigung
- AG-Vorstand, Anstellungsvertrag 1 466, 484
- AG-Vorstand, Dienstverhältnis 1 386
- AG-Vorstand, Rechtsschutz gegen 1 486 ff
- Altersteilzeitverhältnis 4 752 ff
- Androhen bei Nichtabschluss von Aufhebungsvertrag 8 259 ff, M 276
- Anfechtung wegen Drohung 4 M 170
- Angabe der Kündigungsgründe 4 4 ff
- Anhörung des Betriebsrats 4 74 ff, 84 ff, M 175 ff
- Anhörung des Sprecherausschusses 4 74 ff, M 178
- Annahmeverweigerung 6 M 500
- Annahmeverzug nach unwirksamer AG-Kündigung 6 M 374 ff
- Auftrag zur Kündigung, Angelegenheit gem. § 15 RVG 8 175
- Auswahlrichtlinien 5 M 146
- bedingungsfeindlich 4 12
- Berufsausbildungsverhältnis 4 488 ff
- Berufsausbildungsverhältnis, Streitwert 8 M 202, 246
- Bestimmtheitsgrundsatz 4 11
- Betriebsratsmitglied 4 132 ff
- Betriebsratsmitglied, Zustimmungsersetzung 7 M 149, M 161
- Betriebsvereinbarung 5 48 ff
- Compliance-Richtlinie, Verstoß gegen 4 115
- Deckungsantrag 8 M 275 f
- Deckungsschutz bei Kündigung und Abwicklungsvertrag 8 M 291
- Einigungsstellenzuständigkeit bei Uneinigkeit über Inhalt von Auswahlrichtlinien 7 3
- Elternzeit 4 M 174
- E-Mail 4 8
- Ersatzmitglied 4 131
- fehlende Vollmacht 4 15 ff, M 169; 6 M 276
- Funktionsträger (Betriebsratsmitglieder etc.) 4 128 ff
- GmbH-Geschäftsführer, Dienstverhältnis 1 386
- Grundsatz „Änderungskündigung vor Beendigungskündigung" 4 83; 6 M 295
- Handelsvertretervertrag 1 292 ff
- Inhalt 4 14
- Insolvenzverwalter 6 M 508
- Integrationsamt 4 74 ff
- Integrationsamt Überprüfungskompetenz 6 M 523 f
- kein Deckungsausschluss bei Kündigung wegen angeblich vorsätzlich begangener Straftat 8 M 289
- Kleinstbetrieb (§ 23 KSchG) 6 M 280
- Kopie 4 9
- Kündigungsberechtigung 4 15 ff, M 169
- Kündigungsschutzklage, Grundmuster 6 M 278
- Mitteilung der Kündigungsgründe, Aufforderungsschreiben 6 M 274
- mit unzureichender Frist 6 M 456
- mündliche 4 6
- Nebentätigkeit während angeblicher Arbeitsunfähigkeit 6 M 493 f
- Nichteinhaltung der Kündigungsfrist 6 M 283
- nicht fristgerechte 4 73
- nicht termingerechte 4 73
- Personalfragebogen, Täuschung beim Ausfüllen 6 M 325
- Rücknahme 4 52 ff
- Rücknahme, kein Beendigungstatbestand im Kündigungsschutzprozess 6 M 292
- Schadensersatz wegen zur Eigenkündigung führenden Arbeitgeberverhaltens 6 M 346
- Schriftform 4 1 ff
- schwangere Arbeitnehmerin 4 M 173
- schwerbehinderter Mensch und Zustimmung des Integrationsamts 4 135 ff, M 172
- sittenwidrige 6 M 281
- Sozialplan 5 253
- Sprecherausschuss 4 74 ff, M 178
- Telefax 4 8
- Telegramm 4 8
- treuwidrige 6 M 282
- Umdeutung 4 6, 73, 89; 6 M 458
- Umwandlung 4 359
- Unkündbarkeit nach § 55 BAT/§ 34 TVöD 6 M 497

- Unterlassen von Kündigungen vor Abschluss des Interessenausgleichsversuchs 7 M 87
- Unterrichtung Betriebsrat 6 M 279, M 450 f
- Vollmacht, fehlende 4 15 ff, M 169; 6 M 276
- vor Arbeitsantritt 6 M 350
- Vorlage des BR-Widerspruchs 6 M 277
- Wettbewerbsverbot, nachvertragliches 2 86 ff
- Widerruf 4 52 ff
- Widerruf Kfz-Nutzung während Kündigungsfrist 2 128 ff
- Widerspruch des Betriebsrats, Vorlage 6 M 277
- „zum nächstmöglichen Zeitpunkt" 4 14
- Zustellung, wiederholte 6 M 459

Kündigung, außerordentliche
- Abmahnung im Vertrauensbereich 6 M 311
- AG-Vorstand, Klage auf Vergütung 6 M 323
- „Androhung" von künftiger Erkrankung durch Arbeitnehmer 6 M 485
- Anhörung des Betriebsrats 4 117
- Arbeitsverweigerung, beharrliche 6 M 488
- Auszubildender 6 M 506
- Beleidigung des Arbeitgebers auf Facebook 6 M 498a
- Datenschutzbeauftragter 6 M 320
- Entbehrlichkeit der Abmahnung im Vertrauensbereich 6 M 484
- Gehaltszahlungen, verspätete 6 M 321
- GmbH-Geschäftsführer 6 M 322
- Integrationsamt Überprüfungskompetenz 6 M 524
- Internetnutzung 6 M 318, M 491
- Kündigungsschreiben 4 M 162
- Kündigungsschreiben, soziale Auslauffrist 4 M 163
- Kündigungsschutzklage, Grundmuster 6 M 310
- Mitteilung der Kündigungsgründe, Aufforderungsschreiben 6 M 273
- Mitteilung der Kündigungsgründe, Aufforderungsschreiben des Arbeitnehmers 4 M 168
- Reisekostenabrechnung, Ungenauigkeiten 6 M 319
- Replik 6 M 496
- Schmiergeldannahme 6 M 486
- Selbstbeurlaubung 6 M 316, M 489
- Spesenabrechnung, Ungenauigkeiten 6 M 319
- Streitwert 8 246
- Urlaubsabbruch, Verweigerung 6 M 317
- Verdachtskündigung, unterbliebene Anhörung 6 M 315
- verfristete 6 M 313 f
- verspätete Gehaltszahlungen 4 M 171
- Whistleblowing 6 M 498b
- Widerruf der Bestellung zum Datenschutzbeauftragten 6 M 320
- Zwei-Wochen-Frist, Ermittlungsverhalten des Kündigenden 6 M 312

Kündigung, betriebsbedingte *siehe* Betriebsbedingte Kündigung

Kündigung, mehrere
- Streitwert 8 246

Kündigung, Mehrheit von Arbeitgebern
- Streitwert 8 246

Kündigung, ordentliche *siehe auch* Kündigung
- Streitwert 8 246

Kündigung, personenbedingte *siehe* Personenbedingte Kündigung

Kündigung, verhaltensbedingte *siehe* Verhaltensbedingte Kündigung

Kündigung einer Betriebsvereinbarung *siehe* Betriebsvereinbarung, Kündigung der

Kündigungsberechtigung
- Personenkreis 4 15 ff
- Zurückweisung der Kündigung wegen fehlender Vollmacht 4 15 ff, M 169

Kündigungserklärung
- Bestimmtheitsgrundsatz 4 11
- Bote 4 29, 39
- Briefkasteneinwurf 4 28 ff
- Einschreiben 4 33 ff
- Inhalt 4 14
- nicht fristgerechte 4 73
- nicht termingerechte 4 73
- Quittierung der Entgegennahme 4 38
- Zugang im Urlaub 6 M 511
- Zugangshindernisse in der Sphäre des Empfängers 4 47
- Zugang unter Abwesenden 4 24 ff
- Zugang unter Anwesenden 4 23

Kündigungsfrist
- Abänderung der tarifvertraglichen Regelung 4 62, 70 ff
- arbeitgeberseitige Kündigung 4 55 ff
- arbeitnehmerähnliche Personen 4 57
- arbeitnehmerseitige Kündigung 4 60
- Aufklärungspflichten des Arbeitgebers bei Verkürzung der K. im Aufhebungsvertrag 4 442 f
- Aushilfsarbeitsverhältnis 4 63
- Berechnung 4 65
- Ermittlungsverhalten des Kündigenden zur Wahrung der 6 M 312
- GmbH-Geschäftsführer 4 57
- Grundkündigungsfrist 4 55
- Kündigung unter Nichteinhaltung der Kündigungsfrist 6 M 283
- Nichteinhaltung der Kündigungsfrist durch vorläufigen Insolvenzverwalter 6 M 284
- Probezeit 4 61
- Verhältnis zu Kündigungstermin 4 66 ff
- Verlängerung im Kündigungsschutzverfahren, Streitwert 8 M 223
- Wiedereinstellungsanspruch bei Wegfall des Kündigungsgrundes nach Ablauf der Kündigungsfrist 6 M 510, M 530
- Wiedereinstellung wegen veränderter Umstände während 6 M 364
- Wiedereinstellung wegen Wegfalls des betriebsbedingten Grundes während 6 M 364

Kündigungsgründe
- Angabe 4 4 ff
- Mitteilung der Kündigungsgründe, Aufforderungsschreiben 6 M 274

Kündigungsschreiben
- ausführlich, ohne Begründung 4 M 152
- Mindestinhalt 4 M 150 f

Kündigungsschutzklage
- Abwehr von 6 391 ff
- Abwicklungsvertrag nach Erhebung 4 M 679

Stichwortverzeichnis

- Abwicklungsvertrag vor Erhebung   4 M 678
- allgemeiner Feststellungsantrag   6 202
- Änderungskündigung, Antrag   6 206
- Annahmeverzugsantrag, Streitwert   8 246
- Arbeitgeberstrategien   6 391 ff
- Aufnahmebogen   6 170 f
- Ausschlussfristen   6 197 f
- außergerichtliche Tätigkeit vor Erhebung, Gebühren   8 M 295
- außerordentliche Kündigung   6 192
- außerordentliche Kündigung, Grundmuster   6 M 310
- Aussetzungsbeschluss, Beschwerde gegen   6 M 285
- betriebsbedingte   6 190
- Betriebsübergang, Antrag   6 204 f
- Darlegungs- und Beweislast   6 394
- Deckungsantrag bei eiliger   8 M 269
- Deckungsschutz, Zahlungsklage neben K.   8 M 287
- Deckungszusage   8 255 ff
- Gerichtsstand bei Außendienstmitarbeitern   6 M 293
- Grundantrag   6 200
- kurzes Arbeitsverhältnis, Streitwert   8 M 225
- nachträgliche Zulassung, Antrag   6 209 ff, M 326
- nachträgliche Zulassung, Erwiderungsschriftsatz   6 M 457
- ordentliche Kündigung   6 188 ff
- ordentliche Kündigung, Grundmuster   6 M 278
- Passivlegitimation   6 176 ff
- richtiger Beklagter   6 3
- Umstellung auf richtige Partei   6 3
- und zugleich allgemeiner Feststellungsantrag, Streitwert   8 M 224, 246
- verdeckte Betriebsübernahme, betriebsbedingte Kündigung   6 M 335
- Vergleichsbereitschaft, Anzeige   6 M 447
- Verzicht   4 473
- Weiterbeschäftigungsanspruch, Streitwert   8 246

Kündigungsschutz nach §§ 126, 127 InsO
- Beschlussverfahren nach InsO   7 116 ff, M 152

Kündigungsschutzprozess
- Karenzentschädigung   2 44
- typische Fehler   6 193 ff

Kündigungstermin
- Bestimmtheitsgrundsatz   4 14
- Verhältnis zu Kündigungsfrist   4 66 ff
- „zum nächstmöglichen Zeitpunkt"   4 14

Kündigungsverbot
- nachträgliche Mitteilung   6 M 353

Künftige Leistung
- Zulässigkeit der Klage   6 23

Kurzarbeit
- Betriebsvereinbarung   5 M 150

Kurzarbeitsklausel
- Benachteiligungsverbot (§ 307 Abs. 2 Nr. 1 BGB)   1 54

Leasingfahrzeug *siehe auch* Dienstwagen
- Beteiligung des Arbeitnehmers an Leasingkosten   2 M 196
- Dienstwagenvereinbarung bei „Sonder"-Leasingfahrzeug   2 M 195
- Dienstwagenvereinbarung bei „Standard"-Leasingfahrzeug   2 M 194
- Herausgabe   2 178; 4 537 ff
- Übernahme der Leasingkosten durch Mitarbeiter bei Ausscheiden   2 M 194 f
- Übernahme von Rechte und Pflichten aus Leasingvertrag bei Ausscheiden   2 183 f, 186 ff

Lebensarbeitszeitkonto
- Betriebsvereinbarung   5 M 112
- Work-Life-Balance   5 94 f, M 112

Lehrkraft
- Arbeitsvertrag, Privatschule   1 M 229
- Rechtsstellung   1 307 f

Leiharbeitnehmer
- Arbeitsvertrag, befristet   1 M 251
- Arbeitsvertrag, unbefristet   1 M 252
- geringfügige Beschäftigung, Vertragsergänzung   1 M 191
- Mitbestimmungsrecht des Betriebsrats, Streitwert   8 246

Leistungsantrag
- Beschlussverfahren   7 44

Leistungsbereich
- Abmahnung   3 92 ff

Leistungsbeschreibungen
- Inhaltskontrolle nach § 307 Abs. 3 BGB   1 71

Leistungsbeurteilung   3 75 ff, M 134

Leistungsmanagement, Verbesserung
- Interessenausgleich   5 M 285

Leistungsverdichtung
- betriebsbedingte Kündigung   4 M 154; 6 M 296, M 465

Leistungszulage
- Arbeitsvertrag mit Verwaltungskraft   1 M 242

Leitender Angestellter
- Wechsel in die Position des Geschäftsführers   1 376 f

Leitender Angestellter iSv § 5 Abs. 3 BetrVG
- Streit über Statusfrage   7 13, M 73
- Streit über Statusfrage, Streitwert   8 246

Lkw-Fahrer
- Arbeitsvertrag   1 M 223

Lohn-/Gehaltpfändung
- Bearbeitungsgebühr   1 95

Lohnbescheinigung   4 361
- Streitwert   8 M 197

Lohngleichheitsgebot
- Betriebsvereinbarung   5 33

Lohnrisikoklausel   1 60

Lohnsteuer   4 360 ff

Lohnsteueranrufungsauskunft   4 217 f, M 686

Lohnsteuerbescheinigung
- elektronische   6 M 344

Lohnsteuerkarte   4 361
- Zwangsvollstreckung, Herausgabe   6 97

Lohnverwendungsabreden
- Betriebsvereinbarung   5 41

Low-Performer
- Darlegungs- und Beweislast   6 M 299

Mahnung
- AGB, Form nach § 309 Nr. 13 BGB   1 119 ff

Mailbox-Entscheidung   7 M 72

Mandantenschutzklausel
- allgemeine Mandantenschutzklausel   2 70
- beschränkte Mandantenschutzklausel   2 71
- Mandantenübernahmeklausel   2 72 ff
- Mustertext   2 M 114
- Niederlassungsverbot   2 69

Mandantenübernahmeklausel   2 72 ff

Mankoklausel
- Benachteiligungsverbot (§ 307 Abs. 2 Nr. 1 BGB)   1 55

Mankovereinbarung   3 M 181

Mannesmann-Klausel   1 483, M 534

Massenentlassung
- Sozialdaten-Liste   4 M 182

Mediation
- Terminsgebühr   8 M 230

Mehrarbeit
- Entgeltordnung, Betriebsvereinbarung   5 M 137

Mehrvergleich
- Deckungsschutz   8 265
- Deckungszusage   8 M 292
- Terminsgebühr   8 142

Merkblatt zum AGG   1 5, M 162

Mietvertrag über Werkswohnung   1 M 152

Minderleistung
- Darlegungs- und Beweislast, Low-Performer   6 M 299

Mini-Jobs
- Erklärungsbogen   1 M 186
- Merkblatt für Arbeitnehmer   1 M 183

Mitarbeiterbeschwerden
- Bestellung Einigungsstellenvorsitzender   7 M 66
- Betriebsvereinbarung   5 M 77
- Einigungsstellenzuständigkeit   7 3

Mitarbeiterbeteiligungsgesellschaft   2 266 ff

Mitarbeiterbeurteilung
- Beurteilungsbogen   3 M 135
- Beurteilungsgrundsätze   3 36 ff
- Leistungsbeurteilung   3 75 ff, M 134

Mitarbeitergespräch
- Betriebsvereinbarung   5 M 78

Mitarbeiterverhalten im Betrieb
- Betriebsvereinbarung   5 M 122

Mitbestimmungsgesetz   1 426

Mitbestimmungsrecht des Betriebsrats   *siehe auch* Betriebsrat; *siehe auch* Personelle Maßnahmen
- Aktienoptionen   2 291
- Antrag im Beschlussverfahren   7 43 ff
- Arbeitszeitkonto   5 94 f, M 112
- Aufhebung der Einstellung von Leiharbeitnehmern, Streitwert   8 246
- Auswahlrichtlinien   5 97
- Compliance   5 92 f
- Feststellung des Nichtbestehens   7 M 153
- Personalfragebogen   5 97
- personelle Maßnahmen (Aufhebungsantrag nach § 101 BetrVG), Streitwert   8 M 226, 246
- personelle Maßnahmen, Aufhebung auf Antrag des Betriebsrats   7 M 76
- personelle Maßnahmen, Unterlassen auf Antrag des Betriebsrats   7 M 75
- Rauchverbot im Betrieb, Streitwert   8 M 227, 246
- Tariflohnerhöhungen, Anrechnung auf Zulagen   7 M 80
- Überstunden, Unterlassen der Anordnung durch einstweilige Verfügung   7 M 81
- Überstunden, Unterlassungsverpflichtung mit Festsetzung von Ordnungsgeld wegen Zuwiderhandlung   7 M 88
- Überstunden, Unterlassungsverpflichtung mit Vollstreckungsantrag   7 M 89

Mobbing
- Ausgleichsklauseln   4 467
- Betriebsvereinbarung   5 M 74
- Haftungsausschluss   1 107
- Schadensersatz und Unterlassen   6 M 349
- Schmerzensgeld   6 M 518

Mobilfunkgerät   *siehe* Handy

Moderator (Rundfunk/Film/Fernsehen etc.)
- Rechtsstellung   1 309

Moderatorenvertrag   1 M 352

Monatsentgelt
- Berechnung, Streitwert   8 M 200

Monatsverdienst, § 10 KSchG
- Berechnung   6 M 291

Monte-Carlo-Modell   4 M 680

Monteur
- Vertrag mit verselbständigter Monteursgruppe   1 M 356

Mutterschutz   *siehe auch* Elternzeit
- Dienstwagennutzung   2 136 f
- Kündigung   4 M 173

Nachbesserungsverlangen
- AGB, Form nach § 309 Nr. 13 BGB   1 119 ff

Nachsendeauftrag bei Post
- Zugang Kündigungserklärung   4 49

Nachteilsausgleich   5 180, 185, 196 ff

Nachträgliche Zulassung
- Kündigungsschutzklage   6 209 ff

Nachvertragliches Wettbewerbsverbot   *siehe* Wettbewerbsverbot, nachvertragliches

Nachweisgesetz
- Nachweis, Streitwert   8 246
- Niederschrift gem. NachwG   1 M 144

Nachwirkung
- Betriebsvereinbarung   5 52 ff

Namensliste
- Betriebsänderung   5 159
- Interessenausgleich in der Insolvenz   5 199
- Wahlvorstand   7 M 95

Natürliche Person
- Passiv-Rubrum   6 183

Nebentätigkeitsabrede
- Chefarzt-Dienstvertrag mit Nebentätigkeitsabrede (ausgewogen)   1 M 193

Stichwortverzeichnis

Nebentätigkeit während angeblicher Arbeitsunfähigkeit
  6 M 493 f
Nebenverdienst
– Anrechnung auf Arbeitslosengeld 4 287
Negative betriebliche Übung 1 87a
Netto-Abfindung 4 369 ff
Netto-Klage 6 17 ff
Nichtantritt der Stelle
– Vertragsbruch 6 M 520
Nichtige Wettbewerbsvereinbarung 2 46 ff
Nichtigkeitsklage
– fehlerhafte Besetzung des LAG 6 M 136
Nichtigkeit von Betriebsratswahl
– Beschlussverfahren 7 7
Nichtzulassungsbeschwerde
– Bestellungsschreiben gegen 6 M 142
– Erläuterung negativer Prozesschancen für Mandanten 6 M 148
– Unbegründetheit (keine Zulassung der Revision wegen Verfahrensmangels), Erwiderung 6 M 146
– Unzulässigkeit, Erwiderung 6 M 145
– Verfahrensgebühr 8 246
– wegen Divergenz 6 M 150
– wegen Divergenz und Grundsatzbedeutung 6 M 149
– wegen grundsätzlicher Bedeutung 6 M 147
– wegen Verletzung des Anspruchs auf rechtliches Gehör 6 M 151
Niederlassungsverbot 2 69
Niederschrift gem. NachwG 1 M 144
Niedriglohn-Job
– Merkblatt für Arbeitnehmer 1 M 183
Null-Sozialplan 5 217
Nutzungspauschale Kfz-Nutzung 2 149 ff
Nutzungsrechte
– Einräumung von Nutzungsrechten, Vertragsanhang 1 M 353
Objektive Klagehäufung
– Stufenklage 6 26
Offenbarungspflicht des Arbeitnehmers
– Bewerbung 3 11 ff
Öffentlicher Dienst
– Unkündbarkeit nach § 55 BAT/§ 34 TVöD 6 M 497
– Urlaub 3 85
Öffnungsklauseln
– Betriebsvereinbarung 5 11, 34 ff
OHG
– Passiv-Rubrum 6 183
Optionsgewährungsvertrag 2 278
Orchestermusiker
– Rechtsstellung 1 307
Ordnung am Arbeitsplatz
– Betriebsvereinbarung über Verhalten der Mitarbeiter im Betrieb 5 M 122
Organisationsänderung
– ordentliche Änderungskündigung wegen 4 M 165

Organisations-Handbuch
– Arbeitsvertrag mit Angestelltem, mit Organisationsanweisungen 1 M 174
Organmitglied
– Arbeitnehmereigenschaft? 1 362 ff
– Rechtsstellung GmbH-Geschäftsführer/AG-Vorstand 1 360
– Rechtswegbestimmung 1 364
– Sozialversicherungspflicht 1 368 ff
Organstreitigkeiten
– Beschlussverfahren 7 8
Ort der Tätigkeit
– AGB-Inhaltskontrolle 1 71
– Änderungsvorbehalt 1 77
Outplacement-Klauseln 4 583 ff
Outplacement-Kosten
– Steuerermäßigung 4 201, 203
Outsourcing
– Interessenausgleich 5 M 280
– Sozialplan 5 M 293
Parteien, arbeitsgerichtliche Klage 6 2 ff, 176 ff
Parteizugehörigkeit
– Fragerecht des Arbeitgebers 3 28
Partnerschaftsgesellschaft
– Passiv-Rubrum 6 182, 184
Passivlegitimation 6 2 ff, 176 ff
– Kündigungsschutzklage 6 176 ff
Passivrubrum 6 176 ff
Pauschalhonorar
– Mischform Zeit-/Pauschalhonorar 8 40 ff
– Vergütungsvereinbarung 8 25 ff, M 92
Pauschalvereinbarung
– Drittfinanzierung 8 M 96
PC für Betriebsratstätigkeit
– Kostentragung, Streitigkeiten 7 10
PC-Schulung von Betriebsräten
– Kostentragung 7 M 154
Pensionsfonds
– Aufhebungsvertrag 4 503 ff
Pensionskasse
– Aufhebungsvertrag 4 500 ff
Pensionsplan siehe Pensionszusage
Pensionssicherung
– Insolvenzschutzklauseln 4 511, 574 ff
Pensions-Sicherungs-Verein 4 574 ff
Pensionsvertrag
– AG-Vorstandsvertrag mit Pensionsvertrag und Anschlussarbeitsverhältnis 1 M 532
– mit Pensions- und Darlehensvertrag 1 M 536
Pensionszahlung
– AG-Vorstand 1 516
– GmbH-Geschäftsführer 1 505 ff
Pensionszusage
– AG-Vorstand 1 M 535
– Arbeitsvertrag mit Leiter Konstruktion 1 M 200
– Arbeitsvertrag mit Personalchef Europa 1 M 197
– GmbH-Geschäftsführer 1 452
– Steuerermäßigung 4 196

Personalabbau
- einstweilige Verfügung auf Unterlassung 7 55 f
- Erzwingbarkeit Sozialplan 5 179
- Interessenausgleich 5 155, 190 ff, M 281 f
- Kombination Interessenausgleich/Sozialplan 5 M 300
- Sozialplan 5 239, M 295

Personalakte
- Entfernung eines Schreibens, Abmahnung 3 104
- Entfernung eines Schreibens, Abmahnungsklage 6 M 253
- Entfernung eines Schreibens, Vollstreckung 6 M 387, M 539
- Erklärung/Protokoll über Einsichtnahme 3 M 177
- Gegendarstellung bei unrichtiger Abmahnung 3 104

Personalauswahl
- Allgemeines 3 39 ff
- Textmuster für 3 M 57 ff

Personaleinkauf
- Betriebsvereinbarung 5 M 151
- Haftungsausschluss 1 110

Personalfragebogen 3 M 59
- Einigungsstellenzuständigkeit bei Meinungsverschiedenheiten 7 3
- Mitbestimmungsrecht Betriebsrat 3 36 ff
- Schwangerschaft 3 9
- Täuschung beim Ausfüllen 6 M 325

Personalinformationssystem
- Betriebsvereinbarung 5 98, M 131 f
- Mitbestimmungsrecht des Betriebsrats, Antrag auf Untersagung der Anwendung 7 M 64

Personalplanung
- Betriebsvereinbarung 5 M 79

Personalvertretungsrechtliche Angelegenheiten
- Beschlussverfahren 7 14

Personelle Eilverfahren
- Beschussverfahren 7 101

Personelle Maßnahmen siehe auch Betriebsrat; siehe auch Mitbestimmungsrecht des Betriebsrats
- Änderungskündigung, Zustimmung Betriebsrat 6 M 308 f
- Auswahlrichtlinien, Betriebsvereinbarung 5 97, M 145
- Ersetzung der Zustimmung des Betriebsrats 7 M 150, M 155 f
- Feststellung der Zustimmungspflichtigkeit 7 M 98
- Mitbestimmungsrecht des Betriebsrats 5 97 f; 7 M 75 f
- Mitbestimmungsrecht des Betriebsrats, Streitwert 8 M 226, 246
- vorläufige personelle Maßnahmen nach §§ 99, 100 BetrVG, Gegenantrag 7 M 92
- Zustimmungsersetzungsantrag, Zurückweisung wegen unzureichender Unterrichtung durch Arbeitgeber 7 M 96
- Zustimmungsersetzungsverfahren nach § 99 BetrVG, Gegenantrag wegen unzureichender Unterrichtung des Betriebsrats 7 M 97
- Zustimmungsverweigerung wegen zu hoher Eingruppierung, Replik 7 M 99
- Zwangsgeld wegen Nichtaufhebung 7 M 100

Personenbedingte Kündigung
- Alkoholismus 6 M 304
- Anhörung des Betriebsrats 4 109 ff
- betriebliches Eingliederungsmanagement 6 M 477
- erhebliche Fehlzeiten bei negativer Gesundheitsprognose 6 M 477
- Fehler bei 6 408
- häufige Kurzerkrankungen 6 M 478
- Klageerwiderung 6 M 479
- Krankheit 6 M 303, M 480
- langanhaltende Krankheit 4 M 161

Pfändung
- wegen Geldforderung, Antrag 6 M 157

Pfändungsfreigrenzen 2 208

Pfändungs- und Überweisungsbeschluss 6 96

Pflegezeit
- Antrag auf Pflegezeit 3 M 168
- Arbeitsbefreiung, einstweiliger Rechtsschutz 6 234, M 360
- Arbeitsbefreiung, Streitwert 8 246
- Work-Life-Balance 1 141; 3 126; 6 234
- Ziel und Erscheinungsformen 3 126

Pflichtverletzung Betriebsratsmitglied
- Ausschluss gem. § 23 BetrVG 7 M 142

Phantom Stocks
- Begriff 2 298 ff

PKH-Antrag 6 M 107

Postfach
- Zugang Kündigungserklärung 4 36

Postzustellungsurkunde
- Zugang Kündigungserklärung 4 36

Potestativbedingung
- Änderungskündigung 4 13

Praktikant
- Begriff 2 221

Praktikantenverhältnis
- Bestandsstreitigkeiten, Streitwert 8 M 202, 246
- Praktikantenvertrag 1 M 149; 2 220

Praktikantenvertrag
- Begriff 2 220

Prämie
- Prämiensystem für Mitarbeiter im Verkauf, Betriebsvereinbarung 5 M 139

Praxisphasenvertrag
- dualer Studiengang 2 221 f

Praxisphasenvertrag dualer Studiengänge
- Rückzahlungsklausel 2 255 f, M 310

Preisvereinbarungen
- Inhaltskontrolle nach § 307 Abs. 3 BGB 1 71

Pressemeldung (Announcement) 4 420 ff, M 687

Privatfahrten siehe Dienstwagen

Privathaushalt
- Arbeitsvertrag mit geringfügig Beschäftigten 1 M 189

Privatwagen
- Schäden bei dienstlicher Nutzung 2 166 f

Probezeit
- AG-Vorstand, Anstellungsvertrag 1 466
- Bestehen 3 M 148
- Kündigung, Beteiligung Betriebsrat 4 79

Stichwortverzeichnis

- Kündigungsfrist 4 61
- Verlängerung 3 M 149

Probezeitbefristung
- überraschende Klauseln 1 26a

Probezeitverlängerungsklausel 4 589 ff

Produktionsrückgang
- betriebsbedingte Kündigung 4 M 155

Profiling 5 266

Programmgestaltender Mitarbeiter, Rundfunk
- Rechtsstellung 1 309

Programmierer
- Arbeitsvertrag 1 M 226
- Werkstudentenvertrag 1 M 161

Projektmanager
- Arbeitsvertrag mit Merkblätter zu Datenschutz und Dienstfindungen 1 M 238

Prokura
- Erteilung 3 81, M 144
- Leiter Gesamtvertrieb mit Gesamtprokura 1 M 201

Prokurist
- Anstellungsvertrag 1 M 192

Provision
- Auskunftsklage und Provisionszahlung 6 M 372

Provisionsregelungen 4 593 f
- Handelsvertretervertrag 1 285 ff
- Vertriebsmitarbeiter für EDV-Produkte und EDV-Dienstleistungen 1 M 211

Prozent-Pauschalen
- AGB-Inhaltskontrolle 1 95

Prozessbeschäftigung 6 415 ff
- Vertrag über 6 M 449

Prozessbevollmächtigter
- Zugang Kündigungserklärung 4 44

Prozessgebühr
- Erstattungspflicht der Prozessgebühr des Rechtsmittelbeklagten vor Begründung des nur zur Fristwahrung eingelegten Rechtsmittels 6 M 134

Prozesskostenhilfe
- Antrag auf Bewilligung 6 M 107

Prozessprotokollierungsvereinbarung 4 595 ff

Prozessvergleich
- Abfindung in 4 346 ff
- Dienstwagennutzung 4 534
- Gerichtskosten 8 156
- mit Monte-Carlo-Klausel 4 M 680
- Sperrzeit wegen Arbeitsaufgabe 4 242, 258, 260
- Vererbbarkeitsklausel 4 638
- Versprechen ordnungsgemäßer Abwicklung 4 641 ff
- Zeugnisklauseln 4 660

Prozesszinsen
- Rechtshängigkeit 6 22

Publizierungspflicht der Vorstandsbezüge 1 485

Punkteschema
- Berechnung von Sozialplanabfindungen 5 236 F
- Interessenausgleich 5 192

Pünktlichkeitsprämie
- Betriebsvereinbarung 5 39

Qualifiziertes Zeugnis 3 224 ff

Quota-litis-Vereinbarung 8 49

Rahmenvereinbarung
- Arbeit auf Abruf/flexible Arbeitszeit 1 M 146
- befristeter Arbeitsvertrag 1 M 145

Raucher
- Fragerecht des Arbeitgebers 3 30

Rauchfreier Arbeitsplatz
- Beschäftigungsklage 6 M 268

Rauchverbot im Betrieb
- Abmahnung 3 M 191
- Betriebsvereinbarung über Verhalten der Mitarbeiter im Betrieb 5 M 122
- Mitbestimmungsrecht des Betriebsrats, Streitwert 8 M 227, 246

Rechnungslegung
- Stufenklage 6 26 ff

Recht auf Lüge 3 34

Rechteübertragung
- Vertragsanhang 1 M 353

Rechtsanwalt
- freier Mitarbeitervertrag 1 M 351

Rechtsanwaltskosten für Betriebsratstätigkeit
- Kostentragung des Arbeitgebers, Streitigkeiten 7 10, M 58, M 68; 8 212

Rechtsbeschwerde
- Grundmuster 6 M 154

Rechtsbeschwerde (§ 92 ArbGG) gegen Entscheidung des LAG
- Schriftsatz 7 M 38
- Zulässigkeit 7 22, 27

Rechtsbeschwerdeverfahren
- Bestellungsschriftsatz 7 M 35

Rechtshängigkeit
- Prozesszinsen 6 22

Rechtsmissbrauch
- Ausgleichsklausel 4 477
- Sperrzeit wegen Arbeitsaufgabe 4 262

Rechtsmittelstreitwert
- Festsetzung 8 158 ff

Rechtsreferendar
- Prozessvertretung 8 M 307

Rechtsschutzversicherung siehe auch Deckungsschutz
- AG-Vorstand 8 86, M 111
- Aufhebungsvertrag, Aushandeln 8 88, M 113
- Aufklärungs-/Hinweispflichten des Anwalts 8 85 ff
- Aushandeln von Aufhebungsvertrag bei gleichzeitiger Androhung der Kündigung für den Fall des Nichtzustandekommens 8 259 ff, M 276
- Ausschlusstatbestände 8 86 f, 87, M 112, 253
- Ausschlusstatbestände, Hinweis auf 8 M 111 f
- Deckungsschutz, Umfang 8 254
- Einwand der Vorvertraglichkeit 8 251
- GmbH-Geschäftsführer 8 86, M 111
- Hinweis bei rechtsschutzversicherten Mandanten 8 M 106
- Informationspflicht des Anwalts 8 263 f
- Rechtspflichtenverstöße im Arbeitsverhältnis 8 249 ff

- ursächlicher Zusammenhang mit einer Straftat 8 87, M 112, 253
- verhaltensbedingte Kündigung 8 253
- vorsätzlich begangene Straftat 8 87, M 112, 253, M 282

Rechtsweg
- Ansprüche aus Geschäftsführertätigkeit 1 364
- Gebührenklage 8 M 228
- Rüge 6 M 536

Referententätigkeit
- Honorarvertrag 1 M 341

Regelarbeitsentgelt
- Altersteilzeit 4 712 ff

Regelungsabsprache
- Abgrenzung zur Betriebsvereinbarung 5 14 f, 47
- Wirkung 5 15

Reisekosten
- Anwaltsvergütung 8 148

Reisekostenabrechnung, Ungenauigkeiten
- fristlose Kündigung 6 M 319
- verhaltensbedingte Kündigung 6 M 301

Reisekostenrichtlinie 1 80

Reisezeit
- Berechnung und Erfassung, Betriebsvereinbarung 5 M 104
- Transparenzgebot 1 43

Religionszugehörigkeit
- Fragerecht des Arbeitgebers 3 28

Rentenversicherungsrecht
- Altersteilzeit 4 720 ff

Ressortverteilung
- AG-Vorstand 1 472, 474
- Haftung mehrerer GmbH-Geschäftsführer/Vorstandsmitglieder 1 419

Restrukturierung
- Kombination Interessenausgleich/Sozialplan 5 M 301

Revision
- Anschlussrevision 6 78
- Bestellungsschreiben für Revisionsbeklagten 6 M 143
- Bestellungsschreiben gegen Nichtzulassungsbeschwerde 6 M 142
- des Beklagten 6 M 153
- des Klägers 6 M 152
- Nichtzulassungsbeschwerde 6 M 145 ff
- Revisionsantrag 6 70 ff
- Revisionsbegründung 6 74
- Revisionsbegründungsfrist 6 68
- Revisionsbegründungsschriftsatz 6 69 ff
- Revisionseinlegungsfrist 6 68
- Rücknahme 6 77
- Sachrüge 6 75
- Verfahrensrüge 6 75
- Zurückverweisung 6 71

Richtigkeitsgewähr 1 134

Risikomanagement *siehe* Compliance

Rubrumsänderung 6 174

Rückdatierung
- Altersteilzeitvereinbarung 4 707
- Aufhebungsvertrag 4 429, 431

Rückdeckungsversicherung 4 492, 511, 578

Rückgabevereinbarungen 4 600 ff

Rücknahme
- Berufung 6 63
- Klage 6 51
- Kündigung 4 52 ff; 6 M 292
- Revision 6 77

Rücktrittsklausel
- Aufhebungs- und Abwicklungsvertrag 4 653 ff

Rücktrittsvorbehalt
- Inhaltskontrolle nach § 308 BGB 1 75

Rückversetzung
- aus dem Ausland 6 M 297b

Rückwirkung
- Betriebsvereinbarung 5 46

Rückzahlungsklage des Arbeitgebers
- Entreicherungseinwand 6 M 377
- überzahltes Arbeitsentgelt 6 M 532

Rückzahlungsklausel
- Abfindung 4 400 f
- AGB-Kontrolle 2 230 ff
- Arbeitgeberdarlehen 2 217 ff
- Ausbildungsbeihilfe 2 258
- Ausbildungskosten 1 47; 6 M 503
- aus sonstigen Gründen 2 257 ff
- Berufsausbildung 2 223
- Beschäftigung auf von BA subventionierten Arbeitsplatz 2 257
- Bindungsdauer 2 248 ff
- Fortbildung 1 47
- Fortbildung, betriebsbezogene 2 242 ff
- Fortbildungsvertrag 2 224 ff
- gestaffelt, Fortbildungsvertrag 2 M 308
- in Praxisphasenverträgen dualer Studiengänge 2 255 f, M 310
- Nichtbestehen einer Prüfung 2 259
- Prüfungsschema des BAG 2 234 ff
- Rechtsfolgen unwirksamer R. 2 262
- Transparenzgebot 1 47
- Umzugsbeihilfe 2 258

Rückzahlungsklausel, Falschberechnung
- Benachteiligungsverbot (§ 307 Abs. 2 Nr. 1 BGB) 1 56

Rückzahlungsklausel, Fortbildungsveranstaltung
- Inhaltskontrolle nach § 307 Abs. 3 BGB 1 72

Rufbereitschaft
- befristeter Arbeitsvertrag mit Rufbereitschaft und Tarifbindung 1 M 168
- Betriebsvereinbarung 5 M 109

Ruhegeld
- Anpassung, betriebliche Altersversorgung 6 M 328
- Feststellung einer Ruhegeldverpflichtung 6 M 331

Ruhegeldvereinbarung
- GmbH-Geschäftsführer 1 M 527

Ruhendes Arbeitsverhältnis
- AG-Vorstand 1 378 f
- GmbH-Geschäftsführer 1 376 f

Rundfunk, Mitarbeiter
- freier Mitarbeitervertrag 1 M 352
- Rechtsstellung 1 307 ff

Sabbatical
- Arbeitsvertrag mit Sabbatical-Klausel   1 M 169, M 226, M 227
- unbezahlter Urlaub   3 84, M 158

Sachbearbeiterin
- Arbeitsvertrag, mit Tarifbindung   1 M 243

Sachgruppenvergleich   5 58

Sachrüge Revision   6 75

Sachstandsanfrage
- Terminsgebühr   8 M 231

Sachverständigenkosten
- keine Übernahme   7 M 157

Sachverständiger
- Hinzuziehung durch einstweilige Verfügung für Betriebsratstätigkeit   7 M 77

Salvatorische Klausel   4 604 ff
- AGB-Inhaltskontrolle   1 128

Sammelabmahnungen   3 100

Satzungstheorie
- Rechtsnatur der Betriebsvereinbarung   5 13

Say on Pay-Regelung   1 459

Schadensersatz, Pauschalierung
- Ablösungsentschädigung   1 96
- AGB-Inhaltskontrolle   1 90, 94 f
- Ausschluss des Gegenbeweises   1 95

Schadensersatzanspruch
- AGG und Betriebsvereinbarung   5 7

Schadensersatzklage
- AGG   6 M 255 ff , M 437
- Arzt, unterlassene Beteiligung an Privatliquidation   6 M 348
- Detektivkosten   6 M 516
- Dienstwagen, Entzug   6 M 347
- Eigenkündigung, Arbeitgeberverhalten   6 M 346
- Mobbing   6 M 349
- Schlechtleistung   6 M 517

Schadensfreiheitsrabatt
- Rückstufungsschaden und Dienstwagennutzung   2 167

Scheinselbständigkeit
- Begriff und Konsequenzen   1 313 ff
- Sozialversicherungsrecht   4 296 ff

Schikanen
- Deckungsantrag   8 M 274

Schlechtleistung
- Schadensersatzklage   6 M 517

Schleppnetzantrag   6 196, 202 f
- Streitwert   8 246

Schlichtungsverfahren
- Berufsausbildungsverhältnis   4 491

Schlüssel
- Betriebsvereinbarung über Verhalten der Mitarbeiter im Betrieb   5 M 122

Schmerzensgeld
- Mobbing   6 M 518

Schmiergeldannahme
- außerordentliche Kündigung   6 M 486
- Compliance und Vertragsbeendigung   4 469

Schriftform
- AGB, Form nach § 309 Nr. 13 BGB   1 119 ff
- Änderungskündigung   4 3
- Auflösungsvertrag   4 1 ff
- Kündigung   4 1 ff
- Schriftsatzkündigung   4 10
- Vergütungsvereinbarung   8 9 ff

Schriftsätze
- in der ersten Instanz   6 M 117 ff
- in der Revision   6 M 142 ff
- in der zweiten Instanz   6 M 126 ff

Schriftsatzkündigung
- Schriftformerfordernis   4 10
- Zugang einer S. während des Kündigungsschutzprozesses   6 M 512

Schrotthändler
- Werklohnvereinbarung mit Schrottverkleinerer   1 M 357

Schuldanerkenntnis
- Ausgleichsklauseln   4 475

Schuldanerkenntnis-Klauseln   4 608 ff

Schuldversprechen   3 M 176

Schulungskosten Betriebsratsmitglied
- Erstattung Arbeitgeber   7 M 78

Schulungsveranstaltung
- Anerkennung, Streit   7 13
- Freistellung Betriebsratsmitglied, Streit über   7 3
- Freistellung Jugend- und Auszubildendenvertretung, Streit über   7 3
- Freistellung Personalratsmitglied, Streitwert   8 M 218, 246
- Kostentragung Arbeitgeber   7 M 78, M 154
- Rückzahlungsklauseln   2 224 ff
- vorherige Unterrichtung des Betriebsrats   7 M 83, M 158

Schutzschrift
- gegen Unterlassungsverfügung   6 M 363
- zur Abwehr eines arbeitgeberseitigen Antrags auf Erlass einer einstweiligen Verfügung zum Abbruch einer Betriebsratswahl   7 M 79

Schwacke-Liste   4 522

Schwangerschaft
- Fragerecht des Arbeitgebers   3 6
- Gewerbeaufsichtsamt, Mitteilung an   3 M 162
- Kündigung   4 M 173
- Offenbarungspflicht des Arbeitnehmers   3 13
- Personalfragebogen   3 9

Schwarzgeld
- Compliance und Vertragsbeendigung   4 469

Schwellenwert
- Interessenausgleich   5 155

Schwerbehindertenabfrage   3 48, M 72

Schwerbehinderteneigenschaft
- Betriebsübergang   4 140
- Fragerecht des Arbeitgebers   6 M 522
- Informationspflicht des Arbeitnehmers bei Kündigung, Frist   4 138 f
- Offenbarungspflicht des Arbeitnehmers   3 14 ff

Schwerbehindertenvertreter
- Sonderkündigungsschutz   4 128 ff

Stichwortverzeichnis

Schwerbehinderter Mensch
- Altersteilzeit, Beendigung 4 753
- Aufhebungsvertrag unter Mitwirkung des Integrationsamts 4 M 677
- Aussetzungsbeschluss bei Kündigungsschutzklage, Beschwerde gegen 6 M 285
- behinderungsgerechte Beschäftigung 6 M 352
- Gleichstellungsantrag 3 M 179
- Klage des AG wegen Zustimmungsverweigerung des Integrationsamts zur Kündigung 6 M 525
- Klage des AN gegen Zustimmung des Integrationsamts zur Kündigung 6 M 354
- Kündigungsverbot, nachträgliche Mitteilung 6 M 353
- Überprüfungskompetenz des Integrationsamts bei außerordentlicher Kündigung 6 M 524
- Verwirkung des Sonderkündigungsschutzes 6 M 522
- Zustimmung des Integrationsamts zur Kündigung 4 135 ff, M 172

Scientology-Zugehörigkeit
- Fragerecht des Arbeitgebers 3 31

Seebetriebsrat
- Sonderkündigungsschutz 4 128

Seeschifffahrt
- Einigungsstellenzuständigkeit 7 3

Sekretärin
- Arbeitsvertrag 1 M 224

Selbständigkeit
- Merkmal 1 263 f, 269

Selbstbeurlaubung
- Kündigungsgrund 6 M 316, M 489

Sendebericht
- Fax „OK-Vermerk" 6 M 105

Sexuelle Belästigung
- AGG-Klage 6 M 258
- Betriebsvereinbarung 5 M 74

Sexuelle Identität
- AGG-Klage 6 M 256

Share Matching Pläne 2 272 ff

Sicherheitsbeauftragter
- Haftungsfreistellung 3 M 180

Sicherungsabtretung
- Darlehensvertrag 2 M 305

Sicherungsübereignung Pkw
- Darlehensvertrag 2 M 304

Sic-non-Fall
- Rechtswegbestimmung 1 364

Sittenwidrigkeit
- Höhe der Anwaltsvergütung 8 59

Smartphone etc.
- Arbeitsvertrag mit Work-Life-Balance-Klausel („Dauererreichbarkeit") 1 M 226
- Betriebsvereinbarung Freizeitruhe-Garantie (Verbot digitaler Freizeitstörung) 5 M 113
- „Dauererreichbarkeit" und Work-Life-Balance 1 141 f; 5 96

Sofortige Beschwerde
- gegen Beschluss des ArbG, Grundmuster 6 M 137
- gegen Kostenentscheidung 6 42 f
- gegen Kostenfestsetzungsantrag 6 M 159

Softwareentwickler
- Rahmenwerkvertrag 1 M 345

Sollzeit-Regelung
- Betriebsvereinbarung 5 M 103

Sonderkündigungsschutz
- Aufklärungspflichten des Arbeitgebers 4 450
- Betriebsratsmitglied 4 128 ff, 132
- Ersatzmitglied 4 131
- Funktionsträger 4 128 ff
- schwerbehinderter Mensch 4 135 ff

Sonderurlaub
- unbezahlter Urlaub 3 84, M 158

Sozialauswahl
- Abwehr von Kündigungsschutzklage 6 397
- AGG 5 190 ff
- Altersdiskriminierung 5 160 ff, 191
- Betriebsänderung 5 159 ff
- betriebsbedingte Kündigung, Fehler bei 6 404 ff
- mangelhafte S., betriebsbedingte Kündigung 6 M 294
- Mitteilung der Kündigungsgründe, Aufforderungsschreiben des Arbeitnehmers 4 M 167

Sozialdaten-Liste
- Massenentlassung 4 M 182

Soziale Angelegenheiten
- Einigungsstellenzuständigkeit 7 3

Sozialplan siehe auch Sozialplanabfindung
- Abfindung 5 203
- Altersdiskriminierung 5 217 ff
- Änderung 5 252
- Arbeitszeitänderung – Kombination mit Interessenausgleich 5 M 303
- Auslegung 5 211, 257
- Betriebsstilllegung 5 238, M 287
- Betriebsstilllegung, Einigungsstellenspruch 5 M 288
- Betriebsstilllegung im Konzern 5 M 287
- Betriebsübergang und Sitzverlegung einer Versicherungsgesellschaft 5 M 289
- Betriebsvereinbarung 5 202 ff
- Betriebsverlagerung 5 M 290, M 294
- DV- und Orga-Projekte, Rationalisierung – Kombination mit Interessenausgleich 5 M 299
- Einigungsstelle 5 244 ff
- Einigungsstellenzuständigkeit 7 3
- Ermessensfehler bei undifferenzierter Festsetzung von Abfindung durch Spruch einer Einigungsstelle 7 M 39
- Erzwingbarkeit 5 179
- Funktion 5 202
- Fusion 5 M 291
- gerichtliche Durchsetzung 5 254
- Gestaltungsverbote 5 231 ff
- Inhalt 5 175, 201, 215 ff
- keine Pflicht des Arbeitgebers zur Ankündigung eines künftigen Sozialplans 4 441
- kombiniert mit Interessenausgleich 5 213 f, M 299 ff
- Kündigung 5 253
- Outsourcing von Handwerkern einer Wohnungsbaugesellschaft 5 M 293
- Personalabbau 5 239, M 295

Stichwortverzeichnis

- Personalabbau – Kombination mit Interessenausgleich   5 M 300
- persönlicher Geltungsbereich   5 208
- Rechtsnatur   5 164, 202
- Rechtswirkung   5 210
- Restrukturierung – Kombination mit Interessenausgleich   5 M 301
- steuerliche Auswirkungen   5 258
- Teilbetriebsveräußerung   5 M 294
- Umwandlung von Vertriebsbüros in Technische Büros   5 M 296
- unwirksame Klauseln   5 231 ff
- Verbandsverlagerung – Kombination mit Interessenausgleich   5 M 302
- Verjährung von Ansprüchen   5 255
- Verlagerung des Betriebes   5 239
- Verschmelzung   5 M 294
- Vertriebskonzeptänderung – Kombination mit Interessenausgleich   5 M 303
- Vertriebsumstrukturierung – Kombination mit Interessenausgleich   5 M 304
- Volumen, Streitwert   8 M 229, 246
- vorsorglicher   5 205 ff
- wirksame Klauseln   5 231 ff
- zeitlicher Geltungsbereich   5 204 ff
- Ziel   5 201 ff
- Zusammenführung mehrerer Betriebe   5 239
- Zusammenführung von Betriebsteilen   5 M 298
- Zustandekommen   5 212

Sozialplanabfindung
- Abfindungshöhe   4 345 f
- Anspruchsausschluss   5 230
- Ausschluss   4 344
- Berechnung   5 236 F
- Eigenkündigung   5 209
- Funktion   4 331
- Insolvenz   4 391
- Stichtagsregelungen   4 344
- Streitwert   8 246
- Vererbbarkeit   5 225 ff
- Verzicht auf Sozialplanleistungen   4 343
- Zwangsvollstreckung   5 251

Sozialversicherungspflicht
- GmbH-Geschäftsführer/AG-Vorstand   1 368 ff

Sozialversicherungsrecht
- Abfindung   4 219 f
- AG-Vorstand   1 475; 4 225
- Arbeitnehmereigenschaft   4 295 ff
- Arbeitslosengeldanspruch   4 221 ff
- Aufklärungspflicht des Arbeitgebers bei Aufhebungsvertrag   4 440
- freie Mitarbeit   4 296 ff
- GmbH & Co. KG   1 450
- GmbH-Geschäftsführer   1 449; 4 225
- Nachentrichten von Sozialversicherungsbeiträgen   4 304 ff
- Scheinselbständigkeit   1 315 ff; 4 296 ff
- Sperrzeit wegen Arbeitsaufgabe   4 226 ff
- Telearbeit   1 326

Spaltung von Betrieben
- Begriff   5 171

Sperrzeitbescheid
- Klage gegen   6 M 327

Sperrzeit wegen Arbeitsaufgabe
- Abwicklungsvertrag   4 241, 253 ff, 274
- Altersteilzeit   4 762
- Altersteilzeitvertrag   4 252, 271
- Aufhebungsvertrag   4 240 f, 253 ff, 272
- betriebsbedingte Kündigung   4 232, 252
- Eigenkündigung   4 237 f, 244 ff, 272
- Freistellung   4 572
- Geschäftsanweisung der Bundesagentur für Arbeit   4 229, 264 ff
- „Lösen" des Arbeitsverhältnisses   4 231 ff, 265 ff
- missbräuchliches Verhalten   4 262 f
- Prozessvergleich   4 242, 258, 260
- Rechtsfolgen   4 275 f
- sperrzeitrelevantes Verhalten   4 226 f
- verhaltensbedingte Kündigung   4 233 ff
- Vorfeldabsprache   4 228, 241
- Wechsel von einem unbefristeten in ein befristetes Arbeitsverhältnis   4 238, 250 f, 270
- „wichtiger Grund" iSv § 159 SGB III   4 244 ff, 269 ff

Spesen
- Vergütungsvereinbarung   8 40 ff

Spesenabrechnung, Ungenauigkeiten
- fristlose Kündigung   6 M 319
- GmbH-Geschäftsführer/AG-Vorstand   1 492
- verhaltensbedingte Kündigung   6 M 301

Sprachtest
- AGG   5 6

Sprecher (Rundfunk/Film/Fernsehen etc.)
- Rechtsstellung   1 309

Sprecherausschuss
- Anhörung vor Abschluss einer Betriebsvereinbarung   5 30
- Anhörung vor Kündigung   4 M 178
- Kündigung   4 74 ff

Sprechstunden
- Betriebsrat, Streit über Einrichtung   7 3
- Jugend- und Auszubildendenvertretung, Streit über Einrichtung   7 3

Sprinterprämie   4 190, 360, 616 ff

Stammkundenanteil
- Handelsvertreterrecht   1 296

Statusfeststellung „Arbeitnehmer" iSv § 5 Abs. 1 BetrVG
- Feststellungsantrag   7 M 59

Statusfeststellung „leitender Angestellter" iSv § 5 Abs. 3 BetrVG
- Streit   7 13, M 73
- Streitwert   8 246

Statusklärung, Anfrageverfahren   1 322

Stellenausschreibung
- AGG und Formulierungen   3 7, 46 ff
- Fremdausschreibung   3 47

Stellenausschreibung, innerbetriebliche
- als Teilzeitarbeitsplatz   3 48
- Antrag des Betriebsrats auf Unterlassen der Beschäftigung eines eingestellten Mitarbeiters   7 M 84
- Betriebsvereinbarung   5 M 76
- Initiativrecht des Betriebsrats   3 48 f
- Mindestinhalt   3 48

Stichwortverzeichnis

- Schwerbehindertenabfrage 3 48, M 72
- Stellenbeschreibung
  - Änderungsvorbehalt 1 81
  - einfache 3 M 67
  - Fragebogen zur Erarbeitung 3 M 70
  - interne (Aushang) 3 M 68
  - Job Description 3 M 69
- Steuerermäßigung
  - Fünftelungs-Regelung bei Abfindungen/Berechnung 4 209 ff
- Steuerermäßigung, Entschädigungen
  - Berechnung der Steuerermäßigung 4 209
  - Ersatz für entgangene oder entgehende Einnahmen 4 190 ff
  - Fünftelungs-Regelung bei Abfindungen 4 187 ff
  - Gegenleistung für die Aufgabe bzw Nichtausübung einer Tätigkeit 4 197
  - Karenzentschädigung 4 197
  - Sprinterprämie 4 190
  - Voraussetzungen 4 188 ff, 357
  - Zusammenballung von Einkünften in einem Veranlagungszeitraum, Ausnahmen 4 201 ff
  - Zusammenballung von Einkünften in einem Veranlagungszeitraum, Grundsatz 4 198 ff
- Steuerfreie Zuschläge
  - Vertragsergänzung 1 M 159
- Steuern
  - Sozialplan 5 258
- Steuerrecht
  - Abfindung 4 357 ff
  - Aufklärungspflicht des Arbeitgebers bei Aufhebungsvertrag 4 440
  - Fünftelungs-Regelung bei Abfindungen 4 187 ff, 209 ff
  - Privatnutzung von Dienstwagen 2 145 ff
- Stiftung
  - Auslandsarbeitsvertrag mit einer Stiftung 1 M 255
- Stilllegung des Betriebs siehe Betriebsstilllegung
- Stock Appreciation Rights
  - Begriff 2 298 ff
- Stock Options 2 276 f; 4 619 ff
- Stock Options Plan 2 278, 280
- Stock-Options-Vereinbarung
  - Arbeitsvertrag für Financial Consultant einer internationalen Gesellschaft 1 M 247
- Störung des Betriebsfriedens
  - Abmahnung 3 M 193
- Strafanzeige gegen Arbeitgeber
  - als Kündigungsgrund (Whistleblowing) 6 M 498b
- Straftat
  - Compliance und Vertragsbeendigung 4 469
  - Rechtsschutzversicherung, Risikoausschluss bei Vorsatzhandlung 8 87, M 112, 253
- Streik siehe Arbeitskampf
- Streitwert
  - Abbruch und Anfechtung einer Betriebsratswahl 8 M 205
  - Abfindung 8 163 ff, M 185 ff, 246
  - Abmahnung 8 M 188 f, 246
  - Akteneinsicht 8 M 190, 246
  - Altersteilzeit 8 M 191 f
  - Altersversorgung 8 M 193, 246
  - Änderungskündigung 8 M 194, 246
  - Anfechtung des Arbeitsvertrages 8 M 195, 246
  - Arbeitgeberdarlehen 8 M 206
  - Arbeitsbescheinigung nach § 312 SGB III 8 M 196, 246
  - Arbeitspapiere 8 M 197, 246
  - Arbeitszeitverringerungsverlangen 8 M 198
  - Aufhebungsvertrag 8 246, 261
  - Auflösungsantrag 8 M 199, 246
  - Ausgleichsklausel 8 246
  - Auskunftsanspruch 8 246
  - befristeter Arbeitsvertrag 8 246
  - Berechnung Monatsentgelt 8 M 200
  - Berechnung Vierteljahresbezug 8 M 201
  - Berufsausbildungsverhältnis (Bestehen, Nichtbestehen, Kündigung) 8 M 202, 246
  - Beschäftigung, tatsächliche 8 M 204, 246
  - Bestellung von Personen für Wahlvorstand 8 M 205, 246
  - betriebliche Altersversorgung 8 246
  - Betriebsrat, Unterlassen mitbestimmungswidrigen Verhaltens 8 246
  - Betriebsübergang 8 246
  - Dienstverhältnis, Streit über Fortbestand 8 M 207, 246
  - Dienstwagen, Herausgabe 8 246
  - Dienstwagen, Zurverfügungstellung 8 246
  - Direktionsrecht 8 M 208, 246
  - Ehrverletzung 8 M 209, 246
  - Eingruppierung, Zustimmungsersetzung 8 M 210 f, 246
  - Einstweilige Verfügung 8 M 214
  - Entfristungsklage 8 M 215
  - Freistellung Arbeitnehmer 8 M 217, 246
  - Freistellung Personalratsmitglied wegen Schulungsteilnahme 8 M 218, 246
  - Gehaltsanspruch 8 246
  - Herausgabeanspruch 8 M 220, 246
  - Insolvenzforderung 8 246
  - Integrationsamt, Tätigkeit des Rechtsanwalts vor 8 M 221, 246
  - Karenzentschädigung 8 M 242
  - Konzernbetriebsrat, Zusammensetzung 8 M 222, 246
  - Kündigung 8 246
  - Kündigungsfrist, Verlängerung im Kündigungsschutzverfahren 8 M 223
  - Kündigungsschutzklage bei kurzem Arbeitsverhältnis 8 M 225
  - Kündigungsschutzklage und Annahmeverzugsantrag 8 246
  - Kündigungsschutzklage und Weiterbeschäftigungsanspruch 8 246
  - Kündigungsschutzklage und zugleich allgemeiner Feststellungsantrag 8 M 224, 246
  - Lohnbescheinigung 8 M 197
  - Mitbestimmungsrecht des Betriebsrats bei Aufhebung der Einstellung von Leiharbeitnehmern, 8 246
  - Mitbestimmungsrecht des Betriebsrats bei personeller Maßnahme 8 M 226, 246
  - Mitbestimmungsrecht des Betriebsrats bei Rauchverbot 8 M 227, 246
  - Nachweis nach dem NachwG 8 246

Stichwortverzeichnis

- Pflegezeit, Freistellung 8 246
- Praktikantenverhältnis (Bestehen, Nichtbestehen, Kündigung) 8 M 202, 246
- Schleppnetzantrag 8 246
- Sozialplanabfindung 8 246
- Sozialplanvolumen 8 M 229, 246
- Statusfeststellung „leitender Angestellter" iSv § 5 Abs. 3 BetrVG 8 246
- Tätigkeit als Korrespondenzanwalt, Auslandsbezug 8 246
- Teilzeitanspruch 8 246
- Umgruppierung, Informationsanspruch Betriebsrat 8 246
- Versetzung 8 246
- Wahlvorstand, Zugangsrecht 8 246
- Weiterbeschäftigung 8 246
- Weiterbeschäftigung eines Auszubildenden 8 M 203, 246
- Wettbewerbsverbot 8 M 242
- wiederkehrende Leistungen 8 246
- Zeugnis 3 253; 8 M 243 f, 261
- Zutrittsrecht Gewerkschaft 8 246
- Zwangsvollstreckung 8 246
- Zwischenzeugnis 3 253; 8 M 244, 246

Streitwertaddition bei Vergleich 8 M 299

Streitwerterhöhung
- streitwerterhöhende Einbeziehung von Regelungen über Altersversorgung und Zeugnis in Vergleich 8 M 300

Streitwertkatalog für die Arbeitsgerichtsbarkeit 8 162a

Student
- (Teilzeit-)Arbeitsverhältnis 2 221 f
- Ausbildungsvertrag im Rahmen von „Studiengängen mit vertiefter Praxis" 2 221 f, 255 f, M 309
- dualer Studiengang 2 221 f

Studiengebühren
- dualer Studiengang 2 223

Stufenklage
- Antrag 6 26 ff

Stundensatz
- Vergütungsvereinbarung 8 18 ff

Subjektive Klagehäufung 6 205, M 297c

Subunternehmer
- Subunternehmervertrag 1 M 354
- Vertraulichkeitsvereinbarung 1 M 346

Suchtprobleme
- Betriebsvereinbarung 5 66, M 87

Suspendierung
- AG-Vorstand 1 401, 490
- GmbH-Geschäftsführer 1 400

Systemgastronomie
- Teilzeitarbeitsvertrag 1 M 220

Tantiemen
- Tantiemeregelungen 4 625 f
- Vergütungsregelungen bei GmbH-Geschäftsführern 1 430, 433 f

Tarifautonomie
- keine AGB-Inhaltskontrolle 1 133

Tarifbindung *siehe* Arbeitsvertrag mit Tarifbindung
- Arbeitsvertragsgestaltung 1 3

Tarifeinheit
- Aufgabe des Grundsatzes der 6 198; 7 28

Tariffähigkeit einer Vereinigung
- Antrag nach § 97 ArbGG 7 M 40
- Beschlussverfahren 7 25 ff

Tariflohnerhöhungen
- Anrechnung auf Zulagen 1 78
- Mitbestimmung des Betriebsrats bei Anrechnung auf Zulagen 7 M 80

Tarifpluralität 6 198; 7 28

Tarifvertrag
- Abänderung der Kündigungsfrist 4 70 ff
- Abkürzung der Kündigungsfrist 4 62
- AGB-Inhaltskontrolle 1 133, 134 ff
- Altersteilzeit 4 764
- Arbeitsvertrag Lagerist (Brauerei) mit Haustarifvertrag 1 M 170
- Arbeitsvertragsgestaltung 1 6
- Bezugnahmeklauseln 1 134 ff
- Einigungsstellenzuständigkeit 7 3
- Richtigkeitsgewähr 1 134

Tarifvorrang
- Betriebsvereinbarung 5 34 ff

Tarifwechselklausel 1 79

Tarifzuständigkeit einer Vereinigung
- Beschlussverfahren 7 25 ff

Tatbestandsberichtigung 6 M 108 f

Tätigkeitsbeschreibung
- AGB-Inhaltskontrolle 1 71

Tätigkeitsbezogenes Wettbewerbsverbot 2 18 ff

Tätigkeitsklausel
- überraschende Klauseln 1 24

Tatkündigung
- Verdachtskündigung, Abgrenzung 6 M 471

Tätlichkeiten am Arbeitsplatz 6 M 495

Tatsachenbestätigungen
- AGB-Inhaltskontrolle nach § 309 Nr. 12 Buchst. b BGB 1 117 ff

Taxifahrer
- Rechtsstellung 1 307

Teilbetriebsveräußerung
- Interessenausgleich 5 M 283
- Sozialplan 5 M 294

Teilkündigung
- unzulässige T. bei Auslandsentsendung 6 M 297b

Teilmitbestimmungspflichtige Betriebsvereinbarung 5 67

Teilvergleich
- Einigungsgebühr 8 M 302

Teilzeitanspruch
- Streitwert 8 246

Teilzeitarbeit *siehe auch* Elternzeit
- Mitbestimmungsrecht Betriebsrat 3 77
- Work-Life-Balance 1 141; 3 132; 6 226

Teilzeitarbeit nach § 8 TzBfG
- Ablehnung 3 M 198
- Antrag 3 132 f, M 195 f ; 6 226

- einstweilige Verfügung (§ 8 TzBfG) 6 M 339
- Klage (§ 8 TzBfG) 6 M 338
- Stattgabe des Antrags 3 M 199
- verspäteter Antrag, Zurückweisung 3 M 197
- Work-Life-Balance 6 M 338

Teilzeitarbeitsvertrag
- Einzelhandel 1 M 217
- Systemgastronomie 1 M 220

Teilzeitbeschäftigter
- Gleichbehandlung, Klage 6 M 340

Telearbeit
- Betriebsvereinbarung 5 M 142
- Checkliste 3 M 155
- freie Mitarbeit 1 326
- in Heimarbeitsverhältnis 1 M 155
- Telearbeitsvertrag (als Anschreiben) mit Merkblatt zu Arbeitssicherheit sowie Hinweisen zu Datenschutz und Informationssicherheit (alternierende Telearbeit) 3 M 153
- Widerruf des Telearbeitsvertrages 3 M 154
- Work-Life-Balance 1 141; 3 M 153

Telearbeiter
- Rechtsstellung 1 326

Telefax
- Kündigung 4 7, 8

Telefonanlage
- Betriebsvereinbarung 5 M 133 f

Telefonat
- Betriebsvereinbarung Freizeitruhe-Garantie (Verbot digitaler Freizeitstörung), Work-Life-Balance 5 M 113
- Geschäftsgebühr 8 M 297

Telegramm
- Kündigung 4 8

Tendenzbetrieb
- Interessenausgleich 5 181
- Verlagerung 5 M 297

Tendenzunternehmen
- AGB-Kontrolle 1 14

Terminsänderungsantrag 6 39, M 111 ff

Terminsgebühr
- Entstehen 8 139 ff
- Mediation 8 M 230
- Sachstandsanfrage 8 M 231
- Vergleich 8 M 234 ff, M 304 f
- Versäumnisurteil 8 M 232 ff, M 306

Terminskollision
- Gerichtsterminsverlegung 6 M 112 f

Terminsverlegung 6 M 111 ff
- Antrag 6 39 ff

Testverfahren
- Personalauswahl 3 41

Textform
- Vergütungsvereinbarung 8 9 ff

Toningenieur (Rundfunk/Film/Fernsehen etc.)
- Rechtsstellung 1 309

Topfvereinbarung, Handelsvertretervertrag 1 290

Touristik
- Arbeitsvertrag, mit Tarifbindung 1 M 239

TQM-Einführung
- Interessenausgleich 5 M 285

Trainer
- Arbeitsvertrag eines Fußballtrainers 1 M 250

Transfergesellschaft 4 434; 5 266

Transferhilfen 5 260 ff

Transfer-Interessenausgleich
- Bedeutung 5 259 ff
- Interessenausgleichs-Regelung 5 M 305

Transferkurzarbeitergeld 5 266

Transfer-Sozialplan
- Bedeutung 5 259 ff
- dreiseitiger Vertrag 5 266, M 307
- Sozialplan-Regelung 5 M 306

Transparenzgebot
- Beispielsfälle 1 41 ff
- Grundsatz 1 39 f

Trennungsgeldentschädigungsregelung
- Arbeitsvertrag mit Leiter Forschung und Entwicklung 1 M 204

Trennungsprinzip
- Rechtsstellung GmbH-Geschäftsführer/AG-Vorstand 1 361

Treuepflicht, nachvertragliche
- und nachvertragliches Wettbewerbsverbot 2 10

Treuhandvertrag
- Altersteilzeit und Insolvenzschutz 4 M 768
- Sicherung des Arbeitszeitwertguthabens 4 M 767

Treu und Glauben
- AGB-Inhaltskontrolle 1 34

Truckverbot 2 265, 275

Turboprämie
- Freistellung 8 173, M 217

Übergabe-Einschreiben
- Zugang Kündigungserklärung 4 35

Übergangsgeld
- Abfindung, Steuerermäßigung 4 207
- Altersteilzeit 4 740 ff

Überlassung von Arbeitnehmern siehe Arbeitnehmerüberlassung

Überlastung des Anwalts
- Fristverlängerung 6 37 ff, M 132

Überleitungsanzeige
- Anspruchsübergang nach § 115 SGB X auf Bundesagentur für Arbeit 4 290 ff, 353 ff

Überraschende Klauseln
- Beispielsfälle 1 21 ff
- drucktechnische Hervorhebung 1 20
- Hinweis des Arbeitgebers 1 20
- Merkmal 1 20

Überstunden
- Abfeiern 4 571
- angeordnet 6 M 367
- Entgeltordnung, Betriebsvereinbarung 5 M 137
- geduldet 6 M 368
- Mitbestimmungsrecht des Betriebsrats bei Anordnung von Überstunden 7 M 81
- Schreiben des Arbeitgebers an Betriebsrat zur Zustimmung der Bestellung 7 M 146

Stichwortverzeichnis

- Unterlassungsverpflichtung mit Festsetzung von Ordnungsgeld wegen Zuwiderhandlung 7 M 88
- Unterlassungsverpflichtung mit Vollstreckungsantrag 7 M 89

Überstundenklausel
- Transparenzgebot 1 43

Überwachung der Mitarbeiter
- Betriebsvereinbarung über Compliance 5 M 121

Überwachung im Betrieb
- Video- und Kameraüberwachung, Betriebsvereinbarung 5 M 136
- Video- und Kameraüberwachung, Verwertungsverbot 6 M 302, M 473

Umdeutung
- Betriebsvereinbarung 5 31
- Kündigung 4 6, 73, 89; 6 M 458

Umgruppierung *siehe auch* Personelle Maßnahmen
- Änderungskündigung 6 M 308, M 481
- Auswahlrichtlinien, Betriebsvereinbarung 5 M 145
- Checkliste Betriebsrat für Zustimmungsprüfung 4 M 181
- Einigungsstellenzuständigkeit bei Uneinigkeit über Inhalt von Auswahlrichtlinien 7 3
- Informationsanspruch Betriebsrat, Streitwert 8 246
- Mitbestimmungspflichtigkeit, Streit 7 M 65

Umsatzrückgang
- betriebsbedingte Kündigung 4 M 153; 6 399 ff
- Kündigung Handelsvertretervertrag 1 293

Umsatzsteuerrecht 4 301
- freier Mitarbeiter 1 331 f

Umsetzung
- einstweilige Verfügung 6 M 261

Umstellung der Klage auf richtige Partei 6 4

Umwandlung
- Interessenausgleich 5 M 284
- Kündigung 4 359
- Sozialplan 5 M 296

Umwandlungsvereinbarung 3 M 136

Umweltschutz
- Betriebsvereinbarung 5 M 88

Umzug
- Zugang Kündigungserklärung 4 46, 48 f

Umzugsbeihilfe
- Rückzahlungsklausel 2 258

Umzugskostenregelung
- Arbeitsvertrag mit Leiter Forschung und Entwicklung 1 M 204

Unfall Dienstwagennutzung
- haftungsrechtliche Einzelfragen 2 163 ff

Unfallmeldung Kfz-Nutzung 2 M 201

Unfallschutz
- Betriebsvereinbarung 5 M 152

Ungleichbehandlung *siehe* Allgemeines Gleichbehandlungsgesetz (AGG)

Unklarheitenregel
- Beispielsfälle 1 29 ff
- Mehrdeutigkeit einer Klausel 1 27 f
- Voraussetzungen 1 27 ff

Unkündbarkeit nach § 55 BAT/§ 34 TVöD 6 M 497

Unterbevollmächtigung eines Anwalts durch Gewerkschaft
- Erstattungsfähigkeit 8 M 239

Unternehmensberater
- Arbeitsvertrag mit Zeit- und Spesenregelung und Vergütungsvereinbarung 1 M 241
- Projektvertrag über freie Mitarbeit 1 M 350
- Rahmenvertrag über freie Mitarbeit 1 M 349

Unternehmensbezogenes Wettbewerbsverbot 2 16 f

Unternehmereigenschaft
- Vergütungsvereinbarung (RVG) 8 3 ff

Unterrichtung des Betriebsrats *siehe auch* Betriebsrat
- betriebliche Bildungsmaßnahmen 7 M 83, M 158
- Betriebsänderung, einstweilige Verfügung 7 M 62
- Feststellung der Zustimmungspflichtigkeit einer personellen Maßnahme 7 M 98
- Interessenausgleich in der Insolvenz 5 197
- Konzernstruktur 7 M 70
- Zustimmungsersetzungsantrag, Zurückweisung wegen unzureichender Unterrichtung durch Arbeitgeber bei personellen Maßnahmen 7 M 96
- Zustimmungsersetzungsverfahren nach § 99 BetrVG 7 M 155 f
- Zustimmungsersetzungsverfahren nach § 99 BetrVG, Gegenantrag wegen unzureichender Unterrichtung des Betriebsrats bei personellen Maßnahmen 7 M 97
- Zustimmungsverweigerung wegen zu hoher Eingruppierung, Replik 7 M 99

Unterschlagung, Verdacht
- Video- und Kameraüberwachung, Verwertungsverbot 6 M 473

Unterschrift
- Berufungsschriftsatz 6 M 138 f
- Kündigung 4 7

Unterstützungskasse
- Aufhebungsvertrag 4 506 f

Unverbindliche Wettbewerbsvereinbarung 2 51 ff; 3 M 183

Unvertretbare Handlung
- Zwangsvollstreckung 7 M 42

Urkundenanordnung 6 49 f

Urlaub
- Altersteilzeit 4 748 f
- Anrechnung bei Freistellung 4 564 ff
- Anwesenheitsprämie 3 M 159
- Ausgleichsklauseln 4 471
- Bildungsurlaub, einstweilige Verfügung 6 M 359
- Dienstwagennutzung 2 126
- Genehmigung, bezahlter 3 M 157
- Genehmigung, unbezahlter 3 M 158
- Gewährung, Betriebsvereinbarung 5 M 154
- Gewährung, einstweiliger Rechtsschutz, Antrag 6 232 ff
- öffentlicher Dienst 3 85
- Rahmenplanung, Betriebsvereinbarung 5 M 153
- Rechtsnatur Urlaubsanspruch 3 83 ff
- Selbstbeurlaubung, Kündigungsgrund 6 M 316, M 489
- unbezahlter Urlaub (Sabbatical) 3 84, M 158
- Urlaubsabgeltung bei Freistellung, Klage 6 M 357

Stichwortverzeichnis

- Urlaubsabgeltung bei langwährender Krankheit, Klage 6 M 358
- Urlaubsantrag 3 M 156
- Urlaubsbescheinigung 3 M 160
- Urlaubserteilung, einstweilige Verfügung 6 M 356
- Urlaubserteilung, Klage 6 M 355
- Verweigerung des Urlaubsabbruchs, Kündigungsgrund 6 M 317
- Widerruf Kfz-Nutzung 2 128 ff
- Zugang Kündigungserklärung 4 45; 6 M 511

Urlaubsabgeltungsklauseln
- Aufhebungs- und Abwicklungsvertrag 4 627 ff

Urlaubsdauer
- Staffelung in Betriebsvereinbarung nach Lebensalter (Altersdiskriminierung) 5 4

Urlaubsklage
- Antrag 6 223, M 355

Urlaubsklauseln
- Aufhebungs- und Abwicklungsvertrag 4 627 ff
- GmbH-Geschäftsführer 1 439
- Unklarheitenregel 1 29, 32

Urteilsabsetzung, verspätete 6 M 110

Urteilsstreitwert
- Festsetzung 8 158 ff

Urteilsverfahren
- Fristen 6 M 123
- Gerichtskosten 8 155 ff

Variable Arbeitszeit *siehe* Flexible Arbeitszeit

Variable Vergütung
- AGB-Inhaltskontrolle 1 79a

Verbot der geltungserhaltenden Reduktion 1 127 ff

Verbrauchereigenschaft
- Vergütungsvereinbarung (RVG) 8 3 ff

Verbundkündigung
- Zulässigkeit 4 13

Verdachtskündigung
- Anhörung des Betriebsrats 4 118
- Tatkündigung, Abgrenzung 6 M 471
- unterbliebene Anhörung 6 M 315
- Wiedereinstellungsverlangen 6 M 531

Verdeckte Geschäftsbesorgung 8 M 298

Verdeckte Gewinnausschüttung 1 454

Vererbbarkeit
- Sozialplanabfindung 5 225 ff

Vererbbarkeitsklauseln
- Abfindung 4 634 ff
- Entstehung der Abfindung 4 375 ff

Verfahren nach Art. 267 AEUV 6 79 ff, M 104

Verfahrensgebühr
- Entstehen 8 146 ff
- Nichtzulassungsbeschwerde 8 246

Verfahrensrüge Revision 6 75

Verfahren vor der Einigungsstelle *siehe* Einigungsstellenverfahren

Verfallklausel
- Arbeitgeberdarlehen 2 209

Vergleich
- gerichtlicher 6 51
- Gerichtskosten 8 156

- nach Kündigung wegen Alkoholerkrankung 4 M 683
- Ordnungsgeldantrag 7 M 90
- Streitwertaddition 8 M 299
- Terminsgebühr 8 M 234 ff , M 304 f
- Vollstreckungsfähigkeit 7 53 f
- Zustellung, Antrag auf 6 M 125

Vergleichsbereitschaft
- Anzeige von 6 M 447, M 453

Vergütung
- Entgeltordnung, Betriebsvereinbarung 5 M 137
- erfolgsabhängige, Vertragsergänzung 1 M 158
- leistungsorientierte, Betriebsvereinbarung 5 M 140
- steuerfreie Zuschläge, Vertragsergänzung 1 M 159

Vergütung, variable
- AGB-Inhaltskontrolle 1 79a

Vergütungsabrede
- Unklarheitenregel 1 30

Vergütungsfestsetzungsverfahren 8 M 219

Vergütungsgruppenklausel
- Transparenzgebot 1 44

Vergütungskürzung
- Änderungskündigung 6 M 307

Vergütungsvereinbarung (RVG)
- AGB-Kontrolle 8 74 ff
- angemessenes/unangemessenes Honorar 8 58 ff
- Anwaltsvertrag mit Hinweis auf gesonderte Vergütungsvereinbarung 8 M 89
- Aufklärungs-/Hinweispflichten des Anwalts 8 81 ff
- ausländisches Gebührenrecht 8 M 99
- Begriff 8 2
- Bezeichnung 8 12
- doppelte gesetzliche Vergütung 8 M 98
- Dumping-Preise 8 46
- E-Mail/SMS/CD 8 10
- Erfolgshonorar 8 47 ff
- Erstberatung 8 M 91
- Fälligkeitsklausel 8 M 105
- Fax 8 10
- Gegenstandswerterhöhung 8 33 ff
- Gutachten der Rechtsanwaltskammer 8 65
- Hauptanwendungsfälle 8 7
- Hinweispflicht bzgl Kostenerstattung 8 14, 81
- Mischform Zeit-/Pauschalhonorar 8 40 ff
- Modelle 8 16 ff
- niedrigere als die gesetzliche Vergütung 8 43 ff
- Pauschalhonorar 8 25 ff, M 92
- Quota-litis-Vereinbarung 8 7
- Rechtsfolgen bei Formverstößen 8 15
- Rechtsschutzversicherung 8 M 106
- Sittenwidrigkeit 8 59
- Spesen 8 40 ff
- Stundenbasis mit Kappungsgrenze 8 M 97
- Textform 8 9 f
- Umfang bei außergerichtlicher Tätigkeit 8 M 104
- Verbraucher/Unternehmer 8 3 ff
- Vertragsstrafe 8 80
- Vollmachtsurkunde des Rechtsanwalts 8 13
- Zeithonorar 8 18 ff, M 93
- Zeitpunkt 8 67 ff

Verhalten im Betrieb
- Betriebsvereinbarung 5 M 122

2417

Verhaltensbedingte Kündigung
- Abmahnung 6 M 298
- Abmahnung des gleichen Sachverhalts, Kündigungsverzicht 6 M 300
- Anhörung des Betriebsrats 4 112 ff
- Begünstigung von Arbeitnehmern, Kündigung Personalleiterin 6 M 467
- Betriebsablaufstörung 6 M 468 f
- Compliance-Richtlinie, Verstoß gegen 4 115
- Fehler bei 6 409
- gleichartige Pflichtverletzungen 6 M 434
- Klageerwiderung 6 M 470
- Krankmeldung, verspätete 6 M 472
- Kündigungsschreiben 4 M 160
- Low-Performer 6 M 299
- Rechtsschutzversicherung, Risikoausschluss bei Vorsatzhandlung 8 253
- Reisekostenabrechnung, Ungenauigkeiten 6 M 301
- Sperrzeit wegen Arbeitsaufgabe 4 233 ff
- Spesenabrechnung, Ungenauigkeiten 6 M 301
- Vergleich nach Kündigung wegen Alkoholerkrankung 4 M 683
- Video- und Kameraüberwachung, Verwertungsverbot 6 M 302, M 473

Verhaltenspflichten *siehe* Compliance

Verhältnismäßigkeitsgrundsatz
- Grundsatz „Änderungskündigung vor Beendigungskündigung" 4 83

Verjährung
- Abfindung 4 398
- Ansprüche aus Sozialplan 5 255
- Zeugnisanspruch 3 255

Verkehrsunfall
- haftungsrechtliche Einzelfragen 2 163 ff; 6 M 519

Verkleinerter Gesamtbetriebsrat
- Beschlussverfahren 7 6

Verlagerung des Betriebes *siehe* Betriebsverlagerung

Verlagerung eines Verbandes
- Kombination Interessenausgleich/Sozialplan 5 M 302

Verleiher *siehe* Leiharbeitnehmer

Vermittlungsagent für Anzeigen und Adressverzeichnisse
- Handelsvertretervertrag 1 M 337

Vermögensmanager
- Arbeitsvertrag 1 M 245

Versäumnisurteil
- Anwaltsgebühren 8 145
- Einspruch gegen 6 M 119
- Terminsgebühr 8 M 232 ff , M 306

Verschmelzung
- Interessenausgleich 5 M 283
- Rechtsstellung GmbH-Geschäftsführer/AG-Vorstand 1 406 ff
- Sozialplan 5 M 294

Verschwiegenheit
- Betriebsvereinbarung über Verhalten der Mitarbeiter im Betrieb 5 M 122

Verschwiegenheitspflicht, nachvertragliche
- und nachvertragliches Wettbewerbsverbot 2 10

Versetzung *siehe auch* Personelle Maßnahmen
- Änderungskündigung 6 M 308
- Antrag des Betriebsrats auf Aufhebung 7 M 76
- Antrag des Betriebsrats auf Unterlassen 7 M 75
- Auswahlrichtlinien, Betriebsvereinbarung 5 M 145
- Checkliste Betriebsrat für Zustimmungsprüfung 4 M 181
- Einigungsstellenzuständigkeit bei Uneinigkeit über Inhalt von Auswahlrichtlinien 7 3
- einstweilige Verfügung 6 M 261 f , M 509
- Entsendung in ausländisches Tochterunternehmen 3 M 139
- Grundmuster 3 M 140
- Klage auf unveränderte Beschäftigung nach rechtswidriger Versetzung 6 M 260
- Mitbestimmungsrecht Betriebsrat 3 77
- Streitwert 8 246

Versetzungsklausel
- Änderungsvorbehalt 1 84a
- Transparenzgebot 1 44
- unangemessene Benachteiligung iSv § 307 Abs. 1 Satz 1 BGB 1 38

Versetzungsvorbehaltsklausel
- überraschende Klauseln 1 24

Versicherungsfall
- Definition 8 249

Versicherungspolice
- Herausgabeklage 6 M 345

Versorgungsanwartschaften
- Aufklärungspflichten des Arbeitgebers 4 444 ff
- Entgeltumwandlung 4 508 ff

Versorgungszusage
- Widerruf 6 M 332

Verspätete Gehaltszahlungen
- außerordentliche Kündigung durch Arbeitnehmer 4 M 171; 6 M 321

Verspätung
- Abmahnung 3 M 190

Versprechen ordnungsgemäßer Abwicklung
- Beendigung des Arbeitsverhältnisses 4 641 ff

Verstecktes Arbeitsentgelt 4 289
- Sozialversicherungsrecht 4 219

Versuch des Interessenausgleichs 5 176 ff

Vertagung *siehe auch* Terminsverlegung
- und Antrag auf Frist zur Rückäußerung 6 M 114

Verteidigungsanzeige *siehe* Bestellungsschreiben

Vertrag mit freiem Mitarbeiter *siehe* Freie Mitarbeit

Vertragspartnerwechsel
- AGB-Inhaltskontrolle nach § 309 Nr. 10 BGB 1 111 ff

Vertragsstrafe
- Betriebsvereinbarung 1 105
- kein Anspruch des Arbeitgebers 6 M 351
- keine Herabsetzung bei unangemessen hoher Vertragsstrafe 1 105
- Klage, Grundmuster 6 M 521
- Vergütungsvereinbarung 8 80

Vertragsstrafenklausel
- AGB-Inhaltskontrolle nach § 309 Nr. 6 BGB 1 97 ff
- Rechtsfolge unwirksamer Regelung 1 129

- Transparenzgebot 1 45
- überraschende Klauseln 1 25
- unangemessene Benachteiligung iSv § 307 Abs. 1 Satz 1 BGB 1 37
- Unklarheitenregel 1 31

Vertragsstrafeversprechen
- Aufhebungs- und Abwicklungsvertrag 4 515

Vertragstheorie
- Rechtsnatur der Betriebsvereinbarung 5 13

Vertrauensbereich
- Abmahnung 3 98

Vertraulichkeitsvereinbarung
- freie Mitarbeit 1 M 346
- Subunternehmer 1 M 346

Vertretungsrecht des Handelsvertreters 1 277 ff

Vertriebsgebiet
- Einfirmenvertreter 1 M 335 f
- Handelsvertreter 1 277 ff
- Mehrfirmenvertreter 1 M 334

Vertriebskonzeptänderung
- Kombination Interessenausgleich/Sozialplan 5 M 303

Vertriebsmitarbeiter für EDV-Produkte und EDV-Dienstleistungen
- Arbeitsvertrag 1 M 211

Vertriebsmitarbeiterklausel
- Transparenzgebot 1 46

Vertriebsumstrukturierung
- Kombination Interessenausgleich/Sozialplan 5 M 304

Verwaltungskraft
- Arbeitsvertrag mit Leistungszulage und Erfolgsbeteiligung 1 M 242

Verwaltungsprovision
- Auslegung 1 297

Verweisung
- an ein offensichtlich örtlich unzuständiges ArbG, Gegenvorstellung 6 M 135; 7 M 41
- dynamische 1 135
- in Betriebsvereinbarung auf anderen Regelungstext 5 25
- statische 1 135

Verweisungsbeschluss 6 M 106, M 115

Verwertung
- Zeugenaussage bei mitgehörtem Telefonat 6 M 116

Verwiesene Verfahren
- Erstattung Anwaltskosten 8 184

Verwirkung
- Abmahnung 3 107
- Zeugnisanspruch 3 256

Verzicht
- nachvertragliches Wettbewerbsverbot 2 84 ff

Verzicht auf Kündigungsschutzklage 4 473

Verzichtserklärung auf Beitragsermäßigung in der Sozialversicherung 1 M 190

Verzugszins
- Zahlungsklage 6 13 ff

Videokonferenz
- Gerichtsverhandlung 6 44

Video- und Kameraüberwachung
- Anfechtung eines Einigungsstellenspruchs 7 M 91
- Betriebsvereinbarung 5 M 136
- versteckt angebracht, Verwertungsverbot 6 M 302, M 473

Viessmann-Entscheidungen 5 60

Virtuelle Aktien
- Begriff 2 298 ff

Virtuelle Aktienoptionen
- Begriff 2 298 ff

Vollmacht
- Zurückweisung der Kündigung wegen fehlender Vollmacht 4 15 ff, M 169; 6 M 276

Vollmachtserteilung
- Klage auf, Streitwert 8 M 240

Vollmachtsurkunde des Rechtsanwalts
- Vergütungsvereinbarung 8 13

Vollständigkeitsklausel 1 117

Vollstreckbare Ausfertigung 6 93, M 160 ff, M 166

Vollstreckungsfähigkeit
- Vergleich 7 53 f

Vollstreckungsklausel
- Anwaltsvergleich 4 647 f

Vollstreckungskosten im arbeitsgerichtlichen Verfahren 8 M 308

Vollstreckungstitel, arbeitsrechtliche 6 94

Volontariatsvertrag 1 M 147

Vorabentscheidungsverfahren gem. Art. 267 AEUV 6 79 ff, M 104

Vorfeldabsprache
- Sperrzeit 4 228, 241

Vorläufige Vollstreckbarkeit 6 90, M 163

Vorschlagsrecht in Ausschüsse
- Streitigkeiten, Beschlussverfahren 7 9

Vorschlagswesen
- Betriebsvereinbarung 5 M 147 f

Vorschuss
- Begriff 2 203 f

Vorsitzender der Einigungsstelle *siehe* Einigungsstellenvorsitzender

Vorsitzender des Betriebsrats
- Freistellung, Streitigkeiten 7 8

Vorsorglicher Sozialplan 5 205 ff

Vorstandsvertrag *siehe* AG-Vorstand, Anstellungsvertrag

Vorstand von Aktiengesellschaft *siehe* AG-Vorstand

Vorstellungsgespräch
- Einladung mit Kostenübernahme 3 M 62
- Einladung ohne Kostenübernahme 3 M 63

Vorstellungskosten 3 2 ff
- Ausgleichsklauseln 4 467
- Zahlungsklage 6 M 373

Vorsteuerabzug 1 324, 331

Vorstrafen
- Fragerecht des Arbeitgebers 3 25

Vorvertrag
- Wettbewerbsverbot 2 82, M 112 f

Wahlanfechtung *siehe* Anfechtung Betriebsratswahl
Wählerliste
- Herausgabe von Unterlagen zur Erstellung 7 M 95

Wahlrecht der Arbeitnehmer
- Streitigkeit über 7 7

Wahlstreitigkeiten
- Beschlussverfahren 7 7

Wahlvorstand
- Abbruch Betriebsratswahl wegen fehlerhafter Besetzung 7 M 144
- Beschäftigung eines freigestellten 6 M 265
- Bestellung von Personen für Wahlvorstand, Streitwert 8 M 205, 246
- Bestellung zur Betriebsratswahl 7 M 94
- Namensliste 7 M 95
- Sonderkündigungsschutz 4 128 ff
- Unterstützung durch Arbeitgeber, Streitigkeit 7 7
- Wahl, Streitigkeit über Wirksamkeit 7 7
- Zugangsrecht, Streitwert 8 246

Wandelschuldverschreibungen
- Aktienoptionen, Vertragsergänzung 1 M 157

Wartezeit
- Aktienoptionen 1 481; 2 287
- Belegschaftsaktien 2 267

Weihnachtsgeld
- (negative) betriebliche Übung 1 87a
- Rückzahlungsklausel 1 47
- Verknüpfung von Freiwilligkeits- und Widerrufsvorbehalt 1 83

Weisungsrecht
- Gesellschafter gegenüber GmbH-Geschäftsführer 1 387
- keine Weisungsabhängigkeit des AG-Vorstands 1 387 f

Weisungsrecht Arbeitgeber 1 264, 304

Weiterbeschäftigung
- bei neuer Kündigung, Vollstreckung 6 M 386
- bei nicht mehr bestehendem Arbeitsplatz, Zurückweisung der Vollstreckung 6 M 537
- bei noch bestehendem Arbeitsplatz, Vollstreckung 6 M 385
- Deckungsschutz 8 M 278 f, M 283
- Entschädigung (§ 61 Abs. 2 ArbGG) wegen unterbliebener 6 M 286
- GmbH-Geschäftsführer/AG-Vorstand, Rechtsstellung nach Abberufung 1 390 ff
- Streitwert 8 246
- verschlechterte Arbeitsbedingungen 6 M 466

Weiterbeschäftigungsanspruch
- einstweiliger Rechtsschutz, Antrag 6 245 ff, M 263 f

Weiterbeschäftigungsanspruch nach § 102 Abs. 5 BetrVG
- Widerspruch des Betriebsrats gegen Kündigung 4 125 f

Weiterbeschäftigungsklage
- mit Entfristungsklage 6 M 337

Weiterbeschäftigungspflicht
- Auszubildender, Antrag auf Entbindung 7 M 160
- Auszubildender, Streitwert 8 M 203, 246
- Entbindung, Antrag 6 420 ff, M 502

- konzernbezogene 6 407, M 466a

Werbeagentur
- freier Mitarbeitervertrag, Grafik- und Layout-Mitarbeiter 1 M 347

Werbebranche
- freier Mitarbeitervertrag, Creativ-Consultant 1 M 348

Werklohnvertrag
- Schrotthändler/Schrottverkleinerer 1 M 357

Werksparkplatz
- Betriebsvereinbarung 5 M 123

Werkstudent
- Sozialversicherungsrecht 2 221 f

Werkstudentenvertrag 1 M 161

Werkswohnung
- Mietvertrag 1 M 152

Werkvertrag
- freier Mitarbeitervertrag, Creativ-Consultant in Werbebranche 1 M 348
- kein Arbeitsverhältnis 1 303
- Softwareentwickler, Rahmenwerkvertrag 1 M 345

Wertersatz
- Ermittlung Kfz-Nutzung 2 181 ff

Wertersatz, Pauschalierung
- AGB-Inhaltskontrolle 1 90

Wertfestsetzungsbeschluss
- Beschwerde gegen 8 M 241

Wertguthaben
- Altersteilzeit, Blockmodell 6 M 341

Wertguthabensicherung
- Betriebsvereinbarung über Lebensarbeitszeitkonten 5 M 112

Wettbewerbstätigkeit
- Krankenschwester 6 M 498

Wettbewerbsverbot
- AG-Vorstand 1 493 ff
- arbeitnehmerähnliche Personen 2 5
- Arbeitsvertrag mit Leiter Konstruktion 1 M 200
- Darlegungs- und Beweislast 2 7
- einstweiliger Rechtsschutz, Antrag 6 236 f
- freie Mitarbeit 1 325; 2 5
- GmbH-Geschäftsführer 1 440 ff
- Karenzentschädigung bei unverbindlichem Wettbewerbsverbot 6 M 361
- Offenbarungspflicht des Arbeitnehmers 3 26
- Schutzschrift gegen Unterlassungsverfügung 6 M 363
- Streitwert 8 M 242
- Unklarheitenregel 1 32
- Unterlassungsverfügung 6 423 ff, M 527 f
- Unwirksamkeit, Klage 6 M 362
- Vertragsgestaltung 2 8
- Vorvertrag 2 82, M 112 f

Wettbewerbsverbot, nachvertragliches
- Ablehnungsandrohung durch Arbeitnehmer bei Karenzzahlungsverzug 2 M 120
- AGB-Kontrolle 2 61 f
- AG-Vorstand 1 495 ff; 2 6
- AG-Vorstand, Karenzentschädigung 2 45
- Angebot einer erhöhten Karenzentschädigung nach § 75 Abs. 2 HGB 2 M 119

- arbeitnehmerähnliche Personen 2 5
- Arbeitnehmer in freien Berufen 2 68 ff
- Arten 2 12
- Aufforderung zur Auskunft über anderweitigen Erwerb 2 M 115
- Aufhebungsvertrag 4 649 ff
- Ausgleichsklauseln 4 466
- Aushändigung 2 46, 66 f
- Auslegung 2 14 f
- Bagatellgrenze 2 9
- bedingtes 2 54, 79 ff
- Darlegungs- und Beweislast 2 7
- Einbeziehung von Konzernunternehmen 2 25 ff
- formelle Wirksamkeitsvoraussetzungen 2 63 ff
- freier Mitarbeiter 2 5
- Führungskraft/Nicht-Führungskraft 2 55
- GmbH-Geschäftsführer 1 442 ff; 2 6
- GmbH-Geschäftsführer, Karenzentschädigung 2 45
- Handelsvertretervertrag 1 294
- Inhaltskontrolle nach § 307 Abs. 3 BGB 1 70
- Karenzentschädigung 2 53, 93 ff
- Karenzgrundsatz 2 35 ff
- Kombination von unternehmens- und tätigkeitsbezogenem 2 22
- Kündigung des Arbeitgebers 2 86 f
- Kündigung des Arbeitnehmers 2 90
- Lösungserklärung des Arbeitgebers bei fristloser Kündigung nach § 75 Abs. 1 und 3 HGB 2 M 118
- Lösungserklärung des Arbeitnehmers gem. § 75 Abs. 1 oder 2 HGB 2 M 116
- Mandantenschutzklausel 2 M 114
- Mandantenschutzklausel, allgemeine 2 70
- Mandantenschutzklausel, beschränkte 2 71
- Mandantenübernahmeklausel 2 72 f
- Nichtigkeit 2 36, 46 ff
- Niederlassungsverbot 2 69
- örtlicher Geltungsbereich 2 28 ff
- persönlicher Geltungsbereich 2 1 ff
- Rechtsform der Wettbewerbsbetätigung 2 23 f
- Schriftform 2 46, 63 ff
- tätigkeitsbezogenes 2 18 ff
- Umfang 2 24
- unbillige Erschwerung des beruflichen Fortkommens 2 55
- Unterlassungsklage 6 M 529
- Unterlassungsverfügung 6 M 528
- unternehmensbezogenes 2 16 f
- Unterschrift 2 46
- Unverbindlichkeit 2 37 ff, 51 ff
- Unverbindlichkeit, Rechtsfolge 2 56
- Vertragsgestaltung 2 8
- Vertriebsmitarbeiter 2 55
- Verzicht 2 84 ff
- Verzicht des Arbeitgebers gem. § 75a HGB 2 M 117
- Vorbereitungshandlungen (zB für Selbständigkeit) während des Bestands des Arbeitsverhältnisses 2 2
- Vorvertrag 2 M 112 f
- Wegfall 2 84 ff
- Zahlungsaufforderungsschreiben Karenzentschädigung mit anrechenbaren Einkünften 2 M 122
- Zahlungsaufforderungsschreiben Karenzentschädigung ohne anrechenbare Einkünfte 2 M 121
- Zeitpunkt des Abschlusses 2 13
- zu niedrige Karenzentschädigung 2 53
- Zweck 2 11

Wettbewerbsverbotsklausel
- Aufhebungsvertrag 4 649 ff
- Korrespondenz bei Wettbewerbsvereinbarungen 2 M 115 ff
- Mandantenschutzklausel 2 M 114
- nachvertraglich 2 M 105
- nachvertraglich unternehmensbezogen 2 M 106
- tätigkeitsbezogen 2 M 111
- tätigkeits- und gebietsbezogen 2 M 108
- tätigkeits- und gebietsbezogen (als Arbeitsvertragsklausel) 2 M 109
- unternehmensbezogen 2 M 110
- vertraglich und nachvertraglich, unternehmens- und tätigkeitsbezogen 2 M 107
- Vorvertrag 2 M 112 f

Whistleblower-Klausel
- Arbeitsvertrag mit Angestelltem 1 M 173

Whistleblowersystem 1 137, 415

Whistleblowing
- als Kündigungsgrund 6 M 498b

Widerruf
- Kündigung 4 52 ff
- Versorgungszusage 6 M 332
- zugesagte Leistung 6 M 379

Widerrufsklausel
- Aufhebungs- und Abwicklungsvertrag 4 653 ff

Widerrufsvorbehalt
- Kfz-Nutzung 1 82a; 2 131 ff
- Verknüpfung von Freiwilligkeits- und Widerrufsvorbehalt 1 83

Widerrufsvorbehaltsklausel
- Benachteiligungsverbot (§ 307 Abs. 2 Nr. 1 BGB) 1 52, 58
- Inhaltskontrolle nach § 308 BGB 1 77

Widerspruch des Arbeitnehmers
- Betriebsübergang 3 118 ff

Widerspruch des Betriebsrats
- gegen Kündigung 4 124 ff
- gegen Kündigung, Vorlage 6 M 277

Wiederbestellung
- GmbH-Geschäftsführer/AG-Vorstand 1 402 f

Wiedereingliederung in das Arbeitsleben
- Einarbeitungsvertrag nach längerer Krankheit 1 M 151

Wiedereingliederungsvertrag 3 M 147

Wiedereinsetzung in den vorigen Stand
- falsche Fax-Nummer 6 M 140
- fehlende Unterschrift, Berufungsschriftsatz 6 M 139
- zu Unrecht abgelehnte Verlängerung der Berufungsbegründungsfrist 6 M 141

Wiedereinstellung
- veränderte Umstände während Kündigungsfrist 6 M 364
- Verdachtskündigung 6 M 531
- Wegfall des betriebsbedingten Grundes während Kündigungsfrist 6 M 365

Stichwortverzeichnis

- Wegfall des Kündigungsgrundes nach Ablauf der Kündigungsfrist 6 M 510, M 530

Wiedereinstellungszusage 4 484

Wiederkehrende Leistungen
- Streitwert 8 246

Wirtschaftsausschuss
- Beschlussverfahren 7 6
- Einigungsstellenzuständigkeit bei Auskunftserteilung an 7 3

Wochenendarbeit
- Betriebsvereinbarung 5 M 102

Wohnortwechsel
- Arbeitsvertrag mit Leiter Konstruktion 1 M 200

Work-Life-Balance
- (Lebens-)Arbeitszeitkonto 5 94 f, M 112
- Altersteilzeitmodelle 4 692 ff
- Arbeitsvertrag mit Arbeitszeitanpassungsklausel 1 M 203
- Arbeitsvertrag mit Sabbatical-Klausel 1 M 169, M 226, M 227
- Arbeitsvertrag mit Work-Life-Balance-Klausel („Dauererreichbarkeit" via Handy etc.) 1 M 226
- Arbeitsvertragsgestaltung 1 142
- Begriff 1 141
- betriebliche Gesundheitsvorsorge 1 141
- betriebliche Kinderbetreuung 1 141
- Betriebsvereinbarung alternierende Telearbeit 5 M 142
- Betriebsvereinbarung Freizeitruhe-Garantie (Verbot digitaler Freizeitstörung) 5 M 113
- Betriebsvereinbarung Lebensarbeitszeitkonten 5 M 112
- Betriebsvereinbarung Variable Arbeitszeit 5 M 110
- Betriebsvereinbarung Variable Arbeitszeit (ohne Kernzeit) 5 M 111
- Dauererreichbarkeit via Handy etc. 1 141; 5 96
- Elternzeit 1 141; 3 123
- Familienpflegezeit 1 141; 3 126; 6 234
- flexible Arbeitszeit 1 141
- Gewichtung der Grundrechte 6 234
- gleitende Arbeitszeit 1 141
- Home-office 1 141
- Job-Sharing 1 141, M 154
- Pflegezeit 1 141; 3 126; 6 234
- Teilzeitarbeit 1 141; 3 132; 6 226
- Teilzeitarbeit (Klage nach § 8 TzBfG) 6 M 338
- Telearbeit 1 141; 3 M 153

Zahlungsanspruch
- einstweiliger Rechtsschutz, Antrag 6 250 ff
- einstweilige Verfügung 6 M 369

Zahlungsklage
- Annahmeverzug nach unwirksamer AG-Kündigung 6 M 374 ff
- Antrag (Beispiele) 6 20 ff
- Bestimmtheitserfordernis 6 19
- bezifferter Antrag 6 10 ff
- Brutto/Netto 6 17 ff, M 366
- künftige Leistungen 6 24 f
- Vorstellungskosten 6 M 373
- Zinssatz 6 13 ff

Zeichnungsvertrag 2 278

Zeitarbeit
- Arbeitsverträge 1 M 251 ff

Zeiterfassung
- Betriebsvereinbarung 5 M 107

Zeithonorar
- Angemessenheit 8 63 f
- Art der Vergütungsvereinbarung 8 1, 18 ff
- Dokumentation 8 23
- Fahrt- und Wartezeiten 8 24
- Höhe des Stundensatzes 8 21 f
- Mischform Zeit-/Pauschalhonorar 8 40 ff
- mit Feiertags- und Nachtzuschlag 8 M 100
- mit Mindestbetragsvereinbarung und Gegenstandswerterhöhung 8 M 95
- mit Pauschalhonorarangebot 8 33, M 103
- Pauschalzusatz 8 M 94
- Stundenbasis mit Kappungsgrenze 8 M 97
- Taktung 8 19
- Vergütungsvereinbarung 8 18 ff, M 93

Zeuge
- Verwertung einer Zeugenaussage bei mitgehörtem Telefonat 6 M 116

Zeugnis
- Änderung 3 242 ff
- Anspruchsberechtigter 3 205
- Anspruchsverpflichteter 3 207 ff
- Ausgleichsklauseln 4 470
- Beurteilungsskala 3 M 263 f
- Dankes-/Bedauerns-Formel 3 M 266
- Darlegungs- und Beweislast 3 245 f
- einfaches 3 201, 221 ff
- Erteilung, Streitwert 8 M 243
- Fälligkeit 3 215
- Form 3 235
- Formulierungsverlangen des Arbeitnehmers 3 252
- Funktion 3 219
- gerichtlicher Prüfungsumfang 3 251
- Haftung des Arbeitgebers 3 239 ff
- Inhalt 3 220 ff
- Insolvenz 3 208 ff
- Leistungsbeurteilungen 3 M 258 ff
- Prozessuales 3 250 ff
- qualifiziertes 3 201, 224 ff
- Rechtsgrundlagen 3 200 ff
- Rechtsnatur 3 203 f
- Rückdatierung 3 251
- Sozialverhalten leitender Angestellter gegenüber Internen 3 M 265
- Streitwert 3 253; 8 261
- streitwerterhöhende Einbeziehung von Regelungen über Altersversorgung und Zeugnis in Vergleich 8 M 300
- Verjährung 3 255
- versteckte Botschaften 3 247 ff
- Verwirkung 3 256
- vorläufiger Rechtsschutz 3 257
- Widerruf 3 244
- Zwangsvollstreckung, Erteilung/Berichtigung 3 254; 6 98, M 382 f, M 538

Zeugnisberichtigungsklage 6 M 381

Zeugnisklage
- Antrag 6 224 f, M 380
- Klageerwiderung 6 M 533

Zeugnisklauseln
- Aufhebungs- und Abwicklungsvertrag 4 657 ff
Zielvereinbarung
- Änderungsvorbehalt 1 79a
- Arbeitsvertrag mit Allgemeinen Arbeitsbedingungen und Zielvereinbarung 1 M 169
- Transparenzgebot 1 48
- Unklarheitenregel 1 32
Zinsanpassungsklausel
- Arbeitgeberdarlehen 2 219
Zinsen
- Arbeitgeberdarlehen 2 210 f
Zinsfälligkeit
- Antrag 6 34 ff
Zinssatz
- Zahlungsklage 6 13 ff
Zugang
- Schriftsatzkündigung während Kündigungsschutzprozess 6 M 512
Zugang Kündigungserklärung
- AGB-Kontrolle 1 116
- Begriff 4 24
- Betreuer 4 44
- Beweislast 4 32
- Beweiswert von Einlieferung-/Zustellungsbelegen 4 34
- Bote 4 29, 39
- Briefkasteneinwurf 4 28 ff
- Einschreiben mit Rückschein 4 35
- Einwurf-Einschreiben 4 33
- Empfangsbevollmächtigter 4 41 f
- fehlende Sprachkenntnis 4 26
- im Urlaub 4 45; 6 M 511
- Nachsendeauftrag bei Post 4 49
- Postfach 4 36
- Postzustellungsurkunde 4 36
- Prozessbevollmächtigter 4 44
- Quittierung der Entgegennahme 4 38
- Übergabe-Einschreiben 4 35
- Umzug 4 46, 48 f
- ungeöffnete Rückgabe an Überbringer 4 27
- unter Abwesenden 4 24 ff
- unter Anwesenden 4 23
- Zugangshindernisse in der Sphäre des Empfängers 4 47
- Zugangsvereitelung 4 27, 50
- Zustellung durch Gerichtsvollzieher 4 40
Zugangsfiktion
- AGB-Inhaltskontrolle 1 88 f
Zulagen
- Anrechnung von Tariflohnerhöhungen 1 78
- Mitbestimmungsrecht des Betriebsrats bei Anrechnung von Tariflohnerhöhungen auf 7 M 80
Zulagen, übertarifliche
- Betriebsvereinbarung 5 M 141
Zurückbehaltungsrecht
- AGB-Inhaltskontrolle 1 92
- Firmengegenstände 6 M 513
Zurückverweisung
- Revision 6 71
Zurückweisung der Kündigung wegen fehlender Vollmacht 4 15 ff, M 169

Zusammenarbeit im Betrieb
- Betriebsvereinbarung über Verhalten der Mitarbeiter 5 M 122
Zusammenführung mehrerer Betriebe *siehe* Fusion
Zusammenführung von Betriebsteilen
- Interessenausgleich 5 M 286
- Sozialplan 5 M 298
Zusatzbonus
- Inhaltskontrolle nach § 307 Abs. 3 BGB 1 73
Zuschläge
- steuerfreie, Vertragsergänzung 1 M 159
Zuschlagsgebühr
- Berücksichtigung von Pausen 8 M 245
Zuständigkeit
- Einigungsstelle 7 3 f
- Zwangsvollstreckung 6 95
Zuständigkeit Arbeitsgericht
- Außendienstmitarbeiter 6 M 293
- Organmitglied 1 364
- Rüge der örtlichen Unzuständigkeit 6 M 535
- Verweisung an ein offensichtlich örtlich unzuständiges Arbeitsgericht, Gegenvorstellung 6 M 135; 7 M 41
Zustellung
- Annahmeverweigerung Kündigung 6 M 500
- eines Vergleichs nach § 278 Abs. 2 ZPO, Antrag 6 M 125
- vollstreckbare Ausfertigung an Gegner 6 M 166
- wiederholte Zustellung der Kündigung, keine erneute BR-Anhörung 6 M 459
Zustimmung Betriebsrat *siehe auch* Unterrichtung des Betriebsrats
- Ersetzung bei personellen Maßnahmen 7 101, M 150
- personelle Maßnahmen 7 M 75 f, M 96 ff, M 155 f
Zustimmung Betriebsrat zu Kündigungsentschluss
- Ersetzung durch Arbeitsgericht, Streit 7 13
Zustimmung Integrationsamt
- Klage des AG wegen Zustimmungsverweigerung zur Kündigung 6 M 525
Zustimmungsersetzungsverfahren nach § 99 BetrVG 7 M 96 ff, M 155 f
Zutrittsrecht Betriebsratsmitglied
- Streitigkeiten, Beschlussverfahren 7 9
Zutrittsrecht Gewerkschaftsbeauftragter
- Streitigkeiten, Beschlussverfahren 7 13, M 69
- Streitwert 8 246
Zutrittsrecht Wahlvorstand
- Streitwert 8 246
Zuwendungen, Fordern/Annehmen/Gewähren
- Betriebsvereinbarung über Compliance 5 M 120
Zwangsgeld
- Nichtaufhebung einer personellen Maßnahme 7 M 100
Zwangsmittel
- Festsetzung 6 100
- Zurückweisung 6 M 538
Zwangsvollstreckung
- Abfindung 4 383 ff

Stichwortverzeichnis

- Anwaltsvergleich 4 647 f
- Kosten 8 M 308
- Lohnsteuerkarte 6 97
- Nachtzeit, Sonn- und Feiertage, Antrag auf Erteilung der Erlaubnis 6 M 164
- Pfändungs- und Überweisungsbeschluss 6 96
- Sozialplanabfindung 5 251
- Streitwert 8 246
- unvertretbare Handlung 7 M 42
- verschleiertes Arbeitseinkommen 6 M 534
- vollstreckbare Ausfertigung 6 93, M 160 ff
- vollstreckbare Ausfertigung, Zustellung 6 M 166
- Vollstreckungstitel 6 94
- vorläufige Vollstreckbarkeit 6 90, M 163
- wegen unvertretbarer Handlung 6 99, M 383 f, M 537
- wegen vertretbarer Handlung 6 M 165
- Zeugnis 3 254; 6 98, M 382 f, M 538
- Zuständigkeit 6 95
- Zwangsmittel 6 100, M 538

Zweistufige Ausschlussfristen
- AGB, Form nach § 309 Nr. 13 BGB 1 121 ff

Zweitkündigung
- Zulässigkeit 4 13

Zwischenverdienst
- Anrechnung 4 555 ff
- Freistellungsklauseln 4 555 ff
- GmbH-Geschäftsführer/AG-Vorstand, Anrechnung von Z. bei Freistellung 4 563

Zwischenzeugnis 3 202, 216 ff
- Deckungsschutz 8 M 285
- Streitwert 3 253; 8 M 244, 246